This directory is for official University and Alumni Association use, and also for individual communication of a personal nature between members listed herein. Use of this directory for any other purpose, including, but not limited to, reproducing and storing in a retrieval system by any means, electronic or mechanical, photocopying or using the addresses or other information contained in this directory for any private, commercial, or political mailing, **is strictly prohibited and is in direct violation of copyright.**

Harris

Copyright
© Bernard C. Harris Publishing Company, Inc., 1989
White Plains, New York
(All rights reserved)

SRH-CW39-38.3NXM

**College of Business
Alumni Directory
1989**

Contents

Message From The Dean	v
History	vi
Objectives	vii
College Overview	viii
College of Business Administrative Directory	xi
Message From The Alumni Association President	xii
General Information	xiv
Alumni Listings:	
Alphabetical	1
Class Year	316
Geographical	376

Message From The Dean

Dear Alumni,

For the past nine years it has been my privilege to serve as Dean of the OSU College of Business.

During that tenure, we have built upon a tradition of excellence and maintained a proud heritage of producing outstanding graduates who, as alumni, serve as productive members of the global business community, many in top leadership roles. Each year, the College of Business graduates almost 1,000 men and women eager to enter the business world and use the training they've received to make meaningful contributions to future generations.

This quality in academic preparedness has been recognized, both by peer educational institutions, as well as business and industry. Student enrollment continues to be strong and the competition has yielded new generations of young men and women eager to meet the challenges the OSU College of Business offers, and tomorrow's business world demands.

To date, over 40,000 graduates have passed through the doors of Hagerty Hall and then embarked upon meaningful careers which are reflected by the diversity of alumni listings on the following pages.

The OSU College of Business, through its Alumni Association, and our official publication, *Mutual Interest*, has attempted to keep in touch with graduates. Our faculty, as many of you know, are actively involved with research and service projects for alumni and their corporations. Additionally, I have enjoyed spending the past year meeting with many of you at gatherings throughout the United States. My goal is to assist all of you who share a strong desire to remain in touch with the OSU College of Business.

We all can take pride in what our college has accomplished, but, more importantly, we all must take an active interest in its future.

You, our graduates, are in prime positions to assist us in meeting goals. We need your help to guarantee that our college will continue its strong tradition of excellence and academic accomplishment. By maintaining lines of effective communication, you and I can respond to the challenges that lie ahead.

Sincerely,

Justin Davidson

H. Justin Davidson
Dean

History

The first course in commerce and administration was offered at The Ohio State University in 1899 with the intent of leading to the establishment of a separate college. The College of Commerce and Journalism was sanctioned in 1916, with James E. Hagerty as Dean. The name was changed in 1927 to the College of Commerce and Administration and to the College of Administrative Science in 1968.

In 1974, the Division of Public Administration became the School of Public Administration. In 1988, The Ohio State University Board of Trustees voted to change its name to the School of Public Policy and Management, effective January 1, 1989.

In 1975, the academic faculty of labor and human resources was established to develop courses toward a degree in labor and human resources. In 1976, the School of Social Work was granted college status. In 1983, the academic faculties of Labor and Human Resources and Management Science were realized to establish the academic faculty of management and human resources, as well as management sciences. In 1986, to more accurately identify the college's principal field of study, the name was changed to the College of Business.

Objectives

The OSU College of Business recognizes the need to effectively organize human and material resources in a world of rapid social, economic, and technological change. Students who develop a knowledge of organizational forms, and methods for testing that knowledge, can increase the effectiveness of any organizations they administer.

The college, after careful consideration of local, national, and international needs, has determined six major educational responsibilities:

• developing educational programs in administration, in cooperation with other colleges and schools at The Ohio State University.

• emphasizing and facilitating research in all relevant areas, including individual faculty endeavors and larger program projects;

• maintaining and continuing to improve the undergraduate programs associated with its several units;

• improving and expanding the Master of Arts and PhD degree programs offered by its graduate units through The Ohio State University Graduate School; and

• enriching and enlarging the college's continuing education program.

College Overview

Business administration is a growing profession which builds on an ever-increasing body of social and scientific knowledge. It's growth has placed increased emphasis on the preparation of young men and women for decisive leadership. Such leadership results from an understanding of the careful balance between the economic, social, and scientific factors associated with the development of both business and society; and the skills required for the successful operation of enterprise. Decision-making roles belong to those most qualified to perceive the future in the context of human as well as organizational values.

At OSU, the undergraduate program assists students in understanding and developing the unique leadership qualities required by an environment where change and innovation through technology have become commonplace.

The program is designed to prepare students for business careers, graduate school, or law school. It emphasizes the flexibility needed to function in a society characterized by human and technological change.

The academic program leading to a Bachelor of Science in Business Administration degree has four interest levels. The first level, generally taken in the sophomore year, provides a broad educational base that includes the business foundation courses in accounting, economics and statistics. The second level provides for an in-depth study of the environment and functions of business, such as production, marketing, and financial management, while the third level provides for a degree of specialization in one of 12 fields based on individual areas of interest. The fourth level provides students with the flexibility to build electives into programs.

Masters Programs

Both full-time and part-time MBA programs are available and seek to provide the knowledge and skills needed for successful management of contemporary business organizations, and to create an atmosphere in which students may develop administrative talents through participation in small classes and seminars, discussion of business case problems, and written research reports.

The MBA programs provide an integrated learning experience based on the foundations of business management: quantitative analyses, organizational

behavior and human resource management, operations management, economics, marketing, finance, and policy.

Courses are designed to help students develop an understanding of the principles and practices of professional management by examining the manager's responsibilities to the community at large, as well as the local environment.

PhD Program

The program leading to the Doctor of Philosophy degree prepares primarily university and college faculty and researchers in accounting. Each program of course work is designed to fit the needs of individual candidates. Students with bachelor's degrees and outstanding academic records may be admitted directly.

Students usually take the general examination for admission after completing three years of course work; the exam is given in a minimum of three fields of study — accounting & MIS is the primary field, with usual secondary fields being economic theory, statistics, or a behavioral science.

Since academic careers are the primary objective, candidates are expected to participate in classroom instruction as teaching and research assistants.

Support Services

Students, regardless of level of instruction, work closely with advisors to maximize their educational experiences. Additionally, co-op and internship opportunities are available for undergraduate and MBA students. Peer support also is provided via student organizations, and undergraduates also can elect to reside at the Business Living and Learning Center, where college students reside in an assigned dormitory floor in Smith Hall. Students also are encouraged to utilize the college's three computer labs amply stocked with personal computers; additionally college computers are linked to the university's Instructional and Research Computer Center, the University Library Control System and Computer-Based Instruction.

College of Business Administrative Directory

Dean's Executive Staff

H. Justin Davidson
Dean

Ronald L. Racster
Associate Dean
Undergraduate Business Programs

Roy J. Lewicki
Associate Dean
Graduate Director of Management and Business Continuing
Education Programs

Astrid E. Merget
Associate Dean and Director
School of Public Administration

Karen P. Schumer
Director of External Affairs

Chairpersons

William F. Bentz
Faculty of Accounting & MIS

H. Randolph Bobbitt, Jr.
Faculty of Management & Human Resources

Frank F. Gibson
Faculty of Finance

James L. Ginter
Faculty of Marketing

David A. Schilling
Faculty of Management Sciences

C. J. Slanicka
Faculty of Labor Education Research Services

Chaired And Named Professors

Andrew D. Bailey, Jr.
Arthur Young Professor
in Accounting

Peter R. Dickson
Crane Professor of Strategic
Marketing

Patric H. Hendershott
John W. Galbreath Chair in
Real Estate

Daniel L. Jensen
Ernst & Whinney Professor
in Accounting

Edward J. Kane
Everett D. Reese Chair of
Banking and Monetary
Economics

Bernard J. La Londe
Raymond E. Mason Professor of
Transportation and Logistics

Sven B. Lundstedt
Ameritech Professor

David Mayers
Shepard Professor of Insurance

Donald E. Sexton
William H. Davis Chair of
American Free Enterprise

Program Directors

William Bowen
Continuing Management
Education

Marjorie Brundage
Computing Services Center

James R. Decker
Career Development Services

C. Ronald Huff
Program for Study of Crime and
Delinquency

Kenneth R. Keeley
MBA Programs

Herbert N. Lape
Development

Kim Lux
MBA Placement

Peggy Maize Olson
Communications

Charles J. Popovich
Business Library

Ronald L. Racster
Real Estate Center

Arnon Reichers
MBA Academic Program

Barbara L. Roach
Business Research & Support
Services

Germaine Branch-Simpson
Minority Assistance Program

John D. Stegman
MBA Management
Communication

John P. Wanous
PhD Program

Nila J. Whitfield
Professional Practice Program

Alan C. Williams
The Griffith Foundation

Jay Yutzey
Undergraduate Program

Message From The Alumni Association President

Dear Fellow Graduates:

Four short years ago, the OSU College of Business Alumni Association was formed to help graduates remain in touch with our Alma Mater, as well as serve its needs as best we could.

Yearly our activities and outreach efforts have increased as we have tried to fulfill our mission of acting as representatives of the college to increase ties with our fellow graduates. We constantly are attempting to organize strong on-campus programs for alumni which strengthen their affiliations as members of their graduating classes, the College of Business, and The Ohio State University. Additionally, we are working with the College's MBA Program, School of Public Policy and Management, and Career Development Services office to maximize the use and talents of our alumni, as well as assist their needs in the area of job advancement.

It also is our goal to increase communication among our graduates to support the college in its fund-raising activities and many efforts to maintain its reputation and national visibility.

An active Alumni Association is critical to the success of any academic institution. We all benefited from the educations we received at Ohio State, and now it's time to give something back and help new generations of alumni.

By working together, we can foster a team spirit and effort that enables the OSU College of Business to continue its winning tradition.

Sincerely,

Edith Gaylord Allen

Edith Gaylord Allen, '82
Alumni Association President

General Information

BIOGRAPHICAL

Alumni are listed in alphabetical order. Following each name are class year(s), degree(s), occupation — including company name, address and telephone — and resident address and telephone.

Married alumnae are listed under married and maiden names.

Complete biographical data is included if a questionnaire form was returned or if it was possible to obtain the data by telephone. In all other cases only those alumni with current information in the University files are included. We apologize in advance for omissions or errors, and we urge you to send corrected data to:

> The Ohio State University College of Business
> Alumni Office
> Hagerty Hall 1775 College Road
> Columbus, OH 43210-1309

CLASS YEAR

Alumni are listed under the class year for their undergraduate work or the first degree program attended at The Ohio State University College of Business. Married alumnae are listed under maiden names.

GEOGRAPHICAL

Alumni are listed with class year under the resident state and town. Foreign countries and overseas possessions and affiliates are shown under *Outside U.S.A.* following the state listings.

ALPHABETICAL LISTINGS

Alumni of

THE OHIO STATE UNIVERSITY COLLEGE OF BUSINESS

A

AARON, Jeffrey Seth; '81 BSBA; 559 Richmond Rd., E. Meadow, NY 11554, 516 489-8194.
AARON, Paul; '41 BSBA; Owner; Aaron's Army & Navy Store, 151 Summers St., Charleston, WV 25301, 304 346-5200; r. 301-30th St., SE, Charleston, WV 25304, 304 345-3555.
ABARBANEL, Judith Edna; '80 MBA; Dir. of Mktg.; Colorado Outward Bound Sch., 945 Pennsylvania St., Denver, CO 80203.
ABBATI, Mark Conrad; '85 BSBA; 148 Parklawn Blvd., # B, Columbus, OH 43213, 614 863-9418.
ABBOTT, Betty Keller; '50 BSBA; 298 Hickory Hill, Chagrin Falls, OH 44022, 216 247-7490.
ABBOTT, Douglas J.; '82 BSBA; Tax Mgr.; Arthur Andersen & Co., 711 Louisianna, Ste. 800, Houston, TX 77002, 713 237-2323; r. 2010 Croydon Ct., Houston, TX 77008, 713 864-4777.
ABBOTT, Gregory Dale; '74 BSBA, '75 MBA; Asset Mrg.; Bros. Property Corp., 2699 S. Bayshore Dr., Ste. 900 E., Miami, FL 33133, 305 285-1035; r. 9240 NW 14 St., Pembroke Pines, FL 33024, 305 432-0740.
ABBOTT, Lawrence C.; '70 BSBA, '80 MBA; Pres.; Abbott Foods, 2400 Harrison Rd, Columbus, OH 43204, 614 272-0659; r. 4724 Donegal Cliffs Dr., Dublin, OH 43017, 614 889-1244.
ABBOTT, Mary '46 (See Marshall, Mary Abbott).
ABBOTT, Mildred '28 (See Lytle, Mrs. Mildred).
ABBOTT, Paul Bradford; '85 BSBA; PC Programmer Analyst; Agcy. Rent A Car, 30000 Aurora Rd., Solon, OH 44139, 216 349-1000; r. 1221 Crescent Dr., Painesville, OH 44077, 216 357-8353.
ABBOTT, Ralph B.; '41 BSBA; Retired; r. 3926 Woodland Ct., Clyde, OH 43410, 419 547-8629.
ABBOTT, Robert Barnes; '74 BSBA; Area Mgr.; Union Carbide, Linde Division, Hartford, CT 06110, 203 236-0686; r. 3 Old Barge Rd., Simsbury, CT 06070, 203 658-5784.
ABBRUZZESE, Jeffery Scott; '86 BSBA; Real Est Sales/Mgmt.; Myers Mgmt. Inc., 1221 Grandview Ave., Columbus, OH 43212, 614 486-2933; r. 5802 Abby Church Rd., Dublin, OH 43017, 614 761-9189.
ABBRUZZESE, R. Tyler; '83 BSBA; Acct./CPA; Pritchett Dlusky & Saxe, 1621 W. 1st Ave., Columbus, OH 43212, 614 481-8051; r. 1383 Westmoreland Ct., Apt. D, Columbus, OH 43220, 614 451-3242.
ABDALIAN, Carl Michael; '79 BSBA; Tax Sr. Mgr.; Ernst & Whinney, 1300 Huntington Bldg., Cleveland, OH 44115, 216 861-5000; r. 22450 Fairmount Blvd., Shaker Hts., OH 44118, 216 464-1705.
ABEL, Fred Harman; '63 BSBA; Pres.-Paper Distributor; Mailender-Barnett Co., 6230 Wiehe Rd., Cincinnati, OH 45237, 513 631-5453; r. 302 Circlewood Ln., Cincinnati, OH 45215, 513 521-7353.
ABEL, Mark Carl; '83 BSBA; Account Exec.; Merrill Lynch, 3600 First National Bk Ctr., Cincinnati, OH 45202; r. 3740 Edwards Rd., Cincinnati, OH 45209, 513 871-7362.
ABEL, Michael James; '86 BSBA; Mktg. Rep.; Tandy Corp., 5217 Northfield Rd., Bedford Hts., OH 44146, 216 662-2477; r. 1942 W. 29th St., Lorain, OH 44052, 216 282-2579.
ABEL, MAJ Robert Paul, II, USAR; '66 BSBA; Purchasing Agt.; Kaiser Aluminum & Chemical, c/o Postmaster, Heath, OH 43055; r. 7799 Hirst Rd., Newark, OH 43055, 614 323-2268.
ABEL, Sally '44 (See Wasserstrom, Mrs. Sally Abel).
ABELE, Ms. Jane Mc Gorum; '85 MBA; Dir.; Riverside Methodist Hosp., Market Research Dept., 3535 Olentangy River Rd., Columbus, OH 43214, 614 261-5237; r. 1105 Farmlane Dr., Worthington, OH 43085, 614 436-8348.
ABELSON, Jerrold M.; '50 BSBA; 9119 Spring Mill Rd, Indianapolis, IN 46260, 317 846-2981.
ABEREGG, William Dale; '80 BSBA; Sales Rep.; Pressure Connections, 7029 Huntley, Columbus, OH 43221; r. 5448 Millington Rd., Columbus, OH 43220, 614 451-0165.
ABERNETHY, Charles E.; '49 BSBA; 231 Cordelia Ave. SW, N. Canton, OH 44720, 216 494-7414.
ABERNETHY, Jennifer Lynn; '86 BSBA; Human Resources Coord.; Heinzerling Fndn., 1755 Heinzerling Dr., Columbus, OH 43223, 614 272-2000; r. 1322 W. 7th Ave., Apt. A, Columbus, OH 43212, 614 486-9112.
ABICK, George Gregory; '73 BSBA; Account Analyst; Commercial Underwriters Inc., 15900 Michigan Ave., Dearborn, MI 48126; r. 10072 Allen Rd, Allen Park, MI 48101, 313 381-4871.
ABLES, Thomas Atchison; '69 BSBA; Controller; W W Williams Co., 835 Goodale Blvd., Columbus, OH 43212; r. 575 Braxton Pl. W., Westerville, OH 43081, 614 882-1544.
ABLES, William Hamilton, Jr.; '70 BSBA; Golf Profn.; r. 1210 Chambers Apt. 303-A, Columbus, OH 43212, 614 486-4450.
ABNEY, Mary Lou; '81 BSBA; Personnel Mgr.; Heitman Properties Ltd., 9601 Wilshire Blvd., Ste. 200, Beverly Hls., CA 90210, 213 550-7100; r. 434 N. Oakhurst #1, Beverly Hls., CA 90210, 213 276-7887.
ABOLINS, John A.; '67 BSBA; 228 E. Stafford Ave., Worthington, OH 43085, 614 885-8564.
ABOOD, Dr. Norman Anthony; '75 BSBA; Postdoctoral Fellow; Indiana Univ., Dept. of Chemistry, Bloomington, IN 47401; r. 3117 Acadia Ct., Bloomington, IN 47401.
ABRAHAM, Brian Terry; '88 BSBA; 3653 Shannon Rd., Cleveland Hts., OH 44118, 216 371-3359.
ABRAHAM, Denise R. '86 (See Devine, Ms. Denise Renee).
ABRAHAM, Harold V.; '64 BSBA; Controller-Industrial Grp; Eaton Corp., Eaton Ctr., Cleveland, OH 44114, 216 523-4425; r. 7650 Mountain Park Dr., Mentor, OH 44060, 216 352-0257.
ABRAMOVITZ, Leslie B.; '64 BSBA; Sales Mktng/Mfg. Repr; Ame Sales-Generic Drugs, 101 Tree Brook Dr., Rochester, NY 14625, 716 385-6679; r. Same, 716 385-6217.
ABRAMOWITZ, Paul; '77 BSBA; Pres.; Monterey Labs Inc., POB 15129, Las Vegas, NV 89114; r. POB 15129, Las Vegas, NV 89114, 702 367-8771.
ABRAMS, Ione Gluck; '49 BSBA; Asst. Principal; NYC Bd. of Educ., JHS 118, 154 W. 93rd St., New York, NY 10025, 212 678-2944; r. 352 Oak Dr., Hewlett, NY 11557, 516 374-0982.
ABRAMS, Jules Arthur; '75 BSBA; CPA; Sheller Globe Corp., 1505 Jefferson Ave., Toledo, OH 43601; r. 3491 Brookside Rd., Toledo, OH 43606, 419 535-1962.
ABRAMS, Norman A.; '52 BSBA; VP; Abrams Ins. Agcy. Inc., 7357 Colerain Ave., Cincinnati, OH 45239, 513 729-2222; r. 104 Summit Dr., Crestview Hls., KY 41017, 606 341-2832.
ABRAMS, Richard Charles; '68 BSBA; Systs. Mgr.; Bank One Svcs. Corp., 340 McCoy Ctr., Dept. 0039, Columbus, OH 43271, 614 248-8681; r. 7782 Hightower Dr., Worthington, OH 43235, 614 766-2098.
ABRAMSON, Jay Donald; '71 BSBA; Pres.; Joe's Auto Parts, Inc., 5629 Edgewater Dr., Orlando, FL 32810, 407 293-5720; r. 400 Woodstead Cir., Longwood, FL 32779, 407 869-0551.
ABRAMSON, Neal Arthur; '87 BSBA; 1440 SW 8th Ave., Boca Raton, FL 33486.
ABRAMSON, Thelma Press; '51 BSBA; Retired Emp Executv; r. 1601 Cindy Ct., Columbus, OH 43232, 614 863-4611.
ABREO, Peter Alexander; '79 BSBA; 4955 Reed Rd., c/o Dr. F A Menezes, Columbus, OH 43220.
ABROMOWITZ, Joyce '76 (See Margolis, Mrs. Joyce Abromowitz).
ABROMOWITZ, Judith Stone; '77 BSBA; Internal Auditor; Duqueshe Light Co., One Oxford Ctr., 301 Grant St., Pittsburgh, PA 15279; r. 3494 Gorman Ave, Dayton, OH 45415.
ABRUZZI, Richard A.; '64 BSBA; VP & Resident Mgr.; Merrill Lynch, City Ctr. One Bldg., Youngstown, OH 44515; r. 1460 Springwood Trace, Warren, OH 44484.
ABS, George Elias; '52 BSBA, '53 MBA; Retired CPA; Alexander Grant & Co., One E. Fourth St., Cincinnati, OH 45202; r. 1163 Hollywood Ave., Cincinnati, OH 45224, 513 521-0238.
ABSHIER, David Lee; '72 BSBA; VP; Huntington Natl. Bank, 17 S. High St., Columbus, OH 43215; r. 2253 Viburnum Ln., Worthington, OH 43085, 614 761-1028.
ABULELA, Dr. Mohammad T.; '63 MBA, '67 PhD (BUS); 3 Elgergawi, Cairo, Arab Republic Of Egypt.
ACCETTURA, Raymond Vito; '69 BSBA; Dir-Budget Fin.-US Travel; American Express Travel Related Svcs., American Express Twr., 200 Vesey St./World Fin. Ctr., New York, NY 10285, 212 640-4424; r. 467 Carlton Rd., Wyckoff, NJ 07481, 201 891-4214.
ACEBO, Jose E.; '59 BSBA; Mgr.; Ford Motor Co., Pre-Prod Control Dept., Troy, MI 48099; r. 1294 Concord, Rochester Hls., MI 48063.
ACEBO, Patricia Scofield; '59 BSBA; Adm Secy.; r. 1294 Concord, Rochester Hls., MI 48063.
ACHENBACH, Brian Bernard; '74 BSBA; 4144 Lancelot Rd, Toledo, OH 43623, 419 882-5287.
ACHESON, Constance '79 (See Rhind, Constance Acheson).
ACHEVICH, John Peter; '86 BSBA; Territory Mgr.; Ft. Howard Corp., 1284 Olde Henderson Sq., Columbus, OH 43220, 614 442-0027; r. Same, 614 457-7976.
ACHTNER, Esther Mary; '86 BSBA; 6345 Wilcox Rd., Dublin, OH 43017, 614 761-0534.
ACKARD, Arlynn Bogar; '68 BSBA; POB 323, Telluride, CO 81435, 303 728-3473.
ACKERMAN, Ms. Christina K.; '83 BSBA; Tariff Asst.; Chevron USA, 1001 Galaxy Way, Concord, CA 94524, 415 680-3141; r. 1946 Buchanan St., San Francisco, CA 94115, 415 922-3352.
ACKERMAN, David Richard; '79 BSBA; Staff; Mars Steel Corp., 360 Melvin Dr., Northbrook, IL 60062; r. 25747 Somerset Ln., Mundelein, IL 60060, 312 438-4268.
ACKERMAN, Gregory Eugene; '86 BSBA; 39 E. Moler St., Columbus, OH 43207, 614 443-3903.
ACKERMAN, Martin Neal; '74 BSBA; 305 Compton Hills, Cincinnati, OH 45215, 513 521-4904.
ACKERMAN, Richard Dana; '83 BSBA; VP Mktg.; Barney Fletcher Schs., 1401 W. Paces Ferry Rd., Ste. A-102, Atlanta, GA 30327, 404 261-5819; r. 2145 E. Lake Park Dr., Smyrna, GA 30080, 404 438-9154.
ACKERMAN, Robert A., Jr.; '61 BSBA; Broker/Owner; Irongate Realtors, 122 N. Main St., Centerville, OH 45459, 513 433-3300; r. 5400 Spice Bush, Dayton, OH 45429, 513 294-1988.
ACKERMAN, Scott Darrell; '83 BSBA; CPA-Comptroller; Natl. Properties, Inc., 150 E. Swedesford Rd., Wayne, PA 19087, 215 687-5250; r. 268 Iven Ave., Apt. 1-B, St. Davids, PA 19087, 215 964-0122.
ACKERMAN, William Carl; '71 BSBA; Oem Sales Rep.; Hydraulics Div., Old Mansfield Rd, Wooster, OH 44691; r. 2038 E. Moreland Rd., Wooster, OH 44691, 216 264-9113.
ACKLEY, Cindy '81 (See Frankland, Cindy Ackley).
ACKLEY, Rodney Eugene; '82 BSBA; Advisory Pgrmr./Analyst; Banc One Svcs. Corp., 100 E. Broad St., Columbus, OH 43271, 614 248-4818; r. 6189 S. Section Line Rd., Delaware, OH 43015, 614 881-5024.
ACKLEY, Stanford G.; '29 BSBA; Builder/Realtor; Realtor, 695 Kenwick Rd., Columbus, OH 43209; r. 121 N. Waggoner Rd, Blacklick, OH 43004, 614 866-6429.
ACKLIN, William C.; '62 BSBA; Dir.; Denison Univ., Business Operations, Granville, OH 43023, 614 587-6545; r. 173 Spring Hill Rd., Granville, OH 43023, 614 587-0911.
ACLES, James D.; '57 BSBA; Territory Mgr.; Cummins North Atlantic, 29 Eastern Ave., Syracuse, NY 13211, 315 437-2751; r. 3150 Cadys Arbor, Baldwinsville, NY 13027, 315 635-7849.
ACLES, Marcia '77 (See David, Marcia).
ACOMB, Dan Thomas; '79 BSBA; 5 Greenhalgh Dr., Seekonk, MA 02771.
ACOMB, William Keith; '76 BSBA; Staff; Mc Swain Carpets, General Ofc., Cincinnati, OH 45234; r. 8681 Weller Road, Cincinnati, OH 45249, 513 489-6421.
ACOSTA, Dr. Dulce Arenas De; '77 MLHR; Ave. 102 #109-89, Valencia, Venezuela.
ACQUISTA, Robert Joseph; '87 BSBA; Sales Rep.; Yankee Resources Inc., 655 Metro Pl. S., Dublin, OH 43017; r. 5100 Locust Post Ln., Gahanna, OH 43230.
ACREE, Rick H.; '85 BSBA; 9907 Knowllwind Dr., Cincinnati, OH 45242, 513 984-8103.
ACTON, Marian L., (Marian Lang); '40 BSBA; Retired; r. 4254 Colerain Ave., Columbus, OH 43214, 614 263-8783.
ACTON, William B.; '50 BSBA; Pres. COO; RCM Technologies, Camden, NJ 08104, 609 541-1999; r. 6 Guyenne Rd, Wilmington, DE 19807, 302 656-7270.
ACUTO, David William; '81 BSBA; Auto Dealer; Steve Acuto Pontiac/Isuzu, Madison & E. Water St., Elmira, NY 14905; r. 804 Garden Rd., Elmira, NY 14905, 607 734-0602.
ADAIR, Amanda B., (Amanda Brickley); '81 BSBA; Dealer Area Mgr.; Ricoh Corp., 165 Silvermill Rd., Columbia, SC 29210, 803 731-2472; r. Same.
ADAIR, David B.; '79 BSBA; Dist. Sales Mgr.; American Honda Motor Co., 4529 Royal Ln., Irving, TX 75063, 214 929-5444; r. 165 Silvermill Rd., Columbia, SC 29210, 803 772-1094.
ADAIR, Dolores Merritt; '49 BSBA; Retired; r. 2128 Farleigh Rd., Columbus, OH 43221, 614 488-2000.
ADAIR, Monique Yvette; '87 BSBA; Sales Rep.; Eastman Kodak Co., 225 N. Michigan Ave., Ste. #2508, Chicago, IL 60601, 312 565-2374; r. 625 W. Madison, Apt. 907, Chicago, IL 60606, 312 902-4530.
ADAIR, Wayne Carl; '78 BSBA; Mktg. Mgr.; Nissan Motor Corp., 150 E. Wilson Bridge Rd., Worthington, OH 43085, 614 846-6900; r. 1961 Meander Dr., Columbus, OH 43229, 614 891-5771.
ADAM, Charles John; '67 BSBA, '72 MBA; Pres.; Adam Food Svc. Corp., Inc., 4400 Tobago Dr., Wichita Falls, TX 76308, 817 692-1275; r. Same.
ADAM, Dennis William; '74 BSBA; Staff/Customer Svc. Rep.; Ohio Steel Tube Co., 131 Vernon Rd., Shelby, OH 44875, 419 347-2424; r. 322 S. Gamble, Shelby, OH 44875, 419 347-6543.
ADAM, George Thomas; '48 BSBA; Retired; r. 507 Catalina Dr., Apt. D3, Newark, OH 43055, 614 366-5559.
ADAMCIK, Christine '85 (See Schultz, Christine Adamcik).
ADAMESCU, John Stephen; '71 BSBA; Broker; McDonald & Co. Securities, Inc., 2100 Society Bldg., Cleveland, OH 44114, 216 443-2300; r. 21254 Endsley Ave., Rocky River, OH 44116, 216 333-1877.
ADAMETZ, Peggy E. '85 (See Smith, Mrs. Richard A.).
ADAMS, Billy R.; '61 BSBA; Atty.; 23936 Michigan Ave., Dearborn, MI 48124, 313 565-4250; r. 23936 Michigan Ave., Dearborn, MI 48124, 313 563-0546.
ADAMS, Brian Gregory; '87 BSBA; 401 Midland Ave., Columbus, OH 43223, 614 276-2322.
ADAMS, Bruce Allen; '85 MPA; Prog Dir-Victims of Crime; Charles B. Mills Ctr., 715 S. Plum, Marysville, OH 43040, 513 644-9192; r. 7298 Post Rd., Plain City, OH 43064, 614 792-8095.
ADAMS, Carl R.; '57 BSBA; VP; Tryco Inc., 540 St. Andrews Rd., Ste. 114, Columbia, SC 29210, 803 772-7001; r. 1712 Sapling Dr., Columbia, SC 29210, 803 798-3540.
ADAMS, Carol Binau, (Carol Binau); '76 BSBA; Programming Mgr.; Chemical Abstracts Svc., 2540 Olentangy River Rd, POB 3012, Info. Systs., Columbus, OH 43210, 614 447-3600; r. 6917 Perry Dr., Worthington, OH 43085, 614 431-6910.
ADAMS, Christine; '85 BSBA; Asst. Buyer & Ofc. Mgr.; r. 696 Howell Dr., Newark, OH 43055, 614 344-6846.
ADAMS, Constance Arata, (Constance Arata); '48; Homemaker; r. 9311 Waterview Rd., Dallas, TX 75218, 214 321-9314.
ADAMS, Dan Boyd; '41 BSBA; Retired; r. 1011 S. Butte Crest, Payson, AZ 85541, 602 474-6181.
ADAMS, LTC David Walter, USA(Ret.); '71 MBA; Hcr 1 Box 1383, Boerne, TX 78006.
ADAMS, Donald Edward; '59 BSBA; VP Govt. Accounts; Dresser Industries, 1100 Connecticut Ave. NW #310, Washington, DC 20036, 202 296-3070; r. 10010 Hampton Rd., Fairfax Sta., VA 22039, 703 690-6777.
ADAMS, Emogene J., (Emogene Johnston); '26 BSBA; Volunteer; r. 600 Neff, Grosse Pte., MI 48230, 313 881-7117.
ADAMS, Francis X.; '40 BSBA; 430 N. Park Ave., #407, Indianapolis, IN 46202, 317 631-7108.
ADAMS, Gerald Anthony, Sr.; '85 BSBA; 1030 W. 22nd St., Lorain, OH 44052, 216 244-1513.
ADAMS, James M.; '35 BSBA; Retired; r. 1500 Villa Rd., #346, Springfield, OH 45503, 513 399-7996.

ADAMS, John Curtis; '76 MPA, '76 MBA; Sr. VP; Huntington Natl. Bank, Investment Division, 41 S. High St., Columbus, OH 43215, 614 463-4689; r. 2310 Dorset Rd., Columbus, OH 43221, 614 486-9125.

ADAMS, Joni L.; '86 BSBA; Field Sales Rep.; Drustar Inc., 3805 Marlane Dr., POB 40, Grove City, OH 43123, 614 875-1056; r. 521 Elmwood Ct., El Paso, IL 61738, 309 527-3737.

ADAMS, Julie Kay; '87 BSBA; Mktg. Mgr.; Nick Bolletieri Tennis Acad., 5500 34th St. W., Bradenton, FL 34210, 813 755-1000; r. 4550 47th St. W. #517, Bradenton, FL 34210, 813 795-0573.

ADAMS, Kristy Lynn; '85 BSBA; 11146 Gorsuch Rd., Galena, OH 43021, 614 965-4146.

ADAMS, Leland D., Jr.; '64 BSBA; Ins. Broker; 3575 Rockfort Bridge Dr., Hilliard, OH 43026, 614 771-9535; r. Same.

ADAMS, Leonard F.; '50 BSBA; Ins. Agt./Ownr; Adams-Bartels Augenstein Ins. Agcy., 3757 Indianola Ave., Columbus, OH 43214, 614 262-1151; r. 858 Lookout Point Dr., Worthington, OH 43085, 614 885-9667.

ADAMS, Lisa Renee '88 (See Spears, Lisa Renee A.).

ADAMS, Mrs. Louise Crafts, (Louise Crafts); '48 BSBA; Tucson Metropolitan Convention & Visitors Bur., Tucson, AZ 85712; r. 4168 E. Megan Dr., Tucson, AZ 85712, 602 323-9573.

ADAMS, Marian, (Marian Norris); '45 BSBA; Real Estate Agt.; Coldwell Banker, Residential Real Estete, 2188 Stringtown Rd., Grove City, OH 43123, 614 871-0333; r. 1363 Bonnie Ridge Rd., Columbus, OH 43228, 614 875-7069.

ADAMS, Mrs. Marina M., (Marina Milenkovski); '82 BSBA; Investment Analyst; The Ohio Co. Cardinal Devel. Capital Fund, 40 S. Third St., Ste. 460, Columbus, OH 43215, 614 464-8646; r. 1730 Ashland Ave., Columbus, OH 43212, 614 486-1533.

ADAMS, Mark Bartholomew; '74 BSBA; Dir.; RJR Nabisco, 300 Galleria Pkwy., Atlanta, GA 30339, 404 852-3926; r. 6140 Riverwood, Atlanta, GA 30328, 404 252-1560.

ADAMS, Mark Randall; '76 BSBA; 6589 Stillcrest Way, Dayton, OH 45414, 513 890-3050.

ADAMS, Martha Matilda; '27 BSBA; Retired; r. Green Spgs., OH 44836, 419 639-2273.

ADAMS, Mary Fox; '50 BSBA; Homemaker; r. 858 Lookout Point Dr., Worthington, OH 43085, 614 885-9667.

ADAMS, Michael Brian; '82 BSBA; Sr. Field Underwriter; Atlantic Mutual, 445 Hutchinson Ave., Columbus, OH 43235; r. 5333 Triple Crown Ct., Hilliard, OH 43026, 614 876-8691.

ADAMS, Nancy Lee; '86 BSBA; 538 Haymore, Worthington, OH 43085, 614 885-9741.

ADAMS, Norman Ellis; '71 BSBA; Retired Prog. Analyst; r. 11028 Mill St. SW, Pataskala, OH 43062.

ADAMS, Olan Genene; '80 BSBA; Programmer; Field Publications, 4343 Equity Dr., Columbus, OH 43228, 614 771-0006; r. 3640 Tillbury Ave., Columbus, OH 43220, 614 442-6782.

ADAMS, Pamela Hancock; '85 BSBA; Bank Teller; Huntington Natl. Bank, 17 S. High St., Columbus, OH 43215; r. 4388 Hansen Ct., Hilliard, OH 43026.

ADAMS, Patrick Stephen; '84 BSBA; POB 1481, Portsmouth, OH 45662.

ADAMS, Dr. Paul David; '82 PhD (BUS); Asst. Prof.; Univ. of Cincinnati, Dept. of Finance, Carl Lindner Hall, Cincinnati, OH 45221, 513 556-7070; r. 3519 Linwood Ave., Apt. #4, Cincinnati, OH 45226, 513 321-3206.

ADAMS, Paul Eugene; '46 BSBA; Retired; r. 466 W. San Ramon Ave., #101, Fresno, CA 93704.

ADAMS, Paul Michael; '88 MBA; 1233 Waterford Dr., #208, Columbus, OH 43220.

ADAMS, Rebecca '76 (See Dallas, Rebecca Adams).

ADAMS, Robert Gregg; '56 BSBA; Ins. Sales; Amex Life, 4091 Fairfax Dr., Columbus, OH 43220, 614 459-0240; r. Same.

ADAMS, Robert M.; '36 BSBA; Retired CPA/Cord. Acct.; Cincinnati Milacron; r. 6116 Crittenden Dr, Cincinnati, OH 45244, 513 232-7951.

ADAMS, Robert O.; '48 BSBA; Retired; r. 3829 SE 10th Pl., Cape Coral, FL 33904, 813 549-5476.

ADAMS, Ronald N.; '55 BSBA; Retired Salews Repr; Myron D Adams Printers, 9500 Detroit Ave. NW, Cleveland, OH 44102; r. 1895 Wynwood Dr., Rocky River, OH 44116, 216 333-1557.

ADAMS, Shirley; '52 BSBA; Exec. Trg Prog.; r. 240 W. 98th St., New York, NY 10025, 212 865-0553.

ADAMS, Stephen Robert; '75 BSBA; 1012 Hocking Rd, Belpre, OH 45714, 614 423-7141.

ADAMS, Steven Leslie; '77 BSBA; Staff; US Govt., National Inst Occuptional, Safety & Health, Cincinnati, OH 45213; r. 5519 Lester Rd., Cincinnati, OH 45213.

ADAMS, Susan '77 (See Homsy, Susan Adams).

ADAMS, Thomas Joseph; '50 BSBA; Owner; Adams Devel. Co., One Lytle Pl. 2507, 621 Mehring Way, Cincinnati, OH 45202, 513 381-6026; r. 4875 Cactus Way, La Jolla, CA 92037, 619 459-9037.

ADAMS, Tim Alan; '88 BSBA; Staff MIS Cnslt.; Crowe Chizek & Co., 330 E. Jefferson Blvd., POB 7, South Bend, IN 46624, 219 232-3992; r. 2730 Trader Ct., South Bend, IN 46628, 219 277-1813.

ADAMS, Timothy Harold; '85 BSBA; Distribution Supv.; Limited Stores, 3 Limited Pkwy., Columbus, OH 43230, 614 479-2615; r. 1043 Chestershire Rd., Columbus, OH 43204, 614 279-9064.

ADAMS, Timothy Michael; '70 BSBA; Staff; Teledyne Inc., 1312 Laskey, Toledo, OH 43612; r. 38 Rosewood, S. Attleboro, MA 02703, 508 761-5397.

ADAMS, Walter De Wayne; '48 BSBA; Pres.; Artex Pipe & Equip. Co., 4763 Barwick-105, Ft. Worth, TX 76132, 817 346-6207; r. 6033 Wedgmont Cir., Ft. Worth, TX 76133, 817 292-2168.

ADAMS, Warren Keith; '86 BSBA; 65 Jody Dr., Dresden, OH 43821, 614 754-1717.

ADAMS, William Michael; '65; Regional Mktg. Rep.; Kirk Plastic, 2811 E. Ana St., Rancho Dominguez, CA 90221, 216 494-7641; r. 11028 Billingham Ave. NW, Uniontown, OH 44685, 216 494-2232.

ADAMS, ENS William Royston; '78 BSBA; Ensign USN; Dept. of The Navy, USS Brooke (Ffg-1) FPO, San Francisco, CA 96601; r. 1812 Sandalwood Pl., Columbus, OH 43229, 614 846-0949.

ADAMS, Wilson O.; '59 BSBA; 6942 E. Jackrabbit, Scottsdale, AZ 85253.

ADAMSON, David Dwayne; '76 BSBA; Controller; Eastern Petroleum Co., 986 Tibbetts Wick Rd., POB 600, Girard, OH 44420, 216 539-4210; r. 110 Frostwood Dr., Cortland, OH 44410, 216 637-4111.

ADAMSON, Robert Grant, II; '80 MPA; Mgr., Mktg. Analysis; Online Computer Library Ctr., 6565 Frantz Rd., Dublin, OH 43017, 614 764-6431; r. 212 Northmoor Pl., Columbus, OH 43214, 614 268-5460.

ADCOCK, Ralph P.; '41; Retired; r. 929 Old McArthur Rd., Logan, OH 43138, 614 385-3648.

ADDIS, Deanna '83 (See Brougher, Deanna Addis).

ADDISON, Adam Wilson; '35 BSBA; Deputy Tax Collector; Collier Cnty., Naples, FL 33962; r. 261 Memory Ln., #4, Naples, FL 33962, 813 774-6737.

ADDISON, Gary Wayne; '82 BSBA; Mfg. Plng. Mgr.; Combustion Engrg., 650 Ackerman Rd., Columbus, OH 43202, 614 261-2000; r. 1186 Sunny Hill Dr., Columbus, OH 43221, 614 459-3880.

ADDISON, James Robert, Jr.; '51 BSBA; Atty.; 200 St. Clair Bldg., POB 747, Marietta, OH 45750, 614 373-6688; r. Same, 614 374-3391.

ADDISON, Lawrence Irwin, Sr.; '41; Sales Rep.; Wright-Shriner Agcy., 3070 Riverside Dr., Columbus, OH 43221, 614 486-7151; r. 2575 Charing Rd., Columbus, OH 43221, 614 488-4236.

ADE, Stephen Frederic; '71 BSBA; VP Finance; Castrol Metalworking Prods. Grp., 630 W. Washington Blvd., Chicago, IL 60606, 312 454-1000; r. 1979 Berkshire Pl., Wheaton, IL 60187, 312 665-9419.

ADELL, Allan Irwin; '53 BSBA; Pres.; Abbaco, Inc., 230 5th Ave., Ste. 1804, New York, NY 10001, 212 679-4550; r. 96 Magnolia Ln., East Hills, NY 11577, 516 621-1647.

ADELL, Mitchell Allen; '79 BSBA; CPA & Asst. Controller; Model Box Co., 2545 E. 79th St., Cleveland, OH 44104; r. 23800 E. Baintree Rd., Cleveland, OH 44104, 216 291-4340.

ADELMAN, Barry Jay; '73 BSBA; CPA/Partner; Schwartz, Adelman et al CPA's, 33 S. James Rd, Columbus, OH 43213, 614 237-0545; r. 2542 Fair Ave., Columbus, OH 43209, 614 235-2279.

ADELMAN, Barry Mark; '74 BSBA; VP; Adco Distributors Inc., 221 N. Cherry, Canton, OH 44702; r. 5701 Spring Lake Rd. NW, Canton, OH 44718, 216 454-8028.

ADELMAN, Bryan; '69 BSBA; 24690 Shaker Blvd., Cleveland, OH 44122, 216 464-0140.

ADELMAN, Jack Morton; '54 BSBA; Deputy Dir.; US Govt., Off of Pipelines & Prod Reg, 825 N Capitol St Nw Rm 5100-G, Washington, DC 20426; r. 4201 Cathedral Ave. NW, Washington, DC 20016, 202 244-0289.

ADELMAN, Lawrence Gene; '62 BSBA; Branch Mgr./VP; Prudential-Bache Securities, 29425 Chagrin Blvd., Pepper Pike, OH 44122, 216 464-5300; r. 2600 Snowberry Ln., Pepper Pike, OH 44124, 216 442-2007.

ADELMAN, Terry Joseph; '70 BSBA; 1962 Zenobia Rd., Norwalk, OH 44857, 419 668-0553.

ADELSON, Karen Lynne; '83 BSBA; Staff Acct.; Price Waterhouse & Co., Central National Bank Bldg., Cleveland, OH 44114; r. 2662 Cranlyn Rd., Shaker Hts., OH 44122, 216 831-1474.

ADELSON, Steven Mark; '71 BSBA; Partner; S.M. Adelson & Co., Inc., 21625 Chagrin Blvd., #100, Beachwood, OH 44122, 216 752-7070.

ADELSPERGER, David Leon; '60 BSBA; POB 398, Little Hocking, OH 45742, 614 989-2517.

ADELSPERGER, Kelli J. '86 (See Miller, Kelli J.).

ADELSPERGER, Mark Jay; '77 BSBA; Staff; Ashland Oil Co., 5200 Paul Blazer Memorial Pkwy, Dublin, OH 43017; r. 1781 Kings Ct. #D, Columbus, OH 43212, 614 488-4582.

ADELSTEIN, Cindy Lou '82 (See Poll, Mrs. Cindy Lou).

ADELSTEIN, Ronald Dennis; '58 BSBA; CPA; One Foothill Ln., E. Northport, NY 11731, 516 368-2477; r. Same.

ADELSTEIN, Terri Susan; '84 BSBA; Systs. Analyst; Burroughs Corp., Burroughs Pl., Detroit, MI 48232; r. 894 Beaconsfield, Grosse Pte., MI 48230, 313 331-3319.

ADES, Gerald Cyrus; '49 BSBA; Pres.; Bluegrass Travel, 2236 Wynnewood Cir., Louisville, KY 40222, 502 425-8187; r. Same, 502 425-6051.

ADIGUN, Layiwola Anthony; '82 MBA; 2 Osemwende St., Benin, Nigeria.

ADIUTORI, Joseph Eugene; '86 BSBA; Materials Mgr.; Defense Rsch., Inc., POB 7909, 3030 Horseshoe Dr., Naples, FL 33941, 813 643-6660; r. 4181 Cutlass Dr., Naples, FL 33940, 813 263-2535.

ADIUTORI, Michael John; '88 BSBA; 1474 N. High, Columbus, OH 43201.

ADKINS, Charles Phillips, Jr.; '58 BSBA; 2462 Foxway Cir. NW, N. Canton, OH 44720, 216 499-1488.

ADKINS, Christopher Alan; '86 BSBA; Staff; UPS, 2450 Rathmell Rd., Greenwich Ofc. Park 5, Columbus, OH 43207; r. 8763 Winchester Rd., Carroll, OH 43112, 614 863-1145.

ADKINS, Dempsey Reno, Jr.; '83 BSBA; Sales Mgr.; Southwestern Life Ins. Co., 10010 San Pedro, Ste. 220, San Antonio, TX 78230; r. 4241 Woodcock Dr. #200, San Antonio, TX 78228.

ADKINS, Devin Lee; '84 BSBA; 378 S. Main St., POB 870, Pataskala, OH 43062, 614 927-1136.

ADKINS, Earl Franklin; '59 MBA; 10 Woodoaks Dr., San Rafael, CA 94903, 415 499-8026.

ADKINS, H. Parker; '37 BSBA; Retail Sales; Plain City Implement Co., 230 Gay St., Plain City, OH 43064; r. 142 W. 2nd Ave., Plain City, OH 43064, 614 873-8252.

ADKINS, James Marrion, Jr.; '78 BSBA; Controller; Cablec Corp., Squadron Blvd., New City, NY 10956, 914 634-0100; r. POB 598, Chester, NY 10918.

ADKINS, Jane Stuart; '77 BSBA; POB 598, Chester, NY 10918.

ADKINS, Judith Ann; '85 BSBA; Acct.; Nationwide Ins., One Nationwide Plz., Columbus, OH 43215, 614 249-4860; r. 3852 Tweedsmuir Dr., Hilliard, OH 43026, 614 771-7870.

ADKINS, Kelly Lee; '85 BSBA; 3905 Bickel Church Rd. NW, Baltimore, OH 43105, 614 862-8621.

ADKINS, Stuart Andrew; '86 BSBA; VP; Trans-Ohio Haulers, POB 07959, Columbus, OH 43207, 614 443-2020; r. 373 E. Stewart Ave., Columbus, OH 43206, 614 445-6303.

ADKINS, Susan Raney; '81 BSBA; Acct.; GM, 920 Townsend, Lansing, MI 48909, 517 377-2694; r. 2814 Victor Ave., Lansing, MI 48911, 517 882-6202.

ADKINS, Tyrus W.; '87 BSLHR; 3421 Kingston Ave., Grove City, OH 43123, 614 875-5934.

ADKINS, Wesley Leroy; '75 BSBA; Account Mgr.; Display Data Corp., 5775-C Peachtree Dunwoody NE, Atlanta, GA 30342; r. 4331 Cornwallis Ct., Marietta, GA 30067.

ADLER, Drew James; '87 BSBA; 18815 Orchard Hill, Walton Hls., OH 44146, 216 232-2815.

ADLER, Marvin D.; '48 BSBA; Sales Rep.; Cannon Paper Co., 152 Hamilton St., Toledo, OH 43602; r. 3341 Grimsby Pl., Toledo, OH 43606, 419 536-5236.

ADLER, Michael Frederic, JD; '58 BSBA; Pres.; Moto Photo Inc., 4444 Lake Center Dr., Dayton, OH 45426, 513 546-6886; r. 5464 Sherfield Dr., Dayton, OH 45426, 513 837-4096.

ADLER, Milton M.; '43 BSBA; Retired; r. 41 Maple Dr., Great Neck, NY 11021, 516 487-7147.

ADLER, Dr. Philip, Jr.; '52 BSBA, '66 PhD (BUS); Prof. of Industrial Mgmt.; Georgia Inst. of Technology, 225 North Ave., Atlanta, GA 30332, 404 894-4371; r. 490 Mossy Vale Way NW, Atlanta, GA 30328, 404 252-4847.

ADLER, Richard Elliott, Jr.; '87 BSBA; Financial Info. Coord.; Kal Kan Foods Inc., Div. of Mars Inc., POB 28146, Columbus, OH 43228, 614 878-7241; r. 3766 Heatherglen, Hilliard, OH 43026, 614 771-8976.

ADOMAITIS, Adriane Marie '82 (See Willig, Mrs. Adriane A.).

ADREAN, LTC Ray Edward, USA(Ret.); '39 BSBA; 153 Robinhood Way, Sherwood Shores, Mabank, TX 75147, 214 887-5487.

ADRIAN, Charles Leroy; '49 BSBA; Pres.; Adrian Real Estate, 1819 W. Lane Ave., Columbus, OH 43221; r. 787 S. State St., #B, Westerville, OH 43081.

ADRIAN, Howard Emerson; '45 BSBA; Retired; r. 9620 Mission Rd., Overland Park, KS 66206, 913 381-9098.

ADRIAN, Linda K. '84 (See Moore, Linda A.).

ADULEWICZ, Casimir T.; '60 BSBA; Atty.; Atty-at-Law, 600 Ohio Valley Towers, Steubenville, OH 43952; r. 129 Brady Cir. E., Steubenville, OH 43952, 614 282-1106.

ADZEMA, John Richard; '78 BSBA; Sr. Contract Speclist; Nus Corp., Nuclear & Hazardous Wastes Dpt, Park W. Two/Cliff Mine Rd., Pittsburgh, PA 15275, 412 788-1080; r. 15 Winthrop Rd., Carnegie, PA 15106, 412 279-4011.

AFTON, Robert J.; '67 BSBA; Rte. #1, Box 625, Fontana, WI 53125.

AGABALOGUN, Rafiat O.; '85 MPA; 1911 Belcher Rd., #302, Columbus, OH 43224.

AGARWAL, Dr. Sanjeev; '86 MA, '86 PhD (BUS); 309 2nd Ave. N., Onalaska, WI 54650, 608 783-1131.

AGBEDE, Rowland Omodele; '79 MPA; 9 Araromi, Igede-Ekiti, Omdo, Nigeria.

AGDINAOAY, Marcelle Grace; '88 BSBA; 8654 Hollis Ln., Brecksville, OH 44141, 216 526-4772.

AGEE, Jon W.; '63 BSBA; Atty.; 915 Middle River Dr., Ste. 508, Ft. Lauderdale, FL 33304, 305 566-2433.

AGHIMIEN, Dr. Peter Aitemine; '80 BSBA; Asst. Prof. of Acctng.; Indiana Univ. at South Bend, Div. of Business & Economics, POB 7111, South Bend, IN 46634, 219 237-4476; r. POB 152, Mishawaka, IN 46544, 219 256-6704.

AGIN, Bernard Irwin; '69 BSBA; Atty.; r. 26460 Hendon Rd., Cleveland, OH 44122.

AGIN, Frank James; '87 MBA; Rte. 1 Box 145, Chassell, MI 49916, 906 523-4546.

AGNEW, Robert L.; '66 BSBA; Pharmacist; Dane Drugs, 5011 Chatterton Rd., Columbus, OH 43232; r. 6401 Stonebridge St., Columbus, OH 43229, 614 890-3893.

AGRAWAL, Sangeeta; '83 BSBA; 1272 Brookfield Rd., Memphis, TN 38119, 901 761-4282.

AGRAWAL, Yogesh Krishna; '72 MBA; Systs. Mgr.; Indian Sewing Machine Co. Ltd., 3 Devika Twr., 6 Nehru Pl., New Delhi 110019, India, 644-3045; r. D-1089 New Friends Colony, New Delhi 110065, India, 011 683-1665.

AHEARN, Carey Ann; '85 BSBA; Mktg. Rsch. Analyst; Lennox Industries Inc., 1711 Olentangy River Rd., POB #1319, Columbus, OH 43216, 614 421-6307; r. 469 Melrose Ave., Columbus, OH 43202.

AHER, Donna '68 (See Byers, Donna Aher).

AHERN, Shawn Thomas; '86 BSBA; Staff Acct.; Laidlaw Waste Systs., 999 Cropper Ave., Columbus, OH 43229, 614 848-4480; r. 3567 Wilson Woods Dr., #I, Columbus, OH 43204, 614 276-8354.

AHERN, William Joseph; '55 BSBA; Atty.-Pres.; William J Ahern & Assocs., 50 W. Broad St. Ste. 2850, Columbus, OH 43215; r. 1783 Harwitch Rd, Columbus, OH 43221, 614 486-0853.

AHIJEVYCH, Anatol; '67 BSBA, '68 MBA; Mgr.; Battelle Mem. Institite, Acctg. & Budgets Dept., 505 King Ave., Columbus, OH 43201, 614 424-7026; r. 6161 Middlebury Dr. E., Worthington, OH 43085, 614 888-8094.

AHL, Doris '52 (See Anguish, Mrs. Doris).

AHLERS, Richard Herman; '82 BSBA; Credit Repesentative; Trane Co., 10001 Alliance Rd., Cincinnati, OH 45242, 513 745-5444; r. 5819 Juvene Way, Cincinnati, OH 45233, 513 922-1263.

AHLERS, Walter Hartley; '82 BSBA; Public Acct.; Walter H. Ahlers PA, 4352 Columbia Rd., N. Olmsted, OH 44070, 216 777-6006; r. Same, 216 734-4389.

AHLGREN, Anita Jean; '83 BSBA; 730 N. Woodlawn, Kirkwood, MO 63122, 314 821-8657.

AHLMAN, Richard J.; '60 MBA; 343 State St. Nj160, c/o Kodak, Rochester, NY 14650, 716 544-6217.

AHMAD, Azilah; '86 BSBA; 40 Jalan Ros Kampung Ista, Batu Pahat Jo, Malaysia.

AHMAD, Azlina Binti; '86 BSBA; 6368 Busch Blvd. #338, Columbus, OH 43229.

AHMANN, Frank B., Jr.; '50 BSBA; Retired; r. 8620 332 NW 13th St., Gainesville, FL 32606, 904 374-4066.

AHN, Dongguiu; '86 MS, '88 PhD; Grad. Student; Ohio State Univ., 1775 College Rd., Columbus, OH 43210; r. 514 Mahoney Ct., Columbus, OH 43210, 614 293-0129.

AHNMARK, David George; '78 MBA; Staff; Owens Corning Fiberglas, Fiberglas Twr., Toledo, OH 43659; r. 6944 Bonnie Brae LN, Worthington, OH 43085.

AHO, John Donald; '47 BSBA; Retired; r. 1025 W. 2nd Ave., Columbus, OH 43212, 614 291-8070.

AHOLA, Jeffrey Brian; '77 BSBA; Regional Sales Mgr.; Progressive Ins. Co., 6300 Wilson Mills Rd., Mayfield Vlg., OH 44135; r. 15455 Highland Park Dr., Cleveland, OH 44136, 216 651-6204.

AHRENDT, Carl Fredrick; '72 BSBA; Contracting Ofcr.; Defense Electronics Supply Ctr., Dayton, OH 45444, 513 296-5025; r. 3970 Willowcrest Rd., Dayton, OH 45430, 513 426-6145.

AHRENDT, Richard Karl; '53 MBA; Staff; Reece Bros., 1415 W. Delaware, Toledo, OH 43606; r. 820 Phillips St., Maumee, OH 43537, 419 893-3628.

AHRENDTS, Polly Ann; '81 MBA; VP; AIM Capital Mgmt. Inc., 11 Greenway Plz., Ste. 1919, Houston, TX 77046, 713 626-1919; r. 4751 Aftonshire #6, Houston, TX 77027, 713 627-3650.

AHRNS, James Richard, Jr.; '80 BSBA; Asst. Controller; Cad Cam Inc., 2844 E. River Rd., Dayton, OH 45439, 513 293-3381; r. 320 Glen Vista Ct., Centerville, OH 45459, 513 435-3864.

AHRNS, Ronald R.; '82 BSBA; Cost Acct.; Dow Chemical USA, Acctg. Dept., Abbott Rd., Midland, MI 48640, 517 636-5723; r. 2205 Burlington Dr., Midland, MI 48640, 517 839-0580.

AHRONI, Gil; '86 BSBA; Acct.; Coopers & Lybrand, 100 E. Broadstreet, Columbus, OH 43215, 614 225-8700; r. 3503 Liv-Moor Dr., Columbus, OH 43227, 614 231-6111.

AHTING, Linda K.; '86 BSBA; 7674 Trailwind Dr., Cincinnati, OH 45242, 513 793-3266.

AI, Li Lien Li-In; '81 MBA; 16003 Tammany Ln., Houston, TX 77082.

AIELLO, Michael Joseph; '81 BSBA; Sales Svc. Supv.; Owens Corning Fiberglas, 9111 Edmonston Rd., Greenbelt, Columbia, MD 21044; r. 1215 Halls Chance Ln., Belcamp, MD 21017, 301 273-7154.

AIKEN, Clifford David, III; '80 BSBA; VP/Treas.; Target Constr. Co., 4150 Tuller Rd., Dublin, OH 43017, 614 792-2900; r. 5248 Predmore Pl., Columbus, OH 43230, 614 476-6565.

AIKENS, Howard G.; '46 BSBA; Acctg. Clerk; State of Ohio, 400 E. Poe Rd., Bowling Green, OH 43402; r. 1624 Juniper Dr. Apt. 82, Bowling Green, OH 43402, 419 257-2143.

AILES, Joel Millard; '83 BSBA; Terminal Mgr.; Mike Conrotto Trucking Co., POB 638, Gilroy, CA 95021; r. POB 1744, Gilroy, CA 95021.

ALPHABETICAL LISTINGS ALLEN 3

AILING, Richard L.; '60 BSBA; Fiscal Ofcr.; Ohio Dept. of Transportation, 25 S. Front St., Columbus, OH 43215, 614 443-2518; r. 23 W. Kossuth St., Columbus, OH 43206, 614 444-9753.

AINES, Ms. Linda D.; '76 BSBA, '78 MBA; Bus. Spec.; Vermont Small Business Devel. Ctr., Box 489, Rutland, VT 05701, 802 773-3349; r. Rte. 1, Box 1201, Sudbury, VT 05733.

AITKEN, Margaret Wilder; '27 BSBA; Retired; r. 5311 Northfield Rd., Aparmtent, Cleveland, OH 44122.

AITKEN, Paul Martin; '86 BSBA; Production Supv.; Navistar, POB 600, Springfield, OH 45503; r. 935 N. Limestone, Apt. #5, Springfield, OH 45503, 513 323-7554.

AIVALIOTIS, Chris George; '78 BSBA; Industrial Painting; Contractor, 519 Second Ave., Pittsburgh, PA 15219; r. 701 Brunot St., Verona, PA 15147, 412 828-2582.

AKARRI, Hassan Ahmad; '87 BSBA; c/o Riad A Ajami, 2215 Jervis Rd., Columbus, OH 43221, 614 484-0558.

AKBARI, Dr. Hamid; '88 PhD (BUS); 9735 Sumac Rd. #402, Des Plaines, IL 60016.

AKERBERG, Alice L.; '62 BSBA; Tax Mgr.; Spalding & Evenflo Co. Inc., POB 30101, Tampa, FL 33630, 813 887-5228; r. 1207 La Brad Ln., Tampa, FL 33613, 813 961-1654.

AKERS, James G.; '50 BSBA; Retired Spec. Agt.; FBI, Kinston, NC 28501; r. 1900 Carey Rd., Kinston, NC 28501, 919 522-3914.

AKEY, Barbara '65 (See Turney, Barbara Akey).

AKIN, Todd S.; '50 BSBA; Pres. & Gen.; Fairfield Paint & Oil Co., 605 Lincoln Ave., Lancaster, OH 43130, 614 653-4662; r. 202 Peters Ave., Lancaster, OH 43130, 614 653-9110.

AKROUCHE, Desiree '83 (See Ervin, Desiree Lynn).

AKSEL, Mrs. Cynthia, (Cynthia Brown); '78 BSBA; Exec.; Ohio Bell, Columbus, OH 43215; r. Rte. 1, Morral, OH 43337.

ALALI, Seraj; '80 BSBA, '82 MBA; Shipping-Mangng Dir.; White Sea Shipping & Supply Co., PO 2705, Sharjah, United Arab Emirates, 971 637-5572; r. Same, 971 635-6137.

ALAUDINI, Nadia; '87 BSBA; Acct.; Coopers & Lybrand, 100 E. Broad St., Columbus, OH 43215, 614 225-8700; r. 8350 Evangeline Dr., Worthington, OH 43085, 614 888-8126.

ALBAN, David R.; '55 BSBA; Atty.; Alban & Alban, 380 S. Fifth St., Columbus, OH 43215, 614 221-4407; r. 513 S. Haymore Ave., Worthington, OH 43085, 614 885-1078.

ALBAN, Frederick James; '61 BSBA; Appraiser-VP; Northern Appraisal Co., 39 S. La Salle St., Ste. 1126, Chicago, IL 60603, 312 372-6366; r. Unit 15C, 40 E. Cedar, Chicago, IL 60611, 312 951-5296.

ALBAN, Glenn Fredrick; '88 BSBA; 513 Haymore Ave. S., Worthington, OH 43085, 614 885-1078.

ALBAN, Harry Elroy; '32 BSBA; Pres.; The Sam Alban Co., 51-59 W. Main St., Newark, OH 43055, 614 349-7040; r. 1130 Surrey Dr., Newark, OH 43055, 614 366-6033.

ALBAN, Jack W.; '50 BSBA; Retired; r. 9140 Muirkirk Dr., Dublin, OH 43017, 614 766-1866.

ALBAN, John Calvin; '50 BSBA; Atty.; Alban & Alban, 380 S. 5th St., Ste. 3, Columbus, OH 43215, 614 221-4407; r. 686 Chaffin Ridge, Columbus, OH 43214, 614 451-1507.

ALBAN, Paul Edward; '38 BSBA; Volunteer; r. POB 267, Fredericksburg, TX 78624, 512 997-3373.

ALBAN, Reese E.; '63 BSBA; Mgr.; The Sam Alban Co., 51-59 W. Main St., Newark, OH 43055, 614 349-7040; r. 200 Elm Dr. NE, Newark, OH 43055, 614 763-3545.

ALBAN, Robert Stanley; '41 BSBA; Leasing Cnslt.; Retail Traders Assn., 104 Franklin St., Melbourne, Victoria, Australia; r. 11 Taurus St., N. Balwyn, Melbourne, Australia.

ALBANESE, Donald Thomas; '67 BSBA, '71 MA; Controller; O'Neil Dept. Store, 226 S. Main St., Akron, OH 44308; r. 173 Cedar Hill Cir, Cuyahoga Falls, OH 44223, 216 374-6236.

ALBANESE, Michael Andrew; '60; Dir./EDP; State of Ohio, 106 N. High St., Columbus, OH 43215, 614 644-6258; r. 3138 Leeds Rd., Columbus, OH 43221, 614 488-7575.

ALBANESE, Peter Nicholas; '48 BSBA; Sales; Kahns Jewelers, 24 N. High St., Columbus, OH 43215; r. 2116 Tremont Rd., Columbus, OH 43221.

ALBANESE, Dr. Robert; '52 BSBA, '57 MBA, '62 PhD (BUS); Prof.; Texas A & M Univ., Dept. of Mgmt., College Sta., TX 77843, 409 845-3132; r. 9004 Sandstone Dr., College Sta., TX 77840, 409 693-9136.

ALBANO, Philip; '79 BSBA; 259 N. Fernwood, Lima, OH 45805, 419 228-0307.

ALBAUGH, Joyce Ann Dempsey, (Joyce Ann Dempsey); '79 BSBA; 1811 Birchfield Ct., Powell, OH 43065, 614 766-1292.

ALBAUGH, Robert S.; '52 BSBA; VP-Govt. Relations; R. L. Polk & Co., 431 Howard St., Detroit, MI 48231; r. 4320 East St. Joseph Way, Phoenix, AZ 85018, 602 840-0991.

ALBAUGH, Ronald James; '81 MBA; Info. Analysis Mgr.; Chemical Abstracts Svc., Corp Dev Dept. POB 3012, 2540 Olentangy River Rd., Columbus, OH 43210, 614 447-3600; r. 1811 Birchfield Ct., Powell, OH 43065, 614 766-1292.

ALBAUGH, Thomas Andrew; '73 MBA; Computer Tchr.; Columbus Bd. of Educ., Indianola Middle Sch., 420 E. 19th Ave., Columbus, OH 43201, 614 299-1175; r. 557 Tansy Ln., Westerville, OH 43081, 614 888-7683.

ALBEE, James Campbell; '86 BSBA; Mktg. Assoc.; Equitec Properties Co., Three Commerce Park Sq., 23200 Chagrin Blvd., #450, Cleveland, OH 44122, 216 831-0043; r. 241 Hartford Dr., Hudson, OH 44236, 216 653-6159.

ALBER, George H.; '29 BSBA; Retired; r. 484 S. State St., Marion, OH 43302, 614 387-9113.

ALBERS, James Richard; '84 BSBA; 566 E. Jeffery Pl., Columbus, OH 43214, 614 261-1779.

ALBERSON, Demitrice Gizelle; '87 BSBA; Personnel Mgmt. Spec.; USDA Soil Conservation Svc., 101 S. Main, Temple, TX 76501, 817 774-1240; r. 4102 W. Adams, Apt. 226, Temple, TX 76504, 817 773-0013.

ALBERSON, Julius Dalton; '71 MBA; Finance Mgr.; Rockwell Intl., 3370 Miraloma Ave., Anaheim, CA 92803; r. 1723 S. Corning St., Los Angeles, CA 90035, 213 836-0747.

ALBERT, Chuck R.; '82 BSBA; Mgr.-Requirements Plng.; NCR Corp., 1700 S. Patterson Blvd., Dayton, OH 45479, 513 445-5073; r. 1007 Fernshire St., Centerville, OH 45459, 513 298-7598.

ALBERT, David R.; '78 MACC; VP Finance; Brown Corp., 401 S. Steele St., Ionia, MI 48846, 616 527-4050; r. 1108 Kenesaw Dr. SE, Grand Rapids, MI 49506, 616 949-9064.

ALBERT, Janet Good; '82 BSBA; Acct.; Credit Life Ins. Co., One S. Limestone St., Springfield, OH 45502, 513 328-2200; r. 7340 Correll-Maxey Rd., London, OH 43140, 513 462-8058.

ALBERT, Jeffrey Paul; '68 BSBA; Atty.; Albert, Wagner & Krochmal, 4403 N. Main St., Dayton, OH 45405, 513 275-7170; r. 7474 Elru Dr., Dayton, OH 45415, 513 836-5457.

ALBERT, John Curtis; '77 BSBA; Atty.; Crabbe, Brown & Jones, 1 Nationwide Plz., Ste. 2500, Columbus, OH 43215, 614 228-5511; r. 5897 Natureview Ln., Dublin, OH 43017, 614 761-9759.

ALBERT, Joseph Patrick; '77 BSBA; VP; Artic Air Conditioning, 1341 E. 260th, Euclid, OH 44132; r. 2399 Larchmont Dr., Wickliffe, OH 44092, 216 943-0069.

ALBERT, Larry R.; '74 BSBA; Div. Controller; Parker-Hannifin, 30240 Lakeland Blvd., Wickliffe, OH 44092; r. 2910 Narrows Rd., Perry, OH 44081, 216 259-4707.

ALBERT, Lyle Eric; '84 BSBA; Mgr./Buyer; St. Marys Sporting Goods Inc., 121 W. Spring St., St. Marys, OH 45885, 419 394-4012; r. 702 Red Oak Dr., St. Marys, OH 45885.

ALBERT, Robert Hamilton; '53 BSBA; Atty.; Kagay, Albert & Diehl, 849 Harmon Ave., Columbus, OH 43223, 614 228-3895; r. 1007 Birchmont Rd., Columbus, OH 43220, 614 451-4964.

ALBERT, Thomas M.; '86 BSBA; 222 Joelynn St., Shelby, OH 44875, 419 347-7674.

ALBERT, Timothy David; '80 BSBA; Real Estate Appraiser; r. 7718 E. First Ave., Scottsdale, AZ 85251, 602 946-3635.

ALBERTSON, Gregory; '78 BSBA; Analyst; Custom Designed Computer Syst., 5688 Dorsey Dr., Columbus, OH 43235, 614 457-4899; r. Same.

ALBERTSON, William B.; '38 BSBA; Retired; r. 1506 W. Case Rd., Columbus, OH 43235, 614 451-0382.

ALBRECHT, David R.; '70 BSBA; Cnslt.; POB 141253, Columbus, OH 43214, 614 487-1316; r. Same.

ALBRECHT, Harold L.; '48 BSBA; Retired; r. 200 Doverland Rd., Richmond, VA 23229, 804 740-8167.

ALBRECHT, Jeffrey Paul; '73 BSBA; CPA & Partner; Albrechts Townhouse Enterprise, 736 Fifth St., Portsmouth, OH 45662, 614 354-7711; r. 3132 Old Post Rd, Portsmouth, OH 45662, 614 354-3414.

ALBRIGHT, Charles T.; '63 BSBA; VP, Distribution; R. R. Donnelley & Sons, 2223 Martin Luther King Dr., Chicago, IL 60616, 312 326-8235; r. 22943 Lake Shore Dr., Richton Park, IL 60471, 312 481-8297.

ALBRIGHT, Gerald Alan; '75 BSBA; 2009 Queensbridge Dr., Worthington, OH 43235.

ALBRIGHT, Marlyn '81 (See Michael, Marlyn).

ALBRINK, John Bernard, III; '70 BSBA; Pres./Owner; Mifax-Oklahoma City, 6120 Sudbury, Ste. B, Oklahoma City, OK 73162, 405 722-7712; r. 6120 Sudbury Dr., Oklahoma City, OK 73162, 405 722-1544.

ALBRITON, James Warren; '87 MLHR; POB 151538, Columbus, OH 43215, 614 294-2197.

ALDAG, James Charles; '80 BSBA; Account Exec.; Prudential-Bache Securities, 6100 S. Yale, Ste. 1810, Tulsa, OK 74105, 918 496-2600; r. 4141 S. Troost Pl., Tulsa, OK 74105, 918 747-5402.

ALDERDICE, Gregory James; '83 BSBA; 9090 Kinsman Pymat, Kinsman, OH 44428.

ALDERS, Gary Douglas; '86 BSBA; Operations Mgr.; Van Dyne Crotty, 440 E. Highland, Macedonia, OH 44051, 216 475-1600; r. 14714 Krems, Maple Hts., OH 44137, 216 475-4929.

ALDRICH, Dorothy Lindquist; '37 BSBA; Richmond, VT 05477.

ALDRICH, Kenneth Robert; '81 BSBA; Operations Mgr.; Sentry Watch, Inc., 1105 S. Chapman St., Greensboro, NC 27403, 919 292-6468; r. 3219 Alder Way, Greensboro, NC 27407, 919 292-2676.

ALDRICH, Sheila '83 (See Milligan, Ms. Sheila E.).

ALDRIDGE, Cassandra Marzetta; '88 BSBA; Personnel Asst.; Goodwill Rehab. Ctr., 1331 Edgehill Rd., Columbus, OH 43212, 614 294-5181; r. 3065 Pine Valley, Columbus, OH 43219, 614 471-7137.

ALDRIDGE, Robert Bruce; '62 BSBA; VP; May Dept. Store Co., Shortage Control & Security, 611 Olive St., St. Louis, MO 63101; r. 18600 Vixen Dr., Pacific, MO 63069, 314 458-2410.

ALECUSAN, Emil Robert; '73 BSBA; Acctg. Mgr.; Babcock & Wilcox, 1562 Beeson St., Alliance, OH 44601, 216 821-9110; r. 207 31st St. NW, Canton, OH 44709, 216 492-7879.

ALECUSAN, Gary Mitchell; '83 BSBA; Acct.; The Ltd. Inc., One Limited Pkwy., POB 16528, Columbus, OH 43216; r. 8567 Renford Ct., Powell, OH 43065.

ALECUSAN, George Scott; '82 BSBA; 8838 Seabright Dr., Powell, OH 43065, 614 766-2047.

ALECUSAN, Melanie Manring; '82 BSBA; Asst. Store Controllr; The Ltd. Inc., One Limited Pkwy., POB 16528, Columbus, OH 43216; r. 8567 Renford Ct., Powell, OH 43065.

ALER, Earl Albert, Jr.; '55 BSBA; Personnel Ofcr.; USAF, HQ USAF/DPC, Pentagon, Washington, DC 20330, 202 695-2142; r. Villages of Marlboro, 14311 Governor Lee Pl., Upper Marlboro, MD 20772, 301 627-2917.

ALESHIRE, Mrs. Nancy A., (Nancy A. Cole); '82 BSBA; Human Res. Dir.; Lazarus Dept. Store, 2050 E. Dorothy Ln., Kettering, OH 45420, 513 297-3856; r. 10225 Washington Church Rd., Miamisburg, OH 45342, 513 439-2383.

ALESHIRE, Richard Alan; '73 BSBA; Assoc. Dir.; Dublin Counseling Ctr., 5614 Post Rd., Dublin, OH 43017, 614 889-5722; r. 4955 Atwater Dr., Columbus, OH 43229, 614 885-4010.

ALESHIRE, Richard B.; '49 BSBA; 713 Island Ct., Columbus, OH 43214, 614 451-8306.

ALESIANO, Pamela J.; '88 BSBA; 414 E. 11th St., Dover, OH 44622, 216 343-0049.

ALESSIO, Gary Lewis; '81 MBA; 8234 Sandberry Blvd., Orlando, FL 32819, 407 345-8312.

ALEVIZOPOULOS, Demetrios; '81 MBA; Programmer Analyst Sr.; Ohio State University Hosp., 320 W. 10th Ave. A-062, Columbus, OH 43210, 614 293-3860; r. 4826 Rossmoor Pl., Columbus, OH 43220, 614 457-6839.

ALEXANDER, Charles R.; '57 BSBA; Math Tchr.; r. POB 62, Guatay, CA 92031, 619 445-2564.

ALEXANDER, Daniel Ralph; '81 BSBA; Supply Sergant; USA, Bco 1/12 Inf Bn (M) Ft. Carson, Colorado Spgs., CO 80913; r. 2570 Plymouth Dr., Colorado Spgs., CO 80916, 719 390-5963.

ALEXANDER, David Reed; '88 MPA; 2475 Cherokee Dr., London, OH 43140.

ALEXANDER, Donald G.; '57 BSBA; Mgr.; Ohio Farmers Ins. Co., 3500 N. Central Ave., Phoenix, AZ 85012; r. 144 W. Southern Hills Rd, Phoenix, AZ 85023.

ALEXANDER, Gregory D.; '76 BSBA; Mgr.; Broadview S&L Co., 4412 Milan Rd., Sandusky, OH 44870; r. 460 Woodview Rd., Westerville, OH 43081, 614 890-6187.

ALEXANDER, Heidi '81 (See Thompson, Mrs. Heidi Alexander).

ALEXANDER, Holly Renee; '87 BSBA; Semi Sr. Staff Auditor; Touche Ross & Co., 1700 Courthouse Plaze NE, Dayton, OH 45402, 513 223-8821; r. 4187 Gorman Ave., Englewood, OH 45322, 513 832-0029.

ALEXANDER, Jeffery Dean; '88 BSBA; Supv., Rsch. Dept.; Checkfree Systs., 720 Greencrest Dr., Westerville, OH 43081, 615 898-6073; r. 1350 Runaway Bay 3-B, Columbus, OH 43204, 614 486-9986.

ALEXANDER, Jeffrey A.; '88 BSBA; Student; The Ohio State Univ.; r. 130 W. Maynard Ave., Apt. 2B, Columbus, OH 43202, 614 268-0568.

ALEXANDER, John E.; '41 BSBA; Retired Dist. Mgr.; Borden Columbus Coated Fabrics, Columbus, OH 43216; r. 2233 S. Raleigh St., Denver, CO 80219, 303 934-0340.

ALEXANDER, John G.; '67 BSBA; Exec. VP; Banc One Svc. Corp., 350 McCoy Ctr., Columbus, OH 43271, 614 248-4301; r. 4837 Olentangy Blvd., Columbus, OH 43214, 614 267-0146.

ALEXANDER, Judith '75 (See Rachwitz, Judith).

ALEXANDER, Lois Springer; '49 BSBA; 110 Baker Ave., Lodi, OH 44254, 216 948-2234.

ALEXANDER, Loralea '78 (See Ewing, Loralea Alexander).

ALEXANDER, Nicholas Z.; '58 BSBA; VP & Gen. Counsel; Acceleration Life Ins., 475 Metro Pl. N., Dublin, OH 43017; r. 7970 Greenside Ln., Worthington, OH 43085, 614 846-1707.

ALEXANDER, Dr. Priscilla Ham; '78 MPA; Prof.; California State Univ., Division of Social Work, 6000 J St., Sacramento, CA 95819, 916 278-7176; r. 8724 Brigham Way, Sacramento, CA 95826, 916 381-4387.

ALEXANDER, Richard Joseph; '56 BSBA; 3316 S. Smithville, Dayton, OH 45420.

ALEXANDER, Robert John, Sr.; '60 BSBA; Pres.-Owner; Snelling & Snelling, 1499 W. Palmetto Park Rd., Ste. 111, Boca Raton, FL 33486, 407 368-4400; r. 4111 N. E. 26 Ave., Lighthouse Pt., FL 33064, 305 785-1505.

ALEXANDER, Susan Feld; '80 MBA; Asst. VP; Bank One of Columbus, 100 E. Broad St., Columbus, OH 43215, 614 248-6061; r. 237 Halligan Ave., Worthington, OH 43085, 614 888-7575.

ALEXANDER, William Allison; '49 BSBA; Retired; r. 3280 Mann Rd., Blacklick, OH 43004, 614 855-1421.

ALEXANDER, William D.; '40 BSBA; Retired Underwriter; Ins. Agcy., 2930 N. High St., Columbus, OH 43202; r. 697 Overbrook Dr., Columbus, OH 43214, 614 262-3736.

ALEXANDER, William Donald; '75 MBA; VP; Citicorp Investment Bank, 399 Park Ave., 6th Fl., 2N12, New York, NY 10043, 212 559-3217; r. 401 E. 89th St., Apt. 8E, New York, NY 10128, 212 348-0522.

ALEXANDER, William Glenn; '52 BSBA; Auditor; Defense Contract Audit Agcy., P.V. McNamara Bldg., Rm. 410, 477 Michigan Ave., Detroit, MI 48226, 313 226-7260; r. 3399 Pearl St., Warren, MI 48091, 313 757-7323.

ALEXANDER, William John; '86 BSBA; 1000 Granard Pkwy., Steubenville, OH 43952, 614 282-5563.

ALEXANDER, William Nicholas; '75 BSBA; Asst. Mgr.; Boulevard Gardens Inc., 3050 Olentangy River Rd., Columbus, OH 43202, 614 262-7303; r. 364 Lytton Way, Gahanna, OH 43230, 614 475-3643.

ALEXICH, Natalie Anne; '88 MLHR; 207 Mockernut Ln., Westerville, OH 43081, 614 895-7822.

AL-FAYEZ, Roxane Stoik; '81 BSBA; 5340 Erin Isles Ct., Dublin, OH 43017.

ALFERIO, Joseph; '50 BSBA; Retired; r. 155 Bethesda Cir., Elyria, OH 44035, 216 322-3219.

ALFONSO, David C.; '64 BSBA; Gen. Mgr.; Cal West Auto Auction, Div. GE Corp., 1655 Berryessa Rd., San Jose, CA 95133, 408 452-8383; r. 6435 Gondola Way, San Jose, CA 95120, 408 268-5546.

ALFORD, Alan Dawson; '85 BSBA; Atty.; Baker & Hostetler, 32nd Fl., National City Ctr., Cleveland, OH 44114, 216 621-0200; r. 14033 Sperry Rd., Novelty, OH 44072, 216 338-8416.

ALFORD, Cheryl Lynn, CPA; '76 BSBA; Atty./Owner; 503 College St., Eastman, GA 31023, 404 229-4949; r. Same, 912 374-7300.

ALFORD, William Donald; '77 BSBA; Branch Mgr.; Natl. City Bank, Norwalk, 24 E. Main St., New London, OH 44851, 419 929-1501; r. RD #2, 2560 State Rte. 162 W., Monroeville, OH 44847.

ALGER, David H.; '87 BSBA; 3419 W. 144th St., Cleveland, OH 44111.

ALGER, James Makoto; '87 BSBA; POB 3141, Portsmouth, NH 03801.

ALIBRANDO, Joyce Jones; '52 BSBA; Librarian At Co Jail; Montgomery Co. Pub Library Dept., 99 Maryland Ave., Rockville, MD 20850; r. 10910 Wolfsville Rd, Myersville, MD 21773, 301 293-1637.

ALLAIRE, Michael Francis; '85 BSBA; Computer Opert; Transohio Savings Bank, One Penton Plz., Cleveland, OH 44114, 216 579-7700; r. 1741 Elmwood Ave., Columbus, OH 43212, 614 488-0800.

ALLAMANNO, Stephen Andrew; '87 BSBA; Tax Analyst; Cummins Engine Co. Inc., POB 3005, Columbus, IN 47201; r. 1153 Robert Dr., Apt. #3A, Columbus, IN 47201, 812 372-3657.

ALLAN, Mary Moore; '44 BSBA; 20309 SW Rock Ct., Beaverton, OR 97006, 503 649-8594.

ALLARDICE, William Keith, Jr.; '50 BSBA; 8824 Hills Dell Dr., Concord, NC 28025, 704 786-3084.

ALLEMEIER, Paul G.; '59 BSBA; Pres.; Mid-Southern Savings Bank, 300 Water St., Salem, IN 47167, 812 883-2639; r. 135 Wendy Ln., POB 545, Salem, IN 47167, 812 883-2280.

ALLEN, Alice Russell; '31 BSBA; 4225 E. Broad St., %Colonial E. #21, Columbus, OH 43213, 614 231-8653.

ALLEN, Alvin; '57 MBA; Dir. of Plng.; Regional Plng. Commission, City Hall, Public Sq., Clarksville, TN 37040, 615 645-7448; r. 404 Stone Meadow Rd., Clarksville, TN 37043, 615 647-0848.

ALLEN, Barbara '43 (See Lynn, Mrs. Barbara A.).

ALLEN, Bradley Eugene; '80 BSBA; Owner/Operator; Mc Donald's Corp., RR #1 Box 2D, Eureka Spgs., AR 72632, 501 253-6106; r. RR 1 Box 2-D, Eureka Spgs., AR 72632.

ALLEN, Bradley Jay, CPA; '85 BSBA; Real Estate-Dir. of Acctg; West*Group, Inc., 1600 Anderson Rd., Mc Lean, VA 22102, 703 356-2400; r. 7308 Dartford Dr., Mc Lean, VA 22102, 703 848-2723.

ALLEN, Brenda Kay; '79 BSBA; Plant Acct.; Allied Signal, Autolite Division, POB 578, Elberton, GA 30635, 404 283-7920; r. 201 Tawnyberry Dr., Athens, GA 30606, 404 353-3571.

ALLEN, Bruce Martin, Jr.; '52 BSBA; Pres.; Ins. Assocs Agcy. Inc., 2941 Kenny Rd. Ste. 240, Columbus, OH 43221, 614 459-7477; r. 2165 Cheshire Rd., Columbus, OH 43221, 614 486-1873.

ALLEN, Dr. Chris Thomas; '71 BSBA, '78 PhD (BUS); Visiting Assoc. Prof.; r. 3444 St. John's Pl., Cincinnati, OH 45208, 513 871-2589.

ALLEN, Christine Marie; '87 BSBA; Sales Rep.; Timex Corp., 11692 Clark Rd., Columbia Sta., OH 44028, 216 572-2845; r. Same, 216 238-8725.

ALLEN, Clinton Anthony; '82 BSBA; Systs. Analyst; IBM Corp., Programming Dept., Sterling Forest, NY 13156; r. 36 Mountain Ave., POB 184, Hillburn, NY 10931, 914 357-9147.

ALLEN, Craig E.; '87 BSBA; Auditor; Defense Contract Audit Agcy., 131 N. High St., Columbus, OH 43215, 614 424-5457; r. 45145 SR 541, Coshocton, OH 43812, 614 622-8944.

ALLEN, Cynthia; '85 BSBA; Sr. Acct.; US Health Star, 3535 Olentangy River Rd., Columbus, OH 43214, 614 261-5902; r. 2368 Meadow Village Dr., Worthington, OH 43085.

ALLEN, Daniel Joseph; '86 BSBA; 2682 Country Club Blvd., Rocky River, OH 44116, 216 333-1595.
ALLEN, David Christian; '71 BSBA; CEO; Moneywatch Computer Co., 1310 Kemper Meadow Blvd., #600, Cincinnati, OH 45240, 513 851-5000; r. 5816 Winged Foot Ct., West Chester, OH 45069.
ALLEN, De Ann Rene; '86 BSBA; Mgr.; BancOhio Natl. Bank, 230 Granville St., Gahanna, OH 43230, 614 261-3535; r. 1210 Chambers Rd., 331 B, Columbus, OH 43212, 614 488-4647.
ALLEN, Dennis Michael; '76 BSBA; Mktg. Rep.; IBM Corp., 100 E. Pratt St., Baltimore, MD 21202, 301 332-2261; r. 4315 Clear Spring Rd., Baltimore, MD 21212, 301 628-2381.
ALLEN, Dianne Johnson; '81 MA, '81 MCRP; Prog. Mgr., Dev. Fin.; Columbus Dev. Dept., 140 Marconi Blvd., Columbus, OH 43215, 614 222-8172; r. 1112 Highland St., Columbus, OH 43201, 614 299-2888.
ALLEN, Douglas Brian; '75 BSBA; Contractor; 65348 Hillview Ave., Bellaire, OH 43906, 614 676-2006; r. Same.
ALLEN, Douglas Edward; '79 BSBA; Computer Syst. Anlyst; State Automobile Mutual Ins., 518 E. Broad St., Columbus, OH 43215; r. 370 Kaye Dr., Pickerington, OH 43147, 614 833-0942.
ALLEN, Douglas Eugene; '85 BSBA; Account Rep.; Roadway Package Systs. Inc., Central Ohio Industrial Park, Bldg. 17-A State St. Rd., Shelby, OH 44875, 419 347-7650; r. 7471-A Brandshire Ln., Dublin, OH 43017, 614 792-3869.
ALLEN, Edith Gaylord; '82 BSBA; Records Mgmt. Ofcr.; Ohio Dept. of Human Svcs., Bureau of Info. Mgmt., 2098 Integrity Dr., N., Columbus, OH 43209, 614 443-5800; r. 6572 Walnut Valley Dr., Galena, OH 43021, 614 882-5054.
ALLEN, Edward Francis; '87 BSBA; 1892 Indianola Ave., Columbus, OH 43201.
ALLEN, Gary Michael; '69 MBA; VP; Technology Assocs., 17911 Sampson Ln., Huntington Bch., CA 92647, 714 842-8882; r. Same, 714 835-6027.
ALLEN, Guy Zavodny; '71 BSBA; Dist. Mgr.; ADP, 3630 Corporate Dr., Worthington, OH 43085; r. 2659 Forrestview, Rocky River, OH 44116.
ALLEN, H. Keith; '63 BSBA; Sr. Exec. VP & Secy/ Treas; The Ohio Co., 155 E. Broad St., Columbus, OH 43215; r. 6597 Masefield St., Worthington, OH 43085, 614 888-1679.
ALLEN, Ira Stanford; '73 BSBA; 1315 E. 16th Ave., Columbus, OH 43211, 614 299-9483.
ALLEN, J. Roger; '85 BSBA; Internal Auditor; Nationwide Ins. Co., 1 Nationwide Plz., Columbus, OH 43216, 614 249-5735; r. 3136 Hayden Rd, Columbus, OH 43235, 614 761-8519.
ALLEN, James Randy; '82 BSBA; Div. Mgr.; Magnolia Life Ins. Co., Lake Shore Dr., Lake Charles, LA 70601, 318 433-1405; r. Rte. 1 Box 690, Ragley, LA 70657, 318 666-2627.
ALLEN, James Reid; '81 MBA; Mgr./VP; JJB Hilliard WL Lyons, Inc., Taxable Fixed Income, Hilliard Lyons Ctr., Louisville, KY 40232, 502 588-8604; r. 108 Sweetbriar Ln., Louisville, KY 40207, 502 895-9286.
ALLEN, James Wayne; '84 BSBA; Cash Mgr.; United Telephone Co. of Ohio, 25 S. Mulberry, POB 3555, Mansfield, OH 44902, 419 755-8358; r. 2547 Ellen Ave., Lexington, OH 44904, 419 884-3758.
ALLEN, Jeffrey Philip; '72 BSBA; Sales Rep.; E J Thomas Co., 174 Detroit Ave., POB 8158, Columbus, OH 43201, 614 294-3373; r. 73 Medbrook Way, Columbus, OH 43214, 614 263-8191.
ALLEN, Jerry C.; '62 BSBA; VP; Nationwide Ins., Operations Admin., One Nationwide Plz., Columbus, OH 43216, 614 249-8982; r. 2312 Johnston Rd., Columbus, OH 43220, 614 459-5939.
ALLEN, John Hunter; '86 BSBA; Retail Couns.; Cardinal Foods Inc., 4700 Fisher Rd., Columbus, OH 43228, 614 878-7171; r. 1075 Merrimar, Apt. B, Columbus, OH 43220, 614 459-5900.
ALLEN, John Randal; '87 BSBA; Account Mgr.; NCR Corp., 955 Eastwind Dr., Westerville, OH 43081, 614 899-3258; r. 1551 Worthington Park Blvd., Westerville, OH 43081, 614 848-6538.
ALLEN, Joseph E.; '56 BSBA; Staff; Cyclops Corp., Stainless Division, 24-36 Dept., Coshocton, OH 43812; r. 1512 Walnut St., Coshocton, OH 43812, 614 622-1812.
ALLEN, Kenneth H.; '39 BSBA; Retired; r. 1660 Mohican Rd., Stow, OH 44224, 216 688-0998.
ALLEN, Kimberly Jo; '81 BSBA; 176 Meyers Ave., Dayton, OH 45431, 513 256-5072.
ALLEN, Lawrence James; '80 BSBA; Fiscal Tech.; Dept. of Human Svcs., Warren Cnty. Courthouse, Warren, PA 16365; r. 398 E. State St., Pleasantville, PA 16341.
ALLEN, Lewis B.; '42 BSBA; Retired VP Properties; Colonial Stores; r. 510 Oak Hill Cir. SE, Marietta, GA 30067, 404 953-3316.
ALLEN, Margaret C. '86 (See Allen'Blon, Margaret Celia).
ALLEN, Ms. Marilyn Penn, (Marilyn Penn); '76 BSBA; Analyst; FBI, 10th St. & Penn Ave., NW, Washington, DC 20535, 202 324-5428; r. 11634 Summer Oak Dr., Germantown, MD 20874, 301 972-4632.
ALLEN, Mark Douglas; '78 BSBA; 2754 Shrewsbury Rd., Columbus, OH 43221, 614 459-5367.
ALLEN, Mary '81 (See Doak, Mary Allen).
ALLEN, Mary K., PhD; '86 MA, '86 PhD (BUS); Pres.; Intellogistics, Inc., 3620 High St., Columbus, OH 43214, 614 261-8011; r. 1738 Sioux Ct., Grove City, OH 43123, 614 871-4705.
ALLEN, Oren E.; '49 BSBA; Trust Ofcr.; Union Trust, Cor Church & Elm, New Haven, CT 06510; r. 1045 Long Hill Rd., Guilford, CT 06437, 203 453-9702.
ALLEN, Ralph E., Jr.; '60 BSBA; Zone Mgr.-Policy Holders; Nationwide Ins. Co., One Nationwide Plz., Columbus, OH 43216, 614 249-6618; r. 246 St. Antoine, Worthington, OH 43085, 614 885-6900.
ALLEN, Regina Marie; '81 BSBA; 3809 Inverness Ave., Toledo, OH 43607, 419 535-1093.
ALLEN, Richard F.; '46 BSBA; Retired; r. 1017 Parkdale St., Lansing, MI 48910, 517 484-4832.
ALLEN, Richard H.; '55 BSBA; Pres.; Talley Defense Systs., 4551 E. Mc Kellips Rd, Mesa, AZ 85205, 602 898-2208; r. 5620 E. Caballo Dr., Paradise Vly., AZ 85253, 602 948-6220.
ALLEN, Richard William; '80 BSBA; Gen. Mgr.; Computerland, 1484 Morse Rd., Columbus, OH 43229, 614 431-2200; r. 2168 Scottingham Dr., Dublin, OH 43017.
ALLEN, Rob Lee; '82 BSBA; 451 W. Cook Rd., Mansfield, OH 44907.
ALLEN, Robert Mc Queen; '33 BSBA; Retired; r. 7315 E. Tucker Ln., Scottsdale, AZ 85253, 602 991-9654.
ALLEN, Sarah Jane; '82 BSBA; 1048 Loring Rd. #A, Columbus, OH 43224.
ALLEN, Steven P.; '77; Pres.; Delta Financial Grp., 1455 Frazee Rd., Ste. 515, Ste. 205, San Diego, CA 92108, 619 294-2773; r. 3412 Villa Ter., San Diego, CA 92104, 619 546-9132.
ALLEN, Susan Elizabeth '84 (See Allen-Warner, Susan Elizabeth).
ALLEN, Susan Marie; '74 BSBA; 1315 E. 16th Ave., Columbus, OH 43211, 614 299-9483.
ALLEN, Susan T. '83 (See Wiegert, Mrs. Susan T.).
ALLEN, Talmadge E.; '56 BSBA; Private Investments; r. Box 548, Shullsburg, WI 53586, 608 965-3679.
ALLEN, William A.; '53 BSBA; Pres.; William A Allen Appraisal Co., & Northbrook Realty, 5639 Northbrook Dr. E., Worthington, OH 43085, 614 888-2221; r. 5639 Northbrook Dr. E., Worthington, OH 43085, 614 888-2220.
ALLEN, William Clair; '82 BSBA; Account Exec.; Smith Barney Harris Upham Inc., 1919 Pennsylvania Ave., NW, Ste. 610, Washington, DC 20006, 202 857-5494; r. 135 Moncure Dr., Alexandria, VA 22314, 703 836-6344.
ALLEN, William H., Sr.; '41 BSBA, '47 MBA; Retired; r. 3506 Kirkham Rd, Columbus, OH 43221, 614 451-7929.
ALLEN'BLON, Margaret Celia, (Margaret C. Allen); '86 MPA; Utilities Anaylyst; Georgia Public Svc. Commission, 244 Washington St., Atlanta, GA 30334, 404 656-0944; r. 6980 Roswell Rd. NW, #A-3, Atlanta, GA 30328, 404 399-9310.
ALLENSWORTH, Charles L.; '70 BSBA; Maint. Mech.; Foamade Industries, 2550 Auburn Ct., POB 4494, Auburn Hls., MI 48057, 313 852-6010; r. 1018 Knowles, Royal Oak, MI 48067, 313 545-6254.
ALLEN-WARNER, Susan Elizabeth, (Susan Elizabeth Allen); '84 MLHR; Grants Mgr.; HRS State of Florida, Administrative Svcs., 160 W. Government St., Pensacola, FL 32501, 904 436-8072; r. 430 Belle Chasse Way, Pensacola, FL 32506, 904 453-5376.
ALLER, Gary Anthony; '82 BSBA; 828 Monroe St., Bellevue, OH 44811, 419 483-7121.
ALLERDING, Paul E.; '47 BSBA; Retired; US Postal Svc.; r. 6320 N. Mango Way, Tucson, AZ 85741, 602 297-7962.
ALLGIRE, William D.; '67 BSBA; 2nd Lt Usa, 175 Huron St., Bellville, OH 44813, 419 886-3059.
ALLIETTA, Gary William; '76 MBA; VP; Harris Bank, 111 W. Monroe St., Chicago, IL 60690, 312 461-5019; r. 68 Bunting Ln., Naperville, IL 60565, 312 357-1164.
ALLIETTA, William B.; '49 BSBA; Retired; r. 4085 Highland Ave., Shadyside, OH 43947, 614 676-4559.
ALLISON, Carla K. '86 (See Monagan, Mrs. Carla Kitt).
ALLISON, Mrs. Elizabeth C., (Elizabeth C. Baldwin); '83 BSBA; Key Account Mgr.; Noxell Corp., POB 1799, 11050 York Rd., Baltimore, MD 21203, 800 638-6204; r. 5491 Gardenbrooke St., Columbus, OH 43220, 614 442-0864.
ALLISON, Fred Richard; '74 MACC; Mgr. Financial Systs.; Duquesne Light Co., One Oxford Ctr., 301 Grant St., Pittsburgh, PA 15279, 412 393-6719; r. 613 Montclair St., Pittsburgh, PA 15217, 412 421-2554.
ALLISON, George L., Jr.; '56 MBA; 5867 N. Oval, Cleveland, OH 44139, 216 248-2315.
ALLISON, Harold R., Jr.; '48 BSBA; VP-Divisional; Texaco Inc., Texaco Interntl Exploration Co, 2000 Westchester Ave., White Plains, NY 10650; r. 4372 SW Bimini Cir., Palm City, FL 33490, 407 288-4970.
ALLISON, James F.; '62 BSBA; Mgr.; Timken Co., Data Entry/Clerical Dept., 1835 Dueber Ave. SW, Canton, OH 44706, 216 438-3570; r. 3743 Cranwood Rd. NW, N. Canton, OH 44720, 216 494-2438.
ALLISON, Kemper C.; '83 BSBA; Commercial Lending Ofcr.; State Savings Bank, 3800 W. Dublin-Granville Rd., Dublin, OH 43017, 614 764-1446; r. 5491 Gardenbrooke St., Columbus, OH 43220, 614 442-0864.
ALLISON, Michael; '72 BSBA; 1927 Crane Ave., Cincinnati, OH 45207, 513 221-2652.
ALLISON, Stephen Philip; '70 BSBA; POB 12296, Aurora, CO 80012.
ALLISON, Tina Rose; '83 BSLHR; Labor Relations Spec.; Ohio Dept. of Mental Health, 30 E. Broad St. #1360A, Columbus, OH 43215, 614 466-9939; r. 4900 Hawaiian Ter., Cincinnati, OH 45223.
ALLMAN, John R.; '33 BSBA; Retired; r. 1875 W. County Rd. 6, Tiffin, OH 44883, 419 447-3933.
ALLMAN, Scott A.; '82 BSBA; Asst. Mktg. Mgr.; Hartford Ins. Grp., 20 Corporate Woods Blvd., POB 1690, Albany, NY 12201, 518 447-9600; r. 2568 Western Ave., Altamont, NY 12009, 518 356-0617.
ALLMAN, William Dean; '73 BSBA; Acct.; Gulf Oil Corp., POB 2063, Houston, TX 77252; r. 1401 Stone Creek Ct., Martinez, CA 94553.
ALLMANN, Heike; '87 BSBA; Planner I; Gen. Mills, Inc., Washington St. & Town Rd., W. Chicago, IL 60185; r. 2220 Bannister, Aurora, IL 60505.
ALLSHOUSE, Kenneth Richard; '73 BSBA; Owner; RKD Farm Svc., Inc., Fertilizer Plant, 3725 Township Rd. 247, Arcadia, OH 44804; r. 13207 County Rd. 215, Findlay, OH 45840, 419 422-2076.
ALLTOP, Harley Keith; '83 BSBA; Asst. Dir. Pt Accounts; Riverside Methodist Hosp., 3535 Olentangy River Rd, Columbus, OH 43214; r. 802 E. Church St., Marion, OH 43302.
ALLTOP, Michael Allen; '87 BSBA; Asst. Treas.; W. Lyman Case & Co., 55 Nationwide Blvd., Ste. 200, Columbus, OH 43215, 614 228-3700; r. 117 E. Willow St., Columbus, OH 43206, 614 461-1425.
ALLWORTH, Mary Richmond; '74 BSBA; Administration Off; Canadian Imperial Bank of Com, Linbrook Shopping Plz., Oakville, ON, Canada; r. 552 White Dr., Milton, ON, Canada L9T4G5, 416 878-0723.
ALLYN, Carl Edward; '83 BSBA; 8152 Gibson, Fairborn, OH 45324.
ALLYN, William Henry; '44 BSBA; Retired; r. 17 Courtland Dr., Chillicothe, OH 45601, 614 772-1100.
ALMENDINGER, Kim Alan; '74 BSBA; Stockbroker; Prescott Ball & Turben, 1331 Euclid Ave., Cleveland, OH 44115; r. 3831 Sawbridge Dr., Richfield, OH 44286, 216 659-4396.
ALMOND, Elizabeth Wells '86 (See Hills, Mrs. Elizabeth Wells).
ALMOND, Dr. George L.; '51 BSBA, '63 PhD (BUS); Prof. Emeritus; Youngstown State Univ., Marketing Dept., Youngstown, OH 44555; r. 481 Francisca Ave., Youngstown, OH 44504, 216 747-0507.
ALMY, Merwin F.; '43 BSBA; Retired; r. 17835 SW Shasta Tr., Tualatin, OR 97062, 503 691-2090.
ALPART, Barry Lee; '75 MPA; 741 Mockingbird Dr., Lewisville, TX 75067, 214 221-5030.
ALPERN, Edward; '48 BSBA; 30089 Bolingbrook, Cleveland, OH 44124, 216 831-8155.
ALPERN, Robert L.; '49 BSBA; Pres.; Goldfish Uniform Stores Co., 200 Prospect Ave., Cleveland, OH 44718.
ALSFELDER, Deborah T., (Deborah Taylor); '80 BSBA; Acct.; Robert F. Alsfelder Jr., Atty., 3700 Center St., Cincinnati, OH 45227, 513 271-8242; r. Same, 513 271-8240.
AL-SHUBAILY, Samir Abdulrahman; '80 MBA; Gen. Mgr.; Gulf Med. Co., POB 7274, Jeddah 21462, Saudi Arabia; r. 1096 Limberlost Ct., W. Worthington, OH 43235.
ALSIP, Daniel Stuart; '80 BSBA; Staff; Basic Computers, 947 W. Waterloo Rd., Akron, OH 44314; r. 973 Jason Ave., Akron, OH 44314, 216 753-9329.
ALSPACH, David Donn; '81 BSBA; 4548 Manitou Dr., Okemos, MI 48864.
ALSPACH, Deborah Baltes; '85 BSBA; Student; Ohio Northern Univ., 525 S. Main, Ada, OH 45810; r. 1474 Lealand Dr., Marion, OH 43302.
ALSPACH, Haver Eugene; '36 BSBA; Retired; r. 435 Tannahill St., Dearborn, MI 48124, 313 562-1681.
ALSPACH, Jeffrey Paul; '88 BSBA; 1590 Redwood Dr., Lancaster, OH 43130.
ALSPACH, Phillip P.; '60 BSBA; Car Saleman; Mid Ohio Imported Cars, 4050 Morse Rd, Columbus, OH 43230; r. 6332 Retton Rd., Reynoldsburg, OH 43068, 614 864-8482.
ALSPAUGH, Dr. Harold Paul; '28 BSBA, '29 MA, '36 PhD (BUS); Retired Dept. Head-Bus.; E. Tennessee St. Univ.; r. 1500 S. US 19 the Woods, Villa 572, Tarpon Spgs., FL 34689, 813 934-4580.
ALSPAUGH, Jan E. '84 (See Watkins, Mrs. Jan A.).
ALSPAUGH, Ned Jonathan; '48 BSBA; Salesman; Lefeld Implement Inc., Willshire, OH 45898, 419 495-2937; r. Churchview Farm, RR, Willshire, OH 45898, 419 495-2360.
ALSTON, Gregory Earl; '83 MBA; Mgr./Decision Support; Hardees Food Systs., 1233 Hardees Blvd., Rocky Mount, NC 27802, 919 977-8937; r. 15 Weatherstone Dr., Rocky Mount, NC 27804, 919 937-2143.
AL-SULTAN, Tamalisa Leot; '88 BSBA; POB 14122, Columbus, OH 43214.
ALTEN, Frances Holtzman; '30 BSBA; Retired; r. Mayfair Village Apartments, 3011 Hayden Rd. #102, Columbus, OH 43220, 614 761-9020.
ALTENAU, Michael J.; '85 MPA; Judicial Clerk; Third Dist. Ct. of Appeals, Allen Cnty. Courthouse, Cincinnati, OH 45238, 513 223-1861; r. 5218 Whitmore Dr., Cincinnati, OH 45238, 419 634-8185.
ALTENBURG, Frederick C.; '77 BSBA; 3391 Garylane Dr., Dublin, OH 43017.
ALTENBURG, Ted Lynn; '75 MBA; VP; Merrill Lynch Pierce Fenner & Smith Inc., 100 E. Broad St., Columbus, OH 43215, 614 225-3044; r. 8961 Turin Hill Ct. N., Dublin, OH 43017, 614 889-6336.
ALTER, Ms. Anne M.; '87 BSBA; Financial Analyst; Heller Financial, Inc., 200 N. LaSalle St., Chicago, IL 60601, 312 621-7000; r. 440 W. Diversy Pkwy., Apt. 2B, Chicago, IL 60614, 312 929-7436.
ALTER, John Ritner, Jr.; '52 BSBA; Retired; r. 355 Cheyenne Way, Reynoldsburg, OH 43068, 614 863-3929.
ALTFATER, Joseph H.; '26 BSBA; Pres.; Southern Parts Corp., 1268 N. 7th St., Memphis, TN 38107, 901 527-5601; r. 143 Grove Park Cir., Memphis, TN 38117, 901 682-5555.
ALTFELD, Leon S.; '49 BSBA; Pres.; EBM Grp. Corp., William & Buckeye Rd., POB 5, Elyria, OH 44036, 216 322-5411; r. 651 Washington Ave., Elyria, OH 44035, 216 323-3515.
ALTHAUSER, Margaret '84 (See Johnson, Margaret J.).
ALTHAUSER, Timothy Patrick; '68 MBA; Broker; Dean Witter Reynolds, Inc., POB 389, Scranton, PA 18503, 717 346-7761; r. POB 83, Fleetville, PA 18420, 717 945-9853.
ALTHOUSE, Christopher Adam; '86 BSBA; Sales Rep.; Capital Imported Cars, 301 N. Hamilton Rd., Columbus, OH 43213, 614 864-0780; r. 538 Milford Ave., Columbus, OH 43202, 614 263-9879.
ALTICK, Sherman Leroy; '78 BSBA; Avionic Software Engr.; Softech, Inc., 3100 Presidential Dr., Fairborn, OH 45326, 513 429-2771; r. 3625 S. Creek Dr., Wayne Lakes, OH 45331, 513 547-1110.
ALTIERE, James N., III; '85 BSBA; Law Student; Univ. of Toledo, 2801 W. Bancroft, Toledo, OH 43606; r. 2130 Scottwood Ave., Apt. #6, Toledo, OH 43620.
ALTMAIER, Robert David; '51; 7823 N. 54th St., Scottsdale, AZ 85253, 602 948-9963.
ALTMAN, Charles R.; '65 BSBA; Altman & Assocs., 3196 Lakeridge Dr., Marietta, GA 30067, 404 951-8454; r. 3196 Lake Ridge Dr., Marietta, GA 30067, 404 951-9040.
ALTMAN, Dr. Jerold Henry; '54 BSBA; Phys.; 81 S. Fifth St. Ste. 406, Columbus, OH 43215; r. 6050 Cranberry Ct., Columbus, OH 43213, 614 864-0355.
ALTMAN, Jo Beighley, (Jo Beighley); '82 BSBA; Retired; r. 2580 Pleasant Valley Rd. 5, Mansfield, OH 44903, 419 756-7118.
ALTMAN, Richard David; '86 BSBA; 1280 Grenada Dr. NE, Canton, OH 44714, 216 499-0785.
ALTMAN, Robert L.; '47 BSBA; Pres.; US Shoe Corp./Cobbie Shoe Div., #1 Eastwood Dr., Cincinnati, OH 45227, 513 527-7713; r. 7001 Knoll Rd., Cincinnati, OH 45237, 513 631-7002.
ALTMAN, Robert Loren; '88 BSBA; Mgmt./Finance; r. 6 Dorset Ct., Beachwood, OH 44122, 216 765-1925.
ALTMEYER, Rod H.; '51 BSBA; Pres.; Altmeyer Home Stores Inc., 901 4th Ave., New Kensington, PA 15068, 412 339-6628; r. 301 Arrowhead Ln., New Kensington, PA 15068, 412 337-6425.
ALTMILLER, Jeanne Huffman, (Jeanne Huffman); '82 BSBA; Dist. Parts Mgr.; American Honda Motor Co., 101 S. Stanfield Rd., POB 1010, Troy, OH 45373, 513 332-6286; r. 6984 W. Stirrup Ln., Columbus, IN 47201, 812 342-9318.
ALTMILLER, Jeffrey Allan; '85 BSBA; 804 Gentilly Ct., Kokomo, IN 46902, 317 452-9558.
ALTOMARE, Cynthia Barton; '77 BSBA; 37935 Hunter Camp Rd., Lisbon, OH 44432.
ALTOMARE, John; '49 BSBA; Retired; Ford Motor Co., Steel Division, Dearborn, MI 48126; r. 7869 Hartwell, Dearborn, MI 48126.
ALTON, Dr. Aaron J.; '56 PhD (BUS); Prof.; Univ. of Rhode Island, Dept. of Marketing, Kingston, RI 02881, 401 792-2083; r. 40 Rockwood Ln., Wakefield, RI 02879, 401 783-8068.
ALTSCHULER, David; '54 BSBA; 170 Heath St., Chestnut Hill, MA 02167, 617 277-3884.
ALTVATER, Harry William; '78 BSBA; 5925 Eaglewood, Sylvania, OH 43560, 716 223-0754.
ALTZNER, James Fred, Jr.; '76 BSBA; Dist. Gen. Mgr.; Grinnell Fire Protection Syst., 201 Commonwealth Dr., Warrendale, PA 15086, 412 776-4144; r. 10090 Oakridge Dr., Wexford, PA 15090, 412 935-6679.
ALUISE, Francis Augustus; '77 MPA; Owner; Noni's Hallmark Shop, 5973 Sunbury Rd., Westerville, OH 43081, 614 882-6901; r. 175 S. Ardmore, Columbus, OH 43209, 614 237-6468.
ALVARADO, Raymond A.; '66 BSBA; Dir. of Purchasing; Purina S.A. De C.V., Constitueyentes 956, Mexico City D.F., Mexico; r. 8079 Taunton Rd., Indianapolis, IN 46260, 317 253-6239.
ALVAREZ, Frank A.; '67 BSBA; Sr. VP; ITT Lyndon Ins. Grp., 700 Community Fed. Ctr., St. Louis, MO 63131, 314 821-6060; r. 898 Old Woods Mill Rd., Chesterfield, MO 63017, 314 469-6991.
ALVAREZ, Ronald; '67 BSBA; VP; Jewish Hosp. of Cincinnati, Materiel Management, 3200 Burnet Ave., Cincinnati, OH 45229, 513 569-2266; r. 445 Dartmouth Cir., Cincinnati, OH 45244, 513 528-7118.
ALVES, Keith; '86 BSBA; Commercial Loan Ofcr.; First Eastern Bank, 639 Main St., Stroudsburg, PA 18360, 717 476-5039; r. RD 4, Box 6A, Northampton, PA 18067, 215 262-9040.

ALWOOD, Gary Len; '66 BSBA; Controller; Cordura Corp., 2029 Century Pk E., Los Angeles, CA 90067, 213 553-4646; r. 1936 Stonegate, Westlake Vlg., CA 91361, 805 496-9717.

ALZOUMAN, Saleh F.; '77 MBA; Staff; Atlanta Ctr. Ltd., 250 Piedmont Ave. NE, Ste. 100, Atlanta, GA 30365, 404 659-3700; r. 1 King St., #310, Charleston, SC 29401.

AMAN, Beth Herold, (Beth Herold); '84 BSBA, '86 MLHR; Dist. Human Res. Mgr.; Columbia Gas Distribution, 2009 E. State St., Athens, OH 45701, 614 593-5581; r. 65 North St., Logan, OH 43138, 614 385-2502.

AMAN, John Albert, Jr.; '85 BSBA; Supervising Auditor; Nationwide Ins. Co., 1 Nationwide Plz., Internal Audits-87, Columbus, OH 43216, 614 249-7779; r. 65 North St., Logan, OH 43138, 614 385-2502.

AMANN, Mrs. Julie A., (Julie A. Weissmann); '85 BSBA; Homemaker; r. 3118 Pershing Ct., Cincinnati, OH 45211, 513 661-7797.

AMAROSA, Mrs. Jodie D., (Jodie D. Dilgard); '85 BSBA; Acct. Mgr.; Pfeister Co., POB 219, 6264 Sunbury Rd., Westerville, OH 43081, 614 899-1331; r. 5191 Honeytree Loop E., Columbus, OH 43229, 614 899-1045.

AMATO, Erik Paul; '85 BSBA; 1383 Candlewood Dr., Worthington, OH 43085, 614 885-0412.

AMBRO, Andrew Richard; '84 BSBA; Ins. Underwritr; Westfield Cos., One Park Cir., Westfield Ctr., OH 44251, 216 887-0101; r. 6979 Filip Blvd., Independence, OH 44131, 216 524-1238.

AMBROGNE, John Richard; '73 MPA; Chief; US Dept. of HUD, Suburban Housing Sec/Budget, Ofc. of Budget-Rm 10164, Washington, DC 20410; r. 3510 Morningside Dr., Fairfax, VA 22031, 703 280-2316.

AMBROSE, Lance Charles; '86 MBA; Pres.; Soda Source Inc., 3283 W. 117, Cleveland, OH 44111, 216 476-8900; r. 1515 Northview, Cleveland, OH 44116, 216 333-2737.

AMBROSIA, John Anthony; '82 BSBA; Owner/Sales Mgr.; Ambrosia Motor Car Co., 2339 Granville Rd., Worthington, OH 43085, 614 889-2525; r. 7598 Stonelake Dr., Dublin, OH 43017, 614 766-2918.

AMBROZA, Barry Russell; '73 BSBA; Instr.; Lima Technical Clg., Dept. of Business, 4240 Campus Dr., Lima, OH 45804, 419 222-8324; r. 20537 Rd. U, RR #1, Ft. Jennings, OH 45844, 419 642-4141.

AMDUR, Charlotte '48 (See Goldman, Charlotte).

AMDUR, Dorothy L.; '44 BSBA; 440 E. 79 St., New York, NY 10021, 212 288-1561.

AMEEN, Mahmudul; '85 BSBA; 8911 Olentangy River Rd., Delaware, OH 43015.

AMELUNG, 1LT Brett Steven; '83 BSBA; 2nd Lt. Usaf; USAF, AFB, Norton AFB, CA 92409; r. 1492 Pkwy. Blvd., Alliance, OH 44601.

AMENT, Michael Alan; '80 BSBA; Prog. Analyst; Gorman Manufacturer, 305 Bowman, Mansfield, OH 44870; r. Rte. 11 Muskie Dr., Mansfield, OH 44903, 419 589-5957.

AMER, Beverly Elrod; '86 MBA; Sr. Cnslt.; Arthur Andersen & Co., 41 S. High St., Ste. 2000, Columbus, OH 43215, 614 228-5651; r. 152 W. Pacemont, Columbus, OH 43202, 614 268-9021.

AMERINE, David Brian; '83 BSBA; Dir. Govt. Oper.; Physicians Health Plan of Ohio, POB 1138, Columbus, OH 43216, 614 442-7116; r. 8675 Scarsdale Blvd., Powell, OH 43065, 614 766-2479.

AMES, Harvey M.; '50 BSBA; RR No 5 Box 313, Hillsboro, OH 45133, 513 393-2781.

AMESQUITA, Mrs. Edna Montgomery, (Edna Montgomery); '74 BSBA; Mgr./Comp.-Benefits; Amtrak, 400 N. Capitol St. NW, Washington, DC 20001, 202 383-2253; r. 15797 Butler Pl., Dumfries, VA 22026, 703 670-8173.

AMICK, Kenneth R.; '59 BSBA; Personnel Dir.; Natl. Electric Coil Co., Bluefield, WV 24701; r. Rte. 2 Box 386, Bluefield, WV 24701.

AMICO, Anne Marie; '87 BSBA; Sales Rep.; Warner-Lambert Co., 201 Tabor Rd., Morris Plains, NJ 07950; r. 2274 River Run Trace, Worthington, OH 43085, 614 792-9722.

AMICO, Karen Ann; '82 BSBA; Sales Rep.; James River Corp., 5071 Gardenway Ct., Gahanna, OH 43230, 614 794-9325; r. Same.

AMIET, Hon. Ralph David; '64 BSBA; Atttorney/Shareholdr; Buckingham Doolittle &, Burroughs, 201 E. Liberty, Wooster, OH 44691; r. 3397 Oak hill Rd, Wooster, OH 44691, 216 345-8702.

AMINZADEH, Hossein G.; '80 MBA; Pres.; Dynasty Limousine Svcs. Inc., 8306 Wilshire, # 950, Beverly Hls., CA 90211; r. 336 S. Rexford Dr., #7, Beverly Hls., CA 90212.

AMINZADEH, Parvaneh Ansari; '80 MBA; 336 S. Rexford Dr., #7, Beverly Hls., CA 90212.

AMIRI, Ali; '88 MBA; 616 Riverview Dr. #D, Columbus, OH 43202.

AMLI, Marcia '72 (See Linklater, Marcia A.).

AMLING, Hilary M. '87 (See Dodson, Mrs. Hilary M.).

AMMAR, Cynthia '81 (See Terrano, Cynthia Ammar).

AMMER, Hon. William; '41 BSBA; Judge; Pickaway Cnty., Ct. of Common Pleas, 207 S. Court St. POB 87, Circleville, OH 43113, 614 474-6026; r. 141 Pleasant St., Circleville, OH 43113, 614 474-2674.

AMMONS, Howard Lee; '87 BSBA; Corporate Auditor; First Natl. Cincinnati Corp., 5th & Walnut, Cincinnati, OH 45215; r. 331 Bancroft Cir., Springdale, OH 45246, 513 722-2825.

AMMONS, Karen Lynn; '82 BSBA; Supv.; Bank One of Columbus, 100 E. Broad St., Columbus, OH 43215, 614 248-8417; r. 7612 Placid Ave., Worthington, OH 43085, 614 436-8549.

AMON, Michael Richard; '84 BSBA; Branch Mgr.; Bank One of Columbus, 1666 Lockbourne Rd., Columbus, OH 43207, 614 248-2530; r. 197 Aldrich Rd., Columbus, OH 43214, 614 262-4896.

AMOROSSO, Theresa Marie; '83 BSBA; Programmer; r. 1118 Tiffany Dr., Reynoldsburg, OH 43068, 614 864-0019.

AMOS, John Carter, Jr.; '75 BSBA; Asst. Finance Mgr.; King Cnty., 956 King Cnty. Admin. Bldg., Seattle, WA 98104, 206 296-6538; r. 2017 215th Pl. SW, Lynnwood, WA 98036, 206 775-9770.

AMOS, Nancy C.; '38 BSBA; Retired; r. 1237 Brentwood Dr., Dayton, OH 45406, 513 274-8908.

AMOS, R. Clark; '72 MBA; Gen. Partner; Otis & Clark Properties, 1850 Craigshire, Ste. 203, St. Louis, MO 63146, 314 434-4004; r. #6 Rauscher Dr., St. Louis, MO 63124, 314 993-1333.

AMOS, Robert S.; '61 BSBA; Acct.; Deloitte Haskins & Sells, 1717 E. 9th St., Cleveland, OH 44114; r. 3210 Twig, Richfield, OH 44286, 216 659-3276.

AMPOFO, Kwame Nana; '80 BSBA; 520 E. 21st St. #10, Brooklyn, NY 11226.

AMRAGY, Afkar Mohammed; '82 BSBA; 1515 Ardwick Rd., Columbus, OH 43220, 614 457-5224.

AMRINE, David Leigh; '77 BSBA; Treas. & Controller; Gradison Financial Svcs., 580 Bldg., 580 Walnut St., Cincinnati, OH 45202, 513 579-5063; r. 9694 Whippoorwill Ln., Mason, OH 45040, 513 398-7809.

AMRINE, Kenneth H.; '50 BSBA; Condominium Mgr.; Dixon Ticonderoga Inc., 5061 N. A1A, Ft. Pierce, FL 34949, 407 465-9338; r. 1004 Tumblin-Kling Rd., Ft. Pierce, FL 34982, 407 465-8327.

AMRINE, Ralph Porter; '77 BSBA; Computer Cnslt.; Ralph Amrine, 4071 Indianola Ave., Columbus, OH 43214; r. 4071 Indianola Ave., Columbus, OH 43214, 614 263-5936.

AMSEL, Michael Howard; '72 BSBA; 901 Delmont Dr., Wynnewood, PA 19096, 215 642-9283.

AMSPOKER, Samuel R.; '49 BSBA; Acct.; Superior Utilities Inc., 1950 Valley View Ln., Dallas, TX 75234, 214 247-6564; r. 10534 Lemans Dr., Dallas, TX 75238, 214 348-6632.

AMSTUTZ, Hon. Daniel G.; '54 BSBA; Ambassador & Special Envy; Ofc. of the Pres., Ste. 5897 A/AID, State Dept. Bldg., Washington, DC 20523, 202 647-3830; r. 1301 N. Courthouse Rd., Apt. 1706, Arlington, VA 22201, 703 524-2820.

AMSTUTZ, Heidi '85 (See Westover, Heidi Amstutz).

AMSTUTZ, Jill L. '77 (See Harper, Mrs. Jill L.).

ANABA, Margaret N.; '85 MPA; Prog. Analyst; Ohio Dept. of Admin. Svcs., 30 E. Broad St., Columbus, OH 43215, 614 466-9383; r. 2343 Perkins Ct., Columbus, OH 43229.

ANASTOS, George F.; '49 BSBA; Retired; r. 20526 Parthenon Way, Olympia Fields, IL 60461, 312 748-6017.

ANAYA DIAZ, Elkin Adolfo; '87 BSBA; Process Control Engr.; Dow Chemical, Block 3919, Freeport, TX 77541, 409 238-5717; r. 127 Plantation W., #108, Lake Jackson, TX 77566, 409 297-7370.

ANDALORA, Michael J.; '69 BSBA; Mgr., Corvette Engrg.; GM, 30003 Vandyke, Warren, MI 48090, 313 244-5448; r. 1730 Edinborough Dr., Rochester Hls., MI 48064, 313 377-2848.

ANDERS, Thomas E.; '52 BSBA; Owner; Tom Anders Realtor, 6142 Applegate Ln., Columbus, OH 43213, 614 864-1555; r. Same.

ANDERSON, Adam Foster; '87 BSBA; 1299 Olentangy River Rd., Columbus, OH 43212.

ANDERSON, Andrea '80 (See O'Neal, Andrea L.).

ANDERSON, Dr. Beverlee Byler, (Beverlee Byler); '60 BSBA, '72 MBA, '72 PhD (BUS); Dean of Bus.; Univ. of Wisconsin-Parkside, Box #2000, Wood Rd., Kenosha, WI 53141, 414 553-2243; r. 1445 Pheasant Run Dr. #201, Racine, WI 53406, 414 637-0713.

ANDERSON, Brent Eugene; '88 MBA; 1094 Bryan Dr., Westerville, OH 43081, 614 891-8184.

ANDERSON, Bruce Francis; '50 BSBA; 1105 Oakview Ave., Clearwater, FL 34616, 813 442-3463.

ANDERSON, Carla Marie; '85 BSBA, '88 MBA; Mktg.; r. 216 28th St., NW, Barberton, OH 44203, 216 825-5423.

ANDERSON, Charles Michael; '85 BSBA; 1220 Chambers Rd., Apt. 417C, Columbus, OH 43212, 614 486-2314.

ANDERSON, Crystal Diann; '85 BSBA; Warehouse Dist. Mgr.; Atlanta Specialty Food Distributors Inc., 1154 Oakleigh Dr. E. Pt, Atlanta, GA 30344, 404 768-4500; r. 2406 Hunters Club Ln., #9-152, Norcross, GA 30093.

ANDERSON, Crystal T. '67 (See Singleton, Mrs. Crystal A.).

ANDERSON, LTC Dana R., USAF; '56 BSBA; Tactical Air Cmd., Buckley Ang Base, Aurora, CO 80010; r. Fv 3068961, 1449 S. Lima Ct., Aurora, CO 80010.

ANDERSON, Darrell Brooks; '83 BSBA; Acct.; Weyerhaeuser Corp., Rte. 661, Mt. Vernon, OH 43050, 304 485-6471; r. 3508 Liberty St., Parkersburg, WV 26104.

ANDERSON, Darryl Lee; '86 MPA, '88 MLHR; Labor Relatns Staff; Ohio State Hwy. Patrol, 660 E. Main St., Columbus, OH 43205, 614 890-8112; r. 5165 Raspberry Bush Ct., Gahanna, OH 43230, 614 890-8112.

ANDERSON, David Cecil; '72 MBA; Pres.; F D Rich Constr. Co. Inc., 1 Landmark Sq., Stamford, CT 06901; r. 5666 La Jolla Blvd., Apt. 183, La Jolla, CA 92037.

ANDERSON, Donald Clark; '73 MA; VP/Partner; Robert W Teater & Assocs., 85 E. Gay St., Ste. 702, Columbus, OH 43215, 614 228-3274; r. 6460 Cherokee Rose Dr., Westerville, OH 43081, 614 891-1883.

ANDERSON, Donna G., (Donna Gisondi); '83 BSBA; Homemaker; r. 20129 Pacifica Dr., Cupertino, CA 95014, 408 725-8113.

ANDERSON, Doris Clark; '76 MPA; Chief; State Dept. of Mental Retardatn, Ofc. of Legislation & Rules, 30 E. Broad St. Rm 1299, Columbus, OH 43215; r. 274 Cliffview Dr., Gahanna, OH 43230.

ANDERSON, Douglas C.; '87 BSBA; 255 Fourth St., Jersey City, NJ 07302.

ANDERSON, Elinor R.; '42 BSBA; Retired CPA; Arthur Young Co.; r. 4609 Pine Green Tr., Sarasota, FL 34241, 813 377-2035.

ANDERSON, Frederick P.; '86 BSBA; 7819 Tommy #41, San Diego, CA 92119, 619 462-1907.

ANDERSON, George Albert; '50; VP; J W Tolley & Assocs Inc., 666 High St., Worthington, OH 43085; r. 1657 Merrick Rd, Columbus, OH 43212, 614 486-6180.

ANDERSON, George William, II; '76 BSBA; Controller; Westerville, OH 43081, 614 882-5692; r. 1216 Three Forks Dr. N., Westerville, OH 43081, 614 898-9484.

ANDERSON, Gerald Michael; '72 MBA; Supervisory Ind Engr.; Aerospace Guidance Ctr., Newark Air Force Sta., Newark, OH 43055; r. 11450 Smith Rd, Canal Winchester, OH 43110, 614 837-2035.

ANDERSON, Glenn Corey; '85 BSBA; 627 Cooper, Kenton, OH 43326, 419 673-2139.

ANDERSON, Gregory Paul; '84 BSBA; Com-Til Mktg. Coord.; City of Columbus, 109 N. Front St., Columbus, OH 43215; r. 4819 Middletowne St #F, Columbus, OH 43214, 614 294-2337.

ANDERSON, Harry Thomas; '69 MACC; Sr. Systs. Analy; Borden Foods Co., 180 E. Broad St., Columbus, OH 43215, 614 225-4000; r. 4748 Wynwood Ct., Columbus, OH 43220, 614 457-1026.

ANDERSON, Howard Vincent; '49 BSBA; Engrg. Planner; r. 1122 Doss, Garland, TX 75040, 214 276-3713.

ANDERSON, James Alan; '88 BSBA; 7636 Rd. 213, Lewistown, OH 43333, 513 686-3261.

ANDERSON, CAPT James Joseph; '75 BSBA; Control Ofcr.; USAF, Hq Afcc/Aitas/Air Traffic Div, Deployable Comm Computer Syst, Scott AFB, IL 62225; r. POB 501, Scott AFB, IL 62225.

ANDERSON, James Joseph Orr; '38 BSBA; Sales Exec.Baltimore; Hobart Mfg. Co., Troy, OH; r. Powdermill Spring, 20 Meadow Rd, Baltimore, MD 21212.

ANDERSON, Jan; '54 BSBA; 711 Market St., Port Gibson, MS 39150.

ANDERSON, Jay Scott; '84 BSBA; Sr. Sales Assoc.; Sportstown, Inc., 50 Powers Ferry Rd., Marietta, GA 30067, 404 971-0446; r. 2214 Broward Dr., Marietta, GA 30066, 404 565-3574.

ANDERSON, Jeanne Varney; '46 BSBA; Administration Asst.; The Ohio State Univ., 2003 Millikin Rd., Columbus, OH 43210; r. 246 Blenheim Rd., Columbus, OH 43214, 614 268-9532.

ANDERSON, Jeffrey Allen; '87 BSBA; Infrmtn Serv Coordnt; Mc Donalds Corp. of Ohio, 635 Brooksedge Blvd., Westerville, OH 43081, 614 891-3800; r. 6005 Winstead Rd., Worthington, OH 43085, 614 885-8609.

ANDERSON, Jeffrey W.; '81 MBA; Distribution Systs. Mgr.; The Andersons, 1200 Dussel Dr., POB 119, Maumee, OH 43537, 419 891-6385; r. 4300 Coder Rd., Maumee, OH 43537, 419 867-0502.

ANDERSON, Jennifer K. '85 (See Dillon, Mrs. Jennifer A.).

ANDERSON, John Henry; '85 BSBA; Systs. Analyst; Civil Intelligence Agcy., Government Ofc., Washington, DC 20505; r. 8509 W. Oak Pl., Vienna, VA 22180.

ANDERSON, John Thomas; '53 BSBA; Ins. Adjustor; State Farm Mutual Auto Ins. Co., 1350 W. 5th Ave., Columbus, OH 43212; r. 214 Bellefield, Westerville, OH 43081, 614 882-6716.

ANDERSON, John William, Sr.; '71 BSBA, '73 MPA; Pres.; Computers for Churches, POB 42-8069, Evergreen Park, IL 60642, 312 233-9462; r. 9240 S. Bell Ave., Chicago, IL 60620, 312 233-6241.

ANDERSON, Joseph Frank; '37 BSBA; Retired Mgr.; Dunn & Bradstreet; r. 7129 Westmoreland Dr., Sarasota, FL 34243, 813 355-0459.

ANDERSON, Judy Lynn; '85 BSBA; Sr. Auditor; Nationwide Ins., 1 Nationwide Plz., Columbus, OH 43216, 614 249-5747; r. 779 Ficus Dr., Worthington, OH 43085, 614 846-9618.

ANDERSON, Karna Ingeborg; '87 BSBA; Purchasing Expediter; City of Columbus, 95 W. Long St., Columbus, OH 43215, 614 222-6542; r. 600 S. Grant Ave., Columbus, OH 43206, 614 461-0603.

ANDERSON, Lauri Ann; '78 BSBA; Asset Based Lending; Star Bank, 425 Walnut, Cincinnati, OH 45201, 513 632-4128; r. 2879 Mossy Brink Ct., Maineville, OH 45039, 513 683-7135.

ANDERSON, Leon Robert, III; '87 BSBA; Student; Univ. of CT, Storrs, CT 06268, 203 487-7995; r. 3579 Beacon Dr., Beachwood, OH 44122, 216 464-9257.

ANDERSON, Leonard Irvin; '70 BSBA; VP; Thor Electric Inc., 700 Oriole Dr., Eastlake, OH 44094, 216 942-2626; r. Same, 216 942-2110.

ANDERSON, Leonard William, Jr.; '78 BSBA; Property Mgr.; Cuyahoga Metropolitan Housing Authority, 1441 W. 25th St., Cleveland, OH 44113, 216 234-0920; r. 3695 E. 61st St., Cleveland, OH 44105, 216 641-6611.

ANDERSON, Lisa '85 (See Roberson, Ms. Lisa Anderson).

ANDERSON, Ms. Lori Sue; '86 BSBA; Programmer/Analyst; N C R Corp., 1700 S. Patterson Blvd., Dayton, OH 45479, 513 445-2089; r. 9550 Saddlebrook Ln., Apt. 3-D, Miamisburg, OH 45342, 513 436-2993.

ANDERSON, Marilyn Louise; '87 BSBA; 203 W. Broadway, Granville, OH 43023, 614 587-0503.

ANDERSON, Mark Richard; '88 BSBA; 105 W. Duncan A, Columbus, OH 43202, 614 262-3576.

ANDERSON, Matthew Douglas; '88 BSBA; Supv.; UPS, 2450 Rathmell Rd., Columbus, OH 43207; r. 1555 Slade Ave., Columbus, OH 43220.

ANDERSON, Michael Harry; '74 BSBA; Pres.; Med. Support Systs., Inc., 6660 Busch Blvd., Columbus, OH 43229, 614 846-4111; r. Inys Dree, 5622 Riverside Dr., Dublin, OH 43017, 614 889-1923.

ANDERSON, Paul William; '79 BSBA; Sr. Financial Analyst; The Standard Oil Co., 101 Prospect Ave., Cleveland, OH 44115, 216 586-6185; r. 3116 Chadbourne Rd., Cleveland, OH 44120, 216 751-6281.

ANDERSON, Randall Adrian; '78 BSBA; Dist. Mgr.; Caloric, Caloric Corporation, Topton, PA 19562; r. 6766 Mc Vey Blvd., Worthington, OH 43085, 614 764-8858.

ANDERSON, Raymond Ivan; '62 BSBA; Mktg. Strategy; Ford Motor Co., Rm. 741, Marketing Staff, World Hqrs. The American Rd., Dearborn, MI 48121, 313 337-2697; r. 31424 Hunters Cir., Farmington Hls., MI 48018, 313 855-6094.

ANDERSON, Ms. Regina M.; '87 BSBA; Dist. Mgr.; The Video Store, Columbus, OH 43068, 614 860-9033; r. 1675 Shanley Dr., Apt. #7, Columbus, OH 43224, 614 262-9325.

ANDERSON, Richard E.; '35; Retired; r. 4850 Medfield Way, Apt. K, Columbus, OH 43228, 614 878-7606.

ANDERSON, Richard Merrell; '83 BSBA; Leasing Ofcr.; Sovran Leasing Corp., 1101 Dove St., Ste. 233, Newport Bch., CA 92660, 714 476-2844; r. 25 Willow Tree Ln., Irvine, CA 92715, 714 786-3498.

ANDERSON, Robert Craig; '85 BSBA; Branch Rental Mgr.; Enterprise Leasing Co. Inc., 5110 Lafayette Rd., Indianapolis, IN 46254, 317 299-0711; r. 607 Coolee Ln., Indianapolis, IN 46229, 317 894-2265.

ANDERSON, Robert Edward; '63 BSBA; Asst. Mgr.; Ohio Bell Tele Co., 45 Erieview Plz., Cleveland, OH 44114, 216 822-2456; r. 12711 N. Star Dr., N. Royalton, OH 44133, 216 582-2772.

ANDERSON, LTC Robert Frew, USAF(Ret.); '31 BSBA; 1031 Third St. SW, New Philadelphia, OH 44663, 216 339-1322.

ANDERSON, Robert Paul; '72 BSBA; Traffic Mgr.; Ppg Industries, 760 Pittsburgh Dr., Delaware, OH 43015; r. 671 Heritage Blvd., Delaware, OH 43015, 614 369-5717.

ANDERSON, Robert Paul; '82 BSBA; 4351 Schirtzinger Rd., Hilliard, OH 43026, 614 876-4220.

ANDERSON, Ronda J. '82 (See Parsons, Ronda Anderson).

ANDERSON, Rory M.; '83 BSBA; Asst. Operations Mgr.; Architectural Floors & Walls, 4849 Evanswood Dr., Columbus, OH 43229, 614 846-8123; r. 834 Thurber Dr. W., Apt. 18, Columbus, OH 43215, 614 469-4810.

ANDERSON, Steven S.; '81 BSBA; Controller; Shield Security Systs. Inc., 3021 S. Tejon, Englewood, CO 80110, 303 761-9999; r. 2028 E. Phillips Pl., Littleton, CO 80122, 303 795-5122.

ANDERSON, Suzanne Jean; '82 BSBA; VP, Operations; Medstat, Inc., 2828 Croasdaile Dr., Durham, NC 27705, 919 383-4075; r. Rte. 3, Box 389, Chapel Hill, NC 27514, 919 968-6906.

ANDERSON, Thomas Francis; '74 MPA; Security Mgr.; Mobile Oil Corp./US M&R Hdqrs., 3225 Gallows Rd., Rm. Bridge S. 208, Burke, VA 22015, 703 849-3426; r. 5275 Dunleigh Dr., Burke, VA 22015, 703 764-3075.

ANDERSON, Thomas L.; '65 BSBA; Pres.; Anderson Industrial Sales Inc., 933 Hillcrest Dr., Fremont, MI 49412, 616 924-3996; r. 933 Hillcrest, Fremont, MI 49412, 616 924-6825.

ANDERSON, Timothy David; '74 BSBA; Owner; Tree-Tech, 625 Olympic Dr., Troy, OH 45373, 513 778-0737; r. 1210 Madison Ave., Piqua, OH 45356, 513 773-0740.

ANDERSON, Timothy Scott; '84 BSBA; Financial Analyst; Rockwell Intl., 13267 State Rte. 68, S., Kenton, OH 43326, 419 674-4051; r. 2040 Marseilles-Galion Rd., W., Morral, OH 43337, 614 465-5335.

ANDERSON, Walter Willis; '77 MBA; Brand Mgmt.; Chrysler Motors, 12000 Chrysler Dr., Highland Park, MI 48288, 313 956-1514; r. 5565 Springwater Ln., W. Bloomfield, MI 48322, 313 737-2883.

ANDERSON, William Charles; '86 BSBA; Mgr. of Financial Plng.; Lazarus Dept. Stores, 7th & Race St., Cincinnati, OH 45234, 513 369-6563; r. 6352 Montgomery Rd. #24, Cincinnati, OH 45213, 513 396-7238.

ANDERSON, William James; '70 BSBA; 1351 Aberdeen Ave., Columbus, OH 43211, 614 267-0459.

ANDERSON, William Oliver; '66 BSBA; VP/Fiscal Affairs; Karlsberger & Assocs., Inc., 99 E. Main St., Columbus, OH 43215, 614 461-9500; r. 1638 Scottsdale Ave., Columbus, OH 43220, 614 459-2361.

ANDERSON, William Xavier; '66 BSBA; Agent; IRS, 970 Broad St., Newark, NJ 07102; r. 379-6th Ave., Paterson, NJ 07514, 201 345-2771.

ANDERSON, Willis W.; '50; Retired Plant Supt.; Anderson Concrete; r. 628 Bayview Dr., Longboat Key, FL 34228, 813 383-6703.

ANDERSON, Windsor Lynn; '63 BSBA; CPA; Anderson, Beach & Vogt, Co., 155 S. Park Ave., Ste. 200, Warren, OH 44481, 216 394-3773; r. 400 Marwood Dr., SE, Warren, OH 44484, 216 856-1032.

ANDES, Edward C.; '82 BSBA; 4465 Grand Ave., Shadyside, OH 43947, 614 676-7908.

ANDES, Gregory Ellis; '82 BSBA; Staff; Interconics Imc Inc., 3602 Waters Ave. W., Tampa, FL 33614; r. 4606 Cypress Tree Dr., Tampa, FL 33624, 813 969-3419.

ANDES, Michelle Marie '84 (See Damron, Ms. Michelle Marie).

ANDOLINO, Vincent John; '82 BSBA; Proj. Mgr.; Litel Telecommunications, Inc., 200 Old Wilson Bridge Rd., Worthington, OH 43085, 614 433-9421; r. 822 Park Rd., Westerville, OH 43081, 614 433-9144.

ANDOW, Robert Scott; '82 BSBA; 4901 E. 90th St., Cleveland, OH 44125, 216 341-4409.

ANDRACKI, James Matthew; '85 BSLHR; Salesman/Retail Mgr.; Columbus Camera Grp., Mail Order & Personnel Dept., 55 E. Blake, Columbus, OH 43202; r. 497 Milford Ave., Columbus, OH 43202, 614 262-4668.

ANDREAS, Betty Jean; '69 BSBA; Data Processor; AEP Svc. Corp., 1 Riverside Plz., Columbus, OH 43215; r. 254 E. Selby Blvd., Worthington, OH 43085, 614 846-5162.

ANDREAS, David A.; '74 BSBA; Sales Mgr.; Kachina Business Machines, 816 E. Evans Blvd., Tucson, AZ 85713, 602 884-5851; r. 1102 S. Carnegie Dr., Tucson, AZ 85710, 602 745-2990.

ANDREAS, William S.; '64 BSBA; Rte. #4 Willow Glen, Dover, OH 44622, 216 343-9649.

ANDRES, Edward A., Jr.; '63 MBA; Retired; r. Box 77, Waynesville, OH 45068, 513 897-2736.

ANDRES, Joseph E.; '58 BSBA; Asst. Sec&Corp Counsl; Hills Dept. Stores, Inc., Canton, MA 02021, 617 821-1000; r. 15 Countryside Dr., Cumberland, RI 02864, 401 765-6148.

ANDREW, Margaret J.; '31 BSBA; Cnslt. & Author; r. 533 Volusia Ave., Dayton, OH 45409, 513 293-2978.

ANDREW, Roger F.; '66 BSBA; Staff; Armco Inc., 703 Curtis St., Middletown, OH 45042, 513 425-5000; r. 2471 Eastridge Dr., Hamilton, OH 45011, 513 868-7629.

ANDREWS, Charles Scott; '75 BSBA; Real Estate Sales; Priscilla Murphy Realty, Inc., 2807 W. Gulf Dr., Sanibel Island, FL 33957, 813 472-6500; r. 12484 Afton Ct. SW, Ft. Myers, FL 33908, 813 466-9273.

ANDREWS, David F.; '52 BSBA; Retired; r. 12143 Spiney Ridge Dr., Jacksonville, FL 32225, 904 642-2551.

ANDREWS, David Lynn; '65 BSBA; Exec. VP; Starwood Corp., 8260 N. Creek, Cincinnati, OH 45236, 513 791-2412; r. 5526 E. Galbraith Rd., Cincinnati, OH 45236, 513 745-0830.

ANDREWS, David Stanley; '69 BSBA; Sr. VP; NCNB Natl. Bank Florida, 400 N. Ashley Dr., POB 31590, Tampa, FL 33631, 813 224-5439; r. 3518 Shoreline Cir., Palm Harbor, FL 34684, 813 784-6424.

ANDREWS, Deborah Faulks; '80 BSBA; 610 Linsford Dr., Bay Village, OH 44140, 216 835-8831.

ANDREWS, Ms. Doretta Lauren, (Doretta Petree); '75 MPA; Product Mgr.; Midland Mutual Life Ins. Co., 250 E. Broad St., Columbus, OH 43215, 614 228-2001; r. 1058 Jaeger St., Columbus, OH 43206, 614 444-7222.

ANDREWS, Edward Eugene; '76 BSBA; Lathe Operator; Phillips Ecg, 700 N. Pratt, Ottawa, OH 45844; r. Rte. 1, Ft. Jennings, OH 45844, 419 286-2855.

ANDREWS, Elizabeth Rulis; '77 BSBA; Mgr.; Broadway & Seymour, 302 S. Tryon, Charlotte, NC 28202; r. 2004 Glouchester Cir., Charlotte, NC 28226.

ANDREWS, George William; '50 BSBA; Retired VP/Gen. Consl; Bemis Co. Inc., 800 Northstar Ctr., Minneapolis, MN 55402, 612 340-6182; r. 31 Cooper Cir., Edina, MN 55436, 612 920-5877.

ANDREWS, Harold Joseph; '61 BSBA; Dlrship. Systs. Field Mgr; Ford Motor Co., 300 Ren Ctr. POB 43357, Detroit, MI 48243; r. 12 Blanot St., Medina, OH 44256, 216 725-0341.

ANDREWS, Jack Eugene; '52 BSBA; Pres.; Andrews Ins. Assocs, Inc., 3201 N. Fed. Hwy., Ste. 200, Ft. Lauderdale, FL 33306, 305 561-2220; r. 651 Intracoastal Dr., Ft. Lauderdale, FL 33304, 305 561-1428.

ANDREWS, James Richard; '82 BSBA; Mktg. Mgr.; Cummins Engine Co., 500 Jackson St., Columbus, IN 47202, 812 377-3386; r. 3431 Grove Place, Columbus, IN 47203, 812 376-9172.

ANDREWS, James Wesley; '53 BSBA; Mgr.; The Ohio Casualty Ins. Co., POB 60217, Oklahoma City, OK 73157, 405 948-1240; r. 10901 Willow Grove, Oklahoma City, OK 73120, 405 751-8448.

ANDREWS, John De Marr; '59 BSBA; 5790 Denlinger Rd., Apt. #354, Dayton, OH 45426, 513 854-6008.

ANDREWS, Dr. John Joseph; '66 PhD (BUS); Assoc. Prof.; Emory Univ., Business Admin. Sch., Atlanta, GA 30322, 404 727-6379; r. 560 Valley Hall Dr., Dunwoody, GA 30350, 404 394-6741.

ANDREWS, John L.; '40; Retired; r. 12 E. Woodland Ave., Columbiana, OH 44408, 216 482-4844.

ANDREWS, John Miles; '75 BSBA; Production Scheduler; Buschman Conveyor Co., 10045 International Blvd., Cincinnati, OH 45246, 513 874-0788; r. 504 S. Marshall Rd., Middletown, OH 45044, 513 424-6047.

ANDREWS, John Patrick; '78 BSBA; Pres.; Industrial Security Svc., 13000 Athens Ave., Lakewood, OH 44107, 216 228-7770; r. 610 Lindford Dr., Bay Village, OH 44140, 216 835-8831.

ANDREWS, Mark Warren; '72 BSBA; Atty.; Sheldon Kauffman & Coxon, 355 Prospect Rd, Ashtabula, OH 44004; r. 1824 Highland Ln., Ashtabula, OH 44004, 216 967-7226.

ANDREWS, Peter John; '70 MBA; 1217 Islington Ave., Toronto, ON, Canada.

ANDREWS, Robert; '81 BSBA; Sr. Programmer Analyst; Nationwide Ins., One Nationwide Plz., Columbus, OH 43216, 614 249-7884; r. 243 Beechwood Dr., SW, Reynoldsburg, OH 43068, 614 927-5101.

ANDREWS, Robert A.; '66 BSBA; Manufacturer's Rep.; A.T. Cross Writing Instruments, 6704 Amur Dr., Columbus, OH 43235, 614 764-9550; r. Same.

ANDREWS, Robert Frank; '86 BSBA; DP Spec. III; State Farm Ins. Cos., 112 E. Washington St., Bloomington, IL 61701, 309 766-5828; r. 2104 Rainbow Ave., Apt. 4, Bloomington, IL 61704, 309 662-7953.

ANDREWS, Robert George; '57 BSBA; Exec. VP; Natl. City Bank, Norwalk, 9 E. Main St., POB 567, Norwalk, OH 44857, 419 668-3361; r. 885 Meadow Ln., Norwalk, OH 44857, 419 668-8802.

ANDREWS, Robert Joseph, Jr.; '72 BSBA; 215 Baker Lake Ct., Westerville, OH 43081, 614 891-6907.

ANDREWS, Ronald Eugene; '82 BSBA; 5453 Blue Cloud Ln., Westerville, OH 43081, 614 891-8001.

ANDREWS, Scott David; '84 BSBA; 4077 Centennial Tr., Duluth, GA 30136, 404 446-8640.

ANDREWS, Mrs. Susan E., (Susan E. Burton); '86 BSBA; Proj. Dir.; C/J Rsch. Inc., 3150 Salt Creek Ln., Arlington Hts., IL 60005, 312 253-1100; r. 29 Illinois Ave. #1, Schaumburg, IL 60193.

ANDREWS, Thomas Brown, VI; '87 BSBA; Mgr., Distribution Ops.; Ltd. Inc., 2 Limited Pkwy., Columbus, OH 43216, 614 479-7562; r. 1210 Chambers Rd. #309B, Columbus, OH 43212, 614 481-9232.

ANDRICK, Theodore K.; '66 BSBA; Staff; Midland Mutual Life Ins., 250 E. Broad St., Columbus, OH 43215; r. 91 Bridle Path Ln., Granville, OH 43023, 614 587-0372.

ANDRIEN, Anne Birkimer, (Anne Birkimer); '82 MPA; Homemaker; r. 5624 Coogan Pl., Dublin, OH 43017, 614 792-2937.

ANDRIOFF, James Joseph; '81 BSBA; Atty.; Weiner & Ross, 19 N. Beck St., Columbus, OH 43215, 614 224-1238; r. 6393 Chippenhook Ct., Dublin, OH 43017, 614 792-3836.

ANDRIOFF, Jeff K., Jr.; '77 BSBA; Regional Account Mgr.; Toledo Scale Co., 1225 Washington Pike, Bridgeville, PA 15017, 412 257-0110; r. 173 Fawn Valley Dr., Mc Murray, PA 15317, 412 941-0360.

ANDRISANI, Dr. Paul J.; '73 PhD (BUS); Prof.; Temple Univ., Sch. of Bus. Admin., Philadelphia, PA 19122.

ANDRONE, Raymond V.; '71 BSBA; Exec. VP; Midamerica Fed. S&L, 4181 Arlingate Plz., Columbus, OH 43228, 614 278-3428; r. 6928 Pilar Ct., Dublin, OH 43017, 614 761-2543.

ANDRONE, Robert P.; '70 BSBA; 4376 W. 145, Cleveland, OH 44135, 216 251-9025.

ANDRZEJEWSKI, Rafal; '88 BSBA; Svc. Analyst; Kimberly-Clark Corp., 1414 W. Larson Rd., Neenah, WI 54956, 414 721-2000; r. 1401 S. Nicolet Rd., Apt. 61, Appleton, WI 54915, 414 749-0691.

ANDU, Osenat Diuyemisi; '83 MPA; 56 Iiaro St., Bodija Estate, Ibadan, Nigeria.

ANDY, 1LT Joseph A., USMC; '84 BSBA; Recruit Trainer; B Co. 1st Recruit Tr. BN, MCRD, San Diego, CA 92154; r. 3603 State St., #1, San Diego, CA 92103, 619 298-6113.

ANELICK, Vicki J. '80 (See Carney, Ms. Vicki A.).

ANG, Khai Meng; '85 MBA; 63 Dedap Rd., Singapore 2880, Singapore.

ANGEL, James Earl; '80 BSBA; Pres.; Angel Business Prod, 2460 Tennyson, Bellbrook, OH 45305, 513 229-8958; r. 2460 Tennyson, Bellbrook, OH 45305, 513 848-2713.

ANGEL, Robert Lee; '75 BSBA, '77 MBA; Mgr.; Mead Data Central, Statutes Conversion Dev., 9473 Springboro Pike, Dayton, OH 45401, 513 865-7802; r. 3920 N. Haven Way, Dayton, OH 45414, 513 859-9128.

ANGELAS, Gus M.; '67 BSBA; Pres., Owner, Mfrs. Rep.; ASF & Assocs., 336 2nd St., Ste. #7, Lake Oswego, OR 97034, 503 697-3200; r. 3 Britten Ct., Lake Oswego, OR 97035, 503 697-3105.

ANGELETTI, Charles R.; '57 BSBA; VP & Tre; Joe Hill & Assoc. Inc., 1074 E. Broad St., Columbus, OH 43205; r. 879 Mission Hills Ln., Worthington, OH 43085, 614 885-6515.

ANGELO, Cheryl Zellner; '80 BSBA; State Examiner III; State of Ohio, Auditor's Ofc., 88 E. Broad St., Columbus, OH 43215; r. 960 Elcliff Dr., Westerville, OH 43081, 614 891-7491.

ANGELO, Kevin Lee; '82 BSBA; Info. Systs. Auditor; Huntington Banc Shares, 41 S. High St., Columbus, OH 43210; r. 960 Elcliff Dr., Westerville, OH 43081, 614 891-7491.

ANGELO, Marylouise '48 (See Hiles, Marylouise A.).

ANGERER, Thomas Lee; '82 BSBA; Mgr.; The Assocs. Financial Svcs., 6172 Cleveland Ave., Columbus, OH 43229, 614 895-7100; r. 566 Milford Ave., Columbus, OH 43202, 614 261-3696.

ANGLE, Don R.; '56 BSBA; Acctg. Mgr.; Ohio Dept. of Transportation, 25 S. Front St., Columbus, OH 43216, 614 644-7496; r. 463 Bernhard Rd, Columbus, OH 43213, 614 237-1572.

ANGLE, Mark Robert; '83 BSBA; Sales Rep.; Standard Register, 5775-E. Peachtree Dunwoody Rd., Ste. 350, Atlanta, GA 30342, 404 252-1550; r. 6200 Eubank Blvd. NE, Albuquerque, NM 87111, 505 275-7598.

ANGLES, Christopher Layne; '87 BSBA; Rate Analyst; Columbia Gas Systs., 200 S. Civic Center Dr., POB 117, Columbus, OH 43216, 614 460-4217; r. 72 E. Waterloo, Canal Winchester, OH 43110, 614 833-2336.

ANGLIM, Jeremiah Joseph, III; '43; Retired; r. 1415 Cottonwood Dr., Columbus, OH 43229, 614 885-6494.

ANGUISH, Donald Drake; '52 BSBA; Retired; r. 7000 S. W. 107th St., Miami, FL 33156.

ANGUISH, Mrs. Doris, (Doris Ahl); '52 BSBA; 7000 S. W. 107th St., Miami, FL 33156.

ANKENMAN, Mrs. Barbara C., (Barbara C. Baker); '85 BSBA; Acct.; United Telephone of Ohio, 665 Lexington Ave., Mansfield, OH; r. 910 E. Hanley Rd., RR #10, Mansfield, OH 44903.

ANKNEY, George William, Jr.; '54 BSBA; Atty.; 380 S. Fifth St., Ste. 2, Columbus, OH 43215, 614 621-1700; r. 2491 Fair Ave., Columbus, OH 43209, 614 239-1781.

ANKOWSKI, James John; '77 MPA; Dept. Fiscal Ofcr.; City of Columbus, Public Safety Dept., 90 W. Broad St. Rm. 317, Columbus, OH 43215, 714 222-8210; r. 3191 Minerva Lake Rd., Columbus, OH 43231, 614 891-4506.

ANKRUM, Gerald Scott; '84 BSBA; Buyer; Waffle House, 5984-B Financial Dr., Norcross, GA 30071, 404 729-5895; r. 2691 Arbor Glen Pl., Marietta, GA 30066, 404 939-0312.

ANNABLE, Kenneth Lloyd; '84 BSBA; Acct.; Voca Corp., 1350 W. 5th Ave., Columbus, OH 43212; r. 3109 Dorris Ave., Columbus, OH 43202, 614 267-0301.

ANNIBALDI, Richard Francis; '84 MBA; Product Develmt Mgr.; Pioneer Communications of Amer, 2200 Dividend Dr., Columbus, OH 43227; r. 6629 Strathcona Ave., Dublin, OH 43017, 614 889-8203.

ANNIS, Mark William; '86 BSBA; Adjuster; Bancohio, 4653 E. Main St., Columbus, OH 43213, 614 863-8304; r. 36 Mayfair Blvd., Apt. #A, Columbus, OH 43213, 614 236-5411.

ANNIS, Warren C.; '47 BSBA; 9615 Donna Ave., Northridge, CA 91324, 818 349-7126.

ANON, Jeffery A.; '83 BSBA; Pres.; Drug Emporium-Texas, 2211 NW Military Hwy., San Antonio, TX 78213, 512 366-2427; r. 5110 San Felipe, 104 W. Twr., Houston, TX 77056, 713 621-0841.

ANSEL, Roger Nelson, Jr.; '75 BSBA; Pres.; Ansel Enterprises, 5454 Kenney Ln. Blvd., Columbus, OH 43235, 614 889-8074; r. Same.

ANSINELLI, Dr. Richard Allen; '73 BSBA; Phys.-Cardiologist; r. 401 Whitaker Blvd., Huntington, WV 25701.

ANSLEY, Joseph C.; '67 BSBA; Staff; W C Cantrell Co., 3245 May, Ft. Worth, TX 76110, 817 923-7382; r. 6812 Meadows West Dr. S., Ft. Worth, TX 76132, 817 292-7168.

ANSLEY, Robert Charles; '67 BSBA; Owner; Wang's Chinese Restaurant, Memphis, TN 38101; r. 61 Creekwood, Glendale, OH 45246, 513 772-0016.

ANSLEY, Ruth E. '53 (See Brown, Mrs. Ruth E.).

ANSLEY, Toni Pfarr, (Toni A. Pfarr); '79 BSBA; CPA Controller; Resource Intl., 281 Enterprise Dr., Westerville, OH 43081, 614 885-1959; r. 230 E. Tulane Rd., Columbus, OH 43202, 614 267-2201.

ANSPACH, Daniel John; '87 BSBA; c/o Lois Herschler, 247 Whetstone St., Bucyrus, OH 44820, 419 562-4573.

ANSTAETT, Robert E.; '58 MBA; Secy.-Treas.; Town & Village Ins. Svc. Inc., 3100 Tremont Rd, Columbus, OH 43221, 614 457-6913; r. 2488 Brixton Rd, Columbus, OH 43221, 614 486-2359.

ANSTINE, Mrs. Donna W., (Donna M. Wiley); '82 BSBA; Tax Systs. Analyst; Marathon Oil Co., 539 S. Main St., Findlay, OH 45840, 419 422-2121; r. 15825 State Rte. 12 E., Findlay, OH 45840, 419 422-2666.

ANSTINE, Larry Alan; '82 BSBA; Student; Ohio State Univ., Grad Sch., Columbus, OH 43210; r. 7434 Greenville Ave #108, Dallas, TX 75231, 614 766-5485.

ANTAL, James Joseph; '73 BSBA; Dir.-Financial Reporting; TRW Inc., 1900 Richmond Rd., Cleveland, OH 44116, 216 291-7800; r. 19782 Coffinberry Blvd., Fairview Park, OH 44126, 216 333-2965.

ANTALIS, LTC Stephen J.; '51 BSBA; Lt. Col. Usaf; r. 1049 Ft. Sumter Dr., Charleston, SC 29412, 803 795-0500.

ANTENUCCI, Frank Lewis; '37 BSBA; Retired; r. 5539 Mapleridge, Cincinnati, OH 45227, 513 271-8641.

ANTES, Thomas Edward; '83 BSBA; Grad. Student; Ohio State Univ., Dept. of Education, Columbus, OH 43210, 614 292-2461; r. 4997 Cryodon Blvd., N., Columbus, OH 43232, 614 866-4092.

ANTHONY, Barry Eugene; '77 BSBA; 1247 Louisiana Ave. NW, Canton, OH 44703.

ANTHONY, H. Thomas, Jr.; '83 BSBA; Banker; Fifth Third Bank of Columbus, 180 E. Broad St., Columbus, OH 43215, 614 764-2902; r. 3248 Hawksbury Ct., Dublin, OH 43017, 614 764-4525.

ANTHONY, J. Robert; '56 BSBA; Pres.; Robert Anthony Co., 5324 N. Carrollton, Indianapolis, IN 46220, 317 283-2048; r. Same.

ANTHONY, Dr. Joseph Harry; '84 PhD (ACC); Asst. Prof. of Accting; Michigan State Univ., 339 Eppley Ctr., E. Lansing, MI 48824, 517 355-7486; r. 6223 Cobblers Dr., E. Lansing, MI 48823, 517 332-2713.

ANTHONY, Michael Bryant; '76 BSBA; Commercial Bank Offr; Bancohio, 155 E. Broad St., Columbus, OH 43265; r. 2400 Brigham Dr., Dublin, OH 43017, 614 766-4631.

ANTHONY, Mrs. Polly O'Neill, (Polly J. O'Neill); '84 BSBA; Systs. Engr./Mktg. Rep.; IBM Corp., 140 E. Town St., Columbus, OH 43215, 614 225-3941; r. 3248 Hawksbury Ct., Dublin, OH 43017, 614 764-4525.

ANTHONY, Steven John; '75 BSBA; Sr. Buyer; Kenworth Truck Co., Division of Paccar Inc, 65 Kenworth Dr., Chillicothe, OH 45601, 614 774-5224; r. 1950 Plyley's Ln., Chillicothe, OH 45601, 614 775-3342.

ANTHONY, Dr. William Philip; '67 MBA, '71 PhD (BUS); Prof. & Chmn.; Florida State Univ., Clg. of Business Admin, Tallahassee, FL 32306, 904 644-5505; r. 1837 Millers Landing Rd., Tallahassee, FL 32312, 904 893-3187.

ANTKIEWICZ, Mrs. Kristen D., (Kristen D. Romweber); '84 BSBA; Mgr. of Client Svc.; The Boston Co., 4695 MacArthur Ct., Newport Bch., CA 92660, 714 253-5119; r. 2211 Star Pine Way, Tustin, CA 92680, 714 544-7705.

ANTOL, Lewis Raymond; '77 BSBA; 681 Glacier Pass, Westerville, OH 43081, 614 882-4702.

ANTOLINO, Mrs. Cynthia L., (Cynthia L. King); '80 BSBA; Property Mgmt.; Lino Properties, 2695 Andover Rd., Columbus, OH 43221, 614 486-0551; r. Same.

ANTOLINO, Ralph, Jr.; '77 BSBA; Atty./Fncl Plannr; Antolino & Assocs. Inc., 3240 Henderson Rd., Columbus, OH 43220, 614 442-3355; r. 2695 Andover Rd., Columbus, OH 43221, 614 486-0551.

ANTONELLI, George A.; '48 BSBA; Sales Repr; r. 101 Union Ave., Dover, OH 44622, 216 343-7868.

ANTONELLI, Michele M.; '87 BSBA; 8856 Sherwood Dr., Warren, OH 44484, 216 856-2994.

ANTONICK, William Fredrick; '80 BSBA; VP; Oak Tree Homes, Inc., 5352 Dunniker Park Dr., Dublin, OH 43017, 614 889-9105; r. 8680 Craigston Ct., Dublin, OH 43017, 614 889-9105.

ANTONOFF, Helen '58 (See Davis, Helen Antonoff).

ANTONOPOULOS, Mrs. Margaret A.; '82 BSBA; Asst. Billing Coord.; Vorys Sater Seymour & Pease, 52 E. Gay St., Columbus, OH 43215; r. 5293 Conklin Dr., Hilliard, OH 43026.

ANTONUCCI, John R.; '43 BSBA; Chmn. of the Bd.; Superior Beverage Grp. Ltd., 425-427 Victoria Rd., POB 4418, Austintown, OH 44515, 216 793-9321; r. 3795 Barber Dr., Canfield, OH 44406, 216 533-2659.

ANTOUN, Salim Nasr; '87 MBA; 23 S. Cassady Rd., Columbus, OH 43209, 614 231-6313.

ANZUINI, Karen Elizabeth; '83 BSBA; 6698 Masefield, Worthington, OH 43085, 614 888-0148.

APATHY, Dezso David, Jr.; '74 BSBA; Cnslt.; Valuation Rsch., 12424 Wilshire Blvd., #700, Los Angeles, CA 90025, 213 820-1825; r. 8726 D S. Sepulveda Blvd., #A-62, Los Angeles, CA 90045, 213 410-0026.

APEL, Betty Russell; '55 BSBA; Bus. Tchr.; Notre Dame HS, 2220 Sunrise, Portsmouth, OH 45662, 614 353-0719; r. 2714 Sherman Rd, Portsmouth, OH 45662, 614 353-0770.

APEL, Janice Elizabeth; '81 BSBA; Ofc. Mgr.-Acct.; Mgmt.-Computer Svcs., 2790 Fisher Rd, Columbus, OH 43204, 614 272-0202; r. 386 S. Chillicothe St., Plain City, OH 43064, 614 873-5401.

APFEL, Raymond Allan; '81 BSBA; Info. Engr.; CACI Inc. Fed., 5757 W. Century Blvd., Los Angeles, CA 90045, 213 670-8968; r. 6310 Green Valley Cir 115, Culver City, CA 90230, 213 645-0124.

APGEAR, Mary Lapworth, (Mary E. Lapworth); '82 BSBA; Homemaker; r. 1799 Ferris Rd., Columbus, OH 43224, 614 263-1065.

APOLONIO, Domingo Jose; '81 BSBA; Field Rep.; Cintas Corp., 7735 S. Paramount Blvd., Pico Rivera, CA 90660, 213 685-7870; r. 2525 E. 19th St., Apt. 13-D, Signal Hill, CA 90806, 213 597-6036.

APOSTOLOS, George John; '82 MPA; Pub Hea Sanitarian; Columbus Health Dept., Environment Division, 181 S. Washington Blvd., Columbus, OH 43215, 614 222-6579.

APOTSOS, Joanna; '86 BSBA; Sales Asst.; Thomson Mc Kinnon Securities, 300 W. Wilson Bridge Rd., Ste. 100, Worthington, OH 43085; r. 7991 Abbeyshire Ct., Dublin, OH 43017.

APP, Carol Marlene; '79 MPA; Student; Capital Univ., Graduate Sch., Columbus, OH 43209; r. 2932 Hampshire Rd., Columbus, OH 43209.

APPAYA, Deepak Nervnanda; '82 BSBA; Branch Mgr.; Metropolitan Ins. Co., 90 Millburn Ave., Millburn, NJ 07109, 201 763-6559; r. 832 Main St., Apt. J, Belleville, NJ 07109, 201 751-4652.

ALPHABETICAL LISTINGS ARNOLD 7

APPAYA, Digvijay N.; '83 BSBA; Apple Product Mgr.; The Future Now, 270 E. Campus View Blvd., Columbus, OH 43235, 614 885-3645; r. 5470-D Asherbrand Ln., Columbus, OH 43017, 614 761-7950.

APPEL, Gerald M.; '69 BSBA; CPA; Gerald M. Appel CPA, Inc., 21625 Chagrin 120, Beachwood, OH 44122, 216 752-4600; r. 32375 Wintergreen, Solon, OH 44139, 216 248-4939.

APPEL, Mrs. M. Joyce Shull; '63 BSBA; Partner; Appel & Appel CPA's, 9090 Gaylord #204, Houston, TX 77024, 713 932-8442; r. 10622 Valley Forge Dr., Houston, TX 77042, 713 781-8460.

APPELBAUM, Dennis Evan; '83 BSBA; Sr. Cnslt.; Price Waterhouse, 1 Indiana Sq., Ste. 2900, Indianapolis, IN 46204, 317 232-0636; r. 8478 Hidden Lake Dr., Indianapolis, IN 46250, 317 842-4218.

APPELBAUM, Mrs. Rita, (Rita Mendlovits); '56; Real Estate Mgr.; r. 4422 Fairhaven Ave. NW, Canton, OH 44709, 216 494-1112.

APPELBAUM, Ronald Gary; '73 BSBA; Realty Spec.; Bur. of Indian Affairs, 1425 NE Irving, Portland, OR 97208; r. 12750 SW Percheron Ln., Beaverton, OR 97005, 503 646-6372.

APPELBAUM, Todd Jeffrey; '84 BSBA; Leasing Assoc.; David J Glimcher Co., 10 W. Broad St., Ste. 1820, Columbus, OH 43215, 614 365-9840; r. 7867 Prairieview Dr., Worthington, OH 43085, 614 888-8551.

APPELL, Brenda S.; '84 BSBA; Programmer/Analyst; SCM Ofc. Supplies Grp., 2409 W. 2nd St., POB 338, Marion, IN 46952, 317 664-1241; r. 501 Western Ave. N. #A, Marion, IN 46952, 317 662-8028.

APPLE, Ellen Wolinsky; '54 BSBA; 3022 Temple Gate, Baltimore, MD 21209.

APPLE, Jerome E.; '66 BSBA; Public Acct.; Heinick & Apple, 1540 W. Market St., Akron, OH 44313, 216 867-7350; r. 488 Cartwright, Akron, OH 44313.

APPLE, Leslie H.; '64 BSBA; Corporate Secy.; United Truck Parts, 1560 S. State St., Girard, OH 44420, 216 545-4355; r. 5800 Sampson Dr., Girard, OH 44420, 216 759-9609.

APPLE, Walter Eugene; '54 BSBA; Atty.; r. 2930 NE 44 St., Ft. Lauderdale, FL 33308, 305 564-4142.

APPLEBAUM, Robert J.; '72 BSBA; Operations Mgr.; Consumers Steel Prods. Co., 8510 Bessemer Ave., Cleveland, OH 44127, 216 883-7171; r. 18015 Lost Tr., Chagrin Falls, OH 44022, 216 543-5206.

APPLEGATE, D. Terrence; '58 BSBA; Owner/Partner; Terry Applegate & Assocs., 947 Brittany Hills Dr., Dayton, OH 45459, 513 435-6720; r. 947 Brittany Hills Dr., Centerville, OH 45459, 513 435-5915.

APPLEGATE, David Raymond; '77 BSBA; Owner; Apple Graphics Co., POB 20160, Columbus, OH 43220; r. 2210 Olde Sawmill Dr., Dublin, OH 43017, 614 761-3639.

APPLEGATE, E. Timothy; '59 BSBA; Sr. VP & Gen. Counsel; Forest Lawn Co., 1712 S. Glendale Ave., Glendale, CA 91205, 213 254-3131; r. 15045 Corona Del Mar, Pacific Palisades, CA 90272.

APPLEGATE, James A.; '49 MBA; Staff; Nationwide Ins., One Nationwide Plz., Columbus, OH 43216; r. 6445 Strathaven Ct. E., Worthington, OH 43085, 614 885-6062.

APPLEGATE, Joyce Elizabeth; '81 BSBA; Sales Rep.; Apple Graphics Co., 2504 Billingsley, Columbus, OH 43085, 614 889-1999; r. 4181 Waddington Rd., Columbus, OH 43220, 614 764-1071.

APPLEGATE, Mrs. Marilyn Mahlmeister, (Marilyn Mahlmeister); '60; Owner/Partner; Terry Applegate & Assocs., 947 Brittany Hills Dr., Dayton, OH 45459, 513 435-6720; r. 947 Brittany Hills Dr., Centerville, OH 45459, 513 435-5915.

APPLEGATE, Randall Glenn; '70 BSBA, '71 MBA; VP Natl. Accounts; Associated Cnsltg. Svcs., 6700 Beta Dr., Ste. 310, Cleveland, OH 44143, 216 461-1060; r. 6924 Stow Rd., Hudson, OH 44236, 216 650-1856.

APPLEGATE, Robert G.; '51; Retired; r. 1423 SE 33rd St., Cape Coral, FL 33904, 813 542-6119.

APPLEGETT, Mark William; '80 BSBA; Computer Programmer; Dept. of Taxation, 167 S. State St., POB 111, Westerville, OH 43081; r. 856 Lakefield Dr., Galloway, OH 43119, 614 878-8113.

APPLEMAN, Mark D.; '67 BSBA; 979 N. Fletcher Ave., Valley Stream, NY 11580, 516 561-7621.

APPLETON, Allan Daly; '75 MPA; Staff; Your Energy Savings Shop, 5024 Liberty, Vermilion, OH 44089, 216 967-3493; r. 8717 Furnace Rd., Vermilion, OH 44089, 216 967-3788.

ARANT, Frances '45 (See Wilhelm, Frances Arant).

ARAT, Nese; '86 BSBA; POB 3407, Columbus, OH 43210, 614 436-3273.

ARATA, Constance '48 (See Adams, Constance Arata).

ARBAUGH, Gwendolyn Curtiss; '86 BSBA; Mgmt. Intern; United Telephone Co. of Ohio, 665 Lexington Ave., POB 3555, Mansfield, OH 44902; r. Rte. 5 Hastings Newville Rd, Mansfield, OH 44903, 419 756-5695.

ARBAUGH, Jeffrey Lloyd; '76 BSBA; Dir. of Acctg.; P M C Specialties Grp. Inc., 20525 Center Ridge Rd., Rocky River, OH 44116, 216 356-0700; r. 31327 Nantucket Row, Bay Village, OH 44140, 216 835-8829.

ARBER, Maureen Elizabeth; '88 BSBA; 1584 Sycamore, Beavercreek, OH 45432, 513 426-7345.

ARBOGAST, Donald Parker; '75 BSBA; Operations Supt.; Complete Auto Transit, Inc., 12502 Fogwell Pkwy., Roanoke, IN 46783, 219 672-2166; r. 9409 Kress Rd., Roanoke, IN 46783, 219 747-0832.

ARBUCKLE, Charles Hoover; '82 BSBA; Controller; G. W. James & Assocs., Inc., 555 Lancaster Dr., Reynoldsburg, OH 43068, 614 866-9988; r. 5775 Roche Dr. #C, Columbus, OH 43229, 614 846-6823.

ARBUCKLE, Douglas Stuart; '84 MBA; Acct.; Dow Corning USA, 760 Hodgenville Rd., Elizabethtown, KY 42701, 502 737-6466; r. 1800 Woodburne Ave., Louisville, KY 40205, 502 451-7392.

ARCE, Louisa; '79 BSBA; Staff; Afscme, 741 E. Broad St., Columbus, OH 43215; r. 247 Olentangy Ridge Pl., Powell, OH 43065, 614 885-6555.

ARCERI, Ms. Louisa Ann; '85 BSBA; Salary Analyst; IBM Corp., Personnel Dept., 1000 Westchester Ave., White Plains, NY 10604, 914 696-5249; r. 10 Beaver Hill Rd., Elmsford, NY 10523, 914 592-7065.

ARCHER, Alice '48 (See Ruhl, Alice Archer).

ARCHER, Daniel John; '72 BSBA; Materials Mgr.; Commercial Intertech, 1775 Logan Ave., Youngstown, OH 44505, 216 746-8011; r. 62 Navajo Dr., Girard, OH 44420, 216 545-0815.

ARCHER, David Madison; '85 BSBA; Buyer; Sugar Food Corp., 2000 Westbelt Dr., Columbus, OH 43228, 614 771-5808; r. 5435 Floral Cir., S., Columbus, OH 43228, 614 878-6970.

ARCHER, Mrs. Deborah A., (Deborah A. Senska); '86 BSBA; Personnel Admin.; Litel Telecommunications Corp., 200 Old Wilson Bridge Rd., Worthington, OH 43085, 614 433-9200; r. 380 Garden Rd., Columbus, OH 43214, 614 268-1429.

ARCHER, Donald R.; '87 BSBA; 3251 Indianola Ave., Columbus, OH 43202, 614 268-1429.

ARCHER, Earl P.; '21 BSBA; Retired; r. 201 Thomaston Tr., Springfield, OH 45503, 513 399-0418.

ARCHER, Frank E., Jr.; '37 BSBA; Retired; r. 5323 Mason Rd, Memphis, TN 38119, 901 683-1647.

ARCHER, James Byron; '56 BSBA; Systs. Analyst; Tennessee Valley Authority, BR 4S 81E-C, 1101 Market St., Chattanooga, TN 37402, 615 751-6529; r. 309 Shady Crest Dr., Chattanooga, TN 37415, 615 875-6299.

ARCHER, Mark Edwin; '83 BSBA; 5306 Portland St., Columbus, OH 43220, 614 459-4329.

ARCHER, CDR Raymond Aubrey, USN; '69 BSBA; Supply Ofcr.; USS Ranger, CV 6, FPO, San Francisco, CA 96633, 619 437-7821; r. 11608 Vernette, El Cajon, CA 92020, 619 588-5693.

ARCHER, Richard E.; '49 BSBA; Retired; r. 621 Garden Rd, Zanesville, OH 43701, 614 453-5170.

ARCHER, William F.; '49 BSBA; Sales; r. 2101 Killarney Dr., Winter Park, FL 32789, 407 896-9884.

ARCHER, William R.; '38 BSBA; Florist; r. 1328 Neel St., Huntington, WV 25701, 304 523-1265.

ARCHIBALD, Mary J.; '63 BSBA; 233 Princess Dr., Canton, MI 48188, 313 981-1570.

ARCHINAL, Bruce L.; '63 BSBA; Pres.; Bruce's Fine Foods Inc., 170 E. Main St., Geneva, OH 44041, 216 466-5738; r. 5734 Heritage Dr., Madison, OH 44057, 216 428-2503.

ARCHINAL, Jo Anne Troolin; '84 BSBA; 2177 Mohegan Dr., Falls Church, VA 22043, 703 448-7466.

ARCOLINO, John; '58 BSBA; Retired; r. 2343 Carol Ave., Mountain View, CA 94040, 415 961-2074.

ARDMAN, Martin; '61 BSBA; 7410 S. W. 19th St., Plantation, FL 33317, 305 791-0311.

ARDREY, Beatrice Dillon, (Beatrice Dillon); '57 BSBA; 303 Northview Dr., London, OH 43140, 614 852-0459.

ARDREY, Jerry K.; '60; Sales Mgr.; Ace Truck Body Inc., 1600 Thrailkill Rd., Grove City, OH 43123, 614 871-3100; r. 303 Northview Dr., London, OH 43140, 614 852-0459.

ARENA, Michael John, Jr.; '72 BSBA; CPA; Arena & Harrison CPA's, 615 Rome Hilliard Rd, Columbus, OH 43228, 614 878-7167; r. 200 Cole Rd., Galloway, OH 43119, 614 878-3350.

AREND, Ms. Marsha H., (Marsha J. Haigh); '78 BSBA; Pres.; Macrologic, Inc., 1544 Elmira St., Aurora, CO 80010, 303 367-8766; r. 643 Elm St., Denver, CO 80220, 303 333-9055.

AREND, Robert Godfrey; '52 BSBA, '56 MBA; Pres.; A C Marketech Intl., 3822 Waldo Pl. at Sawmill Rd., Upper Arlington, OH 43220, 614 442-1177; r. Same, 614 442-1277.

ARENDS, Alan E.; '59 BSBA; Pres.; Alan Arends Assocs., 14-D Glenwood Dr., Old Bridge, NJ 08857, 201 679-3133; r. Same.

ARENT, Edward John; '68 BSBA; 5579 Indianola Ave., Worthington, OH 43085, 614 885-9598.

ARGANBRIGHT, John R.; '66 BSBA; Buyer; Sears Roebuck & Co., Dept. 626-20, Sears Twr., Chicago, IL 60684, 312 875-8636; r. 6 S. 220 Marblehead Ct., Naperville, IL 60540, 312 357-7843.

ARGENTO, Donald Allen; '87 BSBA; 2124 Ridgecliff Rd., Columbus, OH 43221, 614 457-2442.

ARGEROPLOS, Soterios Theodore; '87 BSBA; Financial Wholesaler; Sierra Capital; r. 2218 E. Rahn Rd., Kettering, OH 45440, 513 434-5852.

ARGO, J. Richard; '32 BSBA; Sr. Chmn.; Argo & Lehne Jewelers, 20 S. 3rd St., Columbus, OH 43215, 614 228-6338; r. Foxwood Farm, 3243 Old Maid's Ln., Pataskala, OH 43062, 614 927-8611.

ARGO, William A.; '47 BSBA; Chmn.; Argo & Lehne Jewelers, 20 S. 3rd St., Columbus, OH 43215, 614 228-6338; r. 4456 Ravine Dr., Westerville, OH 43081, 614 882-6289.

ARGOBRIGHT, Victor William; '86 MBA; VP of Operatn; Bob Evans Farms Farms, 3776 S. High St., Columbus, OH 43207, 614 491-2225; r. 10620 Winchester Rd., Canal Winchester, OH 43110, 614 837-9955.

ARGUE, Howard W.; '61 BSBA; Mktg. Rep.; State Savings, 20 E. Broad St., Columbus, OH 43215; r. 1920 Riverhill Rd., Columbus, OH 43221, 614 457-7229.

ARGUS, Pamela Sue; '76 MPA; Dir.; Ohio Family Coalition for The Mentally Ill, 199 S. Central, Columbus, OH 43223, 614 274-7000; r. 3665 Olentangy Blvd., Columbus, OH 43214, 614 261-8815.

ARGUST, Ward Clayton; '64 BSBA; Securities Broker; Ward C Argust, 191 Park Ave. W., Mansfield, OH 44902; r. 1274 Lex Park Dr., Mansfield, OH 44907, 419 756-6319.

ARK, Joyce Ellen; '81 BSBA; Acct.; Clark Schaefer Hackett & Co., 333 N. Limestone St., Springfield, OH 45503, 513 324-4800; r. 4450 Reno Rd., Springfield, OH 45503, 513 399-1804.

ARMAGOST, Ruth Overholt; '38 BSBA; Retired; r. 309 Melbourne Pl., Worthington, OH 43085, 614 885-7180.

ARMANINI, Joseph Stephen; '77 BSBA; Assoc. Gen. Counsel; L M Berry & Co., 3170 Ketter, Dayton, OH 45401, 513 296-4902; r. 10633 Kley Rd., Vandalia, OH 45377.

ARMBRUST, Sharon '85 (See Coulter, Sharon Armbrust).

ARMEL, Daniel Edward; '66 BSBA; Partner; Coopers & Lybrand, 1000 W. Sixth St., Los Angeles, CA 90017, 213 482-6020; r. 1270 Glen Oaks, Pasadena, CA 91105, 818 793-7381.

ARMENI, Joseph Robert; '81 BSBA; Real Estate Agt.; Ryland Grp., 5900 Sawmill Rd., Dublin, OH 43017, 614 761-8500; r. 812 Neil Ave., Columbus, OH 43215, 614 294-6158.

ARMENTROUT, Jack Dwight; '62 BSBA; Admin.; Ohio Dept. of Health, 246 N. High St., Columbus, OH 43215, 614 466-5114; r. 4967 S. Old 3C Rd., Westerville, OH 43081, 614 882-3711.

ARMITAGE, Douglas Richard; '79 BSBA; Mgr.-Inc Prop/Asst. VP; Ohio Financial Svc. Corp., 175 S. Third St., Ste. 450, Columbus, OH 43215; r. 1555 Worthington Park Blvd., Westerville, OH 43081.

ARMITAGE, Eloise '40 (See Caldwell, Mrs. Eloise A.).

ARMITAGE, Laura Faith; '81 BSBA; 3086 E. Fox Runway, San Diego, CA 92111.

ARMOUR, Betsy Kraemer; '57; Owner; The Lamp Shoppe, 11150 Research Blvd. #209, Austin, TX 78759, 512 345-1609; r. 7102 Spurlock Dr., Austin, TX 78731, 512 345-1183.

ARMSTRONG, Bradley Charles; '77 BSBA; 1618 Marion Rd. S. E., Apt. 204, Rochester, MN 55903, 507 288-5392.

ARMSTRONG, David Byron; '61 BSBA; Gen. Mgr. Fl Covering; ABC Dealer Suppyl Co., 301 Executive Dr., Troy, MI 48083, 313 583-9030; r. 8588 Sandycrest Dr., Union Lake, MI 48085, 313 698-9042.

ARMSTRONG, Douglas Joseph; '76 BSBA; POB 452, 202 Church St., Warsaw, OH 43844, 614 824-3290.

ARMSTRONG, Gary L.; '71 BSBA; Coord.; Morgan Guaranty Trust Co., Change Management, 23 Wall St., New York, NY 10015, 212 483-2732; r. 25 Minetta Ln., Apt.1 H, New York, NY 10012, 212 475-6779.

ARMSTRONG, Gerald S.; '47 BSBA; Retired CPA; r. 20711 Clare Ave., Maple Hts., OH 44137, 216 662-1318.

ARMSTRONG, Jane '34 (See Healey, Jane Armstrong).

ARMSTRONG, Kathleen T.; '84 BSBA; POB 157, Woodsboro, MD 21798.

ARMSTRONG, Larry Jack; '73 BSBA; Mgr. & Salesman; Fuller Brush, 205 E. 12th St., Delphos, OH 45833, 419 692-7349; r. Same.

ARMSTRONG, Laurie '86 (See Ebert, Laurie Armstrong).

ARMSTRONG, Martha D. '57 (See Denman, Martha Armstrong).

ARMSTRONG, Phillip M.; '78 BSBA; Systs. Analyst; Nationwide Ins., One Nationwide Plz., Columbus, OH 43228, 614 249-8837; r. 3792 Cypress Creek Dr., Columbus, OH 43228, 614 276-1266.

ARMSTRONG, Robert H.; '84 BSBA; Sr. Financial Analyst; Nu-West Industries, 8400 E. Prentice, Ste. 1320, Englewood, CO 80111, 303 721-1396; r. 4459 S. Fox St., Englewood, CO 80110, 303 789-1602.

ARMSTRONG, Robert Howard; '49 BSBA; Retired; r. 13345 Lakewood Dr., Chesterland, OH 44026, 216 729-9051.

ARMSTRONG, Scott Louis; '69 BSBA, '73 MBA; Bus. Regional Sales Mgr.; Nationwide Ins., Business Sales 28T, One Nationwide Plz., Columbus, OH 43216, 614 249-7021; r. 1177 Slade Ave., Columbus, OH 43220, 614 457-3690.

ARMSTRONG, Sharron '75 (See Harrison, Ms. Sharron A.).

ARMSTRONG, Steven Robert; '74 BSBA; Finance Ofcr.; Bancohio Natl. Bank, Finance Group, 155 East St., Columbus, OH 43265; r. 1864 Ridgecliff Dr., Columbus, OH 43221, 614 451-7509.

ARMSTRONG, Susan Faye '87 (See Pantano, Mrs. Susan Faye).

ARMSTRONG, Thomas Lee; '82 MPA; Rehab. Dir.; Central Ohio Rehab. Ctr., 1331 Edgehill Rd., Columbus, OH 43215; r. 509 Washington Ave., Urbana, OH 43078.

ARMSTRONG, William Delbert; '49 BSBA; 1387 NE 181st St., N. Miami Bch., FL 33162.

ARN, Frank D.; '31 BSBA; Retired; r. 2328 Woodbine Ave., Lakeland, FL 33803, 813 688-4351.

ARNDT, Charles H.; '81 MPA; 7580 Tyjon Cir., Worthington, OH 43085, 614 766-2339.

ARNDT, Clifford J.; '50 BSBA; Supv.; Fruehauf Corp., Assembly-Exports & Govt, 111 E. Maxtown Rd., Westerville, OH 43081, 614 882-1500; r. 154A Brandywine Dr., Westerville, OH 43081, 614 882-6659.

ARNDT, Harold H.; '86 MBA; Staff Proj. Engr.; MK-Ferguson, 1 Area View Dr., Cleveland, OH 44114, 216 523-5600; r. 355 W. 7th Ave., Columbus, OH 43201, 614 421-1566.

ARNDT, Richard Maynard; '86 BSBA; Operations Mgr.; Worldlink Logistics, Inc., 409 S. Kings Hwy., Cherry Hill, NJ 08034, 609 795-3533; r. A-408 Shetland Way, Westville, NJ 08093, 609 384-1484.

ARNDTS, James Philip; '75 BSBA; Sales Mgr.; Prudential Ins. Co., 143 N. Sunset, Piqua, OH 45356; r. 1373 Cornish Rd., Troy, OH 45373, 513 339-4469.

ARNER, L. Frank; '32 BSBA; Retired; Golden Gem Growers, Umatilla, FL 32784; r. 29 W. Pinecrest Ave., Eustis, FL 32726, 904 357-4026.

ARNETT, David Denver; '75 BSBA; Distribution Supv.; ARCO, 1306 Canal Blvd., Richmond, CA 94804, 415 236-0313; r. 2916 Buckthorn Ct., Antioch, CA 94509, 415 778-0232.

ARNETT, Joseph Michael; '70 BSBA; Contracts Mgr.; Control Data Corp., 7100 E. Belleview Ave., Ste.#204, Englewood, CO 80111, 303 779-7753; r. 5667 S. Olathe Ln., Aurora, CO 80015, 303 693-4882.

ARNETT, Robert Reese; '79 BSBA; 518 E. Fulton, Celina, OH 45822, 419 586-3072.

ARNETT, Thomas Lee; '68 BSBA; Budget Analyst; Wright-Patterson AFB, Fairborn, OH 45433, 513 255-7388; r. 100 Canary Ct., Enon, OH 45323, 513 864-5277.

ARNHOLT, Stephen Charles; '71 BSBA; Dir. US Operation; Honeywell Braukamann, 1985 Douglas Dr. N., Golden Vly., MN 55422, 612 542-6628; r. 5565 Ximines Ln. N., Plymouth, MN 55442, 612 559-5723.

ARNHOLT, Timothy Matthew; '86 BSBA; Account Supv.; Great-West Life-Assurance Co., 700 Ackerman Rd., Columbus, OH 43214, 614 261-6676; r. 386 Kenbrook, Worthington, OH 43085, 614 431-2173.

ARNOFF, Bernard; '47 BSBA; Sales Mgr.; Peerless Packages Inc., 23600 Mercantile Rd., Cleveland, OH 44122; r. 2142 Campus Rd, Cleveland, OH 44122, 216 381-9141.

ARNOFF, Craig Michael; '86 MBA; VP-Sales; Legal Eagle Software Systs., 5752 Oberlin Dr., Ste. 106, San Diego, CA 92121, 619 535-9294; r. 675 S. Sierra Ave., #43, Solana Bch., CA 92075, 619 755-3137.

ARNOLD, Beatrice D. '50 (See Walker, Mrs. Beatrice A.).

ARNOLD, Charles R.; '53 BSBA; Controller; Dresser Europe, S.A., Niederlassung Heidelberg, Box 103 120, 6900 Heidelberg, West Germany, 49 06221; r. 538 Courtland Ave., Marion, OH 43302, 614 387-0003.

ARNOLD, Daniel Emmitt; '86 BSBA; Acct.; GMAC, Corporate Center St. 340, N. Olmsted, OH 44070, 216 779-3379; r. 2679 Lakeview, Rocky River, OH 44116, 216 331-6841.

ARNOLD, Dorsey L.; '51 BSBA; Retired; r. 5509 Peace & Plenty Ct., New Bern, NC 28560, 919 638-5711.

ARNOLD, George Francis; '35 BSBA; Retired Sales Mgr.; GE Co., 19030 Lake Rd., Cleveland, OH 44116; r. 20605 Beachwood Dr., Cleveland, OH 44116, 216 333-0372.

ARNOLD, George John; '64 BSBA; Secy./VP/Legal Counsel; The Kobacker Co., 6606 Tussing Rd., POB 16751, Columbus, OH 43216, 614 863-7223; r. 675 S. Kellner Rd., Columbus, OH 43209, 614 231-0791.

ARNOLD, Gordon Allen; '77 MPA; Atty.; Gordon, Feinblatt, Rothman,, Hoffberger & Hollander, 1800 'K' St. NW Ste. 600, Washington, DC 20006, 202 659-0555; r. 5419 White Mane, Columbia, MD 21045, 301 997-9194.

ARNOLD, Jacqueline Heacox; '83 BSBA; 1806 N. Star Apt. B-10, Columbus, OH 43212, 919 851-2944.

ARNOLD, James Richard; '78 BSBA; Acct. Exec.; Nationwide Ins. Co., 800 Brooksedge Blvd., Westerville, OH 43081; r. 291 Willowdown Ct., Worthington, OH 43235, 614 846-2355.

ARNOLD, Jeffrey Lee; '76 BSBA, '86 MBA; Sr. Analyst Tech. Suppt; Nationwide Ins. Co., Annuity & Pension Operations, One Nationwide Plz., Columbus, OH 43216; r. 3479 En Joie Dr., Columbus, OH 43228.

ARNOLD, Joanne Gilbert; '77 MPA; Coord.; Health Mgmt. Strategies, Mkt Res & Prod Devel Dept., 1301 Penn Ave. NW #800, Washington, DC 20004, 202 639-5853; r. 5419 White Mane, Columbia, MD 21045, 301 997-9194.

ARNOLD, John Schuyler, III; '80 MBA; Acctg. Supv.; E I Du Pont De Nemours Co., Box 89, Circleville, OH 43113; r. 8 Colonial Dr. Rte. 3, Hockessin, DE 19707, 302 239-0793.

ARNOLD, Josephine Hamburger; '47 BSBA; Tchr.; r. 1248 Waverly, Palo Alto, CA 94301, 415 321-0486.

ARNOLD, Julie McDonald, (Julie McDonald); '47 BSBA; Asst. Mgr.; Hacket & Arnold Inc., 20630 N. Park Blvd., Shaker Hts., OH 44118, 216 321-7374; r. 3519 Townley Rd., Shaker Hts., OH 44122, 216 921-6560.
ARNOLD, Keith W.; '85 BSBA; Branch Sales Mgr.; CompuServe, Inc., 11260 Chester Rd., Ste. 330, Cincinnati, OH 45246, 513 771-8111; r. 6659 Netherland Dr., Middletown, OH 45044, 513 777-4173.
ARNOLD, Leann '81 (See Shokery, Leann Arnold).
ARNOLD, Lori S. '81 (See Morgan, Mrs. Lori S.).
ARNOLD, Mark Peter; '72 BSBA; 419 248-8000; r. 5200 Sharps Ct., Westerville, OH 43081, 614 899-9954.
ARNOLD, Michael Aloysius; '83 BSBA; Grad. Rsch. Assoc.; North Caroline State Univ., Dept. of Horticultural Scince, Raleigh, NC 27655; r. 2804-301 Avent Ferry Rd., Raleigh, NC 27606, 919 859-1961.
ARNOLD, Norman Scott; '72 BSBA; Computer Operations; Armco Inc., 703 Curtis St., Middletown, OH 45042, 513 425-2544; r. 4204 Riverview Ave., Middletown, OH 45042, 513 423-9531.
ARNOLD, Paul M.; '46 BSBA; CPA; 700 Morse Rd., Ste. 103, Columbus, OH 43214, 614 433-9008; r. 1089 Sedgwick Ct., Worthington, OH 43235, 614 888-1293.
ARNOLD, Richard Alan; '50 MBA; Retired; r. 7802 Meadowvale Dr., Houston, TX 77063, 713 784-1100.
ARNOLD, Rucker D.; '60 MBA; VP; Consolidated Communications Inc., 121 S. 17th, Mattoon, IL 61938, 217 235-3371; r. 1929 Meadow Lake Dr., Charleston, IL 61920, 217 348-8000.
ARNOLD, Terrence B.; '77 BSBA; Real Estate Apprsr; Assoc. Cnslts. & Appraisers, 5151 Reed Rd., Columbus, OH 43220, 614 267-6361; r. 7200 Lakebrook Blvd., Columbus, OH 43235.
ARNOLD, Wesley Eldon; '57 BSBA; Mgr.-Public Relations; ACI Constructors Inc., 13300 Citrus St., Corona, CA 91720, 714 736-2811; r. 19135 Galatina St., Rowland Hts., CA 91748, 818 964-1711.
ARNOLD, William Harry; '76 MPA; Atty.; 150 E. Broad St., Columbus, OH 43215, 614 464-2201; r. 6848 Alloway St. W., Worthington, OH 43085, 614 436-0093.
ARNOT, Jane E.; '51 MBA; Admin.; Hometown Nursing Home, 401 E. Myers Rd., POB 109, Celina, OH 45822, 419 586-3016; r. 500 N. Walnut St., Apt. #1, POB 479, Celina, OH 45822, 419 586-8914.
ARNOTT, Gregory James; '88 BSBA; Commercial Lending; Bank One of Dayton, Kettering Twr., Dayton, OH 45401, 513 449-7165; r. 1181 Fudge Dr., Xenia, OH 45385, 513 429-1322.
ARNOVITZ, Theodore M.; '54 BSBA; 2481 Hulman Dr., Dayton, OH 45404, 513 837-8007.
ARNSBARGER, Charles Jerry; '56 BSBA; Aircraft Broker; Arnsbarger & Assocs., Inc., POB 2383, Lancaster, OH 43130, 614 653-9444; r. 1590 Northwood Dr. NE, Lancaster, OH 43130, 614 654-0217.
ARNSON, Gerald I.; '50 BSBA; Atty.; Kahn Kleinman Yanowitz Arnson, 1300 Bond Court Bldg., Cleveland, OH 44114, 216 696-3311; r. 2420 Brian Dr., Cleveland, OH 44122, 216 292-7770.
ARNSTINE, Richard Scott; '77 BSBA; Orthodontist; 20620 Park Blvd., Shaker Hts., OH 44118, 216 321-7112; r. 3979 Beachmont Tr., Orange, OH 44122, 216 831-2583.
AROCKIASWAMY, Hirudayaraj; '82 MBA; Student; Ohio State Univ., Graduate Sch., Columbus, OH 43210; r. 574 Harley Dr., Columbus, OH 43202, 614 267-9885.
ARON, David; '88 MBA; 2768 Walden Bluff Ct., Grove City, OH 43123, 614 875-2920.
ARONOWITZ, Jay David; '82 MPA; Analyst; USA Criminal Investigation Cmd., HQ 21st SUPCOM, ACSRM-P, APO, New York, NY 09325, 202 274-8187; r. Same.
ARONSON, Gerald R.; '33 BSBA; Financial Cnslt.; Shearson Lehman Hutton, 1000 E. Hallandale Bch. Blvd., Hallandale, FL 33019, 305 457-1515; r. 2201 S. Ocean Dr., Apt. 1503, Hollywood, FL 33019, 305 920-7848.
ARPS, David William; '72 BSBA; RFD 1 Box 59, Delta, OH 43515.
ARQUILLA, Ricky Lynn; '75 BSBA; VP; Chemlawn Corp., Commerical Services Division, 8275 N. High St., Columbus, OH 43215, 614 888-3572; r. 365 Avon Ct., Dublin, OH 43017, 614 764-2373.
ARRASMITH, David James; '85 BSBA; Staff; US Postal Svc., Columbus, OH 43204; r. 3216 Ponderosa Dr., Columbus, OH 43204, 614 272-6977.
ARRASMITH, Douglas B.; '86 BSBA; Auditor; State of Ohio, Columbus, OH 43204; r. 3216 Ponderosa Dr., Columbus, OH 43204, 614 272-6977.
ARRIS, George E.; '57 BSBA; Retired; r. 5527 East Blvd., NW, Canton, OH 44718.
ARROWITZ, Arnold Benjamin; '51 BSBA; 10743 Stonebridge Blvd., Boca Raton, FL 33434, 407 487-5826.
ARRUDA, Robert Joseph S.; '81 BSBA; 67 Parana Dr., Newark, OH 43055.
ARSHAM, Kevin Lee; '88 BSBA; Sales; New York Life Ins. Co., Enterprise Plz., Beachwood, OH 44122; r. 25117 Letchworth Rd., Beachwood, OH 44122, 216 464-1715.
ART, Kenneth Eugene; '74 BSBA; Acct.; Celina Grp. Ins. Co., Insurance Sq., Celina, OH 45822, 419 586-5181; r. 118 S. Le Blond St., Celina, OH 45822, 419 586-2232.
ART, Robert Karl; '84 BSBA; Ofc. Mgr.; Interstate Optical Co., 24 W. Third St., Mansfield, OH 44902; r. 145 Betzstone Ave Apt 6, Mansfield, OH 44907, 419 756-3546.
ART, Robert L.; '59 BSBA; Admin.; Ohio Dept. of Transportation, Huntington Plz., 25 S. Front St., Columbus, OH 43215, 614 466-2232; r. 65 Westwood Rd., Columbus, OH 43214, 614 267-8164.
ARTER, Richard Melvin; '77 BSBA; 2751 Country Squire Dr., New Carlisle, OH 45344.
ARTHRELL, Kent James; '77 BSBA; Letter Carrier; USPO, Elyria, OH 44035; r. 240 Hawthorne St., Elyria, OH 44035, 216 365-5550.
ARTHUR, Gregory Lee; '83 BSBA; Mgr. of Acctg.; Lennox Industries Inc., POB 170255, Atlanta, GA 30317, 404 377-5511; r. 1078 Chartley Dr., Lilburn, GA 30247, 404 564-0153.
ARTHUR, Jack Lamarr; '71 BSBA; Corp Mgr.; Farmcraft Agri-Systs., Inc., Box 46, 5510 St. Rte. #187, London, OH 43140; r. 411 E Cecil St, Springfield, OH 45503.
ARTHUR, James Ronald; '80 BSBA; Acct. Exec.; Burrell Ins. Inc., 3 W. Winter St., Delaware, OH 43015, 614 363-1321; r. 1107 Arundel Ave., Westerville, OH 43081, 614 882-2778.
ARTHUR, Janet G., (Janet E. Gallup); '81 BSBA; CPA/Sr. Regional Acct.; McDonald's Corp., 635 Brooksedge Blvd., Westerville, OH 43081, 614 891-3800; r. 1107 Arundel Ave., Westerville, OH 43081, 614 882-2778.
ARTHUR, William E.; '50 BSBA; Atty.-Partner; Porter Wright Morris & Arthur, 41 S. High St., Columbus, OH 43215, 614 227-2056; r. 5 Stonegate Village Dr., Columbus, OH 43212, 614 487-8454.
ARTHURS, Lee J.; '67 MBA; Pres.; Water One, Inc., 8501 Kinsman Rd., Russell, OH 44072, 216 338-1444; r. 7550 Thistle Ln., Russell, OH 44072, 216 338-5165.
ARTHURS, Richard Alan; '88 BSBA; 553 Shanahan Rd, Delaware, OH 43015, 614 548-6475.
ARTINO, William Anthony; '83 BSBA; 522 Rockwell St., Sandusky, OH 44870, 419 625-3479.
ARTMAN, Bret Thomas; '86 MBA; Quality Assurance Engr.; Motor Wheel, 4000 Collins Rd., Lansing, MI 48906, 517 337-5911; r. 1026 Touraine, E. Lansing, MI 48823, 517 351-7586.
ARTZ, Gary Robert; '69 BSBA; Owner; Gary Artz Builder & Realty, Inc., 910 Portage Tr., Cuyahoga Falls, OH, 216 929-3111; r. 1701 Bobwhite Tr., Stow, OH 44224, 216 688-2015.
ARTZ, Judith A. '83 (See Cheney, Mrs. Judith A.).
ARTZ, Robert David; '86 BSBA; Sales Rep.; Copco Papers Inc., Div of Alco Standard Corp, 530 E. Ohio St., Indianapolis, IN 46204, 317 637-2351; r. 8824 Rhone Ter., Apt. 1-D, Indianapolis, IN 46250, 317 849-5931.
ARY, Richard Earl; '71 BSBA; CPA-Tax Partner; Ary & Earman, 2929 Kenny D., Columbus, OH 43221, 614 459-3868; r. 5430 Timberlake Cir., Orient, OH 43146, 614 877-3705.
ARZEL, Pierre-Yves T.; '84 MA; Sr. Brand Mgr.; L'Oreal, 33 Rue Martre, 92117 Clichy, France; r. 26 Rue Des Cedres Bleus, 37170 St. Avertin, France.
ASARE, Nicholas Kwaku; '85 MA; POB 3312, Columbus, OH 43210, 614 263-7520.
ASCH, Mrs. Matilda Kline, (Matilda Kline); '32 BSBA; Homemaker; r. 1923 Franklin Ave., Portsmouth, OH 45662, 614 354-1602.
ASCH, Terri Ann '78 (See Barnett, Terri Ann Asch).
ASCHENBACH, Douglas Lee; '81 BSBA; VP; Karsten Realty Advisors, 12121 Wilshire Blvd., Ste. 900, Los Angeles, CA 90025, 213 826-0035; r. 527 Midvale Ave., Apt. 325, Los Angeles, CA 90024, 213 208-5517.
ASCHINGER, Carl J., Sr.; '37; Retired; r. 2725 Abington Rd., Columbus, OH 43221, 614 486-2857.
ASCHMAN, Daniel Robert; '80 BSBA; Mktg. Mgr.; Eastman Kodak Co., 4 Concourse Pkwy., Atlanta, GA 30328, 404 392-2812; r. 4911 Hawk Tr., Marietta, GA 30066, 404 926-8898.
ASCHMAN, Richard P.; '72 BSBA; Dir.-VP Corp. Accts. Org.; Eastman Kodak Co., 343 State St., Rochester, NY 14650, 716 724-6750; r. 104 Bent Oak Tr., Fairport, NY 14450, 716 223-6343.
ASEBROOK, Robert L.; '65 BSBA; Review Appraiser; Ohio Dept. of Highways, 25 S. Front St., Columbus, OH 43215; r. 1944 Broadway, Springfield, OH 45504.
ASEFA, Mulualem B.; '87 BSBA; 3001 Ruhl Ave., Columbus, OH 43209, 614 236-0131.
ASENCIO, Mary '83 (See Bell, Mrs. Mary Ann).
ASH, Arthur Gene; '48 BSBA; Treas.; City of Lancaster, Munic. Bldg., Lancaster, OH 43130; r. 986 Clayton Dr., Lancaster, OH 43130, 614 653-4224.
ASH, Carrie Elizabeth; '88 BSBA; 2876 Heatherleaf Way, Columbus, OH 43229, 614 890-5423.
ASH, Fred M.; '63 BSBA; VP/Sales & Marketng; American Maize-Prods. Co., Chicago, IL 60607, 312 461-4215; r. 928 Elm St., Flossmoor, IL 60422, 312 798-8321.
ASH, James Matthew; '88 BSBA; 2006 Kensington Rd., Toledo, OH 43601, 419 536-0318.
ASH, Roy; '49 BSBA; Bus Mgr.; Pleasant Valley Elem. Sch. Dist., Box 188, Camarillo, CA 93010; r. Box 41, Somis, CA 93066, 805 482-4547.
ASH, COL William O., USAF; '40 BSBA; 4134 High Sierra, San Antonio, TX 78228, 512 735-1733.
ASH, William Richard, III; '80 BSBA; Audit Supv.; NCR Corp., 1700 S. Patteson Blvd., Dayton, OH 45479, 513 445-1273; r. 2009 Sundance Dr., Springfield, OH 45502, 513 324-8528.
ASHBROOK, Dean Edward; '86 BSBA; Computer Cnslt.; Software One Inc., 4900 Reed Rd. Ste. 331, Columbus, OH 43220, 614 451-2540; r. 4731 Weybridge Rd. E., Apt. #B, Columbus, OH 43220, 614 459-7140.
ASHBROOK, Robert W.; '55 BSBA; Pres.; Brookhaven Residential Sales, 2910 Lindberg Ave., Allentown, PA 18103, 215 434-4836; r. 2270 Lehigh Pkwy. N., Allentown, PA 18103, 215 432-0431.
ASHBROOK, William A., Jr.; '43 BSBA; Atty-at-Law; 37 N. Main St., Johnstown, OH 43031, 614 967-0330; r. 190 N. Main St., Johnstown, OH 43031, 614 967-6746.
ASHBURN, James J.; '54 BSBA; Sr. VP-Sr. Trust Ofcr.; First Natl. Bk.-Southwestern OH, POB 476, Hamilton, OH 45012, 513 867-4831; r. 7645 Shadowhill Way, Cincinnati, OH 45242, 513 793-3524.
ASHBY, Donald Wayne, Jr.; '49 BSBA; Managing Partner; Deloitte Haskins & Sells, 155 E. Broad St., Columbus, OH 43215, 614 221-1000; r. 4906 Riverside Dr., Columbus, OH 43220, 614 451-1236.
ASHCRAFT, Barbara Ann; '81 BSBA; 25 Atkinson St., POB 685, Pataskala, OH 43062, 614 927-2623.
ASHCRAFT, Kathleen Ann; '87 BSBA; Corporate Acct.; First Natl. Cincinnati Corp., 425 Walnut St., Cincinnati, OH 45201, 513 632-4545; r. 5376 Cannas Dr., Cincinnati, OH 45238, 513 451-8014.
ASHCROFT, Robert Michael; '87 BSBA; 8376 Lincolnshire Dr., Strongsville, OH 44136, 216 238-3223.
ASHE, David Nixon; '87 BSBA; Account Exec.; Dean Witter Reynolds, 3560 W. Market St., Fairlawn, OH 44313; r. 2319 Chatham Rd., Akron, OH 44313, 216 867-2579.
ASHER, Clifford R.; '58 BSBA; Controller; Columbus Torah ACAD., 181 Noe Bixby, Columbus, OH 43209, 614 864-0299; r. 289 Marvel Dr., Lancaster, OH 43130, 614 653-5712.
ASHER, Joe F.; '45 BSBA; Atty.; 88 E. Broad St., Columbus, OH 43215, 614 221-2300; r. 4444 W. Stinson Dr., Columbus, OH 43214, 614 451-4595.
ASHERMAN, Ira G.; '60 BSBA; Mgmt. Cnslt.(Negotiation; Asherman Assocs., 210 W. 19th St., New York, NY 10011, 212 243-0782; r. Same, 212 243-3862.
ASHLAND, Peter Frederick; '84 BSBA; Sales Engr.; Airtron Heating & Air Conditng, 730 E. 13th St., Wichita, KS 67203, 316 265-0655; r. 400 W. Central, Apt. #901, Wichita, KS 67203, 316 262-2670.
ASHLEY, Mark Richard; '78 BSBA; 4 Varsity Ct., Fairfield, OH 45014, 513 874-9785.
ASHLEY, Russell G.; '56 BSBA; Pres./Owner; Central Ohio Energy Inc., 6 W. 3rd, Mansfield, OH 44902, 419 525-1166; r. 492 Overlook Rd., Mansfield, OH 44907, 419 756-2297.
ASHMAN, Suzanne '51 (See Jontz, Suzanne A.).
ASHMAN, Ward; '29 BSBA; Retired; r. 465 Ivanhoe St. NE, Port Charlotte, FL 33952, 813 627-5717.
ASHWORTH, Charles E.; '53 BSBA; VP/Gen. Mgr.; Continental Baking Co., Division of Ralston Purina, 400 Monroe St., Memphis, TN 38103, 901 525-8404; r. 2692 Scarlet Rd., Germantown, TN 38138, 901 755-3318.
ASIANO, Joseph Frank; '49 BSBA; Real Estate Broker; 2200 Larkspur Landing Cir., Larkspur, CA 94939, 415 461-5951; r. 79 Mount Muir Ct., San Rafael, CA 94903, 415 479-7430.
ASIANO, William Edward; '49 BSBA; CPA; Spicer & Oppenheim, Four Embarcadero Ctr., Ste. 540, San Francisco, CA 94111, 415 989-7600; r. 222 Martinique Ave., Belvedere-Tiburon, CA 94920, 415 435-4220.
ASKERBERG, Erick James, Jr.; '71 BSBA; VP; Eastern Lobby Shops, Retail Stores, Cold Spring Harbor, NY 11724, 718 961-3600; r. 74 Goose Hill Rd., Cold Spring Harbor, NY 11724, 516 367-9546.
ASKINS, Debra Hollifield, (Debra Hollifield); '80 BSBA; Mgr., Intralata Comp.; GTE North, Inc., General Ofc., 100 Executive Dr., Marion, OH 43302, 614 383-0189; r. 1587 Dale Ford Rd., Delaware, OH 43015, 614 363-7226.
ASMO, Randall John; '87 BSBA; Devlpr/Vntr Capitlst; Davis Capital Corp., 5720 Avery Rd., Amlin, OH 43002, 614 889-1143; r. 2265 Fishinger Rd., Columbus, OH 43221, 614 459-2222.
ASMUS, Karen Stone, (Karen Stone); '77 BSBA; Programmer Analyst; Media Gen., 333 E. Grace St., Richmond, VA 23219, 804 649-6000; r. 3201 Waterton Dr., Midlothian, VA 23113, 804 323-7079.
ASMUS, Robert L.; '68 BSBA; Merchandise Mgr.; Sears, Troy, MI 48007, 313 583-3953; r. 1175 Grayton St., Grosse Pte. Park, MI 48230.
ASMUS, Wayne Francis; '72 BSBA; Real Estate Sales; Vantage Realty, 100 E. Campusview Blvd., Worthington, OH 43085, 614 846-4900; r. 8393 Bridletree Way, Worthington, OH 43085, 614 888-8541.
ASTOLFI, Eva Berube; '48 BSBA; 163 Summer St., Danvers, MA 01923, 508 774-5136.
ASTON, John Edward; '76 BSBA; Controller; Ohio Grain Co., 140 S. Main St., Mechanicsburg, OH 43044, 513 834-2416; r. 2654 Preston Dr., Springfield, OH 45506, 513 322-6920.
ASTORINO, Linda '79 (See Nicholoff, Mrs. Linda Astorino).
ASTRY, Philip David, Jr.; '75 BSBA; Controller; Baldi Bros. Constructors, 101 California Ave., Beaumont, CA 92223, 714 845-9521; r. 1430 Diamond Ct., Redlands, CA 92374, 714 793-1168.
ATCHISON, William Alfred; '46 BSBA; Gen. Mgr., CPA; Smith Tower Ltd. Partnership, 506 2nd Ave., Seattle, WA 98104, 206 622-4004; r. 10713 Idlewild Rd. SW, Tacoma, WA 98498, 206 581-4386.
ATEN, John C.; '65 MACC; Treas. & CFO; Sylvania City Sch. Dist., Board of Education, POB 608, Sylvania, OH 43560, 419 885-7904; r. 4566 Crestview Dr., Sylvania, OH 43560, 419 472-1864.
ATER, Clement T.; '31 BSBA; Retired; r. 180 Landover Pl., Apt. 174, Longwood, FL 32750.
ATER, Mrs. Karen L., (Karen L. Gary); '82 BSBA; Clerk; US Postal Svc., 850 Twin Rivers Dr., Columbus, OH 43216; r. 1883 Fleming Rd., Columbus, OH 43232, 614 863-9565.
ATER, Kerry Annette; '82 BSBA; Controller; The Lodge at Harvard Square Inc., 21 Needham St., Newton, MA 02161, 617 965-7280; r. 97 Langdon St., Newton, MA 02158, 617 969-1849.
ATHA, Robert Hunter; '83 BSBA; Production Mgr.; Redman Oil Co. Inc., 6685 Doubletree Ave., Columbus, OH 43229; r. 515 Slate Hollow Dr., Powell, OH 43065.
ATHEY, Russell John; '71 BSBA; Design Change Coord.; Lincoln Electric Co., 22801 St. Clair Ave., Euclid, OH 44117, 216 481-0173; r. 24379 Woodside Dr., N. Olmsted, OH 44070, 216 779-0873.
ATKESON, Dennis J., CPA; '59 BSBA; Asst. Dir.-Admin.; Ohio Univ., Avionics Engrg. Ctr., 237 Stocker Ctr., Athens, OH 45701, 614 593-1532; r. 24 Virginia Ln., Athens, OH 45701, 614 593-5337.
ATKESON, Mark R.; '79; 526 Woodville Rd., Mansfield, OH 44907, 419 525-1591.
ATKINS, Earnest Charles; '73 MPA; Gen. Partner; Atkins-Elrod, Two Dortha Ave., Florence, KY 41042; r. 35 Fairway Dr., Southgate, KY 41071, 606 781-0459.
ATKINS, James Wade; '72 BSBA; Sales Mgr.; Weyerhaeuser Paper Co., POB 151, Granville Rd., Mt. Vernon, OH 43050, 614 397-5215; r. 1108 Black Gold Pl., Gahanna, OH 43230, 614 855-2456.
ATKINS, Lisa Ann; '83 BSBA; 5309 N. High St., Columbus, OH 43214, 614 481-0025.
ATKINS, Mary A. '73 (See Caruso, Ms. Mary A.).
ATKINSON, Carolyn Ross, (Carolyn Ross); '54 BSBA; Adm Mgr.; Nebraska Conference U.C.C., 2055 'E' St., Lincoln, NE 68510, 402 477-4131; r. 5109 A St., Lincoln, NE 68510, 402 489-5109.
ATKINSON, Coralie Stouse; '85 MBA; Managing Dir.; Cosat Inc., POB 4991/RS, Monrovia, Liberia, 231262448; r. POB 292, Monrovia, Liberia.
ATKINSON, David Charles; '76 BSBA; Systs. Cordinator; GM Corp., Detroit Diesel Allison Div, 13400 W. Outer Dr., Detroit, MI 48228; r. 21805 Connemara, Northville, MI 48167, 313 349-5156.
ATKINSON, Don M.; '51 BSBA; Retired; r. 36979 Munger Ave., Livonia, MI 48154, 313 464-7494.
ATKINSON, Herschel C., Jr.; '49 BSBA; Owner; Atkinson Advt. Agcy., 3037 Brandon Rd., Columbus, OH 43221, 614 459-7975; r. Same.
ATKINSON, James R.; '76 MBA; Atty.; 9605 Millcroft Rd., Perrysburg, OH 43551, 419 874-3682; r. Same.
ATKINSON, John Barton; '85 BSBA; Student; Georgia State Univ., Graduate Sch., 33 Gilmer SE, Atlanta, GA 30303; r. 4920 Winters Chapel Rd., #N2, Atlanta, GA 30360.
ATKINSON, John T.; '31 BSBA; Retired; r. 235 N. College St., Newcomerstown, OH 43832, 614 498-7124.
ATKINSON, Marilyn Soliday; '46 BSBA; Retired; Nationwide Ins. Co., One Nationwide Plz., Columbus, OH 43216; r. 2675 Nottingham Rd, Columbus, OH 43221, 614 457-3742.
ATKINSON, COL Paul G., USAF(Ret.); '49 MBA; 1745 S. Forge Mountain Dr., Box 194, Valley Forge, PA 19481, 215 783-7173.
ATKINSON, Thomas Richard; '69 BSBA; 317 N. Broadway, Barnesville, OH 43713, 614 425-2614.
ATLAGOVICH, Rita Marie; '84 BSBA; Revenue Analyst; Gen. Telephone Co., 8001 W. Jefferson, Ft. Wayne, IN 46801, 219 461-2088; r. 1578 Park Place Dr., Westerville, OH 43081.
ATOR, Steven Douglas; '83 BSBA; 1754 Andover Rd., Columbus, OH 43212, 614 486-7598.
ATTIA, James Ebrahim; '88 BSBA; 88 First Ave., Apt. 521, Columbus, OH 43201.
ATTIAS, Cindy Joy, (Cindy Goldberg); '85 BSBA; Pastry Chef; Vincent Guiretau on Camelback, Phoenix, AZ 85026; r. 1360 W. Isabella 2063, Mesa, AZ 85202, 602 839-3481.
ATTWOOD, John Jay; '84 BSBA; Owner; Aqua Sonic Auto Wash, 28800 Lorain Rd., N. Olmsted, OH 44070, 216 777-4414; r. 6816 Kirkwood Dr., Mentor, OH 44060, 216 255-0324.
ATWELL, Brian Thomas; '82 BSBA; Mgr.; Wendy's Intl. Inc., 1415 N. 21st St., Newark, OH 43055, 614 366-3707; r. 775 W. Columbia St., Newark, OH 43055, 614 344-5404.
ATWOOD, Dr. April Marie; '80 BSBA, '83 MA, '87 PhD (BUS); Prof.; Univ. of Washington, Marketing Dept., DJ-10 Mackenzie Hall, Seattle, WA 98195, 206 543-4790; r. 7545 33rd Ave. NE, Seattle, WA 98115, 206 527-8041.
ATWOOD, Mark Plumb; '88 BSBA; 28599 Hidden Valley Dr., Chagrin Falls, OH 44022, 216 248-0722.

ATZENHOFER, Hershel S.; '38 BSBA; Retired; r. 5090 Bay St. NE, Apt. 227, St. Petersburg, FL 33703, 813 527-8639.

AU, Rita Moats; '80 MPA; Dir.; Pike Community Hosp., Public Relations & Development, Waverly, OH 45690; r. 514 Slate Hollow Dr., Powell, OH 43065.

AU, Roger C.; '84 MBA; Proj. Mgr.; H R Gray & Assoc., 41 S. High St., Columbus, OH 43215, 614 228-1461; r. 1165 Rosebank Dr., Worthington, OH 43235, 614 848-4028.

AUBLE, Kenneth Alan; '82 BSBA; Natl. Sales Rep.; Valvoline Oil Co., POB 14000, Lexington, KY 40512, 304 757-9558; r. 703 Oakridge Dr., Hurricane, WV 25526, 304 757-9558.

AUCH, Stephen E., JD; '52 BSBA; Atty.-Partner; Arter & Hadden, 10 W. Broad St., Columbus, OH 43215, 614 221-3155; r. 2201 Cambridge Blvd., Columbus, OH 43221, 614 488-8689.

AUCOIN, Paul Martin; '76 MPA; Atty.; Evans St. Clair & Kelsey, 580 S. High St., Columbus, OH 43215, 614 464-4100; r. 4281 Hanging Rock Ct., Columbus, OH 43230, 614 475-4230.

AUDET, John Spencer; '86 BSBA; 3177 Heatherside Dr., Dublin, OH 43017, 614 889-4917.

AUER, Charles A., Sr.; '48 BSBA; Budget Dir.; Miami Univ., High, Oxford, OH 45056; r. 408 Emerald Wood Dr., Oxford, OH 45056, 513 523-3713.

AUER, John F.; '53 BSBA; Foreman; Timken Roller Bearing Co., 1835 Dueber Ave. SW, Canton, OH 44706; r. 4230 Avondale Ln. NW, Canton, OH 44708, 216 478-1195.

AUER, John J.; '52 BSBA; Mortgage Dept. Mgr.; Dollar Saving Assn., One E. Gay St., Columbus, OH 43215; r. 695 S. 6th St., Columbus, OH 43206, 614 443-6274.

AUER, Kimberly Louise; '87 BSBA; Retail Clerk; Kroger Co., Wilson Bridge Rd, Worthington, OH 43085; r. 406 St. Thomas Dr., Westerville, OH 43081, 614 895-8330.

AUER, Robert E.; '51 BSBA; Dir., Intl. Mfg.; r. 7453 Daniel Webster Dr., #C, Winter Park, FL 32792, 407 678-2257.

AUER, William J.; '51 BSBA; Production Analyst; Amer Blower Div. Amer Std Ind D, 666 Marion Rd, Columbus, OH 43207; r. 3177 Northwest Blvd., Columbus, OH 43221.

AUERBACH, Philip G.; '54 BSBA; Staff; Philil G Auerbach, 231 Maple Ave., Red Bank, NJ 07701, 201 842-6660; r. 72 Tyson Dr., Fair Haven, NJ 07701, 201 741-0491.

AUERBACH, Sean William; '86 BSBA; Mgmt. Cnslt.; Arthur Young, One Columbus, 10 W. Broad, Columbus, OH 43215, 614 222-3900; r. 4704 Knightsbridge Blvd., Columbus, OH 43214, 614 459-3119.

AUERBACH, Sol L.; '37 BSBA; Retired Acct.; r. 117 Winchester, Akron, OH 44313, 216 864-2490.

AUFDENBERG, CAPT Edward R., II; '67 BSBA; Capt. Usaf; r. 2331 Coon Rd., Copley, OH 44321, 216 666-8072.

AUFDERHAAR, Conrad Wesley; '76 BSBA; 5152 Wagon Wheel Ln., Gahanna, OH 43230, 614 475-7245.

AUGENSTEIN, E. Fred; '82 BSBA; VP Advt. Agcy.; Media Arts Grp., 912 20th Pl., Vero Beach, FL 32960, 407 569-2889; r. 116 Mabry St., Sebastian, FL 32958, 407 388-0588.

AUGENSTEIN, Gary Matthew; '76 BSBA; Proj. Leader; Field Publications, Div: Field Corporation, 4343 Equity Dr., Columbus, OH 43228, 614 771-0006; r. 276 Redmond Way, Gahanna, OH 43230.

AUGENSTEIN, John Ernest; '58 BSBA; Prog. Spec.; Rehab. Svcs. Comm, 400 E. Campus View Blvd., Columbus, OH 43235, 614 438-1297; r. 1012 Kenchester Dr., Columbus, OH 43220, 614 451-5311.

AUGENSTEIN, Kathleen Marie; '86 BSBA; Scheduler; McDonnell Douglas, 3855 Lakewood Blvd., Long Beach, CA 90846, 213 593-5511; r. 9642 Dumbreck Dr., Huntington Bch., CA 92646, 714 962-2631.

AUGENSTEIN, Marilyn '87 (See Trefz, Mrs. Marilyn K.).

AUGENSTEIN, Matthew K.; '49 MBA; 1548 Barrington Rd, Columbus, OH 43221, 614 486-4446.

AUGI, Anthony; '86 BSBA; Auditor/Sr.; Extebank, 1001 Ave. of The Americas, New York, NY 10018, 212 764-1001; r. 8 Mt Marcy Ave., Farmingville, NY 11738, 516 698-0758.

AUGUST, Jeffrey Paul; '88 BSBA; 204 St. Jacques, Worthington, OH 43085, 614 436-1568.

AUGUST, John Michael; '68 BSBA; Corp. Prog. Mgr.; UNISYS Corp., 1 Unisy's Pl., Detroit, MI 48232, 313 972-7593; r. 6535 Halyard Rd., Birmingham, MI 48010, 313 851-4238.

AUGUSTINE, James F.; '54 BSBA; Mgr-Product Support Oper.; Martin Marietta Corp., Air Defense Systs., Box 5837, Orlando, FL 32855, 407 356-3087; r. 6869 Tamarind Cir., Orlando, FL 32819, 407 351-0658.

AUGUSTINE, John E.; '85 BSBA; Operations Admin.; Budget Rent A Car Corp., 200 N. Michigan Ave., Chicago, IL 60601, 312 408-6252; r. 1225 Clematis, Streamwood, IL 60107, 312 289-3760.

AUGUSTINE, 2LT Paul Kevin; '83 BSBA; 2Lt Usmc; US Marine Corps, Officer's Quarters, Quantico, VA 22134; r. 931 Caldonia, Cleveland Hts., OH 44112, 216 451-1312.

AUGUSTUS, Carla Marie; '85 BSBA; Income Tax Auditor; City of Columbus, 140 Marconi Blvd., 5th Fl., Columbus, OH 43215, 614 222-8150; r. 1805 Campbell St., Sandusky, OH 44870, 419 625-1770.

AUKEMAN, Neil Roger; '80 BSBA; USN-Police Protection Branch, Norfolk Naval Shipyard, Portsmouth, VA 23709, 804 396-7266; r. 617 Dunedin Rd. #42-A, Portsmouth, VA 23701, 804 465-1407.

AUKEMAN, Roger C.; '48 BSBA; Retired; r. 1901 Harshman Blvd., Springfield, OH 45504, 513 323-5407.

AUKER, Karl Randall; '73 MBA; Mgr./Supply/Demand; Xerox Corp., 901 Page St., Fremont, CA 94538, 415 458-7212; r. 57 Sage Cir., San Ramon, CA 94583, 415 828-6497.

AUKER, Lester D.; '52 BSBA; Box 245, Fredonia, NY 14063.

AUKERMAN, Michael Dana; '80 BSBA; Dealer Devel. Consult; Volkswagen of America Inc., 1940 The Exchange, Atlanta, GA 30339, 404 955-3484; r. 3190 Running Cedar Dr., Marietta, GA 30062, 404 971-1680.

AULD, Stephen Alan; '69 BSBA; Dist. Sale Mgr.; Apple Computer, 30833 Northwestern Hwy., Farmington Hls., MI 48018, 313 626-6600; r. 8833 Turin Hills S., Dublin, OH 43017, 614 889-6266.

AULETTA, Carl Anthony; '85 BSBA; Operations Dept.; Harris Wholesale, 30600 Carter St., Solon, OH 44139; r. 1550 Temple Ave., Mayfield Hts., OH 44124, 216 449-5590.

AULT, Bruce Scott; '85 BSBA; 6149 Polo Dr. W., Columbus, OH 43229.

AULT, Deborah A. '86 (See Ault-Warne, Mrs. Deborah Ann).

AULT, Donald Wayne; '74 BSBA; Salesman; Unijax, Inc., 2401 Dabney Rd., Richmond, VA 23230, 804 359-4491; r. 2511 Swanhurst Dr., Midlothian, VA 23113, 804 379-9658.

AULT, Edward Eugene; '70 BSBA; Dist. Traffic Man; United Telephone Co. of Ohio, c/o Postmaster, Pataskala, OH 43062; r. 3242 Sherman Rd., Mansfield, OH 44903, 419 529-5258.

AULT, Edward K.; '69 BSBA; CPA-Shareholder; Dull, Ault, Henderson & Co., 324 E. 3rd St., Greenville, OH 45331, 513 548-5745; r. 2932 St. Rte. 502 W., Greenville, OH 45331, 513 548-0615.

AULT, Guy Gregory; '70 BSBA; 4544 Highland Ave., Shadyside, OH 43947, 614 676-4607.

AULT, John William; '82 BSBA; 11509 Mountain Rd NE, Albuquerque, NM 87112.

AULT, Kenneth C.; '52 BSBA; Job Analyst; Lockheed Aircraft Corp., S. Cobb Dr., Marietta, GA 30060; r. 2803 Beverly Hills Dr. NE, Marietta, GA 30068, 404 971-3439.

AULT, Linda J.; '85 BSBA; Acct.; Sensors & Switches, 147 Plymouth St., Lexington, OH 44904, 419 884-1311; r. 204 Sherwood Dr., Lexington, OH 44904, 419 884-0910.

AULT, Nancy Westlake; '53 BSBA; Managing Dir.; Bethany Clg., The Leadership Ctr., Conference Ctr., Bethany, WV 26032, 304 829-7625; r. 1148 Washington Pike, Wellsburg, WV 26070, 304 737-1822.

AULT, Richard Henry; '76 BSBA; Mgr., Exp Reporting; Intl. Harvester Credit, 600 Woodfield, Schaumburg, IL 60196; r. 415 E. Burr Oak Dr., Arlington Hts., IL 60004.

AULT, Richard Stanley; '75 BSBA; Staff; Mansfield Prods. Co., 256 W. 4th, Mansfield, OH 44902; r. 757 Briarwood Dr., Galion, OH 44833, 419 468-9667.

AULT, Timothy Wayne; '88 BSBA; 8011 Rosaberry Run, Westerville, OH 43081, 614 846-4336.

AULT-WARNE, Mrs. Deborah Ann, (Deborah A. Ault); '86 BSBA; Data Processing Mgr.; Zantman Art Galleries, 6th & Delores, Carmel, CA 93921, 408 624-8314; r. 115 19th St., Pacific Grove, CA 93950, 408 373-4201.

AULUCK, Vijay; '76 MBA; 14841 Dufief Dr., Gaithersburg, MD 20760, 301 279-7603.

AUMEND, Clark L.; '42 BSBA, '47 MBA; Retired; r. 103 Meadow Ln., Hicksville, OH 43526, 419 542-7066.

AUMILLER, Richard B.; '49 BSBA; Retired; r. 1911 Edgemont Rd., Columbus, OH 43212, 614 488-0804.

AUNGST, Harry W.; '50 BSBA; Retired-Dir. Material; Aerospace, Oceanic Division, Sylmar, CA 91342; r. 19456 Mayall St., Northridge, CA 91324, 818 886-3976.

AURAND, Jennifer R. M.; '84 BSBA; Mktg.-Product Mgr.; Versacad Corp., 2124 Main St., Huntington, CA 92648, 714 960-7720; r. 6929 Homer #33, Westminster, CA 92683, 714 892-5530.

AURELIO, Frederick E.; '53 BSBA; Partner; Sierra Resources Grp., 251 Kearney St., Ste. #406, San Francisco, CA 94108, 415 434-1480; r. 811 York St., #311, Oakland, CA 94610, 415 893-1075.

AURSLANIAN, Richard N.; '58 BSBA; Investigator; US Dept. of Labor, 2 S. Main St., Akron, OH 44308, 216 375-5820; r. 1111 Blanchester Rd, Cleveland, OH 44124, 216 449-3407.

AUSTIN, Andre La Rue; '76 BSBA; Exec.; Consumer Co. of America, 88 N. Wilson Rd, Columbus, OH 43204; r. 1638 Coronet Dr., Columbus, OH 43224.

AUSTIN, Ansel D.; '47 BSBA; Retired VP-Mktg.; r. 1101 Pembroke Ln., Newport Bch., CA 92660, 714 548-7962.

AUSTIN, Bryan Joe; '87 BSBA; Sales Rep.; Trans Western Publishing, 3244 Newmark Dr., Dayton, OH 45342, 513 434-1233; r. 3707 Grand Ave., Middletown, OH 45044, 513 423-2916.

AUSTIN, Clarence P.; '33 MA; Retired; r. 4100 Chestnut Pl., Alexandria, VA 22311, 703 820-8333.

AUSTIN, Curtis F.; '57 BSBA; Staff; J C Penney Co., 301 S. 3rd, Ironton, OH 45638; r. 322 Davis St., #A, Greenfield, MA 01301.

AUSTIN, John D.; '62 BSBA; Unit Sales; Procter & Gamble, 301 E. Sixth St., Cincinnati, OH 45202; r. 1917 Malvern Rd, Columbus, OH 43221, 614 486-6495.

AUSTIN, John Heston; '59; Eastern Sales Rep.; Crown Favor Co. Inc., 8 Kevin Rd., Mechanicsburg, PA 17055, 800 848-4343; r. Same, 717 697-2363.

AUSTIN, John Randall, Jr.; '80 BSBA; Sales Rep.; Echlin Mfg. Co., Rte. 139, Echlin Rd. & U S. 1, Branford, CT 06405, 800 537-1293; r. 43632 Geri Dr., Canton, MI 48187, 313 981-6784.

AUSTIN, Dr. Kenneth Roy; '73 BSBA; Assoc. Prof.; Univ. of Alabama, Sch. of Accountancy, PO Drawer Ac, University, AL 35486; r. 1236 Northwood Lake, Northport, AL 35476, 205 339-1581.

AUSTIN, Linda Kaye; '87 BSBA; 1076 Lilley Ave., Columbus, OH 43206, 614 253-7689.

AUSTIN, Robert Lee; '50 BSBA, '51 MBA; Sr. VP/Chief Admin. Ofcr.; American Brands, Inc., 1700 E. Putnam Ave., Old Greenwich, CT 06870, 203 698-5190; r. 107 Palmer Pt., River Rd., Cos Cob, CT 06807, 203 661-0311.

AUSTIN, Stephen J.; '63 MBA; Chf Fina Offcr-Trsur; United Bancorp of Arizona, 3300 N. Central Ave., Phoenix, AZ 85012; r. 6326 E. Northern Ave., Paradise Vly., AZ 85253, 602 998-7110.

AUSTIN, Stephen James; '83 BSBA; Financial Analyst; North American Van Lines, POB 988, Ft. Wayne, IN 46801, 219 429-2511; r. 15315 Tonkel Rd., Leo, IN 46765.

AUSTIN, Thomas E.; '84 BSBA; Territory Mgr.; Alpha Chemical Svcs., POB 431, Stoughton, MA 02072, 617 344-8688; r. 919 Southampton Rd. L4, Westfield, MA 01085, 413 562-1070.

AUSTIN, Thomas M.; '58 BSBA; POB 5608, Mission Hls., CA 91345.

AUSTIN, Thomas Patrick; '82 BSBA; 116 Columbia Ave., Elyria, OH 44035, 216 322-3519.

AUTEN, Neil Eugene; '67 BSBA; Corporate Controller; Data I/O, 10525 Willows Rd., NW, Redmond, WA 98047, 206 881-6444; r. 3845 95th Ave. NE, Bellevue, WA 98004, 206 451-8725.

AUTRET, Annie; '86 MA; Bantou, 29250 St. Pol De Leon, France.

AUZENBERGS, Aivars; '61 BSBA; Controller; Parker Rust-Proof of Cleveland, 1688 Arabella Rd., Cleveland, OH 44112, 216 481-7400; r. 27973 Blossom Blvd., N. Olmsted, OH 44070, 216 779-4229.

AVALLONE, Leopold Anthony; '71 BSBA, '72 MBA; 206 N. Mill St., Holliston, MA 01746, 508 429-2911.

AVDELLAS, Neil Gregory; '84 BSBA; Partner; Coastline Financial Svcs., POB 32505, Palm Bch. Gardens, FL 33410, 407 627-0766; r. 661 Riverside Dr., Palm Bch. Gardens, FL 33410, 407 627-7741.

AVELLONE, Gregory Fox; '75 BSBA; Actor; r. 15915 Osborne St., Sepulveda, CA 91343, 818 892-8650.

AVENI, Vincent T.; '47 BSBA; Chmn. of Bd.; Realty One, 5035 Mayfield Rd, Cleveland, OH 44124, 216 291-3200; r. 1512 Parkside Cir., Cleveland, OH 44124, 216 381-1408.

AVERESCH, Gregory Louis; '83 BSBA; Sales Mgr.; Klepper's Distributors, Reservoir Rd., Lima, OH 45804; r. 2504 Lost Creek Blvd., Lima, OH 45804, 419 227-2571.

AVERILL, Frank E.; '37 BSBA; Retired; r. 150 Islander Ct. #209, Longwood, FL 32750.

AVERILL, Gregory Frank; '76 BSBA; Coord.; Firestone Tire & Rubber Co., Sales & Mgmt Devel, 5159 28th Ave., Rockford, IL 61109, 815 229-3181; r. 6135 Green Needle, Loves Park, IL 61111, 815 282-1407.

AVERY, Calvin; '51 BSBA; Retired; r. 1220 Nice Dr., Lexington, KY 40504, 606 255-4011.

AVERY, Charles St. John; '72 BSBA; Restaurant Owner; T J Avery'S, 10 Railroad Ave., Lakeport, NH 03246; r. RR #2, Granite Rd, Laconia, NH 03246, 603 524-0823.

AVERY, James F.; '58 BSBA; Pres. CEO; Clyde Savings Bank, 137 W. Buckeye St., Clyde, OH 43410, 419 547-7733; r. 312 W. Buckeye St., Clyde, OH 43410, 419 547-7962.

AVERY, Robert Scott; '79 BSBA; 638 Mariner Dr., Altamonte Spgs., FL 32701, 407 331-4862.

AVISON, Walter I.; '48 BSBA; Pres.; Cos./Chem Intl. Ltd., 20 Elm St., Harrington Park, NJ 07640, 201 784-0170; r. 380 Elliot Pl., Paramus, NJ 07652, 201 261-3074.

AVRADOPOULOS, Valarie V. '84 (See Minetos, Mrs. Valarie V.).

AVREN, Frank E.; '38; Retired; r. 2037 Guildhall Dr., Apt. D, Columbus, OH 43209, 614 235-7341.

AVREN, Penelope '62 (See Simpson, Mrs. Penelope A.).

AVRIL, Frederick L.; '58 BSBA; Bus. Ofc. Mgr.; Gen. Telephone Co. of FL, Sarasota, FL 33578; r. 2900 65th Way N., St. Petersburg, FL 33710, 813 347-5510.

AVRITT, Michelle '81 (See Martin, Mrs. Michelle Revou).

AXELROD, Barry Craig; '81 BSBA; 1971 Aldersgate Dr., Lyndhurst, OH 44124.

AXELROD, Joel David; '72 BSBA; CPA; Laks Greenfeld & Assoc., 2195 S. Green, University Hts., OH 44121, 216 381-9700; r. 4390 Groveland, Cleveland, OH 44118, 216 382-5511.

AXELROD, Ms. Lorraine; '80 BSBA; Controller; Mid-City Financial Corp., 4340 East-West Hwy., #900, Bethesda, MD 20814, 301 654-1420; r. 18405 Bishopstone Ct., Montgomery Vlg., MD 20879, 301 977-1614.

AXELROD, Mark Stuart; '82 BSBA; 71 Aiken St. #D8, Norwalk, CT 06851, 203 847-2792.

AXELROOD, Cynthia Schroeder; '79 BSBA; Sr. Account Analyst; r. 415 Carlisle Ave., Deerfield, IL 60015, 312 948-5639.

AXELROOD, Scott Alan; '74 BSBA; 415 Carlisle Ave., Deerfield, IL 60015, 312 948-5639.

AXELSON, Harry E.; '34 BSBA; Retired Acct.; Youngstown Steel Door Co.; r. 3295 Briarwood Ln., Youngstown, OH 44511, 216 792-1353.

AXLINE, P. Richard; '68 BSBA; Dir., Human Resources; Whirlpool Corp., Marion Division, 1300 Marion-Agosta Rd., Marion, OH 43302, 614 383-7122; r. 4611 Donithen Rd., Marion, OH 43302, 614 726-2446.

AXNER, Martha '65 (See Rosenfield, Martha Axner).

AYDELOTT, Margery A. '37 (See Moore, Mrs. Margery A.).

AYDELOTT, Marjorie Dum; '30 BSBA; Retired; r. Waverly, PA 18471, 717 587-3482.

AYERS, Craig Michael; '82 BSBA; Account Mgr.; Crown Lift Trucks, 1855 Beaver Ridge Cir., Norcross, GA 30071, 404 446-8796; r. 4525 Hickory Grove Ct., Acworth, GA 30101, 404 428-0989.

AYERS, Gerald E.; '49 BSBA; Retired; r. 7691 Deer Park Way, Reynoldsburg, OH 43068, 614 861-7390.

AYERS, James; '87 MBA; 350 Baldwin Rd. Apt. O-5, Parsippany, NJ 07054, 513 253-9946.

AYERS, Julie Ann; '83 BSBA; Regional Sales Rep.; Physician Ins. Co. of Ohio, Bates Dr., POB 281, Pickerington, OH 43147; r. 5272 Brackenhouse Ct., Columbus, OH 43220.

AYERS, Randall Duane; '74 BSBA; Controller; Stone Res. & Energy Corp., 6797 N. High St. Ste. 216, Worthington, OH 43085, 614 436-3790; r. 1700 Stafordshire Rd., Columbus, OH 43229, 614 895-0171.

AYERS, Scott N.; '67 BSBA; VP; Mohawk Finishing Product, Sales & Marketing Dept., Amsterdam, NY 12010; r. 10 Cypress Dr., Scotia, NY 12302, 518 384-0174.

AYERS, Ms. Tammy L.; '84 BSBA; Purchasing Agt.; Honda of America, 24000 US Rte. 33, Marysville, OH 43040, 513 644-7868; r. 4865 Archdale Ln., Columbus, OH 43214, 614 442-1223.

AYISH, Mona S. '84 (See Zeineddin, Mona S.).

AYISH, Sami N.; '86 BSBA; Law Student; Ohio State Univ., Columbus, OH 43210; r. 149 Woodview Dr., Elyria, OH 44035, 216 365-6283.

AYLARD, William R.; '69 BSBA; Sr. Claim Cnslt.; Prudential Casualty Ins. Co., POB 22506, Beachwood, OH 44122, 216 647-4840; r. 239 Forest St., Wellington, OH 44090, 216 647-5035.

AYLE, Donald Roy; '49 BSBA; Retired; r. 481 E. Walnut St., Westerville, OH 43081, 614 882-6183.

AYLESWORTH, Randall D.; '66 BSBA; Mgr. Forms Mgmt. Div.; Nationwide Ins. Cos., One Nationwide Plz., Columbus, OH 43216, 614 249-2967; r. 5407 Eric Pl., Columbus, OH 43235, 614 457-2966.

AYLWARD, Renmarie Azar, (Renmarie Azar); '60 BSBA; Retired; r. 1987 Connecticut Ave., Cincinnati, OH 45224, 513 681-5942.

AYRES, Richard Stone; '63 BSBA; Mgr. Safety Ind. Hygn.; IBM Corp. US/Headquarters, 2000 Purchase St., Purchase, NY 10577, 914 697-7000; r. 21 23 Croton Lake Rd., Katonah, NY 10536, 914 232-4328.

AZALLION, Harold T.; '49 BSBA; Pres.; L&H Printing Enterprises, Inc., 4854 W. Broad St., Columbus, OH 43228, 614 870-1510; r. 6938 Avery Rd., Dublin, OH 43017, 614 792-4834.

AZALLION, James D.; '42 BSBA; Retired; r. 49335 Johnson Dr., Rte. 4, St. Clairsville, OH 43950, 614 695-9755.

AZALLION, Patricia Ann; '79 BSBA; Acct.; Coopers & Lybrand, 100 E. Broad St., Columbus, OH 43215, 614 225-8700; r. 326 Greenwold Ct., Worthington, OH 43085.

AZAR, Renmarie '60 (See Aylward, Renmarie Azar).

AZAROFF, Gary Alan; '76 BSBA; Pres.; Sanders Auto Parts, 163 Davids, Marion, OH 43302, 614 382-6195; r. 463 Marion-Cardington Rd E., Marion, OH 43302, 614 389-4572.

AZEN, Howard M.; '49 BSBA; Retired; r. 1196 Lakemont Dr., Pittsburgh, PA 15243, 412 343-5027.

AZIZ, Mohammad T.; '63 BSBA; Sales Rep.; Eli Lilly & Co., 20800 Ctr. Ridge Rd, Cleveland, OH 44116; r. 6905 Donna Rae Dr., Cleveland, OH 44131.

AZIZ, Nor Hashimah Abdul; '85 BSBA; 130 Tingkat Seri Rapat 6, Ipow Perak, Malaysia.

AZOK, Franklin Ethan; '84 BSBA; Sales Mgr.; Norlab, 421 Colorado Ave., Lorain, OH 44052, 216 288-2216; r. 15127 Lake Ave., Lakewood, OH 44107, 216 226-5944.

AZZOLINA, David S.; '83 BSBA; Acctg. Mgr.; Nutrius Inc., 39494 E. Clarkson Dr., Kingsburg, CA 93631, 209 897-5862; r. 5446 N. Fresno St., Apt. 107, Fresno, CA 93710, 209 435-4170.

B

BAAR, John William; '78 BSBA; Regional Controller; Reliance Electric, 1020 S. Lipan, Denver, CO 80223, 303 935-4615; r. 2632 E. Geddes Pl., Littleton, CO 80122.

BAAS, Jacob Charles, Sr.; '38 BSBA; Retired; r. 2584 Westmont Blvd., Columbus, OH 43221, 614 488-8389.

BABALIS, Constantine S.; '44 BSBA; Ins. Agt.; Mutual of Omaha, 6500 Poe Ave., Ste. 320, Dayton, OH 45414, 513 454-0322; r. 4548 Old Salem Rd, Englewood, OH 45322, 513 836-3560.

BABB, Charles Nichols; '69 BSBA; Pres.; Babb Sheet Metal, 602 S. South St., Wilmington, OH 45177, 513 382-1436; r. 615 Kathryn Dr., Wilmington, OH 45177, 513 382-3636.

BABBITT, Cheryl Anne; '86 BSBA; Admin.; State of CT, Dept. of Income Maintenance, 279 Main St., Norwich, CT 06360, 203 889-2351; r. 85 Oxford Dr., Norwich, CT 06360, 203 887-3963.

BABBITT, Dorothy Braun, (Dorothy Braun); '32 BSBA; Retired; r. 1475 London Dr., Columbus, OH 43221, 614 457-4160.

BABBITT, John L.; '62; 9119 White Oak Ln., Westerville, OH 43081, 614 891-5678.

BABBS, Henry P.; '33 BSBA; Retired; r. 5397 Salem Rd., Cincinnati, OH 45230, 513 231-9279.

BABCOCK, Christopher G.; '85 BSBA; 5030 Shannonbrook Dr., Hilliard, OH 43026, 614 876-7477.

BABCOCK, Judith Ellen, (Judith E. West); '84 BSBA; Customer Support Rep.; Norstan, Electronic Engrg. Co., 1021 Checkrein Ave., Columbus, OH 43229, 614 846-0990; r. 411 Apt. B S. Ashburton Rd., Columbus, OH 43213, 614 237-7900.

BABCOCK, LTC William Joseph; '67 MBA; Lt. Col. Usaf; r. Rte. 6, Fayetteville, TN 37334, 615 433-5955.

BABCOX, M. R. Becky; '77 MBA; Publisher; Babcox Publications, 11 S. Forge St., Akron, OH 44304, 216 535-6117; r. 346 Castle Blvd., Akron, OH 44313, 216 836-7308.

BABEAUX, Joseph Michael; '83 BSBA; Cnslt.; Comtech Systs. Inc., 1105 Schrock Rd., Ste. 816, Columbus, OH 43229, 614 431-2345; r. 3761 Hunting Ln., Gahanna, OH 43230, 614 471-6356.

BABICH, Michael Alan; '70 BSBA; Acct.; r. 6182 S. Lima Way, Englewood, CO 80111.

BABICH, Richard S.; '74 BSBA; Pres./Owner; Automated Amusements Inc., 2830 W. 9th Ave., Denver, CO 80204, 303 893-4300; r. 3825 S. Kalispell, Aurora, CO 80013.

BABIN, Stuart Stephen; '68 BSBA; VP; Home Bar Accessories Inc., 2230 E. 9th St., Cleveland, OH 44115; r. 32605 Stony Brook Ln., Cleveland, OH 44139.

BABINEAUX, Leslie C., (Leslie J. Conley); '82 BSBA; 6863 Gray Gables Ln., Worthington, OH 43235, 614 761-9438.

BABINEC, LTC Albert S.; '57 BSBA; Retired; r. 840 Knollwood Dr., Columbia, SC 29209, 803 776-1307.

BABIONE, Dr. Francis A.; '32 MA, '49 PhD (BUS); Prof. Emeritus; Pennsylvania State Univ.; r. 140 Hartswick, State College, PA 16803, 814 238-6281.

BABSON, Stacey Beth; '82 BSBA; Atty.; Stroock & Stroock & Lavan, 7 Hanover Sq., New York, NY 10004, 212 806-6149; r. 398 Burns St., Forest Hills, NY 11375, 718 575-1226.

BABY, Brett L.; '78 MPA; Admin.; Community Mutual Ins. Co., Health Maintenance Plan, 37 W. Broad St., Columbus, OH 43215, 614 460-3357; r. 7035 Duffy St., Worthington, OH 43085, 614 436-3315.

BABY, Frances Latousakis, (Frances Latousakis); '75 MPA; Exec. Dir.; First Choice Home Health, 9 Buttles Ave., Ste. 124, Columbus, OH 43215, 614 299-2588; r. 7035 Duffy St., Worthington, OH 43085, 614 436-3315.

BACAK, Joann Elaine; '83 BSBA; Sales Rep.; Pitney Bowes, 6480 Doubletree, POB 26537, Columbus, OH 43226, 614 846-5770; r. 4660 Charecote Ln., #C, Columbus, OH 43220, 614 457-5334.

BACAK, Shay J. '79 (See Myers, Mrs. Shay B.).

BACCELLIERI, Paul Joseph, III; '85 BSBA; Acct.; Warner Cable Communications, 400 Metro Pl., N., Dublin, OH 43017, 614 792-7312; r. 793 Ficus Dr., Worthington, OH 43085, 614 846-1479.

BACH, Daniel Jude; '88 MBA; 612 Riverview Dr. 1-C, Columbus, OH 43202, 614 262-8952.

BACH, Harold Henry; '54 BSBA, '55 MBA; Partner; Arthur Young & Co., One IBM Plz., Chicago, IL 60611, 312 645-3230; r. 1555 Astor St., Chicago, IL 60610, 312 943-8428.

BACH, Penelope Palmer; '82 MBA; Sr. VP; The Huntington Natl. Bank, 41 S. High St., HC1044, Columbus, OH 43287, 614 463-4750; r. 448 Clinton Heights Ave., Columbus, OH 43202, 614 262-2178.

BACH, William Lee; '71 MBA; Capt. B757; UPS, 911 Glade Ln., Louisville, KY 40202; r. 2075 Arch Creek Dr., N. Miami, FL 33181, 305 893-8157.

BACH, William S.; '58 BSBA; 381 College St., Wadsworth, OH 44281, 216 336-3355.

BACHELDER, James Wallace; '76 BSBA; Tax Agt.; Ohio Dept. of Taxation, 1880 E. Dublin-Granville Rd., Columbus, OH 43229, 614 895-6270; r. 4919 Whistlewood Ln., Westerville, OH 43081, 614 891-3817.

BACHELOR, LTC James T.; '67 MBA; Private Law Practice; r. 131 Melmar Dr., Prattville, AL 36067, 205 365-1504.

BACHER, Patricia Hatfield; '78 BSBA; Natl. Video, 1141 Kenny Ctr., Columbus, OH 43220; r. 1012 Elcliff Dr., Westerville, OH 43081, 614 891-3279.

BACHERT, Amy Bell; '81 BSBA; Acct.; Columbia Gas, 99 N. Front St., Columbus, OH 43215; r. 429 Arden Rad, Columbus, OH 43214, 614 267-5850.

BACHERT, Michael Mc Quiston; '81 BSBA; Rate Analyst; Columbia Gas of Ohio, 99 N. Front St., Columbus, OH 43215; r. 429 Arden Rd., Columbus, OH 43214, 614 267-5850.

BACHINSKI, Gary James; '87 BSBA; Assoc. Financial Dir.; Bank One Trust Co., 100 E. Broad St., Columbus, OH 43216, 614 248-6180; r. 1535 Sandringham Dr., Columbus, OH 43220, 614 459-4272.

BACHMAN, Deborah Anne; '87 BSBA; Personnel Ofcr.; The Columbus Dispatch, 34 S. Third St., Columbus, OH 43216, 614 461-5533; r. 475 E. Beaumont Rd., Columbus, OH 43214, 614 267-2016.

BACHMAN, LTC Kenneth J., USAF(Ret.); '67 MBA; Part-time Tchr.; South Florida Community Clg., 600 W. College Dr., Avon Park, FL 33825, 813 453-6661; r. 211 Parkview Rd., Sebring, FL 33870, 813 385-1933.

BACHMAN, Mary '41 (See Wadsack, WAC Mary Bachman, USA(Ret.)).

BACHMAN, Ralph W.; '33 BSBA; Retired; r. 46 Verde St., Kenner, LA 70065, 504 469-3195.

BACHMAN, Robert Charles; '74 BSBA; Production Mgr.; Northern Telecom Electronics, 1601 Hill Ave., Mangonia Park, FL 33407; r. 964 Whipporwill Ter., W. Palm Bch., FL 33411, 407 798-4042.

BACHMAN, Ronald Jerome; '86 BSBA; 14535 Caves Rd., Novelty, OH 44072.

BACHMANN, Mark Edwin; '82 BSBA; Branch Mgr.; Household Bank, 833 S. State St., Westerville, OH 43081, 614 899-2001; r. 7208 Wendy Trail Ln., Dublin, OH 43017, 614 889-9742.

BACHMANN, William E., Jr.; '47 BSBA; CPA; W. E. Bachmann & Assocs., 1152 Oregonia Rd., Lebanon, OH 45036, 513 932-4537; r. 600 N. Waynesville Rd., Lebanon, OH 45036, 513 932-4787.

BACHORSKI, Daniel James; '86 BSBA; Staff; Bob Sumerel Tire Co., 1450 Universal Rd., Columbus, OH 43207; r. 431 Stanley Ave., Columbus, OH 43206, 614 444-0176.

BACHOUROS, Donald Steven; '80 MBA; Mktg. Mgr.; Crompton & Knowles, 110 Liberty Ct., Elyria, OH 44035, 216 324-0540; r. 1930 King James Pkwy., Unit 105, Westlake, OH 44145, 216 892-1304.

BACHRACH, Horty '43 (See Himmel, Hortense Bachrach).

BACHTEL, Raymond E.; '48 BSBA; Retired; r. 1034 Mohican Ave., Columbus, OH 43224, 614 268-6337.

BACKHUS, Thomas Anthony; '70 BSBA; Assoc. Broker; Slifer Real Estate Co., 230 Bridge St., Vail, CO 81657, 303 476-2421; r. POB 1078, Avon, CO 81620, 303 949-6479.

BACKNER, Barry Edward; '70 BSBA; Pres.; Telesolutions of Columbus Inc., 100 E. Wilsonbridge Rd., Worthington, OH 43085, 614 848-4900; r. 1688 Cardiff Rd., Columbus, OH 43221, 614 486-9314.

BACKOFEN, Joseph Edward, Jr.; '79 MBA; Rsch. Scientist; Battelle Columbus Labs, 505 King Ave., Columbus, OH 43201; r. 2668 Petersborough St., Herndon, VA 22071, 703 476-6448.

BACKSTROM, Ellen '82 (See Mc Carthy, Ms. Ellen B.).

BACKUS, Clark Raymond; '84 BSBA; Staff; E F Hutton & Co. Inc., 300 Garfield Ave., Winter Park, FL 32789, 305 629-2888; r. POB 1600, Winter Park, FL 32789.

BACKUS, David N.; '48 BSBA; Retired; r. 1356 Elmwood Ave., Columbus, OH 43212, 614 488-8702.

BACKUS, Katherine '28 (See Beverly, Katherine Backus).

BACKUS, Kevin Michael; '82 BSBA; Prod. Control Supv.; Fed. Mogul Corp., 150 Fisher Ave., Van Wert, OH 45891, 419 238-0030; r. 714 E. Harmon St., Delphos, OH 45833, 419 692-7140.

BACON, Clyde S.; '49 BSBA; Owner/Auto Dealer; Bacon Chevrolet Inc., 14 E. Main St., Greenwich, OH 44837, 419 752-3194; r. 55 W. Main St., Greenwich, OH 44837, 419 752-3201.

BACON, John L.; '49 BSBA; Chairmn of The Bd.; The Mack Iron Works Co., 124 Warren St., Sandusky, OH 44870, 419 626-3712; r. 921 Beachside Ln., Huron, OH 44839, 419 433-3816.

BACON, M. Carle; '29 BSBA; Cnslt.; r. 73 Mull Ave., Akron, OH 44313, 216 864-6836.

BACON, Robert Nelson; '75 MPA; Gen. Mgr.; Exch. Athletic Clubs Inc., 700 N. Harwood, Lockbox 11, Dallas, TX 75201, 214 953-1144; r. 1602 Camelot Ln., Rowlett, TX 75088, 214 475-4028.

BACON, Suzanne Oliver, (Suzanne Oliver); '50; Homemaker; r. 921 Beachside Ln., Huron, OH 44839, 419 433-3816.

BADDAR, Mohammad F.; '88 BSBA; 834 Thurber Dr. W. #25, Columbus, OH 43215, 614 461-5353.

BADE, Scott A.; '86 BSBA; Sales Rep.; Bode-Finn, 2055 Hardy Pkwy. St., Columbus, OH 43213, 614 871-1571; r. 1368 Runaway Bay Dr., 1-D, Columbus, OH 43204, 614 481-3251.

BADENHOP, Bruce Alan; '74 BSBA; Trust Ofcr.; Trustcorp Bank, Ohio, POB 10099, Toledo, OH 43699, 419 259-8392; r. 629 Bexford Dr., Perrysburg, OH 43551, 419 874-2641.

BADER, Mrs. Betty Miller, (Betty Miller); '49 BSBA; Retired Educator; r. 4247 Carriage Dr., Sarasota, FL 34241, 813 371-3842.

BADER, Harold D.; '53 BSBA; Retired; Baders Dept. Store, Minot, ND 58701; r. 7579 Imperial Dr., Apt. A302, Boca Raton, FL 33433, 407 394-4634.

BADER, Morton W.; '40 BSBA; 79 W. Elfin Green, Port Hueneme, CA 93041, 805 984-6745.

BADERTSCHER, Kenneth R.; '61 BSBA; Controller; Horizon Corp., 4400 E. Broadway, Tucson, AZ 85711; r. 5734 Paseo Cimmaron, Tucson, AZ 85715, 602 299-3608.

BADGELEY, Robert Benjamin; '83 BSBA; Programmer/Analyst; Commander Systs., Inc., 6950 Worthington-Galena Rd, Worthington, OH 43085; r. 3862 Breck Ave., Grove City, OH 43123, 614 875-5250.

BADGER, Larry Ray; '68 BSBA; Area Supv.; Fed. Aviation Administratn, 2000 Bauman Rd., Indianapolis, IN 46241, 317 247-2229; r. 923 Woodridge Dr., Plainfield, IN 46168, 317 272-2069.

BADGER, Robert C.; '55 BSBA; Sales Repr; Anaconda Wire & Cable Co., 405 Bayside Bldg., Tampa, FL 33602; r. 1731 Winfield Rd. N., Clearwater, FL 34616.

BADGER, Hon. Thomas Duncan; '57 BSBA; Judge; Common Pleas Ct. of Knox Co., 111 E. High St., Mt. Vernon, OH 43050, 614 397-2727; r. 1470 Club Dr., Mt. Vernon, OH 43050, 614 397-8419.

BADGER, W. W.; '23 BSBA; Retired; r. 104 N. Clay St., Millersburg, OH 44654, 216 674-3636.

BADGLEY, Gary H.; '72 BSBA; CFO; Oakridge Housing Corp., 41 A Industrial Park Cir., Waldorf, MD 20601, 301 843-2277; r. 501 Chestnut Ct., La Plata, MD 20646, 301 932-0132.

BADGLEY, Robert C.; '87 BSBA; Employee Relations Supv.; Quaker Oats Co., 2811 S. Eleventh St., St. Joseph, MO 64502, 816 279-1651; r. 3515 Gene Field, Apt. #3 Bldg. 5, St. Joseph, MO 64506, 816 232-8672.

BADLEY, Theodore Edward; '74 BSBA; Computer Operator; Sears Roebuck Co., 4545 Fisher Rd., Columbus, OH 43228; r. 2906 N. Star Rd., Columbus, OH 43221, 614 488-9318.

BAECHLE, James Joseph; '54 BSBA; Exec. VP Genl Counsel; Bankers Trust New York Corp., 280 Park Ave., New York, NY 10017; r. Horseshoe Rd., Mill Neck, NY 11765, 516 922-1653.

BAEDER, Dr. Robert W.; '50 MBA, '61 PhD (BUS); Retired Mgr.; GE Co., 570 Lexington Ave., New York, NY 10022; r. 90 Shetland Rd., Fairfield, CT 06430, 203 259-9518.

BAEHR, Kenneth Ray; '75 BSBA; Inventory Mgr.; Boise Cascade, 1634 Westbelt Dr., Columbus, OH 43228, 614 876-7774; r. 8384 Netherlands Pl., Worthington, OH 43235, 614 433-0927.

BAEHR, Paul T.; '64 BSBA; Mgr.; TRW Inc., 7600 Colshire Dr., Mc Lean, VA 22101; r. 14629 Baugher Dr., Centreville, VA 22020, 703 830-1749.

BAEHR, Philip M.; '64 BSBA; Financial Cnslt.; Shearson Lehman, Hutton, 102 W. Whiting St., Tampa, FL 33602, 813 233-4946; r. 1215 Robinswood Ct. S., Lakeland, FL 33803, 813 646-1550.

BAEHREN, James William; '72 BSBA, '74 MBA; Atty.-Partner; Fuller & Henry, One Seagate, 17th Fl., POB 2088, Toledo, OH 43604, 419 247-2518; r. 7812 Therfield, Sylvania, OH 43560, 419 885-5050.

BAEMEL, Anita A., (Anita A. Scholler); '86 BSBA; Buyer; Decor Corp., 1519 Alum Creek Dr., Columbus, OH 43209, 614 258-2871; r. 1503 W. 6th, Columbus, OH 43212, 614 487-0438.

BAER, Arthur B.; '51 BSBA; Retired; r. 766 S. Waggoner Rd., Reynoldsburg, OH 43068, 614 866-5670.

BAER, Christopher James; '79 BSBA; Atty.; Price Waterhouse & Co., 180 E. Broad St., Columbus, OH 43215; r. 777 S. Waggoner Rd., Reynoldsburg, OH 43068, 614 866-6593.

BAER, Erick Eugene; '82 BSBA; Traffic Analyst; Owens Corning Fiberglas, Case Ave., Newark, OH 43055, 614 345-0906; r. 12836 Claylick Rd. SE, Newark, OH 43055, 614 763-3546.

BAER, Frederick E.; '48 BSBA; Pres. & CEO; Paper Converting Machine Co., 2300 S. Ashland Ave., Green Bay, WI 54304, 414 494-5601; r. 3290 Vista Rd, Green Bay, WI 54301, 414 336-1222.

BAER, Mark Stuart; '79 BSBA; Account VP; Paine Webber,Inc., 171 S. Main St., Akron, OH 44308, 216 434-1621; r. 535 Hampshire Rd., Akron, OH 44313, 216 869-0966.

BAER, Robert William; '51 BSBA; Retired; Borg-Warner Corp., 200 S. Michigan Ave., Chicago, IL 60604; r. 6410 Bradley Dr., Woodridge, IL 60517, 312 969-3884.

BAER, Sheldon L.; '57 BSBA; Court Reporter; Colman-Colman Inc., 19 W. Flagler St., Miami, FL 33132; r. POB 3734, Hollywood, FL 33083, 305 937-2237.

BAER, Stephen Carr; '75 BSBA; Systs. Cnslt.; UPP Business Systs., 1 Transam Plaza Dr., Oakbrook Terrace, IL 60181, 312 932-4300; r. 523 C Woodview Rd., Lake Barrington Shores, Barrington, IL 60010, 312 381-7139.

BAESMAN, Robert G.; '34 BSBA; Retired; r. 114 Liberty St., Murfreesboro, NC 27855.

BAESMAN, William Ray; '68 BSBA; Atty.; William R Baesman, 1660 Lincoln St., Denver, CO 80219, 303 861-9180; r. 3681 E. Geddes Pl., Littleton, CO 80122, 303 779-1030.

BAFF, Martin Alvin; '48 BSBA; Pres.; Martin Metal Co., 19206 Miles Ave. SE, Cleveland, OH 44128; r. 24913 Wimbledon Rd, Cleveland, OH 44122, 216 464-0296.

BAGBY, Joel Robert; '87 BSBA; 838 City Park, Columbus, OH 43206, 614 443-1804.

BAGENT, Kimberly Sue, (Kimberly Sue Nickles); '86 BSBA; Gas Mgmt. Analyst Acct.; Gulf Ohio Corp., 3933 Price Rd., Newark, OH 43055, 614 366-7383; r. 220 Hoover St., Apt. B, Newark, OH 43055.

BAGGOTT, Horace Worman, Jr.; '58 BSBA; Atty.; Baggott Law Offices, 325 Hulman Bldg 120 W 2Nd St, Dayton, OH 45402, 513 222-6956; r. 130 Bellaire Ave., Apt. 306, Dayton, OH 45420, 513 258-2039.

BAGGS, Barbara E. '85 (See Gatz, Mrs. Barbara E.).

BAGI, Michael Allen; '73 BSBA; 6733 Pisgah Rd., Tipp City, OH 45371, 513 667-1322.

BAGLEY, Edward R.; '47 BSBA, '48 MBA; Pres.; Bagley & Co., 18654 Center Rd., Traverse City, MI 49684, 616 223-7992; r. Same, 616 223-4491.

BAGLEY, James D.; '56 BSBA; VP of Operations; M.I. Schottenstein Inc., 41 S. High St., Columbus, OH 43236, 813 855-6969; r. 8764 Midnight Pass Rd., Apt. 503A, Sarasota, FL 34242, 813 346-2314.

BAGLEY, Robert R.; '65 BSBA; Mgr.; Owens Illinois Inc., Sales & Marketing Division, POB 1035, Toledo, OH 43666, 201 845-5030; r. 136 Glenwood Rd., Ridgewood, NJ 07450, 201 444-9794.

BAGNOLI, Assunta; '81 BSBA; Mktg. Sales Mgr.; Glenn Peterson Photographers, 7424 Washington Ave., S., Minneapolis, MN 55344, 612 944-5750; r. 4426 Bryant Ave. S., Minneapolis, MN 55409, 612 822-7935.

BAGWELL, Charles Barnum; '77 BSBA; 3 Rock Springs, Irvine, CA 92714, 714 651-0671.

BAHAN, Thomas E.; '57 BSBA; Pres.; Bahan Dennis Inc., Dayton, OH 45431, 513 258-0141; r. 4242 Upper Valley Pike, Springfield, OH 45502, 513 969-8565.

BAHEN, Kathleen '78 (See Pensinger, Kathleen Bahen).

BAHL, Dr. Harish Chander; '80 PhD (BUS); 17220 Revere, Southfield, MI 48076, 313 642-4968.

BAHNER, Craig Steven; '86 BSBA; Inventory Planner; The Pillsbury Co., 608 Second Ave. S., Pillsbury Ctr., Minneapolis, MN 55402, 612 330-5352; r. 11050 Cedar Hills Blvd., Apt. 301, Minnetonka, MN 55343, 612 544-6073.

BAHNSEN, Dennis D.; '73 BSBA; Personnel Security Spec.; Defense Legal Svcs. Agcy., DISCR, 3990 E. Broad St., Columbus, OH 43215, 614 238-2045; r. 2275 Satterbury Ct., Dublin, OH 43017, 614 889-1951.

BAHOREK, Stanley John; '74 BSBA, '85 MBA; Assoc. Dir.; Ehrlich Bober & Co. Inc., 100 S. 3rd St., Columbus, OH 43215, 614 221-1231; r. 121 Northridge Rd., Columbus, OH 43214, 614 262-3887.

BAHORSKI, John Bosco; '85 MPA; Asst. to City Mgr.; Del Mar, 1050 Camino Del Mar, Del Mar, CA 92014, 619 755-9313; r. 950 Tide Ct., Carlsbad, CA 92009, 619 431-0497.

BAHR, Bradley Donald; '78 BSBA; Mktg. Mgr.-Healthcare; The Midland Mutual Life Ins. Co., 250 E. Broad St., Columbus, OH 43215, 614 228-2001; r. 610 Michael Ave., Westerville, OH 43081, 614 895-7509.

BAHR, Eric John; '87 BSBA; Financial Cnslt.; r. 1465 Hooksett Rd., Buckingham 200, Hooksett, NH 03106, 603 268-0544.

BAHR, Richard M.; '64 BSBA; Mgr.-Comp & Benefits; Metro-North Commuter Rr Co., 347 Madison Ave., New York, NY 10017; r. Rd. 2 Box 129, Chester, NY 10918, 914 469-9751.

BAIKERMAN, Susan P.; '85 BSBA; Programmer/Analyst; IBM Corp., 10401 Fernwood Rd., Bethesda, MD 20817, 301 897-2683; r. 3785 Grosvenor Rd., Cleveland Hts., OH 44118, 216 321-6551.

BAILAR, Jackie Lorraine; '87 BSBA; c/o Judy E. Smith, 2485 N. State Rte. 235, St. Paris, OH 43072, 513 663-4563.

BAILEY, Andrew; '87 BSBA; Mgmt. Trainee; The Huntington Natl. Bank, POB 1558, Columbus, OH 43216, 614 463-4493; r. 2249 Antigua Dr. Apt. 2C, Columbus, OH 43235, 614 459-2556.

BAILEY, Dr. Andrew D., Jr.; '71 PhD (ACC); Prof.; OSU-Acctg. & Mgmt. Info. Syst., 454 Hagerty Hall, 1775 College Rd., Columbus, OH 43210, 614 292-4101; r. 4539 Tetford Rd., Columbus, OH 43220, 614 451-2738.

BAILEY, Andrew Harold; '86 BSBA; Sr. Acct.; Peat Marwick Main & Co., Ste. 1400 Thanksgiving Twr., 1601 Elm St., Dallas, TX 75201, 214 754-2000; r. 8820 Southwestern, Apt. 1424, Dallas, TX 75206, 214 373-7021.

BAILEY, Bradford William; '75 BSBA; Atty.; 109 W. Franklin St., Kenton, OH 43326, 419 673-8188; r. 431 N. Detroit St., POB 463, Kenton, OH 43326, 419 674-4400.

BAILEY, C. Todd; '87 BSBA; Mgmt. Assoc.; Bank One Svcs. Corp., 757 Carolyn Ave., Columbus, OH 43270, 614 248-3782; r. 95 Sunnyside Ln., Columbus, OH 43214, 614 846-0251.

BAILEY, Cindy Fischer, (Cindy Fisher); '71 BSBA; 337 Horsepond Rd, Madison, CT 06443, 203 245-9113.

BAILEY, Cynthia Jeanne; '85 BSBA; Student; Capital Univ. Law Sch., Columbus, OH 43209; r. 160 Tucker Dr., Worthington, OH 43085, 614 436-6372.

ALPHABETICAL LISTINGS BAKER 11

BAILEY, David Keener; '36 BSBA; Retired; r. 3735 Buckingham Dr. SW, Roanoke, VA 24018, 703 774-2183.
BAILEY, Dennis Delbert; '69 BSBA; Realtor-Assoc.; West Shell Inc., 12124 Sheraton Ln., Cincinnati, OH 45246, 513 671-9911; r. 11270 Hanover Rd., Cincinnati, OH 45240, 513 851-2844.
BAILEY, Don T., Jr.; '62 BSBA; Retired Compliance Ofcr.; US Dept. of Labor; r. 1919 Lynn Ave., Ft. Wayne, IN 46805, 219 484-2482.
BAILEY, F. Keith; '75 BSBA; Salesman; The Standard Register Co., Willow Knolls, Peoria, IL 61614, 309 693-3700; r. 217 E. High Point Rd., Peoria, IL 61614, 309 692-8620.
BAILEY, Frank Gilson; '51 BSBA; 13 Twr. Brook Rd, Hingham, MA 02043, 617 749-9695.
BAILEY, Joe Bernan, III; '86 BSBA; Acct.; Ernst & Whinney, 2400 Nationwide Plz., Columbus, OH 43215, 614 224-5678; r. 2246 Shrewsbury Rd., Columbus, OH 43221, 614 442-1982.
BAILEY, John Paul; '74 BSBA; CPA; Foxx & Co., 700 Goodall Complex, 324 W. 9th St., Cincinnati, OH 45202, 513 241-1616; r. 4410 St. Francis Dr., Independence, KY 41051, 606 356-5657.
BAILEY, Kenneth Lee; '57 MBA; Atty.-Principal; Kenneth L Bailey Co. LPA, 226 Talbott Twr., Dayton, OH 45402, 513 228-8080; r. 4350 E. State Rte. #571, Tipp City, OH 45371.
BAILEY, Krista Kay; '87 BSBA; c/o Ronald Lee Bailey, 4119 Kinsey Rd., Dayton, OH 45322, 513 832-3913.
BAILEY, Lawrence Allen; '51 BSBA; Retired; r. 693 Old Coach Rd, Westerville, OH 43081, 614 882-5709.
BAILEY, Mark Duane, CPA; '86 BSBA; Tax Cnslt.; Arthur Andersen & Co., Huntington Ctr., Ste. 2000, 41 S. High, Columbus, OH 43215, 614 228-5651; r. 1985 Torreys Pl., Powell, OH 43065, 614 761-9311.
BAILEY, Michael Dale; '69; Administrative Mgr.; Valley View Nursing Homes, 721 Hickory St., Akron, OH 44303; r. 412 Wagon Crossing, Universal City, TX 78148, 512 658-0568.
BAILEY, Michelle Renee; '83 BSBA; Adminstrative Asst.; Bank One Cleveland, NA, 1255 Euclid Ave., Cleveland, OH 44115, 216 261-6850; r. 3065 Lincoln Blvd., Cleveland Hts., OH 44118, 216 932-5917.
BAILEY, Mrs. Nancy Rubin, (Nancy Marie Rubin); '82 BSBA; Homemaker; r. 1699 Pauli St., Canal Fulton, OH 44614, 216 854-5219.
BAILEY, Novella; '80 BSBA; Computer Cnslt.; 1516 Ohio St., Gary, IN 46407, 219 885-1358; r. Same, 717 829-3252.
BAILEY, Oressa M. '53 (See York, Oressa Bailey).
BAILEY, Pamela Joy; '88 BSBA; 8698 Hawick Ct. N., Dublin, OH 43017, 614 764-0303.
BAILEY, Ralph; '59 BSBA; 996 Som Center Rd., Cleveland, OH 44143, 216 449-2959.
BAILEY, Richard Douglas; '77 BSBA; 682 Rebecca Ave., Westerville, OH 43081, 614 891-5680.
BAILYS, Brian Daniel; '81 BSBA; CPA; Bailys & Assocs., 25550 Chagrin Blvd., Beachwood, OH 44122; r. 5090 Cheswick Dr., Cleveland, OH 44139, 216 248-5838.
BAIMAN, Stanley, PhD; '68 BSBA; Prof.; Carnegie-Mellon Univ., Pittsburgh, PA 15213, 412 268-8839; r. 232 Gladstone Rd., Pittsburgh, PA 15217.
BAIN, Hervey A.; '49 BSBA; Atty.; Wolery & Lowe, 42 E. Gay St., Columbus, OH 43215; r. 221 Idleview, Lehigh Acres, FL 33936.
BAIN, Joanne Ludwig, (Joanne Ludwig); '52 BSBA; Secy.; City of Chillicothe-Svc. Dept., 35 S. Paint St., Chillicothe, OH 45601, 614 773-2700; r. 21 Shawnee Dr., Chillicothe, OH 45601, 614 774-4424.
BAINBRIDGE, Glenna Link; '79 BSBA; Mktg. Analyst; Kaiser Fndn. Health Plan, 1100 Bond Ct. 1300 E. 9th St., Cleveland, OH 44114; r. 1614 Canterbury, Westlake, OH 44145.
BAINBRIDGE, Harold M.; '50 BSBA; Retired; r. 1703 Magnolia Ave.-Lake 7, S. Daytona, FL 32019, 904 788-6049.
BAINE, Jean '55 (See Wilson, Jean Baine).
BAINTER, Carolyn Sue; '78 BSBA; Staff; Ohio Co., c/o John W. Wolfe, 155 E. Broad St., Columbus, OH 43215; r. 48 W. Mound St., Canal Winchester, OH 43110.
BAINTER, Larry Jay; '71 MBA; VP-Finance; Columbia Gas Syst., 20 Montchanin Rd., Wilmington, DE 19807, 302 429-5597; r. 126 Dickinson Ln., Wilmington, DE 19807, 302 428-0829.
BAINTER, Patricia A.; '88 BSBA; Owner Relations Analyst; Ford Motor Co., Parts & Svc. Dept., 3000 Schaefer, Rm. 108, Dearborn, MI 48121, 313 323-0479; r. 38986 Polo Club Dr., Farmington Hls., MI 48024, 313 476-9109.
BAINTER, William Edward; '85 BSBA; Staff; Frank's Nursery Crafts Inc., 8287 Springboro Rd., Miamisburg, OH 45342, 513 434-2162; r. 3218 Oberlin Ct., Cincinnati, OH 45246, 513 771-8755.
BAIR, Donald G.; '47 BSBA; Retired Purchasing Agt.; Burlington Industries; r. 1602 Pebble Dr., Greensboro, NC 27410, 919 292-4105.
BAIR, Joseph Kevin; '80 BSBA; Programmer; Celina Financial Corp., Insurance Sq., Celina, OH 45822, 419 586-5181; r. 624 High St., Van Wert, OH 45891, 419 238-1353.
BAIR, Lynette Marie; '84 BSBA; Mgmt. Trainee; J C Penney Catalog Div., 5555 Scarborough Ave., Columbus, OH 43227; r. POB 90, Brice, OH 43109.
BAIR, Noel C.; '67 BSBA; 21212 Little Valley Rd., Poulsbo, WA 98370, 206 697-6158.
BAIR, Robert Thomas; '87 BSBA; Sr. Svcs. Supt.; Flying Tigers, Rickenbacker Air Indust. Park, 100 Access Way, Groveport, OH 43135, 614 288-4000; r. 3084 Mary Ave., Columbus, OH 43204, 614 279-3318.
BAIRD, Dianne Louise; '86 BSBA; Rte. 3 Box 104 Champion, Shelby, OH 44875.
BAIRD, Gary Edward; '72 BSBA; Regional Sales Mgr.; The Ohio Co., 155 E. Broad, Columbus, OH 43220, 614 464-8635; r. 4650 Kingston Ct., Columbus, OH 43220, 614 457-2804.
BAIRD, John A.; '62 BSBA, '63 MBA; Industrial Realtions Mgr.; Ford Motor Co., 21500 Oakwood Blvd., POB 2053 Drop 2, Dearborn, MI 48121, 313 323-2770; r. 22051 Cumberland Dr., Northville, MI 48167, 313 349-9219.
BAIRD, John Roderick; '70 BSBA; Plng. Mgr.; Buckeye Union Ins. Co., 1111 E. Broad St., Columbus, OH 43205; r. 1361 Candlewood Dr., Worthington, OH 43085, 614 846-6849.
BAIRD, Joseph William; '39 BSBA; Retired; r. 8205 Lochinver Ln., Potomac, MD 20854, 301 299-3988.
BAIRD, Laura Lee '82 (See John, Laura Lee).
BAIRD, Michael Alan; '87 BSBA; Staff Acct.; Arthur Andersen & Co., 133 Peachtree St. NE, Atlanta, GA 30303, 404 658-1776; r. 4579 H Valley Pkwy., Smyrna, GA 30082, 404 432-9298.
BAIRD, Ms. Pud D.; '85 MPA; Asst. Dir.; Ohio Council of Community Mental Health Agcy., 35 E. Gay St., Ste. 401, Columbus, OH 43215, 614 228-0747; r. 67 W. Second Ave., Columbus, OH 43201, 614 294-5675.
BAIZEL, Daniel Lester; '81 BSBA; Sr. Acct.; Bancohio, 155 E. Broad St., Columbus, OH 43215; r. 709 W. Main St., Westerville, OH 43081, 614 882-0056.
BAJZIK, Joseph; '50 BSBA; Acct.; Hall Kistler & Co., Central Trust Twr., Ste. 900, 101 Central Plz. S., Canton, OH 44702, 216 453-7633; r. 160 Fawcett Ct. NW, Canton, OH 44708, 216 454-8393.
BAK, Edmund Bernard; '87 MBA; Mktg. Rep.; IBM Corp., One Ibm Plz., Chicago, IL 60606, 800 426-3333; r. 2757 B Weeping Willow Dr., Lisle, IL 60532, 312 357-3554.
BAKALIK, Joseph E.; '47 BSBA; Pres. & Dir.; Hearn Paper Co., 556 N. Meridian Rd, Youngstown, OH 44509, 216 792-6533; r. 6620 Mill Creek Blvd., Youngstown, OH 44512, 216 758-1614.
BAKALUS, Sandra Jo; '75 BSBA; Stockbroker; Dean Witter, 8393 Sunfish Ln., Maineville, OH 45039, 513 398-3938; r. 8393 Sunfish Ln., Cincinnati, OH 45039.
BAKAN, Thomas John; '85 BSBA; Factory Rep.; Nippondenso of Los Angeles, 3900 Via Oro Ave., Long Beach, CA 90810; r. 610 Farallon Ave., Pacifica, CA 94044.
BAKER, Dr. Alton Wesley; '52 PhD (BUS); Prof./Chmn.; Southern Meth. Univ., Management Dept., Dallas, TX 75275; r. 6211 W. NW Hwy., Unit 1400 Preston Towers, Dallas, TX 75225, 214 696-5230.
BAKER, Barbara C. '85 (See Ankenman, Mrs. Barbara C.).
BAKER, Barbara Wilcox; '86 BSBA; 4658 Wonderful Pl., Colorado Spgs., CO 80917.
BAKER, Benson H.; '42 BSBA; Retired; r. 695 E. Dominion Blvd., Columbus, OH 43214, 614 268-3646.
BAKER, Bob James; '71 BSBA; Pres.; Retirement Plan Svcs. Inc., 4680 Lipscomb St. NE, Ste. 5, Palm Bay, FL 32905, 407 951-2270; r. 2756 School Dr. NE, Palm Bay, FL 32905, 407 676-9760.
BAKER, Bruce Allen; '69 BSBA; Pres.; Baker Equip. & Svc. Inc., 2325 W. Granville Rd., Worthington, OH 43085, 614 889-8341; r. 7715 Oakalea Ct., Galena, OH 43021, 614 548-5543.
BAKER, Bruce Edward; '81 BSBA; Account Systs. Engr.; IBM Corp., 140 E. Town St., Columbus, OH 43215, 614 225-3600; r. 5436 Aqua St., Columbus, OH 43229, 614 891-5767.
BAKER, Bruce M.; '84 BSBA; Mktg. Rep.; Systematic Computer Svc. Inc., 214 N. Cedar St., Geneva, OH 44041, 216 466-7900; r. 98 E. Satin St., Jefferson, OH 44047, 216 576-3426.
BAKER, Carl J.; '50 BSBA; Tchr.; Monroe HS, Monroe, MI; r. 4141 Drummond Rd, Toledo, OH 43613, 419 475-0987.
BAKER, Carlyle Muff; '38 BSBA; Chmn. & CEO; Certified Oil Co., 303 S. Front St., Columbus, OH 43215, 614 224-3175; r. 30 Channel Cay Rd., N. Key Largo, FL 33037, 305 367-2521.
BAKER, Charles Marion, Jr.; '78 MBA; Stockbroker-VP; Butler Wick & Co., City Ctr. One, Ste. 700, POB 149, Youngstown, OH 44501, 216 744-4351; r. 3978 Claridge Dr., Youngstown, OH 44511, 216 793-8370.
BAKER, Charlotte '48 (See Pritchard, Charlotte Baker).
BAKER, Cheryl Lee; '83 MBA; 416 Stanberry Dr., Columbus, OH 43209, 614 258-9005.
BAKER, Dan William; '77 BSBA; Branch Sales Mgr.; Pitney Bowes Facsimile, 1125 W. Eighth St., Cincinnati, OH 45053, 513 651-4990; r. 9021 Symmesridge Ln., Loveland, OH 45140, 513 651-4990.
BAKER, David B.; '86 BSBA; Receiving Mgr.; Frito-Lay Inc., Colesville Rd., Kirkwood, NY 13904, 607 775-4330; r. 58 Glann Rd., Apalachin, NY 13732, 607 625-4047.
BAKER, David Jonathan; '84 BSBA; Commercial Real Estate; r. 2415 Traymore Rd., University Hts., OH 44118, 216 371-2531.
BAKER, David L.; '83 BSBA; Pres.; Baker Mgmt., Inc., 3215 Hardisty Ave., Cincinnati, OH 45208, 513 281-4312; r. Same, 513 321-0840.
BAKER, Della Fay; '83 BSBA; 3375 Shrine Rd., Springfield, OH 45502, 513 964-1247.
BAKER, Ms. Denise K., (Denise K. Chastain); '79 BSBA; Mgr. Human Resources; The American Tobacco Co.; r. 4500 Village Run Dr., Glen Allen, VA 23060, 804 270-6873.
BAKER, Dennis E.; '86 BSBA; Shift Supv.; Roxane Labs, 1809 Wilson Rd., Columbus, OH 43228, 614 276-4000; r. 7767 Hansgrove Ct., Dublin, OH 43017, 614 761-7789.
BAKER, Donald Adam; '49 BSBA; Owner; Baker Store Equip. Co., 18976 Cranwood Pkwy., Cleveland, OH 43228, 216 475-5900; r. 23449 Laureldale Rd, Shaker Hts., OH 44122, 216 464-2285.
BAKER, Donald Sherman, Jr.; '81 BSBA; Mktg. Rep.; Day-Med Health Maint. Inc., POB 1236, Mid-City Sta., Dayton, OH 45402, 513 268-4400; r. 1007 Nettie Dr., Miamisburg, OH 45342, 513 859-8254.
BAKER, Douglas Allen; '81 BSBA; Procedures Analyst; Bank One of Columbus, 100 E. Broad St., Columbus, OH 43215, 614 248-8574; r. 5981 Ella Ct., Columbus, OH 43229, 614 882-6350.
BAKER, Edgar E., III; '49 BSBA; Bus. Sales; Bottom Line Ink, Inc., 1171 W. Shaw Ave., #104, Fresno, CA 93711, 209 275-9437; r. 3710 W. San Jose, #113, Fresno, CA 93711.
BAKER, Edith K. '47 (See Yandala, Mrs. Ralph J.).
BAKER, Edwin Glenn; '84 BSBA; 4902 N. Macdill Ave., Apt. 1914, Tampa, FL 33614.
BAKER, Eugene Thomas; '83 BSBA; Owner; Buckeye Equip. Leasing Co., 812 Monterey, #1, Hermosa Bch., CA 90254, 213 318-7149; r. Same.
BAKER, George Anthony; '79 BSBA; Water Sampler; Republic Steel Corp., 1040 Pine Ave. SE, Warren, OH 44483; r. 178 Partridge Run Rd., Gibsonia, PA 15044, 412 443-4695.
BAKER, Glenn Richard; '66 MBA; Chmn.; S.E.A. Inc., 7349 Worthington-Galena Rd., Worthington, OH 43085, 614 888-4160; r. 5731 Olentangy Blvd., Worthington, OH 43085, 614 888-7511.
BAKER, Howard Gould; '49 BSBA; Retired; r. 1330 Fargo, Chicago, IL 60626, 312 262-8165.
BAKER, Jeffrey Joe; '79 BSBA; Staff Admin. Inv Anly; G T E-Revenue Managemnt Dept., 19845 N. US 31, POB 407, Westfield, IN 46074, 317 896-6713; r. 1924 Franklin Blvd., Apt. B, Carmel, IN 46032, 317 844-2513.
BAKER, Jeffrey John Andrew; '74 BSBA; Secy.-Treas.; Bakerwell, Inc., POB 26012, Columbus, OH 43226, 614 898-7590; r. 6459 Faircrest Rd., Columbus, OH 43229, 614 891-9499.
BAKER, Jeffrey William; '77 MACC; Financial Analyst; GM Corp., Delco Electronics Division, 700 E. Firmin, Kokomo, IN 46902; r. 2707 Whitehouse Dr., Kokomo, IN 46902.
BAKER, Ms. Jill Suzanne; '87 BSBA; Student; Washington Univ., Sch. of Law One Brookings Dr., Campus Box 1120, St. Louis, MO 63130; r. 627 Clara Ave., Apt. 302, St. Louis, MO 63112, 314 367-5037.
BAKER, Joanna Mattozzi, (Joanna Mattozzi); '77 BSBA; Prog. Controller; Westinghouse Oceanic Div., 18901 Euclid Ave., Cleveland, OH 44117, 216 486-8300; r. 3406 E. Fairfax Rd., Cleveland Hts., OH 44118, 216 397-1146.
BAKER, John Glenn; '82 BSBA; Control Acct.; ARCO Alaska Inc., 7th & G Sts., Anchorage, AK 99510, 907 265-6080; r. POB 92371, Anchorage, AK 99509, 907 274-0105.
BAKER, John Robert; '72 BSBA; Asst. VP-Systs. Devel.; Cole-Layer-Trumble Co., 3199 Klepinger Rd., Dayton, OH 45406, 513 276-5261; r. 7451 Bradford Rd., Dayton, OH 45414, 513 890-5664.
BAKER, Jolie Christine; '87 BSBA; Credit Admin.; Citizens & Southern Bank NA, POB 105301, Atlanta, GA 30348, 404 491-4849; r. 510 Lakes Dr., NW, Atlanta, GA 30339, 404 432-0428.
BAKER, Judith L. '81 (See Griffith, Mrs. Judith L.).
BAKER, Mrs. Judy Schneider, (Judy Schneider); '81 BSBA; Homemaker; r. 1007 Nettie Dr., Miamisburg, OH 45342, 513 859-8254.
BAKER, Karen Lorraine; '81 BSBA; 344 Rose St., Galena, OH 43021.
BAKER, Keith Donald; '63 BSBA; Industrial Engr.; Rockwell-INEL, POB 1469, Idaho Falls, ID 83403, 208 526-6010; r. 1080 E. 15th St., Idaho Falls, ID 83404, 208 525-8936.
BAKER, Keith Martin; '75 BSBA; Retail Mgr.; Marshall's; r. 24 Manhan St., Unit #2, Waterbury, CT 06710.
BAKER, Kenneth L.; '54; Part-time Sales Assoc.; Century 21 Bucher Real Estate, 829 Tiffin Ave., Findlay, OH 45840, 419 423-4502; r. 39 La Plas Dr., Findlay, OH 45840, 419 424-0406.
BAKER, Kevin Lee; '80 BSBA; Sales Engr.; Fairfield Supply Co., 1675 S. Sandusky Ave., Bucyrus, OH 44820, 419 562-4015; r. 1262 Forest Hill Dr., Marion, OH 43302, 614 389-3684.
BAKER, Lawrence Melvin; '52 BSBA; Atty.; 629 Euclid Ave. #825 National, City Bank Bldg., Cleveland, OH 44114, 216 696-1158; r. 4096 Colony Rd, S. Euclid, OH 44121, 216 291-3821.
BAKER, Lawrence Wayne; '65 BSBA; Gen. Mktg. Mgr.; Chrysler Motors, Dodge Truck Div., 12000 Oakland Ave., Highland Park, MI 48288, 313 956-6001; r. 2862 Meadowood Ln., Bloomfield Hls., MI 48013, 313 335-3143.
BAKER, Lloyd David; '69 BSBA; Life Acctg. Devel. Coord.; Motorists Ins. Cos., 471 E. Broad St., Columbus, OH 43215, 614 225-8284; r. 1423 Ashland Ave. Apt. B, Columbus, OH 43212, 614 486-4777.
BAKER, Lorenzo P., Jr.; '50; Admin. Mgr.; Cols Truck & Equip. Co., 1688 E. 5th Ave., Columbus, OH 43219, 614 252-3111; r. 2292 Clifton Ave., Bexley, OH 43209, 614 253-6266.
BAKER, Louis Alvin; '59 BSBA; Controller; Stone Container Corp., POB 4000, Florence, SC 29501, 803 662-0313; r. 708 Ansley St., Florence, SC 29501, 803 667-6959.
BAKER, Mark A.; '83 BSBA; Dist. Svc. Mgr.; Nissan, 11000 E. 45th Ave., Denver, CO 80239, 303 371-4230; r. 16852 E. Wyoming Cir. #206, Aurora, CO 80017, 303 671-5820.
BAKER, Mark A.; '86 BSBA; Engrg. Staff Member; Honda Engrg.-North America, 24000 U S. Rte. 33, Marysville, OH 43040, 513 642-5000; r. 8783 Needles Point Ct., Powell, OH 43065, 614 792-2068.
BAKER, Mary Burgess; '35 BSBA, '36 MBA; Retired; r. 753 High St., Worthington, OH 43085, 614 885-9247.
BAKER, Michael Charles; '74 BSBA; 10587 Baker Rd., Maplewood, OH 45340, 513 492-1081.
BAKER, Michael Gregory; '83 BSBA; Acct.; Jones Metal Prods. Co., 305 N. Ctr., W. Lafayette, OH 43845; r. Box 143, Warsaw, OH 43844, 614 824-4220.
BAKER, Paul E.; '33 BSBA; Retired; r. 131 SW 53rd St., Cape Coral, FL 33914, 813 549-2837.
BAKER, Ralph Frank; '49 BSBA; Retired; Lily-Tulip, Inc.; r. 3748 Sapphire Dr., Martinez, GA 30907, 404 863-7104.
BAKER, Raymond James; '80 MBA; Financial Cnslt.; Shearson Lehman Hutton, 221 E. 4th St., Ste. 2300, Cincinnati, OH 45202, 513 762-5200; r. 8731 Tiburon Dr., Cincinnati, OH 45249, 513 489-1644.
BAKER, Richard E.; '84 BSBA; Controller; Custom Hoists, Inc., POB 98, Rte. 30A W., Hayesville, OH 44838, 419 368-4721; r. 47 Hoffman Ave., Mansfield, OH 44906, 419 522-0601.
BAKER, Richard Lee; '78 BSBA; Salesman; Norandex Inc., 1300 Starlight Dr., Akron, OH 44306, 216 773-8201; r. 798 S. Cleveland Massillon Rd., Akron, OH 44313, 216 666-6871.
BAKER, Richard Shoemaker; '67 BSBA; Pres.; Applied Data Concepts, POB 614, Worthington, OH 43085, 614 848-4465; r. 543 White Oak Pl., Worthington, OH 43085, 614 846-0074.
BAKER, Richard Thomas; '39 BSBA, '86 PhD (HON); Retired; r. 2665 N. Ocean Blvd., Gulf Stream, FL 33483, 407 278-1686.
BAKER, Richard Thomas; '48 BSBA; Retired; r. 2470 Sharon Oak Dr., Menlo Park, CA 94025, 415 854-0530.
BAKER, Richard Vernon, Jr.; '52 BSBA; Mgr.; Mobay Chemical Corp., Pkwy. W. & Rte. 22 30, Pittsburgh, PA 15235; r. 1206 Sherbrook Dr., Upper St. Clair, Pittsburgh, PA 15241, 412 221-6396.
BAKER, Robert Allen; '51 BSBA; Retired; r. 5201 Atlantic Blvd., #256, Jacksonville, FL 32207.
BAKER, Robert Dean; '81 BSBA; Dir. of Mktg.; R. Meeder & Assocs., 6000 Memorial Dr., Dublin, OH 43017, 614 766-7000; r. 323 Longbranch Dr., Dublin, OH 43017, 614 764-1460.
BAKER, Robert Kent; '77 BSBA; Owner/Ofcr.; Bakerwell, Inc. & Subsidiaries, POB 897, Killbuck, OH 44637, 216 276-2161; r. 475 N. Main St., POB 913, Killbuck, OH 44637, 216 276-7753.
BAKER, Robert Lee; '49 BSBA; Retired; Bell Atlantic Corp., Silver Spring, MD 20904; r. 10918 Wickshire Way, Rockville, MD 20852, 301 468-9194.
BAKER, Robert Shannon, Jr.; '68 BSBA; Materials Mgr.; Orleans Food Co., New Orleans, LA 70123, 504 733-6991; r. 4039 Alberta St., Metairie, LA 70001.
BAKER, Ronald Francis; '75 BSBA; Mgr. CPA; William Vaughn Co., 5726 Southwyck Blvd., Toledo, OH 43614; r. 11342 Brint Rd., Berkey, OH 43504, 419 829-5951.
BAKER, Scott Lawrence, Esq.; '81 BSBA; Entertainment Atty.; Oberstein, Doniger & Fetter, 2121 Ave. of the Stars, #1900, Los Angeles, CA 90067, 213 557-1213; r. 478 S. Arnaz Dr., Los Angeles, CA 90048, 213 858-3973.
BAKER, Shirley M. '50 (See Lewis, Mrs. Shirley B.).
BAKER, Stephen Everett; '77 BSBA; Sales Mgr.; Guardian Industries, 830 E. 222nd St., Euclid, OH 44123, 216 731-7000; r. 3406 E. Farifax Rd., Cleveland, OH 44118, 216 397-1146.
BAKER, Thomas Nelson; '83 BSBA; 2613 Lakeshore Dr., Mandeville, LA 70448.
BAKER, Wayne Carl; '63 BSBA; 7020 Sir Francis Drake Blvd., Lagunitas, CA 94938, 415 488-9758.
BAKER, Wesley Edward, III; '68 BSBA; Review Appraiser; r. 8461 Rockspring Dr., Chagrin Falls, OH 44022, 216 543-7818.
BAKER, Wilbur F.; '60 BSBA; Admin. Bur. of Appraisal; Ohio Dept. of Transportation, 25 S. Front St., Columbus, OH 43215, 614 644-8263; r. 16830 Krinn Unger Keck Rd., Logan, OH 43138, 614 385-8284.

BAKER, William Burdette; '76 MBA; VP; Acquisition Mgmt., 1850 Mt. Diablo Blvd., Ste. 405, Walnut Creek, CA 94596, 415 945-0700; r. 1400 Bowe Ave. #805, Santa Clara, CA 95051, 408 296-0324.

BAKER, Dr. William Gary; '65 BSBA; Prof.; r. 2830 Kaw Valley Rd., Topeka, KS 66617, 913 234-4915.

BAKER, William George, CMA, CIA; '67 BSBA; Sr. Auditor; UNOCAL Corp., Union Oil Ctr., Los Angeles, CA 90017, 213 977-7212; r. 45513 Indian Wells Ln., Indian Wells, CA 92210, 619 340-2905.

BAKER, William Jeffrey; '82 BSBA; Freight Broker; Over Rd. Transport, Inc., 13459 1/2 Pumice St., Norwalk, CA 90605; r. 812 Monterey #1, Hermosa Bch., CA 90254, 213 318-7149.

BAKER, William Richard; '49 BSBA; Exec. Dir.; Maryhaven Inc., 1415 E. Broad St., Columbus, OH 43205; r. 319 Deer Trail Rd., Reynoldsburg, OH 43068, 614 864-3468.

BALACHANDRAN, Mrs. Kalyani; '83 MBA; Loan Admin. Ofcr.; Wachovia Bank & Trust, 1102 N. Greene St., Greenville, NC 27834, 919 757-7137; r. 12 C Courtney Sq., Greenville, NC 27834, 919 355-7519.

BALALOSKI, Daniel K.; '86 BSBA; Grad. Student; Ohio State Univ. Clg. of Bus., Columbus, OH 43216; r. 3051 Marwick Rd., Columbus, OH 43232, 614 237-1894.

BALAS, Jerome I.; '40 BSBA; Owner & Mgr.; Rae's Shoe Stores, 27 N. Gratiot Ave., Mt. Clemens, MI 48043, 313 463-4501; r. 175 S. Wilson Blvd., Mt. Clemens, MI 48043, 313 469-5008.

BALAUN, William Michael; '87 BSBA; Mktg. Rep.; Armstrong World Industries, Inc., 700 Fargo Ave., Elk Grove Vlg., IL 60007, 312 569-2490; r. 2519 Marina Dr., Indianapolis, IN 46240, 317 254-0327.

BALBACH, Mabel '34 (See Williams, Mabel Balbach).

BALBAUGH, Christine D. '83 (See Vorst, Ms. Christine D.).

BALBAUGH, George M.; '70; 7655 Broadway N. Dr., Reynoldsburg, OH 43068, 614 866-3956.

BALDAUF, Jeffrey Alan; '85 BSBA; Mktg. Rep.; Computerland, 1484 Morse Rd., Columbus, OH 43224, 614 431-2200; r. 4067 Treeline Dr., Westerville, OH 43081, 614 965-3668.

BALDAUF, Mary '84 (See Gallagher, Mary Baldauf).

BALDAUF, Paul Alan; '81 BSBA; Acct.-CPA; Arthur Young & Co., 100 E. Broad St., Columbus, OH 43215, 614 224-6258; r. 392 Chatham Rd., Columbus, OH 43214, 614 263-9537.

BALDAUF, Tina Stapleton, (Tina M. Stapleton); '85 BSBA; Zone Trainer; United Dairy Farmers, 2550 Corporate Exchange Dr., Ste. 102, Columbus, OH 43229, 614 899-1602; r. 4067 Treeline Dr., Westerville, OH 43081, 614 965-3668.

BALDINI, David Guy; '68 BSBA; Exec. VP; TDR Mgmt. & Cnsltg., 4440 PGA Blvd., Palm Bch. Gardens, FL 33410, 407 775-0333; r. 2 Surrey Rd., Palm Bch. Gardens, FL 33418, 407 622-9499.

BALDRIDGE, Craig Allan; '78 BSBA; Mgr.; Basic Distribution Corp., 999 Kinnear Rd., Columbus, OH 43212; r. 630 Edgecliff Dr., Worthington, OH 43085, 614 436-5435.

BALDRIDGE, David Lee; '83 BSBA; Operations Supervisr; Fifth Third Bank, 38 Fountain Sq. Plz., Cincinnati, OH 43202, 513 579-5633; r. 8083 Buckland Dr., Cincinnati, OH 45249, 513 489-7829.

BALDRIDGE, Paul Raymond; '79 MPA; Adm-Budget & Persnl; State of Ohio, Dept. of Natural Resources, Fountain Sq., Columbus, OH 43224; r. 768 Tim Tam, Gahanna, OH 43230.

BALDRIDGE, Stephen Charles; '76 BSBA; VP/ Controller; Marshall Field's, 111 N. State St., Chicago, IL 60602, 312 781-5368; r. 904 Stonehenge Ct., Naperville, IL 60540, 312 355-5980.

BALDWIN, Charles Leslie; '74 BSBA; Acct.; Village Meats Inc., 641 E. Kossuth, Columbus, OH 43206; r. 68 W. North St., Worthington, OH 43085, 614 436-3606.

BALDWIN, CAPT Duane Clark, USA; '81 BSBA; APO; r. H Co. 3 AVN REGT, New York, NY 09182, 09334538.

BALDWIN, Elizabeth C. '83 (See Allison, Mrs. Elizabeth C.).

BALDWIN, James Richard; '67 BSBA; Mktg. Mgr.; r. 422 Drake Rd, Kendallville, IN 46755, 219 347-3386.

BALDWIN, Louis B.; '33 BSBA; Owner/RE Developer; Big Bridge Estates, Star Rte. 471-A, Crane Hill, AL 35053, 205 287-0601; r. Same.

BALDWIN, Marc Robert; '85 BSBA; 1141 Snyder Rd #D21, Lansdale, PA 19446.

BALDWIN, Mariane; '84 BSBA; Rsch. Asst.; J. Reuben Clark Law Sch., Provo, UT 84602, 801 378-3593; r. 718 W. 1720 N. #225, Provo, UT 84604.

BALDWIN, Dr. Richard Eugene; '87 PhD (BUS); 3375 Wil-Clifton, Cedarville, OH 45314, 513 767-7568.

BALDWIN, Robert George; '83 BSBA; 4386 Bellaire, Dublin, OH 43017, 614 889-9010.

BALDWIN, Robert James; '64 MPA; Retired; r. 2700 Bonnie Dr., Cincinnati, OH 45230, 513 231-0270.

BALDWIN, Shelley Mai; '82 MPA; Asst. to Mgr.; Southwest Assn., 51 N. High St., Columbus, OH 43215; r. 6524 County Rd. 23, Mt. Gilead, OH 43338.

BALDWIN, Mrs. Teresa Marie, (Teresa Marie Todd); '87 BSBA; Internal Auditor; Mutual Fed. Savings Bank, 33 S. Fifth St., Zanesville, OH 43701, 614 454-2521; r. 6020 S. View Dr., Nashport, OH 43830, 614 453-3343.

BALDWIN, Thomas Michael; '69 BSBA; Dist. Sales Manag; Fasco Industries, 2922 Wildwood Ave., Jackson, MI 49202; r. 189 Bedford, Brooklyn, MI 49230, 517 592-5682.

BALDWIN, Wanda Howard; '83 BSBA; 12182 Cainwood Ave., Pickerington, OH 43147, 614 868-8945.

BALDYGA, Christopher J.; '81 BSBA; 5195 Woodland Lake, Palm Bch. Gardens, FL 33410, 407 622-6723.

BALKUN, Stephen John; '75 BSBA; 402 S. Third St., Toronto, OH 43964, 614 537-3810.

BALKUN, Susan Elaine; '82 BSBA; 358 Crestview Rd., Columbus, OH 43202.

BALL, David Harold; '81 BSBA; 2349 Woodstock Rd., Columbus, OH 43221, 614 459-7962.

BALL, David William; '74 MPA; For. Serv Ofcr.; US Dept. of State, c/o Foreign Service Lounge, Washington, DC 20520, 703 739-0131; r. Yaounde, Dept. of State, Washington, DC 20520.

BALL, Dwight C.; '64 BSBA; Front Mgr.; Big Bear Stores, 280 E. Whittier St., Columbus, OH 43206; r. 9245 Riverside Dr., Powell, OH 43065.

BALL, Frederick Stanton; '69 BSBA; 199 Glencoe Rd., Columbus, OH 43214, 614 267-4758.

BALL, Gail Ann; '82 BSBA; Ph.D Student; Penn State Univ., 438 Beam Business Admin., University Park, PA 16802, 814 863-1178; r. 447 Easterly Pkwy., State College, PA 16801, 814 238-8616.

BALL, Herbert Spencer; '40; Retired; r. 786 Forest Dr., Mansfield, OH 44905, 419 522-5360.

BALL, I. Douglas; '42 BSBA; Retired; r. 201 Deerfield Rd., Columbus, OH 43228, 614 878-4710.

BALL, Jean Glaser; '82 BSBA; 2349 Woodstock Rd., Columbus, OH 43221, 614 459-7962.

BALL, Joy Michelle; '88 BSBA; Administrative Asst.; Robert Half of Columbus Inc., 88 E. Broad St., Columbus, OH 43215, 614 221-9300; r. 2120 Fitzroy Dr. #B-9, Columbus, OH 43224, 614 478-3989.

BALL, Dr. Karlheinz O. W.; '79 MBA; Grp. Dir., Aerosystem; Srl, Inc., 2800 Indian Ripple, Dayton, OH 45440; r. 3175 Tarleton Dr., Xenia, OH 45385, 513 426-3548.

BALL, Kelly Sue; '88 BSBA; 1421 White Oak, Warren, OH 44484, 216 856-1755.

BALL, Lori Lee '85 (See Beck, Mrs. Christopher D.).

BALL, Marsha L. '77 (See Calloway, Ms. Marsha B.).

BALL, Nelson T.; '49 BSBA; Pres./Exec.; The Cott Index Co., 1515 Hess St., Columbus, OH 43212, 614 294-4401; r. 522 Village Dr., Columbus, OH 43214, 614 262-6125.

BALL, Raymond A.; '49 BSBA; 12 Thackery Ln., Cherry Hill, NJ 08034, 609 424-3667.

BALL, Robert Christopher; '81 BSBA; 301 W. 53rd St., Apt. 4C, New York, NY 10019, 212 628-0379.

BALL, Roger Q.; '85 BSBA; Natl. Account Mgr.; Dispatch Consumer Svc. Inc., 7801 N. Central Dr., POB 206, Westerville, OH 43081, 614 548-5555; r. 2610 Milverton Way, Columbus, OH 43224, 614 471-6841.

BALL, Ronald W.; '62 BSBA; 6421 Shirecliff Ct., Dayton, OH 45459.

BALL, Steven A.; '85 BSBA; Staff; Compuserve Inc., Subs H & R Block Inc, 5000 Arlington Ctr. Blvd., Columbus, OH 43220; r. 8331 Cleveland Ave., Westerville, OH 43081, 614 895-2100.

BALL, Theodore C.; '52 BSBA; Atty.; Theodore C Ball, 37 W. Broad St., Columbus, OH 43215; r. 8327 Cleveland Ave., Westerville, OH 43081, 614 882-7718.

BALL, Wendell Allen; '88 MBA; Pres.; STBR Corp., POB 16213 Twr. Box Section, Raleigh, NC 27610, 919 266-3356; r. Same, 919 266-0031.

BALLAN, Gerald Howard; '70 BSBA; CFP, VP Resident Mgr.; Prudential-Bache Securities, 600 N. Pine Island Rd, Plantation, FL 33324, 305 475-3529; r. 9611 NW 10th Ct., Plantation, FL 33322, 305 473-8286.

BALLANTINE, Diane Jackson; '80 BSBA; Acct.; Calibre Corp., 110 E. Wilson Bridge Rd., Worthington, OH 43085; r. 849 Lookout Point Dr., Worthington, OH 43085, 614 848-3133.

BALLANTYNE, David A.; '55 BSBA; Dist. Mgr.; WCI-Tappan Appliances, 2730 E. Presidio, Carson, CA 90810, 800 262-1969; r. 29411 Thackery, Laguna Niguel, CA 92677, 714 495-2785.

BALLANTYNE, Steven Anderson; '79 BSBA; Airline Pilot; American Airlines, O'Hare Field, Chicago, IL 60607; r. 1148 Oak #1, Evanston, IL 60202, 312 869-3870.

BALLARD, Diane L., (Diane Russell); '71 BSBA; 9919 Oak Haven Dr., Shreveport, LA 71106, 318 798-6718.

BALLARD, Gary Lynn; '75 BSBA; Examiner; Ohio Dept. of Transportation, 25 S. Front St., Columbus, OH 43215, 614 466-3501; r. 5353 Portland St., #304, Columbus, OH 43220, 614 459-5378.

BALLARD, Harlow George; '79 MPA; Ins. Cnslt.; Town & Village Ins. Svc., Inc., 3100 Tremont Rd., Columbus, OH 43221; r. 89 E. Schreyer Pl., Columbus, OH 43214, 614 268-1186.

BALLARD, Jack; '57 BSBA; Pres.; Balcon, Inc., POB 30218, Palm Bch. Gardens, FL 33410, 407 863-1383; r. 4690 Holly Dr., Palm Bch. Gardens, FL 33418, 407 622-9380.

BALLARD, James Mark; '80 BSBA; Area Sales Mgr.; Infortext Systs., Inc., 530 Lakeview Plz. Blvd., Ste. E, Worthington, OH 43085, 614 846-6600; r. 695 Ravenna Cir., Reynoldsburg, OH 43068, 614 866-3091.

BALLARD, Jeffery L.; '88 BSBA; Implementation Spec.; Enterprise Computer Systs., 1 Independence Pointe, Greenville, SC 29615, 800 992-6309; r. 2 Cross Ridge, Greenville, SC 29607, 803 297-8760.

BALLARD, Michael C.; '81 BSBA; Financial Mgr.; Kockum's Cancar, POB 43304, Atlanta, GA 30336, 404 691-9510; r. 2713 Trail Creek Cir., Lithia Spgs., GA 30057, 404 948-0023.

BALLARD, Richard Gregory; '75 BSBA; Staff; Cols & Southern Elec Co., 215 N. Front St., Columbus, OH 43215; r. 491 E. Gates, Columbus, OH 43206, 614 488-3515.

BALLARD, Richard James; '68 MBA; VP/Mktg.; Borden Inc., 180 E. Broad St., Columbus, OH 43215; r. 2092 Yorkshire Rd., Columbus, OH 43221, 614 488-3515.

BALLARD, Roger K.; '70 MBA; Asst. Treas.; Battelle, 505 King Ave., Columbus, OH 43201, 614 424-7031; r. 686 Berkeley Pl. N., Westerville, OH 43081, 614 882-3974.

BALLARD, Sandra Dawn, (Sandra Dawn Bowsher); '80 BSBA; Acct.; Freedom Fed. S&L, 2939 Kenny Rd., Columbus, OH 43221, 614 459-6149; r. 5057 Cambrian Dr., Columbus, OH 43220, 614 442-0414.

BALLARD, William Hedges; '75 MBA; Sr. VP Finn & Control; Arkansas Louisiana Gas Co., POB 21734, Shreveport, LA 71151, 318 429-2505; r. 9919 Oak Haven Dr., Shreveport, LA 71106, 318 798-6718.

BALLENGER, James P.; '63 BSBA; Controller; IRD Mech. Analysis, 6150 Huntley Rd., Worthington, OH 43085, 614 885-5376; r. 1719 Calgary Dr., Columbus, OH 43229, 614 882-8600.

BALLENGER, Lucinda Ann; '87 BSBA; 1719 Calgary Dr., Columbus, OH 43229, 614 882-8600.

BALLENGER, Mark Jay; '81 BSBA; 501 Mary St., Marion, OH 43302, 614 382-0962.

BALLENGER, Robert George; '75 BSBA; VP-Opertns-Plummer; r. 173 Meadow Dr. SW, Pataskala, OH 43062, 614 927-0605.

BALLENTINE, Charles R.; '51 BSBA; Retired; r. RR #2 Box 1870, Uhrichsville, OH 44683, 614 254-4631.

BALLEW, Elizabeth Ann; '83 MBA; Advisory Programmer/Anal.; Community Mutual Ins. Co., 6740 N. High St., Worthington, OH 43085, 614 433-8909; r. 5518 Durrell Rd., Columbus, OH 43229, 614 848-5184.

BALLING, Joseph S., Jr.; '63 BSBA; Realtor; K-O Realty, 3108 Wilmington Pike, Dayton, OH 45429, 513 293-6911; r. POB 14665, Dayton, OH 45414, 513 439-2952.

BALLINGER, Barbara '81 (See Henneck, Mrs. Barbara).

BALLINGER, David William; '78 BSBA; Owner/ Operator; Centre Island Resort, Lake of The Woods, Ontario, POB 36, Oak Island, MN 56741; r. POB 36, Oak Island, MN 56741.

BALLINGER, Edward Phillip; '79 MBA; Mgr./Marine Systs.; Rexroth Corp., 2315 City Line Rd., Bethlehem, PA 18017, 215 694-8300; r. Box 2286, Lehigh Vly., PA 18001, 215 820-8586.

BALLINGER, Edward Phillip, Jr.; '79 MBA; Atty.; Brown & Bain, 222 N. Central Ave., POB 400, Phoenix, AZ 85001, 602 257-8777; r. 5524 E. Waltann Ln., Scottsdale, AZ 85254.

BALLINGER, James Cassel; '83 BSBA; Carpenter; Ballinger Enterprises Inc., 420 S. State St., Marion, OH 43302, 614 382-2826; r. 36 Channing St., Delaware, OH 43015, 614 363-1854.

BALLINGER, John Thomas; '45 BSBA; Pres./ Realtor; Florida Resorts Mgmt./Mkt., Inc., Drummond Bldg.-Ste. #111, 201 N. Fed. Hwy., Deerfield Bch., FL 33441, 305 480-9315; r. 2640 N. E. 50th St., Lighthouse Pt., FL 33064, 305 428-0075.

BALLINGER, Paul Alan; '84 BSBA; Account Exec.; Radio Ohio (Wbns Am), 175 S. Third St., One Capitol S./12th Fl., Columbus, OH 43215, 614 460-3850; r. 4780 Gainsborough Ct., Apt. C, Columbus, OH 43220, 614 459-2294.

BALLINGER, Susan Filer; '86 MPA; Analyst; Ohio Dept. of Human Svcs., Ofc. of the Budget, 30 E. Broad St. 32nd Fl., Columbus, OH 43266, 614 466-8740; r. 4780 Gainsborough Ct., Apt. C, Columbus, OH 43220, 614 459-2294.

BALLINGER, Thomas W.; '57 BSBA; Staff Member; BancOhio Mortgage Co., 155 E. Broad St., Columbus, OH 43265, 614 463-6946; r. 1992 Willow Glen Ln., Columbus, OH 43229, 614 890-6696.

BALLMER, Stephen Gregory; '76 BSBA; Appraiser; Bd. of Tax Equalization, 30 E. Broad St., Columbus, OH 43215, 614 466-5744; r. 219 S. Westgate Ave., Columbus, OH 43204, 614 279-3120.

BALLOU, Brian John; '88 BSBA; Post Grad. Intern; Financial Acctg. Standards Bd., 401 Merritt 7, Norwalk, CT 06851, 203 847-0700; r. 29 Clinton Ave. #28, Norwalk, CT 06854, 203 866-6529.

BALLOU, Charles Brown; '38 BSBA; Retired; r. 424 Spring Valley Ln., Altamonte Spgs., FL 32714, 305 862-4445.

BALLOU, Charles H.; '67 BSBA; Pres.; Asset Plng. Mgmt. & Rsch., 3100 Tremont Rd Ste. 102, Columbus, OH 43221, 614 457-8171; r. 3104 Wareham Rd., Columbus, OH 43221, 614 459-3109.

BALLOU, Gary Wayne; '80 MBA; Owner; Ballou Ins. Agcy. Inc., 2810 Cleveland Ave., Columbus, OH 43224; r. 3310 Tareyton Dr., Grove City, OH 43123, 614 871-9217.

BALLOU, Dr. Ronald Herman; '63 MBA, '65 PhD (BUS); Prof.; Case Western Reserve Univ., 10900 Euclid Ave., Cleveland, OH 44106, 216 368-3808; r. 22026 Shelburne Rd, Cleveland, OH 44122, 216 464-7764.

BALLOU, Stanley R., Jr.; '49 BSBA; Traffic Mgr.; Westinghouse Electric Corp., Traffic Dept., Elmira, NY 14902, 607 796-3330; r. 118 Coleman Ave., Elmira, NY 14905, 607 732-7605.

BALLOU, William A.; '58 BSBA; Semiretired Pres./ Cnslt.; Ballou & Assocs., 910 W. 4th St., Morris, MN 56267, 812 589-3089; r. Same.

BALLUCK, Jerome A.; '58 BSBA; Retired; r. 555 Madera Ave., Youngstown, OH 44504, 216 743-1581.

BALME, Kennard P., Jr.; '64 BSBA; VP-Mktg. Communications; Carrier N. American Ops, Div. of Carrier Corp., POB 70, Indianapolis, IN 46206, 317 240-5165; r. 3105 Marquette Ct., Indianapolis, IN 46268, 317 872-5319.

BALMER, Mark Richard; '78 BSBA; Mgr. Trainee; Cort Furniture Rental, 4870 Evanwood Dr., Columbus, OH 43229; r. 4870 Evanswood Dr., Columbus, OH 43229.

BALMERT, Albert E.; '47 BSBA; Retired Controller; Westinghouse Airbrake Co.; r. 101 Woodside Rd, Pittsburgh, PA 15221, 412 242-9955.

BALMERT, Mark Patrick; '79 BSBA; Sr. Rate Engr.; Columbia Gas Distribution Cos., 200 Civic Center Dr., Columbus, OH 43215, 614 460-4224; r. 131 Richards Rd., Columbus, OH 43214, 614 261-6495.

BALOG, Kenneth Edward; '87 BSBA; Regional Mgr.; r. 985 Keefer Rd., Girard, OH 44420, 216 539-6227.

BALOGH, Kenneth Scott; '81 BSBA; Sales Rep.; Reliable Belting & Transmisson, 1120 Cherry St., Toledo, OH 43606, 419 248-2695; r. 3854 Harrowsfield Rd., Sylvania, OH 43560, 419 841-8547.

BALSER, David Wayne; '69 BSBA; Retail Mgr.; Lazarus Dept. Stores, 2600 Elida Rd., Lima, OH 45805, 419 221-5443; r. 1179 Howard Dr., Greenville, OH 45331, 513 548-8882.

BALSER, Kurt Douglas; '81 BSBA; Profn. Golfer; Henderson Country Club, Rte. 60, Henderson, KY 42420; r. 419 Pennsylvania Ave., Delaware, OH 43015, 614 363-5784.

BALSIGER, Linda Halter, (Linda Halter); '80 MLHR; Systs. Analyst; Nordstrom, Seattle, WA 98101, 206 343-4037; r. 14008 61st Ave. SE, Everett, WA 98208, 206 338-2215.

BALSON, William Markward, Jr.; '79 MPA; Exec. Dir.; Community Resources Ctr., 14 W. Lakeview Ave., Columbus, OH 43202, 614 268-3539; r. 135 Marvin Ln., Delaware, OH 43015, 614 363-4457.

BALTES, Mark E.; '50 BSBA; Retired Div. Mgr.; Standard Oil Co., Midland Bldg., Cleveland, OH 44115; r. 6838 Pelicans Run Ct., Maineville, OH 45039, 513 677-3137.

BALTES, Terry Earl; '72 BSBA; 2021 Nutt Rd., Spring Vly., OH 45370.

BALTHASER, David V.; '48 BSBA; Public Acct.; 344 S. Columbus St., Lancaster, OH 43130, 614 653-0521; r. 141 E. Wheeling St., Lancaster, OH 43130, 614 653-1313.

BALTHASER, Dianne A., (Dianne A. Davis); '76 BSBA, '77 MBA; Retired; r. 2089 Stowbridge Rd., Dublin, OH 43017, 614 766-0025.

BALTHASER, Mary '39 (See Ury, Mary Balthaser).

BALTHASER, Robert Steven; '71 BSBA; VP; Huntington Natl. Bank, 17 S. High St., Columbus, OH 43215; r. 1110 Venetian Way, Gahanna, OH 43230, 614 855-1550.

BALUK, George Michael; '72 BSBA; Pres.; Baluk's, 26997 Ctr. Ridge Rd, Westlake, OH 44145, 216 871-5110; r. Same, 216 871-5122.

BALVIN, Norman E.; '77 BSBA; Industrial Sales Rep.; Snap-on Tools Corp., 6632 Fig St., POB 1300L, Arvada, CO 80001, 303 425-9608; r. 12163 W. Saratoga Ave., Morrison, CO 80465, 303 972-2935.

BALYEAT, William B.; '56 BSBA; Atty./Pres.; William B Balyeat Co. LPA, 105 N. High St., Columbus Grove, OH 45830; r. 1661 Springhill Dr., Lima, OH 45805, 419 991-4717.

BALZANO, Linda A. '83 (See Hutchinson, Linda A.).

BALZER, Charles A.; '56 BSBA; Atty.; 80 W. Clark St., POB 135, N. Hampton, OH 45349, 513 964-8216; r. 3056 Spence Rd, New Carlisle, OH 45344, 513 964-1549.

BALZER, Jane Marie '80 (See Bauder, Jane M. Balzer).

BALZER, Janet Ann; '86 BSBA; Public Acct.; Beneviat & Tortora, CPA's, 5007 Pinecreek Dr., Westerville, OH 43081, 614 891-2308; r. 1224 Minuteman Ct., #C, Columbus, OH 43220, 614 459-0514.

BAMBER, Dr. Edward Michael; '80 PhD (ACC); Prof.; Univ. of Florida, Sch. of Acctg., Gainesville, FL 32611, 904 392-8875; r. 4010 NW 69th St., Gainesville, FL 32606, 904 371-4104.

BAMBER, Dr. Linda, (Linda Kiphen); '83 PhD (ACC); Assoc. Prof.; Univ. of Florida, Sch. of Acctg., Gainesville, FL 32611, 904 392-8898; r. 4010 NW 69th St., Gainesville, FL 32606, 904 371-4104.

BAMBER, Linda Carol; '85 BSBA; 8620 Beechmont Ave., Cincinnati, OH 45230.

BAME, Beth Anne; '87 BSBA; Product Safety Supv.; The Pillsbury Co., 3318 Amnicola Hwy., Chattanooga, TN 37406, 615 624-1112; r. 7310 Standifer Gap, Apt. 108, Chattanooga, TN 37421.

ALPHABETICAL LISTINGS BARNES 13

BAME, Douglas Eldon; '85 BSBA; Actuarial Analyst; Physicians Health Plan, 3650 Olentangy River Rd., Columbus, OH 43214, 614 442-7100; r. 1180 Chambers Rd. #116B, Columbus, OH 43212, 614 488-6198.

BAME, Jerome M.; '56 BSBA; Atty.; Atty-at-Law, 2130 Main St., St. 140, Huntington Bch., CA 92648, 714 960-4329; r. 9882 Dragon Cir., Huntington Bch., CA 92646, 714 962-9977.

BAME, Lawrence Alan; '76 BSBA; Account Exec.; AT&T Info. Syst., 175 S. Third St., Ste. 500, Columbus, OH 43215; r. 8748 Winnetka Ct., Powell, OH 43065, 614 766-1888.

BAMMERLIN, Jay Richard; '77 BSBA; Regional Sales Mgr. SE; North American Refractories Co., 900 Hanna Bldg.E 14th & Euclid, Cleveland, OH 44113, 205 822-6514; r. 1890 Napier Dr., Birmingham, AL 35226, 205 979-7580.

BANASIK, Dr. Robert Casmer; '73 MBA, '74 PhD (BUS); Pres.; Omnilife Systs. Inc., 1207 N. High St., Ste. 300, Columbus, OH 43201, 614 299-3100; r. 2155 Elgin Rd., Columbus, OH 43221, 614 488-5254.

BANASKI, Joseph Scott; '79 BSBA; Computer Programmer; Ipm Corp., 2100 Advance Ave., Columbus, OH 43207; r. 250 Brice Rd., Reynoldsburg, OH 43068, 614 861-2601.

BANASKI, Tina Talarico; '82 BSBA; Programmer/Analyst 1; Ohio Dept. of Commerce, Two Nationwide Plz., Columbus, OH 43215; r. 250 Brice Rd., Reynoldsburg, OH 43068, 614 861-2601.

BANBURY, Douglas Jay; '88 BSBA; Auditor; Price Waterhouse, 153 E. 53rd St., New York, NY 10010; r. 295 Park Ave., S., Apt. 4F, New York, NY 10010, 212 979-7664.

BANCHE, Emily Parsons; '54 BSBA; Staff; UPS, Sinclair Rd., Columbus, OH 43229; r. 763 Breezedale Pl., Columbus, OH 43213, 614 861-5275.

BANDEEN, James Lee; '77 BSBA; VP & Bus Bkg Ofcr.; Society Bank, 88 E. Broad St., Columbus, OH 43215; r. 2157 Crimson Ct., Worthington, OH 43085, 614 761-8133.

BANDI, Brian Paul; '87 BSBA; 1347 Dunkeith NW, Canton, OH 44708, 216 477-0217.

BANDI, Thomas Joseph; '80 BSBA; Sr. Programmer Analyst; Chemical Financial Svc. Corp., Cleveland, OH 44012; r. 3032 S.O.M. Ctr., Willoughby, OH 44094, 216 585-0493.

BANDMAN, Albert Martin; '69 BSBA; 11 Kimberwick Rd., Lexington, OH 44904.

BANDSTRA, Ms. Anna Marie; '84 BSBA; Ofc. Mgr.; Oberfield's Inc., 528 London Rd., POB 362, Delaware, OH 43015, 614 309-7644; r. 2883 Ravine Lake, Dublin, OH 43017, 614 761-3086.

BANDY, David Curtis; '77 BSBA; Regional Mgr.; Convergent Solutions Inc., 8170 Corporate Park Dr., Ste. 120, Cincinnati, OH 45242, 513 489-2443; r. 1 Moyer Pl., Cincinnati, OH 45208.

BANDY, James Patrick; '70 BSBA, '71 MBA; 12900 Lake Dr. Apt. 1201, Lakewood, OH 44107.

BANERJEE, Dr. Avijit; '77 PhD (BUS); 916 Longwood Ave., Cherry Hill, NJ 08002.

BANEY, J. Randall; '72 BSBA; Sr. Secur. Portfolio Mgr.; Nationwide Mutual Ins. Cos., One Nationwide Plz. 33T, Columbus, OH 43216, 614 249-8112; r. 108 Daniel Dr., Westerville, OH 43081, 614 890-7160.

BANEY, Richard Eugene; '77 BSBA; Sales Mgr.; Miami Coca Cola, Pembroke Rd., Hollywood, FL 33024, 305 962-2800; r. Rte. 5 Box 784, Big Pine Key, FL 33043.

BANG, Thomas Donald; '77 BSBA; VP, NW Area; Baxter Healthcare, 31353 Huntwood Ave., Hayward, CA 94526, 415 487-7070; r. 3024 Live Oak Ct., Danville, CA 94526, 415 837-1951.

BANGS, Lawrence Tyrrell; '75 BSBA; Comp Sys Tech. Spec.; J C Penney Inc., 800 Brooks Hedge Blvd., Westerville, OH 43081, 614 891-8846; r. 8674 Gavington Ct., Dublin, OH 43017, 614 764-4735.

BANGS, Ralph Louis; '76 MPA; 233 N. Craig St., Apt. 204, Pittsburgh, PA 15213, 412 683-0424.

BANGS, Richard Alan; '68 BSBA; Product Mgr.-Network Svcs; GTE North, 11611 N. Meridian, Ste. 500, Carmel, IN 46032, 317 843-4252; r. 13975 Oak Ridge Rd., Carmel, IN 46032, 317 844-8886.

BANIG, Ronald Allen; '70 BSBA; Atty.; Atty-at-Law, 437 Quaker Sq., Akron, OH 44303; r. 540 Letchworth Dr., Akron, OH 44303.

BANISTER, George T.; '53 BSBA; Box 464, St. Petersburg, FL 33731.

BANJOKO, Dr. Simbo Adenuga; '82 PhD (BUS); Lecturer; Univ. of Lagos, Dept. of Business, Lagos, Nigeria; r. POB 5888, Lagos, Nigeria.

BANKERT, Mark William; '84 BSBA; Admin. Asst./Athletics; Malone Clg., 515 25th St. NW, Canton, OH 44709, 216 489-7379; r. 1526 Yale Ave., NW, Canton, OH 44703.

BANKERT, Paul Scott; '80 BSBA; Mgr. Ul Tax Operations; R E Harrington Inc., 811 Greencrest Dr., Westerville, OH 43081, 614 891-3480; r. 5053 Kilowen Ct., Columbus, OH 43230, 614 895-7957.

BANKES, Philip Gordon; '77 BSBA; Rte. 1, Malta, OH 43758.

BANKS, Dale E.; '79 BSBA; Ofc. Mgr.; UPS, 8700 Turnpike Dr. Ste. 400, Westminster, CO 80030, 303 430-3851; r. 17450 E. Eldorado Cir., Aurora, CO 80013, 303 680-6087.

BANKS, James Gibson; '68 MBA; Exec. Search Cnslt.; Fortune Personnel Cnslts., 108 Columbia NE Dr., Columbia, SC 29223, 803 788-8877; r. 100 Harborside Ct. 18-C, Lexington, SC 29072, 803 957-5177.

BANKS, Karen L. '79 (See Terhune, Karen Banks).

BANKS, Kimberly Schurr; '85 BSBA; Acct./Auditor; Union Texas Petroleum, POB 2120, Houston, TX 77252; r. 644 East North Broadway 13, Lombard, IL 60148.

BANKS, Shirley Warren; '48; 5162 Beechwood Rd, Ravenna, OH 44266, 216 296-5584.

BANNERMAN, Robert Charles; '86 BSBA; Acct.; St. Anthony Med. Ctr., 1492 E. Broad St. Fiscal, Columbus, OH 43205, 614 251-3693; r. 3790 Red Oak Ln., Columbus, OH 43224, 614 476-3089.

BANNISTER, Catherine Ann; '87 BSBA; 1450 Eileen Dr., Beavercreek, OH 45385.

BANNISTER, Richard J.; '59 BSBA; Atty.-Partner; Cumming Bannister Izenson &, 1900 Winters Bank Twr., Dayton, OH 45402; r. 120 W 2nd St 20th Floor, Dayton, OH 45402.

BANWART, Geoffrey Douglas; '81 BSBA; Acct.; Metal Forge, 291 Marconi Blvd., Columbus, OH 43215; r. 1181 Tillicum Dr., Worthington, OH 43085, 614 436-5036.

BANYAS, Louis J.; '50 BSBA; Retired; r. 5021 Page Mill Dr., San Jose, CA 95111, 408 227-9516.

BARABE, Dr. David Jess; '66 BSBA; Dent.; David J Barabe DDS, PA, 1615 S. Hawthorne Rd, Winston-Salem, NC 27103, 919 768-3454; r. 2741 Lansdale Ln., Winston-Salem, NC 27103, 919 768-3476.

BARASCH, George; '57 BSBA; Importer; Louis Barasch Inc., POB 522, Lyndhurst, NJ 07071; r. 12 Ebb Tide Ln., Dix Hills, NY 11746, 516 643-7812.

BARATT, Rhea Preis; '39 BSBA; Retired; r. 4500 Gulf of Menico Dr., Apt. 206 E., Longboat Key, FL 34228, 813 383-6642.

BARATTA, Dennis Cline; '83 BSBA; 4900 Pear Ridge Dr., Apt. 906, Dallas, TX 75252.

BARBARA, Henry Felix; '69 BSBA; Sr Systs Support Spec III; Auburn Univ., Taylor Rd., Montgomery, AL 36193, 205 271-9501; r. 2033 Edinburgh Ct., Montgomery, AL 36116, 205 272-0475.

BARBE, Leonard Walter; '79 MBA; Exec. Asst.; ASAG Inc., 5777 Frantz Rd., Dublin, OH 43017, 614 766-6175; r. 6903 Linbrook Blvd., Worthington, OH 43235.

BARBEE, David Eugene; '81 BSBA; Salesman; Paris Inc., 1975 Celina Rd., St. Marys, OH 45885, 419 394-8650; r. 217 West St., Jackson Ctr., OH 45334, 513 596-6741.

BARBEE, Michael A.; '69 BSBA; Pres./Owner; Barbee Concrete Constr., 6561 Calgary Ct., Columbus, OH 43229, 614 271-3422; r. Same, 614 891-1643.

BARBEE, CAPT Philip J., USAF; '79 BSBA; Pilot; 17 Military Airlift Squadron, C-141 B Aircraft, Charleston AFB, SC 29404; r. 101 Nancy Ln., Summerville, SC 29485, 803 871-9081.

BARBER, Christopher James; '81 BSBA; Atty.; James E. Beckley & Assocs., 135 S. La Salle St., Chicago, IL 60603, 312 236-4684; r. 30 E. Elm St., Apt. 12E, Chicago, IL 60611, 312 337-3503.

BARBER, Mrs. Debra Bigelow, (Debra Bigelow); '83 BSBA; Acct.; The Central Trust Co., 15 N. Third St., Newark, OH 43055, 614 345-3475; r. 415 S. Main St., Baltimore, OH 43105, 614 862-8060.

BARBER, Glenn Allen, Jr.; '50 BSBA; Retired-Govt. Sales; Goodyear Tire & Rubber Co., Akron, OH 44316; r. 200 Granger Rd. Apt. #25, Medina, OH 44256, 216 666-1480.

BARBER, Jesse Carl; '73 BSBA; 1332 Williams Ave., De Soto, TX 75115, 214 224-4705.

BARBER, LTC John E., USAF; '64 BSBA; Air Liaison Ofcr.; VII Corps., Stuttgart, West Germany; r. 8 ASOC Box 199, APO, New York, NY 09107, 497 158-3452.

BARBER, Patrick Cahill; '83 BSBA; Credit Staff; Indiana Natl. Bank, One Virginia Ave., Indianapolis, IN 46201; r. 1934 Indianola Ave., Columbus, OH 43201.

BARBER, Raymond Loren; '79 BSBA; Acct.; Mc Leish Bowman Co., 21 S. First St., Newark, OH 43055; r. 8541 Blacklick Eastern Rd, Apt. D, Pickerington, OH 43147, 614 864-5008.

BARBER, Roy Mac Bride, Jr.; '72 BSBA; 1332 Williams, De Soto, TX 75115, 214 224-4705.

BARBER, Terry A.; '60 BSBA; Asst. VP; First Natl. Bank of Toledo, Madison & Huron, Toledo, OH 43603, 419 259-7845; r. 4227 Elmway Dr., Toledo, OH 43614, 419 382-5989.

BARBIER, Douglas Michael; '82 BSBA; Corporate Acctg. Mgr.; Rosewood Properties Inc., 100 Crescent Ct., Ste. 1300, Dallas, TX 75201, 214 871-8623; r. 7175 Fair Oaks Ave., Apt. 56, Dallas, TX 75231, 214 739-4677.

BARBORAK, Susan '79 (See Fisher, Susan Barborak).

BARBOUR, David Charles; '76 BSBA; Sr. Account Exec.; Oak Communications Systs., 11238 Cornell Park Dr., Ste. A, Cincinnati, OH 45242; r. 8346 Mary Beth Dr., West Chester, OH 45069, 513 777-7032.

BARBU, Barbara Joan; '66 BSBA; 842 Blvd. St., Shreveport, LA 71104.

BARCIC, Joseph, Jr.; '70 BSBA, '74 MA; COO; Lexington Mgmt. Corp., Park 80 W., Plz. Two, Saddle Brook, NJ 07662, 201 845-7300; r. 17 Wyndehurst Dr., Madison, NJ 07940, 201 822-0789.

BARCK, Alan N.; '52 BSBA; 11183 Jardin Pl., Cincinnati, OH 45241, 513 683-4424.

BARCLAY, Craig Douglas; '70 BSBA; Atty./Partner; Porter, Wright, Morris, Arthur, 41 S. High St., 30th Fl., Columbus, OH 43215, 614 227-2157; r. 266 Preston Rd., Columbus, OH 43209, 614 252-5902.

BARCLAY, Norman J.; '47 BSBA; Retired; r. 7311 Lynnhurst St., Chevy Chase, MD 20815, 301 986-0206.

BARCROFT, Alice '52 (See Hummel, Alice).

BARCROFT, John L.; '31; Retired; r. 16967 Hierba Dr., San Diego, CA 92128, 619 451-1163.

BARCUS, Charles Richard; '69 BSBA; VP; Howard Barcus Constr. Co., 1681 W. Main St., Alliance, OH 44601, 216 821-3203; r. 1609 Main St. S. #D, N. Canton, OH 44709, 216 497-4287.

BARCZA, Donald Charles; '69 BSBA; VP; Merrill Lynch, 555 Metro Pl. N., Dublin, OH 43017, 614 889-5906; r. 5159 Springfield Ct., Westerville, OH 43081, 614 890-5480.

BARD, Anne M., (Anne Parker); '83 BSBA; Vendor Scheduler; Bard Mfg., 520 Evansport Rd., Bryan, OH 43506, 419 636-1194; r. 14-506 Road P, Pioneer, OH 43554, 419 737-2512.

BARD, Michelle '83 (See Geary, Michelle Bard).

BARD, Scott Richard; '82 BSBA, '86 MBA; Customer Serv Mgr.; Bard Mfg., 520 Evansport Rd, Bryan, OH 43506, 419 636-1194; r. 14-506 Road P, Pioneer, OH 43554, 419 737-2512.

BARDEN, Kenneth L.; '81 MBA; Mktg. Dir.; Marion Power Shovel, Division of Dresser Industries, 617 W. Center St., Marion, OH 43302; r. 602 S. Spring St., Westerville, OH 43081, 614 882-8353.

BARE, Catherine Anne; '84 BSBA; Dir. Home Health; Lifecare Alliance, 303 E. 6th Ave., Columbus, OH 43201, 614 294-1630; r. 1195 Kingsdale Ter., Columbus, OH 43220, 614 451-5820.

BAREFIELD, Dr. Russell M.; '66 MACC, '69 PhD (ACC); Faculty Member; Univ. of Arizona, Dept. of Acctg., Tucson, AZ 85721, 602 621-2620; r. 802 W. Camino Desierto, Tucson, AZ 85704.

BARELKA, Raymond; '83 BSBA; Computer Cnslt.; Computer Horizons Corp., 4700 Rockside Rd., Ste. 530, Independence, OH 44131, 216 524-8816; r. 9601 Sunrise Blvd., Unit K24, N. Royalton, OH 44133, 216 237-0147.

BARENNES, Gilles M.; '84 MA; Customer Svcs. Chief; Eli Lilly France, Bureau de La Colline 203, Bat D, St. Cloud 92213, France, 49113434; r. 6 Ave. du General de Gaulle, Vanves 92170, France, 47364173.

BARENTINE, CAPT Gregory Burl, USAF; '74 MPA; Asst.Prof.-Aerosp.Studies; Univ. of Pittsburgh, AFROTC Det 730, 2917 CL, Pittsburgh, PA 15260, 412 624-6396; r. 1126 Highfield Ct., Bethel Park, PA 15102, 412 835-4503.

BAREY, Jane E. '78 (See Roberts, Mrs. Jane Elizabeth).

BARGA, Charles Francis, CPA; '80 BSBA; Asst. Auditor - 4; Auditor of State, 3832 Kettering Blvd., Dayton, OH 45439, 513 294-5950; r. 5691 Cobblegate Rd., Dayton, OH 45449, 513 435-3503.

BARGER, Anna (Trina) Wolff, (Anna Wolff); '84 BSBA; Account Rep.; O'Brien Bus. Equip. Systs. Div., 350 Cramer Creek Ct., Dublin, OH 43017, 614 792-2600; r. 5565 Tangarey Ct., Columbus, OH 43235, 614 457-6797.

BARGER, Curtis L.; '84 BSBA; Micro Prog. Analyst; Cardinal Industries, 6062 Channingway Blvd., Columbus, OH 43068, 614 755-6991; r. 5565 Tangarey Ct., Columbus, OH 43235, 614 457-6797.

BARGER, Debra Kaiser; '76 BSBA; Claims Adjustor; Owens Corning Fiberglas Corp., Fiberglas Twr., Toledo, OH 43659; r. 3918 Farmbrook Dr., Sylvania, OH 43560, 419 841-3835.

BARGER, Isaac H.; '52 BSBA; Acct.; Battelle Mem. Inst., 505 King Ave., Columbus, OH 43201; r. 323 E. Kossuth St., Columbus, OH 43206, 614 443-0353.

BARGHAUSEN, Wade L.; '58 BSBA; Pres.; Hanger Orthopedics Inc., 1310 Dublin Rd, Columbus, OH 43215, 614 481-3727; r. 7488 Bellaire Ave., Dublin, OH 43017.

BARGMANN, Carl F.; '53 BSBA; Stockbroker; Cowen & Co., POB 622, Dayton, OH 45401, 513 226-4800; r. 201 S. 21st St., Richmond, IN 47374, 317 962-5256.

BARITELL, Fred Wesley, Jr.; '79 BSBA; Mkt. Support Rep.; IBM Corp., 140 E. Town St., Columbus, OH 43215; r. 8104 Olde Hill Ct., Raleigh, NC 27609, 919 848-4044.

BARKAN, Frank Carl; '76 MACC; CPA-Partner; Rudolph, Palitz & Co., 2250 Hickory Rd. #210, Plymouth Meeting, PA 19462, 215 941-0900; r. 7612 Brookfield Rd., Cheltenham, PA 19012, 215 635-5608.

BARKELOO, John Douglas; '77 MPA; Supv.; Ohio Dept. of Rehab. & Corrctn, Cols Unit-Adult Parole Authrty, 1050 Frwy. Dr. N., Columbus, OH 43229, 614 466-2853; r. 2912 Bellwood Ave., Columbus, OH 43209.

BARKER, Brian Charles; '86 BSBA; Sales Agt.; Wears Kahn McMenamy & Co., 81 S. Fifth St., Columbus, OH 43215, 614 228-6321; r. 2450 Canterbury Rd., Columbus, OH 43221, 614 488-1082.

BARKER, Charles Wesley; '61 BSBA; Materials Mgr.; Metal Forge Co., 291 Marconi Blvd., Columbus, OH 43215, 614 224-2271; r. 2450 Canterbury Rd., Columbus, OH 43221, 614 488-1082.

BARKER, Dale J.; '66 BSBA; Mktg. Rep.; Storage Technology Corp., 700 Ackerman Rd. Ste. 525, Columbus, OH 43202, 614 268-8106; r. 1784 Guilford Rd, Columbus, OH 43221, 614 488-6248.

BARKER, Floyd Lee; '69 BSBA; 21 Harris Ln., Woodstown, NJ 08098, 609 769-4036.

BARKER, Joseph Fred; '73 BSBA; 599 Birchlawn Blvd., Mansfield, OH 44907.

BARKER, Thomas Joseph; '82 BSBA; 603 N. Perry Ave., Jupiter, FL 33458, 407 627-8124.

BARKER, Timothy John; '83 BSBA; Securities Examiner; Securities & Exch. Commission, 300 Biscayne Blvd. Way Ste 500, Miami, FL 33141; r. 640 NW 73rd Ter., Plantation, FL 33317, 305 792-4825.

BARKES, Erin Maria; '87 BSBA; 3669 S. State St., #605, Galena, OH 43021, 614 965-3421.

BARKHURST, Dwight David; '67 BSBA; Staff; Community Mutual Blue Cross, 6740 N. High St., Worthington, OH 43085, 614 433-8857; r. 666 Evening St., Worthington, OH 43085, 614 885-6660.

BARKHURST, Richard L.; '64 BSBA; Exec. VP; First Interstate Bk. of California, San Francisco, CA 94104.

BARKIN, Elliott Stanley; '70 BSBA; Pres.-CEO; Midwest Hallowell Dist. Inc., 2630 Payne Ave., Cleveland, OH 44104; r. 1927 Bromton Rd., Cleveland, OH 44124, 216 461-4544.

BARKLAGE, Christine L. '85 (See Dierks, Mrs. Christine L.).

BARKLEY, James Edgar; '66 BSBA; 9098 Kildoon Ct., Dublin, OH 43017, 614 889-5951.

BARKLEY, Jan Charles; '73 BSBA; Treas./Finance; Allied Corp., Columbia Rd & Park Ave., Morristown, NJ 07960; r. 60 Riverstone Dr., Moreland Hills, OH 44022, 201 635-2342.

BARKLEY, Robert Todd; '83 MBA; VP; Access Energy Corp., 655 Metro Pl. S., Dublin, OH 43017, 614 792-6000; r. 5180 Willow Grove Pl. S., Dublin, OH 43017, 614 889-6933.

BARKLEY, Thomas William; '85 BSBA; Operation Scheduler; S D C, 1882 Highland Rd., Twinsburg, OH 44087, 216 650-0685; r. 1782 Apt. B Treetop Tr., Akron, OH 44313, 216 928-1542.

BARLEY, Mrs. Laura D., (Laura D. Laux); '82 BSBA; Admin. Asst.; Society Bank of Eastern OH NA, 126 Central Plz. N., Canton, OH 44702, 216 489-5300; r. 2979 Forestview NE, N. Canton, OH 44721, 216 493-4112.

BARLOW, John Patrick; '88 BSBA; Personnel Supv.; Quaker Oats Co., 727 N. Iowa St., Lawrence, KS 66044; r. 1313 Westbrooke, Lawrence, KS 66044.

BARLOW, Sallie '83 (See Kindrick, Mrs. Sallie B.).

BARLOW, Toni '80 (See Eddy, Toni B.).

BARNAJ, Nicholas; '54 BSBA; 9518 Flower Ave., Silver Spring, MD 20901, 301 589-8748.

BARNARD, Mrs. Carolyn Marie, (Carolyn Marie De Santis); '87 BSBA; Trust Coord.; Huntington Trust Co., 41 S. High St., The Hunt Ctr., Columbus, OH 43215, 614 463-5071; r. 1312 Prentis House Ct., Columbus, OH 43220, 614 457-8161.

BARNARD, Stephen Clair; '69 BSBA; Mid Atlntc Dist. Mgr.; Gen. Business Svcs., 1819 W. Lane Ave., Columbus, OH 43221, 614 486-2244; r. 2088 Haviland Rd., Columbus, OH 43220, 614 451-6862.

BARNDT, Dr. Stephen E.; '67 MBA, '71 PhD; Prof.; Pacific Lutheran Univ., Sch. of Business Admin, Tacoma, WA 98447, 206 535-7255; r. 19320 Orting Kapowsin Hwy. E., Orting, WA 98360, 206 893-4146.

BARNES, Belinda Sue; '84 BSBA; Atty.; Enz Jones & Legrand, 2400 Corporate Exchange Dr., Ste. 160, Columbus, OH 43231, 614 899-6200.

BARNES, Bryan P.; '83 BSBA; Broker Real Estate; Mason & Morse, Inc., POB 5039, Snowmass Vlg., CO 81615, 303 923-3020; r. POB 5203, Snowmass Vlg., CO 81615, 303 923-5706.

BARNES, Carlos Eduardo; '65 MACC; Financial Mgr.; Cardoze & Lindo S A, Caterpillar Tractor Co, Box 7342, Panama 5, Panama; r. Box 4966, Panama 5, Panama.

BARNES, Ines C.; '86 BSBA; Commercial Loan Offcr.; Chase Bank of Ohio, Columbus, OH 43215; r. 2185 Blackoak Ave., Columbus, OH 43229, 614 890-4668.

BARNES, James Lewis; '72 BSBA; 235 Indian Run Dr., Dublin, OH 43017, 614 766-4130.

BARNES, Ms. Jan L., (Jan L. Christman); '78 BSBA; Controller; Atlas Energy Prods., 3110 Morton Dr., E. Moline, IL 61244, 309 752-7121; r. 3904 179th St. N., E. Moline, IL 61244, 309 496-2706.

BARNES, John Roger; '64 BSBA; Active Partner; Deloitte Haskins & Sells, 100 Renaissance Ctr., #3100, Detroit, MI 48243, 313 446-0100; r. 813 Balfour, Grosse Pte. Park, MI 48230, 313 331-0871.

BARNES, Lewis Vaughan; '33 BS; Chmn. & CEO; Yost Superior Co., 300 S. Center St., Springfield, OH 45501, 513 323-7591; r. 34 N. Broadmoor Blvd., Springfield, OH 45504, 513 399-4756.

BARNES, Lyle Scott; '81 MBA; Natl. Sales Mgr.; Ipsco Steel Inc., 2100 FM359, Brookshire, TX 77423, 713 391-9500; r. 12207 Perthshire, Houston, TX 77024, 713 973-2009.

BARNES, Marshall Hayes, II; '85 BSBA; Dir.-Personnel Reltns; Columbia Gas Distribution Co., 200 Civic Center Dr., Columbus, OH 43215, 614 460-4703; r. 1829 Surrey Pl., Columbus, OH 43219, 614 258-0580.

BARNES, Michelle Anne; '86 BSBA; Programmer/Analyst; Apple Computer, 20525 Mariani Ave., MS:25B, Cupertino, CA 95014, 408 974-6628; r. 1056 Continentals Way, Apt. 35, Belmont, CA 94002, 415 594-9902.

BARNES, Patricia Trace, (Patricia Trace); '49 BSBA; Treas.; Kross Inc., 25235 Ave. Stranford, Valencia, CA 91355; r. 11824 Porter Valley Dr., Northridge, CA 91326, 818 363-0187.

BARNES, Quay Yvonne Howell; '81 MPA; Supply Systs. Analyst; Defense Depot-Columbus, c/o Postmaster, Columbus, OH 43215, 614 238-1565; r. 1654 Barnett Rd., Columbus, OH 43227, 614 239-9209.

BARNES, Robert Ray; '84 BSBA; Data Proc/Opers Tech.; American Electric Power, 1 Riverside Plz., Columbus, OH 43215, 614 223-1000; r. 6265 Century City, Apt. 5, Reynoldsburg, OH 43068, 614 866-7664.

BARNES, Stephen Paul; '75 BSBA; Mgr.; The Frame Station, 1761 W. 5th Ave., Columbus, OH 43212; r. 100 Chatham Rd, Columbus, OH 43214, 614 263-8276.

BARNES, Virginia Harris, (Virginia Harris); '45 BSBA; Mature Athlete; r. 2209 Croydon Walk, St. Louis, MO 63131, 314 993-1109.

BARNES, William Keith; '49 BSBA; Retired; r. 481 Roslyn Ave., Akron, OH 44320, 216 864-4991.

BARNETT, Alvin L.; '32 BSBA; Chmn.; Lawndale Steel Co., 8650 Mt. Elliot Ave., Detroit, MI 48211, 313 925-9800; r. 6974 Pebble Creek Woods Dr., W. Bloomfield, MI 48322, 313 851-7576.

BARNETT, Channing Redwine; '45 BSBA; 2711 SE 246th Ave., Camas, WA 98607, 206 834-3715.

BARNETT, Charles Lanier, Jr.; '79 BSBA; Contract Analyst; Defense Const Supply Ctr., 3990 E. Broad St., Columbus, OH 43216, 614 238-2724; r. 302 S. Ashburton Rd., Apt. A, Columbus, OH 43213, 614 231-0698.

BARNETT, 2LT Daniel R., USA; '88 BSBA; 6540 Hampton Way, Apt. #P15, Columbus, GA 31907, 404 563-3952; r. 24 W. Emerald St., Willard, OH 44890, 419 935-0935.

BARNETT, Garrett Siegler; '71 BSBA; Staff; Owens Corning Fiberglas, Fiberglas Twr., Toledo, OH 43659, 419 248-8631; r. 3838 Heatherbrook, Toledo, OH 43614, 419 382-3738.

BARNETT, James M.; '87 BSBA; Tax Acct.; Deloitte Haskins & Sells, 155 E. Broad St., Columbus, OH 43215, 614 229-4698; r. 499 Carryback, Pataskala, OH 43062, 614 927-9229.

BARNETT, Jeanne Elizabeth '85 (See Wise, Jeanne Elizabeth).

BARNETT, Jim J.; '58 BSBA; Systs. Supv.; r. 8410 Lava Pl., Tampa, FL 33615, 813 886-1385.

BARNETT, Julian B.; '41 BSBA; Retired Buyer; Thurman Mfg. Co., Columbus, OH 43207; r. 2865 Langfield Dr., Columbus, OH 43209, 614 237-4341.

BARNETT, Kim Charles; '74 BSBA, '76 MBA; 1296 Woodbrook Ln., Columbus, OH 43223, 614 272-0615.

BARNETT, Lawrence R.; '37; Vice Chmn.; United TV, Inc., 600 Madison Ave., New York, NY 10017, 212 421-0200; r. Timber Tr., Rye, NY 10580, 914 967-5474.

BARNETT, Melissa '87 (See Gojdics, Mrs. Melissa Barnett).

BARNETT, Michael Glenn; '79 BSBA; Staff; Xerox Corp., 471 E. Broad St., Columbus, OH 43215; r. 1956 Old Highbanks Ct., Reynoldsburg, OH 43068, 614 863-1116.

BARNETT, Paul A.; '57 BSBA; Asst. VP; Bank One, 17 N. State, Westerville, OH 43081, 614 248-2072; r. 280 St. Andrews Ct., Dublin, OH 43017, 614 766-5981.

BARNETT, Paula Renee; '76 BSBA; Homemaker; r. 128 Sunset Dr., Granville, OH 43023, 614 587-4512.

BARNETT, Richard Alan; '78 BSBA; Partner; Natl. Land Devel. Co., 40 W. Spruce St., Columbus, OH 43215, 614 228-5229; r. 43 S. Cassingham Rd., Bexley, OH 43209, 614 231-4321.

BARNETT, Richard C.; '60 BSBA; Staff; Nationwide Ins. Co., One Nationwide Plz., Columbus, OH 43216, 614 249-5052; r. 2968 Fremont St., Columbus, OH 43204, 614 276-0560.

BARNETT, Robert Brainard, Jr.; '71 BSBA; Atty.; Carlile Patchen Murphy Allison, 366 E. Broad St., Columbus, OH 43215, 614 228-6135; r. 694 High St., Worthington, OH 43085, 614 848-5932.

BARNETT, Robert Paul; '68 BSBA; Restaurant Owner-Mgr.; Bishops Drive Inn, 4544 Cleveland Rd, Wooster, OH 44691, 216 345-6997; r. 2662 Taylor Dr., Wooster, OH 44691, 216 345-8584.

BARNETT, Mrs. Selma D., (Selma A. Dabney); '41 BSBA; Retired; r. 447 Chatfield Park, Columbus, OH 43219, 614 252-2813.

BARNETT, 2LT Steven Bolner, USAF; '85 BSBA; Aircraft Maint. Ofc.; Nellis AFB, NV 89191, 702 643-0802; r. 2439 S. Belvoir Blvd., University Hts., OH 44118, 216 382-2345.

BARNETT, Terri Ann Asch, (Terri Ann Asch); '78 BSBA, '84 MBA; Dir./Client Svcs.; Mgmt. Horizons, Inc., Div of Price Waterhouse, 570 Metro Pl. N., Dublin, OH 43017, 614 764-9555; r. 43 S. Cassingham Rd., Bexley, OH 43209, 614 231-4321.

BARNEWALL, Dr. Gordon Gouverneur; '49 MBA, '53 PhD (BUS); Asso Dean/Prof.; Univ. of Colorado, Sch. of Business, Denver, CO 80202; r. Rte. 5 Box 450, Evergreen, CO 80439, 303 674-4553.

BARNEY, Tara England; '76 MPA; Spec. Projects Mgr.; Vorys Sater Seymour & Pease, 52 E. Gay St., Columbus, OH 43215; r. 11720 Heimberger Rd., Baltimore, OH 43105, 614 862-8098.

BARNHART, Mrs. Candace L., (Candace Horvath); '81 BSBA; Acct. Systs. Engr.; IBM Corp., 2400 Citizens Pl., Louisville, KY 40202, 502 566-9348; r. 9204 Wakulla Ct., Louisville, KY 40299, 502 491-5291.

BARNHART, Christopher Tod; '85 BSBA; Asst. Mgr.; Abner's Country Restaurant, 3930 S. High St., Columbus, OH 43207, 614 497-1275; r. 941 Clubview Blvd. S., Worthington, OH 43085, 614 888-4241.

BARNHART, F. Neil; '49 MBA; Asst. VP; Merrill Lynch Inc., 401 S. County Rd., Palm Bch., FL 33480, 407 655-7720; r. 1200 Yacht Harbor Dr., Riviera Bch., FL 33404, 407 848-1558.

BARNHART, G. Michael; '77 MBA; Software Engr.; Rockwell Intl., 3370 Miraloma, POB 4192, Anaheim, CA 92803, 714 779-3174; r. 628 Wilson Ave., Orange, CA 92667, 714 997-9790.

BARNHART, Mrs. Joann Ogg; '52; Retired; r. 1200 Yacht Harbor Dr., Riviera Bch., FL 33404, 407 848-1558.

BARNHART, Leland; '56 MBA; Retired; r. 3648 N. Lakeside Dr., Muncie, IN 47304, 317 288-9666.

BARNHART, Mark Allen; '85 BSBA; Asst. Controller; Interstate Svc. Ins., 5400 N. High St., Columbus, OH 43214, 614 888-4007; r. 1048 Arness Ave., Columbus, OH 43207, 614 443-6315.

BARNHART, Mark Stanton; '81 BSBA; CPA; Humana Inc., 708 W. Magazine St., Louisville, KY 40201, 502 580-3014; r. 9204 Wakulla Ct., Louisville, KY 40299, 502 491-5291.

BARNHART, Nicholas J.; '67 BSBA; Dir. of Credit; Campbell Soup Co., Campbell Pl., Camden, NJ 08103, 609 342-6471; r. 7 Hampshire, Atco, NJ 08004, 609 768-5359.

BARNHART, William R.; '47 BSBA; Retired; r. 3670 Kennybrook Bluff, Columbus, OH 43220, 614 457-3946.

BARNHEISER, Philip G.; '50 BSBA; Sales Mgr.; Woodhull Corp., 719 S. Main St., Dayton, OH 45402, 513 461-5734; r. 1127 Ashburton Dr., Dayton, OH 45459, 513 434-1593.

BARNHILL, Paul A.; '58 BSBA; 13824 Idlewild Rd., Matthews, NC 28105, 704 847-0025.

BARNHISEL, Winifred '48 (See Dodrill, Winifred Barnhisel).

BAR-NIV, Dr. Ran; '83 PhD (BUS); 6 Horeb Str c/o Levi, Haifa 34341, Israel.

BARNWELL, Carol Sue; '83 BSBA; Personnel Analyst; City of Columbus, 50 W. Gay St., Columbus, OH 43215, 614 222-8300; r. 5625 Hibernia Dr., Apt. C, Columbus, OH 43232, 614 868-9945.

BARON, Charles D.; '46 BSBA; Asst. Purchaser; Bank of Louisville, POB 1101, Louisville, KY 40201; r. 2621 McCoy Way, Louisville, KY 40205, 502 459-3102.

BARON, Elaine Carol; '82 MPA; Dir. of Counseling Ctrs.; Charter Med. Corp., 2901 W. Bush Blvd., Ste. 303, Tampa, FL 33618, 813 931-5343; r. 10468 Rosemount Dr., Tampa, FL 33624, 813 968-4778.

BARON, Kevin Patrick; '79 BSBA; Dir.; Legislative Affairs, Nationwide Ins. Co., Columbus, OH 43216, 614 249-6914; r. 732 Sheridan Ave., Columbus, OH 43209, 614 237-4170.

BARON, Mitchel B.; '86 BSBA; 23810 Woodway Rd., Beachwood, OH 44122.

BARON, Robert A.; '61 BSBA; Chmn. of the Bd.; T-Shirt City, 4501 W. Mitchel Ave., Cincinnati, OH 45232, 513 542-9500; r. 320 Pleasant Hill Dr., Cincinnati, OH 45215, 513 948-9022.

BARON, Robert D.; '52 BSBA; POB 160, Spencer, VA 24165, 703 638-8129.

BARON, Thomas Jeffrey; '70 BSBA; Systs./Prgrms Supv.; Nationwide Ins., One Nationwide Plz., Columbus, OH 43216; r. 29846 Rock Stull Rd, Logan, OH 43138.

BARONE, Craig H.; '74 BSBA; Regional Dir.; Re/Max of Ohio, 130 E. Wilson-Bridge Rd., Ste. 310, Worthington, OH 43085, 614 436-5324; r. 8008 Tipperary Ct. N., Dublin, OH 43017, 614 766-6252.

BARONE, Dr. Frank Joseph; '62 MBA; Assoc. Prof.; Ohio Univ., 211 Copeland Hall, Athens, OH 45701, 614 593-2074; r. 103 Coventry Ln., Athens, OH 45701, 614 592-4950.

BARR, Bradley Joseph; '82 BSBA; Syst. Analyst; Marathon Pipeline Co., 231 E. Lincoln St., Findlay, OH 45840, 419 422-2121; r. 820 Sunhaven Rd., Findlay, OH 45840, 419 424-8762.

BARR, Charles R., Sr.; '48 BSBA; Retired; r. 6905 Sandnettles Dr., Savannah, GA 31410, 912 897-4626.

BARR, SGT Daniel Robert, USA; '77 BSBA; Legal NCO; Ofc. of Staff Judge Advocate, Bldg. 5213, Maryland Ave., Ft. Dix, NJ 08640, 609 562-2373; r. POB 427, Wrightstown, NJ 08562, 609 723-4586.

BARR, Dean David; '72 BSBA; CPA; Arthur Andersen & Co., 45 S. 7th St., Minneapolis, MN 55402, 612 334-4507; r. 20846 Lofton Ave. N., Marine On St. Croix, MN 55047, 612 433-2192.

BARR, Dee Ann Beeson; '54 BSBA; 3850 N. W. 94th Ave., Hollywood, FL 33024, 305 431-4580.

BARR, Donald L.; '70; VP-Devel.; Snavely Devel. Co., 2550 Som Center Rd., Willoughby Hls., OH 44094, 216 585-9091; r. 105 Countryside Dr., Chagrin Falls, OH 44022, 216 247-5083.

BARR, Eugene S.; '58 BSBA; VP; Stuart Vault Co., 527 Ford St., Bremen, OH 43107; r. 7036 Old Millersport Rd, Baltimore, OH 43105, 614 862-8323.

BARR, George Ross; '80 BSBA; Dir. Mgmt. Reports & Tax; Conoco Inc., Corporate Acctg., 600 N. Dairy Ashford, Houston, TX 77252, 713 293-4842; r. 22335 Unicorns Horn Ln., Katy, TX 77449, 713 347-3830.

BARR, Laurence James; '58 BSBA, '59 MBA; Owner & Pres.; Laurence Barr & Co., 53 W. Jackson Blvd., Chicago, IL 60604, 312 922-4222; r. 487 Ash St., Winnetka, IL 60093, 312 441-5964.

BARR, Laurin B.; '56 BSBA; Examiner; State of Ohio Dept. of Ins., 2100 Stella Ct., Columbus, OH 43215, 614 644-2647; r. 1141 Sunny Hill Dr., Columbus, OH 43221, 614 457-5767.

BARR, Michael R.; '84 BSBA; Columbia Univ., 116th St., New York, NY 10001, 212 280-8079; r. 10 Bennett Ave., Apt. 5-C, New York, NY 10033, 212 781-4969.

BARR, Ruth Ellen; '80 BSBA; Spvr/Acctng Opers; Bank One of Columbus, 750 Piedmont Rd., Columbus, OH 43271; r. 4664 Winterset Dr., Columbus, OH 43220, 614 459-5816.

BARR, Shirley '39 (See La Sogga, Shirley Barr).

BARR, Wendell Glenn, Jr.; '68 BSBA; Staff; Grumman Aerospace, c/o Postmaster, Milledgeville, GA 31061; r. 105 Stevens Dr., Milledgeville, GA 31061, 912 452-1521.

BARRACATO, Charles Ignatius; '73 BSBA; Driver Sales; ITT Continental Baking Co., 2500 Clark Ave., Cleveland, OH 44109; r. 29645 Cannon Rd., Cleveland, OH 44139, 216 248-7858.

BARRAR, Robert Ivan, Sr.; '47 BSBA; Mgr.; New York Carpet World, W. 8 Mile Rd., Southfield, MI 48075; r. 3050 Valerie Arms Dr., Dayton, OH 45405, 513 275-3496.

BARRAT, Elliott Samuel; '79 BSBA; Atty-at-Law; Armstrong, Gordon, Mitchell & Damiani, 118 St. Clair Ave. NE, The Mall Ste. 900, Cleveland, OH 44114, 216 566-0064; r. 32553 N. Roundhead Dr., Cleveland, OH 44139, 216 349-4233.

BARRETT, Barbara Poague; '56 BSBA; Pres.; BB Cnslts. Buying Ofc., 399 E. 78th St. #2F, New York, NY 10021, 212 570-2147; r. Same.

BARRETT, Brett Aaron; '86 BSBA; Sales Repr; Stanley Works, Southern California Div, 195 Lake St., New Britain, CT 06050; r. 206 33rd St., Newport Bch., CA 92663.

BARRETT, Donald Francis; '80 BSBA; Mgr. Client Bas Mkts; Centel Corp., 1105 Schrock Rd. Ste. #209, Columbus, OH 43229, 614 436-1333; r. 5699 Moorgate Dr., Columbus, OH 43235, 614 459-4243.

BARRETT, J. Robert; '30 BSBA; Retired Acct. Exec.; Bache Halsey Stuart Shields, 105 E. 4th St. #400, Cincinnati, OH 45202; r. 111 Garfield Pl. #805, Cincinnati, OH 45202, 513 651-1521.

BARRETT, Joyce '83 (See Lucas, Joyce Barrett).

BARRETT, Lawrence William; '57 BSBA; Dept. Mgr.; Ford Motor Co., The American Rd., Dearborn, MI 48121; r. 3112 Grange Rd, Trenton, MI 48183, 313 676-8331.

BARRETT, Martha S., (Martha Sivaslian); '42 BSBA; Retired; r. 1777 Conners Point, Columbus, OH 43220, 614 457-4713.

BARRETT, Michael Lee; '72 BSBA; Staff; Middletown City Schs., 1515 Girard, Middletown, OH 45042; r. 3832 Julie Dr., Franklin, OH 45005, 513 746-8722.

BARRETT, Phillip Heston; '65 BSBA; Atty.-Partner; Porter, Wright, Morris, Arthur, 41 S. High St., 28th Fl., Columbus, OH 43215, 614 227-2108; r. 1809 Upper Chelsea Rd., Columbus, OH 43212, 614 488-7220.

BARRETT, COL Richard Allen, USA; '63 BSBA; Chief; Health Services Command, Champus Division, Ft. Sam Houston, TX 78234, 512 221-5771; r. 2915 Quail Oak, San Antonio, TX 78232, 512 490-0162.

BARRETT, Robert Earl; '56 BSBA; 2 Oakleaf Ct., Tabernacle, NJ 08088, 609 268-8359.

BARRETT, Robert Todd; '82 BSBA; Acct.; R.E. Scodova & Assocs. Inc., 1277 Lexington Ave., Mansfield, OH 44904, 419 756-3364; r. 631 Bailey, Apt. 2, Mansfield, OH 44904, 419 756-7013.

BARRETT, Scott V.; '87 BSBA; Farm Mgr.; Lakeview Farms, Box 263, Belpre, OH 45714; r. 612 Blenn Ave., Belpre, OH 45714, 614 423-5110.

BARRETT, Shelia '68 (See Gill, Sheila).

BARRICK, Donald P.; '54 BSBA; Analyst; Ohio Bell Telephone Co., 1020 Bolivar Rd., Cleveland, OH 44115; r. 397 Apple Hill, Northfield, OH 44067, 216 467-2779.

BARRICK, Leon H.; '87 BSBA; 3393 Josephine Cr, Grove City, OH 43123, 614 871-2389.

BARRICK, S. James; '26 BSBA; Retired; r. 322 George Pl., Ukiah, CA 95482.

BARRICK, William J.; '51 BSBA; Retired; r. 4226 Briarcliff Rd NE, Nashport, OH 43830, 614 763-4140.

BARRIE, Paul K.; '84 BSBA; Real Estate Investor; Scarlet & Gray Real Estate, 6555 Busch Blvd., Columbus, OH 43229, 614 848-8600; r. 867 Lenore, Columbus, OH 43224, 614 262-9951.

BARRIENTOS, Manuel V.; '52 BSBA; POB 1465, Homestead, FL 33090.

BARRINGER, Laura Ann; '87 BSBA; 5307 Shoemaker Rd., Sciotoville, OH 45662, 614 261-6738.

BARRINGTON, George T.; '67 BSBA; Financial Cnslt.; Creative Plng. Ins. Agcy., 2697 Sawbury Blvd., Columbus, OH 43235, 614 792-9779; r. 5361 Amy Ln., Columbus, OH 43235, 614 457-3079.

BARROW, Becky L., (Becky Stidd); '76 BS; Homemaker; r. 2780 S. 300 W., Columbus, IN 47201, 812 526-0083.

BARROW, Donna Thompson; '48 BSBA; 385 Firestone Ave., Columbiana, OH 44408, 216 482-4079.

BARROW, Robert; '66 BSBA; Budget Analyst; Columbus Public Schs., 270 E. State St., Columbus, OH 43215, 614 365-5666; r. 2883 Charing Rd., Columbus, OH 43221, 614 486-2228.

BARRY, Barbara A. '78 (See Gros, Mrs. Barbara B.).

BARRY, David A.; '71 MBA; Mgr.-Marine Plng.; Mobil Oil Corp., 150 E. 42nd St., New York, NY 10017, 212 883-5372; r. 28 Holly Dr., Upper Saddle River, NJ 07458, 201 327-9036.

BARRY, Donald Joseph; '84 BSBA; 8413 Dartmoor Rd., Mentor, OH 44060.

BARRY, George Raymond; '61 BSBA; Atty.-Partner; Squire Sanders & Dempsey, 1800 Huntington Bldg., Cleveland, OH 44115, 216 687-8688; r. 3755 Greenwood Dr., Cleveland, OH 44124, 216 831-8176.

BARRY, Julius; '40 BSBA; Acct.; 520 Madison Ave., Toledo, OH 43604; r. 2909 Manchester Blvd., Toledo, OH 43606, 419 535-6555.

BARRY, Ms. Karen Elaine; '82 BSBA; Public Relations Asst.; United Airlines Inc., POB 66100, Chicago, IL 60666, 312 952-4079; r. 505 Balmoral Ln., Inverness, IL 60067, 312 934-8890.

BARRY, Kevin Gerard; '81 BSBA; 360 Green Aspen Ct., Millersville, MD 21108, 301 987-4493.

BARRY, Michael Jay; '75 BSBA; CPA; Michael Jay Barry, 8530 Wilshire Blvd., Beverly Hls., CA 90211, 213 652-0587; r. 206 S. Williaman Dr., Beverly Hls., CA 90211, 213 659-0308.

BARRY, Timothy Joseph; '76 BSBA; Real Estate Sales; r. 4721 Burbank Dr., Columbus, OH 43220, 614 457-5314.

BARRY, Warren L.; '63 BSBA; Owner; Norrell Tempory Svc. Dayton, 11 W. Monument Ave., Dayton, OH 45402, 513 461-9732; r. 6295 Gander Rd. E., Dayton, OH 45424, 513 236-9454.

BARSNACK, Maureen A. '79 (See Napier, Mrs. Maureen A.).

BARSON, Dan T.; '49 BSBA; Production Plng.; US Steel Corp., 1807 E. 28th St., Lorain, OH 44055; r. 151 Harvey Pkwy., Avon Lake, OH 44012, 216 933-6276.

BARSON, Daniel Charles; '77 BSBA; Zone Mgr.; Ford Motor Co., District Ofc., Brecksville, OH 44141; r. 12900 Lake Ave. #205, Lakewood, OH 44107.

BARSON, Richard A.; '48 BSBA; Buyer; Luntz Corp., POB 21070, Canton, OH 44701, 216 455-0211; r. 21902 Halworth Rd, Beachwood, OH 44122, 216 921-8200.

BARTA, John, Jr.; '72 MBA; Appraiser; Kohr & Royer Inc., 145 N. High St., Columbus, OH 43215; r. 1824 Barrington Rd., Columbus, OH 43221, 614 481-8545.

BARTAL, James Michael; '79 BSBA; 219 Whipkey Dr., Granville, OH 43023, 614 587-3881.

BARTEE, Ira Allen; '87 BSBA; Programmer/Analyst; Battelle Memorial Inst., 1900 Founders Dr., Kettering, OH 45420, 513 259-4367; r. 4931 Woodman Park Dr., Apt. #15, Dayton, OH 45432, 513 254-0459.

BARTELMAY, Randall Roy; '81 BSBA; Internal Revenue Agt.; IRS, 400 Mann, Corpus Christi, TX 78401; r. 3134 Seahawk, Corpus Christi, TX 78415, 512 857-5738.

BARTELS, Brent Alvin; '69 BSBA; Systs. Mgr.; CNA Ins. Cos., CNA Plz., Chicago, IL 60685, 312 822-2822; r. 2125 Common Ridings Way, Inverness, IL 60010, 312 381-8305.

BARTELS, David James; '87 BSBA; 6475 Richmond, Solon, OH 44139, 216 232-7863.

BARTELS, Howard Jeffery; '67 BSBA; Pilot; Eastern Airlines, Miami International Airport, Miami, FL 33148; r. 3611 Westchester Ct., Middletown, MD 21769, 301 371-4090.

BARTELS, Richard Campbell; '87 BSBA; 1 Cherokee Dr., Girard, OH 44420, 216 545-2719.

BARTELS, Dr. Robert; '35 BSBA, '41 PhD (BUS); Prof. Emeritus; OSU Academic Faculty, Dept. 1050 Mktg., 1775 Clg., Columbus, OH 43212; r. 1631 Roxbury Rd., Apt. F-2, Columbus, OH 43212, 614 486-8900.

BARTELS, Robert E.; '50 BSBA; Stockbroker; A G Edwards & Sons, 3250 W. Market, Akron, OH 44313; r. 5316 Glenhill Ave. NE, Canton, OH 44705, 216 492-1177.

BARTH, Ms. Dorothy Marie; '85 BSBA; Div. Acctg. Mgr.; Borden Inc., 180 E. Broad St., 29th Fl., Columbus, OH 43215, 614 225-3391; r. 860 NW Blvd., Columbus, OH 43212, 614 294-0748.

BARTH, Irving R.; '86 MBA; Programmer/Analyst; Leaseway Transportation, 3700 Park East Dr., Beachwood, OH 44122, 216 765-5693; r. 24950 Rockside Rd., Apt. 744, Bedford Hts., OH 44146, 216 439-4144.

BARTH, Larry D.; '86 BSBA; Gen. Mgr.; HFI, Inc. Auto Trim Div., 2421 McGaw Rd., Columbus, OH 43207, 614 491-0700; r. 5006 Wintersong Ln., Westerville, OH 43081.

BARTHA, Ernest; '47 BSBA; 502 Mansion Dr., Hopewell, VA 23860, 804 458-5520.

BARTHA, Lora Yeamans; '85 MPA; Dir. Med. Records; Comm. Hosp. of Springfield, 2615 High St. E., Springfield, OH 45504; r. 3037 Woodloop Ln., Columbus, OH 43204, 614 279-6825.

BARTHEL, Cheryl A., (Cheryl A. Block); '83 BSBA; Member Serv Mgr.; Tucker Racquet Fitness Ctr., 3281 Tucker Norcross Rd., Tucker, GA 30084, 404 491-3100; r. 2330 Lessie Maude Dr., Marietta, GA 30066, 404 429-0786.

BARTHEL, Edgar James; '70 MBA; 321 N. Village Dr., Centerville, OH 45459, 513 433-3260.

BARTHEL, Frederick Ernest; '58 BSBA; VP & Treas.; American States Ins., 500 N. Meridan St., Indianapolis, IN 46207; r. 1752 Glencary Crest, Indianapolis, IN 46208.
BARTHEL, Julie Lynn; '85 BSBA; Apparel Mgr.; K-Mart Corp., 5607 Uvalde Rd., Houston, TX 77019, 713 458-2471; r. 601 Cypress Station Dr., #1203, Houston, TX 77090, 713 580-8067.
BARTHEL, Michael E.; '83 BSBA; Credit Analyst; Pitney Bowes Credit Corp., 1040 Crown Pointe Pkwy., Ste. 545, Atlanta, GA 30338; r. 2330 Lessie Maude Dr., Marietta, GA 30066, 404 429-0786.
BARTHELEMY, Richard E.; '60 BSBA; Retired/Gen. Acct. Sup; GM Corp., 1420 Wisconsin Blvd., Dayton, OH 45409; r. 4614 Cutlass Dr., Englewood, OH 45322, 513 836-7856.
BARTHELMAS, B. Ann '80 (See Larger, B. Ann Barthelmas).
BARTHELMAS, Elizabeth Ann, (Elizabeth Ann Holland); '80 BSBA; 1984 Drury Ln., Columbus, OH 43220, 614 457-4426.
BARTHELMAS, Jane Livezey, (Jane Livezey); '51 BSBA; Homemaker/Volunteer; r. Summit Chase, 1000 Urlin Ave., #2204, Columbus, OH 43212, 614 486-2234.
BARTHELMAS, Ned Kelton; '50 BSBA; Pres.; First Columbus Realty, 1241 Dublin Rd., Columbus, OH 43215, 614 486-0681; r. Summit Chase, 1000 Urlin Ave. #2204, Columbus, OH 43212, 614 486-2234.
BARTHOLIC, Harry A.; '56 BSBA; Corporate Mrktng Mgr.; Smythe Cramer Co., 1801 E. 9, Cleveland, OH 44199; r. 356 Pinewood Dr., Bay Village, OH 44140, 216 871-2253.
BARTHOLOMEW, Carol Dier; '80 MPA; 678 Marburn Dr., Columbus, OH 43214, 614 442-0266.
BARTHOLOMEW, Irene Kuhlman; '47 BSBA; 2069 Heatherwoods Dr., Toledo, OH 43614, 419 382-7539.
BARTHOLOMEW, Kelly L.; '88 BSBA; 678 Marburn Dr., Columbus, OH 43214, 614 442-0266.
BARTHOLOMEW, Ms. Lynn Marie; '85 BSBA, '87 MBA; Assoc.; Goldman Sachs & Co., Mortgage Securities Research, 85 Broad St., New York, NY 10004, 212 902-1720; r. 23 E. Tenth St., Apt. 306, New York, NY 10003, 212 529-1843.
BARTHOLOMEW, Marion S.; '47 BSBA; Pres.; Kuhlman Corp., 1845 Collingwood Blvd., Toledo, OH 43624; r. 2069 Heatherwoods Dr., Toledo, OH 43614, 419 382-7539.
BARTHOLOMEW, Milton S.; '53 BSBA; Atty.-Partner; Knepper White Arter & Hadden, 180 E. Broad St., Columbus, OH 43215; r. 1424 Clubview Blvd. S., Worthington, OH 43085.
BARTHOLOMEW, William James; '79 BSBA; Mgr.; W C I Appliance Grp., Advertising & Promotions Dept., 300 Phillipi Rd, Columbus, OH 43228, 614 272-4469; r. 5649 Blendon Valley Dr., Gahanna, OH 43230, 614 475-8222.
BARTLETT, Deborah Ruth; '84 BSBA; Computer Sales; Computer User Egypt, 10 Hassan Amin, Agoza-Giza (Cairo), Arab Republic Of Egypt; r. 401 King Ave., Columbus, OH 43201, 614 421-2809.
BARTLETT, Mrs. Jean Simpson, (Jean Simpson); '46 BSBA; Homemaker; r. 422 Dellwood Ave., Dayton, OH 45419, 513 293-7524.
BARTLETT, John Daniel; '68 BSBA; Sales Mgr.-Central Calif.; Whirlpool Corp.-Benton Harbor, Santa Clara, CA 95050, 408 727-3700; r. 10764 N. Elkhorn Dr., Stockton, CA 95209, 209 952-1577.
BARTLETT, Lisa Diane; '78 BSBA; 2660 Delcane, Columbus, OH 43220.
BARTLETT, Mary Ellen '50 (See Clark, Mrs. Mary-Ellen Bartlett).
BARTLETT, Philip Bruce; '80 BSBA; Tax Cnslt.; Price Waterhouse, 41 S. High St., Ste. 3500, Columbus, OH 43215, 614 221-8500; r. 965 Manor Ln., Apt. E, Columbus, OH 43221, 614 451-8950.
BARTLING, John B.; '52 BSBA; Pres.; Corporate Finance Assocs., 5450 Steubenville Pike, Pittsburgh, PA 15136, 412 787-2780; r. 101 Buhlmont Dr., Sewickley, PA 15143, 412 741-7005.
BARTLO, Paul Adam; '75 MA; 278 Albion, Woodside, CA 94062.
BARTLOME, Brent Allan; '85 BSBA; Auditor; Inventory Data Specialists, 3121 Sullivant Ave., Columbus, OH 43204, 614 279-3065; r. 6511 Ponset, Dublin, OH 43017, 614 761-9930.
BARTOLF, Kent Wesley; '87 BSBA; 928 Boscastle Ct., Columbus, OH 43214, 614 459-5310.
BARTOLOVICH, Ms. Anna Marie; '86 BSBA; Asst. Mgr.; Justines, 1631 W. Lane Ave., Columbus, OH 43221, 614 488-7922; r. 1195 Minuteman Ct., Columbus, OH 43220, 614 459-6720.
BARTON, Charles H.; '75 BSBA; Systs. VP/Comm. Loan Ofcr; First Natl. Bank, 3rd & High Sts., POB 476, Hamilton, OH 45012, 513 867-4752; r. 3006 Sheldon Rd., Middletown, OH 45042, 513 423-6718.
BARTON, Charles W.; '52 BSBA; Staff; Top Value Enterprises, Inc., 3085 Woodman Dr., Dayton, OH 45420; r. 4611 Hathaway, Franklin, OH 45005, 513 423-6757.
BARTON, Donna Chapple; '79 MPA; Exec. Dir.; Worthington Counseling Svc., 571 High St., Worthington, OH 43085; r. 2902 Berwick Blvd., Columbus, OH 43209, 614 235-6637.
BARTON, Douglas R.; '61 BSBA; Owner; The Pitchin Wedge, 4121 Shelbyville Rd., Louisville, KY 40207, 502 897-2224; r. 7402 Watch Hill Ct., Louisville, KY 40228, 502 239-0267.
BARTON, James B.; '86 BSBA; Asset Mgmt.; Jim Barton & Assoc., 1919 Lancaster Rd., Granville, OH 43023, 614 587-1105; r. 5539 Cranbrook Ln., Westerville, OH 43081, 614 899-2707.
BARTON, Margaret Dorr; '50 BSBA; 511 Stevenson, Libertyville, IL 60048, 312 362-3818.
BARTON, Ralph W.; '49 BSBA; Acct.; Wells Mfg. Co., 7800 Austin Ave., Skokie, IL 60076; r. 511 Stevenson, Libertyville, IL 60048, 312 362-3818.
BARTOSZEK, Michael Joseph; '76 BSBA; Sr. Account Mgr.; F & C, 890 Redna Tr., Cincinnati, OH 45215, 513 771-5904; r. 1065 Red Bird Rd., Loveland, OH 45140, 513 683-4848.
BARTSCH, Mrs. Patricia D., (Patricia Durbin); '79 BSBA; Acct./Homemaker; r. 13563 Falmouth Ave. NW, Pickerington, OH 43147, 614 866-5797.
BARTSCHY, Ross D.; '40 BSBA; Retired; r. 4469 Kipling Rd., Columbus, OH 43220, 614 451-2760.
BARTTER, Kimberly Ann; '80 BSBA; Acct.; Ernst & Whinney, 1300 Huntington Bank Bldg., Cleveland, OH 44115; r. 11391 E. River, Columbia Sta., OH 44028, 216 236-8950.
BARTUNEK, Robert Richard; '74 MBA; Partner-Atty.; Beckett & Steinkamp, POB 13425, Kansas City, MO 64199, 816 474-9500; r. 608 W. Dartmouth, Kansas City, MO 64113, 816 523-2403.
BARTZ, Herman E.; '49 BSBA; 3032 Sheldon Dr., Richmond, CA 94803, 415 223-7683.
BARUCH, Steven Jay; '83 BSLHR; Student; The Mirrer Rabinical Seminary, Brooklyn, NY 11223; r. 354 Ave. O, Brooklyn, NY 11230, 718 645-4077.
BASCH, Jeffrey Wayne; '80 BSBA; Financial Reporting Mgr.; Progressive Ins. Co., 6000 Parkland Blvd., Cleveland, OH 44124, 216 446-7903; r. 6764 Dunbeden Rd., Cleveland, OH 44139, 216 248-9125.
BASCH, Kenneth Alan; '78 BSBA; Staff; Case Western Reserve Univ., University Cir., Cleveland, OH 44106; r. 1615 Windsor Dr., Cleveland, OH 44124.
BASCHNAGEL, Brian D.; '76 BSBA; Mgr./Mktg. Svc.; North American Paper Co., 5240 St. Charles Rd., Berkeley, IL 60163, 312 547-7700; r. 1823 Sunset Ridge Rd., Glenview, IL 60025, 312 657-8985.
BASCOM, Reynolds R.; '47 BSBA; Retired; r. 395 15th Ave., Columbus, OH 43201, 614 299-3201.
BASEHART, Robert A.; '50 BSBA; VP; Bancohio, 155 E. Broad St., Columbus, OH 43215; r. 2373 Woodstock Rd, Columbus, OH 43221, 614 457-0581.
BASFORD, Robert Mark; '47 BSBA; Asst. Controller; Schottenstein Dept. Stores, 3251 Westerville Rd., Columbus, OH 43224; r. 1406 Zollinger Rd, Columbus, OH 43221, 614 457-5800.
BASFORD, Sandra Wolleson; '84 BSBA; Merchandise Mgr.; J.C. Penney Co., 1361 Tolland Tpk., Manchester, CT 06040, 203 647-1143; r. Strawberry Rd., #28, Ellington, CT 06029, 203 871-7613.
BASH, Earl M.; '39; Retired Mattel; r. 1208 Parkway N., Columbus, OH 43212, 614 294-0793.
BASH, Wade Delno; '34 BSBA; Retired; r. 1080 Urban Dr., Columbus, OH 43229, 614 433-0022.
BASHAM, Carl E.; '50 BSBA; Prof.-Progrm Dir.; W Virginia Northern Comm Clg., College Sq., Wheeling, WV 26003; r. 14 Echo Ter., Wheeling, WV 26003, 304 242-2036.
BASHAM, George Alexander; '88 MBA; 2916 Hollyhead Dr., Dublin, OH 43017, 614 761-1545.
BASHAM, Richard O.; '51 BSBA; Retired; r. 1308 Simpson Dr., Columbus, OH 43227, 614 861-5325.
BASHAW, Rickey Dean; '75 BSBA; Supv.; Union Carbide Corp., 1502 W. State St., Fremont, OH 43420; r. 116 Kelly Dr., Chillicothe, OH 45601.
BASHAW, Stephen Thomas; '80 MBA; 1509 Ramblewood Ave., Columbus, OH 43220.
BASHOR, Randall Scott; '79 BSBA; Auditor; H G Snyder & Assoc., Inc., 35 W. Chestnut St., Columbus, OH 43215; r. 682 Hills Dale Ave., W. Jefferson, OH 43162, 614 879-9759.
BASHORE, Mark Charles; '88 BSBA; 31 Plum Ave., Shelby, OH 44875, 419 347-2961.
BASIL, Dr. Jay Reed; '70 BSBA; Dent.; Private Practice, 666 Reading Rd, Mason, OH 45040; r. 8327 Whisper Way, West Chester, OH 45069, 513 779-0333.
BASINGER, Aaron Matthew; '85 MPA; Budget/Mgmt. Analyst; City of Columbus, 90 W. Broad St., Columbus, OH 43215, 614 222-8045; r. 2622 N. Fourth St., Columbus, OH 43202, 614 268-4538.
BASINGER, Ken D.; '57 BSBA; Owner; Basingers Jewelers, 140 N. Main St., Lima, OH 45801, 419 222-8721; r. 3128 Clifford Dr., Lima, OH 45805, 419 991-6661.
BASINGER, Scott Lemond; '87 BSBA; Data Base Analyst; Vorys, Sate, Seymour & Pease, Columbus, OH 43215; r. 1743 D Pinetree N., Columbus, OH 43229, 614 888-6171.
BASISTA, Andrew J.; '87 BSBA; Acct.; First Brands Corp., 101 Old Mill Rd., POB 409, Cartersville, GA 30120, 404 382-2330; r. 1675 Roswell Rd. NE, #1637, Marietta, GA 30062, 404 971-7744.
BASISTA, Thomas Michael; '78 BSBA; VP; Basista Furniture Inc., 5295 State Rd, Parma, OH 44134, 216 398-5900; r. 23503 Wingedfoot Dr., Westlake, OH 44145.
BASKIN, Lloyd B.; '46 BSBA; Retired; r. 2111 Acacia Park Dr. #120-N, Cleveland, OH 44124, 216 442-2834.
BASKIN, Mary L.; '64 BSBA; Edf Balmoral Pha 3rd Ave., Palos Grandes, Caracas, Venezuela.
BASL, Catherine Lynne, (Catherine Lynne Christian); '85 MPA; Prog. Evaluator; US Gen. Acctg. Ofc., Box 33626, AMC Branch US PO, Wright-Patterson AFB, OH 45433, 513 255-5978; r. 4321 Frontenac Dr., Beavercreek, OH 45440.
BASLER, Ronald F.; '58 BSBA; VP-Underwriting Loans; State Savings Bank, 20 E. Broad St., Columbus, OH 43215, 614 460-6100; r. 2646 Bryan Cir., Grove City, OH 43123, 614 875-2984.
BASORE, Mrs. Chris E., (Chris Epitropoulos); '82 BSBA; Controller; American Natl. Can Co., 2120 Buzick Dr., Columbus, OH 43207, 614 491-0171; r. 6800 Avery Rd., Dublin, OH 43017, 614 764-0803.
BASS, John Allen; '76 BSBA; 2661 A M Ave., San Angelo, TX 76901, 915 949-4510.
BASS, Robert L.; '64 BSBA; Real Estate Broker; r. 10811 Partridge Tr., Brecksville, OH 44141, 216 526-5047.
BASS, Stanley J.; '50 BSBA; Owner; Stanley J Bass Ins. Agcy., 23200 Chagrin Blvd., Beachwood, OH 44122, 216 831-7272; r. 23903 Edge Hill Dr., Beachwood, OH 44122, 216 381-4310.
BASS, Dr. Stephen J.; '69 PhD (BUS); Pres.; Strategic Info. Svcs. Inc., 1017 Dublin Rd, Columbus, OH 43215, 614 488-0717; r. 4450 Hansen Dr., Hilliard, OH 43026, 614 876-9109.
BASSAK, Ronald Richard; '81 BSBA; Pres.; Meccon, Inc., 613 E. Crosier St., Akron, OH 44311, 216 253-6188; r. 4989 W. Bath Rd., Bath, OH 44313, 216 666-1441.
BASSETT, Charles J.; '50 BSBA; Staff; Borman Printing Co., 3170 Beekman, Cincinnati, OH 45223; r. 2108 Berrypatch Dr., Cincinnati, OH 45244, 513 474-2150.
BASSETT, Eileen Mahoney; '45 BSBA; 2108 Berrypatch Dr., Cincinnati, OH 45244, 513 474-2150.
BASSETT, Nancy '71 (See Hitchings, Mrs. Nancy Bassett).
BASSETT, R. Michael; '74 BSBA; Pres.; Bassett's Inc., 279 W. Water St., Oak Harbor, OH 43449, 419 898-4891; r. 11850 W. River Ln., Oak Harbor, OH 43449, 419 898-0556.
BASSO, Arthur Benjamin; '68 BSBA; Controller; Cleveland Cement Contractors, 4823 Van Epps Rd., Cleveland, OH 44131, 216 741-3954; r. 1240 Broadrock Ct., Parma, OH 44134, 216 741-4358.
BAST, Gary Richard; '76 MPA; 3550 Kenesaw Dr. #14, Lexington, KY 40502, 606 273-7178.
BAST, John R.; '45 BSBA; Retired; r. 947 Kenwood Ln., Columbus, OH 43220, 614 457-9093.
BAST, Michelle L. '87 (See Young, Ms. Michelle L.).
BASTAKI, Ahmed Mohammed A.; '83 MBA; Asst. Mgr.; Kuwait Foreign Investments, Europe/Amer/Africa-Credit Dept, POB 5665, Safat, Kuwait, 965 246-8131; r. POB 25633, Safat, Kuwait, 965 261-4083.
BASTIANI, Lawrence; '41; Retired; r. 101 Bastiani Dr., Gallipolis, OH 45631, 614 446-1559.
BASTON, William Burton; '80 BSBA; Salesman; Plumbmaster Inc., 51 Lacrue Ave., Concordville, PA 19331; r. 11 Yale St., S. Hadley, MA 01075, 413 533-8831.
BASYE, Doyne S.; '60 BSBA; Pres.; Basye Ins. Inc., POB 2117, Naples, FL 33939, 813 434-7654; r. Same.
BASYE, Mrs. Ida A., (Ida Smith); '83 BSBA; Chief Acct.; USA Inc., 1317 E. Broad St., Columbus, OH 43205, 614 258-3191; r. 115 W. Weisheimer Rd., Columbus, OH 43214, 614 262-5118.
BASYE, Kimberly Rae; '80 BSBA; Sales Rep.; Gen. Electric Med. Systs., 980 Keynote Cir., Brooklyn Hts., OH 44131, 216 459-8800; r. 1555 Cedarwood Dr., Unit F, Westlake, OH 44145, 216 835-8836.
BASYE, William E.; '54 BSBA; Chmn.; Priority Freight Systs. Inc., POB 7098, Akron, OH 44306, 216 794-9550; r. 1055 Monmouth Dr., Akron, OH 44313, 216 836-4873.
BATCH, Terri Booker, (Terri Booker); '77 BSBA; Dist. Sales Mgr.; GM Corp., Buick Motor Division, 902 E. Hamilton Ave., Flint, MI 48550, 313 236-9475; r. 3264 Timberview, Flint, MI 48532, 313 767-8783.
BATCHECK, John R.; '59 BSBA; Pres.; Music Promotion Inc., 5156 Sinclair Rd, Columbus, OH 43229, 614 548-4525; r. 701 Highview Dr., Worthington, OH 43085, 614 885-0732.
BATCHELDER, John David; '83 BSBA; Box 540, Gambier, OH 43022.
BATCHELOR, Catherine M.; '84 BSBA; 108 Elm Ct., Chagrin Falls, OH 44022, 216 247-8115.
BATEMAN, Vaughn Edward; '73 BSBA; Pilot; Northwest Airlines, Mpls-St. Paul Intl. Airport, St. Paul, MN 55111; r. 6324 Sauk Tr., Saline, MI 48176, 313 429-4752.
BATER, Mark James; '71 MBA; Dir. Mktg. Mgmt.; O.M. Scott & Sons, 14111 Scotts Lawn Rd., Marysville, OH 43041, 513 644-0011; r. 239 Clover Ct., Dublin, OH 43017, 614 889-0177.
BATES, Albert Dominic; '37 BSBA; 17469 Odyssey Dr., Belleville, MI 48111.
BATES, Bonnie Christopher, (Bonnie Christopher); '77 BSBA; Communications Coord.; The Ohio State Univ., Veterinary Medicine Admin., 1900 Coffey Rd., Columbus, OH 43210, 614 292-1171; r. 430 Heather Ln., Powell, OH 43065, 614 548-5438.
BATES, Brian Paul; '83 BSBA; Financial Cnslt.; Thomson McKinnon Securities, 133 N. Elizabeth St., Lima, OH 45801, 419 227-2341; r. 128 Greenglen Ave., Lima, OH 45805, 419 331-7975.
BATES, David Clinton; '84 BSBA; Sales Rep.; The Eureka Co., 1380 Dublin Rd. Ste. 17, Columbus, OH 43215, 614 481-8113; r. 2830 Churchill Dr., Apt. A, Columbus, OH 43221, 614 488-6999.
BATES, Donald G.; '62 MBA; Transportation Coord.; Standard Oil Production Co., 5151 San Felipe, POB 4587, Houston, TX 77210, 713 552-8504; r. 12519 Old Oaks, Houston, TX 77024, 713 932-8440.
BATES, G. Del; '49 BSBA; Lawyer; Hahn Loeser & Parks, 800 National City E. 6th Bldg., Cleveland, OH 44114, 216 621-0150; r. 1056 Kirtland Ln., Lakewood, OH 44107, 216 529-9367.
BATES, Helen B. '51 (See Hall, Mrs. Helen B.).
BATES, James Alan; '71 BSBA, '75 MBA; Exec. VP; Diamond Electronics, POB 200, Lancaster, OH 43130, 614 756-9222; r. 6635 Millbrae Rd., Worthington, OH 43235, 614 889-7585.
BATES, Jennifer Lynn; '79 MPA; Mgr. Compensation & HRIS; Picker Intl., 595 Miner Rd., Highland Hts., OH 44143; r. 20341 Fuller Ave., Euclid, OH 44123.
BATES, Jonathan Wayne; '86 BSBA; 1900 Strathshire Hall Ln., Powell, OH 43065, 614 846-0830.
BATES, Marjorie Lawrence; '36 BSBA; Retired; r. 736 Northland Rd, Apt. F, Cincinnati, OH 45240, 513 851-2230.
BATES, Mark Alfred; '77 BSBA; MIS-Staff Spec.; Kobacker Co., 6606 Tussing Rd., Columbus, OH 43216, 614 863-7400; r. 7434 Liberty Church Rd., Johnstown, OH 43031, 614 967-5348.
BATES, Michael Loring, CPA; '74 BSBA; Dir. Life Opers. Controls; Nationwide Ins., One Nationwide Plz., Columbus, OH 43216, 614 249-6901; r. 2768 Buxton Ln., Grove City, OH 43123, 614 871-0167.
BATES, Samuel D.; '66 BSBA; Regional Sales Mgr.; Stonhard Inc., 1 Park Ave., Maple Shade, NJ 08052, 614 885-1933; r. 2421 Collins Dr., Worthington, OH 43085, 614 885-1933.
BATES, Thomas Dwight; '80 BSBA; Owner; Doc's Gen. Store, 1634 N. High St., Columbus, OH 43201; r. 286 Old Coach Pl., Canal Winchester, OH 43110, 614 837-6035.
BATES, Thomas R., CLU, CHFC; '79 BSBA; Sales Mgr./Fin. Cnslt.; Prudential Ins. & Financial Svcs., 1105 Schrock Rd., Ste. 830, Columbus, OH 43229, 614 885-2466; r. 362 Emory St., Gahanna, OH 43230, 614 478-1777.
BATES, Willie Randolph, Jr.; '77 BSBA; 660 S. Boston, Galion, OH 44833, 419 468-5995.
BATH, Charles S.; '81 MBA; Portfolio Mgr.; Nationwide Ins. Co., One Nationwide Plz., Columbus, OH 43216; r. 4939 Buckthorn Ln., Columbus, OH 43220, 614 451-6752.
BATHA, Vera L.; '67 BSBA; Dir. Import Devel.; Amcena Corp., 1114 6th Ave. 27th Fl., New York, NY 10036, 212 391-4141; r. 21 Fairmead Rd., Darien, CT 06820, 203 655-0602.
BATMAN, Michelle Rene; '82 BSBA; Mgr.; Natl. City Bank, POB 5756, Euclid Ave., Cleveland, OH 44101, 216 354-2300; r. 2886 Carters Grove Rd., Cuyahoga Falls, OH 44223, 216 929-1022.
BATROSS, Martin Earl; '64 BSBA, '72 MBA; Prof./Acctg.; Franklin Univ., 201 S. Grant Ave., Columbus, OH 43215; r. 200 Canyon Dr., Columbus, OH 43214, 614 261-7487.
BATROSS, Michael Alan; '88 BSBA; 2657 Dayton Ave., Columbus, OH 43202, 614 261-6497.
BATSCH, Kim M.; '87 BSBA; Assoc. Mgr.; Procter & Gamble Co., Purchasing Dept., Winton Hill Technical Ctr., Cincinnati, OH 45202, 513 634-4931; r. 4113 Williamsburg Rd., Cincinnati, OH 45215, 513 761-9146.
BATTAGLIA, James R.; '82 BSBA; Pres.; James Doorcheck Inc., 201 Spring Garden St., Philadelphia, PA 19123, 215 922-8575; r. 2820 Lundy Ln., Huntingdon Vly., PA 19006, 215 922-8578.
BATTEN, Jana Lynne; '86 BSBA; Sales Audit Supv.; The Kobacker Co., 6606 Tussing Rd., POB 16751, Columbus, OH 43216, 614 863-7493; r. 2656 Cedar Lake Dr., Dublin, OH 43017, 614 761-2584.
BATTEN, Dr. William Milfred; '32 BSBA; Retired; r. 18 Cherrywood Rd., Locust Vly., NY 11560.
BATTERSON, CAPT R. E., USN(Ret.); '55 BSBA; Retired; r. 13829 Seahorse Ave., Corpus Christi, TX 78418, 512 949-8337.
BATTERSON, William Gilday; '71 BSBA; Budget Analyst; Ctrs. for Disease Control; r. 4501 Parkcrest Ct., NE, Marietta, GA 30068, 404 973-5503.
BATTHAUER, Steven Eugene; '78 BSBA; Industrial Saleman; Minnesota Mining & Mfg. (3M Corp.), 3M Ctr., St. Paul, MN 55144, 800 942-3961; r. 8149 Royalwood Ct., Evansville, IN 47715, 812 477-3398.
BATTISTE, Charles E.; '39 BSBA; Retired Sales; Unistrut Corp.; r. 627 Alhambra Rd. #501, Venice, FL 34285, 813 488-2035.
BATTLE, Darrell Louis; '86 BSBA; 2506 Peekskill Dr., Columbus, OH 43219.
BATTLES, Greco Roinell; '77 BSBA; Staff; Georgia Pacific Corp., 133 Peachtree St. NE, Atlanta, GA 30303; r. 11411 Park Rd., Pineville, NC 28134.
BATTOCLETTI, Joseph E.; '84 BSBA; Mgr.; Kaybee Toy & Hobby Co., 771 30th St., Heath, OH 43056, 614 522-1092; r. 6636 Heather Ln., Columbus, OH 43229, 614 522-5551.
BATTOCLETTI, Mary E. '86 (See Scofea, Mary E.).
BATTY, Bruce J.; '76 BBA; Owner; B&B Systs., 3434 Neal-Pearson Rd., Tipp City, OH 45371, 513 698-7155; r. Same.

BAUCHMIRE, Bruce Allen; '76 BSBA; Tax Acct.; Cardinal Industries Inc., Corporate Tax Dept., 2040 S. Hamilton Rd., Columbus, OH 43232, 614 755-6943; r. 5308 Sprucewood Rd., Columbus, OH 43229, 614 888-2113.

BAUCHMOYER, James Ray; '83 BSBA; Staff; Allied Dry Wall & Supply Inc., 3830 April Ln., Columbus, OH 43227; r. 12196 Woodburn Ln. NW, Pickerington, OH 43147, 614 864-6615.

BAUCOM, Joni Lynn; '85 BSBA; Commercial Underwriter; Crum & Forster Commercial Ins., 4445 Lake Forest Dr., Ste. 700, Blue Ash, OH 45242, 513 563-3475; r. 2425 Ingleside Ave. #3, Cincinnati, OH 45206.

BAUDER, Jane M. Balzer, (Jane Marie Balzer); '80 BSBA; Financial Cnslt.-Mktg.; Riverside Methodist Hosp., 3535 Olentangy River Rd, Columbus, OH 43214, 614 261-5235; r. 623 E. Dominion Blvd., Columbus, OH 43214, 614 267-1497.

BAUDER, Michael W.; '79 BSBA; Syst. Programmer; Motorists Ins. Cos., 471 E. Broad St., Columbus, OH 43215, 614 225-8211; r. 623 E. Dominion Blvd., Columbus, OH 43214, 614 267-1497.

BAUDO, Joseph Pete; '83 BSBA; Auditor; Community Mutual Ins. Co., 222 E. Campus View Blvd., Worthington, OH 43085, 614 433-8946; r. 7812 Kiowa Way, Worthington, OH 43085, 614 846-2731.

BAUER, Brent William; '84 BSBA; 638 Diamond, San Diego, CA 92101.

BAUER, Daniel M.; '79 BSBA; Account Mgr.; V & P Hydraulic Prods. Co., 1162 Peachblow Rd., Delaware, OH 43015, 614 548-5181; r. 5094 Justin Rd., Columbus, OH 43227, 614 861-5401.

BAUER, Faith Elizabeth '79 (See Bauer-Tomich, Faith Elizabeth).

BAUER, Gregory Joseph; '74 BSBA; Owner; Cambridge Financial Grp., 2130 Arlington Ave., Columbus, OH 43221, 614 488-2344; r. 1552 Guilford Rd., Columbus, OH 43221, 614 486-3346.

BAUER, Jack Lavon; '49 BSBA; Application Engr.; Griscom Russell Co., 225 Wetmore SE, Massillon, OH 44646; r. 1342 Lorrell SW, N. Canton, OH 44720, 216 499-7812.

BAUER, Ms. Jane Michele; '81 BSBA; Programmer & Mgr.; Computerized Fiscal Plng., 351 W. 3rd Ave., Columbus, OH 43201, 614 294-4756; r. 375 Binns Blvd., Columbus, OH 43204, 614 488-6628.

BAUER, Jeffrey Patrick; '77 MACC; Prop. Casualty Acctg. Mgr; Nationwide Ins., Corporate Acctg., One Nationwide Plz., Columbus, OH 43216, 614 249-7111; r. 1318 Inglis Ave., Columbus, OH 43212, 614 486-1438.

BAUER, Lois Gittlen; '53 BSBA; 244 Shawnee Rd, Ardmore, PA 19003.

BAUER, Mark D.; '54 BSBA; Pres.; Houghton Sulky Co., 185 N. State St., Marion, OH 43302, 614 382-0605; r. 7923 Wyandot County Rd. 38, Upper Sandusky, OH 43351, 419 294-4744.

BAUER, Melanie Sue; '88 BSBA; 2706 Middletown NW, Uniontown, OH 44685, 216 699-3892.

BAUER, Nathaniel S.; '53 BSBA; 244 Shawnee Rd, Ardmore, PA 19003.

BAUER, Robert Edward, Jr.; '74 BSBA; VP Purchasing & Distri.; Wendy's Intl. Inc., 4288 W. Dublin Granville Rd., Dublin, OH 43017, 614 764-3446; r. 2288 Brixton Rd., Columbus, OH 43221, 614 486-7570.

BAUER, Robert F.; '34; Retired Deputy; r. 2241 Hedgerow Rd., Columbus, OH 43220, 614 442-6935.

BAUER, Robert Michael; '85 MLHR; 216 S. Pleasant, Charlotte, MI 48813, 517 543-3605.

BAUER, Roland Henry; '32 BSBA; Retired; r. 630 N. E. 31st St. Apt. 3, Miami, FL 33137, 305 573-5967.

BAUER, Ronald L.; '55 BSBA; Asst. Mgr.; r. 91 Bath Rd, Medina, OH 44256, 216 666-4995.

BAUER, Ruth Obermeyer; '81 BSBA; 61 Fitzooth Dr., Miamisburg, OH 45324, 513 859-7211.

BAUER, Stephen John; '83 BSBA; Cnsltg. Mgr.; Arthur Andersen Co., 41 S. High St., 20th Fl., Columbus, OH 43215, 614 228-5651; r. 327 Blenheim Rd., Columbus, OH 43214, 614 262-0502.

BAUER, Susan '81 (See Jorgensen, Susan Bauer).

BAUER, Thomas Robert; '55 BSBA; Retired; GE Co., 20545 Ctr. Ridge Rd., Rocky River, OH 44116; r. 31810 Lake Rd., Avon Lake, OH 44012, 216 933-9832.

BAUER, Vallie Russell; '72 BSBA; Salesman; Rochester Midland Corp., 333 Hollenbeck, Rochester, NY 14621; r. 2719 Wellesley Dr., Columbus, OH 43221, 614 486-4892.

BAUER, Walter Burkhard; '70 MBA; Fiscal Ofcr.; The Ohio State Univ., Ofc. of Academic Affairs, 190 N. Oval Mall, Columbus, OH 43210; r. 2328 Sherwood Rd, Columbus, OH 43209, 614 235-7816.

BAUERBAND, Michelle S., (Michelle Schnelle); '65 BSBA; 67 Walnut Rd., Wenham, MA 01984, 508 468-1879.

BAUER-TOMICH, Faith Elizabeth, (Faith Elizabeth Bauer); '79 BSBA, '81 MBA; Collegewide Registrar; Indiana Voc Tech Clg., 1 W. 26th St., POB 1763, Indianapolis, IN 46206, 317 921-4927; r. 15110 Goodtime Ct., Carmel, IN 46032, 317 848-5826.

BAUGH, Dena J. '85 (See Fisher, Dena Joan).

BAUGHMAN, Charles Dale; '84 BSBA; 4400 Evergreen Dr., Carroll, OH 43112, 614 837-5651.

BAUGHMAN, Dale W.; '40 BSBA; Retired Admin.; Hildelorand Care Ctr., 1401 Phay Ave., Canon City, CO 81212; r. 108 Dewey Rd., Canon City, CO 81212, 719 275-7128.

BAUGHMAN, Dorothy '48 (See Stritt, Dorothy Baughman).

BAUGHMAN, Elizabeth Clare; '86 BSBA; Computer Programmer; Du Pont, Barleymill Plz., Wilmington, DE 19898; r. 5521 Limeric Ciecle #43, Wilmington, DE 19808, 302 737-3076.

BAUGHMAN, George Washington, III; '61 MBA; Dir.-Special Projects; The Ohio Super Computer Ctr., 1224 Kinnear Rd., Columbus, OH 43210, 614 292-2985; r. 833 Lakeshore Dr., Worthington, OH 43085, 614 888-6887.

BAUGHMAN, Holly Ann; '81 BSBA; 14571 Worthington Rd. SW, Pataskala, OH 43062.

BAUGHMAN, John Lee; '72 BSBA; Sr. Sales Rep.; Concurrent Computer Corp., 4035 Colonel Glenn Hwy., Beavercreek, OH 45431, 513 427-0040; r. 5500 Utica Rd., Waynesville, OH 45068, 513 932-4469.

BAUGHMAN, Lewis Edwin; '47 BSBA; Chmn.; The Second Natl. Bank, 108 Main Ave. SW, Warren, OH 44481, 216 841-0123; r. 948 Fairway Dr. NE, Warren, OH 44483, 216 372-5394.

BAUGHMAN, Robert Patrick; '60 BSBA; Pres./Atty.; Baughman & Hayes, 55 Public Sq., Cleveland, OH 44113; r. 12215 Park Cliff Rd., Cleveland, OH 44136.

BAUGHMAN, Roger A.; '60 BSBA; Staff; Thomson Mckinnon Inc., 300 W. Wilson Bridge Rd., Worthington, OH 43085; r. 349 Hennessey Ave., Worthington, OH 43085, 614 846-9788.

BAUGHMAN, Thomas C.; '80 BSBA; Salesman; White Chevrolet Co., 721 W. Main St., Zanesville, OH 43701, 614 452-3611; r. 632 Lenox Ave., Zanesville, OH 43701, 614 452-5376.

BAUGHMAN, Tom K.; '56 BSBA; Territorial Mgr.; Holophane Co. Inc. Cleveland Dis, 1120 Ave. of The Americas, New York, NY 10036; r. 204 S. Vine St., Crawfordsville, IN 47933.

BAUGHMAN, William T.; '39 BSBA; Retired; r. 73 Euclid Blvd., Youngstown, OH 44505, 216 759-0468.

BAUGHN, Jack Austin; '47 BSBA; Retired; r. 771 Old Oak Trace, Worthington, OH 43235, 614 846-0365.

BAUM, Barry David; '76 BSBA; Mgr.-Network Plng.; AT&T, Rtes. 202/206 N., Rm. 5C220, Bedminster, NJ 07921, 201 234-6665; r. 10 Vom Eigen Dr., Convent Sta., NJ 07961, 201 538-7552.

BAUM, Edwin J.; '64 BSBA; CEO & Pres.; Biltwell Co., Inc./INTERCO, 2005 Walton Rd., St. Louis, MO 63141, 314 426-3850; r. 5 Spoede Ln., St. Louis, MO 63141, 314 432-8725.

BAUM, Lori G., (Lori Gagliardo); '76 BSBA; Mgr. Financial Plng.; AT&T, 340 Mt Kemble Ave., Rm. N160, Morristown, NJ 07960, 201 326-3837; r. 10 Vom Eigen Dr., Convent Sta., NJ 07961, 201 538-7552.

BAUM, Raymond J.; '39 BSBA; Retired; r. 1600 Crestwood Dr., Greeneville, TN 37743, 615 639-0488.

BAUM, Scott Edward; '81 BSLHR, '83 MLHR; Compensation Analyst; Manufacturers Hanover Trust, 320 Park Ave. 22nd Fl., New York, NY 10024, 212 678-6003; r. 119 W. 81 St. Apt. 4F, New York, NY 10024.

BAUM, Seymour; '46 BSBA; Staff; Colgate Palmolive Co., 300 Park Ave., New York, NY 10022; r. 21 Cambridge Pl., Englewood, NJ 07632, 201 567-9267.

BAUMAL, Sandra Schultz; '55 BSBA; 5387 Chickadee Ln., Cleveland, OH 44124, 216 473-0088.

BAUMAN, Daniel Abner, Jr.; '81 BSBA; Programming Spec.; Honeywell Bull, 141 Needham St., Newton, MA 02161, 617 552-5081; r. 52 Richards St., Dedham, MA 02026, 617 461-0438.

BAUMAN, Edward A.; '41 BSBA; 28 Bennett Ave., Binghamton, NY 13905, 607 723-2022.

BAUMAN, Jeffrey Payne; '71 BSBA; Production Scheduler; Pretty Prods. Inc., POB 608, Coshocton, OH 43812, 614 622-3522; r. 806 Highland Blvd., Coshocton, OH 43812, 614 622-9716.

BAUMAN, Joan Kay; '84 BSBA, '88 MBA; Acct.; Borden Inc., Corporate Acctg. Dept., 180 E. Broad St., Columbus, OH 43215; r. 2201 Riverside Dr., Columbus, OH 43221, 614 481-0050.

BAUMAN, Lawrence C.; '67 BSBA; Owner; Bauman's Carpet Store, 739 Fieldson Dr., Heath, OH 43056, 614 349-2539; r. Same.

BAUMAN, Mrs. Lorene Surtman, (L. Yvonne Surtman); '57 BSBA; Homemaker-Tchr.-Couns.; r. 1341 Clubview Blvd. N., Worthington, OH 43085, 614 888-3365.

BAUMAN, Lynn A.; '69 BSBA; Benefits Mgr.; Sherex Chemical Co., Inc., 5777 Frantz Rd., POB 646, Dublin, OH 43017, 614 764-6694; r. 10035 Streng Rd., Milford Ctr., OH 43045.

BAUMAN, Madeileen Beers; '42 BSBA; 28 Bennett Ave., Binghamton, NY 13905, 607 723-2022.

BAUMAN, Raymond James; '68 BSBA; Pres.; Karnik Inns of America, Inc., 5411 Black Rd., Waterville, OH 43566, 419 878-9796; r. Same, 419 878-8888.

BAUMAN, Richard J.; '52 BSBA; Systs. Analyst; Hwy. Safety Dept., 240 Parsons Ave., Columbus, OH 43215; r. 1380 Marlin Dr., Naples, FL 33962.

BAUMAN, Ronald L.; '57; Chief/Employee Devel.; 2750 ABW/DPCT, Wright Patterson AFB, OH 45433, 513 257-1876; r. 1809 Coolidge Dr., Dayton, OH 45419, 513 298-8495.

BAUMAN, Suzanne, (Suzanne Pellecchia); '84 BSBA; 231 Park Blvd., Massapequa Park, NY 11762, 516 795-7493.

BAUMANN, David Michael; '84 BSBA; Supv.; UPS, 2450 Rathmell, Columbus, OH 43207; r. 5452 Ivyhurst Dr., Columbus, OH 43232, 614 863-2655.

BAUMANN, Donald J.; '74 BSBA; Account Rep.; Memorex Telex, 659 H Lakeview Plz., Worthington, OH 43085, 614 848-5530; r. 86 N. Hempstead Rd., Westerville, OH 43081, 614 891-7055.

BAUMANN, Hilbert W.; '59 MBA; Retired; r. 235 Park Ln., Hendersonville, NC 28739, 704 891-8063.

BAUMANN, Lester H.; '36 BSBA; Retired Atty.; Baumann & Humphrey, 115 Harbor Ln., Bay Shore, NY 11706; r. 115 Harbor Ln., Bay Shore, NY 11706, 516 666-6333.

BAUMANN, Paul Craig; '72 BSBA; Deputy Area Dir.; US Dept. of Labor, 1885 Dixie Hwy., Rm. 210, Ft. Wright, KY 41011; r. 503 Knob Hill Ct., Ft. Wright, KY 41011.

BAUMBERGER, Stan; '74 BSBA; Owner; Baumberger Appraisal & Realty, 867 Ashland Rd., Mansfield, OH 44905, 419 589-5500; r. 3688 Lindsey Rd., Mansfield, OH 44904, 419 884-1967.

BAUMEISTER, Susan Carol; '76 BSBA; Teaching Asst.; Univ. of Wisconsin, 122 E. Gilman Apt. 406, Madison, WI 53703; r. 41 E. 207th St., Cleveland, OH 44123.

BAUMER, John F.; '88 BSBA; Internal Auditor; Roadway Svcs., 1077 Gorge Blvd., Akron, OH 44309, 216 384-1717; r. 1584B Treetop Tr., Akron, OH 44313, 216 920-1065.

BAUMER, Polly Strong; '77 MPA; Asst. Dir. Devel.; Smith Clg., 50 Elm St., Northampton, MA 01060; r. 55 Bliss St., Florence, MA 01060.

BAUMER, Richard Anthony, Jr.; '73 BSBA, '74 MA, '74 MBA; 202 Frambes, Columbus, OH 43201.

BAUMGARDNER, Alan W.; '56 BSBA; Dir./Employee Relations; Natl. Broadcasting Co., WKYC, 1403 E. Sixth St., Cleveland, OH 44114, 216 344-3307.

BAUMGARDNER, Brent Richard; '87 BSBA; 2100 Cypruss Club Dr., 9329, Arlington, TX 76010, 214 642-7882.

BAUMGARDNER, Charles John; '79 BSBA; Hosp. Controller; Psychiatric Inst. of America, Detroit, MI 48233; r. 18505 Dogwood Ln., Fraser, MI 48026.

BAUMGARDNER, F. Leo; '24 BSBA; Retired; r. 11 Haiseway, Merrimack, NH 03054, 603 424-4329.

BAUMGARDNER, Loren L.; '51 BSBA; Real Estate Broker; Property Mgmt., POB 10176, Costa Mesa, CA 92627, 714 541-5032; r. 1404 Coral Pl., Newport Bch., CA 92663, 714 645-7127.

BAUMGARTNER, David Alan; '79 BSBA; Acct. Analyst; Marathon Oil Co., POB 3128, Houston, TX 77253, 713 629-6600; r. 5026 Pinecuff Dr., Houston, TX 77084, 713 859-6933.

BAUMILLER, George Nicholas; '56 BSBA; Partner; Packer, Thomas & Co., 909 Bank One Bldg., Youngstown, OH 44503; r. 417 Gardenwood Dr., Youngstown, OH 44512, 216 726-8092.

BAUMOEL, Kermit J.; '46 BSBA; Manufacturers Repres; 7018 Poco Senda, Riverside, CA 92504, 714 780-7122; r. Park Granada 7018 Poco Senda, Riverside, CA 92504, 714 780-7122.

BAUN, C. Edward; '49 BSBA, '50 MBA; Retired Ofc. Mgr.; State of Ohio, Natural Resources Dept., Columbus, OH 43215; r. 377 Piedmont Rd., Columbus, OH 43214, 614 268-5932.

BAUN, Kevin Charles; '82 BSBA; Mktg. Rep.; IBM Corp., 140 E. Town St., Columbus, OH 43215, 614 225-3856; r. 3771 Greenbridge Loop S., Dublin, OH 43017, 614 792-3632.

BAUR, Donald A.; '62 BSBA, '63 MBA; Branch Mgr.; Computer Task Grp., 700 Ackerman Rd., Ste. 300, Columbus, OH 43202, 614 268-8883; r. 127 Heischman Ave., Worthington, OH 43085, 614 885-2543.

BAVARIA, Celeste J. '80 (See Denton, Mrs. Celeste B.).

BAVETZ, Annette '82 (See Lobeck, Annette Bavetz).

BAVETZ, Richard A.; '64 BSBA; Pilot; Continental Air Lines, 2529 Allen Pkwy., Houston, TX 77019; r. 818 Lakeview Dr., Montgomery, TX 77356, 409 582-4052.

BAVISHI, Dr. Vinod Bapalal; '75 MACC, '79 PhD (BUS); Exec. Dir.; Ctr. for Intl. Finance, Analysis & Rsch., Princeton Professional Park, 601 Ewing St. Ste. C-16, Princeton, NJ 08540, 609 921-0910; r. 1405 Bradley Ct., Princeton, NJ 08540, 609 924-9794.

BAWA, Ibrahim Yahaya; '84 MPA; Prin Asst. Secy.; Sokoto State Govt., Nigeria; r. POB 351 Birnin Kebbi, Sokoto State, Nigeria.

BAWA, Sanjay; '88 BSBA; 7835 Red Fox Dr., West Chester, OH 45069, 513 777-8755.

BAXA, Thomas Lee; '74 BSBA; 2670 Camden Rd., Columbus, OH 43221, 614 486-1687.

BAXLA, Norman Beryl; '57 MBA; Retired; r. 433 South St., Greenfield, OH 45123, 513 981-4561.

BAXLEY, Frank Orion; '85 MBA; Sr. Physicist; Systs. Rsch. Labs, 2800 Indian Ripple Rd., Dayton, OH 45429, 513 426-6000; r. 618 Mossoak Dr., Kettering, OH 45428, 513 296-1108.

BAXTER, Earle George, Jr.; '77 BSBA; Product Mgr.; Curtis Industries, 34999 Curtis Blvd., Eastlake, OH 44094; r. 72 Woodlawn Ave., Norwalk, OH 44857, 419 663-1011.

BAXTER, Emma Morgan; '43 BSBA; Retired; r. 1204 Chateau Dr., Kettering, OH 45429, 513 299-0208.

BAXTER, Gary L.; '65 BSBA, '67 MBA; VP; Fed. Home Loan Bank, 2900 Indiana Twr., Indianapolis, IN 46204; r. 323 W. 81st St., Indianapolis, IN 46260, 317 257-3617.

BAXTER, George Montgomery; '75 BSBA; Retired; r. 3654 Ravens Glen Dr., Columbus, OH 43026, 614 876-6124.

BAXTER, La Marr Kenneth; '71 BSBA; Acct.; Columbus Bd. of Educ., 270 E. State St., Columbus, OH 43215, 614 365-6472; r. 3183 Race St., Columbus, OH 43204, 614 279-7233.

BAXTER, Lorraine '45 (See Rinier, Lorraine Baxter).

BAXTER, Robert Eugene; '66 BSBA; Acctg. Mgr.; Kemper Ins. Co., 680 Park Ave. W., Mansfield, OH 44906; r. Box 89 Rte. 6 Graham Rd, Mansfield, OH 44903, 419 529-3553.

BAXTER, Thomas John; '80 BSBA, '86 MBA; Dir.; Grant Hosp., Life Flight/Trauma Services, 309 E. State St., Columbus, OH 43215, 614 446-1301; r. 3586 Skipstone Pl., Hilliard, OH 43026, 614 876-4410.

BAY, MAJ Homer T., USAF(Ret.); '55 BSBA; 701 Thurman Ave., Columbus, OH 43206, 614 443-5727.

BAY, John Alan; '75 BSBA; Atty.; Ohio Supreme Ct., 30 E. Broad St., Columbus, OH 43215; r. 4175 Arbury Ln., Columbus, OH 43224, 614 476-3866.

BAY, Ole Daniel; '72 MACC; Acctg. Mgr.; Ohio State Life Ins. Co., 2500 Farmers Dr., Columbus, OH 43085, 614 764-4000; r. 2341 Olde Sawmill Blvd., Dublin, OH 43017, 614 766-2338.

BAY, Robert Lee; '57 BSBA; VP & Gen. Mgr.; Licking Valley Oil,Inc., POB 246, Butler, KY 41006, 606 472-7111; r. Same, 606 472-2479.

BAYER, Irvin S.; '47 BSBA; Retired; r. 2587 Green Rd., Beachwood, OH 44122, 216 831-0840.

BAYER, Jonathan Lewis; '87 BSBA; 2615 Wellesley Dr., Columbus, OH 43221, 614 459-7114.

BAYER, Michael Joseph; '73 BSBA, '77 MBA; Mgr.; Panhandle Eastern Corp., Government Relations Ofc., Washington, DC 20066; r. 9212 Farnsworth Ct., Potomac, MD 20854, 301 365-5071.

BAYER, Nicholas Edward; '82 BSBA; 2040 Ridgeview #D, Columbus, OH 43221.

BAYER, COL Ralph R., USAF(Ret.); '35 BSBA; 1724 Sandpiper St., Naples, FL 33962, 813 774-3746.

BAYER, Ronald Carl; '75 BSBA; Gen. Partner; A & R Supply Co., 1234 Williams Rd., Columbus, OH 43207, 614 471-0655; r. 13556 Nantucket Ave. NW, Pickerington, OH 43147, 614 927-9602.

BAYER, Thomas Allen; '79 BSBA; Dir. of Mktg.; Telenet Communications Corp., 12490 Sunrise Valley Dr., Reston, VA 22096, 703 689-5519; r. 12024 Waterside View Dr. #22, Reston, VA 22094, 702 437-4521.

BAYHA, Betsy Eileen; '73 MPA; Atty.; Wickersham Debroeck-Rachlin, 150 Almaden Blvd., Ste. 1000, San Jose, CA 95120, 408 297-9982; r. 1118 Pippin Creek Ct., San Jose, CA 95120, 408 297-9982.

BAYLESS, Norris L.; '50 MACC; Retired; r. 335 E. Enon Rd., Yellow Spgs., OH 45387, 513 767-8711.

BAYNTON, Robert L.; '49 BSBA; Retired; r. 1830 Highlandview Ct., Powell, OH 43065, 614 848-4565.

BAZAN, Stanley A., Jr.; '69 BSBA; Tax Partner; Grant Thornton Acctg., 1375 E. 9th St., Cleveland, OH 44114, 216 771-1400; r. 1280 Center Rd., Hinckley, OH 44233, 216 278-2172.

BAZE, COL Grant S.; '47 MPA; Box 541, Rancho Santa Fe, CA 92067, 619 756-1994.

BAZELAK, Mark Andrew; '83 BSBA; 5960 Millshire Dr. Apt. 2D, Dayton, OH 45440, 513 376-4857.

BAZLER, Frank E.; '51 BSBA; Corp Atty./Asst. Secy.; Hobart Corp., World Headquarters, Troy, OH 45374, 513 332-2109; r. 741 Gloucester Rd., Troy, OH 45373, 513 335-6495.

BAZLER, Jean Dixon; '43 BSBA; 2400 Cambridge Blvd., Columbus, OH 43221, 614 481-8868.

BAZLER, Patricia G. '47 (See Fowler, Patricia B.).

BEACH, Albert Keith; '88 BSBA; 4438 C R 26, Rawson, OH 45881, 419 963-4933.

BEACH, James David; '75 BSBA; 4824 Harlou Dr., Dayton, OH 45432, 513 252-8837.

BEACH, Jon Richard; '75 BSBA; Tchr.-Businessman; The Ohio State Univ., Creative Arts Program, Columbus, OH 43210; r. 94 Acton, Columbus, OH 43214, 614 263-0360.

BEACH, Mary Thompson; '57 BSBA; Staff; Security Exch. Commission, 450 5th St. NW, Washington, DC 20001; r. 6543 Jay Miller Dr., Falls Church, VA 22041, 703 354-6431.

BEACH, Paul Robert; '71 BSBA; 4824 Harlou Dr., Dayton, OH 45432, 513 252-8837.

BEACH, Robert E.; '74 BSBA; VP/Regional Executiv; Trustcorp Bank, Ohio, 125 S. Main St., Fostoria, OH 44830, 419 435-8171; r. 421 Bright Rd., Findlay, OH 45840, 419 423-9239.

BEADLE, David D.; '86 BSBA; 747 Island Ct., Columbus, OH 43214, 614 459-2304.

BEADLE, Harold, PhD; '50; Retired; r. 73-899 Seven Spgs., Palm Desert, CA 92260.

BEAL, Duane Richard; '75 BSBA; Plant Acct.; Rockwell Intl., Bellefontaine Rd., Kenton, OH 43326; r. 2214 Columbia St., Troy, MI 48083, 313 524-2546.

BEAL, James H.; '55 BSBA; Pres.; J H Beal Sales Co., Inc., 24700 Ctr. Ridge, Westlake, OH 44145, 216 871-1516; r. 1779 Westhill Blvd., Westlake, OH 44145, 216 871-0173.

BEAL, Thomas Lee; '68 BSBA; VP; Midwest Communications Corp., 2514 Ontario St., Burbank, CA 91504, 818 954-0150; r. 452 Bowling Green Dr., Claremont, CA 91711, 714 626-6247.

BEALE, Patricia C. '77 (See Leedy, Patricia Carter).

BEALL, Diane Preston, (Diane M. Preston); '73 BSBA; Homemaker; r. 331 Pebble Creek Dr., Dublin, OH 43017, 614 889-1091.

BEALS, Betty Jane; '54 BSBA; Travel Agt.; Ohio Auto Club, 886 S. Hamilton Rd., Columbus, OH 43213, 614 866-4420; r. 270 Mayfair, Columbus, OH 43213, 614 231-7717.

BEAM, Daniel Charles; '73 BSBA; Sr. Financial Ofcr.; Bank One Columbus, 762 Brooksedge Plz., Westerville, OH 43085, 614 248-5800; r. 1743 Ward Rd., Columbus, OH 43224, 614 263-8023.

BEAM, John Cresap; '70 BSBA; Financial Cnslt.; Merrill Lynch, 4900 California Ave., Bakersfield, CA 93309, 805 326-7722; r. 1420 La Puente Dr., Bakersfield, CA 93309, 805 833-9889.

BEAM, John Dann; '68 BSBA; VP; Beam Communications Corp., 50 W. Mashta Dr., Key Biscayne, FL 33149, 305 361-1211; r. 1120 N. Lakeshore Dr., Chicago, IL 60611, 312 943-5456.

BEAM, Dr. Loudin J.; '49 BSBA; Pres./Mgr.; United Svcs. Admin., 3435 Camino Del Rio S. #123, San Diego, CA 92108; r. 5521 Las Alturas Ter., San Diego, CA 92114, 619 262-6401.

BEAM, Tammy Kay; '83 BSBA; Account Mgr.; NCR Corp., 11455 N. Meridian St., Carmel, IN 46032, 317 843-7099; r. 343 E. Spg Vly Paintsville Rd., Xenia, OH 45385, 513 372-1728.

BEAMAN, Robert M.; '33 BSBA; Retired; r. 650 Blacklick St., Groveport, OH 43125, 614 836-5340.

BEAMER, David Lee; '66 MBA; VP-US Sales Operations; Amdahl Corp., 1250 E. Arques Ave., Sunnyvale, CA 94088, 408 746-6841; r. 111 Johnson Hollow, Los Gatos, CA 95032.

BEAN, Gary L.; '77 BSBA; Dir. Shortage Control; Sibley's Div./May Co., 228 E. Main, Rochester, NY 14604, 716 423-2677; r. 3298 Evergreen Cir., Walworth, NY 14568, 315 986-9069.

BEAN, Melissa Hayest; '77 BSBA; 3186 Leesville Way, Dublin, OH 43017, 614 764-0538.

BEAR, Candace Mc Clure; '67 BSBA; 318 E. Torrence Rd, Columbus, OH 43214, 614 268-7574.

BEAR, Daniel C.; '68 BSBA; Mgr./Regional Undrwrt; J C Penney Casualty Ins., 800 Brooksedge Blvd., Westerville, OH 43081; r. 887 Knebworth Ct., Westerville, OH 43081, 614 882-4544.

BEAR, Lawrence Kauffman, Jr.; '66 BSBA; Ins. Agt.; Manufacturers Life Ins. C, 101 E. Town St., Columbus, OH 43215; r. 318 E. Torrence Rd, Columbus, OH 43214, 614 268-7574.

BEAR, Robert C.; '40; Retired; r. 19690 Deer Run Ln., Strongsville, OH 44136, 216 238-6351.

BEARD, Donald E.; '49 BSBA; Retired; r. 4445 Crossjack Ct. B-2, Ft. Myers, FL 33919, 813 481-8722.

BEARD, Jamie Belle; '85 BSBA; 430 1/2 W. Spring St., Apt. B, St. Marys, OH 45885, 614 866-6981.

BEARD, Lisa Ann Chapan; '86 BSBA; 46 Blymer St., Delaware, OH 43015, 614 363-2094.

BEARD, Mylinda '80 (See Morman, Mylinda Beard).

BEARD, Steven Randall; '69 BSBA, '75 MBA; Proj. Mgr.; Hobart Corp., World Headquarters, Troy, OH 45373; r. 104 E. Dow St., Tipp City, OH 45371, 513 667-4159.

BEARD, Walter H.; '26 BSBA; Retired; r. 3370 Hermitage Rd, Birmingham, AL 35223, 205 967-5622.

BEARDSLEY, Ms. Bethany Suzanne; '87 BSBA; Key Account Rep.; Miles Labs, 2315 Irving Ave. S. #2, Minneapolis, MN 55405, 612 377-4714; r. Same.

BEARDSLEY, COL Ford M.; '36 BSBA; Col. Usa Retired; r. 740 Cumberland Ave., Chambersburg, PA 17201, 717 263-8879.

BEARSS, Bruce Burton; '76 BSBA, '79 MBA; 1708 Wellesley Dr., Toledo, OH 43606, 419 475-2974.

BEASECKER, Diane L. '86 (See Stein, Diane Louise).

BEAT, MAJ Anthony Michael; '73 BSBA; Maj. Usaf; r. 4201 Sheridan Lake Rd., Rapid City, SD 57702, 605 348-5737.

BEATHARD, William H.; '79 BSBA; VP; Paul M Dwyer Ins. Agcy., 63 N. Main St., London, OH 43140, 614 852-0654; r. 245 E. High St., London, OH 43140, 614 852-5884.

BEATLEY, Charles Earle, Jr.; '47 MBA; Retired; r. 4875 Maury Ln., Alexandria, VA 22304, 703 370-6774.

BEATON, Dr. William R.; '58 PhD (BUS); Assoc. Dean; Florida Intl. Univ., Clg. of Business Adm, Miami, FL 33199; r. Florida International Univ, Tamiami Campus, Miami, FL 33199, 305 252-5547.

BEATSON, David Ian; '70 BSBA; Managing Dir.; American Airlines Inc., Freight Sales & Advertising, 4200 American Way, MD 2A07, Ft. Worth, TX 75261, 817 355-2440; r. 4800 Meandering Way, Colleyville, TX 76034, 817 354-5178.

BEATTIE, James Stephen; '67 BSBA; Gen. Sales Mgr.; Crown Intl. Inc., 1718 W. Mishawaka Rd, Elkhart, IN 46517, 219 294-8000; r. 23050 Rebecca Dr., Elkhart, IN 46517, 219 875-6617.

BEATTIE, Rob Newport; '75 MACC; Acct.; Breen Winkel & Co., CPA's, 3752 N. High, Columbus, OH 43214, 614 261-1494; r. 3404 Elwood Dr., Hilliard, OH 43026, 614 876-2796.

BEATTIE, Terry Lee; '77 BSBA; Savings & Loan Examiner; State of Ohio, Two Nationwide Plz., Columbus, OH 43266, 614 644-6520; r. 5388 Hollister St., Columbus, OH 43235, 614 457-2602.

BEATTY, Dr. Bernard L.; '51 BSBA; Prof.; Wake Forest Univ., Box 7659 Reynolda Sta., Winston-Salem, NC 27109; r. POB 44, Pinnacle, NC 27043, 919 351-4815.

BEATTY, David Thomas; '88 MBA; 4640 Calvert Dr. Az, Rolling Meadows, IL 60008, 312 392-5977.

BEATTY, Donald E.; '53 BSBA; Retired; r. 6211 4th St. NW, Washington, DC 20011, 202 882-7312.

BEATTY, Jeffrey Gene; '82 BSBA; Purchasing Agt.; Nippert Co., 801 Pittsburgh Dr., Delaware, OH 43015, 614 363-1981; r. 2517 Sutter Pkwy., Dublin, OH 43017, 614 766-5720.

BEATTY, Marlys Michael, (Marlys Michael); '82 BSLHR; Benefits Admin.; Ohio Presbyterian Homes, 1001 Kingsmill Pkwy., Columbus, OH 43220, 614 888-7800; r. 2517 Sutter Pkwy., Dublin, OH 43017, 614 766-5720.

BEATTY, 1LT Vernon Lee, Jr.; '86 BSBA; US Army Chem Ofc.; r. Box 2006 Mckee Barracks, Crailsheim, Germany APO, New York, NY 09751.

BEATTY, William Ross; '82 BSBA; 2408 Hermosa Ave., Hermosa Bch., CA 90254, 213 329-7526.

BEAUREGARD, Renee Louise; '87 BSBA; Auditor; OSU-Internal Audit Dept., 1800 Cannon Dr., 950 Lincoln Twr., Columbus, OH 43210, 614 292-9680; r. 2062 Belle Ave., Lakewood, OH 44107, 614 424-9071.

BEAVER, Aaron Albert; '85 BSBA; 2575 Sherwood Rd., Columbus, OH 43209.

BEAVER, Benson Scott; '81 BSBA, '85 MBA; Sr. VP/Chf Lndg Ofcr.; Cnty. Savings Bank, 65 E. State St., Columbus, OH 43215, 614 462-2800; r. 7443 Seed Rd., Orient, OH 43146.

BEAVER, Bradley Jay; '79 BSBA; Acct.; Franklin Co. Auditor's Ofc., 410 S. High St., Columbus, OH 43215; r. 2575 Sherwood Rd., Bexley, OH 43209.

BEAVER, David H.; '66 BSBA; Atty.; Dinsmore & Shohl, 2100 Fountain Sq. Plz., 511 Walnut St., Cincinnati, OH 45202, 513 977-8200; r. 2136 Spinningwheel Ln., Cincinnati, OH 45244, 513 231-8988.

BEAVER, Donald E.; '56 BSBA; Natl. Sales Mgr.; Mikasa Sports, 17500 Redhill Ave., Ste. 180, Irvine, CA 92714, 714 863-1588; r. 8740 Hudson River Cir., Fountain Vly., CA 92708, 714 963-4971.

BEAVER, George Harold, Jr.; '55 BSBA; Exec. VP; Conco Food Distributors, 1016 Evangeline Thruway, Lafayette, LA 70501, 318 232-5675; r. 105 Parkway Dr., Lafayette, LA 70508, 318 989-1030.

BEAVER, Jack H.; '51 BSBA; Staff; Nationwide Ins. Co., One Nationwide Plz., Columbus, OH 43216; r. 65 Flintlock Way, Canal Winchester, OH 43110, 614 837-6723.

BEAVER, Kathy Lynn; '84 BSBA; 1813 Carters Corner Rd., Sunbury, OH 43074, 614 965-2235.

BEAVER, Kelly Allen; '87 MBA; Sales Engr.; Goulds Pumps Inc., 240 Fall St., Seneca Falls, NY 13148; r. 2366 Starleaf Ln., Worthington, OH 43235, 614 766-4728.

BEAVER, Roger E.; '54 BSBA; POB 8111, Shreveport, LA 71148.

BEAVER, Ronald L.; '61 BSBA; Retired; r. 5 Coral Reef Ct., N., Palm Coast, FL 32037, 904 445-6955.

BEAVERS, Henry Chester; '80 MBA; Gen. Mgr.; Alpo Pet Foods Inc., 202 Watts Ave., Pascagoula, MS 39567; r. 105 Ashley Pl., Ocean Spgs., MS 39564, 601 875-8054.

BEAZLEY, William D.; '59 BSBA; Systs. Analyst; State of VA, POB 1797, Richmond, VA 23215; r. 110 Woodview Dr., Sandston, VA 23150.

BEBB, William Douglas; '77 BSBA; Staff; Carlin Manor Apts., 1900 Sunny Ct., Columbus, OH 43229; r. 1887 Sharbot Dr., Columbus, OH 43229.

BEBINGER, Warren Alfred; '87 BSBA; Corp. Banking Assoc.; Bank One of Columbus, 100 E. Broad St., Columbus, OH 43215, 614 248-5236; r. 1799 Northwest Blvd., Columbus, OH 43212, 614 487-8043.

BEBOUT, John Jay; '82 BSBA; Real Estate Appraiser 2; State of Ohio, Dept. of Taxation, 30 E. Broad St., Columbus, OH 43215, 614 466-5744; r. 1217 Lakeshore Dr. W., Harbor Hills, Hebron, OH 43025, 614 928-1690.

BECHER, Robert S.; '41 BSBA; Retired; r. 1030 Falls Ave., Cuyahoga Falls, OH 44221, 216 923-6252.

BECHTEL, Albert E.; '49 BSBA; Retired; r. 345 River Oak Ln. N., Noblesville, IN 46060, 317 845-2935.

BECHTEL, Denise Ann; '80 MPA; 3811 Brighton Ct., Alexandria, VA 22305.

BECHTEL, Donald K.; '47 BSBA; Acctg. Mgr.; Portec Inc., 2027 Dueber Ave. SW, Canton, OH 44706; r. 3087 Ravenna Ave. SE, E. Canton, OH 44730, 216 488-2413.

BECHTEL, Larry Frank; '81 BSBA; Sr. Info. Syst. Analyst; GE Co., Evendale Plant/Aircraft Eng Gr, 1 Neumann Way, Cincinnati, OH 45215, 513 583-3534; r. 3866 Settle Rd., Cincinnati, OH 45227, 513 271-7867.

BECHTEL, Robert A.; '64 BSBA; VP; Suburban Fed., 10869 Montgomery Rd., Cincinnati, OH 45242; r. 108 Bunker Hill Ct., Cincinnati, OH 45215, 513 733-0397.

BECHTOL, David Ernest; '76 BSBA, '78 MBA; 16727 Sierra Grande, Houston, TX 77083.

BECHTOL, Robert Alan; '85 BSBA; 2576 Tryon Dr., Deltona, FL 32725, 904 789-1629.

BECHTOLD, Joseph Aloysius; '83 BSBA; 3890 Salisbury Rd., S. Euclid, OH 44121, 216 291-2727.

BECHTOS, Therese Marie; '78 MPA; Controller; Erie Business Mgmt. Corp., 17 W. 10th, POB 6242, Erie, PA 16512, 814 455-0941; r. 309 Presque Isle Blvd., Erie, PA 16505, 814 838-3533.

BECK, Bradley B.; '84 MBA; Account Exec.; Rumrill-Hoyt Advt. Co., 60 Corporate Woods, Rochester, NY 14623, 716 272-6100; r. 126 Rauch Dr., Marietta, OH 45750, 614 373-7640.

BECK, Mrs. Christopher D., (Lori Lee Ball); '85 BSBA; Sales/Account Rep.; Wasserstrom Co., 50 W. Innis Ave., Columbus, OH 43207, 614 228-6525; r. 1390 Worthington Woods Blvd., Worthington, OH 43085, 614 436-7501.

BECK, Clifford E.; '40 BSBA; Semiretired CPA; r. 232 W. Main St., Norwalk, OH 44857, 419 668-2404.

BECK, Dale Lynn; '78 BSBA; Pres.; Beck's IGA, POB 145, Lakeview, OH 43331, 513 843-2553; r. 540 Oakridge Dr., Lakeview, OH 43331, 513 843-4875.

BECK, Daniel James; '78 MPA; Mgr.-Admin. Systs.; Ohio Dept. of Mental Retard. & DD, 30 E. Broad St., Rm. 1240, Columbus, OH 43215, 614 466-2816; r. 9325 State Rte. 207, Mt. Sterling, OH 43143, 614 869-3069.

BECK, Frederick Henry; '34 BSBA; Retired; r. 2789 Cheyenne Dr., Grand Jct., CO 81503, 303 241-9435.

BECK, George J., Jr.; '52 BSBA; Exec. VP; Lasalle Natl. Bank, 135 S. Lasalle St., Chicago, IL 60603, 312 443-2180; r. 640 Winnetka Mews, Apt. #404, Winnetka, IL 60093, 312 501-4777.

BECK, Gordon Reeves; '50 BSBA; 1814 Harvard Dr., Richardson, TX 75081, 214 783-9285.

BECK, Herbert H.; '27 BSBA; Retired; r. 1247 Kenbrook Hills Dr., Columbus, OH 43220, 614 457-1335.

BECK, James Edward; '81 BSBA; Product Mgr.; Inmed Corp., 100 Technology Dr., Alpharetta, GA 30201, 404 442-0104; r. 3063 Antler Tr. NE, Marietta, GA 30066, 404 565-0959.

BECK, Jeffrey Scott; '82 BSBA; Inventory Planner; GE, 111 Merchant St., Springdale, OH 45246; r. 10919 Corona Dr., Forest Park, OH 45240, 513 851-1648.

BECK, John Alan; '79 BSBA; Pres.; John Beck Assocs., Inc., 3635 Avon Lake Rd, Litchfield, OH 44253; r. 3635 Avon Lake Rd, Litchfield, OH 44253.

BECK, John Edward; '53 BSBA; 13942 Summerstar, Sun City West, AZ 85375.

BECK, Kenneth D.; '54 BSBA; Atty.-Partner; Vorys, Sater, Seymour & Pease, 52 E. Gay St., Columbus, OH 43215; r. 1 Sweetbrier Ln., Westerville, OH 43081, 614 882-2998.

BECK, Lloyd E.; '46 BSBA; Retired; r. 620 W. 5th St., Chillicothe, OH 45601, 614 773-2441.

BECK, Mrs. Mary Catherine, (Mary C. Miller); '79 BSBA; Acctg. Supr.; Champion Spark Plug, 701 Upton, Toledo, OH 43661, 419 535-2475; r. 765 Durango Dr., Toledo, OH 43609, 419 385-4439.

BECK, Marye Zelma; '27; 400 Fisher Ave. #A, Munster, IN 46321, 219 933-7369.

BECK, Perry James; '80 BSBA; 5782 Stoneshead Ct., Westerville, OH 43081, 614 891-7372.

BECK, Richard Alan; '70 BSBA; Pilot; Delta Air Lines Inc., Cincinnati Intl. Airport, Cincinnati, OH, 606 283-3890; r. 8437 Farm Pond Ln., Maineville, OH 45039.

BECK, Wilber Ernest; '48 BSBA; Retired Analyst; IRS, 4800 Buford Hwy., Atlanta, GA 30341; r. 4580 Briarwood Dr., Oakwood, GA 30566, 404 532-8520.

BECK, William F.; '55 BSBA; Pres.; Beck Suppliers Inc., 1000 N. Front St., Fremont, OH 43420, 419 332-5527; r. 1839 Port Clinton Rd., Fremont, OH 43420, 419 332-0410.

BECK, William G.; '82 BSBA; Agt.; IRS, 200 N. High St., Columbus, OH 43215; r. 1137 Blue Ave., Zanesville, OH 43701.

BECK, Wilma Dibert; '48 BSBA; 1814 Harvard Dr., Richardson, TX 75081, 214 783-9285.

BECKDAHL, Dr. Walter A.; '52 MBA; VP Hosp. Admnstr; Community Hosp., 2615 High St. E., Springfield, OH 45505, 513 325-0531; r. 1942 N. Fountain Ave., Springfield, OH 45504, 513 399-6551.

BECKEL, Ronald L.; '73 BSBA; Ins. Adjuster; John Mullen & Co. Inc., 677 Ala Moana Blvd. #910, Honolulu, HI 96805, 808 531-9733; r. 47-564 Hakuhale St., Kaneohe, HI 96744, 808 239-4252.

BECKER, Arnold A., Jr.; '65 BSBA; 151 Park Ave., Coshocton, OH 43812, 614 622-9780.

BECKER, Connie Louise; '80 BSBA; Asst. VP; Huntington Trust Co., 41 S. High St., Columbus, OH 43215, 614 463-4487; r. 2163 Wesleyan, Columbus, OH 43221, 614 451-7021.

BECKER, Elsie Alice; '42 BSBA; 457 W. 57th St., New York, NY 10019.

BECKER, H. Russell, Jr.; '53 BSBA; Pres.; Becker Assocs. Ltd., 101 E. Main St., Moorestown, NJ 08057, 609 866-7444; r. 826 Waterford Dr., Delran, NJ 08075, 609 461-9171.

BECKER, Ivan; '71 BSBA; Media Dir.; Keyes Martin & Co., 841 Mountain Ave., Springfield, NJ 07081; r. 358 Carolina St., Clark, NJ 07066, 201 232-2176.

BECKER, James Arthur; '63 BSBA; Sr. Buyer; BMY Div. Harsco, POB 1512, York, PA 17402; r. 2338 N. Sherman St., York, PA 17402, 717 757-3636.

BECKER, Julie A.; '88 BSBA; 5715 Free Pike, Trotwood, OH 45426, 513 837-2803.

BECKER, Kennard William; '39 BSBA; 3051 Washington Blvd., Cleveland, OH 44118, 216 932-4621.

BECKER, Laurie Diane; '77 MPA; Dist. Mgr.; Glaxo Inc., 12680 Hillcrest #4109, Dallas, TX 75230, 214 490-1681; r. Same.

BECKER, Leonard Sidney; '28 BSBA; Treas.; The Cotton Club Bottling & Canning Co., 4922 E. 49th St., Cleveland, OH 44125, 216 271-2600; r. 27500 Cedar Rd., #807, Cleveland, OH 44122, 216 464-0859.

BECKER, Linda S.; '80 MPA; Bus. Mgr.; Ohio Dept. of Youth Svcs., 2280 W. Broad St., Columbus, OH 43223, 614 275-0573; r. 2522 Burgandy Ln., Columbus, OH 43232, 614 861-1810.

BECKER, Lisa Maureen; '88 MBA; 7409 Spencer Lake, Medina, OH 44256, 216 725-6422.

BECKER, Lois Kinnamon; '47 BSBA; 3720 W. Henderson Rd., Columbus, OH 43220, 614 451-0391.

BECKER, Lori Carpenter; '78 BSLHR; 666 Wigon Ct., Gahanna, OH 43230, 614 475-3790.

BECKER, Marilyn Rogers, (Marilyn Rogers); '54 BSBA; Sales Rep.; Island Realty, 110 Long Beach Blvd., Loveladies, NJ 08008, 609 494-8822; r. 14 W. 13th St., Barnegat Light, NJ 08006, 609 494-4029.

BECKER, Martin M.; '60 BSBA; CPA & Atty.; Kranz & Co., 145 E. 47th St., New York, NY 10017; r. 112-20 72nd Dr., Apt. C-21, Forest Hills, NY 11375, 718 793-5351.

BECKER, LTC Marvin J., USAF(Ret.); '56 BSBA; 3506 Kilkenny E., Tallahassee, FL 32308, 904 893-1894.

BECKER, Michael Christian; '84 MBA; Cnslt.; Arthur Andersen & Co., 425 Walnut St., Cincinnati, OH 45202, 513 381-6900; r. 2644 Little Dry Run, Cincinnati, OH 45244, 513 231-4029.

BECKER, Robert C.; '66 BSBA; VP & Treas.; Diamond Shamrock, POB 696000, San Antonio, TX 78269, 512 641-8409; r. 16 Camden Oaks, San Antonio, TX 78248, 512 492-5770.

BECKER, Robert Charles; '78 BSBA; Mgr.-Checking Opertns; State Savings, 1776 W. Lane Ave., Columbus, OH 43221; r. 666 Wigon Ct., Gahanna, OH 43230, 614 475-3790.

BECKER, Robert Lee; '47 BSBA; Sales Rep.; Great West Life Assurance Co., 700 Ackerman Rd., Ste. 375, Columbus, OH 43202, 614 268-5554; r. 3720 W. Henderson Rd., Columbus, OH 43220, 614 451-0391.

BECKER, Shelia Vey; '84 MBA; Asst. Brand Mgr.; Procter & Gamble Co., Two Procter & Gamble Plz., Cincinnati, OH 45202, 513 983-0186; r. 2644 Little Dry Run Rd., Cincinnati, OH 45244, 513 231-4029.

BECKER, Steven Robert; '70 BSBA; Tax Acct.; 216 Lear St., Columbus, OH 43206, 614 228-6543; r. Same.

BECKER, Steven Robert; '70 BSBA; Mgr.; City of Columbus, Constr. Division, 1120 Morse Rd., Columbus, OH 43219; r. 4500 Miller Paul Rd., Westerville, OH 43081, 614 965-5358.

BECKER, Thelma Jane; '35 BSBA; Retired; r. 3051 Washington Blvd., Cleveland, OH 44118, 216 932-4621.

BECKER, Thomas John; '83 BSBA; Worker; r. 1448 Stockton, Dayton, OH 45409, 513 298-3700.

BECKER, Willard A.; '51 BSBA; Agt.; Nationwide Ins., 1012 Wetmore Rd., Columbus, OH 43224, 614 268-8500; r. Same, 614 268-4214.

BECKERT, Jane '70 (See Dobbins, Jane Beckert).

BECKETT, Carl T.; '51 BSBA, '57 MBA; Retired; r. 10 Creek Bend Rd., Poughkeepsie, NY 12603, 914 462-6817.

BECKETT, Christian Edwin; '84 BSBA; Supv.; Ltd. Distribution Svcs., 1 Limited Pkwy., Columbus, OH 43216, 614 479-7500; r. 534 Sheldon Ave., Columbus, OH 43207, 614 444-3884.

BECKETT, Garry A.; '59 BSBA; Atty.; Atty-at-Law, 875 S. High St., Columbus, OH 43206; r. 534 Sheldon Ave., Columbus, OH 43207, 614 444-3884.

BECKETT, Kelli Lyn; '87 BSBA; 4674 Merrifield, Columbus, OH 43220, 614 451-9666.

BECKETT, Mark Allen; '81 BSBA; Student; r. 888 Macon Alley, Columbus, OH 43206, 614 443-2474.

BECKETT, Thomas Brian; '85 BSBA; Sales Mgr.; Dorcy Intl., 3985 Groves Rd., Columbus, OH 43232, 614 861-5830; r. 4490 N. Fourth St., Columbus, OH 43224, 614 263-7751.

BECKHOLT, Jerry Dwane; '82 BSBA; 3494 S. Dexter St., Denver, CO 80222, 303 757-2533.

BECKLER, Howard E.; '55 BSBA; 6922 Hollywood Blvd., Hollywood, CA 90028, 213 465-1191; r. 9792 Suffolk Dr., Beverly Hls., CA 90028, 213 271-2711.

BECKLEY, Paula Tussing; '81 BSBA; Audit Mgr.; Touche Ross, 250 E. Broad St., Columbus, OH 43215, 614 224-1110; r. 401 Ridgedale Dr., Circleville, OH 43113, 614 477-1170.

BECKMAN, John F.; '60 BSBA; Asst. Finance Directo; City of Kettering, Kettering, OH 45429; r. 211 Bruce Ave., Dayton, OH 45405, 513 276-4099.

BECKMAN, Lori Sue; '82 BSBA; Student; Cleveland State Univ., John Marshall Law Sch., Cleveland, OH 44115; r. 19201 Van Aken Blvd., # 407, Cleveland, OH 44122, 216 491-8242.

BECKMAN, Marilyn A. '50 (See Myers, Mrs. Marilyn A.).

BECKWITH, Constance Louise; '68 BSBA; Buyer-Women's Sportswear; J. C. Penney Co., Inc., 8119 21500 Northwestern, Hwy. Ste. 8119, Southfield, MI 48075, 313 569-4443; r. 42171 Roscommon, Northville, MI 48167, 313 348-7647.

BECKWITH, Gordon E.; '51 BSBA; Exec. VP; Griswold, Inc., 101 Prospect Ave. W., Cleveland, OH 44115, 216 696-3400; r. 29501 Osborn Rd., Bay Village, OH 44140, 216 892-2000.

BECKWITH, Joseph M.; '70; 7748 S. Grape Ct., Littleton, CO 80122, 303 741-1263.

BECKWITH, Kenneth L.; '26 BSBA; Retired; r. 122 Nolan Cir. Devola, Marietta, OH 45750, 614 374-5301.

BEDDINGFIELD, George E.; '49 BSBA; Retired; r. 5769 Summit Crest Dr., La Canada-Flintridge, CA 91011, 818 790-6633.
BEDDINGFIELD, W. Robert, CLU; '49 BSBA; POB 13144, Kansas City, MO 64199, 816 753-7865; r. 5815 W. 77th Ter., Prairie Vlg., KS 66208, 913 648-7865.
BEDELL, John P.; '49 BSBA; Retired Tchr.; Elmira City Sch. Dist.; r. 512 Grove St., Elmira, NY 14905, 607 733-9604.
BEDELL, Robert N.; '40 BSBA; 539 Scioto St., Urbana, OH 43078, 513 653-7851.
BEDER, Barbara Hertz; '78 BSBA; 2241 Heather Ln., Twinsburg, OH 44087, 216 425-8507.
BEDFORD, Dr. Norton Moore; '50 PhD (ACC); Retired; r. 1208 Belmeade Dr., Champaign, IL 61821, 217 356-0386.
BEDNAR, John Thomas; '70 BSBA; Mgmt. Auditor; US Gen. Acctg. Ofc., 333 W. 1st St., Dayton, OH 45402; r. 2830 Skylark, Springfield, OH 45502.
BEDNAR, S. Ronald; '80 MBA; Regional Acctg. Mgr.; Prudential Real Estate Affiliate, 445 Hutchinson Dr., Ste. 600, Columbus, OH 43235, 614 847-3600; r. 6204 Tara Hill Dr., Dublin, OH 43017, 614 761-1658.
BEDNARCHIK, Suzanne; '85 BSBA; Employment Spec.; Univ. Hosps. of Cleveland, 2074 Abington Rd., Cleveland, OH 44106, 216 844-3861; r. 96 Thames, Bedford, OH 44146, 216 439-3328.
BEDNARCHIK, William Paul; '73 BSBA; Regional Financial Mgr.; Westinghouse Electric Corp., 230 Alpha Dr., Pittsburgh, PA 15238, 412 963-4959; r. 409 Forest Trails Dr., Wexford, PA 15090, 412 935-6819.
BEDNARDSKI, Louise '80 (See Singer, Louise B.).
BEDO, Paul Allen; '72 MBA; 5428 Turkey Creek Dr., Raleigh, NC 27612, 919 686-0339.
BEE, M. Virginia '35 (See Rice, Mrs. Virginia Bee).
BEEBE, Harold F.; '53 BSBA; Dist. Ofc. Mgr.; r. 210 Tecumseh, Huron, OH 44839, 419 433-5729.
BEEBE, Dr. Richard James; '55 BSBA; Phys.-Anesthesiologist; Professional Anesthesia Assoc, 600 Nokomis Ave. S. Ste. 202, Venice, FL 34285, 813 484-2002; r. 420 Bay Shore Dr., Venice, FL 34285, 813 485-8886.
BEEBE, Robert Richard; '74 BSBA, '75 MBA; Controller; Zenith Electronics Corp., Consumer Sales & Marketing, 1000 Milwaukee Ave., Glenview, IL 60025, 312 391-8612; r. 616 Isabella St., Wilmette, IL 60091, 312 256-0938.
BEEBE, CAPT William David, USAF; '81 BSBA; Pilot; USAF, 349Th Air Refueling Squadron, Beale AFB, CA 95903; r. 3487 Ilex Way, Beale AFB, CA 95903.
BEEBE, William L.; '66 BSBA; Employee Relations Mgr.; Cardinal Industries Inc., 8400 E. Broad St., Columbus, OH 43068, 614 863-2700; r. 6998 Nocturne Rd., Columbus, OH 43068, 614 868-7558.
BEECH, Richard Allan; '73 BSBA; 1st VP; Dean Witter Reynolds Inc., 150 S. Wacker-Ste. 200, Chicago, IL 60601, 312 984-3979; r. 716 Prairie Ave., Wilmette, IL 60091.
BEECROFT, Charles Michael; '73 BSBA; Mgr. Mkt. Rsch.; Ross Labs, 625 Cleveland Ave., Columbus, OH 43215, 614 227-3361; r. 11644 Canterbury Ave., Pickerington, OH 43147, 614 864-9494.
BEEGAN, Ben J.; '42 BSBA; Retired; r. 9230 Independence Blvd., Cleveland, OH 44130, 216 845-3921.
BEEGHLEY, Mark Edward; '82 BSBA; Branch Mgr.; CityFed Mortgage Co., 2 Prestige Pl., Ste. 160, Dayton, OH 45342, 614 436-2950; r. 6808 Mcvey Blvd., Worthington, OH 43085, 614 764-9545.
BEEGHLY, Joel Hall; '67 MBA; Proj. Mgr.; Standard Slag Co., 1200 Stambaugh Bldg., Youngstown, OH 44501; r. Rd 1 Trotter Rd, Bessemer, PA 16112, 412 667-9474.
BEELER, Elmer Lee; '28 BSBA, '31 MA; Retired; r. 1414 E. Kessler Blvd., Indianapolis, IN 46220, 317 253-8781.
BEELER, Lois Hoelke; '48 BSBA; Staff; Columbus Bd. of Educ., Columbus City Sch. District, 270 E. State St., Columbus, OH 43215; r. 1718 Rhoda Ave., Columbus, OH 43212, 614 488-2943.
BEELMAN, Constance Elaine; '83 BSBA; Dir. of Operations; Sestina Budros & Ruhlin, 3726 J Olentangy River Rd., Columbus, OH 43214, 614 457-8200; r. 3796 Baybridge Ln., Dublin, OH 43017, 614 766-8333.
BEEM, Chester Donald; '42 BSBA; Retired; r. 136 E. Beaumont Rd., Columbus, OH 43214, 614 263-6184.
BEEM, Christopher C.; '87 BSBA; Auditor; Coopers & Lybrand CPA, 2400 Eleven Penn Ctr., Philadelphia, PA 19103, 215 963-8000; r. 8 Bittersweet Cir., Glen Mills, PA 19342, 215 358-1993.
BEEMAN, Christopher Weiler; '84 BSBA; 523 N. Briarcliff Dr., Canfield, OH 44406, 216 533-4468.
BEEMAN, Jonathan; '87 BSBA; 523 N. Briarcliff, Canfield, OH 44406, 216 533-4468.
BEEMAN, Ruth E. '50 (See May, Mrs. Ruth B.).
BEER, Donald R.; '50 BSBA; Retired; r. 878 Rosetree Ln., Cincinnati, OH 45230, 513 232-0879.
BEER, Marvin Jay; '84 BSBA; Acct./CPA; Riester Lump & Burton CPA's, 1600 Lexington Ave., Mansfield, OH 44907, 419 756-3400; r. 751 Beer Rd., Mansfield, OH 44906, 419 529-4033.
BEERBOWER, Daniel Edwin; '86 BSBA; Staff; N C R Corp., 1700 S. Patterson Blvd., Dayton, OH 45479, 513 297-5932; r. 1077 Cambridge Station Rd., Apt. D, Centerville, OH 45458, 513 436-2635.
BEERBOWER, Martha '47 (See Green, Martha).
BEERBOWER, Robert Edwin; '49 BSBA; Chairmn of The Bd.; Flexicore Systs., 7941 New Carlisle Pike, Huber Hts., OH 45424; r. 1345 Devereux Dr., Dayton, OH 45419, 513 299-6356.
BEERMAN, John L.; '51 BSBA; 5905 Forest View Dr, Columbus, OH 43213.
BEERY, CAPT Edward Neal, USAF; '78 BSBA; Instr./Navigator; 450 Flight Training Squadron, Sacramento, CA 95655; r. 7105 Baugh Ct., Citrus Hts., CA 95610, 916 721-5339.
BEERY, James Dean; '82 BSBA; Proj. Dir.; Kenneth Danter & Co., 40 W. Spruce St., Columbus, OH 43215, 614 221-9096; r. 5375 Carina Ct. W., Hilliard, OH 43026, 614 876-6166.
BEERY, Kyndall Judith; '87 BSBA; Tax Cnslt.; Deloitte Haskins & Sells, 155 E. Broad St., Columbus, OH 43215; r. 4677 Olentangy River Rd., Columbus, OH 43214.
BEERY, Paul Frederick; '54 BSBA; Atty./Pres.; Beery & Spurlock Co. L.A.P., 275 E. State St., Columbus, OH 43215, 614 228-8575; r. 2645 Mc Coy Rd., Columbus, OH 43220, 614 451-2356.
BEERY, Paul Ray; '50 BSBA; Realtor-Appraiser; Falco Smith & Kelley Co., 250 E. Broad St., Columbus, OH 43215; r. 2588 Welsford Rd., Columbus, OH 43221, 614 488-2942.
BEERY, Dr. Ralph Hiram, Jr.; '84 MPA; Chiropractor; Ralph H. Beery Jr. BA, DC Inc., 307 W. Vine St., Mt. Vernon, OH 43050, 614 392-0866; r. 306 E. Vine St., Mt. Vernon, OH 43050, 614 392-5581.
BEERY, Ronald Lee; '81 BSBA; Sr. Prog. Analyst; Nationwide Mutual Ins., Two Nationwide Plz., 9th Fl., Columbus, OH 43215; r. 522 E. Lincoln Ave., Columbus, OH 43214, 614 885-1465.
BEERY, Susan '83 (See Clark, Susan Beery).
BEESON, Kevin Ridgeway; '79 BSBA; Acctg. Systs. Analyst; Shelby Mutual Ins. Co., 175 Mansfield Ave., Shelby, OH 44875, 419 347-1880; r. 91 E. Smiley Ave., Shelby, OH 44875, 419 347-5389.
BEETHAM, Rupert Nelms; '69 BSBA; Atty.-Partner; Beetham Law Ofc., 146 S. Main St., Cadiz, OH 43907; r. 422 St. Clair Ave., Cadiz, OH 43907, 614 942-2368.
BEETHAM, Thomas D.; '48 BSBA; Atty.; Beetham Laws Offices, 146 S. Main St., Cadiz, OH 43907; r. POB 128, Cadiz, OH 43907, 614 942-3301.
BEETHAM, Thomas Mark; '72 BSBA; Atty.; Beetham Law Offices, 146 S. Main St., Cadiz, OH 43907; r. 201 W. Market St., Cadiz, OH 43907, 614 942-4016.
BEEVER, David Clarence; '69 BSBA, '71 MA; Pres.; Meridian Cos., POB 1228, Columbus, OH 43216, 614 459-4511; r. 5246 Brynwood Dr., Columbus, OH 43220, 614 459-7818.
BEEVER, Marianne L.; '85 BSBA; Data Sec. Anal.-PC/Netwk; The Huntington Svc. Co., POB 1558, Columbus, OH 43216, 614 476-8143; r. 42 Sycamore Rd., Pataskala, OH 43062, 614 927-3455.
BEGALKE, Kenneth A.; '66 MBA; Staff; Sun Co. Inc., 100 Madison Ford Dr., Radnor, PA 19087; r. 327 Strathmore Dr., Rosemont, PA 19010, 215 525-7413.
BEGASHAW, Seifu A.; '86 BSBA; Assoc. Dir. Repak Oper.; Standard Textile Co., 1 Knollcrest Dr., Cincinnati, OH 45222, 513 761-9255; r. 515 Lowell St., Apt. #3, Cincinnati, OH 45220, 513 751-2615.
BEGGIN, Brad Eugene; '82 BSBA; Sales Rep.; Boyle-Midway, Div of Amer Home Prod, Lima, OH 45802; r. 2046 W. Wayne, Lima, OH 45805, 419 229-2050.
BEGGS, Ivan V.; '80 MBA; Sr. Bus. Analyst; The Timken Co., 1835 Dueber Ave. SW, Canton, OH 44706, 216 430-6246; r. 236 19th St., NW, Canton, OH 44709, 216 456-5215.
BEGIEN, Donald C.; '56 BSBA; Plant Mgr.; Car-Tec Corp., 234 E. Maple Rd., Troy, MI 48084, 313 585-7750; r. 4250 Greenstown Dr., W. Bloomfield, MI 48033, 313 683-8071.
BEGIEN, Nolan A.; '54 BSBA; Food Svc. Admin.; State of Ohio, Dept. of Rehab & Corrections, Columbus, OH 43215; r. 1357 Bluff Ave. #A, Columbus, OH 43212, 614 488-7408.
BEGIS, Donald B.; '52 BSBA; Pres.; Omnisport, 128 Singleton St., Woonsocket, RI 02895, 401 769-7000; r. 491 Plain Hill Rd., Norwich, CT 06360, 203 822-6720.
BEGLAND, LTC Rob Roy; '31 BSBA; Retired Mgmt Analyst/Atty; r. 3666 Woodcutter Ln., Columbus, OH 43224, 614 475-5011.
BEGLEY, John Patrick; '86 BSBA; Staff; Transwestern Publishing, 3244 Newmark Dr., Miamisburg, OH 45342; r. 700 Woodbourne-Tr., Dayton, OH 45459, 513 433-7330.
BEGUE, Eugene F., Jr.; '82 BSBA; Innkeeper; Knights Inn, 4423 State Rte. 43, Kent, OH 44240, 216 678-5250; r. Same.
BEGUN, Armand Gary; '88 BSBA; POB 355, Cambridge, OH 43725, 614 299-8931.
BEGUN, Jeffrey Scott; '82; Owner Auto Wholesale Co.; Scioto Valley Dealership Inc., 6040 Glick Rd., Powell, OH 43065, 614 766-0016; r. 5807 Meadowhurst Way, Dublin, OH 43017, 614 764-1386.
BEHAN, Donald James, Jr.; '84 BSBA; 3827 Larchview Dr., Cincinnati, OH 45236, 513 891-4641.
BEHLEN, Robert A.; '37 BSBA; 2519 Salem St., Cincinnati, OH 45208, 513 321-1473.
BEHLEN, Robert Edward, III; '78 MPA; Finance Dir.; City of Grove City, 3360 Park St., Grove City, OH 43123, 614 875-6368; r. 2533 Glenmawr, Columbus, OH 43202, 614 268-3793.
BEHM, Roger E.; '49 BSBA; Retired Engr.; Williams Rsch., 2280 W. Maple Rd., Walled Lake, MI 48088; r. 25604 Adams, Novi, MI 48050, 313 476-8486.
BEHNFELDT, John Lee; '88 BSBA; 17391 King Rd., Bowling Green, OH 43402, 419 823-1635.
BEHRENDS, James Robert; '85 BSBA; 8900 Cruden Bay Ct., Dublin, OH 43017, 614 889-7313.
BEICKELMAN, Frank E.; '52 BSBA; Admin.; Plumbers & Pipefitters, Local 189, 1230 Kinnear Rd., Columbus, OH 43212, 614 486-5203; r. 1890 Willow Forge Dr., Columbus, OH 43220, 614 451-1321.
BEIER, Dr. Frederick John; '62 BSBA, '64 MBA, '69 PhD (BUS); Prof.; Univ. of Minnesota, Sch. of Management, 271 19th Ave. S., Minneapolis, MN 55455, 612 625-0352; r. 4251 Garfield S., Minneapolis, MN 55409, 612 822-7144.
BEIFUSS, Richard C.; '50 BSBA; Retired; r. 878 Prince William Ln., Westerville, OH 43081, 614 890-7864.
BEIGHLEY, Jo '82 (See Altman, Jo Beighley).
BEIGHTLER, COL Robert S., USA(Ret.); '50 MBA; 15 Villanova Ln., Oakland, CA 94611, 415 339-8908.
BEIM, Yetta B. '39 (See Grundstein, Mrs. Yetta B.).
BEINECKE, Charles Robert, Jr.; '75 BSBA; Loan Ofcr.; The Galbreath Mortage Co., 101 E. Town St., Columbus, OH 43215; r. POB 83, Grove City, OH 43123.
BEIRIGER, Gerald Alan; '67 BSBA; Owner; North Dallas Printing, 244 Spanish Village Ctr., Dallas, TX 75248, 214 385-1030; r. 6918 Windy Ridge, Dallas, TX 75248, 214 931-5747.
BEISEL, Mrs. Cynthia K., (Cynthia K. Bern); '83 BSBA; Mktg. Coordinatr; Northstar Mktg. Corp., 6751 Commerce Pkwy., Ste. 200, Dublin, OH 43017, 614 764-9300; r. 3694 Kilkenny Dr., Hilliard, OH 43026, 614 771-5756.
BEISEL, Robert Claiborne; '84 BSBA; Syst. Designer; Norstan/Electronic Engrg., Customer Svc. & Design, 1021 Checkrein Ave., Columbus, OH 43229, 614 846-0990; r. 3694 Kilkenny Dr., Hilliard, OH 43026, 614 771-5756.
BEISNER, John David, II; '84 MBA; Cnslt.; Andersen Cnsltg., 133 Peachtree St. NE, Atlanta, GA 30303, 404 658-1776; r. 3215 Waters Mill Dr., Alpharetta, GA 30201, 404 664-2812.
BEITEL, Mary Ruwette; '83 MPA; Rsch. Assoc.; Ohio Dept. of Taxation, Div of Research & Statistics, 30 E. Broad St., Columbus, OH 43215; r. 2477 Sutter Pkwy., Dublin, OH 43017, 614 764-9685.
BEITZ, Dr. Charles A., Jr.; '61 MBA; Assoc. Prof.; Mt. St. Mary's Clg., Emmitsburg, MD 21727, 301 447-6122; r. 1130 Oak St., Carlisle, PA 17013, 717 249-8965.
BELANGER, Cathleen '80 (See Santiago, Cathleen Belanger).
BELCHER, Bryan; '51 BSBA; Owner; The Incentive Menu, 1485 Commerce Park Dr., C, Tipp City, OH 45371, 513 667-5838; r. 2455 Seneca Dr., Troy, OH 45373, 513 339-2214.
BELCHER, Cynthia Renee; '85 BSBA; Mktg. Rep.; Obc Public Safety, 7908 Cin-Day Rd., Cincinnati, OH 45069; r. 4084 Sharon Park Ln., Cincinnati, OH 45241, 513 563-6432.
BELCHER, David Paul, II; '73 BSBA; 8 Lancelot Ln., Joliet, IL 60436, 815 741-8589.
BELCZAK, Richard John; '77 BSBA; Sales Engr.; EMCORP, 57 E. Chestnut St., Columbus, OH 43215, 614 228-6875; r. 124 Executive Ct., Westerville, OH 43081, 614 882-8343.
BELDA, David Tuite; '69 BSBA; Pres.; Phonotronics, Inc., 15229 S. State Ave., POB 367, Middlefield, OH 44062, 216 338-1622; r. 2675 Warrensville Center Rd., # 5, Shaker Hts., OH 44122, 216 932-2097.
BELDEN, Park A.; '55 BSBA; Owner; Color Reproductions, 1113 Lincoln Dr., Marietta, GA 30061, 404 641-5699; r. Same, 404 926-4722.
BELDEN, Randall John; '77 BSBA; Pres.; Edith G. Belden Realty, Inc., 1450 S. Clinton, Defiance, OH 43512, 419 782-9151; r. 823 Wayne Ave., Defiance, OH 43512, 419 782-3951.
BELDEN, Wade Alexander, Jr.; '56 BSBA; Contract Admin.; Loral Corp., 1210 Massillon Rd., Akron, OH 44306, 216 796-2744; r. 2978 Harriett Rd., Silver Lake, OH 44224, 216 688-7077.
BELDING, Sherman C.; '54 BSBA; Retired; r. 6957 Park Ridge Blvd., San Diego, CA 92120, 619 463-7819.
BELHORN, Paul C.; '64 BSBA; Dir. New York Ofc.; Comptroller of the Currency, Three Gateway Ctr., 100 Mulberry St. Ste. 1675, Newark, NJ 07102, 201 645-2615; r. 7 Oakwood Way, Middletown, NJ 07748, 201 671-7939.
BELINSKE, Joseph, IV; '85 BSBA; Constr. Worker; Joseph Belinske Iii, 5546 Woodridge, Toledo, OH 43623; r. 5546 Woodridge, Toledo, OH 43623, 419 882-4869.
BELKIN, Michael Lawrence; '82 BSBA; Staff; Belkin Productions, 44 N. Main, Cleveland, OH 44022, 216 247-2722.
BELKNAP, David J.; '47 BSBA; Retired; Mass Mutual Life Ins. Co., 42 E. Gay St., Columbus, OH 43215; r. 194 Sanbridge Cir., Worthington, OH 43085, 614 885-7286.
BELL, Alfred Henry; '49 BSBA; Public Acct.; 315 S. Kellner Rd, Columbus, OH 43209, 614 231-1559; r. Same.
BELL, Andrew G.; '84 BSBA; Realtor; Dooley & Co. REALTORS, 252 W. Fifth Ave., Columbus, OH 43215, 614 297-8600; r. 2868 Neil Ave., Apt. #582-B, Columbus, OH 43202, 614 268-8820.
BELL, Anne E. '83 (See Brown, Mrs. Anne).
BELL, Betsey A.; '84 MBA; Acct.; Capital Holding Corp., 680 4th Ave., Louisville, KY 40202, 502 560-2179; r. 313 Oread Rd., Louisville, KY 40207, 502 893-6711.
BELL, Brian Leslie; '79 MPA; Univ. Admin.; Central State Univ., POB, Wilberforce, OH 45384; r. 155 E. Weisheimer, Columbus, OH 43214, 614 263-4470.
BELL, Cheryl '81 (See Williams, Mrs. Cheryl A.).
BELL, David Arthur; '80 BSBA; Programmer Analyst; Columbia Gas Syst. Svc., 1600 Dublin Rd., Columbus, OH 43215; r. 2185 Olde Sawmill Blvd., Dublin, OH 43017, 614 766-1680.
BELL, David John; '83 BSBA; Sales Rep.; American V. Mueller, Div American Hosp Supply Corp, 1850 N. Greenville, Richardson, TX 75081; r. 4110 Wellington St., #703, San Angelo, TX 76903.
BELL, Doyt E.; '32 BSBA; Retired Asst. Corp. Secy.; Franklin Intl. Inc.; r. 862 Francis Ave., Columbus, OH 43209, 614 231-7653.
BELL, Francis William; '57 BSBA; Sales Rep.; Barra Corp. of America, Roofing Products for NC & SC, 190 Fairfield Ave., W. Caldwell, NJ 07006, 800 526-2291; r. POB 1504, Matthews, NC 28106, 704 366-5262.
BELL, Frank Stanton; '79 BSBA; VP; M & B Asphalt Co., Inc., POB 456, Tiffin, OH 44883, 419 992-4235; r. 730 3rd St., Findlay, OH 45840, 419 423-0375.
BELL, Frederick James; '21 BSBA; Retired Farmer; r. 1540 Riverside Dr., Apt. #203, Titusville, FL 32780.
BELL, Harvey E.; '71 MBA; Pres.-Exec. Recruiting; Harvey Bell & Assocs. Mktg. & Communs. Cnsltg., 700 Lindsay Ave., Rohnert Park, CA 94928, 707 795-0650; r. Same.
BELL, Hugh S.; '55 BSBA; Pres.; M & B Asphalt Co. Inc., POB 456, Tiffin, OH 44883; r. 803 6th St., Findlay, OH 45840, 419 422-3678.
BELL, Jack Edward; '38 BSBA; Agt.; John Hancock Mutual Life Ins., 150 Springside Dr., Ste. A105, Akron, OH 44313, 216 666-6226; r. 939 Hampton Ridge, Akron, OH 44313, 216 867-0282.
BELL, Jack Gerrard; '49 BSBA; Retired Tool Engr.; Aerospace, 1210 Massilon Rd, Akron, OH 44306; r. 10302 Nantucket Village Ct., Dallas, TX 75227, 214 285-0810.
BELL, James Christopher; '81 BSBA; 17 E. Madison Ave., Shelby, OH 44875, 419 347-6914.
BELL, Jeffrey David; '76 BSBA; Agt.; The Teledyne Inc., 1901 Ave. of The Stars, Los Angeles, CA 90067; r. 5261 Wagon Wheel Ln., Gahanna, OH 43230, 614 475-2845.
BELL, Mrs. Kimberly Rae, (Kimberly R. Bibbo); '82 BSLHR; Personnel Rep.; Innovative Controls Inc., 12614 Hempstead Hwy., Houston, TX 77292, 713 744-4375; r. 14515 Wunderlich #706, Houston, TX 77069, 713 893-5546.
BELL, Leslie '81 (See Mosteller, Mrs. Leslie V.).
BELL, Marla '83 (See Bell-Gomita, Ms. Marla I.).
BELL, Mary A. '49 (See Kick, Mrs. Mary B.).
BELL, Mrs. Mary Ann, (Mary Asencio); '83 BSBA; Asst. Controller; Croton Egg Farms, 11212 Croton Rd, Croton, OH 43013; r. 206 Meadow Ln., Johnstown, OH 43031, 614 967-0933.
BELL, Rebecca Susan; '86 BSBA; Sales Rep.; Harris/3M, 1711 Worthington Rd., Ste. 203, W. Palm Bch., FL 33409, 407 697-3701; r. 1056 Summit Tr. Cir., Apt. D, W. Palm Bch., FL 33415, 407 471-9537.
BELL, Rhoane Thomas, Jr.; '35 BSBA; 3232 SE Fairway W., Stuart, FL 34994, 407 283-8874.
BELL, Ms. Rita Louise; '82 BSBA; Applications Spec.; Bank One, 500 Cleveland, Westerville, OH 43187; r. 247 S. Wayne Ave., Columbus, OH 43204, 614 279-9952.
BELL, Robert Ashley; '49 BSBA; Atty.; City Attys. Ofc., City Hall, 90 W. Broad St., Columbus, OH 43215; r. 5757 Bastille Pl., Columbus, OH 43213, 614 861-8805.
BELL, Robert Gavin; '37 BSBA; Retired; r. 2637 Applewood Dr., Titusville, FL 32780, 407 269-1831.
BELL, Susan Elizabeth; '81 MPA; 1608 Oak Park Blvd., #3, Lake Charles, LA 70601.
BELL, Thomas D.; '86 BSBA; Grad. Student; St. Xavier Clg., Hospital Admin. Dept., Chicago, IL 60655; r. 730 10th Ave.N #B/3, Onalaska, WI 54650, 513 861-0862.
BELL, Vance; '34; Retired; r. 806 47th Ave. N., Myrtle Bch., SC 29577, 803 449-5697.
BELL, Walter R.; '67 BSBA; Supv. Review Appraisals; Colorado Dept. of Highways, 4201 E. Arkansas Ave., Denver, CO 80222, 303 757-9834; r. 6865 E. Arizona Ave. Apt. C, Denver, CO 80222, 303 758-1970.
BELL, William D.; '57 BSBA; Pres./Manufacturers Rep.; W D Bell Co., 542 Fenway Dr., Lima, OH 45804, 419 223-6701; r. Same.
BELLAMY, Frank Thomas; '83 MBA; Plant Mgr.; Superior Linen, 481 Wayne St., Cincinnati, OH 45206, 513 751-1345; r. 8234 Brownstone Dr., Cincinnati, OH 45241, 513 777-6095.
BELLAR, Fred James, III; '77 MBA; Dir./Budget Analysis; GM Corp., General Motors Bldg., Detroit, MI 48202; r. 380 Westchester, Saginaw, MI 48603.
BELLAR, Jeffrey Alan; '85 BSBA; 2971 Dennis Ln., Grove City, OH 43123.
BELLARD, Ernest H., Jr.; '48 BSBA; Retired; r. Box 342, Ponte Vedra Bch., FL 32082, 904 285-6706.

ALPHABETICAL LISTINGS
BENNETT 19

BELLER, Walter I.; '78 BSBA; Food Beverage Mgr.; The Lodge at Vail, 174 Gore Creek, Vail, CO 81657, 303 476-5011; r. 2256 Briarwood Rd., Cleveland Hts., OH 44118, 216 371-0590.

BELLETT, Bridget Mary; '82 BSBA; 8125 Taylorsville, Dayton, OH 45424.

BELL-GOMBITA, Marla; '83 MLHR; Contract Negotiator; Ohio Educ. Assn., 1643 S. Briel Blvd., Middletown, OH 45044, 513 423-9441; r. 141 Arlington Dr., Franklin, OH 45005.

BELL-GOMITA, Ms. Marla I., (Marla Bell); '83 MLHR; Educ. Cnslt.; Ohio Educ. Assoc., 1643 S. Breiel Blvd., Middletown, OH 45044, 513 423-9441; r. 141 Arlington Dr., Franklin, OH 45005.

BELLINGER, Debra '80 (See Dotson, Debra Bellinger).

BELLINGER, Scott Paul; '86 BSBA; Estate Acct.; Vorys Sater Seymour & Pease, 52 E. Gay, Columbus, OH 43215, 614 464-8212; r. 2184 Hedgerow Rd., Apt. D, Columbus, OH 43220, 614 457-2591.

BELLINO, Dominick Anthony; '79 BSBA; Sr. Financial Analyst; Racal-Milgo, Inc., 1601 N. Harrison Pkwy., Sunrise, FL 33323, 305 476-4387; r. 8822 NW 48th St., Sunrise, FL 33351, 305 748-2349.

BELLINO, Frank C., Jr.; '71 BSBA; Tchr.; Howland Schs., Bd. of Educ., 8200 South St. SE, Warren, OH 44484, 216 539-4215; r. 2522 Cardinal Dr., Youngstown, OH 44505, 216 759-2223.

BELLINO, Joseph Paul; '72 BSBA, '73 MBA; VP & C F O; B-Bar-B Inc., E. 10th & Mc Beth St., POB 909, New Albany, IN 47150, 812 944-8481; r. POB 7371, Louisville, KY 40207.

BELLIS, Daniel Clark; '84 BSBA; 5690 South St., Vermilion, OH 44089, 216 967-8698.

BELLISARI, Michael Joseph; '87 BSBA; Managing Partner; Pop'z Nite Club, 1155 Old W. Henderson Rd., Columbus, OH 43214, 614 451-9755; r. 1336 Whitby Sq. N., Columbus, OH 43229, 614 885-7863.

BELLISARI, Victor J., Jr.; '58 BSBA; Factory Sales Rep.; Bruske Products, 7447 Duvandrive, POB 667, Tinley Park, IL 60477, 312 532-3800; r. 1336 Whitby Sq. N., Columbus, OH 43229, 614 885-7863.

BELLMAN, Carl Edward; '77 BSBA; Admin. Mgr.; Marathon Petroleum Co., Wholesale Mktg. Div., 539 S. Main St., Findlay, OH 45840; r. 6632 Willowwick Rd., Findlay, OH 45840, 419 293-2783.

BELLMAN, Larry Joseph; '74 BSBA, '75 MBA; VP/Part Owner; Emerson Lumber, 888 N. Nelson Rd., POB 19746, Columbus, OH 43219, 614 258-2883; r. 9014 Macintyre Dr., Dublin, OH 43017, 614 761-8520.

BELLOMO, Dana Marie; '87 BSBA; Staff Auditor; Dingus & Daga, Inc., 20600 Chagrin Blvd., Ste. 701, Shaker Hts., OH 44122, 216 561-9200; r. 3021 Coventry Dr., Parma, OH 44134, 216 845-4195.

BELLONI, LT Marion; '74 BSBA; 258 S. Wabash, Brewster, OH 44613.

BELNAP, Thomas Michael; '76 BSBA; CPA; 243 Main St., Conneaut, OH 44030, 216 593-6412; r. 1029 Lake Ave., Ashtabula, OH 44004, 216 964-8878.

BELOCK, Bernard W.; '37 BSBA; Retired; r. 3031 NE 51 St., Ft. Lauderdale, FL 33308, 305 771-1877.

BELOT, Carla J. '81 (See Dorsey, Mrs. Carla B., CPA).

BELOT, Jamie E.; '84 BSBA; Systs. Engr.; Computer Task Grp., 2965 Flowers Rd., S., Atlanta, GA 30341, 404 458-9257; r. 3511 Spring Creek Ln., Dunwoody, GA 30350, 404 698-9744.

BELOT, Suzanne, Esq.; '80 BSBA; Atty.; City of Wheeling, Legal Dept., 1500 Chapline St., Wheeling, WV 26003, 304 234-3736; r. 14 Oakmont Rd., Wheeling, WV 26003, 304 242-7828.

BELOTE, Dr. Arthur F.; '52 BSBA, '53 MBA; Dir.; Clemson-at-Furman MBA Prog., Furman University Campus, Greenville, SC 29613, 803 294-2090; r. Botany Arms Apts. #8, Greenville, SC 29615, 803 292-5458.

BELT, Corwin Evert; '73 BSBA; Acct.; Informatics Gen. Corp., 1651 NW, Professional Plz., Columbus, OH 43220; r. 3385 Smiley Rd., Hilliard, OH 43026, 614 876-1816.

BELT, Donald C.; '71 MBA; Sr. VP Sales & Mktg.; Servistar Corp., POB 1510, Butler, PA 16001, 412 283-4567; r. 1212 West Dr., Butler, PA 16001, 412 586-9509.

BELT, Donald Wendell; '88 MBA; 7646 Wilbur Rd., New Albany, OH 43054, 614 855-9594.

BELT, Karen Sue; '88 BSBA; 6727 Mcvey Blvd., Worthington, OH 43085, 614 889-8040.

BELT, Mary Jane Ruth '35 (See Brophy, Mrs. Mary Jane Ruth).

BELT, Richard L.; '48 BSBA; Pres./Owner; Belt Printing & Lithograph Co., 1505 Tenth St., Modesto, CA 95354, 209 523-8384; r. 410 Fleetwood Dr., Modesto, CA 95350, 209 522-1630.

BELTICH, Anthony Paul; '76 BSBA; Staff; Ppg Industries, 95 Columbia Ct. 1, Barberton, OH 44203; r. 2512 Sussex Dr., Clinton, OH 44216, 216 825-0159.

BELTRAM, Ms. Sharon Ann; '78 BSBA; Sr. Analyst, Info. Ctr.; Ross Labs, 625 Cleveland Ave., Columbus, OH 43216; r. 501 Piedmont Rd., Columbus, OH 43214, 614 262-9459.

BELTRONDO, John Jeffrey; '85 BSBA; Coord.; Enterprise Leasing, 2200 N St. Rd. #7, Lauderdale Lakes, FL 33313; r. 2770 Somerset Dr., #R-105, Lauderdale Lakes, FL 33311.

BELZ, Edward E.; '49 BSBA; Retired; r. 4205 Edgehill Dr., Columbus, OH 43220, 614 451-5270.

BEMBENEK, Ted J., Jr.; '64 BSBA, '65 MBA; Dir. Intl. Sales; CSX/Sealand-Intermodal Inc., Ste. 4500 Centerpointe, 200 International Cir., Baltimore, MD 21031, 301 584-0174; r. 250 Brookline Ct., Annapolis Landing, Riva, MD 21140, 301 956-3213.

BEMENT, Clinton E.; '42; Retired Lab Supv.; Goodyear Tire & Rubber Co., 1144 E. Market St., Akron, OH 44316; r. 2248 11th St., Cuyahoga Falls, OH 44221, 216 923-1464.

BENADUM, Electa D. '85 (See Varnish, Electa D.).

BENADUM, Jean; '36 BSBA; Retired; r. 3313 Witherward Tr., Dayton, OH 45449, 513 439-1829.

BENAGLIO, Bruce Joseph; '83 BSBA; Asst. Controller; Elcor Co., 4742 N. 24th St., Court 1, Ste. 300, Phoenix, AZ 85016, 602 468-7777; r. 4834 E. Kachina Tr., #4, Phoenix, AZ 85044, 602 893-3414.

BENALCAZAR, Benton Arnulfo; '83 BSBA, '86 MBA; Sales Repr; Coldwell Banker, 65 E. State St., Columbus, OH 43215, 614 463-1600; r. 1825 Merriweather Dr., Columbus, OH 43221, 614 457-0924.

BENATOR, Alice '49 (See Spielberg, Mrs. Alice).

BENAWIT, William F., Jr.; '48 BSBA; 10935 Beechwood Dr., Indianapolis, IN 46280, 317 844-8996.

BENCE, Randolph Parke; '76 BSBA; Acct./Analyst; Amway Corp., 7500 E. Fulton, Ada, MI 49301, 616 676-5133; r. 0-10851 12th Ave. NW, Grand Rapids, MI 49504, 616 453-3507.

BENDAU, James Michael; '68 BSBA; Atty.; 23200 Chagrin Blvd., Bldg. 2, Ste. 200, Cleveland, OH 44122, 216 464-6666; r. 4537 Birchwold Rd, Cleveland, OH 44121, 216 382-0204.

BENDER, Charles B.; '88 BSBA; Mgmt.; r. 2166 Lane Rd., Columbus, OH 43220, 614 451-3102.

BENDER, Mrs. David J., (Karen A. Hochwarth); '85 BSBA; Acct.; Marathon Oil Co., 539 S. Main St., Findlay, OH 45840, 419 422-2121; r. 522 Center St., Findlay, OH 45840, 419 422-6063.

BENDER, Gary Neal; '69 BSBA; CFO; Hobby Shack, Inc., 18480 Bandilier Cir., Fountain Vly., CA 92708, 714 964-0827; r. 17 Grant, Irvine, CA 92720, 714 551-8168.

BENDER, Jack J.; '65 BSBA; Internal Auditor; Furbay Electric Supply Co., 208 Schroyer Ave. SW, Canton, OH 44706, 216 454-3033; r. 3725 Dueber Ave. SW, Canton, OH 44706, 216 484-6312.

BENDER, James B.; '61 BSBA; Sales; Valley Furniture Co., 17401 Lorain Ave., Cleveland, OH 44111; r. Same.

BENDER, John R.; '47 BSBA; 15504 Ramage Ave. SE, Maple Hts., OH 44137, 216 662-5762.

BENDER, John T.; '66 MBA; Mgr. Financial Projects; WCI-Major Appliance Grp., 300 Phillipi Rd., Columbus, OH 43218, 614 272-4579; r. 81 Yorkshire Rd., Delaware, OH 43015, 614 363-0004.

BENDER, Richard; '70 BSBA; Contract Spec.; USA Tank Readiness Comm, Usatarcom Drsta-Ibza, Warren, MI 48090; r. 11031 Clinton River Rd., Sterling Hts., MI 48078, 313 739-8558.

BENDER, Richard A.; '66 BSBA; CPA; Cohen&Bender Accountancy Corp., 11999 San Vicente Blvd., Ste. #300, Los Angeles, CA 90049, 213 471-4220; r. 4936 Calvin Ave., Tarzana, CA 91356, 818 342-0804.

BENDER, Robert A.; '51 BSBA; Pres.; Robert A. Bender & Assocs., 1805 S. Bellaire St., Ste. 400, Denver, CO 80222, 303 757-1233; r. 375 Empire St., Aurora, CO 80010, 303 343-3034.

BENDER, Ronald C.; '62 BSBA; Engrg. Mgr.; Wolf Range Co., 19600 S. Alameda St., Compton, CA 90224, 213 637-3737; r. 7696 Granada Dr., Buena Park, CA 90620, 714 521-1967.

BENDER, Ted Thomas; '70 BSBA; Staff Spec.; Volvo GM Heavy Truck Corp., 600 E. Chestnut St., Orrville, OH 44667, 216 683-6710; r. 928 Concord Ave. SW, Canton, OH 44710, 216 454-9517.

BENDICK, Patricia Stalzer; '78 BSBA; Mgr Decision Support Syst; BancOhio Natl. Bank, 770 W. Broad, Columbus, OH 43251, 614 463-6923; r. 7686 Key Deer Dr., Worthington, OH 43085, 614 846-8676.

BENDIG, Charles Herman; '72 BSBA; Atty.; Wilcox, Schlosser & Bendig, 4937 W. Broad St., Columbus, OH 43228; r. 4022 Londonderry Ave., Columbus, OH 43228.

BENDURE, Bradley J.; '66 BSBA; Sales Mgr.; Ancra Corp., 1115 W. National Ave., Addison, IL 60101, 312 628-1200; r. 1073 Pueblo Dr., Batavia, IL 60510, 312 879-0943.

BENDURE, R. Scott; '78 BSBA; Dist. Mgr.; Tel-Matic Systs., 131 17th St., Toledo, OH 43624, 419 241-8141; r. 5041 Almont Dr., Columbus, OH 43229, 614 885-1475.

BENEDETTO, Anthony Albert; '84 BSBA; Sr. Mktg. Coord.; American Loyalty Insur Co., 1111 E. Broad St., Columbus, OH 43215, 614 251-5550; r. 4741 Palmetto, Columbus, OH 43228, 614 878-6974.

BENEDETTO, Douglas Bryson; '85 BSBA; 4741 Palmetto, Columbus, OH 43228, 614 878-6974.

BENEDICK, Ronald William; '79 BSBA; Controller; Nationwide Ins. Co., Sales & Financial Services, One Nationwide Plz., Columbus, OH 43216, 614 249-5234; r. 1960 Bedford Rd., Columbus, OH 43212, 614 486-6593.

BENEDICT, David Alan; '85 BSBA; Mgr.; Chi-Chi's El Pronto, Indian Mound Mall, Heath, OH 43055; r. 2096 Stoney Ct., Reynoldsburg, OH 43068, 614 755-9485.

BENEDICT, Donna J. '77 (See Johnson, Mrs. Donna J.).

BENEDICT, Jay Douglas; '85 BSBA; Acct.; Honda of America Mfg. Inc., 24000 US Rte. 33, Marysville, OH 43040, 513 642-5000; r. 292 Saint Andrews Ct., Dublin, OH 43017, 614 761-2968.

BENEDICT, Mrs. Kathleen G., (Kathleen Gibbs); '77 BSBA; Receptionist; Anderson Family Medicine, 8000 Five Mile Rd., Cincinnati, OH 45230; r. 1436 Calgery Dr., Cincinnati, OH 45255, 513 474-4030.

BENEDUM, David Franklin; '83 BSBA; 199 S. Murray Hill Rd., Columbus, OH 43228, 614 870-0586.

BENFER, Sally Elizabeth; '86 BSBA; Flight Attendant; Continental Airlines, Newark, NJ 07101; r. 5324 Tower Hill, Williamsburg, VA 23185, 804 220-8614.

BENGE, Mrs. Elizabeth Kilsheimer; '82 BSBA; Dental Ofc. Mgr.; Dr Larry Burnside, 8060 W. McNab Rd, Ft. Lauderdale, FL 33068, 305 726-5400; r. 8045 Lagos De Campo, Tamarac, FL 33321, 305 722-7238.

BENGE, Guy William, CPA; '76 BSBA; Asst. Controller; Kettering Med. Ctr., 3535 Southern Blvd., Kettering, OH 45429, 513 296-7215; r. 208 E. State Rte. 73, Springboro, OH 45066, 513 885-5720.

BENGE, Jeffrey Andrew; '84 BSBA; Area Parts Mgr.; John Deere Co., POB 540598, Dallas, TX 75354, 214 902-3229; r. 3601 Magic Dr., Apt. 201, San Antonio, TX 78229, 512 377-3405.

BENGERT, Sandra M.; '82 MLHR; 7313 Red Coat Dr., Hamilton, OH 45011, 513 896-1461.

BENGSTON, Richard J.; '48 MBA; Retired; Battelle Mem. Inst., 505 King Ave., Columbus, OH 43201; r. POB 179, Presque Isle, MI 49777, 517 595-6507.

BENHAM, Frank L., Jr.; '42; Salesman; Sterling Paper Co., 560 S. Front St., Columbus, OH 43215; r. 1725 Scottsdale Ave., Columbus, OH 43220, 614 457-3527.

BENIS, Cynthia Sue; '81 BSBA; Mktg. Coord.; Checkfree, 720 Greencrest Dr., Westerville, OH 43081, 614 898-6000; r. 7580 D Mill Bench Ct., Dublin, OH 43017, 614 766-1159.

BENIS, Michael K.; '61 BSBA; Indep. Sales Rep.; 5987 Rock Hill Rd., Columbus, OH 43213, 614 864-1506; r. Same.

BENJAMIN, Donald C.; '56 BSBA; Retailer; Carroll Furniture Co., 222 Orange Ave., W. Haven, CT 06516, 203 934-5263; r. 330 Wildwood Dr., Orange, CT 06477, 203 795-5780.

BENJAMIN, Kathleen '85 (See Payne, Mrs. Kathleen R.).

BENJAMIN, Richard Allen; '69 BSBA; Realtor; REMAX Inc., 1585 Bethel Rd., Columbus, OH 43220, 614 457-7111; r. 8639 Finlarig Dr., Dublin, OH 43017, 614 889-1716.

BENJAMIN, Robert Jon; '87 BSBA; Account Exec.; Heritage Sports, 34555 Chagrin Blvd., Moreland Hls., OH 44022, 216 247-6500; r. 26250 Fairmount Blvd., Beachwood, OH 44122, 216 464-0208.

BENJAMIN, Robert M.; '35 BSBA; Retired; r. 2942 Boone Ave., S., St. Louis Pk., MN 55426, 612 938-5526.

BENJAMIN, Ronald A.; '58 BSBA; Div. Mgr.; Mdse, Jordan Marsh, 1501 Biscayne Blvd., Miami, FL 33132; r. 6 E. Spring St. #7-2, Buffalo, NY 14221, 716 632-3270.

BENJAMIN, Susan Davis; '81 BSBA; Dir.-Stat. Svcs.; Central Reserve Life Ins., 343 W. Bagley Rd., Berea, OH 44017; r. 16956 S. Meadow Cir., Strongsville, OH 44136.

BENJAMIN, Susan Marie; '86 MBA; Assoc. Actuary; Ohio State Life Ins. Co., 2500 Farmers Dr., Worthington, OH 43085, 614 764-4182; r. 1804 White Pine Ct., Columbus, OH 43229, 614 436-7479.

BENJAMIN, Timothy Ray; '80 BSBA; POB 448, Holden, WV 25625.

BENKE, Donald Paul; '80 MBA; VP; 602 278-3591; r. 68 Madera Ave., San Carlos, CA 94070, 415 592-3343.

BENKEL, Jeffrey H.; '86 BSBA; Financial Analyst; Rocor Intl., 2929 E. Camelback Rd., Ste. 215, Phoenix, AZ 85016, 602 957-1889; r. 2015 E. Southern Ave. #14, Tempe, AZ 85282, 602 345-2314.

BENN, Ingrid Ileana; '77 MBA; Dir. Intl. Div.; Merrill Publishing Co., 1300 Alum Creek Dr., Columbus, OH 43216, 614 899-4344; r. 545 Woodingham Pl., Columbus, OH 43213, 614 864-7001.

BENN, Michael Andrew; '66 BSBA; Staff; Harvard Univ., Planning Ofc., Cambridge, MA 02138; r. 7 Bacon St., Newton Centre, MA 02158, 617 965-9846.

BENNER, Paul E.; '38 BSBA; Sales Rep.; Kilsby-Roberts Co., 3700 S. Capitol Ave., City of Industry, CA 91749, 213 699-9961; r. 16040 Leffingwell Rd. #115, Whittier, CA 90603, 213 943-0740.

BENNETT, Amy Troxell; '78 BSBA; 4141 Larue Prospect Rd., Prospect, OH 43342.

BENNETT, Barry P.; '87 BSBA; Legislative Asst.; Congressman Chalmers P. Wylie, 2310 Rayburn Ofc. Bldg., Washington, DC 20515, 202 225-2015; r. 216 Darby Dr., Lexington, OH 44904, 703 281-5787.

BENNETT, Bradley B.; '72; Pres.; Century 21 Lux & Bennett, Inc., 656 High St., Worthington, OH 43085; r. 2890 Eastcleft Dr., Columbus, OH 43221, 614 457-8774.

BENNETT, Bruce Edward; '74 BSBA, '75 MACC; Internal Auditor; r. 2215 London-Groveport Rd., Grove City, OH 43123.

BENNETT, Charles Edward; '81 MBA; VP Sales/Mktg.; Telesis Controls Corp., Sales & Marketing Division, 20700 US Rte. 23, Chillicothe, OH 45601, 614 642-3200; r. 1065 Autumn Woods Dr., Westerville, OH 43081, 614 882-8220.

BENNETT, Charles Richard; '57 BSBA; Retired; r. 953 Marland Dr. S., Columbus, OH 43224, 614 263-6422.

BENNETT, Cynthia Ann, (Cynthia Ann Girton); '86 BSBA; Asst. Mgr.; Retail Concepts Inc., Akron, OH 44313; r. 607 Garnette Rd, Akron, OH 44313, 216 869-0515.

BENNETT, David Fredrick; '82 BSBA; Natl. Acct. Mgr.; Kraft Food Ingredients, 6410 Poplar Ave., Memphis, TN 38119, 901 766-2480; r. 7152 Snyder Rd., Memphis, TN 38115, 901 755-3114.

BENNETT, Donald Wayne; '51 BSBA; Retired Gen. Counsel; Chicago, Rock Island & Pacific Railroad Co., 332 S. Michigan Ave., Chicago, IL 60604; r. 1211 Lake Shore Dr. N., Barrington, IL 60010, 312 381-2710.

BENNETT, Mrs. Emily Dutch, (Emily M. Dutch); '87 MPA; Sr. Govt. Analyst; Ofc. of the Governor, Div. of Planning & Budget, Capitol, Tallahassee, FL 32399; r. 3236 Horseshoe Tr., Tallahassee, FL 32312, 904 668-0146.

BENNETT, Geoffrey B.; '87 BSBA; Natural Gas Marketer; Gulf Ohio Corp., 3933 Price Rd., Newark, OH 43055, 614 366-7383; r. 127 Aqueduct, Newark, OH 43055, 614 366-3532.

BENNETT, Harlan Reppart, II; '83 BSBA; Mgr.; Accuray Corp., Export/Import Operations, 650 Ackerman Rd., Columbus, OH 43202, 614 261-2268; r. 200 Martingale #160, Laredo, TX 78041.

BENNETT, Jack William; '54 BSBA; 1830 1st St., Menominee, MI 49858, 906 863-5880.

BENNETT, James E.; '51 BSBA; POB 338, Chiefland, FL 32626, 904 493-4550.

BENNETT, Jeffrey E.; '88 BSBA; Consolidated Freightways, Columbus, OH 43216; r. 626 S. Westgate, Columbus, OH 43204, 614 274-7452.

BENNETT, Joan Marine; '88 BSBA; 10686 Blough Ave. Rte. 1, Bolivar, OH 44612, 216 756-2409.

BENNETT, John Donald; '48 BSBA; Rep.; r. 609 Dell Ridge Dr., Dayton, OH 45429, 513 298-8453.

BENNETT, John W.; '48 BSBA; Retired VP; E. J. Jim Owen Realtor, 5360 N. High St., Columbus, OH 43202; r. 623 Blenheim Rd., Columbus, OH 43214, 614 268-8810.

BENNETT, Jon W.; '71 MBA; Controller; Bank One Trust Co., 100 E. Broad St., Columbus, OH 43215; r. 3865 Shattuck Ave., Columbus, OH 43220, 614 457-6292.

BENNETT, Joseph Edmund; '66 BSBA; CPA; 3131 Sullivant Ave., Columbus, OH 43204, 614 274-7065; r. 626 S. Westgate Ave., Columbus, OH 43204, 614 274-7452.

BENNETT, Kathleen M. '85 (See Johnson, Mrs. Kathleen M.).

BENNETT, Keith Amedee; '84 BSBA; Abbey Dr. 2314-5, Ft. Wayne, IN 46895.

BENNETT, Kevin J.; '79 BSBA; Controller; Colorocs Corp., 2830 Peterson Pl., Norcross, GA 30071; r. 1970 Bridle Ridge Trace, Roswell, GA 30075.

BENNETT, Kimberly Spicer; '79 BSBA; Sales Mgr.; Pankow Assocs. Inc., 5214 W. Main St., Box 1002, Skokie, IL 60077; r. 2005 Rustic Tr., Mogadore, OH 44260, 216 325-1939.

BENNETT, Mrs. Laura F.; '86 BSBA; Programmer/Analyst; The Coca-Cola Co., PO Drawer 1734, Atlanta, GA 30301, 404 676-4844; r. 7302 Tree Mountain, Stone Mtn., GA 30083, 404 469-6720.

BENNETT, Mark David; '88 BSBA; 4410 Smothers Rd., Westerville, OH 43081, 614 890-0288.

BENNETT, Mark Steven; '83 BSBA; Plant Mgr.; Arrow Molded Plastics, 600 S. Clinton, Circleville, OH 43113, 614 474-6031; r. 6457 Mountaineer Trail Ct., Reynoldsburg, OH 43068, 614 866-4245.

BENNETT, Mary Joy; '57 BSBA; Buyer; Wanamaker's Dept. Store, 18 & August Cut Off, Wilmington, DE 19807; r. 27411 Valley Run Dr., Wilmington, DE 19810, 302 475-6154.

BENNETT, Matthew Lee; '83 BSBA; 5959 Aralia Ct., Galloway, OH 43119, 614 870-1155.

BENNETT, Paul Dana; '75 BSBA; Controller; Cravat Coal Co., 40580 Cadiz-Piedmont Rd., Cadiz, OH 43907, 614 942-4656; r. 62241 Homestead Dr., Barnesville, OH 43713, 614 425-3782.

BENNETT, Ralph A.; '65 BSBA; Bus. Mgr.; Schuck Industries, Inc., 8271 State, Rte. 127 N., Celina, OH 45822, 419 586-6431; r. 1124 Kingswood Ct., Celina, OH 45822, 419 586-2501.

BENNETT, Randy Lowe; '71 BSBA; Box 7109, Lafayette, OH 45854.

BENNETT, Richard Charles; '49 BSBA; Staff; Roadway Express, 1077 Gorge Blvd., Akron, OH 44310; r. 2376-17th St., Cuyahoga Falls, OH 44223, 216 923-6485.

BENNETT, Richard P.; '58 BSBA; Retired; r. 2109 Myrtle, Zanesville, OH 43701.

BENNETT, Robert Thomas; '60 BSBA; Atty./CPA-Chmn.; Ohio Republican Party, 172 E. State St., Ste. 400, Columbus, OH 43215, 614 228-2481; r. 4800 Valley Pkwy., Fairview Park, OH 44126, 216 333-4848.

BENNETT, Robin Lynn; '83 BSBA; 264 Northfield Dr., Elyria, OH 44035, 216 365-6998.

BENNETT, Rose Marie; '84 BSBA; Account Exec.; PRN Staffing, 16210 Lorain Ave., Cleveland, OH 44111, 216 251-4300; r. 1385 Riverside Dr., Apt. 3, Lakewood, OH 44107, 216 521-4738.

BENNETT, Stephen R.; '80 BSBA; 7949 Saddle Run, Powell, OH 43065, 614 766-2067.

BENNEY, James H.; '75 BSBA, '80 MBA; Tax Mgr.; Nationwide Ins. Co., One Nationwide Plz., Columbus, OH 43216, 614 249-7811; r. 938 Birchmont Rd., Columbus, OH 43220, 614 457-6475.
BENNINGTON, Don B.; '58 BSBA; Assoc.; Mgmt. Performance Inc., 7 W. 7th St. Ste. 1940, Cincinnati, OH 45202; r. 7 W. 7th St. Ste. 1940, Cincinnati, OH 45202.
BENNION, Marcus Lindsay, Jr.; '72 BSBA, '76 MBA; Staff; Bowling Green State Univ., Marketing Dept., Bowling Green, OH 43403; r. 944 Bexley Dr., Perrysburg, OH 43551, 419 874-7883.
BENSINGER, Dennis Delbert; '68 MACC; Prof.; Youngstown State Univ., Williamson Sch. of Business, Youngstown, OH 44555, 216 742-1880; r. RD 1 Box 187, Edinburg, PA 16116, 412 654-8409.
BENSON, Brian David; '88 BSBA; 140 Larrimer Ave., Worthington, OH 43085, 614 436-0286.
BENSON, Charles E.; '35 BSBA; Exec. VP Emeritus; Ohio Lumbermen's Assn., Columbus, OH 43214; r. 1780 Ardleigh Rd., Columbus, OH 43221, 614 451-9334.
BENSON, Debra A. '85 (See Melvin, Mrs. Debra B.).
BENSON, Frank J.; '55 BSBA; RR No 5, 709 Dorsey Way, Anchorage, KY 40223, 502 425-0310.
BENSON, George S.; '67 BSBA; Exec. VP; Clark Consolidated Industries, 20575 Ctr. Ridge Rd., Cleveland, OH 44116; r. 42 Collver Rd., Cleveland, OH 44116.
BENSON, Leonard H.; '48 BSBA; Pres.; L. H. Benson Assoc. Inc., 635 Hanna Bldg., Cleveland, OH 44115, 216 621-1777; r. 2755 Attleboro Rd, Cleveland, OH 44120, 216 991-7022.
BENSON, Leonard Le Roy; '70 BSBA; Auditor; r. 8060 E. New Carlisle Rd., New Carlisle, OH 45344, 513 845-1847.
BENSON, Lisa Marie; '88 BSBA; 7545 Duncans Glen Dr., Westerville, OH 43081, 614 890-0249.
BENSON, Richard B.; '32 BSBA; Retired; r. 2004 Wakefield St., Alexandria, VA 22308, 703 780-6617.
BENSON, Sara L. '82 (See Endsley, Mrs. Sara L.).
BENSON, Stuart Jay, Jr.; '79 MBA; Pres.; Suburban Steak House, 433 S. Hamilton Rd., Columbus, OH 43213, 614 236-8521; r. 5099 E. Cedars Dr., Columbus, OH 43232, 614 864-0874.
BENSON, Verne Howard; '62 BSBA; Facilities Plng. Mgr.; J C Penney Casualty Ins., 800 Brooksedge Blvd., Westerville, OH 43081, 614 891-8664; r. 28 King Arthur Blvd., Westerville, OH 43081, 614 890-6592.
BENTLEY, Michelle Marie; '86 BSBA; 1840 Pheasant Hills Dr., Loveland, OH 45140, 513 683-0904.
BENTLEY, Richard F.; '75 BSBA; Atty.; Wolfe & Bentley, 425 Center St., Ironton, OH 45638, 614 532-7000; r. 411 Cliff St., Ironton, OH 45638, 614 532-9302.
BENTOFF, Fred J.; '60 BSBA; Atty.-Partner; Bentoff & Duber Co. LPA, 230 Leader Bldg., Cleveland, OH 44114, 216 861-1533; r. 1 Old Mill Rd., Gates Mills, OH 44040, 216 423-0203.
BENTON, Charles K.; '58 BSBA; Owner; Ridgeville Music Studio, 6470 Pitts Blvd., N. Ridgeville, OH 44039; r. 22800 Esther Ave., Fairview Park, OH 44126, 216 734-1015.
BENTON, Katherine B.; '84 MPA; Soc Prog. Developer; Ohio Dept. of Human Svcs., Public Assistance Policy Div, Medicaid Div-30 E. Broad St., Columbus, OH 43215, 614 466-7960; r. 9762 Ariadne Trail, Centerville, OH 45458.
BENTON, Nancy Anne; '88 BSBA; 1392 Sharon Green Dr., Columbus, OH 43229.
BENTZ, Charles Raymond; '74 BSBA; Mgr., Finance & Admin.; Schuler, Inc., 2222 S. Third St., Columbus, OH 43207, 614 443-9421; r. 5240 Longrifle Rd., Westerville, OH 43081, 614 898-9433.
BENTZ, Ernest J.; '43 BSBA; Retired; ALCOA, 5151 Alcoa Ave., Los Angeles, CA 90058; r. 825 Golden West Ave., Unit 8, Arcadia, CA 91006.
BENTZ, Joel David; '71 BSBA; Corporate Acct.; Trustcorp Inc., 245 Summit St., Toledo, OH 43652, 419 259-8338; r. 511 N. Main, Apt. 7, Walbridge, OH 43465, 419 666-8564.
BENTZ, Dr. William Frederick; '65 MACC, '69 PhD (ACC); Chairperson; OH State Univ., Fac.Of Acctg.& Mgmt.Info.Syst., 408 Haggerty, 1775 College Rd., Belle Ctr., OH 43210, 614 292-2081; r. 4206 Golden Seal Way, Hilliard, OH 43026, 614 771-5972.
BENYA, Michael Dan; '86 BSBA; Mgr.; Fisher Big Wheel Co., Strongsville, OH 44136; r. 1960 David Ave., Parma, OH 44134, 216 845-6651.
BENZ, Christine Finkes; '75 BSBA; 7106 Cresswyck Ct., Wexford, PA 15090, 412 935-1293.
BENZ, Roger William; '79 BSBA; 5958 Ter. Park Dr., Dayton, OH 45429, 513 439-1690.
BENZ, Steven Paul; '75 BSBA; CPA; r. 7106 Cresswyck Ct., Wexford, PA 15090, 412 935-1293.
BENZING, David John; '85 BSBA; 748 Beechwood Ave., Cincinnati, OH 45232, 513 542-1940.
BEONDO, Sally B. '86 (See Kreuchauf, Ms. Sally B.).
BERARD, William Burnet; '49 BSBA; Pres. & Dir.; Agate Petroleum Inc., 1301 Fourth Natl Bldg., Tulsa, OK 74119, 918 585-9016; r. 6015 E. 58th St., Tulsa, OK 74135, 918 494-0762.
BERARDI, Joseph Anthony; '86 BSBA; 4508 Rean Meadow, Kettering, OH 45440, 513 434-6097.
BERECZ, Stephen Louis; '80 BSBA; Sr. Prog. Analyst; First Florida Bank, 4109 Gandy Blvd., Tampa, FL 33611, 813 832-0781; r. 495 Severn Ave., Tampa, FL 33606, 813 251-4602.
BERES, Mrs. Tamara Sue, (Tamara Sue Ward); '86 BSBA; Risk Analyst; Goodyear Tire & Rubber Co., Risk Management Dept. 608, 1144 E. Market St., Akron, OH 44316, 216 796-3149; r. 193 Highpoint, Akron, OH 44312, 216 733-7812.
BERETICH, Katherine Swords, (Katherine Swords); '81 BSBA; Asst. Dir. of Fin. Aid; De Vry Inst. of Technology, Financial Aid Dept., 1350 Alum Creek Dr., Columbus, OH 43209, 614 253-7291; r. 5970 Refugee Rd. NW, Baltimore, OH 43105, 614 862-4201.
BERG, Alan D.; '54 BSBA; Sr. Nutrition Adviser; The World Bank, 1818 H St. N. W., Washington, DC 20433, 202 473-3433; r. 2229 California St. NW, Washington, DC 20008, 202 745-0083.
BERG, George R.; '48 BSBA; 7906 Church St., Morton Grove, IL 60053, 312 965-2983.
BERG, Lawrence E.; '55 BSBA; Dir.; Div. of Health Systs. Devel., Ofc. of Health Prog. Rsch. Dev, 7900 S.J. Stock Rd., Tucson, AZ 85746, 602 629-6206; r. 4635 Paseo Pitiquito, Tucson, AZ 85715, 602 299-7034.
BERG, Linda A. '68 (See Maney, Mrs. Linda B.).
BERG, Paul B.; '62 BSBA; Partner; Enzer & Kaufman CPA's, Encino, CA 91316; r. 4914 Andasol Ave., Encino, CA 91316, 818 981-3625.
BERG, Dr. Robert M.; '67 MBA; Prog. Mgr.; Ctr. for Nav. Analyses, 4401 Ford Ave., Alexandria, VA 22302, 703 824-2000; r. 8511 Boundbrook Ln., Alexandria, VA 22309, 703 360-4181.
BERGEN, Kevin Robert; '84 BSBA; Commercial Loan Coord.; Union Trust Co., 185 Asylum St., Hartford, CT 06103, 203 275-6380; r. 56 Waklee Ave. Ext. #10, Shelton, CT 06484, 203 734-0264.
BERGEN, Suzanne Marie; '81 BSBA; Casualty Claims Trainer; Progressive Ins. Co., 3802 Coconut Palm Dr., Tampa, FL 33619, 813 623-1781; r. 12000 Fourth St. N., Apt. 171, St. Petersburg, FL 33716, 813 579-0960.
BERGEN, William J.; '23 BSBA; Retired; r. 20201 N. Park Blvd., Apt. 112, Shaker Hts., OH 44118, 216 321-2837.
BERGER, Alan Wesley; '75 BSBA; Partner; Berger Apple & Assocs., 5171 Mayfield Rd., Lyndhurst, OH 44124, 216 461-3440; r. 2404 Bromley Rd., University Hts., OH 44118, 216 291-1453.
BERGER, Charles L.; '60 MBA; CPA; Beckett & Berger, 200 S. Washington Blvd. Ste. 3, Sarasota, FL 33577; r. 4129 Pinar Dr., El Conquistador Village, Bradenton, FL 34210, 813 758-6800.
BERGER, Ms. Donna Marie; '82 BSBA; Dist. Mgr.; The Quaker Oats Co., 6566 Cross Creek Tr., Brecksville, OH 44141, 216 838-1312; r. Same, 216 838-1161.
BERGER, Edward, III; '81 BSBA; Sales Rep.; Crane Co., 2204 Pease Ave., Houston, TX 77003; r. 47 Wagner Pl., Hawthorne, NJ 07506, 201 423-1122.
BERGER, Gary Evan; '70 BSBA; Coord.; Bethesda Hosp., 10500 Montgomery Rd., Personnel Dept., Cincinnati, OH 45242; r. 810 Kipp Dr., Cincinnati, OH 45255, 513 232-3636.
BERGER, Gene Mark; '83 BSBA; 6144 Stornway Dr. S., Columbus, OH 43213.
BERGER, James P.; '67 BSBA; Plant Mgr.; The Clorox Co., 125 Theodore Conrad Dr., Jersey City, NJ 07305, 201 333-0343; r. Rd 3 Stillhouse Rd., Freehold, NJ 07728.
BERGER, Jean Katz; '42 BSBA; 92 Friendship Ct., Red Bank, NJ 07701, 201 747-5596.
BERGER, Joyce (See Leiser, Joyce B.).
BERGER, Paul F.; '39 BSBA; Retired; r. 9877 Refugee Rd, Pickerington, OH 43147, 614 866-7831.
BERGER, Ralph Francis; '73 BSBA; Appraiser; R F Berger & Assocs., 1916 Bethel Rd., Columbus, OH 43220, 614 459-5331; r. 4698 Merrifield Pl., Columbus, OH 43220, 614 459-1177.
BERGER, Robert Earl; '72 BSBA; Inside Sales Mgr.; Arrow Electronics, 7461 Worthington Galena Rd., Columbus, OH 43085, 614 436-0928; r. 2996 Daisy Ln., Columbus, OH 43204, 614 272-1004.
BERGER, Robert Howard; '84 BSBA; Staff; Battelle Mem. Inst., 505 King Ave., Columbus, OH 43201, 614 424-6424; r. 80 S. Roosevelt Ave., Columbus, OH 43209.
BERGER, Robert Louis; '76 BSBA; Pres.; The Summit Grp., Inc., 7620 Olentangy River Rd., Worthington, OH 43085, 614 847-9777; r. 2269 Home Rd., Powell, OH 43019, 614 881-5261.
BERGFELD, Charles Anthony; '81 BSBA; 509 S. Jefferson, Delphos, OH 45833, 419 695-4946.
BERGGRUN, Adam Jay; '85 BSBA; Financial Cnslt.; Merrill Lynch, 1375 E. Ninth St., Cleveland, OH 44114, 216 363-6598; r. 3165 Van Aken Blvd., Shaker Hts., OH 44120, 216 751-1495.
BERGH, Douglas Roger; '84 BSBA; Salesman; Ethicon, Somerville, NJ 08876; r. 1796 A Treetop Tr., Akron, OH 44313, 216 929-1592.
BERGHOLT, James C.; '59 BSBA; Pilot; r. 24 Sullivan Rd., Newnan, GA 30265, 404 251-2224.
BERGKESSEL, Ernest John; '75 MBA; Staff; Xerox Corp., 100 S. Clinton Ave., Rochester, NY 14604; r. 31 Wood Lily Ln., Fairport, NY 14450, 716 425-2299.
BERGMAN, Brian Thomas; '87 BSBA; Acct.; Sohio-Standard Oil Co., 6500 Busch Blvd., Columbus, OH 43085; r. 619 E. Jeffrey Pl., Columbus, OH 43214.
BERGMAN, Cari Edelstein; '81 BSBA; CPA/Asst. Controller; Jamie Securities Co., 25 Broadway, New York, NY 10004; r. 30 Stoner Ave., Apt. 3R, Great Neck, NY 11021.
BERGMAN, James Lee; '77 BSBA; Staff; United Tech Corp., United Technologies Bldg., Hartford, CT 06101; r. 4615 Brookhill Dr. S., Manlius, NY 13104, 315 682-5177.
BERGMAN, Marilyn Gail; '86 BSBA; 8992 Emerald Ct., Jonesboro, GA 30236, 404 473-9540.
BERGMAN, Neil M.; '79 MBA; Pres. & Owner; Muirfield Pension Svc. Agcy. Inc., 5151 Post Rd., POB 817, Dublin, OH 43017, 614 761-1717; r. 1195 Slade Ave., Columbus, OH 43235, 614 457-4355.
BERGMAN, Raymond Anthony; '68 MBA; Retired; r. 107 E. 2nd St., Minster, OH 45865, 419 628-2534.
BERGMAN, Raymond L.; '58 BSBA; Owner & Pres.; Sol Bergman Co., Golden Gate Plz., Mayfield Rd., Mayfield Hts., OH 44124, 216 442-6100; r. Foxwood-Sherwin Rd., Willoughby, OH 44094, 216 942-3456.
BERGMANN, Carol Voelker; '84 MBA; Financial Analyst; Westat, 1650 Research Blvd., Rockville, MD 20850, 301 251-1500; r. 14920 Carry Back Dr., Gaithersburg, MD 20878, 301 330-3184.
BERGMANN, Christopher John; '88 MBA; 2515 Neil Ave., Columbus, OH 43202, 614 447-9845.
BERGMANN, Ms. Natalie A., (Natalie A. Taylor); '78 BSBA; Systs. Cnslt.; 1211 S. Brainard Ave., La Grange, IL 60525, 312 579-3258; r. Same.
BERGRUN, Clark Robert; '73 BSBA; 38627 Cherry Ln. Apt. 58, Fremont, CA 94536.
BERGSTROM, Peggy Jo; '84 BSBA; POB 253, Norwalk, OH 44857.
BERINATO, Diane Marie; '84 BSBA; Payroll Supv.; CT State Employees Credit Union, 84 Wadsworth St., Hartford, CT 06106, 203 525-6310; r. 96 Yorkshire St., Apt. 4, Torrington, CT 06790, 203 496-9812.
BERINGER, Walter Joseph; '86 MBA; Operations Engr.; Armco Inc., 703 Curtis St., Middletown, OH 45042, 513 425-3718; r. 6393 Staffordshire Ct., West Chester, OH 45069, 513 777-4933.
BERK, Bruce Charles; '82 BSBA; Retail Mgr./ Freddy'S; r. 2775 Brentwood Rd, Columbus, OH 43208.
BERK, Daniel J.; '85 BSBA; Field Support Rep.; J C Penney Co. Inc., Peachtree St., Atlanta, GA 30304; r. 8497 Woodgrove Dr., Dayton, OH 45459.
BERK, Fred W.; '64 BSBA; 4222 Marvin Ave., Cleveland, OH 44109, 216 281-2344.
BERK, Gerald A., Esq.; '66 BSBA; Partner; Steuer Escovar & Berk Co. LPA, 55 Public Sq. #1828, Cleveland, OH 44113, 216 771-8121; r. 601 Dade Ln., Cleveland, OH 44143, 216 692-0700.
BERK, Lisa Reck, (Lisa M. Reck); '85 BSBA; Financial Spec.; NCR Corp., 1700 S. Patterson Blvd., Dayton, OH 45479, 513 445-7248; r. 2178 Painter Pl., Miamisburg, OH 45342, 513 866-0270.
BERK, Peter L., CPA; '83 BSBA; Real Estate Developer; Berry & Boyle, 57 River St., Wellesley Hls., MA 02181, 617 237-0544; r. 42 Capital St., Newton, MA 02158, 617 965-1977.
BERK, Robert Jerome; '65 BSBA; Atty./Partner; Kocian,Peterson,Berk,Goldstein, 850 Engineers Bldg., Cleveland, OH 44114; r. 2729 Edgehill Rd., Cleveland, OH 44106, 216 371-1431.
BERKE, Arnold Michael; '67 BSBA; Editor,Presrvtn News; Natl. Trust for Historic Preservation, 1785 Massachusetts Ave. NW, Washington, DC 20036, 202 673-4075; r. 1238 'C' St. SE, Apt. B, Washington, DC 20003, 202 362-8195.
BERKE, Carl, Jr.; '54 BSBA; Retired; r. 633 Spinnaker Dr., Marco Island, FL 33937, 813 642-0319.
BERKES, Jeffrey A.; '88 BSBA; 26775 Sleepy Hollow Dr., Westlake, OH 44145, 216 835-9394.
BERKLEY, Blair Jeffrey; '79 BSBA; Asst. Prof.; Univ. of Wisconsin, Sch. of Business, 1155 Observatory Dr., Madison, WI 53706, 608 262-1674; r. 409 N. Eau Claire Ave. #305, Madison, WI 53705, 608 271-5734.
BERKLEY, Mrs. Carolyn Denise; '87 BSBA; Auditor; Coopers & Lybrand, 100 E. Broad, Columbus, OH 43215, 614 225-8700; r. 984 Linwood, Columbus, OH 43206, 614 253-8163.
BERKLEY, H. William; '48 BSBA; Retired; r. 2531 E. Calle Sin Controversia, Tucson, AZ 85718, 602 297-1001.
BERKMAN, Andrea Helaine '88 (See Sheets, Mrs. Andrea Helaine).
BERKOWITZ, Dr. Eric Neal; '76 PhD (BUS); 19 Foxgrove Ln., Amherst, MA 01002, 413 256-8597.
BERKOWITZ, Marshall Lewis; '54 BSBA; Pres./ CEO/Dir.; Mlb & Assocs. Ltd., 1175 N. E. 125th St., Ste. #600, N. Miami, FL 33161, 305 893-3394; r. 8900 Bay Dr., Surfside, FL 33154, 305 864-5492.
BERKOWITZ, Robert Milton, CPA; '50 BSBA; Sr. Partner; Touche Ross & Co., Gateway I, Newark, NJ 07102, 201 622-7100; r. 16 N. Hillside Ave., Livingston, NJ 07039, 201 992-7549.
BERKOWITZ, Stuart M.; '65 BSBA; Funeral Dir./ Pres.; Berkowitz-Kumin Inc., 1985 S. Taylor Rd, Cleveland, OH 44118, 216 932-7900; r. 25888 Fairmount Blvd., Beachwood, OH 44122, 216 765-8864.
BERKOWITZ, Dr. Susan Gore; '75 MPA; Psychologist; Dr S Belinda Berkowitz, 73 E. Wilson Bridge Rd., Ste. #B4, Worthington, OH 43085, 614 885-2411; r. 510 Thrush Rill, Powell, OH 43065, 614 848-5068.
BERKULIS, Arnis Guntis; '74 BSBA; 6100 Gareau Dr., N. Olmsted, OH 44070, 216 777-0271.
BERKULIS, Nora Rita; '87 BSBA; 6100 Gareauder, N. Olmsted, OH 44070, 216 777-0271.
BERLET, Walter H.; '36 BSBA; Lecturer; r. 1546 W. Kimmel Rd., Jackson, MI 49201, 517 784-6969.
BERLIEN, Frank A.; '32 BSBA; Retired; r. 309 Oriental St., Kenton, OH 43326, 419 673-4106.
BERLIN, Curtis Hager; '83 BSBA, '86 MBA; Real Estate Sales; Ohio Equities, Inc., 395 E. Broad St., Columbus, OH 43215, 614 224-2400; r. 1090 Elmwood Ave., Columbus, OH 43212, 614 486-7896.
BERLIN, L. Craig; '82 BSBA; 816 Thomas Rd., Columbus, OH 43212, 614 299-1201.
BERLIN, Larry Everett; '57 BSBA; Asst. Dir.; The Ohio State Univ., University Hospitals, Computer Ctr., Columbus, OH 43210; r. 1090 Elmwood Ave., Columbus, OH 43212, 614 486-7896.
BERLIN, Michael David; '85 BSBA; Credit Analyst; C&S Natl. Bank, 1 Financial Plz., Ft. Lauderdale, FL 33310; r. 3530 NW 52nd Ave., #606, Lauderdale Lakes, FL 33319.
BERLIN, Robert M.; '87 BSBA; 1795 Brookwood Dr., Akron, OH 44313.
BERLIN, T. John; '83 BSBA; Real Estate Appraiser; R. A. Myers & Assocs., 2735 Sawbury Blvd., Columbus, OH 43235, 614 889-7666; r. 297 W. 2nd Ave., Columbus, OH 43201, 614 299-1768.
BERLINER, Donald L.; '53 BSBA; Writer; Berliner Publications, Alexandria, VA 22314; r. 1202 S. Washington, Alexandria, VA 22314, 703 548-0405.
BERLINER, Howard K.; '72 BSBA; Product Devel.; Cahn Shoe, 1699 Hanley Rd., St. Louis, MO 63144, 314 645-3018; r. 12169 Trailways Dr., St. Louis, MO 63146, 314 993-6306.
BERLINGER, Ervin; '52 BSBA; Asst. Ch Examiner; Fed. Home Loan Bank Bd., 111 Monument Rm 726, Indianapolis, IN 46204; r. 9034 Sweet Bay Ct., Indianapolis, IN 46262, 317 872-0875.
BERMAN, Alan E.; '59 BSBA; Pres.; The Window Factory, 21600 Alexander Rd., Cleveland, OH 44146, 216 439-8000; r. 31150 E. Landerwood Dr., Cleveland, OH 44124, 216 464-8888.
BERMAN, Donald; '49 BSBA; Merchant; Mr. B's Big & Tall Men's Store, 355 W. Main St., Clarksburg, WV 26301, 304 624-9784; r. 417 E. Main St., Clarksburg, WV 26301, 304 623-4039.
BERMAN, Mitchell Eric; '82 BSBA; Financial Cnslt.; Merrill Lynch Pierce Fenner & Smith, 1375 E. 9th St., Cleveland, OH 44114, 216 363-6500; r. 7939 Driftwood Dr., Mentor, OH 44060, 216 257-2761.
BERMAN, Robert A.; '66 BSBA; Economist; US Dept. of Interior, 18th & C St., NW, Washington, DC 20440, 202 343-3751; r. 1915 Grand Ct., Vienna, VA 22180, 703 281-0490.
BERMAN, Robert D.; '40 BSBA; Accnt; r. POB 5592, Cleveland, OH 44101.
BERN, Cynthia K. '83 (See Beisel, Mrs. Cynthia K.).
BERNABEI, Vincent J.; '50 BSBA; Atty.; 1014 Renkert Bldg., Canton, OH 44702, 216 453-1261; r. 4736 N. Market, Canton, OH 44714.
BERNARD, E. Ellsworth; '25 BSBA; Retired; r. 3599 Prestwick Ct. N., Columbus, OH 43220, 614 457-1455.
BERNARD, Elizabeth Fox; '36 BSBA; 622 N. Cherry St., Kenton, OH 43326, 419 673-2216.
BERNARD, Fred E.; '39 BSBA; Retired; r. 1370 Sloane Ave., Apt. 814, Lakewood, OH 44107, 216 521-3740.
BERNARD, John A.; '59 BSBA; Pres.; Dlta Intl. Inc., POB 7040, Mechanicsburg, Hampden, PA 17055; r. 252 Indian Creek Dr., Mechanicsburg, PA 17055.
BERNARD, John Anthony, II; '83 BSBA; Mgr.; DLTA Intl. Inc., Columbus, OH 43212, 614 487-1516; r. 6280 Emberwood Rd., Dublin, OH 43017, 614 792-3135.
BERNARD, Kathleen Ann; '77 BSBA; CPA/Controller; The Country Club at Muirfield, 8715 Muirfield Dr., Dublin, OH 43017, 614 764-1714; r. 3266 Iveswood Ct., Dublin, OH 43017, 614 766-9620.
BERNARD, Melissa Mary; '81 BSBA; Sr. Acct.; Coopers Lybrand, 100 E. Broad St., Ste. 2000, Columbus, OH 43215, 614 221-7471; r. 4881 Shackelford Ct., Columbus, OH 43220, 614 451-5770.
BERNARD, Paul Charles; '87 BSBA; Commercial Realtor; The Edwards Realty Co., 941 Chatham Ln., Columbus, OH 43221, 614 451-2527; r. 4881 Shackelford Ct., Columbus, OH 43220, 614 451-5770.
BERNARD, Paul G.; '50 BSBA; 4881 Shackelford Ct., Columbus, OH 43220, 614 451-5770.
BERNARD, Robert C.; '61 BSBA; Traffic Mgr.; Mobil Chemical, Rte. 57, Washington, NJ 07882, 201 689-7100; r. 21 Ridge St., Hackettstown, NJ 07840, 201 852-6694.
BERNARD, Susan '79 (See Byers, Susan Bernard).
BERNARD, Suzanne Margaret '84 (See Finke, Suzanne Margaret).
BERNARD, Victor Lewis; '75 BSBA; Prof. of Acctg.; Univ. of Michigan, Michigan Sch. of Bus., Ann Arbor, MI 48109, 313 764-0217; r. 431 Crest, Ann Arbor, MI 48103, 313 665-2994.
BERNARD, Victoria; '85 BSBA; 1502 S. Champion Ave., Columbus, OH 43207.
BERNARDIN, Robert Gerard; '82 MBA; 2nd VP; Smith Barney Harris Upham & Co., 1407 Old National Bank Bldg., POB 387, Evansville, IN 47703, 812 425-7221; r. 6139 Knight Dr., Evansville, IN 47715, 812 473-0822.
BERNARDINI, Ms. Felicia; '86 MPA; Labor Relations Spec.; State of Ohio, 65 E. State St., Columbus, OH 43215, 614 466-0570; r. 2587 Findley Ave., Columbus, OH 43202, 614 263-0810.
BERNDSEN, Ebert W.; '41 BSBA; Retired; r. 48 Seminole Path, Wildwood, FL 32785, 904 748-0316.

BERNDT, Gary Lee; '80 MBA; Gen. Supv.; Saturn Corp., 434 W. 12 Mile, Madison Hts., MI 48071, 313 524-6539; r. 1475 Antler Ct., Rochester Hls., MI 48063, 313 545-4862.

BERNDT, Sue Ellen '64 (See Coffman, Ms. Sue Ellen).

BERNECKER, Sandra Marie; '83 BSBA; Buyer; Mc Alpin'S, 6000 Glenway Ave., Cincinnati, OH 45211, 513 244-3480; r. 9783 Bunker Hill Lane, Cincinnati, OH 45242, 513 321-6140.

BERNET, Lisa Marie; '82 BSBA; 229 Branford Rd.#448, N. Branford, CT 06471.

BERNETICH, William Rowan; '80 BSBA; CPA/Tax Acct.; Blum Yumkas Mailman Gutman & Denick CPA, 1200 Mercantile Bl-2 Hopkin Pl, Baltimore, MD 21201, 301 385-4000; r. 418 Aigburth Rd, Towson, MD 21204.

BERNHART, Robert L., Jr.; '67 BSBA; Loan Admnstrtn Ofcer; Alaska Housing Finance Corp., 235 E. 8th Ave., Anchorage, AK 99501, 907 276-5599; r. 1013 E. Dimond Blvd., Anchorage, AK 99515, 907 276-8717.

BERNIUS, Craig Odell; '69 BSBA; Rte. #1, Bennington, IN 47011, 812 427-3641.

BERNKOPF, Erich J.; '73 BSBA; Land Surveyor; Bush & Gudgell, 555 S. 300 E., Salt Lake City, UT 84111, 801 364-1212; r. 7746 S. 1100 E., Midvale, UT 84047, 801 255-4660.

BERNON, Richard H.; '40; Pres.; Dealers Dairy Prod. Co., 25851 Solon Rd., Bedford Hts., OH 44146, 216 439-3000; r. 3333 Warrensville Center Rd., #312, Shaker Hts., OH 44122, 216 751-5968.

BERNON, Ronald; '55 BSBA; Owner; Creative Mktg. Concepts, 1105 Valley Belt Rd., Cleveland, OH 44131, 216 398-9000; r. 16700 S. Woodland Ave., Cleveland, OH 44120, 216 991-7655.

BERNS, Sheldon I.; '58 BSBA; Atty.; Kahn Kleinman Yanowitz & Arnson Co., LPA, 1300 Bond Court Bldg., Cleveland, OH 44114, 216 696-3311; r. 24711 Beechmont Ct., Cleveland, OH 44122, 216 464-0030.

BERNSDORF, Nancy Hetsch; '52 BSBA; 14521 Hillndale Way, Poway, CA 92064, 619 748-5225.

BERNSDORF, Richard A.; '52 BSBA; Pres.; r. 14521 Hillndaleway, Poway, CA 92064, 619 748-5225.

BERNSTECKER, Harlan A.; '51 BSBA; Sr.VP Operations/Finance; Marion Gen. Hosp., 95 McKinley Park Dr., Marion, OH 43302, 614 383-8702; r. 403 Executive Dr., Marion, OH 43302, 614 383-3196.

BERNSTEIN, Mrs. Edith B., (Edith Bovit); '44 BSBA; 18 Walnut St., Summit, NJ 07901, 201 277-1125.

BERNSTEIN, Frederic Arthur; '82 BSBA; VP; Shack Productions, 12100 NE 16th Ave., Miami, FL 33161, 305 895-3495; r. 1467 SW 15th Ter., Ft. Lauderdale, FL 33312, 305 467-3672.

BERNSTEIN, Howard Charles; '76 BSBA; 5 Schenck Ave., Matawan, NJ 07747, 201 290-0639.

BERNSTEIN, Jack W.; '63 BSBA; Chmn. of the Bd./Secy.; Watermaster, Inc., 1255 N. High St., Columbus, OH 43201, 614 291-3141; r. 5926 Whitman Rd., Columbus, OH 43213, 614 861-5377.

BERNSTEIN, Jerry Lee; '69 BSBA; Mgr.; Bernstein's Inc., 305 1st St., Henderson, KY 42420, 502 826-3405; r. Same.

BERNSTEIN, Larry R.; '78 MBA; Asst. VP; Central Trust Co., Affiliate/PNC Fin. Corp., 201 E. Fifth St., Cincinnati, OH 45202, 513 651-8466; r. 1292 Michigan Ave., Apt. 3, Cincinnati, OH 45208, 513 321-4606.

BERNSTEIN, Lee K. '76 (See Lundstedt, Mrs. Lee B.).

BERNSTEIN, Steven Phillip; '87 BSBA; Staff; Steven P Bernstein, 1 S. Wacher Dr., Ste. 2900, Chicago, IL 60606; r. 88 W. Schiller #302, Chicago, IL 60610.

BERO, W. Burke; '54 BSBA; Principal; BR Grp. Inc., 61 E. River St., Orange, MA 01364, 508 544-7000; r. 1285 Old Marlboro Rd., Concord, MA 01742, 508 369-1057.

BERRIE, Julie Marie; '88 BSBA; Tax Spec.; Arthur Andersen Co., 41 S. High St., Ste. 2000, Columbus, OH 43215; r. 4664 Ralston Dr., Columbus, OH 43214.

BERRY, Brian Lee; '83 BSBA; CPA/Sr. Auditor; Coopers & Lybrand, Columbus Ctr., 100 E. Broad St. Ste. 2000, Columbus, OH 43215, 614 221-7471; r. 360 Meadow View Dr., Powell, OH 43065, 614 263-7172.

BERRY, Clark O.; '65 BSBA; Asst. Supt.; GM Corp., Buick Motor Division, 902 E. Hamilton, Flint, MI 48505, 313 236-5000; r. 2066 Lac Du Mont, Haslett, MI 48840, 517 339-3460.

BERRY, Daniel J.; '86 BSBA; 4327 Glann Rd., Toledo, OH 43607, 419 531-7641.

BERRY, David Allen; '49; Staff; Battelle Mem. Inst., 505 King Ave., Columbus, OH 43201; r. 636 Chaffin Ridge, Columbus, OH 43214.

BERRY, Jan Nixon; '57 BSBA; Mgmt. Analyst; OH Dept. of Transportation, 317 E. Poe Rd, Bowling Green, OH 43402, 419 353-8131; r. 3004 Middlesex Dr., Toledo, OH 43606, 419 535-6547.

BERRY, Jane Elzoro; '75 BSBA; Financial Systs. Coord.; Baxter Healthcare Corp., One Baxter Pkwy., Deerfield, IL 60015, 312 948-2943; r. 3144 N. Paulina, Chicago, IL 60657, 312 929-4721.

BERRY, Jeanine Ziegler; '78 BSBA; Acct.; Heritage Securities Inc., One Nationwide Plz., Columbus, OH 43215; r. 260 Village Dr., Columbus, OH 43214.

BERRY, Kenneth Robert; '83 BSBA; Regional Mgr.; Lincolnland Food Sales, 7308 Foxfield Dr., Reynoldsburg, OH 43068, 614 863-3886; r. Same, 614 864-0503.

BERRY, Leonard E.; '64 BSBA; Dir. Sch. of Acct.; Georgia State Univ., Atlanta, GA 30303, 404 651-2616; r. 1899 Gramercy Ct., Dunwoody, GA 30338, 404 394-7146.

BERRY, Marie L. '78 (See Guthrie, Marie Berry).

BERRY, Mrs. Marilynn St. John, (Marilynn M. St. John); '59; 7880 Tipp Elizabeth, New Carlisle, OH 45344.

BERRY, Morton; '50 BSBA; CPA; Katz Berry & Assoc., 1341 Market Ave. N., Canton, OH 44714; r. 1123 37th St. N. E., Canton, OH 44714, 216 492-0468.

BERRY, Mrs. Nettie I. J., (Nettie I. Noelp); '35; Retired; r. 306 N. 57th Ave., Twin Oaks, Pensacola, FL 32506, 904 453-1370.

BERRY, Trudie Kristine; '81 BSBA; Acct. Suprt Rep.; IBM Corp., 201 Main St., Ste. 1100, Ft. Worth, TX 76102, 817 870-4228; r. 1113 Meadow Creek Cir. S., Apt. #2045, Irving, TX 75038, 214 580-8582.

BERSIN, Leonard; '43 BSBA; 22 Warwick Rd, Rockville Centre, NY 11570, 516 678-5742.

BERSNAK, Rick Paul; '82 MBA; Pres.; MFP Ins. Agcy., Inc., 42 E. Gay St., Ste. 904, Columbus, OH 43215, 614 221-2398; r. 6259 Memorial Dr., Dublin, OH 43017, 614 889-7805.

BERSON, Craig B.; '78 BSBA; VP/Secy.; Berson-Sokol Agcy., Inc., 23200 Chagrin Blvd., Bldg. IV/540, POB 22129, Cleveland, OH 44122, 216 464-1542; r. 421 Harris Rd., Richmond Hts., OH 44143, 216 531-3481.

BERTELSBECK, Robert W.; '64 BSBA, '66 MACC; Gen. Mgr.; NCR Worldwide Svc. Parts Ctr., Box 2205, Peachtree City, GA 30269; r. 107 Carriage Ln., Peachtree City, GA 30269, 404 487-8363.

BERTIE, James L., Jr.; '48 BSBA; Retired; r. 30341 Harrison St., Willowick, OH 44094, 216 944-1428.

BERTIN, Thomas A.; '66 BSBA; 6479 Bonroi Dr., Seven Hls., OH 44131, 216 524-3132.

BERTINI, Charles D.; '59 BSBA; Owner/Pres.; Complete Home Svc., Co., 704 East Dr., Kettering, OH 45419, 513 293-9214; r. 704 East Dr., Kettering, OH 45419, 513 294-8690.

BERTINI, Charles D.; '80 BSBA; Mktg. Mgr.; Carlson Mktg. Grp./E.F. MacDonald Motivation, 111 N. Main St., Dayton, OH 45402, 513 226-5205; r. 616 Oakview, Kettering, OH 45429, 513 297-0866.

BERTINO, M. Catherine; '88 BSBA; Financial Analyst; Desantis Securities, Columbus, OH 43212; r. 1575 Presidential Dr., Apt. D3, Columbus, OH 43212, 713 537-8868.

BERTKE, Douglas Jerald; '83 BSBA; Prod Control Mgr.; Best Impressions Inc., 5350 Cornell Rd., Cincinnati, OH 45242, 513 489-1414; r. 8713 Red Cloud Ct. #1016, Cincinnati, OH 45249, 513 489-8235.

BERTKE, Lisa A.; '86 BSBA; Sales Rep.; Brown & Williamson Tobacco Corp., POB 35090, Louisville, KY 40232; r. 109 Hartford Ct., Lima, OH 45805, 419 331-6347.

BERTOCH, Carl A.; '54 BSBA; Atty.; Bertoch & Bosonko PA, 537 E. Park Ave., Tallahassee, FL 32301, 904 795-1632; r. 8850 N. Basswood Ave., Crystal River, FL 32629, 904 795-3354.

BERTSCH, John Robert; '82 BSBA; 2704 Heatherbrooke Rd, Birmingham, AL 35243, 205 991-0639.

BERWALD, Samuel B.; '33 BSBA; 148 Breckenridge, Apt. C, Louisville, KY 40207.

BERWANGER, Melissa '80 (See Travis, Melissa Berwanger).

BERWANGER, Robert Michael; '78 BSBA; Natl. Account Mgr.; AT&T, Baymeadows Way, Jacksonville, FL 32256, 904 636-2339; r. 279 N. Roscoe Blvd., Ponte Vedra Bch., FL 32082, 904 285-6277.

BERZON, Steven B.; '83 BSBA; 3601 Vicary Sq. NE, # 3, Canton, OH 44714, 216 492-6060.

BESANCON, Michael Joseph; '85 BSBA; Laborer; Bill Mc Morrow, 711 W. Church St., Orrville, OH 44667; r. 406 E. Fike St., Orrville, OH 44667, 216 682-8216.

BESECKER, Randy L.; '82 MBA; Grain Merchandiser; Central Soya Co. Inc., 1400 Ft. Wayne Natl.Bank Bldg., 110 W. Berry St., Ft. Wayne, IN 46801, 219 425-5575; r. 3927 Finchley Ct., Ft. Wayne, IN 46815, 219 485-6496.

BESHARA, John Michael; '85 BSBA; 625 Novi St., Apt. 1, Northville, MI 48167.

BESHARA, Marc Edward; '80 BSBA; 1951 Oakshire, Berkley, MI 48072, 313 542-6139.

BESHUK, David Robert; '88 BSBA; 250 Sharon Rd., Pataskala, OH 43062, 614 927-4273.

BESSEY, Carol Sue; '74 MPA; Rsch. Assoc.; Ohio State Legislature, State House, Columbus, OH 43215; r. 645 Glenmont Ave., Columbus, OH 43214, 614 263-4869.

BESSEY, Edward Paul; '73 MBA; Dir.; Nationwide Ins., One Nationwide Plz., Equity Securities, Columbus, OH 43216; r. 173 Amazon Pl., Columbus, OH 43214, 614 268-9619.

BESSEY, John Price; '59 BSBA; Restaurant Owner; r. 790 City Park, Columbus, OH 43206, 614 443-2200.

BEST, Carl R.; '83 BSBA; Sales Rep.; Inacomp Computer Ctr., 510 E. Wilson Bridge Rd., Worthington, OH 43085, 614 431-2228; r. 2101 Eastcleft Dr., Upper Arlington, OH 43221, 614 457-4691.

BEST, Daniel Edward; '87 BSBA; c/o Anne L Best, 7771 Blackford Dr., Chagrin Falls, OH 44022, 216 247-5569.

BEST, Jeffrey Gale; '83 BSBA; Ins. Broker; Benchmark Inc., 167 S. State St., Westerville, OH 43081, 614 891-7790; r. 5691 Forest Ash Ln., Columbus, OH 43229, 614 848-4349.

BEST, Ralph E.; '81 MBA; Sr. Staff Engr.; Sci. Applications Info. Co., 2929 Kenny Rd., Columbus, OH 43221, 614 451-0515; r. 2049 Sandown Ln., Dublin, OH 43017, 614 889-6909.

BEST, Raymond E.; '51 BSBA; Retired Partner; Arthur Young & Co.-New Orleans, 1340 Poydras St., New Orleans, LA 70112; r. 4281 N. Camino De Carrillo, Tucson, AZ 85715, 602 577-0094.

BEST, Robert Mulvane; '47 BSBA; Chmn.; Security Mutual Life Ins. Co. of New York, Box 1625 Courthouse Sq., Binghamton, NY 13902; r. 41 A Crestmont Rd., Binghamton, NY 13905, 607 797-7528.

BEST, Roselyn Welton; '46 BSBA; 41 A Crestmont Rd., Binghamton, NY 13905, 607 797-7528.

BETHEA, Sudie Mae; '77 MBA; Cost Analyst; Ford Motor Co., 4000 Red Bank Rd, Cincinnati, OH 45201; r. 2801 Peebles Dr., Rocky Mount, NC 27801, 919 937-3818.

BETHEL, Elizabeth Ann; '84 BSBA; Financial Spec.; Natl. Cash Reg Corp., 1700 S. Patterson Blvd., Dayton, OH 45479; r. 6442 Quintessa Ct., Dayton, OH 45449, 513 439-4092.

BETHEL, Garin Jon; '83 BSBA; 123 Aberdeen, Steubenville, OH 43952, 614 264-6827.

BETHEL, Juanita Hutch; '52 BSBA; Public Relations; Nita Hutch Inc., 3177 Dale Ave., Columbus, OH 43209, 614 237-7777; r. Same, 614 231-3333.

BETHEL, Richard W.; '58; Broker; The Ohio Co., 105 E. Fourth St., Lobby, Cincinnati, OH 45202, 513 651-3000; r. 11380 Islandale, Cincinnati, OH 45240, 513 825-7348.

BETLESKI, Clinton Adrian; '76 BSBA; Mark Up Clerk-CFS; US Postal Svc., 2400 Orange Ave., Cleveland, OH 44101, 216 443-4299; r. 18235 Detroit, Apt. 108, Lakewood, OH 44107.

BETSCH, Mary Saladin; '85 BSBA; 1502 Sylvan Ln., Midland, MI 48640, 517 832-8584.

BETTAC, Gary Lee; '87 BSBA; 996 Ramsey Dr., Mansfield, OH 44905, 419 589-5819.

BETTCHER, William L.; '57 BSBA; Dir. of Finance; City of Centerville, 100 W. Spring Valley Rd, Centerville, OH 45458, 513 433-7151; r. 52 Spirea Dr., Dayton, OH 45419, 513 299-1685.

BETTENDORF, Robert J.; '62 BSBA; Pres.; Bettendorf Investment Co., 1516 35th St., W. Des Moines, IA 50265, 515 224-5727; r. 1200 20th St., W. Des Moines, IA 50265, 515 225-3448.

BETTINGER, Joseph William; '88 BSBA; 4634 Violet Rd., Toledo, OH 43623, 419 474-1482.

BETTS, Donald William; '87 BSBA; 6302 Brauning Dr., Reynoldsburg, OH 43068, 614 868-7675.

BETZ, Mrs. Carol Jo, (Carol J. Drzyzga); '85 BSBA; Sr. Tax Spec.; Peat Marwick Mitchell & Co., 303 E. Wacker, Chicago, IL 60601, 312 938-1000; r. 175 N. Harbor Dr., Chicago, IL 60601, 312 861-7105.

BETZ, Charles W., Jr.; '55 MBA; Retired; r. 2509 Bristol Rd., Columbus, OH 43221, 614 459-2283.

BETZ, Joseph Patrick; '80 BSBA; Movement Sgt.; USA, MCT Moenchengladbach, APO, New York, NY 09103; r. Same.

BETZ, Robert C.; '63 BSBA; Dir., Sales & Mktg.; Alpha Container Corp., 16789 Square Dr., Marysville, OH 43040, 513 644-5511; r. 8256 Copperfield Dr., Worthington, OH 43085, 614 888-1187.

BETZ, Seyford L.; '32 BSBA; Retired; r. 11 Bayberry Dr., Casselberry, FL 32707, 407 831-0078.

BEUTER, Robert V.; '48 BSBA; Supv.-Job Studies; The Timken Co., 1835 Dueber Ave. SW, Canton, OH 44708, 216 438-3318; r. 3735 Darlington Rd NW, Canton, OH 44708, 216 453-0652.

BEUTLER, Robert A., Jr.; '66 BSBA; Atty.; Hackenberg, Beutler & Rasmussen, Findlay, OH; r. Findlay, OH 45840.

BEUTLER, William B.; '58 MBA; Pres.; E E Controls Co., 5 W. Cross St., Hawthorne, NY 10532, 914 769-5000; r. 66 Glen Oaks Dr., Rye, NY 10580, 914 835-4079.

BEVACQUA, Bill J.; '57 BSBA; Pres.; A to Z Distributors Inc., 2325 Cheshire Bridge Rd., Atlanta, GA 30324, 404 329-1577; r. 1850 D'Youville Ln., Atlanta, GA 30341, 404 451-8346.

BEVACQUA, James Michael; '81 BSBA; 404 E. 75th St., Apt. 2E, New York, NY 10021, 212 570-1132.

BEVACQUA, Linda A. '85 (See Haigh, Mrs. Linda A.).

BEVAN, Dan, Jr.; '51 BSBA; Purchasing; Liebert Corp., 1050 Dearborn Dr., Worthington, OH 43085; r. 478 Crandall Dr., Worthington, OH 43085, 614 885-5840.

BEVAN, Daniel, III; '75 BSBA, '82 MBA; Dir. of Corp Acctg.; Countrymark Inc., 4565 Columbus Pike, Delaware, OH 43015, 614 548-8440; r. 258 Abbott Ave., Worthington, OH 43085, 614 885-0222.

BEVAN, Daniel L.; '68 BSBA; Mktg. Supv.; Columbus Southern Power, 100 S. May Ave., Athens, OH 45701, 614 592-7202; r. 529 Adena Dr., The Plains, OH 45780, 614 797-3146.

BEVENS, William Wray; '70 BSBA; Atty.; 112 N. Market St., Waverly, OH 45690, 614 947-5566; r. Same.

BEVERIDGE, Kenneth Howard; '80 BSBA; Staff Admin.; GTE North Inc., Sub: Gen Tel & Elec Corp, POB 407/ AAAYB, Westfield, IN 46074, 317 896-6394; r. 510 Westchester Blvd., Noblesville, IN 46060, 317 877-3399.

BEVERIDGE, Laurie Ellen; '84 BSBA; Payroll Asst.; Stanley Steemer Intl., 5500 Stanley Steemer Pkwy., Dublin, OH 43017; r. 5370 Clark State Rd., Gahanna, OH 43230.

BEVERLY, Katherine Backus, (Katherine Backus); '28 BSBA; Retired; r. 3585 Prestwick Ct. N., Columbus, OH 43220, 614 457-7339.

BEVIER, Mary E. '30 (See Taylor, Mrs. Mary E.).

BEVIER, Richard James; '85 BSBA; Acct.; Professional Mgmt. of Mansfield, 111 Sturges Ave., Mansfield, OH 44903, 419 525-6878; r. 694 Sloane Ave., Mansfield, OH 44903, 419 525-0879.

BEVIER, Mrs. Robin Lynn, (Robin Lynn Earnest); '85 BSBA; Staff Auditor; Trustcorp Bank, Ohio, 42 N. Main St., Mansfield, OH 44905, 419 525-7738; r. 694 Sloane Ave., Mansfield, OH 44903, 419 525-0879.

BEVILACQUA, Lou; '84 BSBA; 2650 Teak Ct., Columbus, OH 43229, 614 891-3861.

BEWLEY, Gregory C.; '59 BSBA; 15421 James Dr., Oak Forest, IL 60452, 312 687-3805.

BEYENE, COL Solomon; '70 BSBA; Commandant; Ethiopia AirForce Trng. Grp., POB 5286, Addis Ababa, Ethiopia, 338018; r. Same, 518268.

BEYER, Bruce Stephen; '74 BSBA; Pres.; Postcraft Co. Inc., 625 W. Rillito St., Tucson, AZ 85705, 602 624-2531; r. 5241 N. Circulo Sobrio, Tucson, AZ 85718, 602 299-3675.

BEYER, Dorene Morrow, (Dorene M. Morrow); '81 MLHR; Employee Relations Ofcr.; Signet Bank, POB 25970, Richmond, VA 23260, 804 771-7588; r. 13901 Two Notch Pl., Midlothian, VA 23112, 804 744-4090.

BEYER, Douglas Edward; '73 BSBA; Salesman; Tops Appliance City, c/o Postmaster, Edison, NJ 08817, 201 248-2800; r. 52 Scenic Dr., Freehold, NJ 07728.

BEYER, Harmon W.; '47 BSBA; Retired; Arthur Young & Co., Columbus, OH 43216; r. 592 Lummisford Ln., Columbus, OH 43214, 614 451-0680.

BEYER, J. Randall; '74 BSBA, '77 MACC; Controller; Columbus Monthly Publishing Co., 171 E. Livingston Ave., Columbus, OH 43215, 614 464-4567; r. 1208 Leicester Pl., Worthington, OH 43085, 614 846-7965.

BEYER, Melissa Sue '88 (See Briner, Melissa Sue).

BEYERLY, Rev. W. Jackson; '61 BSBA; Pastor; Flushing Presbyterian Church, 5010 N. Mc Kinley Rd., Flushing, MI 48433, 313 659-5831; r. 5005 N. Mc Kinley Rd., Flushing, MI 48433, 313 659-9632.

BEYERS, Andrew Michael; '76 BSBA; Admin.; The Ohio Eastern Star Home Inc., 1451 Gambier Rd., Mt. Vernon, OH 43050, 614 397-1706; r. Same, 614 392-8831.

BEYKE, William John; '75 BSBA; Sr. Claim Rep.; Midwestern Ind Ins. Co., 1700 Eddison Dr., Milford, OH 45150; r. 4255 Lange Rd., St. Henry, OH 45883, 419 678-8250.

BEYLAND, Mark Owen; '72 BSBA; 4518 Honey Locust Wds, San Antonio, TX 78249.

BEYNON, Robert C.; '48 BSBA; 1840 Bairsford Dr, Columbus, OH 43232.

BEYOGLIDES, Gertrude G., (Gertrude Graeser); '47 BSBA; Retired; r. 300 Springbrook Blvd., Dayton, OH 45405, 513 277-3792.

BEYOGLIDES, Harry George, Jr.; '72 BSBA; Atty.; 345 W. 2nd St., Ste. 201, Dayton, OH 45402, 513 224-1427; r. 965 Crestwood Hills Dr., Vandalia, OH 45377, 513 898-0824.

BEYOGLIDES, John C.; '83 BSBA; Deputy Clerk; Montgomery Co. Clerk of Courts, 14 W. Fourth St., Dayton, OH 45422, 513 225-4682; r. 465 Cherry Dr., Dayton, OH 45405, 513 258-8219.

BHANDARI, Anil; '72 MBA; Investment Advisor/Sr. VP; Bear Stearns Co. Inc., 245 Park Ave., New York, NY 10167, 212 272-7161; r. 85 Deerfield Ln. N., Pleasantville, NY 10570, 914 769-5731.

BHAT, Radhika; '82 BSBA; Staff; IBM Corp., 140 E. Town St., Columbus, OH 43215; r. 4627 Sandy Ln., Columbus, OH 43224, 614 262-9797.

BHATT, Arvind Kantilal; '77 MBA; Pres.; Finance First, 3887 Indianola Ave., Columbus, OH 43214, 614 447-0444; r. 1894 Solera Dr., Columbus, OH 43229, 614 890-6294.

BHATT, Chirag H.; '88 BSBA; Grad. Student; The Ohio State Univ., Business Clg., Computer Sci. Dept., Columbus, OH 43229; r. 4874 Northtowne Blvd., Columbus, OH 43229, 614 471-4782.

BHE, Scott Alan; '86 BSBA; 2020 Sherwood Lake Dr., #4-C, Schererville, IN 46375.

BIAFORE, Nikki L.; '88 BSBA; 1080 Roundelay Rd., Reynoldsburg, OH 43068, 614 866-5547.

BIALEK, Timothy John; '76 BSBA; Sales Rep.; Dayton Pepsi Cola, 621 Milburn Ave., Dayton, OH 45414, 513 461-4664; r. 5819 Spark Hill Dr., Dayton, OH 45414, 513 898-0120.

BIALOSKY, Joseph I.; '41 BSBA; Ins. Agt.; Bialosky Ins., POB 1528, Port Hueneme, CA 93041; r. Same.

BIALOSKY, Richard G.; '85 BSBA; Account Exec.; Cragin, Lang, Free & Smythe Inc., 1215 Superior Ave. NE, Cleveland, OH 44114, 216 696-6050; r. 20845 Chagrin Blvd. #2, Shaker Hts., OH 44122, 216 283-0122.

BIALY, Richard James; '72 BSBA; 3054 Osgood Rd E., Columbus, OH 43227, 614 868-5637.

BIANCHI, Frank Leo, Jr.; '79 BSBA; Supply Mgmt. Spec.; Rockwell Intl., 1800 Satellite Blvd., Duluth, GA 30136, 404 564-4567; r. 116 Arbour Run, Suwanee, GA 30174, 404 962-0976.
BIANCHI, Suzanne Renne; '85 BSBA; Owner; Panoramic Motel, 2101 Surf Ave., N. Wildwood, NJ 08260, 609 522-1181; r. Same, 609 522-1948.
BIANCO, Albert V.; '53 BSBA; Staff; Social Security Admin., 340 S. Broadway, Akron, OH 44308; r. 730 Dayton St., Akron, OH 44310.
BIANCO, Don D.; '62 BSBA; 3031 San Juan Blvd., Belmont, CA 94002.
BIANCONI, David Chester; '76 BSBA; VP Finance; Med. Designs Inc., 929 Eastwind Dr., Ste. 201, Westerville, OH 43081, 614 899-2426; r. 1049 Melinda Dr., Westerville, OH 43081, 614 899-6962.
BIARSKY, Alan Scott; '83 BSBA; Controller; Bachus & Stratton Inc., 6555 N. Powerline Rd., Ste. 111, Ft. Lauderdale, FL 33309, 305 771-8833; r. 7124 Sportsmans Dr., N. Lauderdale, FL 33068, 305 721-2526.
BIARSKY, Gary Joel; '82 BSBA; Regional Sales Mgr.; Crystal Clear Industries, Intl. Home Furnish Ctr., Showroom 436 Commerce Bldg., High Point, NC 27260; r. 5003-P Sharon Rd., Charlotte, NC 28210, 704 552-1184.
BIARSKY, Paul Bradley; '85 BSBA; Svc. Mgr.; Cintas Corp., 13245 Reese Blvd., Ste. 100, Huntersville, NC 28078, 704 875-2754; r. 19625 Bustle Rd., Huntersville, NC 28078, 704 892-5337.
BIASELLA, Edmund, Jr.; '76 BSBA; Cust. Accred./ Audit Engr.; LTV Steel Co., 2633 8th St., NE, Canton, OH 44701, 216 438-5850; r. 355 Hillview Cir. NW, Canton, OH 44709, 216 497-7832.
BIASELLA, Edward Dominic; '71 BSBA; 3961 Bel Air Dr. NW, Canton, OH 44718, 216 493-0374.
BIBB, Deborah Lynn; '86 BSBA, '88 MBA; Systs. Programmer Analyst; Cleveland Pneumatic, 3781 E. 77th St., Cleveland, OH 44105, 216 341-1700; r. 20113 Scottsdale, Shaker Hts., OH 44122, 216 921-1358.
BIBBEE, William O.; '56 BSBA; Owner; Gen. Business Svc., 120 Mill St., Gahanna, OH 43230, 614 471-0816; r. 115 Regents Rd, Gahanna, OH 43230, 614 471-0816.
BIBBO, Jeffrey R.; '86 BSBA; Judicial Law Clerk; Ohio Ct. of Claims, Hyatt on Capital Sq., 65 E. State St., Ste. 1100, Columbus, OH 43215, 614 466-7865; r. 2308 Swansea Rd., Columbus, OH 43221, 614 457-7138.
BIBBO, Kimberly R. '82 (See Bell, Mrs. Kimberly Rae).
BIBLER, Robert Mark; '78 BSBA; Atty./Tax Assoc./ CPA; Dagger, Johnston, Miller, Ogelvie, 140 E. Main St., Lancaster, OH 43130, 614 653-6464; r. 135 W. Marks Ave., Lancaster, OH 43130, 614 654-8074.
BICAN, Jo Ann '66 (See Ruggeri, Jo Ann Bican).
BICHIMER, Nancy Doersam; '55 BSBA; 5689 Notre Dame Pl., Columbus, OH 43213, 614 863-2336.
BICHIMER, Raymond A.; '56 BSBA; Atty.-Pres.; Means Bichimer & Burkholder & Baker, 42 E. Gay St. 14th Fl., Columbus, OH 43215; r. 5689 Notre Dame Pl., Columbus, OH 43213, 614 863-2336.
BICHSEL, Mrs. Christine D., (Christine L. Drake); '85 BSBA; Sales Mgr.; F & R Lazarus, Kingsdale Shopping Ctr., 3180 Kingsdale Ctr., Columbus, OH 43221, 614 459-6454; r. 4161 Rita Joanne Ln., Gahanna, OH 43230, 614 890-7651.
BICHSEL, James L.; '57 MBA; Exec. VP; North Carolina Assn. of Realtors, 2901 Seawell Rd., Greensboro, NC 27417, 919 294-1415; r. 1004 Bridgewater Dr., Greensboro, NC 27410, 919 292-4810.
BICKAR, Thomas Frank; '80 BSBA; 918 Hemlock St., Celina, OH 45822, 419 586-6138.
BICKEL, Blair Myron; '72 BSBA; Gen. Sales Mgr.; Kalmar A C, 777 Manor Park Dr., Columbus, OH 43228, 614 878-0885; r. 1398 Windrush Cir., Blacklick, OH 43004, 614 866-9420.
BICKERT, Robert Barnett; '69 BSBA; Asst. to Mktg. VP; Iowa Mfg., 16th St., Cedar Rapids, IA 52403; r. c/o Post Master, Amana, IA 52203, 319 227-7845.
BICKHAM, Arthur W.; '60 BSBA; Admin. Mgr.; South Central Power, POB 250, Lancaster, OH 43130; r. 1318 Wheeling Rd, Lancaster, OH 43130, 614 653-0783.
BICKLEY, Donald Eldon, II; '72 BSBA; Pres.; Ohio Timekeeping Systs., 814 Morrison Rd., Blacklick, OH 43004, 614 864-6349; r. 5009 Warner Rd., Westerville, OH 43081, 614 855-2728.
BICKMIRE, Robert Lee; '83 BSBA; Account Exec.; Donnelley Directory, 9428 Baymeadows Rd., Jacksonville, FL 32216, 904 739-0909; r. 3350 Laurel Grove Dr. N., Jacksonville, FL 32223, 904 260-3453.
BIDDINGER, David Mark; '81 BSBA; Grp. Leader; Marathon Oil Co., POB 277, Bridgeport, IL 62417, 618 945-2011; r. 2313 Duke St., Vincennes, IN 47591, 812 886-9740.
BIDDINGER, Paul M.; '52 MBA; Retired; r. 1213 Hillcrest Ave., Ashland, OH 44805.
BIDDLE, Clark E.; '51 BSBA; Food Svc. Mgr. II; The Ohio State Univ., 47 Curl Dr., Columbus, OH 43210; r. 3509 Wenwood Dr., Hilliard, OH 43026, 614 876-9149.
BIDDLE, Douglas Charles; '77 BSBA; Sales Rep.; Pitney Bowes Inc., 6480 Doubletree Dr., Columbus, OH 43229, 614 846-5770; r. 2670 Schurtz Ave., Columbus, OH 43204, 614 274-5674.
BIDDLE, Gary Clark; '74 BSBA; Prof.; Univ. of Washington, Grad. Sch. of Business, Seattle, WA 98195; r. 1560 30th Ave. W., Seattle, WA 98199, 206 281-8789.
BIDDLE, James E.; '64 BSBA; Pres.; Securities Ctr. Inc., 296 H St., Ste. 301, Chula Vista, CA 92010, 619 426-3550; r. 2733 Chamise Way, Jamul, CA 92035, 619 669-0926.
BIDDLE, Paul L.; '66 BSBA; CPA; Paul L. L. Biddle & Co., 2823 Wemberly Dr., Belmont, CA 94002, 415 592-0500; r. Same.
BIDDLE, Robert Woodall; '72 BSBA; Police Lt.; Cincinnati Police Div., 310 Ezzard Charles Dr., Cincinnati, OH 45214, 513 352-3536; r. 1074 Shangrila Dr., Cincinnati, OH 45230, 513 232-2352.
BIDDLE-RICCIO, Cathy Ann; '88 BSBA; 1318 Cortina Ln., Worthington, OH 43085, 614 848-4154.
BIDEK, Charles Timothy; '70 BSBA, '75 MBA; Exec. Dir.; Insurors of Tennessee, 1600 Pkwy. Towers, Nashville, TN 37219, 615 244-3421; r. 101 Foxwood Ln., Franklin, TN 37064, 615 790-6293.
BIDLACK, Phil M.; '30 BSBA; Retired; r. 392 Walnut Cliffs Dr., Columbus, OH 43213, 614 861-5423.
BIDWELL, Mrs. Constance C., (Constance C. Crumley); '50; Semiretired Mgr.; Berrien Hills Country Club, 690 W. Napier Dr., St. Joseph, MI 49085; r. 660 W. Napier Ave., Benton Harbor, MI 49022.
BIDWELL, Karen Lois; '88 BSBA; 5787 Redbird Ct., Dayton, OH 45431, 513 252-4667.
BIDWELL, Patricia Mohr, (Patricia Mohr); '52 BSBA; Homemaker; r. 5787 Redbird Ct., Dayton, OH 45431, 513 252-4667.
BIEBER, Donald Lee; '61 BSBA; Owner Mgr.; Westside Tax Svc., 2552 W. Broad St., Columbus, OH 43204; r. 4139 Kenridge Dr., Columbus, OH 43220, 614 457-5110.
BIEBER, Gerald Jay; '83 MBA; Supv.; Toledo Scale, 1150 Dearborn Dr., Worthington, OH 43085, 614 438-4839; r. 13201 Hatch Rd., Westerville, OH 43081.
BIEDENHARN, Gerald John; '86 BSBA; Cont/Rep.; Westinghouse Electric Corp., POB 989, Lima, OH 45802, 419 226-3145; r. 109 Howard, Elida, OH 45807, 419 331-3718.
BIEDERMAN, Rex Alan; '81 BSBA; Mgr.; Gen. Cinema Corp., Huntington Mall, Barboursville, WV 25504; r. 16 Garden Ln., #8, Huntington, WV 25705.
BIEGANSKI, Mrs. Sherry W., (Sherry I. Whay); '84 BSBA; Financial Account Exec.; Intl. Mgmt. Grp., 1 Erieview Plz., Ste. 1300, Cleveland, OH 44114, 216 522-1200; r. 3224 Warrington, Shaker Hts., OH 44121, 216 751-1231.
BIEGEL, Stephen Gates; '70 BSBA; CPA-Partner; Deloitte Haskins & Sells, 155 E. Broad St., Columbus, OH 43215, 614 221-1000; r. 1250 Brittany Ln., Columbus, OH 43220, 614 451-2345.
BIEGLER, Lynn P.; '49 BSBA; Retired; r. 1918 Kynwyd Rd., Wilmington, DE 19810, 302 475-4542.
BIEHL, George Clark; '69 BSBA; Exec. VP/CFO; Nevada S&L Assn., 3300 W. Sahara Ave., Las Vegas, NV 89102, 702 365-3480; r. 812 Trotter Cir., Las Vegas, NV 89107, 702 877-8799.
BIEHL, John Charles, Esq.; '65 BSBA; Assoc. Gen. Counsel; Ashland Oil, Inc., POB 391, Ashland, KY 41101, 606 329-3333; r. 105 Stoneybrooke Dr., Ashland, KY 41101, 606 324-1445.
BIELTZ, John Howard; '80 BSBA; Supv.; Columbia Gulf Transmission Co., Gas Acctg., P O Box 1350, Houston, TX 77001; r. 15119 Mira Vista, Houston, TX 77083, 713 933-6673.
BIELY, 2LT Debra Marie; '79 BSBA; 1334 Briarmeadow, Worthington, OH 43085.
BIEN, Pamela Marie; '84 BSBA; 8847 Harper Point Dr., Cincinnati, OH 45249.
BIENENFELD, Ms. Lisa Faye; '85 BSBA; Account Exec.; G T E Corp., 10224 Alliance Rd., Cincinnati, OH 45242, 513 984-9999; r. 3789 Fox Run Dr., Apt. 401, Cincinnati, OH 45236, 513 891-7026.
BIENKO, Philip J.; '84 BSBA; Pers. Lines Underwriter; State Auto Ins., 6993 Pearl Rd., Middleburg Hts., OH 44130, 216 842-6200; r. 1700-C Seneca Blvd., #204, Broadview Hts., OH 44147, 216 237-8741.
BIERBAUM, Bonnie Kay; '80 BSBA; Mktg. Rep.; IBM Corp., One IBM Plz., Chicago, IL 60611, 312 245-5697; r. 1960 Lincoln Park W. #1209, Chicago, IL 60614, 312 528-3434.
BIERDEMAN, Philip Earl; '72 BSBA; POB 5, Canfield, OH 44406, 216 533-3160.
BIERER, Ralph M.; '51 BSBA; Retired; r. 68 Thurlow Ave., Rochester, NY 14609, 716 482-2783.
BIERLY, 1LT Sherman Lewis; '85 BSBA; 1st Lieutenenant; USMC, 1st Bn 2D Marines 2D Mardiv, Camp Lejeune, NC 28542, 919 451-3868; r. 7045 Worthington Galena Rd., Worthington, OH 43085, 614 885-5947.
BIERNACKI, Edward; '49 BSBA; 12910 Broadmore Rd, Silver Spring, MD 20904, 301 384-6874.
BIERSACK, ENS Gregory Andrew, USN; '87 BSBA; 16590 Perdido Key Dr. 4B, Pensacola, FL 32507, 904 492-3373.
BIESECKER, John Carleton; '68 BSBA; Admin. Mgr. Parts Dept.; Roushonda, 104 W. Schrock Rd., Columbus, OH 43081, 614 882-1535; r. 670 E. Dominion Blvd., Columbus, OH 43214, 614 262-7773.
BIG, John J.; '63 BSBA; The Bendix Corp., Subs Allied Corp, Bendix Ctr., Southfield, MI 48076; r. 32538 Schooner Ct., Avon Lake, OH 44012, 216 933-8700.
BIGELOW, Ann Vollrath; '71 BSBA; 8900 Wooded Glen Rd., Louisville, KY 40220.
BIGELOW, Debra '83 (See Barber, Mrs. Debra Bigelow).
BIGELOW, Perry J.; '65 MBA; 3 Wildwood Rd., Rolling Meadows, IL 60008, 312 397-7549.
BIGELOW, Peter Knox; '69 BSBA; Staff; Marathon Oil Co., 539 S. Main St., Findlay, OH 45840; r. 6746 Carrietowne Ln., Toledo, OH 43617.
BIGELOW, Richard A.; '58 MBA; Exec. VP; Fredonia Seed Co. Inc., 183 E. Main St., Fredonia, NY 14063; r. 7166 E. Quaker Rd., Orchard Park, NY 14127, 716 662-7726.
BIGELOW, Roger Lee; '71 BSBA; Asst. Mgr./Stores Dept.; The Ohio State Univ., 2003 Millikin Rd., Columbus, OH 43210; r. 7864 Forest Brook Ct., Powell, OH 43065, 614 764-1496.
BIGELOW, William B.; '65; Dir.; Southeast Career Ctr., 3500 Alum Creek Dr., Columbus, OH 43207, 614 365-5442; r. 2685 NW Blvd., Columbus, OH 43221, 614 488-7117.
BIGELSON, Alec Paul; '69 BSBA; VP; Ameritrust, 900 Euclid Ave., Cleveland, OH 44101; r. c/o Sec Pac Bank, 1717 E. 9 #400, Cleveland, OH 44114.
BIGGIO, Frank C.; '50; Owner; Biggio Ins. Agcy., 205 Sinclair Bldg., POB 998, Steubenville, OH 43952, 614 282-3721; r. 120 Teresa Dr., Steubenville, OH 43952, 614 264-3189.
BIGGS, J. Allen, Jr.; '66 MBA; Retired; IBM Corp., I P Division, Boulder, CO 80302; r. 2155 Hillsdale Cir., Boulder, CO 80303, 303 499-9478.
BIGGS, Kathleen Hittle; '78 BSBA; Mgr., MIS Fin. Analysis; Ross Labs, 625 Cleveland Ave., Columbus, OH 43216; r. 986 Sells Ave., Columbus, OH 43212.
BIGHAM, James Troy; '82 BSBA; Salesman; r. 5840 Faircastle Dr., Troy, MI 48098, 313 641-7167.
BIGHAM, Terry Dean; '82 BSBA; Reg. Sales Mgr.; Frito-Lay, Inc., 3585 Shares Pl., Riviera Bch., FL 33404, 407 863-1551; r. 13628 Folkstone Ct., W. Palm Bch., FL 33414, 407 790-2603.
BIGLER, David B.; '56 BSBA; Regional Sales Manag; N Amer Phillips Lighting Corp., Bank St., Hightstown, NJ 08520; r. 164 Lenox Ave., Green Brook, NJ 08812, 201 752-6513.
BIGLER, Deborah Lynne; '76 BSBA; Owner; Tompkins Saw Shop, 3098A I-70 Business Loop, Grand Jct., CO 81504, 303 434-4688; r. 634 29 1/4 Rd., Grand Jct., CO 81504, 303 241-4328.
BIGLER, Floyd M.; '48 BSBA; 7054 Tobik Tr., Cleveland, OH 44130, 216 843-6344.
BIGLER, Kathryn I. '29 (See Mott, Mrs. Kathryn Bigler).
BIGLEY, Frank H.; '35 BSBA; Retired; r. 113 Lincoln Inn Rd., Columbia, SC 29212, 803 781-2592.
BIGLEY, Kenneth Alan; '81 BSBA; Mgr. Software Sys. Engr.; Northern Telecom Inc., 4001 E Chapel Hill Nelson Hwy, POB 13010, Research Triangle Pk, NC 27709, 919 992-5000; r. 8405 Morgan's Way, Raleigh, NC 27613, 919 846-2430.
BIGLEY, Paul Russell; '82 BSBA; Investment Analyst; Huntington Natl. Bank, 17 S. High St., Columbus, OH 43215; r. 6902 Ardelle Dr., Reynoldsburg, OH 43068.
BIGLEY, Terri Kim; '82 MLHR; POB 1081, Reynoldsburg, OH 43068.
BIGONY, Edward Alan; '67 BSBA; Sales Mgr.; Delo Screw Prods. Co., 700 London Rd., Delaware, OH 43015, 614 363-1971; r. 4 S. Hempstead, Westerville, OH 43081, 614 891-1601.
BIHARY, Terry Alan; '86 BSBA; 1019 First St., Lorain, OH 44052, 216 246-4535.
BIKIS, Gregory John; '76 BSBA; Quality Control Analyst; Ford Motor Co., The American Rd., Dearborn, MI 48121; r. 733 42nd St. NW, Canton, OH 44709, 216 493-9193.
BILBREY, Robert Leonard; '83 BSBA; Plant Acct. & Ofc. Mgr.; Medina Blanking Inc., 5580 Wegman Dr., Valley City, OH 44280, 216 225-3999; r. 670 Smokerise Dr., Medina, OH 44256, 216 725-0935.
BILER, Timothy Joel; '80 BSBA; Sr. Acct.; Columbia Natl. Life Ins., 88 E. Broad St., Columbus, OH 43215, 614 224-7235; r. 285 Hathaway Rd., W. Jefferson, OH 43162, 614 879-7974.
BILES, Dr. George Emery; '69 PhD (BUS); Prof. of Mgmt.; The American Univ., 4400 Massachusetts Ave. NW, Kogod Clg. of Business Admin., Washington, DC 20016, 202 885-1956; r. 5502 Point Longstreet Way, Burke, VA 22015, 703 425-0546.
BILGER, Boyd F.; '64 BSBA; Staff; GE Co., 3135 Easton Tpk., Fairfield, CT 06431; r. 2303 Riverlawn, Kingwood, TX 77339, 713 358-1676.
BILGER, Donald C.; '52 BSBA, '54 MBA; Mgmt. Cnslt.; 4737 N. Forest Rd., Hixson, TN 37343, 615 875-9141; r. Same.
BILIK, Dr. Erdogan; '82 PhD (BUS); 29/1 Receppasa Caddesi, laksim, Istanbul, Turkey.
BILIURIS, James G.; '55 BSBA; Tchr.; Warren Twp. Sch., Leavittsburg Oh 44430; r. 2117 Atlantic St. NE, Warren, OH 44483, 216 372-2717.
BILL, Frank Leo; '81 MACC; Plans & Prog. Ofcr.; US Dept. of State, 2201 C St. NW, Washington, DC 20520; r. 1202 S. Washington St., Apt. 621C, Alexandria, VA 22314.
BILLIET, Gary Leon; '71 BSBA; Dist. Sales Mgr.; Johnson & Johnson, Rte. 202, Raritan, NJ 08869, 813 968-9426; r. 14805 Hadleigh Way, Tampa, FL 33624, 813 968-9327.
BILLINGSLEY, Jack F.; '48 BSBA; Dist. Mgr.; Hoge Warren & Zimmerman, 308 Tampa St., Tampa, FL 33602; r. 227 Howard Dr., Belleair Bch., FL 34635.
BILLITER, Nancy '86 (See Nichols, Nancy Billiter).
BILLMAN, Roger John; '71 BSBA; Med. Student; r. 5515 Paddington Rd., Dayton, OH 45459, 513 434-9910.
BILLS, James Owen; '75 BSBA; 513 489-2807; r. 1017 Sunrise Dr., Loveland, OH 45140, 513 683-7671.
BILOTTA, Mary Karen; '87 BSBA; Cnslt.; Peat Marwick Main & Co., 650 Town Center Dr., Costa Mesa, CA 92626, 714 850-4467; r. 12541 Centralia Rd., #12, Lakewood, CA 90715, 213 865-6232.
BILSING, Robert M.; '65 BSBA; Account Exec.; Devel. Dimensions Intl., 6033 W. Century Blvd. Ste. 340, Los Angeles, CA 90045, 213 642-7549; r. 310 S. Almont Dr. #201, Los Angeles, CA 90048, 213 273-8514.
BILTZ, SGT John Alan; '81 BSBA; Squard Leader; USA, Ft. Bragg, Fayetteville, NC 28307; r. 2159 Ridgeland Dr., Avon, OH 44011, 216 934-4396.
BILYK, Gregory Paul; '79 BSBA; Supv. Budget Analysis; GTE Mobilemet, Inc., 6060 Rockside Woods Blvd., Independence, OH 44131, 216 642-0327; r. 7970 Mentor Ave., Mentor, OH 44060, 216 974-1907.
BINAU, Carol '76 (See Adams, Carol Binau).
BINDELGLASS, Fern Kristeller; '54 BSBA; Library Media Spec.; Blind Brook-Rye Sch. Dist., King St., Rye Brook, NY 10573, 914 937-3600; r. 3 Pinebrook Dr., White Plains, NY 10605, 914 949-1193.
BINDER, Edward C., Jr.; '49 BSBA; VP; Mid-America Fed. S&L, 1150 Dublin Rd., Columbus, OH 43215, 614 481-4100; r. 2710 Montcalm Rd., Columbus, OH 43221, 614 486-2117.
BINDER, COL Edwin M., USAF(Ret.); '64 MBA; 725 Allegheny Dr., Colorado Spgs., CO 80919, 719 593-9040.
BINDER, Jeffrey Douglas; '78 BSBA; Sales Mgr.-Special Mkts.; 421 Monroe St., Bellevue, OH 44811; r. 19227 Julie Cir., Strongsville, OH 44136.
BINDER, Theodore A.; '50; Natl. Sales Mgr.; Borden Inc., Columbus Coated Fabrics, 1280 N. Grant Ave., Columbus, OH 43216, 614 297-6027; r. 4131 Chadbourne Dr., Columbus, OH 43220, 614 442-0300.
BING, Aleta Helen; '76 BSBA; 2032 S. Green Rd., Cleveland, OH 44121.
BING, William Thomas; '68 BSBA; Dist. Sales Mgr.; Anchor Glass Container, 275 Regency Ct., Ste. 103, Waukesha, WI 53186, 414 784-2121; r. N. 78 W., 22365 Forest Hill Ln., Sussex, WI 53089, 414 251-3413.
BINGHAM, Joseph G., Jr.; '49 BSBA; Gen. Dist. Mgr.-West; Gold Bond Bldg. Prods., 1850 W. 8th St., POB 1888, Long Bch., CA 90801, 213 435-4465; r. 11292 Kensington Rd., Los Alamitos, CA 90720, 213 430-4757.
BINGHAM, Margaret Brockett; '37 BSBA; 3456 New Melford Rd, Rootstown, OH 44272, 216 325-1924.
BINGLE, Frederick John; '73 MBA; Dir., Mktg. Rsch.; Montgomery, Zukerman, Davis, Inc., 1800 N. Meridian St., POB 50810, Indianapolis, IN 46202, 317 924-6271; r. 7334 Harbor Isle, Indianapolis, IN 46240, 317 257-5940.
BININGER, John R.; '59 BSBA; Tchr.; Columbus Bd. of Educ., Columbus City Sch. District, 270 E. State St., Columbus, OH 43215; r. Box 240, Granville, OH 43023, 614 587-2396.
BINION, Roy Michael; '71 BSBA; Owner; Patton Warehouse Co., 2662 Fisher Rd., Columbus, OH 43204, 614 274-1137; r. 442 Pamlico St., Columbus, OH 43228, 614 878-6547.
BINKLEY, Donald John; '67 BSBA; Sr. Cnslt.; Clemans Nelson & Assocs., 940 N. Cable Rd., Lima, OH 45805, 419 227-4945; r. 3579 Jane Pkwy., Lima, OH 45806, 419 991-1698.
BINKLEY, Larry Edward; '79 BSBA; Dept. Mgr.; Herman's World of Sport, 4571 Morse Ctr., Columbus, OH 43229; r. 29 Stevenson St., Parlin, NJ 08859.
BIN-MAHFOOZ, Abdelelah Salim; '75 BSBA; Sedco (Overseas) Sa, 7 Old Park Ln., London W1Y 3LJ, England.
BINMAHFOOZ, Sami Ahmed; '81 BSBA; Mamoour Corporation, POB 748, Jeddah, Saudi Arabia.
BINNS, Robert William; '71 BSBA; Real Estate Apprsr; Robert Binns Co., 1357 W. Lane Ave., Columbus, OH 43221, 614 486-4873; r. Same.
BIPPUS, William F.; '64 BSBA; Real Estate Broker; 6534 Reigate Rd., Centerville, OH 45459, 513 433-2868; r. Same, 513 433-2132.
BIR, Satpal Singh; '84 BSBA; Treas. Agt./Acct. Cis; US Treas. Dept., 200 N. High St. Rm 425, Columbus, OH 43215, 614 469-7420; r. 6955 Sparrow Ln., Columbus, OH 43235, 614 764-8059.
BIRCH, James E.; '60 BSBA; 201 Westwood Rd, Columbus, OH 43214, 614 267-0950.
BIRCHFIELD, Gary Dale; '85 BSBA; 5580 La Jolla Blvd., #19, La Jolla, CA 92037.
BIRCKBICHLER, James Arthur; '74 MA; Retired; US Veterans Admin., V.A. Hosp. Bldg. 16, Hines, IL 60141, 312 681-6831; r. POB 1071, Hines, IL 60141.
BIRD, Alison Carol; '88 BSBA; 7960 Ashford Blvd., Laurel, MD 20707, 301 490-3910.
BIRD, Dr. Dillard E.; '38 MBA, '53 PhD (BUS); Retired; r. 11 E. Orange Grove Rd., #2524, Tucson, AZ 85704, 602 297-3284.

BIRD, Robert P., Jr.; '49 BSBA; Administrative Ofcr.; US Info. Agcy., 1776 Pennsylvania Ave. NW, Washington, DC 20006; r. 4611 Alcon Dr. SE, Temple Hills, MD 20748, 301 899-9121.
BIRDWELL, Kenneth Dale; '83 BSBA; Bus. Center Mgr.; Goodyear Tire & Rubber Co., State Rte. 93, Jackson, OH 45640, 614 286-7962; r. 95 Parkview, Jackson, OH 45650, 614 286-6613.
BIRK, George E.; '60 BSBA; Supply & Distribution Mgr; American Isuzu Motors Inc., Parts Dept., 2300 Pellissier Pl., Whittier, CA 90601, 213 949-0611; r. 2631 Main Way Dr., Los Alamitos, CA 90720, 213 431-0392.
BIRKEMEIER, Robert Donald; '75 BSBA; Supv.; Roadway Express, 1505 Bowman Rd., Lima, OH 45804; r. 760 Kingswood Dr., Lima, OH 45804, 419 221-1169.
BIRKHOLD, Larry C.; '57 BSBA; Comptroller; Schoedinger Funeral Svcs., 229 E. State St., Columbus, OH 43215, 614 224-6105; r. 6425 Cristland Hill Rd., Thornville, OH 43076, 614 246-6112.
BIRKIMER, Anne '82 (See Andrien, Anne Birkimer).
BIRKMEYER, Patricia Keplar; '49 BSBA; Prof.; Enterprise State Jr. Clg., History Dept., Enterprise, AL 36331; r. 104 Meadow Lake Cir., Ozark, AL 36360, 205 774-6164.
BIRMINGHAM, Alan Todd; '78 BSBA; Gen. Mgr.; Beaches Bedding, 1155 Atlantic Blvd., Atlantic Bch., FL 32233, 904 246-1793; r. 316 Jackson Rd., Jacksonville, FL 32225, 904 646-9218.
BIRNBRICH, Alexander B.; '80 BSBA; 5776 Riverton Rd., Columbus, OH 43232, 614 863-5233.
BIRT, James E.; '60 BSBA; Atty.; Birt, Walsh & Schmidt, 643 Warren St., Dayton, OH 45409, 513 222-1148; r. 800 Hart St., Dayton, OH 45404.
BIRTLER, Heinz W.; '67 BSBA; 322 Cadbury Ct., Gahanna, OH 43230, 614 476-2195.
BISCHOF, Julie Marie; '85 BSBA; Mgr.; Discover Card Svcs. Inc., 4411 W. Broad St., Columbus, OH 43228, 614 278-2933; r. 1677 Hightower Dr., Worthington, OH 43235, 614 766-8108.
BISCHOFF, Carol '80 (See Philbrick, Carol Gwen).
BISCHOFF, LTC Keith Melvin, USAF(Ret.); '69 MBA; Dir. of Operations; Davidson Printing Co., 50 Ave. W. & Ramsey, Duluth, MN 55807, 218 628-1016; r. 626 N. 46th Ave. W., Duluth, MN 55807, 218 628-1469.
BISESI, Robert John; '85 BSBA; Sales; Campbell's Food Svc. Co., 32000 Northwestern Hwy., Farmington Hls., MI 48018; r. 7904 Pepper Pike, West Chester, OH 45069, 513 779-1670.
BISESI, Mrs. Robin, (Robin Brown); '85 BSBA; Systs. Analyst; Xerox Corp., 1 First National Plz., Dayton, OH 45402, 513 223-7317; r. 7904 Pepper Pike, West Chester, OH 45069, 513 779-1670.
BISHARA, Magdi Farid; '73 BSBA; Maj. Acct. Exec.; Pitney Bowes Inc., 6480 Doubletree, Columbus, OH 43229; r. 11018 Merry Rd., Marysville, OH 43040.
BISHEL, Arnold Charles; '80 BSBA; 783 Rosehill Rd., Reynoldsburg, OH 43068, 614 866-7422.
BISHOP, Dale Eugene; '75 BSBA; Ofc. Mgr.; Julian Speer Co., 4296 Indianola Ave., Columbus, OH 43214; r. 1412 S. 5th St., Columbus, OH 43207, 614 444-5998.
BISHOP, David Leslie; '69 BSBA; VP; H P Prods. Inc., 512 W. Gorgas St., Louisville, OH 44641, 216 875-5556; r. 9112 Louisville St., Louisville, OH 44641, 216 875-1328.
BISHOP, Denise Anne; '84 BSBA; 436 Oak St., Marion, OH 43302.
BISHOP, Erin Kavanaugh, (Erin Kavanaugh); '82 BSBA; Branch Mgr.; Cnty. Savings Bank, 6257 E. Broadway, Columbus, OH 43202, 614 462-2800; r. 6903 Gullway BA, Dublin, OH 43017, 614 792-8674.
BISHOP, Gary Edward; '69; Sales Mgr.; Robins Beverage Grp., 1178 Joyce Ave., Columbus, OH 43219, 614 291-6500; r. 5322 Acevedo Ct., Columbus, OH 43235, 614 457-5149.
BISHOP, Glenn Alan; '84 BSBA; Corp Mfg. Acct. Anlyst; Lennox Industries, POB 809000, Dallas, TX 75380, 214 980-6033; r. 336 N. Moore, Coppell, TX 75019, 214 393-0596.
BISHOP, James Allen; '76 BSBA; Corporate Risk Mgr.; Philips Industries Inc., 4801 Springfield St., POB 943, Dayton, OH 45401, 513 253-7171; r. 9410 David Andrew Way, Centerville, OH 45458, 513 885-3401.
BISHOP, James Des Portes; '85 BSBA; Operations Mgr.; The Microcenters, Westerville, OH 43081; r. 6903 Gullway Bay, Dublin, OH 43017, 614 792-8674.
BISHOP, COL John H., USA(Ret.); '49 BSBA; 444 Lunalilo Home Rd., Unit 327, Honolulu, HI 96825, 808 395-5024.
BISHOP, John Russell; '74 MBA; Area Rep.; Courtaulos Grafil, 12 W. Starr Ave., Andover, MA 01810; r. Same.
BISHOP, Laura A. '84 (See Lewis, Laura B.).
BISHOP, Leroy Adrian; '36 BSBA; Retired; r. 11094 118th St. N., Largo, FL 34648, 813 391-6719.
BISHOP, Dr. Luther Doyle; '59 PhD (BUS); Prof. Emeritus; Univ. of Oklahoma, Dept. of Management, Norman, OK 73069; r. 2715 Aspen Cir., Norman, OK 73072, 405 321-7557.
BISHOP, Paul Robert; '65 BSBA; Pres.; H-P Prods. Inc., 512 Gorgas St. W., Louisville, OH 44641, 216 875-5556; r. 6005 Meese Rd NE, Louisville, OH 44641, 216 875-3044.
BISHOP, Richard Neil, Jr.; '78 BSBA; Auditor; r. 1788 Willoway Cir. S., Columbus, OH 43220, 614 451-5506.
BISHOP, Stephen Rupert; '70 BSBA; Pres./Contractor; Steve Bishop Builders Inc., POB 291228, Port Orange, FL 32029; r. Same.
BISHOP, Steven Robert; '86 BSBA; Tax Cnslt.; Deloitte Haskins & Sells, 155 E. Broad St., Columbus, OH 43215; r. 5981 Tuckahoe Ln., Dublin, OH 43017.
BISKER, Jeffrey Wayne; '82 BSBA; Pres.; Your Lawn, Inc., 4520 SR 316W, Ashville, OH 43103, 614 833-0181; r. 5405 Ebright Rd., Canal Winchester, OH 43110, 614 833-9246.
BISUTTI, Michael Anthony; '76 BSBA; Supv.; AT&T Columbus, 6200 E. Broad St., Columbus, OH 43213, 614 860-5100; r. 1018 Venetian Way, Gahanna, OH 43230, 614 855-9905.
BISWAS, Arun Kumar; '87 BSBA; Industrial Electronic Sp.; Worthington Steel-Jackson, 1150 S. Elm St., Jackson, MI 49203, 517 789-0162; r. 903 Fourth St., Jackson, MI 49203, 517 784-6169.
BISZANTZ, Dennis Lloyd; '69 BSBA; 455 Elmwood St., Bay Village, OH 44140, 216 871-2487.
BITLER, George E.; '62 BSBA; Sr. Acct.; Arthur Young & Co. CPA's, Illuminating Bldg., 55 Public Sq., Cleveland, OH 44113; r. 7784 Holyoke Dr., Hudson, OH 44236, 216 650-4407.
BITLER, John Keith; '70 BSBA; Financial Analyst; r. 8895 Winchester Southern Rd., Canal Winchester, OH 43110, 614 833-0517.
BITTICK, COL Emmett Kelly, USA(Ret.); '60 MPA; Broker/Real Estate VP; Danforth Realty, Inc., 3816 S. Dale Mabry Hwy., Tampa, FL 33611, 813 839-3377; r. 4807 W. Sunset Blvd., Tampa, FL 33629, 813 839-1507.
BITTING, Mitchell Edward; '74 BSBA; Owner; Presto Print, 14 W. Fourth St., Williamsport, PA 17701; r. POB 72, Edgewater, FL 32032, 904 428-3870.
BITTNER, Dean Stephen; '70 BSBA; Sr. Acct. Supv.; Super X Drug, 175 Tri-Cnty. Pkwy., Cincinnati, OH 45246; r. 7812 Perry St., Cincinnati, OH 45231, 513 521-5114.
BITTONI, Giorgio Carmelo; '83 BSBA; Pres.; Bittoni Homes Inc., 1188 Leicester Pl., Worthington, OH 43235, 614 433-7037; r. Same.
BITZER, Clarkson B., Jr.; '54 BSBA; Spec.; GE Co., Financial Planning &Analysis, Nela Park, E. Cleveland, OH 44112, 216 266-3063; r. 3798 Fairoaks Rd., S. Euclid, OH 44121, 216 382-9453.
BITZER, Robert A.; '52 BSBA; Agt.; 30432 Euclid Ave., Wickliffe, OH 44092; r. 1681 Rush Rd., Wickliffe, OH 44092, 216 944-0075.
BITZER, Rosemary '50 (See Cook, Rosemary B.).
BIVENS, Mrs. Mary J., (Mary J. Podracky); '67 BSBA; Sales Rep.; Mueller-Yurgae Assocs., Inc., 7932 University Blvd., Des Moines, IA 50311, 402 334-1190; r. 1412 Mayfair Dr., Omaha, NE 68144, 402 334-7976.
BIVINS, Cheryl A. '80 (See Christie, Cheryl A. B.).
BIXLER, Harold R.; '25 BSBA; Retired; r. RR No 1, Box 1050, Pawlet, VT 05761, 802 325-3361.
BIXLER, Kevin R.; '84 BSBA; Underwriter; Farmers Ins. Grp., Columbus, OH 43221, 614 764-7232; r. 3204 Milan Rd, Sandusky, OH 44870, 614 457-7650.
BIZZARRI, Linda; '76 BSBA; Mgr./Mergers/Acquistn; Peat Marwick Mitchell, 303 E. Wacker Dr., Chicago, IL 60601; r. 1211 N. La Salle St., Apt. #1804, Chicago, IL 60610, 312 664-7164.
BIZZARRO, David Joseph; '81 BSBA; Systs. Analyst; Natl. Cash Register Corp., USDPG-ISS, Bldg.PCD-4, Dayton, OH 45479, 513 445-3684; r. 272 Sherbrooke Dr., Dayton, OH 45429, 513 297-0745.
BJERKE, Mark; '72 MBA; Bus. Mgr.; Hermiston Sch. Dist., Hermiston, OR 97838; r. 545 E. Mc Kenzie, Hermiston, OR 97838, 503 567-6318.
BJORN, Elizabeth Anne; '87 BSBA; Mktg. Rep.; IBM Corp., 355 S. Grand Ave., 12th Fl., Los Angeles, CA 90071, 213 621-4354; r. 116 14th Pl., Manhattan Bch., CA 90266, 213 546-4510.
BLABEY, Thomas Joseph, Jr.; '71 BSBA; RR 1, Box 3, Lagrange, OH 44050, 216 984-3273.
BLACK, Amy Elizabeth; '84 BSBA, '88 MLHR; Personnel Spec.; Compu-Serve, 5000 Arlington Ctr. Blvd., Columbus, OH 43220, 614 457-8600; r. 2671 E. Collinford, Dublin, OH 43017, 614 764-9231.
BLACK, Barton Bruce; '76 BSBA; 4338 Lancaster Rd., Granville, OH 43023, 614 587-4173.
BLACK, Brian Steven; '80 BSBA; Medicare Auditor; Hosp. Care Corp., 1351 William Howard Taft Rd., Cincinnati, OH 45206; r. 13 Joliet Ave., Cincinnati, OH 45215, 513 771-1484.
BLACK, Daniel Carter; '68 BSBA; Principal-Asst. Supt.; Graham Local Schs., 104 W. Main St., St. Paris, OH 43072, 513 663-4123; r. Box 22, 222 N. Church St., St. Paris, OH 43072, 513 663-5109.
BLACK, Donald Eugene; '53 BSBA; Staff-Materials Mgmt.; Houston Lighting & Power Co., 611 Walker, Houston, TX 77001, 713 922-2063; r. 427 Terrace Dr., El Lago, TX 77586, 713 532-1603.
BLACK, Edwin Sheridan; '57 BSBA; Sr. Systs. Specialst; IBM Corp., Info. Systs. Group, 1051 E. Cary St., 9th Fl., Richmond, VA 23219, 804 697-2393; r. 2117 Dumbarton Rd., Richmond, VA 23228, 804 262-7208.
BLACK, COL Elmer Ellsworth, USAF(Ret.); '57 BSBA; Acctg. Cnslt.; r. 645 Country Club Ave. NE, Ft. Walton Bch., FL 32548, 904 862-1647.
BLACK, Eric David; '88 BSBA; Flight Mgr.; Executive Jet Aviation Inc., 625 N. Hamilton Rd., Columbus, OH 43219; r. 140 Claren Dr., Heath, OH 43056, 614 522-4444.
BLACK, Frances Marie Nichols, (Frances Nichols); '41 BSBA; Swimming Instr.; Clay-Platte YMCA, 1101 NE 47th Ter., Kansas City, MO 64116; r. 4304 N. E. 52nd Ter., Kansas City, MO 64119, 816 452-0742.
BLACK, James Everett; '54 BSBA; Pres.; Black & Assocs. Ins. Agcy., Inc., POB 20176, Columbus, OH 43220; r. Same.
BLACK, Jeffrey; '78 BSBA; 323 Ross Dr., Mill Valley, CA 94941, 415 389-9112.
BLACK, Jennifer Lynn; '87 BSBA; Cash Acct.; White Castle Systs. Inc., POB 1498, Columbus, OH 43215; r. 1530 Presidential Dr., Apt. A, Columbus, OH 43221, 614 486-6207.
BLACK, John Pickett; '49 BSBA; Retired Analyst; AT&T Columbus, 6200 E. Broad St., Columbus, OH 43213; r. 9711 Circle Dr. N. W., Pickerington, OH 43147, 614 868-8679.
BLACK, Joseph Edgar; '84 BSBA; Regional Mgr.; First Investors Corp., 3001 Bethel Rd., Columbus, OH 43220, 614 459-9200; r. 196 N. Cassingham, Bexley, OH 43209, 614 235-6246.
BLACK, Larry David; '81 MPA; Exec. Dir.; Public Library of Columbus, 96 S. Grant St., Columbus, OH 43215; r. 7381 Seeds Rd., Orient, OH 43146.
BLACK, Richard Oliver; '56 BSBA; Manufacturer's Rep.; r. 1741 Crestview Dr., Springfield, OH 45504, 513 399-4389.
BLACK, Robert Charles; '67 MBA; VP Mktg.; Ashbrook-Simon-Hartley, 11600 E. Hardy, Houston, TX 77093, 713 449-0322; r. 2419 Trail River Dr., Kingwood, TX 77345, 713 360-6718.
BLACK, Robert David; '83 BSBA; Staff Adjuster; J C Penney Ins., Claims Ofc., 2187 Northlake Pkwy., Tucker, GA 30084; r. 9401 Roberts Dr. #24D, Dunwoody, GA 30338.
BLACK, Robert Lee; '75 BSBA; VP Operations; Amighetti's Bakery & Cafe, 101 N. Broadway, St. Louis, MO 63102, 314 241-3700; r. 385 Heritage Woods Dr., Arnold, MO 63010, 314 296-2169.
BLACK, Robert Mc Cleery; '49 BSBA; Retired; r. 18343 Pecan Valley Ct., Baton Rouge, LA 70810, 504 293-6539.
BLACK, Roland Lyman, Jr.; '64 BSBA; Mktg. Analyst; Owens Illinois, Forest Products Division, Toledo, OH 43604; r. 298 Margaret Pl., Perrysburg, OH 43551, 419 874-4647.
BLACK, Steven Glenn; '78 BSBA; Agt.; Black & Assoc. Ins. Agcy., 1880 MacKenzie Dr., POB #20176, Columbus, OH 43220, 614 457-1590; r. 5032 Charlbury Dr., Columbus, OH 43220, 614 451-8879.
BLACK, Steven Lynn; '84 BSBA; Warehouse Supv.; Kingsford Co., State Rte. 3 Box 52, Belle, MO 65013; r. 2120 St. Marys Blvd., Unit #4, Jefferson City, MO 65101.
BLACK, Suzanne J.; '44 BSBA; Acct.; r. 922 S. Barrington Apt. 306, Los Angeles, CA 90049, 213 826-5453.
BLACK, Tami Jones, (Tami L. Jones); '83 BSBA; Actuary; Nationwide Ins. Co., One Nationwide Plz., Columbus, OH 43216, 614 249-8732; r. 9817 Lynnfield Pl. NW, Pickerington, OH 43147, 614 863-4561.
BLACK, Thomas Dean; '77 BSMKTG; VP; Springs Inc., 1516 State St., Zanesville, OH 43701, 614 452-9729; r. 2455 Douglas Dr., Zanesville, OH 43701, 614 454-7839.
BLACK, Thomas Jay; '71 BSBA; Div. Mfg. Mgr.; Menasha Corp./Mpd, POB, Watertown, WI 53094; r. W353 N6094 Bayshore Cir., Oconomowoc, WI 53066, 414 569-9467.
BLACK, Thomas Joseph; '78 BSBA; Reg. Ofc. Svc. Supv.; Savings of America, 400 W. Wilson Bridge Rd., Ste. 120, Worthington, OH 43085, 614 885-3650; r. 3148 Dunlavin Glen Rd., Columbus, OH 43026, 614 876-0881.
BLACK, Tyrone Keith; '83 BSBA; Staff; Halls Motor Co., 4900 Duff Dr., Cincinnati, OH 45246; r. 133 Joliet Ave., Cincinnati, OH 45215, 513 771-1484.
BLACKBURN, Douglas Richard; '76 BSBA; 6958 Kile Rd., Plain City, OH 43064, 614 873-5708.
BLACKBURN, James M.; '54 BSBA; Atty.; Atty-at-Law, 14411 S. Dixie Hwy., Ste. 204-A, Miami, FL 33176, 305 233-0818; r. 14401 S. W. 85th Ave., Miami, FL 33158, 305 235-3858.
BLACKBURN, Kyle R.; '86 BSBA; Buyer; Sugar Food Corp., 2000 Westbelt Dr., Columbus, OH 43228, 614 771-5802; r. 2976 Dublin Arbor Ln., Dublin, OH 43017, 614 766-0854.
BLACKBURN, Laura Ivins; '82 BSBA; Sales Repr; Cadillac Plastics, 4533 Willow Pkwy., Cleveland, OH 44125; r. 2637 Woodward Ave., Cuyahoga Falls, OH 44221, 216 929-8256.
BLACKBURN, Paul Earl; '52 BSBA; 1111 Columbus Cir. #B, Warrenton, MO 63383, 314 456-8832.
BLACKBURN, Richard Shaw; '56 BSBA; VP; Sandusky-Milan Steel Inc., 20 N. Main St., Milan, OH 44846, 419 499-2562; r. 3175 Old State Rd., POB 306, Milan, OH 44846, 419 499-2784.
BLACKBURN, Richard Stanhope; '50 BSBA; Materials Mgr.; Elco Industries Inc., POB 7009, 1111 Samuelson Rd, Rockford, IL 61125, 815 397-5151; r. 2409 Guilford Rd., Rockford, IL 61107, 815 229-5538.
BLACKBURN, Thomas Dexter; '66 BSBA; Owner; Red Hot Lovers Restaurant, Ann Arbor, MI 48104, 313 996-3663; r. 110 E. Davis, Ann Arbor, MI 48104, 313 769-3465.
BLACKBURN, William Kenneth, Jr.; '68 BSBA; Sr. VP; Bank One, Cleveland, NA, Branch Sales & Service Div, 1255 Euclid Ave., Cleveland, OH 44115, 216 781-2064; r. 1088 Sheerbrook Dr., Chagrin Falls, OH 44022, 216 338-1297.
BLACKENBERRY, Richard Steward; '71 MPA; Deputy Controller; State of Ohio, Dept Of Administrative Service, 30 E. Broad St., Columbus, OH 43215; r. 3690 Montclair Dr., Columbus, OH 43219, 614 475-5568.
BLACKER, Lawrence N.; '50 BSBA; Owner; The Mulberry Tree, 300 E. Stroop Rd., Kettering, OH 45429, 513 299-8733; r. 636 Hyde Park Dr., Dayton, OH 45429, 513 434-5989.
BLACKER, Lloyd H., Jr.; '55 BSBA; Systs. Analyst; NCR Corp., 1700 S. Patterson Blvd., Dayton, OH 45479; r. 610 Siebenthaler W., Dayton, OH 45405, 513 278-6153.
BLACKLEDGE, Ethel Hale; '49 BSBA; 3620 Gary Ave., Alton, IL 62002, 618 465-1995.
BLACKLEDGE, Kevin John; '88 BSBA; 188 Cynthia St., Heath, OH 43056, 614 522-1406.
BLACKLEDGE, Robert John; '78 BSBA; 512 Grandview Ave. NW, Canton, OH 44708, 216 477-2265.
BLACKMAN, Ms. Susan G.; '84 MBA; VP-Imago, Inc.; D.B.A. Billy Hork Galleries, 272 E. Golf Rd., Arlington Hts., IL 60005, 312 640-7272; r. 2740 N. Seminary, Chicago, IL 60614, 312 935-4363.
BLACKMORE, David Parmly; '74 BSBA; CPA; Cardinal Industries,Inc., 2255 Kimberly Pkwy., E., Columbus, OH 43232, 614 755-7032; r. 164 N. Hempstead Rd., Westerville, OH 43081, 614 882-2817.
BLACKSTONE, Charles Frederick; '78 BSBA; Gen. Mgr.; Manchester Plastics Inc., 500 W. Madison St., Manchester, MI 48158, 313 428-8383; r. 2644 Coachlite Dr., Tecumseh, MI 49286, 517 423-8956.
BLACKSTONE, Kathy Crawford; '81 BSBA; Sr. Cnslt.; Deloitte Haskins & Sells, 155 E. Broad St., Columbus, OH 43215, 614 221-1000; r. 1126 Riva Ridge Blvd., Gahanna, OH 43230, 614 855-1785.
BLACKSTONE, Michael David; '88 BSBA; 2485 Welsh Hills Rd NE, Granville, OH 43023, 614 366-5938.
BLACKWELL, COL George C., USA(Ret.); '48 MBA; 4315 Majestic Ln., Fairfax, VA 22033, 703 378-5848.
BLACKWELL, James L.; '52 BSBA; Retired; r. 1600 N. Ocean Blvd., #1204, Pompano Bch., FL 33062, 305 782-4298.
BLACKWELL, Robert J.; '62 BSBA; Sr. Account Exec.; Sea-Land Svc. Inc., 4901 Holibird Ave., Baltimore, MD 21013, 301 631-6209; r. 13808 Manor Glen Rd., Baldwin, MD 21013, 301 592-6983.
BLAESER, Timothy Paul; '83 BSBA; Sales Rep.; Weyerhaeuser Co., Hwy. 56 Butner, Butner, NC 27509, 919 575-4511; r. 107 Creighton Ct., Cary, NC 27511, 919 469-5662.
BLAESER, Vincent Alan; '85 BSBA; Account Rep.; Standard Register, 1810 MacKenzie Dr., POB 20348, Columbus, OH 43220, 614 459-1087; r. 1279 Pineview Tr. #B, Newark, OH 43055, 614 366-1693.
BLAHA, COL Joseph, USA; '30 BSBA; Retired; r. 151 W. Dominion Blvd., Columbus, OH 43214, 614 268-8157.
BLAINE, Arnold; '49 BSBA; CPA; 3 Civic Plz., #250, Newport Bch., CA 92660, 714 760-5060; r. 300 Avenida Cumbre, Newport Bch., CA 92660, 714 760-5012.
BLAINE, Gregory William; '71 BSBA; Sr. VP; Foote Cone & Belding, 101 E. Erie St., Chicago, IL 60611, 312 751-7000; r. Same.
BLAINE, William E., Jr.; '75 MBA; Retired Lumberman; r. 2390 Onandaga Dr., Columbus, OH 43221, 614 486-5075.
BLAIR, Ms. Brenda L.; '85 BSBA; Mktg. Mgr.; Westfield Cos., 1 Park Cir., Westfield Ctr., OH 44251, 216 887-0101; r. 814 Madison St., Michigan City, IN 46360, 219 879-2971.
BLAIR, Daniel B., CPA; '48 BSBA; Retired; r. 7210 McPeake Ln., Knoxville, TN 37909, 615 584-4815.
BLAIR, David Alan; '68 BSBA; Mgr. of Property Devel.; MCO Properties Inc., 16838 E. Palisades Blvd., POB 17795, Fountain Hls., AZ 85268, 602 837-9660; r. 3536 E. Hatcher Rd., Phoenix, AZ 85028, 602 391-3510.
BLAIR, David Scott; '84 BSBA; Merchandise Controller; Shonac Corp., 1675 Watkins Rd., Columbus, OH 43207, 614 497-1199; r. 3052 Hayden Rd., Columbus, OH 43235, 614 764-1078.
BLAIR, James F.; '46 MBA; Sales; Warner Chilcott Labs, 201 Tabor Rd, Morris Plains, NJ 07950; r. 8 Woodcock Ln., Westport, CT 06880.
BLAIR, James Gregory; '79 BSBA; 7748 Gorman Dr., Worthington, OH 43085, 614 439-5508.
BLAIR, James Philip, II; '68 BSBA; 607 Grovewood Ln., Largo, FL 34640, 813 585-3028.
BLAIR, LTC John R., USAFR; '66 BSBA; Depy Dir. of Acquis Logis; USAF, Dayton, OH 45424; r. 4461 Kitridge, Dayton, OH 45424, 513 236-1013.
BLAIR, Landen Ray; '70 MBA; 499 Balmoral Dr., Boise, ID 83702, 208 345-2415.
BLAIR, Michael Leland; '81 BSBA; Auditor; State of Ohio, 30 W. Broad St. 25th Fl., Audit Dept., Columbus, OH 43215; r. Box 91, Washington Ct. House, OH 43160, 614 335-8879.
BLAIR, Randall Jay; '71 BSBA; Programmer Analyst; B.M.I. Inc.-Rsch. & Develmnt, POB 267, S. Webster, OH 45682, 614 778-2634; r. POB 527, Ironton, OH 45638, 614 532-9625.

BLAIR, Richard Eric; '77 BSBA; VP Bus. Mgr.; Columbus Ledger Enquirer, Knight Ridder Newspapers, POB 711, Columbus, GA 31994, 404 324-5526; r. 5315 Pine Needle Dr., Columbus, GA 31907, 404 563-1766.
BLAIR, Timothy Alan; '83 BSBA; Staff Planner; Demming Financial Svcs., 13 New Hudson Rd., Aurora, OH 44202; r. 34500 Park E., Apt. A201, Solon, OH 44139, 216 248-6892.
BLAIR, William A.; '38 BSBA; VP; Cuyahoga Savings Assn., Mortgage Service, One Erieview Plz., Cleveland, OH 44114; r. 29125 Bolingbrook Rd., Cleveland, OH 44124, 216 831-9410.
BLAIR, William M.; '34; Retired; r. 5228 SW Anhinga Ave., Palm City, FL 33490.
BLAIRE, Edward Guy, II; '52 BSBA; Pres.; Ed Blaire & Co. Real Estate, 4515 Loos Cir. E., Columbus, OH 43214, 614 451-9500; r. Same, 614 451-0621.
BLAIZGIS, Frank J.; '57 BSBA; Retail Contracts Rep.; UPS, 4300 E. 68th St., Cleveland, OH 44105; r. 8697 Hollis Ct., Cleveland, OH 44141, 216 838-5753.
BLAKE, Janet Elizabeth; '83 BSBA; Bus. Mgr.; Clean-Line Blacktop Striping Co., 1436 6th St., Findlay, OH 45840, 419 422-9093; r. 300 Hancock St., Findlay, OH 45840, 419 422-0949.
BLAKE, Jerry A.; '60 BSBA; Pres. & COO; Active Tool & Mfg. Co. Inc., 32901 Gratiot, Roseville, MI 48066, 313 294-9220; r. 79 Willow Tree Pl., Grosse Pte. Shrs., MI 48236, 313 886-4496.
BLAKE, Lance Edward; '74 BSBA; Worker; r. 8010 Sarcee Tr., Jacksonville, FL 32244, 904 771-5272.
BLAKE, Leonard Joseph; '69 BSBA; Sr. Analyst; GE-LBG, 1733 Nela Pk., E. Cleveland, OH 44112, 216 266-5201; r. 1178 Avondale Rd., Cleveland, OH 44121, 216 381-8359.
BLAKE, Marilyn Kay; '74 BSBA; Acct.; Willard Industries, 1253 Knowlton St., Cincinnati, OH 45223; r. 302 Noelle, Hamilton, OH 45013.
BLAKE, Robert Scott; '48 BSBA; Mgr. Retirement Plans; Owens Corning Fiberglas, Fiberglas Twr., Toledo, OH 43659, 419 248-7943; r. 976 Louisiana Ave., Perrysburg, OH 43551, 419 874-1287.
BLAKE, Rodney R., Jr.; '63 BSBA; Atty.; Blake Faulkner Garmhausen Keister Shenk & Co., 112 N. Main St., Sidney, OH 45365, 513 492-1271; r. 2332 E. Mc Closkey Sch. Rd, Sidney, OH 45365, 513 492-6615.
BLAKE, Sharon English, (Sharon English); '55 BSBA; Quality Assurance Propos.; Rocketdyne, Div Rockwell International, 6633 Canoga Ave., Canoga Park, CA 91304, 818 718-3591; r. 20830 Martha St., Woodland Hls., CA 91367, 818 348-0716.
BLAKE, Sylvester Joseph; '56 BSBA; 2349 Berwick, Columbus, OH 43209.
BLAKE, William L.; '51 BSBA; Atty.; 1618 Standard Bldg., 1370 Ontario St., Cleveland, OH 44113; r. 6800 Mill Rd, Cleveland, OH 44141, 216 526-7729.
BLAKELY, Agnes Tulk; '77 BSBA; 3723 Ellerdale Dr., Gahanna, OH 43230.
BLAKELY, Kathryn Lynn; '85 BSBA; Acct.; M.J. Mortensen Assoc., 2787 Hartland Rd., Falls Church, VA 22043, 703 573-0230; r. 1600 N. Oak St., #907, Arlington, VA 22209, 703 522-0974.
BLAKEMAN, Kimberlie Marie; '86 BSBA; 1754 Leland, Lima, OH 45805, 419 227-5017.
BLAKEMORE, Edward Michael; '69; 181 E. Main St., Box 673, Centerburg, OH 43011, 614 625-5294.
BLAKENEY, Carolyn B. '54 (See Johnston, Carolyn Blakeney).
BLAMBLE, James R.; '87 BSBA; Sales Rep.; Tremco, 10701 Shaker Blvd., Cleveland, OH 44104, 216 292-5000; r. 8991 Elm St., Allison Park, PA 15101, 412 367-4104.
BLANCETT, Donald Ernest; '49 BSBA; 290 W. Willow Dr., Zanesville, OH 43701, 614 452-2366.
BLANCHARD, Brian D.; '67 BSBA; Branch Mgr.; Johnson Controls Inc., 567 E. Hudson, Columbus, OH 43211; r. 39 S. Ardmore Rd., Columbus, OH 43209, 614 236-8161.
BLANCHARD, Charles W.; '67 MBA; Resident Mgr.; Continental Can, 25445 W. Outer Dr., Detroit, MI 48217; r. 475 Park, Birmingham, MI 48009, 313 647-2835.
BLANCHARD, Douglas Lloyd, CPA; '75 BSBA; Acct./Treas.; Plasticolors Inc., POB 816, Ashtabula, OH 44004, 216 997-5137; r. 1848 Wilco Arms Dr., Ashtabula, OH 44004, 216 964-7620.
BLANCHARD, Larry Darnell; '85 BSBA; Production Control Supv.; Mueller Co., 500 W. Eldorado St., Decatur, IL 62522, 217 423-4471; r. 1747 W. Hunt, Decatur, IL 62526, 217 422-5894.
BLANCHARD, Ronald E.; '49 BSBA; Retired; r. 232 Greengate Ln., Spartanburg, SC 29302, 803 583-2823.
BLANCHARD, Van, II; '81 BSBA; Atty.; 402 Main St., Coshocton, OH 43812, 614 622-0130; r. 553 Hill St., Coshocton, OH 43812, 614 622-4593.
BLANCHARD, William James; '58 BSBA; Sr. VP; The Central Trust Co. of Northeastern Ohio NA, 1431 30th St. NW, POB #9280, Canton, OH 44711, 216 493-2500; r. 254 Imgard St., Wooster, OH 44691, 216 345-6144.
BLANCHETTE, Gary Paul; '84 BSBA; Salesman; White-Tucker Co., 2310 Canada Dry St., Houston, TX 77023; r. 2318 Squire Dobbins Dr., Sugar Land, TX 77478.
BLANCHFIELD, Gregg Alan; '84 BSBA; Mgr. Marine Agcy.; Gearbulk USA, 16300 Christensen Rd. 306, Seattle, WA 98188, 206 242-5858; r. 109 E. 60th, Tacoma, WA 98404, 206 474-9073.
BLAND, Charles Richard; '79 BSBA; VP, Finance; Owens-Corning Fiberglas Corp., Fiberglas Twr., Toledo, OH 43659, 419 248-7616; r. 2825 Secretariat, Toledo, OH 43615, 419 536-7723.
BLAND, Irvin G.; '41 BSBA; Retired; Automotive Inc. of Warren, 147 Pine Ave. SE, Warren, OH 44481; r. 1528 Sunset Dr. NE, Warren, OH 44483, 216 392-5837.
BLAND, Reginald Eric; '77 BSBA; 1255 Hastings Ranch Dr., Pasadena, CA 91107.
BLAND, Rodney Gail; '77 BSBA; Controller; West-Camp Press Inc., 39 Collegeview, Westerville, OH 43081; r. 7480 Cheshire Rd., Galena, OH 43021.
BLAND, Thomas W.; '62 BSBA; Pres.; G T D Assocs., 502 Hickory Ln., Mt. Gilead, OH 43338; r. 4601 Darrow Rd., Stow, OH 44224, 419 947-1458.
BLANEY, Michael Anthony; '84 BSBA; Tax Examiner; IRS, Denver, CO 80203; r. 66 Pearl St., #303, Denver, CO 80203.
BLANK, Dennis Ray; '67 BSBA; Sr. VP; The Wasserstrom Co., Finance Division, 1675 S. High St., Columbus, OH 43207, 614 228-6525; r. 9097 Oakwood Point, Westerville, OH 43081, 614 882-3517.
BLANK, Edward Charles; '69 BSBA; Gen. Mgr.; Guardian Transportation Corp., Moline-Martin Rd., POB 161, Millbury, OH 43447; r. 3405 Pelham Rd., Toledo, OH 43606, 419 537-9111.
BLANK, Gary Lee; '66 BSBA; Atty.; Private Practice, 33 N. Lasalle St., Chicago, IL 60602, 312 236-0907; r. 2660 Prince St., Northbrook, IL 60062.
BLANK, John Francis; '73 BSBA; Plant Controller; FMC Corp., Hoopeston, IL 60942, 217 283-6611; r. 3002 Park Haven Blvd., Danville, IL 61832, 217 443-2189.
BLANK, Phyllis Newburger; '84 BSBA; Media Dir.; Gregory Advt. Inc., 1111 Chester Ave., Cleveland, OH 44114; r. 4184 Hinsdale Rd., S. Euclid, OH 44121.
BLANKE, Dianne Elizabeth; '84 BSBA; Instr. & Clerk; YMCA of Memphis, 3548 Walker Ave., Memphis, TN 38111; r. 3650 N. Lloyd Cir., Memphis, TN 38108.
BLANKEMEIER, Daniel A.; '85 BSBA; 34 E. Northwood, Columbus, OH 43210, 614 263-3564.
BLANKEMEIER, Elaine Louise; '80 BSBA; 2466 Amber Tr., Duluth, GA 30136, 404 923-3357.
BLANKEN, Dennis Bruce; '69 BSBA; 7870 E. Kemper Rd, Cincinnati, OH 45242, 513 489-1597.
BLANKENBECKLER, Dr. Jeffrey Alan; '79 BSBA; Tech. Svc. Rep.; Ashland Chemical Co., POB 2219, Columbus, OH 43216; r. 7716 Indianwood Ct., Columbus, OH 43085, 614 792-1985.
BLANKENBECKLER, John G.; '83 BSBA; Technical Svc.; Ashland Chemical Co., 5200 Paul G Balzer Mem Pkwy., Dublin, OH 43017; r. 8508 Bridletree Way, Worthington, OH 43085, 614 436-6034.
BLANKENBECLER, Mrs. Kristine Sue, (Kristine Sue Frey); '80 BSBA; Controller; The Garlikov Cos., 41 S. High St. #2710, Columbus, OH 43215, 614 221-0900; r. 2696 Downing Way, Columbus, OH 43221, 614 486-1708.
BLANKENSHIP, Jeffrey Alan; '80 BSBA; 614 464-1991; r. 4632 Hilton Ave., Columbus, OH 43228, 614 870-7381.
BLANKENSHIP, Victor Raymond; '72 BSBA; 6998 Logsdon Rd, Hamilton, OH 45011, 513 863-4485.
BLANKS, Mark Steven; '71 MACC; CPA; r. 41 W. 74th St., Apt. 2B, New York, NY 10023, 212 362-8461.
BLANQUART, Gilbert V.; '31 BSBA; Retired/Asst VP Mgmt Svcs; US X Crop., Pittsburgh, PA 15230; r. 632 Parkview Ln., Naples, FL 33940, 813 261-3257.
BLANTON, Cole P.; '49 BSBA; Manufacturers Rep.; COLCO, 2403 McCauley Ct., Columbus, OH 43220, 614 457-9361; r. Same.
BLANTON, Daniel Lee; '82 BSBA; Student; Liberty Christian Clg., 8610 Hwy. 98 W., Pensacola, FL 32506, 904 455-9261; r. 1431 Watkins Rd., Alexandria, OH 43001, 614 924-6962.
BLANTON, Jane Ebersol; '39 BSBA; 3018 Stevenson, Pebble Bch., CA 93953, 408 373-6521.
BLANTON, Leonard Franklin; '74 MPA; State Coord.; Jobs for Ohio's Graduates, 65 S. Front St., Rm. 911, Columbus, OH 43215, 614 466-3900; r. 541 Meadoway Park, Worthington, OH 43085, 614 436-2034.
BLASCHAK, James L.; '58 BSBA; Compliance Ofcr.; US Dept. of Labor, 19 Mound St., The Plains, OH 45780, 614 797-4109; r. Box 212, The Plains, OH 45780, 614 797-4103.
BLASHEK, Robert D.; '47 BSBA; Chmn./CEO; Ventura Associates, Inc., 1350 Ave. of the Americas, New York, NY 10019, 212 586-9720; r. Weavers Hill 10E, Greenwich, CT 06831, 203 531-8864.
BLASIMAN, Kenneth Lee; '72 BSBA; Revenue Ofcr.; IRS, POB 99183, Cleveland, OH 44199, 216 522-2052; r. 13952 Duck Creek Rd., Salem, OH 44460, 216 337-6368.
BLASKO, Robert; '64 BSBA; 45 Bonnie Brook Rd, Westport, CT 06880, 203 226-9644.
BLASS, Mrs. Christine Marie, (Christine M. Wilhelm); '79 BSBA; Mktg. Coord.; Nielsen Mktg. Rsch., 1125 B Arnold Dr., Ste. #156, Martinez, CA 94553, 415 372-8704; r. 486 Morello Ave., Apt. 252, Martinez, CA 94553, 415 370-8017.
BLATT, John Ward; '61 BSBA; Retired; r. POB 256, 399 Loraine Ave., Put-In-Bay, OH 43456, 419 285-5095.
BLATT, Sidney I.; '46 BSBA; Pres.; Franklin Steel Co., 1385 Blatt Blvd., Blacklick, OH 43004; r. 510 Columbia Pl., Columbus, OH 43209.
BLATTER, Terry G.; '66 BSBA; 162 Berger Al, Columbus, OH 43206, 614 461-9351.
BLATTNER, James S.; '56 BSBA; State Prog. Mgr.; Food & Nutrition Svc., USDA, 550 Kearny St., Rm. 400, San Francisco, CA 94108; r. 2440 Clay St., San Francisco, CA 94115, 415 922-3284.
BLAU, Robert Mark; '76 BSBA; 212 Lincoln Blvd., Long Beach, NY 11561, 516 431-1487.
BLAUGRUND, Steve M.; '87 BSBA; Account Rep.; Boehm Marking Inc., Cleveland, OH; r. 3723 Ingleside Rd., Shaker Hts., OH 44122, 216 991-2728.
BLAUSER, Randy Roy; '83 BSBA; Real Estate Appraiser; Cuddeback & Traczyk Appraisal, 3725 Grace St., Ste. 304, Tampa, FL 33607, 813 875-4558; r. 4024-B Cortez Dr., Tampa, FL 33614, 813 935-6045.
BLAUSHILD, Marc D.; '85 BSBA; Advt./Mktg. Coord.; Famous Telephone Supply, POB 2172, Akron, OH 44309, 216 762-8811; r. 23613 E. Groveland Rd., Beachwood, OH 44122, 216 381-8430.
BLAUSHILD, Scott David; '87 BSBA; 985 Atlantic Ave. #727, Columbus, OH 43229, 614 848-9653.
BLAYNEY, Richard I.; '55 BSBA; Salesman; Gen. Mills; r. 513 Brookview Rd, Louisville, KY 40207, 502 897-3685.
BLAYNEY, Robert Earl; '68 BSBA; RR 1 5034 US 40 NW, S. Vienna, OH 45369.
BLAZAR, Lawrence Allan; '71 BSBA; Pres.; Blazar Sales Co. Inc., POB 09517, Columbus, OH 43209, 614 235-5874; r. POB 09517, Columbus, OH 43209, 614 864-4443.
BLAZEK, Beverly Diane; '82 BSBA; Mgr.; Touche Ross & Co., 1801 E. 9th St., Ste. 800, Cleveland, OH 44114, 216 771-3525; r. 14719 Clifton Blvd., Lakewood, OH 44107, 216 529-0062.
BLAZEK, Bruce Ray; '84 BSBA; Staff; Computer Depo, 11th & F St. NW, Washington, DC 20066; r. 1751 Cy Ct., Vienna, VA 22180.
BLAZEK, Mark Robert; '76 BSBA; Commercial Acctg. Mgr.; Palm Coast Constr. Co., 1 Hargrove Grade, Palm Coast, FL 32037, 904 445-0860; r. 2 Patuxent Ln., Palm Coast, FL 32037, 904 445-4924.
BLAZEK, Robert Joseph; '82 BSBA; Funds Mgmt. Ofcr.; Barnett Bank of Palm Bch Cnty., 625 N. Flagler Dr., W. Palm Bch., FL 33401, 407 838-3361; r. 1501 B Sabal Ridge Cir., Apt. B, Palm Bch. Gardens, FL 33418, 407 626-8629.
BLAZER, Frances Elizabeth; '83 BSBA; Box 43 Federal Rd., Congress Hill, Englishtown, NJ 07726.
BLAZEWICZ, Frank Xavier; '81 MPA; Sr. Policy Analyst; Ohio Dept. of Human Svcs., Bureau of Medicaid Policy, 30 E. Broad St. 31st Fl., Columbus, OH 43215; r. 421 Demorest Rd., Columbus, OH 43204, 614 279-4378.
BLAZQUEZ, Debby Dunlap; '80 BSBA; Acct. Mgr.; Grocery Manufacturers of Amer, 1010 Wisconsin Ave. NW, Washington, DC 20007; r. 3828 Beech Down Dr., Chantilly, VA 22021.
BLECKE, James C.; '69 BSBA; Atty.; Law Ofc. of James Blecke, 19 W. Flagler St., Miami, FL 33130, 305 358-5999; r. 8750 Ponce De Leon Rd., Miami, FL 33143, 305 667-0278.
BLECKNER, Steven Scott; '76 BSBA; CEO; Bleckner & Co., 4210 Sylvania Ave., Toledo, OH 43623, 419 473-1293; r. 6012 Frejon Ln., Sylvania, OH 43560, 419 882-5574.
BLEICH, Donald Lawrence; '65 BSBA; Atty. & Partner; 816 Ship St., St. Joseph, MI 49085, 616 983-0151; r. 1106 St. Joseph Dr., St. Joseph, MI 49085, 616 983-1264.
BLEICHER, Kevin James; '74 BSBA; Gen. Mgr.; Bitec Production Machining, 5703 Webster St., Ste. F, Dayton, OH 45414, 513 890-1572; r. 2230 Beauview Ln., Miamisburg, OH 45342, 513 866-8892.
BLEIWEISS, Michael David; '71 BSBA; Assoc. VP-Acctg.; Nationwide Ins. Co., Annuity & Pension Operations, One Nationwide Plz., Columbus, OH 43216, 614 249-7111; r. 92 N. Ardmore Rd., Columbus, OH 43209, 614 252-7117.
BLESCH, Christopher John; '85 MBA; Systs. Engr.; Electronic Data Systs., 905 Southland, Lansing, MI 48910, 517 887-3861; r. 3353 Millcrest Dr., Lake Orion, MI 48035.
BLESI, Frederick J.; '59; Chmn. & CEO; Phosphate Chemical Export Assn., 8750 W. Bryn Mawr Ave., Ste. 1200, Chicago, IL 60631, 312 399-1010; r. 736 Glenayre Dr., Glenview, IL 60025, 312 729-4553.
BLESS, Kenneth Leslie; '70 BSBA; VP; Mark of California, Div of M Aron Corp, 1200 Santee St., Los Angeles, CA 90015, 213 747-5572; r. 1384 Whitehall Pl., Westlake Vlg., CA 91361, 805 497-3501.
BLESSING, Karl Norbert; '87 BSBA; Admin. Svcs. Supv.; State Farm Ins., Administrative Services, 1440 Granville Rd., Newark, OH 43055, 614 349-5089; r. 1702-H Lakeview Dr., Newark, OH 43055, 614 522-4265.
BLESSING, Richard A.; '23 BSBA; 2400 Ferguson Rd., #206, Cincinnati, OH 45238.
BLETZACKER, Joan Marie '85 (See Phillips, Joan Marie).
BLEWITT, Robert Lavelle; '77 BSBA; West Zone Mktg. Mgr.; Motorist Mutual Ins. Co., 471 E. Broad St., Columbus, OH 43215, 614 225-8236; r. 1642 Essex Rd., Columbus, OH 43221, 614 488-4409.
BLEZNAK, Donald A.; '54 BSBA; 1769 Country Club Dr., Cherry Hill, NJ 08034, 609 428-5106.
BLICKE, Judy A. '54 (See Howard, Mrs. Judy B.).
BLICKLE, Gordon Harold; '86 BSBA; 1440 Carolina Dr., Vandalia, OH 45377, 513 898-8000.
BLIND, Willard Clarence; '62 BSBA, '67 MBA; Owner/Pres./Partner; Blind & Notestone CPA PC, 818 N. Columbus St., Lancaster, OH 43130, 614 687-1115; r. 1893 Nelson Rd., Lancaster, OH 43130, 614 654-1730.
BLISCHAK, Thomas Michael; '80 BSBA; 910 Banfield Ave., Toronto, OH 43964.
BLISS, Keith H.; '39 BSBA; Semiretired Mfg. Rep.; 4412 Knightsbridge Ln., Orchard Lake, MI 48033; r. Same, 313 682-4257.
BLISS, Mrs. Ruth Koenig, (Ruth Koenig); '41; Volunteer; Beaumont; r. 4412 Knightsbridge Ln., Orchard Lake, MI 48033, 313 682-4257.
BLISS, Scott Edward; '80 BSBA; Mgr.-Data Admin./Info Ctr; Apache Corp., 1700 Lincoln St., Ste. 1900, Denver, CO 80203, 303 837-5631; r. 7681 E. Easter Pl., Englewood, CO 80112, 303 721-1115.
BLITZ, Robert G.; '47 BSBA; Pres.; Robert Blitz & Co., 8617 Macarthur Blvd., Bethesda, MD 20817; r. 8617 Macarthur Blvd., Bethesda, MD 20817, 301 983-2263.
BLITZ, Sheldon; '56 BSBA; Pres.; Saddlebrook Dev. Corp., 6701 Democracy Blvd., Bethesda, MD 20817, 301 897-8777; r. 5219 Moorland Ln., Bethesda, MD 20814, 301 654-5520.
BLOCH, Michael D.; '61 BSBA; Pres.; Michael Finer Meats Inc., 1776 Freris Ave., Columbus, OH 43206; r. 505 Columbia Pl., Columbus, OH 43209.
BLOCH, Ronald A.; '54 BSBA; Asst. Dir., Food Ind; Fed. Trade Commission, Bureau of Competition, 6th & Pennsylvania Ave. NW, Washington, DC 20580; r. 4982 Sentinel Dr., Bethesda, MD 20816, 301 229-0246.
BLOCK, Cal Robert; '69 BSBA; Pres. & Owner; Block Waste Paper & Scrap; r. 3420 Lanark Ln., Pepper Pike, OH 44124, 216 292-6677.
BLOCK, Cheryl A. '83 (See Barthel, Cheryl A.).
BLOCK, Lisa Jo Beck; '79 BSBA; Public Acct.; Leonard Sigali, Atty., 6470 E. Main St., Reynoldsburg, OH 43068; r. 5763 S. Bridge Ln., Columbus, OH 43213, 614 868-0367.
BLOCK, Macy Thomas; '47; Pres. & Owner; Sun TV & Appliances, 1583 Alum Creek Dr., Columbus, OH 43209, 614 445-8401; r. 1000 Urlin Ave., #506, Columbus, OH 43212, 614 486-9860.
BLOCK, Maxwell W.; '48 BSBA; Pres.; Midland Foods Inc., 4540 Commerce Ave., Cleveland, OH 44103, 216 391-1005; r. 23920 Shelburne Rd, Shaker Hts., OH 44122, 216 464-1689.
BLOCK, S. Robert, EA; '40 BSBA; Tax Acct./Cnslt.; r. 3477 Lacon Rd., Hilliard, OH 43026, 614 876-5495.
BLOCKER, Cecil Arlo, Jr.; '64 MBA; VP; Ultramax Corp., 650 Northland Blvd., Cincinnati, OH 45247, 513 825-7794; r. 6245 Twinwillow Ln., Cincinnati, OH 45247, 513 385-1745.
BLOCKER, BGEN Jack S., USA; '48 MBA; Dir. Gen. Cnsltg.; Hay Assocs., 1500 K St., NW, Washington, DC 20005; r. 2336 S. Nash, Arlington, VA 22202, 703 521-1631.
BLOKER, Raymond E., Jr.; '47 BSBA; Retired; r. 31221 Churchill Dr., Birmingham, MI 48009, 313 647-4896.
BLOME, John Robert; '73 BSBA; Natl. Accounts Mgr.; Noxell Corp., 11050 York Rd., Hunt Valley, MD 21030, 301 785-4459; r. 603 E. Broadway, Bel Air, MD 21014, 301 879-0672.
BLONCHEK, William Stephen; '83 BSBA; Sales Rep.; Permacel, 650 Woodfield, Schaumburg, IL 60173; r. 5250 Columbia Rd., Apt. 323, N. Olmsted, OH 44070, 216 779-4421.
BLOND, Lawrence E.; '59 BSBA; Owner; Lawrence Blond, Real Estate, 27600 Chagrin Blvd., Cleveland, OH 44122, 216 292-4800; r. 28200 Belgrave Rd., Cleveland, OH 44124, 216 831-3561.
BLOOM, Alan K.; '58 BSBA; Sr. Partner; J H Cohn & Co., 75 Eisenhower Pkwy., Roseland, NJ 07068, 201 228-3500; r. 10 Splitrock Rd, Livingston, NJ 07039, 201 994-0270.
BLOOM, Martin L.; '57 BSBA; Pres.; Bloom & Co. Ins. Agcy. Inc., 9935 Giverny Blvd., Cincinnati, OH 45241, 513 733-1275; r. Same, 513 733-1272.
BLOOM, Michael Scott; '86 MBA; Client Svc. Rep.; Sami-Burke Inc., 1055 Parsippany Blvd., Parsippany, NJ 07054, 201 299-2227; r. 200 Baldwin Rd., #A-7, Parsippany, NJ 07054, 201 402-9533.
BLOOM, Nancy P.; '84 BSBA; Mktg. Dir.; A.O.E. Inc., 405 E. Shawmut, La Grange, IL 60525, 312 354-1100; r. 452 W. Roslyn, #2E, Chicago, IL 60614, 312 348-2178.
BLOOM, Stephen I.; '67 BSBA; Pres.; US Ventures Ltd. Inc., 5800 N. Federal Hwy., Boca Raton, FL 33487, 407 997-6656; r. 2890 NW 28th Ter., Boca Raton, FL 33434, 407 488-0882.
BLOOM, Thomas B.; '23 BSBA; 6806 N. Charles St., Baltimore, MD 21204.
BLOOM, COL Waller C.; '49 BSBA; Dist. Rep.; Congressman Chalmers P Wylie, US House of Representatives, Washington, DC 20515; r. 2712 York Rd., Columbus, OH 43221, 614 486-1173.
BLOOM, Yale A.; '31; Retired; r. 2685 Glen Arbor Ter., Lima, OH 45805, 419 229-8516.
BLOOMER, Dorothy Todd; '38 BSBA; 1606 Timbercrest Dr., Baltimore, MD 21228, 301 536-0970.
BLOOMFIELD, Kevin Lawrence; '81 MBA; 3101 Robinhood, Houston, TX 77005, 713 523-2385.
BLOOMFIELD, Susan Ellen '79 (See Schnitz, Susan B.).

ALPHABETICAL LISTINGS BOGNER 25

BLOOMSTEIN, Marc Jeffrey; '85 BSBA; Acct.; Square D Co., 1601 Mercer Rd., Lexington, KY 40511, 606 254-6412; r. 2360 Liberty Rd., Lexington, KY 40505, 606 255-2010.
BLOOMSTROM, John Carl; '74 BSBA, '75 MBA; Account Mgr.; Northlich Stolley Inc., 200 W. 4th St., Cincinnati, OH 45202; r. 10125 Woodfern Way, Montgomery, OH 45242, 513 791-2627.
BLOSSER, John T.; '56 BSBA; Staff Acct.; Olathe Med. Ctr., 215 W. 151st St., Olathe, KS 66061; r. 11907 E. 57th Ter., Kansas City, MO 64133, 816 358-5380.
BLOSSER, Ms. Suzette Renea; '87 BSBA; Sales Rep.; Norstan Communications, 1021 Checkrein Ave., Columbus, OH 43229, 614 846-0990; r. 6876 Clearhurst Dr., Columbus, OH 43229, 614 899-7147.
BLOSSER, Theodore J., Sr.; '47 BSBA; Retired; r. 3142 Edgefield Rd., Columbus, OH 43221, 614 457-3950.
BLOUCH, Gerald Brian; '69 MACC; Exec. VP; Inacomp Computer Ctrs. Inc., 1800 W. Maple, Troy, MI 48084; r. 5150 Forestway, Bloomfield Hls., MI 48013.
BLOUGH, Frank Winger, III; '79 BSBA; Programmer; Navfincen, 1240 E. 9th St., Cleveland, OH 44199, 216 522-5280; r. 2930 Indian Run, Wooster, OH 44691, 216 264-7117.
BLOUNT, Richard Hamilton; '85 BSBA; Discover Card Svcs., POB 32471, Columbus, OH 43232; r. 202 Moull St., Newark, OH 43055, 614 366-1781.
BLOWERS, Tamara Mitchell; '83 BSBA; 3855 Middlepost Ln., Rocky River, OH 44116.
BLOZIS, Ms. Nancy Marie, CPA; '87 BSBA; Acct.; Ernst & Whinney, 2400 Nationwide Plz., Columbus, OH 43215, 614 224-5678; r. 4727 Bentham Dr., Columbus, OH 43220, 614 459-1988.
BLUE, Allan M.; '63 BSBA; Atty-at-Law; Mayer Terakedis & Blue Co., 250 E. Broad St., Columbus, OH 43215; r. 1130 Berlin Station Rd., Delaware, OH 43015, 614 548-5321.
BLUE, Jason A., JD; '61 BSBA; Atty.; Wolske & Blue, 580 S. High St., Ste. 320, Columbus, OH 43215, 614 228-6969; r. 1801 Roxbury Rd., Columbus, OH 43212, 614 486-3200.
BLUE, Phillip Edwin; '68 BSBA; VP Opers.-MRO; O.D. Hauschild Inc., 6550 York Ave. S., Ste. 211, Minneapolis, MN 55435, 612 926-7655; r. 6541 Tingdale Ave., Edina, MN 55435, 612 942-8561.
BLUE, Robert L.; '34 BSBA; Retired; r. 1700 NE 105th St. #303, Miami Shrs., FL 33138, 305 891-4235.
BLUE, Suzanne Elaine; '88 BSBA; 647 Linwood Dr., Rio Grande, OH 45674, 614 245-9118.
BLUE, Warren Grant; '50 BSBA; Sr. VP-Gen. Counsel; R E Harrington Inc., 811 Greencrest Dr., Westerville, OH 43081, 614 891-3480; r. 831 Clayton Dr., Worthington, OH 43085, 614 846-3466.
BLUM, Harry; '42 BSBA; Principal; r. 27400 Chardon Rd, Apt. 925, Wickliffe, OH 44092, 216 944-5057.
BLUM, John Eric; '64; Postal Clerk; US Postal Svc., Twin Rivers Dr., Columbus, OH 43216; r. 1159 Belden Rd., Columbus, OH 43229, 614 846-0432.
BLUM, Kenneth Edward; '80 BSBA; VP; Ohio Loan Co., Inc., 3028 Salem Ave., Dayton, OH 45406, 513 278-5991; r. 4127 Kinsey Rd., Englewood, OH 45322, 513 832-2586.
BLUM, Richard Jay; '76 BSBA; 5938 Lynnaway, Dayton, OH 45415, 513 275-4027.
BLUMBERG, Bruce Karl; '75 BSBA; Data Coord.; Univ. of South Carolina, 200 Miller Rd., Sumter, SC 29150, 803 775-6341; r. 114 Henrietta Dr., Sumter, SC 29150, 803 775-6509.
BLUMBERG, Thomas David; '82 BSBA; Real Estate Broker; Buchman & Assoc., 200 180 Main St., Winnipeg, MB, Canada R3C1A6, 204 947-1144; r. 434 Queenston St., Winnipeg, MB, Canada R3N0X2, 204 489-0902.
BLUMBERGER, David Jeffrey; '62 BSBA; Mkt. Maker Trader; David J. Blumberger, Inc., 86 Trinity Pl., American Stock Exchange, New York, NY 10010; r. 17 Crane Ct., Middletown, NJ 07748, 201 671-3937.
BLUME, George B.; '54 BSBA; 619 Chestnut St., Clearwater, FL 33516.
BLUME, Thurl Kevin; '78 BSBA; Atty.; Faulkner, Mowery & Brown, 8055 Hayport Rd, Wheelersburg, OH 45694; r. Rte. 2, Minford, OH 45653, 614 456-4581.
BLUMENSCHEIN, Carl T.; '40 BSBA; Steel Buyer; Liberty Steel Prods. Co., 11650 Mahoning Ave., Box 17T, Youngstown, OH 44451, 216 538-2236; r. 1172 Academy Dr., Youngstown, OH 44505, 216 759-1204.
BLUMENSCHEIN, Ned A.; '58 BSBA; Pres.; Arrowwood Sales Inc., 2118 Inwood Dr., Ste. 126, Ft. Wayne, IN 46815, 219 483-4022; r. 3428 Kewatin Ct., Ft. Wayne, IN 46815, 219 749-0006.
BLUMENTAL, Joshua Bertram; '69 BSBA; VP of Operations; Metal Prods. Co., 112 Erie St., Niles, OH 44446, 216 652-2558; r. 424 Arbor Cir., Youngstown, OH 44505, 216 759-0159.
BLUMENTHAL, Eric R.; '87 BSBA; 2557 Larchmont Dr., Beachwood, OH 44122.
BLUMENTHAL, Mark Allen; '82 BSBA; VP; Clifton Transportation, 3654 Lee Rd., Shaker Hts., OH 44120, 216 751-9000; r. 1307 Avondale, S. Euclid, OH 44118, 216 291-1292.
BLUMENTHAL, Scott B.; '87 BSBA; Import-Export; r. c/o Heather L Danenberg, 4510 NW 77 Ter., Lauderhill, FL 33351, 305 741-0333.
BLUMSTEIN, Doris Slutsky; '44 BSBA; Mgr.; Auburn Fabrics, 250 W. 39th St., New York, NY 10018, 212 354-1234; r. 38 Walnut St., Teaneck, NJ 07666, 201 836-7859.
BLUNT, Dennis Keith; '79 BSLHR; Regional Sales Mgr.; Brown & Williamson Tobacco Co., 1515 Woodfield Rd., Ste. 640, Schaumburg, IL 60173, 312 240-2051; r. 971 Old Meadow Ct., Carol Stream, IL 60188, 312 231-7050.
BLUST, John Fredrick; '69 BSBA; CPA; Kenneth Leventhal & Co., 100 E. Broad St., Columbus, OH 43215, 614 464-1403; r. 649 Ipswich St., Westerville, OH 43081, 614 891-2478.
BLY, Jack A.; '85 MBA; Cnty. Admin.; Wayne Cnty., Ohio, 428 W. Liberty St., Wooster, OH 44691, 216 263-3100; r. 416 E. Center St., POB 324, Smithville, OH 44677, 216 669-3698.
BOALS, Robert W.; '44; Toledo Area Sales Mgr.; Superior Dairy Inc., POB 1345 Sta. C, Canton, OH 44708, 216 477-4515; r. 5444 Cresthaven Ln., Toledo, OH 43614, 419 866-0265.
BOATNER, Beth '79 (See Russell, Beth A.).
BOATWRIGHT, Donald B.; '48 BSBA; Retired; r. 23 Greenfield Ave., Danbury, CT 06810, 203 743-3628.
BOB, Thomas H.; '65; Pres.; Thomas H Bob Investments, 5808 Royal Lytham Ct., Dublin, OH 43017; r. Thomas H Bob Investments, 5808 Royal Lytham Ct., Dublin, OH 43017, 614 766-0721.
BOBB, J. Morton, Jr.; '26 BSBA; Retired; r. 322 Fairway Cir., Columbus, OH 43213, 614 866-1002.
BOBB, Margaret '31 (See Taylor, Margaret Bobb).
BOBB, Richard Allen; '59 BSBA; Exec. VP; US Leasing Intl. Inc., Sub. of Ford Motor Co., 733 Front St., San Francisco, CA 94111, 415 627-9581; r. 3002 Clay St., San Francisco, CA 94115, 415 922-6489.
BOBB, Ronald Craig; '60; Controller; Immke Lincoln Mercury, 6755 Samill, Dublin, OH 43220, 614 864-1414; r. 5848 Ballymead Blvd., Dublin, OH 43220, 614 761-3688.
BOBBITT, Amy; '85 BSBA; Auditor; Touche Ross & Co., 4041 N. Central Ste. 1600, Phoenix, AZ 85012; r. 1739 E. Gaylon Dr., Tempe, AZ 85282.
BOBBITT, Dr. H. Randolph, Jr.; '60 BSBA, '61 MBA; Prof. & Chairperson; The Ohio State Univ., Academic Faculty of Mgmt &, Human Resources, Columbus, OH 43210, 614 292-3809; r. 1166 Ashland Ave., Columbus, OH 43212, 614 486-3990.
BOBLIT, Darlena Marie '75 (See Boblit-Dill, Ms. Darlena Marie).
BOBLIT-DILL, Ms. Darlena Marie, (Darlena Marie Boblit); '75 BSBA; CNC Programming Instr.; Monarch Machine Tool, 615 N. Oak, Sidney, OH 45365, 513 492-4111; r. 117 Freedom Ct., Sidney, OH 45365, 513 498-9771.
BOBO, Gary Eldon; '69 BSBA; Financial Cnslt.; SLF Ins. Agcy., 5880 Sawmill Rd., Dublin, OH 43017, 614 761-7502; r. 1768 Hillandale Ave., Columbus, OH 43229, 614 890-5393.
BOBOSKY, Mrs. Pamela B., (Pamela A. Burkley); '81 BSBA; Sr. Operations Planner; Loral Corp., 1210 Massillon Rd., Akron, OH 44315, 216 796-6194; r. 66 N. Pershing Ave., Akron, OH 44313, 216 864-8992.
BOBROF, Sadye M.; '32 BSBA; Retired; r. c/o House of Loreto, 2812 Harvard N. W., Canton, OH 44709, 216 453-0436.
BOBRY, Harold Leon; '77 BSBA; 8 Cottonwood Ln., Pittsford, NY 14534, 716 248-5464.
BOBRY, Michael; '82 BSBA; Staff; Lyell Metal Co. Inc., 1515 Scottsville Rd., Rochester, NY 14623; r. 19 Summit Oaks, Pittsford, NY 14534, 716 442-2538.
BOBSON, Edward M.; '42 BSBA; Retired Supv.; Defense Constr. Supply CT, Procurement Dept., 3990 E. Broad St., Columbus, OH 43213; r. 1561 Westminster Dr., Columbus, OH 43221, 614 486-4966.
BOBST, Jack E.; '55 BSBA; Staff; Reliance Electric Co., Jackson, MS 39208; r. 1898 Smallwood St., Jackson, MS 39212, 601 373-1958.
BOC, Myron C.; '48 BSBA; Claims Dept. Mgr.; Lockheed Corp., 86 S. Cobb Dr. SE, Marietta, GA 30063, 404 494-7307; r. 5310 Fairfield N., Dunwoody, GA 30338, 404 396-8813.
BOCETTI, Dean Allen; '88 MBA; PhD Candidate; The Ohio State Univ., Columbus, OH 43210; r. 28 E. Northwood, #C, Columbus, OH 43201, 614 297-9939.
BOCHNAK, Steven Lloyd; '81 BSBA; Engrg. Mgr.; United Telephone Syst., 1600 N. Shoop, POB 507, Wauseon, OH 43567, 419 335-4526; r. 210 Wilson St., Archbold, OH 43502, 419 446-2251.
BOCINEC, Frank C.; '86 BSBA; Assoc.; Kroger Bakery, Columbus, OH 43201; r. 6963 Arlington Ave., Massillon, OH 44646, 614 261-1537.
BOCK, Carl P., CPA; '85 BSBA; Auditor; Peat Marwick Main & Co., Two Nationwide Plz., #1600, Columbus, OH 43215, 614 249-2300; r. 5687 Pauley Ct., Columbus, OH 43235, 614 459-8773.
BOCK, Lowren Alvin; '55 BSBA; Sales Assoc.; Newton Realtors, 725 E. Main St., Prattville, AL 36067, 205 365-2223; r. 1133 Mary Dr., Prattville, AL 36067, 205 365-3416.
BOCK, William Richard, Jr.; '61 BSBA; Sr. VP; Home Life Ins. Co., 1 Centennial Dr., Piscataway, NJ 08855, 201 980-8150; r. 343 Grist Mill Dr., Basking Ridge, NJ 07920, 201 766-4025.
BOCKHORN, Terry Lee; '68 MBA; 1025 Carlo Dr., Dayton, OH 45429, 513 294-8939.
BOCKMILLER, Neal Joseph; '75 BSBA; Tax Acct.; r. 2907 Heresford Dr., Parma, OH 44134, 216 888-4027.
BOCKOVEN, William Frank; '79 BSBA; Quality Control Mgr.; Torrington Co., Kathleen Dr., Pulaski, TN 38478, 615 363-7661; r. 703 Meadow St., Lawrenceburg, TN 38464, 615 762-7496.
BOCOCK, Robert Dean; '71 MBA; Owner/Mgr.; Pack & Park Self Storage, POB 747, Morrisville, VT 05661, 802 888-5889; r. RD 1, Box 1052, Johnson, VT 05656, 802 635-7508.
BODAGER, Ben F.; '53 BSBA; Partner Realtor/Ins. Agt.; Bodager Agcy. Inc., 8 S. Main St., Rittman, OH 44270, 216 925-2075; r. 2834 Eastern Rd., Rittman, OH 44270, 216 925-6711.
BODAS, Masha; '83 BSBA; 1288 Fountain Ln., Columbus, OH 43213, 614 864-4190.
BODE, Ripley Norman; '83 MBA; Staff; US Postal Svc., 850 Twin Rivers Dr., Columbus, OH 43215; r. 5326 Portland St., Columbus, OH 43220, 614 459-8300.
BODELL, Robert E.; '59 BSBA; Sales Rep.; Home Curtain Corp., 295 5th Ave., New York, NY 10016; r. 2366 Brixton Rd, Columbus, OH 43221, 614 488-9106.
BODEN, Scott Randall; '86 BSBA; Bond Underwriter; Cincinnati Financial Corp., 6200 S. Gilmore, Fairfield, OH 45014, 513 870-2416; r. 5425 Honeyleaf Way, Dayton, OH 45424, 513 233-5675.
BODEN, Steven Craig; '85 BSBA; Gen. Acct.; r. 1098 Fordham Rd., Columbus, OH 43224, 614 262-7776.
BODENHAMER, William E.; '57 BSBA; Claims Rep.; Dept. of Hew, 1240 E. 9th St., Cleveland, OH 44114; r. 20694 Beaconsfield Blvd., Rocky River, OH 44116, 216 331-2938.
BODER, Thomas Edward; '72 BSBA; Owner; American Speedy Printing Ctrs., 6255 E. Main St., POB 1066, Reynoldsburg, OH 43068, 614 759-9305; r. 6635 Olivetree Ct., Reynoldsburg, OH 43068, 614 864-7741.
BODEY, Robert Stephen; '85 BSBA; Sr. Tax Cnslt.; Deloitte Haskins & Sells, Wells Fargo Ctr., Ste. 2800, 333 S. Grand Ave., Los Angeles, CA 90071, 213 253-4600; r. 10381 Mississippi Ave., Los Angeles, CA 90025, 213 277-7917.
BODGE, June Jo '60 (See Grabbs, Mrs. June Jo).
BODNAR, Debora Lynn; '85 BSBA; Acctg. Analyst; Ameritrust Co. N A, Employee Benefits Dept., 900 Euclid Ave., Cleveland, OH 44101, 216 687-4342; r. 165 N. Tamarack Dr., Akron, OH 44319, 216 896-2461.
BODNER, Joan Elizabeth; '80 BSBA; 2736 Citadel Dr., Warren, OH 44483, 216 372-1455.
BODNER, Marjorie L.; '73 BSBA; Merchandiser; American Greetings, Palm Harbor, FL 34683; r. 1457 Rolling Ridge Rd., Palm Harbor, FL 34683, 813 785-1607.
BODNYK, Anthony James; '79 BSBA; Production Control Mgr.; Kaydon Corp., 1571 Forrest Ave., La Grange, GA 30240, 404 884-3041; r. 105 Lakeshore Way, La Grange, GA 30240, 404 884-6047.
BOE, George William, IV; '75 BSBA; Acct.; r. 94 Strathearn Ave., Richmond Hill, ON, Canada L4B2J7, 416 737-3037.
BOECKER, Jeffery Bruce; '87 BSBA; Finance Spec.; N C R Corporatn, 1700 S. Patterson Blvd., Dayton, OH 45479; r. 7288-B Chateauroux Dr., Centerville, OH 45459.
BOECKLEY, Karen Lynn; '87 BSBA; 982 Springbrook Dr., Cincinnati, OH 45224, 513 521-0871.
BOECKMAN, Michael Lawrence; '69 BSBA; Chief Fin Ofcr.; Clarion Capital Corp., 1801 E. 12th St., Ste. 201, Cleveland, OH 44114; r. 31416 Narragansett Ln., Bay Village, OH 44140, 216 835-0979.
BOEDER, David Wilson; '68 BSBA, '70 MBA; Tax Commissioner Age; Dept. of Taxation, 30 E. Broad St., Columbus, OH 43215; r. 5345 Olentangy River Rd, Worthington, OH 43085, 614 459-3117.
BOEHK, M. Carmela Agapite; '43 BSBA; 1656 Thetford Rd., Towson, MD 21204.
BOEHM, Edward Charles, Jr.; '66 BSBA; 7802 S. Peach Dr., Tempe, AZ 85284, 602 625-7446.
BOEHM, George E.; '59 BSBA; Exec. VP; Plaid Enterprises Inc., POB 7600, 1649 International Blvd., Norcross, GA 30091, 404 923-8200; r. 1755 Tamworth Ct., Dunwoody, GA 30338, 404 396-4748.
BOEHM, Horst Geunther; '85 BSLHR; Claims Rep.; The Shelby Ins. Grp., 175 Mansfield Ave., Shelby, OH 44875, 419 347-1880; r. 405 Lexington Ave., Mansfield, OH 44907, 419 756-8893.
BOEHM, Jeffrey Lynn; '82 BSBA; Software Cnslt.; Computerpeople Cnsltg., 50 Northwoods Blvd., Ste. B, Worthington, OH 43085, 614 436-0133; r. 91 W. Kanawha Ave., Columbus, OH 43214, 614 436-4432.
BOEHM, Robert Anthony; '85 BSBA; Traffic Supv.; Frito-Lay, 3675 Corporate Dr., Columbus, OH 43229; r. 249 Amfield Ct., Gahanna, OH 43230, 614 471-1825.
BOEHM, Robert R.; '60; Pres.; Boehm Stamp & Printing Co., Box 23401, Columbus, OH 43223; r. 4075 Hunting Creek Dr., Grove City, OH 43123, 614 875-5141.
BOEHME, Donald W.; '39 BSBA; Retired; r. 580 Cascade Cir., Unit 100, Casselberry, FL 32707, 407 339-0878.
BOELL, Jean Polley, (Jean Polley); '67 BSBA; Homemaker; r. 14 Grannan Dr., Corning, NY 14830, 607 962-0212.
BOENING, Richard Ulrich; '79 MBA; Area Mgr.; Cardinal Lodging Grp., 331 W. 4th St., Dover, OH 44622, 412 776-9758; r. 129 Valley Forge Dr., Mars, PA 16046, 412 776-9759.
BOERGER, Jerry Allan; '63 BSBA; Mershon Auditorium Mgr.; Ohio State Univ., 30 W. 15th Ave., Columbus, OH 43210, 614 292-7300; r. 1275 Oakfield Dr. S., Columbus, OH 43229, 614 888-1845.
BOERGER, Richard L.; '58 BSBA; Partner; Arthur Andersen & Co., One Williams Ctr., Tulsa, OK 74101, 918 587-2571; r. 3730 E. 78th St., Tulsa, OK 74136, 918 492-0341.
BOERSMA, Cornelius, IV; '84 BSBA; Commodity Merchant; Cargill Inc., 3880 Buoy St., Memphis, TN 38113, 901 775-5821; r. 4885 Water Fowl Ln., Memphis, TN 38115, 901 360-8290.
BOES, Barbara J. '88 (See Price, Ms. Barbara J.).
BOES, Lawrence Joeseph; '85 BSBA; Apparel Mgr.; K-Mart Corp. #3338, 300 S. Hamilton Rd., Gahanna, OH 43213, 614 476-0940; r. 7 N. Virginia Ln., Westerville, OH 43081, 614 899-6175.
BOES, Pamela Stegman; '80 BSBA; Mktg. Cnslt.; Pamela S Boes, 7900 Columbus Rd., NE, Louisville, OH 44641; r. 695 Canyon Dr., Lima, OH 45804, 419 221-0184.
BOESEL, Hon. Jacob James; '39 BSBA; Lawyer; Atty-at-Law, *, Wapakoneta, OH 45895; r. 485 S. Parkview Ave. Apt. 102, Columbus, OH 43209, 419 738-7567.
BOESHAAR, John C.; '37 BSBA; Retired; r. 3045-A N. Beach Rd., Englewood, FL 34223, 813 475-1276.
BOESHART, Bonnie '79 (See Roberts, Bonnie Boeshart).
BOETTCHER, Stephan Arthur; '87 MLHR, '87 MPA; Cnslt.; Deloitte Haskins & Sells, 1200 Travis, Houston, TX 77002, 713 951-6712; r. 3601 Allen Pkwy., Apt. 820, Houston, TX 77019, 713 528-1458.
BOETTICHER, Myron Paul; '71 BSBA; Box 122, Groveport, OH 43125, 614 491-1404.
BOFFO, Joseph Vincent; '81 BSBA; 218 E. 17th Apt. 207, Columbus, OH 43201.
BOGARAD, Joan Silverman; '55 BSBA; 265 Sharon Dr., Weirton, WV 26062, 304 723-1682.
BOGART, Lloyd W.; '33 BSBA; Pres.; Clyde Parts Inc., 135 E. McPherson Hwy., Clyde, OH 43410, 419 547-9591; r. 2426 N. River Rd., Fremont, OH 43420, 419 332-0369.
BOGART, Sally E. '86 (See Sommers, Mrs. Sally E.).
BOGART, Stephen Ira; '76 BSBA; 1120 Dorsh Rd., S. Euclid, OH 44121, 216 382-9562.
BOGDAN, Thomas John, Jr.; '88 BSBA; 3907 Cook Rd., Medina, OH 44256, 216 725-5045.
BOGDAS, Jodine Jacobs, (Jodine Jacobs); '79 BSBA; Supv Inventory/Scheduling; Eaton Corp., Carol Stream, IL 60188; r. 423 Walnut Ave., Elgin, IL 60120, 312 888-0989.
BOGDUE, Cynthia Haugse; '83 BSBA; Supv.; Bank One of Columbus, 100 E. Broad St., Columbus, OH 43215; r. 4040 Summit View Rd., Dublin, OH 43017.
BOGEN, Jennifer '83 (See Morrison, Jennifer Bogen).
BOGEN, John Arthur; '53 BSBA; 35 E. Henderson Rd Apt. B, Columbus, OH 43214, 614 261-7885.
BOGEN, Margaret Le Sar, (Margaret Le Sar); '33 BSBA; Retired; r. 342 Burning Tree Dr., Naples, FL 33942, 813 262-7974.
BOGER, Jacalyn Kay; '81 BSBA; Police Ofcr.; 120 W. Gay St., Columbus, OH 43215; r. 7867 Red Hill Ct., Worthington, OH 43085.
BOGER, Stephen Edward; '70 BSBA; Div. Chief; USAF, Wright-Patterson Contr Ctr., Wright Patterson AFB, OH 45433, 513 257-5598; r. 629 Nakota Dr., Fairborn, OH 45324, 513 878-7485.
BOGER, Todd Emerson; '85 BSBA; Inventory Analyst; Wasserstrom Co., 477 S. Front St., Columbus, OH 43215, 614 228-6525; r. 3300 Rolling Hills Cir., Bldg. #9 Apt. 606, Davie, FL 33328.
BOGER, William H., Jr.; '49 BSBA; 11304 Valley High Dr., Wichita, KS 67209, 316 722-8375.
BOGGAN, Lisa Ann; '88 BSBA; 1706 E. 90th, Cleveland, OH 44106, 216 231-5333.
BOGGESS, William Edward; '67 BSBA; Controller; The Ohio Historical Society, 1985 Velma Ave., Columbus, OH 43211, 614 297-2400; r. 4824 Bourke Rd., Columbus, OH 43229, 614 433-7077.
BOGGS, Diane M., (Diane Cerny); '87 BSBA; Acct.; The Barcus Co. Inc., 33 N. Grant Ave., Columbus, OH 43215, 614 228-2118; r. 942 Thomas Rd., Columbus, OH 43212, 614 299-6903.
BOGGS, James Lee; '72 BSBA; CPA; 42829 N. Ridge Rd., Elyria, OH 44035, 216 324-2214; r. 39702 Calann Dr., Elyria, OH 44035, 216 322-4198.
BOGGS, Richard Warren; '68 BSBA; Staff; Edgewood City Schs., 5005 Oxford State Rd., Trenton, OH 45067; r. 183 Chamberlain Dr., Hamilton, OH 45013.
BOGGS, Robert E.; '52 BSBA; 94 Fenway Rd, Columbus, OH 43214, 614 888-0664.
BOGGS, LT Sharon R., USN; '84 BSBA; Testing Ofc./MEPS; Leo W. O'Brien Fed. Bldg., Albany, NY 12207, 518 472-7781; r. 95 D Overlook Pass, Clifton Park, NY 12065, 518 371-2595.
BOGGS, Susan Partlow; '80 BSLHR; Personnel Mgr.; Clock Tower Inn, 7801 E. State St., Rockford, IL 61108; r. 10708 Smith Rd., Pecatonica, IL 61063.
BOGLE, Toni '81 (See Gill, Toni Bogle).
BOGNER, John Eric; '76 BSBA; 2475 Lombard St., San Francisco, CA 94123.

BOGNER, Philip Allan; '85 BSBA; Manufacturer's Rep.; Keith-Nicholas Co., 6200 Avery Rd., Dublin, OH 43017, 614 761-1234; r. 740 Ridge Crest Ct., Bloomington, IN 47401, 812 334-1156.

BOGNER, Scott Thomas; '81 BSBA; Admin. Systs. Analyst; PPG Industries Inc., Regional Support Ctr., 848 Southern Ave., Chillicothe, OH 45601, 614 774-7679; r. 1355 Western Ave., #86, Chillicothe, OH 45601, 614 773-4610.

BOGOLIS, Christ B.; '88 BSBA; 1460 Silver Ln., Mansfield, OH 44906, 614 529-5358.

BOH, Boris; '82 BSBA; Acct.; Nationwide Ins., 3750 Courtright Ct., Columbus, OH 43227; r. 6238 Alrojo St., Worthington, OH 43085, 614 436-8860.

BOH, Marko; '80 BSBA, '81 MBA; 5132 Banbridge Ln., Columbus, OH 43220.

BOHACHEK, Clay Cameron; '80 BSBA; 404 Forrer Blvd., Dayton, OH 45419, 513 293-6174.

BOHANNAN, Robert C., Jr.; '41 BSBA; Pres. & Dir.; Arizona Mortgage & Investment, 7000 Berneil Dr., Paradise Vly., AZ 85253, 602 948-2424; r. Same.

BOHLER, Ronald Keith; '84 BSBA; Production Control Mgr.; Briggs & Stratton Corp., Main St., Murray, KY 42071, 502 759-1680; r. 593 Coleman Rd., Mansfield, OH 44903, 419 522-5423.

BOHLIN, Peggy Schweinfurth; '77 BSBA; 11 Sylvan Dr., Wilbraham, MA 01095.

BOHLMAN, Paul William; '70 BSBA; Dir.-Resident/Comml Mktg.; Columbia Gas Distribution Co. Inc., 200 Civic Center Dr., Columbus, OH 43215, 614 460-6908; r. 4932 Donegal Cliff Dr., Dublin, OH 43017.

BOHLMANN, Mark Philip; '74 MPA; VP/Product Dir.; Advanced Institutional Mgt Software (Aims, Inc), 65 E. State St. Ste. 1000, Columbus, OH 43215, 614 460-3525; r. 3353 Smiley Rd., Hilliard, OH 43026, 614 876-9282.

BOHM, Arthur, CPA; '70 BSBA; Dir. of Acctg. Standards; Human Resources Admin., City of New York, New York, NY 10013; r. 251 E. 51st St., Apt. 2-M, New York, NY 10022, 212 838-6777.

BOHMER, William Allen; '67 BSBA, '78 MBA; Pres.; Buckeye Tractor & Implement, 5565 State Rte. 37 E., Delaware, OH 43015, 614 363-1341; r. 670 Congress Ct., Delaware, OH 43015, 614 363-6158.

BOHN, Paula M. '82 (See Flavell, CAPT Paula B., USAF).

BOHNERT, COL Edward A., Jr.; '58 BSBA, '62 MBA; USAF(Ret.); Owner; EAB Assocs., 1800 Skyline Way #106, Anacortes, WA 98221, 206 293-0287; r. Same.

BOHNLEIN, James Frank; '68 BSBA; Salesman; The Robins Beverage Grp., 1178 Joyce Ave., Columbus, OH 43215, 614 291-6500; r. 4992 Brewster Dr., Columbus, OH 43232, 614 837-9024.

BOHUS, Michelle Marie, (Michelle M. Von Lohr); '82 BSBA; Mgr.; Battelle Mem. Inst., Proj. Management Div., 505 King Ave., Columbus, OH 43201, 614 424-7464; r. 1263 Chatham Ridge Rd., Westerville, OH 43081, 614 898-3155.

BOICE, John N.; '49 BSBA; Retired; r. 2596 Wellesley Rd., Columbus, OH 43209, 614 231-4494.

BOICHEFF, Nicholas Michael; '87 BSBA; 5700 Pleasant Ave., Fairfield, OH 45014.

BOISSEAU, Stephen Arthur; '86 BSBA; Admin.; Bank One, 1551 Morse Rd., Columbus, OH 43229, 614 248-2550; r. 9595 Woodsfield Cir. E., Pickerington, OH 43147, 614 864-7098.

BOISTON, Bernard G.; '65 BSBA; 199 Eastmoor Blvd., Columbus, OH 43209, 614 231-2905.

BOISVERT, Joseph E.; '58 BSBA; Regional Sales Mgr.; Aladdin Carpet Mills, 109 Shoshoni Tr., Apple Vly., MN 55124, 612 454-5048; r. Same, 612 454-5048.

BOITSE, Cynthia Anne; '80 BSBA; 5121 Cobblestone Dr., Columbus, OH 43220, 614 459-9759.

BOJANSKY, Trent Thomas; '87 BSBA; Auditor; Lewandowski & Co., 4401 Rockside Rd., Ste. 401, Cleveland, OH 44131, 216 447-1120; r. 4124 Columbia Sq., Apt. #203, N. Olmsted, OH 44070, 216 734-6201.

BOLANDER, Patricia '84 (See Byers, Ms. Patricia Bolander).

BOLDS, Kevin Wayne; '76 BSBA; 1334 Tampa Ave., Dayton, OH 45417, 513 223-3072.

BOLEN, William W.; '48 BSBA, '55 MBA; Retired; r. 2641 Aspen St. NE, N. Canton, OH 44721, 216 492-5067.

BOLENBAUGH, Lawrence E.; '50 BSBA; Pres.; Ofc. Suppliers Inc., 615 W. High St., Lima, OH 45801, 419 227-2144; r. 2526 Wendell Ave., Lima, OH 45805, 419 228-9581.

BOLENDER, Carroll Herdus; '49 MBA; Cnslt.; UNISYS, 739 Thimble Shoals Blvd., Newport News, VA 23606, 804 873-1523; r. 128 Randolph's Green, Williamsburg, VA 23185, 804 220-0029.

BOLENDER, Ms. Julie Ann; '87 BSBA; Student; The Ohio State Univ., Clg. of Law, Columbus, OH 43201; r. 2861 Akron-Wadsworth, Norton, OH 44203, 216 825-9944.

BOLES, Bettina Shepler; '86 BSBA; Acctg. Mgr.; Visual Marking Systs., 2097 E. Aurora, Twinsburg, OH 44087; r. 5632 Creekside Dr., #B-6, Brunswick Hls., OH 44212, 216 237-3212.

BOLES, Kathy Ann; '86 BSBA; 505 Mount Olive Agosta Rd, New Bloomington, OH 43341, 614 764-4858.

BOLEY, Paul A.; '38 BSBA; Retired; r. 817 Idlewilde Ln., Lake Charles, LA 70605, 318 477-3158.

BOLIN, Patricia Jean; '84 BSBA; 6564 Lee Rd., N. Ridgeville, OH 44039, 216 327-9401.

BOLING, Brian O.; '65 BSBA; Staff; Sharon Steel Corp., POB 271, Sharon, PA 16146; r. 36 Waterford Ct., Granville, OH 43023.

BOLLER, James Stanley; '77 BSBA; Asst. Mgr.; Boller Electric, 181 Fairway Blvd., Columbus, OH 43213; r. 873 Heritage Dr. E., Columbus, OH 43213, 614 868-1508.

BOLLING, Vincent, Jr.; '56 BSBA; Pres.-CEO; Kodak Mining Co. Inc., 5335 Far Hills Ave., Ste. 218, Dayton, OH 45429, 513 434-6902; r. 405 Kramer Rd., Dayton, OH 45419, 513 298-6622.

BOLLINGER, Robert Jeffrey; '84 BSBA; 880 Deacon Cir., Columbus, OH 43214, 614 457-7741.

BOLON, Dr. Donald Sinclair; '53 BSBA, '59 MBA, '71 PhD (BUS); Prof. of Mgmt.; Miami Univ., Dept. of Management, 307 Laws Hall, Oxford, OH 45056, 513 529-4217; r. 110 Olde Farm Rd, Oxford, OH 45056, 513 523-1714.

BOLON, Robert C.; '49 BSBA; Staff; Massachusetts Mutual Life Ins., 1375 Sharon Copley, Sharon Ctr., OH 44274; r. 234 Forestwood Dr., Northfield, OH 44067, 216 467-3539.

BOLSER, Wesley J.; '49 BSBA; V-Pres. & Mgr.; Second Natl. Bank Fairfield, Patterson Blvd., Hamilton, OH 45014; r. 5475 Schiering Dr., Hamilton, OH 45014, 513 863-4505.

BOLT, James Laurencel; '78 BSBA; Mgr.; Bahama Hotel, 401 N. Atlantic Blvd., Ft. Lauderdale, FL 33304, 305 467-7315; r. Bahama Hotel, 2713 NE 21st Ter., Ft. Lauderdale, FL 33306, 305 564-4473.

BOLT, Stanley E.; '51 BSBA; 6 Preston Cir., Pittsford, NY 14534, 716 586-5760.

BOLTE, Gary Dennis; '75 BSBA; Underwriter; Ohio Casualty, 10400 Academy NE, Ste. 200, Albuquerque, NM 87111, 505 292-2800; r. 1421 Hendola NE, Albuquerque, NM 87110, 505 293-5160.

BOLTE, Jeffrey William; '68 BSBA; Acct.; Bolteco Enterprises, 120 E. Maple, Hartville, OH 44632, 216 877-9400; r. 31193 State Rte. 41, Peebles, OH 45660, 513 587-3771.

BOLTON, Francis Alan, III; '69 BSBA; Secy.-Treas.; Jess Howard Electric Co., 6630 Taylor Rd., Blacklick, OH 43004, 614 861-1300; r. 641 Antler Ct., Gahanna, OH 43230, 614 855-9122.

BOLTON, James Joseph; '55 BSBA; Pharmaceutical Rep.; Wyeth-Ayerst, POB 8299, Philadelphia, PA 19101; r. 4816 Walden Ln., Kettering, OH 45429, 513 434-9536.

BOLTON, Richard W.; '62 BSBA; Sales Mgr.; Ohio Transmission & Pump Co., 666 Parsons Ave., Columbus, OH 43206; r. 76 Executive Ct., Westerville, OH 43081, 614 882-5812.

BOLUS, Gary Lewis; '73 BSBA; VP-Sales & Mktg.; Vernay Labs, POB 310, Yellow Spgs., OH 45387, 513 767-7261; r. 7018 Winter Hill Ct., Dayton, OH 45459, 513 439-4007.

BOLYARD, Robert D., Sr.; '61 BSBA; Engrg. Mgr.; Circon ACMI Div., Circon Corp., 93 N. Pleasant St., Norwalk, OH 44857, 419 668-8201; r. 25 W. Chestnut, Norwalk, OH 44857, 419 668-4762.

BOLZENIUS, Daniel Joseph; '78 BSBA; 705 Stinchcomb Dr., Columbus, OH 43202, 614 268-4762.

BOLZENIUS, James Charles; '84 BSBA; Acctg. Supv.; GTE, 2901 S. Johnson, San Angelo, TX 76904, 915 942-2845; r. 3805 Deerfield, San Angelo, TX 76904, 915 944-2738.

BOLZENIUS, June M. '83 (See Lewis, June Bolzenius).

BOMAS, Harriet Sonya; '83 BSBA; Supv.-Debit Svcs.; Bank One-Financial Card Svcs., 757 Carolyn Ave., Columbus, OH 43224, 614 248-2841; r. 8373 Springston Ln., Worthington, OH 43085, 614 885-0911.

BOMBARD, Danny Joe; '73 BSBA; Sr. Info. Analyst; United Airlines Inc., POB 66100, Chicago, IL 60666, 312 952-4873; r. 432 Main St., Batavia, IL 60510, 312 879-5016.

BOMELI, Dr. Edwin Clarence; '42 BSBA; Prof. Emeritus; Bowling Green State Univ., Acctg. Dept., Bowling Green, OH 43403; r. 258 S. Church St., Bowling Green, OH 43402, 419 353-3485.

BONAMINIO, Lori Maria; '85 BSBA; 1808 W. 38th St., Lorain, OH 44053.

BONAR, Alan Randall; '66 BSBA; Sales Rep.; Engerman Porter & Co., 1212 Jarvis Ave., Elk Grove Vlg., IL 60007; r. 915 Heather, Deerfield, IL 60015.

BONAR, John Edward; '66 BSBA; Exec. VP; First Natl. Bank of Vicksburg, 1675 Lakeland Dr., Jackson, MS 39216, 601 982-5626; r. 2002 Scenic Dr., Brandon, MS 39042, 601 992-0421.

BONASERA, Thomas John; '70 BSBA; Atty./Partner; Crabbe Brown Jones Potts & Schmidt, One Nationwide Plz. 25th Fl., Columbus, OH 43215, 614 228-5511; r. 1360 Marlyn, Columbus, OH 43220, 614 451-9581.

BONAVENTURA, Mark Gabriel; '74 BSBA; 247 S. James Rd., Columbus, OH 43213, 614 231-2127.

BONBURG, Thomas Jean; '71 BSBA; VP; Schurck's Auto Supply, 15395 SW 33rd Pl., Bellevue, WA 98008; r. 15127 N. E. 24th St., #253, Redmond, WA 98052.

BOND, Barbara '57 (See Cavanaugh, Barbara Boyd).

BOND, Bruce John; '73 MBA; Asst., Chmn. of the Bd.; Ford Motor Co., World Hdqrs., Rm. 922, American Rd., Dearborn, MI 48121, 313 322-7985; r. 24221 Locust St., Farmington Hls., MI 48018, 313 478-3862.

BOND, Dale E.; '57 BSBA; Retired; r. 22954 Cadiz Rd., Freeport, OH 43973, 614 658-3673.

BOND, David Fredrick; '75 BSBA; Partner; Deloitte Haskins & Sells, 1676 N. California Blvd., Walnut Creek, CA 94596, 415 935-1001; r. 24 Virginia Ct., Walnut Creek, CA 94596, 415 938-9094.

BOND, Douglas Craig; '86 BSBA; Student; Capital Univ. Law Sch., 665 S. High, Columbus, OH 43206; r. 8040 Abbeyshire Ct., Dublin, OH 43017, 614 764-2117.

BOND, George A., III; '55 BSBA; Manufacturers Rep.; George A Bond Jr. & Assocs., 1720 Section Rd, Cincinnati, OH 45237, 513 731-8070; r. 1137 Brayton Ave., Cincinnati, OH 45215, 513 821-4910.

BOND, H. Franklin; '31 BSBA; Retired; r. 72709 Bel Air Rd., Palm Desert, CA 92260, 619 568-6796.

BOND, Jocelyn E.; '88 BSBA; 2470 N. High St., #C-1, Columbus, OH 43202, 614 267-8828.

BOND, John B.; '83 BSBA; Loan Ofcr.; Bank One, Mansfield, 28 Park Ave. W., Mansfield, OH 44902, 419 525-5500; r. Rte. 2, Shiloh, OH 44878, 419 524-8255.

BOND, John William; '67 BSBA; Certified Public Acc; Tipmont REMC, POB 20, Linden, IN 47955; r. 911 S. 9th St., Lafayette, IN 47905, 317 742-0698.

BOND, P. Scott; '78 BSBA; Personnel Dir.; Mercer Co. Community Hosp., 800 W. Main St., Coldwater, OH 45828, 419 678-4843; r. 209 Briarwood Dr., Coldwater, OH 45828, 419 678-8013.

BOND, Turner Dixon; '88 MPA; Owner; Human Interface, POB 1854, Columbus, OH 43216, 614 447-6524; r. 458 Vermont Pl., Columbus, OH 43201, 614 294-6190.

BOND, William A.; '34 BSBA; Retired; r. 130 E. Tulane Rd., Columbus, OH 43202, 614 262-4073.

BONE, James W.; '39 BSBA; Owner; James Campus Shop, 124 E. Broadway, Granville, OH 43023; r. 170 Joy Ln., Box 456, Granville, OH 43023, 614 587-0756.

BONE, Robert Thomas; '83 BSBA; Driver; UPS, 2600 SE Main St., Stuart, FL 33497; r. 194 Maplecrest Cir., Jupiter, FL 33458, 407 744-9753.

BONE, Russell M.; '36 BSBA; Retired; r. 1260 Gambier Rd., Mt. Vernon, OH 43050, 614 392-4696.

BONE, Todd Alan; '86 BSBA; 12942 Normandy Way, Palm Bch. Gardens, FL 33410.

BONEBRAKE, Robert A.; '57 BSBA; Stockbroker; Paine Webber Inc., 1801 E. 9th, Cleveland, OH 44114, 216 696-5900; r. 3072 Fairmount Blvd., Cleveland, OH 44118, 216 321-2997.

BONECUTTER, Brent Robert; '82 BSBA; 7852 E. Liberty Rd., Sunbury, OH 43074.

BONFANTE, James Robert; '81 BSBA; Sales Rep.; Airco Industrial Gases, B O C Group Inc, 575 Mountain Ave., Montvale, NJ 07645; r. 910 Faculty Dr., Columbus, OH 43221.

BONFANTE, John Robert; '75 BSBA; Pres./Owner; Poultry Classics, 407 N. Grant Ave., Columbus, OH 43215, 614 461-6616; r. 266 E. Sycamore St., Columbus, OH 43206, 614 469-9077.

BONFIELD, Gordon B., III; '75 MBA; James River Corp., Kalamazoo, MI 49003, 616 383-5000; r. 3950 Maplecrest Ct., Grand Rapids, MI 49508, 616 949-2273.

BONFIGLIO, Amy Terese; '87 BSBA; Cnslt.; Arthur Andersen & Co., 1717 E. 9th St., Cleveland, OH 44114, 216 781-2140; r. 14119 Pine Forest Dr., Apt. #207, N. Royalton, OH 44133, 216 585-4840.

BONFINI, Emilio M.; '48 BSBA; Atty.; Bank One Bldg., 32nd & Belmont, Bellaire, OH 43906, 614 676-1674; r. 57661 48th St., Belleview Hts., Bellaire, OH 43906, 614 676-3473.

BONFINI, Michael James; '83 BSBA; Owner/Mgr.; Stanley Steemer Carpet Cleaner of Knoxville, 7132 Commercial Park Dr., Knoxville, TN 37918, 615 922-8310; r. 5800 Central Ave. Pike, Apt. 2908, Knoxville, TN 37912, 615 688-9248.

BONFINI, Peter Allan; '78 BSBA; VP/Controller; Stanley Steemer Intl., Carpet Cleaner, 5500 Stanley Steemer Pkwy., Dublin, OH 43017, 614 764-2007; r. 6201 Inverurie Dr. E., Dublin, OH 43017, 614 766-9975.

BONG, Khiong Sin; '85 BSBA; 140-A.K.M.C. Flat (Betong), Kuching Saraw, Malaysia.

BONHAM, John P.; '85 BSBA; Distribution Mgr.; Volume Shoe Corp., POB 1189, 5040 NW Hwy. 24, Topeka, KS 66618, 913 232-6844; r. 3705 SW Churchill Rd., Topeka, KS 66604, 913 273-9740.

BONHAM, Sandra J., (Sandra J. Tischer); '56 BSBA; Account Exec.; Mid-Atlantic Publishing Inc., 4201 John Marr Dr., Annandale, VA 22003, 703 750-3240; r. 7717 Harwood Pl., Springfield, VA 22152, 703 866-0534.

BONHAM, William Samuel; '58 BSBA; Natl. Dir. of Admin.; Green Thumb Inc., 5111 Leesburg Pike, Falls Church, VA 22041, 703 820-4990; r. 7717 Harwood Pl., Springfield, VA 22152, 703 866-0534.

BONHAM, William T.; '82 BSBA; Legal Intern; Berwagner, Overmyer Assocs. Inc., 2245 N. Bank Dr., Columbus, OH 43220, 614 457-7000; r. 3965 Roxham Ct., Gahanna, OH 43230.

BONIFANT, Tod Jeffrey; '79 BSBA; Dir.-Retail Acctg.; Assoc. Grocers Inc., Wholesale Groceries, POB 723, Uhrichsville, OH 44683, 614 922-3251; r. 124 2nd St. SW, Strasburg, OH 44680, 216 878-7266.

BONIFAS, Paul Joseph; '74 BSBA; Staff; Consolidated Natural Gas Co., c/o Postmaster, Kalida, OH 45854; r. Box 570, Kalida, OH 45853, 419 532-3362.

BONIFIELD, John Willard; '43 BSBA; 3510 Paseo Flamenco, San Clemente, CA 92672.

BONNEAU, Le Roy Russell, Jr.; '74 MPA; Branch Mgr.; Data Gen. Corp., 300 E. Wilson Bridge Rd., Ste. 225, Worthington, OH 43085, 614 431-1700; r. 515 Olenwood Ave., Worthington, OH 43085, 614 436-9409.

BONNELL, Gregory Allen; '88 BSBA; 180 W. Patterson, Apt. #L, Columbus, OH 43202, 614 294-3977.

BONNER, Dr. John T., Jr.; '43 BSBA; VP Emeritus; The Ohio State Univ., Columbus, OH 43210; r. 4344 Ingham Ave., Columbus, OH 43214, 614 263-7429.

BONNER, Marvin Eugene; '85 MPA; 5309 Lansing Dr., Camp Spgs., MD 20748.

BONNER, Ralph H.; '87 MBA; 475 Beacon St. 3 Front, Boston, MA 02115.

BONNETTE, Edward Charles; '79 BSBA; Materials Mgr.; Autotron, 1290 Boston Ave., Longmont, CO 80501, 303 776-1735; r. 1332 Parker Dr., Longmont, CO 80501, 303 651-3046.

BONNORONT, Catherine Binkley; '61; 1641 W. Mason Rd., Sidney, OH 45365, 513 492-9010.

BONSECOUR, Richard A.; '48 BSBA; Retired Mgr.; Dicks Sohio Svc., 1102 W. Mound St., Columbus, OH 43223; r. 619 Markview Rd., Columbus, OH 43214, 614 451-4890.

BONVECHIO, Sue E. '76 (See Bonvechio-Mock, Mrs. Sue E.).

BONVECHIO-MOCK, Mrs. Sue E., (Sue E. Bonvechio); '76 BSBA; Gen. Admin.; Bonnie Sportswear Inc., 2425 S. Hill St., Los Angeles, CA 90007, 213 746-5202; r. 4853 Bellingham Ave., N. Hollywood, CA 91607, 818 760-1614.

BOO, Pang Huai; '85 BSBA; c/o Guan Peng Boo, 28 Leboh Raya Scot, Penang, Malaysia.

BOOCK, Kenneth Richard; '79 BSBA; 3154 Rimmer Rd., Dublin, OH 43017, 614 761-3428.

BOOHER, Leon C.; '50 BSBA; Retired; r. 160-10 89th Ave., Apt. 15-H, Jamaica, NY 11432.

BOOHER, Nonnie Beach; '45; Account Clerk II; The Ohio State Univ., G320 W. 10th Ave., Columbus, OH 43210; r. 1943 Langham Rd., Columbus, OH 43221.

BOOHER, Ruth Phillips, (Ruth Phillips); '77 BSBA; Homemaker; r. 594 S. Washington St., Tiffin, OH 44883, 419 447-3728.

BOOHER, Stephen Dwight; '80 BSBA; Programmer/Analyst; Duriron Co., 425 N. Finlay St., Dayton, OH 45401; r. 743 Fawcett Dr., Xenia, OH 45385, 513 426-8659.

BOOHER, Stephen Lee; '75 BSBA; Loan Ofcr.; Citizens Comm Bank & Trust Co., 115-119 S. Main St., Celina, OH 45822; r. 1025 Holly St., Celina, OH 45822, 419 586-4636.

BOOK, Betty Zitke; '50 BSBA; 2223 NE 16th St., Ft. Lauderdale, FL 33304, 305 564-0199.

BOOKER, Andrew W.; '88 BSBA; 1290 Smallwood Dr., Columbus, OH 43235, 614 451-2315.

BOOKER, Ronald G., Jr.; '81 BSBA; Entrepreneur; Triad Mktg. Grp., POB 151033, Arlington, TX 76015, 817 784-0808; r. Same.

BOOKER, Terri '77 (See Batch, Terri Booker).

BOOKER, William J.; '52 BSBA; Retired; r. 1590 Lakewood Ct. E., Lexington, KY 40502, 606 269-1472.

BOOKHEIMER, Brian D.; '85 BSBA; Financial Analyst; Bank One of Columbus, 100 E. Broad St., Columbus, OH 43215, 614 248-2897; r. 6594 Merry Ln., Columbus, OH 43229, 614 891-2025.

BOOKMAN, Mrs. Shari Lynn, (Shari Lynn Miles); '85 BSBA; Employee Relations Rep.; Wendys Intl., Inc., 4288 Dublin Granville Rd., Dublin, OH 43017, 614 764-8475; r. 2171 Orinda Ct., Powell, OH 43065, 614 766-5015.

BOOKWALTER, Maria Fontana; '76 MBA; Realtor; Bookwalter Realty Era, 720 Lexington Ave., Mansfield, OH 44907; r. 1355 Oakview Dr., Worthington, OH 43085.

BOONE, Daniel Lee; '66 BSBA, '72 MBA; Staff; Wendys Intl. Inc., 4288 W. Dublin-Granville Rd, POB 256, Dublin, OH 43017, 614 764-3043; r. 7029 Adanac Pl., Worthington, OH 43085, 614 436-8666.

BOONE, Don W.; '55 BSBA; Pres.; Stuart Burial Vault Co., 527 Ford St., Bremen, OH 43107, 614 569-4158; r. 579 Hamburg SW, Lancaster, OH 43130, 614 687-4565.

BOONE, Jeanette Spangler; '42; Retired; r. 13428 Emberwood Dr., Sun City, AZ 85351.

BOONE, Jerry R.; '64 BSBA; Staff; C/O United Airlines Sf Ohn, San Francisco Intl Airport, San Francisco, CA 94128; r. 38 W. 486 Bonnie Ct., St. Charles, IL 60174.

BOONE, Rea E.; '63 BSBA; Mgr.; Mead Corp., Transportation & Distribution, Dayton, OH 45402; r. 5854 State Rte. 47 W., Bellefontaine, OH 43311, 513 592-1029.

BOONE, Steven James; '80 BSBA; Financial Mgmt. Trnee; GE Co., 1000 Lakeside, Cleveland, OH 44114; r. 5355 Steplechase Ln., Westerville, OH 43081.

BOONE, Timothy J., Esq.; '73 BSBA; Managing Partner; Sellman & Boone, Capitol Sq. Bldg., 65 E. State St., Ste. 1600, Columbus, OH 43215, 614 228-0200; r. 387 Olentangy Forest Dr., Columbus, OH 43214, 614 885-7118.

BOORMAN, William J.; '58 BSBA; Industrial Engr.; Timken Co., 1025 Cleveland Ave., Columbus, OH 43201; r. 3617 Beulah Cir., Apt. B, Columbus, OH 43224.

BOOS, Patricia Mulcahy; '78 BSBA; 555 Edward Rutledge, Orange Park, FL 32073.

BOOS, Robert D.; '64 BSBA; VP Real Estate; Eckerd Drug Co., POB 4689, 8333 Bryan Dairy Rd., Clearwater, FL 34618, 813 398-8355; r. 2826 Anderson Dr. N., Clearwater, FL 34621, 813 799-6693.

BOOSE, Robert I., Sr.; '39 BSBA; Atty.; Fike Cascio & Boose PC, 124 N. Center Ave., Somerset, PA 15501, 814 445-7948; r. 376 High St., Box 550, Somerset, PA 15501, 814 445-4800.

BOOTES, Joyce Mc Keown; '85 BSBA; 2632 Dayton, Columbus, OH 43202.

BOOTH, Charles Linn; '82 BSBA; 6101 Batavia Rd., Westerville, OH 43081, 614 895-1886.

BOOTH, Oreta M. '80 (See Klein, Mrs. Oreta M.).

BOOTH, Richard Lee; '52 BSBA, '61 MBA; 4925 Ridge Rd., Edina, MN 55436, 612 935-2661.

BOOTH, Robert A.; '50 BSBA; Atty.-V Pres.; Gen. Ins. Agcy., 3360 Tremont Rd, Columbus, OH 43221, 614 451-9602; r. 1844 Chatfield Rd., Columbus, OH 43221, 614 488-3950.

BOOTH, Timothy James; '86 BSBA; Registered Rep.; Fidelity Investments, 4445 Lake Forest Dr., Cincinnati, OH 45242, 513 786-6000; r. 2621 Hunt Rd. #11, Cincinnati, OH 45236, 513 793-6749.

BOOZE, Gordon B.; '71 BSBA; Pres.; M&L Popcorn, 1263 Nantucket Ave., Columbus, OH 43235, 614 451-2544; r. Same, 614 459-1452.

BOPP, Brian Joseph; '85 BSBA; 3225 Girdham Rd., Swanton, OH 43558, 419 825-3752.

BOPP, Mrs. Mary Margaret, (Mary Margaret Michael); '85 BSBA; 204 Hampden Ter., Alhambra, CA 91801, 818 284-5068.

BORCHARDT, Gary I.; '67 MBA; Sub Contracts Mgr.; Lockheed Missile Systs., 111 Lockheed Way, Bldg. 157, Sunnyvale, CA 94089, 408 756-0453; r. 841 Seabury Dr., San Jose, CA 95123, 408 723-7152.

BORCHERDING, Timothy John; '86 BSBA; Sales Rep.; Daychex, 5500 Frantz, Dublin, OH 43017, 614 792-9922; r. 3152 Hayden Rd., Columbus, OH 43235, 614 792-3931.

BORCHERS, CAPT Alyn Louis, USN(Ret.); '49 BSBA; 677 W. Main St., Westerville, OH 43081, 614 891-7714.

BORCHERS, Blaise C.; '84 MBA; 6601 Wickford Sq., Apt. 1, Sylvania, OH 43560, 419 885-4123.

BORCHERS, Jean Paul; '66 BSBA; Pres.; Jericho Inc., 4907 N. Dixie Dr., Dayton, OH 45414, 513 275-4388; r. 5421 Pelican Blvd., Cape Coral, FL 33914, 813 542-8121.

BORCHERS, John A.; '41 BSBA; Retired; Sears Roebuck Co., 1211 Connecticut Ave., Washington, DC 20038; r. 12818 Seville Dr., Sun City West, AZ 85375, 602 584-4776.

BORCHERS, William C.; '35 BSBA; Retired; r. 27 W. 152 Barnes Ave., Winfield, IL 60190, 312 668-2668.

BORCOVER, Mrs. Thelma E., (Thelma Shifman); '48 BSBA; Substitute Tchr.; r. 2016 Fairmont Ave., Steubenville, OH 43952, 614 283-3175.

BORDEN, Bruce E.; '86 BSBA; Distribution Supv; Frito-Lay, Inc., 1600 Crums Ln., Louisville, KY 40216, 502 361-3073; r. 9814 Timberview Way, Louisville, KY 40223, 502 245-7803.

BORDEN, Heidi '85 (See Day, Heidi Borden).

BORDEN, James Howard, Jr.; '86 BSBA; 862 1/2 Neil Ave., Columbus, OH 43215, 614 461-0888.

BORDEN, Jodi Ellen; '88 BSBA; Box 218, Warsaw, OH 43844, 614 824-4171.

BORDEN, Nolan R.; '56 BSBA; CPA; 839 Gallia St., Portsmouth, OH 45662, 614 353-5134; r. 2848 Ridgeway Rd, Portsmouth, OH 45662, 614 353-6886.

BORDEN, Paul Francis; '77 BSBA; Special Projects Coord.; Private Industry Council, 1260 E. Broad St., Columbus, OH 43205, 614 258-5318; r. 5693 Cypresswood Rd, Columbus, OH 43229, 614 888-1489.

BOREL, George M.; '39 BSBA; Retired; r. 3788 Lyon Dr., Columbus, OH 43220, 614 451-2572.

BOREL, Richard A.; '30 BSBA; Retired Managing Dir.; W B N S-TV, 770 Twin Rivers Dr., Columbus, OH 43215; r. The Martinique Apt. 902, 3003 Gulf Shore Blvd. N., Naples, FL 33940, 813 261-3785.

BOREL, Richard W.; '64 BSBA; Metro Net Vermont, Inc., 45 Roosevelt Hwy., US Rte. 247, Colchester, VT 05446, 802 655-9530; r. 6 Circle Dr., Dover, MA 02030, 508 785-0983.

BOREMAN, Robert Boyd; '68 BSBA; Sales Mgr.; r. 28 S. Oak Forest Dr., Asheville, NC 28803, 704 684-5796.

BORENSZTEIN, Sam Hershel; '77 BSBA; Owner; Video City, 13861 Cedar Rd., S. Euclid, OH 44118; r. 13565 Cedar Rd, University Hts., OH 44118, 216 321-6868.

BORES, Jackie; '87 BSBA; Acctg. Asst.; Solveware Syst., Inc., 2323 W. Fifth Ave., Columbus, OH 43204, 614 488-1891; r. 4778 Rossmoore Pl., Columbus, OH 43220, 614 459-7343.

BORESH, Jack G.; '50 BSBA; 473 W. 130th St., Hinckley, OH 44233, 216 225-2257.

BORGHESE, Richard Victor; '48 BSBA; Retired; r. 14033 Breeze Hill Ln., Silver Spring, MD 20906, 301 460-6731.

BORGHESE, Robert Christopher; '87 BSBA; Buyer/Purchasing; Halmar Electrnic Inc., 700 N. Hague Ave., Columbus, OH 43204; r. 2853 Findley Ave., Columbus, OH 43202, 614 267-0302.

BORGLIN, William K.; '61 BSBA; Supv.; Ford Motor Co., The American Rd., Dearborn, MI 48121, 313 594-1142; r. 3880 Peabody Dr., Bloomfield Hls., MI 48013, 313 647-5028.

BORGMAN, Duane Anthony; '83 BSBA; Prog. Analyst; America Trust, Cleveland, OH 44101, 216 579-2000; r. 6805 Tobik Tr., Parma, OH 44130, 216 884-4648.

BORIN, Gerald Wayne; '72 MPA; Gen. Mgr.; Columbus Zoo, 9990 Riverside Dr., Powell, OH 43065, 614 889-9471; r. 9694 Sunset Dr., Powell, OH 43065.

BORING, David B.; '50 BSBA; VP; Cott Index Co., 1515 Hess St., Columbus, OH 43212; r. 225 Croswell Rd, Columbus, OH 43214, 614 262-4108.

BORING, David Graham; '68 BSBA; Bus. Mgr.; Univ. Liggett Sch., 1045 Cook Rd., Grosse Pte. Woods, MI 48236, 313 884-4444; r. 1371 Audubon, Grosse Pte. Park, MI 48230, 313 881-2797.

BORING, Herbert S.; '33 BSBA; 706 Pelzer Hwy., #G-175, Easley, SC 29640, 803 859-4802.

BORING, Philip L.; '61 BSBA; VP Opers.; North American Natl. Corp., 1251 Dublin Rd., Columbus, OH 43215, 614 488-4881; r. 5685 Old Farm Ct., Columbus, OH 43213, 614 861-4181.

BORING, Ruthmary '49 (See Mears, Mrs. Ruthmary Boring).

BORISENKO, Henry; '71 BSBA; 2084 Arthur Ave., Westlake, OH 44145.

BORISOFF, Helen, (Helen Chapman); '81 BSBA; Med. Sales Spec.; Kendall Co., One Federal St., POB 10, Boston, MA 02101, 800 962-9888; r. 7 Schallehn Rd., Saratoga Spgs., NY 12866, 518 587-3887.

BORK, Christopher Alan; '86 BSBA; 2600 Garland Ave., Springfield, OH 45503.

BORKER, Dr. David; '82 MACC; VP; Huntington Bancshares, 41 S. High St., Columbus, OH 43215, 614 463-4574; r. 1500 London Dr., Upper Arlington, OH 43221, 614 457-2574.

BORLAND, James H.; '38 BSBA; Retired Corp Mgr.; Brockway Inc.; r. 1143 S. Main St., Du Bois, PA 15801, 814 371-5625.

BORLAND, James Sherwood; '66 BSBA; Atty.; 505 4Th St., Defiance OH 43512; r. 2368 S. Clinton St., Defiance, OH 43512, 419 782-1200.

BORLAND, Ronald Allan; '68 BSBA; Ist Ofcr.; Delta Airlines, Atlanta Pilot Base, Atlanta, GA 30320; r. 1093 Trailridge Pl., Dunwoody, GA 30338, 404 393-8841.

BORMAN, Burton B.; '50 BSBA; Pres.; Penncorp Financial, Inc., 3130 Wilshire Blvd., Santa Monica, CA 90406, 213 828-6411; r. 312 S. Broad Beach Rd., Malibu, CA 90265.

BORMAN, John W.; '59 BSBA; Export Dist. & Credit Mgr; J P I Transportation Prods., Sycamore St., Wauseon, OH 43567, 419 335-0015; r. 212 Jefferson St., Wauseon, OH 43567, 419 335-9191.

BORMAN, Nikki Jo; '77 MPA; Staff; Boston Univ., Academic Computing Dept., Boston, MA 02215; r. 2 Murdock St., Brighton, MA 02135, 617 782-4118.

BORN, Michael J.; '87 BSBA; Programmer/Analyst; InfoSource Corp., 3220 Riverside Dr., Columbus, OH 43221, 614 487-1200; r. 4446 Mobile Dr., Apt. 102, Columbus, OH 43220, 614 459-8629.

BORNHAUSER, William Ford; '79 MPA; Tchr.; r. 1726 Duffton Ln., Painesville, OH 44077, 216 362-7681.

BORNHEIM, Patricia Jones; '88 BSBA; Staff; Fed. Govt., 200 N. High St., 4th Fl., Columbus, OH 43215; r. 6868 Downs St., Worthington, OH 43085, 614 888-2919.

BORNSTEIN, Bill; '65 BSBA; Sales; Restaurant Food Supply Co., 1100 Morrison Rd., Gahanna, OH 43230, 614 863-1700; r. 840 Nob Hill Ct., Gahanna, OH 43230, 614 471-4795.

BORNSTEIN, Michael David; '85 BSBA; 6383 Windrush Ln., Blacklick, OH 43004, 614 866-6128.

BOROFF, Coy L.; '85 MBA; Pricing Analyst; NCR Credit Corp., 1700 S. Patterson, Dayton, OH 45409, 513 445-6256; r. 1033 Donson Dr., Kettering, OH 45429, 513 436-2827.

BOROKHOVICH, Kenneth Aubrey; '86 MBA; 2369 Meadow Spring Cir., Worthington, OH 43085, 614 486-6316.

BORON, Anne Wellner; '86 BSBA; Malpractce Ins. Coord.; Natl. Assn. of Alcoholism & Drug Abuse Counselors, 3717 Columbia Pike Ste. 300, Arlington, VA 22204, 703 920-4644; r. 1708 Stoney Run Cir., Broadview Hts., OH 44147, 216 838-5293.

BOROS, Robert Joseph; '87 BSBA; 516 Karl Dr., Richmond Hts., OH 44143, 216 486-2902.

BOROWICZ, Carol A. '77 (See Montagnese, Carol A.).

BORRELL, Mary Mascio, (Mary Mascio); '79 BSBA; Dist. Mgr./Wash Dc; Masters Tuxedo & Bridal Shop, Bridal Div., 4000 S. 29th St., Arlington, VA 22206, 703 671-6655; r. 10317 Colony Park Dr., Fairfax, VA 22032, 703 250-9235.

BORRELLI, Keith Chris; '78 BSBA; 340 Boston Ave., Apt. B, Mansfield, OH 44906.

BORRELLI, Michael James, Sr.; '38 BSBA; Retired; r. 7060 Chillicothe Rd, Mentor, OH 44060, 216 255-2278.

BORROR, Caywood J.; '51 BSBA; Atty. & Sr. Partner; Wilson, Borror, Dunn & Scott, 255 N. D St., Ste. 307, San Bernardino, CA 92401, 714 884-8855; r. 5761 Sycamore Ave., Rialto, CA 92376, 714 875-3492.

BORROR, Thomas E.; '75 BSBA; Cnslt.; Crain Langner & Co., 20575 Ctr. Ridge Rd., Cleveland, OH 44116, 216 333-7622; r. 3747 Watkins Rd., Medina, OH 44256, 216 722-6859.

BORROWAY, Frank M.; '54 BSBA; Staff; Newark Concrete Inc., 2000 W. Main, Newark, OH 43055; r. Box 63, Jacksontown, OH 43030, 614 323-0748.

BORSA, Edward J.; '53 BSBA; Pharmaceutical Sales; American Cyanamid Co., Pharmaceutical Dept., One Cyanamid Plz., Wayne, NJ 07470; r. 343 E. 30th St., Apt. 1B, New York, NY 10016, 212 683-8718.

BORSTEIN, Mrs. Loretta, (Loretta Goodman); '46 BSBA; Retired; r. 2899 Courtland Blvd., Shaker Hts., OH 44122, 216 991-5460.

BORTHS, Earl Albert; '74 BSBA; Dir. Human Res. Svc.; Phillips Petroleum Co., 366 W. 6th St., Phillips Bldg., Borger, TX 79007, 806 273-2831; r. 208 Somerset, Borger, TX 79007.

BORTHS, Robert Xavier; '83 BSBA; Systs. Spec.; Cincinnati Bell Info. Systs., 600 Vine St., Cincinnati, OH 45201, 513 784-5840; r. 3007 Montezuma Dr., Cincinnati, OH 45251, 513 521-6360.

BORTON, MAJ Alden Daniel, USAF; '76 BSBA; Chief, ALCS APT SECT; Offutt AFB, Omaha, NE 68113, 402 294-4263; r. 3705 Falcon Dr., Omaha, NE 68123, 402 293-1973.

BORTON, John R.; '55 BSBA; Retired; r. 2143 Colonial Pkwy., Massillon, OH 44646, 216 832-2200.

BORTON, Dr. William Monroe; '38 BSBA, '44 MBA; Mgmt. Cnslt.; 8400 De Longpre Ave., Ste. 411, Los Angeles, CA 90069, 213 654-0195; r. Same.

BORZI, Andrew W.; '49 BSBA; Retired; r. 169 N. Hayden Pkwy., Hudson, OH 44236, 216 653-9711.

BOSART, E. Halsey, Jr.; '37; Retired; r. 2430 St. Paris Pike, Springfield, OH 45504, 513 399-7679.

BOSCH, Alison Lea; '82 BSLHR; Media Planner/Buyer; Lord Sullivan & Yoder Adv Inc., c/o Mr Robert E. Sullivan, 196 S. Main St., Marion, OH 43302; r. 8208 Caribou Tr. #2-C, Worthington, OH 43085.

BOSEN, Herbert A.; '60 BSBA; Medicare Controller; Nationwide Ins. Co., One Nationwide Plz., Columbus, OH 43216, 614 249-7111; r. 5035 Brewster Dr., Columbus, OH 43232, 614 837-5593.

BOSEN, John R.; '64 BSBA; Loadall Dist. Mgr.; JCB Inc., 10939 Philadelphia Rd., Box 209, White Marsh, MD 21078, 301 335-2800; r. 3819 Springhill Dr., Havre De Grace, MD 21078, 301 734-4324.

BOSH, Gerald Lee; '73 BSBA; Pres.; Tymely Acctg. Svcs. Inc., 4601 N. High St., Ste. 215, Columbus, OH 43214, 614 262-0003; r. 40 Oakland Park Ave., Columbus, OH 43214, 614 267-0419.

BOSL, Rebecca Joy; '88 BSBA; 5860 Parkhill Dr., Parma Hts., OH 44130, 216 886-1461.

BOSO, Frank Coleman, Jr.; '71 MBA; 1270 Betsy Ross Ct., Brookfield, WI 53005, 414 784-8857.

BOSOTY, David Wayne; '82 BSBA; Staff; First Investors Corp., 84 N. High St., Dublin, OH 43017; r. 5610 Orchard Ave., Parma, OH 44129, 216 884-3524.

BOSS, Tom; '81 BSBA; Sales Engr.; Premier Tool & Die, Spring & Wall St., POB 130, Port Jefferson, OH 45360, 513 498-2145; r. 2805 Rte. 4, Lot #6, Sidney, OH 45365, 513 498-1007.

BOSS, William Charles, II; '86 BSBA; Acct.; Bellows Electric Sign Corp., 861 E. Tallmadge Ave., Akron, OH 44310, 216 633-8146; r. 1746 B Treetop Tr., Akron, OH 44313, 216 923-1864.

BOSSE, Mrs. Ann Marie, (Ann Marie Ruhe); '87 BSBA; Personnel Analyst; Marathon Oil Co., 539 S. Main St., Findlay, OH 45840, 419 422-2121; r. 210 E. McPherson, Findlay, OH 45840, 419 422-5300.

BOST, Joseph Travis; '80 BSBA; Special Account Mgr.; Cellofoam/Southeastern, 1124 Ellington Dr., Conyers, GA 30208, 404 483-4491; r. 135 Old Mill Tr., Conyers, GA 30208, 404 483-8963.

BOSTIC, Amy Lynn; '85 BSBA; Judicial Law Clerk; Ct. of Appeals Franklin Cnty., 369 S. High St., Columbus, OH 43215, 614 462-3580; r. 3544 Kingsway Dr., Hilliard, OH 43026, 614 876-4808.

BOSTIC, Barry James; '76 BSBA; Dir. Mgmt. Info.; r. 628 Huntley Dr., #1, W. Hollywood, CA 90069, 213 659-4917.

BOSTIC, Bric David; '83 BSBA; Grocery Stock Clerk; Big Bear Co., Kingsdale Ctr., Columbus, OH 43221; r. 2835 Halstead Rd., Columbus, OH 43221, 614 486-6321.

BOSTIC, Raymond F.; '53 BSBA; Owner; Bostic Financial Svcs., 65 E. State St., Ste. 1000, Columbus, OH 43215, 614 460-3636; r. 2835 Halstead Rd., Columbus, OH 43221, 614 486-6321.

BOSTICK, Gary Brent; '75 BSBA; VP Cr Serv Mgr.; Bancohio Natl. Bank, Frankl Fin Serv Card Hldr Div, 4661 E. Main St., Columbus, OH 43213; r. 2620 Henthorne Rd., Columbus, OH 43221, 614 481-8518.

BOSTON, 1LT David B., USMC; '84 BSBA; Dir Water Survival Branch; Parris Island, SC 29905; r. Stuart Towne Apts 6-B, Port Royal, SC 29935, 803 524-8369.

BOSTON, Lawrence R.; '49 BSBA; Retired; r. RR 1 Box 253 E., Marshville, NC 28103.

BOSTON, O. Ernest; '50 MBA; Mgr. & Tech. Adm; r. 420 Rd. 39, Pasco, WA 99301, 509 547-9844.

BOSTWICK, Curtis Lee; '76 BSBA; Software Mgr.; Columbia Gas Syst. Svc. Corp., 1600 Dublin Rd., POB 2318, Columbus, OH 43216, 614 481-1638; r. 2728 Cranford Rd., Columbus, OH 43221, 614 457-1248.

BOSTWICK, James M.; '54 BSBA; Navigator; r. 44 Stripper Ln., E. Falmouth, MA 02536, 508 540-0035.

BOSWAY, Michael Edward; '81 MBA; VP; City Securities Corp., 8900 Keystone Crossing, Ste. 1035, Indianapolis, IN 46240, 317 844-0273; r. 5855 Forest Ln., Indianapolis, IN 46220, 317 255-3881.

BOSWELL, Thomas P.; '50 BSBA; Retired VP; Bank One of Columbus NA, 100 E. Broad St., Columbus, OH 43271; r. 2888 Berwick Blvd., Columbus, OH 43209, 614 235-1428.

BOSWELL, Walter George; '79 MPA; Data Automtns Mgr.; Fed. Communications Commission, Common Carrier Bureau, 1919 M St. NW Rm. 508, Washington, DC 20554, 202 632-6934; r. 13415 Glen Taylor Ln., Herndon, VA 22071, 703 437-8010.

BOSWORTH, Adrienne '79 (See Chafetz, Mrs. Adrienne B.).

BOTCHLETT, David James; '75 BSBA; Rd 5 Watermelon Hill Rd, Mahopac, NY 10541, 914 628-5126.

BOTHE, Robert Z.; '51 MBA; Retired; r. 620 Woodlawn Dr/Wildewood Spgs, Bradenton, FL 34210.

BOTKIN, Wenner A., Jr.; '48 BSBA; Retired; r. 6 Shawnee Dr., Chillicothe, OH 45601, 614 775-3138.

BOTNICK, Martin; '50 BSBA; Smythe-Cramer Realty, 3070 W. Market, Akron, OH 44313, 216 836-9300; r. 28499 Gates Mills Blvd., Cleveland, OH 44124, 216 831-8531.

BOTSCH, Patricia Miller; '55 BSBA; 5441 N. Powers, Ferry Rd. NW, Atlanta, GA 30327, 404 256-4233.

BOTSCH, Richard C.; '54 BSBA; Dir. of Marketng; Printpack Inc., 4335 Wendell Dr., Atlanta, GA 30378, 404 691-5830; r. 5441 N. Powers, Ferry Rd. NW, Atlanta, GA 30327, 404 256-4233.

BOTT, Dr. Kevin Neal; '80 MA, '81 PhD (BUS); Dir.; Leaseway Transportation Corp., Decision Support Services, 3700 Park East Dr., Beachwood, OH 44122, 216 765-5445; r. 5865 Deepwood Tr., Solon, OH 44139, 216 248-8568.

BOTT, Lawrence J.; '50 BSBA; Sales Rep.; Hydraulic & Air Controls, Inc., 4140 Perimeter Dr., Columbus, OH 43228, 614 276-8141; r. 7647 N. Oakbrook Dr., Reynoldsburg, OH 43068, 614 759-1773.

BOTTGER, William Edward; '72 BSBA; Partner; Touche Ross & Co., 1801 E. Ninth St., #800, Cleveland, OH 44114, 216 771-3525; r. 10275 Pekin Rd., Newbury, OH 44065.

BOTTI, John Joseph; '77 BSBA; Gen. Agt.; Indianapolis Life Ins. Co., 1480 Grandview Ave., Columbus, OH 43212, 614 486-9629; r. 161 Arden Rd., Columbus, OH 43214, 614 263-7340.

BOTTI, John N.; '42 BSBA; Agt.; Indianapolis Life Ins. Co., 1480 Grandview Ave., Columbus, OH 43212, 614 486-9629; r. 4049 Ritamarie Dr., Columbus, OH 43220, 614 451-2035.

BOTTI, Joseph Nicholas; '81 BSBA; Ins. Agt.; Indianapolis Life Ins. Co., 1500 W. Third Ave., Ste. 224, Columbus, OH 43212; r. 102 W. Weber Rd., Columbus, OH 43202, 614 267-7062.

BOTTIGGI, Susan Mary; '80 MBA; Staff; Bancohio, 155 E. Broad St., Columbus, OH 43215; r. 219 Dominion Blvd., Columbus, OH 43214, 614 268-5807.

BOTTORFF, John William; '71 BSBA; VP; Quincy Compressor, Personnel & Indus. Relations, 36th & Wismann Ln., Quincy, IL 62301, 217 222-7700; r. 1 Lake Marian, RR 3, Quincy, IL 62301, 217 224-6516.

BOTTS, Mark Geoffrey; '70 BSBA; Contractor; Classic Homes of Sarasota Inc., 4901 Hidden Oaks Tr., Sarasota, FL 34232, 813 377-0173; r. Same.

BOUCHARD, Robert Marcel; '81 BSBA; Acct.; Shell Oil Co., POB 60193, New Orleans, LA 70160; r. 6471 Hanover Crossing Dr., #A, Mechanicsville, VA 23111.

BOUCHER, Bert; '48 BSBA; Pres.; B & G Industries, POB 441, Londonderry, NH 03053, 603 432-7936; r. 118 Fieldstone Dr., Londonderry, NH 03053, 603 434-9981.

BOUDEMAN, Dorothy Jones; '44 BSBA; Armington, IL 61721.

BOUDINOT, Ann Marie '85 (See Boudinot-Amin, Ms. Ann Marie).

BOUDINOT-AMIN, Ms. Ann Marie, (Ann Marie Boudinot); '85 BSBA; Student; American Univ. in Cairo, Cairo, Arab Republic Of Egypt; r. 155 Mound, Logan, OH 43138, 614 385-7065.

BOUEY, Mrs. Lorraine, (Lorraine M. Hill); '83 BSBA; Corp. Cash Mgmt.Sales Rep; Natl. Bk./Detroit, 611 Woodward, 7th Fl., M.O., Detroit, MI 48226, 313 225-3027; r. 23715 Lelo Ct., Southfield, MI 48075.

BOUGHNER, James Robert; '81 BSBA; Tax Cnslt.; Arthur Andersen & Co., 2100 One Ppg Pl., Pittsburgh, PA 15222, 412 232-0600; r. 1800 Greenock Rd., Mc Keesport, PA 15135, 412 751-7452.

BOUGHNER, Richard J.; '39 BSBA; Retired Optician; Dunn-Scott Optical Co., Jenkins, Pittsburgh, PA 15205; r. 1800 Greenwood Buena Vista Rd, Mc Keesport, PA 15135, 412 751-7452.

BOUGHTON, Donald S., Jr.; '52 BSBA; Staff; Boughton Builders Inc., 62 Marston Ln., Mobile, AL 36608; r. 62 Marston Ln., Mobile, AL 36608, 205 344-1818.

BOUHALL, Martin Dennis; '86 BSBA; Life Ins. Rep.; Bouhall Ins. Agcy., 20950 Ctr. Ridge Rd. #300, Rocky River, OH 44116, 216 333-8282; r. 26822 E. Oviatt, Bay Village, OH 44140, 216 871-2525.

BOULTON, James G.; '42 BSBA; Pres.; C R Boulton Railroad Constr. Co., POB 8186, Columbus, OH 43201; r. 3784 Hill View Dr., Columbus, OH 43220, 614 451-0844.

BOULWARE, David Arnold; '76 BSBA; 5720 Aspendale Dr., Columbus, OH 43220.

BOUMAN, Fred G.; '51 BSBA; Acct.; Festival of Arts of Laguna Bch, 650 Laguna Canyon Rd., Laguna Bch., CA 92651, 714 494-1145; r. 207 E. Magdalena Ave., San Clemente, CA 92672, 714 492-5033.
BOUR, Timothy G.; '82 MBA; Mktg. Mgr.; Hewlett Packard, 370 W. Trimble Rd., San Jose, CA 95131; r. 1058 Robbia Dr., Sunnyvale, CA 94087.
BOURDESS, Timothy Allen; '80 MPA; Staff; Metropolitan Human Svcs., Alvis House, 700 Bryden Rd., Columbus, OH 43205; r. 1434 Shanley Dr., Columbus, OH 43224, 614 447-1914.
BOURNE, Harry P.; '71 BSBA; Pres.; East Plaza Foods Ltd., 311 E. 23rd St., New York, NY 10010, 212 689-6192; r. 31 Chadwick Rd., Great Neck, NY 11023, 516 482-1289.
BOURNE, Jack D.; '61 BSBA; Claim Rep.; State Farm Mutual Auto Ins., 57 E. Wilson Bridge Rd, Worthington, OH 43085, 614 433-8000; r. 11657 Villageway, Pickerington, OH 43147, 614 837-8702.
BOURQUIN, Brett George; '87 BSBA; Asst. Dir. Trainee; American Professional Temporaries, 4600 Rockside Rd. Ste. 103, Independence, OH 44131, 216 642-1422; r. 178 Baker St., Berea, OH 44017, 216 243-5514.
BOUTON, Charles Berka; '75 BSBA; Controller; Westbury Alloys Corp., 750 Shames Dr., Westbury, NY 11590, 516 997-8333; r. 1114 Nugent Ave., Bay Shore, NY 11706, 516 595-1474.
BOUTROS, Samia Farid; '81 BSBA; 3088 E. Highland Dr., Zanesville, OH 43701.
BOUVE, Robert William; '74 BSBA; 12510 Regal Dr., Sun City West, AZ 85275.
BOVA, Arthur V., Jr., Esq.; '72 MPA; Atty. & Bus./ Govt. Cnslt.; 5716 Osuna, NE, Albuquerque, NM 87109, 501 881-5225; r. 5604 Cresta Luna, NE, Albuquerque, NM 87111, 505 821-5497.
BOVEINE, Lisa Lynn; '84 BSBA; Public Acct.; Coopers & Lybrand, Ste. 2000 Columbus Ctr., 100 E. Broad St., Columbus, OH 43215; r. 5641 Lakeshore Dr. NE, Thornville, OH 43076.
BOVEINGTON, Leslie Hanson; '80 BSBA; Field Rep.; A C Nielsen Co., c/o Postmaster, Northbrook, IL 60062; r. 82 Wychwood, Moreland Hls., OH 44022, 216 247-5551.
BOVENIZER, MAJ John Craig, USAF; '74 BSBA; S-16 Pilot; Langley AFB, VA 23665; r. 101 Woodlake Run, Yorktown, VA 23692, 804 898-4840.
BOVEY, David Allan; '79 BSBA; Financial Syst. Mgr.; Hartford Ins. Grp., Hartford Plz., Hartford, CT 06115, 203 683-6338; r. 61 Sorrento St., Springfield, MA 01108, 413 734-8641.
BOVIE, Kyle Stephen; '87 BSBA; Sales Rep.; Fruehauf Corp., 4830 Todd Dr., POB 11328, Ft. Wayne, IN 46857, 219 422-7564; r. 1234 Daly Dr., New Haven, IN 46774, 219 749-0952.
BOVIE, Steve C.; '59 BSBA; Staff; MBB Helicopter Corp., 1144 Laureen Ct., Westerville, OH 43081; r. Same, 614 882-0725.
BOVIT, Edith '44 (See Bernstein, Mrs. Edith B.).
BOWDEN, Dwight Harden; '69 BSBA; 3830 Ravinewood Dr., Austinburg, OH 44010.
BOWDEN, Hollis A. '76 (See Olszewski, Hollis A.).
BOWDEN, John Russell, Jr.; '77 BSBA; Dir.-Mktg.; MCI Communications, 601 S. 12th St., Arlington, VA 22202; r. 4508 Peppermill Ct., Montclair, VA 22026, 703 670-8806.
BOWEN, A. Grant; '52 BSBA; Vice Chmn. & Dir.; Rax Restaurants, Inc., 1266 Dublin Rd., Columbus, OH 43215, 614 486-3669; r. 1427 B Roxbury, Columbus, OH 43212, 614 488-1427.
BOWEN, Charles E., Jr.; '60 MBA; Corporate Controller; Joy Technologies, Inc., 301 Grant St., Pittsburgh, PA 15219, 412 562-4522; r. 5087 Sherwood Rd, Bethel Park, PA 15102, 412 835-2874.
BOWEN, Janine Louise; '87 BSBA; Compensation Cnslt.; Process Automation Business, 650 Ackerman Rd., Columbus, OH 43202, 614 261-2736; r. 11050 Fancher Rd., Lot 111, Westerville, OH 43081, 614 855-9585.
BOWEN, John E.; '65 BSBA; 5151 Blazer Memorial Pkwy., Dublin, OH 43017.
BOWEN, John Jacob; '59 BSBA; CPA; Bowen, Bowman & Co., 208 N. Scioto St., Circleville, OH 43113; r. 7033 State Rte. 188, Circleville, OH 43113, 614 477-1293.
BOWEN, Kenneth E.; '39 BSBA; Retired; r. 2400 Country Club Dr., Springfield, IL 62704, 217 793-3725.
BOWEN, CAPT Kevin Bruce, USAF; '78 BSBA; Mgmt. Engrg. Cdr.; DET 7 3025 MES, Newark AFB, OH 43057, 614 522-7484; r. 4405 N. Valley Quail Blvd., Westerville, OH 43081, 614 898-7868.
BOWEN, Linda Lee; '88 MLHR; Customer Serv Spec.; The Anderson'S, 5800 Alshire, Columbus, OH 43227; r. 4577 Olentangy #214, Columbus, OH 43214, 614 451-7032.
BOWEN, M. Mauricio; '73 BSBA; Natl. Merchandising Mgr.; Hyundai Motor America, 7373 Hunt Ave., Garden Grove, CA 92642, 714 890-6000; r. 21835 Palanca, Mission Viejo, CA 92692, 714 855-2839.
BOWEN, Marcele G., (Marcele Germann); '83 BSBA; CPA; Bowen, Bowman & Co., CPA's, 208 No Scioto St., Circleville, OH 43113; r. 7033 State Rte. 188, Circleville, OH 43113, 614 477-1293.
BOWEN, Mrs. Melanie A., (Melanie A. Slagle); '87 BSBA; Programmer; Central Mutual Ins. Co., 800 S. Washington, Van Wert, OH 45891, 419 238-1010; r. RR #1, Box 101, Ohio City, OH 45874, 419 965-2477.
BOWEN, Michael Eugene; '85 BSBA; Commercial Pilot; Continental Airlines, POB 4607, Houston, TX 77210; r. 412 Red River Tr., Apt. 1036, Irving, TX 75063, 214 401-2098.
BOWEN, Paula M.; '78 MBA; Rte. 1 Box 88-A, Beulaville, NC 28518.
BOWEN, Robert Barry; '74 BSBA; Dir. of Retail Sales; The Daimler Grp. Inc., 1533 Lake Shore Dr., Columbus, OH 43204, 614 488-4424; r. 2617 Coventry Rd., Columbus, OH 43221, 614 488-8175.
BOWEN, Stephen Grant; '79 MBA; Institutional Sales; A. G. Edwards, 41 S. High St., Columbus, OH 43215, 614 221-8371; r. 483 Garden Rd., Columbus, OH 43214, 614 267-0495.
BOWEN, Thomas Keith; '71 BSBA; VP-Item Processing; Huntington Natl. Bank, 17 S. High St., Columbus, OH 43215; r. 959 Farrington Dr., Westerville, OH 43081, 614 890-4808.
BOWEN, Willard Gene; '47 BSBA; Pres.; Bowen & Mader, PC, 111 S. 10th St., Richmond, IN 47374, 317 966-5521; r. 2026 Minneman Rd., Richmond, IN 47374, 317 962-6893.
BOWEN, William Lee; '74 BSBA; Atty.; 1 N. Main St., Middletown, OH 45042, 513 424-2050; r. 4393 Burnham Woods Dr., Franklin, OH 45005, 513 425-9388.
BOWENS, James Patrick; '77 BSBA; Sales Dir.; Alcon Surgical, Ft. Worth, TX 76101, 216 974-9450; r. 6812 Glencairn Ct., Mentor, OH 44060, 216 974-9450.
BOWER, Clarence Walter, II; '80 MBA; Mgr.; Trailmobile Inc., Financing Resources, 200 E. Randolph, Chicago, IL 60601; r. 741 Portsmouth Dr., Island Lake, IL 60042, 312 526-7871.
BOWER, Elizabeth M. '86 (See Gabel, Elizabeth Bower).
BOWER, George N.; '57 MBA; 4676 95th NE, Bellevue, WA 98004, 206 454-6483.
BOWER, Paul Wesley; '79 BSBA; Bond Field Supervisr; St. Paul Fire& Marine Ins., 505 Ryan Plaza Dr., Arlington, TX 76011, 817 265-3301; r. 3716 Pinewood St., Bedford, TX 76021, 817 267-6313.
BOWERS, Allan Dale; '79 MPA; Corp. Benefits Mgr.; Ameritrust Corp., 900 Euclid Ave., Cleveland, OH 44101, 216 687-5000; r. 9954 Gatewood Dr., Brecksville, OH 44141, 216 526-0831.
BOWERS, Barbara Wolf; '47 BSBA; 4027 Patricia Dr., Columbus, OH 43220.
BOWERS, Christine M. '84 (See Burga, Mrs. Christine M.).
BOWERS, Mrs. Dorothea Huber, (Dorothea Huber); '55 BSBA; Owner; Bowers Rentals, 1628 Silverlake Dr., Dayton, OH 45458, 513 433-1504; r. Same, 513 433-4931.
BOWERS, G. Richard; '40; Retired; r. 921 Circle Dr., Circleville, OH 43113, 614 474-6159.
BOWERS, John Evans; '75 BSBA; Atty-at-Law; 233 N. Court St., Circleville, OH 43113, 614 477-1361; r. 24266 Ringgold Southern Rd., POB 327, Circleville, OH 43113, 614 477-1201.
BOWERS, John Furman; '57 BSBA; Auditor; Kingswood Lumber Co., 1465 NW Blvd., Columbus, OH 43212, 614 488-1113; r. 4027 Patricia Dr., Columbus, OH 43220, 614 451-1941.
BOWERS, John Furman, III; '84 BSBA; Asst. Gen. Mgr.; Kingswood Lumber, 900 W. 3rd Ave., Columbus, OH 43212, 614 294-3723; r. 1030 Galliton Ct., Unit C, Columbus, OH 43220, 614 457-1416.
BOWERS, Laura '48 (See Hamilton, Laura B.).
BOWERS, Lowell Thomas; '74 BSBA; Assoc. Prof.; Indiana Univ., Graduate Sch., Sch. of Business Bldg. 233, Bloomington, IN 47405; r. 1517 E. University St., Bloomington, IN 47401, 812 336-4391.
BOWERS, Melissa; '77 BSBA; Staff Programmer; IBM Corp., 1500 Riveredge Pkwy., Atlanta, GA 30301, 404 956-3367; r. 2548 Princess Ln., Marietta, GA 30067, 404 565-6621.
BOWERS, Richard Jay; '57 BSBA; Purchasing Mgr.; Chemicals & Roll Stock, Morgan Adhesives Co, 4560 Darrow Rd, Stow, OH 44224; r. 5228 Konen Ave. NW, Canton, OH 44718, 216 494-1973.
BOWERS, Dr. Ronald Kent; '72 BSBA; Phys.; Janesville Med. Ctr., 2020 E. Milwaukee St., Janesville, WI 53545; r. 406 Apache Dr., Janesville, WI 53545, 608 754-3461.
BOWERS, Walter Eugene, Jr.; '87 BSBA; VP; B&B Machine Svc. Co. Inc., 10079 Smith Calhoun Rd., Plain City, OH 43064, 614 873-8484; r. 9619 State Rte. #38, Milford Ctr., OH 43045, 513 349-4441.
BOWERSOCK, Nancy Howell; '65 BSBA; Certifd Public Acct.; Nancy E Bowersock CPA, 6481 Meadow Brook Cir., Worthington, OH 43085; r. 6481 Meadow Brook Cir., Worthington, OH 43085, 614 846-1039.
BOWERSOCK, William Lee; '75 BSBA, '76 MBA; 1523 Wyandotte Dr., Columbus, OH 43212, 614 486-7867.
BOWES, Cheryl Ann; '84 BSBA; Flight Attendant; United Airlines, Chicago, IL 60666; r. 530 S. Dwyer Ave., Arlington Hts., IL 60005, 312 394-2591.
BOWES, Gene S.; '58 BSBA; Contract Spec.; Collins & Aikman, Inc., Dalton, GA 30720; r. 2434 Hollingsworth Hills, Lakeland, FL 33803, 813 683-0054.
BOWLES, Michael Allen; '79 BSBA; CPA; Johnson Homes, Inc., 2103 S. Wadsworth Blvd., Lakewood, CO 80227, 303 986-3322; r. POB 261027, Lakewood, CO 80226.
BOWLES, Paul R.; '60 BSBA; Vice Chmn.; Edward Lowe Industries, Inc., 348 S. Columbia St., South Bend, IN 46624, 219 234-8191; r. 1202 E. Jefferson Blvd., South Bend, IN 46617, 219 234-8892.
BOWLEY, Bela Rani; '87 MLHR; Prof.; Marion Technical Clg., Marion, OH 43302; r. 6457 Hughes Rd., Prospect, OH 43342, 614 494-2643.
BOWLIN, Donald Britton; '72 BSBA; Staff; Chemical Abstracts Svc., 2540 Olentangy River Rd, POB 3012, Columbus, OH 43210; r. 230 Orchard Ln., Columbus, OH 43214, 614 262-6945.
BOWLING, Mrs. Barbara A., (Barbara A. Bucci); '77 BSBA; Sr. Claim Rep.; Midwestern Grp., 1700 Edison Dr., Milford, OH 45150, 513 424-1880; r. 310 N. Marshall Rd., Middletown, OH 45042, 513 422-0886.
BOWLING, Elizabeth Anne; '86 BSBA; 640 N. Ct., Circleville, OH 43113, 614 474-4290.
BOWLING, Jeff A.; '87 BSBA; Sales Rep.; Sherwin Williams Co., 1054 Park Ave. W., Mansfield, OH 44906, 419 529-8888; r. 97 Davids Sq., Westerville, OH 43081, 614 794-1677.
BOWLING, Laura Ann; '86 BSBA; Acct. Rep.; UNISYS Corp., 100 E. Wilson Bridge Rd., Worthington, OH 43085, 614 436-2850; r. 77 E. Whittier St., Columbus, OH 43206, 614 444-9424.
BOWLING, Thomas William; '88 BSBA; Rr#1 Box 153, St. Marys, OH 45885, 419 394-4725.
BOWLUS, H. Theodore; '32 BSBA; Chmn. of the Bd.; Citizens Savings Bank, 132 E. Front St., Pemberville, OH 43450; r. Box 66-11, R 1, Koloa Kauai, HI 96756, 808 742-6720.
BOWLUS, James Marcus; '37 BSBA; Retired; r. 249 Park Ave., London, OH 43140, 614 852-1825.
BOWLUS, Thomas Bichan; '78 BSBA; 3315 Truman Rd., Perrysburg, OH 43551.
BOWMAN, B. Mc Guffey; '49 BSBA; 3061 Santa Rosa Dr., Dayton, OH 45440, 513 294-2320.
BOWMAN, Daniel Burton; '80 BSBA; Treas.; Wadsworth City Bd. of Educ., 360 College St., Wadsworth, OH 44281, 216 336-3571; r. 767 Crabapple Ct., Wooster, OH 44691, 216 263-0207.
BOWMAN, Donald F.; '50 MACC; Kirkmead, Rte. 43, Stephentown, NY 12168.
BOWMAN, Dr. Edward H.; '54 PhD (BUS); Prof.; Univ. of Pennsylvania, Wharton Sch. of Business, Dept. of Management, Philadelphia, PA 19104; r. 926 Stony Ln., Gladwyne, PA 19035, 215 525-7137.
BOWMAN, Ernest Clyde; '68 BSBA; Air Traffic Control Supv.; Fed. Aviation Adminstratn, 326 E. Lorain St., Oberlin, OH 44074; r. 1009 Vivian Dr., Grafton, OH 44044, 216 926-2229.
BOWMAN, Frank A.; '49 BSBA; Pres.; Von Hoffmann Press Inc., 1000 Camera Ave., St. Louis, MO 63126, 314 966-0909; r. 13320 Tree Top View Ct., St. Louis, MO 63141, 314 469-1368.
BOWMAN, Garry Michael; '74 BSBA; Store Mgr.; Tire America, 10207 Taylorsville Rd., Jeffersontown, KY 40299, 502 267-9684; r. 8907 Loch Lea Ln., Louisville, KY 40291, 502 231-1903.
BOWMAN, Howard Eotho, Jr.; '74 BSBA; Proj. Dir.; City of Cleveland, Cleveland, OH 44114, 216 664-3940; r. 3951 Wendy Dr., Cleveland, OH 44122, 216 752-0303.
BOWMAN, James Allen; '76 BSBA, '78 MPA; VP; Prescott Ball & Turben Inc., 65 E. State St., Ste. 1400, Columbus, OH 43215, 614 224-8128; r. 1990 W. Third Ave., Columbus, OH 43212, 614 487-8124.
BOWMAN, Mrs. Jan M., (Jan M. Doza); '85 BSBA; Mktg. Coord.; Sch. Book Fairs Inc., 401 E. Wilson Bridge Rd., Worthington, OH 43085, 614 431-2203; r. 1475 W. 6th Ave., Columbus, OH 43212, 614 486-4074.
BOWMAN, Jeffrey Todd; '84 BSBA; Mgr. Trainee; Agency Rent-A-Car, 1110 Morse Rd., Columbus, OH 43229, 614 885-8824; r. 4341 Wanda Ln., Columbus, OH 43224, 614 267-2090.
BOWMAN, Dr. John Hemphill; '64 BSBA; Assoc. Prof.; Virginia Commonwealth Univ., Economics Dept., 1015 Floyd Ave., Richmond, VA 23284, 804 367-1547; r. 8201 Marwood Dr., Richmond, VA 23235, 804 745-9169.
BOWMAN, Julie M., (Julie Sapp); '83 BSBA, '86 MBA; Securities Analyst; Ohio State Teachers' Retirement Syst., Columbus, OH 43215; r. 1185 W. Choctaw Dr., London, OH 43140, 614 852-2401.
BOWMAN, Kay Nan; '81 BSBA; Reimbursement Mgr.; St. John's Mercy Med. Ctr., 615 S. New Ballas Rd., St. Louis, MO 63141, 314 569-6403; r. 315 N. Van Buren, Kirkwood, MO 63122, 314 965-7024.
BOWMAN, Kenneth Walter; '82 BSBA; 2018 Courtland Ave., Cincinnati, OH 45212, 513 731-4497.
BOWMAN, Mary Anne '57 (See White, Mary Anne Bowman).
BOWMAN, Michael Erwin; '88 MBA; Stockbroker; Olde & Co., 208 E. Broad St., Columbus, OH 43215, 614 461-8650; r. 5288 Timberline Dr., Columbus, OH 43220, 614 451-6518.
BOWMAN, Michael Jasper; '75 BSBA; Sales Svc. Supv.; Shaw Barton Inc., 545 Walnut St., Coshocton, OH 43812, 614 622-4422; r. 368 S. 10th St., Coshocton, OH 43812, 614 622-6032.
BOWMAN, Michael Lawrence; '86 BSBA; Systs. Analyst; Sch. Book Fairs Inc., 401 E. Wilson Bridge Rd., Worthington, OH 43085, 614 431-2203; r. 1475 W. 6th Ave., Columbus, OH 43212, 614 486-4074.
BOWMAN, Robert A.; '59 BSBA; Real Estate/Mortg. Broker; 120 S. Olive, Ste. 308, W. Palm Bch., FL 33401, 407 655-7076; r. 159 Atlantic Ave., Palm Bch., FL 33480, 407 833-6777.
BOWMAN, Robert G., Jr.; '66 MBA; Dir. Govt. Cnsltg.; Arthur Young & Co., 235 Peachtree St., 2100 Gas Light Twr., Atlanta, GA 30043, 404 584-1347; r. 391 Ridgewater Dr., Marietta, GA 30068, 404 971-0658.
BOWMAN, Robert Joseph; '82 BSBA; 660 The Village, Apt. #305, Redondo Bch., CA 90277.
BOWMAN, LTC Robert Lee; '67 MBA; Lt. Col. Usaf; r. 5309 6 Ave. S., Great Falls, MT 59405, 406 761-8992.
BOWMAN, Scott Lee; '83 BSBA; Acct. Mgr.; Natl. Cash Register Co., 955 Eastwind Dr., Westerville, OH 43081; r. 1185 Choctaw Dr., London, OH 43140.
BOWNAS, William T.; '63 BSBA; Mgr. of MIS; COTA Transit Authority, 1600 Mc Kinley, Columbus, OH 43222, 614 275-5800; r. 6010 Springburn Dr., Dublin, OH 43017, 614 766-9127.
BOWSER, Paul Lawrence; '76 BSBA; VP-Gen. Mgr.; Cardinal Industries, 2040 S. Hamilton Rd., Columbus, OH 43232, 614 755-6507; r. 5111 Springfield Ct., Westerville, OH 43081, 614 899-0053.
BOWSER, Richard V.; '38 BSBA; Farmer; r. Rte. One, Friendly, WV 26146, 304 652-2045.
BOWSHER, Mrs. Eleanor Laughlin; '34 BSBA; CPA; Eleanor L. Craig, C.P.A., 17 S. High St. Rm. 1050, Columbus, OH 43215, 614 461-6058; r. 3515 La Rochelle Dr., Columbus, OH 43221, 614 457-9764.
BOWSHER, John M.; '33 BSBA; Atty.; Porter Wright Morris & Arthur, Huntington Ctr., 41 S. High St., Columbus, OH 43215, 614 227-2000; r. 3515 La Rochelle Dr., Columbus, OH 43221, 614 457-9764.
BOWSHER, Julie Beckwith; '76 BSBA; Homemaker; r. 8292 Eastdale Dr., Cincinnati, OH 45255, 513 474-2518.
BOWSHER, Sandra Dawn '80 (See Ballard, Sandra Dawn).
BOWSHIER, Harry L.; '50 BSBA; Retired Pres. & Owner; Hill Top House Inc., 2426 Far Hills Ave., Dayton, OH 45419; r. 1381 Mapleridge, Fairborn, OH 45324.
BOWSHIER, Terrence Lee; '75 BSBA; Asst. VP; State Auto Mutual Ins. Co., 518 E. Broad St., Acctg. Dept., Columbus, OH 43216; r. 4293 Orders Rd., Grove City, OH 43123, 614 875-6232.
BOWYER, Thomas S.; '54; Mgr. Real Estate; Borden, Inc., 180 E. Broad St., Columbus, OH 43215, 614 225-4270; r. 1365 Bolenhill Ave., Columbus, OH 43229, 614 888-4996.
BOY, Jill Lynne; '87 BSBA; Acct.; Security Pacific Corp., 333 S. Beaudry St., Los Angeles, CA 90071; r. 6481 Atlantic Ave. Apt. N126, Long Beach, CA 90805, 213 423-0435.
BOYADJIS, George, CPA; '78 BSBA; VP Fin Reporting/Plng.; Sisters of Charity Health Care Systs. Inc., 345 Neeb Rd., Cincinnati, OH 45233, 513 922-9775; r. 7816 Cloveridge Ct., Cincinnati, OH 45244, 513 232-0763.
BOYCE, John H.; '62 BSBA; Human Res. Dir.; E I Du Pont Co., Electronics Dept., Barley Mill Plz. 13 2202, Wilmington, DE 19898, 302 992-3802; r. 28 Southridge Rd., Kennett Sq., PA 19348, 215 444-3865.
BOYCE, Ralph J., Jr.; '39; Retired Agt. & Ownr; R Joe Boyce Jr. Ins. Agcy., 595 E. Broad St., Columbus, OH 43215; r. 2130 Springhill Dr., Columbus, OH 43221, 614 457-5222.
BOYD, Bruce D.; '64 BSBA; VP; Amos Press Inc., Finance Dept., 911 Vandemark Rd., Sidney, OH 45365; r. 1510 Port Jefferson Rd., Sidney, OH 45365, 513 492-2313.
BOYD, Charles C.; '29 BSBA; Retired Tchr.; r. 725 Park Dr., Leesburg, FL 32748, 904 787-0379.
BOYD, Mrs. Cheryl Leach, (Cheryl Ann Leach); '82 BSBA; Supv.; OCLC, 6565 Frantz Rd., Dublin, OH 43017, 614 761-5041; r. 7238 Flat Rock Dr., Worthington, OH 43235, 614 889-0921.
BOYD, Dan E.; '51 BSBA; Retired Asst. Reg. Dir.; US Govt., National Labor Relations Board, 915 2nd Ave., Seattle, WA 98104; r. 9670 Olympus Beach Rd NE, Bainbridge Island, WA 98110, 206 842-2042.
BOYD, Diane Marie; '77 BSBA; 5478 Pine Bluff, Columbus, OH 43229.
BOYD, Gordon Y.; '35 BSBA; Retired; r. 4260 Oxford Dr., Columbus, OH 43220, 614 451-5555.
BOYD, 2LT Gregory Dale; '79 BSBA; 2nd Lt. Usmc; US Marine Corps, Basic Sch., Quantico, VA 22134; r. 126 St. Andre, Worthington, OH 43085.
BOYD, Janet Bosen; '79 BSBA; Mgr. Data Admin.; Mead Data Central, 9393 Springboro Pike, Miamisburg, OH 45047, 513 865-7278; r. 2620 Flemming Rd., Middletown, OH 45042, 513 424-8124.
BOYD, Jennifer Ann; '84 BSBA; Reg. Sales Mgr.; Sidney Printing Works, c/o 1190 Chambers Rd, Columbus, OH 43212; r. 1190 Chambers Rd., Columbus, OH 43212, 614 481-0825.
BOYD, Ray W.; '57 BSBA; Retired; r. 9694 White Spruce Cove, Lakeland, TN 38002, 901 377-5004.
BOYD, Robert K.; '52 BSBA; Sales Mgr.; Pope Assoc., Lake Worth, FL 33461, 407 588-6204; r. 472 Woodside Dr., W. Palm Bch., FL 33406, 407 683-3956.
BOYD, Roy F.; '50 MBA; Mgr.; Arliss Mortgage Co., 1500 Lake Shore Dr., Ste. 410, Columbus, OH 43204, 614 486-5000; r. 2590 Clairmont Ct., Columbus, OH 43220.
BOYD, Spring '79 (See O'Quinn, Ms. Spring Boyd).

BOYD, Steven Paul; '88 BSBA; Underwriter; Nationwide Ins. Co., 200 E. Campus View Blvd., Worthington, OH 43085; r. 444 E. Weisheimer Rd., Columbus, OH 43214, 614 268-3471.

BOYER, Barbara '57 (See Tuttle, Barbara Boyer).

BOYER, George D., Jr.; '49 BSBA; Retired; r. 543 La Casita Ln., Monrovia, CA 91016, 818 359-4286.

BOYER, J. Paul; '81 BSBA; Mktg. Mgr.; Arthur Andersen & Co., 41 S. High St., Columbus, OH 43215; r. 2001 Tewksbury Rd., Columbus, OH 43221, 614 486-8029.

BOYER, Jack L.; '66 BSBA; Regional Mgr.; Northwest Transport Corp., 5115 Krieger Ct., Columbus, OH 43228, 614 878-7009; r. 1508 Buck Rub Ct., Worthington, OH 43085, 614 433-7107.

BOYER, Joanne Buckley; '73 BSBA; 91 Hoyt Farm Rd., New Canaan, CT 06840, 203 966-4312.

BOYER, John Edward; '75 BSBA; CPA/Mgr.; Kenneth Leventhal & Co., 10 W. Broad St., Ste. 1520, Columbus, OH 43215, 614 464-1403; r. 21 Forest Ridge Ct., Powell, OH 43065, 614 846-8692.

BOYER, John Michael; '86 MBA; Sr. Cnslt.; David M. Griffith & Assoc., 666 Dundee Rd., Northbrook, IL 60062, 312 564-9270; r. 1617 Grandview Ave., Apt. #B, Columbus, OH 43212, 614 488-7830.

BOYER, Martin G.; '56 BSBA; Realtor; r. 191 Skyline Dr., Lancaster, OH 43130, 614 654-9701.

BOYER, Marvin D.; '52 BSBA; Retired; r. 10430 Storybook Dr., Cincinnati, OH 45242, 513 791-2580.

BOYER, Mary Black; '56 BSBA; 15195 State Rte. 65, RFD #1, Jackson Ctr., OH 45334, 513 596-6312.

BOYER, Milton Edward; '51 BSBA; Sr. Claims Svc. Rep.; Gates McDonald, 11910 Greenville Ave., Ste. 207-LB22, Dallas, TX 75243, 214 680-9916; r. 8741 Bacardi Dr., Dallas, TX 75238, 214 341-6685.

BOYER, Nadine Luce; '88 MA; 79 E. Woodruff Ave., Columbus, OH 43210.

BOYER, Richard F.; '55 BSBA; Owner; Library Design & Equip. Co., Library Rd. Box 466, Library, PA 15129, 412 835-7772; r. 5928 Oak Park Dr., Bethel Park, PA 15102, 412 835-2794.

BOYER, Robert W.; '59 BSBA; Asst. Comptroller; r. 363 Waverly Ave., Park Forest, IL 60466, 312 748-6955.

BOYER, Scott William, USN; '88 MPA; Nav. Flight Ofcr.; Okinawa, Japan; r. 2450 Douglas Dr., Zanesville, OH 43701, 614 454-1758.

BOYER, Steven Wayne; '84 BSBA; Analyst; Cincinnati Bell Info. Systs., 600 Vine St., Cincinnati, OH 45202, 513 784-5738; r. 1974 Flintshire Ct., Cincinnati, OH 45230, 513 232-1135.

BOYER, Velda '75 (See Otey, Mrs. Velda E.).

BOYERS, Scott William; '70 BSBA; Coml. Real Estate Agt.; Harrison & Bates, 823 E. Main St., Ste. #1800, Richmond, VA 23219, 804 788-1000; r. 209 Melwood Ln., Richmond, VA 23229, 804 288-7982.

BOYERS, Stephen James; '75 BSBA; Staff; Equitable Real Estate, 3414 Peachtree Rd. NE, Atlanta, GA 30326; r. 360 Farm Path, Roswell, GA 30075, 404 992-8679.

BOYKIN, Lisa Lewis; '81 BSBA; Material Sup Admin.; Frito-Lay Inc., 7701 Legacy Rd., Plano, TX 75024, 214 353-2344; r. 917 Sycamore Creek Rd., Allen, TX 75002, 214 727-3434.

BOYLAN, James C.; '40 BSBA; Retired; r. 12 W. End Blvd., Shelby, OH 44875, 419 347-2590.

BOYLAN, John Lester; '77 BSBA; Asst. Treas.; Lancaster Colony Corp., 37 W. Broad St., Columbus, OH 43215, 614 224-7141; r. 1335 Darcann Dr., Columbus, OH 43220, 614 451-5790.

BOYLAN, Richard D.; '49 BSBA; Retired; r. 198 Shady Lawn Dr., Amherst, OH 44001, 216 988-8902.

BOYLAN, Scott James; '87 BSBA; c/o Beverly A Boylan, 6487 Crossview Rd., Seven Hls., OH 44131, 216 524-3175.

BOYLE, David L.; '71 MBA; Div. Exec.; Citibank, N.A., 399 Park Ave., New York, NY 10043, 212 559-3241; r. 2 Beekman Pl., Apt. 2E, New York, NY 10022, 212 888-7961.

BOYLE, Frederick James; '80 BSBA; Sr. Tax Acct.; American Electric Power Co., 1 Riverside Plz., Columbus, OH 43216; r. 2753 NW Blvd., Columbus, OH 43221, 614 488-5227.

BOYLE, Justin Joseph; '85 BSBA; Operations Analysis Mgr.; GE Capital, Box 429511, Cincinnati, OH 45242; r. 46 Ferndale St., Cincinnati, OH 45216, 513 821-3964.

BOYLE, Marian Louise '79 (See Brown, Marian Boyle).

BOYLE, Mary Ellen; '85 BSBA; Asst. Div. Mgr.; Lazarus, Mdse Processing Dept., S. High & W. Town Sts., Columbus, OH 43215, 614 463-3590; r. 6645 Masefield St., Worthington, OH 43085, 614 885-1813.

BOYLE, Nancy S.; '53 BSBA; 3150 Whitehead Rd, Columbus, OH 43204, 614 274-2875.

BOYLE, Robert L.; '50 BSBA; Retired Ins. Broker; r. 1248 Sunset St., Longmont, CO 80501, 303 776-2638.

BOYLE, William Frederick; '75 BSBA; Dir. Merchandise Mgr.; Thalhimer Bros. Inc., Corporate Ofc., Richmond, VA 23260, 804 343-2718; r. 402 Witmore Ct., Richmond, VA 23229, 804 750-1094.

BOYLES, Barry Gilchrist; '65; Salesman; NCR Corp., 1251 Dublin Rd., Columbus, OH 43215; r. 8890 Belisle Ct., Dublin, OH 43017, 614 764-8880.

BOYLES, Diane V.; '76 BSBA; Industrial Sales Rep.; The De Vilbiss Co., 520 Wharton Cir., Atlanta, GA 30336, 404 696-4988; r. 1085 New Gibraltar Sq., Stone Mtn., GA 30083, 404 498-7887.

BOYNTON, Jane Forsythe; '68 BSBA, '72 MBA; Mgr. Benefits Systs.; GE Co., 1285 Boston Ave., Bridgeport, CT 06602; r. 335 Capt Thomas Blvd. 64, W. Haven, CT 06516.

BOYTIM, Teresa Bavetz; '74 BSBA; Acct.; r. 4984 Rutherford Rd., Powell, OH 43065.

BOZEKA, Paula Jane; '83 BSBA; Psych/Soc/Worker; Riverside Meth Hosp., 3535 Olentangy River Rd, Columbus, OH 43214, 614 261-4710; r. 3309 Cranston Dr., Dublin, OH 43017, 614 889-6693.

BOZEMAN, Catherine D.; '87 BSBA; 1766 Sawgrass Dr., Reynoldsburg, OH 43068, 614 755-2722.

BOZETT, Elizabeth Smith, (Elizabeth Smith); '44 BSBA; Acct.; r. Box 562, Logan, OH 43138, 614 385-4817.

BOZICK, Frank George; '69 BSBA, '80 MBA; Sr. VP; Huntington Natl. Bank, 41 S. High St., Columbus, OH 43216, 614 463-4933; r. 2180 Tremont Rd., Columbus, OH 43221, 614 488-5779.

BRAATHEN, Jan Gunnar; '87 BSBA; Real Estate Advisor; Mobil Corp., Mobil Oil A/S Norge Grensen 17, POB 8371 Hammersborg, 0129 Oslo 1, Norway, 011 472-4294; r. Kristiania Svingen 24, 0391 Oslo 3, Norway, 011 472-1472.

BRACCO, Robert Armando, Esq.; '76 MPA; Partner; Bracco Boggs & Nasrallah, 3240 W. Henderson Rd., #B, Columbus, OH 43220, 614 451-9646; r. 3535 W. Henderson Rd., Columbus, OH 43220, 614 457-7498.

BRACHOK, James Julius; '84 BSBA; Acct.; Marathon Petroleum Co., 539 S. Main St., Findlay, OH 45840, 419 422-2121; r. 1019 Harmon St., Findlay, OH 45840, 419 423-6608.

BRACKEN, Carol '79 (See Fidler, Mrs. Carol, CPA).

BRACKENHOFF, Laura Thomas; '84 BSBA; Sr. Commerc Acct. Rep.; Aetna Life & Casualty, 6081 E. 82, Indianapolis, IN 46250; r. 8753 Champions Dr., Indianapolis, IN 46256.

BRADBURY, Brent Burdell; '83 BSBA; Acct.; The New Albany Co., 41 S. High St., Ste. 3710, Columbus, OH 43215, 614 464-1535; r. 5717 Vestry Ct., Galloway, OH 43119, 614 870-1501.

BRADFIELD, Charles J.; '56 BSBA; Pres. & Dir.; First Natl. Bank, 101 E. Main St., Barnesville, OH 43713, 614 425-1927; r. 62170 Birch Dr., Barnesville, OH 43713, 614 425-1060.

BRADFIELD, Margaret Cortellesi; '79 BSBA; Acctg. Supv.; Dana Corp., 2100 W. State St., Ft. Wayne, IN 46801; r. 2915 Overlook Dr., Ft. Wayne, IN 46808, 219 483-8805.

BRADFORD, John Auman; '81 BSBA; Branch Mgr.; Yellow Freight Syst. Inc., Sales Dept., 724 S. Columbus St., Lancaster, OH 43130, 614 653-9044; r. 12486 Craig, Overland Park, KS 66213.

BRADFORD, John Walter, PhD; '80 MBA; Asst. Prof.; Univ. of Miami Sch. of Bus. Admin., Dept. of Mgmt., 414 Jenkins Bldg., Coral Gables, FL 33124, 305 284-5846; r. 7800 Camino Real, Apt. H112, Miami, FL 33143, 305 279-9238.

BRADFORD, Otis L.; '41 BSBA; Retired Ofc. Mgr.; Herm Beck Inc., 1741 Cleveland Ave., Columbus, OH 43211; r. 3196 Big Run S. Rd, Grove City, OH 43123, 614 875-3106.

BRADFORD, Dr. Robert H.; '43 BSBA; Social Psychologist; r. 1841 19th St. #3, San Francisco, CA 94107, 415 648-8191.

BRADFORD, Ruth G.; '40 BSBA; Retired; r. 2147 Middlesex Rd., Columbus, OH 43220, 614 451-3112.

BRADFORD, Thomas W.; '49; Retired; r. 2022 Arlington Ave. NW, Columbus, OH 43212, 614 488-2920.

BRADFORD, Dr. William Donald; '68 MBA, '71 PhD (BUS); Chmn.; Stanford Univ., Finance Dept., POB 3805, Stanford, CA 94305; r. POB 591, Notre Dame, IN 46556.

BRADFORD, Wilson E., Jr.; '54 BSBA; Retired Army Ofcr.; r. 3414 Font Hill Dr., Ellicott City, MD 21043, 301 465-9277.

BRADHURST, Daniel Vane; '83 MPA; Div. Chief; Ohio Dept. of Human Svcs., 30 E. Broad St., Columbus, OH 43266, 614 466-2208; r. 565 Edgewood Dr., Circleville, OH 43113, 614 474-7666.

BRADLEY, Jean S., (Jean S. Lichtenstein); '47 BSBA; Ohio/WIN Literacy Coord.; Ohio Bur. of Employment Svcs., 1455 High, Columbus, OH 43215; r. Columbus, OH 43229.

BRADLEY, Kevin Gerard; '78 BSBA; Dir.; Student Loan Mktg. Assoc., Reporting & Taxation Dept., 1050 Thomas Jefferson St. NW, Washington, DC 20007, 202 298-2570; r. 3940 Lantern Dr., Silver Spring, MD 20902, 301 942-6752.

BRADLEY, Mrs. M. J.; '63 BSBA; Staff; IBM Corp., 3109 W. Buffalo Ave., Tampa, FL 33607; r. 12704 Allendale Ln., Tampa, FL 33618, 813 961-4076.

BRADLEY, Michael B.; '71; Mgr.; R E Harrington, 90 E. Wilson Bridge Rd, Worthington, OH 43085; r. 4953 Wintersong Ln., Westerville, OH 43081, 614 891-5676.

BRADLEY, Robert Edward; '76 BSBA; Deputy Dir.; State of Ohio, Dept. of Urban Development, 15 E. 4th St., Dayton, OH 45401; r. 24 Otterbein Ave., Dayton, OH 45406.

BRADLEY, Scott Barnes; '83 BSBA; Control Coord.; Sta Restaurant Corp., 6606 LBJ Frwy., Dallas, TX 75240; r. 2908 Golden Gate Ct., Carrollton, TX 75007.

BRADLEY, Thomas Irwin; '83 BSBA; Corporate Auditor; GE Co., Cost Acctg., POB 568, Schenectady, NY 12345; r. 128 Thimbleberry Rd., Ballston Spa, NY 12020, 518 899-9426.

BRADO, James Frank; '71 BSBA; Operating Mgmt. Ofcr.; USN, Naval Hospital, Portsmouth, VA 23708, 804 398-5700; r. 5256 Brockie St., Virginia Bch., VA 23464, 804 479-4520.

BRADSHAW, Jeffery; '83 BSBA; CPA; The Ltd., 3 Limited Pkwy., Columbus, OH 43215, 614 479-2389; r. 5878 Aqua Bay Dr., Columbus, OH 43235, 614 442-1260.

BRADSHAW, Robin '86 (See Ratzenberger, Robin Bradshaw).

BRADT, LCDR Douglas J., USN; '65 BSBA; POB 141, FPO, San Francisco, CA 96651, 619 451-0084.

BRADY, Barbara Kenney; '49 BSBA; Tchr.; r. 342-D Heritage Hills, Somers, NY 10589, 914 277-5797.

BRADY, Edward Louis; '84 BSBA; Personnel Directior; Miamibank, NA, 1 W. Main St., Fairborn, OH 45324; r. 1209 Paxton Ave. Apt. 2, Cincinnati, OH 45208, 513 879-7178.

BRADY, James Michael; '86 BSBA, '88 MBA; Law Student; Univ. of Toledo, 3165 Middlesex, Apt. C, Toledo, OH 43606, 419 536-2539; r. 96 Ormsbee Ave., Westerville, OH 43081, 614 891-9420.

BRADY, John Allen; '70 BSBA; Store Mgr.; Kroger Co., 2474 Stringtown Rd, Grove City, OH 43123; r. 825 Eastern Ave., Bellefontaine, OH 43311, 513 593-1147.

BRADY, John Edward; '67 BSBA; Atty.; Porter Wright Morris & Arthur, 41 S. High St., Columbus, OH 43215; r. 1290 Black Oak Cir., Westerville, OH 43081, 614 882-5251.

BRADY, John Michael; '67 BSBA; Natl. Sales Mgr.-Ind. Div; Union/Butterfield Div. of Trivoly, USA Inc., 6625 Jarvis St., Niles, IL 60648, 312 647-0222; r. 828 S. Fourth Ave., Libertyville, IL 60048, 312 680-0515.

BRADY, John Peter; '72; Operations Mgr.; Foxmeyer Drug Corp., 925 Freeman Ave., Cincinnati, OH 45203, 513 721-2940; r. 1440 Beaushire Cir., Dayton, OH 45459, 513 435-4798.

BRADY, Michael C.; '79 BSBA; Managing Dir./Principal; Brady Foley & Co. Inc., 820 Superior Ave., 2nd Fl., Cleveland, OH 44113, 216 574-9200; r. 3344 Chalfant Rd., Shaker Hts., OH 44120, 216 295-0213.

BRADY, Ralph W.; '55 BSBA; Treas.; Bettcher Mfg. Co., 3106 W. 61st St., Cleveland, OH 44102; r. 4890 Beachwood Dr., Sheffield Lake, OH 44054, 216 949-5937.

BRADY, Dr. Ronald W.; '60 BSBA; Sr. VP for Admin.; Univ. of California Syst., 2199 Addison, Berkeley, CA 94720, 415 642-8532.

BRADY, Tammy M. '84 (See Damrath, Mrs. Tammy M.).

BRADY, W. Michael; '69 MBA; VP-Central Reg.; Dean Witter Reynolds Inc., 88 E. Broad St., Columbus, OH 43215; r. 12056 Cooperwood Ln., Cincinnati, OH 45242, 614 488-7718.

BRAGG, Daniel Jay, PhD; '75 BSBA, '80 MBA, '84 PhD (BUS); Assoc. Prof./Mgmt.; Bowling Green State Univ., Dept. of Management, Bowling Green, OH 43403, 419 372-8210; r. 1302 Bourgogne Ave., Bowling Green, OH 43402, 419 352-1372.

BRAGG, James R.; '70 MBA; Partner-Mgmt. Cnsltg.; Touche Ross, 333 Clay St., 2300 M Corp. Plz., Houston, TX 77002, 713 750-4200; r. 14631 Carolcrest, Houston, TX 77079, 713 556-9545.

BRAGG, Robert Joudon, Jr.; '84 BSBA; Staff; Technology Applications Inc., 5100 Springfield Pke, Dayton, OH 45431; r. 11886 Marquart Rd., New Carlisle, OH 45344, 513 845-0779.

BRAGG, Robert Michael; '86 BSBA; Asst. Mgr.; Hader Hardware, 3986 E. Galbraith Rd., Cincinnati, OH 45236, 513 984-4447; r. 2598 Bellbranch Ct., Cincinnati, OH 45231, 513 825-1942.

BRAHM, Angela Lee; '85 BSBA; Pension Tech.; BancOhio Natl. Bank, 155 E. Broad St. 5th Fl., Trust Group, Columbus, OH 43251, 614 463-7062; r. 5603 Little Ben Cir., Apt. I, Columbus, OH 43231, 614 899-6035.

BRAHM, Clifford Scott; '77 MACC; Sr. Dir.; Mead Data Central, Financial Info Services, 9393 Springboro Pike, Miamisburg, OH 45342, 513 865-7801; r. 262 Walnut Grove Dr., Centerville, OH 45458, 513 885-2620.

BRAHM, John M.; '48 BSBA; CEO; Brahm & Brahm, 19120 Old Detroit Rd., Rocky River, OH 44116, 216 333-0570; r. 21437 Kenwood Ave., Rocky River, OH 41106, 216 333-0576.

BRAHM, Ruthie T., (Ruthie Thall); '42; Retired; r. 1042 W. La Deney Dr., Ontario, CA 91762, 714 984-1615.

BRAIDECH, Joan Granstedt; '53 BSBA; Account Exec.; Haselow & Asociates, 23611 Chagrin Blvd., Cleveland, OH 44122; r. 64 Pioneer Dr, Nashua, NH 03062.

BRAIDECH, Lisa Ann; '88 BSBA; 537 Lincoln Ave., Huron, OH 44839, 419 433-4453.

BRAILER, Patrick Alan; '88 BSBA; 3108 Trentwood Rd, Columbus, OH 43221, 614 459-1705.

BRAILEY, Peter H.; '69 MBA; VP-Rsch.; Capitoline Investment Svcs., POB 436, Richmond, VA 23203, 804 782-5501; r. 525 Montour Dr., Richmond, VA 23236, 804 272-3546.

BRAINARD, Betsy A. '87 (See Brainard-Walter, Ms. Elizabeth A.).

BRAINARD, Susan Judith; '87 BSBA; Financial Mgmt. Spec.; USAF, OC-ALC/ACF, Tinker AFB, OK 73145, 405 670-2176; r. 1198 Peebles Dr., Fairborn, OH 45324, 513 879-3987.

BRAINARD-WALTER, Ms. Elizabeth A., (Betsy A. Brainard); '87 BSBA; Student Svcs. Admin.; Devry Inst. of Technology, 1350 Alum Creek Dr., Columbus, OH 43209, 614 253-7291; r. 3355 Garylane Dr., Dublin, OH 43017, 614 792-5149.

BRAINERD, Douglas Kent; '79 BSBA; Sales; Electro Battery, 5607 W. 86th, Indianapolis, IN 46268, 317 875-7312; r. 912 Malibu Dr., Anderson, IN 46016, 317 643-5016.

BRAKE, Jeffrey Lee; '86 BSBA; Retail Sls/Asst. Mgr.; Builders Square, Channingway Ct., Columbus, OH 43232, 614 864-9702; r. 2420 Wickliffe Rd., Columbus, OH 43221, 614 457-0371.

BRAKE, Larry G.; '59 BSBA; Counsel; US Small Business Admin., 512 US Courthouse, 85 Marconi Blvd., Columbus, OH 43215, 614 469-7312; r. 635 Stewart Ln., Mansfield, OH 44907, 419 756-8539.

BRAKE, Linda Sue; '79 BSBA; CPA; 71 N. Chestnut St., Fredericktown, OH 43019, 614 694-5101; r. 28 Miami Ave., Fredericktown, OH 43019, 614 694-2780.

BRAKE, Richard Lance; '83 BSBA; Acct.; Nationwide Ins. Co., One Nationwide Plz., Columbus, OH 43216; r. 5080 Cobblestone Dr. #J, Columbus, OH 43220, 614 761-3686.

BRAKE, Teresa Lynn; '85 BSBA; 19851 Orchard Rd., Marysville, OH 43040, 513 349-5595.

BRAKEMAN, Robert G.; '48 BSBA; 18304 Gulf Blvd. Apt. 616, Redington Shrs., FL 33708, 813 392-0834.

BRAMLAGE, Chuck J.; '82 BSBA; Prod. Mgr.; Merck Sharp & Dohme, Sumneytown Pike, West Point, PA 19486, 215 661-6496; r. 233 Musket Cir., Lansdale, PA 19446, 215 855-2890.

BRAMLAGE, Venetia Argeros; '83 BSBA; 233 Musket Cir., Lansdale, PA 19446.

BRAMLETT, James D.; '66 MBA; Pres.; Creative Publishers, POB 61431, Virginia Bch., VA 23462, 804 467-8032; r. 4632 Player Ln., Virginia Bch., VA 23462, 804 467-2472.

BRAND, Elizabeth Marconi; '84 BSBA; Contract Mgr.; Goodyear Aero Space Corp., 1210 Massillon Rd., Akron, OH 44306; r. 2602 Cumberland Ct., Smyrna, GA 30080.

BRAND, Dr. Richard Riese; '80 MBA, '86 PhD (BUS); Asst. Prof. Mktg.; Univ. of Colorado-Denver, 1475 Lawrence St., Denver, CO 80202; r. 3314 Cripple Creek Tr., Boulder, CO 80303.

BRAND, William Richard; '84 BSBA; 2421 N. High #11, Columbus, OH 43202, 614 267-7311.

BRANDAL, Kelly Anne; '87 BSBA; Auditor; Fed. Govt.-Treas. Dept., 200 N. High St., Columbus, OH 43215, 614 469-2140; r. 1441 Neil Ave., Apt. 2, Columbus, OH 43201, 614 291-1528.

BRANDEL, William Michael; '77 BSBA; Systs. Analyst; Mgmt. Data Communications, Computer Dept., Rosemont, IL 60018; r. 632 Bayview Point, Schaumburg, IL 60194, 312 884-6923.

BRANDES, Mrs. Loreen G., (Loreen G. Scandurra); '79 BSBA; Financial Admin.; Eaton Corp./AIL Div., Commack Rd., Deer Park, NY; r. 323 Moriches Rd., St. James, NY 11780.

BRANDES, William Harry, Jr.; '85 BSBA; 1009 E. High St., Mt. Vernon, OH 43050, 614 397-7595.

BRANDMAN, Peter; '36; POB 328, Findlay, OH 45840, 419 422-5353.

BRANDON, Grant G.; '41; 871 NE 195th St. #101, N. Miami Bch., FL 33179, 305 651-0777.

BRANDON, Leslie L.; '65 BSBA; Partner/CPA; Ernst & Whinney, 2400 Nationwide Plz., Columbus, OH 43215, 614 224-5678; r. 136 Walnut Ridge Ln., Westerville, OH 43081, 614 882-0812.

BRANDSTETTER, Charles William; '68 MBA; Industrial Engr.; Eli Lilly & Co., Lilly Corporate Ctr., Indianapolis, IN 46285, 317 276-2793; r. 5670 Carvel Ave., Indianapolis, IN 46220, 317 257-8721.

BRANDSTETTER, Edward G.; '66 BSBA; 2079 Delaware, Berkeley, CA 94709, 415 548-3224.

BRANDT, David John; '86 BSBA; 583 N. Main St., Vermilion, OH 44089, 216 967-9367.

BRANDT, Douglas Robert; '82 BSBA; Production Supv; Magic Chef Air Conditioning, 421 Monroe St., Bellevue, OH 44811, 419 483-4840; r. 2318 Glenn Dr., Fremont, OH 43420, 419 334-8756.

BRANDT, John Michael; '73 BSBA, '74 MA; Deputy Exec. VP; Ohio Sch. Boards Assoc., Legislative Services Div, 700 Brooksedge Blvd., Westerville, OH 43081; r. 787 E. College Ave., Westerville, OH 43081, 614 890-7420.

BRANDT, John Truman; '81 BSBA; Comptroller; Cloyes Gear Co., 615 W. Walnut, Paris, AR 72855; r. 1104 S. Phoenix, Russellville, AR 72801, 501 967-2881.

BRANDT, Philip Arden; '68 BSBA; Atty./CPA; Philip A Brandt, 109 S. Detroit, W. Liberty, OH 43357, 513 465-2276; r. 6796 County Rd. 14, W. Liberty, OH 43357, 513 465-2812.

BRANDT, Richard Holl; '68 BSBA; VP; Logan Clay Prods. Co., 201 E. Bowen St., Logan, OH 43138, 614 385-2184; r. 75 Hill St., Logan, OH 43138, 614 385-7942.

BRANDT, Stacey Lynn; '88 MLHR; 1437 Runaway Bay Dr., #2-B, Columbus, OH 43204, 614 231-7794.

BRANDT, William Kettler; '67 MBA; Prof. Mktg. Columbia Univ; Partner Impact Plng., 129 E. 95th St., New York, NY 10128, 212 410-3477; r. Same.

BRANDTS, Gretchen Kay; '86 BSBA; Bookkeeper; Bob's Audio & Video, 850 S. Sugar, Celina, OH 45822, 419 586-2297; r. 424 Elm Grove Ave., Celina, OH 45822, 419 586-5407.
BRANER, Dr. Henry M.; '64 PhD (BUS); 1840 N. Main St., Walnut Creek, CA 94596.
BRANHAM, CAPT Jacky D.; '67 BSBA; Capt. Usaf; r. 4401 Mesquite Spring Cove, Austin, TX 78735, 512 892-2638.
BRANHAM, James, Jr.; '87 BSBA; 4157 Limerick Rd., Clyde, OH 43410, 419 547-8286.
BRANNICK, Jeffery Alan; '83 BSBA; Syst. Analyst; Inco Inc., 3055 Rodenbeck Dr., Beavercreek, OH 45432; r. 4190 Possum Run Rd., Dayton, OH 45440.
BRANNIGAN, Bonne; '86 BSBA, '88 MBA; Cnslt.; BAC Grp., Northbrook, IL 60062, 312 480-7495; r. 3660 N. Lakeshore Dr., Chicago, IL 60613, 312 883-4617.
BRANNIGAN, Richard Joseph; '68 BSBA; Sales Rep.; Columbus Equip. Co., 11512 Gondola, Cincinnati, OH 45241; r. 9118 Solon Dr., Cincinnati, OH 45242, 513 984-0596.
BRANNOCK, Keith W., Jr.; '52 BSBA; Atty.; 1350 W. 5th Ave., Columbus, OH 43212, 614 486-2406; r. 3906 Prestwick Ct., N., Columbus, OH 43220, 614 451-7657.
BRANNOCK, Thomas Carey; '71 MBA; 1528 Wheeling Rd., Lancaster, OH 43130, 614 654-3011.
BRANNON, John C.; '85 BSBA; Programmer/Analyst; Motorist Mutual Ins. Co., 471 E. Broad St., Columbus, OH 43215, 614 225-8388; r. 4038 Dumfries Ct., Dublin, OH 43017, 614 792-3612.
BRANSON, Charles W.; '64 BSBA; Fruit Merchant; r. 16 Woodvalley Dr., Islington, ON, Canada.
BRANSON, Edwin A.; '34 BSBA; Retired; r. 1630 Lake Ave. #4, Clearwater, FL 34616, 813 586-0621.
BRANSON, Gary Dale; '83 BSBA; McDonnell Douglas, Bolsa Chica St., Huntington Bch., CA 92649; r. 5176 Tortuga Dr. #209, Huntington Bch., CA 92649, 714 840-1317.
BRANSON, Jack H.; '36 BSBA; Purchasing Agt.; Box 2842, Saint Petersburg Fl. 33731; r. 3972 14th Way NE, St. Petersburg, FL 33703, 813 526-5417.
BRANSON, Jackie Lynne; '83 BSBA; 966 Woodland Rd., Mansfield, OH 44907, 419 756-0970.
BRANSZTET, Leo Walter; '78 BSBA; 1629 Maryland, Lorain, OH 44052, 216 288-8009.
BRANT, Lisa Morehead, (Lisa Morehead); '81 BSBA; Programmer Analyst; El Paso Cnty. Data Svcs., 27 E. Vermijo St., Colorado Spgs., CO 80903, 719 520-6181; r. 3805 Radiant Dr., Apt. 645, Colorado Spgs., CO 80917, 719 574-2409.
BRANT, Nancy Kesselring; '80 MPA; Communication Dir.; The Ohio State Univ., Cancer Research Ctr., 1645 Neil Ave. #101A, Columbus, OH 43210, 614 422-1382; r. 6224 Mc Curdy Rd., Delaware, OH 43015, 614 747-2316.
BRANTLEY, Betty Holland; '74 BSBA; Instr.; Northeastern Illinois Univ., 5500 N St. Louis Ave., Dept. of Info. Sci., Chicago, IL 60625, 312 583-4050; r. 5818 N. Winthrop Ave., Chicago, IL 60660, 312 561-0146.
BRANTLEY, David Alan; '72 BSBA; Staff; Nippert Co., 801 Pittsburgh Dr., Delaware, OH 43015, 614 363-1981; r. 1412 Bollenhill, Columbus, OH 43229, 614 888-3912.
BRANTLEY, W. Kenneth; '85 BSBA; Salesman; Modern Builders Supply, 3808 E. 5th Ave., Columbus, OH 43219, 614 237-3705; r. 136 W. Park Ave., Columbus, OH 43222, 614 279-4936.
BRANTNER, Jean Ulle; '70 BSBA; 1644 Cardiff Rd, Columbus, OH 43221, 614 486-3834.
BRANTNER, Jeffrey William; '70 BSBA; 1644 Cardiff Rd, Columbus, OH 43221, 614 486-3834.
BRASHER, Glen Yukon; '74 BSBA; Loan Mgr.; Freedom Fed. S&L, 2939 Kenny Rd., Columbus, OH 43221; r. 4810 Bradbury Ct., Columbus, OH 43229.
BRASKI, Robert John; '74 BSBA; CPA; POB 6132, Denver, CO 80206, 303 759-0500; r. Same, 303 777-1755.
BRASSEUX, COL Emmett L.; '39 BSBA; Retired Col.; r. 7 Woodstone Sq., Austin, TX 78703, 512 451-5556.
BRATT, James E.; '48 BSBA; 2508 Sunny Shores Dr., Tampa, FL 33612.
BRATTAIN, CAPT James Arthur, USA; '76 BSBA; Judge Advocate; HQ 83d ARCOM, POB 16515, Columbus, OH 43216, 614 492-3762; r. 5530 Kenneylane Blvd., Columbus, OH 43235, 614 889-9250.
BRATTEN, Robert Powell; '42 BSBA; Retired; r. 5285 Keatswood Dr., Memphis, TN 38119, 901 682-4728.
BRATUSH, Joanne Rose; '71 BSBA; Lab Mgr.; Cleveland Clinic Fndn., 1 Clinic Ctr., 9500 Euclid Ave., Cleveland, OH 44195, 216 444-8143; r. 1701 Donwell Dr., S. Euclid, OH 44121, 216 291-4667.
BRAUER, Dorothy Ramage; '44 BSBA; Tchr.; Michigan City Sch. Corp., Michigan City, IN 46360; r. 2049 Lake Shore Dr., Michigan City, IN 46360, 219 874-8696.
BRAUN, Benjamin M.; '75 MBA; Lecturer; The Ohio State Univ., 190 N. Oval Dr., Columbus, OH 43210, 614 292-1275; r. 97 Hanford St., Columbus, OH 43206, 614 443-5184.
BRAUN, Mrs. Betsy Anne, (Betsy Ann Richards); '69 BSBA; Homemaker; r. 2124 Eastwood Ln., Portsmouth, OH 45662, 614 354-2496.
BRAUN, Conrad Joseph; '73 BSBA; Pres.; Badger Electric Supply, 1016 Witzel Ave., Oshkosh, WI 54901, 414 231-8450; r. 2919 Waldwic, Oshkosh, WI 54904, 414 426-4332.
BRAUN, Cynthia Tripp, (Cynthia Tripp); '86 BSBA; Sales Rep.; Smith Kline Consumer Prods.; r. 1470 Osborn Dr., Columbus, OH 43221, 614 486-1020.
BRAUN, Dorothy '32 (See Babbitt, Dorothy Braun).
BRAUN, Earl Alan; '69 BSBA, '72 MBA; VP; Wil Car Enterprises Inc., 10451 Old Gallia Pike, Wheelersburg, OH 45694; r. 2124 Eastwood Ln., Portsmouth, OH 45662, 614 354-2496.
BRAUN, Edgar D.; '69 BSBA; Proj. Engr.; Monarch Cortland, Rte. 13 S., Cortland, NY 13045, 607 753-6001; r. 17 Center St., Homer, NY 13077, 607 749-7192.
BRAUN, James A.; '66 BSBA; 2392 Eardley Rd., Cleveland, OH 44118.
BRAUN, Michael Otto; '77 BSBA; POB 633, Post Falls, ID 83854.
BRAUN, Peter D.; '81 BSBA; Head Tennis Profn.; Grand Champions Tennis Club, 21591 Hwy. 82, Aspen, CO 81611, 303 920-1533; r. POB 10695, Aspen, CO 81612.
BRAUN, Robert Allen; '76 BSBA; Sales Rep.; Label Graphix Inc., Hebron, OH 43025, 614 929-2210; r. 1272 Weybridge Rd., Columbus, OH 43220, 614 459-5050.
BRAUN, Terry Douglas; '84 MBA; Staff; State of Ohio, 30 E. Broad St., Columbus, OH 43215; r. 935 Hilton Dr., Reynoldsburg, OH 43068, 614 861-3958.
BRAUN, Thomas W.; '66 BSBA; Acct.; Dset Labs Inc., New River, Phoenix, AZ 85029, 602 242-6400; r. 3627 W. Townley Ave., Phoenix, AZ 85051, 602 973-4146.
BRAUN, William H.; '61 BSBA; Retired; r. 3436 Polley Rd., Columbus, OH 43026, 614 876-6563.
BRAUN, William Raymond; '87 BSBA; Production Supv.; DCM Corp., POB 298, 708 Marks Rd., Valley City, OH 44280, 216 225-6006; r. 18560 Royalton Rd., Apt. 104, Strongsville, OH 44136, 216 572-1051.
BRAUNAGEL, David Dade; '71 MBA; Prof.; Florida State Univ., Tallahassee, FL 32306; r. 2040 Laurel, Tallahassee, FL 32304, 904 385-3744.
BRAUNBECK, LCDR Michael Carl, USN; '74 BSBA; USS Patterson (FF-1061), FPO, New York, NY 09587; r. 2106 Crosby Rd., Apt. G, Philadelphia, PA 19112, 215 389-5667.
BRAUND, Robert Alan; '71 BSBA; 3131 Misty Creek Ln., Jacksonville, FL 32216, 904 731-8198.
BRAUNER, Christopher Eugene; '79 BSBA; Sr. Scheduler; McDonnell Douglas, POB 516, St. Louis, MO 63166; r. 6776 Culpepper, Florissant, MO 63033, 314 355-4932.
BRAUNER, John E.; '56 BSBA; Supv.-Engr. Adm; Rockwell Intl., 4300 3 5th Ave., Columbus, OH 43219; r. 15947 Dalca Vista Dr., La Mirada, CA 90635, 213 947-9787.
BRAUNSTEIN, Dr. Baruch; '26 BSBA; 3005 Garber St., Berkeley, CA 94705, 415 525-8342.
BRAUSCH, Jon D.; '87 BSBA; Account Exec.; Parker/Hunter Inc., 385 Midway Blvd., Elyria, OH 44035, 216 324-3333; r. 169 Curtis Dr., Avon Lake, OH 44012, 216 933-8041.
BRAVER, David A.; '56 BSBA; Exec. VP; MKI Securities Corp., 61 Broadway, New York, NY 10006, 212 701-0800; r. 565 Park Ave., New York, NY 10021, 212 421-4484.
BRAVERMAN, Stanley Mitchell; '67 BSBA; Asst. Deputy Dir.; Interstate Commerce Commission, 12th & Const Ave. NW, Washington, DC 20423, 202 275-1054; r. 1808 Old Meadow Rd., #605, Mc Lean, VA 22102, 703 442-9385.
BRAWER, Felix E.; '34 BSBA; Retired; r. 15 Manor House Ct., Holyoke, MA 01040, 413 536-4625.
BRAXTON, COL Joseph Council, USA(Ret.); '51 MPA; Retired; r. 6026 Windhaven Dr., San Antonio, TX 78239, 512 653-8084.
BRAY, Jack J.; '38 BSBA; Retired; r. 641 Lark St., Marion, OH 43302, 614 387-3587.
BRAY, M. Craig; '85 BSBA; 1659 Norma Rd., Columbus, OH 43229, 614 885-7377.
BRAYSHAW, Bruce William; '85 MBA; Chief Industrial Engr.; Weber Aircraft, 3200 Enterprise St., Brea, CA 92621, 714 524-1981; r. 3098 Oakcreek Rd., Chino Hls., CA 91709.
BRAZIER, LTC Thomas Eugene, (Ret.); '69 MBA; Sr. VP; Dean Witter Reynolds, Inc., One Parklane Blvd., Ste. 902 E., Dearborn, MI 48126, 313 271-9600; r. 6527 Imperial Ct., Brooklyn, MI 49230, 517 592-6038.
BREAKFIELD, Gary Lee; '88 BSBA; 127 Eden Ave., Sabina, OH 45169, 513 584-2988.
BREBANT, Jill Marie, (Jill Marie Lionetti); '87 BSBA; 2671 Foxwood Dr., Akron, OH 44313, 216 867-5839.
BRECKENRIDGE, David Allen; '80 MPA; Dir.; The Ohio State Univ., Cooperative Education-Asc, 190 W. 17th Ave. Rm. 05, Columbus, OH 43210, 614 422-6734; r. 2620 Darling Rd., Blacklick, OH 43004, 614 855-9455.
BREE, Corinne M. '46 (See Levinsohn, Mrs. Corinne Bree).
BREECE, Judith Niuman; '58 BSBA; 2809 Alderman Ct., Greensboro, NC 27408, 919 299-0279.
BREECH, John Paul; '72 BSBA; Acct.; Borden Inc., Chemical Division, Columbus, OH 43215; r. 7482 Davis Kirk Rd, %J C Edwards, Prospect, OH 43342.
BREESE, Hilda '48 (See Smith, Hilda Breese).
BREESE, Kenneth Harold, CPA; '71 BSBA; Partner/Acct.; Breese & Obenour, 301 Main St. Ste. #B, Zanesville, OH 43701, 614 454-0141; r. 16 Summit Dr., Zanesville, OH 43701, 614 453-3225.
BREESE, Letitia '41 (See Turner, Letitia Breese).
BREESE, Lois Soukup; '49 BSBA; 95 Mill St., Westwood, MA 02090, 617 762-5651.
BREESE, William R.; '62 BSBA; CPA; William R Breese, 507 D St., S. Charleston, WV 25303; r. 755 Echo Rd., S. Charleston, WV 25303, 304 744-4119.
BREGEL, Cheril Loudermilk; '88 BSBA; 6560 Kilbourne Rd., Sunbury, OH 43074, 614 524-6611.
BREGMAN, Robert Louis; '83 MBA, '86 MA; 401 Blocker Blvd., Texas A & M University, College Sta., TX 77843.
BREHM, David Edward; '79 BSBA; VP; GW Banning & Assocs., 438 E. Wilson Bridge, Worthington, OH 43211; r. 642 Eagle Ridge, Powell, OH 43065, 614 436-7290.
BREHM, Dr. Gill Wayne; '48 BSBA; Phys.-Urologist; Val Verde Mem. Hosp., 801 Bedell, Del Rio, TX 78840, 512 775-9525; r. 710 Bedell Ave., Del Rio, TX 78840, 512 774-3444.
BREHM, Mrs. Jill H., (Cora Jill Holmes); '82 BSBA; Sr. Programmer; Day Data Systs., 6302 Fairview Rd., Charlotte, NC 28210, 704 552-3028; r. 3100 Plum Arbor Way, Charlotte, NC 28209, 704 527-1083.
BREHM, Joanne Marie; '81 MBA; Mktg. Coord.; Reynolds & Reynolds, 800 Germantown, Dayton, OH 45459, 513 443-2539; r. 4206 Glen Oaks Dr., Crown Point, IN 46307, 513 439-2315.
BREHME, Walter O.; '35 BSBA; Retired; Canton Drop Forging Co., Canton, OH 44703; r. 1639 Coventry Rd. NE, Massillon, OH 44646, 216 833-8056.
BREHMER, Donald J.; '48 BSBA; Retired; r. 1801 Wildwood Rd, Toledo, OH 43614, 419 382-8419.
BREIG, Daniel R.; '81 BSBA; Financial Advisor/CPA; Power Securities, One Prestige Pl., 2600 McCormick Dr., Ste. 300, Clearwater, FL 34619, 800 448-9001; r. 1479 Noell Blvd., Palm Harbor, FL 34683, 813 786-7125.
BREINICH, Larry Arthur; '71 BSBA; 1648 Koons Rd., N. Canton, OH 44720, 216 896-9068.
BREITENBACH, Dr. Robert B.; '65 MBA, '67 PhD (BUS); Asst. Prof.; r. 7659 S. Peace Chance Tr., Evergreen, CO 80439, 303 674-8189.
BREITSTADT, Charles Philip; '85 MBA; Dir. of Govt. Affairs; Nationwide Ins. Co., One Nationwide Plz., Columbus, OH 43216, 614 249-4688; r. 7810 Seddon Dr., Dublin, OH 43017, 614 764-1305.
BRELL, Gretchen '83 (See Zientek, Gretchen Brell).
BRELSFORD, Jan Wayne; '70 BSBA; 902 Osceola Tr., Casselberry, FL 32702.
BREMER, Noel P.; '61 BSBA; Payroll Supv.; Ford Motor Co., The American Rd., Dearborn, MI 48121; r. 7571 Locklin, Union Lake, MI 48085, 313 360-2798.
BREMS, Jerry J.; '80 MPA; Asst. Mgr.; Ohio Dept. of Devel., Ofc. of Industral Developmnt, Columbus, OH 43215, 614 466-4551; r. 1011 Highland St., Columbus, OH 43201, 614 291-4510.
BRENAN, Edward B.; '47 BSBA; Div. Sales Mgr.; Pure Oil Co., 4940 Viking Dr., Minneapolis, MN 55435; r. Pure Oil Co, 4940 Viking Dr., Minneapolis, MN 55435.
BRENNAN, David Leo; '53 BSBA; Atty.; Amer Cunningham & Brennan, 159 S. Main St., Society Bldg., 6th Fl., Akron, OH 44308, 216 762-2411; r. 1200 Sunset View Dr., Akron, OH 44313, 216 864-5528.
BRENNAN, Elaine A. '86 (See Korte, Mrs. Elaine B.).
BRENNAN, James Michael; '81 MBA; Mgmt. Cnslt.; Arthur Andersen & Co., Huntington Ctr., 41 S. High St., Columbus, OH 43215, 614 228-5651; r. 200 Webster Park Ave., Columbus, OH 43214, 614 267-3676.
BRENNAN, James Michael; '83 BSBA; Mgr./N.E.S.S.; D.O.G., 1712 Belmont Ave., Akron, OH 44320, 216 633-7565; r. 630 Inverness Rd., Akron, OH 44313, 216 864-3269.
BRENNAN, Karen A.; '83 MBA; VP of Mktg.; Max & Erma's Restaurants, Inc., POB 03325, Columbus, OH 43203, 614 258-5000; r. 8209 Chinook Pl., Apt. 1-C, Worthington, OH 43085, 614 436-7657.
BRENNAN, Kelly Lynne; '88 BSBA; 2158 Parkville Ct., #D-2, Columbus, OH 43229, 614 891-1005.
BRENNAN, Leo William; '72 BSBA; Regional VP; Times Mirror Cable TV, 1484 Highland Ave., Cheshire, CT 06410, 203 271-2259; r. 47 Castleman Dr., Southington, CT 06489, 203 621-9538.
BRENNAN, Robert V., Jr.; '82 BSLHR; Sales Rep.; Circuit City, 1950 Bush River Rd., Columbia, SC 29210, 803 798-5711; r. 140 Ripley Station Rd., Columbia, SC 29210, 803 781-4023.
BRENNAN, William J.; '49 BSBA; Retired; r. 316 Dickerson Dr. N., Camillus, NY 13031.
BRENNEMAN, Danny Lee; '80 BSBA; 2470 Huston Ct., Morgan Hill, CA 95037.
BRENNEMAN, John R.; '61 BSBA; Owner; Brenneman Enterprises, 10763 Southwood Rd., Galloway, OH 43119, 614 879-7980; r. Same.
BRENNEMAN, Kimberly Jo; '83 BSBA; Sr. Acct.; Price Waterhouse, 41 S. High St., Ste. 3500, Columbus, OH 43215; r. 4648 Orwell Dr., Columbus, OH 43220, 804 293-4406.
BRENNEN, Steven Russell; '76 MPA; Deputy Asst. Secy.; Economic Devel. Admin., U S. Dept. of Commerce, 14th Constitution Ave., NW, Washington, DC 20230, 202 377-5067; r. 801 N. Howard St., #306, Alexandria, VA 22304, 703 751-5246.
BRENNER, Anita Kay; '82 BSBA; Trng. & Systs. Coord.; Ames Dept. Stores, 2418 Main St., Rocky Hill, CT 06067, 216 758-6268; r. 5546 Beechwood Dr., Poland, OH 44514, 216 757-4847.
BRENNER, Arthur K.; '58 BSBA; 7021 Prior Pl., Reynoldsburg, OH 43068, 614 866-5273.
BRENNER, Carol Lee; '75 BSBA; Reg. Systs. Coord.; Ames Dept. Stores, 2418 Main St., Rocky Hill, CT 06067; r. 275 Colony Dr., Irwin, PA 15642, 412 863-1910.
BRENNER, Jack Russell; '70 BSBA; Quality Control Worker; Flo-Tork Inc., Inspection Dept., 1701 N. Main St., Orrville, OH 44667, 216 682-0010; r. 1228 Manchester Ave. NW, Massillon, OH 44646, 216 833-6925.
BRENNER, John Thomas; '74 BSBA; Salesman; S & S Tire Sales, 1213 Winchester Rd., Lexington, KY 40505; r. 3756 Sundart Dr., Lexington, KY 40502.
BRENNER, Lewis David; '82 BSBA; Sales Rep.; Lemmon Co., 9223 Champton Dr., Indianapolis, IN 46256, 317 842-3637; r. Same.
BRENT, Carol Smith, (Carol E. Smith); '57 BSBA; Flight Attendant, Intl.; TWA Inc., 7001 World Way W., Los Angeles Intl. Airport, Los Angeles, CA 90009; r. 6427 Neddy Ave., Canoga Park, CA 91307, 818 346-8292.
BRENTLINGER, Reed E.; '85 BSBA; Rte. Sales; Klosterman Baking Co., Columbus, OH 43220; r. 1150 Northridge Rd., Columbus, OH 43224, 614 262-4832.
BRESCIA, Anthony J.; '40 BSBA; Sales Svc. Manage; r. 22 Webster Manor Dr. #1, Webster, NY 14580.
BRESLIN, Judy Ann; '80 BSBA; 11935 Beaver Rd, Johnstown, OH 43031.
BRESNAHAN, Timothy Michael; '87 BSBA; 743 Lockefield Ct., #C, Indianapolis, IN 46202.
BRESSLER, Melissa Ann; '87 BSBA; Acct.; Ashland Chemical Co., 5200 Blazer Pkwy., Dublin, OH 43017, 614 889-3333; r. 4054 Shireton Dr., Dublin, OH 43017, 614 761-3815.
BRESSLER, Sidney; '47 BSBA; Antique Dealer; Royal Galleries, 178 E. 33rd St., Paterson, NJ 07504; r. 125 Sussex Rd, Tenafly, NJ 07670, 201 569-9354.
BRETH, Carl Joseph; '69 BSBA; 2237 Anituga Dr #1B, Columbus, OH 43235, 614 262-5536.
BRETLAND, CAPT Robert B., USN(Ret.); '50 MPA; 2421 S. Bretland Rd., Camano Island, WA 98292, 206 387-7283.
BRETSCHNEIDER, Carol J. '45 (See Miller, Mrs. Carol).
BRETSCHNEIDER, Dr. Stuart I.; '75 MPA, '80 PhD (PA); Assoc. Prof./Public Admin; Syracuse Univ., Main Campus, Maxwell Sch., Syracuse, NY 13210, 315 443-1890; r. 212 Marsh Dr., Syracuse, NY 13214, 315 446-9261.
BRETT, Mary Josephine; '88 MPA; Social Worker; Riverside Methodist Hosp., 3535 Olentangy River Rd., Columbus, OH 43214, 614 261-5247; r. 6334 Ambleside Dr., Apt. A, Columbus, OH 43229, 614 888-0710.
BRETT, Michael Francis; '80 BSBA, '88 MBA; Cost Acct.; Gates Mcdonald & Co., Sub of Nationwide, POB 1944, Columbus, OH 43216; r. 90 W. Longview, Columbus, OH 43202.
BRETZ, John M.; '85 BSBA; Dist. Sales Mgr.; North Star Mktg., 7621 Little Ave., Ste. 508, Charlotte, NC 28226, 704 543-9990; r. 6336 Mock Orange Dr., Charlotte, NC 28226, 704 542-5949.
BRETZ, Mrs. Lucia B., (Lucia A. Burneson); '85 BSBA; Claims Adjuster; Harleysville Ins. Co., POB 25518, Charlotte, NC 28229, 704 563-3017; r. 6336 Mock Orange Dr., Charlotte, NC 28226, 704 542-5949.
BREVOORT, William Dale; '77 BSBA; Staff; Continental Ofc. Dvlpmnt, 1070 Morse Rd., Columbus, OH 43229; r. 611 Highland Dr., Columbus, OH 43214, 614 459-6570.
BREWER, Ann Nardin; '66 BSBA; POB 138, Haleiwa, HI 96712.
BREWER, Chester E., Jr.; '66 BSBA; Estate Agt.; Bay Area Homes, 22 Roundhill Rd., Torquay TQ2 6TH, England, 080 360-6220; r. Tormohun Bungalow, Kents Rd., Wellswood, Torquay TQ1 2NN, England.
BREWER, Elbridge Harmon; '77 MPA; Dir. of Admin.; University Corp., POB 23248, 30 W. 3rd St., Columbus, OH 43223; r. 7620 Oberlin Ct., Lancaster, OH 43130, 614 833-0430.
BREWER, Franklin Delano, II; '87 BSBA; 3715 Danube Cir., Aurora, CO 80013.
BREWER, Jack L.; '57 BSBA; 8814 Briar Ct. #1B, Des Plaines, IL 60016, 312 297-5851.
BREWER, John D.; '64 BSBA; Mktg. Educ. Coord.; Columbus City Schs., 270 E. State St., Columbus, OH 43215, 614 276-5263; r. 3546 Tillbury Ave., Columbus, OH 43220, 614 457-5751.
BREWER, John Harvey, II; '74 BSBA; 6650 Merwin Rd., Worthington, OH 43085, 614 889-0998.
BREWER, Mark James; '76 BSBA; Plant Mgr.; Graphic Industries, 1580 Alum Creek Dr., Columbus, OH 43209, 614 253-4888; r. 84 Wetmore Rd, Columbus, OH 43214, 614 268-9679.
BREWER, Neil Craig; '83 BSBA; Sales; Tombstone Pizza, One Tombstone Plz., Medford, WI 54431, 715 748-5550; r. 117 Spicewood Ln., Powell, OH 43065, 614 548-5947.
BREWER, Ralph G.; '50 BSBA; Retired Personnel Mgr.; Standard Oil Co., Cleveland, OH 44125; r. 2749 Clark Pkwy., Westlake, OH 44145, 216 871-5988.
BREWER, Ralph R.; '30 BSBA; Retired; r. 510 Juneway Dr., Bay Village, OH 44140, 216 871-2849.

BREWER, Ric Allen; '88 BSBA; Logistics Planner; Volvo GM Heavy Truck Corp., Orrville, OH 44667, 216 684-0172; r. 987 Wadsworth Rd., Apt. A, Medina, OH 44256, 216 725-4810.
BREWER, Robert A.; '56 BSBA; Staff; Borden Inc., 180 E. Broad St., Columbus, OH 43215; r. 3978 New Hall Rd., Columbus, OH 43220, 614 451-6125.
BREWER, Robert James; '40 BSBA; Retired; r. 14322 Baker, Westminster, CA 92683, 714 898-1045.
BREWER, Sandra L. '84 (See Fiehrer, Sandra Brewer).
BREWSTER, John Paul; '68 BSBA; Tax Assoc.; Oglebay Norton Co., Cleveland, OH 44114; r. 7744 Hopkins Rd, Mentor, OH 44060, 216 255-0754.
BREWSTER, Mrs. Kathy S., (Kathy Lynn W. Sarvis); '85 BSBA; Inventory Mgr.; Defense Electronics Supply Ctr., Fed. Govt., 1507 Wilmington Pike, Dayton, OH 45444, 513 296-6254; r. 5607 MacIntosh Ct., Dayton, OH 45449, 513 435-9392.
BREYFOGLE, Jon Lewis; '84 BSBA; 525 Greenup St. Apt. 17, Covington, KY 41011, 513 751-2823.
BRICKER, Annette Marie; '87 BSBA; 6270 Hyland Dr., Dublin, OH 43017.
BRICKER, Casey Jay; '88 BSBA; 1850 N. Star Rd., Apt. 14, Columbus, OH 43212, 614 488-3837.
BRICKER, Dale E.; '55 BSBA; Atty.; The Edward J De Bartolo Corp., 7620 Market St., Youngstown, OH 44512, 216 758-7292; r. 2978 Lynn Rd., Canfield, OH 44406, 216 549-2331.
BRICKER, David E.; '60 BSBA; VP; Southeast Bank NA, One SE Financial Plz., Miami, FL 33131, 305 375-6476; r. 3501 Thomas St., Hollywood, FL 33021.
BRICKER, Eleanor '38 (See Kirkwood, Mrs. Eleanor Bricker).
BRICKER, James Kenneth; '83 BSBA; Rte. 4 State Rte. 41 1, Peebles, OH 45660.
BRICKER, Jill Marie; '87 BSBA; 301 W. High St., Lima, OH 45801, 419 229-8300.
BRICKER, Melvin E.; '53 BSBA; Owner; Bricker Prods., Inc., 10580 Evendale Dr., Cincinnati, OH 45241, 513 563-4100; r. Same.
BRICKER, Paul M.; '48 BSBA; 365 Bel Aire Dr. S., Merritt Island, FL 32952, 407 453-3297.
BRICKEY, Robert H.; '47 BSBA; CPA; r. 1461 Ridgeview Rd., Columbus, OH 43221, 614 486-5859.
BRICKLEY, Amanda '81 (See Adair, Amanda B.).
BRICKLEY, Steven Richard; '81 BSBA; 166 Marion Ave., Mansfield, OH 44903.
BRICKNER, Donald T.; '48 BSBA; Retired; r. 1155 Bounty Blvd., Vero Beach, FL 32963, 407 231-3254.
BRICKNER, Gary Robert; '82 BSBA; 6530 Cabot Ct., Dublin, OH 43017, 614 766-5715.
BRIDE, Karen Anne '81 (See Kanning, Ms. Karen Anne).
BRIDGE, Hon. Barbara Jeanne; '50 BSBA; Judge-Circuit Court; Broward Cnty., 201 SE 6th St., Rm. 998, Ft. Lauderdale, FL 33301, 305 357-7704; r. 21 Ocean Bay Club Dr., Ft. Lauderdale, FL 33308, 301 941-3222.
BRIDGES, George Henry; '83 BSBA; Mktg. Researcher; State of Ohio, Dept. of Development, Columbus, OH 43215; r. 266 Jackson St., Columbus, OH 43206, 614 228-6032.
BRIDGES, Ronald Guy; '84 MA; Owner; Energy Alternatives, 160 S. 17th St., Columbus, OH 43205; r. Same.
BRIDGES, William Michael; '77 MBA; Cnslt.; Logistics Mgmt. Inst., 6400 Goldsboro Rd., Bethesda, MD 20817, 301 320-2000; r. 13624 Forest Pond Ct., Centreville, VA 22020, 703 266-1935.
BRIDGMAN, Roberta '49 (See Hays, Roberta Bridgman).
BRIDLE, Laura J. '81 (See Swartz, Mrs. Laura J.).
BRIDWELL, Ernal W.; '49 BSBA; Retired; r. 1860 Cypress Point Ln., Sarasota, FL 34234, 813 351-1776.
BRIECK, Donald Joseph; '82 BSBA; Mgr.-Documentation; AT&T, 6200 E. Broad St., Columbus, OH 43213, 614 860-4519; r. 5188 Sharps Ct., Westerville, OH 43081, 614 899-9272.
BRIECK, Mary Rita; '87 MBA; 1380 Sugarberry Ct., Westerville, OH 43081, 614 890-5588.
BRIERLEY, Gary Michael; '76 BSBA; 1260 Astor Dr. #1923, Ann Arbor, MI 48104, 313 668-8784.
BRIGDEN, Katherine I.; '79 BSBA; Tax Cnslt.; r. 10344 Virginia Lee Dr., Centerville, OH 45459, 513 885-3398.
BRIGDEN, Richard Thompson; '68 MBA; Investment Banker; First Charlotte Corp., 2400 Two First Union Ctr., Charlotte, NC 28282, 704 373-0808; r. 929 Southwest Dr., Davidson, NC 28036, 704 892-1138.
BRIGDEN, William L.; '80 MBA; Dir.; NCR, Competition Analysis Dept., 1700 S. Patterson Blvd., Dayton, OH 45479, 513 445-6640; r. 10344 Virginia Lee Dr., Centerville, OH 45458, 513 885-3398.
BRIGEL, James Dale, Jr.; '84 BSBA; Asst. Natl. Bank Examiner; Comptroller of the Currency, POB 429107, Cincinnati, OH 45242; r. 803 Woodlyn Dr. S., Cincinnati, OH 45230, 513 232-9117.
BRIGGS, Margery Beeman; '54; 2826 N. Star Rd, Columbus, OH 43221, 614 488-4211.
BRIGGS, Richard E.; '52 BSBA; Tchr.; Columbus Public Schs., 270 E. State St., Columbus, OH 43215; r. 3466 Wenwood Rd, Hilliard, OH 43026, 614 876-4361.
BRIGGS, Robert Farrell; '86 BSBA; 903 Plum Ridge, Columbus, OH 43213, 614 866-3308.
BRIGHT, Clara Vetel, (Clara Vetel); '43 BSBA; Retired; r. 2910 NE 45th St., Lighthouse Pt., FL 33064, 305 941-4034.
BRIGHT, Dana E.; '85 BSBA; Sales Mgr.; Ostermans, 343 New Towne Square Dr., Toledo, OH 43612, 419 476-7591; r. 2654 Westmar Ct., Apt. 335, Toledo, OH 43615, 419 536-5220.
BRIGHT, George Roads, Jr.; '75 BSBA; 3317 Green Needle Dr., Greensboro, NC 27405.
BRIGHTBILL, Concetta Milicia; '50 BSBA; 260 Blackfield Dr., Belvedere, Tiburon, CA 94920.
BRIGHTMAN, Mrs. Nancy A., (Nancy Gerhart); '52 BSBA; 340 W. South St., Worthington, OH 43085, 614 885-1835.
BRIGHTMAN, William H.; '37 BSBA; Retired; r. 947 Crest View Rd., Vista, CA 92083, 619 726-4770.
BRIGHTWELL, Jack H.; '56 BSBA; Supply Systs. Analyst; USA Missile Cmd., AMSMI-LC-AM, Redstone Arsenal, AL 35898, 205 876-0341; r. 10112 Bluff Dr. SE, Huntsville, AL 35803, 205 881-6240.
BRIGHTWELL, Ruth Gordon, (Ruth Gordon); '47 BSBA; Massage Therapist; r. 311 Druid Hills Rd, Temple Terrace, FL 33617, 813 988-1356.
BRIGNER, Brian Andrew; '87 BSBA; Mgr.; Red Roof Inns, 411 Ackerman Rd., Columbus, OH 43202, 614 267-9941; r. c/o Jerry E. Brigner, 3129 Essington Dr., Dublin, OH 43017, 614 889-7399.
BRIGODE, T. Dale; '50 BSBA; Mgmt. Cnslt.; Brigode & Assocs., Inc., 814 E. Boundary St., Perrysburg, OH 43551, 419 874-1134; r. Same.
BRILL, Brett Cameron; '79 BSBA; 508 S. Pennsylvania, Fremont, OH 43420, 616 695-7008.
BRILL, Frederick W.; '53 BSBA; Psr Box 29, Weatherford, TX 76086, 817 599-8949.
BRILL, Kenneth C.; '48 BSBA; Retired; r. 1379 Bushy Tail Tr., San Jacinto, CA 92383, 714 654-1240.
BRILL, Robert Earl; '49 BSBA; Pres.; Youngstown Steel Door Co., 1300 E. Ninth St., Cleveland, OH 44114; r. 81 Long Reach Rd., Keowee Key, Salem, SC 29676, 803 944-2977.
BRILLHART, B. Robert; '59 BSBA; Owner; R. Brillhart Home Repair & Remodeling, 2130 Broach Ave., Duarte, CA 91010, 818 358-1994; r. Same.
BRIMNER, John Harold; '70 BSBA; Owner-Pres.; Stewart Brimner & Co., Inc., Insurance Ofc., POB 5577, Ft. Wayne, IN 46895, 219 482-6900; r. 12128 Bayshore Blvd., Grabill, IN 46741, 219 627-2540.
BRINDLE, James L.; '40 BSBA; Assoc. Realtor; Sun Dance Realty, 7055 E. Thomas St., Scottsdale, AZ 85251, 602 945-7041; r. 6101 N. 73rd Way, Scottsdale, AZ 85253, 602 948-1746.
BRINDLE, Ted M.; '34 BSBA; Retired; r. 1862 San Pablo Dr., Lake San Marcos, CA 92069, 619 744-2255.
BRINER, Harry E.; '58 BSBA; Treas.; Electric Motor & Control Corp., 57 E. Chestnut, Columbus, OH 43215; r. 4403 Hoover Rd, Grove City, OH 43123, 614 875-2880.
BRINER, Jerome A.; '66 BSBA; Partner; Ernst & Whinney, 1500 Beneficial Life Twr., Salt Lake City, UT 84111, 801 363-3955; r. 3002 Cave Hollow Way, Bountiful, UT 84010, 801 292-5780.
BRINER, Melissa Sue, (Melissa Sue Beyer); '88 BSBA; Mktg.; r. 6427 Broodedge Ct., Dublin, OH 43017, 614 792-8455.
BRINGARDNER, David F.; '57; Mgr.; Credit Bur. of Columbus Inc., 8 E. Long St., Columbus, OH 43215; r. 334 S. Ardmore, Columbus, OH 43209, 614 237-6498.
BRINGARDNER, Lisa D.; '88 BSBA; Inside Sales Rep.; North American Ltd., Rolling Meadows, IL 60008, 312 981-8700; r. 334 S. Ardmore Rd., Columbus, OH 43209, 614 237-6498.
BRINGARDNER, Michael Scott; '79 BSBA; Mgr.; Arthur Andersen Co., 100 E. Broad St., Columbus, OH 43215; r. 972 Danvers Ave., Westerville, OH 43081, 614 895-8420.
BRINGARDNER, Thomas A.; '49 BSBA; Retired Pres.; Dollar Savings Assn., One E. Gay St., Columbus, OH 43215; r. 2661 Bexley Park Rd., Columbus, OH 43209, 614 231-6260.
BRINGARDNER, William D.; '53 BSBA; 7193 Lorine Ct., Worthington, OH 43085, 614 846-9984.
BRININGER, Tracy Anthony; '85 BSBA; Claims Adjuster; Ohio Fair Plan, 6230 Busch Blvd., Columbus, OH 43229, 614 436-4530; r. POB 707, Centerburg, OH 43011, 614 893-2617.
BRINKER, Bernard J.; '85 BSBA; Rte. #2, POB 17, Wellsville, MO 63384.
BRINKER, Cynthia Lee; '78 BSBA; Tax Assoc.; Coopers & Lybrand, 2400 Washington, Newport News, VA 23605, 804 826-7602; r. 6 Canter Ct, Newport News, VA 23602, 804 874-1817.
BRINKERHOFF, Robert Brent; '77 BSBA; 579 Dinlam Ln., Mansfield, OH 44904, 419 756-4794.
BRINKMAN, Donald H.; '65 BSBA; 11760 W. 74th Ave., Arvada, CO 80004, 303 422-6883.
BRINKMAN, Harry H.; '40 BSBA; Retired; 808 High St., Worthington, OH 43085; r. Rt 16 Moreland Dr, Kingsport, TN 37663, 614 889-1751.
BRINKMAN, Mrs. Isabelle A., (Isabelle A. La Plante); '48 BSBA; Product Mgr.; Frederick Atkins Inc., 1515 Broadway, New York, NY 10036, 212 536-7130; r. 11 Long Pond Rd., Armonk, NY 10504, 914 273-8085.
BRINKMAN, Jennifer '82 (See Reep, Ms. Jennifer Brinkman).
BRINKMAN, Rebecca Dee; '83 BSBA; 9003 County Rd. 38, Galion, OH 44833.
BRINKMAN, Wesley H.; '62 BSBA; 2290 Farleigh Rd, Columbus, OH 43221.
BRINKMAN, William J.; '47 BSBA; CPA; Brinkman & Brinkman, 808 High St., Worthington, OH 43085; r. 1234 Carbone Dr., Columbus, OH 43224, 614 268-5636.
BRINKSNEADER, Jodi Lynn; '87 BSBA; 10922 Woods Opposum Run, Mt. Sterling, OH 43143, 614 869-2729.
BRINSLEY, Thomas E.; '88 BSBA; 97 W. California, Columbus, OH 43202, 614 262-0642.
BRISCOE, I. Lee; '48 BSBA; Retired; r. 1101 7th St., Hermosa Bch., CA 90254, 213 372-0345.
BRISCOE, J. Robert; '75 BSBA; Sr. VP; St. Davids Health Care Syst., Austin, TX 78759, 512 370-4340; r. 6200 Lost Horizon Dr., Austin, TX 78759.
BRISKER, Norman Dean; '86 BSBA; Acctg. Clerk; Chase Bank of Ohio, 10 W. Broad St., Columbus, OH 43215, 614 463-1700; r. 2070 Indianola Ave., Columbus, OH 43201, 614 299-1183.
BRISLEY, Edward C., Jr.; '48 BSBA; Retired; r. 713 Greenwood Dr., Hendersonville, NC 28739, 704 692-3230.
BRISON, Peggy '47 (See Massar, Margaret Brison).
BRISSENDEN, James L.; '63 BSBA; Pres./CEO; Lybold Inficon Inc., 6500 Fly Rd., E. Syracuse, NY 13057, 315 434-1100; r. 34 Cross Rd., DeWitt, NY 13224, 315 446-2046.
BRISTER, Richard E.; '69 MBA; Bus. Cnslt.; R E Brister & Assocs., 5378 Grenoble Ct., Atlanta, GA 30360, 404 399-5836; r. Same, 404 394-6383.
BRISTOL, David John; '82 BSBA; VP; Janel Intl. Forwarding Co. of Ohio, POB 360385, Columbus, OH 43236, 614 236-1946; r. Same.
BRITSCH, James A.; '49 BSBA; Dir.-Admin. Svcs.; United Way of Greater Toledo, One Stranahan Sq., Toledo, OH 43604, 419 246-4644; r. 2024 N. Cove Blvd., Toledo, OH 43606, 419 475-4481.
BRITT, James Chester, Jr.; '70 BSBA; Atty.; Britt Campbell & Nagel, 490 City Park Ave., Columbus, OH 43215, 614 224-8339; r. 1696 Merrick Rd., Columbus, OH 43212, 614 486-8216.
BRITT, Michael Lawrence; '83 BSBA; 4724 Fawnwood Rd., Dayton, OH 45429, 513 298-2718.
BRITT, Michael Lynn; '80 BSBA; Advisory Programmer; Community Mutual Ins. Co., 6740 N. High St., Worthington, OH 43085, 614 433-8854; r. 3593 Skipstone Pl., Hilliard, OH 43026, 614 771-0640.
BRITT, Warren William; '80 BSBA; Sr. Underwriter; American Re-Ins. Co., 200 S. Wacker Dr., Chicago, IL 60606, 312 993-3678; r. 839 S. Wheaton Ave., Wheaton, IL 60187, 312 260-9117.
BRITTENHAM, Julia Lee; '80 BSLHR; Supv. Auto Policies; J C Penney Ins. Co., 800 Brooksedge Blvd., Westerville, OH 43081; r. 177 E. Stanton Ave., Columbus, OH 43214, 614 885-6163.
BRITTIGAN, Robert Lee; '64 BSBA; Gen. Counsel; USA, Defense Nuclear Agency, Washington, DC 20305, 703 325-7681; r. 6033 Chapman Rd., Mason Neck, VA 22079, 703 339-1236.
BRITTING, Francis Edward, Jr.; '75 BSBA; 6304 Merrill Rd., Columbia, SC 29209, 803 783-1658.
BRITTON, Fred S.; '28 BSBA; Retired; r. 6240 S.O.M. Center Rd., Solon, OH 44139, 216 248-4711.
BRITTON, James Chandler; '71 BSBA; 26771 Nature Dr., Rockbridge, OH 43149, 614 385-6562.
BRITTON, Thomas Patrick; '87 BSBA; 373 Lake Forest Dr., Bay Village, OH 44140, 216 835-5750.
BROADBELT, Bruce Donald; '83 BSBA; Sr. Auditor; Arthur Young & Co., 1950 Roland Clarke Pl., Ste. 306, Reston, VA 22091, 703 648-2371; r. 9858 Fairfax Sq., Apt. 197, Fairfax, VA 22031, 703 352-9673.
BROADBENT, Dorothy Blamer; '47 BSBA; 28803 Wolf Rd. NW, Bay Village, OH 44140, 216 871-8025.
BROADSTONE, Daniel Lee; '75 BSBA; Pres.; Joel Corp., 1212 Outer Loop, Louisville, KY 40219, 502 367-8942; r. 2314 Stratmoor Blvd., Louisville, KY 40205, 502 451-8284.
BROADWAY, Arthur H.; '40 BSBA; Retired Treas.; Rupp Rental & Sales Corp., Buffalo, NY 14240; r. 1731 W. River Pkwy., Grand Island, NY 14072, 716 773-1731.
BROBECK, MAJ Irvin, Jr.; '53 BSBA; Maj. Usa; r. Main St., POB 21, Wiscasset, ME 04578, 207 882-7687.
BROBST, Charles L.; '22 BSBA; Retired; r. 1733 Jeffords St., Clearwater, FL 34616, 813 447-6103.
BROCKENBROUGH, Benjamin W., Jr.; '49 MBA; Ins. Agt.; Tabb, Brockenbrough & Ragland, 4900 Augusta St., Richmond, VA 23221, 804 355-7984; r. 2901 Greenlake Cir., Mechanicsville, VA 23111, 804 798-4394.
BROCKETT, Lisa Ann; '83 BSBA; Sr. Financial Analyst; T R W Inc. Systs. Div., 2750 Prosperity Ave., FV 10/6015, Fairfax, VA 22031, 703 876-4366; r. 12311 Oak Creek Ln., Apt. #1506, Fairfax, VA 22033, 703 968-7236.
BROCKINGTON, Ned E.; '49 BSBA; Retired; r. 6610 Cemetery Rd., Box 601, Saugatuck, MI 49453, 616 857-2054.
BROCKMAN, Robert William; '76 BSBA; 2318 Northcliff Dr., Jarrettsville, MD 21084, 301 692-9452.
BROD, James Robert; '81 BSBA; Syst. Ofcr.; Huntington Svc. Co., 41 S. High St., Columbus, OH 43215; r. 412 Liberty Ln., Westerville, OH 43081, 614 882-2812.
BRODEGARD, William Connelly; '81 BSBA; Salesman; 3 M Corp., 6685 Doubletree Ave., Columbus, OH 43229; r. 3232 E. Poinsettia Dr., Phoenix, AZ 85028.
BRODERICK, Mike; '85 BSBA; Mktg. Rep.; North Star Mktg., 6751 Commerce Park #200, Dublin, OH 43017, 614 764-9300; r. c/o Frank M Broderick, 869 Midwood Dr., N. Bellmore, NY 11710, 516 221-9220.
BRODSKY, Diane S.; '88 BSBA; 5694 Gemini Ct., Solon, OH 44139, 216 248-4468.
BRODT, B. Stanley; '41 BSBA; 59 Spottswood, Glen Rock, NJ 07452, 201 445-6340.
BRODY, Debra Dunlap; '79 BSBA, '83 MBA; Operations Supv.; Conway Western Express, 2981 E. La Jolla, Anaheim, CA 92806; r. 24381 Armada Dr., Dana Point, CA 92629.
BRODZINSKI, Joseph F., Jr.; '87 BSBA; Asst. Acct.; Turner Const Co., Subs of Turner Corporation, One Main Plz. E., Norfolk, VA 23510; r. 360 Forest St, Columbus, OH 43206.
BROEHL, John Hans; '73 MBA; Rsch. Leader; Battelle Mem. Inst., 505 King Ave., Columbus, OH 43201; r. 114 Abbot Ave., Worthington, OH 43085, 614 888-7938.
BROFFORD, Jeffrey Craig; '82 BSBA; Finance; r. 2246 Harrisburg Pike, Grove City, OH 43123, 614 875-7868.
BROFSKY, Jarrett B.; '63 BSBA; CPA; r. 274 Cornwall Rd., Glen Rock, NJ 07452, 201 447-6821.
BROGAN, Lawrence John; '80 BSBA; 7103 Columbus NE, Louisville, OH 44641.
BROGAN, Dr. Marianne; '84 MBA; Mgr./Cols Editorl Ofc.; American Chemical Society, POB 3330, 2540 Olentangy River Rd, Columbus, OH 43210, 614 447-3696; r. 1741 Arlingate Dr., Columbus, OH 43220, 614 459-3861.
BROGAN, Todd Allan; '85 BSBA; Sales Rep.; Westvaco, 2828 E. 12th St., Los Angeles, CA 90023, 213 261-3101; r. 6251 Balmoral, Huntington Bch., CA 92647, 714 842-5507.
BROGLA, Mrs. Terri Rinker, (Terri Ann Rinker); '88 BSBA; Sales Mktg.; r. Greenbrier Apts #2, Parkersburg, WV 26101, 304 422-9415.
BROGLA, Timothy Joseph; '87 BSBA; Student; r. 844 Kingswood, Lima, OH 45804, 419 221-1717.
BROGLIO, Suzanne M. '82 (See Trifiletti, Mrs. Suzanne M.).
BROGNO, Suzanne; '87 BSBA; Placement Analyst; Sears & Roebuck, Sears Twr., Chicago, IL 60684, 312 875-3443; r. 2930 N. Sheridan Rd. Apt. 2001, Chicago, IL 60657, 312 525-8341.
BROH, Adolph D.; '27 BSBA; POB 31395 c/o Robert A Broh, Cincinnati, OH 45231.
BROHARD, Jodelle Soon; '79 BSBA; Acct.; Columbia Gas of Ohio, 200 Civic Center Dr., Columbus, OH 43215; r. 645 W. Main St., Westerville, OH 43081, 614 891-9680.
BROIDY, Michael Albert; '75 BSBA; Exec. Dir.; Temple Israel, 5419 E. Broad St., Columbus, OH 43213, 614 866-0010; r. 274 S. Cassady, Columbus, OH 43209, 614 237-7765.
BROKAMP, Terry Edward; '84 BSBA; Sales Rep.; M J Daly Co., c/o Postmaster, Ludlow, KY 41016; r. 7910 Nieman, Cincinnati, OH 45224, 513 522-0170.
BROKAW, David T.; '67 BSBA; Production Mgr.; Sauder Woodworking Co., 303 W. Barre Rd., Archbold, OH 43502, 419 446-2711; r. Rte. 1, County Rd. 21, W. Unity, OH 43570, 419 924-5180.
BROKAW, Pamela S. '81 (See Comstock, Pamela S.).
BROKAW, Paul R.; '48 BSBA; Retired; r. 1710 Essex Rd, Columbus, OH 43221, 614 488-4274.
BROKER, Sharon J., (Sharon A. Jaeger); '85 BSBA; Acct.; r. 1010 Robinson Rd., Wooster, OH 44691, 216 264-0175.
BROKSTEIN, William B.; '69 BSBA; 1130 25 St. NE, Canton, OH 44714, 216 453-2394.
BROM, Valerie J. '83 (See Schaffer, Mrs. Valerie J.).
BROMBACHER, George Edward, III; '67 BSBA; Reg. Coml Mkt. Mgr.; Telephone & Data Systs., POB 158, Leesburg, AL 35983, 205 536-8841; r. 2713 Post Rd., Madison, WI 53713, 608 271-4997.
BRONNER, Max G.; '44 BSBA; Retired; r. 180 E. Pearson St., Apt. 3806, Chicago, IL 60611, 312 944-6767.
BRONSDON, Paul R.; '63 MBA; Physical Ofcr.; State of Ohio, 30 E. Broad St., Columbus, OH 43215; r. 3419 Martin Rd, Dublin, OH 43017, 614 889-8669.
BRONSON, Ira C.; '47 BSBA; 139 B Seminary, Mill Valley, CA 94941.
BRONSON, Jack A.; '47 BSBA; Retired; r. 6806 Mahoning Ave. NW, Warren, OH 44481, 216 847-0774.
BRONSTEIN, Joel Alan; '77 BSBA; 2508 Cedar Wood, Cleveland, OH 44124, 216 461-0131.
BROOKBANK, John Brearton; '81 BSBA; Staff; Business Equip. Co., 1519 Central Pkwy., Cincinnati, OH 45214; r. 138 Junedale Dr., Greenhills, OH 45218, 513 825-4321.
BROOKE, Donald J.; '61 BSBA; Atty./Pres.; Williams & Brooke, PC, Barnbrooke Up-The-Rd., POB 723, W. Simsbury, CT 06092, 203 651-5651; r. Up-The-Rd., W. Simsbury, CT 06092, 203 658-2119.
BROOKE, Karen S. '87 (See Dean, Mrs. Karen B.).
BROOKE, CDR Ralph L., USNR(RET.); '48 BSBA; Retired Sales Mgr.; Lever Bros. Co.; r. 186 Jefferson Rd., Newark, OH 43055, 614 366-5383.

BROOKER, John Keith; '52 BSBA; Credit Regional Mgr.; J C Penney Co. Inc., 3802 Northdale, Tampa, FL 33688, 813 969-1101; r. 3940 Belmoor Dr., Palm Harbor, FL 34685, 813 787-6007.

BROOKES, George Sheldon; '80 MBA; Pres. Northern Reg.; Huntington Natl. Bank, 917 Euclid Ave., Cleveland, OH 44115, 216 344-6748; r. 37300 Fairmount Blvd., Hunting Vly., OH 44022, 216 247-4736.

BROOKHART, Jack D.; '49 BSBA; Br Mgr.; r. 2102 Colonial Oak Way, Stone Mtn., GA 30087.

BROOKOVER, Thomas W., II; '87 BSBA; 2717 Marton Ave., St. Joseph, MI 49085, 616 983-3244.

BROOKS, Alphonse J., III; '58 BSBA; Dir./Personnel Reltns; Florida Atlantic Univ., 500 N. W. 20th St., Boca Raton, FL 33431, 407 393-3057; r. 4938 Sugar Pine Dr., Boca Raton, FL 33487, 407 994-8943.

BROOKS, Bennie Homer; '70 BSBA; Bus. Mgr.; Dow Chemical USA, Indust Foams Bus/Fab Prod Dept, 2020 Bldg., Midland, MI 48674, 517 636-3304; r. 3386 Greystone Pl., Midland, MI 48640, 517 631-7996.

BROOKS, Bryan Lee; '72 BSBA; Pres.; Computer Labs, N. Miami Bch., FL 33160; r. 18151 NE 31st Ct., #114, N. Miami Bch., FL 33160, 305 937-4144.

BROOKS, Charles Allen; '81 BSBA; VP; Rengo Bros., Inc., 9200 Aura St., Kaleva, MI 49645, 616 362-3133; r. 14226 Hagelberg Rd., Kaleva, MI 49645, 616 362-3170.

BROOKS, Charles L.; '46 BSBA; Retired Auto Dealer; r. 1872 Cunning Dr., Mansfield, OH 44907, 419 756-9271.

BROOKS, Craig William; '83 BSBA; Gen. Mgr.; Acad. of Leasing, 525 Metro Pl., N., Dublin, OH 43017, 614 766-6221; r. 4895 Derry Ct., Columbus, OH 43026, 614 771-9568.

BROOKS, Danette Marie; '85 BSBA; Asst. Buyer; O'Neils, 226 S. Main St., Akron, OH 44308, 216 375-5000; r. 1621-C Treetop Tr., Akron, OH 44313, 216 928-8178.

BROOKS, David Alan; '61 BSBA, '62 MBA; Western Div. Exec.; Citicorp-Western Div., U S. Consumer Banking Group, 1 Sansome St., 22nd Fl., San Francisco, CA 94104, 415 627-6095; r. 870 Chiltern Rd., Hillsborough, CA 94010, 415 342-8890.

BROOKS, Donald Richard; '47 BSBA; Retired; r. 4395 Valley Forge Dr., Fairview Park, OH 44126, 216 333-5827.

BROOKS, Eric Bradley; '82 BSBA; Advanced Mktg. Rep.; Marathon Petroleum Co., 21850 Melrose Ave., Ste. 11, Southfield, MI 48037, 313 351-7700; r. 43305 Citation, Novi, MI 48050, 313 347-2389.

BROOKS, Gregory Richard; '81 BSBA; Tax Agt. IV; Ohio Dept. of Taxation, 1880 E. Dublin-Granville Rd., Columbus, OH 43229, 614 895-6260; r. 933 Ridenour Rd., Gahanna, OH 43230, 614 475-5010.

BROOKS, J. Timothy; '80 BSBA; Support Analyst II; Huntington Natl. Bank, Commercial Loan Operation Dept, 41 S. High St., Columbus, OH 43216, 614 463-4509; r. 1757 Nestling Dr., Columbus, OH 43229, 614 885-8240.

BROOKS, Jacqueline Nusbaum; '75 MPA; Homemaker; r. 25330 Letchworth Rd., Cleveland, OH 44122.

BROOKS, Dr. James Edward Eugene; '62 BSBA; 412 Parkview Dr., Columbus, OH 43202, 614 268-1847.

BROOKS, Mrs. Janine M., (Janine M. Yanik); '84 BSBA; Apparel Mgr.; K-Mart, 130 By Pass Rd., Bowling Green, KY 42103, 502 781-8508; r. 1712 McGregor Ct. #C, Bowling Green, KY 42101, 502 781-0646.

BROOKS, John W.; '87 BSBA; Ofc. Mgr.; Huntington Natl. Bank, 17 S. High St., Columbus, OH 43215; r. 2700 Cheshire Rd., Delaware, OH 43015, 614 548-4909.

BROOKS, Joseph Edward; '81 BSBA; 134 Winthrop Ave., Elmsford, NY 10523, 914 592-9462.

BROOKS, Julius; '42 BSBA; Retired; r. 19928 Chase St., #23, Canoga Park, CA 91306, 818 700-2606.

BROOKS, Kathleen Marie; '85 BSBA; Adminstrative Asst.; Equitable Savings, 6800 N. High St., Worthington, OH 43085, 614 848-4664; r. 4954B Archdale Ln., Columbus, OH 43214, 614 451-2573.

BROOKS, Keith Howard; '70 BSBA; Atty.; Agee, Clymer & Morgan, 50 W. Broad St., Columbus, OH 43215; r. 8237 Riverside Dr., Powell, OH 43065, 614 889-4787.

BROOKS, Lawrence J.; '76 BSBA; Tax Comm. Agt.-Grp. Supv.; Ohio Dept. of Taxation, 30 E. Broad St., Columbus, OH 43215, 614 895-6290; r. 5782 Burns Rd., N. Olmsted, OH 44070, 216 777-3946.

BROOKS, Louise Bristow; '45 BSBA; Retired; r. 1872 Cunning Dr., Mansfield, OH 44907, 419 756-9271.

BROOKS, Lucinda Hegel; '83 BSBA; Administrative Aide; Battelle Mem. Inst., 505 King Ave., Columbus, OH 43201; r. 4895 Derry Ct., Hilliard, OH 43026, 614 771-9568.

BROOKS, Nancy Ann; '56 BSBA; 273 Upper Via Casitas, Greenbrae, CA 94904, 415 461-6578.

BROOKS, Mrs. Nina G., (Nina G. Caris); '46 BSBA; 2206 Clarkson Dr., Colorado Spgs., CO 80909, 719 633-9234.

BROOKS, Paul Richard; '49 BSBA; Sales Repr; Armco Steel Corp., Keith Bldg., 1621 Euclid Ave., Cleveland, OH 44115; r. 24627 Wolf Rd, Bay Village, OH 44140.

BROOKS, Phillip Ronald; '51 BSBA; Atty.-Partner; Brooks Sipos Rapoport, 250 Bird Rd. Ste. 302, Coral Gables, FL 33146; r. One SE Third Ave., Miami, FL 33131, 305 661-7556.

BROOKS, LTC Randall Ernest, USAF; '72 BSBA; Squadron Cdr.; Squadron Ofcr. Sch., Maxwell AFB, AL 36112, 205 293-5680; r. 386 Alpha Springs Rd., Rte. 1, Box 386, Deatsville, AL 36022, 205 361-0580.

BROOKS, Raymond Robert; '66 BSBA; VP; Quikrete South, Inc., 10909 NW 138th St., Hialeah, FL 33014, 305 822-9255; r. 5031 SW 168th Ave., Ft. Lauderdale, FL 33331, 305 434-8368.

BROOKS, Richard Paul; '67 BSBA; Sr. Tax Analyst; Sun Refining & Mktg. Co., Delaware Ave. & Green, Wilmington, DE 19810; r. 2515 Northgate Rd Northminster, Wilmington, DE 19810, 302 475-2778.

BROOKS, Robert Allen; '49 BSBA; Pres.; Dayton Warehouses Inc., 101 Bainbridge St., Dayton, OH 45402, 513 433-2423; r. Same, 513 254-7342.

BROOKS, Robert B.; '47 BSBA; Clerk; K-Mart, Oak Park Blvd. & Univ. Dr., Sunrise, FL 33324; r. 6800 NW 6 St., Plantation, FL 33317, 305 584-0647.

BROOKS, Robert Earl; '48 BSBA; Part Owner & Sales; Safety Tire Co., 100 Vindicator Sq., Youngstown, OH 44503; r. 432 S. Briarcliff, Canfield, OH 44406, 216 533-4697.

BROOKS, Stacey Neal; '88 BSBA; 646 Ferry St., Beverly, OH 45715, 614 984-2905.

BROOKS, Todd Aaron; '77 BSBA; Cost Acct.; Owens-Corning Fiberglass Corp., Case Ave., Newark, OH 43055; r. 179 Rugg Ave., Newark, OH 43055, 614 366-6642.

BROOKS, Wayne, Jr.; '46; 3328 Southfield Dr. E., Columbus, OH 43207, 614 491-6290.

BROOKS, William Alan; '85 BSBA; Ins. Examiner; Ohio Dept. of Ins., 2100 Stella Ct., Columbus, OH 43215; r. 1146 King Ave., Columbus, OH 43212, 614 486-8469.

BROOKS, William E.; '51 BSBA; Retired Controller; Owens Corning Fiberglas Co., Mechanical Operating Division, Toledo, OH 43659; r. 548 E. Indiana Ave., Perrysburg, OH 43551, 419 874-7331.

BROOKS, William James; '88 BSBA; 13494 Chillicothe, Chesterland, OH 44026, 216 729-4893.

BROOMALL, Lisa Marie, (Lisa Marie Cannon); '83 BSBA; Reimbursement Mgr.; Healthcare & Retirement Corp., 221 Gale Ln., Kennett Sq., PA 19348, 215 444-9300; r. 1106 Highspire Dr., West Chester, PA 19382, 215 430-0230.

BROOMALL, CAPT Vernon Harlan, Jr.; '69 MBA; Martin Marietta Corp., 6801 Rockledge Dr., Bethesda, MD 20817; r. 356 Shefield Rd., Severna Park, MD 21146, 301 544-2965.

BROOME, J. Scott; '86 BSBA; Student; Case Western Reserve, Law Sch., Cleveland, OH 44106; r. Battles Rd., Gates Mills, OH 44040, 216 423-0426.

BROPHY, Dr. David J.; '65 PhD (BUS); Assoc. Prof.; Univ. of Michigan, Sch. of Bus. Admin., Ann Arbor, MI 48109, 313 764-7587; r. 1025 Martin Pl., Ann Arbor, MI 48104, 313 761-5888.

BROPHY, John Francis; '52 BSBA, '53 MBA; Retired CPA; r. POB 1630, Fulton, TX 78358, 512 729-5248.

BROPHY, Mrs. Mary Jane Ruth, (Mary Jane Ruth Belt); '35 BSBA; Retired; r. 303 S. Ardmore Rd., Columbus, OH 43209, 614 231-9146.

BROSCH, Mark Laurent; '71 BSBA; Product Mgr.; Shell Chemical Co., One Shell Plz., Houston, TX 77001, 713 241-5845; r. 6810 Pebble Beach, Houston, TX 77069, 713 537-1783.

BROSCOE, Andrew; '23 BSBA; Retired; r. 1806 Allston Way, Berkeley, CA 94703, 415 848-4460.

BROSE, Gregory William; '68 BSBA; Deputy Dist. Atty.; Ventura Cnty. Dist. Attorney's Ofc., 800 S. Victoria Ave., Ventura, CA 93009, 805 654-3100; r. 6237 Hunter St., Ventura, CA 93003, 805 644-7128.

BROSMER, Thomas N.; '43 BSBA; Retired; r. 390 Ridgedale Dr. N., Worthington, OH 43085, 614 436-4573.

BROTHERS, Jaci Lane; '88 BSBA; Ofc. Mgr.; Damons, 1486 Granville Rd., Newark, OH 43055, 614 349-7427; r. 1021 Shaw Dr., Newark, OH 43055, 614 344-6521.

BROTHERTON, Earl E.; '49 BSBA; Retired; r. 6010 E. Berneil Ln., Paradise Vly., AZ 85253, 602 483-9089.

BROTHERTON, Terrance Ray; '73 BSBA; Dist. Mgr.; Browning Ferris Industries, Glenwood Ave., Youngstown, OH 44502, 216 747-4433; r. 487 Greenmont Dr., Canfield, OH 44406, 216 533-3492.

BROTKIN, Linda M.; '70 BSBA; Corporate Counsel; Fisher Controls Intl. Inc., 8000 Maryland, POB 14755, St. Louis, MO 63178, 314 694-9950; r. 4466 W. Pine Blvd., St. Louis, MO 63108, 314 533-2121.

BROTZMAN, Phillip Woodworth; '61 BSBA; Sales Rep.; Kimberly Clark Corp., Brown Bridge Div, 518 E. Water St., Troy, OH 45373, 513 339-0561; r. 5834 Robb St., Arvada, CO 80004, 816 468-6328.

BROUGH, Dennis Edward; '86 BSBA; Programmer/Analyst; Nationwise Auto Parts, 3750 Courtright Ct., Columbus, OH 43227, 614 239-1111; r. 5167 Cedar Dr., Apt. #D, Columbus, OH 43232, 614 861-3964.

BROUGH, Douglas John; '83 BSBA; Auditor; Shell Oil Co., 1 Shell Plz., POB 2463, Houston, TX 77001, 713 241-2829; r. 11809 Gatlinburg Dr., Houston, TX 77031, 713 981-6498.

BROUGHER, Charles William; '83 MBA; VP/Mfg.; Eagle Tool & Machine Co; Inc., 663 Montgomery Ave., Springfield, OH 45501, 513 325-1586; r. 26 N. Kensington Pl., Springfield, OH 45504, 513 399-1467.

BROUGHER, Deanna Addis, (Deanna Addis); '83 MBA; Mgr.; Dr. James E. Addis, 131 E. Ward St., Springfield, OH 45504, 513 322-1422; r. 26 N. Kensington Pl., Springfield, OH 45504, 513 399-1467.

BROUGHMAN, Daniel G.; '52 BSBA; Pres.; Medibill Inc., 4400 N. High St., Columbus, OH 43214; r. 1094 Strathaven Ct., Worthington, OH 43085, 614 846-2223.

BROUGHTON, Carl L.; '32; Chmn. & CEO; Broughton Foods Co., 210 N. 7th St. Box 656, Marietta, OH 45750, 614 373-4121; r. Muskingum Dr., Marietta, OH 45750, 614 373-4048.

BROUGHTON, Ronald; '84 BSBA; Airman/Usaf; r. 247 S. Ardmore, Dayton, OH 45417, 513 268-0986.

BROUGHTON, Steven C.; '63 BSBA, '64 MBA; 1st VP; Natl. Bank of Detroit, 611 Woodward Ave., Detroit, MI 48226, 313 453-9002; r. 208 N. Glengarry, Birmingham, MI 48010, 313 645-1485.

BROVITZ, Norwin D.; '47 BSBA; Retired; r. 38 Arrowwood Ln., Monmouth Jct., NJ 08852, 201 274-2510.

BROVITZ, Stacy Alan; '81 BSBA; VP; Chemical Bank, 277 Park Ave., New York, NY 10172, 212 310-5182; r. 254 Park Ave. S., Apt. Ph-N., New York, NY 10010, 212 777-7479.

BROVONT, Glen P.; '62 BSBA; Owner/Developer; Brovont Properties, 10600 Steppington, Dallas, TX 75230; r. 10029 Edgecove, Dallas, TX 75238, 214 340-7483.

BROWAND, Thomas David; '69 BSBA; Asst. Dir. of Finance; Huron Road Hosp., Terrace Rd., Cleveland, OH 44112; r. 1624 Pine Tree Dr., Pittsburgh, PA 15241.

BROWDER, Thomas Worch; '34; Retired; r. 255 E. Monroe, New Bremen, OH 45869, 419 629-2217.

BROWN, Alan James; '83 BSBA; Dir., Prog. Mgmt.; Original Incentives, Inc. FMG, 50 W. Technecenter Dr., Milford, OH 45150, 513 248-2882; r. 338 Milton St., Cincinnati, OH 45210, 513 784-1243.

BROWN, Allen Parnell; '69 BSBA; Sr. Industrial Engr.; Hobart Corp.-Div. of PMI, Rte. 62 N., Hillsboro, OH 45133, 513 393-4271; r. 8675 State Rte. 785, Hillsboro, OH 45133, 513 764-1213.

BROWN, Andrew Wardell; '86 MBA; Bus Parts Salesman; Flxible Corp., 970 Pittsburgh Dr., Delaware, OH 43015, 614 548-7716; r. 1415 Riding Mall, South Bend, IN 46614, 219 291-8020.

BROWN, Mrs. Anne, (Anne E. Bell); '83 BSBA; Acct.-Staff; Campus Crusade for Christ Intl., 17150 Via Del Campo, Ste. 200, San Diego, CA 92127, 619 487-2717; r. 1816 Hilltop Ln., Encinitas, CA 92024, 619 942-9473.

BROWN, Anthony Bernard; '80 BSBA; 16300 Invermere, Cleveland, OH 44128, 216 561-0741.

BROWN, Audrienne T., (Audrienne Dale); '55 BSBA; Secy.-Bookkeeper; L & M Excavators Inc., 6075 Cleveland Ave., Columbus, OH 43229; r. 2863 Lakewood Dr., Columbus, OH 43231, 614 882-9205.

BROWN, Barry Landis; '63 BSBA; Warsaw, KY 41095.

BROWN, Bayard R.; '49 BSBA; Owner; Brown Shoes, 2108 Tremont Ctr., Columbus, OH 43221, 614 486-4477; r. 2937 Wellesley Dr., Columbus, OH 43221, 614 488-7268.

BROWN, Beritt Mylene; '87 BSBA; c/o Anna B Sampson, 154 Green St., Englewood, NJ 07631, 201 568-2832.

BROWN, Billy Lee; '85 BSBA; Logistic Engr.; Rockwell Intl., 3307 Miraloma Ave., Anaheim, CA 92803, 614 522-7521; r. 8269 Somerset Rd. SE, Thornville, OH 43076, 614 323-2389.

BROWN, Bradley Allyn; '76 BSBA; Proj. Mgr.; Limbach Co., 851 Williams Ave., Columbus, OH 43212, 614 299-2175; r. 6673 Mc Vey Blvd., Worthington, OH 43085, 614 766-6378.

BROWN, Brian Keith; '87 BSBA; Retail Mgr.; Raleih Bicycle, 59 W. Schrock, Westerville, OH 43081, 614 891-6280; r. 8127 Worthington-Galena, Westerville, OH 43081, 614 888-7032.

BROWN, Bruce Alan; '86 BSBA; Acct. Rep.; Dial Corp., 7760 Olentangy River Rd., Ste. #118, Columbus, OH 43085; r. 1130 Park Cir., Lima, OH 45805, 419 331-6818.

BROWN, Carol Martin, (Carol Martin); '76 MPA; Deputy Dir.; Prince George's Cnty., Dept. of Aging, Hyattsville, MD 20782, 301 699-2670; r. 4216 Woodberry St., University Park, MD 20782, 301 864-6353.

BROWN, Catherine Virginia, (Catherine V. Harsh); '86 MLHR; Personnel Admin.; r. 5732 Crawford Dr., Rockville, MD 20851, 301 468-2637.

BROWN, Cathleen Ann; '83 BSBA; Staff; Scheidman Jewelers, c/o Postmaster, Pepper Pike, OH 44124; r. 345 Applebrook Dr., Chagrin Falls, OH 44022, 216 247-5202.

BROWN, Charles Arlington; '75 BSBA; Staff; Ohio Bell Telephone Co., 150 E. Gay St., Columbus, OH 43215; r. 3721 Pendlestone Dr., Columbus, OH 43230, 614 890-6862.

BROWN, Charles Edwin; '49 BSBA; Methods Analyst; Columbia Gas, 99 N. Front St., Columbus, OH 43215; r. 1468 Zollinger Rd., Columbus, OH 43221, 614 457-6808.

BROWN, Charles George, III; '88 BSBA; 554 Tansy Lane, Westerville, OH 43081.

BROWN, Christine '78 (See Miller, Christine Brown).

BROWN, Cindy Meiring; '78 BSBA; Homemaker; r. 185 S. Main St., Minster, OH 45865, 419 628-3340.

BROWN, Cynthia '78 (See Aksel, Mrs. Cynthia).

BROWN, Cynthia '83 (See Venters, Cynthia Brown).

BROWN, Daniel Paul; '73 BSBA; Staff; Pretty Prods., Camridge Rd., Coshocton, OH 43812; r. 54180 Tr. 158, W. Lafayette, OH 43845, 614 545-6489.

BROWN, David Allen; '74 BSBA; Operations Mgr.; Yellow Freight Syst., 2010 NW 15th Ave., Pompano Bch., FL 33069, 305 973-3600; r. 2060 N. W. 83 Ave., Sunrise, FL 33322, 305 741-3844.

BROWN, David Bruce; '73 BSBA; CEO; Transition Builders, 212 S. Lynn St., Bryan, OH 43506, 419 636-7712; r. RR 3, Norlick Pl., Bryan, OH 43506, 419 636-7099.

BROWN, David Michael; '86 BSBA; Asst. Controller; Redroof Inns, 4355 Davidson Rd., Hilliard, OH 43026, 614 876-3209; r. 793 Ficus Dr., Worthington, OH 43085, 614 846-1479.

BROWN, Dean Thomas; '85 BSBA; Product Mgr.; Clarklift of Columbus, 850 Harmon Ave., Columbus, OH 43223, 614 228-6200; r. 5257 Davidson Rd., Hilliard, OH 43026, 614 771-9819.

BROWN, Debra '75 (See Minger, Debra Brown).

BROWN, Ms. Deidre A.; '86 BSBA; Asst. Gen. Mgr.; Greyline Bus Svcs., 1500 Clinton St., Hoboken, NJ 07030, 201 714-9400; r. 34 02 106th St., New York, NY 11368, 718 476-0759.

BROWN, Dennis Alden; '72 MBA; VP/Owner; Peru Hollow Transport Co., 1303 Peru Hollow Rd., Norwalk, OH 44857, 419 465-4358; r. 1287 Peru Hollow Rd., Norwalk, OH 44857, 419 668-2475.

BROWN, Dennis Morgan; '70 BSBA; Plains Regional Mgr.; ICC, 8230 Montgomery Rd., Cincinnati, OH 45236, 513 745-0500; r. 6879 Windwood Dr., Cincinnati, OH 45241, 513 777-7097.

BROWN, Denny Lee; '68 BSBA; VP Comptroller; Owens Illinois, One Sea Gate, Toledo, OH 43666, 419 247-1411; r. 6159 Wyandotte, Maumee, OH 43537, 419 867-9072.

BROWN, Don Calvin, Jr.; '79 BSBA; Programmer; Columbus & Southern OH Elec Co., 215 N. Front St., Columbus, OH 43215; r. 7806 61st St Ct E, Palmetto, FL 34221.

BROWN, Don Louis, Jr., CPA; '72 MPA; VP; David M Griffith & Assoc. Ltd., 17 S. High St., Ste. 1000, Columbus, OH 43215, 614 228-0288; r. 1318 Nantucket Ave., Columbus, OH 43220, 614 459-5676.

BROWN, Donald Dean; '73 BSBA; Atty.; Donald D Brown Law Offices, 845 Wheeling Ave., Cambridge, OH 43725, 614 432-5638; r. 7087 Bloomfield Rd., Rte. #1, Cambridge, OH 43725, 614 439-3443.

BROWN, Donald Eugene; '86 MBA; Dir., Prog. Devel.; Computer Sciences Corp., 6680 Poe Ave., Ste. 120, Dayton, OH 45414, 513 890-7700; r. 2906 Stauffer Dr., Beavercreek, OH 45385, 513 426-3188.

BROWN, Donald Ray; '77 BSBA; Divisional VP-Audit; Browning-Ferris Industries, 757 Eldridge, Houston, TX 77079, 713 870-7593; r. 17711 Woodlode, Spring, TX 77379, 713 320-8141.

BROWN, Douglas Alan; '77 MPA; Chief, Mgmt. Analysis; Prince George's Cnty.-OMB, Cnty. Admin. Bldg., Gov. Oden Bowie Dr., Upper Marlboro, MD 20772, 301 952-4442; r. 4216 Woodberry St., University Park, MD 20782, 301 864-6353.

BROWN, Douglas Wayne; '58 BSBA; Atty.; State of Ohio, Unemployment Compensation, 145 S. Front St., Columbus, OH 43215; r. 6472 Cherokee Rose Dr., Westerville, OH 43081.

BROWN, Dwight; '51 BSBA; Partner/CPA; Deloitte Haskins & Sells, 155 E. Broad St., Columbus, OH 43215; r. Am Muhlenturm 16, 4000 Dusseldorf 31, West Germany.

BROWN, Dwight Mc Keyes; '28 BSBA; Turf Spec./VP; George W Hill & Co., 8010 Dixie Hwy., Florence, KY 41042, 606 371-8423; r. 595 Terrace Ave., Cincinnati, OH 45220, 513 751-8789.

BROWN, Earl Francis; '25 BSBA; Retired Tchr.; r. 260 Park Pl., Harrisonburg, VA 22801, 703 434-7938.

BROWN, MAJ Eric Brenton; '75 BSBA; Med. Plans Ofcr.; Ohio Army Natl. Guard, 112th Med. Bldg., 2815 W. Dublin Granville Rd, Columbus, OH 43235, 614 766-3825; r. 1348 Tiehack Ct., Worthington, OH 43235, 614 436-1177.

BROWN, Eric Saul; '74 MPA; Atty.; Havens & Emerson Inc., 700 Bond Court Bldg., Cleveland, OH 44114, 216 621-2407; r. 1139 Pennfield Rd., Cleveland Hts., OH 44121, 216 381-4077.

BROWN, Estella Elores, (Estella Elores Coleman); '84 BSBA; Employment Advisor; Battelle Mem. Inst., 505 King Ave., Columbus, OH 43201, 614 424-7657; r. 382 Marquis Ct., Gahanna, OH 43230, 614 475-0965.

BROWN, Frank Alphius, Jr.; '49 BSBA; Bricklayer; r. 11657 Wilson Rd., N. Palm Bch., FL 33408, 407 626-2495.

BROWN, Frank Joseph; '55 BSBA; Staff; Rockwell Intl., 4300 E. 5th Ave., Columbus, OH 43219; r. 415 Brevoort Rd, Columbus, OH 43214, 614 263-3135.

BROWN, Gary Lee; '74 BSBA; Acct.; Whittaker Corp., 10 S. Electric St., W. Alexandria, OH 45381, 513 854-1425; r. 4020 Baronsmere Ct., Dayton, OH 45415, 513 898-6017.

BROWN, George P.; '38 BSBA; Public Acct.; Acctg. Firm, 716 Neil Ave., Columbus, OH 43215, 614 464-2260; r. 4580 Langport Rd., Columbus, OH 43220, 614 451-3791.

BROWN, George Theodore; '67 BSBA; Staff; Owens Ilinois, c/o Postmaster, Tomahawk, WI 54487; r. 1617 Theiler Dr., Tomahawk, WI 54487, 715 453-3533.
BROWN, Dr. Gerald Crawford; '67 PhD (ACC); Chmn.; Otterbein Clg., Dept. of Bus. Admin./ Economics, Westerville, OH 43081, 614 890-3000; r. 970 Loch Ness Ave., Worthington, OH 43085, 614 888-5441.
BROWN, Gilbert A.; '64 BSBA; 179 Wexford Run Dr. # A, Bradfordwoods, PA 15015, 412 341-9505.
BROWN, Dr. Glendon William; '80 MBA; Dir., Production Tech.; The Mead Corp., Publishing Paper Devel., Escanaba, MI 49829, 906 786-1660; r. 630 Lake Shore Dr., Escanaba, MI 49829, 906 786-2401.
BROWN, Gregg H.; '79 BSBA; Mgr. Systs.; United Telephone Co. of Ohio, 665 Lexington Ave., POB 3555, Mansfield, OH 44907, 419 755-8246; r. 2353 Galaxie Dr., Mansfield, OH 44903, 419 589-5039.
BROWN, Gregory Alan; '87 BSBA; 2059 Rd. 218, Bellefontaine, OH 43311, 513 592-2238.
BROWN, Gregory W.; '85 BSBA; 143 Glenview, Avon Lake, OH 44012, 216 933-9988.
BROWN, Harold Lee; '68 BSBA; Med. Record Adm; El Camino Hosp., Med. Records, Mountain View, CA 94040; r. 173 Brahms Way, Sunnyvale, CA 94087.
BROWN, Harriett Jones; '84 BSLHR; Section Chief; AT&T Communications, 2 Nationwide Plz., Columbus, OH 43216; r. 1369 Berkeley Rd., Columbus, OH 43206, 614 444-6615.
BROWN, Harry Edward; '63 BSBA; Real Estate Broker; The Brown Co., 1363 Lake Shore Dr., Columbus, OH 43204, 614 488-4433; r. 716 Harwick St., Westerville, OH 43081, 614 890-6132.
BROWN, Dr. Harry Wilbur; '50 BSBA; Rte. 1 Box 1174, Columbus, NC 28722, 704 894-3436.
BROWN, Dr. Herbert Eugene; '69 PhD (BUS); Prof.; Wright State Univ., Marketing Dept., Colonel Glenn Hwy., Dayton, OH 45435, 513 873-3488; r. 438 Van Tress Dr., Fairborn, OH 45324, 513 879-1853.
BROWN, James Craig; '52 BSBA, '71 MBA; Exec. Treas.; Columbus Rotary Club, 34 N. Fourth St., Columbus, OH 43215, 614 221-3127; r. 1839 Meander Dr., Columbus, OH 43229, 614 882-9010.
BROWN, James David; '75 BSBA; Treas.; Murfin Co., Inc., 539 Industrial Mile Rd, Columbus, OH 43228; r. 833 Curleys Ct., Worthington, OH 43085.
BROWN, James Rickey, Jr.; '73 BSBA; Atty.; Mowery-Brown-Blume, 8595 Ohio River Rd., POB 517, Wheelersburg, OH 45694, 614 574-2521; r. Mowery-Brown-Blume, 8595 Ohio River Rd., Wheelersburg, OH 45694, 614 574-6783.
BROWN, Jay Wright; '66 BSBA, '68 MA; Chmn./ CEO; Continental Baking Co., Div of Ralston Purina, Checkerboard Sq., St. Louis, MO 63164, 314 982-3045; r. 7 Carrswold, Clayton, MO 63105, 314 863-6944.
BROWN, Jeffory Lyn; '84 BSBA; Supv. Trainer; Hosp. Referral Svcs., 50 W. Broad St., Ste. 1300, Columbus, OH 43215, 614 221-4047; r. 1215 Drysdale Sq. N., Columbus, OH 43229, 614 848-4946.
BROWN, Jeffrey Allen; '75 BSBA; Atty.; 490 S. High St., Columbus, OH 43215, 614 224-4114; r. 2491 Brixton Rd., Columbus, OH 43221, 614 488-2557.
BROWN, Jeffrey Charles; '72 BSBA; Pres.; Jackson Hole Aviation, POB 3829, Jackson, WY 83001, 307 733-4767; r. Same.
BROWN, Jeffrey Lynn; '73 BSBA; VP; Bancohio, 155 E. Broad St., Columbus, OH 43265; r. 8760 Stonehenge Dr., Pickerington, OH 43147.
BROWN, Jeffrey Paul; '77 BSBA; Buyer; Gold Circle Stores, Sub/Federated Dept. Stores, 6121 Huntley Rd., Worthington, OH 43085, 614 438-4119; r. 2224 Severhill Dr., Dublin, OH 43017, 614 766-4529.
BROWN, Joel Adams; '65 BSBA; Owner; Joel A Brown & Assocs., 2045 Seventh St., Cuyahoga Falls, OH 44221; r. 1431 Main St. S., Akron, OH 44301, 216 724-1800.
BROWN, John Arden; '74 MBA; Gen. Network Mgr.; United Telephone Co. of Ohio, 25 S. Mulberry, Mansfield, OH 44902, 419 755-8765; r. 72 Otterbein Dr., Lexington, OH 44904, 419 884-1363.
BROWN, John Clair; '63 BSBA; Purchasing-Mgr.; Packaging Corp. of America, Salt St., Rittman, OH 44270; r. 1989 Millersburg Rd., Wooster, OH 44691, 216 264-4119.
BROWN, John Donohue; '45 BSBA; Retired; r. 183 Meadow Ln. Cir., Rochester, MI 48063, 313 656-0315.
BROWN, John Franklin, Jr.; '70 BSBA; Dir. of Purchasing; Edwards Baking Co., One Lemon Ln. NE, Atlanta, GA 30307, 404 377-0511; r. 11635 Wildwood Springs Dr., Roswell, GA 30075, 404 587-2187.
BROWN, John Palmer; '73 BSBA; Plant Controller; Goodyear Tire & Rubber Co., N. 56th St., Lincoln, NE 68501, 402 467-8213; r. 6431 Shenandoah Dr., Lincoln, NE 68510, 402 483-6435.
BROWN, COL John Wesley, Jr.; '56 MBA; Retired; USA; r. 855 Mandy Ln., Camp Hill, PA 17011.
BROWN, Joseph Tuck, Jr.; '80 BSBA; Owner; The Grand Car Wash, 4675 28th St., SE, Grand Rapids, MI 49508, 616 949-1313; r. 7249 Oliver Woods Dr. SE, Grand Rapids, MI 49506, 616 676-1112.
BROWN, Ms. Joy M., (Joy M. Evans); '61; Pharmacy Tech.-Bookkeepng; Dublin Med. Clinic Pharmacy, 6350 Frantz Rd., Dublin, OH 43017, 614 766-1110; r. 1310 Millington Ct., Columbus, OH 43235, 614 451-8656.
BROWN, Julie Slaughterbec; '82 BSBA; CPA; r. 2057 Windsor Pl., Findlay, OH 45840, 419 422-9176.
BROWN, Kathleen '87 (See Purcell, Mrs. Kathleen D.).
BROWN, Kathleen A. '63 (See Latham, Ms. Kathleen B.).
BROWN, Kathy '83 (See Hobbs, Kathy Brown).
BROWN, Keith Francis; '77 BSBA; 1269 French Ave., Lakewood, OH 44107.
BROWN, Keith L.; '64; Real Estate Broker/Invstr; Brokers & Assocs., Inc., 1200 Chambers Rd., Columbus, OH 43212, 614 488-0644; r. Columbus, OH 43220, 614 766-6282.
BROWN, Kem Arthur; '61 BSBA; Treas.; r. 7203 Bobtrail Cir., Shreveport, LA 71129, 318 687-1634.
BROWN, Kenneth Karl; '85 BSBA; Claims Rep.; Farmers Ins. Grp., POB 256, Powell, OH 43065, 614 766-0505; r. 1797 Bairsford Dr., Columbus, OH 43232, 614 864-4355.
BROWN, Kenneth Stanley; '74 BSBA; 208 Duquesne Dr., Greer, SC 29651, 803 879-0657.
BROWN, Kimberly Sue; '83 MPA; Psych Social Worker; Moundbuilders Guidance Ctr., 65 Messimer Dr., Newark, OH 43055; r. 707 W. Union St., Athens, OH 45701, 614 592-5245.
BROWN, Larke Ummel; '80 MPA; 3139 Parkside Rd., Columbus, OH 43204, 614 272-7441.
BROWN, Larry Raymond; '57 BSBA; Partner; Day, Ketterer, Raley, Wright..., 121 Cleveland Ave. SW Ste. 800, Canton, OH 44702; r. 326 Hume St. NE, N. Canton, OH 44720, 216 499-8036.
BROWN, Larry Warren; '62 BSBA; 74 W. Norwich, Columbus, OH 43201, 614 291-6154.
BROWN, Linda, (Linda Safreed); '86 BSBA; Supv.; Farmers Ins. Grp., 2400 Farmers Dr., Columbus, OH 43085, 614 764-1720; r. 4749 Cressingham Ct., Columbus, OH 43214, 614 459-3304.
BROWN, Linda Friedman; '71 BSBA; Retail Mgr.; Globe Furniture Co., 63-79 E. Main St., Chillicothe, OH 45601, 614 773-2890; r. 331 Cooks Hill Rd., Chillicothe, OH 45601, 614 775-2565.
BROWN, Linda M.; '86 BSBA; Corp Acct. Exec.; Heritage Health Plan, 7950 NW 53rd St., Ste. 300, Miami, FL 33166, 305 591-3311; r. 1103 NE 4th Dr., Deerfield Bch., FL 33441, 305 481-9226.
BROWN, Linda Raye; '65 BSBA; Oper. Analyst; American Express Co., 777 American Express Plz., Plantation, FL 33324, 305 473-3806; r. 6553 Racquet Club Dr., Lauderhill, FL 33319, 305 739-9048.
BROWN, Mrs. Lorie A., (Lorie A. Wood); '83 BSBA; Auditor; Citizens Natl. Bank, POB 95 W. Main St., St. Clairsville, OH 43950, 614 695-3291; r. 367 W. 44th St., Shadyside, OH 43947, 614 676-6199.
BROWN, Louis Gerald; '80 BSBA; 1611 Grantwood Ave., Cincinnati, OH 45207.
BROWN, Luke William; '84 BSBA; Mgr.; Ernst & Whinney, 2400 Nationwide Plz., Columbus, OH 43215, 614 229-5021; r. 8208 Caribou Tr., Apt. 2A, Worthington, OH 43085, 614 847-1743.
BROWN, Lynda Diane; '88 BSBA; Mgr. Trainee; Kay Jewelers, Northland Mall, Columbus, OH 43219; r. 65 W. Norwich, Columbus, OH 43201.
BROWN, Lynne Ellen, (L. Ellen Currie); '84 BSBA; Programmer/Analyst; Xycor Corp., 10640 Scripps Ranch Blvd., San Diego, CA 92131, 619 530-1900; r. 11979 Calle Limonero, El Cajon, CA 92019, 619 670-4637.
BROWN, Margaret '50 (See Morrow, Margaret Brown).
BROWN, Marian Boyle, (Marian Louise Boyle); '79 BSBA; Student; Med. Clg. of Ohio; r. 2833 Meadowwood Dr., Toledo, OH 43606, 419 537-6695.
BROWN, Mrs. Marilyn, (Marilyn Seeling); '51 BSBA; Homemaker; r. 393 S. Harding Rd, Columbus, OH 43209, 614 235-7742.
BROWN, Marilyn Patricia; '77 MBA; Mktg. Rep.; IBM, 140 E. Town St., Columbus, OH 43215; r. 10310 Stable Hand Dr., Cincinnati, OH 45242.
BROWN, Mark Edward; '85 BSBA; Underwriter; Century Surety Co., 1889 Fountain Square Ct., Columbus, OH 43224, 614 268-0276; r. 1382 Donwalter Ln., Worthington, OH 43085, 614 847-0206.
BROWN, Mark Edwin; '78 BSBA; Staff Acct.; Inventory Specialists, 1875 Morse Rd., Columbus, OH 43229; r. 5188 Fall Water Ct., Columbus, OH 43220, 614 459-8557.
BROWN, Marsha Waters; '83 MPA; Asst. Deputy Dir.; Ohio Dept. of Mental Health, Sot Rm 1180, 30 E. Broad St., Columbus, OH 43215, 614 466-2596; r. 117 E Cherry Ave, Gahanna, OH 43230, 614 252-0150.
BROWN, Martha '37 (See Brown-Baker, Martha).
BROWN, Mary '76 (See Fleck, Mary Brown).
BROWN, Marynell B. '48 (See Jones, Mrs. Marynell B.).
BROWN, Melinda Kay '84 (See Strohl, Melinda Kay).
BROWN, Michael J.; '81 BSLHR; Press Secy.; US Mint, 633 3rd St. NW, Washington, DC 20220, 202 376-0560; r. 946 S. 26th St., Arlington, VA 22202, 703 684-8356.
BROWN, Michael Lee; '82 MPA; Exec. Secy.; Pickaway Co. Children's Servs, 374 E. Main St., Circleville, OH 43113, 614 474-3105; r. 401 1/2 E. Main St., Circleville, OH 43113.
BROWN, Michael Lee; '83 BSBA; Staff; Thrift Drug Co., Div of J C Penneys, Meadowbrook Shopping Ctr., Newark, OH 43055; r. 2996 Cypress Dr., Newark, OH 43055, 614 745-5976.
BROWN, Michael Timothy; '65 BSBA; Owner; Carmichael Enterprises, 10422 Weddington St., N. Hollywood, CA 91601, 818 762-1707; r. Same.
BROWN, Milton Wolford; '69 BSBA; 6466 Aintree Park Dr., Cleveland, OH 44143.
BROWN, Mitch Warren; '82 BSBA; Sales Sr. Accnt Rep.; Xerox Corp., 471 Broad St., 15th Fl., Columbus, OH 43215, 614 460-9010; r. 710 White Tail Dr., Gahanna, OH 43230, 614 855-3053.
BROWN, Mrs. Monika H., (Monika H. Hensel); '83 BSBA; Financial Analyst; HBO & Co., Atlanta, GA 30346; r. 303 Hampton Dr., Dunwoody, GA 30350, 404 394-9024.
BROWN, Nelson Ray; '60 BSBA; Materials Scheduler; Therm-O-Disc Inc., S. Main St. & Logan Rd, Mansfield, OH 44901; r. 469 Craigston Dr., RR 10, Mansfield, OH 44903, 419 756-8807.
BROWN, Norbert J.; '59 BSBA; Controller; Parkview Hosp., 1920 Parkwood, Toledo, OH 43624, 419 242-8471; r. 2327 Shoreland Dr., Apt. 124, Toledo, OH 43611, 419 729-3504.
BROWN, Pamela Jean; '86 BSBA; Financial Planner; Eqil Stiqum Assoc., 1 Exeter Plz., Boston, MA 02116; r. 22 Wenham St., Apt. 2, Jamaica Plain, MA 02130, 617 522-6320.
BROWN, Parker W.; '52; Supv.; Rockwell Intl., 4300 E. 5th Ave., Columbus, OH 43219; r. 1407 Shanley Dr., Columbus, OH 43224, 614 262-4487.
BROWN, Patricia Louise; '82 BSBA, '84 MBA; Human Res. Analyst; GECO Geophysical Inc., 1325 S. Dairy Ashford, Houston, TX 77077, 713 596-1437; r. 1515 Sandy Springs #1702, Houston, TX 77042, 713 952-4452.
BROWN, Patricia Sharp, (Patricia Sharp); '51 BSBA; Retired; r. 5 Arastradero Rd, Portola Vly., CA 94025, 415 854-2168.
BROWN, Patrick N.; '64; Sales Svcs. Spec.; State Auto Mutual Ins. Co., 518 E. Broad St., Columbus, OH 43216, 614 464-4937; r. 1876 Tamarack Ct. S., Columbus, OH 43229, 614 846-3611.
BROWN, Paul Bradley; '75 MPA; 21 Royal Forest Blvd. E., Columbus, OH 43214.
BROWN, Paul Jonathan; '81 BSLHR; Realtor-Asst. Mgr.; First Realty Grp. Inc., 4274 E. Towne Blvd., Ste. 206, Madison, WI 53704, 608 241-1567; r. 1134 Woodvale Dr., Madison, WI 53716, 608 222-6968.
BROWN, Dr. Percy Bismarck; '70 MBA, '75 PhD (BUS); Member of Tech. Staff; AT&T Bell Labs, Crawfords Corner Rd., 2E-605A, Holmdel, NJ 07733, 201 949-0935; r. 43 Central Ave., E. Brunswick, NJ 08816, 201 238-4703.
BROWN, Peter George; '78 BSBA; Pres.; Allied Beverage Dist. Co., 1380 E. 5th Ave., Columbus, OH 43219, 614 252-3135; r. 4850 Mannboro Dr., Upper Arlington, OH 43220, 614 451-5710.
BROWN, Peter Michael; '81 BSBA; 12700 Lake Rd. #1713, Lakewood, OH 44107.
BROWN, Philip E.; '86 BSBA; Mgr. of Merchandise Plng.; Caldor Stores, 20 Glover Ave., Norwalk, CT 06856, 203 849-2296; r. 142 Spring Glen, Shelton, CT 06484, 203 929-9642.
BROWN, COL Preston, USAF(Ret.); '49 BSBA, '50 MBA; 13 Chateau Dr., Menlo Park, CA 94025, 415 321-1534.
BROWN, R. Carl; '40 BSBA; Chmn. of Bd.; G.B.A. Inc., 98 Yorktown Plz., Lombard, IL 60148, 312 620-6913; r. 601 Lake Hinsdale Dr., #312, Willowbrook, IL 60514, 312 789-3783.
BROWN, R. Dale; '58 BSBA; Printer; Inskeep Bros., 1212 E. Hudson St., Columbus, OH 43211; r. 3107 Halesworth Rd., Columbus, OH 43221, 614 451-8989.
BROWN, R. Thomas; '64 BSBA; Mgr. of Acctg.; Rockwell Intl. Corp., 4300 E. 5th Ave., Columbus, OH 43216, 614 239-3168; r. 5425 Sandalwood Blvd., Columbus, OH 43229, 614 888-3115.
BROWN, MAJ Ralph Richard, USAF; '70 BSBA; POB 2389, APO, New York, NY 09283.
BROWN, Dr. Ray Lee; '53 BSBA, '72 PhD (BUS); Staff; Calif State Univ., Dept. of Accountancy, 6000 J St., Sacramento, CA 95819; r. Csu -Sacramento, 6000 J St., Sacramento, CA 95819.
BROWN, Reuben W.; '28 BSBA; Retired; r. 201 N. Tyler, Apt. 216, St. Charles, IL 60174, 312 584-3505.
BROWN, Richard; '76 MPA; Adm Liaison; Ohio Dept. of Youth Svc., 51 N. High St., Columbus, OH 43215, 614 466-8947; r. 1416 Striebel Rd., Apt. 315, Columbus, OH 43227, 614 237-7698.
BROWN, Richard Dell; '56 BSBA; Regional Underwriter; Bituminous Ins. Co., 320 18th St., Rock Island, IL 61201, 509 786-5401; r. 2700-21st Ave., Rock Island, IL 61201, 309 786-7230.
BROWN, Robert Eugene; '84 BSBA; 717 Lyonsbrook Ct., Worthington, OH 43085.
BROWN, Robert Lawrence; '75 MBA; Tchr.-Coach; East Lansing Public Schs., 509 Burcham, E. Lansing, MI 48823, 517 332-2545; r. 260 Milford, E. Lansing, MI 48823, 517 337-1252.
BROWN, Robert Leslie; '72 BSBA; Plant Supv.; De Soto Inc., 2150 W. Sand Lake Rd., Orlando, FL 32809; r. 1230 Lancelot Way, Casselberry, FL 32707, 407 695-3982.
BROWN, Robert Mc Laughlin; '63 BSBA; Box 85, Alexandria, OH 43001, 614 924-5861.
BROWN, Robert Weaver, Sr.; '41 BSBA; Retired; r. 3012 Rebel Rd., Lafayette Hill, PA 19444, 215 825-0894.
BROWN, Robin '85 (See Bisesi, Mrs. Robin).
BROWN, Mrs. Robin L., (Robin L. Smith); '83 BSBA; Homemaker; r. 901 E. Washington St., Apt. 482, Colton, CA 92324, 714 370-1263.
BROWN, Roger Dean; '52 BSBA; VP, Mfg.; The Akro Corp., Canton, OH 44701, 216 456-4543; r. POB 507, Zoar, OH 44697, 216 874-2100.
BROWN, Roger Willis; '59 BSBA; VP of Finance; Ralph Wilson Plastics Co., Premark Intl., 600 General Bruce Dr., POB 6110, Temple, TX, 817 778-2711; r. 2810 Creekside Dr., Temple, TX 76502, 817 770-0391.
BROWN, Dr. Ronald Gene; '61 PhD (ACC); 3417 Woodside Rd., Woodside, CA 94062, 415 851-1576.
BROWN, Ronald Richard; '78 MACC; CPA; Ronald R Brown CPA Inc., 487 W. Main St., W. Jefferson, OH 43162, 614 879-6243; r. 6890 King Pike, W. Jefferson, OH 43162, 614 879-7750.
BROWN, Russell Scott; '86 BSBA; 5110 N. Ridge Rd. Box 48, Perry, OH 44081.
BROWN, Mrs. Ruth E., (Ruth E. Ansley); '53 BSBA; Homemaker; r. 560 Glenmont Ave., Columbus, OH 43214, 614 263-9324.
BROWN, Shawn Tyler; '86 BSBA; Purchasing; Brown Distributing Co., 51 Swans Rd., Newark, OH 43055, 614 345-9621; r. 1416 Moloviste Ave., Newark, OH 43055, 614 366-3541.
BROWN, Sherrod Campbell; '81 MPA; Secy. of State; State of Ohio, 30 E. Broad St. 14th Fl., Columbus, OH 43215, 614 466-2655; r. 3139 Parkside Rd., Columbus, OH 43204, 614 272-7441.
BROWN, Steven Garrett; '86 BSBA; Personnel Admin. Asst.; r. 355 Swedesford Rd., Frazer, PA 19355, 614 459-3304.
BROWN, Terry Lynn; '75 BSBA; 7531 SW 147 Ct., Miami, FL 33193.
BROWN, Theodore A.; '47 BSBA; Retired VP; Dollar S&L Assoc.; r. 110 Nob Hill Dr. S., Gahanna, OH 43230, 614 475-3518.
BROWN, Thomas Allen; '67 MBA; Assoc. Dir.; USAF, Product Performance Agree Ctr., Wright Patterson AFB, OH 45433; r. 120 Kensington Pl. S., Springfield, OH 45504, 513 399-9207.
BROWN, Thomas Andrew; '81 BSBA; Gen. Mgr.; Chesrown Olds Cadillac, 1425 Mt. Vernon Rd., Newark, OH 43055, 614 366-7373; r. 70 Pinetree Dr., Granville, OH 43023, 614 587-4508.
BROWN, Thomas C.; '56 BSBA; Retail Sales Mgr.; Goodyear Auto Svc. Ctr., 407 W. Market St., Lima, OH 45801, 419 227-2142; r. 485 Neel Ave., Van Wert, OH 45891, 419 238-5605.
BROWN, Thomas Jay, Jr.; '72 BSBA; Sr. Atty.; Columbia Gas Distribution Cos., 200 Civic Center Dr., Columbus, OH 43215, 614 460-6000; r. 1104 Broadview Ave., Columbus, OH 43212, 614 488-2194.
BROWN, Thomas Joseph; '86 BSBA; Programmer Analyst; Bank One, 315 McCoy Ctr., Westerville, OH, 614 248-4831; r. 2100 Charles St., Apt. C, Columbus, OH 43209, 614 231-9258.
BROWN, Thomas Palmer; '73 BSBA; Staff; r. 3852 Mc Elroy Dr., Apt. J 2 Temple Gates Apt., Doraville, GA 30341, 404 457-0019.
BROWN, Timothy David; '79 MBA; Programmer Analyst; American Olean Tile, 1000 Cannon Ave., Lansdale, PA 19446, 215 855-1111; r. 170 Crocus Ct., Quakertown, PA 18951, 215 538-1421.
BROWN, Timothy John; '88 BSBA; 690 Riverview Dr., #132, Columbus, OH 43202, 614 268-5901.
BROWN, Timothy Lee; '73 BSBA; Mgr.-Sponsored Prog.Acctg; Indiana Voc. Tech Clg., One W. 26th St., Indianapolis, IN 46206, 317 921-4724; r. 3301 Patton Dr., Indianapolis, IN 46224, 317 297-4038.
BROWN, Victor Carl; '78 BSBA; Production Control F; Inland Div. of GM, 2727 Inland, Dayton, OH 45417; r. 5713 King Arthur Dr., Dayton, OH 45429.
BROWN, Virginia Ann; '35 BSBA; Retired; r. 299 Clinton Hts. Ave., Columbus, OH 43202, 614 267-0611.
BROWN, W. Jerome; '41 BSBA; Retired; r. 434-B Avenida Sevilla, Laguna Hls., CA 92653, 714 830-7985.
BROWN, Walter David; '53 BSBA; 702 Village Dr., Columbus, OH 43214, 614 263-4001.
BROWN, Walter Henderson, Jr.; '81 BSBA; Proj. Engr.; r. POB 40244, Raleigh, NC 27629.
BROWN, Wennona Ann; '86 MPA; Rte. 1 Box 116, Maidsville, WV 26541.
BROWN, Wesley Earl; '77 MBA; Materials Mgr.; Norton Co., POB 350, Akron, OH 44309, 216 673-5860; r. 15 Glenside Dr., Munroe Falls, OH 44262, 216 686-2939.
BROWN, Willard Hull; '50 MBA; 2400 S. Ocean Dr. #SS 4323, Ft. Pierce, FL 33449.
BROWN, William Francis; '51 BSBA; Atty.; 3140 E. Broad St., POB 09765, Columbus, OH 43209, 614 237-2595; r. 550 Fairway Blvd., Columbus, OH 43213, 614 864-6699.
BROWN, William J.; '87 BSBA; Sales Cnslt.; Standard Textile, 1 Knollcrest Dr., Cincinnati, OH 45140, 800 582-7433; r. 1302 Pebble Beach Cir., #101, Glendale Hts., IL 60139, 312 690-3516.
BROWN, William Landis; '61; Regional Sales Mgr.; Roche Biomedical Labs, 6370 Wilcox Rd., Dublin, OH 43017, 614 889-1061; r. 8714 Washington Colony Dr., Centerville, OH 45458, 513 434-6855.
BROWN, William Richard; '78 BSLHR; Personnel Mgr.; Kahn's & Co., 3241 Spring Grove Ave., Cincinnati, OH 45225; r. 7330 N. Mingo Dr., Madeira, OH 45243, 513 984-6476.

BROWN, William Thomas; '51 BSBA; Tax Mgr.; Brodart Co., 500 Arch St., Williamsport, PA 17705, 717 326-2461; r. POB 664, Williamsport, PA 17701, 717 435-2082.

BROWN, William Tom; '60 BSBA; Staff; State Automobile Mutual Ins. Co., 518 E. Broad St., Columbus, OH 43216; r. 5990 Taylor Rd., Gahanna, OH 43230, 614 866-4033.

BROWN, Wilmore; '42 BSBA; Atty.; Brown Law Ofc., 52 W. Whittier St., Columbus, OH 43206, 614 445-8416; r. 3905 Lyon Dr., Columbus, OH 43220, 614 451-2872.

BROWN, Yvonne W., (Yvonne Warren); '50 MBA; Assoc. Prof.; Univ. of Cincinnati, Dept. of Bus. Technologies, Cincinnati, OH 45221, 513 475-5797; r. 4201 Rose Hill Ave., Cincinnati, OH 45229, 513 281-2638.

BROWN, 1LT Zane Eric; '81 BSBA; Recording Engr.-Pilot; 166 TFS, Rickenbacker AFB, OH 43217; r. 309 Talmadge Ave., Lancaster, OH 43130.

BROWN-BAKER, Martha, (Martha Brown); '37; 2662 N. Ocean Blvd., Gulf Stream, FL 33483, 407 278-1686.

BROWNE, Charles F.; '49 BSBA; Stockbroker; Paine Webber Jackson & Curtis, 20 E. Broad St., Columbus, OH 43215, 614 228-3221; r. 1161 Airendel Ln., Columbus, OH 43220, 614 451-2942.

BROWNE, James Richard; '48 BSBA; Dist. Agt.; The Prudential Ins. Co. of America, 1128 Pennsylvania St. NE, Ste. 100, Albuquerque, NM 87110, 505 268-6900; r. 4621 Trinity Dr., Los Alamos, NM 87544, 505 662-2413.

BROWNE, James S.; '66 BSBA; VP; Stewart R Browne Mfg. Co., POB 88449, Atlanta, GA 30356, 404 993-9600; r. 5372 Old Woodall Ct., Atlanta, GA 30360, 404 393-2672.

BROWNE, Robyn Lee; '85 BSBA; Travel Staff; E F Macdonald Travel, 111 N. Main St., Dayton, OH 45424, 513 226-5000; r. 5875 Overbrooke Rd., Centerville, OH 45440, 513 434-3152.

BROWNFIELD, David C.; '48 BSBA; Asst. VP; The Ohio Casualty Ins. Co., 136 N. 3rd St., Hamilton, OH 45011; r. 76 W. Fairway Dr., Hamilton, OH 45013, 513 893-4484.

BROWNFIELD, Isaac H.; '51 BSBA; POB 1678, Conway, AR 72032.

BROWNFIELD, Thomas John; '74 MPA; Pilot; Texas Eastern Corp., 8502 W. Monroe, Houston, TX 77061, 713 759-3710; r. 18235 Barbuda Ln., Houston, TX 77058.

BROWNING, Alan D.; '62 BSBA; Staff; Jefferies & Co. Inc., 445 S. Figueroa St., Ste. 3300, Los Angeles, CA 90071; r. 35 Crest Rd. East, Rolling Hls. Estates, CA 90274, 213 377-8129.

BROWNING, Lori Beth; '86 BSBA; Sales Supv.; Kay-D Co. Inc., 1801 E. Edinger, Ste. 100, Santa Ana, CA 92705, 714 973-8500; r. 25012 Marin Ct., Laguna Hls., CA 92653, 714 770-8499.

BROWNLEE, Herbert V.; '34 BSBA; Atty.-Civil; Brownlee & Brownlee, 3117 W. Liberty Ave., Pittsburgh, PA 15216, 412 531-4224; r. 3072 Grassmere Ave., Pittsburgh, PA 15216, 412 561-1428.

BROWNLEY, Dorothy Robohm; '85 MBA; VP; Huntington Bancshares Inc., Corporate Relations Dept., 41 S. High St., Columbus, OH 43287, 614 463-4531; r. 2459 Wenbury Rd., Columbus, OH 43220, 614 451-5465.

BROWN-SMITH, Jocelyn Michelle; '83 MBA; Syst. Admin.; NYNEX Info. Resources Co., Automated Ofc. Systs., Lynn, MA 01901, 617 581-4643; r. 2 Soldiers Field Park #803, Boston, MA 02163.

BROWNSON, Julie Ellen '86 (See Lopez, Ms. Julie Ellen).

BROWNSON, William Hedley; '86 BSBA; Mgmt. Assoc.; Bank One Svc. Corp., 350 Cleveland Ave., John G. McCoy Ctr., Columbus, OH 43271, 614 248-7048; r. 8099 Running Fox Rd., Apt. 2D, Columbus, OH 43235, 614 846-8558.

BROWNSTEIN, Stewart I.; '73 BSBA; Area Mgr.; HI-State Beverage Co., 949 King Ave., Columbus, OH 43212; r. 6417 Hilltop Ave., Reynoldsburg, OH 43068.

BROZ, Roberta Shelley; '85 MBA; Sr. Proj. Leader; Ashland Chemical Co., POB 2219, Dublin, OH 43216, 614 889-3754; r. 8241 Bighorn Ct., Powell, OH 43065, 614 764-2098.

BROZOVICH, Thomas Nicholas; '81 BSBA; Field Engr. Rep.; Wang Labs Inc., 200 Old Wilson Bridge Rd., Worthington, OH 43085, 614 885-9599; r. 5105 Orange Blossom Ct., Gahanna, OH 43230, 614 895-7098.

BRUBAKER, Alan Pierce; '87 BSBA; 596 Frederick Ave., Akron, OH 44310.

BRUBAKER, Allen R.; '48 BSBA; Retired; r. 7432 34th St. S., Apt. 203-D, St. Petersburg, FL 33711, 813 866-3459.

BRUBAKER, Amy Shepherd; '81 MLHR; Asst. Prof.; Columbus State Comm. Clg., Business Mgmt. Dept., 550 E. Spring St., Columbus, OH 43201, 614 227-5068; r. 1465 Highland St., Columbus, OH 43201, 614 291-0394.

BRUBAKER, Barbara Lucille; '86 BSBA; 128 W. California, Columbus, OH 43202.

BRUBAKER, Claudia Hacker; '76 BSBA; VP Administration; South Bay Software Inc., 2301 W. 205th St., Ste. 102, Torrance, CA 90501, 213 328-4261; r. 5004 Cathann St., Torrance, CA 90503, 213 540-4834.

BRUBAKER, Donald E.; '56 BSBA; Broker/Owner; RE/MAX R.C.I. Grp., Realtors, 5880 Sawmill Rd., Dublin, OH 43017, 614 764-2222; r. 2081 Farleigh Rd., Columbus, OH 43221, 614 486-0880.

BRUBAKER, Eric William; '76 BSBA; Payroll Acct.; Alsco Anaconda Alum Prods., 1 Cascade Plz., Akron, OH 44308; r. 543 Treeside Dr., Stow, OH 44224.

BRUBAKER, Joseph L.; '49 BSBA; Farmer; H E Brubaker Elevator, 880 W. Jefferson, New Carlisle, OH 45344; r. 5600 Howard Rd., Petoskey, MI 49770, 616 347-5272.

BRUBAKER, Julie Stafford; '82 BSBA; 1803 Andover Rd., Columbus, OH 43212, 614 481-0317.

BRUBAKER, Marcus James; '75 BSBA; Chief Legal Couns.; Lucas Cnty. Probate Ct., Courthouse, Adams & Erie Sts., Toledo, OH 43624, 419 245-4775; r. 2162 Perth St., Toledo, OH 43607, 419 536-2270.

BRUBAKER, Matthew S.; '73 BSBA; Systs. Analyst; Collins Food Intl. Inc., 12655 W. Jefferson Blvd., Los Angeles, CA 90066, 213 827-2300; r. 5004 Cathann St., Torrance, CA 90503, 213 540-4834.

BRUBAKER, William L.; '66 BSBA; Owner & Operator; Brubaker Oil Co., 7810 E. Main, POB 231, Reynoldsburg, OH 43068, 614 866-4176; r. 7340 Woodale Dr. N., Carroll, OH 43112, 614 756-4005.

BRUBECK, Eileen '82 (See Hiltbrand, Ms. Eileen Brubeck).

BRUCCHIERI, Todd William; '87 BSBA; 219A Monroe, Findlay, OH 45840.

BRUCE, Cynthia '84 (See Matthews, Cynthia Bruce).

BRUCE, Kevin Patrick; '84 BSBA; Staff; Napa, 845 Grandview Ave., Columbus, OH 43215; r. 220 S. Brinker Ave., Columbus, OH 43204, 614 274-7156.

BRUCE, Nancy '75 (See Miller, Nancy Bruce).

BRUCE, Paula J. '84 (See Locke, Paula Bruce).

BRUCE, Robert A.; '38; 13343 Golf Crest Cir., Tampa, FL 33624, 813 962-0116.

BRUCHS, James Michael; '76 BSBA; Pres.; First Commodity Corp. of Boston, 2 Liberty Sq., Boston, MA 02109, 617 482-7221; r. 54 St. Germain St., Apt. #6, Boston, MA 02115, 617 267-8865.

BRUCK, Donald Philip; '88 MBA; 1266 Governors Square Dr., Dayton, OH 45458, 513 434-3126.

BRUCK, Patricia Lambert, (Patricia Lambert); '79 BSBA; VP; Pension Plans Inc., 7100 N. High St., Ste. 301, Worthington, OH 43085, 614 888-6000; r. 2038 Sumac Dr., Columbus, OH 43229, 614 436-8161.

BRUCKER, Jack Edward; '74 MBA; Pres.; Pacific Precision Metals Inc., 601 S. Vincent Ave., Azusa, CA 91702, 818 334-0361; r. POB 6409, Canyon Lake, CA 92380.

BRUDER, Bryan Karl; '87 BSBA; Mgmt. Intern; Fed. Reserve Bank-Miami, POB 520847, Miami, FL 33152; r. 15900 SW 95 Ave., #311 S., Miami, FL 33157.

BRUDER, Edward; '51 BSBA; 3232 Richmond Rd., Cleveland, OH 44122, 216 831-6212.

BRUDZINSKI, Robert Louis; '77 BSBA; Pro Football Player; Miami Dolphins, 16400 NW 32nd Ave., Miami, FL 33147; r. 261 N. Goldenspur Way, Orange, CA 92669.

BRUDZINSKI, Susan Marie; '82 BSBA; Proj. Mgr./Software; Transport Info. Systs., 11222 La Cienega Blvd. #567, Inglewood, CA 90304; r. 1326 S. Ross St., Santa Ana, CA 92707.

BRUE, Michael Louis; '79 MBA; Box 297 Nyack Clg., Nyack, NY 10960, 914 358-5415.

BRUENING, Daniel Edward; '84 BSBA; Internal Auditor; Cardinal Distribution, Dublin, OH 43017; r. 912 Charnwood Ln., Worthington, OH 43085, 614 431-0595.

BRUGGEMAN, Carl Victor; '53 BSBA; Atty.-Partner; Shumaker Loop & Kendrick, N. Courthouse Sq., 1000 Jackson, Toledo, OH 43624, 419 241-9000; r. 5520 Radcliffe Rd, Sylvania, OH 43560, 419 882-1535.

BRUGGEMAN, Dale Gerard; '86 BSBA; Acct.; Ernst & Whinney, 2400 Nationwide Plz., Columbus, OH 43215, 614 224-5678; r. 1799-A Kings Ct., Columbus, OH 43212, 614 487-9429.

BRUGGEMAN, John William; '71 BSBA; Production Supt.; Manville Corp., Dutch Rd., Waterville, OH 43566, 419 878-1277; r. 8305 Arquette Rd., Oregon, OH 43618, 419 836-1876.

BRUGGEMAN, Robert L.; '58 BSBA; Mgr.-Prod. Mktg.; Natl. Cash Register Corp., S. Patterson Blvd., Dayton, OH 45479, 513 445-3861; r. 231 Gerber Ct., Centerville, OH 45458, 513 433-7438.

BRUGGEMAN, Thomas J.; '61 BSBA; Controller; Zavakos Enterprises Inc., 415 E. Helena St., Dayton, OH 45404, 513 222-3440; r. 4112 Halworth Rd., Dayton, OH 45405, 513 277-8102.

BRUGGER, Marilyn Leed, (Marilyn Leed); '86 BSBA, '88 MBA; 1620 Zollinger Rd., Columbus, OH 43221, 614 223-2026.

BRUGGER, Philip Edward; '79 BSBA; Salesman/Mgr.; Mattress People, 2562 Morse Rd., Columbus, OH 43229, 614 476-2455; r. 419 Deerwood Ave., Gahanna, OH 43230, 614 475-8824.

BRUGLER, Carl R., Jr.; '49 BSBA; 18941 Jodi Ter., Homewood, IL 60430, 312 799-6919.

BRULPORT, Joy Klauminzer; '73 BSBA; 22824 Hilliard Blvd., Cleveland, OH 44116.

BRULPORT, Thomas Gregory; '73 BSBA; Inspector; US Postal Svc., 274 Marconi Blvd., Columbus, OH 43215, 614 469-4340; r. 1208 Three Forks Dr., S., Westerville, OH 43081.

BRULPORT, Timothy Douglas; '73 BSBA; 22824 Hilliard Blvd., Cleveland, OH 44116, 216 333-6573.

BRUMBACH, Henry B.; '28 BSBA; Retired; r. RR 6, Box 18, Lucasville, OH 45648, 614 259-2231.

BRUMBACH, Ralph H., Jr.; '61 BSBA; Exec.; Engineering Cnslts., Cincinnati, OH 45203; r. POB 15542, Cincinnati, OH 45215.

BRUMBACK, David La Doyt, IV; '84 BSBA; Account Mgr.; Goal Systs. Intl. Inc., 7965 N. High St., Columbus, OH 43235, 614 888-1775; r. 1820 Maroon Dr., Powell, OH 43065, 614 792-0252.

BRUMBACK, Timothy Lewis; '82 BSBA; 1436 Westwood Dr., Lorain, OH 44053, 216 282-5743.

BRUMBAUGH, Kent Arthur; '78 BSBA; Purchasing Mgr.; The Ltd. Inc., POB 16792, Columbus, OH 43216, 614 479-7813; r. 5936 Lisa St., Columbus, OH 43229, 614 891-4582.

BRUMBAUGH, Robert R.; '53 BSBA; Retired; r. 6827 Park Vista Rd, Englewood, OH 45322, 513 836-1624.

BRUMBAUGH, Walter Carl; '82 BSBA; Computer Cnslt.; Brumbaugh Assoc., 362 N. Miami St., W. Milton, OH 45383; r. 108 Philip Dr., W. Milton, OH 45383, 513 698-4751.

BRUMFIELD, Deborah Walter; '80 BSBA; 7740 Old Rte. 8, Boston Hts., OH 44236.

BRUMFIELD, Elizabeth Erste; '85 MBA; Owner; AgResources Intl., 4025 23rd St., San Francisco, CA 94114, 415 821-4866; r. Same, 415 648-1455.

BRUMFIELD, Joseph E.; '49 BSBA; Retired; r. 199 E. Wilson Bridge Rd, Worthington, OH 43085, 614 885-7473.

BRUMLEY, Floride Hyatt; '34 BSBA; 2100 S. Ocean Ln., Apt. 1712, Ft. Lauderdale, FL 33316.

BRUMM, Louis E.; '57 BSBA; Industrial Engr.; r. 410 Castle Dr. #82, Bethel Park, PA 15102, 412 833-9852.

BRUNDRETT, James Cronin; '69 BSBA; CPA; Coopers & Lybrand, 2080 Kettering Twr., Dayton, OH 45423; r. 6711 Trailview Dr., Dayton, OH 45414.

BRUNDRETT, Lawrence Bartch; '71 BSBA; Dir. of Sales; Tuscan Intl. Inc., 60 Broadway, Brooklyn, NY 11211, 718 384-0955; r. 276 De Graw, Brooklyn, NY 11231, 718 237-2562.

BRUNE, Herbert H., Jr.; '50 BSBA; Sr. Cnslt.; Mercer, Meidingr & Hansen, 1500 Meidinger Twr., Louisville, KY 40202, 502 561-4500; r. 6103 Glen Hill Rd., Louisville, KY 40222, 502 426-4241.

BRUNER, LT Michael Charles; '79 BSBA; Leiutenant/US Navy; USN, Uss Inflict Mso 456, Fpo New York, NY 09574; r. 5508 Glenville Cir., Virginia Bch., VA 23464, 804 473-9297.

BRUNETTO, Craig Joseph; '84 BSBA; Registered Rep.; The Prudential Ins. Co., 1105 Schrock Rd., Ste. 830, Columbus, OH 43229, 614 885-2466; r. 245 Mayfair Blvd., Apt. C, Columbus, OH 43213, 614 236-2718.

BRUNGS, Lee In Sook; '60 BSBA, '66 MACC; Account Analyst; AT&T Columbus, 6200 E. Broad St., Columbus, OH 43213; r. 1875 Fleming Rd., Columbus, OH 43227, 614 861-4466.

BRUNN, Mark Frederick; '82 MBA; Mgr./Opr Res.; United Telephone of Ohio, 99 Park Ave. W., Mansfield, OH 44902; r. 665 Braeburn, Mansfield, OH 44907, 419 756-3343.

BRUNNER, Charles F.; '63 BSBA; Mgr.; The Mentser Co., 211 N. 5th St., Columbus, OH 43215, 614 224-4456; r. 615 City Park Ave., Columbus, OH 43206, 614 461-1196.

BRUNNER, Mrs. Eleanor Floyd, (Eleanor Floyd); '46 BSBA; Pres.; Lafayette Farms, 3312 Corey Rd., Toledo, OH 43615, 419 841-4863; r. Same.

BRUNNER, Dr. G. Allen; '64 PhD (BUS); Mktg. Prof.; Univ. of Toledo, 2801 W. Bancroft, Toledo, OH 43606, 419 537-2231; r. 2111 Audubon Pl., Toledo, OH 43606, 419 536-8701.

BRUNNER, Dr. James A.; '46 BSBA, '47 MBA, '55 PhD (BUS); Prof. of Mktg.; Univ. of Toledo, 2801 W. Bancroft, Marketing Dept., Toledo, OH 43606, 419 537-2240; r. 3312 Corey Rd, Toledo, OH 43615, 419 841-4863.

BRUNNER, Rick Louis; '77 MPA; Atty.; Fry & Waller, 35 E. Livingston Ave., Columbus, OH 43215; r. 1318 Ashland Ave., Columbus, OH 43212, 614 899-7630.

BRUNNER, Stephen Cahall; '66 BSBA; Owner; Brunner Real Estate Co., 583 S. Third St., Columbus, OH 43215, 614 224-9000; r. Same.

BRUNNER, William A.; '48 BSBA; Retired; r. HCR 1, Box 4085, Shell Knob, MO 65747, 417 858-3428.

BRUNO, John; '80 BSBA; Atty.; Muldoon, Murphy & Faucette, 5101 Wisconsin Ave., NW, Washington, DC 20016, 202 362-0840; r. 7982 Northumberland, Springfield, VA 22153, 703 455-0211.

BRUNOW, Melinda Lee, JD; '83 BSBA; Atty.; Weltman Weinberg & Assocs., 33 Public Sq., 6th Fl., Cleveland, OH 44113, 216 363-4112; r. 1363 Bunts Rd. #303, Lakewood, OH 44107, 216 228-1621.

BRUNS, Anthony Joseph; '88 BSBA; 11244 Brookbridge, Cincinnati, OH 45249, 513 489-7303.

BRUNS, John Carl; '83 BSBA; Regional Mgr.-Sales; Daytronic Corp., 2589 Corporate Pl., Miamisburg, OH 45342, 513 866-3300; r. 4636 Parklawn Dr., Kettering, OH 45440, 513 298-4736.

BRUNS, Kathleen Monett; '85 BSBA; Financial Acct.; Cardinal Industries, 49 Pheasant View Dr. Ct., Columbus, OH 43232; r. 6464 Firethorn, Reynoldsburg, OH 43068, 614 863-4715.

BRUNS, Matthew Joseph; '85 BSBA; Bartender; Waterworks Restaurant, 225 N. Front St., Columbus, OH 43212; r. 4029 Ridgewood Dr., Hilliard, OH 43026, 614 876-6056.

BRUNS, Michael Lee; '78 BSBA, '80 MBA; VP,Controller,Cashier,Sec; First City Bank of Dallas, 1700 Pacific St., POB #661700, Dallas, TX 75266, 214 939-8540; r. 223 Lemon Ln., Arlington, TX 76018, 817 467-5182.

BRUNS, Stephen Walter; '86 BSBA, '88 MBA; Financial Analyst; Huntington Bank, 41 S. High St., Columbus, OH 43085; r. 4789 Avebury Ct., Columbus, OH 43220, 614 442-9616.

BRUNSON, William Rudolph; '35 BSBA; Retired; Eastman Kodak; r. 36 Trowbridge Tr., Pittsford, NY 14534, 716 586-3903.

BRUNST, John Eric; '83 BSBA; Sales/Owner; The Flog Shop, 4140 Mayfield Rd., S. Euclid, OH 44121, 216 381-8989; r. 1124 S. Belvoir Blvd., S. Euclid, OH 44121, 216 381-4415.

BRUNST, Theodore C., Jr.; '49 BSBA; Retired Spec. Agt.; Intelligence Div.-Int Rev Svc., US Treas Dept., Cleveland, OH 44113; r. 10124 Keswick Dr., Parma Hts., OH 44130, 216 884-2913.

BRUNST, Theodore Carl, III; '76 BSBA; Owner & Operator; Flog Shop, 4140 Mayfield Rd., S. Euclid, OH 44121; r. 33163 Seneca Dr., Solon, OH 44139.

BRUNSWICK, David Howard; '68 MBA; VP Operations & CFO; US Holdings Inc., 8351 NW 93rd St., Medley, FL 33166, 305 885-0301; r. 9321 NW 50th St., Doral Cir. N., Miami, FL 33178, 305 477-3053.

BRUNSWICK, Paul Leo; '64 BSBA, '70 MBA; VP, CFO; Compuchem Corp., 3308 Chapel Hill/Nelson Hwy., Research Triangle Pk., NC 27709, 919 248-6404; r. 210 Lochside Dr., Cary, NC 27511, 919 851-4403.

BRUNTON, Frederick V.; '66 BSBA; Owner; Super Duper, Indianola Plz., Columbus, OH 43214; r. 2030 E. Dublin Granville Rd., Columbus, OH 43229.

BRUNTY, David Estille; '74 BSBA; Staff; Sisters Chicken & Biscuits, 1059 S. High St., Columbus, OH 43206; r. 1737 Wessel Dr., Worthington, OH 43085, 614 764-3899.

BRUNTZ, Ervin James; '70 BSBA; Accnt; r. 2203 Edgevale Rd, Columbus, OH 43221, 614 459-0839.

BRUSKOTTER, Donald S.; '76 BSBA; Sales Rep.; Poineer Steel, 9520 E. 104th Ave., Henderson, CO 80640, 303 289-3201; r. 3788 S. Richfield St., Aurora, CO 80013, 303 690-3249.

BRUTON, Robert M.; '66 BSBA; VP, Info. Svcs.; Springs Industries, Inc., POB 111, Lancaster, SC 29720, 803 324-6417; r. 521 Rock Springs Rd., Lancaster, SC 29720, 803 285-5901.

BRUTTO, Mark Michael; '74 BSBA; VP/Commercial Lending; First Interstate Bank of CA, 21800 Oxnard St., Ste. 370, Woodland Hls., CA 91367, 818 992-7276; r. 192 N. Parkview Dr., Agoura, CA 91301, 818 991-6770.

BRUZDA, Steve John; '77 BSBA; Revenue Agt.; IRS-Govt., 316 N. Robert St., St. Paul, MN 55101, 612 290-3011; r. 2433 72nd Ct. E., Inver Grove Hts., MN 55075, 612 455-3522.

BRYAN, Carolyn '46 (See Pramik, Carolyn Bryan).

BRYAN, Christopher Allen; '83 BSBA; Acct.; Bruce Bigley & Co., 3340 E. Main St., Columbus, OH 43213; r. 7059 Wind River Dr., Reynoldsburg, OH 43068, 614 864-0144.

BRYAN, Cynthia Louise; '87 BSBA; Underwriter; State Farm Ins., 1440 Granville Rd., Newark, OH 43055, 614 349-5337; r. 1295 Yorkland Rd., Columbus, OH 43232, 614 759-0600.

BRYAN, George Edward; '78 BSBA; Owner; Capital Builders, 4351 Lively Ln., Dallas, TX 75220, 214 358-5221; r. Same, 214 350-7113.

BRYAN, Harold H.; '24 BSBA; Retired Investor; r. POB 2591, Columbus, OH 43216.

BRYAN, Harvey Lewis; '77 BSBA; Merchandiser; Scoa Industries, 35 N. Fourth St., Columbus, OH 43215; r. 1641 Tuscarora Dr., Grove City, OH 43123, 614 871-1570.

BRYAN, Lisa Marie; '79 BSBA; 1010 Marsh, Delphos, OH 45833, 419 695-1416.

BRYAN, Robert E.; '51 BSBA; Mgr.-Industrial Rel; Teledyne Landis Machine, 5th & Church Sts., Waynesboro, PA 17268; r. 14 W. Grandview Ave., Mercersburg, PA 17236.

BRYAN, Robert Miles; '73 BSBA; Dist. Sales Mgr.; Richard D Irwin Inc., 1818 Ridge Rd., Homewood, IL 60430, 312 798-6000; r. 1408 Granite Creek Dr., Blue Springs, MO 64015, 816 229-4168.

BRYAN, Steven Douglas; '78 MBA; Merchandise Adm; R H Macy & Co. Inc., Tabletop & Gifts Dept., 180 Peachtree St., Atlanta, GA 30303; r. 416 Forest Pointe Dr., Macon, GA 31210.

BRYAN, Thomas A.; '63 BSBA; Pres./Treas.; Bryan Funeral Home, 2318 Maple Ave., Zanesville, OH 43701, 614 452-8466; r. 475 N. Samuel Dr., Zanesville, OH 43701, 614 453-7469.

BRYAN, Thomas William; '68 MBA; Pres.; Advanced Business Concepts Inc., 432 Main St., POB 306, Coshocton, OH 43812, 614 622-4006; r. 21129 TR 303, Coshocton, OH 43812, 614 623-8799.

BRYANT, Eduardo Savoyral; '87 BSBA; Sales Rep.; Shell Oil Co., One Shell Plz., POB 2463, Houston, TX 77252; r. 1068 E. Deshler Ave., Columbus, OH 43206, 614 443-5549.

BRYANT, John Milton; '78 BSBA; Operations Mgr.; J C Penney Co., Catalog Division, 5555 Scarborough, Columbus, OH 43227; r. 5737 US 22 SE, New Holland, OH 43245.
BRYANT, Linda M., (Linda J. McReynolds); '68 BSBA; VP Mktg. Svcs.; Mark Twain Banks, Mark Twain Bancshares Inc, 8820 Ladue Rd., St. Louis, MO 63124, 314 727-1000; r. 103 W. Pine Pl., St. Louis, MO 63108, 314 367-6852.
BRYANT, Richard Allen; '80 BSBA; Pres.; Bryant Computing Svcs., 6649 N. High St., Worthington, OH 43085, 614 885-3700; r. 425 Liberty Ln., Westerville, OH 43081.
BRYANT, Scott Alan; '76 MBA; Mgr.Telemarketing Svcs.; L L Bean, Inc., Casco St., Freeport, ME 04033, 207 865-4761; r. 104 Allen Ave., Auburn, ME 04210, 207 784-2718.
BRYANT, Steven Hugh; '75 BSBA; Forklift Operator; Sears Roebuck Co., 4545 Fisher Rd., Columbus, OH 43228; r. 1876 NW Boulavard #A, Columbus, OH 43212, 614 486-2718.
BRYANT, Wayne F.; '56 BSBA; Finance Mgr.; Rockwell Intl., 3370 Miraloma Ave., Anaheim, CA 92803, 714 779-4454; r. 17622 Miller Dr., Tustin, CA 92680, 714 838-7169.
BRYANT, William E.; '61 BSBA; Proj. Mgr.; Andahl, Sunnyvale, CA 94086; r. 6495 Trinidad Dr., San Jose, CA 95120, 408 268-2284.
BRYARS, Mitchell James; '80 MBA; Financial Cnslt.; Merrill Lynch, 9545 Kenwood Rd., Cincinnati, OH 45242, 513 791-5700; r. 7663 Windy Knoll Dr., Cincinnati, OH 45241, 513 777-7545.
BRYDEN, Katherine H., (Katherine Hayes); '74 BSBA; Homemaker; r. 11036 Harding Rd., Laurel, MD 20707, 301 604-2111.
BRYDEN, Robert George; '74 BSBA; Real Estate Broker; Century 21 Bryden Realty, 3909 National Dr., Burtonsville, MD 20866, 301 384-0021; r. 11036 Harding Rd., Laurel, MD 20707, 301 604-2111.
BRYER, Robin Drew; '82 BSBA; Controller; Broad Street Corp., 37 W. Broad St., #1100, Columbus, OH 43215, 614 228-0326; r. 5399 Ulry Rd., Westerville, OH 43081, 614 890-3229.
BRYS-BOWEN, Dawn Marie; '85 BSBA; Logistics Supv.; Frito Lays, Dallas, TX 75061; r. 7856 Country Ct., Mentor, OH 44060, 216 255-0078.
BRYSON, Dan Moore; '74 BSBA; 1474 Greendale Dr., Pittsburgh, PA 15239, 412 795-9741.
BUBANICH, John Edward; '68 BSBA; Regional Sales Mgr.; Nihon Kohden, 17112 Armstrong Ave., Irvine, CA 92714; r. 742 Gatehouse Ln., Worthington, OH 43085, 614 436-1330.
BUBIS, Peggy Demers; '74 BSBA; Dept. Mgr.; Sears Roebuck Co., W. Park Plz., Billings, MT 59101; r. 626 Howard Ave., Billings, MT 59101.
BUBNIS, William Amateis; '85 BSBA; 7157 Concordridge Dr., Cincinnati, OH 45244, 513 232-3847.
BUBNOWICZ, Mrs. Gladys S., (Gladys Slocum); '50 BSBA; Owner; Treasures, 342 Great Rd., Acton Woods Plz., Acton, MA 01720, 508 263-4818; r. 370 Great Rd., Acton, MA 01720, 508 263-7621.
BUBSEY, Carol T., (Carol Toole); '80 BSBA; Sr. Underwriter; Northbrook Ins. Co., Los Angeles, CA 90024, 714 990-7004; r. 4797 Logana Plz., Yorba Linda, CA 92686, 714 693-0524.
BUCCI, Barbara A. '77 (See Bowling, Mrs. Barbara A.).
BUCCI, Richard Vito; '80 BSBA; Advt. Rep.; Gen. Graphics, 1901 Dresden Rd., Zanesville, OH 43701; r. POB 20311, Columbus, OH 43220, 614 457-6581.
BUCHAN, Bruce C.; '54 BSBA; Staff; Republic-Hogg-Robinson Ins., POB 228024, Beachwood, OH 44122, 216 464-4200; r. 37050 Eagle Rd., Willoughby Hls., OH 44094, 216 946-9047.
BUCHAN, Donna J.; '54 BSBA; Stewardess; r. 92 E. Royal Forest, Columbus, OH 43214, 614 263-6686.
BUCHANAN, Ms. Ann Williams, (Ann Williams); '76 BSBA; Branch Mgr.; UNISYS Corp., 26600 Telegraph Rd., Southfield, MI 48034, 313 351-3125; r. 4743 Pickering Rd., Birmingham, MI 48010, 313 855-4238.
BUCHANAN, Beth A. '86 (See Staudenmaier, Beth Buchanan Ann).
BUCHANAN, David Rea; '70 BSBA; Bus. Cnslt.; Xerox Computer Svcs., 2300 N. Mayfair Rd., Ste. 550, Wauwatosa, WI 53226, 414 258-5055; r. 2706 Newcastle Ct., Waukesha, WI 53188, 414 544-4591.
BUCHANAN, Floyd David; '80 BSBA; Administration Mgr.; Nationwide Ins. Co., Operational Planning, One Nationwide Plz., Columbus, OH 43215; r. 1646 Tuscarora Dr., Grove City, OH 43123, 614 875-2402.
BUCHANAN, Harold Gene, II; '86 BSBA; 630 Wilfert Dr., Cincinnati, OH 45245, 513 528-0280.
BUCHANAN, John F.; '51 BSBA; Retired; r. 4492 Nourse Ave., Lot 10, Columbus, OH 43228, 614 870-8586.
BUCHANAN, John G.; '59 BSBA; Via Boccaccio 47, Milan, Italy.
BUCHANAN, Margretta '49 (See Eagon, Margretta Buchanan).
BUCHANAN, Robert Paul; '48 BSBA, '49 MBA; Retired; r. 4289 Shelbourne Ln., Columbus, OH 43220, 614 459-9597.
BUCHANAN, Stephen Edward; '86 BSBA; 614 864-2400; r. 1101 Iron Gate Ln. #A, Columbus, OH 43213.
BUCHANAN, Thomas A.; '48 BSBA; VP; Seattle First Natl. Bank, Northern Life Bldg., 11th Fl., Seattle, WA 98104, 206 358-1654; r. 2430 71st SE, Mercer Island, WA 98040, 206 232-9384.
BUCHART, Martin Alan; '73 BSBA; Pres.; Sys/lo Software Svcs. Inc., 10200 E. Girard, #B-233, Denver, CO 80231, 303 755-8600; r. 1662 S. Walden Ct., Aurora, CO 80017.
BUCHBINDER, Harvey K.; '66 BSBA; 10320 S. W. 71st Ave., S. Miami, FL 33143.
BUCHENROTH, 2LT Steven Lee; '86 BSBA; 2nd Lt.; Ohio Air Natl. Guard, 180th Tactical Fighter Group, c/o Postmaster, Toledo, OH 43061; r. 113 Branch Dr., Mather AFB, CA 95655, 512 298-3348.
BUCHER, Brian Henry; '79 BSBA; VP; Natl. City Bank, 1900 E. 9th, Cleveland, OH 44101, 216 575-2822; r. 28605 W. Oviatt Rd., Bay Village, OH 44140, 216 871-9252.
BUCHER, Mark Edward; '86 BSBA; Staff Acct.; RJF Intl. Corp., 500 S. Main St., Akron, OH 44318, 216 374-4204; r. 1760A Treetop Tr., Akron, OH 44313, 216 928-3599.
BUCHER, Ms. Mary Elizabeth; '82 BSBA, '86 MBA; Mktg. Res. Analyst; American Electric Power, 1 Riverside Plz., Columbus, OH 43215, 614 223-2704; r. 2056 Park Run Dr. #C, Columbus, OH 43220.
BUCHER, Ricky Allen; '70 BSBA; Acct.; Scoa Industries Inc., 35 N. 4th St., Columbus, OH 43215; r. POB 884, Wells, VT 05774, 802 645-0431.
BUCHER, Theresa M., (Theresa M. Kiko); '88 BSBA; Real Estate Auctioneer; Kiko Auctioneers, 2805 Fulton Dr. NW, Canton, OH 44718, 216 453-9187; r. 3400 Waynesburg Rd. SE, Canton, OH 44707, 216 488-1789.
BUCHFIRER, Alan Howard; '56 BSBA; Atty.-Partner; Nutter Mc Clennen & Fish, 600 Atlantic Ave., Boston, MA 02110; r. 237 Worthen Rd. E., Lexington, MA 02173, 617 861-8438.
BUCHHOLZ, Craig Mahnert; '82 BSBA; Sales Engr.; Industrial Communication Co., 4169 Lyman Dr., Hilliard, OH 43026, 614 771-7955; r. 2204 Burgoyne Ct., Columbus, OH 43220, 614 457-3526.
BUCHHOLZ, James C.; '50 BSBA; Retired; r. 219 Keel Way, Osprey, FL 34229, 813 966-7814.
BUCHHOLZ, Marvin T.; '61 BSBA; Owner; Magna Technical Svcs., 7610 Slate Ridge Blvd., Reynoldsburg, OH 43068; r. 8140 Kingsley Dr., Reynoldsburg, OH 43068, 614 866-0398.
BUCHHOLZ, Stephen Paul; '69 BSBA; Secy. & Controller; The Oxford Oil Co., POB 2909, Zanesville, OH 43702, 614 452-4503; r. 156 Dogwood Dr., Thornville, OH 43076, 614 323-4171.
BUCHMAN, Daniel Victor; '70 BSBA; Agcy. Mgr.; State Farm Ins., 8375 Pendleton Pike, Indianapolis, IN 46226, 317 897-3073; r. 10973 Windjammer Dr. S., Indianapolis, IN 46256, 317 842-3909.
BUCHS, Jay Douglas; '81 BSBA; Mgr.; Danny Boy's Pizza & Ribs, 20251 Lake Rd., Rocky River, OH 44118, 216 333-9595; r. 243 Church St., Amherst, OH 44001, 216 988-8613.
BUCHSBAUM, Maurice Randolph; '64 BSBA, '65 MBA; VP; Drexel Burnhom Lambert, 1 Financial Plz., Ft. Lauderdale, FL 33433, 305 525-2000; r. 20805 Cipres Way, Boca Raton, FL 33433, 407 483-8016.
BUCHSIEB, Mark; '68; 1951 Tremont Rd., Columbus, OH 43212, 614 486-0194.
BUCK, Dorothy Snyder; '81 BSBA; 913 Lambeth Dr., Columbus, OH 43220.
BUCK, James Bernard; '79 BSBA; Underwriter; Employers Reinsurance Corp., 445 Hutchinson Ave., Ste. 795, Columbus, OH 43235, 614 846-6254; r. 6405 Waterloo Rd., NW, Canal Winchester, OH 43110, 614 837-1562.
BUCK, Joel Scott; '81 BSBA; Securities Analyst; Public Employees Retiremnt Sys, 277 E. Town St., Columbus, OH 43215; r. 913 Lambeth, Columbus, OH 43220, 614 457-9263.
BUCK, John P., Jr.; '50 BSBA, '51 MBA; Mgr.; Gans, Riddle & Assocs. Inc., Advisory Services Dept., 2612 Needmore Rd., Dayton, OH 45414, 513 274-0999; r. 968 Wenbrook Dr., Kettering, OH 45429, 513 299-9777.
BUCK, LT Michael Adam; '83 BSBA; Capt. Pilot; USAF, AFB, Columbus, MS 39701; r. 30 Virginia Rd., Montville, NJ 07045, 201 316-0877.
BUCK, Michael Francis; '69 MA; 10006 Waynecrest Ln., %Ratonel Fam, Santee, CA 92071.
BUCK, Stanley John; '80 BSBA; Warrant Ofcr./Usa; r. 3610 Plains, Killeen, TX 76542.
BUCK, Thomas Edward; '69 BSBA; Genl Mktg. Mgr.; United Telephone Co. of Ohio, POB 3555, Mansfield, OH 44907; r. 2219 Bennington Dr., Mansfield, OH 44904, 419 756-6330.
BUCK, Wayne William; '79 BSBA; Acctg./Dist. Controller; Continental Cablevision of Ohio, 211 W. Main-cross, Findlay, OH 45840, 419 423-8282; r. 601 Surrey Dr., Findlay, OH 45840, 419 422-3329.
BUCK, Winthrop Lawrence; '71 MBA; Sr. VP; Harold C Brown & Co. Inc., 120 Delaware Ave., 5th Fl., Buffalo, NY 14202, 716 854-2500; r. 122 Windsor Ave., Buffalo, NY 14209, 716 886-3419.
BUCKENMYER, Albert J.; '27 MACC; Retired; r. 3504 Orchard Trail Dr., Toledo, OH 43606, 419 536-6268.
BUCKEY, Frederick L.; '48 BSBA; Bookkeeper; Horizons Travel Agcy., 6300 Far Hills Ave., Dayton, OH 45459, 513 433-2206; r. 351 Edgebrook Dr., Dayton, OH 45459, 513 433-3327.
BUCKEY, Karolyn Mathews, (Karolyn Mathews); '48 BSBA; Homemaker/Volunteer; r. 351 Edgebrook Dr., Dayton, OH 45459, 513 433-3327.
BUCKEYE, Alen Daniel; '83 BSBA; Programmer Analyst; Physicians Health Plan of Ohio, POB 1138, Columbus, OH 43216, 614 764-4884; r. 241 Delano, Columbus, OH 43214.
BUCKEYE, Jill Biales; '80 BSBA; Account Exec.; Armstrong World Industries, 10154 Regatta Tr., Aurora Shrs., OH 44202; r. Same, 216 562-0911.
BUCKEYE, Thomas Michael; '79 BSBA; Supv.; The Kroger Co., 31000 Aurora Rd., Solon, OH 44139, 216 248-1500; r. 10154 Regatta Tr., Aurora Shrs., OH 44202, 216 562-0911.
BUCKHOLZ, Bruce David; '68 BSBA; Real Estate Appraiser; Buckholz Caldwell & Assoc. Inc., 660 Dover Center Rd., Ste. 10, Bay Village, OH 44140, 216 835-2157; r. 25001 Lakeview Dr., Bay Village, OH 44140, 216 835-9944.
BUCKHOLZ, Patricia C.; '84 BSBA; 2312 Meadow Vlg Dr., Worthington, OH 43085.
BUCKINGHAM, Gary Lee; '68 BSBA; 98 S. Vernon St., Sunbury, OH 43074, 614 965-4498.
BUCKINGHAM, Mark H.; '79 MPA; Dir.; Ohio Sch. Boards Assn., Management Services, 700 Brooksedge Blvd., Westerville, OH 43081, 614 891-6466; r. 1710 Grenoble Rd., Columbus, OH 43221, 614 488-9115.
BUCKINGHAM, R. Michael; '83 BSBA; Sales Mgr.; Lake Erie Frozen Foods, 1830 Nankin Rd., Ashland, OH 44805, 419 289-9204; r. 1032 Thomas Dr., Ashland, OH 44805, 419 281-0350.
BUCKINGHAM, Ricky Scott; '81 BSBA; Rate Analyst; Pacific Gas & Electric, 77 Beale St., San Francisco, CA 94105; r. 1530 Adelaide, Apt. 29, Concord, CA 94520.
BUCKINGHAM, Thomas S.; '50 BSBA; Atty.-Partner; Buckingham Holzapfel, Zeiher, Waldock & Schell Co., 414 Wayne St., Sandusky, OH 44870, 419 627-0414; r. 5074 Peru Center Rd., Monroeville, OH 44847, 419 465-2211.
BUCKINGHAM, William L.; '59 BSBA; Pres./Owner; Lake Erie Frozen Foods Co., 1830 Nankin Rd., Ashland, OH 44805, 419 289-9204; r. 862 E. Bank St., Ashland, OH 44805, 419 281-3212.
BUCKLEY, Bruce Alan; '71 BSBA; VP/Admin. Mgr.; Mc Cormick Equip. Co., 11591 Grooms Rd., Cincinnati, OH 45242, 513 489-0100; r. 9998 Walnutridge Ct., Cincinnati, OH 45242, 513 791-8048.
BUCKLEY, Ms. Carolyn J., (Carolyn J. Ellison); '66 BS; VP, Strategic Plng.; Scott Paper Co., 55 St. James's St., London SW1 1LA, England, 441 493-2554; r. 89 Cadogan Gardens, Apt. 5, London SW3 2RE, England.
BUCKLEY, Donald L., Jr.; '59; Exec. VP & Secy.; Ohio Dairy Prods. Assn., Inc., 1429 King Ave., Ste. 210, Columbus, OH 43212, 614 486-6000; r. 2236 Buckley Rd, Columbus, OH 43220, 614 457-5387.
BUCKLEY, Genann Esterline; '88 MBA; 2735 Woodstock Rd., Columbus, OH 43221, 614 451-7557.
BUCKLEY, John Peter; '75 BSBA; Ofcr.; Bancohio Natl. Bank, Investment Division, 155 E. Broad St., Columbus, OH 43265, 614 463-7605; r. 13238 Rustic Dr., Pickerington, OH 43147, 614 868-9097.
BUCKLEY, Joseph Patrick F.; '86 BSBA; Economist; State of Ohio, 180 E. Broad St., Columbus, OH 43266, 614 466-0399; r. 5867 Graystone Dr., Sylvania, OH 43560, 419 882-1609.
BUCKLEY, Mark Allen; '82 BSBA; Gen. Mgr.; Norma Enterprises, 3657 Belmont Ave., Youngstown, OH 44505, 216 759-3818; r. 78 Fairway Dr., Youngstown, OH 44505, 216 759-1201.
BUCKLEY, Mary Feuker; '80 MPA; Coord. of Volunteers; Mt. Carmel Hosp., 793 W. State St., Columbus, OH 43222; r. 1974 Kentwell Rd., Columbus, OH 43221, 614 457-6519.
BUCKLEY, Robert F.; '69 BSBA; Asst. Prof.; North Adams State Clg., Business Admin. Dept., Church St., N. Adams, MA 02147; r. 33 Princeton Ter., Greenfield, MA 01301, 413 773-8660.
BUCKLEY, Virginia Boehm; '46 BSBA; RR No 1 Box 57, Maurice, IA 51036.
BUCKLEY, William; '80 BSBA; Trust Ofcr.; Comerica Bank Detroit, 211 W. Fort St., Trust Dept.-1027, Detroit, MI 48275, 313 222-6350; r. 1028 Riverbank, Lincoln Park, MI 48146, 313 928-5864.
BUCKLEY, William Francis; '71 MBA; VP-Risk Mgmt.; Owens Illinois Inc., One Seagate, Toledo, OH 43666, 419 247-3099; r. 3757 Brookside Rd., Toledo, OH 43606, 419 536-3023.
BUCKLEY, William James; '65 BSBA; Sales Rep.; r. 89 Cadogan Gardens Apt. 5, London SW3 2RE, England.
BUCKMASTER, Carl Edward; '73 BSBA; Controller; Ohio Steel, Tube Division, 140 W. Main, Shelby, OH 44875, 419 347-2424; r. 2148 Bennington Dr., Mansfield, OH 44904, 419 756-7214.
BUCKNER, Finis Randy; '75 BSBA; Rte. 1 Box 110, Hillsboro, TN 37342, 615 728-6857.
BUCKNER, Jack David; '80 MBA; Account Exec.; Abbott Diagnostics, 14th & Sheridan, N. Chicago, IL 60064, 800 323-9100; r. 4814 Dorothy Ct., Waukegan, IL 60087, 312 249-2463.
BUCKNER, Michael Edward; '75 BSBA; Cnslt.; r. 435 Maple St., Cookeville, TN 38501, 615 526-2104.
BUCKNOR, Linda Remley; '82 BSLHR; 6620 Kitzmiller Rd., New Albany, OH 43054, 614 855-1693.
BUCY, Sieanna Miller, (Sieanna Miller); '86 BSBA; Rate Analyst; Columbia Gas Svc. Corp., 20 Montchanin Rd., Wilmington, DE 19806, 302 429-5771; r. 718 Brook Dr., Newark, DE 19713.
BUDD, Gary Preston; '75 BSBA; Dir. of Hosp. Svcs.; Hillenbrand Industries Inc., Hwy. 46, Batesville, IN 47006, 812 934-7132; r. 23126 Pocket Rd., Batesville, IN 47006, 812 934-4025.
BUDD, Harley A.; '48 BSBA; Retired; Dcsc, 3990 E. Broad St., Columbus, OH 43213; r. 182 Morse Rd., Columbus, OH 43214, 614 888-3341.
BUDDE, Casper Edward; '79 MBA; 6153 Hendron Ct., Groveport, OH 43125, 614 836-3204.
BUDDE, Joseph Edward, Sr.; '75 BSBA; Sr. VP/ Mortgage Lndg; Household Bank, 2500 Corp Exch Dr. #150, Columbus, OH 43231, 614 898-6726; r. 8960 Locherbie Ct., Dublin, OH 43017, 614 761-8478.
BUDDE, Louise Rathbun; '73 BSBA, '78 MBA; Homemaker; r. 1060 Broadview Ave., Columbus, OH 43212, 614 486-0142.
BUDDE, Oscar Ariel; '82 BSBA; Pathologist; Salem Pathology, 1995 E. Estate, Salem, OH 44460; r. 907 Cunningham Rd., Salem, OH 44460, 216 337-7902.
BUDDELMEYER, Delbert H.; '57 BSBA; Retired; r. 335 Clinton Heights Ave., Columbus, OH 43202, 614 268-6055.
BUDDELMEYER, Estella Kalinich, (Estella M. Kalinich); '58 BSBA; Svc. Rep.; Ohio Bell, 150 E. Gay St. 8F, Columbus, OH 43202, 614 223-6930; r. 335 Clinton Heights Ave., Columbus, OH 43202, 614 268-6055.
BUDDELMEYER, James Eugene; '74 BSBA; Product Control Mgr.; Rockwell Intl., 1000 Rockwell Dr., Fletcher, NC 28732, 704 687-2067; r. 200 Indian Cave Rd., Hendersonville, NC 28739, 704 692-2926.
BUDDELMEYER, Mark Stephen; '85 BSBA; 2949 Neil Ave., Apt. 302-A, Columbus, OH 43202, 614 262-2854.
BUDGE, Mrs. Jessica D., (Jessica M. Dolan); '85 BSBA; Assoc. Programmer; IBM Corp., Data Systs. Division, POB 950, Poughkeepsie, NY 12602, 914 433-8136; r. 3l Kaal Rock Apts., 50 Rinaldi Blvd., Poughkeepsie, NY 12601, 914 471-8210.
BUDGE, LTC William C., USAF(Ret.); '47 BSBA; Retired; r. 725 Kings Row Ave., Centerville, OH 45429, 513 434-5670.
BUDIMAN, Karlono; '88 BSBA; 5171 Winsome Way, Columbus, OH 43220.
BUDOI, Gregg Raymond; '87 BSBA; 23247 Maybelle, Cleveland, OH 44145.
BUEHLER, David Gregory; '87 BSBA; Decontamination Tech.; EPSCO Davis Besse Nuclear Power, 5501 N. State Rte. 2, Oak Harbor, OH 43449, 419 898-2711; r. 10 Timberlake Ct., Northwood, OH 43619, 419 691-2402.
BUEHLER, Dixon Allan; '81 BSBA; Principal/Acct.; Bolon Hart & Buehler Inc., 101 E. Town St., Columbus, OH 43215; r. 708 Overbrook Dr., Columbus, OH 43214, 614 268-1061.
BUEHLER, Gary Robert; '81 BSBA; Pres.; MGR Corp., 3078 Kingsdale Ctr., Columbus, OH 43221, 614 296-3527; r. 1999 Fraley Dr., Columbus, OH 43220, 614 459-2852.
BUEHLER, James Fredrick; '75 BSBA; RR 2, Newcomerstown, OH 43832, 614 545-7211.
BUEHLER, John Gerard; '86 BSBA; Claims Representativ; Ohio State Life Ins. Co., Subs/Farmers Ins Group Inc, POB 7900, Dublin, OH 43017, 614 764-7277; r. 391 Alexandria Colons E., Columbus, OH 43215, 614 469-1257.
BUEHLER, Scott Charles; '81 BSBA; Grocer; Buehler Food Mkts., POB 196, 1401 Old Mansfield Rd., Wooster, OH 44691, 216 264-4355; r. 1776 W. Highland Ave., Wooster, OH 44691, 216 262-4098.
BUEL, Marguerite; '46 BSBA; Retired; r. 1271 La Rochelle Dr., Columbus, OH 43221, 614 459-3312.
BUEL, Roger C.; '56 BSBA; Bus. Cnslt.; Bus. Evaluation Grp., 10160 Parkwood Dr., #7, Cupertino, CA 95014, 408 252-1233; r. Same.
BUELSING, Mark Benton; '88 BSBA; 969 Nordyke Rd., Cincinnati, OH 45255, 513 474-4328.
BUEMI, Charles Samuel; '80 MBA; Mgr.-Materials Planng; Adria Labs, 582 W. Goodale, Columbus, OH 43215; r. 99 Millfield, Westerville, OH 43081, 614 890-1884.
BUENGER, Robert L.; '81 MBA; Labor Relatns Staff; r. 347 King Edward W., Columbus, OH 43228, 614 276-0390.
BUERKLE, Brian Michael; '85 BSBA; 1271 Bosworth Sq. S., Columbus, OH 43229.
BUERKLE, Fred Joseph; '79 BSBA; Credit Assoc.; Ashland Oil, 5200 Blazer Pkwy., Dublin, OH 43217; r. 1303 Laurelgreene Pl., Galloway, OH 43119, 614 878-8990.
BUESCHER, Robert Joseph; '84 BSBA; Staff; Anchor Swan Corp., 8929 Columbus Pike, Worthington, OH 43085; r. 11246 Sunset Dr., Ottawa, OH 45875, 419 523-6414.
BUETTIN, Daniel Pace; '77 MBA; CPA; Environ. Treatment & Tech Corp., 16406 State Rte. 224 E., Findlay, OH 45840, 419 424-4974; r. 707 Red Fox Rd., Findlay, OH 45840, 419 425-0402.
BUETTNER, Lisa Marie '87 (See Hebert, Lisa Marie).
BUGAJEWSKI, Leonard S.; '42 BSBA; Owner; Leonards Fountain Specialities, 4225 Nancy St., Detroit, MI 48212, 313 891-4141; r. 12516 Watkins Dr., Utica, MI 48087, 313 254-5007.
BUGALA, Ronald J.; '61 BSBA; Mgr. Profit Improv.; American Greetings Corp., 10500 American Rd., Cleveland, OH 44144, 216 252-7300; r. 26678 Leenders Ln., N. Olmsted, OH 44070, 216 779-0872.

BUGEDA, Michael Dennis; '73 BSBA; POB 2156, Novato, CA 94948.
BUGEL, Thomas E.; '66 BSBA; VP/Production; East Liberty Electro-Plating, 1126 Butler Plank Rd., Glenshaw, PA 15116, 412 961-0517; r. 104 Antler Point Dr., Wexford, PA 15090, 412 935-3562.
BUGENSTEIN, Paul Richard; '83 BSBA; Asst. Trucking Mgr.; Carmac Transport, 5345 Old Dixie Hwy., Forest Park, GA 30051, 404 361-5083; r. 588 McGill Pl., Atlanta, GA 30312, 404 577-7826.
BUGG, Milton Thomas, Jr.; '88 BSBA; Assoc. Progr Analyst; Baxter Health Care Corp., 1 Baxter Pkwy., Deerfield, IL 60015; r. 537 Constitution Dr. #4, Palatine, IL 60074.
BUGGE, Dianne Streitel; '81 BSBA; 15834 SE 49th St., Bellevue, WA 98006, 206 747-2832.
BUGGS, Orzil Stanley; '77 MACC; Financial Analyst; Cummins Engine, Consolidated Diesel, Whitakers, NC 27891, 919 437-6611; r. POB 7144, Tarboro, NC 27886.
BUGNO, Raymond S.; '49 BSBA; Deputy Dir. Emeritus; The Ohio State Univ., Research Foundation, 1314 Kinnear Rd., Columbus, OH 43210; r. 1350 Norwell Dr., Columbus, OH 43220, 614 451-1426.
BUGOS, Keith Richard; '70 BSBA; Rd Mgr.; Kenny Rogers Productions, c/o Postmaster, Old Hickory, TN 37138, 615 383-9099; r. 203 Scenic Ridge Ct., Old Hickory, TN 37138, 615 758-0398.
BUHR, Ann Ruth; '79 BSBA; Researcher; Battelle Columbus Labs, 505 King Ave., Columbus, OH 43201; r. 3333 Norton Rd., Grove City, OH 43123, 614 878-8416.
BUHR, Kenneth Edward, III; '79 BSBA; 2787 Edgewood Rd., Columbus, OH 43220.
BUHRLAGE, Gary John; '72 BSBA; Staff; Riverside Methodist Hosp., 3535 Olentangy River Rd, Columbus, OH 43214; r. 208 Longfellow, Worthington, OH 43085, 614 433-0491.
BUHRLAGE, Kimberly Focht; '85 MBA; VP; St. Anthony Med. Ctr., Med. Staff Relations, 1492 E. Broad St., Columbus, OH 43205; r. 3097 Walden Ravines, Hilliard, OH 43026, 614 876-8778.
BUK, Mrs. Sherry Howard, (Sherry Howard); '84 BSBA; Cash Mgmt. Rep.; Huntington Natl. Bank, 41 S. High St., Columbus, OH 43215, 614 463-5075; r. 7650 Selwyn Ct., Columbus, OH 43235, 614 764-1559.
BUKER, Morris H.; '52 BSBA; Fire Ins. Underwriter; Buckeye Union Fire Ins. Co., 515 E. Broad St., Columbus, OH 43215; r. 566 S. James Rd, Columbus, OH 43213, 614 231-9112.
BUKEY, Daniel G.; '67 BSBA; VP Customer Svc.; Lazarus, 7th & Race Sts., Cincinnati, OH 45202, 513 369-7741; r. 1395 Clubview Blvd. N., Worthington, OH 43085, 614 431-3432.
BUKOVEC, Robert Lewis; '72 BSBA; Sales Engr.; Westinghouse Electric Corp., 525 Metro Pl., N., Ste. 375, Dublin, OH 43017, 614 766-3222; r. 1515 Buck Rub Ct., Worthington, OH 43085, 614 431-9932.
BUKOWSKI, Joseph Paul; '74 BSBA; POB 1053, Las Vegas, NV 89125.
BULEN, Robert A.; '47 BSBA; Retired; r. 580 26th Ave. Ct., E. Moline, IL 61244, 309 755-6248.
BULES, Christopher Alan; '83 BSBA; CFO; Soriero/ Hatzel Ins. Svc. Inc., 1360 Post Oak Blvd., Ste. 600, Houston, TX 77056, 713 993-9913; r. 1410 Bonnie Brae, Houston, TX 77006, 713 529-3655.
BULFORD, Jerry Tyler, DDS; '57 BSBA; Dent.; 6565 Worthington-Galena, Worthington, OH 43085, 614 885-8785; r. 822 Oxford St., Worthington, OH 43085, 614 888-0464.
BULGER, Charles R., Jr.; '67 BSBA; Sr. Sales Cnslt.; Coldwell Banker Commercial, 425 Walnut St., Ste. 2500, Cincinnati, OH 45202, 513 369-1323; r. 7658 Fox Trail Ln., Cincinnati, OH 45255, 513 231-6296.
BULKELEY, Laura '48 (See Imboden, Mrs. Laura B.).
BULL, Jack O.; '59; Pres.; Jack Bull & Assocs., Inc., POB 876, 238 E. Center St., Marion, OH 43302; r. POB 876, 4147 Marion Waldo Rd., Marion, OH 43302, 614 389-3446.
BULL, Joseph Orwin; '81 BSBA; Dir. Planned Giving; North Carolina State Univ., POB 7501, Raleigh, NC 27695, 919 737-3700; r. 1030 Brighthurst Dr., Raleigh, NC 27605, 919 839-8890.
BULL, Laura Adrienne; '85 BSBA; New Accounts Supv.; Limited Credit Svcs., 4590 E. Broad St., Columbus, OH 43213, 614 755-3326; r. 829 Pipestone Dr., Worthington, OH 43085, 614 846-9005.
BULL, Lawrence Elliot; '68 BSBA; Asst. Dir.; C S X Corp., Costs & Budgets Dept., 100 N. Charles St., Baltimore, MD 21201, 301 237-3820; r. 5 Deep Pond Ct., New Freedom, PA 17349, 717 993-3016.
BULL, Mrs. Mary K., (Mary K. Knecht); '83 BSBA; Sales Acctg. Spec.; Trane Dealer Prods. Grp., 6200 Troup Hwy., Tyler, TX 75711, 214 581-3094; r. 2209 Pinkerton, Tyler, TX 75701, 214 593-6648.
BULL, LCDR Wilbur R., USNR; '36 BSBA; Assoc Million & Sales Mem; The Keyes Co. Realtors, 102 N. 28th Ave., Hollywood, FL 33020, 305 923-9536; r. 5590 SW 28th Ter., Ft. Lauderdale, FL 33312, 305 963-2445.
BULLEN, M. Janice '58 (See Sellers, The Rev. Jan).
BULLEN, Thomas E.; '49 BSBA; Retired; r. 1899 Birkdale Dr., Columbus, OH 43232, 614 861-2787.
BULLER, Allan Ray; '52 MBA; Retired; r. 671 Andover St., Worthington, OH 43085, 614 885-6473.
BULLER, Eric Michael; '81 BSBA; 2225 Middlefield Rd., Cleveland Hts., OH 44106, 216 321-1313.
BULLER, Janice Diane; '79 MBA; Booz Allan & Hamilton, c/o Postmaster, Bethesda, MD 20814; r. 1416 Half St. SW, Washington, DC 20024, 202 484-3540.
BULLETT, Steven George; '69 BSBA; VP; Mid-America Fed. S&L, 4181 Arlingate Plz., Columbus, OH 43228, 614 278-3467; r. 2688 Swansea Rd., Columbus, OH 43221, 614 459-2915.
BULLOCK, Anthony Donald; '75 BSBA; Owner; Sanuk, 1810 Union St., San Francisco, CA 94123, 415 563-0270; r. 3618 Webster St., San Francisco, CA 94123, 415 921-5091.
BULLOCK, Blaine Alan; '83 BSBA; Cost Acct.; RCA Corp., 24200 Rte. 23, Circleville, OH 43113, 614 474-8821; r. 556 Plaza Dr., Circleville, OH 43113, 614 474-3825.
BULLOCK, Carol Stephenson, (Carol W. Stephenson); '83 BSBA; Personnel Ofcr.; US Govt., Dept. of Defense, c/o M35 Ft. George G Meade, Ft. Meade, MD 20755; r. 10526 William Tell Ln., Columbia, MD 21045, 301 997-3225.
BULLOCK, Clifford Ralph, Jr.; '73 BSBA; Owner-Pres.; r. 986 Glen Haven, Zephyrhills, FL 34249.
BULLOCK, Craig Alan; '83 BSBA; Personnel Mgr.; Chevy Chase Savings Bank, 4733 Bethesda Ave., Bethesda, MD 20815, 301 961-5489; r. 10526 William Tell Ln., Columbia, MD 21045, 301 997-3225.
BULLOCK, Howard N.; '40 BSBA; Retired; r. 3349 Mansion Way, Columbus, OH 43221, 614 457-4926.
BULLOCK, Mrs. Joni A., (Joni A. Hentze); '82 BSBA; Mktg. Coord.; Mountainview Memorial Hosp., Box Q 16 W. Main, White Sulphur Spgs., MT 59645, 406 547-3321; r. POB 333, White Sulphur Spgs., MT 59645, 406 547-2131.
BULLOCK, Robert F.; '66 BSBA; 10 Southside Ave., Somerville, NJ 08876, 201 722-1142.
BUMB, Mrs. Kim D., (Kim D. Williams); '85 BSBA; Control Buyer; Spiegel Inc., 1515 W. 22nd St., Regency Towers, Oak Brook, IL 60521, 312 986-7500; r. 1507 Westminster #209, Naperville, IL 60540, 312 717-9297.
BUMB, Ronald Anthony; '86 BSBA; 6041 Bismard Rd., Bellevue, OH 44811, 419 465-2003.
BUMBLEDARE, Joseph Larry; '86 BSBA; Tax Auditor; City of Columbus, 140 Marconi Blvd., Columbus, OH 43215, 614 222-6891; r. 5207 Heritage Ln., Hilliard, OH 43026, 614 876-7579.
BUMGARDNER, Thomas Alan; '73 BSBA; Gen. Mgr.; Borden Co., 30550 Stephenson Hwy., Madison Hts., MI 48071, 313 583-9191; r. 4668 Rutherford Rd., Powell, OH 43065, 614 881-5061.
BUMGARNER, David S.; '59 BSBA; Acct.; 5282 Cleveland Ave., Columbus, OH 43224; r. 252 Oak Hill Dr., Westerville, OH 43081, 614 898-9316.
BUMGARNER, Mrs. Leslie Guy; '79 BSBA; Mgr.-Mktg. Operations; Cityfed Mortgage, 30 Warder St., Springfield, OH 45501, 513 324-6777; r. 8458 Brigner Rd., Mechanicsburg, OH 43044, 513 834-3522.
BUMPUS, Tamara '83 (See Zehentbauer, Tamara B., CPA).
BUNCH, Nicholas Edward; '75 BSBA; 1598 Tremont Ln., Cincinnati, OH 45224, 513 522-0680.
BUNDU, Abu Bakarr; '83 MPA; Acctg. Mgr.; BOHM-NBBJ, 55 Nationwide Blvd., Columbus, OH 43215, 614 224-7145; r. 2155A Via-Da-Vinci, Columbus, OH 43229.
BUNDY, Tracie Ann; '86 BSBA; Acct.; Campbell-Rose & Co., 5 E. Long St., Columbus, OH 43215, 614 224-2730; r. 5255 Woodrun Blvd., Columbus, OH 43220, 614 451-4273.
BUNKLEY, William; '75 MPA; Retired Fed. Coord.; Ohio Dept. of Transportation, 25 S. Front St., Columbus, OH 43215; r. 4410 King-Graves Rd., Vienna, OH 44473, 216 394-1932.
BUNSTINE, Carol Puskar; '80 BSBA; Acct.; Heritage Securities, One Nationwide Plz., Columbus, OH 43215; r. 6675 Manring Ct., #B, Reynoldsburg, OH 43068, 614 863-4911.
BUNTING, Dr. David C.; '62 BSBA; Eastern Washington University, Cheney, WA 99004, 509 534-5120.
BUNTZ, Dr. Charles Gregory; '72 MPA, '73 PhD (PA); Prof.; Univ. of The Pacific, Sch. of Bus. & Public Admin., Stockton, CA 95211, 209 946-2476; r. 1976 San Luis Way, Stockton, CA 95209, 209 957-3297.
BURA, Peter H.; '74 BSBA; Dir.-Analysis/Control; Mr. Coffee Inc., 24700 Miles Rd., Bedford Hts., OH 44146, 216 464-4000; r. 1551 Allen Dr., Westlake, OH 44145, 216 835-9901.
BURAKOFF, David; '83 MBA; Parras 8 Dept. 5, Mexico 11, Mexico.
BURCAW, Richard E.; '49 BSBA; Retired Pres.; Data Control Inter.; r. POB 4725, Tampa, FL 33677, 813 237-2337.
BURCH, Jill Joanne; '78 BSBA; Ins. Agt.; r. Rte. 2, Butler, OH 44822.
BURCH, Thomas Alan; '75 BSBA; Regional Auditor; Bancohio, I Cascade Ctr., Akron, OH 44308; r. Box 125, Marengo, OH 43334.
BURCHAM, David E.; '65 BSBA; Certified RN Anesthetist; Hamilton Anesthesia Assoc. Inc., Hamilton, OH 45013; r. 1221 Susan Dr., Hamilton, OH 45013, 513 863-1378.
BURCHAM, Stephen Dale, CPA; '81 BSBA; Treas.; Fairland Local Sch. Dist., Rte. 4 Box 201, Proctorville, OH 45669, 614 886-8606; r. Rte. 4 Box 147, Proctorville, OH 45669, 614 886-5285.
BURCHFIELD, Gary Warren; '71 BSBA; Asst. Controller; J. C. Penney Casualty Ins., 800 Brooksedge Blvd., Westerville, OH 43081, 614 891-8362; r. 1911 Surrey, Blacklick, OH 43004, 614 855-9746.
BURCK, Jeanette '80 (See Wood, Jeanette L.).
BURCKEL, 1LT Bonnie R., USAF, (Bonnie J. Richmond); '86 BSBA; Software Engr.; Strategic Communication Div., Offutt AFB, Omaha, NE 68113, 402 294-2879; r. 12321 S. 32nd St., Omaha, NE 68123, 402 294-4416.
BURDEN, Bill G., Jr.; '87 BSBA; 3479 Wilson Woods Dr., Columbus, OH 43204, 614 276-5452.
BURDEN, Frederick Dean; '74 BSBA; Area Dir.; Wendys Intl. Inc., 4288 W. Dublin-Granville Rd., Dublin, OH 43017; r. 7430 Copenhagen Rd. #104, Mississauga, ON, Canada L5N2C4.
BURDEN, James Alan; '73 BSBA; Legal Admin.; Foster Swift Collins & Coey, 313 S. Washington Sq., Lansing, MI 48933, 517 372-8050; r. 4136 Shoals Dr., Okemos, MI 48864, 517 349-6494.
BURDETTE, Neal W.; '51 BSBA; Tchr./Hostage Negotiator; Ohio Dept. Rehab. & Corrections, 5900 Bis Rd., Lancaster, OH 43130, 614 653-4324; r. 736 Hubert Ave., Lancaster, OH 43130, 614 653-3381.
BURDETTE, Richard E.; '48 BSBA; Stockbroker; Glore Forgan, William R Staats Inc, 42 E. 1st Ave., Scottsdale, AZ 85251; r. 117 Mountain Shadows W., Paradise Vly., AZ 85253, 602 948-7729.
BURDICK, Bruce L.; '55 BSBA; Real Estate Broker; Wills M. Allen Co., 1131 Wall St., La Jolla, CA 92037, 619 459-4033; r. POB 1887, La Jolla, CA 92038, 619 454-3403.
BURDIN, Todd W.; '88 BSBA; Programmer; Shared Med. Systs., 51 Valley Stream Pkwy., Malvern, PA 19355, 215 251-4339; r. 2319 Kenilworth, Ardmore, PA 19003, 215 896-5066.
BURDORF, Michael Christopher; '81 BSBA; Dist. Coord.; Campbell Food Svc., 32000 Northwestern Hwy. #190, Farmington Hls., MI 48018, 313 855-9866; r. 1384 Firethorn Dr., Mason, OH 45040, 513 398-8403.
BURFORD, Cheryl Lynn; '85 BSBA; Assoc. Programmer; Marathon Oil Co.; r. POB 267 110 Cherry St., Stryker, OH 43557.
BURG, 2LT Claude Joseph; '85 BSBA; 2Lt/Usmc; r. 125 Elizabeth Ave., Pittsburgh, PA 15202, 412 761-9273.
BURGA, Mrs. Christine M., (Christine M. Bowers); '84 BSBA; Audit Coord.; Combustion Engrg., 650 Ackerman Rd., Columbus, OH 43202, 614 261-2449; r. 1596 Worthington Park Blvd., Westerville, OH 43081, 614 847-1127.
BURGA, Terence William; '83 BSBA; Sales Rep.; Signode Corp., 1596 Worthington Park Blvd., Westerville, OH 43081, 614 847-1127; r. Same.
BURGE, Barry G.; '63 BSBA; Pres.; Burge, Inc., 1242 5th St., Lorain, OH 44052, 216 967-8724; r. 5137 Portage Dr., Vermilion, OH 44089, 216 967-4851.
BURGE, Bruce Maurice; '60 BSBA; Pres.; Burge Bldg. Co., 1102 Reid Ave., Lorain, OH 44052, 216 245-6871; r. 3032 W. Erie Ave., Lorain, OH 44053, 216 244-3741.
BURGE, LTJG John Kenneth, USN; '81 BSBA; Bombardier Navigator; VA145 Squadron, Whidbey Island, Oak Harbor, WA 98278, 206 257-2312; r. 1118 Rainier Dr., Oak Harbor, WA 98277, 206 675-8513.
BURGER, Corrine M.; '85 BSBA; Sr. Acct.; Touche Ross & Co., 4041 N. Central Ave., Ste. 1600, Phoenix, AZ 85012; r. 4101 E. Yawepe St., Phoenix, AZ 85044, 602 496-9943.
BURGER, Joseph Valentine; '86 BSBA; Acct.; St. Joseph's Hosp. & Med. Ctr., 350 W. Thomas Rd., Phoenix, AZ 85013, 602 285-3190; r. 4101 E. Yawepe St., Phoenix, AZ 85044, 602 496-9943.
BURGER, William Joseph; '68 BSBA, '70 MBA; Salesman; Mallinckrodt Critical Care; r. 1408 Tuscany Way, Germantown, TN 38138, 901 754-7599.
BURGER, William Todd; '88 BSBA; Exec. Trng. Prog.; May Co., 158 Euclid Ave., Cleveland, OH 44114; r. 26151 Lake Shore Dr., POB 502, Euclid, OH 44132.
BURGES, Raleigh Cathryn; '87 BSBA; Cnslt.; Arthur Andersen & Co., Managment Info Systs. Dept., 41 S. High St. #2000, Columbus, OH 43215, 614 228-5651; r. 1635 Grandview Ave. #B, Columbus, OH 43212, 614 486-3778.
BURGES, Ralph C., Jr.; '59 BSBA; Pres.; The Burges Corp., 1291 Worthington Creek Dr., Worthington, OH 43085, 614 885-6475; r. 1635 Grandview Ave., Columbus, OH 43212, 614 486-3778.
BURGESS, David Charles; '72 MBA; Dist. Operations Mgr.; Ohio Bell Telephone Co., 150 E. Gay St., Columbus, OH 43215, 614 223-7851; r. 4823 Wynwood Ct., Columbus, OH 43220, 614 457-3260.
BURGESS, James Henry; '50 BSBA; Broker/Owner; Burgess Realty, 5588 N. Palm, Fresno, CA 93704, 209 435-4040; r. Same.
BURGESS, Robert S.; '54 BSBA; Retired; r. 179 E. Highland Dr., Mc Murray, PA 15317, 412 941-9736.
BURGET, Bradley Eugene; '88 BSBA; 154 E. Woodruff Apt. L, Columbus, OH 43201.
BURGET, David Gail; '80 BSBA; Systs. Analyst; Marathon Oil Co., 539 S. Main St., Findlay, OH 45840, 419 422-2121; r. 200 E. Edgar Ave., Findlay, OH 45840, 419 422-2048.
BURGET, Eugene F.; '55 BSBA; 8900 Chevington Ct., Pickerington, OH 43147, 614 866-4968.
BURGETT, Bruce Alan; '70 BSBA; Gen. Mgr.; Landmark Inc. Tuscarawas, 1062 W. High Ave., POB 606, New Philadelphia, OH 44663, 216 339-1062; r. Rte. 4, Box 4344, New Philadelphia, OH 44663, 216 339-7548.
BURGGRAF, Donald R.; '49 BSBA; Retired; r. 1019 Plantation Dr., Marion, OH 43302, 614 726-2170.
BURGHARD, Jacques M.; '47 BSBA; Retired; r. 20852 E. Chigwidden, Northville, MI 48167, 313 349-8313.
BURGHER, Russell L.; '48 BSBA; Retired; r. 28 Greenway Dr., Jackson, TN 38305, 901 668-5020.
BURGIN, A. Lad, PhD; '68 BSBA, '70 MBA, '74 PhD (BUS); Managing Partner; The Human Res. Mgmt. Grp., 1027 Swarthmore Ave., #342, Pacific Palisades, CA 90272, 213 454-1917; r. 657 El Medio Ave., Pacific Palisades, CA 90272, 213 459-9036.
BURHANS, Willis E.; '48 BSBA; Retired Acct.; Mitech Corp., 1780 Enterprise Pkwy., Twinsburg, OH 44087; r. 7425 Lauren J Dr., Mentor, OH 44060, 216 255-9409.
BURIAN, Judith N., (Judith Chadima); '81 MPA; Sr. Partner; Rockridge Technologies, 6870 Revenge Rd. SW, Lancaster, OH 43130, 614 653-7109; r. Same.
BURK, Carl J.; '32 BSBA; Retired; r. 1519 Surrey Rd, Troy, OH 45373, 513 339-1056.
BURK, James Edward; '81 BSBA; Mgr.; Peat Marwick, 1601 Elm St., Ste. 1400, Thanksgiving Twr., Dallas, TX 75201, 214 754-2000; r. 6041 Village Bend #1902, Dallas, TX 75206, 214 369-6382.
BURK, Joan Elizabeth; '81 BSBA; Plant Acct.; Mac Tools Inc., 9301 Hamer Rd., Georgetown, OH 45121, 513 378-4131; r. 368 St. Andrews Dr., Apt. E, Cincinnati, OH 45245, 513 753-5675.
BURK, Melvyn I.; '64 BSBA; VP/Controller; Predicasts, 11001 Cedar Ave., Cleveland, OH 44106, 216 795-3000; r. 21001 Halburton Rd., Cleveland, OH 44122, 216 561-1182.
BURK, Richard Riley; '73 MPA; Dir. of Rehab Loans; US Goverment Dept. of Housing, Dept. of Hud, 4511 7th St. SW, Washington, DC 20410, 202 755-0367; r. 401 N. West St., Falls Church, VA 22046, 703 241-8184.
BURK, Susan Marie; '80 BSBA; Data Processor; Css Assocs., Cnty. Courthouse, Marion, OH 44330; r. 631 Cherry Glen Rd., Columbus, OH 43228, 614 878-5054.
BURKE, Ada May, (Ada I. May); '43 BSBA; Retired; r. 24100 State Rte. 104, Circleville, OH 43113, 614 474-3297.
BURKE, Anne Rogers; '66 BSBA; 2919 Ashford Trail Dr., Houston, TX 77082, 713 493-4262.
BURKE, Betty Kerr; '43 BSBA; Retired; r. 501 Wayne Dr., Newark, OH 43055.
BURKE, Bobby Joe; '81 BSBA; 400 Mt Pleasant, Pittsburgh, PA 15214.
BURKE, 2LT Daniel Thomas; '82 BSBA; 2nd Lt. Usaf; USAF, Officers Quarters, Randolph AFB, TX 78150; r. 8643 Eighth St., Converse, TX 78109, 512 659-0708.
BURKE, George Bernard; '66; VP-Mass Mktg.; Globe Life, Globe Life Ctr., Oklahoma City, OK 73184, 405 752-5536; r. 1201 E. Dr., Edmond, OK 73034, 405 348-6206.
BURKE, Jerry Lee; '65 BSBA; Staff; Ogilvy & Mathers, One Allan Ctr., Houston, TX 77001; r. 2919 Ashford Trail Dr., Houston, TX 77082, 713 493-4262.
BURKE, John Michael; '69 BSBA; Mgr.; Chrysler Motors, Fleet Programming & Systs., 901 Wilshire Dr., Troy, MI 48084, 313 244-3350; r. 36680 Bobrich Ave., Livonia, MI 48152, 313 591-3602.
BURKE, Kevin James; '83 BSBA; Warehouse Mgr.; Dixie Intl., 3636 Indianola Ave., Columbus, OH 43219, 614 262-0102; r. 910 Carolyn Ave., Columbus, OH 43224, 614 262-2037.
BURKE, Michael J.; '50 MBA; Prof.; r. 15 Indian Mound Dr., Whitesboro, NY 13492.
BURKE, Michael Jay; '69 BSBA; 4719 Southbridge Rd., Toledo, OH 43623, 419 882-7016.
BURKE, Michael Roy; '74 BSBA; Gen. Supv.; GM Corp., Rte. 281, Defiance, OH 43512, 419 784-7614; r. 1139 Valley Forge, Defiance, OH 43512, 419 782-4809.
BURKE, Richard William; '80 BSBA; Atty.; Stark & Knoll Co; LPA, 1512 Ohio Edison Bldg., 16 S. Main St., Akron, OH 44308, 216 376-3300; r. 515 Parkside Dr., Akron, OH 44313, 216 864-0430.
BURKE, Robert L.; '51 BSBA; Engr.; r. 1276 Dos Hermanos Glen, Escondido, CA 92027, 714 581-5044.
BURKE, Ronald Eugene; '80 BSBA; Regional Sales Mgr.; Novi American, 40200 Grand River Ave., Novi, MI 48050, 313 476-8100; r. 5251 Bandon Ct., Dublin, OH 43017, 614 764-1239.
BURKE, Ms. Suzanne Aleine; '84 BSBA; Devel. Asst.; The City of Columbus, 140 Marconi Blvd., Regulations Div., Columbus, OH 43215, 614 222-4522; r. 7989 Rhapsody Dr., Dublin, OH 43017, 614 761-3877.
BURKE, T. Bernard; '33 BSBA; Retired; r. 362 Richards Rd., Columbus, OH 43214, 614 263-9533.
BURKE, Thomas Michael; '74 BSBA; Sales Rep.; Keebler Co., 4333 Directors, Groveport, OH 43125; r. 5117 Ormantown, Columbus, OH 43230, 614 891-7519.
BURKE, William Robert; '60 BSBA; 862 Sugar Hill Dr., Manchester, MO 63011, 314 391-0560.
BURKE, William Scott; '88 BSBA; 5919 Flannigan Ct., Galloway, OH 43119.

ALPHABETICAL LISTINGS BUSH 37

BURKES, Audrey Turner, (Audrey Turner); '59 BSBA, '62 MBA; Owner Bus. Svcs. Firm; AMBUR, 5912 Schumann Dr., Madison, WI 53711, 608 273-2024; r. Same.
BURKETT, Harry D.; '35 BSBA; Retired; r. 22701 Ctr. Ridge Rd., Rocky River, OH 44116, 216 331-4222.
BURKETT, Matthew Alan; '82 BSBA; 2620 Drake Rd., Columbus, OH 43219.
BURKEY, Brett Alan; '83 BSBA; Tax Analyst; Borden Inc., 180 E. Broad St., Columbus, OH 43215, 614 225-4038; r. 1979 Barnard Dr., Powell, OH 43065, 614 764-9752.
BURKEY, James T.; '64 BSBA, '66 MBA; Mgr.Fld.Operations Suprt.; Xerox Corp., Xerox Sq., Rochester, NY 14644, 716 423-1476; r. 7 Landmark Ln., Pittsford, NY 14534, 716 381-6267.
BURKEY, Margaret '42 (See Martin, Margaret Burkey).
BURKEY, Dr. Roy Eugene; '61 BSBA, '62 MBA, '71 PhD (BUS); Prof. Emeritus; Univ. of Akron; r. 741 Thorndale Dr., Akron, OH 44320, 216 867-4683.
BURKEY, Scott D.; '85 BSBA; Area Mgr.; Nabisco Brands Inc., 4049 Richland Ave., Louisville, KY 40207, 502 893-0525; r. Same.
BURKHARDT, Paul Richard; '74 BSBA; Tax Mgr.; Wexner Investment Co., 41 S. High St., #3710, Columbus, OH 43215, 614 464-1535; r. 6725 Watkins Rd., Pataskala, OH 43062, 614 927-0878.
BURKHARDT, Robert K.; '65 BSBA; 3011 River Hills Ln., Midlothian, VA 23113, 804 794-5448.
BURKHART, Charles Michael; '76 BSBA; Engrg. Mgr.; Dattelle, 505 King Ave., Columbus, OH 43201, 614 424-4316; r. 155 S. Broadleigh, Columbus, OH 43209, 614 231-1117.
BURKHART, Daniel Thomas; '71 BSBA; Mktg. Dir.; Marion Rural Electric Coop, 2859 Marion Upper Sandusky N., Marion, OH 43302, 614 382-1234; r. 1240 Chanteloup Dr., Marion, OH 43302, 614 389-5783.
BURKHART, John C.; '88 MA; Product Trng. Spec.; AT&T, 5151 Blazer Memorial Pkwy., Dublin, OH 43021, 614 764-5001; r. 5364 Caleb Dr., Columbus, OH 43220, 614 459-5530.
BURKHART, John E.; '62 BSBA; CPA/Deputy Finance Dir.; City of Newport Beach, 3300 Newport Blvd., Newport Bch., CA 92663, 714 644-3124; r. 997 Dahlia Ave., Costa Mesa, CA 92626, 714 751-7432.
BURKHART, Mrs. Lauretta A., (Lauretta A. Gledhill); '85 BSBA; Ins. Agt.; State Farm Ins. Co., 24 Broadway, Shelby, OH 44875, 419 342-2901; r. 4402 Plymouth Springmill Rd., Shelby, OH 44875, 419 349-4151.
BURKHART, Tal Douglas; '86 BSBA; Programmer Analyst; N C R Corp., 1700 S. Patterson Blvd., Dayton, OH 45479, 513 445-2072; r. 1440-11 Hollow Run, Centerville, OH 45459, 613 433-1172.
BURKHART, Todd David; '83 BSBA; Supv. Accts Pay; Big Bear Stores Co., 770 W. Goodale Blvd., Columbus, OH 43212, 614 464-6616; r. 1045 Covington Rd., Apt. C, Columbus, OH 43232, 614 885-1650.
BURKHOLDER, Andrew Jay; '74 BSBA; Atty.; Berry & Spurlock Co. LPA, 275 E. State St., Columbus, OH 43215; r. 655 Georgian Dr., Columbus, OH 43228, 614 276-5489.
BURKHOLDER, Barbara Jarosick; '84 BSBA; Acctg. Clerk; Timron Inc., Accounts Receivable Dept., 30 E. Columbus St., Columbus, OH 43206; r. 1102 NW Blvd., Columbus, OH 43212, 614 299-9318.
BURKHOLDER, Mrs. Elizabeth Mills, (Elizabeth Mills); '58 BSBA; Learning Disability Tutor; Darke Cnty. Schs., Board of Education, Greenville, OH 45331; r. 4582 Weavers Station Rd., Greenville, OH 45331, 513 548-3626.
BURKHOLDER, Kenneth W.; '35 BSBA; Acct.; Yoder Bros. Inc., 460 Robinson Ave., Barberton, OH 44203; r. 4380 Egypt Rd., Smithville, OH 44677, 216 669-3941.
BURKHOLDER, Paula Jo; '88 BSBA; 1575 Fairview Rd., Galion, OH 44833, 419 468-1361.
BURKHOLDER, Vernon E.; '74 BSBA; Dairy Farmer; Burkholder Farms, 7564 E. Township Rd. 130, Republic, OH 44867, 419 585-5894.
BURKILL, Betty '54 (See Griffith, Betty Burkill).
BURKITT, Ray Vernon; '68 BSBA; Owner; Freddie's Dairy Bar, 1666 Neil Ave., Columbus, OH 43201, 614 421-1776; r. 1059 Oakland Park Ave., Columbus, OH 43224, 614 262-8210.
BURKLEY, Pamela A. '81 (See Bobosky, Mrs. Pamela B.).
BURKS, Karen Louise; '81 BSBA; Verify Degree Only; Sohio/Div. of Standard Oil Co., Midland Bldg., Associate Edp Auditor, Cleveland, OH 44115; r. 25200 Rockside Rd., Apt. 609, Bedford Hts., OH 44146, 216 439-2265.
BURKS, Paul E.; '61 BSBA; Reg. Sales Mgr.; Frigidaire Co., White Consolidated Inds., 30 Crane Dr., Safety Harbor, FL 34695, 813 725-1213; r. Same.
BURKS, Timothy R.; '87 BSBA; Tall Oaks Ln., Youngstown, OH 44511.
BURKS, William S.; '52 BSBA; Plant Controller; Ford Motor Co., 100 American Rd., Dearborn, MI 48126; r. 2087 Heatherhill, Trenton, MI 48183, 313 671-1890.
BURLEY, Charles Frederick; '59 MBA; Dir.; Herosonic Corp., 1212 N. Hercules Ave., Clearwater, FL 34615; r. Herosonic Corp, 1212 N. Hercules Ave., Clearwater, FL 34615.
BURLEY, Edward B.; '60 BSBA; Mgr.; GE Govt. Svcs., NASA Div., 9119 Gaither Rd., Gaithersburg, MD 20877, 301 840-3600; r. 5411 Broadmoor St., Alexandria, VA 22310, 703 971-8950.
BURLEY, James R.; '57 BSBA; Plant Mgr.; Contech Constr. Prods., 2700 Gunter Park Dr., W., Montgomery, AL 36109, 205 277-1250; r. 1306 Prairie Ln., Montgomery, AL 36117, 205 277-1222.
BURLEY, Orin E., PhD; '30 MA, '38 PhD (BUS); Prof. Emeritus; Univ. of Pennsylvania, Wharton Sch., Philadelphia, PA 19104; r. 33 Roselawn Ave., Lansdowne, PA 19050, 215 626-3155.
BURLIN, Gary Marshall; '73 BSBA; Mfrs. Sales Rep. - Pres.; Gary M Burlin & Co., 2510 Stratford Rd., Cleveland Hts., OH 44118, 216 371-9422; r. Same.
BURNELL, Cynthia Sue; '82 MLHR; Sr. Policy Analyst; Ohio Dept. of Human Svcs., 30 E. Broad St., 31st Fl., Columbus, OH 43215, 614 466-3196; r. 1799 Kings Ct. #F, Columbus, OH 43212, 614 486-7017.
BURNES, John Allen; '77 BSBA; 424 Colny Pl., Gahanna, OH 43230, 614 476-9408.
BURNESON, Lucia A. '85 (See Bretz, Mrs. Lucia B.).
BURNETT, Carl Warnock, Jr.; '82 BSLHR; US Navy-Personnelman; USN, U S. Element/Hq Baltap, Box 2, APO, New York, NY 09870, 664-4715; r. Same.
BURNETT, Howard William; '69 BSBA; VP of Investments; Prudential-Bache Securities, 65 E. State St., Columbus, OH 43215, 614 225-6601; r. 152 S. Merkle Rd., Columbus, OH 43209, 614 237-1232.
BURNETT, Janice Folden, (Janice Folden); '55 BSBA; Homemaker; r. 1317 Jackson Ave., Reynoldsburg, OH 43068, 614 866-5992.
BURNETT, Mark Allen; '86 BSBA; Programmer; American Electric Power, One Riverside Plz., Columbus, OH 43216, 614 223-3833; r. 545 Price Rd., Newark, OH 43055, 614 366-7111.
BURNETT, Rodney Allan; '82 BSBA; 4748 W. Sierra Vista Dr., Apt. 293, Glendale, AZ 85301, 602 939-3500.
BURNETTE, James M., Jr.; '51 BSBA; Retired; r. 1561 Pemberton Dr., Columbus, OH 43221, 614 459-7301.
BURNEY, Donald B.; '79 MBA; 3861 Jo Ann Dr., Cleveland, OH 44122, 216 921-8124.
BURNEY, Donald M.; '52 BSBA; Builder & Owner; Donald Burney Builder, 20160 Detroit Rd, Rocky River, OH 44116, 216 331-5955; r. 30667 Atlanta Ln., Westlake, OH 44145, 216 835-0587.
BURNEY, Michael E.; '62 BSBA; Rep.; Armco Inc., 703 Curtis St., Middletown, OH 45042; r. 4631 Sebald, Franklin, OH 45005, 513 424-4709.
BURNS, Anne Elizabeth; '86 BSBA; Sr. Programmer; Nationwide Ins., One Nationwide Plz., Columbus, OH 43216, 614 249-2791; r. 2578 Hickory Mill Dr., Hilliard, OH 43026, 614 876-8978.
BURNS, David Evan; '82 BSBA; Salesman; Johnson & Johnson, 5151 Belt Line Rd. #244, Dallas, TX 75240, 214 934-8837; r. 1213 Sand Hurst Ct., Grapevine, TX 76051.
BURNS, Deborah Jean Turpin; '85 BSBA; Sales Rep.; American Ofc. Equip. Co., c/o Postmaster, South Bend, IN 46624; r. 19650 Mason St., Cassopolis, MI 49031, 616 641-5398.
BURNS, Douglas E.; '88 BSBA; 2400 Indianola, Columbus, OH 43202, 614 421-7999.
BURNS, Harlan Allen; '56 BSBA, '72 MACC; Exec. VP; Treas. & Dir.; Mansfield Brass & Aluminum Inc., 287 N. Diamond St., Mansfield, OH 44901; r. RD 6, 2263 Alta West Rd., Mansfield, OH 44903.
BURNS, Jeffrey Scott; '88 BSBA; 160 Garwood Dr., Canfield, OH 44406, 216 533-7058.
BURNS, Karen Marie '77 (See Gruber, Karen Marie).
BURNS, Kevin James; '71 BSBA; 12409 Beall Spring Rd., Potomac, MD 20854, 301 977-8279.
BURNS, Mary Lou; '81 MBA; 750 Mull Ave., #7-D, Akron, OH 44313.
BURNS, Melvin Clevelend, II; '87 MPA; Budget Analyst; Montgomery Cnty., 451 W. 3D St., Dayton, OH 45402, 513 225-6393; r. 2024 Reynolds, Muskegon Hts., MI 49444, 616 726-6901.
BURNS, Michael Dennis; '65 BSBA; Cnslt.; The Wyatt Co., 200 First Natl. Bldg., Detroit, MI 48226, 313 961-3528; r. 41459 Ivywood Ln., Plymouth, MI 48170, 313 420-0965.
BURNS, Michael Dennis; '80 BSBA; 337 Canterbury Rd., Cleveland, OH 44140.
BURNS, Michael James, Jr.; '67 BSBA; 1108 Island View Dr., Mt. Pleasant, SC 29464, 803 881-1005.
BURNS, Robert Charles; '45; Tchr.; Hamilton City Schs., 332 Dayton St., Hamilton, OH 45011, 513 894-2283; r. 5638 Lindenwood La, Fairfield, OH 45014, 513 829-2488.
BURNS, Robert Elsworth; '68 BSBA; 250 Ballentine Ave., Marion, OH 43302.
BURNS, Robert Kissinger; '67 MBA; Trng. Supv.; USAF, ASD-DPCT, Wright-Patterson AFB, OH 45433, 513 255-6279; r. 3550 Echo Spring Tr., Kettering, OH 45429, 513 293-8245.
BURNS, Scott Charles; '83 BSBA; Bldg. Spec.; Litel Telecommunications, 200 Old Wilson Bridge Rd., Worthington, OH 43068, 614 433-9368; r. 27 W. Oakland St., Columbus, OH 43201, 614 294-3061.
BURNS, Mrs. Sheila K., (Sheila K. Smith); '86 BSBA; Staff Acct.; Hosp. Choice Health Plan, 119 Dillmont Dr., Worthington, OH 43085, 614 888-2223; r. 1191 Gender Rd., Canal Winchester, OH 43110, 614 833-1217.
BURNS, Thomas Royden; '72; 20 S. Front St., Columbus, OH 43215, 614 461-6000.
BURNS, Timothy Allen; '88 BSBA; Sr. Mktg. Analyst; Nationwide Ins. Co., One Nationwide Plz., Columbus, OH 43216; r. Rd #6 2263 Alta West Rd., Mansfield, OH 44903, 419 529-4521.
BURNS, William Bruce; '65 BSBA; Regional Sales Mgr.; American Telephone & Telegraph, Rm. 3A205, Bedminster, NJ 07921; r. 3630 Fawnrun Dr., Cincinnati, OH 45241, 513 733-9826.
BURNS, William John; '85 BSBA; Operations Mgr.; Cinedyne Inc., 8711 Tamarack Ave., Sun Valley, CA 91352; r. 15050 Sherman Way #119, Van Nuys, CA 91405.
BURNSIDE, Barry L.; '67 BSBA; VP, Sales & Mktg.; Westwood Pharmaceuticals, 100 Forrest Ave., Buffalo, NY 14213, 716 887-3413; r. 77 Middlesex Rd., Buffalo, NY 14216, 716 873-6418.
BURNSIDE, Harlan Eugene; '70 BSBA; Area Sales Mgr.; B & L Technicon, 2108 Inwood Dr., Kentwood, MI 49508, 616 455-3983; r. Same, 616 455-3556.
BURNSIDE, Mrs. Kathleen, (Kathleen M. Schaider); '71; 77 Middlesex Rd., Buffalo, NY 14216, 716 873-6418.
BURNSIDE, Peter W.; '59 BSBA; Branch Admin.; Wheeling Pittsburgh Steel Corp., POB 85-365, Worthington, OH 43085, 614 431-2046; r. 237 Caren Ave., Worthington, OH 43085, 614 888-1341.
BURNSIDE, Stephen William; '85 BSBA; 468 E. Stafford St., Worthington, OH 43085, 614 436-3797.
BUROKER, Jeffrey S.; '87 BSBA; Assoc.; TR Hedge & Assoc., 4683 Winterset Dr., Columbus, OH 43220, 614 459-4744; r. 7765 Stanburn Rd., Worthington, OH 43235, 614 792-9246.
BURR, Kathleen D., (Kathleen E. Dunkle); '64 BSBA; 9059 SW Reiling, Tigard, OR 97224, 503 620-4538.
BURR, Ordwell P., Jr.; '53 BSBA, '54 MBA; Jr. Ind Engr.; American Steel & Wire, Div U S. S., 4300 E. 49th St., Cleveland, OH 44125; r. 160 Ridgewood Dr., Youngstown, OH 44512, 216 758-5333.
BURRELL, Donald L.; '56 BSBA; Dist. Sales Mgr.; Metropolitan Life Ins. Co., 2948 Fountain Blvd., Colorado Spgs., CO 80910; r. 5970 Belmont Way, Parker, CO 80134, 303 841-2538.
BURRELL, Jane Briggs; '79 BSBA; c/o Bernard R Burrell, 229 Lansdowne Ave., Gahanna, OH 43230.
BURRELL, Richard Lee, II; '79 BSBA, '81 MBA; 2751 Hyatts Rd., Powell, OH 43065.
BURRELL, Stephen Douglas; '72 BSBA; Gen. Mgr.; K-Mart Corp., 1830 E. Main St., Kent, OH 44240, 216 673-4903; r. 2016 Bull Dr., Kent, OH 44240, 216 678-9376.
BURRER, John Dillen; '73 BSBA; Distribution Mgr.; IRD Mechanalysis Inc., 6150 Huntley Rd., Columbus, OH 43229, 614 885-5376; r. POB 566, Sunbury, OH 43074.
BURREY, Bruce A.; '72 BSBA, '78 MBA; Asst. VP-Acct.; Great-West Life Assurance Co., 8515 E. Orchard Rd., Englewood, CO 80111, 303 889-4149; r. 11179 W. Idaho Ave., Lakewood, CO 80226, 303 985-2037.
BURRIDGE, Robert George, Jr.; '86 BSBA; Law Student; Univ. of Akron, Akron, OH 44325; r. 488 Marview Ave., Akron, OH 44310, 216 535-6240.
BURRIS, Gary Allen; '83 BSBA; Dist. Account Supv.; Hershey Chocolate Co., 17100 Pioneer Blvd., #210, Artesia, CA 90701, 213 860-3998; r. 19035 Canyon Meadows Dr., Trabuco Canyon, CA 92679, 714 858-8671.
BURRIS, Michael Eugene; '74 BSBA; Sr. Claims Rep.; Progressive Ins., POB 32345, Columbus, OH 43232, 614 866-1183; r. 281 N. Wayne Ave., Columbus, OH 43204, 614 272-9924.
BURRISS, Bruce David; '63 BSBA; Indp Rlest Appraiser; r. 211 Bellefield Ave., Westerville, OH 43081, 614 891-9401.
BURRISS, James D.; '59 BSBA; Pres.; The Alpha Corp. of TN, POB 670, Collierville, TN 38017, 901 853-2450; r. 9374 Forestwood Rd, Germantown, TN 38138, 901 754-9855.
BURRISS, Mrs. Mary Harding, (Mary Jane Harding); '59 BSBA; 9374 Forestwood Rd, Germantown, TN 38138, 901 754-9855.
BURROWS, Anette Marie; '81 BSBA; 7404 Brookside Pkwy., Middleburg Hts., OH 44130, 216 467-2718.
BURROWS, Lonnie Le Roy; '69 BSBA; 431 W. 49th St., San Angelo, TX 76901, 915 653-8371.
BURROWS, Richard Joseph; '82 BSLHR; Copartner,Sr. Cnslt.; Peat Marwick Main & Co., 1600 National City Ctr., Cleveland, OH 44114, 216 696-9100; r. 27700 Bishop Park Dr., Apt. 805 S., Willoughby Hls., OH 44092, 216 585-2015.
BURROWS, Susan C.; '73 MPA; 6817 Capri Pl., Bethesda, MD 20817.
BURSIEK, Marilyn '48 (See Huffman, Marilyn Bursiek).
BURSIK, Peter David; '79 MBA; Exec. VP; Vector Properties, Incorporated, 25 2nd St. N., Ste. #401A, St. Petersburg, FL 33701, 813 823-1230; r. 7301 18th St., NE, St. Petersburg, FL 33702, 813 525-3685.
BURT, Donald Dean; '49 BSBA; Retired Secy.-Treas.; Don R Fruchey Inc., 5608 Old Maumee Rd, Ft. Wayne, IN 46803; r. 6201 Ranger Tr., Ft. Wayne, IN 46835, 219 485-7203.
BURT, John Garfield, PhD; '73 MBA; Dir. of Spec. Projects; Southmark Corp., 1601 LBJ Frwy. #800, Dallas, TX 75234, 214 241-8787; r. 18116 Aramis Ln., Dallas, TX 75252.
BURT, Lori A. '84 (See Watts, Mrs. Lori A.).
BURT, Thomas H.; '58 BSBA; Area Mgr.; Kar Prods., 3966 Newhall Rd., Columbus, OH 43220, 614 451-0470.
BURTCH, James Michael, Jr.; '44 BA; of Counsel; Baker & Hostetler, Capitol Sq., 65 E. State St., Columbus, OH 43215; r. 2133 Coach Rd. N., Columbus, OH 43220, 614 451-0642.
BURTON, Mrs. Ann L., (Ann L. Emmelheintz); '66 BSBA; Homemaker; r. 3001 Deer Meadow Dr., Danville, CA 94526, 415 838-4462.
BURTON, Charles Carroll; '58; Retired Supr; Ohio Bell Telephone Co., 150 E. Gay St., Columbus, OH 43215; r. 3890 Ritamarie Dr., Columbus, OH 43220, 614 451-2323.
BURTON, Diane Ropke; '86 MBA; Staff; Bank One of Columbus, Commercial Lending Program, 100 E. Broad St., Columbus, OH 43215; r. 2505 Dorset Rd., Columbus, OH 43221, 614 486-1580.
BURTON, Donald W.; '64 BSBA; 6624 Benjamin Dr., Reynoldsburg, OH 43068, 614 861-7853.
BURTON, George Billy; '71 BSBA; Mgr.; Arby's Inc., Regional Real Estate, Atlanta, GA 30304; r. 1092 Fountain Ln. #A, Columbus, OH 43213, 614 866-8868.
BURTON, George Wilson; '72 BSBA; Sales Rep.; Spraylat Corp., 3465 E. La Cienega Blvd., Los Angeles, CA 90016, 213 559-2335; r. 1348 Opal St., Corona, CA 91720, 714 734-6669.
BURTON, Herbert Henry; '72 BSBA; Asst. Treas.; Ohio Hosp. Ins. Co., 21 W. Broad St., Columbus, OH 43215, 614 231-7777; r. 3273 Colony Vista Ln., Columbus, OH 43204, 614 279-2530.
BURTON, Margaret Aldrich; '88 BSBA; 112 N. Buckeye, #4, Wooster, OH 44691.
BURTON, Marion E.; '49 BSBA; Journalist; Photo Journal Press, 520 Warren, Sandusky, OH 44870; r. 106 Richland Ave., Huron, OH 44839, 419 433-3421.
BURTON, Susan E. '86 (See Andrews, Mrs. Susan E.).
BURTON, Suzanne Schoonover, (Suzanne Schoonover); '45 BSBA; Hosp. Volunteer; r. 1917 Buckeye NE, New Philadelphia, OH 44663, 216 339-6740.
BURWELL, Louis William; '83 BSBA; Acct.; Svo Enterprises Corp., 1550 Old Henderson Rd., Columbus, OH 43220, 614 457-1601; r. 5595 Walnut View Blvd., Gahanna, OH 43230, 614 476-1420.
BURY, Randall Martin; '85 BSBA; Rte. 1 Box 131B, Apt. 225, Albright, WV 26519.
BUSACK, A. Daniel; '69 BSBA; Dir. of Software Devel.; Wheeling-Pittsburgh Steel Corp., Duvall Ctr., Wheeling, WV 26003, 304 234-2727; r. 439 W. 42nd St., Shadyside, OH 43947, 614 676-4094.
BUSBY, Bradley Alan; '86 BSBA; 14-268 SR 424 R-2, Napoleon, OH 43545.
BUSBY, Jerry B.; '56 BSBA; Administrative Plnnr; Campbell Soup Co., E. Maumee, Napoleon, OH 43545; r. RR No 2, Napoleon, OH 43545, 419 592-6539.
BUSBY, Laura '82 (See Wright, Laura Busby).
BUSCH, Barbara '84 (See Celek, Barbara Busch).
BUSCH, Carl E.; '58 MBA; Chief; AT&T Columbus, 6200 E. Broad St., Columbus, OH 43213; r. 574 Sequola Ln., Mansfield, OH 44904, 614 836-5142.
BUSCH, Donald T.; '49 BSBA; Owner; Donald Investment, 7355 Graves Rd., Cincinnati, OH 45243, 513 561-6412; r. Same.
BUSCH, Eric Karl; '81 MBA; Asst. Vice Provost; Ohio State Univ., 201 Ohio Union, 1739 N. High St., Columbus, OH 43210, 614 292-9334; r. 830 E. College Ave., Westerville, OH 43081, 614 891-0844.
BUSCH, Laura Elaine; '86 BSBA; Human Res. Coord.; American Standard Inc., 605 S. Ellsworth, Salem, OH 44460, 216 332-9954; r. 285 Wilbur NE, Apt. 11, N. Canton, OH 44720, 216 497-4907.
BUSCH, Leslie Arnold; '69 BSBA; Staff; Southeastern Ins. Mkt. Inc., 3050 Jones Ferry Rd Ste. 1150, Norcross, GA 30071; r. 3532 Buford Hwy., Apt. 2, Atlanta, GA 30329.
BUSCH, Patricia Burr; '53 BSBA; 1014 Richard Dr., Linwood, NJ 08221, 609 927-7355.
BUSCHUR, Gregory E.; '60 BSBA; Mgmt. Analyst; Defense Electronics Supply Ctr., 1507 Wilmington Pike, Dayton, OH 45444, 513 296-6081; r. 693 Mc Bee Rd., Bellbrook, OH 45305, 513 426-3559.
BUSEY, Willis Burgess; '73 BSBA; Admin.; Blanchard Valley OB/GYN, Inc., 1818 Chapel Dr., Ste. C, Findlay, OH 45840, 419 424-1055; r. 456 Mt. Ash, Arlington, OH 45814, 419 365-5909.
BUSH, Bailey W.; '64 BSBA; Purchasing/Personnel Mgr.; DA/PRO Rubber Co., 601 N. Poplar, Broken Arrow, OK 74012, 918 258-3286; r. 7513 S. 67th East Ave., Tulsa, OK 74133, 918 492-6374.
BUSH, Charles H.; '50 BSBA; Pres./Mgr.; Bush's TV Shop, Inc., 1140 SR 134 N., Wilmington, OH 45177, 513 382-2535; r. 197 Virginia Cir., Wilmington, OH 45177.
BUSH, Charles Joseph, Jr.; '84 BSBA; 6140 Calle Mariselda #203, San Diego, CA 92124.
BUSH, Daniel John; '82 BSBA; Supv. NC Machining; Timken Co., Baney Rd., Ashland, OH 44805; r. 2701 Silver Fox Tr., Ashland, OH 44805, 419 281-1216.
BUSH, David Joseph; '85 MPA; Fiscal Ofcr.; Columbus City Council, 90 W. Broad St., Columbus, OH 43215, 614 222-7380; r. 609 Chatham Rd., Columbus, OH 43214, 614 447-9038.
BUSH, Floyd Eric; '87 MPA; Social Worker/Exec. Asst.; Marion Cnty. Childrens Svcs. Bd., 1680 Marion Waldo Rd., Marion, OH 43302; r. 762 Somerlot Hoffman Rd, Marion, OH 43302, 614 389-3931.

BUSH, Howard Francis; '77 MACC; 1644 Stratford Rd., Lawrence, KS 66044.
BUSH, Jennifer '82 (See Goldsberry, Mrs. Jennifer Bush).
BUSH, Joseph E.; '38 BSBA; Retired; r. 1412 Gordon Rd, Cleveland, OH 44124, 216 442-2797.
BUSH, Kathleen Ann; '87 BSBA; Sales Rep.; N C R Corp., 955 Eastwind Dr., Westerville, OH 43081, 614 899-3257; r. 1492 Scenic Club Dr., Westerville, OH 43081, 614 431-9666.
BUSH, Keith Belvin; '68 BSBA; Underwriter; Ohio State Life Ins., 471 E. Broad St., Columbus, OH 43215; r. 537 Rocky Fork Ct., Gahanna, OH 43230, 614 475-9570.
BUSH, Lewis Clark; '54 BSBA; 11 Aztec Cir., Ft. Myers Bch., FL 33931, 813 466-7208.
BUSH, Mark Allen; '82 BSBA; 4111 Tablerock, Austin, TX 78731, 512 343-0450.
BUSHELL, David O.; '48 BSBA; CPA; 21 Broad St., Stamford, CT 06901; r. 40 Phaiban Ln., Stamford, CT 06902, 203 324-5134.
BUSHELL, Lillian Jacobs, (Lillian Jacobs); '48 BSBA; Sales; Schlott Realtors, 2700 Summer St., Stamford, CT 06905, 203 348-8565; r. 40 Phaiban Ln., Stamford, CT 06902, 203 324-5134.
BUSHMAN, David Joel, CPA; '75 BSBA; Partner; Morof, Sheplow, Weinstein & Co., 28580 Orchard Lake Rd., Ste. 200, Farmington Hls., MI 48018, 313 855-8200; r. 30198 Southampton Ln., Farmington Hls., MI 48331, 313 661-8866.
BUSHMAN, Jim; '50 BSBA; Pres./Chmn. of Bd.; Aqua-Line Water Co., 3200 Cleveland Ave. N. W., POB 8619, Canton, OH 44711, 216 456-0008; r. Same, 216 854-5151.
BUSHMAN, Joyce Roberson; '86 MPA; Community Planner; City of Beloit, 100 State St., Div of Comm Dev Planning Dept., Beloit, WI 53511, 608 364-6711; r. 1531 8th St., Beloit, WI 53511, 608 365-7658.
BUSHONG, Robert E.; '56 BSBA; Div. Mgr.; Triner Scale & Mfg. Co., 175 Utah Ave., S. San Francisco, CA 94080; r. 8435 W. Hidden Lakes Dr., Roseville, CA 95661, 916 791-2094.
BUSIC, Garnett Thomas; '73 BSBA; 18855 Milburn St., Livonia, MI 48152.
BUSIC, Stanley Warner, Jr.; '54 BSBA; Retired; r. 9620 Anderson Rd., Pittsburgh, PA 15237, 412 364-3969.
BUSKEN, Daniel Gerard; '87 BSBA; Account Rep.; Oak Supply, Akron, OH 44313, 800 449-4033; r. N. Canton, OH 44720, 216 497-6286.
BUSKIRK, James Melvin; '71 BSBA; Asst. VP; T Rowe Price Assoc. Inc., 100 E. Pratt St., Baltimore, MD 21202, 301 547-2145; r. 511 Woodside Rd., Baltimore, MD 21229, 301 947-8854.
BUSLER, Judith '57 (See Scotford, Mrs. Judith).
BUSS, Jon Michael; '79 MBA; Dir. of Finance; Pacificare of Texas, 8000 W. Ih 10, Ste. 335, San Antonio, TX 78230, 512 525-9127; r. 4414 Shavano Woods, San Antonio, TX 78249, 512 493-7614.
BUSS, Walter Thomas; '69 BSBA; VP-Controller; Winnower Enterprises Inc., 7461 Worthington Galena Rd., Columbus, OH 43085, 614 436-5556; r. 5506 Aryshire Dr., Dublin, OH 43017, 614 764-8552.
BUSSARD, Robert W.; '50 BSBA; Retired; r. 1051 Lenore Ave., Columbus, OH 43224.
BUSSE, Melissa Ann; '86 BSBA; 208 Laverne Rd., Apt. B, Newark, OH 43055.
BUSSE, Michael Alvin; '68 BSBA; Staff; Arlington Woodworking Co., 1560 Spring Hill Rd, Mc Lean, VA 22101; r. POB 304, Hamilton, VA 22068, 703 338-4647.
BUSSEY, Frank J., Jr.; '39 MPA; Library Clerk; Sci. Div., University of Arizona Library, Tucson, AZ 85720; r. 2475 N. Haskell Dr., Apt. 413, Tucson, AZ 85716, 602 323-1990.
BUSSEY-EISNAUGLE, Amy Lea; '84 BSBA; Sales Rep.; Ft. Howard Paper Co., POB 9130, Green Bay, WI 54308, 800 558-2957; r. 2742 Independence Way, Grove City, OH 43123.
BUSSIERE, Cheryl '79 (See Pietila, Cheryl Bussiere).
BUSSMANN, Sheila M. '76 (See Heath, Mrs. Sheila M.).
BUSSOM, Dr. Robert S.; '66 BSBA, '68 MBA, '73 PhD (BUS); Dean; Northern Kentucky Univ., Clg. of Bus., Highland Hts., KY 41076, 606 572-5551; r. 742 Hurstborne Ln., Edgewood, KY 41017, 606 331-1205.
BUSTA, Milan Gordon; '48; Private Invstr Consl; Beacon Enterprises, 2743 Circlewood Dr., Westlake, OH 44145, 216 734-4722; r. 2743 Circlewood Dr., Westlake, OH 44145, 216 734-4722.
BUSTER-BRASSFIEL, Angela Keli; '85 BSBA; Bank Teller; Society Bank NA, 1 S. Fountain Ave., Springfield, OH 45501; r. 471 E. Northern, Springfield, OH 45503.
BUTCHE, Robert W.; '57 BSBA; Pres. & CEO; Astro Corp., 613 Old Farm Rd., Columbus, OH 43213, 614 866-9966; r. Same, 614 868-1118.
BUTCHER, Donnalee Atkinson; '77 MPA; Health Plng. Adm; Ohio Dept. of Mental Health, 30 E. Broad St., Columbus, OH 43215; r. 1299 Glenn Ave., Columbus, OH 43212, 614 488-1501.
BUTCHER, Jeffrey Keith; '88 BSBA; Sales-Mgmt. Trainee; Sandusky Electric Inc., 39221 Center Ridge Rd., N. Ridgeville, OH 44039, 216 327-8000; r. 2016 W. Bogart Rd, Sandusky, OH 44870, 419 625-4009.
BUTCHER, Mrs. Marilyn C., (Marilyn Curtis); '57 BSBA; Systs. Cnslt.; AT&T, 1111 Superior, Cleveland, OH 44114, 216 348-6803; r. 18124 W. Clifton Rd., Lakewood, OH 44107, 216 221-5965.
BUTCHER, Mark D.; '84 BSBA; Mfg. Rep.; J N Bailey & Assocs., 129 W. Main, New Lebanon, OH 45345, 513 687-1325; r. 2679 Indianola Ave., Columbus, OH 43202, 614 263-6576.
BUTCHER, Thomas Edward; '66 BSBA; Reg. Sales Mgr.; Maremont Corp., 250 E. Kehoe Blvd., Carol Stream, IL 60187, 312 462-8500; r. 21960 Meridian Ln., Novi, MI 48050, 313 348-9861.
BUTCKE, Ms. Doris M., (Doris Moser); '57 BSBA; Multi-Natl/Account Admin; N C R Corp., 1700 S. Patterson Blvd., Dayton, OH 45479, 513 445-6403; r. 1171 Firewood Dr., Dayton, OH 45430, 513 429-9307.
BUTDORF, Michael W.; '77 BSBA; Div. Controller; Scientific-Atlanta, 4311 Communications Dr., Norcross, GA 30093, 404 925-5418; r. 3466 Starwood Tr., Lilburn, GA 30247, 404 979-7311.
BUTKIEWICZ, Jane; '84 MBA; Mktg. Mgr.; Burroughs Corp., Financial Systs. Dept., 393 S. Harlan, Denver, CO 80226, 303 761-2570; r. 1551 Larimer #1902, Denver, CO 80202.
BUTLER, Alberta Eschmeyer, (Alberta Eschmeyer); '47 BSBA; Retired; Battelle Columbus Labs; r. 2295 Shrewsbury Rd., Columbus, OH 43221, 614 457-0266.
BUTLER, Angela Boyle; '86 BSBA; 773 Riverview Dr. #G, Columbus, OH 43202, 614 262-2916.
BUTLER, Bernardine Lewis; '79 BSBA, '81 MBA; Personnel Mgr.; Xerox Corp., 55 W. Monroe, Chicago, IL 60603; r. 5224 Leeward Ln., Alexandria, VA 22310.
BUTLER, Brenda L.; '87 BSBA; Sales Cnslt.; Gen. Med. Corp., 701 S. Broadway, Akron, OH 44311, 216 762-9141; r. 2008 Tennyson St., Massillon, OH 44646, 216 837-4550.
BUTLER, Bryan Otis; '83 BSBA; Financial Systs. Spec.; CompuServe, Columbus, OH 43220; r. 4928 Muleady Ct., Columbus, OH 43026.
BUTLER, Charles David; '78 BSBA; 710 Wilson Ave., Rockville, MD 20850.
BUTLER, Charles Ralph; '79 MBA; Mkt. Devel. Mgr.; AT&T American Transtech, 8000 Baymeadows Way, Jacksonville, FL 32256, 904 636-1744; r. 3498 Coastal Hwy., St. Augustine, FL 32084, 904 824-7961.
BUTLER, Dana Mark; '86 BSBA; Staff; Gemstar, 6880 Tussing Rd., Reynoldsburg, OH 43068, 614 863-0067; r. 773 Riverview Dr., Apt. #G, Columbus, OH 43202, 614 262-2916.
BUTLER, Daniel Richard; '61 MBA; Pres.; Corporate Svc. Co., POB 591, Wilmington, DE 19899, 302 998-0595; r. 216 Highland Ave., Wallingford, PA 19086, 215 565-0973.
BUTLER, David M.; '73 MBA; Broker; Calderoni & Assocs., 2500 E. TC Jester, #165, Houston, TX 77008, 713 880-9696; r. 4015 Oxhill Rd., Spring, TX 77388, 713 353-1535.
BUTLER, David P.; '58 BSBA; 29 Woodside Dr., New City, NY 10956.
BUTLER, Donald Bruce; '73 BSBA; Elec. Engr.; GM Corp., Delco Products Division, POB 1042, Dayton, OH 45401; r. 4501 Burchdale St., Kettering, OH 45440, 513 298-8002.
BUTLER, Donald Eugene; '78 BSBA; Team Controller; Aldrich, Eastman & Waltch, Inc., 265 Franklin St., Boston, MA 02110, 617 439-9000; r. 59 Myopia Rd., Hyde Park, MA 02136, 617 361-6949.
BUTLER, Edward Aloysius; '46 BSBA; Sales Mgr.; r. 14 Hts. Ter., Middletown, NJ 07748, 201 671-3680.
BUTLER, Edward Waldo; '49 BSBA; Retired; r. 7200 Redondo Ct., Cincinnati, OH 45243, 513 793-5840.
BUTLER, James David; '74 BSBA; 5713 Linden Dr., Milford, OH 45150, 513 575-0781.
BUTLER, James Patrick; '80 BSBA; Staff; Mellon Bank Corp., One Mellon Bank Ctr., Pittsburgh, PA 15258; r. 2701 Philadelphia Ave., Pittsburgh, PA 15216, 412 561-8451.
BUTLER, Janet E. '49 (See Perry, Janet E.).
BUTLER, John Patrick, Jr.; '62 BSBA; 26724 Jefferson Ct., Cleveland, OH 44140, 216 835-3030.
BUTLER, Kenneth William, Jr.; '70 BSBA; Pres.; Kenneth W Butler Jr. CPA Inc., 492 S. High St., Columbus, OH 43215, 614 464-9215; r. 5175 Southern Grove Dr., Grove City, OH 43123, 614 875-2734.
BUTLER, Ms. Martha Lou; '86 BSBA; Clerk of the Senate; Ohio Senate, Capitol Bldg., Columbus, OH 43266, 614 466-4900; r. 424 Acton Rd., Columbus, OH 43214, 614 262-9634.
BUTLER, Mary Ellen; '86 BSBA; 2850 N. Sheridan #217, Chicago, IL 60657, 312 549-5828.
BUTLER, Michael Clark; '81 BSBA; VP of Finance; UFORMA/SHELBY Bus. Forms, 40 HS Ave., Shelby, OH 44875, 419 342-3515; r. 38 1/2 E. Main St., Shelby, OH 44875, 419 347-5925.
BUTLER, Michael John; '83 BSBA; Sys Consul/Prog. Anly; Delphi Systs. Assoc. Inc., Valley Forge Park Pl., 1016 W. 9th Ave., King Of Prussia, PA 19406, 215 337-4470; r. 1359 Yvonne Dr., Apopka, FL 32712.
BUTLER, Monica Eileen; '87 BSBA; Syst. Engr.; NCR Corp., 955 Eastwind Dr., Westerville, OH 43081, 614 899-3261; r. 735 Timber Way Dr., Worthington, OH 43085, 614 847-5839.
BUTLER, Richard Gordon; '49 BSBA; 455 Crescent Dr., Berea, OH 44017, 216 243-0637.
BUTLER, Richard M.; '60 BSBA; Gen. Mgr.; Midwest Wholesale Tire Inc., 1300 Sibley Memorial Hwy., Mendota, MN 55150, 612 452-4433; r. 10640 Mayfield Ave. N., Stillwater, MN 55082, 612 439-7069.
BUTLER, Robin B. '85 (See Redding, Mrs. Robin B.).
BUTLER, Dr. Tod Jordan; '66 MS; Archivist; r. 3807 Calvert Pl., Kensington, MD 20895, 301 942-6493.
BUTREY, Paul Andrew; '88 BSBA; Acct.; Ernst & Whinney, 1300 Huntington Bldg., Cleveland, OH 44115; r. 414 N. Woodhill Dr., Amherst, OH 44001, 216 984-2135.
BUTRYN, Andrea Lyn; '88 BSBA; Analyst; Shell Oil Co., 6502 S. Yale, Tulsa, OK 74102, 918 496-4628; r. 6716 S. Peoria Ave., Apt. 726, Tulsa, OK 74136, 918 481-1942.
BUTSCH, Helen Sleeth; '55 MBA; Fiscal Audit & Revie; r. 2175 Santa Paula Dr., Dunedin, FL 34698, 813 784-5836.
BUTT, William Thomas, Jr.; '68 BSBA; VP; Butt Constr. Co. Inc., 3858 Germany Ln., Dayton, OH 45431, 513 426-1313; r. 944 Harman Ave., Dayton, OH 45419, 513 294-2941.
BUTTE, Giles R.; '50 BSBA; Real Estate Mgr.; Ohio Natl. Bank, 51 N. High St., Columbus, OH 43215; r. 163 Garden Rd, Columbus, OH 43214, 614 268-3437.
BUTTERFIELD, Otis L.; '48 BSBA; Retired; r. 208 S. Main St., Seven Mile, OH 45062, 513 726-6867.
BUTTERMORE, Larry P.; '70 MBA; VP-Sales; White's Fine Furniture, 2455 S. Hamilton Rd., Columbus, OH 43232, 614 864-6100; r. 799 Autumn Park Ct., Westerville, OH 43081, 614 882-2208.
BUTTERWORTH, Mark Jeffery; '80 MBA; Financial Trainee; Cooper Energy Svcs., N. Sandusky St., Mt. Vernon, OH 43050; r. 104 S. 7th St., Byesville, OH 43723.
BUTTITTA, George W.; '34 BSBA; Asst. Credit Ofcr.; Bank of America N T & S A, 300 Montgomery St., San Francisco, CA 94104; r. 1575 Pomeroy Ave., Santa Clara, CA 95051.
BUTTRESS, John P.; '65 BSBA; Star Rte. Box 290, Muir Bch., CA 94965, 415 383-3910.
BUTTRESS, Stephen M.; '64 BSBA, '67 MBA; Pres.; The Development Council, 2001 Ave. A, Box 607, Kearney, NE 68848, 308 237-3101; r. 3310 20th Ave., Kearney, NE 68847, 308 234-9960.
BUTTROM, Beverly Pillow; '78 BSBA; Programmer Analyst; Blue Cross of Southwest Ohio, 1351 William H Taft, Cincinnati, OH 45206; r. 7950 Clovernook Ave., Cincinnati, OH 45231.
BUTTS, Bruce Edward; '83 MPA; Mgr. Financial Admin.; Blue Cross/Blue Shield, Select Div., 6740 N. High St., Worthington, OH 43085, 614 438-3500; r. 5719 Brinkley Ct., Columbus, OH 43235, 614 459-8684.
BUTTS, Mrs. Janice Horne, (Janice Horne); '49; Clerk; Nationwide Ins. Co., One Nationwide Plz., Columbus, OH 43216; r. 2645 Blossom Ave., Columbus, OH 43231, 614 890-4788.
BUTTS, Lorrita M. '87 (See Swoope, Mrs. Lorrita M.).
BUTTS, Steven Dana; '86 MBA; 5205 Owl Creek Dr., Westerville, OH 43081, 614 444-4702.
BUTZ, Michael Lee; '71 BSBA; Treas./Partner; Gates Engrg. Co., 100 S. West St., Wilmington, DE 19801, 302 656-9951; r. 408 Creek Bend Dr., Newark, DE 19711, 302 737-0591.
BUTZ, Stephen L.; '86 BSBA; Bank Examiner; Treas. Dept., Ofc. of Comptroller, Currency, Indianapolis, IN 46260, 317 872-4718; r. 2412 Plaza Dr., Apt. H, Indianapolis, IN 46268, 317 876-9738.
BUTZ, William Boyd; '78 BSBA; Acct./Mgr.; J M Smucker Co., Processing System Dept., 1275 Hansen, Salinas, CA 93901, 408 424-2761; r. 435 La Jolla Way, Salinas, CA 93901, 408 422-0910.
BUXBAUM, Richard W.; '65 BSBA; 71 Grace St., Jersey City, NJ 07307.
BUXSER, Evelyn '49 (See Cregar, Evelyn Buxser).
BUXTON, Joseph Gary; '86 BSBA; Field Mktg. Mgr.; E. & J. Gallo Winery, 90 E. Halsey Rd. Ste. 201, Parsippany, NJ 07054, 201 884-1988; r. 315 Ave. C #6D, New York, NY 10009, 212 982-2236.
BUXTON, Laura A., (Laura A. Waller); '86 BSBA; Staff Acct.; Coopers & Lybrand, 1251 Ave. of The Americas, New York, NY 10020, 212 536-2000; r. 315 Ave. C #6D, New York, NY 10009, 212 982-2236.
BUXTON, Richard Franklin; '73 BSBA; Staff; Mc Donalds Systs. of Ohio, 635 Brooksedge Blvd., Westerville, OH 43081, 614 891-3800; r. 2648 Lynnmore Dr., Columbus, OH 43220, 614 457-3565.
BUYA, Wallace J.; '50 BSBA; Sr. VP/Corp Secy.; AON Corp. Combined Co. of America, 123 N. Wacker Dr., Chicago, IL 60606, 312 701-3035; r. 2910 Hawthorn Ln., Wilmette, IL 60091, 312 251-6192.
BUYER, Charles J.; '60 BSBA; Admin. Ofcr.; Veterans Hosp., 5901 E. 7th St., Long Beach, CA 90801; r. 13082 Yockey St., Garden Grove, CA 92644, 714 636-8685.
BUYER, Mrs. Mary Louise Hardy, (Mary L. Hardy); '52 BSBA; Retired; r. 2833 Piedmont, La Crescenta, CA 91214, 818 249-9219.
BUYER, Robert L.; '51 BSBA; Retired; 2611 Ala Wai Blvd., Unit 1901, Honolulu, HI 96815, 808 923-2480; r. 2833 Piedmont, La Crescenta, CA 91214, 818 249-9219.
BUZARD, William F.; '48 BSBA; Merchant; Ben Franklin Store, 10 S. Main St., New London, OH 44851; r. 69 Birch Park Dr., New London, OH 44851, 419 929-5953.
BUZZELL, Dr. Robert Dow; '57 PhD (BUS); Prof.; Harvard Business Sch., Grad Sch., Boston, MA 02163; r. 15 Swarthmore Rd., Wellesley, MA 02181, 617 235-5625.
BYALL, Mac C.; '34; Retired; r. Capri Mobile Park 80, 3380 S. 4th, Yuma, AZ 85364.
BYER, Allan G.; '49 BSBA; Pres./Dir.; Byer California, 66 Potrero Ave., San Francisco, CA 94103; r. 1108 Barroilhet Ave., Hillsborough, CA 94010, 415 347-1108.
BYER, Howard K.; '49 BSBA; 2975 SW Canterbury Ln., Portland, OR 97201, 503 227-1873.
BYER, Norman Ellis; '73 BSBA; Loan Ofcr. US Govt.; r. 620 Peachtree St. NE, #813, Atlanta, GA 30308, 404 872-1304.
BYER, Richard Irving; '48 BSBA; Pres.; Richard-Lewis Corp., POB 1197, Scarsdale, NY 10583, 914 779-6800; r. 11 Westwind Rd, Yonkers, NY 10710, 914 779-1985.
BYERLEY, Beth Ann '83 (See Powers, Beth Ann).
BYERLEY, Robin L. '85 (See Vano, Robin L.).
BYERLY, Patricia A., (Patricia A. Hale); '61; Funeral Dir.; Byerly Funeral Home, 123 N. Market St., Loudonville, OH 44842, 419 994-3030; r. 108 Northview Dr., Loudonville, OH 44842, 419 994-5272.
BYERS, Clifford Eugene; '69 BSBA; Gen. Mgr.; Auglaize Farmers Co-op, 601 S. Logan St., Wapakoneta, OH 45895, 419 738-2137; r. 218 Concord Ave., St. Marys, OH 45885, 419 394-3721.
BYERS, Rev. Donald C.; '61 BSBA; Assoc. Exec.; Synod of the Northeast, 3049 E. Genesee St., Syracuse, NY 13224, 315 446-5990; r. 7695 Clark Ln., Manlius, NY 13104, 315 682-6256.
BYERS, Donna Aher, (Donna Aher); '68 MACC; CPA Tax Partner; Peat Marwick Main & Co., 1 S. Church, Ste. 900, Tucson, AZ 85701, 602 623-0536; r. 13625 E. Camino La Cebadilla, Tucson, AZ 85749, 602 749-4214.
BYERS, Frank M., Jr.; '63 BSBA; Exec. VP; Geo Byers & Sons Inc., POB 16513, Columbus, OH 43216; r. 1669 Abbotsford Green Dr., Powell, OH 43065.
BYERS, Lanny Duane; '84 BSBA; Operations Ofcr.; Banc One Svcs. Corp., Credit Union Services, 275 W. Schrock, Westerville, OH 43081, 614 248-8696; r. 701 Sage Ct., Worthington Meadows, Worthington, OH 43085, 614 848-7815.
BYERS, Mary Weaver, (Mary Weaver); '46 BSBA; Homemaker; r. 4510 Ducrest Ct., Columbus, OH 43220, 614 451-9377.
BYERS, Ms. Patricia Bolander, (Patricia Bolander); '84 BSBA; Homemaker/Substitute Tchr; r. 701 Sage Ct., Worthington Meadows, Worthington, OH 43085, 614 848-7815.
BYERS, Roger Clarence; '70 BSBA; 5776 London Lancaster Rd., Groveport, OH 43125, 614 836-5548.
BYERS, Susan Bernard, (Susan Bernard); '79 BSBA; Homemaker; r. 520 Austin Dr., Barberton, OH 44203, 216 848-4519.
BYERS, Mrs. Tamra L., (Tamra L. Newman); '81 BSBA; Portfolio Analyst; Cardinal Industries, Inc., 4331 Donlyn Ct., Columbus, OH 43232, 614 755-6160; r. 37 Lynette Dr., Pickerington, OH 43147, 614 837-4459.
BYERS, Thomas Joe, Jr.; '79 BSBA; Distribution Suprvsr; Big Bear Stores Inc., 770 W. Goodale Blvd., Columbus, OH 43212, 614 464-6517; r. 6761 Rieber St., Worthington, OH 43085, 614 888-7132.
BYG, Sunita Suzanne; '86 BSBA; Novelty Sales; Ohio Ctr.; r. 858 E. Como Ave. #B, Columbus, OH 43224, 614 262-7181.
BYKOSKI, Dr. Louis Marion; '54 BSBA, '55 MBA; Staff; US Nuclear Regulatory Comm, 1717 H St. NW, Washington, DC 20006; r. 18562 Eagles Roost Dr., Germantown, MD 20874, 301 972-3492.
BYLER, Beverlee '60 (See Anderson, Dr. Beverlee Byler).
BYLINSKI, Dr. Joseph Henry; '80 PhD (ACC); Prof. of Acctg.; Univ. of North Carolina, Box 2688, Chapel Hill, NC 27514, 919 962-3201; r. 109 Timberlyne Ct., Chapel Hill, NC 27514, 919 929-9210.
BYNUM, Diane Fulford, (Diane Fulford); '69 BSBA; Dir.; Siemens-Bendix, Employee Relations, 615 Bland Blvd., Newport News, VA 23602, 804 875-7200; r. 12 Trotwood Dr., Poquoson, VA 23662, 804 868-9697.
BYORTH, Douglas John; '86 BSBA; Coord.; Preston Trucking Inc., 1000 Frank Rd., Columbus, OH 43223; r. 5335 Tara Hill Dr., Dublin, OH 43017.
BYRD, Alan P.; '73 MPA; Atty.; 1500 S. Dixie Hwy., Ste. 300, Coral Gables, FL 33146, 305 665-0471; r. 8320 SW 161 St., Miami, FL 33157, 305 232-4098.
BYRD, Charles Daniell; '50 BSBA; 5523 Theall Rd., Houston, TX 77066, 713 440-4157.
BYRD, Judson Kirk; '75 BSBA; Corporate Secy.; Stocker & Sitler Inc., 575 Industrial Pkwy., Heath, OH 43056, 614 522-1102; r. 927 Terrace Dr., Heath, OH 43056, 614 522-5838.
BYRD, Ms. Kimberly Gail, (Kimberly Yarrington); '87 BSBA; Systs. Analyst; Physicians Ins. Co. of Ohio, 13515 Yarmouth Dr., POB 281, Pickerington, OH 43147, 614 864-7100; r. 1290 Granfield Ct., Gahanna, OH 43230, 614 471-8414.
BYRD, Leanne Marie; '87 BSBA; 2586 Oak Hill, Wooster, OH 44691, 216 345-7559.
BYRD, Maria Lynn; '88 BSBA; 1789 Bide-A-Wee Pk Ave., Columbus, OH 43205, 614 253-1159.

BYRD, Robert Virlyn; '72 MBA; Mgr., STI OPS.; Combustion Engrg., 650 Ackerman Rd., Columbus, OH 43202, 614 261-2000; r. 4193 Chadbourne Dr., Columbus, OH 43220, 614 457-5223.
BYRNE, Christopher C.; '84 BSBA; Self-Black Top Corp; r. 84 Westwood Rd., Columbus, OH 43214, 614 263-3466.
BYRNE, Ms. Elizabeth A.; '86 BSBA; Specification Rep.; Formica Corp., 184 B. Broadway, Ste. 136, Boston, MA 01906, 617 934-7251; r. 812 Sherwood Forest Dr., Saugus, MA 01906, 617 231-2013.
BYRNE, Geraldine '67 (See Ellerbrock, Dr. Geraldine Byrne).
BYRNE, Kelley A.; '86 BSBA; Supv.; Volt Temporary Svcs., 959 E. Walnut #107, Pasadena, CA 91106, 818 796-8658; r. 505 Fair Oaks Ave. #H, S. Pasadena, CA 91030, 818 441-3596.
BYRNE, Matthew Thomas; '82 BSBA; Appraiser; HRM Realty Inc., 3021 E. Dublin-Granville Rd, Columbus, OH 43229, 614 890-8193; r. 4710 Widner Ct., Columbus, OH 43220, 614 451-9681.
BYRNE, Millard B.; '66 BSBA; Food Broker; United Sales Assocs., 3600 Fisher Rd, Columbus, OH 43228; r. 2760 Abington Rd., Columbus, OH 43221, 614 486-6581.
BYRNE, Nancy Olwine, (Nancy Olwine); '55 BSBA; Acct. Mgr.; E F Mac Donald Motivation, 445 Park Ave., New York, NY 10022, 212 688-2150; r. 257 White Birch Rd., Edison, NJ 08837, 201 494-5329.
BYRNE, William Thomas; '77 BSBA; Mktg. Dir.; Hussmann Southbend, 1101 Old Honeycutt Rd., Fuquay Varina, NC 27526, 919 552-9161; r. 166 E. Schick Rd., Bloomingdale, IL 60108, 312 894-1845.
BYRNES, Mrs. Barbara Young, (Barbara Lynn Young); '83 BSBA; Homemaker; r. 4952 Cheviot Dr., Columbus, OH 43220, 614 442-0888.
BYRNES, Donald Kenneth; '75 BSBA; Atty.; Arthur Young & Co., 2030 Fresno St., Fresno, CA 94133; r. 611 Winthrop, Alhambra, CA 91803, 818 289-1611.
BYRNES, Mrs. Jayne S., (Jayne E. Stoffregen); '83 BSBA; Principle; Frontline Svcs., 5403 Kingsway Ct. W., Cincinnati, OH 45215, 513 761-3145; r. Same.
BYRNES, John Clarke; '78 BSBA; 110 Westview Dr., Elon College, NC 27244, 919 584-5094.
BYRNES, Michael Martin; '84 BSBA; 3905 Thoroughbred Ct., Columbus, OH 43220.
BYRNES, Peter Matthew; '77 BSBA; Sr. Adm/Invntry Cntrl; Picker Intl., MRI Div., 6000 Cochran Rd., Solon, OH 44139, 216 473-3000; r. 107 Ferris Ave., Chardon, OH 44024, 216 286-4868.
BYROM, Robert George; '74 BSBA; Atty.; Green Haines Sgambiti et al, 525 Wolf Ledges Pkwy., Akron, OH 44311, 216 762-1414; r. 5752 Eaglesham Dr., Westerville, OH 43081, 614 891-2846.
BYRON, Charles Donald; '59 BSBA; Assoc. Broker; Trimm Realty, Palladian Pl., Ste. 7, 2080 Valleydale Rd., Birmingham, AL 35244, 205 988-4666; r. 3424 Charingwood Ln., Birmingham, AL 35242, 205 991-0376.
BYRUM, John Edward; '70 BSBA; VP/CPA; Franklin Univ., Business & Finance Dept., 201 S. Grant Ave., Columbus, OH 43215, 614 224-6237; r. 7707 Critwell Ct., Reynoldsburg, OH 43068, 614 861-0412.
BYRUM, William Scott; '81 BSBA; Acct.; The Indep. Ins. Agents Assn. of Ohio, 1330 Dublin Rd., Columbus, OH 43215; r. 1368 Knollwood Dr. E., Columbus, OH 43227, 614 866-4539.

C

CABANISS, Ronald Edmund; '67 BSBA; Atty./Partner; Rumberger, Kirk, Caldwell, Cabaniss & Burke, P.A., POB 1873, Orlando, FL 32802, 407 425-1802; r. 605 Sweetwater Club Cir., Longwood, FL 32779, 407 869-0376.
CABI, Mustafa Abidin; '83 BSBA; Masters Candidate; Case Western Reserve Univ., University Cir., Cleveland, OH 44106; r. 2572 Kemper Rd., Apt. 103, Shaker Hts., OH 44120, 216 231-1333.
CABLE, Janet Dearth; '43 BSBA; Secy.; r. 7190 S. Fox Ct., Larkspur, CO 80118, 303 681-3062.
CABLE, Lawrence W.; '43 BSBA; 7190 S. Fox Ct., Larkspur, CO 80118, 303 681-3062.
CABOT, Jeffery Alan; '70 BSBA, '72 MPA; Cnty. Admin.; Franklin Cnty., 410 S. High St., Columbus, OH 43215, 614 462-3322; r. 258 Winthrop Rd., Columbus, OH 43214, 614 262-9324.
CABRERA, Deborah Ross; '82 BSBA; Preschool Tchr.; Maize Manor UMC, 3901 Maize Rd., Columbus, OH 43224; r. 1863 Northcliff Dr., Columbus, OH 43229, 614 846-0913.
CACCHIO, Debra Miller, (Debra Miller); '86 BSBA; Computer Programmer; CUC Intl., 5025 Arlington Ctr. Blvd., Columbus, OH 43220, 614 451-0475; r. 1961 Concord Rd., Columbus, OH 43212, 614 488-9208.
CADA, Gregory Alan; '72 MBA; Atty.; Cleveland Electric Illuminatng, 55 Public Sq., Cleveland, OH 44113, 216 622-9800; r. 21437 Lake Rd., Rocky River, OH 44116, 216 333-4619.
CADDEN, Bernard E.; '48 BSBA; Retired; r. 5392 Roche Dr., Columbus, OH 43229, 614 885-7826.
CADDEN, John Francis; '78 BSBA; Chief Acct.; Trentham Corp., 811 Westheimer Ste. 201, Houston, TX 77006, 713 524-3165; r. 11201 Olympia Apt. 2419, Houston, TX 77042, 713 789-5189.
CADE, Corran John; '78 BSBA; Admin. Mgr.; Natl. Technical Svcs., 118 W. Fulton, Celina, OH 45822, 419 586-6275; r. RR 3 Box 55A, St. Marys, OH 45885.
CADE, Joseph Frank; '78 MPA; Staff; Bonneville Power Administratn, 1002 NE Holladay St., Portland, OR 97208, 503 230-5864; r. 3810 NE 28th Ave., Portland, OR 97212, 503 282-8352.
CADOTTE, Dr. Ernest Richard; '74 PhD (BUS); Asst. Prof./Mktg.; Univ. of Tennessee, 307 Stately Mgmt Ctr., Knoxville, TN 37916; r. 604 Woodedge Ln., Knoxville, TN 37922, 615 966-4118.
CADWALLADER, C. Huston; '29 BSBA; Retired; r. 3010 W. Central Ave., Apt. 203, Toledo, OH 43606, 419 531-4031.
CADWALLADER, Patricia Skuse; '80 MPA; Staff; Ross Labs, 625 Cleveland Ave., Columbus, OH 43216; r. 1826 Upper Chelsea Rd., Columbus, OH 43212, 614 488-8950.
CADWELL, Frank J.; '53 BSBA; Retired; Columbia Gas of Ohio Inc.; r. 830 Janet Dr., Columbus, OH 43224, 614 263-9839.
CADY, William Allen; '72 BSBA; Pres.; 5Th Avenue Lumber, 479 E. Fifth Ave., Columbus, OH 43201, 614 294-4623; r. 2182 Patterson Rd., Pataskala, OH 43062, 614 927-0731.
CAFFO, Ronald L.; '78 MBA; POB 1513, Fernandina Bch., FL 32034.
CAHILL, Donna M.; '78 BSBA; Regnl Sales Mgr.; Murdoch Magazines, c/o Postmaster, New York, NY 10001; r. 685 Tampico Dr., Walnut Creek, CA 94598, 415 944-5525.
CAHILL, James John; '78 BSBA; Systs. Engr.; EDS, 555 New King St., Troy, MI 48098, 313 696-3230; r. 8743 Miller Rd., Clarkston, MI 48016, 313 625-2048.
CAHILL, James Michael, Jr.; '73 BSBA; Transportation Supv.; Southwestern City Sch., 2975 Kingston Ave., Grove City, OH 43123, 614 875-2318; r. 2241 Blodwen Cir., Grove City, OH 43123, 614 871-1964.
CAHILL, Martin Paul; '73 BSBA; CPA; 200 W. Norwich Ave., Apt. 1C, Columbus, OH 43201, 614 299-0394; r. Same, 614 299-2424.
CAHILL, Michael P.; '75 BSBA; Utility Rate Analyst; Ohio Consumers' Counsel, 137 E. State St., Columbus, OH 43215, 614 466-9587; r. 1728 Woodbluff Dr., Powell, OH 43065.
CAHILL, Thomas Robert, Jr.; '83 BSBA; Production Supv.; Press Seal Gasket Corp., 6935 Lincoln Pkwy., Ft. Wayne, IN 46804, 219 436-0521; r. POB 714, Auburn, IN 46706, 219 925-5617.
CAHN, Harold A.; '38 BSBA; Exec. VP & Dir.; DFT Corp., 1425 Rockwell Ave., Cleveland, OH 44114; r. 10 Stratford, Cleveland, OH 44122.
CAHN, Rodger Neil; '73 BSBA; Controllor; DFT Lighting, Inc., 1425 Rockwell Rd., Cleveland, OH 44114, 216 696-0416; r. 24549 Meldon Blvd., Cleveland, OH 44122, 216 464-7397.
CAIN, Beth A. '86 (See Napierala, Mrs. Beth C.).
CAIN, E. Robert, Sr.; '60 BSBA, '67 MBA; Pres.; Tizwhiz Distributors Inc., 774 Peachblow Rd., Delaware, OH 43015, 614 548-6234.
CAIN, Gregory Eugene; '80 BSBA; Special Events Dir.; North Carolina State Univ., POB 7221, Raleigh, NC 27695, 919 737-3424; r. 5105 Shagbark Dr., Durham, NC 27703, 919 596-5948.
CAIN, James Matthew; '66 BSBA; Atty.; Atty-at-Law, 14614 Pearl Rd., Strongsville, OH 44136; r. 15629 Creekwood Ln., Strongsville, OH 44136.
CAIN, Joseph L.; '67 BSBA; Judge; Gallipolis Municipal Ct., City Bldg., Second Ave., Gallipolis, OH 45631, 614 446-9400; r. Rte. 3 Box 132X, Gallipolis, OH 45631, 614 446-6576.
CAIN, Milford M.; '65 BSBA; Devel. Dir.; Boy Scouts of America, 614 NE Madison Ave., Peoria, IL 61603, 309 673-6136; r. 1602 W. Candletree, Apt. 204, Peoria, IL 61614, 309 693-7445.
CAIN, Randall Phillip; '80 BSBA; Loan Ofcr.; Glenway Loan & Deposit Co., 4221 Glenway Ave., Cincinnati, OH 45205, 513 921-5505; r. 5304 Plumridge Dr., Cincinnati, OH 45238, 513 451-6341.
CAIN, William Scott; '72 BSBA; Pres.; Desert Health Resources Inc., 12630 N. 103rd Ave., Ste. 11-A, Sun City, AZ 85351; r. 709 E. Hayward, Phoenix, AZ 85020.
CAINE, Brian T.; '84 BSBA; IBM Corp., Manassas, VA 22110, 703 367-9514; r. 1860 California St. NW #402, Washington, DC 20009, 202 332-3125.
CAINE, John F.; '54 BSBA; Personal Investments; r. 6280 Brantford Rd, Dayton, OH 45414, 513 890-2583.
CAIRNS, John A.; '56 BSBA; 450 Ponce De Leon Blvd., Clearwater, FL 34616, 813 584-5778.
CAIRO, Anthony Albert, Jr.; '85 BSBA; 195 Thornton Dr., Palm Bch. Gdns., FL 33480.
CAITO, Harry Joseph; '69 BSBA; 30100 Winsor Dr., Bay Village, OH 44140, 216 871-8227.
CALABRESE, Theodore A.; '67 BSBA; Financial Cnslt.; The New England, 1120 Chester Ave., Cleveland, OH 44114, 216 621-6000; r. 16711 Edgewater Dr., Lakewood, OH 44107, 216 226-4873.
CALABRESE, Victoria Ann; '88 BSBA; 967 Glenside Rd., S. Euclid, OH 44121, 216 381-3325.
CALAWAY, Robert Keith; '87 BSBA; Mgr.; Meijers Dept. Store, Marion, OH 43302; r. 1253 Holverstott, Marion, OH 43302, 614 387-8428.
CALBECK, Joe W.; '47 BSBA; Retired; r. 248 Tiburon Ct., Walnut Creek, CA 94596, 415 937-2230.
CALDER, Davis R.; '84 BSBA; 5200 Ramblewood Ct., Cleveland, OH 44139, 216 237-0526.
CALDER, James A.; '84 BSBA; 5200 Ramblewood Ct., Cleveland, OH 44139.
CALDER, William Joseph; '35 BSBA; Retired; r. 202 N. 8th St., Martins Ferry, OH 43935, 614 633-0616.
CALDERONE, Steven A.; '75 BSBA; Sr. Systs. Analyst; Shell Oil Co., 1500 Old Spanish Tr., Houston, TX 77054, 713 795-3432; r. 11626 Sea Shore, Houston, TX 77072, 713 498-8233.
CALDWELL, Becky, (Becky Sires); '81 BSBA; Legal Ofc. Asst.; Wagner & Bloch, Ste. 610, 36 E. 4th St., Cincinnati, OH 45202, 513 421-4420; r. 1620 Longborne St., Cincinnati, OH 45230, 513 232-3194.
CALDWELL, Mrs. Eloise A., (Eloise Armitage); '40 BSBA; Homemaker; r. 5846 Folkestone Dr., Dayton, OH 45459, 513 434-6086.
CALDWELL, James Robert; '79 BSBA; Pres.; CTC Financial Svcs., Inc., 3021 Bethel Rd., Ste. 108, Columbus, OH 43220, 614 459-1080; r. 1711 Doone Rd., Columbus, OH 43221, 614 488-1226.
CALDWELL, Jerry Thomas; '72 BSBA; VP; State Savings, 66 E. Broad St., Columbus, OH 43215; r. 4 Grey Fox Ln. W., Hilton Head Island, SC 29928, 803 681-5788.
CALDWELL, Larry Robert; '69 BSBA; Sr. VP; Banc One Leasing Corp., 841 Greencrest, Columbus, OH 43214, 614 895-4488; r. 6929 Perry Dr., Worthington, OH 43085, 614 885-6279.
CALDWELL, Lorena '44 (See Hawley, Mrs. Lorena Caldwell).
CALDWELL, Lucy '31 (See Mc Entee, Lucy Caldwell).
CALDWELL, Maurice A.; '54 BSBA; POB 681, Bradford, PA 16701.
CALDWELL, Roderick William; '78 MBA; Proj. Elec. Engr.; United Technologies, Chemical Systs. Div., POB 49028, San Jose, CA 95161, 408 365-5646; r. 4687 Stiles Ave., Columbus, OH 43228, 614 878-4192.
CALE, Thomas Robert; '88 BSBA; 61 Harriette Dr., Shelby, OH 44875, 419 342-6180.
CALHOUN, Howard L.; '49 BSBA; Atty.; Calhoun, Waddell, Ufholz & Hunt, 707 Society Bldg., Akron, OH 44308, 216 253-1111; r. 1019 N. Cleveland-Massillon Rd, Akron, OH 44313.
CALHOUN, John Collier, Esq.; '50 BSBA; Political Cartoonist; Boca Raton News, 33 SE 3rd St., Boca Raton, FL 33432; r. 600 N. E. 24th St., Pompano Bch., FL 33064, 305 943-1392.
CALHOUN, John Michael; '60; Pres.; Calhoun & Assoc., Ste. 230, 2189 Cleveland St., Clearwater, FL 33575; r. 2710 Montague Ct. E., Clearwater, FL 34621, 813 786-4371.
CALHOUN, Paul Frederick; '79 BSBA; Staff Asst.; GM Corp., Componentes Mecanicos SA de CV, Ave. Michigan Y Prolongacion, Matamoros, Mexico, 512 541-8774; r. 1315 Cedar Ridge Dr., Brownsville, TX 78521, 512 350-4962.
CALHOUN, Robert B.; '32 BSBA; Retired Analyst; Sun Oil Co. Inc., 1608 Walnut St., Philadelphia, PA 19103; r. Wynnewood Pk Apts Apt. 10L, Wynnewood & Yerkes Rd, Wynnewood, PA 19096, 215 642-6612.
CALHOUN, Ronald R.; '57 BSBA; Atty-at-Law; 444 Second Ave., Gallipolis, OH 45631, 614 446-7890; r. 366 Debby Dr., Gallipolis, OH 45631, 614 446-1161.
CALICH, Kristin Ann; '87 BSBA; 13340 Judy Ave., Uniontown, OH 44685, 216 699-5116.
CALL, Dean R.; '56 BSBA; Pres., CEO; Quality Call Intl., 101 Ocean Bluffs Blvd. #502, Jupiter, FL 33477, 407 747-3847; r. 101 Ocean Bluffs Blvd., #502, Jupiter, FL 33477, 407 747-3847.
CALL, James Bradley; '80 BSBA; 7064 Scribner Way, Dublin, OH 43017, 614 761-0242.
CALL, Janis Meyer, (Janis Meyer); '80 BSBA; Sales Mgr.; Com Doc/3M, 3458 Massillon Rd., Uniontown, OH 44685; r. 5623 Humelsine Dr., Hudson, OH 44236, 216 650-9585.
CALL, Lawrence E.; '54 BSBA; Sales; Herff Jones Co.; r. 2969 Silver View Dr., Cuyahoga Falls, OH 44224, 216 688-6771.
CALL, Patricia '49 (See Weber, Mrs. Patricia Call).
CALL, Richard Charles; '81 BSBA; Sales Rep.; Herff Jones, 2969 Silverview Dr., Cuyahoga Falls, OH 44221; r. 5623 Humelsine Dr., Hudson, OH 44236, 216 650-9585.
CALL, Robert N.; '29 BSBA; Retired; r. 1145 Stoutsville Pike, Circleville, OH 43113, 614 474-3032.
CALLAGHAN, Karen '82 (See Rosolowski, Karen Callaghan, CPA).
CALLAGHAN, Michael William; '72 MBA; Pres.; Scripps-Howard Cable Svcs., Subs Scripps-Howard Broadcast, 3001 Euclid Ave., Cleveland, OH 44115; r. 1 Circus Pl., Terrace Park, OH 45174, 513 474-2791.
CALLAHAN, Mrs. Alberta M., (Alberta Phillips); '49 BSBA; Prog. Monitor; Detroit Bd. of Educ., 10001 Puritan, Rm. 103, Detroit, MI 48238, 313 245-3257; r. 7710 La Salle Blvd., Detroit, MI 48206, 313 361-3932.
CALLAHAN, Brian Patrick; '83 BSBA; Financial Mgmt.; GE Co., 10001 Alliance Rd, Cincinnati, OH 45242; r. 11986 Elkwood Dr., Cincinnati, OH 45240.
CALLAHAN, Kevin Thomas; '87 BSBA; Acct.; Arthur Andersen & Co., 33 W. Monroe, Chicago, IL 60603, 312 580-0033; r. 426 W. Barry, Chicago, IL 60657, 312 248-7191.
CALLAHAN, Martin Allen; '86 BSBA; Account Exec.; TransUnion Credit Info. Co., 1855 Fountain Sq. Ct. #306, Columbus, OH 43224, 614 261-3100; r. 3152 Haden Rd., Columbus, OH 43220, 614 792-3931.
CALLAHAN, Patricia Louise; '80 BSBA; Sr. Acct.; Mc Donald's Corp., 635 Brooksedge Blvd., Westerville, OH 43081, 614 895-5135; r. 5986 Slippery Rock Dr., Columbus, OH 43229, 614 899-9455.
CALLAHAN, Raymond Scott; '75 BSBA; 6844 E. Phelps, Scottsdale, AZ 85254, 602 483-7436.
CALLAHAN, Stacey Clarke; '80 BSBA; Circulation Mgr.; Ohio Magazine, 40 S. Third St., Columbus, OH 43215; r. 1856 Shadow Creek Ct., Powell, OH 43065.
CALLAHAN, Thomas Joseph; '74 BSBA; Production Mgr.; Integrity Life Ins. Co., 200 E. Wilson Bridge Rd., Worthington, OH 43085, 614 438-1103; r. 6885 Mac Greegor St., Worthington, OH 43085, 614 846-6404.
CALLAHAN, William Harold; '74 BSBA; Cash Mgr.; ITT North Electric Co., POB 688, Galion, OH 44833; r. 8830 S. Old State Rd., Westerville, OH 43081, 614 888-8393.
CALLAM, Walter Donald; '87 BSBA; Acct.; Pacers, 1080 E. 260th St., Euclid, OH 44132, 216 731-7223; r. 6811 Mayfield Rd. #1095, Mayfield Hts., OH 44124, 216 461-6318.
CALLAN, Kevin Nathan; '78 BSBA; Investment Sales Asst. VP; First Boston Corp., 333 S. Grand Ave., Los Angeles, CA 90071, 213 253-2070; r. 1201 Boston St., Altadena, CA 91001, 818 798-6089.
CALLAND, Kevin David; '81 BSBA; Cnslt.; Deloitte Haskins & Sells, 155 E. Broad St., Columbus, OH 43215, 614 229-4727; r. 3414 Noreen Dr., Hilliard, OH 43026, 614 771-1558.
CALLAND, Mrs. Vickie L., (Vickie L. Wilson); '85 BSBA; 2164 Arlington Ave., Columbus, OH 43221, 614 487-9411.
CALLARD, James Hall; '62 BSBA; Atty. & Partner; Loveland Callard & Clapham, 50 W. Broad St., Ste. 1016, Columbus, OH 43215; r. 5501 Carnoustie Ct., Dublin, OH 43017, 614 889-9538.
CALLENDER, Robert Lee; '47 BSBA; Retired; r. 525 Woodland Ave., Bellefontaine, OH 43311, 513 593-3432.
CALLIBARRI, James R.; '82 BSLHR; Production Supv.; Goldman Sachs & Co., 85 Broad St., New York, NY 10004, 212 902-5544; r. 10 Bennett Ave., New York, NY 10033, 212 781-4969.
CALLICOTTE, John Todd; '88 BSBA; RR #1 Box 125, Bryan, OH 43506, 419 636-4091.
CALLIF, David Mark; '72 BSBA; VP; Alubec Industries Inc., 5240 Wooster Rd., Cincinnati, OH 45226, 513 321-9901; r. 13056 Coopermeadow Ln., Cincinnati, OH 45242, 513 791-4777.
CALLIF, George L., II, CLU; '64 BSBA; Agt. Registered Rep.; Callif Ins. Agcy., 615 Rome Hilliard Rd., Columbus, OH 43228, 614 870-0030; r. 5675 Greendale Dr., Galloway, OH 43119, 614 870-6956.
CALLIF, Janet Charlene; '79 BSBA; Div. Merchandise Mgr.; Precision Lens Crafters, 8650 Governor's Hill Dr., Cincinnati, OH 45249, 513 583-6525; r. 4109 Williamsburg Rd., Cincinnati, OH 45215, 513 821-1649.
CALLIF, Neal; '49 BSBA; Retired Acct./Partime; John Gerlach & Co., 37 W. Broad St., Columbus, OH 43215; r. 123 S. Gould Rd., Columbus, OH 43209, 614 231-3428.
CALLINAN, Stephen Joseph; '68 BSBA; Utilities Tech.; Ohio Dept. of Transportation, 25 S. Front St., Columbus, OH 43215, 614 466-4119; r. 3548 Arnsby Rd., Columbus, OH 43232, 614 837-1915.
CALLIS, Kathleen; '79 MBA; Acctg. Mgr.; Rockwell Intl., Truck Axle Division, Newark, OH 43055; r. 129 Flamingo Dr., Newark, OH 43055, 614 745-2472.
CALLISON, Darletta Jane; '86 BSBA; Customer Svc. Rep.; Great American Ins. Co., Mktg. Systs. Div., 4445 Lake Forest Dr., Cincinnati, OH 45242, 614 733-7727; r. POB 429253, Cincinnati, OH 45242, 513 745-9038.
CALLISON, Richard Glenn; '69 BSBA; Mgr. Network Engr.; Ohio Bell Telephone Co., 150 E. Gay St., Columbus, OH 43215, 614 223-6598; r. 5016 Francisco Pl., Columbus, OH 43220, 614 451-7359.
CALLOS, Susan A. '78 (See Ryan, Susan C.).
CALLOWAY, David Curtis; '82 BSBA; Gen. Foreman; Rockwell Intl., Production Dept., Newark, OH 43055, 614 344-1131; r. 2401 Audrey Dr. NE, Newark, OH 43055, 614 366-6635.
CALLOWAY, Erie Estorge, (Erie Estorge); '65 BSBA; Cnslt.; DHRG Inc., 24 Greenway Plz., #606, Houston, TX 77046, 713 965-9420; r. 3321 Parkwood Dr., Houston, TX 77021.
CALLOWAY, Ms. Marsha B., (Marsha L. Ball); '77 BSBA; Acct.; GM Corp., Fisher Guide Division, 200 Georgesville Rd., Columbus, OH 43228, 614 275-5280; r. 5760 Parkbridge Ln., Dublin, OH 43017, 614 766-5952.
CALMAS, Wilfred Earl, PhD; '48 BSBA, '52 MBA; Pres.; Calmas Assocs., 62 Fairway Rd., Chestnut Hill, MA 02167, 617 277-9244; r. 29 Fairway Rd., Chestnut Hill, MA 02167, 617 277-9837.
CALMES, Betty '54 (See Chase, Betty C.).
CALORI, Kevin Kinsey; '81 BSBA; Pilot; Continental Airlines, Port Columbus, Columbus, OH 43219; r. POB 14247, Columbus, OH 43214.
CALPIN, James Timothy; '83 BSBA; Asst. Operations Mgr.; Edward J De Bartolo Corp., 7620 Market St., Youngstown, OH 44512, 216 758-7292; r. 466 Garden Valley Ct., Boardman, OH 44512, 216 726-2843.
CALVELAGE, John Anthony; '80 BSBA; Lead Acct.; Marathon Oil Co., 539 S. Main St., Findlay, OH 45840, 419 422-2121; r. 2528 N. Main St., Findlay, OH 45840, 419 422-1541.
CALVELAGE, Larry Joseph; '83 BSBA; Claims Supv.; Motorists Mutual Ins., 5561 Far Hills Ave., Dayton, OH 45429, 513 435-5540; r. 4444-1023 Bascule Bridge, Dayton, OH 45440, 513 429-9218.

CALVERT, Donald Eugene; '74 BSBA; Cpm Purchasing Agt.; Rola, 21010 Miles Pkwy., Cleveland, OH 44128; r. 455 Kensington St., Lumberton, NC 28358, 919 738-3696.
CALVERT, George B., Jr.; '66 BSBA; Pres.; Pinnacle Software, POB 557249, Miami, FL 33255, 305 595-5888; r. 11630 SW 125 Ct., Miami, FL 33186, 305 271-3352.
CALVERT, William Patrick, II; '85 BSBA; Mgr.; Earl Scheib Auto Paint Shop, 566 E. Main St., Columbus, OH 43215, 614 228-6975; r. 411 Sturbridge Rd., Columbus, OH 43228, 614 878-6582.
CALZONE, Frank A.; '58 BSBA; 9207 Atten Falls Dr., Spring, TX 77379, 713 370-1758.
CAMARATA, Peter Joseph; '80 BSBA; Sr. Personnel Admin.; Bendix Heavy Vehicle Systs., 901 Cleveland St., Elyria, OH 44036, 216 329-9132; r. 10266 Juniper Ct., Strongsville, OH 44036, 216 572-9277.
CAMERON, Donald E.; '40 BSBA; Retired; r. 1816 Mustang, Amarillo, TX 79102, 806 352-2529.
CAMERON, Harold E.; '34 BSBA; Retired; r. 2279 Suffolk Ln., Grove City, OH 43123, 614 871-0660.
CAMERON, Heather Grier; '68 BSBA; Personnel Dir.; City of Palm Springs, POB 1786, Palm Spgs., CA 92263, 619 323-8215; r. 717 Plaza Amigo, Palm Spgs., CA 92262, 619 327-2513.
CAMERON, Jane Rodgers; '37; 5090 Olentangy River Rd., POB 14440, Columbus, OH 43214, 614 451-1208.
CAMERON, John Edwin; '81 MPA; Assoc. Exec. Dir.; United Cerebral Palsy of Franklin Cnty., 2989 Valleyview Dr., Columbus, OH 43204, 614 279-0109; r. 702 Paddlewheel Dr., Westerville, OH 43081, 614 882-3335.
CAMERON, Pamela '83 (See Capani, Pamela Cameron).
CAMERON, Richard K.; '56 BSBA; Res. Analyst; Big Bear Stores, 770 W. Goodale St., Columbus, OH 43215; r. 3899 Kioka St., Columbus, OH 43220.
CAMERON, Robert V.; '47 BSBA; CPA; Robert V. Cameron CPA Inc., 1208 Ashland Ave., Columbus, OH 43212, 614 488-8763; r. 2568 Sherwin Rd., Columbus, OH 43221, 614 488-2967.
CAMERON, William J.; '71 BSBA; Materials Mgr.; Jennison-Wright, Ste. 220E, 30195 Chagrin Blvd., Pepper Pike, OH 44124, 216 464-6740; r. 4367 Mill Pond Cir., Perry, OH 44081, 216 259-4108.
CAMIN, Paul R.; '50 BSBA; Acct.-Bookkeeper; Howard Pim Assocs., Inc., 20600 Chegrin Blvd., Shaker Hts., OH 44122, 216 491-9800; r. 24002 E. Baintree, Beachwood, OH 44122, 216 291-9594.
CAMMA, Anthony Philip; '84 MPA; Proj. Mgr./Stormwater Dir; City of Forest Park, Ofc. of the City Mgr., 1201 W. Kemper Rd., Forest Park, OH 45240, 513 595-5252; r. 902 Yorkhaven Rd., Cincinnati, OH 45240, 513 851-7234.
CAMMERER, Ruth M. '32 (See Simms, Mrs. Ruth Cammerer).
CAMMOCK, Charles John, III; '73 BSBA; Cnslt.; Cammock & Cammock, 355 Richmond Rd., Cleveland, OH 44127, 216 289-4949; r. 2103 Riverside Dr., Cleveland, OH 44107, 216 228-8539.
CAMP, Anne Marie; '88 BSBA; 5481 Tinsbury Ct., Columbus, OH 43235, 614 451-4846.
CAMP, David Wesley; '68 BSBA; Pres.-Gen. Mgr.; Fisher Lumber Co., 303 E. Main St., Wilmington, OH 45177, 513 382-2550; r. 849 Orchard Rd., Wilmington, OH 45177, 513 382-0624.
CAMP, Mary Jo; '74 BSBA; Partner/Kitchen Designer; Great Kitchens at Boucher's, 719 Santa Cruz Ave., Menlo Park, CA 94025, 415 328-4224; r. 487 Laidley, San Francisco, CA 94131, 415 586-4535.
CAMP, Mitchell Alan; '80 BSBA; 3597 N. Sunnyfield Rd., Akron, OH 44321, 216 666-1194.
CAMP, Robert W.; '86 BSBA; Auditor; White Castle Syst. Inc., 555 Goodale St., Columbus, OH 43216; r. 5481 Tinsbury Ct., Columbus, OH 43220, 614 451-4846.
CAMPAGNA, Frank Joseph; '76 BSBA; 3920 Brookside Dr., Bedford, TX 76021.
CAMPAGNI, Anthony Paul; '87 BSBA; Reg. Sales Repr; John Hancock Financial Svc., 1105 Shrock Rd., Ste. 700, Columbus, OH 43229; r. 6021-A Shadow Lakes Cir., Columbus, OH 43235.
CAMPANELLA, John Carmen; '88 BSBA; Retail Exec. Trainee; May Co. Dept. Store, 158 Euclid Ave., Cleveland, OH 44114; r. 5735 Janet Blvd., Solon, OH 44139, 216 248-4105.
CAMPANELLI, Michael A.; '88 BSBA; Account Exec.; AT&T, 1111 Superior Ave., 12th Fl., Cleveland, OH 44114; r. 2222 Weir Dr., Hudson, OH 44236, 216 656-2771.
CAMPBELL, Alfred Arthur; '52 BSBA; Retired; r. 2618 Bryden Rd., Columbus, OH 43209, 614 237-0047.
CAMPBELL, Barbara Ellen; '81 MPA; Staff; Franklin Co. Bd. of Mental Retdt, 2879 Johnstown Rd., Columbus, OH 43219, 614 436-4800; r. 2226 Nottingham Rd., Columbus, OH 43221, 614 451-7318.
CAMPBELL, Bruce Allen; '60 BSBA; Branch Mgr.; Lennox Industries Inc., 1711 Olentangy River Rd, Columbus, OH 43212; r. 5941 Elden Dr., Sylvania, OH 43560, 419 882-5611.
CAMPBELL, Bruce J.; '57 BSBA; Pres.; Campbell Award Specialties, 18025 Sky Park Cir., Irvine, CA 92714, 714 261-6085; r. 27 Ashbrook, Irvine, CA 92714, 714 552-1357.
CAMPBELL, Carol Elizabeth; '83 BSBA; Personnel; Kennedy Freight Lines, 4989 Vulcan Ave., Columbus, OH 43228, 614 876-8090; r. 226 E. Royal Forest Blvd., Columbus, OH 43214, 614 263-7264.
CAMPBELL, Carolyn '51 (See Jones, Mrs. Carolyn C.).
CAMPBELL, Charles Hubert; '59 BSBA; Staff; Interfirst Bank, 5th & Congress, Austin, TX 78701; r. 1406 Bay Hill Dr., Austin, TX 78746, 512 328-0338.
CAMPBELL, Charles R.; '52 BSBA; Partner; Campbell Schock & Co. CPA's, 4500 Wadsworth Rd., Dayton, OH 45414, 513 276-2149; r. 4128 Pafford Rd, Dayton, OH 45405, 513 277-4744.
CAMPBELL, Christopher Duncan; '86 BSBA; Financial Planner; Mc Cloy Financial Svcs., 921 Chatham Ln., Ste. 300, Columbus, OH 43221, 614 457-6233; r. 3912 Saddlehorn Dr., Columbus, OH 43026, 614 771-8468.
CAMPBELL, Christopher John; '83 BSBA; Mgr.; Campbell Equip. Co., 3660-A Pkwy. Ln., Hilliard, OH 43026, 614 876-0132; r. 3792 Baybridge Ln., Dublin, OH 43017, 614 792-2092.
CAMPBELL, Craig Nolan; '76 BSBA; 153 W. California Ave., Columbus, OH 43202, 614 263-3054.
CAMPBELL, David Robert; '61 BSBA; Sales Rep.; The Ohio Co., 155 W. Broad St., Columbus, OH 43220, 614 383-3125; r. 2456 Crissinger Rd., Marion, OH 43302, 614 387-6784.
CAMPBELL, Deborah Ann; '85 BSBA; 803 Bellefontaine St., Wapakoneta, OH 45895, 419 738-6197.
CAMPBELL, Donald Elder; '49 BSBA; VP & Chmn.; West-Camp Press Inc., 39 Collegeview Rd, Westerville, OH 43081, 614 882-2378; r. 140 Linabary St., Westerville, OH 43081, 614 882-4986.
CAMPBELL, Doug Craig; '53 BSBA; Contract Writer; 21st Century, 5119 St. Michael Ave., Orlando, FL 32812, 407 855-1937; r. Same.
CAMPBELL, COL Duane Denver; '57 MA; Staff; TRW Inc., One Space Park, Redondo Bch., CA 90278; r. POB 1042, Hawthorne, CA 90250.
CAMPBELL, Dr. Edward J., Jr.; '79 MPA; Chiropractor; r. 4096 Sutherland Dr., Palo Alto, CA 94303, 415 494-7273.
CAMPBELL, Estelle E.; '39 BSBA; Retired; r. 1273 Elmdale, Kettering, OH 45409, 513 294-2330.
CAMPBELL, F. Patrick, III; '87 BSBA; Production Mgr.; Metro Beverage Co., 1360 Norton Rd., Columbus, OH 43228, 614 878-2434; r. 1065 Chickasaw Dr., Choctaw Lake, London, OH 43140, 614 852-3449.
CAMPBELL, Floyd Patrick; '66 BSBA; Mgr.; Metro Beverage Co., 1360 Norton Rd., Columbus, OH 43228; r. 2311 Pawnee Dr., London, OH 43140, 614 852-3280.
CAMPBELL, Fred McRoberts; '51 BSBA; Atty.; Campbell, Hornbeck, Chilcoat & Veatch, 7650 Rivers Edge Dr., Ste. 100, Columbus, OH 43235, 614 846-2000; r. 1217 Kenbrook Hills Dr., Columbus, OH 43220, 614 442-6742.
CAMPBELL, Geoffrey C.; '69 BSBA; Dir. of Mktg.; Borden Inc., 180 E. Broad St., Columbus, OH 43215, 614 225-4188; r. 1790 Cambridge Blvd., Columbus, OH 43212, 614 488-2435.
CAMPBELL, Gerald T.; '77 MBA; Asst. Prof.; Ohio Dominican Clg., 1216 Sunbury Rd., Columbus, OH 43219, 614 253-2741; r. 637 Commanche Rd., Chillicothe, OH 45601, 614 775-4608.
CAMPBELL, J. R.; '55; Pres.; Campbell Equip. Co., 3660 Pkwy. Ln., Hilliard, OH 43026, 614 876-0132; r. 3793 Lindhurst Rd, Columbus, OH 43220, 614 451-3706.
CAMPBELL, James Arthur; '49 BSBA; Pres.-CEO; Detroit Tigers Baseball Club, 2121 Trumbull Ave., Detroit, MI 48216; r. 2121 Trumbull Ave., Detroit, MI 48216.
CAMPBELL, James Russell; '77 BSBA; Dist. Sales Mgr.; NCR Corp., 5 Executive Park Dr. NE, Atlanta, GA 30329; r. 336 Shunn Way, Lilburn, GA 30247, 404 381-0004.
CAMPBELL, James W.; '76 BSBA; Sales Mgr.; American States Ins. Co., 3355 Richmond Rd., Beachwood, OH 44122, 216 831-6120; r. 27275 Westowne, Apt. 601, Westlake, OH 44145, 216 871-4263.
CAMPBELL, Jeffrey Paul; '78 BSBA; Store Mgr.; Campbells Foodtown, 3 Maysville Pike, S. Zanesville, OH 43701; r. 1 Gaslight Dr., S. Zanesville, OH 43701.
CAMPBELL, Joan '48 (See Samuel, Joan).
CAMPBELL, Joan E.; '87 BSBA; Agt.; State Farm Ins., 1043 E. 6th Ave., Lancaster, OH 43130, 614 687-1961; r. 146 Linden Ave., Newark, OH 43055, 614 344-4648.
CAMPBELL, Joel Roderick; '68 BSBA; Atty.; Britt, Campbell & Nagel, 490 City Park Ave., Columbus, OH 43215, 614 224-8339; r. 5915 Brand Rd., Dublin, OH 43017, 614 764-0288.
CAMPBELL, John Edwin; '83 BSBA; 5000 Grove City Rd., Grove City, OH 43123, 614 875-9438.
CAMPBELL, John Stuart; '57 BSBA; Sr. Pricing Spec.; Rockwell Intl., 100 N. Sepulvada Blvd., El Segundo, CA 90245, 213 414-1000; r. 207 Sierra St., El Segundo, CA 90245, 213 322-4870.
CAMPBELL, John Wallace; '83 BSBA; Investment Mgr.; The Prudential Realty Grp., 2000 Town Ctr., Ste. 2280, Southfield, MI 48075, 313 358-4200; r. 1725 W. Lincoln, Birmingham, MI 48009, 313 646-2637.
CAMPBELL, John William; '59 BSBA; 1513 S. Mills Ave., Orlando, FL 32806.
CAMPBELL, Kenneth, Esq.; '50 BSBA; Atty.; 202-19 120th Ave., St. Albans, NY 11412, 718 276-6016; r. Same.
CAMPBELL, Linda Sue; '84 BSBA; Rd 12 Box 230, Mansfield, OH 44903.
CAMPBELL, Lisa Beth; '85 BSBA; Exec. Adm Asst.; Hebrew Union Clg., 3101 Clifton Ave., Cincinnati, OH 45220; r. 2808 Mapletree Ct., Cincinnati, OH 45236.
CAMPBELL, Lucile '83 (See Gubbins, Lucile Campbell).
CAMPBELL, Lucinda '85 (See Onosko, Mrs. Lucinda).
CAMPBELL, Margaret Kane; '77 BSBA; Staff; Western Electric, c/o Postmaster, Brighton, CO 80601; r. 15188 Madison St., Brighton, CO 80601, 303 452-3821.
CAMPBELL, Milton Angus; '83 MPA; Trng. Dir.; Massachusetts Mutual Life Ins., 250 E. Town St., Columbus, OH 43215; r. 4301 Fairoaks Dr., Columbus, OH 43214, 614 262-8185.
CAMPBELL, Randall R.; '76 BSBA; Cust Serv Mgr.; The Wholesale Club, 3760 Interchange Rd., Columbus, OH 43204, 614 278-9747; r. 4164 Berrybush, Gahanna, OH 42230, 614 891-4183.
CAMPBELL, Rhonda Sue; '84 BSBA; 3706 W. Steeple Chase Way, #C, Williamsburg, VA 23185.
CAMPBELL, Richard W.; '79 BSBA; Atty.; 2533 Scioto Tr., POB 1324, Portsmouth, OH 45662, 614 354-5659; r. Rte. 6, Box 100, Lucasville, OH 45648, 614 259-2504.
CAMPBELL, Robert George; '86 BSBA; 7504 Sawmill Commons Ln., Apt. L, Dublin, OH 43017, 614 761-1653.
CAMPBELL, Robert Grant; '48 BSBA; 5213 Montair Ave., Lakewood, CA 90712, 213 866-2676.
CAMPBELL, Robert John; '50 BSBA; 3142 North-West Blvd., Columbus, OH 43221, 614 299-3773.
CAMPBELL, Roderick Carlisle; '66 MBA; Managing Dir.; Riverside Coal Transport Co., Macquarie St., New Farm, Brisbane, Australia; r. Riverside Coal Transport Co, Macquarie St. New Farm, Brisbane, Australia.
CAMPBELL, MAJ Rodney Louis; '68 BSBA; Maj.; US Marine Corps, Marine Corps Air Sta., 1st Marine Aircraft Wing, Futenma Okinawa, Japan; r. 17 Linden St., Cincinnati, OH 45216.
CAMPBELL, Ronald Louis; '76 MBA; Prof.; r. 1201 Harvey Rd., Apt. 198, College Sta., TX 77840, 409 693-9509.
CAMPBELL, Sharon Hinton; '84 BSBA; Supv.; Hausser & Taylor CPA, 471 E. Broad St., Columbus, OH 43215, 614 224-4196; r. 1107 Jaeger St., Columbus, OH 43206, 614 444-5810.
CAMPBELL, Susan Winland; '85 BSBA; Sales Mgr.; Parke Hotel, 900 Morse Rd., Columbus, OH 43229, 614 885-8244; r. 7504 Sawmill Commons Ln., Apt. L, Dublin, OH 43017.
CAMPBELL, Theodore Daniel; '48 BSBA; Retired; r. 296 Clinton Heights Ave., Columbus, OH 43202, 614 262-4058.
CAMPBELL, Thomas O.; '53 BSBA; Owner; Clean Air Control Systs., POB 90264, Rochester Hls., MI 48309, 313 651-2060; r. 46132 Norton, Northville, MI 48167, 313 349-6355.
CAMPBELL, Warren Alexander, III; '68 BSBA; Pres.; Contemporary Yachts Ltd., POB 3258, Annapolis, MD 21403, 301 268-9223; r. 695 Americana Dr. #58, Annapolis, MD 21403, 301 268-3167.
CAMPBELL, William Michael; '70; 1529 Cambridge Blvd., Columbus, OH 43212, 614 481-7654.
CAMPBELL, William Spencer, Jr.; '47; 555 N. Portage Path, Akron, OH 44303, 216 836-0844.
CAMSTRA, Margaret Kader; '84 BSBA; 3683 Cameo Dr., Oceanside, CA 92056, 619 722-7260.
CANADA, Nancy T.; '86 BSBA; Mktg. Mgr.; Knickerbocker Pools & Spas, 2449 Linebaugh Rd., Xenia, OH 45385; r. 2401 Kewanna Ln., Xenia, OH 45385.
CANARIOS, Elizabeth P.; '76 BSBA; Sales; Gundaker BHG, 110 Holloway Rd., Ballwin, MO 63011, 314 227-9625; r. 16451 Wilson Farm Dr., Chesterfield, MO 63005, 314 537-4058.
CANCILA, Timothy Martin; '78 BSBA; Sales Mgr.; Simco Controls, 10270 Spartan Dr., Cincinnati, OH 45215, 513 771-1889; r. 7969 Saddleback Pl., Maineville, OH 45039, 513 683-0002.
CANDAS, Mrs. Sevil, (Sevil Kurtis); '83 BSBA; Relationship Analyst; Citibank, 717 N. Harwood, LB 85, Dallas, TX 75206, 214 953-3840; r. 8610 Southwestern Blvd., Apt. 1418, Dallas, TX 75206, 214 891-0937.
CANDEUB, Ruth Schoenbrun, (Ruth Schoenbrun); '48 BSBA; English Tchr.; Edison Twp. Bd. of Educ., Edison, NJ 08820; r. 19 Beacon Hill Dr., Metuchen, NJ 08840, 201 548-3660.
CANESTRARO, Judith Wallace; '81 BSBA; 2676 Powhattan, Toledo, OH 43606.
CANFIELD, Bruce Arthur; '70 BSBA; Airline Pilot; Fed. Express Corp., Memphis International Airport, Memphis, TN 38130; r. 4864 Windsong Park Dr., Collierville, TN 38017, 901 853-8961.
CANFIELD, H. Neil; '60 BSBA; Merchandising Mgr.; Hoechst Celanese Corp., 900 Cir. 75 Pkwy., Ste. 290, Atlanta, GA 30339, 404 980-6151; r. 11175 Bentley Chase Dr., Duluth, GA 30136, 404 751-3880.
CANFIELD, Howard T.; '64 BSBA; Acctg. Supv; City of Hayward, 22300 Foothill Blvd., Hayward, CA 94541; r. POB 4891, Hayward, CA 94541.
CANIZALEZ, Juana De America; '83 MLHR; I.R. Relations Supv.; Gray Tool of Venezuela, Avenida Intercomunal, Las Morochas, Ciudad Ojeda, Venezuela, 061917360; r. 3 Avenida Holywood, Cabimas Zulia 4013, Venezuela, 06472262.
CANNATA, Frank R.; '53 BSBA; Produce Shipper; Cactus Distributors Inc., 7127 E. Sahuaro Dr., Ste. 201, Scottsdale, AZ 85253, 602 483-2218; r. 8120 E. Williams, Scottsdale, AZ 85255, 602 585-3690.
CANNING, John Jerome; '68 MBA; Pres. & CEO; Pitney Bowes Credit Corp., Merritt 7 Bldg. 201, Norwalk, CT 06851, 203 846-5601; r. 12 Witch, Rowayton, CT 06853, 203 838-1740.
CANNING, Mary '77 (See Lumannick, Mary Canning).
CANNING, Steven Roy; '73 BSBA; Real Estate Appr; Home Fed. S&L, 5590 Morehouse, San Diego, CA 92121, 619 450-7556; r. 13605 Mira Montana Dr., Del Mar, CA 92014, 619 259-9940.
CANNON, David Gregory; '83 BSBA; 6555 Evening St., Worthington, OH 43085, 614 885-4123.
CANNON, David M.; '75 BSBA; Loan Serv Couns.; Liberty Fed. S&L, 314 Park Ave., Ironton, OH 45638, 614 532-2856; r. 317 1/2 Ashtabula Apt. 2, Ironton, OH 45638, 614 532-6713.
CANNON, David W.; '61 BSBA; 711 Upper Kingston Rd., Prattville, AL 36067, 205 365-0027.
CANNON, Judy Ann; '87 BSBA; 436 N. Rocky River, Berea, OH 44017, 216 234-6718.
CANNON, Lisa Marie '83 (See Broomall, Lisa Marie).
CANNON, Ms. Paula Dorothea; '56 BSBA; Tchr.; Southwestern City Schs., Grove City HS, 4665 Hoover Rd., Grove City, OH 43123; r. 224 Wilber Ave., Columbus, OH 43215, 614 297-0118.
CANNON, Thomas Omer; '32; Retired; American Airlines Inc., Dallas-Ft. Worth Airport, POB 61616, Dallas, TX 75261; r. 2825 Sherwood, Columbus, OH 43209, 614 231-5360.
CANNON, Tracey Katherine '87 (See Moody, Tracey Katherine).
CANNON, W. Reginald; '77 BSBA; Asst. Admin.; Columbus Montessori Sch., 1555 S. James Rd., Columbus, OH 43227, 614 231-3790; r. 2983 Eastmoreland Dr., Columbus, OH 43209, 614 235-3514.
CANTER, John; '48 BSBA; Retired Mgr./VP; State Auto Mutual Ins. Co.; r. 713 S. Summerfield, Madison, TN 37115, 615 865-7470.
CANTER, Julie Ann; '88 BSBA; POB 121, 7177 Stahl Rd., Orient, OH 43146, 614 877-3141.
CANTERUCCI, James M.; '87 BSBA; Cnslt.; The Heebink Grp., 148 N. High St., Gahanna, OH 43230, 614 476-1667; r. 4968 Deer Run Pl., Westerville, OH 43081, 614 899-9656.
CANTLIN, Michael Dean; '78 BSBA; Mgr.-MIS Strategic Plng.; Ross Labs, 625 Cleveland Ave., Columbus, OH 43216, 614 229-7288; r. 1450 Londondale, Newark, OH 43055, 614 344-5072.
CANTOR, Lisa Lynn, (Lisa Lynn Mc Bride); '87 BSBA; Staff Acct.; J E Hanger, 1385 King Ave., POB 1701, Columbus, OH 43216, 614 481-3727; r. 7865 Club Ridge Rd., Westerville, OH 43081, 614 847-3823.
CANTRALL, Richard G.; '53 BSBA; Dir. Creative Control; American Greetings Corp., 10500 American Rd., Cleveland, OH 44102; r. 24973 Hall Dr., Cleveland, OH 44145, 216 777-7446.
CANTRELL, Dirk Mason; '82 MBA; Treas. & Controller; C B C Cos., 170 E. Town St., Columbus, OH 43215, 614 222-5414; r. 5003 LaBelle Dr., Columbus, OH 43232, 614 868-9814.
CANTY, John J.; '57 BSBA; Buyer; r. 16010 Woodbury Ave., Cleveland, OH 44135.
CANUTE, Brian Lee; '84 BSBA; 4300 Crystal Lake Dr., Apt. 5F, Pompano Bch., FL 33064, 407 498-4886.
CAP, Michael Anthony; '84 BSBA; Staff; Cardinal Industries, 2255 Kimberly Pkwy., Columbus, OH 43232, 614 755-6230; r. 4879 Botsford Dr., Columbus, OH 43232, 614 866-3932.
CAPALINO, Marco Steven; '85 BSBA; 243 E. Mithoff St., Columbus, OH 43206, 614 443-1989.
CAPANI, Pamela Cameron, (Pamela Cameron); '83 BSBA; VP of Acctg./Controller; Highlights for Children Inc., 2300 W. Fifth Ave., Columbus, OH 43215, 614 486-0631; r. 262 Clover Ct., Dublin, OH 43017, 614 889-8809.
CAPARON, Michael G.; '51 BSBA; Sr. Mktg. Comm Assoc.; Dow Chemical Co., 2040 Bldg., Midland, MI 48674, 517 636-2896; r. 3603 Orchard, Midland, MI 48640, 517 631-1939.
CAPE, Hays A.; '30 BSBA; Retired; Union Electric Co., POB 149, St. Louis, MO 63166; r. 9207 W. Greenway Rd., Sun City, AZ 85351, 602 977-4837.
CAPE, John T.; '52 BSBA; Staff; Lockheed Ocean Systs., 3929 Calle Fortunada, 52-02 Bldg. 205, San Diego, CA 92123; r. 1730 Fordham Way, Mountain View, CA 94040, 415 968-1749.
CAPELLA, Frank Joseph; '82 MBA; Staff; Natl. Bank of Detroit, Warren Rbc Dept. Branch 44, 611 Woodward Ave., Detroit, MI 48226; r. 41262 Marks Dr., Novi, MI 48050, 313 348-5273.
CAPERS, Joseph Alexander; '69 BSBA; Sr. Account Exec.; Alexander & Alexander, 3565 Piedmont NE, Bldg. 32, Atlanta, GA 30363, 404 264-3045; r. 2547 Kingsley Dr., Marietta, GA 30062, 404 565-2099.
CAPLAN, Jo Anne '77 (See Casen, Mrs. Jo Anne).

ALPHABETICAL LISTINGS CARPENTER 41

CAPLAN, William L.; '73 BSBA, '76 MBA; Atty./Partner; Buckingham, Doolittle & Burroughs, 50 S. Main St., Akron, OH 44308, 216 376-5300; r. 81 Sand Run Rd., Akron, OH 44313, 216 867-5106.
CAPLIN, Bernard Harris; '68 BSBA; Broker; CapOhio Real Estate, 41 S. High St., Columbus, OH 43215, 614 228-4789; r. 2247 Astor, Bexley, OH 43209, 614 231-7790.
CAPLIN, Joseph Edward, II; '81 BSBA; Sales Rep.; Kruse Hardware, 6th & Linn, Cincinnati, OH 45203; r. 4564 Morgan Center Rd., Mt. Vernon, OH 43050, 614 393-2391.
CAPLINGER, Alison Kay; '88 BSBA; 9105 Petersburg Rd., Hillsboro, OH 45133, 513 393-2739.
CAPOCCIA, LTC Anthony P., Jr., USAF; '67 BSBA; Pilot; r. 3 Crandon Circle, Haughton, LA 71037, 318 949-1413.
CAPORALETTI, Louis Eugene; '86 BSBA; 215 Madison, Youngstown, OH 44504.
CAPOSSELA, S. James; '50 BSBA; 805 Glenside Ct. W., Oradell, NJ 07649, 201 599-9834.
CAPOZIELLO, John Ralph; '86 BSBA; Pres. CEO; Aero Transport Assessment Corp., POB 29056, Columbus, OH 43229; r. 1638 Arrowood Loop N., Columbus, OH 43229.
CAPOZIELLO, Michael Anthony; '81 BSBA; Co-owner; Capoziello's Restaurant, 433 S. Hamilton, Whitehall, OH 43213, 614 237-1414; r. 1173 Manfeld Dr., Columbus, OH 43227, 614 866-8256.
CAPPEL, Kendra Thwaits; '80 BSBA; 2019 Beverly Rd., Columbus, OH 43221, 614 481-9717.
CAPPELL, Richard Andrew; '87 MPA; Forester; Ohio Dept. of Natural Resources, Div. of Forestry, 2112 Cherry Valley Rd., Newark, OH 43055, 614 522-4414; r. 178 Granville St., Newark, OH 43055, 614 345-8766.
CAPRETTA, Celeste Donald; '60 BSBA; 301 Staffordshire Rd, Winston-Salem, NC 27104, 919 768-8485.
CAPRETTA, Joseph N.; '47 BSBA; Staff; Xerox Corp., 1200 High Ridge, Stamford, CT 06904; r. 252 Tequesta Cir., Tequesta, FL 33469, 407 744-2538.
CAPRETTA, Louis J.; '51 BSBA; Branch Mgr.; Prompt Computer, 4356 Tuller Rd., Dublin, OH 43017, 614 761-7770; r. 3159 Kingstree Ct., Dublin, OH 43017, 614 766-8177.
CAPRETTA, Scott Edward; '87 BSBA; S&C Dairy, 843 Cutlip Dr., Worthington, OH 43085; r. Same.
CAPRIO, Maria Colette; '86 MPA; 480 Parkview Dr., Columbus, OH 43202, 614 263-7352.
CAPUANO, G. Thomas Joseph, Jr.; '87 BSBA; Sales Engr.; Tly Mechanical Contractors, 10055 N. Wayne Ave., Cincinnati, OH 45215, 513 772-4494; r. 9832 Lorelei Dr., Cincinnati, OH 45231, 513 851-9011.
CAPUANO-SUTPHEN, Rita Judith; '81 BSBA; 2303 Pawnee Dr., London, OH 43140.
CAPULONG, Emerito Baisa; '83 BSBA; 7903 Arbor Glen, Houston, TX 77071.
CAPWELL, Charles F., Jr.; '71 BSBA; Brewing Supt.; Anheuser-Busch Inc., 700 Schrock Rd., Columbus, OH 43229, 614 888-6644; r. 1310 Autumn Hill Dr., Columbus, OH 43235, 614 457-5913.
CARANDANG, Eileen; '85 BSBA; 184 Windbrook, Elyria, OH 44035.
CARAWAN, Thomas B.; '77 MPA; Mgr.; David M. Griffith & Assocs., 101 W. Ohio St., Ste. 730, Indianapolis, IN 46204, 317 634-7040; r. 13136 Cheval Ct., Carmel, IN 46032.
CARBAUGH, Daniel William; '67; Mgr.-Value Mgmt.; GM Corp., Delco Products Div, 2000 Forrer Blvd., Kettering, OH 46429; r. 1550 Ole Quaker Ct., Dayton, OH 45459, 513 434-2280.
CARBERRY, Dr. Pauline Ross; '70 PhD (ACC); Prof.; Columbus State Community Clg., 550 E. Spring St., Columbus, OH 43215, 614 227-2552; r. 954 E. Cooke Rd., Columbus, OH 43224, 614 263-4605.
CARCATERRA, Tina Louise; '85 BSBA; Acct. Mgr. Trainee; Gold Kist Inc., 10419 Chester Rd, Cincinnati, OH 45215, 513 772-4428; r. 6500 Osage Dr., Hamilton, OH 45011, 513 863-1404.
CARD, Harold P.; '66 BSBA; Mgr.-Ins. Svc. Div.; Columbus Mutual Life Ins. Co., 303 E. Braod St., Columbus, OH 43215; r. 649 Lakefield Dr., Galloway, OH 43119, 614 878-0220.
CARD, Mrs. Louise Kalies, (Louise Kalies); '49 BSBA; Retired Pension Cnslt.; r. 2784 Begonia Ct., Delray Bch., FL 33445, 407 276-8637.
CARDAMAN, Donna Marie; '88 BSBA; 10665 Longview Tr., Chagrin Falls, OH 44022, 216 543-3022.
CARDARELLI, Barbara '84 (See Vandeveer, Mrs. Barbara C.).
CARDENAS ALVAREZ, Juan Diego; '87 BSBA; Process Engr.; Procter & Gamble, Cr.52 #7-7Z, Medellin, Colombia, 574 285-2400; r. Calle 56 #47-14 Piso 20, Medellin, Colombia, 574 231-7464.
CARDI, Eugene A.; '62 BSBA; Pres.; Cardi Metals, Inc., 4191 Chaucer Ct., Columbus, OH 43220, 614 457-7789; r. Same.
CARDI, Francis R.; '56 BSBA; Dir. of Golf; Jonathan's Landing Golf Club, Jonathan Dr., Jupiter, FL 34558, 407 747-5558; r. 2600 N. Flagler Dr., W. Palm Bch., FL 33407, 407 655-6212.
CARDI, Dr. Miriam Whitsett; '38 BSBA; Psychologist; Psychological Assocs., 1001 Richmond Rd, Ste. 1, Williamsburg, VA 23185, 804 253-1462; r. 312 Cary St., Williamsburg, VA 23185, 804 229-7667.
CARDIN, COL Philip G., USAF(Ret.); '49 BSBA; Rte. 1 Box 572-B, Woodland, WA 98674, 206 225-8468.
CARDINAL, Anne Marie; '80 BSBA; Underwriter; Nationwide Ins. Co., 1014 Market N., Canton, OH 44602; r. 8758 Ontario St. NW, Massillon, OH 44646, 216 837-0156.
CARDINAL, John Raymond; '86 BSBA; Terminal Mgr.; Unocal Corp., 6433 Cosgray Rd., Amlin, OH 43002, 614 889-9461; r. 4431 Kimmel Rd., Columbus, OH 43224, 614 268-4987.
CARDINAL, Lawrence Michael, Jr.; '73 BSBA; Sr. VP, CFO; First Natl. Bank, 1 First National Plz., Massillon, OH 44646, 216 832-9801; r. 2286 Fallen Oak Cir. NE, Massillon, OH 44646, 216 837-2379.
CARDUCCI, Jeffrey Michael; '87 BSBA; Sales Rep.; Neutrogena Corp., Los Angeles, CA; r. 1210 Valley Hill Dr., Apt. J, Pittsburgh, PA 15216, 412 561-0344.
CARDWELL, Evelyn C. '47 (See Jones, Mrs. Evelyn C.).
CARDWELL, Gerald Leonard; '75 BSBA; 4107 Woodedge Dr., Bellbrook, OH 45305, 513 848-4429.
CAREY, Harold L.; '53 BSBA; Farmer; RR No 1, Mt. Victory, OH 43340; r. RR No 1, Mt. Victory, OH 43340, 513 354-4918.
CAREY, Kenneth Edward; '81 BSBA; Ins. Agt.; Lauterbach & Eilber Inc., 4619 Kenny Rd., Columbus, OH 43220, 614 459-6500; r. 2473 Merbrook, Worthington, OH 43235, 614 764-0805.
CAREY, Kevin Patrick; '79 BSLHR; Dir.-Wage & Salary Admin.; The Ohio State Univ., Personnel Services Admin, Columbus, OH 43210; r. 5384 Willoughby St., Columbus, OH 43220.
CAREY, Phillip B.; '59 BSBA; Tchr.; Muncie Community Schs., Muncie Central HS, 801 N. Walnut Dr., Muncie, IN 47305, 317 747-5278; r. 3904 N. Vernon Dr., Muncie, IN 47304, 317 284-8683.
CAREY, Richard S.; '76 BSBA; VP/Treas.; Buckeye Fed. Savings, 42 E. Gay St., Columbus, OH 43215, 614 225-2017; r. 1841 Suffolk Rd., Columbus, OH 43221, 614 488-0805.
CAREY, Sue Ann; '68 BSBA; Corporate Controller; Fotomat Corp., 205 9 St. N., St. Petersburg, FL 33701, 813 823-2027; r. 6218 Palma Del Mar, 113, St. Petersburg, FL 33715, 813 864-2539.
CAREY, Thomas Edward, Jr.; '80 MACC; CPA; Meaden & Moore Inc., 525 Metro Pl., N., Ste. 490, Dublin, OH 43017, 614 766-6991; r. 3860 Quail Hollow Dr., Columbus, OH 43228, 614 272-0543.
CAREY, William Corby; '79 MACC; Sr. Mgr.; Price Waterhouse, 950 17th St., Ste. 2600, Denver, CO 80202, 303 893-4760; r. 1777 Larimer St., Apt. 1501, Denver, CO 80202, 303 297-8213.
CARGILE, Paul Laquenze; '79 MPA; 1250 Belmont, Toledo, OH 43607.
CARIS, Nina G. '46 (See Brooks, Mrs. Nina G.).
CARL, Charles T.; '40 BSBA; Cnslt.; Johnson & Higgins of San Diego, 4275 Executive Sq., #600, San Diego, CA 92037, 619 552-4250; r. 3436 Voltaire St., San Diego, CA 92106, 619 222-2141.
CARL, David R.; '75 BSBA; Commerical MortgageBanker; Coldwell Banker, 2500 W. Loop S., Ste. 210, Houston, TX 77027, 713 840-6654; r. 12411 Woodthorpe Ln., Houston, TX 77024, 713 973-2633.
CARL, Hal Eugene; '80 BSBA; Programming Mgr.; Buckey Fed. S&L, 36 E. Gay St., Columbus, OH 43215, 614 899-4019; r. 1132 Racine Ave., Columbus, OH 43204, 614 276-5327.
CARLE, Edward Vincent; '88 BSBA; 6196 US 22 W., Circleville, OH 43113, 614 474-2932.
CARLE, James D.; '61 BSBA; Principal; Whitehall City Schs., 538 S. Yearling Rd, Columbus, OH 43213; r. 734 Autumn Branch, Westerville, OH 43081, 614 882-0181.
CARLE, John R.; '62 BSBA; VP; The Ohio Co., 155 E. Broad St., Columbus, OH 43215; r. 878 Lookout Point Dr., Worthington, OH 43085, 614 436-5234.
CARLE, Keith William; '87 BSBA; 9139 Rochester Rd., E. Rochester, OH 44625, 614 299-6646.
CARLETON, Claire F.; '84 BSBA; Cost Containment Coord.; Central Benefits, 255 E. Main St., Columbus, OH 43215, 614 462-4594; r. 1533 Elmwood Ave., Apt. C, Columbus, OH 43212.
CARLIER, George Alexander, III; '73 BSBA; RD 1, Box 47-A, Lake Lynn, PA 15451, 412 725-9154.
CARLIN, Clair Myron; '69 BSBA; Atty./Partner; McLaughlin, McNally & Carlin, 500 City Ctr. One, Youngstown, OH 44503, 216 744-4481; r. 5510 West Blvd., Youngstown, OH 44512, 216 758-3887.
CARLIN, Earl V.; '42; Retired; r. 3942 Fairlington Dr., Columbus, OH 43220, 614 451-8413.
CARLIN, Mrs. Oscar E., (Florence Poston); '32 BSBA; Homemaker; r. 2334 Boston Ave., Columbus, OH 43209, 614 252-5222.
CARLIN, Richard B.; '51 BSBA; RR 3 Box 37B, Ahoskie, NC 27910, 919 332-4153.
CARLIN, Timothy L.; '67; Realtor/Owner Agt.; The Carlin Co., 422 S. Main St., Bryan, OH 43506; r. 706 Ctr. Ridge Rd., Bryan, OH 43506.
CARLIP, Allen R.; '48 BSBA; Bus. Mgr.; r. 943 Moraga Dr., Los Angeles, CA 90049, 213 472-3887.
CARLISLE, Robert E.; '49 BSBA; Retired; r. 560 Kibler Ave., Newark, OH 43055, 614 366-6460.
CARLISLE, Robert Mc Kenzie; '72 BSBA; Gen. Acctg. Mgr.; r. 2149 S. Catarina St., Mesa, AZ 85202, 602 820-2590.
CARLISLE, Robert Paul; '81 BSBA; Atty.; Ashworth & McKinniss, 255 Executive Dr., Marion, OH 43302, 614 387-0692; r. 1741 Worthington Run Rd., Worthington, OH 43235, 614 766-6732.
CARLISLE, Thomas L.; '59 BSBA; VP & Gen. Mgr.; Owens Corning Fiberglas Corp., Performance Contracting Inc, POB 2198, Shawnee Mission, KS 66212, 913 888-8600; r. Rte. 4 Box, Paola, KS 66071, 913 837-5294.
CARLOZZI, Louis Joseph; '88 BSBA; 11795 Sherwood, Chesterland, OH 44026, 216 729-2014.
CARLSON, Barbara Helene; '81 BSBA; 7581 Cutters Edge Ct. #A, Dublin, OH 43017, 614 889-4933.
CARLSON, Bruce Gilbert; '83 BSBA; Master Scheduler; Rotek, Cleveland, OH 44141, 216 532-4000; r. 8344 Broadview Rd., Broadview Hts., OH 44147, 216 838-5570.
CARLSON, Doris Phelps, (Doris Phelps); '41; Retired; r. 2324 Terrance Dr., Columbus, OH 43220, 614 451-7312.
CARLSON, Dr. Eric Walfred; '75 MPA, '77 PhD (PA); Dir. Admin. Svcs.; Pima Cnty., Cnty. Atty., Tucson, AZ 85701, 602 792-8411; r. 6440 N. Camino Arturo, Tucson, AZ 85718, 602 297-8505.
CARLSON, Fred M.; '47 BSBA; Sales Rep.; Marshall Assoc. Inc., 666 N. Lake Shore Dr., Chicago, IL 60607, 312 266-8500; r. 9 Bayleaf Ln., The Woodlands, TX 77380, 713 363-1490.
CARLSON, Laurence Dale; '67 MBA; Pres.; Wines Inc., 1340 Home Ave. Ste. H-L, Akron, OH 44310, 216 633-5300; r. 1641 Hampton Knoll Dr., Akron, OH 44313, 216 928-1684.
CARLSON, Lloyd Orrin; '35 BSBA; Retired; r. 26118 Hemet St., Hemet, CA 92344, 714 927-2629.
CARLSON, Reed E.; '48 BSBA; VP; The Gibbens Co., Inc., POB 71210, Reno, NV 89570, 702 826-6600; r. 1420 Copper Point Cir., Reno, NV 89509, 702 825-7897.
CARLSON, Robert W.; '48 BSBA; Pres.; R & D C Enterprises Inc., 808 Mt Pleasant St., Winnetka, IL 60093, 312 446-5899; r. Same.
CARLSON, Stanley W.; '67 MACC; 4584 Fairview, Cincinnati, OH 45239.
CARLSON, Steven R.; '83 BSBA; Field Investigator; Ohio Dept. of Mental Health, Toledo Mental Health Ctr., 930 S. Detroit Caller #10002, Toledo, OH 43699, 419 381-1881; r. 4864 S. Village, Toledo, OH 43614, 419 382-8697.
CARLSON, Steven Richard; '77 BSBA; Sales Mgr.; John Lee Jeep-Eagle, 2448 Washtenaw Ave., Ypsilanti, MI 48197, 313 434-2424; r. 42625 Keystone, Canton, MI 48187.
CARLTON, Dr. Ernest Lee; '59 BSBA, '73 PhD (BUS); Prof.; East Texas State Univ., Box 5518, Texarkana, TX 75501, 214 838-6514; r. 24 Northridge Cir., Texarkana, TX 75501, 214 793-0219.
CARMACK, Martha Hildebrand; '82 BSBA; 1990 Upper Chelsea, Columbus, OH 43221, 614 488-9624.
CARMAN, Dennis Peter; '84 MPA; 228 Hudson St., Halifax, MA 02338, 617 293-9245.
CARMAN, Tracey Lynne, (Tracey Lynne Collins); '87 BSBA; Finance Mgr.; Dennis Pontiac, 2900 Morse Rd., Columbus, OH 43229, 614 471-2900; r. 626 Annarose Run, Westerville, OH 43081, 614 436-8765.
CARMEAN, Ginger L. '81 (See Collins, Ginger L.).
CARMEAN, Michael Lynn; '68 BSBA; Treas. & Dir.; Miller Constr. Co. Inc., 518 S. 15th, POB 315, Vincennes, IN 47591, 812 882-6690; r. 211 Moran Dr., Vincennes, IN 47591, 812 882-7433.
CARMELL, Donald F., Jr.; '73 BSBA; Finance Coord.; Columbus State Community Clg., 550 E. Spring St., Columbus, OH 43215, 614 227-5001; r. 2408 Edgevale Rd., Columbus, OH 43221, 614 451-9363.
CARMICHAEL, Donald F.; '74 BSBA; Plant Ind Engr.; Miller Brewing Co., 4000 W. State St., Milwaukee, WI 53208, 414 931-4977; r. S46W25291 Meadowview Ct., E., Waukesha, WI 53186, 414 549-3953.
CARMICHAEL, CAPT Ray Lewis, USAFR; '80 BSBA; Quality Assurce Asst.; DCASR-Cleveland-GCQEB, 1240 E. 9th St., Cleveland, OH 44199; r. 25200 Rockside Rd. #723C, Cleveland, OH 44146, 216 232-0970.
CARMIN, Ronald H.; '76 BSBA; VP-Fiscal Svcs.; Mary Rutan Hosp., 205 Palmer Rd, Bellefontaine, OH 43311, 513 592-4015; r. 129 S. Heather Hill, Bellefontaine, OH 43311, 513 592-0904.
CARMINE, Dale E.; '36 BSBA; Retired; r. 309 West Dr., Mt. Pleasant, MI 48858, 517 772-0890.
CARMODY, Martin Louis; '86 MBA; Sr. Cnslt.; Price Waterhouse, 4 Commerce Park Sq., 23200 Chagrin Blvd., Ste. 800, Beachwood, OH 44122, 216 781-3700; r. 250 Chatham Way, #821, Cleveland, OH 44124.
CARN, Steven Russell; '87 BSBA; Acct.; Ernst & Whinney, 2400 Nationwide Plz., Columbus, OH 43216, 614 224-5678; r. 4650 Orwell Dr., Columbus, OH 43220, 614 442-6920.
CARNAHAN, Dr. George Richard; '67 PhD (BUS); Prof./Head; Northern Michigan Univ., Management & Marketing Dept., Marquette, MI 49855, 906 227-2605; r. 715 W. Magnetic, Marquette, MI 49855, 906 226-3610.
CARNAHAN, John B.; '42 BSBA; Retired; r. 3502 Rue De Fleur, Columbus, OH 43221, 614 457-1828.
CARNAHAN, Mrs. Karen L., (Karen Losey); '76 BSBA; Asst. Treas.; Cintas Corp., 11255 Reed Hartman Hwy., Cincinnati, OH 45241, 513 489-4000; r. 5765 Sawgrass Dr., West Chester, OH 45069, 513 874-3192.
CARNAHAN, Kerry Gene; '83 BSBA; 479 Rosslyn, Columbus, OH 43214, 614 433-7255.
CARNEGIE, Richard Norman; '70 MBA; Proj. Engr.; E I Du Pont Co.; r. 40 Patchell Ln., Elkton, MD 21921, 301 398-2397.
CARNES, Marianna Margaret; '81 BSBA; Air Traffic Controlr; FAA Cleveland Artcc, 326 E. Lorain, Oberlin, OH 44074; r. 1622 North St. #2, Fremont, OH 43420.
CARNES, Philip H.; '61 BSBA; Programmer-Analyst; Columbia Gas Svc. Corp., 1600 Dublin Rd., Columbus, OH 43215; r. 114 W. First Ave., Columbus, OH 43201, 614 291-6034.
CARNEY, Edmund J.; '49 BSBA; Retired; r. 3493 Eisenhower Rd, Columbus, OH 43224.
CARNEY, James W.; '50 BSBA; Staff; Ives Labs, 17647 Foltz Industrial Pkwy., Strongsville, OH 44136; r. 28000 W. Oviatt Rd, Bay Village, OH 44140, 216 871-6878.
CARNEY, 2LT Lisa Ann, USAF; '87 BS; Aircraft Maint. Ofcr.; Grand Forks AFB, Grand Forks, ND 58205; r. 3415 20th Ave., S., Apt. 312, Grand Forks, ND 58201, 701 746-9766.
CARNEY, Mark Richard; '82 MPA; Prog. Analyst; US Small Business Admin., 1441 L St. NW, Washington, DC 20416, 202 653-2161; r. 5160 S. 11th St., Arlington, VA 22204, 703 931-7990.
CARNEY, Ms. Vicki A., (Vicki J. Anelick); '80 BSBA; Dir. Personnel; St. Ann's Hosp., 500 S. Cleveland Ave., Westerville, OH 43081, 614 898-4091; r. POB 243, Gambier, OH 43022, 614 427-4123.
CARNEY, William Patrick; '84 BSBA; 8379 Gallop Dr., Powell, OH 43065.
CARNICOM, Steven G.; '85 BSBA; Sales Rep.; Steelcase Inc., 2323 IDS Twr., Minneapolis, MN 55402, 612 332-1820; r. 5837 Fremont Ave., S., Minneapolis, MN 55419, 612 869-8639.
CAROL, Dennis James; '72 BSBA; Salesman; Deluxe Check Printers Inc., 24900 Capitol Ave., Detroit, MI 48239, 313 538-6363; r. 31480 Orchard Brook Ct., Farmington Hls., MI 48018, 313 471-5321.
CARON, Daniel Leon; '87 BSBA; 2232 Silver St., Granville, OH 43023, 614 587-2710.
CARON, Michael Joseph; '82 MBA; 425 N. Tenth St., Rochelle, IL 61068, 815 562-6589.
CARONIS, James J.; '56 BSBA; Store Mgr.; Belk Bros., 115 E. Trade St., Charlotte, NC 28228, 704 568-4251; r. 629 Wingrave Dr., Charlotte, NC 28226, 704 365-3232.
CARONIS, Mrs. Shirley M., CPA, (Shirley A. Milburn); '57 BSBA; Pension Admin.; Midwest Pension Svcs., 2245 N. Bank Dr., Columbus, OH 43220, 614 457-0000; r. 4862 Pleasant Valley Dr., Columbus, OH 43220, 614 457-8963.
CAROTHERS, Dr. Charles Richard; '78 MPA; Dir. of Financial Aid; Rockhurst Clg., 5225 Troost Ave., Kansas City, MO 64110, 816 926-4012; r. 6808 W. 98th Ter., Overland Park, KS 66212, 913 381-1055.
CAROTHERS, David Owen; '84 BSBA; CPA; Whalen Co., CPA, 2700 E. Dublin Granville Rd., Columbus, OH 43231, 614 891-6224; r. 5753 Loganwood Dr., Columbus, OH 43229, 614 846-9709.
CAROZZI, Frank; '55 BSBA; 11057 Georgetown Rd NE, Louisville, OH 44641, 216 862-2930.
CARPENTER, Allen L.; '86 BSBA; Mgr. of Computer Operatns; Dannemiller Assocs., 1311 Worthington Woods Blvd., Worthington, OH 43085, 614 888-3688; r. 5045 Dierker Rd., Apt. #B-7, Columbus, OH 43220, 614 457-7082.
CARPENTER, Betsy '81 (See Kiser, Betsy Carpenter).
CARPENTER, Charles D.; '36 BSBA; Retired; r. 967 S. Marengo Ave., Pasadena, CA 91106, 818 799-9721.
CARPENTER, Charles T.; '34 BSBA; Retired; r. 12 Sandra Cir., New Smyrna Bch., FL 32069, 904 427-6890.
CARPENTER, Dale O.; '48 BSBA; Retired; r. 36440 Weideman Dr., Mt. Clemens, MI 48043, 313 791-9112.
CARPENTER, MAJ David Warden, USAF; '71 BSBA; POB 4670, Patrick AFB, FL 32925.
CARPENTER, Deborah Jane; '85 BSBA; Life Ins. Claims Examiner; Nationwide Ins., 1 Nationwide Plz., Columbus, OH 43216, 614 249-3076; r. 1904 Dandridge Dr., Columbus, OH 43229, 614 436-3263.
CARPENTER, Edward Carl, Jr.; '72 BSBA; 180 Amarillo, Globe, AZ 85501, 602 425-6770.
CARPENTER, Mrs. Elsie F., (Elsie F. Whaley); '56 BS; Owner; Carpenter Assoc., 8333 Douglas, Ste. 875, Dallas, TX 75225, 214 691-6585; r. 7956 Woodstone Ln., Dallas, TX 75248, 214 239-0024.
CARPENTER, George Lester; '86 MBA; Mgr.; Online Computer Library Ctr., Telecommunications Dept., 6565 Frantz Rd., Dublin, OH 43017, 614 764-6350; r. 4771 Heatherton Dr., Columbus, OH 43229.
CARPENTER, Herbert O.; '54 BSBA; Mgr.-Distribution Ctr.; Hagglunds Denison Corp., 425 S. Sandusky St., Delaware, OH 43015, 614 481-7474; r. 4610 Elan Ct., Columbus, OH 43220, 614 457-1508.
CARPENTER, James Willis; '58 MBA; VP-Plng. & Adm; Anchor Glass Container Corp., 5405 W. Cyprus St., Tampa, FL 33607; r. 240 Windward Passage, Unit 503, Clearwater, FL 34630, 813 461-6601.
CARPENTER, Jeane Blanton; '49 BSBA; POB 857, Carefree, AZ 85377.
CARPENTER, Jeffrey Lee; '83 BSBA; Computer Programmer; Nationwide Ins. Co., One Nationwide Plz., Columbus, OH 43216; r. 121 Georgetown Dr., Apt. C, Columbus, OH 43214, 614 888-7530.

CARPENTER, Mrs. Laura L., (Laura L. Jenkinson); '83 BSBA; Gen. Acct.; Matrix Sci. Corp., 455 Maple Ave., Torrance, CA 90503, 213 328-0271; r. 1211 Capitol Dr., #75, San Pedro, CA 90732, 213 514-0463.
CARPENTER, Leroy Neal; '73 BSBA, '75 MBA; VP-Gmm; Belk Simpson, POB 528, Greenville, SC 29602, 803 297-9752; r. 106 Middlebrook Rd., Greer, SC 29650, 803 292-1832.
CARPENTER, Paul Roy; '88 BSBA; 161 W. Maynard Ave., #5-D, Columbus, OH 43202, 614 297-0611.
CARPENTER, Russell C.; '56 BSBA; Cnslt.; San Lorenzo, 1931 Market Ctr. Blvd. 125, Dallas, TX 75207, 214 744-0660; r. 7956 Woodstone Ln., Dallas, TX 75248, 214 239-0024.
CARPENTER, Stephen Wayne; '83 BSBA; VP; Carpenter Oil Co., 1000 Keller Dr., Newark, OH 43055, 614 522-3136; r. 499 Sherwood Downs S., Newark, OH 43055, 614 366-1440.
CARPENTER, Susan A.; '82 MBA; 6231 Tamar Dr., Columbia, MD 21045, 301 964-1306.
CARPENTER, Terence Lee; '69 BSBA; 151 Ohio St., Barnesville, OH 43713, 614 425-3703.
CARPENTER, Thomas E.; '86 BSBA; Credit Quality Analyst; BanConio Natl. Bank, 4653 E. Main St., Columbus, OH 43213; r. 1455 Runaway Bay Dr., Apt. 1-B, Columbus, OH 43204, 614 481-0302.
CARPENTER, Timothy James; '88 MBA; 62 W. Patterson, Columbus, OH 43202, 614 294-7192.
CARPENTER, LT Todd A., USAF; '87 BSBA; Pilot; Reese AFB, TX 79489, 806 885-6169; r. POB 8686, Reese AFB, TX 79489.
CARPENTER, Vickie Seitz; '77 BSBA; Student; r. 441 S. Norwalk Rd. W., Norwalk, OH 44857, 419 668-0135.
CARPENTER, William Henry; '53 BSBA; Sales Rep.; Stone Container, POB 901, Mansfield, OH 44901; r. 3934 Maidstone Dr., Gahanna, OH 43230, 614 476-2131.
CARPENTER, Dr. William S.; '51 BSBA; Retired Dent.; 4768 Monroe St., Toledo, OH 43623; r. 526 Northridge Rd., Circleville, OH 43113, 614 477-1335.
CARPER, John Ray, Jr.; '77 BSBA; Acct. Supv.; Nationwide Ins., One Nationwide Plz., Columbus, OH 43216, 614 249-6880; r. 531 Northview Dr., Columbus, OH 43209, 614 253-5310.
CARPER, Robert L.; '48 BSBA; Retired; r. 1153-G Kirts Blvd., Apt. G, Troy, MI 48084, 313 362-0132.
CARPONTER, Joyce J., (Joyce Jiuliante); '48 BSBA; Tchr.; Millcreek Sch. Dist., 4330 W. Lake Rd., Erie, PA 16505, 814 833-1171; r. 312 Cascade St., Erie, PA 16507, 814 455-5255.
CARR, Christopher C.; '80 MBA; Atty.; Marcus & Marcus, Attys-at-Law, 2133 Arch St. 4th Fl., Philadelphia, PA 19103, 215 557-0991; r. 417 Rutgers Ct., Bensalem, PA 19020, 215 245-1559.
CARR, Dana Edward; '77 BSBA; Acct.; Ohio Dept. of Health, 8 E. Long St., Columbus, OH 43215, 614 462-8302; r. 139 E. Lakeview Ave., Columbus, OH 43202, 614 267-9900.
CARR, Elizabeth Watts; '79 BSBA; Cost Analyst; Marley Pump Co., c/o Postmaster, Ashland, OH 44805; r. 723 Hale Ave., Ashland, OH 44805, 419 281-7744.
CARR, Frank B.; '61 BSBA; Owner; Jacaranda Enterprises, 311 Jacaranda Dr., Danville, CA 94526, 415 838-9572; r. Same.
CARR, Gene M.; '65 BSBA; Systs. Cnslt.; State of Michigan, 1000 Long Blvd., Lansing, MI 48913; r. 203 W. 12th St., Holland, MI 49423, 616 392-5035.
CARR, George Eldon, Jr.; '48 BSBA; Retired; r. 765 Glenwood Dr., Logan, OH 43138, 614 385-8081.
CARR, John J.; '86 BSBA; Mktg. Rep.; Chrysler First Bus. Credit Inc., 655 Metro Pl., S., Ste. 130, Dublin, OH 43017, 614 889-9011; r. 1979 Baldwin Rd., Reynoldsburg, OH 43068, 614 866-7861.
CARR, Michael David; '71 BSBA; Trust Ofcr.; Bancohio, 155 E. Broad St., Columbus, OH 43215; r. 3853 Girbert St., Grove City, OH 43123, 614 875-5005.
CARR, Paul D.; '29 BSBA; Retired-Mgr. Rep.; r. 7076 Esquire Ct., Ft. Myers, FL 33919, 813 482-1442.
CARR, Robert John; '81 BSBA; Pres.; Reardon Industries, 3533 Robinson Cir., Charlotte, NC 28206, 704 372-0730; r. 1500 Princeton Ave., Charlotte, NC 28209, 704 332-3093.
CARR, Sheridan G.; '51 BSBA; Mgr.; Kaye & Silver of PA, 300 Mt Lebanon Blvd., Ste. 212, Pittsburgh, PA 15234, 412 344-3113; r. 1019 Centergate Dr., Bethel Park, PA 15102, 412 833-8784.
CARR, Teresa Lynne; '87 BSBA; 2657 Henthorn Rd., Columbus, OH 43221, 614 488-0084.
CARR, Thomas Jeffrey; '76 BSBA, '79 MBA; Controller; Compuserve Inc., Subs H & R Block Inc, 5000 Arlington Ctr. Blvd., Columbus, OH 43220, 614 457-8600; r. 2979 White Bark Pl., Columbus, OH 43026, 614 771-7220.
CARR, Van L.; '29 BSBA; Retired; r. 4425 Whitsett Ave. Apt. 101, Studio City, CA 91604, 818 762-0904.
CARR, William Sutherland; '55 BSBA; Retired; r. 925 Locust St., Perrysburg, OH 43551, 419 874-7304.
CARRAHER, Karen Stevenson; '82 BSBA; Sr. Acct.; Ernst & Whinney, 2400 Nationwide Plz., Columbus, OH 43215, 614 224-5678; r. 3795 Spur Ln., Hilliard, OH 43026, 614 876-4754.
CARRAHER, Steven John; '82 BSBA; 3795 Spur Ln., Hilliard, OH 43026, 614 876-4754.
CARRAWAY, Jerry Lynn; '68 BSBA; Realtor; California Realty & Devel., POB 3544, Thousand Oaks, CA 91359, 818 706-8280; r. 31718 Dunraven Ct., Westlake Vlg., CA 91361, 618 889-6876.
CARREL, Deborah Ann; '82 BSBA; 2430 N. Fourth St., Columbus, OH 43202.
CARRERA, Mrs. Cristina, (Cristina Hatfield); '87 BSBA; Mgmt. Trainee; BancOhio Natl. Bank, 155 E. Broad St., Columbus, OH 43265; r. 3051 Downhill Dr., Hilliard, OH 43026, 614 771-1401.
CARRICK, Frank Leslie; '68 BSBA; Mgr., Mfg.; Westinghouse Electric Corp., 700 Energy Ln., Ft. Payne, AL 35967, 205 845-9601; r. RR 7, Box 6550, Fairway Rd., Ft. Payne, AL 35967, 205 845-9318.
CARRICK, Richard Vernon; '79 MPA; Plng. Dir.; United Way Fr Co., 360 S. Third St., Columbus, OH 43215, 614 227-2738; r. 246 Collins Ave., Columbus, OH 43215, 614 228-6506.
CARRICO, Donald J.; '67 BSBA; Chief of Transportation; USAF, 82 FTW-LGT, Williams AFB, AZ 85240; r. 683 E. Washington Dr., Gilbert, AZ 85234, 602 926-1043.
CARRIER, Danielle Kim; '86 BSBA; Asst. Acct.; Peat Marwick Main, 303 E. Wacker Dr., Chicago, IL 60601, 312 938-1000; r. 5320 N. Sheridan, Apt. 503, Chicago, IL 60640, 312 271-6487.
CARRIER, Max Scott; '80 BSBA; Audit & Acctg. Sr. Mgr.; Peat Marwick Main & Co., 3000 First Republic Bank Ctr., Houston, TX 77002, 713 221-0229; r. 6207 Jamestown Colony Dr., Houston, TX 77084, 713 550-7578.
CARRIGAN, John D.; '75 MA; CPA; 37 Court St., Tiffin, OH 44883, 419 447-7941; r. 21 Herrick Ct., POB 786, Tiffin, OH 44883, 419 447-4277.
CARRIGER, Henry N.; '65 BSBA; Deputy Cnty. Atty.; Douglas Cnty. Atty., Rm. 909, Civic Ctr., Omaha, NE 68183, 402 444-7625; r. 2506 Casey Cir., Omaha, NE 68123, 402 292-7757.
CARRINGTON, Robert P.; '78 BSBA; Home Center Mgr.; Big Bear Co., 630 Harrisburg, Central Point Shopping Ctr., Columbus, OH 43212, 614 221-4207; r. 2972 Bennington Ave., Columbus, OH 43231, 614 476-1757.
CARRO, Daniel J.; '65 BSBA; Contracting Ofcr.; Gen. Svcs. Admin., FBT, Washington, DC 20406, 703 557-1261; r. 10062 Wood Sorrel Ln., Burke, VA 22015, 703 250-7318.
CARROCCE, Mark Allan; '83 BSBA; Secy.-Treas.; R & J Trucking, 8063 Southern Blvd., Boardman, OH 44512, 216 758-0841; r. 78 Midgewood Dr., Boardman, OH 44512, 216 758-7413.
CARROCCE, Mrs. Sharon A., (Sharon A. Duko); '83 BSBA; Branch Mgr.; Metropolitan Savings Bank, 1 Federal Plz., W., Youngstown, OH 44503, 216 747-8631; r. 78 Midgewood Dr., Boardman, OH 44512, 216 758-7413.
CARROLL, Antonia Margaret; '87 MPA; 891 Grandon Ave., Bexley, OH 43209, 614 235-8065.
CARROLL, Bruce Allan; '80 BSBA; Ofc. Mgr.; Wessin-Gorman-First Courier Express, 7550 24th Ave. S., Minneapolis, MN 55450, 612 726-9178; r. 3706 53rd Pl. N., Brooklyn Ctr., MN 55429, 612 536-9043.
CARROLL, Charles W.; '50 BSBA; Owner; Charles W Carroll, 3560 W. Market St., Ste. #110, Akron, OH 44313, 216 666-1149; r. Same.
CARROLL, David William T., II; '70 BSBA; Lawyer; Snell & Wilmer, 3100 Valley Bank Ctr., Phoenix, AZ 85078, 602 257-7369; r. 5919 E. Caron Cir., Paradise Vly., AZ 85253, 602 948-6993.
CARROLL, Donald D.; '61 BSBA; Surplus Disp. Liquidation; Rockwell Intl., 4300 E. 5th St., Columbus, OH 43216, 614 239-2724; r. 1205 Smallwood Dr., Columbus, OH 43220, 614 457-3384.
CARROLL, COL George Herbert, USAF(Ret.); '32 BSBA; Air Force Village II, Apt 1411, 5100 John D Ryan Blvd., San Antonio, TX 78245, 512 677-8227.
CARROLL, Greg Richard; '73 BSBA; Pres.; G R Carroll Bldg. Inc., 28880 Lower Moss Rock Rd., Golden, CO 80401; r. 28880 Lower Moss Rock Rd., Golden, CO 80401, 303 526-9469.
CARROLL, Hiroko N. '79 (See Nagaya, Hiroko Nagaya).
CARROLL, James Dwight; '70 MBA; Retired; r. 100 Lamplighter, Dayton, OH 45429, 513 435-3472.
CARROLL, James L.; '65 BSBA; Bus. Broker; r. 4514 Holliston Rd., Doraville, GA 30360, 404 454-7822.
CARROLL, James P., Jr.; '58 BSBA; Staff; Rockwell Intl., 4300 E. 5th Ave., Columbus, OH 43219; r. 429 E. Beechwold Blvd., Columbus, OH 43214, 614 268-7674.
CARROLL, James Vincent; '39 BSBA; Retired Auditor/USN Ofcr.; US Transportation Fed. Hwy. Admin.; r. 6369 Meadowvista Dr., Carmichael, CA 95608, 916 961-0298.
CARROLL, Jeffry Allen; '72 BSBA; 1046 Grandon Ave., Columbus, OH 43209, 614 231-0967.
CARROLL, John Michael; '70 BSBA; 5638 Oak St., Las Vegas, NV 89120.
CARROLL, Maria Andrea; '88 MPA; 1192 Fairview Ave., Columbus, OH 43212, 614 486-7018.
CARROLL, Michael Wesley; '72 BSBA; Tax Dir. Acct.; E W Scripps Co., Scripps Howard, 1100 Central Trust Twr., Cincinnati, OH 45202; r. 8385 Greenleaf Dr., Cincinnati, OH 45255, 513 474-3412.
CARROLL, Paul Cole; '80 BSBA; Sales Assoc.; Larry Wade & Co. Realtors, 3311 E. Livingston Ave., Columbus, OH 43227; r. 3350 Broadmoor, Apt. A, Columbus, OH 43213, 614 231-3384.
CARROLL, Richard Keaton; '67 BSBA, '68 MBA; Sr. Sales Rep.; Accuride Corp., 4000 Enterprise Dr., Allen Park, MI 48101, 313 336-5940; r. 44575 Galway Dr., Northville, MI 48167, 313 349-5737.
CARROLL, Robert Stanley; '59 BSBA; 2199 Nottingham Rd., Columbus, OH 43221, 614 457-9538.
CARROLL, Steven Douglas; '69 MBA; Branch Mgr.; Display Data Corp., 4015 Executive Park Dr Ste 111, Cincinnati, OH 45241; r. 30 E. Fountain, Glendale, OH 45246, 513 772-9188.
CARROLL, Thomas Charles; '80 BSBA; VP; Thomas C Carroll, 3560 W. Market St., Ste. 110, Akron, OH 44313, 216 666-1149; r. 14 W. Dixon, Dayton, OH 45419.
CARROLL, Thomas Frederick, Jr.; '78 MBA; Nationwide Ins. Co., One Nationwide Plz., Columbus, OH 43216, 614 249-7111; r. 283 Cotswold Pl., Gahanna, OH 43230, 614 475-8108.
CARRON, Marcia Judin; '72 BSBA; 58 Ormsbee Ave., Westerville, OH 43081, 614 882-3251.
CARSE, John R.; '67 BSBA; Controller; Kleffman Electronics Inc., 3800 Williston Rd., Minnetonka, MN 55345, 612 938-3577; r. 9530 Kingswood Dr., Chaska, MN 55318, 612 443-2308.
CARSKADDEN, Dan Le Marr; '73 BSBA; Acct.; Carskadden Optical Co., 24 S. 6th St., Zanesville, OH 43701; r. 5005 W. Shore, Zanesville, OH 43701, 614 452-4876.
CARSKADDEN, Thomas (Rick); '86 BSBA; Manufacturers Rep.; Hickory Chair Co., POB 2147, Hickory, NC 28603, 704 328-1801; r. 2 Cross Ridge, Greenville, SC 29607, 803 297-8760.
CARSKADON, Thomas William, III; '79 BSBA; Account Exec.; r. 222 Fairlawn Dr., Columbus, OH 43214, 614 268-6498.
CARSON, Christopher Todd; '87 BSBA; Asst. Auditor I; State of Ohio, 88 E. Broad St., Columbus, OH 43215; r. 820 W. Main St., Westerville, OH 43081, 614 890-2013.
CARSON, Don L.; '51 BSBA; Pres.; D L Systs. Co., 2772 Hampton Rd., Rocky River, OH 44116, 216 331-2730; r. Same.
CARSON, Donald; '64 BSBA; VP; The Chase Manhattan Bank, One Chase Manhattan Plz., New York, NY 10005, 212 552-4264; r. 45 Bridle Path, Sands Pt., NY 11050, 516 883-4870.
CARSON, Edward W.; '84 BSBA; Quality Control Mgr.; CUC Intl., 831 Greencrest Dr., Westerville, OH 43081, 614 890-8413; r. 5388 Flintstone Dr., Westerville, OH 43081, 614 882-0695.
CARSON, Elaine Karras; '84 BSBA; Acct.; Provident United Inc., 5597 Sierra Ridge Dr., Columbus, OH 43229, 614 891-9538; r. 4920 Lunar Dr., Columbus, OH 43214, 614 436-9045.
CARSON, Jack E.; '70 BSBA; Personnel Cnslt.; John J. Allen Assocs., 327 S. Washington Ave., Columbus, OH 43215, 614 228-5001; r. 2911 Freedom Tr., Reynoldsburg, OH 43068, 614 861-3942.
CARSON, James Alan; '85 BSBA; Supv.; Yellow Freight Systs., c/o Postmaster, Richfield, OH 44286, 800 223-9312; r. 639 Upper Merriman, Akron, OH 44303, 216 836-6034.
CARSON, Janet Grine; '83 MPA; 2880 Nathaniel, Columbus, OH 43232.
CARSON, Robert Anderson; '80 BSBA; Rte. 1, New Matamoras, OH 45767.
CARSTENS, David John; '79 MPA; Chief, Transportation Div; Marshall Space Flight Ctr./NASA, CN71, Marshall Space Ctr., AL 35812, 205 544-4544; r. 2217 Lytle St. SE, Huntsville, AL 35801, 205 534-8961.
CARSTENSEN, Ann '46 (See Laskey, Mrs. Carl L.).
CARTEE, William Franklin, III; '79 BSBA; Dir. of Sales & Mktg.; Horizon Sportswear Inc., 190 Ajax Dr., Madison Hts., MI 48071, 313 589-2000; r. 8828 E. Riviera Dr., Scottsdale, AZ 85260, 602 391-9152.
CARTER, Beverly Hartman; '61; 9806 Brandywine Cir., Austin, TX 78751, 512 258-4820.
CARTER, Charles Milton; '50 BSBA; Retired; r. 9605 Orchard Hill Ct., Dallas, TX 75243, 214 343-8140.
CARTER, Christine Lynn; '86 BSBA; Admin.; Stonhard Inc., 5590 Lauby Rd., Ste. 110, N. Canton, OH 44720, 216 494-6440; r. 9450 Hocking NW, Massillon, OH 44646, 216 854-2700.
CARTER, Christopher Eric; '85 BSBA; 2941 E. Livingston, Columbus, OH 43209, 614 235-0316.
CARTER, Dan Lee; '79 BSBA; 607 Millwood Ct., Gahanna, OH 43230, 614 475-5492.
CARTER, David Lee; '85 BSBA, '87 MBA; Systs. Cnslt.; Systemation Inc., 635 Park Meadow Rd., Ste. 213, Westerville, OH 43081, 614 898-3044; r. 4795 Kingshill Dr., Apt. A, Columbus, OH 43229, 614 436-9342.
CARTER, David Maxon; '70 BSBA; Staff; Gorino Homemade Ice Cream & Sandwiches, S. Marietta Pkwy./20 Loop, Marietta, GA 30062; r. 404 Rawlings St., Washington Ct. House, OH 43160.
CARTER, Dennis Allan; '64 BSBA; Dir. of Prop Mgmt.; Weatherford/Walker Devs Inc., 32811 Middlebelt, Farmington Hls., MI 48018, 313 851-8200; r. 27316 Skye Dr. W., Farmington Hls., MI 48018, 313 477-5872.
CARTER, Edward Steven; '86 BSBA; Rte. 7 Algire Rd., Lexington, OH 44904.
CARTER, George Rex, Jr.; '63 MBA; Pres./Owner; Gourmet Inc., Deptford Mall, Deptford, NJ 08096, 609 848-2120; r. 140 Westover Dr., Cherry Hill, NJ 08034, 609 429-2927.
CARTER, J. Chett; '81 MBA; Sales Rep.; Eli Lilly & Co., 2030 Melody Hill Rd., Excelsior, MN 55331, 612 474-6591; r. Same.
CARTER, Jacqueline Denise; '79 MBA; Rte. 1 Box 346-Ab, Edwards, MS 39066.
CARTER, James Charles; '81 BSBA; Financial Cnslt.; Merrill Lynch, 130 W. Main St., Ft. Wayne, IN 46802, 219 424-2424; r. 8627 Medicine Bow Run, Ft. Wayne, IN 46825, 219 489-2122.
CARTER, Janet '80 (See Kelleher, Mrs. Janet C.).
CARTER, Joan Ellen; '86 BSBA; 2111 Silver St., Granville, OH 43023, 614 587-4412.
CARTER, Julie Haas, (Julie Haas); '82 BSBA; Homemaker; r. 5171 148th St. W., Apple Vly., MN 55124, 612 423-5819.
CARTER, Julius Harland; '46; Retired; r. 678 Stoneyford Dr., Daly City, CA 94015, 415 755-4642.
CARTER, Kenneth Gregory; '83 MBA; 101 Southwestern Pkwy., Louisville, KY 40212.
CARTER, Linda M. '88 (See Gillespie, Mrs. Linda M.).
CARTER, Lloyd Leroy; '68 MBA; 6295 Springfield Xenia Rd, Springfield, OH 45502, 513 325-5762.
CARTER, Maurice Duryea; '87 MPA; Rte. 1 Box 82A, Bremo Bluff, VA 23022.
CARTER, Mike Leonard; '86 MBA; Mgr.; Edison Welding Inst., Membership Development, 1100 Kinnear Rd., Columbus, OH 43212, 614 486-9400; r. 6451 Silverleaf Ave., Reynoldsburg, OH 43068, 614 861-0414.
CARTER, Paul Erwin; '84 BSBA; 2111 Silver St., Granville, OH 43023, 614 587-4412.
CARTER, Mrs. Rachel H., CPA, (Rachel Hoover); '53 BSBA; Retired CPA; r. 354 E. Napa, Sonoma, CA 95476, 707 938-8253.
CARTER, Raymond Burchett; '49 BSBA; Sales Mgr.; r. 29 Lakeside Dr., Matawan, NJ 07747.
CARTER, Ms. Regina D., (Regina M. Demartini); '81 MBA; Dir. Micro Mktg.; Zenith Data Systs., 1000 Milwaukee Ave., Glenview, IL 60025, 312 699-4800; r. 956 Honeysuckle Dr., Wheeling, IL 60090, 312 537-6279.
CARTER, Robert Leroy; '49 BSBA; Tax Cnslt.; Norman Jones Coen Tucker & Cochenour, 1100 Brandewine Blvd., Zanesville, OH 43701, 614 453-0515; r. 50 Williams St., S. Zanesville, OH 43701, 614 453-6165.
CARTER, Roger Dean; '71 BSBA; Dir. of Operations; r. 1542 Westbury Dr., Shreveport, LA 71105.
CARTER, Russell Luther; '40 BSBA; Atty./Owner; Carter's Law Ofc., 1504-5 Hulman Bldg., Dayton, OH 45402, 513 224-7323; r. 1232 Harvard Blvd., Dayton, OH 45406, 513 274-5811.
CARTER, Steven Max; '83 MPA; Systs. Analyst; Ohio Dept. of Youth Svcs., 51 N. High St., Columbus, OH 43215, 614 644-6185; r. 111 Fallis Rd., Columbus, OH 43214, 614 268-7097.
CARTER, Mrs. Susan Mc Gonagle; '78 BSBA; Homemaker; r. 607 Millwood Ct., Gahanna, OH 43230, 614 475-5492.
CARTER, Teresa Ursina; '86 BSBA; 3647 Avalon, Shaker Hts., OH 44120.
CARTER, Terrence Lee; '77 BSBA; 4841 Sequoia St., Jackson, MI 49201.
CARTER, Terri Lee; '86 BSBA; Diagnostic Sales Rep.; Abbott Labs, Abbott Park, N. Chicago, IL 60064, 800 323-9100; r. 1660 Seabreeze Ct., Apt. 1B, Dayton, OH 45459, 513 436-1643.
CARTER, William Harding; '74 BSBA; Audit Partner; Price Waterhouse, 41 S. High, Hunington Ctr. #35Th Fl., Columbus, OH 43215; r. 7788 Candlewood Ln., Worthington, OH 43085.
CARTER, Dr. William John; '75 BSBA; Chiropractor; 1563 Palos Verdes Mall, Walnut Creek, CA 94596, 415 930-9084; r. 203 Augustine Dr, Martinez, CA 94553, 415 372-8981.
CARTER, William Kobin; '48 BSBA; Pres.; William Carter & Assoc. Inc., 381 Highland Ter., Dayton, OH 45429, 513 293-6521; r. Same, 513 293-6755.
CARTMILLE, Cheryl Warren, (Cheryl Warren); '77 BSBA; Administrative Mgr.; Ashland Chemical Co., 5200 Blazer Pkwy., Columbus, OH 43216, 614 889-4105; r. 479 Deer Run Ct., Westerville, OH 43081, 614 891-6801.
CARTNAL, J. Scott; '80 BSBA; Front Mgr.; Big Bear, 576 Moull St., Newark, OH 43055, 614 366-4962; r. 145 Channel, Newark, OH 43055.
CARTWRIGHT, Cheryl Ortman; '79 BSBA; Supv.; Ofc. of The Ohio State Atty. Gen., 30 E. Broad St., Consumer Complaint/Fraud Unit, Columbus, OH 43215; r. 106 Marion St., Dublin, OH 43017, 614 766-2531.
CARTWRIGHT, Ellen '80 (See Davis, Ellen Cartwright).
CARTWRIGHT, Hon. Herman G.; '54 BSBA; Judge; Clinton City, Juvenile & Probate Ct., Clinton Cnty. Courthouse, Wilmington, OH 45177, 513 382-2391; r. 1187 Mayfair Dr., Wilmington, OH 45177, 513 382-0727.
CARUSO, Daniel Robert; '84 BSBA; 4438 Mobile Dr. #204, Columbus, OH 43220.
CARUSO, Marcia Misamore; '54 BSBA; 20887 Lake Rd, Rocky River, OH 44116, 216 331-8506.

CARUSO, Ms. Mary A., (Mary A. Atkins); '73 BSBA; Owner; Atlanta Software, 5775 Peachtree-Dunwoody Rd., Ste. 420E, Atlanta, GA 30342, 404 252-6798; r. 1781 Corners Ct., Dunwoody, GA 30338, 404 394-0215.
CARUSO, Steven Frank; '83 BSBA; Product Mgr.; Coastal Pet Prods., 47 N. Rockhill, Alliance, OH 44601, 216 821-7363; r. 245 S. Mckinley Ave., Alliance, OH 44601, 216 823-9368.
CARVALHO, Ronald; '71 BSBA; Dir. Financial Plan; The Great A & P Tea Co., 2 Paragon Dr., Montvale, NJ 07645; r. c/o Linda F Carvalho, 1221 Ave. of The Americas, New York, NY 10020.
CARVER, Howard Thomas; '76 BSBA; 2197 Washington Ave., POB 10506, Naples, FL 33941.
CARVER, Paul Lloyd; '68 BSBA; Elem. Principal; Perry Local Bd. of Educ., 4301 Harsh Ave. SW, Massillon, OH 44646, 216 478-6174; r. 3111 Buckwalter Dr. SW, Massillon, OH 44646, 216 833-5778.
CARVEY, James K.; '57 BSBA; Retired; r. 938 Spring Grove Ln., Columbus, OH 43235, 614 885-1938.
CARWILE, Jane Ellen; '84 BSBA; Mortg Loan Ofcr.; Fifth Third Bank, 180 E. Broad St., Columbus, OH 43215, 614 223-3950; r. 366 Caren Ave., Worthington, OH 43085, 614 885-1617.
CARWILE, Mrs. Kathleen Laux, (Kathleen Laux); '86 BSLHR; Rsch. Analyst; Nationwide Ins., 1 Nationwide Plz., Columbus, OH 43216, 614 249-4198; r. 4773 G Kingshill Dr., Columbus, OH 43229, 614 431-3334.
CARWILE, Richard Allen; '82 BSBA; Plant Controller; American Natl. Can Co., Fairfield, CA 94533; r. 308 Ogden Way, Vacaville, CA 95687, 707 449-0308.
CARY, Carl Robert; '78 BSBA; Mortgage Underwriter; Manufacturers Natl. Bank, Residental Mortgage Dept., 411 W. Lafayette, Detroit, MI 48226, 313 222-3144; r. 18678 Greenwald, Southfield, MI 48075, 313 559-8494.
CARY, David E.; '51 BSBA; Tchr.; South HS, 1160 Ann St., Columbus, OH 43206, 614 365-5541; r. 4940 Cheviot Dr., Columbus, OH 43220.
CARY, Gerald E.; '62 BSBA; Acct.; Peat Marwick Mitchell & Co., 2 Nationwide Plz., Columbus, OH 43215; r. 3830 Braidwood Dr., Hilliard, OH 43026, 614 876-6459.
CARYER, Emerson Lee; '41 BSBA; Retired; r. 373 S. Drexel Ave., Columbus, OH 43209, 614 252-9189.
CASAGRANDE, Charles Vincent; '68 BSBA; Owner; Retail Bus. Systs., 3748 April Ln., Columbus, OH 43227, 614 239-0090; r. 6110 Applegate Ln., Columbus, OH 43213.
CASAGRANDE, Chester Guy; '81 BSBA; Dock Worker; Sears Roebuck Distribution Ctr., 4545 Fisher Rd., Columbus, OH 43228; r. 5963 Dartshire Blvd., Dublin, OH 43017.
CASAGRANDE, Joseph Frank; '78 BSBA; Treas.; Buckeye Nissan, 1562 King Ave., Columbus, OH 43212, 614 486-6731; r. 1426 Yorktown Rd., Columbus, OH 43232, 614 861-2673.
CASAR, John R.; '58 BSBA; Sr. VP; First Natl. Bank & Trust Co., 815 Colorado Ave., Stuart, FL 33494, 407 287-4000; r. 4510 SW Thistle Ter., Palm City, FL 34990, 407 286-7795.
CASDORPH, Benton D.; '62 BSBA; Retired; r. 2610 Wellesley Dr., Columbus, OH 43221, 614 486-2008.
CASE, Alan Lee; '61; 2608 Westmont Blvd., Columbus, OH 43221, 614 488-6514.
CASE, Andrew Lee; '73 BSBA; Sales Rep.; Gateway, 3130 N. High St., Columbus, OH 43202, 614 447-0222; r. 1927 Willoway Cir. N., Columbus, OH 43220, 614 457-6823.
CASE, Carl L.; '53 BSBA; Ins. Sales; r. 2608 Westmont Blvd., Columbus, OH 43221, 614 488-6514.
CASE, Collier W.; '80 MLHR; Mgr.-Employee Benefits; Kansas Power & Light Co., 818 Kansas Ave., POB 889, Topeka, KS 66601, 913 296-6308; r. 2113 Atchison Ave., Lawrence, KS 66046, 913 841-3024.
CASE, Dana Alan; '78 BSBA; Mgr. of Acctg.; The Glidden Co., General Acctg. Dept., 925 Euclid Ave., Cleveland, OH 44115, 216 344-8000; r. 345 Brantley Ln., Brunswick, OH 44212, 216 273-4116.
CASE, Denise Berger; '79 MPA; 1214 Westwood Ave., Columbus, OH 43212, 614 486-2558.
CASE, Donald Joseph; '49; Claims Rep.; Shephard & Assocs., 6600 Busch Blvd., Columbus, OH 43229, 614 436-4672; r. 4138 Ruxton Ln., Columbus, OH 43220, 614 451-0068.
CASE, Joan '80 (See Suttner, Ms. Joan Case).
CASE, John Eugene; '69 BSBA; 10981 Tanager Tr., Brecksville, OH 44141.
CASE, John Preston; '82 BSBA; 524 E. 192nd St., Glenwood, IL 60425.
CASE, Linda L.; '87 BSBA; Acct.; Columbus Credit Co., 340 E. Town St., Ste. 7250, Columbus, OH 43215, 614 464-2708; r. 3231 Medoma Dr., Columbus, OH 43204, 614 276-6610.
CASE, Ralph R.; '48 BSBA; Retired Reltns Spec.; Lamp Glass Prod Dept., General Electric Co., Andover, OH 44003; r. 6601 Hiram Ave., Ashtabula, OH 44004, 216 998-3114.
CASE, Robert Raymond; '85 BSBA; 538 Avon Ave. SW, New Philadelphia, OH 44663, 216 339-4150.
CASE, Sterling B.; '42 BSBA; Retired Asst. Supt.; Mc Graw Edison Co., 800 King Ave., Columbus, OH 43212; r. 5803 N. High, Worthington, OH 43085, 614 885-8122.
CASE, Steven Walton; '70 BSBA; Farmer; r. 4164 Boundary Rd., Prospect, OH 43342, 614 494-2014.
CASE, Mrs. Susan L., (Susan Lossman); '82 BSBA; Homemaker; r. 2113 Atchison Ave., Lawrence, KS 66046, 913 841-3024.
CASE, William Francis; '53 BSBA; Realtor-Property Owner; Case Realty, 5 Mountain Oaks Park, La Crescenta, CA 91214, 818 249-2515; r. Same.
CASEN, Mrs. Jo Anne, (Jo Anne Caplan); '77 BSBA; Controller; Chalk & Vermilion Fine Arts, 145 Wooster St., New York, NY 10012, 212 995-2500; r. 66 Madison Ave., Apt. 9D, New York, NY 10016, 212 725-0747.
CASEY, Brian John; '83 BSBA, '85 MBA; Financial Analyst; Ford Motor Co., 20000 Rotunda Dr., Bldg. 3, Rm. 2075, Dearborn, MI 48121, 313 845-8606; r. 44634 Hanford, Canton, MI 48187, 313 459-6711.
CASEY, Daniel Kerry; '78 MBA; Sr. VP/Sales Marketng; Lomas & Nettleton Info., Systs. Inc, 1750 Viceroy Dr., Dallas, TX 75235; r. 747 Gayley #307, Los Angeles, CA 90024.
CASEY, James Daniel; '84 BSBA; Atty.; Glinsek Higham Kristoff, 88 S. Portage Path, Akron, OH 44303, 213 867-6600; r. 414 Greenwood Ave., Akron, OH 44320, 216 867-6083.
CASEY, Karen S.; '78 MPA; Asst. Dir.; Community Agcy.-Labor&Mgmt, 900 Bryden Rd., Columbus, OH 43205; r. 2234 Atlee Ct., Columbus, OH 43220, 614 442-0485.
CASEY, Raymond Richard; '69 MBA; VP of Corp Affairs; Ohio Farm Bur. Fed. Inc., 35 E. Chestnut St., POB 479, Columbus, OH 43216, 614 249-2404; r. 3920 Reed Rd., Columbus, OH 43220, 614 451-4913.
CASEY, Sean Patrick; '86 BSBA; Branch Mgr.; United Natl. Bank & Trust, Hillsdale Ofc., POB 190, Canton, OH 44710, 216 478-5653; r. 1255 E. 11th, Salem, OH 44460, 216 332-4947.
CASEY, Terry Lee; '72 BSBA; Exec. Dir.; Franklin Co. Republican Party, 14 E. Gay St. 2nd Fl., Columbus, OH 43215, 614 224-3939; r. 249 Overbrook Dr., Columbus, OH 43214, 614 261-6825.
CASEY, Thomas James; '69 BSBA; Rte. Sales; UNI First, South St., Newburgh, NY 12550; r. 55 Cedar Ave., New Windsor, NY 12550, 914 562-3740.
CASH, Barbara Corn; '66 BSBA; Asst. Dir./Vol Serv; The O S Univ. Hosps., 410 W. 10th Ave., Columbus, OH 43210, 614 293-8834; r. 5153 Bigelow Dr., Hilliard, OH 43026, 614 876-1066.
CASH, Charles Paul; '84 MBA; Acct.; Conoco Inc., 1000 South Ave., Ponca City, OK 74601; r. POB 3364, Zanesville, OH 43702, 614 453-4654.
CASH, Daniel John; '85 BSBA; 13407 Littleton Rd., Garfield Hts., OH 44125, 216 475-3857.
CASH, James Franklin, II; '87 MA; Pres.; Huntington Natl. Life Ins., Sub of Huntington Bankshares, 41 S. High St., Columbus, OH 43215, 614 463-4726; r. 7664 Footemill Ln., Worthington, OH 43285, 614 885-1781.
CASH, Jeffrey Lee; '75 BSBA; Staff; North American Coal Corp., Accting & Payroll Dept., 12800 Shaker Blvd., Cleveland, OH 44120, 614 695-2882; r. 3841 Liberty Ave., Shadyside, OH 43947, 614 671-9242.
CASH, Patricia A.; '87 BSBA; Cruise Agt.-Owner; Magic Cruises, 656 High St., Worthington, OH 43085; r. 41 E. Royal Forest Blvd., Columbus, OH 43214, 614 262-4640.
CASH, Richard E.; '83 BSBA; 5139 N. 10th Rd., Arlington, VA 22205.
CASHDOLLAR, John E.; '53 MBA; Certified Public Acc; 212 Talbott Towers, Dayton, OH 45402; r. 2797 Hemphill Rd., Dayton, OH 45440, 513 294-2797.
CASHDOLLAR, Ronn Edward; '86 BSBA; 4941 Concordia Cir., Kettering, OH 45440, 513 434-2223.
CASHMERE, Drew Allen; '81 BSBA; Controller; Franklin Intl., 2020 Bruck St., Columbus, OH 43207, 614 445-1400; r. 3448 Katie Dr., Hilliard, OH 43026, 614 771-1598.
CASHNER, James Mc Crea; '53 BSBA; Retired; r. 12244 Revere Dr., Medway, OH 45341, 513 878-5310.
CASINO, Elaine Marie; '86 BSBA; Bus. Cnslt.; Deloitte Haskins & Sells, 200 E. Randolph Dr., Chicago, IL 60601, 312 856-8100; r. 624 W. Barry Ave., Apt. 3W, Chicago, IL 60657, 312 935-4593.
CASKEY, Mearl Eugene, Jr.; '66 BSBA; 440 E. Stanton Ave., Columbus, OH 43214.
CASKEY, Timothy Robert; '72 BSBA; Branch Sales Mgr.; Wang Labs Inc., 1300 Gulf Life Dr. Ste. 401, Jacksonville, FL 32207, 904 396-1415; r. 2242 Barefoot Trace, Atlantic Bch., FL 32233, 904 249-1315.
CASLOW, Janine Belt; '83 BSBA; Homemaker; r. 2924 Erin Ct., Loveland, OH 45140.
CASNER, James W.; '43 BSBA; Atty.; Lesh Casner & Miller LPA, 4150 Belden Village NW, Canton, OH 44718, 216 493-0040; r. 807 Markley St. NE, N. Canton, OH 44721, 216 499-2745.
CASPARRO, Daniel; '72 BSBA; Acct./Cost Acct. Mgr.; Children's Hosp., 700 Childrens Dr., Columbus, OH 43215, 614 461-2518; r. 5776 Fitzgibbon, Dublin, OH 43017, 614 889-7332.
CASPER, Donald Leroy; '68 BSBA; 8025 Baymeadows Cir. E. #1402, Jacksonville, FL 32216.
CASS, Edward J.; '59 BSBA; Atty.-Partner; Gallagher,Sharp,Fulton,Norman, 1501 Euclid Ave., 6th Fl. Bulkley Bldg., Cleveland, OH 44115, 216 241-5310; r. 31107 Roxbury Pk Dr., Bay Village, OH 44140, 216 871-3345.
CASS, Joyce Konst; '81 MBA; 3137 Glen Eagles Dr., Clearwater, FL 34621, 813 786-1278.
CASS, Martin J.; '56 MBA; Heritage Hills 94 A, Somers, NY 10589, 914 276-2660.
CASSADY, Michael Howard; '69; Staff; Dept. of Taxation, 30 E. Broad St., Columbus, OH 43215; r. 3792 Arabian Ct., Columbus, OH 43026.
CASSADY, Richard J.; '55 BSBA; Controller; Westinghouse Electric Corp., Special Projects, Westinghouse Bldg., Pittsburgh, PA 15222; r. Rd 2 POB 286, Harmony, PA 16037, 412 452-7432.
CASSANOS, Peter George; '81 MBA; Asst. Branch Mgr.; Park Natl. Bank, Installment Loan Ofc., 50 N. Third St., Newark, OH 43055; r. 1845 Highland Ave. S., Bldg. 11 #8, Clearwater, FL 34616, 813 586-1542.
CASSELL, Rev. Daniel M.; '62 BSBA; Pastor; Chelsea Baptist Church; r. 2908 Atlantic Ave., Atlantic City, NJ 08401, 609 344-1442.
CASSESE, David A.; '88 BSBA; Acct.; Ernst & Whinney, 1300 Huntington Bldg., Cleveland, OH 44115, 216 861-5000; r. 5396 Strawberry Ln., Willoughby, OH 44094, 216 951-1279.
CASSIDY, George H.; '43 BSBA; Retired Mgr.; Westinghouse Co.; r. 1009 Princess Ln., Venice, FL 34293, 813 493-5460.
CASSIDY, Julia A.; '86 BSBA; Product Mgr.; Tatung of America, 2850 El Presidio St., Long Bch., CA 90810, 213 637-2105; r. 1692 Manning Ave., Los Angeles, CA 90024, 213 470-6126.
CASSIDY, Paul D.; '56 BSBA; Atty.; Cassidy & Meeks, 503 S. High St., Columbus, OH 43215, 614 228-3569; r. 1000 Urlin Ave., Columbus, OH 43212, 614 486-8271.
CASSIDY, Susan Fried; '81 BSBA, '83 MBA; 7971 Riverside Dr., Dublin, OH 43017, 614 761-1185.
CASSIL, Robert William; '32 BSBA; Retired; r. 6917 Shamrock Ave., Cincinnati, OH 45231, 513 521-2058.
CASSMER, John; '38 BSBA; Retired; r. 11902 Crofton Ave., Cleveland, OH 44125, 216 663-5534.
CASTAGNOLA, John Anthony; '78 BSBA; Salesman; Cass Constr., 6751 Forest Glen Ave., Solon, OH 44139, 216 248-0392; r. 2421 Haverhill Rd., Twinsburg, OH 44087.
CASTEEL, Laurie Beckett; '86 BSBA; 42 W. Howe Rd., Tallmadge, OH 44278, 216 633-2015.
CASTEEL, Ronald Ray; '64 BSBA, '70 MBA; Gen. Mgr.; Beasley Homes, 5501 Frantz Rd., Dublin, OH 43017, 614 761-6000; r. 5266 Ashford Rd., Dublin, OH 43017, 614 889-1265.
CASTELLI, Neal Anthony; '82 BSBA; Staff; Ohio Valley Beer, 11800 Enterprise Dr., Cincinnati, OH 45241; r. 5363 Bahama Ter. #1, Cincinnati, OH 45223, 513 541-8906.
CASTERLINE, Robert L.; '66 BSBA, '67 MBA; Pres.; Corporate Investment Intl., 900 E. 8th Ave., King Of Prussia, PA 19406, 215 337-0443; r. 15 Flintlock Ln., Wayne, PA 19087, 215 296-5967.
CASTIGNOLA, Gregory Alan; '80 BSBA; Staff; Procter & Gamble, 301 E. Sisth St., Cincinnati, OH 45202; r. 5121 Dublin Rd., Columbus, OH 43220.
CASTILLO, Richard Luis; '85 BSBA; One Meadowbrook Rd., Pleasantville, NY 10570, 914 747-0760.
CASTO, Cinthia S. '81 (See Horton, Ms. Cinthia Casto).
CASTO, Lovenia Maddox; '78 MACC; Acct.; Union Carbide Corp., Mac Corkle Ave. SE, Charleston, WV 25301; r. Rte. 2 Box 98, Franklin Furnace, OH 45629.
CASTO, Michael Avery; '85 BSBA, '88 MBA; Castro Ins. Agcy., 931 N. Lex.-Spring Mill Rd., Mansfield, OH 44906; r. POB #2527, Mansfield, OH 44906, 419 747-2001.
CASTOR, Thomas A.; '47 BSBA; Retired; r. 3 Orilla Ln., Hot Springs Vlg., AR 71909, 501 922-3339.
CASTRATARO, Joseph D.; '85 BSBA; Sales Mgr.; Tandy Corp., 26300 Cedar Rd., #107, Beachwood, OH 44122, 216 831-5454; r. 6547 Derby Dr., Mayfield, OH 44143, 216 442-1881.
CASTRO, Matthew Edward; '84 BSBA; 3555 US Rte. 60 E., Apt. 321, Barboursville, WV 25504.
CASTRO, Robin Rena; '85 MBA; Financial Analyst; N C R Corp., 1700 S. Patterson Blvd., Dayton, OH 45479; r. 8004 Thistlewood Dr., West Chester, OH 45069, 513 779-0140.
CASTROVERDE, Eloy A.; '81 MBA; Mgr. of Capital Mkts.; Bacardi Capital Ltd., POB Hm 1495, Hamilton HMFX, Bermuda, 809 295-4345; r. Edmonton; 2 Keith Hall Rd., Warwick WK 06, Bermuda, 809 236-7291.
CASUCCIO, Michael Alexander; '82 BSBA; Area Supv.; Pizza Hut Inc., 3093 Lake Worth, Lake Worth, FL 33461, 407 439-4337; r. 2111 Brandywine Rd., Apt. 432, W. Palm Bch., FL 33409, 407 478-8849.
CASWELL, James H.; '67 BSBA; 538 E. 14th St. Apt. 13, New York, NY 10009, 212 260-7638.
CATALAND, James R.; '67 BSBA; Chief Exec. Ofcr.; Arthur Treacher's Inc., 5121 Mahoning Ave., Youngstown, OH 44515; r. 558 Edward Ln., Campbell, OH 44405, 216 755-4692.
CATALANO, Raymond Joseph; '86 BSBA; Financial Analyst; First Natl. Cincinnati Corp., 425 Walnut Ctr., Cincinnati, OH 45202, 513 632-4544; r. 2923 Victoria Ave., Apt. #1, Cincinnati, OH 45208, 513 871-7986.
CATALFANO, Joseph Paul; '84 BSBA; Account Exec.; Hibbard Brown & Co. Inc., 11024 N. 28th Dr., Ste. 260, Phoenix, AZ 85029, 602 375-9500; r. 17030 N. 15th St., #3057, Phoenix, AZ 85022, 602 867-2571.
CATCHPOOL, James H.; '61 BSBA; Account Exec.; Mgmt. Recruiters, Xerox Ctr., Ste. 641, 222 W. Las Colinas Blvd., Irving, TX 75039, 214 869-2262; r. 1408 Somerset Pl., Richardson, TX 75081, 214 783-8815.
CATCOTT, Dr. Earl J.; '38 BSBA; Retired; r. 234 Rametto Rd., Santa Barbara, CA 93108, 805 969-4625.
CATER, Brian Keith; '84 BSBA; Credit/Ofc. Mgr.; F.A. Kohler Co., 1320 McKinley Ave., Columbus, OH 43223, 614 276-5137; r. 4937 Mc Partlan Ct., Hilliard, OH 43026, 614 876-7287.
CATLEY, Ronald Duane; '77 BSBA; Quality Contrl Engr.; GM Corp., Packard Electric Division, POB 431, Warren, OH 44486, 216 373-2086; r. 2919 Tod Ave. NW, Warren, OH 44485, 216 898-5834.
CATRON, Thelma Bondurant; '78 MPA; Deputy Regional Adm; State of Ohio, Dept. of Youth Services, 35 E. Gay St., Columbus, OH 43215; r. 563 Laurel Ridge Dr., Gahanna, OH 43230.
CATT, Gail William; '72 BSBA; Area Sales Mgr.; Wilson Foods, 4545 Lincoln Blvd., Oklahoma City, OK 73105; r. 1991 Waltham Rd, Columbus, OH 43221, 614 486-3985.
CATTABIANI, Martha Jean; '84 MBA; Mkt. Rsch. Analyst; Adria Labs, 7001 Post Rd., Dublin, OH 43017, 614 764-8215; r. 5984 Tulip Hill Rd., Worthington, OH 43235, 614 846-2618.
CATTEY, Bernard Joseph; '33 BSBA; 618 Bird Bay Dr., #S-111, Venice, FL 34292, 813 484-1621.
CATTEY, David J.; '64 BSBA; VP; Master Systs., 1415 E. Dublin-Granville Rd., Columbus, OH 43229, 614 436-8876; r. 1685 Ivyhill Loop S., Columbus, OH 43229, 614 436-8878.
CAUDILL, Deborah Mullins; '87 BSBA; Analyst; Warner Cable, 930 Kinnear Rd., Columbus, OH 43214, 614 481-5000; r. 1438 Presidential Dr., Columbus, OH 43212, 614 488-7765.
CAUDILL, Glenn M.; '61; Pres.; Weight Loss Med. Ctrs., 4045 E. Broad St., Columbus, OH 43213; r. 3555 Africa Rd., Galena, OH 43021, 614 548-5676.
CAUDILL, Steven D.; '85 BSBA; Sales Rep.; Pratt & Lambert; r. 1438 Presidential Dr., Columbus, OH 43212, 614 488-7765.
CAUGHEY, Ms. Sarah Josephine; '84 BSBA; Sr. Sales Rep.; Checkfree Systs., Inc., 3070 Bristol St., St. 400, Costa Mesa, CA 92626, 714 755-3227; r. 117 Oxford, Irvine, CA 92715, 714 854-1971.
CAULFIELD, Neville; '77 MBA; Production Engr.; Ford Motor Co., The American Rd., Dearborn, MI 48121; r. 20 Brookline Ln., Dearborn, MI 48120.
CAULLEY, Wendell Alan; '88 BSBA; 651 Riverview Dr., # 6, Columbus, OH 43202, 614 268-4772.
CAUNE, Norman Earl; '69 BSBA; Roofer; r. 3475 17th St., Apt. #1, San Francisco, CA 94110, 415 552-9265.
CAUSA, LTC Raymond; '59 BSBA; Retired; r. POB 56, Cochranton, PA 16314, 814 425-3535.
CAVALLARO, R. J.; '83 MBA; Asst. Mgr.; Ohio Film Bur., POB 1001, Columbus, OH 43266, 614 466-2284; r. 1994 Suffolk RD #3, Columbus, OH 43221, 614 488-5226.
CAVALLI, Thomas Michael; '75 BSBA; Controller & Treas.; Bermans, 7401 Boone Ave. N., Brooklyn Park, MN 55428, 612 424-7398; r. 8300 Douglas Dr., Brooklyn Park, MN 55443, 612 560-0007.
CAVANAUGH, Barbara Boyd, (Barbara Bond); '57 BSBA; 11775 Hilldale Dr., Mantua, OH 44255, 216 562-6341.
CAVANAUGH, Brennan John; '88 BSBA; Auditor; Banc One, Brooksedge, Westerville, OH 43081, 614 248-4533; r. 73 E. Northwood, Columbus, OH 43201.
CAVANAUGH, Margaret; '48 BSBA; 1450 W. 1st Ave., Columbus, OH 43212, 614 486-5485.
CAVANAUGH, Nancy Wack; '81 BSLHR; Mgr.-Operations Offcr; Mellon Bank, 3 Mellon Bank Ctr., Pittsburgh, PA 15230, 412 234-9672; r. 1905 St. James Place, Wexford, PA 15090.
CAVANAUGH, William D., Jr.; '49 BSBA; Retired; r. 6701 Greenwich Rd., POB 191, Westfield Ctr., OH 44251, 216 887-5177.
CAVAZZI, Arthur Charles; '71 BSBA; Estimator Price Anal; G M Crocetti Tile Inc., 311 E. 150th, Bronx, NY 10451; r. 89 Ridge St., Tuckahoe, NY 10707.
CAVENDISH, Ms. Jill M.; '85 BSBA; Sales Forecast Analyst; WCI Appliance Grp., 300 Phillipi Rd., Columbus, OH 43228, 614 272-4689; r. 3090 Carisbrook Rd., Columbus, OH 43221, 614 457-6974.
CAVENDISH, John F.; '50 BSBA; Staff; Klingbeil Mgmt. Grp. Inc., 42 E. Gay St., Columbus, OH 43215; r. 3090 Carisbrook Rd., Columbus, OH 43221, 614 457-6974.
CAVENDISH, Thomas E.; '51 BSBA; Atty.-Partner; Porter Wright Morris & Arthur, Huntington Ctr., 41 S. High St., Columbus, OH 43215, 614 227-2000; r. 1675 Roxbury Rd., Columbus, OH 43212, 614 486-7478.
CAVENER, Sherman S.; '49 BSBA; Life Ins. Broker; Sherman S Cavener & Assoc., 2911 Brownlee Ave., Columbus, OH 43213, 614 235-5683; r. Same.
CAVLOVIC, Frederick S.; '82 BSBA; Branch Mgr.; Security Pacific Financial Svc., 333 W. Main, Ste. 200, Ardmore, OK 73401, 405 223-5807; r. 1120 C, NW, Ardmore, OK 73401.
CAW, Terry Leigh; '72 BSBA; Credit Admin.; Chase Bank, 250 Old Wilson Bridge Rd., Worthington, OH 43085, 614 885-2500; r. 3495 Claretta Rd., Columbus, OH 43232, 614 837-1612.

CAYLOR, Howard R., Jr.; '56 BSBA; Unit Supv.; Ford Motor Co., The American Rd., Dearborn, MI 48121; r. 33963 Glouster Cir., Farmington Hls., MI 48024, 313 661-0432.

CEBULAR, Phillip Edward; '69 BSBA; Pres.; Pace Engrg. Inc., 4765 E. 355th St., Willoughby, OH 44094; r. 10805 Nollwood Dr., Chardon, OH 44024, 216 285-8371.

CECERE, Michael Anthony, Jr.; '77 BSBA; Controller; Nutri/Syst. of Florida, Inc., 5458 Town Center Rd., Boca Raton, FL 33486, 407 392-6800; r. 21100 Madria Cir., Boca Raton, FL 33433, 407 487-0090.

CECIL, Earl Leo, Jr.; '75 BSBA; Partner; Cotner & Cecil, CPA's, POB 313, Mc Arthur, OH 45651, 614 596-5126; r. 417 Northview Dr., Mc Arthur, OH 45651, 614 596-4363.

CECIL, John W.; '48 BSBA; Retired Treas.; F & R Lazarus, S. High & W. Town Sts., Columbus, OH 43215; r. 1375 Candlewood Dr., Worthington, OH 43235, 614 885-4311.

CECIL, Stephen R.; '64; Pres.; J L G Industries, JLG Dr., Mc Connellsburg, PA 17233, 717 485-5161; r. 6045 Fairway Dr. W., Fayetteville, PA 17222, 717 352-7133.

CEFALU, Thomas Wayne; '87 BSBA; Mktg. Rep.; Officecom, Inc., 4201 Long Beach Blvd., Ste.205, Long Bch., CA 90807, 213 426-8091; r. 1047 Evenstar Ave., Westlake Vlg., CA 91361, 805 495-9906.

CELEK, Barbara Busch, (Barbara Busch); '84 BSBA; 5381 Steeplechase Ln., Westerville, OH 43081, 614 898-7666.

CELLENTANI, Dianna Kay Kimble, (Dianna Kay Kimble); '81 MBA; Sr. Mktg. Analyst; OCLC, 6565 Frantz Rd., Dublin, OH 43017, 614 764-6473; r. 1737 Woodbluff Dr., Powell, OH 43065, 614 766-4409.

CENCULA, Mrs. Barbara Koren, (Barbara Koren); '83 MPA; Homemaker; r. 9508 Sandy Ct., Manassas, VA 22110, 703 369-4680.

CENCULA, Paul Christopher; '83 MBA; Staff Engr.; IBM Corp., Godwin Dr., Manassas, VA 22110, 703 367-5715; r. 9508 Sandy Ct., Manassas, VA 22110, 703 369-4680.

CENCULA, Richard Michael; '85 BSBA; 15806 Valleyview, Marysville, OH 43040, 513 644-2966.

CENESKIE, Joseph Michael; '86 BSBA; Mgr. Customer Svc.; Xerox Corp., USMG, 471 E. Broad St., Columbus, OH 43215, 614 460-0910; r. 3937 Spyglass Dr., Columbus, OH 43228, 614 276-8600.

CENTA, Thomas Michael; '84 BSBA; Programmer Analyst; The Ohio Savings Assn., 1801 E. 9th St., Cleveland, OH 44114, 216 944-9237; r. 837 E. 212th St., Euclid, OH 44119, 216 486-7737.

CEPPOS, Jeffrey H.; '64 BSBA; Owner; Ceppos Cnslts., 1208 Smith Ridge Rd., New Canaan, CT 06840, 203 966-4789; r. Same, 203 966-2650.

CERMAK, Joseph Edward; '73 BSBA; Master Scheduler; Diebold, Inc., Newark Industrial Park, Hebron, OH, 614 928-1010; r. 12515 Heimberger Rd., Baltimore, OH 43105.

CERMAK, Richard J.; '59 BSBA; Buyer; AT&T, 6200 E. Broad St., Columbus, OH 43213, 614 860-4070; r. 6247 Clark State Rd., Gahanna, OH 43230, 614 855-1488.

CERNY, Diane '87 (See Boggs, Diane M.).

CERTNER, Robert Bruce; '71 BSBA; Dir. of Finance; City of Cleveland Heights, 40 Severance Cir., Cleveland Hts., OH 44118, 216 291-3921; r. 2330 Euclid Hts. Blvd., Cleveland Hts., OH 44106, 216 229-8649.

CERVEN, James Francis; '73 BSBA; Dir. Quality Assurance; Planters Lifesavers Co., 1100 Reynolds Blvd., Winston-Salem, NC 27102; r. RR #6, Box 414A, Advance, NC 27006.

CERVI, Gene Frederick; '71 MBA; VP; Mellon Bank, One Mellon Bank Ctr., Rm. 3935, Pittsburgh, PA 15258, 412 234-4582; r. 1834 Dolphin Dr., Allison Park, PA 15101, 412 487-5903.

CESSNA, Philip M.; '38 BSBA; Pres.; Equitable S&L Co., 114 S. Main St., Cadiz, OH 43907; r. 108 Woodland Ave., Cadiz, OH 43907.

CHABEK, Jack A.; '48 BSBA; Retired; r. 28012 Whitestone Ct., Hayward, CA 94542, 415 538-2725.

CHABON, Ellen Beth; '86 BSBA; HRIS Spec.; Huntington Bank, 41 S. High St., Columbus, OH 43215, 614 463-6115; r. 5941 Parliament Dr., Columbus, OH 43213, 614 861-1704.

CHABOT, Craig Andrew; '83 BSBA; Mgr./Cnslt.; Norwood Hardware & Supply Co., 1714 Cleneay Ave., Cincinnati, OH 45212, 513 731-1832; r. 929 Anderson Glen Dr., Cincinnati, OH 45255, 513 474-6179.

CHABUCOS, Jay Herbert; '82 BSBA; Asst. Buyer; O'Neil'S, 226 S. Main St., Akron, OH 44308; r. 6920 Stow Rd., Hudson, OH 44236, 216 656-2965.

CHACE, William Allan; '85 BSBA; Staff Serv/Maintence; William Allan Chace, 10573 Schlottman Rd., Loveland, OH 45140; r. 10573 Schlottman Rd., Loveland, OH 45140, 513 683-6386.

CHADBOURNE, Jeffrey D.; '85 BSBA; Acct.; Buckeye Fed., 36 E. Gay St., Columbus, OH 43215, 614 225-2228; r. 272 Sumption Dr., Gahanna, OH 43230, 614 471-2049.

CHADBUNCHACHAI, Yaowaluk; '87 MBA; Supv.; Ernst & Whinney, Sinthon Bldg. 9th Fl., Bangkok 10500, Thailand; r. 2250/24 Charoenkrung Rd., Yannawa, Bangkok 10120, Thailand.

CHADEAYNE, COL Robert F., USAF(Ret.); '49 BSBA; 275 Forest Dr., Springfield, OH 45505, 513 322-5672.

CHADIMA, Judith '81 (See Burian, Judith N.).

CHADWELL, Tammy Jill; '82 BSBA; 607 Edgewood Dr., Newark, OH 43055.

CHADWICK, Betty Ziegenfelder; '36 BSBA; 4306 70th Ct. N., Riviera Bch., FL 33404.

CHADWICK, Donald R.; '66 BSBA; 10790 Ravenna Rd #302, Twinsburg, OH 44087.

CHADWICK, John W.; '71 MBA; Sr. Cnslt.; Economics Rsch. Assocs., 1 E. Broward Blvd., Ste. 705, Ft. Lauderdale, FL 33301, 305 527-1108; r. 2821 N. E. 40th Ct., Ft. Lauderdale, FL 33308, 305 563-2151.

CHADWICK, Richard P.; '51 BSBA; Retired; r. 549 Beechwood Rd., Whitehall, OH 43213, 614 231-1266.

CHAFETZ, Mrs. Adrienne B., (Adrienne Bosworth); '79 MBA; Managing Editor; Columbus Monthly Magazine, 171 E. Livingston Ave., Columbus, OH 43215, 614 464-4567; r. 870 Euclaire Ave., Columbus, OH 43209.

CHAFFIN, Richard H.; '69; 11555 Croton Rd., Croton, OH 43013, 614 893-2851.

CHAFIN, Harry Lee; '57; 1695 Lancaster Kirkersville Rd, Lancaster, OH 43130, 614 653-2481.

CHAI, King Tiong; '85 BSBA, '87 MPA; c/o Tong Chuan Chai, 282 Sungai Chui, Sajangselngr, Malaysia.

CHAIDIR, Fellicia; '88 BSBA; 130 E. Woodruff #1A, Columbus, OH 43201.

CHAIROONGRUANG, Supen; '76 BSBA; 11/6 Soi Veerawat, Suttisarn St., Bangkok, Thailand.

CHAIT, Dr. Arnon; '80 MBA; Rsch. Scientist; r. 408 Glen Park Dr., Bay Village, OH 44140, 216 835-3273.

CHAKRABORTY, Nivedita; '86 MPA; Devel. Planner; City of Columbus, 140 Marconi Blvd., 8th Fl., Planning Div., Columbus, OH 43215, 614 222-8635; r. 1500 Bolenhill Ave., Columbus, OH 43229, 614 848-6721.

CHALECKI, Gregg Frederick; '67 BSBA; Controller; Firestone Tire & Rubber Co., 361 Frontage Rd., Ste. 121, Burr Ridge, IL 60521, 312 325-5501; r. 2368 Oak Hill Dr., Lisle, IL 60532, 312 852-1587.

CHALFANT, Gregory Dale; '74 BSBA; Contractor; r. 194 Tallowood Dr., Westerville, OH 43081, 614 890-4194.

CHALFANT, Lynn B.; '60 BSBA; VP/Gen. Mgr.; East Texas Dist., P.O.Box 1465, Lufkin, TX 75901; r. 1317 Shady Ln., Lufkin, TX 75901, 409 639-2520.

CHALFANT, Marydee W.; '83 MBA; POB 215, Orrs Island, ME 04066.

CHALFANT, R. Peterson; '67 MBA; Atty.-Partner; Chalfant, Chalfant, Henderson & Dondzila, Ohio Valley Towers Ste. 3, Steubenville, OH 43952, 614 282-9784; r. 702 Granard Pkwy., Steubenville, OH 43952, 614 282-3556.

CHALFIE, Samuel L.; '33 BSBA; Atty.; Chalfie & Chalfie Co. L P A, 105 E. Fourth St., Ste. 1504, S. E. Cor Fourth &Walnut Sts., Cincinnati, OH 45202, 513 381-8616; r. 3501 Section Rd., Apt. 404, Cincinnati, OH 45237, 513 731-2646.

CHAMBERJIAN, Robert G.; '52 BSBA; Retired; r. 1314 El Solyo Ave., Campbell, CA 95008, 408 371-1289.

CHAMBERLAIN, Henry William; '87 BSBA; 5336 Anchorage Way, Vermilion, OH 44089, 216 967-8404.

CHAMBERLAIN, Robert C.; '62 BSBA; Owner; BAC-Country Cottage, Rte. 220 & 779, Daleville, VA 24083, 703 992-5310; r. 3645 Sunrise Ave. NW, Roanoke, VA 24012, 703 563-2150.

CHAMBERLAIN, Thomas Maxwell; '68 BSBA; Plant Controller; Navistar Intl. Transportation Corp., 5565 Brookville Rd., Indianapolis, IN, 317 352-4504; r. 957 Sleepy Hollow Ct., Greenwood, IN 46142, 317 882-7185.

CHAMBERLIN, John W.; '47 BSBA; Owner; Kwik Kopy #24, 1648 W. Irving Blvd., Irving, TX 70561; r. 3526 Routh St., Dallas, TX 75219, 214 526-6973.

CHAMBERS, Amy Purgert; '74 BSBA; 3488 Charlwood Dr., Rochester Hls., MI 48064.

CHAMBERS, David Orville; '85 BSBA; Systs. Designer; AT&T Columbus, 6200 E. Broad St., Columbus, OH 43213, 614 860-2690; r. 7670 Arapaho Ct., Worthington, OH 43085, 614 888-1691.

CHAMBERS, George Thomas; '74 BSBA; Tchr.; Dublin, OH 43017; r. 3000 Martin Rd., Dublin, OH 43017, 614 889-2328.

CHAMBERS, Jamie L., (Jamie L. Gentil); '84 BSBA; Software Cnslt.; Bryant Computing Svc., 6649 N. High St., Worthington, OH 43085, 614 885-3700; r. 7670 Arapaho Ct., Worthington, OH 43085, 614 888-1691.

CHAMBERS, Jerry Dean; '81 BSBA; Stockbroker; The Ohio Co., 155 E. Broad St., Columbus, OH 43215; r. 213 Glenhurst Ct., Gahanna, OH 43230, 614 476-5519.

CHAMBERS, Joanna Williamson; '79 MBA; VP; Bancohio Natl. Bank, 155 E. Broad St., Columbus, OH 43265; r. 1833 Arborfield Pl., Columbus, OH 43219.

CHAMBERS, John Francis, (John F. Rutter); '68 BSBA; Controller; 36th Dist. Ct., 421 Madison, Detroit, MI 48226, 313 965-2603; r. 41800 Manor Park, #66, Novi, MI 48050, 313 348-2872.

CHAMBERS, Mark Randall; '82 BSBA; VP; The Ohio Co., 155 E. Broad St., Columbus, OH 43215, 614 464-7079; r. 2703 Henthorn, Columbus, OH 43221, 614 486-2284.

CHAMBERS, Michael Scott; '73 MBA; Staff; The Pillsbury Co., 608 Second Ave. S., Minneapolis, MN 55402; r. 205 Bridge St., Le Sueur, MN 56058.

CHAMBERS, Nancy Kirkland; '68 BSBA; Pres.; Nancy J. Chambers, CPA, PC, 24520 Meadowbrook, #500, Novi, MI 48050, 313 477-7117; r. 40604 Village Wood Rd., Novi, MI 48050, 313 348-7293.

CHAMBERS, Robert L.; '66 BSBA; Receiving Mgr.; Longs Clg. Book Co., 1836 N. High St., Columbus, OH 43201, 614 294-4674; r. 2148 Sumac Loop N., Columbus, OH 43229, 614 891-2260.

CHAMBERS, Robert Wallace; '47 BSBA; Retired; r. 1234 Lupine Hills Dr., Vista, CA 92083, 619 727-9444.

CHAMBERS, William Daniel; '77 BSBA; CPA; Chambers Paterno & Assocs., 240 Capitol St., Ste. 400, Charleston, WV 25301, 304 344-5040; r. 724 Grace Ave., Charleston, WV 25302, 304 344-8408.

CHAMBERS, William M.; '35 BSBA; Retired; r. 47 Stillmeadow Dr., Cincinnati, OH 45245, 513 752-2390.

CHAMBERS GALLOGLY, Linda L. '85 (See Thompson, Mrs. Linda C.).

CHAMBLESS, LTC Rubyen M.; '66 MBA; Retired Lt. Col./Usaf; r. 13618 Rockingham Rd., Savannah, GA 31419, 912 925-1633.

CHAMBON, Harry A., III; '63 BSBA; 109 Butler, St. Clairsville, OH 43950.

CHAMOW, Robert D.; '47 BSBA; Pres.-Mfg. Sales Rep.; Garfield Sales Co., 193 Hillturn Ln., Roslyn Hts., NY 11577, 516 621-1400; r. Same, 516 621-5636.

CHAMPA, Tamara Hope; '85 BSBA; Computer Programmer; Mac Tools, Roberts Rd., Columbus, OH 43228; r. POB 29454, Columbus, OH 43229.

CHAMPION, James Newton; '76 BSBA; Analyst-Programmer; Deere & Co., John Deere Rd., Moline, IL 61265, 309 765-4005; r. 4510 5th St., E. Moline, IL 61244, 309 792-9659.

CHAMPION, William A.; '48 BSBA; Retired Sales Mgr.; UARCO, Inc.; r. 12 Admiral, Keowee Key, Salem, SC 29676, 803 944-2245.

CHAMPNESS, Michael Derek; '87 MPA; 216 Wayne Dr., Fairborn, OH 45324, 513 879-5027.

CHAN, Ava Ho Yin; '84 BSBA; Sr. Programmer Analyst; Hewlett Packard, 19055 Pruneridge Ave., Cupertino, CA 95015, 408 973-7714; r. 902 Chehalis Dr., Sunnyvale, CA 94087, 408 720-9262.

CHAN, Chui-Ping; '87 MPA; 803 Tsui Yeung Hse Tsui, Kwun Tong, Hong Kong.

CHAN, Helen Winnie; '86 BSBA; 12-B S. Terrace Ave., Newark, OH 43055, 614 522-5653.

CHAN, Joseph Chungchak; '75 MBA; Chmn.; NOEC-Ponderosa Taiwan Franchisee, 955 Tunhwa South Rd., Taipei, Taiwan; r. 825 La Jolla Corona Ct., La Jolla, CA 92037, 619 459-6381.

CHAN, Shu Jen Susan; '80 MACC; Acct.; E. I. Du-Pont, POB 89, Circleville, OH 43113, 614 474-0603; r. 1340 Marlyn Dr., Columbus, OH 43220, 614 457-7074.

CHAN, Wing Kin; '82 MBA; Assoc. Bus. Anlys; Union Carbide Corp.-Eastern Hdq, 40/F, New World Twr., 16-18 Queen's Rd. Central, Hong Kong, Hong Kong; r. W. A Robinson Rd. 8th Fl., Hong Kong, Hong Kong.

CHAN, Yew-Onn; '83 BSBA; Fin Instutnl Auditor; r. 14 Aroozoo Ave., Singapore 1953, Singapore.

CHANCE, Brett D.; '85 BSBA; Field Dir.; Natl. Bicycle League, 555 Metro Pl. N. Ste. 524, Dublin, OH 43017, 614 766-1625; r. 607 Annarose Run, Westerville, OH 43081, 614 888-7481.

CHANCE, John Kennedy; '71 MBA; Pres.; S & G Rubber Co., POB 105, Urbana, OH 43078, 513 653-3441; r. 463 Scioto St., Urbana, OH 43078, 513 653-4667.

CHANDLER, Carl Stephen; '81 BSBA; Programmer; Nationwide Ins. Co., One Nationwide Plz., Columbus, OH 43216; r. 60 Sheffield Rd., Columbus, OH 43214, 614 263-7635.

CHANDLER, David Pierce; '85 BSBA; Claims Adjuster; Westfield Ins. Co., 144 Merchant St., Cincinnati, OH 45246, 513 772-6009; r. 148 Lindale Dr., Fairfield, OH 45014.

CHANDLER, Jeffrey Lynn; '77 BSBA; 7000 W. 20th Ave. #205, Denver, CO 80215, 303 239-8336.

CHANDLER, Julie Lynn; '80 BSBA, '82 MBA; Asst. VP; Bancohio Natl. Bank, Corporate Banking Group, 155 E. Broad St., Columbus, OH 43265; r. 240 W. Cooke Rd., Columbus, OH 43214, 614 263-0490.

CHANDLER, Mrs. Kathryn J., (Kathryn J. Goldsworthy); '86 BSBA; Programmer/Analyst; NCR Corp., 1700 S. Patterson Blvd., Dayton, OH 45479, 513 445-1850; r. 549 Fitzooth Dr., Miamisburg, OH 45342, 513 859-9108.

CHANDLER, Lesta A.; '83 MLHR; Fed. Investigator; US Dept. of Labor, 43660 Wilshire Blvd., Rm. 708, Los Angeles, CA 90010; r. 4646 Los Feliz Blvd., Apt. 310, Los Angeles, CA 90027.

CHANDLER, Lois '81 (See Knox, Lois Chandler).

CHANDLER, Lori Lynne; '84 BSBA; Acct. Mgr.; Automatic Data Processing, 3660 Corporate Dr., Columbus, OH 43229, 614 895-7700; r. 5060B Godown Rd., Columbus, OH 43220, 614 459-3570.

CHANDLER, Margaret Melinda; '73 BSBA; 4519 Dickey Dr., La Mesa, CA 92041.

CHANDLER, Robert E.; '26 BSBA; Retired; r. 555 Foxworth Blvd. #509, Lombard, IL 60148, 312 953-8483.

CHANDLER, William J.; '54 BSBA; Field/Hosp. Rep.; Pfizer Inc., 235 E. 42nd St., New York, NY 10017, 503 649-8706; r. RR No. 3, Box 1028 Grabhorn Rd., Beaverton, OR 97007.

CHANDRA, Dr. Gyan; '71 PhD (ACC); Prof.; Miami Univ., Sch. of Business Admin, Oxford, OH 45056, 513 529-6206; r. 943 Tollgate Dr., Oxford, OH 45056, 513 523-1988.

CHANEY, Brenda Marie; '78 MBA; 20 N. Mount St., Baltimore, MD 21223, 301 233-6460.

CHANEY, James L.; '47 BSBA; Retired; r. 8740 Randy Dr., Westland, MI 48185, 313 421-4410.

CHANEY, Loyal Floyd; '43 BSBA; CPA; r. 2280 Leisure World, Mesa, AZ 85206, 602 981-0803.

CHANEY, Roger L.; '34 BSBA; Retired; r. 277 E. Dominion Blvd., Columbus, OH 43214, 614 267-6647.

CHANG, Chihyuan; '88 BSBA; Student; Ohio State Univ.; r. 1516 Highland St., Columbus, OH 43201, 614 421-1415.

CHANG, David W.; '88 BSBA; Student Law Sch.; r. 833 Pelican Bay Dr., Daytona Bch., FL 32019, 904 760-3237.

CHANG, Dr. Donald Heng; '78 MA; 1460 Kingsgate Rd., Columbus, OH 43221, 614 459-4309.

CHANG, Grace Unchu; '87 BSBA; 162 West Ln. Ave. #A3, Columbus, OH 43201.

CHANG, Seipoong T.; '70 BSBA; Operations Rsch. Analyst; USA, USA Logistics Evaluation Agcy., New Cumberland Army Depot, New Cumberland, PA 17070, 717 770-6901; r. POB 3206, Harrisburg, PA 17105, 717 766-1955.

CHANG, Shao-Chun; '84 MACC; 255 Cheng Kung Rd., Taninan, Taiwan.

CHANNELL, Dale Olin; '66 BSBA, '68 MBA; Controller; Owens-Corning Fiberglas, Fiberglas Twr., T25, Toledo, OH 43659, 419 248-6602; r. 9862 Ford Rd., Perrysburg, OH 43551.

CHAPIN, George Arthur; '48 MBA; Retired VP/CPA; Clauss Cutlery Co., 223 Prospect St., Fremont, OH 43420; r. 1921 Riverbend Pkwy., Fremont, OH 43420, 419 332-2500.

CHAPIN, Harry G., III; '85 BSBA; Sales/John H Harland; r. 341 Marlborough St., Apt. 3, Boston, MA 02115, 617 437-6553.

CHAPIN, Herbert A.; '59 BSBA; Operations Mgr.; The Columbus Show Case Co. Inc., 560 Goodrich Rd., Bellevue, OH 44811, 419 483-2641; r. 1135 Somerset Ln., Huron, OH 44839, 419 433-3849.

CHAPIN, Steven Wayne; '74 MPA; Dir./Info. Systs.; Bexar Cnty. Texas, 200 Main Plz. Ste. 300, San Antonio, TX 78205, 512 220-2436; r. 16810 Ft. Oswego, San Antonio, TX 78247, 512 656-7738.

CHAPLIN, L. James; '81 BSBA; Owner; Shoot Ctr. Gun Shop, 44 Marmot Rock Tr., Holy Cross City, CO 81634, 303 949-5700; r. POB 1782, Avon, CO 81620.

CHAPMAN, Anthony Wayne; '82 BSBA; Finance Rep.; PACAAR Financial Corp., 1105 Schrock Rd., Columbus, OH 43229, 614 885-2925; r. 140 E. Ottawa St., Richwood, OH 43344, 614 943-2656.

CHAPMAN, LTC Brent Elwood, USAF; '70 BSBA; Student; Natl. War Clg., Ft. McNair, Washington, DC 20319; r. 5539 Shooters Hill Ln., Fairfax, VA 22032, 703 250-0269.

CHAPMAN, Carmen Brewster; '87 BSBA; Acct.; City of Coppell-TX, 255 Pkwy. Blvd., Coppell, TX 75019, 214 462-0022; r. 2406 Hwy. 121, Apt. 3301, Bedford, TX 76021, 817 354-9213.

CHAPMAN, Derry L.; '58 BSBA; Mktg. Analyst; Ford Motor Co., The American Rd., Dearborn, MI 48121; r. 330 Rivers End Rd, Gahanna, OH 43230, 614 475-6415.

CHAPMAN, Douglas K.; '71 BSBA; Prof./Law.; Univ. of Toledo Law Sch., 2801 W. Bancroft, Toledo, OH 43606, 419 537-2926; r. 5733 Shellbrook Ln., Toledo, OH 43614, 419 867-9120.

CHAPMAN, Edward E.; '58; Mayor; Bay Village, 350 Dover Center Rd., Bay Village, OH 44140, 216 871-2200; r. 26711 Bruce Rd., Cleveland, OH 44140, 216 871-0480.

CHAPMAN, Gary A.; '67 BSBA; Sr. Credit Analyst; E I Du Pont Co., Du Pont Nemours&Brandywine Bld, Wilmington, DE 19898; r. 2307 Beacon Hill Dr., Wilmington, DE 19810, 302 475-5430.

CHAPMAN, Helen '81 (See Borisoff, Helen).

CHAPMAN, Jack; '69 BSBA; Instr.; Reynoldsburg Bd. of Educ., Dept. of Mathematics, Reynoldsburg, OH 43068, 614 866-2813; r. 920 Ruskin Dr., Reynoldsburg, OH 43068, 614 861-4028.

CHAPMAN, James E.; '53 BSBA, '54 JD; Atty. - Managing Partner; Baker & Hostetler, 3200 National City Ctr., Cleveland, OH 44114, 216 861-7579; r. 22870 S. Woodland Rd., Cleveland, OH 44122, 216 991-1286.

CHAPMAN, Jeffrey Stewart; '78 BSBA; Asst. VP/Sr. Trader; BancOhio Natl. Bank, 155 E. Broad St., Columbus, OH 43215, 614 463-8151; r. 1843 Baldridge Rd., Upper Arlington, OH 43221, 614 486-0170.

CHAPMAN, John B.; '54 BSBA; Cnslt.; 4406 Weyburn Dr., Annandale, VA 22003, 703 941-3280; r. Same.

CHAPMAN, Karen L. '78 (See Olzak, Mrs. Karen L.).

CHAPMAN, Loretta Venerable; '45 BSBA; Retired; r. 2029 Millbrook Way, Columbus, OH 43219, 614 252-9219.

CHAPMAN, M. Joan '51 (See Richards, Mrs. M. Joan C.).

CHAPMAN, Michael Thomas; '77 MBA; Staff; Rubbermaid Inc., 1147 Akron Rd., Wooster, OH 44691; r. 428 E. Cherry St., Box 6911, Canal Fulton, OH 44614, 216 854-5606.

CHAPMAN, Ms. Nancy G., (Nancy S. George); '69 BSBA; Dir. of Mktg.; Cardinal Inds.-Arborgate Inns, 37 Pheasantview Ct., POB 32999, Columbus, OH 43232, 614 755-6734; r. 5638 Dumfries Ct., Dublin, OH 43017, 614 764-4616.

ALPHABETICAL LISTINGS CHIN 45

CHAPMAN, Paul D., Jr.; '51 BSBA; Acct. R&D; Owens-Corning Fiberglas, Research Ctr., Granville, OH 43023; r. 5520 London Groveport Rd., Orient, OH 43146, 614 875-4440.

CHAPMAN, LCDR Ronald Lee; '73 BSBA; Lcdr Usn; r. 145 Jones St., Middletown, RI 02840.

CHAPMAN, Ronald Matthew; '87 BSBA; Computer Systs. Coord.; 6363 Fiesta Dr., W. Worthington, OH 43235, 614 766-6363; r. 1464 Highland St., Columbus, OH 43201, 614 299-2020.

CHAPMAN, Scott B.; '87 BSBA; Law Student; Cleveland State Univ., 3351 Warrensville Ctr. Rd., Apt. 104, Shaker Hts., OH 44122, 216 283-1824; r. 534 Hampton Ridge, Akron, OH 44313, 216 867-1509.

CHAPMAN, Steven Elva; '74 BSBA; Real Estate Salesman; May Coleman & Assoc., 2000 W. Henderson Rd, Columbus, OH 43220; r. 6599 Riverside Dr., Powell, OH 43065, 614 873-3396.

CHAPMAN, Wayne A.; '48 BSBA; Real Estate Broker; Chapman Northwest Co. Inc., POB 977, Oak Harbor, WA 98277, 206 675-2378; r. Same.

CHAPMAN, MAJ Wilbur E., USAF(Ret.); '64 BSBA; VP; Computer Data Systs. Corp., One Curie Ct., Rockville, MD 20850, 301 921-7000; r. 6 Autumn Flower Ln., Gaithersburg, MD 20878, 301 990-1063.

CHAPMAN, William D.; '65 BSBA; VP Intl. Opers.; Butler Mfg. Co., POB 917, BMA Twr., Penn Valley Park, Kansas City, MO 64141, 816 968-3264; r. 12017 Goddard, Overland Park, KS 66213, 913 897-9464.

CHAPPANO, Rene Ann; '85 BSBA; Mgr.; State Savings Bank, 1349 W. 5th Ave., Columbus, OH 43212, 614 486-2447; r. 2265-D Hedgerow, Columbus, OH 43220, 614 442-0609.

CHAPPEL, William Oresti, II; '87 BSBA; 255 Compton Ridge, Cincinnati, OH 45215, 513 821-1885.

CHAPPELL, Mary Kelley, (Mary Christine Kelley); '49 BSBA; Homemaker; r. 736 Lanreco Blvd., Lancaster, OH 43130, 614 653-8808.

CHAPPELL, Thomas Alley; '51 BSBA; Retired; r. 3104 Westwick Rd., Columbus, OH 43232, 614 235-8014.

CHAPPELL, William Vincent; '84 BSBA; 113 Beechwood, Wintersville, OH 43952, 614 264-2385.

CHAPPLE, Murray Kingsley; '73 MBA; Sr. Industrial Engr.; GM Corp., Delco Moraine Div, 1420 Wisconsin Blvd., Dayton, OH 45401, 513 455-6149; r. 2400 Adirondack Tr., Kettering, OH 45409, 513 299-6817.

CHARACTER, Carl J.; '51 BSBA; Judge; Justice Ctr. 17A, 1200 Ontario St., Cleveland, OH 44113, 216 443-8686; r. 3055 Ludlow Rd., Shaker Hts., OH 44120, 216 752-4986.

CHARBONNEAU, David Gordon, CPA; '84 BSBA; Controller; Diamond Engineered, Inc., 4663 Van Epps Rd., Cleveland, OH 44131, 216 398-1044; r. 16105 Corkhill Rd., Maple Hts., OH 44137, 216 581-3283.

CHARBONNEAU, Linda Whitney; '54 BSBA; 3 W. 79th St., Indianapolis, IN 46260, 317 259-0001.

CHARLES, James Gregory; '78 BSBA; Financial Cnslt.; Murdock & Assocs., 2045 Peachtree Rd. NE, Atlanta, GA 30309, 404 352-4600; r. 207 Riverview Dr., Marietta, GA 30067, 404 953-2598.

CHARLES, Jerome Baker; '79 BSBA; Staff; The Ltd., 1 Limited Pkwy., Columbus, OH 43230; r. 4141 Woodlawn Dr., Chowning Sq. #31, Nashville, TN 37205.

CHARLES, Marlon R.; '88 BSBA; Section Mgr.; OCLC Inc., 6565 Frantz Rd., Dublin, OH 43017, 614 764-6000; r. 7983 Industrial Pkwy., Plain City, OH 43064, 614 873-5677.

CHARLESTON, Ms. Kim Ruark; '87 MLHR; Technical Spec.; Nationwide Ins. Co., Human Resources Devel. & Plng., 1 Nationwide Plz., Columbus, OH 43216, 614 249-7558; r. 2058 Millrow Loop, Dublin, OH 43017, 614 766-5562.

CHARLESWORTH, BG Stuart Mac Rae; '51 MPA; BG USMC Retired; r. Box 31, Upperville, VA 22176, 703 592-3755.

CHARME, Jeffrey Steven; '86 BSBA; Sales Rep.; Moore Business Forms Systs., 210 N. Interstate, Atlanta, GA 30039, 404 953-3593; r. 431 Woodhollow Ct., Marietta, GA 30067, 404 988-0461.

CHARNAS, Mannie Michael; '69 BSBA, '71 MBA; Pres.; Industrial Pallet & Pkg Co., 24700 Chagrin Blvd., Beachwood, OH 44122, 216 292-6015; r. 12 Sherwood Ct., Beachwood, OH 44122, 216 831-6070.

CHARVILLE, Barbara Ann; '80 BSBA; Soft-Lines Mgr.; Hart's Family Stores, 770 W. Goodale, Columbus, OH 43215; r. 4671 E. Main St., Apt. 7, Columbus, OH 43213.

CHARVILLE, Richard Karl; '75 BSBA; Mgr.-Production Cntrl; Imperial Clevite, Inc., 33 Lockwood Rd., Milan, OH 44846; r. Box 519, Milan, OH 44846, 419 668-4215.

CHASAR, Frank J.; '72 BSBA; Controller; Black & Decker Mfg. Co., 10 N. Park, Hunt Valley, MD 21030, 301 683-7129; r. 3102 Bennington Ct., Baldwin, MD 21013.

CHASE, Betty C., (Betty Calmes); '54 BSBA; 6902 Presley Rd, Lanham, MD 20706, 301 577-6490.

CHASE, Brian Edward; '68 BSBA; Sales Mgr.; Lester Sales Co., 4312 W. Minnesota, Indianapolis, IN 46341, 317 244-7811; r. 9100 Spring Hollow Dr., Indianapolis, IN 46260, 317 848-7548.

CHASE, Douglas C.; '70 BSBA; Deputy Dir., Plans & Mgmt; Air Force Systs. Cmd., Andrews AFB, MD 20817, 301 981-4166; r. 642 Venture Dr., Waldorf, MD 20601, 301 843-6956.

CHASE, Jon Melvin; '79 MPA; Devel. Svcs. Dir.; City of Scottsdale, 7447 E. Indian Sch., Scottsdale, AZ 85251, 602 994-2578; r. 10884 N. 117th Pl., Scottsdale, AZ 85259, 602 860-6829.

CHASE, Nina Ross; '65 BSBA; 6069 Olentangy River Rd, Worthington, OH 43085, 614 885-2734.

CHASE, Ruth Tweedie, (Ruth Tweedie); '28 BSBA; Retired; r. 1210 Washington Rd, Mt. Dora, FL 32757, 904 383-2472.

CHASE, Vaughn R.; '33 BSBA; VP & Gen. Mgr.; ALCOA Properties Inc., Eastern Division, 1 Allegheny Sq., Pittsburgh, PA 15212; r. 11 Tannery Ln., Weston, CT 06883.

CHASE, William D.; '58 BSBA; Area Dir.; Hobart Corp., 3904 N. Peachtree Rd., Chamblee, GA 30341, 404 458-2361; r. 9640 Haverhill Ln., Alpharetta, GA 30201, 404 662-0301.

CHASIN, Gary A.; '61 BSBA; Co-owner; Uncle Sam's Pawn Shop, 225 E. Main St., Columbus, OH 43215, 614 221-3711; r. 654 Indian Mound, Columbus, OH 43213, 614 866-9579.

CHASMAN, Mrs. Janice H., (Janice H. Kowalak); '73 MA; Mktg. Cnslt./Pres.; J Chasman & Assocs., 1076 Carlton Dr., Shoreview, MN 55126, 612 483-6313; r. Same.

CHASTAIN, Denise K. '79 (See Baker, Ms. Denise K.).

CHATFIELD, Robert L.; '59 BSBA; Programmer-Analyst; Nationwide Ins., One Nationwide Plz., Columbus, OH 43216; r. 2720 SW Blvd., Grove City, OH 43123, 614 875-8739.

CHATLAIN, Helen Hartman; '45 BSBA; 1315 Cedarbrook Ct., Mansfield, OH 44906, 419 756-7253.

CHATWOOD, Craig Edward; '76 MBA; Acct.; Timber Product Sales, 305 S. 4th, Springfield, OR 97477, 503 747-4577; r. 4980 Fox Hollow Rd., Eugene, OR 97405, 503 485-6502.

CHAUDHURI, Shabbir Ahmed; '88 MA; 647 Harley Dr., Apt. 7, Columbus, OH 43202, 614 262-7235.

CHAUDRUE, COL Robert G.; '57 BSBA; Col. Usa; USA, 1st Usa Readiness Region Iii, Ft. Meade, MD 20755; r. 1450 Harwell Ave., Crofton, MD 21114, 301 721-7880.

CHAUHAN, Dr. Satya Pal Singh; '78 MBA; Prog. Mgr.; Battelle Mem. Inst., 505 King Ave., Columbus, OH 43201, 614 424-4812; r. 866 Werner Way, Worthington, OH 43085, 614 436-8497.

CHAVE, Austin Saunders; '69 BSBA; Mktg. Cnslt.; New York, NY 10577, 212 369-3125; r. Lake Dr. S., Box 126, New Fairfield, CT 06812, 203 746-9743.

CHAWNER, Jack L.; '50 BSBA; Dir. Taxes; East Ohio Gas Co., 9th & E. Superior Ave., Cleveland, OH 44114, 216 348-6270; r. 21071 W. Wagar Cir., Rocky River, OH 44116, 216 331-2188.

CHAWNER, Joseph E.; '59 BSBA; Financial Admin.; Fisher Guide Div. GMC, 200 Georgesville Rd., Columbus, OH 43228, 614 275-5535; r. 1296 Candlewood Dr., Worthington, OH 43235, 614 431-0062.

CHEAM, Yueh Leng; '87 BSBA; 2253 E. 22nd St., Brooklyn, NY 11229.

CHEATHAM, LTC Calvin W., Jr.; '73 MPA; USA(Ret);Deputy Div. Mgr.; Dyncorp, Dyn One Bldg., POB 10043, Ft. Irwin, CA 92310, 619 386-3056; r. 36968 Colby Ave., Barstow, CA 92311, 619 256-9199.

CHEDEKEL, Dr. Esther Davis; '80 MPA; 9954 Oaklea Ct., Ellicott City, MD 21043, 301 465-2678.

CHEE, Che Ngee; '85 BSBA; Batu 18, Jalan, Raub 27300, Benta, Pahang, Malaysia.

CHEFFY, Frederick H.; '53 BSBA; Cnslt.; Right Assocs., 200 S. President, Baltimore, MD 21202, 301 727-0997; r. 5 St. Andrews Close, Severna Park, MD 21146, 301 987-4840.

CHEFFY, Louis Worthington; '83 MBA; Bus. Mgr.; Barnesville Med. Ctr., Inc., Hospital Dr., Barnesville, OH 43713, 614 425-3601; r. 133 W. Main St., Barnesville, OH 43713.

CHEKANOFF, Michael Alexander; '87 BSBA; 1886 Kentwell Rd, Columbus, OH 43221, 614 457-2749.

CHELIKOWSKY, Wayne F.; '63 BSBA; VP for External Affairs; D'Youville Clg., 320 Porter Ave., Buffalo, NY 14214, 716 881-7689; r. 51 Jewett Pkwy., Buffalo, NY 14214, 716 837-6177.

CHELNICK, Morton Edward; '48 BSBA; Retired; r. 2648 Whiton Rd., University Hts., OH 44118, 216 321-6991.

CHEMA, Stephen Anthony; '83 BSBA; 330 N. Jackson St. #209, Glendale, CA 91206.

CHEN, Dr. Eva T.; '87 PhD (BUS); 86-80 188 St. Jamica St., New York, NY 11432.

CHEN, Dr. Kuang-Chung; '78 MBA, '82 PhD (BUS); Theodore F Brix Prof. Fin; California State Univ., Dept. of Finance, Fresno, CA 93740, 209 294-4964; r. 540 E. Nees, Fresno, CA 93710, 209 435-1408.

CHEN, Kuang-Ping; '80 MACC; 18 Chittenden, Columbus, OH 43201.

CHEN, Ray-Fen; '86 MA; 88 Frambes Ave., Apt. C, Columbus, OH 43201.

CHEN, Shu-Ru Chiang; '84 BSBA; Comp Prog. Analyst; San Francisco Unify Sch. Dist., 132 Van Ness, San Francisco, CA 94127; r. 70 Pinehurst Way, San Francisco, CA 94127, 415 585-6201.

CHENEY, Brooke Adams; '78 BSBA; Pres.; Governmental Policy Grp. Inc., 17 S. High St., Ste. 1250, Columbus, OH 43215, 614 461-9335; r. 1405B Lakeshore, Columbus, OH 43204, 614 481-9773.

CHENEY, David Alan; '71 BSBA; Atty.; Cory Meredith Witter et al, 607 Savings Bldg., Lima, OH 45802, 419 228-6365; r. 5064 Tillamuk Tr., Lima, OH 45806, 419 999-5298.

CHENEY, Harry Allen; '49 BSBA; Retired VP of Mktg.; White Consolidated Industries; r. 1360 Royal Oak Dr., Mansfield, OH 44906, 419 756-8703.

CHENEY, James Briggs; '47 BSBA; Manufacturers Repr; 5042 Cobblestone Dr, Apt. E, Columbus, OH 43230; r. 4914 Clearfork Ln., Westerville, OH 43081, 614 890-5428.

CHENEY, Jennica Anne; '88 BSBA; 104 Haddam Pl. W., Westerville, OH 43081, 614 891-4388.

CHENEY, Mrs. Judith A., (Judith A. Artz); '83 BSBA; Acct.; OCLC Local Systs., 6565 Frantz Rd., Dublin, OH 43017, 614 761-5077; r. 7031 Foxmoor Pl., Worthington, OH 43235, 614 436-7768.

CHENEY, Nancy Taylor, (Nancy J. Taylor); '49 BSBA; Owner/Mgr.; Manpower Temp Svcs., 650 Park Ave. W., Mansfield, OH 44906, 419 522-2510; r. 1360 Royal Oak Dr., Mansfield, OH 44906, 419 756-8703.

CHENEY, Thomas Kenneth; '74 BSBA; Court Reporter; McGinnis & Assocs., 5701. N. High St., Worthington, OH 43085, 614 431-1344; r. 5353 Woodville Ct., Gahanna, OH 43230, 614 899-7108.

CHENG, Conlee; '87 BSBA; Mgr.; Bullocks, 14000 Riverside Dr., Sherman Oaks, CA 91403, 818 788-8350; r. 4344 Harborough Rd., Columbus, OH 43220, 614 457-6402.

CHENG, William P.; '67 BSBA; Chmn. of Bd.; Cheng Info. Systs., Park Pl. Plz., 5920 Friars Rd. Ste. 200, San Diego, CA 92108, 619 296-1365.

CHEONG, Connie Mei Ling; '86 BSBA; POB 3527, Columbus, OH 43210.

CHEONG, Weng Hong; '84 BSBA; 623 Cuyahoga Ct., Columbus, OH 43210.

CHERICO, Karen L. '82 (See Spindler, Mrs. Karen Cherico).

CHERNETT, Stanford A.; '64 BSBA; Pres.; Chernett Cohen Assoc. Inc., 4969 Commerce Pkwy., Cleveland, OH 44128, 216 831-6860; r. 25020 Tunbridge Ln., Beechwood, OH 44122, 216 464-0514.

CHERNIKOFF, Lawrence Robert; '68 BSBA; Financial Planner; Shearson Lehman Hutton, 1111 Superior Ave., #1700, Cleveland, OH 44114, 216 241-1800; r. 2485 Buckhurst Dr., Cleveland, OH 44122, 216 292-7776.

CHERRY, Don Thomas; '53 BSBA; Cnslt.-Owner; Cherry Ltd., Facility Control Design, 2166 Northam Rd., Columbus, OH 43221, 614 486-5534; r. Same.

CHERRY, James B.; '55 MBA; Real Estate Salesman; Fox Realty Co., Lancaster, OH 43130, 614 654-2237; r. 2615 Marietta Rd., Lancaster, OH 43130, 614 653-2580.

CHERRY, Nancy Pollard, (Nancy J. Pollard); '50 BSBA; Asst. Dir.-Finance; Covenant Early Childhood Prgm, 11205 Euclid Ave., Cleveland, OH 44106, 216 421-0482; r. 3633 Langton Rd., Cleveland, OH 44121, 216 382-8278.

CHERRY, Rhonda Jean; '82 BSBA; Sr. Acct.; GTE North Corporate Ofcs., 19845 US 31, POB 407, Westfield, IN 46074, 317 896-6969; r. 103 Lions Creek Ct. S., Noblesville, IN 46060, 317 877-0302.

CHERRY, Robert Eugene; '62; Regional Sales Mgr.; Robert Cherry Orthodontic Sales Ltd., Box 26, Pickerington, OH 43147, 614 837-6585; r. 8732 Eastfield Ct., Chevington Village, Pickerington, OH 43147, 614 837-6585.

CHERRYHOLMES, Roger G.; '61 BSBA; Territory Mgr.; Williams Prods. Inc., 1536 Grant St., Elkhart, IN 46514; r. 2455 Boxberry, Broadview Hts., OH 44141, 216 237-0888.

CHERUBINI, Kathleen; '86 BSBA; Sales Mgr.; The Katy-Did Inc., 1405 Maple Ave., Zanesville, OH 43701; r. 1424 Maple Ave., Apt. A, Zanesville, OH 43701.

CHERUBINI, Roger Owen; '74 BSBA; Cnslt.; Computer Task Grp., Raleigh, NC 27611, 919 850-9861; r. 115 Greenland Cir. E., Newark, OH 43055, 614 366-5539.

CHESHIRE, Sandra Kay; '82 MBA; Gen. Counsel; Universal Cos., 11225 Davenport St., Ste. 105, Omaha, NE 68154, 402 691-5329; r. 3115 Maplewood Blvd., Apt. 50, Omaha, NE 68134, 402 571-6419.

CHESLER, Earl R.; '40 BSBA; Pres.-Appraiser; Earl R. Chesler Inc., One River Plz., Ste. 710, 305 S. Andrews, Ft. Lauderdale, FL 33301, 305 463-2415; r. 7401 S. W. 7th St., Plantation, FL 33317, 305 791-5909.

CHESLEY, Dr. George Richard; '72 MACC, '73 PhD (ACC); Prof. of Bus Adm; Dalhousie Univ., 6152 Coburg Rd., Halifax, NS, Canada B3H1Z5; r. 4 Robert Allen Dr., Halifax, NS, Canada B3M3G8.

CHESLIK, Jeffrey Brian; '85 BSBA; 5700 Loretta Dr., Boardman, OH 44512, 216 758-3528.

CHESLIK, Kenneth James; '84 BSBA; Dist. Sales Mgr.; ITT Financial Corp., Subs Intl. Telephone/Telegraph, 110 Boggs Ln Ste 380 Box 46137, Cincinnati, OH 45246, 800 777-8593; r. 7760 Warrington Way, Worthington, OH 43085, 614 792-2934.

CHESNEAU, Emmanuel Guy; '87 MA; Exec. Mgr.; French Chamber of Commerce, Lima, Peru; r. 364 W. Lane Ave. #901, Columbus, OH 43201, 614 291-1899.

CHESNEY, Dr. Michael Thomas; '67 MBA; Lt. Col. Ret Usaf; r. 4701 Merion Cricket Dr., Austin, TX 78747.

CHESNUT, Diane M.; '83 BSBA; Sr. Acct.; Price Waterhouse, The Huntington Ctr., 41 S. High St., Columbus, OH 43215, 614 221-8500; r. 985 Alton Rd., Galloway, OH 43119, 614 878-3652.

CHESSLER, Diane Mc Donald; '80 BSBA; Mgr.; T G Mc Donald, 240 Kent Ave., Hartville, OH 44632; r. 222 Walsh Ave. SE, N. Canton, OH 44720, 216 497-7206.

CHESTER, David A.; '52 BSBA; Retired; r. 18 Allwood Pl., Clifton, NJ 07012, 201 472-3621.

CHEUNG, Mrs. Shirley Sau-Kuen, (Shirley S. Lee); '87 BSBA; Acct.; Charles G. Nichols Acctg., 511 A Main St., Groveport, OH 43125, 614 836-9958; r. 5729 Arborwood Ct., Apt. B, Columbus, OH 43229, 614 888-0858.

CHEUVRONT, Michele Ann; '87 BSBA; 279 Dixon Ct., Columbus, OH 43214, 614 268-1336.

CHEVAPRAVATDUMRONG, Suwannee Soongswang; '77 MA; 2765 Lakehurst Ln., Ann Arbor, MI 48105, 313 761-1823.

CHEYNEY, Thomas W.; '79 BSBA; Sales Rep.; A A Smith Co., 830 N. Westwood Ave., Toledo, OH 43607; r. 605 Perham Dr., Berea, OH 44017, 216 234-3868.

CHIACCHIARI, Claudia Angela; '88 BSBA; 1591 Presidential Dr., #A-3, Columbus, OH 43212, 614 481-1951.

CHIANG, Ms. Yuan-Chin; '88 MA; Student; Ohio State Univ.; r. 130 E. Woodruff, Apt. 2C, Columbus, OH 43201, 614 299-0264.

CHIAZZA, Angelo Joseph; '76 BSBA; Local Sales Mgr.; Keebler Co., RIDC Park W., 102 Technology Dr., Pittsburgh, PA 15275, 412 787-1183; r. 323 Hummingbird Cir., Mars, PA 16046, 412 776-4341.

CHIAZZA, John Charles; '73 BSBA; Asst. VP; Lincoln Natl. Corp., 1300 S. Clinton St., POB 1110, Ft. Wayne, IN 46801, 219 427-2000; r. 2113 Sycamore Hills Dr., Ft. Wayne, IN 46804, 219 625-4226.

CHIAZZA, Philip Angelo; '74 BSBA; Audit Mgr.; Westinghouse, 9095 Telstar Ave., El Monte, CA 91763; r. 37 Hunter Point Rd., Pomona, CA 91766, 714 623-2049.

CHIAZZA, Sue Bergfeld; '77 BSBA; 37 Hunter Point Rd., Pomona, CA 91766, 714 623-2049.

CHICK, Polly Henke; '57 BSBA; 1594 Dayton Yellow Springs Rd, Xenia, OH 45385, 513 767-1612.

CHICK, Stephen C.; '50 BSBA; Pres.-CEO-Owner; Associated Prods. Co., 7776 Trade St., San Diego, CA 92121, 619 695-1800; r. 3205 Via Almonte, Fallbrook, CA 92028.

CHICKERELLA, Joseph A.; '48 BSBA; CPA, Exec. VP, Gen. Mgr.; Brentwood Mkts. Inc., 170 S. Spruce Ave., S. San Francisco, CA 94080; r. 200 Valencia Dr., Millbrae, CA 94030.

CHICKERELLA, Mark Steven; '84 BSBA; Salesman; APCO Inc., 777 Michigan Ave., Columbus, OH 43220, 614 224-2345; r. 6734 Cowan St., Dublin, OH 43017, 614 761-8814.

CHICKERELLA, Samuel Allan, Jr.; '76 BSBA; Ins. Agt.; McCloy Financial Svcs., 921 Chatham Ln., Ste. 300, Columbus, OH 43221, 614 457-6233; r. 1890 Hardin Ln., Delaware, OH 43015.

CHIEVITZ, James Poul; '78 BSBA; Acctng/Contrct Anlyt; Babcock & Wilcox, 20 S. Van Buren, Barberton, OH 44203; r. 3021 Stadium Dr., #5, Columbus, OH 43202.

CHIHIL, Gary Edward; '80 BSBA; Consolidation Acct.; Copeland Corp., 1675 W. Campbell Rd, Sidney, OH 45365; r. 381 Old Village Rd., Columbus, OH 43228.

CHILCOAT, Marguerite Greene; '43 BSBA; 344 NE 57 St., Miami, FL 33137, 305 758-9709.

CHILCOTE, Adelaide '47 (See Prior, Adelaide Chilcote).

CHILCOTE, David L.; '65 BSBA; Owner; Packaging Techniques, POB 4923, Clearwater, FL 34618, 813 442-3883; r. 1478 Plateau Rd., Clearwater, FL 34615, 813 442-8667.

CHILCOTE, Jack W.; '48 BSBA; Chmn./Pres./CEO; Freedom Fed. S&L Assn., 2939 Kenny Rd., Columbus, OH 43221, 614 459-6101; r. 567 Hallmark Pl., Worthington, OH 43085, 614 885-8994.

CHILCOTE, John Nicholas; '81 BSBA; Agcy. Supv.; Traveler's Express Co. Inc., Midwest Region, 919 Parkview Blvd., Lombard, IL 60148, 800 323-1511; r. 34396 Munger, Livonia, MI 48154, 313 591-3238.

CHILDERS, Dena Kay; '82 BSBA; 5094 Pinecrest, Morrow, OH 45152, 513 899-2843.

CHILDERS, John A., JD; '46 BSBA; Atty.; 405 S. Main St., POB 3000, Weaverville, CA 96093, 916 623-4358; r. Same.

CHILDRESS, Sherry Lois; '88 MPA; 183 1/2 W. Water St., Chillicothe, OH 45601, 614 775-5198.

CHILDS, Robert, Jr.; '74 BSBA; Sales Rep.; Procter & Gamble, 301 E. Sixth St., Cincinnati, OH 45202; r. 2078 Belltree Dr., Reynoldsburg, OH 43068, 614 864-8658.

CHILES, Steven Donn; '74 BSBA; Regional Claims Mgr.; Farmland Ins., Bloomington, IL 61701, 309 662-0491; r. 1231 Dogwood, Bloomington, IL 61704, 309 663-4594.

CHILICKI, Wayne Constant; '79 BSBA; Gen. Mills Inc., # 1 General Mills Blvd., Minneapolis, MN 55440, 612 540-2327; r. 1728 Kenwood Pkwy., Minneapolis, MN 55405, 612 374-2263.

CHIN, Ms. Cynthia Gay; '82 BSBA; Reg. Compliance Admin.; Huntington Natl. Banks, 41 S. High St., Columbus, OH 43287; r. 838 Bernhard Rd., Columbus, OH 43213, 614 237-1161.

CHIN, Meng Lee; '84 BSBA; c/o Hin-Fook Chin, 129 Changkat Jong, Tanson, Malaysia.

CHIN, Mrs. Nancy Y., (Nancy Kunsuk Yun); '84 BSBA; Staff Acct.; Edward Kang CPA Ofc., 1328 Broadway Ste. 527, New York, NY 10001, 212 594-9034; r. 32-67 47th, Long Island City, NY 11103.
CHIN, Sherman Grant; '85 BSBA; 838 Bernhard Rd., Columbus, OH 43213, 614 237-1161.
CHINCHAR, Kenneth James; '76 BSBA; Natl. Account Mgr.; Cincinnati Bell, 201 E. Fourth St., Rm. 102-938, Cincinnati, OH 45201, 513 397-7128; r. 1076 Bridlepath Ln., Loveland, OH 45140, 513 575-2467.
CHINNI, Andy, Jr.; '60 BSBA; Auditor; USN, NESEA, St. Inigoes, MD 20684; r. RR 1 Box 61B, Medleys Neck, Leonardtown, MD 20650, 301 475-2556.
CHINNI, Benjamin T.; '67 BSBA; Trial Atty.; Dept. of Labor, 1240 E. Ninth St., Cleveland, OH 44199, 216 522-3875; r. 23930 Glenbrook Blvd., Cleveland, OH 44117, 216 531-3037.
CHINNICI, James Anthony; '76 MBA; Mgmt. Cnslt.; United Rsch. Co., Inc., 25 Airport Rd., Morristown, NJ 07960, 201 285-9000; r. 142 Springbrook Tr., Sparta, NJ 07871, 201 729-7282.
CHINNICI, Joseph A., Jr.; '64 BSBA; Sales Mgr.; Great Lakes Lithograph Co., 4005 Clark Ave., Cleveland, OH 44109, 216 651-1500; r. 2211 Georgia Dr., Westlake, OH 44145, 216 892-1983.
CHIONG, Francisco; '86 MLHR; Personnel Serv Asst.; American Electric Power, 1 Riverside Plz., POB 16631, Columbus, OH 43216; r. 485 Chase Rd., Columbus, OH 43214, 614 436-8460.
CHIOU, Patchareepor; '85 BSBA; 117 W. Northwood Ave., Apt. C, Columbus, OH 43201.
CHIPPS, Dennis Eugene; '84 MBA; 426 Arden Rd., Columbus, OH 43214, 614 262-0049.
CHIRAKOS, Frank A.; '58 BSBA; Mgr.; r. 464 Schogolog Dr., Akron, OH 44320, 216 867-1793.
CHISMAN, James Harley, II; '86 MPA; Asst. VP; Ohio State Univ., University Public Safety Dept., 2043 Millikin Rd, Columbus, OH 43210, 614 292-2477; r. 5512 Adventure Dr., Dublin, OH 43017, 614 889-1278.
CHISOLM, Jerard Ricardo; '88 MBA; 1106 President St., Apt. 1 G, Brooklyn, NY 11225, 718 771-8478.
CHITIEA, Andrew J.; '48 BSBA; Sr. VP; The Signal Cos. Inc., 11255 N. Torrey Pines Rd., La Jolla, CA 92037, 619 455-9494; r. POB 2343, Rancho Santa Fe, CA 92067, 619 756-5133.
CHITTOCK, D. Bruce; '56 BSBA; Sales Mgr.; US Carbide Co., 5633 Brecksville Rd., Cleveland, OH 44131, 216 524-5333; r. 16925 Cats Den Rd., Chagrin Falls, OH 44022, 216 543-9430.
CHITTY, Claudia Sheftel; '80 MBA; Sr. Prog. Specialts; IBM Corp., 18100 Frederick Ave., Gaithersburg, MD 20879, 301 240-9098; r. 12212 Pueblo Rd., Gaithersburg, MD 20878, 301 926-0252.
CHITWOOD, Dr. John Carroll; '80 PhD (PA); 4461 NW 74th Ave., Lauderhill, FL 33319.
CHIU, Tin-Lap Jack; '88 BSBA; POB 3292, Columbus, OH 43210.
CHIZZICK, Burton B.; '38 BSBA; Retired; r. 5424-A Lake Front Blvd., Delray Bch., FL 33484, 407 499-4347.
CHLOSTA, Wanda R.; '86 BSBA; Field Auditor; Audit Bur. of Circulations; r. POB 26532, Columbus, OH 43226.
CHMARA, Simon; '50 BSBA; CPA; Simon Chmara, Inc., 3690 Orange Pl., Beachwood, OH 44122; r. 5319 Fairway Woods Dr., Apt. 2711, Delray Bch., FL 33484.
CHMARA, Steven Michael; '86 BSBA; Sales Rep.; Vista W Inc., 2601 E. 28th St., Ste. 312, Long Beach, CA 90806, 213 427-0090; r. 3475 Clarington Ave., #109, Los Angeles, CA 90034, 213 558-8020.
CHMIELEWSKI, Donald Henry; '73 BSBA; Staff; A T Mayasee Coal Co., c/o Postmaster, Richmond, VA 23232; r. Rte. 3, Box 3010, Wayne, WV 25570, 304 272-5812.
CHMIELOWICZ, James; '73 BSBA; Ins. Agt.; Equitable Life Assurance Soc, 3450 W. Central Ave., Toledo, OH 43606; r. 2109 Mayport, Toledo, OH 43611, 419 729-9432.
CHMURA, Susan Gregory; '79 MBA; Volunteer Mgr.; St. Luke's Hosp., 5th St. At Mills Ave., Fargo, ND 58122, 701 280-5528; r. 12883 Oldham Ave., Pickerington, OH 43147, 614 866-7382.
CHOAT, James Ernest; '69 BSBA; VP-Sales; IDS/American Express, 6210 Campbell Rd., Ste. 124, Dallas, TX 75248, 214 248-9050; r. 6402 Brentfield, Dallas, TX 75248, 214 380-6516.
CHODOSH, Louis Jay; '78 MLHR; Atty.; Chodosh & Chodosh, 246 E. Sycamore St., Columbus, OH 43206, 614 221-8049; r. 2840 Maryland Ave., Columbus, OH 43209, 614 239-9065.
CHODOSH, Sheila Resnick; '79 MPA; Partner/Atty.; Chodosh & Chodosh, 246 E. Sycamore St., Columbus, OH 43206, 614 221-8049; r. 2840 Maryland Ave., Columbus, OH 43209, 614 239-9065.
CHOJNICKI, Edmund J.; '42 BSBA; Retired; r. 8291 Glenn Oak Dr., Broadview Hts., OH 44147, 216 237-4237.
CHONG, Ann Fei; '86 BSBA; 47 Lengkok Mariam, Singapore 1750, Singapore.
CHONG, Edward J.; '88 BSBA; 113 E. Frambes Apt. D, Columbus, OH 43201.
CHONKO, Arnold Thomas; '80 BSBA; Mgr. Compensation; Columbia Gas Distribution Cos., 200 Civic Center Dr., Columbus, OH 43216, 614 460-4767; r. 5641 Sells Mill Dr., Dublin, OH 43017, 614 761-7012.
CHOOI, Yuen Theng; '88 BSBA; Mktg. Asst.; Mark Pi's Intl., Columbus, OH 43201; r. 120 W. Norwich Ave., Apt. #1A, Columbus, OH 43201, 614 294-8880.
CHOONG, Yew Leong; '88 BSBA; 1986 Summit, Columbus, OH 43201.
CHORPENNING, Ms. Betsy Jayne; '82 BSBA; Dermatology Sales Rep.; Schering Corp., 1647 Brookhouse Ct. #248, Sarasota, FL 34231, 813 966-3533; r. Same.
CHOW, Kai Ming '81 (See Ho, Kai Ming).
CHOW, Vicky Ching Lan Yi; '78 BSBA; 4605 Texwoods, San Antonio, TX 78249.
CHOW, Wen-Shian; '83 MBA; Deputy Mgr.; Central Trust of China, 49 Wu-Chang St. Sec 1, Taipei, Taiwan; r. 4F 31 Ln. 340, Fu-Hsing S. Rd. Sec. 2, Taipei, Taiwan.
CHOY, Eugene; '63 BSBA; Assoc.; Ek Choy-Barton Choy, 2410 Beverly Blvd., Los Angeles, CA 90057; r. 2410 Beverly Blvd., Los Angeles, CA 90057.
CHRISMAN, David J.; '70 BSBA, '75 MPA; Tax Auditor; City of Columbus, 90 W. Broad St., Columbus, OH 43215; r. 724 Binns Blvd., Columbus, OH 43204, 614 274-9350.
CHRISMAN, William Scott; '84 BSBA; VP; Cardinal Ind. Mortgage Co., 2255 Kimberly Pkwy., E., Columbus, OH 43232, 614 755-5916; r. 3546 Redding Rd., Columbus, OH 43221, 614 442-1457.
CHRISSAN, Peter A.; '57 BSBA; Engr.; AT&T Columbus, 6200 E. Broad St., Columbus, OH 43213; r. 1471 Devonhurst Dr., Columbus, OH 43232, 614 861-8413.
CHRISSINGER, Keith Allen; '68 BSBA; Owner-Mfg. Rep.; Chrissinger Inc., 1857 W. Dublin-Granville Rd., Worthington, OH 43085, 614 436-4990; r. Same, 614 846-5992.
CHRISSINGER, Warren O.; '38; Retired; r. 3768 Mountview Rd., Columbus, OH 43220, 614 457-6057.
CHRIST, Ms. Jacqueline Ann; '87 BSBA; Food-Server; Max & Ermas, 1275 E. Dublin-Granville Rd., Columbus, OH 43229, 614 885-1275; r. 471 Allanby Ct., Gahanna, OH 43230, 614 476-1274.
CHRIST, Samuel, Jr.; '51 BSBA; Owner; Central Motor Supply, 2342 Coy Rd., Mason, MI 48854, 517 676-9653; r. 401 W. Bellvue, Leslie, MI 49251, 517 589-8193.
CHRISTAKOS, Theodore T.; '47 BSBA; 48 Cranford Rd, Teaneck, NJ 07666.
CHRISTENSEN, David Lewis; '82 MBA; Mgr.; BancOhio Trust, Business Advisory Service, 155 E. Broad St., Columbus, OH 43265, 614 463-8826; r. 2316 Sawbury Blvd., Worthington, OH 43085, 614 764-9558.
CHRISTENSEN, Philip Mark; '82 MBA; Sales Repr; Ohio & Michigan Paper Co., Ampoint Industrial Park, Box 621, Toledo, OH 43694, 419 666-1500; r. 1764 Cambridge Park E., Maumee, OH 43537, 419 893-8106.
CHRISTENSON, Glenn Clark; '73 MBA; Partner; Deloitte Haskins & Sells, 3800 Howard Hughes Pkwy., Las Vegas, NV 89109, 702 791-1000; r. 1931 Quimper Ct., Henderson, NV 89014, 702 456-6492.
CHRISTESON, LTC Gerald F.; '69 BSBA; Dir.; USAF, Yf-22 Program, Wright Patterson AFB, OH 45433, 513 255-1415; r. 1330 Walnut Bend Ct., Fairborn, OH 45324, 513 879-9707.
CHRISTIAN, Catherine Lynne '85 (See Basl, Catherine Lynne).
CHRISTIAN, Mary Blankemeier; '84 BSBA; Production Coord.; Nordson Corp., 555 Jackson St., Amherst, OH 44001, 216 988-9411; r. 9530 Cove Dr. #34C, Cleveland, OH 44133, 216 237-7920.
CHRISTIAN, Michael S.; '88 BSBA; Cost Acct.; Worthington Industries, 1085 Dearborn Dr., Columbus, OH 43085, 614 438-3054; r. 2175 Balmoral Rd, Columbus, OH 43229, 614 476-1006.
CHRISTIAN, Robert H.; '48 BSBA; Retired; Prudential Life Ins. Co., S. Central Home Ofc.; r. 3233 S. Stephen Dr., Columbus, OH 43204, 614 274-6264.
CHRISTIANSEN, Robert H., Jr.; '81 BSBA; New Car Salesperson; Bob Daniels Buick, 960 Morse Rd., Columbus, OH 43229, 614 885-2480; r. 6341 Archmere Sq. E., Columbus, OH 43229, 614 846-2417.
CHRISTIANSON, Nellie Hespenheide; '48 BSBA; Retired; r. 2593 Andover Rd., Columbus, OH 43221, 614 486-1440.
CHRISTIE, Carmen Likes, (Carmen Likes); '80 BSLHR; Cnslt./Human Resources; r. 1025 Burgundy Dr., Marion, OH 43302, 614 389-3222.
CHRISTIE, Cheryl A. B., (Cheryl A. Bivins); '80 MPA; Budget Analyst; The Ohio State Univ., University Budget Planning, Columbus, OH 43210, 614 292-9990; r. 1344 Eldorn Dr., Columbus, OH 43207, 614 443-0690.
CHRISTIN, John J.; '49 BSBA; VP-Investor Relations; Rockwell Intl., 600 Grant, Pittsburgh, PA 15219, 412 565-7436; r. 105 Highridge Cir., Pittsburgh, PA 15234, 412 833-4636.
CHRISTMAN, LTC Donald O.; '66 MBA; Lt. Col. Usaf; r. 323 Mitchell Way, Redlands, CA 92374, 714 793-3229.
CHRISTMAN, Jan L. '78 (See Barnes, Ms. Jan L.).
CHRISTMAN, Joel Thomas; '68 BSBA; 5680 S. Hillside, Englewood, CO 80111, 303 773-3778.
CHRISTMAN, John Lewis; '70 BSBA; 97 N. Princeton, Columbus, OH 43222, 614 276-2920.
CHRISTMAN, Lyndon Jay; '80 BSBA; Admin.; Care One Health Systs., 2951 Maple Ave., Zanesville, OH 43701, 614 454-4544; r. 2460 Douglas Dr., Zanesville, OH 43701, 614 453-6222.
CHRISTMAN, Mark David; '74 BSBA, '75 MBA; Financial Acct.; r. 560 Carol Dr., Perrysburg, OH 43551, 419 874-2502.
CHRISTMAN, Thomas Rees; '68; Pres./Gen. Mgr.; The Ohio Exterminating Co., 1347 N. High St., Columbus, OH 43201, 614 294-6311; r. 2509 Haverford Rd., Columbus, OH 43220, 614 459-6767.
CHRISTMAN, Warren L.; '41 BSBA; Retired; r. 900 Hollywood Ln., Mansfield, OH 44907, 419 756-4100.
CHRISTO, Christopher B.; '81 BSBA; Mgr.; Basil's Lounge, 360 W. Bridge, Elyria, OH 44035, 216 322-4020.
CHRISTO, Elena Basil; '86 BSBA; Restaurant Owner; Gyro House, 1515 Broadway, Lorain, OH 44052, 216 244-6120; r. 897 S. Lake St., S. Amherst, OH 44001.
CHRISTO, Ms. Penelope B.; '83 BSBA; Account Admin.; IBM Corp., One Copley Pl., 5th Fl., Boston, MA 02116, 617 638-1673; r. 63 Corey Rd., Apt. 2, Brookline, MA 02146, 617 734-1418.
CHRISTOFF, Bruce E.; '78 MACC; 1620 Tenth NE, Massillon, OH 44646, 216 832-9445.
CHRISTOPHER, Anthony Michael; '74 BSBA; Staff; Nationwide Ins., One Nationwide Plz., Columbus, OH 43216; r. 273 Chatham Dr., Aurora, OH 44202, 216 562-9072.
CHRISTOPHER, Bonnie '77 (See Bates, Bonnie Christopher).
CHRISTOPHER, Byron G.; '41 BSBA; Retired; r. 7337 Indian Tr., Poland, OH 44514, 216 757-3349.
CHRISTOPHER, Mrs. Georgann, (Georgann Waddell); '43 BSBA; Retired; r. 7337 Indian Tr., Poland, OH 44514, 216 757-3349.
CHRISTOPHER, James Theodore; '68 BSBA; Treas.; Judson-Brooks Co., 1241 Superior Ave., Cleveland, OH 44114, 216 621-8384; r. 991 Fireside Dr., Brunswick, OH 44212, 216 225-0564.
CHRISTOPHER, Kevin Scott; '77 BSBA; Contracts Mgr.; Material Concepts, Inc., 666 N. Hague Ave., Columbus, OH 43204, 614 272-5785; r. 8639 Sill Ct., Powell, OH 43065, 614 792-1554.
CHRISTOPHER, Michael Albert; '76 BSBA; 2106 Springhill Dr., Columbus, OH 43221.
CHRISTOPHER, Robert Earl; '76 BSBA; Systs. & DP Supv.; Nationwide Ins. Co., Two Nationwide Plz., Columbus, OH 43215, 614 249-5633; r. 5607 Sullivant Ave., POB 148, Galloway, OH 43119, 614 878-6800.
CHRISTY, F. Leonard, Jr.; '41; Pres.; Kris Mar Inc., Union Sq. Bldg., POB 726, Marietta, OH 45750, 614 373-1212; r. 104 Alden, Marietta, OH 45750, 614 373-5701.
CHRISTY, Lawrence Robert; '70 BSBA; Sports Dir.; Whfd Radio Station, 303 1/2 N. Defiance St., Archbold, OH 43502; r. 200 E. Holland, Archbold, OH 43502, 419 445-6911.
CHRISTY, Madonna Stalter; '82 BSBA; Asst. Ofc. Mgr.; Cls Packaging Co., 2010 Zettler Rd., Columbus, OH 43227; r. 4053 Basswood Ave., Grove City, OH 43123, 614 875-3125.
CHRISTY, Samuel C.; '51 BSBA; Retired; r. 332 W. Wieuca Rd. NE, Atlanta, GA 30342, 404 255-4881.
CHRISTY, Starling; '40 BSBA; Retired; r. 2285 Coventry Rd, Columbus, OH 43221, 614 486-2219.
CHRONIS, Amy L., (Amy Werner); '83 BSBA; CPA; Arthur Andersen & Co., 711 Louisiana, Ste. 1300, Houston, TX 77002, 713 237-5237; r. 4212 San Felipe Rd., #398, Houston, TX 77027, 713 956-5657.
CHRONIS, John Gregory; '84 BSBA; Mgr.; Peat Marwick Main & Co. CPA, 3000 Republic Bank Ctr., POB 4545, Houston, TX 77210, 713 224-4262; r. 4212 San Felipe Rd., #398, Houston, TX 77027, 713 956-5657.
CHRZANOWSKI, Richard; '75 BSBA; Staff; Goodyear Tire & Rubber Co., 1144 E. Market St., Akron, OH 44316; r. 8121 Tremaine Dr., Cleveland, OH 44132.
CHU, Adam; '88 BSBA; Mgmt. Trainee; Rahway Packaging Syst., Bay Shore, NY 11706; r. 1976 Valentines Rd., Westbury, NY 11590, 516 333-8838.
CHU, Patrick Ming; '80 MBA; c/o P Yao, 1745 Beloit Ave. #107, Los Angeles, CA 90025.
CHUA, Kee Hin; '87 BSBA; Sales Mgr.; Teck Wah Paper Prods. Pteltd, 4 Kim Chuan Ter., Singapore, Singapore, 282-8578; r. Seng-Tek Chua, 22 Jalan Anggerek, Singapore, Singapore.
CHUBB, Richard K.; '39 BSBA; Retired; r. 29439 Middleborough Way, Hayward, CA 94544, 415 783-7691.
CHUCALES, George T.; '52 BSBA; Ret. Staff Asst.-Finance; GM Corp., CPC Grp., 30001 Van Dyke Ave., Warren, MI 48090; r. 2785 Brady Ln., Bloomfield Hls., MI 48013, 313 332-5493.
CHUCALES, Gus H.; '47 BSBA; Sales Mgr.; Frank Tiedge Inc., 505 Washington St., Portsmouth, OH 45662, 614 354-6688; r. 2224 Waller St., Portsmouth, OH 45662, 614 354-5949.
CHUCHINPRAKARN, Nuchai; '88 MBA; 1634 Neil Ave., Box #61, Columbus, OH 43210, 614 293-0785.
CHUCKO, ENS Jeremy Mark; '88 BSBA; Ensign US Navy; r. 233 Millport Rd., W. Mifflin, PA 15122, 412 466-3207.
CHUNG, Dr. Chen Hua; '82 PhD (BUS); Assoc. Prof.; Univ. of Kentucky, Dept. of Decision Sci & Info, Lexington, KY 40506, 606 257-3258; r. 434 Plymouth Dr., Lexington, KY 40503, 606 223-7002.
CHUNG, Choy Fong; '86 BSBA; Average Adjuster; Richards Hogg Intl. (Asia) Pte. Ltd., 135 Cecil St. #11-02, LKN Bldg., Singapore 106, Singapore; r. 125 Koon Seng Rd., Singapore 1542, Singapore.
CHUNG, Dr. Douglas K.; '80 MPA; Assoc. Prof.; Indiana Weslyan Univ., 4201 S. Washington St., Marion, IN 46952, 317 674-6901; r. 109 Rainbow Cir., Kokomo, IN 46902, 317 453-9432.
CHUPKA, Melodee Jean; '78 BSBA; Homemaker; r. 2941 Blendon Woods Blvd., Columbus, OH 43231, 614 891-1558.
CHUPRINKO, John Andrew; '76 BSBA; Staff; NA-Churs Plant Food Co., 421 Leader St., Marion, OH 43302; r. 7961 Simmons Church Rd #1, Centerburg, OH 43011, 614 625-6610.
CHURCH, Samuel Dean; '83 BSBA; Developer; Future Ventures Inc., POB 402, Parkersburg, WV 26101, 304 428-6141; r. 1908 Division St., Parkersburg, WV 26101, 304 422-7160.
CHURCHILL, Dwight De Ward; '78 MBA; VP; Prudential Ins., 2 Gateway Ctr., Newark, NJ 07102, 201 802-9353; r. 6 Landing Ln., Princeton Jct., NJ 08550, 609 275-0314.
CHURCHMAN, Larry K.; '63 BSBA; Mgr.; Goodyear Tire & Rubber Co., Retread Opers./QA & Tech Svc., 1144 E. Market St., Akron, OH 44316, 216 796-2714; r. 63 Scenic View Dr., Copley, OH 44321, 216 666-5844.
CHURILLA, Joseph Louis, Jr.; '86 MBA; Financial Analyst; Wendy's Intl., Inc., 4288 W. Dublin-Granville Rd., POB 256, Dublin, OH 43017, 614 764-3253; r. 5706 Running Brook Dr., Westerville, OH 43081, 614 895-7058.
CHUTE, Adelbert F.; '54 BSBA; Agt.; IRS, 1240 E. 9th St., Cleveland, OH 44115; r. 27060 Butternut Ridge, N. Olmsted, OH 44070, 216 734-5729.
CHYNOWETH, John Frederick; '72 BSBA; 13417 Rolling Hills Ln., Dallas, TX 75240, 214 788-1321.
CIAGNE, Arthur M., Jr.; '63 MBA; Dir. Investm. Sales Mgr.; Paine Webber-N. Central Div., 210 S. Woodward Ave., Ste. 250, Birmingham, MI 48009, 313 540-6700; r. 7164 Lindenmere, Birmingham, MI 48010, 313 851-1066.
CIARRONE, Dominick J.; '50 BSBA; Ret. Mgr.-Mktg. Engr.; TRW-Nelson Stud Welding Div.; r. 1811 W. 44th St., Lorain, OH 44053, 216 282-3622.
CICATIELLO, Anthony Samuel; '73 MPA; Chmn. of Bd.; CN Communications Intl., Inc., 205 W. Milton Ave., Rahway, NJ 07065, 201 382-1066; r. 793 Bryant St., Rahway, NJ 07065, 201 388-0152.
CICCHETTI, James John, Jr.; '83 BSBA; Bartender; Lindey's, 169 E. Beck St., Columbus, OH 43216, 614 228-4343; r. 645 Dennison Ave., Columbus, OH 43215, 614 228-8624.
CICCONE, Dana Landis; '86 MPA; Prof. Advocate; Advocacy & Protective Svc. Inc., 986 W. Goodale Blvd., Columbus, OH 43212, 614 469-9615; r. 2535 Westmont Blvd., Columbus, OH 43221, 614 488-0810.
CICHON, Steven E.; '59 BSBA; Atty.; r. 513 Mac Arthur Ave., Sarasota, FL 34243.
CICHOWICZ, John Neeley; '72 BSBA; 5522 Lafayette Rd., Medina, OH 44256.
CICIRELLO, Joanne Mary; '80 MPA; Employee Comm Spclst; Ross Labs, 625 Cleveland Ave., Columbus, OH 43216; r. 55 Roberts Rd #E, Los Gatos, CA 95030.
CIEHANSKI, Christopher John; '87 BSBA; 7340 Cimmaron Sta., Worthington, OH 43085.
CIEPLY, Joseph Paul; '69 BSBA; Financial Controls Mgr.; Nationwide Ins. Co., One Nationwide Plz., Columbus, OH 43216, 614 249-6978; r. 1909 Knollridge Ct., Columbus, OH 43229, 614 891-0949.
CIEPLY, Paul Raymond; '86 MBA; Financial Analyst; R G Barry Corp., 13405 Yarmouth Rd. N. W., Pickerington, OH 43147, 614 864-6400; r. 6886 Gilette Ct., Reynoldsburg, OH 43068, 614 861-5529.
CIESLAK, Michael Robert; '81 BSBA; 172 S. Parkview Dr., Wintersville, OH 43952.
CILONA, Frank, Jr.; '87 BSBA; Inventory Coord.; Hercules Engines Inc., 101 11th St. SE, Canton, OH 44707, 216 454-5631; r. 143 W. Lisbon St., Waynesburg, OH 44688, 216 866-9007.
CIMINELLO, Joseph V.; '55 BSBA; Retired; r. 9214 Muirkirk Dr., Dublin, OH 43017, 614 764-0621.
CIMINELLO, Michael L.; '71 BSBA; Branch Mgr.; W W Williams Southwest Inc., 2323 W. University Dr., Tempe, AZ 85281, 602 829-0991; r. 15820 N. 45th Pl., Phoenix, AZ 85032, 602 867-1465.
CINADR, Brian David; '86 BSBA; 8312 Whitewood Rd., Brecksville, OH 44141, 216 526-6078.
CINADR, David Robert; '77 BSBA, '78 MBA; Internal Auditor; Parker Hannifin Corp., 17325 Euclid Ave., Cleveland, OH 44112, 216 531-3000; r. 5510 Park West Dr., Brecksville, OH 44141, 216 526-4853.
CINADR, John William; '85 BSBA; Acct.; Mattress Mart, 1819 Walcutt Rd., Columbus, OH 43228, 614 771-9771; r. 3129 Francine Ln., Columbus, OH 43235, 614 766-5472.
CINADR, Martin James, III; '76 BSBA, '77 MBA; Finance Dir.; Booth Mem. Hosp., 1881 Torbenson Dr., Cleveland, OH 44112, 216 692-3500; r. 9646 Highland Dr., Brecksville, OH 44141, 216 526-3191.
CINADR, Martin James, Jr.; '49 BSBA; Retired; Standard Oil Co., Midland Bldg., Cleveland, OH 44115; r. 5510 Park West Dr., Brecksville, OH 44141, 216 526-4853.
CINADR, Mary Riley, (Mary Riley); '84 BSBA; Acct.; Ohio State Life Ins. Co., Subs/Farmers Ins Group Inc, 2500 Farmers Dr., Worthington, OH 43085, 614 764-4000; r. 3129 Francine Ln., Columbus, OH 43235, 614 766-5472.

CINCIONE, Judi Core; '57 BSBA; Secy.; Diocesan & Charasmatic Devel., Columbus, OH 43212; r. 1126 Ormsby Pl., Columbus, OH 43212, 614 486-1096.

CINDRIC, Robert Charles; '74 BSBA; Dir. of Operations; Schatz & Schatz, Ribicoff & Kotkin, 90 State House Sq., Hartford, CT 06103, 203 522-3234; r. 292 Melody Ln., Fairfield, CT 06430, 203 332-1777.

CINDRICH, ENS John M., USN; '86 BSBA; Nav. Flight Ofcr.; Naval Air Sta., Pensacola, FL 32508, 904 452-2172; r. 16590 Perdido Key Dr., Apt. 4B, Pensacola, FL 32507, 904 492-3373.

CINTI, Renzo G.; '86 BSBA; 7032 Deepwood Dr., Chagrin Falls, OH 44022.

CIOTOLA, Antonia '78 (See Erdman, Mrs. Antonia C.).

CIOTOLA, Francesco; '85 BSBA; Commercial Sales Rep.; REMAX 1, 450 W. Wilson Bridge Rd., Worthington, OH 43085, 614 436-0001; r. 2024 Ramblewood Ave., Columbus, OH 43235, 614 459-8466.

CIOTTI, David Charles; '83 BSBA; Sales Rep.; G. Alrich Inc., 4552 Sycamore, Cincinnati, OH 45236, 513 891-6534; r. Same.

CIPKALA, Clarence Stephen; '79 BSBA, '81 MBA; Mktg. Mgr.; Interstate Mgmt., One Surrey Ct., Columbia, SC 29212, 803 772-2629; r. 102 Two Oak Ct., Columbia, SC 29212, 803 732-0830.

CIPKALA, John Richard; '69 BSBA; Zone Support Mgr.; Chemlawn Corp., 8275 N. High St., Columbus, OH 43085, 614 888-3572; r. 1573 Treadway Pl., Worthington, OH 43085, 614 885-4275.

CIPRIAN, Gary Michael; '72 BSBA, '79 MBA; Staff; Fed. Express, 3660 Interchange Rd., Columbus, OH 43204; r. 6725 Riverside Dr., Powell, OH 43065, 614 881-5885.

CIPRIANO, Caryn E. '85 (See Parisi, Mrs. Caryn Elizabeth).

CIPRIANO, Frank Joseph; '59 BSBA; Real Estate Consult; The Ohio Equities Inc. Realtors, 395 E. Broad St., Columbus, OH 43215; r. 251 E Livingston Ave, Columbus, OH 43215, 614 221-5005.

CIRA, Christopher T.; '86 BSBA; Staff Acct.; Peat Marwck Mitchell & Co., 1600 National City Ctr., Cleveland, OH 44114; r. 24012 E. Baintree, Cleveland Hts., OH 44122.

CIRALSKY, William; '61 BSBA; Steel Broker; Ciralsky Steel Svcs., 1604 Prosperity, Toledo, OH 43613; r. 2504 Edgehill Rd., Toledo, OH 43615, 419 535-9775.

CIRATA, John Richard; '85 BSBA; 10 E. Bell Rd., Apt. 2071, Phoenix, AZ 85022.

CIRCENIS, Peter Eriks; '81 BSBA; Provisional Supv.; First Investors Corp., 9247 N. Meridan Ste. 106, Indianapolis, IN 46260; r. 2721 W. Balmoral, Chicago, IL 62625, 312 275-4772.

CIRICILLO, Nadine Lee; '86 BSBA; Audit Acct.; Arthur Young & Co., One Seagate, Toledo, OH 43604, 419 244-8000; r. 1603 Twin Oak Dr., Toledo, OH 43615, 419 535-6265.

CIRINCIONE, John Sam, SRA; '75 BSBA; Pres.-Real Est. Appraiser; Property Appraisal Corp., Inc., 4500 Rockside Rd. #420, Cleveland, OH 44131, 216 524-3003; r. 7046 Jonathan Dr., Hudson, OH 44236, 216 656-2020.

CISAR, Stephen E.; '67 BSBA; Syst. Engr.; Electronic Data Systs., Westerville, OH, 614 899-6363; r. 949 Vernon Rd., Bexley, OH 43209, 614 235-8053.

CISCO, Galen Bernard, Jr.; '81 BSBA; 5640 Spohn Ct., Westerville, OH 43081, 614 891-6533.

CISEK, Edward L.; '70 BSBA; Chief Fiscal Ofcr.; Idaho State Bd. of Educ., 650 W. State St., Rm. 307, Boise, ID 83720, 208 334-2270; r. 1221 Colorado Ave., Boise, ID 83706, 208 383-9206.

CISLER, Harold Brent; '76 BSBA; 4619 7th St. S. W., Canton, OH 44710, 216 477-5550.

CISTONE, Pete L.; '59 BSBA; Fiscal Dir.; Catholic Social Svcs., 197 E. Gay St., Columbus, OH 43215, 614 221-5891; r. 2626 Geyerwood Ct., Grove City, OH 43123, 614 871-0311.

CIUNI, Charles Michael; '69 MACC; Audit Principal; Ciuni & Panichi Inc., 25201 Chagrin Blvd., Beachwood, OH 44122, 216 831-7171; r. 3560 Dorchester, Gates Mills, OH 44040.

CLAFFEY, James E.; '59 BSBA; Regional Mgr.; Ex-Cell Home Fashions, 264 Fifth Ave., New York, NY 10016; r. 7145 Beechnut Ln., Darien, IL 60559, 312 852-0355.

CLAGER, Francis J.; '40 BSBA; Retired; r. 235 Village Dr., Columbus, OH 43214, 614 262-1700.

CLAGER, Frank J.; '65 BSBA; Cost Acctg. Mgr.; Grandview Hosp., 405 Grand Ave., Dayton, OH 45405, 513 226-7853; r. 6843 Packingham Dr., Englewood, OH 45322, 513 832-3602.

CLAGG, Denise Alaine; '88 BSBA; 6610 Stemen Rd. NW, Rte. #1, Pickerington, OH 43147, 614 833-1148.

CLAGG, Therll W.; '62 BSBA, '64 MBA; Atty.; Clagg & Ford, 6233 Linworth Rd., Worthington, OH 43085; r. Same.

CLAGGETT, Charles William; '73 MBA; Pres.; Cnty. Savings Bank, Licking Cnty. Division, 42 N. Third St., Newark, OH 43055, 614 345-9751; r. 753 Harlech Dr., Newark, OH 43055, 614 344-3750.

CLAGGETT, Edward Ray; '71 BSBA; Atty.-Mgr.; The Sheraton Corp., International Taxes, 60 State St., Boston, MA 02109, 617 367-3600; r. 26 Cobblestone Ln., Hanover, MA 02339, 617 826-5328.

CLAGGETT, Eric Richard; '81 BSBA; Admin. & Prod. Mgr.; Owens Corning Fiberglas, 3980 Groves Rd., Columbus, OH 43232, 614 866-2752; r. 1017 Hickory Rd., Heath, OH 43056, 614 323-0836.

CLAIR, Robert A.; '49 BSBA; Atty.-Sr. Partner; Clair & Clair, 14 Public Sq., Willoughby, OH 44094, 216 942-6675; r. Same.

CLANCY, Michael James; '72 BSBA; Staff; Rockwell Intl., 4300 E. 5th Ave., Columbus, OH 43219; r. 2280 Coventry Rd, Columbus, OH 43221, 614 486-9191.

CLAPP, Frederick S.; '54 BSBA; 1844 Grand Blvd. NE, Cleveland, OH 44117, 216 481-3548.

CLAPP, Roger H.; '35 BSBA; Retired; r. 12775 S. Normandy Way, Palm Bch. Gardens, FL 33410, 407 626-0439.

CLAPSADDLE, Robert R.; '32 BSBA; Retired; r. 25840 Hickory Blvd., B 101, Bonita Spgs., FL 33923, 813 992-4638.

CLAPSADDLE, William Charles; '69 BSBA; 1201 Brandonlake Ave., Valrico, FL 33594, 813 685-8197.

CLARE, Cynthia Susan; '79 BSBA; Product Mgr.; Lear Siegler Inc., Truck Products Corp., 1950 Industrial Blvd., Muskegon, MI 49443, 616 777-4422; r. 297 Clay, Muskegon, MI 49440.

CLARK, Anne Howell; '81 BSBA; Staff; Post Ofc., 850 Twin Rivers Dr., Columbus, OH 43215; r. 3234 Rensbury Ct., Dublin, OH 43017, 614 792-8276.

CLARK, Barbara Beth '76 (See Shawber, Beth C.).

CLARK, Barbara Sue; '85 BSBA; 8839 Bigham Ct. N., Dublin, OH 43017.

CLARK, Benjamin Lewis, Jr.; '49 BSBA; Atty.; Clark & Takacs, 287 Johnstown Rd., Gahanna, OH 43230; r. 568 Uxbridge, Gahanna, OH 43230.

CLARK, Bette Keyser; '69 BSBA; Staff; Uniglobe Travel, 425 Metro Pl. N., Dublin, OH 43017; r. 1098 Bernard Rd., Columbus, OH 43221, 614 457-3201.

CLARK, Brian Patrick; '80 BSBA; Plant Mgr.; Paco Packaging Inc., 1200 Paco Way, Lakewood, NJ 08701, 201 367-9000; r. 5 Pollys Dr., Toms River, NJ 08753, 201 255-4537.

CLARK, Bruce Gilbert; '70 MBA; Sr. VP-MIS; Brylane Direct, Division of The Limited, 2300 Southeastern, Indianapolis, IN 46201, 317 266-3130; r. 14148 Edwards Cir., Carmel, IN 46032, 317 848-3546.

CLARK, C. Timothy; '73 BSBA; Sr. Acct.; State Auto Mutual Ins. Co., 518 E. Broad St., Columbus, OH 43216; r. 5315 Carina Ct. E., Hilliard, OH 43026, 614 771-9830.

CLARK, Carl Snowden; '37 BSBA; Retired Atty.; r. 3634 Woodlake Dr., Bonita Spgs., FL 33923, 813 947-5077.

CLARK, Carol Dee; '86 BSBA; Personell Clerk; Mt. Carmel Med. Ctr., 793 W. State St., Columbus, OH 43222; r. 7757 Willowcove Ct., Dublin, OH 43017, 614 766-4849.

CLARK, Cevin Brent; '87 BSBA; 2418 1/2 E. Main St., Bexley, OH 43209, 614 235-6049.

CLARK, Charles J.; '62 BSBA; Co-owner; Architectural Glass & Alum. Co., 115-A Railroad Ave., Danville, CA 94526, 415 837-1387; r. 238 Grover Ln., Walnut Creek, CA 94596, 415 944-0769.

CLARK, David Alan; '79 MPA; Detective; Columbus Police Dept., 120 W. Gay St., Columbus, OH 43215, 614 222-6438; r. 355 Forest St., Columbus, OH 43206.

CLARK, David Lee; '68 MBA; Financial Planner; Cummins Engine Co., 100 Fifth St., Columbus, IN 47201, 812 377-3858; r. 1730 Park Valley Dr., Columbus, IN 47201, 812 379-4823.

CLARK, David Thomas; '84 BSBA; Asst. Mgr.; Bank One of Dayton, POB 1103, Dayton, OH 45401, 513 449-8840; r. 590 N. Walnut, Wilmington, OH 45177, 513 382-0400.

CLARK, Denise Arlene; '79 BSBA; 17 Oneida, Buffalo, NY 14206, 716 852-7771.

CLARK, Donald Eugene; '60 BSBA, '72 MBA; 118 W. Schreyer Pl., Columbus, OH 43214, 614 268-5330.

CLARK, Donald M.; '81 BSBA; Securities Principal; Malizia Financial Grp., 1550 Olde Henderson Rd., Ste. N241, Columbus, OH 43220, 614 457-8448; r. 849 E. Longview Ave., Columbus, OH 43224, 614 262-5289.

CLARK, Edward Jay; '67 BSBA; Pres. & CEO; The American Seating Co., 901 Broadway NW, Grand Rapids, MI 49504, 616 456-0676; r. 1930 Lake Dr. SE, Grand Rapids, MI 49506, 616 458-1355.

CLARK, Eric C.; '80 BSBA; 850 Colony Dr., Highland Hts., OH 44143.

CLARK, Gary Joseph; '73 BSBA; Financial Plng. Cont; O M Scott & Sons, Proturf Division, Marysville, OH 43040; r. 7098 Old Prose Ct., Dublin, OH 43017, 614 764-1959.

CLARK, Gary Lynn; '77 BSBA; Financial Analyst Sr.; US Postal Svc., 850 Twin Rivers Dr., Columbus, OH 43216, 614 469-4381; r. 11341 Eddyburg Rd., Newark, OH 43055, 614 345-4866.

CLARK, Gerald D.; '68 MBA; Purchasing Mgr.; PPG Industries, Inc., POB 1000, Lake Charles, LA 70602, 318 491-4215; r. 4917 East St. Charles Ave., Lake Charles, LA 70605, 318 477-7302.

CLARK, Glenn Lester, Jr.; '67 BSBA; Lecturer of Bus.; Wake Forest Univ., POB 7285, Winston-Salem, NC 27109; r. 231 Stanaford Rd., Winston-Salem, NC 27104, 919 768-3773.

CLARK, Glenn Lester, Sr.; '35 BSBA; Retired VP-Automotive; Rockwell Intl., Detroit, MI 48226; r. 1717 Gondola Ct., Venice, FL 34293, 813 493-5584.

CLARK, CAPT Gregory Chase, USAF; '82 BSBA; Pilot; USAF, 963 AWACS-B Flight, Tinker AFB, OK 73145, 405 734-4438; r. 217 Oak Tree Dr., Midwest City, OK 73130, 405 737-4027.

CLARK, Gregory Scott; '82 BSBA; Underwriting Mgr.; Automobile Club Ins. Co., 3590 Twin Creeks Dr., Columbus, OH 43204, 614 272-6951; r. 17600 Clarks Run Rd., Mt. Sterling, OH 43143, 614 869-3330.

CLARK, Homer G.; '34 BSBA; Semiretired Atty.; r. 5715 39 Baltimore Dr., La Mesa, CA 92042, 619 469-9058.

CLARK, James Charles; '41 BSBA; Supv.; State of Ohio, Ohio Dept. of Taxation, 1880 E. Dublin-Granville Rd, Columbus, OH 43229, 614 895-6270; r. 104 Oakland Park Ave., Columbus, OH 43214, 614 263-5186.

CLARK, James Christopher; '82 BSBA; Dist. Inserter Spec.; Pitney Bowes, 6480 Doubletree Ave., Columbus, OH 43229, 614 846-5770; r. 1516 Sheaff Rd., Springfield, OH 45504, 513 399-1997.

CLARK, James Kenneth; '82 BSBA; Materials Analyst; Ppg Industries, 1 Ppg Pl., Pittsburgh, PA 15272; r. 601 Overlook Ct., Wexford, PA 15090, 412 935-7583.

CLARK, James Perry; '77 BSBA; Pres.; HSM Assocs., 635 Meadow Park Dr., Ste. 103, Westerville, OH 43081, 614 794-1532; r. 1239 Brookridge Dr., Columbus, OH 43220.

CLARK, James Robert; '69 BSBA; Mgr-Opers Plng/Reporting; Ross Labs, 625 Cleveland Ave., Columbus, OH 43216, 614 227-3333; r. 1811 Waltham Rd., Upper Arlington, OH 43221, 614 487-8431.

CLARK, James Roger; '67 BSBA, '69 MBA; Economist; St. Tchrs. Retirement Sys. Ohio, 275 E. Broad St., Columbus, OH 43215, 614 227-4046; r. 2102 Brookhurst Ave., Columbus, OH 43229, 614 890-6013.

CLARK, James Russell; '82 BSBA; 1226 Wilshire Village Ct., Worthington, OH 43085, 614 436-6485.

CLARK, Jeffrey Alan; '86 BSBA; 674 Jerry Dr., Hubbard, OH 44425, 216 534-2856.

CLARK, Jeffrey B.; '85 BSBA; Mgr.; CD Jungle, 782 Bethel Rd., Columbus, OH 43214, 614 442-0666; r. 960 Kenwood Ln., Columbus, OH 43220, 614 451-3735.

CLARK, Jennifer Stumpf, (Jennifer Stumpf); '84 BSBA; Asst. Buyer; May Dept. Stores, 158 Euclid Ave., Cleveland, OH 44114, 216 664-6000; r. 1586 Cohassett Ave., Lakewood, OH 44107, 216 221-8553.

CLARK, Jerry L.; '78 MBA; 92 Spring Valley Rd., Westerville, OH 43081, 614 895-3513.

CLARK, Jody F.; '87 BSBA; Commodities Merchant; Cargill Inc., POB 21008, 1451 Cargill Dr., Denver, CO 80221, 303 433-7425; r. 300 W. 123rd Ave., Apt. #2526, Westminster, CO 80234, 303 452-5404.

CLARK, John Nelson; '82 BSBA; Reg. Logistics Mgr.; Beatrice/Hunt-Wesson, 1645 W. Valencia Dr., Fullerton, CA 92633, 714 680-1971; r. 100 Mira Mar Ave. #2, Long Beach, CA 90803, 213 438-9552.

CLARK, John Paul; '78 BSBA; Auditor; Western & Southern Life Ins. Co., 400 Broadway, Cincinnati, OH 45202, 513 629-1562; r. 739 Decatur St., Kenton, OH 43326, 419 673-3170.

CLARK, John Richard; '53; Funeral Dir.; Clark Kirkland Funeral Home In, 172 S. Main St., Cadiz, OH 43907, 614 942-2650; r. 621 Kerr Ave., Cadiz, OH 43907, 614 942-2011.

CLARK, Jonathan Drew; '82 BSBA; Financial Plng.; NCR, 1700 S. Patterson, Dayton, OH 45479, 513 445-5000; r. 4580 Richwood Dr., Dayton, OH 45439, 513 293-0049.

CLARK, Joseph Oliver; '50 BSBA; Ins. Agt.; Joe Clark Ins. Agcy., 4 E. Columbus St., Pickerington, OH 43147, 614 837-3991; r. POB 433, Carroll, OH 43112, 614 837-6706.

CLARK, Julie; '87 BSBA; 94 Haddam Pl. W., Westerville, OH 43081, 614 891-1036.

CLARK, Kenneth Michael; '82 BSBA; Area Dir.; Ritzy's Inc., 1496 Old Henderson Rd., Columbus, OH 43220, 614 459-3250; r. 4926 Arbor Village Dr., Apt. B, Columbus, OH 43214.

CLARK, Kent William; '83 BSBA; Sales Rep.; Blue Cross/Blue Shield, 441 Wolf Ledges, Akron, OH 44311, 216 253-2229; r. Box 4080, Copley, OH 44321, 216 666-6661.

CLARK, Ms. Kimberly; '87 BSBA; Logistics/Systs. Analyst; Advanced Technology, Inc., 2121 Crystal Dr., Ste. 200, Arlington, VA 22202, 703 769-3000; r. 4301 Columbia Pike #714, Arlington, VA 22204, 703 486-1372.

CLARK, L. Frederick; '35; Retired; r. 5432 Landau Dr. Apt. 12, Dayton, OH 45429, 513 439-3666.

CLARK, Lisa; '82 BSBA; Mktg. Rep.; The Disney Channel, 3800 W. Alameda, Burbank, CA 91505; r. 6711 Gloria Ave., Van Nuys, CA 91406.

CLARK, MAJ Lloyd Neil, USAF; '75 BSBA; Maj. Scientific Analyst; JSTPS, Offutt AFB, NE 68113, 402 294-2258; r. 1204 Cottonwood Cir., Papillion, NE 68046, 402 339-5938.

CLARK, Mark Wesley; '69 BSBA; Sr. VP Operations; Buckeye Fed. S&L, 42 E. Gay St., Columbus, OH 43215, 614 225-2038; r. 326 Jennie Dr., Gahanna, OH 43230, 614 476-2866.

CLARK, Marsha Reynolds; '69 BSBA; Asst. Treas.; Teays Valley Local Sch. Dist., 385 Circleville Ave., Ashville, OH 43103, 614 224-4700; r. 236 Glen Rd., Ashville, OH 43103, 614 983-2354.

CLARK, Mary Hershberger, (Mary E. Hershberger); '39 BSBA; 748 N. Resh St., Anaheim, CA 92805, 714 535-6136.

CLARK, Mrs. Mary-Ellen Bartlett, (Mary Ellen Bartlett); '50 BSBA; Avon Rep.; Avon Prods., Inc., 5850 S. Fox St., Littleton, CO 80120, 303 794-3725; r. Same.

CLARK, Michael James; '81 BSBA; Ins. Agt.; Dennis Clark Assocs. Inc., 3442 Riverside Dr., Columbus, OH 43221, 614 451-4343; r. 7750 Strathmoore Rd., Dublin, OH 43017, 614 761-3420.

CLARK, Michael Jeffrey; '73 BSBA; VP-Finance; Windshields America, 15456 Ventura Blvd., Sherman Oaks, CA 91403, 818 907-1977; r. 1076 Baja, Laguna Bch., CA 92651.

CLARK, Ms. Pamela D., (Pamela D. Esler); '81 BSBA; Optical Territory Mgr.; Ross Labs, 625 Cleveland Ave., Columbus, OH 43216; r. 15 Mykonos, Laguna Niguel, CA 92677, 714 495-4101.

CLARK, Philip Victor; '78 BSBA; Acct.; Campbell Rose & Co., 100 W. 4th, Mansfield, OH 44902; r. Rte. 2, Box 229, Shelby, OH 44875, 419 347-5301.

CLARK, Phillip Hobson; '77 BSBA; 5400 N. Ocean Blvd., # 25, Ft. Lauderdale, FL 33308, 305 476-0722.

CLARK, Richard Thomas; '68 MBA; Sr. Member Info. Sys; AT&T Columbus, 6200 E. Broad St., Columbus, OH 43213; r. 11299 Green Chapel Rd. NW, Johnstown, OH 43031, 614 967-8560.

CLARK, Robert Elden; '52 BSBA; Robert Elden Clark, 2220 Park Lake Dr., Atlanta, GA 30345; r. 2394 Bradcliff Dr. NE, Atlanta, GA 30329, 404 634-2253.

CLARK, Robert F., Jr.; '86 MBA; Systs. Analyst; N C R Corp., 1700 S. Patterson Blvd., Dayton, OH 45479, 513 445-3684; r. 7491 Hastings Point, West Chester, OH 45069, 513 779-1825.

CLARK, Robert Frederick; '62 BSBA; VP Administration; Dayton Progress Corp., 500 Progress Rd., Dayton, OH 45449, 513 859-5111; r. 1424 Carolina Dr., Vandalia, OH 45377, 513 898-2857.

CLARK, Robert J.; '49 BSBA, '51 MBA; Chmn. of Bd.; American Body Co., 3422 Delmar, St. Louis, MO 63103; r. 6415 Devonshire Ave., St. Louis, MO 63109, 314 832-1246.

CLARK, Robert Roger; '54 BSBA; Sales Mgr.; Keener Sand & Clay Co., 330 Dering Ave., Columbus, OH 43207, 614 444-1105; r. 2265 Bryden Rd, Columbus, OH 43209, 614 237-9987.

CLARK, Robert Wallace; '41 BSBA; Retired; r. 2871 NW Blvd., Columbus, OH 43221, 614 486-3562.

CLARK, Ronald James, JD; '64 BSBA; Atty.; Ronald J. Clark & Assocs., 900 W. Jackson, Ste. 3E, Chicago, IL 60607, 312 641-3566; r. 956 W. Dickens, Chicago, IL 60614, 312 348-2355.

CLARK, Ronald Mc Kee; '76 BSBA; 1556 Andover Ln., Frederick, MD 21701, 301 695-8315.

CLARK, Ronald Thomas; '66 BSBA; Chief I E; Lau Industries, 2027 Home Ave., Dayton, OH 45407, 513 455-7356; r. 2934 Stauffer Dr., Beavercreek, OH 45385, 513 426-8889.

CLARK, Scott Robert; '73 BSBA; Sr. Chg Cont Analyst; Rockwell Intl., 4300 E. 5th Ave., Columbus, OH 43219, 614 239-3182; r. 741 Hunters Run, Gahanna, OH 43230, 614 475-2121.

CLARK, Steven Glen; '81 BSLHR; 8166 Morris Rd., Hilliard, OH 43026.

CLARK, Stuart Michael; '62 BSBA; Sr. Internal Auditor; Hoover Worldwide Corp., 101 E. Maple St., N. Canton, OH 44720, 216 499-9200; r. 3115 Clearview Ave. NW, Canton, OH 44718, 216 454-1589.

CLARK, Susan '50 (See McCarthy, Mrs. Susan).

CLARK, Susan Beery, (Susan Beery); '83 MBA; Tchr./Finance; Franklin Univ., 201 S. Grant Ave., Columbus, OH 43215, 614 224-6237; r. 7750 Strathmoore Rd., Dublin, OH 43017, 614 761-3420.

CLARK, Terry Granville; '58; Acct.; Ashland Chemical Co., 5200 Blazer Pkwy., Dublin, OH 43017, 614 889-3333; r. 2969 Voeller Cir., Grove City, OH 43123, 614 875-7149.

CLARK, Thomas Charles; '60 BSBA; Atty-at-Law; Clark Co., 61 N. Sandusky St., Ste. 5, Delaware, OH 43015, 614 363-9412; r. 377 N. Washington St., Delaware, OH 43015, 614 369-4004.

CLARK, Thomas Lee; '69 BSBA, '73 MBA; CPA; r. POB 151, Lebanon, OH 45036, 513 932-6481.

CLARK, Thomas Warren; '83 BSBA; VP-Fixed Inc Trading; Carolina Securities, 127 W. Hargett St., Raleigh, NC 27610; r. 13144 3rd St, Madeira Beach, FL 33708, 919 781-1537.

CLARK, Timothy Orean; '77 BSBA; Sr. Merchandise Mgr.; J C Penney Inc., Auburn Mall, Auburn, ME 04210, 207 786-2936; r. 32 Cedar Ln., Glenville, NY 12302.

CLARK, William Albert, Jr.; '49 BSBA; Retired; r. Rte. 1, Box 175C, Bladenboro, NC 28320.

CLARK, William Edgar; '48 BSBA; Plant Mgr.; r. 631 Northgate Ave., Waynesboro, VA 22480, 703 942-9795.

CLARK, William J.; '72 BSBA; Atty.; William J. Clark & Assocs. LPA, 77 E. Wilson Bridge Rd., Worthington, OH 43085, 614 436-8104; r. 377 Granville Sq., Worthington, OH 43085, 614 846-4458.

CLARK, William John; '88 MBA; 4 Tiger Lily Ln., Sicklerville, NJ 08081, 609 728-3646.

CLARK, William Robert; '84 BSBA; Tax Sr. Acct.; Peat Marwick Main & Co., Two Nationwide Plz., Ste. 1600, Columbus, OH 43215, 614 249-2313; r. 8501 Bridletree Way, Worthington, OH 43085, 614 436-4281.

CLARK, William Thomas; '67 BSBA; Salesman; American Optical, 14 Mechanic St., Southbridge, MA 01550, 617 765-9711; r. 5190 Norwich, Hilliard, OH 43026, 614 876-8503.
CLARKE, Craig Allen; '74 BSBA; VP-Sales; Filnor Inc., 227 N. Freedom Ave., POB 2328, Alliance, OH 44601, 216 821-7667; r. 548 W. High St., Alliance, OH 44601, 216 821-7157.
CLARKE, David Alan; '78 BSBA; 851 Stephanie Dr., Marion, OH 43302, 614 382-4335.
CLARKE, Jane '85 (See Hamrick, Jane Clarke).
CLARKE, Kyle David; '84 BSBA; Traffic Supv.; Central Transport Trucking, 4409 W. Morris St., Indianapolis, IN 46241, 317 241-9659; r. 664 Lee Chapel Ct., Worthington, OH 43085.
CLARKE, Lloyd A.; '51 BSBA; Retired; r. POB 2206, Menlo Park, CA 94026, 415 325-6037.
CLARKE, Norman A.; '33 BSBA; Retired; r. 919 Montrose Dr., S. Charleston, WV 25303, 304 744-8471.
CLARKE, Pamela Sue; '79 BSBA; 3961 Ephrata Ct., Dayton, OH 45430.
CLARKE, Timothy Lewis; '77 BSBA; 42 S. Hague Ave., Columbus, OH 43204.
CLARKE, Victoria Cohen; '61 MBA; Retired Civil Svs.; USAF; r. 408 Margaret Dr., Fairborn, OH 45324, 513 878-5670.
CLARKSON, Mrs. Evelyn Davis, (Evelyn Davis); '33 BSBA; Retired HS Couns.; r. 6310 Midnight Pass Rd., Apt. 303 N., Sarasota, FL 34242, 813 349-1928.
CLARY, Dennis Lee; '70 MBA; VP; Investment & Capitol Mgmt. Corp., Ste. 504, 1701 Golf Rd., Rolling Meadows, IL 60008, 312 439-8500; r. 229 S. Humphrey, Oak Park, IL 60302, 312 524-8352.
CLASSON, Theodore A.; '50; 1532 Doone Rd, Columbus, OH 43221, 614 488-9558.
CLAUSS, Carl David; '70 BSBA; Atty-at-Law; POB 1172, Jackson, WY 83001, 307 733-1191; r. POB 3388, Jackson, WY 83001, 307 733-4724.
CLAUSSEN, Robert Bruce; '70 BSBA; Staff; The Limited Inc., One Limited Pkwy., Columbus, OH 43216, 614 479-7745; r. 1086 Lincoln Rd., Columbus, OH 43212, 614 488-6497.
CLAVIJO, Carlos Abel; '82 BSBA; Chief Fin Ofcr.; Cheryls Cookies Inc., 2631 Johnstown Rd., Columbus, OH 43219, 614 471-1212; r. 528 Walhalla Rd., Columbus, OH 43202, 614 268-0020.
CLAWSON, Harold F., Jr.; '52; 249 Erie Rd., Columbus, OH 43214, 614 268-9516.
CLAWSON, Jeffrey Allen; '84 BSBA; 1902 Country Dr., #104, Grayslake, IL 60030, 312 689-1048.
CLAWSON, Randolph Price; '77 BSBA; Instr.; Western Electric Co., 222 Dividend Rd., Mini Computer Division, Columbus, OH 43228, 614 462-5038; r. 2582 Coral Ridge, Grove City, OH 43123, 614 871-0545.
CLAY, John A.; '52 BSBA; Retired; r. 6312 Howard Rd., Sunbury, OH 43074, 614 524-7621.
CLAYMAN, Raymond; '56 BSBA; Partner; Clayman & Williamson, 11 W. Monument Bldg., 4th Fl., Dayton, OH 45402, 513 224-1461; r. 7100 Colleen Ct., Dayton, OH 45415, 513 836-3704.
CLAYPOOL, Craig E.; '85 BSBA; Auditor; Auditor of The State of Ohio, 1655 Tiffin Ave., Findlay, OH 45840, 419 422-3726; r. 965 Richmond Ave., Marion, OH 43302, 614 383-1421.
CLAYPOOL, Leon A.; '55 BSBA; Credit Mgr.; Security Pacific Auto Finance, 901 Elkridge Landing Rd., Linthicum Hts., MD 21090, 301 850-7500; r. 611 Drain Dr., Pasadena, MD 21122, 301 255-9085.
CLAYPOOLE, Ralph O., Jr.; '48 BSBA; Pres.; Grp. Ins. Administrators, Havertown, PA 19083, 215 789-7070; r. 528 Virginia Ave., Paoli, PA 19301, 215 644-0911.
CLAYTON, Deborah Lorraine; '88 MPA; 685 Church St., Logan, OH 43138, 614 385-4793.
CLAYTON, Dwight S.; '49 BSBA; Property Ofcr.; Los Alamos Scientific Lab, POB 1663, Los Alamos, NM 87544; r. 4397 Trinity, Los Alamos, NM 87544.
CLAYTON, Richard R.; '82 BSBA; Ins. Examiner; State of Ohio, Dept. of Insurance, 2100 Stella Ct., Columbus, OH 43215, 614 644-2647; r. 286 Westview Ave., Columbus, OH 43214, 614 888-0990.
CLAYTON, Thomas H.; '50 BSBA; Retired; r. 2813 Forest Club Dr., Plant City, FL 33566, 813 754-0802.
CLEAR, Joseph F.; '49 BSBA; Retired; r. 2981 Tylersville Rd., Hamilton, OH 45015, 513 863-6872.
CLEARY, Edward William; '47 BSBA; Retired; r. 2018 N. Beach St., Boise, ID 83706, 208 322-8383.
CLEARY, John Christopher; '87 BSBA; Managment Analyst; USAF, SAF AADPD Bldg. 5681, Bolling AFB, Washington, DC 20332.
CLEARY, Michael Bernard; '80 BSBA; VP; J.W. Cleary Co., 1511 Northwest Blvd., Columbus, OH 43212, 614 481-8864; r. 1635 Cambridge Blvd., Columbus, OH 43212, 614 486-3156.
CLEARY, Phyllis Anne; '85 BSBA; Financial Analyst; Riverside Methodist Hosp., 3535 Olentangy River Rd., Columbus, OH 43214; r. 686 Riverview Dr. #38, Columbus, OH 43202.
CLEARY, Timothy Martin; '77 BSBA; Corporate Banker; Bancohio Natl. Bank, 155 E. Broad St., Columbus, OH 43215, 614 463-8151; r. 23 E. Lakeview, Columbus, OH 43202, 614 263-8171.
CLEATON, Betty '45 (See Quilligan, Betty Cleaton).
CLEAVELAND, Shona Jo '86 (See Vincent, Mrs. Shona Jo).
CLEAVES, Steven V.; '67 BSBA; Financial Cnslt.; Arabian American Oil Co., Dhahran, Saudi Arabia; r. Aramco, Box 5365, Dhahran, Saudi Arabia.
CLEGG, Glenn D.; '51; Transportatn Analyst; Quick Air Freight, 525 Kennedy Dr., Columbus, OH 43215; r. 29 S. Hamilton Rd. Apt. 2-G, Columbus, OH 43213.
CLEGG, Jeff L.; '86 BSBA; Sales Rep.; American Home Foods, 2402 Clover Blossom Ct., Grove City, OH 43123, 614 871-9745; r. 1411 Scenic Club, Westerville, OH 43081, 614 431-9000.
CLEGG, Robert D.; '73 MBA; Mktg.; Ross Lab, 625 Cleveland Ave., Columbus, OH 43216, 614 227-3042; r. 8790 Chateau Dr., Pickerington, OH 43147, 614 861-1709.
CLEGG, Robert Franklin; '67 MBA; Operations Mgr.; Toledo Scale Corp., 1150 Dearborn Dr., Worthington, OH 43085, 614 438-4896; r. 1280 Brookridge Dr., Columbus, OH 43235, 614 457-4398.
CLEGG, Stephen Robert; '84 BSBA; Materials Analyst; Gilbarco/Div. of Exxon, 7300 W. Friendly, Greensboro, NC 27410; r. 400 Grande Blvd., #314, Tyler, TX 75703.
CLEGG, William Douglas; '87 BSBA; Buyer; MC Sporting Goods, 3070 Shaffer St., SE, Grand Rapids, MI 49508, 616 942-2600; r. 5932 Stumph Rd., #208, Parma, OH 44130, 216 845-4231.
CLELAND, Dr. David I.; '62 PhD (BUS); Prof.; r. RR No 1, Harmony, PA 16037, 412 452-7917.
CLELAND, Douglas Stewart; '76 MPA; Dir. of Finance; Twp. of Lower Merion, 75 E. Lancaster Ave., Ardmore, PA 19003, 215 649-4000; r. 549 Dartmouth Dr., King Of Prussia, PA 19406, 215 337-4651.
CLELAND, George A.; '51 BSBA; Assoc. Prof.; Miami Dade Community Clg., 11380 NW 27th Ave., Miami, FL 33167, 305 347-1096; r. 10341 S. W. 56th St., Miami, FL 33165, 305 271-1872.
CLEM, Allen L.; '82 BSBA; Operations Mgr.; Directel-American Express, 2773 Westbelt Dr., Columbus, OH 43228, 614 771-1344; r. 11518 Forest Lane Ave., Pickerington, OH 43147, 614 833-9233.
CLEM, Elizabeth Anne; '88 MBA; Product Mgr.; Huntington Natl. Bank, POB 1558, Columbus, OH 43216, 614 463-4765; r. 5991 Slippery Rock Dr., #8, Columbus, OH 43229, 614 459-3381.
CLEM, Luther Louis, Jr.; '67 BSBA; Supv.-Plant Engrg.; Standard Register Co., 626 Albany, Dayton, OH 45408, 209 582-2831; r. 2423 Carter Way, Hanford, CA 93230, 209 582-0959.
CLEMENS, Mrs. Clarice, (Clarice Woodruff); '49 BSBA; Treas.; Prods. Support Warehouse Co., 17830 Englewood Dr., Cleveland, OH 44130, 216 234-0277; r. 12264 N. Boone Rd., Columbia Sta., OH 44028, 216 236-8781.
CLEMENS, Reece Thomas, Jr.; '88 MBA; 239 A E. Beck St., Columbus, OH 43206, 614 228-5495.
CLEMENS, Stephen J.; '62 BSBA; Dir. of Advt.; US West Inc., 1801 California St., Denver, CO 80202, 303 896-5601; r. 8767 Iris St., Arvada, CO 80005, 303 422-1689.
CLEMENS, Stephen Michael; '83 BSBA; Floor Mgr.; Hyatt Hotels Corp., 75 E. State St., Columbus, OH 43215; r. 906 Tammy Cir., Dayton, OH 45415.
CLEMENT, Allen L.; '80 MBA; VP-Gen. Mgr.; Financial Grp. Data Svcs., 6797 N. High St., Worthington, OH 43085; r. 350 Pinney Dr., Worthington, OH 43085, 614 885-0704.
CLEMENT, Bruce Gregory; '86 MPA; 154 Woolpen Ave., Apt. 1, Cincinnati, OH 45220.
CLEMENT, Gwendolyn Adams; '50 BSBA; 1127 Carroll St., Brooklyn, NY 11225.
CLEMENT, Joseph Michael; '82 MLHR; Human Res. Spec.; Chart, Inc., 20 Computer Dr. W., Poestenkill, NY 12205, 518 458-7666; r. Same, 518 283-5549.
CLEMENT, Robert Burns; '68 BSBA; Mgr.; Jeffrey Mfg. Co., General Acctg., Columbus, OH 43201; r. 830 E. Parkwood, Sidney, OH 45365, 513 492-7586.
CLEMENT, Robin Paula; '79 BSBA; 6835 Downs St., Worthington, OH 43085, 614 888-2915.
CLEMENT, Starlett Scheiderer; '68 BSBA; 830 E. Parkwood, Sidney, OH 45365, 513 492-7586.
CLEMENT, Timothy Karl; '81 BSBA; Dir. of Finance; Mary Rutan Hosp., 205 Palmer Ave., Bellefontaine, OH 43311, 513 592-4015.
CLEMENT, Wendell E.; '51 MBA; 1127 Carroll St., Brooklyn, NY 11225.
CLEMENTE, Larenzo De Leon; '88 BSBA; 164 E. Norwich, Apt. #D, Columbus, OH 43201.
CLEMENTS, Madelyne '84 (See Shepelak, Madelyne Clements).
CLEMINSHAW, John David; '85 BSBA; 2994 Silverview Dr., Silver Lake, OH 44224, 216 688-4457.
CLEMMER, Orie M.; '48 BSBA; Retired Liaison Ofcr.; Stokely-Van Camp Inc., 941 N. Meridian St., Indianapolis, IN 46204; r. 2620 Comanche Point, Crystal River, FL 32629, 904 795-1712.
CLEMONS, David E.; '69 BSBA; Pres.; Old Heritage-Advt. & Publishers, 14535 Manchester Rd., Ste. 203, Manchester, MO 63011, 314 394-0811; r. 1364 Carriage Crossing Ln., Chesterfield, MO 63005, 314 532-9914.
CLEMONS, Lori Ann; '82 BSLHR; Sr. Personnel Spec.; US House of Representatives, 219 House Annex II, Washington, DC 20515, 202 226-6731; r. 1343 F St. NE, Washington, DC 20002, 202 398-8416.
CLEMONS, Mrs. Lyn Mansperger, (Lyn Mansperger); '86 BSBA; Production Control; Ford Motor Co., 3020 Tiffin Ave., Sandusky, OH 44870, 419 627-3422; r. 1101 Lake St., Marblehead, OH 43440, 419 798-5321.
CLEMONS, Ms. Terri Dell; '86 BSBA; Acct.; Soil Conservation Svc., POB 2890, 6th Fl., Washington, DC 20013, 202 382-8176; r. 1343 F St. NE, Washington, DC 20002, 202 398-8416.
CLEMSON, Holly; '76 MBA; Rd #3 Box 94-A, New Tripoli, PA 18066.
CLEVELAND, Charles W., Jr.; '49 BSBA; Retired Nursing Supv.; Orient Devel. Ctr.; r. 2965 Easthaven Ct. N., Columbus, OH 43232, 614 235-0666.
CLEVELAND, Kelly William; '82 BSBA; 4725 Haddington, Toledo, OH 43612.
CLEVELAND, Maurice R.; '47; Owner; Maurice Cleveland Agcy., 3840 N. High St., Columbus, OH 43202; r. 523 Hilltonia Ave., Columbus, OH 43223, 614 274-7466.
CLEVENGER, Richard C.; '40 BSBA; Retired; r. 4034 Litchfield Loop, Stow, OH 44224, 216 928-5106.
CLEVENGER, William R.; '48 BSBA; Store Mgr.; r. RR No 3, Box 211, Floyds Knobs, IN 47119.
CLEVERLEY, William O.; '67 BSBA; Teaching Asst.; r. Sheets Rd, Warners, NY 13164.
CLIFFE, Charles M., MHA; '56 BSBA; Owner; Dad's Donuts, 411 2nd St., Defiance, OH 43512, 419 784-5343; r. 500 Carpenter Rd, Defiance, OH 43512, 419 782-1294.
CLIFFEL, Albert Paul, III; '87 BSBA; 1st Year Law Student; The Ohio State Univ., Clg. of Law, Columbus, OH 43210; r. 3090 Blake Rd., Wadsworth, OH 44281, 216 336-2875.
CLIFFORD, Carl W.; '49 BSBA; 9031 127th Ln. N., Largo, FL 34646, 813 393-6353.
CLIFFORD, Mrs. Christine M., (Christine M. McConnell); '87 BSBA; Acct.; r. 511 Tusculum Ave., Cincinnati, OH 45226, 513 871-9408.
CLIFFORD, Colleen Anne; '86 BSBA; Sales Rep.; r. 3413 Olde Cape, W., Columbus, OH 43232, 614 833-9427.
CLIFFORD, Donald Paul; '87 BSBA; 5729 Indianola Ave., Worthington, OH 43085, 614 885-7627.
CLIFFORD, Jack M.; '35 BSBA; 6401 Caballero Pkwy. NW, Albuquerque, NM 87107, 505 344-3705.
CLIFFORD, John M.; '37 BSBA; Retired; City of Columbus; r. 380 S. Fifth St., Columbus, OH 43215, 614 461-9950.
CLIFFORD, John Spiker; '61 BSBA; VP; Duff & Phelps Invest. Mgmt. Co., 710 Ohio Savings Plz., Cleveland, OH 44114, 216 771-3450; r. 323 Kensington Rd., Rocky River, OH 44116, 216 333-7670.
CLIFFORD, L. Aaron; '64 BSBA; Territory Mgr.; Mobil Oil Corp., 3225 Gallows Rd., Fairfax, VA 22037; r. 6408 Windwood Dr., Kokomo, IN 46901, 317 457-4244.
CLIFFORD, Mrs. Marjorie F., (Marjorie F. McGinty); '49; Homemaker; r. 100 Oakland Park Ave., Columbus, OH 43214, 614 268-1018.
CLIFFORD, Robert N.; '60 BSBA; Pres.; Pembroke Metals Corp., Steel Svc. & Distribution, 2626 Flossmoor Rd., Flossmoor, IL 60422, 312 206-1300; r. 20434 Attica Rd., Olympia Fields, IL 60461, 312 747-6191.
CLIFFORD, Robert R.; '48 BSBA; Sales Rep.; Inland Steel Co., 16018 Chalfont Cir., Dallas, TX 75248, 214 960-2921; r. 16018 Chalfont Cir., Dallas, TX 75248, 214 490-8078.
CLIFFORD, Susan Elizabeth; '85 BSBA; Product Mgr.; Huntington Natl. Bank, 17 S. High St., Columbus, OH 43215; r. 2471 Abbotsford Way, Dublin, OH 43017, 614 792-2881.
CLIFFORD, William J., Sr.; '42; Retired; r. 1558 Denbigh Dr., Columbus, OH 43220, 614 451-5656.
CLIFFORD, William Joseph, Jr.; '67 BSBA; 1st VP; Wears Kahn Mc Menamy, 81 S. 5th St., Columbus, OH 43215, 614 228-6321; r. 251 Alumwood Dr., Westerville, OH 43081, 614 899-9433.
CLIFTON, Harry J.; '49 BSBA; 1150 N. Court St., Circleville, OH 43113, 614 474-2494.
CLIFTON, Ronald Carl; '79 BSBA; Branch Mgr.; Mahoning Natl. Bank, 23 Fed. Plz., W., POB 479, Youngstown, OH 44501, 216 742-7000; r. 3988 S. Schenley Ave., Apt. 2, Youngstown, OH 44511, 216 793-4248.
CLINE, Alicia Kay; '86 BSBA; 8175 Colonial Meadows, Westerville, OH 43081, 614 882-8737.
CLINE, Brent David; '84 BSBA; 690 Glenmont Ave, POB 5369, Columbus, OH 43214.
CLINE, Diana L.; '79 MA; Prog. Mgr.; Ohio Industrial Commission, Camera Rehabilitation Ctr., 2050 Kenny Rd, Columbus, OH 43221, 614 421-1150; r. 866 S. 5th St., Columbus, OH 43206.
CLINE, H. Michael; '30 BSBA; Retired; r. 9133 Collins Ave., Surfside, FL 33154, 305 864-1524.
CLINE, James Warren; '72 MBA; Life-Style Cnslt.; 206 N. Main St., Woodsfield, OH 43793, 614 472-1317; r. Same.
CLINE, Jerome A.; '59; Owner; Fredo Travel Svc., 510 Claremont, Ashland, OH 44805; r. 329 N. Country Side Dr., Ashland, OH 44805, 419 289-0335.
CLINE, Julie Lynn; '81 BSBA; Account Rep.; Minnesota Mutual Life, Columbus Regional Group Ofc., 2710 Billinglsey Rd., Worthington, OH 43085; r. 1891 Lakeview Dr., Newark, OH 43055.
CLINE, Kevin M.; '85 BSBA; Area Sales Mgr.; Continental/Eastern Sales Inc., 560 Lexington Ave., New York, NY 10022, 212 735-1900; r. 61-19 185th St., Fresh Meadows, NY 11365, 718 445-8299.
CLINE, Ms. Kimberly S., (Kimberly S. Weisheimer); '81 BSBA; Homemaker; r. 83nb Hantverkargatan, Stockholm 511238, Sweden.
CLINE, Marcia Mc Quaide; '73 BSBA; Asst. VP/Mgr. Brnch Op; Society Bank, 88 E. Broad St., Columbus, OH 43215; r. 5355 Harvest St., Dublin, OH 43017, 614 764-1163.
CLINE, Michael Dean; '79 BSBA; Salesman; Worthington Steel, 1205 Dearborn Dr., Worthington, OH 43085, 614 438-3241; r. 3012 Spruce View Ct., Columbus, OH 43231, 614 882-1805.
CLINE, Phillip Eugene; '68 BSBA; Acct. Mgr.; TDS Health Care Systs. Corp., 1002 Buckingham Dr., Wheaton, IL 60187, 318 682-9462; r. Same.
CLINE, Ralph W.; '52; Retired; r. 440 Village Dr., Columbus, OH 43214, 614 268-0109.
CLINE, Roger Garland; '69 BSBA; Pro-Cas Underwriter; State Farm Ins. Co., 3333 S. Arlington, Akron, OH 44312, 216 644-1284; r. 2325 Plymouth Ln., Cuyahoga Falls, OH 44221, 216 929-8224.
CLINE, COL Thomas G., USAF(Ret.); '49 BSBA; 3589 Wenwood Dr., Hilliard, OH 43026, 614 876-6737.
CLINE, Virgle W.; '47 BSBA; Retired; r. 3500 Polley Rd, Hilliard, OH 43026, 614 876-1322.
CLINE, William George; '55 MBA; Retired; r. 18 Talismanway Dr., Florissant, MO 63034, 314 838-3060.
CLINGAMAN, Jeffrey David; '69 BSBA; Pres.; Grp. Nine Mktg., 222 S. 1st St., Louisville, KY 40202, 502 589-5785; r. 6207 Raccoon Run Ct., Louisville, KY 40222, 502 228-0154.
CLINGER, Ronald E.; '79 MBA; VP, Bus. Affairs; Grace Clg. & Seminary, 200 Seminary Dr., Winona Lake, IN 46590, 219 372-5238; r. Rte. 1 Box 11D, Warsaw, IN 46580, 219 267-5448.
CLINGER, William Edward; '68 BSBA, '69 MBA; Mgr. Navy Prog. Analysis; Honeywell A & D, 7900 Westpark Dr., Mc Lean, VA 22102, 703 827-3675; r. 892 Young Dairy Ct., Herndon, VA 22070, 703 435-3928.
CLINGER, William John; '80 BSBA; Farmer; William John Clinger Farm, 2170 Harding Hwy. W., Marion, OH 43302, 614 382-9659; r. Same.
CLINGERMAN, Dean Hathaway; '69 MBA; Staff Evendale Plant; GE Co., Group Materials Aeg, Cincinnati, OH 45206; r. 105 Springwood Dr., Springboro, OH 45066, 513 748-0012.
CLINGMAN, Carol Amacher; '74 BSBA; Purchasing Agt.; Jess Howard Electric Co., 6630 Taylor Rd., Blacklick, OH 43004; r. 2640 Mink Rd., Pataskala, OH 43062, 614 927-1709.
CLINGMAN, Miriam Young, (Miriam Young); '80 BSBA; Gen. Acct. Mgr.; Kal Kan Foods Inc., Div of Mars In Mc Lean Va, 5115 Fisher Rd, Columbus, OH 43228, 614 878-7241; r. POB 143, London, OH 43140, 614 852-2505.
CLINTON, John Everett; '83 BSBA; Area Mgr.; Olympic Homecare Prods., c/o Postmaster, Columbus, OH 43215, 614 761-0399; r. 1657 Flat Rock Ct., Worthington, OH 43085.
CLINTON, Nancy Ann; '87 BSBA; Sales Repr; Merrell Dow Pharmaceutcls Inc., Subsidiary of The Dow Chem Co, 10123 Alliance Rd., Cincinnati, OH 45242, 513 948-9111; r. 2901 Salisbury Ct., Wexford, PA 15090, 412 935-1635.
CLIPPER, Michael Vincent; '78 BSBA; Admin.; Motorola, 12955 Snow Rd., Parma, OH 44130, 216 267-2210; r. 228 Claremont, Brunswick, OH 44212, 216 273-1243.
CLISSOLD, Mrs. Claudia Gardiner, (Claudia E. Gardiner); '66 BSBA; 40 Helen Ave., Rye, NY 10580, 914 967-7647.
CLOERN, Alan Jeffery; '81 BSBA; Owner; Basements Unlimited, 2210 Edgevale Rd., Columbus, OH 43221, 614 457-8352; r. Same.
CLOERN, John Edward; '74 BSBA; Mktg. Admin.; r. 10400 Falling Treeway, Louisville, KY 40223, 502 244-1221.
CLOERN, Roger Dale; '84 BSBA; Staff; The Ohio State Univ., Internal Auditing, Columbus, OH 43210; r. 160 E. Jeffrey Pl., Columbus, OH 43214, 614 262-3158.
CLOKEY, Mrs. Judy Kapp, (Judy Kapp); '86 BSBA; Asst. Mgr.; TIME Mkt. Rsch., 771 S. 30th St., Heath, OH 43056, 614 522-2162; r. 1526 Pleasant Valley, Newark, OH 43055, 614 366-7705.
CLONCH, Alan Barton; '78 BSBA; Lead Programmer/Analyst; Huntington Systs. & Svc., POB 1558, Columbus, OH 43260, 614 476-8261; r. 4236 Old Maids Ln., Pataskala, OH 43062, 614 927-2785.
CLORAN, Shawn David; '82 BSBA; Student; r. 2757 Lisbon St. Ext., E. Liverpool, OH 43920, 216 385-7105.
CLORAN, Stephen Allen; '79 BSBA; Partime Mgr.; Noble Romans Pizza, 7967 Cincinatti-Dayton Hwy., Cincinnati, OH 45234; r. 1091 N. W. Washington Blvd., Hamilton, OH 45013.
CLOSE, Dean Purdy; '29; Owner & Artist; 5th Avenue Galleries, Inc., 1371 Grandview Ave., Columbus, OH 43212, 614 486-2611; r. 3130 Glenrich Pkwy., Columbus, OH 43221, 614 488-4926.
CLOSE, Gary Alan; '69 MBA; Cnslt. Admn Serv; Arthur Andersen & Co., 349 Ridgemeadow Dr., Chesterfield, MO 63017; r. 1010 Market St., c/o A Anderson, St. Louis, MO 63101.

CLOSE, Michael Louis; '82 BSBA; Mktg. Dir.; Maxicare North Carolina Inc., 5511 Capital Center Dr., Ste. 400, Raleigh, NC 27606, 919 469-3700; r. 8400 Framingham Ct., Raleigh, NC 27615, 919 846-3636.
CLOSE, Robert K.; '48 BSBA; Dist. Mgr.; Bestile Mfg. Co., 621 S. Bon View Ave., Ontario, CA 91762; r. 213 Flower Ave., Brea, CA 92621.
CLOUD, Cynthia Ann; '88 BSBA; 362 Shadywood Dr., Dayton, OH 45415, 513 836-3165.
CLOUD, Robert L.; '50 BSBA; 925 Bellevue Ave., South Bend, IN 46615, 219 289-5465.
CLOUGH, Randy Michael; '81 BSBA; Tax Mgr.; Price Waterhouse, 400 Australia Ave. S., Ste. 700, W. Palm Bch., FL 33401, 407 659-3133; r. 7111 W. Lake Dr., W. Palm Bch., FL 33406, 407 433-0485.
CLOUS, Dr. Carl Edward; '59 BSBA; 538 W 250 S, Vernal, UT 84078, 801 789-1652.
CLOUSE, Grace Yoxsimer; '64 BSBA; Homemaker; r. 11714 Montvale Dr., Cincinnati, OH 45231, 513 851-3308.
CLOUSE, James M.; '64 BSBA; Dist. Sales Mgr.; Wyeth-Ayerst, 11714 Montvale Dr., Cincinnati, OH 45231, 513 851-3308; r. Same.
CLOUSE, Paul G.; '63 BSBA; Advt. Customer Svc. Mgr.; The Columbus Dispatch, 34 S. 3rd St., Advertising Dept., Columbus, OH 43215, 614 461-5252; r. 2013 Olde Sawmill Blvd., Dublin, OH 43017, 614 889-5941.
CLOVER, James L.; '81 MBA; Staff; Borden Inc., 180 E. Broad St., Columbus, OH 43215, 614 225-4581; r. 2110 Stancrest Rd., Dublin, OH 43017, 614 764-0460.
CLOYES, James R.; '74 BSBA; CPA; James R. Cloyes CPA, Inc., 4308 E. Main St., Columbus, OH 43213, 614 236-1628; r. 840 S. Remington Rd., Columbus, OH 43209, 614 231-5756.
CLOYS, Rebecca Lynn '88 (See Dillon, Mrs. Rebecca Lynn).
CLUCKEY, Edward Dale; '82 BSBA; Cash Flow Mgr.; Blasstech Inc., 995 Fourth St., Ampoint Industrial Park, Perrysburg, OH 43545, 419 661-9500; r. 15983 W. SR 105, Elmore, OH 43416, 419 862-2870.
CLUCUS, James Clinton; '58 BSBA; Secy.Treas. & Gen. Mgr.; Longs Book Store, 1836 N. High St., Columbus, OH 43201, 614 294-4674; r. 2839 Kenington Pl. N., Columbus, OH 43202, 614 263-3042.
CLUGGISH, William Gordon; '73 BSBA; Staff; Owens-Corning Fiberglas, Fiberglas Twr., Toledo, OH 43659; r. 475 King, Newark, OH 43055.
CLUTTER, Charles David; '79 BSBA; Pres.; Laser Sound & Vision, Inc., 1386 Grandview Ave., Columbus, OH 43212, 714 486-6437; r. 1338 Trentwood Rd, Columbus, OH 43221, 614 457-0142.
CLUTTER, Dorsey '54 (See Lajoie, Dorsey Clutter).
CLUTTER, Paul Joseph; '77 BSBA; 1338 Trentwood Rd, Columbus, OH 43221, 614 457-0142.
CLUTTER, Vaughn D.; '65 BSBA; Gen. Mgr.; Smith Properties Ltd., 579 E. North St., Springfield, OH 45503, 513 322-5566; r. 1960 Palouse Dr., London, OH 43140, 614 852-5110.
CLYDE, George; '50 BSBA; Sales Mgr.; Clydesdale Aircraft Corp., 3850 E. 5th Ave., Columbus, OH 43219, 614 235-2353; r. 7150 Morse Rd., New Albany, OH 43054, 614 855-1895.
CLYMER, Gay Lynn Mc Curdy; '80 MPA; 6885 Gullway Bay Dr., Dublin, OH 43017.
CLYMER, Patricia Bailie; '49 BSBA; Retired; r. 210 S. Main St., Youngstown, OH 44515.
CLYMER, William Latham; '65 BSBA; Sales Rep.; dba Syst. Solutions, 143 Beverly Pl., Dayton, OH 45419, 513 299-1515; r. 143 Beverly Pl., Dayton, OH 45419, 513 294-0144.
CLYMER, William Lawrence; '36 BSBA; Retired; r. The San Carlos, 150 E. 50th St., New York, NY 10022.
CLYSE, Robert A.; '78 BSBA; Gen. Mgr.-VP; Bob Clyse Olds Inc., 904 S. Third St., Ironton, OH 45638, 614 532-4011; r. RR 2 Box 251 A-6, Ironton, OH 45638, 614 533-0341.
COADY, Brian Edward; '80 BSBA; Corp. Secy.; Coady Contracting Co., 1455 E. 5th Ave., Columbus, OH 43219, 614 253-8723; r. 2696 Lynnmore Dr., Columbus, OH 43235, 614 457-5163.
COADY, Kevin Patrick; '81 BSBA; Contractor; Coady Constr. Co., 1455 E. 5th Ave., Columbus, OH 43219, 614 253-8723; r. 1729 Ibson Dr., Powell, OH 43065, 614 761-2438.
COADY, Michael Francis; '79 BSBA; VP-Atty.; Coady Contracting Co., 1455 E. 5th Ave., Columbus, OH 43219, 614 253-8723; r. 1740 King Ave. #B, Columbus, OH 43212, 614 481-3266.
COADY, Nicholas P.; '65 MBA; 5684 Mad River Rd., Dayton, OH 45459, 513 439-1441.
COADY, Richard J.; '53 BSBA; Pres.; Coady Co., 1455 E. 5th Ave., Columbus, OH 43219; r. 1420 Haddon Rd, Columbus, OH 43209, 614 231-9958.
COADY, Timothy Martin; '86 BSBA; Gen. Mgr./Owner; The Indiana Mulch Co., 1249 Kentucky Ave., Indianapolis, IN 46221, 317 638-8334; r. 3642 Mission Dr. #B, Indianapolis, IN 46224, 317 293-1964.
COATE, Barbara Marie, (Barbara Robertson); '80 BSBA; Mktg. Cnslt.; 804 Hile Ln., Englewood, OH 45322, 513 836-3428; r. Same.
COATE, Benjamin D.; '42; Owner/CEO; Formitex Inc., 2777 Silver Dr., Columbus, OH 43211, 614 268-5555; r. 211 Whieldon Ln., Worthington, OH 43085, 614 888-1544.
COATE, Charles R.; '64 BSBA; VP; State Savings Bank, 3800 W. Dublin Granville Rd., Dublin, OH 43017, 614 764-1446; r. 4171 Hertford Ln., Dublin, OH 43017, 614 792-2896.
COATE, Perry Lee; '83 BSBA; Computer Programmer; Vertex Systs. Inc., 1495 E. Dublin Granville Rd, Ste. 301, Columbus, OH 43212; r. 1520 Presidential Dr., Columbus, OH 43212, 614 486-1238.
COATE, Ronald Dean; '80 BSBA; Managing Ofcr.; Bank One, Main St., Dayton, OH 45402, 513 299-1853; r. 804 Hile Ln., Englewood, OH 45322, 513 836-3428.
COATNEY, Yolanda Kay; '86 BSBA; 4388 Dayton Liberty Rd., Dayton, OH 45418, 513 268-2551.
COBB, Brett Alexander; '85 BSBA; Bus. Mgr.; Edward Lee Cave, Inc.; r. 110 W. 15th St., New York, NY 10011, 212 627-9102.
COBB, David S.; '61 BSBA; Account Exec.; Society Bk., 34 N. Main St., Dayton, OH 45402, 513 293-2864; r. 6655 S. Kessler Frederick Rd., Tipp City, OH 45371, 513 698-4708.
COBB, Katharine '48 (See Root, Katharine Cobb).
COBB, Phillip E.; '65 BSBA; Pres.; Prufrock Restaurants Inc., 2811 Mckinney Ave. 300, Dallas, TX 75204, 214 871-1985; r. 8115 Preston Rd #LB 7, Dallas, TX 75225, 214 871-2622.
COBB, Robert Earl, III; '84 BSBA; Traffic Supv.; Frito-Lay Inc., 22801 Hwy. 58, Bakersfield, CA 93312, 805 328-6005; r. 2801 Villalovos #4, Bakersfield, CA 93304, 805 831-6203.
COBB, William C.; '70 MBA; Pres.; WCCI Inc., Cnslts., Texas Commerce Twr., Ste. 2730, Houston, TX 77002, 713 759-1806; r. 6131 Riverview, Houston, TX 77057, 713 467-7846.
COBB, William M.; '61 BSBA, '63 MBA; Bus. Broker; Edward J Lewis Inc., 27 S. Hazel St., Youngstown, OH 44503, 216 746-6581; r. 600 Blueberry Hill, Canfield, OH 44406, 216 533-2986.
COBE, Carmon Edwin, Jr.; '83 MBA; 364 Hopewell, Powell, OH 43065, 614 846-6226.
COBEN, Lawrence F.; '53 BSBA; Pres.; Laco Realty Corp., 1660 S. Albion St., Ste. 1002, Denver, CO 80222, 303 756-7337; r. 27003 Belcher Hill Rd., Golden, CO 80403, 303 279-3222.
COBERLY, Matthew Allan; '82 BSBA; Student; Univ. of Akron, Grad Sch., Akron, OH 44325; r. 2658 N. Market, Canton, OH 44714, 216 455-1958.
COBLITZ, Lawrence S.; '49 BSBA; 2112 Berkshire Dr., Monroeville, PA 15146, 412 373-7585.
COBURN, Richard W.; '50 BSBA; Retired; r. 320 Thayer, Ashtabula, OH 44004, 216 964-7377.
COCANOUR, Robert G.; '52 BSBA; Public Acct.; 2097 S. Hamilton Rd., Columbus, OH 43232, 614 861-8915; r. 5661 Worcester Dr., Columbus, OH 43232, 614 861-7646.
COCCIA, Jerry Joseph; '85 BSBA; Transportation Dispatcher; Containerport Grp., 1000 Joyce Ave., Columbus, OH 43219, 614 252-0743; r. 2080 Balmoral Ct., Columbus, OH 43229, 614 888-8474.
COCCIA, Michael Anthony; '76 BSBA; Controller; Geupel Constr. Co., Inc., 1661 Old Henderson Rd., POB 20911, Columbus, OH 43220, 614 459-2400; r. 5463 Redwood Rd., Columbus, OH 43229, 614 436-6371.
COCHENOUR, Thomas L.; '76 BSBA; Banker; Springfield Inst. for Savings, 1441 Main St., Springfield, MA 01101, 413 781-8000; r. 11 Posner Cir., Ludlow, MA 01056, 413 583-3284.
COCHRAN, Allen Michael; '84 BSBA; Staff Assoc.-CPA; Clark, Schaefer, Hackett & Co., 333 N. Limestone St., Springfield, OH 45503, 513 324-4800; r. 2120 Ransom Oaks Dr., Columbus, OH 43228.
COCHRAN, Barbara Rogers, (Barbara Rogers); '61 BSBA; VP/Controller; Westfield Cos., *, Westfield Ctr., OH 44251, 216 887-0408; r. 853 N. Medina Line Rd., Akron, OH 44313.
COCHRAN, Douglas L.; '38 BSBA; Retired; r. 8556 E. Mc Donald Dr., Scottsdale, AZ 85253, 602 948-1822.
COCHRAN, Fred E.; '31 BSBA; Retired; r. Kennedy House Apt. 2406, 1901 John F Kennedy Blvd., Philadelphia, PA 19103, 215 564-6114.
COCHRAN, Gary Roger; '69 BSBA; Industrial Engr.; Crown Zellerbach Corp., 210 Water St., Baltimore, OH 43068; r. 1338 W. 6th Ave. #C, Columbus, OH 43212, 614 481-4265.
COCHRAN, Jack Edward; '49 BSBA; Accnt; Accountant, 1593 College Hill Dr., Columbus, OH 43221; r. 1593 College Hill Dr., Columbus, OH 43221, 614 486-1307.
COCHRAN, James Allison, Jr.; '47 BSBA; Retired; r. 2423 Bears Den Rd., Youngstown, OH 44511, 216 799-9349.
COCHRAN, James C.; '55 BSBA; Staff; Cnsltg. Industrial Svcs., Engineers Bldg., Cleveland, OH 44114; r. 12165 Hilary Dr. W., Cleveland, OH 44133, 216 582-1655.
COCHRAN, John Paul; '79 BSBA; Financial Systs. Mgr.; Combustion Engrg., Inc., 650 Ackerman Rd., Columbus, OH 43202, 614 261-2828.
COCHRAN, Layne Edward; '81 MBA; CPA; Snyder Scheffler, Scherer, & Fast, Inc., 110 E. Main St., Lancaster, OH 43130, 614 653-7144; r. 1355 Longwood Dr., Lancaster, OH 43130, 614 653-0649.
COCHRAN, Lisa Joanne; '88 BSBA; 4315 Chesford Rd., Apt. 2-D, Columbus, OH 43224, 614 476-5901.
COCHRAN, Mark Samuel; '79 BSBA; Store Mgr.; Jamesway Corp., Jamesway Plz., 12 Legion Rd., Denton, MD 21629, 301 479-0072; r. RD 2 Box 166, Federalsburg, MD 21632, 301 479-3077.
COCHRAN, Patricia Fox, (Patricia Fox); '52 BSBA; Curator; White Pillars Museum, 403 N. Broadway, De Pere, WI 54115, 414 336-3877; r. 1249 Driftwood Dr., De Pere, WI 54115, 414 336-7566.
COCHRAN, Paul A.; '35; Retired; r. 2561 Golf Course Dr., Sarasota, FL 34234, 813 355-0693.
COCHRAN, Philip Robert; '78 BSBA; Tech. Spec. B; J C Penney Ins., 800 Brooksedge Blvd., Westerville, OH 43081, 614 891-8329; r. 4079 Largo Ct., Gahanna, OH 43230, 614 471-7205.
COCHRAN, Raymond Eugene; '76 BSBA; Staff Admin./Network Mkt.; United Telephone Co. of Ohio, 665 Lexington Ave., POB 3555, Mansfield, OH 44907, 419 755-7844; r. 365 Auburn Ave., Mansfield, OH 44905, 419 524-5038.
COCHRAN, Robert Powell; '56 BSBA; Staff; Ohio Turnpike Comm, c/o Postmaster, Berea, OH 44017; r. 7354 Grant Blvd., Cleveland, OH 44130, 216 243-4808.
COCHRAN, Robert Wilson; '58 BSBA; Real Estate Mgr.; Banc One Corp., 100 E. Broad St., Columbus, OH 43271, 614 248-5924; r. 1073 Clubview Blvd. S., Worthington, OH 43085, 614 888-5685.
COCHRAN, Thomas A.; '61 BSBA; Mgr. Info. Ctr.; Cincinnati Div.-R L Polk, 400 Pike St., Cincinnati, OH 45202, 513 381-3885; r. 8734 Wales Dr., Cincinnati, OH 45249, 513 489-7214.
COCHRANE, Nancy Cook; '81 BSBA; Sr. Proc.Compliance Anly.; The Timken Co., Quality Advancement Dept., 1835 Dueber Ave. SW, Canton, OH 44706, 216 438-3311; r. 1006 Country Club Dr., Wooster, OH 44691, 216 262-0681.
COCHRELL-ELLIS, Darice Jacqueta; '82 BSBA; Owner; Metropolitan Graphics, 200 S. 18th St., Harrisburg, PA 17104; r. 1107 Hollow Rd., Narberth, PA 19072.
COCHRUN, Maureen J.; '87 BSBA; Auditor; Peat Marwick Main & Co., 2001 M St. NW, Washington, DC 20036, 202 467-3000; r. 3331 Willow Cres. Dr., Apt. #24, Fairfax, VA 22030, 703 273-1548.
COCKELL, William Arthur, Sr.; '49 MPA; Retired; r. R Adm Usn Ret, 3222 Browning St., San Diego, CA 92106, 619 222-1782.
COCKERILL, Philip J.; '65 BSBA; Account Exec.; Bank of America, Bank of America Ctr., San Francisco, CA 94137; r. 15 Retiro Way, San Francisco, CA 94123.
COCO, David Lenn; '82 BSBA; Asst. Mgr.; Avco Financial Svcs., 2019 E. Dublin Granville Rd, Columbus, OH 43229; r. 7706 Barkwood Dr., Worthington, OH 43085, 614 848-6583.
CODDING, James R.; '48 BSBA; Retired Sales; r. 1428 Oak Pl., Unit E, Apopka, FL 32712, 407 886-0725.
CODE, Dr. Phillip; '73 MPA; Deputy Dir.; State of OH Intrnl Trade Div., Dept. of Development, 30 E. Broad St., Columbus, OH 43216, 614 466-5800; r. 391 Fenway Rd., Columbus, OH 43214, 614 846-1766.
CODER, John Jay; '69 BSBA; VP; Michigan Natl. Bank, Amway Grand Plz., 177 Monroe, NW, Grand Rapids, MI 49503, 616 451-7976; r. 509 Arrowhead SE, Grand Rapids, MI 49506.
COE, Robert I.; '36 BSBA; Retired; r. 8384 6th Ave., Tacoma, WA 98465, 206 565-1046.
COE, Stephen Lester; '75 BSBA; Sr. Analyst; P Univ. C Finance & Economics, 180 E. Broad St., Columbus, OH 43216; r. 425 E. N. Broadway, Columbus, OH 43214.
COE, Theodore A.; '76 BSBA; VP; Talman Home Mortgage Corp., 4242 N. Harlem Ave., Norridge, IL 60634, 312 456-0400; r. 4516 Drake Dr., Crystal Lake, IL 60012, 815 459-6321.
COEN, William Robert; '50 BSBA; Atty.-Partner; Horn Coen & Rife, 2185 S. Dixie Ave., Kettering, OH 45409, 513 293-2200; r. 2408 S. Patterson Blvd., Dayton, OH 45409, 513 298-6339.
COESFELD, Lynne Marie; '87 MBA; 523 Brice Rd., Reynoldsburg, OH 43068.
COFFEE, Charles R.; '65 BSBA; Supv Systs. Account; Defense Supply Agcy., Cameron Sta., Alexandria, VA 22314; r. Defense Supply Agency, Cameron Sta., Alexandria, VA 22314.
COFFEEN, Mary Ann '79 (See Swepston, Ms. Mary Ann Coffeen).
COFFEY, Donald F.; '48 BSBA; 31 Stone Mill Rd, Dayton, OH 45409, 513 222-7665.
COFFEY, Lee R.; '64 BSBA; Managing Dir.; CNR Exec. Search Inc., 25411 Cabot Rd. Ste. 204, Laguna Hls., CA 92653, 714 951-5929; r. 1831 Prosser Ave. #211, Los Angeles, CA 90025, 213 470-7035.
COFFEY, William Richard; '60 BSBA; Exec. VP; Cloverleaf Broadcasting Corp., College Hill, Cambridge, OH 43725; r. 1555 N. 11th St., Cambridge, OH 43725, 614 432-7165.
COFFIELD, Herbert Lee; '70 BSBA; Sr. Acctg. Spec.; AT&T Columbus, 6200 E. Broad St., Columbus, OH 43213; r. 6275 Stoney Glenn Ct., Canal Winchester, OH 43110, 614 837-9671.
COFFMAN, Clifford B., Jr.; '39 BSBA; RE Broker, Instr.; r. 3000 Brownwood Dr., Chattanooga, TN 37404, 615 624-7277.
COFFMAN, Dean; '50 BSBA; Pres.; Lang Stone Co., 178 W. Sycamore St., Columbus, OH 43215, 614 228-5489; r. 5435 Nelsonia Pl., Columbus, OH 43213, 614 864-5400.
COFFMAN, Kathleen Kepner; '44 BSBA; RR No 1, Bittersweet Box 13, Huntingdon, PA 16652.
COFFMAN, Robert J., JD; '43 BSBA; Retired Treas.; Ametek, 220 Seaview Ct. #304, Marco Island, FL 33939, 813 394-9402; r. 1921 Hemlock Dr., Kent, OH 44240, 216 678-2354.
COFFMAN, Ms. Sue Ellen, (Sue Ellen Berndt); '64 BSBA; Homemaker; r. 15375 Robin Anne Ln., Monte Sereno, CA 95030, 408 354-5488.
COGAN, Maureen Helen; '86 BSBA; 4933 Concordia Cir., Kettering, OH 45440, 513 434-2680.
COGGINS, J. Michael, Jr.; '85 BSBA; Dist. Mgr.; Shenango China Corp., Glass St., New Castle, PA 16103, 800 245-0394; r. 6060 Tower Ct. Apt. 1401, Alexandria, VA 22304, 703 751-9389.
COGGINS, John T., Jr.; '71 BSBA; Stockbroker; E F Hutton Co., 201 E. 5th St., Cincinnati, OH 45202; r. 849 Quailwoods Dr., Loveland, OH 45140, 513 683-9606.
COGGINS, Michael Ray; '77 BSBA; 1577 Arlington Ave., #A, Columbus, OH 43212, 614 488-8026.
COGGINS, CAPT Robert J., USAF(Ret.); '69 BSBA; Sr. Trng. Spec.; Grumman Melbourne Syst. Div., 2000 NASA Blvd., Melbourne, FL 32904, 407 951-6704; r. 760 Verbeenia Dr., Satellite Bch., FL 32937, 407 773-0383.
COGHLAN, Ross Owen; '73 BSBA; 234 E. Biddle St., West Chester, PA 19380.
COGSWELL, John R.; '66 BSBA; 15 Mulberry Ct., Marysville, OH 43040, 513 642-8356.
COHAGAN, Jeralyn, (Jeralyn Vance); '84 BSBA; Realtor; Guanciale & Johnson Real Estate, 40 N. Second St., Newark, OH 43055, 614 345-4013; r. 1905 Londondale Pkwy., Newark, OH 43055, 614 344-9846.
COHAGAN, Owen Brannon; '71 BSBA; Capt.; USAir, Greater Pittsburgh Airport, Pittsburgh, PA 15231; r. 9112 Carriage Ln., Pickerington, OH 43147, 614 927-7248.
COHAGEN, Paul E.; '40 BSBA; Retired; r. 1425 Garfield Ave., Springfield, OH 45504, 513 399-6023.
COHAN, Ellen Harriet; '80 BSBA; 9520 Harron Hill Ln., Burke, VA 22015.
COHEN, Allen Harris; '68 BSBA; Salesman; Lion Ribbon Co., 100 Metro Way, Secaucus, NJ 07096; r. 920 Brice Rd., Reynoldsburg, OH 43068, 614 861-2061.
COHEN, Arlene '61 (See Magar, Arlene Cohen).
COHEN, Bert; '44; Retired; r. 3930 Inverrary Blvd. #401D, Lauderhill, FL 33319, 305 739-0669.
COHEN, David Alan; '85 BSBA; Commercial Realtor; Kohr Royer Griffith, Inc., 145 N. High St., Columbus, OH 43215, 614 228-2471; r. 5803 Riverton, Columbus, OH 43232, 614 451-7497.
COHEN, David Barry; '71 BSBA; Regional Sales Mgr.; Friden Alcatel, 2100 Golf Rd., Rolling Meadows, IL 60008, 312 981-9000; r. 1187 Greenwood Ave., Deerfield, IL 60015, 312 948-8838.
COHEN, David Michael; '69 BSBA; Sr. Atty.; American Electric Power Co., Box 700, Lancaster, OH 43130, 614 687-3042; r. 5850 Saranac Dr., Columbus, OH 43232, 614 868-1484.
COHEN, Dr. Debra Jo; '82 MLHR, '87 PhD (LHR); Asst. Prof.; George Mason Univ., Dept. of Management, 4400 University Dr., Fairfax, VA 22030, 703 323-4210; r. 12104 Greenway Ct. #202, Fairfax, VA 22033, 703 691-2054.
COHEN, Debra Renee; '86 BSBA; 2400 Buckhurst Dr., Beachwood, OH 44122.
COHEN, Eileen Auerbach; '46 BSBA; 1566 Fairmont, New Kensington, PA 15068, 412 335-9035.
COHEN, Eugene; '55 BSBA; Salesman; r. 20849 Beaconsfield Blvd., Cleveland, OH 44116, 216 331-7586.
COHEN, Gary Arthur; '71 BSBA; Sales; Professional Business Systs., 5109 Brookpark Rd., Cleveland, OH 44134, 216 885-5501; r. 14379 Washington Blvd., Cleveland, OH 44118, 216 371-3040.
COHEN, H. Dennis; '81 BSBA; Proj. Mgr.; Frito-Lay Inc., Div Pepsico Inc, 7701 Legacy Dr., Plano, TX 75024, 214 351-7000; r. 5330 Bent Tree Forest Dr.,#835, Dallas, TX 75248.
COHEN, Harold Hilliard; '49 BSBA; Sr. VP; Shearson American Express Co., 1980 Landings Blvd., Sarasota, FL 34231; r. 3837 El Poinier Ct., Sarasota, FL 34232, 813 924-2225.
COHEN, Heidi Hope; '86 BSBA; Admin. Asst.; CPS, Beachwood, OH 44122; r. 24457 Tunbridge Ln., Beachwood, OH 44122, 216 464-9191.
COHEN, Herbert B.; '36; Retired; r. 5260 S. Landings Dr. #1204, Ft. Myers, FL 33919, 813 489-4891.
COHEN, Howard Kruger; '81 MBA; VP; Wilmington Trust Co., Rodney Sq. N., Wilmington, DE 19890; r. 1105 Graylyn Rd., Wilmington, DE 19803, 302 478-1815.
COHEN, Ike; '46 BSBA; Dir. Mktg.; BenCalc Corp., 192 S. Chesterfield Rd., Columbus, OH 43209, 614 239-8777; r. Same.
COHEN, Irvin; '50 BSBA; Acct.; IRS, 197 E. Gay St., Columbus, OH 43215; r. 2603 Burnaby Dr., Columbus, OH 43209, 614 235-7366.
COHEN, James A.; '48 BSBA; Pres.; lycrdamm, 3950 Crain St., Skokie, IL 60076, 312 674-4263; r. Same.
COHEN, Jodi W., (Jodi Weintraub); '81 BSBA; Homemaker; r. 167 S. Stanwood, Columbus, OH 43209, 614 239-7740.
COHEN, Lester; '58 BSBA; Pres.; Cleaners Sales & Equip. Corp., 135 Kent Ave., Brooklyn, NY 11211, 718 782-2400; r. 167 Cowpens Dr., Orangeburg, NY 10962, 914 359-7152.

COHEN, Marcy Plasco; '82 BSBA; Asst. Gen. Mgr.; Dons' Carpet Barn & Tile House, 6415 Granger Rd., Independence, OH 44131, 216 447-1565; r. 2757 Shabercrest, Beachwood, OH 44122, 216 382-3141.
COHEN, Martin R.; '65 BSBA; Pres.; Cohen Capital Corp., 8 Freer St., Lynbrook, NY 11563, 516 887-3434; r. 10 Dogwood Ln., Lawrence, NY 11559, 516 239-9025.
COHEN, Marvin A.; '52 BSBA; Retired; r. 22 Exmoor, Toledo, OH 43615, 419 536-1878.
COHEN, Matthew David; '79 BSBA; 275 S. Virginia Lee Rd, Columbus, OH 43209.
COHEN, Mitchel D.; '41 BSBA; Atty.; Mitchel D Cohen & Assocs., 1141 S. High St., Columbus, OH 43206, 614 444-3811; r. 275 S. Virginia Lee Rd, Columbus, OH 43209, 614 239-0088.
COHEN, Myron J.; '57 BSBA; POB 888, Virginia Bch., VA 23451.
COHEN, Natalie Ellen; '86 BSBA; 437 Indian Mound Rd., Columbus, OH 43213, 614 866-1355.
COHEN, Peter Anthony; '68 BSBA; Chmn./CEO; Shearson Lehman Hutton Inc., The World Financial Ctr., American Express Twr., New York, NY 10285, 212 298-6503; r. 1120 Fifth Ave., #10A, New York, NY 10128, 212 289-0471.
COHEN, Phyllis Oppenheimer; '49; 2673 Floribunda Dr., Columbus, OH 43209, 614 231-7006.
COHEN, Richard Jay; '75 BSBA; VP; Quinn Mgmt., Inc., 1306 Harbor Rd., Hewlett Harbor, NY 11557; r. 1306 Harbor Rd., Hewlett Harbor, NY 11557, 516 295-2037.
COHEN, Rick L.; '81 BSBA; Atty.; Cohen & Cohen, PC, 2997 LBJ Frwy., Ste. 127, Dallas, TX 75234, 214 484-4500; r. 14151 Montfort Dr., Villa 365, Dallas, TX 75240, 214 991-7425.
COHEN, Robert Brian; '87 BSBA; Assoc. Dist. Sales Mgr.; State Chemical Mfg. Co., 3100 Hamilton Ave., Cleveland, OH 44114, 216 861-7114; r. 7547-L Sawmill Commons Ln., Dublin, OH 43017, 614 792-7838.
COHEN, Robert Warren; '27 BSBA; Retired; r. 465 Gypsy Ln. Manor, Apt. #303, Youngstown, OH 44504, 216 743-6542.
COHEN, Ronald Bert; '56 BSBA; Partner; Cohen & Co., 1310 Bond Court Bldg., Cleveland, OH 44114, 216 579-1040; r. 19950 Shaker Blvd., Cleveland, OH 44122, 216 295-1995.
COHEN, Ronald S.; '55; Pres. & CEO; Royalty Silk Screen Co., Inc., 26701 Richmond Rd., Bedford Hts., OH 44146, 216 831-4192; r. 474-14 Deer Path, Aurora, OH 44202, 216 562-8833.
COHEN, Sanford David; '64 BSBA, '66 MBA; Asst. VP/Sales Mgr.; Merrill Lynch, 425 Walnut St., Ste. 2600, Cincinnati, OH 45202, 513 579-3600; r. 3653 Herschel Ave., Cincinnati, OH 45208, 513 321-6895.
COHEN, Sharon L.; '68 BSBA; Sr. Acct.; B.D.O./ Seidman, 15 Columbus Cir., New York, NY 10023, 212 765-7500; r. 19 N. Baums Ct., Livingston, NJ 07039, 201 994-2435.
COHEN, Steven Alan; '80 BSBA; Financial Cnslt.; Shearson Lehman Hutton, 88 E. Broad St., Ste. 700, Columbus, OH 43215, 614 464-2372; r. 212 S. Roosevelt Ave., Bexley, OH 43209, 614 235-6492.
COHEN, Stuart; '76 BSBA; MIS Mgr.; Mutterpearl, 358 Belleville Ave., New Bedford, MA 02742, 508 993-9981; r. 67 Holland Ave., Riverside, RI 02915, 401 433-0243.
COHEN, Sylvia Meizlish; '44; Retired; r. 7444 E. Serenity Ln., Tucson, AZ 85715, 602 577-1798.
COHEN, Victor George; '65 BSBA; Computer Systs. Analyst; US Environ. Protection Agcy., PM-218, 401 M St., SW, Washington, DC 20460, 202 382-5635; r. 3 Sky Ridge Ct., Potomac, MD 20854, 301 340-2225.
COHEN, William Blanchard; '55 BSBA; Inspector; Dept. of Housing-Urban Dev, 1626 K St. NW, Washington, DC 20006; r. 3928 Washington St., Kensington, MD 20895, 301 949-9075.
COHEN, William Elliot; '67 BSBA; CPA; Cohen Haught & Norman, 7031 Corporate Way, Dayton, OH 45459, 513 435-4670; r. 7431 Gardenside Dr., Dayton, OH 45414, 513 898-4239.
COHN, Bernard (Bud) L.; '59 BSBA; Pres.; Catalina Chemical Co., 11919 Vose St., N. Hollywood, CA 91605; r. 3131 Donna Marie Dr., Studio City, N. Hollywood, CA 91604, 213 656-8663.
COHN, Howard Allen; '70 MPA; Order Correspondent; A.T. Distributors, 802 Rozelle, Memphis, TN 38104, 901 278-7211; r. 1563 Welsh Rd., Memphis, TN 38117, 901 761-3376.
COHN, Jayne Hays, (Jayne Hays); '87 MLHR; Labor Relations; r. 5697 Dorsey Dr., Columbus, OH 43220, 614 457-1266.
COHN, Joan M., (Joan Mathless); '49 BSBA; Contract Coord.; Dept. of Mental Retardation, Columbus, OH 43215; r. 3045 Ruhl Ave., Columbus, OH 43209, 614 237-7235.
COHN, Mark Barry; '69 BSBA; Atty.; Mark Barry Cohn, 55 Public Sq., Ste. 900, Cleveland, OH 44113, 216 696-1422; r. 31349 Gates Mills Blvd., Lyndhurst, OH 44124, 216 442-8172.
COHN, Robert Gabriel; '79 MLHR; Labor Relations Admn; Columbus Southern Power Co., 215 N. Front St., Columbus, OH 43215, 614 464-7328; r. 5697 Dorsey Dr., Columbus, OH 43220, 614 457-1266.
COHN, Mrs. Sara S., (Sara N. Slovis); '60 BSBA; Lead Programmer/Analyst; GEICO, Geico Plz., Washington, DC 20018, 301 986-2381; r. 15005 Westbury Rd, Rockville, MD 20853, 301 929-3224.
COHN, Thelma Getsin, (Thelma Getsin); '46 BSBA; Retired; r. 4201 Minden Rd, Memphis, TN 38117, 901 682-2262.
COIT, Philip W.; '80 MBA; Staff; Goal Systs. Intl., 5455 N. High St., POB 29481, Columbus, OH 43229, 614 846-9710; r. 227 W. Kenworth Rd., Columbus, OH 43214, 614 267-1434.
COLAK, Anthony Joseph; '75 BSBA; 158 Bedford Ave., Hercules, CA 94547.
COLANGELO, Gary David; '87 BSBA; 1205 Laurelwood Rd., Mansfield, OH 44907, 419 756-4144.
COLASURD, Mrs. Deborah Howells, (Deborah J. Howells); '82 BSBA; Homemaker; r. 5881 Rocky Rill Rd., Columbus, OH 43235, 614 436-4422.
COLASURD, Michael Douglas; '78 BSBA; Atty.; Colasurd & Colasurd, 17 S. High St. Ste. 215, Columbus, OH 43215, 614 221-0170; r. 5881 Rocky Rill Rd., Columbus, OH 43235, 614 436-4422.
COLBERG, Maribeth Shreves; '80 BSBA; 42 Norman Dr., Gales Ferry, CT 06335.
COLBERT, Geraldine A.; '85 BSBA; Inventory Analyst; Flxible Corp., 970 Pittsburgh Dr., Delaware, OH 43015; r. 4293 Olentangy River Rd., Delaware, OH 43015.
COLBERT, Lloyd I.; '40 BSBA; Retired; r. 4931 Highland Ave., Bethel Park, PA 15102, 412 835-9235.
COLBURN, George D.; '67 BSBA; Principal; Brown Elem. Sch., Roberts Rd., Hilliard, OH 43026; r. 3728 Braidwood Dr., Hilliard, OH 43026, 614 876-5633.
COLBY, Robert William; '69 BSBA; Exec. VP Rsch. & Dev; GE Co., 51 Lexington Ave., New York, NY 10022, 212 485-9000; r. 435 E. 85th St., New York, NY 10028, 212 249-8840.
COLBY, Robyn Baird; '83 MPA; Prog. Planner; State of Ohio, Ohio Dept. of Human Services, 30 E. Broad, Columbus, OH 43215; r. 8180 Longhorn Rd., Powell, OH 43065, 614 766-5871.
COLCLOUGH, Jack D.; '38 BSBA; Retired; r. 548 S. Belvoir Blvd., S. Euclid, OH 44121, 216 382-7616.
COLDREN, Nancy Weisenbach, CPA, (Nancy Weisenbach); '81 BSBA; 2937 W. Case Rd., Dublin, OH 43017, 614 764-9213.
COLDREN, Robert H.; '56 BSBA; Atty.; City of Delaware Ohio, 1 S. Sandusky St., Delaware, OH 43015, 614 363-1965; r. 128 Grandview Ave., Delaware, OH 43015, 614 369-4709.
COLDWELL, Richard Wayne; '73 BSBA; Distribution Mgr.; Azteca Corn Prods., Division of Pillsbury, 5005 S. Nagle Ave., Chicago, IL 60638, 312 563-6600; r. 1601 Preston, Naperville, IL 60540, 312 369-5445.
COLDWELL, Schellie Renee; '85 BSBA; Secy.; Midwest Industries, 979 S. Conwell Rd., Willard, OH 44890; r. 46 Sandy Tr., Holiday Lakes, Willard, OH 44890, 419 935-0601.
COLE, Brian Paul; '87 BSBA; Food Svc. Dir.; Svc. America, 1700 MacCorkle Ave., SE, Charleston, WV 25301, 304 357-3492; r. 925 Belrock Ave., Belpre, OH 45714, 614 423-8248.
COLE, Carolyn J.; '86 BSBA; Tourism Dir.; Columbus Convention & Visitors Bur., 10 W. Broad St., Ste. 1300, Columbus, OH 43215, 614 221-6623; r. 1467 Runaway Bay Dr., #2C, Columbus, OH 43204, 614 486-8133.
COLE, Claudia Ann; '84 MLHR; Exec. Dir.; Arizona Educ. Assoc., 2102 W. Indian Sch., Phoenix, AZ 85015, 602 264-1774; r. 7914 E. San Miguel, Scottsdale, AZ 85253.
COLE, D. Stephen; '80 BSBA, '85 MBA; VP; Carillon Advisers Inc., 8000 Deershadow Ln., Montgomery, OH 45242, 513 745-9556; r. 357 Beech Ave., Wyoming, OH 45215, 513 948-8938.
COLE, Edward Alan; '79 BSBA; 9769 S.R. 44, Mantua, OH 44255.
COLE, Mrs. Geraldine G., (Geraldine Goles); '63 BSBA; Admin.; Southern Meth. Univ., Cox Sch. of Business, Dallas, TX 75275, 214 692-3789; r. 3216 Princeton, Dallas, TX 75205, 214 526-7089.
COLE, Gregory Allen; '74 BSBA; Broker; Fireside Forest Industries, 50 E. Olentangy, Powell, OH 43065, 614 885-7975; r. 2064 Flanders Ct., Worthington, OH 43235, 614 764-2087.
COLE, James Bernard; '79 BSBA; Asst. VP; Banc One Svcs. Corp., 762 Brooksedge Plz., Westerville, OH 43081, 614 248-8669; r. 11622 State Rte. 104, Ashville, OH 43103, 614 983-6303.
COLE, James Gregorie; '74 BSBA; Special Agt.; FBI, 10th & Pennsylvania Ave., NW, Washington, DC 20535, 202 786-4180; r. 15512 Barrington Pl., Dumfries, VA 22026, 703 680-5785.
COLE, Hon. Jesse, Jr.; '50 BSBA; Probate Judge; Common Pleas Ct., Probate Juvenile Div., Courthouse, Waverly, OH 45690, 614 947-2560; r. 665 Valley Rd., Waverly, OH 45690, 614 947-4055.
COLE, Jill Anne McLaughlin, (Jill Anne McLaughlin); '85 BSBA; Corp. Affairs Dir.; Johnson Grp. Inc., 9403 Kenwood Rd., Ste. B200, Cincinnati, OH 45215, 513 891-4551; r. 357 Beech Ave., Cincinnati, OH 45215, 513 948-8938.
COLE, Kenneth Edward; '85 BSBA; Dist. Sales Mgr.; Nissan Motor Corp., Regional Ofc., 151 Harbor Dr., Portsmouth, VA 23707; r. 509 Prince of Wales Dr., Virginia Bch., VA 23452, 804 340-4282.
COLE, M. Dean; '69 BSBA; Secy.-Treas. & Dir.; Buckeye Cos. Inc., 905 Zane St., Zanesville, OH 43701, 614 452-3641; r. 850 Kingsview Dr., Zanesville, OH 43701, 614 454-8881.
COLE, Ms. Margaret M., (Margaret Montgomery); '65 BSBA; Acct.; John Cole Acctg., 21 E. College, Oberlin, OH 44074, 216 774-4534; r. 171 Harris, Amherst, OH 44001, 216 988-7264.
COLE, Morris Edward; '58 BSBA; Judge; Denver Juvenile Ct., City & Cnty. Bldg., Rm. #159, 1437 Bannock St., Denver, CO 80202, 303 575-2868; r. 4895 E. 17th Ave., Denver, CO 80220, 303 321-0277.
COLE, Nancy A. '82 (See Aleshire, Mrs. Nancy A.).
COLE, Randall Scott; '82 BSBA; Pres.; Video Pursuit, Inc., 860 S. Hamilton Rd., Columbus, OH 43213, 614 866-6453; r. 6295 Newtown Dr., Columbus, OH 43229, 614 895-3468.
COLE, Raymond J.; '74 BSBA; VP Sales; Heather Hill Sportswear, 350 Fifth Ave., Rm. 3607, New York, NY 10118, 212 736-1363; r. 9 Eagle Rd., Marlboro, NJ 07746, 201 577-1355.
COLE, Rex Stacey; '81 BSBA; Staff; Take 2 Video, 166 E. Alex Bell Rd., Centerville, OH 45459; r. c/o Take 2 Video, 166 E. Alex Bell Rd., Centerville, OH 45459.
COLE, Richard Douglas, CPA; '57 BSBA; 4495 E Centerville Station Rd, Centerville, OH 45459, 513 434-2543.
COLE, Hon. Richard Thomas; '47 BSBA; Judge; Clark Cnty. Ct. of Common Pleas, 101 N. Limestone St., Springfield, OH 45502, 513 328-2464; r. 734 Village Rd., Springfield, OH 45504, 513 399-5856.
COLE, Robert Barnes; '50 BSBA; Retired; r. POB 149, Circleville, OH 43113, 614 474-6517.
COLE, Robert William; '60 BSBA; Pres.; Allergy Lab of Ohio Inc., 623 E. 11th Ave., Columbus, OH 43211, 614 291-7414; r. 3856 Overdale Dr., Columbus, OH 43220, 614 451-9781.
COLE, Rory Owen; '83 BSBA; 633 W. Bancroft, #3, Toledo, OH 43620.
COLE, Terri Toennisson; '82 BSBA; Sr. Acct.; Controls Corp. of America, 1501 Harpers Rd., Virginia Bch., VA 23454, 804 422-8330; r. 509 Prince of Wales Dr., Virginia Bch., VA 23452, 804 340-4282.
COLE, Velma '82 (See Doyle, Mrs. Velma Porter).
COLEBURN, Joseph W., III; '63 BSBA; Dir., Comp. & Benefits; ICI Americas Inc., Concord Pike & New Murphy Rd., Wilmington, DE 19897, 302 575-3231; r. 246 Chatham Rd., W. Grove, PA 19390, 215 869-9140.
COLEMAN, Aaron Thomas; '80 BSBA; 2090 Woodward Ave., Columbus, OH 43219.
COLEMAN, Craig F.; '82 BSBA; VP; Advt. Displays, Inc., 2419 Ashland Ave., POB 6398, Cincinnati, OH 45206, 513 281-3116; r. 7647 Montgomery Rd., Cincinnati, OH 45236, 513 791-3406.
COLEMAN, David Harold; '88 MBA; 4001 Anderson Rd. B-125, Nashville, TN 37217.
COLEMAN, Don O.; '66 BSBA; Supv.; Marathon Oil Co., Systs. Devel. Div., 539 S. Main St., Findlay, OH 45840, 419 422-2121; r. 2924 St. Andrews Dr., Findlay, OH 45840, 419 424-1807.
COLEMAN, Estella Elores '84 (See Brown, Estella Elores).
COLEMAN, Frank Preston; '59; Account Mgr.; Johnson Controls, Inc., 825 Victors Way, Ann Arbor, MI 48108, 313 665-1562; r. 36644 Putnam, Fraser, MI 48026, 313 791-8926.
COLEMAN, Ina Fay; '83 BSBA; 866 Eddy Rd., Cleveland, OH 44108.
COLEMAN, John Willard; '82 BSBA; Field Examiner; State of Ohio, Insurance Dept., 2100 Stella Ct., Columbus, OH 43215; r. 2359 Densmore Dr., Toledo, OH 43606, 419 536-1356.
COLEMAN, Kenneth Louis; '65 BSBA, '72 MBA; Sr. VP Admin.; Silicon Graphics Inc., 2011 Shoreline Blvd., POB 7311, Mountain View, CA 94039, 415 960-1980; r. 26855 Ortega Dr., Los Altos, CA 94022, 415 941-3139.
COLEMAN, Mrs. La Dessa; '81 BSBA; Sr. Systs. Analyst; Ross Labs, 625 Cleveland Ave., Columbus, OH 43215, 614 898-5760; r. 2591 McDaniel Ct., Grove City, OH 43123, 614 871-4422.
COLEMAN, Lawrence; '51 BSBA; Sales; r. 41 Sheffield Rd., Wayne, NJ 07470, 201 839-7383.
COLEMAN, Lawrence; '88 MBA; 855 Chambers Rd. #35, Columbus, OH 43212, 614 294-0289.
COLEMAN, Paul R.; '86 BSBA; Ofc. Mgr.; Ben Sun, Inc./dba Mattress Mart, 1819 Walcutt Rd., Columbus, OH 43228, 614 771-9771; r. 1069 Caniff Rd., Columbus, OH 43221, 614 457-7692.
COLEMAN, Robert Graham; '71 BSBA; Mgr.; Social Security Admin., 600 W. Madison, Chicago, IL 60006; r. 319 E. Seegers Dr., Apt. 212, Arlington Hts., IL 60005, 312 437-1438.
COLEMAN, Robert Ralph; '69 BSBA; 2633 Bingman Dr., Upper St. Clair, PA 15241, 412 831-8050.
COLEMAN, Rosemary Lucille; '88 BSBA; 161 W. Main, Shelby, OH 44875, 419 347-6571.
COLEMAN, COL Steven Laurence, USAF; '66 BSBA; Col./Cdr.; 2nd Aeromedical Evacvation Squ, Rhein Main Air Base, Germany; r. PSC Box 192, APO, New York, NY 09057.
COLEMAN, Tyron Drew; '87 BSBA; Mktg. Rep.; Simmons Co., Cleveland, OH 44126, 216 333-4983; r. 20110 Lorraine Rd., #2, Fairview Park, OH 44126, 216 333-4983.
COLEMAN-ROUSH, Doulgas L., (Douglas L. Roush); '77 BSBA; Dir. of Sales-S. CA; Barnum Software, 1147 Diamond Ave., S. Pasadena, CA 91030; r. Same.
COLES, Carl E.; '84 BSBA; Law Student; Ohio State Univ., Clg. of Law, Columbus, OH 43210; r. 1225 Fishinger Rd., Columbus, OH 43221, 614 457-5391.
COLES, Ms. Laura A., (Laura A. McAlpine); '84 BSBA; Sr. Tax Cnslt.; Price Waterhouse, 41 S. High St., Columbus, OH 43215, 614 221-8500; r. 1225 Fishinger Rd., Columbus, OH 43221, 614 457-5391.
COLETTA, Jerry A.; '63 BSBA; Exec. Sales Rep.; Colonial Life & Accident, Inc., 2227 Seville Ave., Columbus, OH 43232, 614 868-9970; r. Same.
COLEY, Glen L.; '53 MBA; 1712 Continental Dr., Cincinnati, OH 45246, 513 671-2854.
COLFLESH, Paul Raymond; '81 BSBA; 3463 Dahlgreen Dr., Westerville, OH 43081, 614 890-5844.
COLLAR, Marcia Myers; '43 BSBA; RR No 3, Columbus Grove, OH 45830, 419 659-2798.
COLLAROS, Jack P.; '49 BSBA; Owner & Operator; Anthony Thomas Candy Shoppe, 109 S. Hollywood Blvd., Steubenville, OH 43952, 614 264-5551; r. 284 Bryden Rd., Steubenville, OH 43952, 614 264-3695.
COLLES, Cynthia Ann, (Cynthia Ann Sklenar); '79 BSBA; Residential Lending Spec.; Huntington Mortgage Co., Residential Mortgage Dept., 41 S. High St., Columbus, OH 43287, 614 463-4235; r. 5370 Reed Rd., Columbus, OH 43235, 614 459-9733.
COLLETT, William Bennett, Sr.; '58 BSBA; Chmn.; Indiana First Bancshares, Inc., c/o Postmaster, Charlestown, IN 47111; r. POB 216, Floyds Knobs, IN 47119, 812 923-8010.
COLLEY, Mark Christopher; '77 BSBA; Staff; Lockheed Ocean Systs., 3929 Calle Fortunada, 87-82 Bldg. 565, San Diego, CA 92123; r. Lockheed Ocean Systs., 3929 Calle Fortunada 87-82/565, San Diego, CA 92123.
COLLI, Josephine '76 (See Evans, Josephine Colli).
COLLIER, LTC Charles W., USMC; '50 BSBA; Fairground Rd., Bradford, VT 05033, 802 222-4691.
COLLIER, Dr. David Alan; '78 PhD (BUS); Assoc. Prof.; Clg. of Bus., Ohio State Univ., 1775 College Rd., Columbus, OH 43210, 614 292-8305; r. 1354 Hickory Ridge Ln., Worthington, OH 43085, 614 433-7512.
COLLIER, Jean Ann Shepard; '54 BSBA; 6800 Huntsman Blvd., Springfield, VA 22152, 703 451-6304.
COLLIER, Nadine Geiger; '81 BSBA; Financial Aid Cnslr; The Ohio State Univ., Lima Campus, 4240 Campus Dr., Lima, OH 45804, 419 228-2641; r. 2279 W. Wayne St., Lima, OH 45805, 419 222-8395.
COLLINGWOOD, Richard John; '75 BSBA; 4839 Turney Rd., Cleveland, OH 44125, 216 524-3135.
COLLINS, Mrs. Ann T., (Ann T. Garman); '86 BSBA; 3369 John Hinkle Pl., Bloomington, IN 47401.
COLLINS, Arthur W.; '46 BSBA; Retired; r. 3102 Nottingham Way, Madison, WI 53713, 608 271-2759.
COLLINS, Carolyn '77 (See Murphy, Carolyn Collins).
COLLINS, Charles H.; '52; Sales Rep.; Interlake, Inc., 550 Warrenville Rd., Lisle, IL 60532, 614 846-1518; r. 342 Highland Ave., Worthington, OH 43085, 614 888-1109.
COLLINS, Charles Thomas; '53 BSBA; 850 Meridian Raod #712, Youngstown, OH 44509, 216 799-8765.
COLLINS, Daisy Gray, JD; '58 BSBA; Administrative Judge; Equal Employment Opportunity Commission, 1375 Euclid Ave. #600, Cleveland, OH 44115, 216 522-4817; r. 12501 Brooklawn Ave., Cleveland, OH 44111, 216 671-6542.
COLLINS, Don Edward; '76 MACC; Prof. of Acctg.; Ithaca Clg., General Ofc., Admin. Bldg., Ithaca, NY 14850; r. 14 Frontenac Rd., Rd 3 Box 218, Trumansburg, NY 14886, 607 387-5355.
COLLINS, Douglas Leroy; '85 BSBA; Rel Banker Candidate; Huntington Natl. Bank, 41 S. High St., Columbus, OH 43215, 614 463-3725; r. 5696 D Beechcroft Rd., Columbus, OH 43229, 614 885-4508.
COLLINS, Edward Lynn; '73 BSBA; Mgr.; Ed Collins Wood Windows, 100 E. Longview, Columbus, OH 43202, 614 262-5254.
COLLINS, George A., Jr.; '64 BSBA; RR No 2, Eaton, OH 45320, 513 456-4679.
COLLINS, Ginger L., (Ginger L. Carmean); '81 BSBA; Acct.; Nationwide Ins., Columbus, OH 43216; r. 5395 Godown Rd., Columbus, OH 43220, 614 459-0886.
COLLINS, James Mickey; '69 BSBA; Financial Advisor; Rockwell Intl., Missile Systs. Div., 1800 Satellite Blvd., Duluth, GA 30136, 404 564-4278; r. 566 Council Bluff, Lilburn, GA 30247, 404 923-7460.
COLLINS, James T.; '85 BSBA; Vehicle Distr.; American Isuzu Motors, Inc., 205 Hembree Park Dr., Roswell, GA 30077, 404 475-1995; r. 5903 Woodmont Blvd., Norcross, GA 30092, 404 368-8668.
COLLINS, Jane Kroener; '68 BSBA; Computer Programmer; USAF, Data Processing, Wright Patterson AFB, OH 45433; r. 2013 Edith Marie Dr., Dayton, OH 45431.
COLLINS, John James; '53 BA; Sales Mgr.; Lake Erie Corp., 7341 Briarwood Dr., Mentor, OH 44060, 216 255-6789; r. Same.
COLLINS, John M., V; '78 BSBA; Mgr., Financial Mkts Dept; Cargill Australia Ltd., 432 St. Kilda Rd., 12th Fl., Melbourne 3004, Australia, 613 829-9422; r. 9 Keryn Close, Templestowe 3106, Australia, 613 846-4978.
COLLINS, John Paul; '71 BSBA, '76 MBA; 2391 NW 38th St., Boca Raton, FL 33431, 407 487-1542.
COLLINS, Joseph F., Jr.; '38 BSBA; Retired; r. 3412 Northfield Rd., Dayton, OH 45415, 513 890-3412.

COLLINS, Julie Blower; '83 BSBA; Staff Acct.; Peat Marwick Mitchell, 100 W. Clarendon Ave., Phoenix, AZ 85013; r. 1648 N. Ventura Ln., Tempe, AZ 85281.
COLLINS, Laurence W.; '62 BSBA; Owner; Consolidated Holding Inc., c/o Postmaster, Red Bank, NJ 07701; r. 2 Lefferts Ct., Middletown, NJ 07748.
COLLINS, Mark Lewis; '82 BSBA; 127 Jason St., Arlington, MA 02174, 617 545-7934.
COLLINS, Mark Patrick; '88 BSBA; 755 Stelzer Rd., #1006, Columbus, OH 43219, 614 231-5481.
COLLINS, Mark Stephen; '87 BSBA; Acct.; Arthur Andersen & Co., Cleveland, OH 44114; r. 12031 Edgewater Dr., Lakewood, OH 44107, 216 221-2185.
COLLINS, Raymond Thomas; '77 MBA; Atty.; Shell Oil Co., One Shell Plz., POB 2463, Houston, TX 77252, 713 241-7111; r. 7510 Creek Glen, Houston, TX 77095, 713 463-7581.
COLLINS, Richard J.; '86 BSBA; Mktg. Asst.; Partners In Mktg., 691 N. High St. 3rd Fl., Columbus, OH 43215; r. 1593 Waterstone Ct., Worthington, OH 43085, 614 761-2890.
COLLINS, Robert Lee; '86 BSBA; Operator; Keeney Trenching, Willoughby, OH 44111; r. 8070 Callow Rd., Painesville, OH 44077, 216 639-8503.
COLLINS, Sharon Ann; '87 BSBA; Sales Rep.; r. 10092 Candlestick Ln., Painesville, OH 44077, 216 357-7818.
COLLINS, Thomas Joseph; '47 BSBA; Retired; r. 3023 Rattlesnake Old Pond Rd, Missoula, MT 59802, 406 543-6162.
COLLINS, Tracey Lynne '87 (See Carman, Tracey Lynne).
COLLINS, Wilbur L.; '54 BSBA; Atty.-Partner; Taft Stettinius & Hollister, 1800 Star Bank Ctr., Cincinnati, OH 45202, 513 381-2838; r. 6024 Crittenden Dr., Cincinnati, OH 45244, 513 232-2947.
COLLINSON, Nancy Anne; '78 BSBA; 65 Quail Hollow Dr., Moreland Hls., OH 44022.
COLLIS, Harry Herbert; '79 MA; Mgr. Integrated Logistics; Astronautics Corp. of America, 4115 N. Teutonia, POB 523, Milwaukee, WI 53201, 414 447-8200; r. 3340 Fiebrantz Dr., Brookfield, WI 53005, 414 781-6705.
COLLURA, Kimberlee Elzey, (Kimberlee Elzey); '78 BSBA; VP; Comprehensive Computer Cnsltg., POB 27337, Columbus, OH 43227, 614 861-3190; r. 6132 Chinaberry Dr., Columbus, OH 43213.
COLMAN, Debra R. '77 (See Skolnick, Mrs. Debra Robin).
COLMAN, Thomas E.; '59; Reclamation Inspectr; Ohio Odnr C-21, Bannock Rd., St. Clairsville, OH 43950, 614 695-9565; r. 922 Carlisle St., Martins Ferry, OH 43935, 614 633-9874.
COLNER, Gregory Henry; '79 BSBA; Mgr.-Credit & Tax Admin.; Pittsburgh Corning Corp., 800 Presque Isle Dr., Pittsburgh, PA 15239, 412 327-6100; r. 4 Hyland Dr., Irwin, PA 15642, 412 744-7486.
COLNER, Henry; '44 BSBA; Retired CPA; r. 1433 Grey Oaks Ct., Oceanside, CA 92054, 619 724-1817.
COLOMBO, David Steven; '80 MBA; Prog. Mgr.; Americian Info. Systs., 595 E. Broad St., Columbus, OH 43215; r. 4884 Green Acres Dr., Columbus, OH 43220, 614 451-5140.
COLSON, Frank John; '50 BSBA; c/o Operating Engineers, 3515 Prospect Ave., Cleveland, OH 44115, 216 371-2291.
COLSON, Dr. Robert H.; '78 MACC, '80 PhD (ACC); Asst. Prof.; Case Western Reserve Univ., University Cir., Cleveland, OH 44106, 216 368-2000; r. 3274 Enderby Rd., Shaker Hts., OH 44120, 216 561-1828.
COLTER, COL David, USA(Ret.); '57 BSBA; Assoc. Broker; Earl Patterson Realty, POB 183, Gambrills, MD 21054, 301 987-4110; r. 1000 Waterbury Hts. Dr., Crownsville, MD 21032, 301 987-0406.
COLTER, Tina M. '86 (See Willard, Ms. Tina M.).
COLTMAN, Valerie Tancredi; '81 BSBA; 735 Fox Run Ln., Algonquin, IL 60102, 312 658-9053.
COLTON, Ms. Kim Kathleen; '86 BSBA; Corp. Credit Analyst; Huntington Natl. Bank, 41 S. High St., Columbus, OH 43215, 614 463-4099; r. 1284 Bunker Hill Blvd., Columbus, OH 43220, 614 463-3852.
COLTON, Richard Stanley; '85 MBA; 12 Blue Heron Dr., Brunswick, ME 04011.
COLTRIN, Charles Lawren; '66 BSBA; Box 1011, Collegedale, TN 37315, 615 396-3230.
COLUMBER, Carl Frederick; '77 BSBA; Branch Mgr.; Yellow Freight Syst. Inc., POB 50 D, Stryker, OH 43557, 419 428-5755; r. 838 Deerwood Dr., Apt. BB 1, Defiance, OH 43512, 419 782-0081.
COLUMBRO, COL Joseph J., USAF(Ret.); '58 MBA; Retired; r. 7324 Eagle Creek Dr., Dayton, OH 45459, 513 433-9925.
COLVIN, John P.; '56 BSBA; Mfg. Operatns Supv.; Ford Motor Co., 3020 Tiffin St., Sandusky, OH 44870; r. 621 Shelby St., Sandusky, OH 44870, 419 626-9456.
COLVIN, Karen Aukeman; '81 BSBA; Tax Acct.; r. 451 Clairbrook, Columbus, OH 43228, 614 878-1967.
COLVIN, Richard Paul; '69 BSBA, '71 MBA; Mgr.; Lazarus, Financial Planning Dept., 7th & Race St., Cincinnati, OH 45202, 513 369-7000; r. 7871 Kingsgate Way, West Chester, OH 45069, 513 777-4029.
COLVIN, Timothy Allen; '86 BSBA; Registered Rep.; Principal Financial Grp., 100 E. Campusview Blvd., Ste. 320, Worthington, OH 43085, 614 431-1366; r. 7323 Cimmaron Station Dr., Worthington, OH 43085, 614 766-2897.
COLWELL, Michael Edward; '79 BSBA; Acct.; Ashland Chemical Co., POB 2219, Columbus, OH 43216; r. 6905 Havens Corner, Blacklick, OH 43004.
COLYER, Joel Leonard; '86 BSBA; Account Mgr.; Kellogg Sales Co., 34405 W. 12 Mile Rd., Ste. 121, Farmington Hls., MI 48331, 313 553-5833; r. 4862 Whippoorwill Ct. N., Columbus, OH 43229, 614 846-8958.
COMAN, Amy Diane; '87 BSBA; 654 Jonsol Ct., Gahanna, OH 43230, 614 471-4524.
COMBS, Donald O.; '47 BSBA; Retired; r. POB 2954, Gainesville, GA 30503, 404 983-7699.
COMBS, Mrs. Jeanne B., (Jeanne B. Crislip); '75 BS; Homemaker; r. 4604 Ovington Cir., Charlotte, NC 28226, 704 542-5076.
COMBS, Jeffrey Jay; '87 BSBA; 6091 Hankins, Middletown, OH 45044, 513 539-8045.
COMBS, Ms. Kathleen Clare; '77 BSBA; Tax Acct.; W W Williams Co., 835 W. Goodale Blvd., Columbus, OH 43212, 614 228-5000; r. 4349 Chateau Morse Dr., Columbus, OH 43229, 614 471-8315.
COMBS, Leslie H.; '48 BSBA; Retired; r. 6638 Lake of the Woods Pt., Galena, OH 43021, 614 882-4947.
COMBS, Ms. Margo Jean; '83 BSBA; Reservationist/ Desk Clerk; Holiday Inn Worthington, 175 Hutchinson Ave., Worthington, OH 43235, 614 885-3334; r. 5316 A Great Oak Dr., Columbus, OH 43213, 614 868-0458.
COMBS, Mark Meridith; '75 BSBA; Dist. Sales Mgr.; Bridgeport Brass Corp., Indianapolis, IN 46251, 800 622-7277; r. 4604 Ovington Cir., Charlotte, NC 28226, 704 542-5076.
COMBS, Mrs. Ruth M., (Ruth M. Wooster); '43 BSBA; Retired Tchr.; r. 2261 Belmont, Casper, WY 82604, 307 234-0540.
COMBS, Thomas B.; '64 BSBA; Real Estate Appraiser; r. 740 Panoramic Hwy., Mill Valley, CA 94941, 415 388-6740.
COMER, Kevin Douglas; '87 BSBA; Acct.; Victoria's Secret Stores, One Limited Pkwy., POB 16528, Columbus, OH 43216; r. 8012 Crosshaven Dr., #G, Dublin, OH 43017.
COMER, Lewis Thomas; '75 BSBA; VP-Operations; Goodale Auto Parts Co., Inc., 1100 E. Fifth Ave., Columbus, OH 43201, 614 294-4777; r. 305 Longfellow, Worthington, OH 43085, 614 885-6261.
COMFORT, Gregory Bigham; '85 MBA; Proj. Mgr.-Engr.; Evans Mechwart Hambleton & Tilton, 170 Mill St., Gahanna, OH 43230, 614 471-5150; r. 2738 Welsford Rd., Columbus, OH 43221, 614 487-8218.
COMISFORD, Tracy Scott; '86 BSBA; Account Mgr.; r. 5000 Blendon Pond, Westerville, OH 43081, 614 899-2193.
COMISFORD, William Davis, Jr.; '76 BSBA; Principal CPA; Arthur Young & Co., 10 W. Broad St., Columbus, OH 43215, 614 222-3931; r. 760 Olen Dr., Worthington, OH 43085, 614 431-9265.
COMISH, Dr. Newel W.; '53 PhD (BUS); Prof. Emeritus of Mgmt.; Univ. of Central Florida, Clg. of Business Admin., Orlando, FL 32816; r. 5433 Rocking Horse Rd., Orlando, FL 32817, 407 679-8788.
COMITO, Frank Nunzio; '85 BSBA; 1012 Saratoga Dr., Brentwood, TN 37027, 615 377-6838.
COMPARATO, Charles John; '83 BSBA; Sales Rep.; Scandinavian Health Spa, Golden Gate Shopping Ctr., 6420 Mayfield Rd, Cleveland, OH 44124; r. 4616 Catlin Rd., Richmond Hts., OH 44143, 216 486-3569.
COMPRIX, Johann Joseph; '88 BSBA; 376-C E. 15th Ave., Columbus, OH 43201.
COMPTON, Dr. Arthur J.; '58 BSBA; Speech Pathologist; Inst. of Language, 2140 Pierce St., San Francisco, CA 94115; r. 2140 Pierce St., San Francisco, CA 94115, 415 346-1104.
COMPTON, Barry C.; '86 MBA; Controller; Midwest Communications, 4129 Westward Ave., Columbus, OH 43228; r. 634 Lambs Creek Ct., Worthington, OH 43085.
COMPTON, Charles E.; '57 BSBA; Sales Mgr.; Gardner Refrigeration & Heating Svc. Co., 3136 N. 28th Ave., Phoenix, AZ 85017, 602 254-3141; r. 4926 W. Vista, Glendale, AZ 85301, 602 939-3653.
COMSTOCK, George Jeffrey; '78 BSBA; Controller; Children's Hosp., 2924 Brook Rd., Richmond, VA 23229, 804 321-7474; r. 9708 Kingscroft Dr., Glen Allen, VA 23060, 804 270-7050.
COMSTOCK, Kerri Marie; '88 BSBA; 1st Line Supervisr; Quaker Oats Co., 1551 E. Willow St., Kankakee, IL 60901; r. 750 Bethel Dr. Apt. #1, Bourbonnais, IL 60914.
COMSTOCK, Pamela S., (Pamela S. Brokaw); '81 BSBA; Probate Asst.; Troth & Van Tilburg, 245 Sandusky St., POB #606, Ashland, OH 44805, 419 289-1199; r. 410 Pleasant St., Ashland, OH 44805, 419 289-1428.
COMSTOCK, Tyler James; '84 BSBA; Controller; Core-Mark Distributors, 4985 Frusta Dr., Columbus, OH 43207, 614 491-4000; r. 3483 Dresden St., Columbus, OH 43224, 614 447-8962.
CONANT, Donald Richard; '75 BSBA; Mgr. Human Resources; Growmark, Inc., 1701 Towanda Ave., Bloomington, IL 61701, 309 557-6123; r. 1203 Valentine Dr., Normal, IL 61761, 309 452-7262.
CONARD, Bruce A.; '65 BSBA, '66 MBA; 911 Bridgeway Ave., Sausalito, CA 94965.
CONARD, Dennis E.; '66 BSBA; Ins. Agt.; Dennis E Conard Ins., 1774 Ramblewood Ave., Columbus, OH 43235; r. Same, 614 451-9277.
CONARD, Jack Lee; '77 BSBA; Branch Mgr.; Park Natl. Bank, 50 N. Third St., Newark, OH 43055, 614 522-3176; r. 221 Echo Dr. NE, Newark, OH 43055, 614 763-3027.
CONARD, Johnetta Linn Sheets, (Johnetta Linn Sheets); '83 BSBA; Mgr.; Bank One of Columbus, 757 Carolyn Ave., Columbus, OH 43224, 614 248-2843; r. 181 Greenbank Rd., Gahanna, OH 43230, 614 475-3310.
CONARD, Keith Lawrence; '75 BSBA; 12670 Frank Dr. N., Seminole, FL 34646.
CONARD, Mark Timothy; '87 MBA; Credit Analyst; NBD-Natl. Bank of Detroit, 611 Woodward Ave., Detroit, MI 48226, 313 225-1000; r. 39068 Polo Club Dr., Apt. 201, Farmington Hls., MI 48018.
CONARD, Richard Keith; '59 BSBA; Dir. Benefit Compnstn; Columbia Gas Distribution Co., 200 Civic Center Dr., Columbus, OH 43216, 614 460-4716; r. 5796 Loganwood Rd., Columbus, OH 43229, 614 885-6068.
CONAWAY, Raymond Patrick; '88 BSBA; 6624 Forrester Way, Reynoldsburg, OH 43068, 614 866-8115.
CONAWAY, Robert S.; '35 BSBA; 317 Clarksburg St., Mannington, WV 26582.
CONAWAY, Stephan Wayne; '72 MBA; Dir. of Operations; The Independent, 40 City Rd., London EC1Y 2DB, England, 253-1222; r. 103 Erskine Hill, London NW11 6HU, England.
CONDIT, Rebecca Chase; '74 BSBA; 21672 Montbury Dr., El Toro, CA 92630.
CONDO, Anthony Michael, Jr.; '71 BSBA; Admin. Dir.; Nationwide Communications Inc., One Nationwide Plz., Columbus, OH 43216, 614 249-7679; r. 26 Meadowlark Ln., Columbus, OH 43214, 614 846-6636.
CONDO, Phillip J.; '71 BSBA; Expeditor; C & J Leasing Corp., 4910 Urbandale Ave., Des Moines, IA 50322, 515 279-5000; r. 2702 Patricia Dr., Des Moines, IA 50322, 515 278-8536.
CONDON, Frederick Joseph, Jr.; '83 BSBA; Production Mgr.; Land O' Lakes, Inc., 2001 Mogadore Rd., Kent, OH 44240; r. 5980 Hansom Dr., Solon, OH 44139, 216 248-6812.
CONDON, James Brian; '81 BSBA; VP-Finance; Direct Graphics Inc., 829 Vandemark Rd., POB 4009, Sidney, OH 45365, 513 498-2194; r. 8748 Stratford Pl., Versailles, OH 45380, 513 526-5302.
CONDON, Maurice Joseph; '71 BSBA; Asst. VP; Natl. City Bank, 1900 E. Ninth St., Cleveland, OH 44114, 216 575-2000; r. 26589 Waterbury Cir., N. Olmsted, OH 44070, 216 779-8293.
CONDON, William A.; '47 BSBA; Retired; r. 14550 Cindywood Dr., Houston, TX 77079, 713 497-3331.
CONDRON, Patricia Marie, (Patricia Elling); '76 BSBA; Sr. Study Dir.; Market Facts, Inc., 676 N. St. Clair St., Chicago, IL 60611, 312 280-9100; r. 228 Richard Rd., Naperville, IL 60540.
CONE, Charles Leonard; '57 BSBA; Exec. VP; Amer Christian Aviation Inst., 1545 Airport Rd., Pontiac, MI 49304; r. 38260 Connaught, Northville, MI 48167, 313 477-3825.
CONE, Dr. Paul R.; '50 MBA; Retired; r. 6770 Pradera Dr., Boca Raton, FL 33433.
CONES, Douglas Frederick; '85 BSBA; Acct.; Holbrook Manter & Rogers, 181 E. Center St., Marion, OH 43302, 614 387-8620; r. 131 E. Lincoln Ave., Columbus, OH 43214, 614 436-6555.
CONES, Jane Haas; '87 BSBA; Admin. Asst.; Holiday Inns Inc., Personnel Dept., 503 Washington Ave., Kingston, NY 12401, 914 338-0400; r. 215 Tenbroeck Ave., Kingston, NY 12401, 914 338-4102.
CONEYBEER, Jack Arthur; '73 BSBA; Programmer; IBM Corp., 1001 WT Harris Blvd., Charlotte, NC 28257; r. 6630 Piney Path Rd., Charlotte, NC 28212.
CONFER, Robert Eric; '87 BSBA; 1035 Talisman Cir., Springfield, OH 45503, 513 399-5616.
CONFER, Robert J.; '48 BSBA; CPA; r. 1821 E. Siebenthaler Ave., Dayton, OH 45414, 513 274-9682.
CONFINO, Irving; '73 BSBA; Sr. Credit Analyst; Goldome, 16 E. Main St., Rochester, NY 14614, 716 546-2060; r. 409 Long Acre Rd, Rochester, NY 14621, 716 467-6769.
CONGER, Don Charles; '69 BSBA; VP Florida Operations; Spencer Prods., 5144 Cypress St., Tampa, FL 33607, 813 877-8276; r. 3400 Gulf Blvd., Belleair Bch., FL 34635, 813 595-8249.
CONGER, Marjorie '54 (See Harkins, Marjorie Conger, CLU, CCIM).
CONGER, Thomas Y.; '64 BSBA; Assoc. Controller; The Ohio State Univ., 1800 Cannon Dr., Columbus, OH 43210, 614 292-8981; r. 2776 Shady Ridge Dr., Columbus, OH 43231, 614 882-7986.
CONIE, Jack J., Jr.; '54; Pres.; Jack Conie & Sons Corp., 1340 Windsor Ave., Columbus, OH 43211, 614 291-5931; r. 3601 Hythe Ct., Columbus, OH 43220, 614 457-6022.
CONKEL, Stephen R.; '87 BSBA; Accounts Receivable Supv.; Budget Rent a Car Systs. Inc., POB 610388, DFW Airport, TX 75067, 214 574-3300; r. 256 E. Corporate Dr. #2205, Lewisville, TX 75067, 214 315-8215.
CONKLE, Allan J.; '41 BSBA; Atty.-Partner; Bugbee & Conkle, 1301 Toledo Trust Bldg., Toledo, OH 43604, 419 244-6788; r. 2348 Barrington Dr., Toledo, OH 43606, 419 536-5341.
CONKLE, John Allan; '71 BSBA; Atty.; Conkle & Olesten, 12233 W. Olympic Blvd., #320, Los Angeles, CA 90064, 213 820-3700; r. 1112 Centinela Ave., Santa Monica, CA 90403.
CONKLE, Thomas Jessen; '83 MBA; Atty.; r. 4481 Mobile Dr., Columbus, OH 43220, 614 459-2755.
CONKLIN, H. Kelly; '45 BSBA; Broker; Conklin Real Estate, 7124 Davis Rd., Hilliard, OH 43026, 614 876-5439; r. Same.
CONKLIN, Joseph Elwood; '77 BSBA; Material Spec. Mgr.; Harris Corp., Palm Bay Rd., Palm Bay, FL 32905; r. 4399 N. Harbor City Blvd., Melbourne, FL 32935.
CONKLIN, Lisa Gaye; '83 BSBA; 5550 Sinclair Rd, Columbus, OH 43229.
CONKLIN, Robert Lee; '73 BSBA; Acct.; Carborundum Grinding Wheel Co., 1011 E. Front St., Logan, OH 43138, 614 385-2171; r. 1597 Parkland Dr., Lancaster, OH 43130, 614 687-5544.
CONLEY, Carl Andrew; '66 BSBA; Dir. of Finance; USAF, B-1 Bomber Program, Wright Patterson AFB, OH 45433; r. 2530 Ryan Ct., Xenia, OH 45385, 513 426-9380.
CONLEY, Christine Ann; '87 BSBA; Sales Rep.; Warner Cable Communincations, 930 Kinnear Rd., Columbus, OH 43212, 614 481-5000; r. 5080 Cobblestone Dr., #H, Columbus, OH 43220, 614 442-1298.
CONLEY, David Richard; '78 BSBA, '81 MBA; Mkt. Analyst; G T E Directories Corp., 100 Old Wilson Bridge Rd., Worthington, OH 43085, 614 436-4338; r. 343 Charlotte Ave., Oak Hill, OH 45656.
CONLEY, Harold Dean; '81 MBA; State Rep.; State of Ohio, House of Representatives, Statehouse, Columbus, OH 43215, 614 451-2105; r. 6295 Fence Row Ln., Canal Winchester, OH 43110, 614 837-9554.
CONLEY, James Patrick; '84 BSBA; Mgr.; Toys R US, 2424 Shiloh Springs Rd., Trotwood, OH 45426, 513 854-1818; r. 5780 Roche Dr. Apt. C, Columbus, OH 43229, 614 431-9922.
CONLEY, John Russell; '75 BSBA, '78 MBA; Dir. of Quality; Ford Aerospace & Comm Corp., State Hwy. 83, Colorado Spgs., CO 80918, 719 594-1297; r. 6235 Purgatory Ct., Colorado Spgs., CO 80918, 719 593-7339.
CONLEY, Kevin Patrick; '88 BSBA; Sales Mgr. Trainee; L J Smith Inc., Rte. 1, Bowerston, OH 44695; r. 105 Candle Light Ln., Dover, OH 44622.
CONLEY, Leslie J. '82 (See Babineaux, Leslie C.).
CONLEY, Mary E. '81 (See Johann, Mrs. Mary C.).
CONLEY, Maureen Rita; '87 BSBA; 747 W Main St, #G5, Newark, OH 43055.
CONLEY, Michael Alan; '82 BSBA; Audit Mgr.; Price Waterhouse, 42 S. High St., Columbus, OH 43215, 614 221-8500; r. 8612 Meadowton Ct., Pickerington, OH 43147, 614 837-4207.
CONLEY, Richard D.; '65 BSBA; Adm Asst.; M Conley Co., 1312 4th St. SE, Canton, OH 44701; r. 2400 Brentwood Rd., Canton, OH 44708, 216 478-5569.
CONLEY, Robert Edmund; '36; Retired; r. 533 Linda-Mel Dr., Marion, OH 43302, 614 387-1043.
CONLEY, Robert Michael; '88 BSBA; 2472 Middle Bellville Rd, Mansfield, OH 44903, 419 756-0135.
CONLEY, Robert R.; '50 BSBA; Pres.; Custom Imprints Inc., 108 Mohican Ct., W. Lafayette, IN 47906, 317 463-6887; r. Same.
CONLIN, Raymond Mario, Jr.; '85 BSBA; Supv. of Safety; Natl. Freight, 71 W. Park Ave., Vineland, NJ 08360, 800 257-7941; r. 1738 Paine Ct., Turnersville, NJ 08012, 609 582-0876.
CONLON, Deborah Lynne; '86 BSBA; 1360 Lakeshore Dr. #8, Columbus, OH 43204.
CONLON, Eleanor Studer; '55 BSBA; Test Monitor; The Ohio State Univ., Personnel Service Adm, 53 W. 11th Ave., Columbus, OH 43210; r. 23 Fallis Rd., Columbus, OH 43214, 614 263-7290.
CONLON, James J., Jr.; '58 BSBA; Dir. VP; Coady Co. Inc., 1455 E. 5th Ave., Columbus, OH 43219; r. 23 Fallis Rd., Columbus, OH 43214, 614 263-7290.
CONN, Barbara Bernheisel; '51 BSBA; 50 Thunderbird Ln., Pinehurst, NC 28374.
CONN, Kenneth L.; '52 BSBA; Retired; r. 50 Thunderbird Ln., Pinehurst, NC 28374.
CONN, Nicholas Clark; '87 BSBA; Acct.; Combustion Engrg., 650 Ackerman Rd., Columbus, OH 43202, 614 261-2318; r. 7652 Sawmill Rd., #150, Dublin, OH 43017, 614 889-0071.
CONN, Richard Eugene, Jr.; '77 BSBA; Mgr. of Acctg. & Systs.; J.W. Didion & Assocs., 229 Huber Village Blvd., Westerville, OH 43081, 614 890-0070; r. 5781 Chapman Rd., Delaware, OH 43015, 614 548-5075.
CONN, Terry Lynn; '73 BSBA; Farmer; r. 2601 Seneca Dr RR 6, London, OH 43140, 614 852-3590.
CONN, William C., Jr.; '48 BSBA; Retired; r. 6990 E. Calle Tolosa, Tucson, AZ 85715, 602 296-4834.
CONNAR, Albert Wade; '37 BSBA; Retired; r. 337 13th Ave., Apt. 3, Bethlehem, PA 18018, 215 866-0480.
CONNARE, Joseph Patrick; '81 BSBA; Actuarial Analyst; Natl. Assocs., Inc., 21010 Center Ridge Rd., Rocky River, OH 44116, 216 333-0222; r. 25021 Sunset Oval, N. Olmsted, OH 44070, 216 779-1309.
CONNAUGHTON, Ms. Elsbeth M.; '86 MPA; Asst. Dir.; The Ohio State Univ., Div of Traffic & Parking, 1080 Carmack Rd. Rm. #160, Columbus, OH 43210, 614 292-9341; r. 2469 Bristol Rd., Columbus, OH 43221, 614 457-1878.

CONNELL, C. Jeffrey; '66 MBA; Sr. Mgr.; Ernst & Whinney, 2000 Natl. City Ctr., Cleveland, OH 44114; r. 1330 Sunset Rd, Mayfield Hts., OH 44124, 216 461-4574.

CONNELL, Frank G.; '24 BSBA; Retired; r. 645 Neil Ave. #204-6, Columbus, OH 43215, 614 221-8856.

CONNELLEY, Charles P.; '57 BSBA; Treas.; Fuller Brush Co., POB, Great Bend, KS 67530; r. 3419 Meadowlark Ln., Great Bend, KS 67530, 316 793-7630.

CONNELLY, David Anthony; '85 BSBA; 1268 Homeland Dr., Rocky River, OH 44116, 216 333-8598.

CONNELLY, John Paul; '69 MBA; Prof.; Corning Comm. Clg., Dept. of Economics, Corning, NY 14830; r. Kneale Rd, RR 1, Pine City, NY 14871, 607 734-6780.

CONNELLY, Ronald Lee; '74 BSBA; Controller/Treasuer; Dayton Superior Corp., 721 Richard St., Miamisburg, OH 45342, 513 866-0711; r. 154 Martha Ave., Centerville, OH 45458, 513 435-0668.

CONNELLY, William Michael, Jr.; '88 BSBA; 2315 Chevy Chase, Toledo, OH 43614.

CONNER, Daniel Laurence; '69 BSBA; VP Finance; Natural Gas Clearinghouse Inc., 13430 NW Frwy., Ste. #1200, Houston, TX 77040, 713 744-1759; r. 3310 Woodbriar Dr., Houston, TX 77068, 713 440-4559.

CONNER, David A.; '85 BSBA; Acctg. Mgr.; T S Trim Inc., 59 Gender Rd., Canal Winchester, OH 43110, 614 837-4114; r. 239 Acton Rd., Columbus, OH 43214, 614 263-4768.

CONNER, James M.; '33 BSBA; Retired; r. 506 N. Detroit St., Kenton, OH 43326, 419 673-2176.

CONNER, Richard Lee; '65 BSBA; Exec. Dir.; Chamber of Commerce North Las Vegas, 1023 E. Lake Mead, N. Las Vegas, NV 89030, 702 642-9595; r. 1862 Renada Cir., N. Las Vegas, NV 89030, 702 649-3888.

CONNER, Vincent M.; '87 BSBA; Collections Spec.; The Limited, Columbus, OH 43221; r. 1695 Shanley Dr. #11, Columbus, OH 43224, 614 447-8581.

CONNERY, Robert I.; '48 BSBA; Retired; r. 2041 Kenneth Rd., Glendale, CA 91201, 818 845-6439.

CONNOLE, Dr. Robert J.; '62 MBA; Prof. Mgmt.; Univ. of Montana, Sch. of Business Adm, Missoula, MT 59812, 406 243-2062; r. 4501 Timberlane, Missoula, MT 59802, 406 728-5373.

CONNOLLY, Chris P.; '82 BSBA; Substitute Tchr.; Mansfield City Schs., Mansfield, OH 44903, 419 525-6462; r. 548 S. Diamond, Mansfield, OH 44903, 419 522-3572.

CONNOLLY, Joan A. '78 (See Hamm, Joan Connolly).

CONNOR, Colleen '84 (See Coyne, Mrs. Colleen M.).

CONNOR, Daniel D.; '61 BSBA; Pres.-Atty.; Dan Connor & Ronald Koltak LPA, 505 S. High St., Columbus, OH 43215, 614 464-2025; r. 6583 Goldenrod Dr., Columbus, OH 43229, 614 882-2770.

CONNOR, Donald A., Sr.; '53; Real Estate Broker; Re/Max Assocs., 5871 Cleveland Ave., Columbus, OH 43229, 614 899-2600; r. 675 Jonsol Ct., Gahanna, OH 43230, 614 471-0221.

CONNOR, James Paul, II; '84 BSBA; 6281 Robinson Rd. #13, Cincinnati, OH 45213, 513 281-8127.

CONNOR, James W.; '50 BSBA; Sr. VP; US West Financial Svcs. Inc., 100 Smith Ranch Rd., Ste. 105, San Rafael, CA 94903, 415 492-0123; r. 30 Baywood Cir., Novato, CA 94949, 415 883-7289.

CONNOR, Mary S.; '77 MPA; Rsch. Assoc.; Legislative Svc. Commission, 30 E. Broad St., Columbus, OH 43215; r. 1159 Kingslea Rd., Columbus, OH 43209, 614 231-3950.

CONNOR, Mrs. Michelle Ann, (Michelle Ann Convertine); '83 BSBA; Mgr. Product Mgmt.; Bank One, Columbus, 100 E. Broad St., Columbus, OH 43271, 614 248-5371; r. 342 W. First Ave., Columbus, OH 43201, 614 294-3600.

CONNOR, Patrick Allen; '79 BSBA; Corp Accounts Officr; Huntington Natl. Bank, 17 S. High St., Columbus, OH 43215; r. 342 W. 1st Ave., Columbus, OH 43201, 614 294-3600.

CONNOR, Robert J.; '46 BSBA; Retired; r. 1430 Ardwick Rd., Columbus, OH 43220, 614 451-6910.

CONNOR, Thomas W.; '47 BSBA; Atty. & Partner; Connor & Connor, 360 S. Third St., Columbus, OH 43215; r. 452 Conestoga Dr., Columbus, OH 43213, 614 868-1893.

CONNORS, John A.; '49 BSBA; 7505 Democracy Blvd., Apt. 313 A, Bethesda, MD 20817, 301 469-6498.

CONNORS, Leo D.; '57 BSBA; 25 Mc Conn St., Ilion, NY 13357, 315 894-8750.

CONONE, Randolph R.; '87 BSBA; Law Student; Univ. of Virginia, Charlottesville, VA 22901; r. Liberty Hall Farm, Garth Rd Rte 5 Box 341 Chateau, Charlottesville, VA 22901, 804 296-4224.

CONOVER, Donald P.; '38 BSBA; Retired; r. 8049 Clearwater Pkwy., Indianapolis, IN 46240, 317 849-2536.

CONOVER, Reeve S.; '40 BSBA; Stockbroker; Shearson American Express Co., 300 Gem Plz., Dayton, OH 45402; r. 5826 Sparkhill Dr., Dayton, OH 45414, 513 898-7269.

CONOVER, Shaun M.; '87 BSBA; Operation Supv.; Carolina Freight Carriers, 913 Industrial Park, Vandalia, OH 45377, 513 898-1311; r. 1283 Lomeda Ln., Xenia, OH 45385, 513 429-3287.

CONRAD, Charles Caveroc; '88 BSBA; 60 Picadilly Dr., Hamilton, OH 45013, 513 896-6123.

CONRAD, David Lee; '38 BSBA; Retired; r. 456 Bay Shore Dr., Venice, FL 34285, 813 488-1818.

CONRAD, John L.; '44; Retired; r. 19960 American Ave., Apt. 35, Hilmar, CA 95324, 209 632-4398.

CONRAD, Joseph E.; '52 BSBA; Dir., Capital Programs; The American Univ., 4400 Massachusetts Ave. NW, Washington, DC 20016; r. Crystal Ln., Ryland Lakes Country Club, Covington, KY 41014.

CONRAD, Richard Lee; '68 BSBA; Manufacturer's Rep.; Airway Industries, 5842 Moray Ct., Dublin, OH 43017, 614 889-0727; r. Same.

CONRAD, Richard Lee; '78 BSBA; Financial Svc. Mgr.; Aero Corp., One Aero Ctr., Bryan, OH 43506, 419 636-4242; r. 5158 Westcroft Dr., Sylvania, OH 43560, 419 882-8711.

CONRAD, Robert L.; '53 BSBA; Secy.-Treas.; Conrad Coal & Supply Co., 327 N. Main St., Marysville, OH 43040; r. 17221 Glen Ellyn Dr., Marysville, OH 43040, 513 644-0904.

CONRAD, Thomas James; '82 MPA; Prog. Assoc.; The Ohio State Univ., Natl Ctr. For Research Voc Edu, Columbus, OH 43210; r. 694 Hartford St., Worthington, OH 43085, 614 885-8048.

CONRAD, Wilfred E.; '49 BSBA; Gen. Mgr.; Conrad Coal & Supply Co., 327 N. Main St., Marysville, OH 43040; r. 614 Parkway Dr., Marysville, OH 43040, 513 642-3981.

CONROY, Craig Alan; '83 BSBA; Supt. Print Shop; Borden/Columbus Coated Fabrics, 1280 N. Grant Ave., Columbus, OH 43216, 614 297-6108; r. 197 Rockcreek Dr., Delaware, OH 43015, 614 363-4675.

CONROY, Joseph Patrick, Jr.; '69 BSBA; Dist. Mgr.; Ameritrust, 900 Euclid Ave., Cleveland, OH 44101; r. 458 Edgewood Cir., Berea, OH 44017, 216 243-4809.

CONROY, Martin Howard; '83 BSBA; 16121 Ramona Dr., Middleburg Hts., OH 44130, 216 676-0355.

CONROY, Mary Ellen; '86 BSBA; Acct.; Hillow Gornik & Co., 29550 Detroit Rd., Westlake, OH 44145, 216 871-8288; r. 16121 Ramona Dr., Middleburg Hts., OH 44130, 216 676-0355.

CONROY, Michael John; '77 BSBA; RR 2, Box 211, Richmond, VT 05477, 802 434-3596.

CONROY, Nona Ann; '84 BSBA; Asst. Controller; State Savings Bank, 3800 W. Dublin-Granville Rd., Dublin, OH 43017, 614 764-1446; r. 307 Gary Lee Dr., Gahanna, OH 43230, 614 471-6292.

CONRY, Colleen Ann; '84 BSBA; Acct./Auditor; r. 62 Marshall St., Newton, MA 02159.

CONRY, Edward Bart; '78 BSBA; 5720 Dorsey Dr., Columbus, OH 43220.

CONRY, Martin Joseph; '71 BSBA; Atty.; 141 Park Ave., Amherst, OH 44001, 216 988-4537; r. 754 Cooper Foster Park Dr., Amherst, OH 44001, 216 988-2582.

CONRY, Terrence Charles; '76 BSBA; Prod. Mgr.; Kase Equip. Co., 4820 E. 345th St., Willoughby, OH 44094, 216 946-8260; r. 7511 Essex Dr., Mentor, OH 44060, 216 951-5778.

CONSTANTINE, Elizabeth Wolford; '79 MBA; 624 Hummel Ave., Lemoyne, PA 17043.

CONSTANTINE, Marie Ann; '81 BSBA; 5829 Cable Ave., Cleveland, OH 44127, 216 883-3526.

CONTE, Anthony Carl; '68 BSBA; Pres./Co-owner; Larry Smith Office Equip. Inc., 1140 Wehrle Dr., Buffalo, NY 14221, 716 631-8200; r. 20 Ivygreen Ct., Snyder, NY 14226, 716 832-4407.

CONTE, Anthony H.; '59 BSBA; VP/Dir. Corp. Fin. Svcs.; Maritz Inc., 1375 N. Hwy. Dr., Fenton, MO 63026, 314 827-1580; r. 9157 Grant Park Dr., St. Louis, MO 63123, 314 849-1432.

CONTI, Henry Albert; '70 BSBA; Salesman; Teleflora Inc., 12233 W. Olympic Blvd., Los Angeles, CA 90064, 800 321-2654; r. 3811 Fox Run Dr., #1116, Cincinnati, OH 45236, 513 793-2520.

CONTINI, Richard Joseph; '81 BSBA; Dept. Mgr.; C. M. I. Food Broker, 72 Dorchester Sq., Westerville, OH 43081, 614 882-1300; r. 12941 Oakmere Dr., NW, Pickerington, OH 43147.

CONTINI, Thomas Robert; '88 BSBA; 60 E. 7th Ave. 6, Columbus, OH 43201.

CONTOS, Frank D., Jr.; '65 BSBA; 5767 S. Kenton St., Englewood, CO 80111, 303 773-3016.

CONTRERA, Joseph James; '83 BSBA; VP Sales; The Arton Grp., 3050 E. Mexico, Denver, CO 80210, 303 777-3676; r. Same.

CONTRERA, Kenneth Joseph; '80 BSBA; Sr. Tax Analyst; Diebold, Inc., POB 8230, Canton, OH 44711, 216 489-4219; r. 1311 Lisa Ann Dr., Akron, OH 44313, 216 867-1543.

CONVERSE, Irving M.; '38 BSBA; Retired; r. 1515 Kenilworth Pl., Aurora, IL 60506, 312 897-2765.

CONVERSE, Jeffery Blair; '86 BSBA; 3349 S. Smith Rd., Akron, OH 44313.

CONVERTINE, Michelle Ann '83 (See Connor, Mrs. Michelle Ann).

CONWAY, Harry James; '73 BSBA; Treas.; Pickett Cos., 655 Metro Pl., S., Dublin, OH 43017; r. 4312 Hannah Hills Dr., Dublin, OH 43017, 614 766-9484.

CONWAY, Kathryn Mary; '88 BSBA; 15556 Pecan Oval, Middleburg Hts., OH 44130, 216 676-5240.

CONWAY, Leo John; '62; Retired/Col. US Army; r. 1711 Riverhill Rd., Columbus, OH 43221, 614 451-7198.

CONWAY, Mark James; '81 BSBA; Account Mgr.; Microage, 921 Eastwind Dr. Ste. 122, Westerville, OH 43085, 614 895-7747; r. 2317 Meadow Village Dr., Worthington, OH 43085, 614 761-1942.

CONWAY, Michael D.; '69 BSBA; Constr. Worker; r. 5544 Driftwood Rd., Columbus, OH 43229, 614 888-8667.

CONWAY, Michael Joseph; '71 BSBA; Purchasing Spec.; Owens-Corning Fiberglas, Fiberglas Twr., Toledo, OH 43659, 419 248-5479; r. 3704 Dewlawn Dr., Toledo, OH 43614, 419 382-4385.

CONWAY, Scott A.; '85 BSBA; Engr. Assoc.; Lockheed Aeronautical Systs. Co., Bldg. 229, Dept. 68-10, Burbank, CA 91510, 805 295-2139; r. 1745 Colby Ave., #1, W. Los Angeles, CA 90025, 213 473-1932.

CONWELL, Lee Jonathan; '82 BSBA; Salesman; Ashland Municipal Supplies, 1446 Troy Rd., Ashland, OH 44805; r. 241 Sloan Ave., Ashland, OH 44805, 419 281-3606.

COOGAN, Janet Elizabeth; '82 BSBA; Supv. Financial RPTG; American Express, 2423 E. Lincoln St., Phoenix, AZ 85016; r. 208 E. Baseline Rd. #322, Tempe, AZ 85283.

COOK, Alexander B.; '60 BSBA; Ofc. of Gen. Counsel; Immigration/Naturalization Svc., 425 Eye NW, Washington, DC 20536, 202 633-1260; r. 6436 Alhambra Ct., Mc Lean, VA 22101, 703 356-7470.

COOK, Ann Taylor; '84 BSBA; 11520 Carriage Rest Ct., Louisville, KY 40243.

COOK, Anthony P.; '78 BSBA; Branch Mgr.; UNISYS, 8550 United Plz., Ste. 600, Baton Rouge, LA 70809, 504 922-4515; r. 9701 Robin Ln., River Ridge, LA 70321.

COOK, Barbara '83 (See Priest, Barbara Cook).

COOK, Blenn F.; '49 BSBA; Retired VP; Gibson Greeting Cards Inc., 2100 Section Rd., Cincinnati, OH 45237; r. 25 Greenhaven Tr., Oldsmar, FL 34677, 813 787-5355.

COOK, Bradford Kendel; '60 BSBA; VP; Nationwide Ins. Co., One Nationwide Plz., Columbus, OH 43215; r. 8875 Braids Ct., Dublin, OH 43017, 614 761-0056.

COOK, Brian C.; '81 MPA; Prosecutor; Columbus City Atty., Prosecutors Div., 375 S. High St., Columbus, OH 43215, 614 222-7483; r. 973 W. 2nd Ave., Columbus, OH 43212, 614 488-3806.

COOK, Cathy; '82 BSBA; Sports Admin.; Championship Mgmt. Co. Inc., 1111 Tahquitz, E., Ste. 121, Palm Springs, CA 92262, 619 322-0610; r. 4550 W. Sahara, Apt. 2101, Las Vegas, NV 89102, 702 878-2665.

COOK, Charles Ray; '69 BSBA; Zone Sales Mgr.; Volkswagen US, 420 Barclay Blvd., Lincolnshire, IL 60069, 312 634-5101; r. 240 E. Ellis Ave., Libertyville, IL 60048, 312 362-8649.

COOK, Charles Rhodes; '82 BSBA; 5778 Goldeneagle Cir., Palm Bch. Gardens, FL 33418, 407 627-6279.

COOK, Clyde Jack, Jr.; '51 BSBA; c/o Dept. of Child Welfare, Pikeville, KY 41501.

COOK, Cynthia Thomas, (Cynthia Thomas); '83 BSBA; Bookkeeper; Greene & Wallace Inc., 1241 Dublin Rd., Columbus, OH 43215, 614 488-3126; r. 1870 B NW Blvd., Columbus, OH 43212, 614 488-9432.

COOK, David Alan; '81 BSBA; Ins. Examiner; The Ohio Dept. of Ins., 2100 Stella Ct., Columbus, OH 43215, 216 747-3113; r. 2638 Vassar Pl., Columbus, OH 43221, 614 488-7671.

COOK, David E.; '83 BSBA; Realtor; Cook Real Estate, 123 W. Fifth, Marysville, OH 43040, 513 644-9105; r. 527 Mulberry St., Marysville, OH 43040, 513 644-2665.

COOK, David Michael; '71 BSBA; Grants Admin.; Ohio Dept. of Natural Resources, Ofc. of Outdoor Rec. Svcs., Fountain Sq., Columbus, OH 43224, 614 265-6405; r. 728 Ravenna Cir., Reynoldsburg, OH 43068, 614 868-5735.

COOK, David Rodger, Jr.; '85 BSBA; Mgr.; Village IGA, 704 Parsons Ave., Columbus, OH 43206, 614 443-1104; r. 774 Racine, Columbus, OH 43204, 614 279-6943.

COOK, David S.; '49 BSBA; Retired Chmn./CEO; Buckeye Financial & Buckeye Fed., 36 E. Gay St., Columbus, OH 43215; r. The Waterford Towers, 155 W. Main St., Ste. 701, Columbus, OH 43215, 614 444-9509.

COOK, Dean Edward; '55 BSBA; Dir. of Personnel; Goodyear Tire & Rubber Co., c/o Postmaster, Houston, TX 77062; r. 1003 Montour, Houston, TX 77062, 713 488-5958.

COOK, Don P., Jr.; '82 BSBA; Coml./Property Cnslt.; Cook, Yozwiak & Temnick, 4853 Westchester Dr., Ste. 103, Youngstown, OH 44515, 216 792-6245; r. 374 Boardman Poland Rd., Youngstown, OH 44512, 216 726-1738.

COOK, Donald D.; '38; Retired; r. 91 Bishop Sq., Bexley, OH 43209, 614 258-1500.

COOK, Evalyn Natross; '33 BSBA; Retired; r. 116 Princeton Mill Rd., Athens, GA 30606, 404 549-2226.

COOK, George (Barney); '70 MBA; Asst. VP; Merrill Lynch, Edison Plz., 300 Madison Ave., Toledo, OH 43603, 419 259-2241; r. 2589 Olde Brookside, Toledo, OH 43615, 419 531-8173.

COOK, George R.; '59 MBA; Div. Mgr. Svc. Mktg.; Xerox Corp., Xerox Sq., Rochester, NY 14644, 716 423-3902; r. 90 Windemere Rd., Rochester, NY 14610, 716 288-1971.

COOK, Gerry Douglas; '76 BSBA; Production PL Analyst; Weirton Steel Corp., 400 Three Springs Dr., Weirton, WV 26062, 304 797-4313; r. 430 Canton Rd Apt. 4, Wintersville, OH 43952, 614 264-3716.

COOK, Gordon Harley; '39 BSBA; Retired; r. 4807 Hartley Dr., Apt. #505, Lyndhurst, OH 44124, 216 382-1299.

COOK, Greg Alan; '88 BSBA; 5031 McCormick Rd., Ravenna, OH 44266, 216 296-5059.

COOK, Dr. Jay Deardorff, Jr.; '56 PhD (BUS); Prof.; Washington & Lee Univ., c/o Postmaster, Lexington, VA 24450; r. 905 Sunset Dr., Lexington, VA 24450, 703 463-4462.

COOK, Joseph Frederick, Jr.; '79 BSBA; CPA; Spector & Saulino, Inc., 123 S. Miller Rd., Akron, OH 44313, 216 864-1777; r. 1572 Idlewood Ave., Akron, OH 44313, 216 867-1179.

COOK, Kenneth William; '86 BSBA; 4484 Wrangell Pl., Gahanna, OH 43230, 614 476-3708.

COOK, Leonard V.; '42 BSBA; Retired; The Ohio State Univ., 200 E. Admin. Bldg., 190 N. Oval Mall, Columbus, OH 43210; r. 1400 N. Port Dr., Columbus, OH 43235, 614 457-3106.

COOK, Lester Davis; '36 BSBA; Atty.; r. 53 Crosby Cir., Centerville, MA 02632, 508 771-4179.

COOK, Linda Gamble, (Linda Gamble); '59 BSBA; Controller; T. N. Cook, Inc., 3520 E. Fulton St., Columbus, OH 43227, 614 239-1992; r. 7778 Lithopolis Rd NW, Carroll, OH 43112, 614 837-6200.

COOK, Margaret Bernheisel; '48 BSBA; 6547 Quarry Ln., Dublin, OH 43017, 614 761-3754.

COOK, Mark Shelton; '79 BSBA; Sales Rep.; Stanley Works, New Britain, CT 06050, 216 267-1250; r. 1065 Timberlake, Aurora, IL 60506, 312 897-9843.

COOK, Mayford Lloyd, Sr.; '51 BSBA; Staff; Bolerr Co., 132 Jamieson Ln., Monroeville, PA 15146; r. 411 Layton Ave., Pittsburgh, PA 15216, 412 343-1649.

COOK, Patricia Ann; '82 BSBA; Acctg.; Enginetics, 7700 New Carlisle Pike, Huber Hts., OH 45424; r. 5700 Longford Rd., Huber Hts., OH 45424, 513 233-3235.

COOK, Patricia Jeanyne; '85 BSBA; 755 Shakespeare Dr., Berea, OH 44017.

COOK, Philip Oke; '63 BSBA; Land Mgr.; Mobil Oil Corp., 12450 Greenspoint Dr., Houston, TX 77060, 713 775-2488; r. 5211 Blue Creek, Kingwood, TX 77345, 713 360-2907.

COOK, Philip Remington; '88 MBA; 6861 Sparrow Ln., Worthington, OH 43085, 614 761-3904.

COOK, Richard Gerard; '73 BSBA; CPA; Cook Thomas & Green CPA's, Inc., 320 N. Kenilworth Ave., Lima, OH 45802, 419 222-1120; r. 1769 Rice Ave., Lima, OH 45805, 419 229-6049.

COOK, Richard Stephen; '71 BSBA; Owner; Dons Discount Food Co., 404 S. Main St., Williamsport, OH 43164; r. 404 S. Main St., Williamsport, OH 43164.

COOK, COL Robert S., USAF; '67 BSBA; Kwang Ju, South Korea; r. 5500 Holmes Run Pkwy. #406, Alexandria, VA 22304, 703 823-1617.

COOK, Rosemary B., (Rosemary Bitzer); '50 BSBA; Retired; r. 1495 Roads End Pl., Columbus, OH 43209, 614 235-7207.

COOK, Thomas Scott; '78 BSBA; Dir./Mktg. Financial Svcs; MPSI American's Inc., 13575 58th St., N., Ste. 162, Clearwater, FL 34620, 813 538-4139; r. 926 Gasparilla Dr. NE, St. Petersburg, FL 33702, 813 527-7515.

COOK, COL Walter V., USAF(Ret.); '47 BSBA; Retired; r. 5954 Royal Ridge Dr., San Antonio, TX 78239, 512 656-7189.

COOK, William Campbell, II; '45; Chmn. of Bd.; Republic Franklin Ins. Co., 366 E. Broad St., Columbus, OH 43215; r. 314 Fairway Cir., Columbus, OH 43213, 614 866-6235.

COOK, COL William Leonard, USAF(Ret.); '58 BSBA; 8642 F Onyx Dr. SW, Tacoma, WA 98498, 206 588-5139.

COOKE, Donald Arthur; '69 BSBA; Mktg. Rep.; Xerox Corp., 8 Koger Executive Ctr., Norfolk, VA 23502; r. 1420 Ludlow Dr., Virginia Bch., VA 23456, 804 495-5876.

COOKE, Larry James; '72 BSBA; Mgr.-Internal Audit; State Auto Mutual Ins. Co., 518 E. Broad St., Columbus, OH 43215, 614 464-5239; r. 2591 Donna Dr., Columbus, OH 43220, 614 457-9049.

COOKE, Robert Blaine; '48 BSBA; Retired; r. 12900 Lake Ave., #1609, Lakewood, OH 44107, 216 226-2214.

COOKE, Thresa Mers; '82 BSBA; Audit Mgr.; Price Waterhouse & Co., One Dupont Ctr., Ste. 1900, Orlando, FL 32801, 407 236-0550; r. 5834 Windhover, Orlando, FL 32819, 407 352-7110.

COOKSTON, David R.; '60 BSBA; Interior Decorating; 1400 Thorell Rd., Columbus, OH 43229, 614 436-8513; r. Same.

COOL, Gary Paul; '85 BSBA; Purchasing Agt.; Lesher Printers, 810 N. Wilson Ave., Fremont, OH 43420, 419 332-8253; r. 2845 Turley, Fostoria, OH 44830, 419 435-5048.

COOLEY, Ms. Jodi M., (Jodi M. Geiser); '85 BSBA; Tax Cnslt.; Arthur Andersen & Co., 425 Walnut St., Cincinnati, OH 45202, 513 762-0255; r. 615 Libbejo Dr., Cincinnati, OH 45238, 513 922-3698.

COOLEY, Mrs. Leslie, (Vivian R. Krill); '48 BSBA; 740 Ames St., Elk Rapids, MI 49629, 616 264-9170.

COOLEY, Dr. Philip Leonard; '73 PhD (BUS); Prof. of Finance; Trinity Univ., Dept. of Business Admin., San Antonio, TX 78284, 512 736-7281; r. 527 Stonewood, San Antonio, TX 78216, 512 490-6505.

COOLEY, Quentin; '65 BSBA; 1928 Drew Ave., Columbus, OH 43220.

COOLEY, Roger M.; '56 BSBA; Staff; Blue Cross of Central Ohio, 255 E. Main St., Columbus, OH 43215; r. 2952 Southwood, Westlake, OH 44145, 216 892-0473.

COOLIDGE, Alexander G.; '47 BSBA; CEO; Chase Eaton & Co., POB 691, Chagrin Falls, OH 44022; r. Crabtree Ln., Daisy Hill Farms, Hunting Vly., OH 44022.
COOMBS, Corydon Cates; '69 BSBA; Sales Rep.; Roadway Express, 231 Main Dunstable Rd., Nashua, NH 03062, 603 881-9711; r. RFD 2, Box 338, Contoocook, NH 03229, 603 746-4774.
COOMBS, Lori Ann; '85 BSBA; Account Exec.; CompuServe, Inc., 690 Market St. Ste. 305, San Francisco, CA 94104, 415 777-2734; r. 2580 Washington St. #4, San Francisco, CA 94115, 415 563-4811.
COON, Christine Elaine; '85 BSBA; 8352 County Rd. 22, Loudonville, OH 44842.
COON, Dale Roger; '63 BSBA; Staff; Mutual Benefit Life Ins. Co., 222 E. Town St., Columbus, OH 43215, 614 228-2000; r. 1977 Wyandotte Rd., Columbus, OH 43212, 614 488-8579.
COON, David Fulton; '49 BSBA; Retired Comp. Spec.; Owens-Illinois Inc., Toledo, OH 43666; r. 4108 Garrison Rd., Toledo, OH 43613, 419 475-8981.
COON, George R.; '51 BSBA; Acct.; Three Cs Lumber & Supply Co., 3047 Westerville Rd, Columbus, OH 43229, 614 471-9400; r. POB 4, Lockbourne, OH 43137, 614 491-0238.
COON, Jeffery Dennis; '84 BSBA; Territory Mgr.; Gen. Foods, 401 Great Southwest Pkwy., Arlington, TX 76004, 817 640-7127; r. 7 Fawnridge Ct., St. Louis, MO 63146, 314 567-4758.
COON, Jerrold J.; '68 BSBA; Staff; Society Corp., 127 Public Sq., Cleveland, OH 44114; r. 724 W. Straub Rd., Mansfield, OH 44904, 419 756-3768.
COON, Robert A.; '76 BSBA; Commodities Broker; Racoon Enterprises, 44 Bonney St., Steilacoom, WA 98388, 206 588-7170; r. Same.
COON, Steven Frederic; '86 BSBA; 321 Stones River Cove, Nashville, TN 37214, 615 885-4715.
COONEY, Edward J.; '26 BSBA; Retired Ofc. Mgr.; Trapp Constr. Co., 556 S. Nelson Rd, Columbus, OH 43205; r. 3344 Kirkham Rd, Columbus, OH 43221, 614 451-8823.
COONEY, George E.; '55 BSBA; Retired; Metal Container Corp.; r. 1362 Bryson Rd, Columbus, OH 43224, 614 267-0716.
COONEY, William Daniel; '82 MBA; Staff; Abbott Labs, Abbott Park, N. Chicago, IL 60064; r. 9140 Indian Ridge, Cincinnati, OH 45243, 513 271-9198.
COONROD, Nancy Pohlman; '52 BSBA; Retired; r. 1018 Fairview Dr., Napoleon, OH 43545, 419 592-8431.
COONS, Nelson E.; '48 BSBA; Retired; r. 3011 N. E. 57th Ct., Ft. Lauderdale, FL 33308, 305 491-4368.
COOPER, Alfred J.; '58 BSBA; Atty.; Cooper & Hall Attys-at-Law, 714 Court St. P.O.Box 28, Fremont, OH 43420; r. 1815 Port Clinton Rd, Fremont, OH 43420, 419 332-4830.
COOPER, Ann Cianflona; '80 BSBA; 19 Haverhill Rd, Laguna Niguel, CA 92677.
COOPER, Cheryl Ann; '82 BSBA, '84 MBA; Mktg. Rsch. Asst.; Gen. Mills, Inc., 9200 Wayzata Blvd., Minneapolis, MN 55440; r. 2961 Texatonka, Minneapolis, MN 55426, 612 931-9481.
COOPER, Daniel David; '81 BSBA; 15 S. Mulberry St., Fredericktown, OH 43019, 614 694-1266.
COOPER, CAPT Daniel E., Jr., USAF; '80 BSBA; Pilot; 9th Airborne Cmd. Control Sqdn., Hickam AFB, HI 96853, 808 449-6794; r. 304 B Signer Blvd., Honolulu, HI 96818, 808 422-8335.
COOPER, David; '88 BSBA; VP; American Financial Network, 34208 Aurora Rd., Cleveland, OH 44139, 216 591-0507; r. 2599 Brainard Rd., Pepper Pike, OH 44124, 216 442-4977.
COOPER, Diane Lynn; '82 BSBA; Acct.; Marion Rural Electric Coop Inc., 2859 Marion-Upper Sandusky Rd, Marion, OH 43302; r. 865 Chambord Cir., Marion, OH 43302, 614 389-3725.
COOPER, Rev. Donald Leroy; '50 BSBA; Exec. Dir.; Natl. Teacher Educ. Prog., 2504 N. Roxboro St., Durham, NC 27704, 919 477-3505; r. 2620 Princeton Ave., Durham, NC 27707, 919 489-7134.
COOPER, Douglas Drake; '79 BSBA; Sales Repr; Masten Bunting, 86 Owen Brown St., Hudson, OH 44236; r. 7363 Cook Rd., Powell, OH 43065.
COOPER, Douglas James; '82 BSBA; Fruit Ridge Rte. 6, Defiance, OH 43512.
COOPER, Gary Allen; '71 BSBA; Pres.; Rsch. Capital Corp., 2116 Madison Ave., Toledo, OH 43624, 419 243-1716; r. 4530 Sheringham Ln., Sylvania, OH 43560, 419 885-2275.
COOPER, Graham Percy; '63 MBA; Retired Tchr.; Bankstown Clg. of Tafe, Chapel Rd., Bankstown 2200, Australia; r. Hattons Rd., Condong 2484, Australia.
COOPER, Harold Murphy; '49 BSBA; 607 Henry St., Toronto, OH 43964, 614 537-3729.
COOPER, James Allen; '72 BSBA; Staff; Rockwell Intl., 4300 E. 5th, Columbus, OH 43219; r. 3506 Karikal Ct., Westerville, OH 43081, 614 891-5908.
COOPER, James William; '76 BSBA; Underwriting Spec.; State Farm Ins. Co., 1440 Granville Rd., Newark, OH 43055, 614 349-5242; r. 3080 Granview Rd. SW, Granville, OH 43023, 614 587-1307.
COOPER, Jeremy Allen; '55 BSBA; Owner; Rent-Rite Ofc. Machines, Inc., 150 Candace Dr., Maitland, FL 32751, 407 339-9053; r. 155 N. Spring Tr., Altamonte Spgs., FL 32714, 407 682-4744.
COOPER, Jo Ann Lichtensteig; '63 BSBA; 2684 Welsford Rd, Columbus, OH 43221.
COOPER, Joel Charles; '81 BSBA; Trade Devel. Mgr.; Frito Lay Inc., 10200 Alliance Rd., Cincinnati, OH 45242, 513 791-0659; r. 6745 Pin Oak Ct., Mason, OH 45040, 513 398-3468.
COOPER, Mrs. Julie W., (Julie A. Wright); '86 BSBA; Merchandise Mgr.; J.C. Penney, Chandler Mountain Rd., River Ridge Mall, Lynchburg, VA 24502, 804 237-4741; r. 127 Sunrise Dr., Forest, VA 24551, 804 237-6094.
COOPER, Mark Ashley; '79 BSBA, '87 MBA; Sales Mgr.; Gorman-Rupp Industries, 180 Hines Ave., Bellville, OH 44813, 419 886-3001; r. 674 Betner Dr., Mansfield, OH 44904, 419 756-7483.
COOPER, Dr. Martha C.; '82 PhD (BUS); Assoc. Prof.; Ohio State Univ., Marketing & Logistics Dept., 1775 College Rd., Columbus, OH 43210, 614 292-5761; r. 3131 US 62 SW, Washington Ct. House, OH 43160, 614 335-4376.
COOPER, Mary J. '47 (See Woods, Mrs. Mary C.).
COOPER, Michael Dale; '70 BSBA; Dist. Mgr.; L E Myers Co., POB 596, Walnut Cove, NC 27052, 919 591-4386; r. 1912 Larkhill Dr., Kernersville, NC 27284, 919 996-8034.
COOPER, Ned; '50 BSBA; Retired; r. 1497 Horsham Rd., Troy, OH 45373, 513 339-3048.
COOPER, Peter Trowbridge; '70 BSBA; Sr. VP; American Natl. Bank & Trust Co., 736 Market St., Chattanooga, TN 37402, 615 757-3203; r. 4407 Hightop Rd., Chattanooga, TN 37415, 615 870-9113.
COOPER, Philip Harvey; '69 BSBA; 204 Shadwell Dr., Lynchburg, VA 24503, 804 385-7839.
COOPER, R. Jack; '64 BSBA, '67 MBA; Investment Ofcr.; Tchrs. Retirement Syst., Texas, 1001 Trinity St., Austin, TX 78701, 512 397-6471; r. 10632 Floral Park Dr., Austin, TX 78759, 512 346-8307.
COOPER, Richard Allen; '73 BSBA; Portfolio Trader; IBM Corp., One Barker Ave., White Plains, NY 10601; r. 16205 Raymond St., Maple Hts., OH 44137, 216 662-7522.
COOPER, Richard James; '80 BSBA; 66 Canal Dr., Belchertown, MA 01007.
COOPER, Richard Lee; '50 BSBA; 23541 Quail Hollow, Cleveland, OH 44145.
COOPER, Roger S.; '50 BSBA; Retired; Oberlin Clg., Main Campus, Oberlin, OH 44074; r. 80 King St., Oberlin, OH 44074, 216 775-7711.
COOPER, Ronald John; '67 BSBA; VP Finance & CFO; Rowe/Brandt Grp., 2200 Hwy. 10 W., Parsippany, NJ 07054, 201 267-2600; r. 4 Mt. Pleasant Rd., Randolph, NJ 07869, 201 984-1130.
COOPER, Ross Craig; '86 BSBA; Warehouse Mgr.; Myers Tire Supply, 80 Hegenberger Loop, Oakland, CA 94501, 415 632-3404; r. 1034 Virginia, Berkeley, CA 94710.
COOPER, Tara Marie; '87 MPA; Residential Therapst; Rosemont Ctr., 2440 Dawnlight Ave., Columbus, OH 43211, 614 471-2626; r. 1810 Lafayette Pl. #B2, Columbus, OH 43212, 614 481-0939.
COOPER, Terry Lee; '73 BSBA; Ofc. Mgr.; Ashland Chemical Co., South St., Rensselaer, NY 12144, 518 465-7531; r. 36 Esopus Dr., Clifton Park, NY 12065, 518 383-3585.
COOPER, Thomas G.; '84 BSBA; Sales Engr.; Videojet Systs., 2551 E. 68th St., Indianapolis, IN 46220, 317 259-8190; r. Same, 317 259-1217.
COOPER, Virginia Dimmett, (Virginia Dimmett); '52 BSBA; Homemaker; r. 717 N. River Ave., Toronto, OH 43964, 614 537-2890.
COOPER, Wayne Roger; '80 BSBA; CPA; Nartker Grunewald & Co. CPA's, 5900 Roche Dr., Columbus, OH 43229; r. 4121 Camelia Ct., Westerville, OH 43081, 614 890-3216.
COOPER, William Allen; '87 BSBA; 249 Pinney Dr., Worthington, OH 43085, 614 431-1796.
COOPER, William Joseph, Jr.; '79 BSBA; VP Operations/MIS; Acceleration Life Ins. Co., 475 Metro Pl. N., Dublin, OH 43017, 614 764-7000; r. 5740 Satinwood Dr., Columbus, OH 43229, 614 846-2114.
COOPER, William R.; '66 BSBA; Dir./Personnel Svc.; Quality Bakers of America Coop, 70 Riverdale Ave., Greenwich, CT 06830, 203 531-7100; r. 887 Bullet Hill Rd., POB 501, Southbury, CT 06488, 203 262-6651.
COOPERIDER, Robert J.; '55 BSBA; Dist. Mgr.; Ohio Bell Telephone Co., Corporate Security Dept., 100 Erieview Plz. Rm 1159, Cleveland, OH 44114; r. 9510 Glen Dr., Brecksville, OH 44141, 216 526-1988.
COOPERRIDER, Barbara '48 (See Dorn, Barbara Cooperrider).
COOPERSMITH, Jeffrey Alan; '79 MBA; Pres.; Directel Inc., 4151 Executive Pkwy., Ste. 190, Westerville, OH 43081, 614 890-1705; r. 260 S. Parkview Ave., Columbus, OH 43209, 614 252-8358.
COPE, Dr. Glen Hahn; '81 PhD (PA); Assoc. Prof.; Univ. of Texas, LBJ Sch. of Public Affairs, Austin, TX 78713, 512 471-4962; r. 2540 Herrell Ct., Falls Church, VA 22043, 703 641-0627.
COPE, Robinson E.; '47 BSBA; Retired; r. 1440 Harvard Blvd., Toledo, OH 43614, 419 382-3164.
COPELAND, Charles J.; '36; 1203 Mainsail Way, Palm Harbor, FL 34685, 813 784-4122.
COPELAND, Charles M.; '51 BSBA; Cnslt.; r. 88 Country Club Dr., Danville, IL 61832, 217 431-6175.
COPELAND, Curtis Bryan, Esq.; '76 BSBA; Assoc. Gen. Counsel; Allegheny Health Svcs. Inc., 320 E. North Ave., Pittsburgh, PA 15212, 412 359-5102; r. 500 Tripoli St. Apt. 320, Pittsburgh, PA 15212, 412 231-2708.
COPELAND, Dennis Harold; '67 MBA; Pres.; DHC Enterprises Ltd., 958 Shoreline Rd.-LBS, Barrington, IL 60010, 312 644-5333; r. Same.
COPELAND, Jackie Lee; '67 MBA; Chmn./Invest Banker; Copeland Wickersham Wiley & Co. Inc., 52 Vanterbilt Ave., Ste. 1600, New York, NY 10017, 212 370-9470; r. 5100 San Filipe, #301E, Houston, TX 77056, 713 552-1224.
COPELAND, Lowell C.; '55 BSBA; VP/Asst. Treas.; The Gardner Co., W. Pointe Business Park, 2323 Westbrooke Dr., Columbus, OH 43228, 614 876-5500; r. 2610 Kunz Rd., Galloway, OH 43119, 614 878-9918.
COPELAND, Mark Don; '76 BSBA; Area Supv.; McDonald's Corp., N. Olmsted, OH 44070, 216 734-4177; r. 127 Fox Hills Ln., Apt. K, Elyria, OH 44035, 216 324-3416.
COPELAND, Rhonda Leigh; '87 BSBA; 3875 State Rte. 220, Waverly, OH 45690, 614 947-2819.
COPELAND, Terri R., (Terri L. Rothermund); '80 BSBA; Pres.; TLC Acctg. Co., 5701 Plumb Rd., Galena, OH 43021, 614 548-7624; r. Same.
COPENHAVER, Charles Lee; '49 BSBA; Retired; r. 3166 Kingstree Ct., Dublin, OH 43017, 614 792-1167.
COPLEY, William A.; '47 BSBA; Retired; r. 111 Yorkshire Cir., Lynchburg, VA 24502, 804 239-5136.
COPLON, Joseph C.; '48 BSBA; Pres.; Florida Shoe Inc., 3737 N. W. 53rd St., Miami, FL 33142; r. 15100 S. W. 86th Ave., Miami, FL 33158, 305 235-6131.
COPP, Brian Scott; '85 BSBA; 1935 E. Centra Ave., Apt. 11, Miamisburg, OH 45342, 513 865-5989.
COPP, James E.; '59 BSBA; Dir. of Finance; Kings Dominion, Box 166, Doswell, VA 23047; r. 6507 Korona Dr., Mechanicsville, VA 23111, 804 746-7227.
COPP, Rick; '67 BSBA; Personnel Mgr.; Ross Labs, 585 Cleveland Ave., Columbus, OH 43216, 614 227-3601; r. 669 Montrose Ave., Columbus, OH 43209, 614 235-9316.
COPPERMAN, Norman S.; '53 BSBA; Buyer; Strouss-Hirshbergs, 20 W. Federal St., Youngstown, OH 44503; r. 7359 W. Blvd., Village Condo D, Youngstown, OH 44512, 216 758-6071.
COPPINGER, Thomas Ray; '72 BSBA; Merchandise Mgr.; I.G. & Y., 448 Conover Blvd., Conover, NC 28613, 704 464-6050; r. 429 Claridge Dr. SE, Hickory, NC 28601, 704 294-1082.
COPPO, Valentine T.; '63 BSBA; Pres.; Twincom, 2380 Wycliff, St. Paul, MN 55114, 612 645-0355; r. 3140 Minnehaha Ct., Wayzata, MN 55391, 612 933-6311.
CORAPCI, Semhan Ahmet; '87 BSBA; 2677 Lytham Rd., Columbus, OH 43220.
CORBACIOGLU, Janet; '84 BSBA; Asst. Mgr.; Ltd. Credit Svcs., 4590 E. Broad St., Columbus, OH 43213, 614 755-5000; r. 5800-C Hibernia Dr., Columbus, OH 43232, 614 864-7301.
CORBAN, William Van; '72 MBA; Atty.; Atty-at-Law, POB 34, Pataskala, OH 43062; r. 5101 Bowen Rd., Canal Winchester, OH 43110, 614 837-3625.
CORBETT, Cletus J.; '29; Atty.; Private Practice, 33 N. High, Columbus, OH 43215, 614 221-2556; r. 4223 Clairmont Rd, Columbus, OH 43220, 614 451-7295.
CORBETT, Colleen Marie; '86 BSBA; 7139 Lantana Ter., Carlsbad, CA 92009.
CORBETT, Daryl W.; '65 BSBA; Special Agt.; Northwestern Mutual Ins., 635 W. 7th St., Ste. 202, Cincinnati, OH 45203; r. 1797 Forester Dr., Pleasant Run, Cincinnati, OH 45240, 513 851-6577.
CORBETT, Edward Charles; '72 BSBA; Tax Mgr.; McDermott Intl., 1010 Common, New Orleans, LA 70160, 504 587-5214; r. 3650 Plymouth Pl., New Orleans, LA 70131, 504 392-9092.
CORBETT, Edward E.; '72 BSBA; Bldg. & Heating Inspector; City of Gahanna, 200 S. Hamilton, Gahanna, OH 43230, 614 471-6918; r. 1360 Briarmeadow, Worthington, OH 43085, 614 436-4192.
CORBETT, James J.; '79 BSBA; Certified Property Mgr.; Seguin, Thomas, Mathews & Click, 50 W. Broad St., Ste. 400, Columbus, OH 43215, 614 221-2375; r. 2454 Willis Rd., Dublin, OH 43017, 614 764-1450.
CORBETT, John W., Jr.; '38 BSBA; Retired; r. 259 Preston Rd., Columbus, OH 43209, 614 258-4469.
CORBETT, Julia Ann; '85 BSBA; Salesman; Abbott Labs, 625 Cleveland Ave., Columbus, OH 43216; r. 5704 E. Aire Libre Ln. #1210, Scottsdale, AZ 85254.
CORBETT, Kelly '82 (See Wickerham, Kelly Corbett).
CORBETT, Mrs. Laura J., (Laura J. Crabbs); '85 BSBA; Production Scheduler; Marley Pump Co., 1840 Baney Rd., Ashland, OH 44805, 419 289-3042; r. 1024 Columbus Cir. N., Ashland, OH 44805, 419 281-5221.
CORBETT, Michael James; '74 BSBA; 7833 Forest Brook Ct., Powell, OH 43065, 614 764-1891.
CORBIN, Andrew Carl; '85 BSBA; Auditor; Ernst & Whinney, 2400 Nationwide Plz., Columbus, OH 43216; r. 1688 Melrose Ave., Columbus, OH 43224, 614 889-0407.
CORBIN, Mrs. Betty Buck; '50 BSBA; Secy.; r. 1147 Sir George Cir., Virginia Bch., VA 23452, 804 486-7860.
CORBIN, Gladys D., (Gladys Drill); '31 BSBA; Retired Bus. Tchr.; r. 1325 Trade Sq. W., Apt. 7, Troy, OH 45373, 513 335-1490.
CORBIN, John L., Jr.; '86 BSBA; Police Ofcr.; State of Ohio, Columbus, OH 43224, 614 292-2121; r. 4519 Midvail, Columbus, OH 43224, 614 262-3790.
CORBIN, Mary McClelland, (Mary Lynn McClelland); '53 BSBA; Owner; LynCraft, 326 Lima Ave., Findlay, OH 45840, 419 422-4680; r. 1301 Muirfield, Findlay, OH 45840, 419 422-8321.
CORBIN, Susan Maria; '83 BSBA; 215 Shoop Ave., Dayton, OH 45417.
CORCORAN, Mrs. Antoinette Malloy, (Toni Malloy); '81 BSBA; Pres.-Owner; Office Place, Exec Suites,Computer Consultng, 700 Ackerman Rd Ste. 110, Columbus, OH 43202, 614 261-3555; r. 5168 Willow Grove Pl. S., Dublin, OH 43017, 614 761-0239.
CORCORAN, Ben Leslie; '76 BSBA; Pres.; The Appraisal Grp. Inc., 692 N. High St., Columbus, OH 43215, 614 464-4300; r. 122 S. Dawson Ave., Columbus, OH 43209, 614 231-7007.
CORCORAN, Charles Kenneth; '50; Adm Bur of Acquisit; Ohio Dept. of Transportation, 25 S. Front St., Columbus, OH 43215; r. 1020 Bronwyn Ave., Columbus, OH 43204, 614 274-8757.
CORCORAN, Leah Carlstein; '39 BSBA; Retired; r. 303 S. Dawson Ave., Columbus, OH 43209, 614 258-1629.
CORDEA, Steven James; '83 BSBA; Assoc. Mgr.; Morrison's Cafeterias, S. Park Mall, Charlotte, NC 28202; r. 8076 Green Bud Ln., T-2, Glen Burnie, MD 21061.
CORDELL, Mrs. Catherine M., (Catherine McCrorie); '80 BSBA; 433 Pickett Dr., Ft. Wright, KY 41011, 606 331-7511.
CORDELL, Thomas Alan; '75 BSBA; 1184 Nantucket Ave., Columbus, OH 43220.
CORDELL, Vernon Earl; '32 BSBA; Lt. Col. Usaf Retired; r. 1704 Garand Dr., Deerfield, IL 60015.
CORDERO, James Wilson; '86 BSBA; Retail Mgmt. Trainee; Ameritrust Co. NA, 900 Euclid Ave., Cleveland, OH 44115; r. 10517 Linnet Ave., Cleveland, OH 44111.
CORDETTI, Ralph Dominic; '81 BSBA; Programmer Analyst; Motorists Mutual Ins. Co., 471 E. Broad St., Columbus, OH 43215; r. 969 Woodhill Dr., Columbus, OH 43212, 614 488-9288.
CORDIAL, Larry Bruce; '86 BSBA; 285 Cottswold, Delaware, OH 43015, 614 369-3085.
CORDIANO, Anthony; '65 BSBA; c/o P T Semen Cibinong, POB 197 Jkt, Jakarta, Indonesia.
CORDIANO, Joseph D.; '67 BSBA; Stockbroker; Shearson Lehman Hutton, 1803 Kingsdale Shopping Ctr., Arlington, OH 43221, 614 457-3005; r. 487 Langford Ct., Gahanna, OH 43230, 614 475-2423.
CORE, Frank E.; '57 BSBA; Sales Rep.; Mc Kesson & Robbins Inc., 3525 Regent Ave. NE, Canton, OH 44705; r. 2236 Cleveland Ave., Steubenville, OH 43952, 614 264-1505.
COREA, Robert A.; '70 BSBA, '71 MBA; VP; The Ohio Co., 155 E. Broad St., Columbus, OH 43215, 614 464-6916; r. 2850 Canterbury Ln., #16, Columbus, OH 43221, 614 487-9542.
CORES, Daniel Alan; '74 BSBA; Asst. Inter Auditor; Ohio Dept. of Transportation, 25 S. Front St., Columbus, OH 43215; r. 377 Colony Park Dr., Pickerington, OH 43147, 614 837-3154.
COREY, Hibbert; '30 MA; Prof. Econ & Bus Adm; r. 1011 Capitol Landing Rd., Williamsburg, VA 23185, 804 229-1698.
COREY, James Robert; '76 MBA; Partner/Consltng Div.; Arthur Andersen & Co., 33 W. Monroe, Chicago, IL 60603; r. 1879 Chippendale, Glendale Hts., IL 60137, 312 665-9083.
COREY, Mrs. Nancy Y., (Nancy Yerges); '49 BSBA; Homemaker; r. 4168 Greensview Dr., Columbus, OH 43220, 614 451-7713.
COREY, Philip A.; '48 BSBA; VP/Gen. Mgr.; Bob Caldwell Chrysler Plymouth, 1888 Morse Rd., Columbus, OH 43229, 614 888-2331; r. 4168 Greensview Dr., Columbus, OH 43220, 614 451-7713.
COREY, Robert A.; '51 BSBA; Sr. Sales Repr; Roth Ofc. Prods. Inc., 216 S. Torrance, Dayton, OH 45403, 513 252-1221; r. 3231 Palm Dr., Dayton, OH 45449, 513 435-0602.
CORIDAN, James Hobart; '78 BSBA; Real Estate Broker; Vantage Cos., 100 E. Campus View Blvd., Worthington, OH 43085, 614 846-4900; r. 6180 Emberwood Rd., Dublin, OH 43017, 614 764-4865.
CORIDAN, John Henry; '81 BSBA; Acct.; 4000 Lyon Dr., Columbus, OH 43220, 614 451-0577; r. Same.
CORIDAN, Mary E. '80 (See Traetow, Mrs. Mary C.).
CORL, Stanley M.; '39; 300 River Rd, Maumee, OH 43537, 419 893-6415.
CORLETT, Charles Bert; '74 BSBA; POB X, Chautauqua, NY 14722.
CORLETTE, Dustin H.; '52 BSBA; Retired Ind. Engr.; Proctor & Gamble; r. 1429 Oaklawn Ave., Iowa City, IA 52245, 319 338-2418.
CORLETTE, Shirley Palmer, (Shirley A. Palmer); '52 BSBA; Homemaker; r. 1429 Oaklawn Ave., Iowa City, IA 52245, 319 338-2418.
CORLETZI, Edward Carl; '84 BSBA; VP/Corporate Finance; Canadian Imperial Bk. of Commerce, 425 Lexington Ave., New York, NY 10017, 212 825-7329; r. 1029 Park Ave., Apt. 3, Hoboken, NJ 07030, 201 659-6978.
CORLL, Cynthia L.; '81 BSBA; 8610 Southwestern Blvd., #1612, Dallas, TX 75206.
CORMIER, Karen Robinson; '67 BSBA; Mgr.-Fed. Income Tax; Aetna Life & Casualtiy Ins. Co., 151 Farmington Ave., Hartford, CT 06156, 203 275-2843; r. 153 Newberry Rd., E. Haddam, CT 06423, 203 873-1279.

54 CORN OSU COLLEGE OF BUSINESS

CORN, CAPT James R., USN(Ret.); '53 BSBA; 4507 Holburn Ave., Annandale, VA 22003, 703 321-7787.
CORNELIUS, Steven William; '84 BSBA; Asst. to Regional Mgr.; The Pillsbury Co., c/o Postmaster, Overland Park, KS 66204, 913 451-1986; r. 15913 W. 124th Cir., Olathe, KS 66062.
CORNELIUS, Sue '40 (See Thoke, Sue Cornelius).
CORNELIUS, Vicki D. '87 (See Treciak, Mrs. Vicki D.).
CORNELL, Alexander H.; '47 MPA; Retired; r. 13355 Crosspoint Dr., Palm Bch. Gardens, FL 33418, 407 626-9236.
CORNELL, Errol S.; '40 BSBA; Atty.; Errol S. Cornell, P.A., 2780 SW Douglas Rd., Miami, FL 33133, 305 448-1715; r. 325 Greenwood Dr., Key Biscayne, FL 33149, 305 361-2508.
CORNELL, CAPT Kenneth Eugene; '54 BSBA; Capt. Usn/Bus Mgr.; Navy League of The US, 2300 Wilson Blvd., Arlington, VA 22201, 703 528-1775; r. 6013 Merryvale Ct., Springfield, VA 22152, 703 569-9379.
CORNELL, Maurice V.; '38 BSBA; Retired; r. 894 Cambridge Ave., Marion, OH 43302, 614 387-1838.
CORNELL, Richard R.; '55 BSBA; Retired; r. 602 Retreat Pl., St. Simons Island, GA 31522, 912 634-1504.
CORNELL, Susan C. '86 (See Meager, Mrs. Susan C.).
CORNELY, William George; '73 BSBA; Partner; Coopers & Lybrand, Ste. 2000 Columbus Ctr., 100 E. Broad St., Columbus, OH 43215, 614 221-7471; r. 215 Woodedge Cir. W., Powell, OH 43065, 614 846-7039.
CORNER, David N.; '57 BSBA; VP Finance; Johnson Prods. Co. Inc., 8522 S. Lafayette, Chicago, IL 60620; r. 454 67th St., Clarendon Hls., IL 60514.
CORNER, Thomas James; '82 BSBA; Field Mgr.; American Greetings Corp.; r. 12343H Spanish Trace Dr., Maryland Hts., MO 63043, 314 434-6843.
CORNETT, Albee Mc Kee; '37 BSBA; Retired; r. 6350 Dummerston Ct., Dublin, OH 43017, 614 766-4734.
CORNISH, Darlene A. '75 (See Mason, Ms. Darlene C.).
CORNS, Paul Randal; '87 BSBA; 255 Hayes Ave., Bucyrus, OH 44820, 419 562-1129.
COROGIN, Thomas L.; '50 BSBA; Atty./Partner; Kline & Corogin, 128 Madison St., Port Clinton, OH 43452; r. 1581 N. Windward Dr., Port Clinton, OH 43452, 419 797-2377.
CORONADO, Maria Theresa; '80 BSBA; Cost Engr.; Fluor Daniel, Inc., c/o Exxon Co. USA, Baytown, TX 77520, 713 425-3832; r. 7311 Brompton #255-B, Houston, TX 77025, 713 664-6442.
COROTIS, Robert E.; '41; Owner; Corotis Ins. Svc., 610 S. 3rd St., Columbus, OH 43206, 614 228-1191; r. 1694 Van Pelt St., Columbus, OH 43220, 614 451-1689.
COROTIS, Robert Maxwell; '71 BSBA; Pres.; Dean Witter Reynolds Inc., 221 E. Fourth St., Atrium 2 22nd Fl., Cincinnati, OH 45402, 513 721-2000; r. 7367 Wallingford Dr., Cincinnati, OH 45244, 513 231-9585.
COROTIS, Steven Edward; '75 BSBA; 1694 Van Pelt St., Columbus, OH 43220, 614 451-1689.
COROTIS, William Maxwell; '50 BSBA; Capt./Pilot; United Airlines, POB 66100, Chicago, IL 60666; r. 652 S. 3rd St., Columbus, OH 43206, 614 444-3877.
CORPIER, Don Phillipe; '74 BSBA; 4110 Oak Knoll, Boardman, OH 44512, 216 782-6676.
CORRAL, Jayn Louise; '81 BSBA; Claims Rep.; Social Security Admin., 200 E. Liberty, Ann Arbor, MI 48107, 313 668-2274; r. 730 Bellevue, Ypsilanti, MI 48197, 313 482-7572.
CORRELL, Sharon Mc Allister; '82 BSBA; 4295 N. Bank, Millersport, OH 43046, 614 928-1509.
CORRES, Patricia Pennington; '78 MBA; 13223 Woodsdale Ct., Houston, TX 77038, 713 999-1032.
CORRIGAN, Mrs. Alyce M., (Alice Mahoney); '46 BSBA; 4593 Eastlane Dr., Brooklyn, OH 44144, 216 749-0959.
CORRIGAN, David T.; '62 BSBA; Semiretired; r. 8701 E. Osborn Rd., Scottsdale, AZ 85251, 602 949-5194.
CORROTO, Mark Thomas; '82 BSBA; Atty.; Hoppe Frey Hewitt & Milligan, 500 2nd National Twr., Warren, OH 44481, 216 392-1541; r. 6120 Westington Rd., Canfield, OH 44406, 216 533-6313.
CORROTO, Robert E.; '51 BSBA; Investigator; US Dept. of Labor, South Bend, IN 46601; r. 17534 Biscayne Dr., South Bend, IN 46634, 219 272-3104.
CORROTO, Thomas L., Jr.; '44 BSBA; Atty.; Atty-at-Law, 403 Legal Arts Ctr., Youngstown, OH 44503, 216 743-4116; r. 6120 Westington, Canfield, OH 44406, 216 533-6313.
CORROVA, Mrs. Lynda Termeer, (Lynda Termeer); '85 BSBA; Sr. Rate Analyst; Columbia Gas of Ohio, 200 Civic Center Dr., Columbus, OH 43215, 614 460-4215; r. 2981 Woodloop, Columbus, OH 43204, 614 272-7275.
CORRY, Joseph Christopher; '74 BSBA; Mgr. of Accountng; Ashland Oil Co. Inc., Ashland Chemical Div., Dublin, OH 43017, 614 889-3493; r. 6997 Celtic Ct., Dublin, OH 43017.
CORRY, Melissa '82 (See Ebel, Mrs. Melissa C.).
CORSATEA, Ovid G.; '32 BSBA; Retired; r. 10481 Halcyon Dr., Cleveland, OH 44130, 216 884-7855.
CORSE, Phillip Hamlin; '72 BSBA, '73 MBA; Principal; Arthur Young & Co., 420 N. Wabash, 6th Fl., Chicago, IL 60611, 312 645-3540; r. 739 Longwood, Lake Forest, IL 60045, 312 295-7509.
CORSIGLIA, Anne '81 (See Gunning, Anne Corsiglia).
CORSON, Bryan A.; '83 BSBA, '86 MBA; Mgr.; Price Waterhouse, 41 S. High St., 35th Fl., Columbus, OH 43215, 614 221-8500; r. 1299 Oakland Ave., Columbus, OH 43212, 614 488-6782.
CORSON, Christopher R.; '71 BSBA; Gen. Sales Mgr.; KQV News Radio, 411 7th Ave., Pittsburgh, PA 15219, 412 562-5900; r. 1556 Glenwood Rd., Pittsburgh, PA 15241, 412 831-0273.
CORSON, Craig Steven; '88 BSBA; Asst. Mgr.; Ohio State Univ. Ice Rink, 390 Woody Hayes Dr., Columbus, OH 43210, 614 292-4154; r. 105 W. Duncan St. B, Columbus, OH 43202, 614 268-6995.
CORTE, Betty Tracy; '46 BSBA; Ofc. Mgr.; Corte Constr. Co., POB 1089, Bluefield, WV 24605, 703 322-5491; r. POB 799, Bluefield, VA 24605, 703 322-5843.
CORTELL, Ralph H.; '35 BSBA; Cnslt.; Consolidated Beauty Svc. Co., 3644 Mayfield Rd., Cleveland Hts., OH 44118, 216 291-3700; r. 2112 Acacia Park Dr., Cleveland, OH 44124, 216 449-1654.
CORTESE, Joseph R.; '49 BSBA; Atty.; Squire Sanders & Dempsey, 1900 Huntington Bldg., Cleveland, OH 44115, 216 687-8500; r. 23849 Shaker Blvd., Shaker Hts., OH 44122, 216 292-3622.
CORTHELL, LTC Jeffrey Lynn, USA(Ret.); '66 BSBA, '72 MBA; 1612 Brierbrook Rd., Germantown, TN 38138, 901 757-2112.
CORUM, Dwight Lee; '75 MPA; 5941 Rod Ave., Woodland Hls., CA 91367.
CORWIN, Emmett L.; '25 BSBA; Retired; r. 2144 Mink St. SW, Pataskala, OH 43062, 614 927-9118.
CORWIN, Glenn A.; '59 BSBA; Gen. Bldg. Contractor; 12102 Theta Rd., Santa Ana, CA 92705, 714 731-2999; r. Same, 714 838-8979.
CORWIN, Melinda Kay; '88 BSBA; Transportatn Analyst; Ashland Chemical, POB 2219, Columbus, OH 43216; r. 4662 Ralston, Columbus, OH 43214.
CORWIN, Dr. Stephen Jay; '69 BSBA; Therapist; POB 594, Norfolk, CT 06058; r. The Rainbow Manor, Greenwoods Rd. E., Norfolk, CT 06058.
CORWIN, Susan E. '80 (See Moore, Mrs. Susan E.).
CORY, Robert B.; '87 BSBA; Computer Analyst; E.I. du Pont de Nemours & Co., Fibers Dept., Maple Run Bldg., Rm. 1044, Wilmington, DE 19880, 302 999-5047; r. 1 Sandalwood Dr., #12, Newark, DE 19713, 302 737-6260.
COSENTINO, Paul M.; '53 BSBA; Hosp. Sales Repr; Rorer Hosp. Prods., Ft. Washington, PA 19034; r. 1306 Alvina Dr., Columbus, OH 43229, 614 888-2498.
COSETTI, Hon. Joseph L.; '53 MBA; Chief Bankruptcy Judge; US Bankruptcy Ct., 1607 Federal Bldg., Pittsburgh, PA 15222, 412 644-4710; r. 5443 Fair Oaks St., Pittsburgh, PA 15217, 412 687-6580.
COSGRAY, Bruce Ward; '88 BSBA; 11758 Jerome Rd, Plain City, OH 43064, 614 873-5255.
COSGRAY, Carl R.; '52 BSBA; HER Realtors Gahanna, 246 Granville St., Gahanna, OH, 614 471 7400; r. 11084 Honeycreek Rd. NW, Thornville, OH 43076, 614 246-6100.
COSGRIFF, Mrs. Jane Ervin, (Jane Ervin); '48; Secy.; USA ROTC Instructor Grp., 101 Barker Hall, Lexington, KY 40506, 606 257-2696; r. 3433 Lannette Ln., Lexington, KY 40503, 606 223-9293.
COSGRIFF, Mary Pat '80 (See Moran, Mrs. Mary Pat).
COSGRIFF, Michael Lloyd; '77 BSBA; Acctg. Mgr.; Key Way Transport Inc., 820 S. Oldham St., Baltimore, MD 21224, 301 327-5800; r. 3 Gunhurst Garth, Baltimore, MD 21236, 301 529-2468.
COSGRIFF, Thomas John; '78 BSBA; Firefighter Paramedic; Euclid Fire Dept., 775 E. 222nd, Euclid, OH 44123, 216 731-9814; r. 125 E. 214th, Euclid, OH 44123, 216 731-5662.
COSGROVE, Robert C.; '40 BSBA; Mgr. Real Estate; r. 2314 Berkshire Dr., Upper St. Clair, PA 15241, 412 833-9399.
COSGROVE, Timothy A.; '72 BSBA; VP Mfg.; O&K Trojan, Trojan Cir., Batavia, NY 14020, 716 343-4202; r. 6180 Meadowlakes Dr., E. Amherst, NY 14051, 716 741-3587.
COSKI, Barbara '59 (See Gasior, Mrs. Barbara A.).
COSS, Richard Eugene, Esq.; '70 BSBA; Tax Atty.; IRS Ofc. Chief Counsel, Rm. 4242, CC: Corp:3, 1111 Constitution Ave., NW, Washington, DC 20224, 202 566-3422; r. 1315 Corcoran St. NW, Washington, DC 20009, 202 462-1826.
COSS, Ted Gerard; '86 BSBA; Cnslt.; Michael L Moran & Assocs., Financial Processing Systs., 667-C Lakeview Plz. Blvd., Worthington, OH 43085, 614 888-6473; r. 9 Locust Ave., Bridgeport, OH 43912, 614 635-2324.
COSS, William T.; '50 BSBA; Sales Rep.; Hard Co., Sybron Corporation, Buffalo, NY 14207; r. 4536 Westminster Pl., St. Louis, MO 63108.
COSTA, Stephen Michael; '88 MPA; 227 Linden Ct., Bensalem, PA 19020.
COSTAKOS, Charles Nicholas; '78 MBA; Mgr.; Chemical Abstracts Svc., Internt'L Programs & Contracts, 2540 Olentangy River Rd, Columbus, OH 43210; r. 1660 Tremont Rd., Columbus, OH 43212, 614 488-1741.
COSTANTINO, Shirley J.; '84 BSBA; Spec.; GE Co., Specialty Materials Dept., POB 568, Worthington, OH 43085; r. 5374 Tara Hill Dr., Dublin, OH 43017.
COSTANZO, Orlando F.; '64 BSBA; Mgr. Cost Dept.; Jessop Steel Co., 500 Green St., Washington, PA 15301, 412 222-4000; r. 321 Mc Gregor Dr., Canonsburg, PA 15317, 412 746-2664.
COSTELLO, Anne Elizabeth; '78 BSBA; 7118 Farnham Dr., Mentor, OH 44060.
COSTELLO, Dr. Daniel E.; '62 BSBA; Assoc. Dean; Southern Meth. Univ., Cox Sch. of Bus., 210 Fincher Bldg., Dallas, TX 75275, 214 692-2546; r. 7615 Burns Run, Dallas, TX 75248, 214 239-9155.
COSTELLO, John Charles; '85 BSBA; Financial Analyst; GE Co., POB 5000, Aerospace Controls Systs., Johnson City, NY 13902, 607 770-2000; r. RD 1, Box 437, Bornt Hill Apts. #55, Endicott, NY 13760.
COSTELLO, Timothy Charles; '87 BSBA; Sales; Gene Norris Honda, 8505 Mentor Ave., Mentor, OH 44060, 216 942-8505; r. 5980 Marine Pkwy., A103, Mentor, OH 44060.
COTABISH, Matthew I.; '41 BSBA; Retired Dir. - Labor Rel.; Gould Inc.; r. 11530 Edgewater Dr., Cleveland, OH 44102, 216 631-6690.
COTHERN, Jeffrey Leland; '82 BSBA; Staff Ofcr.; Huntington Mortgage Co., 41 S. High St., Columbus, OH 43287, 614 463-5094; r. 1293 Denbigh Dr., Columbus, OH 43220, 614 459-7837.
COTICCHIA, Joseph L.; '65 BSBA; Atty.; Atty-at-Law, 1365 Ontario Engineers Bldg., Cleveland, OH 44114; r. 447 Hurst Dr., Bay Village, OH 44140, 216 835-1117.
COTLEUR, Kevin Martin; '86 BSBA; 18818 Sloane Ave., Lakewood, OH 44107, 216 521-7899.
COTSAMIRE, Dennis Charles; '71 BSBA; Gold Circle Stores, 6121 Huntley Rd, Worthington, OH 43085; r. 1825 Coventry Rd., Columbus, OH 43212, 614 488-9657.
COTSAMIRE, Harold E.; '54 BSBA; Controller; Ohio Northern Univ., 525 S. Main St., Ada, OH 45810; r. 613 Conley Ave., Ada, OH 45810, 419 634-4389.
COTT, Ms. Cheryl Lynn; '87 MBA; Asst. Loan Ofcr.; Natl. Bank of Detroit, 611 Woodward Ave., Detroit, MI 48226, 313 225-1000; r. 5330 New Ct., W. Bloomfield, MI 48033.
COTT, Richard S.; '22 BSBA; Retired; r. 445 Woodbridge Ln., Peoria, IL 61614, 309 691-3141.
COTT, William M.; '62 BSBA; 4540 Kansas, San Diego, CA 92116, 619 281-5755.
COTTA, Alex Basim; '84 BSBA; Sales Repr; Shell Oil Co., 801 Brandt St., Dayton, OH 45404; r. 22627 Strawberry Ct. Apt. 204, Novi, MI 48030.
COTTER, Mrs. Betty Weber, (Betty Weber); '48 BSBA; Consumer Rep.; Kraft Corp., Kraft Ct., Glenview, IL 60025, 312 998-3016; r. 4008 Russett Ln., Northbrook, IL 60062, 312 498-4273.
COTTER, Donald W.; '49 BSBA; Retired; r. 4008 Russett Ln., Northbrook, IL 60062, 312 498-4273.
COTTER, Jack Boyd; '69 MBA; Dist. Mgr.; E I Dupont De Nemours & Co., Agriculture Products Dept., Barley Mill Plz., Wilmington, DE 19898, 302 992-6148; r. 5 Liveoak Ct., Hockessin, DE 19707, 302 239-3111.
COTTER, Joseph F.; '63 BSBA; CPA; 1 Old Forge Rd., POB 507, Ilion, NY 13357; r. POB 2689, Visalia, CA 93279.
COTTER, Paul Edwin, Jr.; '70 BSBA; PO BOX 1092, Norwich, VT 05055.
COTTER, Robert M.; '49 BSBA; Treas.; Ross Labs, 625 Cleveland Ave., Columbus, OH 43216, 614 227-3542; r. 135 St. Julien, Worthington, OH 43085, 614 888-5292.
COTTER, Timothy John; '86 MLHR; Staff; Accuray Corp., 650 Ackerman Rd., Columbus, OH 43202; r. 135 Saint Julien, Worthington, OH 43085, 614 888-5292.
COTTER, William J.; '39 BSBA; Retired State Mgr.; Brown-Forman Distillers Corp.; r. 5590 Santiago Dr., Westerville, OH 43081, 614 882-7896.
COTTERMAN, Clarence Devon; '78 BSBA; 614 224-6258; r. 370 Maplewood Ave., Columbus, OH 43213, 614 231-1068.
COTTERMAN, Daniel E.; '69 BSBA; Mgr.; Coyle Music Inc., 137 Graceland Blvd., Columbus, OH 43214, 614 885-2729; r. 110 Debbie Dr., Westerville, OH 43081, 614 890-2077.
COTTERMAN, Jerry D.; '65 BSBA; Asst. VP; Park Natl. Bank, 50 N. Third St., Newark, OH 43055, 614 349-3731; r. 1266 Sherwood Downs E., Newark, OH 43055, 614 366-6326.
COTTIER, Geoffrey Allan; '70 BSBA; Atty.; r. 642 Miami Manor, Maumee, OH 43537, 419 893-8236.
COTTON, Annetta Augusta; '85 BSBA; 967 Mc Clain Rd., Columbus, OH 43212, 614 488-3243.
COTTON, David Lee; '71 BSBA; Real Estate Appraiser; 582 Austin Rd., Mansfield, OH 44903, 419 756-9330; r. Same.
COTTON, Thomas R.; '65; 3502 Rocky Crest Ct., Rochester Hls., MI 48064.
COTTONE, Ms. Andrea M.; '82 BSBA; Supv.-Customer Serv; American Ins. Administrators, 1095 Dublin Rd., Columbus, OH 43215, 614 486-5388; r. 4753 Cressingham Ct., Columbus, OH 43214, 614 459-4069.
COTTRELL, Gregory Lee; '88 BSBA; 70 Center St., Berlin Hts., OH 44814, 419 588-2445.
COTTRILL, Kathleen S., CPA, (Kathleen A. Schnipke); '83 BSBA; Library Acquis. Coord.; Battelle Mem. Inst., 505 King Ave., Columbus, OH 43201, 614 424-6308; r. 1227 Belle Meade Pl., Westerville, OH 43081, 614 891-9584.
COTTRILL, Ralph L.; '47 BSBA; Auditor; r. 10140 Rosecrans Rd, Sunbury, OH 43074, 614 965-4364.
COUCH, Douglas Edward; '81 BSBA; Advanced Systs. Analyst; Marathon Pipe Line Co., 231 E. Lincoln St., Rm. 310, Findlay, OH 45840; r. 2500 Sweetwater, Findlay, OH 45840, 419 423-5821.
COUCH, Sheryl Westinghouse, (Sheryl Westinghouse); '81 BSBA; Acct.; Hancor Inc., Findlay, OH 45840; r. 2500 Sweetwater, Findlay, OH 45840, 419 423-5821.
COUCH, Thomas E.; '61 BSBA; VP Mktg.; Chesapeake Financial Grp. Inc., 1777 Reisterstown Rd. Ste. 195, Baltimore, MD 21208, 301 653-4060; r. 10253 Little Brick House Ct., Ellicott City, MD 21043, 301 461-3163.
COUCHIE, Wilbur E.; '47 MACC; Retired; r. 960 W. Milton St., Alliance, OH 44601, 216 823-6236.
COUGHENOUR, Richard L.; '60 MBA; Financial Analyst; Sandia Labs, Kirkland AFB E., Albuquerque, NM 87115; r. 3308 Mount Everest St. NE, Albuquerque, NM 87111.
COUGHLIN, Mrs. Deborah L., (Deborah L. Lawson); '79 BSBA; Asst. VP; BancOhio, 155 E. Broad St., Columbus, OH 43265, 614 463-7440; r. 6299 Cheshire Rd., Galena, OH 43021, 614 548-6421.
COUGHLIN, Kathleen M. '87 (See Coughlin-Ray, Mrs. Kathleen M.).
COUGHLIN, Kevin J.; '82 BSBA; 215 S. Cassady Ave., Columbus, OH 43209, 614 279-3654.
COUGHLIN, Loretta Morris; '49 BSBA; 1208 Clinton St. SE, N. Canton, OH 44720, 216 499-9454.
COUGHLIN, Margaret Snyder; '51 BSBA; Secy.; City of Annapolis, 160 Duke of Gloucester St., Annapolis, MD 21403, 301 263-7952; r. 123 Rosecrest Dr., Annapolis, MD 21403, 301 269-6919.
COUGHLIN, Michael Eugene; '70 MBA; CPA; Michael A Coughlin, CPA, 5828 Reeds Rd, Mission, KS 66202; r. 5721 W. 85th Ter., Shawnee Mission, KS 66207, 913 642-7632.
COUGHLIN, Michael Joseph; '79 BSBA; Div. VP; Beverage Mgmt. Inc., 1001 Kingsmill Pkwy., Columbus, OH 43229; r. 6448 Paxton Woods Dr., Loveland, OH 45140, 513 677-2681.
COUGHLIN, Thomas Leo; '88 BSBA; 5216 Southminster Rd, Columbus, OH 43026, 614 876-8738.
COUGHLIN-RAY, Mrs. Kathleen M., (Kathleen M. Coughlin); '87 BSBA; Sales Mgr.; Sears Roebuck & Co., Sears Cerritos, Los Angeles, CA 90701, 213 860-0511; r. 3800 Hathaway Ave., Apt. 606, Long Bch., CA 90815, 213 498-7700.
COULL, Robert; '78 BSBA; Qlty Assurance Spec.; GTE Data Svcs., POB 1548, DC-N081, Tampa, FL 33601, 813 224-3395; r. 608 Greenbriar Dr., Brandon, FL 33511, 813 685-6385.
COULTER, Richard Lewis; '83 BSBA, '87 MBA; Controller; Bank One of Columbus NA, Bankwide Operations, 100 E. Broad St., Columbus, OH 43271, 614 265-2738; r. 7432 Broadwyn Dr., Reynoldsburg, OH 43068, 614 866-2784.
COULTER, Sharon Armbrust, (Sharon Armbrust); '85 MPA; Asst. Dir.; OSU Rsch. Fndn./Sponsored Programs Admin., 1314 Kinnear Rd., Columbus, OH 43212, 614 292-9323; r. 20537 State Rte. 104, Chillicothe, OH 45601, 614 775-6503.
COULTRAP, Helen Wolgamot; '32 BSBA; Homemaker; r. 412 Lake St., Lancaster, OH 43130, 614 654-0945.
COULTRIP, Ann Catherine; '85 BSBA; Sr. Acct.; Price Waterhouse, 200 Galleria Pkwy. NW, Ste. 1300, Marietta, GA 30339, 404 980-2900; r. 1641 T Bridge Mill Dr., Marietta, GA 30067, 404 952-3963.
COULTRIP, Robert William; '84 BSBA; Sales Rep.; North Star Steel Co., POB 1200, Monroe, MI 48161, 313 243-2446; r. 4802 Tamworth Rd., Sylvania, OH 43560, 419 882-3474.
COUMES, Pierre; '84 MA; Investment Mgr.; Credit Commercial de France, Bond Mutual Funds, 103 Ave. Des Champs Elysees, Paris 75008, France, 40702897; r. 26 Bis Rue La Fontaine, Paris 75016, France, 42245800.
COUNCILL, COL James W., USAF(Ret.); '67 MBA; 103 Alanwood Dr., Ormond Bch., FL 32074, 904 672-2217.
COUNIHAN, Wanda Mc Cullough; '47 BSBA; 115 Williams Rd, Concord, MA 01742, 508 369-7785.
COUNTY, Donald Everett; '71 BSBA; Constr. Inspection; Evwal Svcs., 2043 Lakeview, Oregon, OH 43618, 419 693-2200; r. 2043 Lakeview, Toledo, OH 43618, 419 693-2200.
COUPLAND, G. Alan; '77 BSBA; Dir., Loan Mgmt.; HUD, 200 N. High St., Columbus, OH 43215, 614 469-5704; r. 1920 Brandywine Dr., Columbus, OH 43220.
COURT, Gary Richard; '65 BSBA; Comptroller; Toledo Community Fndn., Toledo, OH 43604, 419 241-5049; r. 936 Bexley Dr., Perrysburg, OH 43551, 419 874-8609.
COURT, Rev. Steven D.; '80 BSBA; Pastor; Allerton United Meth. Church, RR 1, Box 418, Allerton Rd., Annandale, NJ 08801, 201 730-8485; r. RR 1, Box 213, Charlestown Rd., Hampton, NJ 08827, 201 735-5694.

COURTAD, David Alan; '84 BSBA; Account Exec.; Shearson Lehman Hutton, 76 S. Main St., Akron, OH 44308, 216 434-7131; r. 74 S. Meadowcroft Dr., Akron, OH 44313, 216 836-3968.
COURTLEY, Elissa Suzanne; '87 BSBA; Mktg. Svcs. Coord.; Miami Heart Inst., 4701 Meridian, Miami Bch., FL 33140, 305 674-3060; r. 4855 Pine Tree Dr., Miami Bch., FL 33140, 305 534-5010.
COURTNEY, Steven L.; '82 BSBA; Sales Rep.; Calgon Vestal Lab, St. Louis, MO 63110; r. 1829 Hard Rd., Worthington, OH 43085, 614 766-5963.
COURTRIGHT, Gary Blaine; '76 BSBA; 440 E. Weisheimer Rd., Columbus, OH 43214, 614 267-3000.
COURTRIGHT, James Edward; '83 BSBA; 970 Cahoon Rd, Westlake, OH 44145, 216 871-9378.
COURTRIGHT, Jeffrey Edward; '83 BSBA; Sales Repr; Arrow Distributing, 30400 Bruce Industrial Pkwy., Solon, OH 44139; r. 970 Cahoon Rd, Westlake, OH 44145, 216 871-9378.
COURTS, Gordon Bruce; '71 BSBA; Trans Coord.; Comm Health & Nursing Svc., 303 E. 6th Ave., Columbus, OH 43201; r. 172 Tibet Rd, Columbus, OH 43202, 614 267-3082.
COURY, Suzanne Collins; '82 MLHR; 20 S. Hempstead, Westerville, OH 43081, 614 891-9761.
COUSIN, Arthur Darnell; '82 BSBA; Mgr.; Kobacker Stores Inc., 1225 Countyline Rd., Fostoria, OH 44830; r. 619 Northview Dr., Fostoria, OH 44830, 419 435-6007.
COUSINO, David Brian; '77 BSBA; Sales Mgr.; Reynolds Aluminum, 1st & 47th Sts., McCook, IL 60525, 312 387-8742; r. 1560 N. Sandburg, #3211, Chicago, IL 60610, 312 664-3595.
COUSINO, Mrs. Jeanne M., (Jeanne V. Mahfouz); '73 BSBA; Product Mgr.; Borden Inc., 180 E. Broad St., Columbus, OH 43215, 614 225-4635; r. 5765 Haddington Dr., Dublin, OH 43017, 614 764-1428.
COUSINS, John Bertram; '83 BSBA; Network Admin.; Online Computer Library Ctr., 6565 Frantz Rd., Dublin, OH 43017, 614 764-4381; r. 2642 Landsburn Dr., Columbus, OH 43229, 614 475-8177.
COVARRUBIAS, Ricardo; '79 MBA; Pres.; Providence Rees Inc., POB 12535, Columbus, OH 43212, 614 236-2307; r. 5305 Acevedo Ct., Columbus, OH 43235, 614 459-4625.
COVEL, Jeffrey Archer; '66 BSBA; Pres.; Amzee Corp., 2375 Refugee Park, Columbus, OH 43207, 614 444-7803; r. 177 Canterberry Ln. SW, Reynoldsburg, OH 43068, 614 861-4215.
COVELLI, Nicholas E.; '80 BSBA; Truck Driver; City of Lyndhurst, 5301 Mayfield Rd., Lyndhurst, OH 44124; r. 1315 Genesee Ave., Mayfield Hts., OH 44124, 216 449-8834.
COVERT, Donald M.; '53 BSBA; Owner; C.O. Tool Inc., PO 1485, Elkhart, IN 46515, 219 262-1527; r. 920 W. Lexington, Elkhart, IN 46514, 219 293-2752.
COVERT, Donald Smith; '45 BSBA; Retired; Covert Furniture Co., 831 Gallia St., Portsmouth, OH 45662; r. 11060 Caravel Cir., #309, Ft. Myers, FL 33908, 813 466-8122.
COVERT, Jeffrey W., CPA; '81 BSBA; Owner; Covert & Yazel, CPA's, 1305 Worthington Woods Blvd., Worthington, OH 43085, 614 846-7005; r. 134 Wilbur Ave., Columbus, OH 43215, 614 294-8761.
COVERT, Stephen Lowell; '81 BSBA; Syst. Analyst; Central Benefits Mutual Ins. Co., 255 E. Main St., Columbus, OH 43215, 614 464-8415; r. 5025 New Haven Dr., Columbus, OH 43220, 614 459-7911.
COVERT, Thomas M.; '66 BSBA; VP Real Estat; Republic Natl. Bank, Republic National Bank Bldg., Dallas, TX 75260; r. 5905 Brushy Creek Tr., Dallas, TX 75252, 214 931-0566.
COVILLE, Kelly Brown; '85 BSBA; Acct.; American Finance Grp. Inc., Exchange Pl. 14th Fl., Boston, MA 02201, 617 542-1200; r. 21-J Beals Cove Rd., Hingham, MA 02043, 617 740-2123.
COVINGTON, Joan '81 (See Sorrell, Joan Covington).
COVINGTON, William Burrel; '78 BSBA; Acct.; Arco Oil & Gas Co., Atlantic Richfield Co, POB 51408, Lafayette, LA 70505, 318 264-4364; r. POB 81023, Lafayette, LA 70598, 318 984-3923.
COVUCCI, Frank W.; '84 BSBA; Sales/Operations Coord.; MONY, Glenpointe Ctr., W., Teaneck, NJ 07666, 201 907-6239; r. 154 Rothwell Ave., #6B, Cliffside Park, NJ 07010, 201 943-4685.
COWAN, David Edward, III; '86 BSBA; Acct.; Nationwide Ins. Co., One Nationwide Plz., Columbus, OH 43216, 614 249-7681; r. 121 Northcrest Dr., Marysville, OH 43040, 513 644-8645.
COWAN, Karen '66 (See Meyer, Karen Cowan).
COWAN, Robert D.; '49 BSBA; VP; Cool Insuring Agcy., Inc., Quaker Rd., Glens Falls, NY, 518 793-5133; r. 59 Blind Rock Rd, Glens Falls, NY 12801, 518 792-5605.
COWDERY, Max B.; '58 BSBA; Exec. Sec-Treas.; Belpre First Fed. S&L, 605 Washington Blvd., Belpre, OH 45714, 614 423-9504; r. No 3 Buckeye Ln., Belpre, OH 45714, 614 423-6119.
COWEE, Deborah, (Deborah Handley); '80 BSBA; 2104 Meadowview Cir., Garland, TX 75043, 214 271-4905.
COWEE, Robert Edward; '76 BSBA; Mgr. Customer Svc.; Abbott Labs, Abbott Park, N. Chicago, IL 60064, 312 937-9184; r. 1208 Parliament Ct., Libertyville, IL 60048, 312 362-6516.
COWEE, Thomas J.; '79 BSBA; SW Dist. VP & Controller; Waste Mgmt. of N. America, 1320 Greenway Dr., Ste. 900, Irving, TX 75038, 214 550-1774; r. 2104 Meadowview Cir., Garland, TX 75043, 214 271-4905.
COWEN, James K.; '66 BSBA; Pres.; DMT Industries, 17991 Englewood Dr., Middleburg Hts., OH 44130, 216 234-0477; r. 5909 Wadsworth Rd., Medina, OH 44256, 216 723-2946.
COWGILL, Aimee Diane; '82 BSBA; 1242 Ashland Ave., Columbus, OH 43212, 614 486-9904.
COWGILL, Ann '63 (See Mc Clanahan, Ann Cowgill).
COWGILL, Douglas Eugene; '77 BSBA; VP-Operations; Professional Investment Mgmt., POB 14864, Columbus, OH 43214, 614 261-3777; r. 1960 Thistlewood Ct., Worthington, OH 43235, 614 764-4894.
COWGILL, Jeffrey William; '85 BSBA; Trust Auditor; Bank One Corp., 100 E. Broad St., Columbus, OH 43215, 614 248-4545; r. 7307 Fall Creek Ln., Worthington, OH 43085, 614 764-2187.
COWGILL, John Alan; '81 BSLHR; Contract Spec.; USAF, Kirtland Contracting Ctr., Kirtland AFB, NM 87117, 505 844-8695; r. 1902 Lead SE, Albuquerque, NM 87106, 505 843-7306.
COWGILL, Mara Schmidt, (Mara L. Schmidt); '84 BSBA; Trust Admin.; Citizens Fed. S&L, 66 S. Third St., Columbus, OH 43215, 614 461-9241; r. 7307 Fall Creek Ln., Worthington, OH 43085, 614 764-2187.
COWGILL, Paul R.; '54 BSBA; Sr. Trust Investment Ofcr; Natl. City Bank, POB 5756, Cleveland, OH 44101, 216 575-2590; r. 4639 Ashbury Park Dr., N. Olmsted, OH 44070, 216 734-2028.
COWGILL, Wilmer D.; '32 BSBA; Retired; r. 6719 Gates Mills Blvd., Gates Mills, OH 44040, 216 449-0728.
COWIN, Joseph Patrick; '83 MBA; Sr. Atty.; United Telephone Syst., 5454 W. 110th St., Overland Park, KS 66211, 913 345-7919; r. 6413 W. 125th St., Overland Park, KS 66209, 913 345-1910.
COWIN, Richard P.; '48 BSBA; Semiretired; Public Acctg. Firm, 135 Pine St. SE, Warren, OH 44481; r. 149 Broadway SE, Warren, OH 44484, 216 395-3442.
COWING, Albert B., Jr.; '57 BSBA; Pres.; Fed. Express Mgmt. Corp., 91 Aquahart Rd., Glen Burnie, MD 21061, 301 760-6200; r. 401 Saint Ives Dr., Severna Park, MD 21146, 301 987-0911.
COWLES, Richard William; '72 BSBA; Acct.; Fraternity Sportswear, 2060 Hardy Pkwy., POB 23368, Columbus, OH 43223; r. 3775 Bridle Ct., Hilliard, OH 43026, 614 771-1713.
COWMAN, Craig Phillip; '85 BSBA; Asst. Acct. Exec.; Lord Sullivan & Yoder Inc., 250 Old Wilson Bridge Rd., Worthington, OH 43085; r. 5248 Dierker Rd., Columbus, OH 43220.
COWPERTHWAITE, Raymond A.; '48 BSBA; Entrepreneur; Sunburst Enterprises, 507 Contour Dr., Lake Charles, LA 70605, 318 478-8481; r. Same.
COX, Allan Whitfield, Jr.; '74 BSBA; Electronic Mfg. Sales Rep; Jay Mktg. & Assoc., 3014 Colchester SE, Ada, MI 49301, 616 942-1369.
COX, Amelia Ann; '80 BSBA; 33 Seaview Ave. Apt. 2B, Norwalk, CT 06855, 203 849-0124.
COX, Barry Wayne; '76 BSBA; Mgr.; Xerox Corp., 100 S. Clinton Ave., Rochester, NY 14644, 716 423-3211; r. 30 Ross Common Cres., Fairport, NY 14450, 716 223-5794.
COX, Carol '61 (See Langshaw, Carol Cox).
COX, Charles Q.; '42 BSBA; Auditor/St of Ohio; r. 11419 Ashbury Ave., Cleveland, OH 44106, 216 368-1454.
COX, Cheryl A. '80 (See Krauss, Mrs. Cheryl A.).
COX, David James; '83 BSBA; Financial Analyst; Warner Communications Inc., 425 Metro Pl. N. Ste. 500, Dublin, OH 43017, 614 766-2021; r. 2548 Rosebush Dr., Worthington, OH 43085.
COX, Don Ellis; '57 BSBA; Contract Admin.; US Dept. of The Army, Rm 3D 714 The Pentagon, Washington, DC 20310; r. 1176 Foxhound Ct., Mc Lean, VA 22102, 703 893-8430.
COX, Eulalia '26 (See Mullay, Eulalia Cox).
COX, Fern Pfaltzgraf; '35; 1017 Marland Dr. N., Columbus, OH 43224, 614 263-3163.
COX, Fred Joseph; '57 BSBA, '58 MBA; CPA; 33225 Wagon Wheel Dr., Solon, OH 44139, 216 248-1710; r. Same.
COX, Dr. Howard Brownell; '70 PhD (BUS); 38 Poland Manor, Poland, OH 44514, 216 757-1731.
COX, Jennie Heston; '46 BSBA; Retired; r. 1600 Highland Ave., Wilmette, IL 60091, 312 256-1782.
COX, John Edward; '36 BSBA; Atty.; Taggart Cox & Moore, Public Sq., Wooster, OH 44691; r. 1336 E. Wayne Ave., Wooster, OH 44691, 216 262-9541.
COX, Joseph Edward; '29; Retired; r. Bethany Lutheran Village, 6445 Far Hills Ave., Dayton, OH 45459, 513 435-0463.
COX, Kevin Dean; '87 BSBA; 1185 Elmore Ave., Columbus, OH 43224, 614 268-8593.
COX, Marian E. '67 (See Jones, Mrs. Marian E.).
COX, Nelson H., III; '73; Ins. Agt.; Nelson & Investment Broker Cox Ins., Broadway, E. Liverpool, OH 43920, 216 385-6611; r. 50139 Calcutta Smithsferry Rd, E. Liverpool, OH 43920, 216 386-9093.
COX, Paul Jefferson; '60 BSBA, '61 MA; Retired; r. Rte. 5 Box 773, Albemarle, NC 28001, 704 982-3000.
COX, Ralph Minor, Jr.; '72 BSBA; Staff; Procter & Gamble, Coffee Sales, Cincinnati, OH 45202; r. 2269 Courtright Rd., Columbus, OH 43232.
COX, Ramon Dale; '58 BSBA; Retired; r. 1185 Elmore Ave., Columbus, OH 43224, 614 268-8593.
COX, Raymond Harold; '49 BSBA; 2856 Berwick Dr., Tarpon Spgs., FL 34689, 813 934-8887.
COX, Ronald Chapsky; '51 BSBA; Pres./Owner; Sales USA Inc., POB 192, Addison, TX 75001, 214 788-5221; r. 15741 Regal Hill Cir., Dallas, TX 75248, 214 233-5466.
COX, Ronald Jay; '87 BSBA; Warehouse/Delivery; Worthington Bd. of Educ., 752 N. High St., Worthington, OH 43085; r. 7127 Shawnee Way, Reynoldsburg, OH 43068.
COX, Stephen Michael; '84 BSBA; Programmer/Analyst; Systs. Control Technology, 100 Exploration, Ste. 2005, Lexington Park, MD 20653, 301 863-5077; r. 1402 Liberty St., Lexington Park, MD 20653, 301 863-8545.
COX, T.J. Ted; '52 BSBA; Retired; r. 9838 W. Tonto Ln., Peoria, AZ 85345, 602 566-1587.
COX, Thomas Foster; '44; Retired; r. 264 Canterbury Dr., Dayton, OH 45429, 513 299-3226.
COX, Timothy W.; '74 BSBA; Corporate Atty.; Palm Beach Capital Mgmt., S. County Rd., Palm Bch., FL 33480, 407 655-7004; r. 825 Buttonwood Rd., N. Palm Bch., FL 33408, 407 626-5154.
COX, Virginia D., (Virginia Dissinger); '48 BSBA; Retired; r. 264 Canterbury Dr., Dayton, OH 45429, 513 299-3226.
COX, Wayne Alan; '84 BSBA; Loan Offcr/Mgr. Train; I T T Corp., 1210 Kenny Ctr. Mall, POB 20495, Columbus, OH 43220, 614 457-7190; r. 2350 Glenmawr Ave., Columbus, OH 43202, 614 268-7315.
COX, William Randall; '81 BSBA; Med. Student; Ohio State Univ., N. High St., Columbus, OH 43210; r. 607 Mason St., Springfield, OH 45503, 513 325-0200.
COX, William White, Jr.; '65; Area Dir.; Molex Inc., Regional Sales, Lisle, IL 60532; r. 8N 236 Heatherfield Dr., Elgin, IL 60123, 312 888-3858.
COY, Chris Alan; '79 BSBA; Pilot; Continental Airlines, Newark International Airport, Newark, NJ 07114; r. 3733 Rochfort Bridge Dr., Hilliard, OH 43026, 614 876-2732.
COY, LCDR John Howard; '73 BSBA; USN; r. 3510 Lemmington Rd., Pensacola, FL 32504, 904 221-4438.
COY, Orville A.; '34; Retired; r. 1507 Arrowhead Cir. W., Clearwater, FL 34619, 813 797-2143.
COY, Scott Alan; '74 BSBA; 2940 Cedar Hill Rd., Cuyahoga Falls, OH 44223, 216 923-8081.
COYLE, Thomas Michael; '74 BSBA; Mgr. MIS Qlty Assrnce; Mc Crory Stores, 2955 E. Market St., York, PA 17402, 717 757-7979; r. 237 Bellevue Rd., Red Lion, PA 17356, 717 244-8500.
COYNE, Mrs. Colleen M., (Colleen Connor); '84 BSBA; Mgr.; First Natl. Bank of Ohio, 106 S. Main St., Akron, OH 44308; r. 2575 Middleton Rd., Hudson, OH 44236, 216 650-4609.
COYNE, Donald David; '70 BSBA; 1826 Arrowhead Dr., Olathe, KS 66062, 913 782-3195.
COYNE, Donna Lancaster; '69 BSBA; 1826 Arrowhead Dr., Olathe, KS 66062, 913 782-3195.
COYNE, Kara A. '85 (See Mettille, Mrs. Kara C.).
COYNE, Karen P. '82 (See Volpe, Karen Patricia).
COYNE, Kevin Thomas; '84 BSBA; Mortgage Loan Ofcr.; Society Natl. Bank, 24700 Chagrin Blvd., Beachwood, OH 44122, 216 292-0072; r. 2575 Middleton Rd., Hudson, OH 44236, 216 650-4609.
COYNE, Kevin Todd; '81 BSBA; Industrial Engr.; Manville, 214 Oakwood Ave., Newark, OH 43055, 614 349-4382; r. 407 E. Burgess, Mt. Vernon, OH 43050, 614 392-0723.
COYNER, Douglas C.; '66 BSBA; 633 Reinhard Ave., Columbus, OH 43206, 614 444-3276.
COZ, Paul S.; '83 MLHR; Dir.-Human Resources; Gorton's Seafoods, 88 Rogers St., Gloucester, MA 01930, 508 283-3000; r. 27 Middlebury Ln., Beverly, MA 01915, 508 927-5720.
COZAD, Lyman Howard; '35 BSBA, '36 MSPA; S. CA Rep.; Public Svc. Skills Inc., 952 Canyon View Dr., La Verne, CA 91750, 714 599-0397; r. Same.
COZAD, Marjorie Wilson; '49 BSBA; Staff; The Ohio State Univ., University Hospitals, Columbus, OH 43210; r. 3531 Colchester Rd, Columbus, OH 43221, 614 451-7522.
COZZA, Craig James; '86 BSBA; Real Estate Rep.; Sherwin-Williams, 11 LaVista Perimeter Ofc. Pk., Ste. 107, Tucker, GA 30084, 404 621-6760; r. 1422 Hunters Club Ln., Norcross, GA 30093, 404 493-4765.
COZZARELLI, Jane M., (Jane M. Kinney); '83 BSBA; Sr. Internal Auditor; Battelle Mem. Inst., 505 King Ave., Columbus, OH 43201, 614 424-3339; r. 3536 Colchester Rd., Columbus, OH 43221, 614 457-7941.
CRABB, Barry Lee; '79 BSBA; Staff; Moore Business Forms, 4041 N. High St., Columbus, OH 43214; r. 893 Maebelle Way, Westerville, OH 43081.
CRABB, Mary Beth, (Mary Beth Hanover); '80 BSBA; Ins. Broker/VP; Marsh & Mc Lennan Inc., 3303 Wilshire Blvd., Los Angeles, CA 90010, 213 736-7910; r. 2120 Bentley Ave. #306, Los Angeles, CA 90025, 213 473-7333.
CRABB, Robert; '68 BSBA, '71 MBA; Certified Pub Acct.; r. 8175 Sawmill Rd., Powell, OH 43065, 614 889-1827.
CRABBE, Donald E.; '40 BSBA; Retired; r. 668 Essex St., Akron, OH 44306, 216 784-7327.
CRABBE, James T.; '48 BSBA; Bd. Chmn.; Job Cost Systs., Inc., 5643 Green Circle Dr., #113, Minnetonka, MN 55343, 612 933-0163; r. Same.
CRABBE, Susan R., (Susan Raster); '68 BSBA; Admin. Svcs.; Warren Rural Electric Corp., Postmaster, Bowling Green, KY 42102, 502 842-6541; r. 425 Old Lovers Ln., Bowling Green, KY 42103, 502 842-1606.
CRABBS, Laura J. '85 (See Corbett, Mrs. Laura J.).
CRABILL, Stephen Hugh; '77 BSBA; Real Estate Dir.; Marriott Corp., 380 Interstate N. Pkwy., Ste. 380, Atlanta, GA 30339, 404 955-6608; r. 4833 Dunwoody Sta. Dr., Dunwoody, GA 30338, 404 668-0630.
CRABLE, Mrs. Linda M., (Linda Zimmerman); '79 BSBA; 11508 Benbow Ct., Orlando, FL 32821.
CRABLE, Lowell E., Jr.; '78 BSLHR, '80 MLHR; Kroger Co., 457 Cleveland Ave., Columbus, OH 43203; r. 105 Oxmoore Dr., Anderson, SC 29621.
CRABTREE, Steven Alan; '80 BSBA; Asst. Mgr.; Big Bear Stores Co., 770 W. Goodale Blvd., Columbus, OH 43212, 614 464-6500; r. 2111 Sprucefield Rd., Columbus, OH 43229, 614 891-7564.
CRABTREE, Valleri Jayne; '79 BSBA; Compliance Analyst; Nationwide Ins. Cos., One Nationwide Plz., Columbus, OH 43216; r. 3274 Cranston Dr., Dublin, OH 43017, 614 761-9063.
CRABTREE, Warden Cravens, Jr.; '82 BSBA; 4504 Christino Ln., Gahanna, OH 43230, 614 471-8214.
CRAFT, James Richard; '83 BSBA; 4116 Independence Dr. NW, N. Canton, OH 44720, 216 497-4983.
CRAFTER, Gregory Bernard; '87 BSBA; Syst. Cnslt.; AT&T, 200 W. Wilson Bridge Rd., Worthington, OH 43085, 614 431-6708; r. 1000 Kings Highland Dr., #104, Columbus, OH 43229, 614 846-2454.
CRAFTON, Mrs. Linda K., (Linda K. Stine); '81 BSBA; Plng. Tech.; Salt River Proj., 1505 Project Dr., Tempe, AZ 85281, 602 236-5907; r. 18828 N. 14th Pl., Phoenix, AZ 85024, 602 582-8581.
CRAFTS, Louise '48 (See Adams, Mrs. Louise Crafts).
CRAGO, MAJ Dennis L., USAFR; '69 BSBA; Dir. of Operations; 907 TAG, Air Force Reserve, Bldg. 887, Rickenbacker ANG Base, Columbus, OH 43217, 614 492-4777; r. 3010 Voeller Cir., Grove City, OH 43123, 614 871-1043.
CRAIG, Barbara Kurucz, (Barbara Kurucz); '83 BSBA; Sr. Mktg. Proj. Dir.; NFO Rsch., Inc., POB 315, Toledo, OH 43619, 419 666-8800; r. 235 W. Indiana Apt. E, Perrysburg, OH 43551, 419 874-3081.
CRAIG, Dr. Charles Samuel; '71 PhD (BUS); 110 Bleecker St. Apt. 3-F, New York, NY 10012, 212 777-5397.
CRAIG, Douglass Brent; '77 BSBA; Mgr.; Rockwell Intl., Quality Control, Kenton, OH 43326; r. Ridgecrest Apts. #216, Verona, VA 24482.
CRAIG, Fred C.; '56 BSBA; Produce Supt.; The Hoover Co., 101 E. Maple St., N. Canton, OH 44720; r. 2505 Mcdowell NE, N. Canton, OH 44721, 216 499-3321.
CRAIG, James Scott; '83 BSBA; Distribution Coord.; Air Prods. & Chemicals, N. Baltimore, OH 45872, 419 257-2781; r. 235 W. Indiana Apt. E, Perrysburg, OH 43551, 419 874-3081.
CRAIG, Joanne Walton; '57 BSBA; Tchr.; Eastmoor Sr. High, 417 S. Weyant Ave., Columbus, OH 43213; r. 6271 Bidwell Ln., Columbus, OH 43213, 614 866-7636.
CRAIG, Lisa Anne; '88 MBA; Commercial Lender; Bank One of Columbus NA, 100 E. Broad St., Columbus, OH 43271, 614 248-6081; r. 1561 Sandringham Dr., Columbus, OH 43220, 614 457-6473.
CRAIG, Patricia Hill; '56 BSBA; Homemaker; r. 742 Forsyth St., Boca Raton, FL 33432.
CRAIG, Ralph L.; '57 BSBA; Staff; Michigan Dept. of Commerce, c/o Postmaster, Lansing, MI 48917; r. 415 Harpers Way, Lansing, MI 48917, 517 321-1242.
CRAIG, Robert G.; '50 BSBA; 524 Oakdale Ave, Massapequa Pk, NY 11762.
CRAIG, Robert Joseph; '74 MBA; Quality Assurance Mgr.; E.I. du Pont, 511 Spruce St., Clearfield, PA 16830, 814 238-2589; r. 19 Coventry Ln., State College, PA 16803, 814 238-2589.
CRAIG, Roger William; '73 BSBA; Revenue Ofcr.; IRS, 261 S. Third St., Columbus, OH 43216; r. POB 449, Lima, OH 45802.
CRAIGO, Jeffrey Warren; '80 MBA; Employee Relations Mgr.; Fluorocarbon-Samuel Moore Grp., 1199 S. Chillicothe Rd., Div. #173, Aurora, OH 44202, 216 562-3953; r. 10714 Nellabrook Ave., Alliance, OH 44601, 216 823-1262.
CRAIGO, John Alan; '80 BSBA; VP; Application Software, 33 E. Schrock Rd, Westerville, OH 43081, 614 895-7007; r. 2260 Gnarled Pine Dr., Dublin, OH 43017, 614 766-4661.
CRAIN, Frank D.; '54 BSBA; Retired; r. 13425 Countryside Dr., Sun City West, AZ 85375, 602 584-8989.
CRAINE, Irwin A.; '57 BSBA; Gen. Mgr.; Metro Video Distributors, 7853 El Cajon Blvd., La Mesa, CA 92041; r. 3715 Wildrose Glen, Escondido, CA 92025, 619 485-6878.
CRAINE, John K.; '62 BSBA; VP; Buckeye Container Co., 326 N. Hillcrest, Wooster, OH 44691, 216 264-6336; r. 65 Owen Brown St., Hudson, OH 44236, 216 650-6471.
CRAINE, William J.; '51; Salesman; Franklin Life Ins. Co., 3801 N. 24th St., Phoenix, AZ 85016, 602 957-4300; r. 7850 N. 21st Dr., Phoenix, AZ 85021, 602 995-4325.

CRALL, Robert Jack; '74 MBA; Mktg. Mgr.; Alcatel Network Systs., 2912 Wake Forest Rd., Raleigh, NC 27609, 919 850-6149; r. 111 Loch Haven Ln., Cary, NC 27511, 919 859-1193.
CRAMER, Charles Lambert, Jr.; '81 MBA; 7724 Eagle Creek Dr., Dayton, OH 45459.
CRAMER, Dennis William; '75 BSBA; Mgr. Client Relations; R.E. Harrington Inc., 811 Greencrest Dr., Westerville, OH 43081, 614 891-3480; r. 612 Michael Ave., Westerville, OH 43081, 614 890-3067.
CRAMER, Joseph Charles; '82 MBA; Proj. Engr.; Abbott Labs, Abbott Park D-519, N. Chicago, IL 60064; r. 2323 Ole Davidson Rd., Racine, WI 53405, 414 632-8456.
CRAMER, Marion A.; '37 BSBA; Retired; Anchor Hocking, Lancaster, OH 43130; r. 153 E. Walnut St., Lancaster, OH 43130, 614 653-1171.
CRAMER, Michael Joe; '69 BSBA; Dir. Special Credits; Southmark Corp., 1601 LBJ Frwy., Ste. 800, Dallas, TX 75234, 214 406-6543; r. 521 Chaffee Dr., Arlington, TX 76006, 817 261-9999.
CRANDALL, James L.; '39 BSBA; Retired; r. 7300 Dearwester Dr., Apt. 219, Cincinnati, OH 45236, 513 791-9321.
CRANDALL, Steven Paul; '84 BSBA; Missionary; Campus Crusade for Christ, 225 W. 10th Ave., Columbus, OH 43210; r. 6483 Madison Rd., Thompson, OH 44086, 216 298-3592.
CRANE, Gregory Louis; '68 BSBA; Safety Svc. Dir.; City of Brunswick, 4095 Center Rd., Brunswick, OH 44212, 216 225-9144; r. 3523 Sleepy Hollow Rd., Brunswick, OH 44212, 216 225-2032.
CRANE, Jameson; '47 BSBA; Pres.; Crane Plastics Co., 2141 Fairwood Ave., Columbus, OH 43207, 614 443-4891; r. 14 Stanbery Ave., Columbus, OH 43209, 614 258-1510.
CRANE, Kathleen '76 (See Segna, Kathleen).
CRANE, Robert Sellers, Jr.; '46 BSBA; Chmn. of the Bd.; Crane Plastics, 2141 Fairwood Ave., Columbus, OH 43207, 614 443-4891; r. 2740 Edington Rd., Columbus, OH 43221, 614 488-7712.
CRANE, Tanny Bullard; '78 BSBA; Dir. of Personnel; Crane Plastics Co., 2141 Fairwood Ave., Columbus, OH 43207, 614 443-4891; r. 2199 Waltham Rd., Columbus, OH 43221, 614 486-5559.
CRANGLE, CAPT Eugene V., USN(Ret.); '55 BSBA; Broker-Real Estate; r. 926 Brunswick Dr., Sugar Land, TX 77478, 713 491-4979.
CRANK, Jeffrey Brian; '82 BSBA; 300 Lesleh, Groveport, OH 43125, 614 836-5873.
CRARY, Dr. David Truman; '62 BSBA, '64 MBA, '66 PhD (BUS); Chmn.; Dept. of Finance, Louisiana State Univ, Baton Rouge, LA 70803; r. 745 Kenilworth Pkwy., Baton Rouge, LA 70808, 504 766-9365.
CRATER, Edward R.; '78 BSBA; Partner; Deloitte Haskins & Sells, 1200 Travis, #2600, Houston, TX 77002, 713 651-1700; r. 411 W. 30th St., Houston, TX 77018, 713 863-8071.
CRAVEN, Donald E.; '50 BSBA; Retired; r. 126 Schooner View Dr., Harbor Spgs., MI 49740, 616 526-6116.
CRAVEN, Thomas Wayne; '79 MBA; Sr. Buyer Chemicals; Weyerhaeuser Paper Co., 200 Grand Ave., Rothschild, WI 54474, 715 359-3101; r. 139 Kent St., Wausau, WI 54401, 715 842-3576.
CRAWFIS, Cynthia Marie; '85 BSBA; Postal Employee; r. 425 Broadmeadows Blvd., #302, Columbus, OH 43214, 614 885-5113.
CRAWFORD, Anne Hildebrand; '74 BSBA, '76 MA; 133 Ballmann Rd., Reynoldsburg, OH 43068.
CRAWFORD, Arthur Bert; '41; Retired; r. 750 Sharon Valley Rd., Newark, OH 43055, 614 366-4265.
CRAWFORD, LTC Brian Edward, USA; '70 BSBA; Secy. of Gen. Staff; HQ USAISC Attn: AS-SGS, Ft. Huachuca, AZ 85613, 602 538-6641; r. 118 Mills Cir., NBU 24-1, Ft. Huachuca, AZ 85613, 602 459-7002.
CRAWFORD, Cecil Edward; '58 MBA; Bus. Acct./Cnslt./Broker; Homefinders Intl.- Real Estate, 707 N. Saddle Creek Rd., Omaha, NE 68132, 402 556-4880; r. 5606 Farnam St., Omaha, NE 68132, 402 556-7648.
CRAWFORD, Colin Gregory; '88 MBA; 111 W. Hudson St., Apt. 2-E., Columbus, OH 43202, 614 447-8940.
CRAWFORD, Hon. Dale Anthony; '65 BSBA; Judge; Franklin Cnty., Municipal Ct., Columbus, OH 43215; r. 2412 Lytham Rd., Columbus, OH 43220.
CRAWFORD, Daniel J.; '87 BSBA; Sr. Prog./Analyst; OCLC, 6565 Frantz, Dublin, OH 43017, 614 761-5158; r. 216 N. Charles, Lima, OH 45805, 419 222-4397.
CRAWFORD, David Arthur; '77 BSBA; Programmer Analyst; Adria Labs, 5000 Post Rd., Dublin, OH 43017; r. 10256 Jerome Rd., Plain City, OH 43064, 614 873-4388.
CRAWFORD, 2LT David Michael; '85 BSBA; 2nd Lt.; Marines Corps Air Facility, c/o of Postmaster, Quantico, VA 22134; r. 25621 Indian Hill Ln., Laguna Hls., CA 92653.
CRAWFORD, Ms. De Etta Jean; '87 BSBA; Plng. Coord.; Stone/Elkay Industries, 2 Pennsylvania Plz., 12th Fl., New York, NY 10121; r. 517 Starlight Dr., Seven Hls., OH 44131, 216 524-8572.
CRAWFORD, Dwight Evan; '75 BSBA; Ins. Agt.; r. 4034 Zink Dr. NW, Canton, OH 44718, 216 493-1300.
CRAWFORD, Dwight Wayne; '82 BSBA; Tax Mgr.; Touche Ross & Co., 1900 M St. NW, Washington, DC 20036; r. 8027 Eastern Dr., Apt. 104, Silver Spg., MD 20910.
CRAWFORD, Emily '60 (See Diehm, Emily Crawford).
CRAWFORD, Harry Arthur; '47 MBA; Pres.; Ins. & Risk Mgmt., POB 1705, Ft. Wayne, IN 46801, 219 436-1616; r. 4701 Covington Rd., Ft. Wayne, IN 46804, 219 432-7987.
CRAWFORD, J. Kenneth; '29 BSBA; Merchant; Crawford Shoe Co., 138 N. Main St., Lima, OH 45801; r. 2221 Merit Ave., Lima, OH 45805, 419 229-1676.
CRAWFORD, Jan David; '77 BSBA; Chief of Systs.; Ohio Industrial Commission, 246 N. High St., Columbus, OH 43215, 614 644-6258; r. 548 N. Drexel Ave., Columbus, OH 43209, 614 252-5868.
CRAWFORD, Juan Hamilton; '83 MBA; 3126 Jackie Ln., Columbus, OH 43220.
CRAWFORD, Kathleen Rita; '87 BSBA; 614 Garden Rd., Columbus, OH 43214, 614 261-8300.
CRAWFORD, Kevin Paul; '83 BSBA; Sales Mgr.; Crawford Prods., 6509 Doubletree, Columbus, OH 43229; r. 777 Linworth Rd. E., Worthington, OH 43085, 614 888-2240.
CRAWFORD, Marcia Elaine; '86 BSBA; Credit Interviewer; CBC Co., Credit Bureau of Columbus, 170 E. Town St., Columbus, OH 43215, 614 222-5300; r. 5830 Arborwood Dr., #A, Columbus, OH 43229, 614 848-5340.
CRAWFORD, Melvin; '77 MPA; Dir. of CMH Mgmt. Prog.; Greater Trenton C M H C Inc., POB 1393, Trenton, NJ 08618, 609 396-6788; r. 70 Laurel Pl., Trenton, NJ 08618, 609 394-9406.
CRAWFORD, Michael; '81 BSBA; 6320 Century City S. #1, Reynoldsburg, OH 43068, 614 861-8561.
CRAWFORD, Nancy Ellen; '74 BSBA; 26591 CR 24, Coshocton, OH 43812, 614 824-4188.
CRAWFORD, Ralph Christopher; '82 BSBA; Sr. Account Exec.; Scantland Communications, 335 E. Center St., Marion, OH 43302, 614 387-9343; r. 428 Marion-Cardington Rd. W., Marion, OH 43302, 614 389-4049.
CRAWFORD, Richard C.; '59 BSBA; Mayor; Tulsa City, City Hall, Tulsa, OK 74171, 918 592-7777; r. 10435 S. Sandusky St., Tulsa, OK 74137, 918 299-1927.
CRAWFORD, Richard D.; '83 BSBA; Sr. Internal Auditor; Esterline Corp., Cbt Plz., 1020 Post Rd., Darien, CT 06820; r. 4475 Pacific Coast Hwy., #J206, Torrance, CA 90505.
CRAWFORD, Richard W.; '53 BSBA; Central Ohio Transit Authority, 1600 Mc Kinley Ave., Columbus, OH 43222; r. 2023 Inchcliff Rd, Columbus, OH 43221, 614 486-2780.
CRAWFORD, Robert John; '29 BSBA; Retired; r. 74 Maplewood Ave., Akron, OH 44313.
CRAWFORD, Thomas Earl; '65 MACC; Pres.; Unistaff Inc., 23 W. Market, POB 745, Wabash, IN 46992, 219 563-3119; r. 635 Crown Hill Dr. E., Wabash, IN 46992, 219 563-5840.
CRAWFORD, Thomas Elwyn; '58 BSBA; Area Mgr.; ITW Paslode, 2 Marriott Dr., Lincolnshire, IL 60069, 800 323-1303; r. 4516 E. 100th St., Brighton Oaks, Tulsa, OK 74137, 918 299-9032.
CRAWFORD, Thomas Foy; '69 BSBA; VP Finance; GE Info. Svcs., 401 N. Washington St., Rockville, MD 20850, 301 340-4751; r. 13517 Bonnie Dale Dr., Gaithersburg, MD 20878, 301 926-3321.
CRAWFORD, William John; '48 BSBA; Savings & Loan Commsr.; State of Calif, LA Ofc., 600 S. Commonwealth St., Los Angeles, CA 90005, 213 736-2791; r. 23 Inverness Ln., Newport Bch., CA 92660, 714 720-0741.
CRAYCRAFT, Robert Dean; '80 BSBA; Analyst; American Airlines, Inc., 4255 Amon Carter Blvd., Ft. Worth, TX 76155, 817 963-3333; r. 6933 Aston Dr., N. Richland Hls., TX 76180, 817 354-6692.
CRAYTON, Marcella Jones; '83 BSLHR; Banking Ofcr.; Toledo Trust Corp., Three Seagate Sq., Toledo, OH 43603; r. 4513 Oak Creek Ln., Toledo, OH 43615, 419 531-5022.
CREA, Stephen Nicholas; '84 BSBA; Plant Acct.; Weyerhaeuser Paper Co., 7517 'F' St., Omaha, NE 69127; r. 15024 Wycliffe Dr., #40, Omaha, NE 68154, 402 330-7216.
CREACHBAUM, Beverly '54 (See Ingle, Beverly Creachbaum).
CREADY, Dr. William Montgomery; '80 MACC, '85 PhD (ACC); Staff; Univ. of North Carolina, Box 2688, Chapel Hill, NC 27514; r. 122 Mallard Ct., Chapel Hill, NC 27514, 919 942-0428.
CREAGAN, Thomas Edward; '63 BSBA; Purchasing Mgr. C.P.M.; Mac Tools Inc.-Div. Stanley Wks, S. Fayette St., Washington C. H., OH 43160, 614 333-2236; r. 2255 Mc Coy Rd, Columbus, OH 43220, 614 451-5842.
CREAGER, CDR Hugh Gunder; '71 BSBA; Cdr. Usn; r. 1212 6th St., Coronado, CA 92118, 619 437-4704.
CREAGER, Kim '81 (See Wilver, Mrs. Kim C.).
CREAGER, Lisa '83 (See Donatini, Lisa Creager).
CREAGER, Michael James; '75 BSBA; Asst. Prof. of Mktg.; Tiffin Univ., 155 Miami St., Tiffin, OH 44883, 419 447-6442; r. 25 Goodsell St., Tiffin, OH 44883, 419 448-0736.
CREAGER, Paul, Jr.; '50 BSBA; Grp. Pres.; Becton Dickinson & Co., One Becton Dr., Franklin Lakes, NJ 07417, 201 848-7307; r. Glen Alpine Rd., Box 413, New Vernon, NJ 07976, 201 644-0662.
CREAMER, David S.; '60 BSBA; Dir.; The Upjohn Co., Tax Planning & Audits Division, 7000 Portage Rd., Kalamazoo, MI 49001, 616 323-6045; r. 7890 N. 32nd St., Richland, MI 49083, 616 629-4887.
CREAMER, John Drew; '84 BSBA; Merchandising Repr; Revlon Inc., c/o 2006 Hillcrest NW, Apt. 15, Canton, OH 44709; r. 145 N. Main St., Mechanicsburg, OH 43044.
CREAMER, John W.; '63 BSBA; Partner; Arthur Young & Co., 277 Park Ave., New York, NY 10172, 212 407-3105; r. 10 Woodley Rd., Darien, CT 06820, 203 655-2682.
CREAMER, Thomas Edward; '68 BSBA; Reg'l Mgr.-Systs. Design; Ohio Bell Communications Co., 1105 Schrock Rd., Ste. 400, Columbus, OH 43229, 614 431-6013; r. 746 Mohican Way, Westerville, OH 43081, 614 891-2800.
CREASAP, Martin Ross; '76 BSBA, '84 MBA; Cost Analyst; Ford Motor Co., 6900 English Ave., POB 1991, Indianapolis, IN 46206; r. 8928 Knights Ct., Indianapolis, IN 46250.
CREE, Douglas T.; '38 BSBA; Retired; r. c/o Stonegate Lot 224, 1401 E. Rundberg Ln., Austin, TX 78753, 512 837-7057.
CREE, Mrs. Mary P., (Mary P. Gearhart); '72 BSBA; VP; Mkts. & Prods. Inc., 748 Marburn Dr., Columbus, OH 43214, 614 451-7520; r. Same.
CREECH, Johnny; '69 BSBA; Airline Capt.; Continental Airlines, Houston Intercontinental Arpt, Houston, TX 77060, 713 880-8852; r. 2902 G West Ln., Houston, TX 77027, 713 622-0345.
CREECH, Tommy Allen; '82 BSBA; 2070 Hebron Rd. #D, Heath, OH 43056.
CREED, Leland K.; '49 BSBA; Retired; r. 120 Cardinal Ct., #2, Russell, KY 41169, 606 836-5835.
CREEGER, Jeffery Scott; '86 BSBA; Acct.; US Gypsum Corp., 1201 Mayo Shell Rd., Galena Park, TX 77547, 713 672-8261; r. 5801 Hollister, Apt. 1206, Houston, TX 77040, 713 460-1420.
CREGAR, Evelyn Buxser, (Evelyn Buxser); '49 BSBA; Retired; r. 2219 Colony Dr., Huntsville, AL 35802, 205 881-4405.
CREIGHTON, John D.; '60 BSBA; VP; Ohio Casualty Ins. Grp., 136 N. 3rd St., Hamilton, OH 45025, 513 867-3670; r. 151 E. Fairway Dr., Hamilton, OH 45013, 513 896-9178.
CREIGHTON, John W., Jr.; '54 BSBA; Pres.; Weyerhaeuser Co., Ch5, Tacoma, WA 98477, 206 924-2220; r. 3711 130th Ave. NE, Bellevue, WA 98005, 206 885-3804.
CREMEANS, Theodore Wayne; '74 BSBA; Gen. Foreman; Natl. Electric Coil, King Ave., Columbus, OH 43212; r. 5346 Grandon Dr., Hilliard, OH 43026, 614 876-3554.
CREPEAU, Daniel Paul; '77 BSBA; 2655 Chester Rd, Columbus, OH 43221, 614 486-5600.
CREPS, Darrel E., III; '86 BSBA; Staff Acct.; Deloitte Haskins & Sells, 155 E. Broad St., Columbus, OH 43215, 614 221-1000; r. 29727 Osborn Rd., Bay Village, OH 44140, 216 871-8046.
CREPS, Linda Jane; '81 BSBA; Dir./Unit Mgmt.; St. Anns Hosp., 500 Cleveland Ave., Westerville, OH 43081; r. 5407 Valley Ln. E., Columbus, OH 43229.
CRESPY, Mary Elizabeth; '88 BSBA; 24861 Deerfield Dr., N. Olmsted, OH 44070, 216 777-6425.
CRESS, Rodman Scott; '88 MBA; Prod. Mktg. Spec.; CompuServe, Inc., 5000 Arlington Ctr. Blvd., Columbus, OH 43220, 614 457-8600; r. 5023 Godown Rd., Columbus, OH 43220, 614 451-8279.
CRESS, Sally Biddle; '75 BSBA; Treas.-CPA; Ohio Indemnity Co., 50 W. Broad St., Columbus, OH 43215, 614 228-2800; r. 2625 Edington Rd., Columbus, OH 43221, 614 486-4288.
CRESSOR, Ann Fulton; '50 BSBA; Homemaker; r. 6415 Seabryn Dr., Palos Verdes Pnsla., CA 90274, 213 541-2805.
CRESSOR, Paul Bartholomew, III; '80 MBA; Pres.; PIC Industries Inc., POB 594, Marion, OH 43302, 614 382-2044; r. 655 Bexley, Marion, OH 43302, 614 387-6734.
CRESSOR, Philip A.; '50 BSBA; Pres./Sales; Cressor Corp., 1933 S. Broadway, Space 171, Los Angeles, CA 90007; r. 6415 Seabryn Dr., Palos Verdes Pnsla., CA 90274, 213 541-2805.
CRETCHER, David Alan; '88 MBA; 1681 King Ave., Columbus, OH 43212, 614 486-8355.
CREVONIS, Helena B.; '87 BSBA; Tax Svc. Staff; Peat Marwick Main & Co., 2 Nationwide Plz., Columbus, OH 43215, 614 249-2300; r. 7482 Gatestone Ln., Worthington, OH 43085, 614 436-8145.
CREW, Robert S.; '51 BSBA; Mktg. Mgr.; Spector Molding Inc., POB 8005, Greenville, NC 27834, 919 752-1293; r. 2115 Weybridge Dr., Raleigh, NC 27615, 919 872-6934.
CREWS, Cristie '81 (See Meige, Cristie C.).
CREWS, Thomas M.; '82 MBA; Atty.; Retail Enterprises Inc., 1815 Alturo Pl., San Diego, CA 92103; r. 1202 Moana Dr., San Diego, CA 92107.
CRIBBET, Gregory Travis; '78 BSBA; Cnslt.; Ohio Educ. Assn., 225 Broad St., Columbus, OH 43216, 614 228-4526; r. 1327 Smallwood Dr., Columbus, OH 43235, 614 457-9133.
CRIBBS, Glenn E.; '59 BSBA; Pilot/CAPT; American Airlines, San Francisco Intl. Airport, San Francisco, CA 94128; r. 1021 Mount Carmel Dr., San Jose, CA 95120, 408 268-6375.
CRIBBS, James Michael; '72 BSBA; Dept. Mgr.; Lazarus, Rte. 33 Memorial Dr., River Valley Mall, Lancaster, OH 43130; r. 1569-C Monmouth St., Lancaster, OH 43130, 614 687-6459.
CRIBBS, Robert Eugene, Jr.; '68 BSBA, '73 MBA; Treasury Spec.; Diamond-Star Motors, 100 Diamond-Star Pkwy., Normal, IL 61761, 309 888-8461; r. 3001 Thornwood Ln., Bloomington, IL 61704.
CRICHFIELD, Timothy Ryan; '72 BSBA; Partner, Mgmt. Cnsltg Div; Ernst & Whinney, San Francisco, CA 94104; r. 281 Morning Sun Ave., Mill Valley, CA 94941, 415 383-0428.
CRICHTON, Arthur C.; '53 BSBA; Admin.; Winter Park Retirement Ctr. Inc., 1550 Gay Dr., Winter Park, FL 32784; r. 2761 Will O The Green, Winter Park, FL 32792, 407 671-0112.
CRIDER, MAJ Don R., USA; '67 BSBA; 2717 Briarpatch Dr., Valrico, FL 33594, 813 684-7535.
CRIMMINS, Brian Michael; '79 BSBA; VP; Crozer-Chester Med. Ctr., 15th St. & Upland Ave., Chester, PA 19013, 215 447-2408; r. 3421 Westchester Pike, Unit C56, Newtown Sq., PA 19073, 215 353-3009.
CRINER, Candis Louise; '75 BSBA; Acct.; Commercial Movers Inc., 3580 Fisher Rd., Columbus, OH 43228, 614 279-8651; r. 2181 Ransom Oaks Dr., Columbus, OH 43228.
CRINER, Delores E. '84 (See Logsdon, Mrs. Delores E.).
CRIPPEN, Dr. Danny Lee; '81 MPA, '81 PhD (PA); Asst.; President Ronald Reagan, The White House, 1600 Pennsylvania Ave. NW, Washington, DC 20500; r. 3821 Beecher St. N. W., Washington, DC 20007.
CRIPPS, Ralph Thomas; '75 BSBA; Territory Mgr.; Up-Right Inc., 1030 Terminal Twr., Cleveland, OH 44113; r. 4839 Debbie Dr., Medina, OH 44256, 216 725-3827.
CRISLIP, Jeanne B. '75 (See Combs, Mrs. Jeanne B.).
CRISS, Harry P., Jr.; '64 BSBA; Taxpayer Srv Specist; IRS, 575 N. Pennsylvania St., Indianapolis, IN 46208, 317 269-7082; r. 3124 Bonham Dr., Indianapolis, IN 46222, 317 923-9125.
CRISS, John E., Jr.; '50 BSBA; Realtor/Owner; Criss Realty, 317 Washington St., Steubenville, OH 43952, 614 283-1555; r. 4405 Fairway Dr., Steubenville, OH 43952, 614 264-7936.
CRIST, Jerry O.; '56 BSBA; Programmer/Analyst; Medusa Corp., 3008 Monticello & Lee Blvds., Cleveland Hts., OH 44118, 216 371-4000; r. 319 Blissfield Dr., Willowick, OH 44094, 216 944-8590.
CRIST, Rodney D.; '50 BSBA; Secy.; Rodbar Inc., 4186 Windermere Rd., Columbus, OH 43220, 614 451-4350; r. Same.
CRIST, Rodney Lee; '69 BSBA; Treas.; Harding Hosp. Inc., 445 E. Granville Rd, Worthington, OH 43085, 614 885-5381; r. 5110 Stringtown Rd., Baltimore, OH 43105, 614 862-8853.
CRIST, Stanley D.; '40 BSBA; Retired CPA; r. 2755 Bexley Park Rd., Columbus, OH 43209, 614 231-8962.
CRIST, Stephen F.; '69 BSBA; Dir. of Operations; ROOC, Inc., 11051 North Cut, Roscommon, MI 48653; r. 650 Larson Ct., Roscommon, MI 48653, 517 275-8431.
CRIST, William C.; '63 BSBA; Owner; Big Red Q Quickprint, 68 E. Market St., Tiffin, OH 44883, 419 448-1354; r. 35 Gross St., Tiffin, OH 44883, 419 447-7972.
CRISTEA, Carrie; '87 BSBA; 1720 Monument NW, Canton, OH 44703, 216 452-0124.
CRISWELL, Steven James; '83 BSBA; Operations Admin.; Bank One, Columbus, NA, Bank Card Division, 750 Piedmont Rd., Columbus, OH 43224, 614 248-3128; r. 2075 Queensbridge Dr., Worthington, OH 43235, 614 792-1275.
CRITES, Daniel D.; '60 BSBA; 818 Riva Ridge Blvd., Gahanna, OH 43230, 614 855-7740.
CRITES, Jennifer Judith; '85 BSBA; Grad. Tchng. Asst. Acctg.; Ohio State Univ., 1775 College Rd., Hagerty Hall, Columbus, OH 43210, 614 292-7397; r. 4642 Winterset Dr., Columbus, OH 43220, 614 457-2668.
CRITES, Kelley Christine; '88 BSBA; Staff Acct.; Price Waterhouse, 41 S. High St., Columbus, OH 43215, 614 221-8500; r. 4650 Winterset Dr., Columbus, OH 43220, 614 855-7740.
CRITES, Paul Richard; '74 BSBA; Sr. Acct.; Tenneco Oil Co. Inc., 6600 Powers Ferry Rd, Atlanta, GA 30328; r. 17607 Moss Point Dr., Spring, TX 77379, 713 251-9232.
CRITSER, Stephen A.; '78 BSBA; Traffic Mgr.; Wmdt-TV, c/o Postmaster, Salisbury, MD 21801; r. 1013 Lorecrop St., Salisbury, MD 21801, 301 749-1357.
CROCETTI, Robert James; '70 BSBA; Mktg. Mgr.; Beacon Fndn., 25 E. Drachman St., Tucson, AZ 85705, 602 623-3454; r. 5107 W. Bluejay St., Tucson, AZ 85741, 602 744-6076.
CROCK(MASON), Sadie '79 (See Fry, Sadie Ann Mason).
CROCKETT, Janice Long, (Janice A. Long); '84 BSBA; Intl. Inventory Coord.; NCR, 1700 S. Patterson Blvd., Dayton, OH 45479, 513 445-2057; r. 2163 Painter Pl., Miamisburg, OH 45342, 513 436-1207.
CROCKETT, Rex J.; '63 BSBA; Staff; The Dexter Corp., c/o Postmaster, Fairfield, IA 52556; r. 1302 Hilltop Ln., Fairfield, IA 52556, 515 472-5990.

CROFOOT, Penny Kay; '84 BSBA; Staff Analyst; Cleveland Elec Illuminating, 10 Center Rd., Perry, OH 44081, 216 259-3737; r. 7420 S. Chestnut Common Dr., Mentor, OH 44060.
CROFT, James D.; '64 BSBA, '65 MBA; Parts Programs & Plng Mgr; Ford Tractor Operations, 2500 E. Maple Rd., Troy, MI 48084, 313 637-7912; r. 684 Lakeview, Birmingham, MI 48009, 313 644-8298.
CROFT, James Francis; '86 BSBA; Sr. Acct.; Ernst & Whinney, 2400 Nationwide Plz., Columbus, OH 43215, 614 224-5678; r. 235 Turnstone Rd. #B, Worthington, OH 43085, 614 888-1811.
CROFT, Thomas David; '70 BSBA; Portfolio Mgr.; E I Du Pont De Nemours & Co., M-9631, Pension Fund Investment Dept., Wilmington, DE 19898, 302 774-4425; r. 115 Somerset Rd., Wilmington, DE 19803, 302 658-3356.
CROFTS, Genevieve Sloan; '34 BSBA; 2323 Valley View Dr., Rocky River, OH 44116, 216 331-1008.
CROFUT, Julie '86 (See Drew, Mrs. Julie D.).
CROKER, Robert James; '72 BSBA; Dir. Finance/CPA; Computer Sciences Corp., 304 W. Rte. 38, POB Box N, Moorestown, NJ 08057, 609 234-1100; r. 753 Fremont Ln., Mt. Laurel, NJ 08054, 609 778-0385.
CROLEY, Jody E. '77 (See Croley-Bennett, Ms. Jody E.).
CROLEY, Thomas E.; '50; Retired; Willamette Industries; r. 5848 Falmouth Ct., Worthington, OH 43085, 614 888-2949.
CROLEY-BENNETT, Ms. Jody E., (Jody E. Croley); '77 BSBA; Arch./CADO Spec.; Design Grp., Inc., 7600 Olentangy River Rd., Columbus, OH 43235, 614 888-6390; r. 5830 Falmouth Ct., Worthington, OH 43085, 614 885-6337.
CROLL, CDR Larry Richard, USN(Ret.); '62 BSBA; 456 Lynn St., Seattle, WA 98109.
CRON, Michael Allen; '80 BSBA; 8384 Roswell Rd. NE, #M, Atlanta, GA 30338, 404 641-0100.
CRON, Robert D.; '34; Retired Funeral Dir.; Cron. Funeral Homes; r. 1311 W. Stony Creek Rd., Troy, OH 45373, 513 335-6363.
CRONE, Charles E.; '33 BSBA; Treas. & Dir.; Cleveland Wire Cloth & Mfg. Co., 3573 E. 78th St., Cleveland, OH 44105; r. 3726 Townley Rd., Shaker Hts., OH 44122, 216 752-1899.
CRONENBERGER, Kenneth D.; '57 BSBA; Controller; PPG Industries, 1 Gateway Ctr., Pittsburgh, PA 15222; r. 232 Spring Valley Rd., Jeannette, PA 15644, 412 527-3134.
CRONENWETT, Brian Dean; '85 BSBA; Warehouse Mgr.; Usco Distribution Svc. Inc., 13144 S. Pulaski Rd., Chicago, IL 60658, 312 396-3200; r. 10213 S. 86th, Ter. Apt. 204, Palos Hls., IL 60465, 312 598-6732.
CRONENWETT, Robert A.; '53 BSBA; 15100 Lake Ave., Lakewood, OH 44107, 216 521-8592.
CRONIN, Cecille '31 (See Di Cicco, Mrs. Cecille).
CRONIN, Dr. J. Joseph, Jr.; '81 PhD (BUS); Assoc. Prof.; Florida State Univ., 408 RBA, Tallahassee, FL 32306, 904 644-4091; r. 3701 Sally Ln., Tallahassee, FL 32312, 904 893-1240.
CRONIN, Lisa Stanga; '84 BSBA; Field Sales Rep.; Pioneer Standard Electronics, 4433 Interpoint Blvd., Dayton, OH 45424; r. 690 Hudson Rd., Delaware, OH 43015, 614 369-5502.
CRONIN, Michael David; '78 BSBA; 869 Sunset Dr., Englewood, OH 45322, 513 832-2554.
CRONIN, Thomas Leonard, Jr.; '68 BSBA; Pres.; Dayton Freight Lines Inc., 6265 Executive Blvd., Dayton, OH 45424, 513 236-4880; r. 7239 Pepperton Ct., Dayton, OH 45415, 513 836-0752.
CRONIN, Timothy Cornelius, III; '52 MBA; Pres.; Wang Fina Infor Svc. Grp., Sub of Wang Lab Inc, 120 Wall St./9th & 10th Fl., New York, NY 10005, 212 208-7600; r. 31 Shaw Dr., Bedford, NH 03102, 603 472-2729.
CRONLEY, John Joseph; '88 BSBA; Sales Assoc.; Executive Accoutrements, 1603 W. Lane Ave., Upper Arlington, OH 43221, 614 481-4877; r. 1818 Dorsetshire Rd., Columbus, OH 43229, 614 891-0396.
CROOK, David Mason; '84 BSBA; Account Exec.; Fisi-Madison Financial, 200 Powell Pl., POB 40726, Nashville, TN 37204, 615 371-2400; r. 4084 Declaration Dr., Columbus, OH 43230, 614 471-3618.
CROOK, David Scott; '75 BSBA; 9074 Idlewood Dr., Mentor, OH 44060, 216 974-0054.
CROOK, George W.; '39 BSBA; 751 Garrett Dr., Columbus, OH 43214.
CROOK, James P.; '55 BSBA; VP-Treas.; Natl. Meter Parts Inc., 240 Baldwin Dr., Lancaster, OH 43130, 614 653-8828; r. 419 Hilltop Dr., Lancaster, OH 43130, 614 654-5389.
CROOK, Jeanne Marie '85 (See Whitmore, Ms. Jeanne Marie).
CROOK, Kimberly Klukovich, (Kimberly Klukovich); '81 BSBA; Real Estate Auditor; The Limited Corp., 3 Limited Pkwy., POB 16528, Columbus, OH 43216, 614 475-4000; r. 4084 Declaration Dr., Columbus, OH 43230, 614 471-3618.
CROOK, Ray Alvin, Jr.; '69 BSBA; Pres.; Quantum Svcs., 4284 N.High St., Columbus, OH 43214, 614 261-1190; r. 162 W. Jeffrey Pl., Columbus, OH 43214, 614 846-4629.
CROOKS, Daniel Allen; '69 BSBA; Mgr.; Plummer Inc., 1160 Steelwood Rd., Columbus, OH 43212, 614 488-3141; r. 3900 Kenny Rd., Columbus, OH 43220, 614 451-9775.
CROOKS, J. Robert; '48 BSBA; Retired; r. 5822 N. Placita Bacanora, Tucson, AZ 85718, 602 299-9230.
CROOKS, Robert William; '81 BSBA; On Site Auto Repair, 5269 Marci Way, Columbus, OH 43228; r. 271 E. Como Ave., Columbus, OH 43202, 614 268-4473.
CROOKS, Russell W., Jr.; '67 BSBA; Sales Mgr.; Aetna Life & Casualty, 100 E. Campus View Blvd., Worthington, OH 43085, 614 431-5000; r. 4695 Marblehead Ct., POB 21169, Columbus, OH 43221, 614 459-4663.
CROPPER, Jean Schwerdtfege; '50 BSBA; 8956 St. Croix Ln., Matthews, NC 28105, 704 846-2707.
CROPPER, Marshall E.; '50 BSBA; Retired; r. 1952 Madera Dr., Deltura, N. Ft. Myers, FL 33903, 813 731-1236.
CROSBY, Donn R.; '49 BSBA; Retired Dist. Sales Rep.; Pendleton Woolen Mills; r. 1511 Lafayette Dr. #B, Columbus, OH 43220, 614 451-2696.
CROSBY, Dr. Michael Alan; '78 PhD (ACC); Assoc. Prof.; Univ. of Toledo, 2801 W. Bancroft, Toledo, OH 43606, 419 537-2374; r. 6851 Ramblehurst Rd., Sylvania, OH 43560, 419 841-3628.
CROSLEY, F. Stewart, Jr.; '50 BSBA; Coord.; United Dairy Machinery Corp., POB 257, 301 Meyer Rd., Buffalo, NY 14224, 716 674-0500; r. 40 Larned Ln., Orchard Park, NY 14127, 716 662-7989.
CROSS, Brenda Hyland, (Brenda Hyland); '81 BSBA; Asst. VP; NCNB Texas Natl. Bank, POB 83000, Dallas, TX 75283, 214 977-5553; r. 5203 Andalusia Ct., Arlington, TX 76017, 817 478-2530.
CROSS, Daniel Waid; '73 BSBA; 1655 Linwood, Wooster, OH 44691, 216 264-2715.
CROSS, Donald Lee(Gus); '51 BSBA; VP Auto Oper.; Florida Fire & Casualty, 800 Corporate Dr., Ste. 700, Ft. Lauderdale, FL 33310, 305 776-6646; r. 2815 Crown Ct., Delray Bch., FL 33445, 407 265-2451.
CROSS, Fenton E.; '67 BSBA; Staff; Cushman & Wakefield, Postmaster, Los Angeles, CA 90017; r. 320 Markham Pl., Pasadena, CA 91105, 818 441-3970.
CROSS, James Bamberger; '77 BSBA; VP; Cross Truck Equip. Co., 1801 Perry Dr. SW, Canton, OH 44706, 216 477-8151; r. 3925 Southway Ave. SW, Massillon, OH 44646, 216 478-0105.
CROSS, Jeffrey Ward; '77 BSBA; Account Rep.; Nationwide Ins. Co., One Nationwide Plz., Columbus, OH 43216, 614 249-6621; r. 217 Erie Rd., Columbus, OH 43214, 614 267-3618.
CROSS, John Raymond; '79 BSBA; Mktg. Mgr.; Cross Truck Equip. Co. Inc., 1801 Perry Dr. SW, Canton, OH 44706; r. 5410 Echodell Ave. NW, N. Canton, OH 44720, 216 494-4351.
CROSS, John Williams; '76 BSBA; Acct.; J W Galbreath & Co., 100 E. Broad St., Columbus, OH 43215; r. 535 W. William St., Delaware, OH 43015, 614 369-5557.
CROSS, Joyce Esbenshade; '67 BSBA; 320 Markham Pl., Pasadena, CA 91105, 818 441-3970.
CROSS, Mrs. Margaret A., (Margaret A. Vandivier); '46 BSBA; Homemaker; r. 28 E. Southington Ave., Worthington, OH 43085, 614 885-7154.
CROSS, Paul Kevin; '79 BSBA; Inst Dir.; Shared Med. Systs., 2550 Corporate Exchange Dr., Ste. 205, Columbus, OH 43229, 614 895-3232; r. 3273 Rensbury Ct., Dublin, OH 43017, 614 764-8810.
CROSS, Raymond Ralph; '82 BSBA; Bus. Mgr.; Isabella S. Gardner Museum, 2 Palace Rd., Boston, MA 02115, 617 566-1401; r. 12 Ledgewood Hills Dr., #203, Nashua, NH 03062, 603 882-5213.
CROSS, Roger L.; '63 BSBA; Owner; The Motor Clinic, 525 Michigan Ave., Jeffersonville, IN 47130; r. 2240 Birch Cir., Jeffersonville, IN 47130, 812 945-4139.
CROSS, Ronald R.; '64 BSBA; Supv.; AT&T Columbus, 6200 E. Broad St., Columbus, OH 43213; r. 30 Appleblossom Dr. SW, Pataskala, OH 43062, 614 927-8592.
CROSSEN, David Thomas; '80 BSBA; Mgr.; Central Benefits Mutual, Internal Audit Dept., 255 E. Main St., Columbus, OH 43215; r. 2188 Tupsfield Rd., Columbus, OH 43229.
CROSSIN, Karen Lynne, (Karen Wymer); '82 BSBA; Compensation Analyst; Compuserve Inc., Subs H & R Block Inc, 5000 Arlington Ctr. Blvd., Columbus, OH 43220, 614 457-8600; r. 1080 Lambeth Dr., Columbus, OH 43220, 614 442-0492.
CROSSLEY, Craig Alan; '73 BSBA; VP Lending Div.; Buckeye Fed. S&L, 36 E. Gay St., Columbus, OH 43215, 614 225-2212; r. 1101 N. Fountain Ave., Springfield, OH 45504, 513 322-0010.
CROSSLEY, James Richard; '76 MBA; Staff; GE, 5080 Sinclair Rd., Columbus, OH 43229, 614 899-8910; r. 4626 Lanercost Way, Columbus, OH 43220, 614 451-7923.
CROSSLEY, Marjorie Foreman; '48 BSBA; Retired; r. 4240 Ironwood Cir., Apt. 205-Aa, Bradenton, FL 34209, 813 794-3343.
CROSSMAN, Kim Robert; '75 MBA; Pres.; Vogue Rattan, 101 Fox St., Randleman, NC 27317, 919 498-4101; r. 3204 Cabarrus Dr., Greensboro, NC 27407, 919 855-0272.
CROSSWHITE, Wendell Lee; '69 BSBA; Pres./COO; Univex, Inc., One Madison Ave., New York, NY 10010, 212 684-7722; r. 240 Hamilton Ave., New Rochelle, NY 10801, 914 235-1138.
CROSWELL, Deborah Bender; '78 BSBA; 6650 Halyard Dr., Birmingham, MI 48010, 313 737-9204.
CROSWELL, Michael Joseph; '69 BSBA; Mgr.; Baked Food Div., Kroger Co, E. English Ave., Indianapolis, IN 46219; r. 6637 Albion, Indianapolis, IN 46236, 317 849-5511.
CROTEAU, Bruce R.; '78 BSBA, '79 MBA; Atty.; US Govt., Sandusky, OH 44870; r. 4703 Galloway Rd., Sandusky, OH 44870, 419 625-3157.
CROTEAU, William Arthur, Jr.; '73 BSBA; Controller; Beatrice Broadcasting, 156 S. Franklin St., Wilkes-Barre, PA 18701, 717 823-5000; r. RD 4, POB 167, Montrose, PA 18801, 717 278-4118.
CROTHERS, John William; '69 BSBA; Computer Sales Asst.; IBM Corp., 777 Rockwell Ave., Cleveland, OH 44114; r. 317 Fairway Dr., Chillicothe, OH 45601.
CROTTS, Mrs. Marie T., (Marie T. Janko); '86 BSBA; Finance & Ins. Mgr.; Sunset Chevrolet, 910 Traffic Ave., Sumner, WA 98035, 206 854-9200; r. 26134 108th Ave., SE, Kent, WA 98031, 206 854-9195.
CROUCH, BGEN James L., USAF(Ret.); '67 MBA; Exec. Dir.; Texas Congress of Parents & Teacher, 408 W. 11th St., Austin, TX 78701, 512 476-6769; r. 4010 Long Champ Dr., Apt. #26, Austin, TX 78746, 512 328-7311.
CROUCH, Joy '58 (See Mc Cleery, Mrs. Joy A.).
CROUCHER, Samuel L.; '67 MBA; 1731 Beaver Valley Rd., Xenia, OH 45385, 513 426-2417.
CROUSE, Hugh (Skip) W., II; '57 BSBA; Pres./Owner; US Retirement Benefit Corp., 1006 Linwood Pl., POB 3651, Mansfield, OH 44907, 419 526-3433; r. 1008 Linwood Pl., Mansfield, OH 44906, 419 526-5031.
CROUSE, J. Mark; '78 BSBA; Controller; San Diego Repertory Theatre, 79 Horton Plz., San Diego, CA 92101, 619 231-3586; r. 3520 Florida St., San Diego, CA 92104, 619 298-3625.
CROUSE, John O.; '59 BSBA; Lawyer; Merchants Nat'l Bank Bldg., Hillsboro, OH 45133, 513 393-2462; r. 9369 US 50 E., Hillsboro, OH 45133, 513 393-1007.
CROUSE, William Eugene; '69 BSBA; Retired; r. 5411 Broadmoor Plz., Indianapolis, IN 46208, 317 291-3859.
CROUSER, Richard Louis; '52 BSBA; VP; Campbell Mithun Advt., Piper Twr., Minneapolis, MN 55402, 612 347-1000; r. 4823 Highbury Ln., Minnetonka, MN 55345, 612 933-2363.
CROUT, Norman Ted, JD; '60 BSBA, '63 MBA; Active Partner; Arthur Young & Co., 100 Chopin Plz., Ste. 1800, Miami, FL 33131, 305 358-6000; r. 400 Tivoli Ave., Coral Gables, FL 33143, 305 663-1020.
CROW, Gordon Allen; '49 BSBA; Pres.; Exec. Dir.; Better Business Bur., 807 Sinclair Bldg., Ft. Worth, TX 76102, 817 332-7589; r. 3808 Trailwood Ln., Ft. Worth, TX 76109, 817 923-9454.
CROW, Richard G.; '62; Pres.; Cleaning Prods. Unlimited, 1417 Waterbury Rd., Thomaston, CT 06787, 203 283-0294; r. Star Rte. 1 Box 46, Morris, CT 06763, 203 567-4791.
CROWDER, Dorrine; '84 BSBA; 3348 E. 123rd St., Cleveland, OH 44120, 216 231-0218.
CROWE, Jack R.; '50 BSBA; Retired; r. 2235 Atlee Ct., Columbus, OH 43220, 614 459-9483.
CROWE, Kay Johnson, (Kay Johnson); '50 BSBA; 2235 Atlee Ct., Columbus, OH 43220, 614 459-9483.
CROWE, Mrs. Loraine Hagerty, (Loraine Hagerty); '36 BSBA; Homemaker; r. 23 Puritan Cir., Springfield, MA 01119, 413 782-9527.
CROWE, Norbert Andrew; '50 BSBA; Retired; r. 6 S.-325 Concord, Naperville, IL 60540, 312 357-2548.
CROWELL, Rebecca Barringer; '82 BSBA; Coord.; The Ohio State Univ., Ofc. of Stewardship, University Development, Columbus, OH 43210, 614 292-6439; r. 3085 Rainier Ave., Columbus, OH 43231, 614 891-7498.
CROWL, John David; '82 BSBA; Student-MBA Prog.; Univ. of Illinois at Chicago, 601 S. Morgan St., Chicago, IL 60680, 312 386-1054; r. 2206 Birch Ln., Rolling Meadows, IL 60008, 312 255-2949.
CROWLEY, Alan D.; '33 BSBA; Partner-Owner & Farming; Crowley Hinds Co., 2136 State Rte. 235, Xenia, OH 45385, 513 372-7418; r. Same.
CROWLEY, David Michael; '87 BSBA; 131 Williams St., Bowling Green, OH 43402, 419 352-8829.
CROWLEY, Kevin Patrick; '83 BSBA; Sales Rep.; Milliken Corp., Box 1926, Spartanburg, SC 29304; r. 3301 Rochfort Bridge Dr. East, Columbus, OH 43026.
CROWLEY, Sheryl Madlinger; '82 BSBA; Account Mgr.; Natl. Cash Reg Corp., 1515 Harbor Blvd., W. Sacramento, CA 95691; r. 3301 Rochfort Bridge Dr.East, Columbus, OH 43026.
CROWNER, David Brent; '87 BSBA; Shipping Supv.; Borden, Inc., 165 N. Washington, Columbus, OH 43016, 614 225-7112; r. 283 Gentlewind, Westerville, OH 43081, 614 891-3189.
CROWNER, John David; '86 BSBA; Owner; Video Adventures, 6423 Monroe St., Sylvania, OH 43560, 419 882-7424; r. 6739 Fifth Ave., Sylvania, OH 43560, 419 882-3008.
CROWNER, Susan L. '81 (See Herrett, Mrs. Susan L.).
CROWTHER, James B.; '50 BSBA; Regional Sales Mgr.; Velcan Filters Inc., 460 E. Brokaw Rd, San Jose, CA 95112; r. 10639 Ivyridge, Houston, TX 77043, 713 464-4239.
CROY, John Marshall; '84 BSBA; Programmer/Analyst II; Fed. Reserve Bank of Cleveland, E. 6th & Superior Ave., Cleveland, OH 44101, 216 579-2000; r. 1750 Windsor St., Cuyahoga Falls, OH 44221, 216 929-4354.
CROYLE, Philip Jerry; '77 BSBA; Admin.; Garret Fluid Syst. Co., POB 22200, Tempe, AZ 85282; r. 12826 S. 38 Pl., Phoenix, AZ 85044, 602 893-0191.
CRUEA, Mark Douglas; '86 BSBA; Sales; Pepsi-Cola, 1241 Gibbard Ave., Columbus, OH 43219, 614 253-8771; r. 4532 Lynnwood #11, Columbus, OH 43228, 614 279-8056.
CRUEY, Ray Etherage; '42 BSBA; Retired; r. 2897 Collingwood Dr., Bay City, MI 48706, 517 686-1099.
CRUM, Brian D.; '81 BSBA; RN; Riverside Methodist Hosp., 3535 Olentangy River Rd, Columbus, OH 43214, 614 261-4706; r. 367 Olentangy St., Columbus, OH 43202, 614 261-7194.
CRUM, Daniel Allen; '77 BSBA; Underwriter; Shelby Mutual Ins., 175 Mansfield Ave., Shelby, OH 44875; r. Rte. 2 Box 298, Shelby, OH 44875, 419 347-1045.
CRUM, Edward James; '82 BSBA; Manger/CPA; Arthur Young CPA, Auditing Dept., 100 E. Broad St., Columbus, OH 43215; r. 2137 Bentwood Cir., #1B, Worthington, OH 43085.
CRUM, Jeannette '82 (See Jones, Jeannette C.).
CRUM, Kevin Karl; '86 BSBA; 13300 Walsingham Rd., Apt. #18, Largo, FL 34642, 813 593-1654.
CRUM, Marilyn Grannan; '79 BSBA; 2272 Grasmere Ave., Columbus, OH 43211.
CRUM, Michael L.; '86 BSBA; Mgmt. Cnslt.; Arthur Andersen & Co., 41 South St., Columbus, OH 43215, 614 228-5651; r. 5180 Dahltry Ln., Columbus, OH 43220, 614 451-3072.
CRUM, Paul A.; '51 BSBA; Employ. Svcs. Admin.; Chemical Abstracts Svc., 2540 Olentangy River Rd, Columbus, OH 43202; r. 1035 Havendale Dr., Columbus, OH 43220, 614 451-4885.
CRUM, Thomas H.; '59 BSBA; Staff; Ranco Inc., 8115 U S. Rte. 42N, Plain City, OH 43064; r. 298 N. Murray Hill Rd, Columbus, OH 43228, 614 878-4791.
CRUM, Timothy Taylor; '84 BSBA; Field Rep.; Snappy Car Rental, 7251 Engle Rd. #202, Middleburg Hts., OH 44130, 216 826-3100; r. 2299 Winter Pkwy., Apt. 296, Cuyahoga Falls, OH 44221, 216 929-8292.
CRUMBLEY, Mathew John; '87 BSBA; Mortgage Broker; Gold Key Mortgage, 4200 Ashwood Dr., Ste. 322, Cincinnati, OH 45241; r. 8177 Cleveland Massillon #68, Clinton, OH 44216.
CRUMLEY, Charles C.; '47 BSBA; CPA; Bankruptcy Examiners Inc., POB 80782, Atlanta, GA 30366, 404 457-9658; r. 155 River North Dr., Atlanta, GA 30328, 404 393-2817.
CRUMLEY, Constance C. '50 (See Bidwell, Mrs. Constance C.).
CRUMLEY, J. Foster; '27; Pres.; Crumley's Inc. of Florida, 701 E. Camino Real, Boca Raton, FL 33432; r. 116 Lake Fairgreen Cir., New Smyrna Bch., FL 32069.
CRUMRINE, Michael James; '85 BSBA; Staff Auditor; Wilson Shannon & Snow CPA's, 10 W. Locust, Newark, OH 43055, 614 345-6611; r. 1005 Shaw Dr., Newark, OH 43055, 614 344-3478.
CRUNELLE, Michael James; '76 BSBA; Agt.; Crunelle Ins. Agcy., 5006 Cemetery Rd., Hilliard, OH 43026, 614 876-4634; r. 3854 Braidwood Dr., Hilliard, OH 43026, 614 876-1302.
CRUSEY, Jack L.; '48 BSBA; Retired; r. 6210 Flemington Rd., Dayton, OH 45459, 513 434-1153.
CRUSEY, William Campbell; '81 BSBA; Prod Control Mgr.; Liebert Corp., c/o Ralph C Liebert, 1050 Dearborn Dr., Worthington, OH 43085; r. 2300 Cambridge Blvd., Columbus, OH 43221, 614 488-9063.
CRUSIE, Emily Giles; '51 BSBA; Tchr.; Cincinnati Bd. of Edu, 2315 Iowa Ave., Cincinnati, OH 45206; r. 4400 Gleneste Withamsville Rd., Cincinnati, OH 45245, 513 921-7433.
CRUZ, David; '80 BSBA; Managing Ofcr.; Bank One, 5435 Northfield Rd., Bedford Hts., OH 44146, 216 475-5300; r. 2910 North Ave., Cleveland, OH 44134, 216 741-0413.
CRUZ, LTC David R., USAF(Ret.); '66 MBA; Real Estate Broker; Century 21; r. 3829 Cedar Ave., Long Beach, CA 90807, 213 426-5701.
CRUZ, John Spencer; '73 BSBA; Col El Prado 1A Calle No 109, Tegucigalpa, Honduras.
CRUZ, Jose Rene; '48 MA; Mgr.; Honduras Sugar Producers Assoc., Edificio Cruz-Heath, Col Alameda, Tegucigalpa, Honduras, 328290; r. Edificio Cruz-Heath, 4 A Ave. Colonia Alameda, Tegucigalpa, Honduras, 334498.
CRUZ, Julio Cesar, Jr.; '87 BSBA; 2275 Hedgerow Rd., Columbus, OH 43220.
CRUZ, Maria Elena; '81 MPA; 4056 Berry Bush Dr., Gahanna, OH 43230.
CRYAN, Karen M., (Karen McCann); '72 BSBA, '84 MBA; Cnslt.; r. 4985 Parkmoor Dr., Westerville, OH 43081, 614 891-1514.
CRYDER, William R.; '57 BSBA; Zone Mktg. Mgr.; Chrysler Corp., 4055 Executive Park Dr., Cincinnati, OH 45241, 513 530-1567; r. 9730 Beech Dr., Cincinnati, OH 45231, 513 771-9552.
CRYMES, LT James, Jr., USAF; '75 BSBA; 1504 Lawrence Ln., Bellevue, NE 68005, 402 292-8176.
CSASZAR, James John; '71 BSBA; CPA; 1110 Morse Rd., Ste. 128, Columbus, OH 43229, 614 885-5298; r. 1124 Tulsa Dr., Columbus, OH 43229, 614 885-2107.
CSEPLO, William Paul; '73 BSBA; 1st VP; Advest, 6055 Tain Dr., Dublin, OH 43017, 614 761-8914; r. 6012 Glenfinman Ct., Dublin, OH 43017, 614 889-8280.
CSETRI, Nora '81 (See Kish, Nora M.).

CSIZMADIA, James S.; '65 BSBA; 5201 Folkstone Dr., Troy, MI 48084, 313 879-9328.
CUARTERO, Karen Monique '79 (See Waldron, Karen Monique).
CUBALCHINI, Roger John; '77 BSBA; 2225 Harvest Ln., Crete, IL 60417, 312 672-7008.
CUBBAGE, Jerry B.; '61 BSBA; Purchasing Mgr.; Rockwell Intl., 4300 E. 5th Ave., Columbus, OH 43219, 614 239-3393; r. 211 Academy Ct., Gahanna, OH 43230.
CUCCI, Paul Michael; '83 MBA; Field Mgr.; Ford Motor Co., c/o Postmaster, Denver, CO 80202; r. 17940 E. Cornell Dr., Aurora, CO 80013, 303 699-6705.
CUDD, Dr. Kermit George; '69 PhD (BUS); Prof. (Visiting); Middle Tennessee State Univ., Dept. of Mgmt. & Mktg., Sch. of Bus., Murfreesboro, TN 37132, 615 898-2339; r. S.P.O. University of the S., Sewanee, TN 37375, 615 598-5339.
CUGINI, Paolo A.; '82 BSBA; Loan Ofcr.; State Savings Bank, 1500 Morse Rd., Columbus, OH 43229; r. 101 Keene Dr., Westerville, OH 43081, 614 891-4753.
CUILWIK, Barbara Krajchir; '87 BSBA; 970 Bluffridge Dr., Worthington, OH 43085, 614 860-5779.
CULBERSON, Andrew W.; '81 BSBA; Pres.; Geisel Inc., 633 W. Broad St., Elyria, OH 44035, 216 323-2869; r. 1191 W. River A2, Elyria, OH 44035, 216 324-7180.
CULBERSON, Katherine Kelly '76 (See Mengelson, Mrs. Katherine Kelly).
CULBERTSON, David Scott; '88 BSBA; Mgr.; Record & Tape Outlet, Music Promotion Inc, 5156 Sinclair Rd., Columbus, OH 43229; r. 73 E. 15th Ave., Columbus, OH 43201.
CULBERTSON, Jerry A.; '60 BSBA; Dir. Cust. Svcs.; Coca Cola Foods, 427 San Christopher Dr., Dunedin, FL 33598, 813 733-2121; r. 57 Thatch Palm W., Largo, FL 34640, 813 726-7925.
CULBERTSON, Robert William, Jr.; '71 MBA; Sys Mgmt. Engr.; r. 12643 Oakbrook Ct., Poway, CA 92064, 619 451-3809.
CULBERTSON, William E.; '48 BSBA; Mgr.; Wood Cnty. Hosp., 950 W. Wooster, Bowling Green, OH 43402; r. 1114 Lynn Rd, Bowling Green, OH 43402, 419 353-1881.
CULL, Connie Lee; '87 BSBA; Acct.; Enlow Holdrieth & Grimes, 4892 Blazer Pkwy., Dublin, OH 43017, 614 764-3661; r. 3003 Richland Rd., Marion, OH 43302, 614 389-4997.
CULL, Robert T.; '40 BSBA; Agt.; Northwestern Mutual Life Ins. C, 17 S. High St., Columbus, OH 43215; r. 217 Brevoort Rd., Columbus, OH 43214, 614 268-6952.
CULLEN, Donald Lee; '80 MBA; Pres.; Transmet Corp., 4290 Perimeter Dr., Columbus, OH 43228, 614 276-5522; r. 1532 Oakbourne Dr., Worthington, OH 43085, 614 846-3885.
CULLEN, Linda Jo, (Linda Jo Krozser); '80 MBA; Mktg. Rsch. Mgr.; The Pillsbury Co., Pillsbury Ctr., M.S. 2722, Minneapolis, MN 55402, 612 330-7145; r. 3008 Lake Shore Dr., Minneapolis, MN 55416, 612 926-3690.
CULLEN, Richard Thomas; '73 BSBA; Real Estate Appraiser; Vincent Lorrain & Assocs., Foster City, CA 94404, 415 342-4551; r. 721 Shell Blvd. C201, Foster City, CA 94404, 415 574-1533.
CULLER, Glenn Wilford; '79 BSBA; Operations Mgr.; Telhio Credit Union, 96 N. 4th St., Columbus, OH 43215, 614 221-3233; r. 2244 Gnarled Pine Dr., Dublin, OH 43017, 614 764-1942.
CULLER, Robin Andrew; '88 MBA; 207 E. Frambes Ave., Columbus, OH 43201.
CULLERS, Tracy A.; '85 BSBA; Mgr., Ins. Recruiting; CBS Personnel Svcs., 435 Elm St., Ste. 700, Cincinnati, OH 45202, 513 651-1111; r. 950 Hatch St., Cincinnati, OH 45202, 513 651-3606.
CULLINAN, James Edward; '80 BSBA; Pres.; National Sign Systs., Inc., 1145 Chesapeake Ave., Columbus, OH 43212, 614 487-9339; r. 2881 Charing Rd., Columbus, OH 43221, 614 486-7645.
CULLINAN, John J.; '50 BSBA; Retired; r. 6972 Country Lakes Cir., Sarasota, FL 34243, 813 355-6801.
CULLINAN, Robert J.; '81 BSBA; 7093 S. Section Line Rd., Delaware, OH 43015, 614 881-5029.
CULLINAN, Thomas S.; '50 BSBA; Credit Mgr.; Ranco Inc., 8115 US Hwy. 42 N., Plain City, OH 43064, 614 876-8022; r. 1781 E. Dunedin Rd, Columbus, OH 43224, 614 262-5983.
CULLINAN, Timothy G.; '84 BSBA; Bus. Mgr.; Ellcotech, Inc., 6516 Detroit, Cleveland, OH 44102, 216 631-5858; r. 2231 Eldred, Cleveland, OH 44107, 216 529-0455.
CULLINANE, Thomas Anthony; '88 BSBA; 17845 Brian Ave., Cleveland, OH 44119, 216 486-8571.
CULLINS, David R.; '49 BSBA; Retired; r. 815 Pinefield Ave., Holiday, FL 34691, 813 846-1918.
CULLION, Christopher F.; '85 BSBA; 52 E. 14th Ave. B 26, Columbus, OH 43201.
CULLMAN, Edward J.; '74 BSBA; Safety Engr.; Storage Technology Corp., POB 98, Louisville, CO 80027, 303 673-3871; r. 8320 Webster St., Arvada, CO 80003, 303 422-8682.
CULLMAN, Dr. W. Arthur; '51 PhD (BUS); Prof. Emeritus; The Ohio State Univ., Dept. of Marketing, Columbus, OH 43210; r. 1776 Upper Chelsea Rd., Columbus, OH 43212, 614 488-0891.
CULLY, Thomas Arthur; '83 BSBA; Mgr.; Quadax Inc., Cleveland, OH 44101; r. 506 Canterbury Rd., Cleveland, OH 44140, 216 892-9226.
CULP, Donald G.; '60 BSBA; Owner; Donald G Culp Co., 2545 Farmers Dr., Worthington, OH 43085, 614 761-1221; r. 2020 Hillside Dr., Columbus, OH 43221, 614 486-4925.
CULP, George E., Jr.; '51 BSBA; Retired Industr Engr.; r. 1317 Pine, Silver City, NM 88061, 505 538-9419.
CULP, John Merritt; '85 BSBA; Sales Rep.; Audio Visual Systs. Inc., 1960 W. Dorothy Ln., Dayton, OH 45439, 513 294-2304; r. 6621 2C Riverdowns Dr., Centerville, OH 45459, 513 436-9089.
CULP, Joseph M.; '72 MBA; Limited Partner; First Manhattan Co., 437 Madison Ave., New York, NY 10022, 212 832-4448; r. 209 K Woods Rd., Cold Spring, NY 10516, 914 265-2653.
CULP, Susan Lenore; '80 BSLHR; Claims Rep.; Indiana Ins. Co., 7160 Graham Rd., Indianapolis, IN 46220, 317 576-1347; r. 103 Deerbrook Dr., Noblesville, IN 46060, 317 842-2768.
CULP, Timothy James; '88 MBA; Engr.; Peabody Coal Co., c/o Postmaster, Zanesville, OH 43701; r. 286 Moull St., Newark, OH 43055, 614 344-3705.
CULVER, Ms. Roberta Stevenson; '87 MBA; Investment Prod Mgr.; The Huntington Co., 41 S. High St., HC0930, Columbus, OH 43215, 614 463-3892; r. 988 Brule Ct., Westerville, OH 43081, 614 891-9782.
CUMMANS, James Scott; '79 BSBA; Data Base Analyst; BancOhio Natl. Bank, 770 W. Broad St., #0330, 3rd Fl., Operations Ctr., Columbus, OH 43251, 614 463-7180; r. 334 Rimbey Ave., Gahanna, OH 43230, 614 475-7858.
CUMMING, David Bruce; '72 BSBA; Systs. Analyst; Ohio Dept. Mental Retardation & Dev Disabilities, Rm. 1240, State Ofc. Twr., 30 E. Broad St., Columbus, OH 43215, 614 644-7951; r. 5245 Columbine Ct., Columbus, OH 43230, 614 891-3479.
CUMMINGS, Frederick L.; '56 BSBA; Gen. Mgr.; Sonitrol of Milwaukee, 2323 Blue Mound Rd., Waukesha, WI 53186, 414 785-7180; r. 505 W. Ravenswood Hills Cr, Waukesha, WI 53186, 414 784-7272.
CUMMINGS, James Richard, Jr.; '71 BSBA; Owner; Cummings & Assoc., 5089 Wainfleet Ct., Hilliard, OH 43026, 614 771-6600; r. Same, 614 771-1129.
CUMMINGS, Jill '85 (See Hess, Jill Cummings).
CUMMINGS, John F.; '50 BSBA; Pres.; Snelling & Snelling, 1122 B St. Sta. 302, Hayward, CA 94541; r. 514 Paula Dr., Suisun City, CA 94585, 707 422-7043.
CUMMINGS, Katherine Postle; '78 BSBA; Homemaker; r. 1208 Lowerline St., New Orleans, LA 70018.
CUMMINGS, Mikel Brent; '79 BSBA; Bus. Analyst; American Express Co., 2423 E. Lincoln Dr., Phoenix, AZ 85016; r. 18421 N. 44th Pl., Phoenix, AZ 85032.
CUMMINGS, Philip Richard, Esq.; '85 BSBA; Atty.; r. 8022 Deershadow Ln., Cincinnati, OH 45242, 513 984-0449.
CUMMINGS, Richard J.; '81 MBA; VP; Personal Computer Svcs., 355 Whitney Ave., Trumbull, CT 06611, 203 261-5690; r. Same, 203 261-7740.
CUMMINGS, Robert Leo; '85 BSBA; Sales Mgr.; Prestige Mazda, 3013 Mall Park Dr., Dayton, OH 45459, 513 434-5122; r. 387 St. James Pl., Springboro, OH 45066, 513 748-2029.
CUMMINGS, Shelly Dunlevy; '82 BSBA; Sys Support Analyst; Bass Inc., 2211 Arbor Blvd., Dayton, OH 45439, 513 293-5732; r. 906 Dunaway St., Miamisburg, OH 45342.
CUMMINGS, William C.; '57 BSBA; 902 Salem Dr., Huron, OH 44839, 419 433-5896.
CUMMINGS, COL William Joseph, USA(Ret.); '63 MA; 8711 Camden St., Alexandria, VA 22308, 703 780-1611.
CUMMINS, Bert Paine, II; '72 BSBA; Managing Partner; Cummins, Krasik & Hohl Co., 37 W. Broad St., Ste. 600, Columbus, OH 43215, 614 224-7800; r. 1207 Tranquil Dr., Worthington, OH 43085, 614 846-7884.
CUMMINS, Dorothy Rigney; '54 BSBA; 1713 Northwood Ct., Arlington, TX 76012, 817 861-5772.
CUMMINS, Helene Goodman; '48; 6227 Kendalwood Ct., Columbus, OH 43213, 614 866-3256.
CUMMINS, Mark Charles; '80 BSBA, '82 MBA; 316 S. Firestone Blvd., Akron, OH 44301, 216 724-7238.
CUMMINS, Michael John; '81 BSBA; Staff; American Society for Metals, Postmaster, Metals Park, OH 44073; r. 7120 Liberty Rd., Cleveland, OH 44139, 216 248-8743.
CUMMINS, Otis Marion, III; '61 BSBA; Pres.; Mansfield Industries Inc., POB 999, Mansfield, OH 44901, 419 524-1300; r. 580 Woodland Rd., Mansfield, OH 44906, 419 756-1487.
CUMMINS, Ms. Phyllis A.; '73 BSBA; Gen. Mgr.; Prudential Property Co., 3 Gateway Ctr. 13th Fl., Newark, NJ 07102, 201 802-6446; r. 115 Washington Corner Rd., Bernardsville, NJ 07924, 201 766-4860.
CUMMINS, Roy E.; '48 BSBA; Retired Secr & Treas.; Structures Unlimited Inc., RR 1, Ephrata, PA 17522; r. Rural Delivery #1, Narvon, PA 17555.
CUNIX, Jeffrey Alan; '78 BSBA, '80 MBA; Sr. Sales Rep.; R.R. Donnelley & Sons Co., Legal & Financial Sales, 350 E. 22nd St., Chicago, IL 60616, 312 326-8184; r. 9201 N. Kildare, Skokie, IL 60076, 312 673-7911.
CUNNINGHAM, Brian Keith; '87 BSBA; Asst. Mgr.; Miller's Superthrift, 3621 E. Livingston Ave., Columbus, OH 43232, 614 235-3501; r. 3695 Clearwater Dr., Columbus, OH 43232, 614 833-9536.
CUNNINGHAM, Danny Lynn; '78 BSBA; Mgr.; Arthur Andersen & Co., 777 E. Wisconsin Ave., Milwaukee, WI 53201, 414 271-5100; r. 8263 Firwood Ln., Greendale, WI 53129, 414 421-8116.
CUNNINGHAM, Diane E. '87 (See Renzi, Mrs. Diane C.).
CUNNINGHAM, Donald Frank, PhD; '83 PhD (BUS); Assoc. Prof.; Baylor Univ., Hankamer Sch. of Business, Dept. of Finance, Waco, TX 76798, 817 755-2263; r. 222 Oak Creek Cir., Mc Gregor, TX 76657, 817 848-5222.
CUNNINGHAM, Donald Jeffrey; '87 BSBA; Acct.; Owens Corning Fiberglas, Technical Ctr., Granville, OH 43023, 614 587-7102; r. 3321 Kristin Ct., Columbus, OH 43229, 614 899-2466.
CUNNINGHAM, Fred Paul; '73 BSBA; Student; Univ. of New Mexico, POB, Albuquerque, NM 87131; r. 633 S. Judkins Ave., Lima, OH 45805, 419 224-9512.
CUNNINGHAM, Dr. Gary Mac; '70 MBA; Staff; Virginia Polytecnic Inst., POB, Blacksburg, VA 24061; r. 5011 Tall Oaks Dr. NW, Blacksburg, VA 24060, 703 552-6124.
CUNNINGHAM, George J.; '48 BSBA; VP Personnel; Grange Mutual Casualty Co., 650 S. Front St., Columbus, OH 43216; r. 3316 Kirkham Rd., Columbus, OH 43221, 614 457-5227.
CUNNINGHAM, Harold B.; '26 BSBA; RR No 10, POB 142A, Leesburg, FL 32748.
CUNNINGHAM, Kevin Paul; '84 BSBA; Claims Examiner; Farmers New World Life Ins. Co., 2400 Farmers Dr., Worthington, OH 43085, 614 764-9975; r. 1415 Chesterton Sq. N., Columbus, OH 43229, 614 431-0115.
CUNNINGHAM, Kimberlyn Chris; '85 BSBA; Corporate Acct. II; Huntington Bancshares Inc., 41 S. High St., 6th Fl., Columbus, OH 43287, 614 463-6372; r. 1579 Glenmont Rd., E. Cleveland, OH 44118, 216 371-3231.
CUNNINGHAM, Russell Neil; '86 BSBA; Atty.; Baker & Hoftetler, 65 E. State St., Columbus, OH 43215, 614 228-1541; r. 3319 Braidwood Dr., Hilliard, OH 43026, 614 876-5949.
CUNNINGHAM, Sallie D. '84 (See Debolt, Ms. Sallie Jo).
CUNNINGHAM, Samuel E.; '48 BSBA; Industrial Traffic; r. Rd # 4 Woodlawn Acres, St. Clairsville, OH 43950.
CUNNINGHAM, Stephen Earl; '69 BSBA; VP; Reassurance Corp., Postmaster, Stamford, CT 06904; r. 3845 Park Ave. #11, Fairfield, CT 06432.
CUNNINGHAM, Terry Stephen; '73 BSBA; Acctg. Mgr.; Hexcel Inc., P.O.Box 668, Lancaster, OH 43130; r. 309 Mare Ln., San Ramon, CA 94583, 415 830-4647.
CUNNINGHAM, Thomas Franklin; '74 BSBA; Production Mgr.; Dominion Homes, 7610 Falls of the Neuse Rd., Ste. 120, Raleigh, NC 27615, 919 848-3900; r. 2800 Croix Pl., Raleigh, NC 27614, 919 848-0815.
CUNNINGHAM, Timothy Joseph; '85 BSBA; Sr. Programmer/Anlyst; Banc One Svcs. Corp., 350 McCoy Rd., Westerville, OH 43081, 614 248-4834; r. 4240 Timber Valley Dr., Columbus, OH 43230, 614 476-2917.
CUNNINGHAM, Todd Alan; '88 BSBA; 1761 Willow Way Cir. N., Columbus, OH 43220.
CUNNINGHAM, William A.; '53 BSBA; Retired; r. 1619 Hagley Rd., Toledo, OH 43612.
CUNNINGHAM, 1LT William Ralph, USAF; '84 BSBA; Chief Security, Engr. Div; Gunter AFB, AL 36114, 205 279-4232; r. 145 Ave. D, #C, Gunter AFB, AL 36115, 205 272-0470.
CUNNINGS, COL John Claude, USAF(Ret.); '60 MBA; 311 Harbor View Ln., Largo, FL 34640, 813 581-1917.
CUPP, Kirk James; '80 BSBA; Supv./Policy Adm; r. 7562 Donora Ln., Worthington, OH 43085, 614 764-2321.
CUPP, Larry Wayne; '70 MBA; Unit Supv.; Ford Motor Co., The American Rd., Dearborn, MI 48121; r. 25150 Taft Rd., Novi, MI 48050, 313 349-7338.
CUPP, Robert C.; '40 BSBA; Retired; r. 528 Loveman Ave., Worthington, OH 43085, 614 885-7531.
CUPPETT, Sharon Dee; '80 BSBA, '83 MBA; Acct. Repr; Compuserve, 3475 Lenox Rd Ste. 400, Atlanta, GA 30326; r. Compuserve, 3475 Lenox Rd. Ste. 400, Atlanta, GA 30326, 404 266-3559.
CURFMAN, Pauline Paterson; '35 BSBA; Retired/ Asst. Dir.; Associated Health Agencies Inc., 2400 Reading Rd, Cincinnati, OH 45202; r. 1776 Larch Ave., Apt. 407, Cincinnati, OH 45224, 513 542-2029.
CURLE, Charles Alan, Sr.; '71 BSBA; Systs. Designer; GE Capital Corp., 4176 Holiday St., Holiday Center Ct. Bldg., Canton, OH 44118; r. 6677 Pinetree Ave. NE, N. Canton, OH 44721, 216 493-1095.
CURNOW, George Alexander; '67 BSBA; 51 Ann Rd., Long Valley, NJ 07853, 201 850-4164.
CURNOW, William J., Jr.; '66 MBA; Mgr.; Exxon Chemical Americas, Linden, NJ 07036.
CURP, Sharon Ann; '85 BSBA; 1322 Eileen Dr., Xenia, OH 45385, 513 426-7160.
CURPHEY, James Dodds; '80 BSBA; Atty.; Porter Wright Morris & Arthur, 41 S. High St., Columbus, OH 43215, 614 227-2047; r. 1634 Essex Rd., Columbus, OH 43221, 614 481-3171.
CURRAN, Bonnie '64 (See Kaser, Bonnie Curran).
CURRAN, Celeste Cour; '87 MBA; Staff; Adria Labs, 582 W. Goodale, Columbus, OH 43215; r. 5936 St. Fillans Ct., Dublin, OH 43017, 614 889-7892.
CURRAN, Christina Marie; '87 BSBA; Acct.; Arthur Andersen & Co., 41 S. High St., Ste. 2000, Columbus, OH 43215, 614 228-5651; r. 6980 Tanya Ter., Reynoldsburg, OH 43068, 614 868-9754.
CURRAN, Francis J., Jr.; '66 BSBA; Partner; Hausser & Taylor, 471 E. Broad St., Columbus, OH 43215, 614 224-7722; r. 6980 Tanya Ter., Reynoldsburg, OH 43068, 614 868-9754.
CURRAN, Harry J.; '67 BSBA; Youth Activities Dir.; State of Rhode Island, 400 New London Ave., Dept. for Children & Families, Cranston, RI 02920, 401 464-2025; r. 24 Gillan Ave., Warwick, RI 02886, 401 732-0334.
CURRAN, James Frederick; '74 BSBA; Partner; Farwick Curran & Co. CPA's, 6525 Busch Blvd., Columbus, OH 43229, 614 888-1906; r. 9072 Moors Pl., Dublin, OH 43017, 614 889-6671.
CURRAN, John Dennis; '83 BSBA; CPA/Tax Mgr.; Peat Marwick Main & Co., Two Nationwide Plz., Columbus, OH 43215, 614 249-2300; r. 1162 Fletcher Dr., Reynoldsburg, OH 43068, 614 868-9340.
CURRAN, John Thomas; '75 BSBA; 3515 Skyline Dr., Worthington, OH 43085.
CURRAN, Thomas L.; '86 BSBA; 190 W Kanawha, Columbus, OH 43214, 614 486-7941.
CURRELL, Joseph Christopher; '81 BSBA; Production Supv.; Container Corp. of America, c/o Postmaster, Louisville, KY 40231; r. 13406 Dixie Hwy., Louisville, KY 40272.
CURREN, Cristi '82 (See Ludwig, Mrs. Cristi Curren).
CURREN, Matthew Richard; '81 BSBA; Systs. Analyst; State of Ohio, MROD Info Systs., 30 E. Broad St. Ste. 1240, Columbus, OH 43215, 614 466-0145; r. 659 Boxford Ln., Columbus, OH 43213, 614 866-3476.
CURRIE, L. Ellen '84 (See Brown, Lynne Ellen).
CURRIE, Michael Wall; '80 BSBA; Atty.; Arter & Hadden, 10 W. Broad St., Columbus, OH 43215, 614 221-3155; r. 725 Marburn Dr., Columbus, OH 43214, 614 459-3712.
CURRIE, Tanya C. '80 (See Currie-Richards, Tanya C.).
CURRIER, Jack W.; '48 BSBA; Retired; r. 1230 Fountaine Dr., Columbus, OH 43221, 614 459-7223.
CURRIER, Mary Llewellyn; '48; 1230 Fountaine Dr., Columbus, OH 43221, 614 459-7223.
CURRIE-RICHARDS, Tanya C., (Tanya C. Currie); '80 MBA; Mktg. Rep.; IBM, Indianapolis, IN 46256, 317 639-0688; r. 8041 Tanager Ct., Indianapolis, IN 46256, 317 842-2305.
CURRIN, Teresa Lynn; '87 BSBA; Comm. Underwriter; Cincinnati Financial Corp., POB 14567, 6200 S. Gilmore, Cincinnati, OH 45214, 513 870-2355; r. 6939 Lynnfield #142, Cincinnati, OH 45243, 513 793-6014.
CURRO, Michael Joseph; '74 MPA; Mgmt. Analyst; US Gen. Acctg. Ofc., 441 G St. NW Rh7614, Washington, DC 20548; r. 1865 Kings Pl., Crofton, MD 21114, 301 721-1883.
CURRY, Douglas L.; '64; 636 E. Main St., Gallatin, TN 37066, 615 452-8864.
CURRY, Eugene L.; '48 BSBA; Retired; r. 2567 Welsford Rd., Columbus, OH 43221, 614 488-8640.
CURRY, Gilbert G.; '47 BSBA; Retired; r. 16631 Sims St., Apt. A, Huntington Bch., CA 92649, 714 840-3769.
CURRY, Michael Lynn; '85 BSBA; Salesman; Ron Daniel Inc., 4246 Clara, Cudahy, CA 90201; r. 1101 Elmwood Ave., Columbus, OH 43212, 614 488-4412.
CURTIN, Forrest J.; '49 BSBA; Retired; r. 1809 Timberline Dr., Springfield, OH 45504, 513 399-7660.
CURTIN, Robert E.; '48 BSBA; Retired; r. 4145 Kendale Rd., Columbus, OH 43220, 614 451-2156.
CURTIN, Robert Edward, Jr.; '70; Income Tax Adminstr; City of Columbus, Marconi Boulvard, Columbus, OH 43215, 614 222-7477; r. 5292 Wagonwheel Ln., Gahanna, OH 43230, 614 475-2498.
CURTIS, Betty Poole; '50 BSBA; Staff; The Ohio State Univ., 190 N. Oval Mall, Columbus, OH 43210; r. 5485 S. Old State Rd., Galena, OH 43021, 614 548-4991.
CURTIS, Clifford Ashbrook; '82 BSBA; 32 E. Jeffrey Pl., Columbus, OH 43214, 614 263-0876.
CURTIS, Clifford L.; '49 BSBA; 5485 S. Old State Rd., Galena, OH 43021, 614 548-4991.
CURTIS, Constance C. '31 (See Nichols, Mrs. Constance).
CURTIS, David James; '86 BSBA; 3598 Devaney Ct., Gahanna, OH 43230, 614 471-4374.
CURTIS, Donald L.; '72 MBA; Gen. Mgr.; Hewlett Packard Disc Memory Div., POB 39, Boise, ID 83707, 208 323-2533; r. 474 W. Sandstone Ct., Boise, ID 83702, 208 344-3434.
CURTIS, Franklin James, II; '81 BSBA; 346 E. 78th Apt. 3A, New York, NY 10021.
CURTIS, Jack R.; '75 BSBA; Salesman; Duplex Prods. Inc., 6100 Channingway Blvd., Columbus, OH 43229; r. 371 Pebble Creek Dr., Dublin, OH 43017, 614 889-2033.
CURTIS, Jeffrey Ray; '88 BSBA; 730 Riverview Dr., Columbus, OH 43202, 614 267-7150.

ALPHABETICAL LISTINGS DAMRATH 59

CURTIS, John Edwin; '82 BSBA; Sales; Pitney Bowes Facsimile, 6480 Doubletree, Columbus, OH 43229, 614 846-5770; r. 2138 Sharwood Ct., Worthington, OH 43085, 614 792-9026.

CURTIS, Marilyn '57 (See Butcher, Mrs. Marilyn C.).

CURTIS, Michael Alan; '65 BSBA; Tax Policy Advisor; Exxon Co. USA, POB 392, Houston, TX 77001, 713 656-6828; r. 338 Tamerlaine Dr., Houston, TX 77024, 713 827-7747.

CURTIS, Russell Warren; '87 BSBA; Math Checker; H&R Block, Columbus, OH 43213; r. 5948 Rock Hill Rd., Columbus, OH 43213, 614 866-3916.

CURTISS, Dean E.; '59 BSBA; 5 S. West St., Westerville, OH 43081.

CURTNER, Mary Katherine; '84 BSBA; 2126 Rainier Ave., Everett, WA 98201.

CURTO, Thomas Victor; '78 BSBA; Supv.-Delivery; US Postal Svc., Postoffice, Ft. Myers, FL 33919; r. 14920 Summerlin Woods Dr., #3, Ft. Myers, FL 33919, 813 433-4879.

CUSACK, Kelly T.; '84 BSBA; Territory Mgr.; Rudy's Farm Co., 2424 Music Valley Rd., Nashville, TN 37214, 615 889-2391; r. 121 Georgetown Rd., Columbus, OH 43214, 614 847-1311.

CUSHING, Stephen Craig; '86 BSBA; 2409 Alwin Ct., Raleigh, NC 27604, 919 846-8625.

CUSI, Ma-Pilar Pobre; '84 MBA; 95 Bywood Ln., Columbus, OH 43214.

CUSICK, Jay H.; '39 BSBA; Retired; r. 1929 N. Hazel Ave., Zanesville, OH 43701, 614 452-2643.

CUSICK, John R.; '57 BSBA; Financial Analyst; Solar Turbines Inc., Div Caterpillar Tractor, 2200 Pacific Hwy., San Diego, CA 92101; r. 6938 Casselberry Way, San Diego, CA 92119, 619 469-4495.

CUSTENBORDER, Jean Sharp; '43 BSBA; 1227 Spruce Ave., Sidney, OH 45365.

CUSTENBORDER, Kelli '82 (See Grimes, Mrs. Kelli Custenborder).

CUSTENBORDER, Steven Lee; '81 BSBA; Sales Repr; Gen. Foods Corp., 1942 Iuka Ave., Columbus, OH 43201; r. 1942 Iuka Ave., Columbus, OH 43201.

CUSTER, Donald A.; '52 BSBA; Treas.; Industrial Valley Title Ins. Co., 1700 Market St., Philadelphia, PA 19103, 215 829-2510; r. 660 Parrish Rd., Swarthmore, PA 19081, 215 544-5495.

CUSTIS, Catherine Mary; '85 BSBA; 1383 Eastview 4, Columbus, OH 43212.

CUTHBERT, James Brian; '88 BSBA; Operations Mgr.; Central Transport, 1000 Parsons Ave., Zanesville, OH 43701, 614 454-6054; r. 1389 Clydesdale Ave., Columbus, OH 43229, 614 866-4533.

CUTLER, Jay Lee; '75 BSBA; Atty.; E L Cutler & Assoc. Inc., 4618 Dressler Rd. NW, Canton, OH 44718, 216 493-9323; r. 5330 Peninsula Dr. NW, Canton, OH 44718, 216 499-9936.

CUTLIP, David Patrick; '70 BSBA; Shipper; Hedstrom Corp., 710 Orange St., Ashland, OH 44805, 419 289-9310; r. 634 Sandusky St., Ashland, OH 44805, 419 281-4145.

CUTLIP, Lawrence Blair; '72 BSBA; Controller; Quality Chevrolet, 3101 Morse Rd., Columbus, OH 43229, 614 471-8282; r. 5814 Thompson Rd., Gahanna, OH 43230, 614 855-3442.

CUTRELL, Gary Millard; '70 BSBA; Div. Quality Engr.; Gencorp Automotive, One General St., Wabash, IN 46992, 219 563-1121; r. 2546 Miami Tr., Marion, IN 46952, 317 664-6413.

CUTRIGHT, Martha L. '85 (See Cutright-Sarra, Ms. Martha L.).

CUTRIGHT-SARRA, Ms. Martha L., (Martha L. Cutright); '85 BSBA; Atty.; Santen, Shaffer & Hughes, Ste. 1800, 105 E. Fourth St., Cincinnati, OH 45202, 513 721-5541; r. 6143 Cambridge Ave., Cincinnati, OH 45230, 513 232-9061.

CUTTER, David L.; '63 BSBA; VP Personnel; Geiger Bros., Mt Hope Ave., Lewiston, ME 04240, 207 783-2001; r. 441 Lake St., Auburn, ME 04210, 207 784-8998.

CUTTER, Randal Jon; '84 BSBA; Ins. Agt.; Cutter Ins. Agcy., 717 Jefferson Ave., Cincinnati, OH 45215, 513 761-7890; r. 2629 S. Kathwood Cir., Cincinnati, OH 45236, 513 791-5092.

CVENGROS, Laura L.; '83 MBA; Sr. Plng. Engr.; Hoosier Energy, POB 908, Bloomington, IN 47402, 812 876-2021; r. 773 Woodbridge Dr., Bloomington, IN 47401, 812 333-9784.

CVETKOVSKI, John Ilija; '88 BSBA; Credit Analyst; r. 6933 Carrousel Dr., Reynoldsburg, OH 43068, 614 864-9564.

CVITKOVICH, Edward G.; '62 BSBA; Mgr. of Finance; Manchester Tools Div., The Warner & Swasey Co, 5142 Manchester Rd, Akron, OH 44319; r. 1309 W. Placita Hojalata, Tucson, AZ 85745, 602 624-7645.

CYBULSKI, Robert C.; '65 BSBA; Grad. Student; r. 341 Douglass St., San Francisco, CA 94114.

CYMBAL, Kenneth Michael; '77 MBA; 37250 Chardon Rd, Willoughby, OH 44094.

CYPHER, Gretchen Rauch '81 (See Dell, Mrs. Gretchen Rauch).

CYPHER, James Thomas; '77 MPA; Lt./Supv.; The Ohio State Univ., Police Dept., 2043 Milliken Rd., Columbus, OH 43210; r. Same.

CYPHERS, Mark Arthur; '80 BSBA; Exec. VP; Omni Financial Mgmt., 5077 Olentangy River Rd., Columbus, OH 43214, 614 451-5030; r. 1859 Snouffer Rd., Worthington, OH 43085, 614 431-2425.

CYPHERT, Stacey Todd; '81 BSBA; Doctoral Candidate; The Univ. of Iowa, Grad. Program Hosp. Admin., 2700 Steindler Bldg., Iowa City, IA 52242, 319 335-8813; r. 705 Carriage Hill, #6, Iowa City, IA 52246, 319 354-8259.

CYRUS, Ms. Carol S.; '83 MPA; Info. Spec.; Ohio Bur. of Workers Compensation, Communication Dept., 246 N. High St., Columbus, OH 43215; r. 1531 Perry St., Columbus, OH 43201, 614 421-1270.

CZAKO, Alan James; '87 BSBA; Programmer; The Ltd. Inc., One Limited Pkwy., POB 16528, Columbus, OH 43216; r. 5585 Sierra Ridge Dr., Columbus, OH 43229.

CZAKO, Jodene Kim; '86 BSBA; Tax Auditor; The Ltd. Inc., One Limited Pkwy., POB 16528, Columbus, OH 43216, 614 475-4000; r. 5585 Sierra Ridge Dr., Columbus, OH 43231, 614 899-9997.

CZERNIEC, Melissa Ricketts; '86 BSBA; Staff Auditor; Ernst & Whinney, 1225 Connecticut Ave. NW, Washington, DC 20036, 202 862-6000; r. 5 Aldridge Ct., Sterling, VA 22170, 703 430-1772.

CZINKOTA, Dr. Michael R.; '76 MBA, '80 PhD (BUS); Deputy Asst. Secretry; US Dept. of Commerce-Trade Info. & Analysis, 14th St Between Independence &, Constitution, Washington, DC 20230; r. 2401 Wittington Blvd., Alexandria, VA 22308, 703 360-8684.

CZUCHRA, Michael Robert; '86 BSBA; 339 Dodgeville Rd., Rome, OH 44085.

CZWAKIEL, Deborah Jean; '86 BSBA; Customer Svc. Rep.; Hastings-Tapley Ins. Agcy., 317 Main St., Woburn, MA 01801, 617 933-4800; r. 56 Depot Rd., Westford, MA 01886, 508 692-4950.

CZWAKIEL, Mrs. Lisa N., (Lisa N. Diefenthaler); '87 BSBA; Computer Programmer; CompuServe, 5000 Arlington Ctr. Blvd., POB 20212, Columbus, OH 43220, 614 457-8600; r. 4939 Archdale Ln., Columbus, OH 43214, 614 451-4721.

CZYZYNSKI, Jacquelyn Gibbons; '84 BSBA; Banker; Ameritrust Corp., 900 Euclid Ave., Cleveland, OH 44101; r. 1667 Cedarwood Dr., #306, Westlake, OH 44145, 216 871-1973.

CZYZYNSKI, Richard F.; '84 BSBA; Fixed Income Salesmn; Mc Donald & Co. Securities, 2100 Central National Bk Bldg., Cleveland, OH 44114; r. 1667 Cedarwood Dr., #306, Westlake, OH 44145, 216 871-1973.

D

DABBAGH, Salim S.; '53 MBA; Prof.; r. Clg. of Commerce, Baghdad, Iraq.

DABNEY, Selma A. '41 (See Barnett, Mrs. Selma D.).

DABROWSKI, Douglas Alan; '70 BSBA; Financial Spec.; Materials Lab, Wright Patterson AFB, Dayton, OH 45433; r. 3120 Bromley Pl., Kettering, OH 45420, 513 299-8917.

DACHSTEINER, Raymond W.; '25 BSBA; Retired; r. 710 Eastover Cir., DeLand, FL 32724.

DADAS, Alexander Paul; '74 MBA; Industrial Engr.; Procter & Gamble, Manufacturing Dept., Mehoopany, PA 18629; r. Procter & Gamble, Manufacturing Dept., Mehoopany, PA 18629.

DADZIE, Evelyn Winston, (Evelyn M. Winston); '78 MPA; PhD Student; Duke Univ., Fuqua Sch. of Bus., Durham, NC 27707; r. POB 5193, Durham, NC 27717, 919 493-3188.

DADZIE, Dr. Kofi Q.; '77 MBA, '81 PhD (BUS); Asst. Prof./Mktg.; Georgia State Univ., Clg. of Business, Dept. of Mktg. Univ Plz., Atlanta, GA 30303, 404 651-4185; r. POB 5193, Durham, NC 27717, 919 493-3188.

DAERING, Scott Franklin T.; '81 BSBA; Mgr.; Lowry Computer Prods., Industrial Marketing Division, 7670 Crosswoods Dr., Worthington, OH 43085, 614 888-6363; r. 226 Bluewing Ct., Worthington, OH 43085, 614 885-5797.

DAGIL, Alan John; '81 BSBA; Sr. Lease Negotiator; Equitable Lomas Leasing Corp., POB 81224, San Diego, CA 92138, 619 458-4496; r. 7405 Charmant Dr. #1907, San Diego, CA 92122, 619 587-8291.

D'AGOSTINO, Albert C.; '87 BSBA; Real Estate Appraiser; Ames Appraisal Svc., 1825 NW 167th St., #108, Miami, FL 33056, 305 763-1450; r. 7760 NW 78th Ave., Apt. 114, Tamarac, FL 33321, 305 721-4722.

D'AGOSTINO, Charles M.; '60 BSBA; 1040 Bayview Dr. 309, Ft. Lauderdale, FL 33304, 305 741-2794.

D'AGOSTINO, Susan Lynn; '83 BSBA; 597 Barbcliff Dr., Canfield, OH 44406, 216 533-6931.

DAGUE, Kimberly Marie; '87 BSBA; 167 Delhi Ct., Columbus, OH 43202, 614 263-6875.

DAGUE, Roland G., Jr.; '71 BSBA; CPA; Dague Assocs., CPA's, 683 Oak St., Columbus, OH 43215, 614 221-8777; r. 265 S. Cassingham Rd., Bexley, OH 43209, 614 235-0593.

DAHER, Najy Moussa; '86 BSBA; POB 395, Goldenrod, FL 32733, 305 657-4755.

DAHER, Sami Aref; '87 BSBA; Acctg. Clerk; L T V Steel Co., 25 W. Prospect, Cleveland, OH 44115, 216 622-5159; r. 1970 Bremerton, Lyndhurst, OH 44124, 216 473-0819.

DAHL, Jeffrey Allen; '82 BSBA; Account Exec.; Coca-Cola USA, PO Drawer 1734, Atlanta, GA 30301; r. 3600 Monmouth Ct., Tallahassee, FL 32308, 904 386-4969.

DAHL, Sonya, (Sonya Mc Coy); '83 BSBA; Sales Exec.; Procter & Gamble Co., Tallahassee, FL 32301; r. 3600 Monmouth Ct., Tallahassee, FL 32308, 904 386-4969.

DAHLBERG, Eric George; '77 MPA; Supt.; Ohio State Reformatory, POB 788, Mansfield, OH 44901, 419 522-0130; r. 789 Lohr Rd., Rte. #12, Mansfield, OH 44903, 419 468-5425.

DAHLEN, Ernest Leroy, III; '80 BSBA; 1st VP; Mc Donald & Co. Securities Inc., Municipal Bond Trading, 2100 Society Bank Bldg., Cleveland, OH 44114; r. 1369 Bobby Ln., Westlake, OH 44145.

DAHLER, Michael Carl; '76 BSBA; 12149 Glen Gary Cir., Richmond, VA 23233.

DAHLHAUSEN, Thomas James; '78 BSBA; Supv., Passenger Svc.; Continental Airlines, Cleveland, OH 44130; r. 8627 Scarlet Oak Ln., Cleveland, OH 44130, 216 243-5978.

DAHMEN, David S.; '64 BSBA; 2nd Lt Usaf, 2391 Old Furnace Rd, Youngstown, OH 44511, 216 792-3764.

DAIBER, Hilda Buchmann; '57 BSBA; CPA; Nevans & Gaydos, 302 W. Fifth St. #208, San Pedro, CA 90731, 213 548-5416; r. 3248 Corinna Dr., Rancho Palos Verdes, CA 90274, 213 544-3229.

DAILEY, Alan W.; '49 BSBA; Pres. & Chief Operati; Adair Mortgage Co., Trust Co Georgia Bldg., Atlanta, GA 30303; r. 9465 Riverclub Pkwy., Duluth, GA 30136, 404 448-0444.

DAILEY, Rev. Charles M.; '40 BSBA; Sr. Minister; r. 1380 Skyway St. NE, N. Canton, OH 44721, 216 499-7765.

DAILEY, Daniell Leonard; '42 BSBA; Retired; r. 12819 Peach Blossom Dr., Sun City West, AZ 85375, 602 584-3726.

DAILEY, George H.; '49 BSBA; Stockbroker; Legg Mason & Co., 6701 Democracy Blvd., Bethesda, MD 20850, 301 897-9600; r. 13305 Rockview Ct., Silver Spring, MD 20906, 301 460-1110.

DAILEY, Ms. Jeanne L.; '52 BSBA; Atty.; Dailey & Dailey, POB 189, 259 W. Fifth St., Marysville, OH 43040, 513 642-0445; r. 82 N. Mill, Milford Ctr., OH 43045, 513 349-2685.

DAILEY, John William, Jr.; '52 BSBA; Atty.; r. 259 W. 5th St., POB 189, Marysville, OH 43040, 513 642-4565.

DAILEY, Lynn Paul; '69 BSBA; Bus. Staffing Cnslt.; E. I. du Pont de Nemours, Employee Relations Dept., N.-13444, Wilmington, DE 19898; r. 1104 Webster Dr., Wilmington, DE 19803, 302 478-1643.

DAILEY, Matthew J.; '41 BSBA; Retired; Dow Chemical Co.; r. 5807 Sturgeon Creek Pkwy., Midland, MI 48640, 517 631-5638.

DAILEY, Paul David; '84 BSBA; 5358 Yorkshire Village Ln., Columbus, OH 43232, 614 864-9620.

DAILY, Cynthia Jones; '87 BSBA; Staff Acct.; The Irvine Co., 500 Newport Center Dr., Newport Bch., CA 92660, 714 720-2558; r. 26325 Spring Creek Cir., El Toro, CA 92630, 714 586-8224.

DAILY, Stephen Craig; '74 BSBA; Staff; Anr Freight, 5075 Krieger Ct., Columbus, OH 43228; r. 551 Annette Ct., W. Jefferson, OH 43162, 614 879-6477.

DAINES, Robert Arnold; '80 BSBA; VP; Wallick Properties Inc., Govt Assisted Housing Div, 6880 Tussing Rd., Reynoldsburg, OH 43068, 614 863-4640; r. 488 Illinois Ave., Westerville, OH 43081, 614 899-2108.

DAKER, Charles Conant, Jr.; '72 BSBA; Mgr. Credit Mgmt.; Mead Data Central, 9393 Springboro Pike, Dayton, OH 45342, 513 865-7112; r. 1733 Kensington Dr., Bellbrook, OH 45305, 513 848-4442.

DAKOSKE, John George; '88 MBA; 49 E. Henderson B, Columbus, OH 43214, 614 262-5971.

DALBEY, Earle G.; '52 MBA; Retired; r. 300 Nutwood Cir., Jamestown, NC 27282, 919 454-2605.

DALBEY, Stephen I.; '65 BSBA; Account Exec.; Ogilvy & Mather Inc., 2 E. 48th St., New York, NY 10017; r. c/o Ogilvy & Mather Inc, 2 E. 48th St., New York, NY 10017.

DALE, Audrienne '55 (See Brown, Audrienne T.).

DALE, Jennifer Jo; '88 BSBA; 3322 Sciotangy Dr., Columbus, OH 43221, 614 451-5239.

DALES, Gary Dean; '74 BSBA; Programmer Analyst; Insurdata Inc., 5215 N. O'Connor Blvd., Irving, TX 75039, 214 869-2553; r. 1119 Esters Rd., Apt. #1914, Irving, TX 75061, 214 790-8294.

DALES, Herbert J., Jr.; '87 BSBA; Sales Assoc.; Roberts Mens Shop, Zanesville, OH 43701; r. 16495 Brushy Fork Rd. SE, Newark, OH 43055, 614 763-2197.

DALES, Ronald P.; '60 BSBA; Atty. Partner; Ronde, Nueses & Dales, 607 Plz. Eight, Sheboygan, WI 53081; r. 2810 N. 6th St., Sheboygan, WI 53083, 414 452-8239.

DALESSANDRO, Eugene J.; '62 MBA; Staff; Hafner Ins., 173 E. Washington Row, Sandusky, OH 44870; r. 418 Gateway Blvd., Huron, OH 44839, 419 433-3787.

DALESSANDRO, Rebecca Sue; '85 BSBA; Supv.; Columbus Mutual Life Ins., Client-Agent Svs., 303 E. Broad St. Box 900, Columbus, OH 43216, 614 221-5875; r. 2316 Fitzroy Pl. N. #C, Columbus, OH 43224, 614 476-5983.

DALEY, Charles Thomas; '82 MPA; Relocations Spec.; Ohio Dept. of Devel., Ofc. of Local Govt Services, 30 E. Broad St. 24th Fl., Columbus, OH 43215; r. 2988 Maryland, Columbus, OH 43209, 614 239-1622.

DALEY, Clayton Carl, Jr.; '74 MBA; Div. Controller; Procter & Gamble, Packaged Soap & Detergent Div., POB 599, Cincinnati, OH 45201, 513 983-1998; r. 5980 Crabtree Ln., Cincinnati, OH 45243, 513 271-5980.

DALEY, Clayton Carl, Sr.; '51 BSBA; Retired Pres.; Bordens, POB 208, Columbus, OH 43216; r. 1551 Calle Mendoza, Green Vly., AZ 85614, 602 625-5050.

DALEY, Robert Emmett; '76 MPA; Dir./Public Affairs; Charles Kettering Fndn., 200 Commons Rd., Dayton, OH 45459, 513 434-7300; r. 321 Whittington Dr., Centerville, OH 45459, 513 433-0811.

DALLAS, Gregory Paul; '87 BSBA; 4001 S. Westshore Dr., #206, Tampa, FL 33611.

DALLAS, Rebecca Adams, (Rebecca Adams); '76 BSBA; Placement Dr.; Wooster Bus. Clg., Wooster, OH 44106, 216 231-0000; r. 3479 Brainard Rd., Pepper Pike, OH 44124, 216 591-0424.

DALLAS, Toula J.; '53 BSBA; Exec. Secy.; The M.A. Hanna Co., Corporate Development Dept., 1301 E. 9th St., Ste. 3600, Cleveland, OH 44114, 216 589-4234; r. 4532 Laurel Rd., Cleveland, OH 44121, 216 382-3850.

DALLMAN, Steven Frank; '79 MBA; Pres.; Intravest Equities, Inc., Ste. 370, 5690 D.T.C. Blvd., Englewood, CO 80111, 303 796-1010; r. 6931 S. Niagara Ct., Englewood, CO 80112, 303 771-6354.

DALLMER, Robert Allen; '79 BSBA; Financial Analyst; Hamilton Oil Corp., 1560 Broadway Ste. 2000, POB 5870, Denver, CO 80217, 303 863-3028; r. 212 Wright St. #104, Lakewood, CO 80228, 303 987-9584.

DALTON, Adrian Burnett; '76 BSBA; 739 7th St., Marietta, OH 45750, 614 373-0377.

DALTON, David William; '80 BSBA; Asst. VP; Banc Share Inc., 41 S. High St., Columbus, OH 43216, 614 463-4533; r. 4108 Dunleavy Ct., Dublin, OH 43017, 614 766-4779.

DALTON, George Thomas; '85 MLHR; 912 Kenmure Ct., Columbus, OH 43220.

DALTON, Marie Elaine; '83 BSBA; 12725 Rockhaven, Chesterland, OH 44026.

DALTON, Richard M.; '54 BSBA; Sales Rep.; IBM Corp., 370 W. 1st St., Dayton, OH 45402; r. 1088 Redfield Ter., Dunwoody, GA 30338, 404 391-9827.

DALY, James H.; '88 MLHR; 1752 Alverne Dr., Poland, OH 44514, 216 757-8463.

DALY, Virginia Klein, (Virginia Susan Klein); '82 BSBA; Public Utility Admin.; PUCO, 180 E. Broad St., Columbus, OH 43266, 614 466-5634; r. 3111 Rainier Ave., Columbus, OH 43231, 614 890-1309.

DAMANTE, Joel Angelo; '83 BSBA; Ins. Underwritr; Nationwide Ins. Co., One Nationwide Plz., Columbus, OH 43216, 614 249-6703; r. 4833 Leybourne Dr., Hilliard, OH 43026.

DAMBAC, Jeffrey E.; '80 BSBA; Marine Area Spec.; Mobile Oil Corp., 3225 Gallows Rd, Fairfax, VA 22037; r. 14009 Betsy Ross Ln., Centreville, VA 22020.

DAME, Gary Carlyle; '73 BSBA; Sales Mgr.; Med.-Equip., 4757 110th Ter. N., Clearwater, FL 33520; r. 2269 Vanderbilt Dr., Clearwater, FL 34625, 813 797-3605.

DAMERON, Richard; '70 BSBA; VP; Pittsburgh Natl. Bank, Pittsburgh Natl. Bank Bldg., 5th & Wood St., Pittsburgh, PA 15222, 412 762-4287; r. 2374 Westgate Dr., Pittsburgh, PA 15237.

DAMERON, Robert W.; '62 BSBA; Pres.; Robert W. Dameron Equity Intl. Co., 7329 Kings Run Rd., Dayton, OH 45959, 513 433-9798; r. Same.

DAMIANI, Paul Carlo; '85 BSBA; Sr. Logistics Analyst; Volume Shoe Corp., 3231 E. 6th St., Topeka, KS 66601, 913 233-5171; r. 1413B Lawrence Ave., Lawrence, KS 66044, 913 843-8057.

D'AMICO, Daniel Joseph; '72 BSBA; Controller; The Kiemle-Hankins Co., 94 H St. Ampoint, Perrysburg, OH 43551, 419 666-0660; r. 6840 Hawkston Rd., Sylvania, OH 43560, 419 841-7561.

D'AMICO, Douglas Paul; '83 BSBA; Commercial Broker; Fonville Morisey Commercial, 4505 Falls of the Neuse Rd., Raleigh, NC 27609, 919 878-8181; r. 2101 Tyson St., Raleigh, NC 27612, 919 787-9715.

D'AMICO, Jennifer; '87 BSBA; Credit Analyst; First Boston Corp., 12 E. 49th St., New York, NY 10017, 212 909-7689; r. 380 Rector Pl., Apt. 9C, New York, NY 10280, 212 945-3728.

DAMICO, Leonard G.; '85 BSBA; Proj. Mgr.; The Limited, Inc., Three Limited Pkwy., POB 16528, Columbus, OH 43216, 614 479-2210; r. 93 Mark Pl., Westerville, OH 43081, 614 899-0370.

D'AMICO, Ronald A., CPA; '83 BSBA; Financial Analyst; Texas Commerce Bank, POB 2558/7-PCT-37, Houston, TX 77252, 713 236-4005; r. 1501 Winrock Rd. #10222, Houston, TX 77057, 713 952-8244.

DAMM, Carl E.; '58 BSBA; RR 1 Box 55C, Mt. Vernon, IN 47265.

DAMMAN, Joseph William; '73 BSBA; Asst. VP; Bank of Lenawee, 211 W. Main St., Morenci, MI 49256, 517 458-2296; r. 113 Fairview St., POB 302, Lyons, OH 43533, 419 923-5023.

DAMO, Elaine Elizabeth; '88 MBA; Asst. Dir. Med. Records; Children's Hosp., 700 Children's Dr., Columbus, OH 43205, 614 461-2264; r. 4863 Kingshill Dr., #305, Columbus, OH 43229, 614 436-2645.

DAMON, Forrest L.; '31 BSBA; Retired; r. 1406 State Rd., Hinckley, OH 44233, 216 278-4021.

DAMORE, Lisa Jayne; '80 BSBA; 4867 Norquest Blvd., Youngstown, OH 44515, 216 792-5158.

DAMRATH, Mrs. Tammy M., (Tammy M. Brady); '84 BSBA; Comp Prog./Analyst; Huntington Natl. Bank, 2361 Morse Rd., Columbus, OH 43229, 614 476-8258; r. 5325 Torchwood Loop W., Columbus, OH 43229.

DAMRON, Jeffrey D.; '82 BSBA; Mktg. Mgr.; Sloter Concrete, 1997 Harmon Ave., Columbus, OH 43223, 614 445-8451; r. 2019 Black Rd., Hebron, OH 43025, 614 928-2019.

DAMRON, Ms. Michelle Marie, (Michelle Marie Andes); '84 BSBA; Buyer; O'Neil's, 226 S. Main St., Akron, OH 44308, 216 374-6208; r. 1913 Cambridge Dr., Kent, OH 44240, 216 678-4673.

DAMRON, Walter Drew; '82 BSBA; Credit Analyst; Discover Card Svcs., Inc., 2765 B Eastland Mall, Columbus, OH 43232; r. 2979 Easthaven Ct., N., Columbus, OH 43232, 614 231-6208.

DAMSCHRODER, Robert E.; '48 BSBA; Retired; r. 3514 Maryallen Dr., Oregon, OH 43616, 419 693-8781.

DAMSKY, Michael D., CLU; '55 BSBA; Ins. Agt.; Michael D. Damsky CLU & Assocs., 325 Genesee St., Utica, NY 13501, 315 724-3173; r. 2 Jordan Rd., New Hartford, NY 13413, 315 732-1836.

DANA, Dr. Robert Clark; '79 MA; Mgr.; Chemical Abstracts Svc., 2540 Olentangy River Rd, POB 3012, Columbus, OH 43210; r. 1755 Churchview Ln., Columbus, OH 43220, 614 442-1117.

D'ANDREA, Daniel Joseph; '84 BSBA; Production Worker; Honda of America, 24000 US Rte. 33, Marysville, OH, 513 642-5000; r. 3030 Wallingford Ave., Columbus, OH 43229.

D'ANDREA, Lisa Bowden; '82 BSBA; Functiion Coordinatr; A O P A Weekend Ground Schs., 24 N. High St., Dublin, OH 43017, 614 889-0717; r. 3958 Blueberry Hollow Rd., Gahanna, OH 43230, 614 899-2034.

D'ANDREA, Robert Christopher; '69 BSBA; Sr. VP; Ohio Savings, 1801 E. Ninth, Cleveland, OH 44114, 216 696-2222; r. 263 Cherry Ln., Avon Lake, OH 44012, 216 933-6301.

D'ANDREA, Vincent Frank; '82 BSBA; Audit Sr./CPA; Huntington Banks, 41 S. High St., Columbus, OH 43215, 614 463-4830; r. 3958 Blueberry Hollow Rd., Gahanna, OH 43230, 614 899-2034.

DANE, A. Edward; '47 BSBA; 940 Round House Ln #A, Carson City, NV 89701.

DANEKAS, Craig Alan; '80 BSBA; Systs. & Programming Supv; Cnty. of Winnebago Illinois, Data Processing Div., 400 W. State St., Rockford, IL 61101, 815 987-2534; r. 7118 Rock Nation Rd., Dixon, IL 61021, 815 652-4586.

DANEMAN, Marcie Behle; '82 MPA; Social Work; FCCS, 1951 Gantz Rd., Grove City, OH 43123, 614 252-6111; r. 869 S. 5th St., Columbus, OH 43206, 614 443-2344.

DANENHOWER, John H., Jr.; '40 MBA; Retired; r. 526 S. Elmwood Ave., Oak Park, IL 60304, 312 848-6766.

DANES, Paul David; '87 MBA; Securities Analyst; Ameritrust Corp., 900 Euclid Ave. T-24, Cleveland, OH 44101, 216 687-5394; r. 1220 Nicholson 3rd Fl., Lakewood, OH 44107, 216 228-8424.

DANFORD, Edward Coyle; '34 BSBA; Pres.; Riverdale Inc., 500 River Rd. #18, Cos Cob, CT 06807, 203 838-2395; r. 123 Lakeshore Dr. #543, N. Palm Bch., FL 33408, 407 627-1998.

DANI, Mark Peter; '86 BSBA; 3718 Canon Ridge P, Columbus, OH 43230, 614 895-2543.

DANIEL, Cathe '81 (See Vonderahe, Catherine).

DANIEL, Jana Lynn; '86 BSBA; Claim Rep.; State Farm Ins., 57 E. Wilson Bridge Rd., Worthington, OH 43085, 614 433-8003; r. 1291 D Hideaway Woods Dr., Westerville, OH 43081, 614 890-0155.

DANIEL, Michael Allen, II; '87 BSBA; Ofc. Mgr.; New York Life Ins. Co., Louisiana Bank Twr., 401 Edwards St., Ste. 1700, Shreveport, LA 71101, 318 222-4143.

DANIELL, Robert R.; '37 BSBA, '39 MBA; Retired; r. 191 Webster Park Ave., Columbus, OH 43214, 614 267-1924.

DANIELS, Cassandra; '85 MPA; 1803 Mc Clelland St., Greenville, NC 27834.

DANIELS, Deborah Miller, (Deborah A. Miller); '77 BSBA; 6746 Connecticut Colony Cir., Mentor, OH 44060, 216 255-1662.

DANIELS, Deborah Thies; '79 MPA; Asst. Dir./Finan Aid; Winston-Salem State Univ., Financial Aid Ofc., Winston-Salem, NC 27110, 919 750-3280; r. 3020 Bainbridge Dr., Winston-Salem, NC 27105, 919 767-4084.

DANIELS, Donnie Ferrell; '86 MBA; Dir. of Operations; Health Care Physicians Svcs., 3960 Knight Arnold Rd., Memphis, TN 38118, 901 369-4772; r. 8019 Fletcher Cove #3, Cordova, TN 38018, 901 756-4901.

DANIELS, George W.; '53 BSBA; Retired; r. 1570 Zettler Rd., Columbus, OH 43227, 614 237-8530.

DANIELS, Jeffrey Mead; '78 BSBA; Charter Financial Cnslt.; John Hancock Financial Svc., 6000 Freedom Sq., Independence, OH 44131, 216 642-9556; r. 4769 Eldo Rd., Willoughby, OH 44094, 216 942-4872.

DANIELS, Mark Joseph; '79 BSBA; 536 Ridgemont, Allen, TX 75002, 214 727-8578.

DANIELS, Vicki L. '83 (See Smith-Daniels, Dr. Vicki L.).

DANIELSEN, MAJ Leland J., USAF; '66 BSBA; 1637 Camelot Dr., Redlands, CA 92374, 714 798-2217.

DANIELSON, David A.; '66 MBA; Sr. VP & Chief Op. Ofcr.; Consultants & Administrators, POB 1005, Delaware, OH 43015, 800 328-2217; r. 1423 Country Club Rd., Middletown, CT 06457, 203 344-9532.

DANIS, Peter Anthony; '83 MA; Mgr. of Corp Dev; Danis Fdn Inc., POB 1518, Dayton, OH 45403; r. 1300 Springhill Ave., Kettering, OH 45409, 513 299-1300.

DANITZ, Jeffery John; '73 BSBA; Pilot; Westcor Aviation Inc., 7305 E. Greenway, Scottsdale, AZ 85260, 602 991-6558; r. 11900 N. 90th Pl., Scottsdale, AZ 85260, 602 391-1881.

DANKLEF, David L.; '59; 806 Arcadia Blvd., Englewood, OH 45322, 513 836-5710.

DANKOWSKI, James Eugene; '80 BSBA; Sales Mgr.; Westinghouse, 6080 Triangle Dr., Commerce, CA 90040, 213 727-2328; r. 8607 Aura, Northridge, CA 91324, 818 993-0309.

DANKWORTH, Charles Henry; '81 MBA; VP/Investment Broker; Dean Witter Reynolds Inc., 41 S. High St., Columbus, OH 43215, 614 228-0600; r. 125 Ashbourne Rd., Columbus, OH 43209, 614 252-3043.

DANLEY, LCDR Mark Stewart, USN; '78 BSBA; Combat Syst. Ofcr.; Nav. Shipyards, USS Philippine Sea (CG-58), 520 Washington St., Bath, ME 04530, 207 442-1624; r. 17 Moore Ave., Brunswick, ME 04511, 207 729-2836.

DANN, Louis Mark; '80 MACC; Acct.; 212 S. Sandusky Ave., Upper Sandusky, OH 43351; r. 745 S. Hazel St., Upper Sandusky, OH 43351, 419 294-1564.

DANN, Theodore E.; '68 BA; Retired; r. 6323 Marina Pacifica Dr. N., Long Beach, CA 90803, 213 430-2682.

DANNER, COL James E., USAF(Ret.); '61 BSBA; 253 Beauregard Hts., Hampton, VA 23669, 804 851-8406.

DANNER, John J.; '49 BSBA; Retired; USA, Pentagon, Washington, DC 20310; r. Ft. Valley Rte., Box 335, Strasburg, VA 22657.

DANNER, Richard E., Jr.; '86 BSBA; 1203 N. 110 Plz., Apt. 522, Omaha, NE 68154, 402 493-1876.

DANNHAUSER, Alfred S.; '74 BSBA; Mgr. of Plng. & Control; Libbey-Owens-Ford, 811 Madison Ave., Toledo, OH 43695, 419 247-3950; r. 1642 Woodhurst Dr., Toledo, OH 43614, 419 382-6938.

D'ANNIBALLE, Arthur J.; '49 BSBA; Acct./Sr. Partner; D'Anniballe & Co., 2720 Sunset Blvd., Steubenville, OH 43952, 614 264-7173; r. 208 Braebarton Blvd., Steubenville, OH 43952, 614 264-2629.

D'ANNIBALLE, Michael Rocco; '80 BSBA; Shipping Foreman; Professional Book Distributors, 555 E. Hudson St., Columbus, OH 43211, 614 771-1800; r. 867 Mcclain Rd., Columbus, OH 43212.

DANSBY, Eric Lamont; '83 BSBA; Acct.; Arthur Andersen & Co., 711 Louisiana, Houston, TX 77002; r. 917 Winton Ave., Akron, OH 44320, 216 836-7411.

DANSON, Forrest Melville, III; '86 BSBA; Systs. Analyst; Aluminum Co. America, Warrick Operations, Newburgh, IN 47630, 812 853-1315; r. 8176 B Lincoln Ave., Evansville, IN 47715.

DANTER, Kenneth Jeffrey; '86 MBA; Staff; Accuray Corp., Financial Services, 650 Ackerman Rd., Columbus, OH 43202; r. 2565 Riverside Dr., Apt. #4H, Columbus, OH 43212, 614 488-1254.

DANTZER, Ms. Cheryl M.; '79 BSBA; CPA/Sr. Acct.; Hausser & Taylor CPA's, 471 E. Broad St., Ste. 1200, Columbus, OH 43215, 614 224-7722; r. 13618 Blamer Rd., Johnstown, OH 43031, 614 231-8566.

DANTZKER, COL Morris M., USA(Ret.); '55 MBA; Cnslt. to Utilities; 101 Lombard, #509W, San Francisco, CA 94111, 415 398-5153; r. Same.

DANYI, Richard J.; '72 BSBA; Regional Mktg. Mgr.; Transport America, 10700 Lyndale Ave., S., Bloomington, MN 55420, 612 884-8854; r. 5536 Old Pond Dr., Dublin, OH 43017, 614 792-7558.

DANYLYK, John T.; '64 BSBA; Supervisory Economist; US Dept. of State, Washington, DC 20520; r. 214 Hillsdale Dr., Sterling, VA 22170.

DAPPER, Carol '77 (See Fisher, Carol Dapper).

DAPPER, Corinne Leigh; '88 MBA; Forecasting/Pricing; Chemical Abstracts Svc., Columbus, OH 43216, 619 921-3600; r. 5352 Caleb Dr., Columbus, OH 43220, 614 457-4388.

DAPSIS, Diane '80 (See Reed, Diane Dapsis).

DARAH, Brian Joseph; '76 BSBA; Pres.; B-W Auto Paint, 3101 Sylvania Ave., Toledo, OH 43613, 419 472-1175; r. 5323 Spring Creek Ln., Sylvania, OH 43560, 419 885-3353.

DARAH, Mark Alan; '76 BSBA; Financial Cnslt.; Merrill Lynch, Edison Plz., 300 Madison Ave., Toledo, OH 43603, 419 259-2266; r. 4152 Woodmont, Toledo, OH 43613, 419 472-8173.

DARBY, John F.; '28 BSBA; Atty.; John F Darby, 204 N. Fulton St., Wauseon, OH 43567; r. 243 E. Elm St., Wauseon, OH 43567, 419 335-2526.

DARBY, Kay '84 (See Waldorf, Kay Darby).

DARBY, Marian Pflaum; '41 BSBA; Retired; Columbus City Schs., 270 E. State St., Columbus, OH 43215; r. 3112 Leeds Rd., Columbus, OH 43221, 614 488-8790.

DARBYSHIRE, Susan Helms; '87 MLHR; Occupatnl Therapist; Franklin Cnty. Bd. of Mr/Dd, 2789 Johnstown Rd., Columbus, OH 43219; r. 8656 Davington Dr., Dublin, OH 43017, 614 889-5891.

DARCELL, Ronald C.; '48 BSBA; Retired Agt.; US Electric Tool Co., 1050 Findlay Pkwy., Cincinnati, OH 45214; r. 2335 Alexandria Pike, Apt. 54 Bldg. B, Southgate, KY 41071, 606 781-1259.

D'ARCY, Michael J.; '78 MPA; Chief/Pers Svcs.; State of Ohio, Ohio Dept. of Health, 246 N. High St., Columbus, OH 43215; r. 208 Clinton Heights Ave., Columbus, OH 43202.

DARDINGER, R. Eric; '69 BSBA; VP/Controller; The Flxible Corp., 970 Pittsburgh Dr., Delaware, OH 43015, 614 362-2679; r. 596 Grist Run Rd., Westerville, OH 43081, 614 891-1795.

DARDINGER, Rexford James; '79 BSBA; 5673 Dorsey Dr., Columbus, OH 43220.

DARLING, James Walter; '71 BSBA; Deputy Prog. Mgr.; USAF, Logistics, ASD/AEAL, Wright Patterson AFB, OH 45433, 513 255-2082; r. 218 Forrest Ave., Springfield, OH 45505, 513 325-4945.

DARLING, Keith Allen; '88 MBA; 303 R Executive Dr., Marion, OH 43302.

DARLING, Mark William; '71 BSBA; Reg. Sales Mgr.; American Isuzu Motors Inc., 114 Pleasant Ave., Upper Saddle River, NJ 07458; r. 116 Raymond St., Darien, CT 06820, 203 655-6417.

DARMOCHWAL, Lesia M. '85 (See Rehl, Mrs. Lesia D.).

DARNELL, Candace Suzanne; '85 BSBA; 220 St. Christopher, Columbus, OH 43213, 614 231-5711.

DARNER, David Earl; '82 BSBA; 11968 Fallsburg Rd. NE, Frazeysburg, OH 43822.

DARNER, Jack H.; '50 BSBA; Retired; r. 3621 Harvard St., Metairie, LA 70006, 504 887-8139.

DARON, Ronald L.; '66 BSBA; Materials Mgmt.; GM Corp., Fisher Body Div, 200 Georgesville Rd, Columbus, OH 43228; r. 11285 Huntington Way NW, Pickerington, OH 43147.

DARR, Ann Catherine; '82 BSBA; Asst. Treas.; State Savings Bank, 20 E. Broad, Columbus, OH 43215, 614 460-6100; r. 1816 Worthington Run Dr., Worthington, OH 43085, 614 766-2080.

DARR, James Patrick; '87 BSBA; Transportation Analyst; Quaker Oats Co., 321 N. Clark St., Chicago, IL 60610, 312 222-6484; r. 211 E. Ohio, Apt. 521, Chicago, IL 60611, 312 828-0509.

DARR, Richard Paul; '81 BSBA; Svc. & Admin. Mgr.; Owens Corning Fiberglass, 4795 Frederick Dr., Atlanta, GA 30336, 404 691-3910; r. 4808 Winding Ln., Powder Spgs., GA 30073, 404 943-9993.

DARRAH, Jeffrey Keene; '83 MPA; 5054 Farnhurst, Cleveland, OH 44124, 216 381-6484.

DARRE, Beatrice Fry; '66 BSBA; 7740 Tecumseh Tr., Cincinnati, OH 45253, 513 561-8209.

DARRON, Susan '87 (See Wierenga, Susan Darron).

DARROW, David Edward; '85 BSBA; Compensation Cnslt.; Coopers & Lybrand, 100 E. Broad St., Columbus, OH 43215, 614 221-7471; r. 1836 N. Star Apt. P, Columbus, OH 43212, 614 487-1241.

DARST, Steven Dale; '82 BSBA; Staff Acct.; Northwestern Med. Facility Fndn. Inc., 680 N. Lake Shore Dr., Ste. 1118, Chicago, IL 60611, 312 908-8275; r. 380 Pierce Ct., Vernon Hls., IL 60061, 312 816-1514.

DARTOUX, Laurent Pascal; '87 MA; 19 Ave. De Paris, Lisle Adam, France.

DARWIN, Karen Lynn; '88 BSBA; Operations Mgr.; The Pillsbury Co., 3400 Texoma Dr., Denison, TX 75020, 214 465-5650; r. 35 Haven Cir., Denison, TX 75020, 214 463-7712.

DAS, Andre Peter; '87 BSBA; 749 Hager Ct., Gahanna, OH 43230, 614 475-3067.

DASCENZO, Thomas Frank; '72 BSBA; 7575 Satterfield, Worthington, OH 43085, 614 889-0301.

DASCHNER, Richard Thomas; '85 BSBA; Auditor; Arthur Young, One Sea Gate, Toledo, OH 43604; r. 7551 Club Rd., Sylvania, OH 43560, 419 882-6120.

DASH, Joel M.; '59 BSBA; Owner; Dash Travel Svc., 29 4th Ave., Mt. Vernon, NY 10550, 914 699-9800; r. 7 Lawridge Dr., Rye Brook, NY 10573.

DASTOLI, Theodore Edward; '80 BSBA; 2109 Portside Passage, Palm Harbor, FL 33563.

DATTILIO, Terry Lee; '79 BSBA; Sales Engr.; Amphenol Corp.-BCO, 40-60 Delaware St., Sidney, NY 13838, 216 425-1816; r. 1651 Kasserine Ct., Twinsburg, OH 44087, 216 425-8350.

DATTILO, Robert Alan; '82 BSBA; Product Mgr.; Hewlett-Packard Co., 100 Mayfield Ave., Mtn. View, CA 94043, 415 691-5921; r. 655 S. Fair Oaks Ave., Apt. D303, Sunnyvale, CA 94086, 408 749-9319.

DATZ, Jerome Thomas; '88 MBA; 151 D Sheringham Ct., Kettering, OH 45429, 513 435-5880.

DAUBENMIRE, Patty Sells; '49 BSBA; Retired; r. 608 E. Mulberry St., Lancaster, OH 43130, 614 654-1249.

DAUBENMIRE, Tyler David; '87 BSBA; 331 Delegate Dr., Worthington, OH 43085, 614 888-0580.

DAUGHENBAUGH, Timothy Robert; '88 BSBA; 93 Tomb, Tiffin, OH 44883, 419 447-4814.

DAUGHERTY, Clifton D., Jr.; '54 BSBA; Mgr. Constr. Section; Kelley Gidley Blair & Wolfe, 550 Eagan St., POB 2986, Charleston, WV 25301, 304 345-0470.

DAUGHERTY, Harry A., Jr.; '49 BSBA; Pres.; Gen. Coach & Equip. Sales, Inc., 4233 Corona Way, Sacramento, CA 95864, 916 487-0438; r. Same.

DAUGHERTY, Jeffrey Allen; '87 BSBA; Auditor; Arthur Young & Co., One Columbus, 10 W. Broad St., Columbus, OH 43215, 614 222-3900; r. 7118 Chadwood Ln., #1A, W. Worthington, OH 43235, 614 764-8645.

DAUGHERTY, Dr. John William; '81 MBA; Product-Technical Mgr.; Owens Corning Fiberglass, Technical Ctr., Rte. 16, Granville, OH 43023, 614 587-7709; r. 153 Pinetree Dr., Evergreen Hills, Granville, OH 43023, 614 587-4574.

DAUGHERTY, Kevin Bradley; '80 BSBA; Mgr.-Info. Ctr.; The Glidden Co., 925 Euclid Ave., Cleveland, OH 44115, 216 344-8993; r. 6000 Nob Hill Dr., Apt. 211, Chagrin Falls, OH 44022, 216 247-8813.

DAUGHERTY, Kevin Stuart; '84 BSBA; Fuels Analyst; Ohio Edison Co., 76 S. Main St., Akron, OH 44308, 216 384-3738; r. 9275 Daniels Dr., Seville, OH 44273, 216 928-0072.

DAUGHERTY, Michael Patrick; '87 BSBA; 9898 E. Mexico Ave., #918, Denver, CO 80231.

DAUGHERTY, Mike Ray; '77 BSBA; Sales Rep.; Erico Fastening Co., San Jose, CA 95129; r. 4201 Norwalk, Apt. #Dd302, San Jose, CA 95129, 408 984-0514.

DAUGHERTY, Rosalee Smith; '74 BSBA; 1171 Briarmeadow Dr., Worthington, OH 43085, 614 888-6730.

DAUGHTERS, Charles M.; '52 BSBA; Staff; Rockwell Intl., 4300 E. 5th Ave., Columbus, OH 43219; r. 1245 Windham Rd., Columbus, OH 43220, 614 457-0036.

DAUGHTERS, David Hamilton; '83 BSBA; Asst. VP Finance/Secy.; Corroon & Black of Ohio Inc., 700 Ackerman Rd., POB 02400, Columbus, OH 43202, 614 267-8500; r. 1684 Doone Rd., Columbus, OH 43221, 614 486-2278.

DAULTON, James H.; '40 BSBA; Farmer; r. RR No 5 Box 34, Portsmouth, OH 45662, 614 858-5750.

DAULTON, Jeffrey Michael; '80 BSBA; 4256 Dublin Rd., Hilliard, OH 43026, 614 876-2238.

DAUM, Darlene M.; '79 BSBA; Dist. Mgr.; US Sprint Communications, 1025 W. 190th St., Gardena, CA 90248; r. 538 Avenue A, Redondo Bch., CA 90277.

DAUM, Jack; '57 BSBA; Mgr. Plant Security; Whirlpool Corp., Marion Division, Rte. 95, Marion, OH 43302; r. 833 Richland Ter., Marion, OH 43302, 614 389-1523.

DAUM, John Allen; '72 BSBA; Acct.; r. 10512 S. W. 137th Pl., Miami, FL 33186, 305 387-3703.

DAUM, Robert Thomas, II; '81 BSBA; Sales Mgr.; Roadway Package Syst., 1455 Cox Rd., Cocoa, FL 32926, 407 639-8400; r. 201 Plantation Club Dr., #1104, Melbourne, FL 32940, 407 259-6432.

DAUMLER, Harold J., Jr.; '51 BSBA; 3265 Elmwood Beach, Middleville, MI 49333, 616 795-3056.

D'AURORA, Anthony C.; '37 BSBA; Owner/Agt.; Anthony D'Aurora Agcy., 325 N. 4th St., Steubenville, OH 43952, 614 282-3609; r. 325 N. 4th St., Steubenville, OH 43952, 614 282-4297.

D'AURORA, Barbara Jo; '73 BSBA; Sales Mgr.; Chatham Steel Corp., 2400 Shop Rd., POB 131, Columbia, SC 29202, 803 799-8888; r. 8 Huntcliff Ct., Columbia, SC 29223, 803 736-1419.

DAUTERMAN, Frederick E., Jr.; '58 BSBA, '59 MACC; Natl. Dir.; Deloitte Haskins & Sells, Real Estate Services, 155 E. Broad St. Ste. 21Q, Columbus, OH 43215, 614 221-1000; r. 1065 Cir. On The Green, Worthington, OH 43085, 614 888-9909.

DAVE, Robert O.; '49 BSBA; Owner; Ollis Assocs., P.O.Box 455, Pasadena, CA 91102; r. Ollis Associates, P.O.Box 455, Pasadena, CA 91102.

DAVENPORT, Stephanie R.; '85 BSBA; 2091 Easthaven Dr., Columbus, OH 43232.

DAVEY, Jack P., Jr.; '51 MA; Pres./Founder; Automatic Telephone, 825 San Antonio Rd., Palo Alto, CA 94303, 415 493-6262; r. 12645 La Cresta Dr., Los Altos Hls., CA 94022, 415 941-0876.

DAVEY, Robert Michael; '74 BSBA; Financial Cnslt.; 5615 Kirby Dr., Ste. 570, Houston, TX 77005, 713 529-1261; r. 6710 Rutgers, Houston, TX 77005, 713 664-6834.

DAVEY, Sandra Jo; '84 BSBA; Staff; St. John HS, Board of Education, Delphos, OH 45833; r. 5902 Dartshire Blvd., Dublin, OH 43017, 614 792-3357.

DAVID, Alfred G.; '53 BSBA; Retired; r. 1146 Kirk St., Maumee, OH 43537, 419 893-0315.

DAVID, Benjamin E.; '48 BSBA; Retired; Univ. of Miami, Career Planning, Coral Gables, FL 33124; r. 8505 SW 48th St., Miami, FL 33155, 305 221-5643.

DAVID, Gary Alan; '76 BSBA; 1624 Woodhill Ln., Bedford, TX 76022.

DAVID, J. Philip; '40 BSBA; Vice Chmn.; Kingston Financial Svcs., 5075 Westheimer, Houston, TX 77056, 713 621-1155; r. 121 N. Post Oak Ln., Unit #1102, Houston, TX 77024, 713 681-7638.

DAVID, Marcia, (Marcia Acles); '77 BSBA; Sales Rep.; George A. Hormel & Co., POB 264, Southfield, MI 48037, 313 358-0910; r. 22992 Willowbrook, Farmington Hls., MI 48024, 313 476-6668.

DAVID, Michael D.; '42 BSBA; Retired; r. 13323 Blue Bonnet Dr., Sun City West, AZ 85375, 602 584-3643.

DAVIDEK, William Joseph; '75 MBA; 448 Cumberland Dr., Columbus, OH 43213, 614 861-5876.

DAVIDIAN, Mrs. Gretchen D., (Gretchen F. Deeter); '85 BSBA; Software Engr.; NASA Lewis Rsch. Ctr., 21000 Brookpark Rd., Cleveland, OH 44135, 216 433-4000; r. 3504 Granton Ave., Cleveland, OH 44111, 216 252-4321.

DAVIDIAN, Steven; '80 BSBA; Cnslt.; r. Apt. 1-A, 10 N. Kenilworth Ave., Oak Park, IL 60301, 312 383-2511.

DAVIDOFF, Amy Curtiss; '79 BSLHR; Account Exec.; Walker: Customer Satisfaction, POB 80432, Indianapolis, IN 46280, 317 843-3939; r. 310 N. East St., Indianapolis, IN 46202, 317 638-0770.

DAVIDOVITCH, Yael; '87 BSBA; 7651 Middlebrook Ln., Worthington, OH 43085, 614 488-0520.

DAVIDSON, Arthur L.; '62 BSBA; 3861 Olentangy River Rd, Columbus, OH 43214, 614 451-4690.

DAVIDSON, Carolyn A.; '79 MBA; Staff; AT&T Bell Labs, 6200 E. Broad St., #1D342, Columbus, OH 43213; r. 6372 Barnside Dr., Canal Winchester, OH 43110, 614 833-0343.

DAVIDSON, Charles M.; '78 BSBA; 9199 Scene Dr., Brighton, MI 48116.

ALPHABETICAL LISTINGS DAVIS 61

DAVIDSON, Charles William, Jr.; '47 BSBA; Prof. Emeritus; Univ. of Iowa, Clg. of Law, Iowa City, IA 52240; r. 1 Longview Knoll, River Hts. Rte. #6, Iowa City, IA 52240, 319 351-8340.
DAVIDSON, Craig Hillburn; '88 BSBA; Warehouse Supv.; US Co., Pulaski Rd., Alsip, IL 60452; r. 15951 S. Leclair Ave., #2A, Oak Forest, IL 60452.
DAVIDSON, Debbie Lathrop; '86 MPA; Staff; Univ. of Cincinnati-Med. Ctr., Dept. of Pediatrics, 231 Bethesda Ave., Cincinnati, OH 45267; r. 1968 Seymour Ave., #3, Cincinnati, OH 45237.
DAVIDSON, Douglas Edward; '87 BSBA; Acct.; Travelers Relocation Co., 1266 Main St., Ste. 700, Stamford, CT 06904, 203 328-8505; r. 131 Doubling Rd., Greenwich, CT 06830, 203 622-1130.
DAVIDSON, Heather Lyn; '86 BSBA; 5496 Blue Ash Rd., Columbus, OH 43229, 614 436-1139.
DAVIDSON, Jack H.; '54 BSBA; Dir.-Mgmt. Svcs.; Developers Diversified, 34555 Chagrin Blvd., Moreland Hls., OH 44022, 216 247-4700; r. 25212 Brucefield, Cleveland, OH 44122, 216 292-2695.
DAVIDSON, James Carl; '66 BSBA; Pres.; UPTIME Solutions Assocs., Inc., 3381 Successful Way, Dayton, OH 45414, 513 236-1163; r. 7568 Dalmatian Dr., Dayton, OH 45424.
DAVIDSON, James Christopher; '85 BSBA; 1968 Seymour Ave., #3, Cincinnati, OH 45237.
DAVIDSON, Jeffrey Alan; '74 MBA; Pres. Western Div.; EMRO Mktg. Co., Subs, Marathon Petroleum Co., POB 162, E. Hazel Crest, IL 60429, 312 335-0600; r. 3018 Kathleen Ln., Flossmoor, IL 60422, 312 799-4643.
DAVIDSON, John Eugene; '80 BSBA; 2270 Canterbury Rd., Westlake, OH 44145, 216 871-7120.
DAVIDSON, John Herbert; '61 BSBA; Pres.; Agler Davidson Sport Goods, 250 S. Hamilton Rd, Columbus, OH 43213; r. 111 Kenyon Pl., Hebron, OH 43025, 614 928-4666.
DAVIDSON, Dr. John Robert; '59 PhD (BUS); Retired; r. 123 Troup Ave., Bowling Green, OH 43402, 419 353-9753.
DAVIDSON, John Thomas, Jr.; '52 BSBA; 2270 Canterbury Rd, Cleveland, OH 44145, 216 871-7120.
DAVIDSON, Joseph F.; '29; Retired; r. 251 Stanbery Ave., Columbus, OH 43209, 614 252-4000.
DAVIDSON, Leonard Joseph; '43 BSBA; Retired; r. 1931 King James Pkwy., Apt. 308 A, Cleveland, OH 44145, 216 871-3841.
DAVIDSON, Norris; '66; Rte. 3, Sidney, OH 45365, 513 492-0410.
DAVIDSON, Ross E., Jr.; '87 BSBA; B CO 2/11 IN 1 PLT, IOBC 2-88, Ft. Benning, GA 31905.
DAVIDSON, Stuart Alan; '86 BSBA; Sports Info. Dir.; Florida Intl. Univ., University Park, Miami, FL 33199, 305 554-2756; r. 17500 NW 68th Ave., #110, Miami Lakes, FL 33015, 305 362-3568.
DAVIDSON, Dr. Wallace Norman, III; '82 PhD (BUS); Prof.; Louisiana Tech Univ., Dept. of Economics & Finance, Ruston, LA 71272; r. 2103 Greenbriar, Ruston, LA 71270, 318 255-8967.
DAVIDSON, Wilbur F.; '39 BSBA; Retired-Wholesale Shop; r. 24281 Hillview Dr., Laguna Niguel, CA 92677, 714 495-8670.
DAVIDSON, William Allen; '81 BSBA; Sr. Sales Rep.; Wang Lab, 200 Old Wilson Bridge Rd., Worthington, OH 43085, 614 885-9599; r. 4637 Orwell Dr., Columbus, OH 43220, 614 457-6944.
DAVIDSON, William B.; '61 BSBA; Pres.; Dino Constr. Co. Inc., 2734 Armstrong Ln., Dayton, OH 45414; r. 2734 Armstrong Ln., Dayton, OH 45414, 513 278-6166.
DAVIDSON, William E.; '56 BSBA; Pres.; Davidson Intl., 2055 Princeton Ave., Westfield, NJ 07090, 201 232-5921; r. Same, 201 233-7235.
DAVIDSON, Dr. William R.; '51 PhD (BUS); Chmn. Exec. Committee; Mgmt. Horizons-Div. Price Waterhouse, 570 Metro Pl., N., Dublin, OH 43017, 614 764-9555; r. 247 Preston Rd., Columbus, OH 43209.
DAVIE, Brian John; '76 BSBA; Staff; Property Damage Apraisal Svc., 1726 Pinelawn Dr., Toledo, OH 43614; r. 1726 Pinelawn Dr., Toledo, OH 43614, 419 382-8706.
DAVIES, David Steffen; '77 BSBA; 1877 8th Ave., San Francisco, CA 94122, 415 753-2455.
DAVIES, Howard E., Jr.; '67 BSBA; Sr. Trng. Analyst; Arizona Public Svc., Phoenix, AZ 85004, 602 250-2457; r. 9055 N. 41st Ave., Phoenix, AZ 85051, 602 931-8083.
DAVIES, Jeffrey Scott; '81 BSBA; CPA; Heinick Apple & Co., 1540 W. Market St., Akron, OH 44313, 216 867-7350; r. 1117 11th Ave., NE, Massillon, OH 44646, 216 832-1105.
DAVIES, Jill Leslie; '79 BSBA; Foreman; Ohio Bell Telephone Co., 7305 Fleet Ave., Cleveland, OH 44105; r. 12087 Flynn Rd., Jacksonville, FL 32223, 904 260-2636.
DAVIES, John David; '50 BSBA; Broker/Owner; Dave Davies CLU & Assocs., 610 W. Broadway Rd., Ste. 205, Tempe, AZ 85282, 602 894-8157; r. 5047 E. Mesquite Wood Ct., Ahwatukee, AZ 85044, 602 893-9101.
DAVIES, John H.; '33 BSBA; Retired Food Broker; Marks & Goergens Inc., 3522 Roger B Chaffee Blvd., Grand Rapids, MI 49508; r. 2414 Almont Ave. SE, Grand Rapids, MI 49507, 616 247-6553.
DAVIES, Mary Keppler, (Mary Keppler); '48 BSBA; Homemaker; r. 560 Le Brun Rd, Buffalo, NY 14226, 716 837-7613.
DAVIES, Richard Mark; '63 BSBA; Owner; ProBusiness, 3650 S. Yosemite St. #307, Denver, CO 80237, 303 290-9031; r. 47 Shetland Ct., Highlands Rnch., CO 80126, 303 470-0160.
DAVIES, Richard Tudor; '61 BSBA; Sales; Wheeling Pittsburgh Steel Corp., 6411 Deep Creek Dr., Prospect, KY 40059, 502 228-1303; r. Same.
DAVIES, Spencer T.; '48 BSBA; Retired; r. 10314 Corte Del Sol Este, Sun City, AZ 85351, 602 972-3922.
DAVIS, Alfred Ray; '72 BSBA; Pres.; Bristol Glass & Mirror Inc., 25210 Borough Park Dr., The Woodlands, TX 77380, 713 367-5551; r. 27266 Jimmy Ln., Conroe, TX 77385, 713 367-3689.
DAVIS, Andrew H.; '88 BSBA; 6926 S. Fredericksburg, Sylvania, OH 43560, 419 882-5689.
DAVIS, Barbara '81 (See Mc Callister, Barbara Davis).
DAVIS, Barton W.; '87 BSBA; Bond Underwriter; Ohio Casualty Ins. Grp., 5201 S. 6th St., Springfield, IL 62708, 217 529-6633; r. 2325 Old Jacksonville Rd., #L, Springfield, IL 62708.
DAVIS, Betty Eul; '83 MBA; Acctg. Specialst; Nationwide Ins. Co., One Nationwide Plz., Columbus, OH 43216, 614 249-5224; r. 703 S. Roosevelt Ave., Columbus, OH 43209, 614 237-6127.
DAVIS, Brent William; '81 BSBA; Regional Sales Engr.; NCR Corportation, 70 Mansel Ct., Atlanta, GA 30076, 404 642-1648; r. 935 Litchfield Pl., Roswell, GA 30076, 404 594-9099.
DAVIS, Brian Hunter; '79 BSBA; Partner; Herman Ransom & Assoc., 1958-H Prince George Dr., Columbus, OH 43209; r. 1227 Wallean Dr., Westerville, OH 43081, 614 882-3700.
DAVIS, Bruce Kevin; '83 BSBA; Sales/Asst. Mgr.; Davis Tire Inc., 131 S. Paint St., Chillicothe, OH 45601; r. 2080 Arapaho Dr., Circleville, OH 43113, 614 474-6925.
DAVIS, Bryan Joseph; '87 BSBA; 239 Ceramic Dr., Columbus, OH 43214, 614 268-2386.
DAVIS, Calvin Eugene; '51 BSBA; Retired; r. 1970 Cardigan Ave., Columbus, OH 43212, 614 486-5454.
DAVIS, Carl Howard; '74 BSBA; Mgr Cost Operations/Analy; Online Computer Library Ctr., 6565 Frantz Rd., Dublin, OH 43017, 614 764-6000; r. 3726 Nicholas Dr., Lancaster, OH 43130, 614 653-1435.
DAVIS, Charles, Jr.; '58 BSBA; Acct.; r. 5330 Clark State Rd, Gahanna, OH 43230, 614 471-0585.
DAVIS, LTC Charles E., USA(Ret.); '32 BSBA; Retired; r. 5203 Ivyhurst Dr., Columbus, OH 43232, 614 868-1762.
DAVIS, Charles Michael; '75 BSBA, '84 MBA; 763 Dark Star Ave., Gahanna, OH 43230.
DAVIS, Dr. Charles Stanley; '58 MBA, '71 PhD (BUS); Assoc. Dean Emeritus; Miami Univ., High, Oxford, OH 45056; r. 1220 Albert Cir., Oxford, OH 45056, 513 523-3997.
DAVIS, Ms. Cynthia Ann; '85 BSBA; Student; Clg. of Law, Law Sch., Akron, OH 44301; r. 481 Spicer St. #1, Akron, OH 44311, 216 434-4958.
DAVIS, Cynthia Gee; '80 MBA; 1795 Gardenstone Dr., Worthington, OH 43085.
DAVIS, Darci D.; '87 BSBA; Asst. Mgr.; ITT Financial Svcs., 5129 E. Main St., POB 13107, Whitehall, OH 43213, 614 861-6611; r. 1505 W. 3rd Ave., Apt. #22, Columbus, OH 43212, 614 487-0466.
DAVIS, Dennis G.; '64 BSBA; Rte. 5, Portsmouth, OH 45662.
DAVIS, Dennis M.; '68 BSBA; Mgr.-W.C. Actuarial Dept.; R.E. Harrington, 811 Greencrest Dr., Westerville, OH 43081, 614 891-3480; r. 2926 Charmwood Ct., Dublin, OH 43017, 614 764-0946.
DAVIS, Dennis Michael; '81 BSBA; CPA; Dixon, Francis, Davis & Oneson, POB 100, Hebron, OH 43025, 614 928-1000; r. 150 S. High, Hebron, OH 43025, 614 928-6024.
DAVIS, Dianne A. '76 (See Balthaser, Dianne A.).
DAVIS, Don R.; '56 BSBA; CPA Partner; Morrow Davis & Burgoon, 177 E. Main St., Chillicothe, OH 45601, 614 773-2671; r. 449 Willow Ln., Chillicothe, OH 45601, 614 772-1292.
DAVIS, Don Wayne; '51 BSBA; Retired; r. 875 Middlebury Dr. S., Worthington, OH 43085, 614 888-2426.
DAVIS, Donal Kirk; '75 BSBA; Rockwell Intl., 2230 E. Imperial Hwy., El Segundo, CA 90245; r. 1795 Gardenstone Ave., Worthington, OH 43085.
DAVIS, Dwight H.; '86 BSBA; Owner; Classic Marine Davis Enterprises, 5719 Wahl, Vickery, OH 43464, 419 684-9804; r. Same.
DAVIS, Edward G.; '49 BSBA; Retired Traffic Mgr.; Commercial Schearing Inc., 1775 Logan Ave., Youngstown, OH 44505; r. 437 Forest St. NE, Warren, OH 44483, 216 392-9861.
DAVIS, Eileen '45 (See Kreager, Eileen Davis).
DAVIS, Eleanor '49 (See Hoffman, Mrs. Eleanor Davis).
DAVIS, Ellen Cartwright, (Ellen Cartwright); '80 BSBA; Homemaker; r. 6341 Shadow Lake Tr., Centerville, OH 45459, 513 439-2589.
DAVIS, Eric Joseph; '86 BSBA; Computer Analyst; Hamilton Sorter Co., 4158 Productions Dr., Fairfield, OH 45014; r. 10333 Cheltenham, Cincinnati, OH 45231.
DAVIS, Evelyn '33 (See Clarkson, Mrs. Evelyn Davis).
DAVIS, Everett Paul, Jr.; '71 BSBA; 3763 Troy Rd, Delaware, OH 43015, 614 369-7211.
DAVIS, Freddy Travis; '86 BSBA; Mgr.; McDonalds, 2815 Winchester Pike, Columbus, OH 43232, 614 237-6436; r. 5801 N. Meadows Blvd., Apt. H, Columbus, OH 43229, 614 846-8380.
DAVIS, Frederick; '71 BSBA; VP; Norman Adler & Assocs., 24700 Chagrin Blvd., Cleveland, OH 44122; r. 25423 Bryden Rd., Cleveland, OH 44122.
DAVIS, Frederick E., Jr.; '72 MPA; Lawyer; Frederick E. Davis Co. LPA, 333 W. First St., Ste. 420, Dayton, OH 45402, 513 222-7837; r. 414 Suncrest Dr., Yellow Spgs., OH 45387, 513 767-4011.
DAVIS, Fremont; '51 BSBA; Auditor Usda; r. 1655 1/2 Belmont St., Bellaire, OH 43906.
DAVIS, G. Garrett, II; '80 MACC; Treas.; Med.-Ofc. Mgmt. Inc., 11925 Lithopolis Rd. NW, Canal Winchester, OH 43110, 614 837-3277; r. 117 E. New England Ave., Worthington, OH 43085, 614 431-2284.
DAVIS, Gary Lee; '88 BSBA; Bakery; Big Bear; r. 1782 Sale Rd, Columbus, OH 43224, 614 263-7271.
DAVIS, Gayle M., (Gayle McMillan); '81 BSBA; Owner; Davis Cleaning Svc., 2409 Bristol Rd., Columbus, OH 43221, 614 457-7622; r. Same.
DAVIS, Gerald B.; '78 BSBA; Plant Mgr.; Cardinal Industries Inc., 3701 S. Sanford Ave., Sanford, FL 32771, 407 330-1216; r. 550 Thames Cir., Longwood, FL 32750, 407 260-8395.
DAVIS, Gerald Beverly; '43 BSBA; Retired; r. 4545 Summit View Rd., Dublin, OH 43017, 614 889-0438.
DAVIS, Glen R.; '81 BSBA; Mktg. Info. Analyst; Chemical Abstracts, 2540 Olentangy River Rd, Columbus, OH 43210, 614 447-3600; r. 2128 Scottingham Dr., Dublin, OH 43017, 614 766-0108.
DAVIS, Gregory Michael; '86 BSBA; Account Exec.; r. 280 E. Royal Forest Blvd., Columbus, OH 43214, 614 262-3148.
DAVIS, 2LT Gregory Scott; '87 BSBA; Rifle Platoon CDR; r. 19 Hill Dr., Oyster Bay, NY 11771.
DAVIS, Harlan M.; '48 BSBA; Retired; r. 178 E. Weisheimer Rd, Columbus, OH 43214, 614 262-9007.
DAVIS, Harold Alman; '28 BSBA; Retired; r. 127 S. Charlotte St., Lombard, IL 60148, 312 627-0854.
DAVIS, Harold E.; '47 BSBA; Retired; r. 6043 Barberry Hollow, Columbus, OH 43213, 614 866-9656.
DAVIS, Harold Herman; '50 BSBA; Treas.; Twinoaks Oil & Gas Co., POB 57, Chagrin Falls, OH 44022, 216 248-5692; r. 25 Winterberry Ln., Chagrin Falls, OH 44022.
DAVIS, Harvey; '56 BSBA; Owner; Chez Valet, 14448 N. W. 7th Ave., Miami, FL 33168; r. 15000 NW 7 Ave., Miami, FL 33168.
DAVIS, Harvey Milton; '56 BSBA; Account Exec.; r. 5381 Appian Way, Long Beach, CA 90803, 213 434-8625.
DAVIS, Hayden David, Jr.; '49 BSBA; Pres.; Cincinnati Casualty Co., POB 145496, Cincinnati, OH 45214, 513 870-2000; r. 300 Wanoka Woods, Terrace Park, OH 45174, 513 831-0128.
DAVIS, Helen Antonoff, (Helen Antonoff); '58 BSBA; Pres.; Medical Seminars, Inc., One Elm Pl., #204, 11107 Wurzbach Rd., San Antonio, TX 78230, 512 690-1005; r. 12630 Old Wick Rd, San Antonio, TX 78230, 512 492-9924.
DAVIS, Jack H.; '49 BSBA; CEO; Reading Circle, 1456 N. High St., POB 8458, Columbus, OH 43201, 614 299-9673; r. 4787 Central College Rd., Westerville, OH 43081.
DAVIS, James A.; '71 BSBA; Mgr., Budg.,Sys.,Costs; The Glidden Co., 1900 Josey Ln., Carrollton, TX 75006, 214 416-1420; r. 4043 Willow Run, Flower Mound, TX 75028, 214 539-9726.
DAVIS, James Alan; '86 BSBA; Bookkeeper; Tire City Inc., 2140 S. High St., Columbus, OH 43207, 614 445-7197; r. 8290 Stoutsville Pike, Circleville, OH 43113, 614 477-2135.
DAVIS, James Bryan; '86 BSBA; 29055 17th Pl. S., Federal Way, WA 98003.
DAVIS, James Clarke; '85 BSBA; Sr. Mktg. Rep.; Access Energy Corp., 655 Metro Pl., S., Dublin, OH 43017, 614 792-6000; r. 363 St. Andrews Dr., Dublin, OH 43017, 614 766-2945.
DAVIS, Dr. James Henry; '40 MBA, '47 PhD (BUS); Prof. Emeritus; The Ohio State Univ., 190 N. Oval, Columbus, OH 43210; r. 372 Overlook Dr., W. Lafayette, IN 47906, 317 463-4737.
DAVIS, James Howard; '51 BSBA; Lease Mgr.; Columbus Motor Car Co., 600 E. Long St., Columbus, OH 43216, 614 228-6161; r. 4319 Braunton Rd, Columbus, OH 43220, 614 451-1636.
DAVIS, James Howard, Jr.; '82 BSBA; Account Exec.; Sterling Software, 1651 NW Professional Plz., Columbus, OH 43220, 614 459-7500; r. 4319 Braunton Rd., Columbus, OH 43220, 614 451-1636.
DAVIS, James Louis; '83 BSBA; Acct.; Miller Gardner & Co. CPA's, 200 Security Bldg., Toledo, OH 43604, 419 255-6500; r. 3844 Ellenridge, Toledo, OH 43606, 419 474-6626.
DAVIS, James Lowell; '78 BSBA; Blue Cress of Central Ohio, 255 E. Main St., Columbus, OH 43215; r. 5059 Brush Ridge Ct., Columbus, OH 43228, 614 878-3854.
DAVIS, Dr. James M.; '37 BSBA; Investment Realtor; James M. Davis, Inc. & Assocs., 4365 Mission Bay Dr. Ste. 6, San Diego, CA 92109, 619 483-1100; r. 4906 Pacifica Dr., San Diego, CA 92109, 619 272-6237.
DAVIS, James Robert; '56 BSBA; VP; Bierly & Assocs., Inc., 2675 Cumberland Pkwy., Atlanta, GA 30339, 404 431-0926; r. 77 E. Andrews Dr., Atlanta, GA 30305, 404 237-5630.
DAVIS, Jean Ardell; '56 BSBA; Financial Coord.; Electronic Data Systs. Corp., 4646 Needmore Rd., Dayton, OH 45424, 513 455-1600; r. 4617 Silverwood Dr., Kettering, OH 45429, 513 293-5481.
DAVIS, John C.; '30 BSBA, '31 MA; Retired Chief Economist; Pres. Council Economic Advisors; r. 266 Floramar Ter., New Port Richey, FL 34652, 813 849-4579.
DAVIS, John Herbert; '72 BSBA; 170 Montrose Way, Columbus, OH 43214.
DAVIS, John Jeffrey; '55 BSBA; Pres.-Ins. Agt.; The Case & West Agcy. Inc., 2000 W. Henderson Rd., Columbus, OH 43220, 614 451-6769; r. 4669 Stonehaven Dr., Columbus, OH 43220, 614 451-6257.
DAVIS, John Myron; '84 BSBA; 305 Westview, Hubbard, OH 44425, 216 534-4028.
DAVIS, John Paul; '77 BSBA; Mgr.; Anheuser Busch Inc., 700 E. Schrock Rd., Columbus, OH 43229; r. 6886 Running Deer Pl., Dublin, OH 43017.
DAVIS, John Paul; '86 MBA; Structural Engr.; American Electric Power, 1 Riverside Plz., POB 16631, Columbus, OH 43216, 614 223-1428; r. 1078-F Merrimar Cir. N., Columbus, OH 43220, 614 459-4633.
DAVIS, John Stevenson; '87 MLHR; Compensation Analyst; Grant Med. Ctr., Human Res., Columbus, OH 43215, 614 461-3349; r. 5013-H Godown Rd., Columbus, OH 43220, 614 451-1012.
DAVIS, Johnny Eugene; '78 BSBA; 2392 Oakridge Ct., Decatur, GA 30032.
DAVIS, Dr. Joseph Melvin; '70 BSBA; Pres.; Medimetrics Grp., 700 Landmark Ofc. Twrs., Cleveland, OH 44115; r. 2383 Saybrook Rd, Cleveland, OH 44118, 216 932-0756.
DAVIS, Mrs. Julie A., (Julie A. Theiss); '86 BSBA; Acct.; Nationwide Ins., One Nationwide Plz., Columbus, OH 43216, 614 249-6882; r. 2327 Fernwood Ave., Grove City, OH 43123, 614 875-0794.
DAVIS, Karen J. '82 (See Saponaro, Mrs. Karen J.).
DAVIS, Karyn Denise; '85 BSBA; Staff; Community Mutual Ins., 6740 N. High St., Worthington, OH 43085; r. POB 2585, Columbus, OH 43216.
DAVIS, Dr. Keith; '52 PhD (BUS); Prof. Emeritus; Arizonia State Univ., Dept. of Management, Tempe, AZ 85287; r. 331 E. Aepli Dr., Tempe, AZ 85282, 602 967-5480.
DAVIS, Keith Allan; '76 BSBA; High Volume Product Mgr.; Xerox Corp., 471 E. Broad St. 15th Fl., Columbus, OH 43215, 614 460-5432; r. 6772 Lakeside Cir. E., Worthington, OH 43085, 614 846-8708.
DAVIS, Kenneth Ranoal; '87 MPA; c/o Addine M Butler, RR 1 Box 206, Hooks, TX 75561, 214 547-6623.
DAVIS, Laura Marie; '81 BSBA; 2165 Partlow Dr., Columbus, OH 43220.
DAVIS, Laura Pearson; '86 BSBA; Student; The Ohio State Univ., Clg. of Law, Columbus, OH 43210; r. 4863 Kingshill Dr., Apt. 310, Columbus, OH 43229, 614 846-6878.
DAVIS, Laurene Springer, (Laurene M. Springer); '83 BSBA; Account Rep.; Clarke Checks, 2091 Hartel St., Levittown, PA 19057, 215 943-6300; r. 441 Devon Dr., Exton, PA 19341, 215 363-8124.
DAVIS, Lawrence Patrick; '61 BSBA; Pres.; Seville Industries, POB 8621, Ft. Worth, TX 76124; r. POB 942, Blue Hill, ME 04614.
DAVIS, Leesa K. '84 (See Gasper, Leesa Davis).
DAVIS, Leonard Goodman; '78 BSBA; Pres.; Yamagata Ctr., 2110 Main St., #301, Santa Monica, CA 90405, 213 450-6680; r. 20 Ocean Park Blvd., #22, Santa Monica, CA 90405, 213 396-7110.
DAVIS, Linda Kathryn; '80 BSBA, '85 MBA; Admin. Mgr.; Metal Container Corp., 1145 233rd St., Carson, CA 90745, 213 518-1933; r. 3162 Bradbury, Los Alamitos, CA 90725, 614 267-8735.
DAVIS, Lorraine Vencel; '82 BSBA; Cnslt.; Deloitte Haskins & Sells, 1717 E. Ninth, Cleveland, OH 44114, 216 589-1300; r. 2500 North Rd. A10, Warren, OH 44483, 216 372-6874.
DAVIS, Marilyn Zangardi; '82 BSBA; Mortgage Loan Underw; Dean Witter Financial Svcs., 300 Knightsbridge Pkwy., Lincolnshire, IL 60201; r. 2213 Ridge Ave. #1A, Evanston, IL 60201.
DAVIS, Mark Lundon; '86 BSBA; Student; Univ. of Cincinnati, Law Sch., 2624 Clifton Ave., Cincinnati, OH 45221; r. 5809 Prosser Ave., Cleveland, OH 44103.
DAVIS, Mary Helen Harris; '35 BSBA; 600 Greenbrier Ave., White Sulphur Spgs., WV 24986, 304 536-1100.
DAVIS, Merton E.; '57 BSBA; Pres.; MBS Inc., Plymouth Plz., Plymouth, IN 46563; r. 10810 Surry Rd., Chester, VA 23831, 804 751-0203.
DAVIS, Michael Dale; '75 MBA; VP/Mgr. Commercial Bkg.; Ameritrust Co. NA, 33 N. Third St., Columbus, OH 43215, 614 224-0670; r. 6093 O'Sweeney Ln., Dublin, OH 43017, 614 761-3452.
DAVIS, Michael Stuart; '87 BSBA; Investment Banker; Huntington Natl. Bank, 41 S. High, Columbus, OH 43287, 614 463-4311; r. 2036 Northwest Blvd., Columbus, OH 43212, 614 481-0398.
DAVIS, Patricia '85 (See Davis-Kelsey, Patricia Diana).
DAVIS, Paul Gordon; '64 BSBA; Ofcr.; Santa Clarita Natl. Bank, Northridge, CA 91324, 818 368-3625; r. 12312 Sherman Way, Apt. 111, N. Hollywood, CA 91605, 818 982-9376.
DAVIS, Paul Richard; '75 BSBA; 122 Spruce Hill Rd., Toronto, ON, Canada.
DAVIS, Pauline G. '29 (See Snodgrass, Pauline Davis).

DAVIS, Raymond R.; '68 MBA; VP Sales & Mktg.; Buffalo China, Inc., 658 Bailey Ave., Buffalo, NY 14206, 716 824-8515; r. 1310 Delaware Ave., Apt. 502, Buffalo, NY 14209, 716 881-6274.
DAVIS, Richard B.; '66 BSBA; Pres.; Standard Parts Corp., 305 S. Tacoma Way, Tacoma, WA 98402, 206 838-9261; r. 1909 Clorindi Cir. NW, Gig Harbor, WA 98335, 206 851-7587.
DAVIS, Richard Culbertson; '37 BSBA; Retired; r. 7211 Inverness Ct., Dublin, OH 43017, 614 761-2338.
DAVIS, Hon. Richard Lee; '48 BSBA; Probate Judge; Highland Cnty. Courthouse, Probate & Juvenile Divisions, W. Main St., Hillsboro, OH 45133, 513 393-9981; r. 8474 U.S.Route 62, Hillsboro, OH 45133, 513 393-2406.
DAVIS, Richard Stillwell; '51 BSBA; Retired; r. 2916 Wendi Lee Ct., Carmichael, CA 95608, 916 487-5337.
DAVIS, LTC Robert Edward, USAF(Ret.); '68 MBA; 7513 Barry Rd., Tampa, FL 33614, 813 886-5270.
DAVIS, Robert Franklin; '47 BSBA; Retired; r. 6335 Sleepy Hollow Dr., New Albany, OH 43054, 614 855-7669.
DAVIS, Robert George; '51 BSBA; Retired; r. 3878 Klein Ave., Stow, OH 44224, 216 686-1046.
DAVIS, Robert Jay, Jr.; '49 BSBA; Industrial Relations Mgr.; Ford Motor Co., POB 8591, Canton, OH 44711, 216 430-1301; r. 622 Edgewood St. SE, N. Canton, OH 44720, 216 499-6100.
DAVIS, Robert Jefferson; '83 BSBA; Salesman; Ormco, 1332 S. Lone Hill Ave., Glendora, CA 91740, 800 854-1741; r. 6055 Tridale Ct., Cincinnati, OH 45230, 513 231-4184.
DAVIS, COL Robert John, USA(Ret.); '50 MBA; Retired Material Mgr.; Univ. of California-San Diego; r. 100 Alder St., Coronado, CA 92118, 619 435-8508.
DAVIS, Robert Mac; '72 BSBA; Sr. Cost Acct.; GTE Sylvania, Ottawa Division, Pratt St., Ottawa, OH 45875; r. 111 N. Broadway, Columbus Grove, OH 45830, 419 659-2632.
DAVIS, Robert Nation; '47 BSBA; Staff; Marathon Oil Co., 539 S. Main St., Findlay, OH 45840; r. 539 S. Main St., Findlay, OH 45840.
DAVIS, Robert Newell; '47 BSBA; Retired Acct.; Marathon Oil Co., 539 S. Main St., Findlay, OH 45840; r. 226 E. Edgar Ave., Findlay, OH 45840, 419 423-0704.
DAVIS, Robert Richard; '62 MACC; Assoc. Prof.; Canisius Clg., Dept. of Acctg., Buffalo, NY 14208, 716 883-7000; r. 118 Heritage Rd. E., Buffalo, NY 14221, 716 688-0055.
DAVIS, Rodney Gene; '59 BSBA; Asst. Vice Presi; City Natl. Bank & Trust Co., 5445 N. High St., Columbus, OH 43214; r. 257 Frontenac Pl., Worthington, OH 43085, 614 885-1053.
DAVIS, Roger Fisher; '68 MBA; Corporate VP & Controller; AT&T, 340 Mt. Kemble Ave., Morristown, NJ 07960, 201 326-2940; r. 8 Richlyn Ct., Morristown, NJ 07960, 201 267-8288.
DAVIS, Ronald Evan; '59 BSBA; Atty. Partner; Folkerth, O'Brien, Haddow & Davis, 230 E. Town St., Columbus, OH 43215, 614 228-2945; r. 1855 Perry Ln., Frankfort, OH 45628, 614 998-2685.
DAVIS, Roy G.; '28 MA; Retired; r. 47 S. Sea Pines Dr., Hilton Head Island, SC 29928.
DAVIS, Russell Paul; '85 BSBA; Programmer Analyst; The Limited Inc., One Limited Pkwy., POB 16528, Columbus, OH 43216, 614 479-7783; r. 5126 Winterburg Way, Westerville, OH 43081, 614 891-7224.
DAVIS, Sharon Joan; '87 BSBA; Analyst; Fed. Reserve Bank of K C, 925 Grand Ave., Kansas City, MO 64198; r. 11401 Floyd Dr., #1310, Overland Park, KS 66210.
DAVIS, Sharon L. '85 (See Hauck, Mrs. Sharon D.).
DAVIS, Sherwood Hartzler; '52 BSBA; Pres.; Ruger Equip. Inc., 615 W. 4th St., Uhrichsville, OH 44683, 614 922-3000; r. 1166 Hilltop Rd, New Philadelphia, OH 44663, 216 364-4141.
DAVIS, Spencer H.; '44 BSBA; 223 Princeton Dr. S.E., Albuquerque, NM 87106.
DAVIS, Spencer L.; '48 BSBA; Publisher; Ceramics Monthly, 1609 Northwest Blvd., Columbus, OH 43212; r. 1813 Snouffer Rd, Worthington, OH 43085, 614 885-7932.
DAVIS, Stanley Allen; '63 BSBA; VP; Shaker Auto Lease, 4459 Northfield Rd., Cleveland, OH 44128; r. 32099 Chestnut Ln., Cleveland, OH 44124, 216 449-4445.
DAVIS, Stephen Joseph; '72 BSBA; VP Oper; J Crew Outfitters, One Ivy Cres., Lynchburg, VA 24505; r. 1509 Lexington Dr., Lynchburg, VA 24503.
DAVIS, Ms. Tamara Lee; '86 BSBA; Mktg.; r. 5344 Caleb Dr., Columbus, OH 43220, 614 451-7202.
DAVIS, Therese Monett; '79 BSBA; Pension Analyst; Benefit Plan Svcs., 11885 Lackland Rd., Ste. 305, St. Louis, MO 63146; r. 1462 Glenmeade Dr., Maryland Hts., MO 63043.
DAVIS, Thomas Alan; '87 BSBA; Staff; Arthur Young & Co., One Seagate, Toledo, OH 43604; r. 29570 Gleneagles Rd., Apt. #D, Perrysburg, OH 43551, 419 666-7669.
DAVIS, Thomas E., III; '49 BSBA; Retired; r. 5579 Chowning Way, Columbus, OH 43213, 614 864-5579.
DAVIS, Thomas Edward; '55 BSBA; 7239 Harbor Hts. Cir., Orlando, FL 32811.
DAVIS, Thomas M., Sr.; '49 BSBA; Retired; r. 3266 Kenyon Rd., Columbus, OH 43221, 614 457-0738.
DAVIS, Thomas Scott; '87 BSBA; 1306 Bryson Rd., Columbus, OH 43224, 614 263-4446.
DAVIS, Thomas Warren; '49 BSBA; VP-Sales; Svc. America Corp., 2701 Rozzells Ferry Rd, Charlotte, NC 28208, 704 392-6195; r. 4311 Denbigh Dr., Charlotte, NC 28226, 704 542-6196.
DAVIS, Timothy Eric; '80 BSBA; Pres.; Criteria Real Estate Grp., Inc., 4089 Tamiami Tr., N., Ste. A-204, Naples, FL 33940, 813 434-8449; r. 878 C Meadowland Dr., Naples, FL 33963, 813 566-7374.
DAVIS, Timothy J.; '83 BSBA; Intl. Bus Cnslt.; r. 4695 Olentangy Blvd., Columbus, OH 43214, 614 262-9501.
DAVIS, Timothy Lee; '81 BSLHR; Lawyer; USN, Naval Legal Service Ofc., Long Beach, CA 90822, 213 547-7948; r. 379 Newport Ave. #320, Long Beach, CA 90814, 213 438-8941.
DAVIS, Todd Neumann; '82 BSBA; Sales Mgmt.; Rittal Corp., 1900 E. Leffel Ln., Springfield, OH 45505, 800 551-0641; r. 441 Devon Dr., Exton, PA 19341, 215 363-8124.
DAVIS, Vern E.; '50 BSBA; Atty.; 1691 Sullivant Ave, Columbus Oh 43223; r. 5074 Sharon Hill Dr., Worthington, OH 43085, 614 451-4618.
DAVIS, Vicki Ann; '85 BSBA; Financial Acct.; Scherers Communications Inc., 6145 Scherers Pl., Dublin, OH 43017, 614 889-6055; r. 5672 Kingship Loop, Columbus, OH 43231, 614 899-0587.
DAVIS, Dr. Vivian Witkind; '82 PhD (PA); 2666 Hampton Cir. N., Delray Bch., FL 33445.
DAVIS, W. Rex; '34; Retired; r. 4360 Airendel Ct., Columbus, OH 43220, 614 451-4153.
DAVIS, William Harry; '51 BSBA; Safety Coord. Mental; State of Ohio, 65 S. Front St., Columbus, OH 43215; r. 4243 Parkwick Sq. N., Columbus, OH 43228.
DAVIS, William Probert; '87 MBA; Prod Supt.; Manville Corp., 214 Oakwood Ave., Newark, OH 43055, 614 345-9631; r. 994 Coolidge Ct., Newark, OH 43055, 614 366-3195.
DAVIS, William Stewart, III; '78 BSBA; Mgr. of Acct.; Lerner/The Ltd., 460 W. 33rd St., New York, NY 10001, 212 613-8975; r. 374 Hopewell Dr., Powell, OH 43065, 614 848-3460.
DAVIS-KELSEY, Patricia Diana, (Patricia Davis); '85 BSBA; Acct.; Mercantile Stores Co. Inc., 128 W. 31st St., New York, NY 10001, 212 560-0497; r. 1510 Windsor Rd., Teaneck, NJ 07666, 718 426-4330.
DAVISON, Edward Carson, Jr.; '73 BSBA; Plant Mgr.; Plume & Atwood Brass Mill, 235 E. Main St., Thomaston, CT 06787; r. Plume & Atwood Brass Mill, 235 E. Main St., Thomaston, CT 06787.
DAVISON, Richard Curry; '86 BSBA; Military Pilot; USAF; r. 850 S. Longmore #219, Mesa, AZ 85202, 602 464-2393.
DAVISSON, James R.; '55 BSBA; 134 Jamestown Ct., Pittsburgh, PA 15216, 412 563-5786.
DAVY, Ray I.; '55 BSBA; Retired Systs. Spec.; Nationwide Ins. Co., One Nationwide Plz., Columbus, OH 43216; r. 909 S. Roosevelt Ave., Columbus, OH 43209, 614 235-8427.
DAWDY, Donald A.; '54 BSBA; VP Sales; Cardaw Supplies, Inc., 121 Hosea Ave., POB 15760, Lockland, OH 45215, 513 821-2300; r. 140 Sylvia Ln., Cincinnati, OH 45215, 513 733-4100.
DAWE, Daniel Alan; '83 BSBA; 2097 W. High St., Lima, OH 45805, 419 228-7006.
DAWE, Dennis John; '76 BSBA; Zone Rep.; Navistar Financial Corp., 2500 Corporate Exchange Dr., Columbus, OH 43229, 614 890-8000; r. POB 711, Wooster, OH 44691, 216 262-5892.
DAWES, David A.; '84 BSBA; Operations Mgr.; Bulkmatic Transport Co., 12000 S. Doty, Chicago, IL 60628, 312 568-1300; r. 7211 Marshall Ave., Hammond, IN 46323, 219 844-3153.
DAWLEY, Dr. Cloyd E.; '49 BSBA; Dent.; r. 274 E. Main St., Norwalk, OH 44857, 419 668-5637.
DAWLEY, Richard L.; '71 BSBA; VP, Controller; Grossman's Inc., 200 Union St., Braintree, MA 02184, 617 848-0100; r. 12 Captain Vinal Way, Norwell, MA 02061, 617 659-4056.
DAWLEY, William L.; '66 BSBA; CPA; Patterson Merkle & Assoc. Inc., 941 Chatham Ln., Columbus, OH 43221, 614 451-1187; r. 573 Illinois Ct., Westerville, OH 43081, 614 882-9206.
DAWSON, Frederick; '83 MBA; Staff; r. 48 Mc Clelland Blvd., Brownsville, TX 78520, 512 546-3184.
DAWSON, James Ernest; '50 BSBA; Retired; r. 307 Hickory Ln., Largo, FL 34640, 813 581-1238.
DAWSON, Jeffrey Wayne; '71 BSBA; RR No 1, B 129, Shelby, OH 44875.
DAWSON, John W., Jr.; '42 BSBA; Agt./Agcy. Pres.; John W. Dawson Ins. Inc., 5320 Cleveland Ave., Columbus, OH 43229, 614 890-1660; r. 2681 Lakewood Dr., Columbus, OH 43231, 614 882-8613.
DAWSON, John William, III; '66 BSBA; Ins. Agt.; John W Dawson Ins., 5320 Clevaland Ave., Columbus, OH 43229, 614 890-1660; r. 8388 Glen Tanar Ct., Dublin, OH 43017, 614 764-1400.
DAWSON, Mary '41 (See Hall, Mary Dawson).
DAWSON, Nathan; '48 BSBA; 2489 Tremont Rd, Columbus, OH 43221, 614 488-4572.
DAWSON, Paul A.; '67 BSBA; Prog. Analyst; USAF, Wright-Patterson AFB, Dayton, OH 45432, 513 257-2622; r. 1692 Yalta Dr., Dayton, OH 45432, 513 429-3755.
DAWSON, Ronald Dean; '68 BSBA; Store Mgr.; K-Mart, 5900 W. Michigan Ave., Marshall, MI 49068, 616 781-1151; r. 4171 Lancashire, Jackson, MI 49203, 517 783-3873.
DAWSON, Terrence Marshall; '68 BSBA; Commodity Mgr.; GM Corp., GM Bldg., 3044 W. Grand Blvd., Detroit, MI 48202, 313 556-2138; r. 3904 James Ave., Huron, OH 44839, 419 433-2333.
DAWSON, Terry L.; '86 BSBA; Fullfillment Supv.; Victoria Secret Catalog, 2 Limited Pkwy., Mail Order Div., Columbus, OH 43230, 614 479-6062; r. 1094 Cowring Rd., Columbus, OH 43224, 614 261-6112.
DAWSON, Thomas Scott; '79 BSBA; Agt.; State Farm Ins. Co., 6075 Cleveland Ave., Ste. 102, Columbus, OH 43229, 614 891-2886; r. 438 Langford Ct., Gahanna, OH 43230, 614 476-1855.
DAY, Charles L.; '59 BSBA; Self-Emp Sls Rep.; r. 7353 Wild Haven Pk, Lambertville, MI 48144, 313 856-6353.
DAY, Daniel Lee; '85 BSBA; Acct.; Price Waterhouse, 41 S. High St., Columbus, OH 43215, 614 221-8500; r. 5679 Sandalwood, Columbus, OH 43229, 614 848-5246.
DAY, Dr. David R.; '61 PhD (BUS); Prof.; Univ. of Illinois, Labor & Industrial Relations, 807 S. Wright St., Champaign, IL 61820; r. University of Illinois, 807 S. Wright St., Champaign, IL 61820.
DAY, CAPT Edward R., Jr.; '49 BSBA; CAPT; USN Ret.; r. 1552 Buccaneer Ct., Marco Island, FL 33937, 813 394-7349.
DAY, Heidi Borden, (Heidi Borden); '85 BSBA; Acctg. Mgr.; Coldwell Banker Formerly Buyohio Inc. Realtors, 941 Chatham Ln., Columbus, OH 43221, 614 451-0007; r. 5551-G Chatford Sq., Columbus, OH 43232, 614 861-8240.
DAY, Hon. Jack Grant; '35 BSBA; Atty. of Counsel; Kaufman & Cumberland, 1404 E. 9th St., Cleveland, OH 44114, 216 861-0707; r. 2854 Weybridge Rd., Cleveland, OH 44120, 216 751-2569.
DAY, Julie Marie '81 (See Henry, Julie Marie).
DAY, Lewis I.; '35 BSBA; Retired; r. 3480 La Rochelle Dr., Columbus, OH 43221, 614 457-7908.
DAY, Liesl Michele; '88 BSBA; 17 Red Oak Ln., Pittsford, NY 14534.
DAY, Patrick W.; '81 BSLHR; Labor Relations Supv.; Chrysler Corp.-Sandusky Vinyl, 3130 W. Monroe St., Sandusky, OH 44870, 419 627-3292; r. 5639 Huron St., Vermilion, OH 44089, 216 967-8638.
DAY, Richard Thomas; '83 BSBA; Commercial Real Estate Br; 4150 Tuller Rd., Ste. 236, Dublin, OH 43017, 614 792-2900; r. Same, 614 481-0932.
DAY, Robert Alan; '65 BSBA; 2049 Wyandotte Rd., Columbus, OH 43212, 614 486-8696.
DAY, Robert Allen; '60 BSBA; 3104 Sheffield Dr., Cinnaminson, NJ 08077, 609 829-9253.
DAY, Robert Lee, Jr.; '67 BSBA; VP; Bank One Lima NA, POB 390, Lima, OH 45802, 419 228-3541; r. 2095 Huntington Dr., Cridersville, OH 45806, 419 645-5703.
DAY, Robert Lee, Sr.; '35; Retired VP; Natl. City Bank, POB 5766, Cleveland, OH 44101; r. 492 Forestview Rd., Bay Village, OH 44140, 216 871-6229.
DAY, Ruth Schaefer, (Ruth Schaefer); '35; Homemaker; r. 2854 Weybridge Rd., Cleveland, OH 44120, 216 751-2569.
DAY, Timothy Brian; '82 BSBA; Acct.; Ashland Oil Inc., POB 391, Ashland, KY 41101, 606 329-5259; r. 4311 Grandview Dr., Ashland, KY 41101, 606 325-8252.
DAY, Dr. William Henry; '53 PhD (BUS); 2485 Highland Dr., Salt Lake City, UT 84106, 918 456-4519.
DAY, Mrs. Winona G., (Winona G. McDavid); '82 BSBA; Financial Analyst Sr.; Northrop Electronics Div., 2301 W. 120th St., Hawthorne, CA 90250; r. 3654 Centinela Ave. #10, Los Angeles, CA 90066.
DAYE, Thomas Richard; '71 BSBA; CPA; 6877 N. High St., Worthington, OH 43085, 614 888-2274; r. 350 E. North Broadway, Columbus, OH 43214, 614 263-3404.
DAYTON, Edward Arthur; '87 BSBA; 5080 E. Harbor, Port Clinton, OH 43452, 419 734-3242.
DEACON, Thomas Edward; '83 BSBA; Gen. Mgr.; Deacon's Chrysler-Plymouth Inc., 835 S.O.M. Ctr., Mayfield Vlg., OH 44143, 216 442-0424; r. 6601 Durham Ct., Mentor, OH 44060, 216 974-8515.
DEAFENBAUGH, John T.; '75 BSBA; Systs. Develop Mgr.; Champlin Petroleum, POB 7, Ft. Worth, TX 76101, 817 877-6041; r. 852 Windsong Ct., Bedford, TX 76021, 817 282-3855.
DEAGLE, James L.; '61 BSBA; Pres.; Continental Bldg. Systs., 1070 Morse Rd., POB 29541, Columbus, OH 43229, 614 888-2400; r. 1471 Wingate Dr., Delaware, OH 43015, 614 881-4122.
DEAK, Robert J.; '78 BSBA; Pres.; Fleet Pizza Inc., 1315 W. College Ave., #300, State College, PA 16801, 814 237-8991.
DEAL, Douglas Scott; '81 BSBA; 8689 Harperpoint, Apt. #A, Cincinnati, OH 45242.
DEAL, John Charles; '69 BSBA; Atty.; Emens, Hurd, Kegler, Ritter Co. LPA, 65 E. State, Ste. 1800, Columbus, OH 43215, 614 462-5400; r. 4030 Longhill Rd., Columbus, OH 43220, 614 457-5806.
DEAL, Lowell Kevin; '73 BSBA; Dairy Farmer; Deal & Deal Dairy Farm, 3030 Salt Creek Dr., Chandlersville, OH 43727; r. 3030 Salt Creek Dr., Chandlersville, OH 43727, 614 674-6997.
DEAM, John Emerson; '86 BSBA; 2113 Jennie Way, Sidney, OH 45365, 513 492-6025.
DEAN, Betty Jo '46 (See Stevens, Betty Jo Dean).
DEAN, Cammie LaVerne '87 (See Laird, Cammie LaVerne).
DEAN, Donald Dwight, Jr.; '74 BSBA; Controller; TRT Telecommunications, 1331 Pennsylvania Ave. NW, Washington, DC 20004, 202 879-2416; r. 7421 Bee Bee Dr., Rockville, MD 20855, 301 977-6373.
DEAN, Douglas Harry; '68 BSBA; Banker; Central Trust Co., Central Trust Ctr., 5th & Main, Cincinnati, OH 45202; r. 528 Walnut St., Perrysburg, OH 43551, 419 874-2092.
DEAN, Edward Joseph; '70 BSBA; VP; Clipper Ind, 2534 Lorain Ave., Cleveland, OH 44113, 216 522-1340; r. 15129 Pine Valley Tr., Middleburg Hts., OH 44130, 216 234-1655.
DEAN, Evan C.; '53 BSBA; Retired; r. Box 727, Beeville, TX 78104, 512 358-5824.
DEAN, H. William; '49 BSBA; VP & Trust Ofcr.; First Interstate Bank of Arizona, Scottsdale, AZ 85251; r. 7773 E. Luke Ln., Scottsdale, AZ 85253, 602 945-0685.
DEAN, Jack Alan; '84 BSBA; 333 Owens Rd. W., Marion, OH 43315, 614 389-2401.
DEAN, Mrs. Karen B., (Karen S. Brooke); '87 BSBA; Sales Coord.; Harley Hotel, 1000 E. Dublin-Granville Rd., Columbus, OH 43229, 614 888-4300; r. 3083 Scenic Bluff Dr., Columbus, OH 43229, 614 794-1370.
DEAN, Karen S. '83 (See Van Straten, Mrs. Karen S.).
DEAN, Kenneth Michael; '72 BSBA, '77 MBA; Self-Empl CPA; r. 8955 Winchester Southern Rd., Canal Winchester, OH 43110, 614 837-6813.
DEAN, Kimberly Brown; '78 BSBA; Dir./Administrat; Champion Intl., Newsprint, Kraft, & Pulp, One Champion Plz., Stamford, CT 06921; r. 8 Meadow Wood Ln., Rye, NY 10580.
DEAN, Lori Marie; '87 BSBA; Asst. Mgr.; Transamerica Financial Svc., 6400 E. Broad St., Columbus, OH 43213; r. 614 864-3911.
DEAN, Martin Robert; '86 BSBA; Sr. Acct.; Peat Marwick Main & Co., Two Nationwide Plz., Columbus, OH 43215, 614 249-2300; r. 4075 Indianola Ave., Columbus, OH 43214, 614 268-0666.
DEAN, Michael Allan; '76 BSBA; Ohio State Univ., Columbus, OH 43210; r. 170 Chittenden Ave., Apt. 2, Columbus, OH 43201, 614 299-2250.
DEAN, Michael John; '78 BSBA; Account Exec.; UNISYS Corp., 6500 Busch Blvd., Columbus, OH 43229, 614 846-7910; r. 7342 Roberts Rd., Hilliard, OH 43026, 614 771-7895.
DEAN, Michael William; '81 BSBA; 226 Wilson St., Newark, OH 43055, 614 349-8054.
DEAN, Dr. Robert A.; '65 MBA, '76 PhD (BUS); Retired; r. 37 Hawthorne Dr., Fairborn, OH 45324, 513 878-8277.
DEAN, Ronald Emery; '71 BSBA; Pres.; Ace Dry Cleaning & Laundry Equip., 2149 Cleveland Ave., Columbus, OH 43211, 614 267-0387; r. 4178 Valley Quail Blvd. S., Westerville, OH 43081, 614 891-1607.
DEAN, Thomas Craig; '77 BSBA; 307 SE 20 Pl., Cape Coral, FL 33990, 813 574-1081.
DE ANGELIS, Charles Anthony; '85 BSBA; Mgmt. Trainee; Lorain Natl. Bank, 457 Broadway, Lorain, OH 44052, 216 244-6000; r. 4315 Forest Hill Dr., Lorain, OH 44053, 216 282-3648.
DE ANGELIS, Stephen Robert; '85 BSBA; Staff; Braniff Airlines, c/o Postmaster, Orlando, FL 32800; r. 4822 S. Semoran, #803, Orlando, FL 32822, 407 281-4557.
DEARDORFF, Eric David; '85 BSBA; Public Acct.; Ernst & Whinney, 2001 Ross Ave. Ste. 2800, Dallas, TX 75201, 214 979-1700; r. 213 Vines Dr., Cedar Hill, TX 75104, 214 291-0110.
DEARDOURFF, Sharon June, (Sharon June Kochheiser); '86 BSBA; Systs. Admin.; Basic Distribution Corp., Administrative Services, 999 Kinnear Rd., Columbus, OH 43212, 614 481-8801; r. 560 W. 4th Ave. Apt. E, Columbus, OH 43201, 614 291-0859.
DEARDURFF, Carl M., Jr.; '46 BSBA; Pres.; Ohio Pennant Knitting Co., 468 Parsons Ave., Columbus, OH 43215; r. 826 Francis Ave., Columbus, OH 43209.
DEARDURFF, Robert Joseph; '71 BSBA; 324 Newport Ave., Long Beach, CA 90814, 213 438-2722.
DEARING, Shari '84 (See Lyle, Shari Dearing).
DEARING, Steven Lee; '85 BSBA; 380 Canterbury Dr., Kettering, OH 45429, 513 298-5457.
DEARTH, Earl S.; '22 BSBA; Retired; r. 631 SW 6th St., Pompano Bch., FL 33060, 305 946-4126.
DEARTH, Gary Curtis; '69 BSBA; Zone Mgr.; Nationwide Life Ins. Co., Policyholder Service, One Nationwide Plz., Columbus, OH 43216, 614 249-6624; r. 136 Imperial Rd. SW, Pataskala, OH 43062, 614 927-2052.
DEARTH, Kevin L.; '82 BSBA; Staff; Winnower Fan Co., 750 Brooksedge Blvd., Columbus, OH 43211, 614 890-1283; r. 4290 Ingham Ave., Columbus, OH 43214, 614 263-5212.
DEARTH, Miles Brent; '85 MBA; Proj. Engr.; B F Goodrich, 6100 Oaktree Blvd., Independence, OH 44131; r. 10231 Echo Hill Dr., Cleveland, OH 44141, 216 838-4868.
DEAS, William Gourlay; '69 BSBA; Atty.; Porter, Wright, Morris & Arthur, 130 W. 2nd St., Dayton, OH 45402, 513 228-2411; r. 1983 Woodson Ct., Dayton, OH 45459, 513 434-9470.
DEATON, Robert N.; '49 BSBA; Retired; r. 894 Afton Rd, Columbus, OH 43221, 614 451-3070.
DE BACCO, Victor L.; '49 BSBA; Controller; Film Transit, Inc., 3931 Homewood Rd., Memphis, TN 38118, 901 365-7550; r. 2379 Brook Hollow Cove, Memphis, TN 38119, 901 767-1753.
DEBACHER, Marjorie C.; '49 BSBA; Retired; r. 1121 Melrose, Lima, OH 45801, 419 222-7411.

DEBARBRIE, Barbara S., (Barbara S. Fatzinger); '84 BSBA; Asst. Mgr.; Security Pacific Finance Corp., 120 1/2 S. Washington St., Ste. 210, Tiffin, OH 44883; r. 214 Miami St., Tiffin, OH 44883.
DE BARTOLO, Richard Charles; '72 BSBA; Acct.; Middlesex Cnty., 1 JFK Sq., New Brunswick, NJ 08903, 201 745-3000; r. 55 J. F. Kennedy Dr., Milltown, NJ 08850, 201 545-3696.
DE BENEDITTO, Umberto Antonio; '75 BSBA; Sales Exec.; r. 1774 Willoway Cir. S., Columbus, OH 43220, 614 442-6858.
DE BLASIS, Alphonse Ray; '73 BSBA; Partner; Martins Ferry Flower Shop, 415 Hanover, Martins Ferry, OH 43935; r. 4953 Jefferson, Bellaire, OH 43906, 614 676-9595.
DEBOER, Russell Edward; '77 BSBA; Staff; Goal Systs. Intl., Inc., 7965 N. High St., Columbus, OH 43235, 614 888-1775; r. 624 Lexington Ct., Westerville, OH 43081, 614 895-1331.
DEBOLT, Ms. Sallie Jo, (Sallie D. Cunningham); '84 BSLHR; Atty./Advisor; US Dept. of Labor, Ofc. of Admin Law Judges, 525 Vine St. Ste. 900, Cincinnati, OH 45202, 513 684-3252; r. 2749 Madison Rd., Cincinnati, OH 45209, 513 396-6853.
DE BOW, Richard E.; '67 BSBA; 4546 Fenn Rd., Medina, OH 44256, 216 723-3778.
DE BRIER, Eric Peter; '83 MAPA; 959 Afton Rd., Columbus, OH 43221, 614 459-5241.
DE BROSSE, Jeffrey L.; '85 BSBA; Banking; r. 2974 Oaklawn, Columbus, OH 43224, 614 262-3574.
DE BROSSE, Thomas Eugene; '72 BSBA; Atty./Partner; Smith & Schnacke, 2000 Courthouse Plz. NE, Dayton, OH 45402, 513 443-6664; r. 916 Twin Oaks Dr., Dayton, OH 45431, 513 258-0322.
DE BRUIN, Anne Morrell; '84 BSBA; Employee Relations Rep.; Pepsi Cola, 400 Graham St., Mc Keesport, PA 15136, 412 331-6767; r. 209 Red Deer, Coraopolis, PA 15108, 412 695-1255.
DECAMINADA, Caroline Fata; '81 BSBA; 795 Nile Dr., Alpharetta, GA 30201, 404 992-5198.
DE CAMP, Harold A.; '56 BSBA; 200 E. Peach Orchard, Dayton, OH 45419.
DE CAPITE, Joseph Edward; '81 MPA; 5475 Birch St., N. Ridgeville, OH 44039, 216 327-2590.
DECATUR, William Royer; '82 MPA; Asst. VP Fin./Budget Dir.; Shawnee State Univ., 940 2nd St., Portsmouth, OH 45662, 614 354-3205; r. 1735 Franklin Blvd., Portsmouth, OH 45662, 614 353-5283.
DE CENZO, Elizabeth '81 (See Teschner, Elizabeth De Cenzo).
DE CESSNA, Hon. Donald A.; '51 BSBA; Judge; Common Pleas Ct. of Wood Co., One Courthouse Sq., Bowling Green, OH 43402, 419 354-9220; r. 883 Bexley Dr., Perrysburg, OH 43551, 419 874-5538.
DECH, MAJ Jack L.; '66 MBA; Maj. Usaf; r. 5150 Gold Hills Ct., Colorado Spgs., CO 80918.
DECHOW, John Philip; '82 MBA; Mgr.-Energy Systs.; Columbia Gas Co., 200 Civic Center Dr., Columbus, OH 43216, 614 460-6248; r. 1248 Windham Rd., Columbus, OH 43220, 614 457-1593.
DECKARD, George W.; '42; Retired Engr.; Rockwell Intl., 4300 E. 5th Ave., Columbus, OH 43219; r. 198 Fairlawn Dr., Columbus, OH 43214, 614 262-5908.
DECKARD, Mrs. Marilyn Judd, (Marilyn Judd); '76 BSBA; Tchr.; Westerville South HS, 303 S. Otterbein Ave., Westerville, OH 43081; r. 6177 Sharon Woods Blvd., Columbus, OH 43229, 614 895-8080.
DECKELMAN, Robert John; '82 BSBA; Sales Mgr.; GE Co., One Cleveland Ctr., Ste. 1225, Cleveland, OH 44114; r. 23928 Bruce Rd., Bay Village, OH 44140.
DECKER, Carol Ann; '77 BSBA; Nationwide Ins. Co., One Nationwide Plz., Columbus, OH 43216; r. 985 Maebelle Way, Westerville, OH 43081.
DECKER, Donna Jean '84 (See Emery, Mrs. Donna Decker).
DECKER, James R.; '55 MBA; Admin.; The Ohio State Univ., Clg. of Bus Admin, 1775 College Rd., Columbus, OH 43210, 614 292-6024; r. 1678 Sundridge Dr., Columbus, OH 43221, 614 457-5625.
DECKER, Jeanine Eilers; '76 MPA; Homemaker; r. 1802 E. Euclid, Phoenix, AZ 85040, 602 268-1694.
DECKER, John Brooks; '51 BSBA; Pres.; Westerman Constr. Cos., Lancaster, OH 43130, 614 654-4148; r. RR #4, 2401 Lake Rd., Lancaster, OH 43130, 614 746-8064.
DECKER, Lance Lindworth; '76 MPA; Strategic Planner; City of Phoenix, 251 W. Washington, Phoenix, AZ 85003, 602 262-4800; r. 1802 E. Euclid, Phoenix, AZ 85040, 602 268-1694.
DECKER, Rick R.; '88 MBA; Classificatn Suprvsr; American Electric Power Co., 161 N. Main St., Lancaster, OH 43130; r. 826 North Ct. St., Circleville, OH 43113, 614 474-5662.
DECKER, Roberta Lee; '76 MACC; Regional Acctg. Mgr.; Steego Parts Corp., 3621 NE 4th Ave., Ft. Lauderdale, FL 33334, 305 563-6991; r. 8821 NW 38th Dr. Apt. 203, Coral Spgs., FL 33065, 305 753-7218.
DECKER, Thomas Ladd; '72 BSBA; Pres.; Compensation Specialist Co., 274 Marconi Blvd., Ste. 440, Columbus, OH 43215, 614 461-0004; r. 3597 Wenwood Dr., Hilliard, OH 43026, 614 876-4810.
DECKER, Timothy G.; '66 BSBA; Staff; Scott Fetzer Co., Campbell Hausfeld Div, Harrison, OH 45030, 513 367-4811; r. 1940 Harrowgate Hill, Fairfield, OH 45014, 513 829-7832.
DE CLERCK, Robert Camiel, Jr.; '81 MBA; Unit Suprvr/Cost Eng; Eastman Kodak Co., Elmgrove Rd H-E., Bldg. 5 Fl. 5, Rochester, NY 14650; r. 425 Thrushwood Ln., Webster, NY 14580, 716 671-9216.
DECOCKER, Jeffrey Michael; '87 BSBA; Budget Analyst; US Dept. of Defense, Air Force Contract Mgmt. Div., Kirtland AFB, NM 87117, 505 844-7826; r. 4300 Bryn Mawr NE #24, Albuquerque, NM 87107, 505 883-3731.
DE COSKY, Richard Leonard, Jr.; '69 BSBA; Tax Atty.; Arthur Young & Co., Diamond Shamrock Bldg., 1100 Superior Ave. E., Cleveland, OH 44114; r. 21856 Addington Blvd., Cleveland, OH 44116, 216 356-4624.
DE COURCEY, Harold S., Jr.; '54 BSBA; 122 W. Lee St., Baltimore, MD 21201, 301 962-8428.
DEDULA, Mrs. Carla Ann, (Carla Ann Kuskowski); '86 BSBA; Researcher/Analyst; Battelle Mem. Inst., 505 King Ave., Columbus, OH 43201, 614 424-7967; r. 4517 Mobile Dr., Columbus, OH 43220, 614 459-9212.
DEDULA, Thomas George; '86 BSBA; Programmer; Nationwide Ins., 1 Nationwide Plz., Columbus, OH 43216, 614 249-5617; r. 4750 Wiltshire Rd., N. Royalton, OH 44133, 216 237-9083.
DEEDS, Gary William; '69 BSBA; Atty.; 3901 E. Livingston, Ste. 207, Columbus, OH 43227, 614 231-9478; r. 1004 Euclaire Ave., Columbus, OH 43209, 614 235-3868.
DEEM, Mark Anthony; '81 BSBA; 714 Arcadia Ave., Columbus, OH 43211, 614 262-6109.
DEEM, Sharon Leigh; '83 BSBA; Account Mgr.; Priority One, Inc., 1857 William Penn Way, Lancaster, PA 17605, 717 295-1415; r. 6 Westover Club Dr., #A-31, Jeffersonville, PA 19403, 215 539-3088.
DEEMER, Virgil L.; '61 BSBA; Sales Rep.; Elanco Prods. Co., Lilly Corporate Ctr., Indianapolis, IN 46285; r. 1732 Oakmont, Decatur, IL 62521, 217 767-2725.
DEEMS, Ralph E.; '41 BSBA; Retired VP & Treas.; Peabody Intl. Corp., 4 Landmark Sq., Stamford, CT 06901; r. 48 Heather Dr., Stamford, CT 06903, 203 329-9050.
DEERHAKE, James Ray; '75 BSBA; Purchasing Agt.; The Ohio State Univ., Book Stores, Columbus, OH 43210; r. 469 E. Torrence Rd., Columbus, OH 43214, 614 267-6913.
DEERHAKE, Michael D.; '87 BSBA; Dept. of Defense, Mountain Home AFB, Bldg. 2607, Mountain Home, ID 83648, 208 832-7181; r. 442 Samarra Dr., Mountain Home, ID 83647, 208 587-7579.
DEERHAKE, Roger D.; '61 BSBA; Asst. Ticket Dir.; OSU Athletic Dept., St. John Arena, Columbus, OH 43210, 614 292-2624; r. 1300 Boxwood Dr., Columbus, OH 43229, 614 888-6695.
DEESLIE, Robert W.; '51 BSBA; POB 229, Navasota, TX 77868.
DEETER, Gretchen F. '85 (See Davidian, Mrs. Gretchen D.).
DEETZ, S. William; '38 BSBA; Retired; r. 205 Baltusrol Dr., Aptos, CA 95003, 408 662-1788.
DE FAZIO, James; '77 BSBA; Opns Mgr.; The Breckenridge Co., 2425 W. Monroe St., Sandusky, OH 44870; r. 428 Seneca Ave, Huron, OH 44839, 419 433-6808.
DE FAZIO, Robert Gerard; '82 BSBA; Production Control Chief; Martin Marietta Missile Systs., POB 5837, MP 175, Orlando, FL 32855, 407 356-6702; r. 7681 Highpine Rd., Orlando, FL 32819, 407 351-7692.
DEFELIPPI, Brian A.; '86 BSBA; Financial Analyst; Rohr Industries, Inc., Foot of H St., Chula Vista, CA 92012; r. 6211 Caminito Del Oeste, San Diego, CA 92111, 619 571-2982.
DEFENBAUGH, Robert L.; '49 BSBA; Builder & Remodeler; Robert L Defenbaugh, 2109 W. 5th Ave., Columbus, OH 43212, 614 486-6364; r. Same.
DEFERRO, Geno C.; '49 BSBA; CPA; 1355 King Ave., Columbus, OH 43212, 614 486-9618; r. 4515 Sussex Dr., Columbus, OH 43220, 614 451-1139.
DE FIEBRE, Pamela M.; '82 BSBA; Accouting Mgr.; Abrasive Technology Inc., 8400 Green Meadows Dr., POB 6127, Westerville, OH 43081, 614 548-4100; r. 1951 Jervis Rd., Columbus, OH 43221, 614 486-8476.
DE FILIPPO, Leonard Charles; '73 BSBA; Materials Mgr.; Stanadyne, Woodland Ave., Elyria, OH, 216 826-4175; r. 505 Gulf Rd, Elyria, OH 44035, 216 365-5154.
DE FIORE, Peter M.; '50 BSBA; Pres. & Treasure; Cleaning Materials & Svc., 2547 Glenwood Ave., Youngstown, OH 44511, r. 995 Zander Ct., Youngstown, OH 44511, 216 792-7445.
DE FOSSET, Richard A.; '61 BSBA; Rep.; r. 602 Burwick Ter., Manchester, MO 63011, 314 394-4969.
DE FOURNY, Lisa Inez '84 (See Salyer, Lisa De Fourny).
DEFRAIN, Patricia Louise; '62 BSBA; Prof. of Bus.; Glendale Clg., 1500 N. Verdugo Rd., Glendale, CA 91208; r. 543 N. Howard Ave., Apt. 15, Montebello, CA 90640, 213 726-3023.
DE FRANCE, William E.; '40 BSBA; Auditor; r. 403 S. Briarcliff Dr., Canfield, OH 44406, 216 533-3753.
DE FRANCISCO, Tina Marie; '86 BSBA; 197 E. Cooke Rd., Columbus, OH 43214, 614 666-7841.
DE FRANCO, Elizabeth Anne; '84 BSBA; Sales Repr; Gen. Foods Corp., 365 Mc Clurg Rd., Youngstown, OH 44512, 216 726-7204; r. 2005 Presidential Pkwy., #77, Twinsburg, OH 44087, 216 425-2442.
DE FRANCO, Ralph Charles; '77 BSBA; VP; North Coast Concrete Inc., 5060 Richmond Rd., Bedford Hts., OH 44146, 216 292-6009; r. 2005 Presidential Pkwy., #77, Twinsburg, OH 44087, 216 425-2442.
DEFRANK, David John; '81 BSBA; Staff; Anderson/Clayton, 80 Grand Ave., Oakland, CA 94612; r. 4505 N. College Ave., Fresno, CA 93704.
DEGAN, Mark David; '85 BSBA; Police Ofcr.; City of St. Petersburg, City Hall, 175 5th St. N., St. Petersburg, FL 33701; r. 1848 Shore Dr. S., S. Pasadena, FL 33707, 813 343-4556.
DE GASPERIN, Toni Lynn; '79 BSBA; 16515 Ardath Ave., Torrance, CA 90504.
DE GENNARO, Dr. Ramon Paul; '84 PhD (BUS); Asst. Prof.; Michigan State Univ., Dept. of Finance, 313 Olds Hall, E. Lansing, MI 48824; r. 2409-11 E. Jolly Rd., Lansing, MI 48910.
DE GOOD, Gerald L.; '64 BSBA; Audit Partner; Arthur Andersen & Co., 101 E. Kennedy, Ste. 2200, Tampa, FL 33602, 813 222-4600; r. 5139 Nichol St., Tampa, FL 33611, 813 837-1136.
DEGOOD, James M.; '57 BSBA; Pres.; Gibson DeGood Ins. Agcy., POB 1228, Warren, OH 44482, 216 856-1444; r. 8454 Hunters Tr. SE, Warren, OH 44484, 216 856-4163.
DE GRAND, Donna Clare; '76 BSBA; Sr. Programmer/Analyst; MidAmerican Systs., 1006 Walnut St., Canal Winchester, OH 43110, 614 833-9406; r. 265 Delhi Ave., Columbus, OH 43202, 614 263-8230.
DEGRANDIS, Mrs. Chris A., (Chris Gipp); '85 BSBA; Tax Acct.; Jones, Day, Reavis & Pogue, N. Point, 901 Lakeside Ave., Cleveland, OH 44114, 216 586-3939; r. 32630 Stony Brook Ln., Solon, OH 44139, 216 349-2158.
DE GRAW, Greg Rayne Arnold; '87 BSBA; 3742 S. Ohio Ave., Columbus, OH 43207, 614 491-5176.
DEGRAW, Michael William; '86 BSBA; Aviator; USN, VT-28, Naval Air Sta., Corpus Christi, TX 78419; r. 8033 S. Padre Island Dr., #808, Corpus Christi, TX 78412.
DE GUISEPPI, John Francis; '72 BSBA; 7520 23rd NE, Seattle, WA 98115.
DE HAAN, Johannis Dirk; '52 MBA; Dir. Int. Cooperation; Ministry of Educ. & Sci., Postbus 25000, Zoetermeer 2700LZ, Netherlands, 079533549; r. Storm Van O'Gravesandeweg 49, Wassenaar 2242JC, Netherlands, 017 511-7210.
DE HAYES, David Page; '69 BSBA; Pres.; DeHayes Assoc. Inc., POB 13249, Ft. Wayne, IN 46868, 219 424-5600; r. 11207 Rolling Pine Run, Ft. Wayne, IN 46804.
DE HAYES, Nancy Bonsell; '68 BSBA; Intl. Acct.; Promptcare Phys. Clinic Inc., 3883 W. Third St., Bloomington, IN 47401, 812 332-3443; r. 1922 Sussex Dr., Bloomington, IN 47401, 812 332-2852.
DEHAYS, Dr. Daniel Wesley, Jr.; '64 MBA, '68 PhD (BUS); Asst. VP; Indiana Univ., Bryan Hall 112, Bloomington, IN 47405, 812 855-8449; r. 3842 Laurel Ct., Bloomington, IN 47401, 812 331-7231.
DEHLENDORF, Michael Benjamin; '86 BSBA; VP; Michael A Dehlendorf & Co., 500 S. 4th St., Columbus, OH 43206, 614 469-0022; r. 4128 Cherrybottom Rd., Gahanna, OH 43230, 614 475-1623.
DEHNBOSTEL, Howard L.; '49 BSBA; Retired; r. 3784 Mimosa Ct., New Orleans, LA 70131, 504 394-8239.
DEHNBOSTEL, Ralph L.; '50 BSBA; Controller; r. 7800 Chubb Rd, Northville, MI 48167, 313 349-3441.
DEHNER, Dr. Albert H.; '36 BSBA, '39 MBA, '50 PhD (BUS); Prof. Finance La; Portland State Univ., Box 751, Portland, OR 97207; r. 716 Lakeshore Rd., Lake Oswego, OR 97034.
DEIBEL, Jeffrey Richard; '83 BSBA; Credit Analyst; Lennox Industries, 1711 Olentangy River Rd., Columbus, OH 43212, 614 421-6352; r. 8612 Broadacre Dr., Powell, OH 43065, 614 792-8659.
DEIBEL, Karen Lynn; '84 BSBA; 1911 Greenglen Ct., Columbus, OH 43229.
DEIBEL, Richard L.; '59 BSBA; 135 Sparrow Dr., Isle of Palms, SC 29451, 803 886-5880.
DEIBEL, Richard William; '76 BSBA; Owner; Del Prods., 2265 Carroll Southern Rd, Carroll, OH 43112; r. 2265 Carroll Southern Rd., Carroll, OH 43112, 614 756-4195.
DEIBEL, Stephen A.; '54 BSBA; Secy.-Treas.; Mooney & Moses of Ohio Inc., 6360 Huntley Rd., Worthington, OH 43085, 614 883-3403; r. 378 Meditation Ln., Worthington, OH 43085, 614 888-0331.
DEIBEL, Susan Elizabeth; '84 BSBA; 4921 Archdale Ln., Columbus, OH 43214.
DEIBIG, MAJ Peter Andrew, USAF; '72 BSBA; Prog. Mgr.; Aeronautical Syst. Div., F-15 Syst. Program Ofc., Wright-Patterson AFB, Dayton, OH 45433, 513 255-6560; r. 6424 Pheasant Finch Ave., Dayton, OH 45424, 513 237-0356.
DEIDESHEIMER, Charles Anthony; '87 BSBA; Staff Acct.; US Hlth. Corp., 3555 Olentangy River Rd., Columbus, OH 43214, 614 261-5902; r. 4863 Kingshill Dr., Apt. #302, Columbus, OH 45239, 614 436-3718.
DEIDRICK, Gene D.; '65 BSBA; Indep. Contrctr; r. 1564 Knollway, POB 11054, St. Louis, MO 63135, 314 521-3451.
DEINHARDT, John B.; '42 BSBA; Pres.; Multicon of Florida, Inc., 2601 E. Oakland Park Blvd., Ste. 202, Ft. Lauderdale, FL 33306, 305 563-5700; r. 645 Isle of Palms, Ft. Lauderdale, FL 33301, 305 525-0005.
DEISLINGER, John Robert; '68 BSBA, '69 MBA; CPA; John R Deislinger CPA, 404 Main St., Wilmington, MA 01887, 508 658-6011; r. 20 Sheridan Rd., Wilmington, MA 01887, 508 657-4149.
DEITLE, Carmen M.; '88 BSBA; Credit Analyst; Bank Ohio, 4653 E. Main St., Columbus, OH 43251, 614 863-8024; r. 120 Menlo Park Dr., Akron, OH 44313, 216 867-2383.
DEITLE, Dr. Charles M.; '49 BSBA; Atty.; Deitle & Lynett, TransOhio Bldg., Akron, OH 44308, 216 376-9154; r. 120 Menlo Park Dr., Akron, OH 44313, 216 867-2383.
DEITZ, James R., CPA; '57 BSBA; Auditor; 5458 Richlanne Dr., Hilliard, OH 43026, 614 876-6877; r. Same.
DEITZER, Dr. Bernard A.; '67 PhD (BUS); Prof.-Dept. of Mgmt.; Univ. of Akron, Akron, OH 44304, 216 375-7116; r. 626 Pebble Beach Dr., Akron, OH 44313, 216 836-7281.
DE JEU, Mark D.; '82 MBA; 10749 Palmyra Rd., N. Jackson, OH 44451, 216 538-2829.
DE JOHN, Gary Lee; '74 BSBA; Asst. VP; State Savings, 6895 N. High St., Worthington, OH 43085; r. 90 W. Jeffrey Pl., Columbus, OH 43214, 614 888-1779.
DE JOHN, Mary Katherine; '82 MLHR; 2619 Amberly Dr., Atlanta, GA 30360, 404 668-0840.
DE JOY, Nicholas; '31 BSBA; Salesman; Fuller Brush Co.; r. 37436 Park Ave., Willoughby, OH 44094, 216 942-1951.
DEJULIO, Michael William; '83 BSBA; Mgr.; Tandy Computer Ctr., 4661 Karl Rd., Columbus, OH 43229, 614 436-4666; r. 4853 Whippoorwill Ct. N., #C, Columbus, OH 43229, 614 888-7556.
DE LAAGE, Emmanuel; '87 MA; 16 Rue Marx Dormoy, Limoges 87000, France.
DE LACIO, Anne Louise; '88 BSBA; Staff; Westpac Pollock Govt. Securities Inc., 41 S. High St. Ste. 2980, Columbus, OH 43215; r. 840 Eisenhower Dr., Pittsburgh, PA 15228, 412 343-6360.
DELACRUZ, Joe M.; '71 BSBA; Merchandise Mgr.; M. O'Neil Co., 226 S. Main St., Akron, OH 44308; r. 5224 Lindford NE, Canton, OH 44705, 216 492-4733.
DELAGRANGE, Denise R.; '86 BSBA; 1855 Snouffer Rd., Worthington, OH 43085.
DELAHUNT, James Fraser, Jr.; '68 BSBA; Owner/Real Estate Ap; Delahunt Appraisal Svc., 352-A N. Main St., Huron, OH 44839, 419 433-7606; r. 825 Seneca Ave., Huron, OH 44839, 419 433-4012.
DELANEY, Lance Xavier; '84 BSBA; 6201 Runkle Ave., Ashtabula, OH 44004.
DELANEY, Leland Keenan; '84 BSBA; Asst. Bus Mgr.; Univ. of Michigan, Dept. of Athletics, 1000 S. State St., Ann Arbor, MI 48109, 313 747-2583; r. 3216 Farmbrook Ct., Ann Arbor, MI 48108, 313 971-1308.
DELANEY, Mark Richard; '81 BSBA; 2412 Yorktown #263 Bldg 13, Houston, TX 77056.
DELANEY, Richard Kevin; '86 BSBA; 292 Crandall Dr., Worthington, OH 43085, 614 846-4424.
DELANEY, Rick A.; '82 BSBA; Sr. Account Mgr.; Industrial Printing Co., 1635 Coining Dr., Toledo, OH 43612, 614 447-0472; r. 177 W. Jeffrey Pl., Columbus, OH 43214, 614 268-8682.
DELANY, Christopher John; '80 BSBA; Sr. Acct.; Columbia Gas, 200 S. Civic Center Dr., Columbus, OH 43215, 614 460-5912; r. 1237 Haddon Rd., Columbus, OH 43209, 614 231-7683.
DE LAURO, John A.; '83 BSBA; Landscaper; 4-J Landscaping, 5959 Wilson Mills Rd., Highland, OH 44143, 216 449-6662; r. 1604 S. Green, S. Euclid, OH 44121, 216 382-1347.
DE LAY, Rose Ann; '87 BSBA; 4041 Vineshire Dr, Columbus, OH 43227, 614 836-9232.
DEL BEL, Dominic Francis; '73 BSBA; 5818 Aplewood #903, W. Bloomfield, MI 48322.
DE LEO, Christopher Charles; '87 BSBA; 7808 Bartles Ave., Dublin, OH 43017, 614 889-0231.
DE LEON, Alfred; '84 MBA; c/o Ktg Glasswork, 3471 Babcock Blvd., Pittsburgh, PA 15237.
DE LEON, Lawrence Walter; '77 BSBA; CFO; Porter, Inc., 2200 W. Monroe, Decatur, IN 46733, 219 724-1121; r. 3910 Chancery Pl., Ft. Wayne, IN 46804, 219 429-2386.
DELEONE, James F.; '49 BSBA; Atty.; Benesch, Friedlander, Coplan & Aronoff, 88 E. Broad St., Ste. 900, Columbus, OH 43215, 614 223-9342; r. 1225 Marlyn Dr., Columbus, OH 43220, 614 457-6591.
DELFS, Hugh A.; '35 BSBA; Retired Sales Mgr.; IBM Corp.; r. 277-D Highpoint Ct. W., Delray Bch., FL 33445, 407 278-0940.
DE LIZ, Denis; '81 BSBA; VP; State Permits Inc., 5370 Clarkins Dr., Ste. 5, Youngstown, OH 44515, 216 799-0446; r. 5455 Francesca St. NE, Louisville, OH 44641, 216 453-3470.
DELKER, Connie Louise; '79 MBA; 3952 Kinmount St. (9/85), Los Alamitos, CA 90720.
DELL, Elaine Pekarek; '43 BSBA; 486 Genoa Cir. NE, St. Petersburg, FL 33703, 813 525-0762.
DELL, Mrs. Gretchen Rauch, (Gretchen Rauch Cypher); '81 BSBA; Branch Mgr.; MCI Telecommunications Corp., 180 E. Broad St., Columbus, OH 43215, 614 222-4144; r. 5440 Aryshire Dr., Dublin, OH 43017, 614 792-8524.
DELLA FLORA, Thomas Joseph; '81 BSBA; Staff-Sales & Purchasing; Huttig Sash & Door, 1791 Kenny Rd., Columbus, OH 43212, 614 486-4367; r. 852 Melrose Ave., Columbus, OH 43224, 614 261-7316.

DELLATORRE, Thomas Lee; '73 BSBA; Asst. VP Human Resrcs; United Telephone Co. of Ohio, 665 Lexington Ave., Mansfield, OH 44904, 419 755-8285; r. 90 Dartmouth Dr., Lexington, OH 44904, 419 884-1986.
DELLAVILLA, Joseph Paul; '79 MBA; Acct. Mktg. Rep.; IBM Corp., 150 State St., Rochester, NY 14614, 716 726-8417; r. 768 Lauren Ct., Webster, NY 14580, 716 671-9384.
DELLENBACH, George B., Jr.; '55 BSBA; 6427 Bold Venture Tr., Tallahassee, FL 32308, 904 893-6817.
DELLINGER, LCDR Donald B., USN(Ret.); '60 BSBA; 2807 Ocean Ave., Brigantine, NJ 08203.
DE LLOYD, Robert H.; '41 BSBA; Retired; r. 218 Miami Ave., Elyria, OH 44035, 216 322-7369.
DELMAN, Roger Stephan; '62 BSBA, '64 MBA; CPA; 3659 S. Green Rd., Beachwood, OH 44122, 216 831-4707; r. 3949 E. Ash Ln., Orange, OH 44122, 216 831-4715.
DEL MONTE, Anthony Camillo; '87 BSBA; Residential Home Builder; Anthony C. Del Monte Builders, 1278 Bernhard Rd., Columbus, OH 43227, 614 395-0167; r. Same.
DELONG, Barbara J. '63 (See Osborne, Barbara J.).
DE LONG, James George; '68 BSBA; Pres.; Scanda America, Div:Hyperion International Inc, 7745 E. Gelding Ste. 104B, Scottsdale, AZ 85260, 602 991-8888; r. 5356 E. Claire Dr., Scottsdale, AZ 85254.
DE LONG, Lisa Anne; '85 BSBA; Retail Staff; May Co., Brookpark Rd., N. Olmsted, OH 44070, 216 997-7000; r. 5785 Roche Dr., Apt. B, Columbus, OH 43201, 614 848-9739.
DE LONG, Mark Alan; '76 BSBA; VP & Auditor; Huntington Bankshares Inc., Auditing Division, 41 S. High St., Columbus, OH 43215, 614 463-4748; r. 1230 Glen Cove Way, Columbus, OH 43204, 614 276-4033.
DE LONG, Ralph Eugene, Jr.; '83 BSBA; Purchasing Analyst; Mead Corp., World Headquarters, Courthouse Plz. NE, Dayton, OH 45463, 513 222-6323; r. 1109 Bay Harbour Cir., Centerville, OH 45459, 513 433-8741.
DE LONG, Robert E., CPA; '50 BSBA; Retired VP Finance/Secy.; Harrison Paint Corp., 1322 33rd St., NE, Canton, OH 44714, 216 454-4452; r. Same.
DE LONY, Sandra Gordon; '67; National Park Service, POB 37127, Washington, DC 20013.
DELPHIA, Brian Lewis; '85 BSBA; CPA; Peat Marwick Mitchell Co., Two Nationwide Plz., Columbus, OH 43215; r. 193 Amazon Pl., Columbus, OH 43214, 614 262-6143.
DELROSO, Barbara Horbaly, (Barbara Horbaly); '81 BSBA; Materials Planner; Intergy Inc., 10100 Brecksville Rd., Brecksville, OH 44141, 216 526-1600; r. 8602 Brecksville Rd, Brecksville, OH 44141, 216 526-4925.
DELSON, Lawrence Joseph; '76 BSBA; Sales Rep.; r. 6575 Brock St., Dublin, OH 43017, 614 764-8618.
DELUCA, Anthony Louis; '88 BSBA; 1132 W. 17th St., Lorain, OH 44052, 216 246-4339.
DE LUCA, Anthony Michael; '87 BSBA; 23 Maple St., Monmouth Jct., NJ 08852, 201 297-4753.
DE LUCA, Charles Alban; '73 BSBA; 411 Castalia St., Bellevue, OH 44811, 419 483-3889.
DEL VALLE, Gilbert L.; '31 BSBA; CPA; r. 52 Allen St. Box 857, San Juan, Puerto Rico 00901.
DEMARCHI, Judith A.; '86 BSBA; Asst. Proj. Eng/Schdlr; US Ecology, 212 S. Tryon St., Charlotte, NC 28281, 704 376-5752; r. 7224 Wallace Rd., Charlotte, NC 28212, 704 537-1207.
DEMARCO, Carol '83 (See Powers, Carol DeMarco).
DE MARCO, Chris Joseph; '85 BSBA; Ofc. Mgr.; Raymond Realty-Realty World, 1048 Hwy. A1A, POB 372514, Satellite Bch., FL 32937, 407 773-5770; r. 2813 Campus Cir., Melbourne, FL 32935, 407 259-5921.
DEMARCO, Dominic J. (Nick); '86 BSBA; Financial Spec.; NCR Corp., 1601 S. Main St., Dayton, OH 45201, 513 445-3025; r. 6418-B Fireside Dr., Centerville, OH 45459, 513 435-7877.
DE MARCO, Ralph Joseph; '80 MBA; Dir.; Carter, Hawley, Hale Stores Inc., Corporate Finance, 550 S. Flower St., Los Angeles, CA 90071; r. 1072 S. Curson Ave., Los Angeles, CA 90019.
DEMAREST, George M.; '50 BSBA; VP/Gen. Mgr.; Physics Intl., 2700 Merced St., San Leandro, CA 94577, 216 336-8801; r. 900 Brookpoint Dr., Macedonia, OH 44056, 216 467-4391.
DE MARIA, James E.; '56 BSBA; VP; Ohio Publishing Co., 6290 Busch Blvd., Ste. 20, Columbus, OH 43229, 614 433-0393; r. 2450 NW Blvd., Columbus, OH 43221, 614 486-1621.
DE MARSH, Stephen Eugene; '77 BSBA; Shareholder; Hall Anderson & Demarsh P A, c/o Postmaster, Venice, FL 34274, 813 493-4455; r. 520 Pine Cone Ln., Nokomis, FL 34275, 813 488-9466.
DEMARTINI, Regina M. '81 (See Carter, Ms. Regina D.).
DEMAS, James C.; '57 BSBA; Atty.; 4801 Little Falls Rd., Arlington, VA 22207, 703 241-2242; r. Same.
DE MASTRY, Lee H.; '62 BSBA; Human Res. Mgr.; Park-Ohio Industries Inc., 3800 Harvard Ave., Cleveland, OH 44105, 216 341-2300; r. 7401 Brenel Dr., Mentor, OH 44060, 216 352-9180.
DE MATTEIS, Denny; '71 BSBA; 7708 Highlandview Cir., Raleigh, NC 27612, 919 782-1084.
DE MATTEIS, Ernest Butch; '61; 196 W. Lakeview, Columbus, OH 43202.
DEMBOWSKI, Gerald J.; '62 BSBA; Purchasing Dir.; GM, Delco Remy Div, 2401 Columbus Ave., Anderson, IN 46018, 317 646-3518; r. 2543 Hawthorn Pl., Noblesville, IN 46060.
DEMBSKI, Mark Alan; '72 BSBA, '79 MBA; Controller; Buckeye Steel Castings, 2211 Parsons Ave., Columbus, OH 43207, 614 444-2121; r. POB 458, Westerville, OH 43081, 614 794-3277.
DEMBSKY, Maurice Avrum; '71 BSBA; 883 Roxbury Dr., Westbury, NY 11590.
DEMCHUK, Daniel William; '71 BSBA; Asst. Controller; Leader Natl. Ins. Corp., 1001 Euclid Bldg., Cleveland, OH 44115; r. 17930 Windard Ave., Cleveland, OH 44119, 216 531-5244.
DE MENT, Jeffrey Lynn; '74 BSBA; Systs. Analyst; Mountain Bell, 930 15th St. Rm. 1050, Denver, CO 80202; r. 3933 W. Ohio Ave., Denver, CO 80219.
DE MICCO, Louis A.; '67 BSBA; Dir. of Sales; Nordisk USA, 2563 Ruger Dr., Marietta, GA 30066, 404 928-0406; r. Same.
DEMIDOVICH, Dr. John William; '55 BSBA; Prof.; Air Force Inst., Computer Sys & Analysis Dept., Wright Patterson AFB, OH 45433; r. 1335 Honeysuckle Dr., Fairborn, OH 45324, 513 878-3850.
DEMIDOVICH, Stephen F.; '61 BSBA, '66 MBA; Exec. VP; Allen-Stevens Corp., Valmont Ind. Park, Hazleton, PA 18201, 717 459-1000; r. 86 Bulford Rd., Shavertown, PA 18708, 717 696-1411.
DEMIDOVICH, William F., Sr.; '59 BSBA; Staff; Deptartment of Youth Svcs., 51 N. High St., Columbus, OH 43227; r. 86 Bellefield Ave., Westerville, OH 43081, 614 891-4041.
DEMIDOVICH, William Frank, Jr.; '83 BSBA; Labor Relations Coord.; Ohio Dept. of Natural Resources, 1930 Belcher Dr., Columbus, OH 43224; r. 3244 Palomar Ave., Columbus, OH 43231, 614 895-7280.
DEMING, Alan Bruce; '68 BSBA; 23833 Oak Ln., N. Olmsted, OH 44070, 216 777-1751.
DEMIS, Louis William; '77 BSBA; Acct. Exec.; M & M Fed. S&L, 20 S. Limestone, Springfield, OH 45502; r. 3612 Medina Ave., Columbus, OH 43224, 614 262-1222.
DEMMER, Frank X., Jr.; '56; Commercial Artist; Angell Mfg. Co., 1516 Stanley Ave., Dayton, OH 45404; r. 4473 Moss Oak Tr., Bellbrook, OH 45305, 513 848-2801.
DEMOND, Brent Lee; '71 BSBA; Owner; Capitol Photo, 51 E. Gay St., Columbus, OH 43215, 614 464-0932; r. 105 N. Roosevelt, Columbus, OH 43209, 614 231-0543.
DEMOREST, James A.; '53 BSBA; Retired; r. 344 Potawatomi Dr., Westerville, OH 43081, 614 882-4257.
DEMOREST, John William; '75 BSBA; 309 Gen Bradley NE, Albuquerque, NM 87123, 505 292-4069.
DE MOSS, David L.; '87 BSBA; Account Mgr.; Ryder Truck Rental, 775 Schrock Rd., Worthington, OH 43085, 614 846-6780; r. 1468 Scenic Club Dr., Westerville, OH 43081, 614 433-7982.
DEMPSEY, Benton A.; '26 BSBA; Chmn. of Bd. & Owner; Ben Dempsey Ins. Agcy. Inc., 5340 E. Main St., Ste. 200, Columbus, OH 43213, 614 759-9700; r. 85 Eastmoor Blvd., Columbus, OH 43209, 614 231-6656.
DEMPSEY, Daniel; '79 BSBA; Sales Mgr.; Compuserve, Inc., Bond Court Bldg., St. Clair, Cleveland, OH, 216 642-5911; r. 15080 Waterford Dr., Cleveland, OH 44133, 216 237-1061.
DEMPSEY, Frank L., Jr.; '43 BSBA; VP; Intl. Swimming Hall of Fame, 501 Seabreeze Blvd., Ft. Lauderdale, FL 33316; r. 22069 Cocoa Palm Way, Boca Raton, FL 33433, 407 395-3907.
DEMPSEY, Joyce Ann '79 (See Albaugh, Joyce Ann Dempsey).
DEMPSEY, Mary Hubbell; '31; Homemaker; r. 85 Eastmoor Blvd., Columbus, OH 43209, 614 231-6656.
DEMPSEY, Thomas; '53 BSBA; Pres.; AVR Filing & Storage Systs., POB 34150, Cleveland, OH 44134, 216 398-8700; r. 1121 Gentry Dr., Medina, OH 44256, 216 723-1557.
DEMPSEY, William J.; '86 BSBA; 4543 Woodside NW, Canton, OH 44709, 216 499-3390.
DEMPSTER, Andrew Morton; '75 BSBA; Abacus Ii Micro Computers, Postmaster, Sylvania, OH 43560; r. 4736 Turnbridge Rd., Toledo, OH 43623, 419 882-8338.
DEMSEY, Leo; '46 BSBA; Chmn.; Braselle Corp., 8100 Aetna Rd., Cleveland, OH 44105, 216 271-1500; r. 21176 Claythorne Rd., Shaker Hts., OH 44122, 216 371-0748.
DE MUNBRUN, Harreld; '42 BSBA; Retired; r. 1 Baywood Ln., Savannah, GA 31411, 912 598-0249.
DEMUTH, James Richard; '82 BSBA; VP; Landscaping & Reclamation Specialists, Inc., RD 4, Box 4113, New Philadelphia, OH 44663, 216 339-4900; r. 395 16th St. NE, New Philadelphia, OH 44663, 216 339-4947.
DEMYAN, Randall Jon; '77 BSBA; Asst Dir-Dist Technol Svc; Dayton Public Sch. Systs., 348 W. First St., Dayton, OH 45402, 513 461-3902; r. 1418 Birch Bark Ct., Dayton, OH 45440, 513 848-4018.
DE NARDO, John L.; '49 BSBA; Agt. & Grp. Manage; Field Audit Div., Internal Revenue Service, 1300 Cadillac Twr., Detroit, MI 48226; r. 20501 Erben, St. Clair Shrs., MI 48081, 313 779-1126.
DENDIU, Troian; '49 BSBA; Manufacturer's Rep.; Tee Dendiu & Assocs., POB 302, Worthington, OH 43085, 614 846-6911; r. 255 Abbot Ave., Worthington, OH 43085, 614 885-2759.
DENGLER, Richard Allen; '80 BSBA; Finc Oper Analyst; Cubic Corp., 9333 Balboa Ave., San Diego, CA 92123, 614 277-6780; r. 9269 Village Glen Dr., #229, San Diego, CA 92123, 619 565-0825.
DENGROVE, Jeffrey Stuart; '69 BSBA; Owner/Pres.; Newport Engrg. Inc., 14526 Hamlin St., Van Nuys, CA 91401, 818 785-1890; r. 5445 Ben Ave., N. Hollywood, CA 91607, 818 980-3793.
DENIG, James Scott; '85 BSBA; Inventory Coord.; Cellular One, 6313 Benjamin Rd., Ste. 104, Tampa, FL 33634, 813 888-8989; r. 6707 Ranger Dr., Tampa, FL 33615, 813 854-1228.
DENIG, Paul H.; '46 BSBA; Retired; r. 645 Neil Ave. Apt. 314, Columbus, OH 43215, 614 469-0911.
DENIRO, John Michael; '84 BSBA; Territory Mgr.; Omark Industries, 4909 S. E. International Way, Portland, OR 97222, 503 653-8881; r. 5609 Old Wynne Rd., Hilliard, OH 43026, 614 771-8945.
DENIUS, George R.; '52 BSBA; Retired Auditor; r. 2700 Carroll Southern Rd NW, Carroll, OH 43112, 614 756-4447.
DENIZ, Tamer; '86 BSBA; Staff/Midwest Reg.; r. 3862 Grace Ln., Glenview, IL 60025.
DENK, Dianne Coughlin; '68 BSBA; 11 Kewadin Rd., Waban, MA 02168, 617 965-0974.
DENK, Mrs. Sally H., (Sally J. Hartwell); '82 BSBA; Homemaker; r. 7405 Cady Rd., N. Royalton, OH 44133, 216 237-2009.
DENK, William J.; '62 BSBA, '80 MBA; Pres.; Red Roof Inns, Inc., 4355 Davidson Rd., Hilliard, OH 43026, 614 876-3200; r. 5246 Riverside Dr., Columbus, OH 43220.
DENKER, Irv; '54 BSBA; 1510 Park St., Atlantic Bch., NY 11509.
DENMAN, James Chapley, Jr.; '74 MPA; 7520 Milmay Dr., Alexandria, VA 22306, 703 768-1727.
DENMAN, Martha Armstrong, (Martha D. Armstrong); '57 BS; 24 Monarch Bay Dr., Laguna Niguel, CA 92677, 714 499-2434.
DENMAN, Richard J.; '57 BSBA; Pres.; Symedix, 24 Monarch Bay Dr., Laguna Niguel, CA 92677, 714 499-2434; r. Same.
DENMAN, Ronald Ira; '85 BSBA; Systs. Analyst; Libbey-Owens-Ford Glass Co., 811 Madison Ave., POB, Toledo, OH 43695; r. 1726 N. Cove Blvd., Toledo, OH 43606.
DENMEAD, Craig; '69 BSBA; Atty.; Denmead Blackburn & Willard, 37 W. Broad St., Columbus, OH 43215, 614 228-5271; r. 6716 Elmers Ct., Worthington, OH 43085, 614 436-5211.
DENNARD, Robert E.; '48 BSBA; Prof.-Adjunct; Northwood Inst., W. Palm Bch., FL; r. 356 Golfview Rd. #806, N. Palm Bch., FL 33408, 407 626-3642.
DENNEE, John M.; '56 BSBA; 1593 Scribner Rd, Penfield, NY 14526, 716 671-6546.
DENNER, Emil; '49 BSBA; Pres.; Linden Hardware Co., 2500 Cleveland Ave., Columbus, OH 43211, 614 267-0309; r. 4330 Schirtzinger Rd., Hilliard, OH 43026, 614 876-1221.
DENNEY, Diann Elizabeth; '85 BSBA; 10400 Springs Ln. #J, Norcross, GA 30092, 404 263-7445.
DENNEY, Dorothy '55 (See Howard, Dorothy Denney).
DENNEY, Richard L.; '49 BSBA; Exec. Tax Partner; Coopers & Lybrand, 100 E. Broad St., Columbus, OH 43215, 614 225-8775; r. 2538 Onandaga Dr., Columbus, OH 43221, 614 486-7374.
DENNINGER, Frances '45 (See Vornholt, Frances Denninger).
DENNINGER, Joseph Ferdinand; '84 BSBA; Acctg. Mgr.; VHA Diagnostic Svcs., Inc., 5215 N. O'Connor Rd., Ste. 2100, Irving, TX 75039, 214 830-0511; r. 3729 Chime St., Irving, TX 75062, 214 255-5274.
DENNIS, Charles Downs, CPA; '55 BSBA; Owner; Dennis & Co., 5840 S. Memorial Dr., Ste. 204, Tulsa, OK 74145, 918 622-5678; r. 5203 S. 76 East Ave., Tulsa, OK 74145, 918 622-7690.
DENNIS, David Gene; '87 BSBA; 6022 Andover Blvd., #102, Cleveland, OH 44125, 216 447-1806.
DENNIS, David Michael; '79 BSBA; Staff Acct.; Arthur Andersen & Co., 100 E. Broad St. Ste. 1001, Columbus, OH 43215; r. 4880 Hayden Run Rd., Hilliard, OH 43026.
DENNIS, Dominick Sabino; '84 MPA; Prog. Dir.; Springview Ctr., 3130 E. Main St., Springfield, OH 45505; r. 2934 Bahia Dr., Springfield, OH 45503, 513 390-2088.
DENNIS, Duane William; '73 BSBA; Acctg. Supv.; Sheller-Globe Corp., POB 500, Grabill, IN 46741; r. 12102 Waycliffe Ct., Ft. Wayne, IN 46845, 219 637-8306.
DENNIS, James A.; '56 BSBA; Retired; r. RR No 1 Box 658, 6360 Crestbrook Dr., Morrison, CO 80465, 303 697-8349.
DENNIS, James Patrick; '82 BSBA; 516 4th St., Marietta, OH 45750, 614 373-9789.
DENNIS, John R.; '57 BSBA; Atty.; 4330 Clime Rd. N., Columbus, OH 43228, 614 279-6386; r. 6575 London Groveport Rd, Grove City, OH 43123, 614 877-3615.
DENNIS, Richard I.; '57 BSBA; Exec. VP & Gen. Mgr.; Copco Papers Inc., 525 N. Nelson Rd., POB 597, Columbus, OH 43216, 614 251-7000; r. 862 Bluffview Dr., Worthington, OH 43085, 614 885-6404.
DENNIS, Robert Edwin; '66 BSBA; Exec. VP; Motor Club of America, 484 Central Ave., Newark, NJ 07107, 201 733-1234; r. 533 Carlton Rd., Wyckoff, NJ 07481.
DENNIS, Susan Colleen; '86 BSBA; Staff; Transwestern Publishing, 3244 Newmark Dr., Miamisburg, OH 45342; r. 2712 US Rte. 68 N., Wilmington, OH 45177, 513 752-0693.
DENNIS, Thomas E.; '60 BSBA; Staff; GE Co., Interstate 75, Evendale, Cincinnati, OH 45215; r. 9711 Cooper Ln., Cincinnati, OH 45242, 513 793-4282.
DENNIS, William Gene; '84 BSBA; Sales Supv.; Tombstone Pizza Corp., One Tombstone Plz., Medford, WI 54451, 800 826-2391; r. 1058 Vally Grove, Maumee, OH 43537, 419 893-2305.
DENNIS, Wilson H.; '48 BSBA; Auto Dealer/Pontiac; Dennis Ins. Agcy. Inc., 2900 Morse Rd, Columbus, OH 43229, 614 471-2900; r. 4069 Fortress Pl, Gahanna, OH 43230, 614 889-4748.
DENNISON, Douglas Allen; '83 BSBA; 1217 Courtly Dr., Fostoria, OH 44830, 419 435-4926.
DENNISON, Edward Bruce; '70 BSBA; Pres.; Nyoen Real Estate Co., 3991 Cleveland Ave., Columbus, OH 43224; r. 367 E. Kanawha Ave., Columbus, OH 43214, 614 885-9547.
DENNISON, Joseph L.; '49 BSBA; Retired Postmaster; US Postal Svc., Springfield, OH 45501; r. 5258 Elm Ct., Cape Coral, FL 33904, 813 549-3073.
DENNISON, Mark Allen; '82 BSBA; 230 Olentangy Ridge Pl., Powell, OH 43065, 614 885-8841.
DENNISON, Scott; '87 BSBA; Dist. Mgr.; Afford-A-Call Telecommunications Co., 201 E. Liberty St., Wooster, OH 44691, 800 727-1987; r. Rte. 4, Harlen Rd., Mansfield, OH 44903, 419 589-3497.
DENNY, William Leonard; '84 BSBA; Branch Mgr.; Norwest Financial, Manassas, VA 22110; r. 10805 Gambril Dr. #12, Manassas, VA 22110, 703 335-2587.
DE NOBLE, Ray Lee; '74 BSBA; RR 5, Anna Dr., St. Clairsville, OH 43950, 614 695-1543.
DENT, Michael Paul; '77 MBA; Economic Analyst; Ford Motor Co., Plymouth Rd, P.O.Box 3000, Livonia, MI 48151; r. 15331 Murray Hill, Detroit, MI 48227.
DENT, Susan Karalewitz; '86 BSBA; 3055 Rock Fence Dr., Hilliard, OH 43026, 614 876-8828.
DENTON, Mrs. Celeste B., (Celeste J. Bavaria); '80 BSBA; Mktg. Spec.; Picker Intl., 5500 Avion Park Dr., Cleveland, OH 44143, 216 473-3000; r. 2680 N. Moreland Blvd., #303, Cleveland, OH 44120, 216 751-4241.
DENTON, Jeanetta Rene; '83 BSBA; Computer Sales Rep.; The Lockwood Assn., 8401 Datapoint Dr. 650, San Antonio, TX 78229, 512 558-5780; r. 6313 Worchester Knoll, San Antonio, TX 78233, 512 599-8431.
DENTON, Lionel Arthur; '48 BSBA; Ret. Chmn.; Halmar Electronics Inc.; r. 952 Amberly Pl., Columbus, OH 43220, 614 459-3966.
DENTON, W. Russell; '87 BSBA; 792 Bluffview, Columbus, OH 43085, 614 846-7117.
DENUNE, John R.; '34 BSBA; Farmer; r. 21259 E. Sumner, Reedley, CA 93654, 209 638-3005.
DENUNE, Wilbur Lowell; '38 BSBA; Retired; r. 4545 Benderton Ct., Columbus, OH 43220, 614 457-5679.
DENWICZ, Chester M.; '51 BSBA; Retired; r. 38676 Gladiolus Ln., Palm Desert, CA 92260, 619 345-9689.
DENYES, Jack R.; '49 BSBA; Sales; Walkers, 2110 Tremont Ctr., Columbus, OH 43221, 614 486-0281; r. 2281 Farleigh Rd., Columbus, OH 43221, 614 488-8098.
DENZEL, F. William; '63 MBA; Staff; Grubb & Ellis, Ofc. Products Division, 1000 Wilshire 2nd Fl., Los Angeles, CA 90017, 213 622-9595; r. 1507 Arroyo View Dr., Pasadena, CA 91103, 818 792-0720.
DENZER, Charles William; '83 BSBA; Estate Tax Atty.; IRS, 2203 N. Lois Ave., Tampa, FL 33607, 813 228-2335; r. 1662 Patricia Ave., Dunedin, FL 34698, 813 734-0423.
DE PALMA, Anthony J.; '57 BSBA; Stockbroker; Bache & Co. Inc., 200 Natl City E., 6th Bldg., Cleveland, OH 44114; r. 140 Lake Edge Dr., Cleveland, OH 44123.
DE PALMA, Robert Michael; '83 MBA; Mgt Info. Cnslt.; Arthur Andersen & Co., 100 E. Broad St., Columbus, OH 43215; r. 1663 Crusoe Dr., W. Worthington, OH 43234.
DE PASO, Richard C.; '53 BSBA; VP Operations; Farley Paving Inc., 2840 Fisher Rd, Columbus, OH 43204; r. 1492 Westwood Ave., Columbus, OH 43212, 614 488-8484.
DE PAUL, Raymond Joseph; '81 BSBA; Fr Lance Photographr; r. 2785 S. Lipkey Rd, N. Jackson, OH 44451.
DE PAUW, Philip James; '83 BSBA; Sales Repr; Cutting & Welding Supply Co., Postmaster, Cleveland, OH 44101; r. Apt. 1-I, 945 Mull Ave., Akron, OH 44313.
DEPEW, Dixie Anne; '81 BSBA; Asst. Dir. of Finance; Clark State Community Clg., Springfield, OH 45505, 513 328-6068; r. 1143 Plumway Dr., Columbus, OH 43228, 614 878-1493.
DEPEW, Lloyd George, Jr.; '75 BSBA; Atty./Partner; Smith & Schnacke, 41 S. High St., Ste. 2250, Columbus, OH 43215, 614 222-5741; r. 6898 Ravine Cir., Worthington, OH 43085, 614 846-7351.
DE PINET, Rodney Joseph; '88 BSBA; Grad. Student; The Ohio State Univ., Marketing & Pom, Columbus, OH 43210; r. 513 Haymond Dr., Galion, OH 44833, 419 468-2960.

DEPINET, Sharon '81 (See Rose, Mrs. Sharon Depinet).
DE POMPEI, Benjamin A.; '86 BSBA; Supv.-Production; C H Masland & Sons, 2000 Schlater Dr., Sidney, OH 45365; r. 12087 Brisben Ct., Cincinnati, OH 45242, 513 492-7852.
DEPOY, Lex Charles; '75 BSBA; Owner; Fastframe, 3675 Satellite Blvd., Duluth, GA 30136, 404 623-1100; r. 194 Jamestown Ct., Lilburn, GA 30247, 404 923-1865.
DEPPEN, James Howard; '78 BSBA; 600 Chestnut St., Ashland, OH 44805, 419 289-7859.
DE PRISCO, Daniel S.; '88 BSBA; Gen. Mgr.; Collegiate Liquid Soap Prods., 5321 Drumcally Ln. Apt. D, Dublin, OH 43017, 614 766-8175; r. Same.
DE PRISCO, David Thomas; '85 BSBA; Account Rep.; Millcraft Paper Co., 401 Hamilton, Toledo, OH 43602, 419 243-9221; r. 2327 Green Valley Dr., Toledo, OH 43614, 419 381-0471.
DEREMO, Harry L.; '50 BSBA; 3167 Werkridge Ln., Cincinnati, OH 45211, 513 922-7832.
DE RESPIRIS, Lisa Jane; '87 BSBA; 3116 Tromley Ct., Dublin, OH 43017.
DEREWECKI, Donald Joseph; '72 BSBA; Mgmt. Cnslt./VP; J. George Gross & Assocs., 367 Berry St., Woodbridge, NJ 07095, 201 636-2666; r. 56 Midwood Ave., Edison, NJ 08820, 201 494-5745.
DERMOTT, Neil K.; '25 BSBA; Policy Owners Serv A; Union Central Life Ins. Co., 1000 Starks Bldg., Louisville, KY 40202; r. 231 W. Broadway, Louisville, KY 40202.
DERN, David Wayne; '80 BSBA; Med. Sales Spec.; Mead Johnson Labs, 2404 W. Pennsylvania St., Evansville, IN 47712, 713 496-3115; r. 3666 Kingsman Dr., Houston, TX 77082, 713 496-3115.
DE ROBERTS, James R.; '79; VP/Broker; Dick De Roberts & Co., 1453 Grandview Ave., Columbus, OH 43212; r. 2648 Chartwell Rd., Columbus, OH 43220.
DE ROBERTS, Richard A.; '54 BSBA; Ins. Broker; Dick De Roberts & Co., 1453 Grandview Ave., Columbus, OH 43212, 614 486-0203; r. 1270 Marlyn Dr., Columbus, OH 43220, 614 457-6207.
DE ROBERTS, Rochelle De Victor; '81 BSBA; 2648 Chartwell Rd., Columbus, OH 43220.
DE ROODE, David P.; '53 BSBA; Regional Mgr.; Cadillac Prods. Inc., 7000 E. 15 Mile Rd, Sterling Hts., MI 48077; r. Mansion Dr., Brentwood, TN 37027, 615 373-5617.
DE ROSA, Joseph Charles; '76 BSBA; Staff; Wincek & Martello Co., Standard Bldg. #1500, Cleveland, OH 44113, 216 621-8700; r. 34353 Bramble Ln., Solon, OH 44139.
DEROSA, Dr. Michael David; '80 BSBA; Dent.; Private Practice, 126 E. Main St., St. Clairsville, OH 43950, 614 695-5400; r. 106 Park Dr., St. Clairsville, OH 43950, 614 695-3830.
DE ROSIER, Julia Renee; '85 BSBA; Reorder Distribution; Harts Stores, 770 W. Goodale Blvd., Columbus, OH 43212, 614 464-6500; r. 351 Mayfair Blvd., Columbus, OH 43213, 614 239-6419.
DEROUIN, Stephane Valery; '84 MA; 165 Rue De La Madeleine, Le Mans, France.
DE ROY, William John; '79 BSBA; Acct.; American Elec. Power Svc. Corp., 1 Riverside Plz., Columbus, OH 43215, 614 223-2653; r. 1755 Justice Ave., Columbus, OH 43229, 614 895-2554.
DERRINGER, Debra A. '87 (See Fisher, Mrs. Debra A.).
DERROW, Andrew Bruce; '80 BSBA; VP; Goldman Sachs & Co., 4900 Sears Twr., Chicago, IL 60606, 312 993-5085; r. 711 S. Dearborn St., #404, Chicago, IL 60605, 312 922-8875.
DERROW, Philip Ross; '82 BSBA; Pres.; Ohio Transmission Svc. Corp., 888 Parsons Ave., Columbus, OH 43206, 614 444-2172; r. 6047-A Shadow Lake Cir., Columbus, OH 43235, 614 457-6245.
DERRY, Mrs. Jane M., (Jane M. Mitchell); '44 BSBA; Homemaker; r. RD 1 Box 7C, Penn Run, PA 15765, 412 465-2951.
DERSHEM, Byron E., Sr.; '50 BSBA; Retired; r. 1159 Surrey Dr., Newark, OH 43055, 614 366-1601.
DERSOM, Charles Ray; '56 BSBA; Atty.; Thompson Meier & Dersom, 50 W. Broad St. Ste. 2130, Columbus, OH 43215; r. 4192 Etna Rd, Columbus, OH 43213, 614 235-4798.
DERUBERTIS, David C.; '79; 86 E. California Ave., Columbus, OH 43202.
DERUIZ, Pablo; '70 BSBA; Retired; r. 8067 Athena St., Springfield, VA 22153.
DESAI, Nilesh Haribhai; '85 BSBA; Programmer Analyst; Shell Oil Co., 1500 Old Spanish Tr., 9U02, Houston, TX 77054, 713 795-1173; r. 8330 El Mundo Apt. #824, Houston, TX 77054, 713 747-5117.
DE SALVO, Vincent Russell; '72 BSBA; Production Mgr.; Kenner Prods., 1014 Vine St., Cincinnati, OH 45202; r. 9065 Foxhunter, Cincinnati, OH 45242, 513 984-4784.
DE SANTIS, Albert Joseph; '66 MBA; Managing Gen. Partner; De Santis Assocs. Inc., 1601 Bethel Rd., Columbus, OH 43220; r. 4040 W. Henderson Rd., Columbus, OH 43220.
DE SANTIS, Carolyn Marie '87 (See Barnard, Mrs. Carolyn Marie).
DE SANTIS, Raymond J.; '62 BSBA, '64 MBA; VP Finance; Bristol-Myers Industrial Div., POB 4755, Syracuse, NY 13221, 315 432-4760; r. 8403 Hobnail Rd., Manlius, NY 13104, 315 682-7089.
DE SANTIS, Thomas John; '80 BSBA; Materials Mgmt. Assoc.; GTE Corp./Materials Mgmt. Dept., One Stamford Forum, Stamford, CT 06904; r. 1061 Larkston Dr., Webster, NY 14580, 716 872-3923.
DE SANTO, P. Frank; '48 BSBA; Sales Cnslt.-Retail; r. 1224 S. 6th St. #1, Terre Haute, IN 47802.
DESATNIK, Sheri Lynn; '83 BSBA; 1015 La Fontenay Ct., Louisville, KY 40223, 502 244-9493.
DESCH, Damian Anthony; '76 BSBA; MIS Security Admin.; Ross Labs, 625 Cleveland Ave., Dept. 342-S3, Columbus, OH 43215, 614 227-3590; r. 42 Indian Springs Dr., Columbus, OH 43214, 614 262-6814.
DESCH, David J.; '83 BSBA; Employee Relations Mgr.; Cargill Inc./North Star Steel, 2669 W. Federal St., Youngstown, OH 44510, 216 742-6309; r. 3910 Windsor Rd., Boardman, OH 44512, 216 788-0515.
DE SHETLER, Richard L.; '58 BSBA; Pres./Owner; Florida Outdoor Equip., 4602 Parkway Commerce Blvd., Orlando, FL 32808, 407 295-5010; r. 109 Rocklake Rd., Longwood, FL 32750, 407 332-8983.
DE SHON, Michael Joseph; '82 BSBA; Retail Mgr.; Kiddie Korner, 525 S. State St., Westerville, OH 43081; r. 146 Highfield, Apt. C, Columbus, OH 43214, 614 846-8261.
DE SHON, Susan Morris; '82 BSBA; Jr. Acct.; Richlife, 2211 E. Orangewood Ave., Anaheim, CA 92806; r. 16689 Olive Cir, Fountain Valley, CA 92708, 714 775-1427.
DESICH, Richard; '65 BSBA; Stockbroker; Mid-Ohio Securities Corp., 511 Broad St., Elyria, OH 44035, 216 323-5491; r. 149 W. Arrowhead Dr., Grafton, OH 44044, 216 748-1087.
DESLANDES, Howard David; '77 BSBA; Feeder Driver; UPS, 2700 Rathmell Rd, Columbus, OH 43207; r. 1843 Somerset Ct. E., Columbus, OH 43227.
DES LAURIERS, Bradley C.; '59 MS; Pres.; American Rover, Inc., POB 7322, Myrtle Bch., SC 29577, 803 626-6444; r. 7600 N. Ocean Blvd., Apt. #303, Myrtle Bch., SC 29577, 803 497-5659.
DESMOND, Earl Kellar; '75 BSBA; Atty.; 181 E. Livingston, Columbus, OH 43215, 614 464-2515; r. 865 Macon Alley, Columbus, OH 43206, 614 443-2476.
DE SOCIO, Robert James, Jr.; '84 BSBA; 25 Upper Dr., Watchung, NJ 07060, 201 754-1461.
DE SPELDER, Dr. Bruce Erwin; '59 PhD (BUS); Prof. Emeritus; Wayne State Univ., Sch. of Bus. Admin., Detroit, MI 48202; r. 4487 Bishop, Detroit, MI 48224, 313 885-4830.
DESSENT, William Thomas; '83 BSBA; Transportation Spec.; Virginia Power Co., POB 26666, Richmond, VA 23261, 804 771-4857; r. 2000 Timber Dr., Quinton, VA 23141, 804 932-8365.
DESTERHAFT, John Keith; '70 BSBA; Credit Admin.; Bank One of Mansfield, 28 Park Ave. W., Mansfield, OH 44902; r. 1256 Warner Ave., Mansfield, OH 44905, 419 589-2266.
DESTOCKI, Albert E.; '51 BSBA; Retired; CSX Railroad; r. 705 S. 5th St., Ironton, OH 45638, 614 532-4463.
DESTOCKI, Walter Andrew, Jr.; '86 BSBA; Shipng/Recevng Clerk; Industrial Data Technologies, 173 Heatherdown Dr., Westerville, OH 43081, 614 882-3282; r. RR 1 Box 361, Franklin Furnace, OH 45629, 614 574-6158.
DETE, Joseph Louis, Jr.; '86 BSBA; Mgr.; Pizza Hut Delivery, 9800 Rockside Rd., Ste. 800, Valley View, OH 44125, 216 524-2251; r. 6515 Hollywood Dr., Parma, OH 44129, 216 886-1198.
DE TEMPLE, Louis B., CPA; '80 BSBA; Treas.; Reynolds Dewitt Securities Co., 300 Main St., Cincinnati, OH 45202, 513 241-8716; r. 7011 Rembold Ave., Cincinnati, OH 45227.
DETERS, James Raymond; '63 MBA; Sr. VP/Chf Admin. Ofcr.; Material Sciences Corp., 2300 Pratt Blvd., Elk Grove Vlg., IL 60007, 312 439-8270; r. 1300 Loch Ln., Lake Forest, IL 60045, 312 234-4573.
DETMER, David Hugh; '81 BSBA; 190 Westbrook Dr. Complex, Hamilton, OH 45013.
DETMER, Donald A.; '47 BSBA; Retired; r. 10524 S. Appleport Ln., Sister Bay, WI 54234, 414 854-2898.
DETRICK, David Ellsworth; '28; Retired; r. 3225 Southdale Dr., Dayton, OH 45409, 513 293-3737.
DETRICK, Gary William; '72 BSBA; Terminal Mgr.; Consolidated Freightways, 600 Williams St., Bakersfield, CA 93302, 805 324-9681; r. 4413 Sugar Cane Ave., Bakersfield, CA 93313, 805 834-8294.
DETRICK, Gretchen Seitz, (Gretchen Seitz); '65 BSBA; Receptionist; Bostwick-Braun, Ashley, IN 46705, 219 587-3241; r. 1509 Allison, Auburn, IN 46706, 219 925-0278.
DETRICK, Paul H.; '50 BSBA; Retired; r. 2022 Bowling Green St., Denton, TX 76201, 817 387-5363.
DETRICK, Paul R.; '80 BSBA; 1366 Mulford Rd, Columbus, OH 43212, 614 488-3342.
DETTELBACH, Thomas L.; '58 BSBA; Atty./Principal; Kahn Kleinman Yanowitz Arnson, 1300 Bond Court Bldg., Cleveland, OH 44114, 216 696-3311; r. 152 Pheasant Run, Mayfield Hts., OH 44124, 216 449-8666.
DETTORRE, Gregory Thomas; '81 BSBA; Sales Repr; Continental Ofc. Supply, 1070 Morse Rd., Columbus, OH 43229, 614 846-5010; r. 4634 Moss Ct., Columbus, OH 43214, 614 459-9796.
DETTRA, Samuel Ray; '82 MPA; Executivew Dir.; Pickaway Co. Comm Action Inc., Postmaster, Circleville, OH 43113; r. 23063 Bolender Pontius Rd, Circleville, OH 43113, 614 474-8453.
DETTY, Kathleen '86 (See Whaley, Kathleen Detty).
DETTY, Kathy Denise; '80 BSBA; 974 Groveport Pike, Canal Winchester, OH 43110, 614 837-7535.
DETWILER, Mary Ann K.; '88 BSBA; 4824 Archdale Ln., Columbus, OH 43214, 614 442-0519.
DETZEL, John Michael; '87 BSBA; Supv.; Quaker Oats Co., 1171 W. Center St., Marion, OH 43302, 614 383-4931; r. 147 Pennsylvania Ave., Marion, OH 43302, 614 389-6516.
DETZEL, Michael George; '77 BSBA; Sales Rep.; Niko Inc., 6914 Paxton Rd, Loveland, OH 45140; r. 4778 Hayden Blvd., Hilliard, OH 43026, 614 876-8834.
DEUBEL, Viola '37 (See Wells, Mrs. Viola D.).
DEUBER, Frederick J.; '53 BSBA; Atty.; 208 First Natl. Bank Bldg., Barberton, OH 44203, 216 745-0016; r. 3936 Shellhart Rd., Norton, OH 44203, 216 825-2534.
DEUBNER, Paul E.; '49 BSBA; Farmer; r. POB 352, Johnstown, OH 43031, 614 967-2155.
DEUNK, Dr. Norman H., Jr.; '50 BSBA, '51 MBA, '53 PhD (BUS); Dir.; Central Michigan Univ., Sch. of Bus., Mt. Pleasant, MI 48859, 517 774-3736; r. 1120 Kent Dr., Mt. Pleasant, MI 48858, 517 773-7885.
DEUTCHMAN, Charles Scott; '80 BSBA; CPA; Price Waterhouse, BP America Bldg., 200 Public Sq., 27th Fl., Cleveland, OH 44114, 216 781-3700; r. 24200 Shaker Blvd., Shaker Hts., OH 44122, 216 751-2087.
DEUTCHMAN, James L.; '71 BSBA; VP of Finance; The Brody Grp., Inc., 2222 Franklin Rd., Bloomfield Hls., MI 48013, 313 335-8900; r. 26515 Scenic Dr., Franklin, MI 48025, 313 626-5261.
DEUTCHMAN, William Dean, CPA; '72 BSBA; 1640 Standard Bldg., Cleveland, OH 44113, 216 621-1120; r. 28650 Fairmount Blvd., Pepper Pike, OH 44124, 216 461-1223.
DEUTSCH, David M.; '65 BSBA; 3666 Seiber Ave., Dayton, OH 45405, 513 275-8820.
DEUTSCHLE, Andrew Vincent; '81 BSBA; 392 Chatham Rd., Columbus, OH 43214, 614 263-9537.
DEUTSCHLE, James John; '55 BSBA; Owner; Sharon Square Wine Shop, 5590 N. High, Worthington, OH 43085; r. 5046 Francisco Pl., Columbus, OH 43220, 614 457-6891.
DEUTSCHLE, Joseph S., Jr.; '48 BSBA; Retired; r. Hacienda Villa, Bonita Spgs., FL 33923, 813 947-2739.
DE VALLIERE, Mary-Louise '60 (See van der Wilden, Mary-Louise de Valliere).
DEVAN, James M.; '67 BSBA; Stockbroker; Financial America Securities I, 1010 Euclid Ave., Cleveland, OH 44115; r. 8427 Vera Dr., Brecksville, OH 44141, 216 526-9112.
DEVAULT, Gerald L.; '61 BSBA; Staff; Kennecott Copper Corp., 161 E. 42nd St., New York, NY 10017; r. 1188 E. Broad St. Apt. F-1, Columbus, OH 43205, 614 252-1414.
DE VENDRA, Albert P.; '50 BSBA; Retired; Rockwell Intl.; r. 5044 Heathmoor Dr., Columbus, OH 43220, 614 451-6119.
DEVER, Lowell E.; '28 BSBA; Retired; r. 2618 Cove Cay Dr., Apt. 1004, Clearwater, FL 34620, 813 531-1879.
DEVERSE, Robert L.; '42 BSBA; Retired Supv.; r. 1401 Inglis Ave., Columbus, OH 43212, 614 488-1092.
DEVERY, Sandra Heslop; '77 BSBA; Acctg. Mgr.; Ohio Bur. of Workmans Comp., 246 N. High St., Columbus, OH 43215, 614 466-3121; r. 2118 Lewis Ctr., Galena, OH 43021, 614 548-5914.
DE VICTOR, Donna '49 (See Veri, Mrs. Donna L.).
DEVICTOR, John A., Jr.; '49 BSBA; Atty.; Fetterman & DeVictor, POB 364, 5808 Monroe St., Sylvania, OH 43560, 419 882-0518; r. 4801 Southbridge Rd., Toledo, OH 43623, 419 882-1458.
DE VICTOR, Robert L.; '47 BSBA; Atty-at-Law; 860 S. Third St., Columbus, OH 43206, 614 444-2115; r. 1831 Hove Rd., Columbus, OH 43221, 614 451-6866.
DE VICTOR, Samuel Joseph; '74 BSBA; Account Exec.; Ryder Systs., Schrock Rd., Worthington, OH 43085; r. 7633 Selwyn Ct., Worthington, OH 43085, 614 889-5900.
DE VILBISS, Gregory John; '85 BSBA; Supv.; Roadway Express, 1009 Frank Rd., Columbus, OH 43223; r. 66 W. Lakeview, Columbus, OH 43202.
DE VILLING, Christopher H.; '65 BSBA; VP; Industrial Product Sales, Southfield Rd., Lathrup Vlg., MI 48076, 313 557-2345; r. 315 Folkstone Ct., Troy, MI 48098, 313 879-2691.
DEVINE, Ms. Denise Renee, (Denise R. Abraham); '86 BSBA; 10340 Grand Vista, Centerville, OH 45459.
DEVINE, Patricia Anne; '88 BSBA; 697 Napolean Ave., Columbus, OH 43213, 614 231-2413.
DEVINE, Ronald Denis; '76 BSBA; Sales Corespondent; Natl. Acme, 170 E. 131st, Cleveland, OH 44108; r. 5548 Decker, N. Olmsted, OH 44070, 216 777-0360.
DEVINE, Samuel L.; '37; Semiretired Atty.; r. 170 Burning Tree Dr., Naples, FL 33942, 813 263-2733.
DEVINE, Thomas B., Jr.; '54 BSBA; Agt.; Hobart Sales & Svc. Agcy., 9414 Mabelvale Pike S., Mabelvale, AR 72103, 501 565-0186; r. 7001 W. Markham, Little Rock, AR 72205, 501 664-5928.
DEVINE, Thomas J.; '56 BSBA; Hanson-Faso Assoc. Inc., *, Chicago, IL 60607; r. 697 Napoleon Ave., Columbus, OH 43213, 614 231-2413.
DEVINE, Timothy Joseph; '82 BSBA; 697 Napoleon Ave., Columbus, OH 43213, 614 231-2413.
DE VINNY, Frances Heath; '45 BSBA; Homemaker; r. 125 Tioga Ln., San Rafael, CA 94904.
DE VITO, Vincent J.; '49 BSBA; Supt. Nuclear Materia; Goodyear Atomic Corp., Box 628, Piketon, OH 45661; r. 2428 St. Rte. 551, Waverly, OH 45690, 614 947-5213.
DEVLIN, James F.; '55 BSBA; Sales Mgr.; Mobay Corp., Pemco Products, Baltimore, MD 21224; r. 23 Eastover Ct., Louisville, KY 40206, 502 896-9096.
DEVLIN, Lois Milsom, (Lois Milsom); '55 BSBA; Staff; J P Van Winkle & Son, 2843 Brownsboro Rd., Louisville, KY 40206; r. 23 Eastover Ct., Louisville, KY 40206, 502 896-9096.
DE VOE, Dean A.; '53 BSBA; Dir.-Sales Distribution; Scriptel Corp., 4145 Arlingate Plz., Columbus, OH 43228, 614 276-8402; r. 5227 Heathmoor St., Columbus, OH 43235, 614 459-1423.
DE VOE, Mrs. G. Claribel S., (G. Claribel Straight); '50 BSBA; Retired; r. 508 Jefferson Blvd., Greenfield, IN 46140, 317 462-2753.
DE VOL, Mark Alan; '82 BSBA; Computer Scientist; COMARCO, 1838 Paseo San Luis, Sierra Vista, AZ 85635, 602 459-2670; r. 4710 Paseo Del Rico, Sierra Vista, AZ 85635, 602 458-1352.
DE VORE, Crista Cooper; '81 BSBA; Academic Res. Tchr.; Lomond Elem. Sch., Shaker Hts., OH 44118; r. 3544 Meadowbrook, Cleveland Hts., OH 44118, 216 932-8270.
DE VORE, Jeffrey Reed; '77 BSBA, '82 MPA; Supv. of Mgmt. Audits; Public Utilities Commission, 180 E. Broad St., Columbus, OH 43215; r. 9018 Crouse-Willison Rd., Johnstown, OH 43031, 614 967-0016.
DE VORE, Jeffrey Scott; '74 BSBA; Sr. Loss Control Rep.; CIGNA Corp., c/o Postmaster, Orange Park, FL 32073; r. 944 Maple Ridge Ct., Orange Park, FL 32073, 904 272-4193.
DE VORE, Paul E.; '71 BSBA; Regional Rep.; McCormack & Dodge, 5933 W. Century Blvd., Los Angeles, CA 90045, 213 645-6382; r. 13900 Marquesas Way #D92, Marina Del Rey, CA 90292, 213 827-0300.
DE VORE, Paul John; '74 BSBA; Inventory Control; Artesian Production Corp., 201 E. Fifth, Mansfield, OH 44905, 419 522-4211; r. 3606 N. Marylou Ln., Mansfield, OH 44906, 419 529-6147.
DEVORE, Rory Alan; '84 BSBA; SP Prog. Analyst; Nationwide Ins. Co., One Nationwide Plz., Columbus, OH 43216, 614 249-8463; r. 7953 Countybrook Ln., Westerville, OH 43081, 614 846-1625.
DEVORE, Thomas C.; '53 BSBA; Sales Mgr.; Specialty Underwriters Agcy., Marketing & Account Services, POB 1336, Dublin, OH 43017, 614 764-0334; r. 4446 Dublin Rd., Hilliard, OH 43026, 614 876-6333.
DEVORN, Robert L.; '48 BSBA; Retired Natl. Sales Mgr.; North American Van Lines, POB 988, Ft. Wayne, IN 46801; r. 3259 Chimayo Ln., Las Vegas, NV 89122, 702 451-6522.
DE VOS, Dana W.; '65 BSBA; Staff; Manpower, Augusta, ME 04330; r. 76 Elm St., Gardiner, ME 07345.
DEW, Brian Joseph; '85 BSBA, '88 MBA; 1710 Boulder Ct., Powell, OH 43065, 614 766-4720.
DEW, Richard Aaron; '70 BSBA; Store Mgr.; The Woodworkers Store, 2500 E. Main St., Columbus, OH 43209, 614 231-0061; r. 2083 Glouchester Ave., Columbus, OH 43229, 614 891-7473.
DEW, Rodney Wayne; '80 BSBA; Real Estate Tax Analyst; Cardinal Industries Inc., 55 Pheasantview Ct., POB 32999, Columbus, OH 43232, 614 755-6583; r. 2599 Mc Donald Ct., Grove City, OH 43123, 614 871-3572.
DE WALD, Deborah '83 (See Rexing, Deborah De Wald).
DEWAN, Madhusudan Amrit; '84 MBA; Sr. Prod. Planner; Owens-Corning Fiberglas, Fiberglas Twr., 25th Fl., Toledo, OH 43659, 419 248-7636; r. 5429 Glenridge Dr., Toledo, OH 43614, 419 866-0414.
DE WEESE, James L.; '54 BSBA; Retired; r. 1182 Oakland Ave., Columbus, OH 43212, 614 486-6263.
DE WEESE, Mrs. Paula Pretz, (Paula Pretz); '53 BSBA; Substitute Tchr.; Columbus Public Schs., 270 E. State St., Columbus, OH 43215; r. 1182 Oakland Ave., Columbus, OH 43212, 614 486-6263.
DEWESE, Robert A.; '48 BSBA; Tax Acct.; Amoco Chemicals Corp., 910 S. Michigan Ave., Chicago, IL 60605; r. RR No 1, Box 280, Weston, OH 43569, 419 669-4429.
DEWEY, David Morgan; '76 BSBA; Dir. of Mktg.; St. Luke's Hosp., 5901 Monclova Rd., Maumee, OH 43537, 419 893-5921; r. 533 Willow Ln., Perrysburg, OH 43551, 419 874-1435.
DEWEY, Ronald Steven; '87 BSBA; Staff Acct.; Intertrane Corp., 8505 Freeport Pkwy., Coppell, TX 75019; r. 5801 Preston Oak #423, Dallas, TX 75240, 214 239-7135.
DE WITT, Kenneth Michael; '68 BSBA; Dept. Mgr. Sears; Sears, Sears Twr., Chicago, IL 60684, 312 875-2387; r. 229 Charlotte Ln., Bolingbrook, IL 60439, 312 739-7225.
DE WITT, Peter John, Sr.; '81 BSBA, '83 MBA; Cnslt.; Deloitte Haskins & Sells, 155 E. Broad St., Columbus, OH 43215; r. 1168 Cloverknoll Ct., Columbus, OH 43235, 614 459-4049.
DE WITT, Richard Lynn; '85 MBA; Dir. of Operations; URS Cnslts. Inc., 1 Georgia Ctr., Ste. 400, 600 Peachtree St., NW, Atlanta, GA 30308, 404 874-9666; r. 1258 Rivermist Dr., Lilburn, GA 30249.

DE WOOD, Robert Joseph; '82 MPA; Assoc. Dir.; Godman Guild House, 321 W. Second Ave., Columbus, OH 43201; r. 914 Harwood Dr., Columbus, OH 43228, 614 276-7466.

DE WOODY, Bruce Allison; '79 MBA; Dir.; Midland Mutual Life Ins. Co., Taxes & Financial Analysis, 250 E. Broad St., Columbus, OH 43215; r. 2272 Brixton Rd., Columbus, OH 43221, 614 486-3070.

DEWS, COL Robert W., USA(Ret.); '48 BSBA; Peace Corps; r. 1436 Leegate Rd. N. W., Washington, DC 20012.

DEXTER, Evalyn Wenger, (Evalyn Wenger); '47 BSBA; Contract Ofcr.; US Arms Control & Disarmament Agcy., State Dept. Bldg., Washington, DC 20451, 703 875-6503; r. 47 Thrush Rd., Sterling, VA 22170, 703 430-4123.

DEYE, Margaret S.; '84 BSBA; 4252 Bowen, Toledo, OH 43613.

DEYE, Terrence Alan; '74 BSBA; Salesman; American Graphics, 2300 Defoor Hills Rd., Atlanta, GA 30318, 404 355-7220; r. 875 Franklin Rd., Apt. 1135, Marietta, GA 30067, 404 423-9828.

DEYLING, Gary L.; '66 BSBA; Tchr.; Distributive Educ., Revere Board of Education, 3496 Everett Rd, Bath, OH 44210, 216 659-6111; r. 3990 Brush Rd., Richfield, OH 44286, 216 659-6917.

DEYLING, Laurie Ann; '84 BSBA; 6101 Brookside Rd., Independence, OH 44131, 216 524-2503.

DEYO, Franklin E.; '50 BSBA; Financial Analyst; GE Co., Appliance Park, Louisville, KY 40225, 502 452-7215; r. 203 Dunbar Pl., Louisville, KY 40243, 502 245-0359.

D'HUYVETTER, Lieven Louis; '70 BSBA; Acct.; Dispatch Consumer Svc's Inc., 7801 N. Central Dr., Westerville, OH 43081; r. 2159 Balmoral Rd, Columbus, OH 43229, 614 476-0220.

D'HUYVETTER, Pamela Beaver; '78 MPA; 1813 Carters Corner, Sunbury, OH 43074, 614 965-2627.

DIALLO, Dr. Alahassane Issah; '85 PhD (BUS); Asst. Prof.; Eastern Michigan Univ., Clg. of Bus., Dept. of Finance, Ypsilanti, MI 48197, 313 487-1481; r. 3177 Homestead Commons Dr., Apt. 2, Ann Arbor, MI 48108, 313 973-7362.

DIAMOND, James E.; '60 BSBA; 53 Beacon Hills S., Penfield, NY 14526, 716 671-8972.

DIAMOND, Ms. Jill Bonnie; '87 BSBA; Mkt. Devel. Reviewer; The Prudential, 213 Washington St., 18th Fl., Newark, NJ 07101, 201 802-6626; r. 4134 S. Broad St., Apt. 02, Yardville, NJ 08620, 609 581-1266.

DIAMOND, CAPT John Joseph, Jr., USAF; '78 BSBA; Chief of Logistics Cntrtg; 6920 ESG/LGC, APO, San Francisco, CA 96210; r. POB 2668 APO, San Francisco, CA 96519.

DIAMOND, John Richard; '82 MPA; 4637 Arnold Ave., Columbus, OH 43228.

DIAMOND, Kathleen Terry; '75 BSBA; Dist. Governor; Alpha Phi Sorority, 134 E. 15th Ave., Columbus, OH 43201; r. 8749 Laconia Dr., Powell, OH 43065, 614 889-0157.

DIAMOND, Lisa H.; '88 BSBA; 2345 Section Rd., Cincinnati, OH 45237, 513 531-2009.

DIAMOND, Marvin A.; '61 BSBA; Dir.; Property Mgmt., Preferred Investment Corp, 16033 Ventura, Encino, CA 91356; r. 3556 Serra Rd., Malibu, CA 90265, 213 456-8239.

DIAMOND, Michael Joseph; '68 BSBA; Ohio State Fed. S&L, 85 E. Gay St., Columbus, OH 43215; r. 6296 Fence Row Ln., Canal Winchester, OH 43110, 614 833-0200.

DIAMOND, Normand M.; '54 BSBA; 18220 Rolling Brook Dr., Chagrin Falls, OH 44022, 216 543-7170.

DIAMOND, Patrick Morris; '74 BSBA; Mktg. Mgr.; Ranco Controls Inc., 555 London Rd., Delaware, OH 43015; r. 8749 Laconia Dr., Powell, OH 43065, 614 889-0157.

DIAMOND, Dr. William M., Jr.; '56 BSBA, '58 MBA, '62 PhD (BUS); Assoc. Prof.; r. 9 Sweetbrier Dr., RFD 4, Ballston Lake, NY 12019, 518 877-8071.

DIAMOND, Wright W.; '60 MBA; Lt Col Usaf, Box 134, Long Beach, MS 39560, 601 864-0903.

DIAZ, Donald David; '81 MPA; Staff; City of Columbus, Dept. of Human Svc., 50 W. Gay St., Columbus, OH 43215; r. 268 E. Blake, Columbus, OH 43202, 614 267-7668.

DIAZ, Luis A.; '82 MLHR; Supv. Trng.; The Quaker Oats Co., 321 Clark St., Chicago, IL 60604, 312 222-8396; r. 456 Dominion Dr., Wood Dale, IL 60191, 312 595-9671.

DIAZ, Timothy Augustus; '83 BSBA; Prog. Mgr.; Sylvest Management Systs., 6411 Ivy Ln., Ste. 600A, Greenbelt, MD 20770, 301 220-1700; r. 810 New Hampshire Ave. NW, Washington, DC 20037, 202 333-4150.

DIAZ-RAMIREZ, Raquel '87 (See Diaz-Sprague, Raquel A.).

DIAZ-SPRAGUE, Raquel A., (Raquel Diaz-Ramirez); '87 MLHR; Pres.; Technical Support, Inc., 1445 Summit St., Columbus, OH 43201, 614 267-9019; r. 234 Oakland Park, Columbus, OH 43214.

DIBBLE, Leonard Joseph; '74 BSBA, '78 MBA; 15 Maple St., Hopkinton, MA 01748, 508 881-7623.

DIBERT, Charles W.; '50 BSBA; Mgr.; r. POB 496, Elmore, OH 43416, 419 862-3474.

DIBERT, Kathleen Gunsett; '72 BSBA; Homemaker; r. 1488 W. Shore Dr., Lima, OH 45805, 419 991-2518.

DIBERT, Stephanie '82 (See Moore, Stephanie Dibert).

DI BLASI, Anthony Eugene; '72 BSBA; Dir. Constr./VP; Trio Constr. Svcs. Inc., 949 King Ave., Columbus, OH 43212, 614 294-3788; r. 6501 Sunbury Rd., Westerville, OH 43081, 614 890-7979.

DI BLASI, Paul Dominic; '71 BSBA; Ins. Broker; Structured Financial Assocs., 65 E. State St., Ste. 1000, Columbus, OH 43215, 614 460-3693; r. 150 Oakland Park Ave., Columbus, OH 43214, 614 262-3351.

DI BLASI, William James; '73 BSBA; Carpenter; r. 2007 Arlington Ave., Columbus, OH 43212, 614 488-8271.

DIBLE, John Joseph; '84 BSBA; Acctg. Clerk II; Bank One, 769 Brooksedge Blvd., Westerville, OH 43081, 614 248-8118; r. 8028 Solitude Dr., Westerville, OH 43081, 614 433-7009.

DICE, Marcia Kinney, (Marcia Kinney); '83 BSBA; Staff; IBM Corp., 8000 Bent Branch Dr., Irving, TX 75063, 214 402-5591; r. 3810 Shady Meadow Dr., Grapevine, TX 76051, 817 488-2625.

DI CERBO, Michael R.; '55 BSBA; Mkt. Syst. Support Mgr.; Motorola Inc., 1303 E. Algonquin Rd., Schaumburg, IL 60196; r. 6219 E. Monterey Way, Scottsdale, AZ 85251, 602 947-9196.

DI CESARE, Mario; '88 BSBA; Staff Acct.; State Human Svcs., 1160 Dublin Rd., Columbus, OH 43215, 614 466-2213; r. 1800 Sale Rd., Columbus, OH 43224, 614 263-6591.

DI CICCO, Mrs. Cecille, (Cecille Cronin); '31 BSBA; Mildred Ellis, Tucson, AZ 85701, 602 792-6920; r. 3455 Via Esperanza, Tucson, AZ 85716, 602 326-7127.

DICK, Carolyn S. '56 (See Pettyjohn, Mrs. Carolyn D.).

DICK, MAJ David Russell; '69 BSBA; Maj. Usaf; USAF, Hq Usaf/Simc, Washington, DC 20330; r. 4431B Gumwood St., Great Falls, MT 59405, 406 453-1608.

DICK, Richard Edward, Sr.; '40 BSBA; 328 S. Merkle Rd, Columbus, OH 43209, 614 231-7497.

DICK, Robert G.; '53 BSBA; Ops Rsch. Analyst; Dept. of The Army, HQ Forscom FCJ3-TAS, Ft. Mcpherson, GA 30330; r. 230 Grandchester Way, Fayetteville, GA 30214, 404 461-0576.

DICKAS, Richard D.; '62 BSBA; Mktg. Dir.; Community Mutual Ins. Co., 6740 N. High St., Worthington, OH 43085; r. 1153 Smoke Burr Dr., Westerville, OH 43081, 614 891-2242.

DICKASON, Amanda Ann; '85 BSBA; Corp. Field Mgr.; The Ink Well Corp. of America, 2323 Lake Club Dr., Columbus, OH 43232, 614 864-0252; r. 948 Cross Country Dr. W., Westerville, OH 43081, 614 548-6149.

DICKASON, Margaret Steiner; '37 BSBA; 2260 W. High St., Lima, OH 45805, 419 229-2586.

DICKE, David Thomas; '75 BSBA; Appraiser; Appraisal Acquisition Cnslts., POB 106, Perrysburg, OH 43551; r. 416 W. 3rd St., Perrysburg, OH 43551, 419 874-2664.

DICKEN, Charles E.; '48 BSBA; Retired Asst. VP; Grant Med. Ctr.; r. 4571 Winterset Dr., Columbus, OH 43220, 614 459-2883.

DICKEN, K. Lee; '50 BSBA; Food Broker; Lee Dicken Co., 254 Leo St., Dayton, OH 45404; r. 7815 N. Main St. Unit 34, Dayton, OH 45415, 513 898-6821.

DICKERMAN, Norman; '55 MBA; 358 Hemlock Dr., E. Greenwich, RI 02818, 401 884-4134.

DICKERSON, Ms. Ava E.; '86 BSBA; Policy Rater; American Loyalty Ins. Co., 1111 Broad St., Columbus, OH 43216, 614 251-5000; r. 799 Alexandria Colony Ct., Columbus, OH 43215, 614 221-5272.

DICKERSON, Benjamin W.; '55 BSBA; Retired; r. 6646 Merwin Rd, Worthington, OH 43085, 614 889-2205.

DICKERSON, Caryn Sue; '85 BSBA; CPA; Arthur Andersen & Co., 711 Louisiana Ste. 1300, Houston, TX 77002, 713 237-2323; r. 1408 Wood Hollow #8910, Houston, TX 77057, 713 977-2633.

DICKERSON, Dale M.; '48 BSBA; Retired Partner; Arthur Young & Co.; r. 1453 Wren Ln., Powell, OH 43065, 614 888-6773.

DICKERSON, Dwight L., Jr.; '62 BSBA; Dept. Head-Meters Div.; City of Noblesville-Police Dept., 50 S. 8th, Noblesville, IN 46060, 317 776-6340; r. 1522 Wayne St., Noblesville, IN 46060, 317 773-2208.

DICKERSON, Orville E.; '67 MBA; Retired; r. 4455 Mt Alifan Dr., San Diego, CA 92111, 619 569-9317.

DICKERSON, Owen H.; '44; Real Estate Broker; O H D Realty, Inc., 4420 Twp Rd 215 Rte. 3, Marengo, OH 43334, 419 253-5121; r. Remroc Springs Farms, 4420 Twp Rd 215, Marengo, OH 43334, 419 253-5121.

DICKERSON, Ronald K.; '57 BSBA; Chmn. & C E O; Gem City Savings Assn., Gem Plz., Dayton, OH 45402; r. 649 Grants Tr., Dayton, OH 45459.

DICKERSON, Stephanie Popoff; '83 BSBA; Unit Mgr.; Procter & Gamble Co., POB 333, 120 W. 5th St., Cincinnati, OH 45201, 513 562-6856; r. 258 Wonderly Ave., Oakwood, OH 45419.

DICKES, Timothy C.; '86 BSBA; Ins. Agt.; New York Life Ins. Co., 140 E. Town St., Ste. 1500, Columbus, OH 43215, 614 224-8203; r. 4850 A Hollingbourne Ct., Columbus, OH 43214, 614 459-8547.

DICKEY, Byron R.; '52 BSBA; Retired Mgr.; Tri City Airport Commission, POB P, Freeland, MI 48623; r. 2522 Abbott Rd., Three Fountains Apts, Midland, MI 48640, 517 835-6242.

DICKEY, Donald G.; '60 BSBA; Sales Engr.; Alumax Bldg. Prods., 1360 Wilco Rd, Stayton, OR 97383, 503 769-6315; r. 785 E. Hollister, Stayton, OR 97383, 503 769-5230.

DICKEY, Glenn M.; '79 BSBA; Mgr./CPA; Zerbe Wolf Rogers & Co., 107 W. Williams St., Delaware, OH 43015; r. 530 Boulder Dr., Delaware, OH 43015.

DICKEY, Harold E.; '50 BSBA; Retired; r. 104 Wampee Curve, Summerville, SC 29483, 803 875-4089.

DICKEY, Jill Mary; '88 BSBA; Tax Cnslt.; Arthur Andersen & Co., 1717 E. Ninth St., Cleveland, OH 44114; r. 1760 Kathryn Dr., Westlake, OH 44145, 216 835-3117.

DICKEY, John Procter; '71 BSBA; Trust Operation Mgr.; Bancohio Natl. Bank, 155 E. Broad St., Columbus, OH 43251, 614 463-8352; r. 6635 Worthington Galena Rd., Worthington, OH 43085, 614 885-9535.

DICKEY, Kelly Ann; '88 BSBA; 773 Clarington Ct., Columbus, OH 43214, 614 442-0703.

DICKEY, Robert A.; '38 BSBA; Retired; r. 10715 Weymouth St., Garrett Park, MD 20896, 301 942-6485.

DICKHAUT, Dr. John Wilson, Jr.; '66 MACC, '70 PhD (ACC); Staff; Univ. of Minnesota, POB, Minneapolis, MN 55455; r. 271 19th Ave. S., Minneapolis, MN 55455.

DICKINSON, John Mark; '80 BSBA; Sales Rep.; Almac Plastics, 2066 Valley St., Dayton, OH 45424, 513 237-8800; r. 7293 Mintwood St., Dayton, OH 45415, 513 836-9321.

DICKINSON, Robert Peet, III; '68 BSBA; VP; McGriff Seibels & Williams, 2211 7th Ave. S., Birmingham, AL 35233, 205 252-9871; r. 3744 Rockhill Rd., Mountain Brook, AL 35223, 205 967-2706.

DICKMAN, James L., JD; '56 BSBA; Atty.; 44 S. Sixth St., Zanesville, OH 43701, 614 452-2757; r. 2312 Dunzweiler Dr., Zanesville, OH 43701, 614 452-1051.

DICKMAN, Milford Nathan; '31 BSBA; Retired; r. 119 Elm St., Hudson, OH 44236, 216 656-2105.

DICKMAN, Vernon K.; '49 BSBA; Retired; r. 2400 S. W. 150th St., Seattle, WA 98166, 206 244-0806.

DICKS, LTC Gary R., USAF(Ret.); '66 MBA; Exec. Dir.; Val Verde Mem. Hosp., Del Rio, TX 78840, 512 775-8566; r. 6023 Royal Breeze, San Antonio, TX 78239, 512 656-1247.

DICKSON, Alvin Kenneth; '42 BSBA; Gen. Agt./Financial Cnslt; A. Dickson & Assoc., 4841 Monroe St., Second Fl., Toledo, OH 43623, 419 475-0226; r. 4011 Sherwood Forest Manor Rd., Toledo, OH 43623, 419 885-1794.

DICKSON, Bonnie Sue; '84 BSBA; Acct.; Pieper, Jackson & Johnson PA, 5225 Secor, Toledo, OH 43623, 419 472-2978; r. 8451 Airport Hwy., Holland, OH 43528, 419 867-1461.

DICKSON, Gary Lee; '77 BSBA; Owens-Illinois, Plastic Products Division, 5000 S. Major Ave., Chicago, IL 60638; r. 78 Back Bay Rd., Bowling Green, OH 43402, 419 823-3465.

DICKSON, George A., Jr.; '59 BSBA; Retired Claims Rep.; Employers Ins. of Wausau, 363 S. Main St. Ste. 340, Decatur, IL 62523; r. 4539 Palmer Ct., Decatur, IL 62526, 217 877-5112.

DICKSON, Lawrence Charles; '79 BSBA; Inventory Control Mgr.; Decor Corp., Alum Creek Dr., Columbus, OH 43207, 614 258-2871; r. 1722 Sugarmaple Dr., Columbus, OH 43229, 614 888-7664.

DICKSON, Michael H.; '68 BSBA; Bus. Mgmt. Tchr.; Northwest Career Ctr., 2960 Cranston Dr., Dublin, OH 43027; r. 4862 Bellann Rd, Hilliard, OH 43026, 614 876-4459.

DICKSON, Michael Ray; '77 BSBA; CPA/Partner; Crowe, Chizek & Co., One Columbus, 17th Fl., 10 W. Broad St., Columbus, OH 43215, 614 469-0001; r. 1500 Clubview Blvd. S., Worthington, OH 43085, 614 433-7441.

DICKSON, Ralph D., CPA; '50 BSBA; Partner in Charge; Crowe, Chizek & Co., One Columbus, 17th Fl., 10 W. Broad St., Columbus, OH 43215, 614 469-0001; r. 1412 Clubview Blvd. S., Worthington, OH 43085, 614 885-1588.

DICKSTEIN, Janet E.; '82 MBA; Lending Ofcr., Sr.; Bank One, 100 E. Broad St., Columbus, OH 43215, 614 248-6024; r. 1814 Ramblewood Ave., Columbus, OH 43235, 614 459-0062.

DI COLA, Thomas Vincent; '79 BSBA; Furniture Buyer; Strouss, 20 W. Federal Plz., Youngstown, OH 44503; r. 6913 Ron Joy Pl., Boardman, OH 44512, 216 758-3043.

DICRESCE, Edward A.; '66 BSBA; Pres.; DiCresce Ins. Agcy. Inc., 1745 W. Market St., Akron, OH 44313, 216 836-7931; r. 1421 Jefferson Ave., Akron, OH 44313, 216 864-4182.

DIDELIUS, Frederick R.; '33 BSBA; Retired; r. 4309 La Mont Cir., Bellaire, TX 77401, 713 668-1972.

DIDELIUS, William E.; '30 BSBA; Retired Atty.; r. 202 Cedar Brook Ln., Sandusky, OH 44870, 419 625-8091.

DIDLICK, Jene Valetta; '76 BSBA; Assoc. Mgr.; Beneficial Financial Corp., 1979 Morse Rd., Columbus, OH 43229, 614 268-3004; r. 2103 Fitzroy Dr. Apt. A, Columbus, OH 43224, 614 476-2728.

DI DOMENICO, Kevin Michael; '84 BSBA; Acct.; Asst. Controller; JCO Energy Inc., 121 Northpoint, Houston, TX 77060, 713 445-5052; r. 6427 Bridgegate Dr., Spring, TX 77373, 713 821-4624.

DI DOMENICO, Michael Gene; '81 BSBA; CPA; 1008 Main St., Follansbee, WV 26037, 304 527-1830; r. 2530 Chestnut St., Steubenville, OH 43952, 614 264-4258.

DIEBEL, Robert Kent; '81 BSLHR; Property Mgr.; The Beck Grp., 4056 Mount Carmel Tobasco Rd, Cincinnati, OH 45230; r. 11920 Snider Rd., Cincinnati, OH 45249, 513 433-2899.

DIEBERT, Donald Lee; '78 BSBA; 3639 Southway Dr., Port Clinton, OH 43452.

DIEBOLT, Timothy David; '85 BSBA; Salesman; Darnell & Diebolt Co. Inc., 12605 Arnold, Detroit, MI 48239, 216 237-1755; r. 8042 Rosaberry Run, Westerville, OH 43081.

DIEFENTHALER, Lisa N. '87 (See Czwakiel, Mrs. Lisa N.).

DIEHL, Bernard E.; '49 BSBA; Retired; r. 1201 NW Blvd., Columbus, OH 43212, 614 299-4998.

DIEHL, Clinton Edwin; '83 BSBA; Shipping Dock Supt.; K-Mart Apparel Corp., 4400 S. Hamilton Rd., Groveport, OH 43204, 614 836-5000; r. 1454 Runaway Bay Dr., Columbus, OH 43204, 614 488-0879.

DIEHL, David Lee; '68 BSBA; 13 Michigan Sreet, Largo, FL 34648, 813 392-8405.

DIEHL, Kelle Gross, (Kelle Gross); '79 BSBA; Owner; Nutra-Bolic, Weight Reduction Systs., 3480 Stellhorn Rd., Ft. Wayne, IN 46815, 219 485-8080; r. 3329 Solitude Pl., Ft. Wayne, IN 46815, 219 486-4382.

DIEHL, Leslie L., Jr.; '48 BSBA; Retired VP/Regional Mgr.; Nationalwide Ins. Co.; r. 7656 Tamarisk Ct., Dublin, OH 43017, 614 766-7717.

DIEHL, Lowell E.; '51 BSBA; CPA; 1515 W. Lane Ave., Columbus, OH 43221, 614 488-6188; r. 1550 Grenoble Rd, Columbus, OH 43221, 614 488-3500.

DIEHL, William D.; '55 BSBA; Atty.; Kagay Albert & Diehl, 849 Harmon Ave., Columbus, OH 43223, 614 228-3895; r. 366 S. Gould Rd., Columbus, OH 43209, 614 235-2703.

DIEHM, Andrew E.; '58 BSBA; Sales Mgr.; Aberdeen Express, 360 W. Seymour St., Cincinnati, OH 45216, 513 761-4545; r. 4430 Duneden Ave., Cincinnati, OH 45236, 513 793-0163.

DIEHM, Emily Crawford, (Emily Crawford); '60; Legal Secy.; Dist. Counsel IRS, 810 Crown Plz., 1500 SW 1st, Portland, OR 97201, 503 294-7009; r. 305 N. W. Torreyview Dr., Portland, OR 97229, 503 297-5484.

DIEKER, Jane A.; '88 BSBA; 1885 Coventry Rd., Columbus, OH 43212, 614 486-1428.

DIEKER, John Kenneth; '87 BSBA; Accountant; Price Waterhouse, 41 S. High St., Columbus, OH 43215, 614 221-8500; r. 1885 Coventry Rd., Columbus, OH 43212, 614 486-1428.

DIEL, Joseph William; '88 BSBA; 150 W. Maynard Ave., Apt. 1-F, Columbus, OH 43202, 614 267-4878.

DIELI, Robert J.; '48 BSBA; Retired; r. 846 Demorest Rd, Columbus, OH 43204, 614 279-0221.

DIENER, Harold Daniel; '82 BSBA; Bank Card Mgr.; Bank One of Columbus, 100 E. Broad St., Columbus, OH 43215, 614 248-2782; r. 684 Riverview Dr., #66, Columbus, OH 43202, 614 262-8641.

DIERKER, Daniel Gerhard; '82 BSBA; 2nd VP; Chase Manhattan Bank (USA) NA, 802 Delaware Ave., Wilmington, DE 19801, 302 575-5739; r. 1123 Creekside Dr., Wilmington, DE 19804, 302 994-8294.

DIERKER, David Frederick; '80 BSBA, '86 MBA; Controller-Corp. Div.; Bank One, Columbus, NA, 100 E. Broad St., Columbus, OH 43271, 614 248-5595; r. 157 Ceramic Dr., Columbus, OH 43214, 614 262-6273.

DIERKER, Edward F.; '64 BSBA; VP Administration; Analex Corp., 5335 Far Hills Ave. Ste. 310, Dayton, OH 45439, 513 434-7433; r. 11 W. Monteray, Dayton, OH 45419, 513 299-0242.

DIERKER, Richard C.; '49 BSBA; Retired; r. 193 Golf Club Dr., Langhorne, PA 19047, 215 757-3265.

DIERKERS, Ms. Marcia Joan; '81 BSBA; Store Mgr.; Mc Donald's Restaurant, 1695 E. Kemper Rd., Cincinnati, OH 45246, 513 771-3729; r. 1515 Market St. #3, Cincinnati, OH 45215.

DIERKS, Mrs. Christine L., (Christine L. Barklage); '85 BSBA; Admin. Asst.; Interpave Corp., POB 44117, 8479 Broadwell Rd., Cincinnati, OH 45244, 513 474-3783; r. 4260 Mt Carmel Tobasco #18, Cincinnati, OH 45244, 513 528-1469.

DIERNA, Diane Marie; '88 BSBA; Master's Student; The Ohio State Univ., Labor & Human Resouces Program, 1775 College Rd., Columbus, OH 43210; r. 5044 Arrington Ln., #C, Columbus, OH 43214, 614 431-0757.

DIETRICH, John Michael; '85 BSBA; Acct.; Danis Industries, Dayton, OH 45402, 513 228-1225; r. 190 Bethel Rd., Centerville, OH 45458.

DIETRICH, Joy Elaine; '85 BSBA; 136 Willow Dale Dr., Apt. 23, Frederick, MD 21701.

DIETRICH, Paul William; '41 BSBA; Retired; GM Corp., Chevrolet Div-Budget Control, 3044 W. Grand Blvd., Detroit, MI 48202; r. 2064 Long Lake Shore Dr., Orchard Lake, MI 48033, 313 335-2498.

DIETRICH, Ray Scott; '82 BSBA; Account Mgr.; NCR Corp., 1526 Dean Forest Rd., Savannah, GA 31408, 912 964-7115; r. 100 St. George Blvd., Savannah, GA 31419, 912 927-8287.

DIETRICK, Monica O'Breza; '76 BSBA; 702 Wallace Ave., Bowling Green, OH 43402, 419 353-3338.

DIETRICK, Philip Anthony; '76 BSBA; RR No 1, New Bavaria, OH 43548.

DIETSCH, David Lee; '75 BSBA; Dietary Supv.; St. Anthonys Hosp., Hawthorne Ave., Columbus, OH 43203; r. 30 Woodcliff Dr., Columbus, OH 43213, 614 863-1935.
DIETSCH, Gregory Franklin; '86 BSBA; RR 2 Box 26, Edgerton, OH 43517, 419 298-2235.
DIETSCH, Michelle M.; '88 BSBA; Box 26 Rte. 2, Edgerton, OH 43517, 419 298-2877.
DIETZ, Diane Lynn; '85 BSBA; Acct./Ofc. Mgr.; Cornerstone Mktg. Svcs., 1287 Worthington Woods Blvd., Worthington, OH 43085, 614 848-5840; r. 3060 Sawdust Ln., Dublin, OH 43017, 614 792-3084.
DIETZ, Ernest Walter; '75 MACC; Sr. Analyst; N.V. Ryan Ltd., 100 Ryan Ct., Pittsburgh, PA, 412 276-8000; r. 292 High Sierra Cir., Pittsburgh, PA 15241, 412 941-5309.
DIETZ, Eugene D.; '54 BSBA; Cost Mgr.; Parsons & Tudor, 600 W. Peachtree St., Atlanta, GA 30308, 404 870-6671; r. 2505 Leslie Dr., Atlanta, GA 30345, 404 934-2184.
DIETZ, Glenn Charles; '86 BSBA; Programmer/Analyst; Computer Sciences Corp., 1806 Hwy. 35, Ocean, NJ 07712, 201 531-7007; r. 9 Wallace Ave., Oakhurst, NJ 07755, 201 870-0028.
DIETZ, James K.; '70 BSBA; Data Proc/Regnal Mgr.; Battelle Mem. Inst., 505 King Ave., Columbus, OH 43201; r. 8300 W Jefferson-Kiousville Rd, London, OH 43140, 614 852-3541.
DIETZ, Janet Carol; '86 BSBA; 4678 Cemetery Rd., Hilliard, OH 43026, 614 876-2739.
DIETZEL, Neville C.; '55 BSBA; Claims Representativ; r. 2796 Evelyn Ave., Youngstown, OH 44511, 216 799-3082.
DIEWALD, Gary Michael; '82 BSBA; 5656 Fraley Ct., Columbus, OH 43220, 614 457-5910.
DIFLOE, Larry Alan; '71 BSBA; 5818 Beverly Hill Ln., c/o True Dis, Houston, TX 77057.
DI FRANCO, Paul Joseph; '81 MLHR; Compensation Analyst; Ohio Edison Co., 76 S. Main St., Akron, OH 44308, 216 384-7983; r. 150 North Ave., 321-A, Tallmadge, OH 44278, 216 630-2353.
DIGAN, Thomas J.; '49 BSBA; Facilities Mgr.; Edwards Engrg., 141 Garlis Church Dr., Elk Grove Vlg., IL 60007, 312 364-8100; r. 251 N. Boynton Dr., Palatine, IL 60067, 312 934-4677.
DIGBY, Dr. Kenneth E.; '58 BSBA; Clg. Instr.; Fayetteville Community Clg., Hull Rd., Fayetteville, NC 28303, 919 323-1961; r. 3622 Thorndike Dr., Fayetteville, NC 28311, 919 822-2301.
DIGBY, Robert Bruce; '84 BSBA; Nationwide Ins. Co., POB 16609, Columbus, OH 43216; r. 5255 Fenway Pl., Apt. C, Columbus, OH 43214, 614 848-8146.
DI GEORGE, Allyson '82 (See Hafner, Allyson Di George).
DI GIANDOMENICO, Elizabeth Ann; '86 BSBA; 2359 Ryan Rd., Newark, OH 43056, 614 522-4272.
DIGMAN, Sion William; '71 BSBA; Pres. CPA; Sion W Digman & Co., 125 N. 5th St., Box 246, Newark, OH 43055, 614 349-7293; r. Box 246, Newark, OH 43055, 614 349-7293.
DI GRAZIA, Gino G.; '84 BSBA; Sr. Acct.; Deloitte Haskins & Sells, 201 Kennedy Blvd. E., Ste. 1200, Tampa, FL 33602, 813 223-7591; r. 215 Ball Park Ave., Seffner, FL 33584, 813 681-7550.
DIGUANGCO, David A.; '85 BSBA; Production Mgr.; USAF F-16 Aircraft Div., Bldg. 1224, Hill AFB, Ogden, UT 84056, 801 777-5481; r. 1039 Oxford Dr., Ogden, UT 84403, 801 479-8645.
DIKE, Roger Donavon; '80 BSBA; Examiner-in-Charge; Ohio Dept. of Ins., 2100 Stella Ct., Columbus, OH 43266, 614 644-2647; r. 438 Reinhard Ave., Columbus, OH 43206, 614 444-2856.
DILAURO, Stephen F.; '69 MBA; Bus. Publications Rep.; LaRich & Assocs., Inc., 15300 Pearl Rd., Ste. 112, Strongsville, OH 44136, 216 238-5577; r. 16885 Pheasant Tr., Strongsville, OH 44136, 216 238-1529.
DILDINE, Dennis Alan; '85 BSBA; Sales Rep.; Hillman Fasteners Inc., 6156 Wesselman Rd., Cincinnati, OH 45248, 800 543-1332; r. 5433-I Knoll Creek Ct., Hazelwood, MO 63042, 314 895-1740.
DILENSCHNEIDER, Martha '56 (See Doughty, Mrs. Martha D.).
DILGARD, Jodie D. '85 (See Amarosa, Mrs. Jodie D.).
DI LILLO, Mrs. Juliette Koren, (Juliette Koren); '39 BSBA; Retired Bookkeeper; r. 626 Strumbly Dr., Cleveland, OH 44143, 216 442-8133.
DI LILLO, Theresa; '85 BSBA; Asst. Mgr.; Ameritrust Co. NA, 900 Euclid Ave., Cleveland, OH 44115, 216 687-5000; r. 4293 Ardmore Rd., S. Euclid, OH 44121, 216 382-7367.
DILL, Craig H.; '81 BSBA; VP; Avatar Computers, Inc., 3575 Woodleigh Ct., Dallas, TX 75229, 214 350-0454; r. Same.
DILL, Don C.; '42 BSBA; Retired Bus. Mgr.; Bexlen United Meth. Church; r. 919 Montrose Ave., Columbus, OH 43209, 614 231-6754.
DILL, Edward Trent; '72 BSBA; Account Rep.; Spangler Ins. Agcy., 1350 W. Fifth Ave., Ste. 119, Columbus, OH 43212, 614 481-8666; r. POB 29712, 7591 Pawling Pl., Columbus, OH 43229, 614 761-3658.
DILL, Everett C.; '51 BSBA; Sr. Tax Counsel; The Upjohn Co., 7000 Portage Rd., Kalamazoo, MI 49001, 616 323-6214; r. 2917 Coachlite Ave., Kalamazoo, MI 49002, 616 323-3691.
DILL, Gerald Edward; '71 BSBA; Owner/Flower Grower; Dill's Greenhouse, 5800 Rager Rd., Groveport, OH 43125, 614 836-2557; r. 88 S. Kellner Rd., Columbus, OH 43209, 614 236-1478.
DILL, Lori Grace; '88 BSBA; 1675 Elmwood Apt. D, Columbus, OH 43212.
DILL, Virginia Hetrick; '50 BSBA; 2343 Wickliffe Rd, Columbus, OH 43221, 614 457-0896.
DILLAHUNT, David L.; '57 BSBA; 1st VP; Advest, Inc., 4 W. Main, Springfield, OH 45502, 513 325-6436; r. 262 N. Broadmoor, Springfield, OH 45504, 513 399-3210.
DILLAHUNT, David Michael; '85 MPA; Legislative Aide; Representative Dean Conley, Ohio House of Representatives, State House, Columbus, OH 43215, 614 466-1417; r. 6237 Rockland Dr., Dublin, OH 43017, 614 766-9710.
DILLAND, John Orton; '71 MBA; Dir. of Finance; Michigan Milk Prod Assoc., Novi, MI 48050, 313 474-6672; r. 30030 W. Gate Rd, Farmington Hls., MI 48018, 313 626-4036.
DILLARD, Rochelle Woodall, (Rochelle Woodall); '86 BSBA; Claim Rep.; State Farm Ins., 5725 Foxridge Dr., Mission, KS 66106, 913 677-6944; r. 3918 Brooklyn, Kansas City, MO 64130, 816 921-3178.
DILLARD, Ronald Thomas; '70 BSBA; Pres.; Sonic Courier, Inc., 638 Sullivant Ave., Columbus, OH 43215, 614 221-6433; r. 6475 Deeside Dr., Dublin, OH 43017, 614 792-3517.
DILLE, Dr. Ellwood O.; '22 BSBA, '30 MA, '42 PhD (BUS); Prof. Emeritus; r. 801 Vanosdale Rd., Knoxville, TN 37909, 615 694-8634.
DILLE, Lloyd A.; '36 BSBA; Ret. VP; Prudential Bache Sec., 100 Gold St., New York, NY 10292; r. 530 E. 72nd St., Apt. 8C, New York, NY 10021, 212 794-9429.
DILLER, Michael Edward; '74 BSBA; Pilot; Continental Airlines, Newark International Airport, Newark, NJ 07114, 201 961-2931; r. 4 Rimwood Ln., Howell, NJ 07731, 201 780-7827.
DILLEY, David Donald; '69 BSBA; Atty.; Continental Ins. Co., Postmaster, Piscataway, NJ 08854; r. 91 Farragut Pl., N. Plainfield, NJ 07062, 201 757-2181.
DILLEY, Donna Virginia; '77 BSBA; Acct.; Gold Circle Div. Hdqtrs, 6121 Huntley Rd, Worthington, OH 43085; r. 1490 Doten Ave., Columbus, OH 43212, 614 488-6478.
DILLEY, Robert Charles; '68 BSBA; 439 Caldy Ct., Dublin, OH 43017.
DILLINGER, Pamela Sue; '84 BSBA; 3753 Marion Edison, Marion, OH 43302.
DILLION, Robert Lee; '75 BSBA; 12326 Capri Cir. N., Treasure Island, FL 33706.
DILLMORE, William Thomas; '85 MBA; 3712 Carnforth, Hilliard, OH 43026, 614 876-9667.
DILLON, Beatrice '57 (See Ardrey, Beatrice Dillon).
DILLON, Corinne; '78 BSBA; Pres.; Cory Dillon Assocs., Div. of Columbus Rsch. Ctr., 700 Morse Rd, Ste. 201, Columbus, OH 43214, 614 885-1858; r. 111 Schreyer Pl. E., Columbus, OH 43214, 614 262-3806.
DILLON, David Douglas; '85 MBA; Proj. Dir.; J. Walter Thompson USA Inc., 600 Renaissance Ctr., Detroit, MI 48243, 313 568-3800; r. 6362 Odessa Dr., W. Bloomfield, MI 48033, 313 360-1346.
DILLON, David J.; '72 BSBA; Exec. VP; Lamson Corp., Lamson St., Syracuse, NY 13221, 315 432-5601; r. 4060 Winterpark Dr., Liverpool, NY 13090, 315 652-3995.
DILLON, Harry M.; '50 BSBA; Retired; r. 1831 Misty Way, Columbus, OH 43227.
DILLON, Janice '66 (See Luring, Mrs. Janice D.).
DILLON, Mrs. Jennifer A., (Jennifer K. Anderson); '85 MBA; Financial Analyst; Allied Signal Corp., Bendix Safety Restraints Div., Crooks Rd., Troy, MI 48090, 313 637-5517; r. 6362 Odessa Dr., W. Bloomfield, MI 48033, 313 360-1346.
DILLON, LaVerne E.; '68 BSBA; Educ. Supv.; Ohio Dept. of Educ., 65 S. Front St., Rm. 909, Columbus, OH 43266, 614 466-3891; r. 448 Denwood Ct., Gahanna, OH 43230, 614 475-9873.
DILLON, Lisa Ann; '85 BSBA; 168 Boyd, Worthington, OH 43085, 614 885-7511.
DILLON, Lisa Dawn; '85 BSBA; 6541 Plesenton Dr., Worthington, OH 43085, 614 846-0921.
DILLON, Peter Leigh; '82 BSBA; Gen. Mgr.; Envoy Inns Inc., 7219 Engle Rd., Middleburg Hts., OH 44130; r. 1239 Linda St., Rocky River, OH 44116, 216 333-7258.
DILLON, Mrs. Rebecca Lynn, (Rebecca Lynn Cloys); '88 BSBA; Legal Secy.; 673 Mohawk St., Ste. 200, Columbus, OH 43206, 612 443-0352; r. 3775 Etna St., Whitehall, OH 43213, 614 235-9558.
DILLON, Renee Diane; '88 BSBA; 6880 Feder Rd., Galloway, OH 43119, 614 878-9536.
DILLON, Richard Coeur, II, CPA; '76 BSBA; Mgr.; Hausser & Taylor, 471 E. Broad St., Ste. 1200, Columbus, OH 43215, 614 224-7722; r. 4660 Shires Ct., Columbus, OH 43220, 614 459-5109.
DILLON, Richard S.; '53 BSBA; Retired; r. 6646 Crenshaw Dr., Parma Hts., OH 44130, 216 845-4878.
DILLON, Roderick Hadley, Jr.; '77 BSBA, '86 MA; Investment Counsel; Loomis Sayles & Co., 400 Renaissance Ctr., Ste. 2770, Detroit, MI 48243, 313 567-3700; r. 555 Brush St., Apt. 2708, Detroit, MI 48226, 313 222-1697.
DILLON, Terrie L. '86 (See Scheckelhoff, Terrie Hale).
DILLON, Warren B.; '47 BSBA; Retired; Commercial Motor Freight Inc.; r. 46 Charleston Ave., Columbus, OH 43214, 614 888-0552.
DILLON, Whitney Mathew; '76 BSBA; 5200 N. Ocean Dr., #D-21, Riviera Bch., FL 33404.
DILLON, William Christopher; '80 BSBA; Div. Mgr.; Ortho Pharmaceutical Corp., Carolina Div., Ste. 101, 7 Woodlawn Green, Charlotte, NC 28217, 704 523-2472; r. 7324 Lake Front Dr., #2, Charlotte, NC 28217, 704 588-3704.
DI LORENZO, Richard Anthony; '71 MBA; Asst. Prof.; Air Force Inst. of Technology, AFIT/LSQ, Wright Patterson AFB, OH 45433, 513 255-7776; r. 3269 Maplewood Dr., Xenia, OH 45385, 513 426-3636.
DILTZ, Charles Ross, Jr.; '75 BSBA; Gen. Mktg. Mgr.; York Intl., 631 S. Richland Ave., York, PA 17405, 717 771-6345; r. 3529 Cimmeron Rd., York, PA 17402, 717 755-8271.
DILWORTH, George Rankin; '69 BSBA; Treas.; Swad Chevrolet, Inc., 100 S. Hamilton Rd, Columbus, OH 43213, 614 866-2311; r. 336 Meditation Ln., Worthington, OH 43085.
DILWORTH, Patrice Ellen '88 (See Moore, Patrice Ellen).
DI MAIO, Sam Charles; '79 BSBA; Dist. Sales Mgr.; Clairol, Inc.; r. 14028 Chestnut Ct., Orland Park, IL 60462, 312 460-9325.
DI MAIO, Wendy Ward, (Wendy Ward); '79 BSBA; Homemaker; r. 14028 Chestnut Ct., Orland Park, IL 60462, 312 460-9325.
DIMARCO, Alvin Alfred; '81 BSBA; 985 Atlantic Ave. #733, Columbus, OH 43229.
DI MARE, Anthony J.; '63 BSBA; VP; Natl. City Bank, 1900 E. 9th, POB 5756, Cleveland, OH 44101, 216 575-3344; r. 26922 Brahms Dr., Cleveland, OH 44145, 216 835-2229.
DIMBERIO, Donald J.; '61 MBA; Pres.; Natl. Plastics Corp., 5727 Industrial Rd., Ft. Wayne, IN 46825, 219 484-0595; r. 11416 Westwind Dr., Ft. Wayne, IN 46845, 219 637-6024.
DIMITROFF, Daniel N.; '84 BSBA; Gen. Partner/Mgr.; The CPMM Svcs. Grp., 3479 N. High St., Columbus, OH 43214, 614 447-0165; r. Same.
DIMMETT, Virginia '52 (See Cooper, Virginia Dimmett).
DIMMICK, Neill Tison; '64 BSBA, '79 MBA; Dir.; United Telephone Syst. Inc., 5454 W. 110th St., Box 7927, Overland Park, KS 66207; r. 5324 N. 20 St., Phoenix, AZ 85016, 602 230-8962.
DIMOND, Charles Rene; '78 BSBA; 32 Pinyon Pinerd, Littleton, CO 80127, 303 972-0368.
DIMOND, Richard L.; '55 BSBA; Atty.; Richard L Dimond Atty-at-Law, 601 S. High St., Columbus, OH 43215; r. 3643 Olentangy River Rd, Columbus, OH 43214, 614 451-2710.
DIMOND, Thomas Dale; '78 BSBA; Industrial Engr.; Williams Rsch., c/o Postmaster, Walled Lake, MI 48088; r. 3647 Settlers, Dublin, OH 43017, 614 764-4676.
DINAN, Donald J.; '66 BSBA; Controller; Thompson & Hamilton Inc., 1068 Goodale Blvd., Columbus, OH 43212; r. 2149 Maplewood Dr., Columbus, OH 43229, 614 891-1499.
DINAN, Margaret Mary; '81 MPA; 58 W. Hudson St., Columbus, OH 43202, 614 267-5448.
DINAN, Stephane Dawn; '85 BSBA; Acct.; Cellular One, 900 Perimeter Park Dr., Ste. D Box 61, Morrisville, NC 27560, 919 481-1181; r. 101-2F Hampton Lec Ct., Cary, NC 27511, 919 467-9998.
DINAN, Steven Douglas; '85 BSBA; Internal Auditor; Fifth Third Bank, 180 E. Broad St., Columbus, OH 43215, 614 223-3077; r. 4325 Chesford Apt. 1F, Columbus, OH 43224, 614 475-2834.
DI NAPOLI, Paul Joseph; '84 BSBA, '87 MPA; Budget Mgmt. Analyst; City of Columbus, Ofc. of Mgmt. & Budget, 90 W. Broad St., Columbus, OH 43215, 614 222-8059; r. 3666 N. High St., Apt. D, Columbus, OH 43214, 614 263-8277.
DINCO, Diane Louise; '82 BSBA; 516 Holland Dr., Gahanna, OH 43230, 614 471-4999.
DINDAL, John Joseph; '85 BSBA; Sr. Estimator; Bell Helicopter, 600 E. Hurst Blvd., Hurst, TX 76112, 817 280-6124; r. 1450 N. Hwy. 360, Apt. 323, Grand Prairie, TX 75050.
DINER, CAPT Mary J., USA, (Mary J. Waibel); '80 BSBA; OSJA, 1st Inf. Div. (FWD), APO, New York, NY 09035; r. Same.
DINES, Charlotte Weiss; '52; 27 Ironwood Dr., Danbury, CT 06810, 203 744-0408.
DINGUS, Donna Gillen; '75 MACC; CPA; r. RR No 1 Box 437, South Point, OH 45680, 614 867-6220.
DINIZ, Philip Anthony; '81 MBA; Transport Mgr./Se Reg.; Nabisco Foods, 1117 Perimeter Cnt. W., Ste. E400, Atlanta, GA 30338; r. 4492 N. Slope Cir., Marietta, GA 30066, 404 565-5826.
DINQUART, Gregory George; '80 BSBA; 11424 Robinshire, Temperance, MI 48182.
DIORIO, Juanita Gudgel, (Juanita Gudgel); '54 BSBA; Homemaker; r. 2628 Hazelwood Ave., Dayton, OH 45419, 513 293-2639.
DI PANGRAZIO, Cynthia H., (Cynthia Hajjar); '82 BSBA; Territory Mgr.; Allergan Med. Optics, 3035 Hartridge Dr., Alpharetta, GA 30201, 404 642-9082; r. Same.
DI PANGRAZIO, John; '81 BSBA; Sr. Sales Rep.; Codex Corp., 2121 Newmarket Pkwy., Ste. 130, Marietta, GA 30067, 404 952-9330; r. 3035 Hartridge Dr., Alpharetta, GA 30201, 404 642-9082.
DI PAOLO, Paul M.; '65; VP/Sales; Di Paolo Food Distributors, 3500 Indianola Ave., Columbus, OH 43214; r. 2448 Wenbury, Columbus, OH 43220, 614 457-5829.
DI PAOLO, Richard Paul, Jr.; '68 BSBA; Pres. & CEO; Di Paolo/Sysco Food Svcs., POB 14865, Columbus, OH 43214, 614 263-2121; r. 6118 Inverurie Dr. E., Dublin, OH 43017.
DIPIETRO, Dario Edmond; '41 BSBA; Atty.; 5653 Fraley Ct., Columbus, OH 43220, 614 451-8442; r. Same, 614 451-2227.
DI PIETRO, Emilio John; '75 BSBA; Pres.; DiPietro Assocs. Inc., 5119 Longfellow Ave., Tampa, FL 33629, 813 837-0903; r. Same.
DI PIETRO, Marjorie, (Marjorie Engstrom); '74 BSBA; Pres.; OK Kiddo, Tampa, FL 33629; r. 5119 Longfellow Ave., Tampa, FL 33629, 813 837-0903.
DI PIETRO, Mel J.; '75 BSBA; Financial Cnslt.; Di Pietro Assoc., 5119 Longfellow Ave., Tampa, FL 33629, 813 837-0903; r. Same.
DIPPLE, David Lee; '72 BSBA; Branch Mgr.; A B Dick Co., 1120 Dublin Rd., Columbus, OH 43215; r. 27W523 Timber Ln., W. Chicago, IL 60185, 312 231-2084.
D'IPPOLITO, Guido L.; '55 BSBA; Mgr. Bank Sales; Chemical Financial Svcs., 4700 Rockside Dr., Independence, OH 44131, 216 524-0305; r. 3725 Rochfort Bridge Dr., Columbus, OH 43026, 614 771-1529.
D'IPPOLITO, Michael A.; '81 BSBA; Mgr.-Systs. Devel.; Columbus Mutual Life Ins. Co., 303 E. Broad St., Columbus, OH 43215, 614 221-5875; r. 2094 Camelback Dr., Columbus, OH 43228, 614 272-7987.
DI ROSARIO, Anthony R.; '66 BSBA; Chf Eis Review Sec; US EPA, 1201 Elm St., Dallas, TX 75270; r. 1753 Harrington Dr., Columbus, OH 43229, 614 890-1508.
DIROSARIO, Gregory T.; '84 BSBA; Ins. Adjuster; Crawford & Co., 6135 Park Rd., Ste. 312, Charlotte, NC 28210, 704 552-7111; r. Beacon Hill Apartments, 1500 Beacon Ridge Rd. #1012, Charlotte, NC 28210, 704 552-7362.
DI ROSARIO, MAJ John P.; '55 BSBA; 196 W. Riverglen Dr., Worthington, OH 43085, 614 885-8976.
DI ROSARIO, Lewis J.; '54 BSBA; Atty.; 150 E. Mound St., Columbus, OH 43215, 614 224-5389; r. 5963 Rocky Rill Rd., Worthington, OH 43085, 614 846-0558.
DI ROSARIO, Robert Paul; '58 BSBA; Atty.; 150 E. Mound St., Ste. 104, Columbus, OH 43215, 614 221-8656; r. 1891 Snouffer Rd., Worthington, OH 43085, 614 276-3561.
DIRR, Dianna Grace; '87 BSBA; Ofcr. Collection Div.; IRS, 200 N. High St., Columbus, OH 43215, 614 469-2122; r. 17-086 Rd. B2R#1, New Bavaria, OH 43548, 419 653-4215.
DI SABATO, Josephine Ann; '67 BSBA; Unit Control; The Union Co., 130 S. High St., Columbus, OH 43215; r. 876 Timberman Rd, Columbus, OH 43212, 614 291-5802.
DI SALVO, Michael Gerard; '82 BSBA; Sales Rep.; Virginia Homes, 1152 Goodale Blvd., Columbus, OH 43212, 614 436-1418; r. 147 Blakeford Dr., Dublin, OH 43017, 614 761-1161.
DI SANZA, Anthony Mauro; '85 BSBA; Programmer/Analyst; Huntington Natl. Bank, 17 S. High St., Columbus, OH 43215, 614 476-8273; r. 1112 Snohomish Ave., Worthington, OH 43085, 614 888-7667.
DISBROW, Colleen Lynn; '85 BSBA; 2940 Broken Woods, Troy, OH 45373, 513 335-3222.
DISE, Russell Wyckoff; '80 BSBA; Pres.; Aviation Assistance Corp., 3659 Green, Beachwood, OH 44122, 216 464-9094; r. 6805 Mayfield Rd., Ste.#504, Mayfield Hts., OH 44124, 216 449-6353.
DISHER, John O.; '27 BSBA; Packaging Cnslt.; r. 3000 Emmick Dr., Toledo, OH 43606, 419 531-2356.
DISHER, Mary Ellen, (Mary Ellen Smith); '48 BSBA; Mgr.-Customer Svc.; Macy's, Quaker Bridge Mall, Lawrenceville, NJ 08648; r. Wynbrook W. F-4, Dutchneck Rd, Hightstown, NJ 08520, 609 448-5862.
DISHNICA, Richard James; '68 BSBA; Exec. VP; The Klingbeil Co., 650 California St., Ste. 1900, San Francisco, CA 94108, 415 398-3590; r. 780 Grizzly Peak Blvd., Berkeley, CA 94708, 415 526-1046.
DI SIENA, Alfred C.; '52 BSBA; VP; Riccobon & Co., 5075 Santa Fe Ave., Los Angeles, CA 90058, 213 921-7719; r. 80 Fairlake, Irvine, CA 92714, 714 551-8417.
DISPENNETTE, Larry E.; '61 BSBA; VP/Trust Tax; United Virginia Bank, POB 26665, Richmond, VA 23214; r. 13609 Steeple Chase Rd., Midlothian, VA 23113, 804 744-3093.
DISSINGER, Virginia '48 (See Cox, Virginia D.).
DISTAD, Jody '80 (See Hendrickson, Jody D.).
DI STEFANO, Mary G.; '52 BSBA; Tchr.; Martins Ferry Pub Sch. Syst., 631 Hanover, Martins Ferry, OH 43935; r. 1210 S. Zane Hwy., Martins Ferry, OH 43935, 614 633-1081.
DISTEL, Jerome P.; '64 BSBA; Owner & Pres.; J P Portraits, 2350 W. Oakland Park Blvd., Ft. Lauderdale, FL 33311, 305 731-6746; r. 2915 N. W. 116th Ter., Coral Spgs., FL 33065, 305 752-5608.
DISTELHORST, Dan F.; '82 BSBA; Sr. Cnslt.; Deloitte Haskins & Sells, 155 E. Broad St., Columbus, OH 43215, 614 221-1000; r. 3743 Lifford Ct., Hilliard, OH 43026, 614 876-9443.

DISTELHORST, Kevin Michael; '83 BSBA; VP/ Mktg. & Sales; Mgmt. Computer Svcs. Inc., 2790 Fisher Rd, Columbus, OH 43204, 614 272-0202; r. 3077 Tremont Rd., Columbus, OH 43221, 614 451-0000.
DISTELHORST, Neil B.; '63 BSBA; Partner; Deloitte Haskins & Sells, 155 E. Broad St., Columbus, OH 43215, 614 229-4609; r. 1493 Alton Rd, Galloway, OH 43119, 614 878-5686.
DISTELHORST, Richard N.; '65 BSBA; CPA-Financial Plannr; Mc Cloy Financial Svcs., 921 Chatham Ln., Columbus, OH 43221, 614 457-6233; r. 4598 Sandringham Dr., Columbus, OH 43220, 614 459-7376.
DISTL, Ronald A.; '70 BSBA; VP Administrative Svc.; Shelby Mem. Hosp., POB #608, Morris Rd., Shelby, OH 44875, 419 342-5015; r. 211 Joe Lynn Dr., Shelby, OH 44875, 419 347-3781.
DITMARS, James Allen; '77 BSBA; 1902 Bairsford Dr., Columbus, OH 43232, 614 864-4631.
DITOTA, Christopher Frank; '80 BSBA; Corporate Dir.; Bowater Computer Forms, Distribution Dept., POB 869020, Plano, TX 75086; r. 803 Douglas, Wylie, TX 75098, 214 442-2789.
DITTELMAN, Martin I.; '48 BSBA; Partner/Acct.; Laventhal Krekstein Horwarth, 925 Industrial Bank Bldg., Providence, RI 02903; r. 93 Crestwood Rd, Cranston, RI 02920, 401 942-5735.
DITTER, Bernard R.; '59 BSBA; Staff; B R Ditter & Assocs., 4634 Columbia River Ct., San Jose, CA 95136; r. 4634 Columbia River Ct., San Jose, CA 95136, 408 978-6346.
DITTMAN, Dr. David Arthur; '71 MACC, '73 PhD (ACC); Prof. & Chmn.; Univ. of Minnesota, Dept. of Acctg., Minneapolis, MN 55455, 612 624-7390; r. 14811 Copperfield Pl., Wayzata, MN 55391, 612 936-9167.
DITTMAR, Denise Michelle; '88 BSBA; 1685 Kingswood Cir., Nashport, OH 43830, 614 455-3213.
DITTOE, William E.; '35 BSBA; Assoc. VP; Dean Witter Reynolds Inc., 101 California St., San Francisco, CA 94111, 415 955-6139; r. 120 Alton Ave., San Francisco, CA 94116, 415 564-5684.
DITTRICH, Dr. Norman E.; '66 PhD (ACC); Prof. of Acct.; Univ. of Tennessee, 631 Stokely Management Ctr., Clg. of Bus. Admin., Knoxville, TN 37916, 615 974-2551; r. 1224 Cherokee Blvd., Knoxville, TN 37919, 615 522-9968.
DITTRICK, Burton J.; '51 BSBA; Realtor; Burton I. Dittrick Realty, 4045 Henderson Blvd., POB 10446, Tampa, FL 33679, 813 289-7505; r. 403 S. Manhattan Ave., Tampa, FL 33609, 813 286-8190.
DITTY, Mary '84 (See Hill, Mrs. Mary Ditty).
DITTY, William Morgan, Jr.; '76 BSBA; 1818 Ridgeview Rd., Columbus, OH 43221.
DITWILER, Robert Richard; '70 BSBA; Owner; R & S Investments Inc./Papermint, 1241 Dublin, Columbus, OH 43215, 614 486-6653; r. 1340 Boca Ciega Isle Dr., St. Petersburg, FL 33706, 813 367-7266.
DIVELBISS, Alan L.; '82 BSBA; VP; Divelbiss Corp., 9776 Mt. Gilead Rd., Fredericktown, OH 43019, 614 694-9015; r. 12045 S. Bay Dr., Fredericktown, OH 43019, 614 694-7840.
DIVELEY, Mrs. Ann Long, (Ann L. Stine); '75 MPA; Asst Dir/Econ Devel Ofc; City of Ft. Worth, 1000 Throckmorton, Eastern Section, Ft. Worth, TX 76102, 817 870-6130; r. 7720 La Manga, Dallas, TX 75248, 214 458-8563.
DIVIC, Joann; '86 BSBA; Sales Rep.; Kimberly-Clark Corp., N. Lake St., Neenah, WI 54956; r. 1021 Harrison Ave. SW, Canton, OH 44706, 216 452-0475.
DIVINE, Robert John; '77 BSBA; Owner; Arjay Micro, 2048 Balmoral Ct., Columbus, OH 43229, 614 885-4916; r. Same.
DIVINE, Sheri '80 (See La Corte, Sheri J.).
DIVITA, Salvatore F.; '56 MBA; Asst.; 326 E. Montgomery Ave., Rockville, MD 20850; r. 11700 Gregencroft Rd, Potomac, MD 20854, 301 340-6944.
DIVNEY, Margaret '54 (See Pierce, Margaret Divney).
DIX, Gary A.; '62 BSBA; Retired; r. 44 Weidner Ln., Centerville, OH 45458, 513 433-1786.
DIXEY, Jamie Sue; '79 BSBA; Mktg. Mgr.; Hallmark Cards Inc., 25th & Mc Gee, Kansas City, MO 64108, 816 274-5716; r. 8215 Perry St., Overland Park, KS 66204, 913 642-1820.
DIXON, Bret Allen; '85 BSBA; Gen. Mgr.; Gen. Implement Co., 1086 Wayne Rd., Wilmington, OH 45177, 513 382-0674; r. 706 Crestview Dr., Wilmington, OH 45177, 513 382-0674.
DIXON, Brian Lee; '86 BSBA; 480 Hiatt Pl., Wilmington, OH 45177, 513 382-0716.
DIXON, Bryan Keith; '87 BSBA; 1110 Bryan Dr., Westerville, OH 43081, 614 890-1724.
DIXON, Dale Dee; '72 BSBA; Underwriting VP; The Oil & Gas Ins. Co., 101 Green Meadows Dr. S., Westerville, OH 43081; r. 1595 Weber Rd., Columbus, OH 43211.
DIXON, Davis Reed; '77 BSBA; 2514 Sword Dr., Garland, TX 75042.
DIXON, Dean A.; '42; Retired; r. 2508 Canterbury Rd, Columbus, OH 43221, 614 488-7895.
DIXON, Norwin L.; '53 BSBA; CPA; Norwin L. Dixon Ltd., 250 W. Pinkley, Coolidge, AZ 85228, 602 723-3736; r. 466 Lynn Dr., Coolidge, AZ 85228, 602 723-3736.
DIXON, Paul A., Jr.; '69 BSBA; CPA; Paul A. Dixon CPA PC, 215 St. Paul St., Ste. 100, Denver, CO 80206, 303 333-3630; r. Same, 303 744-2323.
DIXON, Russell H.; '44 BSBA; Retired; r. 42 Town St., POB A-26, Pataskala, OH 43062, 614 927-6991.
DIXON, Stephanie Swinehart, (Dixon Swinehart); '87 BSBA; Ofc. Admin.; Taylor Road Supply Co. Inc., 7684 Taylor Rd., SW, Reynoldsburg, OH 43068, 614 861-1115; r. POB 284, Millersport, OH 43046, 614 928-8722.
DIXON, Thomas Allen; '79 BSBA; Atty.; Eastman & Smith, 800 United Savings Bldg., Toledo, OH 43606; r. 360 Edgewood Dr., Perrysburg, OH 43551, 419 874-5579.
DIXON, William C., Jr.; '50 BSBA; 6292 Stony Glen Ct., Canal Winchester, OH 43110, 614 837-6829.
DLOTT, Herman; '49 BSBA; Pres.; Platt Mfg. Co., 401 N. Keowee St., POB 1124, Dayton, OH 45401; r. 1 Deshler Pl., Dayton, OH 45405, 513 275-6000.
DLOUHY, Robert Paul; '73 BSBA; 6390 E. Sprague Rd, Brecksville, OH 44141.
D'MELLO, Lawrence Stephen; '87 MBA; Fina Spec. II; N C R Corp., 1700 S. Patterson Blvd., Dayton, OH 45479; r. 8535 Millgate Ln., Centerville, OH 45459.
DMYTREWYCZ, Bohdan; '74 MPA; Adm Ofcr.; US Dept. of State, Washington, DC 20520; r. American Embassy (Admin), APO, New York, NY 09862.
DO, Lan Linh; '86 BSBA; 4700 Karl Rd., Columbus, OH 43229.
DO, Vinh D.; '88 BSBA; Acct.; Pacific Homes; r. 4700 Karl Rd., Columbus, OH 43229.
DOAK, Mary Allen, (Mary Allen); '81 BSBA; Homemaker; r. 8789 Wales Dr., Cincinnati, OH 45249, 513 489-7071.
DOAK, Robert Joseph; '63; Secy.-Treas.; Wilson Auto Svcs. Inc., 95 N. Grant Ave., Columbus, OH 43215; r. 130 S. Cassady Ave., Columbus, OH 43209, 614 237-6685.
DOAN, Gregory William; '78 BSBA; Area Mgr. Western Oh; Cardinal Industries Inc., 2040 S. Hamilton Rd., Columbus, OH 43232, 513 223-8844; r. 1953 Shadetree Way Apt. F, W. Palm Bch., FL 33406, 513 667-6326.
DOAN, Harold H.; '41 BSBA; Retired Comptroller; r. POB 671, Little Silver, NJ 07739, 201 741-5910.
DOAN, Nelson B.; '35 BSBA; Retired; r. 1931 King James Pkwy. #210, Cleveland, OH 44145, 216 871-3391.
DOANE, James F., Jr.; '54 BSBA; Capt./Pilot; Eastern Air Lines, Miami Intl. Airport, Miami, FL 33148; r. 2866 NE 30th St., Ft. Lauderdale, FL 33306, 305 565-4841.
DOANE, Michael Ensign; '68 BSBA; Plng. Engr.; AT&T, 6200 E. Broad St., Columbus, OH 43213, 614 860-5135; r. 3313 Towers Ct. N., Columbus, OH 43227, 614 237-7072.
DOANE, Robert E.; '36 BSBA; Retired; r. 248 W. Loraine St. #108, Glendale, CA 91202, 818 507-9283.
DOBBIN, Bennett R.; '52 BSBA; POB 1271, Caldwell, NJ 07007, 201 226-3746.
DOBBINS, Jane Beckert, (Jane Beckert); '70 BSBA; Ofc. Mgr.; Interior Design Assoc., 2093 Fairway, Birmingham, MI 48009, 313 540-2861; r. 5172 Collington, Troy, MI 48098, 313 641-8918.
DOBBS, Debbie Lenox; '81 BSLHR; Acct. Svc. Mgr.; Guardian Life Ins. Co., 1873 Bellaire, Denver, CO 80220; r. 7180 Van Gordon, Arvada, CO 80004, 303 421-9362.
DOBER, Karen M. '82 (See Hurbean, Karen M.).
DOBIE, Mark Robert; '87 BSBA; Account Exec.; Compuserve Inc., 2081 Business Ctr., Ste. 260, Irvine, CA 92715; r. 218 E. Balboa Blvd., Balboa, CA 92661.
DOBINA, Joseph Kent; '77 BSBA; Sales; Dobina Ins. Agcy., 4545 Everhard Rd., Canton, OH 44718, 216 499-0087; r. 206 Highland SW, Massillon, OH 44646, 216 477-0390.
DOBKINS, Charles Leslie; '78 BSBA; Pres.; CLD Handling Systs. Inc., 985 Schrock Rd., Columbus, OH 43229, 614 885-5272; r. 7433 Bloomfield Pl., Dublin, OH 43017, 614 766-2535.
DOBKINS, Susan Koon, (Susan Koon); '83 BSBA; Sales Mgr.; F & R Lazarus Co., Northland Mall On Morse Rd., Columbus, OH 43229, 614 265-1416; r. 7433 Bloomfield Pl., Dublin, OH 43017, 614 766-2535.
DOBLER, Gordon John; '64 MPA; Personnel Dir.; Consumers Power Co., 2500 E. Cork, Kalamazoo, MI 49001, 616 381-6130; r. 5204 Foxcroft, Kalamazoo, MI 49002, 616 375-9229.
DOBOS, Susan Mary; '86 BSBA; Student; Cleveland-Marshall Sch. of Law, Cleveland, OH 44120; r. 4140 Diane Dr., Fairview Park, OH 44126, 216 333-2967.
DOBRAS, Darryl B.; '65 BSBA; Pres.; DBD Investments, 6303 E. Tanque Verde, Ste. 120, Tucson, AZ 85715; r. 725 N. Norris Ave., Tucson, AZ 85719, 602 623-4456.
DOBRIN, Diane Feldinger; '64 BSBA; Sales Cnslt.; Life Ext. Inst., 540 N. Michigan Ave., Chicago, IL 60611; r. 900 N. Lake Shore Dr., #2403, Chicago, IL 60611, 312 649-0465.
DO BROKA, Charles Andrew; '74 BSBA; Acct.; Durkee Foods, 925 Euclid Ave., Cleveland, OH 44115; r. 4614 Orchard Rd., Fairview Park, OH 44126.
DOBSON, Vernon J.; '27 BSBA; Retired; r. 3514 Kenwood Blvd., Toledo, OH 43606, 419 536-6438.
DOCIS, Charles R.; '59 BSBA; Pres.; Duck Key Marine, Rte. 1, Box 1149, Duck Key, FL 33050, 305 289-0161; r. 249 W. Seaview Cr., Duck Key, FL 33050, 305 289-1053.
DOCKEN, Charles Allan; '83 BSBA; Territory Mgr.; Dayco Prods., 3421 Pobst Dr., Kettering, OH 45429, 513 293-7994; r. Same.
DOCKUS, Thomas William; '71 BSBA; 10851 Wescott Ave., Sunland, CA 91040.
DOCTER, Eric Edward; '82 BSBA; Mkt. Prog. Mgr.; Hewlett-Packard Co., 2000 S. Park Pl., Atlanta, GA 30339, 404 955-1500; r. 3442 Danny Dr., Lima, OH 45801.
DOCTOR, Khozema Shabbir; '88 BSBA; 3219E Riverview Pl., Columbus, OH 43202, 614 299-5891.
DODD, Chester C., Jr.; '49 BSBA; Owner/Pres.; C C Dodd Oil & Gas, POB 47, Spencer, WV 25276, 304 927-1720; r. 511 Green Acres Cir., Spencer, WV 25276, 304 927-2196.
DODD, Edwin Dillon; '43 BSBA; Chmn. Emeritus; Owens-Illinois, Inc., One Sea Gate, Toledo, OH 43666, 419 247-1121; r. 29595 Somerset Dr., Perrysburg, OH 43551, 419 666-5203.
DODD, James Joseph; '79 BSBA; Account Mgr.-Annuities; Midland Mutual Life Ins., 250 E. Broad St., Columbus, OH 43215, 614 228-2001; r. 1477-D Kenny Rd, Columbus, OH 43212, 614 291-7178.
DODD, John A., Jr.; '81 BSBA; VP; Employers Agcy. Svcs., 3140 E. Broad St., Columbus, OH 43209, 614 235-3272; r. 377 Pathfinder Dr., Reynoldsburg, OH 43068.
DODD, Stephen H.; '82 BSBA; Atty.; Lucas Prendergast Albright Gibson & Newman, 471 E. Broad St., Columbus, OH 43213; r. 2080 Park Run Dr., Apt. C, Columbus, OH 43220, 614 457-6615.
DODDS, Ellie Nightingale, (Ellie Nightingale); '57 BSBA; Opers. Mgr.; Illini Media Co., 57 E. Green St., Champaign, IL 61820, 217 333-3733; r. 2210 Seaton Ct. S., Champaign, IL 61821, 217 352-0306.
DODDS, Larry Earl; '63 BSBA; Dir.-Corporate Alteration; Lazarus, Town & High Sts., Columbus, OH 43215, 614 463-2020; r. 6395 Stonebridge, Columbus, OH 43229, 614 891-2829.
DODDS, Ronald R.; '82 BSLHR; Mgr. of Trng.; Cole Key Corp., 9055 Freeway Dr., Macedonia, OH 44056, 216 473-2000; r. 96 Chatham Dr., Aurora, OH 44202, 216 562-7279.
DODEL, Bertha L.; '87 BSBA; Programmer; IBM, 11000 Regency Pkwy., Cary, NC 27511, 919 469-7753; r. 104 Hollingsworth Ct., Apt. G, Cary, NC 27513, 919 469-2617.
DODEZ, Richard Dale; '64 BSBA; Assoc.; Amer Cunningham & Brennan Co., 1100 First National Twr., Akron, OH 44305; r. 419 Linwood SW, N. Canton, OH 44720, 216 499-4816.
DODGE, Brenda '87 (See Meyer, Brenda D.).
DODGE, David Roy; '69 BSBA; Dir.; Sterling Software/Ordernet Div., Sales & Marketing Dept., 1651 NW Professional Pl., Columbus, OH 43220; r. 4411 Norwell Dr. E., Columbus, OH 43220, 614 459-2443.
DODGE, Donaldson; '71 BSBA; Staff Mgr.; BellSouth Svcs., 675 W. Peachtree St., Atlanta, GA 30375, 404 529-5425; r. 1861 Blackthorn Way, Roswell, GA 30075, 404 992-0124.
DODGE, Dr. H. Robert; '51 BSBA, '54 MBA, '62 PhD (BUS); Prof. of Mktg.; Youngstown State Univ., Sch. of Business Admin, Youngstown, OH 44555; r. 6136 Westington Dr., Canfield, OH 44406, 216 533 4887.
DODGE, Marja K. '78 (See Erb, Mrs. Marja K.).
DODGE, Robert M.; '48 BSBA; Retired; r. 11491 1st Ave. Ocean, Marathon, FL 33050, 305 743-6396.
DODGE, Ruth '42 (See Krick, Ruth Dodge).
DODGE, Sharon Kay; '87 BSBA; 2440 Glenmont Rd., Canton, OH 44708, 216 477-4317.
DODRILL, Winifred Barnhisel, (Winifred Barnhisel); '48 BSBA, '53 MBA; Partner; Dodrill Design Studio & Windon Gallery, 17 Aldrich Rd., Ste. C, Columbus, OH 43214, 614 447-0646; r. 4853 Nugent Dr., Columbus, OH 43220, 614 457-6669.
DODSON, Adrian G.; '58 BSBA; Claim Rep.; Hartford Ins. Grp., 301 N. Hurstbourne Ln., Louisville, KY 40207, 502 425-1807; r. 2017 Dogwood Dr., Lexington, KY 40504, 606 276-2069.
DODSON, B. Sue '77 (See Pryor, B. Sue).
DODSON, Daniel Scott; '73 BSBA; 33 Bridge St., Ellington, CT 06029, 203 872-8390.
DODSON, Frederick D.; '57 BSBA; VP/Trust Ofcr.; First Natl. Bank of Ohio, 106 S. Main St., Akron, OH 44308, 216 384-7354; r. 3020 Vincent Rd., Silverlake Village, Cuyahoga Falls, OH 44224, 216 923-5926.
DODSON, Mrs. Hilary M., (Hilary M. Amling); '87 BSBA; Staff Acct.; Coopers & Lybrand, Two State St., Rochester, NY 14607, 716 546-5295; r. 14 Vick Park A, Rochester, NY 14607, 716 473-2894.
DODSON, LTC Jonathon Boyd, USA; '77 MA; HQ V Corps (SGS), APO, New York, NY 09079; r. Same, 206 752-6675.
DODSON, Kenny Alan; '79 BSBA; Financial Cnslt.; McCloy Financial Svcs., 921 Chatham Ln., Ste. 300, Columbus, OH 43221, 614 457-6233; r. 2323 Gavinley Way, Columbus, OH 43220, 614 459-5529.
DODSON, Robert Michael; '71 BSBA, '76 MBA; Dir.; A D D, Dept. Business Admin., 1935 W. Fifth Ave., Columbus, OH 43212, 614 486-4361; r. 1852 Wyandotte Rd., Columbus, OH 43212, 614 488-0524.
DODSON, Shane M.; '88 BSBA; 1565 Lincoln Rd, Columbus, OH 43212, 614 486-2295.
DODSON, William Alfred, Jr.; '81 MPA; Developmental Spec.; Ohio Ofc. of Local Govt. Servics, 30 E. Broad St., Columbus, OH 43215; r. 2491 Brocton Ct., Columbus, OH 43219, 614 475-1091.
DODSON, William M.; '48 BSBA; Funeral Dir.; r. POB 152, Minford, OH 45653, 614 820-2331.
DODSWORTH, John C.; '60 BSBA; Underwriter; Weaver Ins. Co., 3rd & Dayton Sts., Hamilton, OH 45011; r. 11 King Arthur Ct., Fairfield, OH 45014, 513 829-5176.
DODSWORTH, Letty Neff; '60 BSBA; Salesman; Avon Product Inc., 11 King Arthur Ct., Fairfield, OH 45014; r. 11 King Arthur Ct., Fairfield, OH 45014, 513 829-5176.
DODSWORTH, Richard Mc Clain; '74 BSBA; Mgr./ Finance; Battelle Mem. Inst., 505 King Ave., Columbus, OH 43201, 614 424-4690; r. 2310 Brandon Rd., Columbus, OH 43221, 614 481-8569.
DOEBLE, James Bruce; '77 BSBA; Minister; Naples Christian Church, 521 West Ave., Naples, FL 33963, 813 597-4411; r. 519 West Ave., Naples, FL 33963, 813 598-3568.
DOEGE, John Paul; '79 BSBA; Owner; Recycled Records, 4934 S. Virginia, Reno, NV 89502; r. 963 Palmwood Dr., Sparks, NV 89434, 702 826-4119.
DOELKER, Joseph R.; '50 BSBA; Atty.; Atty-at-Law, 16 E. Broad St. Ste. 701, Columbus, OH 43215; r. 580 N. Park St., Columbus, OH 43215, 614 464-9445.
D'OENCH, Nancy Worrell; '81 MPA; Homemaker; r. 20 Stoney Brook, Montville, NJ 07045, 201 335-9611.
DOERFLER, Matthew Henry; '87 BSBA; 64081 Morrison Rd., Cambridge, OH 43725, 614 432-3533.
DOERFLER, Philip A.; '65 BSBA; 4500 Kinbarra, Mableton, GA 30059.
DOERFLER, Stephen Gustave; '85 BSBA; Mgmt.; Tandy Corp., 3873 S. High St., Columbus, OH 43207, 614 491-8301; r. 50 E. Lane Ave., Columbus, OH 43201, 614 291-0524.
DOERINGER, Robert Henry; '75 MBA; Account Mktg. Rep.; IBM Corp., 1240 Ala Moana Blvd., Honolulu, HI 96814; r. 45-439 Waliwali Pl., Kaneohe, HI 96744, 808 235-8063.
DOERR, William H.; '64 BSBA; 4049 Dunn Dr., Sarasota, FL 34231, 813 371-6472.
DOERSAM, Christine '86 (See France, Christine Doersam).
DOERSAM, James O.; '64 BSBA; Pres.; Doersam Mktg. Inc., 137 W. Water St., Chillicothe, OH 45601, 614 773-2108; r. Same, 614 772-2748.
DOGANGUN, Burhan Cahit, CDP; '63 MBA; Retired; r. 2908 Mt Holyoke Rd., Columbus, OH 43221, 614 486-9968.
DOHENY, Michele Therese; '87 BSBA; 22 S. Hampton, Cleveland, OH 44116.
DOHERTY, Donald G.; '56 BSBA; Pres.; Travel Travel Northlake, 1944 Northlake Pkwy., Tucker, GA 30084, 404 496-0676; r. 3701 Sand Hill Dr., Conyers, GA 30208, 404 922-4368.
DOHERTY, Jenifer Lyn; '86 BSBA; Sales Mgr.; Hyatt on Capitol Square, 75 E. State St., Columbus, OH 43215, 614 228-1234; r. 2076 Bentwood Cir. #1A, Columbus, OH 43235, 614 761-7924.
DOHERTY, Kathleen Joan; '87 BSBA; 2581 Tuttle Rd., Geneva, OH 44041, 216 466-4735.
DOHERTY, Rebecca Cai; '87 BSBA; 724 Grand Valley, Maumee, OH 43537, 419 893-8267.
DOHERTY, Ms. Susan Merrill; '70 BSBA; Nursing Home Admin.; The Patrician, 9001 W. 130th, N. Royalton, OH 44133; r. 11693 Harbour Light Dr., N. Royalton, OH 44133, 216 237-9221.
DOHME, Steven Henry; '75 BSBA; Field Svc. Mgr. Midwest; Profit Key Intl., Inc., 1011 Touhy, Des Plaines, IL 60018, 312 824-3800; r. 1418 Westbury Dr., Hoffman Estates, IL 60195, 312 358-2426.
DOIG, Hal F., Sr.; '23 BSBA; Retired; r. 2000 S. Ocean Dr. Apt. 905, Ft. Lauderdale, FL 33316, 305 523-1027.
DOKMANOVICH, Michael; '85 BSBA; 2480 Sheffield St. NW, N. Canton, OH 44720, 216 494-6315.
DOLAN, Jessica M. '85 (See Budge, Mrs. Jessica D.).
DOLAN, Lawrence Arthur; '88 BSBA; 54 W. Blake Ave., Columbus, OH 43202, 614 299-9657.
DOLAN, William Joseph; '84 MBA; VP/Franchising; Rax Restaurants Inc., 1266 Dublin Rd., POB P1060, Columbus, OH 43216, 614 486-3669; r. 3059 Spruceview Ct., Columbus, OH 43229, 614 890-5016.
DOLANCE, Jack Christopher; '85 BSBA; Acct. CPA; Ernst & Whinney, 1300 Huntington Bldg., Cleveland, OH 44115, 216 861-5000; r. 2131 Chesterland Ave., Lakewood, OH 44107, 216 521-3938.
DOLBY, Catherine E. '34 (See Skidmore, Mrs. James E.).
DOLCE, Laura Lynne; '85 BSBA; 781 Joselyn Ave., Mansfield, OH 44904, 419 756-8053.
DOLCH, Charles H.; '50 BSBA; Ret'D Purchsng Staff; Terex Div., General Motors Corporation, 5405 Darrow Rd., Hudson, OH 44236; r. 2684 Forestview Dr., Rocky River, OH 44116, 216 333-8646.
DOLCH, Walter M.; '34; Ofc. Mgr.; Smith Instr & Equip. Co., 24487 Gibson St., Warren, MI 48089; r. 11855 Ten Mile Rd., Warren, MI 48089.
DOLE, Thomas Edward; '71 BSBA; Medicare Prog. Coord.; Ohio Dept. of Health, 246 N. High St., Columbus, OH 43216, 614 466-2070; r. 5266 Butternut Ct. W., Columbus, OH 43229, 614 431-0013.
DOLEN, Timothy James; '80 BSBA; 3611 Pinwherry Ct., Columbus, OH 43220.
DOLEZAL, Alan Edward; '82 BSBA; Main St. POB 564, Dillonvale, OH 43917.

ALPHABETICAL LISTINGS DORSTEN 69

DOLFI, Sam; '56 BSBA; VP; GE Co., Dept. of Human Resources, GE Aircraft Engines, Cincinnati, OH 45215, 513 243-9606; r. 4 Hetherington Ct., Glendale, OH 45246, 513 772-5614.

DOLIN, Kenneth Marc; '88 BSBA; 2210 Equestrian Dr., #2 A, Miamisburg, OH 45342.

DOLIN, Marcia Erlen, (Marcia Erlen); '55 BSBA; Homemaker; r. 4729 Sutton Pl., Toledo, OH 43623, 419 882-7367.

DOLIN, Ms. Robin Beth; '87 BSBA; Acct.; The Ohio State Univ., Ofc. of The Treasurer, 364 W. Ln. Riverwatch, Ste. B, Columbus, OH 43201, 614 292-6261; r. 2942 Dublin Arbor Ln., Dublin, OH 43017, 614 792-2064.

DOLINAR, Ms. Susan Mong, (Susan Leigh Mong); '80 BSBA; Acct.; r. 2511 Meghan Ct., St. Louis, MO 63129, 314 846-5052.

DOLINGER, Ronald Michael; '65 BSBA, '69 MBA; Sr. Sales Rep.; Metropolitan Life Ins. Co., 20 N. Woods Blvd., Worthington, OH 43085, 614 846-4761; r. 2716 Sherwood Rd., Columbus, OH 43209, 614 231-0033.

DOLL, Jack A.; '52 BSBA; Natl. Account Zone Mgr.; Natl. Gypsum Co., 4100 First International Bldg., Dallas, TX 75270; r. RR 1 9 Wildwood Isle, Leesburg, IN 46538, 219 453-3816.

DOLLE, John J.; '46 BSBA; POB 499, Nashville, IN 47448.

DOLLINGS, Bruce Lynn; '82 BSBA; Asst. Mgr.; Wendy's Intl. Inc., 10 S. 2nd St., Newark, OH 43055; r. 5043 Beal Rd. SE, Newark, OH 43056, 614 323-3694.

DOLLOFF, Susan Marie; '84 BSBA; Ofc. Mgr.; Huntington Natl. Bank, 17 S. High St., Columbus, OH 43215; r. 235 Camrose Ct., Gahanna, OH 43230, 614 476-2820.

DOMBCIK, Gerald H.; '59 BSBA, '63 MBA; Dir. of Investments; Roulston & Co., 4000 Chester, Cleveland, OH 44103, 216 431-3000; r. 24809 Hazelmere, Beachwood, OH 44122, 216 464-5040.

DOMBROSKI, Karen Lynn; '85 BSBA; 1744 Lake Rd., Conneaut, OH 44030, 216 593-3204.

DOMBROSKY, Edward W.; '38 BSBA; Retired Owner; Savoy Cocktail Bar, 36 N. Center St., Springfield, OH 45502; r. 1352 Rock Dove Ct. B-104, Punta Gorda, FL 33950, 813 639-0770.

DOMBROVIAK, Robert S.; '66 BSBA; Asst. Dir.; OSU Ofc. of Personnel Srevices, 25 H Archer House, 2130 Neil Ave., Columbus, OH 43210; r. 896 Helenhurst Ct., Westerville, OH 43081, 614 891-5923.

DOMBROWSKI, Angela Marie; '79 BSBA; Dir. of Evaluation; Franklin Cnty. Mental Hlth. Bd., 447 E. Broad St., Columbus, OH 43215, 614 224-1057; r. 1723 Shanley Dr., Columbus, OH 43224, 614 262-6023.

DOMEIER, Patricia Welch, (Patricia Welch); '79 BSBA; Homemaker; r. 1763 Oro Valley Cir., Walnut Creek, CA 94596, 415 930-8052.

DOMINIQUE, Martin Patrick; '76 BSBA; Controller; American Natl. Can Corp., 6017 S. Western Ave., Chicago, IL 60636, 312 434-6100; r. 9130 Windsor Dr., Orland Park, IL 60462, 312 460-4974.

DOMINIQUE, Stephen Michael; '75 BSBA; Purchasing; Frozen Specialties Inc., Mc Arthur St., Archbold, OH 43502, 419 445-9015; r. RR 2 Box 204-1, Archbold, OH 43502, 419 445-8731.

DOMINO, Frank A.; '48 BSBA; Pres.; West Park Packaging Inc., 12005 Alameda Dr., Strongsville, OH 44136, 216 572-2260; r. 23532 Wingfoot Dr., Westlake, OH 44145, 216 333-7209.

DOMIS, Gerald John; '68 BSBA; Forecaster Fin Anlys; Procter & Gamble, Ivorydale Plant, Cincinnati, OH 45202; r. 6589 Tulip Ln., Middletown, OH 45044, 513 777-1808.

DOMM, Dr. Donald Richard; '68 PhD (BUS); Prof. Strategic Mgmt.; John Carroll Univ., University Hts., OH 44118, 216 397-4419; r. 2925 Millboro, Silver Lake, OH 44224, 216 923-2855.

DOMMIN, James Francis; '83 BSBA; 1478 Sanford St., Vermilion, OH 44089, 216 967-6761.

DONA, Lillian Yee; '82 BSBA; CPA; L T V Corp., 4200 Ltv Ctr., Dallas, TX 75201, 214 979-7821; r. 534 Newberry, Grand Prairie, TX 75052, 214 642-5626.

DONAHEY, ENS Therese, USN; '88 BSBA; Student Nav. Aviator; NAS Corpus Christi, VT27, Corpus Christi, TX 78419; r. 5502 Saratoga Blvd. Apt. 82, Corpus Christi, TX 78413, 512 994-0954.

DONAHUE, Brian P.; '59 BSBA; Pres. & Broker; Donahue Realtors/Better Homes & Gardens, 65 E. Wilson Bridge Rd., Worthington, OH 43085, 614 436-6660; r. 8060 Olentangy River Rd., Delaware, OH 43015, 614 548-6000.

DONAHUE, James Ray, II; '68 BSBA; Mgr.; Martin Marietta Data Systs., Micro Products Support Ctr., 112A Inverness Cir., E., Englewood, CO 80112, 303 790-3637; r. 2351 S. Sedalia Cir., Aurora, CO 80013, 303 750-3083.

DONAHUE, Kerry Michael; '85 BSBA; Mgr./Real Estate; Donahue Realtors, 65 E. Wilson Bridge Rd, Worthington, OH 43085, 614 885-8000; r. 8725 Laconia Dr., Powell, OH 43065, 614 766-4439.

DONAHUE, Mrs. Kimberly S., (Kimberly A. Swob); '82 BSBA; Mktg. Instr.; Wright State Univ., Colonel Glenn Hwy., Dayton, OH 45428, 513 873-3047; r. 3998 San Marino St., Dayton, OH 45440, 513 294-2241.

DONAHUE, Michael Terrence; '81 BSBA, '84 MBA; Dir. of Corporate Devel.; US Shoe Corp., 1 Eastwood Dr., Cincinnati, OH; r. POB 9481, Cincinnati, OH 45209.

DONAHUE, Michael Thomas; '82 BSBA; Area Gen. Mgr.; Pizza Hut of Louisiana Inc., 12021 Lakeland Park Blvd. #212, Baton Rouge, LA 70809, 504 291-6488; r. 2041 General Cleburne St., Baton Rouge, LA 70810, 504 769-1057.

DONAHUE, Steven Henry; '78 BSBA; Banking Ofc. Mgr.; BancOhio, 3735 S. High St., Columbus, OH 43207, 614 445-3720; r. 463 Brice Rd., Reynoldsburg, OH 43068, 614 868-9551.

DONALDSON, Alan Craig; '70 BSBA; 188 St. Rte. 4, Marion, OH 43302.

DONALDSON, Dorothy Stewart; '46 BSBA; 6185 Middlebury Dr. W., Worthington, OH 43085, 614 885-4513.

DONALDSON, John B., Jr.; '66 BSBA; Contractor-Builder; Cunningham-Limp Co., 5800 Crooks Rd, Troy, MI 48098, 313 828-4000; r. 1900 Tiverton Rd., Bloomfield Hls., MI 48013, 313 646-2434.

DONALDSON, Larry Henry; '82 BSBA; Mktg. Info. Spec.; Nationwide Ins. Co., One Nationwide Plz., Columbus, OH 43216; r. 3576 Dempsey Rd, Westerville, OH 43081, 614 890-7823.

DONALDSON, Mary E.; '88 BSBA; 260 E. Maynard Ave., Columbus, OH 43202, 614 267-3145.

DONALDSON, Richard J.; '49 BSBA; Owner; Donco Packaging, 6185 Middlebury Dr. W., Worthington, OH 43085; r. 6185 Middlebury Dr. W., Worthington, OH 43085, 614 885-4513.

DONALDSON, Wayne E.; '53 BSBA; Retired; r. 787 Diandrea Dr., Akron, OH 44313.

DONATELLI, Julie A.; '87 BSBA; 441 Rawlins Ave., Akron, OH 44319, 216 644-1282.

DONATINI, Jeffrey Allen; '83 BSBA; Mgr. Systs. Devel.; Belcan Corp., 10200 Anderson Way Blvd., Blue Ash, Cincinnati, OH 45242; r. 4070 Brookside Ct., Mason, OH 45040, 513 398-3142.

DONATINI, Lisa Creager, (Lisa Creager); '83 BSBA; Buyer; GE Aircraft Engines, 1 Neumann Way, Evendale, OH 45215; r. 4070 Brookside Ct., Mason, OH 45040, 513 398-3142.

DONATO, John Joseph; '79 BSBA; Applications Account Rep.; Wang Labs, 222 N. LaSalle St., Ste. 700, Chicago, IL 60601, 312 641-5757; r. 16 W. Woodlawn Ave., La Grange Park, IL 60525, 312 579-0515.

DONAUGH, Jerel Lynn; '74 BSBA; Placemnt Spec.; Marion Co. Bd. of MR/DD, 2387 Harding Hwy. E., Marion, OH 43302, 614 387-1034; r. 867 S. Prospect, Marion, OH 43302, 614 387-0160.

DONAVON, Harry L.; '66 BSBA; Regional VP; Fed. Natl. Mortgage Assoc., 2 Galleria Twr., Dallas, TX 75240, 214 770-7579; r. 4629 Courtyard Tr., Plano, TX 75024, 214 867-8566.

DONEL, Jason; '69 BSBA; Pres.; Donel Floral Corp., 45 Jackson St., Fishkill, NY 12524; r. POB 322, Newark, OH 43055, 914 896-7046.

DONELSON, James Edward; '78 BSBA; Staff; The Ohio State Univ., University Systs., Columbus, OH 43210; r. 3015 Knoll Dr., Gahanna, OH 43230.

DONENFELD, Ralph Julian; '40; Pres.; Donenfelds Inc., 35 N. Main St., Dayton, OH 45402; r. 3700 Seiber Ave., Dayton, OH 45405, 513 275-4729.

DONER, Norma Landry; '64 BSBA; Data Base Administra; r. 3377 Bradford Rd., Cleveland, OH 44118.

DONHAM, William R.; '66 BSBA; Distribution Mgr.; NYNEX, 1000 Abernathy Rd., Atlanta, GA 30328, 404 392-2206; r. 5471 E. 71st, Apt. 188, Tulsa, OK 74136, 918 492-7441.

DONLEY, Thomas James; '71 BSBA; Partner; Donley Builders' Inc., 4443 N. High St., Columbus, OH 43214; r. 7749 Jefferson Dr., Canal Winchester, OH 43110, 614 837-3081.

DONLEY, Troy Alan; '86 BSBA; Account Rep.; Arrow Electronics, 8300 Guilford Rd., Columbia, MD 21046, 301 995-0003; r. 620 Marquand, POB 163, Conesville, OH 43811, 614 829-2302.

DONLON, James Patrick; '77 BSBA, '80 MBA; Applications Planner; United Airlines, POB 66100, Chicago, IL 60666, 312 250-3710; r. 204 S. Pine St., Mt. Prospect, IL 60056, 312 870-9641.

DONNALLY, Hon. Fred L.; '22 BSBA; Retired; r. 5155 N. High St., Apt. 311-W, Columbus, OH 43214, 614 846-6086.

DONNELLON, James William; '74 BSBA; Dealer Territory Mgr.; Fujitsu Imaging Systs. of America, 2355 Picnic Woods Dr., Lawrenceburg, IN 47025, 812 637-5517; r. Same.

DONNELLON, John E.; '54 BSBA; Asst. Dir.; Chemical Abstracts, 2540 Olentangy River Rd, Columbus, OH 43210; r. 6747 Merwin Rd E., Worthington, OH 43085, 614 889-8107.

DONNELLY, Anita Y., (Anita Yale); '67 BSBA; Owner/Pres.; Yale Bros. Inc. Printers, 200 S. Westminster St., Waynesfield, OH 45896, 419 568-2121; r. Fairmount Rd., Waynesfield, OH 45896, 419 568-7872.

DONNELLY, Cathy '82 (See Martina, Cathy Donnelly).

DONNELLY, John Fitzgerald; '84 BSBA; Mktg.; r. 807 S. 5th St., Columbus, OH 43206, 614 444-0127.

DONNELLY, Richard David; '85 MBA; 582 Lakeview Dr. #2, Cortland, OH 44410, 216 638-8395.

DONNER, Eveline '83 (See Wexler, Mrs. Eveline Donner).

DONNER, Nancy B.; '84 BSBA; Acct.; Calig & Handelman, 854 E. Broad St., Columbus, OH 43205, 614 252-2300; r. 2797 Mc Coy Rd., Columbus, OH 43220, 614 457-1635.

DONNET, Victor; '47 BSBA; Retired; r. 819 N. Bentley Ave., Niles, OH 44446, 216 652-4901.

DONOFRIO, Eric Anthony; '76 BSBA; Sr. Financial Analyst; Amcast Industrial Corp., 3931 S. Dixie Ave., Dayton, OH 45439, 513 298-5251; r. 417 Princewood Ave., Dayton, OH 45429.

DONOFRIO, Michael Peter; '72 BSBA; Staff; Centerline Design, 19201 Villaview Rd., Cleveland, OH 44119; r. 109 Chadbourne Dr., Hudson, OH 44236, 216 656-1270.

DONOHUE, Christopher Edward; '87 BSBA; Grad. Student; Ohio State Univ.; r. 8333 Otterbein Tr. NW, Lancaster, OH 43130, 614 433-7454.

DONOVAN, Charles Patrick; '73 BSBA; Salesman; Graphics Controls, 189 Van Rensselaer St., Buffalo, NY 14210, 615 377-4615; r. 812 Steeplechase Dr., Brentwood, TN 37027, 615 377-2952.

DONOVAN, Ian E.M.; '55 BSBA; Plant Propigator; Lab Botanica, 22 Charles St., Newton, MA 02166, 617 244-6708; r. Same.

DONOVAN, James J.; '47 BSBA; 2444 Periwinkle Dr., Bellbrook, OH 45305, 513 848-2747.

DONOVAN, John L.; '51 BSBA; Retired; Rockwell Intl., 2230 E. Imperial Hwy., El Segundo, CA 90245; r. 10479 Sioux River, Fountain Vly., CA 92708, 714 963-6329.

DONOVAN, John Paul; '71 BSBA; Actor; r. 721 E. Magnolia, Apt. D, Burbank, CA 91501, 818 845-0920.

DONOVAN, Melodie Spitler; '84 BSBA; 447 Livingston Dr., E. Windsor, NJ 08620.

DONOVAN, Patricia Lynn; '86 BSBA; 311 Parkway Dr., Berea, OH 44017, 216 243-6587.

DONSELMAN, Edward Herman; '71 BSBA; Design Engr.; r. 818 S. Saxby Ave., Freeport, IL 61032, 815 232-8856.

DONSON, George J.; '26; Retired; r. 2316 Spring Hill, Kettering, OH 45440, 513 439-1145.

DONTAS, Louis J.; '57 BSBA; 56 Bimini, Kenner, LA 70065, 504 443-3149.

DONTCHOS, Taso E.; '62 BSBA; Sales Exec.; Xerox Corp., 7501 Marin Dr., Denver, CO 80202; r. 7068 S. Fairfax, Littleton, CO 80122, 303 773-2484.

DOODY, Dr. Alton F., Jr.; '57 MBA, '61 PhD (BUS); Pres.; The Alton F. Doody Co., 9950 Safin Rd., Columbus, OH 43204, 614 274-9982; r. 7409 Indian Garden Rd., Petoskey, MI 49770, 616 347-2765.

DOODY, Joseph Patrick; '86 BSBA; Financial Coord.; H.L. Financial Resources, 1455 Frazer Rd., Ste. 802, San Diego, CA 92108, 619 543-9633; r. 9970-94 Scripps Westview Way, San Diego, CA 92131, 619 271-4790.

DOOLEY, David Matthew; '68 MBA; 308 N. Line, Loogootee, IN 47553, 812 295-2689.

DOOLEY, Francis M.; '53 BSBA; Atty.; r. POB 511, Norfolk, CT 06058, 203 542-5089.

DOOLEY, Gina Marie; '88 BSBA; 698 Thurber Dr. W., Apt. C-1, Columbus, OH 43215, 614 291-6389.

DOOLEY, Larry Bruce; '59; Retired; r. 9246 Muirkirk Dr., Dublin, OH 43017, 614 766-5444.

DOOLEY, Patricia R. '49 (See Miller, Mrs. Patricia D.).

DOOLITTLE, Robert William; '50 BSBA; Realtor; Coldwell Banker/New England, 2181 Post Rd., Warwick, RI 02886, 401 738-6000; r. 1469 B Warwick Ave., #43, Warwick, RI 02888, 401 463-5819.

DOONAN, Mary Moor; '53; Homemaker; r. 3141 Walden Ravines, Hilliard, OH 43026, 614 771-1999.

DOONE, Edmond; '49 BSBA; Retired; Union Oil Co.; r. 201 E. Grovenor Dr., Schaumburg, IL 60193, 312 893-4385.

DOONE, Francis Patrick; '79 BSBA; Dist. Mgr.; Foremost Ins. Co., 5800 Foremost SE, Grand Rapids, MI 49501, 616 942-3000; r. 3927 Reed Rd., Columbus, OH 43220, 614 451-9861.

DOOPER, Michael Edward; '80 BSBA; Staff; Whitaker Pools, 6020 E. Speedway, Tucson, AZ 85712; r. c/o Mr Paul Dooper, 3565 Wenwood Dr., Hilliard, OH 43026.

DOP, Laura Reisch, (Laura Reisch); '85 BSBA; 2880-A Casey St., San Diego, CA 92139, 619 470-6726.

DOPPELT, Jeffrey Jonathon; '68 BSBA; Partner; Priemer Barnes & Assocs., 2850 Euclid Ave., Cleveland, OH 44115; r. 45 W. Juniper Ln., Moreland Hls., OH 44022, 216 464-1893.

DORAN, David William; '87 BSBA; Imports Spec.; Seino America, 6745 Aviation Blvd., Inglewood, CA 90301, 213 215-0500; r. 18109 Coastline Dr., Malibu, CA 90265, 213 459-9500.

DORAN, Eric Richard; '75 BSBA; VP/Partner; Roberts & Assocs., 2062 Cherry Valley Rd., Newark, OH 43055, 614 522-6959; r. 46 Butterfield Ln., Powell, OH 43065, 614 548-7506.

DORAN, H. Glenn; '47 MBA; Pres.; Peoples Bank, 5th & Main Sts., Murray, KY 42071, 502 753-3231; r. 108 N. 18th, Murray, KY 42071, 502 753-2916.

DORAN, Michael Patrick; '84 BSBA; 2761 La Cresta Dr., Fairborn, OH 45324.

DORAN, Michele Wessinger, (Michele L. Wessinger); '85 BSBA; Owner/Lcnsd Optician; Procare Vision Ctr., of Chillicothe, 16 S. Paint St., Chillicothe, OH 45601, 614 773-8700; r. 137 Whittier Dr., Lancaster, OH 43130, 614 654-4466.

DORAN, Richard F.; '52 BSBA; 1065 James K Blvd., Pontiac, MI 48053, 313 681-6649.

DORAN, Walter Curtis, Jr.; '85 BSBA; Driver; UPS, 1099 E. Main St., Newark, OH 43055; r. 137 Whittier Dr., Lancaster, OH 43130, 614 654-4466.

DORAZIO, Frank Louis; '85 BSBA; Grad. Student; Kent State Univ., Kent, OH 44240, 216 672-3350; r. 7901 Manorford Dr., Parma, OH 44129, 216 888-7989.

DORCAS, Cedric Foster; '85 BSBA; Tax Cnslt.; Price Waterhouse, One Seagate, Ste. 1800, Toledo, OH 43604, 419 247-1800; r. 5239 Harroun, Sylvania, OH 43560, 419 882-4396.

DORCHAK, Diane '82 (See Fornaro, Diane Lee).

DORFF, Christy Lynn; '80 BSBA; Underwriter; US Fidelity & Guaranty Co., 2929 Kenny Rd, Columbus, OH 43221; r. 19511 Florence Chapel Pike, Circleville, OH 43113.

DORFMEIER, Dr. William D.; '49 BSBA; Atty.; Dorfmeier & Wampler, 1515 Hulman Bldg., 120 W. Second St., Dayton, OH 45402, 513 224-8100; r. 6896 Packingham Dr., Englewood, OH 45322, 513 836-6917.

DORIN, David; '48 MBA; Retired; r. 17719 Magnolia Blvd., Encino, CA 91316, 818 987-1663.

DORINSKY, Thomas; '80 BSBA; 86 Amazon Pl., Columbus, OH 43214, 614 268-4884.

DORL, Richard Elliot, Esq.; '69 BSBA; Secy.-Gen. Counsel; Laser Magnetic Storage Co., 4425 ArrowsWest Dr., Colorado Spgs., CO 80907, 719 593-4394; r. 75 Lowick Dr., Colorado Spgs., CO 80906, 719 579-6690.

DORLAND, Virginia F. '40 (See Wenner, Mrs. Virginia F.).

DORMAN, Mrs. Ruth G., (Ruth A. Gammage); '50 BSBA; Retired; r. 71 Brownstone Dr., Hershey, PA 17033, 717 534-2338.

DORMER, LTC James J., USAF(Ret.); '55 MBA; 675 S. Gulfview Blvd., Unit 1103, Clearwater Bch., FL 34630, 813 443-1918.

DORN, Barbara Cooperrider, (Barbara Cooperrider); '48 BS; Writer; r. 4002 SE 20 Pl. #F4, Cape Coral, FL 33904, 813 549-2222.

DORN, William H.; '50 BSBA; Retired; r. 1428 Bellflower Ave., Columbus, OH 43204, 614 276-6008.

DORNSIFE, Ronald E.; '55 BSBA; Staff Asst.; Motors Ins. Corp.-Div. of GM, 3044 W. Grand Blvd., Detroit, MI 48202, 313 556-2458; r. 42091 Hystone Dr., Canton, MI 48187, 313 981-3320.

DORR, John Hugh; '70 BSBA; Sales Rep. Med. Se; The Dow Chemical Co., POB 156, Indianapolis, IN 46206; r. 8 N. Vista De Catalina, S. Laguna, CA 92677, 714 499-6083.

DORRANCE, James Louis; '72 MBA; Mgr. Educ. & Trng.; GM Europe-Zurich, Stelzenstrasse 4, POB, CH-8152 Glattbrugg, Switzerland, 411 828-2114; r. Bachtelstrasse 9, CH 8308 Illnau, Switzerland, 415 244-1631.

DORRIAN, Ms. Anne Mary; '82 MBA; VP of Finance; Multicon Devel. Co., 941 Chatham Ln., Columbus, OH 43221; r. 112 E. Jeffrey Pl., Columbus, OH 43214.

DORRIAN, Hugh J.; '59 BSBA; City Auditor; City of Columbus, 90 W. Broad St., Columbus, OH 43215, 614 222-7616; r. 999 Birchmont Rd., Columbus, OH 43220, 614 451-7916.

DORRINGTON, Terrance Paul; '73 MBA; 548 High Dr., Carmel, IN 46032, 317 844-3065.

DORSCH, David M.; '82 BSBA, '88 MBA; Financial Analyst; Merrill Publishing Co., 1300 Alum Creek Dr., Columbus, OH 43209; r. 1019 Crosshaven Ct., Westerville, OH 43081, 614 890-4706.

DORSET, Joseph S.; '51 BSBA; Warehouse Mgr.; r. 40500 Passmore Dr., Mt. Clemens, MI 48044.

DORSEY, Mrs. Carla B., CPA, (Carla J. Belot); '81 BSBA; 1345 Garden Rd., Ft. Lauderdale, FL 33326, 305 384-9523.

DORSEY, Clayton L.; '48 BSBA; Partner CPA; C.L. Dorsey & Co., 800 Newport Center Dr., Ste. 150, Newport Bch., CA 92660, 714 640-7892; r. 3 Montpellier, Newport Bch., CA 92660, 714 760-1158.

DORSEY, David M.; '88 BSBA; 111 W. 1st Ave. Apt. 8, Columbus, OH 43201.

DORSEY, Diane Susan; '85 BSBA; Acct.; Peat Marwick Mitchell & Co., Thanksgiving Twr., Dallas, TX 75201; r. 115 S. 10th, Martins Ferry, OH 43935, 614 633-2454.

DORSEY, Emma Marie; '75 MPA; Staff; Liberty Med. Ctr., 2600 Liberty Hts., Baltimore, MD 21215; r. 1208 N. Longwood St., Baltimore, MD 21216, 301 233-8309.

DORSEY, George William; '43 BSBA; Retired; r. 9020 E. Mansfield Ave., Denver, CO 80237, 303 771-5343.

DORSEY, James J.; '56 BSBA; 4041 E. Fanfol, Scottsdale, AZ 85253.

DORSEY, John T.; '65 MBA; Retired; GM Corporations, Fisher Body Division, 200 Georgesville Rd., Columbus, OH 43228; r. POB 473, Dublin, OH 43017, 614 889-2685.

DORSEY, Molly Jane; '80 MBA; Mgr. Manpower Plng.; Columbia Gas of Ohio, 200 Civic Center Dr., Columbus, OH 43215, 614 460-4714; r. 677-B Providence Ave., Columbus, OH 43214, 614 457-1140.

DORSHEIMER, Dan Gregg; '73 BSBA; Pres.; American Ins. Admin., Inc., 4750 Delbrook Rd., Camp Hill, PA 17011, 717 763-1354; r. 108 Creek Rd., Camp Hill, PA 17011, 717 737-6175.

DORSTEN, Michael J.; '85 BSBA; Sales Rep.; Allied Supply Co. Inc., 1100 E. Monument, Dayton, OH 45402, 513 224-9833; r. 2621 Colonial Ave., Kettering, OH 45419, 513 293-3438.

DORSTEN, Peggy Ann; '86 BSBA; Customer Svc.; GTE Directories, 100 Old Wilson Bridge, Ste. 316, Worthington, OH 43085, 614 436-4338; r. 200 Broadmeadows Blvd., Apt. 43, Columbus, OH 43214, 614 436-8935.

DORTMUND, William Jeffrey; '77 BSBA; Real Estate Spec.; Big Bear Stores Co., 1169 Dublin Rd., Columbus, OH 43215, 614 488-4230; r. 1384 Wyandotte Rd., Columbus, OH 43212, 614 488-5767.

DORTON, Vanessa A.; '85 BSBA; Acct.; Nationwide Ins. Co., One Nationwide Plz., Columbus, OH 43216, 614 249-7883; r. POB 15574, Columbus, OH 43215.

DORWARD, Harold L.; '51 BSBA; Retired; r. 1801 E. 12th St., Cleveland, OH 44114, 216 522-1378.

DOSECK, Michael John; '81 BSBA; Investment Broker; Edward D. Jones & Co., 115 N. Main, Urbana, OH 43078, 513 653-8114; r. 4356 Briarwood Dr., Urbana, OH 43078, 513 484-3306.

DOSHI, Pankaj Arun; '82 MBA; Plng. Engr.; Pennsylvania Electric Co., 1001 Broad St., Johnstown, PA 15907, 814 533-8876; r. 1135 Dithridge Dr., Johnstown, PA 15905, 814 255-4636.

DOSKY, Lois Eileen; '82 BSBA; 267 Delhi Ave., Columbus, OH 43202, 614 267-5015.

DOSS, Charles B.; '58 BSBA; Owner; Charles B Doss & Co., 11 N. Edgelawn Dr., Aurora, IL 60506, 312 897-8008; r. 33 Winthrop New Rd., Aurora, IL 60504, 312 466-1482.

DOSS, John R.; '60 BSBA; VP/Analyst; Thomson Mc Kinnon Securities, Research Dept., Financial Sq., 16th Fl., New York, NY 10005; r. 580 West End Ave., New York, NY 10024.

DOSS, Kenneth W.; '67 BSBA; Atty.; Doss & Assoc., 355 Settlers Rd., Holland, MI 49423, 616 396-9793; r. 655 Old Orchard Rd., Holland, MI 49423, 616 335-3394.

DOSTER, Mrs. Barbara G., (Barbara Gibbs); '56 BSBA; Assoc. Dir.; Purdue Univ. Sch. of Mgmt., Undergraduate Programs, B-20 Krannert Bldg., W. Lafayette, IN 47907, 317 494-4342; r. 4893 N. 250 W., W. Lafayette, IN 47906, 317 463-6161.

DOSTER, Daniel H.; '77 BSBA; Receiving Clerk; GM Corp., New Departure Hyatt, 2509 Hayes Ave., Sandusky, OH 44870, 419 627-7000; r. 2720 Lynn Dr., Sandusky, OH 44870, 419 626-3547.

DOTSON, Charles Acie; '78 BSBA; 992 Dostie Cir., Orange Park, FL 32073, 904 272-4538.

DOTSON, Debra Bellinger, (Debra Bellinger); '80 BSBA; Sales Rep.; Boehm Print & Stamp, 2050 Hardy Pkwy., Grove City, OH 43123, 614 875-9010; r. 6972 Mesquite Ct., Dublin, OH 43017, 614 792-9939.

DOTSON, James Howard; '62; Ofc. Mgr.; Integrity Supply Inc., 1108 City Park Ave., Columbus, OH 43206, 614 443-7411; r. 4199 Wilton Pl., Columbus, OH 43227, 614 237-2844.

DOTSON, Keith Ray; '83 BSBA; Controller; Boehm Stamp & Printing, 2050 Hardy Pkwy., Grove City, OH 43123, 614 875-9010; r. 6972 Mesquite Ct., Dublin, OH 43017, 614 792-9939.

DOTSON, Lewis Kerry; '84 BSBA; Budget Analyst; Scott AFB, Bldg. 1600, Scott AFB, IL 62225, 618 256-3446; r. 508 Williamsburg Dr., #F, Belleville, IL 62221, 618 277-7817.

DOTSON, Mrs. Thomasine, (Thomasine James); '84 BSBA; Sales Mgr.; The Ltd. Inc., 110 St. Clair Sq., Fairview Hts., IL 62208, 618 632-7446; r. 508 Williamsburg Dr., #F, Belleville, IL 62221, 618 277-7817.

DOTTER, Edward J., Jr.; '66 BSBA; 623 Jonsol Ct., Gahanna, OH 43230, 614 475-6066.

DOTTERMUSCH, Andrew D.; '83 BSBA; Merchandise Mgr.; Charming Shoppes, 450 Winks Ln., Bensalem, PA 19020, 215 245-9100; r. 24 S. Bank St., Philadelphia, PA 19106, 215 440-0846.

DOTY, Bryan Michael; '83 BSBA; Asst. Controller; Res. Intl., 281 Enterprise Dr., Powell, OH 43065, 614 885-1959; r. 1102 Cleveland Rd., Huron, OH 44839, 419 433-4317.

DOTY, Donald C.; '41 BSBA; Retired; r. 6465 27th Ave. N., St. Petersburg, FL 33710, 813 347-2008.

DOTY, Everett A.; '40 BSBA; Retired; r. 1430 Nottingham Rd, Charleston, WV 25314, 304 744-5620.

DOTY, Irwin Thomas, Jr.; '58 BSBA; Dist. Mgr.; Cardinal Vending Co., 361 W. Longview Ave., Mansfield, OH 44905; r. 1067 Yorkwood Rd, Mansfield, OH 44907, 419 756-1688.

DOTY, James E.; '60 BSBA; VP-Mktg. & Sales; Ensyst Inc., 11210 Ables Ln., Dallas, TX 75229, 214 247-4636; r. 1407 Millbrook, Arlington, TX 76012, 817 460-5368.

DOTY, Jeanie L.; '88 BSBA; 2557 Findley Ave., #D, Columbus, OH 43202, 614 268-6554.

DOTY, Richard K.; '61 BSBA; Gen. Mgr.; Bernard's Turkeys, Inc., 10477 State Rte. 729, New Vienna, OH 45159, 800 325-2450; r. Same, 513 987-2224.

DOTY, Rose Mary Ward; '49; PBX Oper./Receptionist; White Castle Systs. Inc., 555 W. Goodale St., Columbus, OH 43215; r. 4663 Musket Way, Columbus, OH 43228, 614 878-4636.

DOUCE, De Ann Irene; '86 BSBA; Customer Cnslt.; Ohio Bell Communications Inc., 1105 Schrock Rd., Ste. 400, Columbus, OH 43229, 614 431-6000; r. 8126 Running Fox Rd. #1C, Worthington, OH 43085, 614 888-8465.

DOUCHER, Sondra Anderkin; '84 BSBA; Acct.; Ralph Dickson & Co., 580 S. High St., Columbus, OH 43215; r. 4402 Manor Ct., Dublin, OH 43017, 614 766-8205.

DOUCHER, Thomas A.; '45; Atty.; Thomas A Doucher, 300 S. 2nd St., Columbus, OH 43215; r. 300 S. 2nd St., Columbus, OH 43215, 614 221-5216.

DOUDNA, Mark E., PhD; '49 BSBA; Retired; r. 4702 Guilford Rd., College Park, MD 20740, 301 277-0921.

DOUGAN, John Edward; '85 BSBA; Financial Planner; Real Securities of Canada, Ste. 701 1130 W. Pender St., Vancouver, BC, Canada V6E4A4, 604 687-5653; r. 15518 17A Ave., Surrey, BC, Canada V4B1V6.

DOUGAN, Penny Jo, (Penny Ward); '82 BSBA; Homemaker; r. 12158 Cedarbreaks Ln., Cincinnati, OH 45249, 513 530-0563.

DOUGHER, Mrs. Sandra L., (Sandra L. Steps); '83 BSBA; Asst. Mgr.; Natl. City Bank, Cleveland, OH 44101, 216 575-2000; r. 5985 Louis Dr., N. Olmsted, OH 44070, 216 779-9983.

DOUGHERTY, Clarence G.; '50 BSBA; VP Campus Svcs.; Southern Illinois Univ. at Carbondale, 214 Anthony Hall, Carbondale, IL 62901, 618 536-7777; r. 205 Pine Ln., Carbondale, IL 62901, 618 457-6907.

DOUGHERTY, Daniel Paul; '84 BSBA; Sales Rep.; Occidental Chemical Corp., 1760 The Exchange Ste. 100, Atlanta, GA 30339, 800 241-7779; r. 836 Walnut Bend, Cordova, TN 38018, 901 756-2841.

DOUGHERTY, Deborah Kallos, (Deborah Kallos); '82 BSBA; Acct.; Reed & Morley, PC, 174 Court St., Laconia, NH 03246; r. 68 Blueberry Ln., Apt. 18, Laconia, NH 03246.

DOUGHERTY, Gary G.; '63 BSBA; Plant Mgr.; E.I. du Pont de Nemours & Co., James & Water Sts., Newport, DE 19804, 302 999-6267; r. 31 East St. Rd., West Chester, PA 19382, 215 399-0740.

DOUGHERTY, Gene E.; '61 BSBA; Economist; Fed. Communications Comm, 1919 M St., Washington, DC 20554; r. 13411 Oriental Ct., Rockville, MD 20853, 301 871-6334.

DOUGHERTY, Mary Kathryn; '83 BSBA; Acct.; W W Williams Co., 835 Goodale Blvd., Columbus, OH 43212; r. 1065 Merrimar Cir. N., #A, Columbus, OH 43220, 614 459-3273.

DOUGHERTY, Russell Lee; '75 BSBA; 3227 Walmar Dr., Columbus, OH 43224.

DOUGHERTY, ENS Thomas Vincent; '86 BSBA; Ensign/Pilot; USN, Pensacola NAS, Whiting Field NAS, Vt-6, Pensacola, FL 32508, 904 934-3748; r. 516 Ridgedale Ave., E. Hanover, NJ 07936, 201 887-5230.

DOUGHTY, James A.; '54 BSBA; Atty.; Doughty & Doughty, 39 N. Fountain Ave., Springfield, OH 45502, 513 323-3705; r. 1576 E. High St., Apt. 204, Springfield, OH 45505, 513 325-7121.

DOUGHTY, Mrs. Martha D., (Martha Dilenschneider); '56 BSBA; Account Exec.; Bank One, Columbus, 3250 Tremont Rd., Columbus, OH 43221, 614 248-2520; r. 1732 Essex Rd., Columbus, OH 43221, 614 486-6308.

DOUGLAS, Donald Eugene; '66 BSBA; Owner; Don Douglas Carpet Cleaners, 3355 Lowell Dr., Columbus, OH 43204, 614 276-5634; r. Same, 614 276-5255.

DOUGLAS, Glenn S.; '73 BSBA; Owner-Printing Co.; Litho-Print Inc., 848 E. Monument Ave., Dayton, OH 45402, 513 222-4351; r. 230 Claranna Ave., Dayton, OH 45419, 513 294-8376.

DOUGLAS, James R.; '85 BSBA, '88 MA; Residence Hall Dir.; The Ohio State Univ., Baker Hall, 129 W. 12th Ave., Columbus, OH 43210, 614 292-6141; r. 161 Curl Dr., Drackett Twr., Columbus, OH 43210, 614 292-1418.

DOUGLAS, Dr. John; '55 MBA; Prof.; Business Admin., Miami University, Oxford, OH 45056; r. 6080 Joseph Dr., Oxford, OH 45056, 513 523-2037.

DOUGLAS, John Edward; '79 BSBA; Asst. Operations Mgr.; Kirk Bros. Transportation, 739 S. Van Denmark Rd, Sidney, OH 45365; r. 505 Urban Ave., Sidney, OH 45365, 513 498-4143.

DOUGLAS, Joseph; '45 BSBA; Gen. Mgr.; Fulton Auto Parts Co., 606 E. Fulton Ave., Columbus, OH 43215; r. 892 Chatham Ln. Apt. #C, Columbus, OH 43221.

DOUGLAS, Lynne Koster, (Lynne Koster); '52 BSBA; Elem. Tchr.; Transfiguration Parish Sch., 4000 43rd St. N., St. Petersburg, FL 33714, 813 527-2880; r. 280 Snell Isle Blvd. NE, St. Petersburg, FL 33704, 813 898-6135.

DOUGLASS, Howard A.; '42 BIE; Retired; r. 1 Poplar Ln., Etowah, NC 28729, 704 891-9591.

DOUGLASS, Mary Edler; '42 BSBA; Retired; r. c/o Scarlet Oaks, 1 Poplar Ln., Etowah, NC 28729, 704 891-9591.

DOUTHITT, Craig Richard; '80 BSBA; Contract Programmer; 2395 Neil Ave., Columbus, OH 43202, 614 299-2797; r. Same.

DOUTHITT, Rosemary Cooke; '48 BSBA; Homemaker; r. 5368 Redwood Rd, Columbus, OH 43229, 614 888-1991.

DOUVILLE, Steven Alan; '79 BSBA; VP; Hbj Ins. Co'S, 78 W. Michigan Ave., Battle Creek, MI 49017, 616 968-7200; r. 4100 S. Kirkman Rd. #108, Orlando, FL 32811.

DOVE, Robert Leo, Jr.; '66 BSBA; Mktg. Mgr.; McElveen Ins. Agcy., 700 W. Prien Lake Rd., Lake Charles, LA 70601, 318 478-5485; r. 28810 Oley Hill Dr., Spring, TX 77881, 713 367-5660.

DOVE, William Leslie; '71 BSBA; Credit Mgr.; Rhone-Poulenc Ag Co., 2 T.W. Alexander Dr., Research Triangle Pk., NC 27709, 919 549-2182; r. 113 Hartland Ct., Raleigh, NC 27614, 919 847-1273.

DOVELL, William J., Jr.; '66 BSBA; Mgr.; Bill Dovell Motor Car Co., 2565 Indianola Ave., Columbus, OH 43202; r. 6265 E. Dublin Granville Rd, New Albany, OH 43054.

DOVER, Kyle Richard; '86 MLHR; Mgr.; Ross Labs, Training & Development Dept., 625 Cleveland Ave., Columbus, OH 43216, 614 227-3458; r. 5041 Dierker Rd., #A-13, Columbus, OH 43220, 614 457-9534.

DOWD, Barbara Jean; '79 BSBA; 306 Twining Rd., Oreland, PA 19075, 215 884-3266.

DOWDELL, Darren McGowen; '83 BSBA; Acct.; ENSA, Inc., Buffalo, NY 14226, 716 834-3111; r. 148 Heim Rd., Williamsville, NY 14221, 716 689-6587.

DOWDS, David G.; '62 BSBA, '63 MBA; Pres.; McKinney Furniture Rental Inc., 3824 Patterson, Greensboro, NC 27417, 919 292-8814; r. 1812 Hobbs Rd., Greensboro, NC 27410, 919 282-7933.

DOWDY, William Stuart; '82 BSBA; Proj. Leader; Fifth Third Bank, 38 Fountain Sq. Plz., Cincinnati, OH 45263, 513 579-6015; r. 5605 Bluepine Dr., Cincinnati, OH 45247, 513 574-2120.

DOWELL, Gregory Charles; '85 BSBA; Supv.; Goodyear Tire & Rubber Co., Hwy. 24, Topeka, KS 66608, 913 295-7273; r. 3201 Twilight Ct., Apt. 204, Topeka, KS 66614, 913 272-3416.

DOWELL, Richard David; '86 BSBA; 6840 Gray Gables Ln., Worthington, OH 43085.

DOWELL, Willie James; '83 BSBA; 10375 S. Lake Blvd., Apt. M30, Parma, OH 44130, 216 845-1672.

DOWIATT, Jan M.; '88 MBA; 6185 Michael Kenny Ln., Dublin, OH 43017, 614 766-7715.

DOWLEY, James Charles; '81 BSBA; 7 N. Liberty St., Delaware, OH 43015, 614 363-2194.

DOWLEY, James E.; '55 BSBA; VP & Dir.; Pre Grad. Sportswear Inc., c/o Postmaster, Painesville, OH 44047; r. 1900 Forest Maple Ln., Columbus, OH 43229.

DOWLING, Ms. Debra Lynn; '86 BSBA; Internal Auditor; Nationwide Ins. Co., One Nationwide Plz., Internal Audits 8T, Columbus, OH 43216, 614 249-2813; r. 1442 Bayshore Dr., #1D, Columbus, OH 43204, 614 488-9316.

DOWLING, Thomas William; '84 BSBA; Territory Mgr.; Lennox Industries, 3 Gill St., Woburn, MA 01801, 617 933-8810; r. 36 F Meadow Pond Dr., Leominster, MA 01453, 508 534-5923.

DOWNES, James E.; '57 BSBA; Staff; Mead Corp., 3347 Madison Rd., Oakley, OH 45209; r. 11309 Marlette Dr., Cincinnati, OH 45249, 513 489-7269.

DOWNES, Robert Eugene, Jr.; '72 BSBA; VP & Gen. Mgr.; Motorists Mutual Ins. Co., 471 E. Broad St., Columbus, OH 43215; r. 212 Ballman Rd, Reynoldsburg, OH 43068, 614 927-0908.

DOWNES, Roger S.; '63 BSBA; 8260 Cloveridge Rd, Chagrin Falls, OH 44022, 216 338-3080.

DOWNEY, Ann Elizabeth; '87 BSBA; 1858 West Ln. Ave., Columbus, OH 43221, 614 486-6592.

DOWNEY, James Edward; '85 BSBA; Sr. Programmer Analyst; Nationwide Ins., Two Nationwide Plz., Columbus, OH 43216, 614 249-8434; r. 3527 Gerbert Rd., Columbus, OH 43224, 614 262-4944.

DOWNEY, James Laybourne; '53; Pres.; Polar Chips Intl., Inc., 4275 34th St., S., 103, St. Petersburg, FL 33711, 813 864-2029; r. 522 Pinellas Bayway #106, Tierra Verde, FL 33715, 813 864-2029.

DOWNEY, James Wayne; '82 MLHR; Dir. of Human Resources; SE Community Mental Health Ctr., 1455 S. 4th St., Columbus, OH 43207, 614 444-0800; r. 5713 Great Hall Ct., Columbus, OH 43229, 614 890-0820.

DOWNEY, Mrs. Pamela G., (Pamela G. Everett); '82 BSBA; Homemaker; r. 3527 Gerbert Rd., Columbus, OH 43224.

DOWNEY, Walter E.; '66 BSBA; Stockbroker; The Ohio Co., 155 E. Broad St., Columbus, OH 43215, 614 464-6811; r. 1517 Ramblewood Ave., Columbus, OH 43235, 614 457-9930.

DOWNEY, William F.; '62 BSBA; Sales Mgr.-Miami Area; Transcon Lines, Inc., 767 NW 143rd St., Miami, FL 33026, 305 687-4821; r. 10820 NW 18th St., Pembroke Pines, FL 33026, 305 432-8447.

DOWNEY, William P.; '27 BSBA; Retired; r. 99 Broadmeadows Blvd., Apt. A, Columbus, OH 43214, 614 888-6715.

DOWNIE, David Scott; '80 BSBA; CPA; Ernst & Whinney, 1225 Connecticut Ave. NW, Washington, DC 20036, 202 862-6162; r. 1112 N. Rochester St., Arlington, VA 22205, 703 237-4240.

DOWNIE, James Scott; '82 BSBA; 212 W. Pacemont Ave., Columbus, OH 43202, 614 268-4310.

DOWNIE, Ted Howard; '75 MBA; Supt.; Alex Downie & Sons Co., 19 W. Heights Ave., Youngstown, OH 44509; r. 178 Mill Creek Dr., Youngstown, OH 44512, 216 788-9790.

DOWNING, Carolyn Albridge; '86 BSBA; 27 S. Maple St., New London, OH 44851.

DOWNING, ENS Craig Allen, USNR; '86 BSBA; Navigation Dept., USS Missouri (BB 63) FPO, San Francisco, CA 96689; r. Wardroom, USS Missouri (BB 63) FPO, San Francisco, CA 96689.

DOWNING, 2LT John P., USAF; '69 BSBA; 5880 73rd Ave., N., Brooklyn Park, MN 55429.

DOWNING, Joseph Ronald; '59 BSBA; Pres. & CEO; Downing Enterprises Inc., 6669 Falls of Neuse Rd., Raleigh, NC 27615, 919 846-8235; r. 6702 Foxfire Pl., Raleigh, NC 27615, 919 847-1663.

DOWNING, Richard A.; '35 BSBA; Retired; r. 127 N. High St., Chillicothe, OH 45601, 614 775-9848.

DOWNS, Harry Elliott, Jr.; '75 MBA; Dir. of Info. Mgmt.; Blue Cross Blue Shield Fla., 532 Riverside Ave., Jacksonville, FL 32202, 904 791-6536; r. 13020 Loblolly Ln., Jacksonville, FL 32216, 904 221-6067.

DOWNS, Kenneth Edward; '79 BSBA; Computer Programmer; AT&T, 6200 E. Broad St., Columbus, OH 43213; r. 1102 Edinburgh Ct., Jamestown, NC 27282, 919 886-5421.

DOWNS, Marshall C.; '59 MBA; Investment Couns.; Investment Counsel Inc., 19511 Mack, Grosse Pte., MI 48236, 313 886-0450; r. 234 Muir Rd., Grosse Pte. Farms, MI 48236, 313 885-3014.

DOWNS, Michael P.; '87 BSBA; Investment Analyst; Ohio Police & Fire Pension Fund, 230 E. Town St., Columbus, OH 43215, 614 228-4076; r. Governours Sq. Apartments, 1251 Waterford Dr., Columbus, OH 43220, 614 442-1827.

DOYLE, Charles Clifton; '85 BSBA; 7560 Spencerton Way, Dublin, OH 43017, 614 766-8009.

DOYLE, James N.; '69 MBA; VP/COO; Ochs Industries Inc., 849 Scholz Dr., Vandalia, OH 45377, 513 898-3941; r. 104 Wildwood Dr., S. Charleston, OH 45368, 513 568-4691.

DOYLE, Joanne Fischer; '66 BSBA; Mgr./Progm Dev; Lake Cnty. Ceta, 105 Nolan Bldg., Painesville, OH 44077; r. 11231 Hidden Springs Dr., Munson, OH 44024, 216 286-3963.

DOYLE, John Michael; '81 BSBA; Proj. Engr.; Ohio Bell Telephone Co., 150 E. Gay St., Columbus, OH 43215, 614 223-4183; r. 512 Carry Back SW, Pataskala, OH 43062, 614 927-5162.

DOYLE, Karen Eileen; '84 BSBA; Staff Asst.; Arthur Andersen Co., 100 E. Broad St., Columbus, OH 43215; r. 1701 King Ave., Dayton, OH 45420, 513 259-0840.

DOYLE, Lawrence; '54; 936 Caniff Rd., Columbus, OH 43221, 614 451-4671.

DOYLE, Lawrence J.; '55 BSBA; Asst. Treas.; Columbia Gas Syst. Svc. Corp., 20 Montchanin Rd., Wilmington, DE 19807, 302 429-5367; r. 2405 Dorval Rd., Chalafonte, Wilmington, DE 19810, 302 478-4439.

DOYLE, Mary Doyle; '55; 2136 Mc Kenzie Dr., Columbus, OH 43220.

DOYLE, Patrick W.; '48 BSBA; Sr. VP; Bancohio Mortgage Co., 155 E. Broad St., Columbus, OH 43215; r. 2516 Lytham Rd, Columbus, OH 43220, 614 451-3274.

DOYLE, Raymond E., Jr.; '66 BSBA; Tax Atty.; Parker-Hannifin Corp., 17325 Euclid Ave., Cleveland, OH 44112; r. 11231 Hidden Springs Dr., Munson, OH 44024, 216 286-3963.

DOYLE, Richard Edward; '87 BSBA; 607 Guilford Blvd., Medina, OH 44256, 216 725-6261.

DOYLE, Richard T.; '51 BSBA; Contr & Bldr; r. Gen Del, Aspen, CO 81611.

DOYLE, Mrs. Velma Porter, (Velma Cole); '82 MPA; Caseworker III; Franklin Cnty. Children Svcs., 1393 E. Broad St., Columbus, OH 43205, 614 252-6111; r. 2825 Sunset View Ct., Columbus, OH 43207, 614 491-5481.

DOYLE, William Patrick; '87 BSBA; Finance Cnslt.; Columbus, OH 43212; r. 1516 King Ave., Apt. #22, Columbus, OH 43212, 614 487-0211.

DOZA, Douglas Kenneth; '88 MBA; Product Svcs. Engr.; Allied Mineral Prods. Inc., 2700 Scioto Pkwy., Columbus, OH 43026, 614 876-0244; r. 4265 Reedbury Ln., Columbus, OH 43220, 614 457-5598.

DOZA, Jan M. '85 (See Bowman, Mrs. Jan M.).

DOZER, Caroline '66 (See Heddleson, Caroline Dozer).

DOZER, Charles A.; '56 BSBA; Managing Ofcr.; Jefferson Savings Bank, 1 E. Main St., POB 77, W. Jefferson, OH 43162, 614 879-8354; r. 200 S. Drexel Ave., Columbus, OH 43209, 614 258-2525.

DOZER, Charles Herbert; '82 BSBA; Owner; Equity Mortage Co., 5025 Pine Creek Dr., Westerville, OH 43081, 614 890-2345; r. 8362 Finch Shelter Dr., Worthington, OH 43085, 614 885-1064.

DOZER, Charles William; '31 BSBA; Pres.; Jefferson Savings Bank, 1 E. Main St., W. Jefferson, OH 43162, 614 879-8354; r. 505 S. Parkview Ave., Apt. 405, Columbus, OH 43209, 614 235-1464.

DOZER, Shirley Kanavel, (Shirley Kanavel); '57; Homemaker; r. 200 S. Drexel Ave., Columbus, OH 43209, 614 258-2525.

DOZER, Mrs. Sylvia C., (Sylvia C. Dyer); '31; Homemaker; r. 505 S. Parkview Ave., Apt. 405, Columbus, OH 43209, 614 235-1464.

DOZIER, Dr. Janelle Brinker; '88 PhD (BUS); Prof. Mgmt. Dept.; Univ. of Houston, 310 E. Melcher Hall, 4800 Calhoun, Houston, TX 77004; r. 2100 Tanglewilde #689, Houston, TX 77063, 713 783-4802.

DRABEK, Anthony S.; '51 BSBA; Retired; r. 2332 Woodbrook Cir. S., Columbus, OH 43223, 614 274-1465.

DRABICK, Rudolph; '66 BSBA; Owner; Drabick Constr. Inc., 297 E. 16th Ave., Columbus, OH 43201, 614 299-7736; r. Same.

DRACKETT, Bolton; '41 BSBA; Investor, Pres.; The Draket Co. (Florida), 3150 Green Dolphin Ln., Port Royal, Naples, FL 33940, 813 649-6633; r. Same.

DRAEGER, Dennis M.; '62 BSBA; Grp. VP; Armstrong World Industries Inc., Floor Div., POB 3001, Lancaster, PA 17604, 717 396-3538; r. 271 Brook Farm Rd., Lancaster, PA 17601, 717 394-5727.

ALPHABETICAL LISTINGS DUDAS 71

DRAFFEN, Billy Harper; '74 MBA; Exec. Dir.; Indiana Eye Clinic, 30 N. Emerson Ave., Greenwood, IN 46143, 317 882-9592; r. 12 Wedding Ln., Plainfield, IN 46168, 317 839-6592.
DRAGICS, David Lee; '74 BSBA; Dir. Investor Relations; UNC, Inc., 175 Admiral Cochrane Dr., Annapolis, MD 21401, 301 266-7333; r. 402 Cranes Roost Ct., Annapolis, MD 21401, 301 757-4920.
DRAGICS, Nicholas George; '61 BSBA; VP & Secy.-Treas.; Home Hobbies & Crafts, Inc., 229 E. Home Rd., Springfield, OH 45503, 513 390-0687; r. 1018 Bon Air Dr., Urbana, OH 43078, 513 653-3330.
DRAGICS, Mrs. Susan R., (Susan R. Gibson); '63 BSBA; Pres.; Home Hobbies & Crafts, Inc., 229 E. Home Rd., Springfield, OH 45503, 513 390-0687; r. 1018 Bon Air Dr., Urbana, OH 43078, 513 653-3330.
DRAGOO, John Buchanan, Jr.; '85 MBA; Property Mgr.; Dragoo & Assocs Real Estate, 127 Weisheimer, Columbus, OH 43214, 614 263-9064; r. 4235 Reedbury Ln., Columbus, OH 43220.
DRAIME, Scott Norman; '85 BSBA; 8836 Singing Hills, Warren, OH 44484.
DRAINVILLE, Richard Joseph; '72 BSBA; Mktg. Mgr.; White Sewing Machine Co., 11760 Berea Rd., Cleveland, OH 44111, 216 252-2310; r. 11602 Lawndale Dr., Parma Hts., OH 44130, 216 888-6170.
DRAKE, Benjamin Lloyd; '84 BSBA; Sales Assoc./Agt.; CapOhio Real Estate, Inc., 41 S. High St., Ste. 1750, Columbus, OH 43215, 614 235-5359; r. 3201 Reynoldsburg-New Albany, New Albany, OH 43054, 614 855-1278.
DRAKE, Christine L. '85 (See Bichsel, Mrs. Christine D.).
DRAKE, Danny Leigh; '73 BSBA; Auditor; Public Employment Ret Syst., 277 E. Town St., Columbus, OH 43215; r. 13190 Pickerington Rd, Pickerington Rural Rte., Pickerington, OH 43147, 614 837-7258.
DRAKE, LTJG David Allen, USN; '85 BSBA; USS Sierra AD-18 FPO, Miami, FL 34084; r. Box #125 Shades of Death Rd, Great Meadows, NJ 07838.
DRAKE, David W.; '50 BSBA; Retired; Eastman Kodak Co.; r. 25 Fairlawn Dr., Rochester, NY 14617, 716 266-2487.
DRAKE, Mrs. Edna L., (Edna L. Lasure); '42; Retired; r. 1872 Hewitt Ave., Dayton, OH 45440, 513 435-8587.
DRAKE, Gary David; '72 MBA; Dir.; Child World Inc., Merchandise Dist & Admin, 25 Littlefield St., Avon, MA 02322, 508 588-7300; r. 350 Grange Park, Bridgewater, MA 02324, 508 697-2480.
DRAKE, Guthery W.; '40 MBA; Retired; r. 32905 Fern Tree Ln., N. Ridgeville, OH 44039, 216 327-9875.
DRAKE, Mrs. Janet A., (Janet A. Raggio); '85 BSBA; Asst. Buyer; Elder Beerman, 3155 Elbee Rd., Dayton, OH 45439, 513 296-2829; r. 3844 Brookshire Dr., Bellbrook, OH 45305, 513 848-3299.
DRAKE, Jean Wiltberger, (Jean Wiltberger); '84 BSBA; Elem. Tchr.; San Feliepe Del Rio Consolidated ISD, Del Rio, TX 78840; r. 9015-B Arantz, Laughlin AFB, TX 78843, 512 298-3442.
DRAKE, 1LT Jeffrey Michael, USAF; '84 BSBA; Pilot; 47th Flying Trng. Wing., Laughlin AFB, TX 78843; r. 9015-B Arantz, Laughlin AFB, TX 78843, 512 298-3442.
DRAKE, Joyce E. '76 (See Hinton, Joyce Drake).
DRAKE, Lynn A. '84 (See Smolen, Mrs. Lynn A.).
DRAKE, Philip David, PhD; '86 MA; 1176 King Ave., Columbus, OH 43212, 614 488-6090.
DRAKE, Thomas Buchanan; '71 BSBA; 6885 Greenleaf Dr. Apt. Ia, Reynoldsburg, OH 43068, 614 866-1970.
DRAKE, Thomas Martin; '85 MBA; 12148 Twincreek Dr., Pickerington, OH 43147, 614 864-9062.
DRAKE, Thomas Paul; '67 MBA; COO; Park Plz., 2991 Congressman Ln., Dallas, TX 75220, 214 351-0908; r. 5813 Wavertree Ln., Plano, TX 75093, 214 248-7234.
DRAKE, Warren Edward; '49 BSBA; Ins. Agt.; 3620 N. High St. Ste. 110, Columbus, OH 43214; r. 645 Garrett Dr., Columbus, OH 43214, 614 451-4651.
DRAKE, William Francis, Jr.; '86 BSBA; Stockbroker; Advest Inc., 250 E. Broad St., Columbus, OH 43215; r. 1318 Durness Ct., Worthington, OH 43085.
DRAKULICH, Michael Lee; '82 MLHR; Safety Prog. Mgr.; City of Columbus, Division of Water, 109 N. Front St. 4th Fl., Columbus, OH 43215, 614 222-8314; r. 1081 Plum Ridge, Columbus, OH 43213.
DRAKULICH, Samuel Sebastian; '34 BSBA; Retired; r. 1191 Essex Dr., W. Palm Bch., FL 33411, 407 793-6586.
DRAPER, JoAnne; '81 BSBA; Systs. Prog./Analyst; Allstate Ins. Co., Allstate Plz., 2880 Sanders Rd., Northbrook, IL 60062; r. 226 Asbury #3, Evanston, IL 60202.
DRAPER, Wendy Marie; '85 BSBA; Supv.; Rugby's Bistro, 771 S. 30th St., Heath, OH 43056, 614 522-3872; r. 3566-D Wilson Woods Dr., Columbus, OH 43204, 614 279-7161.
DRAPP, Michael Randall; '80 BSBA; Pres.; Strategic Methodologies, Inc., 641 Jasonway Ave., Columbus, OH 43214, 614 457-1821; r. Same.
DRASS, Francis Bernard, Jr.; '68 BSBA; 24615 Kings Pointe, Laguna Niguel, CA 92656.
DRAUDT, Bruce M.; '72 BSBA; Mgr.; Jefferson-Pilot Life Ins. Co., Columbus, OH 43229, 614 847-1600; r. 163 Clinton Hts., Columbus, OH 43202, 614 267-1442.
DRAULIS, Karlis Janis; '78 BSBA; Staff; Columbus Oxygen Co., 876 S. Front St., Columbus, OH 43206; r. 267 Hermosa, Long Beach, CA 90802.
DRAYER, Joseph Harry, Jr.; '49 BSBA; Production Mgr.; Ohio Steak & Barbecue Co., 281 N. Grant Ave., Columbus, OH 43215; r. 6077 Rocky Rill Rd, Worthington, OH 43085, 614 885-2891.
DRAYER, Robert E.; '56 BSBA; Account Exec.; 3M Co., 4835 Para Dr., Cincinnati, OH 45250, 513 482-3100; r. 109 Debbie Dr., Westerville, OH 43081, 614 891-5906.
DRECHSLER, David Leroy; '86 BSBA; Law Student; Case Western Reserve Univ., 10900 Euclid Ave., Cleveland, OH 44106; r. 26900 N. Woodland, Beachwood, OH 44122, 216 831-0752.
DREES, MAJ Kenneth Oscar, USAF; '69 BSBA; Dir. Med. Readiness; USAF Med. Ctr., Wright-Patterson AFB, OH 45433, 513 257-1976; r. 4320 Ridgepath Dr., Dayton, OH 45424, 513 233-4122.
DREESE, Elizabeth Mary; '86 BSBA; 55 Oakland Park Ave., Columbus, OH 43214, 614 263-6240.
DREESE, Dr. George Richard; '60 MBA; Prof.; Xavier Univ., Victory Pkwy., Cincinnati, OH 45207; r. 55 Oakland Park Ave., Columbus, OH 43214, 614 263-6240.
DREFAHL, Steven Paul; '74 BSBA; Controller/Personnel Dir.; American Red Cross, 720 Sycamore St., Cincinnati, OH 45202, 513 579-3915; r. 6988 Murray Ave., Cincinnati, OH 45227, 513 272-1557.
DREFFER, Larry Alan; '78 BSBA; Shipping-Receiving Rep.; Cooper Farms, 1 Cooper Farm Dr., POB 500, St. Henry, OH 45883, 419 678-4853; r. 326 Summit St., Celina, OH 45822, 419 586-1052.
DREFFER, Stephan D.; '65 BSBA; Estrn Regn. Sales Mgr.; Velcro USA, 406 Brown Ave., Manchester, NH 03108; r. 20 Fuller Meadow Rd., N. Andover, MA 01845, 508 689-8096.
DREHER, Joan A. '55 (See Smith, Mrs. Joan A.).
DREISSIGER, Armin C.; '58 BSBA; Gen. Mgr.; New York Life Ins. Co., 3800 W. 80th St. Ste. 800, Minneapolis, MN 55431, 612 897-5004; r. 6161 Loch Moor Dr., Edina, MN 55435, 612 941-4401.
DREITZLER, Kenneth W.; '65 BSBA; Labor Rels Rep.-Sr.; Ford Motor Co., Bible & Sugar Rds., Lima, OH 45801; r. 4563 Shawnee Rd., Lima, OH 45806, 419 991-3337.
DRENIK, Douglas Jay; '65 BSBA; VP & Dir.; Cincinnati Floor Co., 4785 Eastern Ave., Cincinnati, OH 45226, 513 321-1837; r. 3488 Principio Ave., Cincinnati, OH 45226, 513 871-8511.
DRENNEN, Michael Francis; '74 BSBA; Equity Partner/Exec.; Mesarvey, Russell & Co. CPA's, First National Bank Bldg., Springfield, OH 45502; r. 1837 Andover Rd., Upper Arlington, OH 43212, 614 488-6653.
DRENNEN, Richard Urban, Jr.; '71 BSBA; 20 Pueblo Ct., Tipp City, OH 45371, 513 667-4917.
DRENNEN, Hon. William Miller; '36 BSBA; Retired Atty./Chief Judge; US Tax Ct.; r. 8001 Aberdeen Rd., Bethesda, MD 20814, 301 654-7341.
DREPS, Ms. Christine Metzger, (Christine Metzger); '87 BSBA; Industrial Engr.; Owens-Illinois, Libbey Glass Division, 940 Ash St. POB 919, Toledo, OH 43693, 419 727-2209; r. 3536 Glendale Ave., Toledo, OH 43614, 419 865-3653.
DRERUP, Jeffrey Charles; '79 BSBA; Loan Ofcr.; Shawmut Mortgage Corp., 2500 Corporate Exchange Blvd., Ste. 140, Columbus, OH 43229, 614 890-1112; r. 5142 N. High St., Apt. 210, Columbus, OH 43214, 614 433-7919.
DRESBACK, William H.; '49 BSBA; Retired; r. POB #336, Tigerville, SC 29688, 803 895-4816.
DRESCHER, Carl Henry; '54 BSBA; Dist. Sales Mgr.; Owens-Illinois Inc., 7530 Lucerne, Middleburg Hts., OH 44130, 216 234-2600; r. 2221 Olde Farm Ln., Hudson, OH 44236, 216 650-4109.
DRESSEL, Madalyn Piar; '82 BSBA; Sales Admin.; Cascade Corp., POB 360, Springfield, OH 45501, 513 322-1199; r. 3666 Troy Rd., Springfield, OH 45504, 513 390-1156.
DRESSEL, W. Edward; '59 MBA; Ins. Agt.; Ed Dressel Agcy., Box 4417, Columbus, OH 43212; r. 1352 Haines Ave., Columbus, OH 43212, 614 486-4730.
DRESSLER, Susan Marie; '88 BSBA; 4333 Copley Rd., Copley, OH 44321, 216 666-8721.
DRESSMAN, Mrs. Mary Kay, (Mary Kay Woodworth); '86 BSBA; Inventory Analyst; Gibson Greetings, 2100 Section Rd., Cincinnati, OH 45222, 513 841-6767; r. 3446 Ault View Ave., Cincinnati, OH 45208, 513 871-4703.
DREUSSI, Annette Beatrice; '80 BSBA; 5283 Morning St., Hilliard, OH 43026.
DREW, Mrs. Julie D., (Julie Crofut); '86 BSBA; Employ./Compensation Spec; N C R Corp., POB 728, Cambridge, OH 43725, 614 439-0292; r. 4351 Higgins Hill Rd., Cambridge, OH 43725, 614 432-4721.
DREW, Warren M.; '43 BSBA; Retired Tax Acct.; Cleveland-Cliffs Iron Co., 1460 Union Commerce Bldg., Cleveland, OH 44115; r. 31652 Electric Blvd., Avon Lake, OH 44012, 216 933-3048.
DREXEL, William A.; '47 BSBA; Retired; r. 5260 S. Landings Dr. #501, Ft. Myers, FL 33919, 813 489-3759.
DREXLER, Robert Joseph, Jr.; '80 BSBA; Atty.; Quisenberry & Barbanel, 2029 Century Park, E., Los Angeles, CA 90067, 213 785-7966; r. 444 N. Sycamore Ave., Apt. #2, Los Angeles, CA 90036, 213 938-2902.
DREYER, Elmer E.; '53 BSBA; Sec Supv./Sls&Pr Anl; * Ford Motor Co., The American Rd., Dearborn, MI 48121; r. 2118 Moore Pl., Howell, MI 48843.
DREYER, Hans Daniel; '78 BSBA; Staff; Chemical Abstracts Svc., 510 Olentangy River Rd, Columbus, OH 43210; r. 495 Howland Dr., Gahanna, OH 43230, 614 476-1394.
DREYER, Michael Paul; '81 BSBA; General Delivery, Hazelwood, MO 63042.
DRIGGS, Nancy Reeb, (Nancy Reeb); '87 BSBA; Asst. Mgr.; Ohio Bell, 150 E. Gay St., Columbus, OH 43215, 614 223-7155; r. 4435 Anchorage Ct., Hilliard, OH 43026, 614 771-1200.
DRIGGS, Vicki Linn; '82 BSBA; c/o Cannon, 3281 Benton St., Santa Clara, CA 95051.
DRILL, Gladys '31 (See Corbin, Gladys D.).
DRISCOLL, David A.; '85 BSBA; Distribution Mgr.; NuLook Fashions, 5080 Sinclair Rd., Columbus, OH 43229, 614 885-4936; r. 522 Forest Hill Dr., Youngstown, OH 44515, 614 436-0426.
DRISCOLL, Dennis Kevin; '71 BSBA; Sales Mgr.; Rich Prods. Corp., 3200 Riverside Dr., Columbus, OH 43221, 614 486-6631; r. 2886 Welsford Rd., Columbus, OH 43221, 614 481-9651.
DRISCOLL, Lawrence Thomas; '73 MBA; Staff; RCA Corp., 30 Rockefeller Plz., New York, NY 10020; r. 6 Lebed Dr., Somerset, NJ 08873, 201 247-3783.
DRISCOLL, Philip T.; '48 BSBA; Asst. Prof./Chmn.; Syracuse Univ., Sch. of Management, Dept. of Acctg., Syracuse, NY 13244, 315 443-2804; r. 6953 St. Andrews Cir., Fayetteville, NY 13066, 315 446-0118.
DRISCOLL, Robert A.; '54; Retired; r. 320 Thornhill Ln., Middletown, OH 45042, 513 423-5198.
DRISCOLL, Stephen Eric; '74 BSBA; Grp. Supv.; Oclc Inc., 1125 Kinnear Rd., Columbus, OH 43212; r. 5257 Wolf Run Dr., Gahanna, OH 43230, 614 476-0891.
DRISCOLL, Thomas Edward; '74 BSBA; 234 E. 17th Ave., Columbus, OH 43201.
DRISKELL, Thomas D.; '64 BSBA; Dir.; Driskell Bioengineering, 5229 Cheshire Rd., Galena, OH 43021, 614 548-7700; r. 9040 Hawthorn Point, Westerville, OH 43081, 614 882-7888.
DRIVER, David E.; '81 BSBA; Madison Cnty. Hosp.; r. 6285 Barnside Dr., Canal Winchester, OH 43110, 614 837-6422.
DROESCHER, Charles A.; '52 BSBA; 5044 Berkshire Dr., N. Olmsted, OH 44070, 216 777-7282.
DROHER, Helene Goldstein, (Helene Goldstein); '28 BSBA; Retired; r. 7 Crestview Village, Apt. B, St. Joseph, MO 64506, 816 232-8578.
DROSSMAN, Lois Bayliss; '75 MPA; Atty.; 333 S. Kirkwood Rd., Kirkwood, MO 63122, 314 965-8181; r. 11091 Alan Shepard Dr., Maryland Hts., MO 63043, 314 291-3889.
DROUHARD, Lawrence Anthony, II; '69 BSBA; Pres.; The Parts Place Inc., 515 W. Main St., Loudonville, OH 44842, 419 994-4163; r. 315 Hoffman Rd., Loudonville, OH 44842, 419 994-3544.
DROUIN, Ms. Maureen Theresa; '80 MAPA; Dir. of Adult Svcs.; Dept. of Mental Health, Region III, 491 Maple St., Ste. 302, Danvers, MA 01923, 508 774-5444; r. 44 Washington St., Unit D, Newburyport, MA 01950, 508 687-7376.
DROZDOWICZ, LT Ben Scott; '78 BSBA; 4403 288th St., Toledo, OH 43611, 419 729-1369.
DROZDOWSKI, Stanley Michael; '61 BSBA; Exec. VP; Sun State Savings, 4222 E. Camelback Rd., Phoenix, AZ 85018, 602 224-1256; r. 5602 N. Camelback Canyon Pl., Phoenix, AZ 85018, 602 952-9442.
DRTINA, Dr. Ralph Edward; '80 PhD (PA); Assoc. Prof.; Rollins Clg., Graduate Sch. of Bus., Winter Park, FL 32789, 407 646-2344; r. 221 Milford Haven Cove, Longwood, FL 32779, 407 788-7592.
DRUKENBROD, Todd Alan; '82 BSBA; 6566 Fulton Dr. NW, Canton, OH 44718, 216 499-3922.
DRUKKER, Paul Philip; '80 BSBA; 9377 Muirkirk Dr., Dublin, OH 43071, 614 889-5304.
DRUM, Rosalind; '80 BSLHR; Staff; Battelle Mem. Inst., 505 King Ave., Columbus, OH 43201, 614 424-6321; r. 2241 Fishinger Rd., Columbus, OH 43221.
DRUMM, Jeffrey Allen; '85 BSBA; Personnel Recruiter; CDI Corp.-Midwest, 6100 Channingway Blvd., Ste. 501, Columbus, OH 43232, 614 866-1042; r. 541 Wild Indigo Run, Westerville, OH 43081, 614 847-9182.
DRUMM, Sheryl Kaye; '86 BSBA; 6774 Darylane Dr., Dublin, OH 43017, 614 766-2128.
DRUMMOND, Roger Dean; '73 MBA; Martin Marietta Corp., 5100 Springfield Park, Ste. 308, Dayton, OH 45431; r. 6503 Rising Spring Ct., Centerville, OH 45459, 513 435-6798.
DRURY, Ann Martha; '86 BSBA; 2469 Southway, Columbus, OH 43221, 614 488-6600.
DRURY, COL John W., USMC(Ret.); '51 MPA; 3823 Trimble Rd, Nashville, TN 37215, 615 298-1863.
DRUSEIKIS, Ray L.; '73 BSBA; Corporate Controller; Red Roof Inns, 4355 Davidson Rd, Hilliard, OH 43026, 614 876-3200; r. 2951 Cranston Dr, Dublin, OH 43017.
DRUSHAL, Bonnie Casper; '77 MPA; Atty-at-Law; Bonnie Casper Drushal, 132 E. Liberty St., Wooster, OH 44691; r. 1137 Forest Dr., Wooster, OH 44691, 216 264-5256.
DRUSHAL, Marsha Jean; '87 BSBA; Staff; Columbia Gas of Ohio, 216 3rd St., Elyria, OH 44035; r. 119 Dennison Box 625, Hebron, OH 43025, 614 928-2555.
DRZYZGA, Carol J. '85 (See Betz, Mrs. Carol Jo).
D'SOUZA, Dr. Patricia Veasey; '81 MBA; 714 Great Bend Dr., Diamond Bar, CA 91765, 714 861-2772.
DUBENION, Carolyn Ann; '85 BSBA; 4910 E. Walnut St., Westerville, OH 43081.
DUBER, Michael Joseph; '70 BSBA; Atty.; Bentoff & Duber Co., LPA, 230 Leader Bldg., Cleveland, OH 44114, 216 861-1533; r. 3952 White Oak Tr., Orange Vlg., OH 44122, 216 464-1701.
DUBIN, Lawrence David; '88 BSBA; Student; r. 25901 Annesley, Beachwood, OH 44122, 216 283-0778.
DUBLE, Frederick Geyer; '79 BSBA; Sales Rep.; Eastman Kodak Co., 225 N. Michigan Ave., Chicago, IL 60601, 312 565-2374; r. 2800 N. Lake Shore Dr., #3710, Chicago, IL 60657, 312 348-7757.
DUBNICKA, Daniel James; '87 BSBA; Staff Acct.; Lytkowski & Co. CPA's, 310 Hanna Bldg., Cleveland, OH 44115, 216 696-5394; r. 2644 Brainard Rd., Pepper Pike, OH 44124, 216 442-8346.
DU BOIS, Jeffrey B.; '66 BSBA; Pres.; Delaware Investment Co., 1720 Zollinger, Columbus, OH 43221, 617 442-8644; r. 1738 Doone Rd., Columbus, OH 43221, 614 481-4252.
DU BOIS, Joseph E.; '48 BSBA; Retired; r. 4456 Olentangy Blvd., Columbus, OH 43214, 614 268-0895.
DUBOIS, Karen Patricia; '83 MBA; Mgr./Financl Info. Spt; Ross Labs, 625 Cleveland Ave., Columbus, OH 43216; r. 55 Mariemont Dr., Westerville, OH 43081, 614 895-2159.
DU BOIS, Laurence R.; '48 BSBA; VP-Finance; Ormet Corp., Box 176, Hannibal, OH 43931, 614 483-1381; r. 112 Hillcrest Dr., Woodsfield, OH 43793, 614 483-1601.
DU BOIS, Linda '79 (See Moulton, Linda Du Bois, CPA).
DU BOIS, Michael Gene; '72 BSBA; Pres.; Traverse Mobile Homes, 423 US 31 S., Traverse City, MI 49684, 616 943-8033; r. 3652 N. Spider Lake Rd., Traverse City, MI 49684, 616 941-5782.
DU BOIS, Raymond D.; '81 BSBA; Mgr.-Capture/Billing; American Express, 777 American Express Way, Plantation, FL 33324, 305 473-3884; r. 9040 SW 187th Ter., Miami, FL 33157, 305 253-5214.
DU BOV, Herman H.; '46 BSBA; Real Estate Broker; dba Natl. Realty Mart, 4951 Edsal Dr., Cleveland, OH 44124; r. Same, 216 382-4490.
DUBROS, Brad John; '87 BSBA; Mktg. Analyst; Lennox Industries, Inc., 1711 Olentangy River Rd., Columbus, OH 43212, 614 421-6000; r. 4883 Mc Bane St., Columbus, OH 43220, 614 457-2549.
DUBYK, Nicolas Stephan; '87 BSBA; 1585 Parkview Dr., Cleveland, OH 44131, 216 524-3010.
DUCEY, Ernest David, Esq.; '80 BSBA; Atty.; Ducey & Riewaldt, 117 W. Wayne St., Maumee, OH 43537, 419 893-5400; r. 2021 Brent Valley Rd, Holland, OH 43528, 419 866-5556.
DUCHAC, Lawrence A., CPM; '57 BSBA; Exec. VP; Servicon Systs. Inc., 3965 Landmark St., Culver City, CA 90232, 213 204-5040; r. 11801 Clonlee Ave., Granada Hls., CA 91344, 818 363-9491.
DUCHAK, LCDR George Demetrius, USN; '85 MBA; Aero Engr. Duty Ofcr.; Naval Postgraduate Sch., S. M C #1062, Monterey, CA 93940, 408 646-2491; r. 167 Pebble Pl., Marina, CA 93933, 408 384-8255.
DUCHAK, Sonya M.; '85 MBA; Sr. Financial Planner; Alexander Lawton Ford Grp., POB 3316, 215 W. Franklin, Monterey, CA 93942, 408 649-0999; r. 167 Pebble Pl., Marina, CA 93933, 408 384-8255.
DUCHENE, Francoise Helen; '68 BSBA; Indep. Cnslt.; 212 Whittier Dr., Lancaster, OH 43130, 614 687-0716; r. Same.
DUCHI, Mary Laird, (Mary Laird); '76 MBA; Mgr.; Battelle Mem. Inst., 505 King Ave., Columbus, OH 43201, 614 424-5021; r. 2744 Coventry, Columbus, OH 43221, 614 486-4651.
DUCK, Jeanine Lynn; '87 BSBA; 3627 S. Sunnyfield, Copley, OH 44321, 216 666-8584.
DUCKWALL, Carl Henry; '68 BSBA; Pres.; American Ins. Spec Agcy., 647 Park Meadow Rd., Westerville, OH 43081, 614 895-2700; r. 1136 Smoke Burr Dr., Westerville, OH 43081, 614 891-1084.
DUCKWORTH, Mary Margaret; '88 BSBA; 3586 Oak Rd., Stow, OH 44224, 216 688-6772.
DUCKWORTH, William F.; '40 BSBA; Atty.; Lumpe Everett & Duckworth, 222 E. Town St., Columbus, OH 43215; r. 20 S. High, Canal Winchester, OH 43110.
DUCO, Lisa Weaver; '87 BSBA; Acct.; Emro Mktg. Co., 4300 Gateway Blvd., POB 1500, Springfield, OH 45501; r. 1431 Runaway Bay Dr. #2B, Columbus, OH 43204, 614 488-8514.
DUCO, Michael Patrick; '84 BSBA; Labor Relations Spec.; State of Ohio, Ofc. of Collective Bargaining, 65 E. State St. 16th Fl., Columbus, OH 43215, 614 466-0570; r. 1431 Runaway Bay Dr. Apt. 2B, Columbus, OH 43204, 614 488-8514.
DU COVNA, Herbert S.; '64 BSBA; VP; Jerris-Mounds Inc., 1000 Kieley Pl., Cincinnati, OH 45217; r. 10901 Brookgreen Ct., Cincinnati, OH 45242, 513 489-0808.
DUDA, Michael E.; '85 BSBA; Grad. Student; Ohio State Univ., Columbus, OH 43210, 614 294-3224; r. 8012 Stow Rd., Hudson, OH 44236, 216 650-0127.
DUDAS, MAJ Richard L.; '67 BSBA; Profn. Networker; Intl. Network Mktg. Systs., 97 Racine Rd., Milton, VT 05468, 802 893-7091; r. Same.

DUDCHENKO, Peter; '73 BSBA; Pres.; American Cast & Metal Assoc., 455 State St., Des Plaines, IL 60016, 312 299-9160; r. 671 Indian Spring Ln., Buffalo Grove, IL 60089, 312 459-0165.

DUDGEON, Michael Bruce; '75 BSBA; 4 S. Rogers St., Mt. Vernon, OH 43050, 614 397-4317.

DUDINSKY, Lee D.; '76 BSBA; Cnslt.; Keystone Property Tax Svcs., 5823 Reamer, Houston, TX 77074, 713 777-9535; r. 713 777-8820.

DUDLEY, Albert Le Roy; '76 MBA; 1604 Whites Creek Park, Nashville, TN 37207, 615 228-3306.

DUDLEY, Cecil O.; '28 BSBA, '32 MA; Retired; r. 2580 Glenmawr Ave., Columbus, OH 43202, 614 268-7925.

DUDLEY, David Allen; '81 BSBA; Bus. Syst. Analyst; Bank One of Columbus, 340 Mc Coy Ctr., Cleveland Ave., Westerville, OH 43081, 614 248-4917; r. 2123 Jewett Dr., Columbus, OH 43229, 614 899-7672.

DUDLEY, Joann Scheuerman; '57 BSBA; Faculty; Lima Technical Clg., 4300 Campus Dr., Lima, OH 45804, 419 222-8324; r. 548 Yale Ave., Lima, OH 45804.

DUDLEY, Milton L.; '40 BSBA; Ins. Broker; 21190 Ctr. Ridge Rd., Rocky River, OH 44116, 216 331-4492; r. 21465 Detroit Rd., Apt. D-217, Cleveland, OH 44116, 216 333-0093.

DUDLEY, Stephanie '85 (See Wolf, Stephanie Dudley).

DUDTE, Mrs. Judith A., (Judy A. Kuess); '79 BSBA; Mgr.; Gribble Foods Inc., Mohican Country Store, St. Rte. 3 S., Loudonville, OH 44842, 419 994-4032; r. 333 W. Baker Ct., Loudonville, OH 44842, 419 994-3461.

DUELLMAN, Anthony Bernard, III; '81 BSBA; Computer Programmer; Republic Steel, Republic Bldg., POB 6778, Cleveland, OH 44101; r. 1910 Harding Dr., Wickliffe, OH 44092, 216 944-7858.

DUEMEY, James Elias; '72 BSBA, '76 MBA; Asst. VP; State Auto Mutual Ins. Co., 518 E. Broad St., Columbus, OH 43216, 614 464-5000; r. 760 Chelsea Ave., Columbus, OH 43209, 614 231-2821.

DUERMIT, Jeffrey Allen; '85 BSBA; Warehouse Supv.; Thomas/Sysco Food Svcs., 10510 Evendale Dr., Cincinnati, OH 45241, 513 563-6300; r. 2422 Foster Mainev, Morrow, OH 45152, 513 899-3308.

DUES, Leon George; '61 BSBA; VP Mktg.; Atlas Oil Co., 414 Tolland St., E. Hartford, CT 06108, 203 289-6435; r. 204 Stagecoach Rd., Avon, CT 06001, 203 673-7098.

DUESING, Carol J. '78 (See Maddox, Mrs. Carol D.).

DUFF, Brian Earl; '83 BSBA; Sales Rep.; Columbus, OH 43228; r. 6105 Sunlawn Dr., Westerville, OH 43081, 614 890-4202.

DUFF, James E.; '78 BSBA; CPA; Coopers & Lybrand, 1800 M St. NW, Ste. 400, Washington, DC 20036, 202 822-4000; r. 6059 Burke Wood Way, Burke, VA 22015, 703 978-1062.

DUFF, Richard Emery; '76 BSBA; Acctg. Supv.; Toledo Scale, Div of Reliance Electric Co, Worthington, OH 43085; r. 3829 Heatherglen Dr, Hilliard, OH 43026, 614 876-8460.

DUFFETT, Benton S., III; '85 BSBA; Law Student; r. 9411 Ferry Landing Ct., Alexandria, VA 22309, 703 780-4482.

DUFFEY, Leslie Peralta '79 (See Duffey-Steinau, Dr. Leslie Peralta).

DUFFEY, Mark Allen; '88 BSBA; 4636 Edwardian Cir. 2D, Indianapolis, IN 46254.

DUFFEY-STEINAU, Dr. Leslie Peralta, (Leslie Peralta Duffey); '79 MA; Supv. Partnerships; Columbus Public Schs., General's House, 546 Jack Gibbs Blvd., Columbus, OH 43215, 614 365-6681; r. 1357 Jewett Rd., Powell, OH 43065, 614 885-2385.

DUFFIN, Terrence Francis; '77 BSBA; Mfgr. Rep.; Distributor Assocs. Inc., 1140 Marshall Ave., Lancaster, PA 17601, 717 392-1166; r. 209 Kings Cross Rd., Lititz, PA 17543, 717 627-4404.

DUFFUS, Parmelee W.; '36 BSBA; Retired; r. 1891 Robinway Dr., Cincinnati, OH 45230, 513 232-0581.

DUFFUS, William W.; '41 BSBA; Retired; r. 108 N. Forty Rd., Morehead City, NC 28557, 919 726-2943.

DUFFY, Bernard J.; '37 BSBA; Retired; r. 1350 Cove Ave., Apt. 1, Lakewood, OH 44107, 216 521-8486.

DUFFY, Charles; '63 BSBA; Admin.; Kewanee Hosp., Kewanee, IL 61443, 309 853-3361.

DUFFY, Daniel Joseph; '83 BSBA; CPA; Kenneth Leventhol & Co., 10 W. Broad St., Columbus, OH 43215, 614 464-1403; r. 4081 Berryfield Dr., Gahanna, OH 43230, 614 478-1877.

DUFFY, Deborah Varrasso, (Deborah Varrasso); '85 BSBA; Asst. Controller; Davidson Phillips, Inc., 1152 Goodale Blvd., Columbus, OH 43212, 614 297-0404; r. 4081 Berryfield Dr., Gahanna, OH 43230, 614 478-1877.

DUFFY, James Clement; '59 BSBA; VP; Richards Cnslts. Ltd., 15851 N. Dallas Pkwy., Ste. 1101, Dallas, TX 75248, 214 991-0404; r. 3721 Stoney Creek Rd., Ft. Worth, TX 76116, 817 737-6731.

DUFFY, James Thomas; '69 BSBA; Owner; Cinema N Drafthouse, International Inc, Atlanta, GA 30304, 404 633-8988; r. 6973 H Roswell, Atlanta, GA 30328, 404 394-1481.

DUFFY, John David; '49 BSBA; Atty.; Defense Const Sup Ctr., 3990 E. Broad St., Columbus, OH 43213, 614 238-3284; r. 509 Durbin Rd., Columbus, OH 43213, 614 755-4538.

DUFFY, John Duncan, Jr.; '44 BSBA; Retired Gen. Sales Mgr.; Buick Div. GM; r. 9519 Woodmont, Grand Blanc, MI 48439, 313 694-0935.

DUFFY, John William; '75 BSBA; Staff Acct.; Stephen P Campbell, 1800 Moler Rd., Columbus, OH 43227; r. 1017 S. Roosevelt Ave., Columbus, OH 43209, 614 237-6852.

DUFFY, Mary Kay; '86 BSBA; Sr. Acct.; Schultz & Taylor PC, 5333 N. 7th St. Ste. 214, Phoenix, AZ 85014, 602 265-7011; r. 4832 W. Christine Cir., Phoenix, AZ 85308, 602 938-7512.

DUFFY, Rosemary '46 (See Van Eman, Rosemary Duffy).

DUFFY, Thomas Joseph; '81 BSBA; 241 Piedmont Rd., Columbus, OH 43214.

DUGAN, Charles E.; '49 MBA; Retired; r. 266 Blenheim Rd., Columbus, OH 43214, 614 267-6649.

DUGAN, Earl C.; '52 BSBA; Exec. VP; Giese Screw Machine Prods. Co., 1150 Ferris Rd., Amelia, OH 45102, 513 752-0333; r. 669 Milford Hills Dr., Milford, OH 45150, 513 248-1851.

DUGAN, John Herman; '84 BSBA; Supv.; J.C. Penney Distribution Ctr., Order Processing, 3040 Fleet Rd., Columbus, OH 43227; r. 434 Jonell Ln., Reynoldsburg, OH 43068, 614 863-0975.

DUGAN, Karen Alane; '84 MBA; Mgr.; Ernst & Whinney, 250 E. Fifth St., Cincinnati, OH 45202, 513 621-6454; r. 969 Paradrome, #303, Cincinnati, OH 45202, 513 421-6420.

DUGAN, Susan Johnson; '84 BSBA; Administrative Assoc.; Borden's Cols Coated Fabrics, POB 208, Columbus, OH 43216; r. 434 Jonell Ln., Reynoldsburg, OH 43068, 614 863-0975.

DUGAN, Wendy S. '86 (See Walls, Mrs. Wendy D.).

DUGAS, C. Clayton; '49 BSBA; 27843 Detroit Rd. #213, Cleveland, OH 44145, 216 871-3686.

DUGGAN, Dawn Nash; '77 MPA; Owner; The Resume Tailor Ltd., 13921 Wayside Dr., Clarksville, MD 21029; r. Same, 301 854-0362.

DUGGER, Bette De Beck; '55 BSBA; Personnel Mgr.; Mgmt. Horizons, 570 Metro Pl. N., Dublin, OH 43017, 614 764-9555; r. 1851 Riverhill Rd., Columbus, OH 43221, 614 451-6921.

DUGGER, Dean A.; '55 BSBA; CEO; American Red Cross, 995 E. Broad St., Columbus, OH 43205, 614 253-7981; r. 1851 Riverhill Rd, Columbus, OH 43221, 614 451-6921.

DUHL, Daniel L.; '82 BSBA; Trng. Spec.; Motorists Mutual Ins. Co., 471 E. Broad St., Columbus, OH 43215, 614 225-8352; r. 2601 Sawbury Blvd., Columbus, OH 43235, 614 792-5788.

DUHON, Mark Steven; '88 BSBA; 925 Triplett Blvd., Akron, OH 44306, 216 724-9624.

DUIGON, COL Theodore M., Jr., USAF; '61 BSBA; Dir. Rsch. Analysis; HQ Air Training Command, Randolph AFB, TX 78148; r. 1112 Antler Dr., Schertz, TX 78154, 512 651-5234.

DUKE, Amedeo J.; '43 BSBA; Ins. Pres.; Amedeo J Duke Ins. Agcy., 14 Hunting Rd., Buffalo, NY 14215; r. 14 Hunting Rd., Buffalo, NY 14215, 716 835-3561.

DUKE, Janet M.; '82 BSBA; Statistical Analyst; Gen. Dynamics, General Dynamics Blvd., Ft. Worth, TX 76108, 817 777-2226; r. 3214 River Park Ln. S., Apt. #1423, Ft. Worth, TX 76116, 817 738-3018.

DUKES, John Robert; '71 MBA; Mgr. Nucleonics-Physicist; Combustion Engrg./PAB, 650 Ackerman Rd., Columbus, OH 43202, 614 261-2000; r. 236 Weydon Rd., Worthington, OH 43085, 614 885-5651.

DUKO, Cheryl L. '87 (See Sommer, Cheryl L.).

DUKO, Scott Stephen; '85 BSBA; Staff Acct.; Peat Marwick Mitchell & Co., 2 Nationwide Plz., Columbus, OH 43215; r. 325 Verdant Ln., Canfield, OH 44406, 216 533-4696.

DUKO, Sharon A. '83 (See Carrocce, Mrs. Sharon A.).

DULANEY, Brian Nelson; '88 BSBA; Indep. Agt.; 5357 Portland St. #102, Columbus, OH 43220, 614 451-4571; r. Same.

DULANEY, Janice Dill; '78 BSBA; c/o MCC Powers Inc, 1000 Deerfield Pkwy., Deerfield, IL 60015.

DULANEY, Michael Leon; '77 BSBA; Operations Gen. Supv.; GM Corp., Warehousing & Distribution Div, 6060 Bristol Rd., Swartz Creek, MI 48554; r. 1357 Hickory Hollow Dr., Flint, MI 48504.

DULANEY, Randi Kirksey; '79 BSBA; Acct.; GM Corp., Buick-Olds-Cadillac Group, 902 E. Hamilton Ave., Flint, MI 48505; r. 1357 Hickory Hollow Dr., Flint, MI 48504.

DULAPA, Martin M.; '41 BSBA; Realestate Broker; r. 450 Colonial Ct., Grosse Pte. Farms, MI 48236, 313 886-5669.

DULIN, Joyce Ann; '76 BSBA; Dir. Customer Svc.; ASI Sign Systs., 12600 Interurban Ave. S., Seattle, WA 98168, 206 243-2020; r. 9843 County Rd. 130, Kenton, OH 43326, 419 675-1375.

DULIN, Lewis C., Jr.; '60 BSBA; Area Supv.; Timken Roller Bearing Co., Cone Assembly-Prod & Process, 1025 Cleveland Ave., Columbus, OH 43201; r. 1254 Norwell Dr., Columbus, OH 43220, 614 451-6671.

DULIN, Lyman Louis, Jr.; '73 BSBA, '76 MBA; Controller; Motorola GMB4, Semi Conductors, Schatzbogenstr 7, Munich, West Germany, 08992103; r. Pfannenstielstr 12, 8051 Langenbach, West Germany.

DULINSKI, David Alan; '82 BSBA, '88 MBA; Cert Pub Acct.; Price Waterhouse Co., 180 E. Broad St., Columbus, OH 43215, 614 221-8500; r. 1607 Cardiff, Columbus, OH 43221, 614 486-7212.

DULL, Kenneth Lynn; '77 BSBA; Controller; South Texas & Lone Star, 824 W. 5th Ave., Columbus, OH 43212; r. 2905 Rutherford Rd., Powell, OH 43065.

DULY, Gregory Neil; '83 BSBA; 1438 Rosewood Dr., Bowling Green, OH 43402.

DUMAS, LT Daniel Ray, USN; '73 BSBA; 21333 SW Makah, Tualatin, OR 97062, 503 692-0642.

DUMBAUGH, Mark Allen; '82 BSBA; Ins. Agt.; Dumbaugh Ins. Agcy. Inc., 66 N. Chestnut St., Fredericktown, OH 43019, 614 694-1234; r. 22 W. Clg., Fredericktown, OH 43019, 614 694-4706.

DUMBAULD, Elizabeth Ann; '83 BSBA; Fin Planner-Adm Asst.; Investor's Spectrum, POB 06630, Columbus, OH 43205; r. 2338 Antigua Dr., Apt. 2A, Columbus, OH 43220, 614 459-6953.

DUMBOLA, John Martin; '85 BSBA; Analyst; American Industries & Res. Corp., 201 Luray Dr., Wintersville, OH 43952, 614 264-7704; r. 237 Cunningham Ln., Steubenville, OH 43952, 614 264-0815.

DUMENIL, Lois '33 (See Priest, Lois Dumenil).

DUMITRE, Thomas C.; '41 BSBA; 1381 Norman St., Bridgeport, CT 06604, 203 367-7880.

DU MONT, Stephen Renee; '68 MBA; Exec. VP; Mast Industries Inc., 100 Old River Rd., POB 2020, Andover, MA 01810, 508 975-6114; r. 121 Rolling Ln., Weston, MA 02193, 617 647-1087.

DUMPIS, Andrejs Paul; '80 BSBA; Financial Analyst; Katema, Inc., 790 Greenfield Dr., El Cajon, CA 92022, 619 588-3485; r. 8843 Donaker St., San Diego, CA 92129, 617 538-6529.

DUN, William Earl; '87 BSBA; 395 Broadmeadows #214, Columbus, OH 43214, 614 888-7024.

DUNAGAN, Jack Douglas; '71 BSBA; Dist. Mgr.; Dow Chemical USA, Park 80 Plz., E., Saddle Brook, NJ 07662, 201 587-7113; r. 36 Underwood Rd., Montville, NJ 07045, 201 299-8982.

DUNBAR, Gary T.; '76 BSBA; Sr VP Domestic Operations; Encorp, 111 Market St., Cincinnati, OH 45246, 513 782-6450; r. 10290 Falling Waters, Cincinnati, OH 45241, 513 563-7256.

DUNBAR, James T.; '70 BSBA; Zone Mgr. Ford Motor; Ford Motor Co., The American Rd., Dearborn, MI 48121; r. 11730 51st Ave. N., Plymouth, MN 55442, 612 559-0437.

DUNBAR, Kathleen Merie; '83 MBA; Plng. Analyst; Nationwide Ins., One Nationwide Plz., Columbus, OH 43215, 614 249-7784; r. 66 Medbrook Way, Columbus, OH 43214, 614 263-7198.

DUNCAN, Carl Michael; '86 BSBA; Claims Adj Trainee; Meridian Ins., 1840 Belcher Box 2198, Columbus, OH 43023; r. 116 1/2 E. Broadway, Granville, OH 43023, 614 587-3235.

DUNCAN, Donald W.; '60 BSBA; Pres.; Duncan Cnslts., POB 1584, Roanoke, VA 24007, 703 981-0253; r. RR 3, Box 269A, Troutville, VA 24175, 703 977-1100.

DUNCAN, Gregory A.; '87 BSBA; Computer Analyst; Dow Chemical USA, Michigan Division, 633 Building, Midland, MI 48667, 517 636-1000; r. 3951 E. Patrick, Midland, MI 48640, 517 835-7366.

DUNCAN, CDR Harold O., USN(Ret.); '31 BSBA; Retired Acct.; r. 515 Maple St., Farmington, MO 63640, 314 756-3233.

DUNCAN, Kenneth Eugene; '71 BSBA; 12114 Roxbury Pl., Carmel, IN 46032, 317 848-5956.

DUNCAN, Lawrence Lee; '77 MBA; Asst. VP; Huntington Natl. Bank, Huntington Leasing Company, 41 S. High St., Columbus, OH 43287; r. 2211 Blackoak Ave., Columbus, OH 43229, 614 882-0803.

DUNCAN, Lennis M.; '64 BSBA; VP-Bus Operations; Natl. Advanced Systs. Corp., 750 Central Expy., MS3210, San Jose, CA 95051, 408 970-5964; r. 1317 Echo Valley Dr., San Jose, CA 95120, 408 268-9608.

DUNCAN, Robert James; '87 BSBA; Retail Sales Rep.; Black & Decker, 1444 E. Marlton Pike, Cherry Hill, NJ 08034, 609 627-7855; r. 3801 Arborwood III, Lindenwold, NJ 08021, 609 627-7855.

DUNCAN, Steven Yates; '80 MBA; Mgr./MCS; Ernst & Whinney, 2000 National City Ctr., Cleveland, OH 44114; r. 314 Rolling Trails, Greenwood, IN 46142.

DUNDAS, CAPT Wallace Darrel, USAF; '64 BSBA; Randolf A F Branch, Box 424, Universal City, TX 78148; r. 4835 Casa Grande, San Antonio, TX 78233.

DUNDON, Brian Robert; '70 MBA; Pres.; Century Electric Inc., 1881 Pine St., St. Louis, MO 63166, 314 342-2500; r. 14271 Cedar Springs Dr., Chesterfield, MO 63017, 314 878-5553.

DUNDON, Lois Meeker; '38 BSBA; 96 Howard Ave., Worthington, OH 43085, 614 885-6896.

DUNDON, Mark Thomas; '75 BSBA; 988 Hartford St., Worthington, OH 43085, 614 436-7332.

DUNDON, Robert T.; '35 BSBA; Retired; r. 96 Howard Ave., Worthington, OH 43085, 614 885-6896.

DUNEVANT, Robert S.; '48 BSBA; Pres. & Chmn.; Peoples Trust Bank Corp., c/o Postmaster, Brookville, IN 47012, 317 647-3591; r. RR No 5, Harrison, OH 45030, 812 637-3756.

DUNFEE, Emaleen '56 (See Hoover, Emaleen Dunfee).

DUNHAM, Carrie '83 (See Warmolts, Carrie Dunham).

DUNHAM, Don F.; '48 BSBA; Retired; r. 145 Brookhollow Dr., 540 Elkins Lake, Huntsville, TX 77340, 409 291-3865.

DUNHAM, Douglas Lynn; '68 BSBA; Prod Control Mgr.; Ohio Brass Co., 380 N. Main St., Mansfield, OH 44902; r. 603 Woodcrest Dr., Mansfield, OH 44905, 419 589-9877.

DUNHAM, Ernest H.; '60 MBA; Personnel Dir.; Turner Collie & Braden Inc., POB 13089, Houston, TX 77019; r. 510 Rowlock Ln., Houston, TX 77079.

DUNHAM, Paula '67 (See Isaacs, Paula Dunham).

DUNHAM, COL William H., USA(Ret.); '58 BSBA; 2920 Westchester Rd., Richmond, VA 23225, 804 320-1869.

DUNIVANT, William E.; '49 BSBA; Retired; r. 165 Kensington Dr., Delaware, OH 43015, 614 363-4415.

DUNKEL, John A.; '52 BSBA; Atty. & Partner; Porter Wright Morris & Arthur, The Huntington Ctr., 41 S. High St., Columbus, OH 43215; r. 2359 Coventry Rd., Columbus, OH 43221, 614 486-7992.

DUNKLE, Jerry L.; '62; 190 Holder Rd, Baltimore, OH 43105.

DUNKLE, Kathleen E. '64 (See Burr, Kathleen D.).

DUNLAP, Dan Dean; '68 BSBA; Agri. Bis Rep.; Marion Cnty. Bank, 111 S. Main, Marion, OH 43302; r. 4383 Claridon Westfield Rd, Cardington, OH 43315.

DUNLAP, Douglas Leon; '72 BSBA; VP; Dunlap Bros. Inc., 738 W. Market St., Tiffin, OH 44883, 419 448-4929; r. 203 E. VanMeter Dr., Tiffin, OH 44883, 419 447-9549.

DUNLAP, Karla L., (Karla Leffler); '85 BSBA; Cnslt.; Network One, 700 Morse Rd., Ste. 208, Columbus, OH 43214; r. 2950 Lakewood, #3-C, Lima, OH 45805, 419 999-5096.

DUNLAP, Margaret E. '72 (See Pepin, Mrs. Margaret D.).

DUNLAP, Michael Becker; '56 BSBA; Pres.; ET-Solutions, 311 Live Oak Ln., Largo, FL 33540, 813 585-3287; r. Same.

DUNLAP, Robert Darryl; '76 BSBA; Staff; Ins. Intermediaries Inc., 250 E. Wolson Bridge Rd, Worthington, OH 43085; r. 130 Schoolhouse Ln. #F, Columbus, OH 43228, 614 870-0603.

DUNLAP, Robert Lee; '84 BSBA; POB 219219, Houston, TX 77218.

DUNLAP, Scott Charles; '84 BSBA; Realtor; Kay Thompson/Holzer-Wollam Realty, 11299 Stonecreek Dr., Pickerington, OH 43147, 614 863-5100; r. POB 177, Canal Winchester, OH 43110, 614 837-2366.

DUNLAP, Thomas Murphy; '82 MLHR; Indust. Relations Analyst; Ford Motor Co., Sharon & Mosteller Rds., Cincinnati, OH 45241, 513 782-7318; r. 3565 Hazelwood Dr., Fairfield, OH 45014, 513 870-9487.

DUNLAVEY, R. Michael; '85 BSBA; Credit Supv.; Star Bank, 688 High St., Worthington, OH 43085, 614 431-8413; r. 3955 Cedric Ln., Dublin, OH 43017, 614 766-7858.

DUNLEAVY, Daniel Steven; '78 BSBA; Acct.; r. 10855 NW 21Th St., Coral Spgs., FL 33065, 305 755-8954.

DUNLEVY, Karen Elizabeth; '87 BSBA; 390 Tucker Dr., Worthington, OH 43085, 614 846-4957.

DUNLOP, Richard Gordon; '88 BSBA; 20100 Lorain Rd #612, Fairview Park, OH 44126.

DUNLOPE, Kenneth H.; '57 BSBA; Retired; r. 6152 Carnation Rd., Dayton, OH 45449, 513 435-2208.

DUNN, David Hayes; '74 BSBA; Pres. & CEO; Wolverine Fed. S&L, 143 Mc Donald, Midland, MI 48640; r. 3862 Johns Ln., Midland, MI 48640, 517 631-1688.

DUNN, Delbert C.; '66 BSBA; Pension Mgr.; Lincoln Natl. Life Ins., 2100 Raybrook SE, Ste. 303, Grand Rapids, MI 49506, 616 949-3150; r. 1168 Fuller Ct. SE, Kentwood, MI 49508, 616 538-3419.

DUNN, Donald Lee; '71 BSBA; Pres.; Dunn & Assoc., POB 876, Grove City, OH 43123, 614 875-8844; r. 2345 Christy Ln., Grove City, OH 43123, 614 871-1825.

DUNN, Gael Hallahan; '65 BSBA; Assn. Mgmt.; r. 28908 Wolf Rd, Cleveland, OH 44140, 216 871-4757.

DUNN, James F.; '55 BSBA; Regional Dir. Ohio; Kentucky Home Mutual Life Ins., 191 Compton Rd., Cincinnati, OH 45215, 513 761-6011; r. Same.

DUNN, COL James S., USA(Ret.); '36 BSBA; 4650 E. Farmdale Ave., Mesa, AZ 85206, 602 830-6794.

DUNN, John L.; '49 BSBA; Retired; r. 4968 Smoketalk Ln., Westerville, OH 43081, 614 882-4248.

DUNN, Joseph McElroy; '49 BSBA; Pres.; Paccar Inc., 777 106th Ave. NE, POB 1518, Bellevue, WA 98009, 206 455-7419; r. 1556 77th Pl. NE, Bellevue, WA 98004, 206 455-2381.

DUNN, Kenneth Bradford; '74 BSBA, '76 MBA; Prof. Finance & Economics; Carnegie-Mellon Univ., Grad. Sch.-Indus. Admin., Pittsburgh, PA 15213, 412 268-2270; r. 323 Llandrillo Rd., Bala-Cynwyd, PA 19004, 215 668-8856.

DUNN, Lisa '81 (See Turner, Lisa Dunn).

DUNN, Lori Jo; '84 BSBA; Dir.-Sales; Ohio Presb. Retirement Svcs., 1001 Kingsmill Pkwy., Columbus, OH 43229, 614 888-7800; r. 619 Northridge Rd., Columbus, OH 43214, 614 262-7407.

DUNN, Michael W.; '53 MBA; Retired; r. 1915 Chapman Rd., Claremont, CA 91711, 714 621-2271.

DUNN, Ned T.; '49 BSBA; Staff; Ohio Dept. of Personnell, 30 E. Broad St., Columbus, OH 43215; r. 110 Leland Ave., Columbus, OH 43214, 614 888-7965.

DUNN, Rebecca Ann; '86 BSBA; Bookkeeper/Mgr.; Verns German Village Shell, 631 S. High St., Columbus, OH 43215, 614 225-9039; r. 1982 Locust St., Obetz, OH 43207, 614 497-1625.

DUNN, Ronald Gene; '82 MBA; Dir., Washington OPNS; American Chemical Society, 1155 Sixteenth St., Washington, DC 20036, 202 872-4503; r. 2301 November Ln., Reston, VA 22091, 703 476-3909.

ALPHABETICAL LISTINGS EARLY 73

DUNN, Mrs. Stephanie M., (Stephanie M. McCarthy); '84 BSBA; Acct.; American Electric Power, One Riverside Plz., Columbus, OH 43215, 614 223-1369; r. 3346 Brendan Dr., Columbus, OH 43026, 614 771-8360.
DUNN, Thomas Edward; '85 BSBA; 1935 W. Old Shakopee Rd., #8, Bloomington, MN 55431, 612 884-2631.
DUNN, William Francis; '58 BSBA; Mkt. Analyst; IBM Corp., M&Sg Hdqrs., 1000 Westchester Ave., White Plains, NY 10604, 914 696-6507; r. 10 Kiahs Brook Ln., Ridgefield, CT 06877, 203 438-7768.
DUNNAVANT, Gregory R.; '80 BSBA; Med. Student; Univ. of Utah, Salt Lake City, UT; r. 3469 S. Crestwood Dr., Salt Lake City, UT 84109, 801 277-8663.
DUNNAVANT, Laurie Sheaf, (Laurie Sheaf); '80 BSBA; Svc. Mgr.; 3M Co., 860 E. 4500 S., Salt Lake City, UT 84109, 801 263-3973; r. 3469 S. Crestwood Dr., Salt Lake City, UT 84109, 801 277-8663.
DUNNIGAN, Keith Alan; '74 MBA; 32702 Carriage Ln., Avon Lake, OH 44012, 216 933-5467.
DUNNING, Clarence F.; '38 BSBA; Retired CPA; r. 6924 Lavendale St., Dallas, TX 75230, 214 363-2207.
DUNNING, Dr. David; '58 BSBA; Cnsltg. Psychologist; David Dunning & Co., 1423 3rd Ave., Ste. 300, Seattle, WA 98101, 206 622-9947; r. 4223 NE 33rd, Seattle, WA 98105, 206 524-9963.
DUNNING, Duncan; '51 BSBA; 22 Albert Hall Mansion, Kensington Gore, London SW 7, England.
DUNPHY, John Patrick; '76 MBA; Sr. VP Dir.; Butcher & Singer, 211 S. Broad St., Philadelphia, PA 19107, 215 985-5212; r. 210 Huntsman Ln., Blue Bell, PA 19422, 215 646-4426.
DUNSON, Richard White; '85 BSBA; 4557 Park Edge Dr., Fairview Park, OH 44126, 216 734-4414.
DUNSON, Stephen David; '78 MBA; Exec. VP; Swan Super Cleaners Inc., 247 S. High St., Columbus, OH 43215, 614 224-7178; r. 1325 Kingsgate Rd., Upper Arlington, OH 43221.
DUNSTAN, Daniel George; '71 BSBA; Exec. VP/CFO; LESSCO Inc., POB 16912, Rocky River, OH 44116, 216 333-9250; r. 101 Country Pl., Grafton, OH 44044, 216 926-3961.
DUNTON, Robert A.; '66 MBA; Plant Mgr.; Owens Illinois-Libbey Glass, POB 900, Walnut, CA 91789, 714 595-2241; r. 2221 Bella Ave., Upland, CA 91786, 714 949-9710.
DUPAS, Helene M. '85 (See Lowe-Dupas, Helene M.).
DUPASKI, Theodore John; '72 BSBA; Estimator Roofing; D L Page Inc., 1213 Taylor St., Elyria, OH 44035, 216 365-8311; r. 25500 Osborne Rd., Columbia Sta., OH 44028, 216 236-8322.
DUPLER, Dale Dan, Jr.; '47 BSBA; Retired; r. 3402 Redding Rd., Columbus, OH 43221, 614 451-7540.
DUPLER, David Craig; '77 BSBA; Acct./Controllr; Shelly & Sands Inc., POB 950, Zanesville, OH 43701, 614 453-0721; r. 5635 State Rte. 22 NE, Mt. Perry, OH 43760, 614 743-1252.
DURAN, Luis Thomas; '78 MBA; Commercial Broker; Coldwell Banker Commercial Real Estate Svcs., 1300 S. University, Ste. 406, Ft. Worth, TX 76107, 817 878-3116; r. 2204 Rock Brook Ct., Arlington, TX 76006, 817 861-9745.
DURAN, William David; '76 BSBA; Mgr. Bus. Devel.; Enron Gas Corp., Houston, TX 77077, 713 853-7481; r. 1522 Ashford Pkwy., Houston, TX 77077, 713 870-9141.
DURAND, Homer A.; '49 BSBA; 14721 SE First Ave., Summerfield, FL 32691, 904 245-8524.
DURANT, Jon Anthony; '84 BSBA; Branch Repr; Guild Mortgage Co., 9160 Gramercy Dr., San Diego, CA 92123; r. 3610 Bradley Cir., Zanesville, OH 43701, 614 452-5939.
DURBAK, Michael W.; '82 BSBA; Sales Rep.; Pryor, Buncher Ind Park, Leetsdale, PA 15056, 614 436-8280; r. 2876 Ravine Way, Dublin, OH 43017, 614 766-0377.
DURBAN, Lee Edward; '75 BSBA; Atty-at-Law; 3588 W. Broad St., Columbus, OH 43228, 614 276-6100; r. 1048 Alton Darby Rd., Galloway, OH 43119, 614 878-7736.
DURBAN, Phillip Gerard; '83 BSBA; Secondary Mktg./AVP; First Home Fed., 444 N. Elm St., Greensboro, NC 27410, 919 373-5000; r. 2205 New Garden Rd., #4603, Greensboro, NC 27410, 919 282-5714.
DURBIN, Douglas Eugene; '73 BSBA; 802 E. Henry St., Wooster, OH 44691, 216 263-1908.
DURBIN, Eugene C.; '51 BSBA; Retired; r. 6168 Oakfield Dr. E., Columbus, OH 43229, 614 846-1298.
DURBIN, Gilbert H.; '32 BSBA; Retired; r. 597 Forest Ave., New Rochelle, NY 10804, 914 834-1660.
DURBIN, Ms. Jean M.; '80 BSBA; Material Mgmt/ Systs Spec.; Riverside Meth. Hosps., Distribution Ctr., 3420 Olentangy River Rd., Columbus, OH 43202, 614 261-5265; r. 5820 Millbank Apt. D, Columbus, OH 43229, 614 436-9071.
DURBIN, Patricia '79 (See Bartsch, Mrs. Patricia D.).
DURBIN, Robert Francis; '59 BSBA; Treas. & CFO; Medex Inc., 3637 Lacon Dr., Hilliard, OH 43026, 614 876-2413; r. 835 Troon Tr., Worthington, OH 43085, 614 888-0673.
DURBIN, Robert Timothy; '80 BSBA; 10236 E. 21st Pl., Indianapolis, IN 46229, 317 894-1537.
DURBOROW, Dana Jane; '84 BSBA; Asst. Ex Dir.; Southern Calif TV Mktg. Council, 881 Alma Real Dr. #301C, Pacific Palisades, CA 90272; r. 65 Granada Ave., Long Beach, CA 90803, 213 305-7518.
DURBROW, Dr. Brian Richard; '71 PhD (BUS); Pres.; BMSI, 9403 Kenwood Rd., A201, Cincinnati, OH 45242, 513 791-6722; r. 10451 Grand Oaks Ln., Cincinnati, OH 45242, 513 793-2326.
DURCO, Dennis Raymond; '82 BSBA; CFO; Gastronomics Inc., 2040 Ridge Rd., E., Rochester, NY 14622; r. 54 Cnty. Clare Cres., Fairport, NY 14450.
DURELL, Eric B.; '82 BSBA; 206 N. Drexel, Columbus, OH 43209.
DURELL, George Britton, II; '61 BSBA; Pres.; The Union Fork & Hoe Co., 500 Dublin Ave., Columbus, OH 43216, 614 222-4401; r. 82 Bishop Sq., Columbus, OH 43209, 614 258-5450.
DUREY, Mrs. Nancy J., (Nancy J. Vandermark); '79 BSBA; Customer Svc. Mgr.; The Ertl Co., Highways 136 & 20, Dyersville, IA 52040, 319 875-2000; r. RR 1 Box 217, Manchester, IA 52057, 319 927-2577.
DURFEY, Eleanor Hodges; '59 BSBA; 1825 Victorian Ct., Columbus, OH 43220, 614 457-2428.
DURHAM, John Randall; '86 BSBA; Ins. Claims Adj; r. 3558 Loudon St., Granville, OH 43023, 614 587-2259.
DURHAM, LTC Orin Andrew, Jr., USA; '74 MBA; Ins. Gen.; r. 97th General Hospital, c/o Nursing Dir., APO, New York, NY 09757.
DURICA, Daniel; '72 BSBA; Dir. of Stores; Lee Jay/ Bed & Bath Co., 290 Vanderbilt Ave., Norwood, MA 02062, 617 769-1000; r. 59 Samuel Woodworth Rd, Norwell, MA 02061, 617 659-7725.
DURISHIN, Mary Young; '50 BSBA; 1506 Marilyn Pkwy. SE, Massillon, OH 44646, 216 832-4056.
DU RIVAGE, Donald Jay; '52 BSBA; Pres. & Dir.; Columbus Finance Co., 3050 E. Main St., Columbus, OH 43209, 614 237-0455; r. 2241 Dale Ave., Columbus, OH 43209, 614 252-4543.
DURKET, Steven Lorne; '82 BSBA; Student; r. 2600 Harden Blvd. Lot 1, Lakeland, FL 33803.
DURKIN, Helen Fawcett; '52 BSBA; Claims Spec.; State of Ohio, Bureau of Disability, 400 E. Campus View Dr., Worthington, OH 43085, 614 438-1670; r. 1601 Hallworth Ct., Columbus, OH 43232, 614 864-2269.
DURLING, Roger G.; '50 BSBA; Box 67, Ailey, GA 30410.
DUROS, John Deno; '87 BSBA; Real Estate Appraiser; Associated Cnslts. & Appraisers, 5151 Reed Rd., Columbus, OH 43220, 614 267-6361; r. 1190 Castleton Rd. N., Columbus, OH 43220, 614 457-3006.
DUROSKO, Philip J.; '54 BSBA; VP/Con. Affairs/ Prod. Rel; The Armstrong Tire Co., 500 Sargent Dr., POB 2001, New Haven, CT 06536, 203 784-2404; r. 26 Flintlock Rd., Madison, CT 06443, 203 245-9458.
DURR, Deborah Jean; '81 BSBA; Claims Rep.; State Farm Ins., 6200 E. Green Blvd., Reynoldsburg, OH 43068, 614 868-2200; r. 2554 Ilene Rd., Columbus, OH 43232, 614 864-6511.
DURRANT, William Eugene, Sr.; '41 BSBA; Retired; r. 2850 Canterbury Ln., House #4, Columbus, OH 43221, 614 488-9501.
DURRETT, Walter J.; '71 BSBA; Thoroughbred Trainer; 986 N. Three B's & K Rd., Sunbury, OH 43074, 614 524-5933; r. Same.
DURST, Kevin Allen; '86 BSBA; 22409 Coulter, Euclid, OH 44117, 216 237-6754.
DURSTINE, Warren E., Jr.; '31 BSBA; Retired; r. 716 Argonne Blvd., Ellwood City, PA 16117, 412 758-5316.
DURY, Michael Francis; '73 BSBA; Operations Mgr.; Pressware Intl., 2120 Westbelt Dr., Columbus, OH 43228, 614 771-5400; r. 2780 Andover Rd., Columbus, OH 43221, 614 481-7550.
DURY, Ronald Emmett; '73 BSBA; Dist. VP; Wendys Intl. Inc., POB 256, Dublin, OH 43017; r. 2425 Brandon Rd., Columbus, OH 43221, 614 488-8923.
DUSABLON, Joseph Jude; '68 BSBA; 1301 Ashland, Apt. 914, Des Plaines, IL 60016, 312 299-4472.
DUSENBERY, Lawrence Edward; '72 BSBA; Sales Repr; G T E Directories Corp., 1855 E. Dublin-Granville Rd., Columbus, OH 43229; r. 2801 N. Course Dr. # E201, Pompano Bch., FL 33069.
DUSPIVA, Dale F.; '72 BSBA; Trackman/Columnist; Daily Racing Form Inc., 10 Lake Dr., Hightstown, NJ 08520, 415 574-7223; r. 3511 Longview Dr., San Bruno, CA 94066, 415 359-7222.
DUSSAULT, Lawrence O.; '57 BSBA; Pres.; Dussault Mktg., 4303 Chesford Rd., Ste. 1G, Columbus, OH 43224, 614 478-3943; r. Same.
DUSSEAU, Mark Richard; '79 BSBA; 4401 Aldrich Pl., Columbus, OH 43214, 614 262-3917.
DUSTERBERG, Robert B.; '66 MBA; Staff; Borden Inc., 180 E. Broad St., Columbus, OH 43215; r. 1671 Dolliver Dr., Worthington, OH 43085, 614 888-5114.
DUSTIN, Kerry C.; '67 BSBA; Partner-in-Charge; Laventhol & Horwath, National City Ctr., 14th Fl., 1900 E. Ninth St., Cleveland, OH 44114; r. 440 Falls Rd., Chagrin Falls, OH 44022, 216 247-6043.
DUSTON, Jon Christopher; '84 BSBA; Santa Ana Country Club, 20382 SW Newport Blvd., Santa Ana, CA 92707, 714 545-7260; r. 4971 Hilo Cir., Huntington Bch., CA 92649, 714 846-7406.
DUTCH, Emily M. '87 (See Bennett, Mrs. Emily Dutch).
DUTCHMAN, Susan; '83 BSBA; Corporate Plannning Anly.; TransOhio Savings Bank, 1250 Superior Ave., Cleveland, OH 44114, 216 579-7758; r. 3902 Nash Blvd., Norton, OH 44203, 216 825-5243.
DUTRO, Victor Eugene; '76 BSBA; Owner; Dutro Satellite TV, 6503 S. River Rd., Blue Rock, OH 43720, 614 674-6789; r. Same.
DUTT, Michael Rae; '82 BSBA; Svc. Cnslt.; Champion Intl., 101 Knightsbridge Dr., Hamilton, OH 45020, 513 868-4174; r. 3857 Hassfurt Dr., Hamilton, OH 45011, 513 874-8654.
DUTT, Michael Shawn; '88 MBA; 5497 St. James Rd., Waldo, OH 43356, 614 726-2530.
DUTTON, Debra Stipes; '77 BSBA; Dir. of Sales & Mktg.; Roscoe Village Restoration, 604 Walnut St., Coshocton, OH 43812, 614 622-9365; r. 2128 Fulton Dr., Coshocton, OH 43812, 614 622-1120.
DUTTON, Jeffrey Lynn; '80 BSBA; 147 Oakland Ave., Central Vly., NY 10917, 914 928-9114.
DUTTON, Stephan Evans; '74 MBA; VP/Treas.; Ads Distributing, 4650 Kenny Rd., Columbus, OH 43220, 614 481-0748; r. 4177 Chadbourne Dr., Columbus, OH 43220, 614 457-9325.
DUVAL, Patrick Francis; '79 BSBA; Acct.; r. POB 22792, Denver, CO 80222.
DUVALL, Alan Craig; '75 BSBA; Sr. Tax Spec.; Flagel Huber & Flagel, 33 W. First St., Dayton, OH 45402; r. 15 Tory Pines, Springboro, OH 45066, 513 277-2547.
DUVALL, Charles Thomas; '78 BSBA; 1111 Army Navy Dr., # A812, Arlington, VA 22202.
DUVALL, Theresa Ann, (Theresa A. Gins); '81 BSBA; Systs. Engr.; Computer Task Grp. Inc., 700 Ackerman Rd., Ste. 300, Columbus, OH 43202, 614 268-8883; r. 397 Canyon Dr. S., Columbus, OH 43214.
DU VERNAY, Jay Brian; '62 BSBA; Plant Mgr.; American Greetings Corp., American Dr., Bardstown, KY 40004, 502 348-1000; r. 3204 Kings Ct., Bardstown, KY 40004, 502 348-5030.
DUVICK, Timothy James; '80 BSBA; Policy Writing Supv.; Farmers Ins. Grp., 2100 S. Interregional Hwy. 35, Austin, TX 78704, 512 445-9338; r. 5503 A Fernview Rd., Austin, TX 78745, 512 445-0818.
DUWE, Douglas David; '78 BSBA; Dir./Finance & Info.; Univ. of Michigan, Dept. of Internal Medicine, 3214 Taubman Ctr. Box 0372, Ann Arbor, MI 48109, 313 936-4376; r. 1165 Jay Ave., Ypsilanti, MI 48198, 313 482-9753.
DUWVE, John W.; '86 BSBA; 6838 Hampsford Cir., Toledo, OH 43617, 419 841-3870.
DUY, Walter Frederick; '67 BSBA, '68 MBA; VP; Roxane Labs Inc., POB 16532, Columbus, OH 43216; r. 1094 Rockport Ln., Columbus, OH 43220, 614 459-0546.
DUZS, John Paul; '87 BSBA; POB 16031, Durham, NC 27704.
DWIGHT, Carolyn Fore, (Carolyn Fore); '38 MBA; Retired Prof.; Marshall Univ., Huntington, WV 25701; r. 2104 Holswade Dr., Huntington, WV 25701, 304 525-2707.
DWORKEN, David M.; '56 BSBA; Atty.; Dworken & Bernstein Co., LPA, 528 Standard Bldg., Cleveland, OH 44113, 216 861-4211; r. 24206 Woodway, Cleveland, OH 44122, 216 382-9750.
DWORKEN, Marvin P.; '59 BSBA; Partner; Dworken & Bernstein, 528 Standard Bldg., 1370 Ontario St., Cleveland, OH 44113, 216 861-4211; r. 23499 Shelburne Rd, Cleveland, OH 44122, 216 292-6422.
DWORKIN, Ms. Jennifer; '87 MLHR; Labor Relations Spec.; Ofc. of Collective Bargaining, 65 E. State St., 16th Fl., Columbus, OH 43215, 614 466-0570; r. 451 E. Sycamore, Columbus, OH 43206.
DWORKIN, Kalman Yale; '75 BSBA; Supv. Systs. Software; State of Ohio, Bur of Workers Compensation, 78 E. Chestnut, Columbus, OH 43215, 614 466-7160; r. 973 Venetian Way, Gahanna, OH 43230, 614 855-2607.
DWORS, Robert Frank; '71 MBA; VP; D & C Property Investments Inc., 790 E. Broward Blvd., Ft. Lauderdale, FL 33301, 305 523-3344; r. 1629 NE 4th Ct., Ft. Lauderdale, FL 33301, 305 761-8102.
DWYER, Donald William; '68 BSBA; Manufacturers Agt.; Libb Co., 4920-A Reed Rd., POB 20508, Columbus, OH 43220, 614 451-1433; r. 9075 Kildoon Ct., Dublin, OH 43017, 614 764-1693.
DWYER, Ronald Allen; '70 BSBA; Pers & Safety Dir.; Anderson Concrete, 400 Frank Rd, Box 207, Columbus, OH 43216; r. 5956 Winstead Rd, Columbus, OH 43235, 614 431-0428.
DWYER, Thomas Patrick; '85 BSBA; Acct.; Joseph V Nerone, Inc., 250 Old Wilson Bridge Rd., Ste. 160, Worthington, OH 43085, 614 431-0073; r. 4961 Archdale Ln., Columbus, OH 43214, 614 459-4540.
DYCKES, David Alan; '83 BSLHR; Dir. Out Patient Svcs.; Saginaw Community Hosp., 3340 Hospital Rd, Saginaw, MI 48605, 517 790-1234; r. 122 Ivanhoe Dr., Saginaw, MI 48603, 517 791-3948.
DYE, Bruce W.; '58 BSBA; Owner; Coulson Ins. Agcy., 1 W. Main St., Mc Connelsville, OH 43756, 614 962-2451; r. POB 448, Mc Connelsville, OH 43756, 614 962-3038.
DYE, David C.; '61 BSBA; CPA; 16 S. Main St., Mechanicsburg, OH 43044, 513 834-2801; r. Same.
DYE, Douglas D.; '65 BSBA; Pres.; Superior Packaging, POB 06132, Columbus, OH 43206, 614 460-5234; r. 8315 Breckenridge Way, Worthington, OH 43085, 614 433-7581.
DYE, Harry Morgan, III; '86 BSBA; Mackenbach & Assoc., 3380 Tremont Rd., Columbus, OH 43221, 614 451-0436; r. 2941 Wildflower Tr., Dublin, OH 43017.
DYE, Howard William; '34 BSBA; Retired; r. 3130 Placid View Dr., Lake Placid, FL 33852, 813 465-2510.
DYE, Jeffrey E.; '87 BSBA; Acct./Auditor; Seelman, Barr & Assocs., 17 E. Kossuth, Columbus, OH 43206, 614 443-7400; r. 1421 Oakwood Ave., Columbus, OH 43206, 614 443-4516.
DYE, Linda Vallen; '79 BSBA; Corp. Controller; Schmidt-Cannon, Inc., 1208 John Reed Ct., City of Industry, CA 91745, 818 961-9871; r. 3016 Skywood St., Orange, CA 92665.
DYE, Mark Alan; '81 BSBA; Cnslt.; Checkfree Systs., 720 Greencrest Dr., Westerville, OH 43081, 614 898-6000; r. 319 E. Jenkins Ave., Columbus, OH 43207, 614 444-3318.
DYE, Nicholas M.; '59 BSBA; Pres.; SNE Enterprises, POB 8007, Wausau, WI 54401, 715 847-6522; r. 2905 Westhill, Wausau, WI 54401, 715 842-2266.
DYE, Ralph Dean, Jr.; '53 BSBA; Atty.; POB 178, Mc Connelsville, OH 43756, 614 962-4031; r. Same, 614 962-4776.
DYE, Richard W.; '81 BSBA; Mgr.-Distribution Ctr.; Consolidated Stores, 500 Phillipi Rd., Columbus, OH 43220; r. 978 Timberbank Dr., Westerville, OH 43081, 614 898-3990.
DYE, Thomas William; '82 BSBA; 4279 Cols Sandusky Rd S., Marion, OH 43302.
DYER, Gregory Thomas; '86 MBA; Rte. 1 Box 498 Newport Cir., Daleville, VA 24083, 703 992-1264.
DYER, Leroy B.; '72 BSBA; Credit Mgr.; r. POB 11518, Shady Hills, Brooksville, FL 34610.
DYER, Sylvia C. '31 (See Dozer, Mrs. Sylvia C.).
DYETT, Sharyn Ann; '81 BSBA; 3061 Jewelstone Dr., Apt. A, Dayton, OH 45414, 513 898-0802.
DYGERT, David Donald; '88 BSBA; Retail Mgmt./ Buyer; May Co., 158 Euclid Ave., Cleveland, OH 44114; r. 11839 Edgewater Dr., #305, Lakewood, OH 44107.
DYGERT, Sally Ann; '84 BSBA; 12001 Gulffort Dr., Cincinnati, OH 45246, 513 671-2890.
DYNES, Dr. Patrick Swan; '79 PhD (PA); Rsch. Analyst; Immigration Policy & Natl. Security Policy, Ste. 1010, Washington, DC 20536, 213 894-5059; r. 350 S. Figueroa St., Los Angeles, CA 90071.
DYRDEK, Ted Joseph, Jr.; '87 BSBA; Personnel; State of Ohio, 30 E. Broad St., Columbus, OH 43266, 614 466-5551; r. 1310 Palmerhouse Ct., Columbus, OH 43220, 614 457-9723.
DZIEWISZ, Michael S.; '76 MPA; Dir.-Human Res.; Square D Co., 330 Weakley Rd., Smyrna, TN 37167, 615 459-5026.
DZURKO, Michael Andrew; '86 BSBA; Mgr.; American Gen. Finance, 4450 Belden Vlg. St., NW, Canton, OH 44735; r. 7970 Hardin Ave. NW, Massillon, OH 44646, 216 854-5432.

E

EACHUS, William Ned; '68 BSBA; CEO; Diversified Investors Inc., 175 S. Third St., Columbus, OH 43215, 614 228-0771; r. 202 St. Antoine, Worthington, OH 43085, 614 846-9917.
EAGER, Dale E.; '62 BSBA; Staff; Worthington Industries, 1205 Dearborn Dr., Worthington, OH 43085; r. 71 Hillcrest Dr., Westerville, OH 43081, 614 891-6986.
EAGLE-BEARD, Linda Lee; '81 BSBA; Educ. Analyst; Natl. Cash Register Corp., 101 W. Shantz, Dayton, OH 45479, 513 445-3804; r. 2134 Fire Bird Dr., Bellbrook, OH 45305, 513 848-4124.
EAGLESON, Mrs. Sue J., (Sue J. James); '66 BSBA; Stockbroker; Parsons Securities, 50 W. Broad St., Ste. 1960, Columbus, OH 43215; r. 2214 Northam Rd., Columbus, OH 43221, 614 486-6489.
EAGON, Margretta Buchanan, (Margretta Buchanan); '49 BSBA; Homemaker; r. 455 Riverview Rd., Athens, GA 30606, 404 543-8187.
EAKIN, Barbara Ann; '82 BSBA; 6830 Harrisburg Rte. 3, Orient, OH 43146, 614 875-1050.
EAKIN, Judith E. '80 (See Mark, Judith E.).
EAKINS, Glen Alan; '88 BSBA; 46 W. Blake, Columbus, OH 43202, 614 268-4707.
EAKINS, Mark Allen; '79 BSBA; Supv., Application Progs.; State Auto Mutual Ins. OH, 518 E. Broad St., Columbus, OH 43215, 614 462-5273; r. 992 Thetford Ct., Westerville, OH 43081, 614 846-3411.
EAKINS, Scott P.; '87 BSBA; 49277 Johnson Dr., St. Clairsville, OH 43950, 614 695-0756.
EALY, Marguerite Bucher; '43 BSBA; Acct.; Ealy & Ealy CPA's, POB 369, Hudson, OH 44236, 216 650-0419; r. 7671 Holyoke Dr., Hudson, OH 44236, 216 650-1449.
EALY, William Rohm; '43 BSBA; CPA; Ealy & Ealy CPA's, POB 369, Hudson, OH 44236, 216 650-0419; r. 7671 Holyoke Dr., Hudson, OH 44236, 216 650-1449.
EARHART, Harriet Jane '38 (See Keefer, Ms. Harriet Earhart).
EARICK, Charles Roland; '68 BSBA; Exec. VP; Citizens Fed. S&L Assn., 110 N. Main St., Bellefontaine, OH 43311, 513 593-0015; r. 97 Rd 190 E., Bellefontaine, OH 43311, 513 593-0748.
EARL, Deborah E.; '88 BSBA; 1399 Myrtle Ave, Columbus, OH 43211.
EARL, Donald W.; '23 BSBA; Retired; r. 6045 Mardelle Cir., Tucson, AZ 85704, 602 297-4148.
EARL, George J.; '39 BSBA; Retired; r. 16107 Lake Ave., Cleveland, OH 44107, 216 228-1509.
EARLEY, Robert Eugene; '83 BSBA; 6150 Lorilynn Dr., Rockford, IL 61109, 815 874-5745.
EARLY, Chester H., Jr.; '49 BSBA; 564 Santee Dr., Rte. 6 Box S.-91, Greensburg, IN 47240, 812 527-2326.

EARLY, Creighton Kim; '75 BSBA; Mgr. of Cnsltg.; Price Waterhouse, 660 Newport Ctr. Dr., Ste. 600, Newport Bch., CA 92658, 714 640-9200; r. 22032 Tanbark Ln., El Toro, CA 92630, 714 951-6587.
EARLY, David N.; '49 BSBA; 5951 Buckwheat Rd., Milford, OH 45150, 513 575-0955.
EARLY, Lloyd Sanderson, III; '88 BSBA; Landscaper; The Yard Barbers, Bexley, OH 43209; r. 492 Northview Dr., Bexley, OH 43209, 614 258-2019.
EARMAN, Larry Joseph; '69 BSBA; Partner; Ary & Earman CPA's, 2929 Kenny Rd., Columbus, OH 43221, 614 459-3868; r. 3555 Kingsway Dr., Hilliard, OH 43026, 614 876-4767.
EARNEST, Amy Lyn; '85 BSBA; Staff; Dublin Baptist Church, 7195 Coffman Rd., Dublin, OH 43017; r. 5002 Wintersong Ln., Westerville, OH 43081, 614 890-3390.
EARNEST, Dr. Robert C.; '56 PhD (BUS); Retired; r. 2965 Shamrock N. #8, Tallahassee, FL 32308, 904 893-5622.
EARNEST, Robin Lynn '85 (See Bevier, Mrs. Robin Lynn).
EARNHEART, Barbara Lea; '87 BSBA; CPA; Arthur Young & Co., 10 W. Broad St., Columbus, OH 43215, 614 222-3900; r. 5112 Deeds Rd. SW, Pataskala, OH 43062, 614 927-9521.
EASON, La Verne Jones; '76 MBA; 2229 San Simeon, Carrollton, TX 75006.
EASTER, Teresa W., (Teresa Walters); '86 BSBA; Acct.; NVR Mortgage L.P., 100 Ryan Ct., Pittsburgh, PA 15230, 412 276-4225; r. 1617 Chestnut Ridge Dr., Pittsburgh, PA 15205, 412 787-3127.
EASTERDAY, Amy Ginger; '87 BSBA; 402 S. Water St., Williamsport, OH 43164, 614 986-3481.
EASTERLING, William J.; '61 BSBA; Mgr./Support Servcs; Rockwell Intl., 4300 E. 5th Ave., Columbus, OH 43219; r. 6249 Kendalwood Ct., Columbus, OH 43213, 614 861-7333.
EASTERMAN, David A.; '66 BSBA; VP-Finance; Fed. Constr. Co., 1355 Snell Isle Blvd. NE, St. Petersburg, FL 33704, 813 821-8000.
EASTLAKE, Charles Nelson; '48 BSBA; Retired; r. 249 Waynoka Dr., Lake Waynoka, Sardinia, OH 45171, 513 446-3013.
EASTMAN, Fred Evans; '52 BSBA; Atty.; Hershey & Browne, 1900 1st National Twr., Akron, OH 44308, 216 384-1160; r. 2801 Yellow Creek Rd., Akron, OH 44313, 216 864-3894.
EASTMAN, John Thomas; '80 MBA; Retired; r. 7330 Carmen Dr. NW, N. Canton, OH 44720, 216 494-2963.
EASTMAN, Scott Allen; '78 BSBA; 139 York Ave., Kensington, CA 94708.
EASTON, C. John; '60 MBA; Pres.; Sensotec Inc., 1200 Chesapeake Ave., Columbus, OH 43212, 614 488-5926; r. 2355 Brixton Rd., Columbus, OH 43221, 614 486-7397.
EASTON, Kevin Lee; '86 BSBA; 112 Lafayette Ave., Urbana, OH 43078, 513 653-4054.
EASTWOOD, Steven Peter; '87 BSBA; Investment Analyst; Public Employees Retirement, 277 E. Town St., Columbus, OH 43215, 614 466-6714; r. 2330 Edington Rd., Columbus, OH 43221, 614 486-1655.
EATON, Adrienne Eleanor; '83 MLHR; Asst. Prof.; Rutgers Univ., Labor Educ. Ctr., Ryders Ln. & Clifton Ave., New Brunswick, NJ 08903, 201 932-8561; r. 97 Ray St., New Brunswick, NJ 08901, 201 545-0381.
EATON, Edward Hough; '39 BSBA; Retired .; PPG Industries Inc., One PPG Pl., Pittsburgh, PA 15272; r. 516 East Dr., Sewickley, PA 15143, 412 741-6387.
EATON, James Patrick; '82 BSBA; 2141 Brentwood Dr., Akron, OH 44313.
EATON, Joan Carolyn; '84 BSBA; Retail Mgt Personnel; Network Video, 237 Graceland Blvd., Columbus, OH 43214; r. 468 Catlin Rd., Richmond Hts., OH 44143.
EATON, John M.; '57 BSBA; Financial Planner; 111 2nd Ave. NE, St. Petersburg, FL 33701, 813 894-4800; r. 1900 66th Ave. S., St. Petersburg, FL 33712, 813 867-2855.
EATON, John W. (Bill); '75 BSBA; Asst. VP Opers.; First Bank Systs., 332 Minnesota St., St. Paul, MN 55101, 612 291-5550; r. 1975 Betty Jane Ct., N. St. Paul, MN 55109, 612 779-7730.
EATON, Philip Alan; '81 BSBA; 1402 Florian Dr., Dania, FL 33004.
EATON, Sarah Ann; '82 BSBA; Homemaker; r. 2011 Meadfoot, Carrollton, TX 75007, 214 492-8535.
EBAUGH, Mrs. Emily S., (Emily S. Geesey); '82 BSBA; Revenue Ofcr.; IRS, 208 Perry St., Defiance, OH 43512, 419 782-2724; r. POB 896, Bryan, OH 43506, 419 636-2290.
EBEL, John D.; '57 BSBA; Sales Rep.; Silvercrest Industries Inc., Postmaster, Woodburn, OR 97071; r. 3214 Valley Crest Way, Forest Grove, OR 97116, 503 357-5126.
EBEL, John Philip; '82 BSBA; Owner; Accurate Door Systs. Inc., 3742 Cleveland Ave. NW, Canton, OH 44709, 216 493-9400; r. 630 21st St. NW, Canton, OH 44709, 216 456-2165.
EBEL, Mrs. Melissa C., (Melissa Corry); '82 BSLHR; Owner; Accurate Door Systs. Inc., 3742 Cleveland Ave. NW, Canton, OH 44709, 216 493-9400; r. 630 21st St. NW, Canton, OH 44709, 216 456-2165.
EBELBERGER, Theodore George; '69 BSBA; Budget Mgr.; O.M.Scott & Sons Co., 223 N. Maple, Marysville, OH 43041, 513 644-0011; r. 5171 Maplewood Ct. E., Columbus, OH 43229, 614 891-1219.
EBENHACK, George Thomas; '67 BSBA, '68 MBA; VP; Oppenheimer & Co., 2029 Century Park E., Ste. 3550, Los Angeles, CA 90067, 213 552-7500; r. 350 Palos Verdes Blvd., Apt. #24, Redondo Bch., CA 90277, 213 791-8703.
EBERFLUS, Christel Marie; '84 BSBA; Line Supv.; Campbell Soup Co., Postmaster, Napoleon, OH 43545; r. 1016 Northville Dr., Toledo, OH 43612.
EBERHART, Douglas T.; '65 BSBA; Mgr. Produce & Frozen; Darby Lane, Iga W. Main St., W. Jefferson, OH 43162; r. 100 Mill St., W. Jefferson, OH 43162, 614 879-6240.
EBERHART, Dr. George Jefferson; '48 PhD (BUS); Retired; r. c/o MNB, POB 1447, Terre Haute, IN 47808, 812 234-7463.
EBERHART, John Earl; '88 BSBA; 27659 Jackson Rd., Circleville, OH 43113, 614 474-8589.
EBERHART, R. Dean; '83 BSBA; 6743 Fallen Timbers, Dublin, OH 43017, 614 766-2919.
EBERLE, Edward M.; '50 BSBA; Retired; r. 111 S. Dawson Ave., Columbus, OH 43209, 614 258-5003.
EBERLE, John C.; '43 BSBA; Retired; r. 2408 Berwick Blvd., Columbus, OH 43209, 614 235-1567.
EBERLE, William Brewster; '75 BSBA; Systs. Acct.; Dla Systs. Automation Ctr., 3990 E. Broad St., Columbus, OH 43216; r. 227 Westwood Rd, Columbus, OH 43214, 614 268-3779.
EBERLIN, Ms. Deborah Ann; '86 BSBA; Sr. Account Mgr.; Computer Assocs Intl., Park Ridge I, Ste. 130, Commerce Dr., Pittsburgh, PA 15275, 412 788-6640; r. 1112 Chestnut Ridge Dr., Pittsburgh, PA 15205, 412 787-9098.
EBERLY, John Joseph; '79 BSBA; Ashland Chemical Co., POB 2219, Columbus, OH 43216; r. 776 Kingsbury Pl., Columbus, OH 43209, 614 235-2749.
EBERSOLD, Theodore E.; '62 BSBA; US-Plant Prod Contrl; Ford Motor Co., The American Rd., Dearborn, MI 48121; r. 17262 Redwood, Southfield, MI 48075, 313 559-6264.
EBERST, Michael Lee; '81 BSBA; Claims Adjuster; Great American Ins. Co., Orange, CA 92668, 714 937-4800; r. 6650 Westpark Pl. #E, Westminster, CA 92683, 714 895-3393.
EBERT, Jeffrey Keith; '85 BSBA; 4056 Brelsford Ln., Dublin, OH 43017, 614 761-8941.
EBERT, Keith H.; '54 BSBA; Asst. VP Trust; Huntington Trust Co., NA, 41 S. High St., Columbus, OH 43215, 614 463-4701; r. 3143 Kingstree Ct., Dublin, OH 43017, 614 792-7849.
EBERT, Larry Stephen; '78 BSBA; Mgr.; C B C Cos., Credit Bureau, 390 Marion Ave., Mansfield, OH 44903, 419 522-1321; r. 1975 Red Oak Dr., Mansfield, OH 44904, 419 756-2613.
EBERT, Laurie Armstrong, (Laurie Armstrong); '86 BSBA; Auditor; Victoria's Secret Stores, Two Limited Pkwy., POB 16528, Columbus, OH 43216, 614 479-6000; r. 6374 Busch Blvd. #350, Columbus, OH 43229, 614 846-9987.
EBERT, Roger Allen; '76 BSBA; Salesman; Northern Telecom, 1105 Schrock Rd., Ste. 209, Columbus, OH 43229; r. 337 Slate Run Dr., Powell, OH 43065.
EBERTS, Cynthia '79 (See Hilshelmer, Cynthia Eberts).
EBERTS, Joseph W.; '48 BSBA; Retired; r. 1316 Kenilworth Dr., Lafayette, IN 47905, 317 474-1272.
EBERWEIN, Russell R., Jr.; '80 BSBA; Commercial Lending; Banc One Leasing, 713 Brooksedge Plz., Dept. 1085, Columbus, OH 43271, 614 248-4272; r. 6428 Thrasher Loop, Westerville, OH 43081, 614 882-7330.
EBIN, Daniel Robert; '87 BSBA; 3194 W. 230th St., N. Olmsted, OH 44070, 216 734-5143.
EBIN, Morgan Douglas; '88 BSBA; 1232 Carrousel, Reynoldsburg, OH 43068, 614 866-6591.
EBINGER, Keith Alan; '74 BSBA; Sr. VP; Bell American Health Plans Inc., 1040 Murfreesboro Rd. #232, Nashville, TN 37217, 615 366-7353; r. 101 Maureen Dr., Hendersonville, TN 37075, 615 822-0980.
EBINGER, Mrs. Wilma G., (Wilma Getz); '37 BSBA; Area Devel Spec-Tennessee; AFS Intercultural Programs-USA, 313 E. 43rd St., New York, NY 10017; r. 7918 Corteland Dr., Knoxville, TN 37909, 615 693-1581.
EBLIN, Marlaina Fisher; '81 BSLHR; Labor Relations Admin.; Dept. of Hwy. Safety, 240 S. Parsons Ave., Columbus, OH 43205, 614 466-5181; r. 3060 Fremont St., Columbus, OH 43204, 614 272-0595.
EBLIN, Sally Kovach; '83 MLHR; Faculty; Columbus State Community Clg., E. Spring St., Columbus, OH 43215; r. 2025 Swansford Dr., Dublin, OH 43017, 614 764-9919.
EBNER, Cynthia Lynn; '88 BSBA; Real Estate Developer/Mgr; Ebner Properties, 3455 E. Broad St., Columbus, OH 43213, 614 231-3646; r. 303 Eastmoor Blvd., Columbus, OH 43209, 614 237-4086.
EBNER, Mrs. Laure Morgan; '85 BSBA; Human Res. Spec.; Marriott Hotels, 18000 Von Karmen Ave., Irvine, CA 92715; r. 1105 England St., #C, Huntington Bch., CA 92648.
EBNER, Raymond Joseph, Jr.; '58 BSBA; Internal Auditor; Cuyahoga Cnty. Hosp. Syst., 3395 Scranton Rd., Cleveland, OH 44109, 216 459-5022; r. 16820 Bardbury Ave., Middleburg Hts., OH 44130, 216 243-3838.
EBRIGHT, James Newton; '50 BSBA; Admin. VP & Gen. Counsel; Ashland Technology Corp., 3250 Wilshire Blvd., Los Angeles, CA 90010, 213 381-3612; r. 518-A Garfield Ave., S. Pasadena, CA 91030, 818 799-6695.
EBY, John Taylor; '62 BSBA; Dir.-Public Policies; Ford Motor Co., Corporate Strategy Staff, The American Rd POB 1899, Dearborn, MI 48121, 313 323-0037; r. 565 Haverhill Rd., Bloomfield Hls., MI 48013, 313 540-8461.
EBY, Michael Robert; '83 BSBA; Plng. Mgr.; Discount Drug Mart, General Ofc., 211 Commerce Dr., Medina, OH 44256, 216 225-0200; r. 6725 Brookside Rd, Independence, OH 44131, 216 524-3031.
ECHARD, Homer W.; '50 MBA; Retired; Lancaster Glass Corp., 220 W. Main St., Lancaster, OH 43130; r. 209 W. Whittier, Apt. 8, Lancaster, OH 43130, 614 653-4402.
ECHELBERRY, James Leonard; '76 BSBA; 5929 E. State Rte. 18, Republic, OH 44867, 419 585-4669.
ECHENRODE, Mary '43 (See Hutson, Mary Echenrode).
ECKARD, Carl N.; '41 BSBA; Retired; r. 53 Graesar Acres, St. Louis, MO 63146, 314 567-3561.
ECKARDT, Robert C.; '56 BSBA; 6701 Skyline Dr. W., Worthington, OH 43085, 614 889-0594.
ECKART, Joe; '78 BSBA; Owner; Now Courier Inc., 814 N. Delaware, Indianapolis, IN 46204, 317 638-6066; r. RR 2 Box 296A, Knightstown, IN 46148, 317 345-7378.
ECKEL, Danny Lee; '83 BSBA; Inventory Mgr.; Gibson Greetings Inc., 2100 Section Rd., Cincinnati, OH 45237, 513 841-6608; r. 3088 Brookview, Cincinnati, OH 45238, 513 922-4675.
ECKEL, Patrick William; '80 BSBA; Partner; K&M Mkt., 4290 Groveport Rd, Columbus, OH 43207; r. 7383 Warwick Ave., Reynoldsburg, OH 43068, 614 861-5631.
ECKELBERRY, George Wendell, Jr.; '50 BSBA; Pres.; Forest Lawn Mem. Park Assn., 5600 E. Broad St., Columbus, OH 43213, 614 866-0200; r. 1224 Kenbrook Hills Dr., Columbus, OH 43220, 614 459-2344.
ECKENRODE, Thomas J.; '50 BSBA; CPA; Thomas J. Eckenrode & Co., 4900 Reed Rd., Ste. 306, Columbus, OH 43220, 614 442-6767; r. 5008 Gettysburg Rd., Columbus, OH 43220, 614 457-0669.
ECKERLE, William P.; '49 BSBA; Sales Rep.; r. 3103 Ashlyn St., Pittsburgh, PA 15204, 412 771-2823.
ECKERMAN, Robert Dale; '75 BSBA; Sr. Mgr.; Touche Ross & Co., 333 Clay, Ste. 2300, Houston, TX 77002, 713 750-4100; r. 3518 Rolling Green Ln., Missouri City, TX 77459, 713 499-1642.
ECKERT, Margaret Rose; '83 BSBA; Claims Adjuster; Safeco Ins. Co., POB 36177, Cincinnati, OH 45236; r. 6925 Lynnfield Ct., Apt. #112, Cincinnati, OH 45243, 513 745-9945.
ECKERT, Stefan; '88 MA; 101 Curl Dr. #244, Columbus, OH 43210.
ECKERT, Wayne E.; '85 BSBA; Proj. Engr.; University Hosp., 410 W. 10th Ave., Columbus, OH 43210; r. 4277 Maize Rd., Columbus, OH 43224, 614 263-8471.
ECKES, Steve Robert; '82 BSBA; Key Account Mgr.; Beiersdorf Inc., 6565 Windfield Ct., Loveland, OH 45140, 513 677-3154; r. Same.
ECKFELD, Frederick John; '50 BSBA; Admin. Field Rep.; Joint Commission-Accreditation for Hlth. Care Organizations, 875 N. Michigan Ave., Chicago, IL 60611; r. 704 N. Main St., Kenton, OH 43326, 419 675-0283.
ECKHARDT, Thomas Eugene; '77 BSBA; Controller; Jefferson Smurfit, 412 S. Cooper Ave., Lockland, OH 45215, 513 948-3233; r. 2920 Yale Dr., Middletown, OH 45042, 513 422-3992.
ECKHART, Henry W.; '54 BSBA; Atty.; 50 W. Broad St., Columbus, OH 43215, 614 461-0984; r. 1850 Upper Chelsea, Columbus, OH 43212, 614 486-2751.
ECKHART, Jay Vincent, Jr.; '85 BSBA; Owner/Pres.; Ohio Remcon Inc., 888 W. Goodale, Columbus, OH 43212, 614 224-0489; r. 1391 Bluff Ave., Columbus, OH 43212, 614 486-0588.
ECKHOLT, Michael Allan; '75 BSBA; 8234 60th St. Cir. E. #901, Sarasota, FL 34243.
ECKLAR, Frank Ross; '84 BSBA; Transit Analyst; Central Ohio Transit Authority, Ofc. of Service Development, 1600 Mc Kinley Ave., Columbus, OH 43223, 614 275-5800; r. 1520 Bradshire Rd., Apt. #D, Columbus, OH 43220, 614 459-7846.
ECKLE, Hugh A.; '57 BSBA; Sales Engr.; Northern Engraving Co., Black River Rd., Sparta, WI 54656, 317 788-9264; r. 715 Fairview E. Dr., Greenwood, IN 46142, 317 881-4217.
ECKLES, Lawrence Guy; '81 BSBA; Lead Engrg. Planner; Rockwell Intl., Rocketdyne Div., 6633 Canoga Ave., Canoga Park, CA 91303, 818 710-3865; r. 1904-A Heywood St., Simi Vly., CA 93065, 818 595-2375.
ECKSTEIN, Judy Lynn; '86 BSBA; 839 W. Locust, Newark, OH 43055, 614 344-2551.
ECKSTEIN, Myron S.; '47 BSBA; Pres.; Gen. Sheet Steel & Plate, Inc., 3344 E. 80th St., Cleveland, OH 44127; r. 20726 Byron Rd, Cleveland, OH 44122, 216 752-0321.
ECKSTEIN, Richard K.; '57 BSBA; 206 Wyndham Dr., Portola Valley, CA 94025, 415 851-2395; r. Same, 415 851-7369.
ECKSTEIN, Tina Louise; '87 BSBA; Supv.; Natl. Mailing Svc. Inc., Claims Dept., POB 147, Galion, OH 44833; r. 337 1/2 Cherry St., Galion, OH 44833, 419 468-1061.
ECKSTINE, William C.; '54 BSBA; Retired; r. 330 Warlock Ct., Gahanna, OH 43230, 614 471-8150.
ECKSTRAND, Clifford George; '76 MPA; Devel. Spec.; Ohio Dept. of Devel., POB 1001, Columbus, OH 43266, 614 466-6014; r. 157 Berger Alley, Columbus, OH 43206, 614 464-9975.
ECONOMOU, Alexandra; '81 BSBA; Employee Relations Spec.; North American Refractories Co., 1422 Euclid Ave., 900 Hanna Bldg., Cleveland, OH 44115, 216 621-5200; r. 30105 Oakdale Rd., Willowick, OH 44094, 216 943-6702.
ECOS, Christopher G.; '79 BSBA; Natl. Sales Mgr.; Ral Asset Mgmt., POB 908, Brookfield, WI 53008, 414 784-8470; r. N. 24 W. 22505 Meadowood Ln., Waukesha, WI 53186, 414 548-0843.
EDDLEBLUTE, Wayne Charles; '73 BSBA; Classification Analyst; Newark Air Force Station, Newark, OH 43055; r. PSC Box 5018, APO, New York, NY 09132.
EDDLEMAN, Dorothy Esther; '87 MPA; Admin. Asst.; OSU Romance Languages & Literature, 248 Cunz Hall, 1841 Millikin Rd., Columbus, OH 43210, 614 292-2345; r. 2955 Hines Rd., Pickerington, OH 43147.
EDDOWES, Dr. Elizabeth Evans; '53 BSBA; Asst. Prof.; Univ. of Alabama-Birmingham, Dept. of Curriculum & Instr., UAB/University Sta., Birmingham, AL 35294, 205 934-5371; r. 1648-B Cripple Creek Dr., Birmingham, AL 35209, 205 941-1615.
EDDY, Gene M.; '62 BSBA; Ins. Agt.; 422 Front St., Marietta, OH 45750, 614 373-0516; r. PO Box 464, Reno, OH 45773, 614 373-2881.
EDDY, James Byron; '76 BSBA; Investment Exec.; Oppenheimer & Co. Inc., 333 Clay St., Ste. 4700, Houston, TX 77002; r. 1306 Dominion Dr., Katy, TX 77450, 713 579-2218.
EDDY, Toni B., (Toni Barlow); '80 BSLHR; Secy.-Treas.; Daton Enterprises Inc., 666 Central Ctr., Chillicothe, OH 45601, 614 774-1550; r. 334 Constitution Dr., Chillicothe, OH 45601, 614 773-8288.
EDDY, William Patrick; '79 BSBA; Gen. Mgr.; Bennigans Restaurant; r. 7910 Jane Ave., Woodridge, IL 60614, 312 910-4421.
EDE, Margaret Lindenberg; '76 BSBA; Staff; Southwestern Bell, 509 S. Detroit, Rm. 815, Tulsa, OK 74120, 918 585-6529; r. 5828 E. 77th St., S., Tulsa, OK 74136, 918 494-5828.
EDE, Robert B.; '42 BSBA; Retired; r. 829 S. Main St., Findlay, OH 45840, 419 422-6417.
EDEL, Jack; '70 BA; Cnslt.; 314 Calkins, SE, Grand Rapids, MI 49506, 616 451-8172.
EDELMAN, Barry David; '77 BSBA; 699 Bluffview, Worthington, OH 43085, 614 431-9916.
EDELMAN, Jerry Zail; '74 BSBA; Treas.; Edco Tool & Supply Co., 445 Phillipi Rd., Columbus, OH 43228, 614 276-8181; r. 333 S. Merkle Rd., Columbus, OH 43209, 614 235-2542.
EDELMAN, Mrs. Luanne Denise, (Luanne D. Fisi); '82 BSBA; Mgr.; Roadway Express Inc., 9415 Wallisville Rd., Houston, TX 77013, 713 675-2511; r. 723 Davis Rd., League City, TX 77573, 713 332-4040.
EDELMAN, Lynn Nathan; '75 BSBA; Merchant; EDCO Tool, 445 Phillipi Rd., Columbus, OH 43228, 614 276-8181; r. 336 S. Virginia Lee, Columbus, OH 43209, 614 237-2933.
EDELMAN, Samuel Richard; '71 BSBA; 135 Nob Hill S., Gahanna, OH 43230, 614 476-5873.
EDELSON, Rita Jacobs; '49 BSBA; 35 Baynard Blvd., Wilmington, DE 19803, 302 762-5664.
EDELSTEIN, Amy Jo; '83 BSBA; 271 Grand Central Pkwy. #5J, Floral Park, NY 11005.
EDELSTEIN, Jeff Alan; '81 BSBA; 2428 Morse Ravine Dr., Columbus, OH 43224.
EDELSTEIN, Myron B.; '50 BSBA; Real Estate Salesman; Loss Realty Grp., 4210 W. Central Ave., Toledo, OH 43606, 419 537-0090; r. 3444 Shakespeare Ln., Toledo, OH 43615, 419 841-3622.
EDEN, Barbara Anne; '77 BSBA; 502 N. Revere, Akron, OH 44313.
EDEN, Dr. Charles Kornelius; '76 MPA, '77 PhD (PA); Prof.; California State Univ., Dept. of Criminal Justice, 6000 J St., Sacramento, CA 95819; r. Same.
EDERER, Todd William; '86 MA; Staff; Edwood Devel. Co., 34 Merz Blvd., Ste. A, Akron, OH 44313, 216 836-4951; r. 2747 Juno Pl., Akron, OH 44313, 216 867-7830.
EDGAR, John Kenneth; '79 BSBA; Manufacturers Rep.; Edgar Architectural Prods., 949 Riverside Dr., Franklin, TN 37064, 615 790-8781; r. 949 Riversde Dr., Franklin, TN 37064, 615 794-2115.
EDGAR, Sandra Jean; '87 BSBA; 1745 Carriage Ln., Powell, OH 43065, 614 885-4807.
EDGAR, Stephen Leigh; '76 BSBA; 8750 Columbus Rd, Apt. 21A, Mt. Vernon, OH 43050, 614 397-1900.
EDGAR, William Joseph, Jr.; '73 BSBA; VP; Amtekco, 33 W. Hinman, Columbus, OH 43207; r. 634 Morning St., Worthington, OH 43085, 614 431-7274.
EDGE, Mrs. Rita Ann; '67 BSBA; Dancer; r. 9944 Memory Pk Ave., Mission Hls., CA 91345, 818 893-5719.
EDGELL, Gary Wayne; '71 BSBA; Principal Contracting Rep; Battelle Columbus Div., 505 King Ave., Columbus, OH 43201, 614 424-5511; r. 166 Ceramic Dr., Columbus, OH 43214, 614 268-8073.

EDGELL, Robert William; '84 BSBA; 1928 N. Star Rd A-1, Columbus, OH 43212, 614 486-6276.

EDGEMON, Stanley Dean; '49 BSBA; VP/Co-owner; United Moving & Storage Co., Marketing Dept., 1728 Troy St., Dayton, OH 45404, 513 461-5044; r. 6218 Woodsville Dr., Dayton, OH 45414, 513 890-2194.

EDGERTON, David George; '72 BSBA; Pres./Co-founder; Edgerton & Harper Inc., 500 W. Wilson Bridge Rd., Worthington, OH 43085, 614 888-3818; r. 3479 Africa Rd., Galena, OH 43021, 614 548-6129.

EDGERTON, Mark Allen; '83 BSBA; 1809 NW Blvd., Columbus, OH 43212.

EDGINGTON, Paul Wendell, Jr.; '75 BSBA; VP; L & H Tool & Die, 677 W. Third, Covington, KY 41011, 606 261-5455; r. 5803 N. Turtle Creek, Fairfield, OH 45014, 513 874-2105.

EDGINTON, Pamela Leach; '84 BSBA; 2732 Woodgrove Dr., Grove City, OH 43123, 614 895-7773.

EDHEIMER, Roger Louis; '86 BSBA; 2640 Snowberry, Pepper Pike, OH 44124, 216 461-8126.

EDINGTON, Eric Curtis; '72 BSBA; 213 Penn Rd., Troy, OH 45373.

EDINGTON, Guy Ellis; '49 BSBA; Owner; Guy Edington Heating & Cooling, 1576 N. 25A, Troy, OH 45373, 513 335-7750; r. 1271 York Ln., Troy, OH 45373, 513 339-0104.

EDISON, David Mark; '74 BSBA; 100 S. Roosevelt, Columbus, OH 43209, 614 231-0287.

EDLIS, Amelia '49 (See Glassman, Amelia Edlis).

EDLUND, Eric Daniel; '79 BSBA; 379 Bassett Rd., Bay Vlg., OH 44140, 216 835-9220.

EDMAN, Richard E.; '67 BSBA; Production Scheduler; Alten Packaging, Postmaster, Antioch, TN 37013; r. 3424 Country Ridge Dr., Antioch, TN 37013, 615 360-3949.

EDMONDSON, Jay Fredric; '57 BSBA; Mgr., Contracts; Ford Aerospace Corp., Aeronutronic Div., Ford Rd., Newport Bch., CA 92660, 714 720-4143; r. 8 Waterway, Irvine, CA 92714, 714 786-4418.

EDMONDSON, John E.; '57 BSBA; Owner; John Mar Inc., 1388 Hayden Ave., Cleveland, OH 44112; r. 2542 Barnesley Pl., Baltimore, MD 21207, 301 597-8093.

EDNIE, Lawrence R.; '81 BSBA; 7771 Club Ridge Rd., Westerville, OH 43081, 614 848-3742.

EDSINGER, Roger Charles; '81 BSBA; Programmer/Analyst; The Ohio State Univ., Sponsored Programs Admin, Columbus, OH 43212, 614 292-6446; r. 4945 Atwater Dr., Columbus, OH 43229, 614 431-5156.

EDWARDS, Dr. Adrian Charles; '67 PhD (BUS); Prof. of Finance; Western Michigan Univ., Deptartment of Finance, Kalamazoo, MI 49008, 616 383-4063; r. 6741 Manhattan St., Portage, MI 49002, 616 327-4764.

EDWARDS, Barbara Ellis, (Barbara Ellis); '49 BSBA; 4204 Red Bud Ln., Charleston, WV 25313, 304 744-5623.

EDWARDS, Carol '75 (See Lang, Ms. Carol Edwards).

EDWARDS, Cathy Cowee; '80 BSBA; 538 1/2 6th St., Portsmouth, OH 45662.

EDWARDS, D. David; '65 BSBA; 5304 Mur Rue Ct., Pleasant Garden, NC 27313, 919 674-2505.

EDWARDS, Dale Alan; '86 BSBA; 108 Stinebaugh Dr., Wapakoneta, OH 45895, 419 738-6915.

EDWARDS, David S.; '37 BSBA; Retired Atty.; r. 28367 Tasca Dr., Spanish Wells, Bonita Spgs., FL 33923, 813 947-2753.

EDWARDS, Dennis C., Jr.; '87 BSBA; Mgmt. Trainee; Roadway Express Inc., 2000 Lincoln Hwy., Chicago Hts., IL 60411, 312 758-8000; r. 9614 Dona Ct., Apt. 39, Crown Point, IN 46307, 219 663-8276.

EDWARDS, Donald Eugene; '73 BSBA; Maint. Supervis; Whitewater Facility, Cincinnati Inc, Box 11111, Cincinnati, OH 45211; r. 10565 Winding Way, Harrison, OH 45030, 513 367-4949.

EDWARDS, Donald Norman; '72 BSBA; Supv of Payroll; Ross Labs, 625 Cleveland Ave., Columbus, OH 43216; r. 6277 White Sulphur Ct., Grove City, OH 43123, 614 878-3357.

EDWARDS, Douglas C.; '83 BSBA; Mgr. of Plng. & Devel.; Kraft Inc., 1880 JFK Blvd., Philadelphia, PA 19103, 215 587-1695; r. 929 Candlelight Ct., Bel Air, MD 21204, 301 838-7779.

EDWARDS, Eddie Gene; '78 BSBA; Engr.; Ohio Bell Telephone Co., 150 E. Gay St., Columbus, OH 43215; r. 3922 Nile Ave., Groveport, OH 43125, 614 836-9953.

EDWARDS, Edwin Earl, III; '67 BSBA; VP-Trust Grp.; Bancohio Natl. Bank, 155 E. Broad St., Columbus, OH 43265; r. 4184 Lawnview Dr., Columbus, OH 43214, 614 261-6900.

EDWARDS, Elbert L.; '51 BSBA; Retired/Ind Engr.; r. Glenview Estates, 100 Valley Dr., Shelbyville, KY 40065, 502 633-0771.

EDWARDS, MAJ George L.; '65 BSBA; Pres. & CEO; CBT Transportation Inc., 552 Jefferson St., Hagerstown, MD 21740; r. Same.

EDWARDS, Gregory Dean; '82 BSBA; Asst. Controller; Indiana Glass Co., 4460 Lake Forest Dr., Cincinnati, OH 45242, 513 563-1113; r. 106 W. Josie Ave., Hillsboro, OH 45133, 513 393-6606.

EDWARDS, Gwendolyn Elizabeth; '36 BSBA; Retired; r. 10450 Lottsford Rd., #2107, Mitchellville, MD 20716, 301 925-7272.

EDWARDS, COL Harry Melvin, USAF; '66 MBA; Asst. DCS Technical Trng.; HQ Air Trng. Command, Randolph AFB, TX 78150, 512 652-4522; r. 106 Oak Knob, Universal City, TX 78148, 512 659-8638.

EDWARDS, Howell Evan; '63 BSBA; 611 Elm, Martins Ferry, OH 43935, 614 633-0394.

EDWARDS, John David; '83 BSBA, '87 MBA; Prod. Mktg. Spec.; Compuserve, 5000 Arlington Ctr. Blvd., Columbus, OH 43220, 614 457-8600; r. 4733 Bentham Dr., Columbus, OH 43220, 614 459-3643.

EDWARDS, John James; '54; Staff; Hordis Bros. Inc., 26 Rollingreen Rd., Greer, SC 29651, 803 877-8321; r. Same.

EDWARDS, John Thomas, Jr.; '51 BSBA; Retired Pres. & Dir.; J T Edwards Co.; r. 8274 Brock Rd., Plain City, OH 43064, 614 873-4537.

EDWARDS, John William, III; '75 BSBA; Banker; Security Pacific Natl. Bank, 2995 Whitney Dr., Rocklin, CA 95677; r. 7954 Dana Butte, Citrus Hts., CA 95611, 916 721-4170.

EDWARDS, Karl Alan; '84 BSBA; 3020 Sawdust Ln., Dublin, OH 43017, 614 766-5828.

EDWARDS, L. Dale; '49 BSBA; Retired; r. 6828 Cloudland Dr., Nashville, TN 37205, 615 356-1397.

EDWARDS, Laura Ruth; '84 BSBA; 4382 Ingham Ave., Columbus, OH 43214, 614 261-8491.

EDWARDS, Lee Don; '82 BSBA; Sales Rep.; Signode Corp., 6008 B Lake Tree Ln., Temple Terrace, FL 33617, 813 985-2437; r. Same.

EDWARDS, Micheal Paul; '85 BSBA; Asst. Mgr.; ITT Corp., ITT Financial, 1430 Whipple Ave. NW, Canton, OH 44708; r. 6301 W. Hampden Ave., Bldg. 6, Apt. 206, Denver, CO 80227, 303 980-1413.

EDWARDS, Muhammed Hanief; '79 BSBA; Borden Inc., 180 E. Broad St., Columbus, OH 43215; r. 373 Heil Drive, Gahanna, OH 43230, 614 855-9618.

EDWARDS, Nancy Ann; '78 MBA; Mgr. Bus Plng.; Owens Illinois, One Seagate, Toledo, OH 43666; r. 4438 Winderwood Cir., Orlando, FL 32811, 407 290-0776.

EDWARDS, Nancy Davis; '48; 1331 Stoneygate Ln., Columbus, OH 43221, 614 457-5366.

EDWARDS, Peter Holmes; '55 BSBA; Chief Exec. Ofcr.; Edwards Cos., 941 Chatham Ln., Columbus, OH 43221; r. 2531 Tremont Rd., Columbus, OH 43221, 614 488-1720.

EDWARDS, Regina B.; '84 BSBA; POB 32869, c/o ljc, Detroit, MI 48232.

EDWARDS, Robert M.; '55 BSBA; VP & Gen. Counsel; Goldome, One Fountain Plz., Buffalo, NY 14203, 716 847-4995; r. 74 Quail Hollow Ln., E. Amherst, NY 14051, 716 688-0956.

EDWARDS, Ronald Keith; '71 BSBA; Sales Rep.; Dennison Mfg. Co., 267 Carlin Ct., W., Gahanna, OH 43230, 614 471-1137; r. Same, 614 476-2958.

EDWARDS, Ruth Ann; '86 BSBA; Buyer; Elder-Beerman, 3155 Elbee Rd, Dayton, OH 45439, 513 296-2715; r. 24 Indiana Ave., Dayton, OH 45410, 513 252-6867.

EDWARDS, Shelby Blish; '86 BSBA; Computer Programmer/Anly; USN-Civil Svc., Cinclantflt, NH2A, Norfolk, VA 23515, 804 445-4791; r. 3726 Jefferson Blvd., Virginia Bch., VA 23455, 804 460-9053.

EDWARDS, Steve J.; '76 BSBA; Atty.; Teaford Bernard & Rich, 100 E. Broad St., Columbus, OH 43215; r. 2910 Dennis Ln., Grove City, OH 43123.

EDWARDS, Wendy T., (Wendy Townsend); '59 BSBA; Homemaker; r. 2345 Dorset Rd., Columbus, OH 43221, 614 486-4553.

EDWARDS, William Glen; '66 BSBA; Trng. Cnslt.; Eastman Kodak Co., Kings Park B952, 100 Kings Hwy. S., Rochester, NY 14617, 716 781-1336; r. 1161 Hidden Valley Tr., Webster, NY 14580, 716 872-2542.

EDWARDS, William Glen; '86 BSBA; Auditor; Ernst & Whinney, 2400 Nationwide Plz., Columbus, OH 43215, 614 224-5678; r. 7927 Ledbury Ct., Westerville, OH 43081, 614 847-3796.

EDWARDS, William Janus; '78 BSBA; Staff; Centel of Virginia, 2211 Hydraulic Rd., Charlottesville, VA 22901, 804 971-2256; r. Rte. 1 Box 196, Schuyler, VA 22969, 804 831-2255.

EESLEY, Jonathon Scott; '78 BSBA; Sr. Mgr.; Peat Marwick Main & Co., Acctg. & Auditing Div, Two Nationwide Plz., Columbus, OH 43215, 614 249-2323; r. 1685 Chippewa Ct., Grove City, OH 43123, 614 875-9761.

EESLEY, Michael Ernest; '74 BSBA; Mgr.; Wiggins Acctg. Svc. Inc., 4419 E. Main St., Columbus, OH 43213, 614 237-0491; r. 6870 Graham Rd., Mt. Vernon, OH 43050, 614 392-7101.

EFFINGER, Peter James; '70 MBA; Systs. Cnslt.; Systemation, Inc., Three Commerce Park Sq., 23200 Chagrin Blvd., Cleveland, OH 44122, 216 464-8616; r. 667 Ecton Dr., Akron, OH 44303, 216 836-3383.

EFFRON, Michael Scott; '86 BSBA; Cash Mgmt./Investments; The Ohio State Univ., Riverwatch Twr., Ste. B, 364 W. Lane Ave., Columbus, OH 43201, 614 292-6261; r. 5486 Kennylane Blvd., Columbus, OH 43235, 614 889-7833.

EFLAND, Nancy M.; '82 BSBA; 7806 Wainstead Dr., Parma, OH 44129.

EFT, David Paul; '75 BSBA; Mktg. Dir.; Nationwide Ins. Co., Gates Mc Donald, 1 Nationwide Plz., Columbus, OH 43215; r. 2894 Freedom Tr., Reynoldsburg, OH 43068, 614 861-8276.

EFT, Roy Douglas, CPA; '83 BSBA; Asst. Controller; Physician Ins. Co. of Indiana, 3901 W. 86th St. Ste. 350, POB 688777, Indianapolis, IN 46268, 317 872-3046; r. 12204 Woodsfield Cir., Pickerington, OH 43147, 614 864-6820.

EGAN, Charles F.; '52 BSBA; Field Repr; Bur. of Unemploy Compensatio, 145 S. Front St., Columbus, OH 43215; r. 6489 Portsmouth Dr., Reynoldsburg, OH 43068, 614 866-9756.

EGAN, Patrick Joseph; '78 BSBA; 2421 1/2 S. Vista Way #124, Carlsbad, CA 92008.

EGELHOFF, Stephen Mark; '68 BSBA; Dir. of Selling; Lazarus Dept. Stores, Town & High Sts., Columbus, OH 43216; r. 4300 Reed Rd., Upper Arlington, OH 43220, 614 451-7372.

EGER, Rebecca Ann; '87 BSBA; Human Res.; r. 1842 Willoway Cir. S., Columbus, OH 43220, 614 459-3436.

EGER, Shelley Jean; '87 BSBA; Mktg. Rep.; Armstrong World Ind Canada Ltd., S. Ctr. Exec Twr. Ste. 300, 11012 MacLeod Tr., SE, Calgary, AB, Canada T2J6A5, 403 278-1747; r. 17 Delaronde Ter., Saskatoon, SK, Canada S7J3Y9, 306 373-2022.

EGERT, Stephen M.; '78 BSBA; Pilot; Pan American Airways, New York, NY 11430; r. 898 Beach Rd., Cleveland, OH 44107, 216 226-9922.

EGGER, Charles G., Jr.; '49 BSBA; Retired/Acct.; Kuppenheimer Mfg. Co., 2025 Corvair Ave., Columbus, OH 43207; r. 3597 Kirkwood Rd, Columbus, OH 43227, 614 235-8482.

EGGER, Shelley Blass; '80 MBA; Asst. Mgr.; Frito-Lay Inc., Sales Perf, 7701 Carpenter Rd., Plano, TX 75024, 214 353-5414; r. 5821 Alta Punta, El Cerrito, CA 94530, 214 394-1635.

EGGER, Theodore P., Jr.; '52 BSBA; Pres.; Theodore Egger Assocs. Inc., 5200 W. 73rd St., Minneapolis, MN 55435, 612 835-3232; r. 18308 Hermitage Way, Minnetonka, MN 55345, 612 474-3433.

EGGERS, Philip E.; '73 MBA; Pres.; Eggers Ridihalgh Partners Inc., 1445 Summit St., Columbus, OH 43201, 614 299-2318; r. 3647 Webster, San Francisco, CA 94123, 415 567-8711.

EGGERT, John E.; '84; Branch Representatv; Countryside Thrift & Loan, 7918 Zenith Dr., Citrus Hts., CA 95621, 916 969-6560; r. 7484 Holworthy Way, Number 83, Sacramento, CA 95842, 916 332-4311.

EGGSPUEHLER, Jay B.; '82 BSBA; Atty.; Mendes & Mount, 3 Park Ave., New York, NY 10016, 212 951-2355; r. 1924 Benedict Ave., Bronx, NY 10462, 212 931-2206.

EGGSPUEHLER, Pete R.; '87 BSBA; 24 N. High St., Dublin, OH 43017, 614 889-8735.

EGNEW, Robert W.; '43 BSBA; Retired; r. 3016 SW 34th Ter., Ocala, FL 32674, 904 237-4703.

EGON, George Dean; '78 MBA; 12113 Norwood, Leawood, KS 66209.

EHLE, Jay Sutton; '83 MBA; Gen. Counsel; Mueller Co., 175 Admiral Cochrane Dr., Annapolis, MD 21401, 301 266-9400; r. 9 Belleview Dr., Severna Park, MD 21146, 301 544-7190.

EHLERDING, Daniel Earl; '72 BSBA; Sales Mgr.; AgriPro Seed Co., POB 7, Mitchell, IN 47446; r. 1639 Gailimore Rd., Jamestown, OH 45335, 513 486-5121.

EHLERDING, Greta '76 (See Tosi, Mrs. Greta E.).

EHLERS, Allen Rae; '77 BSBA; Plant Supt.; Honda of America, 24000 Rte. 33, Marysville, OH 43040, 513 642-5000; r. 5182 Maplewood Ct. W., Columbus, OH 43229, 614 890-9790.

EHLERS, James H.; '72 MBA; Dir. of ILS; Northrop Ventura, 1515 Rancho Conejo Blvd., Newbury Park, CA 91360, 805 379-5733; r. 1137 Cardiff Cir., Thousand Oaks, CA 91362, 805 494-3769.

EHLERS, Jerry Raymond; '76 BSBA; Nationwide Ins. Co., Gates Mc Donald, 1 Nationwide Plz., Columbus, OH 43216; r. 317 Devonshire, Noblesville, IN 46046.

EHLERS, Robert S.; '85 MBA; 8806 Curran Point Ct., Powell, OH 43065, 614 761-9726.

EHLERT, Douglas Jay; '76 BSBA; Staff; Teddy's Frosty Mug, 4615 N. High St., Columbus, OH 43214, 614 761-9097; r. 205 E. Schreyer Pl., Columbus, OH 43214, 614 267-5127.

EHLERT, Herma Dumenil; '50 BSBA; Customer Svc. Rep.; American Scientific Prods., 2340 Mc Gaw Rd., Columbus, OH 43207; r. 635 E. Dominion Blvd., Columbus, OH 43214, 614 268-9769.

EHLERT, James D.; '51 BSBA; 6130 Camino Real #171, Riverside, CA 92509, 714 681-0824.

EHREN, Mark David; '81 BSBA, '83 MBA; 567 Simbury St., Columbus, OH 43228, 614 878-6295.

EHRHART, Lon L.; '72 BSBA; 3649 Evans To Locks Rd., Martinez, GA 30907, 404 860-1060.

EHRSAM, Cathy L. '83 (See Martin, Mrs. Cathy L.).

EIB, Warren B.; '50 BSBA; Retired; r. 8313 Charlise Rd, Richmond, VA 23235, 804 272-4911.

EICHENAUER, George Shanly; '70 BSBA; Treas./Dir.; City of Sylvania, Personnel Dept., 6635 Maplewood Ave., Sylvania, OH 43560, 419 882-7102; r. 6802 Gettysburg, Sylvania, OH 43560, 419 885-1957.

EICHERT, David Brian; '83 BSBA; 2668 Fairview Pl., Cuyahoga Falls, OH 44221, 216 923-3464.

EICHLER, Burton L.; '54 BSBA; Atty.-Partner; Brach Eichler Rosenberg Silver, Bernstein Hammer & Gladstone, 101 Eisenhower Pkwy., Roseland, NJ 07068, 201 228-5700; r. 768 Springfield Ave., Apt. 9B, Summit, NJ 07901, 201 273-5116.

EICHLER, Jennifer A. '82 (See Stambek, Mrs. Jennifer A.).

EICHMAN, Barbara Clare; '85 BSBA; 293 Rocky Fork Dr., Gahanna, OH 43230, 614 471-0107.

EICHMAN, William Lehman, Jr.; '70 BSBA; Staff; H E Eichman Co., 82 W. Main St., Xenia, OH 45385; r. 530 N. King St., Xenia, OH 45385, 513 376-2237.

EICHNER, James L.; '47 BSBA; Retired Dir.; Eastman Kodak Co.; r. 2388 Oakview Dr., Rochester, NY 14617, 716 544-4410.

EICHNER, Michael L.; '87 BSBA; Sales Rep.; Allied Wine & Spirits Co., 235 Pioneer Blvd., Springboro, OH 45066, 513 746-4300; r. 1224 Grace Ave., Cincinnati, OH 45208, 513 321-5543.

EICHNER, Richard C.; '50 BSBA; Retired; r. 193 Scenic View Dr., Akron, OH 44321, 216 666-4060.

EICKHOLT, David George; '72 MBA; Mktg. VP; Heublein Inc., 16 Munson Rd., Farmington, CT 06032, 203 678-6822; r. 36 Deerfield Trace, Burlington, CT 06013, 203 673-3631.

EIDELMAN, Sylvan Lee; '71 BSBA; POB 72, N. Salem, NY 10560, 914 669-8379.

EIDENIER, Duane A.; '80 BSBA; Air Traffic Controller; Lunken Twr., 465 Wilmer Ave., Cincinnati, OH 45226, 513 321-8878; r. 4442 Happiness Ln., Cincinnati, OH 45245, 513 528-1346.

EIDENMILLER, Karen Marie; '86 BSBA; Account Mgr.; Household Bank, Columbus, OH 43215, 614 764-8622; r. 1552 W. 3rd Ave., Columbus, OH 43212, 614 486-2034.

EIDSON, MAJ James Paul, USAF; '76 BSBA; Asst Prof Aerospace Study; Rutgers Univ., 9 Senior St., New Brunswick, NJ 08901, 201 932-7430; r. 19 Pasadena Dr., Trenton, NJ 08619, 609 588-0813.

EIDSON, Richard I.; '56; Owner; Richard I Eidson Cnslts., 328 Fairway Blvd., Columbus, OH 43213, 614 866-4414; r. 328 Fairway Cir., Columbus, OH 43213, 614 866-4414.

EIER, Jeffery A.; '73 BSBA; Indep. Agt.; Farmers Ins. Grp., Jeffery Eier Agency, 556 Dolly Ave., Upper Sandusky, OH 43351, 419 294-5545; r. Same.

EIER, Kay Ann; '83 BSBA; Mktg. Asst.; S.E.A., Inc., 7349 Worthington-Galena Rd., Worthington, OH 43085, 614 888-4160; r. 1015 Atlantic Ave., Apt. 845, Columbus, OH 43229, 614 888-5642.

EIERMAN, Mrs. Theresa J., (Theresa Stanton); '82 BSBA; CPA Asst. Controller; NaCom Corp., 1900 E. Dublin Granville Rd., Columbus, OH 43229, 614 895-1313; r. 477 Cnty. Line Rd., Sunbury, OH 43074, 614 965-2866.

EIFERT, Laura '83 (See Smore, Laura Eifert).

EIFERT, Ralph D.; '52 BSBA; Progressive Mgmt. Cnslt.; TMC Corp., POB 13285, Akron, OH 44313; r. 4645 Rolling View Dr., Akron, OH 44313, 216 666-3633.

EIGENSEE, Harold H.; '28 BSBA; Pres.; Bochers Carpet Cleaning Co., 1133 S. Front St., Columbus, OH 43206; r. 2284 Club Rd., Columbus, OH 43221, 614 488-2083.

EIGHMY, Ford O.; '58 BSBA; Plant Mgr.; Astro Plastics, 14101 Industrial Park Blvd.,NE, Covington, GA 30209, 404 956-9598; r. 1862 Chancery Ln., Atlanta, GA 30341, 404 451-1155.

EIGNER, Stanley S.; '50 BSBA; Retired; r. 935 Estrella Dr., Santa Barbara, CA 93110, 805 682-2818.

EIKLEBERRY, Scott Layton; '88 BSBA; 4820 Almont Dr., Columbus, OH 43229, 614 436-5311.

EIKOST, Robert C., Jr.; '53 BSBA; Ins. Agt.; Principal Mutual Life Ins. Co., 3103 Exec. Pkwy., Ste. 400, Toledo, OH 43606, 419 537-0128; r. 235 N. Ridge Dr., Perrysburg, OH 43551, 419 874-0450.

EILER, Barbara Connelly; '70 BSBA; 695 Happ Rd., Northfield, IL 60093, 312 446-4988.

EILERMAN, Michael W.; '83 BSBA; Supv.-Sales/Svc.; Waste Mgmt. of Lima, Buckeye Rd., Lima, OH 45804, 419 222-4060; r. 510 N. Scott, Delphos, OH 45833, 419 695-5160.

EILERT, Kathryn A. '87 (See Sobczak, Mrs. Kathryn Anita).

EINGLE, Charles D.; '75 BSBA; Plant Mgr.; Fremont Foundry, 1017 Dickinson St., Fremont, OH 43420, 419 334-3818; r. 549 S. Sandusky St., Tiffin, OH 44883, 419 447-7255.

EINZIG, Lori S. '81 (See Stone, Mrs. Lori E.).

EIS, Arlene J.; '59 BSBA; Sr. Pension Spec.; Nationwide Ins., One Nationwide Plz., Columbus, OH 43216, 614 249-2945; r. POB 29631, Columbus, OH 43229, 614 882-5027.

EISCHEN, Michael P.; '83 BSBA; Sales Mgr.; Logan Financial Grp., 5025 Pine Creek, Westerville, OH 43081, 614 459-9544; r. 3377 Sciotangy Dr., Upper Arlington, OH 43221, 614 451-2329.

EISCHEN, Robin Marie; '87 BSBA; 224 Perth Dr., Dublin, OH 43017, 614 766-7048.

EISEL, Dayton E., Jr.; '47 BSBA; Purchasing Agt.; Aristech Chemical Corp., Rte. 52, S., Kenova, WV 25530, 304 453-1371; r. 4 Elwood Ave., Huntington, WV 25705, 304 522-3955.

EISEN, Mark David; '73 BSBA, '75 MA; Dir.-Mktg.; Retail Plng. Assocs., Inc., 645 S. Grant Ave., Columbus, OH 43206, 614 461-1820; r. 3362 Woods Mill Dr., Hilliard, OH 43026.

EISENBACH, George William; '75 BSBA; Reg. Mgr.; American Home Shield, 7950 Dublin Blvd., Dublin, CA 94566; r. 11 Wyoming St., Newark, OH 43055, 614 349-7248.

EISENBACH, Karen L. '83 (See Yee, Mrs. Karen E.).

EISENBERG, Arnold J.; '61 BSBA; Pres. - Real Estate Co.; Arnold J Eisenberg Inc., 24500 Chagrin Blvd., Cleveland, OH 44122, 216 831-6773; r. 4226 Wyncote Rd., Cleveland, OH 44121, 216 382-1267.
EISENBERG, Gilbert; '58 BSBA; Atty.; Filippelli & Eisenberg, 407 Sansome St., San Francisco, CA 94111; r. 2035 Bush, San Francisco, CA 94115, 415 921-1328.
EISENBERG, Hyman; '53 BSBA; Pres.; New United Co., 6917 Carnegie Ave., Cleveland, OH 44103, 216 881-4070; r. 22649 Shelburne, Cleveland, OH 44122, 216 292-4976.
EISENBERG, Jack; '70 BSBA; Acct. Mgr.; The Ultimate Corp., 717 Ridgedale Ave., E. Hanover, NJ 07936, 201 887-9222; r. 32 E. Mayer Dr., Suffern, NY 10901, 914 357-5079.
EISENBERG, Roland M.; '59 BSBA; Owner; Creative Car Wash Systs. Inc., 4496 Windjammer Ln., Ft. Myers, FL 33919, 813 482-7599; r. Same.
EISENBERG, Steven E.; '82 MBA; 21317 Halburton Rd., Beachwood, OH 44122, 216 295-4521.
EISENBERG, Steven Mark; '72 BSBA; Gen. Mgr.; R.L. Lipton, Cleveland, OH 44122; r. 23902 E. Groveland Rd., Cleveland, OH 44122, 216 291-5294.
EISENBERG, Stuart A.; '64 BSBA; Pres.; Lithonia Lighting Prods. Inc., 23945 Mercantile Rd., Beachwood, OH 44122, 216 464-0220; r. Same.
EISENMAN, Jeffrey Paul; '72 BSBA, '77 MACC; Corporate Tax Mgr.; Battelle Mem. Inst., 505 King Ave., Columbus, OH 43201, 614 424-6424; r. 2086 Nayland Rd., Upper Arlington, OH 43220, 614 451-0403.
EISENMAN, Karen; '85 BSBA; Assoc. Buyer; Limited Express, Division of The Limited Inc, One Limited Pkwy., Columbus, OH 43230, 614 479-4119; r. 260 Old Trail Dr., Columbus, OH 43213, 614 868-0609.
EISER, Sharon B.; '87 BSBA; Acct.; Ernst & Whinney, 2400 Nationwide Blvd., Columbus, OH 43215, 614 224-5678; r. 4787 Weybridge Rd. E., Apt. D, Columbus, OH 43220, 614 459-8586.
EISERT, Thomas Ray; '74 BSBA; Dir. Materials Mgmt.; St. Ritas Med. Ctr., Lima, OH 45801, 419 226-9033; r. 1830 Lilac Ln., Lima, OH 45806, 419 999-2185.
EISLER, Benjamin D.; '64 BSBA; Founder-Pres.; Eisler-Orwitz Real Estate, 560 9th St., San Francisco, CA 94103, 415 863-9405; r. 60 Fagan Dr., Hillsborough, CA 94010, 415 347-0429.
EISNAUGLE, Herbert D.; '50 BSBA; Acct.; Herbert D Eisnaugle, 150 Burlington Rd., Jackson, OH 45640; r. 150 Burlington Rd, Jackson, OH 45640, 614 286-1268.
EISNAUGLE, Jack J.; '51 BSBA; Dir. Emplymnt & Pers; Schering-Plough Corp., 1 Giralda Farms, Madison, NJ 07940, 201 822-7000; r. 68 Meadowbrook Rd., Short Hills, NJ 07078, 201 467-8246.
EISNAUGLE, John B.; '55 BSBA; 1504 Aylesbury Ln, Plano, TX 75075, 214 517-1150.
EISNAUGLE, Preston Leroy, III; '71 BSBA; 5711 Magna Carta Cir., Galloway, OH 43119, 614 878-1264.
EISNER, Craig George; '78 BSBA; Mgr., Mktg. Res.; Dow Chemical Co., Latex Products, 2040 Willard H Dow Ctr., Midland, MI 48674, 517 636-9196; r. 5220 Hedgewood Dr., Apt. 1016, Midland, MI 48640, 517 636-7139.
EITH, Arthur William; '76 MBA; RR No 1, Mt. Horeb, WI 53572, 608 832-6620.
EITING, Polly S. '85 (See Grow, Polly Suzanne).
EKELBERRY, James E.; '51 BSBA; Grief Bros. Corp., 621 Pennsylvania Ave., Delaware, OH 43015, 614 363-1271; r. 2945 Hills-Miller Rd, Delaware, OH 43015, 614 369-3265.
EKEROVICH, Christine Calamari; '71 BSBA; VP; Bankers Trust Co., Corporate Trust, Four Albany St., New York, NY 10016, 212 250-6862; r. 9 Hallo St., Edison, NJ 08837, 201 225-3976.
EKLEBERRY, Richard E.; '40; Retired/Pres.; Ekleberry Poultry Inc., 820 Grove Ave., Bucyrus, OH 44820; r. 428 Mader Dr., Bucyrus, OH 44820, 419 562-3316.
EKLUND, Leonard Oscar; '69 MBA; Asst. Production Mgr.; Temple-Inland Inc., Conalco Rd., New Johnsonville, TN 37185; r. 108 Dogwood Cir., Waverly, TN 37185, 615 296-4023.
EKUS, Sally Miller; '51; 2062 Bretton Pl., Akron, OH 44313.
ELAM, Mark Alexander; '81 BSBA; Auditor; US Gen. Acctg. Ofc., 441 G St. NW, Washington, DC 20548, 202 275-9303; r. 7211 Pippin Rd., Cincinnati, OH 45239, 513 522-1576.
ELAM, Sam F.; '83 BSBA; VP; Belmonte Park Labs, 11 E. Main St., Dayton, OH 45426, 513 837-3744; r. 3776 Briar Pl., Dayton, OH 45405, 513 274-9146.
EL ANSARY, Dr. Adel Ibrahim; '68 MBA, '70 PhD (BUS); Prof.; George Washington Univ., Dept. of Marketing, Washington, DC 20052; r. George Washington University, Dept. of Marketing, Washington, DC 20052.
ELBERFELD, Martin; '30 BSBA; Owner; Elberfeld Chillicothe Co., 82 N. Paint St., Chillicothe, OH 45601; r. 82 N. Paint St., Chillicothe, OH 45601.
ELBERFELD, Robert; '33 BSBA; Co-Mgr.; Elberfelds in Pomeroy, 106 E. Main St., Pomeroy, OH 45769, 614 992-3671; r. 43660 Hartinger Rd., Pomeroy, OH 45769, 614 992-7486.
ELBERT, Louis J.; '85 BSBA; Sales Rep.; Prudential Ins. Co., 910 Liberty Bell, Amherst, OH 44001, 216 324-5155; r. 379 Marseilles, Elyria, OH 44035, 216 366-1870.
ELBERT, Michael Joseph; '73 BSBA; 113 Walker Dr., Grafton, OH 44044, 216 458-8408.
ELBON, Durward D.; '49 BSBA; CPA; 1443 E. 41st St., Tulsa, OK 74105, 918 743-4799; r. 3519 S. Jamestown Ave., Tulsa, OK 74135, 918 742-7486.
ELBRAND, Marcy B.; '81 BSBA; Analyst; Baxter Travenol Labs, One Baxter Pkwy., Deerfield, IL 60015; r. 4550 Laurel Canyon, Bl #105, N. Hollywood, CA 91607.
ELBRAND, Ms. Robin Dawn; '86 BSBA; Distribution Supv.; Lever Bros. Co., 6300 E. Sheila St., Commerce, CA 90040, 213 728-2186; r. 4550 Laurel Canyon Blvd., Apt. 105, Studio City, CA 91607, 818 762-2161.
ELCHERT, Ronald Joseph; '85 BSBA; Staff Acct.; Ralphs Grocery Co., 1100 W.Artesia Blvd., Compton, CA 90220, 213 605-4554; r. 13728 Telegraph Rd., Apt. A, Whittier, CA 90605, 213 944-4883.
ELDER, Beverly Ann '77 (See Sturm, Mrs. Beverly Ann).
ELDER, David Byron; '80 MPA; City Mgr.; City of Worthington, POB 480, Worthington, OH 43085, 614 436-3100; r. 263 Heischman Ave., Worthington, OH 43085, 614 846-5235.
ELDER, Eleanor '46 (See Grotjahn, Mrs. Eleanor Elder).
ELDER, John Joseph; '71 BSBA; Staff; Nationwide Ins. Co., One Nationwide Plz., Columbus, OH 43216; r. 1208 Westwood Ave., Columbus, OH 43212, 614 481-9393.
ELDER, Richard D.; '49 BSBA; Owner-Mgr.; Guest Ranch, Colorado Trails Ranch, Box 848, Durango, CO 81302; r. Same, 303 247-5877.
ELDER, Timothy John; '70 BSBA; Storekeeper; Ohio State Univ., Food Facility, 1315 Kinnear Rd., Columbus, OH 43210; r. 4204 Medway Ave., Columbus, OH 43213, 614 231-6816.
ELDRIDGE, Dayton A.; '36 BSBA; Retired; r. 1202 Bahama Bend, Coconut Creek, FL 33066, 305 971-5354.
ELDRIDGE, Ms. Frances A.; '84 MPA; Pres.; Eldridge Assocs., 700 Ackerman Rd., Ste. 110, Columbus, OH 43202, 614 251-6510; r. 242 Rienhard Ave., Columbus, OH 43206, 614 445-6430.
ELDRIDGE, Steven Craig; '87 BSBA; Network Control Tech.; Motorists Ins. Cos., Network Control, 471 E. Broad St., Columbus, OH 43215, 614 225-8592; r. 7860 Solitude Dr., Westerville, OH 43081, 614 436-4015.
ELEFRITZ, James Victor, Jr.; '82 BSBA; Controller; Yenkin-Majestic Paint Corp., 1920 Leonard Ave., POB 19784, Columbus, OH 43219, 614 253-8511; r. 3924 Saddlehorn Dr., Columbus, OH 43026, 614 771-0427.
ELEFTERIOU, 2LT George George, USAF; '88 BSBA; 5814 Spring Rock Cir., Bldg. #1, Columbus, OH 43229.
ELEK, Frank J.; '49 BSBA; Retired; r. 1192 Bell Ave., Elyria, OH 44035, 216 324-2710.
ELEKES, Gary Wayne; '84 BSBA; Staff; Lenox, c/o Postmaster, Wheeling, IL 60090; r. 1515 Shelby Pkwy., Cape Coral, FL 33904.
ELEY, Gay Wessells; '80 MPA; Sen Budget Analyst; The Ohio State Univ., Ofc. of Financial Management, 1800 Cannon Dr. Rm. 710, Columbus, OH 43210; r. 13136 Cheval Ct., Carmel, IN 46032, 317 846-0789.
ELEY, Patrick Edward; '83 BSBA; Programmer; BancOhio Natl. Bank, 770 W. Broad St., Columbus, OH 43215, 614 463-8115; r. POB 23040, Columbus, OH 43223, 614 272-8078.
ELFRINK, Patrick Joseph; '83 BSBA; 713 S. Clg., Mc Kinney, TX 75069, 214 548-1938.
ELGIN, Patrick Joseph; '75 BSBA; Staff; Columbus Dispatch Co., 34 S. Third St., Columbus, OH 43216, 614 461-5591; r. 4528 Hickory Wood Dr., Columbus, OH 43228, 614 276-4546.
ELIA, Bruce L.; '76 BSBA; Martin & Elia Realty, 334 Anderson Ave., Cliffside Park, NJ 07010, 201 945-5757; r. 5 Moller St., Tenafly, NJ 07670, 201 567-9761.
ELK, Scott Allen; '83 BSBA; Atty.; Josias & Goren PA, 3099 E. Commercial Blvd. #200, Ft. Lauderdale, FL 33308, 305 771-4500; r. 2727 N. Ocean Blvd. A-110, Boca Raton, FL 33431, 407 368-6649.
EL-KAZAZ, Dr. Hussein Mohamed; '81 MBA, '88 PhD (BUS); 2582 Muskingum Ct., Columbus, OH 43210, 614 293-0490.
ELKIN, Tom Curtiss; '80 BSBA; R.R.1, Mt. Gilead, OH 43338.
ELKING, Laura Ann; '86 BSBA; Ofc. Clerk; Big Bear, 770 W. Goodale Blvd., Columbus, OH 43212, 614 457-4751; r. 4490 Amwood St., Columbus, OH 43228, 614 278-9867.
ELKINS, Stephen Cornell; '80 BSBA; 32221 Hoopes Rd., Salem, OH 44460.
ELL, Dale D.; '49 BSBA; Ins./Realtor; Dale D Ell, 5052 Cemetary Rd., POB 113, Hilliard, OH 43026, 614 876-6060; r. 4410 Hansen Dr., Hilliard, OH 43026, 614 876-7155.
ELLEMAN, James R.; '52 BSBA; Atty.; 2904 W. Broad St., Columbus, OH 43204; r. 133 S. Brinker Ave., Columbus, OH 43204, 614 276-4513.
ELLEMAN, Paul H., Jr.; '42; Retired; Bearings Inc., 175 Cleveland Ave., Columbus, OH 43215; r. 1385 Reymond Rd, Columbus, OH 43220, 614 451-2437.
ELLENBERGER, Kenneth R.; '49 BSBA; Retired Atty.; Defense Constr. Supply Ce, 3990 E. Broad St., Columbus, OH 43213; r. 4244 E. Broad St., Apt. No 21, Columbus, OH 43213, 614 235-2534.
ELLENWOOD, Milton G.; '82 MBA; Prods Mgr. of Closure Div; Owens Illinois, POB 1035, Toledo, OH 43666, 419 891-3585; r. 3565 Brookside Rd, Toledo, OH 43606, 419 531-4042.
ELLENWOOD, Wendell William; '47 MPA; Dir. Emeritus; The Ohio State Univ., Ohio Unions, Columbus, OH 43210; r. 1690 Van Pelt, Columbus, OH 43220, 614 459-3693.
ELLER, John E.; '67 BSBA; Exec. VP/CEO; First Border Savings Bank, POB 504, 300 W. High St., Piqua, OH 45356, 513 773-6541; r. 5712 Loch Maree Ct., Dublin, OH 43017, 614 889-7630.
ELLERBROCK, Edward J.; '48 BSBA; Sales Repr; Remington Rand, 2115 Chester Ave. NE, Cleveland, OH 44114; r. 1229 Homeland Dr. NW, Rocky River, OH 44116, 216 331-4675.
ELLERBROCK, Dr. Geraldine Byrne, (Geraldine Byrne); '67 MA, '71 PhD (BUS); Prof.; California Polytech. State Univ., Sch. of Business, San Luis Obispo, CA 93407; r. 1248 Miraleste Ln., San Luis Obispo, CA 93401, 805 544-9390.
ELLERBROCK, Timothy Lee; '86 BSBA; Sr. Collector; Banc One Leasing Corp., 713 Brooksedge Dr., Westerville, OH 43081, 614 248-4140; r. 10568 RR 1 Rd. 5-H, Ottawa, OH 45875, 419 523-3896.
ELLING, Patricia '76 (See Condron, Patricia Marie).
ELLING, Robert William; '71 BSBA; Credit Mgr.; John Deere Co., 701 Georgesville Rd., Columbus, OH 43228, 614 275-1521; r. 4324 Barton Rd., Lansing, MI 48917.
ELLING, Stephen Richard; '68 BSBA; Oem Salesman; Digital Equip. Corp., 3101 S. Kettering Blvd., Dayton, OH 45439; r. 1245 Night Hawk Trace, Spring Vly., OH 45370, 513 885-4252.
ELLING, Virginia Fahey; '47 BSBA; 7446 Village Dr., Prairie Vlg., KS 66208, 913 362-2513.
ELLINGER, Denis Wayne; '87 BSBA; Production Supv.; Quaker Oats, 1703 E. Voorhees St., Danville, IL 61832, 217 443-3990; r. 1218 Harmon St., Danville, IL 61832, 217 431-3727.
ELLINGER, Richard L.; '63 BSBA; Principal; Ellinger/Towne Assocs., 919 Clubview Blvd., Worthington, OH 43235, 614 444-6884; r. Same, 614 846-2848.
ELLIOT, Clark Allen; '75 BSBA; Sr. Cnslt.; Isc Business Systs., 1480 W. Lane Ave., Columbus, OH 43221; r. 1305 Murrell Ave., Columbus, OH 43212, 614 481-0909.
ELLIOTT, A. Lovell; '46 BSBA; Owner; A Lovell Elliott Advt., 230 W. Seaview Dr., Duck Key, FL 33050, 305 743-0252; r. 93 Harris Meadows Ln., Barnstable, MA 02630, 508 362-2334.
ELLIOTT, Cheryl '84 (See Yeack, Cheryl A.).
ELLIOTT, Clarence W.; '38 BSBA; Box 387, Bergholz, OH 43908, 614 768-2109.
ELLIOTT, Dr. Clifford John; '70 PhD (BUS); Chmn.; Virginia Commonwealth Univ., Dept. of Marketing, Richmond, VA 23284; r. 1015 Floyd Ave., Richmond, VA 23284.
ELLIOTT, Mrs. Constance A., (Constance Oswalt); '84 BSBA; Mktg. Proj. Mgr.; Integrated Computer Systs., 5800 Hannum Ave., Culver City, CA 90231, 213 417 8888; r. 12602 E. 214th St., Lakewood, CA 90715, 213 402-3909.
ELLIOTT, Cynthia Ann; '84 BSBA; Wholesaler in Locks; Zipf Lock Co., 830 Harmon Ave., Columbus, OH 43223; r. 941 SW 112 Ave., Pembroke Pines, FL 33025.
ELLIOTT, David Ashley; '58 BSBA; 9320 Alhambra Dr., Prairie Vlg., KS 66207, 913 648-0217.
ELLIOTT, Deanna Steele; '82 BSBA; 3170 St. Rte. 180, Kingston, OH 45644.
ELLIOTT, Douglas Reed, Jr.; '79 MPA; Mgr.; Dayton Power & Light Co., 481 E. Columbus St., Wilmington, OH 45177, 513 382-2746; r. 1171 Peggy Ln., Wilmington, OH 45177, 513 382-6378.
ELLIOTT, Douglass W.; '57 BSBA; Retired; r. 104 S. Franklin St., Richwood, OH 43344, 614 943-2639.
ELLIOTT, Harold H.; '53 BSBA; Acct.; Westinghouse Electric Corp., 300 Phillipi Rd, Columbus, OH 43228; r. 1025 Parkleigh Rd, Columbus, OH 43220, 614 451-9543.
ELLIOTT, Jerry Eugene; '86 MBA; Atty./Bus. Cnslt.; 5069 Chuckleberry Ln., Westerville, OH 43081, 614 891-2315; r. Same.
ELLIOTT, Joann Matechek; '53 BSBA; Homemaker; r. 2308 W. Main St., El Dorado, AR 71730, 501 863-9312.
ELLIOTT, Mrs. Joanna Lynn, (Joanna Lynn Ellison); '83 BSBA; Mgr.; Ellison Window & Door, Inc., 5087 Westerville Rd., Columbus, OH 43231, 614 890-2325; r. 2270 River Run Trace, Worthington, OH 43235, 614 792-3476.
ELLIOTT, Mrs. Kathleen M., (Kathleen M. Ewald); '85 BSBA; Title 1 Loan Rep.; US Dept. of Housing & Urban Devel., Lee O'Brien Bldg., N. Pearl & Clinton Ave., Albany, NY 12207, 518 472-4522; r. Mohawk Ter., Ste. 522, Clifton Park, NY 12065, 518 383-1901.
ELLIOTT, Lon C., II; '71 BSBA; Pres.; Printers Ink of SW FL Inc., 82 Mildred Dr., Ft. Myers, FL 33901, 813 936-8403; r. 3131 SE 22 Pl., Cape Coral, FL 33904, 813 549-3970.
ELLIOTT, Margaret Slough; '54 BSBA; 805 Lynwood Dr., Minerva, OH 44657, 216 868-5535.
ELLIOTT, Mark P.; '69 BSBA; Meritz Inc; r. 5118 Lansdowne Dr., Cleveland, OH 44139, 216 248-9379.
ELLIOTT, Mary L.; '82 BSBA; Sr. Cost Acct.; Medex Inc., 3637 Lacon Dr., Hilliard, OH 43026, 614 876-2413; r. 221 Montrose Way, Columbus, OH 43214, 614 268-6402.
ELLIOTT, Melvin Jay; '60 BSBA; Retired; r. 6455 N. Montgomery Line Rd., Englewood, OH 45322, 513 832-2878.
ELLIOTT, COL Philip L., USA; '57 MBA; POB 145, Sugar Loaf Shrs., FL 33044, 704 884-6677.
ELLIOTT, Rita Nelson; '68 BSBA; 919 4 St. NE, Massillon, OH 44646.
ELLIOTT, Robert George; '80 MBA; Pres.; State Ofc. Supplies, 6415 Busch Blvd., Columbus, OH 43229; r. 518 E. Cooke Rd., Columbus, OH 43214, 614 263-8740.
ELLIOTT, Ronald Eugene; '87 BSBA; Production Control Asst.; Baumfolder Corp., 1660 Campbell Rd., Sidney, OH 45365, 513 492-1281; r. 605 W. Pearl St., Wapakoneta, OH 45895, 419 738-2947.
ELLIOTT, Ronald Patrick; '85 BSBA; Buyer; Broadway Dept. Stores, 3880 N. Mission Rd., Los Angeles, CA 90031, 213 227-2607; r. 123 Granada Ave., Apt. B, Long Beach, CA 90803, 213 434-1749.
ELLIOTT, Steven Earl; '83 BSBA; 2362 Newark-Granville Rd., Newark, OH 43055, 614 522-4154.
ELLIOTT, Terry Lee; '74 BSBA; Terminal Mgr.; APA Transport, Columbus, OH, 614 365-9657; r. 25035 Shoemaker Rd., Circleville, OH 43113, 614 474-5034.
ELLIOTT, Todd Christopher; '84 BSBA; Sales Mgr of Full Svc Ven; Pepsi-Cola Co., 6261 Caballero Blvd., Buena Park, CA 90620, 714 523-0220; r. 12602 E. 214th St., Lakewood, CA 90715, 213 402-3909.
ELLIS, Barbara '49 (See Edwards, Barbara Ellis).
ELLIS, Brian Richard; '67 BSBA; Atty.; IRS, 1240 E. 9th, Cleveland, OH 44199, 216 522-3000; r. 3656 Blanche Ave., Cleveland, OH 44118, 216 371-9919.
ELLIS, Deborah Fox; '77 BSBA; Rte. 1, Brush Creek, TN 38547.
ELLIS, Elwood Addison, III; '72 MBA; Pres. of Sch. Div.; Merrill Publishing Co., 936 Eastwind Dr., Westerville, OH 43081, 614 890-1111; r. 1092 Markworth Ct., Westerville, OH 43081, 614 891-0470.
ELLIS, George E.; '37 BSBA; Retired; Aluminum Extrud Shapes, 10549 Reading Rd, Evendale, OH 45241; r. 6025 Brown Rd., Oxford, OH 45056, 513 523-8056.
ELLIS, H. Roger; '69 BSBA; Gen. Mgr.; The Timken Co., Process Devel./Bearings, 1835 Deuber Ave. SW, Canton, OH 44706, 216 497-2111; r. 7855 Hearthstone NW, N. Canton, OH 44720, 216 497-7679.
ELLIS, Harold Watson; '56 BSBA; VP-Finance; Drewry Photocolor Corp., 211 S. Lake St., Burbank, CA 91502, 818 953-2897; r. 32636 Nantasket Dr., Apt. 22, Rancho Palos Verdes, CA 90274, 213 544-2606.
ELLIS, Ms. Jeanine Faye; '87 MPA; Educ. Cnslt.; Ohio Dept. of Educ., 65 S. Front St., Rm. 810, Columbus, OH 43215, 614 466-5149; r. 2781 Bella Via Ave., Columbus, OH 43231, 614 890-2175.
ELLIS, John Day; '63 BSBA; 1221 New Gambier Rd., Mt. Vernon, OH 43050, 614 392-8721.
ELLIS, Marion Silverman, (Marion Silverman); '44 BSBA; Homemaker; r. 795 Del Oro Dr., Safety Harbor, FL 34695, 813 726-3216.
ELLIS, Martha '41 (See Walker, Mrs. Martha Ellis).
ELLIS, Mary Moor; '77 BSLHR; Partner; Refcheck, 3620 Dorchester Rd., Columbus, OH 43221, 614 442-1003; r. 3942 Saddlehorn Dr., Hilliard, OH 43026.
ELLIS, Mrs. Monica D., (Monica D. Komar); '83 BSBA; Homemaker; r. 8366 Findley Dr., Mentor, OH 44060, 216 974-8909.
ELLIS, Ned Preston; '75 BSBA; Dist. Sale Mgr.; United Ohio Ins. Co., P.O.Box 111, Bucyrus, OH 44820; r. 5207 Stauffer Rd., Morral, OH 43337, 614 465-5192.
ELLIS, Robert Gerald; '56 BSBA; Owner; R.G. Ellis & Assoc., Inc., 420 W. 46th St., Indianapolis, IN 46208, 317 253-8049; r. Same.
ELLIS, Robert Hollman; '37 BSBA; Retired; r. 5142 Loch Lomond St., Houston, TX 77096, 713 668-4691.
ELLIS, Robert Kim; '87 MBA; 5964 Whitecraigs Ct., Dublin, OH 43017, 614 764-0356.
ELLIS, Robert Lee; '59 BSBA; Systs. Analyst; r. 1160 Snohomish, Worthington, OH 43085, 614 848-5306.
ELLIS, Ronald Browne; '73 BSBA; 176 Terrace Dr., Youngstown, OH 44512, 216 788-6029.
ELLIS, Ronnie Ray; '79 BSBA; Sales Repr; Hill Distributing Co., 2555 Harrison Rd, Columbus, OH 43204; r. 422 Stewart St., Columbus, OH 43206, 614 443-6884.
ELLIS, Stanley B.; '52 BSBA; 3823 S. Xenia St., Denver, CO 80237, 303 773-6291.
ELLIS, Steven Robert; '77 BSBA; 3942 Saddlehorn Dr., Hilliard, OH 43026.
ELLIS, William Glenn; '58 BSBA; E & E Remodelers, 3318 Reno Rd, Westerville, OH 43081; r. 3318 Reno Rd., Westerville, OH 43081, 614 882-1296.
ELLIS, William Graham, Jr.; '50 BSBA; 5909 Highlandview Dr., Sylvania, OH 43560, 419 882-5371.
ELLIS, Yvette H., (Yvette L. Harris); '85 BSBA; Policy Issue Supv.; State Farm Ins. Co., 1750 Rte. 23, Wayne, NJ 07477, 201 628-5415; r. 65 Edgar St., E. Orange, NJ 07018, 201 678-2351.
ELLISON, Carolyn J. '66 (See Buckley, Ms. Carolyn J.).
ELLISON, Debra Mahoney, (Debra M. Mahoney); '78 BSBA; Mgr. Dist. Systs.-Finance; Ross Labs, 625 Cleveland Ave., Columbus, OH 43216, 614 438-6042; r. 1235 Middlefield Ct., Columbus, OH 43235, 614 459-5317.

ALPHABETICAL LISTINGS ENGLISH 77

ELLISON, Gary Lonnell; '86 BSBA; Sales Rep.; Honeywell, Inc., 1766 Old Meadow Ln., Mc Lean, VA 22102, 703 749-2041; r. 5563-A Trent Ct., Alexandria, VA 22311, 703 379-8490.

ELLISON, Herman I.; '49 BSBA; Realtor; Heritage Realtors, 8137 N. Main St., Dayton, OH 45415, 513 898-1500; r. 3160 Valerie Arms Dr., Apt. 2-C, Dayton, OH 45405, 513 277-7989.

ELLISON, Jack Lee, II; '74 BSBA; Acct. Mgr.; Carnation Co., 500 W. Wilson Bridge Rd, Worthington, OH 43085, 614 846-2550; r. 6133 Batavia Rd, Westerville, OH 43081, 614 891-0016.

ELLISON, Joanna Lynn '83 (See Elliott, Mrs. Joanna Lynn).

ELLISON, John H.; '58 BSBA; Coord./Instr.; Southern State Comm Clg., 100 Hobart Dr., Hillsboro, OH 45133, 513 393-3431; r. 6507 Joy Ave., Hillsboro, OH 45133, 513 393-1397.

ELLISON, Richard B.; '80 BSBA; Acct.; Dataflex, Inc., 800 Grant St., Denver, CO 80218, 303 837-1065; r. 14613 W. 3rd Ave., Golden, CO 80401, 303 279-6146.

ELLMAN, Edwin M.; '53 BSBA; Pres.; Ellman Financial & Svc. Corp., 22 W. Gay St., Columbus, OH 43215, 614 464-0900; r. 260 N. Columbia Ave., Columbus, OH 43209, 614 252-4542.

ELLS, Susan Stoner, (Susan Stoner); '82 BSBA; Accountant; Johnstone Supply, 757 Adena Dr., Columbus, OH 43215, 614 488-0657; r. 1264 NW Blvd., Columbus, OH 43212, 614 294-4385.

ELLSESSER, Sidney Ann; '57 BSBA; Secy.; r. 6356 N. 11th Rd, Arlington, VA 22205.

ELLWOOD, Richard P.; '51 BSBA; Retired; r. 100 Edgewood Dr., Lancaster, OH 43130, 614 687-1163.

ELLWOOD, Susan A. '84 (See King, Mrs. Susan Ellwood).

ELLWOOD, Thaddeus Jay; '86 BSBA; Mgr.; K-Mart Apparel Corp., 4400 S. Hamilton Rd., Columbus, OH 43232, 614 836-5000; r. 2064 Fincastle Ct., Worthington, OH 43235, 614 792-1331.

ELLZEY, Debora Lee; '85 BSBA; 4512 Valleyquail Blvd. N., Westerville, OH 43081, 614 898-9168.

ELMAN, Jeffrey Philip; '84 BSBA; Financial Cnslt.; Shearson Lehman Hutton, Inc., Eaton Ctr., Ste. 1700, 1111 Superior Ave., Cleveland, OH 44114, 216 241-1800; r. 2295 Warrensville Ctr. Rd., Apt. 2, University Hts., OH 44118, 216 321-7938.

ELMER, David L.; '63 BSBA; 44 81 Ave., Treasure Island, FL 33706, 813 360-9048.

ELMERS, Kirwan M.; '51; Pres.; Custom Coach Corp., 1400 Dublin Rd., Columbus, OH 43215, 614 481-8881; r. 1240 Brittany Ln., Columbus, OH 43220, 614 451-2500.

ELMLINGER, Joseph E.; '51 BSBA; Partner; Deloitte Haskins & Sells, 1114 Ave. of The Americas, 18th Fl., New York, NY 10036, 212 790-0626.

ELMLINGER, Robert Joseph; '50 BSBA; Retired Agt.; New York Life Ins., 2000 Town Ctr., Ste. 1200, Southfield, MI 48075, 313 352-0620; r. 2691 Bradway Blvd., Birmingham, MI 48010, 313 644-4984.

ELMLINGER, Victoria Ann; '84 MBA; Human Resources Mgr.; Hordis Bros., 265 Quarry Rd., Lancaster, OH 43130, 614 653-7101; r. 308 1/2 E. Wheeling St., Lancaster, OH 43130, 614 653-7311.

ELMORE, Kenneth Wayne; '77 BSBA; c/o Raymond Tatlock, RR No 4, Rensselaer, IN 47978.

ELROD, MAJ Robert Taylor; '68 MBA; Maj. Usaf; r. 930 Squaw Creek Rd, Willow Park, TX 76086, 817 441-9788.

ELSAESSER, Mary Sheil, (Mary E. Sheil); '46 BSBA; Retired; r. 1602 Vassar NW, Canton, OH 44703, 216 455-3209.

ELSAS, Robert E.; '40 BS; Retired; Wisconsin Power & Light Co., 222 W. Washington Ave., POB 192, Madison, WI 53701; r. 237 Carillon Dr., Madison, WI 53705, 608 238-0710.

ELSASS, Carolyn Mc Millan, (Carolyn Mc Millan); '53 BSBA; Retired; r. 5475 Tyro St. NE, N. Canton, OH 44721, 216 877-9990.

ELSASS, Daniel Lee; '68 BSBA; Sr. Systs. Analyst; First Union Natl. Bank, Charlotte, NC 28288, 704 383-7355; r. 4109 Rutherford Dr., Charlotte, NC 28210, 704 552-5057.

ELSASS, Tobias Harold; '76 BSBA; Atty.; Atty-at-Law, 400 E. Mound St., Columbus, OH 43215; r. 1132 Limber Lost Ct., Worthington, OH 43085.

ELSEA, Carole Elder; '65 BSBA; 500 State Rd., Princeton, NJ 08540.

ELSEA, Patricia Pitts; '75 BSBA; CPA; BSA Industries, Inc., 6510 Huntley Rd., Columbus, OH 43229, 614 846-5515; r. 1118 Cir. On The Green, Worthington, OH 43235, 614 436-9282.

ELSEA, Scott; '35 BSBA; Retired; r. 325 7th St., Findlay, OH 45840, 419 422-0422.

ELSEA, Steve Dean; '73 BSBA; CPA; Elsea, Collins & Co., CPA's, 5880 Cleveland Ave., Columbus, OH 43231; r. 1118 Cir. On The Green, Worthington, OH 43235, 614 436-9282.

ELSHOFF, Frances Fletcher; '48 BSBA; Acct.; HUD Ofc. of Finance & Acctg./Accounts Payable, 451 Seventh St. SW, Washington, DC 20410, 202 755-6706; r. 301 G St. SW 626, Washington, DC 20024, 202 488-1087.

ELSHOFF, Kenneth R.; '58 BSBA; Pres.; Ohio S&L League, 88 E. Broad St., Columbus, OH 43215, 614 224-6244; r. 810 Bluffview Dr., Worthington, OH 43085, 614 885-3420.

ELSON, David R.; '84 BSBA; Real Estate Devel.; Western Devel. Corp., 7875 Montgomery Rd., Cincinnati, OH 45236, 513 745-9100; r. 2737 Minot Ave., Cincinnati, OH 45209, 513 531-5252.

ELSON, James Riggs; '85 BSBA; Acct.; Columbia Gas Distribution Co., 200 S. Civic Center Dr., Columbus, OH 43215; r. 7645 Central College Rd., New Albany, OH 43054, 614 855-7779.

ELSTON, David Wayne; '80 BSBA; 28020 W. Oakland, Cleveland, OH 44140.

ELSTON, Holly Ann; '87 BSBA; Sales Rep.; Summit Chemicals Inc., Merrill Lynch Plz., 130 W. Main St., Ft. Wayne, IN 46802, 219 420-1594; r. R 1, Convoy, OH 45832, 419 749-2308.

ELTZROTH, Donald F.; '49 BSBA; Sales; 300 W. 5th St., Dayton, OH 45402; r. 4061 Reading Rd, Dayton, OH 45420, 513 256-2174.

ELTZROTH, John Mark; '78 BSBA; Financial Mgr.; Ccf of Borden Chemical Co., 1280 N. Grant Ave., Columbus, OH 43216; r. 7483 Clark State Rd, Blacklick, OH 43004, 614 855-9942.

ELVOVE, Carl X.; '42 BSBA; Pres.; Gofen & Glossberg, 401 N. Michigan Ave., Chicago, IL 60611, 312 828-1100; r. 644 La Vergne Ave., Wilmette, IL 60091, 312 256-1409.

ELWELL, Robert R.; '64 BSBA; Sales; B. F. Goodrich, 10020 Bridgegate Cir., Dallas, TX 75243, 214 238-5611; r. Same, 214 238-5440.

ELWING, Sharon Sue; '86 BSBA; 3130 Bethel Rd., Columbus, OH 43220.

ELWOOD, James F.; '74 BSBA; Supv.-Trng./Regul Affairs; Ashland Chemical Co., 5200 Blazer Pkwy., Dublin, OH 43017, 614 889-3259; r. 163 Larrimer, Worthington, OH 43085, 614 436-3041.

ELWOOD, Linda A. '74 (See Hanson, Mrs. Linda A.).

ELY, Donald Edwin; '64 BSBA; Assoc.; Boehm Rance & Robinson, 1720 Zollinger Rd, Columbus, OH 43221; r. 1275 Fountaine Dr., Columbus, OH 43221, 614 451-0832.

ELY, Elizabeth Anne; '86 BSBA; Account Exec.; Natl. Tele-Info., Columbus, OH 43215, 614 222-5050; r. Columbus, OH 43201, 614 771-9084.

ELY, Joyce Hillick, (Joyce Hillick); '83 MPA; Dir. Regional Svcs.; United Way Svcs., 3100 Euclid Ave., Cleveland, OH 44115, 216 881-3170; r. 943 Daryl Dr., Cleveland, OH 44124, 216 381-6085.

ELY, Michael Lane; '82 BSBA; 1580 Prospect Ave., Apt. C7, Elyria, OH 44035.

ELY, Ralph G.; '56 MBA; VP-Acctg.; Stanadyne Inc./ Moen Grp., 377 Woodland Ave., Elyria, OH 44036, 216 323-3341; r. 230 Hemlock Dr., Elyria, OH 44035, 216 365-0583.

ELZEY, Kimberlee '78 (See Collura, Kimberlee Elzey).

EMBAUGH, John David; '86 BSBA; Customer Svc. Spec.; Roadway Express, 1009 Frank Rd., Columbus, OH 43223, 614 279-6341; r. 3086 Creighton Pl., Reynoldsburg, OH 43068, 614 755-2445.

EMCH, Shirley '55 (See Johnston, Shirley E.).

EMERICK, John Michael; '70 BSBA; Mgr.-Telecommunications; Kellogg Co., Battle Creek, MI 49016, 616 961-3046; r. 104 Grand Castle Ter., Battle Creek, MI 49017, 616 963-0026.

EMERINE, Dr. Richard John, II; '69 BSBA; c/o ABT Assoc Inc., 55 Wheeler St., Cambridge, MA 02138.

EMERMAN, Morton Jay; '54; Sales Exec./Self-Emp; r. 2792 Bancroft Rd., Akron, OH 44313, 216 864-3554.

EMERSON, Constance Peterson; '71; Administrative Aide; Battelle Mem Inst., 505 King Ave., Columbus, OH 43201; r. 275 Electric Ave., Westerville, OH 43081, 614 882-0354.

EMERSON, Daniel L.; '67 BSBA; Acctg. Mgr.; Rockwell Intl., Missile Systs. Division, Duluth, GA 30136, 404 476-6350; r. 605 Ridgemont Dr., Roswell, GA 30076, 404 993-3067.

EMERSON, John Waldo; '75 MBA; 115 Warner Ave., Roslyn Hts., NY 11577.

EMERSON, Richard Lee; '71 BSBA; 2005 Walnut St., Coshocton, OH 43812, 614 622-9528.

EMERSON, Robert Charles; '83 BSBA; Programmer/ Analyst; Ivan Software Inc., Keowee St., Dayton, OH 45402; r. 2085 Rosecrest Dr., Bellbrook, OH 45305, 513 848-4629.

EMERY, Dane L.; '58 BSBA; Manufacturer's Rep.; Dane Emery Sales Co., 5562 Marita Ln., Columbus, OH 43220, 614 459-6515; r. Same.

EMERY, David Allan; '81 BSBA; Sales Rep.; Gen. Data Comm, 8800 Governors Hill Dr., Cincinnati, OH 45249; r. 2333 Upland Pl., Cincinnati, OH 45206, 513 961-1666.

EMERY, Mrs. Donna Decker, (Donna Jean Decker); '84 BSBA; Annuity Processor; Nationwide Ins., 1 Nationwide Blvd., Plz. 1, Columbus, OH; r. 2816 Osceola Ave., Columbus, OH 43211, 614 267-9675.

EMERY, Edwin W., Jr.; '55 BSBA; Maint. Supv.; r. 241 Garden Hts., Columbus, OH 43228, 614 878-8818.

EMERY, Nancy Lee; '87 BSBA; Systs. Analyst; Eastman Kodak Co., 2400 Mount Read Blvd., Rochester, NY 14650, 716 588-6531; r. 223 Joanne Dr. Apt. 1, Rochester, NY 14616.

EMICH, Richard P., II; '86 BSBA; Student; The Ohio State Univ., Sch. of Law, Columbus, OH 43210; r. 2490 Coronado Ave., Akron, OH 44313.

EMICH, Richele Paula; '85 BSBA; Acct.; Price Waterhouse, 180 E. Broad St., Columbus, OH 43215; r. 8 Jordache Lane, Spencerport, NY 14559.

EMIG, Trent Alan; '87 BSBA; 3657 Ridenour, Columbus, OH 43219, 614 471-3166.

EMISH, John S.; '56 BSBA; Reg. Sales Mgr.; Wheaton Glass Co., 4010 Executive Park Dr., Ste. 102, Cincinnati, OH 45241, 513 563-8988; r. 9983 Murdock Cozaddale Rd., Loveland, OH 45140, 513 683-8201.

EMLEY, Fred W.; '64 BSBA; Dis Mgr./Customer Svs; Ohio Bell Telephone Co., 369 W. First St., Rm. 1159, Dayton, OH 45402; r. 5548 Knollcrest Ct., Dayton, OH 45429, 513 434-3334.

EMMELHAINZ, MAJ Larry William, PhD, USAF; '73 BSBA, '86 PhD (BUS); Assoc. Prof.; Air Force Inst of Technology, Wright Patterson AFB, OH 45433, 513 255-5023; r. 8925 Highlanders Ct., Springboro, OH 45066, 513 748-1616.

EMMELHAINZ, Dr. Margaret A., (Margaret A. McFadyen); '86 PhD (BUS); Asst. Prof.; Univ. of Dayton, 300 College Park, Dayton, OH 45469, 513 229-3702; r. 8925 Highlanders Ct., Springboro, OH 45066, 513 748-1616.

EMMELHAINZ, Richard Neil; '76 BSBA; Asst. VP; Paine Webber Inc., 803 S. Calhoun St., Ft. Wayne, IN 46802, 219 424-3020; r. 2307 Berkley, Ft. Wayne, IN 46815, 219 483-7321.

EMMELHEINTZ, Ann L. '66 (See Burton, Mrs. Ann L.).

EMMERLING, Jeffrey Paul; '77 BSBA; Eastern Regl.Sales Mgr.; Claude Laval Corp., 1911 N. Helm, Fresno, CA 93703, 209 255-1601; r. 5 Robin Lynn Ln., Irmo, SC 29063, 803 781-0430.

EMMERLING, Walter; '28 BSBA; Retired; r. 3646 Ashworth Dr., Apt. 104, Cincinnati, OH 45208.

EMMETT, Robert Gerard; '70 BSBA; VP; Minuteman Press Intl., 1640 New Hwy., Farmingdale, NY 11735, 516 249-1370; r. 325 N. 5th St., Lindenhurst, NY 11757.

EMMONS, Howard A.; '32 MA; Retired; r. 719 51st Ave. W., Bradenton, FL 34207, 813 758-7965.

EMMONS, Larry R.; '57 BSBA; Sr. VP/Dir. Hum Res.; Comerica Inc., 211 W. Fort St., Detroit, MI 48275, 313 222-6030; r. 4234 White Birch, Orchard Lake, MI 48033, 313 682-2071.

EMMONS, Ronald Z.; '63 BSBA; Entrepreneur; r. 1340 N. Alta Vista Pl., Los Angeles, CA 90046, 213 851-6115.

EMOFF, Todd R.; '82 MBA; Futures Trader; 625 W. Madison, Apt. 3510, Chicago, IL 60606, 312 902-2079; r. Same.

EMORY, Dr. C. William; '46 BSBA, '47 MBA, '51 PhD (BUS); Assoc. Dean-Exec. Dir.; Washington Univ., MBA Program, St. Louis, MO 63130, 314 889-6384; r. 7448 Wydown Blvd., Clayton, MO 63105, 314 721-5239.

EMORY, Jean Langhoff; '45 BSBA; Pres.; Jean Emory Designs, 7448 Wydown Blvd., Clayton, MO 63105, 314 721-5239; r. Same.

EMPTAGE, Dennis Lee; '75 BSBA; 6423 Slack Rd., Reynoldsburg, OH 43068.

EMPTAGE, Warren K.; '64 BSBA; 14002 Th67 RR #1, La Rue, OH 43332, 614 499-3602.

EMRICH, Kimberly Stacy; '85 BSBA; Acct. I; Bank One of Columbus, 762 Brooksedge Plaza Dr., Columbus, OH 43271, 614 248-8594; r. 1244 Grandview Ave., Columbus, OH 43212, 614 488-4564.

EMRICH, Mary Tope; '54 BSBA; Title I Coord.; Madison Plains Sch. Dist., RR I, London, OH 43140; r. 10420 Foody Rd., London, OH 43140, 614 852-2351.

EMRICH, Dr. Richard Earl; '53 BSBA; Orthodontist; Richard E Emrich DDS Inc., 1495 Morse Rd., Columbus, OH 43229, 614 262-5843; r. 559 Tucker Dr., Worthington, OH 43085.

EMRICH, Vivian E. Muench; '51 BSBA; Homemaker; r. 4729 Quail Point Rd., Salt Lake City, UT 84124, 801 272-5130.

EMRICK, Nicholas R.; '82 MBA; Dir., Legal Mkts.; Mead Data Central, Inc., POB 933, 9393 Springboro Pike, Dayton, OH 45401, 513 439-5642; r. 6633 McEwen Rd., Dayton, OH 45459, 513 439-5642.

EMROCK, Joseph Walter; '87 BSBA; Auditor; Touche Ross & Co., 250 E. Broad St., Columbus, OH 43215, 614 224-1119; r. 1379 Westmoreland Ct., Apt. A, Columbus, OH 43220, 614 451-9959.

EMSWILER, Ernest E.; '33 BSBA; Financial Cnslt.; 949 S. Roosevelt Ave., POB 09348, Columbus, OH 43209, 614 237-0611; r. Same.

EMSWILER, Leanne; '85 BSBA; Computer Programmer; The Ltd. Inc., One Limited Pkwy., POB 16528, Columbus, OH 43216, 614 475-4000; r. 1259 Hideaway Woods Dr. #D, Westerville, OH 43081, 614 882-8346.

ENBURG, Rev. Raymond C.; '48 BSBA; Chaplain; Helping In Ministries Inc., POB 604, Wheaton, IL 60189, 312 665-0705; r. 1409 E. Harrison, Wheaton, IL 60187, 312 665-0705.

ENDICOTT, Terry '76 (See Zuber, Terry Endicott).

ENDRES, William Francis; '79 BSBA; 196 W. 11th, Rm. 1003, Columbus, OH 43210, 614 421-7239.

ENDSLEY, Mark Alan; '81 BSBA; Food Serv Dir.; A R A Svcs., 47 N. Washington, Columbus, OH 43215, 614 222-3271; r. 8346 Seabright Dr., Powell, OH 43065.

ENDSLEY, Mrs. Sara L., (Sara L. Benson); '82 BSBA; Programmer Analyst; r. 13197 County Rd. 153, E. Liberty, OH 43319, 513 644-8550.

ENDTER, Sandra '81 (See Rupert, Sandra Endter).

ENGEL, Mrs. Ann Hunger, (Ann Hunger); '48 BSBA; Retired; r. 31500 Bexley Rd., Bay Village, OH 44140, 216 871-0485.

ENGEL, Brady D.; '60 BSBA; Staff; Capitol Records, 1750 Vine, Los Angeles, CA 90028; r. 542 N. Detroit St., Los Angeles, CA 90036.

ENGEL, Clarence E.; '48 BSBA; Retired; r. 31500 Bexley Dr., Bay Village, OH 44140, 216 871-0485.

ENGEL, Robyn S. '79 (See Gordon, Mrs. Robyn E.).

ENGEL, Steven Robert; '79 BSBA; Acct.; Charles E Merrill Publishing Co., 1300 Alum Creek, Columbus, OH 43209; r. 3718 Kirkwood Rd., Columbus, OH 43227.

ENGEL, Stuart E.; '79 BSBA; Dir. of Sales; 2307 Summit Place Dr., Atlanta, GA 30350, 404 641-1587; r. Same.

ENGELBERG, David; '85 BSBA; Sr. Auditor; Pepsico Inc., POB 35034, Dallas, TX 75235, 214 351-7916; r. 7440 La Vista #209, Dallas, TX 75214, 214 320-3301.

ENGELBRET, Gordon L.; '46 BSBA; CEO; Zip Lint, 605 Masengill Ave., Morristown, TN 37814, 615 581-1674; r. Same.

ENGELHART, Carl A., Jr.; '59 BSBA; Operations Mgr.; Inter Royal Inc., Royal Rd., Michigan City, IN 46360; r. 708 Jackson St., St. Marys, OH 45885.

ENGELLAND, William Richard; '72 BSBA; Leasing & Fleet Sales; Ford Motor Co., POB 43323, 300 Renaissance Ctr., Detroit, MI 48243, 313 446-3492; r. 16150 Old Bedford Rd., Northville, MI 48167, 313 349-3552.

ENGELMAN, Eileen Beth; '82 BSBA; Acct.; Goldhirsh Grp. Inc., 38 Commercial Wharf, Boston, MA 02110; r. 61 First Rd., Marlboro, MA 01752, 508 485-6027.

ENGELS, Shelley M. '85 (See Murdock, Mrs. Shelley M.).

ENGHAUSER, William Arthur; '74 BSBA; Mbr Programming Staf; AT&T Info. Systs., 200 Lincoln Pl., Rm. 78L 45026, Maitland, FL 32751, 305 660-7943; r. 848 Jamestown Dr., Winter Park, FL 32792.

ENGHOLM, Marguerite Rowe; '44 BSBA; 261 E. Lansing St., Columbus, OH 43206, 614 443-2540.

ENGLAND, Dale R.; '48 BSBA; Retired; r. POB 517, Reynoldsburg, OH 43068.

ENGLAND, Douglas Matthew; '87 BSBA; Acct.; r. 5282 Redwood Rd., Columbus, OH 43229, 614 846-6081.

ENGLAND, Jerry J.; '66 BSBA; Staff; Cardinal Industries Inc., 2040 S. Hamilton Rd., Columbus, OH 43227, 614 755-6419; r. 310 S. Broadleigh, Columbus, OH 43209, 614 235-2492.

ENGLAND, Lisa M.; '86 BSBA; Rsch. Analyst; Mid-America Fed., 4181 Arlington Plz., Columbus, OH 43228, 614 278-3374; r. 3784 Farber Ct., Hilliard, OH 43026, 614 771-8811.

ENGLAND, M. Daniel; '86 BSBA; 843 Crestmont Dr., Dayton, OH 45431, 513 256-8905.

ENGLAND, Michael Eugene; '74 BSBA; Dir. Employee Relatns; The Ltd. Inc., One Limited Pkwy., POB 16528, Columbus, OH 43216, 614 475-4000; r. 204 Griswold St., Delaware, OH 43015, 614 363-4730.

ENGLE, Holly Sue; '85 BSBA; Employee Benefits Mgr.; Dispatch Printing Co., 34 S. Third St., Columbus, OH 43215, 614 461-5000; r. 7760 State Rte. 323, Mt. Sterling, OH 43143, 614 869-3156.

ENGLE, Julie K. Weider; '84; Leasing Agt.; R J Solove & Assocs., 8 E. Broad St., Columbus, OH 43215, 614 221-1191; r. 5112 Rutledge Dr. N., Columbus, OH 43232, 614 837-6269.

ENGLE, Scott Michael; '83 BSBA; Mbr of Ofc. Staff; State Farm Ins. Co., 3458 S. High St., Columbus, OH 43207, 614 491-6446; r. 5112 Rutledge Dr. N., Columbus, OH 43232, 614 837-6269.

ENGLE, Scott Norman; '86 BSBA; Med. Rep.; Lederle Labs; r. 3010 Arrowhead Trails, Loveland, OH 45140, 513 677-1797.

ENGLEHARDT, John Theodore; '84 BSBA; Controller; Communications III, 1201 Olentangy, Columbus, OH 43212; r. 71 Beechtree Ln., Granville, OH 43123.

ENGLEHART, Michael F.; '63 BSBA; Sales Rep.; Avery Label, 15887 Snnow Rd., Brook Park, OH 44142, 216 267-8700; r. 22936 Cedar Point Rd., Brook Park, OH 44142, 216 734-5661.

ENGLISH, Alfred Ray; '87 BSBA; 252 W. Main St., Newark, OH 43055.

ENGLISH, 2LT Brian John, USAF; '85 BSBA; Mather AFB, Sacramento, CA 95655; r. 2079 Ellington Rd., Columbus, OH 43221, 614 486-9007.

ENGLISH, Charles Peterson, III; '72 BSBA; Real Estate Broker; English Realty, Inc., POB 311, Mantua, OH 44255, 216 274-2746; r. 4129 Dudley Rd., Mantua, OH 44255, 216 274-8030.

ENGLISH, Edwin C.; '32 BSBA; Ins. Agt.; r. 11391 Geneva Rd., Cincinnati, OH 45240, 513 851-5621.

ENGLISH, J. Brent; '69 BSBA; Mgr.; Columbiana Co. AAA, 213 E. Fourth St., E. Liverpool, OH 43920, 216 385-2020; r. 50591 Rodaman, E. Liverpool, OH 43920, 216 385-3582.

ENGLISH, Jack M.; '67 BSBA; Sales Mgr.; Pompano Beach Club, 201 Briny Ave., Pompano Bch., FL 33062; r. 921 Mockingbird Ln., Plantation, FL 33329, 305 475-9370.

ENGLISH, Jeffrey Stuart; '74 BSBA; Pres.; J.S. English Co., 17940 Geauga Lake Rd., Chagrin Falls, OH 44022; r. Same.

78 ENGLISH OSU COLLEGE OF BUSINESS

ENGLISH, Leonard Michael; '66 BSBA; VP & Bldg. Mgr.; Huntington Natl. Bank, Huntington Bldg., Ste. 2101, Cleveland, OH 44115; r. 485 Shore Field Dr., Chippewa Lake, OH 44215, 216 769-3041.
ENGLISH, Mrs. Patricia Shaffer, (Patricia Shaffer); '74 BSBA, '75 MBA; Sales Assoc.; English Realty, 10636 Main St. POB 311, Mantua, OH 44255, 216 274-2746; r. 17940 Geauga Lake Rd., Chagrin Falls, OH 44022.
ENGLISH, Pauline '57 (See Lassettre, Pauline English).
ENGLISH, Philip H.; '43 BSBA; Retired; r. Box 1605, Avon, CO 81620, 303 949-7023.
ENGLISH, Philip John; '82 BSBA; Financial Support Ofcr.; Society Natl. Bank, 800 Superior Ave., Cleveland, OH 44101, 216 344-3240; r. 28466 Spruce Dr., N. Olmsted, OH 44070, 216 235-1665.
ENGLISH, Ronald J.; '59 BSBA; Owner; Olde English Gun Shop, 480 E. Ginghamsburg, Tipp City, OH 45371; r. RR No 2, 480 E. Gingham Rd, Tipp City, OH 45371, 513 667-3315.
ENGLISH, Sharon '55 (See Blake, Sharon English).
ENGLISH, Dr. Walter; '24 BSBA; Pres.; Walter English Co., 1227 Bryden Rd., Columbus, OH 43205; r. 197 S. Cassingham Rd., Columbus, OH 43209, 614 237-8242.
ENGLISH, Wayne Gordon; '43 BSBA; Financial Cnslt.; 3576 Winfield Ln. NW, Washington, DC 20007, 202 337-5931; r. 3576 Winfield Ln. NW, Washington, DC 20007, 202 337-5925.
ENGRAM, Vicki Lynn; '81 BSBA; Computer Programmer; Borden Inc., 180 E. Broad St., Columbus, OH 43215; r. Borden Inc, 180 E. Broad St., Columbus, OH 43215.
ENGSTROM, Marjorie '74 (See Di Pietro, Marjorie).
ENIS, Christine A. '80 (See Riddlebaugh, Christine A.).
ENIS, Vic C.; '87 BSBA; Proj. Mgr.; T.A. Snyder Development Co., 5929 Karl Rd., Columbus, OH 43229, 614 431-0804; r. 1181 Rockwood Pl., Columbus, OH 43229, 614 888-4249.
ENLOW, Fred Clark; '65 MBA; Mgr. Retail Banking; Standard Chtd. Bank, Landmark-Central, Hong Kong, Hong Kong, 58444222; r. 7 Pollocks Path, The Peak, Hong Kong, Hong Kong, 849-6145.
ENNIS, David Wayne; '70 BSBA; Sr. Mgr.; Ernst & Whinney, 150 S. Wacker, Chicago, IL 60606, 312 368-1800; r. 1516 Spencer Ave., Wilmette, IL 60091, 312 251-5564.
ENNIS, Katherine A. '87 (See Gerber, Ms. Katherine Alice).
ENNIS, William C.; '50 BSBA; CPA/Pres.; Hersh Ennis & Co. Inc., 2717 S. Arlington Rd., Ste. C, Akron, OH 44312, 216 644-4062; r. 1823 Breezewood Dr., Akron, OH 44313, 216 836-4871.
ENOCHS, Mary Baremore; '53; Lifeline Coord.; Middletown Regional Hosp., 105 McKnight Dr., Middletown, OH 45044, 513 420-5201; r. 4680 Sebald Dr., Franklin, OH 45005, 513 423-7388.
ENOUEN, Robert John; '79 BSBA; Asst. Controller; Glimcher Co., 3319 E. Livingston Ave., Columbus, OH 43227, 614 239-8000; r. 3548 En-Joie Dr., Columbus, OH 43228, 614 279-9635.
ENRIGHT, Thomas J.; '52; Clerk of Courts; Franklin Cnty., 369 S. High St., Columbus, OH 43215, 614 462-3600; r. 530 E. Weisheimer Rd., Columbus, OH 43214, 614 262-9142.
ENRIONE, Angela L. '83 (See Willsey, Mrs. Angela L.).
ENRIONE, Bianca Grace '85 (See Nelson, Mrs. Bianca E.).
ENRIQUEZ, Kathleen Helm, (Kathleen S. Helm); '79 BSBA; Grad. Secy.; Bowling Green State Univ., Psychology Dept., Bowling Green, OH 43403, 419 372-2306; r. 115 Martin Ave., Pemberville, OH 43450, 419 287-4839.
ENROTH, LTC John E. M., Jr., USAF; '63 BSBA; Afpro Pratt & Whitney, Hartford, CT 06101; r. 25011 Mawson Dr., Laguna Hls., CA 92653.
ENSIGN, Dennis James; '77 BSBA; Staff; Bank One of Columbus, 100 E. Broad St., Columbus, OH 43215; r. 5123 Fullerton Dr., Columbus, OH 43232, 614 837-2092.
ENSMINGER, Luther Glenn; '42 BSBA; Retired; r. 631 N. Edison St., Arlington, VA 22203, 703 243-5640.
ENSMINGER, Marshall L.; '61 BSBA; Natl. Dir. of Operations; Honeywell Inc., Honeywell Plz., Commercial Bldgs. Grp., Minneapolis, MN 55408, 612 870-5397; r. 4828 Valley View Rd., Edina, MN 55424, 612 920-5160.
ENTINGER, James Michael; '80 BSBA; Acctng Dev Coord.; Kobacker Stores Inc., 6600 Tussing Rd., Reynoldsburg, OH 43068; r. 3775 River Downs Ct., Hamilton, OH 45011.
ENTLER, Stephen Richard; '79 BSBA; Staff; Caio, 2820 Nottingham Rd, Columbus, OH 43221; r. 2090 Wendy's Dr., Apt. 3B, Columbus, OH 43220, 614 457-8943.
ENTSMINGER, David Brian; '85 BSBA; Underwriter; Farmers Ins. Grp., 2400 Farmers Dr., Columbus, OH 43085, 614 764-4101; r. 4792 Bourke Rd., Columbus, OH 43229, 614 885-8427.
ENTSMINGER, Verna Jean '85 (See Frey, Mrs. Verna Jean).
ENZ, Dr. Cathy Ann; '85 PhD (BUS); Faculty; Indiana Univ., Sch. of Business, 10th & Fee Ln., Bloomington, IN 47405, 812 335-0221; r. Indiana Univ/Sch. of Busines, 10th & Fee Ln., Bloomington, IN 47405.
ENZ, Gary Lee; '72 BSBA; 480 E. Loy Rd., Piqua, OH 45356, 513 778-1988.
EPITROPOULOS, Chris '82 (See Basore, Mrs. Chris E.).
EPLER, Donald F.; '67 BSBA; Pres.; Epler Devel. Co., 513 E. Rich St., Columbus, OH 43215, 614 461-4567; r. 543 Brightstone Dr., Reynoldsburg, OH 43068, 614 861-1211.
EPP, Janet; '82 BSBA; Property Mgr.; The Wood Cos., 929 Harrison Ave., Columbus, OH 43215; r. 54 E. Northwood Ave., Columbus, OH 43201, 614 291-3272.
EPPERLY, John Burt; '78 BSBA; Mgr. Field Operations; B F Goodrich Co., Oak Grove, Marietta, OH 45750, 614 373-6611; r. Rte. 1 Box 410, Vincent, OH 45784.
EPPERT, Mark F.; '88 BSBA; Accounts Payable Coord.; Flxible, 970 Pittsburgh Dr., Delaware, OH 43015, 614 362-2726; r. 767 Jasonway Ave., Columbus, OH 43214, 614 459-5661.
EPPICH, Kenneth Louis; '63 BSBA; Assit. Treas.; Int'l. Multi Foods Corp., Multi Foods Twr., Minneapolis, MN 55402, 612 340-3612; r. 2248 Drew Ave. S., St. Louis Park, MN 55416, 612 920-7083.
EPPLE, John H.; '54 BSBA; Pres.; Univ. Book Store, Univ. of Wisconsin, 711 State St., Madison, WI 53703, 608 257-3784; r. 3102 Bluff St., Apt. 2, Madison, WI 53705, 608 238-9043.
EPPLER, Marc Ivan; '74 BSBA; Owner; Legal Electronics Records, 75 Public Sq., Ste. 313, Cleveland, OH 44113; r. 5174 Stanberry, Solon, OH 44139, 216 349-4117.
EPPLEY, Daniel Paul; '85 BSBA; Sr. Tax Spec.; Peat Marwick Main, Two Nationwide Plz., Columbus, OH 43215, 614 249-2376; r. 4798 Mocking Bird Ct. S., Columbus, OH 43229, 614 436-8054.
EPPLEY, David Allen; '84 BSBA; Account Exec.; Emery Purolator, Pittsburgh, PA 15237, 412 366-9730; r. 8854 S. Court, #203, Allison Park, PA 15101, 412 367-8551.
EPPS, Mrs. Beverly Payne, (Beverly Payne); '81 MPA; Financial Cnslt.; Mc Cloy Financial Svcs., 921 Chatham Ln. Ste. 300, Columbus, OH 43221, 614 457-6233; r. 4889 Arthur Pl., Columbus, OH 43220, 614 459-2763.
EPPS, Leslie Jeanne; '88 MBA; 757 Kimball Pl., Columbus, OH 43205, 614 253-4110.
EPPY, Joseph F.; '82 BSBA; VP; Eppys Auto Ctrs., POB 21297, Canton, OH 44702, 216 456-2401; r. 4928 Glenridge Cir. NE, Canton, OH 44714, 216 499-3779.
EPPY, Marcia '80 (See Schwartz, Marcia Eppy).
EPSTEIN, Barry W.; '67 BSBA; Atty.; 50 W. Broad St., Columbus, OH 43215, 614 221-3966; r. 147 W. New England, Worthington, OH 43085, 614 846-6869.
EPSTEIN, Laurence Bernard, PhD; '59 BSBA, '61 MA; Photographer/Historian; Laury Photography, St. Louis, MO 63140; r. 11835 Crestaverde Dr., Creve Coeur, MO 63146, 314 567-5510.
EPSTEIN, Dr. Mark Howard; '66 BSBA; Assoc. Dir.; Health Systs. Agcy. of Northern Virginia, 7245 Arlington Blvd. Ste. 300, Falls Church, VA 22042; r. 6709 Capstan Dr., Annandale, VA 22003, 703 750-9127.
EPSTEIN, Morton E.; '44 BSBA; Retired; r. 540 S. Frederick St., Lancaster, OH 43130, 614 653-4145.
EPSTEIN, Morton I.; '38 BSBA; Retired; r. 1908 Plz. De La Cruz, Las Vegas, NV 89102, 702 364-1184.
EPSTEIN, Peter; '72 BSBA; 2462 Natchez Dr., Columbus, OH 43209, 614 231-3802.
ERAMO, Anthony Joseph; '81 BSBA; Secy.; John Eramo & Sons Inc., 1686 Williams Rd, Columbus, OH 43207; r. 477 Langford Ct., Columbus, OH 43230, 614 471-2520.
ERAMO, Nazzareno; '77 BSBA; 7086 White Butterfly Ln., Reynoldsburg, OH 43068.
ERB, Harry E.; '53 BSBA; Contracts Ofcr.; Ohio Bell Telephone Co., 150 E. Gay St., Columbus, OH 43215, 614 223-7938; r. 2756 Andover Rd., Columbus, OH 43221, 614 488-9900.
ERB, John Edward; '66 BSBA; Partner; Theisen Brock Frye Erb & Leeper, 424 Second St., Marietta, OH 45750, 614 373-5455; r. 509 4th St., Marietta, OH 45750, 614 373-1633.
ERB, Mrs. Marja K., (Marja K. Dodge); '78 BSBA; Computer Spec.; Apollo Career Ctr., 3325 Shawnee Rd., Lima, OH 45806, 419 999-3015; r. 1432 Lowell Ave., Lima, OH 45805, 419 224-6903.
ERB, Renee C. '83 (See McClain, Renee).
ERB, Richard Thomas; '75 BSBA; Natl. Bank Examiner; Comptroller of the Currency, Washington, DC; r. POB 45186, Washington, DC 20026.
ERBAUGH, Michael E.; '67 BSBA; 2011 Alpwood Ln., Dayton, OH 45459.
ERDMAN, Mrs. Antonia C., (Antonia Ciotola); '78 BSBA; Mgr.; Monte Carlo Ristorante, 6333 Cleveland Ave., Columbus, OH 43229; r. 1515 Bridgeton Dr., Columbus, OH 43220, 614 451-8904.
ERDMAN, Brian Curtis; '84 BSBA; Asst. Mgr.; Kentucky Fried Chicken, 3147 Cleveland Ave., Columbus, OH 43214; r. 5191 Garmouth Ct., Hilliard, OH 43026, 614 876-6965.
ERDMAN, Grace Thomas; '47 BSBA; Retired; r. 10196 Imperial Point Dr. E., Largo, FL 34644, 813 596-0426.
ERDMAN, Wayne C.; '78 BSBA; CPA; Deferro & Erdman & Co., 1355 King Ave., Columbus, OH 43212, 614 486-9618; r. 1515 Bridgeton Dr., Columbus, OH 43220, 614 451-8904.
ERDOS, Robert Louis, Jr.; '82 BSBA; Account Exec.; AT&T Info. Systs., 2 Nationwide Plz.-Mezzanine, Columbus, OH 43215; r. 6896 Gray Gables Ln., Worthington, OH 43085, 614 766-1213.
ERF, Louis A.; '48 BSBA; Retired; r. 1755 Berkshire Rd, Columbus, OH 43221, 614 488-8890.
ERHART, Joseph L.; '87 BSBA; Claims Trainee; Westfield Ins. Cos., Westfield Ctr., OH 44907; r. RR 4, Ottawa, OH 45875, 419 522-2065.
ERICKSON, Albert W., III; '74 MPA, '77 MBA; VP; Ohio Co., 155 E. Broad St., Columbus, OH 43215; r. 7085 Missy Park Ct., Dublin, OH 43017.
ERICKSON, Arthur J.; '47 BSBA; Editor; The Pasadena Bus. Assn.; r. 275 E. Cordova #305, Pasadena, CA 91101, 818 796-1658.
ERICKSON, Mark Edwin; '76 BSBA; VP-Mktg.; Morning Star Technologies, 1760 Zollinger Rd., Columbus, OH 43221, 614 451-1883; r. 3122 Somerford Rd., Columbus, OH 43221, 614 459-5522.
ERICKSON, Richard John; '70 BSBA; 109 Springwood W., Oregon, OH 43616, 419 693-2119.
ERICKSON, Warren Lee; '72 MBA; Industrial Engr.; Bethlehem Steel Corp., Burns Harbor Plant, POB 248, Chesterton, IN 46304, 219 787-3415; r. 495 Meadow Wood Dr., Valparaiso, IN 46383, 219 462-3587.
ERIE, Dan R.; '57 MA; Retired; r. 124 Channing St., Redlands, CA 92373.
ERINGMAN, Jacqueline Mitchell, (Jacqueline Mitchell); '83 BSBA; Programmer/Analyst; Nationwide Ins. Co., One Nationwide Plz., Columbus, OH 43216; r. 2153 Leah Ln., Reynoldsburg, OH 43068, 614 863-3766.
ERKINS, Velma Delphine; '86 BSBA; Systs. Analyst; E I Du Pont De Nemrs, Rd. 1, Circleville, OH 43113; r. 1465 E. 23rd Ave., Columbus, OH 43211, 614 299-7205.
ERKKILA, Barbara Burr; '53 BSBA; Prof.; Business Dept., Fullerton Jr Clg., Fullerton, CA 92634; r. 2018 S. Ninth St., Anaheim, CA 92802, 714 534-5254.
ERLEN, Herman; '25 BSBA; Retired; r. 2233 Via Puerta, Apt. 5, Laguna Hls., CA 92653, 714 586-2833.
ERLEN, Marcia '55 (See Dolin, Marcia Erlen).
ERLER, Gary W.; '71 BSBA; Corp Pres. & Sec; Priority Mortgage Corp., 5701 N. High St., Ste. 308, Worthington, OH 43085, 614 431-1141; r. 1008 Vincent Ct., Westerville, OH 43081, 614 891-0034.
ERLITZ, Mark Stephen; '79 BSBA; Partner; Erlitz & Mansour, 3550 Lander Rd., Cleveland, OH 44124, 216 292-6197; r. 4220 Crestwood N. W., Canton, OH 44708, 216 477-7733.
ERML, Victor F.; '57 BSBA; Sales Engr.; Hy-Level Screw Prods. Co., 14600 Industrial Pkwy., Cleveland, OH 44135; r. 3727 Archwood Dr., Cleveland, OH 44116, 216 333-3126.
ERMLICH, Kennett F., Jr.; '49 BSBA; Retired; r. 3748 Pamela Dr., Gahanna, OH 43230, 614 855-1196.
ERNSBERGER, James Alan; '83 BSBA; 19872 E. Prentice Ln., Aurora, CO 80015, 303 693-5083.
ERNSBERGER, John L., Jr.; '59 BSBA; Worldwide Investments, Postoffice, Carson City, NV 89701; r. 5610 Scarsdale, Reno, NV 89507, 702 331-0960.
ERNSBERGER, Ms. Kathleen H., (Kathleen G. Homier); '82 BSBA; Account Rep.; Oscar Mayer, 6300 S. Syracuse, Ste. 590, Englewood, CO 80111, 303 740-8895; r. 19872 E. Prentice Ln., Aurora, CO 80015, 303 693-5083.
ERNST, CAPT Clayton W., USN(Ret.); '51 MPA; Pres.; Ernst & Ernst, P.A., 2150 W. 1st St., Ste. 4B, Ft. Myers, FL 33901, 813 332-5422; r. P.O.Box 218, Ft. Myers, FL 33902.
ERNST, Ronald Leroy; '72 MBA; Pres.; Communications Insights, 1305 Collins Way, Worthington, OH 43085, 614 847-0333; r. 1305 Collins Way, Worthington, OH 43085, 614 848-6335.
ERNST, Dr. Ruann F., (Ruann F. Pengov); '77 PhD (PA); Dir.-Mktg.; Hewlett-Packard, Inform Systs. Grp., 19091 Pruneridge Rd., Cupertino, CA 95014, 408 447-1403; r. 430 Sand Hill Cir., Menlo Park, CA 94025, 415 854-6036.
ERNST, William D., CPA; '49 BSBA; 5240 S. W. 10th St., Plantation, FL 33317, 305 587-5042.
ERSING, Stephen Todd; '80 BSBA; Buyer; The M O'Neil Co., 226 S. Main St., Akron, OH 44308, 216 374-6292; r. 1936 11th St., Cuyahoga Falls, OH 44221, 216 929-0074.
ERTEL, Dorinda Kay; '80 BSBA; Corporate Controller; Budget Rent-A-Car, 1441 Stelzer, Columbus, OH 43219; r. 3032 Highcliff Ct., Columbus, OH 43229, 614 891-2006.
ERTEL, George E.; '68 BSBA; VP Corp. Plan & Devel.; Greyhound Financial Corp., 1060 Greyhound Twr., Phoenix, AZ 85077, 602 248-5366; r. 9168 N. 101st St., Scottsdale, AZ 85258, 602 860-6869.
ERTEN, Rezzan Kurtis; '84 MPA; Contracts Repr; C PC Inc., c/o Postmaster, Cleveland, OH 44101; r. 3870 Rushmore Dr., Columbus, OH 43220.
ERVIN, COL Davis F., Jr., USAF; '48 MBA; Retired; r. 4001 Marys Creek Dr., Ft. Worth, TX 76116, 817 244-1526.
ERVIN, Desiree Lynn, (Desiree Akrouche); '83 BSBA; Account Exec.; Advest Inc./Vercoe Div., 250 E. Broad St., Columbus, OH 43215, 614 225-1700; r. 4924 Wallington Dr., Hilliard, OH 43026, 614 771-5522.
ERVIN, James L., Jr.; '67 BSBA; Pres.; ETA, Inc., 499 S. Capitol St. SW, Ste. 520, Washington, DC 20003, 202 863-0001; r. 523 Tobacco Quay, Alexandria, VA 22314, 703 836-9221.
ERVIN, Jane '48 (See Cosgriff, Mrs. Jane Ervin).
ERVIN, Lynn Ann; '88 BSBA; Grad. Student; Ohio State Univ., Clg. of Bus., Columbus, OH 43210; r. 1739 Shanley Dr. #1, Columbus, OH 43224, 614 267-2120.
ERVIN, Thomas Wray; '82 BSBA; Staff; Shearson Lehman Bros., 88 E. Broad St., Columbus, OH 43215, 614 460-2600; r. 8600 Hyland Croy Rd., Plain City, OH 43064, 614 873-8417.
ERVIN, Wallace C.; '54 BSBA; Sales Mgr.; Continental Can Co., 800 E. NW Hwy., Palatine, IL 60067; r. POB 1401, Dublin, OH 43017, 614 889-5594.
ERWIN, LT John William, USN; '75 BSBA; VF 142,FPO, New York, NY 09501; r. 10169 S. Crosset Hill, Pickerington, OH 43147, 614 863-5347.
ERWIN, Joseph E.; '84 BSBA; Stockbroker; Shearson Lehman Hutton, Stocks & Bond Trading, 88 E. Broad St., Ste. 700, Columbus, OH 43215, 614 464-2372; r. 1051 Bridgeway Cir., Apt. #D, Columbus, OH 43220, 614 442-6765.
ERWIN, Joseph Vern; '87 BSBA; Law Student; Capital Univ. Law Sch., Columbus, OH 43209; r. 528 Meadow View Dr., Powell, OH 43065, 614 548-5178.
ERWIN, Robert Bruce; '69 BSBA; Sales Rep.; Goebel US, 131 Alber Dr., Medina, OH 44256, 216 725-3609; r. Same.
ESBER, Brett Michael; '81 BSBA; Atty.; Dyer, Ellis, Joseph & Mills, 600 New Hampshire Ave., NW, Washington, DC 20037, 202 944-3040; r. 206 N. Granada St., Arlington, VA 22203, 703 525-4653.
ESCAJA, Mark Paul; '81 MBA; CFO; Developers Diversified, 34555 Chagrin Blvd., Moreland Hls., OH 44022; r. 32576 Ashdown, Cleveland, OH 44139, 216 248-2564.
ESCH, William Zachary; '76 MBA; 384 Ringwood Cir., Winter Spgs., FL 32708, 407 695-1209.
ESCHBACHER, Kenneth H.; '69 BSBA; Pres.; Schwartz's Apparel, 1260 Monroe St., New Philadelphia, OH 44663, 216 343-6687; r. Rte. 4 Box 503X, Dover, OH 44622, 216 343-7482.
ESCHENAUER, Robert Allen; '73 BSBA; Gen. Supv.; Sterling Engineered Prods., 2550 Progress Dr., Kendallville, IN 46755, 219 347-0500; r. 0445 County Rd. 28, Corunna, IN 46730, 219 281-2066.
ESCHLEMAN, Stephen L.; '66 BSBA; Treas.; Dryden Inc., 5774 Shire-Rings Rd, Dublin, OH 43017; r. 132 Glen Cir., Worthington, OH 43085, 614 436-9804.
ESCHLEMAN, William Nicholas, Jr.; '76 BSBA; Systs. Mgr.; Neiman Marcus, 13733 Neutron Rd., Dallas, TX 75244, 214 233-4361; r. 5112 Watch Hill Cir., Plano, TX 75075, 813 972-4206.
ESCHMAN, Mrs. Teresa P., (Teresa M. Pompili); '88 BSBA; Revenue Agt.; IRS, 200 N. High St., Columbus, OH 43215; r. 2021 Lublin Dr., Apt. G, Reynoldsburg, OH 43068, 614 860-9240.
ESCHMEYER, Alberta '47 (See Butler, Alberta Eschmeyer).
ESCHMEYER, Betty Hawk, (Betty J. Hawk); '47 BSBA; Preschool Tchr.; Westside Community House, 3000 Bridge Ave., Cleveland, OH 44113; r. 5314 Northcliff Ave., Cleveland, OH 44144, 216 661-9768.
ESCHMEYER, Paul H.; '50 BSBA; Retired; r. 5314 Northcliff Ave., Cleveland, OH 44144, 216 661-9768.
ESCOLA, James T.; '57 BSBA; VP; Prescott Ball & Turben, 1331 Euclid Ave., Cleveland, OH 44115; r. 9750 Ravenna Ave. NE, Louisville, OH 44641, 216 875-1300.
ESHELMAN, Martin T.; '50 BSBA; 1298 Landsburn Cir., Westlake Vlg., CA 91361, 213 889-0482.
ESHLER, David Lee; '76 MBA; Warehouse/Shipping Supv.; Owens Illinois, 711 Southwood Ave., Columbus, OH 43207, 614 443-6551; r. 8504 Otterbein Tr. NW, Lancaster, OH 43130, 614 837-8996.
ESKO, Miles M.; '61 BSBA; Pres.; Aero-Assocs., 3154 Tyrol Dr., Laguna Bch., CA 92651, 714 494-6497; r. Same.
ESKRIDGE, Dr. Chris W.; '77 MPA, '78 PhD (PA); Asst. Prof.; Univ. of Nebraska-Omaha, Dept. of Criminal Justice, Lincoln, NE 68588; r. Same.
ESKY, Jerry Lee; '61 BSBA; Supv., Contracts Admin.; Explosive Technology Inc., POB KK, Explosive Tech Rd., Hwy. 12, Fairfield, CA 94533, 707 422-1880; r. 101 Chinook Ct., Vacaville, CA 95688, 707 448-5995.
ESLER, Pamela D. '81 (See Clark, Ms. Pamela D.).
ESMONT, Fred C.; '85 BSBA, '87 MLHR; Gen. Mgr.; Classic Family Video, 6547 E. Livingston, Reynoldsburg, OH 43068, 614 864-1255; r. 1225 Highland St., Columbus, OH 43201, 614 299-2668.
ESPENSCHIED, Dane Harold; '82 BSBA; 7690 Starmont Ct., Dublin, OH 43017, 614 889-6617.
ESPER, Thomas Laman; '68 BSBA; Atty.; 1410 Terminal Twr., 50 Public Sq., Cleveland, OH 44113, 216 241-3737; r. 26908 Heatherwood Cir., Olmsted Twp., OH 44138, 216 235-4516.
ESPINOZA, Mrs. Annette E., (Annette E. Houk); '83 BSBA; Sr. Tax Cnslt.; Ernst & Whinney, 700 Lavaca, Ste. 1400, Austin, TX 78701, 512 473-3474; r. 3309 Gallop Cove, Austin, TX 78745.
ESPOSITO, Kimberly Senseman; '84 BSBA; Payroll Tech.; Ohio Natl. Guard, c/o Postmster, Columbus, OH 43215; r. 1966 Kentwell Rd., Columbus, OH 43210, 614 451-8230.
ESPOSITO, Marion; '50 BSBA; Retired; r. 211 Miami Pl., Huron, OH 44839.

ALPHABETICAL LISTINGS
EWING 79

ESSAK, Jeffrey Eric; '71 BSBA; Staff; Gen. Bel Air Svcs., 105 Braodway, Toledo, OH 43602, 419 241-6392; r. 6012 Hawthorne Dr., Sylvania, OH 43560, 419 882-1850.

ESSARY, Ronald E.; '66 BSBA; Salesman; Wesco Electronics, 3973 E. Bayshore Rd, Palo Alto, CA 94303; r. 1474 Frontero, Los Altos, CA 94022.

ESSELBURN, John A.; '67 BSBA; Dir. of Mfg.; Prince Castle Inc., Div. of Clorox Corp., 355 E. Kehoe Blvd., Carol Stream, IL 60188, 312 462-8800; r. 1413 Briarwood, Naperville, IL 60540, 312 961-9273.

ESSELBURN, Phyllis M. '53 (See Williams, Mrs. Phyllis M.).

ESSELL, Randolph James; '74 BSBA; Sr. Dir. of Schedules; Continental Airlines, 2929 Allen Pkwy., Houston, TX 77017, 713 630-6646; r. 1902 Hidden Creek Dr., Kingwood, TX 77339, 713 359-6096.

ESSELSTEIN, Clarence L.; '49 BSBA; Retired; r. 10559 Montgomery St., Granada Hls., CA 91344.

ESSELSTEIN, Richard Lee; '79 BSBA; Controller; Forest Prods. Grp., Inc., POB 21228, 1033 Dublin Rd., Columbus, OH 43221, 614 488-9743; r. 252 Baker Lake Dr., Westerville, OH 43081, 614 882-5526.

ESSENHIGH, Anne K.; '84 MPA; Programmer-MIS; Amer Electric Power Svc. Corp., 1 Riverside Plz., Columbus, OH 43215, 614 223-3638; r. 2100 Cheshire Rd., Columbus, OH 43221, 614 486-4802.

ESSEX, Charles K.; '49 BSBA; CEO; Executone of Columbus Inc., 3930 Indianola Ave., POB 14845, Columbus, OH 43214, 614 267-0267; r. 4484 Loos Cir. E., Columbus, OH 43214, 614 457-7726.

ESSEX, Daneta Leigh; '85 BSBA; Acctg. Clerk; Kroger Co., 411 Executive Pkwy., Westerville, OH 43081; r. 1296 Hamlin Pl., Columbus, OH 43227, 614 231-0138.

ESSEX, Helen Holcomb; '48 BSBA; Corp. Secy.-Treas.; Executone of Columbus, Inc., 3930 Indianola Ave., Box 14845, Columbus, OH 43214, 614 267-0267; r. 4484 Loos Cir. E., Columbus, OH 43214, 614 457-7726.

ESSEX, Robert E.; '50 BSBA; Mgr., Human Resources; Brighton Corp. Div. Trinity Ind., 11861 Mosteller Rd., Cincinnati, OH 45241, 513 771-2300; r. 5478 Country Ln., Milford, OH 45150, 513 831-6891.

ESSIG, Robert R.; '42 BSBA; Retired; r. 138 S. Cassady Ave., Bexley, OH 43209, 614 237-1700.

ESSIG, Roger Carr; '68 BSBA; VP; Carr Mfg. & Supply Co., 280 Fletcher St., Columbus, OH 43215; r. 1318 Hickory Ridge, Worthington, OH 43085, 614 888-7563.

ESSINGER, Lyle Ray; '72 BSBA; Supv.; Interstate Electronics, 1001 E. Ball Rd, Anaheim, CA 92803, 714 758-3297; r. 3720 Vista Glen Cir., Yorba Linda, CA 92686.

ESSMAN, James K.; '75 MPA; Chief-Div. of State Svcs.; Ohio Dept. of Health, 246 N. High St., Columbus, OH 43215, 614 466-1450; r. 12798 USR 62, Orient, OH 43146, 614 869-3616.

ESSUMAN-OCRAN, Siisi; '83 BSBA, '84 MA; 577 Harley Dr. #6, Columbus, OH 43202.

ESSWEIN, Larry Andrew; '79 BSBA; Asst. Branch Mgr.; Famous Good Supply, 1356 Cleveland Ave., Columbus, OH 43211; r. 398 Newton Ct, Gahanna, OH 43230, 614 476-9664.

ESTADT, Anna M.; '84 BSBA; Account Exec.; Bank One Svcs. Corp., 350 Mc Coy Ctr., Columbus, OH 43271, 614 248-4320; r. 523 Park Overlook Dr., Worthington, OH 43085, 614 846-6679.

ESTEP, Gary L.; '61 BSBA, '65 MBA; Sr. V Pres.; Bancohio Corp., 155 E. Broad St., Columbus, OH 43265; r. 5952 Macewen Ct., Dublin, OH 43017, 614 764-8941.

ESTEPP, Randall Scott; '81 BSBA; Export Admin.; Cincinnati Milacron, 4701 Marburg Ave., Cincinnati, OH 45209, 513 632-4545; r. 3440 Telford Ave., Cincinnati, OH 45220, 513 751-3671.

ESTERHELD, John Thomas; '72 BSBA; 1061 Whitlock Rd, Rochester, NY 14609, 716 467-7522.

ESTERKIN, Jerome B.; '49 BSBA; Sr. Sales Cnslt.; Coldwell Banker, 15301 Ventura Blvd., #120, Sherman Oaks, CA 91403, 818 907-4600; r. 5030 Palomar Dr., Tarzana, CA 91356, 818 996-0130.

ESTERLINE, Thomas L.; '81 BSBA; Info. Mgmt. & Rsch.; Mellon Bank, 3 Mellon Sq., Pittsburgh, PA 15230, 412 234-9202; r. 518 Jackson St., Pittsburgh, PA 15237, 412 366-6530.

ESTHER, Timothy Gerard; '83 BSBA; Production Engr.; Chemical Abstracts, 2540 Olentangy River Rd, POB 3012, Columbus, OH 43210; r. 7369 Schoolcraft Ln., Worthington, OH 43085, 614 766-5129.

ESTORGE, Erie '65 (See Calloway, Erie Estorge).

ESTROFF, Simon; '59 BSBA; Sales Rep.; Lyons Financial Grp., 900 Baxter St., Charlotte, NC 28203, 704 377-6730; r. 1139 Court Dr., Charlotte, NC 28211, 704 364-8229.

ETCHELL, William James; '68 BSBA; CPA-VP; Meaden & Moore CPA, 525 Metro Pl. N., Dublin, OH 43017, 614 766-6991; r. 270 Deertrail Rd., Reynoldsburg, OH 43068, 614 864-4193.

ETEMAD, Niloofar; '83 BSBA; 15449 N25th Ave. #2091, c/o Niloofar Etemad, Phoenix, AZ 85023.

ETTER, James Atkins; '80 BSBA; Account Exec.; L T Acosta & Co., 2775 NW 62nd St., Ft. Lauderdale, FL 33309, 305 978-1404; r. 1050 Meadowood Ter., Davie, FL 33325, 305 473-0914.

ETTER, Jesse M., Jr.; '83 BSBA; Serviceman; Columbia Gas of Ohio, 920 Goodale, Columbus, OH 43212, 614 882-3455; r. 1282 Hanson Rd., Reynoldsburg, OH 43068, 614 864-1171.

ETZEL, James D.; '67 BSBA; Regional Controller; Ryder Truck Rental,Inc., 3600 NW 82nd St., Miami, FL 33166, 305 593-3724; r. 19300 W. Lake Dr., Miami, FL 33015, 305 825-8296.

ETZKORN, Karen Hamrick; '85 BSBA; Programmer Analyst; The Ltd. Inc., One Limited Pkwy., POB 16528, Columbus, OH 43216, 614 475-4000; r. 228 Glenhurst Ct., Gahanna, OH 43230, 614 761-2586.

ETZWEILER, Thomas E.; '84 BSBA; Reg. Sales Rep.; Info. Dimensions Inc., 1320 Old Chain Bridge Rd., Mc Lean, VA 22101, 703 827-5510; r. 21278 Meadow Ste. Ct., Ashburn, VA 22011.

EUBANK, William R.; '47 BSBA; Pres.; Dayton Tire Sales Inc., 133 Saint Marys St., Dayton, OH 45402; r. Country Rd, Village of Golf, Boynton Bch., FL 33436, 407 737-2998.

EUBANKS, Robert Alfanso; '75 BSBA; 1760 Niagara Rd, Columbus, OH 43227.

EUBANKS, Russell Stephen; '80 BSBA; Systs. Analyst; NCR Corp., 1700 S. Patterson Blvd., Dayton, OH 45479, 513 445-6330; r. 8765 Shadycreek Dr., Dayton, OH 45458, 513 439-2046.

EVANCHO, Timothy Ray; '82 BSBA; Acct.; r. 725 N. 13th St., Cambridge, OH 43725, 614 439-5179.

EVANGELISTA, James R.; '56 BSBA; Retired; r. 302 Tanbridge Rd., Wilmington, NC 28405, 919 799-4904.

EVANS, COL Albert B., USA; '33; 4304 Grove St., Sonoma, CA 95476, 707 938-1844.

EVANS, Barbara Schroer; '56 BSBA; 110 Bis Rue Marcadet, Paris 75018, France, 142550383.

EVANS, Betty Lou '50 (See Frost, Mrs. Betty Lou).

EVANS, Brenda Kay; '88 BSBA; Temporary Worker; Olsten Temps, 1161 Murfreesboro Rd., Nashville, TN 37217; r. 1410 Mountain Valley Bend, Nashville, TN 37209.

EVANS, Charles Richard; '80 BSBA; Owner; Taco Ole, N. High St., Columbus, OH 43201; r. 7856 Forest Brook Ct., Powell, OH 43065.

EVANS, Charles Wayne; '84 BSBA; Life Ins. Agt./Brokr; Steinhaus Financial Grp., 7650 Rivers Edge Dr., Columbus, OH 43235, 614 888-6516; r. 2360 River Run Trace, Worthington, OH 43235, 614 792-6234.

EVANS, David Benjamin; '70 BSBA; Pres.; D. Evans Devel. Co., 4206 Yarmouth Dr., Allison Pk., PA 15101, 412 487-8440; r. Same, 412 487-8441.

EVANS, David Carlyle; '85 BSBA; Sr. CPA; Arthur Andersen & Co., 41 S. High St., Ste. 2000, Columbus, OH 43215, 614 228-5651; r. 5904 Chatford Dr., Apt. D, Columbus, OH 43232, 614 755-4601.

EVANS, David John; '79 BSBA; Ofc. Supt.; US Gypsum Co., 4500 Ardine St., South Gate, CA 90280; r. 1455 E. Stanley Ave., Glendale, CA 91206.

EVANS, David William; '64 BSBA; CPA; Weaver & Evans, 2375 E. Main St., Columbus, OH 43209, 614 237-7471; r. 1476 Devonhurst Dr., Columbus, OH 43232, 614 863-4151.

EVANS, Dennis Paul; '75 BSBA; Asst. Prosec Attorny; City of Columbus, Prosecutors Division, 375 S. High St., Columbus, OH 43215; r. 2670 Canterbury Rd, Columbus, OH 43221.

EVANS, Donald Arthur; '49 BSBA; Sales VP; Master Mechanics Co., 4475 E. 175th St., Cleveland, OH 44128; r. 2403 S. Belvoir Blvd., Cleveland, OH 44118, 216 381-8439.

EVANS, Donald E.; '69 BSBA; Pres.-Owner; Don Evans & Assocs. Inc., 4130 Main St., Hilliard, OH 43026, 614 771-9220; r. 3641 Wenwood Dr., Columbus, OH 43026, 614 876-5801.

EVANS, Edward Jesse; '58 BSBA; 386 Florence Ave., Jackson, OH 45640, 614 286-5412.

EVANS, Gary Lee; '74 BSBA; Supv.; GMC Fisher Body, 200 Georgesville Rd, Columbus, OH 43228; r. 2741 Charles Dr., Grove City, OH 43123, 614 875-6932.

EVANS, George Godfrey; '49 BSBA; Procter & Gamble, 301 E. Sixth St., Cincinnati, OH 45202; r. 11806 Pennsylvania Ave., Kansas City, MO 64114, 816 942-5872.

EVANS, Rev. George Morey; '64 MBA; Retired; r. 1800 Village Cir. #260, Lancaster, PA 17603.

EVANS, Glenn Robert; '74 BSBA; Quality/Process Mgr.; Armstrong World Industries, POB 3001, Liberty & Charlotte Sts., Lancaster, PA 17604, 717 396-4313; r. 2597 Woodview Dr., Lancaster, PA 17601, 717 898-2137.

EVANS, Harry Evan; '42 BSBA; Retired; r. 1801 E. Erie Ave., Lorain, OH 44052, 216 288-0617.

EVANS, Jack Charles; '48 BSBA; Pres.; Evans Sales & Assocs., 3740 Hillview Dr., Columbus, OH 43220; r. 3740 Hillview Dr., Columbus, OH 43220, 614 451-3113.

EVANS, Jack Griffith; '30 BSBA; Retired; r. 7320 Tangleridge Ln., Cincinnati, OH 45243, 513 561-7476.

EVANS, James Butler; '73 BSBA; Estate Plng.; Retirement Resources, 2551 Sunset Point Rd., Clearwater, FL 34625, 813 799-0551; r. 3243 Sandy Ridge Dr., Clearwater, FL 34621, 813 784-0131.

EVANS, Janine Albert; '84 BSBA; VP-Operations; Sun America, 2330 Commerce Park Dr., NE, Melbourne, FL 32905, 407 984-9400; r. 4959 Cable Rd., Cable, OH 43009.

EVANS, Jeffrey William; '83 BSBA; Mktg./Sales Trainee; Magic Chef, Air Conditioning Division, 851 W. 3rd Ave., Columbus, OH 43212; r. 234 Sanbridge Cir., Worthington, OH 43085, 614 885-3128.

EVANS, Jerry Curtis; '65; Realtor; Carl Elswick Realty Inc., 7775 E. Main St., Reynoldsburg, OH 43068; r. 1987 Reynolds N. Albany Rd, Blacklick, OH 43004, 614 855-7042.

EVANS, John Frederick; '71 BSBA; Indep. Agt.; Favorite Ins. Agcy. Inc., 115 S. Tippecanoe Dr., Tipp City, OH 45371, 513 667-2454; r. 6625 Curtwood Dr., Tipp City, OH 45371, 513 667-1324.

EVANS, John O., Jr.; '56 BSBA; Owner; Light Bulb Supply Co., 629 W. Hefner Rd., Oklahoma City, OK 73114, 405 840-2852; r. 1709 Seminole Dr., Edmond, OK 73013, 405 348-5217.

EVANS, John Robert; '35 BSBA; Retired Sr. Ind Engr.; Monsanto Res Grp.-Mound Lab, Mound Rd., Miamisburg, OH 45342; r. 184 E. Bryant Ave., Franklin, OH 45005, 513 746-0982.

EVANS, John Robert; '34 BSBA; Retired; r. 4034 N. E. Indianola Dr., Kansas City, MO 64116.

EVANS, Josephine Colli, (Josephine Colli); '76 MPA; Homemaker/Volunteer; r. 950 N. Thorpe Ave., Orange City, FL 32763, 904 775-3516.

EVANS, Joy M. '61 (See Brown, Ms. Joy M.).

EVANS, Kathryn Monahan; '48; Retired; r. 3442 Killdeer Pl., Palm Harbor, FL 34685, 813 787-2742.

EVANS, Kenneth Charles; '43; Retired; r. 1858 Fishinger Rd., Columbus, OH 43221, 614 451-3854.

EVANS, Lee Eldon; '48 BSBA; Retired; Rike Kumler Co., 2nd & Main St., Dayton, OH 45402; r. 844 Louise Dr., Xenia, OH 45385, 513 372-2785.

EVANS, Lisa Lynne; '88 BSBA; 143 W. Main St., Jackson, OH 45640, 614 286-3323.

EVANS, Margaret Jane; '82 BSBA; Account Exec.; WBNNS-FM Radio, 175 S. 3rd St., Columbus, OH 43215, 614 460-3850; r. 1951 Suffolk, Apt. 1, Columbus, OH 43221, 614 486-2201.

EVANS, Mark Barton; '56 BSBA; Mgr. Publishing Systs.; Tour Pascal, La Defense, Paris, France; r. 110 Bis Rue Marcadet, Paris 75018, France.

EVANS, Mrs. Mary L., (Mary L. McDaniel); '83 BSBA; Gen. Acctg. Mgr.; The Kobacker Co., 6606 Tussing Rd., Reynoldsburg, OH 43216, 614 863-7302; r. 12403 Butterfield Dr., Pickerington, OH 43147, 614 868-0417.

EVANS, Nancy Jane; '84 BSBA; Managing Ofcr.; Bank One of Dayton NA, Kettering Twr., Dayton, OH 45401, 513 773-6251; r. 12 1/2 S. Cherry St., Troy, OH 45373, 513 335-3037.

EVANS, Norman Edward; '54 BSBA; 15706 Falling Creek, Houston, TX 77068, 713 444-1920.

EVANS, Penny J.; '82 BSBA; Field Svc. Sales Rep.; Digital Equip. Corp., 6400 E. Broad, Columbus, OH 43213, 614 868-1900; r. 8896 Peters Pike, Vandalia, OH 45377, 513 454-0432.

EVANS, Ralph Gregory; '68 BSBA; Mgr.; Eagle Signal Corp., 8004 Cameron Rd, Austin, TX 78753; r. 502 Bulian Ln., Austin, TX 78746, 512 327-0999.

EVANS, Raymond Francis, Jr.; '83 BSBA; Reg. Devel. Mgr.; State Auto Ins. Cos., 518 E. Broad St., Columbus, OH 43216, 614 464-5164; r. 4475 Blue Church Rd., Sunbury, OH 43074, 614 965-1771.

EVANS, Richard Allan; '46 BSBA; Life Ins. Broker; POB 5036, Orange, CA 92667; r. 125 S. Trevor Ave., Anaheim, CA 92806.

EVANS, Richard Eugene; '59 BSBA; Plant Mgr.; Aeroquip Corp., 1225 W. Main St., Van Wert, OH 45891; r. RR No 5, Liberty Union Rd, Van Wert, OH 45891, 419 238-5909.

EVANS, Richard Harrison, Jr.; '58; Product Acctg. Mgr.; Lennox Industries Inc., 200 Lennox Rd., POB 681, Stuttgart, AR 72160, 501 673-1531; r. 310 W. 22nd St., Apt. 42, Stuttgart, AR 72160, 501 673-7040.

EVANS, Richard Joel; '66 BSBA; Operations Dir.; The Dental Ctr. at Sears, Columbus, OH 43209, 614 868-7111; r. 2543 Bryden, Bexley, OH 43209, 614 235-1711.

EVANS, Robert Daniel, Jr.; '60 BSBA; Broker - Owner; Woeste Real Estate Inc., 143 S. 30th St., Newark, OH 43055, 614 366-1313; r. 1203 Moundview Ave., Newark, OH 43055, 614 344-5059.

EVANS, Robert Deeloss; '49 BSBA; Owner; Evans Constr. Co., POB 181, Painesville, OH 44077, 216 352-2095; r. 27 Wintergreen Hill, Painesville, OH 44077, 216 352-2095.

EVANS, Dr. Robert Lewis; '58 MBA; Staff; Physician Intern Indemnily, 447 W. Borchett St. Ste. 100, Glendale, CA 91203; r. 901 Valley Crest St., La Canada-Flintridge, CA 91011, 818 790-0919.

EVANS, Rodger Kessler; '36 BSBA; Retired; r. 4914 Highgate Dr., Durham, NC 27713, 919 544-6231.

EVANS, Rodney Keith; '72 BSBA, '74 MBA; RR 13 Box 67, Bloomington, IL 61701, 309 827-6185.

EVANS, Russell R.; '26 BSBA; Retired; r. 621 Brighton Blvd., Zanesville, OH 43701, 614 453-5906.

EVANS, Sharon Bramel; '87 BSBA; Inside Sales; Wci Appliance Grp., 300 Phillipi Rd., Columbus, OH 43228, 614 274-4764; r. 239A Turnstone Rd., Worthington, OH 43085, 614 848-8635.

EVANS, Stephen M.; '83 BSBA; Corporate Controller; Barrett-Homes Contractors, POB 27310, Phoenix, AZ 85061, 602 629-2348; r. 7709 N. 11th Ave., Phoenix, AZ 85021, 602 870-9132.

EVANS, Susan L. '87 (See Murray, Mrs. Susan E.).

EVANS, Thomas Clifford, Jr.; '39 BSBA; Parkersburg Rd, Spencer, WV 25276, 304 927-2071.

EVANS, Thomas Lang, Jr.; '50 BSBA; Salesman; Jos T Ryerson & Son Inc., 3475 Spring Grove Ave., Cincinnati, OH 45223; r. 7269 Royalgreen Dr., Cincinnati, OH 45244, 513 231-2888.

EVANS, Walter Francis; '52 BSBA; Retired; r. 3442 Killdeer Pl., Palm Harbor, FL 34685, 813 787-2742.

EVANS, William Arthur; '50 BSBA; Computer Programmer; r. 5321 85th Ave. 104, New Carrollton, MD 20784, 301 577-1962.

EVANS, William David; '56 BSBA; Sales Engr.; GE Lighting, Automotive Oem Sales, 2300 Meijer Dr., Troy, MI 48007, 313 280-4843; r. 5525 Crispin Way, W. Bloomfield, MI 48033, 313 626-4914.

EVANS, William Francis; '36; Retired; r. 2974 NW Blvd., Columbus, OH 43221, 614 488-4077.

EVANS, William Mark; '82 BSBA; 491 N. Shelby Blvd., Worthington, OH 43085, 614 436-7003.

EVENCHIK, Bernard C.; '53 BSBA; Mgr.; Chateau Apts., 1402 N. Alvernon, Tucson, AZ 85712, 602 323-7121; r. 6822 E. Tivani, Tucson, AZ 85715, 602 886-2413.

EVERARD, David Francis; '67 BSBA; Photographer & Owner; Davids Studio, 4550 Kenny Rd, Columbus, OH 43220; r. 5330 Linworth Rd., Worthington, OH 43085.

EVERETT, George E.; '24 BSBA; Retired; r. POB 6030, Clearwater, FL 34618.

EVERETT, Ira Glenn; '36 BSBA; Retired Systs. Analyst; The Defense Constr. Supply Ctr.; r. 189 Powhatan Ave., Columbus, OH 43204, 614 274-2005.

EVERETT, Lynnette '78 (See Sefcik, Lynnette Everett).

EVERETT, Nancy '80 (See Thomas, Nancy Everett).

EVERETT, Pamela G. '82 (See Downey, Mrs. Pamela G.).

EVERETT, Sherman Bradley; '86 MBA; Dir.; Drustar, Inc., 3805 Marlane Dr., Grove City, OH 43123, 614 875-1056; r. 3206 Brandon Rd., Columbus, OH 43221, 614 457-9159.

EVERETT, Tad Marshall; '82 BSBA; Sr. Production Mgr.; Pet Inc., 1112 W. Irish St., Greeneville, TN 37743, 615 638-3171; r. Carolina Dr., Alpine Apt. #408 Bldg. #2, Greeneville, TN 37743, 615 639-0670.

EVERHART, Jacques R.; '50 BSBA; Mgr.; Toledo Auto Club, 2271 Ashland, Toledo, OH 43620; r. 3515 Schneider Rd, Toledo, OH 43614.

EVERHART, James Robert; '79 BSBA; Acct.; Lesco, 20005 Lake Rd., Rocky River, OH 44116, 216 333-9250; r. 1055 Gulf Rd, Elyria, OH 44035, 216 365-4821.

EVERHART, Robert J.; '56 BSBA; Controller; Jeff Sachs Chevrolet, POB 1098, Versailles Rd., Frankfort, KY 40601, 502 695-1550; r. 16 Whitebridge Ln., Frankfort, KY 40601, 502 695-3957.

EVERLY, Robert Eugene; '77 BSBA; Pres.; R. E. Everly & Co., POB 962, Lancaster, OH 43130, 614 687-3060; r. Same, 614 653-4528.

EVERMAN, Bret Allen; '81 BSBA; Everman Constr., 64 E. Washington St., Sabina, OH 45169; r. 2201 Cleaney St., Cincinnati, OH 45212, 513 631-2644.

EVERS, Brian Lee; '69 BSBA; 13409 N. 25th Dr., Phoenix, AZ 85029, 602 866-8582.

EVERS, Cloyd E.; '54; VP; Hockaden & Assocs. Inc., 883 N. Cassady Ave., Columbus, OH 43219, 614 252-0993; r. 2646 Brandon Rd., Columbus, OH 43221.

EVERSMAN, Mrs. Mary Snashall, (Mary Snashall); '49 BSBA; Retired; r. 1336 Ridgeview Rd., Columbus, OH 43221, 614 488-3832.

EVERSMAN, Robert Benjamin, Jr.; '70 BSBA; Salesman; The Copeland Cos., POB 3345, Dayton, OH 45401, 800 332-7883; r. 318 Willowwood Dr., Dayton, OH 45405, 513 278-6947.

EVERSON, James William, Sr.; '61 BSBA; Pres. & CEO; Citizens Savings Bank, POB 10, Martins Ferry, OH 43935, 614 633-0445; r. 1029 Indiana St., Martins Ferry, OH 43935, 614 633-3352.

EVISTON, Robert Anthony; '88 BSBA; 886 Sells Ave., Columbus, OH 43212, 614 488-1728.

EVISTON, Thomas P.; '48 BSBA; Gen. Mgr.; Cord Camera Ctrs., 1132 W. Fifth Ave., Columbus, OH 43212, 614 299-1441; r. 886 Sells Ave., Columbus, OH 43212, 614 488-1728.

EVLETH, Mrs. Jane H., (Jane Hardesty); '46 BSBA; Transaction Coord.; State of California, Dept. of Health Svcs., Sacramento, CA 95814; r. 5949 Casa Alegre, Carmichael, CA 95608, 916 331-3805.

EWALD, Kathleen M. '85 (See Elliott, Mrs. Kathleen M.).

EWART, Burt H.; '33; Retired; r. 2314 Burnham Rd, Akron, OH 44313, 216 864-1764.

EWART, Edward Lynn; '81 BSBA; Box 385, Brinkhaven, OH 43006.

EWART, Kathleen Kimber; '84 BSBA; Auditor; Nationwide Ins. Co., 681 S. Parker St., Orange, CA 92668, 714 647-3090; r. 16161 Parkside Ln., #60, Huntington Bch., CA 92647, 714 841-8811.

EWERS, George Michael; '69; Public Acct.; r. 163 Jones St., Wellington, OH 44090, 216 647-4011.

EWING, Brooks E.; '41 BSBA; Retired; r. 145 S. Monroe St., Tiffin, OH 44883, 419 447-1654.

EWING, Charles Walter, Jr.; '77 BSBA, '78 MBA; Exec. VP; H C Mortgage Co., 227 S. Main St., South Bend, IN 46624, 219 234-2535; r. 11945 Bergamot Dr., Granger, IN 46530, 219 272-7462.

EWING, Charles William; '72 BSBA; Lawyer; Charles W. Ewing Co. LPA, 555 City Park Ave., Columbus, OH 43215, 614 469-0941; r. 26 Belle Ct., Pickerington, OH 43147, 614 837-4582.

EWING, Charlotte Bomar; '71 BSBA; Legal Asst.; Charles W. Ewing Co. LPA, 555 City Park Ave., Columbus, OH 43215, 614 469-0941; r. 26 Belle Ct., Pickerington, OH 43147, 614 837-4582.

EWING, Cynthia Mathes; '80 BSBA; Merchandise Contrlr; The Ltd. Express, One Limited Pkwy., POB 16528, Columbus, OH 43216, 614 475-4000; r. 2655 Vassar Pl., Columbus, OH 43221, 614 486-1011.

EWING, Daniel Edward; '81 BSBA; Sr. Sales Repr; Pitman-Moore, Inc., Washington Crossing, Washington Crossing, NJ 08560, 800 257-9594; r. 2655 Vassar Pl., Columbus, OH 43221, 614 486-1011.

EWING, David Alan; '73 BSBA; 12121 Ctr. Village Rd. #D, Westerville, OH 43081.

EWING, Jane M. '46 (See Mossbarger, Jane E.).

EWING, John Brooks; '69 BSBA; Adm Personnel; Owens Corning Fiberglas, Fiberglas Twr. 1 Levis Sq., Toledo, OH 43604; r. Fiberglas Twr. 20, Toledo, OH 43659, 419 866-0429.

EWING, John Thomas; '86 BSBA; Plant Engr.; Faultless Rubber Co., Fourth St., Ashland, OH 44805, 419 289-3555; r. 227 Ferrell Ave., Ashland, OH 44805, 419 281-4102.

EWING, Kenneth S.; '47 BSBA; Retired Admin.; Motorists Mutual Ins. Co.; r. 148 E. North St., Worthington, OH 43085, 614 888-2892.

EWING, Loralea Alexander, (Loralea Alexander); '78 BSBA; Claims Supv.; Blue Cross Blue Shield of Northern Ohio, 2066 E. 9th St., Cleveland, OH 44115, 216 687-7800; r. 944 Brookpoint Dr., Medina, OH 44256, 216 722-3912.

EWING, Philip M.; '43 BSBA; Pres.; W & F Mfg. Co. Inc., 600 Paula Ave., POB 30, Glendale, CA 91209, 213 245-7441; r. 1172 Ravoli Dr., Pacific Palisades, CA 90272, 213 454-6784.

EWING, Ms. Teresa Jean; '87 BSBA; Assoc. Mgr.; Ohio Bell, 45 Erieview Plz., Rm. 1020, Cleveland, OH 44114, 216 822-7672; r. 525 Meredith Ln. #1B, Cuyahoga Falls, OH 44223, 216 923-4730.

EWING, Thomas Franklin; '86 BSBA; Semiretired Sr. Staff; Touche Ross & Co., Audit Dept., 250 E. Broad St., Columbus, OH 43215, 614 224-1119; r. 1180 Chambers Rd., Apt. 125 A, Columbus, OH 43212, 614 488-7548.

EWING, William W.; '65 BSBA; 331 Somerset Ln., Marietta, GA 30062, 404 953-3520.

EWY, Diana Rauch; '88 MBA; 1404 Lake Shore Dr. #C, Columbus, OH 43204, 614 488-2811.

EXLINE, Frederick A.; '40 BSBA; Retired Mgr.; CT Gen. Ins. Corp., 250 E. Town St. Ste. 401, Columbus, OH 43215, 614 431-1411; r. 4636 Wakeford St., Columbus, OH 43214, 614 457-2533.

EXNER, Gregory John; '79 BSBA; Statistical Engr.; Ford Motor Co., 1981 Front Wheel Dr., Batavia Transmission Plant, Batavia, OH 45103, 513 732-4171; r. 1023 Tracy Ct., Cincinnati, OH 45245.

EY, E. Andrew; '87 BSBA; 2926 Hampshire Rd., Columbus, OH 43209, 614 231-3003.

EYE, Karen Fulker; '78 MPA; POB 629, Pinecliffe, CO 80471, 303 642-7601.

EYEN, Robert Jeffrey; '73 BSBA; Network Ops Mgr.; Motorists Ins. Co., 471 E. Broad St., Columbus, OH 43215, 614 225-8273; r. 2089 Olde Sawmill Blvd., Dublin, OH 43017, 614 766-7984.

EYERMAN, Dolores Theado; '33 BSBA; Retired; r. 313 Rocky Fork Dr., Gahanna, OH 43230, 614 471-3210.

EYERMAN, Isabel Penn; '35; Homemaker; r. 1244 Arbor Rd. 444, Winston-Salem, NC 27104, 919 723-7420.

EYERMAN, Royce F., CPA; '31 BSBA; Retired; r. 1592 Grenoble Rd., Columbus, OH 43221, 614 488-8961.

EYERS, Robert George; '82 MBA; Sr. Mgr.; Peat, Marwick, Main & Co., Two Nationwide Plz., Columbus, OH 43215, 614 249-7423; r. 980 Danvers Ave., Westerville, OH 43081, 614 890-4022.

EYESTONE, David Michael; '82 BSBA; 1892 Indianola Ave., Columbus, OH 43210, 614 863-4422.

EYLER, Rev. Marvin Lee; '56 BSBA; 5-20 Saiwai Cho- 2 Chome, Higashi Kurume Shi, Tokyo 203, Japan.

EYLER, Sheila Weikel; '74 BSBA; Internal Audit Mgr.; Bally's Casino Resort, 3645 Las Vegas Blvd. S., Las Vegas, NV 89109, 702 739-4747; r. 1526 Twain Ave., Las Vegas, NV 89109, 702 733-8057.

EYRE, Lynne Rae '78 (See Williams, Lynne Eyre).

EYSSEN, Timothy Don; '83 BSBA; 294 Pearl Rd, Brunswick, OH 44212.

EYSTER, Brad James; '78 BSBA; 488 Woodmont Ct., Westerville, OH 43081.

EYSTER, Douglas Edward; '84 BSBA; Branch Mgr.; American Gen. Financial Svc., 340 S. Sandusky Ave., Bucyrus, OH 44820, 419 562-1407; r. 139 Schell Ave., Apt. 8, Bucyrus, OH 44820, 419 562-5138.

EZANIDIS, Haralambos; '84 BSBA; Therisou 44, Ambelokipi, Thessaly, Greece.

EZZELL, Dr. John Russell; '64 BSBA, '65 MBA; Prof.; Pennsylvania State Univ., 609 Business Admin., University Park, PA 16802, 814 863-0486; r. 627 W. Hamilton Ave., State College, PA 16801, 814 237-2564.

EZZO, Gilbert Michael; '81 BSBA; Consumer Cnslt.; White Consolidated Ind., 300 Phillipi Rd., Columbus, OH 43218, 614 272-4100; r. 4768 Bourke Rd., Columbus, OH 43229, 614 885-6604.

EZZO, COL O. George, USA(Ret.); '35 BSBA; 6217 43rd Ave., Hyattsville, MD 20781, 301 927-7614.

F

FABANISH, John Francis; '73 BSBA; 905 S. California Unit M, Monrovia, CA 91016.

FABER, Gregory J.; '79 BSBA; Materials Mgr.; r. 2905 Alma, Manhattan Bch., CA 90266, 213 546-4003.

FABIAN, Robert Louis; '69 BSBA; Production/ Inventory Mgr.; Morse Controls, 21 Clinton St., Hudson, OH 44236, 216 653-7742; r. 7883 Winterberry Dr., Hudson, OH 44236, 216 650-9203.

FACKLER, A. Mary '77 (See Sterling, Ms. A. Mary).

FACKLER, Curtis Lee; '78 BSBA; Financial Planner; Omni Concepts, 5150 Sunrise Blvd., Fair Oaks, CA 95628, 916 962-1633; r. 3366 Zorina Way, Sacramento, CA 95826, 916 369-2154.

FADEL, Lorraine M.; '84 BSBA; Asst. to The Dir.; Patriot Life Ins. Agcy., Sales Dept., 5900 Roche Dr., Columbus, OH 43229; r. 6921 York Rd., #107, Parma Hts., OH 44130.

FADELEY, Kermit E.; '50 BSBA; Plant Engr.; Apex Intl. Alloys Inc., 6700 Grant Ave., Cleveland, OH 44105, 216 441-5000; r. 18517 Strongsville Blvd., Strongsville, OH 44136, 216 234-3149.

FADELY, Jo Anne '47 (See Wilson, Jo Anne Fadely).

FADORSEN, 2LT Robert Jeffery; '86 BSBA; 5115 Northcliff Loop E., Columbus, OH 43229, 614 436-3295.

FAEGES, Rose Ellen; '82 MPA; 1823 Colfax Ave. S., Minneapolis, MN 55403.

FAEHNLE, Carl J.; '43 BSBA; Chmn.; Mason Mem. Studio, 940 S. Front St., Columbus, OH 43206, 614 444-2197; r. 2884 Pickwick Dr., Columbus, OH 43221, 614 481-3221.

FAEHNLE, Carl Joseph, Jr.; '70 BSBA; Pres.; Mason Mem. Studio, 940 S. Front St., Columbus, OH 43206; r. 2912 Wellesley Dr., Columbus, OH 43221, 614 486-8989.

FAEHNLE, Catherine Ann; '80 BSBA; c/o Craig Gladwell, 2531 N. 4th St., Columbus, OH 43202, 614 267-7156.

FAEHNLE, Donald A.; '54 BSBA; Owner; Don Faehnel Hearing Svc., 275 E. State St., Columbus, OH 43215; r. 1946 Beverly Rd, Columbus, OH 43221, 614 486-7449.

FAEHNLE, James Christopher; '71 BSBA; Gen. Mgr.; Credit Bur. of Charleston, 8 Capitol St., POB 1707, Charleston, WV 25301, 304 343-2868; r. 13 Monterey Ln., Cross Lanes, WV 25313, 304 776-8583.

FAGA, Catherine Vonclausburg, (Catherine Von Clausburg); '83 BSBA; Staff Programmer; IBM Corp., Sterling Forest, POB 700, Suffern, NY 10901, 914 578-3357; r. 53 Greenway Ter., Middletown, NY 10940, 914 692-7331.

FAGAN, Brian Barnett; '84 BSBA; Commercial Banking Ofcr.; Ameritrust Co., 525 Vine St., Cincinnati, OH 45202, 513 762-8267; r. 3330 Eastside Ave., Cincinnati, OH 45208, 513 871-5905.

FAGAN, James; '79 BSBA; Restaurant Mgr.; Acad. Tavern, 12800 Woodland Ave., Cleveland, OH 44120; r. 2315 Glendon Rd., University Hts., OH 44118.

FAGAN, Patrick C.; '72 BSBA; Owner; Big Walnut Lumber Co., 5465 Hamilton Rd, Gahanna, OH 43230, 614 855-2270; r. 464 Catawba Ave., Westerville, OH 43081, 614 891-0574.

FAGIN, Bruce; '84 BSBA; 215 Gordon Park Dr., St. Marys, OH 45885.

FAGIN, Marc K.; '81 BSBA; 3120 E. Main St., Columbus, OH 43209.

FAGIN, Stuart Alan; '86 BSBA; Auditor; Ernst & Whinney, 787 Seventh Ave., New York, NY 10019, 212 830-6000; r. 45 Pond St., New York, NY 10012, 212 677-0998.

FAHERTY, Timothy J.; '57 BSBA; VP; Central Trust Co., 101 Central Plz., Canton, OH 44701, 216 438-8368; r. 3266 Cornwall Dr. NW, Canton, OH 44708, 216 478-0871.

FAHRBACH, Roger H.; '49 BSBA; Acct.; Columbus Coated Fabrics Corp., 7th & Grant, Columbus, OH 43215; r. 2709 E. Cleft Dr., Columbus, OH 43221, 614 457-2854.

FAHRENBACH, David J.; '66 BSBA; Pilot; United Airlines Inc., Seattle/Tacoma Intl Airport, Seattle, WA 98101; r. 17213 NE 4th Pl., Bellevue, WA 98008, 206 747-8310.

FAHRENHOLZ, David Bruce; '81 BSBA; Manufacturers Rep.; Ralph C. Frey & Assoc.; r. 975 Caniff Rd., Columbus, OH 43221, 614 792-7752.

FAHRMEIER, Raymond L.; '65 MBA; Dir./Sr. VP; Gradison & Co. Inc., 580 Bldg., Cincinnati, OH 45202, 513 579-5961; r. 7118 Goldengate Dr., Cincinnati, OH 45244, 513 231-8066.

FAHRNEY, Kimberly Noel; '81 MAPA; Policy Analyst; Ohio Dept. of Human Svcs., 30 E. Broad St., Columbus, OH 43266, 614 466-6742; r. 5726 Forest Elm Ln., Columbus, OH 43229, 614 885-9694.

FAIGIN, Howard B.; '40 BSBA; Golfer; r. 3311 Warrensville Center Rd., Shaker Hts., OH 44122, 216 752-4678.

FAILLA, Joseph P.; '69 BSBA; VP; The Macaluso Fruit Co., 4561 E. Fifth Ave., Columbus, OH 43219, 614 237-7458; r. 4550 Lanercost Way, Columbus, OH 43220, 614 457-4020.

FAILOR, MAJ Dean Forest, USAF; '69 BSBA; POB 37, St. Paul, VA 24283.

FAIN, Steven; '87 BSBA; 4124A Wenz Ct., Kingsley Vlg. Apts., Dayton, OH 45405, 513 275-4739.

FAIR, Charles Robert; '68 BSBA; Purchasing Mgr.; Motorola Inc., Main St., Arcade, NY 14009; r. 365 Bass Ln., Senecaville, OH 43780, 614 685-2069.

FAIR, Kenneth R.; '60 BSBA; Personnel Mgr.; Oglebay Norton Co., 1100 Superior Ave., Cleveland, OH 44114, 216 861-2852; r. 1736 E. 238th St., Euclid, OH 44117, 216 486-2721.

FAIR, Norman L.; '61 BSBA; Staff; Sherwood Med., c/o Postmaster, DeLand, FL 32720, 904 734-3685; r. 431 N. Atlantic Ave., DeLand, FL 32720, 904 734-6274.

FAIR, Robert F., Jr.; '65 BSBA; Pres./CEO; Edwards Industries Inc., Detroit, MI 48073, 313 585-6464; r. 4036 Old Dominion Dr., W. Bloomfield, MI 48033, 313 682-8392.

FAIR, Roland Nicholas; '81 BSBA; Supv. of VIS Tech. Svcs.; Communicolor, POB 400, Newark, OH 43055, 614 928-6110; r. 79 Leonard Ave., Newark, OH 43055, 614 323-4566.

FAIRBANKS, Robert Jessie; '74 BSBA; 1730 Monterey Ct., Cincinnati, OH 45223.

FAIRCHILD, Elizabeth Shreve; '82 BSBA; Staff; American Bankers Ins. Grp., 11222 Quail Roost Dr., Miami, FL 33157; r. 15002 SW 143 Ct., Miami, FL 33186, 305 255-9788.

FAIRCHILD, Joseph Richard; '81 BSBA; 15002 SW 143 Ct., Miami, FL 33186, 305 255-9788.

FAIRCHILD, Kevin D.; '83 BSBA; Acctg./Auditor; American Electric Power, POB 700, Lancaster, OH 43130, 614 687-3161; r. 638 Pickerington Hills Dr., Pickerington, OH 43147, 614 833-1890.

FAIRCHILD, Kuniko; '87 BSBA; 7657 Whitneyway Dr., Worthington, OH 43085.

FAIRCHILD, Wayne E.; '63 BSBA; VP; Cambridge Lumber Co., 730 Woodlawn Ave., Cambridge, OH 43725; r. 1133 Highland Ave., Cambridge, OH 43725, 614 432-2619.

FAIRGRIEVE, Thomas Richard; '80 BSBA; VP; Tri State Sales Corp., 1897 Heatherhill, Trenton, MI 48183, 313 755-4488; r. 3884 Fairfax, Troy, MI 48083, 313 528-0005.

FAIRWEATHER, Corinne Coble; '47 BSBA; Ofc. Mgr.; Haigbee Co., 100 Public Sq., Cleveland, OH 44113, 614 579-5280; r. 3715 Warrensville Center Rd., Shaker Hts., OH 44122, 216 751-0338.

FAIRWEATHER, James Alfred; '81 BSBA; Branch Mgr.; Dak Supply Corp., 2855 W. Market, Akron, OH 44313, 216 867-6060; r. 341 Lake of The Woods, Akron, OH 44313, 216 869-6149.

FAIST, Craig Donald; '85 BSBA; 1579 Vinton Ave., Columbus, OH 43220, 614 457-1410.

FAIST, Mrs. Diane C., (Diane C. Reed); '86 BSBA; Mktg. Dir.; Graphic Matrix, 4508 Cemetery Rd., Hilliard, OH 43026, 614 876-6879; r. 7565-A Sawmill Commons Ln., Dublin, OH 43017, 614 764-1576.

FAIST, Kurt Douglas; '73 BSBA; Title Examiner; Automated Closing Svcs., 367 Granville St., Gahanna, OH 43230, 614 475-0144; r. 795 Pimlico Dr., Gahanna, OH 43230, 614 855-3538.

FAISTL, Frank R.; '60 BSBA; Acct.; Farm Credit Banks, 1401 Hampton St., Columbia, SC 29202; r. 301 Guild Hall Dr., Columbia, SC 29210, 803 749-1544.

FAKERIS, Edward George; '73 BSBA; VP/Intl.; The Fluorocarbon Co., 1199 S. Chillicothe Rd., Aurora, OH 44202, 216 562-3900; r. 6910 Woodwalk Dr., Brecksville, OH 44141, 216 526-9747.

FALASCA, Don Alfred; '75 MBA; Mgr. Intl. Taxes; Philip Morris, Corp Support Programs, 100 Park Ave., New York, NY 10017; r. 1520 York Ave. Apt. 4C, New York, NY 10028.

FALCK, Kalevi Runo; '72 MPA; Section Chief; Roads & Waterways Admin., POB 33, SF-00521, Helsinki 52, Finland; r. Laajakorvenkuja 2 As 44, SF-01620, Vantaa 62, Finland.

FALCONE, John P.; '52 BSBA; Asst. Gen. Counsel; Natl. Labor Relations Bd., 1717 Pennsylvania Ave. NW, Washington, DC 20570, 202 254-9132; r. 8424 Briarcreek Dr., Annandale, VA 22003, 703 978-3375.

FALDOWSKI, Bernard Fredrick, Jr.; '87 BSBA; RD #2 Cottage Ln., Rayland, OH 43943, 614 769-7330.

FALER, Randy Lee; '85 BSBA; Production Mgr.; The Lawhead Press Inc., 900 E. State St., Athens, OH 45701, 614 593-7744; r. 36 Poston Rd., Apt. 47, The Plains, OH 45780, 614 797-2422.

FALK, John Corbett, Sr.; '69 BSBA; Treas.; Capital Fire Protection Co., 3360 Valley View Dr., POB 44013, Columbus, OH 43204, 614 279-9448; r. 102 W. Kanawha Ave., Columbus, OH 43214, 614 885-9157.

FALKE, Lee Charles; '52 BSBA; Prosecutor/Atty.; Montgomery Cnty., 41 N. Perry St., Dayton, OH 45402, 513 225-5599; r. 908 Windom Sq., Dayton, OH 45438, 513 433-6325.

FALKENBERG, John M., Jr.; '65 BSBA; Printing Estimator; Gowe Printing Co., 620 E. Smith Rd., Medina, OH 44256, 216 725-4161; r. 368 Hillsdale Cir., Wadsworth, OH 44281, 216 336-2541.

FALKNER, Kerry Alan; '77 BSBA; Tax Mgr. CPA; Ernst & Whinney, 700 Lavaca, Ste. 1400, Austin, TX 78701, 512 478-9881; r. 3517 N. Hills Dr., L 103, Austin, TX 78731, 512 346-2907.

FALKNER, Mary L., (Mary L. Rothman); '47 BSBA; Sales; Sax's Fifth Ave., 26100 Cedar Rd., Beachwood, OH 44122, 216 292-5500; r. 23902 Duffield Rd, Cleveland, OH 44122, 216 751-4589.

FALL, Judith Hirsch; '53 BSBA; 7203 Five Point Cr., #106, Tampa, FL 33634.

FALLERT, David Bryan; '79 BSBA; Acctg. Supv.; Rotek Inc., 1400 S. Chillicothe Rd., Aurora, OH 44202, 216 562-4000; r. 50 W. Belmeadow, S. Russell, OH 44022, 216 338-5709.

FALLERT, Mark Allen; '85 BSBA; Pres./Rapid Disp; Ohio Parcel Svc., c/o Postmaster, Gahanna, OH 43230; r. 285 Redmond Way, Gahanna, OH 43230, 614 475-4538.

FALLEUR, Jack D.; '52 MPA; Retired; r. 3806 St. Andrews Dr., Fairborn, OH 45324, 513 767-1036.

FALLIDAS, Thomas George; '87 BSBA; 2765 Oakridge Ct., Columbus, OH 43221, 614 488-4590.

FALLIDAS, Tom B.; '84 BSBA; 4975 Shannonbrook Dr., Apt. G, Hilliard, OH 43026, 614 876-6270.

FALLON, James Patrick; '84 BSBA; 5839 Harvest Oak, Dublin, OH 43017, 614 792-2434.

FALLON, Terry Patrick; '82 BSBA; Bus. Mgr.; Nissan North, 8645 N. High, Worthington, OH 43085, 614 846-8100; r. 6099 Castlebar Ln., Dublin, OH 43017, 614 766-0972.

FALLON, Timothy Joseph; '81 BSBA; Sales Mgr.; Columbus Marble Prods., 846 W. Goodale, Columbus, OH 43215, 614 224-4494; r. 3173 Strathburn Ct., Dublin, OH 43017, 614 766-2786.

FALLON, Wil E.; '78 MBA; VP & Mgr.; Provident Natl. Bank, US Banking Division, POB 7648, Philadelphia, PA 19101, 215 585-5622; r. 90 Andover Ct., Wayne, PA 19087, 215 647-0666.

FALLONA, Steven Anthony; '88 BSBA; 404 Mill Race, Granville, OH 43023, 614 587-2879.

FALLS, Mary Ann '47 (See Schnoor, Mary Ann).

FALOTICO, Thomas George; '74 BSBA; Merchandise Analyst; K Mart Corp., 3100 W. Big Beaver, Troy, MI 48084, 313 643-1190; r. 36326 Bagdad Dr., Sterling Hts., MI 48077, 313 268-7022.

FALTER, James Louis; '72 MPA; Dir. of Finance; City of Akron, 166 S. High St., Akron, OH 44308, 216 375-2316; r. 352 Sand Run Rd., Akron, OH 44313.

FALTER, Paul Richard; '50 BSBA; Sr. VP Treas. & Cont.; D H Holmes Co. Ltd., 819 Canal St., New Orleans, LA 70112, 504 561-6548; r. 21 Snipe St., New Orleans, LA 70124, 504 288-2803.

FALVEY, William M.; '63 BSBA; Pres.; Counsel Search Co., 124 N. Summit St., Ste. 305, Toledo, OH 43604, 419 242-8696; r. 3015 Hasty Rd., Toledo, OH 43615, 419 535-1562.

FANKHAUSER, David G. E.; '67 BSBA; 220 Adelaide Blvd., Altamonte Spgs., FL 32701.

FANKHAUSER, Gail Victor; '73 BSBA; Claims Investigator; Hartford Ins. Co., 168 Okeechobee Blvd. Box 248, W. Palm Bch., FL 33402; r. Rt 12 Box 493B Hopewell Ch. Rd, Gainesville, GA 30506.

FANKHAUSER, Janet Gillie, (Janet F. Gillie); '36; Retired; r. 217 Sheppard St., Altamonte Spgs., FL 32701, 407 831-9917.

FANNING, Betty Stone, (Betty Lou Stone); '47 BSBA; Benefit Analyst; Credit Life Ins., One S. Lime Stone, Springfield, OH 45501, 513 328-2200; r. 1142 Stanway Ave., Springfield, OH 45503, 513 399-3488.

FANNING, Carolyn Ann; '81 BSBA; 3176 Hudson St., Columbus, OH 43219, 614 475-0081.

FANTA, Ms. Elizabeth A., (Elizabeth A. Sillins); '69 BSBA; Water Plant Operator III; City of Ann Arbor Utilities Dept., 919 Sunset, Ann Arbor, MI 48103, 313 994-2840; r. 1907 E. Stadium Blvd., Ann Arbor, MI 48104, 313 761-2018.

FANTIN, John Joseph; '75 BSBA; RFD 1 Lincoln Rd, Wakeman, OH 44889, 216 839-2478.

FANTLE, Sheldon W.; '45; Chmn./CEO; Dart Drug Stores Inc., 3301 Pensy Dr., Landover, MD 20785, 301 341-0628; r. 3030 K St. NW PH-217, Washington, DC 20007, 202 944-4441.

FARAGHER, Douglas Scott; '82 BSBA; Quality Control Engr.; Nielsen & Bainbridge, POB 357, Gainesboro, TN 38562, 615 268-0241; r. Rte. 14, Box 52-3, Cookeville, TN 38501, 615 528-5178.

FARAH, Barry Scott; '88 MBA; 5140 N. High St., Apt. 119, Columbus, OH 43214, 614 431-6861.

FARB, Samuel L., Sr.; '67 BSBA; VP; Shearson Lehman Hutton, POB 20267, Columbus, OH 43220, 614 761-7502; r. 1028 Circle On The Green, Worthington, OH 43085, 614 885-0850.

FARBER, Donavin; '28 BSBA; Retired; r. 1840 Tewksbury Rd, Columbus, OH 43221, 614 488-6659.

FARBER, Elizabeth '69 (See Mosser, Elizabeth Farber).

FARBER, Kenneth James; '75 BSBA; VP; Farber East, 4343 E. Main St., Columbus, OH 43213; r. 951 Noe-Bixby Rd., Columbus, OH 43213, 614 866-2498.

FAREL, William Lee; '76 BSBA; Syst. Eng; Chemical Abstracts Svc., 2540 Olentangy River Rd, POB 3012, Columbus, OH 43210; r. 7928 Saddle Run, Powell, OH 43065, 614 764-9326.

FARES, Nicole Antoinette; '85 BSBA; Atty.; Baker & Hostetler; r. 968 Lansmere Ln., Columbus, OH 43220, 614 451-9240.

FAREY, Scott Michael; '86 BSBA; Financial Cnslt.; Merrill Lynch, 121 Cleveland Ave. SW, Canton, OH 44701, 216 438-1116; r. 211 35th St., Canton, OH 44709, 216 492-6226.

FARHA, Sidney A.; '55 BSBA; Mgr.; 8-Bros. Mens Clothing Store, 238 E. Main St., Lexington, KY 40508; r. 96 Hawthorn Ct., Versailles, KY 40383, 606 873-4577.

FARINA, Julio A.; '59 BSBA; Production Supv.; r. 35 Eastbrook Rd, Parsippany, NJ 07054, 201 887-8732.

FARINA, Steven Charles; '85 BSBA; 3652 Walnut Creek Dr., Columbus, OH 43224.

FARIS, James Parker; '74 BSBA; POB 33781, San Diego, CA 92103.

FARIS, Thomas W.; '62 BSBA; Supv.; US Steel Corp., 1087 E. 28th St., Lorain, OH 44055; r. 2908 Evergreen Ct., Lorain, OH 44052, 216 282-2107.

FARKAS, Arthur Joseph, Jr.; '77 BSBA; Acctg. Supv.; Nationwide Financial Securities; r. 315 E. Dunedin Rd., Columbus, OH 43214, 614 262-6622.

FARKAS, Joel Jesse; '66 BSBA; Owner; Liberty Paper Co., 180 W. 52nd St., Bayonne, NJ 07002, 201 823-1100; r. 64 Farrand Dr., Parsippany, NJ 07054, 201 334-7587.

FARKAS, Steve; '76 MBA; VP & Exec. Dir.; Watt, Roop & Co., National City Bank Bldg., Cleveland, OH 44114; r. 4225 Wyncote Rd., Cleveland, OH 44121, 216 381-1931.

FARLEY, Glen David; '76 BSBA; Credit Mgr.; Ashland Oil Inc., 5200 Blazer Pkwy., Dublin, OH 43017; r. 13621 Hinton Mill Rd, Marysville, OH 43040, 513 644-9813.

FARLEY, Harvey Arthur; '83 BSLHR; 10612 Blksnake NE, St. Louisville, OH 43071, 614 745-2865.

FARLEY, John W., III; '67 MBA; 1414 Marigold, New Braunfels, TX 78130, 512 625-3230.

FARLEY, Stephen Douglas; '85 BSBA; Programmer; Nationwide Ins. Co., One Nationwide Plz., Columbus, OH 43215; r. 2098 Tupsfield, Columbus, OH 43229.

FARMER, Bradley Arthur; '86 BSBA; Facilities Coord.; Gates Mc Donald, Sub of Nationwide Insurance, 1 Nationwide Plz., Columbus, OH 43215, 614 249-7064; r. 400 Thurber Dr. W., Apt. 16, Columbus, OH 43215, 614 221-8741.

FARMER, C. Guy; '79 MACC; Controller/Dir.Of Reimb.; Waverley Grp. Inc., One Layfair Dr., Jackson, MS 39236, 601 932-2984; r. 130 Woodgate Pl., Brandon, MS 39042, 601 825-3973.

FARMER, Geoffrey Lynn; '72 BSBA; Mgr. Budget & Contrls; Price Bros. Co., POB 825, Dayton, OH 45401; r. 1565 Springhill Ave., Kettering, OH 45409, 513 298-1834.

FARMER, J. Edwin; '33 BSBA; Retired; r. 3303 Mansion Way, Columbus, OH 43221, 614 457-0415.

FARMER, James D.; '70 MACC; CPA-Partner; Arthur Young & Co., 501 Kennedy Blvd. E., Ste. 1001, Tampa, FL 33602, 813 225-4800; r. Same.

FARMER, Kimberly A. '85 (See Shepard, Mrs. Kimberly A.).

FARMER, Robert Madison, Jr.; '82 BSBA; Pres.-Owner; RMF Builders, Inc., 868 Chelsea Ln., Westerville, OH 43081, 614 766-4552; r. Same, 614 891-0491.

FARMER, Dr. Timothy Alan; '82 MACC, '84 PhD (ACC); Asst. Prof.; Univ. of Missouri-St. Louis, Sch. of Bus. Admin., 8001 Natural Bridge Rd., St. Louis, MO 63121, 314 553-6137; r. 3923 Roland Blvd., St. Louis, MO 63121, 314 381-0121.

FARMER, William Arthur; '76 MBA; Asst. Comptroller; BOC-Lansing, GM Corp., 920 Townsend St., Lansing, MI 48921, 517 377-5561; r. 3911 Breckinridge Dr., Okemos, MI 48864.

FARMWALD, Wayne Ellis, Jr.; '83 BSBA; 494 Church, Doylestown, OH 44230, 216 658-6953.

FARNBACHER, Kurt Siegfried; '47 BSBA; Retired; r. 145 Crossridge Dr., Dayton, OH 45429, 513 299-2425.

FARNHAM, Dorothy Russell; '31 BSBA; Retired; r. 10 Albert Pl., Cincinnati, OH 45227, 513 271-4716.

FARNLACHER, Sandra Quincel, (Sandra Quincel); '78 BSBA; Advs. Programmer Analyst; Community Mutual Ins. Co., 6740 N. High St., Worthington, OH 43085, 614 438-3500; r. 1147 Shady Lane Rd., Whitehall, OH 43227, 614 866-3389.

FARNSWORTH, Angela Githens; '84 BSBA; Staff; Viacom Cable Vision, 275 S. Leo St., Dayton, OH 45404, 513 223-4077; r. 830 E. Linden Ave., Miamisburg, OH 45342, 513 865-0160.

FARNSWORTH, Carter R.; '45 BSBA; VP-Control & Admin.; TBG Info. Systs. Inc., 1211 Ave. of The Americas, New York, NY 10036, 212 556-8559; r. 41280 Crestwood, Plymouth, MI 48170, 313 420-0895.

FARNSWORTH, Charles E.; '48 BSBA; Retired Public Acct.; Coopers & Lybrand; r. 145 Walnut St., Englewood, NJ 07631, 201 567-2481.

FARNSWORTH, William Karl; '87 MBA; Controller; Jagenberg AG, Kennedydamm 15-17, D-4000 Duesseldorf, West Germany; r. Karschhauser Str. 2, D-4006 Erkrath-2, West Germany.

FARONE, Ross Phillip; '88 BSBA; Mgmt. Trainee; Central Transport, 5400 W. 137th St., Cleveland, OH 44142, 216 267-5400; r. 7916 Linden Dr., Mentor, OH 44060, 216 257-3163.

FARQUHAR, Robert Candor; '84 BSBA; POB 1170, Elyria, OH 44035, 216 322-7379.

FARQUHAR, Robert R., Jr.; '56 BSBA; Salesman; Western Kraft Willamette Ind, 875 Pittsburgh Dr., Delaware, OH 43015, 614 369-7691; r. 860 Colony Way, Worthington, OH 43085, 614 888-5267.

FARR, Louis V.; '86 BSBA; 622 Michael, Westerville, OH 43081, 614 891-3721.

FARR, Robert; '49 BSBA; Bldg. Contractor; Farr Constr. Co., 2803 Foothill Rd., Ventura, CA 93003, 805 643-4165; r. Same, 805 643-2573.

FARR, Sheryl Lynn '86 (See Kemp, Mrs. Sheryl Lynn).

FARRA, Howard L.; '42 BSBA; 477 Lake Shore Dr., Timberlake, Barrington, IL 60010, 312 526-7166.

FARRAND, Douglas Alan; '78 BSBA; Milo Beauty & Barber Shop; r. 155 Hermann, Barberton, OH 44203, 216 745-7698.

FARRAR, Allan M.; '54 BSBA; Retired Prod Analyst; A B Chance Co., 3901 Camden Ave., Parkersburg, WV 26101; r. 4215 Stella St., Parkersburg, WV 26104, 304 485-6916.

FARRAR, Randy George; '78 MBA; 14516 W. 91st Ter., Lenexa, KS 66215, 913 492-2059.

FARRELL, Charles A.; '78 BSLHR; Supply Systs. Analyst; Dept. of Defense, 5000 E. Broad St., Columbus, OH 43228; r. 1776 Bostwick Rd., Columbus, OH 43227, 614 235-2016.

FARRELL, Henry L., Jr.; '50 BSBA; Natl. Sales Rep.; Chicago Title Ins. Co., 311 California St., San Francisco, CA 94104, 415 788-0871; r. 3380 St. Marys Rd., Lafayette, CA 94549, 415 283-2793.

FARRELL, Joseph Edward; '39 BSBA; Retired; r. 1030 Wayne Ave., Troy, OH 45373, 513 339-3044.

FARRELL, Kelly Ann; '83 BSBA; Sales Rep.; John Harland Co., Atlanta, GA 30301; r. 1123 Whirlaway Dr., Naperville, IL 60540, 312 420-7042.

FARRELL, Kerry Clementine; '79 BSBA; 28565 Knickerbocker Rd, Bay Village, OH 44140, 216 871-5079.

FARRELL, Richard Thomas; '79 BSBA; POB 21404, Columbus, OH 43221.

FARRELL, COL Thomas Shoup; '51 BSBA; POB 5378, Christiansted, St. Croix, Virgin Islands 00820.

FARRINGTON, Helen; '87 BSBA; Mgr.-Human Resources; Arthur Lyle Assoc. Inc., 40 Richards Ave., Norwalk, CT 06854, 203 855-3000; r. 97 Richards Ave., Apt. B-4, Norwalk, CT 06854, 203 852-1074.

FARRINGTON, COL Raymond Francis, USAF(Ret.); '55 MBA; 7315 Hidden Hills N., San Antonio, TX 78244, 512 662-7007.

FARRIS, Mrs. Carol Barcus; '72 BSBA; 1706 Archwood Ln., Toledo, OH 43614, 419 385-9984.

FARRIS, Charles L., II; '86 BSBA; 1010 E. 20th Ave., Columbus, OH 43211, 614 294-1448.

FARRY, LTC Edward T., Sr. USAF; '56 BSBA; Retired; r. 2932 Nevermind Ln., Colorado Spgs., CO 80917, 719 591-1415.

FARSHT, Jack L.; '64 BSBA; Natl. Bank Examiner; Comptroller of the Currency, 490 L'Enfant Plz., Washington, DC 20219, 202 447-0468; r. 1618 Arlington Blvd., Arlington, VA 22209, 703 522-1864.

FARST, James E.; '61 BSBA; 2240 S. Sashabaw Rd, Ortonville, MI 48462, 313 628-7838.

FARST, Richard L.; '63 BSBA; Pres. & Gen. Mgr.; Blanks Agri-Svc. Inc., 560 Barks Rd W., Marion, OH 43302, 614 387-7230; r. 3111 Neidhart Rd., Marion, OH 43302, 614 389-4027.

FARTHING, James Hugh; '83 BSBA; 8787 Yates Point Ct., Powell, OH 43065, 614 792-2564.

FARWICK, Scott Joseph; '83 BSBA; Regional Account Dir.; PCA Intl. Inc., 5029 Hibbs Dr., Columbus, OH 43220, 614 457-8125; r. Same.

FARWICK, Thomas M.; '87 BSBA; Acct. Rep.; Gordon Flesch Co., Dividend Dr., Columbus, OH 43228; r. 1923 Sawbury Blvd., Worthington, OH 43235, 615 792-6171.

FARWIG, Karl Herman; '81 BSBA; Tax Systs. Supv.; Marathon Oil Co., 539 S. Main St., Findlay, OH 45840, 419 422-2121; r. 601 Edith Ave., Findlay, OH 45840, 419 422-9561.

FARWIG, Patricia Anne; '80 MBA; VP; Mellon Bank, Telecommunications, 3MBC 154-0465, Pittsburgh, PA 15259, 412 234-0014; r. 1716 Meadville St., Pittsburgh, PA 15214, 412 322-8724.

FASHEMPOUR, Laura Ann; '88 BSBA; 24293 Carla Ln., N. Olmsted, OH 44070, 216 779-4941.

FASICK, Donald Joseph; '87 BSBA; Account Rep.; Arrow Electronics, 19748 Dearborn St., Chatsworth, CA 91311, 818 701-7500; r. 2323 Marshallfield Ln., Apt. 2, Redondo Bch., CA 90278, 213 318-9371.

FASOLD, John Arthur; '83 BSBA; Sales/Mktng Assoc.; Thomas Sysco Food Svcs., 10510 Evendale Dr., Cincinnati, OH 45241, 800 582-8288; r. 2419 Prendergast Pl., Reynoldsburg, OH 43068, 614 755-4946.

FASONE, Dominic S.; '88 BSBA; 433 Garden Rd., Columbus, OH 43214, 614 267-6689.

FASONE, James Merrill; '86 BSBA; Underwriter; Chubb Ins. Grp., 6400 S. Fidlers Green Cir., Ste. 1600, Englewood, CO 80111, 303 770-8700; r. 4369 S. Quebec St. #6322, Denver, CO 80237, 303 290-8243.

FASONE, Ms. Julia Cecilia; '87 BSBA; Svc. Process Devel. Asst.; McCloskey-Berndt-Dancy Inc., 150 E. Mound St., #309, Columbus, OH 43215, 614 461-7124; r. 3067-B Indianola Ave., Columbus, OH 43202, 614 261-4607.

FASONE, Mary C.; '80 BSBA; Mktg. Mgr.; American Med. Assoc., 535 N. Dearborn St., Chicago, IL 60015; r. 1322 W. Newport Ave., Chicago, IL 60657.

FAST, Douglas Charles; '83 BSBA; Advertisng Sales Mgr.; Hart Publications, Inc., 1900 Grant St., Denver, CO 80201, 303 837-8205; r. 61 W. Weisheimer Rd., Columbus, OH 43214, 614 262-5659.

FASTER, William Allen; '85 BSBA; Sales Rep.; Copco Papers Inc., Buncher Industrial Park, Leetsdale, PA 15056, 412 771-3660; r. 127 Stuckey Rd., Renfrew, PA 16053, 412 586-7456.

FASTNACHT, Robert Frank; '84 BSBA; Property Mgmt.; r. 112 Civic Dr., Perrysburg, OH 43551, 419 874-1357.

FATE, Gary Alan; '65 BSBA, '71 MBA; Mktg. Mgr.; Vorelco Inc., 888 W. Big Beaver Rd., Troy, MI 48007, 313 362-7270; r. 608 Stanley St., Birmingham, MI 48009, 313 433-0869.

FATH, Susan Dye; '55 BSBA; Tchr.-Special Educ.; Lower Pioneer Valley Educ. Collab, Longmeadow, MA 01106; r. 45 W. Colonial Rd., Wilbraham, MA 01095, 413 596-8321.

FATICA, Lawrence Martin; '86 BSBA; 2065 Random Rd., Back House - Down, Cleveland, OH 44106.

FATUZZO, Joseph A.; '71 BSBA; Airline Pilot Capt.; Delta Air Lines, Atlanta Hartsfield Intl Arprt, Atlanta, GA 30320; r. 98 N. Beach St., Ormond Bch., FL 32074, 904 672-1836.

FATZINGER, Barbara S. '84 (See Debarbrie, Barbara S.).

FAUGHT, Harry E.; '37 BSBA; Retired Mgr Trade Rel Div; Procter & Gamble, 301 E. Sixth St., Cincinnati, OH 45202; r. 25 Marsh Dr., Sea Pines, Hilton Head Island, SC 29928, 803 671-2556.

FAUGHT, COL William F., USA(Ret.); '61 MPA; Sr. Army Instr.; Brunswick Sch. Syst., Southport, NC 28461, 919 845-2649; r. 3610 W. Beach Dr., Long Beach, NC 28465, 919 278-9884.

FAULCONER, Laura Jean; '88 MPA; 877 Dennison Ave. #B, Columbus, OH 43215, 614 294-0732.

FAULDS, William Charles; '73 BSBA; Systs. Analyst; United Telephone of Ohio, 665 Lexington Ave., Mansfield, OH 44907; r. Rte. 3 Lot 113, Bellville, OH 44813.

FAULHABER, Donald Paul; '85 BSBA; Asst. Controller; Putnam Transfer, 1705 Moxahala Ave., Zanesville, OH 43701, 614 452-5405; r. 601 Chestnut St., Dresden, OH 43821.

FAULK, Karen Lucille; '85 BSBA; Acct.; Central Imaging, 3556 Sullivant Ave., Columbus, OH 43204, 614 274-0012; r. 10450 Faulk St., Plain City, OH 43064, 614 873-4798.

FAULK, Ronald Eric; '84 BSBA; Aftermarket Svcs. Acct.; Energy Svcs. Grp. of Cooper Ind., N. Sandusky St., Mt. Vernon, OH 43050, 614 393-8240; r. 100 Gibson Ave., Mansfield, OH 44907, 419 522-5224.

FAULKNER, Michael Dean; '74 BSBA; Comanager Non-Food; Kroger #751, 1024 S. Smithville Rd., Dayton, OH 45403; r. 1518 Philadelphia Ave., Middletown, OH 45042, 513 422-4187.

FAULKNER, Nicolo P.; '50 BSBA; Ofc. Svcs. Dept. Mgr.; Schindler Elevator Corp., 671 Spencer St., Toledo, OH 43695, 419 381-2182; r. 2734 Micham Rd., Toledo, OH 43615, 419 536-2226.

FAULKNER, Phillip Gordon; '58 BSBA; Pres./C E O; USlife Real Estate Svcs. Corp., 1355 River Bend Dr., Ste. 100, Dallas, TX 75247, 214 637-4500; r. 4421 Mendenhall Dr., Dallas, TX 75234, 214 239-0561.

FAULKNER, Steven Lawrence; '88 MPA; 1335-2 Presidential Dr., Columbus, OH 43212, 614 488-1493.

FAUNCE, James F.; '31 BSBA; Retired; r. 1185 Greenvale Ave., Akron, OH 44313, 216 864-3954.

FAURER, COL Judson C., USAF; '67 MBA; 255 Fox Dr., Boulder, CO 80303, 303 494-3076.

FAUROT, Jon Leonard; '68 BSBA; Contractor; Faurot Constr. Inc., 281 Lake Shore Park Rd., Boulder, CO 80302, 303 642-3273; r. Same.

FAUST, Jonathan Douglas; '87 BSBA; Purchasing Agt.; Central Scientific Co., 11222 Melrose, Franklin Park, IL 60131, 312 451-0150; r. 2322 N. Common Wealth, Apt. 307, Chicago, IL 60614, 312 472-3415.

FAVATA, David J.; '85 BSBA; 1126 Central Ave., Dunkirk, NY 14048, 716 366-1984.

FAVOR, Stephen Marshall; '81 BSBA; 361 Cottontail Dr., Sunbury, OH 43074, 614 965-2740.

FAVRET, James L., Sr.; '47 BSBA; Pres.; The Favret Co., 55 E. Goodale St., Columbus, OH 43215, 614 224-5211; r. 87 Chaucer Ct., Worthington, OH 43085, 614 885-8846.

FAVRET, Joan '54 (See Wagenbrenner, Joan Favret).

FAVRET, Joseph A.; '53 BSBA; Staff; r. B Byfield Ln., Dearborn, MI 48120, 313 336-4625.

FAVRET, William E.; '49 BSBA; Owner & VP; Favret Heating & Cooling, 55 E. Goodale St., Columbus, OH 43215, 614 224-5211; r. 2299 Dorset Rd., Columbus, OH 43221, 614 488-6966.

FAVRET, William Edward, Jr.; '76 BSBA, '77 MBA; VP; Shearson Lehman & Hutton Inc., 1803 Kingsdale Ctr., Columbus, OH 43221, 614 457-3005; r. 2469 Wenbury Rd., Columbus, OH 43220, 614 459-3677.

FAWCETT, Barry C.; '67 BSBA; 2203 N. Myrtle, Zanesville, OH 43701, 614 452-8323.

FAWCETT, J. Scott; '59 BSBA; Pres.; Marinita Devel. Co., 3835 Birch St., Newport Bch., CA 92660, 714 756-8677; r. 8739 Hudson River Cir., Fountain Vly., CA 92708, 714 968-5000.

FAWCETT, Raymond L.; '60 BSBA; Mgr. of Purchasing; Battelle Mem. Inst., 505 King Ave., Columbus, OH 43201, 614 424-7046; r. 20477 Sharon Dr., Circleville, OH 43113, 614 474-5010.

FAWCETT, Stanley P.; '54 BSBA; CFO; Pike Community Hosp., 100 Dawn Ln., Waverly, OH 45690, 614 947-2186; r. 5575 N. Meadows Blvd., Columbus, OH 43229, 614 885-4992.

FAWCETT, Thomas A., Jr.; '57 BSBA; Div. VP & Controller; Ross Labs, 625 Cleveland Ave., Columbus, OH 43216, 614 227-3341; r. 665 Berkley Pl. N., Westerville, OH 43081, 614 882-1927.

FAY, Genny Marie; '86 BSBA; Recruiter; Culver Personnel, 19600 Fairchild Ste. 275, Irvine, CA 92715, 714 476-3224; r. 1300 Adams Ave., Apt. #11-N., Costa Mesa, CA 92626, 714 545-2884.

FAY, Karen '76 (See Taylor, Karen Fay).

FAY, Paul Steven; '83 BSBA; 3122 Somerford Rd, Columbus, OH 43221.

FAZEKAS, Janice Marie; '87 BSBA; 19000 McCracken Rd., Maple Hts., OH 44137.

FAZIO, Bradley Joseph; '87 BSBA; 608 Latham Ct., Columbus, OH 43214, 614 451-3158.

FAZIO, Charles Joseph; '73 BSBA; Staff; Fazio & Assocs. Inc., 838 W. Long Lake Rd, Ste. 245, Bloomfield Hls., MI 48013, 313 646-2600; r. 3312 Mac Nichol Ter., W. Bloomfield, MI 48013, 313 238-2258.

FAZIO, Christopher Gary; '82 BSBA; Real Estate Appraisr; Ralph F. Berger & Assocs., 1916 Bethel Rd., Columbus, OH 43220, 614 459-5331; r. 5248 Meadowknoll Ln., Columbus, OH 43220, 614 457-7798.

FAZIO, David Lee; '70 BSBA; Mgr. Retail Ops; Senco Southeast Inc., 5280 Panola Blvd., Lithonia, GA 30035; r. 1538 Carlton Ave. SW, Stone Mtn., GA 30087, 404 925-1211.

FAZIO, Vincent S.; '54 BSBA; VP; Fazio & Assocs., 838 W. Long Lake Rd., Ste. 245, Bloomfield Hls., MI 48013, 313 646-2600; r. 1855 Tiverton Rd., Bloomfield Hls., MI 48013, 313 644-3999.

FEAMSTER, R. Rader, Jr.; '72 BSBA; Account Exec.; The Ohio Co., 155 E. Broad St., Columbus, OH 43215, 614 464-8628; r. 5373 Hollister St., Columbus, OH 43235, 614 459-3683.

FEAR, James Ray; '87 BSBA; Supervision Trainee; Carolina Motor Freight Inc., 5330 Angola Rd., Toledo, OH 43615; r. 1519 Putters Ln., Lima, OH 45805, 419 999-3411.

FEARN, Jack Bradley; '76 BSBA; Rte. 1 Buena Vista Rd, Fredericktown, OH 43019, 614 694-0111.

FEARNOW, Frederick R., Sr.; '49 MPA; 389 South Dr., Severna Park, MD 21146, 301 647-6209.

FEASEL, Ernest R.; '49 BSBA; Owner; Ernest R. Feasel Ins. & Real Estate Agcy., 20 Jewett St., Saugus, MA 01906, 617 233-2151; r. Same.

FEASEL, James W.; '77 BSBA; Instr.; Central Ohio Tech Clg., University Dr., Newark, OH 43055, 614 366-9250; r. 13549 Morse Rd, Pataskala, OH 43062, 614 927-2592.

FEATHERINGHAM, Robert P.; '63 BSBA; Educational Cnslt.; OSU Clg. of Educ., 65 S. Front St., Columbus, OH 43215; r. 206 E. Main St., Ashville, OH 43103, 614 983-3755.

FEBUS, Ann Vallo, (Ann Vallo); '80 BSBA; Commercial Lending; Bank One Dayton, Kettering Twr., Dayton, OH 45401, 513 449-8673; r. 10080 Atchison, Spring Vly., OH 45370, 513 293-5187.

FEBUS, Kirk Lee; '79 BSBA; Printing Sales Rep.; Ohio Valley Litho-Color, Inc., 7405 Industrial Rd., Florence, KY 41042, 513 294-2556; r. 238 Orchard Dr., Dayton, OH 45419, 513 293-5187.

FECHKO, Judy Ann; '88 BSBA; Prog. Coord.; The Ohio State Univ., Development Fund, 2400 Olentangy River Rd., Columbus, OH 43210, 614 292-2189; r. 1142 Weybridge Rd., Apt. C, Columbus, OH 43220, 614 457-8028.

FECHKO, Ruth M.; '47 BSBA; Retired OSU Alumni Assn.; r. 2648 Chester Rd, Columbus, OH 43221, 614 486-9848.

FEDCHENKO, Walter; '84 BSBA; Mgr. Trainee; Pickway Shoes, 6700 Harvard Ave., Cleveland, OH 44105, 216 883-3883; r. 1400 Sheridan Dr., Parma, OH 44134, 216 884-6974.

FEDDERN, James Robert; '82 BSBA; Transportation Suprv; Public Utilities Commision of Ohio, 180 E. Broad St., Columbus, OH 43215, 614 466-3682; r. 445 Moss Ct., Galloway, OH 43119, 614 878-4631.

FEDER, Jay D.; '43 BSBA; Pres. & Importer; Jay Feder Inc., 25550 Chagrin Blvd., Cleveland, OH 44122, 216 464-7611; r. 2112 Acacia Park Dr., Apt. 408, Lyndhurst, OH 44124, 216 461-4564.

FEDER, Jeffrey Stephan, Esq.; '68 BSBA; VP & Gen. Counsel; Jay Feder Inc., 25550 Chagrin Blvd., Beachwood, OH 44122, 216 464-7611; r. 5355 Bluebell Dr., Lyndhurst, OH 44124, 216 461-5221.

FEDER, Sandy L.; '51 BSBA; VP of Sales; A L Nyman & Son, 4201 NW 77th Ave., Miami, FL 33021, 305 592-2900; r. 5012 Sheridan St., Hollywood, FL 33021, 305 962-8227.

FEDER, Susan '68 (See Strup, Ms. Susan Feder).

FEDERER, Jerrold Lee; '80 BSBA; Asst. Store Mgr.; Sun TV & Appliance, 4815 E. Main St., Columbus, OH 43213, 614 866-0150; r. 12206 Woodsfield Cir., Pickerington, OH 43147, 614 755-2823.

FEDERER, John Leo, Jr.; '78 BSBA; Regional Mgr.; Green Tree Consumer Discount Co., 2301 Paxton Church Rd., Harrisburg, PA 17110, 717 540-9095; r. 6126 Spring Knoll Dr., Harrisburg, PA 17111, 717 540-9299.

FEDERER, John Steven; '75 BSBA; Dist. Exec.; BancOhio Natl. Bank, 4 W. Main St., Springfield, OH 45501, 513 324-5851; r. 4637 Plateau Dr., Springfield, OH 45502, 513 399-6802.

FEDERER, John W.; '48 BSBA; Retired; Commercial Motor Freight Inc., 3400 Refugee Rd, Columbus, OH 43227; r. 406 Caldy Ct., Dublin, OH 43017, 614 761-2740.

FEDERER, Michael Gene; '73 BSBA; Purchasing Mgr.; Victoria's Secret Stores, 3 Limited Pkwy., Columbus, OH 43230, 614 479-5160; r. 68 St. Martin Ct., Gahanna, OH 43230, 614 471-7287.
FEDERER, William Francis; '71 BSBA; Pres., Owner; Gulf Citrus Properties Inc., POB 51-2116, 2825 Tamiami Tr., Punta Gorda, FL 33950, 813 575-1505; r. 5614 Blackjack Ct. S., Punta Gorda, FL 33982, 813 639-5166.
FEDERICO, Frank James; '73 BSBA; VP of Finance; Kalmar-AC Handling Systs. Inc., 777 Manor Park Dr., Columbus, OH 43227, 614 878-0885; r. 5549 Corey Swirl Dr., Dublin, OH 43017, 614 889-8918.
FEDERLE, Thomas W.; '65 BSBA; Ins. Salesman; 1313 Talbott Twr., Dayton, OH 45402; r. 54 Corona, Dayton, OH 45419, 513 294-8961.
FEDERMAN, Alfred P.; '37 BSBA; Retired; r. 9744 Sherman Rd., Chesterland, OH 44026.
FEDERMAN, Stuart Alan; '83 BSBA; 53 1/2 Thurman Ave., Columbus, OH 43206, 614 444-9686.
FEDERSPIEL, John Charles; '75 BSBA; Pres.; Peekskill Community Hosp., 1980 Crompond Rd., Peekskill, NY 10566, 914 737-9000; r. 103 Grant Dr., Holland, PA 18966, 215 968-9013.
FEDERSPIEL, John Francis; '75 MBA; Staff; GE, 1 Neumann Way, Cincinnati, OH 45215; r. 7929 Montreal Ct., Cincinnati, OH 45241, 513 777-7682.
FEDERSPIEL, Rebecca A. '85 (See Hochhauser, Mrs. Rebecca A.).
FEDOR, Edward William; '86 BSBA; Financial Analyst; Electronic Data Systs., 13600 Eds Dr., Herndon, VA 22071, 703 742-1565; r. 714 S. Stonestreet Ave., Rockville, MD 20850, 301 294-2123.
FEDOR, John Joseph; '68 BSBA, '71 MBA; Pres./Owner; Homestead Mortgage Co., 150 E. Wilson Bridge Rd., Worthington, OH 43085; r. 5465 Aryshire Dr., Dublin, OH 43017, 614 889-2820.
FEDOR, Larry Thomas; '71 BSBA; Loan Ofcr.; Homestead Mortgage Co., 8001 Ravines Edge Ct., Worthington, OH 43235, 614 885-6336; r. 7731 Southwick Dr., Dublin, OH 43017, 614 766-4758.
FEDOR, Richard Allen; '78 BSBA; Prod Control Supv.; Cleveland Pneumatic, 101 First Ave., Bedford, OH 44146; r. 101 1st Ave., Bedford, OH 44146, 216 439-8762.
FEDRICK, Kenneth Lewis; '85 BSBA; Acct.; State of Ohio, 30 Broad St., Columbus, OH 43216; r. 6324 Barnside Dr., Canal Winchester, OH 43110, 614 833-1332.
FEDUCHAK, John; '73 BSBA; 3094 Bembridge Rd, Columbus, OH 43221, 614 459-0867.
FEDYSZYN, Karen Blair; '84 BSBA; Programmer; Computer Data Systs. Inc., 21 Walnut Blvd., Petersburg, VA 23805, 804 732-0609; r. 3541 Egan Rd, Chesterfield, VA 23832, 804 748-9697.
FEE, Deanne Denise; '84 BSBA; Operations Supv.; Ryder Distribution Resources, 444 Independence Rd., Medina, OH 44256, 216 725-1135; r. 5272 Calla Ave., Warren, OH 44483, 216 847-7283.
FEE, Margaret Diane; '85 BSBA; 27600 Chardon Rd #551, Willoughby Hls., OH 44092.
FEEBACK, Harold; '50 BSBA; Retired; r. 1505 Lakeview Dr., Fairfield Glade, TN 38555, 615 484-1804.
FEEGER, Paul A.; '51 BSBA; Owner & Sales Engr.; Tekmark West, 330 Willamette, Placentia, CA 92626, 714 528-5851; r. Same.
FEEHAN, Robert Edward; '79 BSBA; Cnslt.; PPG Industries, Milano, Italy; r. #1 Poliziano, Milano, Italy.
FEELEY, Robert Joseph; '83 MBA; Mgr.-Real Estate App.; Laventhol & Horwath, 65 E. State St., Ste. 902, Columbus, OH 43215, 614 221-9494; r. 3746 Tanager Dr., Gahanna, OH 43230, 614 475-8213.
FEERER, Bette Weiss; '70 BSBA; Acct.; r. 2762 Plymouth Ave., Columbus, OH 43209, 614 236-8322.
FEGAN, Michael Arthur; '83 BSBA; Sales Rep.; Fegan & Assocs., 366 Adrian Dr., Berea, OH 44017, 216 234-5569; r. Same.
FEHLAN, Brian Lee; '87 BSBA; Sales Rep.; Fruehauf Corp., 1717 W. County Rd. C, Roseville, MN 55113, 612 633-8350; r. 1919 Dupont Ave. S., #303, Minneapolis, MN 55403, 612 871-3071.
FEHN, Jeffrey Martin; '85 BSBA; Commercial Banking Ofcr.; Ameritrust Co. Natl. Assoc., 115 S. Water St., Kent, OH 44240, 216 677-3236; r. 1136 W. Main St., Kent, OH 44240.
FEIBEL, Donald T.; '57; Realtor; Feibel-Garek Realtors, 88 E. Broad St., Columbus, OH 43215; r. 25 S. Drexel Ave., Columbus, OH 43209, 614 253-5535.
FEICK, Barbara '74 (See Gregory, Barbara Feick).
FEIGELSON, Daniel Jay; '83 MBA; VP; The Sawyer Place Co., 3743 Renoir Pl., Cincinnati, OH 45241, 513 771-3344; r. Same, 513 733-0770.
FEIKE, Lisa Ann; '82 BSBA; Asst. Mgr/Consumer Credit; Huntington Natl. Bank, 41 S. High St., Columbus, OH 43215, 614 463-4504; r. 1765-C Kings Ct., Columbus, OH 43212, 614 487-1137.
FEIN, Alfreda Jensen; '50 BSBA; Retired; r. 5055 Jamieson Apt. P8, Toledo, OH 43613, 419 475-3831.
FEIN, Alvin A.; '40 BSBA; CPA & Atty.; 3645 Warrensville Ctr. Rd., Shaker Hts., OH 44122, 216 283-2233; r. 3794 Hillbrook Rd., Cleveland, OH 44118, 216 932-5829.
FEIN, Robert A.; '67 BSBA; Atty.; Ulmer & Berne, 900 Bond Court Bldg., Cleveland, OH 44114, 216 621-8400; r. 3292 Havel Dr., Cleveland, OH 44122, 216 831-3656.
FEIN, Robert Dale; '85 BSBA; 5798 Sampson Dr., Girard, OH 44420, 216 759-1127.
FEIN, Stephen Lee; '82 BSBA; Property Mgr.; Prestige Mgmt. Co., 1127 Euclid Ave., Cleveland, OH 44115, 216 696-6800; r. 2161 Fenway Dr., Beachwood, OH 44122, 216 381-1366.
FEIN, Thomas Paul; '76 BSBA; Data Security Admin.; Champion Intl., 101 Knightsbridge, Cincinnati, OH 45020, 513 868-5231; r. 650 History Bridge Ln., Hamilton, OH 45013, 513 863-4264.
FEINAUER, Dr. Dale Michael; '79 BSBA, '82 MLHR, '83 PhD (LHR); Asst. Prof.; Univ. of Wisconsin-Oshkosh, Oshkosh, WI 54901, 414 424-4152; r. 307 Fulton Ave., Oshkosh, WI 54901, 414 233-5606.
FEINBERG, Michael Jai; '86 MBA; Prod. Devel. Mgr.; EPYX Inc., 600 Galveston Dr., Redwood City, CA 94063; r. POB 370188, Montara, CA 94037, 415 728-5401.
FEINBERG, Russell Stuart; '83 BSBA; Acct. Exec.; Papermint, 5215 Cleveland Ave., Columbus, OH 43231, 614 899-6468; r. 4400 Mobile Dr., Apt. 206, Columbus, OH 43220, 614 459-7384.
FEINMAN, Irving M.; '47 BSBA; Pres.; Nassau Garden Inc., 366 N. Broadway, Jericho, NY 11753, 516 935-3130; r. 19 Horseshoe Rd., Old Westbury, NY 11568, 516 626-1688.
FEINSTEIN, Sandra Simmons; '77 MBA; Staff; Society Bank, 88 E. Broad St., Columbus, OH 43215; r. 1415 Windrush Cir., Blacklick, OH 43004, 614 866-3388.
FELA, Andrew A.; '34 BSBA; VP & Sales Mg; Wholesale Div.-Tilemaster Corp., 4400 N. Harlem Ave., Chicago, IL 60056; r. 2014 Brandon Ln., Glenview, IL 60025, 312 729-0683.
FELDAN, Albert; '54 BSBA; Pres.; Adamstown Mills & Feldan Bros., 350 Fifth Ave., New York, NY 10118, 212 594-0020; r. 187 Fairview Ave., Englewood Cliffs, NJ 07632, 201 567-7443.
FELDHAUS, James Frank; '74 BSBA; Dir. of Sales/Marketi; Sheraton Denver Tech Ctr., 4900 Dtc Pkwy., Denver, CO 80202, 303 779-1100; r. 1246 E. Phillips Pl., Littleton, CO 80122, 303 798-1384.
FELDKIRCHER, Carl Anthony; '76 BSBA; Exec.; CAF Enterprises, Westlake, OH 44145, 216 892-7812; r. 1955 Salem Pkwy., Westlake, OH 44145.
FELDMAN, Arthur L.; '37 BSBA; Proprietor; Arthur Feldman Fine Arts, 488 The Arcade, Cleveland, OH 44114; r. 5150 Three Village Dr., Cleveland, OH 44124, 216 473-2851.
FELDMAN, Barry Steven; '80 BSBA; VP; Kottler Metal Prods. Co., 3201 E. 66th St., Cleveland, OH 44127, 216 341-7827; r. 1 Windrush Ln., Beechwood, OH 44127, 216 464-9484.
FELDMAN, Bruce S.; '53 BSBA; Partner; Arthur Young & Co., One Seagate, Toledo, OH 43604, 419 244-8000; r. 5436 Citation Rd., Toledo, OH 43615, 419 531-7866.
FELDMAN, DeNeal J.; '53 BSBA; Chmn. of the Bd.; Economy Linen Towel Svc., Inc., 80 Mead St., Dayton, OH 45402, 513 222-4625; r. 3737 Dorset Dr., Dayton, OH 45405, 513 275-6094.
FELDMAN, Devera '47 (See Lurie, Devera Feldman).
FELDMAN, Jody Benjamin; '77 BSBA; Div. Controller; Ingersoll Rand Co., 150 Burke St., Nashua, NH 03060, 603 882-2711; r. 5 Briand Dr., Nashua, NH 03063, 603 883-2172.
FELDMAN, Julian; '50 MPA; Pres.; Julian Feldman & Assocs., 4948 Sentinel Dr., Apt. 105, Bethesda, MD 20816, 301 229-4253; r. 4948 Sentinel Dr., Apt. 105, Bethesda, MD 20816, 301 229-4253.
FELDMAN, Paul J.; '79 MPA; Asst. City Mgr.; City of Worthington, 789 High St., Worthington, OH 43085, 614 436-3100; r. 555 Selby Blvd. S., Worthington, OH 43085, 614 436-6814.
FELDMAN, Phyllis M., (Phyllis M. Marenberg); '53 BSBA; 5436 Citation Rd., Toledo, OH 43615, 419 531-7866.
FELDMAN, Ruth Ann; '88 BSBA; Bus Mgr. Asst.; Buckeye Realtors, 100 E. 11th Ave., Columbus, OH 43201; r. 2611 Brownfield Rd., Columbus, OH 43232, 614 866-2131.
FELDMAN, Terry '48 (See Howard, Mrs. Terry Feldman).
FELDMAN, Walter; '58 BSBA; 920 N. E. 169th St. Apt. 515, N. Miami Bch., FL 33162.
FELDMANN, Kenneth William; '72 BSBA; CPA/Partner; Touche Ross & Co., 1900 Federated Bldg., Cincinnati, OH 45202, 513 381-5547; r. 3716 Carpenters Creek Dr., Cincinnati, OH 45241, 513 563-4949.
FELDMEYER, Ben Howard; '86 BSBA; Sales Rep.-Dayton; Natl. Gypsum, Gold Bond Bldg. Products, Cincinnati, OH 45242, 513 436-2562; r. 571 W. Whipp Rd., Dayton, OH 45459, 513 436-9270.
FELDMEYER, Mrs. Gretchen Lynne, (Gretchen L. Wycoff); '87 BSBA; Sales Rep.; The Pillsbury Co., Cincinnati, OH 45242; r. 571 W. Whipp Rd., Dayton, OH 45459, 513 436-9270.
FELDNER, Charles E.; '49 BSBA; Retired; r. 56 Wildwood Ave., Newark, OH 43055, 614 345-9020.
FELIX, Dr. William Leroy, Jr.; '70 PhD (ACC); Prof.; Univ. of Arizona, Dept. of Acct B P A, Tucson, AZ 85721, 602 621-2443.
FELKNER, Joseph George; '79 BSBA; Sr. Financial Analyst; US Health Corp., 3555 Olentangy River Rd., Columbus, OH 43214, 614 457-4106; r. 106 Spring Valley Rd., Westerville, OH 43081, 614 895-7943.
FELL, Robert Bruce, Jr.; '77 BSBA; 1817 Birchfield Ct., Powell, OH 43065, 614 457-6752.
FELL, Robert James, Jr.; '88 BSBA; 61 Unwin Dr., Trenton, NJ 08610.
FELLENSTEIN, Karen A. '81 (See Friedmann, Mrs. Karen Fellenstein).
FELLER, Robert Eugene; '58 MACC; 3713 S. Winston Ave., Tulsa, OK 74135, 918 749-7470.
FELLMAN, Joe; '31 BSBA; Retired; r. 31 Diamante, Irvine, CA 92720.
FELLOWS, G. Robert; '39 BSBA; Atty.; 610 E. Atlantic Ave., Delray Bch., FL 33483, 407 278-3306; r. 1330 N. W. 3rd Ave., Delray Bch., FL 33444, 407 278-6640.
FELLOWS, Kathrin Roberts, (Kathrin Roberts); '82 BSBA; Programmer/Analyst; Computer Task Grp. Inc., 700 Ackerman Pl., Columbus, OH 43202, 614 268-8883; r. 2220 Orinda Ct., Powell, OH 43065, 614 889-4763.
FELLOWS, Ray Erwin; '69 BSBA; VP; Milford Canning Co., Div of Fremont Foods, Fredrick St., Milford, IL 60953; r. 200 N. Grant Ave., Milford, IL 60953, 815 889-4397.
FELLOWS, Robert D.; '63 BSBA; Pres.; Ballman's Appliance Inc., 122 W. Broadway, Anaheim, CA 92805, 714 774-3290; r. 716 E. Hermosa Dr., Fullerton, CA 92635, 714 680-0362.
FELMAN, H. Marvin; '47 BSBA; Mgr.; r. 100 N. Jefferson St. 701, Dayton, OH 45402, 513 461-9662.
FELMAN, Jeffrey Alan; '72 MBA; VP/Dir. of Rsch.; Courier Capital Corp., Research Division, 3401 Enterprise Pkwy., 207, Beachwood, OH 44122, 216 831-2600; r. 2112 Acacia Park Dr., #210, Lyndhurst, OH 44124, 216 461-3458.
FELMET, Grant William; '81 BSBA; Staff; Secrouse, 20 Fed. Plz. W., Youngstown, OH 44501; r. 901 E. Napoleon, Bowling Green, OH 43402, 216 793-6149.
FELT, Mrs. Mary Y., (Mary Y. Flautt); '78 BSBA; Acctg. Supv.; Rockwell Intl. Corp., Hebron Rd., Newark, OH 43055, 614 344-1131; r. 14251 National Rd. SE, Thornville, OH 43076, 615 763-4502.
FELTER, Andrew James; '88 BSBA; 1843 South St. Rte. 100, Tiffin, OH 44883, 419 447-7196.
FELTMAN, Douglas Jay; '68 MACC; Pres.; Rigel Communications Inc., Leach Hollow Rd., Sherman, CT 06784, 212 546-2678; r. Same, 203 354-9945.
FELTON, Mark Anthony; '84 BSBA; 4016 S. 46th Ave., Minneapolis, MN 55406.
FELTZ, John F.; '79 MBA; Dir./EAS Engrg.; Monarch Marking Systs., POB 608, Dayton, OH 45401, 513 865-2021; r. 573 Cherry Hill Pl., Fairborn, OH 45324, 513 878-2895.
FENDER, Donald E., Jr.; '60 BSBA, '63 MBA; Pres./Owner; Donald E Fender Inc. Realtors, 221 N. High St., Hillsboro, OH 45133, 513 393-4241; r. 121 Westover Dr., Hillsboro, OH 45133, 513 393-4168.
FENLON, Kevin Thomas; '83 MPA; Finance Dir.; Ohio Bldg. Authority, 30 E. Broad St., Columbus, OH 43215, 614 466-5959; r. 120 De Santis Dr., Columbus, OH 43214, 614 263-9336.
FENN, Reginald R.; '83 MBA; Mktg. Repr; Hewlett-Packard, Postmaster, Dallas, TX 75260; r. 2773 N. Garland Ave., Apt. #54, Garland, TX 75040, 214 530-1638.
FENNEN, Matthew William; '82 BSBA; Acct.; r. 966 Franklin Ave., Apt. 6, Columbus, OH 43205, 614 253-4453.
FENNEN, Shelly Thomas; '82 BSBA; Territory Mgr.; Johnson Wax, Sales Dept., c/o 5243 Derby Ct., Mason, OH 45040; r. 5243 Derby Ct., Mason, OH 45040, 513 398-1335.
FENNER, Eric Scott; '88 BSBA; Electronic Data Systs., 5505 Corporation, Troy, MI 48007, 313 696-4200; r. 406 Timberlea Dr., #10, Rochester, MI 48309, 313 652-3455.
FENNER, Paul E.; '48 BSBA; Acct.; Battelle Mem. Inst., 505 King Ave., Columbus, OH 43201; r. 1509 Hazelwood Pl., Columbus, OH 43229.
FENNEY, Tolula '52 (See Russell, Mrs. Tolula Fenney).
FENSTERMACHER, CAPT Bruce Theodore; '69 BSBA; Cnslt.; Cordtco, 225 Sulky Way, W. Palm Bch., FL 33414, 407 798-4289; r. c/o Ann Fenstermacher, 2941 Long Shore Ave., Philadelphia, PA 19149, 215 331-8456.
FENSTERMACHER, Leon W.; '35 BSBA; Retired; r. 6079 Powdermill Rd, Kent, OH 44240, 216 673-3117.
FENSTERMAKER, Allan; '58 BSBA; Dir. of Purchasing; Hagglunds Denison Corp., 1220 Dublin Rd., Columbus, OH 43216, 614 481-7300; r. 454 Ridgedale Dr. N., Worthington, OH 43085, 614 846-6142.
FENSTERMAKER, Charles S.; '54 BSBA; Systs. Engr.; Natl. Cash Register, 1700 S. Patterson Blvd., Dayton, OH 45479; r. 1727 Embury Park Rd., Dayton, OH 45414, 513 276-3118.
FENSTERMAKER, John Joseph, Sr.; '40 BSBA; Retired; r. 9 Burrell Ct., Tiburon, CA 94920, 415 383-6974.
FENSTERMAKER, Mrs. Lucy Gay, (Lucy Gay); '39 BSBA; Homemaker; r. 9 Burrell Ct., Tiburon, CA 94920, 415 383-6974.
FENSTERMAKER, Norman K.; '44 BSBA; Atty.; Jenkins Fenstermaker & Farrell, 1100 Coal Exchange Bldg., POB 2680, Huntington, WV 25726; r. 2112 Holswade Dr., Huntington, WV 25701, 304 697-7349.
FENSTERMAKER, Richard C.; '64 BSBA; Ex VP; Personal Svc. Ins. Co., 100 E. Gay St., Columbus, OH 43215, 614 221-5115; r. 9520 Olentangy River Rd., P.O.Box 80, Powell, OH 43065, 614 888-1945.
FENSTERMAKER, Richard P.; '38 BSBA; Retired; r. 1551 State Rte. 750, Box B, Powell, OH 43065, 614 885-5090.
FENTON, Connie; '82 BSBA; 1308 Lowland Ct., Columbus, OH 43204.
FENTON, Edwin G.; '58 MBA; QA Mgr.; The 3M Auld Co., 1209 N. Fifth St., Columbus, OH 43201, 614 294-5161; r. 1941 Lytham Rd., Columbus, OH 43220, 614 451-2694.
FENTON, John L.; '48 BSBA; Staff; A.G. Edwards & Sons, Inc., National City Bank Bldg., Cleveland, OH 44114, 216 566-1966; r. 21188 Stratford Ave., Cleveland, OH 44116, 216 331-0135.
FENTON, S. Mark; '69 BSBA; Dir. of Finance; Drug Transport Inc., 1939 Forge St., Tucker, GA 30084, 404 938-8700; r. 3994 Whittington Dr., Atlanta, GA 30342, 404 266-2223.
FENTON, Steven Curtis; '77 BSBA; RR 3 Box 156B, Rensselaer, IN 47978, 219 394-2489.
FENTON, Stuart William; '71 BSBA; Mktg. Dir.; Aetna Life & Casualty, 151 Farmington Ave. RE4M, Hartford, CT 06156, 203 273-8922; r. 10 High Point Ln., W. Hartford, CT 06107, 203 523-7600.
FENVES, Laura R.; '88 BSBA; 6923 Rosewood St., Pittsburgh, PA 15208, 412 661-0255.
FEORENE, Vincent Carman; '87 BSBA; 1560 Roosevelt, Niles, OH 44446, 216 652-6056.
FERBER, David Alan; '70 BSBA; Dir. Human Res.; Irwin Magnetic Systs., Inc., 2101 Commonwealth Blvd., Ann Arbor, MI 48105, 313 930-9286; r. 1449 N. Silo Ridge Dr., Ann Arbor, MI 48108.
FERBER, Gary A.; '59 BSBA; CPA; Ferber & Weinstein, 3690 Orange Pl., Ste. 250, Beachwood, OH 44122, 216 464-9560; r. 25236 Bridgeton Dr., Beachwood, OH 44122, 216 464-8882.
FERBRACHE, Edgar L.; '61 BSBA; Rd 3 Box 624, Slatington, PA 18080.
FERDI, Linda Louise; '86 BSBA; 2207 Zollinger Rd., Columbus, OH 43221, 614 486-1008.
FERENC, Edward J.; '62 BSBA; VP Administration; Alloy Fabricators, Inc., 700 Wooster St., POB 37, Lodi, OH 44254, 216 948-3535; r. 480 Woodland Dr., Medina, OH 44256, 216 725-3733.
FERENCZ, Geza Louis; '72 BSBA; 5515 Strack Rd., Houston, TX 77069, 713 893-7959.
FERENCZ, John Jeffrey; '87 BSBA; Asst. Mgr.; ITT Financial Svcs., 5691 Emporium Sq., Columbus, OH 43229, 614 895-0551; r. 2119 Bentwood Cir. Apt. 2-B, Columbus, OH 43235, 614 792-5658.
FERENSEN, Daniel E.; '62 BSBA; Staff; Adria Labs, 500 Post Rd, Dublin, OH 43017; r. 270 Hennessey Ave., Worthington, OH 43085, 614 885-4250.
FERESTER, Janice Hymon, (Janice Hymon); '53 BSBA; Sales Agt.; American Airlines, 1699 Wall St., Mt. Prospect, IL 60056; r. 720 Timber Hill Rd, Deerfield, IL 60015, 312 945-1142.
FERGUS, Barbara Koch, (Barbara B. Koch); '57 BSBA; 5784 Royal Lytham Ct., Dublin, OH 43017, 614 889-1119.
FERGUS, Jill Allison Semon; '80 MPA; Develop Proj. Asst.; City of Columbus, Dept. of Development, 140 Marconi Blvd., Columbus, OH 43215; r. 90 Brevoort Rd., Columbus, OH 43214.
FERGUS, Morris F.; '23 BSBA; Retired; r. 43 W. Hillcrest Ave., Dayton, OH 45405, 513 274-1080.
FERGUSON, Amy '84 (See Yeager, Amy F.).
FERGUSON, David Michael; '88 BSBA; 3595 Kauffman, Carroll, OH 43112, 614 756-4466.
FERGUSON, Ellen Marie; '87 BSBA; Sales Rep.; Premier Industrial Corp., 91 W. Dodridge, Columbus, OH 43202, 614 262-5408; r. Same.
FERGUSON, Gloria Ann; '80 BSBA; POB 32323, 2890 Shilling Dr., Columbus, OH 43232.
FERGUSON, James Claude, Jr.; '85 MBA; Sr. Cnslt.; Arthur Andersen & Co., 5 Penn Ctr., Philadelphia, PA 19103, 215 241-7300; r. 535 Lafayette St., Newtown, PA 18940, 215 860-9697.
FERGUSON, James Dudley; '50 BSBA; Retired; r. 26 Hawthorn Dr., Newnan, GA 30263, 404 253-7134.
FERGUSON, James Paul; '57 BSBA; Tax Agt.; Ohio Dept. of Taxation, 1880 E. Dublin-Granville Rd., Columbus, OH 43229, 614 895-6250; r. 286 Forest Lawn Blvd., Marion, OH 43302, 614 389-1371.
FERGUSON, John Irving; '63 BSBA, '67 MBA; Secy.Supv./Ofc.Automation; Ford Motor Co., Rm. 877 World Hdqtrs., The American Rd., Dearborn, MI 48121, 313 845-5518; r. 4323 Fox Pointe Dr., W. Bloomfield, MI 48033, 313 682-1127.
FERGUSON, Julia Kebe; '59 BSBA; 5413 Berkshire Dr., N. Olmsted, OH 44070, 216 779-8447.
FERGUSON, Marie Diane; '85 BSBA; 1043 Tahoe Ter., Cincinnati, OH 45238, 513 922-3537.
FERGUSON, Mary Gwen; '85 BSBA; 2930 Dresden St., Columbus, OH 43224.
FERGUSON, Polly T.; '83 BSBA; Tax Analyst; N C R Corp., 1700 S. Patterson Blvd., Dayton, OH 45479, 513 445-5000; r. 8335 Woodgrove Dr., Centerville, OH 45458, 513 434-9019.
FERGUSON, Ralph Kenneth; '49 BSBA; Retired; r. 2095 Palmer Dr., Lake Havasu City, AZ 86403.
FERGUSON, Robert Earl; '41 BSBA; Retired; Baldwin Lima Hamilton Corp., Constr Equipment Div, S. Main St., Lima, OH 45806; r. 1679 Frail Rd, Lima, OH 45806, 419 999-1731.
FERGUSON, Robert Hugh; '85 BSBA; 166 Crestview Dr., Pittsburgh, PA 15236, 412 655-1598.
FERGUSON, Roosevelt; '59 MPA; 500 E. 33rd St., Apt. 1515, Chicago, IL 60616, 312 326-1630.

FERGUSON, Thomas Edward; '50 BSBA; State Auditor; State of Ohio, 88 E. Broad St., Columbus, OH 43215, 614 466-2813; r. 175 Woodland Dr., Powell, OH 43065, 614 221-7665.

FERGUSON, Thomas Walter; '83 BSBA; Ins. Agt.; Dilgard Ins. Agcy., 125 Union St., Ashland, OH, 419 289-9777; r. 9705 Martin Rd., W. Salem, OH 44287, 419 846-3602.

FERNALD, Charles A.; '44 BSBA; 1314 Tunnel Rd #84, Asheville, NC 28805.

FERNALD, Mary Roberts; '79 MBA; Mgr. Spec. Projects; Hart Schaffner & Marx, Clothes Division, 101 N. Wacker, Chicago, IL 60606; r. 2587 Brentwood Rd., Columbus, OH 43209, 614 235-5198.

FERNALD, Willard Tompkins; '79 MBA; 2587 Brentwood Rd., Columbus, OH 43209, 614 235-5198.

FERNANDEZ, Alfred Douglas; '88 BSBA; Mgmt. Trainee; ITT Financial Svcs., 2590 Columbus St., Grove City, OH 43123, 614 871-1062; r. 4427 Belcher Ct., Columbus, OH 43224, 614 268-1408.

FERNANDEZ, Jorge Ivan; '88 BSBA; 196 Oakland Pk, Columbus, OH 43214, 614 262-5567.

FERNANDEZ, Timothy Joe; '88 BSBA; 7701 Warner Ave., #M-176, Huntington Bch., CA 92647.

FERNANDEZ MEJIAS, Alberto G.; '84 BSBA; Fi 10 D Villanoua, Rio Piedras, Puerto Rico 00926, 809 789-7072.

FERNANDO, Christopher Capili; '84 BSBA; Sr. Computer Analyst; Hamilton Avnet Electronics, 10950 Washington Blvd., POB 2647, Culver City, CA 90230, 213 558-2073; r. 3553 Sawtelle Blvd., Apt. G, Los Angeles, CA 90066, 213 391-4231.

FERNEDING, John Ryan; '80 BSBA; Ins. Agt.; John C Ferneding & Assocs., 533 E. Stroop Rd., Dayton, OH 45429, 513 294-1755; r. 219 Aberdeen Ave., Dayton, OH 45419, 513 298-2161.

FERON, Brian Thomas; '81 BSBA; Mktg. Rep.; Little Tikes Co., 2180 Barlow Rd., Hudson, OH 44236, 216 650-3000; r. 593 South Ct., Medina, OH 44256, 216 722-5549.

FERRALL, Helen Beth; '87 BSBA; 2086 Hampstead Dr. W., Columbus, OH 43229.

FERRALL, Junius B.; '33 BSBA; Retired; r. 6150 Chermont NW, Canton, OH 44718, 216 494-5927.

FERRAND, Christophe Claude; '88 MA; 109C E. Woodruff Ave., Columbus, OH 43201.

FERRARO, Eugene Nicholas; '77 BSBA; Div. Financial Mgr.; Wendys Intl., Inc., 6400 Powers Ferry Rd., Atlanta, GA 30339, 404 951-1066; r. 4125 Barberry Dr., Roswell, GA 30075, 404 993-1635.

FERRARO, Maria; '84 BSBA; Supv./Control Ctr.; r. 25200 Chippendale St., Roseville, MI 48066, 313 773-3075.

FERRATT, Thomas William, PhD; '73 MBA, '74 PhD (BUS); Prof. of Mgmt. Info Systs; Univ. of Dayton, Sch. of Bus. Admin., 300 Clg. Park, Dayton, OH 45469, 513 229-2728; r. 7305 Forest Brook Blvd., Centerville, OH 45459, 513 436-3358.

FERRAZZA, Carl Michael; '83 BSBA; Field Assoc.; H. L. Financial Res., Inc., 6701 Rockside Rd. #300, Independence, OH 44131, 216 447-1535; r. 15325 Lake Ave. #305, Lakewood, OH 44107, 216 226-7713.

FERREE, Grant Russell, Jr.; '81 BSBA; Syst. Analyst; r. 1724 Staffordshire, Columbus, OH 43229, 614 882-9228.

FERREE, Robert G.; '63 BSBA; 215 670-2476; r. 358 W. Penn Ave., Wernersville, PA 19565, 215 670-2476.

FERRELL, Darrell Edward; '78 BSBA; 452 E. 6th St., Salem, OH 44460, 216 332-4430.

FERRELL, Jay D.; '86 BSBA; Programmer/Analyst; GE Aircraft Engines, 134 Merchant St., Mail Drop R12, Springdale, OH 45246, 513 552-4390; r. 9622 Carriage Run Cir., Loveland, OH 45140, 513 677-9540.

FERRELL, Margaret Bushway; '85 BSBA; Programmer/Analyst; Nationwide Mutual Ins. Co., 1 Nationwide Plz., Columbus, OH 43215, 614 249-5651; r. 6627 Springbrook Dr., Pickerington, OH 43147, 614 837-7544.

FERRELL, Richard C.; '56 BSBA; Sales Rep.; Union Camp Corp., POB 1608, Lakeland, FL 33802, 813 682-0123; r. 4620 Lowell Ave., Tampa, FL 33629, 813 839-6904.

FERRELL, Walter E.; '42 BSBA; Cofounder; Nevada N. Resources Inc., 23811 Bridger Rd. Ste. 104, El Toro, CA 92630; r. 29871 Imperial Dr., San Juan Capistrano, CA 92675, 714 364-6616.

FERRELLI, Jeffrey Patrick; '77 BSBA; Production Supv.; GM Corp., Fisher Body Div, 200 Georgesville Rd., Columbus, OH 43228, 614 275-5296; r. 5713 Countrie View Ct., Galloway, OH 43119, 614 870-7240.

FERRICK, Mark Edward; '72 MBA; 829 Magnolia Dr., Sylacauga, AL 35150, 205 249-3782.

FERRIDAY, Robert, III; '67 MBA; Dir., Finance & Operation; United Way of Greater Milwaukee Inc., 225 W. Vine St., Milwaukee, WI 53212, 414 263-8141; r. 2621 E. Menlo Blvd., Milwaukee, WI 53211, 414 964-4734.

FERRIS, Boyd B., Esq.; '64 BSBA; Atty./Partner; Muldoon Pemberton & Ferris, 2733 W. Dublin-Granville Rd., Worthington, OH 43085, 614 889-4777; r. 340 Bryant Ave., Worthington, OH 43085, 614 888-4557.

FERRIS, James H.; '48 BSBA; Retired; r. 3037 Park Pl., Evanston, IL 60201, 312 869-6530.

FERRIS, Jeffrey Joseph; '88 BSBA; 1649 W. 3rd Ave., Columbus, OH 43212, 614 486-2106.

FERRIS, John H., Jr.; '37 BSBA; Retired Seaport Dir.; r. 1717 Homewood Blvd. 414, Delray Bch., FL 33445, 407 278-8475.

FERRIS, Dr. Kenneth Robert; '73 MACC, '74 PhD (ACC); Staff; Southern Meth. Univ., POB, Dallas, TX 75275; r. 9408 Trailhill Dr., Dallas, TX 75238, 214 341-7169.

FERRIS, Richard Thomas; '87 BSBA; 3458 Wilson Woods Dr., Apt. L, Columbus, OH 43204, 614 486-2106.

FERRITTO, Ms. Debra M., (Debra Petruccio); '87 BSBA; Supv.-Customer Svc.; Progressive Cos., 6671 Beta Dr., Mayfield Vlg., OH 44143, 216 461-6655; r. 1589-3 Hawthorne Dr., Mayfield Hts., OH 44124, 216 442-4735.

FERRITTO, Janet R.; '78 BSBA; Distribution Coord.; Makin & Assocs. Inc., 6161 Busch Blvd., Ste. 120, Columbus, OH 43229, 614 848-5424; r. 5919 Vero Dr., Hilliard, OH 43026.

FERRO, Richard C.; '83 BSBA; Pres.; Ferro Ins. Ctr. Inc., 12-17 River Rd., Fair Lawn, NJ 07410, 201 794-7222; r. 230 Mabel Ann Ct., Franklin Lakes, NJ 07417, 201 848-1488.

FERRY, Karen L.; '87 BSBA; 199 Darby Dr., Lexington, OH 44904, 419 884-3048.

FERRY, Nicholas Michael, III; '78 BSBA, '87 MBA; Cost Analyst; Kenworth Truck Co., 65 Kenworth Dr., Chillicothe, OH 45601, 614 774-5270; r. 91 Burr Oak Rd., Chillicothe, OH 45601, 614 773-4433.

FERRY, Patrick H.; '82 BSBA; Rte. 1, Mineral City, OH 44656.

FERRYMAN, Leo John; '70 BSBA; Natl. Account Exec.; NCR Credit Corp., 1700 S. Patterson Blvd., Dayton, OH 45479, 513 445-5000; r. 6081 Green Knolls Dr., Huber Hts., OH 45424, 513 237-0324.

FERRYMAN, Peter R.; '59 BSBA, '62 MBA; Dir. of Mktg.; Rockwell Intl., 2230 E. Imperial Hwy., El Segundo, CA 90245, 213 678-4251; r. 700 Apsley Rd, Palos Verdes Estates, CA 90274, 213 375-9965.

FERTIG, Douglas Ross; '77 MPA; Personnel Dir.; Town of Windsor, Town Hall, Windsor, CT 06095, 203 688-3675; r. 2602 Valley Dr., Alexandria, VA 22302.

FERTIG, Dr. Paul E.; '52 PhD (ACC); Prof. Emeritus; The Ohio State Univ., Dept. of Acctg., Columbus, OH 43210; r. 1396 Friar Ln., Columbus, OH 43221, 614 457-3651.

FESLER, Wesley E.; '31 BSBA; Retired; r. 2202 C Via Mariposa E., Laguna Hls., CA 92653, 714 586-1577.

FESMIRE, Dr. Walker E.; '57 BSBA; Prof.; Univ. of Michigan, Sch. of Mgmt., Flint, MI 48502, 313 762-3160; r. 433 Carrie Dr., Flushing, MI 48433, 313 659-9815.

FESSEL, Thomas Alton; '78 BSBA; Partner-Owner; Fessel Builders, 5582 Bridgetown Rd #3, Cincinnati, OH 45211; r. 6456 Visitation Dr., Cincinnati, OH 45248, 513 922-0439.

FESSLER, Paul A.; '58 BSBA; Real Estate/VP; Curry Investment Co., 2700 Kendallwood Pkwy., Ste. 208, Kansas City, MO 64119, 816 454-6688; r. 1005 Scott Dr., Liberty, MO 64068, 816 781-3686.

FETH, James Douglas; '74 BSBA; Exec. Dir.; Goodwill Industries, 419 W. Market St., Sandusky, OH 44870; r. 6010 Parker Rd., Castalia, OH 44824.

FETHERSTON, John M.; '49 MBA; Retired; Dravo Engrg., Pittsburgh, PA 15234; r. 633 Caren Dr., Virginia Bch., VA 23452, 804 486-8807.

FETSKO, Joseph Robert, Jr.; '68 BSBA; 5578 Worcester Dr., Columbus, OH 43232.

FETT, Patrick Dean; '82 BSBA; EDP Auditor; E I Du Pont De Nemours Co., POB 1267, Ponca City, OK 74603, 405 767-3456; r. 221 Warwick, Ponca City, OK 74601, 405 767-1745.

FETTE, David V., Jr.; '62 BSBA; Sr. Admin.; Gm Quality Inst., 5700 Cooks Rd., Troy, MI 48098; r. 705 Millstone Dr., Rochester, MI 48309, 313 651-6556.

FETTER, Alan Robert; '70 BSBA; 10638 E. Arabian Park Dr., Scottsdale, AZ 85259, 602 860-1537.

FETTER, Gary Martin; '88 MBA; 71 E. Maynard Ave., Columbus, OH 43202, 614 268-5997.

FETTER, Richard John; '82 MBA; Owner; Mental Health Mgmt. Systs., 4100 N. High St., Ste. 201, Columbus, OH 43214, 614 262-5333; r. 82 Aldrich Rd., Columbus, OH 43214, 614 267-4123.

FETTER, William Leonard; '81 BSBA; Sales Mgr.; Tracy-Wells Co., 3568 Indianola Ave., Columbus, OH 43214, 614 261-0331; r. 913 Briarwood, Mason, OH 45040, 513 398-6377.

FETTERS, Michael L.; '67 BSBA; Prof.; r. Babson Clg., Babson Park, Wellesley, MA 02157.

FETTERS, Robert Lloyd, Jr.; '87 BSBA; Account Exec.; Taggart Marryott Reardon Co., 4150 Tuller Rd., Ste. 236, Dublin, OH 43017, 614 792-2900; r. 3049 Green Arbor Ln., Dublin, OH 43017, 614 764-1266.

FETTING, Amy Kay; '88 BSBA; 8755 Crestwater Dr., Galloway, OH 43119, 614 878-9870.

FETTMAN, Betsey Michelle; '85 MLHR; 300 21st St. NW, Canton, OH 44709, 216 455-8800.

FETTY, Joseph Charles; '81 BSBA; Guest Svc. Mgr.; Holiday Inns Inc., 1212 Dublin Granville Rd, Columbus, OH 43229, 800 682-6200; r. 2841 Jack Pine Ct., Columbus, OH 43224, 614 475-6719.

FEUER, Sherry Ellen, (Sherry Ellen Krasney); '78 BSBA; Investment Admin.; Banner Ind., Inc., 25700 Science Park Dr., Cleveland, OH 44122, 216 464-3656.

FEYH, Cheryl Anne '83 (See Voss, Ms. Cheryl Anne).

FEYKO, James; '82 BSBA; 9649 Shalemar Dr., Pickerington, OH 43147, 614 864-4220.

FIALA, Anthony J.; '66 BSBA; 34 Silent Grove N., Westport, CT 06880, 203 454-4269.

FIALA, Jerry; '76 BSBA; 5369 Hallford Cir., Cleveland, OH 44124.

FIALA, Kathryn Seaman, (Kathryn Seaman); '82 BSBA; Personnel Recruiter; American Electric Power, 1 Riverside Plz., Columbus, OH 43215, 614 223-1858; r. 898 Windbourne Ct., Gahanna, OH 43230, 614 475-1270.

FIANTACO, John P.; '57 BSBA; POB 4067, Mission Viejo, CA 92690.

FIBUS, Barry M.; '67 BSBA; Natl. Sales Mgr.; Steel City Corp., 190 N. Meridian, POB 1227, Youngstown, OH 44501, 216 792-7663; r. 2000 Twin Oaks Dr., Girard, OH 44420, 216 759-0112.

FICK, Jonathan Eric; '82 BSLHR; 3424 Echo Dr., Springfield, OH 45502, 513 324-5315.

FICK, Paul L.; '48 BSBA; Retired; r. 419 Kensington Pl., Marion, OH 43302, 614 389-3450.

FICK, William Everett; '80 BSBA; Acct./Dir.; Km Financial/Ins. Svc., Financial Reporting Dept., c/o Postmaster, Dallas, TX 75260; r. 433 Justice Dr., Cedar Hill, TX 75104, 214 291-2244.

FICKEL, Howard Duane; '82 BSBA; Mgr.; Price Waterhouse, The Huntington Ctr., 41 S. High St., Columbus, OH 43215, 614 221-8500; r. 9736 Shalemar Dr. NW, Pickerington, OH 43147, 614 866-7522.

FICKLE, Ms. Denise; '88 BSBA; Data Entry Operator II; Ohio State Univ., 2400 Olentangy River Rd., Columbus, OH 43210, 614 292-2441; r. 4413 Walford B-1, Columbus, OH 43224, 614 268-5237.

FIDAK, Michelle R. '87 (See Matzenbach, Mrs. Michelle R.).

FIDAK, Sheila Marie; '85 BSBA; Account Rep.; G. C. Svcs., 6460 Bush Blvd., Columbus, OH 43229, 614 433-2560; r. 5284 Silverthorn Rd., Westerville, OH 43081, 614 882-1981.

FIDLER, Mrs. Carol, CPA, (Carol Bracken); '79 MBA; Controller; The Wood Cos., 929 Harrison Ave., Columbus, OH 43215, 614 294-1608; r. 4138 Winfield Rd., Columbus, OH 43220, 614 451-9570.

FIDLER, Chris D.; '86 BSBA; Probate Acct.; Baker & Hostetler, 65 E. State St., Columbus, OH 43215, 614 462-4725; r. 134 Georgetown Dr., Columbus, OH 43214, 614 885-0722.

FIDLER, Mrs. Melanie Sue, (Melanie S. Morar); '85 BSBA; Account Exec.; Calico, 8910 Independence Ave., Canoga Park, CA 91304; r. 6282 E. Sunnycrest, Agoura Hls., CA 91301.

FIDLER, Wendall B.; '32 BSBA; Retired; r. 2957 Kalakaua Ave., Apt. 501, Honolulu, HI 96815, 808 922-0078.

FIEBERT, Elyse Evans; '48 BSBA; 309 Fourth Ave., Phoenixville, PA 19460, 215 935-1692.

FIEDLER, Mrs. Susan Patterson, (Susan Patterson); '86 BSBA; Contract Administr; Cincinnati Electronics Corp., Glendale-Milford Rd., Evendale, OH 45241, 513 733-6421; r. 58 Providence Dr., Apt. 11, Fairfield, OH 45014, 513 874-2162.

FIEDLER, Timothy J.; '86 BSBA; Supv. Mktg. Analysis; Citfed Mortgage Co., 1530 Needmore Rd., Dayton, OH 45414, 513 276-7120; r. 58 Providence Dr., Apt. 11, Fairfield, OH 45014, 513 874-2162.

FIEHRER, Sandra Brewer, (Sandra L. Brewer); '84 BSBA; Account Rep.; Silhouette Optical, 266 Union St., Northvale, NJ 07647, 800 223-0180; r. 5175 Hialeah Ct., Hilliard, OH 43026, 614 459-4048.

FIELD, Edward A.; '53; Builder; r. POB 216, Dublin, OH 43017, 614 889-2411.

FIELD, Marian E.; '78 MPA; 4745 Wimbleton Way, Kalamazoo, MI 49009, 616 651-7698.

FIELD, Richard B.; '63 BSBA; Pres.; T-Worth Inc. (Mini Storage), 960 Roxie Dr., Austin, TX 78729; r. 1715 Lakeshore Blvd., St. Cloud, FL 32769, 407 892-5839.

FIELDS, Brian Alden; '81 BSBA; Mgr. Str & Wrhs Acct.; Farm Fresh Inc., 1151 Azalea Garden Rd., Norfolk, VA 23502; r. POB 249, Carlisle, PA 17013.

FIELDS, Curtis Grey, Jr.; '79 BSBA, '80 MBA; VP Finance; Ami-Med. Ctr. of N. Hollywood, N. Hollywood, CA 91603; r. 4434 Fulton Ave. #106, Sherman Oaks, CA 91423, 818 501-1430.

FIELDS, Deloras J.; '88 BSBA; Supv. of Acctg.; Ross Labs, 625 Cleveland Ave., Columbus, OH 43215; r. 5652 Great Woods Blvd., Columbus, OH 43229, 614 890-5515.

FIELDS, Donald F.; '48 BSBA; Semiretired; r. 4762 Washtenaw Ave., Apt. C 5, Ann Arbor, MI 48104, 313 434-3087.

FIELDS, Dwayne Lewis; '87 BSBA; Network Analyst; Network Support & Devel., 800 Perimeter Park-Dept. 821, Morrisville, NC 27560, 919 481-5333; r. 3116 Dockside Cir. #26, Raleigh, NC 27613, 919 881-0464.

FIELDS, Dr. Ernest Louis; '84 PhD (PA); Rsch. Spec.; The Ohio State Univ., Ctr. on Educ. & Trng. for Empl, 1960 Kenny Rd., Columbus, OH 43210, 614 486-3655; r. 1359 Sunbury Rd., Columbus, OH 43219, 614 253-3281.

FIELDS, Helen Krohngold; '45 BSBA; 2450 Presidential Way, #1205, W. Palm Bch., FL 33401, 407 686-0568.

FIELDS, Jodie L. '87 (See Hrinko, Mrs. Jodie L.).

FIELDS, John Brian; '69 MBA; Grp. Head Equity Rsch.; Du Pont Co., Pension Fund Investment Dept., 9631 Montchanin Bldg., Wilmington, DE 19898; r. 908 Stuart Rd., Wilmington, DE 19807, 302 652-0739.

FIELDS, Lareatha Vanessa; '83 BSBA; 800 Magnolia Ave., Daytona Bch., FL 32014.

FIELDS, Lawrence Michael; '69 BSBA; Assoc. Dir.; Bear Stearns & Co., 245 Park Ave., New York, NY 10167, 212 272-2792; r. 2628 Far View Rd., Mountainside, NJ 07092, 201 232-2070.

FIELDS, Richard E.; '57 BSBA; Staff; Marion Dresser Power Shovel Co., 617 W. Center, Marion, OH 43302, 614 383-5211; r. 285 Summit St., Marion, OH 43302, 614 387-2134.

FIELDS, Thomas William; '81 MBA; Mktg. & Acct. Mgr.; E. I. du Pont, 300 Franklin Bldg., Chattanooga, TN 37411; r. 15808 Henry Ln., Huntersville, NC 28078, 615 344-2744.

FIELDS, William A.; '61 BSBA; Atty.; Fields & Nichols, 217 2nd St., Marietta, OH 45750, 614 374-5346; r. 129 Hillcrest Dr., Marietta, OH 45750, 614 373-1240.

FIELY, William Henry; '71 BSBA; Exec. VP; Hirsch Co., Inc., 910 Skokie Blvd., Northbrook, IL 60062, 312 272-6644; r. 1089 Linden Ave., Highland Park, IL 60035, 312 432-7154.

FIERLE, David Michael; '74 BSBA; Car Salesman; Vann York Auto Agcy., 422 Eastchester Dr., High Point, NC 27260; r. 908 Pineburr Dr., Jamestown, NC 27282, 919 841-7259.

FIERMAN, Mark Jay; '86 BSBA; Editor; r. 1939 Garfield St., Hollywood, FL 33020.

FIERMAN, Melissa Stern; '85 BSBA; Registered Sales Asst.; Shearson Lehman Hutton; r. 1939 Garfield St., Hollywood, FL 33020.

FIERRO, Lucia Maria; '87 BSBA; 2012 Diamond Rd. NE, N. Canton, OH 44721, 216 497-9498.

FIFE, Karen V. '79 (See Ickes, Karen Fife).

FIFE, Mary Lou '83 (See Young, Mary Lou Fife).

FIGURELLA, Ronald Alexander; '87 BSBA; 2726 Perry Dr., NW, Canton, OH 44708, 216 477-3092.

FIGURSKI, CAPT George Andrew, USA; '81 BSBA; Atty.; Osja, HQ's 19th Support Command, APO, San Francisco, CA 96212; r. Same.

FIIR, Z. Alfred; '49 BSBA; Engr.; Rockwell Intl., 4300 E. 5th Ave., Columbus, OH 43219; r. 936 King Ave., Columbus, OH 43212.

FIKE, Joseph Merlin; '87 BSBA; 1221 S. Park Ave. NW, Canton, OH 44708.

FILARDI, Susan Joyce; '86 BSBA; Personnel Asst.; Crazy Eddie, 140 Carter Dr., Edison, NJ 08817, 201 248-4192; r. 17 Magnolia Ave., Hazlet, NJ 07730, 201 264-8494.

FILBRUN, Richard L.; '65 BSBA; Systs. Analyst Mgr.; Tandem Computers, 2860 San Tomas, Santa Clara, CA 95051, 408 562-8394; r. 542 Browning, Mill Valley, CA 94941, 415 383-1946.

FILER, Linda Robbins, (Linda A. Robbins); '81 BSBA; Mgr.; Ross Labs, Engrg. Financial Svcs., 6480 Busch Blvd., Columbus, OH 43229, 614 438-6142; r. 3151 Griggsview Ct., Columbus, OH 43026, 614 876-8942.

FILER, Robert Ewing; '80 BSBA, '82 MBA; Mgr. Regional D.C. Oper.; Ross Labs, Inventory Planning, 6480 Busch Blvd., Columbus, OH 43229, 614 438-6058; r. 3151 Griggsview Ct., Columbus, OH 43026, 614 876-8942.

FILIPKOWSKI, Gregory Alan; '85 BSBA; Programmer/Analyst; Natl. City Bank, POB 5756, Cleveland, OH 44101; r. 2820/C Pelham Pl., Winston-Salem, NC 27106.

FILIPPINI, Edwin Thomas, Jr.; '87 BSBA; Accts Payable Supv.; A A R Aircraft Turbine Ctr., 1111 Nicholas Blvd., Elk Grove Vlg., IL 60007; r. 1800 N. Sayre Ave., Chicago, IL 60635.

FILIPSKI, Thomas Allen; '72; Owner/Contractor; r. 2005 Berkshire Rd., Columbus, OH 43221, 614 488-3047.

FILLENWARTH, Albert Floyd; '77 MBA; Sr VP/Dir-Financial Svcs.; D'Arcy Masius Benton & Bowles, 1 S. Memorial Dr., St. Louis, MO 63102, 314 342-8371; r. 2413 Fairoyal Dr., St. Louis, MO 63131, 314 965-7317.

FILLINGER, Gwen Patrice; '87 BSBA; 5247 Willowgrove Pl. S., Dublin, OH 43017, 614 761-2259.

FILLMORE, William Douglas; '76 BSBA; Financial Analyst; GE, Evendale On I 75, Cincinnati, OH 45215; r. 6799 Trafford Ct., Middletown, OH 45044.

FILO, Gregory John; '78 BSBA; Jeweler; John Filo Jewelry Mfg., 516 Citizens Bldg., Cleveland, OH 44114, 216 771-2154; r. 7265 Meadow Ln., Parma, OH 44134, 216 884-8954.

FILSON, Mark Alan; '83 BSBA; Partner/Mgr.; Frameworks, 580 N. Detroit St., Xenia, OH 45385; r. 584 Saxony Dr., Xenia, OH 45385, 513 372-6608.

FINAMORE, John; '76 MPA; Real Estate Invest; Mgmt. Grp. Inc., 1533 Lakeshore Dr., #110, Columbus, OH 43204, 614 486-2991; r. 1646 W. Lane Ave., Rm. #3, Columbus, OH 43221.

FINAN, James E., Sr.; '49 BSBA; Bookkeeper; Egelhoff Interiors Inc., 200 W. Mound St., Columbus, OH 43215, 614 224-3103; r. 46 W. Como Apt. A, Columbus, OH 43202.

FINCH, Andrew J.; '82 BSBA; Section Mgr.; Klines Dept. Store, Market St., Warsaw, IN 46580, 219 267-5430; r. 337 N. Buffalo St., Warsaw, IN 46580, 219 491-2430.

FINCH, Daniel N.; '49 BSBA; Retired Pres.; Bronson Meth. Hosp.; r. 186 Bears Paw Tr., Naples, FL 33942, 813 649-5304.

FINCH, Douglas Robert; '85 BSBA; POB 3617, Mansfield, OH 44907, 419 756-1644.

FINCH, Dr. James Earl; '85 MA, '87 PhD (BUS); Asst. Prof.; Univ. of Wisconsin, 318M N. Hall, La Crosse, WI 54601; r. 636 Tenth Ct., Onalaska, WI 54650, 608 783-7038.
FINCH, Joseph M.; '52 BSBA; Retired; r. 6428 Sugarcreek Dr. N., Mobile, AL 36695, 205 633-6987.
FINCH, Kurtis Brent; '78 BSBA; Secy.-Treas.; The Carlisle & Finch Co., 4562 W. Mitchell Ave., Cincinnati, OH 45232; r. 210 Harvard Ave., Terrace Park, OH 45174, 513 248-2037.
FINCH, Lisa Lynnette; '75 BSBA; Mgr. of Systs. & Prog.; Soft Sheen Prods., Inc., 1000 E. 87th St., Chicago, IL 60619, 312 978-0700; r. 8215 Saint Lawrence Ave., Chicago, IL 60619, 312 224-6404.
FINCH, Vicky Hensley; '81 BSBA; 1020 Austin Ave., Brownwood, TX 76801.
FINCKEL, Gary Lyn; '81 MBA; 74 Adams Rd., N. Grafton, MA 01536, 508 839-9708.
FINDLAY, Bruce Douglas; '68 BSBA; Salesman; Hammon Food Co., 777 River St., Columbus, OH 43222; r. 52 Binns Blvd., Columbus, OH 43204, 614 274-6164.
FINDLEY, Frank Alan; '73 BSBA; Mktg. Mgr.; Ird Mechanalysis, 6150 Huntley Rd., Columbus, OH 43229, 614 885-5376; r. 196 Wagner Way, Delaware, OH 43015, 614 369-0738.
FINDLEY, James B.; '54 BSBA; Chmn.; Findley,Davies &Company, 1000 Edison Plz., Toledo, OH 43604, 419 255-1360; r. 4805 Skelly Rd., Toledo, OH 43623, 419 882-2742.
FINDLEY, Jeffrey Alexander; '84 BSBA; Asst. Production Mgr.; Viking Color Corp., 742 Ponce de Leon Pl., NE, Atlanta, GA 30306, 404 875-7821; r. 5124 Hopewell Dr., Stone Mtn., GA 30087, 404 498-1281.
FINDLEY, Mrs. Rosemary H., (Rosemary Hewitt); '48 BSBA; Property Mgr.; R J Solove & Assocs., 6300 Century City S., Reynoldsburg, OH 43068, 614 868-8650; r. 4951 N. Bank, SE, POB 15, Buckeye Lake, OH 43209, 614 929-3033.
FINE, Anita L.; '65 BSBA; 139 E. 33rd St., New York, NY 10016, 212 685-3925.
FINEFROCK, Roy S.; '48 BSBA; Retired Sr. VP; The Citizens Savings Bank, 100 Central Plz. S., Canton, OH 44702; r. 7711 Peachmont NW, N. Canton, OH 44720, 216 499-2917.
FINFROCK, Carl Eugene; '58 BSBA; Ntl Credit Mgr.; Hitachi America Ltd., 2210 O'Toole Ave., San Jose, CA 95131, 408 435-2129; r. 841 Ilima Ct., Palo Alto, CA 94306, 415 493-8054.
FINGERHUT, Eric B.; '77 BSBA; 990 Browers Pt, Woodmere, NY 11598.
FINGERHUT, Lloyd J.; '53 BSBA; Atty./Exec. VP; Lederer Terminals Inc., 16645 Granite Rd., Maple Hts., OH 44137, 216 475-7400; r. 2734 Sulgrave Rd., Shaker Hts., OH 44122, 216 464-9597.
FINGERHUT, Mrs. Muriel, (Muriel E. Wels); '48 BSBA; 18645 Pasadero Dr., Tarzana, CA 91356, 818 343-3875.
FINISSI, William Joseph, II; '84 BSLHR; Mktg. Advisor; Columbus & Southern Ohio Elec, 215 N. Front St., Columbus, OH 43215, 614 464-7526; r. 2225 Edington Rd., Columbus, OH 43221, 614 486-1488.
FINISTER, Glynda Ann; '80 BSBA; 307 N. Mathison St., Dayton, OH 45417, 513 263-8549.
FINK, Ellen Hostal; '83 BSBA; Asst. Product Mgr.; Durkee Famous Foods/Scm Corp., 24600 Ctr. Ridge Rd. #375, Westlake, OH 44145, 216 835-7462; r. 3590 Mark Dr., Cleveland, OH 44147.
FINK, Frank Michael; '68 BSBA; Sales Mgr.; Money Financial Svcs., Mutual of New York, 1422 Euclid Ave., Cleveland, OH 44115, 216 621-7343; r. 4030 Giles Rd., Moreland Hls., OH 44022, 216 247-2914.
FINK, James T.; '61 BSBA; 4530 Galion New Winchester Rd, Galion, OH 44833.
FINK, Jane Elizabeth; '83 BSBA; Tax Cnslt.; Grant Thornton, 1600 Atrium I, Fourth & Main, Cincinnati, OH 45202, 513 762-5000; r. 3137 Willis Ave., Cincinnati, OH 45208, 513 871-7382.
FINK, Pamela Lynn; '88 BSBA; Jr. Acct.; Dean Witter Reynolds, 2 World Trade Ctr., New York, NY, 212 392-4798; r. 315 Wychwood Rd, Westfield, NJ 07090, 201 232-0808.
FINK, Thomas J.; '48 BSBA; Cnslt.; r. 1721 Colony Rd., Salisbury, NC 28144, 704 637-0506.
FINK, Z. Alan; '75 BSBA; Mktg. Mgr.; Digital, 40 Old Bolton Rd., 0G01-1/R06, Stow, MA 01775, 508 496-8985; r. 21 Bayberry Rd., Groton, MA 01450, 508 448-9425.
FINKBONE, Richard W.; '49 BSBA; Sales Mgr.; r. 9771 53rd Ave. N., St. Petersburg, FL 33708, 813 392-3169.
FINKE, Eugene E.; '36 BSBA; Retired; r. 4001 Sheraton Ct., Hilliard, OH 43026, 614 876-2565.
FINKE, Philip Steven; '67 BSBA; Stock Records Coord.; Lever Bros. Co., 818 Sylvan Ave., Englewood Cliffs, NJ 07632, 201 894-6524; r. 3 Wisteria Ct., Orangeburg, NY 10962, 914 359-2215.
FINKE, Suzanne Margaret, (Suzanne Margaret Bernard); '84 BSBA; Dayton, OH 45401, 513 293-4653.
FINKELSTEIN, David J.; '87 BSBA; Acct.; Leipziger & Breskin, 230 Park Ave., New York, NY 10169, 212 682-4470; r. 727 Hillcrest Pl., N. Woodmere, NY 11581, 516 791-7760.
FINKELSTEIN, Irvin C.; '49 BSBA; 10310 NW 15th St., Coral Spgs., FL 33065.
FINKES, George M.; '78 BSBA; Stockbroker; The Ohio Co., 137 S. Main St., Ste. 301, Akron, OH 44308, 216 762-9061; r. 89 Sunset Dr., Hudson, OH 44236, 216 653-5819.
FINKHOUSEN, Leslie Joan; '87 BSBA; 260 Woodstock, Van Wert, OH 45891.
FINKLE, Lawrence Joel; '66 BSBA; Pilot; r. 1527 N. Carolwood, Fern Park, FL 32730, 407 331-7122.
FINLAW, Fred H., II; '80 BSBA; Sales Rep.; Johnston Paper Co., 2060 Reading Rd., Cincinnati, OH 45202, 513 241-2300; r. 7636 Montgomery Rd., Unit B, Cincinnati, OH 45236, 513 745-9162.
FINLAW, Harry L.; '51 BSBA; Sales Rep.; Zellerbach Paper Co./Mead, 3131 Spring Grove Ave., Cincinnati, OH 45225, 513 681-2600; r. 1 Coventry Ct., Cincinnati, OH 45140, 513 530-5652.
FINLEY, Gregory Jess; '80 BSBA; Sr. Mktg. Rep.; American President Lines, 635 W. 7th St., Ste. 308, Cincinnati, OH 45203, 513 241-6777; r. 6709 Silver Skates Dr., Middletown, OH 45044, 513 777-0197.
FINLEY, Robert B.; '35 BSBA; Sr. Cnslt.; The Emerson Cnslts. Inc., 30 Rockefeller Plz., New York, NY 10020; r. 22 Mercier Pl., Berkeley Hts., NJ 07922.
FINN, Mrs. Deborah Ann, (Deborah Ann Wills); '84 BSBA; Sales Rep.; Brentwood Instruments Inc., Indianapolis, IN 46256; r. 7611 E. 80th St., Indianapolis, IN 46256, 317 841-9932.
FINN, Diane Leona; '85 BSBA; Asst. Auditor; Auditor of State, 88 E. Broad St., Columbus, OH 43215, 614 466-4514; r. 700 Beechwood, Elida, OH 45807, 419 331-7202.
FINN, James E.; '77 BSBA; VP; Marsh & McLennan Inc., One Columbus, Ste. 1200, 10 W. Broad St., Columbus, OH 43215, 614 461-6400; r. 326 Pebble Creek Dr., Dublin, OH 43017, 614 764-1261.
FINN, James Patrick; '69; VP; Gardner Inc. & Subsidiaries, 1150 Chesapeake Ave., Columbus, OH 43212; r. 140 Whieldon, Worthington, OH 43085, 614 433-9662.
FINN, Richard Donald, III; '80 BSBA; Sales Dir.; Catholic Cemeteries of Columbus, 9571 N. High St., Westerville, OH 43081, 614 888-1805; r. 3547 Medina Ave., Columbus, OH 43224, 614 267-4087.
FINN, Thomas Andrew; '86 BSBA; Acct.; Arthur Andersen Co., 425 Walnut St., 14th Floor, Cincinnati, OH 45202, 513 381-6900; r. 6933 Palmetto St., Cincinnati, OH 45227, 513 561-1560.
FINNEGAN, Mark Allen; '87 BSBA; Programmer/Anlyst II; Ohio Bur. of Motor Vehicles, 4300 Kimberly Pkwy., Columbus, OH 43266, 614 752-7717; r. 4157 Cadillac Ct. Apt. D, Columbus, OH 43232, 614 868-0466.
FINNELL, David McDonald; '69 BSBA; VP-Sales; Du Bois Chemicals, 1300 Du Bois Twr., Cincinnati, OH 45202, 513 762-6610; r. 1839 Beacon Hill Dr., Ft. Wright, KY 41011, 606 341-4989.
FINNELL, Elicia L.; '86 BSBA; Technical Typist; The Ohio State Univ., Rsch & Grad Studies Admin, Columbus, OH 43210; r. 2334 Indianola Ave., Columbus, OH 43202, 614 890-3560.
FINNERAN, Daniel James; '88 BSBA; Grad. Student/TA; Univ. of Wisconsin, Graduate Sch. of Business, 271 Bascon Hall, Madison, WI 53706; r. 415 W. Gilman St. #101, Madison, WI 53703, 608 251-6472.
FINNERAN, George D.; '40 BSBA; Retired; r. 2050 W. Granville Rd., Worthington, OH 43085, 614 885-7684.
FINNERAN, James J.; '62 BSBA; Sales Mgr.; Realty World-Wisconsin Realty, POB 676, Hales Corners, WI 53130, 414 425-1239; r. 6500 W. Coldspring Rd., Greenfield, WI 53220, 414 546-0311.
FINNERAN, Ketti Irene; '84 BSBA; Sales Rep.; Rolf's Leather Prods., 504 Delmar Ave., Apt. 3, Akron, OH 44310, 216 376-7413; r. Same.
FINNERAN, Therese Stanton; '49 BSBA; Retired; r. 123 W. Hill Ter., Painted Post, NY 14870, 607 962-5279.
FINNERTY, George A., Jr.; '47 BSBA; Supv.; Union Natl. Bank, 4243 Mahoning Ave., Youngstown, OH 44503; r. 2919 Idlewood Ave., Youngstown, OH 44511, 216 788-8576.
FINNEY, Angela G.; '81 MPA; Client Servs Mgr.; Monroe Cnty. Community Mental Health, 123 W. First St., Monroe, MI 48161, 313 243-7340; r. 1124 Sells Ave. #D, Columbus, OH 43212, 614 481-8631.
FINNEY, Donald E.; '51 BSBA; Acct.; Acro Div. Robertshaw, Fulton Controls Co, 2040 E. Main St., Columbus, OH 43205; r. 2465 Cranford Rd, Columbus, OH 43221, 614 457-1061.
FINNEY, James W.; '51 BSBA; Atty.; Atty-at-Law, 409 Main St., Coshocton, OH 43812; r. 409 1/2 Main St., Coshocton, OH 43812.
FINNEY, Joseph D.; '66 BSBA; 69 N. Huron, Columbus, OH 43204.
FINNEY, Mitchell Addison; '79 BSBA; Recruiting-Induction Ofcr; Ohio Natl. Guard, 2825 W. Granville Rd., Columbus, OH 43275, 614 889-7023; r. 224 Fairfield Ave., Newark, OH 43055, 614 366-4249.
FINNEY, Roger B.; '65 BSBA; 7686 Waynesburg Dr., Waynesburg, OH 44688, 216 866-9793.
FINO, Julie Irwin; '78 BSBA; Deputy City Clerk; City of Upper Arlington, 3600 Tremont Rd., Columbus, OH 43221, 614 457-5080; r. 1165 Sunnyhill Dr., Columbus, OH 43221, 614 459-4291.
FINO, Stephen Michael; '76 BSBA; Mgr.-Comm Ins. Plng.; Nationwide Ins., One Nationwide Plz., Columbus, OH 43216, 614 249-2772; r. 193 Buckeye Ct., Westerville, OH 43081, 614 890-4014.
FINTA, Thomas R.; '60 BSBA; Gen. Supv.; GM Corp., Packard Electric Div, 408 Dana NE, Warren, OH 44486; r. 1450 Kensington St. NW, Warren, OH 44485, 216 395-6279.
FINTON, Thomas S.; '74 BSBA; Field Rep.; Social Security Admin., 200 Hancock St., Sandusky, OH 44870; r. 5113 Schenk Rd., Sandusky, OH 44870, 419 626-2630.
FINZER, Garrison F.; '38 BSBA; Retired; r. 413 Dover Rd., Sugarcreek, OH 44681, 216 852-4010.
FIORELLI, Patrick Joseph; '81 MBA; 8874 Ravine Ave. NW, Pickerington, OH 43147, 614 837-0195.
FIORENZA, Andrew Frank; '88 BSBA; 940 Worton Park Dr., Mayfield Vlg., OH 44143, 216 449-4163.
FIORI, Frank A.; '63 BSBA; 5300 Bliss Pl., Dayton, OH 45440, 513 434-2684.
FIORINI, Daniel E.; '49 BSBA; Treas.; First Investment Co., 4300 E. Broad St., Columbus, OH 43213, 614 239-4676; r. 1380 Firwood Dr., Columbus, OH 43229, 614 885-0644.
FIORITA, Larisa Lynn, (Larisa Lynn Gorby); '82 BSBA; 315 Wiltshire, Dayton, OH 45419, 513 297-0753.
FIORITA, Dr. Vincent Louis; '81 BSBA; Dent.; Miami Valley Hosp., One Wyoming St., Dayton, OH 45419, 513 434-3987; r. 315 Wiltshire, Dayton, OH 45419, 513 297-0753.
FIORUCCI, Gary Gene; '88 BSBA; 252 E. Lane 1, Columbus, OH 43201.
FIORUCCI, Richard Bruno; '77 BSBA; Staff Labor Relation; Aabeco Cleveland, 3828 E. 91st St., Cleveland, OH 44105; r. 2850 Pasadena Dr., Seven Hls., OH 44131.
FIRE, Gerald John; '61 BSBA; Owner & Pres.; J Fire Film, 3301 Pacific Ave., Manhattan Bch., CA 90266; r. 28 Seacove Dr., Rancho Palos Verdes, CA 90274.
FIREOVED, Robert L.; '44 BSBA; Retired; Girard Bus. Forms Co., Edgemont, PA 19028, 215 353-3705; r. 304 Oxford Rd, Havertown, PA 19083, 215 789-9143.
FIRESTONE, Daniel L.; '51 BSBA; Pres.; Star Photo, Inc., Box 11775, Ft. Lauderdale, FL 33339; r. POB 11995, Ft. Lauderdale, FL 33339.
FIRESTONE, Eric Albert; '75 BSBA; Atty.; Eric Albert Firestone, 648 Citizens Savings Bldg., Canton, OH 44702; r. 1112 35th St. NW, Canton, OH 44709, 216 492-4796.
FIRESTONE, Jill Rosenbloom; '86 BSBA; Financial Analyst; Wismer Assoc. Inc., 22134 Sherman Way, Canoga Park, CA 90303, 818 884-5515; r. 1715 S. Camden Ave. #301, Los Angeles, CA 90025, 213 473-2339.
FIRESTONE, Kay '87 (See Matherly, L. Kay).
FIRICH, Lee Alexander; '80 BSBA; Social Prog. Admin.; The State of Ohio, Dept. of Development, 77 S. High St., Columbus, OH 43215, 614 644-6643; r. 569 Price Rd., Newark, OH 43055, 614 366-7575.
FIRICH, Pamela Whitefield, (Pamela Whitefield); '81 BSBA; Acctg. Spec.; Matesich Distributing Co., POB 4400, Newark, OH 43055, 614 349-8686; r. 569 Price Rd., Newark, OH 43055, 614 366-7575.
FIRLIK, Lee Howard; '70 BSBA; Staff; D O Summers Co., 5408 Northfield Rd, Maple Hts., OH 44137; r. 5117 Erwin St., Maple Hts., OH 44137, 216 663-5170.
FIRMENT, Paul Raymond; '86 BSBA; Gen. Mgr.; Joe Firment Chevrolet Inc., 4500 Grove Ave., Lorain, OH 44055, 216 835-1218; r. 32322 Orchard Park Dr., Avon Lake, OH 44012, 216 933-8060.
FIRST, Gary Wayne; '70 BSBA; VP; New Tech Roofing Inc., 1158 E. Kibby St., Lima, OH 45804, 419 228-8348; r. 112 Carlos Ln., Lima, OH 45804, 419 221-1048.
FIRST, Larry Joseph; '83 BSBA; Dir. Strategic Plng.; Litel Communications Inc., 200 Old Wilson Bridge Rd., Worthington, OH 43085, 800 548-3599; r. 6082 McNaughten Woods Dr., Columbus, OH 43232, 614 759-8979.
FIRST, Robert Earl, Jr.; '67 BSBA; Mktg. Mgr.; South-Western Publishing Co., 5101 Madison Rd, Cincinnati, OH 45227, 513 271-8811; r. 9424 Kemper Grove Ln., Loveland, OH 45140, 513 683-0189.
FIRSTENBERGER, Elizabeth L.; '86 BSBA; Student; r. 1188 Hathaway Ln., Marion, OH 43302, 614 389-3015.
FIRTH, Gaye Bosley; '82 BSBA; Financial Cnslt.; r. 8 Hill St., Hopkinton, MA 01748, 508 435-5242.
FISCH, John Raymond; '88 BSBA; Acct.; Arthur Andersen & Co., 2 N. Central Ave. Ste. 1000, Phoenix, AZ 85004, 602 257-9234.
FISCH, Ronald Elliot; '73 MBA; Merchandise Mgr.; Hampton House Inc., 467 Bloomfield Ave., Montclair, NJ 07042, 201 744-0900; r. 68 Stonegate Dr., Roseland, NJ 07068, 201 226-2436.
FISCHENICH, Joseph Raymond; '70 MBA; Pres.; Fischenich & Assocs. Ltd., 410 Jericio Tpk., Jericho, NY 11753, 516 433-2690; r. 5 Village Dr., Huntington, NY 11743, 516 423-5936.
FISCHER, Alex Edward; '62 BSBA; Home Builder; 3441 Camellia Ct., Cincinnati, OH 45211, 513 661-6061; r. Same.
FISCHER, Gerald Lee; '78 MPA; Div. Dir.; Community Devel. Div., POB 3300, Danville, VA 24543; r. POB 1436, Danville, VA 24543.
FISCHER, Herman Ralph; '47 BSBA; Retired/Reg. Mgr.; CSX Corp.; r. 40 Stillway Ct., Cockeysville, MD 21030, 301 667-1962.
FISCHER, John Anton; '49 BSBA; Retired; r. 1701 Wedge Ct., Sun City Center, FL 33570, 813 634-3664.
FISCHER, Joseph Anthony; '84 BSBA; Acct.; Shell Oil Co., 1600 Smith St., Houston, TX 77002, 713 241-8913; r. 201 Wilcrest Dr., Houston, TX 77042, 713 783-9119.
FISCHER, Laurence Scott; '82 BSBA; VP; Mariclare, Inc., 5400 E. 96th St., Cleveland, OH 44125, 216 581-0882; r. 255 Solon Rd., Chagrin Falls, OH 44022, 216 247-3653.
FISCHER, Leo Francis; '36 BSBA; Retired; r. 409 Rosewood Ave., Springfield, OH 45506, 513 323-5908.
FISCHER, Louis Charles; '53 BSBA; Chmn.; Frycor Inc., 980 W. DeKalb Pike, King Of Prussia, PA 19400, 215 293-9336; r. 506 Heather Cir., Villanova, PA 19085, 215 688-8489.
FISCHER, Mark Andrew; '87 BSBA; Prod. Scheduler; Rockwell, Rte. 79, Newark, OH 43055, 614 344-1131; r. 58 Columbia St., Newark, OH 43055, 614 345-9121.
FISCHER, Mrs. Matilda Winterkamp, (Matilda Winterkamp); '54 BSBA; Pres.; Ofc. Svcs. Unlimited Inc., 201 Centennial St., Ste. #107, Glenwood Spgs., CO 81601, 303 945-8734; r. POB 1120, Glenwood Spgs., CO 81602, 303 945-7063.
FISCHER, Mrs. Miriam Mc Grath, (Miriam Mc Grath); '47 BSBA; Reading Spec.; Baltimore Cnty. Bd. of Educ., Sandalwood Elem., Marlyn Ave., Essex, MD 21221, 301 391-3906; r. 40 Stillway Ct., Cockeysville, MD 21030, 301 667-1962.
FISCHER, Mrs. Norma Urquhart, (Norma Urquhart); '49 BSBA; Retired; r. 1701 Wedge Ct., Sun City Center, FL 33570, 813 634-3664.
FISCHER, Paul G.; '80 BSBA; Data Processing Mgr.; BriskHeat Corp., 1055 Gibbard Ave., Columbus, OH 43201, 614 294-3376; r. 3345 Hines Rd., Gahanna, OH 43230.
FISCHER, Roland Cole; '50 BSBA; Secy.-Engr.; Colorado River Water Cons Dist., POB 1120, Glenwood Spgs., CO 81601; r. POB 1120, Glenwood Spgs., CO 81602.
FISCHER, Mrs. Trudy Lynn Conley; '83 BSBA; Caterer; r. 591 April Ct., Miamisburg, OH 45342, 513 865-5997.
FISCHER, William E.; '56 BSBA; Controller; Piggie Park Enterprises Inc., 1601 Charleston Hwy., Columbia, SC 29169, 803 791-5887; r. 125 Leyden Ln., Columbia, SC 29210, 803 731-4290.
FISCHER, William Mark; '80 BSBA; Sales Engr.; Gosiger Machine Tools, 108 McDonough St., Dayton, OH 45402, 513 228-5174; r. 787 Arapaho Tr., Tipp City, OH 45371, 513 667-5834.
FISCHLEY, James Duncan; '84 BSBA; Terminal Mgr.; Miller Transfer & Rigging, 10133 Brecksville Rd., Brecksville, OH 44141, 216 526-1712; r. 9961 Darrow Park Dr., Twinsburg, OH 44087, 216 247-8394.
FISCHLIN, Joseph Martin; '73 BSBA; Supv.; Inland Euclid, 20001 Euclid Ave., Cleveland, OH 44117; r. 32033 Pendley Rd., Willowick, OH 44094, 216 943-4238.
FISCHVOGT, James Edward; '75 BSBA; Controller; Central Svc. Inc., 555 Gest St., Cincinnati, OH 45203, 513 721-6383; r. 4718 Guerley Rd., Cincinnati, OH 45238, 513 921-0811.
FISER, Rollin H.; '28 BSBA; Retired; r. 4624 Harvest Ln., Toledo, OH 43623, 419 474-2592.
FISGUS, Fred C.; '47 BSBA; Retired-Health/Human Svcs; Fed. Govt.; r. 3922 C S. Atchison Way, Aurora, CO 80014, 303 690-0424.
FISH, Duane Leroy; '70 BSBA; 9411 Moody Park Drive, Overland Park, KS 66212.
FISH, Jeffrey David; '88 BSBA; 3019 Woodridgeway, Portsmouth, OH 45662, 614 353-4362.
FISH, Lawrence K.; '34 BSBA; Retired; r. 3623 Edgewood Dr., Stow, OH 44224, 216 688-8051.
FISH, Michael H.; '86 BSBA; POB 21384, Columbus, OH 43221.
FISH, Robert Beeman, II; '71 BSBA; Sr. VP Administration; Plymouth-Lamston, 45 Mayhill St., Saddle Brook, NJ 07662, 201 368-6900; r. 1353 Heller Dr., Yardley, PA 19067, 215 493-0861.
FISH, COL Robert W.; '48 BSBA; Retired; r. 5100 John D. Ryan Blvd., Apt. 533, San Antonio, TX 78245, 512 677-8201.
FISHBEIN, Alex J.; '35 BSBA; Ins. Broker; 8251 Beverly Blvd, Los Angeles Ca 90048; r. 606 N. Alta Dr., Beverly Hls., CA 90210, 213 271-3069.
FISHEL, Leonard M.; '40; Realtor; The Michael-Fishel Co., 205 W. Market St., Ste. 406, Lima, OH 45801, 419 224-3040; r. 1755 Shawnee Rd., Apt. 511, Lima, OH 45805, 419 224-6491.
FISHEL, Paul Richard, Jr.; '79 BSBA; Acct.; The Watkins Printing Co., 240 N. Fourth St., Columbus, OH 43215, 614 221-3201; r. 2229 H Hedgerow Rd., Columbus, OH 43220, 614 451-2483.
FISHER, Dr. Albert Benjamin, Jr.; '40 MBA, '47 PhD (BUS); Pres.; AM Fdn for Pharmaceutical Edu, Redburn Plz. Bldg., 14-25 Plz. Rd, Fair Lawn, NJ 07410; r. 230 Arbor Rd Shadow Lake, Franklin Lakes, NJ 07417.
FISHER, Alfred Edgar; '60 BSBA; Sales Mgr.; r. 119 Henley Dr., Somerset, NJ 08873.
FISHER, Ms. Angela G., (Angela Greschner); '87 BSBA; Admin. Asst.; Southwest Community Ctr., 3500 1st Ave., Urbancrest, OH 43123; r. 1197 Hunter, Columbus, OH 43201, 614 294-3452.

ALPHABETICAL LISTINGS FLAIS 85

FISHER, Anthony Scott; '82 BSBA; Account Rep.; Metropolitan Life, 940 N. Cable Rd., Lima, OH 45805, 419 228-3136; r. 124 S. Pear St., St. Marys, OH 45885, 419 394-3653.

FISHER, Archie Carlisle; '76 BSBA; Prog. Mgr.; US Postal Svc., 1 N. Front St., POB 3823, Memphis, TN 38173, 901 576-2192; r. 9049 Ashmere Dr., Germantown, TN 38138, 901 754-9954.

FISHER, Carl Frederick; '49 BSBA; Retired; r. 2900 Shalimar Dr., Plano, TX 75023, 214 596-8551.

FISHER, Carl Russell; '48 BSBA; Acct.; Columbus Paper Box Inc., 344 W. Town St., Columbus, OH 43215, 614 221-2358; r. POB 15684, Columbus, OH 43215.

FISHER, Carol Dapper, (Carol Dapper); '77 BSBA; Homemaker; r. 4465 Cassill St., Columbus, OH 43220, 614 459-9240.

FISHER, Cathy Lynn; '82 BSLHR; 500 Heather Hill, Columbus, OH 43213, 614 861-2925.

FISHER, Christopher J.; '75 BSBA, '82 MBA; Controller; Elford Inc., 555 S. Front St., Columbus, OH 43215, 614 221-7589; r. 2378 Dorset Rd., Columbus, OH 43221, 614 488-6722.

FISHER, Christopher Paul; '76 BSBA; Controller of O.E. Sales; Gen. Tire, One General St., Akron, OH 44329, 216 798-2050; r. 4584 Wildflower Dr., N. Canton, OH 44720, 216 896-3322.

FISHER, Cindy '71 (See Bailey, Cindy Fischer).

FISHER, David Charles; '76 MPA; Mgmt. Cnslt.; Bank One Columbus NA, 100 E. Broad St., Columbus, OH 43215, 614 248-5860; r. 2665 Adams Ave., Columbus, OH 43202, 614 267-9243.

FISHER, David Hillman; '74 BSBA; VP; Mc Elroy Minster Co., 141 E. Town St., Columbus, OH 43215, 614 228-5565; r. 155 W. Kenworth Rd., Columbus, OH 43214, 614 268-1634.

FISHER, Mrs. Debra A., (Debra A. Derringer); '87 BSBA; Staff Acct.; Reynolds & Reynolds, 115 S. Ludlow St., POB 2608, Dayton, OH 45401, 513 449-4045; r. 1698 Sugar Run Tr., Bellbrook, OH 45305, 513 848-8303.

FISHER, Dena Joan, (Dena J. Baugh); '85 MBA; 14315H SW Osprey, Beaverton, OR 97005.

FISHER, Diane Marie; '81 BSBA; 6741 Vienna Woods Tr., Dayton, OH 45459.

FISHER, Donald Max; '56; Manufacturer's Rep.; Donald M Fisher, 1320 Heyl Ave., Columbus, OH 43206, 614 444-8100; r. 6244 Kendalwood Ct., Columbus, OH 43213, 614 863-4224.

FISHER, Donald Wayne; '50 BSBA; K-Mart Caparra Hts., 4490 San Patricio Plz., San Juan, Puerto Rico 00923.

FISHER, Donald Wiener; '47 BSBA; Atty.; Atty-at-Law, 1320 National Bank Bldg., Toledo, OH 43604; r. 3803 Hillandale Rd., Toledo, OH 43606, 419 531-3830.

FISHER, Earl Emmert; '61 BSBA; Pres.; E T Fisher, Realtor, Real Estate Development, 12934 Kenwood Ln. #63, Ft. Myers, FL 33907, 813 939-2448; r. 5262 Nautilus Dr., Cape Coral, FL 33904.

FISHER, Eric D.; '82 BSBA; 14286 Cedar Rd, University Hts., OH 44121.

FISHER, Evelyn Mc Donald; '33 BSBA, '39 MBA; 230 Arbor Rd Shadow Lake, Franklin Lakes, NJ 07417.

FISHER, Frederick Fritz; '54 BSBA; Private Investor; 2906 Scarborough Ln., W., Colleyville, TX 76034, 817 354-4551; r. Same.

FISHER, Gary Alan; '78 BSBA, '84 MBA; Ind/Systs. Eng; The Timken Co., 1025 Cleveland Ave., Columbus, OH 43201; r. 2230 Vixen St. NW, N. Canton, OH 44720.

FISHER, George Vance; '50 BSBA; Atty.; Krumm Schwenker Fisher & Hartshorn, 297 S. High St., Columbus, OH 43215; r. 4338 Cameron Rd, Hilliard, OH 43026, 614 876-4370.

FISHER, Glenn Duane; '70; Pres./Owner; Lima Flack Co., 1420 Elida Rd., Lima, OH 45805, 419 228-5807; r. 2876 Hummingbird Dr., Elida, OH 45807, 419 339-9404.

FISHER, Herbert L.; '48 BSBA; Member; Public Library Bd., Canton, OH 44709; r. 4107 Logan Ave. NW, Canton, OH 44709, 216 492-2322.

FISHER, Herbert William; '71 MBA; Cnsltg. Engr.; HWF Assocs., 8086 S. Yale, Ste. 276, Tulsa, OK 74136, 918 636-5089; r. 4314 E. 80th, Tulsa, OK 74136, 918 494-9993.

FISHER, Hubert B.; '37 BSBA; Retired; r. Rte. 9 Box 588, Meadville, PA 16335, 814 724-3525.

FISHER, Jacqueline '85 (See Grisvard, Mrs. Jacqueline Marie).

FISHER, Jeffrey Allen; '79 BSBA; Bus. Mgr.; Columbus Clg. of Art & Des, 47 N. Washington Ave., Columbus, OH 43215, 614 224-9101; r. 138 Glencoe, Columbus, OH 43214, 614 261-6469.

FISHER, Dr. Jeffrey Douglas; '80 PhD (BUS); Assoc. Prof.; Indiana Univ., Sch. of Business, Bloomington, IN 47405, 812 335-7794; r. 3310 Gosport Ct., Bloomington, IN 47401, 812 336-9029.

FISHER, Jerry Petty; '69 BSBA; 677 Myrtle Rd., Naples, FL 33963, 813 598-1232.

FISHER, Joel Charles; '81 BSBA; 1764 Oak Ct., Apt. C, Heath, OH 43055.

FISHER, John Earl; '48 BSBA; Mgr. of Adm; Southern Precision Div., POB 6637, Birmingham, AL 35210; r. 3645 Cumberland Trace, Birmingham, AL 35243, 205 991-1044.

FISHER, John Richard; '71 BSBA; Supr Syst. Dev; Sch. Emp Ret Syst., 45 N. 4th St., Columbus, OH 43215, 614 221-5853; r. 1809 W. Third Ave., Columbus, OH 43212, 614 486-7013.

FISHER, Dr. Joseph Gerald; '85 MACC; 27 Fletcher Cir., Hanover, NH 03755.

FISHER, Karen Sue; '85 BSBA; Sales Rep.; Procter & Gamble Co., 301 E. Sixth St., Cincinnati, OH 45202; r. 1943 Bedford Rd, Columbus, OH 43212.

FISHER, Kenneth John; '79 BSBA; Mgr.; Cleveland Cold Storage, 2000 W. 14th St., Warehouse Terminal, Cleveland, OH 44113, 216 771-0100; r. 965 Crow Tr., Macedonia, OH 44056, 216 467-6253.

FISHER, Kevin Gerard; '87 BSBA; Commercial Underwriter; State Auto Mutual Ins., 518 E. Broad St., Columbus, OH 43216, 614 464-4984; r. 1675 Elmwood Ave., Apt. D, Columbus, OH 43212, 614 486-4563.

FISHER, Lloyd Edison, Jr.; '48 BSBA; Atty./Partner; Porter Wright Morris & Arthur, 41 S. High St., Columbus, OH 43215, 614 227-2285; r. 611 Lummisford Ln. N., Columbus, OH 43214, 614 459-5970.

FISHER, Lori Lynn; '85 BSBA; Loan Review/Banker; Barnett Banks, POB 4444, W. Palm Bch., FL 33402, 407 845-3400; r. 634 NW 13 St. #14, Boca Raton, FL 33486.

FISHER, Mark Edward; '69 BSBA; Truck Mgr.; Joyce Buick, 1400 Park Ave. W., Mansfield, OH 44906, 419 529-3211; r. 1862 Blue Cedar Dr., Mansfield, OH 44904, 419 756-9859.

FISHER, Mark Steven; '85 MBA; Dist. Mgr.; Diebold Inc., 1471 W. Goodale Blvd., Columbus, OH 43212; r. POB 1707, Mansfield, OH 44901.

FISHER, Max Martin; '30 BSBA; 2700 Fisher Bldg., 3011 W. Grand Blvd., Detroit, MI 48202, 313 871-8000; r. 27751 Fairway Hills Dr., Franklin, MI 48025.

FISHER, Michael Paul; '72 BSBA; Sr. VP; Society Bank, 88 E. Broad St., Columbus, OH 43215, 614 460-3411; r. 2425 Sandover Rd., Columbus, OH 43220, 614 459-9490.

FISHER, Patricia '55 (See Spahr, Patricia Fisher).

FISHER, Philip Dale; '87 BSBA; 305 Defiance St., Wapakoneta, OH 45895, 419 738-3347.

FISHER, Ralph E.; '26 BSBA; Semiretired; r. 1558 Bellevue Dr., Wooster, OH 44691, 216 262-6606.

FISHER, Richard Bradley; '87 MPA; Admin. Ofcr.; US Dept. of State, 2201 C St., NW, Washington, DC 20520; r. 1556 Northgate Sq. #22-B, Reston, VA 22090, 703 481-8669.

FISHER, Richard Ivan; '66 BSBA; Pres.; Glover Latex, Inc., 118 W. Elm St., Anaheim, CA 92805, 714 535-8920; r. 1152 Neatherly Cir., Corona, CA 91720.

FISHER, Richard Wallace; '49 BSBA; Pres.; Richard W. Fisher, Inc., 5835 Kimway Dr., Dayton, OH 45459, 513 434-1369; r. Same.

FISHER, Richard William; '50 BSBA; VP/Grp. Controller; Pratt & Whitney United Technologies Corp., 400 Main St., E. Hartford, CT 06108, 203 565-5170; r. 339 Country Club Rd., Avon, CT 06001, 203 673-9211.

FISHER, Richard William, Jr.; '80 BSBA; Bank Mgr.; Barnett Banks of Florida, POB 40789, Jacksonville, FL 32231; r. 1733 N. Ninth St., Jacksonville, FL 32250, 904 249-6460.

FISHER, Robert Edward; '41 BSBA; Owner; Robert Fisher Realtor, 5901 Olentangy Blvd., Worthington, OH 43085, 614 885-6831; r. Same, 614 885-7977.

FISHER, Robert Edward; '88 BSBA; Planner; Spectra-Physics, Dayton, OH 45424, 513 233-8921; r. 4125 Indian Run Dr., Apt. D, Dayton, OH 45415, 513 277-7415.

FISHER, Robert Lynn; '66 BSBA; Asst. Controller; Ashland Oil Inc., 5200 Blazer Pkwy., Dublin, OH 43017; r. 4823 Rte. 203, Radnor, OH 43066, 614 595-3308.

FISHER, Robert Stuart; '55 BSBA; Real Estate Mgmt.; Mayfair Mgmt. Inc., 610 Columbus Ave., Sandusky, OH 44870, 419 625-4947; r. Same, 419 625-4921.

FISHER, Robert Walter; '57 BSBA; Retired; r. 17727 St. Andrews Dr., Poway, CA 92064, 619 487-4625.

FISHER, Robert Wendell; '78 BSBA; Sr. Account Exec.; Blue Cross Blue Shield of Ohio, 2060 E. 9th St., Cleveland, OH 44115, 216 493-9007; r. 424 4th St., NE, Massillon, OH 44646, 216 837-0687.

FISHER, Roger William; '75 BSBA, '77 MBA; Acct.; Coopers Lybrand, Ste. 2000 Columbus Ctr., 100 E. Broad St., Columbus, OH 43215, 614 225-8727; r. 4465 Cassill St., Columbus, OH 43220, 614 459-9240.

FISHER, Ronald Allen; '79 BSBA; Pres.; Fisher Travel Corp., 3690 Orange Pl., Ste. 120, Beachwood, OH 44122, 216 831-7700; r. 3351 Warr Ctr. Rd Apt. 106, Cleveland, OH 44122, 216 991-9111.

FISHER, Russell William; '79 BSBA; Sales Mgr.; Classic Chevrolet, 6877 Center St., Mentor, OH 44060, 216 255-5511; r. 10378 Barchester Dr., Concord, OH 44077, 216 357-7674.

FISHER, Shelley Eckstein; '81 BSBA, '83 MBA; Buyer; Lazarus, S. High & W. Town Sts., Columbus, OH 43215; r. POB 1707, Mansfield, OH 44901.

FISHER, Sherry Lynn; '87 BSBA; Acquisition Spec.; Patten Corp., Westerville, OH 43081; r. 4577 Olentangy River Rd., Apt. G3, Columbus, OH 43214, 614 451-5568.

FISHER, Stephen Austin; '83 BSBA; 685 E. Weisheimer, Columbus, OH 43214, 614 268-8765.

FISHER, Stephen Joseph; '82 BSBA; Safe & Sound Prop. Mgmt., 4 N. Salem Rd., Ridgefield, CT 06877, 203 438-3774; r. 26 Miles St., Milford, CT 06460, 203 783-1276.

FISHER, Susan Barborak, (Susan Barborak); '79 BSBA; Account Rep.; Sun Micro Systs., Summit Two, Rockside Rd., Independence, OH 44131, 216 642-5900; r. 965 Crow Tr., Macedonia, OH 44056, 216 467-6253.

FISHER, Sylvia; '86 BSBA; 1315 Lakefront, E. Cleveland, OH 44108, 216 851-1596.

FISHER, William Eric; '81 BSBA; Acct.; Deloitte Haskins & Sells, 155 E. Broad St., Columbus, OH 43215, 614 221-1000; r. 1165 Manfeld, Columbus, OH 43227, 614 866-8560.

FISHMAN, David Richard; '83 BSBA; Pres.; Evcor Systs. Inc., 105 W. Sycamore St., Columbus, OH 43206, 614 444-0133; r. 2308 Sedgebrook Ct., Dublin, OH 43017, 614 761-9622.

FISHMAN, Lawrence Rice; '66 BSBA; Counsel; Forest City Enterprises, 10800 Brookpark Rd., Cleveland, OH 44130, 216 267-1200; r. 2620 W. Park Blvd., Cleveland, OH 44120, 216 321-8852.

FISHMAN, Leslie S.; '67 BSBA; Acct.; Krasney Polk & Friedman, 24500 Chagrin Blvd., Cleveland, OH 44122, 216 292-6120; r. 29599 Bryce Rd, Cleveland, OH 44124, 216 464-3533.

FISHMAN, Mark Alan; '78 MBA; Secy.-Treas. & Dir.; S S Kemp & Co., 4301 Perkins Ave., Cleveland, OH 44103, 216 391-4650; r. 2620 Norfolk Rd., Cleveland Hts., OH 44106, 216 321-0452.

FISHMAN, Martin A.; '63 BSBA; VP/Gen. Counsel; Associated Estates, 600 Beta Dr., Mayfield Vlg., OH 44143, 216 473-8780; r. 27999 Fairmount Blvd., Pepper Pike, OH 44124, 216 464-2497.

FISHMAN, Richard Alan; '74 BSBA; Acct.; r. 4153 Bayard Rd., S. Euclid, OH 44121, 216 382-3474.

FISI, Luanne D. '82 (See Edelman, Mrs. Luanne Denise).

FISSEL, Raymond R.; '50 BSBA; Retired; r. 575 E. Weisheimer Rd., Columbus, OH 43214, 614 263-5557.

FISTER, Kent David; '68 BSBA; Ins. Agt.; Kent D. Fister Ins., Farmers Group Inc., 1909 Winchester Ave., Reedsport, OR 97467, 503 271-4512; r. 1125 Ranch Rd., Reedsport, OR 97467, 503 271-2809.

FITCH, Danton Le Van; '84 BSBA; 255 N. Union Ave., Salem, OH 44460.

FITCH, David Alan; '75 BSBA; Controller; Columbus State Community Clg., 550 E. Spring St., Columbus, OH 43215, 614 227-2640; r. 9211 Hawthorne Point, Westerville, OH 43081, 614 890-8726.

FITE, Alan C.; '39 BSBA; Retired Treas.; Procter & Gamble; r. 11330 W. 120th St., Overland Park, KS 66213, 913 681-3630.

FITE, Margaret Ann Cullman; '67; Dir.; Elam Fite & Grp., 2351 College Sta. Rd., Ste. 574, Athens, GA 30605; r. 375 Ponderosa Dr., Athens, GA 30605.

FITEZ, Paul Robert, Sr.; '38 BSBA; Retired; r. Rte. 1, Box 151, Canaan Valley, Davis, WV 26260, 304 866-4430.

FITTING, Daniel Arthur; '69 BSBA; 5879 Ropes Dr., Cincinnati, OH 45244, 513 232-8568.

FITTING, David Harris; '61 BSBA; Advisory Cost Estimator; IBM Corp., Monterey & Cottle Rds., San Jose, CA 95111, 408 256-1340; r. 1011 Camino Ramon, San Jose, CA 95125, 408 275-8718.

FITTING, Jane Harris; '33 BSBA; Retired; r. 3041 Mountview Rd, Columbus, OH 43221, 614 488-3221.

FITTING, Robert A.; '34 BSBA; 210 W. 6th St., Apt. 101, Erie, PA 16507, 814 455-2598.

FITTIPALDI, Joseph T.; '41 BSBA; Transportation Cons; r. 9210 Shelton St., Bethesda, MD 20817, 301 530-7979.

FITZ, Karen Ann; '87 BSBA; 468 Buckhorn Ct., Westerville, OH 43081, 614 882-7446.

FITZ, Richard Alan; '72 BSBA; Staff; Mc Graw Edison, 1510 Pershing Rd., Zanesville, OH 43701; r. 2215 Virginia Ridge Rd., Philo, OH 43771, 614 674-6936.

FITZ, Stephen John; '86 BSBA; Supv.; Roadway Express, 12355 Montague St., Pacoima, CA 91331; r. 9740 Zelzah St., Northridge, CA 91325, 818 701-1112.

FITZER, Stephen Henry; '78 BSBA; Account Sales Mgr.; Carnation Co., 500 W. Wilson Bridge, Worthington, OH 43085, 614 846-2550; r. 3906 Saddlehorn Dr., Hilliard, OH 43026, 614 771-0262.

FITZGERALD, Aralee Ross, (Aralee Ross); '52 BSBA; Homemaker; r. 1887 Nelson Rd., Lancaster, OH 43130, 614 653-8859.

FITZGERALD, James J.; '48 BSBA; Real Estate Sales Agt.; Century 21 Ctr. Realty, Inc., 7002 Evergreen Ct., Annandale, VA 22003, 703 642-1150; r. 9209 Talisman Dr., Vienna, VA 22180, 703 938-7940.

FITZGERALD, Jeremiah P.; '52 BSBA; 8545 Lincolnshire Dr., Strongsville, OH 44136, 216 238-8653.

FITZGERALD, John H.; '47 BSBA; Sales Mktg.; Anchor Glass Container Corp., 1100 Anchor St., Tampa, FL 33607, 813 870-6120; r. 6202 N. Sheldon Rd, Apt. 612, Tampa, FL 33615, 813 886-0638.

FITZGERALD, John Kennedy; '87 BSBA; Student; Columbus, OH 43201, 614 294-5584; r. 6685 Beresford Ave., Parma Hts., OH 44130, 216 845-1738.

FITZGERALD, K. Shane; '85 BSBA; Gen. Supv.; The Quaker Oats Co., 1171 W. Center St., Marion, OH 43302, 614 383-4931; r. 346 Summit St., Marion, OH 43302, 614 383-1322.

FITZGERALD, Lindy '84 (See Martz, Lindy Fitzgerald).

FITZGERALD, Monica Lyn; '88 BSBA; 666 Coxbury Cir., Cincinnati, OH 45246, 513 825-6578.

FITZGERALD, Peter Ross; '77 BSBA; Sr. Programmer/Analyst; Natl. Bank of Alaska, POB 196127, Anchorage, AK 99519, 907 267-5359; r. 808 Wild Rose Ct., Anchorage, AK 99518, 907 349-5671.

FITZGERALD, Robert Joseph; '54 BSBA; VP-Devel.; The Kauffman-Lattimer Co., Sub of Alco Health Service Co, 1200 E. Fifth Ave., Columbus, OH 43216, 614 253-2721; r. 1887 Nelson Rd., Lancaster, OH 43130, 614 653-8859.

FITZGERALD, Robert Thomas; '83 BSBA; Auditor; State of Ohio, Auditing Dept., Columbus, OH 43215; r. 19700 Tyronne Ave., Euclid, OH 44119, 216 531-7079.

FITZGTERALD, Geraldine M. '56 (See Yost, Mrs. Geraldine M.).

FITZMARTIN, James Edward; '80 BSBA; 4100 E. 7th St., #7, Long Beach, CA 90804.

FITZMARTIN, John Michael; '87 BSBA; 1511 Redfield Rd, Bel Air, MD 21014.

FITZMIRE, Angela Campo; '80 BSBA; Financial Cnslt.; Merrill Lynch, 425 Walnut St., Ste. 2600, Cincinnati, OH 45202, 517 579-3600; r. 1230 Forest Ct., Cincinnati, OH 45215, 513 821-8710.

FITZPATRICK, Andrew Barton; '86 BSBA; Sr. Analyst; Kendall Mc Graw, 2525 Mc Graw Ave., Cincinnati, OH 45202; r. 3215 Observatory, Cincinnati, OH 45208, 513 871-5539.

FITZPATRICK, Jon D.; '60 BSBA; Atty.; 33 River St., Chagrin Falls, OH 44022, 216 247-4838; r. 17550 Merry Oaks, Chagrin Falls, OH 44022.

FITZPATRICK, Mary Elizabeth; '87 BSBA; Staff; Sun Valley Co., c/o Postmaster, Sun Valley, ID 83353; r. 63 Wegman St., Auburn, NY 13021.

FITZSIMMONDS, Thomas Edward; '57 BSBA; Corp Dir./Emp Reltns; Mead Corp., Courthouse Plz., NE, Dayton, OH 45463, 513 495-4056; r. 9615 Bridlewood Tr., Spring Vly., OH 45370, 513 885-5873.

FITZSIMONS, COL John F., USA(Ret.); '59 MBA; 7317 Wayne Dr., Annandale, VA 22003, 703 560-1392.

FITZSIMONS, Robert Todd; '48 BSBA; 1572 Lonsdale Rd., Columbus, OH 43232, 614 755-9791.

FIX, James H.; '65 BSBA; Asst. Controller; Marathon Oil Co., 539 S. Main St., Findlay, OH 45840, 419 422-2121; r. 14905 County Rd. 205, Findlay, OH 45840, 419 424-0298.

FIX, Michelle '85 (See Zuccarelli, Michelle Fix).

FIX, Vernon H.; '72 BSBA; Salesman; William E. Wood & Assocs., 3712 Holland Rd., Virginia Bch., VA 23452, 804 498-9080; r. 4841 Princess Anne Rd., Virginia Bch., VA 23462, 804 495-1541.

FIXLER, James; '69 BSBA; Broker/Owner; Century 21 Fixler Realty Inc., 14055 Cedar Rd., S. Euclid, OH 44118, 216 371-0700; r. 1951 Edenhall, Cleveland, OH 44124, 216 473-0618.

FJELSTED, MAJ Lyle G., USAF(Ret.); '66 BSBA; Tchr.; Southwestern JHS, San Antonio, TX 78245; r. 9707 Berryville, San Antonio, TX 78245, 512 674-5994.

FLACCHE, Angela Maria; '86 BSBA; Account Rep.-Pension Svcs; Nationwide Ins., 1 Nationwide Plz., Columbus, OH 43215, 614 249-5253; r. 5718 Bangor Ct., Columbus, OH 43235, 614 459-2482.

FLACH, Joseph P.; '80 BSBA; Data Security Ofcr.; Signet Bank, POB 25339, Richmond, VA 23260, 804 747-2033; r. 10012 Bayham Dr., Richmond, VA 23235, 804 272-0227.

FLACK, Elizabeth '38 (See Hornbeck, Mrs. Elizabeth Flack).

FLACK, William H.; '57 MBA; Retired; r. 1438 Ocean Pines, Berlin, MD 21811, 301 641-8320.

FLACKS, Robert David; '74 BSBA; 5046 Lansdowne Dr., Cleveland, OH 44139, 216 349-4126.

FLADEN, Sharon Vogel; '77 MBA; 808 47th St. NE, Canton, OH 44714, 216 499-1123.

FLAHERTY, David B.; '63 BSBA; Dir. of Acctg.; Reat Corp., 7850 Northfield Rd., Cleveland, OH 44146, 216 439-8200; r. 9414 Pinegrove Ave., Parma, OH 44129, 216 888-4072.

FLAHERTY, Karen Jacobson; '86 BSBA; 10002 State Rte. 56 E., Circleville, OH 43113, 614 474-3246.

FLAHERTY, Ms. Kelly Christine; '87 MBA; Banking Ofcr.; Bank One Columbus, 100 E. Broad St., Columbus, OH 43215, 614 248-8120; r. 3570 Prestwick Ct. N., Columbus, OH 43220, 614 459-4615.

FLAHERTY, Kevin James; '73 BSBA; Mgr.; Charles E Merrill Publishing, Systs. Development, 1300 Alum Creek Dr., Columbus, OH 43209; r. 3691 Cahill Ct., Dublin, OH 43017, 614 766-5421.

FLAHERTY, Kevin James; '82 BSBA; Supv.; Roadway Express, Postmaster, Traverse City, MI 49684; r. 5260 Brackenhouse Ct., Columbus, OH 43220.

FLAHERTY, Michael Francis; '75 BSBA; 222 Clinton Hts., Columbus, OH 43202, 614 268-3319.

FLAHERTY, Patrick Shawn; '86 BSBA; Staff Auditor; Ernst & Whinney, 1300 Huntington Bldg., Cleveland, OH 44115, 216 861-5000; r. 9414 Pinegrove Ave., Parma, OH 44129, 216 888-4072.

FLAHERTY, Thomas Kehoe; '83 MBA; Dir., Product Assurance; Rockwell Intl., 2135 W. Maple Rd., Troy, MI 48048, 313 435-1497; r. 1447 Yosemite Blvd., Birmingham, MI 48009, 313 646-0247.

FLAIS, Robert Louis; '87 BSBA; 3745 Mountview, Alliance, OH 44601.

FLAMENT, James Robert; '68 BSBA; CPA; Deimling & Flament, Inc., 36615 Vine St., Willoughby, OH 44094, 216 951-1777; r. 7805 Normandie Blvd., Cleveland, OH 44130, 216 826-0523.
FLANAGAN, Harry P.; '56 BSBA; Mgr. Plng.; Field Publications, 4343 Equity Dr., Columbus, OH 43228, 614 771-0006; r. 1236 Haddon Rd, Columbus, OH 43209, 614 237-4773.
FLANAGAN, Richard Joseph; '67 BSBA; Pres.; US Cargo & Courier, POB 1169, Columbus, OH 43216, 614 491-8608; r. 3793 Ridgewood Dr., Hilliard, OH 43026, 614 876-1365.
FLANIGAN, Michael Patrick; '87 BSBA; 7882 Zion Hill Rd., Cleves, OH 45002, 513 941-7241.
FLANNAGAN, Lisa Lee, (Lisa L. Kessel); '83 BSBA; Sales Account Exec.; Transport Intl. Pool Inc., Cleveland, OH 44111, 216 267-6040; r. 2360 Canterbury Rd., Westlake, OH 44145, 216 892-0177.
FLASCH, Ms. Cynthia P., (P. Polomsky); '79 BSBA; CPA/Owner; 5214 E. Sandstone Ct., Indianapolis, IN 46227, 317 786-9432; r. Same.
FLASH, Kevin Michael; '80 BSBA; Computer Analyst; OCLC on Line Library Ctr., 6565 Frantz Rd., Dublin, OH 43017, 614 764-4370; r. 4740 Blairfield Dr., Columbus, OH 43214.
FLASK, Edward A.; '63 BSBA; Atty.; 508 Mahoning Bank Bldg., 26 Market St., Youngstown, OH 44504; r. 231 Gypsy Ln., Youngstown, OH 44504, 216 743-0164.
FLATH, James R.; '79 BSBA, '83 MBA; Gen. Mgr.; Swingline Restaurants, POB 152, Little Silver, NJ 07739, 201 741-4083; r. 2 Brandywine Ct., Scotch Plains, NJ 07076, 201 889-8063.
FLAUTT, Mary Y. '78 (See Felt, Mrs. Mary Y.).
FLAVELL, CAPT Paula B., USAF, (Paula M. Bohn); '82 BSBA; Space Operations; HQ AFSPACECOM, Peterson AFB, CO 80914, 719 554-3148; r. 6435 Lonsdale Dr., Colorado Spgs., CO 80915, 719 596-0115.
FLAVELL, Thomas Joseph; '79 BSBA; Controller; RCA Corp., 1700 Fostoria Rd, Findlay, OH 45840, 419 424-4445; r. 219 W. Hobart, Findlay, OH 45840, 419 423-0088.
FLAVIN, Patricia Kistner; '79 BSBA; POB 116, 4767 Langton Rd., Hilliard, OH 43026.
FLAY, Douglas Alan; '86 BSBA; Credit Analyst; Huntington Natl. Bank, 41 S. High St., Columbus, OH 43215, 614 463-5251; r. 5968 Pine Rise Ct., Columbus, OH 43229, 614 794-3871.
FLECK, Aaron Henry; '44 BSBA; Money Mgr.; Aaron Fleck & Assocs., 1114 Ave. of the Americas, 38th Fl., New York, NY 10036, 212 391-8200; r. 1525 S. Lodge Dr., Sarasota, FL 34239, 813 955-6231.
FLECK, J. Larry; '60 BSBA; Lawyer; Fed. Home Loan Bank Bd., 1700 G St., NW, Washington, DC 20552, 202 377-6413; r. 7001 Riveroaks Dr., Mc Lean, VA 22101, 703 821-2644.
FLECK, Kathleen Ann; '83 BSBA; 34531 N. Summerset Oval, Cleveland, OH 44139.
FLECK, Mary Brown, (Mary Brown); '76 BSBA; Homemaker; r. 312 W. Troube Ave., Westmont, IL 60559, 312 852-7651.
FLECKNER, Jan S., (Jan S. Schiff); '69 BSBA; 217 S. Cassingham, Columbus, OH 43209, 614 231-0220.
FLEGGE, Mark Thomas; '83 BSBA; VP Administration/Finance; Ft. Wayne Chamber of Commerce, 826 Ewing St., Ft. Wayne, IN 46802, 219 424-1435; r. 5320 Brookfarm Pl., Ft. Wayne, IN 46835, 219 486-5309.
FLEGLE, Marvin A.; '56 BSBA; CPA-Partner; Arthur C Jahn & Co., 4620 Indianola Ave., Columbus, OH 43214, 614 267-0662; r. 1235 Watkins Rd. SW, Alexandria, OH 43001.
FLEGM, Eugene H.; '59 BSBA; Asst. Comptroller; GM Corp., 3044 W. Grand Blvd., Detroit, MI 48202; r. 1880 Pelican Ct., Troy, MI 48084.
FLEGM, Stanley Eugene; '70 BSBA; Atty.; 255 E. Mansfield St., Bucyrus, OH 44820, 419 562-5928; r. 4925 Ridgeton Rd., Bucyrus, OH 44820, 419 562-8024.
FLEISCHER, David H.; '60 BSBA; Retired; r. 47 Walnut Rd, Weston, MA 02193, 617 237-5922.
FLEISCHER, Izzy; '69 BSBA; Div. Controller; Northern Telecom Inc., 2435 N. Central Expy., Richardson, TX 75081, 214 301-2003; r. 3208 Phaeton Ct., Plano, TX 75023, 214 867-7842.
FLEMING, Brooks, Jr.; '49 BSBA; Plant Ops Acctg.; Ford Motor Co., The American Rd, Dearborn, MI 48121; r. 912 Sutherland Ave., Akron, OH 44314, 216 753-8570.
FLEMING, Carrie '33 (See Mc Nairy, Carrie Fleming).
FLEMING, Cynthia Ryals; '86 BSBA; 3648 Settlers Rd., Dublin, OH 43017, 614 766-6385.
FLEMING, Debra Parker; '83 BSBA; Asst. Prof.-Acct.; Ohio Dominican Clg., 1216 Sunbury Rd., Columbus, OH 43219, 614 253-2741; r. 773 Harlech Dr., Newark, OH 43055, 614 344-8649.
FLEMING, Joseph L.; '48 BSBA; Retired; r. 7117 Rockingham Dr. NW, Knoxville, TN 37919, 615 584-2904.
FLEMING, Kelly Stanford; '83 BSBA; Financial Analyst; Xerox Corp., 1350 Jefferson Rd., Rochester, NY 14623, 716 427-1608; r. 41 Westwood Dr., Rochester, NY 14616, 716 621-7653.
FLEMING, Kerry Phillip; '86 BSBA; Asst. Mgr.; Hermans World of Sportng Goods, 6600 Sawmill Rd., Worthington, OH 43085, 614 792-5667; r. 4313 Chesford Apt. 2H, Columbus, OH 43224, 614 476-5017.
FLEMING, Kim Darcel; '82 BSBA; Staff; Wilson Shannon & Snow CPA's, 10 W. Locust, Newark, OH 43055; r. 1420 Londondale Pkwy., #700B, Newark, OH 43055.
FLEMING, Phillip James; '70 BSBA; Realtor; Straley Realty, 323 E. Main, Van Wert, OH 45891, 419 238-9733; r. RR #2, Box 243 B, Van Wert, OH 45891, 419 238-9225.
FLEMING, Ronald Ray; '73 BSBA; 4734 Kirkdale Dr., Dale City, VA 22913, 703 590-5770.
FLEMING, Thomas C.; '54 BSBA; Retired; r. 885 S. Gate, Shreveport, LA 71105.
FLESCH, Leslie Wolfe, (Leslie R. Wolfe); '78 BSBA, '80 MA; Asst. to VP Finance; The Ohio State Univ., Ofc. of Finance, 381 Bricker Hall, Columbus, OH 43210, 614 292-9232; r. 1116 Langland Dr., Columbus, OH 43220, 614 459-5996.
FLESHER, John S.; '48 BSBA; Retired; r. 112 Stonyridge Dr., Sandusky, OH 44870, 419 626-8618.
FLESHMAN, George Joseph; '62 BSBA; Gen. Mgr.; F W Woolworth Co., 4330 Westland Mall, Columbus, OH 43228, 614 274-5423; r. 6472 Middleshire, Columbus, OH 43229, 614 891-7270.
FLESHMAN, LuAnn; '85 BSBA; Profn. Rep.; Merck Sharp & Dohme, Division of Merck & Co., Inc, 4242 Janitrol Ave., Columbus, OH 43228, 614 278-4120; r. 5221 Honeytree Loop W., Columbus, OH 43229, 614 899-1766.
FLETCHER, Brien Hugh; '82 BSBA; Salesman; Ohio Hydraulic, 24 N. Grubb St., Columbus, OH 43215, 614 221-8495; r. 5044 Dierker Rd. #C, Columbus, OH 43220, 614 451-9571.
FLETCHER, LTC Don S., USA(Ret.); '56 MBA; 38 Clemson Ct., Walnut Creek, CA 94596, 415 939-5877.
FLETCHER, Gregory; '86 BSBA; Sales Rep.; B. W. Rogers Co., 380 Water St., Akron, OH 44309, 216 762-0251; r. 5502 Fleet Ave., Cleveland, OH 44105, 216 883-8007.
FLETCHER, Gregory William; '85 BSBA; Real Estate Analyst; GE Investments, Real Estate Dept., 3003 Summer St., Stamford, CT 06904, 203 326-2415; r. 234 Park St. #22, New Canaan, CT 06840, 203 966-0540.
FLETCHER, Jerry Curtis; '72 MBA; Sr. VP; Star Bank of Cincinnati, 425 Walnut St., Cincinnati, OH 45202, 513 632-4713; r. 437 Heathgate Rd., Cincinnati, OH 45230, 513 232-2860.
FLETCHER, Judith '80 (See Mobley, Judith Fletcher).
FLETCHER, Mark Edward; '81 BSBA; Sr. Systs. Analyst; Ohio Bur. of Workers Compensation, 246 N. High St., Columbus, OH 43215, 614 466-7160; r. 5700 Killary Ct., Dublin, OH 43017, 614 766-4687.
FLETCHER, Philip Edward; '71 BSBA; Computer Programer; Dept. of Defense DCSC, 3990 E. Broad, Columbus, OH 43213; r. 3530 Winchester Pike, Columbus, OH 43232, 614 235-7445.
FLETCHER, Richard Scott; '84 BSBA; 6585 Santa Cruz Pl., Reynoldsburg, OH 43068, 614 864-6854.
FLETCHER, Robert Allen; '80 BSBA; Financial Analyst; Progressive Co., 26301 Curtis-Wright Pkwy., Richmond Hts., OH 44143, 216 261-8000; r. 5483 Oakridge Dr., Willoughby, OH 44094, 216 944-1756.
FLETCHER, Thomas Edward; '65 BSBA; Merchandise Mgr.; Record & Tape Outlet, 1786 Morse Rd., Columbus, OH 43229; r. 3023 Minverva Lake Rd., Columbus, OH 43229.
FLEXER, James Richard; '83 BSBA; Transportation Analyst; Borden Inc., 180 E. Broad St., Columbus, OH 43215, 614 225-4535.
FLICK, John Frederick; '79 BSBA; Account Exec.; r. 1754 Cape Coral Pkwy. SE, #107, Cape Coral, FL 33904.
FLICK, Michael Warren; '73 BSBA; Gen. Mgr./Pres.; Thr Train Station, 4430 Indianola Ave., Columbus, OH 43214, 614 262-9056; r. 1869 Judwick Dr., Columbus, OH 43229, 614 888-3407.
FLICK, Suzanne '39 (See Gustafson, Suzanne Flick).
FLICK, Wayne K.; '32 BSBA; Retired; r. 2250 Par Ln. Apt. 922, Willoughby Hls., OH 44094, 216 944-9484.
FLICKER, Abraham; '46; Retired; r. 364 N. Drexel Ave., Columbus, OH 43209, 614 258-8193.
FLICKINGER, Allan L.; '55 MBA; Mgr./Personnel Safety; Americhem Inc., 225 Broadway E., Cuyahoga Falls, OH 44222, 216 929-4213; r. 1765 Kingsley Ave., Akron, OH 44313, 216 836-4726.
FLICKINGER, LTC Gus A., Jr., USAF; '53 BSBA; 6885 N. Vandecar Rd, Port Orchard, WA 98366, 206 895-1063.
FLICKINGER, Michael H.; '79 BSBA; Product Mgr.; Ohio Bell Telephone Co., 45 Erieview Plz., Rm. 1275, Cleveland, OH 44114, 216 822-5494; r. 1701 E. 12th St., Apt. #R.W., Cleveland, OH 44114, 216 696-7343.
FLIEHMAN, Steven Jerome; '75 BSBA; Regional Mgr.; Syst. Software Assoc., 500 W. Madison St., Chicago, IL 60606, 312 641-2900; r. 26 Bridgewater, Long Grove, IL 60047, 312 634-6561.
FLIEHMAN, Thomas Lee; '79 BSBA; Programmer; Nationwide Ins., One Nationwide Plz. 19T, Columbus, OH 43216; r. Rte. 2 Box 133, Marietta, OH 45750, 614 373-8485.
FLINN, Amy '85 (See Okuly, Amy F.).
FLINN, Michele Marie; '88 MBA; 1445 Wyandotte Rd., Columbus, OH 43212, 614 486-1352.
FLINN, Dr. William A.; '59 PhD (BUS); Retired; r. 4565 Mystic Dr. NE, Atlanta, GA 30342, 404 843-0080.
FLINT, Beth Hahn; '86 BSBA; Staff Auditor; Gold Circle Stores, Sub/Federated Dept. Stores, 6121 Huntley Rd., Worthington, OH 43085; r. 436 Lincolnshire Rd., Gahanna, OH 43230, 614 476-5178.
FLINT, G. Ross; '49 BSBA; 310 Hunters Trace Cir. NE, Atlanta, GA 30328.
FLINT, John C.; '41 BSBA; 226 Mather Rd, Jenkintown, PA 19046, 215 886-9467.
FLINT, Robert J.; '48 BSBA; Retired; r. 4951 Justin Rd, Columbus, OH 43227, 614 866-0884.
FLINTA, Robert Eric; '84 BSBA; Investment Exec.; Mutual Benefit Financial Svcs., 16030 Encino, Columbus, OH 43215; r. 2248 Cypress Creek Ct., Columbus, OH 43228, 614 275-4318.
FLINTA, William Alan; '82 BSBA; Asst. VP; Southeast Bank NA, 3325 Hollywood Blvd., Hollywood, FL 33021, 305 985-2142; r. 2541 Camelot Ct., Cooper City, FL 33026, 305 435-2891.
FLIPPO, Dr. Edwin Bly; '48 MBA, '53 PhD (BUS); Prof.; Univ. of Arizona, Dept. of Management, Tucson, AZ 85721; r. 6542 N. Foothills Dr., Tucson, AZ 85718, 602 299-5237.
FLITCRAFT, John Eric; '87 BSBA; 6580 Kennington Sq. E., Pickerington, OH 43147, 614 837-4370.
FLOAN, Neil J.; '50 BSBA; 1809 W. Parkway Rd., Piqua, OH 45356.
FLOCK, Richard William; '63 BSBA; Pres.; R. William Flock Inc., 9431 Moss Bank Ct., Spring Vly., OH 45370, 513 885-4979; r. Same.
FLOCKE, LTC Alfred E., USAF(Ret.); '66 MBA; Doubletree Lock & Key, POB 285, Wimberley Sq., Wimberley, TX 78676, 512 847-9733; r. Same, 512 847-9137.
FLOHR, Paul E.; '39 BSBA; Retired; r. 3133 Sheridan Rd., Portsmouth, OH 45662, 614 353-1016.
FLOHRE, Carl J., Jr.; '59 BSBA; 5320 Haxton Dr., Dayton, OH 45440, 513 435-9162.
FLOOD, Jon Patrick; '68 BSBA; Criminal Justice Cnslt.; Correctional Corp. WI (CCW), 1906 E. Division St., Fond Du Lac, WI 54935, 414 922-2820; r. Same, 414 922-8321.
FLOOD, Michael Edward; '68 MA; Dir.-Personnel; The Timken Co., Personnel & Training Dept., 1835 Dueber Ave. SW, Canton, OH 44706, 216 438-3000; r. 6717 Amsel Ave. N. E., N. Canton, OH 44721, 216 493-7511.
FLOOD, Stephen Leonard; '83 BSBA; Sales Svc. Rep.; Van Dyne & Crotty, 440 E. Highland Rd., Macedonia, OH 44056, 216 475-1600; r. 860 E. 14th, Salem, OH 44460, 216 677-1430.
FLORA, Joseph B.; '27 BSBA; Retired; r. 750 Chestnut St., Greenville, OH 45331, 513 547-8034.
FLORA, Talbert T.; '52 BSBA; Realtor/Farmer; r. 2952 N. Dayton-Lakeview Rd., New Carlisle, OH 45344, 513 845-0077.
FLORANCE, John R., CLU; '51 BSBA; Head; John Florance Ins. Co., POB 510, Delaware, OH 43015, 614 362-2801; r. 193 N. Sandusky St., Delaware, OH 43015, 614 363-1701.
FLOREA, James W.; '60 BSBA; Pres.; Fatsinc, 201 Garfield, Milford, OH 45150, 317 248-1204; r. 3921 E. 75th St., Indianapolis, IN 46240, 317 842-1069.
FLOREANI, Marino David; '71 MBA; Gen. Mgr.; Savage Bros. Co., 2385 Delta Ln., Elk Grove Vlg., IL 60007, 312 595-3510; r. 106 N. Prospect Rd., Park Ridge, IL 60068, 312 698-2209.
FLORENCE, Brian Nevin; '69 BSBA; Supv. Matl Control; A M Gen. Corp., 13200 McKinley Hwy., Mishawaka, IN 46545, 219 256-1581; r. 10130 Shadow Wood Dr., Granger, IN 46530, 219 674-8570.
FLORENCE-AKERS, Barbara Ann; '82 BSBA; Financial Analyst; Marathon Oil Co., 539 S. Main St., Findlay, OH 45840; r. 4185 Polo Park Dr., Willoughby, OH 44094.
FLORES, Mrs. Maureen R., (Maureen R. Ryan); '81 BSBA; Bus. Mgr.; Lincoln Park Dental Assocs., Chicago, IL 60614; r. 1748 N. Honore, Chicago, IL 60622, 312 276-4928.
FLORIN, Terri '83 (See Funk, Terri F.).
FLORIO, Dr. Charles Bernard; '65 BSBA; Dean/Arts & Sciences; Kilgore Clg., 1100 Broadway Blvd., Kilgore, TX 75662; r. 28 Rim Rd., Kilgore, TX 75662, 214 984-6182.
FLORIO, Joseph A.; '41 BSBA; Owner/Pres.; Florio Hair Designs, 2685 Sullivant Ave., Columbus, OH 43204, 614 272-7711; r. Same, 614 272-7712.
FLORIO, Michelle C. '85 (See O'Reilly, Mrs. Michelle F.).
FLOURNOY, James Spencer; '72 BSBA; Owner; Columbine Logging, Inc., 1645 Court Pl., Ste. 205, Denver, CO 80202, 303 595-4791; r. 2881 S. Race St., Denver, CO 80210, 303 692-9170.
FLOWE, Brian Keith; '87 BSBA; Account Clerk; Franklin Cnty. Mental Health Bd., Columbus, OH 43216; r. 3562 Tiboli Ct., Gahanna, OH 43230, 614 476-0402.
FLOWER, Edwin Graham, Jr.; '42 BSBA; Retired; r. 225 Burns Ave., Cincinnati, OH 45215, 513 761-4916.
FLOWER, James Sefton; '79 BSBA; Investment Advisor; Hamilton Flower & Kell Inc., 3518 Riverside Dr., Columbus, OH 43221, 614 451-0200; r. 2688 Coventry Rd., Columbus, OH 43221, 614 487-8011.
FLOWER, Richard H.; '40 BSBA; Retired; r. 897 Desert Hills Dr., Green Vly., AZ 85614, 602 648-0371.
FLOWERS, James Russell; '83 BSBA; Staff; Crane Plastics, 2141 Fairwood Ave., Columbus, OH 43207; r. 2559 Annelane Blvd., Worthington, OH 43085, 614 766-9708.
FLOWERS, John F.; '47 BSBA; Retired; r. 31 Brushy Hill Rd., Darien, CT 06820, 203 655-9488.
FLOWERS, Martin Joseph; '87 BSBA; Asst. Mgr.; Woolworths Co., 1725 Northland Mall, Columbus, OH 43229, 614 267-8470; r. 2031 Hamburg Rd., Lancaster, OH 43130, 614 653-1607.
FLOWERS, Rebecca Sue; '86 BSBA; Acct.; Robert J Peck CPA, 3404 Riverside Dr., Columbus, OH 43221, 614 457-4888; r. 43 Highland Ave., Worthington, OH 43085, 614 885-7396.
FLOX, Harold; '52 BSBA; Mgr.; Kennys Jewelry & Loan Co., 662 N. High St., Columbus, OH 43215; r. 485 S. Parkview Ave., Columbus, OH 43209, 614 237-1657.
FLOYD, Eleanor '46 (See Brunner, Mrs. Eleanor Floyd).
FLOYD, Gregory Allan; '86 BSBA; Asst. Mgr.; Du Bois Chemicals/Chemed Corp., Corporate Traffic Div, Du Bois Twr. 511 Walnut St., Cincinnati, OH 45202, 513 762-6716; r. 12900 Lake Ave. #2003, Lakewood, OH 44107.
FLUHRER, Jacquelyn Lee; '85 BSBA; Tax Assoc.; Coopers & Lybrand, 401 W. A St., Ste. 1600, San Diego, CA 92101, 619 232-8000; r. 14960 Avenida Vinusto #80, San Diego, CA 92128, 619 673-0254.
FLUKE, Norris William; '39 BSBA, '50 MBA; Retired; r. 404 S. Chapelgate Ln., Baltimore, MD 21229, 301 644-4348.
FLYNN, Donald P., Sr.; '50 BSBA; Public Acct.; 309 Jefferson St., Greenfield, OH 45123, 513 981-3830; r. 775 Jefferson St., Greenfield, OH 45123, 513 981-4173.
FLYNN, Jerome R.; '47 BSBA; 7754 Holyoke, Hudson, OH 44236, 216 653-6255.
FLYNN, John J., Jr.; '48 BSBA; Retired; r. POB 26327, Fairview Park, OH 44126, 216 331-5512.
FLYNN, John W.; '49 BSBA; Retired; r. 8117 Manitou Dr., Westerville, OH 43081, 614 882-9493.
FLYNN, Margaret M.; '85 BSBA; Financial Analyst; John W Galbreath & Co., 180 E. Broad St., Columbus, OH 43215, 614 460-4444; r. 5624-C Hibernia Dr., Columbus, OH 43232, 614 861-2143.
FLYNN, Mary K. '80 (See Johnson, Mrs. Mary F.).
FLYNN, Michael Allan; '70 BSBA; 1556 Belle Ave., Lakewood, OH 44107, 216 228-7610.
FLYNN, Richard W.; '65 BSBA; Aerospace Exec.; Colt Industries Inc., 1901 L St., Washington, DC 20036, 202 955-5900; r. 8602 Marsh Ct., Springfield, VA 22153, 703 451-6653.
FLYNN, Thomas G.; '65 MBA; Mgmt. Cnslt.; Great Lakes Carbon Corp., 40 Morrow Ave., Briarcliff Manor, NY 10510; r. 40 Murrow Ave., Scarsdale, NY 10583, 914 337-0370.
FLYNN, Thomas M.; '55 BSBA; CPA; 471 E. Broad St., Columbus, OH 43215, 614 224-4196; r. POB 1131, Buckeye Lake, OH 43008, 614 929-3383.
FLYNN, Thomas R.; '66 BSBA; Prtnr-Entrep Ser/Dev; Arthur Young & Co., 100 E. Broad St., Columbus, OH 43215; r. 6290 Headley Hts. Ct., Gahanna, OH 43230, 614 855-9359.
FOBES, Gary Lewis; '86 BSBA; 381 Jessing Tr., Worthington, OH 43085, 216 944-0146.
FOCHTMAN, Edmund Leo, Jr.; '59 BSBA; Chmn. of The Bd.; Action Prods., Inc., 2401 W. 1st St., Tempe, AZ 85281, 602 894-0100; r. 5345 N. 46th St., Phoenix, AZ 85018, 602 840-4591.
FOCHTMAN, Frederick E.; '82 BSBA; Sales Mgr.; Teamgarde Security, 929 Eastwind Dr., Westerville, OH 43081, 614 899-7233; r. 225 Chatham Rd., Columbus, OH 43214, 614 267-0261.
FODERARO, George E.; '51 BSBA; Repr; Cleveland Electric Illum, 55 Public Sq., Cleveland, OH 44113; r. 8218 Webster Rd, Strongsville, OH 44136, 216 238-4649.
FODOR, Dr. James N.; '62 BSBA; Dent.; US Public Health Svc., c/o Postmaster, Littleton, CO 80160; r. 7 Pinyon Pine Rd., Littleton, CO 80127, 303 972-0706.
FOFT, Michael Jon; '63 BSBA; Mfg. Sales Rep.; r. 6024 Broken Bow Dr., Citrus Hts., CA 95621, 916 969-5153.
FOGAL, Kevin Scott; '84 BSBA; Computer Programmer; Columbia Gas of Ohio, 1600 Dublin Rd., Columbus, OH 43215; r. 3625 Skyline Dr., Worthington, OH 43085.
FOGARTY, Canice Joseph, Jr.; '80 BSBA; Atty.; Allbery, Cross & Turner, 18 W. 1st St., POB #1283 Mid-City Sta., Dayton, OH 45402, 513 223-5182; r. 2713 Oak Park Ave., Kettering, OH 45419, 513 299-5874.
FOGARTY, David Roger; '87 BSBA; Pro Force Sales Repr; Black & Decker, 3556 Sullivant Ave., Ste. 308, Columbus, OH 43204; r. 4085 Mineral Springs, #1-A, Glen Allen, VA 23060.
FOGARTY, Dennis Wayne; '78 BSBA; Auditor; American Electric Power, 134 N. Columbus St., POB 700, Lancaster, OH 43130, 614 687-3168; r. 830 2nd St., Lancaster, OH 43130, 614 654-4635.
FOGEL, Dr. Richard Lawrence; '75 BSBA; Orthodontist; 84 E. Broad, Elyria, OH 44035, 216 323-2665; r. 352 Briar Lake, Elyria, OH 44035, 216 365-8215.
FOGERTY, Thomas F.; '27 BSBA; Retired; r. 5410 Heatherdowns Blvd., #5, Toledo, OH 43614, 419 866-1312.
FOGG, Dana T.; '60 BSBA; VP Human Resources; Arcata Graphics Co., 201 N. Charles St., Baltimore, MD 21201, 301 783-5200; r. 1426 Autumn Leaf Rd., Towson, MD 21204, 301 828-4233.

FOGLE, Barry Lynn; '76 BSBA; CFO; Atwood Resources,Inc., 2301 Progress St., Dover, OH 44622, 216 364-2092; r. 930 Quaker Ct., New Philadelphia, OH 44663, 216 339-7619.

FOGLE, Gregory Leon; '80 BSBA; Franchisee; Dominos Pizza, 1150 E. 7th St., Long Beach, CA 90813; r. 1500 Ramillo Ave., Long Beach, CA 90815.

FOGLE, Larry G.; '63 BSBA; Dir./Acctg. Svcs.; Gen. Foods, 250 North St., White Plains, NY 10605; r. 6 Northport Ave., Belfast, ME 04915.

FOGLE, Lawrence E.; '35 BSBA; Retired; r. 215 Maddux Dr., Miamisburg, OH 45342, 513 866-7989.

FOGLE, Lisa, (Lisa Harp); '82 BSBA; Sr. Buyer Print Materials; ChemLawn Svcs. Corp., Logistics & Supplies, 8275 N. High St., Columbus, OH 43235, 614 888-3572; r. 5856 Ballymead Blvd., Dublin, OH 43017, 614 761-0480.

FOGLE, M. Anita '86 (See Riehl, Mrs. M. Anita).

FOGLE, Virgil M.; '36 BSBA; Atty.; Virgil M Fogle Co. LPA, 1570 Noe-Bixby Rd., Columbus, OH 43232, 614 861-6875; r. 383 Harbour Dr., Apt. 202, Naples, FL 33940.

FOGRASCHER, Walter George; '50 BSBA; Acct.; Card Palmer & Sibbison, 765 Huntington Bldg., Cleveland, OH 44115, 216 621-8021; r. 5217 W. 26th St., Parma, OH 44134, 216 661-7266.

FOGT, Eugene R.; '36; Harve St. Rd Box 1159, N. Eastham, MA 02651.

FOGT, Jerry Lee; '73 BSBA; Materials Mgr.; Spalding & Evenflo Cos., Prod Inventory Control Traffic, 1801 Commerce Dr., Piqua, OH 45356, 513 773-3971; r. 1914 Beckert Dr., Piqua, OH 45356, 513 773-8854.

FOGT, Virginia Lynn; '84 MPA; State Trooper; Ohio State Hwy. Patrol, 16395 U S. 23 S., Ashville, OH 43103, 614 983-2539; r. 1001 Alton Rd., Galloway, OH 43119.

FOGWELL, Merritt L.; '67 BSBA; 2661 Little York Rd, Dayton, OH 45414, 513 898-6906.

FOIGHT, Lloyd Stanley; '70 MBA; Partner/Mgmt. Cnslt.; Peat Marwick Main & Co., 150 John F Kennedy Pkwy., Short Hills, NJ 07078, 201 467-9650; r. 20 Indian Trail Rd., Randolph, NJ 07869, 201 328-1651.

FOLDEN, Janice '55 (See Burnett, Janice Folden).

FOLDS, W. S. Skip; '86 BSBA; Programmer/Analyst-Lead; The Ohio State Univ., University Systs., 1121 Kinnear Rd., Columbus, OH 43212, 614 292-3687; r. 3316 Southfield Dr. E., Columbus, OH 43207, 614 491-7567.

FOLEY, Charles R.; '68 BSBA, '71 MBA; Pres.; Red Flannel Factory, 157 W. Beech St., Cedar Spgs., MI 49319, 616 696-9240; r. 2438 Okemos SE, Grand Rapids, MI 49506, 616 957-8147.

FOLEY, Daniel Edward, Jr.; '52 BSBA; Retired; r. 4608 W. 225th St., Fairview Park, OH 44126, 216 734-3110.

FOLEY, Daniel Joseph; '86 BSBA; 392 E. 13th St., Columbus, OH 43210, 614 291-0925.

FOLEY, Joseph Edwin; '81 BSBA; 2967 Avalon Rd, Columbus, OH 43221, 614 488-6405.

FOLEY, Joseph F.; '50 MPA; R-Adm Usn Ret, 1406 Graydon Ave., Norfolk, VA 23507, 804 622-6883.

FOLEY, Kenneth James; '73 MBA; Mgr.; GE Aircraft Engines, 1 Neumann Way, Cincinnati, OH 45215, 513 243-3394; r. 9604 Otterbein Rd., Cincinnati, OH 45241, 513 733-0394.

FOLEY, Margaret Lynn; '83 MPA; Student; Univ. of Virginia, Sch. of Law, Charlottesville, VA 22901; r. 2430 Arlington Blvd., Apt. E3, Charlottesville, VA 22903, 804 293-9047.

FOLEY, Martin E.; '35 BSBA; Investor; r. 112 Presidio Ave., San Francisco, CA 94115, 415 929-8217.

FOLEY, Richard J.; '56 BSBA; Asst. VP; Bur. of Business Practice, Fulfillment Operations, 24 Rope Ferry Rd., Waterford, CT 06386; r. 10 Grace Ln., Portland, CT 06480, 203 342-3014.

FOLEY, Stephen Ray; '66 BSBA; Dir. of Sales; Southern Net, 61 Perimeter Park, Atlanta, GA 30341, 404 452-4302; r. 4899 Vermack Rd., Dunwoody, GA 30338, 404 396-5523.

FOLGER, Robert J.; '50 BSBA; Materials Mgr.; Simon-Duplex Inc., POB 295, Midvale, OH 44653, 614 922-5955; r. 430 Oakdale Dr., Dover, OH 44622, 216 364-6014.

FOLK, Deborah '80 (See Lundregan, Deborah Jane).

FOLK, Donald George; '76 BSBA; 344 Mendoza Ave. #1, A 517, Coral Gables, FL 33134.

FOLK, Mark Alan; '70 BSBA; Acct.; Peat Marwick Mitchell & Co., 2 Nationwide Plz., Columbus, OH 43215; r. 7680 Bridlespur Ln., Delaware, OH 43015, 614 881-5118.

FOLK, Paul B.; '49 BSBA; Acct.; Omar Bakeries Inc., 408 Sheldon Ave., Columbus, OH 43207; r. 6832 Alloway St. W., Worthington, OH 43085, 614 885-0582.

FOLK, Ronald S.; '35 BSBA; Retired; r. 3811 First St. S., Jacksonville Bch., FL 32250, 904 285-6203.

FOLK, Todd Charles; '85 BSBA; 2650 State Rte. 345 N. E., RR 2, New Lexington, OH 43764, 614 342-2013.

FOLKERTH, Mark C.; '88 MBA; 1333 Gardena Ct., Springfield, OH 45504, 513 399-7140.

FOLLANSBEE, Rev. Mark A., Jr.; '43 BSBA; Retired; r. 911 Dorset St. #51, S. Burlington, VT 05403.

FOLLOWAY, Bradly James; '85 BSBA; Asst. Mgr.; K-Mart Corp., 330 Main Ave., Norwalk, OH 44691, 419 668-3767; r. 12419 Canaan Ctr., Creston, OH 44217, 216 435-6798.

FOLLROD, LTC John Stephen, USAF; '67 BSBA; HQ AFTAC/XRU, Patrick AFB, FL 32925; r. 2999 Ontario Cir. E., Melbourne, FL 32935.

FOLMAN, Keith J.; '87 BSBA; Sales Correspondent; Satellite Truck Body Co., 5232 Tod Ave. SW, Warren, OH 44481, 216 392-3008; r. 1202 Dodge, Warren, OH 44485, 216 898-2612.

FOLPE, Norman E.; '51; Staff; Huntington Natl. Bank, 17 S. High St., Columbus, OH 43215; r. 5966 Timber Dr., Columbus, OH 43213, 614 866-7705.

FOLSOM, Dean L.; '35 BSBA; 307 E. Oak, Albion, MI 49224, 517 629-4946.

FOLTZ, Allan John; '78 BSBA; Syst. Analyst; Marathon Oil Co., 539 S. Main St., Findlay, OH 45840, 419 422-2121; r. 728 3rd St., Findlay, OH 45840, 419 424-1607.

FOLTZ, Mrs. Barbara Jeanne, (Barbara Jeanne Norris); '86 BSBA; Purchasing Agt.; Weingart Inc., 419 E. Lincoln Rd., Kokomo, IN 46902, 317 455-2150; r. 324 Laramie Ln., Kokomo, IN 46901, 317 452-1923.

FOLTZ, Bruce Byron; '76 BSBA; Staff; Abbott Labs, Postmaster, Mansfield, OH 44903; r. 953 Pike Dr., Mansfield, OH 44903, 419 589-4919.

FOLTZ, Charles A.; '50 BSBA; 2820 Manor Dr., Northbrook, IL 60062, 312 272-6443.

FOLTZ, William R.; '59 BSBA; Analyst; r. 45 Valley Dr., Orinda, CA 94563, 415 254-5582.

FOLZ, Mary Janet; '78 BSBA; Cost Acct.; Cols & Southern Electric Co., 215 N. Front St., Columbus, OH 43215; r. 6949 Starfire, Reynoldsburg, OH 43068.

FONDY, Timothy Lewis; '86 BSBA; Mgr. Product Svcs.; Dempster Systs. Inc., POB 1388, Toccoa, GA 30577, 404 886-6556; r. 103 Tall Ship, Salem, SC 29676, 803 944-0634.

FONG, Jerry Chell; '70 BSBA; Merck Sharp & Dohme Labs, Division of Merck & Co Inc, West Point, PA 19486; r. 5951 Thornaby Dr., Drayton Plains, MI 48020, 313 673-3206.

FONTAINE, John David; '88 BSBA; Quantitative Analyst; Tchrs. Retirement Syst. of Ohio, Real Estate Dept., Columbus, OH 43201; r. 972 Highland St., Columbus, OH 43201, 614 291-0435.

FONTAINE, Richard Anthony; '74 BSBA, '79 MBA; Mgr.; Arthur Andersen & Co., Mgmt Info. Consulting Dv, 41 S. High St., Columbus, OH 43215, 614 229-5313; r. 1671 Guilford Rd., Columbus, OH 43221, 614 488-0004.

FONTANA, David Carley; '67 BSBA, '74 MBA; Corporate Acct. Mgr.; Worthington Industry, 1205 Dearborn Dr., Worthington, OH 43085, 614 438-3123; r. 1211 Darcann Dr., Columbus, OH 43220, 614 457-6346.

FONTANA, Linda, (Linda Von Haam); '75 MA; Aerobics Instr.; Body Rock; r. 1211 Darcann Dr., Columbus, OH 43220, 614 457-6346.

FOO, Bee Chyn; '85 BSBA; c/o Kim Jee Tan, 31-E. Blk 54 Marine Tr., Singapore, Singapore.

FOOR, Paul Dennis; '86 BSBA; 333 Electric Ave., Westerville, OH 43081, 614 882-2740.

FOOS, Richard D.; '61 BSBA; Traffic Repr; Ohio Edison Co., 47 N. Main, Akron, OH 44308; r. 700 Ecton Rd., Akron, OH 44303, 216 836-0775.

FOOSE, Alphonse Maurice, II, PhD; '50 BSBA; Bus. Tchr.; r. 3380 N. Waggoner Rd., Blacklick, OH 43004, 614 855-1191.

FOOTE, Kenneth Harvey; '49 MBA; CPA; Faculty 'THE CITADEL', Business Dept., Charleston, SC 29409; r. 28 Council St., Charleston, SC 29401, 803 723-4953.

FOOTE, Mark D.; '64 BSBA; Sales Mgr.; Sprite Mfg. Co. Inc., Box 320, Nappanee, IN 46550; r. 2274 Hilltrail Rd., Bremen, IN 46506, 219 546-3453.

FOOTE, Michele Hotz; '76 BSBA; Sales Mgr. Household; Peoples Cartage Mayflower, 6330 Promway NW, Massillon, OH 44646; r. 6745 Strathmore Dr., Valley View, OH 44125, 216 524-3960.

FORBES, James R.; '50 BSBA; Retired; r. 3531 W. Orchid Ln., Phoenix, AZ 85051, 602 973-4538.

FORBES, Stanley H.; '47; Exec. Asst.; Kentile Inc., S. Plainfield, NJ 07080; r. Rembrandt 5266 Real Vallarta, 45020 Guadalajara Jal, Mexico.

FORBES, Thomas A.; '58 BSBA; Staff; Triangle Industries, 1701 Wheeling Ave., Glen Dale, WV 26038, 304 845-4020; r. 130 Kennedy Ave., Green Acres, Shadyside, OH 43947, 614 676-2735.

FORCINO, Toni Bibb; '83 MBA; Instr.; Montgomery Clg., 20200 Observation Dr., Germantown, MD 20874, 301 972-2000; r. 883 Flagler Dr., Gaithersburg, MD 20878, 301 926-0725.

FORD, Alan R.; '80 MBA, '87 MA; Pres.; Jade Aircraft Ltd. Inc., 1838-E. NW Ct., Columbus, OH 43212, 614 486-4907; r. Same.

FORD, Albert William; '48 BSBA; Employee; Spring Wood Prods. Inc., Austin Rd, Geneva, OH 44041; r. 1133 Sandcasle Rd, Sanibel, FL 33957.

FORD, Andrew Douglas; '32 BSBA; Retired; r. 1566 Noe Bixby Rd, Columbus, OH 43232, 614 866-8368.

FORD, Anne '78 (See Jordan, Ms. Anne F.).

FORD, Billie Ray; '60 BSBA; Staff; Richardson Vicks Inc., Central Staff, Ten Westport Rd., Wilton, CT 06897; r. 3705 Fallen Tree Ln., Cincinnati, OH 45236, 513 791-8247.

FORD, 2LT Christopher Dean, USAF; '85 BSBA; 4 Brooklane, Mountain Lakes, NJ 07046.

FORD, David Earl; '60 BSBA; Pres.; Morning Star Technologies, 1760 Zollinger Rd, Columbus, OH 43221, 614 451-1883; r. 3655 Seaford Pl., Columbus, OH 43220, 614 459-1214.

FORD, David Jeffrey; '86 BSBA; 5959 Central Park Dr., Columbus, OH 43229.

FORD, David Keith; '76 BSBA; Tchr.; Univ. of Toledo, Acctg. Dept., 2801 W. Bancroft, Toledo, OH 43606; r. 665 Centerfield, Maumee, OH 43537, 419 893-4485.

FORD, David Russell; '81 BSBA; Mktg. Mgr.; Dow Chemical, 2020 Willard H Dow Ctr., Midland, MI 48674, 517 636-8375; r. 5114 Drake St., Midland, MI 48640, 517 835-8349.

FORD, Donald R.; '52; Pres.; Lancer Inc., POB 488, Ocala, FL 32678, 904 237-8885; r. 4 El Bravo Way, Palm Bch., FL 33480, 407 655-6225.

FORD, COL Harry Emerson, USA(Ret.); '41 BSBA; Asst. Prof.; San Antonio Clg.; r. 132 Trillium Ln., San Antonio, TX 78213, 512 341-5072.

FORD, Jack Douglas; '72 BSBA; Owner; Retail Floor Covering Store, 7701 Park Blvd., Pinellas Park, FL 33565; r. 14081 82nd Ave. N., Seminole, FL 34646, 813 397-6358.

FORD, James Berry; '74 MBA; Dir. Wholesale; Libbey-Owens-Ford Co., POB 779, 811 Madisow Ave., Toledo, OH 43695, 419 247-4810; r. 6913 Milrose Ln., Toledo, OH 43617, 419 841-3994.

FORD, James Robert; '64 BSBA; Pres. & Dir.; Ford Bros. Inc., 510 Riverside Dr., POB 727, Ironton, OH 45638, 614 532-3143; r. 52 Hidden Valley, Kenova, WV 25530, 304 453-6438.

FORD, James W.; '55 BSBA; Mfgr's Rep.; J.W. Ford Assocs., 15 Franklin Ave., Midland Park, NJ 07432, 201 652-8007; r. Same, 201 652-2308.

FORD, Dr. Jeffrey Duane; '73 MBA, '75 PhD (BUS); Assoc. Prof.; Ohio State Univ., Clg. of Bus., Columbus, OH 43210, 614 292-4563; r. 5468 Bermuda Bay Dr., #2A, Columbus, OH 43235, 614 459-6943.

FORD, Jerry Dale; '58 BSBA; Staff; UNISYS Corp., 1 Corporate Dr., Clearwater, FL 34622, 813 573-9252; r. 1932 Jeffords St., Clearwater, FL 34624, 813 461-7282.

FORD, Jodi '85 (See Rice, Mrs. Jo Ellen Ford).

FORD, John Meyer; '81 BSBA; Bus. Devel. Exec.; Apple Computer, 4460 Carver Woods Dr., Cincinnati, OH 45242, 513 793-0318; r. 7579 Hidden Trace Dr., W. Chester, OH 45069.

FORD, Joseph Bruce; '63 BSBA; Chmn. of the Bd.; Merchants & Planters Bank, POB 127, Sparkman, AR 71763, 501 678-2251; r. #6 Oak Tree Cir., N. Little Rock, AR 72116, 501 753-5284.

FORD, Larry Kent; '76 BSBA; Asst. Mgr.; Brown Derby Inc., 7850 Northfield Rd, Cleveland, OH 44146; r. 4960 Barrie St. NW, Canton, OH 44708.

FORD, Lawrence Royden; '65 BSBA; Assoc. Prof.; San Diego State Clg., 5402 College Ave., San Diego, CA 92115; r. 5537 Redland Dr., San Diego, CA 92115, 619 583-3557.

FORD, Martha Mary; '85 BSBA; Mgr.; Pier I Imports, 3219 Wurzbach, San Antonio, TX 78238, 512 647-8185; r. 7520 Potranco, #2806, San Antonio, TX 78251, 512 647-8185.

FORD, Mildred Boerger; '48 BSBA; Tchr.; r. 1133 Sandcastle Rd, Sanibel, FL 33957.

FORD, Paul Glenn, Jr.; '88 MBA; Sr. Industrial Engr.; Appleton Papers Inc., c/o Postmaster, W. Carrollton, OH 45449; r. 40 Fairway Dr., Springboro, OH 45066, 513 748-0436.

FORD, Randy Alan; '69 BSBA; Mgr of Prod Systs Admin; The Timken Co., 1 Timken Pl., Iron Sta., NC 28080, 704 735-6551; r. Lowesville Sq., Rte. 1 Box 18, Stanley, NC 28164, 704 827-1582.

FORD, Robert A.; '49 BSBA; 1455 Miami Ln., Des Plaines, IL 60018.

FORD, Robert Allan; '82 BSBA; Grounds Supv./Mgr.; Tecumseh & Shenandoah Theater, Postmaster, Chillicothe, OH 45601; r. c/o David Lawver, 907 Clover Dr., Worthington, OH 43085.

FORD, Robert Paul; '68 BSBA; 4817 Brenda NE, Albuquerque, NM 87109.

FORD, Steven M.; '81 BSBA; Proprietor/Typographer; Ford Typesetting, 1183 Dutton Pl., Columbus, OH 43227, 614 231-4885; r. Same.

FORD, William Benjamin; '72 BSBA; Financial Cnslt.; Merrill Lynch, 1185 Ave. of Americas 19th Fl., New York, NY 10036, 212 382-8523; r. 963 Boulevard E., Weehawken, NJ 07087, 201 392-8122.

FORD, William Henry; '39 BA; Retired; r. 3215 Southdale Dr., Apt. 7, Dayton, OH 45409, 513 298-5750.

FORDYCE, James T.; '65 BSBA; COO; Arrow Truck Sales, 3200 Manchester, Kansas City, MO 64129, 816 923-5000; r. 7524 Canterbury Ct., Prairie Vlg., KS 66208, 913 642-1751.

FORE, Carolyn '38 (See Dwight, Carolyn Fore).

FOREMAN, Eric Hugh; '78 BSBA; Staff; Cott Index Co., 1515 Hess St., Columbus, OH 43212; r. 3248 Braidwood Dr., Hilliard, OH 43026, 614 771-0666.

FOREMAN, James Patrick; '77 BSBA, '78 MBA; Financial Controller; r. 1173 Virginia Ave. #1, Atlanta, GA 30306.

FOREMAN, James Tucker; '72 BSBA; Grp. Controller; Tecumseh Prods. Co., Engine & Power Train Group, 900 North St., Grafton, WI 53024, 414 377-2700; r. POB 222, Saukville, WI 53080, 414 284-0249.

FOREMAN, Todd Lester; '82 BSBA; Computer Prog./Analst; Executive Jet Aviation Inc., Port Columbus Int Arport, Box 19707, Columbus, OH 43219; r. 970 High St., Apt. C-1, Worthington, OH 43085, 614 885-6954.

FORKER, John Alter, II; '82 MBA; Staff Ind Engr.; r. 86 Erie Rd, Columbus, OH 43214, 614 267-5231.

FORKER, Penelope Goggin; '82 MPA; 414 Viola St., Casa Grande, AZ 85222, 602 836-5539.

FORKIN, Timothy P.; '80 BSBA; VP Sales; Buckeye Sales & Mktg., 2265 Enterprise Pkwy. E., Twinsburg, OH 44087, 216 487-0880; r. 7590 Woodspring Ln., Hudson, OH 44236, 216 650-2981.

FORMAN, Barry Sheldon; '77 BSBA; Owner; Formco Distributors, 4891 NW 72nd Ave., Lauderhill, FL 33319, 305 742-2011; r. Same.

FORMAN, Fredric Shaw; '79 BSBA; Sr. Budget Analyst; Loral Aircraft Braking Systs., Akron, OH 44306, 216 796-9741; r. 2530 Ridgewood Rd., Akron, OH 44313, 216 864-7726.

FORMAN, Howard Sherman; '82 BSBA; 3640 Berkeley, Cleveland Hts., OH 44118, 216 321-6488.

FORMAN, Janet Ann; '81 BSBA; 10801 Fitzwater, Brecksville, OH 44141, 216 526-8316.

FORMAN, Mark Houston; '78 MPA; VP Operations; Acceleration Corp., 475 Metro Pl. N., Dublin, OH 43017, 614 764-7003; r. 7 Echo Terrace, Wheeling, WV 26003.

FORMAN, Sandra '54 (See Harris, Sandra Forman).

FORNARO, Diane Lee, (Diane Dorchak); '82 BSBA; Supv.; Roadway Express Inc., 8101 Union Ave., Cleveland, OH 44105, 216 883-3400; r. 12603 Frost Rd., Mantua, OH 44255, 216 248-0585.

FORNEY, BGEN Leslie R., Jr.; '49 BSBA; USA(Ret); Dir. of Admin.; Lanza, O'Connor et al, 3300 Ponce de Leon Blvd., Coral Gables, FL 33134, 305 448-4441; r. 61 NE 104th St., Miami Shrs., FL 33138, 305 758-9989.

FORNOF, Lillian K.; '36; Retired; r. 406 E. Torrence Rd., Columbus, OH 43214, 614 263-6388.

FORQUER, Joseph W.; '79 BSBA; Personnel Svcs. Mgr.; Riverside Methodist Hosp., 3535 Olentangy River Rd, Columbus, OH 43214, 614 261-4429; r. 1412 W. 2nd Ave., Columbus, OH 43212, 614 488-5135.

FORREST, James Randolph; '81 BSBA; Systs. Analyst; Champion Intl., Knightsbridge Dr., Hamilton, OH 45020, 513 868-4998; r. 2984 Linwood Ave., Cincinnati, OH 45208, 513 871-7128.

FORREST, James W.; '48 BSBA; Retired; r. 104 Kenwood Pl., Lynchburg, VA 24502, 804 239-1693.

FORREST, Jean Halberg; '57 BSBA; 2844 Chadbourne Rd, Cleveland, OH 44120, 216 491-8157.

FORREST, Richard E., Jr.; '68 BSBA; 607 Hatler Ct., Louisville, KY 40223, 502 245-0139.

FORRESTER, Alan M.; '62 BS, '64 MBA; Pres. & Treas.; McDonnell Douglas Capital Corp., 5455 Corporate Dr., Ste. 210, Troy, MI 48098, 313 641-9797; r. 1539 Lochridge, Bloomfield Hls., MI 48013, 313 334-2375.

FORRESTER, Laura K.; '86 BSBA; Sr. Acct.; Ernst & Whinney, Lander Cir. Ofc., 30195 Chagrin Blvd., Ste. 350, Cleveland, OH 44124, 216 861-5000; r. 18226 Glencreek Ln., Strongsville, OH 44136, 216 238-6224.

FORRESTER, William R.; '65 BSBA; Mgr.; Columbus Southern Power Co., 215 N. Front St., Columbus, OH 43215, 614 464-7683; r. 5859 Meadowridge Ct., Grove City, OH 43123, 614 875-6532.

FORSBLOM, Robert W.; '78 MPA; Dir./Indst-Comm Devlp; Buckeye Power Inc., 6677 Busch Blvd., POB 26036, Columbus, OH 43226, 614 846-5757; r. 2576 Ruhl Ave., Columbus, OH 43209, 614 253-2292.

FORSHEY, Eddie D., CPA; '71 BSBA; Mgr.; J.P. Industries Inc., Dept. of Materials & Finance, Rte. 4, Caldwell, OH 43724, 614 732-2311; r. 14098 Chapel Dr., Caldwell, OH 43724, 614 732-2885.

FORSLIND, David A.; '57 BSBA; Controller; Hebrew Home of Greater Wash, 6121 Montrose Rd., Rockville, MD 20852, 301 881-0300; r. 7101 Lake Dr., Greenbelt, MD 20770, 301 474-7572.

FORSTER, Carol Haskins; '54 BSBA; Real Estate Agt.; Carol Haskins Forster, 40 N. Cambrills Hwy., Half Moon Bay, CA 94019; r. 11200 Skyline Blvd., Redwood City, CA 94062, 415 726-4984.

FORSTER, David C.; '54 BSBA; Pilot Instr.; r. 11200 Skyline Blvd., Redwood City, CA 94062, 415 726-4984.

FORSTER, Frank Andrew; '82 BSBA; Researcher; Battelle Mem. Inst., 505 King Ave., Columbus, OH 43201; r. 109 Wetmore Rd, Columbus, OH 43214, 614 267-0450.

FORSTER, Kent B.; '67 BSBA; Pres.; Country Mkt. Stores, 419 E. Main St., Dothan, AL 36301, 205 793-1916; r. 3402 Ridgewood Dr., Dothan, AL 36303, 205 793-3273.

FORSTER, Patricia Anne; '82 MLHR; 329 Eastworth Ct., Worthington, OH 43085, 614 436-9153.

FORSTHOFFER, David Lee; '73 BSBA; Pres.; Shoes & Gloves Inc., 400 E. Wilson Bridge Rd., Worthington, OH 43085, 614 885-1625; r. POB 192, Dublin, OH 43017, 614 889-5269.

FORSTY, George Ernest; '68 BSBA; Retired; r. 1339 Fox Run #108, Willoughby, OH 44094, 216 953-0587.

FORSYTH, Lynn Rice; '84 BSBA; 3902 Pondfield Ct., Apt. A, Greensboro, NC 27410, 919 668-7228.

FORSYTH, Sheila H., CPA, (Sheila Hinaman); '68 BSBA; Controller; Standard Mgmt. Co., 6076 Busch Blvd., Ste. 2, Columbus, OH 43229, 614 846-0418; r. 1860 Hardin Ln., Powell, OH 43065, 614 363-6331.

FORSYTHE, Frank A.; '48 BSBA; Retired; r. 5630 Maplewood Dr., Speedway, IN 46224, 317 293-0367.

FORSYTHE, Kent Charles; '86 BSBA; 7340 Mallard Dr., West Chester, OH 45069, 513 779-9590.

FORSYTHE, Sandra Cooperrider; '83 BSBA; Acct.; Bellemar Parts Industries, 23000 US Rte. 33, Marysville, OH 43040, 513 644-8866; r. 309 Buerger St., Marysville, OH 43040, 513 644-9516.
FORSYTHE, Scott Alan; '81 BSBA; Purchasing Coord.; Honda of America Mfg., 24000 US Rte. 33, Marysville, OH 43040, 513 642-5000; r. 309 Buerger St., Marysville, OH 43040, 513 644-9516.
FORSYTHE, 2LT Scott Allan; '87 BSBA; Exec. Ofcr.; 78th QM Co., APO, San Francisco, CA 96271; r. Same.
FORSYTHE, Thomas Moody, Jr.; '49 BSBA; Asst. to Pres.; C M Media Inc., 171 E. Livingston Ave., Columbus, OH 43215, 614 464-4567; r. 570 E. Dominion Blvd., Columbus, OH 43214, 614 268-6865.
FORTENBACHER, Scott Reese; '74 BSBA; Property Mgr./Sales Agt.; Cam Taylor Co., 2338 E. Main St., Columbus, OH 43209, 614 235-2356; r. 883 Vernon Rd, Columbus, OH 43209, 614 231-3560.
FORTIER, James K.; '86 BSBA; Sales Assoc.; Pro Golf Discount, 5871 Sawmill Rd., Dublin, OH 43017, 614 792-3553; r. 1335 Bunker Hill, Columbus, OH 43220, 614 457-3372.
FORTIN, Thomas Joseph; '76 BSBA; Owner; Thomas J Fortin & Co., 1155 W. Third Ave., Columbus, OH 43212, 614 294-0404; r. 18 Spring Creek Dr., Westerville, OH 43081, 614 891-1874.
FORTINI-CAMPBELL, Alan Craig; '77 MBA; Mgr.; Arthur Andersen & Co., 33 W. Monroe, Chicago, IL 60603; r. 518 Surf 1W, Chicago, IL 60657, 312 864-9847.
FORTKAMP, Kathleen Rose; '88 BSBA; 205 E. Wiggs St., Ft. Recovery, OH 45846, 419 375-2868.
FORTMAN, Daniel Joseph; '67 BSBA; 4055 W. Camelot, Piqua, OH 45356, 513 773-0161.
FORTMAN, James K.; '72 BSBA; Material Mgr.; Cincinnati Milacron Inc., 537 Grandin Rd., Maineville, OH 45039, 513 583-2642; r. 8818 Meadow Dr., Mason, OH 45040, 513 398-2831.
FORTNEY, Ruth A.; '82 BSBA; 1320 Shady Ln., Columbus, OH 43227, 614 866-8903.
FORTUNATO, Stephen M.; '51 BSBA; Owner; Triangle Sales & Brake Svc., POB 549, Steubenville, OH 43952; r. 106 Wilma Ave., Steubenville, OH 43952, 614 264-9050.
FORWARD, Jay Denman; '82 BSBA; Operation Spec.; GE Superabrasives, 6325 Huntley Rd., Worthington, OH 43085, 614 438-2276; r. 4063 Largo Ct., Gahanna, OH 43230, 614 475-2528.
FOSCARDO, George D.; '67 BSBA; Dir. of Plng. & Bldg.; City of San Bruno, 567 El Camino Real, San Bruno, CA 94066, 415 877-8874; r. 465 Burnett, Apt. 3, San Francisco, CA 94131, 415 821-5789.
FOSKUHL, Susan Ann; '83 BSBA; 2466 Kewanna Ln., Xenia, OH 45385, 513 426-6606.
FOSNAUGH, CAPT Carl John, USMC; '82 BSBA; Pilot; HMH-464, MAG-29, MCAS, New River, Jacksonville, NC 28545, 919 451-6123; r. 503 Cheyenne Dr., Jacksonville, NC 28540, 919 347-3343.
FOSNAUGH, Jannine '54 (See Mazuzan, Jannine F.).
FOSS, Gene K.; '40 BSBA; Retired VP; Fox Pharmacal Inc., 1400 NE 131st St., N. Miami, FL 33161; r. 3001 S. Course Dr., Apt. 109, Pompano Bch., FL 33069, 305 979-8935.
FOSSELMAN, Susan M.; '88 BSBA; 11513 Chester Rd., Garfield Hts., OH 44125, 216 662-6898.
FOSTER, Adam Henry; '82 BSBA; VP; Sylvan Lawrence Co., Inc., 100 William St., New York, NY 10038, 212 344-0044; r. 75 East End Ave., Apt. 7-D, New York, NY 10028.
FOSTER, Beatrice J. '45 (See Ribet, Mrs. Beatrice F.).
FOSTER, Benjamin Bryan; '85 BSBA; Acctg. Trainee; Ralston Purina Co., 276 Bremen, Lancaster, OH 43130; r. 3934 Rhine Ln., Groveport, OH 43125.
FOSTER, Cheryl Bryant; '76 BSBA, '77 MBA; Sales Repr; IBM Corp., 140 E. Town St., Columbus, OH 43215; r. 8207 Bertson Pl., Worthington, OH 43085, 614 888-7539.
FOSTER, Craig Ward; '88 BSBA; 1908 Olde Coventry Rd E., Columbus, OH 43232, 614 861-0464.
FOSTER, Daniel P.; '86 BSBA; Advt. Sales; r. 366 E. Beechwold, Columbus, OH 43214, 614 262-4760.
FOSTER, David Burt; '72 BSBA; Controller; Borden Inc., Galloway-West Division, 325 Tompkins St., Fond Du Lac, WI 54935, 414 922-0600; r. 136 20th St., Fond Du Lac, WI 54935, 414 921-2474.
FOSTER, David Paul; '85 BSBA; Acctg. Mgr.; Automatic Data Processing, 5680 New Northside Dr., Atlanta, GA 30328, 404 955-3600; r. 1030 Heritage Valley Rd., Norcross, GA 30093, 404 381-7463.
FOSTER, Don B.; '87 BSBA; Auditor; Dept. of Human Svcs., 1160 Dublin Rd., Columbus, OH 43215, 614 644-2212; r. 563 D'Lyn, Columbus, OH 43228, 614 878-2506.
FOSTER, Donald Edwin; '86 BSBA; Examiner; Fed. Home Loan Bank of Cincinnati, 221 E. Fourth St. Downtown, Cincinnati, OH 45202, 614 888-2512; r. 322 Meadow Ln., Circleville, OH 43113, 614 474-4050.
FOSTER, Edwin Calmon; '48 BSBA; Mgmt. Cnslt.; ECF Assocs. Inc., 572 Rock Rd., Glen Rock, NJ 07452, 201 445-1046; r. Same, 201 444-9258.
FOSTER, Frederick L.; '85 BSBA; Supv.; Yellow Freight Systs. Inc., 5400 Fisher Rd., Columbus, OH 43228, 614 878-6013; r. 5736 A Bixby Woods Ct., Columbus, OH 43232, 614 864-0911.
FOSTER, Howard E.; '48 BSBA; Retired; r. 451 Walmar Dr., Bay Village, OH 44140, 216 871-5753.
FOSTER, Jack L.; '88 BSBA; Foreman; Exco Site Devel. Co., POB 2642, Columbus, OH 43216, 614 258-8484; r. 9110 Waterloo, Canal Winchester, OH 43110, 614 837-7606.
FOSTER, James Frederick; '86 BSBA; 1845 N. Gramercy Pl., Apt. 212, Los Angeles, CA 90028.
FOSTER, Jeffrey William; '80 BSBA; Campbell Soup Co., E. Maumee, Napoleon, OH 43545; r. Rd. M Rte. 1, Pioneer, OH 43554.
FOSTER, Jennifer '82 (See Ortman, Mrs. Jennifer Foster).
FOSTER, Jennifer Kling; '86 BSBA; Analyst; J W Didion & Assoc., 229 Huber Village Blvd., Westerville, OH 43081; r. 366 E. Beechwold, Columbus, OH 43214, 614 262-4760.
FOSTER, John; '62 BSBA; Admin. Coord.; Ashland Pipe Line Co., 1000 Ashland Dr., POB 391, Ashland, KY 41114, 606 329-3168; r. 965 Dysard Hill, Ashland, KY 41101, 606 325-7026.
FOSTER, Joseph Paul; '59 BSBA; 204 A St., Price Rd., Lexington, KY 40505.
FOSTER, Kenneth Robert; '56 BSBA; VP Sales; Western Star Trucks, c/o Postmaster, Harlingen, TX 78552; r. 1201 Palm Valley Dr. E., Harlingen, TX 78552, 512 428-0532.
FOSTER, Lewis Jack; '44 BSBA; Retired; GE Co., Laminated Prods Bus Dept., Coshocton, OH 43812; r. 771 Ridgewood Dr., Coshocton, OH 43812, 614 622-1184.
FOSTER, Paul Marvel; '50 BSBA; Partner; Coopers & Lybrand, 1251 Ave. of Americas, New York, NY 10020; r. 10701 Deneale Pl., Fairfax, VA 22032, 703 278-8604.
FOSTER, Randolph Baxter, III; '68 BSBA; Systs. & Proj. Devel. Mgr; Nationwide Ins. Co., 1 Nationwide Plz., Columbus, OH 43201, 614 249-7917; r. 2177 Maplewood Dr., Columbus, OH 43229, 614 890-3369.
FOSTER, Ray Oliver, Jr.; '52 BSBA; Exec. VP & Owner; Pulse Mktg. Grp., 3315 N. 124th St., Brookfield, WI 53005, 414 781-1090; r. 4251 W. Beach Rd., Oconomowoc, WI 53066, 414 569-9469.
FOSTER, Richard Walters; '65 BSBA; Pres.; Khempco Bldg. Supply Co., 1533 Lakeshore Dr., Columbus, OH 43204, 614 486-2991; r. 1824 Roxbury Rd, Columbus, OH 43212, 614 488-4421.
FOSTER, Robert Hayes; '67 BSBA; Asst. Public Defender; Franklin Co. Pub Defender Comm, 67 N. Front St., Columbus, OH 43215, 614 222-8980; r. 6094 Endicott Rd, Columbus, OH 43229, 614 846-6944.
FOSTER, Robert Michael; '65 BSBA; 2807 Middlesex, Toledo, OH 43606, 419 535-7647.
FOSTER, Robert R.; '50 BSBA; Mgr. Indl. Engrg.; Libby Owens Ford, 811 Madison Ave., Toledo, OH 43695; r. 4758 Santa Maria, Toledo, OH 43614, 419 381-1251.
FOSTER, Roland Swaim; '83 MBA; Pres.; Far Rsch. Inc., 766 Wilhelmina Ct., Palm Bay, FL 32905; r. POB 2344, Melbourne, FL 32902, 407 724-9019.
FOSTER, Ronald Samuel, PhD; '52 BSBA, '57 MBA, '61 PhD (BUS); Pres.; Mgmt. Foresight, Inc., 1670 Fishinger Rd., Columbus, OH 43221, 614 451-2382; r. 4012 Bickley Pl., Columbus, OH 43220.
FOSTER, Scot Allan; '78 BSBA; Maj. Account Admin.; Ohio Bell Telephone Co., 50 W. Bowery St., Rm. 470, Akron, OH 44308, 216 384-2060; r. 3665 Burrshire Dr., NW, Canton, OH 44709, 216 492-1994.
FOSTER, Mrs. Shannon Marie, (Shannon Marie Timperman); '87 BSBA; Sales Rep.; Procter & Gamble, Atlanta, GA 30328; r. 1030 Heritage Valley Rd., Norcross, GA 30093, 404 381-7463.
FOSTER, Stephen Scott; '83 BSBA; 1200 S. Oneida #7-304, Denver, CO 80224.
FOSTER, Steve Preston; '74 BSBA; Asst. Cashier; Lebanon Citizens Natl. Bank, 27 W. 2nd St., Lebanon, OH 45601; r. POB 705, Lebanon, OH 45036, 513 932-1459.
FOSTER, Thomas Charles; '87 BSBA; Staff Acct.; Arthur Young & Co., 1100 Superior Ave., Ste. 1600, Cleveland, OH 44114, 216 241-2200; r. 1479 Hunter's Chase Dr., Apt. 2A, Westlake, OH 44145, 216 835-8916.
FOSTER, Thomas Gordon; '55 BSBA; Owner/Pres.; Express Shoe Repair, 2710 Beaver Ave., Des Moines, IA 50322, 515 278-8761; r. 1762 N. W. 80th Pl., Des Moines, IA 50322, 515 278-8761.
FOSTER, Todd Winton; '85 BSBA; Ofc. Mgr.; New York Life Ins. Co., 1401 Hudson Ln. Ste. 211, Monroe, LA 71201, 318 387-4771; r. 26 Front Royal Ter., Monroe, LA 71203, 318 343-3808.
FOSTER, Ty Lee; '78 BSBA; Atty.; Anstine & Hill, 899 Logan, Ste. 406, Denver, CO 80203, 303 832-5588; r. 2565 S. Dahlia St., Denver, CO 80222, 303 759-4740.
FOSTER, William Omer, Jr.; '50 MBA; Mgr. Direct Compensation; Marine Midland Bank, N A, Direct Compensation, One Marine Midland Ctr., Buffalo, NY 14240, 716 841-5084; r. 245 Ransom Oaks Dr., E. Amherst, NY 14051, 716 688-6393.
FOTI, Anthony Luciano; '85 BSBA; Law Student; r. 5644 Falkirk Dr., Lyndhurst, OH 44124.
FOUCH, Vanessa Kaye; '88 BSBA; 269 Meadow Dr., Circleville, OH 43113.
FOUNDOULIS, James; '57 BSBA; Retired; r. 2872 Hoffman Cir., Warren, OH 44483, 216 372-3065.
FOUNDS, Marvin L.; '86 BSBA; Asst. Treas.; E. Gurnsey Sch. Dist., Old Washington, OH 43708, 614 489-5072; r. 3882 Dresden Rd., Apt. B, Zanesville, OH 43701, 614 455-3603.
FOUNTAS, Christopher Nicholas; '87 BSBA; 1717 Bay Shore Dr., Apt. 3056, Miami, FL 33132.
FOUNTAS, Paul Peter; '82 BSBA; Systs. Cnslt.; Micro Solvations, 1627 S. Dixie Hwy. #E, Pompano Bch., FL 33060, 305 776-7676; r. 5330 NE 17th Ave., Ft. Lauderdale, FL 33334, 305 491-6990.
FOUNTAS, Samuel John; '71; Staff; Coventry Steak House, 4625 Maize Rd., Columbus, OH 43224; r. 1717 N. Bayshore Dr., 3056, Miami, FL 33132.
FOUREMAN, Roy Williams; '48 BSBA; Cost Acct.; Proctor & Gamble, 1 PNG Plz., 301 E. 6th St., Cincinnati, OH 45202, 504 983-6093; r. 47 Henry Ave., Ft. Thomas, KY 41075, 606 441-3043.
FOURNIER, MAJ Robert L., USAF(Ret.); '67 BSBA; Data Processing Prof.; Alpena Community Clg., 666 Johnson St., Alpena, MI 49707, 517 356-9021; r. 209 State Ave., Alpena, MI 49707, 517 356-6775.
FOUSE, Edwin Duane; '58 BSBA; VP-Mktg.; Quik Quest Software, Inc., 4807 NE Meadows Dr., Park City, UT 84060, 801 649-3530; r. Same.
FOUSS, G. William; '65 BSBA; Pres.; Security Production Corp., 6172 Busch Blvd., Ste. 3003, Columbus, OH 43229, 614 436-2232; r. 1544 Powell Rd., Powell, OH 43065, 614 885-5422.
FOUST, Annette Marie; '83 BSBA; Student; Ohio State Univ., Columbus, OH 43229; r. 2964 Heatherleaf Way, Columbus, OH 43229, 614 890-3243.
FOUST, David Gary; '74 MBA; Sales Engr.; Jaric Inc., 1100 W. Town St., Columbus, OH 43222, 614 464-9491; r. 675 Oxford St., Worthington, OH 43085, 614 885-9215.
FOUST, Douglas Charles; '77 BSBA; 64 Heischman Ave., Worthington, OH 43085, 614 848-3322.
FOUST, Elaine Jo; '87 BSBA; Acct.; Campbell Soup Co., Napoleon, OH 43545; r. 2964 Heatherleaf Way, Columbus, OH 43229, 614 890-1797.
FOUST, Kenneth Warren; '75 BSBA; 433 S. Sixth St., #C, Burbank, CA 91501, 818 842-7967.
FOUST, Larry Craig; '77 BSBA; Rate Case Coord.; American Electric Power Svc. Co., 1 Riverside Plz., Columbus, OH 43215, 614 223-2818; r. 5762 Runningbrook Dr., Westerville, OH 43081, 614 882-1395.
FOUST, Michael David; '83 BSBA; Acct. II; First Natl. Bank of Chicago, Trading Products-Financial Adm, One First National Plz., Chicago, IL 60670; r. 5885 Forest View Rd. #227, Lisle, IL 60532, 312 963-2604.
FOUST, Robert Lee; '75 BSBA; Pres.; Denrob Mgmt. Inc., 100 W. Third Ave., Columbus, OH 43201, 614 297-1158; r. 881 Thirlwall Ct., Westerville, OH 43081, 614 882-8435.
FOUT, James E.; '50 BSBA; Retired VP; Ashland Petroleum Co., POB 391, Ashland, KY 41114; r. 2456 Bradley Dr., Ashland, KY 41101, 606 324-6406.
FOUTS, Lynn Roth; '77 BSBA; Restaurant Supv.; Bill Knapps Restaurant, 110 Knapp Dr., Battle Creek, MI 49015, 419 865-5519; r. 1712 Cherrylawn Dr., Toledo, OH 43614, 419 382-7033.
FOUTS, Michael Allan; '83 BSBA; Mgr.; Rax Restaurants Systs. Inc., 1266 Dublin Rd., Columbus, OH 43215; r. 531 Knoll Dr., Granville, OH 43023, 614 587-2981.
FOUTY, Robert R., Jr.; '51 BSBA; Staff; Steve Bennett Ins. Agcy., 3911 Broadway, Grove City, OH 43123; r. 108 W. Dominion Blvd., Columbus, OH 43214, 614 262-9863.
FOWKES, Herbert S., Jr.; '50 BSBA; Retired Cnslt.; r. 5930 Lancer Ct., Dayton, OH 45424, 513 233-6528.
FOWLER, Ann Groves; '79 MBA; 7159 Sweeny Blvd., Dublin, OH 43017, 614 764-9616.
FOWLER, Carl; '67 MBA; Staff Member; Lockheed Missiles & Space Co., 1111 Lockheed Way, Sunnyvale, CA 94088, 408 742-6839; r. 3129 Lake Garda Dr., San Jose, CA 95135, 408 274-4113.
FOWLER, Charles Frederick; '87 MBA; Proj. Mgr.; Ashland Chemical, 5200 Blazer Memorial Pkwy., Dublin, OH 43017, 614 889-3404; r. 5252 Bracken House Ct., Columbus, OH 43235, 614 457-7537.
FOWLER, Harry Lee; '78 BSBA; CT Sr. X-Ray Tech.; Univ. of California, 3rd & Parnassus, POB 628, San Francisco, CA 94143, 415 476-1968; r. 4652 C Melody Dr., Concord, CA 94521, 415 686-2054.
FOWLER, James F.; '59 BSBA; Retired Usaf; r. Rte. 2 Box 155F, Mullins, SC 29574, 803 464-0280.
FOWLER, Patricia B., (Patricia G. Bazler); '47 BSBA; Bus. Svc. Ofcr.; Ohio State Univ., Lantern Newspaper, 242 W. 18th Ave., Columbus, OH 43210, 614 292-2031; r. 1090 Kenley Ave., Columbus, OH 43220, 614 451-1891.
FOWLER, Paul David; '83 BSBA; Trust Ofcr.; Bank One, POB 301, Portsmouth, OH 45662, 614 354-3261; r. 1245 Coles Blvd. #9, Portsmouth, OH 45662, 614 354-3024.
FOWLER, Hon. Paul E.; '50 BSBA; 3414 Westwood Dr., Portsmouth, OH 45662, 614 353-7597.
FOWLER, Richard R.; '53 BSBA; Atty.; Weldon Huston & Keyser, 28 Park Ave. W., Mansfield, OH 44902, 419 524-9811; r. 549 Chevy Chase Rd., Mansfield, OH 44907, 419 756-5836.
FOWLER, Ronald Rae; '86 MPA; Pres.; DRF Fotographic, Inc., POB 14905, Columbus, OH 43214, 614 898-3885; r. 1644 Peardale Rd., N., Columbus, OH 43229, 614 898-3885.
FOWLER, Stephen Dale; '85 BSBA; Realtor & Builder; Four Star Realty & Builders, 6260 Huntley Rd., Columbus, OH 43229, 614 235-0951; r. 4024 Anthony Ct. N., Columbus, OH 43213, 614 237-7258.
FOX, Ann Michele; '83 BSBA; Asst. Dir. - Operations; The Ohio State Univ., Columbus, OH 43210, 614 292-3687; r. 5936 Endicott Rd., Columbus, OH 43229, 614 436-4622.
FOX, Brian John; '83 BSBA; Grad. Student; De Paul Univ., 25 E. Jackson Blvd., Chicago, IL 60651; r. 732 W. Roscoe Garden Apt., Chicago, IL 60657, 312 472-5713.
FOX, Charles Borris; '52 BSBA; Atty.; Charles B. Fox & Assocs., 40 W. 4th St., Dayton, OH 45402, 513 222-2376; r. 5730 Heather Hollow Dr., Dayton, OH 45415, 513 277-9173.
FOX, Chester Mathew Allen; '72 BSBA; Staff; Sears Roebuck & Co., Catalog Distribution Ctr., 4545 Fisher Rd., Columbus, OH 43228; r. 7027 Cloverdale Ln., W. Worthington, OH 43235, 614 889-0579.
FOX, David J.; '85 BSBA; Secy.-Treas.; Lion Inc., Postmaster, Galion, OH 44833; r. 615 Portland Way S., Galion, OH 44833, 419 468-2789.
FOX, Denis Carmen; '73 BSBA; 1083 Township Rd. 713, Ashland, OH 44805, 419 281-0767.
FOX, Donald Lawrence; '63 BSBA; Supv.; S M Flickinger Co., 1033 Brentnell, Columbus, OH 43219, 614 253-8701; r. 190 N. Roosevelt, Columbus, OH 43209, 614 231-0249.
FOX, Edward Joseph; '85 BSBA; Asst. Mgr.; The Sherwin-Williams Co., 4299 Kimberly Pkwy. N., Columbus, OH 43232, 614 863-2911; r. 2207 Neil Ave., Columbus, OH 43201, 614 294-1032.
FOX, Eileen M. '84 (See Quinn, Mrs. Eileen M.).
FOX, Ernest Lewis; '80 BSBA; Atty.; Herman & Beinin, Esqs., 185 Madison Ave., New York, NY 10016, 212 725-1633; r. 2548 Park Pl., Bellmore, NY 11710, 516 781-3144.
FOX, Gary Raymond; '73 BSBA; Pres.; Impressions, 4883 Northtowne Blvd., Columbus, OH 43229, 614 471-8983.
FOX, George Wallace, III; '68 BSBA; Capt.; Continental Airlines, Los Angeles Intl Airport, Los Angeles, CA 90055; r. 24012 Sprig St., Mission Viejo, CA 92691, 717 458-8914.
FOX, Gordon L.; '59 BSBA; Assoc. Dir.; Reynolds Metals Co., Ops Trng/Human Res Develop, 6603 W. Broad St., Richmond, VA 23261; r. 10203 Rounding Run, Richmond, VA 23233, 804 740-9099.
FOX, Ina Weiner; '57 BSBA; Arbitrator; New York Stock Exch., 19 Forest Dr., Warren, NJ 07060, 201 753-6496; r. Same.
FOX, James Bernard; '63 BSBA; Interviewer; Chrysler Corp., 2600 Shadeland Dr., Indianapolis, IN 46219; r. 3368 Eden Village Pl., Carmel, IN 46032, 317 844-7863.
FOX, James Edwin; '83 BSBA; Atty-at-Law; Atty-at-Law, 2004 Needmore Rd., Dayton, OH 45414, 513 275-2115; r. 74 E. Burton #3, Dayton, OH 45405, 513 275-6432.
FOX, James Mc Lean; '59 BSBA; Pader Cutter; Interstate Printing Co., 2002 N. 16th St., Omaha, NE 68102; r. 1308 N. 40th St., Omaha, NE 68131, 402 558-7071.
FOX, Jay Louis; '65 BSBA; Pres.; Fox Financial Corp., 441 Wadsworth Bvld., Ste. 118, Lakewood, CO 80226, 303 232-6600; r. 2103 S. Brentwood St., Lakewood, CO 80227, 303 985-3103.
FOX, Jeffery James; '85 BSBA; 614 294-5622; r. 519 Brevoort Rd., Columbus, OH 43214, 614 262-7135.
FOX, John Charles; '80 BSBA; 1105 Pearl St., Martins Ferry, OH 43935, 614 633-0146.
FOX, John Frederick; '58 BSBA; Pres.; Trumco Ins. Agcy., POB 992, Warren, OH 44482, 216 392-6666; r. 925 Melwood Dr. NE, Warren, OH 44483, 216 372-1232.
FOX, John Martin; '57 BSBA; New Homes Sale Dir.; Schlott Realtors, Sarasota, FL 34232, 813 952-1700; r. 435 S. Gulfstream Ave., Unit 407, Sarasota, FL 34236, 813 952-0941.
FOX, John Robert; '61 BSBA; Mgr.; Ford Motor Co., 23591 El Toro Rd., Ste. 290, El Toro, CA 92630, 714 770-2165; r. 26891 Preciados, Mission Viejo, CA 92691, 714 830-8444.
FOX, Kathleen L.; '87 BSBA; Auditor; US Govt., Fed. Govt. Civil Svc., Housing & Urban Development, Columbus, OH 43216, 502 624-7832; r. 735 Apt. D, Moonglow Rd., Columbus, OH 43224.
FOX, Hon. Kenneth Paul, Jr.; '58 BSBA; Munic. Judge; City of Bellevue, 106 NW St., Bellevue, OH 44811, 419 483-3739; r. 111 Aigler Blvd., Bellevue, OH 44811, 419 483-5659.
FOX, Larry J.; '78 BSBA; Pres. & CEO; Micro Mfg. Systs., Inc., 2400 Corporate Exchange Dr., Ste. 200, Columbus, OH 43229, 614 895-0738; r. 6521 Quarry Ln., Dublin, OH 43017, 614 766-2621.
FOX, Lisa Anne; '79 BSBA; Real Estate Agt.; Re/Max Unlimited, Inc., 1585 Bethel Rd., Columbus, OH 43220, 614 457-7111; r. 6144 Laurelwood Ct., Columbus, OH 43229, 614 899-1005.
FOX, Mark Anthony; '82 BSBA; Mgmt. Cnslt.; Arthur Young & Co., 2121 San Jacinto, Dallas, TX 75201, 214 969-8676; r. 2243 Greenview Dr., Carrollton, TX 75010, 214 492-2270.
FOX, Mark Robert; '81 BSBA; Info. Systs. Mgr.; GE, Nela Park, Cleveland, OH 44112, 216 266-5214; r. 1054 Traci Ln., Copley, OH 44321, 216 666-5229.

ALPHABETICAL LISTINGS FRAZIER 89

FOX, Mary Anne Mullen, (Mary Anne Mullen); '80 BSBA; Atty.; r. 10281 Green Holly Ter., Silver Spring, MD 20902, 301 681-7563.
FOX, Patricia '52 (See Cochran, Patricia Fox).
FOX, Richard Pedigo; '63 BSBA; CPA; 303 W. Main, Batavia, OH 45103; r. 2023 Elklick Rd, Batavia, OH 45103, 513 732-1585.
FOX, Robert Bruce; '50 BSBA; 1030 Laurelwood Rd, Mansfield, OH 44907, 419 756-1702.
FOX, Roland; '53 BSBA; Atty.; Fox, Fox & Berz, PA, POB 5047, Clearwater, FL 34618; r. 1650 Fox Rd., Clearwater, FL 34624, 813 531-3141.
FOX, Sharon Marie; '84 BSBA; Bookkeeper; Society Bank of Eastern Ohio, 126 Central Plz., N., Canton, OH 44702, 216 430-7603; r. 2955 Colony Woods Cir., SW, Canton, OH 44706, 216 477-2257.
FOX, Thomas J.; '57 BSBA; Acct.; Instantwhip Columbus Inc., POB 125, Grove City, OH 43123, 614 871-9447; r. 9792 Woodsfield Cir. S., Pickerington, OH 43147, 614 861-5460.
FOX, Timothy Lewis; '78 BSBA; Real Estate Salesman; Ellis Thompson Inc., 777 Columbus Ave., Lebanon, OH 45036; r. 610 Grandview Ave., Lebanon, OH 45036, 513 932-5245.
FOX, Will Raymond; '47 MBA; 618 Overbrook Rd, Towson, MD 21212, 301 377-2323.
FOX, Dr. William Elmer; '51 BSBA; Dean; Calif State Polytech. Clg., Sch. of Bus Adm, Pomona, CA 91766; r. 814 Highpoint Dr., Claremont, CA 91711.
FOX, Dr. William Mc Nair; '54 PhD (BUS); Prof.; Univ. of Florida, Dept. of Mgmt., Gainesville, FL 32611, 904 392-1310; r. 1726 8th Dr. SW, Gainesville, FL 32601, 904 376-9786.
FOX, William R.; '86 BSBA; Real Estate Broker; Michael Saunders & Co., 1801 Main St., Sarasota, FL 34236, 813 951-6660; r. 1650 Pinetree Ln., Unit 202, Sarasota, FL 34236, 813 954-1458.
FRAAS, Selma L. '31 (See Wood, Mrs. Selma F.).
FRABOTTA, John Anthony; '86 BSBA; Industrial Sales Rep.; Taggart Marryott Reardon Co., 4150 Tuller Rd., Ste. 236, Dublin, OH 43017, 614 792-2900; r. 3027 Dublin Arbor Ln., Dublin, OH 43017, 614 889-9467.
FRACASSO, Guy D., Jr.; '59; Partner; G & M Devel. Co., 1335 Worthington Woods Blvd., Worthington, OH 43085, 614 888-7696; r. 7635 Chimes Ct., Worthington, OH 43085, 614 433-7440.
FRAHER, James Nate; '36 BSBA; Retired; r. 1828 Ridgeview Rd., Columbus, OH 43221, 614 488-3743.
FRALICK, John E.; '81 MPA; Mgmt. Analyst; Dept. of Defense, DRMR-CFL, POB 3990, Columbus, OH 43202, 614 238-2275; r. 605 Clinton Heights Ave., Columbus, OH 43202, 614 263-3273.
FRALICK, William Clifford; '76 BSBA; VP; Security Natl. Bank, 40 S. Limestone, Springfield, OH 45502, 513 324-6877; r. 1801 Walnut Ter., Springfield, OH 45504, 513 390-1944.
FRALLICCIARDI, Frank Nicholas; '82 MBA; Pres.; State Saw & Machinery Co., 8220-22 Pulaski Hwy., Baltimore, MD 21237, 301 686-7300; r. 8637 Heathermill Rd., Baltimore, MD 21236, 301 256-3972.
FRAMBES, G. Stark; '54 BSBA; Retired; r. 7310 Millersburg Rd., Wooster, OH 44691, 216 263-1652.
FRAME, James R.; '51 BSBA; Owner-Mgr.; Frame Henson Asphalt Paving, 2100 Springboro Rd., Dayton, OH 45439; r. 209 Dellwood Ave., Dayton, OH 45419, 513 293-4556.
FRANCE, Bessie Lynn; '82 BSBA; 16778 Kent St., Chagrin Falls, OH 44022.
FRANCE, Christine Doersam, (Christine Doersam); '86 MBA; Work Study Coord.; Madison Co. Bd. of Educ., 59 N. Main St., London, OH 43140; r. 1120 Kingsdale Ter., Columbus, OH 43220, 614 457-4665.
FRANCE, Clarence A.; '56 BSBA; Pres.; Converto Mfg. Co. Inc., POB 287, Cambridge City, IN 47327, 317 478-3205; r. 164 S. 20th, Richmond, IN 47374, 317 962-6368.
FRANCE, David Y.; '50 BSBA; Retired; r. 1142 Strathaven Dr. N., Worthington, OH 43085, 614 433-9918.
FRANCE, Frank Eric; '85 MA; Fixed Income Analyst; State Tchrs. Retirement, Columbus, OH 43220; r. 1120 Kingsdale Ter., Columbus, OH 43220, 614 457-4665.
FRANCE, Melanie Jane; '80 BSBA; Price Waterhouse & Co., 180 E. Broad St., Columbus, OH 43215; r. 708 Clark State Rd, Gahanna, OH 43230, 614 471-3994.
FRANCE, Richard Cooper, Jr.; '76 BSBA; Sr. VP; The Natl. Bank of Washington, 4340 Connecticut Ave., NW, Washington, DC 20008, 202 537-2079; r. 20308 Bradermill Dr., Germantown, MD 20874, 301 972-3552.
FRANCESCON, John Thomas; '77 BSBA; Manufacturer's Rep.; W. Stollers Honey, Inc., POB 97, Latty, OH 45855; r. 4568 Maize Rd., Apt. E, Columbus, OH 43224, 614 263-3826.
FRANCETIC, Donna Louise; '87 BSBA; 576 Hemlock Dr., Euclid, OH 44132, 216 731-0873.
FRANCHINO, Neil Anthony; '66 BSBA, '69 MBA; 19 Waybridge Park, Waybridge, Surrey KT138SL, England.
FRANCIK, James Stephen; '87 BSBA; Acct.; Accountants-On-Call, 41 S. High St., Columbus, OH 43215, 614 221-9400; r. 1850 C Spruce Dr., Columbus, OH 43217, 614 497-2776.
FRANCIS, Diane Lee; '84 BSBA; Human Resources Rep.; Continental Ins., 1111 E. Broad St., Columbus, OH 43205, 614 251-5000; r. 4732 Archdale Ln., Columbus, OH 43214, 614 457-7415.
FRANCIS, Henry A.; '27 BSBA; Retired Underwriter; Empire Blue Cross Blue Shield, 622 Third Ave., New York, NY 10017; r. 66 W. Norwalk Rd., Norwalk, CT 06850, 203 838-3972.
FRANCIS, Jerry E.; '86 BSBA; Staff Internal Auditor; Audio Video Affiliates, 2875 Needmore Rd., Dayton, OH 45414, 513 276-3931; r. 7656 Beldale Ave., Dayton, OH 45424, 513 236-3042.
FRANCIS, Robert Arthur; '73 BSBA; Sales Rep.; Keller Mfg. & Oak Crest, 525 Avon Ave., SW, New Philadelphia, OH 44663, 216 339-4210; r. Same.
FRANCISCO, Gordon Michael; '81 MPA; Social Worker; Harding Hosp., 445 E. Granville Rd., Worthington, OH 43085, 614 885-5381; r. 790 Pingree Dr., Worthington, OH 43085, 614 885-0992.
FRANCISCO, John J., Jr.; '57; Realtor; Remax Unlimited, Inc., 1600 Fishinger Rd., Columbus, OH 43221, 614 451-0811; r. 3675 Seaford Dr., Columbus, OH 43220, 614 451-2899.
FRANCUS, David William; '76 BSBA; 4725 Olive Branch-Stonelick Rd, Batavia, OH 45103, 513 732-1784.
FRANEY, Joseph E., Jr.; '48 BSBA; Sr. Ind Eng; Amana Refrigeration Inc, Amana, IA 52203; r. Amana Refrigeration Inc, Amana, IA 52203.
FRANGA, Lowell Douglas; '74 MPA; Box 595, APO, New York, NY 09021.
FRANK, Allan Lee; '86 BSBA; 288 S. Drexel Ave., Columbus, OH 43209.
FRANK, Benjamin Franklin, Jr.; '28 BSBA; Retired; r. 2510 Story Pl., Glendale, CA 91206, 818 242-6443.
FRANK, David Kerwin; '74 MPA; Lawyer; 8 E. Broad St., 14th Fl., Columbus, OH 43215, 614 228-8787; r. 4170 Evansdale Rd., Columbus, OH 43214, 614 457-3625.
FRANK, CDR Dennis M., USN; '70 MBA; Supply Corps.; r. 1608 Emmerton Ct., Virginia Beach, VA 23456, 804 495-5704.
FRANK, Donald Joseph; '57 BSBA; Distribution Planner; Gen. Mills Inc., 2020 Singleton Blvd., Dallas, TX 75212, 214 630-0273; r. 1902 Juniper Dr., Grand Prairie, TX 75050, 214 641-1043.
FRANK, Edward Louis, Jr.; '86 BSBA; Staff Supv.; Cincinnati Bell Telephone, 201 E. 4th St., Cincinnati, OH 45202, 513 397-1407; r. 11618 Hanover Rd., Cincinnati, OH 45240, 513 825-4049.
FRANK, Mrs. Ellen S.; '86 BSBA; Sales Rep.; Roxanne Labs, 1809 Wilson Rd., Columbus, OH 43228, 614 276-4000; r. 3172 Snouffer Rd., Worthington, OH 43235, 614 792-9794.
FRANK, James Stephen; '71 BSBA; Pres./Owner; Mortgage Plus Inc., 4643 S. Ulster St., #200, Denver, CO 80237, 303 779-0022; r. 4660 S. Franklin, Englewood, CO 80110, 303 761-1666.
FRANK, John Morton; '62 BSBA; Retired; r. 344 S. Ardmore Rd., Columbus, OH 43209, 614 231-6062.
FRANK, John Robert; '88 BSBA; Law Student; Univ. of Akron, Akron, OH 44304; r. 437 Sumner #F-3, Akron, OH 44304, 216 762-1936.
FRANK, Kimberley Ann '86 (See Householder, Mrs. Kimberley Ann).
FRANK, Larry L.; '67 BSBA; Mgr.; Zoar Village Golf Course, Postmaster, Zoar, OH 44697; r. Rte. 2 Box 59-K, Dover, OH 44622.
FRANK, Lawrence James; '56 BSBA; Supv.; Field Publications, 4343 Equity Dr., Columbus, OH 43228, 614 771-2524; r. 3742 Wagner Ct., Grove City, OH 43123, 614 875-1632.
FRANK, Marc Julius; '28 BSBA; Retired; r. 252 Shadow Mountain Dr., Apt. B-8, El Paso, TX 79912, 915 581-0591.
FRANK, Marvin Henry; '46; Owner; Univ. Shops; r. 3500 Winding Dr., Lexington, KY 40502, 606 273-5966.
FRANK, Melanie Ann; '84 BSBA; Area Mgr.; Marshalls, 805 Bethel Rd., Columbus, OH 43202, 614 451-5486; r. 7564 Deercreek Dr., Worthington, OH 43085, 614 846-4625.
FRANK, Michael John; '70 BSBA; VP/Finance & Adm; Learning Int, 200 First Stamford Pl., Stamford, CT 06904, 203 965-8400; r. 486 N. Salem Rd., Ridgefield, CT 06877, 203 431-3305.
FRANK, Myron L.; '50 BSBA; Retired; r. 3848 E. 106th St., Carmel, IN 46032.
FRANK, Oren Leslie; '87 BSBA; Underwriter; Northwestern Mutual Life Ins., 1054 James St., Syracuse, NY 13203; r. 100 Barcroft Dr., Camillus, NY 13031, 315 487-1023.
FRANK, Richard Anthony; '85 BSBA; Mgr.; Hendley & Co., POB 3308, Zanesville, OH 43702, 614 452-4523; r. 113A Andover Rd., Heath, OH 43056, 614 522-3178.
FRANK, Roger Thomas; '73 BSBA; Technical Svcs. Mgr.; Motorist Mutual Ins., 471 E. Broad St., Columbus, OH 43215; r. 986 Shetland Ct., Worthington, OH 43085, 614 888-4450.
FRANK, Sherman I.; '48 BSBA; Pres.; Puritan Printing & Label Co., 205 'A' St., Boston, MA 02210; r. 9 York Rd., Waban, MA 02168.
FRANK, Wendy L. '63 (See Hoffman, Mrs. Wendy L.).
FRANK, William Edward, Jr.; '84 BSBA; Atty./Legislative Aide; Charles Butts, State House, Columbus, OH 43215, 614 466-5123; r. 950 E. N. Broadway #C-30, Columbus, OH 43224, 614 268-9009.
FRANK, William Harry; '75 BSBA; Sr. Industrial Engr.; Schnuck Mkts. Inc., 12921 Enterprise Way, St. Louis, MO 63044; r. 221 Golden Valley, St. Louis, MO 63129.
FRANKART, James M.; '59 BSBA; Retired; r. 36 Laplas Dr., Findlay, OH 45840.
FRANKE, Christopher Scott; '83 BSBA; VP; Franke's Wood Prods., Inc., 14310 Hinton Mill Rd., Marysville, OH 43040, 513 642-0706; r. 1730 Laramie Dr., Powell, OH 43065, 614 766-1658.
FRANKE, Edward L.; '48 BSBA; Retired Bus Mgr.; Penton Publishing; r. 2849 Falmouth Rd., Cleveland, OH 44122, 216 921-8909.
FRANKE, Norman F.; '32 BSBA; Retired; r. 1081 Geneva Dr., Prescott, AZ 86301, 602 445-8516.
FRANKEBERGER, John S.; '44 BSBA; Retired; r. 2885 Cheyenne Dr., London, OH 43140, 614 852-5858.
FRANKEBERGER, Kim Earl; '74 BSBA; Treas.; Oster Sand & Gravel Inc., 5947 Whipple Ave., N. Canton, OH 44720; r. 7405 Braucher NW, N. Canton, OH 44720, 216 497-1200.
FRANKEL, Donald Jay; '85 BSBA; 3560 Latimore Rd., Top Half, Cleveland, OH 44122.
FRANKEL, Larry Charles; '68 BSBA; Assembly Line Wrkr; Honda of America, 24000 U S. Rte. 33, Marysville, OH 43040; r. 16448 County Rd. 144, Rte. 1, Kenton, OH 43326, 419 675-2139.
FRANKEL, Lloyd R.; '50 BSBA; POB 9065, Huntington, WV 25704, 304 697-7100.
FRANKEL, Morton Sedley; '46 BSBA; Pres.; DFT Lighting Inc., 1425 Rockwell, Cleveland, OH 44114, 216 696-0416; r. 2615 Fairwood Dr., Cleveland, OH 44124, 216 461-3556.
FRANKEL, Paul D.; '64 BSBA; Atty.; 1030 Spitzer Bldg., Toledo, OH 43604, 419 255-5111; r. 2151 Boshart Way, Toledo, OH 43606, 419 537-1544.
FRANKEL, Russell E.; '66 BSBA; VP; Paul Harris Stores, 6003 Guion Rd., Indianapolis, IN 46053, 317 293-3900; r. 195 N. Maxwell Ct., Zionsville, IN 47066, 317 873-3484.
FRANKENBERG, Richard Brooke; '87 BSBA; 6686 Evening, Worthington, OH 43085, 614 885-4732.
FRANKENFELD, George Arthur; '54 BSBA; Dist. Mgr.; Electro Hygiene Inc., 2218 N. Main St., Dayton, OH 45405, 513 278-8205; r. 5503 Woodbridge Ln., Dayton, OH 45429, 513 434-3796.
FRANKHOUSER, Richard D.; '54 BSBA; Purchasing Consultnt; Xerox Corp., 800 Phillips Rd., Webster, NY 14580, 716 422-7348; r. 246 Champion Ave., Webster, NY 14580, 716 265-2640.
FRANKIEWICZ, Daniel Joel; '74 BSBA; Florida Reg. Controller; Hussmann Corp., 11316 N. 46th St., Ste. 1, Tampa, FL 33617, 813 972-1992; r. 2504 Gulf Blvd., Dolphin Reef 301, Indian Rocks Bch., FL 34635, 813 596-4271.
FRANKLAND, Cindy Ackley, (Cindy Ackley); '81 BSBA; Advisory Systs. Analyst; Phoenix Mutual Life Ins., 1 American Row, Hartford, CT 06115, 203 275-5560; r. 22 Charter Oak Pl., Hartford, CT 06106, 203 247-7106.
FRANKLAND, Paul Richard; '80 BSBA; Sr. Prgrmr Analyst; The Travelers Corp., One Tower Sq., Hartford, CT 06183, 203 277-4466; r. 22 Charter Oak Pl., Hartford, CT 06106, 203 247-7106.
FRANKLIN, Gary A.; '66 BSBA; Div. Controller; Keeler Brass Co., 955 Godfrey SW, Grand Rapids, MI 49503, 616 247-4217; r. 3412 Eagle Cir. Ct., NE, Grand Rapids, MI 49505, 616 949-4779.
FRANKLIN, James Leo; '71 BSBA; CPA; 2968 Astor Ave., Columbus, OH 43209, 614 235-4643; r. 2984 Astor Ave., Columbus, OH 43209, 614 231-3849.
FRANKLIN, Lou Campbell; '56 BSBA; 6725 Dublin Rd., Dublin, OH 43017, 614 889-8404.
FRANKLIN, COL Robert Beall, Jr., USA; '63 BSBA, '73 MBA; Exec. Asst. CINCFOR; Hq's Forces Command, Ft. McPherson, GA 30330, 404 669-5054; r. 7-E. Staff Row, Atlanta, GA 30310, 404 758-9885.
FRANKLIN, Sidney; '40 BSBA; Agt.; New York Life Ins. Co., Agents Advisory Council, 1801 E. 9th St., Cleveland, OH 44114; r. 5150 Three Village Dr., Lyndhurst, OH 44124, 216 446-1241.
FRANKO, David J.; '79 MBA; Sales Mgr.; Kawasaki Robot Div., 24402 Sinacola Ct., Farmington Hls., MI 48331, 313 474-6100; r. 2901 Barkman Dr., Pontiac, MI 48055, 313 674-4024.
FRANKO, Frank R.; '41 BSBA; 4233 Rush Blvd., Youngstown, OH 44512, 216 782-2695.
FRANKS, Gerald Henry; '77 BSBA; Acct.; Hilton Inn North, 7007 N. High, Worthington, OH 43085, 614 436-0700; r. 6177 W. Polo Dr., Columbus, OH 43229, 614 846-0701.
FRANKS, Lawrence E.; '49 BSBA; Acct.; Nikolaus & Franks, 58 Sturges Ave., Mansfield, OH 44902; r. 1130 Monterey Dr., Mansfield, OH 44907, 419 756-1031.
FRANTZ, Donald E., Sr.; '48 BSBA; Dir.; Owens Illinois Kimble Div., Industrial Relations, Rte. 10 Box 13, Parkersburg, WV 26101, 304 295-9311; r. 2634 Crone Rd., Xenia, OH 45385, 513 426-8497.
FRANZ, Craig Lee; '80 MBA; Sr. Buyer; Ashland Chemical Co., POB 2458, Columbus, OH 43216, 614 889-3147; r. 4771 Cosgray Rd., Amlin, OH 43002, 614 876-2162.
FRANZ, George E.; '48 BSBA; Credit Mgr.; Whitaker-Merrell Co., 33 N. High St., Columbus, OH 43215; r. 6201 Applegate Ln., Columbus, OH 43213, 614 866-5552.
FRANZ, Howard C.; '43; Retired; r. 3450 Gulf Shore Blvd. N., #407, Naples, FL 33940, 813 261-6457.
FRANZ, Richard Thomas, Jr.; '86 BSBA; Student/Sales; r. 306 Garces Dr., San Francisco, CA 94132, 415 585-7748.
FRANZ, Stephen James; '87 BSBA; Computer Analyst; E I Du Pont, Chestnut Run Plz., Maple Run Bldg. 1007, Wilmington, DE 19880, 302 999-5877; r. 2606 Stone Pl., Newark, DE 19702, 302 834-5658.
FRANZEN, George Joseph, Jr.; '63 BSBA; VP of Sales; Lever Bros. Co., Household Products Div, 390 Park Ave., New York, NY 10022; r. 1 Braybourne Dr., E. Norwalk, CT 06855, 203 854-5445.
FRANZMANN, Elizabeth '56 (See Harding, Elizabeth Franzmann).
FRARY, John E.; '59 BSBA; Atty.; Hale & Russell Attys., Rochefeller Ctr., New York, NY 10020; r. 32 Clove Brook Rd, Valhalla, NY 10595, 914 769-1112.
FRASCH, William Edward, Jr.; '51 BSBA; Asst. VP/Trust Grp.; Bancohio Natl. Bank, 155 E. Broad St., Columbus, OH 43251, 614 463-7231; r. 936 Montrose Ave., Columbus, OH 43209, 614 235-6147.
FRASE, John Mark; '76 BSBA; Pilot; Peoples Express, 146 Haynes Ave., Newark, NJ 07114; r. 93 W. Wilde Yaupon Ct., The Woodlands, TX 77381, 216 769-4129.
FRASER, Dana Hammond; '83 BSBA; 1455 Lincoln Rd., Columbus, OH 43212.
FRASER, Darrell D.; '53 BSBA; Comptroller; Firestone Tire & Rubber Co., c/o Postmaster, Wyandotte, MI 48192; r. 8305-111 St. N., #208, Seminole, FL 34642, 813 398-5231.
FRASER, John Dee; '83 MBA; 666 Jolson Ave., Akron, OH 44319.
FRASHER, Clifton F.; '56 BSBA; Mgr.; J C Penney Co. Inc., Parham & Quioccasin Rds., Richmond, VA 23229; r. J C Penney Co Inc, Parham & Quioccasin Rds., Richmond, VA 23229.
FRASHER, Rev. Granville J.; '64 BSBA; Pastor; Welcome Baptist Church, Rte. 3, Box 345, Central, SC 29630, 803 639-2921; r. Same.
FRASIER, Dr. James E.; '63 BSBA; Dir.; Great Oaks Joint Voc. Sch. Dist., 3254 E. Kemper Rd., Cincinnati, OH 45241, 513 771-8925; r. 3040 Stratford, Loveland, OH 45140, 513 683-5176.
FRATE, Patricia L.; '82 BSBA; Dist. Human Res. Mgr.; Columbia Gas of Virginia Inc., POB 750, Staunton, VA 24401, 703 885-1241; r. Rte. 1, Box 471A, Afton, VA 22920, 703 943-7440.
FRATIANNE, Kathleen Ptacek; '81 BSBA; Asst. to Treas.; Medex, Hilliard, OH 43026; r. 5720K Beechcroft, Columbus, OH 43229, 614 885-9566.
FRATTINI, Tony J.; '48 BSBA; 7239 Irvington Ave. N., Indianapolis, IN 46250, 317 849-2633.
FRAVEL, Jack H.; '65 BSBA; Staff; Res. Gen. Corp., 250 E. Broad St., Ste. 1200, Columbus, OH 43214, 614 297-8877; r. 164 Rathbone Rd. W., Columbus, OH 43214, 614 888-2859.
FRAVEL, William Richard; '88 BSBA; 346 Shady Dr., Amherst, OH 44001, 216 988-9092.
FRAYER, Kenneth Raymond; '72 BSBA; Dir.; Prudential-LMI Commercial Ins., Application Programming, 900 Springmill St., Mansfield, OH 44906, 419 525-9340; r. 2615 Tucker Rd., Lucas, OH 44843, 419 892-3043.
FRAYNE, Anne Marie; '76 BSBA; Assoc.; Coolidge Wall Womsley & Lombardi, 33 W. First St., Dayton, OH 45402, 513 223-8177; r. 1023 Princeton Dr., Dayton, OH 45406, 513 275-1023.
FRAZA, Mary '57 (See Kidnocker, Mrs. Mary Fraza).
FRAZE, Charles C.; '33 BSBA; Atty.; Fraze & Laur, 107 W. Jefferson, Albion, IN 46701; r. R 3, Box 39, Albion, IN 46701, 219 636-2292.
FRAZEE, Mrs. Gwenndolyn E.; '47 MBA; Retired; r. 741 Dayton St., Hamilton, OH 45011, 513 894-1931.
FRAZEE, Willis H., Jr.; '49 BSBA; Practicing Atty.; Atty-at-Law, 31 W. Franklin St., Centerville, OH 45459; r. 5400 Silbury Ln., Dayton, OH 45429.
FRAZIER, Dale Eric; '87 BSBA; Auditor; City of Columbus, Columbus, OH 43215; r. 3939 Dillon Dr., Columbus, OH 43227, 614 231-8748.
FRAZIER, James Arthur; '80 BSBA; Acct.; Dearfield Frazier & Co., 6172 Busch Blvd. Ste. 2041, Columbus, OH 43229, 614 436-0300; r. 5668 Tara Hill Dr., Dublin, OH 43017, 614 889-9136.
FRAZIER, James Hamilton; '49 BSBA; Credit Analyst; Ford Motor Credit Co., The American Rd., Dearborn, MI 48124, 313 594-2218; r. 5937 Coolidge Rd., Dearborn Hts., MI 48127, 313 278-8483.
FRAZIER, James P.; '54 BSBA; Pres.; Davison Tool Svc. Inc., 236 Mill St., Davison, MI 48423, 313 653-6920; r. POB 160, Davison, MI 48423, 313 653-5862.
FRAZIER, John Martin; '80 BSBA; Mgr.; Norwest Financial, 1228 Ohio Ave., Dunbar, WV 25064, 304 768-1221; r. 5374 Ann Ct., Cross Lanes, WV 25313, 304 776-1085.
FRAZIER, Kim Patricia; '76 BSBA; 7037 S. Section Line Rd., Delaware, OH 43015, 614 889-1833.
FRAZIER, Larry G.; '53 BSBA; Real Estate Agt.; King Thompson/Holzer Wollam, 1670 Fishinger Rd., Columbus, OH 43221, 614 451-0808; r. 4774 Wynwood Ct., Columbus, OH 43220, 614 451-4676.
FRAZIER, Michael Joe; '81 BSBA; 8814 Onindo Rd, Powell, OH 43065.
FRAZIER, Robert Lee; '49 BSBA; Staff; Hallmark Cards Inc., 25th & Mc Gee, Kansas City, MO 64108, 816 274-5646; r. 12525 W. 82nd Ter., Lenexa, KS 66215, 913 492-2755.

FREBERG, Kent Donald; '86 BSBA; Dist. Sales Mgr.; Dempster Systs., 302 N. Sage St., POB 1388, Toccoa, GA 30577, 404 886-6556; r. 908 Hunters Glen, Central, SC 29630, 803 654-7614.
FRECH, Robert G.; '37 BSBA; Retired; r. 893 Singing Hills Ln., Columbus, OH 43235, 614 885-8531.
FREDA, Donald C.; '58 BSBA; Atty.; Mastrangelo & Freda, 35100 Euclid Ave., Ste. 305, Willoughby, OH 44094, 216 946-7100; r. 482 Taft Ave., Bedford, OH 44146, 216 232-3939.
FREDA, Michael Monroe; '68 BSBA; Atty.; UAW Legal Svcs. Plan, 5212 W. Broad St., Columbus, OH 43228, 614 878-9262; r. 3280 Megan Dr., Hilliard, OH 43026, 614 876-5669.
FREDA, Robert Ray; '50 BSBA; Retired; r. 801 S. Fed. Hwy., Penthouse 14, Pompano Bch., FL 33062.
FREDERICK, Austin; '68 MA; Lt Col Usa, Box 197, Goliad, TX 77963.
FREDERICK, David Clarence; '75 MPA, '76 MBA; 922 Nevele, Carmel, IN 46032, 317 846-9431.
FREDERICK, John Maurice; '73 BSBA; 1512 Pebble Beach Blvd., Sun City Center, FL 33570, 813 633-1276.
FREDERICK, Kellie Ann; '88 BSBA; 217 Ste. Pierre, Worthington, OH 43085, 614 846-6090.
FREDERICK, Laura Sue; '86 BSBA; Cost Acct.; Diamond Power Specialty Co., 2600 E. Main St., POB 415, Lancaster, OH 43130, 614 687-4026; r. 1031 Fay Ave., Lancaster, OH 43130, 614 654-4547.
FREDERICK, Loren Foster; '50 BSBA; Retired Sales Rep.; GTE Sylvania Inc.; r. 4964 Smoketalk Ln., Westerville, OH 43081, 614 895-0077.
FREDERICK, Molly Lee; '87 BSBA; 2020 Ridgeview Rd., Columbus, OH 43221, 614 488-5506.
FREDERICK, Patricia '50 (See Kilbury, Mrs. Patricia F.).
FREDERICK, Robert Harry; '68 BSBA; Owner; Datasense-Software Devel. Co., 2366 Dorset Rd., Columbus, OH 43221, 614 486-7801; r. Same, 614 486-7033.
FREDERICKA, Frank L.; '76 BSBA; Exec. Ofcr.-VP; Charleston National Bank, POB 1113, Charleston, WV 25324, 304 348-6964; r. 1800 Roundhill Rd., Apt. 1803, Charleston, WV 25314, 304 346-8283.
FREDERICKS, James E.; '53 BSBA; Pres.; F & F Sales Inc., 1819-A Walcutt Rd., Columbus, OH 43228, 614 771-7177; r. 3344 Pebble Beach Dr., Grove City, OH 43123, 614 878-4611.
FREDERICKS, Janet Lynn; '84 BSBA; Sales Correspondent; Parker Hannifin Corp., Tube Fittings Div., 3885 Gateway Blvd., Columbus, OH 43228, 614 279-7070; r. 567 D'Lyn St., Columbus, OH 43228, 614 878-2308.
FREDERICKS, Richard Arthur; '54 BSBA; Dir.-Organiz. Excellence; Rockwell Intl., 400 Collins Rd NE, Cedar Rapids, IA 52498, 319 395-2114; r. 3112 Alleghany Dr. NE, Cedar Rapids, IA 52402, 319 364-5887.
FREDERICKS, William T.; '50 BSBA; Operations Mgr.; Westinghouse Electric Corp., S. Detroit St., Bellefontaine, OH 43311; r. 390 Rd. 174, W. Liberty, OH 43357, 513 465-4288.
FREDMAN, M. David; '50 BSBA; CPA-Partner; Bick-Fredman & Co., 880 Halle Bldg., 1228 Euclid, Cleveland, OH 44115, 216 696-9860; r. 2532 Lafayette Dr., Cleveland, OH 44118, 216 382-4360.
FREDMAN, Robert Samuel; '81 BSBA; Traffic Mgr.; TMS Grp. Inc., 6460 Busch Blvd., Ste. 101, Columbus, OH 43229, 614 847-0100; r. 6376 Clay Tool Ct., Columbus, OH 43213, 614 759-6376.
FREDRIX, Peter I.; '59 BSBA; Appraiser; First Fed. Savings Bank, 5733 Broadway, Cleveland, OH 44127, 216 883-1500; r. 31965 Tracy Ln., Solon, OH 44139, 216 349-0099.
FREE, Mitchell Dean; '85 BSBA; Restaurant Mgr.; Wendys Intl., 4288 W. Dublin-Granville Rd, POB 256, Dublin, OH 43017; r. POB 284, Edgerton, OH 43517.
FREEBORN, Robert Ross; '80 MBA; Sci. Tchr.; Blackhawk Christian Sch., 7400 E. State Blvd., Ft. Wayne, IN 46815, 219 493-7400; r. 733 W. Wayne St., Apt. 110, Ft. Wayne, IN 46802, 219 422-4800.
FREED, Todd Eugene; '88 BSBA; 471 Whitestone Dr., Wadsworth, OH 44281, 216 334-1462.
FREEDMAN, Arthur H.; '39 BSBA; Retired; r. 314 21st St. NW, Canton, OH 44709, 216 454-5726.
FREEDMAN, Burton E.; '53 BSBA; 23 Parkwood Ct., Rockville Centre, NY 11570, 516 764-0830.
FREEDMAN, Holly Lynn; '86 BSBA; Acct.; Bank One, 769 Brooksedge Blvd., Westerville, OH 43081; r. 1215 Forest Ct., Cincinnati, OH 45215, 614 459-0514.
FREEH, David S.; '76 BSBA; Supv. of Benefits; L T V Steel Co., L T V Bldg., POB 6778, Cleveland, OH 44101; r. 15341 Colebright, Strongsville, OH 44136, 216 238-8923.
FREELAND, Mrs. Jerry, (Jerry Reynolds); '58 BSBA; Sr. VP-Treas.; Panel Concepts Ltd., 3001 S. Yale St., Santa Ana, CA 92704, 714 979-3680; r. 519 Gorgonia, Newport Bch., CA 92660, 714 760-6068.
FREEMAN, Abagail '82 (See McWilliams, Dr. Abagail).
FREEMAN, Ms. Carolyn G., (Carolyn Glenn); '54 BSBA; Library Clerk; Upper Arlington Public Library, Tremont Rd., Columbus, OH 43221, 614 486-9621; r. 3381 Colchester, Columbus, OH 43221, 614 459-1350.
FREEMAN, Dave W.; '87 MBA; Regional Branch Mgr./VP; Chase Bank of Ohio, 10 W. Broad St., Columbus, OH 43215, 614 463-1700; r. 5575 Millington Rd., Columbus, OH 43220, 614 459-8993.
FREEMAN, Dorothy Goldberg; '41; 467 Boca Ciega Point Blvd. S., St. Petersburg, FL 33708, 813 392-3171.
FREEMAN, Gary; '70 BSBA; 11423 Five Cedars Rd., Pineville, NC 28134.
FREEMAN, Jane '81 (See Snodgrass, Jane Freeman).
FREEMAN, John Lawrence; '68 BSBA; Plng. Cnslt.; Sears Roebuck & Co., Sears Twr., Chicago, IL 60684, 312 875-6041; r. 121 60th St., Downers Grove, IL 60516, 312 852-4656.
FREEMAN, Karen Mc Mullen; '80 MBA; Product Mgr.; The Toledo Hosp., 2142 N. Cove Blvd., Toledo, OH 43606, 419 471-2277; r. 325 E. Indiana Ave., Perrysburg, OH 43551, 419 874-2028.
FREEMAN, Marc A.; '66 BSBA; Production Engr.; GM Corp., Allison Div, 4700 W. 10th St., Indianapolis, IN 46222, 317 242-2552; r. 100 W. 54th St., Indianapolis, IN 46208, 317 255-5080.
FREEMAN, Michael Darin; '88 BSBA; 517 Cherry St., Findlay, OH 45840, 419 422-2544.
FREEMAN, Nanette Mitchell, (Nanette Mitchell); '55 BSBA; Owner; Snug Harbor Mini Marina, 6323 Snug Harbor Rd., E. New Market, MD 21631, 301 943-8331; r. Same.
FREER, Neil O'Neil; '84 BSBA; 2700 Dryden Rd, Shaker Hts., OH 44122, 216 831-0768.
FREESE, Ronald E.; '59 BSBA; Pres.; Freese's Financial Svcs., Tax/Financial Consulting Firm, 2237 S. Congress Ave., W. Palm Bch., FL 33406, 407 964-4711; r. 327 Leeward Dr., Jupiter, FL 33477, 407 744-1857.
FREESE, Thomas L.; '75 BSBA, '77 MBA; Principal-Cnsltg.; Freese & Assocs., Inc., POB 814, 16105 Lucky Bell Ln., Chagrin Falls, OH 44022, 216 564-9183; r. 16105 Lucky Bell Ln., Chagrin Falls, OH 44022, 216 564-5572.
FREIBERGER, Tracy Alan; '82 BSBA; Product Mgr.; GKN Automotive Inc., 3300 University Dr., Auburn Hls., MI 48057, 313 377-1332; r. 4150 Bristol, Troy, MI 48098, 313 528-3187.
FREIDENBERG, Charles Corey; '68 BSBA; Pres.; Olde English Fish 'N Chips, 3442 Cleveland Ave., Columbus, OH 43224; r. 2451 Stafford Pl., Columbus, OH 43209.
FREIMARK, Ryan K.; '87 BSBA; Info. Spec.; Huntington Mortgage Co., 41 S. High St., Columbus, OH 43287, 614 463-4023; r. 244 Park Rd., Westerville, OH 43081, 614 433-9751.
FREIREICH, Stephen Robert; '81 BSBA; Acct.; Samuel Laderman CPA Co., Inc., 526 Superior Ave., 845 Leader Bldg., Cleveland, OH 44114, 216 781-0085; r. 4500 Greenwold Rd., S. Euclid, OH 44121, 216 291-8453.
FREISTHLER, Mrs. Michelle R., (Michelle R. Williams); '87 BSBA; Mgr. of a Credit Union; Limalco Schs. Fed. C.U., 623 W. Eureka St., Lima, OH 45801, 419 223-5886; r. 102 N. Blackhoof St., Apt. 3, Wapakoneta, OH 45895, 419 738-9109.
FREITAG, Gregory Morley; '76 BSBA; Telecom Mgr.; Ltd., 1 Limited Pkwy., Columbus, OH 43216, 614 479-7500; r. 1075 Autumn Meadows Dr., Westerville, OH 43081, 614 895-0367.
FRENA, Anita Hempfling; '83 BSBA; Acct./CPA; Marciniak & Olszewski, 900 First Fed. Plz., Toledo, OH 43624, 419 243-8261; r. 2515 Mc Cord Rd., Toledo, OH 43615, 419 841-8626.
FRENCH, James M.; '80 MPA; Boating Admin.; Washington State Parks, 7150 Cleanwater Ln. KY11, Olympia, WA 98504, 206 586-2166; r. 3110 Hampton Dr., Olympia, WA 98502, 206 754-6551.
FRENCH, John C.; '64 BSBA; Pres.; Murphy-Benham Hardware, POB 88, Wilmington, OH 45177, 513 382-6638; r. 6415 State Rte. 730, Wilmington, OH 45177, 513 382-3909.
FRENCH, Larry John; '70; S-Empl Salesman; r. 2111 Queensbridge Dr., Worthington, OH 43085, 614 764-1074.
FRENCH, Mark Leo; '82 MBA; Software Mgmt./Svc. Mgr.; Chemical Abstracts Svc., 2540 Olentangy River Rd., POB 3012, Columbus, OH 43210, 614 447-3239; r. 2101 Nayland Rd., Columbus, OH 43220, 614 451-8316.
FRENCH, Russell Alvin; '68 BSBA; Industrial Engr.; Cyclops Corp., Empire-Detroit Steel Div, 912 Bowman St., Mansfield, OH 44905; r. 1142 Twp Rd 1875 RFD 4, Ashland, OH 44805, 419 289-0849.
FRENCH, Sandra Rae; '81 BSLHR; Homemaker; r. 3110 Hampton Dr., Olympia, WA 98502, 206 754-6551.
FRENCH, Todd Adams; '87 BSBA; 1755 Shanley Dr., Apt. 16, Columbus, OH 43224.
FRENCH, Wendell S.; '49 BSBA; Retired; r. 1500 Cunard Rd., Columbus, OH 43227, 614 237-1756.
FRERE, Clarence; '55 MBA; Pres. CEO; Microtech Metals Inc., Rte. 3, Box 5601, Pagosa Spgs., CO 81147, 303 883-5327; r. Same.
FRERICKS, John Michael; '88 BSBA; 1450 Broadview Ave. 9, Columbus, OH 43212, 614 488-7702.
FRERIKS, Timothy Franklin; '80 BSBA; Dist. Human Res. Mgr.; Columbia Gas of Ohio, 166 Milan Ave., Norwalk, OH 44857, 419 668-8291; r. 155 W. Main St., Norwalk, OH 44857, 419 663-1926.
FRESCH, Eugene C.; '50 BSBA; Atty.; r. 1444 Via Coronel, Palos Verdes Estates, CA 90274, 213 541-8821.
FRESCH, Jean Waggoner; '50 BSBA; 1444 Via Coronel, Palos Verdes Estates, CA 90274, 213 541-8821.
FRESCO, Leila Maloof, (Leila Maloof); '83 BSBA; Homemaker; r. 4709 Glendon Rd., Columbus, OH 43229, 614 431-3502.
FRESHOUR, David F., Jr., CPA; '72 BSBA; VP-Finance; HCA Mgmt. Co., Bristol Memorial Hospital, 209 Memorial Dr., Bristol, TN 37621, 615 968-6002; r. POB 1633, Bristol, TN 37621, 615 968-5431.
FRESHOUR, David F., Sr.; '49 BSBA; Retired; r. 1219 23rd St., Portsmouth, OH 45662, 614 354-1617.
FRESHWATER, Michael Loren; '78 BSBA; Sales Rep.; Advanced Drainage Systs. Inc., POB 5807, Columbus, OH 43221, 703 261-6131; r. 1321 Crown Vetch Dr., Landisville, PA 17538, 717 898-6100.
FRESHWATER, Roger D.; '61 BSBA; 766 Royal Ridge Dr. Apt. B, W. Carrollton, OH 45449, 513 866-6861.
FRETZ, Donald Richard; '70 BSBA; Salesman; Sandoz Corp., 1535 E. Orangewood Ave., Ste. 120, Anaheim, CA 92805, 714 978-6961; r. 30892 La Mer, Laguna Niguel, CA 92677, 714 495-8015.
FREUDENBERGER, Mrs. Laura Sue, (Laura S. Friedman); '79 BSBA; Mgr.; Price Waterhouse, 1200 Milan Ste.#2900, Houston, TX 77002; r. 6122 Elkwood Forest, Houston, TX 77088, 713 931-3213.
FREUND, George Randall; '77 BSBA; 463 Westover Ln., Mansfield, OH 44906, 419 529-4593.
FREUNDLICH, Edward L.; '47 BSBA; Retired; r. 2770 Bryden Rd., Columbus, OH 43209, 614 235-2984.
FREY, Donald E.; '56 BSBA; Personnel Mgr.; Industrial Relations Dept., Florida Power Corp, 101 5th St. S., St. Petersburg, FL 33701; r. 6301 31st Ave. N., St. Petersburg, FL 33710, 813 343-0135.
FREY, Duane Alan; '66 BSBA; 5132 Fallsmead Downs, Virginia Bch., VA 23464, 804 495-0503.
FREY, Elizabeth Glinn, (Elizabeth Glinn); '83 BSBA; Mkt. Support Rep.; Gordon Flesch Co., 2030 Dividend Dr., Columbus, OH 43228, 614 876-1174; r. 4340 Millwater Dr., Powell, OH 43065, 614 881-5041.
FREY, Joseph Lawrence; '70 BSBA; Owner; Mulligans Bar & Grill, 701 Main St., Covington, KY 41011, 606 431-0142; r. 324 Clareknoll Ct., Cincinnati, OH 45238, 513 451-2576.
FREY, Kristine J. '82 (See Tikson, Ms. Kristine J.).
FREY, Kristine Sue '80 (See Blankenbecler, Mrs. Kristine Sue).
FREY, Steven Walter; '76 BSBA; VP Credit; Farm Credit Svcs.; r. RT 2, Box 198, Van Wert, OH 45891.
FREY, Mrs. Verna Jean, (Verna Jean Entsminger); '85 BSBA; Bus. Mgr.; The Ohio State Univ., 250 Central Service Bldg., 2003 Millikin Rd., Columbus, OH 43210, 614 292-7441; r. 3594 Madrid Dr., Westerville, OH 43081, 614 891-0736.
FREY, Wallace Frederick; '59 BSBA; Gen. Mgr.; WCI Dishwasher Div., 200 Phillipi Rd., Columbus, OH 43228, 614 272-4083; r. 6666 Spicewood Ct., Columbus, OH 43228, 614 878-3897.
FREYTAG, James W.; '75 BSBA; Controller; SPX Inc., Maynard Mfg. Div., 50855 E. Russell Schmidt, Mt. Clemens, MI 48045, 313 294-5830; r. 26500 Fairwood Ave., Mt. Clemens, MI 48045, 313 949-8390.
FRIBLEY, Michael Lapp; '67 BSBA; Area Svc. Mgr.; Lefebure, 12603 Executive Dr., Ste. 810, Stafford, TX 77477, 713 240-3236; r. 3202 Hunters Glen, Missouri City, TX 77459, 713 437-3226.
FRICK, Mrs. Nancy J., (Nancy Johnston); '49 BS; Coord.; Ohio Univ. Continuing Edu, 1570 Granville Pike, Lancaster, OH 43130, 614 654-6711; r. 1039 E. 5th Ave., Lancaster, OH 43130, 614 654-1003.
FRIDAY, Judith Favret; '80 BSBA; 17 Beaver Brook Rd., Lyme, CT 06371, 203 434-9051.
FRIDLEY, Sondra '65 (See Kraft, Mrs. Sondra F.).
FRIEBEL, John Thomas; '86 BSBA; Acct./Proj. Ctrl Techn; O H Materials Corp., 16406 US Rte. 224 E., POB 551, Findlay, OH 45839, 419 423-3526; r. 3642 Rock Rd., Shelby, OH 44875, 419 347-6484.
FRIEBEL, LaMont James; '82 BSBA; Internal Auditor; E.I. du Pont de Nemours & Co., POB 1267, Ponca City, OK 74603, 405 767-5927; r. 200 Lakeview Dr., Ponca City, OK 74604, 405 767-1286.
FRIED, Dean Wilson; '68 BSBA; Real Estate Investments; DFW Investments Inc., 2549 Indianola Ave., Columbus, OH 43202, 614 262-8797; r. 1427-F Roxbury Rd., Columbus, OH 43212, 614 488-0321.
FRIED, Julius Edward; '31 BSBA; Retired; r. 18975 Von Aken Blvd., Apt. 407, Shaker Hts., OH 44122, 216 561-3113.
FRIEDBERG, Timothy Dick; '70 MACC; Acctg. Mgr.; Bill Swad Chevrolet, 100 S. Hamilton Rd., Columbus, OH 43213; r. 1966 Cheshire Commons Ct., Columbus, OH 43229, 614 890-1210.
FRIEDEMANN, Paul John; '75 BSBA; Pres.; Shire Intl. Inc. & Tarjo Intl. Inc., 6600 18th St. N., St. Petersburg, FL 33702, 813 522-7987; r. Same.
FRIEDLAND, Elaine '80 (See Rockwell, Elaine).
FRIEDLAND, Richard Stewart; '72 BSBA; VP & Controller; Gen. Instrument Corp., 125 Chubb Ave., Lyndhurst, NJ 07071, 201 507-3003; r. 8 Floral Dr., Randolph, NJ 07869.
FRIEDLANDER, Howard Leonard; '70 BSBA; Acct.; Deaconess Hosp., 4229 Pearl Rd., Cleveland, OH 44109; r. 33000 Aspen Glen, Cleveland, OH 44139.
FRIEDLANDER, Mrs. Susan Gross, (Susan Gross); '82 BSBA; Homemaker; r. 901 Hyde Park Ln., Naperville, IL 60565, 312 961-3317.
FRIEDLINGHAUS, John O.; '32 BSBA; Retired; r. 30 Benfield Ave., Columbus, OH 43207, 614 444-0072.
FRIEDLY, Dale M.; '57 BSBA; c/o D D Friedly, 187 Mc Naughten Rd, Columbus, OH 43213, 614 866-5347.
FRIEDMAN, Alfred; '63 BSBA; CPA/Partner; Coopers & Lybrand, Ste. 2000 Columbus Ctr., 100 E. Broad St., Columbus, OH 43215, 614 221-7471; r. 316 S. Roosevelt Ave., Columbus, OH 43209, 614 237-5127.
FRIEDMAN, Mrs. Arthur I., (Sheryl F. Natkins); '65 BSBA; Bus. Mgr.; Jewish Press, Jewish Federation of Omaha, 333 S. 132nd St., Omaha, NE 68154, 402 334-8200; r. 2523 S. 161st Cir., Omaha, NE 68130, 402 330-6780.
FRIEDMAN, Benno S.; '50 BSBA; 765 Valleybrook Dr., Memphis, TN 38119, 901 683-2022.
FRIEDMAN, Brett David; '82 BSBA; Supv.-Ups; r. 56 W. California Ave., Columbus, OH 43202.
FRIEDMAN, Bruce Howard; '87 BSBA; Staff Acct.; Saltz-Shamis-Klein-Goldfarb Inc., 23299 Commerce Park, Beechwood, OH 44122, 216 831-6262; r. 3351 Warrensville Center Rd., Shaker Hts., OH 44122, 216 751-5942.
FRIEDMAN, Cynthia H.; '82 BSBA; Tax Analyst; Brush Wellman Inc., Tax Dept., 1200 Hanna Bldg., Cleveland, OH 44115, 216 443-1000; r. 2450 Overlook Dr., #203, Cleveland Hts., OH 44106, 216 321-4509.
FRIEDMAN, D. Arthur; '25 BSBA; Retired; r. 1925 Gulf of Mexico Dr., #402, Longboat Key, FL 34228, 813 383-1298.
FRIEDMAN, Daniel Howard; '87 BSBA; Sales Rep.; Pitney Bowes, Chicago, IL 60607; r. 1516 Hinman Ave., #311, Evanston, IL 60201, 312 491-1516.
FRIEDMAN, David D.; '55 BSBA; Atty.; Hershey & Browne, 1900 First National Bldg., Akron, OH 44308, 216 384-1160; r. 2034 Stratford Ln., Akron, OH 44313, 216 864-9990.
FRIEDMAN, Edward Arthur; '70 BSBA; Atty-at-Law; Edward A. Friedman & Assoc., 248 Calder Way, State College, PA 16801, 814 234-6004; r. Box 798, State College, PA 16804, 814 466-7352.
FRIEDMAN, Gary Evan; '84 BSBA; CPA, CFP; Manby Asset Mgmt., POB 428, Richfield, OH 44286, 216 659-3090; r. 2202 Acacia Park, Apt. 2204, Lyndhurst, OH 44124, 216 473-6890.
FRIEDMAN, Harlan Scott; '80 BSBA; Continental Ofc. Develop Corp., 1070 Morse Rd., Columbus, OH 43229; r. 1000 Urlin Ave. Apt. 614, Columbus, OH 43212, 614 481-8031.
FRIEDMAN, Harold Edward; '56 BSBA; Atty.; Ulmer & Berne, 900 Bond Court Bldg., Cleveland, OH 44114; r. 23149 Laureldale St., Cleveland, OH 44122, 216 292-3766.
FRIEDMAN, Herbert; '49 BSBA; Pres.; Globe Furniture of Chillicothe, 63-79 E. Main St., Chillicothe, OH 45601, 614 773-2890; r. 46 Highland Ave., Chillicothe, OH 45601, 614 772-1948.
FRIEDMAN, Herman Harold; '73 BSBA; Sr. Pension Cnslt.; Coopers & Lybrand, 1375 E. 9th St., 1500 One Cleveland Ctr., Cleveland, OH 44114, 216 241-4380; r. 25775 Hurlingham Rd., Cleveland, OH 44122, 216 831-4217.
FRIEDMAN, James Russell; '70 BSBA; VP; Consumers Plumbing & Heating, 23233 Aurora Rd., Bedford Hts., OH 44146, 216 232-8400; r. 25200 Rockside Rd., Apt. 502, Bedford Hts., OH 44146, 216 232-7335.
FRIEDMAN, Jeffrey Scott; '81 BSBA; Systs. Cnslt.; Systemation Inc., 635 Park Meadow Rd., Westerville, OH 43081, 614 898-3044; r. 561 Wickham Way, Gahanna, OH 43230, 614 475-5268.
FRIEDMAN, Jerome J., JD; '39 BSBA; Retired; r. 877 Woodacres Rd., Santa Monica, CA 90402, 213 393-7723.
FRIEDMAN, Joseph Gary; '78 BSBA, '79 MBA; Midwest Reg. Mgr.; The Executive Technique, 716 N. Rush St., Chicago, IL 60611, 312 266-0001; r. 636 W. Waveland #2A, Chicago, IL 60613, 312 348-7906.
FRIEDMAN, Larry David; '82 BSBA; Staff; Barnes, Wendling, Cook & Occonnor, 1215 Superior Ave., Ste. 400, Cleveland, OH 44114, 216 566-9000; r. 2582 Brentwood, Beachwood, OH 44122, 216 464-2106.
FRIEDMAN, Laura S. '79 (See Freudenberger, Mrs. Laura Sue).
FRIEDMAN, Lawrence Steven; '80 BSBA; Floor Trader; Chicago Bd. of Trade, Singer Wenger Trading Company, 141 W. Jackson Ste. 1180, Chicago, IL 60606, 312 663-4444; r. 618 Dauphine Ct., Northbrook, IL 60062.
FRIEDMAN, Lee Bryan; '80 BSBA; Friedman Leavitt & Assoc., 2193 S. Green Rd, Cleveland, OH 44121, 216 382-6400; r. 30 Pepper Creek, Cleveland, OH 44124, 216 464-4870.
FRIEDMAN, Lisa Beth; '85 BSBA; Acct./Financial Advisor; Friedman, Leavitt & Assoc. Inc., 2193 S. Green Rd., Cleveland, OH 44121, 216 382-6400; r. 3290 Warrensville Center Rd., Apt. 406, Shaker Hts., OH 44122, 216 752-9412.
FRIEDMAN, Lynne Ivy; '85 BSBA; Supv.; Discover Card Financial Svcs., Broad St., Columbus, OH 43222, 614 278-4426; r. 3010 Sawdust Ln., Dublin, OH 43017, 614 792-7755.

ALPHABETICAL LISTINGS FULLEN 91

FRIEDMAN, Mark Allan; '68 MBA; Dir./Pol Dev & Comm; Owens-Illinois, Human Resource Dept., One Sea Gate, Toledo, OH 43666; r. 17426 Flanders St., Granada Hls., CA 91344, 818 363-7424.

FRIEDMAN, Marvin C.; '59 BSBA; 1916 E. Uintah St., Colorado Spgs., CO 80909.

FRIEDMAN, Murray; '40 BSBA; Pres.; Harbor Footwear Grp. Ltd., 55 Harbor Park Dr., Port Washington, NY 11050, 516 621-8400; r. 55 Harbor Ln., Roslyn, NY 11576, 516 621-3828.

FRIEDMAN, Richard Alan; '75 BSBA; Internal Auditor; South Central Bell, 1876 Data Dr., Rm. N.-404, Birmingham, AL 35244, 205 988-1294; r. 3450 Stroll-away Dr., Birmingham, AL 35226, 205 823-3450.

FRIEDMAN, Richard Paul; '71 BSBA; 414 Sterling Rd, Harrison, NY 10528.

FRIEDMAN, Robin I. '84 (See Segbers, Mrs. Robin I.).

FRIEDMAN, Rodd Alan; '82 BSBA; Account Mgr.; Lake End Sales Inc., 6916 E. Nelson Rd, POB 1721, Ft. Wayne, IN 46801; r. 621 Providence #A, Columbus, OH 43214, 614 459-5838.

FRIEDMAN, Mrs. Shari Dozoretz; '84 BSBA; Assoc. Admin.; First Hosp. of Vallejo, Vallejo, CA 94590, 707 648-2200; r. 3336 Clay St., San Francisco, CA 94118, 415 922-2972.

FRIEDMAN, Todd Eric; '82 BSBA; Claim Rep.; State Farm Ins., 6200 Eastgreen Blvd., Reynoldsburg, OH 43068, 614 868-2233; r. 6060 Landsbury Ct., Dublin, OH 43017, 614 761-3686.

FRIEDMANN, Mrs. Karen Fellenstein, (Karen A. Fellenstein); '81 BSBA; Sr. Voice Analyst; City Corp., 1400 Treat Blvd., Walnut Creek, CA 94596, 415 977-3000; r. 545 Virgil St., W. Pittsburg, CA 94565, 415 458-4410.

FRIEL, Carl S.; '49 BSBA; Secy.-Treas.; Yancey Bros. Co., 1540 Northside Dr., Atlanta, GA 30318; r. 5038 Carol Ln. NW, Atlanta, GA 30327, 404 255-3216.

FRIEL, Edward A.; '64 BSBA; Sales Mgr.; Wagner Equip. Co., Engine Division, 18000 E. Smith Rd, Denver, CO 80011; r. 7725 S. Forest St., Littleton, CO 80120, 303 771-6803.

FRIEL, Mary E.; '53 BSBA; Retired; r. 34 Glenmont Ave., Columbus, OH 43214, 614 262-4977.

FRIEL, Sandra L. '69 (See Good, Sandra F.).

FRIEND, Donald N.; '40 BSBA; Retired; r. 6576 S. Lake Shore Dr., Harbor Spgs., MI 49740, 616 526-6030.

FRIEND, Kristen Margaret; '86 BSBA; 307 Blenheim Rd., Columbus, OH 43214, 614 267-1561.

FRIEND, Stanley Mark; '76 BSBA; Area Sales Mgr.; Roadway Express, 6180 Hagman, Toledo, OH 43612, 419 729-0631; r. 5952 Therfield Dr., Sylvania, OH 43560, 419 882-8510.

FRIEND, Teresa Huth; '51 BSBA; Staff; r. 2606 Kingston Ave., Grove City, OH 43123, 614 875-1498.

FRIES, Anna Kosorotoff; '76 BSBA; Acct.; GM Corp., Fisher Guide Division, 200 Georgesville Rd., Columbus, OH 43228; r. 2670 Wexford Rd., Columbus, OH 43221, 614 481-8424.

FRIES, Charles W.; '50 BSBA; Chmn. of Bd./Pres.; Fries Entertainment Inc., 6922 Hollywood Blvd., Los Angeles, CA 90028, 213 468-8300; r. 1192 Cabrillo Dr., Beverly Hls., CA 90210, 213 276-7163.

FRIES, James Richard, Jr.; '80 MPA; Librarian; Dartmouth Clg., Library, Hanover, NH 03755; r. Heater Rd., Lebanon, NH 03766, 603 448-2500.

FRIES, Thomas John; '82 BSBA; Sr. Mktg. Repr; Businessland, 1801 California St., Denver, CO 80202, 303 294-0033; r. 4447 Galley Ct., Boulder, CO 80301.

FRIESS, Gregory John; '68 BSBA; Exec. VP; Mobil Land Devel. Corp., Subs: Mobil Corporation, 1903 N. Key Blvd., Arlington, VA 22201; r. 2026 Durand Dr., Reston, VA 22091, 703 476-9534.

FRIESS, James Christopher; '85 BSBA; Sales Engr.; Friess Equip. Inc., 2222 Akron-Pennisula Rd., Akron, OH 44303; r. 554 Malvern Rd., Akron, OH 44303.

FRIESS, Molly Zahn; '85 BSBA; 554 Malvern Rd., Akron, OH 44303.

FRILEY, Brooks James; '83 MLHR; Industrial Relations; r. 4028 Lyon Dr., Columbus, OH 43220, 614 457-0632.

FRINK, Richard D., Jr.; '86 BSBA; Syst. Admin./Mgr.; Robbins-Gioia Inc., 209 Madison St., Alexandria, VA 22314, 703 548-7006; r. 1100 D. Weybridge Rd. S., Columbus, OH 43220, 614 459-5177.

FRISA, Charlotte A. Redman; '52; 712 A Northland Rd., Cincinnati, OH 45240, 513 851-6217.

FRISBEE, Jerry Lee; '83 BSBA; Staff; Pritchett Dlusky & Saxe, 1621 W. 1st Ave., Columbus, OH 43212; r. 67923 Oldham Rd, Cambridge, OH 43725, 614 439-4562.

FRISBEE, Wayne Thomas; '81 BSBA; Sr. Portfolio Mgr.; Nationwide Ins., Columbus, OH 43216, 614 249-4125; r. 1915 Torchwood Dr., Columbus, OH 43229, 614 888-1874.

FRISBY, Anthony Jay; '88 MLHR; Grad. Rsch. Assoc.; Ohio State Univ., Clg. of Medicine, Dept. of Academic Svcs., Columbus, OH 43210, 614 292-6192; r. 1829 Willoway Cir. N., Columbus, OH 43220, 614 451-3159.

FRISSORA, Dominic; '75 MPA; Chief-Budget Policy Ofc.; State of Ohio, Dept. of Health, 246 N. High St., Columbus, OH 43215; r. 5968 Ella Ct., Columbus, OH 43229, 614 890-3691.

FRISSORA, Gino Michael; '84 BSBA; Sales Repr; Robert Gossman & Assocs., 941 Chatham Ln., Ste. 200, Columbus, OH 43221; r. 73 Messenger St., #227, Plainville, MA 02767.

FRITCH, Ronald Leigh; '81 BSBA; Sr. Cnslt.; Ernst & Whinney, 4000 Mac Arthur Blvd., Ste. 800, Newport Bch., CA 92660; r. 1955 S. Grayden Rd., Monrovia, CA 91016.

FRITH, James Ralph; '77 BSBA; Regional Mgr.; Payco American Corp., 14750 NW 77 Ct. Ste. 335, Miami Lakes, FL 33016, 305 557-8182; r. 664 NW 89th Ave., Plantation, FL 33324, 305 474-1648.

FRITSCHLE, Milton Dolan, Jr.; '72 MBA; Pres.; Creekside Enterprises Inc., 7562 Hollyridge Cir., Jacksonville, FL 32256, 904 642-8854; r. Same.

FRITTS, Charles Jeff; '72 BSBA; Exec. VP Real Estate; American Fed. Bank, 5080 Spectrum Dr., Dallas, TX 75248, 214 450-0363; r. 6508 Meadowcreek, Dallas, TX 75240, 214 386-9955.

FRITTS, Elmer D.; '49 BSBA; Admin. Asst.; State of Ohio, Bureau of Medicaid Claims, Columbus, OH 43216, 614 466-4509; r. 1998 Zollinger Rd, Columbus, OH 43221, 614 457-9386.

FRITZ, Henry Theodore, III; '83 BSBA; Field Rep.; Norden Labs, 601 W. Cornhusker Hwy., Lincoln, NE 68501; r. 61 Butterfield Ln., Powell, OH 43065, 614 548-7621.

FRITZ, Joseph Michael; '78 BSBA; CFO; Seagate Convention Centre, 401 Jefferson Ave., Toledo, OH 43604, 419 255-3300; r. 2263 Burroughs Dr., Toledo, OH 43614, 419 381-1104.

FRITZ, Judy '62 (See Johnson, Mrs. R. Edgar).

FRITZ, Mark Alan; '78 BSBA; Dist. Sales Mgr.; Polaris Industries, 1225 N. Cnty. Rd. 18, Minneapolis, MN 55441; r. 5601 Oldwynne Rd., Hilliard, OH 43026, 614 876-2682.

FRITZ, Melvin Charles; '71 BSBA; Financial Staff; University Hosp., 2074 Abington Rd., Cleveland, OH 44106; r. 7476 Mountain Park Dr., Concord, OH 44060, 216 354-5127.

FRITZ, Molly Irene; '88 BSBA; 77 W. Washington St., Norwalk, OH 44857, 419 668-8984.

FRITZ, Robert H.; '57 MBA; Retired; r. 12613 W. Lake, Vermilion, OH 44089, 216 967-8060.

FRITZ, Dr. Thomas Richard; '68 BSBA; Chiropractor; 1316 Vivian St., Longmont, CO 80501, 303 772-3982; r. 10325 Sailor Ct., Longmont, CO 80501, 303 651-6683.

FRITZ, William R.; '80 MBA; 6207 Emberwood Rd., Dublin, OH 43017, 614 766-0837.

FRITZKY, Joseph T.; '73 BSBA; Real Estate Appr; Broadview Savings Bank, 6000 Rockside Woods Blvd., Cleveland, OH 44131, 216 447-1900; r. 15617 Greendale Rd., Maple Hts., OH 44137, 216 475-4449.

FRIX, Robert L.; '51 BSBA; Atty.; Koenig & Frix, 688 N. High St., Columbus, OH 43215; r. 318 Fallis Rd., Columbus, OH 43214, 614 263-8307.

FROEBEL, Marc Michael; '88 BSBA; 301 S. Lindy Ln., N. Canton, OH 44720, 216 499-2541.

FROEHLICH, Daniel Ray; '76 BSBA; Controller; Airstream, Inc., 419 W. Pike St., Jackson Ctr., OH 45334, 513 596-6111; r. 14040 Southard Rd., Marysville, OH 43040, 513 644-1138.

FROEHLICH, Michael Allen; '79 MPA; Asst. Gen. Mgr.; Ohio Expostions Commission, 632 E. 11th Ave., Columbus, OH 43211, 614 466-5512; r. 1478 Milford Ave., Marysville, OH 43040.

FROELICH, Ms. Tina M., (Tina Mattis); '52 BSBA; Realtor; Mt. Vernon Realty, 731-A Walker Rd., Great Falls, VA 22066, 703 759-6300; r. 10115 Squires Tr., Great Falls, VA 22066, 703 759-9335.

FROHLIN, Gary R.; '64 BSBA; Account Mgr.; r. 4 Westminster Dr., Colts Neck, NJ 07722, 201 946-4779.

FROHNAPLE, David George; '78 BSBA; Intl. Dir.; EST Div. of Leggett & Platt, #1 Leggett Rd., Carthage, MO 64836, 800 888-4569; r. 3100 E. Oak, Evansville, IN 47714, 812 476-5222.

FROLIN, Dennis Peter; '68 BSBA; c/o M A Sevchek, 2527 Lincoln Ave., Parma, OH 44134.

FRONCZAK, Wayne Bernard; '78 BSBA; Sales Rep.; Stanley Ferger & Assocs., POB 12185, 2109 Stella Ct., Columbus, OH 43212; r. POB 253, Tipp City, OH 45371, 513 667-5574.

FRONISTA, Lilly A.; '86 BSBA; Sales Rep.; Interamerican Trade Corp., 4688 Wadsworth Rd., Dayton, OH 45414, 513 278-0085; r. 8969 Adams Rd., Dayton, OH 45424, 513 233-3295.

FRONIUS, Dawn '84 (See Luecke, Dawn Fronius).

FRONK, Daniel A.; '58 BSBA; Sr. Exec. VP; The Ohio Co., 155 E. Broad St., Columbus, OH 43215, 614 464-6958; r. 2485 Sherwin Rd., Columbus, OH 43221, 614 488-6152.

FRONK, Robert A.; '56 BSBA; Part Owner; Eagle Equip. Corp., 666 Brooksedge Blvd., Westerville, OH 43081; r. 717 Bluffview Dr., Worthington, OH 43085.

FRONTZ, Jeanne Warne, (Jeanne Warne); '69 BSBA; CPA; 336 S. High St., Columbus, OH 43215, 614 621-1200; r. 5443 Tamarack Blvd., Columbus, OH 43229, 614 846-7391.

FRONZAGLIA, Stanley Nicholas; '78 MBA; Dir.; N C R Corp., Financial Systs. Data Process, 1700 S. Patterson Blvd., Dayton, OH 45479, 513 445-2609; r. 9107 Woodstream Ln., Spring Vly., OH 45370, 513 885-7991.

FROOMAN, James Charles; '85 BSBA; Law Student/Law Clerk; Lindhorst & Dreidame, 201 E. 5th St., Central Trust Ctr., Ste. 1700, Cincinnati, OH 45201, 513 421-6630; r. 341 Ridgewood Pl., Ft. Thomas, KY 41075, 606 781-3166.

FROST, Mrs. Betty Lou, (Betty Lou Evans); '50; Homemaker; r. 1181 Millcreek Ln., Columbus, OH 43220, 614 459-2422.

FROST, Brian D.; '87 BSBA; 15425 Richard Dr., Brook Park, OH 44142, 216 362-6532.

FROST, George S.; '49 BSBA; Chmn.; King Thompson/Holzer Wollam, 1670 Fishinger Rd., Columbus, OH 43221, 614 451-5700; r. 1181 Millcreek Ln., Columbus, OH 43220, 614 459-2422.

FROST, Jack S.; '50; Retired; r. 2228 Mc Coy Rd., Columbus, OH 43220, 614 451-3090.

FROST, Randall Lee; '79 BSBA; Engr.; Rockwell Intl., 4300 E. 5th Ave., Columbus, OH 43219, 614 239-4964; r. 630 E. Walnut St., Westerville, OH 43081, 614 882-4265.

FROST, Scott K.; '86 BSBA; Systs. Support Analyst; Chemical Abstracts, Columbus, OH 43221; r. 2753 Shrewsbury Rd., Columbus, OH 43221, 614 459-6762.

FRUEHAN, Alan Douglas; '72 MBA; Mgr.-Corporate Pricing; The Timken Co., 1835 Dueber Ave. SW, Canton, OH 44706, 216 430-6651; r. 7685 Starcliff NW, N. Canton, OH 44720, 216 497-7308.

FRUMKIN, Steven Edward; '77 BSBA; Adler-Royal Bus Mch; r. 3927 W. Meadow Ln., Cleveland, OH 44122.

FRUSH, Michael Allen; '70 BSBA; Partner; Gattner Highfield & Shumaker, 699 S. Front St., Columbus, OH 43206, 614 445-7217; r. 5172 Banbridge Ln., Dublin, OH 43017, 614 764-1185.

FRUTH, Charles Patrick; '83 BSBA; Mktg. Rep.; American Airlines, DFW Airport, TX 75261; r. 16-210 Rd. Z Rte. 3, Napoleon, OH 43545.

FRUTH, Jane Mykrantz; '83 BSBA; Acct.; Diamond S&L, 500 S. Main St., Findlay, OH 45840; r. 5670 W. Township Rd. 102, Tiffin, OH 44883, 419 937-2753.

FRUTH, Karen Ann; '81 BSBA; Asst. Mgr.; Thom Mc Ann, Westland Mall, Columbus, OH 43228; r. 5961 W. US 224, Tiffin, OH 44883.

FRUTIG, Charles R.; '63 BSBA; Exec. Trainee; Society Natl. Bank, 145 Public Sq., Cleveland, OH 44114; r. 16290 Suffolk Dr., Spring Lake, MI 49456, 616 846-8478.

FRY, Charles E.; '38 BSBA; Retired; r. 2430 St. Paris Pike, Unit #2, Springfield, OH 45504, 513 399-5534.

FRY, Cherilyn Ann; '76 BSBA; Acct.; r. 2327 Canterbury Rd., Columbus, OH 43221, 614 488-8463.

FRY, Gary Richard; '73 BSBA; Supv.; Out Bound Freight, Associated Truck Lines, Indianapolis, IN 46206; r. 2314 Stonebridge Dr., Orange Park, FL 32073, 904 272-8617.

FRY, Harold S.; '38 BSBA; 460 N. Prospect Ave., Hartville, OH 44632.

FRY, Kenneth Calvin; '67 BSBA; Sales; Frys Auto Parts, 3062 Richfield Ctr., Dayton, OH 45430; r. 5020 Timberly Dr., Dayton, OH 45440, 513 429-0623.

FRY, Dr. Louis Westmoreland; '78 PhD (BUS); Assoc. Prof.; r. Dept. of Management & Organiz, University of Washington, Dj10, Seattle, WA 98195.

FRY, Robert Eugene, Jr.; '68 BSBA, '72 MBA; Partner; Coopers & Lybrand, Columbus Ctr., 100 E. Broad St., Columbus, OH 43215, 614 225-8700; r. 5210 Hampton Ln., Columbus, OH 43220, 614 451-3532.

FRY, Robin Lee; '72 BSBA; Sr. VP; McCann-Erickson Advt., 750 Third Ave., New York, NY 10017, 212 984-3628; r. 610 E. Broad St., Westfield, NJ 07090, 201 233-4943.

FRY, Sadie Ann Mason, (Sadie Crock(Mason)); '79 BSBA; Lead Analyst; Nationwide Ins. Co., One Nationwide Plz., Columbus, OH 43216, 614 249-5900; r. 2007 Thistlewood Ct., Worthington, OH 43235.

FRY, Sherri A. '84 (See Learmonth, Mrs. Sherri Ann).

FRY, Sue Mc Innis; '68 BSBA; 5020 Timberly Dr., Dayton, OH 45440, 513 429-0623.

FRY, Susan Jean; '86 BSBA; 2767 Pinetrace, Maumee, OH 43537.

FRYBARGER, Gerald C.; '50 BSBA; Dock Worker; Robinson J & B Cartage Co., 805 Cleveland Ave., Columbus, OH 43201; r. 3740 Eakin Rd., Apt. 8, Columbus, OH 43228, 614 276-1576.

FRYBURGER, Don E.; '57 MBA; Asst. Prof.; Loras Clg., POB 0178, Dubuque, IA 52004, 319 588-7481; r. 793 Caledonia Pl., Dubuque, IA 52001, 319 557-9068.

FRYDRYK, Kevin Paul; '83 BSBA; Customer Svc. Supv; Mobil Chemical Co., Pittsford, NY 14534, 716 248-1433; r. 28 Lower Hill Ln., Fairport, NY 14450, 716 425-4779.

FRYDRYK, Michael John; '77 BSBA; Dir. Employee Comp; Brunswick Corp., Mercury Marine Div, 1939 Pioneer Rd, Fond Du Lac, WI 54935, 414 929-5477; r. 811 Meadowbrook Ln., Fond Du Lac, WI 54935, 414 923-3834.

FRYDRYK, Susanna Ford; '83 BSBA; Area Mgr.; Artcarved Class Rings, 390 Spencer Dr., Harrah, OK 73045; r. Same.

FRYE, A. Leroy; '44 BSBA; Retired; r. 130 S. Trimble Rd., Apt. 6, Mansfield, OH 44904, 419 526-1365.

FRYE, Charles J.; '30 BSBA; Retired; r. 680 Canal St., Apt. 205, Beaver, PA 15009, 412 728-6599.

FRYE, James Curtis; '78 BSBA; Systs. Analyst; r. 442 S. Dryden Pl., Arlington Hts., IL 60005, 312 392-4834.

FRYE, Mrs. Lisa C., (L. Cathy Gallenstein); '79 BSBA; Circulation; NWCA, 7424 Miami Ave., Cincinnati, OH 45243, 513 561-9051; r. 8308 Wicklow, Cincinnati, OH 45236, 513 891-7045.

FRYE, Mark Stephen; '84 BSBA; Experienced Sr.; Arthur Andersen & Co., Huntington Ctr. Ste. 2000, 41 S. High St., Columbus, OH 43215, 614 228-5651; r. 522 Milford Ave., Columbus, OH 43202, 614 268-6037.

FRYLINCK, George Robert; '70 BSBA; Staff; I T T North Electric, POB Ncrs, Johnson City, TN 37601; r. 201 Jefferson Ave., River Edge, NJ 07661, 201 265-1935.

FRYSINGER, John L.; '60 BSBA; Pres.; Frysinger Constr. Svcs., 1050 S. Federal Hwy., Delray Bch., FL 33483, 407 483-9383; r. 20843 Via Valencia Dr., Boca Raton, FL 33433.

FU, Marilyn Y.C. '71 (See Harpster, Mrs. Marilyn Y.C.).

FUCHS, Madeline '81 (See Thompson, Mrs. Madeline J.).

FUDALE, William Joseph; '84 BSBA; Internal Auditor; Scott Fetzer Co., 28806 Clemond Rd., Westlake, OH 44145, 216 892-3000; r. 25820 Highland Rd., Cleveland, OH 44143, 216 383-9141.

FUDGE, Marcia Louise; '75 BSBA; Dir. Pers Proprty Tax; Cuyahoga Cnty. Auditor's Ofc., Administrative Bldg., 1219 Ontario St., Cleveland, OH 44113, 216 443-7010.

FUDGE, Pamela Ann; '78 BSBA; 1542 E. 26th Ave., Columbus, OH 43211.

FUESS, Wendy N., (Wendy Nobile); '80 MPA; Dir./Cost Mgmt. Cnslt.; Community Affiliatd Businesses, Community Mutual Insurance Co, 11300 Cornell Pk Dr. Ste. 205, Cincinnati, OH 45242, 513 247-7640; r. 3800 Broadview Dr., Cincinnati, OH 45208, 513 871-7341.

FUGAZZI, Andrew Edward; '80 BSBA; Pers Financial Plnnr; I D S American Express, Formerly Investors Divers Svcs, 3021 Bethel Rd. Ste. 108, Columbus, OH 43220, 614 459-8332; r. 1500 Lake Shore Dr. #300, Columbus, OH 43204.

FUGAZZI, Lisa Halpert; '81 BSBA; Cert Jazzercise Inst; r. 6408 Chippenhook Ct., Dublin, OH 43017, 614 766-2612.

FUGETT, Kimberly Ann; '87 BSBA; 7928 Mitchell Farm Ln., Cincinnati, OH 45242, 513 793-6327.

FUGITA, Dr. Stephen S.; '65 BSBA; Assoc. Dir.; Pacific/Asian American Mental Hlth. Rsch., 1033 W. Van Buren St., Chicago, IL 60607, 312 996-2879; r. 623 Bunker Hill Ct., Naperville, IL 60540, 312 369-5614.

FUGITT, Pamela Sue; '79 BSBA; Salesperson; Moore's Lumber, 2903 Park Ave. W., Mansfield, OH 44907, 419 529-5700; r. 446 Cline Ave., Mansfield, OH 44907, 419 756-0717.

FUHLBRIGGE, Peter M.; '81 BSBA; Investment Spec.; New England Securities, 921 Chatham Ln., Ste. 300, Columbus, OH 43221, 614 457-6233; r. 7720 Thorncroft Ct., Worthington, OH 43235, 614 792-0700.

FUHR, Douglas B.; '55 BSBA; Credit Mgr.; GMAC, 6000 28th St., Grand Rapids, MI 49506, 616 957-4646; r. 2330 Chelsea Dr., NE, Grand Rapids, MI 49505, 616 459-6154.

FUHR, Norman D.; '54 BSBA; Plant Mgr.; Alcan Aluminium, Williamsport, PA 17701; r. 55 Red Wing Rd., Lock Haven, PA 17745.

FUHRMAN, Bruce Edgar; '71 BSBA; Industrial Engr.; Ford Motor Co., Boose & Bible Rds., Lima, OH 45801, 419 226-7070; r. 3907 Neely Rd, Elida, OH 45807, 419 339-3093.

FUHRMAN, Stephen Mark; '74 BSBA; Supv.; BP America Inc., 1000 Hanthorn Rd., Lima, OH 45802, 419 226-2609; r. 1558 Bunker Dr., Lima, OH 45805, 419 991-1131.

FUJIMURA, Elaine Harue; '82 MPA; Cost Cont Analyst; Blue Shield/Comm Mutual Ins. Co., 6740 N. High St., Worthington, OH 43085, 614 438-6665; r. 514 Richards Rd., Columbus, OH 43214, 614 261-0215.

FUJITA, Robert Henry; '83 BSBA; 15295 Baldwin Ct., Apt. 202, Cleveland, OH 44130.

FUKUDA, Kay L.; '80 MPA; Staff; City of Columbus, 50 W. Gay St. Rm. 500, Columbus, OH 43215, 614 222-8300; r. 5111 Dalmeny Ct., Columbus, OH 43220.

FUKUZAWA, Harutoshi; '57 BSBA; 6129 Queen Ridge, Palos Verdes Pnsla., CA 90274.

FULFORD, Allison S., Sr.; '50 BSBA; Pipe Valve Inc., 885 W. 5th Ave., Columbus, OH 43212; r. 6000 Havens Rd, Gahanna, OH 43230, 614 855-9798.

FULFORD, Diane '69 (See Bynum, Diane Fulford).

FULFORD, John H., III; '72 BSBA; Sr. VP; Fed. Natl. Mortgage Assn., 10920 Wilshire Blvd., Los Angeles, CA 90024, 213 209-6168; r. 354 S. Marengo Ave., Apt. 1, Pasadena, CA 91101, 818 793-2797.

FULK, Kenneth Stephen; '80 BSBA; Acct.; Accuray Corp., 650 Akerman Rd, Mail Stop 8410, Columbus, OH 43202; r. 151 Bellefield Ave., Westerville, OH 43081.

FULK, Dr. Richard Harold; '53 BSBA; Psychologist; r. 790B S. Franklin, Ft. Bragg, CA 95437.

FULLEN, Larry B.; '65 MBA; Sr. VP; Ansell, Division of Dunlop Pacific, 78 Apple St., Tinton Falls, NJ 07724, 201 530-9500; r. 8 Indian Creek Rd., Holmdel, NJ 07733, 201 671-7324.

FULLEN, Martha Sprague, (Martha Sprague); '54 BSBA; 65 Harbour Sq. #3110, Toronto, ON, Canada M5J2L4, 416 368-9056.

FULLEN, Ramon L.; '84 BSBA; Sr. Tax Cnslt.; Deloitte Haskins & Sells, 155 E. Broad St., Columbus, OH 43215, 614 221-1000; r. 724 Grandon Ave., Columbus, OH 43209, 614 231-8214.

FULLEN, Richard W.; '52 BSBA; VP; Third Natl. Bank, 166 E. Main, Circleville, OH 43113; r. 103 Northridge Rd, Circleville, OH 43113, 614 474-2415.

FULLENKAMP, Dana Lewis; '84 BSBA; Acct./Asst. Comptrollr; Sheraton Hotel, 401 E. Sixth Ave., Anchorage, AK 99501; r. POB 770207, Eagle River, AK 99577, 419 562-8887.

FULLER, Christine; '86 BSBA; Acct.; Price Waterhouse, 400 N. Ashley St., Ste. 2800, Tampa, FL 33602, 813 223-7577; r. 4800 S. Westshore Blvd., Apt. #526, Tampa, FL 33611.

FULLER, Claude Estle; '48 BSBA; Retired Asst. Dir.; OSU Athletic Dept.; r. 267 Country Club Dr., Plant City, FL 33566, 813 754-5124.

FULLER, Mrs. Dolores M., (Dolores E. Mechling); '55 BSBA; Student; r. 1435 Villa Dr., Los Altos, CA 94022.

FULLER, Ginger Ann; '85 BSBA; Auditor; Arthur Andersen & Co., 711 Louisiana, Ste. 1300, Houston, TX 77002, 713 237-2323; r. 1408 Woodhollow #8910, Houston, TX 77057, 713 977-2633.

FULLER, James M.; '80 BSBA; Partner, Ins. Brokerage; Snider, Fuller & Assocs., 50 S. Court St., Athens, OH 45701, 614 594-8385; r. 2 Richland Hills, Athens, OH 45701, 614 592-5243.

FULLER, Jo Ann Tremain, (Jo Ann Tremain); '48 BSBA; VP-Owner; Systs. Svcs., POB 65, Bremen, OH 43107, 614 746-8322; r. Same, 614 569-4637.

FULLER, Jon Becker; '83 BSBA; 205 Williams St., Norwalk, OH 44857, 419 663-2270.

FULLER, Kathryn Staples; '82 BSBA; Homemaker; r. 24 Rose Ct., Narragansett, RI 02882, 401 789-4502.

FULLER, Larry Douglas; '74 BSBA; Sales Rep.; Munson Sporting Goods, Costa Mesa, CA 92626; r. 174 Staci Way, Sparks, NV 89433, 702 673-3062.

FULLER, Marjorie Kattau; '46 BSBA; Homemaker; r. 3500 Liberty St., Port Charlotte, FL 33948.

FULLER, Orville, Jr.; '50 BSBA; Chmn. of the Bd.; Bank One, Coshocton NA, 120 S. 4th St., Coshocton, OH 43812, 614 622-2532; r. 2025 Hillcrest Dr., Coshocton, OH 43812, 614 622-2539.

FULLER, Richard H.; '38 BSBA; Retired; T R W Inc., 23555 Euclid Ave., Cleveland, OH 44117; r. 1989 Linda Flora Dr., Los Angeles, CA 90077, 213 472-3088.

FULLER, Richard L.; '30 BSBA; Retired; r. POB 1349, Milledgeville, GA 31061, 912 452-1246.

FULLER, Robert Louis; '64 BSBA; 12208 W. 72nd Ter., Shawnee, KS 66216, 913 268-7925.

FULLER, Sheldon C.; '48 BSBA; Operator; Sheldon C Fuller, Antiques, Saugerties, NY 12477; r. 18 Finger St., Saugerties, NY 12477, 914 246-2322.

FULLER, William J.; '50 BSBA; Retired; r. 1075 Wollenhaupt Dr., Vandalia, OH 45377, 513 890-3292.

FULLERTON, Charles William; '38 BSBA; Retired; r. 6861 Hardwood Dr., Galloway, OH 43119, 614 878-2234.

FULLERTON, Noel J.; '59 BSBA; 6321 N. Murray Ridge Rd, Elyria, OH 44035, 216 324-3541.

FULLERTON, Robert C.; '61 BSBA; Treas./Dir.; Natl. Potteries Corp., 7800 Bayberry, Jacksonville, FL 32216; r. 2489 Grayling Dr., Jacksonville, FL 32216.

FULMER, Gary C.; '57 BSBA; Exec. VP; Crane Plastics, 2141 Fairwood Ave., Columbus, OH 43207, 614 443-4891; r. 1073 Sedgwick Ct., Columbus, OH 43235, 614 888-7788.

FULMER, Richard Thomas, Jr.; '70 BSBA; For. Exch. Tra; Aleenene Bank, 84 William St., New York, NY 10038; r. 346 Clinton St., Brooklyn, NY 11231.

FULMER, William P.; '49 BSBA; Underwriting Svc. Supv.; Industrial Risk Ins., 300 S. Riverside Plz., Chicago, IL 60606, 312 648-2255; r. 306 N. Orchard, Park Forest, IL 60466, 312 747-2594.

FULNER, Thomas C.; '62 BSBA; Pres./CEO; Dynamark Ltd. Corp., 2451 N. Meridian St., Indianapolis, IN 46208, 317 923-2345; r. 6706 Grosvenor Pl., Indianapolis, IN 46220, 317 849-4068.

FULSCHER, Thomas Eugene; '87 BSBA; Audit Supv.; The Martin-Brower Co., 2159 Lockbourne Rd., Columbus, OH 43207, 614 445-8486; r. 1562 Northcrest Ave., Columbus, OH 43220, 614 459-7007.

FULTON, Debra Lynn; '84 BSBA; Leasing Cnslt.; Wellington Financial Grp., 81820 Hickory Creek Ln., Columbus, OH 43229, 614 899-1500; r. 1679 Hickory Creek Ln., Columbus, OH 43229.

FULTON, Merle Douglas; '68 BSBA; Tucker Rd, Lucas, OH 44843, 419 892-2037.

FULTON, Virgil R.; '31 BSBA; Retired Supv.; Columbia Gas Syst., Clearwater, FL 34623; r. 2456 Equadorian Way, Apt. 54, Clearwater, FL 34623, 813 796-3393.

FULTON, William Joseph; '87 BSBA; 181 Boston Mills, Hudson, OH 44236, 216 653-6206.

FULTZ, Clair Ervin; '34 BSBA; Retired; r. 15726 SR 729 NW, Jeffersonville, OH 43128, 614 426-6445.

FULTZ, Dale Arthur; '66 BSBA; Field Negotiator; Goodyear Tire & Rubber, 1144 E. Market St., Akron, OH 44316; r. 6260 Pinto Rd, Clinton, OH 44216, 216 825-0632.

FULTZ, Daniel G.; '78 BSBA; 2882 Johnstown-Utica Rd., Johnstown, OH 43031.

FUMI, David Darrin; '87 BSBA; Investment Banker; Meuse Rinker, et al, 90 N. High St., Columbus, OH 43215, 614 221-0722; r. 1633 King Ave., Columbus, OH 43212, 614 481-3073.

FUNCHESS, Gwendolyn Denise; '81 BSBA; Libr Media Tech. Asst.; Ohio State Univ., 045 Agr Adm, 2120 Fyffe Rd., Columbus, OH 43210; r. 8342 Waco Ln., Powell, OH 43065.

FUNG, Tin Yue; '87 BSBA; Student; Univ. of Illinois; r. 3441 N. 74th St., Lincoln, NE 68507, 402 464-3120.

FUNK, Charles Joseph; '77 BSBA; Reg. Financial Mgr.; Carrier Air Conditioning, 75 Holly Hill Ave., Greenwich, CT 06830, 203 622-7500; r. 263 Strawberry Hill Ave., Apt. G-2, Stamford, CT 06902, 203 353-1151.

FUNK, James Mitchell, Jr.; '84 BSBA; Programmer/Analyst B; J C Penney Ins. Co., 800 Brooksedge Blvd., Westerville, OH 43081; r. 7301/A Alma Dr. #2038, Plano, TX 75023, 214 517-8096.

FUNK, Karen Jo; '82 BSBA; Acct.; Business Telephone Systs., 550 W. Spring St., Columbus, OH 43215; r. 1005 Kennington Ave., Columbus, OH 43220.

FUNK, Michael Eugene; '87 BSBA; 800 Thomas Rd., Columbus, OH 43212, 614 294-1073.

FUNK, Michael John, CPA; '83 BSBA; Supv.; Coopers & Lybrand, 100 E. Broad St., Ste. 2000 Columbus Ctr., Columbus, OH 43215, 614 221-7471; r. 2422 Shrewsbury, Columbus, OH 43221, 614 442-6868.

FUNK, Steven J.; '84 BSBA; Treas.; Vanner, Inc., 745 Harrison Dr., Columbus, OH 43204, 614 272-6263; r. 1392 Virginia Ave., Columbus, OH 43212, 614 291-5193.

FUNK, Terri F., (Terri Florin); '83 BSBA; Asst. VP; Balcor/American Express, 4849 Golf Rd., Skokie, IL 60077, 312 677-2900; r. 906 Greenwood St., Apt. #2, Evanston, IL 60201, 312 869-5010.

FURBER, John H.; '48 BSBA; Owner; J H Furber Co., POB 21533, Columbus, OH 43221, 614 451-8822; r. 4050 Lyon Dr., Columbus, OH 43220, 614 451-0421.

FURLONG, Mark Anthony; '88 BSBA; 21519 Nottingham Dr., Fairview Park, OH 44126, 216 734-4240.

FURMAN, Benjamin Arthur; '74 BSBA; Dir. of Finance & Admin.; Attleboro Youth & Family Svc., 140 Park St., POB 2037, Attleboro, MA 02703, 508 226-8874; r. 268 Smith St. #2A, N. Attleboro, MA 02760, 508 699-2743.

FURNISS, Shelley '87 (See Rush, Shelley D.).

FURRY, David Wilson; '86 BSBA; Asst. Mgr.; Bank One of Cleveland, 1255 Euclid Ave., Cleveland, OH 44115, 216 781-3333; r. 12980 Edgewater Dr., Lakewood, OH 44107, 216 529-1935.

FURRY, Michael Edward; '83 BSBA; Box 781, Cambridge, OH 43725.

FURRY, Richard L.; '60 BSBA; Pres.; Day-Glo Color Corp., Subs of Nalco Chemical Co, 4515 St. Clair Ave., Cleveland, OH 44103, 216 391-7070; r. 3948 Idlewild Dr., Rocky River, OH 44116, 216 331-2292.

FURUICHI, Clifford T.; '77 BSBA; Acct.; People's Drugstores, 6315 Bryn Mawr Dr., Alexandria, VA 22312; r. 547 Colecroft Ct., Alexandria, VA 22314, 703 836-7095.

FURUKAWA, Ronald F.; '60 BSBA; Financial Examiner; State of Georgia, Dept. of Banking & Finance, 2990 Brandywine Rd., Atlanta, GA 30341, 404 988-9444; r. 341 Sumter Dr., NE, Marietta, GA 30066, 404 427-3403.

FUSNER, Holly Russell, (Holly Russell); '82 BSBA; Part-time Faculty; Muskingum Area Tech Clg., 1555 Newark Rd., Zanesville, OH 43701; r. 5340 Highview Dr., Zanesville, OH 43701, 614 452-8915.

FUST, Raymond J., Jr.; '46 BSBA; R F & P Railroad; r. 2400 Wadebridge Rd, Midlothian, VA 23113, 804 794-5724.

FUTHEY, Dr. Dale E.; '52 BSBA, '55 MBA, '64 PhD (BUS); Retired Assoc. Prof.; Univ. of South Florida, 4202 Fowler Ave., Tampa, FL 33620; r. 2708 College Cir., Tampa, FL 33612, 813 971-7446.

FUTRELL, Steven Craig; '73 BSBA; Pres.; Bank One of Marion, 165 W. Center St., Marion, OH 43302, 614 383-4051; r. 960 Villandry Dr., Marion, OH 43302, 614 389-6089.

FYFFE, Margaret Josephine; '82 BSBA; Student; Northwestern Univ., Graduate Sch., Evanston, IL 60201; r. 1734 Orrington Ave. 3E, Evanston, IL 60201.

G

GAAL, Alex John; '48; Exec. Recruiter; Personnel Assocs., 85 E. Gay St., Ste. 806, Columbus, OH 43215, 614 221-5248; r. 2607 Dorset Rd, Upper Arlington, OH 43221, 614 486-1090.

GAAL, Alexander H.; '34 BSBA; Retired/VP; r. 1350 Wembley Rd., San Marino, CA 91108, 818 796-0958.

GAAL, Gary Ray; '83 BSBA; Recreation Instr. I; Columbus Recreation & Parks, 90 W. Broad St., Columbus, OH 43215; r. 462 Hinman Ave., Columbus, OH 43207, 614 444-7073.

GAAL, Perry Joseph; '78 BSBA; Acctg. Supv.; Wendy's Intl., Inc., 4288 W. Dublin-Granville Rd., POB 256, Dublin, OH 43017, 614 764-3143; r. 5873 Connolly Ct., Dublin, OH 43017, 614 792-0407.

GABAY, Stephen J., Jr.; '49 BSBA; Pres.; Gabay Devel. Co., 1217 1/2 S. James Rd., Columbus, OH 43227, 614 231-4513; r. 5961 E. Livingston Ave., Columbus, OH 43232, 614 866-6227.

GABBERT, Randy C.; '86 BSBA; 3713 Beulah Rd. #A, Columbus, OH 43224.

GABEL, Elizabeth Bower, (Elizabeth M. Bower); '86 BSBA; Branch Mgr.; Philadelphia Natl. Bank, 5th & Market St., Philadelphia, PA 19101, 215 973-1648; r. 1100 W. Chester Pike, Apt. #E-38, West Chester, PA 19382, 215 430-1562.

GABEL, Randall Mark; '86 BSBA; Programmer; Shared Med. Systs., 51 Valley Stream Pkwy., Malvern, PA 19355, 215 251-3625; r. 1100 W. Chester Pike, Apt. #E-38, West Chester, PA 19382, 215 430-1562.

GABEL, Theresa Lynn; '87 BSBA; 3534 W. County Rd. 52, Tiffin, OH 44883, 419 447-2226.

GABLE, James Michael; '72 BSBA; 2037 26th St., Cuyahoga Falls, OH 44223, 216 928-3357.

GABLE, Jeffrey R.; '81 BSLHR; Tchr.; Cuyahoga Cnty. Bd. Mntl. Retrd., 1050 Terminal Twr., 50 Public Sq., Cleveland, OH 44113, 216 333-1791; r. 10190 Pleasantlake Blvd., Apt. G-16, Parma, OH 44130, 216 842-5132.

GABLE, Michael Jerome; '71 MPA; Exec. Dir.; Porter Wright Morris & Arthur, 41 S. High St., Columbus, OH 43215, 614 227-2151; r. 1940 Cambridge Blvd., Columbus, OH 43212, 614 486-1928.

GABLE, Paul E., Jr.; '52 BSBA; Salesman; Allstate Ins. Co., 3200 34th St. S., St. Petersburg, FL 33712; r. 6500 41st Ave. N., St. Petersburg, FL 33709.

GABLE, Thomas Edward; '69 BSBA; 5600 Alan Moss Ct., Dublin, OH 43017, 614 766-7756.

GABLEMAN, George M.; '39 BSBA; Retired; r. 2300 N. Early St., Alexandria, VA 22302, 703 379-6256.

GABOR, Randy Allan; '74 BSBA; Mgr. Financial Serv; K D I Corp., 5721 Dragon Way, Cincinnati, OH 45227; r. 1007 Duxbury Ct., Cincinnati, OH 45255.

GABORICK, Mark Raymond; '77 BSBA; Acctg. Supv.; Kroger Co., 457 Cleveland Ave., Columbus, OH 43215; r. 4134 Camellia Ct., Westerville, OH 43081, 614 890-4344.

GABOURY, Richard E.; '67 BSBA; Sr. Systs. Analyst; Info. Systs. & Networks Corp., 5100 Springfield Pike, Dayton, OH 45431, 513 252-2161; r. 4395 Willow Run Rd., Dayton, OH 45430, 513 426-1034.

GABRIEL, James A.; '49 BSBA; Retired; r. 748 S. Richardson Ave., Columbus, OH 43204, 614 279-7204.

GABRIEL, James Edward; '76 MA; Pres.; Civil Engrg. Assocs., 6600 Busch Blvd., Ste. 129, Columbus, OH 43229, 614 848-5055; r. POB 16434, Columbus, OH 43216, 614 299-3600.

GABRIEL, Jane Mossbarger; '59 BSBA; 1118 Sassafras Ln., Niles, MI 49120, 616 684-2653.

GABRIEL, Lynford E.; '60 MBA; Pres.; Celfor Svcs. Corp. Div.Of Clark, 103 W. Main St., Ste. 200, South Bend, IN 46601, 219 284-2678; r. 1118 Sassafras Ln., Niles, MI 49120, 616 684-2653.

GABRIEL, Michael Sowards; '85 BSBA; 1437 W. Case Rd., Columbus, OH 43220.

GABRIEL, Patricia Egan; '69 BSBA; Gen. Mgr.; Borden Inc., 180 E. Broad St., Columbus, OH 43215, 614 225-4424; r. 5732 Firwood Pl., Columbus, OH 43229, 614 846-7006.

GABRIEL, Robert Mansfield; '78 BSBA; Staff; Spinnaker Inc., 1075 Weybridge Rd., Columbus, OH 43220; r. 1437 W. Case Rd., Columbus, OH 43220.

GACEK, Charles Joseph; '87 BSBA; USD Supv.; Central Transport, 5400 W. 137th St., Brook Park, OH 44142; r. 14410 Old Pleasant Valley, Middleburg Hts., OH 44130, 216 843-6065.

GADDIS, Bruce B.; '69; 273 E. Stafford Ave., Worthington, OH 43085, 614 846-5502.

GADE, Michael Joseph; '74 BSBA, '75 MBA; Retail/Mgmt. Cnslt.; Touche Ross, One Maritime Plz., San Francisco, CA 94111, 415 781-9570; r. 1904 Mar West St., Tiburon, CA 94920, 415 435-4650.

GAEDE, David L.; '49 MBA; Real Estate Broker; Gaede Realty, 6360 Far Hills Ave., Centerville, OH 45459; r. 3673 Ridgeway Rd, Kettering, OH 45419.

GAERTNER, Christopher John; '81 BSBA; Supv.; GMAC Financing, 5083 Miller Rd., Flint, MI 48502, 313 733-9820; r. 624 Dougherty Pl., Flint, MI 48504, 313 239-2327.

GAFFER, Kevin John; '85 BSBA; Account Rep.; Roadway Package Syst., Inc., 977 Frank Rd., Columbus, OH 43223, 614 279-0168; r. 7348 Chaparral Rd., Worthington, OH 43235, 614 792-3068.

GAFFIGAN, Patricia Ann; '88 MBA; 2369 Meadow Springs Cir., Worthington, OH 43085, 614 766-2237.

GAFFNEY, Jayne Cummiskey; '84 BSBA; 84 W. Stanton, Worthington, OH 43085.

GAGE, Allen Dale; '79 BSBA; 7639 E. Strawberry Ridge, Orange, CA 92669.

GAGE, Cathy; '79 BSBA; Treas.; Nevada Title Co., 3320 W. Sahara Ave., #200, Las Vegas, NV 89102, 702 251-5000; r. 8720 Pavia Dr., Las Vegas, NV 89117, 702 363-2290.

GAGE, Fred F.; '56 BSBA; VP & Gen. Mgr.; Commonwealth Broadcasting Co., 700 Monticello Ave., Norfolk, VA 23510; r. Same.

GAGE, Ralph G.; '59 BSBA; 5893 Musket Ln., Stone Mtn., GA 30087, 404 491-1035.

GAGE, Robert M.; '60 BSBA; Pres.; K&G Assocs., Inc., 6720 Battle Bridge Rd., Raleigh, NC 27610, 919 779-1520; r. 6720 Battle Bridge Rd., Raleigh, NC 27610, 919 779-1520.

GAGEL, Michael E., CPA; '66 MACC; Partner; Arthur Andersen & Co., 41 S. High St., Columbus, OH 43215, 614 228-5651; r. 1950 Rosebery Dr., Columbus, OH 43220, 614 457-1610.

GAGEN, Dr. Mary G.; '79 BSLHR, '87 PhD (LHR); Asst. Prof.; Univ. of Toledo, Dept. of Mgmt., 2801 W. Bancroft St., Toledo, OH 43606, 419 537-2967; r. 2310 Scottwood, Toledo, OH 43620, 419 241-1127.

GAGLIARDI, Claudio, Jr.; '86 BSBA; Cement Contractor; Southland Constr., 6007 Allanwood, Parma, OH 44129, 216 884-1976; r. Same.

GAGLIARDI, John; '88 BSBA; 105 Winthrop Rd, Columbus, OH 43214, 614 263-5117.

GAGLIARDO, Lori '76 (See Baum, Lori G.).

GAGLIO, MAJ Joseph Phillip, USAF; '75 BSBA; Contracting Ofcr.; Offutt AFB, Omaha, NE 68113, 402 294-5105; r. 1105 Sherman St., Papillion, NE 68128, 402 592-7681.

GAGLIO, Salvatore Frank; '80 BSBA; VP Investments; Gruntal & Co., 1150 Summer St., Stamford, CT 06905, 203 348-0500; r. 16 Morley Ln., Darien, CT 06820.

GAGNON, Francis Alfred; '74 BSBA; Product Planner; Glendale Lab, Endicott, NY 13760, 607 752-5179; r. 848 Rosewood Ter., Endwell, NY 13760, 607 785-0517.

GAHAN, Michael L.; '86 BSBA; Claims Adjustor; Westfield Cos., 1 Park Ctr., Westfield, OH 44251, 216 867-5292; r. 128 King St., Apt. A, Wadsworth, OH 44281, 216 336-9672.

GAHR, LTC William Fred, Jr.; '72 MBA; Lt. Col./Usaf; Hanscom Air Force Base, Contracting Intnl Program, Electronic Systs. Div, Bedford, MA 01731; r. 100 Geiger Ave., Bellevue, KY 41073, 606 291-3661.

GAILITIS, Martin; '66 BSBA; Mgr.; Cowell & Hubbard Jewelers, 640 Summit Mall, Akron, OH 44313; r. POB 811, Berea, OH 44017.

GAINAR, Eugene John; '70 BSBA; Mgr. of Operations; Win-Holt Equip., 1169 N. Greatsouthwest Pkwy., Grand Prairie, TX 75050; r. Rte. 6 Box 272Ab, Greenville, TX 75401.

GAINER, Marion C.; '67 MBA; Supv.; State Auditor's Ofc., 88 E. Broad St., Columbus, OH 43215; r. 3662 Clime Rd., Columbus, OH 43228, 614 279-5697.

GAINER, Susan Le Fever, (Susan Le Fever); '83 BSBA; Claims Rep.; Motorist Mutual Ins. Co., 28111 Lorain Rd., N. Olmsted, OH 44070, 216 779-8900; r. 14389 Pine Lakes Dr., Strongsville, OH 44136, 216 572-2959.

GAINES, Betty Burnett; '39 BSBA; 5904 Mount Eagle Dr., #1108, Alexandria, VA 22303, 703 960-9480.

GAINES, Carolyn Marie; '88 BSBA; 2909 Daina Ct., Beavercreek, OH 45430, 513 426-0698.

GAINES, Dwight O'Brien; '83 MBA; Mktg. Repr; IBM Corp., Spec Edu Support Programs, Old Orchard Rd., Armonk, NY 10504; r. 734 Booker Dr., Seat Pleasant, MD 20743, 301 350-2370.

GAINES, Irwin L.; '38 BSBA; Retired; r. 831 Delaware Rd., Burbank, CA 91504, 818 848-4008.

GAINES, James Roland; '80 MBA; VP; Superconductive Components Inc., 1145 Chesapeake Ave., Columbus, OH 43212, 614 486-0261; r. 410 W. Shell Ct., Columbus, OH 43213.

GAINES, Norman J.; '56 BSBA; Supt.; OUskogee Public Schs., Bd of Education, Muskogee, OK 74401; r. 220 Washakie, Evanston, WY 82930, 307 789-5450.

GAINES, Tony Allen; '75 BSBA; Coord. Mgmt.; Kroger Co., 4450 Poth Rd., Columbus, OH 43213; r. 5818 Hughes Rd., Galena, OH 43021.

GAINEY, James Lee; '69 BSBA; 1039 Geers Ave., Columbus, OH 43206, 614 252-8581.

GAINOR, John Joseph; '82 MBA; VP-Finance; Community Life Ins. Co., 250 Old Wilson Bridge Rd., Worthington, OH 43085, 614 436-0688; r. 8960 Saltcoats Ct., Dublin, OH 43017, 614 761-3441.

GAIR, Stuart B., Jr.; '59 BSBA; Staff; Sears Roebuck & Co., 8061 Tyler Blvd., Mentor, OH 44060; r. 9109 Idlewood Dr., Mentor, OH 44060, 216 255-6108.

GAISER, Erich J.; '57 BSBA; Prog. Mgr.; Blackhawk Golf Club, Rte. 104, Galena, OH 43021; r. 5409 Ruckmoor Dr., Westerville, OH 43081, 614 882-0197.

GAISER, Stephanie '79 (See Rush, Stephanie Gaiser).

GAISER, Walter P.; '60 BSBA; Controller; Hill Distributing Co., 2555 Harrison Rd, Columbus, OH 43204, 614 276-6533; r. 2335 Olde Sawmill Blvd., Dublin, OH 43017, 614 764-1132.

GAITANOS, Christopher; '80 BSBA; Dir. of Corp Taxes-CPA; Alfide Corp., POB, Cuyahoga Falls, OH 44646; r. 2436 Mary Lou St. NW, Massillon, OH 44646, 216 837-0866.

GAITANOS, Mario, Esq.; '81 BSBA; Atty.; Alside, Inc., 3773 State Rd., POB 2010, Akron, OH 44223, 216 922-2333; r. 2325 Cold Stream Cir. NE, N. Canton, OH 44721, 216 497-1124.

GAITTEN, Donald J.; '49 BSBA; Retired; r. 100 Rocky Creek Dr., Gahanna, OH 43230, 614 475-3182.

GALA, James Chester; '74 BSBA; Sr. VP Finance/Treas.; First Nationwide Venture Corp., 27271 Los Rambliss, Mission Viejo, CA 92691, 800 432-3685; r. 22294 Davenrich, Salinas, CA 93908, 408 484-1763.

GALAN, Irwin E.; '57 BSBA; Acct.; AT&T, 6200 E. Broad St., Columbus, OH 43213, 614 860-2449; r. 4473 Keeler Dr., Columbus, OH 43227, 614 861-6305.

GALAN, Michael Howard; '66 BSBA, '68 MBA; Bus. Admin.; Sch. Administrative Unit 40, Elm St., Milford, NH 03055, 603 673-2202; r. 2 Olive St., Milford, NH 03055, 603 673-8181.

GALANG, Michael Cirilo; '85 BSBA; Branch Acctg. Mgr.; Contel IPC, 624 S. Grand, Ste. 2430, Los Angeles, CA 90017, 213 622-4888; r. 906 W. Torrance Blvd., #15, Redondo Bch., CA 90277, 213 316-4874.

GALBRAITH, Ms. Aarolyn Barbara; '53 BSBA; Staff Assoc.; Assoc. of Amer Med. Colleges, 1 Dupont Cir. Ste. 200, Washington, DC 20036, 202 828-0610; r. 1600 S. Eads St., 803 S., Arlington, VA 22202, 703 521-6856.

GALBRAITH, James C.; '48 BSBA; Retired; r. 4228 Stannard Dr., Toledo, OH 43613, 419 475-5001.
GALBREATH, Daniel Mauck; '53 MBA; Pres.; J W Galbreath & Co., 180 E. Broad St., Columbus, OH 43215, 614 460-4444; r. Darby Dan Farm, 925 Darby Creek Dr., Galloway, OH 43119, 614 870-8733.
GALBREATH, David Keith, Jr.; '74 BSBA; Realtor/Broker-VP; Galbreath Realtors, 100 N. Sunset, Piqua, OH 45356, 513 773-7144; r. 1808 Carol Dr., Piqua, OH 45356, 513 778-1422.
GALBREATH, George R.; '34; VP; Danherst Corp., Fairless Hls., PA 19030; r. 315 Pirates Bight, Naples, FL 33940.
GALBREATH, Robert G.; '59 BSBA; Staff; Baker Intl., 500 City Pkwy. W., Orange, CA 92668; r. 3502 Lost Lake Dr., Kingwood, TX 77339, 713 358-7753.
GALE, Alene '54 (See Helling, Alene Gale).
GALE, Casey Colleen; '88 BSBA; Rate Analyst; Columbia Gas Distribution Co., 200 Civic Ctr. Dr., Columbus, OH 43216, 614 460-6000; r. 6421 Old Church Way, Reynoldsburg, OH 43068, 614 861-2148.
GALE, David George, Jr.; '76 BSBA; Personnel Mgr.; The McElroy-Minister Co., 141 E. Town St., Columbus, OH 43215, 614 228-5565; r. 6421 Old Church Way, Reynoldsburg, OH 43068, 614 861-2148.
GALE, Donald Arthur, Jr.; '73 BSBA; Territory Mgr.; WII/U.-Brand Corp., 816 Clark St., Ashland, OH 44805, 419 289-1100; r. 1807 Howell Walk, Duluth, GA 30136, 404 497-0307.
GALE, Marvin J.; '56 BSBA; VP; Gale East Inc., POB 24960, Lyndhurst, OH 44124, 216 921-5500; r. 3009 E. Belvoir Oval, Shaker Hts., OH 44122.
GALEHOUSE, John S.; '32 BSBA; 11896 Coalbank Rd, Doylestown, OH 44230, 216 658-6464.
GALEHOUSE, Lisbeth L.; '88 BSBA; 11896 Coalbank Rd, Doylestown, OH 44230, 216 658-6464.
GALES, Debra Hoffer, (Debra Jean Hoffer); '84 BSBA; Benefit Spec.; City of Columbus, Financial Mgmt., 90 W. Broad St., Columbus, OH 43215, 614 222-8034; r. 1034 Bricker Blvd., Columbus, OH 43221, 614 457-9450.
GALIDA, Lynn Frances; '87 BSBA; Staff Acct.; J W P Inc., 2975 Westchester Ave., Purchase, NY 10577; r. 154 W. 70th St. Apt. 9G, New York, NY 10023.
GALIK, Sharon Lynne; '87 BSBA; 9605 Snowville Rd., Brecksville, OH 44141, 216 526-3841.
GALL, Elmer R.; '47 BSBA; Retired; r. 8661 Finlarig Dr., Dublin, OH 43017, 614 766-5841.
GALL, Eric Richard; '88 BSBA; 5269 Berrywood Dr., Columbus, OH 43220.
GALL, Gary S.; '65 BSBA; 35545 Scarborough Dr., Newark, CA 94560, 415 792-9162.
GALL, John L.; '52 BSBA; Retired; r. 103 W. Cypress Rd, Lake Worth, FL 33467, 407 964-0588.
GALL, Mary '49 (See Mazzoil, Mary Gall).
GALL, COL William Overton, USA(Ret.); '39 BSBA; Retired; r. 26 Milyko Dr., Washington Crossing, PA 18977, 215 493-3592.
GALLAER, Valerie Ann; '80 BSBA; Owner; Pizza Subway, 152 N. Hague Ave., Columbus, OH 43204, 614 279-8899; r. 4219 Atlanta Dr., Columbus, OH 43228, 614 274-7606.
GALLAGHER, Colleen Marie; '85 BSBA; Mgr.; Hyatt On Capitol Square, Private Line Reservation Systm, 75 E. State St., Columbus, OH 43215, 614 228-1234; r. 4563 Woodbriar, Toledo, OH 43623, 419 472-6468.
GALLAGHER, Dennis Morton; '68 BSBA; 7358 Ayers Rd, Cincinnati, OH 45230.
GALLAGHER, Dorothy Alice '84 (See Welsh, Mrs. Dorothy Alice).
GALLAGHER, James Patrick; '88 BSBA; Front Mgr.; Big Bear Stores Co., 2100 Morse Rd., Columbus, OH 43229, 614 885-0236; r. 3778 Atwood Ter., Columbus, OH 43224, 614 268-1631.
GALLAGHER, Jeanette S.; '84 BSBA; Acct.; Kessler Enterprise, 3414 Peachtree Rd., Ste. 730, Atlanta, GA 30326, 404 231-3333; r. 2250 Cheshire Bridge Rd. #C1, Atlanta, GA 30324, 404 320-6613.
GALLAGHER, John F.; '87 BSBA; 3644 Sampson Rd., Youngstown, OH 44505, 216 759-9548.
GALLAGHER, Lawrence E.; '80 BSBA; Newark Air Force Station, *, Heath, OH 43055, 614 522-7686; r. 881 Elm Ct., Heath, OH 43055, 614 323-4261.
GALLAGHER, Mrs. Lynne A., (Lynne A. Kent); '83 BSBA; Sales Rep.; Jerome Med., 309 Fellowship Rd., Mt. Laurel, NJ 08054, 609 234-8600; r. 176 Crown Prince Dr., Marlton, NJ 08053, 609 985-7861.
GALLAGHER, Mark William; '83 BSBA; Loan Originator; Cincinnati Funding Grp., 640 W. Schrock Rd., Westerville, OH 43081, 614 794-1000; r. 4771 Kingshill Dr., Apt. A, Columbus, OH 43229, 614 436-5284.
GALLAGHER, Martin J.; '49 BSBA; Pres.; Martin J Gallagher & Co., POB 5265, Orchard Lake, MI 48033, 313 682-7747; r. 2944 Interlaken, W. Bloomfield, MI 48033, 313 682-1321.
GALLAGHER, Mary Baldauf, (Mary Baldauf); '84 BSBA; Analyst Programmer; First Wachovia Corp., 301 N. Main St., Winston-Salem, NC 27150, 919 770-6974; r. 6807 River Hills Dr., Greensboro, NC 27410, 919 668-7609.
GALLAGHER, Morgan P.; '50 BSBA; Owner; M P Gallagher Ins. Agcy., POB 460, Dublin, OH 43017, 614 764-1255; r. 690 Havens Corners Rd., Gahanna, OH 43230, 614 864-6007.
GALLAGHER, Nora Elizabeth; '87 BSBA; Acct./Auditor; Coopers & Lybrand, Ste. 2000 Columbus Ctr., 100 E. Broad St., Columbus, OH 43215, 614 225-8700; r. 1675 Elmwood, Apt. D, Columbus, OH 43212, 614 486-4563.
GALLAGHER, Peter C.; '54 BSBA; Retired; r. 7380 SE Jamestown Ter., Hobe Sound, FL 33455, 407 546-8763.
GALLAGHER, Ralph W.; '66 BSBA; Atty.; Gallagher Milliken & Stelzer, 216 S. Lynn, Bryan, OH 43506, 419 636-3166; r. 1117B Cardinal Dr., Bryan, OH 43506, 419 636-2177.
GALLAGHER, Robert E.; '47 BSBA; Retired; r. 9112 Indian Mound, Pickerington, OH 43147, 614 927-3909.
GALLAGHER, Robert G.; '83 BSBA; Acct.; r. 10880 River Edge, Parma, OH 44130, 216 886-1688.
GALLAGHER, Thomas Stephen; '80 BSBA; Rd. 1, Box 169B, Fabius, NY 13063, 315 683-9805.
GALLAGHER, Violet M., (Violet M. Gary); '81 MBA; Mgr./Micro PC Interfaces; Roche Biomedical Labs Inc., 6380 Wilcox Rd., Dublin, OH 43017, 614 889-1061; r. 490 Poe Ave., Worthington, OH 43085, 614 888-5102.
GALLAGHER, William Kenneth; '83 BSBA; Controller/CPA; Century Adhesives Corp., 802 Harmon Ave., Columbus, OH 43223, 614 461-8415; r. 4645 Reinbeau Dr., Columbus, OH 43227, 614 837-2678.
GALLAHER, Marianne Theresa; '88 BSBA; 2054 Pine Needle Ct., Columbus, OH 43232, 614 863-9303.
GALLAHER, Scott William; '80 BSBA; Programmer/Analyst; Huntington Natl. Bank, 17 S. High St., Columbus, OH 43215; r. 4428 Limerick Ln., Dublin, OH 43017, 614 764-1619.
GALLAM, Donald Joseph; '73 BSBA; Acct. Mgr.; Yellow Freight Systs., POB 316, Richfield, OH 44286; r. 3806 Lawrence Ave., Huron, OH 44839, 419 433-5543.
GALLANIS, David Wayne; '85 BSBA; Real Estate Appraiser; r. 4528 Hartwell Rd., Columbus, OH 43224, 614 890-6016.
GALLANT, Joseph Howard; '69 BSBA; Owner; Gallant Mgmt. Co., 1341 A W. Towne Ln., Delaware, OH 43015; r. POB 584, Sandwich, MA 02563, 617 888-1741.
GALLANT, Richard Bertram, Jr.; '77 BSBA; Asst. Mgr.; Quality Farm & Fleet, Postmaster, Adrian, MI 49221; r. 6299 Demings Lake Rd., Clayton, MI 49235.
GALLARDO, Roberto Joaquin; '76 BSBA; Mktg.; Dow Chemical USA, Postmaster, Coral Gables, FL 33134; r. 1-56 Este Diagonal 72, Apto 401, Bogota, Colombia.
GALLAS, Mary Ann Therese; '84 BSBA; Systs. Engr.; Electronic Data Systs. Corp., 5400 Legacy Dr. A1-1A-55, Plano, TX 75024, 214 604-6000; r. 951 Birch Hill Dr., Youngstown, OH 44509, 216 799-3767.
GALLE, Steven T.; '64 BSBA; Asst. Mgr.; Smith & Wesson Co., Bangor Punta Corp, 1 Greenwich Plz., Greenwich, CT 06830; r. 14619 Lake Magdalene Cir., Tampa, FL 33613, 813 962-4700.
GALLEN, Margaret L.; '30 BSBA; Retired; IRS, Columbus, OH; r. 2570 Berwick Blvd., Columbus, OH 43215, 614 231-4380.
GALLENSTEIN, L. Cathy '79 (See Frye, Mrs. Lisa C.).
GALLICK, Edward Joseph; '82 BSBA; 4449 Belcher Ct., Columbus, OH 43224, 614 237-8934.
GALLICK, Michael Joseph; '80 BSBA; Staff; Rockwell Intl., 4300 E. 5th Ave., Columbus, OH 43219; r. 1339 Hamlin Pl., Columbus, OH 43227.
GALLIERS, Diane S., (Diane Swarthout); '83 BSBA; Mgr. of Acctg. & Control; Comtrac Inc., 6606 Singletree Dr., Columbus, OH 43229, 614 436-0850; r. 7286 Cubbage Rd., Westerville, OH 43081, 614 895-2604.
GALLIMORE, Carolyn Loretta; '82 MPA; Social Worker; Community Care for the Elderly, Cedar Day Care Ctr., Ft. Lauderdale, FL 33301, 305 522-2556; r. 330 Pennsylvania Ave., Ft. Lauderdale, FL 33312, 305 583-7745.
GALLINA, John Edward, CPA; '82 BSBA; Mgr.; Coopers & Lybrand, 201 E. 4th St., 1500 Atrium One, Cincinnati, OH 45202, 513 651-4000; r. 3619 Bellecrest Ave., Cincinnati, OH 45208, 513 871-7747.
GALLINA, Joseph Mark; '77 BSBA; CPA; Ernst & Whinney, 1300 Columbia Plaze, Cincinnati, OH 45202, 614 621-6454; r. 16361 Walnut Creek Pike, Ashville, OH 43103, 614 983-3533.
GALLINA, Mary A.; '87 BSBA; Recruiting Asst.; Warner Cable Communication Inc., 400 Metro Pl., Dublin, OH 43017, 614 792-7286; r. 5056 Cobblestone Dr., Apt. M, Columbus, OH 43220, 614 442-6571.
GALLINA, Victor Paul; '79 BSBA; Utility Examiner; Puco, 180 E. Broad St., Columbus, OH 43215; r. 3100 Aullwood Ct., Dublin, OH 43017, 614 761-3714.
GALLISA, Ricardo; '85 BSBA; Sales Mgr.; Honeywell Inc., 2 Dorman Ave., San Francisco, CA 94124, 415 550-2072; r. 970 Bay St., Apt. 10, San Francisco, CA 94109, 415 776-3051.
GALLITZ, Cinda Teeple; '67 BSBA; Staff; Ohio Power Co., Sub: American Electric Power, 301 Cleveland Ave. SW Box 400, Canton, OH 44701, 216 438-7291; r. 389 Invicta Place, Gahanna, OH 43230, 216 477-9123.
GALLO, Jeffrey Edward; '80 BSBA; VP; Buckeye Moving Systs., Finance Dept., 1635 Watkins Rd., Columbus, OH 43207, 614 497-1887; r. 210 Quail Haven Dr., Columbus, OH 43235, 614 846-9758.
GALLO, Kathleen E.; '86 BSBA; Syst. Programmer Analyst; Sara Lee Corp., 3 First Natl. Plz., Chicago, IL 60602, 312 558-8403; r. 2730 N. Wayne, Apt. 1, Chicago, IL 60614, 312 929-8954.
GALLOGLY, Myron William; '69 MBA; 3945 Riverview Dr., Hilliard, OH 43026, 614 876-8466.
GALLON, LTC Robert W.; '66 BSBA; Lt. Col. Usaf; USAF, 58th Tactical Training Wing, Luke AFB, AZ 85309; r. 4379 Van Jack St. SE, Carrollton, OH 44615, 216 739-4285.
GALLOTTO, Mrs. Debra M., (Debra S. Miller); '80 BSBA; Purchasing Spec.; Digital Equip. Corp., 450 Whitney St., Northboro, MA 01532, 508 351-4746; r. 104 Osgood Rd., Sterling, MA 01564, 508 422-6687.
GALLOWAY, Brian Douglas; '82 MPA; Mgr., Remote Computing; Ohio/Bur. of Workers Compensation, 78 E. Chestnut St., Columbus, OH 43266, 614 466-7160; r. 5225 Brandy Oaks Ln., Columbus, OH 43220, 614 457-5541.
GALLOWAY, Gerald Robert; '41 BSBA, '48 MBA; Managing Partner; Galloway & Assocs., 4300 Amalgamate Pl., Groveport, OH 43125, 614 836-8283; r. 665 Old Farm Rd., Columbus, OH 43213, 614 866-7130.
GALLOWAY, John Edward, Jr.; '55 BSBA; Ins. Broker; J E Galloway & Co., 27 Library St., Wigan G M, England, 94243446; r. Woodghyll House Stoney Ln., Llanbedr Near Ruthin, Clwyd, Wales, 82423598.
GALLOWAY, John G.; '50 BSBA; Retired Vip; Ceilcote Co. Inc., Postmaster, Berea, OH 44017; r. 181 Normandy Park Dr. #C, Medina, OH 44256, 216 725-7802.
GALLOWAY, Joseph William, Jr.; '48 BSBA; Field Rep.; State of Ohio, Bureau of Employment Services, 899 E. Broad St., Columbus, OH 43216, 614 466-7646; r. 1238 Bexley Ave., Marion, OH 43302, 614 389-3229.
GALLOWAY, LaNell R.; '82 BSBA; Sales Rep.; Hershey Chocolate USA, Hershey, PA 17033; r. 1694 Kenview Rd., Columbus, OH 43209, 614 236-5176.
GALLOWAY, Priscilla Ann; '79 BSBA; 250 Halls Mill Rd., Freehold, NJ 07728.
GALLUCCI, James Robert; '83 BSBA; Dir. Investment Rsch.; R Meeder & Assocs., 6000 Memorial Dr., Dublin, OH 43017, 614 766-7000; r. 7588 Sawmill Commons Ln., Dublin, OH 43017, 614 766-5747.
GALLUCCI, John J.; '60 BSBA; Retired; r. 76 Rodgers Ave., Columbus, OH 43222, 614 461-9826.
GALLUCCI, Joseph S.; '81 BSBA; Acctg. Mgr. 1; Ohio Dept. of Transportation, 25 S. Front St., Columbus, OH 43216, 614 466-4779; r. 3685 Mount Shannon Rd., Hilliard, OH 43026, 614 771-0707.
GALLUP, James Leslie; '83 BSBA; 5654 Montevideo, Westerville, OH 43081.
GALLUP, Janet E. '81 (See Arthur, Janet G.).
GALM, David Michael; '84 BSBA; Mktg. Rep.; Marathon Petroleum Co., 1304 Olin Ave., Indianapolis, IN 46224, 219 271-9063; r. 51856 Candy Ln., Granger, IN 46530, 219 272-6379.
GALPIN, Kathryn Jane; '81 BSBA; Acct.; Ashland Chemical Co., Blazer Pkwy., Columbus, OH 43216; r. 2265 Hedgerow Rd. Apt. A, Columbus, OH 43220.
GALTER, Rory John; '77 BSBA; CPA; Clark Melvin Securities Corp., 170 Jennifer Rd., #300, Annapolis, MD 21401, 301 266-5250; r. 1567 Baltimore Annapolis Blvd., Arnold, MD 21012, 301 757-1459.
GALVIN, Daniel S.; '62 BSBA; Sales Org-Pres.; Arrow Enterprises Inc., Military Lumber, Boxes Dept., 5420 Mayfield Rd., Lyndhurst, OH 44124, 216 461-7100; r. 29909 Gates Mills Blvd., Pepper Pike, OH 44124, 216 464-9691.
GALVIN, Robert M.; '67 BSBA; 167 Kennedy Dr., Malden, MA 02148, 617 321-4619.
GALYK, Walter M.; '52 BSBA; Retired; r. 608 Grand, Alameda, CA 94501, 415 523-0901.
GAMARY, Glenn Edward; '86 BSBA; Acct.; White Castle Syst. Inc., POB 1498, 555 W. Goodale St., Columbus, OH 43215, 614 228-5781; r. 544 Station Rd., Columbus, OH 43228, 614 878-6591.
GAMBLE, Kirk Donald; '73 BSBA; Supv.; Thomas & Betts Corp., 5851 W. 80th St., Indianapolis, IN 46278; r. 3671 Governours Ct., Indianapolis, IN 46236, 317 897-7377.
GAMBLE, Linda '59 (See Cook, Linda Gamble).
GAMBLE, Lynden M.; '67 BSBA; Staff Acct.; NRM Corp., 400 W. Railroad St., Columbiana, OH 44408, 216 482-3361; r. 1929 Depot Rd., Salem, OH 44460, 216 332-4414.
GAMBLE, Paul Raymond; '79 MPA; POB 43, Yorklyn, DE 19736, 302 239-4328.
GAMBLE, Richard T.; '49 BSBA; Retired VP; Mosler Inc., 1561 Grand Blvd., Hamilton, OH 45012; r. 10045 Wimbledon Ct., Montgomery, OH 45242, 513 984-0455.
GAMBREL, David Rex; '81 MBA; Bus. Analyst; Eastman Kodak Co., 343 State St., Rochester, NY 14608; r. 136 Pencreek Dr., Webster, NY 14580, 716 671-5427.
GAMBS, Jane Krigbaum; '47 BSBA; Homemaker; r. 1789 Bedford Rd., Columbus, OH 43212, 614 486-2800.
GAMBS, Richard W.; '54 BSBA; VP; The Ohio Co., 155 E. Broad St., Columbus, OH 43215, 614 464-6951; r. 2636 Sandover Rd., Columbus, OH 43220, 614 451-2822.
GAMEL, Larry L.; '59 BSBA; 59 9 Ave. S., Naples, FL 33940.
GAMERTSFELDER, Jon Douglas; '82 BSBA; Transportation Analyst; Eaton Corp., Eaton Ctr., Cleveland, OH 44114, 216 523-5000; r. 77 Atterbury Blvd., #210, Hudson, OH 44236, 216 650-9304.
GAMMAGE, Ruth A. '50 (See Dorman, Mrs. Ruth G.).
GAMMEL, Otto; '28 BSBA; Retired; r. 19360 Westover Ave., Rocky River, OH 44116, 216 331-8957.
GAMMILL, Robert Andrew; '71 BSBA; Mgr./Exec. Recruiters; R E Lowe Assoc., 130 E. Wilson Bridge Rd., Ste. 550, Worthington, OH 43085; r. 566 Retreat Ln. N., Powell, OH 43065, 614 885-9870.
GAMMON, Isabel Forsythe; '46 BSBA; Retired; r. 86 Port of Spain Rd., Coronado, CA 92118, 619 424-3870.
GANDEE, Steven Ray; '79 BSBA; Deputy Finance Dir.; City of Hilliard, 3800 Municipal Sq., Hilliard, OH 43026, 614 876-7361; r. 3640 Mountshannon Rd., Hilliard, OH 43026, 614 876-0989.
GANDER, Larry H.; '70; 1170 Bower Hill Rd., #314, Pittsburgh, PA 15243, 412 429-1701.
GANDHI, Pradeep Kantilal; '88 MBA; Sr. Acct.; GTE, 1300 Columbus-Upr Sandusky Rd., Marion, OH 43302, 614 382-7995; r. 4584 Queens Ct., Columbus, OH 43229, 614 476-2939.
GANDOLF, Stewart A., Jr.; '82 BSBA; Acct. Supv.; J. Walter Thompson, 10100 Santa Monica Blvd., 12th Fl., Los Angeles, CA 90067; r. 404 N. Maple, #103, Beverly Hls., CA 90210.
GANGER, Robert M.; '26 BSBA; Retired Bd. Chairm; r. 1443 N. Ocean Blvd., Gulf Stream, FL 33483.
GANGER, Roger N.; '65 BSBA; Mgr. Proc. & Supply Ofice; Solar Energy Rsch. Inst., 1617 Cole Blvd., Golden, CO 80401, 303 231-1218; r. 6507 S. Ammons Ct., Littleton, CO 80123, 303 979-2720.
GANGL, Kirk Peter; '81 BSBA; Supv.; Heintz Mfg. Inc., 271 Depot St., Cleveland, OH 44116; r. 805 Lawrence St., Medina, OH 44526, 216 723-1910.
GANIM, Alan J.; '64 BSBA; Ins. Agt.; Ins. Ofc. of Beachwood, 3659 Reen Rd., Ste. 108, Beachwood, OH 44122, 216 831-0333; r. 5295 Edenhurst Rd., Lyndhurst, OH 44124, 216 461-4473.
GANIM, Douglas J.; '87 BSBA; Sports Marketer; Ohio Super Seven Inc., 614 548-4187; r. 374 Slate Run Dr., Powell, OH 43065, 614 548-4188.
GANIS, David R.; '56 BSBA; Financial Futures Pres.; Northern Trust Co., 50 S. La Salle St., Northern Futures, Chicago, IL 60675, 312 630-6000; r. 225 W. Sheridan Pl., Lake Bluff, IL 60044, 312 295-1952.
GANNON, Alison Ann; '78 BSBA; Dir. of Finance; Independence Inc. of Portage Cnty., 110 E. Main St., Ravenna, OH 44266, 216 296-2851; r. 3756 Arthur Dr., Kent, OH 44240, 216 678-6765.
GANNON, Ellen Pfefferle; '81 BSBA; Systs. Designer; Electronic Engrg. Co., 1021 Checkrein Ave., Columbus, OH 43229; r. 3527 Alfred Ct., Hilliard, OH 43026, 614 771-1499.
GANNON, John James; '53 BSBA, '54 MBA; Retired Sr. VP; Cincinnati Bell Telephone, Cincinnati, OH 45201; r. 4653 Willow Wood Cir., Sarasota, FL 34241, 813 371-7217.
GANNON, Timothy John; '84 BSBA; Account Exec.; AT&T Columbus, 2 Nationwide Plz., #1235, Columbus, OH 43215, 614 460-6522; r. 892 Caniff Pl., Columbus, OH 43221, 614 442-0112.
GANOOM, Omar; '81 MPA; Dir., Mgmt. & Budget; City of New Haven, 200 Orange St., New Haven, CT 06510, 203 787-8354; r. POB 1446, New Haven, CT 06506, 203 562-4497.
GANSSER, Shirley B.; '80 MBA; Mktg. Projects Mgr.; Nationwide Ins., One Nationwide Plz., Columbus, OH 43216, 614 249-4802; r. 7112 Missy Park Ct., Dublin, OH 43017, 614 889-8488.
GANTER, Robert L.; '36 BSBA; Retired; r. 360 Church St., Chillicothe, OH 45601.
GANTZ, Carla Wolfinger; '86 BSBA; Cashier; The Kroger Co., 2474 Stringtown Rd., Grove City, OH 43123, 614 875-1676; r. 6014 Harrisburg Pike, Grove City, OH 43123, 614 875-8144.
GANTZ, Richard Owen; '47 BSBA; Sr. Partner; Hughes Thorsness Gantz Powell & Brundin, 509 W. Third Ave., Anchorage, AK 99501, 907 274-7522; r. Star Rte. Box 2563, Wasilla, AK 99687, 907 892-6775.
GANZ, Alberto M.; '49 BSBA; 3600 Dundee Driveway, Chevy Chase, MD 20815, 301 652-4956.
GANZ, Suzanne Singer; '48 BSBA; 3600 Dundee Driveway, Chevy Chase, MD 20815, 301 652-4956.
GANZFRIED, David Samuel; '83 BSBA; 1302 Le Anne Marie Cir., Columbus, OH 43220.
GARAPIC, Gary John; '75 BSBA; Staff; Brookgate Const, 14049 Settlement Acres Dr., Cleveland, OH 44142; r. 3477 Monte Vista Dr., Brunswick, OH 44212, 216 273-2612.
GARBER, Alan Stanley; '72 BSBA; Atty./Partner; Riccitiello, Last, Zaletel & Garber, 155 Sansome St., Ste. 1200, San Francisco, CA 94611, 415 421-4202; r. 124 Sunnyside Ave., Piedmont, CA 94611, 415 652-9123.
GARBER, Dean L.; '41 BSBA; Retired; r. 17 Ra Mar Dr., Pickerington, OH 43147, 614 837-2061.
GARBER, Dennis Dwight; '69 MBA; Mktg.; The Duriron Co., POB 1145, Dayton, OH 45401, 513 226-4000; r. 3049 Fontano Dr., Dayton, OH 45440, 513 298-6615.
GARBER, Douglas Lee; '71 BSBA; Sr. Programmer/Analyst; Digital Equip. Corp., 20 Alpha Rd., Chelmsford, MA 01824, 508 250-2258; r. 113 Russell St., Peabody, MA 01960, 508 535-9959.

GARBER, Earl S.; '53 BSBA; VP; Natl. Artcraft Co., 23456 Mercantile Rd., Beachwood, OH 44122, 216 292-4944; r. 3617 Ingleside Rd, Shaker Hts., OH 44122, 216 921-7991.
GARBER, John Eric; '87 BSBA; Prod Support Assoc.; Compuserve Inc., Subs H & R Block Inc, 5000 Arlington Ctr. Blvd., Columbus, OH 43220, 614 488-5600; r. 5041 Dierker Rd., #A4, Columbus, OH 43220, 614 488-5434.
GARBER, Joseph Frank; '87 BSBA; Law Student; r. 4065 Lyon Dr., Columbus, OH 43220, 614 451-6270.
GARBER, Joseph Max; '49 BSBA; Pres.; Credit Bur. of Cincinnati Inc., 309 Vine St., Cincinnati, OH 45202, 513 651-6200; r. 5657 Kugler Mill Rd., Cincinnati, OH 45236, 513 793-0329.
GARBER, Kenneth E.; '60 BSBA; Partner/Atty.; Garber & Wilcox, 3303 Sullivant Ave., Columbus, OH 43204; r. 4065 Lyon Dr., Columbus, OH 43220, 614 451-6270.
GARBER, Kenneth Edward, II; '82 BSBA; Sr. Auditor; Huntington Natl. Bank, 17 S. High St., Columbus, OH 43215; r. 700 Fifth St., Belpre, OH 45714, 614 423-5321.
GARBER, Mary C. '49 (See Heagey, Mrs. Mary C.).
GARBER, COL Meyer; '66 MBA; Retired/Usaf; r. 401 Coach Rd., Satellite Bch., FL 32937, 407 773-7836.
GARBER, Michael Beeghley; '73 BSBA; Sr. Audit Mgr.; Motorail Inc., 1303 E. Algonquin, Schaumburg, IL 60196, 312 576-5164; r. 102 Lilac Ln., Buffalo Grove, IL 60089, 312 537-3314.
GARBER, Richard Jerome; '85 BSBA; Exec. Mgr.; Walker-Mc Kee, 6606 Granger Rd., Cleveland, OH 44131; r. 5405 Kilbourne Dr., Lyndhurst, OH 44124.
GARBERICH, Steven Jon; '86 BSBA; Sales Rep.; Hursh Drug Inc., 90 N. Diamond, Mansfield, OH 44402; r. 332 N. Pearl St., Crestline, OH 44827, 419 683-2009.
GARBIG, Phillip Raphael; '75 BSBA; Atty.; Dynes & Garbig Co., LPA, 2840 Alternate St., Rte. 49 N., Arcanum, OH 45304, 513 692-8320; r. 2 Seminole Ln., Arcanum, OH 45304, 513 692-8873.
GARCIA, Abelardo A.; '78 BSBA; Reg. Constr. Supv.; Wendys Intl. Inc., 4856 Business Ctr. Way, Cincinnati, OH 45246, 614 764-3100; r. 7194 Timbernoll Dr., West Chester, OH 45069.
GARCIA, Carlos Jesus; '85 BSBA; Yard Controller; r. 1646 Wilton Dr., Columbus, OH 43227, 614 231-2070.
GARCIA, Carlos L.; '80 BSBA; Estocolmo 556, Caperra Hts., Puerto Rico 00920.
GARCIA, Michael Anthony; '77 BSBA; Profn. Lecturer; Golden Gate Univ., 5050 El Camino Real, Los Altos, CA 94022, 408 749-1699; r. POB 24022, San Jose, CA 95154, 408 559-0981.
GARCIA, Nellie '40 (See Gray, Nellie Garcia).
GARCIA-ABASCAL, Ada '76 (See Kusube, Mrs. Ada G.).
GARD, Harry Kendrick, Jr.; '75 BSBA; Supv.; Compuserve, Customer Service Dept., 5000 Arlington Ctr. Blvd., Columbus, OH 43220; r. 2207 Jervis Rd, Columbus, OH 43221, 614 488-3894.
GARDIER, Christopher Hampston; '83 BSBA; Dist. Retail Mgr.; General Foods USA, Grocery Sales Organization, 250 North St., White Plains, NY 10605; r. 5825 S. Grant St., Hinsdale, IL 60521, 312 789-2672.
GARDIER, Mary Hoess, (Mary Hoess); '83 BSBA; Homemaker; r. 5825 S. Grant St., Hinsdale, IL 60521, 312 789-2672.
GARDINER, Claudia E. '66 (See Clissold, Mrs. Claudia Gardiner).
GARDINER, Murray Star, Jr.; '35 BSBA; Retired; r. 5788 SW Langford Ln., Lake Oswego, OR 97035.
GARDNER, Brent Allen; '82 BSBA; VP/Cnslt.; Gardner Ins. Agcy. Inc., 2507 Milan Rd, POB 1490, Sandusky, OH 44870, 419 626-5580; r. 831 Cedar Point Roadway, Sandusky, OH 44870.
GARDNER, Cletus Edward; '34 BSBA; Retired; r. 255 N. Portage Path, Apt. 106, Akron, OH 44303, 216 864-1250.
GARDNER, Ernest Edward; '75 MBA; Data Processing Cost Acct; Nickles Bakery Inc., 26 N. Main, Navarre, OH 44662, 216 879-5635; r. 7360 Navarre Rd SW, Massillon, OH 44646, 216 837-5690.
GARDNER, Gloria Hartung; '86 MPA; Legislative Analyst; State of Ohio, 77 S. High St., 8th Fl., Columbus, OH 43266, 614 644-7776; r. 2784 Chateau Cir. S., Columbus, OH 43221, 614 488-6503.
GARDNER, Harold L.; '24 BSBA; Retired; r. 3450 S. Ocean Blvd., Apt. 215, Palm Bch., FL 33480, 407 588-4669.
GARDNER, Howard Bertram; '49 BSBA; CPA; 4807 Rockside Rd., Cleveland, OH 44131, 216 524-8787; r. 7000 Norvale Cir. E., Gates Mills, OH 44040, 216 991-0886.
GARDNER, James Thomas; '79 BSBA; 1680 Northside Ave., Cincinnati, OH 45214, 513 471-7783.
GARDNER, Jeannette '37 (See Haag, Jeannette Gardner).
GARDNER, Jeffrey Mark; '76 BSBA, '88 MBA; Mgmt. Info. Cnslt.; Arthur Andersen Co., 41 S. High St., Ste. 2000, Columbus, OH 43215; r. 3411 Cardston Pl., Columbus, OH 43232, 614 235-9619.
GARDNER, Jodie L. '83 (See Kurilic, Jodie L.).
GARDNER, John Griffith; '81 BSBA; Inventory Control Mgr.; Shoes & Gloves Co. Inc., 400 E. Wilson Bridge Rd., Worthington, OH 43085, 614 885-1625; r. 9 1/2 E. College Ave., Westerville, OH 43081, 614 890-3479.
GARDNER, John K.; '34 BSBA; Retired; r. 6510 Covington Rd., Apt. 335E, Ft. Wayne, IN 46804, 219 432-6167.
GARDNER, Joseph Charles; '84 BSBA; 6305 Century City E. #4, Reynoldsburg, OH 43068, 614 863-3812.
GARDNER, Joseph T.; '64 BSBA; Transportation Mgr.; Allison Transmission Div. GM, POB 894, 4700 W. 10th St., Indianapolis, IN 46206, 317 242-4653; r. 738 Fernwood Ct., Indianapolis, IN 46234, 317 271-5177.
GARDNER, Kevin Adrian; '82 BSBA; Price Coord.; Hart Stores Inc., 770 W. Goodale Blvd., Columbus, OH 43212; r. 6075 Dekar Rd. E., Westerville, OH 43081, 614 899-1784.
GARDNER, Phillip James; '70 MBA; Tchr.; Northland HS, Columbus City Sch. District, 1919 Northcliff Dr., Columbus, OH 43229; r. 5700 Sinclair Rd, Columbus, OH 43229, 614 888-2938.
GARDNER, Richard S.; '52 BSBA; Ins. Agt.; L. D. Gardner Agcy., 5701 N. High St., Worthington, OH 43085, 614 436-0074; r. 493 Brevoort Rd., Columbus, OH 43214, 614 267-0470.
GARDNER, Robert D.; '49 BSBA; Retired; r. 1733 Laurie Ln., Belleair, FL 34616, 813 581-9857.
GARDNER, Robert James; '81 BSBA; EDP Auditor; Florida Fed. S&L, St. Petersburg, FL 33731, 813 893-1131; r. 1531 24th Ave. N., St. Petersburg, FL 33704, 813 821-5647.
GARDNER, Robert Lynn; '65 BSBA; Sr. Cost Analyst; Procter & Gamble, June St. & Spring Grove Ave., Cincinnati, OH 45217, 513 627-5202; r. 7124 Sprucewood Ct., Cincinnati, OH 45241, 513 777-4721.
GARDNER, Robert William; '63 MBA; Chmn. of the Bd.; Distribution Ctrs. Inc., 229 Huber Village Blvd., Westerville, OH 43081, 614 890-1730; r. 8758 Dunsinane Dr., Dublin, OH 43017, 614 766-4326.
GARDNER, Thomas Edwin; '77 BSBA; 8760 Cavalier Dr., Cincinnati, OH 45231.
GARDNER, Thomas Patrick; '85 BSBA; 484 Stevenson Ave., Worthington, OH 43085, 614 846-7058.
GARDNER, Weston Linwood, Jr.; '68 BSBA; Pres.; Gardner Signs Inc., 3800 Airport Hwy., Toledo, OH 43571, 419 385-6669; r. 10827 Lakeview Dr., Whitehouse, OH 43571, 419 877-0887.
GARDNER, William D.; '55 BSBA; Civil Engr.; r. 2026 N. Pinetree Dr., Arlington Hts., IL 60004.
GARDNER, William Richard; '72 BSBA; Bus. Ins. Sales; Gardner Ins. Agcy., 1395 E. Dublin-Granville Rd, Ste. 111, Columbus, OH 43229; r. 3472 Hidden Meadow Ct., Galena, OH 43021, 614 548-4080.
GARFIELD, M. Robert; '46 BSBA; Sr. VP; West Shell Realtors, 221 E. Fourth St., 2900 Atrium Two, Cincinnati, OH 45202, 513 721-4200; r. 3144 S. Farmcrest Dr., Cincinnati, OH 45213, 513 631-0865.
GARFINKLE, Myron L.; '50 BSBA; Mfrg. Rep. & Jobber; Garco Specialties, Box 8092, Prairie Vlg., KS 66208; r. 7719 Aberdeen Rd, Prairie Vlg., KS 66208, 913 649-1986.
GARGAN, John Joseph; '86 MBA; Comm. Loan Ofcr.; Natl. Bank of Detroit, 611 Woodward Ave., Detroit, MI 48226, 313 225-1000; r. 35988 Woodridge Cir. #104, Farmington Hls., MI 48331, 313 478-0524.
GARGANI, Mrs. Connie J., (Connie J. Wood); '84 BSBA; Sr. Programmer Analyst; Nationwide Ins. Co., Plz. 2, 7th Fl., Columbus, OH 43215, 614 249-6596; r. 2056 Melrose Ave. W., Columbus, OH 43224, 614 476-4369.
GARGRAVE, Robert Norman; '88 BSBA; 4717 James Hill Rd, Kettering, OH 45429, 513 434-1702.
GARLAND, Matthew Allan; '87 BSBA; Rate Analyst; Luria Bros., 20521 Chagrin Blvd., Shaker Hts., OH 44122, 216 752-4000; r. 25893 Melibee Dr., Westlake, OH 44145, 216 777-4869.
GARLIKOV, Donald E.; '65 BSBA; Ins. Pres.; The Garlikov Cos., The Huntington Ctr., 41 S. High St., Ste. 2710, Columbus, OH 43215, 614 221-0900; r. 251 S. Dawson Ave., Columbus, OH 43209, 614 258-2006.
GARLIKOV, Mark B.; '65 BSBA; Partner; Mark B Garlikov, 515 Talbott Twr., Dayton, OH 45402, 513 222-1710; r. 3900 Willowcreek Dr., Dayton, OH 45415, 513 890-4448.
GARLOCK, James W.; '53 BSBA; Staff; Uniroyal Goodrich Tire Co., c/o Postmaster, Brea, CA 92622, 714 961-6948; r. 1697 Avenida Selva, Fullerton, CA 92633, 714 525-9312.
GARLOCK, Martin Thomas; '86 BSBA; Auditor; Bancohio Natl. Bank, Audit Division, 4657 E. Main St., Columbus, OH 43213, 614 860-8536; r. 1309 Manor Dr., Columbus, OH 43232, 614 864-5090.
GARMAN, Ann T. '86 (See Collins, Mrs. Ann T.).
GARMAN, Richard Kent, Jr.; '82 BSBA; Sales Repr; Reynolds & Reynolds Co., 800 Germantown St., POB 1025, Dayton, OH 45401; r. 6836 Cranford Dr., Centerville, OH 45459, 513 748-9850.
GARN, Steven Paul; '88 BSBA; Financial Spec.; N C R Corp., 1700 S. Patterson Blvd., Dayton, OH 45479; r. 8450 Tree Top Ct., N. Apt. 1005, Miamisburg, OH 45342.
GARNAND, Bruce F.; '51 BSBA; Owner; Bruce Garnand Investment Co., 1213 Luisa, Santa Fe, NM 87501, 505 982-3012; r. 128 Ridgecrest Dr., Santa Fe, NM 87501, 505 982-2334.
GARNER, David Richard; '87 BSBA; Asst. Buyer; O'Neils, 226 S. Main St., Akron, OH 44308; r. 16268 Treetop Tr., Akron, OH 44313, 216 928-0668.
GARNER, Dewey Arthur; '68 BSBA; Speech Therapist; Columbus Public Schs., 270 E. State St., Columbus, OH 43215; r. 472 S. Selby Blvd., Worthington, OH 43085, 614 846-5371.
GARNER, Dewey E.; '41 BSBA; Atty.; r. 6605 Pleasantview Rd., Lancaster, OH 43130, 614 442-1376.
GARNER, Donald E.; '62 BSBA; Prof.; John Carroll Univ., Sch. of Business, 20700 N. Park, Cleveland, OH 44118; r. School of Bus' Cal St., Stanislaus, Turlock, CA 95380.
GARNER, Elizabeth N. '36 (See Marshall, Elizabeth Garner).
GARNER, Michael J.; '66 BSBA; Staff; Garner Truck Svc. Inc., POB 98 US 35 & I 71, Jeffersonville, OH 43128, 614 948-2365; r. 6940 Young Rd, Grove City, OH 43123, 614 875-1737.
GARNER, Richard N.; '47 BSBA; Retired; r. 1844 Paso Real Ave., Rowland Hts., CA 91748, 818 912-4348.
GARNER, Ruth Georgian; '79 MACC; Acct.; Cummins Krasik Gabelman Hohl & Co., 3200 Riverside Dr., Columbus, OH 43221, 614 486-7148; r. 1207 Tranquil Dr., Worthington, OH 43085, 614 846-7884.
GARNER, Tamela Jo; '84 BSBA; Programmer/Analyst-Lead; Ohio State Univ., University Systs., 1121 Kinnear Rd., Columbus, OH 43212, 614 292-3687; r. 5830 Garden Hill Ln., Dublin, OH 43017, 614 761-9757.
GARNER, Thom A.; '76 BSBA; Public Acct.; J Thomas Meeks & Assocs, 5282 Cleveland Ave., Columbus, OH 43229; r. 710 Franklin Ave., Columbus, OH 43205.
GARNETT, Forrest Roger; '67 BSBA; Staff; IBM Corp., Los Gatos Laboratory, Los Gatos, CA 95030; r. 2500 Huston Ct., Morgan Hill, CA 95037, 408 779-6521.
GARR, David Francis; '80 BSBA; Dir. Mkt. Rsch.; Shashoua, McClung, & Cerrito, 6550 N. Federal Hwy., Ste. 201, Ft. Lauderdale, FL 33308, 305 491-7999; r. 4503 Atlantic Blvd., Apt. 1418, Coconut Creek, FL 33066, 305 973-7173.
GARRATT, John W.; '67 BSBA; Plant Mgr.; SKF Industries, Happy Valley Rd., Glasgow, KY 42141, 502 678-2171; r. 5 Forrest Hills, Glasgow, KY 42141, 502 651-7041.
GARRELTS, Craig Alfred; '77 MPA; Exec. Dir.; Hocking Metropolitan Housing, 50 S. High St., Logan, OH 43138, 614 385-3883; r. 49 North St., Logan, OH 43138, 614 385-8771.
GARRETT, Debra L. '86 (See Wengerd, Debra L.).
GARRETT, John Wayne; '85 BSBA; Branch Mgr.; Charter Oak FSB, 6700 Sawmill Rd., Columbus, OH 43235, 614 889-2588; r. 8062 Abbeyshire Ct., Dublin, OH 43017, 614 792-8459.
GARRETT, Paul Alan; '75 BSBA; 269 S. Ardmore Rd, Columbus, OH 43209, 614 231-6669.
GARRETT, Paul J.; '35 BSBA; Retired; r. 6224 Borror Rd., Grove City, OH 43123, 614 875-8061.
GARRETT, Mrs. Rene S., (Rene S. Kulow); '71 BSBA; Secy.; Akron Bd. of Educ., 70 N. Broadway, Akron, OH 44308, 216 434-0444; r. 1507 8th St., Cuyahoga Falls, OH 44221, 216 923-1218.
GARRETT, Robert Alan; '75 BSBA; Audit Ofcr.; Bancohio Natl. Bank, 155 E. Broad St., Columbus, OH 43265, 614 860-8500; r. 1311 Denbigh Dr., Columbus, OH 43220, 614 457-6218.
GARRETT, Ronald E.; '66 BSBA; Rte. 2 191B, Rockwood, TN 37854.
GARRETT, Samuel W., Jr.; '47 BSBA; Retired; r. POB 1423, 1465 Reita Rd., Pebble Bch., CA 93953, 408 624-7711.
GARRIGAN, Paul Louis; '86 BSBA; Stockbroker; Power Securities, 3473 Satellite Blvd., Duluth, GA 30136, 404 497-4400; r. 10 Boulder Way, Buford, GA 30518, 404 932-8041.
GARRIGAN, Dr. Richard Thomas; '61 BSBA, '63 MA; Prof.; De Paul Univ., 25 E. Jackson Blvd., Chicago, IL 60604; r. 51 Crescent Pl., Wilmette, IL 60091.
GARRINGER, David Louis; '79 BSBA; Acct.; State of Ohio Atty. Gen., 30 E. Broad St., Columbus, OH 43215, 614 466-3180; r. 5252 Whitegate Ct., Dublin, OH 43017.
GARRISON, Dr. Carole Gozansky; '79 PhD (PA); Staff; Univ. of Akron, Dept. of Criminal Justice, Akron, OH 44325; r. 869 W. Main St., Kent, OH 44240, 216 673-9406.
GARRISON, David Alan; '82 BSBA; Asst. Branch Mgr.; Cnty. Savings Bank, 65 E. State St., Columbus, OH 43215; r. 37 W. Weber Rd., Columbus, OH 43202.
GARRISON, Donald E.; '66 BSBA; Pres.; Trac-Line Equip. Inc., 2715 W. 4th St., Mansfield, OH 44906, 419 529-6160.
GARRISON, Douglas Kevin; '87 BSBA; Grad. Student; Xavier Univ., Cincinnati, OH 45207; r. 10419 Gloria Ave., Cincinnati, OH 45231, 513 825-9420.
GARRISON, Francis E.; '50 BSBA; Field Proj. Mgr.; Preway Inc.; r. 5700 Dale Ave., Edina, MN 55436, 612 927-5705.
GARRISON, Gregory Jay; '86 BSBA; 8690 W. Jefferson-Kirkersvil, London, OH 43140, 614 279-4832.
GARRISON, John Robert; '83 BSBA; 3953 Heatherhill Dr., Bartlett, TN 38134, 901 382-4782.
GARRISON, Kelly Denise; '88 BSBA; 30 E. Wyandotte Pl., Powell, OH 43065, 614 889-4960.
GARRITT, Herbert L.; '53 BSBA; Sr. Acct.; Ford Motor Co., 17101 Rotunda Dr., Dearborn, MI 48121, 313 322-5490; r. 3211 Stuart Ln., Dearborn, MI 48120, 313 336-8683.
GARRITY, Thomas Joseph, Jr.; '69 BSBA; VP; Bancohio Natl. Bank, 155 E. Broad St., Columbus, OH 43265; r. 110 Blenheim Rd., Columbus, OH 43214, 614 268-6626.
GARRO, Mrs. Debra K., (Debra K. Shonkwiler); '77 BSBA; Staff; Bob Meyer Realty, Inc., Century 21 Realtors, 400 Stokes Rd, Medford, NJ 08055, 609 654-8797; r. 646 N. Saratoga Dr., Moorestown, NJ 08057, 609 866-0699.
GARRUS, James T., Jr.; '66 BSBA; Chief/Contracts Div.; Martin Marietta, USAF, POB 179, Denver, CO 80207, 303 977-4425; r. 6480 E. Hinsdale Ave., Englewood, CO 80112, 303 741-4254.
GARRUTO, James Russell; '72 BSBA; Staff; GE Co., Aero Cntrl & Elec Kuehl, Binghamton, NY 13902; r. RR No 1, Oxford, NY 13830, 607 843-6358.
GARSON, Barry P.; '66 BSBA; Sr. VP; Riser Foods Inc., 22801 Aurora Rd, Bedford, OH 44014, 216 292-7000; r. 2625 Hickory Rd, Pepper Pike, OH 44124.
GARSON, Brian K.; '66 BSBA; 15 Mill Creek Ln., Chagrin Falls, OH 44022, 216 247-3573.
GARSON, Glenn Alan; '79 BSBA; Dir. of Human Resources; Riser Foods Rd., 5300 Richmond Rd., Bedford Hts., OH 44146, 216 292-7000; r. 2524 Milton Rd., University Hts., OH 44118, 216 381-4227.
GARST, Mrs. Betty M., (Betty J. Minshall); '49 BSBA; Homemaker; r. 7204 Dellwood Rd NE, Albuquerque, NM 87110, 505 884-5176.
GARST, Daniel M.; '48 BSBA; Retired; r. 7204 Dellwood Rd NE, Albuquerque, NM 87110, 505 884-5176.
GARTIN, Pamela Parker; '73 BSBA; VP; Corporate Housing Systs., 14 Triangle Park Dr., Cincinnati, OH 45246, 513 771-0899; r. 2250 Yorkshire Rd, Columbus, OH 43221, 614 488-9824.
GARTMAN, Richard Robert; '84 BSBA; Dist. Mgr.; Chrysler Corp., 12223 E. 39th, Denver, CO 80239, 303 373-8817; r. 2220 St. Johns Ave., Apt. C-22, Billings, MT 59102, 406 652-2888.
GARTRELL, Stuart Joel; '83 BSBA; 1044 Chesterdale Ct. #B, Cincinnati, OH 45246, 513 671-4942.
GARVER, F. Eugene; '56 BSBA; Retired; IBM Corp., 1000 NW 51st St., Boca Raton, FL 33432; r. 9690 Lancaster Pl., Boca Raton, FL 33434, 407 487-2110.
GARVER, Gary Donald; '83 MPA; 8327 High Ridge Dr., Powell, OH 43065, 614 764-0674.
GARVER, Gregory Robert; '81 BSBA; Ins. Agt.; Nationwide Ins., 9309 Cincinnati-Columbus Rd., W. Chester, OH 45069, 513 777-6151; r. 4972 Le-Sourdsville-W. Chester, Hamilton, OH 45011, 513 844-6832.
GARVER, Paul A.; '62 MBA; Traffic Mgr.; Procter & Gamble, 1919 Robinway, Cincinnati, OH 45230; r. 2436 Royalview, Cincinnati, OH 45244, 513 232-3782.
GARTRELL, Russell Richard, II; '83 BSBA; Acct.; Bank One of Columbus, 100 E. Broad St., Columbus, OH 43215; r. 5575 Coogan Pl., Dublin, OH 43017, 614 792-1414.
GARVERICK, Thomas Lowell; '73 BSBA; Cost Acctg. Mgr.; Litel Telecommunications, 200 Old Wilson Bridge Rd., Worthington, OH 43085, 614 433-9341; r. 5476 Tinsbury Ct., Columbus, OH 43235, 614 457-2775.
GARVEY, Byron John; '80 BSBA; Sr. Sales Rep.; Digital Equip. Corp., 8713 Airport Frwy., Ste. 200, Ft. Worth, TX 76180, 817 577-6210; r. 4902 Meadowcreek Dr., Dallas, TX 75248, 214 404-1674.
GARVEY, William H.; '37 BSBA; Retired; r. 725 E. 64th St. Apt. 22B, Indianapolis, IN 46220, 317 255-6698.
GARVIC, Michael Paul; '70 BSBA; Loss Control Mgr.; Nationwide Ins. Co.; r. 14667 Hillside Ridge, San Antonio, TX 78233, 512 657-6134.
GARVIN, Eleanor June; '64 BSBA; Dir.-State Govt. Relation; American Petroleum Inst., 1220 L St. NW, Washington, DC 20016, 202 682-8203; r. 3251-D Sutton Pl. NW, Washington, DC 20016, 202 363-7229.
GARVIN, James R.; '60 BSBA; Buyer; Columbus & S Ohio Electric Co., 215 N. Front St., Columbus, OH 43215; r. 36 W. Riverglen Dr., Worthington, OH 43085, 614 888-4283.
GARVIN, John R.; '59 BSBA; Owner; Continental Appraisal Co., 50 W. Broad St., Columbus, OH 43215, 614 221-5173; r. 775 Lock Lomond Ln., Worthington, OH 43085, 614 885-3996.
GARVIN, Karen Ann; '81 BSBA, '88 MBA; Grad. Student; Ohio State Univ., Clg. of Business, 1775 Clg., Columbus, OH 43210; r. 775 Loch Lomond Ln., Worthington, OH 43085, 614 885-3996.
GARVIN, LTC Richard F., USA(Ret.); '73 MBA; Cnslt.; Business Ethics; r. 3215 E. Breckenridge Ln., Birmingham, MI 48010, 313 540-2534.
GARVIN, Robert L.; '67 BSBA; Real Estate Appraiser; Continental Appraisal Co., 50 W. Broad St., Columbus, OH 43215, 614 221-5173; r. 475 Demorest Rd, Columbus, OH 43204, 614 279-0058.
GARVY, Karen '83 (See Kinnaird, Mrs. Karen L.).
GARWOOD, LTC David E., USAF(Ret.); '50 BSBA; Retired; r. 2646 NW Blvd., Columbus, OH 43221, 614 488-3597.
GARWOOD, Lori Beth; '85 BSBA; Sales Repr; The Pillsbury Co., 3345 W Jefferson-Kiousville Se, W. Jefferson, OH 43162; r. 41872 State Rte. 558, Leetonia, OH 44431, 216 482-3995.
GARWOOD, William M.; '50 BSBA; Retired VP; Cleveland Fed. S&L, 614 Euclid Ave., Cleveland, OH 44114; r. 8624 Scarlet Oak Ln., Cleveland, OH 44130, 216 842-1655.

GARY, Andrew C.; '50 BSBA; Retired; r. 90 Hilltop Blvd., Canfield, OH 44406, 216 533-3140.

GARY, Eugene L.; '51 BSBA; Secy.-Treas.; Shiff-Gary Inc., 446 Broadway, Lorain, OH 44052, 216 244-6127; r. 4645 Oak Hill Blvd., Lorain, OH 44053, 216 282-4549.

GARY, Karen L. '82 (See Ater, Mrs. Karen L.).

GARY, Richard Ray, CLU; '69 BSBA; Partner; Herbruck, Gary & Alder, 1120 Chester Ave., Cleveland, OH 44114, 216 348-8013; r. 2732 Easthaven Rd., Hudson, OH 44236, 216 656-4398.

GARY, Ronald L.; '60 BSBA; Computer Programmer; Minnesota Mining & Mfg. Corp., Box 10465 Johannesburg, Transvaal, South Africa; r. 9 Mansfield Ave., Dawnview Germiston, Transvaal, South Africa.

GARY, Scott Allen; '87 MPA; Plng. Cnslt.; Karlsberger & Assocs. Inc., 99 E. Main St., Columbus, OH 43215, 614 461-9500; r. 2557 Stoney Way, Grove City, OH 43123, 614 875-2522.

GARY, Violet M. '81 (See Gallagher, Violet M.).

GARZA, Judy Elick; '62 BSBA; 770 Pepper Dr., Casa Grande, AZ 85222, 602 836-0298.

GASBARRO, Gina Sue; '82 BSBA; 670 Eastmoor Blvd., Columbus, OH 43209, 614 253-6730.

GASBARRO, Mrs. Suzanne L., (Edith L. Lyons); '56 BSBA; Receptionist; Franklin Cnty. Commision Ofc., 410 S. High St., Columbus, OH 43215; r. 1305 Noe Bixby Rd, Columbus, OH 43232, 614 861-4322.

GASE, Laurel '84 (See Mader, Mrs. Laurel B.).

GASIOR, Mrs. Barbara A., (Barbara Coski); '59 BSBA; Acctg. Processor; Marathon Oil Co., 539 S. Main St., Findlay, OH 45840, 419 422-2121; r. 427 W. Sandusky St., Findlay, OH 45840, 419 422-2265.

GASIOR, Joel Christopher; '87 BSBA; Law Student; Univ. of Toledo; r. 427 W. Sandusky St., Findlay, OH 45840, 419 422-2265.

GASKIN, Herbert H.; '58 BSBA; Retired; r. Box 631, Frederiksted, Virgin Islands 00840.

GASKIN, Dr. Timothy Allen; '68 MBA; Staff; Calif State Polytech. Clg., Ornamental Horticulture Dept., San Luis Obispo, CA 93401, 805 546-0111; r. Calif State Polytechnic Clg., Ornamental Horticulture Dept., San Luis Obispo, CA 93401, 805 544-4925.

GASKINS, Steven James; '75 BSBA; CEO; Jordan's Furniture Co., 100 Stockwell Dr., Avon, MA 02322, 508 580-4600; r. 245 Church St., Duxbury, MA 02332, 617 934-0108.

GASLIN, Kathleen Lee; '82 BSBA; 940 Annagladys Dr., Worthington, OH 43085, 614 885-1926.

GASPER, Leesa Davis, (Leesa K. Davis); '84 BSBA; Flight Attendant; Usair, Washington National Airport, Washington, DC 20001, 202 892-7135; r. 1202 S. Washington St., Apt. #22-C, Alexandria, VA 22314, 703 683-1614.

GASSAWAY, Jeffrey Allen; '81 BSBA; Owner; Jeffrey A Gassaway, 201 C Harborview Blvd., Charlotte Harbor, FL 33596; r. 14507 Ransom Ave., Port Charlotte, FL 33953, 813 624-2178.

GASSIN, Gary Edgar; '77 BSBA; Rsch. Scientist; Battelle Mem. Inst., 505 King Ave. 11-10-065, Columbus, OH 43201, 614 424-7347; r. 413 Sentry Ln., Westerville, OH 43081, 614 890-2055.

GASSON, Cletus Albert; '80 BSBA; Retired; r. 810 Pioneer Dr., Port Ludlow, WA 98365, 206 437-9490.

GAST, Dana '82 (See Pritchett, Dana Gast).

GAST, John Arnold; '47 BSBA; Marine Ins. Consultnt; John A Gast Cnslts., 1618 Salmon River, Placentia, CA 92670, 714 524-5151; r. Same, 714 524-6544.

GAST, Richard John; '81 BSBA; Sales Represenative; Preston Trucking Co., Preston, MD 21655; r. 113 Bell Ave., Sandusky, OH 44870, 419 626-5915.

GASTALDO, Julie Gossard; '85 BSBA; 6495 Harding Hwy., Lima, OH 45801.

GASTEL, George Louis; '78 BSBA; 1291 E. Dartmoor Ave., Seven Hls., OH 44131, 216 524-5304.

GASTINEAU, Plez M., Jr.; '67 BSBA; Pres.; NAB Mortgage Co., 205 W. Ash St., Piqua, OH 45356, 513 773-0228; r. 1313 Elmwood, Piqua, OH 45356, 513 773-9457.

GASTON, Bruce Allen; '88 MBA; Educ. & Train Advisor; America-Mideast Educ. & Trng. Svcs. Inc., 1100 17th St. N. W., Washington, DC 20036; r. 3937 Military Rd. N. W., Washington, DC 20015.

GASTON, Charles William; '73 BSBA; Ret Mgr.; Chuck Meur-The Grand Concourse, 1 Sta. Sq., Pittsburgh, PA 15219; r. 1442 Coraopolis Heights Rd., 'Baywood, Coraopolis, PA 15108.

GASTON, David A.; '63 BSBA; Partner; Coopers & Lybrand, Ste. 2000 Columbus Ctr., 100 E. Broad St., Columbus, OH 43215, 614 221-7471; r. 1950 Collingswood Rd, Columbus, OH 43221, 614 488-8191.

GASTON, Robert James; '78 BS, '82 MPA; Admin.; Pickaway Diversified Ind, 548 U S Rte. 22 E., Circleville, OH 43113, 614 474-1522; r. 1284 Neil Ave., Columbus, OH 43201, 614 294-7778.

GATES, 1LT Alison Denise; '83 BSBA; 1Lt USA Sply Ofcr.; USA, 595Th Maintenance Company, Korea, Korea.

GATES, Barbara Ann; '76 BSBA; Deputy Exec. Dir.; Columbus Civil Svc. Commission, 50 W. Gay St., Columbus, OH 43215, 614 222-8300; r. 555 Brookside Dr., Columbus, OH 43209, 614 237-7789.

GATES, Brian Reid; '87 BSBA; Supv.; Roadway Package Syst., 977 Frank Rd., Columbus, OH 43223, 614 279-0168; r. 764 Tussuck Ct., Worthington, OH 43085, 614 848-8281.

GATES, Daryl Ray; '74 BSBA; VP; Morral Chemical Co., Postle St., Box 26, Morral, OH 43337, 614 465-3251; r. 1781 Covington Pl., Marion, OH 43302, 614 389-6132.

GATES, James E.; '64 BSBA; CPA; 6475 E. Main St., Reynoldsburg, OH 43068, 614 837-7093; r. 1455 Bickel Church Rd NW, Baltimore, OH 43105, 614 862-4758.

GATES, Jeffrey Lynn; '75 BSBA; 18320 Oakdale Rd., Odessa, FL 33556, 813 920-7620.

GATES, Joseph Dennis; '69 BSBA; Acct.; Seidman & Seidman, 621 17th, Denver, CO 80904; r. 11054 W. 68th Ave., Arvada, CO 80002, 303 424-2866.

GATES, Michael A.; '71; 5875 Harlem Rd, New Albany, OH 43054, 614 855-7717.

GATES, Nancy '77 (See Milam, Nancy Gates).

GATES, Robert L.; '55 BSBA; Tchr.; Plain Local Bd. of Educ., 6425 Condit Rd., New Albany, OH 43054, 614 855-7331; r. 10038 Melody Ln., Pickerington, OH 43147, 614 864-5550.

GATES, Terry Lee; '82 BSBA; Agt.; Muirfield Realty, Inc., 6050 Tain Dr., Dublin, OH 43017, 614 889-9484; r. 150 E. Pacemont Rd., Columbus, OH 43202, 614 268-7178.

GATES, Timothy M.; '82 BSBA; Regional Mgr.; Omnilingua Inc., 1000 Capitol Sq., 65 E. State St., Columbus, OH 43215, 614 464-9909; r. 1669 Fallhaven Dr., Worthington, OH 43235, 614 792-9846.

GATEWOOD, Keith De Witt; '82 MBA; Account Exec.; Dean Witter Reynolds, 1105 Schrock Rd., Ste. 888, Columbus, OH 43229, 614 888-4011; r. 1275 Three Forks Dr. N., Westerville, OH 43081, 614 899-1292.

GATEWOOD, Maureen Leigh; '86 BSBA; Agt.; M L Gatewood Agcy., 6119 E. Main St. Rm. 207, Columbus, OH 43213, 614 871-9707; r. 2828 Fareham Ct., Columbus, OH 43232.

GATOFF, Howard Michael; '82 BSBA; Staff; Bancohio Natl. Bank, 155 E. Broad St., Columbus, OH 43265; r. 630 E. Town St., Apt. 202, Columbus, OH 43215, 614 228-8110.

GATSCH, Barbara Norris; '48 BSBA; 1164 Lincoln Rd, Columbus, OH 43212, 614 486-4577.

GATTEN, Mrs. Susan B., (Susan B. Huston); '81 BSBA; Homemaker; r. 1318 Carol, Kent, OH 44240, 216 678-4633.

GATTERDAM, Dawn Denise; '84 BSBA; Operations Administr; Bank One of Columbus, 100 E. Broad St., Columbus, OH 43215; r. 318 Barkley Pl. W., Columbus, OH 43213, 614 861-1120.

GATTERDAM, James E.; '53 BSBA; Mgr./Ofcr.; The Equitable Savings, 6800 N. High St., Worthington, OH 43085, 614 848-4664; r. 363 S. Gould Rd., Columbus, OH 43209, 614 231-5110.

GATTERDAM, Kurt Edward; '84 BSBA; 363 S. Gould Rd., Columbus, OH 43209, 614 436-1689.

GATTERDAM, Paul J.; '49 BSBA; 791 Brookside Dr., Columbus, OH 43209, 614 231-2096.

GATTI, Raymond J.; '48 BSBA; Retired; r. 3041 Burlingame Rd, Topeka, KS 66611, 913 266-8994.

GATTON, David F.; '57 BSBA; VP; Zenith Ins. Co., 21255 Califa, Woodland Hls., CA 91367, 818 594-5234; r. 5727-1 Topanga Canyon Blvd., Woodland Hls., CA 91367, 818 716-0468.

GATTON, Dean Mathew; '80 BSBA; Mgr.; Big Bear Stores Inc., 770 Goodale Blvd., Columbus, OH 43212; r. 1108 Timberbank Ln., Westerville, OH 43081, 614 890-6925.

GATTON, James E.; '53 BSBA; Pres.; Star Bank-Central Ohio, 688 High St., Worthington, OH 43085, 614 431-8400; r. 6835 McCord St., Worthington, OH 43085, 614 436-1913.

GATTON, William C.; '52; Chief Estimator; Iberia Earthmoving Inc., State Rte. 309, Iberia, OH 43325, 419 468-5454; r. 405 W. Atwood, Galion, OH 44833, 419 468-1913.

GATZ, Mrs. Barbara E., (Barbara E. Baggs); '85 BSBA; Ofc. Mgr.; Alan C. Gatz MD, 126 W. McConkey St., Shreve, OH 44676, 216 567-2200; r. 1184 Townsview Pl., Wooster, OH 44691, 216 263-6633.

GATZ, Nick, PhD; '72 MPA, '78 PhD (PA); Ret Chief Community Svc.; Ohio Dept. of Rehab. & Corrections; r. 470 Riley Ave., Worthington, OH 43085, 614 885-9236.

GAUCH, Richard Michael; '87 BSBA; Mktg. Coordntor; Eskco Inc., 2455 N. Star Rd., Columbus, OH 43221, 614 488-9808; r. 1587 Arlington Ave., Apt. A, Columbus, OH 43212, 614 481-7980.

GAUCHE, Eugene Paul; '75 BSBA; Supv.; Plummer Inc., 1160 Stellwood Rd., Columbus, OH 43212, 614 488-3141; r. 2799 Amana Ct., Columbus, OH 43235, 614 459-1163.

GAUGHAN, Lisa Lyn; '79 BSBA; Mktg. Exec.; Xerox Corp., 471 E. Broad St., Columbus, OH 43215, 614 460-9010; r. 2660 Woodstock Rd., Columbus, OH 43221, 614 451-5196.

GAUGHRAN, Joseph T.; '23 BSBA; Retired; r. Eastland Care Ctr., 2425 Kimberly Pkwy. E., Columbus, OH 43232.

GAUGHRAN, Tim Richard; '81 BSBA; Capt.; r. 3630 Grafton Ave., Columbus, OH 43220, 614 451-9729.

GAUL, John Michael; '87 MBA; Cnslt.; Andersen Cnsltg., c/o Postmaster, Houston, TX 77002, 713 237-2323; r. 1260 21st St., NW, Apt. 215, Washington, DC 20036, 202 785-9323.

GAULKE, Ray E.; '59 BSBA; Sr. VP; Gee & Jenson, One Harvard Cir., Executive Group, W. Palm Bch., FL 33409, 407 683-3301; r. 1037 Shady Lakes Cir., Palm Bch. Gardens, FL 33418, 407 627-9362.

GAULT, Delbert Leroy; '86 BSBA; 23062 Cr 17, Forest, OH 45843, 419 273-2645.

GAUMER, George M.; '75 BSBA; Area Mgr.; Davey Tree Expert Co., 1500 N. Mantua, Kent, OH 44240, 216 673-9511; r. 650 Sue Ct., Aurora, OH 44202, 216 562-5099.

GAUMER, Jeffrey Len; '76 BSBA; Controller/Acctg.; Newark Aerospace Fed. Credit Union, 645 Heath Rd., Heath, OH 43056, 614 522-8311; r. 229 Fairfield Ave., Newark, OH 43055, 614 366-2895.

GAUMER, John R.; '41 BSBA; Retired; r. 3045 El Dorado, Lake Havasu City, AZ 86403, 602 453-6798.

GAUNT, Katherine Perry; '85 MBA; Sr. Account Mgr.; SAMI/Burke Inc., 800 Broadway, Cincinnati, OH 45202, 513 852-3098; r. 2731 Newtown Rd., Cincinnati, OH 45244, 513 231-7561.

GAUNT, Terry James; '79 BSBA; Sales/Grp. Rep.; Hartford Ins. Grp., 600 Vine St., Ste. 400, Cincinnati, OH 45202, 513 241-5180; r. 2731 Newtown Rd., Cincinnati, OH 45244, 513 231-7561.

GAURON, John David; '76 BSBA; Pres./Agt.; J D Gauron Ins. Agcy., POB 1123, E. Liverpool, OH 43920, 216 385-0688; r. 3032 Kingsridge Rd., E. Liverpool, OH 43920, 216 386-4825.

GAUS, Michael E.; '85 BSBA; Productn Supv.; Kroger Co., Kroger Bakery, 457 Cleveland Ave., Columbus, OH 43215, 614 462-2089; r. 123 Linabary Ave., Westerville, OH 43081, 614 895-8164.

GAUSEPOHL, Julie Lynn, (Julie Lynn Milligan); '86 BSBA; 787 Cap Ln., Worthington, OH 43085, 614 431-9724.

GAUTHIER, Jerome Andrew; '84 BSBA; Atty.; Chicago, IL 60611; r. 445 E. Ohio, #2308, Chicago, IL 60611, 312 321-1280.

GAVALA, Daniel Edward; '80 BSBA; Acct.; Cleveland Controls Inc., 1111 Brookpark Rd, Cleveland, OH 44109; r. 9840 Sunrise Blvd., #S-31, Cleveland, OH 44133, 216 237-8461.

GAVATIN, Ms. Linda J., (Linda J. Spitzer); '73 BSBA; Computer Cnslt.; Lincomp, Inc., POB 37086, St. Louis, MO 63141, 314 432-2499; r. 10360 Forest Brook Ln., Apt. E, St. Louis, MO 63146, 314 432-2499.

GAVIN, Patrick Kevin; '78 BSBA; Leasing Mgr.; Pizzagalli Devel. Co., 7421 Carmel Executive Park, Charlotte, NC 28226, 704 542-8886; r. 8103 Ivy Falls Ct., Charlotte, NC 28226, 704 542-5896.

GAWRONSKI, James; '81 BSBA; Pres.; Emblematix Inc., 7062 Huntley Rd., Columbus, OH 43229, 614 888-6040; r. 3631 Killington Ct., Hilliard, OH 43026, 614 876-9707.

GAWRONSKI, Richard Paul; '77 BSBA; Acct. Dev. Mgr.; IBM, Columbus, OH 43220; r. 1133 Slade Ave., Columbus, OH 43235, 614 451-6550.

GAY, Hobart H.; '42 BSBA; Pres.; Hobart Gay Assocs., Inc., 1601 Bayshore #335, Burlingame, CA 94010, 415 692-0130; r. 400 Davey Glen Rd. Unit 4412, Belmont, CA 94002, 415 593-6023.

GAY, Lucy '39 (See Fenstermaker, Mrs. Lucy Gay).

GAYDOS, Harry G.; '56 BSBA; Supv.; AT&T, 4500 Laburnum Ave., Richmond, VA 23231, 804 226-5309; r. 7401 Sandlewood Dr., Richmond, VA 23235, 804 276-7890.

GAYLER, Charles Eckhart, II; '81 BSLHR; Staff; Gaylor & Assoc., 10530 Fairway Ridge Rd., Matthews, NC 28105; r. 39 611S Cornerwood Ln., Charlotte, NC 28211.

GAYLER, Robert Carlton; '81 BSBA; 94 Brookhaven, Trotwood, OH 45426, 513 854-5829.

GAYLEY, James R.; '69 BSBA; Supvry Mgmt. Analyst; USAF, HQ AF Logistics Command/XPMR, Plans & Utilization Branch, Wright Patterson AFB, OH 45433, 513 257-6245; r. 4966 Longford Rd., Huber Hts., OH 45424, 513 236-7292.

GAYLORD, Gordon Lee, Jr.; '70 BSBA; Systs. Analyst; City of Dallas, 1500 Marilla 2FN, Dallas, TX 75201; r. 4425 Gilbert, 218, Dallas, TX 75219.

GAYTON, Charles W.; '63 BSBA; Atty.; Gayton, Tilton & Endres, 1908 Bethel Rd., Columbus, OH 43220; r. 149 Piedmont Rd, Columbus, OH 43214, 614 263-3817.

GAZICH, Jeffrey Paul; '88 MBA; Natl. Accounts Mgr.; H B Fuller Co., 3530 Lexington Ave. N., St. Paul, MN 55126; r. 4446 Pleasant Dr., Arden Hls., MN 55112.

GEAMAN, Gregory Nicholas; '74 MBA; 5055 S. Clunbury, W. Bloomfield, MI 48033, 313 851-2585.

GEAR, Alexander M.; '63 BSBA; VP; A M Gear & Assocs. Inc., 2139 Wisconsin Ave. NW, Washington, DC 20007; r. 6445 Cardinal Ln., Columbia, MD 21044, 301 992-4119.

GEARHART, LTC Fred Zurmehly, USAF(Ret.); '76 BSBA; Instr. Pilot; CAS Aviation Inc., 1954 Norton Rd., Columbus, OH 43228, 614 878-6626; r. 660 Ridgewood Dr., Circleville, OH 43113, 614 474-5358.

GEARHART, Gary L.; '62 BSBA; Mfg. Rep.; Jostens, POB 719, Lima, OH 45802, 419 221-1055; r. 618 Canyon Dr., Lima, OH 45804, 419 221-0670.

GEARHART, Kenton Paul; '69 BSBA; Regional Sales Mgr.; Fleetwood Furniture Co., 11832 James St., POB 1259, Holland, MI 49424, 616 396-1142; r. 8504 Frederick Rd., Dayton, OH 45414, 513 898-4100.

GEARHART, Mary P. '72 (See Cree, Mrs. Mary P.).

GEARIG, Carol '79 (See Schleucher, Carol Gearig).

GEARY, Eugene Jennings; '48 BSBA; Realtor; Geary Realty Co., Grandview At 17th St., Portsmouth, OH 45662, 614 353-4567; r. 2310 Grandview Ave., Portsmouth, OH 45662, 614 354-4222.

GEARY, Michelle Bard, (Michelle Bard); '83 BSBA; Asst. Info. Systs. Mgr.; Bard Mfg. Co., POB 607, Bryan, OH 43506, 419 636-1194; r. 58 Lakeland Woods, Bryan, OH 43506, 419 636-2497.

GEARY, Shawn Michael; '76 BSBA; Acct.; Westinghouse Corp., Gateway Ctr., Westinghouse Bldg., Pittsburgh, PA 15222; r. 1023 Varner Rd., Pittsburgh, PA 15227, 412 882-0639.

GEASE, Robert I.; '59 BSBA; Owner; The Gease Co., POB 06393, Columbus, OH 43206; r. 490 S. 3rd St., Columbus, OH 43215, 614 221-8030.

GEBBIE, Michael B.; '87 BSBA; 6361 Lexleigh Rd., Reynoldsburg, OH 43068, 614 864-1351.

GEBE, Sheri Ann; '85 BSBA; 2919 Adams Rd., Kingsville, OH 44048, 216 577-1273.

GEBHARDT, J. David; '73; Co-owner; Ins. Ctr. of Bucyrus, S. Sandusky St., Bucyrus, OH 44820; r. 1070 Lavina Dr., Bucyrus, OH 44820, 419 562-4489.

GEBIKE, Harold L.; '33 BSBA; Retired; r. 8 Ivygreen Ct., Snyder, NY 14226, 716 833-5439.

GEBOLYS, Gene J.; '86 BSBA; Acct.; Harvard Univ., 1350 Massachusetts Ave., Rm. 466 Holyoke Ctr., Cambridge, MA 02138, 617 495-3795; r. 29 N. Margin St., Boston, MA 02113, 617 723-9009.

GECKELER, Paul A.; '66 BSBA; Budget Anaylst; McDonald Douglas Corp., St. Louis, MO 63115; r. 26 Chesterfield Lakes, Chesterfield, MO 63005, 314 532-5213.

GECKLER, Edward F.; '30 BSBA; Retired; r. 25300 Liberty Hill Rd., S. Bloomingville, OH 43152, 614 332-3455.

GECKLER, Eugene F.; '59 BSBA; Staff; G E Aircraft Engine Co., Evendale Plant, 1 Neumann Way, Cincinnati, OH 45215, 513 243-4486; r. 304 Lakeview Dr., Mason, OH 45040, 513 398-6376.

GEDDES, Darren Duane; '86 BSBA; Asst. Lease Mgr.; Caldwell Leasing Co., 1888 Morse Rd., Columbus, OH 43229, 614 888-2331; r. 448 Sandburr Dr., Gahanna, OH 43230, 614 471-4015.

GEDDES, James Lee; '71 BSBA; Fishel Co., 1170 Kinnear Rd., Columbus, OH 43212; r. 4129 Zuber Rd, Orient, OH 43146, 614 871-1812.

GEDEON, Ronald John; '88 MBA; 416 E. 14th Ave., Apt. 3B, Columbus, OH 43201.

GEE, Steve Craig; '83 BSBA; 255 Gramercy St., Dayton, OH 45431, 513 254-6429.

GEE, William Lybrand; '46 BSBA; Atty.; Eagleswood Ambulance Svc., POB 211, Beach Haven, NJ 08008; r. Same.

GEER, Charles W.; '66 MBA; Mgr.; Flight Safety Intl., 1951 Airport Rd., POB 12304, Wichita, KS 67277, 316 943-2140; r. 2875 N. Cypress Cir., Wichita, KS 67226, 316 686-5774.

GEER, Edwin Arthur; '72 BSBA; Dist. Mgr.; Prudential Ins. Co., 1288 Georgesville, Columbus, OH 43228, 614 276-2671; r. 5194 Paw Paw Rd., Columbus, OH 43229, 614 891-7614.

GEESE, Ronald Lee; '68 BSBA; Salesman; r. 7071 Missy Park Ct., Dublin, OH 43017, 614 889-9296.

GEESEY, Emily S. '82 (See Ebaugh, Mrs. Emily S.).

GEEWAX, Darryl; '76 BSBA; Sales Rep.; Xscribe Corp., Ste. C, 14540 Hamlin St., Van Nuys, CA 91411, 818 994-8730; r. 5633 Topanga Canyon Blvd., Apt. 328, Woodland Hls., CA 91367, 818 704-7104.

GEHLBACH, Donald R.; '61 BSBA; VP; Freedom Fed. S&L, 2939 Kenny Rd., Columbus, OH 43221, 614 459-6100; r. 3435 Sciotangy Dr., Columbus, OH 43221, 614 459-0808.

GEHRES, Joseph Martin; '48 BSBA; Sales Rep.; r. 471 Heather Hill Rd, Columbus, OH 43213.

GEHRES, Maxine; '26 BSBA; Retired Tchr.; r. 2235 Overlook Rd., Cleveland Hts., OH 44106, 216 231-7132.

GEHRING, Charles William; '78 BSBA; Controller; Anheuser-Busch, 700 E. Schrock Rd, Columbus, OH 43229, 614 888-6644; r. 1638 Keats Ct., Worthington, OH 43235, 614 433-9582.

GEHRING, Eileen Payne; '36 BSBA; Retired; r. 4090 Bayberry Ct., Columbus, OH 43220, 614 457-0893.

GEHRING, Mary L. '32 (See Moss, Mary Gehring).

GEHRING, William M.; '62 BSBA; Bus. Tchr.; Cleveland Bd. of Educ., 1380 E. 6th St., Cleveland, OH 44114; r. 5930 Edgehill Dr., Cleveland, OH 44130, 216 886-1365.

GEHRKE, COL Edward F., USAF(Ret.); '51 BSBA; Owner/Realtor; Eagle Realty, 1605 Sky Line Hts., Coshocton, OH 43812, 614 623-8100; r. Same, 614 622-0281.

GEIB, Darrell E.; '60 MBA; Computer Programmer; r. 70 Southern Pkwy., Rochester, NY 14618, 716 271-4045.

GEIB, David Leonard; '72 BSBA, '74 MBA; Mgr. Customer Survey; Worthington Industries, 1205 Dearborn Dr., Worthington, OH 43085; r. 4958 Arbor Village Dr., Columbus, OH 43214, 614 436-5601.

GEIB, Douglas Grant, II; '77 BSBA; Sr. Mgr.; Ernst & Whinney, 2400 Nationwide Plz., Columbus, OH 43215, 614 224-5678; r. 1225 Colston Dr., Westerville, OH 43081, 614 895-2947.

GEIB, William Michael; '86 BSBA; Transportation Analyst; CPC Intl., 6400 Archer Rd., POB 347, Summit, IL 60501, 312 563-3485; r. 95 McArthur Dr., #4425, Willowbrook, IL 60514, 312 986-4463.

GEIER, Lisa Ann; '87 BSBA; Sales; J. C. Penney; r. 1005 Carolyn Dr., Delphos, OH 45833, 419 692-1417.
GEIGER, David Alan; '82 BSBA; Dist. Mgr.; Automatic Data Processing (ADP), 5680 New Northside Dr., Atlanta, GA 30328, 404 955-3600; r. 4420 Sagebrush Dr., Kennesaw, GA 30144, 404 428-6406.
GEIGER, Gary Jon; '86 BSBA; Ins./Financial Planner; Wilcox Financial, 3400 Executive Pkwy., Toledo, OH 43606, 419 537-9407; r. 4033 Hillandale, Toledo, OH 43606, 419 537-9964.
GEIGER, Jeffrey Michael; '78 BSBA; Coml. Banking Ofcr.; Huntington Natl. Bank, 41 S. High St., Columbus, OH 43215, 614 846-5548; r. 4783 Smoketalk Ln., Westerville, OH 43081, 614 882-4713.
GEIGER, S. Kay; '85 MBA; VP; Huntington Natl. Bank, 105 W. 4th St., Cincinnati, OH 45202, 513 762-1835; r. 4841 Beverly Hill Dr., Cincinnati, OH 45226, 513 321-7367.
GEIGER, Vicki Lynn; '87 BSBA; Account Exec.; Advo Systs. Inc., 5755 Granger Rd., Independence, OH 44131, 216 398-0360; r. 7604 Saratoga Rd., Middleburg Hts., OH 44130, 216 234-2049.
GEIS, A. John; '71 MBA; Dir.-Technical Svcs.; Graphic Arts Technical Found, 4615 Forbes Ave., Pittsburgh, PA 15213, 412 621-6941; r. 124 Ambleside Dr., Pittsburgh, PA 15237, 412 367-2443.
GEIS, Mrs. Amy Bettina, (Amy Bettina Haynes); '84 BSBA; Atty.; Vorys, Sater, Seymour & Pease, 52 E. Gay St., Columbus, OH 43215, 614 464-6400; r. 1925 Malvern Rd., Upper Arlington, OH 43221, 614 487-9912.
GEIS, Robert W., III; '76 BSBA; Asst. Treas.; Santa Barbara Cnty., 105 E. Anapamu, Santa Barbara, CA 93105, 805 568-2998; r. 5097 Amberly Pl., Santa Barbara, CA 93111, 805 967-3864.
GEISE, Steven J.; '83 BSBA; Underwriter; Seaboard Surety Co., 555 Metro Pl. N., Dublin, OH 43017; r. 4086 Dunleavy Ct., Dublin, OH 43017, 614 766-2279.
GEISER, Daniel W.; '75 BSBA; Pres.; Geiser Financial Svcs. Inc., 5821 Shadow Creek Rd., Charlotte, NC 28226, 704 568-7960; r. 5821 Shadow Creek Rd., Charlotte, NC 28226, 704 541-8141.
GEISER, Jeffrey Lee; '78 BSBA; 4148 W. Breese, Lima, OH 45806, 419 991-3717.
GEISER, Jodi M. '85 (See Cooley, Ms. Jodi M.).
GEISER, Leo A.; '57 BSBA; 630 St. Clair Ave. #17, Hamilton, OH 45015.
GEISSBUHLER, George Elmer; '71 BSBA; VP Partner; Sweney Cartwright & Co., 17 S. High St., Columbus, OH 43215, 614 228-5391; r. 6829 Alloway St. E., Worthington, OH 43085, 614 846-0531.
GEISSLER, Eric Matthew; '86 MPA; 1328 Sussex Ln. # B, Delaware, OH 43015, 614 231-7817.
GEIST, John William, MSCS; '75 BSBA; Sr. Mgr.-Software Engrg.; AMCI, 1045 N. 115th St., Ste. 100, Omaha, NE 68154, 402 498-4842; r. 1309 Greenwood Ave., Papillion, NE 68133, 402 331-8191.
GEIST, Mark Eldon; '77 BSBA; Employment Couns.; Dawson Personnel, 383 E. Broad St., Columbus, OH 43215, 614 228-2461; r. 904 Hilton, Reynoldsburg, OH 43068, 614 863-0371.
GEIST, Norman J.; '62; Product Mktg. Mgr.; Motorola, 700 E. Gate Dr., Mt. Laurel, NJ 08054, 609 778-4510; r. 145 Cobblestone Dr., Mt. Laurel, NJ 08054, 609 778-7110.
GEITGEY, James Orrin; '77 MPA; Staff; Prudential Ins. Co., POB 119, Springfield, OH 45501; r. 279 Glenmore Dr., Springfield, OH 45503, 513 390-3566.
GELB, Lorie Ellen; '79 BSBA; Sales; OH Farmers Wholesale Food Dist., 3800 Woodland Dr., Cleveland, OH 44115, 216 391-9733; r. 3085 Bremerton, Pepper Pike, OH 44124, 216 831-4310.
GELB, Stuart Allen; '71 BSBA; 17 Gay Dr., Kings Point, NY 11024.
GELBACH, John W.; '66 BSBA; Mgr.; ITT Power Systs., Purchasing Dept., St. Rte. 598, Galion, OH 44833; r. 6957 Bennington Dr., Galion, OH 44833, 419 468-4429.
GELBAUGH, David L.; '66 MBA; Asst. Controller; Columbia Gas of Ohio, 200 Civic Center Dr., Columbus, OH 43215, 614 460-4817; r. 4862 Mc Bane St., Columbus, OH 43220, 614 451-8824.
GELDHOF, Adam R.; '85 BSBA; Student; Univ. of Maryland, College Park, MD 20742; r. 1636 Woodway Dr., Kent, OH 44240, 216 673-0658.
GELL, George Frank; '49 BSBA; Retired Sales Rep.; r. 1516 Allen Dr., Westlake, OH 44145, 216 871-5859.
GELLER, Carl S.; '50 BSBA; Retired; r. 9206 Livenshire Dr., Dallas, TX 75238, 214 348-1958.
GELLER, Ervan Reed, II; '76 BSBA; Pres.; Ervan Geller, Inc., 519 Harper Ave., Drexel Hill, PA 19026, 215 622-4078; r. Same.
GELLER, Eugene L.; '60 BSBA; Treas.; Urs Dalton, 3605 Warrensville Ctr. Rd, Cleveland, OH 44122, 216 283-4000; r. 12202 W. Shiloh, Chesterland, OH 44026, 216 729-7372.
GELLIARTH, Karen Anne, RN; '82 BSBA; Home Health Nurse; Visiting Nurse Assn., 2490 Lee Blvd., Cleveland, OH 44118, 216 932-7907; r. 20060 Mc Cracken Rd., Maple Hts., OH 44137, 216 662-8643.
GELLNER, Rosemary Schlecht, (Rosemary Schlecht); '83 BSBA; Budget Analyst Sr.; Borden Inc., 180 E. Broad St., Columbus, OH 43215, 614 225-4606; r. 3912 Orange Blossom Ln., Columbus, OH 43230, 614 895-0836.
GEMIENHARDT, Rick Anthony; '79 BSBA; Analyst; Advanced Drainage Syst., 3300 Riverside Dr., Columbus, OH 43221; r. 1425 Urban Dr., Columbus, OH 43229.
GENEVA, Louis L.; '61 BSBA; 4024 Haven Pl., Anderson, IN 46011, 317 643-8277.
GENNETT, Robert Guy, Jr.; '86 BSBA; 526 22nd St. NW, Canton, OH 44709.
GENNINGER, Leslie Ann; '81 BSBA; VP-Operations; Midwest Plng. Inc., 441 Vine St., 3712 Carew Twr., Cincinnati, OH 45202, 513 579-0101; r. 3170 Rred Brick Ct., Maineville, OH 45039, 513 683-3088.
GENTELINE, CAPT Carl David, USA; '79 BSBA; Commanding Ofcr.; 1550 Main St., Rm. 416, Box 21, Springfield, MA 01103, 413 785-0222; r. 29 Mellinger Ln., Chicopee, MA 01103, 413 593-6291.
GENTELINE, Thomas E.; '59 BSBA; 219 Carmel Woods, Ellisville, MO 63021, 314 256-7355.
GENTIL, Jamie L. '84 (See Chambers, Jamie L.).
GENTIL, Richard William; '79 BSBA; Internal Auditor; Lancaster Colony Corp., 37 W. Broad St., 5th Fl., Columbus, OH 43215, 614 224-7141; r. 1080-F Merrimar Cir. S., Columbus, OH 43220, 614 459-0272.
GENTILE, Raymond V., Jr.; '53 BSBA; Flight Capt.; TWA, Kansas City Intl. Airport, Kansas City, MO 64116; r. 15000 Quivira Rd., Olathe, KS 66062, 913 897-3422.
GENTILE, Roger Louis; '68 BSBA; Gentiles Carry Out; 1565 King Ave, Columbus Oh 43212, 614 846-1991; r. 1485 W. 3rd Ave., #24, Columbus, OH 43212, 614 488-5287.
GENTRY, Virginia Louise; '84 BSBA; 13215 Crennell Ave., Cleveland, OH 44105, 216 561-3218.
GEOHAGAN, James M., Jr.; '47 BSBA; Retired; r. 1246 Pleasantville Rd, Lancaster, OH 43130, 614 653-9431.
GEORG, Teresa Jean; '84 BSBA; Inventory Mgr.; DCSC, 3990 E. Broad St., Columbus, OH 43216, 614 238-2678; r. 1593 Ives Ave., Reynoldsburg, OH 43068, 614 861-7729.
GEORGAS, Connie; '87 BSBA; Assoc. Dir.; Performing Arts at Oberlin, Oberlin Clg., Conservatory of Music, Oberlin, OH 44074, 216 775-8044; r. 4011 Kenyon Ave., Lorain, OH 44053, 216 282-3282.
GEORGE, Anne '73 (See Nagy, Mrs. Anne).
GEORGE, August Allen; '68 BSBA; Ind Engr.; GM Corp., Chevrolet Moraine Assembly, POB 1291, Dayton, OH 45401; r. 7127 Springboro Park #2, Dayton, OH 45449, 513 435-5381.
GEORGE, Charles Douglas; '58 BSBA; Atty./Pres.; George, Schafer & Payant, PA, 2349 Sunset Point Rd., Ste. 401, Clearwater, FL 34625, 813 797-6878; r. 2346 Haddon Hall Pl., Clearwater, FL 34624, 813 531-7232.
GEORGE, Daniel V.; '88 BSBA; Staff Auditor; Price Waterhouse, 153 E. 53rd St., New York, NY, 212 371-2000; r. 10 Elberon Sq., Long Branch, NJ 07740, 201 229-6489.
GEORGE, Douglas Matthew; '77; Store Mgr.; Chief Super Mkt. Inc., 810 Shoop Ave., POB 128, Wauseon, OH 43567; r. 918 Latty St., Defiance, OH 43512, 419 782-3766.
GEORGE, Edward William; '73 BSBA; Systs. Engrg. Mgr.; Electronic Data Systs., 5400 Legacy Dr., Plano, TX 75024, 214 604-6000; r. 1801 Antwerp Ave., Plano, TX 75025, 214 517-2195.
GEORGE, Frank Leroy; '85 BSBA; Bus. Mgr.; Terry Swaney Motor Sales, Inc., 222 N. Canal St., Delphos, OH 45833, 419 695-0060; r. 107 Edgewood, POB 70, Botkins, OH 45306, 513 693-3140.
GEORGE, Frederick Charles; '50 BSBA; Atty.; 4303 Cleveland Ave., Columbus, OH 43224; r. 7401 Harlem Rd, Westerville, OH 43081, 614 855-7082.
GEORGE, Gale William; '81 BSBA; Pres.; G.W.G. Commercial Brokerage, 4581 N. Ave. Del Cazador, Tucson, AZ 85718, 602 299-5836; r. Same.
GEORGE, James Edmund; '72 MBA; Bus. Cnslt.; Small Bus. Professionals, 1800 Wooddale Dr., Ste. 202, Woodbury, MN 55125, 612 739-4277; r. 7589 Inskip Tr. S., Cottage Grove, MN 55016, 612 459-8548.
GEORGE, Janice Bailey; '84 MPA; Prog. Dir.; Directions for Youth, 1515 Indianola Ave., Columbus, OH 43201, 614 294-2661; r. 311 Acton Rd., Columbus, OH 43214, 614 262-6634.
GEORGE, John Cary; '77 BSBA; Pres.; George Welding Inc., 1207 S. US 42, Lebanon, OH 45036, 513 932-2887; r. 1262 US 42 S., Lebanon, OH 45036, 513 932-5336.
GEORGE, John Ralph; '41 BSBA; 386 Glenmont Ave., Columbus, OH 43214, 614 268-4609.
GEORGE, Kevin Lawrence; '85 BSBA; 8099 Manitou Ave., Westerville, OH 43081.
GEORGE, Leo M.; '40 BSBA; Retired; r. 22508 Halburton Rd, Beachwood, OH 44122, 216 751-1403.
GEORGE, Lewis Chris; '86 BSBA; Student; Capital Law Sch., 665 S. High St., Columbus, OH 43215; r. 7662 Heatherwood Dr., Canal Winchester, OH 43110, 614 837-8542.
GEORGE, Mary Elizabeth '84 (See Kerns, Mrs. Mary Elizabeth).
GEORGE, Mary Havens; '63 BSBA; 102 Royal Oaks Cir., Longwood, FL 32779, 407 774-8725.
GEORGE, Melinda Jo; '88 BSBA; 3832 Royal Glen Ln., Grove City, OH 43123, 614 871-2063.
GEORGE, Michelle Louise; '88 BSBA; 2073 Stoney Hill Dr., Hudson, OH 44236, 614 653-2598.
GEORGE, Myron Owen; '40 BSBA; 2820 Hwy. 70 E., Las Cruces, NM 88001, 505 522-9738.
GEORGE, Nancy S. '69 (See Chapman, Ms. Nancy G.).
GEORGE, Mrs. Natalie A., (Natalie A. Neilands); '86 BSBA; Product Mgr.; Medi-Promotions, 200 Broadacres Dr., Bloomfield, NJ 07003; r. 14 Chicago Blvd., Sea Girt, NJ 08750, 201 449-8687.
GEORGE, Dr. Norman; '62 PhD (BUS); Prof.; Univ. of Dayton, Sch. of Law, Dayton, OH 45469, 513 229-2647; r. 2230 S. Patterson Blvd., Kettering, OH 45409, 513 298-1519.
GEORGE, Paul James; '84 BSBA; Co-owner; George's Mkt. Carryout & Deli, 4658 Kenny Rd., Columbus, OH 43220, 614 442-3354; r. 1075 Merrimac Cir. N., Apt. D, Columbus, OH 43220, 614 459-7763.
GEORGE, Scott Donald; '87 BSBA; Customer Svc. Rep.; Fidelity Investments, 4445 Lake Forest Dr., 3rd Fl., Cincinnati, OH 45242; r. 12 Little Creek Ln., Glendale, OH 45246.
GEORGE, Steven Scott; '73 BSBA; Seafood Broker; r. Box 811, Nags Head, NC 27959.
GEORGE, Terry E.; '66 BSBA; CPA/Pres.; Borror Co., 1225 Dublin Rd, Columbus, OH 43215; r. 833 Bluffway Dr., Worthington, OH 43085, 614 436-0575.
GEORGE, LTC William Michael, USAF; '68 BSBA; Deputy Cdr.; 501 Combat Support Group, Raf Greenham Common UK APO, New York, NY 09150; r. PSC Box 1799, APO, New York, NY 09150.
GEORGE, William S.; '41 BSBA; Mech. Designer; r. 105 Nordham Dr., Bedford, OH 44146, 216 232-5462.
GEORGEFF, Robert W.; '50 BSBA; Rsch. Analyst; US Govt., Internal Revenue Service, Fed. Bldg. E. 9th & Lakeside, Cleveland, OH 44199; r. 2427 Lincoln Dr., Lorain, OH 44052, 216 288-0435.
GEORGENSON, Philip Michael; '71 BSBA; Staff; Motorists Mutual Ins. Co., 471 E. Broad St., Columbus, OH 43215; r. 5812 Rocky Hill Rd., Worthington, OH 43085.
GEORGES, Robert E.; '56 BSBA; Asst. Dean/Prof. Emeritus; Ohio State Univ.-Clg. of Bus, 1775 College Rd., Columbus, OH 43210; r. 665 Cooper Rd., Westerville, OH 43081, 614 882-9371.
GEORGESON, Angelo John, Jr.; '72 BSBA; Rater; Central Rating Dept., Home Insurance Company, 1510 Euclid Ave., Cleveland, OH 44115; r. 129 Five Crowns Way, Encinitas, CA 92024.
GEORGIA, Gregory Alan; '73 BSBA; Ins. Agt.; The Georgia Grp., 6170 Riverside Dr., Dublin, OH 43017, 614 766-9995; r. 52 W. Royal Forrest, Columbus, OH 43214, 614 262-3481.
GEORGITON, John Pete; '68 BSBA; Staff; Ohio Dept. of Hwy. & Transport, 25 S. Front St., Columbus, OH 43215; r. 2231 Worthing Woods Blvd., Powell, OH 43065, 614 761-3423.
GEPHART, Richard A.; '67 BSBA; Staff; Charts & Info. Ctr., US Dept. of Air Force, St. Louis, MO 63155; r. 5010 Barbagallo Dr., St. Louis, MO 63129.
GEPHART, Sonja Kay; '85 BSBA; Asst. Operations Mgr.; State Savings Bank, 6999 Huntley Rd., Ste. K, Columbus, OH 43229, 614 885-3233; r. 7765 Leaview, Worthington, OH 43085.
GEPHART, Wilbur L., CPA; '31 BSBA; Retired; r. 18 Knowlton Dr., Acton, MA 01720, 508 263-3837.
GERA, Paul Walter; '73 BSBA; 7232 Langerford, Parma, OH 44128, 216 885-5658.
GERARD, Darrel S.; '72 BSBA; 29855 Bolingbrook, Pepper Pike, OH 44124, 216 464-8696.
GERARD, Jeffrey B.; '77 BSBA; Operations Ofcr.; Dominion Bank Shares Inc., POB 13327, Roanoke, VA 24040, 703 563-6245; r. 3159-35 Berry Ln., Roanoke, VA 24018, 703 989-2041.
GERARD, John H.; '59; Salesman; GE Co., 766 NW Blvd., Columbus, OH 43212; r. 3319 A Gardens Dr. E., Palm Bch. Gardens, FL 33410, 407 622-2142.
GERARD, John Michael; '64 BSBA; 844 Bell Rd Rte. 1, Wooster, OH 44691, 216 262-4537.
GERARD, Richard C.; '51 BSBA; VP-Consumer Sales; Century Equip., Inc., 4199 Leap Rd., Hilliard, OH 43026, 614 771-9995; r. 149 N. Main St., London, OH 43140, 614 852-4431.
GERARDI, Christopher James; '87 BSBA; Revenue Agt.; IRS, 200 N. High St., Columbus, OH 43215, 614 469-5630; r. 2060 N. High St., Columbus, OH 43201, 614 299-3797.
GERBER, D. Scott; '80 BSBA, '81 MBA; Product Support Mgr.; CompuServe Inc., Subs H & R Block Inc, 5000 Arlington Ctr. Blvd., Columbus, OH 43220, 614 457-8600; r. 1008 Havendale Dr., Columbus, OH 43220, 614 451-6404.
GERBER, Dennis Stephen; '81 BSBA; Field Svc. Engr.; Rockwell Intl., Missile Systs. Division, 1800 Satellite Blvd., Duluth, GA 30136, 404 564-4566; r. 4171 Autumn Lake Dr., Buford, GA 30518, 404 945-4479.
GERBER, Diane '81 (See O'Sickey, Diane Gerber).
GERBER, Ms. Katherine Alice, (Katherine A. Ennis); '87 MBA; Product Mgr.; CompuServe Inc., Subs H & R Block Inc, 5000 Arlington Ctr. Blvd., Columbus, OH 43220, 614 457-8600; r. 1008 Havendale Dr., Columbus, OH 43220, 614 451-6404.
GERBER, Lori Ann; '83 BSBA; 8855 Mkalaza Dr. #1B, Indianapolis, IN 46250, 317 841-3873.
GERBER, Richard Alan; '87 BSBA; Prod. Control Mgr.; Wc Natl. Mailing Coord., 4400 Marketing Pl., Grove City, OH 43125; r. 176 Rocky Creek Dr., Gahanna, OH 43230, 614 478-2881.
GERBER, Richard Scott, JD; '79 BSBA; Tax Counsel; BancOhio Natl. Bank, 155 E. Broad St., Columbus, OH 43215, 614 463-8985; r. 3612 Prestwick Ct. N., Columbus, OH 43221, 614 457-4853.
GERBERICK, Clayton Reed; '84 BSBA; Personal Finc Plannr; I D S Financial Svcs. Inc., Subs of American Express, 2900 Ids Twr., Minneapolis, MN 55402; r. 6856 Sparrow Ln., Worthington, OH 43085.
GERBERICK, Jeffrey Owen; '82 BSBA; Grad. Student/RA; The Ohio State Univ., 2001 Fyffe Ct., Columbus, OH 43210, 614 292-5030; r. 6856 Sparrow Ln., Columbus, OH 43235, 614 792-0400.
GERBERRY, Jeffrey John; '84 BSBA; Auditor; Greene & Wallace, 1241 Dublin Rd., Columbus, OH 43215; r. 1285 Scituate Ct., Westerville, OH 43081, 614 895-0115.
GERBINO, Louis A.; '64; 5007 Carpenter Dr., Crestwood, KY 40014, 502 222-5568.
GERBS, Sheryl Paula; '84 BSBA; Computer Programer; Nationwide Ins. Co., Two Nationwide Plz. 8th Fl., Columbus, OH 43216, 614 249-8807; r. 5283 Saddlebrook Dr., Hilliard, OH 43026, 614 771-8334.
GERDEMAN, Pamela J.; '87 BSBA; Telemarketing/Sales Rep.; Warner Cable Communications, 930 Kinnear Rd., Columbus, OH 43220, 614 481-5000; r. 5080 Cobblestone Dr., #H, Columbus, OH 43220, 614 442-1298.
GERDEMAN, Patricia Pfeiffer; '82 BSBA; Realtor; Buyohio Inc. Realtors, 3380 Tremont Rd, Columbus, OH 43221, 614 457-7900; r. 2404 Swansea Rd., Columbus, OH 43221, 614 442-0322.
GERDTS, Robert B.; '53 BSBA; Retired; r. 3047 S. Atlantic Ave., #804, Daytona Bch., FL 32018.
GEREGACH, Michael James; '87 BSBA; 3025 Valley Ln., N. Royalton, OH 44133, 216 237-6988.
GEREGACH-ARNOLD, Denise Marie; '83 MPA; 13931 Cannon Oval, N. Royalton, OH 44133, 216 237-1129.
GEREMSKI, Terrence E.; '83 MBA; VP of Finance; Dayton Walther Corp., POB 1022, 2800 E. River Rd, Dayton, OH 45401, 513 296-3003; r. 5601 Rahn De Vue Pl., Dayton, OH 45459.
GEREN, Michael James; '78 BSBA; Manufacturers Repr; Roberts Gordon Inc., 44 Central Ave., Buffalo, NY 14206; r. 3915 Cedric Ln., Dublin, OH 43017.
GERHARD, Carl William; '68 MBA; Chief Dept. Eng; Amer Tel & Tel, 6200 E. Broad St., Columbus, OH 43213; r. 8891 Charington Ct., Pickerington, OH 43147, 614 866-3465.
GERHARDT, Roger Lee; '80 BSBA; Mgr.-Operation; F.W. Woolworth, 4960 Turney Rd., Garfield Hts., OH 44125, 216 883-5550; r. 2111 Presidential Pkwy., #C23, Twinsburg, OH 44087.
GERHART, Douglas Dean; '76 BSBA; Pres.; Panache, 1600 Bardstown Rd., Louisville, KY 40205, 502 459-9073; r. 2335 Gladstone Ave., Louisville, KY 40205, 502 454-3516.
GERHART, James Robert; '87 BSBA; Staff Acct.; Zerbe, Wolf, Rogers & Co., 107 W. William St., Delaware, OH 43015, 614 548-4566; r. 11 Vaughn Rd., Delaware, OH 43015, 614 369-5013.
GERHART, Nancy '52 (See Brightman, Mrs. Nancy A.).
GERINGER, Lisa Monaco, (Lisa Monaco); '85 BSBA; Sr. Acct.; Peat Marwick Main & Co., 1600 National City Ctr., Cleveland, OH 44114, 216 696-9100; r. 8069 Richard Rd., Broadview Hts., OH 44147, 216 526-9217.
GERKE, David Carl; '84 BSBA; Bus. Syst. Analyst; The Emory Clinic, 1365 Clifton, Atlanta, GA 30322, 404 321-0111; r. 2031 Rocky Mill Dr., Lawrenceville, GA 30245, 404 963-8599.
GERKEN, Brent Carl; '77 BSBA; VP; Gerken Paving Inc., POB 607, Napoleon, OH 43545, 419 533-2421; r. 1500 Oakwood, Napoleon, OH 43545, 419 592-0872.
GERKO, David N.; '68 BSBA; Supv/Quality Control; Gen. Elect Co., 35 Rix Mills Rd., New Concord, OH 43762, 614 826-7961; r. 59495 Country Club Rd., Byesville, OH 43723, 614 685-3951.
GERKO, James Gregory; '69 BSBA; Supv.; Ohio Dept. of Taxation, 1090 Frwy. Dr., N., Columbus, OH 43090, 614 433-7863; r. 2182 Granville Apt. #E1, Columbus, OH 43229, 614 895-2701.
GERLACH, David Pollitt; '79 BSBA; Mgmt. Trainee; T Marzetti Co., 3838 Indianola Dr., Columbus, OH 43229; r. 2223 Onandaga Dr., Columbus, OH 43221, 614 488-3749.
GERLACH, James M.; '56 BSBA; Controller; Palm Spgs. Desert Museum, 101 Museum Dr., Palm Spgs., CA 92262, 619 325-7186; r. 73-450 Country Club Dr., #343, Palm Desert, CA 92260.
GERLACH, John B., Sr.; '54; Pres. & Dir.; Lancaster Colony Corp., 37 W. Broad St., Columbus, OH 43215, 614 224-7141; r. 2320 Onandaga Dr., Columbus, OH 43221, 614 488-7168.
GERLACH, John Bernard, Jr.; '76 BSBA; Exec. VP; Lancaster Colony Corp., 37 W. Broad St., Columbus, OH 43215, 614 224-7141; r. 8857 Nairn Ct., Dublin, OH 43017, 614 764-2309.
GERLACH, John G.; '23 BSBA, '23 MA; 4274 Kenny Rd., Columbus, OH 43220, 614 457-2679.
GERLACHER, Tom; '67 MBA; Pres.; CFO Res. Network Co., 5039 Pine Creek Dr., Westerville, OH 43081, 614 899-1456; r. 1738 Dorsetshire, Columbus, OH 43229, 614 891-0840.
GERMAN, Dennis L.; '64 BSBA, '66 MBA; Cost Analyst; Ford Motor Co., Baumhart Rd, Lorain, OH 44053; r. 817 North Ct., Amherst, OH 44001, 216 985-2811.

GERMAN, Michael R.; '79 BSBA; Supv. Sr. EDP Auditor; Nationwide Ins., One Nationwide Plz., Columbus, OH 43216, 614 249-4283; r. 7872 Spirowood St., Dublin, OH 43017, 614 761-0651.
GERMAN, William; '61 BSBA; VP; Simply Elegant Inc., 4555 Emery Industrial Pkwy., #103, Warrensville Hts., OH 44128, 216 464-4044; r. 70 Murwood Dr., Chagrin Falls, OH 44022, 216 247-5890.
GERMANN, Marcele '83 (See Bowen, Marcele G.).
GERMANO, Anthony J.; '46 BSBA; Retired; NCR Co.; r. 11570 Tivoli Ln., St. Louis, MO 63146, 314 432-6419.
GERMANO, Richard; '74 BSBA; Owner; Unity Plaza Cleaners, Rts. 30 & 981, Latrobe, PA 15650, 412 539-9810; r. 236 Tremont Ave., Greensburg, PA 15601, 412 836-7490.
GERMOND, Annette Marie; '83 BSBA; Mktg. Grp. Controller; Cardinal Industries, Inc., 55 Pheasantview Ct., Columbus, OH 43232, 614 755-7906; r. 611 Garden Rd., Columbus, OH 43214, 614 263-7550.
GERNERT, GEN William E., USAF(Ret.); '48 MBA; 14440-A Club Villa Pl., Colorado Spgs., CO 80921, 719 488-3827.
GERREN, Richard L.; '62 BSBA; 501 Finance Cad, APO, New York, NY 09696.
GERRETY, John O.; '48 BSBA; 4032 8th St. NE, Washington, DC 20017, 202 529-5247.
GERRICK, Deborah Hykes, (Deborah Hykes); '71 BSBA; Homemaker; r. 3718 Birnamwood Dr., Ashland, KY 41101, 606 325-8657.
GERRICK, William Martin, III; '71 BSBA; Controller; Ashland Coal Inc., 2205 5th St. Rd., Huntington, WV 25701, 304 526-3333; r. 3718 Birnamwood Dr., Ashland, KY 41101, 606 325-8657.
GERSHEL, Deborah Sara; '86 MPA; Housing Coord.; MoundBuiders Guidance Ctr., 65 Messimer Dr., Newark, OH 43055, 614 522-8477; r. 36 Lansing St., Columbus, OH 43206.
GERSMAN, Allan D.; '56 BSBA; Exec.; r. 4706 8th Ave., Vienna, WV 26101, 304 295-6478.
GERSMAN, Donald L.; '60 BSBA; 3470 Roseland Ave., Parkersburg, WV 26101.
GERSMAN, Terri L. '82 (See Gordon, Mrs. Terri G.).
GERSPACHER, Mrs. Vennetta D., (Vennetta D. Oliver); '48 BSBA; Retired; r. 227 N. Broadway, Medina, OH 44256, 216 725-1747.
GERSTEIN, Dave; '39 BSBA; POB 9, c/o Muttontown Golf Club, E. Norwich, NY 11732.
GERSTENSLAGER, Penny Renee; '85 BSBA; News Anchor/Reporter; r. 7838 Clubhouse Estates Dr., Orlando, FL 32819, 407 345-1283.
GERSTNER, Eric Leo; '86 BSBA; Tax Staff Acct.; McHale, Ezzell & Co., 8191 Clg. Pkwy., Ste. 302, Ft. Myers, FL 33919, 813 481-7400; r. 14997 Westport Dr., SW, #155, Ft. Myers, FL 33908, 813 433-4269.
GERSTNER, Mary E.; '50 BSBA; Retired; r. 6286 Leawood Dr., Dayton, OH 45424, 513 233-2103.
GERTZ, John B.; '50 MBA; 193 Kensington Dr., St. Clair Bch., Windsor, ON, Canada N8N2K7.
GERTZ, Marc Preston, JD; '74 BSBA; Atty.; Brown Gertz & Hodge, 27 S. Forge St., Akron, OH 44304, 216 376-3000; r. 444 Hampshire Rd., Akron, OH 44313, 216 867-0920.
GERVAIS, Robert Steven; '87 MBA; Systs. Analyst; E I DuPont, 1008 Market St., Wilmington, DE 19898; r. 2724 Maplewood Mew, Norristown, PA 19403, 215 539-4429.
GERWIN, Joseph Massey; '87 BSBA; 709 Franklin Ave., Terrace Park, OH 45174, 513 831-0215.
GERZEMA, John Thomas; '83 BSBA; Assoc.; Walter Coddington Assoc. Inc., 176 Madison Ave., New York, NY 10016, 212 689-8225; r. 610 Lincoln St., Evanston, IL 60201.
GERZINA, COL Anthony W.; '54 BSBA; Mgr./Adv Purch & Eng; Copeland, Sidney, OH 45365; r. 10196 Little Turtle Ln., Piqua, OH 45356, 513 773-7070.
GESELL, Clarence; '28 BSBA; Retired; r. 1 Lincoln Park Pl., 590 Isaac Prugh Way #116, Kettering, OH 45429, 513 297-4020.
GESLER, James Le Roy; '72 BSBA, '73 MACC; Shareholder & CPA; Swanson Kraner & Gesler Inc., 1800 Moler Rd., Columbus, OH 43207, 614 445-8668; r. 3980 Shattuck Ave., Columbus, OH 43220, 614 457-6306.
GESLER, Paul Gene; '74 BSBA; Products Scheduling; Marathon Pipeline Co., 231 E. Lincoln St., Findlay, OH 45840, 419 422-2121; r. 115 Richland Dr., Bluffton, OH 45817, 419 358-8193.
GESOURAS, George K.; '87 BSBA; Accounts Recievable Mgr.; Angelos Calking & Sealant, Inc., 3741 April Ave., Columbus, OH 43227, 614 236-1350; r. 3262 Towers Ct. S., Columbus, OH 43227, 614 231-0394.
GESSAMAN, David G.; '50 BSBA; CPA; 24 Mourning Dove Ct., Petaluma, CA 94952, 707 763-7638; r. Same.
GEST, William B.; '39 BSBA; Retired; r. 3900 Bramford Rd, Columbus, OH 43220, 614 451-6655.
GESTING, Daniel Charles; '87 BSBA; Acct.; Provident Bank, 1 E. 4th St., Cincinnati, OH 45202, 513 579-2820; r. 11470 Village Brooke Ct., Cincinnati, OH 45249, 513 489-1527.
GESWEIN, Gary Michael; '75 BSBA; 1045 N. 5th St., Ironton, OH 45638, 614 532-3458.
GETHING, Lynne Ellen; '77 MACC; Mgr. Budgets; Georgia Kaolin Co., 2700 US Hwy. 22 E., POB 3110, Union, NJ 07083, 201 851-2800; r. 92 Woodland Ave., Fords, NJ 08863, 201 738-3755.
GETSIN, Thelma '46 (See Cohn, Thelma Getsin).
GETTINGER, David W.; '57 BSBA; Acct.; r. 5911 Shore Acres Dr., Bradenton, FL 34205, 813 792-4440.
GETTMAN, Lucy Carroll; '81 MPA; Asst. to the Dir.; Inter-Univ. Council, 21 W. Broad St., Columbus, OH 43215, 614 464-1266; r. 4499 Danforth Rd., Columbus, OH 43224, 614 267-3813.
GETZ, Ms. Heidi K.; '88 BSBA; Mktg. Support Rep.; Advanced Promotion Technologies, Quorum Business Ctr. Bldg. 2, 692 S. Military Tr., Deerfield Bch., FL 33442, 305 426-1600; r. 8103 Running Fox Rd 2B, Worthington, OH 43085, 614 433-9974.
GETZ, Thomas Alan; '68 BSBA; VP; Perini Land & Devel. Co., 1655 Palm Beach Lakes Blvd., W. Palm Bch., FL 33401, 407 683-5300; r. 5488 Pennock Point Rd., Jupiter, FL 33458, 407 747-1118.
GETZ, Wilma '37 (See Ebinger, Mrs. Wilma G.).
GETZENDINER, Charles A.; '65 BSBA; Adm Ft Pricing; Borden Inc., 180 E. Broad St., Columbus, OH 43215; r. 8457 Seabright Dr., Powell, OH 43065.
GEUSS, John E.; '66 MBA; VP/Tech. Svcs.; Borden Snack Food Div., Mt Wilkinson Hwy., Atlanta, GA 30339; r. 2776 Deerwood Tr., Marietta, GA 30062.
GEVERT, Theodoro A.; '57 BSBA; Trans Planner; Montor Montreal Org., Consulac 222-17, Sao Paulo, Brazil; r. Portal Do Morumbi, Ed Jacaranda 13 - C 05640, Sao Paulo, Brazil.
GEYER, Christopher D.; '82 BSBA; Medicare Claim Couns.; Calvert Hutcheson Ins. Svcs., 73626 Hwy. 111, Palm Desert, CA 92660, 619 346-6990; r. 75225 Vista Huerto, Palm Desert, CA 92260.
GEYER, Margot Freeman; '76 BSBA; Statistician; State of Ohio, 1060 Dublin Rd., Columbus, OH 43215; r. 2756 Tennyson Blvd., Columbus, OH 43232, 614 866-2980.
GEYER, Michele Yvette; '88 BSBA; Corp. Mgmt. Assoc.; Bank One Columbus NA, 100 E. Broad St., Columbus, OH 43271, 614 248-5234; r. 294 E. Whittier, Columbus, OH 43206, 614 444-6489.
GHANSAH, James Andrew; '81 MBA; 58 Clapham Rd., London SWG, England.
GHASTER, Richard G.; '46; Realtor Broker Assoc.; Roth Wehrly Inc., 3400 Coliseum Blvd., Ste. 100, Ft. Wayne, IN 46805, 219 482-1300; r. 3924 Finchley Ct., Ft. Wayne, IN 46815, 219 485-3803.
GHATAK, Mitali; '85 MPA; Devel. Spec. 2; Ohio Dept. of Human Svcs., Medicaid Policy Division, 30 E. Broad St., Columbus, OH 43215; r. 235 Academy Woods Dr., Gahanna, OH 43230, 614 476-9465.
GHAZANFARI, Gholam Hossein; '79 MBA; Staff; Eastman Kodak Co., 343 State St., Rochester, NY 14608; r. 1353 W. Sweden Rd, Brockport, NY 14420, 716 637-5186.
GHEGAN, James Thomas, Jr.; '86 BSBA; Underwriter/Trainee; Buckeye Union Ins., Subs/Continental Corp, 1111 E. Broad St., Columbus, OH 43216, 614 251-5000; r. 350 Heil Ave., Gahanna, OH 43216, 614 475-6390.
GHERLEIN, David Gerald; '86 BSBA; Student; Cleveland Marshall Clg. of Law; r. 3679 Greenwood Dr., Pepper Pike, OH 44124, 216 464-9271.
GHERLEIN, Gerald L., JD; '60 BSBA; VP & Gen. Counsel; Eaton Corp., Eaton Ctr., Cleveland, OH 44114, 216 523-5000; r. 3679 Greenwood Dr., Pepper Pike, OH 44124, 216 464-9271.
GHIDOTTI, Marc Edward; '82 BSBA; Real Estate Mgmt.; r. 2230 Harwitch, Columbus, OH 43221, 614 486-5817.
GHILONI, Christopher D.; '74 BSBA; Purchasing Mgr.; American Woodmark Corp., 281 Kentucky Rd., Orange, VA 22960, 703 672-3707; r. 710 E. Piedmont St., Culpeper, VA 22701, 703 825-3396.
GHOSH, Dr. Soumen; '82 MA, '87 MA (BUS), '87 PhD; Asst. Prof.; Michigan State Univ., Dept. of Mgmt., E. Lansing, MI 48824, 517 353-5415; r. 1737 Nemoke Tr. #10, Haslett, MI 48840, 517 349-8265.
GHUMRAWI, Amer Khalil; '83 BSBA; Supv.; Top USA Corp., Production & Direct Mail Dept., 7870 Olentangy River Rd., #109, Worthington, OH 43085, 614 431-1601; r. 484 Stinchcomb Dr., Apt. #23, Columbus, OH 43202, 614 447-1695.
GIABER, Mahmoud T.; '66 BSBA; Box 10, Tripoli, Libya.
GIACOMETTI, Robert J.; '69 BSBA; Personnel Mgr.; IBM Corp., E. Fishkill Facility, Rte. 52, Hopewell Jct., NY 12533, 914 894-2010; r. 1 Farmers Ln., New Fairfield, CT 06812, 203 746-6676.
GIAMMARELLA, John; '80 MBA; 23 Kruger Ct., Clifton, NJ 07013, 201 473-3032.
GIAMMARIA, Mary Maureen; '86 BSBA; Acct.; Skoda Minotti Reeves & Co., 6685 Beta Dr., Mayfield, OH 44143; r. 1745 Parkford Ln. Apt. #21, Columbus, OH 43229.
GIAMPAPA, Joseph Amiel; '83 MPA; Atty-at-Law; Porter Wright Morris & Arthur, 41 S. High St., Columbus, OH 43215, 614 227-2190; r. 847 N. Park St., Columbus, OH 43215, 614 294-7147.
GIANAKOPOULOS, Aristides G.; '65 BSBA; Owner; Rawac Plating Co., 125 N. Bell Ave., Springfield, OH 45504; r. 2412 Singalhill Rd., Springfield, OH 45504, 513 399-1294.
GIANGARDELLA, Daniel Joseph; '84 BSBA; Acct.; City of Columbus, Fleet Management Division, 423 Short St., Columbus, OH 43215, 614 222-6204; r. 8025 Rosaberry Run, Westerville, OH 43081, 614 436-6785.
GIANGOLA, Gerald R.; '82 BSBA; Life Mgr.; Giangola Ins. Agcy., 1000 Lake Ave., Ashtabula, OH 44004; r. 2147 Columbus Ave., Ashtabula, OH 44004.
GIANNANTONIO, Michael A.; '70 BSBA; Mgr.; T R W Inc., Companywide Systs. Dept., 23555 Euclid Ave., Cleveland, OH 44117; r. 4155 Fielding Dr., N. Olmsted, OH 44070, 216 777-8175.
GIANNARELLI, LTC Flourenz L.; '60 MBA; Retired LTC; USAF; r. 2112 Wintergreen Ave., District Hts., MD 20747, 301 350-0917.
GIANNINI, Jack F.; '47 BSBA; Retired; r. 396 Alexandria Colony E., Columbus, OH 43215, 614 469-1240.
GIANNOBILE, Joel Paul; '80 BSBA; Gen. Mgr.; Paul's Body Shop, 219 W. Front St., Dover, OH 44622, 216 343-1422; r. Rte. 2-Box 454, Dover, OH 44622, 216 343-6137.
GIANY, Mrs. Jack, (Molly E. Grove); '69 MBA; Prof.; De Vry Inst. of Technology, 1350 Alum Creek Dr., Columbus, OH 43209, 614 253-7291; r. 1961 Hampshire Rd., Columbus, OH 43221, 614 488-2118.
GIBB, David James; '81 BSBA; Sr. VP; Norwest Corp., 255 Second Ave., S., Minneapolis, MN 55479, 612 667-5894; r. 12500 Norway Cir., Burnsville, MN 55337, 612 894-6261.
GIBBENS, William Robert; '49 BSBA; Pres. & CEO; The Gibbens Co. Inc., POB 71210, Reno, NV 89570, 702 826-6600; r. 3965 Cedar Creek Ct., Reno, NV 89509, 702 746-2527.
GIBBINS, Diane Kay; '83 BSBA; Client Rep.; UNUM Life Ins. Co., 11111 Katy Frwy., Ste. 500, Houston, TX 77079, 713 465-5407; r. 13101 Briar Forest #6609, Houston, TX 77077, 713 589-6039.
GIBBINS, Wilson K.; '80 MBA; Microcomputer Cnslt.; James Madison Univ., Harrisonburg, VA 22801, 703 568-3556; r. 582 Vine St., Harrisonburg, VA 22801, 703 432-0117.
GIBBONEY, James Joseph, Jr.; '77 BSBA; Portfolio Mgr.; The Ohio Co.-Asset Mgmt. Grp., 155 E. Broad St., Columbus, OH 43215, 614 464-8642; r. 7700 Jefferson Dr., Canal Winchester, OH 43110, 614 837-9565.
GIBBONS, Charles D.; '57 BSBA; 10100 Linn Station Rd., Louisville, KY 40223; r. 7506 La Grange Rd., Louisville, KY 40222, 502 425-4606.
GIBBONS, Donald E.; '63 BSBA; Admin. Mgr.; Columbia Gas Syst., 1600 Dublin Rd, Columbus, OH 43215, 614 481-1352; r. 6795 Hayhurst St., Worthington, OH 43085, 614 436-6793.
GIBBONS, Ronald Dale; '80 BSBA; Local Auditor; Columbia Gas Syst. Srv Corp., 1600 Dublin Rd., Columbus, OH 43215, 614 481-1334; r. 9625 Refugee Rd. NW, Pickerington, OH 43147, 614 833-0650.
GIBBONS, Scott Allan; '83 BSBA; Staff Auditor; Deloitte Haskins & Sells, 2200 Winters Twr., Dayton, OH 45459; r. 872 Mardel, W. Carrollton, OH 45449, 513 866-8181.
GIBBONS, Thomas Daniel; '86 BSBA; Commercial Loan Ofcr.; Chase Bank of Ohio, 201 E. Fourth St., Ste. 1710, Cincinnati, OH 45202, 513 421-9980; r. 805 Ivy Ave., Cincinnati, OH 45246, 513 771-3661.
GIBBS, Barbara '56 (See Doster, Mrs. Barbara G.).
GIBBS, Dana Richard; '81 BSBA; CPA; Arthur Andersen & Co., 711 Louisiana, Ste. 1300, Houston, TX 77002, 713 237-2323; r. 8411 Hotsprings Dr., Houston, TX 77095, 713 550-2340.
GIBBS, Donald Alan; '80 BSBA; 1549 NW Blvd., Columbus, OH 43212.
GIBBS, H. Lucille, (Lucille Warner); '35; Retired; r. 2627 Latonia Blvd., Toledo, OH 43606, 419 474-6940.
GIBBS, John A.; '50 BSBA; Retired Pres.; John Arpp Co., 920 Central Ave., Middletown, OH 45042; r. 4208 Rosedale Rd, Middletown, OH 45042, 513 422-9617.
GIBBS, John David; '74 BSBA; 1914 Lennox Dr., Olathe, KS 66062, 913 782-9015.
GIBBS, Kathleen '77 (See Benedict, Mrs. Kathleen G.).
GIBBS, R. Clifton; '58 BSBA; Partner/Lawyer; Arter & Hadden, 10 W. Broad St., Columbus, OH 43215, 614 221-3155; r. 272 Blenheim Rd., Columbus, OH 43214, 614 262-2667.
GIBBS, Richard A.; '54 BSBA; Pres./Treas.; Edgewater Devel. Corp., 7440 Brushmore Rd., NW, N. Canton, OH 44720; r. 7440 Brushmore Ave. NW, N. Canton, OH 44720, 216 494-1206.
GIBEAUT, James Douglas; '87 BSBA; Commercial Leasing; King Thompson/Holzer Wholman, Columbus, OH 43220; r. 1420 Castleton N., Columbus, OH 43220, 614 451-4991.
GIBSEN, Robert M.; '43 BSBA; US Army; r. 1771 Roxbury Rd, Columbus, OH 43212.
GIBSON, Bruce Dudley; '78 BSBA; 1426 S. Valeview Dr., Diamond Bar, CA 91765, 714 861-0741.
GIBSON, Camille Maria; '83 MBA; Mktg. Asst.; The Pillsbury Co., 608 Second Ave. S., Minneapolis, MN 55402, 612 330-7090; r. 2408 21 St. W., Minneapolis, MN 55405, 612 374-5652.
GIBSON, Donald, Jr.; '80 BSBA; Mgr., Mktg. Fin. Analysis; GE-Intl. Sales & Svc., 1 River Rd., 513W, Schenectady, NY 12345; r. 1585 Kingston Ave., Schenectady, NY 12309, 518 346-3189.
GIBSON, Glenford Lee; '51 BSBA; VP Casualty Excess; Marsh & McLennan, Detroit, MI 48226, 313 965-3490; r. 2449 W. Wattles Rd., Troy, MI 48098, 313 643-8433.
GIBSON, James Walter; '56 BSBA; Retired-Superintendt; Frigidaire Div. GMC, 900 Taylor St., Dayton, OH 45401; r. 2325 Glenheath Dr., Dayton, OH 45440, 513 434-4371.
GIBSON, John Edward, IV; '75 BSBA; Sales Rep./Owner; JEG Assocs., POB 277, Westerville, OH 43081; r. 2104 Brookhurst Ave., Columbus, OH 43229, 614 891-3218.
GIBSON, LTC John S., USA(Ret.); '49 MBA; 435 Aumond Rd., Augusta, GA 30909, 404 733-2075.
GIBSON, Kenneth M.; '80 BSBA; 278 S. Skidmore St., Columbus, OH 43215, 614 461-0205.
GIBSON, Lawrence David; '48 BSBA, '49 MBA; Mktg. & Mktg. Rsch. Cnslt; Eric Marder Assocs., Inc., 1235 Yale Pl., Apt. 302, Minneapolis, MN 55403, 612 339-6989; r. Same.
GIBSON, Mark; '83 BSBA; VP; Retail Plng. Assoc., Banking & Retail Division, 645 S. Grant Ave., Columbus, OH 43206, 614 461-1820; r. 3419 Morse Rd., Columbus, OH 43229, 614 471-8187.
GIBSON, Mark Joseph; '85 BSBA; 46020 Spring Ln., Bldg. 20 Apt. 104, Utica, MI 48087.
GIBSON, Martin Dale; '85 BSBA; Constr. Worker; Robert Gibson, 6470 Keebler Dr., Petersburg, OH 44454, 216 542-3497; r. 6470 Keebler Dr., Petersburg, OH 44454, 216 542-3497.
GIBSON, Mary J.; '49 BSBA; Mgr.; Midland Mutual Ins. Co., Investment Dept., 250 E. Broad St., Columbus, OH 43215; r. 404 Thurber Dr. W., Apt. 4, Columbus, OH 43215, 614 469-0043.
GIBSON, Michael Allan; '84 BSBA; Computer Operations; Nationwide Ins., 53 E. Chestnut St., Columbus, OH 43220; r. 1798 Northridge Rd, Columbus, OH 43224, 614 263-3768.
GIBSON, Ralph Curtis; '67 BSBA; Sr. VP of Finance; Land of Lincoln Fed. S&L, 1400 N. Gannon Dr., Hoffman Estates, IL 60194, 312 885-1005; r. 826 Manchester Ln., Naperville, IL 60540, 312 961-3966.
GIBSON, Dr. Robert Carlton; '48 BSBA; Retired; r. 5334 Shannon Ln., Columbus, OH 43235, 614 451-8262.
GIBSON, Ruth Heindenreich; '69 BSBA; Tchr.; Heidelberg HS, US Government, APO, New York, NY 09102; r. Heidelberg American HS, APO, New York, NY 09102.
GIBSON, Steven G.; '77 BSBA; Sales Mgr.; American Awards, Inc., 2380 Harrisburg Pike, POB 70, Grove City, OH 43123, 614 875-1850; r. 3108 Thomas Ave., Grove City, OH 43123, 614 871-3323.
GIBSON, Susan R. '63 (See Dragics, Mrs. Susan R.).
GIBSON, Thomas Allen; '80 BSBA; Acct. Exec.; Corroon & Black Ins., 7310 N. 16th St., Ste. 300, Phoenix, AZ 85020, 602 870-7008; r. 3201 W. Larkspur Dr., Phoenix, AZ 85029, 602 866-2753.
GICALE, Gregory Joseph; '80 BSBA; Telecom Supv.; State of Ohio, 30 E. Broad St., 7th Fl., Columbus, OH 43215, 614 644-6514; r. 6464 Cobble Way, Dublin, OH 43017, 614 764-2923.
GIDDING, James G.; '48 MA; Retired; r. 4103 Blackthorne St., Chevy Chase, MD 20815, 301 654-8746.
GIDEON, James Francis; '70 BSBA; Pres.; Lima Equip. Co., 943 Shawnee Rd, Lima, OH 45805; r. 126 Burlington Pl., Lima, OH 45805, 419 331-0747.
GIEB, Donald Edward; '74 MA; 440 Davis Ct. #717, Apt. 713, San Francisco, CA 94111, 415 788-3191.
GIEBEL, James Allen; '76 BSBA; Mktg. Mgr.; Conklin Co. Inc., POB 155, Shakopee, MN 55379, 612 445-6010; r. 1701 Victoria Ln., Burnsville, MN 55337, 612 432-8646.
GIEHL, Charles Joseph; '79 BSBA; 302 Vernonview Dr., Mt. Vernon, OH 43050, 614 397-6268.
GIELING, Lawrence William; '72 BSBA; 10001 Aberdeen Ave, Englewood, CO 80111.
GIERING, John Louis; '68 MACC; Pres.; NCR France, Sa Tour Neptune Cedex 20, 92086, Paris/La Defense, France; r. NCR Corp., 1700 S. Patterson Whq-3, Dayton, OH 45479.
GIESEKE, Jo Ann; '78 MBA; Owner/Mgr.; B & B Mgmt. & Mktg., 684 Yaronia Dr., Columbus, OH 43214, 614 263-1678; r. Same.
GIESER, Gary A.; '65 BSBA; Midwest Mgr./Customer Svc; Sea-Land Svc., Inc., Cross Rds. of Commerce 3, 3501 W. Algonquin Rd. #600, Rolling Meadows, IL 60008, 312 577-3600; r. 415 E. Beech Dr., Schaumburg, IL 60193, 312 529-1606.
GIESIGE, Charles Robert; '78 BSBA; Controller; Johnson Controls Inc., 5757 N. Green Bay Ave., Specialty Battery Division, Milwaukee, WI 53201; r. 4780 Stratford Dr., Greendale, WI 53129, 414 421-6391.
GIESSER, Robert Raymond; '39 BSBA; Retired; r. 25118 Carey Ln., N. Olmsted, OH 44070, 216 777-5540.
GIESSLER, Dr. Frederick William; '70 PhD (BUS); Asst.; Sci. Applications Inc., Strategic Studies, Saic 1710 Goodridge Dr., Mc Lean, VA 22102; r. 4401 Aragon Pl., Alexandria, VA 22309, 703 360-4323.
GIESY, John Edward, CDP; '68 BSBA; Technical Svcs. Mgr.; Computer Task Grp. Inc., 700 Ackerman Rd., Ste. 300, Columbus, OH 43202, 614 268-8883; r. 90 Griswold St., Delaware, OH 43015, 614 369-4860.
GIESY, Mitchell Ryan; '82 BSBA; First Investors Corp., 4284 N. High St., Columbus, OH 43214; r. 1860 NW Blvd., Apt. D, Columbus, OH 43212, 614 486-4988.
GIET, Elaine '85 (See Holehouse, Mrs. Elaine Giet).
GIFFI, Craig Alan; '79 BSBA, '81 MBA; Mgr.-Mgmt. Cnsltg.; Touche Ross & Co., 1801 E. 9th St., Ste. 800, Cleveland, OH 44114, 216 771-3525; r. 18800 Hunters Pointe Dr., Strongsville, OH 44136, 216 238-6383.

GIFFORD, David William; '74 BSBA; Controller; Horizon S&L Co., 23175 Commerce Park Rd., Beachwood, OH 44122, 216 765-1100; r. 11825 Pekin Rd., Newbury, OH 44065, 216 564-7871.
GIFFORD, Donald Alan; '69 BSBA; Material Proj. Admin.; Gen. Dynamics Corp., Mail Zone 6886, POB 748, Ft. Worth, TX 76101, 817 777-5641; r. 3609 W. Seminary Dr., Ft. Worth, TX 76109, 817 924-3898.
GIFFORD, Frank, Jr.; '78 BSBA; Proprietor; Frank Gifford Real Estate, POB 86, Worthington, OH 43085, 614 792-5333; r. 7318 Downey Dr., Worthington, OH 43085, 614 792-5333.
GIFFORD, Mrs. Gretchen Mundhenk; '46 BSBA; 46 Druid Hill Rd, Summit, NJ 07901, 201 273-8423.
GIFFORD, Jeffrey Allan; '75 BSBA; Acct.; Vorys Sater, Seymour, Ampersare & Pease, POB 1008, Columbus, OH 43216; r. 507 Clairbrook Ave., Columbus, OH 43228, 614 878-2544.
GIFFORD, William R.; '47 BSBA; Retired; r. 46 Druid Hill Rd., Summit, NJ 07901, 201 273-8423.
GIFT, Joseph Arthur; '87 BSBA; 1999 Primrose Ln., Orrville, OH 44667.
GIGGI, LTC Alphonse, USA(Ret.); '62 BSBA; 2463 Elm Ave., Columbus, OH 43209, 614 231-7624.
GILBERG, Elaine Sarbin, (Elaine Sarbin); '50 BSBA; The Bay Mktg. Co., 821 Market St. Ste. I-516, San Francisco, CA 94103, 415 974-1130.
GILBERG, Robert; '50 BSBA; Pres.; Bay Mktg. Co., 821 Market St., Ste. I-516, San Francisco, CA 94103, 415 974-1130; r. 10-5 Skylark Dr., Larkspur, CA 94939, 415 927-1542.
GILBERT, Albert Crofton, III; '77 BSBA; Owner-Chain of Stores; Pampering Pleasures, 2310 Polk St., San Francisco, CA 94109, 415 922-1900; r. 2531 E. 23rd St., Oakland, CA 94601, 415 533-3732.
GILBERT, Clyde Abraham, II; '81 BSBA; Chicago Metro Mgr.; E & J Gallo Winery, 600 Yosemite Blvd., Modesto, CA 95354; r. 1434 Sunny Brook, Naperville, IL 60540.
GILBERT, Cynthia Sallee; '80 BSBA; Sr. Programmer/Analyst; Ohio Med. Indemnity Mutual, 6740 N. High St., Worthington, OH 43085; r. 78 Sunnyslope Dr., Mansfield, OH 44907, 419 756-6565.
GILBERT, Frances '45 (See Greenfield, Mrs. Frances Gilbert).
GILBERT, Gary Martin; '81 BSBA; Pres.; Vermilion Sailing Yachts, 3409 Liberty Ave., POB 169, Vermilion, OH 44089, 216 967-2055; r. 5696 Ferry St., Vermilion, OH 44089.
GILBERT, Jeffrey Charles; '84 BSBA; Financial Planner; IDS Financial Svcs., 1500 Lakeshore Dr., Columbus, OH 43204, 614 488-9727; r. 5901 Natureview Ln., Dublin, OH 43017, 614 761-7006.
GILBERT, Julie Elizabeth; '86 BSBA; Acct.; Williams Henley Mgmt., 901 Oak St., Columbus, OH 43205, 614 252-2721; r. 2076 Bentwood Cir., #1C, Columbus, OH 43235, 614 792-1740.
GILBERT, Lisa Cori; '87 BSBA; Mkt. Rsch. Asst.; Wells Rich Greene, 9 W. 5th St., New York, NY 10019, 212 303-5202; r. 952 5th Ave. Apt. #9A, New York, NY 10021, 212 249-0314.
GILBERT, Paul Stephen; '50 BSBA; Sr. VP; Prescott Ball & Turben Inc., 65 E. State St., Ste. 1400, Columbus, OH 43215, 614 224-8128; r. 4255 Oxford Dr., Columbus, OH 43220, 614 451-5639.
GILBERT, Roger Martin; '61 BSBA; Pres.; Gilbert Investment Corp., 5750 Collins Ave., Ste. 14H, Miami Bch., FL 33140, 305 932-4697; r. 20041 NE 20th Ct., Miami, FL 33179, 305 932-4863.
GILBERT, Stephen Potter; '85 BSBA; Area Dir.; Young Life, Wilton/Weston Young Life, Wilton, CT 06897, 203 834-9701; r. 36 Glen Ridge Rd., Wilton, CT 06897.
GILBERT, W.; '72 BSBA; Corp. VP & Pres.; Analytical Prod. Div. Milton Roy Co., 820 Linden Ave., Rochester, NY 14625, 716 248-4000; r. 130 Runnymede Dr., Rochester, NY 14618.
GILBERT, William Dale; '86 BSBA; Programmer; Limited, 1 Limited Pkwy., Columbus, OH 43218; r. 1368 Jones Mill Rd., #C, Columbus, OH 43229, 614 891-4494.
GILBERT, Zelda Muldavin; '51 BSBA; Sr. Exec. Secy.; NYC Hlth. & Hosps. Corp., New York Health &, Hospital Corporation, Roosevelt Island, NY 10044; r. 199-27 19th Ave., Whitestone, NY 11357, 718 352-1168.
GILBOY, Brian Joseph; '82 BSBA; Connector Territory Mgr.; Parker-Hannifin Corp., 7325 Euclid Ave., Cleveland, OH 44112, 216 439-8606; r. 8957 Seneca Ave., Pittsburgh, PA 15237, 412 367-1623.
GILBREATH, John S.; '71 BSBA; Salesman; K A Menendian Oriental Rugs, 1090 W. 5th Ave., Columbus, OH 43212, 614 294-3345; r. 3090 N. Star Rd., Columbus, OH 43221, 614 457-4938.
GILBRIDE, James Patrick; '83 BSBA; Sales Mgr. Western Reg.; Audio Technica, 1221 Commerce Dr., Stow, OH 44224, 216 686-2600; r. 1751 Hampton Knoll Dr., Akron, OH 44313, 216 922-0665.
GILBY, Joan E. '86 (See Stevning, Mrs. Joan E.).
GILCHER, Robert Henry; '41 BSBA; Retired Atty.; Walker Gilcher & Assoc., 37931 Vine St., Willoughby, OH 44094; r. 2218 Pine Ridge Rd., Wickliffe, OH 44092, 216 585-4819.
GILCHER, Thomas Lee; '73 BSBA; Acct.; Nationwide Ins. Co., 246 N. High St., Columbus, OH 43216; r. 4032 Daffodil Dr., Gahanna, OH 43230, 614 890-9788.
GILCHRIST, Charles W., Jr.; '48 BSBA; Retired; Gleneagle Unit 5303, 15799 Loch Maree Ln., Delray Bch., FL 33446, 407 498-2025; r. 7926 Clough Pike, Cincinnati, OH 45244, 513 232-4372.
GILCHRIST, David Albert; '71 BSBA; Sales Rep.; R T Vanderbilt Co., 30 Winfield St., POB 5150, Norwalk, CT 06856, 216 835-9793; r. 29110 Northfield Rd., Bay Village, OH 44140, 216 835-9794.
GILCHRIST, Mrs. Debbi L., (Debbi L. Stoner); '85 BSBA; Inside Sales Coord.; Advanced Med. Systs., 121 N. Eagle St., Geneva, OH 44041, 216 466-4671; r. 5958 Shore Dr., Madison, OH 44057, 216 428-7596.
GILCHRIST, Iain Wilson; '85 BSBA; Sales Engr.; Perfection Corp., 222 Lahi, Madison, OH 44057, 216 428-1171; r. 5958 Shore Dr., Madison, OH 44057, 216 428-7596.
GILCHRIST, Sylvia Wilson; '48 BSBA; 2073 Sutton, Cincinnati, OH 45230, 513 232-7616.
GILDEE, John Joseph, IV; '86 BSBA; Cost Acct.; White Consolidated Industries, 1100 Industrial Dr., Springfield, TN 37172, 615 382-1772; r. Lot 2 New Chapel Estates, 202 S. Pleasant Hill Dr., Springfield, TN 37172, 615 643-4001.
GILE, COL Greg L., USA; '73 MBA; 2nd Brigade Cdr.; r. 1546 Cole Park, Ft. Campbell, KY 42223, 615 431-9556.
GILES, Bonnie Hubbard; '85 BSBA; Human Res. Coord.; Gold Circle, 11360 Princeton Pk., Springdale, OH 45246, 513 771-8700; r. 34 Princeton Sq. Cir., Cincinnati, OH 45246, 513 870-9589.
GILES, George T., III; '83 BSBA; 464 7th St., Warren, OH 44485, 216 399-8702.
GILES, Herman C., Jr.; '51 BSBA; Litigation Adjuster; Underwriters Adjusting Co.; r. 2218 10th St., Cuyahoga Falls, OH 44221, 216 923-6232.
GILES, John Richard, Jr.; '70 BSBA; 33 St. Mary Dr., Succasunna, NJ 07876, 201 927-1725.
GILES, Rolla Philip; '72 MBA; Economic Cnslt.; The Giles Grp., 514 Alda Rd., Mamaroneck, NY 10543, 914 698-1481; r. Same.
GILET, Lawrence Peter; '81 MBA; 316 Brandywine Rd., Chapel Hill, NC 27514, 919 929-8400.
GILINSKY, Mrs. Patricia A., (Patricia A. Tabone); '83 BSBA; Spec. Budget/Analysis; Combustion Engrg., 900 Long Ridge Rd., Stamford, CT 06902, 203 328-2365; r. 71 Aiken St., Unit G4, Norwalk, CT 06851, 203 846-9173.
GILKEY, John Robert; '87 BSBA; Elec. Engr.; GE Evendale, 1 Neumann Way, Cincinnati, OH 45215; r. 993 N. Hill Ln., Cincinnati, OH 45224, 513 522-1399.
GILL, Arden Leo; '86 BSBA; Treas.; Reconstruction Inc., 1900 McKinley Ave., POB 1774, Columbus, OH 43216, 614 279-4800; r. 23583 State Rte. 104, Chillicothe, OH 45601, 614 993-2593.
GILL, Beth Watts; '83 BSBA; Syst. Analyst; Ashland Chemical Co., 5400 Blazer Pkwy., Dublin, OH 43017; r. 961 E. College Ave., Westerville, OH 43081, 614 899-9743.
GILL, Carolyn J., (Carolyn L. Jeffers); '75 MBA; VP; The Portfolio Grp., 30 Rockefeller Plz., 57th Fl., New York, NY 10112, 212 621-2090; r. 501 High Cliffe Ln., Tarrytown, NY 10591, 914 631-6763.
GILL, Charles F., Jr.; '67 BSBA; Pres.; Escrow Control Co., 1850 Warburton Ave., Santa Clara, CA 95050, 408 246-2263; r. 13935 Saratoga Ave., Saratoga, CA 95070, 408 867-4977.
GILL, George Bruce, CPA; '58 BSBA; 261 Kensington Dr., Delaware, OH 43015, 614 363-1784.
GILL, Gerald W.; '54 BSBA; Pilot; American Airlines Inc., POB 8277, San Francisco, CA 94128; r. POB 4935, Incline Vlg., NV 89450, 702 831-7351.
GILL, LCDR James Thomas, USNR; '73 BSBA; Property Admin.; Intermarine USA, 301 N. Lathrop, Savannah, GA 31401, 912 234-6579; r. 4 Casa Bianca Dr., Charleston, SC 29407, 803 571-1690.
GILL, John Franklin; '78 BSBA; RT 2 Box 206, Glouster, OH 45732.
GILL, John S.; '51 BSBA; 773 E. Jeffery St., #305, Boca Raton, FL 33487, 407 997-6429.
GILL, Dr. Lynn Edward; '68 PhD (BUS); Principal; A. T. Kearney, Inc., Biltmore Twr., 500 S. Grand Ave., Los Angeles, CA 90071, 213 627-0721; r. 3305 Via Palomino, Palos Verdes Est., CA 90274, 213 373-7114.
GILL, Melissa Ulrey; '74 MBA; Financial Cnslt.; Pacific Chloride Inc., 2815 W. Hawthorne Rd., Tampa, FL 33611, 813 248-3161; r. Same, 813 831-2143.
GILL, Sheila, (Shelia Barrett); '68 BSBA; Homemaker; r. 78 Spring Creek Dr., Westerville, OH 43081, 614 891-0009.
GILL, Thomas C.; '56 BSBA; Retired; r. 423 N. 11th Ave., Beech Grove, IN 46107, 317 787-5106.
GILL, Toni Bogle, (Toni Bogle); '81 MBA; Dir. of Admin.; Andersen Consltg., 41 S. High St., Ste. 2000, Columbus, OH 43215, 614 229-5322; r. 3952 Appaloosa Ct., Hilliard, OH 43026, 614 876-2427.
GILLAUGH, Michael Edward; '78 BSBA; Acct.; GM Corp., Delco Products Div, 2000 Forrer Blvd., Dayton, OH 45420; r. 2226 Springmill Rd., Dayton, OH 45440, 513 433-6709.
GILLAUGH, Raymond Dale; '52 BSBA; Sr VP & Chief Admin Ofcr.; Duriron Co. Inc., 425 N. Findlay St., Dayton, OH 45404, 513 226-4084; r. 219 Southbrook Dr., Dayton, OH 45459, 513 433-1619.
GILLE, Robert Harry; '70 BSBA; Sr. Dist. Mgr.; Maremont Corp., c/o Postmaster, Omaha, NE 68154; r. 314 S. 155th Ave., Omaha, NE 68154, 402 334-8775.
GILLELAND, Max C.; '48 BSBA; Acct.; r. 439 S. Scott St., Lima, OH 45804, 419 222-4466.
GILLEN, Bryan Kirk; '79 BSBA; Sr. Acct. Analyst; Florida Power & Light Co., 9250 W. Flagler St., Miami, FL 33102, 305 435-9766; r. 4099 Wimbledon Dr. # 131, Cooper City, FL 33026, 305 435-9766.
GILLEN, James Kevin; '85 BSBA; Public Acct.; McGladrey & Pullen, 100 NE Third Ave., Ste. 600, Ft. Lauderdale, FL 33301, 305 462-6300; r. 5695 SW 88 Ave., Cooper City, FL 33328, 305 434-9432.
GILLEN, Richard D.; '58 BSBA; 40620 Village Wood Dr., Novi, MI 48050.
GILLER, Thomas W.; '81 BSBA; Sr. Real Estate Rep.; The Greyhound Corp., The Greyhound Twr., Phoenix, AZ 85077; r. 3815 N. Apache Way, Scottsdale, AZ 85251, 602 947-3654.
GILLES, Jerry; '59 BSBA; VP; MHW & Assocs. Advt. Agcy., 29125 Chagrin Blvd., Cleveland, OH 44122, 216 464-7500; r. 23806 Harms Rd, Cleveland, OH 44143, 216 486-2138.
GILLESPIE, Grace '27 (See Stine, Mrs. Grace G.).
GILLESPIE, Kim L. '82 (See Gillespie-Best, Kim Leslie).
GILLESPIE, Leona Stineman; '53; 3550 Wenwood Dr., Hilliard, OH 43026, 614 771-0306.
GILLESPIE, Mrs. Linda M., (Linda M. Carter); '88 BSBA; Branch Mgr. Trainee; Assocs. Corp., 1725 Brice Rd., Reynoldsburg, OH 43068, 614 864-1985; r. 9688 Briarwood Dr., Plain City, OH 43064.
GILLESPIE, Robby Dean; '81 BSBA; Purchasing Agt.; Anchor Swan, POB 311, Bucyrus, OH 44820, 419 562-1011; r. 195 Hartman St., Galion, OH 44833, 419 468-3553.
GILLESPIE, Robert E.; '59 BSBA; RR No 1, Colliers, WV 26035.
GILLESPIE, Steven C.; '85 BSBA; Economic Analyst; Air Line Pilots Assn., 535 Herndon Pkwy., POB 1169, Herndon, VA 22070, 703 689-4288; r. 927 Holly Creek Dr., Great Falls, VA 22066, 703 430-5918.
GILLESPIE, Troy Stephen; '76 MBA; CPA/Tax Principal; Arthur Young & Co., 501 E. Kennedy Blvd., Ste. 1001 POB 620, Tampa, FL 33601, 813 223-1381; r. 4706 Fairlea Dr., Valrico, FL 33594, 813 689-8535.
GILLESPIE, William Howard, Jr.; '47 BSBA; CPA; William H Gillespie C P A, 1460 Miamisburg-Centerville Rd, Centerville, OH 45459, 513 435-1848; r. 6556 Durban Rd., Dayton, OH 45459, 513 433-1266.
GILLESPIE-BEST, Kim Leslie, (Kim L. Gillespie); '82 BSBA; Intl. Financial Analyst; Imed. Intl. Corp., 10021 Willow Creek Rd., San Diego, CA 92131, 619 566-9000; r. 1361 Cerritos Ct., Chula Vista, CA 92010, 619 421-4201.
GILLETT, Pamela N.; '84 BSBA; Acct.; Gillett Assocs., 117 Lazelle Rd. E., Worthington, OH 43235, 614 848-3300; r. 1322 Worthington Woods Blvd., Worthington, OH 43085, 614 846-9604.
GILLETT, Paul Clark; '88 BSBA; 803 W. Main St., Westerville, OH 43081, 614 882-3398.
GILLETT, Dr. Peter L.; '62 BSBA; Prof. of Mktg.; Univ. of Central Florida, POB 25000, Orlando, FL 32816, 407 275-2000; r. 555 Karen Ave., Altamonte Spgs., FL 32701, 305 834-7223.
GILLETTE, John B.; '47 BSBA; Retired; r. 680 E. Ohio Ave., Southern Pines, NC 28387, 919 692-8444.
GILLETTE, COL Shelby L., USA(Ret.); '50 MBA; Retired; r. 170 S. Goodlett St., Memphis, TN 38117, 901 683-2621.
GILLFILLAN, Marvin Paul; '82 BSBA; Cost Analyst; Lennox Industries Inc., 1711 Olentangy River Rd, Columbus, OH 43212; r. 3701 Dublin Rd., Hilliard, OH 43026, 614 771-9620.
GILLHAM, Randall Robert; '83 BSBA; Sr. Acct.; Kaiser Aluminum & Chemical, POB 671, Newark, OH 43055, 614 522-0335; r. 1892 Lakeview Dr., Newark, OH 43055, 614 522-1394.
GILLIAM, ENS Jeffrey Randall; '86 BSBA; Ensign US Navy; r. 6899 Tanya Ter., Reynoldsburg, OH 43066, 614 866-4640.
GILLIE, Janet F. '36 (See Fankhauser, Janet Gillie).
GILLIGAN, James T.; '62 BSBA; Staff; West Point-Pepperell Inc., POB 1208, Dalton, GA 30720; r. 3629 Glen Oak Dr., Chattanooga, TN 37412, 615 867-9956.
GILLILAND, Donivan C.; '40 BSBA; Retired VP; The Union Fork & Hoe, 500 Dublin Ave., Columbus, OH 43215; r. 3517 Colchester Rd., Columbus, OH 43221, 614 451-8194.
GILLILAND, Mrs. Elizabeth, (Elizabeth G. Leber); '79 BSBA; Financial Ofcr.; Bank One, Columbus NA, 762 Brooksedge Plaza Dr., Columbus, OH 43271, 614 248-8564.
GILLILAND, Gerald Cly; '72 BSBA, '79 MBA; Plant Controller; Combibloc, Inc., 4800 Roberts Rd., Columbus, OH 43026, 614 876-0661; r. 1861 Westwood Ave., Columbus, OH 43212, 614 486-1014.
GILLILAND, Gordon B.; '23 BSBA; c/o St. Simeons, 3701 N. Cincinnati, Tulsa, OK 74106, 918 425-8783.
GILLILAND, J. Jay; '83 BSBA; Production Supv.; GM, Fisher Guide, 200 Georgesville Rd., Columbus, OH 43228; r. 2047 Fincastle Ct., Worthington, OH 43085.
GILLILAND, Jerry Alan; '78 BSBA; Shift Labor Rel. Supv.; Chrysler Motors-Jeep Plant, 1000 Jeep Pkwy., Toledo, OH 43657, 419 470-7344; r. 179 Mark Ln., Perrysburg, OH 43551, 419 874-9272.
GILLILAND, Larry Hall; '78 MPA; 1711 Crestwood Dr., Defiance, OH 43512, 419 782-2061.
GILLILAND, Roy J.; '50 BSBA; Atty.; Gilliland & Gilliland, POB 284, Wellston, OH 45692, 614 384-5440; r. 347 S. Pennsylvania Ave., Wellston, OH 45692, 614 384-3396.
GILLMAN, Charles Andrew; '78 BSBA; Mgr.; Ponderosa Restaurant, 555 Verity Pkwy., Middletown, OH 45042; r. Rte. 1 Zehring Rd., Farmersville, OH 45325.
GILLOCK, Dave Patrick; '81 BSBA; Courier; Fed. Express, 990 Resource Dr., Brooklyn Hts., OH 44131, 216 361-0872; r. 9060 Stephanie Dr., N. Royalton, OH 44133, 216 582-3864.
GILMAN, Debra Pearson, (Debra Pearson); '82 BSBA; Acct.; Cincinnati Transmission, 6311 Wiehe Rd, Cincinnati, OH 45237, 513 731-5225; r. 5815 Bluespruce Ln., Cincinnati, OH 45224, 513 541-6495.
GILMAN, Paul Gregory; '81 BSBA; Computer Programmer; Scripps Howard Broadcasting, 1100 Central Trust Twr., Cincinnati, OH 45202, 513 977-3908; r. 5815 Bluespruce Ln., Cincinnati, OH 45224, 513 541-6495.
GILMARTIN, Joan Therese; '85 BSBA; Acct.; Columbia Gas, 1600 Dublin Rd., Columbus, OH 43215, 614 481-1406; r. 996-A Chatham Ln., Columbus, OH 43221, 614 457-2311.
GILMORE, Daniel M.; '64 BSBA; 12223 Hoggard, Stafford, TX 77477, 713 498-4423.
GILMORE, Douglas Scott; '85 BSBA; Account Exec.; The Ohio Co., 41 S. High St., 2nd Fl., Columbus, OH 43215; r. 954 Delaware, Columbus, OH 43201.
GILMORE, James Thomas; '86 BSBA; Venture Capital; Sencorp Managemnet, 202 Sweetwater Club Blvd., Longwood, FL 32779, 407 788-8161; r. 5252 Jackson St., Philadelphia, PA 19124, 215 744-4876.
GILMORE, COL John R., USAF(Ret.); '42 BSBA; Doctoral Candidate; Ohio State Univ.; r. 4519 Karl Rd, Columbus, OH 43224, 614 267-5470.
GILMORE, Ray S.; '49 BSBA; Mgr. Customer Svc.; Princeton Packaging Inc., 14240 Proton Rd., Dallas, TX 75244, 214 387-0700; r. 10029 Lakemere Dr., Dallas, TX 75238, 214 341-0856.
GILMORE, Robert J.; '50 BSBA; Tax Mgr.; Wean United Inc., POB 180, 3805 Hewricks Rd., Youngstown, OH 44515, 216 797-2176; r. 4617 Rolling Hills Rd., Pittsburgh, PA 15236, 412 884-0138.
GILMORE, Roberta Long, (Roberta Long); '77 BSBA; Acctg. Supv.; Columbia Falls Aluminum Co., POB 10, Columbia Falls, MT 59912, 406 892-3261; r. 390 Star Meadows Rd, Whitefish, MT 59937, 406 862-6194.
GILMORE, Sharon '80 (See Woofter, Sharon Gilmore).
GILMORE, Steven Mc Kenzie; '67 BSBA; VP; First Mortgage Co. of Texas, Inc., One Riverway, Ste. 1800, Houston, TX 77056, 713 877-8707; r. 13303 Indian Creek, Houston, TX 77079, 713 461-6840.
GILROY, Kathleen '82 (See Standen, Kathleen G.).
GILROY, Merri C.; '81 BSLHR; 104 Harnagy St., Berea, OH 44017, 216 234-8740.
GILSDORF, Albert G.; '33 BSBA; Retired; r. 3140 Radiance Rd., Louisville, KY 40220, 502 451-2088.
GILSDORF, Norman G.; '52 BSBA; Branch Mgr.; Chevrolet Div. GM, Two Penn Ctr. W., Ste. 200, Pittsburgh, PA 15276, 412 788-7610; r. 153 Pleasantview Dr., Mc Murray, PA 15317, 412 941-1671.
GILSDORF, Norman W.; '26 BSBA; Marine Supv.; r. 233 W. Park Blvd., Medina, OH 44256, 216 722-2552.
GILSDORF, William J.; '61 BSBA; 24 River Park, Atlanta, GA 30328, 404 394-8202.
GIMLIN, M. Gregg; '70 BSBA; Dir. of Finance; R.O. Corp.; r. 8104 Overbrook Rd., Leawood, KS 66206, 913 648-2710.
GINDIN, Nancy Lee; '67 BSBA; RFD 1, Downingtown, PA 19335, 215 269-2591.
GINDLESBERGER, Thomas D.; '50 BSBA; Atty.; Gindlesberger, Miller & Mast, 12 S. Monroe St., Millersburg, OH 44654, 216 674-7070; r. Port Washington Rd., POB 129, Millersburg, OH 44654, 216 674-3726.
GINDRAW, Donald Edward; '74 BSBA; Dept. Mgr.; Sears Roebuck & Co., 6151 S. Western, Chicago, IL 60636; r. 3087 Washington Rd. #3, East Point, GA 30344, 404 762-1601.
GINGERICH, Earl Leland; '87 BSBA; 17402 Bradgate Ave., Cleveland, OH 44111, 216 251-5030.
GINGERICH, William Keith; '72 BSBA; VP-Control; Kaufmann's Dept. Store, 400 Fifth Ave., Pittsburgh, PA 15219, 412 232-2435; r. 2667 Timberglen E., Wexford, PA 15090, 412 935-0792.
GINGERY, Jay Allen; '58 BSBA; Bus. Mgr.; OSU Airport, 2160 W. Case Rd., Columbus, OH 43224; r. 477 E. Kanawha Ave., Columbus, OH 43214, 614 885-2234.
GINGERY, Jeanette '47 (See Muessig, Jeanette Gingery).
GINGERY, Katherine Ellison; '54 BSBA; 477 E. Kanawha Ave., Columbus, OH 43214, 614 885-2234.
GINGERY, Michael Ellison; '86 BSBA; 477 E. Kanawha Ave., Columbus, OH 43214, 614 885-2234.
GINGERY, Nancy '53 (See Gylov, Mrs. Nancy Gingery).
GINGRICH, M. Virginia Furniss; '38 BSBA; 335 31st St. NW, Canton, OH 44709, 216 492-5250.
GINGRICH, Richard P.; '37 BSBA; 335 31st St. NW, Canton, OH 44709, 216 492-5250.
GINNAN, Robert Mark; '85 BSBA; Acctg. Mgr.; Shaw Barton, 545 Walnut St., Coshocton, OH 43812, 614 622-4422; r. 378 Northcutt Dr., Newark, OH 43055, 614 366-7450.
GINS, Theresa A. '81 (See Duvall, Theresa Ann).

GINSBERG, Marc J.; '79 BSBA; Buyer; Schottensteins, 3251 Westerville Rd., Columbus, OH 43224, 614 478-2450; r. 8175 Markhaven Dr., Worthington, OH 43017.
GINSBERG, Michael Israel; '74 BSBA; Student; New York Univ. Grad. Sch., 100 Washington Sq. E., New York, NY 10003; r. 68 Concord Ave., Metuchen, NJ 08840, 201 548-2732.
GINSBERG, Terri Lynn, (Terri Lynn Newmeyer); '80 BSBA; Homemaker; r. 8175 Markhaven Dr., Worthington, OH 44122.
GINSBURG, Mrs. Cynthia L., (Cynthia L. Starkand); '76 BSBA; Mgr./Logistics Analyst; Synergy, 1824 Biltmore St. NW, Washington, DC 20009, 202 232-6261; r. 4802 Arbutus Ave., Rockville, MD 20853, 301 949-6234.
GINSBURG, David Irl; '71 BSBA; Mgr.; Sallie Mae, Product Development Dept., 1055 Thomas Jefferson St. NW, Washington, DC 20007; r. 9 Honey Brook Cir., Gaithersburg, MD 20878, 301 977-2067.
GINSBURG, BG Gordon A.; '54 BSBA; Brig Gen.; USAF, Hq Afsc/Ja, Andrews AFB, DC 20334; r. 5902 Mt Eagle Dr., Apt. 614, Alexandria, VA 22303, 703 960-7071.
GINSLER, John Radway; '49 MBA; 1346 NW Pine Ridge Tr., Stuart, FL 34994, 407 692-2635.
GINTER, L. Paul; '30 BSBA; Retired; r. 127 Edgewood Dr., Berea, OH 44017, 216 234-4434.
GINTY, James Robert; '48 BSBA; VP; Frank Seringer & Chaney CPA's, 1236 Claremont Ave. E., POB 129, Ashland, OH 44805, 419 289-3210; r. 453 Forest Dale, Ashland, OH 44805, 419 281-6884.
GIOFFRE, John; '78 BSBA; VP; Gioffre Bros. Constr., 1922 Bethel Rd., Columbus, OH 43220; r. 1370 E. Cooke Rd., Columbus, OH 43224, 614 267-9998.
GIOFFRE, Joseph Vincent, Jr.; '78 BSBA; Pres./CPA; Joe Gioffre Electric, 2229 Trent Rd., Columbus, OH 43229, 614 475-7271; r. Same.
GIOVAGNOLI, Angelo; '55 BSBA; Civil Ser/US Navy; r. 2321 Shipwreck Dr., Holiday Harbor, Jacksonville, FL 32224, 904 223-5333.
GIOVANELLO, William Anthony; '78 BSBA; Divisional VP; F&R Lazarus, 7th & Race Sts., Cincinnati, OH 45202, 513 369-7255; r. 7586 Fawnmeadow Ln., Cincinnati, OH 45241, 513 777-8878.
GIOVANNAZZO, Dominic J.; '46 BSBA; Retired Prof.; Clg. of Mt. St. Joseph; r. 6223 Charity Dr., Cincinnati, OH 45248, 513 574-6720.
GIPE, Donald E.; '61 BSBA; Dir. Asset Utilization; Borden Inc., 180 E. Broad St., Columbus, OH 43215, 614 225-4750; r. 6181 Stornoway Dr. S., Columbus, OH 43213, 614 861-2196.
GIPP, Chris '85 (See DeGrandis, Mrs. Chris A.).
GIRARD, Donald Alan; '73 BSBA, '79 MBA; Dir.; Pacific Energy, Investor & Public Relations, 6055 E. Washington Blvd., Los Angeles, CA 90040, 213 725-1139; r. 2722 Saleroso Dr., Rowland Hts., CA 91748, 818 964-3008.
GIRARD, Edward Neil; '84 BSBA; Supv.; Roadway Express, 2000 Lincoln Hwy., Chicago Hts., IL 60411, 312 785-8000; r. 724 Jonestown Rd #7, Winston-Salem, NC 27103, 219 322-7645.
GIRARD, Gary Victor; '76 BSBA; Systs. Analyst; American Electric Power, 1 Riverside Plz., Columbus, OH 43215, 614 223-3623; r. 7692 Deer Park Way, Reynoldsburg, OH 43068, 614 863-5029.
GIRARD, John J.; '78 BSBA; 31 Van Deman, Delaware, OH 43015, 614 369-3795.
GIRARD, Scott Douglas; '87 BSBA; Sales Rep.; Black & Decker, 3432 W. Kennedy Blvd., Tampa, FL 33609, 813 872-8317; r. 2545 N. E. Coachman #77, Clearwater, FL 34625, 813 797-9753.
GIRARD, Virginia Hardison; '82 BSBA; Bus. Mgr.; Barney & White Auto Parts Inc., 1600 Integrity Dr., E., Columbus, OH 43209, 614 461-1600; r. 7692 Deer Park Way, Reynoldsburg, OH 43068, 614 863-5029.
GIRARD, COL William C., USAF(Ret.); '59 BSBA; 11258 River Knoll Dr., Jacksonville, FL 32225, 904 641-8643.
GIROD, Harriet Maddox; '49 BSBA; 3605 Meda Pass, Ft. Wayne, IN 46807, 219 747-0869.
GIROUX, Dennis E.; '78 MBA; Treasury Mgr.; Borg Warner Corp., 200 S. Michigan Ave., Chicago, IL 60604, 312 322-8705; r. 75 Petrie Cir., Streamwood, IL 60107, 312 289-8331.
GIRTON, Cynthia Ann '86 (See Bennett, Cynthia Ann).
GIRVES, Ms. Catherine Ann; '86 BSBA; Asst. Gen. Mgr.; Jai-Lai Cafe Inc., 1421 Olentangy River Rd., Columbus, OH 43212; r. 40 W. Patterson, Columbus, OH 43202, 614 299-9475.
GISCHEL, Jennifer Elaine; '87 BSBA; 5029 Silverton Dr., Columbus, OH 43232, 614 863-9415.
GISLER, Walter D.; '27 MA; 401 Jahns Rd, Napoleon, OH 43545, 419 592-9685.
GISONDI, Donna '83 (See Anderson, Donna G.).
GISONDI, Lora Ann; '84 MBA; Acctg. Mgr.; Grant Med. Ctr., 111 S. Grant Ave., Columbus, OH 43215, 614 461-3385; r. 3112 Griggsview Ct., Hilliard, OH 43026, 614 876-9120.
GISSINGER, Caroline Jean; '85 BSBA; Property Acct.; Big Bear Stores, Inc., 770 W. Goodale Blvd., Columbus, OH 43212, 614 464-6500; r. 6181 Gale Rd. SW, Pataskala, OH 43062, 614 927-2667.
GITSON, LT David M., USAF; '85 BSBA; Budget Ofcr.; 857 Comptroller Squadron, Minot AFB, ND 58705, 701 723-4281; r. 3425 Daleford Rd., Shaker Hts., OH 44120, 216 921-8188.
GITTLEMAN, Melvin; '52 BSBA; Atty.; Gittleman Muhlstock, et al, 39 Hudson St., Hackensack, NJ 07601, 201 489-7171; r. 24 Booth Ave., Englewood Cliffs, NJ 07632, 201 569-1400.
GIULITTO, Ms. Carol A., (Carol Meloy); '84 BSBA; Buyer/Petite Sportsware; O'Neils Dept. Store, 226 S. Main St., Akron, OH 44308; r. 1010 Meredith St., Kent, OH 44240, 216 673-3535.
GIVEN, Robert James; '87 BSBA; Owner; Fairview Roofing, 30948 Bradley Rd., N. Olmsted, OH 44070, 216 734-9090; r. 30948 Bradley Rd., N. Olmsted, OH 44070, 216 734-3789.
GIVENS, Craig Sherwin; '88 BSBA; 108 Pheasant Dr., Perrysburg, OH 43551, 419 874-5945.
GIVENS, David Michael; '74 BSBA; Supv.; Franklin Co. Welfare Svcs., 80 E. Fulton St., Columbus, OH 43215; r. 5861 Ravine View Ct., Columbus, OH 43229.
GIVENS, Donna Lynn, (Donna Lynn Jackson); '81 BSBA; Personal Trng. Spec.; r. 3606 Conger Rd., Huntsville, AL 35805, 205 882-9478.
GLADIEUX, Sheila M. '74 (See Guzdanski, Sheila Gladieux).
GLADMAN, Terry Lynn; '72 MA; 505 Chicago, Evanston, IL 60202.
GLADYS, Patty L. '78 (See Moore, Mrs. Patricia L.).
GLADYSZEWSKI, Thomas; '88 BSBA; Territory Sales Mgr.; Shaw Industries, PO Drawer 2128, Dalton, GA 30720, 404 278-3812; r. 2939 Normandy Rd., Apt. 4, Springfield, IL 62703, 217 529-1775.
GLANDER, C. Benson; '59 BSBA; Owner/Pres.; Florida Flooring Prods. Inc., 5511 Pioneer Park Blvd., Tampa, FL 33614, 813 884-0413; r. 6323 New Town Cir. #A-1, Tampa, FL 33615, 813 855-4056.
GLANDER, Roger L.; '54 BSBA; Personnel Mgr.; Glastic Corp., 4321 Glenridge Rd, Cleveland, OH 44121; r. 34420 Mc Afee Dr., Solon, OH 44139, 216 248-4756.
GLANDON, John C.; '48 BSBA; Vice Chmn.; Mc Elroy Minister Co., 141 E. Town St., Columbus, OH 43215, 614 228-5565; r. 3020 S. Dorchester Rd, Columbus, OH 43221, 614 488-6849.
GLANZ, Delbert E.; '61 BSBA; VP; Salk Inst. for Bio. Studio, 10010 N. Torry Pines Rd, La Jolla, CA 92037, 619 453-2454; r. POB 836, Rancho Santa Fe, CA 92067, 619 756-2592.
GLAROS, Ronald J.; '67 MBA; Acct./Spec. Proj.; Dow Chemical Co., POB 36000, Strongsville, OH 44136, 216 826-6242; r. 5230 Chippewa Rd., Medina, OH 44256, 216 723-1123.
GLAS, Milton G.; '42 BSBA; Pres.; M Glas & Co., 1606 Roseview Dr., Columbus, OH 43209, 614 253-0050; r. Same, 614 239-9795.
GLASER, Gail Ilene; '85 BSBA; 1002 Blossom Heath Rd., Lebanon, OH 45036, 513 932-1767.
GLASER, James Paul, III; '82 BSBA; POB 987, Hebron, OH 43025, 614 928-1660.
GLASER, Kathryn '87 (See Lane, Mrs. Kathryn G.).
GLASER, Lisa Beth; '86 BSBA; Asst. Mgr.; Melons, 763 Bethel Rd., Columbus, OH 43214, 614 442-1216; r. 3511 Village Blvd., Bldg. 4 #301, W. Palm Bch., FL 33409.
GLASER, Michael D.; '63 BSBA; Pres.; William Glaser Co., 2121 Saint Clair Ave., Cleveland, OH 44114, 216 621-2921; r. 3693 Traver Rd., Shaker Hts., OH 44122, 216 283-8296.
GLASER, Richard Mayer; '71 BSBA; Partner/CPA; Peat Marwick Main & Co., 1600 National City Ctr., Cleveland, OH 44114, 216 696-9100; r. 2544 Wellington Rd., Cleveland Hts., OH 44118, 216 932-2080.
GLASGALL, Franklin; '54 BSBA; VP/Real Estate; Restaurant Assoc. Industries, Inc., 1155 Ave. of The Americas, 14th Fl., New York, NY 10036, 212 997-1350; r. 165 W. 66th St. #20E, New York, NY 10023, 212 874-2397.
GLASGO, Dr. Philip William; '75 MBA, '80 PhD (BUS); Assoc. Prof./Finance; Xavier Univ., 3800 Victory Pkwy., Cincinnati, OH 45207, 513 745-3595; r. Rte. 2 Box 35, Guilford, IN 47022, 812 487-2905.
GLASGOW, George Edward; '69 MBA; Sr. Engr.; AT&T Intl., 3543 E. 14th St., Ste. F, Brownsville, TX 78521; r. 5073 Lakeway Dr., Brownsville, TX 78520, 512 350-9408.
GLASKIN, George V., Jr.; '55 BSBA; Sr. VP; Prescott Travel, 155 E. Broad, Columbus, OH 43215, 614 461-9198; r. 3052 S. Dorchester Rd., Columbus, OH 43221, 614 488-0463.
GLASS, Gary A.; '65 BSBA, '66 MA; VP; Fed. Home Loan Bank, 260 Peachtree St. NW, Atlanta, GA 30343; r. 1719 Johnson Rd NE, Atlanta, GA 30306, 404 872-8141.
GLASS, Gregory John; '69 BSBA; Prog. Admin.; Dept. Hlth./Rehabilitative Svcs., 1317 Winewood Blvd., Bldg. 1, Tallahassee, FL 32301, 904 487-2044; r. 715 Lewis Blvd. S., Tallahassee, FL 32301, 904 878-5930.
GLASS, James Richard; '48 BSBA; Retired Exec. VP; Goodyear Tire & Rubber Co., Finance & Plng. Div., 1144 E. Market St., Akron, OH 44316; r. 1019 Bunker Dr., Akron, OH 44313, 216 666-6835.
GLASS, Jon M.; '88 BSBA; Asst. Revenue Analysis; GTE, Ft. Wayne, IN 46809; r. 7668 Bradbury, Ft. Wayne, IN 46809.
GLASS, Kristin Alayne; '87 BSBA; 410 Rodney St., Brownsburg, IN 46112.
GLASS, Steven Eugene; '72 MBA; Underwriter; Motorists Life Ins. Co., 471 E. Broad St., Columbus, OH 43215, 614 225-8274; r. 1817 Inchcliff Rd., Columbus, OH 43221, 614 488-6101.
GLASSBURN, Mrs. Nancy T., (Nancy W. Trogus); '63 BSBA; Mgr.-Payroll Disbursement; Glassburn Roofing Inc., 1686 E. Hudson St., Columbus, OH 43211, 614 475-9244; r. 6672 Brock St., Dublin, OH 43017, 614 889-8015.
GLASSER, Chester F.; '30 BSBA; Retired; r. 3405 Alla Dr., Cleveland, OH 44131, 216 524-5812.
GLASSER, Ms. Jody Ann; '83 BSBA; Recruiter; Riverside Methodist Hosp., 3535 Olentangy River Rd, Columbus, OH 43214, 614 261-4756.
GLASSFORD, Dan L.; '82 BSBA; Claims Adjuster; Ohio State Life Ins., Subs/Farmers Ins Group Inc, 7400 Skyline Dr., Worthington, OH 43085, 614 766-0505; r. 311 Highmeadows Village Dr., Powell, OH 43065, 614 548-5002.
GLASSFORD, Fredrick L.; '68 BSBA; Operations Mgr.; J.C. Penney Co., 18900 Michigan Ave., Fairlane Town Ctr., Dearborn, MI 48126, 313 593-3300; r. 1858 Allenway Ct., Rochester Hls., MI 48309, 313 652-3921.
GLASSMAN, Amelia Edlis, (Amelia Edlis); '49; Homemaker; r. 360 N. Columbia Ave., Columbus, OH 43209, 614 252-5826.
GLASSMAN, Jeff Robert; '73 BSBA; Pres.; Hills Leasing Inc., 525 Kennedy Dr., Columbus, OH 43215, 614 221-1664; r. 102 S. Remington Rd, Columbus, OH 43209, 614 236-1849.
GLASSMAN, Marvin L.; '45; Exec.; United Transportaion Inc., 525 Kennedy Dr., Columbus, OH 43215; r. 360 N. Columbia Ave., Columbus, OH 43209, 614 252-5826.
GLASSNER, David Alan; '83 BSBA; Sales Engr.; Rittal Corp., 2615 W. Woodland Dr., Anaheim, CA 92801, 619 272-2287; r. 3883 Jewell St., Apt. B-9, San Diego, CA 92109, 619 274-3639.
GLASSTETTER, Eydie Gartrell; '81 BSBA; 2175 Worthingwood Blvd., Powell, OH 43065, 614 766-0094.
GLATFELTER, Francis Edward, Jr.; '73 MPA; City Mgr.; Village of Clarendon Hills, 1 N. Prospect Ave., Clarendon Hls., IL 60514, 312 323-3500; r. 139 S. Madison, Hinsdale, IL 60521, 312 789-2648.
GLATTER, Bruce Kahn; '85 MBA; Cnslt.; Org. Horizon Corp., 3630 N. Broad St., Columbus, OH 43201, 614 262-0598; r. 1042 Neil Ave., Columbus, OH 43201, 614 299-6835.
GLATTER, Paul Richard; '78 BSBA; Self Emplyed Dent.; r. 2942 Ewell Pl., Wantagh, NY 11793, 516 781-2261.
GLATZ, Randy Wayne; '81 BSBA; Sales Mgr.; California Closet Co., 7550 Miramar Rd., Ste. 400, San Diego, CA 92126, 619 695-0882; r. 7225 Keighley St., San Diego, CA 92120, 619 286-8352.
GLATZ, Robert R.; '80 BSBA; Sr. Mgr.; Price Waterhouse, One Centerre Plz., St. Louis, MO 63101, 314 425-0439; r. 11522 Cedar Walk Dr., St. Louis, MO 63146, 314 997-1743.
GLAVAN, Donald Charles; '74 MBA; Sr. VP; Red Barn, Inc.; r. 13051 Mariner, N. Royalton, OH 44133, 216 237-1966.
GLAZER, William George; '69 BSBA; 2598 Taylor, Wooster, OH 44691, 216 345-6739.
GLEADELL, Rick, Jr.; '73 BSBA; Mgmt. Info. Systs. Admin.; Marquest Med., 11039 E. Lansing Cr., Englewood, CO 80112, 303 790-4835; r. 1030 S. Jackson, Denver, CO 80209, 303 758-6861.
GLEASON, Kelley D.; '83 BSBA; 5055 S. Dale Mabry, #536, Tampa, FL 33611, 813 839-8907.
GLEASON, Richard W.; '29 BSBA; Retired; r. 6519 Hawkeye Cir., Colorado Spgs., CO 80919, 719 599-0545.
GLEDHILL, Lauretta A. '85 (See Burkhart, Mrs. Lauretta A.).
GLEDHILL, Robert S., Jr.; '67 BSBA; VP; Harbor Capital Mgmt., Inc., 265 Franklin St., Boston, MA 02110, 617 439-4532; r. 25 Whaler Ln., N. Quincy, MA 02171, 617 479-4581.
GLEIBS, Edward J., Jr.; '58; Pres. & Chmn. of Bd.; Trans Data Inc., 6200 Eiterman Rd, POB 518, Dublin, OH 43017; r. 7007 Hollytree Cir., Tyler, TX 75703, 214 561-7857.
GLEICH, Donald Lee, Jr.; '77 BSBA; Administrative Mgr.; Metal Container Corp., 1201 18th Ave., Windsor, CO 80550, 303 686-7661; r. 5805 Mossycup Ct., Loveland, CO 80537, 303 663-0528.
GLEICH, William H.; '55 BSBA; Accts. Mgr.; AT&T, 5151 Blazer Pkwy., Dublin, OH 43017, 614 764-5301; r. 1415 Walshire Dr. N., Columbus, OH 43232, 614 864-3379.
GLENN, Arnold B.; '45 BSBA; Atty.; r. 4 Huntley Rd, Eastchester, NY 10709, 914 779-7964.
GLENN, Carolyn '54 (See Freeman, Ms. Carolyn G.).
GLENN, David Lyle; '86 BSBA; 920 Twp Rd 964 Rte. 3, Ashland, OH 44805, 419 289-9343.
GLENN, David Wilford; '73 BSBA; Credit Analyst; Bank Ohio, 4653 E. Main St., Columbus, OH 43251; r. 3230 Fontaine Dr., Columbus, OH 43227, 614 837-5576.
GLENNER, Ms. Amanda J.; '84 BSBA; Assoc. Prof.; Williams Clg., Athletic Dept., Williamstown, MA 01267, 413 597-3255; r. POB 207, Williamstown, MA 01267, 413 458-8464.
GLENN-KATZAKIS, Joan Catherine; '80 BSBA; Asst. Controller; D B A Data Systs. Inc., POB 550, Melbourne, FL 32951; r. 2106 Rosewood Dr., Melbourne Bch., FL 32951.
GLESSER, Philip Robert; '83 BSBA; Property Claims Spec.; Nationwide Ins. Co., 200 E. Campus View Blvd., Columbus, OH 43235, 614 848-2600; r. 7123 Winding Brook Ct., Columbus, OH 43235, 614 889-0829.
GLESSNER, Robert F., Jr.; '64; Sales Repr; Great Lakes Industrial Shoe Co., 830 Moe Dr., Akron, OH 44310; r. 1747 S. Main Street Rd., Mansfield, OH 44907, 419 756-9768.
GLICK, Harvey Lewis; '74 BSBA; VP; State Savings Bank, 20 E. Broad St., Columbus, OH 43215, 619 460-6100; r. 6984 Constitution Pl., Worthington, OH 43085, 614 888-0459.
GLICK, Lisa Beth; '87 BSBA; Staff/Customer Support; Info. Access, 8801 E. Pleasant Valley, Independence, OH 44131, 216 459-0100; r. 22377 S. Woodland, Shaker Hts., OH 44122.
GLICK, Robert A.; '37 BSBA; Chmn. of Bd.; Glicks Furniture Co., 1800 E. Fifth Ave., Columbus, OH 43219, 614 253-7441; r. 150 S. Parkview Ave., Columbus, OH 43209, 614 258-1200.
GLICKMAN, Joseph Leonard; '79 BSBA; Sales Mgr.; The Jewett Refrigerator Co. Inc., 2 Letchworth St., Buffalo, NY 14213, 716 881-0030; r. 901 Robin Rd., W. Amherst, NY 14228, 716 689-0147.
GLICKMAN, Morton V.; '49 BSBA; Pres.; Edmarc Devel. Corp., 81 Knollwood Rd. W., Roslyn, NY 11576; r. 81 Knollwood Rd. W., Roslyn, NY 11576, 516 627-7923.
GLIKES, George, Jr.; '51 BSBA; Industrial Relations; Titanium Metal Corp. of America, Toronto Rd, Toronto, OH 43964; r. 99 Bryden, Steubenville, OH 43952, 614 264-3701.
GLIKES, Richard J.; '43 BSBA; Col. Usa Retired; r. 210 NW 86th Ter., Gainesville, FL 32601, 904 332-6418.
GLINN, Elizabeth '83 (See Frey, Elizabeth Glinn).
GLINN, John Boyd, III; '85 BSBA; 3157 Overlook Dr. NE, Warren, OH 44483, 216 372-4341.
GLODEK, Diane Skebo; '80 BSBA; 8054 Andiron Ln., Jessup, MD 20794, 301 490-8212.
GLOECKL, Susan Mary; '80 BSBA; Sales Mgr.; Coca-Cola Bottling Co., 2800 Bissonnet, Houston, TX 77005, 713 669-3135; r. 8007 Oceanside, Houston, TX 77095, 713 855-0652.
GLOECKLER, Donald C.; '78 MBA; Brand Asst.; Procter & Gamble, 301 E. Sixth St., Cincinnati, OH 45202; r. POB 599, c/o P&G Sun Home Co/Inte, Cincinnati, OH 45201, 513 321-5772.
GLOECKLER, Monika Ann; '85 BSBA; Assoc. Account Mgr.; Sami/Burke Inc., 800 Broadway, Cincinnati, OH 45202, 513 852-3096; r. 2881 Observatory, Cincinnati, OH 45208, 513 321-8763.
GLOGER, Mark Stephen; '78 BSBA; POB 19711, Seattle, WA 98109, 206 283-8325.
GLOR, Scott Maynard; '84 BSBA; Owner; Diamond Valet, Inc., 102 Kingery Qrtr, 7A, Hinsdale, IL 60521, 312 789-9118; r. Same.
GLORE, Aubrey G.; '57 BSBA; POB 384, Box Elder, SD 57719, 605 923-3739.
GLOTZBECKER, David E.; '65 BSBA; Salesman; Automatic Ice Systs., 12976 Maurer Industrial Dr., Sunset Hls., MO 63027, 314 849-4411; r. 2215 Montagne Dr., Florissant, MO 63033, 314 837-5907.
GLOVER, Barbara Ott, (Barbara Ott); '79 BSBA; Engrg. Supv.; Digital Equip. Corp., 110 Spit Brook Rd., Nashua, NH 03062, 603 881-0392; r. 8 Briarwood Ln., Amherst, NH 03031, 603 672-0785.
GLOVER, Frank D.; '52 BSBA; Retired Clerk; US Postal Svc., 850 Twin Rivers Dr., Columbus, OH 43216; r. 1973 Dartmouth Ave., Columbus, OH 43219, 614 253-7084.
GLOVER, Frederick Steven; '78 BSBA; Engrg. Supv.; Digital Equip. Corp., 110 Spit Brook Rd., Nashua, NH 03062, 603 881-0388; r. 8 Briarwood Ln., Amherst, NH 03031, 603 672-0785.
GLOVER, Jonathan Charles; '88 BSBA; 15887 S. Perry Rd., Laurelville, OH 43135, 614 332-3881.
GLOWACKY, Kenneth Edward; '79 BSBA; Sales Rep.; Mitchell Energy, 2001 Timberloch Pl., Houston, TX 77380; r. 4 W. Willowood Ct., The Woodlands, TX 77381, 713 292-1288.
GLUCHOW, Ms. Diane Liebenthal; '62 BSBA; Exec. Dir.; Pacific Coast Clg., 325 W. 8th St., Los Angeles, CA 90014, 213 622-2371; r. 17135 Burbank Blvd., #21, Tarzana, CA 91356, 818 881-9531.
GLUCK, Jerry; '75 BSBA; 29501 Cedar Rd., Cleveland, OH 44124, 216 248-3050.
GLUK, Maureen Ann; '85 BSBA; Production Control; Sifco Industries, 970 E. 64th St., Cleveland, OH 44103, 216 881-8600; r. 6170 Gareau Dr., N. Olmsted, OH 44070, 216 777-3270.
GLUNT, Guy Garrett, Jr.; '57 BSBA; Rocketdyne, 6633 Canoga Ave., Canoga Park, CA 91303; r. 5545 Norwalk Blvd., Apt. #5, Whittier, CA 90601.
GLUNTZ, Charles Alan; '56 BSBA; Manufacturers' Rep.; C & L Casting Sales, 1100 Ellenhurst St. NE, Canton, OH 44714; r. Same.
GLUNTZ, David B.; '59 BSBA; Owner/Oper-Machinist; G N Sales & Mfg., 12166 York Rd., N. Royalton, OH 44133, 216 237-9014; r. 6821 Paula Dr., Cleveland, OH 44130, 216 676-8759.
GLUNTZ, Timothy John; '79 BSBA; 10073 Echo Hills Dr., Brecksville, OH 44141, 216 526-1563.
GLYNN, John Patrick; '85 BSBA; 5477 Woodvale Ct., Westerville, OH 43081, 614 899-0691.

GLYNN, Dr. Joseph Graham; '79 PhD (BUS); Asst. Prof. of Mgmt.; Canisius Clg., 2001 Main St., Buffalo, NY 14208, 716 888-2606; r. 25 Greenwich Dr. Apt. 4, Charter Oaks, Amherst, NY 14221, 716 689-7368.
GOAD, Norman Robert, Jr.; '85 BSBA; Loan Review Analyst; Fifth Third Bank, 38 Fountain Sq. Plz., Cincinnati, OH 45263, 513 579-6293; r. 6281 Robison Rd., #13, Cincinnati, OH 45213, 513 841-1509.
GOAR, COL Larry Jay; '68 MBA; Col.; USAF, Bldg. #262, Wright-Patterson AFB, OH 45433, 513 257-2383; r. 3170 Morningview Dr., Beavercreek, OH 45432, 513 426-3894.
GOARE, Douglas Maynard; '74 BSBA; Zone Controller; Mc Donalds Corp., 1 Mc Donald's Plz., Oak Brook, IL 60521, 312 575-5096; r. 1813 Arabian, Naperville, IL 60565, 312 961-2977.
GOARE, Jeffrey Randall; '78 BSBA; Programmer Analyst; Honda of America, RR 33, Marysville, OH 43040, 513 642-5000; r. 3165 Heatherside Dr., Dublin, OH 43017, 614 889-1042.
GOBLE, Harry Virgil; '67 BSBA; 2233 April Dr., Conyers, GA 30207, 404 483-7924.
GOBLE, Sandra Kaye; '88 BSBA; Accts. Payable Mgr.; Shelly Berman Communicator, 707 Park Meadow Rd., Westerville, OH 43081, 614 891-7070; r. 4952 Teddy Dr., Columbus, OH 43227, 614 866-1171.
GOCKEL, Robert Karl; '80 BSBA; Drafting; Lake Cnty. Engrg., 105 Main St., Painesville, OH 44077, 216 357-2501; r. 6717 Farmingdale Ln., Mentor, OH 44060, 216 942-7946.
GOCKENBACH, Harold Conrad; '44 BSBA; Retired; r. 1311 Solana Rd., Naples, FL 33940, 813 262-7248.
GOCKENBACH, Philip Andrew; '70 BSBA; CEO; Philip A. Gockenbach Assoc., 121 N. Remington Rd., Columbus, OH 43209, 614 443-9768; r. Same, 614 231-9548.
GODARD, Blake White; '87 BSBA; Sales Rep.; Airco Industrial Gases, 18877 W. Ten Mile Rd., Ste. 9, Southfield, MI 48075, 313 569-1414; r. 2379 Antigua Dr. 1A, Columbus, OH 43220, 614 459-9385.
GODBOUT, Paul Emile; '70 MBA; Owner/Florist; Jacques Flower Shop, 111 Front St., Manchester, NH 03102, 603 625-5155; r. RFD #1 Pattehill Rd., Goffstown, NH 03045, 603 497-3701.
GODDARD, E. Louis; '32 BSBA; Retired; r. 400 Seasage Dr., Apt. 301, Delray Bch., FL 33483, 407 276-5724.
GODDARD, LTC Ernest D., USAF(Ret.); '49 BSBA; 4105 Westchester, Waco, TX 76710, 817 772-5365.
GODDARD, Howard Randall; '50 BSBA; Staff; Bonnie Roberts Century 21, 72 N. High St., Dublin, OH 43017; r. 3425 Crandon St., Hilliard, OH 43026, 614 876-9677.
GODDARD, Kevin Herald; '81 BSBA; Computer Cnslt.; Makor Co., 1767 Business Center Dr., Ste. 202, Reston, VA 22090; r. 659 Eric Ct., Herndon, VA 22070, 703 435-1162.
GODDARD, Mark Randolph; '70 BSBA; 1200 Squire Ct., Roseville, CA 95661, 916 782-7534.
GODDARD, Stephen Anthony; '86 BSBA; POB 139 Hickory, Sardis, OH 43946, 614 469-1705.
GODES, Cynthia Kay; '83 BSBA; 1755 S St. NW, Fenton Communications, Washington, DC 20009.
GODFRED, Brent Paul; '83 BSBA; Mktg. Exec.; GE Capital Corp., Account Exec., 205 Robin Rd., Paramus, NJ 07652, 201 967-9672; r. 15 Sheridan Ave., Ho-Ho-Kus, NJ 07423.
GODFREY, Kimberly Ann; '86 BSBA; Box 582 Taos Ln., Sugar Grove, OH 43155.
GODLES, Michael Joseph; '86 BSBA; Law Student; Akron Univ., Buchtel Ave., Akron, OH 44314; r. 42520 Griswold Rd., Elyria, OH 44035, 216 324-2011.
GODORHAZY, Jeffrey Paul; '85 BSBA; 11579 Eddington Ave. NW, Pickerington, OH 43147, 614 861-5598.
GODSHALL, Carl Gilbert, Jr.; '81 BSBA; Mgr.; CUC Intl., 5025 Arlington Center Blvd., Ste. 480, Columbus, OH 43220, 614 451-0475; r. 1460 Greenscape Blvd., Westerville, OH 43081, 614 431-9950.
GOEBEL, Albert J.; '51 BSBA; Retired; r. 2541 Rebecca Dr., Springfield, OH 45503, 513 399-1270.
GOEBEL, Jerry; '67 BSBA; VP; Colonial Ins., 4480 Refugee Rd., Columbus, OH 43232, 614 861-5061; r. 1016 Woodglen, Westerville, OH 43081, 614 899-9080.
GOEBEL, Kimbirly D.; '79 BSBA; Sales Rep.; Southern Wine & Spirits, 1600 NW 163 St., Miami, FL 33169, 305 625-4171; r. 4430 NE 19th Ave., Ft. Lauderdale, FL 33308, 305 491-7514.
GOEBEL, Tim H.; '60 BSBA; Claims Admin.; Travelers Corp., One Tower Sq., Hartford, CT 06115; r. 17 Briarwood Dr., Simsbury, CT 06070, 203 658-2045.
GOECKE, Kevin Douglas; '88 BSBA; 218 Carlings Ave., Glandorf, OH 45848, 419 538-6969.
GOEDDE, James Christopher; '84 BSBA; 1554 W. High St., Lima, OH 45805, 419 222-5346.
GOEDDE, Joseph Alfred; '78 BSBA; Acctg. Mgr.; Grant Med. Ctr., Acctg. Dept., 111 S. Grant Ave., Columbus, OH 43215; r. 164 Winthrop Rd., Columbus, OH 43214, 614 262-7225.
GOEDDE, Mary Joan; '80 BSBA; Merchandise Mgr.; Davisons, Div of R H Macy, 180 Peachtree SW, Atlanta, GA 30303; r. 2035 Lake Park Dr., Apt. #I, Smyrna, GA 30080.
GOEDEKING, Edward David; '79 BSBA; 192 Laura Dr., Gahanna, OH 43230.
GOEDEKING, Melvin A.; '36 BSBA; Retired; r. 5725 Cottontail Ct., Dayton, OH 45431, 513 252-0825.
GOEL, Dinesh Kumar; '86 MBA; 73 Sealord B, Cuffe Parade, Bombay 400 005, India.
GOELLER, Eugene C.; '60 BSBA; Dir.; Area Agcy. on Aging, 454 S. Anderson Rd., Ste. 313, BTC 571, Rock Hill, SC 29730, 803 329-9670; r. 6808 Knightswood Dr., Charlotte, NC 28226, 704 365-2278.
GOELMAN, Michael Harvey; '76 BSBA; 6621 Burnet Ave., Van Nuys, CA 91405.
GOELZ, Robert L.; '53 BSBA; Retired Sr. VP; IRD Mechanalysis Inc.; r. 783 Cheshire Rd., Delaware, OH 43015, 614 548-4423.
GOELZ, William Franklin; '49 BSBA; Controller-Treas.; Bay Area Rapid Transit Dist., 800 Madison St., Oakland, CA 94607, 415 464-6070; r. 646 La Corso Dr., Walnut Creek, CA 94598, 415 939-9800.
GOEPFERT, Thomas Joseph; '81 BSBA; Compliance Examiner; Natl. Assoc. of Securities Dealers, Inc., 1940 E. 6th St., Cleveland, OH 44114, 216 694-4545; r. 1325 W. 106th, Cleveland, OH 44102, 216 631-7743.
GOERKE, Sheryl Leigh; '79 BSLHR; POB 899, c/o Gen Telephone, League City, TX 77573.
GOERLITZ, Richard E.; '75 MBA; Sr. Financial Analyst; Univ. of Cincinnati Hosp., Strategic Financial Planning, 234 Goodman St., Cincinnati, OH 45267, 513 872-5093; r. 6202 Caribou Ct., Cincinnati, OH 45243, 513 271-9298.
GOERTEMILLER, Elizabeth Waddle; '50 BSBA; Coord. of Mktg.; Indianapolis Public Schs., 120 E. Walnut St., Indianapolis, IN 46204, 317 266-4005; r. 1030 Indianpipe Cir., Carmel, IN 46032, 317 844-3884.
GOERTEMILLER, Richard H.; '50 BSBA; Staff; N C R Corp., 1900 N. Meridian, Indianapolis, IN 46202; r. 1030 Indianpipe Cir., Carmel, IN 46032, 317 844-3884.
GOETCHIUS, Arnold W.; '57 BSBA; Pres.; A W Goetchius & Assoc., 15 Algonquin Rd., Holmdel, NJ 07733, 201 946-4760; r. Same.
GOETTLER, Donna Lynne '86 (See Kalnasy, Donna Lynne).
GOETZ, Curt D.; '88 BSBA; 292 Altmont Ave., Mansfield, OH 44904, 419 524-1301.
GOETZ, Timothy Max; '85 BSBA; Instr.; La Vignaccia, 6 Via Del Bandino, Pergine Arezzo, Italy; r. 3603 Kavanaugh, Apt. A-11, Little Rock, AR 72205.
GOETZE, Martin Frederick; '80 MBA; 814 NW St., Bellevue, OH 44811.
GOFF, Cheryl Renee; '88 BSBA; Mgr. Trainee; Bank One, Kettering Twr., Dayton, OH 45401; r. 790 Wittelsbach, Kettering, OH 45429, 513 298-1702.
GOFF, Edward Leone; '72 MBA; Box 426, Lucedale, MS 39452.
GOFF, Larry Dale; '68 BSBA; Staff; Intl. Harvester Co., 401 N. Michigan Ave., Chicago, IL 60611; r. 1300 Omaha Rd., Bellefontaine, OH 43311, 513 599-4375.
GOGGIN, Paul Edward; '72 MPA; Exec. Asst. to Dir.; Ohio Dept. Rehab. & Corrections, 1050 Frwy. N., Columbus, OH 43229; r. 532 E. Dunedin, Columbus, OH 43214, 614 262-8195.
GOGOL, Neal Alan; '83 BSBA; Mgr./Investment Anal; Equitable Real Estate Investment Mgmt. Inc., 3414 Peachtree Rd N., Atlanta, GA 30326, 404 239-5304; r. 1981 Powers Ferry Rd., Apt. H, Marietta, GA 30067, 404 988-9644.
GOINS, Clayton O.; '50 BSBA; 2174 Renshaw Ave., Dayton, OH 45439, 513 294-2603.
GOJDICS, David J.; '66 MBA; 1027 Cedar Forest Ct., Stone Mtn., GA 30083, 404 292-4995.
GOJDICS, Mrs. Melissa Barnett, (Melissa Barnett); '87 BSBA; Acct./Auditor; Ernst & Whinney, 2400 Nationwide Plz., Columbus, OH 43216, 614 224-5678; r. 1361 W. Sixth Ave., Columbus, OH 43212, 614 488-3687.
GOJDICS, Robert R.; '86 BSBA; Mktg. Rep.; Xerox Corp., 471 E. Broad St., Columbus, OH 43215, 614 460-9010; r. 2997 Dublin Arbor Ln., Dublin, OH 43017, 614 792-8295.
GOLAMB, Michael John; '84 BSBA; Sr. Procedure Analyst; Bank One, Columbus, NA, Financial Admin. Div, 762 Brooksedge Plaza Dr., Columbus, OH 43271, 614 248-8571; r. 7531-H Cutters Edge Ct., Dublin, OH 43017, 614 792-1350.
GOLAY, John Earl; '78 BSBA; Supv.; Meijer Super Mkt. Inc., 2929 Walker Ave. NW, Grand Rapids, MI 49502, 616 791-2762; r. 65 Sheffield Rd., Columbus, OH 43214, 614 268-6724.
GOLD, Bernard W.; '38 BSBA; Retired; r. 3555 W. Bullard #124, Fresno, CA 93711, 209 432-9421.
GOLD, Gary Harvey; '74 BSBA; Salesman; W.J. Marshall Co., 4770 Van Epps Rd., Cleveland, OH 44131, 216 351-4770; r. 2318 Traymore Rd., University Hts., OH 44118, 216 371-2682.
GOLD, Jeffrey Scott; '86 BSBA; Pharmaceutical Repr; Merrell Dow Pharmaceuticals, POB 429553, Cincinnati, OH 45242, 800 543-4692; r. 591 Riverbirch Trace, Stone Mtn., GA 30087.
GOLD, Kenneth Bruce; '77 BSBA, '78 MA; VP; Skilken Properties, 910 E. Broad St., Columbus, OH 43205, 614 253-8654; r. 251 N. Cassingham, Columbus, OH 43209, 614 252-8432.
GOLD, Martin H.; '52 BSBA; Pres.; Integrated Financial Systs., 400 S. Fifth St., Ste. 100, Columbus, OH 43215, 614 469-5000; r. 5391 Bennington Hill Dr., Columbus, OH 43220, 614 457-2279.
GOLD, Steven Yale; '86 BSBA; Sr. Cnslt.; Stone Mgmt. Corp., 208 S. LaSalle St., Ste. 1625, Chicago, IL 60604, 312 236-0800; r. 750 W. Briar Pl. #11, Chicago, IL 60657, 312 935-7316.
GOLDBERG, Alan R.; '65 BSBA; Student; r. 39 E. 39th St. #3-E., Paterson, NJ 07514.
GOLDBERG, Albert A.; '41 BSBA; Retired; r. 6308 Silk Oak Circle, Tamarac, FL 33319, 305 739-0060.
GOLDBERG, Cindy '85 (See Attias, Cindy Joy).
GOLDBERG, Donald Ray; '73 MPA; 27020 Cedar Rd., Cleveland, OH 44122.
GOLDBERG, Gerald; '62 BSBA; Exec. VP; Ohio Savings Bank, Ohio Savings Plz., Cleveland, OH 44114, 216 696-2222; r. 32500 Chestnut Ln., Cleveland, OH 44124, 216 461-6776.
GOLDBERG, Gerald H.; '51 BSBA; Sales Rep.; London Town Mfg., London Town Blvd., Eldersburg, MD 21784; r. 730-80 Windward Dr., Aurora, OH 44202, 216 562-6035.
GOLDBERG, James R.; '60 BSBA; Atty./Partner; Weisman Goldberg....& Kaufman, Leader Bldg., 526 Superior Ave. E., Cleveland, OH 44114, 216 781-1111; r. 1371 Ranchland Dr., Cleveland, OH 44124, 216 449-1424.
GOLDBERG, Larry; '63 BSBA; 18500 N. Park Blvd., Cleveland, OH 44118, 216 932-1255.
GOLDBERG, Leonard; '47 BSBA; Atty.; 4384 Acacia Dr., Cleveland, OH 44121, 216 382-0447; r. Same.
GOLDBERG, Mrs. Linda Weinstein; '69 BSBA; Fiscal Mgr.; Geriatric Svc. Org., 1145 College Ave., Columbus, OH 43209, 614 231-3659; r. 99 S. Remington Rd., Columbus, OH 43209, 614 231-2774.
GOLDBERG, Louis I.; '47 BSBA; CPA; Ste. 1020 Commerce Sq., Charleston, WV 25301, 304 343-6806; r. 1317 Myers Ave., Dunbar, WV 25064, 304 768-2987.
GOLDBERG, Mark Isaac; '78 BSBA; Ins. Agt.; Tri-West Ins. Svcs., POB 9004, Van Nuys, CA 91409, 818 906-3350; r. 10460 White Oak Ave., Granada Hls., CA 91344, 818 360-9876.
GOLDBERG, Mark Jay; '84 BSBA; Student; Univ. of North Carolina; r. 3045 Cheryl Rd., Merrick, NY 11566, 516 378-5307.
GOLDBERG, Martin S.; '52 BSBA; Atty.; Martin S Goldberg Co., LPA, 20 1/2 W. Boardman St., Youngstown, OH 44503, 216 743-2659; r. 5750 Lockwood Blvd., Youngstown, OH 44512, 216 758-7378.
GOLDBERG, Nathan A.; '61 BSBA; Ins. Salesman; Goldberg Financial Svcs., 850 S. Third St., Columbus, OH 43206, 614 443-1010; r. 1623 Taylor Corners Cir., Blacklick, OH 43004, 614 868-8866.
GOLDBERG, Regina Rosenfeld; '36 BSBA; Retired; r. 3050 Valerie Arms Dr., Apt. 304, Dayton, OH 45405, 513 274-3511.
GOLDBERG, Robert; '61 BSBA; Pres./Dir.; Ohio Savings Bank, Ohio Savings Plz., Cleveland, OH 44114; r. 19601 Van Aken Blvd., #P-2, Cleveland, OH 44122, 216 751-6968.
GOLDBERGER, Melvin T.; '40 BSBA; Pres.; G I C of Florida, 1700 S. Dixie Hwy., Ste. II A, Boca Raton, FL 33432, 407 392-9777; r. 901 E. Camino Real, Boca Raton, FL 33432, 407 392-6229.
GOLDBERG-RUGALEV, Anthony Edwin; '81 BS, '81 BA, '83 MA; Proc./Owner; Multivision, 5931 Lisa St., Columbus, OH 43230, 614 891-0403; r. Same.
GOLDEN, Cynthia Boeye; '84 BSBA; Acct.; J Thomas Meeks & Assocs Inc., 5282 Cleveland Ave., Columbus, OH 43231; r. 1382 Chesterton Sq. S., Columbus, OH 43229, 614 436-9824.
GOLDEN, David Franklin; '78 BSBA; Acct.; Arthur Andersen Co., 25 Park Pl. NE, Atlanta, GA 30303; r. 4185 Bayard Rd, S. Euclid, OH 44121.
GOLDEN, Marcie Ann; '81 MBA; Human Res. Adm; Comtech Systs. Inc., 1105 Schrock Rd., Ste. 816, Columbus, OH 43229; r. 184 N. Merkle Rd., Bexley, OH 43209.
GOLDEN, Marilyn A.; '49 BSBA; 1262 Pierce Ave., Columbus, OH 43227, 614 235-1656.
GOLDEN, LTC Maurice F., USAF(Ret.); '54 BSBA; 89357 Nelson Mt Rd., Walton, OR 97490, 503 935-7865.
GOLDEN, Roger Steven; '78 MPA; Prog. Analyst; US Dept. of H & HS, Food & Drug Admin., 5600 Fishers Ln., Rockville, MD 20852; r. 3217 Brynwood Pl., Herndon, VA 22071, 703 391-1595.
GOLDEN, William F.; '49 BSBA; 1531 Argonne Dr., Stockton, CA 95203, 209 462-2011.
GOLDENBAGEN, Gregg Karl; '85 BSBA; Asst. Apparel Mgr.; K Mart Apparel Corp., Brice Rd., Reynoldsburg, OH 43068, 614 864-4714; r. 859 1/2 NW Blvd., Columbus, OH 43212, 614 299-4054.
GOLDENBERG, David Lee; '68 BSBA, '69 MBA; Exec. Pres.; American Sales Inc., POB 1105, Dayton, OH 45401, 513 253-3171; r. 6701 Oak Field Dr., Dayton, OH 45415, 513 890-2046.
GOLDENFELD, Ernest A.; '43; Developer; Goldenfeld Enterprises, 6210 Wilshire Blvd., #211, Los Angeles, CA 90048, 213 937-2229; r. 520 Homewood Rd., Los Angeles, CA 90049, 213 472-1824.
GOLDFARB, Lewis H.; '80 BSBA; Atty.; Baker & Hostetler, 65 E. State St., Columbus, OH 43215, 614 228-1541; r. 3187 Vauxhall Dr., Columbus, OH 43204, 614 274-0602.
GOLDIN, Marc Stuart; '84 BSBA; Tax Cnslt.; Deloitte Haskins & Sells, One World Trade Ctr., New York, NY 10048, 212 669-5000; r. 222 Clinton St., Apt. 14, Hoboken, NJ 07030, 201 653-7835.
GOLDIN, Rachel Faythe; '85 BSBA; 92 Walters Ave., Staten Island, NY 10301, 718 448-9651.
GOLDING, Neal Robert; '84 BSBA; Regional Controller; Arthur Andersen Co., 100 E. Broad St., Columbus, OH 43215; r. 6821 E. Central Ave., Toledo, OH 43617.
GOLDMAN, Alan B.; '47 BSBA; Owner/Pres.; AL Goldmans Ofc. Store, 2620 S. Shepherd, Houston, TX 77098, 713 526-4401; r. 5475 Ariel, Houston, TX 77096, 713 664-9123.
GOLDMAN, Benjamin A.; '64 BSBA; Pres.; Superior Bldg. Svcs., 1707 Nussbaum Pkwy., Mansfield, OH 44906, 419 529-8800; r. 1515 Brookpark Dr., Mansfield, OH 44906, 419 756-8271.
GOLDMAN, Bruce D.; '47 BSBA; Secy.-Treas.; Mansfield Bag & Paper Co., 441 N. Main St., Mansfield, OH 44902; r. 495 Forest Hill Rd., Mansfield, OH 44907, 419 756-7336.
GOLDMAN, Byron R.; '37 BSBA; Cnslt.; All American, Marba Division, 1260 Niagara St., Buffalo, NY 14213, 716 886-5100; r. 960 N. Forest Rd., Buffalo, NY 14221, 716 634-3396.
GOLDMAN, Charles B.; '43 BSBA; Clothing Merchant; Liberty Store, 13-15 E. Genesee St., Auburn, NY 13021, 315 252-1761; r. 152 Ross St. Ext., Auburn, NY 13021, 315 252-8765.
GOLDMAN, Charlotte, (Charlotte Amdur); '48 BSBA; Retired Prog. Monitor; Commonwealth of Massachusetts; r. 6773F Boca Pines Tr., Boca Raton, FL 33433, 407 488-4253.
GOLDMAN, Harold S.; '31 BSBA; Pres.; Goldman Titanum Co., 5500 Main St., Williamsville, NY 14221, 716 634-4060; r. 5854 Main St., Williamsville, NY 14221, 716 634-4811.
GOLDMAN, Joseph William; '52 BSBA; Exec. Dir.; Frozen Food Assoc./New England, 77 Great Rd., Acton, MA 01720, 508 263-1171; r. 36 Savoy Rd., Framingham, MA 01701, 508 877-1671.
GOLDMAN, Louis S.; '49 BSBA; Atty.; Atty-at-Law, 137 N. Main St., 920 Harries Bldg., Dayton, OH 45402; r. 2943 Kemp Rd, Dayton, OH 45431.
GOLDMAN, Morrey; '49 BSBA; Sales Rep.; Blue Bell Inc., Box 21488, Greensboro, NC 27420, 919 373-3400; r. 1068 Elno Ave., Kent, OH 44240, 216 673-8732.
GOLDMAN, Steven Mark; '70 BSBA; Personnel Sec Spec.; Defense & Legal Svc. Agcy., POB 16567, Columbus, OH 43216, 614 238-3641; r. POB 32248, Columbus, OH 43232, 614 863-5303.
GOLDMAN, Stuart Mattis; '69 BSBA, '70 MBA; Pres.; Allstate Transportation Svc., 550 N. Alvernon Way, Tucson, AZ 85711; r. 612 S. Magnolia Ave., Tucson, AZ 85711, 602 748-7488.
GOLDMAN, William A.; '63 BSBA; Atty.; Goldman & Schulman, 921 Chatman Ln., Ste. 100, Columbus, OH 43221; r. 2432 Roscoe Ct., Dublin, OH 43017.
GOLDMEIER, David A.; '74 BSBA; Account Agt.; Allstate Ins., 2500 E. Main St., Bexley, OH 43209, 614 236-2886; r. 635 Montrose Ave., Columbus, OH 43209, 614 231-9556.
GOLDSBERRY, Mrs. Jennifer Bush, (Jennifer Bush); '82 BSBA; Homemaker; r. 16990 Bob White Cir., Strongsville, OH 44136, 216 238-9457.
GOLDSHMID, Ingrid Gottlieb; '72 MA; 9 Lafayette Ter., Chelmsford, MA 01824, 508 251-3780.
GOLDSMITH, Claude Orville; '54 BSBA; Retired; r. 1365 Hillcrest Ave., Pasadena, CA 91106, 818 449-3407.
GOLDSMITH, Deborah '70 (See Meckler, Deborah Goldsmith).
GOLDSMITH, Harvey S.; '62 BSBA; Atty.; Navy Family Allowance Activity, Fed. Bldg., 1240 E. 9th St., Cleveland, OH 44199; r. 9730 Fox Hill Tr., Concord Township, OH 44060, 216 639-1505.
GOLDSMITH, John Douglas; '74 BSBA; SR Box 6027, Captain Cook, HI 96704.
GOLDSMITH, Lois E.; '33 BSBA; Retired; r. 408 Garden Rd., Columbus, OH 43214, 614 263-0778.
GOLDSMITH, Shirley Moore, (Shirley Moore); '57; Retired; r. 1365 Hillcrest Ave., Pasadena, CA 91106, 818 449-3407.
GOLDSTEIN, Daniel F.; '87 BSBA; Bus. Mgr.; Motorcars Toyota, 123 Broadway, Bedford, OH 44146, 216 439-8600; r. 32300A Monroe Ct., #102, Solon, OH 44139, 216 248-4965.
GOLDSTEIN, David Bruce; '82 BSBA; 1071 Celestial #2105, Cincinnati, OH 45202.
GOLDSTEIN, David Philip; '86 BSBA; Staff Acct.; PPG, POB 1000, Lake Charles, LA 70602, 318 491-4648; r. 503 Moss St., Apt. B, Lake Charles, LA 70601, 318 433-4815.
GOLDSTEIN, Helene '28 (See Droher, Helene Goldstein).
GOLDSTEIN, Jack M.; '54 BSBA; Dist. Mgr.; Americana Corp., Rm-406, 9 Buttles Ave., Columbus, OH 43215; r. 3621 Panama Dr., Westerville, OH 43081, 614 882-0319.
GOLDSTEIN, Jerrold L.; '63 BSBA; of Counsel; Spero & Rosenfield Co. LPA, 113 St. Clair Ave., Ste. 500, Cleveland, OH 44114, 216 771-1255; r. 4321 University Pkwy., Cleveland, OH 44118, 216 291-2937.
GOLDSTEIN, Leonard M.; '43 BSBA; Pres.; Midland Inc., 4211 Clubview Dr., Ft. Wayne, IN 46804, 219 432-3533; r. 1339 W. Sherwood Ter., Ft. Wayne, IN 46807, 219 456-2483.

ALPHABETICAL LISTINGS GORDON 101

GOLDSTEIN, Louis S.; '58 BSBA; VP; Aquathin, 930 NE 62nd St., Ft. Lauderdale, FL 33334, 305 771-7638; r. 5732 Waterford, Boca Raton, FL 33496, 407 241-1982.

GOLDSTEIN, Robert B.; '51 BSBA; Ins. Agt.; Penn Mutual Life Ins. Co., 4500 Rockside Rd., Cleveland, OH 44131, 216 642-3000; r. 26600 Hurlingham, Beechwood, OH 44122, 216 831-9152.

GOLDSTEN, Dr. Joseph; '74 PhD (BUS); Assoc. Prof.; Washington & Lee Univ., Main Campus, Lexington, VA 24450; r. 401 Jackson Ave., Lexington, VA 24450, 703 463-4593.

GOLDSTINE, Sheldon R.; '72 BSBA; Arch.; Sheldon Goldstine Assoc., Inc., 23200 Chagrin Blvd., Beachwood, OH 44122, 216 831-5383; r. 3467 S. Green Rd., Beachwood, OH 44122, 216 464-0044.

GOLDSTON, Jay J.; '52 BSBA; Gen. Agt.; Jay J Goldston Agcy., 33 Public Sq. 7th Fl., Cleveland, OH 44113; r. 1866 Bromton Dr., Cleveland, OH 44124.

GOLDSTON, Sanford; '57 BSBA; Exec. VP; Wallick Constr. Co., 6880 Tussing Rd., Reynoldsburg, OH 43068, 614 863-4640; r. 5704 Bastille Pl., Columbus, OH 43213, 614 866-7859.

GOLDSTONE, Lynn Beth; '80 BSBA; Asst. Mgr.; K Mart Corp., *, Grayson, KY 41143; r. 33 E. Streetsboro, Hudson, OH 44236.

GOLDSWORTHY, Kathryn J. '86 (See Chandler, Mrs. Kathryn J.).

GOLDTHWAITE, David L.; '81 BSBA; Owner/Pres.; Northwestern Benefit Plans, 6649 N. High St., Ste. LL4, Worthington, OH 43085, 614 433-9103; r. 2488 Westmont Blvd., Columbus, OH 43221, 614 487-8131.

GOLDWASSER, Robert A.; '77 BSBA; VP; Nesson & Rapoport Inc., 240 W. 24th St., Norfolk, VA 23517, 804 622-6227; r. 7101 Fox's Lair Ct., Norfolk, VA 23518, 804 855-6101.

GOLES, Geraldine '63 (See Cole, Mrs. Geraldine G.).

GOLIN, Charles; '47 BSBA; Atty.; Golin Haefner & Bacher, 53 N. Duke St., Lancaster, PA 17602, 717 299-4874; r. 1954 Pine Dr., Lancaster, PA 17601, 717 291-8986.

GOLIN, Myron; '50 BSBA, '52 MBA; Assoc. Prof./Asst. Dean; Widener Univ., Sch. of Management, Chester, PA 19013, 215 499-4318; r. 1217 Heather Ln., Carrcroft, Wilmington, DE 19803, 302 764-6043.

GOLIS, Karen Beth; '85 BSBA; Computer Cnslt.; SUNY Health Sci. Ctr., Info. Ctr., 450 Clarkson Ave. Box 1188, Brooklyn, NY 11203, 718 270-1994; r. 1829 E. 26th St., Lower Level, Brooklyn, NY 11229, 718 645-8049.

GOLIS, Matthew J., PhD; '82 MBA; Pres.; Advanced Quality Concepts, POB 141388, Columbus, OH 43214, 614 267-6277; r. 264 Fairlawn Dr., Columbus, OH 43214, 614 268-0518.

GOLKO, Dennis Lynn; '72 BSBA; Bus. Mgr.; The Ohio State Univ., Meiling Hall Rm 255, 370 W. 9th Ave., Columbus, OH 43210; r. 5269 Captains Ct., Columbus, OH 43220.

GOLL, Drusilla Rennekamp, (Drusilla Rennekamp); '36 BSBA; Retired; r. 4031 Gulf Shore Blvd. N., Apt. 24, Naples, FL 33940, 813 261-2074.

GOLLER, John Michael; '74 MBA; Corporate Mgr.; Distribution Systs., POB 2600, 4500 Fuller Dr., Irving, TX 75038, 214 659-4865; r. 1006 Trophy Club Dr., Roanoke, TX 76262, 817 430-0268.

GOLLY, Mrs. Maria A., (Maria A. Rozhin); '84 BSBA; Export Cust. Svc. Rep.; Sherex Chemical Co. Inc., 5777 Frantz Rd., Dublin, OH 43017, 614 766-6187; r. 8038 Simfield Rd., Dublin, OH 43017, 614 766-5196.

GOLOMB, Samuel Jacob; '39 BSBA; Retired Atty.; Hartford Ins. Grp., Hartford Plz., Hartford, CT 06115; r. 7033 N. Kedzie, Apt. 802, Chicago, IL 60645, 312 743-2376.

GOLONKA, Christopher Jude; '85 BSBA; Ins. Underwriter; Hartford Ins. Grp., 6161 Oaktree Blvd., Independence, OH 44131, 216 447-1000; r. 2427 Eaton Rd., University Hts., OH 44118, 216 321-3826.

GOLONKA, Inka M., (Inka Visser); '85 BSBA; Staff Auditor; Society Bank, 2025 Ontario St., Cleveland, OH 44115, 216 622-9516; r. 2427 Eaton Rd., University Hts., OH 44118, 216 321-3826.

GOLUB, Jerome; '54 BSBA; Real Estate Developer; Jerome Golub Realty, 1007 K St. NW, Washington, DC 20001, 202 783-1717; r. 6409 Tilden Ln., Rockville, MD 20852, 301 881-6366.

GOLUB, Lisa Anne; '88 BSBA; 1942 Bairsford Dr., Columbus, OH 43232, 614 864-8565.

GOLUB, Roger Leslie; '69 BSBA; 23831 Wendover Dr., Beachwood, OH 44122, 216 382-9637.

GOLUB, Seymour L.; '37 BSBA; Tax Cnslt.; H & R Block Co., 1587 E. 2nd St., Scotch Plains, NJ 07076; r. 1165 Park Ave., Plainfield, NJ 07060, 201 754-0178.

GOMBAR, Joseph R.; '56 BSBA; Sr. Syst. Cnslt.; Grp. Bull Intl., POB 8000, Phoenix, AZ 85066, 602 862-5875; r. 614 E. Vista, Phoenix, AZ 85020, 602 944-7600.

GOMBITA, CAPT Gary Joseph, USAF; '83 MLHR; Mgmt. Engr.; DET- 30 6592 MES (AFSC), Wright Patterson AFB, OH 45433, 513 255-7808; r. 141 Arlington Dr., Franklin, OH 45005, 513 746-6991.

GOMER, Frederick L.; '48 BSBA; Owner; Stanley Steemer Carpet Cleaner, 2400 Wilton Dr., Wilton Manors, FL 33305, 305 563-2509; r. 2116 NE 25th St., Wilton Manors, FL 33305, 305 565-9206.

GOMERSALL, Mark Robert; '86 BSBA; Contract Spec.; US Govt., Warren, MI 48397, 313 574-7298; r. 995 Nottingham, Grosse Pte. Park, MI 48230, 313 822-6187.

GOMEZ, Phillip Joseph; '81 BSBA; Mgr.; Honey Baked Ham Co., 2613 Battleground Ave., Greensboro, NC 27408, 919 282-7009; r. 2603 Cottage Pl., Greensboro, NC 27405.

GOMEZ, Tony; '84 BSLHR; Compensation Analyst; Cleveland Metro Gen. Hosp., 3395 Scranton Rd., Cleveland, OH 44109, 216 459-4998; r. 1370 Sloane Ave. #210, Lakewood, OH 44107, 216 226-8727.

GOMPF, Thomas E.; '61 BSBA; Capt.; Pan Am World Airways; r. 14900 SW 179th St., Miami, FL 33187, 305 255-1009.

GONCHER, Bernard A.; '50 BSBA; Retired; r. 1197 Dublin Ave., Livermore, CA 94550, 415 447-4794.

GONDA, Douglas A.; '66 BSBA; Staff; Regional Transit Authority, Postmaster, Cleveland, OH 44101; r. 8200 Valley Ln., Cleveland, OH 44130, 216 842-9180.

GONDEK, Walter; '49 BSBA; Retired; r. 11610 Barrington Blvd., Cleveland, OH 44130, 216 842-0197.

GONGAWARE, Robert Watson; '69 MBA; Software Mgr.; Combustion Engrg. Inc., 650 Ackerman Rd., Columbus, OH 43202, 614 261-2000; r. 374 Stanbery Ave., Columbus, OH 43209, 614 253-3357.

GONOT, Fred P., II; '79 BSBA; Financial Cnslt.; Merrill Lynch, 100 E. Broad St., Columbus, OH 43215, 614 225-3061; r. 14 Poplar St., Bridgeport, OH 43912, 614 635-9424.

GONSER, Ruth Gant; '80 MPA; Staff; State of Ohio, Dept. of Development, 30 E. Broad St., Columbus, OH 43215; r. 1347 Ashland Ave., Columbus, OH 43212, 614 486-7960.

GONTER, Clarence A.; '32 BSBA; Acct.; r. 12911 Keystone Dr., Sun City West, AZ 85375, 602 584-2756.

GONTERO, Virginia Ann; '82 BSBA; Grad. Asst.; Kent State Univ., Exercise Physiology Dept., Kent, OH 44240; r. 161 Majors Ln., Kent, OH 44240, 216 673-8681.

GONYA, Ronald Paul; '73 BSBA; Systs. Spec.; Nationwide Ins. Co., One Nationwide Plz., Columbus, OH 43216; r. 1962 Torchwood Dr., Columbus, OH 43229, 614 888-8486.

GONZALES, Dr. Conrad Charles; '66 MA; 1111 Alden Rd, Alexandria, VA 22308, 703 360-1316.

GONZALES, Lisa '82 (See Vible, Mrs. Lisa).

GONZALEZ, Francisco B.; '85 BSBA; Branch Mgr.; Centrust Savings Bank, 390 S. Flamingo Rd., Pembroke Pines, FL 33027, 305 437-4371; r. 1413 SW 119th Ave., Pembroke Pines, FL 33025, 305 437-1667.

GONZALEZ, Pedro Arnaldo; '79 BSBA; Z-16 Florida St., Ext. Parkville, Guaynabo, Puerto Rico 00756.

GONZALEZ, Susan Lewis; '78 BSBA; Z-16 Florida St., Ext. Parkville, Guaynabo, Puerto Rico 00657.

GOOD, Donald S.; '58 BSBA; Exec. in Residence; George Washington Univ., Dept. Health Svc. Admin., 600 21st St. NW, Washington, DC 20052, 202 994-6218; r. 315 12th St. SE, Washington, DC 20003, 202 547-2786.

GOOD, Donald William; '63 BSBA; Treas.; Micro Industries, 691 Green Crest Dr., Westerville, OH 43081; r. 5980 Edgewood Cir., Dublin, OH 43017, 614 766-0740.

GOOD, Gary Mitchell; '86 BSBA; Production Foreman; Mac Tools, Fayette St., Washington Ct. House, OH 43160; r. 793 Duke Plz., Washington Ct. House, OH 43160.

GOOD, Howard Ritter; '29 BSBA; Retired; r. 3122 Hudson Ave., Youngstown, OH 44511, 216 788-6283.

GOOD, James Richerd; '54 MBA; Owner; Oasis Devel. Corp., 790 Madison Ave., Ste. 604, New York, NY 10021, 212 772-8840; r. 301 E. 66th St., New York, NY 10021, 212 472-1722.

GOOD, Sandra F., (Sandra L. Friel); '69 BSBA; Pres.; Good Media Svcs., 3366 Riverside Dr. Ste. 206, Columbus, OH 43221, 614 459-8500; r. 4562 Carriage Hill Ln., Columbus, OH 43220.

GOOD, Steven K.; '78 BSBA; Acctg. Mgr.; Wendy's Intl., Inc., POB 256, Dublin, OH 43017, 614 764-3193; r. 8862 Easton Dr., Pickerington, OH 43147, 614 833-1181.

GOODBALLET, Robert F.; '48 BSBA; Owner; Mastercraft Supply Co., 801 N. Dodsworth Rd., Covina, CA 91724, 818 339-3037; r. 928 N. Garsden, Covina, CA 91722, 818 966-3029.

GOODBURN, George L.; '51 BSBA; Goodburn Bros. Inc., 1023 N. 6th St., Columbus, OH 43201; r. 1071 Beechview Dr., Worthington, OH 43085, 614 885-8134.

GOODBURN, Stan Robert; '80 BSBA; Mgr.; Coopers & Lybrand, Ste. 2000 Columbus Ctr., 100 E. Broad St., Columbus, OH 43215; r. 3305 Towers Ct. S., Columbus, OH 43227, 614 237-9685.

GOODE, John J.; '86 BSBA; Sales Mgr.; J. S. Goode Landscaping, 6819 Tarlton Rd., Circleville, OH 43113, 614 837-0759; r. 3309 Fisher Rd., Columbus, OH 43204, 614 279-2454.

GOODELL, Mark Peyton; '86 BSBA; 3606 Center St., Cincinnati, OH 45227, 513 272-1226.

GOODELL, 2LT Robert Lane, USAF; '68 BSBA; 5703 River Branch, Kingwood, TX 77345, 203 792-6487.

GOODELL, William Dudley; '60 BSBA; 204 E. 2nd Ave. #418, San Mateo, CA 94401.

GOODEN, Rhoda '35 (See Irving, Rhoda Gooden).

GOODFRIEND, David; '41 BSBA; Deputy Clerk; 2nd Dist. Circuit Ct. of Cook Cnty., Skokie, IL 60077, 312 470-7250; r. 9238 Lorel Ave., Skokie, IL 60077, 312 966-7714.

GOODFRIEND, Steven Howard; '83 BSBA; 984 Indian Beach Dr, Sarasota, FL 34234, 813 377-6181.

GOODHART, Goodwyn Kaley; '54 BSBA; Govt. Bus. Admin.; James River Corp., Norwalk, CT 06856, 203 854-2024; r. 1 Doran Dr., Hopewell Jct., NY 12533, 914 221-2312.

GOODHART, Mrs. Jean K., (Jean E. Koller); '77 BSBA; Supv.; Sami/Burke Mktg., 800 Broadway, Cincinnati, OH 45202, 513 852-8507; r. 3772 Ault Park Ave., Cincinnati, OH 45208, 513 871-8920.

GOODIE, Greg Robert; '85 BSBA; Acct.; Rea & Assocs., Inc., 122 Fourth St. NW, New Philadelphia, OH 44663, 216 339-6651; r. 822 Third St. NW, New Philadelphia, OH 44663, 216 343-3581.

GOODING, Dr. Arthur Eric; '73 PhD (BUS); Founder & Pres.; Integrated Decision Systs., 2100 Sawtelle Blvd., W. Los Angeles, CA 90025; r. 17481 Tramonto Dr., Pacific Palisades, CA 90272, 213 459-1187.

GOODMAN, Alan I.; '64 BSBA; Atty.; 1326 Terminal Twr., Cleveland, OH 44113, 216 781-3434; r. 23600 S. Woodland, Shaker Hts., OH 44122, 216 292-7596.

GOODMAN, Dwight Dale; '58 BSBA; Pres.; Glas-Craft Inc., 5845 W. 82nd St., Indianapolis, IN 46278, 317 875-5592; r. 11106 Rolling Springs Dr., Carmel, IN 46032, 317 846-7479.

GOODMAN, Fredric S.; '68 BSBA; VP; Mgmt. Reports, Inc., 23945 Mercantile Rd., Cleveland, OH 44122, 216 464-3225; r. 25515 Halburton Rd, Cleveland, OH 44122, 216 464-6624.

GOODMAN, Howard I.; '46 BSBA; Sales; r. 5450 Nelsonia Pl., Columbus, OH 43213, 614 863-0539.

GOODMAN, Howard Russell; '68 BSBA; Staff; N C R Corp., 1700 S. Patterson Blvd., Dayton, OH 45479; r. 2137 Sherwood Forest, Miamisburg, OH 45342, 513 866-9496.

GOODMAN, LTC Jack Lee, Jr.; '68 BSBA; USAF(Ret.); r. PSC Box 4179, APO, New York, NY 09194.

GOODMAN, James Joseph; '81 BSBA; Industrial Eng; Briskheat Corp., 1055 Gibbard Ave., Columbus, OH 43216, 614 294-3376; r. 2105 Millrow Loop, Dublin, OH 43017, 614 766-4844.

GOODMAN, James Joseph; '87 BSBA; VP; Executive Limousine, POB 26954, Columbus, OH 43226, 614 888-6800; r. 394 Springboro Ln., Worthington, OH 43235, 614 436-9540.

GOODMAN, Kenneth L.; '57 BSBA; Asst. Treas.; A F C Corp., Box 157, Canfield, OH 44406; r. 30 Dartmouth Dr., Canfield, OH 44406, 216 533-3998.

GOODMAN, Lee Jay; '87 BSBA; Account Exec.; r. 218 Balboa Blvd., Balboa, CA 92661.

GOODMAN, Leslie Scott; '81 BSBA; Materials Mgmt.; Eaton Corp., 100 Erieview Plz., Cleveland, OH 44114; r. 1318 Rutledge Dr., Lincoln, IL 62656, 217 732-1114.

GOODMAN, Loretta '46 (See Borstein, Mrs. Loretta).

GOODMAN, Martha Katherine; '83 BSBA; 3434 Libby Rd., Columbus, OH 43207, 614 275-4470.

GOODMAN, Miriam Carlstein; '48 BSBA; 429 Debra Ln., Gahanna, OH 43230, 614 471-0792.

GOODMAN, Robert Leroy; '67 BSBA; 101 Bellefield, Westerville, OH 43081, 614 899-9947.

GOODMAN, Thomas Alan; '80 BSBA; Div. Counsel; Ohio Div. of Real Estate, Ohio Dept. of Commerce, 2 Nationwide Plz., Columbus, OH 43215, 614 466-4100; r. 4333 Shire Cove Rd., Hilliard, OH 43026, 614 876-0825.

GOODMAN, Tom Samuel; '54 BSBA; Partner; Goodman Rogat Co., 805 Bond Ct., Cleveland, OH 44114, 216 241-5485; r. 3021 Courtland Blvd., Cleveland, OH 44122, 216 921-0400.

GOODMAN, William Larry; '28; Staff; Franklin Co. Auditor's Ofc., 410 S. High St., Columbus, OH 43215, 614 462-3221; r. 51 Eastmoor Blvd., Columbus, OH 43209, 614 236-0954.

GOODMAN, William W.; '39; 500 Fulton St., Apt. 201, Palo Alto, CA 94301, 415 328-2181.

GOODNIGHT, Susan E.; '84 BSBA; Leasing Mgr.; OMNIOFFICES/Denver-DTC Inc., 4600 S. Ulster St., Ste. 700, Denver, CO 80237, 303 740-6600; r. 4363 S. Quebec, Apt. 5309, Denver, CO 80237, 303 721-0684.

GOODRICH, James Robert, Jr.; '69 BSBA; Mgr. Fin. Admin.; Bomag, 1210 Kenton St., Springfield, OH 45501, 513 325-8733; r. 7985 Cliffwood, Tipp City, OH 48371, 513 667-6900.

GOODRICH, Paul Franklin; '72 BSBA; Antique Dealer; Toll House Antiques, 891 N. High St., Columbus, OH 43215, 614 299-1957; r. 1533 Franklin Park S., Columbus, OH 43205, 614 252-1837.

GOODRICH, Robert Steven; '73 BSBA; Owner; T Shirt Designs, 12 S. 3rd, Newark, OH 43055, 614 349-7707; r. 1805 Londondale Pkwy., Newark, OH 43055, 614 344-8943.

GOODRICH, Steven Ray; '82 BSBA; Cashier; Meiyer, 775 Georgiaville Rd., Columbus, OH 43228; r. 106 Binns Blvd., Columbus, OH 43204, 614 276-8858.

GOODRICH, Walter L.; '38 BSBA; Retired; r. 322 Larry Ln., Gahanna, OH 43230, 614 475-6113.

GOODSITE, Thomas M.; '53 BSBA; Sr. VP, Operations; R G I Inc., 5203 Leesburg Pike Ste. 1300, Falls Church, VA 22041, 703 820-4900; r. 8608 Kenilworth Dr., Springfield, VA 22151, 703 323-0386.

GOODSON, Dann Parrott; '77 BSBA; 291 Kenbrook Dr., Worthington, OH 43085, 614 846-5988.

GOODWILL-SULLIVA, Amy Lee; '80 BSBA; Sales Promotion Mgr.; Restaurant Mgmt. Co., 1302 Ave. D, Ste. 203, Billings, MT 59102, 406 245-9727; r. 53 Pecan Ln., Billings, MT 59105.

GOODWIN, Dana Warner; '76 BSBA; Driving Instr.; AAA Driving Sch., 174 E. Long St., Columbus, OH 43215; r. 6456 King's Charter Rd., Reynoldsburg, OH 43068, 614 863-9683.

GOODWIN, Diann L. '80 (See Marshall, Diann).

GOODWIN, John Vincent; '75 BSBA; Controller/CPA; Beverly & Freeman, 823 N. Olive Ave., W. Palm Bch., FL 33401, 407 655-6023; r. 5849 Fair Green Rd., W. Palm Bch., FL 33417.

GOODWIN, John W.; '47 BSBA; Retired; r. The Oaks, 403 Scarlet Oak Ln., Hendersonville, NC 28739, 704 697-0332.

GOODWIN, Lewis P.; '50 BSBA; Manufacturers Rep.; Goodwin-Sullivan Assocs., RR 1, Box 2061, Milford, PA 18337, 717 686-5117; r. Same.

GOODWIN, Richard H.; '52 MACC; Controller; Grote Mfg. Co., RR No 7, Madison, IN 47250; r. 5631 Wynn Burne Ave., Cincinnati, OH 45238.

GOODWIN, Ruth '44 (See Richey, Ruth G.).

GOODWIN, Ruth Heimsch, (Ruth Heimsch); '51 BSBA; 406 Fayette Dr., Fayetteville, NY 13066, 315 637-8530.

GOODWIN, Wayne Wilfred; '84 BSBA; Retail Salesman; Bank One of Columbus, 100 E. Broad St., 2nd Fl., Columbus, OH 43215, 614 248-8333; r. 9661 Sunset Dr., Powell, OH 43065, 614 889-1922.

GOODWIN, Wilfred; '48 BSBA; Atty.; 9661 Sunset Dr., Powell, OH 43065, 614 889-1922; r. Same.

GOODYEAR, Edward Dean; '69 BSBA; Dispatch Printing Co., 34 S. 3rd St., Columbus, OH 43216; r. 1420 N. W. State Rte. 56, Rte. 2, London, OH 43140, 614 852-2157.

GOOSMANN, Clifford Joseph; '65 BSBA; Sr. Systs. Engr.; Natl. Advanced Systs., 11300 Cornell Park Dr., Ste. 545, Cincinnati, OH 45242, 513 489-8639; r. 8729 Tanagerwoods Dr., Cincinnati, OH 45249, 513 489-3109.

GOOTEE, Maureen J.; '85 MBA; Mgr. Mktg. Rsch. & Eval; Ohio State Univ. Hosps., 104 Doan Hall, 410 W. Tenth Ave., Columbus, OH 43210, 614 293-4001; r. 3112 Griggsview Ct., Hilliard, OH 43026, 614 876-9120.

GOPP, Donald Lynn; '70 BSBA; POB 58, Powell, OH 43065, 614 885-5228.

GORAN, Ms. Jill M., (Jill M. Williams); '85 BSBA; Production Analyst; Kimberly Clark Corp., Holcomb Bridge, Roswell, GA 30076, 404 587-8083; r. 306 Winsom Ct., Woodstock, GA 30188, 404 475-9969.

GORBY, Larisa Lynn '82 (See Fiorita, Larisa Lynn).

GORBY, Marianne; '82 MBA; Sales Mgr./Unit Mgr.; Procter & Gamble Dist. Co., POB 333, Cincinnati, OH 45201, 513 562-5046; r. 1939 Savannah Pkwy., Westlake, OH 44145, 216 892-0836.

GORCHOFF, Mark E.; '70 BSBA, '73 MBA; VP-Finance; Inertia Dynamics Corp., 550 N. 54th St., Chandler, AZ 85226, 602 961-1002; r. 9635 S. 47th Pl., Phoenix, AZ 85044, 602 893-9667.

GORCZYCA, LTC John Anthony, USAF; '71 BSBA; Pilot; Presidential Support Pilot, Andrews AFB, MD 20331, 301 981-6620; r. 269 Eutaw Forest Dr., Waldorf, MD 20603, 301 645-2779.

GORDEN, Denise Richards; '75 BSBA; Homemaker; r. 7150 Hyland-Croy Rd., Plain City, OH 43064, 614 873-8655.

GORDIN, Ms. Jana Lynn; '84 BSBA; Contract Negotiator; US Govt./Air Force Systs. Cmd., ASD/YPKKA F-16 Spec. Prog. Ofc, Wright-Patterson AFB, OH 45433, 513 255-4746; r. 1463 Eagle Highlands Dr., Fairborn, OH 45324, 513 426-7422.

GORDON, Dr. Agnes Marshall; '64 PhD (ACC); Prof. Emeritus; Ohio State Univ., 190 N. Oval, Columbus, OH 43210; r. 600 Glenmont Ave., Columbus, OH 43214, 614 268-4429.

GORDON, Alan Earl; '74 BSBA; VP Licensing; Marvel Entertainment, 387 Park Ave., S., New York, NY 10016, 212 696-0808; r. 3 Canterbury Rd., S., Harrison, NY 10528, 914 967-9103.

GORDON, Burton; '47 BSBA; Purchasing Agt.; r. 16 Bretton Woods Dr., Rochester, NY 14618, 716 586-5292.

GORDON, Carol Suzanne; '85 BSBA; Life Assurance; Multi-Plng. Inc., Frankfurt, West Germany; r. 4231 Chaucer Ln., Columbus, OH 43220, 614 451-8125.

GORDON, Charles Edward; '49 BSBA; 3387 E. Broad St., Columbus, OH 43213, 614 231-1350.

GORDON, Charles Edward; '80 BSBA; 3387 E. Broad St., Columbus, OH 43213.

GORDON, 2LT Charles L.; '65 BSBA; 2Lt Usa; r. 106 Fayette Cir., Fayetteville, NY 13066, 315 637-3118.

GORDON, Christine M.; '86 BSBA; Mktg. Coord.; Showtime/The Movie Channel, 1633 Broadway, New York, NY 10019, 212 708-1612; r. 134 Pine St., Garden City, NY 11530, 516 741-8047.

GORDON, Donald Edward, Jr.; '85 BSBA; 1152 Broad St., Wadsworth, OH 44281, 216 334-1146.

GORDON, Edwin Jason; '74 BSBA; Dir./Managing Editor; San Diego State Univ. Press, 4961 64th St., San Diego, CA 92115, 619 594-6220; r. 4137 Alabama Ave., #5, San Diego, CA 92104, 619 296-1646.

GORDON, Frank Howard; '87 BSBA; Bookkeeper; Cardinal Lodging Grp., Accounts Receivable Dept., 6561 E. Livingston, Reynoldsburg, OH 43068, 614 866-1569; r. 210 W. Brighton, Columbus, OH 43202, 614 268-8988.
GORDON, Geoffrey Scott; '84 MBA; Sr. Pricing Systs. Coord.; Timken Co., 1835 Dueber Ave. SW, Canton, OH 44706, 216 430-6528; r. 1120 24th St. NE, Canton, OH 44714, 216 453-3315.
GORDON, Hy Sheldon; '64 BSBA; Mktg. Cnslt.; H.S.G. Mktg. Cnslts., 9840 SW 3rd Ct., Plantation, FL 33324, 305 581-8081; r. Same, 305 583-6156.
GORDON, James Leslie; '78 BSBA; RR 2 Box 276 G, Bryan, OH 43506, 419 636-6176.
GORDON, Kenneth Neal; '53; Reco Electric Co., 1049 Barnett, Columbus, OH 43227; r. 403 N. Columbia Ave., Columbus, OH 43209, 614 253-7816.
GORDON, Linda Lee; '88 BSBA; Rltnshp Bnkr Candate; Huntington Natl. Bank, 41 S. High St., Columbus, OH 43215; r. 8441 Arbory Hill Ct., Dublin, OH 43017, 614 766-1019.
GORDON, Marc D.; '62 BSBA; 9443 Drake, Evanston, IL 60203, 312 677-9187.
GORDON, Mrs. Martha Mahaffey, (Martha Mahaffey); '32 BSBA; Retired Typing Tchr/Blind; r. 325 W. Holly Ave., Phoenix, AZ 85003, 602 258-1210.
GORDON, Merle H.; '52 BSBA; Mgr.; Supreme Garden Supply Co., 1147 Sweitzer Ave., Akron, OH 44301; r. 800 Hampton Ridge, Akron, OH 44313, 216 864-6155.
GORDON, Michael M.; '77 BSBA; Pres.; Gateway Data Sciences Corp., 5060 N. 40th St. Ste. 114, Phoenix, AZ 85018, 602 381-0080; r. 8031 E. McLellan Blvd., Scottsdale, AZ 85253, 602 991-0967.
GORDON, Phillip Ray; '74 BSBA; Staff; Sun TV, 1583 Alum Creek Dr., Columbus, OH 43209, 614 445-8401; r. 1195 Huntly Dr., Columbus, OH 43227, 614 868-8920.
GORDON, Richard Perry; '81 MBA; Bus. Spec.; El du Pont de Nemours Co., 10th & Market St., Wilmington, DE 19898, 302 773-5152; r. 1015 Tweedbrook Rd, Wilmington, DE 19810, 302 475-4097.
GORDON, Robert David, Jr.; '80 BSBA; 753-A Moon Rd., Columbus, OH 43224, 614 263-6478.
GORDON, Robert Perkins; '78 MBA; Finance Dir.; Gardere & Wynne, 717 N. Harwood, Ste. 1700, POB 599, Dallas, TX 75201, 214 979-4736; r. 4105 Prospect Ln., Plano, TX 75093, 214 867-5576.
GORDON, Mrs. Robyn E., (Robyn S. Engel); '79 BSBA; Owner/Interior Decorator; Trans Design, 34445 Sherwood Dr., Solon, OH 44139, 216 248-7688; r. Same.
GORDON, Roger Burnham; '59 MBA; Mgr.; E I Du Pont Dn Co., 10th & Market Sts., Wilmington, DE 19898; r. 708 Edgehill Rd., Wilmington, DE 19807, 302 654-8582.
GORDON, Ronald Wayne; '73 BSBA; Operations Mgr.; J.C. Penney Co., 2361 Park Crest, Columbus, OH 43232, 614 868-0250; r. 11370 Stonecreek Dr., Pickerington, OH 43147, 614 864-6371.
GORDON, Ruth '47 (See Brightwell, Ruth Gordon).
GORDON, Ryan James; '82 BSBA; Regional Sales Mgr.; Artcarved Class Rings Inc., 450 W. 33rd St., New York, NY 10001, 800 223-6737; r. 2952 Oakcrest Ave. SW, Roanoke, VA 24015, 703 989-7386.
GORDON, Susan Cynthia; '70 BSBA; Owner; Anchor Lighting, 546 E. Long, Columbus, OH 43215; r. 2809 E. Broad St., Columbus, OH 43209, 614 237-7908.
GORDON, Suzanne Katz, (Suzanne Katz); '51 BSBA, '81 MPA; Volunteer; League of Women Voters; r. 199 S. Broadleigh Rd, Columbus, OH 43209, 614 235-5568.
GORDON, Mrs. Terri G., (Terri L. Gersman); '82 BSBA, '86 MBA; Sr. Cnsltg. Assoc.; Retail Plng. Assocs., 645 S. Grant Ave., Columbus, OH 43206, 614 461-1820; r. 200 Whetsel Ct., Reynoldsburg, OH 43068, 614 861-0102.
GORDON, Vernon Marc; '87 BSBA; 6122 Persimmon T Ct., Englewood, OH 45322, 513 836-1946.
GORDON, William Liles; '27 BSBA; Retired; r. 2580 S. Jackson St., Denver, CO 80210, 303 759-1355.
GORE, Arthur E.; '42 BSBA; Atty.; Gore, Grosse, Greeman & Lacy, 900 3rd St., Oceanside, CA 92054, 619 722-1234; r. 3245 Avenida De Loyola, Oceanside, CA 92056, 619 757-2709.
GORE, Dr. Catherine Ann; '83 MPA; 1545 Northview Ave., Apt. 1, Cincinnati, OH 45223.
GORE, Mrs. Helen Deloris; '82 BSBA; Dir. of Finance; Charles B. Mills Ctr. Inc., 715 Plum St., Marysville, OH 43040, 513 644-9192; r. 2618 Wickliffe Rd., Columbus, OH 43221, 614 451-9470.
GORE, Jeffery Todd; '85 BSBA; Acct.; Columbia Gas of Ohio, 200 S. Civic Center Dr., Columbus, OH 43215, 614 460-6000; r. 2496 Prendergast Pl., Reynoldsburg, OH 43068, 614 863-6858.
GORE, Vinaya; '83 MBA; Tech. Staff Member; AT&T Bell Labs, 6200 E. Broad St., Columbus, OH 43213, 614 860-3892; r. 6195 Stornoway Dr. S., Columbus, OH 43213, 614 863-5295.
GORENFLO, Daryl Lee; '76 BSBA; VP; Golf Courses of Iberia Inc., 649 US Hwy. 1, Ste. 13, N. Palm Bch., FL 33408, 407 845-1122; r. 12142 157th St., N., Jupiter, FL 33478, 407 744-8334.
GORESH, David Theodore; '73 BSBA; Controller; William Hoobs Ltd., 3786 NE Expy., Atlanta, GA 30340; r. POB 334, Lilburn, GA 30226.
GOREY, Mrs. Linda M., (Linda J. Madras); '80 BSBA; Secy.; Imperial Pools & Supplies, 2144 W. Alexis, Toledo, OH 43613, 419 472-5775; r. 5544 Whitehouse-Spencer Rd., Whitehouse, OH 43571, 419 877-5198.
GORIUS, Michael Earl; '82 BSBA; Carpenter; Mark Buildings, 711 Forest Hills Rd., Heath, OH 43056, 614 323-3217; r. 198 Central Ave., Newark, OH 43055, 614 345-7052.
GORKA, Eric Earl; '87 MBA; 6473 Cranston Way, Dublin, OH 43017, 614 792-2879.
GORMAN, Curtis Scott; '83 BSBA; Sales Repr; Deluxe Check Printers, 1111 Majaun Rd., Lexington, KY 40511; r. 3804 Greenbridge Loop N., Dublin, OH 43017.
GORMAN, James Carvill; '49 BSBA; Pres./CEO/Dir.; Gorman-Rupp Co., 305 Bowman St., Mansfield, OH 44903, 419 755-1011; r. 1885 Millsboro Rd., POB 2599, Mansfield, OH 44906, 419 529-3822.
GORMAN, John Curtis; '78 BSBA; Acct.; R R Donnelly & Sons Co., 1145 Conwell Ave., Willard, OH 44890; r. 3009 Hinde Ln., Sandusky, OH 44870, 419 627-8204.
GORMAN, Max; '74 BSBA; Operations Mgr.; Showa Aluminum, POB 151, Mt. Sterling, OH 43143, 614 869-3333; r. 5321 Grosbeak Glen, Orient, OH 43146.
GORMAN, Michael Joseph; '74 BSBA; VP/Gen. Mgr.; Thomas W Ruff & Co., 1160 NW 163rd Dr., Miami, FL 33169, 305 625-6600; r. 5977 NW 53rd St., Coral Spgs., FL 33067, 305 755-2943.
GORMAN, Robert Thomas; '55 BSBA, '59 MBA; Pres.; Gms Inc., Dallas, TX 75260; r. 13220 Laurel Wood, Dallas, TX 75240, 214 661-1272.
GORMAN, Dr. Ronald Hugh; '70 PhD (BUS); Prof.; American Univ., Massachusetts & Nebraska Ave., Washington, DC 20016, 202 885-1919; r. 1618 Hobart St., NW, Washington, DC 20009, 202 462-2616.
GORMAN, William Harold; '86 BSBA; 171 Gerber Ave., Chillicothe, OH 45601, 614 775-6400.
GORMLEY, Nicholas J.; '58 BSBA; 1114 Carper St., Langley Estates, Mc Lean, VA 22101.
GORRELL, Daniel Allan; '72 MBA; Rsch. Mgr.; Ford Motor, The American Rd.-WHQ #716, POB 1899, Dearborn, MI 48123, 313 337-8486; r. 1652 Apple Ln., Bloomfield Hls., MI 48013, 313 851-5406.
GORRINGE, Jo Long; '85 BSBA; Controller; Worthington Heating & Cooling, 7085 Huntley Rd., Worthington, OH 43085; r. 301 Caro Ln., Gahanna, OH 43230, 614 471-9066.
GORSKE, John Pittman; '81 BSBA; Real Estate Broker; Sperry-Gorske Ins. & Real Estate, 21 S. Main St., Oberlin, OH 44074, 216 774-4331; r. 134 Fairway Dr., Oberlin, OH 44074, 216 774-8796.
GORSUCH, Jeffery Alan; '86 BSBA; Acct.; Mid Ohio Packaging, 2565 Harding Hwy. E., Marion, OH 43302, 614 387-3700; r. 111 Fairfax Rd., Marion, OH 43302, 614 387-4229.
GORTLER, LTC Gordon Dickie, USAF; '67 MBA; 610 Aspen, Vandenberg AFB, CA 93437, 805 734-3684.
GORTON, COL Kenneth B., Sr.; '56 BSBA; USAF(Ret.); r. 3300 W. 30th Ave., Anchorage, AK 99517, 907 248-2239.
GOSCIN, Edmund J.; '42 BSBA; Mfg. Rep.; r. 7620 Fall Meadow Ln., Dallas, TX 75248, 214 239-7929.
GOSHEN, Shoshana '84 (See Goshen-Harper, Shoshana).
GOSHEN-HARPER, Shoshana, (Shoshana Goshen); '84 BSBA; Systs. Mgr.; Consultec, Inc., 9040 Roswell Rd., Atlanta, GA 30350, 404 594-7799; r. 2253 Windland Dr., Lawrenceville, GA 30244, 404 985-0872.
GOSIOROWSKI, Linda Bruner; '68; 8846 Locherbie Ct., Dublin, OH 43017, 614 764-1117.
GOSLEE, James Robert, III; '64 BSBA; Atty.; Goslee & Goslee, Attorneys-At-Law, 202 Clearmont, Russells Pt., OH 43348, 513 843-3644; r. 202 Clearmont St., POB 902, Russells Pt., OH 43348, 513 843-3644.
GOSLEE, James Robert, Jr.; '35 BSBA; Atty.; 21-24 Security Bldg., Bellefontaine, OH 43311; r. 202 Clearmount St., Russells Pt., OH 43348, 513 843-3644.
GOSNELL, Edward Francis, Jr.; '69 BSBA; Pres.; Gosnell Sales Co., Chillicothe, OH 45601; r. 2008 Atterbury St., Columbus, OH 43229, 614 895-7716.
GOSS, Arthur Burnett, II; '85 BSBA; Sr. Staff Acct.; Peat Marwick Main & Co., 2 Nationwide Plz., Columbus, OH 43215, 614 249-2300; r. 4653 Orwell Dr., Columbus, OH 43220.
GOSS, Daniel R.; '67 BSBA; Pres.; Chemical Mortgage Co., 101 E. Town St., Columbus, OH 43215; r. 8385 Kirkaldy Ct., Dublin, OH 43017, 614 889-6987.
GOSS, Donald L.; '62 BSBA; Staff; Natl. Cash Register, 1700 S. Patterson Blvd., Dayton, OH 45479; r. 4 Beverly Pl., Dayton, OH 45419, 513 298-2195.
GOSS, Keith W.; '46 BSBA; Retired Banker; People's Bank, Mt. Vernon, IN 47620; r. 2200 Westridge Dr., Mt. Vernon, IN 47620, 812 838-3313.
GOSS, Linda Stong; '66 BSBA; 8385 Kirkaldy Ct., Dublin, OH 43017, 614 889-6987.
GOSS, Robert Joseph; '86 BSBA; Res. Coord.; Canine Companions for Ind., Orient, OH 43146, 614 871-2554; r. 2959 Fair Ave., Columbus, OH 43209, 614 237-7717.
GOSSARD, Tina Marie; '82 BSBA; Svc. Mgr.; Meijer Inc., 775 Georgesville Rd., Columbus, OH 43228, 614 274-6708; r. 6353 Century City N., Apt. 1, Reynoldsburg, OH 43068, 614 866-5787.
GOSSETT, Charles Allan; '73 BSBA; 3591 Shawnee Trace, Jamestown, OH 45335, 513 675-6655.
GOSSMAN, Barbara Ann; '75 BSBA; Internal Auditor; Americare Corp., 1810 MacKenzie Dr., Columbus, OH 43220; r. 316 E. Royal Forest Blvd., Columbus, OH 43214, 614 263-4352.
GOSSMAN, Ronald Gordon; '68 MBA; Engr.; USAF, Eglin AFB, FL 32542; r. 35 Meigs Dr., Shalimar, FL 32579, 904 651-4243.
GOTHERMAN, Colleen Woods; '73 BA, '80 MPA; Mgr.; Midwest Cnslts. to Mgmt., Deloitte Haskins & Sells, 1717 E. 9th St., Cleveland, OH 44114, 216 589-1300; r. 19101 Van Aken Blvd., Shaker Hts., OH 44122, 216 295-0129.
GOTHERMAN, John E.; '55 BSBA; Partner; Calfee Halter & Griswold, 1800 Society Bldg., Cleveland, OH 44114; r. 19101 Van Aken Blvd., Apt. 501, Shaker Hts., OH 44122.
GOTLIEB, Lawrence D.; '65 BSBA; Broker; First Miami Securities, 20660 W. Dixie Hwy., N. Miami Bch., FL 33180, 800 327-7097; r. 21100 NE 21st Pl., N. Miami Bch., FL 33179, 305 932-5061.
GOTSCHALL, John W.; '54 BSBA; Retired; r. 205 High St., Dover, OH 44622, 216 343-5919.
GOTSHALL, Raymond E.; '52 BSBA; Transportation Mgr.; Mgr. Tranp BP Coal America Inc., 200 Public Sq., Cleveland, OH 44114, 216 586-8230; r. 341 Westwind Dr., Avon Lake, OH 44012, 216 933-9634.
GOTTEMOELLER, Charles August; '32 BSBA; Mgr.-Pension Thrift Plans; Consolidated Natural Gas Co., 1717 E. 9th St., Cleveland, OH 44114; r. 22701 Lake Rd., Apt. 411A, Cleveland, OH 44116.
GOTTFRIED, Larry R.; '51 BSBA; Sales Mgr.; Queen City Fire Equip. Inc., 56 Oak Cir., Colchester, VT 05446, 802 655-7070; r. 602 North Ave., #9, Burlington, VT 05401, 802 985-8183.
GOTTFRIED, Robert Richard; '67 MBA; 1606 Madison, Bellevue, NE 68005, 402 291-0310.
GOTTFRIED, Ronald M.; '49 BSBA; 21875 Shelburne Rd, Cleveland, OH 44122, 216 464-0998.
GOTTIER, Richard Chalmers; '39 BSBA; Chmn. & CEO; Minnesota Seed Capital, Inc., Parkdale Plz., Ste. 330, 1660 S. Hwy. 100, Minneapolis, MN 55416, 612 545-5684; r. 4735 Sparrow Rd., Minnetonka, MN 55345, 612 474-7903.
GOTTKO, Dr. John Joseph, Jr.; '83 PhD (BUS); Asst. Prof.; Oregon State Univ., Sch. of Business, Corvallis, OR 97331, 503 754-0123; r. 2656 NW Chinaberry Pl., Corvallis, OR 97330, 503 757-8722.
GOTTLIEB, Allyne M.; '48 BSBA; Pres.; The Capital Creation Co. Inc., 23200 Chagrin Blvd., Cleveland, OH 44122, 216 765-9600; r. 12630 Cedar Rd., Beachwood, OH 44106, 216 371-3858.
GOTTLIEB, Ann, (Ann Lowenstein); '48 BSBA; 4 Nancy Ct., Flower Hill, Manhasset, NY 11030, 516 627-7836.
GOTTLIEB, Harold; '44 BSBA; Owner/Retailer; Shuttlers Mens Wear Inc., 3280 Westgate Mall NW, Fairview Park, OH 44126; r. 11 Stratford Ct., Beachwood, OH 44122.
GOTTLIEB, Helen Schwartz; '45 BSBA; 10 Oakwood Cir., Roslyn, NY 11576, 516 627-1227.
GOTTLIEB, Jeremy David; '83 BSBA; VP; Capital Creation Co., Sales & Mktg., 23200 Chagrin Blvd. #740, Beachwood, OH 44122, 216 765-9600; r. 18028 Winslow Rd, Shaker Hts., OH 44122, 216 752-7929.
GOTTLIEB, Robert H.; '63 BSBA; 380 S. Liberty Way, Orange, CA 92669, 714 997-0380.
GOTTRON, Jeffery Arthur; '83 BSBA; Mfg. Rep.; Duro-Last Roofing Inc., 525 Morley Dr., Saginaw, MI 48601, 517 753-6486; r. 4627 Hunt Club Dr., #2D, Ypsilanti, MI 48197, 313 572-1263.
GOTTSEGEN, Stanley D.; '54 BSBA; Atty.; Burke, Haber & Berick, 1645 Palm Beach Lakes Blvd., Ste. 1200, W. Palm Bch., FL 33402, 407 471-0500; r. 17290 White Haven Dr., Boca Raton, FL 33496, 407 487-8431.
GOTTSHALL, Donald E.; '55 BSBA; Acct.; GM Corp., Fisher Guide Div., 200 Georgesville Rd., Columbus, OH 43228, 614 275-5501; r. 3437 Colchester Rd, Columbus, OH 43221, 614 451-6971.
GOTTWALD, Anne E. '76 (See Mc Vey, Ms. Anne E.).
GOUBEAUX, Roger William; '59 BSBA; Regional Atty.; Natl. Labor Relations Bd., 11000 Wilshire Blvd., Los Angeles, CA 90024; r. 1420 Camden Ave., Apt. 8, Los Angeles, CA 90025, 213 479-8105.
GOUBEAUX, Thomas J.; '48 BSBA; Pres.; Goubeaux, Goubeaux Inc., 211 E. Ohio St., Ste. 1220, Chicago, IL 60611; r. 211 E. Ohio, Apt. 1220, Chicago, IL 60611.
GOUDY, David W.; '62 BSBA; VP Sales; Industrial Belting Inc., POB 2568, Grand Rapids, MI 49506; r. 4448 Winged-Foot Rd SE, Grand Rapids, MI 49506, 616 942-5521.
GOUDY, Wesley Eugene; '81 BSBA; Store Mgr.; Kroger Co., 4450 Poth Rd., Columbus, OH 43213; r. 1258 Genessee Ave., Columbus, OH 43211.
GOULD, Dwaine Earl; '79 BSBA; Examiner; State Auditor, 88 E. Broad St., Columbus, OH 43216; r. 1432 Noe Bixby Rd, Columbus, OH 43227.
GOULD, Edward J.; '20 BSBA; Retired; r. 526 N. Canon Dr., Beverly Hls., CA 90210, 213 276-8543.
GOULD, James B.; '59 BSBA; Western Investment Counsel Inc., 3443 N. Central Ave. Ste. 410, Phoenix, AZ 85012; r. 4607 N. Hilltop Rd, Phoenix, AZ 85018.
GOULD, Kyle Andrew; '85 BSBA; 40 E. Shore Blvd., Willoughby, OH 44094, 617 232-4761.
GOULD, Merlin Lee; '61 BSBA; Sr. Data Analyst; B F Goodrich Co., 500 S. Main St., Akron, OH 44311; r. 5844 Lyric Dr., Clinton, OH 44216.
GOULD, Michael G.; '65 BSBA, '66 MBA; Asst. Controller; Homelite, Div of Textron Inc, 14401 Carowinds Blvd., Charlotte, NC 28240, 704 588-3200; r. 2415 Seth Thomas Rd., Charlotte, NC 28210, 704 552-9157.
GOULD, Richard Eric; '86 BSBA; Pres.; Agua-Art, Billingsley Rd., Dublin, OH 43017, 614 459-4544; r. 2287 Hedgerow Rd., Columbus, OH 43220, 614 451-7738.
GOULD, Robert A.; '80 BSBA; 1432 Noe Bixby, Columbus, OH 43227.
GOULDING, Margaret Lee; '87 BSBA; 89 Lexington Ave., Mansfield, OH 44907, 419 522-8458.
GOULDSBERRY, Elmer E.; '49 BSBA; Sales Rep.; Dixon Ticonderoga Co., 1706 Hayes Ave., Sandusky, OH 44870; r. 37 Landings Way, Avon Lake, OH 44012, 216 933-5281.
GOULDSBERRY, Pamela Louise; '83 MPA; 15920 1/2 Clifton Blvd., Lakewood, OH 44107.
GOULET, Dr. Peter Gregory; '67 MBA, '70 PhD (BUS); Faculty; Univ. of Northern Iowa, Mgmt. Dept., Sch. of Business, Cedar Falls, IA 50614, 319 273-2556; r. 2718 Abraham Dr., Cedar Falls, IA 50613, 319 277-6170.
GOURLEY, MAJ Edwin P., USAF(Ret.); '61 BSBA; 903 Minutemen, Cocoa Bch., FL 32931, 407 784-0027.
GOUTTIERE, David Michael; '82 BSBA; Audit Sr./CPA; Touche Ross & Co., 1801 9th St. Ste. 800, N. Olmsted, OH 44070, 216 771-3525; r. 4843 Columbia Rd. Apt. #203, N. Olmsted, OH 44070, 216 777-1633.
GOUYD, Charles E.; '53 MBA; Retired; r. 6708 Carmel Hills Dr., Charlotte, NC 28226, 704 542-1263.
GOVERNAL, Joseph J.; '74 BSBA; Mfg. Rep.; 5699 Bear Paw Ct., Westerville, OH 43081, 614 898-9797; r. Same.
GOVINDARAJAN, Kirthi; '83 MBA; 93 E. Wheelock St., Hanover, NH 03755.
GOWDY, Robert Edwin, Jr., CPA; '76 MACC; 3111 S. Race St., Englewood, CO 80110, 303 761-5537.
GOWE, James Cameron; '72 BSBA; VP; 620 Corp., POB Q, 620 E. Smith Rd., Medina, OH 44256, 216 722-2466; r. 831 Weymouth Rd., Medina, OH 44256, 216 722-2743.
GOWEN, Dr. Charles Rollin, III; '73 MBA, '81 PhD (BUS); Asst. Prof.; Miami Univ., Sch. of Business Adm, Management Dept., Oxford, OH 45056; r. 125 Laurel Ln., De Kalb, IL 60115, 815 758-0011.
GOWER, David E.; '82 BSBA; Account Mgr.; N C R Corp., 965 Keynote Cir., Brooklyn Hts., OH 44131, 216 398-2788; r. 20410 Butler Rd., Butler, OH 44822, 216 923-1087.
GOZDIFF, Daniel; '87 BSBA; 1018 Lynbrook, N. Canton, OH 44720, 216 494-7553.
GOZOSKI, Edward Thomas; '72 BSBA; Police Ofcr.; City of Dublin, 6665 Coffman Rd., Dublin, OH 43017, 614 761-6531; r. 231 Mainsail Dr., Westerville, OH 43081.
GRABBS, Mrs. June Jo, (June Jo Bodge); '60 BSBA; Staff Acct.; Boatmen's First Natl. Bank, POB 38, Kansas City, MO 64183, 816 234-7200; r. POB 25214, Kansas City, MO 64119, 816 452-4335.
GRABIAK, Lavonne Marie; '77 BSBA; Rsch. Analyst; Library of Congress, Congressional Res Service, Washington, DC 20540; r. 3328-B S. Wakefield St., Arlington, VA 22206, 703 379-5802.
GRABIEL, Joseph Gordon; '81 MBA; Mktg./Sales; r. 824 Bonnieview Ave., Alliance, OH 44601, 216 821-8413.
GRABILL, Rex W.; '48 BSBA; 2626 Thousand Oaks, Apt. 506, San Antonio, TX 78232, 512 490-5020.
GRABLOWSKY, Dr. Bernie Jacob; '73 PhD (BUS); Pres.; Commercial Structures, Inc., 117 Landmark Sq., Virginia Bch., VA 23452, 804 463-8618; r. 740 Harris Point Dr., Virginia Bch., VA 23455, 804 499-4561.
GRABNAR, Joan '87 (See Herrington, Joan Grabnar).
GRACE, Charles R.; '57 BSBA; Retired; r. 26731 Ross Cir., N. Olmsted, OH 44070, 216 777-9381.
GRACE, Jill Alison; '87 BSBA; 444 Custer Ave., Apt. 3N, Evanston, IL 60202.
GRACE, John Wayne; '73 MBA; 8649 W. Barkhurst Dr., Pittsburgh, PA 15237, 412 366-4042.
GRADFORD, Valorie Michelle; '85 BSBA; 2335 Delaware, Cleveland Hts., OH 44106.
GRADISEK, Elaine Marie; '84 BSBA; Invest Plan Analyst; Equitable Real Estate, 5775 Peachtree Dunwoody Rd NE, Ste. E, Atlanta, GA 30342; r. 4213 Spring Creek Ln., Dunwoody, GA 30350, 404 396-6687.
GRADY, James Allen; '61 BSBA; Svc. Mgr.; Alpine Svc. Co. Inc., 2812 N. Orange Blossom Tr., Orlando, FL 32804, 407 422-5068; r. Same, 407 425-2453.
GRADY, James David; '83 BSBA; 2479 Neil Ave., Columbus, OH 43202, 614 262-3640.
GRAEFF, Lisa B. '82 (See Simko, Mrs. Lisa Graeff).
GRAEFF, William G.; '48 BSBA; Retired; r. 1017 Kaderly NW, New Philadelphia, OH 44663, 216 343-6257.
GRAESER, Douglas Richard; '87 BSBA; Sales Rep.; Te-Co., 109 Quinter Farm Rd., Union, OH 45322, 513 836-0961; r. 319 Sailboat Run Apt. 3D, Dayton, OH 45458, 513 885-5887.

GRAESER, Gertrude '47 (See Beyoglides, Gertrude G.).
GRAESSLE, Frederick James; '79 BSBA; 25206 Inkster Rd, Southfield, MI 48034, 214 492-7758.
GRAESSLE, William T.; '37 BSBA; Retired; r. 451 Glenmont Ave., Columbus, OH 43214, 614 262-6459.
GRAETER, Richard A.; '53 BSBA; VP; Graeters Inc., 2145 Reading Rd, Cincinnati, OH 45202, 513 721-3323; r. Ryland Lakes Country Club, 9 Sylvan Lake Dr., Covington, KY 41015, 606 356-8981.
GRAETZ, James William; '67 BSBA; Financial Aid Dir.; Texas Educ. Corp., 2505 N. Hwy. 360, Ste. 420, Grand Prairie, TX 75050, 817 640-4321; r. 4609 Valleycrest, Arlington, TX 76013, 817 457-3118.
GRAF, Allison L.; '87 BSBA; 147 Ridgeside Rd., Chattanooga, TN 37411, 615 624-0450.
GRAF, Mrs. Betty W., (Betty Washburn); '51 BSBA; Homemaker; r. 220 Tenth Fairway, Roswell, GA 30076, 404 642-8900.
GRAF, Edward J.; '51 BSBA; Southern Mgr.; Metropolitan Home Magazine, 220 Tenth Fairway, Roswell, GA 30076, 404 642-8900; r. Same.
GRAF, Jack Richard; '42 BSBA; Pres./Owner; Graf & Sons Inc., 1145 W. Goodale Blvd., Columbus, OH 43212, 614 221-1335; r. 1240 Kenbrook Hills Dr., Columbus, OH 43220, 614 451-5545.
GRAF, Lawrence William; '74 BSBA; Sales Mgr.; Worthington Steel, 8911 Kelso Dr., Baltimore, MD 21221, 203 659-3658; r. 78 Ladyslipper Ln., Glastonbury, CT 06033, 203 659-3310.
GRAF, Norma Henson; '50 BSBA; Retired; r. RR 2, Box 62, Mc Dermott, OH 45652.
GRAF, Ruth '30 (See Rideout, Ruth Graf).
GRAFF, John Ralph; '83 BSBA; 1970 New Rogers Rd., Apt. C 41, Levittown, PA 19056, 215 946-4668.
GRAFFAGNINO, Robert D.; '76 MBA; Software Developer; Goal Systs. Intl., 7965 N. High St., Columbus, OH 43235, 614 888-1775; r. 2578 Berwyn Rd, Columbus, OH 43221, 614 486-2076.
GRAFMILLER, Donald L.; '50 BSBA; Retired; r. 4081 Dublin Rd., Hilliard, OH 43026, 614 876-5470.
GRAFT, Donald E.; '59 BSBA; 13951 Stone Hedge Cir., Pickerington, OH 43147, 614 927-7050.
GRAGNON, Bette A. '51 (See Millhon, Bette).
GRAHAM, Alan Thomas; '71 BSBA; 3026 E. Cortez St., Phoenix, AZ 85028, 602 992-5714.
GRAHAM, Alton K.; '52 BSBA; Retired; r. 6855 Amestoy, Van Nuys, CA 91406, 818 343-3408.
GRAHAM, Chuck W.; '84 BSBA; Process Software Engr.; PPG Industries, Delaware Resin Plant, 830 Pittsburgh Dr., Delaware, OH 43015, 614 363-9610; r. 6649 David Rd., Dublin, OH 43017, 614 889-4747.
GRAHAM, David Leroy; '66 MBA; Sr. Systs. Auditor; NCR Corp., 1700 S. Patterson Blvd., Dayton, OH 45479, 513 445-1884; r. 7121 Davis Rd., Hilliard, OH 43026, 614 771-9120.
GRAHAM, David Thomas; '80 BSBA; 2970 14th St., Cuyahoga Falls, OH 44223, 216 678-8995.
GRAHAM, Mrs. Delia Hazel; '84 MLHR; Trng. Spec.; American Electric Power, 1 Riverside Plz., Columbus, OH 43215, 614 223-2442; r. 4676 Winchester Pike, Columbus, OH 43232, 614 833-1390.
GRAHAM, Edward F.; '49 BSBA; Retired; GM Corp., Fisher Body Div, 200 Georgesville Rd., Columbus, OH 43228; r. 1320 Bellflower Ave., Columbus, OH 43204, 614 272-6728.
GRAHAM, Edwin Lee; '73 BSBA; Sr. VP & Comptroller; Star Bank, NA, Tri-State, POB 707, 120 S. 3rd St., Ironton, OH 45638, 614 532-0363; r. 1908 Mesa Ct., Ironton, OH 45638, 614 532-7535.
GRAHAM, Elizabeth Louise; '85 BSBA; 2344 Hardesty Ct., Columbus, OH 43204.
GRAHAM, Eugene Moores; '67 MBA; VP; Graham & Benham Inc., 409 Riverchase Village, Birmingham, AL 35244, 205 988-5099; r. 1941 River Way Dr., Birmingham, AL 35244, 205 988-8127.
GRAHAM, Gregory Lee; '83 BSLHR; Sales Finance Rep.; City Loan Bank, 1852 Tamarack Cir., S., Columbus, OH 43229, 614 885-0166; r. 2011 Tupsfield Rd., Columbus, OH 43229, 614 436-0137.
GRAHAM, Howard Eugene; '47 BSBA; VP; Causeway Ins., Inc., 1650 NE 26th St., Ft. Lauderdale, FL 33305, 305 565-9600; r. 7723 Villa Nova Dr., Boca Raton, FL 33433, 305 963-3388.
GRAHAM, James Francis; '50 BSBA; Atty.; Graham & Mc Clelland, POB 669, Zanesville, OH 43702, 614 454-8585; r. 3570 S. River Rd., POB 1585, Zanesville, OH 43701, 614 453-0721.
GRAHAM, James Robert; '87 BSBA; Acctg. Supv.; Mellon Financial Svcs., 1228 Euclid Ave., Fourth Fl., Cleveland, OH 44115, 216 696-5432; r. 1595 Cohassett Ave., Lakewood, OH 44107, 216 226-4930.
GRAHAM, John Henry; '76 BSBA; Bank One of Columbus, 100 E. Broad St., Columbus, OH 43215; r. 267 S. Algonquin, Columbus, OH 43204, 614 279-5589.
GRAHAM, John W.; '87 BSBA; 2532 Meadowwood, Toledo, OH 43606, 419 535-9708:
GRAHAM, Joseph Gregory; '48 BSBA; Retired; GM Corp.; r. 5124 Northcliff Loop W., Columbus, OH 43229, 614 888-5124.
GRAHAM, Karen Marie; '81 BSBA; Mgr.; Compuserve Inc., Compensation & Benefits Dept., 5000 Arlington Ctr. Blvd., Columbus, OH 43220; r. 1173 Sanborn Pl., #A, Columbus, OH 43229.
GRAHAM, Kenneth David; '87 BSBA; Preloader; UPS, 855 W. Longview, Mansfield, OH 44903; r. 167 Wolfe Ave., Mansfield, OH 44907, 419 524-5437.
GRAHAM, Maureen '79 (See Mosher, Mrs. Maureen).
GRAHAM, Parker Lee, Sr.; '70 BSBA; VP/Traffic; Metro Cartage Co., POB 1449, Taylor, MI 48180, 313 946-9422.
GRAHAM, Randal Eugene; '78 BSBA; Materials Mgr.; ACUFEX Microsurgical Inc., 12767 Industrial Dr., Granger, IN 46530, 219 277-1212; r. 51855 Gentian Ln., Granger, IN 46530, 219 277-9702.
GRAHAM, Richard Wayne; '54 BSBA; Agt.; State Farm Ins. Co., 8720 Woodley Ave., Ste. 200, Sepulveda, CA 91343, 818 891-2292; r. 21210 Georgetown Dr., Saugus, CA 91350, 805 296-4789.
GRAHAM, Robert Clark; '49 BSBA; Exec. Dir.; GLS Region V, Planning & Devel. Commission, Flint, MI 48507, 313 234-0340; r. 2381 S. M52, Owosso, MI 48867, 517 723-3320.
GRAHAM, Robert Joe; '66 MBA; 3816 N. W. 70th St., Oklahoma City, OK 73116, 405 842-0501.
GRAHAM, Robert Michael; '68 BSBA; VP; Reliance Life Cos., One Penn Ctr., Philadelphia, PA 19103, 215 864-5957; r. 4 Alexis Dr., Gwynedd, PA 19002, 215 699-4032.
GRAHAM, Samuel John, III; '73 BSBA; Pres.; Buckeye Air Prods., 6969 Worthington-Galena Rd., Ste. A, Worthington, OH 43085, 614 848-3838; r. 7605 Bellaire Ave., Dublin, OH 43017.
GRAHAM, Thomas Carl; '50 BSBA; Ret. Mgr. Contract Admin.; Goodyear Aerospace Corp., Loral Syst. Div., 1210 Massilon Rd., Akron, OH 44315; r. 557 Hampton Ridge Dr., Akron, OH 44313, 216 836-3723.
GRAHAM, Thomas Joseph; '78 BSBA; Claim Repr; State Farm Ins. Co., 1115 S. Hamilton Rd, Columbus, OH 43227; r. 711 Davis Rd., Mansfield, OH 44907, 419 756-3058.
GRALTON, Paul M.; '60 MBA; Staff; Paul M Gralton, 231 S. Swan Rd., Tucson, AZ 85711; r. 4740 E. Bermuda Ave., Tucson, AZ 85712, 602 325-3427.
GRAM, Paul Thomas; '83 BSBA; Production Control Mgr.; K T H Parts Industries Inc., 1111 N. Rte. 235, St. Paris, OH 43072, 513 663-5941; r. 4847 Willowbrook, Springfield, OH 45503, 513 399-9705.
GRAMLICH, Christopher; '76 BSBA; Owner; Gramlich Dec. & Wall Covering, 400 W. Central #2609, Wichita, KS 67203, 316 267-8253; r. Same.
GRAMLICH, Dennis Wendell; '82 MBA; Dir. of Med. Records; St. Anthony Hosp., 1450 Hawthorne Ave., Columbus, OH 43203; r. 807 City Park Ave., Columbus, OH 43206, 614 461-0566.
GRAMLICH, Gerald Wayne; '78 BSBA; Dist. Dir.; Dial One (Columbus Dist.), 740 Lakeview Plz. Blvd. Ste. L, Worthington, OH 43085, 614 888-0777; r. 3174 Hayden Rd., Columbus, OH 43235, 614 766-4288.
GRAMLICH, Jay Raymond; '62 BSBA; Mgr./Printing; Current Inc., 3525 N. Stone, Colorado Spgs., CO 80907; r. 19900 Indian Summer Ln., Monument, CO 80132, 719 488-3523.
GRAMLICH, Thomas Joseph; '76 BSBA; Owner; Ohio Mulch, 537 Reynoldsburg-New Albany Rd, Blacklick, OH 43004, 614 863-0445; r. 13626 Falmouth Ave. NW, Pickerington, OH 43147, 614 864-4121.
GRAMMER, Cathryn Louise; '76 BSBA, '79 MBA; Mgr.; Coopers & Lybrand, 1301 Dove St., Ste. 600, Newport Bch., CA 92660, 714 752-8900; r. 25384 Mountainwood Way, El Toro, CA 92630.
GRAMZA, Jeffrey Scott; '84 BSBA; Account Admin.; IBM, Four Seagate Sq., Toledo, OH 43604, 419 242-1900; r. 924 Francis Ave., Toledo, OH 43609, 419 381-7083.
GRANDLE, Frank H.; '49 BSBA; CPA; Frank H Grandle, CPA, 520 S. El Camino Real, Ste. 232, San Mateo, CA 94402, 415 344-8282; r. 2430 Skyfarm Dr., Hillsborough, CA 94010, 415 579-1187.
GRANDON, Jon Dorsey; '78 BSBA; 3989 Linda Rd, Hilliard, OH 43026, 614 771-0622.
GRANDON, Leo Franklin; '49 BSBA, '68 MBA; Exec. VP; Grange Life Ins. Co., 671 S. High St., Columbus, OH 43215, 614 445-2816; r. 5282 Wakefield Dr., Hilliard, OH 43026, 614 876-6624.
GRANDSTAFF, James R.; '49 BSBA; Retired; r. 2893 US Rte. 22 NE, Washington Ct. House, OH 43160, 614 333-7338.
GRANDSTAFF, Richard L.; '52 BSBA; Gte of Michigan; r. 3771 Arborway Dr., Muskegon, MI 49441, 616 780-4239.
GRANDSTAFF, Richard Lance; '73 BSBA; Staff; Goodwill Industries Co., 1331 Edgehill Rd, Columbus, OH 43214, 614 294-5181; r. 3295 Sullivant Ave., Apt. H, Columbus, OH 43204, 614 276-6275.
GRANETO, Frank P.; '36 BSBA; Retired; r. 8472 Four Seasons Tr., Youngstown, OH 44514, 216 757-3097.
GRANGER, Kelly Andrew; '84 BSBA; Branch Mgr.; The Assocs. Financial Svcs., Columbus, OH 43229, 614 895-7100; r. 4555 Teton Ct., Gahanna, OH 43230, 614 475-9571.
GRANGER, Richard L.; '57 BSBA; Realtor; Dick Granger Realtor, 448 E. Center St., Marion, OH 43302; r. 352 Uhler Ave., Marion, OH 43302.
GRANGER, Robert Christopher; '87 MLHR, '87 MPA; Personnel Mgr.; Eaton Corp., 110 Woodstock St., Crystal Lake, IL 60014, 815 459-3200; r. 1721 W. Hollow, Mc Henry, IL 60050, 815 344-8534.
GRANI, Christine Mary; '88 BSBA; 8615 Birgham Ct. S., Dublin, OH 43017, 614 764-0374.
GRANNAN, Patricia Ann; '85 BSBA; Internal Auditor; Dana Corp., 2424 W. State Blvd., POB 2424, Ft. Wayne, IN 46801; r. 7526 Saddleback Ct., #28, Ft. Wayne, IN 46804.
GRANO, James Nicholas; '70 BSBA; VP; Ohio Financial Grp., Hanna Bldg., Cleveland, OH 44114, 216 781-8525; r. 112 Countryside, Chagrin Falls, OH 44022, 216 247-7754.
GRANT, David Abram; '77 BSBA; Grad. Teaching Asst.; The Ohio State Univ., English Dept., 421 Denney Hall, Columbus, OH 43210; r. 738 Thurber Dr. W., #E, Columbus, OH 43215, 614 464-9245.
GRANT, Donald Stephen; '60 MBA; Mgr.; Diablo Systs. Inc., 24500 Industrial Blvd., Hayward, CA 94545; r. 302 Costa Rica Ave., San Mateo, CA 94401.
GRANT, Jack E.; '37 BSBA; Retired; r. 5908 32nd St. NW, Washington, DC 20015, 202 966-6764.
GRANT, James, II; '80 BSBA; Dir. - Real Estate Inv.; Capital Holding Corp., 680 Fourth Ave., Louisville, KY 40232, 502 560-2378; r. 9810 Winged Foot Dr., Louisville, KY 40223, 502 425-4314.
GRANT, Jeffrey Allen; '88 BSBA; 6838 Esther Ln., Madeira, OH 45243, 513 561-4931.
GRANT, John A., Jr.; '59 BSBA; 12874 Twyla Ln., Hartland, MI 48029.
GRANT, Mary Ellen; '86 BSBA; Asst. Mgmt. Analyst; State Tchrs. Retirement Syst., 275 E. Broad St., Columbus, OH 43215; r. 2414 Sandover Rd., Columbus, OH 43220, 614 457-2225.
GRANT, Michael Davis; '83 BSBA; Salesman; Buckeye Business Prods., 7209 St. Clair Ave., Cleveland, OH 44103; r. 9752 Hazelwood Ave., Strongsville, OH 44136, 216 572-1411.
GRANT, Timothy; '77 BSBA, '79 MBA; CPA; Parms & Co., Inc., 400 E. Town St., Ste. 200, Columbus, OH 43215, 614 224-3078; r. 1521 Cunard Rd., Columbus, OH 43227, 614 236-8110.
GRANTS, Harijs Juris; '80 BSBA; Asst. Dir. Mktg./Plng.; American Red Cross, Central Ohio Chapter, 995 E. Broad St., Columbus, OH 43205, 614 253-7981; r. 3510 Darbyshire Dr., Hilliard, OH 43026, 614 876-7669.
GRANZOW, Susane '53 (See Phillips, Mrs. Susane Granzow).
GRAPE, Dr. Eugene F.; '55 MBA, '66 PhD (BUS); Box 3756, Northern Arizona University, Flagstaff, AZ 86001, 602 774-6336.
GRAPER, Frank B.; '49 BSBA; Retired; r. 271 Sabal Palm Ln., Vero Beach, FL 32963, 407 231-9137.
GRAPES, Diana L.; '83 MBA; Operation Reports Mgr.; Nationwide Ins. Co., One Nationwide Plz., Columbus, OH 43216, 614 249-6238; r. 1857 Ramblewood Ave., Columbus, OH 43235, 614 459-5649.
GRAPPO, Michael A.; '40 BSBA; Retired Atty.; r. 616 Westline Dr., Alameda, CA 94501, 415 522-7121.
GRASSAN, Earl E.; '61 BSBA; Industry Mgr.; Owens Illinois World, Hdqtrs Bldg., 1 Seagate, Toledo, OH 43666; r. 3553 Ridgewood, Toledo, OH 43606, 419 537-0066.
GRASSBAUGH, Wilbur Dean; '47 BSBA; Retired; r. 5302 Harvard Ave., Westminster, CA 92683, 714 893-4745.
GRATAWOL, Amy M. '87 (See White, Mrs. Amy M.).
GRATHWOL, Jill Marie; '88 BSBA; 2521 W. Strub Rd., Sandusky, OH 44870, 419 626-3224.
GRATHWOL, Robin Jon; '83 BSBA; Internal Auditor/Sec Ofcr; Citizens Bkg. Co., 100 E. Water St., Sandusky, OH 44870, 419 625-4121; r. 812 Vine St., Sandusky, OH 44870, 419 626-3855.
GRATZ, Ronald E.; '60 BSBA; Pres.; Portable Living Quarters, POB 5211, Greenville, SC 29606, 803 277-4638; r. 660 Halton Rd., Apt. 8D, Greenville, SC 29607, 803 234-7990.
GRATZ, Ronald G.; '69 BSBA; Treas.; The Borror Corp., 5501 Frantz, POB 7166, Dublin, OH 43017, 614 761-6000; r. 5194 Betonywood Pl., Dublin, OH 43017, 614 792-3855.
GRATZ, Scott Bradley; '86 BSBA; Sales Rep.; Diller Med., Inc., 825 N. Main St., Bluffton, OH 45817, 800 537-1898; r. 7563 Northcrest Dr., #D, Indianapolis, IN 46256, 317 842-7822.
GRAUER, David W.; '82 MBA; Asst. Prof.; Ohio State Univ., Clg. of Pharmacy, 500 W. 12th, Columbus, OH 43210; r. 5606 Stover Ct., Dublin, OH 43017, 614 761-1657.
GRAUL, Joseph W.; '50 BSBA; Manufacturer Owner; r. 30826 W. Knight Dr., Denham Spgs., LA 70726, 504 664-4675.
GRAUL, William Ray; '71 BSBA; Partner; Hirth Norris Graul & Co. CPA's, POB 373, 2425 Old Stringtown Rd., Grove City, OH 43123, 614 875-0803; r. 4560 Grove City Rd., Grove City, OH 43123, 614 871-2600.
GRAUMLICH, Stephen Leonard; '70 BSBA; 3676 US Rte. 62 NE, Washington Ct. House, OH 43160, 614 335-1224.
GRAVES, Edmond A.; '50 BSBA; Pres.; Neea Cnslts. Inc., 2853 Evergreen Dr., Springfield, OH 45504, 513 324-2060; r. 2853 Evergreen Dr., Springfield, OH 45504, 513 324-2060.
GRAVES, Elizabeth Hogue; '42; 1536 Essex Rd, Columbus, OH 43221, 614 488-9151.
GRAVES, Floyd W.; '36 BSBA; Retired; r. 28660 Campbell Rd, Circleville, OH 43113, 614 477-1932.
GRAVES, Gaile Mc Cargo; '77 BSBA; Homemaker; r. 1443 Clubview Blvd. N., Worthington, OH 43235, 614 888-0294.
GRAVES, Herbert E.; '70 BSBA; Sales Rep.; Big Ten Auto World, 4237 N. High St., Columbus, OH 43214, 614 261-8004; r. 5210 Blair Ave., Canal Winchester, OH 43110, 614 836-3738.
GRAVES, Jane E. '87 (See Schlater, Jane Ellen).
GRAVES, Lisa Hodil; '84 BSBA; 5965 Harrisburg-Georgesville, Oak Hills - Lot #30, Grove City, OH 43123, 614 877-3783.
GRAVES, Robert L.; '52 BSBA; Time Keeper; Fisher Body Div. GMC, 200 Georgesville Rd, Columbus, OH 43228; r. 4450 Stinson Dr. W., Columbus, OH 43214, 614 459-2576.
GRAVES, William Joseph; '86 MPA; Devel. Spec.; State of Ohio-Dept. of Devel., Ofc. of Local Govt. Svcs., 77 S. High St., Columbus, OH 43215, 614 466-2285; r. 1308 Broadview Ave., Columbus, OH 43212, 614 488-8432.
GRAVIUS, William R.; '53 BSBA; Wholesale Rep.; Marathon Petroleum Co., 21850 Melrose, Ste. 11, Southfield, MI 48037, 313 351-7714; r. 29916 Muirland, Farmington Hls., MI 48018, 313 851-2893.
GRAW, Jerry D.; '84 BSBA; Store Mgr.; Sherwin-Williams Co., 240 E. Liberty St., Wooster, OH 44691; r. 2648 Taylor Ave., Wooster, OH 44691, 216 345-6942.
GRAY, Archibald C., Jr.; '59 BSBA; Sales Cnslt.; Premier Engrg. Co., 30000 Stephenson Hwy., Detroit, MI 48231, 614 363-6087; r. 300 W. Central Ave., Delaware, OH 43015, 614 369-3871.
GRAY, Barbara Jo Grosskopf; '70 BSBA; VP; Crocker Bank, 74 New Montgomery St., San Francisco, CA 94105; r. 1922 Pierce St., San Francisco, CA 94115.
GRAY, Clarence Edgar; '52 MBA; Retired; r. 540 Neapolitan Way, Naples, FL 33940, 813 261-3718.
GRAY, David Alan; '83 BSBA, '88 MBA; Systs. Analyst I; Ohio State Univ., Lincoln Twr. Rm. 750, Columbus, OH 43210; r. 3590 N. Sanford Ave., Stow, OH 44224, 216 688-5702.
GRAY, Donald Riley; '59 BSBA; Controller; Artromick Intl. Inc., 4800 Hilton Corporate Dr., Columbus, OH 43232, 614 864-9966; r. 1181 Hepplewhite Ct., Westerville, OH 43081, 614 891-4277.
GRAY, Donald Wayne; '56 BSBA, '58 MBA; Acctg. Supv.; Ferro Corp., 4150 E. 56th St., Cleveland, OH 44105, 216 641-8580; r. 1349 Laurel Dr., Macedonia, OH 44056, 216 467-9889.
GRAY, Edward A.; '49 BSBA; Sales; Mall City Containers, 2710 N. Pitcher, Kalamazoo, MI 49004, 800 643-6721; r. 7020 Thornapple River Dr., Caledonia, MI 49316, 616 698-7594.
GRAY, Hugh Elmer; '68 BSBA; Staff; Westinghouse Electric, 115 S. Roach, Jackson, TN 38301; r. 101 Fountain Pl., Jackson, TN 38305, 901 668-7386.
GRAY, Jack Rexford, Jr.; '82 BSBA; Tch. Asst. Mktg. Dept.; Wayne State Univ., Detroit, MI 48202, 313 577-4508; r. 436 Concord Ave., Elyria, OH 44035, 216 322-4247.
GRAY, James Charles; '82 BSBA; Product Mgr.; Progressive Ins., 677 Alpha Park, Highland Hts., OH 44143; r. 2796 E. Asplin, Rocky River, OH 44116.
GRAY, Jane Karen; '80 MPA; Teaching Assoc.; Ohio State Univ., Sociology Dept., Adm Bldg. Rm 300, Columbus, OH 43210; r. 3074 Bay Shore Dr., Tallahassee, FL 32308.
GRAY, Dr. John Charles; '63 PhD (ACC); Prof.; Univ. of Minnesota, Carlson Sch. of Mgmt., 271 19th Ave. S., Minneapolis, MN 55455, 612 624-5859; r. 2360 Seabury Ave., Minneapolis, MN 55406, 612 729-3910.
GRAY, John Christopher; '63 BSBA; Pres. & CEO; Gray America Corp., 3050 Dryden Rd., Dayton, OH 45439, 513 294-6666; r. 1711 Southwood Ln. W., Dayton, OH 45419, 513 296-1711.
GRAY, Joseph W., IV; '87 BSBA; Debt Analyst; State of Ohio Budget & Mgmt., 30 E. Broad St., 34th Fl., Columbus, OH 43215, 614 644-8817; r. 102 Beaufort Ln., Columbus, OH 43214, 614 846-0105.
GRAY, Kenneth Conner; '52 BSBA; Retail Merchant; Fosters Inc., 1280 Rombach Ave., Wilmington, OH 45177; r. 644 Kathryn Dr., Wilmington, OH 45177, 513 382-3194.
GRAY, Marvin Leander; '71 BSBA; Owner; Mattress Warehouse, 30133 Euclid Ave., Wickliffe, OH 44092, 216 585-0632; r. 5774 Colonial Blvd., Willoughby, OH 44094, 216 944-2090.
GRAY, Michael James; '67; Plant Mgr.; Kinnear, Division of Harsco Corporation, 1191 Fields Ave., Columbus, OH 43201; r. 1192 Glenn Ave., Columbus, OH 43212, 614 488-7560.
GRAY, Nellie Garcia, (Nellie Garcia); '40 BSBA; Retired; r. 315 Summit St. SW, N. Canton, OH 44720, 216 499-4443.
GRAY, Patsy '49 (See Oliver, Patsy Gray).
GRAY, Ronald Stewart; '69 BSBA; 23692 Salvador, Mission Viejo, CA 92692, 714 586-9447.
GRAY, Sheri Somers; '85 BSBA; Programmer Analyst; Nationwide Ins. Co., One Nationwide Plz., Columbus, OH 43216, 614 249-8856; r. 6565 Perry Pike, Plain City, OH 43064, 614 873-4596.
GRAY, Theodore Milton; '50 BSBA; Senator; Ohio Senate, State House, Columbus, OH 43216, 614 466-8064; r. 1981 N. Star, Columbus, OH 43212, 614 488-7851.
GRAY, Thomas Dale; '67 BSBA; Staff Acct. Ofcr.; USA Corps of Engrs., 536 S. Clark St., Chicago, IL 60605, 312 886-0633; r. 207 S. Vail Ave., Arlington Hts., IL 60005, 312 394-8074.

GRAY, Thomas Lee; '59 BSBA; Mktg. Rep.; Nulook Fashion Inc., 5080 Sinclair Rd., Columbus, OH 43229, 614 885-4936; r. 742 Brittingham Ct., Columbus, OH 43214, 614 459-5548.

GRAY, Thomas Prescott; '86 BSBA; Dir. Syst. Developmt; Direct Mkt. Data Systs., 6400 Riverside Dr., Dublin, OH 43017; r. 2398 Meadow Village Dr., Worthington, OH 43085.

GRAY, Tracy Jerome; '82 BSBA; Reg. Sales Mgr.; Brown & Williamson Tobacco, 3530 Snouffer Rd., Ste. 201, Columbus, OH 43235, 614 889-4955; r. 2050 Swansford Dr., Columbus, OH 43216.

GRAY, Wendy Howard; '83 MBA; Owner; Professional Rsch. & Writing Svcs., 4984-A Harwich Ct., Kettering, OH 45440, 513 435-1716; r. Same.

GRAYDON, COL Michael T., USAF; '67 MBA; 1st Strategic Aerospace Div., Vandenberg AFB, CA 93437, 805 866-4642; r. 625 Aspen, Vandenberg AFB, CA 93437, 805 734-1570.

GRAYSON, Elliott S.; '47 BSBA; Retired; r. 711 N. Ocean Blvd., Delray Bch., FL 33483, 407 272-2283.

GRBEVSKA, Snezana; '87 BSBA; Part-time Teller; Ohio State Bank, 946 S. Hamilton Rd., Columbus, OH 43213; r. 686 Country Club Rd., Columbus, OH 43213, 614 861-5523.

GRDEN, Gary Paul; '86 BSBA; 1270 S. Galena Rd., Galena, OH 43021, 614 965-1329.

GREATA, Russell Martin; '73 MACC; 24330 Eastwood, Oak Park, MI 48237.

GREATHOUSE, John William; '82 BSBA; Mgr.; Wendys Intl. Inc., 4288 W. Dublin-Granville Rd, POB 256, Dublin, OH 43017; r. 3469 S. 3 B's & K Rd., Galena, OH 43021, 614 965-4082.

GREELY, Anne '47 (See Titus, Anne G.).

GREEN, Alice '54 (See Inboden, Mrs. Alice G.).

GREEN, Amanda M. '80 (See Hill, Amanda Mary).

GREEN, Arthur George; '33 BSBA; Retired; Cols & So Ohio Electric Co., 215 N. Front St., Columbus, OH 43215; r. 1149 Kingslea Rd., Columbus, OH 43209, 614 235-1252.

GREEN, Dale Hamilton; '37 BSBA; Secy.; R T Woolcock Plumbing & Heatin, 1448 Copley Rd., Akron, OH 44320, 216 836-2022; r. 8400 Nave, SW, Massillon, OH 44646, 216 832-9962.

GREEN, David Charles; '74 BSBA; Cit Financial Corp; r. 40 Wall St., 23rd Fl., New York, NY 10005, 201 659-0243.

GREEN, David Keith; '77 BSBA; Adm Asst.; Ohio Environ. Prot Agcy., 30 E. Broad St., Columbus, OH 43215; r. 2197 Sawbury Blvd., Worthington, OH 43085.

GREEN, Debra Joan; '81 MBA; C.O.O.; Southern Calif. Mkt. Devel. Co., c/o Postmaster, Riverside, CA 92506; r. 51 Monticello, Irvine, CA 92720, 714 857-6061.

GREEN, Diana L. '61 (See King, Diana Green).

GREEN, Donald Curtis; '49 BSBA; Bus. Mgr.; Mc Kinley Graphics, 1108 Stone Rd., Laurel Spgs., NJ 08021, 609 784-3911; r. 660 14th Ave., Prospect Park, PA 19076, 215 532-6899.

GREEN, Donald J.; '87 MLHR; 7065 Mc Morran St., Brown City, MI 48416, 313 346-3191.

GREEN, COL Donald J., USAF(Ret.); '60 MBA; POB AP, Truckee, CA 95734, 916 587-1077.

GREEN, Donald K.; '63 BSBA; USAF, 430 Richmond Rd, Cleveland, OH 44124.

GREEN, Eugene Terry; '53 BSBA; Owner & Pres.; Gene Green Assoc., 22 Windsor Isle, Longwood, FL 32779, 407 322-2886; r. Same.

GREEN, LT Fredrick, USN; '81 BSBA; Supply Corps Ofcr.; Bldg. 39, Naval Air Sta., Glenview, IL 60026, 312 657-2473; r. 4067 Remora Ct. #C, Great Lakes, IL 60088, 312 473-2590.

GREEN, Gary Denton; '86 BSBA; Operations Mgr.; Western Auto Supply Co., 1675 US 42 S., Delaware, OH 43015, 614 369-4491; r. 474 Rutherford Ave., Delaware, OH 43015, 614 369-3243.

GREEN, Gregory William; '83 MBA; Mktg. Analyst; Natl. Starch & Chemical Crp, 10 Finderne Ave., Bridgewater, NJ 08807, 201 685-5000; r. 123 Mountain View Rd., Warren, NJ 07060, 201 647-5844.

GREEN, James A., Jr.; '56 BSBA; Staff Engr.; Lockheed Missiles & Space Co., 939 Elkridge Landing Rd., Linthicum Hts., MD 21090, 301 684-2412; r. 3904 Wakefield Ln., Bowie, MD 20715, 301 464-2311.

GREEN, Jeffrey Stewart; '85 BSBA; Acct.; Rothschild, Meckler & Co., 23200 Chagrin Blvd., Cleveland, OH 44122, 216 831-4343; r. 25200 Rockside Rd., #518, Bedford Hts., OH 44146, 216 439-3784.

GREEN, Jo Anne '51 (See Ketcham, Jo Anne Green).

GREEN, John Ronald; '71 BSBA; Physical Distr.; r. 618 King Edward Rd., Charlotte, NC 28211, 704 366-9669.

GREEN, Judith Lucile; '62 BSBA; Copy Writer; Yeck Bros. Co., POB 225, Dayton, OH 45401, 513 294-4000; r. 56 W. Washington, Jamestown, OH 45335, 513 675-8931.

GREEN, Kelly Foote; '84 BSBA; Comrcl Lines Underwr; State Auto Mutual Ins. Co., 518 E. Broad St., Columbus, OH 43216, 614 464-5145; r. 231 Cherrystone Dr. N., Gahanna, OH 43230, 614 478-3666.

GREEN, Laurie Suzanne; '85 BSBA; Admin.; Rockwell Intl., N. American Aircraft Oper., POB 92098, Los Angeles, CA 90009, 714 762-1001; r. 20809 Anza Ave., Torrance, CA 90503, 213 542-5012.

GREEN, Lawrence Eugene; '83 MBA; Pres.; Trng. Resources, 5015 Southwood Dr., Ft. Wayne, IN 46807, 219 295-7631; r. 56862 Twin Oaks Dr., Middlebury, IN 46540, 219 456-8827.

GREEN, Lawrence H.; '70 MBA; Owner; Everything Yogurt, Randhurst Shopping Ctr., 999 Elmhurst Rd., Mt. Prospect, IL 60056, 312 632-0080; r. 253 Bradwell Rd., Barrington, IL 60010, 312 358-8520.

GREEN, Lorinda Ann; '87 MBA; Financial Analyst; The Pillsbury Co., 608 Second Ave. S., Minneapolis, MN 55402; r. 17541 Mackay, Detroit, MI 48212.

GREEN, Lynn, (Lynn Thewes); '83 BSBA; Customer Svc. Supv.; Nationwide Ins., One Nationwide Plz., Columbus, OH 43216, 614 249-5109; r. 5799 Parkbridge Ln., Dublin, OH 43017, 614 792-7834.

GREEN, Marcy Beth; '86 BSBA; Acct.; Kaiser Permanente, 1100 Bond Court Bldg., 1300 E. 9th, Cleveland, OH 44114, 216 621-5600; r. 4121 Linnell Rd., S. Euclid, OH 44121, 216 381-5604.

GREEN, Mrs. Marian, (Marian C. Johnson); '46 BSBA; Retired; r. 6973 MacGregor Ct., Worthington, OH 43085, 614 888-0630.

GREEN, Martha, (Martha Beerbower); '47 BSBA; Retired; r. RR No 2, Hicksville, OH 43526, 419 542-7817.

GREEN, Mary Diana '80 (See Rinehart, Mary Diana).

GREEN, Mary Joan Conte; '86 MBA; Dir. of Programs; American Electric Power, 1 Riverside Plz., POB 16631, Columbus, OH 43216; r. 742 Jaeger St., Columbus, OH 43206, 614 443-9022.

GREEN, Melissa L. '80 (See Krygier, Melissa Green).

GREEN, Phillip Ray; '77 BSBA; VP of Mktg.; Stanley Steemer Intl., 5500 Stanley Steemer Pkwy., Dublin, OH 43017, 614 764-2007; r. 7341 E. 31st Ct. N., Wichita, KS 67226.

GREEN, Randall Jay; '82 BSBA; Acct.; Owens Illinois, POB 1035, Toledo, OH 43666; r. 288 Leaview, Worthington, OH 43805.

GREEN, Richard Allen; '58 BSBA; Staff; Joseph E Seagrams & Sons Inc., 5451 Alert & New London Rd, Shandon, OH 45063; r. 5091 Zion Rd., Cleves, OH 45002, 513 941-4294.

GREEN, Richard Earl; '53 BSBA; Instr.; Solano Community Clg., Suisun Valley Rd, Suisun, CA 94585; r. 120 Manzanita, Vallejo, CA 94590, 707 644-9148.

GREEN, Robert David; '88 BSBA; 259 Constitution Dr., Chillicothe, OH 45601, 614 775-5103.

GREEN, CDR Robert Earl, USN(Ret.); '51 BSBA; 2716 Greendale Ave., Norfolk, VA 23518, 804 587-7834.

GREEN, Robert Marshall; '85 BSBA; 577 E. Court St., Urbana, OH 43078, 513 653-6174.

GREEN, Ronald Ivan; '75 BSBA; 7084 Barnstable Cir. NW, Canton, OH 44718.

GREEN, Sheldon Y., (Sheldon Y. Greenspan); '55 BSBA; Pres.; Copeco Inc., 7337 Sunset Strip NW, N. Canton, OH 44720, 216 499-7337; r. 5187 Shamrock NW, N. Canton, OH 44720, 216 499-6411.

GREEN, Stacee Herschelle; '86 BSBA, '88 MBA; POB 091035, Columbus, OH 43209.

GREEN, Stephen Anthony; '80 BSBA; Breen, Winkel & Co., CPA's, 3752 N. High St., Columbus, OH 43214, 614 261-1494; r. 544 Cattail Dr., Westerville, OH 43081.

GREEN, Stephen Edwin; '58 BSBA; Sr. VP; Prudential Bache Securities, 2 Penn Plz., New York, NY 10121, 212 736-7600; r. 2576 Howard Rd., N. Bellmore, NY 11710, 516 826-5750.

GREEN, Timothy Johnson; '81 MBA; Asst. Procuct Mgr.; Borden Inc., Columbus Coated Fabrics, 1280 N. Grant Ave., Columbus, OH 43201, 614 297-6031; r. 1257 Serenity Ln., Worthington, OH 43085, 614 846-8248.

GREEN, William Arthur, III; '71 BSBA; Packaging Engr.; Emerson Elec Co., 8100 W. Florissant, St. Louis, MO 63136, 314 553-2535; r. 2033 Lost Meadow Dr., St. Charles, MO 63303, 314 928-6631.

GREEN, Dr. William English; '54 PhD (BUS); Retired; r. 2950 Fairway Ln. A-12, Zanesville, OH 43701.

GREENAWALT, CAPT Patrick Louis, USAF; '82 BSBA; Contract Spec.; Ballistic Missile Ofc. PKBC, Norton AFB, CA 92409, 714 382-5279; r. 1200 Barton Rd., #2406, Redlands, CA 92373, 714 798-1072.

GREENBAUM, Lionel P.; '49 BSBA; Sr. VP; Merrill Lynch Pierce et al, 401 S. County Rd., Palm Bch., FL 33480, 407 655-7720; r. 451 S. Country Club Dr., Atlantis, FL 33462, 407 965-5977.

GREENBERG, Alan Jeffrey; '75 BSBA; Staff; The Ltd. Inc., One Limited Pkwy., POB 16528, Columbus, OH 43216; r. 13008 Oakmere Dr., Pickerington, OH 43147.

GREENBERG, David Brower; '53 BSBA; Pres.; Cloverleaf Promotions, POB 18008, Cleveland, OH 44118, 216 321-0549; r. 23739 Shelburne Rd., Cleveland, OH 44122, 216 464-0347.

GREENBERG, Elise; '78 BSBA; Sioux City, IA.

GREENBERG, Lawrence C.; '56 BSBA; Sr. VP; Liz Claiborne, c/o Postmaster, New York, NY 10001; r. 1685 Meadoway Ct., Blacklick, OH 43004, 614 864-9012.

GREENBERG, Marilyn W., (Marilyn Wiggenhoon); '73 BSBA; Actuary Benefit & Cnslt.; Lincoln-Cross, Inc., Andrew Johnson Ofc. Plz., 912 S. Gay St., Knoxville, TN 37902, 615 525-8298; r. 5628 Crestwood Dr., Knoxville, TN 37914, 615 524-9099.

GREENBERG, Maxine Weisman; '51 BSBA; Homemaker; r. 2717 Burnaby Dr., Columbus, OH 43209, 614 235-5668.

GREENBERG, Michael Alan; '74 BSBA; 505 E. Missouri, Phoenix, AZ 85012.

GREENBERG, Michael Allen; '66 BSBA; Jewelry Store Owner; r. 3685 Briar Pl., Dayton, OH 45405, 513 275-1026.

GREENBERG, Dr. Penelope Sue; '80 MACC, '82 PhD (ACC); Asst. Prof.; Temple Univ., Speakman Hall, Dept. of Acctg., Philadelphia, PA 19122, 215 787-6830; r. 2049 Cherry St., Philadelphia, PA 19103, 215 569-2919.

GREENBERG, Dr. Ralph Howard; '81 PhD (ACC); Prof.; Temple Univ., Speakman Hall, Philadelphia, PA 19122, 215 787-7596; r. 2049 Cherry St., Philadelphia, PA 19103, 215 569-2919.

GREENBERG, Richard D.; '87 BSBA; 516 Stinchcomb Rd. Apt. #1, Columbus, OH 43202, 614 267-5247.

GREENBERG, Russell A.; '80 BSBA; Audit Mgr.; Richard A. Eisner & Co., 575 Madison Ave., New York, NY 10022, 212 891-4047; r. 2 Nancy Ln., Larchmont, NY 10538, 914 834-8860.

GREENBERG, Tammy Sue; '82 BSBA, '85 MBA; Product Mgr.; Frito-Lay Inc., 7701 Legacy Dr., Plano, TX 75024, 214 353-5306; r. 2435 Midnight Dr., Plano, TX 75093, 214 596-3180.

GREENBERGER, Janice Bohnen; '66 BSBA; Retired; r. 14317 Millchester, Chesterfield, MO 63017, 314 469-3599.

GREENBERGER, Robert Alan; '78 BSBA; V.P.--Operations; G&S Metal Prods., 3330 E. 79th, Cleveland, OH 44127, 216 441-0700; r. 60 Ridgecreek Tr., Moreland Hls., OH 44022, 216 248-9323.

GREENBERGER, Solomon H.; '20 BSBA; Retired; r. 157 25th St. NW, Apt. 9-A, Canton, OH 44709, 216 453-9752.

GREENE, A. Nelson; '67 BSBA; Exec. VP; Metric Partners, 950 Tower Ln., Foster City, CA 94404, 415 378-7000; r. 835 Longview Rd., Hillsborough, CA 94010, 415 344-1611.

GREENE, Alita Brown; '86 BSBA; Jr. Auditor; Defense Contract Audit Agcy., 131 N. High St., Ste. 610, Columbus, OH 43219, 614 424-5455; r. 1765 Chippewa Dr., Circleville, OH 43113, 614 474-4626.

GREENE, Arthur Frederick, Sr.; '24 BSBA; Retired; r. 5752 Boston Rd., Columbia Sta., OH 44028, 216 273-3362.

GREENE, Brian Joseph; '83 BSBA; Acct.; Green & Wallace CPA's, 1241 Dublin Rd., Columbus, OH 43214, 614 488-3126; r. 5985 Cairo Rd., Westerville, OH 43081, 614 891-9675.

GREENE, Dr. C. Scott; '67 BSBA; Prof.; California State Univ., Dept. of Marketing, Sch. of Business Admin., Fullerton, CA 92634, 714 773-3180; r. 1000 W. MacArthur Blvd., Apt. 2, Santa Ana, CA 92707, 714 979-6290.

GREENE, Charles Clayton, Jr.; '82 BSBA; Sales Mgr.; Byers Imports, 401 N. Hamilton Rd., Columbus, OH 43213, 614 864-5180; r. 1987 Fraley Dr., Columbus, OH 43235, 614 457-9537.

GREENE, Charles Nelson, PhD; '59 BSBA, '61 MBA, '69 PhD (BUS); Prof./Chair; Univ. of Southern Maine, Dept. of Bus. Admin., 96 Falmouth St., Portland, ME 04103, 207 780-4300; r. RFD 2 Box 2477, Cundys Harbor, ME 04011.

GREENE, Frederick Otis; '68 BSBA; Prof.; Los Angeles City Clg., 855 N. Vermont Ave., Los Angeles, CA 90029; r. 9191 Florence, Apt. 9, Downey, CA 90240, 213 862-9591.

GREENE, Harry Daniel, Jr.; '49 BSBA; Retired; r. 4608 Venice Hts. Blvd., Unit 179, Sandusky, OH 44870, 419 627-2555.

GREENE, Jay Robert; '67 BSBA; Staff; Harrison Corp., Postmaster, Melbourne Bch., FL 32951; r. 211 Fir Ave., Melbourne Bch., FL 32951, 407 725-1735.

GREENE, Dr. Jay Robert; '61 PhD (BUS); Mgr.; Merchandising Del E Webb Corp., 2727 N. Central Ave. Rm 827, Phoenix, AZ 85004; r. 709 W. Orchid Ln., Phoenix, AZ 85021.

GREENE, 2LT Jeffrey Alan; '80 BSBA; 2Lt Usmc; US Marine Corps, 3rd Bn 9th Marines, Camp Pendleton, CA 92055; r. 285 Brookhaven W., Gahanna, OH 43230.

GREENE, Mark Alan; '72 BSBA; Sales Repr; Lima Distributors, c/o Postmaster, Lima, OH 45802; r. 5587 Old Finglas Ct., Dublin, OH 43017, 614 889-9209.

GREENE, Richard Martin; '49 BSBA; 1598 Milburn Ct., Wantagh, NY 11793, 516 221-1470.

GREENE, Vera Rudolph, (Vera Rudolph Nedell); '73 BSBA; Admin./Financial Mgr.; Eventmasters, 3137 E. 17th Ave., Columbus, OH 43219, 614 471-1200; r. 6641 Merwin Rd., Worthington, OH 43085, 614 889-9188.

GREENE, Vickie Joy; '82 MPA; Grad. Student; Old Dominion Univ., 5215 Hampton Blvd., Norfolk, VA 23508, 804 440-3000; r. 812 Heritage Point, Chesapeake, VA 23320, 804 547-1971.

GREENE, William E., Jr.; '55 BSBA; CPA-Partner; Greene & Wallace, 1241 Dublin Rd, Columbus, OH 43215, 614 488-3126; r. 5419 Larkwood Rd., Columbus, OH 43229, 614 888-0513.

GREENE, LTC William Edward, USA(Ret.); '60 BSBA; Trng. Support Ofcr.; Dept. of Defense, AFZF DPT TSO, III Corps & Ft. Hood, Ft. Hood, TX 76544, 817 887-6003; r. 1402 Goode Dr., Killeen, TX 76543, 817 699-4532.

GREENFIELD, David A.; '65 BSBA; Fixed Income Sales; Moore & Schley, Fixed Income Division, 45 Broadway, New York, NY 10006, 212 483-1267; r. 240 Lattingtown Rd., Locust Vly., NY 11560, 516 759-0843.

GREENFIELD, Edward T.; '38 BSBA; Pres.; E. T. Greenfield & Co., 1526 W. 5th Ave., Columbus, OH 43212; r. 4120 Oxford Dr., Columbus, OH 43220, 614 451-7131.

GREENFIELD, Mrs. Frances Gilbert, (Frances Gilbert); '45 BSBA; Tchr.; Woodbridge Bd. of Educ., Woodbridge, NJ 07095, 201 750-3200; r. 61 Brighton Ave., Perth Amboy, NJ 08861, 201 442-7833.

GREENFIELD, Hymle Randy; '74 BSBA; 438 Briarwood Cir., Hollywood, FL 33024, 305 963-2724.

GREENFIELD, Joe; '51 BSBA; Prod Dept.; Thompson Prod Inc., 23555 Euclid Ave., Cleveland, OH 44115; r. 2056 Laurel Hill Dr., Cleveland, OH 44121.

GREENFIELD, Philip Bernard; '69 BSBA; Staff; Sears Roebuck & Co., 1600 Castleton Sq., Indianapolis, IN 46250; r. c/o Sears Roebuck & Co, 1600 Castleton Sq., Indianapolis, IN 46250.

GREENHAM, Deborah Jeanne; '83 MPA; 8810 Greenburg Dr., Powell, OH 43065.

GREENIDGE, Dr. Charles D.; '67 PhD (BUS); POB 2613, Evergreen, CO 80439, 303 674-4035.

GREENLAND, Joyce Aileen '86 (See Greenland-Kemper, Joyce Aileen).

GREENLAND-KEMPER, Joyce Aileen, (Joyce Aileen Greenland); '86 BSBA; Loan Processing Asst.; Citizens Loan & Bldg., 300 W. Market St., Lima, OH 45802; r. 742 Mac Kenzie Dr., Lima, OH 45805, 419 222-7152.

GREENLEAF, Alan Roy; '68 BSBA; Pres.; Greenleaf & Assocs., 20800 Ctr. Ridge Rd., Rocky River, OH 44116, 216 333-5480; r. 2153 Niagara Dr., Lakewood, OH 44107, 216 228-6044.

GREENLEE, James W.; '59 BSBA; 623 E. Wheeling St., Lancaster, OH 43130.

GREENLEE, Robert H.; '76 BSBA; Regional Mgr.; A L Williams, 7206 Hull St., Richmond, VA 23235, 804 745-5002; r. 13009 Ardara Ln., Midlothian, VA 23113, 804 379-2835.

GREENLEE-BERKOWITZ, Ronda Lee; '84 BSBA; Systs. Analyst; Xerox Corp., 1350 Jefferson Rd., Rochester, NY 14623, 716 427-6550; r. 82 Sawmill Dr., Penfield, NY 14526, 716 924-1425.

GREENSLADE, Victor F., Jr.; '50 BSBA; VP & Gen. Counsel; Centerior Energy Corp., 6200 Oak Tree Blvd., POB 94661, Cleveland, OH 44101, 216 447-3113; r. 23700 S. Woodland Ave., Shaker Hts., OH 44122, 216 292-6592.

GREENSPAN, Sheldon Y. '55 (See Green, Sheldon Y.).

GREENUP, Howard William; '57 BSBA; Head Schs. Mgmt. Section; Marine Air Ground Trng./Ed. Ctr., Marine Corps Combat Devel. CMD, Quantico, VA 22134, 703 640-3017; r. 706 Cornell St., Fredericksburg, VA 22401, 703 373-1135.

GREENUP, Nadine Hose; '48 BSBA; Librarian; r. 40 Oceano Ave. Apt. 15, Santa Barbara, CA 93109, 805 962-1202.

GREENWALD, Andrew; '42 BSBA; CPA; 707 Lake Cook Rd., Deerfield, IL 60015, 312 480-0192; r. 1188 Sheridan Rd, Highland Park, IL 60035.

GREENWALD, Martin D.; '86 BSBA; Acct.; Coopers & Lybrand, 1800 M St. NW, Washington, DC 20036, 202 822-4000; r. 2100 Washington Ave., Unit 3C, Silver Spring, MD 20910.

GREENWALD, Merle A., CPA; '53 BSBA; 106 N. Warbler Ln., Sarasota, FL 34236, 813 366-1106.

GREENWALD, Sandra Louise; '88 BSBA; Party Cnslt.; All Occasions Party Rental, 2915 Glendale-Milford Rd., Cincinnati, OH 45241, 513 563-0600; r. 10209 Winstead Ln., Cincinnati, OH 45231, 513 771-1457.

GREENWALD, Stanley Alan, CLU, CHFC; '57 BSBA; Chmn. of the Bd.; Greenwald Deitemyer & Kase Inc., 5000 Higbee Ave. NW, POB 35249, Canton, OH 44735, 216 492-3264; r. 42 Lasalle Ct., N. Canton, OH 44709, 216 497-9256.

GREENWALD, Steven Ira; '88 BSBA; Acct.; Ernst & Whinney, 1300 Huntington Bldg., Cleveland, OH 44115, 216 861-5000; r. 1994 Aldersgate Dr., Lyndhurst, OH 44124, 216 449-2449.

GREENWOOD, Debra Ann; '88 MBA; 1566 Regent Northridge, Springfield, OH 45503, 513 399-9538.

GREENWOOD, Edith Rantoul; '75 MBA; 460 E. 79th, New York, NY 10021.

GREENWOOD, Gary Dale; '77 BSBA; Owner/Operator; Better Living Rentals; r. 8572 Winthrop Cir., Florence, KY 41042.

GREENWOOD, Robert L.; '59 BSBA; VP/Owner; Towne & Country Travel, 1105 Mt. Vernon Ave., Marion, OH 43302, 614 389-6385; r. 1626 Oxford Rd., Marion, OH 43302, 614 389-5202.

GREENWOOD, William R.; '56 MBA; Principal Engr.; Raytheon Co., Missile Systs. Division, Hartwell Rd., Bedford, MA 01730, 617 274-2595; r. 15 Linmoor Ter., Lexington, MA 02173, 617 862-6815.

GREENZALIS, Melinda Kannel; '83 BSBA; Employment Coord.; Columbus State, Community Clg., 550 E. Spring St., Columbus, OH 43215, 614 277-2407; r. 4876 Barry Hill Ct., Gahanna, OH 43230, 614 471-8709.

ALPHABETICAL LISTINGS GRIGSBY 105

GREENZALIS, Michael William; '82 BSBA; Financial Cnslt.; Merrill Lynch, 3500 Piedmont Rd. NE, Ste. 600, Atlanta, GA 30305, 404 231-2576; r. 1105 Country Park Dr., Smyrna, GA 30080.

GREENZALIS, William Thomas; '52 BSBA; VP; Buckeye Biscuit Co., 450 Kennedy Rd, Akron, OH 44305, 216 733-6244; r. 2390 Amesbury Rd, Akron, OH 44313, 216 864-1843.

GREER, George Arthur; '31 BSBA; Retired Clothing Retailer; r. 916 S. Main St., Ada, OH 45810, 419 634-7705.

GREER, Howard Stewart; '85 BSBA; Sales Dir.; Lono Programming, 5965 Harrisburg Gerogesville, Grove City, OH 43123, 614 877-3783; r. 211 Laurie Vallee Rd., Louisville, KY 40223.

GREER, James R., CPA; '76 BSBA; RR 3 Box 442, Rockport, IN 47635, 812 649-9541.

GREER, Michael Reed; '73 BSBA; Mgr.; Society Natl. Bank, Credit & Loan Management, 127 Public Sq., Cleveland, OH 44114, 216 622-8623; r. 31457 St. Andrews, Cleveland, OH 44145.

GREER, Mrs. Susan C., (Susan C. Smith); '86 BSBA; Homemaker; r. 3555 A Sable Palm Ln., Titusville, FL 32780, 407 267-8470.

GREER, Susan G. '87 (See Holt, Mrs. Susan G.).

GREER, Thomas Vernon; '57 MBA; Prof./Chmn. Dept. Mktg.; Univ. of Maryland, Clg. of Business, College Park, MD 20742; r. 12420 Kuhl Rd., Silver Spring, MD 20902, 301 942-6143.

GREESON, Robert A.; '53 BSBA; 6234 Ridge Rd, Cleveland, OH 44129, 216 886-2071.

GREETHAM, Jerry M.; '62 BSBA; Account Exec.; Ralph C Wilson Agcy., 400 Renaissance Ctr., Detroit, MI 48233, 313 259-9100; r. 8627 Andersonville Rd., Clarkston, MI 48016, 313 628-3838.

GREFFIN, Judith Pepple; '87 MBA; Mgr./Analyst; Flagship Financial, One First National Plz., Dayton, OH 45402, 513 461-4137; r. 12 Brunson Ave., Columbus, OH 43203, 614 252-6722.

GREGA, James Edward; '84 BSBA; Budget Controller; The Higbee Co., 100 Public Sq., Cleveland, OH 44113; r. 6107 Renwood, Parma, OH 44129, 216 884-7535.

GREGG, Barry Alan; '80 BSBA; 1918 Aspen LN, El Cajon, CA 92019.

GREGG, Charles Richard; '57 BSBA; Tax Mgr.; Adria Labs, Div/Erbamont Inc, 7001 Post Rd., Dublin, OH 43017, 614 764-8234; r. 356 Stonewall Ct., Dublin, OH 43017, 614 889-6090.

GREGG, Mrs. Deborah Swanson, (Deborah Swanson); '73 BSBA; Volunteer; Auxil. Childrens Med. Ctr., Dayton, OH 45401; r. 116 Waldheim Ct., Centerville, OH 45459, 513 434-0962.

GREGG, James R., OD; '37 BSBA; Prof. Emeritus; Southern California Clg.Of Optometry, 2001 Associated Rd, Fullerton, CA 92631; r. 412 S. Rolling Hills Pl., Anaheim, CA 92807, 714 998-5242.

GREGG, Robert R.; '67 BSBA; Purchasing Expediter; AT&T Communic, 6200 E. Broad St., Columbus, OH 43215; r. Olmstead Rd., W. Jefferson, OH 43162, 614 879-7482.

GREGG, Tom R.; '50 BSBA; Dir./Real Estate; Intl. Kings Table Inc., 14211 Yorba St. Ste. #105, Tustin, CA 92680, 714 730-0266; r. 13722 Holt Ave., Santa Ana, CA 92705, 714 832-4401.

GREGORY, Anthony W.; '67 BSBA; 2222 Willimette, Apt. 7, Eugene, OR 97405, 503 485-7029.

GREGORY, Barbara Feick, (Barbara Feick); '74 BSBA; VP; Ohio Paint & Paper Inc., 1750 5th St., Sandusky, OH 44870, 419 625-3194; r. 521 Hancock St., Sandusky, OH 44870, 419 625-3678.

GREGORY, Cary Gabriel; '86 BSBA; Mktg. Mgr.; Stanley Steemer Intl., 5500 Stanley Steemer Pkwy., Dublin, OH 43017, 614 764-2007; r. 4886 Hedge Row Ct., Hilliard, OH 43026, 614 771-6030.

GREGORY, Clifford Jay; '74 BSBA; Pres.; Ohio Paint & Paper Inc., 1750 5th St., Sandusky, OH 44870, 419 625-3194; r. 521 Hancock St., Sandusky, OH 44870, 419 625-3678.

GREGORY, Daniel L.; '88 BSBA; 2595 Annelane Blvd., Worthington, OH 43085, 614 766-9971.

GREGORY, Dawn Dianne; '88 BSBA; 200 Hiawatha Ave., Westerville, OH 43081, 614 882-7485.

GREGORY, Dexter Irwin; '77 BSBA; Transportation Mgr.; Ryder Systs., Inc., Miami, FL; r. 64 Choctaw Ridge Rd., Somerville, NJ 08876, 201 707-1856.

GREGORY, Douglas James; '84 BSBA; Purchasing Mgr.; Modern Welding Co., 72 Waldo St., Newark, OH 43055, 614 344-9425; r. 11170 Martinsburg Rd., Utica, OH 43080, 614 745-3300.

GREGORY, Helen Elaine; '86 MA; Personnel Asst.; US Postal Svc., 850 Twin Rivers Dr., Columbus, OH 43216, 614 469-4362; r. 2243 State Rte. 257, S., Ostrander, OH 43061, 614 369-1331.

GREGORY, James A.; '81 BSBA; Mktg. Mgr.; IBM Corp., 3 Cascade Plz., Akron, OH 44308, 216 384-4082; r. 11381 Brady Ln., Strongsville, OH 44506, 216 974-8467.

GREGORY, James Andrew; '82 BSBA; Plng. & Design Engr.; State of Ohio/Dept. of Transportation Div. 6, 400 E. William St., Delaware, OH 43015, 614 363-1251; r. 240 Homestead Ln., Delaware, OH 43015, 614 362-1475.

GREGORY, John A.; '54 BSBA; 2150 N. E. 65th St., Ft. Lauderdale, FL 33308, 305 491-4088.

GREGORY, Michael James; '79 MBA; Pres.; North American Cnslts. Inc., 13140 Coit Rd., Ste. 400, Dallas, TX 75240, 214 644-5001; r. 6716 Southpoint, Dallas, TX 75248, 214 931-9035.

GREGORY, Robert Louis; '66 BSBA; Salesman; Columbus Equip. Co., 50 E. Kingston Ave., Columbus, OH 43207, 614 443-6541; r. 273 White Swan Ct., Gahanna, OH 43230, 614 476-0489.

GREGORY, Timothy Alan; '81 BSBA; Advisory Mktg. Rep.; IBM Corp., 1300 E. 9th St., Cleveland, OH 44114, 216 664-7284; r. 6101 Ctr. #201, Mentor, OH 44060, 216 974-8467.

GREIDER, MAJ Harry David, USAF(Ret.); '39 BSBA; 3401 Bradford Ct., Fairborn, OH 45324, 513 879-5807.

GREINER, Dorothy Mamula; '52 BSBA; Pres.; Dorothy Greiner Assocs., 1200 Madison Ave., New York, NY 10128; r. 21 E. 87th St., New York, NY 10028, 212 289-5701.

GREINER, William Todd; '77 BSBA; Broker; PCS Realty Inc., 110 E. Wilson Bridge Rd., Ste. 200, Worthington, OH 43085, 614 847-1900; r. 1864 Collingswood Rd., Columbus, OH 43221, 614 488-6404.

GRENA-HEWITT, Lucille; '83 MBA; Leader; Nationwide Ins. Co., Bus Analysis Info. Proj, One Nationwide Plz., Columbus, OH 43216; r. 755 S. Cassingham, Columbus, OH 43209, 614 236-1480.

GRENER, August F.; '20 BSBA; 1702 Birchcrest Rd, Columbus, OH 43221, 614 451-8540.

GRENIER, Daniel R.; '66 MBA; 47 Park Ln., Park Ridge, IL 60068.

GRENIER, John William; '77 MBA; Financial Analyst; Burroughs World Hdqrs., Burroughs Pl., Detroit, MI 48202; r. 234 E. Baney, Unit H, Naperville, IL 60565, 312 416-0613.

GRENINGER, Richard Woodburn; '73 BSBA; VP/Oprs Mgr.; West Shell Inc., 3 E. 4th, Cincinnati, OH 45202; r. 269 Compton, Cincinnati, OH 45215, 513 761-8795.

GRESCHNER, Angela '87 (See Fisher, Ms. Angela G.).

GRESS, Larry A.; '65 BSBA; Constitution Dr. 19, Kennebunk, ME 04043, 207 985-3040.

GRESSEL, Daniel Larry; '76 BSBA; Broker/British Firm; r. 22 Old Peak Rd., Hong Kong, Hong Kong.

GRETCHEN, Michael Paul; '85 MBA; Mgr.; Midland Mutual Life Ins., Assets & Liabilities Dept., 250 E. Broad St., Columbus, OH 43215, 614 228-2001; r. 1240 Harrison Ave., Columbus, OH 43201, 614 291-1494.

GRETHER, Lance Blake; '73 BSBA; Mgr., Cost & Reporting; Dow Chemical Co., 47 Bldg., Midland, MI 48667, 517 636-5255; r. 2202 Laurel Ln., Midland, MI 48640, 517 839-0993.

GREVE, Gregory Joseph; '86 BSBA; Economic Planner; Dow Chemical USA, 2020 W.H. Dow Ctr., Midland, MI 48640, 517 636-1071; r. 2406 Judith Ct., Midland, MI 48640, 517 631-8781.

GREY, John C.; '31 BSBA; Interior Designer; Grey & Grey Studios, 1438 Som Center Rd., Mayfield Hts., OH 44124, 216 247-2964; r. 530 Falls Rd., Chagrin Falls, OH 44022, 216 247-2482.

GREZMAK, Ronald Joseph; '84 BSBA; 10502 Briarhill Ct., Kirtland, OH 44094, 216 256-8386.

GRIBBEN, Jane Hoenecke, (Jane Hoenecke); '52 BSBA; Tchr.; Lakewood Schs., Bd of Education, Lakewood, OH 44107; r. 2747 E. Asplin Dr., Rocky River, OH 44116, 216 333-5188.

GRIBBEN, John F.; '52 BSBA; Asst. Treas.; Cleveland-Cliffs, Inc., 1100 Superior Ave., Cleveland, OH 44114, 216 694-4048; r. 2747 E. Asplin Dr., Rocky River, OH 44116, 216 333-5188.

GRIBBEN, Sally A. '54 (See Lyle, Sally Gribben).

GRIBBLE, James Michael; '79 BSBA; Mktg. Mgr.; Intl. Masters Publishers, 11150 Olympic Blvd., Los Angeles, CA 90064, 213 312-1900; r. 11841 Goshen Ave. #1, Los Angeles, CA 90049, 213 820-0139.

GRIBBLE, Paul E.; '39 BSBA; Retired; r. 9570 Navarre Rd. SW, Navarre, OH 44662, 216 879-2290.

GRICE, Fred R.; '33 BSBA; Retired Exec. Asst.; ANR Pipeline Co.; r. 1935 W. Ashbrook Dr., Tucson, AZ 85704, 602 575-0405.

GRIDLEY, Donna Lee; '79 BSBA; Credit Coord.; Warner-Swasey Co., 11000 Cedar Ave., Cleveland, OH 44106; r. 436 Chandler, Apt. 4, Worcester, MA 01602, 508 756-9631.

GRIEBEL, Gene Mark; '84 BSBA; Programmer; Nationwide Ins. Co., One Nationwide Plz., Columbus, OH 43216; r. 172 Royal Forest, Columbus, OH 43214, 614 263-7833.

GRIEBEL, Glen Lyle, Jr.; '79 BSBA; 1199 Whispering Pines Ct., Heath, OH 43056, 614 522-8230.

GRIEBLING, Alan Lynn; '75 BSBA; Circuit Mgr.; True Sports Inc., POB 3108, Lexington, OH 44904, 419 884-4000; r. 1680 Riva Ridge Apt. 5, Mansfield, OH 44904.

GRIECO, Joseph H.; '51 BSBA; Auto Salesman; Park Inn Ford Inc., 444 W. Merrick Rd., Valley Stream, NY 11580, 516 561-0380; r. 19 Laurel Cove Rd., Oyster Bay Cove, NY 11771, 516 922-7303.

GRIER, Jerry; '58 BSBA; Atty.; Housing Urban Devel., 200 N. High St., Columbus, OH 43215; r. 5311 Woodglen Rd., Columbus, OH 43214, 614 846-3378.

GRIER, Joi Lynn; '85 MBA; Trng./Mktg. Coord.; Bancohio, 4653 E. Main St., Columbus, OH 43215; r. c/o Bynum, 7777 Afton Rd. #B, Woodbury, MN 55125.

GRIES, David P.; '86 BSBA; Computer Cnslt.; Crowe Chizek & Co., 330 E. Jefferson Blvd., POB 7, South Bend, IN 46624, 219 232-3992; r. 1104 Enchanted Forest, South Bend, IN 46637, 219 277-3549.

GRIESEMER, Cara S., (Cara Shary); '84 BSBA; Sales Rep.; Suburban News Publications, Retail Advertising Dept., 919 Old W. Henderson Rd, Columbus, OH 43220, 614 451-1212; r. 5048 Dierker Rd., Apt. A, Columbus, OH 43220, 614 459-2666.

GRIESEN, Dr. James Victor; '63 BSBA, '68 MBA; Vice Chancellor; Univ. of Nebraska Lincoln, 124 Admin. Bldg., Lincoln, NE 68588, 402 472-3755; r. 7240 S. Hampton Rd., Lincoln, NE 68506, 402 489-8393.

GRIESER, Charles Richard; '42 BSBA; Atty./Pres.; Grieser Shafer Blumenstiel & Slane Co. LPA, 261 W. Johnstown Rd., Columbus, OH 43230, 614 475-9511; r. 5223 Springfield Dr., Westerville, OH 43081, 614 882-1689.

GRIESER, George M.; '51 BSBA; Retired; r. 48 Rd. 3520, Flora Vista, NM 87415, 505 334-9736.

GRIESHOP, David B.; '67 BSBA; Lawyer; 528 E. Day-Yell Spgs. Rd., Fairborn, OH 45324, 513 879-3090; r. Same.

GRIESHOP, David Lee; '85 BSBA; 6960 Fleetfoot Rd., Celina, OH 45822, 419 586-7871.

GRIESINGER, Frank Kern; '38 BSBA; Retired; r. 6805 Mayfield Rd., Ste. 1119, Cleveland, OH 44124, 216 442-0877.

GRIESMER, Rosemary Carol; '86 BSBA; 1468 Burlington Rd., Cleveland Hts., OH 44118, 312 588-3888.

GRIEST, Mrs. Marilyn Shackelford, (Marilyn Shackelford); '50 BSBA; Homemaker; r. 4844 N. Territory Loop, Tucson, AZ 85715, 602 577-2361.

GRIEVES, Jack Wilson; '73 BSBA; VP; St. Elizabeth Hosp., 2100 Madison, Granite City, IL 62040; r. 13 Forest Hill Ln., Edwardsville, IL 62025.

GRIEVES, Robin; '69 BSBA; Sr. Financial Economist; Freddie Mac, Dept. of Financial Rsch., POB 4115, Reston, VA 22090, 703 759-8003; r. 2402 Carey Ln., Vienna, VA 22180, 703 255-6885.

GRIFFETH, David Eugene; '76 BSBA; CFO; M S C Technologies Inc., 47505 Seabridge Dr., Fremont, CA 94538, 415 656-1117; r. 1795 Hacienda Ave., Campbell, CA 95008, 408 374-8769.

GRIFFIN, Archie Mason; '76 BSBA; Asst. Dir.; The Ohio State Univ., Athletic Dept., Columbus, OH 43210; r. 7750 Slate Ridge Blvd., Reynoldsburg, OH 43068.

GRIFFIN, Mrs. Carol Rewey; '47 BSBA; Retired Tchr.; r. 435 Wildwood Dr., Springfield, OH 45504, 513 399-8564.

GRIFFIN, Daniel Patrick; '85 BSBA; Staff; The Ohio State Univ., University Hospitals, Columbus, OH 43210; r. 2870 Woolwich Ct., Apt. 207, Columbus, OH 43232, 614 861-0940.

GRIFFIN, Daniel Paul; '81 BSBA; Apt. Mgmt. Controller; Cardinal Industries, 49 Pheasant View Dr., Columbus, OH 43213, 614 755-6633; r. 5728 Burntwood Way, Westerville, OH 43081, 614 890-4086.

GRIFFIN, Eric James; '85 BSBA; Programmer; Ohio State Life Ins. Co., Subs:Farmers Ins Group Inc, 2500 Farmers Dr., Worthington, OH 43085, 614 764-4000; r. 910 Hocking Rd., Belpre, OH 45714, 614 423-4004.

GRIFFIN, Helen Patton; '44 BSBA; 27 Wedge Way, Casa Dorado, Littleton, CO 80123.

GRIFFIN, John Michael; '69 BSBA; Dept. Mgr.; Battelle Mem. Inst., Environmental Division, 505 King Ave., Columbus, OH 43201, 614 424-4988; r. 3685 Sunset Dr., Columbus, OH 43221, 614 457-2346.

GRIFFIN, Kathleen Clark; '73 MA; Dir. of Human Resources; Andrews, Bartlett & Assocs., 1894 Georgetown Rd., Hudson, OH 44236, 216 656-1130; r. 3336 Clarendon Rd., Cleveland, OH 44118, 216 397-0144.

GRIFFIN, Mark Allen; '78 BSBA; POB 225012 M/S. 4271, Dallas, TX 75265.

GRIFFIN, Mark H.; '80 MBA; Dir. of Quality Assurance; Standard Prods. Co., 2401 S. Gulley Rd., Dearborn, MI 48124, 313 561-1100; r. 1830 Rowe Rd., Milford, MI 48042.

GRIFFIN, Mrs. Mary Ann, (Mary Ann McQuillin); '82 BSBA; Mgr.; Charlies Gen. Store, Fallen Timbers Plz., Plaza 4 S., Swanton, OH 43558, 419 825-1991; r. 10923-9-1, Delta, OH 43515, 419 822-4037.

GRIFFIN, Dr. Paul Alexis; '73 MACC, '74 PhD (ACC); Prof. of Mgmt.; Univ. of California, Grad. Sch. of Management, Davis, CA 95616; r. 3870 Putah Ridge Tr., Winters, CA 95694.

GRIFFIN, Scott R.; '87 BSBA; Staff/Product Dev; Dow Chemical, 2040 Willard H Dow Ctr., Midland, MI 48674; r. 911 Bradley Ct., Mt. Laurel, NJ 08054.

GRIFFIN, Sharon R. '80 (See Parish, Mrs. Sharon R.).

GRIFFIN, Thane; '63 MBA; Exec. Dir.; Ohio United Way, 16 E. Broad St., Columbus, OH 43215, 614 224-8146; r. 5453 Walshire Dr., Columbus, OH 43232, 614 861-3812.

GRIFFING, William David; '70 BSBA; VP-Finance; Power Resources Operating Co., 4051 Whipple Ave., NW, Canton, OH 44718, 216 492-6820; r. 3301 Sierra Ave. SW, Canton, OH 44706, 216 484-2064.

GRIFFIS, Richard W.; '63 BSBA; Materials Mgr.; Singer Kearfortt, Rte. 70, Black Mtn., NC 28711; r. 17 E. Blueberry Dr., Asheville, NC 28804, 704 658-2737.

GRIFFITH, Betty Burkill, (Betty Burkill); '54 BSBA; Staff Acct.; E G Le Cras & Assocs. Inc., 434 N. Ridgewood Ave., Daytona Bch., FL 32014, 904 253-5781; r. 1437 N. Atlantic Ave., Apt. 103, Daytona Bch., FL 32018, 904 257-6651.

GRIFFITH, Mrs. Carolyn S., (Carolyn S. Wootton); '69 BSBA; Homemaker; r. 15071 Waterford Dr., N. Royalton, OH 44133, 216 237-0070.

GRIFFITH, Converse; '46 BSBA; Ins. VP; Specialty Underwriting, 400 Techne Center Rd., Milford, OH 45150, 513 831-7475; r. 530 Pintail Dr., Loveland, OH 45140, 513 683-6224.

GRIFFITH, David R.; '69 BSBA; VP Sales; Datamax Div. of Buckeye Bus. Prods., 3830 Kelley Ave., Cleveland, OH 44114, 216 881-5300; r. 15071 Waterford Dr., N. Royalton, OH 44133, 216 237-0070.

GRIFFITH, Donald Collier; '62 BSBA; Cnslt.; Digital Systs. Inc., 2700 Middleburg Dr., Columbia, SC 29204, 803 748-8143; r. 628 Paces Run Ct., Columbia, SC 29223, 803 741-0250.

GRIFFITH, COL Donald Quay, USAF(Ret.); '49 BSBA; Retired; r. 270 Rocky Fork Dr. N., Gahanna, OH 43230, 614 471-6524.

GRIFFITH, Mrs. E. Jane N., (E. Jane Needham); '35 BSBA; Retired; r. 40 Wilson Dr., Worthington, OH 43085, 614 885-7292.

GRIFFITH, Eric Vonn; '86 BSBA; Rural Delivery 6, Box 599 Laure, Steubenville, OH 43952, 614 282-8117.

GRIFFITH, Gary Reese; '63 BSBA; Sr. VP; Mc Kinley Allsopp Inc., 780 3rd Ave., New York, NY 10017, 212 980-5658; r. 414 E. 52nd St., New York, NY 10022, 212 758-6657.

GRIFFITH, Gregory Alan; '87 MBA; Financial Analyst; CIGNA Healthplan of Columbus, 2500 Corporate Exchange, Ste. 200, Columbus, OH 43231, 614 890-5531; r. 5144 Windorf Dr., Columbus, OH 43081, 614 895-5546.

GRIFFITH, Jack Dexter; '49 BSBA; Retired; r. 3864 Woodbridge Rd., Columbus, OH 43220, 614 451-2093.

GRIFFITH, Mrs. Judith L., (Judith L. Baker); '81 BSBA; Homemaker; r. 383 Skyview Dr., Vandalia, OH 45377.

GRIFFITH, Kathryn '83 (See Warren, Kathryn).

GRIFFITH, Lillian Carole; '85 BSBA; 6118 Rosecrest Dr., Dayton, OH 45414, 513 890-1933.

GRIFFITH, Lorraine; '84 BSBA; 2415 SW Mountwell St., Port St. Lucie, FL 34984, 407 878-6228.

GRIFFITH, Mary Lucretia; '68 BSBA; 1414 Raccoon Dr. NE, Warren, OH 44484, 216 856-5901.

GRIFFITH, Michael Barton; '57 BSBA; Realtor; Kohr Royer & Griffith, 145 N. High St., Columbus, OH 43215, 614 228-2471; r. 9233 Hyland-Croy Rd., Plain City, OH 43064, 614 873-8422.

GRIFFITH, Oliver Clark; '33 BSBA; Retired; r. 138 Shore Rush Dr., St. Simons Island, GA 31522, 912 638-7555.

GRIFFITH, R. Scott; '77 BSBA; Pres. Gen. Mgr.; FRFC Springfield Inc., 301 N. Main St., POB 383, New Carlisle, OH 45344, 513 845-2142; r. 115 Larry Ave., Vandalia, OH 45377, 513 890-7747.

GRIFFITH, Robert John; '61 BSBA; Sales Mgr.; Anker Hocking, 1 Belmont Ave., C S. B Bldg. Ste. 502, Bala-Cynwyd, PA 19004; r. 96 Harvard Rd., Fair Haven, NJ 07701, 201 530-7425.

GRIFFITH, Robert Martin; '80 BSBA; 933 Rayberta, Vandalia, OH 45377, 513 898-4156.

GRIFFITH, Robert Wilson; '37 BSBA; Retired; r. 40 Wilson Dr., Worthington, OH 43085, 614 885-7292.

GRIFFITH, Terry Allan; '82 BSBA; Controller CPA; J.E. Grote Co.; r. 8413 Bridletree Way, Worthington, OH 43235, 614 888-5533.

GRIFFITH, Walter C.; '65 BSBA; VP Product Devel.; Software Devel., Inc., 3875 Hopyard Rd., Ste. 100, Pleasanton, CA 94566, 415 847-8823; r. 3208 Arbor Dr., Pleasanton, CA 94566, 415 846-4255.

GRIFFITH, Walter J.; '71 BSBA; Dist. Mgr.; Emco Wheaton, 535 Meadow View Dr., Powell, OH 43065, 614 548-4107; r. Same.

GRIFFITH, William Ted; '56 BSBA; Pres.; Metra Comm Inc., 6810 E. Main St., Reynoldsburg, OH 43068; r. 7024 Prior Pl., Reynoldsburg, OH 43068, 614 861-8502.

GRIGG, Larry M.; '54 BSBA; Staff; GM, 1190 E. Central Ave., Dayton, OH 45449; r. 129 Molly Ave., Trotwood, OH 45426, 513 854-1302.

GRIGGS, Eric Noel; '82 BSBA; Tax Mgr.; Arthur Young, 1500 Independent Sq., Jacksonville, FL 32202, 904 358-2000; r. 10084 Elmbrook Cir., Jacksonville, FL 32257, 904 268-6458.

GRIGGS, Jeffrey W.; '79 BSBA; Mgr.-Tax Dept.; Lewis & Grant, 6030 E. State Blvd., Ft. Wayne, IN 46815, 219 493-4493; r. 7515 Becky Ln., Ft. Wayne, IN 46815, 219 485-6718.

GRIGGS, Jo Ann K., (Jo Ann Kunderer); '77 BSBA; Supv.; Nationwide Ins. Co., Dept.-Systs./Data Processing, One Nationwide Plz., Columbus, OH 43216, 614 249-5798; r. 13034 Heatherstone Cir., Pickerington, OH 43147, 614 755-9595.

GRIGGS, Ralph Edward; '71 BSBA; Student; r. 4 Hickory Wood Dr., Loveland, OH 45140.

GRIGGS, Robin; '88 BSBA; 1512 E. 80th Pl., Cleveland, OH 44103, 216 391-4389.

GRIGSBY, Cheryl '87 (See Hayes, Cheryl Faye Grigsby).

GRIGSBY, Cynthia Elaine; '79 BSBA; Asst. Ch./ Regulatory Unit; Ofc. of Chief Counsel (Corp. Tax), IRS, 1111 Constitution Ave., NW, Washington, DC 20224, 202 566-3935; r. 7220 Donnell Pl., Apt. A-5, Forestville, MD 20747, 301 735-9137.

GRIGSBY, Deirdre '87 (See Johnson, Deirdre Rhea).

GRIGSBY, Glenn L.; '49 BSBA; Retired; r. 121 Griswold St., Delaware, OH 43015, 614 362-2061.

GRIGSBY, Maceo, Jr.; '70 BSBA; 3767 E. 154th St., Cleveland, OH 44128, 216 991-0635.

GRILEY, Theodore Dillon; '57 BSBA; Chmn. of The Bd.; Spenley Newspapers Inc., 39 S. Fourth St., Newark, OH 43055; r. 1731 Bryn Mawr Cir., Newark, OH 43055, 614 344-2238.

GRILL, Michele M. '82 (See Grill-Sherman, Mrs. Michele M.).

GRILLO, Newton Robert; '79 BSBA; Atty-at-Law; Simmons Law Ofc., 121 W. Main, Mc Arthur, OH 45651, 614 596-5291; r. 108 N. Sugar St., Mc Arthur, OH 45651, 614 596-5950.

GRILLOT, George A.; '61 BSBA; Traffic Mgr.; Flow Labs, Inc., 7655 Old Springhouse Rd., Mc Lean, VA 22102, 703 893-5925; r. 4 Owens Ct., Sterling, VA 22170, 703 444-9252.

GRILLOT, Michael Lee; '86 BSBA; Loan Ofc.; Household Corp., Dayton, OH 45421; r. 7152 Klyemore Dr., Huber Hts., OH 45424, 513 236-5774.

GRILLOT, Michelle A.; '87 BSBA; Mktg. Asst.; MMS Intl., 2400 Corporate Exchange Dr., Ste. 200, Columbus, OH 43231, 614 895-0738; r. 162 East Dr., Centerville, OH 45458, 513 433-7779.

GRILL-SHERMAN, Mrs. Michele M., (Michele M. Grill); '82 BSBA; Acct.; Ohio Dept. of Mental Health, 30 E. Broad St., Columbus, OH 43215, 614 466-8884; r. 375 E. Weisheimer Rd., Columbus, OH 43214, 614 261-6379.

GRIM, Fred H.; '28 BSBA; Retired; r. 1199 Hillsboro Beach, Pompano Bch., FL 33062, 305 427-4038.

GRIM, Mark Robert; '88 BSBA; Programmer/Analyst; White Castle Inc., 555 W. Goodale, Columbus, OH 43214, 614 228-5781; r. 5350 Portland St., Columbus, OH 43235, 614 459-7190.

GRIMALDI, Michael Dominick; '70 BSBA; Branch Mgr.; Combined Ins. Co. of America, 4008 Old Poste Rd., Hilliard, OH 43026; r. Same, 614 771-1415.

GRIMES, David L.; '56 BSBA; 47 Canterbury Ln., Longmeadow, MA 01106, 413 567-6195.

GRIMES, David Leo; '73 BSBA; Account Mgr.; r. 6285 Tanglewood Dr., Nashport, OH 43830, 614 454-7553.

GRIMES, David Mark; '76 BSBA; Acctg. Mgr.; Telesis Controls Corp., 100 R & D Dr., Chillicothe, OH 45601, 614 474-7559; r. 121 Uhlan Ct., Chillicothe, OH 45601, 614 773-0067.

GRIMES, Glenn Martin; '67 BSBA; Treas.; Betz Process Chemicals Inc., 9669 Grogans Mill Rd., POB 4300, The Woodlands, TX 77387, 713 367-2442; r. 49 Huntsman's Horn, The Woodlands, TX 77380, 713 292-4422.

GRIMES, Gregg Lee; '82 BSBA; Indep. Ins. Agt.; Ins. Assocs., 1 N. Main St., Middletown, OH 45042, 513 424-2481; r. 4725 Wicklow Dr., Middletown, OH 45042, 513 422-5075.

GRIMES, Mrs. Kelli Custenborder, (Kelli Custenborder); '82 BSBA; Human Resources Mgr.; MidFed Savings Bank, 180 City Ctr. Mall, Middletown, OH 45042, 513 424-1891; r. 4725 Wicklow Dr., Middletown, OH 45042, 513 422-5075.

GRIMES, Leo Steven; '83 BSBA; VP; Windsor House Inc., 20 E. Liberty St., Girard, OH 44420, 216 545-2800; r. 91 Navajo Tr., Girard, OH 44420, 216 545-0010.

GRIMES, Robert Lee; '53 BSBA; VP/Ofc. Mgr.; Ins. Assocs., POB 911, Middletown, OH 45042, 513 424-2481; r. 4812 Ronald Dr., Middletown, OH 45042, 513 423-8223.

GRIMES, Ronald Dale; '78 BSBA; Sr. Mgr.; MCI Telecommunications, 3351 Industrial Access Rd., Douglasville, GA 30134, 404 920-3226; r. 2858 Creek Ct., Marietta, GA 30060, 404 434-8940.

GRIMES, Thomas Hugh; '39 BSBA; Retired; r. 13 Ironwood Cir., Coto De Caza, CA 92679, 714 858-5234.

GRIMM, Beverly Eurlynne; '80 BSBA; Rte. 1, Richmond, OH 43944.

GRIMM, Charles Robert; '69 BSBA; Salesman; Western Peterbilt Inc., 5526 138th Pl. SW, Edmonds, WA 98020, 206 624-7383; r. Same, 206 742-1331.

GRIMM, Jeffrey Wayne; '78 BSBA; CPA Dir. Human Resources; Arthur Young & Co., 3000 K St. NW, Washington, DC 20007, 202 956-6037; r. 12753 Flat Meadow Ln., Herndon, VA 22071, 703 476-0402.

GRIMM, Robert Don; '74 BSBA; Contracts Mgr.; Sundstrand Corp., 2421 11th St., Rockford, IL 61108, 815 966-8238; r. 909 Starview Dr., Rockford, IL 61108, 815 226-9234.

GRIMM, Susan Elizabeth; '77 BSBA; Acctg. Supv.; Columbia Gas of Ohio, 200 Civic Center Dr., Columbus, OH 43215, 614 460-4815; r. 1620 E. Broad St. #809, Columbus, OH 43203, 614 253-5738.

GRIMME, James F.; '66 BSBA; Mfg. Supt.; Ford Motor Co., 1981 Front Wheel Dr., Batavia, OH 45103, 513 732-4154; r. 4454 Hickorybark Ct., Cincinnati, OH 45247, 513 574-7407.

GRIMME, Joseph Charles; '84 BSBA; Sales Mgr.; Bates Casket Co., Hillenbrand Industries, Rte. 46, Batesville, IN 47006, 812 934-7384; r. 23 Oakmont Pl., Apt. 228, Batesville, IN 47006, 812 934-5289.

GRIMSLEY, LCDR Elizabeth Boardman, USNR; '77 BSBA; Programmer-Analyst; Town of Groton, Ft. Hill Rd., Groton, CT 06340, 203 445-8551; r. 22 Barton Ln., Ledyard, CT 06339, 203 464-9437.

GRIMSLEY, John W.; '73 BSBA; Real Estate Rep.; Erol's Inc., 6621 Electronic Dr., Springfield, VA 22151, 703 642-3300; r. 7801 Roundabout Way, Springfield, VA 22153, 703 455-8470.

GRIMSTAD, Dr. Clayton Roald; '56 PhD (ACC); Prof. & Head; Univ. of Denver, University Park, Denver, CO 80210; r. 2571 S. Pagosa Wy, Aurora, CO 80013.

GRINDLE, William H.; '86 BSBA; Applications Programmer; COMP-U-CARD Intl., Inc., 5025 Arlington Ctr. Blvd., Ste. 480, Columbus, OH 43220, 614 451-0475; r. 1426 W. 6th Ave., Columbus, OH 43212, 614 486-1689.

GRINSTEAD, Carter Hall; '38 BSBA; Retired; r. 1864 Berkshire Rd, Columbus, OH 43221, 614 488-0825.

GRINSTEAD, Daniel Wesley; '88 BSBA; Sales Rep.; Computerland, 333 E. Kemper Rd., Cincinnati, OH 45246; r. 4007 Haverstraw, Cincinnati, OH 45241, 513 769-3792.

GRINSTEAD, Gerald L.; '58 BSBA; Sales Rep.; Buckeye Boxes Inc., 601 N. Hague Ave., Columbus, OH 43204; r. 1176 Westwood Ave., Columbus, OH 43212, 614 486-7407.

GRIPSHOVER, Gregory Joseph; '81 BSBA; Public Acct.; Price Waterhouse, 180 E. Broad St., Columbus, OH 43215; r. 3249 Rothschild Ct., Dublin, OH 43017, 614 889-4831.

GRIPSHOVER, John Paul; '87 BSBA; Student; The Univ. of Toledo, Clg. of Law, 2801 Bancroft St. W., Toledo, OH 43606, 419 244-0260; r. 11370 Terwilligers Valley Ln., Cincinnati, OH 45249, 513 489-1267.

GRISEMER, Beth Nichols; '87 BSBA; Programmer Analyst; Merrell Dow Pharmaceuticals, POB 429553, Cincinnati, OH 45242, 513 948-9111; r. 2744 Madison Ave., Cincinnati, OH 45209, 513 351-5049.

GRISIER, Richard F.; '47 BSBA; Retired; r. 33 Thorndale Pl., Moraga, CA 94556, 415 376-5529.

GRISMER, Gale Phillip; '65 MA; Controller; Xerox Corp., Postmaster, Greenwich, CT 06830; r. 125 Davis Hill Rd, Weston, CT 06883, 203 226-1695.

GRISSOM, David Scott; '86 BSBA; Grad. Student; Columbia Business Sch., New York, NY 10027; r. 4284 Leewood Rd., Stow, OH 44224, 216 688-6793.

GRISSOM, Robert W.; '64 BSBA; Agcy. Mgr.; State Farm Ins. Cos., Claims Service Ofc., 1519 W. Main St., Springfield, OH 45503, 513 325-4444; r. 1651 W. Cook Rd., Mansfield, OH 44906, 419 756-4717.

GRISVARD, Mrs. Jacqueline Marie, (Jacqueline Fisher); '85 BSBA; Jewelry Sales Rep.; M. U. Samara; r. 1977 Drury Ln., Columbus, OH 43235.

GRISWOLD, LGEN Francis H., USAF(Ret.); '44 BSBA, '65 Hon. (PA); 5088 Ovalo, Laguna Hls., CA 92653, 714 581-0126.

GRITTON, B. Douglas; '78 BSBA; Dir.-Trng.; Metropolitan Life Ins. Co., 7007 Clg. Blvd., Ste. 200, Overland Park, KS 66211, 913 491-0410; r. 18400 W. 114th Ter., Olathe, KS 66061, 913 894-0381.

GRITTON, James Alan; '71 BSBA; Underwriting Supv.; r. 5385 Steeplechase Ln., Westerville, OH 43081.

GRIZZELL, James Orin, Jr.; '59 MBA; Tech. Dir.; Deputy for Aerospace Wpns Syst., Foreign Tech Div, Wright-Patterson AFB, OH 45433; r. RR 4 Box 270-A, Paris, TN 38242, 901 642-8737.

GRIZZLE, Dirk Colin, CPA; '84 BSBA; Cnslt.; Peat Marwick Main & Co., 2 Nationwide Plz., Ste. 1600, Columbus, OH 43215, 614 249-2300; r. 1730 Bethel Rd., Columbus, OH 43220, 614 457-7085.

GRODIN, James Allan; '68 BSBA; VP; River Smelting & Refining Co., 4195 Bradley Rd., Cleveland, OH 44109; r. 2610 Hickory Ln., Cleveland, OH 44124, 216 473-1227.

GROEBER, John Andrew; '86 BSBA; 48 Amazon Pl., Columbus, OH 43214, 614 268-4322.

GROEBER, William T., CPA; '67 BSBA; Partner; Barnett Grieser & Groeber, BancOhio Bldg., Ste. 511, Springfield, OH 45502, 513 325-0623; r. 2000 Oak Knoll Dr., Springfield, OH 45504, 513 399-7642.

GROEDEL, Alan Jay; '81 BSBA; 28760 Inner Circle Ct., Cleveland, OH 44139.

GROEGER, Patricia Howard; '83 BSBA; Contract Mgr.; IBM Corp., 11400 Burnet Rd, Austin, TX 78758, 512 823-3737; r. 3205 Lonesome Tr., Georgetown, TX 78628, 512 823-3737.

GROENIGER, Thomas S.; '66 BSBA; Pres.; Retirement Option Administrators, 25 W. New England Ave., #110, Worthington, OH 43085, 614 888-3369; r. 7871 Sable Ct., Dublin, OH 43017, 614 764-8053.

GROFF, John Walter; '71 MBA; Staff; Gilbarco Inc.-Exxon, POB 22097, Greensboro, NC 27420, 919 292-7376; r. 908 Chatfield Dr., Greensboro, NC 27410, 919 292-7376.

GROGAN, Lloyd C.; '51 MBA; Safety Engr.; r. 13724 Norly, Grandview, MO 64030, 816 761-2675.

GROGAN, Nancy Willman, (Nancy Willman); '77 BSBA; Corp. Acctg. Supv.; Siemens Energy & Automation, Inc., 3333 State Bridge Rd., Alpharetta, GA 30201, 404 751-2221; r. 2150 Hunters Cove Dr., Lawrenceville, GA 30244, 404 995-5118.

GROGAN, Rebecca Kathleen; '85 BSBA; Fiscal Admin.; John W Galbreath & Co., 180 E. Broad St., Columbus, OH 43215, 614 460-4444; r. 1640 Sundridge Rd., Columbus, OH 43221, 614 451-7599.

GROGAN, Rosemary '38 (See Spires, Mrs. Rosemary Grogan).

GROGAN, Thomas William; '75 BSBA; Acct.; The Ohio State Univ., WOSU Stations, Columbus, OH 43210, 614 292-9678; r. 2455 Dale Ave., Columbus, OH 43209, 614 231-6449.

GROGAN, William Michael; '86 BSBA; 2251 Pimmit, Apt. 1433, Falls Church, VA 22043.

GROH, Howard S.; '64 BSBA; Sales Mgr.; Gunite Corp., 302 Peoples Ave., Rockford, IL 61104; r. 6607 Shorewood Dr., Arlington, TX 76016, 817 572-3049.

GRONBACH, Jill Therese; '85 BSBA; Svc. & Parts Dist. Mgr.; Chrysler Motors Corp., 925 W. Thorndale Ave., Itasca, IL 60143, 312 773-7777; r. 5520 Meredith Dr., #2, Des Moines, IA 50310, 515 270-6297.

GROOM, Donald Joseph; '75 MBA; VP; Retail Ventures Inc., 150 Thorn Hill Dr., POB 788, Warrendale, PA 15095, 412 776-4857; r. 2544 Club House Dr., Wexford, PA 15090, 412 935-8195.

GROOM, Jeffrey Michael; '78 BSBA; Sales Mgr.; Firemans Fund Mortgage Corp., 150 E. Mound St., Columbus, OH 43215, 614 224-2500; r. 798 Euclaire, Columbus, OH 43209, 614 231-8325.

GROOM, Joseph Patrick, Jr.; '73 BSBA; Owner; K & M Mkt., 4290 Groveport Rd., Columbus, OH 43207, 614 491-5640; r. 5240 Alum Creek Dr., Groveport, OH 43125, 614 491-8640.

GROOM, Kenneth; '78 BSBA; Courseware Account Rep.; Goal Systs. Intl. Inc., 7965 N. High St., Columbus, OH 43235, 614 888-1775; r. 975 Larkstone Dr., Worthington, OH 43235, 614 451-8863.

GROOM, William Roland; '76 BSBA, '78 MBA; Investment Exec.; Kidder Peabody, 610 Newport Ctr. Dr., Newport Bch., CA 92660, 714 644-7040; r. #8 Ponderosa, Irvine, CA 92714, 714 559-9579.

GROOMES, Daniel Timothy; '68 BSBA; VP Finance; Limited Credit Svcs., 4590 E. Broad St., Columbus, OH 43218, 614 755-5000; r. 6431 Middleshire, Columbus, OH 43229, 614 891-1212.

GROOMS, Thomas Van; '50 BSBA; Retired; r. 1721 Gross Rd., Dallas, TX 75228.

GROOVER, William R., Jr.; '48 BSBA; 502 Outer, Tecumseh, MI 49286, 517 423-7210.

GROPPE, Mary Alice Neal; '32; 36720 Salem Range Rd., Salem, OH 44460, 216 332-8426.

GROS, Mrs. Barbara B., (Barbara A. Barry); '78 BSBA; Homemaker; r. 5867 E. Long Pl., Englewood, CO 80112, 303 850-9770.

GROSECLOSE, Jack Gregory; '74 BSBA, '79 MBA; Asst. VP; Banc One Svcs., Corp., 100 E. Broad St., Columbus, OH 43271, 614 248-4306; r. 266 Camrose Ct., Gahanna, OH 43230, 614 476-2107.

GROSECLOSE, Jeffrey Lawrence; '83 MBA; Controller; Retail Plng. Assocs., 645 S. Grant Ave., Columbus, OH 43216, 614 461-1820; r. 16575 Murphy Rd., Sunbury, OH 43074, 614 965-1457.

GROSECLOSE, Michael D.;'67 BSBA; Dir.; Nationwide Ins. Co., One Nationwide Plz., Columbus, OH 43216, 614 249-7831; r. 7594 Maxtown Rd., Westerville, OH 43081, 614 882-7381.

GROSH, Jane Suzanne; '87 BSBA; Assc Financl Analyst; Marathon Oil Co., 539 S. Main St., Findlay, OH 45840; r. 820 Bigelow Ave., Apt. 52, Findlay, OH 45840.

GROSS, Allen Jeffrey; '70 BSBA; Atty./Partner; Morgan Lewis & Bockius, 2000 One Logan Sq., Philadelphia, PA 19103, 215 963-5576; r. 1416 Hillside Rd., Wynnewood, PA 19096, 215 649-6361.

GROSS, Arlie Eugene; '56 BSBA; Owner; Abell's Corners Country Lunch, Rte. 4 Box 392, Elkhorn, WI 53121; r. Rte. 4 Box 392, Elkhorn, WI 53121, 414 742-3695.

GROSS, David Brian; '85 BSBA; Owner; Gross Mgmt. Co., Sahbra Farms, 28849 Gates Mills Blvd., Pepper Pike, OH 44124, 216 831-8737; r. Same.

GROSS, Deborah Hoffman, (Deborah L. Hoffman); '71 BSBA; Paralegal; r. 3870 Eastway, S. Euclid, OH 44118, 216 371-9161.

GROSS, George W.; '49 BSBA; Atty.; 52 W. Whittier, Columbus, OH 43226, 614 445-6161; r. 2660 Woodsedge Rd, Columbus, OH 43224, 614 471-4227.

GROSS, Howard Edward; '46 BSBA; Retired; Hartley Co., 319 Wheeling Ave., Cambridge, OH 43725; r. 1606 Nicholear Ave., Coshocton, OH 43812, 614 622-3018.

GROSS, Ilene May '84 (See Shapiro, Ilene May).

GROSS, James Eldon; '61 BSBA; Ofc. Supv.; GM Corp., 200 Georgesville Rd., Shipping & Traffic Dept., Columbus, OH 43228, 614 275-5193; r. 1758 Shady Brook Ln., Columbus, OH 43228, 614 876-6913.

GROSS, Joan, (Joan Hartley); '44 BSBA; 1606 Nicholear Ave., Coshocton, OH 43812, 614 622-3018.

GROSS, Kelle '79 (See Diehl, Kelle Gross).

GROSS, Kelly H.; '85 BSBA; Programmer Analyst; Community Mutual, 6740 N. High, Worthington, OH 43085, 614 847-1200; r. 3154 Ontario St., Columbus, OH 43224, 614 263-6311.

GROSS, Leon; '56 BSBA; Capt.; American Airlines, POB 92246, Los Angeles, CA 90009; r. 9 Hitching Post Ln., Bell Canyon, CA 91307, 818 999-1112.

GROSS, Louis Newton; '47 BSBA; Owner; Louis N. Gross & Assocs., 3659 S. Green Rd., Ste. 220, Beachwood, OH 44122, 216 464-6622; r. 20977 Shelburne Rd., Shaker Hts., OH 44122, 216 932-6661.

GROSS, Miriam Rader; '48; Rte. 8 Heritage Estates, Crossville, TN 38555.

GROSS, Paul Raymond; '71 BSBA; Owner, Contractor; Wildwood Constr., 1704 Walnut St., Blue Springs, MO 64015, 816 228-6563; r. Same.

GROSS, Richard Charles; '64; 545 Kenbrook Dr., Worthington, OH 43085, 614 888-2800.

GROSS, Susan '82 (See Friedlander, Mrs. Susan Gross).

GROSS, Victor Saul; '40 BSBA; Chmn. of Bd.; Castle Apts. Inc., 666 Carnegie Ave., Akron, OH 44314; r. 5211 Estates Dr., Delray Bch., FL 33445, 407 498-5151.

GROSS, William A.; '47 BSBA; Retired; r. 11 Pine Grove Dr., Pittsfield, MA 01201, 413 443-0971.

GROSSBERGER, Alan Robert; '79 BSLHR; 2404 Belvoir Blvd., Cleveland, OH 44121.

GROSSKOPF, James L.; '68 BSBA; Dir.; Arthur Young & Co., 1 IBM Plz., Chicago, IL 60611, 312 645-3322; r. 922 Appomattox Ct., Naperville, IL 60540, 312 961-1618.

GROSSMAN, Elmer C.; '24 BSBA; Retired; r. 3867 Glenna Ave., Grove City, OH 43123, 614 875-6836.

GROSSMAN, Gary Alan; '75 BSBA; 726 Crawford Rd., DeWitt, NY 13224, 315 446-6359.

GROSSMAN, George August; '41 BSBA; Account Exec.; First Natl. Mortgage Co., 350 S. Winchester Blvd., San Jose, CA 95128, 408 241-5626; r. 226 W. Edith Ave. #25, Los Altos, CA 94022, 415 941-5226.

GROSSMAN, Jerome E.; '25 BSBA; Retired; r. 2609 W. 65th St., Shawnee Mission, KS 66208, 913 362-7106.

GROSSMAN, Lillian Yvonne; '87 MPA; Dept. of Youth Svcs.-Scioto Village, 5993 Home Rd., Delaware, OH 43015, 614 881-5531; r. 1417 Severn Rd., Columbus, OH 43209, 614 231-3468.

GROSSMAN, Melvin Jay; '52 BSBA; Gen. Mgmt.; Euclid Garment Mfg. Co., 333 Martinel Dr., Kent, OH 44240, 216 673-7413; r. 2355 Canterbury Rd, Cleveland, OH 44118, 216 932-9913.

GROSSMAN, Morton; '49 BSBA; 6000 N. W. 2nd Ave., Apt. 233, Boca Raton, FL 33487, 407 994-8647.

GROSSMAN, Paul G.; '67 BSBA; CFO; Porteous Fastener Co., 1040 Watson Center Rd., Carson, CA 90745, 213 549-9180; r. 20401 Clark St., Woodland Hls., CA 91367, 818 348-6111.

GROSSMAN, Robert Allen; '73 BSBA; Underwriter; Maryland Casualty Co., Sub. of American General, POB 1228, Baltimore, MD 21203; r. 5095 Columbia Rd., Columbia, MD 21044.

GROSSMAN, Robert Evans; '75 BSBA, '81 MBA; Gas Acquisition Rep.; Columbia Gas Transmission Corp., 4111 Executive Pkwy., POB 6164, Westerville, OH 43081, 614 895-5007; r. 5401 Dublin Rd., Delaware, OH 43015, 614 881-5987.

GROSSMAN, Robert L.; '79 MPA; Shareholder; Greenberg Travrig Hoffman Lipoff, Rosen Coventel PA, 1221 Brickell Ave., Miami, FL 33131, 305 579-0500; r. 4174 Braganza St., Coconut Grove, FL 33133, 305 661-5370.

GROSSMAN, Ronald L.; '54 BSBA; VP Merchandising; Miesel/Sysco Food Svc. Co., 5800 Grant Ave., Cuyahoga Hts., OH 44105, 216 641-7011; r. 2903 Huntington Rd., Shaker Hts., OH 44120, 216 991-9615.

GROSSMAN, Dr. Ronald S.; '57 BSBA; Optometrist; Drs. Grossman & Spitzer, 4537 Campus Dr., Irvine, CA 92715, 714 854-2020; r. 43 Nighthawk, Irvine, CA 92714, 714 559-5785.

GROSSNICKLE, Edwin E., PhD; '52 PhD (BUS); Retired; r. 2308 Crest Dr., Kalamazoo, MI 49008, 616 382-0970.

GROSZ, Sandra '85 (See Jordan, Mrs. Sandra K.).

GROTE, David Lawrence; '69; Cost/Price Mgr.; Oshkosh Truck Corp., 2566 Oregon St., Oshkosh, WI 54901, 414 235-9150; r. 5757 Country Club Rd., Oshkosh, WI 54901, 414 233-6690.

GROTE, Dennis Paul; '78 BSBA; 11370 Kary Ln., Cincinnati, OH 45240, 513 742-4159.

GROTE, Ronda Lea; '81 BSBA; 2028 Lynn Day Cir., Powell, OH 43065, 614 766-0142.

GROTENRATH, Joseph Albert, II; '83 BSBA; Mgr.; Hampshire Motor Inn, 7411 New Hampshire Ave., Langley Park, MD 20783, 301 439-3000; r. 11132 Black Forest Way, Gaithersburg, MD 20879, 301 540-2083.

GROTH, Edward Elmar; '72 BSBA; Financial Advisor; GE Co., Evendale Plant, Interstate 75, Evendale, OH 45202; r. 16 Valencia Ct., Clifton Park, NY 12065.

GROTJAHN, Mrs. Eleanor Elder, (Eleanor Elder); '46 MBA; 3442 92nd Ave. NE, Bellevue, WA 98004, 206 454-6458.

GROTSKY, Charles Kenneth; '67 BSBA; Employee Rels Mgr.; Champion Intl. Corp., 7920 Mapleway Dr., Olmsted Falls, OH 44138, 216 235-4040; r. 990 Pheasant Run Dr., Medina, OH 44256, 216 722-0829.

GROVE, David A.; '61 BSBA; Personnel Mgr.; Dept. of Defense, Military Airlift Command, Directorate of Personnel Plans, Scott AFB, IL 62225, 618 256-4377; r. 1973 Mapleleaf Dr., Collinsville, IL 62234, 618 345-7944.

GROVE, Edward O., Jr.; '58 MBA; Sales Promotion Dir.; Goldstein Migel, Waco, TX 76710; r. 2701 Briarcliff, Waco, TX 76710, 817 772-7621.

GROVE, Mrs. Kathleen R., (Kathleen R. Heskett); '87 BSBA; Staff Acct.; Ernst & Whinney, 2400 One Nationwide Plz., Columbus, OH 43215, 614 224-5678; r. 924 Washington St., Apt. 3, Hoboken, NJ 07030, 201 433-3019.

GROVE, Kathy Kaercher, (Kathy Kaercher); '74 BSBA; Financial Analyst; r. 118 Pointe Cir. S., Coram, NY 11727, 516 474-5471.

GROVE, Molly E. '69 (See Giany, Mrs. Jack).

GROVE, Steven Edward; '84 BSBA, '86 MBA; Account Rep.; Compuserve, 44 Wall St., Ste. 1300, New York, NY 10005; r. 924 Washington St., Apt. 3, Hoboken, NJ 07030, 201 420-0023.

GROVER, Edgar Truman; '50 BSBA; Realtor; E & J Homes & Investments Inc., 6830 Sawmill Rd, Worthington, OH 43085; r. 3475 Africa Rd, Galena, OH 43021, 614 548-5000.

GROVER, Kimberly K.; '85 BSBA; Compens./Benefits Admin.; Society Bank, 88 E. Broad St., Columbus, OH 43215, 614 460-3438; r. 6888 Sparrow Ln., Worthington, OH 43085, 614 761-0087.

GROVER, Dr. Richard Anderson; '84 PhD (BUS); Prof.; Indiana Univ., Dept. of Business, Bloomington, IN 47401; r. 50 Bramblewood Dr., Portland, ME 04103.

GROVES, Charles D.; '58 BSBA; Owner; C.D. Groves Enterprises, 515 Linn St., Chillicothe, OH 45601, 614 775-0421; r. Same.

GROVES, David F.; '59 BSBA; Sr. Systs. Analy; r. 213 N. Elizabeth St., Lombard, IL 60148, 312 495-0752.

GROVES, Donald Kirk; '71 BSBA; Security Staff; Nationwide Ins. Co., One Nationwide Plz., Columbus, OH 43216, 614 249-4763; r. 12869 Fox Run Ct. N., Pickerington, OH 43147, 614 833-0479.

GROVES, Paul Wilson; '76 MPA; Computer Programmer; Harris Wholesale, 30600 Carter, Solon, OH 44139; r. 7012 Kingswood, Solon, OH 44139, 216 248-3827.

GROVES, Ray John; '57 BSBA; Chmn. & Chf Exec. Ofcr.; Ernst & Whinney, 787 7th Ave., New York, NY 10019, 212 830-6000; r. 1566 Ponus Ridge, New Canaan, CT 06840.

GROVES, Russell William; '81 BSBA; Asst. Gen. Mgr.; Holiday Inn Eastgate, 4501 Eastgate Blvd., Cincinnati, OH 45245, 513 752-4400; r. 5427 Fox Rd., #1, Cincinnati, OH 45239, 513 681-8982.

GROW, Polly Suzanne, (Polly S. Eiting); '85 BSBA; Master Scheduler/Planner; Midmark Corp., 60 Vista Dr., Versailles, OH 45380, 513 526-3662; r. 3637 Canal Rd., Minster, OH 45865, 419 628-3148.

GROW, Sharon L. '80 (See Mason, Ms. Sharon G.).

GROW, Thomas Whitney, Jr.; '83 BSBA; 217 N. Sequois Dr., W. Palm Bch., FL 33409.

GROZA, Louis Judson; '84 BSBA; Account Exec./Stockbroker; Dean Witter Reynolds Inc., 41 S. High St., Ste. 2700, Columbus, OH 43215, 614 228-0600; r. 2615-C Charing Rd., Columbus, OH 43221, 614 481-9294.

GROZA, Louis Roy; '49 BSBA; Pres.; Ins. Counselors Inc., 906 Terminal Twr., 50 Public Sq., Cleveland, OH 44113, 216 621-7954; r. 287 Parkway Dr., Berea, OH 44017, 216 234-4971.

GRUAZ, Bruno Michel; '85 BSBA; 10600 Cinderella, Cincinnati, OH 45242, 513 891-6267.

GRUBB, Donald E.; '43 BSBA; Retired; r. 1639 Pine Cone St. NW, N. Canton, OH 44720, 216 499-8580.

GRUBB, John Brent; '88 BSBA; 3662 Washburn St., Columbus, OH 43213, 614 235-4880.

GRUBB, Richard E.; '40; 1850 State Rd., c/o Town & Country, Cuyahoga Falls, OH 44223.

GRUBB, Richard Neal; '74 BSBA; Programmer III; Florida Crime Info. Ctr., Dept. of Law Enforcement, Tallahassee, FL 32304; r. 6021 S. Rio Grande, c/o Martin, Orlando, FL 32809.

GRUBBS, Claudia Pearl; '84 BSBA; Customer Svc. Rep.; Jefferson Savings Bank, 2182 W. Dublin-Granville Rd., Worthington, OH 43085, 614 431-0103; r. 2952 W. Case Rd., Dublin, OH 43017, 614 889-7605.

GRUBE, Michelle '85 (See Kastor, Michelle Grube).

GRUBENHOFF, Steven Gerard; '86 BSBA; Tax Spec.; Peat Marwick Main & Co., 245 Peachtree Center Ave., Ste. 1900, Atlanta, GA 30043, 404 577-3240; r. 200 N. Talbot Ct., Roswell, GA 30076, 404 475-6062.

GRUBENHOFF, V. John, Jr.; '66 MBA; Principal; Long Cove Marina, POB 7367, Charlotte, NC 28241, 704 588-1467; r. 13691 Pine Harbor Rd., Charlotte, NC 28217, 704 588-2412.

GRUBER, David Joseph; '84 BSBA; VP Media Svcs.; Murph's Productions, 3665 Trabue Rd., Columbus, OH 43228, 614 486-5183; r. 586 Old Castle Ct., Galloway, OH 43119, 614 870-8865.

GRUBER, Dennis James; '73 BSBA; Controller; Airtron Inc., 4360 Creek Rd., Blue Ash, OH 45241, 413 984-4050; r. 10855 Fallsington Ct., Blue Ash, OH 45242, 513 984-6859.

GRUBER, Elmer Alfred; '59 BSBA; 4001 Clinton Ave., Lorain, OH 44055, 216 277-6928.

GRUBER, Karen Marie, (Karen Marie Burns); '77 BSBA; Mgr. Benefits Acctg.; Federated Dept. Stores, 7 W. Seventh St., Cincinnati, OH 45202, 513 579-7820; r. 9197 Old Village Dr., Loveland, OH 45140.

GRUBER, O. Ross; '56 BSBA; Mgr., Acctg./Audit Coord.; Mobil Corp., 150 E. 42nd St., New York, NY 10017, 212 883-4459; r. 27A Sheephill Rd., Riverside, CT 06878, 203 637-4318.

GRUBIC, George; '69 MBA; Retired; r. 402 Balfour, San Antonio, TX 78239, 512 655-3821.

GRUBICH, Lisa Christine; '84 BSBA; Sr. Progrmmr/Analyst; Nationwide Ins. Co., One Nationwide Plz., Columbus, OH 43216, 614 249-7111; r. 4420 E. Main St., Columbus, OH 43213, 614 236-5789.

GRUDE, Michael; '52 MBA; Ekenesvei 80, Stavanger, Norway.

GRUEBMEYER, Ned Edgar; '79 BSBA; Quality Analyst; Midmark, 60 Vista Dr., Versailles, OH 45380; r. 4913 Lange Rd., St. Henry, OH 45883, 419 678-4912.

GRUENWALD, Regina Mary; '86 BSBA; 2741 Erlene Dr. #6, Cincinnati, OH 45238.

GRUETTER, Steve Eric; '86 BSBA; 3340 Kuaua Pl., Kihei, HI 96753, 808 879-6270.

GRUMBACH, Frederick Steven; '62 BSBA; Sales Exec.; WAWS TV, 8675 Hogan Rd., Jacksonville, FL 32216, 904 642-3030; r. 2223 Astor St., Salerno #1, Orange Park, FL 32073, 904 269-0442.

GRUMBLATT, Michael Walter; '70 BSBA; Mortgage Ofcr.; Bank One, 165 W. Center St., Marion, OH 43302, 614 383-4051; r. 528 Hane Ave., Marion, OH 43302, 614 387-4323.

GRUMLEY, Robert L.; '51 BSBA; Owner; Grumley Restoration Svcs., 1228 Lancaster Ave., Pittsburgh, PA 15218, 412 241-5599; r. Same.

GRUMNEY, Richard George; '74 MPA; Asst. Supt.; Ohio State Hwy. Patrol, 660 E. Main St., Columbus, OH 43215, 614 466-2992; r. 7525 Plumb Rd, Galena, OH 43021.

GRUNDSTEIN, Dr. Nathan David; '36 MPA; Prof./Emeritus; Weatherhead Sch. Mgmt., Cleveland, OH 44106; r. 2872 Washington Blvd., Cleveland, OH 44118, 216 932-6389.

GRUNDSTEIN, Richard H.; '36; Underwriter; Beim-Grundstein Ins. Agcy., 2776 E. Main St., Columbus, OH 43209, 614 231-3696; r. 60 S. Drexel Ave., Columbus, OH 43209, 614 252-5253.

GRUNDSTEIN, Ronald Craig; '70 BSBA; Regional Mgr.; Texaco Inc., 3336 Richmond, Houston, TX 77098; r. 3306 Candle Way, Spring, TX 77388, 713 350-5733.

GRUNDSTEIN, Mrs. Yetta B., (Yetta B. Beim); '39; 60 S. Drexel Ave., Columbus, OH 43209, 614 252-5253.

GRUNEISEN, 2LT James Jay; '84 BSBA; 2Lt/Transportn Ofcr.; USAF, Ohio Air National Guard, Mansfield Lahm Airport, Mansfield, OH 44901, 419 522-9355; r. 269 Steam Corners, Lexington, OH 44904, 419 884-1136.

GRUNENWALD, Richard William; '82 BSBA; Cmptr Progrmr Analst; Battelle Mem. Inst., 505 King Ave., Columbus, OH 43201; r. 3548 Silverado Dr., Columbus, OH 43228, 614 279-7322.

GRUNEWALD, Bradley Kent; '80 BSBA; Pres.; Kent Med., 49 E. Saucon St., Hellertown, PA 18055, 215 838-9856; r. Same.

GRUNEWALD, Gregory Scott; '77 BSBA; Acct./Mgr.; Greene & Wallace CPA's, Data Processing Div, 1241 Dublin Rd., Columbus, OH 43215, 614 488-3126; r. 4869 Dickens, Columbus, OH 43227, 614 864-5004.

GRUNKEMEYER, Robert Samuel; '86 BSBA; 8720 John John Ct., Powell, OH 43065, 614 764-9434.

GRUNSTAD, Dr. Norman Lee; '72 MA, '72 PhD (BUS); VP, Operations; P&S Mgmt. Co., Inc., 3035 W. Thomas Rd., Phoenix, AZ 85017, 602 272-2900; r. 1808 E. Ludlow Dr., Phoenix, AZ 85022, 602 482-3849.

GRUSZECKI, Helen I. '82 (See Kelly, Mrs. Helen I.).

GRUTSCH, Lisa Stemen; '86 BSBA; Computer Programmer; Champion Intl. Co., One Champion Plz., Stamford, CT 06921; r. 296 Charleston Ave., Columbus, OH 43214.

GRUTT, Richard J.; '61 BSBA; CEO; Joe Williams Homes Inc., POB 2135, 108 Pine Rd., Newnan, GA 30264, 404 251-4655; r. 104 Carriage Ln., Peachtree City, GA 30269, 404 487-3457.

GRUTZMACHER, Dennis James; '76 BSBA; Inv Control Analyst; Alside Inc., 3773 Akron Cleveland, Cuyahoga Falls, OH 44223; r. 1933 Maurice St., Cuyahoga Falls, OH 44221, 216 928-5948.

GRYWALSKY, Andrew Bryan; '77 BSBA; Finance Dir.; Vision Ctr. of Central Ohio, 1393 N. High St., Columbus, OH 43201, 614 294-5571; r. 390 Robinwood, Columbus, OH 43213, 614 237-6208.

GSTALDER, Theodore F.; '77 BSBA; Adm Spec.; r. c/o Ibm, APO, New York, NY 09757.

GUAGENTI, George Gregory; '80 BSBA; Mgr.; CSX Transporatation, 2815 Spring Grove Ave., Camp Washington, Cincinnati, OH 45225, 513 369-5525; r. 9849 Bobwhite Pl., Mason, OH 45040, 513 398-6577.

GUAGENTI, Jeffrey Philip; '85 BSBA; Acct.; St. Luke Convalescent Ctr., 44 S. Souder Ave., Columbus, OH 43222, 614 228-5900; r. 4489 Ramsdell, Columbus, OH 43213, 614 471-8579.

GUAGENTI, John Anthony; '87 BSBA; 712 Beechwood, Elida, OH 45807, 419 331-2932.

GUALTIERI, Guy C.; '50 BSBA; Procurement Engr.; Martin Marietta Aerospace, POB 179, Denver, CO 80201; r. 7331 S. Platte Canyon Dr., Littleton, CO 80123, 303 979-5484.

GUALTIERI, Mrs. Karen P., (Karen A. Petitto); '78 MPA; Asst. to Assoc. Dean; Orange Cnty. Community Clg., 115 South St., Middletown, NY 10940, 914 344-6222; r. 37 Simons Dr., RD 2, Walden, NY 12586.

GUANCIALE, Cara Marie; '88 BSBA; Marketer; Gulf Ohio Corp., 3933 Price Rd., Newark, OH 43055, 614 366-7383; r. 673 W. Broadway Apt. A, Granville, OH 43023, 614 587-4594.

GUARASCI, Frank F.; '54 BSBA; Account Exec.; UNISYS Corp., 100 E. Wilson Bridge Rd., Worthington, OH 43085, 614 436-2810; r. 4134 Kendale Rd., Columbus, OH 43220, 614 451-1281.

GUARASCI, Ralph Leo; '78 BSBA; Computer Salesman; Brown Labs, 41 S. Grant Ave., Columbus, OH 43215; r. 5584 Boulder Crest St, Columbus, OH 43220.

GUARASCI, Theodore A.; '55 BSBA; Sales; The Thompson Co., 80 N. 3rd St., Columbus, OH 43215; r. Box 800, Powell, OH 43065.

GUARD, J. Conner; '49 BSBA; Ins. Agt.; John Hancock Mutual Life Ins. C, 526 Maxwell Ave., Cincinnati, OH 45219, 513 631-4637; r. 3041 Griest Ave., Cincinnati, OH 45208, 513 871-2807.

GUARNIERI, William T.; '60 BSBA; Atty.; 1127 Euclid Ave., 423 Statler Twr., Cleveland, OH 44115, 216 771-6464; r. 10711 Greenhaven Pkwy., Brecksville, OH 44141, 216 526-5091.

GUBA, Eleanor '56 (See Minute, Eleanor Guba).

GUBBINS, Lucile Campbell, (Lucile Campbell); '83 BSBA; Programmer/Analyst; Motorist Mutual Ins. Co., 471 E. Broad St., Columbus, OH 43215, 614 225-8493; r. 43 E. N. Broadway, Columbus, OH 43214, 614 261-0825.

GUCKERT, Dr. John Cecil; '48 BSBA, '67 PhD; Prof. Emeritus; Eastern Illinois Univ., Dept. of Education, Charleston, IL 61920; r. 509 Hall Ct., Charleston, IL 61920, 217 345-5555.

GUD, Keith Allen; '83 BSBA; Regional Dir./Sales Mktg.; Med. Disposables, 1165 Hayes Industrial Dr., Marietta, GA 30062, 800 241-8205; r. 1085 Kristian Way, Roswell, GA 30076, 404 993-6767.

GUDENKAUF, Jeffrey Bernard; '69 BSBA; Pres.; Gudenkauf Corp. Assoc., POB 21308, Columbus, OH 43221, 614 274-4600; r. 2196 Yorkshire Rd., Columbus, OH 43221, 614 486-7284.

GUDGEL, Juanita '54 (See Diorio, Juanita Gudgel).

GUDIS, Malcolm J.; '64 BSBA; Sr. VP & Dir.; Electronic Data Systs. Corp., 7171 Forest Ln., Dallas, TX 75230, 214 661-6000; r. 5 Laureston Pl., Dallas, TX 75225, 214 691-3277.

GUDOWICZ, Donna Marie; '80 BSBA; 29768 Phillips Ave., Wickliffe, OH 44092.

GUDOWICZ, Raymond Benjamin; '78 BSBA; 29768 Phillips Ave., Wickliffe, OH 44092.

GUDZ, Sarah Schleder, (Sarah Schleder); '76 MA; Proj. Dir.; Knox Cnty. Health Dept., 117 E. High St., Mt. Vernon, OH 43050; r. 1 Laurelwood Dr., Mt. Vernon, OH 43050, 614 397-2922.

GUE, Carol Kuenning, (Carol Kuenning); '63 BSBA; Staff-Dean's Ofc.; Georgia Tech, Clg. of Architecture, Atlanta, GA 30332, 404 894-3880; r. 7585 Chaparral Dr., Atlanta, GA 30350, 404 394-4284.

GUE, William P.; '63 BSBA; Pres.; Elan International Ltd., 7585 Chaparral Dr., Atlanta, GA 30350, 404 394-4284; r. Same.

GUELDE, Edward A.; '35 BSBA; Retired; r. 506 Howell Dr., Newark, OH 43055.

GUELI, Christopher Gino; '88 BSBA; 120 Wickfield Rd., Blacklick, OH 43004, 614 868-9631.

GUELI, Susan Jean, (Susan J. Weir); '86 BSBA; Programmer/Analyst; Nationwide Ins., One Nationwide Blvd., Columbus, OH 43215, 614 249-8947; r. 6660 Blakely Ct., Reynoldsburg, OH 43068, 614 864-2825.

GUENTHER, Ernest H.; '50 BSBA; Retired; r. 83 Dale Ridge Dr., Centerville, OH 45458, 513 433-8710.

GUENTHER, Richard Paul; '71 BSBA; 4281 Macduff Pl., Dublin, OH 43017, 614 761-3431.

GUERRA, Gabriela Marie '84 (See Jetton, Mrs. Gabriela G.).

GUERRA, Michael Joseph; '73 BSBA; VP-Gen. Counsel; Chi-Chi's Inc., 10200 Linn Station Rd., Louisville, KY 40223; r. Same.

GUESS, Curtis M.; '60 BSBA; Acct.; Eastman Kodak Co., 343 State St., Rochester, NY 14650; r. 345 Monroe St., Honeoye Falls, NY 14472, 716 624-2864.

GUEST, Cynthia Jean; '87 MBA; Systs. Analyst; Schneider Software Systs., 1312 5th St. SW, Canton, OH 44702, 216 455-5273; r. 2955 Chaucer Dr. NE, N. Canton, OH 44721, 216 492-1440.

GUEST, Dr. James Douglas; '75 BSBA; Dent./Genl Prac; James D Guest DDS PC, 201 N. Central Ave., Ste. 1490, Phoenix, AZ 85073, 602 258-1100; r. 1120 Oro Vista, Litchfield Park, AZ 85340.

GUEULETTE, Mrs. Nancy Ann Hurrel, (Nancy Ann Hurrel); '53 BSBA; Homemaker; r. 100 Patio Pl., Columbia, SC 29212, 803 781-3301.

GUFFEY, Lawrence E.; '64 BSBA; Production Supt.; GM Corp., Fisher Body Div, 200 Georgesville Rd, Columbus, OH 43221; r. 1900 Bedford Rd, Columbus, OH 43212, 614 486-1990.

GUGELCHUK, Juanita S. '82 (See Spracklen, Mrs. Juanita S.).

GUGGENHEIMER, Joel; '87 BSBA; Programmer/Analyst; N C R Corp., 9095 Washington Church Rd., Miamisburg, OH 45342; r. 3450 Garianne Dr., Dayton, OH 45414, 513 898-6934.

GUGLE, Helen M., (Helen Mc Cann); '50 BSBA; Homemaker; r. 45 S. Stanwood Rd, Columbus, OH 43209, 614 231-6158.

GUIDOS, Stephen; '80 BSBA; 208 Bedford Rd, Lowellville, OH 44436, 216 536-8320.

GUIER, Thomas Joseph; '56 BSBA; Radio Mgr.; Coastal Communications-KFMG, 5700 Harper Dr. NE, Albuquerque, NM 87109, 505 828-1600; r. 1873 San Bernardino NE, Albuquerque, NM 87122, 505 299-5550.

GUIHER, Hon. Virgil L.; '54 BSBA; Prosecuting Atty.; r. 4415 Rio D Oro Dr., #106, San Antonio, TX 78233.

GUILD, John William; '68 BSBA; Mgr./Bus. Planng; Harris Co., 1680 University Ave., Rochester, NY 14610; r. 22 Red Post Cres., Fairport, NY 14450, 716 223-7463.

GUILER, Robert C.; '71 BSBA; Div. VP; Lazarus, 7th & Race St., Cincinnati, OH 45202, 513 369-7026; r. 1504 Vancross Ct., Cincinnati, OH 45230, 513 232-4324.

GUILLEN, Joseph M.; '85 BSBA; Revenue Agt.; IRS, 200 N. High St., Columbus, OH 43215; r. 7922 S. Mason, Burbank, IL 60459.

GUINN, David F.; '66 BSBA; Staff; Beverage Mgmt. Inc., 1001 Kingsmill Pkwy., Columbus, OH 43229; r. 1266 Wilshire Village Ct., Worthington, OH 43085, 614 846-7710.

GUINTA, Terrence Brian; '80 BSBA; 30219 Ctr. Ridge Rd, Westlake, OH 44145, 216 871-3585.

GUINTHER, Melvin I.; '50 BSBA; Retired; r. 927 Byron Ave., Columbus, OH 43227, 614 231-5945.

GUIRLINGER, Michael E.; '85 MBA; Exec. VP; Iri Mortgage Co., Subs:Investment Resources Inc, 855 S. Wall St., Columbus, OH 43206; r. 3291 Rochfort Bridge Dr. E., Columbus, OH 43220.

GUISINGER, Ronald J.; '79 BSBA; Compensation Analyst; CompuServe Inc., 5000 Arlington Ctr. Blvd., Columbus, OH 43220, 614 457-8600; r. 835 Thomas Rd., Columbus, OH 43212, 614 291-7801.

GULA, David Loren; '77 BSBA; Sales Rep.; Berkline Corp., POB 100, Morristown, TN 37816, 301 794-6593; r. 6915 Forbes Blvd., Seabrook, MD 20706, 301 794-6593.

GULDIG, John Fredrick; '74 BSBA; Mgr. of Acctg.; Ashland Chemical Co., POB 2219, Columbus, OH 43216, 614 889-3789; r. 25 Spring Creek Dr., Westerville, OH 43081, 614 882-5192.

GULERTEKIN, Veysel Erdal; '88 BSBA; Student At Osu; r. POB 3604, Columbus, OH 43210, 614 267-1668.

GULICK, Amelia Ellen; '87 BSBA; 5694 Caranac Dr., Columbus, OH 43232, 614 861-1670.

GULICK, George William, Sr.; '41 BSBA; Pres.; America Bus Tours, 463 N. Selby Blvd., Worthington, OH 43085, 614 885-5874; r. Same.

GULICK, James Anthony; '82 BSBA; Agcy. Mgr.; Montgomery Blue Ash Ins. Ctr., 9350 Floral Ave., Cincinnati, OH 45242, 513 791-0389; r. 7461 Shewango Way, Cincinnati, OH 45243, 513 745-0462.

GULICK, Matthew Philip; '81 BSBA; Farmer; r. 255 S. Williams St., Newark, OH 43055.

GULKER, Bonetha Hertz; '77 BSBA; Ofc. Mgr.; Kaeser & Blair Inc., 953 Martin Pl., Cincinnati, OH 45202, 513 621-4280; r. 11975 Carrington Ct., Cincinnati, OH 45249, 513 683-0107.

GULKER, Virgil G.; '46 BSBA; Retired; r. 1857 Latham Ave., Lima, OH 45805, 419 229-0326.

GULLIVER, John Michael; '80 BSBA; Pres./Owner; The Adventure Galley, 203 Second St., Marietta, OH 45750, 614 374-9041; r. 709 5th St., Marietta, OH 45750, 614 374-2434.

GULU, Sundy Palioyras; '87 MLHR; 1711 Twin Oaks Dr., Powell, OH 43065, 614 761-9923.

GUM, Kevin Eugene; '79 BSBA; Computer Scientist; USAF, Wright Patterson AFB, OH 45433; r. 4614 Kalida Ave., Dayton, OH 45424, 513 433-2340.

GUMBERT, George Henninger; '80 BSBA; Security Mgr.; Ohio Support Svcs., 1269 S. High St., Columbus, OH 43206, 614 438-2201; r. 186 Orchard Ln., Columbus, OH 43214, 614 262-7634.

GUMMER, Charles Lee; '69 BSBA; 1st VP; Comerica Inc., Metropolitan Corp Banking, 211 W. Fort St., Detroit, MI 48226; r. 3488 Trumbull, Trenton, MI 48183.

GUMMER, George A.; '67 BSBA; Pres.; G. A. Gummer & Assoc., 150 E. Broad St., Ste. 705, Columbus, OH 43215, 614 221-2678; r. 4919 Smoketalk Ln., Westerville, OH 43081.

GUMP, Don M.; '38 BSBA; Retired Owner; Ohio Labs, Inc.; r. 880 Clubview Blvd. N., Worthington, OH 43085, 614 888-0761.

GUMP, Dorothy Dean; '46 BSBA; Retired; r. 1858 W. Parkway Dr., Piqua, OH 45356, 513 773-6425.

GUMP, Robert C.; '49 BSBA; Manufacturer's Rep.; Smiling Scott Prods., 4346 Sandy Lane Rd., Columbus, OH 43224, 614 268-1167; r. Same.

GUMP, Robert Kinsley; '68 BSBA; VP; Kelter/Gump & Co., Inc., 500 Shatto Pl., Ste. 501, Los Angeles, CA 90020, 213 381-7102; r. 16255 Pacific Cir., Unit 101, Huntington Bch., CA 92649, 213 592-5989.

GUMZ, Gary Eric; '69 BSBA; Sales Trainee; GE Co., 12910 Taft Ave., Cleveland, OH 44108; r. 7131 Deepwood Dr., Chagrin Falls, OH 44022, 216 247-6660.

GUNDERSON, Ms. Barbara A., (Barbra A. Mishey); '82 BSBA; Logistics Recruiting; Kimberly-Clark Corp., 2100 Winchester Rd., Neenah, WI 54956; r. 815 W. Prospect Ave., Appleton, WI 54914, 414 731-2038.

GUNDERSON, Fred G.; '63 BSBA; Dir. of Personnel; White Castle Syst. Inc., 555 W. Goodale St., Columbus, OH 43215, 614 228-5781; r. 2634 Bryan Cir., Grove City, OH 43123, 614 875-0627.

GUNDERSON, Robert P.; '67 BSBA; Grocery Mgr.; George's Food Mkt., 1945 Lockbourne Rd., Columbus, OH 43207, 614 444-3281; r. 2626 Parlin Dr., Grove City, OH 43123, 614 875-2274.

GUNDIC, Matthew J.; '88 BSBA; 18850 E. Shoreland, Rocky River, OH 44116, 216 331-7566.

GUNDOLF, Scott Arthur; '77 BSBA; Sr. Internal Auditor; Angelica Corp., 10176 Corporate Sq. Dr., St. Louis, MO 63132; r. 40 Kingsbury Pl., St. Louis, MO 63112, 314 367-6212.

GUNDRUM, Mrs. Carol S., (Carol S. Myers); '75 BSBA; Sr. Programmer/Analyst; Travelers Ins. Co., One Tower Sq., Hartford, CT 06183, 203 277-9228; r. 23 Wentworth Dr., S. Windsor, CT 06074, 203 644-1280.

GUNDY, Elizabeth J., (Elizabeth Johnson); '80 BSBA; Homemaker; r. 1048 Ray Ave., NW, New Philadelphia, OH 44663, 216 339-4698.

GUNDY, Mrs. Kristine Ann, (Kristine A. Malone); '86 BSBA; Staff; The Ohio State Univ., 190 N. Oval Mall, Columbus, OH 43210; r. 980 Chelsea Ave., Columbus, OH 43209, 614 231-6324.

GUNN, George B.; '56 BSBA; Internal Revenue Svc.; r. 5884 Fourson Dr., Cincinnati, OH 45233, 513 922-3087.

GUNN, Lawrence Anthony; '62 BSBA; Meadowridge #12 Rte. 1, Boone, NC 28607, 704 264-2182.

GUNN, Dr. Sanford Charles; '77 PhD (ACC); Assoc. Prof.; State Univ. of NY at Buffalo, Acctg. Dept., Buffalo, NY 14260, 716 636-3284; r. 70 Endicott Dr., Amherst, NY 14226, 716 836-2956.

GUNNELL, Charles Allen; '78 BSBA; Staff; Huntington Natl. Bank, 17 S. High St., Columbus, OH 43215, 614 463-5801; r. 2777 Tiara Ave., Columbus, OH 43207.

GUNNING, Anne Corsiglia, (Anne Corsiglia); '81 BSBA; Homemaker/Volunteer; r. 2279 Fairhaven Cir., NE, Atlanta, GA 30305, 404 365-9856.

GUNSETT, Harry M.; '41 BSBA; Retired Sales Rep.; Kennedy Mfg.; r. 1056 Maplewood Dr., Van Wert, OH 45891, 419 238-5352.

GUNSOREK, Lawrence F.; '70 BSBA; Public Acct.; Anchor Car Wash Systs. Inc., 1040 Alum Creek Dr., Columbus, OH 43209, 614 252-9999; r. 233 S. Dawson Ave., Columbus, OH 43209, 614 258-2310.

GUNTER, Jeffrey Gavin; '84 BSBA; Dist. Mgr.; Intl. Playtex, POB 160, Dover, DE 19903; r. 7987 Saddle Run, Powell, OH 43065, 614 761-8465.

GUNTHER, Charles R.; '62 BSBA; Pres. of Corp; Judi's Inc., 4711 Hope Valley Rd., Durham, NC 27707, 919 493-4005; r. 123 Booth Rd. #7, Chapel Hill, NC 27516, 919 942-6116.

GUNTHER, Douglas Kent; '56; Acct.; Columbia Gas of Ohio, 99 N. Front St., Columbus, OH 43215; r. 835 Enfield Rd., Columbus, OH 43209, 614 235-3589.

GUP, Mark K.; '59 MBA; Dir. of Rsch. (Mktg.); Cahners Publishing Co., 1350 E. Touhy Ave., Des Plaines, IL 60018; r. 525 Grove St. #5-D, Evanston, IL 60201, 312 866-6606.

GUPTA, Atul; '88 BSBA; 95 W. N. Broadway, Columbus, OH 43214, 614 268-8840.

GUREN, Homer E.; '49 BSBA; Developer; Barris-Guren & Co., 4700 Rockside Rd., Independence, OH 44131, 216 642-1105; r. 3915 1 Lander Rd., Chagrin Falls, OH 44022, 216 464-1990.

GUREV, Jerome B.; '63 BSBA, '65 MBA; Mgr.; Xerox Corp., Capital & Facilities, Xerox Sq., Rochester, NY 14644, 716 423-4704; r. 1025 Whalen Rd, Penfield, NY 14526, 716 377-5234.

GURGLE, John, III; '76 MBA; Corporate Cash Mgr.; Noranda Aluminum Inc., 30100 Chagrin Blvd., Cleveland, OH 44124, 216 292-1739; r. 2904 Federal Ave., Alliance, OH 44601, 216 821-2904.

GURIN, James J.; '66 MBA; Instr./Computer Sci; Sinclair Community Clg., 444 W. Third St., Dayton, OH 45402; r. 531 Elm Grove Dr., Dayton, OH 45415, 513 275-2244.

GURKE, Doris Ann; '88 MBA; 253 Kossuth, Apt. B, Columbus, OH 43206, 614 299-5967.

GURLEY, Richard Thomas; '83 BSBA; Dist. Mgr.; Baskin-Robbins USA Co., 31 Baskin-Robbins Pl., Glendale, CA 91201, 818 956-0031; r. 622 High St., Fairport Harbor, OH 44077, 216 357-6301.

GURNEY, Lee A.; '55 BSBA; VP of Finance; The Joseph & Feiss Co., 2149 W. 53rd St., POB 5968, Cleveland, OH 44101, 216 961-6000; r. 23220 Wendover Rd., Beachwood, OH 44122, 216 291-2386.

GURR, Ronald Bernard; '74 BSBA; Staff; Heublein Inc., Munson Rd., Farmington, CT 06032; r. 52 Beaver St., Hamden, CT 06514, 203 562-8728.

GURTZ, Steven Carl; '83 BSBA; Computer Programmer; Holiday Inns Inc., 3742 Lamar Ave., Memphis, TN 38118; r. 4411 E. Linda Dr., Port Clinton, OH 43452, 419 797-4217.

GURVIS, Dr. David Elliott; '70 BSBA; Podiatrist; 13141 Rockville Rd., Indianapolis, IN 46234, 317 272-0556; r. 8435 Springmill Ct., Indianapolis, IN 46260, 317 251-6408.

GURWIN, David Allen; '82 BSBA; Atty.; Vorys Sater Seymour & Pease, 52 E. Gay St., POB 1008, Columbus, OH 43216, 614 464-6439; r. 5727 Empress Ln., Columbus, OH 43235, 614 761-0708.

GURWIN, Preston D.; '57 BSBA; VP; Joseph Sculler Co., 2780 Brentwood Rd., Columbus, OH 43209; r. Same, 614 239-0650.

GUSEMAN, John Frederick; '84 BSBA; Acct.; Shell Oil Co., One Shell Plz., Houston, TX 77001; r. 7710 Spruce Haven, Houston, TX 77095, 713 556-5819.

GUSICH, Anthony Frank; '78 BSBA; Sr. Systs. Analyst; Leaseway Transportation, Park East Dr., Beachwood, OH 44212, 216 765-6528; r. 3485 Nautilus Tr., Aurora, OH 44202, 216 562-7073.

GUSS, Dr. Leonard M.; '65 PhD (BUS); Pres.; Leonard Guss Assocs. Inc., POB 11329, Tacoma, WA 98411, 206 565-8121; r. Same.

GUSSLER, Ms. Suzanna D.; '85 MPA; Budget Mgmt. Analyst; City of Columbus, 90 W. Broad St., Ofc. of Management & Budget, Columbus, OH 43215, 614 222-6107; r. 364 Jackson St., Columbus, OH 43206, 614 469-9282.

GUSTAFERRO, William R.; '50 BSBA; Exec. VP/CFO; Ohio Bell Telephone Co., 45 Erieview Plz., Rm. 1600, Cleveland, OH 44114, 216 822-2694; r. 3385 Chrisfield Dr., Rocky River, OH 44116, 216 333-2198.

GUSTAFSON, Ashley Mack; '47; Social Worker; r. 7067 South Ln., Willoughby, OH 44094, 216 942-6825.

GUSTAFSON, David C.; '38 BSBA; Retired Owner; Dave Gustafson Inc., 1450 Preston Forest Sq., Dallas, TX 75230; r. 2420 Miseno Way, Costa Mesa, CA 92627, 714 646-6266.

GUSTAFSON, Dr. Donald P.; '41 BSBA; Prof. Emeritus; Purdue Univ., Sch. of Vet. Med./Vet Virology, W. Lafayette, IN 47907; r. 812 Hillcrest Rd., W. Lafayette, IN 47906, 317 463-5436.

GUSTAFSON, James L.; '60 BSBA; Staff; O M Scott & Sons, Sub Itt, POB, Marysville, OH 43040; r. 874 Bluff Ridge Rd., Worthington, OH 43085, 614 888-2650.

GUSTAFSON, Philip Edward; '38 BSBA; Pres.; Hughes-Peters Inc., 481 E. 11th Ave., Columbus, OH 43211, 614 294-5351; r. 1991 Stanford Rd., Columbus, OH 43212, 614 488-2311.

GUSTAFSON, Richard; '78 BSBA; Staff; Nationwide Ins., 9243 Columbus Pike, Westerville, OH 43081, 614 885-2403; r. 2021 Sutter Pkwy., Dublin, OH 43017, 614 889-1620.

GUSTAFSON, Suzanne Flick, (Suzanne Flick); '39; Retired; r. 1325 Rolling Ridge Ln., Sturgis, MI 49091, 616 651-2631.

GUSTIN, Jolynn McNealy, (Jolynn McNealy); '67 BSBA; Pres.; Jones the Florist Inc., POB 6363, Cincinnati, OH 45206, 513 961-6622; r. 2480 S. Rookwood Ct., Cincinnati, OH 45208, 513 321-4364.

GUSTIN, Michael J.; '70 BSBA; Staff; Brown-Graves Lumber Co., 191 E. Miller Ave., Akron, OH 44301, 216 434-7111; r. 6611 Hythe St. NW, Canton, OH 44708, 216 832-8752.

GUSTIN, Thomas Robert; '77 BSBA; Branch Mgr.; IBM Corp., Columbus Central Branch, 140 E. Town St., Columbus, OH 43215; r. 8637 Finlarig, Dublin, OH 43017, 614 761-7548.

GUSTY, CAPT James; '64 BSBA; Capt. Usaf; r. 1147 Wyandotte Rd., Columbus, OH 43212, 614 486-9267.

GUTCHES, Robert F.; '50 BSBA; Commercial Realtor; King Thompson Holzer-Wollam Realtors, 1670 Fishinger Rd., Columbus, OH 43221, 614 451-0808; r. 7711 Perry Rd, Delaware, OH 43015, 614 548-7711.

GUTE, Leland Richard; '84 BSBA; 10009 Mallett Dr., Spring Vly., OH 45370.

GUTEKUNST, Bart Christopher; '75 MBA, '76 MA; 1049 Park Ave. #2B, New York, NY 10028, 212 874-6998.

GUTERBA-BEATTY, M. Joan Vaughn, (M. Joan Vaughn); '52; Acctg. Supv.; Health Maint. Plan Warren/Youngstown, 7067 Tiffany Blvd., Youngstown, OH 44514, 216 726-3111; r. 109 Bittersweet Dr., Columbiana, OH 44408, 216 482-3207.

GUTERMUTH, Enid Stamets; '35; Retired; r. 34200 Ridge Rd #419, Willoughby, OH 44094, 216 944-2013.

GUTH, Peter William; '79 BSBA; Dealer Devel. Cnslt.; Steelcase Inc., 1600 Market St., Ste. 1500, Philadelphia, PA 19103, 215 561-5331; r. 37 Seton Hill Ct., Holland, PA 18966, 215 860-8295.

GUTHEIL, Thomas Dane; '81 BSBA; Asst. Dir. of Taxation; Red Roof Inns, 4355 Davidson Rd, Hilliard, OH 43026, 614 876-3217; r. 1299 Falene Pl., Galloway, OH 43119, 614 878-1982.

GUTHEIL, Yvonne Mary; '82 BSBA; Secy.; United Exterminating Svc. Inc., 3853 April Ln., Columbus, OH 43227, 614 231-5559; r. 6168 Stornoway Dr. S., Columbus, OH 43213, 614 864-4462.

GUTHRIE, Charles Raymond; '57 BSBA; Retired; r. 9530 Prospect Rd, Cleveland, OH 44136, 216 238-7706.

GUTHRIE, Emmerentia Marie; '85 MBA; Woodlands Bus. Analyst; Mead Corp., Courthouse Plz. NE, Dayton, OH 45463, 513 222-6323; r. 1140 Blue Jay Dr., Enon, OH 45323, 513 864-2511.

GUTHRIE, Jeloy Mavis; '81 BSBA; Owner; Heartland Transportation Svcs., Coshocton, OH 43812, 614 622-8589; r. 46645 Tr. 74, Coshocton, OH 43812, 614 622-7717.

GUTHRIE, Marie Berry, (Marie L. Berry); '78 BSBA; Personnel Dir.; Locke Purnell Rain Harrell, 2200 Ross Ave., Ste. 2200, Dallas, TX 75201, 214 740-8413; r. 505 Woodbriar Ln., Bedford, TX 76021, 817 581-7849.

GUTHRIE, Marsha S., (Marsha Sebastian); '61 BSBA; Dir. of Devel.; American Heart Assn., 5455 N. High St., Columbus, OH 43214, 614 848-6676; r. 4806 Dierker Rd., Columbus, OH 43220, 614 451-6701.

GUTHRIE, Patricia Stilwell; '60 BSBA; Mgr.; Ohio Bell Telephone Co., 150 E. Gay St., Columbus, OH 43215, 614 223-8683; r. 198 Jackson St., Columbus, OH 43206, 614 221-4224.

GUTHRIE, Stephen T.; '62 BSBA; Financial Cnslt.; r. 7423 S. Wellington, Littleton, CO 80122, 303 794-4062.

GUTIERREZ, LT Daniel Michael, USN; '80 BSBA; VFA-106, Cecil Field NAS, FL 32215.

GUTIERREZ, Susan Allen; '81 BSBA; 1861 Doral Dr., Fairfield, OH 45014.

GUTMAN, Richard; '85 MBA; Mgr.; American Electric Power, 1 Riverside Plz., Columbus, OH 43216, 614 223-2365; r. 1407 Beechlake Dr., Worthington, OH 43085, 614 846-1567.

GUTMANN, Edward F.; '27 BSBA; Retired; r. 889 S. Chesterfield Rd., Columbus, OH 43209, 614 231-8045.

GUTMANN, Jeffrey Mark; '79 BSBA; Sales Repr/Wst Coast; Tobin-Hamilton Co., 1750 S. Brentwood Blvd., St. Louis, MO 63144; r. 21616 Califa St., Apt. 312, Woodland Hls., CA 91367, 818 704-1457.

GUTMANN, John Kenneth; '86 BSBA; 3114 Hayden Rd., Columbus, OH 43220.

GUTMANN, Roy K.; '58 BSBA; Owner; Safeguard Business Systs., 1375 W. Lane Ave., Columbus, OH 43221, 614 488-9516; r. 1850 Glenn Ave., Columbus, OH 43212, 614 486-3571.

GUTMORE, Abraham Mark; '72 BSBA; Mkt. Rsch. Coord.; Columbia Gas Distribution, 200 Civic Center Dr., Columbus, OH 43215, 614 460-4892; r. 2305 Woodcreek Pl., Powell, OH 43065, 614 889-0794.

GUTRIDGE, Delbert R.; '56 BSBA; Registrar; Cleveland Museum of Art, 11150 E. Blvd., Cleveland, OH 44106, 216 421-7340; r. 42 Oakshore Dr., Cleveland, OH 44108, 216 268-3223.

GUTTER, Marc Stuart; '80 BSBA; Acct.; Schwartz, Adelman & Kellerman, CPA's, Inc., 33 S. James Rd., Ste. 304, Columbus, OH 43213, 614 237-0545; r. 724 S. Roosevelt Ave., Columbus, OH 43209, 614 235-4309.

GUTTER, Dr. Marvin Gerald; '69 BSBA; VP; Columbus State Community Clg., 550 E. Spring St., Columbus, OH 43215, 614 227-2642; r. 2430 Kensington Dr., Columbus, OH 43221, 614 486-4021.

GUTTMAN, Tim Gerard; '82 BSBA; Acct.; Deloitte Haskins & Sells, 1200 Travis, Houston, TX 77002; r. 2800 Jeanetta #1502, Houston, TX 77063, 713 977-2535.

GUY, Charles David; '72 BSBA; Staff; Martin Marietta Orlando Aero, POB 5837, Orlando, FL 32855, 407 356-2000; r. 804 Maple Ave., Fruitland Park, FL 32731, 904 728-4359.

GUY, Gerald D.; '78 BSBA; Asst. Mgr.; Kemba Credit Union, 4220 E. Broad, Columbus, OH 43209, 614 235-2395; r. 174 N. Cassingham Rd., Columbus, OH 43209, 614 236-8294.

GUY, Katherine Rose; '82 BSBA; 1st Asst. Mgr.; Thrifty Drugs, 1701-A Willow Pass Rd., Concord, CA 94520, 415 827-0770; r. 621 Stonebridge Way, Pleasant Hill, CA 94523, 415 686-3619.

GUY, Margaret Bartley; '37; Homemaker; r. POB 1296, Rancho Mirage, CA 92270, 619 568-1561.

GUY, Dr. Marjorie Poston; '37 BSBA, '38 MBA; Retired; r. 3801 US Hwy. 92, Daytona Bch., FL 32014.

GUY, Richard Stuart; '57 BSBA; Pres.; Financial Funding Inc., 1585 Bethel Rd., Columbus, OH 43220, 614 442-0123; r. 219 St. Antoine, Worthington, OH 43085, 614 431-0123.

GUY, Rolland B.; '55 BSBA; Sr. Const Analyst; Battelle Mem. Inst., 505 King Ave., Columbus, OH 43201; r. 3861 Parkview Rd., Mechanicsburg, OH 43044, 513 834-3322.

GUY, Susan Davies; '77 BSBA; POB 519, 519 130th Sta. Hosp., APO, New York, NY 09102.

GUYER, Judith Kitzmiller, (Judith Kitzmiller); '79 BSBA; Volunteer; r. 24 Bourbon St., Bedford, NH 03102, 603 472-5905.

GUYTON, Harold David; '57; Inventory Contrl Mgr.; Kinnear Div./Harsco Corp., 1191 Fields Ave., Columbus, OH 43201; r. 4710 Frost Ave., Columbus, OH 43228, 614 878-5833.

GUZDANSKI, John Walter; '73 BSBA; Dir./Audit Serv; Trinova Corp., 1705 Indian Wood Cir., Maumee, OH 43537, 419 891-2200; r. 3734 River Rd., Toledo, OH 43614, 419 385-5739.

GUZDANSKI, Sheila Gladieux, (Sheila M. Gladieux); '74 BSBA; 3734 River Rd., Toledo, OH 43614, 419 385-5739.

GUZIK, Alan D.; '88 BSBA; 77 Fitz-Henry Blvd., Columbus, OH 43214, 614 888-7619.

GUZMAN, Frances Blastervold; '73 MA; Olivos 3924, Puebla Las Animas, Mexico, Mexico.

GUZZETTA, Robert Franklin; '84 BSBA; Investment Admin.; Banc One Corp., 100 E. Broad St., Columbus, OH 43271, 614 248-5417; r. 6396 Busch Blvd. #420, Columbus, OH 43229, 614 436-6044.

GUZZO, David Buckner; '80 BSBA; Gen. Supt. Constr.; Complete Gen. Constr. Co., 1221 E. 5th Ave., Columbus, OH 43219, 614 258-9515; r. 2026 Shallowford Ave., Worthington, OH 43235, 614 764-1022.

GUZZO, Joseph Vincent; '87 BSBA; Acct.; Aronowitz Chaikin Hardesty, Cincinnati, OH 42506, 513 621-8300; r. 817 Rosemont Ave., Apt. #4, Cincinnati, OH 45205, 513 251-1512.

GWILYM, James Barrington; '48 BSBA; Retired Partner; Arthur Young & Co., POB 3-8, Richmond, VA 23206; r. 1150 Reef Rd., Apt. 7, Vero Beach, FL 32963, 407 231-6156.

GWIN, Frederick Nelson; '84 BSBA; Sr. Policy Analyst; Nationwide Ins. Co., One Nationwide Plz., Columbus, OH 43216; r. 1058 S. Pearl St., Columbus, OH 43206, 614 443-4919.

GWIN, Jon O.; '78 MBA; Mgr Bus Plan,Pharmacy Div; Baxter Healthcare Corp., 1 Baxter Pkwy., Deerfield, IL 60015, 312 940-5118; r. 1083 Lomond Dr., Mundelein, IL 60060, 312 566-2482.

GWIN, Nancy Reynolds, (Nancy Reynolds); '78 MBA; Mgr. Sales Financing; Dresser Industries Inc., Constr. Equip. Div., 755 S. Milwaukee Ave., Libertyville, IL 60048, 312 367-2784; r. 1083 Lomond Dr., Mundelein, IL 60060, 312 566-2482.

GWINN, R. Curtis; '86 BSBA; Controller; The Midwest Oil & Gas Co., 760 Clymer Rd., Marysville, OH 43040, 513 644-2055; r. 5022 Cemetery Rd., Apt. E, Hilliard, OH 43026, 614 876-6042.

GWYNN, Garth Eric; '77 BSBA; Systs. Engr.; IBM Corp., 201 Main St., Ste. 1100, Ft. Worth, TX 76102; r. 1906 Wilshire Dr., Irving, TX 75061, 214 438-2189.

GYAMERAH, Danso Kwame; '88 BSBA; 115 W. Tompkins, Columbus, OH 43202, 614 261-8703.

GYEVAT, Barbara A. '83 (See Tsivitse, Mrs. Barbara A.).

GYGI, Helen Regina; '43; Retired Admin. Asst.; Lazarus Dept. Store, Columbus, OH 43216; r. 669 Brookside Dr., Columbus, OH 43209, 614 235-8247.

GYLOV, Mrs. Nancy Gingery, (Nancy Gingery); '53; Homemaker; r. 6235 Appian Way, Riverside, CA 92506, 714 788-0233.

GYLOV, Palle R.; '54 BSBA; Owner; California Pools & Spas, 1601 Chicago Ave., Riverside, CA 92507, 714 683-1124; r. 6235 Appian Way, Riverside, CA 92506, 714 788-0233.

GYORKEY, Frank L.; '50 BSBA; Section Supv.; Ford Motor Co., The American Rd, Dearborn, MI 48121; r. 17001 Stag Thicket Ln., Cleveland, OH 44136, 216 238-1340.

GYURE, Daniel J.; '58 BSBA; Buyer; Parker-Hannifin Corp., 17325 Euclid Ave., Cleveland, OH 44112; r. 928 Rose Blvd., Cleveland, OH 44143, 216 449-0632.

H

HA, Dr. Chester C.; '74 PhD (BUS); Prof.; Yeungnam Univ. Clg. of Bus., Dept. of Mgmt., Kyong-San, Kyong-Buk, South Korea, 053825111; r. 11657 Pala Mesa Dr., Northridge, CA 91326.

HA, Meesung; '85 MPA; Student; Univ. of Georgia, Dept. of Political Science, Dpa Program, Athens, GA 30602; r. D-210 University Village, Athens, GA 30605.

HAAG, Jane Trench; '79 MACC; Auditor; Arthur Young & Co., Diamond Shamrock Bldg., Cleveland, OH 44114; r. 8012 Princewood, Hudson, OH 44236, 216 656-4052.

HAAG, Jeannette Gardner, (Jeannette Gardner); '37 BSBA; Retired; r. 514 Ridgeview Dr., Big Rapids, MI 49307, 616 796-8291.

HAAG, Leonard Hoffman; '37 BSBA; Retired; r. 514 Ridgeview Dr., Big Rapids, MI 49307, 616 796-8291.

HAAG, Robert G.; '82 BSBA; Tchr.; Ridge JHS, 6447 Center St., Mentor, OH 44060, 216 255-4444; r. 699 W. Jackson St., Painesville, OH 44077, 216 352-9336.

HAAGEN, Joseph O.; '50 BSBA; Natl. Accounts Mgr.; Sharp Electronics Corp., Sharp Plz., Mahwah, NJ 07430, 201 529-8654; r. 29 N. Lynn St., Warwick, NY 10990, 914 986-5049.

HAAKINSON, William Allen; '76 BSBA; Staff; Hillenbrand Industries, c/o Postmaster, Batesville, IN 47006; r. 119 Beechgrove, Batesville, IN 47006, 812 934-2828.

HAAKONSEN, Ronald R.; '75 MBA; Plant Controller; Weyerhaeuser Corp., 1225 Bryn Mywr, Itasca, IL 60143, 312 773-3506; r. 783 Orchid Ln., Bartlett, IL 60103, 312 289-5519.

HAAN, Perry Charles; '79 BSBA; Prof.; Central Ohio Clg., University Dr., Newark, OH 43055, 614 366-9269; r. POB 815, Hebron, OH 43025.

HAAP, Patricia Lynn; '87 BSBA; 1769 Furnas Rd., Vandalia, OH 45377, 513 698-3027.

HAAS, Arnold Roger; '83 BSBA; Acct.; SHEREX Chemical Co., 5557 Frantz Rd., Dublin, OH 43017, 614 764-6534; r. 3105 Glenshaw Ave., Columbus, OH 43231, 614 475-2997.

HAAS, Barbara L. '82 (See Towle, Barbara L.).

HAAS, Daniel Stephen; '71 BSBA; 8693 Oakbrook St. SW, Navarre, OH 44662, 216 879-2337.

HAAS, Darryl; '71 BSBA; Co-owner; Darrons Interiors, 1325 W. Lane Ave., Columbus, OH 43221, 614 486-4322; r. 698 S. Cassingham Rd., Columbus, OH 43209, 614 231-3487.

HAAS, David M.; '86 BSBA; VP-Operations; Morrison Inc., 410 Colegate Dr., Marietta, OH 45750, 614 373-5869; r. 75 Sanjubar Rd., Marietta, OH 45750, 614 373-5664.

HAAS, Frank W.; '54; Retired Foreman; Jaeger Machine Co., 550 W. Spring St., Columbus, OH 43215; r. 5032 Dierker Rd., Columbus, OH 43220.

HAAS, Jacqueline; '60 BSBA; 711 W. 35th St., #B, San Pedro, CA 90731.

HAAS, Joan Gorman; '81 BSBA; 2238 Buxton Ave., Cincinnati, OH 45212, 513 351-8168.

HAAS, Julie '82 (See Carter, Julie Haas).

HAAS, Mrs. Melinda M., (Melinda M. Schultz); '81 BSBA; Homemaker; r. 3678 Jessup Rd., Cincinnati, OH 45247, 513 741-1861.

HAAS, P. David, Jr.; '61 BSBA; Partner; Ernst & Whinney, 2400 Nationwide Plz., Columbus, OH 43215, 614 224-5678; r. 5925 Olentangy Blvd., Worthington, OH 43085, 614 885-3371.

ALPHABETICAL LISTINGS HAINES 109

HAAS, Paul J., Jr.; '82 BSBA; Industrial Sales Rep.; Snap-On-Tools Corp., 9305 LeSaint Dr., Fairfield, OH 45014, 513 874-9150; r. 3678 Jessup Rd., Cincinnati, OH 45247, 513 741-1861.
HAAS, Renee Ann; '87 BSBA; 2540 Sandbury Blvd., Worthington, OH 43085, 614 888-1035.
HAAS, Robert D.; '46 BSBA; 856 Andrews Rd., Medina, OH 44256, 216 725-2463.
HAAS, William Mitchener; '84 BSBA; Staff; Phoenix Mutual Life Ins., One American Row, Hartford, CT 06115; r. 960 Stow Ln., Lafayette, CA 94549, 415 932-3043.
HAASE, Waldemar; '48 BSBA; Retired; r. 4157 Rowanne Rd., Columbus, OH 43214, 614 451-4598.
HAASE, William Thomas; '87 BSBA; 7731 Shirlington Dr., Worthington, OH 43085, 614 766-5496.
HAAYEN, Richard Jan; '48 BSBA; Chmn./Chf Exec. Ofcr.; Allstate Ins. Co., Allstate Plz., Northbrook, IL 60062, 312 291-5022; r. 1410 Lake Shore Dr. S., Barrington, IL 60010, 312 381-7069.
HABAN, Matthew A.; '64 BSBA; Mgr.; Haban Saw Co., 866 S. 3rd St., POB 06223, Columbus, OH 43206, 614 444-5505; r. 3705 Sheets Rd NW Rte. 7, Lancaster, OH 43130, 614 756-4430.
HABASH, Matthew David; '81 MPA; Exec. Dir.; Mid Ohio Foodbank, 1625 W. Mound St., Columbus, OH 43223, 614 274-7770; r. 4759 Bourke Rd., Columbus, OH 43229, 614 846-5113.
HABEGGER, Beth Susan '84 (See Jeffries, Beth H.).
HABEGGER, Dr. James H.; '56 MBA; Phys./Pres.; James H Habegger MD PA, 9 Orange Ave., Rockledge, FL 32955, 407 636-2421; r. 815 Rockledge Dr., Rockledge, FL 32955, 407 631-1923.
HABER, Harry L.; '56 BSBA; Acct.; r. 36065 Pepper Dr., Cleveland, OH 44139.
HABER, Irwin Gary; '78 BSBA; Sr. Mgr.; Peat, Marwick, Main & Co., Audit Dept., 1600 National City Ctr., Cleveland, OH 44114; r. 1981 Aldersgate Dr., Lyndhurst, OH 44124, 216 449-5211.
HABERKAMP, Dean Eldon; '80 BSBA; VP; Huntington Natl. Bank, Merchant Banking Div., 41 S. High St. 12th Fl., Columbus, OH 43216, 614 463-4329.
HABERMANN, Mrs. Michelle A., (Michelle Sibila); '77 BSBA; Corp. Sec./Cnslt.; Peoples Cartage Inc., 8045 Navarre Rd. SW, POB 539, Massillon, OH 44648; r. 12400 Sunridge Cir., Strongsville, OH 44136, 216 572-2918.
HABOWSKI, Robert J.; '59 BSBA; Comptroller; Designed Facilities Corp., 970 Pittsburgh Dr., Delaware, OH 43015; r. 546 Leacrest Pl. E., Westerville, OH 43081, 614 891-0859.
HABUDA, Joseph P., III; '81 BSBA; 5339 Colony Ct., Cape Coral, FL 33904, 813 549-7087.
HACH, Theodore R.; '55 BSBA; Owner; Hach's Devel. Corp., 9181 Mentor Ave., Mentor, OH 44060, 216 255-8177; r. 11575 Fay Rd., Painesville, OH 44077, 216 354-4723.
HACKBARTH, James Robert; '78 BSBA, '81 MBA; Pres.; Leader Systs. Inc., 814 Livingston Ct., Marietta, GA 30067, 404 428-7971; r. 3418 Smoke Hollow Pl., Roswell, GA 30075, 404 642-8651.
HACKER, Philip Meryl; '79 BSBA; Sr. Acct.; Manville Corp., Holophane Div., 214 Oakwood Ave., Newark, OH 43055, 614 349-4351; r. 165 Rugg Ave., Newark, OH 43055, 614 366-6483.
HACKETT, Dr. John Thomas; '61 PhD (BUS); VP/Finance Admin.; Indiana Univ., Bryan Hall, Bloomington, IN 47405, 812 855-8758; r. 1005 Hawthorne Dr., Columbus, IN 47203, 812 339-8804.
HACKETT, Peter J.; '65 MACC; Prof. Stockholder; Clark Schaefer Hackett & Co., 333 N. Limestone St., Springfield, OH 45503, 513 324-4800; r. 3001 Stonehaven Dr., Springfield, OH 45503, 513 399-6399.
HACKMAN, Martin; '50 BSBA; Real Estate Developer; Martin Hackman & Assoc. Inc., 7818 La Corniche Cir., Boca Raton, FL 33433, 407 368-9363; r. 866 NE 78th St., Boca Raton, FL 33487, 407 994-1878.
HACKMAN, Michael D.; '78 BSBA; Pres.; Hackman Equities Inc., POB 1218, Beverly Hls., CA 90213, 213 278-1511; r. POB 1218, Beverly Hls., CA 90213.
HACKMANN, Jack Anthony; '70 BSBA; Secy.; Clg. of the Redwoods, Eureka, CA 95501; r. 3016 Albee St., Eureka, CA 95501, 707 443-4413.
HACKWORTH, Donald E.; '63 BSBA; VP & Product Mgr.; GM Corp., Buick-Olds-Cad., Lansing Automotive Div., 920 Townsend, Mail Code 7095, Lansing, MI 48921, 517 377-7844; r. 9196 Idle Hour Ct., Grand Blanc, MI 48439.
HADDAD, Richard A.; '61 BSBA; Owner, Advt. Co.; M & R Specialty Sales, 343 Anthony Ct., Adrian, MI 49221, 517 263-4004; r. Same.
HADDAD, Richard E.; '54 BSBA; Contractor; Haddad Constr. Co., 4644 Kenny Rd, Columbus, OH 43221; r. 4072 Clearview Ave., Columbus, OH 43220, 614 766-5407.
HADDAD, Royce C.; '62 MBA; Pres.; Atlas Tours & Travel Svc. Inc., 333 N. Superior St., Toledo, OH 43604, 419 255-6000; r. 6109 Shadow Lake Dr., Toledo, OH 43623.
HADDAD, Theodore Christopher, Jr.; '75 BSBA; VP/Finance/Co-Owner; Wise Intl., 83 Pine St., Ste. #103, W. Peabody, MA 01960, 508 535-7100; r. 79 Marian Dr., N. Andover, MA 01845, 508 794-3056.
HADDEN, E. Bruce; '58 BSBA; Atty.; E. Bruce Hadden Co. LPA, 150 E. Wilson Bridge Rd, Worthington, OH 43085, 614 431-2000; r. 8177 Fairway Dr., Columbus, OH 43235, 614 846-9433.
HADDEN, E. Kenneth; '63 BSBA; 943 Mulberry Dr., Worthington, OH 43085, 614 885-5685.
HADDEN, LTC Perry W.; '58 BSBA; Lt. Col. Usaf; r. 2214 S. 91st St., Omaha, NE 68124, 402 397-7263.
HADDOW, Howard J.; '58 BSBA; Atty./Partner; Folkerth, Davis, Haddow, O'Brien, 230 E. Town St., Columbus, OH 43215, 614 228-2945; r. 1620 Ardwick Rd., Columbus, OH 43220, 614 451-8946.
HADDOW, John Andrew; '87 BSBA; Bond Trader; Bank One, 100 E. Broad St., Columbus, OH 43071; r. 1620 Ardwick Rd., Columbus, OH 43220, 614 451-8946.
HADDOX, Jerome Bliss; '55 BSBA; Lawyer; Jones, Day, Reavis & Pogue, 1900 Huntington Ctr., Columbus, OH 43215, 614 469-3939; r. 3744 Romnay Rd., Columbus, OH 43220, 614 451-8971.
HADDOX, Kate Petroschka; '50 BSBA; 1210 Kenbrook Hills Dr., Columbus, OH 43220, 614 451-8439.
HADELER, John Exelby; '78 MBA; Mgr.; UNISYS, San Francisco District, 1000 Marina Blvd., Brisbane, CA 94005, 415 875-4483; r. 956 Sacramento St., #504, San Francisco, CA 94108, 415 421-2232.
HADJIPAVLOU, Panayiotis; '77 MPA; Central Planning Comm, Planning Bureau, Nicosia, Cyprus.
HADLER, Dorothea Nance; '50; 2235 Oxford Rd, Columbus, OH 43221, 614 488-2426.
HADLEY, Margaret Anne; '79 MLHR; 4947 Archdale, Columbus, OH 43214.
HADLEY, Stephen Frederick; '75 BSBA; Administrative Mgr.; Manna Pro Corp., POB 827, 120 W. Richland Ave., York, PA 17405, 717 848-1263; r. Rural Delivery 153-E., Seven Valleys, PA 17360, 717 741-2604.
HADLEY, William A.; '50 BSBA; Retired; r. 2271 Trinity Dr., Middletown, OH 45044, 513 422-6020.
HADNETT, John Richard; '50 BSBA; VP/Info. Serv; Childrens Hosp., 281 Locust St., Akron, OH 44308, 216 379-8111; r. 6651 Amblewood St. NW, Canton, OH 44718, 216 494-5022.
HADSELL, Gary Eugene; '76 BSBA; 5636 Greenridge Dr., Toledo, OH 43615, 419 865-6731.
HADSELL, Robert O.; '52 BSBA; Pres. & Owner; Hadsell Tire Inc., 1841 State Rd. 9, S., Anderson, IN 46016, 317 643-6991; r. 8162 Shottery Ter., Indianapolis, IN 46268, 317 872-6915.
HAECHERL, Madeline A.; '67 MBA; Atty.; 400 S. Sierra, Solana Bch., CA 92075, 619 481-7746; r. 816 Santa Inez, Solana Bch., CA 92075, 619 481-6822.
HAECKEL, Shirley, (Shirley I. Williams); '84 BSBA; Sr. Cnslt.; Price Waterhouse, 1200 Milam, Ste. 2900, Houston, TX 77002, 713 654-4100; r. 11422 Mullins Dr., Houston, TX 77035, 713 723-2160.
HAEGEL, Charles Joseph; '76 MBA; VP; California First Bank, 350 California St., San Francisco, CA 94104; r. 3210 Encinal Ave., Alameda, CA 94501.
HAEMMERLE, John Martin; '66 MBA; Pres. & CEO; Healthtrust Investors, 2867 Cranston Dr., Dublin, OH 43017, 614 889-5002; r. 1449 Picardae Ct., Powell, OH 43065, 614 888-7001.
HAEMMERLE, Mark Thomas; '75 BSBA; CPA/Pres.; Haemmerle Heximer Harvey Co. CPA's, 1630 NW Professional Pl., Columbus, OH 43220, 614 451-4644; r. 1526 Lorraine Ave., Columbus, OH 43220, 614 457-3983.
HAEMMERLEIN, Donald V.; '47 BSBA; Pres. & Owner; The Kleeber Agcy. Inc., Subs:Aetna Life & Casualty, 1 Kinderhook St., Valatie, NY 12184, 518 758-7123; r. Old Post Rd., Valatie, NY 12184, 518 758-7555.
HAERING, Cynthia '81 (See Windsor, Cynthia).
HAERR, David E.; '59 BSBA; VP; 5Th 3Rd Union Trust Co., 4th & Walnut St., Cincinnati, OH 45202; r. 3920 Petoskey Ave., Cincinnati, OH 45227, 513 271-5888.
HAEUPTLE, James Howard; '76 MPA; 1025 Tralee Tr., Dayton, OH 45430, 513 429-2070.
HAFENBRACK, Brian Vern; '82 BSBA; VP/Branch Mgr.; Barnett Bank of Naples, 5101 Golden Gate Pkwy., Naples, FL 33999, 813 263-1392; r. 5301 18th Ave. S. W., Naples, FL 33999, 813 455-7852.
HAFER, Cynthia Ann; '83 BSBA; 605 Lancer Ave., Vandalia, OH 45377, 513 898-2344.
HAFER, Jeffrey Allen; '84 BSBA; Telemarketing Dir.; Computerized Fiscal Plng., 351 W. 3rd Ave., Columbus, OH 43201; r. 6498 Sagebrush Ct., Westerville, OH 43081, 614 899-6675.
HAFFNER, Jay William; '85 BSBA; Sales Rep.; Pella Sales Inc., 4825 Gateway Cir., Kettering, OH 45429, 513 435-0141; r. 201 Lincoln Park Blvd., Kettering, OH 45429, 513 294-0003.
HAFLER, David Ralph; '85 BSBA; Staff; Robert M. Baldwin, MD, Inc., 150 E. Broad St., Ste. 606, Columbus, OH 43215, 614 221-8212; r. 12350 Clark Dr., Orient, OH 43146, 614 877-3015.
HAFNER, Allyson Di George, (Allyson Di George); '82 BSBA; Sr. Auditor; Huntington Natl. Bank, 41 S. High St., HC0822, Columbus, OH 43260, 614 463-4665; r. Dublin, OH 43017, 614 889-1097.
HAFNER, Edward Alan; '82 BSBA; Proj. Mgr.; Ordernet Svcs. Inc., 1651 NW Professional Plz., Columbus, OH 43220, 614 459-7561; r. 2523 Slateshire Dr., Dublin, OH 43017, 614 889-1097.
HAFNER, Frank H.; '51 BSBA; Pres. & Owner; Hafner Altstaetter Erie Agcy., Inc., 173 E. Washington Row, Sandusky, OH 44870; r. 2321 Quail Hollow Ln., Sandusky, OH 44870.
HAFNER, Robert Mott; '84 BSBA; Registered Rep.; Hafner Alstatter Erie Ins. Co., 173 E. Washington Row, Sandusky, OH 44870, 419 625-1913; r. 218 Finch St., Sandusky, OH 44870, 419 625-1981.
HAFT, Lawrence G.; '49 BSBA; Retired; r. Rte. 3 Box 128-A, Benson, NC 27504, 919 894-5726.
HAGAMAN, F. Homer; '35 BSBA; Pres.; Medford Assocs., 1301 Medford Rd, Wynnewood, PA 19096; r. 1301 Medford Rd, Wynnewood, PA 19096, 215 642-7768.
HAGAN, Peter Bosch; '78 BSBA; Bus. Mgr.; OSU Athletic Dept., 104 St. John Arena, 410 Woody Hayes Dr., Columbus, OH 43210; r. 5577 Tara Hill Dr., Dublin, OH 43017, 614 764-0439.
HAGANS, James R.; '55 BSBA; Pres.; Watson-Hill Co., POB 26020, Columbus, OH 43226; r. 7170 Cook Rd., Powell, OH 43065.
HAGEDORN, George L.; '67 BSBA; Staff Member; Los Alamos Natl. Lab, POB 1663, M/S. D471, Los Alamos, NM 87545, 505 665-2186; r. 180 Piedra Loop, Los Alamos, NM 87544, 505 672-1505.
HAGEDORN, Roland Shawn; '80 MBA; Bank One, 100 E. Broad St., Columbus, OH 43215; r. 601 64th St. N., St. Petersburg, FL 33710, 813 345-7140.
HAGEMAN, Linda S.; '87 BSBA; Acct.; B F Goodrich Co., 1031 E. Hillside Dr., Bloomington, IN 47401, 812 334-8729; r. 3558 John Hinkle Pl., Bloomington, IN 47401, 812 334-3385.
HAGEMAN, Mark Alvin; '79 BSBA; Branch Mgr.; Farm Credit Svcs., 23979 Elliot Rd., Rte. 2, Defiance, OH 43512, 419 782-2065; r. 700 Ralston Ave., Apt. 102, Defiance, OH 43512, 419 784-0250.
HAGEMAN, Robert Lee; '79 BSBA; Mgr. Benefits Dept.; Ryder Syst., Inc., 3600 NW 82nd Ave., Miami, FL 33166, 305 593-4820; r. 5401 SW 74th St., Miami, FL 33143, 305 663-1234.
HAGEN, Arthur Curtis; '75 BSBA; 100 E. 1st St., Woodville, OH 43469, 419 849-2906.
HAGEN, Thomas B.; '57 BSBA; Pres.; Erie Ins. Grp., 100 Erie Insurance Pl., POB 1699, Erie, PA 16530, 814 870-2260; r. 5727 Grubb Rd., Erie, PA 16506, 814 838-1893.
HAGER, Michele K.; '85 BSBA; Mktg. Rep.; Donn Corp., c/o Postmaster, Los Angeles, CA 90052; r. 718 Harmon, Dayton, OH 45419, 513 294-4492.
HAGER, Robert William; '88 BSBA; 1640 Long Eaton Dr., Columbus, OH 43220.
HAGER, Mrs. Virginia L., (Virginia Lowe); '49 BSBA; Retired Dir.; Summit Cnty., Dept. of Welfare, Akron, OH 44321; r. 50 Bowline Bend, Gulf Harbors, New Port Richey, FL 34652, 813 842-9584.
HAGER, William W.; '56 BSBA; Zone Mgr.; The Trane Co., 2231 E. State St., Trenton, NJ 08619, 609 588-4311; r. 136 Rotterdam N., Holland, PA 18966, 215 322-6268.
HAGERDON, Kathy L., (Kathy Lehmann); '78 BSBA; Sr. Fin. Cost Analyst; Westinghouse ESD, 4th & Dixie, Lima, OH 45806, 419 221-6249; r. 3490 Georgian Ave., Lima, OH 45806.
HAGERTY, Lawrence V.; '40 BSBA; Retired; r. 818 Mendocino Ave., Berkeley, CA 94707, 415 524-4558.
HAGERTY, Loraine '36 (See Crowe, Mrs. Loraine Hagerty).
HAGERTY, Patrick James; '84 BSBA; Pres./Owner; Renovate Inc., 3163 Rightmire Blvd., Columbus, OH 43221, 614 459-2115; r. Same.
HAGERTY, Richard J.; '49 BSBA; POB 1242, Laguna Bch., CA 92652, 714 494-7143.
HAGERTY, Timothy Joseph; '68 BSBA; 500 E. Royal Forest, Columbus, OH 43214, 614 262-9976.
HAGGERTY, Mrs. Anne M., (Anne M. Marx); '83 BSBA; Account Admin.; Renaissance Investment Mgmt., 3006 Vernon Pl., Cincinnati, OH 45219; r. 820 Eastland Dr., Villa Hls., KY 41017.
HAGGERTY, James A.; '67 BSBA; Asst. Treas.; Lempco Industries Inc., 5490 Dunham Rd, Cleveland, OH 44137; r. 881 E. Pleasant Valley Rd, Cleveland, OH 44131.
HAGGIN, Ronald Glenn; '88 MBA; Controller; Haggin Ford, 56081 M 51 S., Dowagiac, MI 49047, 616 782-2151; r. 208 Indiana Ave., Dowagiac, MI 49047, 616 782-8290.
HAGGIPAVLOU, Pavlos P.; '57 BSBA; VP/Econ Advisor; Commercial Bank of Greece, Sofocleous St., Athens, Greece; r. 15 Filikis Eterias, Athens, Greece.
HAGHIGHI, Joann Appel; '81 BSBA; Lead Programmer; CCH Computax, 601 N. Nash St., El Segundo, CA 90245; r. 14 Vispera, Irvine, CA 92720.
HAGIANTONIOU, Irene '68 (See King, Ms. Irene Hagiantoniou).
HAGLER, Karen West; '65 BSBA; 1133 Neeld Dr., Xenia, OH 45385, 513 372-8259.
HAGMAN, Robert E.; '49 BSBA; Optician; Ohio State Optical Co., 146 E. State St., Columbus, OH 43215, 614 221-7861; r. 1471 Lakeshore Dr. #C, Columbus, OH 43204, 614 486-7027.
HAGOOD, Jeffery Robert; '83 BSBA; 714 Andrew Ave., Westerville, OH 43081, 614 895-2836.
HAGUE, Clyde Paul; '85 BSBA; 6576 Carriage Ln., Reynoldsburg, OH 43068, 614 861-8339.
HAGUE, Dan M.; '81 MBA; 828 Gist Ave., Silver Spring, MD 20910, 301 585-5243.
HAGUE, James Bertram; '83 BSBA; Staff Acct.; William S Fry & Co. CPA's, 5 W. Monument, Dayton, OH 45402; r. 4078 Gateway Dr., Englewood, OH 45322, 513 832-2814.
HAGUE, Robert W.; '39 BSBA; Retired; r. 536 Wayne Dr., Fairborn, OH 45324, 513 878-2663.
HAGUE, Thomas R.; '54 BSBA; VP/Mktng & Sales; ALCOA Steamship Co. Inc., 1501 Alcoa Bldg. 24th Fl., Pittsburgh, PA 15219, 412 553-2599; r. 2677 Timberglen Dr., Wexford, PA 15090, 412 935-3954.
HAGY, Kathryn Ann; '80 BSBA; Sr. Acct.; Home Savings of America, 1001 Commerce Dr., Irwindale, CA 91706, 818 814-7143; r. 325 S. San Dimas Canyon Rd., Apt. 112, San Dimas, CA 91773.
HAHN, Dr. Chan Ki; '67 MBA, '70 PhD (BUS); Chmn.; Bowling Green State Univ., Management Dept., Bowling Green, OH 43403; r. 1305 S. Orleans, Bowling Green, OH 43402, 419 352-6247.
HAHN, Forrest W.; '35 BSBA; Retired; r. 120 10th Ave. Apt. 11, Belmar, NJ 07719, 201 681-0059.
HAHN, Frank J.; '33 BSBA; 28 Brentwood Ave., Staten Island, NY 10301, 718 447-8145.
HAHN, James Edward, II; '81 BSBA; Acct.; Bucyrus Blades Inc., 260 E. Beal Ave., Bucyrus, OH 44820; r. 317 Dudley St., Bucyrus, OH 44820, 419 562-3514.
HAHN, Richard Thobe; '77 BSBA; 1042 Westchester Dr., Sunnyvale, CA 94087, 408 749-9533.
HAHN, Stephen P.; '39 BSBA; Retired; r. 41 E. Hiram St., Barberton, OH 44203, 216 745-1030.
HAHN, Waldo H.; '49 BSBA; Retired; r. POB 1822, Venice, FL 34284.
HAIDET, Bradley Christopher; '79 BSBA; Mgr.; Price Waterhouse & Co., Central National Bank Bldg., E. 9th & Superior, Cleveland, OH 44114; r. 21311 Robinhood Ave., Fairview Park, OH 44126, 216 777-5176.
HAIDET, Gregory Alan; '77 BSBA; VP-Dist. Mgr.; Ameritrust Corp., 900 Euclid Ave., Cleveland, OH 44115, 216 356-4854; r. 3314 Chalfant Rd., Shaker Hts., OH 44120, 216 561-7099.
HAIDET, Jeffrey Lin; '79 BSBA; 336 Roosevelt St., Irvine, CA 92720.
HAIDET, Leo B.; '51 BSBA; Retired; r. 1905 N. Laurel, Upland, CA 91786, 714 985-6695.
HAIDET, Ruth Ellerbrock; '79 BSBA; Homemaker; r. 21311 Robinhood Ave., Fairview Park, OH 44126, 216 777-5176.
HAIDLE, Betsy Jean; '78 BSBA; Sales; Western Digital Corp., 3945 Freedom Cir., Santa Clara, CA 95054; r. 3611 Hillcrest Dr, Belmont, CA 94002, 415 595-8624.
HAIDLE, Cynthia Lou; '82 MPA; Ast Dir./Acad. Studies; OSU Sch. of Public Administratn, 208 Hagerty 1775 College Rd., Columbus, OH 43210, 614 292-8697; r. 2368 Nottingham, Columbus, OH 43221, 614 451-3298.
HAIGH, Deborah E.; '87 BSBA; Personal Generalist; Micro Ctr., 1555 W. Lane Ave., Columbus, OH 43221; r. 4666 Coldsprings Ct., Apt. C, Columbus, OH 43220, 614 457-3474.
HAIGH, Mrs. Linda A., (Linda A. Bevacqua); '85 BSBA; Mktg. Rep.; Blue Cross & Blue Shield, 3737 Sylvania Ave., Toledo, OH 43656, 419 473-7231; r. 11536 McCutchenville Rd., Wayne, OH 43466, 419 288-2263.
HAIGH, Marsha J. '78 (See Arend, Ms. Marsha H.).
HAIGHT, Edward Allen, Jr.; '73 BSBA; 418 Atlanta Hwy., Cumming, GA 30130, 404 887-8000.
HAILSTORKS, Alvin Clifford; '80 MBA; 1629 V St. NW, Washington, DC 20009.
HAIMES, Alan; '54 BSBA; Partner; Land N Sea Distributing Inc., 2968 Ravenwood Rd., Ft. Lauderdale, FL 33312, 305 792-9971; r. 3721 N. 47th Ave., Hollywood, FL 33021, 305 961-7173.
HAIMES, Marshall K.; '54 BSBA; Store Mgr.; Dave's Supermarket, 3301 Payne Ave., Cleveland, OH 44114, 216 361-5130; r. 26101 Village Ln., Ste. 201, Beachwood, OH 44122, 216 831-6422.
HAIN, Mrs. Barbara H., (Barbara Houghn); '49 BSBA; Retired; r. 1368 Ironwood Dr., Columbus, OH 43229, 614 885-0668.
HAIN, Charles O.; '61 BSBA; Operations Mgr.; Procter & Gamble, Two Procter & Gamble Plz., Cincinnati, OH 45202, 513 983-2638; r. 3417 Traskwood Cir., Unit D, Cincinnati, OH 45208, 513 871-9476.
HAINEN, Jerry L.; '65 BSBA; Owner; Fenstermaker's Shoe Co., 415 S. Main St., Findlay, OH 45840, 419 422-2232; r. 160 Bittersweet Dr., Findlay, OH 45840, 419 422-4075.
HAINES, Arthur C.; '38 BSBA; Financial Cnslt.; 1675 Knollwood Dr., Pasadena, CA 91103, 818 793-6847; r. Same.
HAINES, Ms. B. Kyle; '84 BSBA; CPA; Susan Knox & Assocs. CPA, 2929 Kenny Rd., Columbus, OH 43221, 614 459-0515; r. 850 S. 5th St., Columbus, OH 43206, 614 444-3656.
HAINES, Christopher S.; '82 BSBA; Gen. Sales Mgr.; Richmond American Homes Inc., 4647 N. 32nd St., Ste. 180, Phoenix, AZ 85018, 602 956-4100; r. 4926 E. Kings Ave., Scottsdale, AZ 85254, 602 482-9495.
HAINES, James Lynn; '70 BSBA; Retired; r. 108 Swainford Dr., Heath, OH 43056, 614 522-1770.
HAINES, Richard J.; '60; Staff; Readers Digest Inc., Q. S. P. Division, 2983 Lake Dr. SE, E. Grand Rapids, MI 49506, 616 942-0887; r. Same.
HAINES, Robert Eugene, Sr.; '43; Retired; r. 79 Buckeye St., Westerville, OH 43081, 614 882-2302.
HAINES, Robert Merrill; '70 BSBA; Owner; R H Enterprises, S. R 7135, Chugiak, AK 99567; r. R H Enterprizes, S. R 2 Box 4254, Chugiak, AK 99567, 907 688-3323.
HAINES, Susan; '82 BSBA; Rsch. & Devel.; Information Dimensions Inc., 655 Metro Pl. S., Ste. 5, Dublin, OH 43017, 614 761-8083; r. 536 E. Torrence, Columbus, OH 43214, 614 268-7401.

HAIR, Alan Dale; '83 BSBA; 7460 Waterfront Dr., #311, Indianapolis, IN 46214, 317 293-8446.

HAIRE, Arthur R.; '50 BSBA; Retired; r. 4100 Kenny Rd., Columbus, OH 43220, 614 457-5228.

HAIRSTON, James Garnett, Jr.; '77 MPA; Dist. Mgr.; Montgomery Cnty. Children Svcs., 3501 Merrimac Ave., Dayton, OH 45405, 513 262-3121; r. 251 Greenhill Rd., Dayton, OH 45405, 513 275-4296.

HAJDIN, Paul Ernest; '78 BSBA; Rte. 1 Box 151A, Bridgeport, OH 43912, 614 635-0250.

HAJJAR, Cynthia '82 (See Di Pangrazio, Cynthia H.).

HAJJAR, George Phillip; '86 BSBA; Sales Rep.; Lelux Co., 931 Chatam Village, Columbus, OH 43202, 614 459-1077; r. 3114 Indianola Ave. Apt. #2, Columbus, OH 43202, 614 263-0241.

HAJJAR, John Edward; '71 BSBA, '72 MPA; Investment Broker; Hilliard Lyons, 421 Main St., Zanesville, OH 43701, 614 454-6231; r. 152 Main St., Roseville, OH 43777, 614 697-0118.

HAJJAR, Robert; '85 BSBA; Sales Mgr.; Goodyear Tire & Rubber Co., 2264 W. 4th St., Mansfield, OH 44906; r. 907 Brookfield, Apt. 4, Mansfield, OH 44907, 419 522-5022.

HAKUMBA BEY, Basheerah; '77 BSBA; 593 S. Ohio Ave., Columbus, OH 43205.

HALABIS, James Edward; '85 BSBA; Mktg.; r. 1007 Glenmore Ave., Newark, OH 43055, 614 344-6747.

HALADAY, Timothy Jude; '78 BSBA; 346 Indianwood Blvd., Park Forest, IL 60466.

HALAS, Henry Robert; '52 BSBA; Owner-Pres.; H R Halas & Assocs. Inc., 4186 Daventry Rd., Columbus, OH 43220, 614 451-1616; r. Same, 614 451-7771.

HALAS, James Michael; '83 BSBA, '87 MBA; Space Sta. Finance Admin.; Rocketdyne; Rockwell Intl. Corp., 6633 Canoga Park, Canoga Park, CA 91303, 818 700-3836; r. 297 Country Club Dr., Apt. 7, Simi Vly., CA 93065, 805 582-1015.

HALAS, Marie Ann; '84 MS; 4497 Zeller Rd., Columbus, OH 43214, 614 262-3061.

HALBERG, William S.; '59 BSBA; Pres.; Halberg & Assocs. Co. LPA, 9425 Olde 8 Rd., Northfield, OH 44067, 216 468-1056; r. 29850 Jackson Rd, Orange Vlg., OH 44022, 216 831-8390.

HALCOMB, Bruce Alan; '78 BSBA; POB 66, Monticello, KY 42633.

HALDEMAN, Harry L.; '57 BSBA; Admin./Special Projects; Columbus Mutual Life Ins., 303 E. Broad St., Columbus, OH 43215, 614 221-5875; r. 3808 Surrey Hill Pl., Columbus, OH 43220, 614 457-3381.

HALDEMAN, Mrs. Mary S., (Mary Simpson); '56; Student Activity Clerk; U.A. Bd. of Educ., 1950 N. Mallway, Columbus, OH 43221, 614 486-0621; r. 3808 Surrey Hill Pl., Columbus, OH 43220, 614 457-3381.

HALE, Barry Kent; '86 BSBA; Territorial Mgr.; De Royal Industries Inc., Med. Sales Division, 200 De Busk Ln., Powell, TN 37849, 615 938-7828; r. 130 Three Meadows, Perrysburg, OH 43551, 419 874-3802.

HALE, John Charles; '72 BSBA; Budget Ofcr.; Army Reserve Personnel Ctr., 9700 Page Blvd., St. Louis, MO 63132, 314 263-7861; r. 2243 Murray Forest Dr., Maryland Hts., MO 63043, 314 434-5314.

HALE, Leslie Wilson; '83 BSBA; Asst. Account Mgr.; Corroon & Black of NY, Inc., 150 William St., New York, NY 10038, 212 732-4900; r. 121 Ada Dr., Staten Island, NY 10314, 718 698-6731.

HALE, Patricia A. '61 (See Byerly, Patricia A.).

HALE, LT Robert Edward; '78 BSBA; Lt. Usn; r. 7 Lois Dr., Walpole, MA 02081.

HALE, Sara Jane, (Sara Jane Korn); '71 BSBA; Pres.; Lumsden, Hale Ltd., 3600 Glenwood Ave., Ste. 101, Raleigh, NC 27612, 919 781-2389; r. 6001 Silkwood Way, Raleigh, NC 27612, 919 881-9025.

HALES, Jack E.; '49 BSBA; Real Est Sales Repr; r. 6712 1/2 Erie, Sylvania, OH 43560, 419 882-7211.

HALES, Ruth Fowler; '47; Owner; r. Ruth's Needlepoint Shop, 3521 Avignon Pl., Columbus, OH 43221, 614 459-2668.

HALEY, Lynne Gartman; '79 BSBA; Staff; Harris Data Communications Div., 300 E. Wilson Bridge Rd, Worthington, OH 43085; r. 4115 Redcoat Ln., Gahanna, OH 43230, 614 475-2492.

HALEY, Robert R.; '62 BSBA; Sr. Systs. Analyst; LTV Steel, 410 Oberlin Ave., SW, Massillon, OH 44646, 216 837-6357; r. 5811 Ballyshannon Cir. NW, Canton, OH 44718, 216 497-2847.

HALIM, Satiadi; '82 MBA; Financial Mgmt.; IBM Indonesia, The Landmark Ctr., JL Jend. Sudirman 1, Jakarta, 12910, Indonesia, 578-1455; r. Sumber Sari Indah 9-16, JL Sukarno Hatta, Bandung, 40222, Indonesia, 616909.

HALL, Allan S.; '87 BSBA; Computer Programmer; Eaton Corp. Airflex Div., 2219 Clinton Rd., Cleveland, OH 44144, 216 281-2211; r. 216 Moore Rd., Apt. M, Avon Lake, OH 44012, 216 933-0690.

HALL, Allen Carl; '71 BSBA; Employee or Relations Mgr; Gould Inc., Foil Div., 5045 North St. Rte. 60 NW, Mc Connelsville, OH 43756, 614 962-5252; r. 64 Morris Dr., Mc Connelsville, OH 43756, 614 962-6010.

HALL, Dr. Anna Huntt; '61 BSBA; Box 917, Columbia, MD 21044.

HALL, Bill Lee; '51 BSBA; Retired; r. 1049 Racine Ave., Columbus, OH 43204, 614 279-1501.

HALL, Bruce David; '83 BSBA; Staff Logistics Engr.; Ross Labs, 625 Cleveland Ave., Columbus, OH 43216; r. 159 W. Pacemont Rd., Columbus, OH 43202, 614 447-8624.

HALL, Charles Claybourne; '50 BSBA; Asst. Dir.; OSU Contracts Admin., 1314 Kinnear Rd, Columbus, OH 43210; r. 1733 Shady Brook Ln., Columbus, OH 43228, 614 876-2656.

HALL, Connie Lynn; '80 BSBA; 1039 Middle Rd, Conneaut, OH 44030, 216 594-5523.

HALL, Ms. Cynthia Brotzki; '78 BSBA; Mgr./CPA; Morgans Foods Inc., Acctg. Dept., 6690 Beta Dr. Ste. 300, Cleveland, OH 44143; r. 109 Hidden Tree Ln., Amherst, OH 44001, 216 449-7716.

HALL, Danny Lee; '86 BSBA; Acct./Ofc. Mgr.; Getman Bros.-Harsco Corp., 3477 Harding Hwy., Marion, OH 43302, 614 387-1150; r. 44 W. High St., Mt. Gilead, OH 43338, 419 946-9425.

HALL, David Lewis; '84 BSBA; Account Mgr.; Ohio Transmission & Pump Co., 666 Parsons Ave., Columbus, OH 43206, 614 444-2172; r. 2275 Antigua Dr., #3A, Columbus, OH 43235, 614 457-6211.

HALL, David M.; '68 BSBA; Sales Rep.; AVL Scientific, Roswell, GA 30077, 214 867-0410; r. 2804 Landershire Ln., Plano, TX 75023, 214 596-6909.

HALL, David Thomas; '78 MPA; Gen. Partner-Owner; Fuel Svcs. Grp., 6797 N. High St., Ste. 320, Worthington, OH 43085, 614 846-7888; r. 151 E. Longview, Columbus, OH 43202, 614 262-9471.

HALL, David William; '67 BSBA; Owner/Cnslt.; David Hall Cnsltg., 1158 S. Mary Ave., Sunnyvale, CA 94087, 408 773-1355; r. Same.

HALL, Donald M.; '42 BSBA; Treas.; Thornton Drum Ring, 30195 Chagrin Blvd. Ste. 106, Cleveland, OH 44124; r. 75 Atterbury Blvd., Apt. 107A, Hudson, OH 44236, 216 653-8225.

HALL, Elwood B.; '54 BSBA; Retired; r. 185 Moreland Dr., Avon Lake, OH 44012, 216 933-8136.

HALL, Esther S.; '84 BSBA; Supv.-Library Tech. Svcs.; Battelle Mem. Inst., 505 King Ave., Columbus, OH 43201, 614 424-5041; r. 196 Oakland Park Ave., Columbus, OH 43214, 614 262-5567.

HALL, Eugene Winston; '28 BSBA; Retired Merchant; The Faulk Bros. Co.; r. 815 Bentley Dr., Naples, FL 33963, 813 598-2447.

HALL, Francis Earl; '59 BSBA; Co-owner; Furbee-Hall Architectural, 1229 W. 3rd Ave., Columbus, OH 43212; r. 253 Heischman Ave., Worthington, OH 43085, 614 885-3147.

HALL, George Louis; '48 BSBA; Retired; r. 640 Kirkwood, Mansfield, OH 44904, 419 756-9128.

HALL, Glen Darrell; '80 BSBA; Staff; American Hosp., 5260 Naimen Pkwy., Cleveland, OH 44139; r. American Hospital, 5260 Naiman Pkwy., Cleveland, OH 44139.

HALL, Glenn David; '88 BSBA; 3634 North St., Granville, OH 43023, 614 587-1637.

HALL, Gregory Lee; '81 BSBA; Student; Ohio State Univ., N. High St., Columbus, OH 43210; r. 2769 Clifton Rd., Columbus, OH 43221, 614 488-6579.

HALL, Rev. Harry L.; '56 BSBA; Prog. Coord.; Big Bros./Big Sisters of G.T.C., POB 7041, 1501 Virginia St., Kingsport, TN 37664, 615 245-1411; r. 109 Stonecroft Cir., Bristol, TN 37620, 615 968-7820.

HALL, Mrs. Helen B., (Helen B. Bates); '51; Retired; r. 3007 Neil Ave. Apt. 42C, Columbus, OH 43202, 614 268-5145.

HALL, Helen Santo; '49 BSBA; Retired; r. 730 Lawton St., Mc Lean, VA 22101, 703 356-5559.

HALL, James A.; '68 BSBA; Sales Cnslt.; Long Distance Analysts, 3017 Green Arbor Ln., Dublin, OH 43017, 614 792-5454; r. 516 Clark State Rd., Gahanna, OH 43230, 614 475-4632.

HALL, James Clark; '83 BSBA; CFO; Bank One, 165 W. Center St., Marion, OH 43302, 614 383-4051; r. 1485 Southland Pkwy., #31, Marion, OH 43302, 614 389-2295.

HALL, Jeffrey Bryan; '86 BSBA; Financial Cnslt.; Natl. Financial Mgmt. Grp., 6190 Shamrock Ct., Dublin, OH 43017, 614 764-1717; r. 937 Southeast Ct., Zanesville, OH 43701, 614 453-7036.

HALL, Jerry Nestor; '83 MLHR; Gen. Supv./Hum.Res./Admin; Armco Inc., 17 24 Linden Ave., Zanesville, OH 43701, 614 452-6191; r. 10625 Belle Dr., Norwich, OH 43767, 614 872-4197.

HALL, John Stephen; '83 BSBA; Mktg. Repr; Webb/Planned Communities, Northwoods Ofc. Condominiums, 30 Northwwoods Blvd., Westerville, OH 43081, 614 888-2073; r. 8480 Nuthatch Way, Worthington, OH 43085.

HALL, John Waller; '54 BSBA; Sales; Sears Roebuck & Co., 35 W. Main, Newark, OH 43055; r. 2447 Welsh Hills Rd, Granville, OH 43023, 614 587-4623.

HALL, John William; '49 BSBA; Retired; r. 12031 Penford Dr., La Mirada, CA 90638, 213 943-6583.

HALL, Laurie Converse; '77 BSBA, '79 MBA; CPA; r. 4293 Clearview Ct., Bellbrook, OH 45305.

HALL, Dr. Leda Mc Intyre; '75 MPA; Asst. Prof.; Indiana Univ. at South Bend, 1700 Mishawaka Ave., POB 7111, South Bend, IN 46634, 219 237-4131; r. 1135 N. Notre Dame Ave., South Bend, IN 46617, 219 288-3034.

HALL, Linn Vandervort; '25 BSBA; Retired; r. 42415 W. Veldt #16, Rancho Mirage, CA 92270, 619 346-4421.

HALL, Mrs. Mari L., (Mari L. Oklok); '83 BSLHR; Homemaker; r. 159 W. Pacemont Rd., Columbus, OH 43202, 614 447-8624.

HALL, Mary Dawson, (Mary Dawson); '41 BSBA; Retired Tchr.; r. 221 Isle Dr., St. Petersburg Bch., FL 33706, 813 360-1683.

HALL, Mickey Joe; '85 MBA; Pres.; M J Engrg. & Cnsltg., POB 1237, Westerville, OH 43081, 614 891-3263; r. 730 Winmar Pl. E., Westerville, OH 43081, 614 891-3263.

HALL, Nancy '83 (See Stanfill, Nancy H.).

HALL, Philip J.; '49 BSBA; Retired; r. 9 Elmview Ct., Lima, OH 45805, 419 225-1920.

HALL, Raymond Lyle; '49 BSBA; 4315 Ridgemont Dr., Everett, WA 98203, 206 259-3629.

HALL, Richard Alan; '50 BSBA; Retired; r. 5084 Schuylkill St., Columbus, OH 43220, 614 457-6093.

HALL, Richard Forest; '48 MBA; Retired; r. 739 Inwood Pl., Maumee, OH 43537, 419 893-8940.

HALL, Richard M.; '49 BSBA; Secy.-Treas.; Chakeres Theatres Inc., 19 S. Fountain, Springfield, OH 45502; r. 540 Archer Ln., Springfield, OH 45503, 513 390-1704.

HALL, Richard Michael; '75 BSBA; Financial Analyst; Gold Circle Stores, 6575 Huntley Rd, Worthington, OH 43085; r. 3130 Grange Hill Pl., Dublin, OH 43017, 614 766-2184.

HALL, Robert Albro; '56 BSBA; Acctg. Mgr.; Ohio State Univ., Business Management Dept., 930 Lincoln Twr. 1800 Cannon, Columbus, OH 43210, 614 292-9019; r. 213 Storington Rd., Westerville, OH 43081, 614 891-0041.

HALL, Robert Alfred; '60 BSBA; Dir. of Production Plng.; Owens Illinois Inc., Glass Division, One Seagate, Toledo, OH 43666, 419 247-2143; r. 4347 Sulgrave Dr., Toledo, OH 43623, 419 475-4198.

HALL, Robert Lester; '75 BSBA; Production Mgr.; Packaging Corp. of America, 1402 S. 17th Ave., Marshalltown, IA 50158, 515 754-5411; r. 408 Springfield Dr., Marshalltown, IA 50158, 515 753-0949.

HALL, Robert Woodward; '49 BSBA; Retired Traffic Mgr.; Columbia Gas; r. 3761 Atwood Ter., Columbus, OH 43224, 614 263-6040.

HALL, Rosanne Vaughn; '79 MPA; Staff; MA Commission for The Blind, 110 Tremont, Boston, MA 02108; r. 13 Leonard Ave., Cambridge, MA 02139.

HALL, Sherwood E., III; '66 BSBA; Stf/Monterey Mushrms; r. 4 Paso Del Rio, Carmel Vly., CA 93924, 408 659-4463.

HALL, Sidney Winslow; '62 BSBA; Pres.; S.W. Hall & Assocs., 774 Walnut Dr., N., Lexington, OH 44904, 419 756-0481; r. Same.

HALL, Stephen Earl; '81 BSBA; Intl. Territory Mgr.; Durkee Industrial Foods Corp., 925 Euclid Ave., Ste. 800, Cleveland, OH 44115, 216 344-8264; r. 1561 Saddlebrook Ln., Apt. #1-C, Westlake, OH 44145, 216 892-5559.

HALL, Terri Lynn; '84 BSBA; Mgmt. Trainee; Bank One of Columbus, 100 E. Broad St., Columbus, OH 43215; r. 523 Parish Pl., Coppell, TX 75019, 214 462-8595.

HALL, Theodore Gregory; '78 BSBA; Investment Mgr.; Police & Firemans Pension Fund, 230 E. Town St., Columbus, OH 43215, 614 228-4076; r. 5617 Dorsey Dr., Columbus, OH 43235, 614 457-4599.

HALL, Thomas William; '64 BSBA; VP-Svcs.; Republic-Franklin Ins. Co., 2500 Corporate Exchange Dr., Columbus, OH 43231, 614 891-1767; r. 2934 Berry Ln., Columbus, OH 43231, 614 882-5690.

HALL, Warren William; '48 BSBA; 10424 139th Way N., Largo, FL 34640, 813 596-2183.

HALL, William Floyd; '65 BSBA; 809 Francis Dr., Anderson, IN 46013, 317 644-9120.

HALLABRIN, John D.; '47 BSBA; Ret. Financial Examiner; Dept. of Ins. Examination Div.; r. 626 S Lexington Springmill Rd., Mansfield, OH 44906, 419 529-2795.

HALLAHAN, Robert Andrew; '72 BSBA; Staff; L T V Steel, Republic Bldg., POB 6778, Cleveland, OH 44101; r. 1009 Homeland Dr., Rocky River, OH 44116, 216 356-2525.

HALLAM, Alfred P.; '61 MBA; Engrg. Cnslt.; r. 5456 Firethorn, Cincinnati, OH 45242, 513 561-3870.

HALLAM, Steven Todd; '85 BSBA; Waiter; TGI Friday's, 4540 Kenny Rd., Columbus, OH 43220; r. 1810 Lafayette Pl. Apt. A-12, Columbus, OH 43212, 614 481-9605.

HALLAM, Wilbur C., Jr.; '56 BSBA; Admin. Mgr.; Copco Papers, 529 N. Nelson Rd., Columbus, OH 43215, 614 251-7000; r. 1221 S. Kildale Sq., Columbus, OH 43229, 614 888-2162.

HALLARN, Dorothy '36 (See Mercy, Mrs. Dorothy Hallarn).

HALLARN, Michael H.; '71 BSBA; Distribution Mgr.; MAC Tools Inc., Div. of the Stanley Works, 4380 Old Roberts Rd., Columbus, OH 43228, 614 876-1330; r. 2496 Haverford Rd., Columbus, OH 43220, 614 459-1529.

HALLARN, Stephen Paul; '74 BSBA; VP-Controller; Brown Steel Co., 753 Marion Rd, Columbus, OH 43207, 614 443-4881; r. 2110 Haviland Rd., Columbus, OH 43220, 614 457-3163.

HALLBERG, Gregory Lynn; '76 BSBA; Account Exec.; Aeroquip Corp., 300 S. East Ave., Jackson, MI 49203, 815 455-6227; r. 1081 Butler Dr., Crystal Lake, IL 60014, 815 455-4387.

HALLBERG, Ruth Moeller; '76 BSBA; Homemaker/Volunteer; r. 1081 Butler Dr., Crystal Lake, IL 60014, 815 455-4387.

HALLECK, Jack M.; '58 BSBA; Pres.; Oceans Intl. Ltd., 553 Lively Blvd., Elk Grove Vlg., IL 60007, 312 593-0790; r. 2434 Brandenberry Ct., #2B, Arlington Hts., IL 60004.

HALLER, Hazel Giffen; '81 BSBA; 817 Aberdeen Rd., Park Hls., KY 41011, 606 261-6049.

HALLER, Mary A.; '86 MPA; 345 Tibet Rd., Columbus, OH 43202, 614 267-5287.

HALLER, Stephen Alan; '78 BSBA; VP-Sales; Haller & Assocs., Inc., 1170 W. Henderson Rd., Columbus, OH 43220, 614 457-0410; r. 5968 Aqua Bay Dr., Columbus, OH 43220, 614 442-0129.

HALLER, Steven Wayne; '74 BSBA; Examiner; State of Ohio, Dept. of Transportation, 25 S. Front St. POB 899, Columbus, OH 43216; r. 3172 Berryhill Rd., Lima, OH 45801, 419 225-8532.

HALLER, Tim James; '87 BSBA; Sales Rep.; PPG Industries, 760 Pittsburgh Dr., Delaware, OH 43015, 614 363-9610; r. 4235 Oxford Dr., Columbus, OH 43221, 614 459-4244.

HALLER, William Clifford; '69 BSBA; State Rte. 83, Coshocton, OH 43812, 614 622-2001.

HALLERMAN, Ellen Marzolf, (Ellen Marzolf); '50 BSBA; 4741 Marlborough Way, Carmichael, CA 95608, 916 481-7935.

HALLEY, Bruce Robert; '86 MBA; Elec. Engr.; American Electric Power Svc., 1 Riverside Plz., Columbus, OH 43215, 614 223-2248; r. 1581 Lafayette Dr., Columbus, OH 43220, 614 451-8952.

HALLEY, Philip John; '78 BSBA; 4414 Esprella, Tampa, FL 33629, 813 874-6882.

HALLIDAY, James William, Jr.; '80 BSBA; Salesman; J&L Specialty Prods., POB 393, Chester, NJ 07930, 201 879-7300; r. 81 Hillside Dr., Bloomingdale, NJ 07403, 201 838-7552.

HALLISY, Margaret Anne; '85 MPA; Planner/Rsch. Assoc.; Fedn. for Commun Plng., 1001 Huron, Cleveland, OH 44115, 216 781-2944.

HALLOCK, Alan Bruce; '83 BSBA; Realtor; Hallock Properties, 120 E. Friendship St., Medina, OH 44256, 216 722-3055; r. 107 1/2 W. Liberty, Medina, OH 44256, 216 722-3056.

HALLORAN, Lawrence J., Jr.; '48 BSBA; Sr. Prod Engr.; GM Corp., 30007 Van Dyke Ave., Warren, MI 48093; r. 31467 Sunset Dr., Birmingham, MI 48009, 313 647-4960.

HALMAN, David Rockne; '83 BSBA, '88 MBA; Plant Mgr.; Columbus Showcase Co., 850 W. Fifth Ave., Columbus, OH 43212, 614 299-3161; r. 3468 En-Joie Dr., Columbus, OH 43228, 614 274-0220.

HALPERN, David Leon; '81 BSBA; Ins. Plng.; New York Life Ins. Co., 1000 Abernathy Rd., Ste. 1200, 400 Northpark Town Ctr., Atlanta, GA 30328, 404 668-8866.

HALPERN, David Lewis; '75 BSBA; Controller; Lord, Geller, Federico, Einstein, 655 Madison Ave., New York, NY 10021, 212 421-6050; r. 2976 Ewell Pl., Wantagh, NY 11793, 516 679-0545.

HALPERN, Mrs. Elizabeth Brown; '54 BSBA; 19 Glenwood Rd., Mt. Holly, NJ 08060, 609 267-4557.

HALPERN, Karen Foxall; '87 MBA; Adjunct Instr.; Univ. of Cincinnati, Raymond Walters Clg., Cincinnati, OH 45221; r. 1203 Firewood Dr., Cincinnati, OH 45215, 513 821-3158.

HALPERN, Susan Rae; '82 BSBA; 225 Wyoming Ave., Audubon, NJ 08106, 609 547-3282.

HALPERT, Sanford A.; '53 BS; Pres.; Halpert Chrysler Plymouth Jeep Eagle, 36845 Euclid Ave., Willoughby, OH 44094, 216 946-5700; r. 24985 Penshurst Dr., Beachwood, OH 44122, 216 464-3010.

HALPIN, Cynthia L. '83 (See Klatt, Mrs. Cynthia L.).

HALPIN, Michael Phillip; '79 MPA; 120 Englewood Rd., Springfield, OH 45504, 513 390-6718.

HALSE, Eilene Marie; '85 BSBA; Acct.; The Bookmaster, 3045 E. 2nd Ave., Durango, CO 81301, 303 385-4664; r. POB 2443, Durango, CO 81302, 303 385-4664.

HALSEY, David Alan; '72 BSBA; Admin. Assoc.; Ohio State Univ., Natl Ctr./Vocational Educ, 1960 Kenny Rd., Columbus, OH 43210, 614 486-3655; r. 6175 Deewood Loop E., Columbus, OH 43229, 614 898-7804.

HALSEY, Eugene V.; '49; Retired; r. 4043 E. Overlook Dr., Columbus, OH 43214, 614 451-2263.

HALSEY, James D.; '67 BSBA; Stockbroker; Parsons Security; r. 4643 Orwell, Columbus, OH 43220, 614 459-2540.

HALSEY, LT Janet M., USN, (Janet M. Shock); '81 BSBA; Admin. Ofcr.; HELANTISUBRON One, NAS Jacksonville, Jacksonville, FL 32212, 904 772-3166; r. 604 Dunrobin Dr., Orange Park, FL 32073, 904 276-3348.

HALSEY, Jennifer Elaine; '88 BSBA; 124 Switzer Dr., Galion, OH 44833.

HALSEY, Linda K. '84 (See Halsey-Saad, Linda Kay).

HALSEY, Pamela Sue; '80 BSBA; Student; r. 5928 Fairdale Dr., Fairfield, OH 45014, 513 829-4499.

HALSEY, Roy Robert; '76 BSBA; Sr. Mgr.; Price Waterhouse & Co., Ste. 3500, 41 S. High St., Columbus, OH 43215, 614 221-8500; r. 2398 Kensington Dr., Upper Arlington, OH 43221, 614 481-7638.

HALSEY, William G.; '83 BSBA; Asst. Mgr.; Joseph Gawler's Sons, 5130 Wisconsin Ave. NW, Washington, DC 20016; r. POB 10073, Silver Spring, MD 20904.

HALSEY-SAAD, Linda Kay, (Linda K. Halsey); '84 BSBA; Purchasing/Inventory Con.; The Ltd. Inc., Maintenance Inventory Control, Two Limited Pkwy., Columbus, OH 43230, 614 479-7601; r. 3961 Burnell Cir. W., Columbus, OH 43224, 614 478-3819.

HALTER, Gregory Scott; '85 BSBA; 8302 Miranda Pl., West Chester, OH 45069, 513 779-2815.

HALTER, Linda '80 (See Balsiger, Linda Halter).

HALTER, Michael Paul, MPH; '73 BSBA; Sr. VP Hlth. Affairs; Tulane Univ. Med. Ctr., 1430 Tulane Ave., New Orleans, LA 70112, 504 588-5489; r. #12 Grand Canyon Dr., New Orleans, LA 70131, 504 392-9184.

HALTERMAN, Richard D.; '65 BSBA; Sr. VP Devel.; General Mills Restaurants, 6770 Lake Ellenor Dr., Orlando, FL 32819, 407 851-0370; r. 8629 Vista Pine Ct., Orlando, FL 32819, 407 352-1095.

HALVIS, John; '49 BSBA; Retired; r. 2846 Merryweather NW, Warren, OH 44485, 216 898-1048.

HALVORDSON, LT Mark Bennett; '80 BSBA; Lt(0-3); USN, Naval Damage Control Trng Ctr., Dcm Dept. Bldg. #740, Philadelphia, PA 19112, 215 897-5678; r. 1956 Crystal Grove Dr., Lakeland, FL 33801, 609 848-5632.

HALVORSON, E. Mark; '49 MBA; Pres.-Owner; E. Mark Halvorson & Assocs., 10201 England Dr., Overland Pk., KS 66212, 913 642-6651; r. 10201 England, Overland Park, KS 66212, 913 642-6651.

HAM, COL Ronald L., USAF(Ret.); '67 MBA; Stephens Answering Svc., 17 N. Ash, POB G, Omak, WA 98841, 509 826-0537; r. Same.

HAMAKER, Lyman S.; '46 BSBA; Field Repr; Social Security Adm, 400 N. 8th St., Richmond, VA 23219; r. 100 Libbie Ave., Richmond, VA 23226, 804 288-9426.

HAMANN, Duane Anthony; '83 BSBA; Account Exec.; Rossman & Co., 601 S. High St., Columbus, OH 43215, 614 469-1803; r. 1880 Forest Maple Ln., Columbus, OH 43229, 614 888-2681.

HAMANN, Holly S. '84 (See Smalley, Holly S.).

HAMANN, Marcy Jane; '82 BSBA; 501 Howard St., Savannah, GA 31401.

HAMBERG, Tracy A. '81 (See Jones, Mrs. Tracy A.).

HAMBLET, COL Julia Estelle, USMC(Ret.); '51 MPA; 5833 Williamsburg Landing Dr., Williamsburg, VA 23185, 804 253-2635.

HAMBLETON, Scott E., Jr.; '55 BSBA; Mgr.; Tubes & Cores Inc., 400 Paul Ave., San Francisco, CA 94124, 415 467-5055; r. 507 Bancroft St., Santa Clara, CA 95051, 408 241-3694.

HAMBLETON, Thomas F.; '27 BSBA; Retired; r. 2523 Brentwood Rd, Columbus, OH 43209, 614 235-5734.

HAMBLIN, Dennis Clarence; '71 BSBA; Acctg. Mgr.; United Telecommunications, Inc., POB 113 15, Kansas City, MO 64112; r. 12104 Cedar, Overland Park, KS 66209.

HAMBLIN, Dr. Edward L.; '52 BSBA, '57 BSED, '60 MA, '65 PhD; Dir. & Ext. Prof.; CJCEE Univ. of CT, U-55 One Bishop Cir., Storrs, CT 06269, 203 486-2327; r. 60 Olsen Dr., Mansfield Ctr., CT 06250, 203 429-2375.

HAMBLIN, Jeri Anne; '74 BSBA; Mgr./Mktg. Svcs.; Community Mutual Ins. Co., 6740 N. High St., Worthington, OH 43085, 614 433-8595; r. 518 E. Jeffrey Pl., Columbus, OH 43214, 614 268-7750.

HAMBLIN, William H.; '57 BSBA; 3924 Highland Ave., Downers Grove, IL 60515, 312 852-3102.

HAMBOR, Bonita Dickie; '85 BSBA; Mgr.; Ross Labs, 625 Cleveland Ave., Columbus, OH 43216, 614 227-3784; r. 4933 Pear Tree Ct., Gahanna, OH 43230, 614 890-9826.

HAMBOR, Edward J., Sr.; '58 BSBA; Safety Engr./Corp. Dir.; Cargill Inc., Minnetonka, MN 55343, 612 475-7271; r. 16518 Bywood Ln., Minnetonka, MN 55343, 612 933-1371.

HAMBOR, Paul Bernard; '70 BSBA, '71 MBA; Real Estate Salesman; Coldwell Bankers, Subs:Sears Roebuck Co, 5060 N. Central Ave., Phoenix, AZ 85012, 602 263-9696; r. 4410 N. Longview Ave., #116, Phoenix, AZ 85014, 602 230-7987.

HAMDY, Tarek Y.; '87 BSBA; Personal Financial Cnslt.; r. 2488 Lytham Rd., Columbus, OH 43220, 614 451-7965.

HAMEL, Cyrillus J.; '53 BSBA; Retired; r. 57 Segovia Dr., Hot Spgs. Vlg., AR 71909, 501 922-0296.

HAMEL, LTC Raymond F., USAF(Ret.); '67 MBA; Exec. Dir.; United Way; r. 910 Clayton Dr., Valdosta, GA 31602, 912 244-6047.

HAMEL, Sherman J.; '52 BSBA; VP; Marquette Steel Co., E. 68th & Berdelle, Cleveland, OH 44105; r. 3690 Beacon Dr., Cleveland, OH 44122.

HAMEROFF, Eugene J.; '47 BSBA; Chmn. Emeritus; Hameroff Milenthal Spence, 10 W. Broad St., Columbus, OH 43215, 614 888-7546; r. 1573 Peace Pl., Columbus, OH 43209, 614 235-2549.

HAMILL, Joan M.; '87 BSBA; Fifth Third Bank, 180 E. Broad St., Columbus, OH 43215, 614 223-3974; r. 2171 Hedgerow Rd., Apt. A, Columbus, OH 43220.

HAMILL, John F.; '63 BSBA; Cincinnati Zone Mgr.; Oldsmobile Div. GMC, 155 Tri-Cnty. Pkwy., Cincinnati, OH 45246; r. B635 Midnight Pass' C101, Siesta Key, FL 34242.

HAMILL, John Neil; '80 BSBA; Chief/Info. Systs.; Dade Co. Aviation Dept., Miami International Airport, Miami, FL 33159, 305 871-0265; r. 151 Crandon Blvd., #533, Key Biscayne, FL 33149, 305 361-8793.

HAMILL, Paul G., Jr.; '63 BSBA; Pres.; Hamill Industrial Sales Co., 5800 Monroe St., Sylvania, OH 43560, 419 885-2511; r. 5312 Brookfield Ln., Sylvania, OH 43560, 419 882-1333.

HAMILL, S. Eric; '71 BSBA; 1439 Dieman Ln., E. Meadow, NY 11554, 516 485-9356.

HAMILL, W. Stuart, III; '83 BSBA; Mgr.; H&S Ent., POB 627, Delaware, OH 43015, 614 666-4591; r. 9330 Dean Rd., Ostrander, OH 43061, 614 666-1661.

HAMILTON, Mrs. Ardis N., (Ardis North); '26 BSBA; 141 E. South St., Worthington, OH 43085, 614 885-6691.

HAMILTON, Barbara Joan; '82 BSBA; 660 16th Ave., #4, San Francisco, CA 94118.

HAMILTON, Betty Shultz; '47 BSBA; Retired; r. 385 Topsfield Rd., Columbus, OH 43228, 614 878-7715.

HAMILTON, Curtis Scott; '88 BSBA; 3460 Stonequarry, Dayton, OH 45414, 513 898-9857.

HAMILTON, Edna H. '62 (See Williams, Edna H.).

HAMILTON, Edward Christopher; '84 BSBA; Logistics Analyst; Info. Systs. & Networks, 5100 Springfield Pke, Ste. 310, Dayton, OH 45431, 513 252-2161; r. 974 Alton Darby Creek Rd., Galloway, OH 43119, 614 870-2763.

HAMILTON, Forrest R.; '49 BSBA; Salesman; Champion Intl., 256 S. Green St., Tupelo, MS 38801; r. 1409 Ida St. Apt. 43, Tupelo, MS 38801, 601 844-9407.

HAMILTON, Freeman, Jr.; '70 BSBA; Mgr.; J & F Distributors, RR No 2, Greenwich, OH 44837; r. 1424 Southwood Dr., Ashland, OH 44805, 419 289-3961.

HAMILTON, Gary Edward; '76 BSBA; Public Acct.; McLeish, Hamilton, Priest, et al, 47 N. Fifth St., POB 2686, Zanesville, OH 43702, 614 454-2553; r. 175 E. Highland Dr., Zanesville, OH 43701, 614 453-6203.

HAMILTON, Gerald Leo; '73 BSBA; Auditor; State of Ohio, 88 E. Broad St., Columbus, OH 43215, 614 466-4917; r. 1032 Kenwick Rd, Columbus, OH 43209, 614 231-6057.

HAMILTON, Harry N.; '62 BSBA; Pres.; Warren Concrete & Supply Co., 1113 Parkman Rd NW, Warren, OH 44485; r. 2811 Reeves Rd. NE, Warren, OH 44483, 216 372-2099.

HAMILTON, Henry Crist, III; '69 BSBA; 8075 Pebble Creek Ct., Indianapolis, IN 46268, 317 872-8543.

HAMILTON, Howard Wilson; '45 BSBA; Retired Owner; Hamilton Oil Co.; r. 1705 Northside Rd., Perry, GA 31069, 912 987-4037.

HAMILTON, James Sheridan; '65 BSBA; Dir. of Mktg./Sr. VP; Federated Investors Inc., Federated Investors Twr., Pittsburgh, PA 15222, 412 288-1912; r. 3643 Sardis Rd., Murrysville, PA 15668, 412 733-7432.

HAMILTON, John Edward; '83 BSBA; Purchasing Mgr. C.P.M.; F.O. Schoedinger Inc., 322 Mt. Vernon Ave., Columbus, OH 43215, 614 221-4166; r. 380 Madison Dr. N., W. Jefferson, OH 43162, 614 879-7364.

HAMILTON, John Garnand; '47 BSBA; Retired; r. 4644 Frazer Ave. NW, Canton, OH 44709, 216 494-2587.

HAMILTON, Kaye Don; '73 BSBA; Sales Rep.; Pitney Bowes Inc., 5841 W. 130th, Cleveland, OH 44130; r. 1436 Golden Gate Apt. G-1, Cleveland, OH 44124.

HAMILTON, Mrs. Kelly A., (Kelly A. Vinson); '86 BSBA; Sr. Acct.; Peat Marwick Main, 2 Nationwide Plz., Ste. 1600, Columbus, OH 43215, 614 249-2300; r. 974 Alton Darby Creek Rd., Galloway, OH 43119, 614 870-2763.

HAMILTON, Laura B., (Laura Bowers); '48 BSBA; 4952 Sentinel Dr., Bethesda, MD 20816, 301 229-3452.

HAMILTON, Laura Schaack; '87 BSBA; Bookkeeper; Fullerton Farmer's Elevator, POB 56, Fullerton, ND 58441, 701 375-7251; r. Rte. 1 Box 61-J, Fullerton, ND 58441, 701 375-6621.

HAMILTON, Mark Andrew; '77 BSBA; Production Supv.; De Soto Inc., 2121 New World Dr., Columbus, OH 43207; r. 1796 W. 3rd Ave., Columbus, OH 43212, 614 486-6976.

HAMILTON, Neal Wesley; '62 BSBA; Real Estate Agt.; Realty One, 7025 W. 130th, Parma Hts., OH 44130, 216 888-8600; r. 15960 Glenridge Ave., Middleburg Hts., OH 44130, 216 234-7386.

HAMILTON, Richard Parker; '54 MBA; Retired; r. 6601 George Washington Way, Naples, FL 33963.

HAMILTON, Robert Clyde; '41; Retired; Natl. Steel Corp., Pittsburgh, PA 15219; r. 1786 Willoway Cir. S., Columbus, OH 43220, 614 457-4025.

HAMILTON, Robert Sherman; '52; Pres.; Liquid-Box Corp., 6950 Worthington-Galena Rd, Worthington, OH 43085, 614 888-9280; r. 2743 Mount Holyoke Rd., Columbus, OH 43221, 614 486-8367.

HAMILTON, Robert Worthington; '39 BSBA; Retired Com Coord.; Procter & Gamble Co., Box 599, Cincinnati, OH 45202; r. POB 1252, Las Cruces, NM 88004, 505 523-8569.

HAMILTON, Stephanie Annette; '86 BSBA; 3613 Baring St., Philadelphia, PA 19104.

HAMILTON, Stephen Gail; '62 BSBA; Comptroller; Cleveland Cotton Prods. Co., 670 Alpha Dr., Highland Hts., OH 44143, 216 449-6550; r. 8282 Valley Dr., Chagrin Falls, OH 44022, 216 543-5933.

HAMILTON, Thomas Addison; '67 MBA; Dist. Mgr.; Ohio Bell Telephone Co., 150 E. Gay St. Rm. 23A, Columbus, OH 43215, 614 223-8381; r. 2681 B Lendon Woods Blvd., Columbus, OH 43231, 614 882-7970.

HAMILTON, Thomas Jerome; '69; Owner; The Davey-Fitch Co., 1795 S. High St., Columbus, OH 43207, 614 444-1119; r. 3491 Royal Hill Dr., Columbus, OH 43223, 614 875-3582.

HAMILTON, William Howard; '42 BSBA; Retired; r. 3451 Tanglebrook Tr., Clemmons, NC 27012, 919 766-0005.

HAMLER, Thomas B.; '49 BSBA; Pres.; Thomas B Hamler Ins. Agcy., 102 N. Miami St., W. Milton, OH 45383; r. 138 Stillwater St., W. Milton, OH 45383, 513 698-4575.

HAMLIN, COL Jack I., USA(Ret.); '49 MBA; Retired VP-Personnel; Peoples Drug Co., Alexandria, VA 22312; r. 1600 N. Oak St. Apt. 620, Arlington, VA 22209, 703 525-0139.

HAMM, Joan Connolly, (Joan A. Connolly); '78 BSBA; Controller; Nationwide Communications Inc., One Nationwide Plz., Columbus, OH 43216, 614 249-7677; r. 6879 Ardelle Dr., Reynoldsburg, OH 43068, 614 759-9338.

HAMM, Laura Jane '84 (See Sladoje, Laura Jane).

HAMM, William F.; '50 BSBA; Retired VP; Huntington Natl. Bank, 41 S. High St., Columbus, OH 43287; r. 970 Stoney Creek Rd., Columbus, OH 43085, 614 846-5384.

HAMM, Mrs. Winona M.; '30 BSBA; Retired; r. 14300 Detroit Ave. #523, Lakewood, OH 44107, 216 226-8113.

HAMMAN, Juanita P. '84 (See Kruse, Juanita P.).

HAMMER, Ms. Dawn Marie; '86 BSBA; Devel. Coord.; Choices, POB 06157, Columbus, OH 43206, 614 258-6080; r. 144 Antelope Way #2B, Columbus, OH 43235, 614 848-4635.

HAMMER, Jan Marie '83 (See Hammer Lombardi, Ms. Jan Marie).

HAMMER, John Leroy; '74 BSBA; Sales Mgr.; Exochem Corp., 2421 E. 28th St., Lorain, OH 44055, 216 277-1246; r. 172 Canterbury, Elyria, OH 44035, 216 365-2688.

HAMMER, Patricia A., (Patricia A. Paulin); '74 BSBA, '75 MBA; Partner; Price Waterhouse & Co., B.P. America Bldg., 27th Fl., 200 Public Sq., Cleveland, OH 44114, 216 781-3700; r. 1345 Sugar Knoll, Bath, OH 44313, 216 666-5467.

HAMMER, Ronald J.; '83 BSBA; Sales Rep.; Armstrong World Industries, 313 Speen St., Natick, MA 01760, 419 281-4464; r. 720 Sandusky St., Ashland, OH 44805.

HAMMER, Thomas E.; '63 BSBA; Gen. Mgr.; School Pictures Inc., 4292 Indianola Ave., Columbus, OH 43214, 614 268-3473; r. 1673 Rainbow Dr. NE, Lancaster, OH 43130, 614 687-6134.

HAMMER LOMBARDI, Ms. Jan Marie, (Jan Marie Hammer); '83 BSBA; Mgr.; Ernst & Whinney, 111 E. Kilbourn Ave., Milwaukee, WI 53202, 414 273-5900; r. S.67 W.32506 Ashton Way E., Mukwonago, WI 53149, 414 392-9888.

HAMMERMAN, Edward L.; '61 BSBA; Pres.; Hammerman & Morse, Advertising Agency, 222 W. Ontario, Chicago, IL 60610, 312 337-0404; r. 2210 Colfax St., Evanston, IL 60201, 312 869-2334.

HAMMERSMITH, Glenn A.; '69 BSBA; CPA; Hammersmith-Jenkins & Co., 54 E. Main St., Norwalk, OH 44857, 419 668-2509; r. 165 Collingwood Ave., Norwalk, OH 44857, 419 668-4634.

HAMMERSMITH, Robert K., Jr.; '66 BSBA; Private Practice, 16 E. Henderson Rd., Columbus, OH 43214; r. 103 Arden Rd., Columbus, OH 43214, 614 261-8874.

HAMMERSTEIN, John E.; '49 BSBA; Xerox Educ. Ctr., 1655 Westbelt Dr., Columbus, OH 43228; r. 2771 Eastminster Rd, Columbus, OH 43209, 614 235-8551.

HAMMETT, Jack; '48 BSBA; Secy.-Treas.; Charles Ritter Co., 35 W. 6th St., POB 215, Mansfield, OH 44901, 419 522-1911; r. POB 1265, Mansfield, OH 44901.

HAMMETT, Jerry Woodland; '60 BSBA; Deputy Dir.; Ohio Dept. Admin. Svcs., 30 E. Broad St., Columbus, OH 43215; r. 2295 N. Old State Rd, Delaware, OH 43015, 614 524-2974.

HAMMETT, Terry A.; '87 BSBA; Tax Agt.; State of Ohio-Dept. of Taxation, 30 E. Broad St., 19th Fl., Columbus, OH 43216, 614 466-3503; r. 4923 Solar Dr., Columbus, OH 43214, 614 433-7313.

HAMMITT, C. Clark, Jr.; '39 BSBA; Mktg./Mgmt. Cnslt.; C C Hammitt Inc., 1 Federal Plz., W., Youngstown, OH 44503, 216 746-6444; r. 173 Alburn Dr., Youngstown, OH 44512, 216 788-0342.

HAMMOCK, Barney C., Jr.; '47 BSBA; Retired; r. 8712 Higdon Dr., Vienna, VA 22180, 703 938-9158.

HAMMOCK, William M.; '48 BSBA; Industrial Engr.; GM Corp., 200 Georgesville Rd, Columbus, OH 43228; r. 274 Dixon Ct., Columbus, OH 43214, 614 263-7396.

HAMMOND, Carol Ann Smith; '67; Ofc. Mgr.; Berwell Energy Inc., 1880 Mackenzie Dr., Columbus, OH 43220, 614 261-1412; r. 4400 Scenic Dr., Columbus, OH 43214, 614 261-1412.

HAMMOND, Craig Allen; '88 BSBA; 36 Hillcrest Ln., Bridgeport, WV 26330, 304 842-3159.

HAMMOND, Dana Johnson; '49 BSBA; Credit Mgr.; Stewart Bros. Furniture, 21 W. Church St., Newark, OH 43055, 614 345-9688; r. 995 Davis Ave., Newark, OH 43055, 614 344-7904.

HAMMOND, David A.; '65 BSBA; Gen. Chmn.; Bank One of Columbus, POB 1166, Columbus, OH 43216; r. 2538 Berwyn Rd, Columbus, OH 43221, 614 486-4648.

HAMMOND, MSGT David Glenn, USAF; '83 BSBA; 179th Tactical Airlift Group, Mansfield, OH 44901, 419 522-9355; r. 29 Ross Dr., Akron, OH 44313, 216 867-8243.

HAMMOND, Francis Joseph; '47 BSBA; Sales Mgr.; Mc Gregor-Doniger Inc., 855 Merchandise Mart Plz., Chicago, IL 60654; r. 1555 W. Appleby, Palatine, IL 60067, 312 359-3545.

HAMMOND, James Eugene; '66 BSBA; Truck Driver; Charles Chips, 1543 Clara Ave., Columbus, OH 43211; r. 2415 Warfield Dr., Grove City, OH 43123, 614 875-7151.

HAMMOND, James Jay; '88 BSBA; 1002 Loch Ness Ave., Worthington, OH 43085, 614 846-2497.

HAMMOND, Janice Henson, (Janice Henson); '85 BSBA; Employment Spec.; Cargill Inc., POB 9300, Minneapolis, MN 55440, 612 475-7182; r. 1701 Upton Ave. N., Minneapolis, MN 55411, 612 522-2426.

HAMMOND, Jeffrey Dale; '80 BSBA; Applications Engr.; Sulzer-Escher Wyss, POB 509, Middletown, OH 45042, 513 423-9281; r. 120 Sands Ave., Monroe, OH 45050, 513 539-8615.

HAMMOND, John Edgar, Jr.; '47 BSBA; Retired; r. 1309 Stewart Ln. Box-63, Coshocton, OH 43812, 614 622-2886.

HAMMOND, John Roger; '54 BSBA; Retired Grp. Controller; Kimberly Clark Corp.; r. 14 Meadowbrook Ct., Appleton, WI 54914, 414 731-8155.

HAMMOND, Larry Lee; '72 BSBA; Sr. Industrial Engr.; Armco Inc., 703 Curtis St., Middletown, OH 45043; r. 485 Todhunter Rd., Monroe, OH 45050, 513 539-7088.

HAMMOND, Lorene Westerman; '84 MBA; Buyer/Dietetic Servs; Mt. Carmel Med. Ctr., 793 W. State St., Columbus, OH 43222; r. 239-B E. Beck St., Columbus, OH 43206.

HAMMOND, Michelle R.; '88 BSBA; 1377 Clifton G, Columbus, OH 43203, 614 252-4779.

HAMMOND, Robert Lloyd, Jr.; '60 MBA; Corporate Asst. Treas.; AT&T, Rm. N301, 340 Mt. Kemble Ave., Morristown, NJ 07960, 201 326-4730; r. 31 Horizon Dr., Mendham, NJ 07945, 201 543-6078.

HAMMONS, Thomas L.; '54 BSBA; POB 494, Longboat Key, FL 34228.

HAMNER, Donald Carlos, Jr.; '68 BSBA; Application Engr.; Joy Mfg. Co., 1081 Ray Ave. NW, New Philadelphia, OH 44663; r. 8069 Goodrich Rd SW, Navarre, OH 44662, 216 756-2513.

HAMPEL, Jeffrey Martin; '84 MBA; Dist. Credit Mgr.; Lennox Industries Inc., 1711 Olentangy River Rd., POB 1319, Columbus, OH 43216; r. 5300 Shiloh Dr., Columbus, OH 43220.

HAMPLE, Dale Jay; '71 BSBA; 800 Briarwood, Macomb, IL 61455, 309 837-6729.

HAMPLE, Joseph Macy; '69 MBA; Retired; r. 1155 Norwich Ln., Centerville, OH 45459.

HAMPSHIRE, Dale C.; '60 BSBA; Personnel Supv.; Big Bear Stores Co., 770 Goodale Blvd., Columbus, OH 43215; r. 6902 Betsey Pl., Worthington, OH 43085, 614 888-5018.

HAMPSHIRE, Todd Christopher; '85 MBA; Financial Analyst; GM Corp., Delco Electronics Div, 700 E. Firmin St., Kokomo, IN 46902, 317 451-2026; r. 121 S. Mccann St., Kokomo, IN 46901, 317 452-8792.

HAMPTON, Dr. Gerald Marshall; '67 MS; 476 Lansdale Ave., San Francisco, CA 94127.

HAMPTON, Dr. Joseph E.; '48 MACC, '57 PhD (ACC); Prof.; The American Univ., Dept. of Acctg., Washington, DC 20016; r. 2802 P St. NW, Washington, DC 20007, 202 965-8906.

HAMPTON, Lawrence G.; '48 BSBA; Chmn. of the Bd.; Northern Lighting, 5585 Westerville Rd, Westerville, OH 43081, 614 891-7600; r. 685 Olde Settler Pl., Columbus, OH 43214, 614 459-8719.

HAMRICK, Craig Allen; '84 BSBA; Desk Clerk; Harts, 4640 E. Main St., Columbus, OH 43213; r. 1019 Plum Ridge, Columbus, OH 43213, 614 866-4404.

HAMRICK, Jane Clarke, (Jane Clarke); '85 BSBA; Staff/Material Scheduling; GM Corp., Truck & Bus Division, 12200 Lafayette Center Rd., Roanoke, IN 46783, 219 673-2250; r. 12204 S. Indianapolis Rd. #91, Yoder, IN 46798.

HANAK, Mark Alan; '83 MBA; Financial Analyst; Ohio Savings Bank, 1801 E. 9th St., Cleveland, OH 44114, 216 696-2222; r. 10235 Halcyon Dr., Parma Hts., OH 44130, 216 842-4782.

HANAK, Robert L.; '51 BSBA; Controller; Fiserv-Cleveland, Inc., 19001 Villaview Rd., Cleveland, OH 44119, 216 692-3660; r. 2718 Priscilla Ave., Cleveland, OH 44134, 216 885-2797.

HANBY, Donald W.; '49 BSBA; Retired; r. 3551 Kroehler Dr., Hilliard, OH 43026, 614 876-6255.

HANCE, Robert M.; '71 BSBA; Sales Rep.; Mars Mfg., POB 6874, Asheville, NC 28816, 704 254-0741; r. 785 Linworth Rd. E., W. Worthington, OH 43235, 614 885-4339.

HANCOCK, Edward C.; '50 BSBA; Retired; r. 4228 Via Valmonte, Palos Verdes Estates, CA 90274, 213 375-3410.

HANCOCK, Edward P., Sr.; '50 BSBA; Owner; Hancock Ins. Inc., 1800 Euclid Ave., POB 93922, Cleveland, OH 44101, 216 861-5858; r. 1444 W. 10th St. #508, Cleveland, OH 44113, 216 771-1421.

HANCOCK, William Frederic; '47 BSBA; 8001 E. Broadway #6444, Mesa, AZ 85208, 602 984-1411.

HAND, D. Russell; '30 BSBA; Retired; r. c/o Otto Hand, 4354 Harlem, New Albany, OH 43054, 614 855-7260.
HAND, M. Elizabeth; '82 BSBA; Natl. Sales Mgr.; Crawford & Co.; r. 11 Brandy Ln., Savannah, GA 31419.
HAND, Patrick O.; '67 BSBA; 7625 W. Piqua, Clayton Rd, Covington, OH 45318, 513 473-2507.
HANDEL, Beverly Munz; '56 BSBA; Vet Asst.; Newark Animal Hosp., 1625 W. Church St., Newark, OH 43021; r. 290 Thornewood Dr., Granville, OH 43023.
HANDEL, Dr. Christopher J.; '73 MBA; Pres.; The Stuart Rental Co., 1650 Industrial Rd., POB 1427, San Carlos, CA 94070, 415 591-4414; r. POB 2480, Menlo Park, CA 94025, 415 327-3115.
HANDEL, David Howard; '62 BSBA; Dir./Grp. Underwriting; Nationwide Life Ins. Co., One Nationwide Plz., Columbus, OH 43216, 614 249-8365; r. 3120 Polley Rd., Hilliard, OH 43026, 614 876-4168.
HANDEL, Larry L.; '55 BSBA; Pres.; Handel Ins. Agcy. Inc., POB 496, Granville, OH 43023, 614 345-6658; r. 7677 Hirst Rd., Newark, OH 43055, 614 323-4557.
HANDEL, Nancy, (Nancy Huisman); '73 MBA; Treas.; Applied Materials Inc., 3050 Bowers Ave., Santa Clara, CA 95054, 408 748-5079; r. 936 Olive St., Menlo Park, CA 94025, 415 321-2745.
HANDEL, Willis J., Jr.; '57 BSBA; Personal Fin. Plnr.; I D S Financial Svcs., Subs of American Express, c/o Postmaster, Morristown, TN 37816, 615 587-0421; r. Twin Tulips, II, 1600 Forest Dr., Morristown, TN 37814, 615 581-2685.
HANDELMAN, Julie E. '86 (See Wesel, Mrs. Julie E.).
HANDKE, David Paul, Jr.; '73 MBA; VP/Portfolio Mgr.; Alliance Reserve Capital Mg., 3737 Park E., Ste. 203, Beachwood, OH 44122, 216 831-6330; r. 33476 Woodleigh, Pepper Pike, OH 44124, 216 831-3357.
HANDLEY, Deborah '80 (See Cowee, Deborah).
HANDLEY, Donald Lawrence; '59 BSBA; Pres.; Martha's Hallmark/The Owl Co., 4690 Sandy Plains Rd., Roswell, GA 30075, 404 992-8169; r. 780 Brookfield Pkwy., Roswell, GA 30075, 404 992-1337.
HANDLEY, Frederick Vincent; '76 BSBA; 16 Kings Ct., Hilton Head Island, SC 29928, 803 681-5279.
HANDLEY, Roger Patrick; '72 MBA; Pres.; Mierfield Inc., 2323 W. 5th Ave., Ste. 2360, Columbus, OH 43204, 614 487-6505; r. 5855 Kilbannon Ct., Dublin, OH 43017, 614 766-4575.
HANDLIR, David Y., Jr.; '70 MBA; VP; Bank One of Dayton, Kettering Twr., Dayton, OH 45401, 513 449-4991; r. 1740 Park Creek Dr., Centerville, OH 45459, 513 433-2225.
HANDLOSER, Sally Ann; '83 BSBA; Acct.; Jerrico, Inc., 101 Jerrico Dr., Lexington, KY 40509, 606 263-6441; r. 401 Redding Rd #26, Lexington, KY 40502, 606 271-3284.
HANDSHY, Victoria Strebler, (Victoria Strebler); '80 BSBA; Docent/Volunteer; Columbus Museum of Art; r. 794 Curleys Ct., Worthington, OH 43085, 614 436-0435.
HANEK, John Nicholas; '75 BSBA; Social Ins. Repr; US Dept. of HHS, 20545 Centre Ridge Rd., Rocky Ridge, OH 44116; r. 11350 Schwab Dr., Parma, OH 44130, 216 884-8971.
HANES, James H.; '61 BSBA; Sr. VP; C S Mc Kee Co. Incorporate, 428 Forbes Ave., Pittsburgh, PA 15219; r. 102 Ascot Pl., Pittsburgh, PA 15237.
HANES, Jane, (Jane Riley); '49 BSBA; Homemaker; r. 5306 Far Hill Ct., Indianapolis, IN 46226, 317 546-5875.
HANES, Roger Allen; '84 BSBA; Matl Control Analyst; Rockwell Intl., Hebron Rd., Newark, OH 43055, 614 344-1131; r. 875 Fieldson Dr., Heath, OH 43056, 614 522-4006.
HANEY, David G.; '63 BSBA; COO; The Natl. Auditors Corp., 4500 Dublin Rd., Hilliard, OH 43026, 614 771-8943; r. 3641 Romnay Rd., Columbus, OH 43220, 614 451-7225.
HANEY, Delbert; '74 BSBA; Financial Investor; r. 6510 N. 10th Pl., Phoenix, AZ 85014, 602 230-1680.
HANEY, Gerald E.; '64 BSBA; Self/Empl Landscaper; The Yard Works Inc., 304 Greenbriar Dr., Avon Lake, OH 44012, 216 933-4800; r. Same.
HANEY, Harry J., Jr.; '57 BSBA; 943 Anthony Dr., Columbus, OH 43204, 614 279-7231.
HANEY, Harry Joseph, III; '85 BSBA; Distribution Ofc. Mgr.; Kraft Foods Inc., POB 39, Fogelsville, PA 18051, 215 398-0311; r. 6714 E8 Lower Macungie Rd., Trexlertown, PA 18087, 215 398-7608.
HANEY, Virginia Rodic, (Virginia Mary Rodic); '73 BSBA; Instr.; Sedona Inst., 1645 Missouri, Ste. 110, Phoenix, AZ 85016, 602 264-0123; r. 6510 N. Tenth Pl., Phoenix, AZ 85014, 602 230-1680.
HANF, Charles M.; '56 BSBA; Underwriter; Buckeye Union Ins., 1111 E. Broad St., Columbus, OH 43205; r. 1211 Haddon Rd., Columbus, OH 43209, 614 231-2223.
HANF, H. William; '66; Systs. Programmer; Nationwide Ins. Co., Two Nationwide Plz., Columbus, OH 43216, 614 249-7111; r. 3020 Rainier Ave., Columbus, OH 43231, 614 890-1218.
HANF, Richard J.; '65 BSBA; Special Agt.; Fed. Bur. of Investigatio, U S. Dept. of Justice, 823 Marin St., Vallejo, CA 94590; r. POB 751, Vallejo, CA 94590.
HANF, William Clifford; '76 BSBA; Staff; Marathon Oil Co., 3855 York St., Toledo, OH 43616; r. 7788 Wildwood, Findlay, OH 45840, 419 423-9419.
HANF, William F.; '67 BSBA; Staff Acct.; Kagay & Schellhaas CPA's, 849 Harmon Ave., Columbus, OH 43223, 614 228-3895; r. 5565 Ebright Rd., Groveport, OH 43125, 614 836-2833.
HANIC, Emil P.; '39 BSBA; Owner; Emils Cafe, 477 W. Tausarawas Ave., Barberton, OH 44203; r. 3499 Greenwich Rd, Barberton, OH 44203.
HANIGOSKY, Donald R.; '73 BSBA; Production Control Mgr.; TRW Automotive Aftermarket Div., 8001 E. Pleasant Valley Rd., Independence, OH 44131, 216 447-8258; r. 6832 Reid Dr., Parma Hts., OH 44130, 216 886-3921.
HANISH, Rose '31 (See White, Rose M.).
HANJE, James F.; '66 BSBA; Dist. Sales Mgr.; Multiflow Computer Inc., 2701 Troy Ctr., Ste. #201, Troy, MI 48084, 313 244-8812; r. 7442 Arrowood Dr., W. Bloomfield, MI 48033, 313 363-8612.
HANKEN, Charles; '55 BSBA; Atty.; 1115 Main, Bridgeport, CT 06604; r. 265 Congress St., Bridgeport, CT 06604.
HANKINS, David M.; '59 BSBA; Pres.; Dave Hankins Assocs., 704 Briarwood Ct., Yardley, PA 19067, 215 493-4102; r. Same.
HANKINS, Philip Elmer; '70 MBA; Mgmt. Cnslt.; Chimitt Gilman Homchick Intl., One Radnor Sta., Radnor, PA 19087, 215 964-8051; r. 91 Richmond Ave., London, OH 43140, 614 852-3239.
HANKS, Douglas Richard; '71 MBA; Pres.; Whittle & Hanks Inc., 435 N. LaSalle St., Ste. 304, Chicago, IL 60610, 312 661-1960; r. 209 Spring Creek Rd., Barrington Hls., IL 60010, 312 658-5115.
HANLEY, David Gerard; '75 BSBA; Pres.; Distributed Financial Control, Raleigh, NC 27615; r. 4128 Mardella Dr., Raleigh, NC 27613, 919 781-8160.
HANLEY, John D.; '41 BSBA; Retired Pres.; Orchard Isle Estates Inc., 1859 NE Catawba Rd, Port Clinton, OH 43452; r. 1112 Lee St., Port Clinton, OH 43452, 419 732-3706.
HANLEY, John M.; '49 BSBA; Retired; r. 3252 Wicklow Rd., Columbus, OH 43204, 614 279-8347.
HANLEY, Kathleen M. '80 (See Kiebel, Mrs. Kathleen M.).
HANLEY, Ms. Megan Bridget; '79 BSBA; Local Media Mgr.; Miller Brewing Co., Subs:Philip Morris Co, 3939 W. Highland Blvd., Milwaukee, WI 53208, 414 931-4220; r. 4865 N. Idlewild Ave., Whitefish Bay, WI 53217, 414 962-5838.
HANLINE, Dr. Manning H.; '65 PhD (BUS); Retired Prof.; Univ. of West Florida; r. 4 High Point Dr., Gulf Breeze, FL 32561, 904 932-3255.
HANN, Charles Peter; '70 BSBA; Sales Assoc.; Sunnyside Honda, 7700 Pearl Rd., Middleburg Hts., OH 44130, 216 243-5577; r. 374 Pattie Dr., Berea, OH 44017, 216 243-7226.
HANN, William Douglas; '73 BSBA; 20071 Westover Ave., Rocky River, OH 44116.
HANNA, Barstow L., Jr.; '62; Advt. Mgr.; Minnesota AAA, 7 Travelers Tr., Burnsville, MN 55337; r. 1035 Ramsdell Dr., Apple Vly., MN 55124, 612 432-1414.
HANNA, James Joseph; '86 BSBA; 1271 Hillcrest Dr., Ashland, OH 44805, 419 281-4100.
HANNA, Kathleen A. '87 (See Sutherland, Mrs. Kathleen A.).
HANNA, Kathy S. '78 (See Hofstetter, Kathryn H.).
HANNA, Keith Albert; '82 BSBA; Sales Rep.; Viasoft, 6555 Busch Blvd., Ste. 145, Columbus, OH 43229, 614 847-8345; r. 4805 Ruff Ct., Gahanna, OH 43230, 614 471-4355.
HANNA, Mrs. Kelly Parker, (Kelly E. Parker); '84 BSBA; Admission Adviser; The Fashion Inst. of Design & Merchanising, 13701 Riverside Dr., Ste. 700, Sherman Oaks, CA 91423, 818 990-2133; r. 4360 Colfax #4, Studio City, CA 91604, 818 508-5443.
HANNA, Lee Eugene; '69 BSBA; Reg. Surety Mgr.; Fireman's Fund Ins. Co., 309 Vine St., Cincinnati, OH 45202, 513 762-5720; r. 3304 Westside Ave., Cincinnati, OH 45208, 513 871-8411.
HANNA, Martin L.; '32 BSBA; Atty./Sr. Partner; Hanna & Hanna, Hanna Law Bldg., 700 N. Main St. POB 25, Bowling Green, OH 43402; r. 881 Scott Blvd., Bowling Green, OH 43402, 419 353-0555.
HANNAFORD, Thomas Edward; '81 BSBA; Commercial Loan Ofcr.; Natl. Bk. of Detroit, 611 Woodward Ave., Detroit, MI 48226, 313 453-6165; r. 27400 Franklin Rd., Apt. 706, Southfield, MI 48034, 313 357-0283.
HANNAFORD, Dr. William John; '67 MBA, '74 PhD (BUS); Prof. of Bus. Admin.; Univ. of Wisconsin-EAU Claire, Eau Claire, WI 54701, 715 836-4165; r. 306 Corydon Rd., Eau Claire, WI 54701, 715 834-6362.
HANNAH, Frank Burdette; '81 BSBA; Programmer/Analyst; Motorists Mutual Ins. Co., 471 E. Broad St., Columbus, OH 43215, 614 225-8376; r. 1771 Queensbridge, Worthington, OH 43085, 614 766-8124.
HANNAH, Hubert H., Sr.; '49 BSBA, '52 MBA; Acct.; Cook Cnty. Hosp., 1835 W. Harrison St., Chicago, IL 60612, 312 633-7118; r. 3730 N. Lake Shore Dr., Chicago, IL 60613, 312 248-5763.
HANNAH, Michael Scott; '79 BSBA; 1454 Surrey Rd., Troy, OH 45373, 513 339-7346.
HANNAHS, Harold D.; '52 BSBA; Ins. Broker; All Ohio Ins. Agcy. Inc., 1061 Country Club Rd., Columbus, OH 43227, 614 866-5755; r. 1467 Mariner Dr., Reynoldsburg, OH 43068, 614 866-4396.
HANNAN, Mary Crites; '48 BSBA; Slf/Emp Rl Est Agt.; Punta Rassa Realty Inc., Rte. 12, Box 107, Punta Rassa Rd., Ft. Myers, FL 33908; r. 15011 Punta Rassa Rd. SW, 3-302, Ft. Myers, FL 33908, 813 466-1042.
HANNEMAN, William F.; '59 BSBA; Pres.; BOS Inc., 1781 Independence #7, Sarasota, FL 34234, 813 351-9079; r. 1947 W. Leewyn Dr., Sarasota, FL 34240, 813 371-5676.
HANNERS, Kathleen Moore; '76 MPA; Social Worker; Pike Community Hosp., 100 Dawn Ln., Waverly, OH 45690, 614 947-2186; r. 619 Lake White Dr., Waverly, OH 45690, 614 947-2030.
HANNON, Alice Nelson, (Alice Nelson); '54 BSBA; Volunteer; Holden Arboretum; r. 7391 Markell Rd, Willoughby, OH 44094, 216 951-2330.
HANNON, Charles W., Jr.; '65 BSBA; 1613 E. Oak Tree Pl., Glendora, CA 91740.
HANNON, Ms. Kimberly J.; '83 MBA; Comrcl Loan Ofcr.; Bank One, Columbus, NA, 100 E. Broad St., Columbus, OH 43215, 614 248-5598; r. 4762 Ransey Ct., Gahanna, OH 43230, 614 471-8726.
HANNON, Michael J.; '80 BSBA; Warehouse Dir.; Radio Shack Div. Tandy Corp., 4343 Williams Rd E. 1800, Groveport, OH 43125, 614 836-3980; r. 2246 Colfax Ave., Columbus, OH 43224, 614 471-0730.
HANNON, Stephen Joseph; '75 BSBA; Inventory Control Mgr.; Mutual Mfg. & Supply Co., 3300 Spring Grove Ave., Cincinnati, OH 45225, 513 853-7415; r. 663 Ridgeview Dr., Harrison, OH 45030, 513 367-4152.
HANNUM, Douglas Ford; '84 BSBA; Sales Rep.; Smith Energy Syst., POB 26096, Columbus, OH 43226; r. 1975 W. Dublin-Granville Rd., Worthington, OH 43085.
HANNUM, Richard T.; '49 BSBA; Tchr.-Coord.; r. 35 NW 152nd St., Miami, FL 33169, 305 945-9963.
HANOVER, Mary Beth '80 (See Crabb, Mary Beth).
HANSBERGER, Dorothy '38 (See Haught, Dorothy Hansberger).
HANSBERGER, Thomas D.; '64; Supv.; Cols & So Ohio Electric Co., 215 N. Front St., Columbus, OH 43215; r. 3760 Southbank Rd., Millersport, OH 43046, 614 467-2747.
HANSCHMIDT, John Robert; '60 BSBA; Pres.; Infosolv Corp., 325 Cramer Creek Ct., Ste. 100, Dublin, OH 43017, 614 761-8444; r. 8427 Beeswing Ct., Dublin, OH 43017, 614 764-1660.
HANSCHMIDT, William G., Jr.; '53 BSBA; Pres.; Natl. Title Svcs. Inc., 7385 E. Windlawn Way, Parker, CO 80134, 303 841-0730; r. Same, 303 841-4726.
HANSEL, John E.; '53 BSBA; Gen. Agt.; The Med. Protective Co., 700 Ackerman Rd., Columbus, OH 43202, 614 267-9156; r. 1964 Collingswood Rd., Columbus, OH 43221, 614 486-0828.
HANSEL, Laura Briggs; '86 BSBA; Acct.; Ird Mechanalysis Inc., 6150 Huntley Rd., Columbus, OH 43229; r. 1946 NW Blvd., Columbus, OH 43212, 614 486-1452.
HANSELMAN, Carole L. Mc Intosh; '85 BSBA; 22121 Buck Run Rd., Milford Ctr., OH 43045, 513 349-5675.
HANSEN, Jeffrey Scott; '84 BSBA; Programmer/Analyst; E I du Pont De Nemours & Co., American International Bldg., Wilmington, DE 19898, 302 774-0106; r. 124 Dunsinane, New Castle, DE 19720, 302 322-4205.
HANSFORD, Richard N.; '48 BSBA; Production Mgr.; Ford Motor Co., The American Rd, Dearborn, MI 48121; r. 16269 Park Dr., Livonia, MI 48154, 313 464-8278.
HANSHAW, Ernest; '78 BSBA; Production Supv.; Easco Aluminum Corp., Postmaster, Girard, OH 44420, 216 545-4311; r. 1400 Gypsy Rd., Niles, OH 44446, 216 544-6964.
HANSLEE, Joseph; '53 BSBA; 6196 Lynn Lake Dr. S. #B, St. Petersburg, FL 33712, 813 867-8628.
HANSLEY, LTC John Robert, USAF; '71 BSBA; Staff Ofcr.; HQ Military Airlift Command, Scott AFB, IL 62225; r. 806 Belpre Dr., O'Fallon, IL 62269, 618 632-4787.
HANSLEY, Scott Michael; '84 BSBA; 8050 Woods Ln., Worthington, OH 43085.
HANSON, Daniel Michael; '84 BSBA; Sales Repr; Better-Bilt Aluminum, c/o Postmaster, Smyrna, TN 37167; r. 1289 Reana Dr., Galloway, OH 43119.
HANSON, Mrs. Linda A., (Linda A. Elwood); '74 BSBA; Cnslt.; IBM Corp., 355 S. Grand Ave., Los Angeles, CA 90071, 213 621-6225; r. 27944 Graceton Dr., Canyon Country, CA 91351, 805 251-3722.
HANSON, Richard Allen; '77 BSBA; 870 Aries Dr., Gahanna, OH 43230.
HANSON, Scott Edward; '82 BSBA; Publication Editor; Nationwide Financial Svcs., One Nationwide Plz., Columbus, OH 43215; r. 2865 E. Orange Rd., Galena, OH 43021.
HANSON, Walter Z.; '51 BSBA; Account Clerk III; Ohio Dept. of Transportation, 25 S. Front St., Columbus, OH 43216, 614 644-8215; r. 2610 Summit St., Columbus, OH 43202, 614 263-5295.
HANTHORN, COL Jack E., USMC(Ret.); '40 BSBA; 1211 Hidden Oaks Tr., Vista, CA 92084, 619 598-0420.
HANYOK, Joseph Edward; '77 BSBA; Material Planner; Mc Donnell Douglas Astronautic, POB 516, St. Louis, MO 63166; r. 10375 Auburn Rd., Chardon, OH 44024, 216 285-9510.
HAPKE, David Bartel; '85 BSBA; 7 E. Lakeview Dr., Apt. 3, Cincinnati, OH 45237, 513 821-9723.
HAPNER, Anita Thomas; '54; Staff; Univ. of South Florida, 4202 Fowler Ave., Tampa, FL 33620; r. 3014 Sabal Rd., Tampa, FL 33618, 813 935-1647.
HAPNER, Barbara A.; '86 BSBA; Benefits Coord.; WCI Major Appliance Grp., 300 Phillipi Rd., Columbus, OH 43228, 614 272-4277; r. 3048 Dublin Arbor Ln., Dublin, OH 43017, 614 889-7838.
HAPP, David Richard; '71 BSBA; Cost Acct.; Sharp Healthcare, San Diego, CA 92123, 619 541-4223; r. 9463 Seltzer Ct., San Diego, CA 92123, 619 576-0019.
HAPPE, Elizabeth Anne; '85 BSBA; Account Exec.; Byrum Lithographing Co., POB 1077, Columbus, OH 43216, 614 875-1000; r. 1509 W 7th Ave, Columbus, OH 43212, 614 276-5473.
HAPPE, Richard Thomas; '84 BSBA; Systs. Programmer; Western Atlas Intl., 10001 Richmond Ave., Houston, TX 77042, 713 963-2096; r. 423 Birch Hill Dr., Sugar Land, TX 77479, 713 565-0056.
HARAWAY, Charles M.; '60 BSBA; 845 Montera Ln., Boulder City, NV 89005, 702 293-1832.
HARBAGE, Harriet S., (Harriet Steele); '34 BSBA; Homemaker; r. 1120 Morning St., Worthington, OH 43085, 614 885-5739.
HARBAGE, Robin A.; '79 MBA; Asst. VP-Corp. Actuary; Progressive Corp., 6000 Parkland Blvd., Mayfield Hts., OH 44124, 216 464-8000; r. 105 Waverly Ln., Chagrin Falls, OH 44022, 216 338-1999.
HARBAUGH, Charles Fitzgerald; '86 BSBA; Auditor; K-Mart Corp., 3100 W. Big Beaver Rd., Troy, MI 48084, 313 643-1553; r. 309 E. Walnut St., Lancaster, OH 43130, 614 654-1370.
HARBOLD, Ms. Beth A.; '85 BSBA; Account Exec.; Cosmair Inc., 575 Fifth Ave. (Main Office), New York, NY 10017; r. 115 Hunt Club Dr. 2C, Akron, OH 44321.
HARBOUR, Douglas Merle; '71 BSBA; Acct.; Columbus Southern Power, 215 N. Front St., Columbus, OH 43215; r. 620 E. Town St., Apt. Q, Columbus, OH 43215.
HARBOUR, Gerald Vance; '85 BSBA; Dept. Mgr.; Ivey's, 125 Carolina Cir. Mall, Greensboro, NC 27405, 919 375-4650; r. 5622 Northlake Dr., Greensboro, NC 27410, 919 292-7737.
HARBOUR, Janice Collene; '86 BSBA; 390 Deerfield Rd., Columbus, OH 43228, 614 878-4986.
HARBRECHT, Robert F.; '47 BSBA; Retired; r. 347 Blandford Ave., Worthington, OH 43085, 614 885-1770.
HARBRECHT, Robert M.; '72 MBA; Partner; Deloitte Haskins Sells, 155 E. Broad St., Columbus, OH 43215, 614 221-1000; r. 247 Greenbrier Ct., Worthington, OH 43085, 614 888-8025.
HARBRECHT, Sandra Werth; '82 MBA; Pres.; Paul Werth Assocs. Inc., 88 E. Broad St., Columbus, OH 43215, 614 224-8114; r. 247 Greenbrier Ct., Worthington, OH 43085, 614 888-8025.
HARCHA, Howard Henry, III; '79 BSBA; Atty.; Harcha & Harcha, Ste. 800, BancOhio Bldg., Portsmouth, OH 45662, 614 353-3113; r. 1933 Franklin Blvd., Portsmouth, OH 45662, 614 354-4951.
HARCHOL, Richard A.; '54 BSBA; Western Reg. Sales; Interface Systs., Inc., 2091 Business Center Dr., Ste. 100, Irvine, CA 92715, 714 833-1181; r. 5102 Harcum Ln., Irvine, CA 92715, 714 854-7235.
HARDCASTLE, Paul E.; '64 BSBA; VP; Chemineer Inc., 1939 E. 1st St., Dayton, OH 45403; r. 335 Southview Rd, Dayton, OH 45419, 513 293-3800.
HARDEN, Julia Ann, JD; '87 MBA; Lawyer; Porter Wright Morris & Arthur, 41 S. High St., Columbus, OH 43215, 614 227-2007; r. Cincinnati, OH 45230, 513 232-1281.
HARDEN, Kimberly Renee; '86 BSBA; Mktg. Repr; Xerox Corp., Diamond Shamrock Bldg., 1100 Superior Ave. E., Cleveland, OH 44114; r. POB 6601, Cleveland, OH 44101.
HARDEN, Thomas Frost; '79 MBA; Staff; The Ltd. Express, One Limited Pkwy., POB 16528, Columbus, OH 43216; r. 2376 Arlington Ave., Columbus, OH 43221, 614 481-0804.
HARDER, Arthur J.; '49 BSBA; Retired Claims Mgr.; Shelby Mutual Ins. Co.; r. 20345 Park Pl., Excelsior, MN 55331, 612 474-4659.
HARDER, Helen '49 (See Holland, Mrs. Helen Harder).
HARDESTY, Jane '46 (See Evleth, Mrs. Jane H.).
HARDESTY, Jeffrey Lynn; '78 BSBA; Mgr.-Fabrication Oper; Owens Corning Fiberglas, 5933 Telegraph Rd., Los Angeles, CA 90040, 213 725-0180; r. 307 S Basil, Anaheim, CA 92808, 714 283-1108.
HARDESTY, Lee A.; '88 BSBA; Acct.; Marathon Oil Co., 539 S. Main St., Findlay, OH 45840, 419 422-2121; r. 1809 Fostoria Ave. Apt. A, Findlay, OH 45840, 419 422-0349.
HARDESTY, Martha Hale; '52; VP & Treas.; Hardesty Insulation Inc., 5250 Franklin, POB 95, Hilliard, OH 43026, 614 876-9921; r. 5688 Fraley Ct., Columbus, OH 43235, 614 451-3268.
HARDESTY, Robert M.; '39 BSBA; Retired Fincl Supv.; Interlake Inc., 135th St. & Perry Ave., Chicago, IL 60627; r. 10707 W. 123rd Ct., Cedar Lake, IN 46303, 219 374-5113.
HARDIGREE, Edward R.; '58 BSBA; POB 25083, Charlotte, NC 28212.
HARDIN, Clyde L.; '21 BSBA; c/o First National Bank, High & 3rd Box 476, Hamilton, OH 45011.

ALPHABETICAL LISTINGS

HARRIS 113

HARDIN, David Wayne; '74 MBA; Mgr./Aftermarket Mkt.; Bendix-HVS, 901 Cleveland St., Elyria, OH 44036, 216 329-9605; r. 4551 Linda Dr., Vermilion, OH 44089, 216 967-9082.

HARDIN, Jack Edward; '51; 6083 Tiverton Sq. W., Columbus, OH 43229.

HARDIN, Julie Lynn; '84 BSBA; Mktg. Rep.; IBM, 140 E. Town St., Columbus, OH 43215, 614 225-3590; r. 3112 Delburn Ave., Dublin, OH 43017, 614 761-2732.

HARDIN, Stephen Rexford; '87 BSBA; Natl. Sales & Mktg. Dir.; Insta-Plak Inc., 4115 Monroe St., Toledo, OH 43606, 419 472-5608; r. 2412 Country Squire Ln., Toledo, OH 43615, 419 535-0980.

HARDIN, William Leroy; '82 BSBA; Sales Repr; The Hershey Chocolate Co., 19 E. Chocolate Ave., Hershey, PA 17033; r. 5690 Yorkhull Ct., Columbus, OH 43229.

HARDING, Cheryl Spriggs; '85 BSBA; Staff Acct.; Ernst & Whinney, 2400 Nationwide Plz., Columbus, OH 43216; r. 292 Cross Country Dive S., Westerville, OH 43081, 614 890-2488.

HARDING, David Lloyd; '79 MA; Dir. Personnel/Purchasing; City of Dublin, 6665 Coffman Rd, Dublin, OH 43017, 614 761-6500; r. 6900 Conquistador Ct., Dublin, OH 43017, 614 766-2075.

HARDING, Elizabeth Franzmann, (Elizabeth Franzmann); '56 BSBA; Homemaker; r. 2244 Minton Rd, Hamilton, OH 45013, 513 868-0840.

HARDING, Mary Jane '59 (See Burriss, Mrs. Mary Harding).

HARDING, Michael Lynn; '74 BSBA; Partner; Deloitte Haskins & Sells, 201 E. Pine St. Ste. 1300, Orlando, FL 32801, 407 423-7605; r. 573 S. Longview Pl., Longwood, FL 32779.

HARDING, Raymond A., Jr.; '52 BSBA; Staff; Campbell Soup Co., Campbell Pl., Camden, NJ 08101; r. 4 Fox Hollow Rd., Cherry Hill, NJ 08034, 609 424-1979.

HARDING, Thomas R.; '52 BSBA; 4688 N. High St., Apt. A, Columbus, OH 43214, 614 267-5305.

HARDINGER, John W.; '48 BSBA; Retired; r. 1803 Clairmont Ave., Cambridge, OH 43725, 614 432-7234.

HARDISON, Lucie '83 (See Kettering, Lucie Hardison).

HARDTLE, John C.; '61 BSBA, '62 MBA; Dir. Gen. Acct.; Owens Corning Fiberglas, Fiberglas Twr., Toledo, OH 43659, 419 248-7161; r. 6 Ridgewood Cir., Perrysburg, OH 43551, 419 874-6684.

HARDY, Mrs. Barbaree J., (Barbaree Johnson); '77 BSBA; Appraiser; San Bernardino Cnty., 320 E. D St., Ontario, CA 91764, 714 391-7770; r. POB 546, Walnut, CA 91789.

HARDY, Edwin Jay; '38 BSBA; Retired CPA; r. 300-D Heath Rd., Sequim, WA 98382, 206 683-2856.

HARDY, John Lance; '81 BSBA; Rte. 2 Box 306A, Toronto, OH 43964.

HARDY, Mary L. '52 (See Buyer, Mrs. Mary Louise Hardy).

HARDY, Max B., Jr.; '64 BSBA; Atty./Partner; Gambrell Clarke Anderson & Stolz, 1230 Northpark 400 Twr., 1000 Abernathy Rd., NE, Atlanta, GA 30328, 404 399-5900; r. 260 Martin Ridge Ct., Roswell, GA 30076, 404 993-0348.

HARDY, Robert Allen; '81 MPA; Researcher; State of Ohio, Bureau of Planning & Research, 1050 Frwy. Dr. N., Columbus, OH 43229; r. Rte. 5, Lucasville, OH 45648.

HARE, Douglas Clay; '83 BSBA; Acct.; Deloitte, Haskins & Sells, 1717 E. 9th St., Cleveland, OH 44114, 216 589-1300; r. 238 E. Oak St., Kent, OH 44240, 216 678-0453.

HAREN, Lawrence P.; '85 MBA; VP/Treas. & CFO; Natl. Gas & Oil Corp., 1500 Granville Rd., Newark, OH 43055, 614 344-2102; r. 466 Courtney Dr., Newark, OH 43055, 614 366-3438.

HARGREAVES, William B.; '38 BSBA; Retired; r. 3539 Clubland Dr., Marietta, GA 30068, 404 971-4074.

HARGROVE, James Joseph; '88 BSBA; 4839 Bellann Rd., Columbus, OH 43220.

HARIG, Edith '34 (See Osberger, Edith Harig).

HARING, David A.; '73 MBA; Mgr.; DeCarlo, Paternite & Assocs., 6133 Rockside Rd., Ste. 400, Independence, OH 44131, 216 524-2121; r. 2171-D Twin Cir., Twinsburg, OH 44087, 216 487-0559.

HARING, James Woerner, Jr.; '79 BSBA; Pres. Investments CPA; Leeward Capital Corp., Capital Sq., Columbus, OH 43215, 614 460-8550; r. 280 Oakland Park, Columbus, OH 43214, 614 267-7412.

HARING, Jeffrey S.; '80 BSBA; Asst. Mgr.; Harings Jewelry, 11 Park Ave. W., Mansfield, OH 44902; r. 488 Shepard Rd., Mansfield, OH 44907, 419 756-5178.

HARING, Joseph E.; '52 BSBA; Secy.-Treas.; Comet Entertainment, Inc., 15300 Ventura Blvd., #423, Sherman Oaks, CA 91403, 818 789-0300; r. 607 Laguna Rd., Pasadena, CA 91105, 818 799-9149.

HARING, Michael John; '85 BSBA; Staff; Farmers Ins. Grp., 2400 Farmers Dr., Worthington, OH 43085; r. 2089 Alta West Rd., Mansfield, OH 44903, 419 529-2819.

HARITOS, Mrs. Fanny, (Fanny Michalos); '85 BSBA; Bus. Analyst; Dun & Bradstreet, 525 Metro Pl., N., Dublin, OH 43017, 614 766-2626; r. 298 Rosslyn Ave., Columbus, OH 43214, 614 436-0210.

HARKER, Allan William; '71 BSBA; Syst. Analyst; Imperial Clevite Inc., *, Milan, OH 44066; r. Rte. 1 Angling Rd, Wakeman, OH 44889.

HARKER, Carolyn Jeanne '85 (See Schaeffer, Mrs. Carolyn Jeanne).

HARKINS, Marjorie Conger, CLU, CCIM, (Marjorie Conger); '54 BSBA; Real Estate Broker; Harkins Realty, 4369 Donington Rd., Columbus, OH 43220, 614 451-4447; r. Same.

HARKINS, Ronald Joseph; '79 BSBA, '80 MBA; Financial Analyst II; Huntington Natl. Bank, 17 S. High St., Columbus, OH 43215; r. 966 Cross Country Dr., Worthington, OH 43085, 614 436-1209.

HARKINS, Walter Doerrer; '82 BSLHR; Tandem Mill Foreman; Empire-Detroit Steel, 913 Bowman St., Mansfield, OH 44905, 419 755-3296; r. 1740 Rippling Brook Dr., Mansfield, OH 44904, 419 524-3733.

HARKRADER, George H.; '52 BSBA; Staff; State of Ohio, Dept. Administrative Svcs., 30 E. Broad St., Columbus, OH 43215, 614 466-4026; r. 4906 Riverside Dr., Columbus, OH 43220, 614 451-0164.

HARKRADER, Jerry T.; '56 BSBA; Tchr.; r. 202 Highland St., Middletown, OH 45044.

HARLAMERT, Dean L.; '69 BSBA; Mgr. Constr. Svcs.; American Bldg. Co., 5100 Waynesville-Jamestown Rd., Jamestown, OH 45335, 513 675-9031; r. 1523 Grimes Ave., Urbana, OH 43078, 513 652-2376.

HARLAN, Leslie Anne; '79 BSBA; Sales Rep.; R.R. Donnelly & Sons, 1 Logan Sq. #1100, Philadelphia, PA 19103, 215 561-8670; r. 1 Independence Pl., 6th St. & Locust Walk #704, Philadelphia, PA 19106, 215 923-0758.

HARLAN, Todd A.; '87 BSBA; Commercial Ind. Realtor; Friedman-Fogel Inc., 1515 Kettering Twr., Dayton, OH 45423, 513 228-1101; r. 303 Glenridge Rd., Dayton, OH 45429, 513 298-5492.

HARLEY, Robert Elden; '55 BSBA; Atty./Partner; Martin Browne Hull & Harper, POB 1488, 203 Banc Ohio Bldg., Springfield, OH 45501, 513 324-5541; r. 2870 Ironwood Dr., Springfield, OH 45504, 513 324-4314.

HARLOE, Alan Jay; '81 BSBA; Dist. Retail Supv.; BP America, 930 Tennessee Ave., Cincinnati, OH, 513 641-0700; r. 8664 Shagbark Dr., Cincinnati, OH 45242, 513 489-8859.

HARLOW, Kenneth James; '84 BSBA; Svc. Advisor; Nissan North Inc., 8645 N. High St., Worthington, OH 43085, 614 846-8100; r. 757 Tussuck St., Worthington, OH 43085.

HARLOW, Matthew T.; '86 BSBA, '88 MBA; Field Mktg. Rep.; Mid-Ohio Regional Plng. Com, 285 E. Main, Columbus, OH 43215; r. 9839 N. 30th St., Richland, MI 49083, 614 898-0974.

HARLOW, Raymon W.; '48 BSBA; Instr.; r. 13507 E. 5th Pl., Aurora, CO 80010, 303 366-7297.

HARMAN, Donald W.; '36 BSBA; Retired; r. 3851 Bickley Pl., Columbus, OH 43220, 614 451-4120.

HARMAN, Frederick Roland; '50 BSBA; Retired; r. 60 Hathaway Ct., Pittsburgh, PA 15235, 412 793-8454.

HARMAN, James H.; '64 BSBA; Large Case Mgr.; IRS, 170 N. High St., Columbus, OH 43215, 614 469-6877; r. 9710 Taylor Ct., Pickerington, OH 43147, 614 861-1284.

HARMAN, Kenneth C.; '66 BSBA; Atty.; 3505 E. Livingston Ave., Ste. E, Columbus, OH 43227, 614 231-1545; r. 126 Beaty Ct., Canal Winchester, OH 43110, 614 837-2138.

HARMAN, Kenneth Eugene; '69 BSBA; Staff; Indiana Ins. Co., Consolidated Bldg., 115 N. Pennsylvania St., Indianapolis, IN 46204; r. 142 E. Dunedin Rd., Columbus, OH 43214, 614 263-8590.

HARMAN, Mary Harbrecht; '79 BSBA; 706 Wellerburn Ave., Severna Park, MD 21146.

HARMAN, Michael Robert; '84 BSBA; Mgr.; Franks Nursery & Crafts, 5500 W. Broad, Columbus, OH 43228; r. 465 Longview St., Pickerington, OH 43147, 614 837-6021.

HARMAN, Steve Robert; '84 BSBA; Owner; Wacho Prods. Co., 2176 Cleveland Ave., Columbus, OH 43211, 614 262-3038; r. 884 Strimple Ave., Columbus, OH 43229, 614 846-9400.

HARMAN, Todd Allen; '86 BSBA; 9486 Bradner Rd., Risingsun, OH 43457, 419 457-4451.

HARMANIS, George M.; '84 BSBA; Sr. Auditor; Arthur Young & Co., 10 W. Broad St., Columbus, OH 43215, 614 222-3900; r. 3808 Kilmuir Dr., Columbus, OH 43026, 614 771-8894.

HARMON, Bruce D.; '64 BSBA; Tax Cnslt.; Ernst & Whinney, Becket House, 1 Lambeth Palace Rd., London SE1, England; r. 148 Oakwood Ct., Abootsbury Rd., London W14, England.

HARMON, Clarence Ellis; '77 BSBA; Storekeeper; OSU Food Facility, 1315 Kinnear Rd, Columbus, OH 43210; r. 2364 Brentwood Rd, Columbus, OH 43209, 614 253-6761.

HARMON, Constance Caldwell; '87 BSBA; 13489 Johnstown-Utica Rd., Johnstown, OH 43031, 614 967-3802.

HARMON, F. John; '50 BSBA; c/o B H Kater, 654 Stinson Dr., Columbus, OH 43214.

HARMON, Frank H.; '63 MBA; Dir./Industrial Rel.; Howmet Corp., 1110 E. Lincoln Way, La Porte, IN 46350, 219 326-7400; r. 167 Woodland Dr., La Porte, IN 46350, 219 324-2959.

HARMON, Karen Kay; '86 BSBA; Field Adm Analyst; N C R Corp., 3095 Kettering Blvd., Kettering, OH 45439; r. 3925 Parliament Pl., Apt. 22, Kettering, OH 45429, 513 299-4104.

HARMON, Michael A.; '83 BSBA; Mgr.; The Wasserstrom Co., 477 S. Front St., Columbus, OH 43215, 614 228-2233; r. 1291 Westphal Ave., Columbus, OH 43227, 614 237-3379.

HARMON, Paul C.; '49 BSBA; Hamilton-Trenton Rd, Trenton, OH 45067, 513 988-0297.

HARMON, Mrs. Sheri L., (Sheri L. Simcox); '82 BSBA; Benefits Admin.; Worthington Industries, 1205 Dearborn Dr., Columbus, OH 43085, 614 438-3210; r. 62 Hiawatha Ave., Westerville, OH 43081, 614 882-5215.

HARMON, Thomas Edwin; '70 BSBA; Staff; Midland Mutual Life Ins. Co., 250 E. Broad St., Columbus, OH 43215; r. 146 Acton Rd, Columbus, OH 43214, 614 263-4104.

HARMON, Wilbur S.; '85 BSBA; Corporate Recruiter; Belcan Corp., 11591 Goldcoast Dr., Cincinnati, OH 45249, 513 489-4300; r. 1021 Tracy Ct., Cincinnati, OH 45245, 513 753-8474.

HARMON, William H.; '48 BSBA; Retired; r. 9709 Canyon Country Ln., Escondido, CA 92026, 619 749-9447.

HARMONY, William A.; '47 BSBA; Retired; r. POB 27284, Panama City, FL 32411, 904 235-2845.

HARMOUNT, Hewitt; '53 BSBA; Comptroller; R/P Johnson, Inc., 120 E. Main St., Circleville, OH 43113, 614 477-1646; r. 515 Lawnwood Ct., Circleville, OH 43113, 614 474-1259.

HARMS, Dr. Craig Gerald; '74 MBA, '84 PhD (BUS); Assoc. Prof.; Univ. of North Florida, 4567 St. Johns Bluff Rd., Jacksonville, FL 32216; r. 1701 Forest Ave., Neptune Bch., FL 32233, 904 241-8627.

HARMS, Michael Charles; '87 MBA; Planner; The Ford Motor Co., 20000 Rotunda, Dearborn, MI 48121; r. 23154 Beech St., Dearborn, MI 48124, 313 562-0678.

HARNED, Douglas Alan; '73 BSBA; Staff; Nationwide Ins. Co., One Nationwide Plz., Columbus, OH 43216; r. 5316 Predmore Pl., Gahanna, OH 43230, 614 471-6097.

HARNER, Gary Graham; '88 BSBA; 6026 Johnsville Rd., Centerburg, OH 43011, 614 625-6107.

HARNETT, Gregory W.; '86 BSBA; Credit Correspondent; Standard Register Co., 626 Albany St., Dayton, OH 45401, 513 443-1442; r. 5032 Jameswood Cir., Kettering, OH 45429, 513 434-6230.

HARNICHER, David John; '73 BSBA, '78 MBA; 2602 Bering Dr., Houston, TX 77057.

HAROLD, Michael William; '81 BSBA; Direct Sales Repr; Antonucci-Phillips Sales Co., 7800 Wall St., Cleveland, OH 44125, 216 642-1300; r. 275 Linwood Dr., Alliance, OH 44601, 216 821-5682.

HARP, Joseph Moody, Jr.; '73 BSBA; Staff; Hugh White Honda, 621 E. Broad St., Columbus, OH 43215; r. 1672 Woodbluff Dr., Powell, OH 43065, 614 766-5075.

HARP, Lisa '82 (See Fogle, Lisa).

HARP, Michael T.; '86 BSBA; Acct.; BancOhio Natl. Bank, 155 E. Broad St., Columbus, OH 43251, 614 463-7793; r. 1065 Covington Rd. Apt. A, Columbus, OH 43229, 614 846-0805.

HARP, Robert E.; '56 BSBA; 845 N. Harrison St., Troy, OH 45373, 513 339-2454.

HARPER, Carol A.; '82 MBA; 1442 Wilmore Dr., Columbus, OH 43209, 614 235-0772.

HARPER, Eric James; '83 BSBA; Programmer Analyst; ComTech Systs. Inc., 1105 Schrock Rd., Columbus, OH 43229; r. 5878 Robert Paul Pl., Columbus, OH 43231, 614 882-7293.

HARPER, Eugene Becker; '56 BSBA; Securities Cnslt.; 101 Cordova Greens, Largo, FL 34647, 813 391-0768; r. Same.

HARPER, Felicia West; '85 MPA; Tchr.; Columbus Public Schs., 270 E. State St., Columbus, OH 43216; r. 3895 Cidermill Dr., Columbus, OH 43204, 614 274-6552.

HARPER, Harold R.; '48 BSBA; Retired; r. 6019 Mapleleaf Dr. N., Jacksonville, FL 32211, 904 743-0936.

HARPER, Jane Good; '41 BSBA; Retired; r. 565 Bassett Rd., Bay Village, OH 44140, 216 871-0427.

HARPER, Mrs. Jill L., (Jill L. Amstutz); '77 BSBA; Sr. Accts Receivable Coor; OCLC, Inc., 6565 Frantz Rd., Dublin, OH 43017, 614 764-6203; r. 555 Cherrington Ct., Westerville, OH 43081, 614 882-0049.

HARPER, Karen V., PhD, (Karen J. Vance); '83 MPA; Asst. Prof.; Ohio State Univ., Clg. of Social Work, Columbus, OH 43210, 614 292-9189; r. Columbus, OH 43220, 614 459-2847.

HARPER, Larry Wayne; '55 BSBA; Account Mgr.; Wang Labs Inc., 8505 E. Orchard Rd., Englewood, CO 80111, 303 740-0373; r. 8703 E. Saratoga Pl., Denver, CO 80237, 303 796-0790.

HARPER, Lee Orva; '88 BSBA; 2527 Cranford Rd., Columbus, OH 43221, 614 457-2116.

HARPER, Nancy Bottman; '46; 2866 Zollinger Rd., Columbus, OH 43221, 614 457-1310.

HARPER, Olie Raymond; '49 BSBA; Principal; Philadelphia Bd. of Educ., 67th & Elmwood Ave., Philadelphia, PA 19142; r. 1730 Stenton Ave., Philadelphia, PA 19141.

HARPER, Ralph Sterling; '42 BSBA; Retired Mdse Mgr.; Hart Stores Inc., 770 W. Goodale Blvd., Columbus, OH 43212; r. 323 Norton Rd., Columbus, OH 43228, 614 878-5466.

HARPER, Robert William; '40 BSBA; Retired; r. 565 Bassett Rd., Bay Village, OH 44140, 216 871-0427.

HARPER, Robert William; '82 BSBA; 5511 Roman Point Ct., Norcross, GA 30093, 404 923-2489.

HARPER, William Patrick; '81 MPA; Exec. Dir.; Four Cnty. Com. Mental Hlth. Bd., 1939 E. Second St., Defiance, OH 43512, 419 782-8203; r. 6-251 State Rte. 110 RR 5, Napoleon, OH 43545, 419 748-8162.

HARPST, Gary Michael; '72 BSBA, '76 MBA; Pres.; TLB, Inc., POB 414, Findlay, OH 45839, 419 424-0422; r. 821 Fox Run Rd. Unit 8, Findlay, OH 45840.

HARPSTER, John Russell; '83 BSBA; Manufacturer Repr; r. POB 845, Ashland, OH 44805, 419 325-2543.

HARPSTER, Mrs. Marilyn Y.C., (Marilyn Y.C. Fu); '71 MBA; Exec. VP/Secy.-Treas.; Intek Inc., 515 Schrock Rd., Columbus, OH 43229, 614 885-9176; r. 11450 Overbrook Ln., Galena, OH 43021.

HARPSTER, Richard B.; '71 BSBA; Dir.-Tax Dept.; Revco P.S. Inc., 1925 Enterprise Pkwy., Twinsburg, OH 44087, 216 425-9811; r. 330 Pheasant Run, Wadsworth, OH 44281, 216 336-7148.

HARPSTER, Wallace J.; '48 BSBA; Retired VP; Thomson Mc Kinnon Securities; r. 170 N. Halifax Dr., Ormond Bch., FL 32074, 904 677-5375.

HARR, Jeffrey Allan; '78 BSBA; CPA/Partner; Tucker & Tucker, 749 Wheeling Ave., Cambridge, OH 43725; r. 59660 Heskett Dr., Cambridge, OH 43725, 614 432-6678.

HARRAH, William O.; '48 BSBA; Manufacturer's Rep.; William Harrah Co., 50656 Jefferson, C-6, New Baltimore, MI 48047, 313 725-7391; r. Same.

HARRE, Patricia Caruso; '82 BSBA; Bus. Mgr.; David M Sullivan DDS, 5213 N. Bend Rd., Cincinnati, OH 45247, 513 662-5203; r. 4307 Moselle Dr., Hamilton, OH 45011.

HARRELL, Arletta Jean; '78 BSBA; 20508 Patterson Pkwy., Warrensville Hts., OH 44122, 216 561-7666.

HARRELL, Carrie Lee, (Carrie Lee Shuster); '83 BSBA; Homemaker; r. 765 Hidden Valley Ct., Fairborn, OH 45324, 513 878-7000.

HARRELSON, Jordan Kenneth; '83 BSBA; Mktg. Rep.; North Star Mktg., 7621 Little Ave., Ste. 508, Charlotte, NC 28226, 704 543-9990; r. 7409 Sheffingdell, Charlotte, NC 28226, 704 541-2678.

HARRELSON, Mrs. Linda Sue; '82 MBA; Account Mgr.; SmithKline Beckman, Page Mill Rd., Palo Alto, CA; r. 1581 Walnut St., San Carlos, CA 94070.

HARRIGAN, David Frederick; '72 BSBA; Dir., Automation Systs.; Scientific Systs. Svcs., 475 S. John Rodes Blvd., POB 610, Melbourne, FL 32902, 407 725-1300; r. 144 Windward Way, Indian Harbor Bch., FL 32937, 407 777-5602.

HARRIGAN, Joseph E.; '32; 85 Lane Dr., Norwood, MA 02062, 617 762-1404.

HARRIGAN, Mrs. Susan L., (Susan L. Mercer); '82 BSBA; Asst. Ofc. Mgr.; Runfola & Assocs., 995 S. High St., Columbus, OH 43206, 614 445-8477; r. 3128 Frobisher Ave., Dublin, OH 43017, 614 792-3688.

HARRIMAN, James; '70 BSBA; Asst. VP; Huntington Natl. Bank, 631 W. Market, Lima, OH 45801, 419 226-8200; r. 1814 Latham Ave., Lima, OH 45805, 419 224-0250.

HARRIMAN, William D.; '50 BSBA; 3060 Valley Farms Rd., Indianapolis, IN 46214.

HARRINGTON, Brad Eugene; '84 BSBA; Mgr.; Sherwin Williams Co., 7065 E. Main St., Reynoldsburg, OH 43068; r. 6355 Century City N., Reynoldsburg, OH 43068, 614 864-1969.

HARRINGTON, Charles A.; '66 BSBA; Finance; Eves Flowers Inc., 4279 E. Main St., Columbus, OH 43213, 614 237-0451; r. 1919 Glenn Ave., Columbus, OH 43212, 614 488-6479.

HARRINGTON, Dennis Cameron; '87 BSBA; 1500 Candlewood Dr., Worthington, OH 43085, 614 885-8893.

HARRINGTON, George Whitting; '77 MPA; Regional Sales Mgr.; New England Homes, 270 Ocean Rd., POB 549, Greenland, NH 03840, 603 436-8830; r. 10 Meadowcrest Rd., Hooksett, NH 03106, 603 644-2611.

HARRINGTON, James Paul; '86 BSBA; Stockbroker; Boyle Securities, 21 W. Van Buren, Naperville, IL 60540, 312 369-6789; r. 892 Benedetti Dr., Apt. 205, Naperville, IL 60540, 312 357-0265.

HARRINGTON, Michael Edward; '84 MBA; Dir. of Cash/Prod. Sales; Kemper Financial Svcs., 120 S. La Salle, Chicago, IL 60603, 312 845-1360; r. 713 W. Willow #2, Chicago, IL 60614, 312 337-4072.

HARRINGTON, Patrick J.; '84 BSBA; 3213 E. Erie Ave., Lorain, OH 44052, 216 288-9219.

HARRINGTON, Ronald G.; '65 BSBA; Owner; C&K Mfg. & Sales, 1805 Hines Hill, Hudson, OH 44236, 216 656-2909; r. Same.

HARRINGTON, Vincent R.; '85 BSBA; Sr. Sta. Mgr.; Hertz, 310 E. 48th St., New York, NY 10017, 212 980-2006; r. 48-27 41st St., Long Island City, NY 11104, 718 361-7631.

HARRIS, Bruce Eugene; '74 BSBA; 2nd VP Mgmt. Info. Systs.; American Gen. Corp., POB 1375, Houston, TX 77251, 713 522-1111; r. 2419 Moss Hill Dr., Houston, TX 77080, 713 984-8759.

HARRIS, Bruno N., Jr.; '78 BSBA; Field Svc. Account Mgr.; Digital Equip. Corp., 6400 E. Broad St., Columbus, OH 43213, 614 860-8293; r. 6368 Wellfleet Dr., Columbus, OH 43231, 614 895-2725.

HARRIS, Catherine Anne; '76 BSBA; Claims Mgr.; Middlesex Mutual Assurance, 200 Court St., Middletown, CT 06457, 203 346-4522; r. 2 Juniper Pl., Rocky Hill, CT 06067, 203 257-7630.

HARRIS, Christopher George; '87 BSBA; Field Engr.; Turner Constr., 65 E. State, Columbus, OH 43215, 614 225-2900; r. 2078 Wendy's Dr., Apt. 1-A, Columbus, OH 43220, 614 442-6992.
HARRIS, David Lee; '72 MBA; Staff; GE Co., Evendale Plant, Cincinnati, OH 45215; r. 6449 Foxview Pl., West Chester, OH 45069, 513 777-9131.
HARRIS, Don G.; '74 BSBA; Dist. Mgr.; Hughes Tool Co., POB 547, Carnegie, PA 15106, 412 923-1250; r. 4013 Hancock Dr., Aliquippa, PA 15001, 412 378-1163.
HARRIS, Donald Parker; '54 BSBA; Acct.; GMC Ternstedt, 200 Georgesville Rd, Columbus, OH 43228; r. Box 12342, Columbus, OH 43212, 614 882-0748.
HARRIS, Edwin K.; '47 BSBA; Sales Cnslt.; Edwin K Harris, 4191 Woodbridge Rd., Columbus, OH 43220, 614 451-1653; r. Same.
HARRIS, Frederick George; '48 BSBA; Retired; r. 113 Lewis Brook Rd., Pennington, NJ 08534, 609 737-2461.
HARRIS, Frederick Louis; '66 BSBA; Labor Relations Ofcr.; Defense Constr. Supply Ctr., 3900 E. Broad St., Columbus, OH 43216, 614 238-2237; r. 2304 Somersworth Dr., Columbus, OH 43219, 614 252-4167.
HARRIS, Gregory Philip; '74 MBA; Sales Engr.; Rogers Corp., Rogers' Kentucky Territory, 11707 Robin Lynn Ln., Louisville, KY 40243, 502 244-9163; r. Same, 502 245-1945.
HARRIS, Harold Ball, Jr.; '67 MBA; Computer Scientist; USAF, Wright Patterson AFB, OH 45433, 513 257-3101; r. 286 Royal Oaks Dr., Fairborn, OH 45324, 513 878-4956.
HARRIS, Herbert Allan; '50 BSBA; Assoc.; Harris Furniture, 68-70 N. Court St., Athens, OH 45701; r. 41 Briarwood Dr., Athens, OH 45701, 614 593-3208.
HARRIS, James A.; '85 BSBA; Loan Ofcr.; Licking Cntry. Plng. Commission, 22 N. Second St., Newark, OH 43055, 614 349-6557; r. 353 W. National Dr., Newark, OH 43055, 614 323-1507.
HARRIS, James William; '66 BSBA; VP; Msl Industries Inc., Howard Industries Div, One N. Dixie Hwy., Milford, IL 60953; r. 11020 Running Tide Ct., Indianapolis, IN 46236.
HARRIS, Jennifer Ann; '82 BSLHR; Sales Dir.; Worthington Inn, Columbus, OH 43085; r. 1638 Glenn Ave., Columbus, OH 43220, 614 481-9208.
HARRIS, Mrs. Jodie Coleen Miles, (Jodie C. Miles); '87 BSBA; Comm Lines Underwrtr; Continental Ins. Co. Inc., 1111 E. Broad St., Columbus, OH 43205, 614 251-5000; r. 1536 Franklin Ln., Columbus, OH 43229, 614 890-6241.
HARRIS, John Dinwiddie; '49 BSBA; Retired; r. 14 Mowad Dr., Oakdale, LA 71463, 318 335-4327.
HARRIS, John Howard, Jr.; '59 BSBA; Staff; Thomasville Furniture Ind, c/o Armstrong World Industries, Liberty & Charlotte Sts., Lancaster, PA 17604; r. 806 Woodpoint Dr., Chesterfield, MO 63017.
HARRIS, John Langdon, Jr.; '71 BSBA; Nat'l. Sales Mgr.; Greenfield Industries, Old Evans Rd, Augusta, GA 30907, 404 863-7708; r. 3303 Andover Ln., Augusta, GA 30909, 404 738-9054.
HARRIS, John Maxwell; '82 BSBA; Gen. Mgr.; Jomidge Enterprizes Inc., 3009 W. Market St., Akron, OH 44313, 216 864-5035; r. 3800 N. Sunnyfield Dr., Copley, OH 44321, 216 666-8279.
HARRIS, Kenneth C.; '59 MBA; Sr. VP; OCLC Inc., 6565 Frantz Rd., Dublin, OH 43017, 614 764-6368; r. 8122 Blind Brook Ct., Worthington, OH 43085, 614 885-7290.
HARRIS, Lawrence Morton; '63; Regional Store Dir.; Bee Gee/Spare Change, 153 E. Helena St., Dayton, OH 45404; r. 5852 Cummington Pl., Columbus, OH 43213, 614 861-4623.
HARRIS, Layne H. '83 (See Rosen, Mrs. Layne Harper).
HARRIS, Louise Reeder; '46 BSBA; 1901 Pembrook Rd, Springfield, OH 45504, 513 399-4579.
HARRIS, Mark Yale; '61 BSBA; Pres.; Russ Harris Inc., 3007 Longhorn Blvd., Ste. 100, Austin, TX 78759; r. 9 Cousteau, Austin, TX 78746, 512 327-7876.
HARRIS, Mary Beth; '85 BSBA; Asst. Editor; John D Cowan & Assocs. Inc., 40 E. Columbus St., Columbus, OH 43206; r. 2737 Lakewood Dr., Columbus, OH 43229.
HARRIS, Michael Elliott; '72 BSBA; Asst. VP; Wells Fargo Bank, 55 W. Monroe, Ste. 1100, Chicago, IL 60603; r. 920 W. Newport #1, Chicago, IL 60657, 312 525-0156.
HARRIS, Murray P.; '55 MBA; VP & Gen. Mgr.; Lasag Corp., 6440 Flying Cloud Dr., Ste. 117, Eden Prairie, MN 55344, 612 941-5703; r. 5908 Sun Rd., Edina, MN 55436, 612 920-7719.
HARRIS, Orlando Ethan; '87 BSBA; 2464 Aquarius Dr., Cincinnati, OH 45231.
HARRIS, Phyllis Noll; '80 MPA; Tchr.; Upper Arlington Bd. of Educ., 1950 N. Mallway, Columbus, OH 43221; r. 5342 River Forest Rd, Dublin, OH 43017, 614 889-0293.
HARRIS, Ricardo Jose; '79 BSBA; Dist. Mgr.; Johnson Wax, 15800 Commerce Park Dr., Brook Park, OH 44142; r. 7306 Pueblo Ct., Dublin, OH 43017.
HARRIS, Richard Michael, Jr.; '88 BSBA; 2038 Freedom Ln., Falls Church, VA 22043, 703 536-1853.
HARRIS, Robert H.; '68 BSBA; Bus. Mgr.; The Ohio State Univ., Health Service, 1875 Millikin Rd., Columbus, OH 43210, 614 292-0110; r. 2651 Edington Rd., Upper Arlington, OH 43221, 614 488-7801.
HARRIS, Robin M.; '82 MPA; Analyst; Ofc. of Budget & Mgmt., 34th Fl., 30 E. Broad St., Columbus, OH 43215; r. 523 E. Sycamore, Columbus, OH 43206.
HARRIS, Ronda R. '82 (See Saunders, Ronda H.).
HARRIS, Sandra Forman, (Sandra Forman); '54 BSBA; 23406 E. Baintree Rd, Beachwood, OH 44122, 216 382-6463.
HARRIS, Seth Bennett; '62 BSBA; Pres.; Harris Wholesale Drug Co., 3467 Kersdale Rd., Solon, OH 44139; r. Same.
HARRIS, Seymour K.; '32 BSBA; 2424 Laurelhurst Dr., Cleveland, OH 44118, 216 381-7997.
HARRIS, Stephen A., CPA; '62 BSBA; CPA; 7870 Olentangy River Rd., #201, W. Worthington, OH 43235, 614 436-2727; r. 6881 Sunbury Rd., Westerville, OH 43081, 614 890-4566.
HARRIS, Stephen Richard; '80 BSBA; 2513 Spaatz Ave., Columbus, OH 43204.
HARRIS, Steven Clark; '87 BSBA; Sales Repr; Xerox Corp., 1700 Market St., Philadelphia, PA 19103; r. 735 Spruce St., Philadelphia, PA 19106.
HARRIS, Terry S.; '83 BSBA; Acct.; Laidlaw Waste Systs., 999 Crupper Ave., Columbus, OH 43230, 614 848-4480; r. 4125 Cherry Orchard Ln., Gahanna, OH 43230, 614 476-9434.
HARRIS, Virginia '45 (See Barnes, Virginia Harris).
HARRIS, Dr. William Henry, Jr.; '48 MBA, '53 PhD (BUS); Prof.; Arizona State Univ., Clg. of Bus. Admin., Tempe, AZ 85281; r. Same.
HARRIS, William Kress; '55 BSBA; Mgr.; Xerox Corp., Strategic Planning & Analysis, Xerox Sq., Rochester, NY 14603; r. 21 Park Cir. Dr., Fairport, NY 14450, 716 223-5617.
HARRIS, Yvette L. '85 (See Ellis, Yvette H.).
HARRIS-HEATH, Janice Elaine; '83 BSBA; Staff; ALCOA Aluminum, 12943 U S. 50, Chillicothe, OH 45601; r. 3028 Sawdust Ln., Dublin, OH 43017.
HARRISON, Anita Lynn; '88 BSBA; Programmer/Logician; Advanced Technology Corp., 2121 Crystal Dr., Annandale, VA 22003; r. 1417 Montague Dr., Vienna, VA 22180, 703 759-5834.
HARRISON, Brian Patrick; '80 BSBA; 4117 Cobblestone Ct., Orlando, FL 32810.
HARRISON, COL Donald L., USA(Ret.); '42 BSBA; Retired Acct.; r. 2218 Northglen Dr., Colorado Spgs., CO 80909, 719 596-9145.
HARRISON, Eileen; '77 BS; Atty.; Morris, Harrison & Harrison, 3334 Acklen Ave., Ste. #B, Nashville, TN 37212, 615 889-8615.
HARRISON, James Thomas; '75 BSBA; 1800 Ironwood, Apt. 2, Fairborn, OH 45324.
HARRISON, John F.; '35 BSBA; Retired; r. 436 Garden Rd., Columbus, OH 43214, 614 263-3100.
HARRISON, Joseph F., Jr.; '67 BSBA; Salesman; Remax Northeast Realty, 1001 Eastwind Dr., Westerville, OH 43081, 614 882-6673; r. 7562 Worthington Galena Rd., Westerville, OH 43081, 614 890-4747.
HARRISON, Joseph K.; '62 BSBA; VP/Human Resources; Armco Financial Srvs Corp., 311 City Ctr. Mart, Middletown, OH 45042, 513 425-4300; r. 3612 Grand Ave., Middletown, OH 45044, 513 424-3220.
HARRISON, Joseph Patrick; '72 BSBA; Acct.; Arena & Harrison CPA's Inc., 615 Rome Hilliard Rd, Columbus, OH 43228, 614 878-7167; r. 1234 Youngland Dr., Columbus, OH 43228, 614 878-0845.
HARRISON, Julia Forsythe; '53 BSBA; 3070 Halesworth Rd, Columbus, OH 43221, 614 457-6430.
HARRISON, Karen Susan; '86 MBA; Spec.; N C R Corp., 1700 S. Patterson Blvd., Material/Product Cont, Dayton, OH 45479; r. 804 Gawain Cir., Apt. B, W. Carrollton, OH 45449, 513 859-9082.
HARRISON, Dr. Lincoln Jay; '53 PhD (ACC); Retired; r. 1999 79th Ave., Baton Rouge, LA 70807, 504 357-2154.
HARRISON, Michael S.; '85 BSBA; Acct.; Gibson Greetings Inc., 2100 Section Rd., Cincinnati, OH 45237, 513 841-6043; r. 3781 Fox Run Dr., Apt. 805, Cincinnati, OH 45236, 513 745-9463.
HARRISON, Robert D.; '49 BSBA; Staff; Martin Marietta Co., Denver Aerospace, POB 179, Denver, CO 80201; r. 4797 S. Xenophon Way, Morrison, CO 80465, 303 973-3572.
HARRISON, Ms. Sharron A., (Sharron Armstrong); '75 BSBA; VP-Finance; Salient Systs., 4140 Tuller Rd., Ste. 101, Dublin, OH 43017, 614 792-5800; r. 5055 Lakeview Dr., Powell, OH 43065, 614 881-5059.
HARRISON, Stacy Anne; '88 BSBA; 2654 Oxford-Gettysburg, Eaton, OH 45320, 513 456-2086.
HARRISON, Stephen; '85 MBA; Financial Analyst; Hewlett-Packard, 8000 Foothills Blvd., Roseville, CA 95678; r. 1523 King Edward Dr., Pittsburgh, PA 15237, 412 366-4858.
HARRISON, Thomas Charles; '73 BSBA; Acctg. Supv.; E I Du Pont De Nemours Co., Agr Chemical/Biology Med. Prod, 1007 N. Market St., Wilmington, DE 19801; r. 4202 Shamley Green Dr., Toledo, OH 43623.
HARRISON, Thomas Leslie; '84 BSBA; Acct.; Barnes Wendling Cook O'Connor, Abbey Ln., Elyria, OH 44035, 216 366-5000; r. 5264 Birch St., N. Ridgeville, OH 44039, 216 327-8783.
HARRISON, Timothy Dale; '72 BSBA; Gen. Agt.; The Med. Protective Co., 700 Ackerman Rd., Columbus, OH 43202, 614 267-9156; r. 1215 E. College Ave., Westerville, OH 43081, 614 890-2039.
HARRISON, Wayne Paul; '77 BSBA; Dist. Mgr.; Tele-Media Corp., 1156 Alum Creek Dr., Columbus, OH 43209, 614 253-3401; r. 1322 Fletcher Dr., Reynoldsburg, OH 43068, 614 863-0370.
HARRISON, William Holmes; '69 BSBA; Acct./Owner; Harrison Financial Svcs., 4733 Crawford Dr., The Colony, TX 75056, 214 370-7645; r. Same.
HARRISTON, Ruth Martin, (Ruth Martin); '50 BSBA; Mgr./Owner; Corporate Svcs. Inc., 50 W. Broad St., Columbus, OH 43215, 614 464-2400; r. 1054 Lilley Ave., Columbus, OH 43206, 614 253-3488.
HARROD, Kenneth C.; '47 BSBA; Exec. VP; Randall Bearings Inc., POB 1258, Lima, OH 45802, 419 223-1075; r. 1510 Riverview Dr., Lima, OH 45805, 419 991-3951.
HARROD, Leslie Dawn; '88 BSBA; 1490 Bradshire Dr., Columbus, OH 43220, 614 459-0179.
HARROD, M. Merle; '28 BSBA; Bd. of Directors/Chmn.; Wapakoneta Machine Co., 300 N., POB 429, Wapakoneta, OH 45895; r. Carlton House, 1755 Shawnee Rd., Lima, OH 45805, 419 222-4523.
HARROFF, Homer Hugh, Sr.; '35 BSBA; Retired Owner; Harroff Main Street Mkt.; r. 6334 Diana Dr., Poland, OH 44514, 216 757-4612.
HARROLD, Dr. Roger Davis; '59 MBA; Dir.; Univ. of Minnesota, Student Organization Dev, 340 Coffman Union, Minneapolis, MN 55455, 612 624-5101; r. 5044 W. 60th St., Edina, MN 55436, 612 929-7542.
HARROP, CDR Robert D., USN(Ret.); '58 BSBA; 812 Suffolk Ln., Virginia Bch., VA 23452, 804 340-6205.
HARROP, Todd Andrew; '87 BSBA; 5013 Bear Run Rd., Zelienople, PA 16063, 412 452-8020.
HARROUN, Harold D.; '31 BSBA; Mgr.; Acctg. Dept., Xylos Rubber Company, 1200 Firestone Pkwy., Akron, OH 44301; r. 502 S. Firestone Blvd., Akron, OH 44301.
HARRYHILL, Joseph Norman; '85 BSBA; Staff; Hartford Ins. Grp., Comm Cas U/W. Dept., 4170 Ashford Dunwoody Rd. NE, Atlanta, GA 30319, 404 256-1155; r. 10180 Jones Bridge Rd., Atlanta, GA 30201.
HARRYHILL, Martin Albert; '88 BSBA; 605 Pennsylvania, Mc Donald, OH 44437, 216 530-2477.
HARSAR, Albert Stephan; '84 BSBA; CPA; Gomersall & Chester CPA's, 24481 Detroit Rd., Westlake, OH 44145, 216 871-1961; r. 1310 W. 34th St., Lorain, OH 44053, 216 282-6401.
HARSH, Catherine V. '86 (See Brown, Catherine Virginia).
HARSH, Robert Samuel; '52 BSBA; Staff; US Steel Corp., 600 Grant St. Rm. 2368, Pittsburgh, PA 15230; r. 4380 Hannah Hills Dr., Dublin, OH 43017, 614 889-1341.
HARSHA, Charles M.; '35 BSBA; Retired Owner; Harsha Monument Co., 127 W. Walnut, Hillsboro, OH 45133; r. POB 8, Hillsboro, OH 45133, 513 393-3235.
HARSHBARGER, Harold Allen; '71 BSBA; Contract Mgr.; Cincinnati Electronics, 2630 Glendale - Milford Rd., Cincinnati, OH 45241, 513 733-6551; r. 9843 Jane Ct., Cincinnati, OH 45241.
HARSHBARGER, William Ronald; '79 BSBA, '83 MLHR; Retired; AT&T Columbus, 6200 E. Broad St., Columbus, OH 43213; r. 855 Midland Ave., Columbus, OH 43223, 614 279-6449.
HARSNETT, Monica Hoppe; '74 BSBA; Acct.; Harsnett Enterprises, Inc., 153 Wellington Pkwy., Noblesville, IN 46060, 317 773-3864; r. Same.
HARSNETT, Richard; '74 BSBA; Produce Broker; Tom Lange Co., 5012 E. 62nd St., Indianapolis, IN 46220, 317 252-4900; r. 153 Wellington Pkwy., Noblesville, IN 46060, 317 773-3864.
HART, Brent Stuart; '87 BSBA; 2403 Kings Cross Ct., Columbus, OH 43229, 614 846-9920.
HART, David William; '48 BSBA, '50 MACC; Retired; r. 5019 Marshfield, The Meadows, Sarasota, FL 34235, 813 377-9002.
HART, Debi '82 (See LeMaster, Debi A.).
HART, Donald Joel; '54 BSBA; 1st VP; Bank Leumi Trust Co. of NY, 1280 Broadway, Hewlett, NY 11557, 516 569-5433; r. 1462 Eric Ln., E. Meadow, NY 11554, 516 483-8010.
HART, Donald Michael; '86 BSBA; 3921 Tweedsmuir Dr., Columbus, OH 43026, 614 486-2671.
HART, Elvin Vernon, Jr.; '50 BSBA; Engr.; r. 9953 Arcola Ave., Livonia, MI 48150.
HART, Ernest Eric; '86 BSBA; 1439 Tomahawk Ln., Coshocton, OH 43812, 614 622-1782.
HART, James Edward; '80 BSBA; Pilot; Continental Airlines, 2929 Allen Pkwy., Houston, TX 77339; r. 2650 Silver Falls Dr., Kingwood, TX 77339, 713 359-1577.
HART, James Francis; '37 BSBA; Retired; r. 964 Margate Dr., Akron, OH 44313, 216 864-6069.
HART, Jeffrey Daniel; '88 BSBA; 120 Wyoming Ave., Wyoming, OH 45215, 513 821-2409.
HART, John Dennis; '74 BSBA; Bus. Instr.; Marion Technical Clg., 1465 Mount Vernon Ave., Marion, OH 43302; r. 416 Kensington Pl., Marion, OH 43302.
HART, John Thornley; '50 BSBA; Staff; Ohio Casualty Ins. Co., 5001 Airport Plaza Dr., Long Beach, CA 90815, 213 420-3777; r. 1270 Dunham Ln., Placentia, CA 92670, 714 996-5763.
HART, Marc Douglas; '76 BSBA; Jeweler; Harts Jewelry Store, 120 N. Sandusky Ave., Upper Sandusky, OH 43351, 419 294-1036; r. 335 W. Johnson St., Upper Sandusky, OH 43351, 419 294-4344.
HART, Max L.; '58 BSBA; Dir. of Direct Mail; Disabled American Veterans, POB 14301, Cincinnati, OH 45250, 606 441-7300; r. 6905 Marblehead Dr., Cincinnati, OH 45243, 513 271-7417.
HART, Randy Jay; '86 BSBA; 6371 Eastondale, Mayfield Hts., OH 44124, 216 449-2550.
HART, Rita Anne; '73 BSBA; Student; r. 17920 Fairway Dr., Cleveland, OH 44135, 216 671-5234.
HART, Scott Michael; '81 BSBA; 4501 Cedros Ave., Apt. 305, Sherman Oaks, CA 91403.
HART, Stephen James; '67 MBA; Industrial Engr.; France Stone Co., 241 Summit Toledo Trust Bldg., Toledo, OH 43604; r. Same.
HART, Theodore Emil; '30 BSBA; Retired; r. 16667 Juarez Dr., San Diego, CA 92128, 619 487-0730.
HART, Timothy Patrick; '87 BSBA; Account Exec.; Hart Assocs., 701 Adams Ste. 1111, Toledo, OH 43624, 419 255-8690; r. 3415 Aldringham, Toledo, OH 43606, 419 474-4107.
HART, Wesley Milo; '40 BSBA; Retired; r. 5270 Coppertree Ln., Columbus, OH 43232, 614 861-8133.
HARTE, Richard Stephen; '68 BSBA; Staff; The Ohio Co., 155 E. Broad St., Columbus, OH 43215; r. 2131 Cheshire Rd., Columbus, OH 43221, 614 486-0903.
HARTE, William G.; '48 BSBA; Retired; r. Box 167, Marysville, OH 43040, 513 644-9468.
HARTENSTEIN, Daniel Keith; '73 BSBA; VP-Part-Owner; Hartco Inc., 1280 Glendale-Milford Rd., Cincinnati, OH 45215, 513 771-4430; r. 127 E. Concord Dr., Lebanon, OH 45036, 513 932-8296.
HARTIG, Craig Alan; '88 MBA; 2373 Shetland Ln., Poland, OH 44514, 216 755-0827.
HARTIG, Jeanne Lindauer; '79 MBA; Dir.; Iowa State Ctr., Marketing Dept., Ames, IA 50010; r. 154 34th St., Des Moines, IA 50312, 515 274-2206.
HARTIG, John Johann; '77 BSBA; VP, Operations; Stewart-Decatur Security Syst., 1360 Dolwick Dr., POB 187000, Erlanger, KY 41018, 606 371-6000; r. 6316 Knollcrest Ct., West Chester, OH 45069, 513 777-8540.
HARTINGS, Frederick Norbert; '68 BSBA; 122 Great Lakes Dr., Annapolis, MD 21403.
HARTINGS, Robert Lee; '74 BSBA; Electronic Field Ser; Reynolds & Reynolds, 800 Germantown SE, Dayton, OH 45407; r. 10290 Reece Rd., Piqua, OH 45356, 513 778-8185.
HARTLE, Karen Kabelka, (Karen Kabelka); '80 BSBA; Distribution Mgr.; Ltd. Express, One Limited Pkwy., Gahanna, OH 43230, 614 479-4000; r. 4230 Marland Dr., Columbus, OH 43224, 614 268-4382.
HARTLEY, Beatrice '46 (See Mlasofsky, Beatrice Hartley).
HARTLEY, Bryan F.; '36 BSBA; Chmn. of The Bd.; Vallet Paint Svc. Co., 1808 Adams St., Toledo, OH 43624, 419 255-2822; r. 2151 Belvedere Dr., Toledo, OH 43614, 419 381-1200.
HARTLEY, Cheryl Renee; '84 BSBA; Acct.; Great ABC, 1718 Young St., Cincinnati, OH 45210, 513 721-1414; r. 4114 Independence Dr., Cincinnati, OH 45255, 513 528-5836.
HARTLEY, James E.; '57 BSBA; Account Mgr.; IBM Corp., 140 E. Town St., Columbus, OH 43215; r. 2975 Brandon Rd., Columbus, OH 43221.
HARTLEY, Joan '44 (See Gross, Joan).
HARTLEY, Joseph Alan; '83 BSBA; Sr. Asst. Mgr.; F W Woolworth Co., 100 Mall Dr., Steubenville, OH 43952, 614 264-5540; r. 1035 Sunhaven Dr., Medina, OH 44256.
HARTLEY, Linda Kay; '84 BSBA; 3151 San Bernadino St., Clearwater, FL 34619, 813 726-1863.
HARTLEY, Loman H.; '80 BSBA; Controller; American Physicians Life Ins., Co., Bates Dr., POB 281, Pickerington, OH 43147, 614 864-7100; r. 187 Robin Ct., Pickerington, OH 43147, 614 837-8620.
HARTLEY, Millard C., USAF(Ret.); '61 BSBA; Farmer; r. Alton Station Rd., 1979, Lawrenceburg, KY 40342, 502 839-3619.
HARTLEY, Richard B.; '65 BSBA; Pres.; Vallet Paint Svc. Co., 1808 Adams St., Toledo, OH 43624, 419 255-2822; r. 2425 Goddard Rd., Toledo, OH 43606, 419 531-1233.
HARTLEY, William H., Jr.; '49 BSBA; 1421 N. 13th St., Cambridge, OH 43725, 614 432-6966.
HARTMAN, Anthony Joseph; '65 BSBA; 190 Aspenwood Dr., Chagrin Falls, OH 44022, 216 248-3426.
HARTMAN, Barry Norman; '68 BSBA; Mgr.; Trio Constr. Svcs. Inc., 949 King Ave., Columbus, OH 43212, 614 294-3733; r. 4744 Colonel Perry Dr., Columbus, OH 43229, 614 888-5310.
HARTMAN, Craig Robert; '83 BSBA; Asst. Controller; Wierers Corp., 12022 Park Ave., Rockville, MD 20852; r. 12310 Herrington Manor Dr., Silver Spring, MD 20904, 301 572-7937.
HARTMAN, David Anthony; '83 BSBA; 9000 Cheshire Rd., Sunbury, OH 43074, 614 965-1965.
HARTMAN, Donald Eugene; '51 BSBA; 28 A Thomas St., Harrisburg, PA 17103, 717 238-9230.
HARTMAN, CDR Douglas Martin, USN; '71 BSBA; Supply Corps.; r. 8518 Innisfree Dr., Springfield, VA 22153.
HARTMAN, Ercil Eugene; '51 BSBA; Retired; r. POB 8177, Victorville, CA 92392, 619 245-2266.
HARTMAN, Gabriel C.; '62 BSBA; Equip. Operator; Hartman Excavating Co., 2332 Fenner Rd, Troy, OH 45373; r. 1870 Westwood Dr., Troy, OH 45373, 513 339-0164.

HARTMAN, Gregory Paul; '87 BSBA; Assoc. Credit Analyst; Marathon Oil Co., 539 S. Main St., Findlay, OH 45840, 419 422-2121; r. 548 Center St., Findlay, OH 45840, 419 422-0287.

HARTMAN, Jeffrey Paul; '86 BSBA; Gen. Mgr.; Data Transfer, 7447 Oakmeadows Dr., Worthington, OH 43085, 614 436-6300; r. 5282 Brackenhouse Ct., Columbus, OH 43220, 614 451-5368.

HARTMAN, John Lloyd; '75 BSBA; Pres.; Ecology Chemical, Inc., 4941 Antoine Dr., Houston, TX 77092, 713 682-6655; r. 1015 Western Meadows Dr., Katy, TX 77450, 713 392-9199.

HARTMAN, Kristen Kay; '83 BSBA; Account Exec.; WNCZ Radio, Columbus, OH 43215, 614 224-7355; r. 684 Mohawk St., Columbus, OH 43206, 614 445-6766.

HARTMAN, Mark Allen; '86 BSBA; Owner/Partner; Sporting Goods Retail, Logan, OH 43138; r. Box 922, Logan, OH 43138, 614 385-7905.

HARTMAN, LT Raymond Allan; '75 MBA; 3003 Azahar, La Costa, CA 92008.

HARTMAN, Richard Carl; '55 BSBA; Exec. Dir.; Natl. Assn. of Regional Councils, 1700 K St. NW, Washington, DC 20006, 202 457-0710; r. 107 Shooters Ct., Alexandria, VA 22314, 703 548-8541.

HARTMAN, Robert Carl; '55 BSBA; Savings & Loan VP; Home Savings of America, 1390 S. Main St., Walnut Creek, CA 94596, 415 935-3940; r. 5595 Jasper Ct., Concord, CA 94521, 415 672-6849.

HARTMAN, Thomas Michael; '86 BSBA; Regional Dir., Admissions; Intl. Bus. Clg., 7205 Shadeland Sta., Indianapolis, IN 46256, 317 841-6400; r. 2117 E. Pamela Dr., Indianapolis, IN 46220, 317 255-6970.

HARTMAN, Wayne G.; '41 BSBA; Retired; r. 1238 W. Main, Woodville, OH 43469, 419 849-2354.

HARTMANN, Edward Paul; '86 BSBA; Shipping Supv.; Quaker Oats Co., 1171 W. Center St., Marion, OH 43302; r. 5862 Seiler Rd., Cincinnati, OH 45239.

HARTNETT, James D.; '83 BSBA; Financial Analyst; PSI Systs., Inc., 12 Central Ave., Cortland, NY 13045, 607 753-0793; r. 19 Pearl St., Cortland, NY 13045, 607 753-8565.

HARTNEY, Alan H.; '61 BSBA; Prog. Mgr.; CDSI, One Curie Ct., Rockville, MD 20850, 301 921-7000; r. 117 Amberfield Ln., Gaithersburg, MD 20878, 301 869-7578.

HARTNIG, Ralph; '42 BSBA; 4800 Mango Dr., Tamarac, FL 33319, 305 733-8035.

HARTRANFT, Carol Sue '85 (See Kastory, Mrs. Carol Sue).

HARTSELL, Robbie Kent; '76 MPA; Cdr.-Maj.; Ohio State Hwy. Patrol, Recruitment & Training, 660 E. Main St., Columbus, OH 43205, 614 466-4896; r. 10409 N. Crosset Hill Dr. NW, Pickerington, OH 43147, 614 868-5679.

HARTSHORN, Diana Kay; '85 BSBA; Salesperson; F & R Lazarus Co., Indian Mound Mall, Heath, OH 43056, 614 522-8141; r. 150 W. Shields, Newark, OH 43055, 614 345-8069.

HARTSHORN, Steven Donald; '80 BSBA; Author; 535 Deer Creek Rd., Saxonburg, PA 16056, 412 353-9006; r. Same.

HARTSHORNE, James D.; '24 BSBA; Retired; r. 157 N. Shore Dr., Syracuse, IN 46567, 219 457-4664.

HARTSHORNE, James Robert; '78 BSBA; 7539 Satterfield Rd, Worthington, OH 43085, 614 889-7848.

HARTSOCK, Joann Louise; '86 BSBA; Acct. II; Banc One Corp., 100 E. Broad St., Columbus, OH 43215, 614 248-5151; r. 1244 Bunker Hill Blvd., Columbus, OH 43220, 614 459-6737.

HARTSOOK, David Barrett; '72 BSBA; VP; Linclay Corp., 2600 Corporate Exchange Dr., Ste. 350, Columbus, OH 43231, 614 895-2000; r. 3695 Rushmore Dr., Columbus, OH 43220, 614 451-1458.

HARTSOUGH, William H., III; '38 BSBA; 124 Marlin Dr. W., Pittsburgh, PA 15216, 412 561-8797.

HARTSTEIN, Steven Charles; '87 BSBA; Student; Cleveland Marshall Clg. of Law; r. 2157 Lyndway, Beachwood, OH 44122, 216 291-1676.

HARTSTEIN, William; '59 BSBA; CPA; 1414 S. Green Rd., Ste. 205, Cleveland, OH 44121, 216 291-1203; r. 2157 Lyndway, Beachwood, OH 44122, 216 291-1676.

HARTT, Shirley May; '52 BSBA; CPA; Acctg. Svcs., 423 Market St., E. Liverpool, OH 43920; r. 1318 Perry Ave., E. Liverpool, OH 43920, 216 385-7807.

HARTUNG, Lee Roy; '79 BSBA; Section Mgr. CAE; Douglas Aircraft Co., 3855 Lakewood Blvd., Dept. E85 212/20, Long Beach, CA 90846, 714 229-7408; r. 11228 Dover Way, Stanton, CA 90680, 714 898-6269.

HARTWELL, Sally J. '82 (See Denk, Mrs. Sally H.).

HARTY, Diane Sue; '85 BSBA; Internal Auditor; Banc One Corp., 100 E. Broad St., Columbus, OH 43271, 614 248-4534; r. 1760 Queensbridge Dr., Worthington, OH 43235, 614 766-6598.

HARTZ, Mary Beth; '79 BSBA; 1378 Berkshire Rd., Stow, OH 44224.

HARTZELL, David Edward; '68 BSBA; VP/Gen. Mgr.; Hughes Mfg. Inc., 11910 62nd St., N., Largo, FL 34643, 813 536-7891; r. 8673 Pine Tree Dr. E., Seminole, FL 34642, 813 397-0530.

HARTZELL, Dean Howard; '85 BSBA; 3535 Meldrake St., Columbus, OH 43230, 614 476-2064.

HARTZELL, Gary L.; '72 BSBA; Profn. Svcs. Mgr.; Bausch & Lomb Soflens, 1400 Goodman St., Rochester, NY 14692, 800 828-9086; r. 161 Windover Turn, Lancaster, PA 17601, 717 394-7800.

HARTZELL, Thomas Herrman; '50 BSBA; Pres.; Hartzell Industries Inc., 1025 S. Roosevelt, Piqua, OH 45356; r. Diana Dr., Troy, OH 45373, 513 335-7098.

HARTZELL, William H.; '50 BSBA; 247 Tech Rd., Pittsburgh, PA 15205, 412 921-5541.

HARTZLER, Steven K.; '69 BSBA; Pres.; Broadview Mortgage Co., 965 High St., Worthington, OH 43085, 614 436-2008; r. 1179 S. Galena Rd., Galena, OH 43021, 614 965-4389.

HARTZMARK, Bruce Alan; '82 BSBA; Investment Broker; Fahnestock & Co., Pepper Pike, OH 44124, 216 765-5900; r. 23815 E. Groveland Rd., Cleveland, OH 44122, 216 291-0798.

HARVEY, David Wayne; '87 BSBA; Box 368 Moffett Rd., Lucas, OH 44843, 419 892-2209.

HARVEY, Douglas B.; '58 BSBA; Cnslt.; Harvey & Assocs., 532 Nelson Dr., NE, Vienna, VA 22180, 703 938-6738; r. Same.

HARVEY, Francis K.; '30 BSBA; Retired; r. 5610 Harisbrg Georgsvl Rd, Grove City, OH 43123, 614 877-3293.

HARVEY, G. Richard, CPA; '74 BSBA; Partner; Haemmerle, Heximer & Harvey, 1630 NW Professional Plz., Columbus, OH 43220, 614 451-4644; r. 28 Forest St., Delaware, OH 43015, 614 363-8314.

HARVEY, Mrs. Joann Pickup, (Joann Pickup); '82 MBA; Assoc. Prof./Economics; Ohio Wesleyan Univ., Edgar Hall 35 S. Sandusky, Delaware, OH 43015, 614 369-4431; r. 28 Forest St., Delaware, OH 43015, 614 363-8314.

HARVEY, Joseph H.; '72 BSBA; Sr. Hlth Care Mgmt Cnslt.; Blue Cross of Indiana, 120 W. Market St., Indianapolis, IN 46204, 317 263-5971; r. 3007-A Warren Way, Carmel, IN 46032, 317 846-6215.

HARVEY, Kathryn Ellen; '87 BSBA; 15206 Arcadia St. NW, Canal Fulton, OH 44614, 216 854-4931.

HARVEY, Richard G.; '74 BSBA; Secy.; Haemmerle Heximer Harvey Co., 1630 NW Professional Plz., Columbus, OH 43220, 614 451-4644; r. 28 Forest Ave., Delaware, OH 43015, 614 363-8314.

HARVEY, Thomas Daniel; '79 BSBA; Ofc. Mgr.; State Farm Ins., 2717 Santa Barbara Blvd., Cape Coral, FL 33914, 813 772-8446; r. 3612 SW 7th Pl., Cape Coral, FL 33914, 813 542-4928.

HARVEY, William George; '72 BSBA; 4329 Ashley Oaks Dr., Cincinnati, OH 45227, 513 271-9388.

HARWOOD, David Warren; '85 BSBA; 1081 Marian Ave., Ashland, OH 44805, 419 289-3351.

HARWOOD, Frederic R.; '35 BSBA; Retired; r. 303 Spirea Dr., Dayton, OH 45419, 513 293-2046.

HARWOOD, James Neil; '81 BSBA; Customer Srv Repr; R R Donnelly & Sons, Mgt Reserve-Acctg Dept., 1145 Conwell Ave., Willard, OH 44890, 419 935-0111; r. 707 Conwell, Willard, OH 44890, 419 935-0571.

HARWOOD, Susan Lynn; '88 BSBA; 1081 Marian Ave., Ashland, OH 44805, 419 289-3351.

HASBROOK, Jerome Robert; '87 BSBA; Contractor/Partner; Hasbrook Excavating, 5803 Elder Rd., Canal Winchester, OH 43110, 614 837-8976; r. 5813 Elder Rd., Canal Winchester, OH 43110, 614 837-1137.

HASBROUCK, COL Lawrence, III, USAF; '67 MBA; Prof.; Lehigh Univ., Aerospace Studies Dept., Bethlehem, PA 18015; r. Lehigh University, Aerospace Studies Dept., Bethlehem, PA 18015.

HASEN, Mrs. Norma Orlando, (Norma M. Orlando); '56 BSBA; Real Estate Broker; A H M Graves Co., 1119 Keystone Way, Carmel, IN 46032, 317 844-9941; r. 12026 Eden Glen Dr., Carmel, IN 46032, 317 846-2374.

HASENSTAB, Ferdinand F.; '57 MBA; Retired; r. 6425 Cabaret St., San Diego, CA 92120, 619 286-9007.

HASKELL, Catherine Joan; '85 BSBA; 285 Laurel St., Hartford, CT 06105.

HASKINS, Curtis Lee; '78 BSBA; Sr. Merchandising Mgr.; J C Penney, 1900 W. Main, Mesa, AZ 85201; r. 2438 E. Dragoon, Mesa, AZ 85204, 602 464-2244.

HASKINS, John Gee; '76 BSBA; Staff; Universal Mktg., 50 Mc Naughton Rd., Columbus, OH 43213; r. 5687 Sullivant Ave., Galloway, OH 43119, 614 870-7456.

HASKINS, Thomas Blaine; '71 BSBA; Deputy Supt.; Pickaway Correctional Inst., 1178 St. Rte. 762, Orient, OH 43146, 614 877-4362; r. 244 Blendon Rd., W. Jefferson, OH 43162, 614 879-7372.

HASLAM, Scot Herman; '81 BSBA; Pilot; Piedmont Airlines, One Piedmont Plz., Winston-Salem, NC 27105, 919 767-5341; r. 10007 Christiano Dr., Glen Allen, VA 23060, 804 264-0051.

HASLER, Steven James; '87 MBA; Account Exec.; Evans Mc Laughlin Inc., Village of Cross Keys, Village Sq. One #155, Baltimore, MD 21210, 301 433-8300; r. 1615 Kurtz Ave., Lutherville, MD 21093, 301 252-3549.

HASLUP, Stephen Lee; '73 BSBA; VP; Ewing-Harrison Inc., 644 Antone St. NW Ste. 7, Atlanta, GA 30318, 404 355-6343; r. 4510 Club Valley Dr., Atlanta, GA 30319, 404 266-0690.

HASLUP, W. Lee; '50 BSBA; 4140 Dyoville Trace, Atlanta, GA 30341, 404 458-8224.

HASMAN, Robert James; '73 BSBA; Asst. VP; Society Natl. Bank, 127 Public Sq., Cleveland, OH 44114; r. 5167 Wiltshire Rd., Cleveland, OH 44133.

HASSEL, Craig Adam; '88 BSBA; 108 Dunbarton Dr., St. Simons Island, GA 31522.

HASSELBRING, Timothy Strieter; '85 BSBA; Programmer/Analyst; Huntington Natl. Bank, POB 1558, Columbus, OH 43216, 614 476-8381; r. 352 Bow Dr., Gahanna, OH 43230, 614 475-4092.

HASSELL, George E., JD; '65 MBA; VP Financial Affairs; Ohio Northern Univ., S. Main St., Ada, OH 45810, 419 772-2000; r. 412 E. Lima Ave., Ada, OH 45810, 419 634-2831.

HASSEN, Helen R. '48 (See Murnane, Mrs. Helen R.).

HASSON, Dale J.; '53 BSBA; Retired; Procter & Gamble, 630 Main St., Cincinnati, OH 45202, 513 634-7490; r. 512 S. James Rd., Columbus, OH 43213, 614 235-4114.

HASSON, Joseph H.; '51 BSBA; Staff; Philadelphia Electric Co., 2301 Market St., Philadelphia, PA 19101; r. 20 Pinewood Dr., Downingtown, PA 19335, 215 363-6078.

HASTIE, Andrew Brooking; '67 BSBA; Mgmt.; Leather Specialty Co., 10570 Chester Rd, Cincinnati, OH 45215; r. 8040 Chinquapin Ln., Cincinnati, OH 45243, 513 561-4874.

HASTINGS, Jack Edward; '73 BSBA; Staff; The Gerstenslager Co., 1425 E. Bowman, Wooster, OH 44654; r. 5413 State Rte. 60, Rte. 1, Millersburg, OH 44654, 216 674-8810.

HASTINGS, James Robert; '85 BSBA; 5884 Havens Corners Rd., Gahanna, OH 43230, 614 475-9949.

HASTINGS, Joseph Lee; '85 BSBA; VP; Hagerty Growth Capital, 7865 Paragon Rd., Ste. 108, Dayton, OH 45459, 513 436-9012; r. 2131 Sidneywood, Dayton, OH 45449, 513 866-9640.

HASTINGS, Robbin L., (Robbin Lynn Salwitz); '86 BSBA; Sr. Acct.; Peat Marwick Main & Co., 2600 Rainier Bank Twr., 1301 5th Ave., Seattle, WA 98101, 206 292-1500; r. 14760 NE 35th, Apt. D-103, Bellevue, WA 98007, 206 881-9706.

HASTINGS, Dr. Robert E.; '63 PhD (BUS); Retired; r. 9386 Canterbury Ln., Mentor, OH 44060, 216 255-6829.

HASTINGS, William H.; '48 BSBA; 1486 Darbee Dr., Morristown, TN 37814.

HASTREITER, Timothy Alan; '83 BSBA; 4915 Dublin Falls, Apt. C, Hilliard, OH 43026.

HATCH, Brent Evin; '79 BSBA, '88 MBA; Commercial Loan Rep.; Trustcorp Bank, Ohio, POB 197, 85 E. Gay, Columbus, OH 43215, 614 464-0046; r. 4735 Winterset Dr., Columbus, OH 43220, 614 459-6835.

HATCH, Colin K.; '77 BSBA; Tax Acct.; Touche Ross & Co., 250 E. Broad St., Columbus, OH 43215, 614 224-1119; r. 2195 Tuliptree Ave., Columbus, OH 43229, 614 882-4228.

HATCH, Jill Lynn, (Jill Lynn Wheeler); '79 BSBA; Sales Rep.; Hasbro Inc., 1027 Newport, Pawtucket, RI 02861, 614 459-0214; r. 4735 Winterset Dr., Columbus, OH 43220, 614 459-6835.

HATCH, Ralph D.; '66 BSBA; RR No 6, St. Clairsville, OH 43950, 614 695-1409.

HATCH, Shirley Arthur; '49 BSBA; Customer Svc. Rep.; Huntington Natl. Bank, 3215 NW Blvd., Columbus, OH 43221, 614 459-9427; r. 4215 Winfield Rd, Columbus, OH 43220, 614 451-4218.

HATCHER, Donald L.; '43 BSBA; 870 Wismar Dr., Cincinnati, OH 45255, 513 232-2632.

HATCHER, John Richard; '74 BSBA; Owner; T P Bowling Lanes, 300 E. Lake Ave., Bellefontaine, OH 43311, 513 592-2706; r. 1060 Rd 198, Bellefontaine, OH 43311, 513 593-8191.

HATCHER, Jonathan Valno; '79 BSBA; Pres.; J.V.H. Inc., 305 W. 123rd St., New York, NY 10027, 212 866-3995; r. 19 Hickory St., Deerpark, NY 11729, 516 586-4784.

HATCHER, Mark D.; '87 BSBA; 3385 Bethel Rd., Bucyrus, OH 44820, 419 562-9377.

HATCHER, Stephen R.; '64 BSBA, '65 MACC; Sr. VP; Union Central Life Ins. Co., 1876 Waycross Rd., Cincinnati, OH 45240, 513 595-2265; r. 5872 Woodbridge, West Chester, OH 45069, 513 870-0760.

HATFIELD, Cristina '87 (See Carrera, Mrs. Cristina).

HATFIELD, Daniel Ray; '87 BSBA; Sales Rep.; Block Drug Co., 105 Academy St., Jersey City, NJ 07302; r. 2632 Denmark Rd., Columbus, OH 43232, 614 863-9504.

HATFIELD, David Keith; '85 BSBA; 1688 King Ave., Columbus, OH 43212, 614 481-8513.

HATFIELD, Glenn Wilson, Sr.; '23 BSBA; Retired; r. 5360 Talltree Way, West Chester, OH 45069, 513 874-5358.

HATFIELD, Ms. Judith Young, (Judith Young); '81 BSBA; Sales Exec.; Advo-Syst. Inc., 9114 Leesgate Rd., Louisville, KY 40222, 502 423-8922; r. 1400 Willow Ave., #503, Louisville, KY 40204, 502 451-3420.

HATFIELD, Merrill C.; '53 BSBA; Retired; r. 5565 Fallsbrook Trace, Acworth, GA 30101, 404 426-9484.

HATFIELD, Richard L.; '51 BSBA; 5708 Alder Ridge Dr., La Canada-Flintridge, CA 91011, 818 790-2659.

HATHAWAY, Bruce A.; '59 BSBA; Mgr.; Bank One of Columbus, 1666 Lockbourne Rd, Columbus, OH 43215; r. 4711 Glengate Dr., Columbus, OH 43232, 614 837-8529.

HATHAWAY, Bruce Ray; '51 BSBA, '69 MBA; Public Acct.; Public Acctg. Ofc., 2024 Willowick Cir., Columbus, OH 43229, 614 891-9741; r. Same.

HATHAWAY, Gene L.; '50 BSBA; Sales Mgr.; Bayer Co., 1380 Holly Ave., Columbus, OH 43212, 614 294-5995; r. 5353 Hollister St., Columbus, OH 43220, 614 459-0281.

HATHHORN, Thomas G.; '62 BSBA; Commercial Loan Ofcr.; Bank One of Youngstown N A, POB 231, Warren, OH 44482, 216 841-7000; r. 2984 Springwood Dr., Sharpsville, PA 16150, 412 962-4638.

HATNER, Steven Hayden; '82 BSBA; Ins. Agt.; Hatner-Altstaetter-Grie Inc., 173 E. Washington Row, Sandusky, OH 44870, 419 625-1913; r. 2818 Hinde Ave., Sandusky, OH 44870, 419 625-6913.

HATTEN, Kevin Bernard; '80 BSBA; Sales Mgr.; Owens Corning Fiberglas, Fiberglas Twr., Toledo, OH 43695, 205 786-0844; r. 4205 Heritage Oakes Cir., Birmingham, AL 35243, 205 991-8160.

HATTEN, Steven Alan; '75 BSBA; Atty.; Earl Warburton Adams & Davis, 136 W. Mound St., Columbus, OH 43215, 614 464-2392; r. 1617 Essex Rd., Columbus, OH 43221, 614 488-8970.

HATTEN, Ms. Susan Kostoff, (Susan Kostoff); '76 BSBA, '79 MBA; Acct.; 1617 Essex Rd., Columbus, OH 43221, 614 488-8970; r. Same.

HATTENBACH, Martin James; '86 BSBA; Asst. Auditor; Auditor of State, 88 E. Broad St., Columbus, OH 43215, 614 864-3917; r. 4654 Northtowne Blvd., #L, Columbus, OH 43229, 614 476-2479.

HATTERSLEY, Robert Brent; '85 BSBA; 118 Karrland Dr., Apt., Brookville, OH 45309, 513 833-2300.

HATTERY, Gary Russell; '82 MBA; Assoc. Section Mgr.; Battelle Mem. Inst., 505 King Ave., Columbus, OH 43201, 614 424-5554; r. 1644 Cambridge Blvd., Columbus, OH 43212, 614 488-5620.

HATTERY, Michael Robert; '77 MPA; Rsch. Support Spec.; Cornell Univ., Local Gov't. Program, 351 Warren Hall, Ithaca, NY 14853; r. 4 Greystone Dr., Dryden, NY 13053, 607 844-4361.

HATTEY, Donald Raymond; '86 BSBA; Acct. Exec.; Black & Decker Inc., 1350 E. Touhy Ave., Ste. 240/W., Des Plaines, IL 60018, 312 699-0452; r. 1018 E. Travelers Tr., Burnsville, MN 55337, 612 894-1152.

HATTON, David Scott; '81 BSBA; Staff; Marathon Oil Co., 539 S. Main St., Findlay, OH 45840, 419 422-2121; r. 3510 Spring Lake Dr., Findlay, OH 45840, 419 424-2070.

HATTON, Edwin E.; '55 BSBA; Pres.; Engineered Rubber & Plastics, 419 W. Ewing, South Bend, IN 46613, 219 233-8800; r. 646 Rivers Edge Ct., Mishawaka, IN 46544, 219 255-4573.

HATTON, Eugene F.; '50 BSBA; Retired; r. Rte. 1 Box 586, Taylorsville, NC 28681, 704 495-7088.

HATTON, Rick J.; '81 BSBA; Central Dist. Mgr.; Plej's Textile Mill Outlets, POB 10550, High & Standard Sts., Rock Hill, SC 29730; r. 4633 Chapel Grove Rd., Gastonia, NC 28052.

HAUBERT, Harry Lee; '72 MBA; Owner; Help-U-Sell, 3753-201 Mission Ave., Oceanside, CA 92054, 619 722-8686; r. 1241 Tamarack Ave., Carlsbad, CA 92008, 619 729-3686.

HAUBERT, Paul V.; '83 BSBA; Programmer Analyst; Nationwide Ins., One Nationwide Plz., Columbus, OH 43216, 614 249-5002; r. 693 Windsor St., Marion, OH 43302, 614 382-3363.

HAUBRICH, Verna Horch, (Verna Horch); '31; Retired; r. 2553 Edington Rd., Columbus, OH 43221, 614 486-6031.

HAUCK, Brian Kelly; '83 BSBA; Sales Engr.; Stress Analysis Svcs., 415 S. Broadway, Medina, OH 44256, 216 725-7733; r. 10435 Borgman, Huntington Woods, MI 48070, 313 542-9350.

HAUCK, Clayton Wayne; '82 BSBA; Mgr.; Coopers & Lybrand CPA's, 1500 One Cleveland Ctr., 1375 E. 9th St., Cleveland, OH 44114, 216 241-4380; r. 3105 W. 231st St., N. Olmsted, OH 44070, 216 777-7759.

HAUCK, Donn K.; '56 BSBA; Asst. VP; BancOhio, 155 E. Broad St., Columbus, OH 43265, 614 463-6666; r. 5177 Honeytree Loop E., Columbus, OH 43229, 614 882-1391.

HAUCK, Ronald Clayton; '84 BSBA; Agt.; Penn Financial Corp., 79 Mill St., Gahanna, OH 43230, 614 476-5711; r. 11135 Hanover Rd., Cincinnati, OH 45240.

HAUCK, Mrs. Sharon D., (Sharon L. Davis); '85 BSBA; Ofc. Mgr.; Resistflame Finishing Co., 7115 Miami Ave., Cincinnati, OH 45243, 513 561-5223; r. 11135 Hanover Rd., Cincinnati, OH 45240, 513 851-0278.

HAUDENSHIELD, Allen A.; '47 BSBA; Retired; r. 7571 San Felipe, Riverside, CA 92504, 714 687-7546.

HAUEISEN, Jack David; '79 BSBA; Systs./Analyst I; State of Ohio, Ofc. of Budget & Mgmt, 30 E. Broad St. 34th Fl., Columbus, OH 43215, 614 466-1972; r. 1825 Bierstad, Powell, OH 43065, 614 761-3517.

HAUEISEN, Dr. William David; '77 MBA, '77 PhD (BUS); Chmn.; Sterling Rsch. Grp., Inc., 14502 N. Dale Mabry, Ste.#306, Tampa, FL 33618, 813 963-3000; r. 14678 Village Glen Cir., Tampa, FL 33624, 813 961-3066.

HAUENSTEIN, Charles Judd; '73 BSBA; Mgr.; Deloitte Haskins & Sells, 155 E. Broad St., Columbus, OH 43215, 614 221-1000; r. 12175 Appleridge Ct., Pickerington, OH 43147, 614 868-0568.

HAUENSTEIN, Dennis Blake; '72 BSBA; Controller; Bernstein Grp. Inc., 140 E. Town St., Columbus, OH 43215; r. 404 Brevoort Rd., Columbus, OH 43214, 614 263-9671.

HAUENSTEIN, Robert C.; '50 BSBA; Retired Pres.; Water Equip. Co., 1335 Bellefontaine Ave., Lima, OH 45805; r. 109 Friar Ln., Lima, OH 45805, 419 999-5245.

HAUENSTEIN, RADM William H., USN; '58 BSBA; Competition Advocate; Naval Sea Systs. Command, Washington, DC 20360, 202 692-3202; r. 3611 Woodhill Pl., Fairfax, VA 22031, 703 280-9746.
HAUGEN, Denise Elaine; '87 BSBA; Mgmt. Acct.; First Brands, Inc., 88 Long Hill St., POB 8406, E. Hartford, CT 06108, 203 728-6130; r. 185 Pine St., Apt. 306, Manchester, CT 06040, 203 643-6080.
HAUGHEY, Sally; '83 BSBA; Tech. Supprt/Mfg. Engr.; Honda of America Mfg. Co., 24000 U S. Rte. 33, Marysville, OH 43040, 513 642-5000; r. 2237 Antigua Dr., #1C, Columbus, OH 43220.
HAUGHT, Dorothy Hansberger, (Dorothy Hansberger); '38 BSBA; Homemaker; r. 1312 Pepperell Dr., Columbus, OH 43235, 614 457-1909.
HAUGHT, Hobart Kent; '59; Salesman; Venture Electric Supply Co., 967 Burrell Ave., Columbus, OH 43212; r. 920 Lambeth Dr., Columbus, OH 43220, 614 451-3569.
HAUGHT, Lila S., (Lila Stanley); '59; Admin. Secy.; The Ohio State Univ., Communications & Dev Adm, 190 N. Oval Mall, Columbus, OH 43210; r. 920 Lambeth Dr., Columbus, OH 43220, 614 451-3569.
HAULOT, Pierre Leon; '69 MBA; Indust Cnslt.; Groeselenberg 93, Brussels 1180, Belgium; r. Groeselenberg 93, Brussels 1180, Belgium.
HAUN, Jeannette '35 (See Plessinger, Jeannette Haun).
HAUPT, Barbara Willsey, (Barbara R. Willsey); '83 BSBA; Sales Rep.; The Wasserstrom Co., 50 W. Innis, Columbus, OH 43207, 614 228-6525; r. 8739 Ripton Dr., Powell, OH 43065, 614 889-7734.
HAUPT, Douglas James; '83 BSBA; Sales Rep.; Sanitoy Inc., 8739 Ripon Dr., Powell, OH 43065, 614 889-7734; r. Same.
HAURITZ, Tyrone Dean; '87 BSBA; 1116 Cliffwood NW, Canton, OH 44708, 216 477-5584.
HAUSEMAN, Jon Richard; '76 MBA; VP/Intl.; First American Bank, Atlanta, GA 30303; r. 864 Fox Hollow Pkwy., Marietta, GA 30068.
HAUSER, Charles D.; '85 MBA; Sr. Cnslt.; Mgmt. Horizons, 570 Metro Pl., N., Dublin, OH 43017, 614 764-9555; r. 5099 Doral Ave., Columbus, OH 43213, 614 861-0726.
HAUSER, David Lincoln; '84 BSBA; DB2 Performance Analyst; IBM, 555 Bailey Ave., POB 49023, San Jose, CA 95161, 408 463-4651; r. 6133 Lean Ave., San Jose, CA 95123, 408 225-5009.
HAUSER, Donald Gene; '64 BSBA; Pres.; Donald G Hauser Inc., 820 Columbia St., Lafayette, IN 47901, 317 742-7030; r. 1175 Starkey Rd., Zionsville, IN 46077, 317 873-3890.
HAUSER, Herman F.; '66 BSBA; 314 Prince of Wales, Conroe, TX 77304, 409 539-4069.
HAUSER, James A.; '57 BSBA; Owner; James A. Hauser Ins. Agcy., 533 E. 1st St., Dayton, OH 45202, 513 222-4666; r. 1350 Springhill Ave., Dayton, OH 45409, 513 298-4873.
HAUSER, John P.; '58 BSBA; 55 Highland Rd, Bethel Park, PA 15102, 412 279-2382.
HAUSER, Karen A. '75 (See Wengler, Karen A.).
HAUSER, Lawrence Paul; '82 BSBA; Regional Sales Mgr.; Cavalier Corp., 5509 Kenneylane Blvd., Columbus, OH 43220, 614 764-8746; r. Same.
HAUSER, Sonia Silverberg, (Sonia Silverberg); '55; Asst. Librarian; Cuyahoga Heights Bd. of Educ.; r. 4951 Westbourne Rd., Lyndhurst, OH 44124, 216 382-8482.
HAUSER, Stephen John; '76 MBA; Mgr.; TRW Inc., 30000 Aurora Rd, Solon, OH 44139, 216 292-8866; r. 8331 N. Links Way, Fox Pt., WI 53217, 414 228-8570.
HAUSER, Ted Lawrence; '85 BSBA; Proj. Mgr.; Central Parking Systs., 777 S. Harbor Blvd., Tampa, FL 33602, 813 229-9330; r. 16612 Brigadoon Dr., Tampa, FL 33618.
HAUSKNECHT, Ernest E.; '62 BSBA; Systs. Analysis Supv.; Idaho Power Co., POB 70, Boise, ID 83707, 208 383-2812; r. 889 Cow Horse Dr., Kuna, ID 83634, 208 362-9154.
HAUSMAN, Henry R.; '49 BSBA; 4651 Langton Rd, Hilliard, OH 43026, 614 876-7003.
HAUSRATH, Judy L. '80 (See Kuemmel, Judy L.).
HAUSSER, Kris S.; '86 BSBA; Mgr.; Hit Or Miss, 4617 Morse Ctr., Columbus, OH 43229, 614 436-2946; r. 1035 City Park, Columbus, OH 43206, 614 443-8222.
HAUSSMANN, Edgar B.; '60 BSBA; Dir.; Eastman Kodak Co., Mkts. Dev. & Plng. Hlth. Sci., 343 State St., Rochester, NY 14650, 716 724-4600; r. 202 Whistle Stop, Pittsford, NY 14534, 716 924-2766.
HAVANEC, Mark William; '75 BSBA; Financial Cnslt.; Financial Plng. Ofc., 222 E. Town St., Columbus, OH 43215, 614 228-0353; r. 4959 Whistlewood Ln., Westerville, OH 43081, 614 895-2758.
HAVASY, Dr. Edward Stephen; '52 MBA; Cnslt.-VP-COO; Value Line Inc., 711 Third Ave., New York, NY 10017; r. 5 Stratford Rd., Port Washington, NY 11050, 516 883-8136.
HAVENER, Charles Richard; '79 BSBA; Product Devel.; Mead Data Central, 9393 Springboro Pike, Dayton, OH 45401, 513 865-6800; r. 629-D Residenz Pkwy., Kettering, OH 45429.
HAVENER, George S.; '52 BSBA; Financial Cnslt.; Sumner Financial Cnslts., 7099 Olde Prose Ct., Dublin, OH 43017, 614 761-1735; r. Same.
HAVENS, Jana Deanna; '85 BSBA; 1555 Worthington Row Rd., Worthington, OH 43085, 614 764-1355.
HAVENS, Jeffrey Franklin; '88 BSBA; 5788 Riverton Rd, Columbus, OH 43232, 614 861-1676.
HAVENS, John Franklin; '49 BSBA; Private Investments; Havens-Havens & Hardymon, 760 Northlawn Dr., Ste. A-2, Columbus, OH 43214, 614 451-0652.
HAVENS, Mark Richard; '84 BSBA; 3057 State Rd., Ashtabula, OH 44004, 216 992-2524.
HAVENS, Robert Eugene; '60 BSBA; Retired; r. 1138 10th Ave., Huntington, WV 25701, 304 525-7238.
HAVENS, Sara Byrd; '82 BSBA; 1406 Vinings Way, Smyrna, GA 30080.
HAVER, Francis E.; '58 BSBA; VP Employee Relations; Sloss Industries Corp., POB 5327, Birmingham, AL 35207, 205 254-7806; r. 1754 Cornwall Rd, Birmingham, AL 35226, 205 979-7109.
HAVER, Gregg William; '88 BSBA; 941 Haver Dr., Hicksville, OH 43526, 419 542-8241.
HAVERKAMP, Gary J.; '60 BSBA; Atty.; Carroll Bunke Henkel Haverkamp & Smith, 5856 Glenway Ave., Cincinnati, OH 45238, 513 922-3200; r. 1864 Forestview Ln., Cincinnati, OH 45233, 513 922-1830.
HAVERLY, Clarence A., Jr.; '48 MBA; Pres.; Haverly Systs. Inc., POB 919, Denville, NJ 07834, 201 627-1424; r. 24 Mosswood Tr., Denville, NJ 07834, 201 627-9139.
HAVERN, J. Greig, Jr.; '86 BSBA; Asst. Distributn Mgr.; Lazarus, Div of Federated Dept. Stores, Downtown 7th & Race, Cincinnati, OH 45234; r. 219 Redwood Ave. #10, Brea, CA 92621.
HAVILAND, Sally Ann; '79 BSBA, '84 MA; Mktg. Rsch. Prog. Mgr.; Eckerd Drug Co., 8333 Brian Darry Rd., Clearwater, FL 34618, 813 398-8206; r. 8417 N. Armenia, Apt. 618, Tampa, FL 33604, 813 931-4406.
HAVILL, Nicholas Reser; '78 MBA; 55 Canterbury Ct., Toledo, OH 43606, 419 537-6691.
HAVLOVIC, Dr. Stephen Joseph; '79 MLHR, '87 PhD (LHR); Asst. Prof.; Univ. of Wisconsin Oshkosh, Clg. of Business Admin., Oshkosh, WI 54904, 414 424-0185; r. 1745 A Maricopa Dr., Apt. A, Oshkosh, WI 54904, 414 426-0775.
HAVRANEK, Joseph Edward; '83 MPA; 5001 54 St. N., St. Petersburg, FL 33709, 813 521-2396.
HAWES, Dr. Douglass Kenneth; '69 MBA, '74 PhD (BUS); Assoc. Prof.; Univ. of Wyoming, Dept. of Marketing, POB 3275, Laramie, WY 82071; r. 1202 Mitchell, Laramie, WY 82070, 307 745-3683.
HAWISHER, Henry A., Jr.; '40 BSBA; 907 N. Nixon Ave., Lima, OH 45805, 419 228-5521.
HAWK, Betty J. '47 (See Eschmeyer, Betty Hawk).
HAWK, Bryan Leo; '86 BSBA; 2636 Shoreline Dr., Lima, OH 45805, 419 229-9707.
HAWK, Dr. David N.; '54 BSBA; Prof.; Univ. of Akron, Finance Dept., Akron, OH 44325, 216 375-7302; r. Box 234, Strasburg, OH 44680, 216 343-7916.
HAWK, Fred Clifton; '78 BSBA; Gen. Mgr./VP; Microdish Inc., Sattellite TV Equipment, 225 E. Main St., Logan, OH 43138, 614 385-3200; r. 284 Midland Pl., Logan, OH 43138, 614 385-9530.
HAWK, Howard E.; '22 BSBA; Retired; r. 1868-25 Riverside Dr., Columbus, OH 43212, 614 488-0830.
HAWK, Julian A.; '22 BSBA; Retired; r. 10 Wilmington Ave., Apt. 232E, Dayton, OH 45420, 513 252-8541.
HAWK, Kenneth L.; '67 BSBA; Engr.; R H Cochran & Assocs, 807 E. 222nd St., Cleveland, OH 44123; r. 5233 Ashwood Dr., Cleveland, OH 44124, 216 461-5109.
HAWK, Michael John; '85 BSBA; MBA Student; Univ. of NC, Chapel Hill, NC; r. Northhampton Ter., Apt. 211, 600 Airport Rd., Chapel Hill, NC 27514.
HAWK, Sherrie Riley; '82 BSBA; Owner/Principal; Glass Art Gallery, 642 N. High St., Columbus, OH 43215, 614 228-6554; r. 305 Wilber Ave., Columbus, OH 43215, 614 299-8711.
HAWK, Thomas L.; '51; Owner; Hawk Jewelers, 3100 Tremont Rd., Columbus, OH 43221, 614 451-5181; r. 2605 Kent Rd., Columbus, OH 43221, 614 488-3923.
HAWK, W. Foster; '50 BSBA; Retired; r. 469 Crestview Dr., Lancaster, OH 43130, 614 653-9556.
HAWKER, Stephen Emerson; '74 BSBA; VP; John Hanson Savings Bank, F.S.B., 11700 Beltsville Dr., Beltsville, MD 20705, 301 220-7000; r. 5482 Cedar Ln., Apt. C2, Columbia, MD 21044, 301 730-1847.
HAWK-HOLLIMAN, Debra; '87 BSBA; Mktg. Rep.; Protemps, 4455 South Blvd., Ste. 120, Virginia Bch., VA 23452, 804 490-9617; r. 410-B Pembroke Ave., Norfolk, VA 23507, 804 624-6908.
HAWKING, James Anthony; '73 BSBA; Finance Ofcr.; Bank One of Columbus, 100 E. Broad St., Columbus, OH 43215; r. 925 Middlebury N., Worthington, OH 43085, 614 846-9288.
HAWKINS, Dennis Ray; '79 BSBA; VP/Real Estate Dev; Banker's First S&L, 985 Broad St., Augusta, GA 30901, 404 823-3444; r. 2403 Seminole Rd., Augusta, GA 30904, 404 738-2172.
HAWKINS, Edward Campbell; '62 BSBA; VP/Secy./Treas.; Tom Inman Trucking Inc., 5656 S. 129th East Ave., Tulsa, OK 74121; r. 2500 N. W. 51st St., Oklahoma City, OK 73112.
HAWKINS, Gregory Ellis; '84 BSBA; Sales Engr.; Comtel Instruments Co., 3730 Main St., Columbus, OH 43206; r. 620 Annarose Run, Westerville, OH 43081, 614 431-9219.
HAWKINS, James Marland; '55 BSBA; Mfg. Rep.; 245 Acorn Dr., Dayton, OH 45419, 513 293-2628; r. Same, 513 298-3166.
HAWKINS, John E.; '49; Retired; r. 15153 Township Rd. #493, Columbus, OH 43229, 614 246-5835.
HAWKINS, Kenneth Edward; '72 BSBA; Acctg. Coordntr; B M I Fed. Credit Union, Battelle Mem Inst, 505 King Ave., Columbus, OH 43201; r. 342 W. Kanawha Ave., Columbus, OH 43214, 614 846-3861.
HAWKINS, Richard William; '69 BSBA; Stockbroker; Quinn Southwest, 218 E. Marcy St., POB 1568, Santa Fe, NM 87501, 505 982-1904; r. 1720 W. Alameda, Santa Fe, NM 87501, 505 984-0286.
HAWKINS, Roger K.; '53 BSBA; Fleet Mgr.; Dick Masheter Ford, 1090 S. Hamilton Rd., Columbus, OH 43227, 614 861-7150; r. 628 Old Farm Rd, Columbus, OH 43213, 614 866-3583.
HAWKINS, Samuel James; '78 BSBA; Operations Mgr.; Mpw Industrial Svcs., Industrial Water Div, Box 68, Niles, OH 44446; r. 1343 Townline Rd., Mc Donald, OH 44437.
HAWKINS, Walter George, Jr.; '67 BSBA; Review Examiner; State of Ohio, Credit Union Division, 77 S. High St., Columbus, OH 43215, 614 466-2384; r. 6520 Faircrest Rd., Columbus, OH 43229, 614 891-7097.
HAWKINS, William Taylor; '63 BSBA; Salesman; E S Originals Inc., 14800 Quorum Dr., Ste. 340, Dallas, TX 75240, 214 661-3788; r. 7517 Breckenridge Dr., Plano, TX 75025, 214 517-5076.
HAWKS, Howard Earl; '83 BSBA; Database Mgr.; TMR Co., 4150 Tuller Rd., Dublin, OH 43017, 614 792-2900; r. 195 E. Kelso Rd., Columbus, OH 43202, 614 268-6449.
HAWLEY, Deborah Shaffer, (Deborah Shaffer); '82 BSBA; Sales/Longaberger Baskets; 473 Slate Run Dr., Powell, OH 43065, 614 548-5383; r. Same.
HAWLEY, James Kemper; '83 BSBA; Prod. Mgr.; Rubbermaid, 1147 Akron Rd., Wooster, OH 44691, 216 264-6464; r. 473 Slate Run Dr., Powell, OH 43065, 614 548-5383.
HAWLEY, Mrs. Lorena Caldwell, (Lorena Caldwell); '44 BSBA; Homemaker; r. 2690 Edington Rd., Columbus, OH 43221, 614 486-1869.
HAWLEY, Timothy Eugene; '73 BSBA; Branch Mgr.; Walsh & Assocs., 500 Railroad Ave., N. Kansas City, MO 64116, 816 842-3014; r. 2400 W. 123rd Ter., Leawood, KS 66209, 913 491-5530.
HAWN, John Edward; '78 BSBA; Financial Bldg. Mgr.; Bank Bldg. Corp., 7342 Pueblo, Dublin, OH 43017, 614 761-8001; r. Same, 614 766-1337.
HAWRYLIW, William; '67 BSBA; 5040 Cherokee Hills Dr., Salem, VA 24153, 703 380-3158.
HAWTHORNE, Bruce G.; '66 MBA; Dir.; Merck & Co. Inc., Corporate Systs., Box 2000 R84-26, Rahway, NJ 07065, 201 574-4963; r. M20 Mile Dr., Chester, NJ 07930, 201 879-6116.
HAWTHORNE, Frank C.; '49 BSBA; Appraiser Trainee; Insuring Ofc., Fed. Housing Adm, 121 E. State St., Columbus, OH 43215; r. 171 Beechtree Rd, Columbus, OH 43213, 614 239-0173.
HAWTHORNE, Herbert G.; '50 BSBA; Retired; r. 6805 Mayfield Rd., Cleveland, OH 44124, 216 449-7377.
HAWTHORNE, Robert Edward; '70 MBA; MF Housing Rep.; US Dept. of HUD, 1375 Euclid Ave. Rm. 420, Cleveland, OH 44115, 216 522-2698; r. 31217 Narragansett Ln., Bay Village, OH 44140, 216 871-5936.
HAWTHORNE, Ronald James; '75 MBA; 31217 Narragansett Ln., Cleveland, OH 44140, 216 871-5936.
HAY, Don J.; '62 BSBA; Pres./Agt.; Gregg & Hay Ins., 487 W. Main St., W. Jefferson, OH 43162, 614 879-8362; r. POB 76, W. Jefferson, OH 43162, 614 879-7274.
HAY, George W.; '51 BSBA; Advg-Assoc. Media Dir.; Meldrum & Fewsmith Inc., 26011 Evergreen Rd, Southfield, MI 48076; r. 808 E. Penn, Lehigh Acres, FL 33936, 813 368-7094.
HAY, Jerry Edwin; '67 BSBA; Mgr.; Eli Lilly & Co., 307 E. Mc Carty St., Indianapolis, IN 46285; r. 1124 Wayne St., #5, Muncie, IN 47303.
HAY, Karl Sherer; '49 BSBA; Atty.; Brouse & McDowell PC, 106 S. Main St. 500 1st Natl, Akron, OH 44308, 216 535-5711; r. 93 E. Fairlawn Blvd., Akron, OH 44313, 216 836-2936.
HAY, Kenneth Allan; '83 BSBA; Acct./Analyst; Cintas Corp., 11255 Reed Hartman Hwy., Cincinnati, OH 45241; r. 165 Gallup Rd., Norwalk, OH 44857, 419 668-4338.
HAY, Mark Christopher; '81 BSBA; 886 Ridenour Rd., Gahanna, OH 43230, 614 475-1197.
HAY, Melissa Walker; '81 BSBA; Master Scheduler; Ranco Controls, 8115 U S. Rte. 42 N., Plain City, OH 43064; r. 323 Maple St., Plain City, OH 43064, 614 873-8530.
HAY, Dr. Robert Dean; '54 PhD (ACC); Prof.; Univ. of Arkansas, Dept. of Management, Fayetteville, AR 72701; r. 740 Huntsville Rd., Fayetteville, AR 72701, 501 521-6758.
HAY, Wayne Moore; '73 BSBA; Customer Sppt Repr; Intex Inc., 656 Munras, Monterey, CA 93940, 408 646-9858; r. 240 Walnut St., Pacific Grove, CA 93950, 408 372-3669.
HAY, William T.; '49 BSBA; Salesman; Walkup Paper Co., 5211 Dryden Rd, Dayton, OH 45439; r. 6 Brookhill Woods, Tipp City, OH 45371, 513 667-4344.
HAYASHI, Tomoyuki; '86 MBA; Mktg. Mgr.; Pioneer Communications of America, 600 E. Cres., Upper Saddle River, NJ 07458, 201 327-6400; r. Rd 2 Box P1A Peddler Hill Rd, Monroe, NY 10950, 914 782-6102.
HAYAT, Kazem Johar; '77 MBA; POB 8774, Salmiya, Kuwait.
HAYCOOK, Richard Eugene; '80 BSBA; 1302 Shanley Dr., Columbus, OH 43224.
HAYDEN, James William; '83 BSBA; Underwriting Supv.; Farmers Ins., 2400 Farmers Dr., Worthington, OH 43085; r. 2160 Arundel Pl., Okemos, MI 48864, 517 349-4673.
HAYDEN, Randy Alan; '88 BSBA; 229 Sherwood Downs S., Newark, OH 43055, 614 366-3146.
HAYEK, John Anthony; '71 BSBA, '73 MBA; VP Mktg.; Reynolds & Reynolds, 3555 S. Kettering Blvd., Moraine, OH 45439, 513 290-7022; r. 7053 Wilderness Way, Centerville, OH 45459, 513 436-2238.
HAYES, Albert Halliday; '54 BSBA; VP; Chubb Grp. of Ins. Cos., 717 N. Harwood, Ste. 300, Dallas, TX 75201, 214 754-8200; r. 8047 Westover Dr., Dallas, TX 75231, 214 348-1382.
HAYES, Barbara Ann; '75 MBA; Asst. Cashier; Detroit Bank & Trust, 4th St. At Washington Blvd., Detroit, MI 48226; r. 82 Mapleton, Grosse Pte. Farms, MI 48236, 313 882-2887.
HAYES, Bernard W.; '47 BSBA; Ins. Agt.; Erlanger Ctr. for Ins., 644 Donaldson Rd., Erlanger, KY 41018, 606 727-4300; r. 707 Highland Trace, Highland Hts., KY 41075, 606 441-2774.
HAYES, Catherine Mary; '88 BSBA; 4600 Pitt St., Raleigh, NC 27609, 919 782-0387.
HAYES, Cheryl Faye Grigsby, (Cheryl Grigsby); '87 BSBA; Loan Approval Ofcr.; r. 7037 Sandal View Dr., Huber Hts., OH 45424, 513 233-7512.
HAYES, Dan B.; '75 BSBA; 208 Stonehouse Ct., Sun City Center, FL 33570.
HAYES, Dan M., Jr.; '59 MBA; Pres.; Dow Corning Wright, Div of Dow Corning, Box 100, Arlington, TN 38002, 901 867-9971; r. 8278 Belgrade Pl., Cordova, TN 38018, 901 377-5541.
HAYES, Donald E.; '83 BSBA; Sr. Acct./CPA; American Electric Power Svc., 1 Riverside Plz. 27th Fl., Columbus, OH 43215, 614 223-1000; r. 2928 Stillmeadow Dr., Dublin, OH 43017, 614 889-1457.
HAYES, Elizabeth Kosman; '50 BSBA; 2918 Schaper Dr., Ft. Wayne, IN 46806, 219 745-0790.
HAYES, George Harris; '47 MBA; Ins. Mgr.; Univ. of Arizona, Tucson, AZ 85721, 602 621-3391; r. 1941 Omar Dr., Tucson, AZ 85704, 602 297-3396.
HAYES, Glen P.; '54 BSBA; 4906 Pennswood Dr., Dayton, OH 45424, 513 236-2221.
HAYES, Gregory William; '82 BSBA; Systs. Coord.; Mellon Bank, 3MBC, Mellon Sq., Pittsburgh, PA 15259, 412 234-0252; r. 291 Limerick Rd., Wexford, PA 15090, 412 935-9231.
HAYES, Harvey Philip; '74 BSBA; Personnel Dir.; Drug Emporium Franchise Ofc., 7792 Olentangy River Rd., Worthington, OH 43085; r. 1234 Spring Creek Dr., Nashville, TN 37209.
HAYES, Jon Patrick; '85 BSBA; 3913 Woodlands Dr., Smyrna, GA 30080.
HAYES, Katherine '74 (See Bryden, Katherine H.).
HAYES, Laurie Lee; '87 BSBA; 4228 Kendale Rd., Columbus, OH 43220, 614 451-2246.
HAYES, Mary S.; '80 BSBA; 3208 Hudson St., Columbus, OH 43219.
HAYES, Ms. Maureen R.; '85 MA; Admin. Mgr.; Johns Hopkins Univ., 624 N. Broadway, 489 Hampton House, Baltimore, MD 21205, 301 955-2488; r. 9493 Sylvan Dell, Columbia, MD 21045, 301 381-3742.
HAYES, Patricia Sue; '76 MBA; Pres.; P S Hayes & Co. Inc., POB 15534, Detroit, MI 48215; r. 82 Mapleton Rd., Grosse Pte., MI 48236, 313 882-2887.
HAYES, Richard Allen; '56 BSBA; Data Processing Mgr.; Superior Overall Laundry, 1313 Expressway Dr., N., Toledo, OH 43608, 419 729-5454; r. 3440 Lawrin Dr., Toledo, OH 43623, 419 474-0267.
HAYES, Robert Thomas; '82 BSBA; Private Investor; Robert Thomas Hayes, 3756 Beulah Rd., Columbus, OH 43224, 614 447-1986; r. Same.
HAYES, Sophia Simone; '86 BSBA; Asst. Acct.; GTE Corp., 100 Executive Dr., Marion, OH 43302; r. 8645 Malaga Dr. #2C, Indianapolis, IN 46250.
HAYES, Timothy Wray; '82 BSBA; Product Scheduler; Vacuform Industries, 1877 E. 17th Ave., Columbus, OH 43219, 614 294-2616; r. 8 Delray Rd., Columbus, OH 43207, 614 443-0828.
HAYES-ROTH, Jodi Lee; '85 BSBA; Div. Oper. Mgr.; Dun & Bradstreet, 3139 N. Republic Blvd., Toledo, OH 43615, 419 841-7731; r. 510 Maplewood, Delta, OH 43515, 419 822-3230.
HAYHURST, Cuthbert N.; '38 BSBA; Retired Supv.; Jeep Corp., Finance Division, Jeep Pkwy., Toledo, OH 43657; r. 1873 Atwood Rd., Toledo, OH 43615, 419 536-6288.
HAYHURST, Wallace I.; '46 BSBA; Dir.; Sales Dept., The Hamlet, Delray Bch., FL 33444; r. 345 E. Boca Raton Rd, Boca Raton, FL 33432, 407 395-8452.
HAYMAN, James R.; '49 BSBA; Retired Prog. Analyst; Defense Electronics Supply Ctr., 1507 Wilmington Pike, Dayton, OH 45444; r. 2609 Rhapsody Dr., W. Carrollton, OH 45449, 513 434-0641.
HAYMAN, Paul K., Jr.; '59 BSBA; Agt.; Mutual Security Life Ins., 3380 Tremont Rd, Columbus, OH 43221; r. 436 Howland Dr., Gahanna, OH 43230, 614 476-5338.
HAYNAM, Clifford W.; '49 BSBA; Retired; r. 312 E. Mary Ave., Westerville, OH 43081, 614 882-6543.
HAYNAM, Frank Leland; '73 BSBA; 128 Bonnieview Ave., Minerva, OH 44657.

ALPHABETICAL LISTINGS HEFNER 117

HAYNE, James W.; '53 MBA; Electronics Engr.; Martin Marietta Corp., Orlando Aerospace Div, POB 5837, Orlando, FL 32855; r. 2909 Lake Arnold Pl., Orlando, FL 32806, 407 894-0590.
HAYNES, Alison Gott; '77 BSBA; Systs. Analyst; Battelle Mem. Inst., 505 King Ave., Columbus, OH 43201; r. 78 S. Vine St., Westerville, OH 43081, 614 890-0226.
HAYNES, Amy Bettina '84 (See Geis, Mrs. Amy Bettina).
HAYNES, Brenda Self; '83 BSBA; Programmer; IBM Corp., c/o Postmaster, Raleigh, NC 27611; r. 111 N. Atley Dr., Cary, NC 27511, 919 467-6885.
HAYNES, Douglas E.; '79 MPA; Sr. Auditor; Ofc. of Legislative Budget Assistance, Concord, NH 03301; r. 1029 Westminster Hill Rd., Fitchburg, MA 01420, 508 343-6778.
HAYNES, Douglas M.; '45; Atty.; 7829 Euclid Ave. Rm 103, Cleveland, OH 44103; r. 33 Public Sq., #810, Cleveland, OH 44113, 216 781-2200.
HAYNES, Dr. Joel B.; '67 MBA; Prof./Contractor; Kennesaw Clg., c/o Postmaster, Marietta, GA 30061; r. 510 Forest Pl., Roswell, GA 30076.
HAYNES, Katherine '61 (See Turner, Katherine Haynes).
HAYNES, Stephan Thomas; '87 MBA; Investor Relations Rep.; American Electric Power, 1 Riverside Plz., POB 16631, Columbus, OH 43216, 614 223-2852; r. 6595 Retton Rd., Reynoldsburg, OH 43068, 614 868-7659.
HAYS, Betty Lamm; '45 BSBA; Retired; r. Shore Dr., POB 357, Oldsmar, FL 34677.
HAYS, Jayne '87 (See Cohn, Jayne Hays).
HAYS, Robert Davies; '50 BSBA; Sr. VP/Gen. Couns./Dir.; White Castle Syst. Inc., 555 W. Goodale St., POB 1498, Columbus, OH 43216, 614 228-5781; r. 2151 Sheringham Rd., Columbus, OH 43220, 614 451-3492.
HAYS, Robert James; '84 BSBA; Staff/Navistar; r. 6523 Faircrest, Columbus, OH 43229.
HAYS, Roberta Bridgman, (Roberta Bridgman); '49; Homemaker; r. 7121 Hill Rd, Plain City, OH 43064, 614 873-5748.
HAYS, Stephen Clarke; '75 BSBA; Regional Sales Mgr.; Starcraft Co. Automotive Div., 2703 College Ave., Goshen, IN 46526, 800 348-7440; r. 420 Sunnyside Ave., Meadville, PA 16335, 814 724-7412.
HAYSLETT, Maureen Mc Cabe; '86 BSBA; 2188 Bellsburg Dr., Dayton, OH 45459.
HAYSLIP, Jerl Richard; '76 BSBA; 351 Shore Dr., Suwanee, GA 30174.
HAYWARD, Charles Edward; '75 MPA; Secy.; Svcs. for Children, Youth & Family, 330 E. 30th St. 3rd Fl., Wilmington, DE 19802, 302 571-2818; r. 1220 Grinnell Rd., Green Acres, Wilmington, DE 19803, 302 478-6374.
HAYWARD, William Michael; '71 BSBA; 1000 Urlin Ave., Columbus, OH 43212, 614 486-4435.
HAYWOOD, Glenn Gene; '79 BSBA; Agt.; Nationwide Ins. Co., 224 Front St., Berea, OH 44017, 216 243-5050; r. Same.
HAYWOOD, Linda Ruthardt; '84 BSBA; Tuxedo Accessory Buyer; Tuxacco Inc., 257 Rittenhouse Cir., Bristol, PA 19007, 215 785-2300; r. 3257 Trevose Ave., Trevose, PA 19047, 215 357-1989.
HAYZLETT, Robert Oen; '87 BSBA; 833 Circle Dr., Wapakoneta, OH 45895, 419 738-2792.
HAZELBAKER, Ralph E.; '59 MBA; Pres.; Paradigm Corp., 1810 Mackenzie Dr., Columbus, OH 43220, 614 457-7353; r. 5157 Olentangy River Rd., Columbus, OH 43235, 614 451-4032.
HAZELBAKER, Thomas Dean; '72 BSBA; CPA/Managing Partner; Clark Schaefer Hackett & Co., 160 N. Breiel Blvd., Middletown, OH 45042, 513 424-5000; r. 7806 Thomas Rd., Middletown, OH 45042, 513 425-9343.
HAZELTON, Ms. Anne Burrough; '87 BSBA; Accounts Payable Auditor; Victoria's Secret Stores, 3 Limited Pkwy., Columbus, OH 43216, 614 479-5137; r. 147 Corbin's Mill Dr., Dublin, OH 43017, 614 792-2274.
HAZELTON, Jon G.; '60 BSBA; Sr. VP; Society Bank, 34 N. Main St., Dayton, OH 45402, 513 226-6355; r. 6600 Green Park Dr., Centerville, OH 45459, 513 434-4030.
HAZELTON, Keith Harding; '83 MBA; VP; The Huntington Natl. Bank, POB 1558, HC 1210, Columbus, OH 43216, 614 463-4627; r. 5960 Gina Pl., Columbus, OH 43231, 614 890-4793.
HAZELTON, Dr. Philip M.; '63 BSBA; Pastor; Orchard Lake Presbyterian Church, 5171 Commerce Rd., Orchard Lake, MI 48033, 313 682-0730; r. 5759 Dunmore Dr., W. Bloomfield, MI 48322, 313 855-8126.
HAZELTON, Roger L.; '63 BSBA; Sr. VP-Mktg.; Falcon Jet Corp., 777 Terrace Ave., Hasbrouck Hts., NJ 07608, 201 288-5300; r. 144 Spook Rock Rd., Suffern, NY 10901, 914 368-3813.
HAZEN, Jackie Ann '85 (See Hughes, Jackie Ann).
HAZLE, Donald Allen; '68 BSBA; RR 1, Warriors Mark, PA 16877, 814 692-8424.
HAZLETT, Scott Alan; '87 BSBA; 6904 Avery Rd., Dublin, OH 43017, 614 891-3146.
HAZLETT, Thomas Jerry, CPA; '67 BSBA; Mgr.Con. & Fin. Reporting; Firestone Tire & Rubber Co., Ste. 37150, 205 N. Michigan Ave., Chicago, IL 60601, 312 819-8618; r. 1335 Oriole Dr., Munster, IN 46321, 219 838-7520.
HAZLINGER, Paul Michael; '76 MPA; Div. Mgr. Facility Dev.; Taco Bell, 1395 S. Marietta Pkwy., Marietta, GA 30067, 404 423-3578; r. 342 Lands Mill Dr., Marietta, GA 30067, 404 955-3990.
HAZNERS, Lisa Lidia; '84 BSBA; Ast. Mgr.-Merchant Info.; May Co.-Cleveland, 158 Euclid Ave., Cleveland, OH 44114, 216 575-7120; r. 29655 Detroit Rd. #201, Westlake, OH 44145, 216 835-4158.
HAZUCHA, Ms. Claire Sawaya, (Claire A. Sawaya); '79 MSW; Dir.; City of Columbus, Management & Budget, 90 W. Broad St., Columbus, OH 43215, 614 222-8200; r. 2589 Elliott Ave., Columbus, OH 43204, 614 276-0281.
HEAD, Robert Depew; '65 BSBA; Asst. Co Prosecutor; r. 5137 Cobblestone Dr. #D, Columbus, OH 43220.
HEADINGTON, Cary Ross; '64 BSBA; CPA; 304 City Ctr. Bldg., Ludington, MI 49431, 616 843-4205; r. 1485 Preston Ridge NW, Grand Rapids, MI 49504, 616 453-7622.
HEADLEY, Herschel K.; '32 BSBA, '33 BA; Retired; r. 3400 Stonebridge Rd., Dayton, OH 45419, 513 293-8086.
HEADLEY, Philip Alan; '63 BSBA; 456 Pellett Rd, Webster, NY 14580, 716 671-5575.
HEADLEY, Randall Parker; '69 BSBA; Dir.-Employee Relations; Setterlin Constr. Co., POB 21288, 2000 Kenny Rd., Columbus, OH 43221, 614 486-7108; r. 4160 Mountview Rd., Columbus, OH 43220, 614 459-1541.
HEADRICK, Joann Bahn; '63 BSBA; Systs. Analyst; Mead Corp., 1040 Marietta St. NW, Atlanta, GA 30318; r. 16 Sycamore Sq., Decatur, GA 30030, 404 378-6140.
HEAGEN, John R.; '38 BSBA; 7518 Sebago Rd, Bethesda, MD 20817, 301 420-2327.
HEAGEY, Mrs. Mary C., (Mary C. Garber); '49; Freelance Fashion Model; r. 16104 2nd St., E., Redington Bch., FL 33708, 813 392-1083.
HEALD, James L.; '48 BSBA; Pres.; First Natl. Bank of Ironton, 120 S. 3rd St., Ironton, OH 45638, 614 532-0363; r. 1006 Kemp Ln., Ironton, OH 45638, 614 532-4389.
HEALEY, Jane Armstrong, (Jane Armstrong); '34 BSBA; Retired Dist. Mgr.; Ohio Bell; r. 216 Deland Ave., Columbus, OH 43214, 614 262-1709.
HEALEY, Ms. Kimberly Beth; '86 BSBA; Mundi Ltd., Rm. 1211, Rui Jin Bldg., 205 Mao Min Rd. S., Shanghai, China; r. 4613 Hawkins Rd., Richfield, OH 44286, 216 659-9454.
HEALY, Dr. Denis Francis; '69 MBA, '73 PhD (BUS); POB S, Durham, NH 03824, 603 659-5948.
HEAPHEY, Thomas Cullen; '86 BSBA; Deputy Auditor; City of Whitehall, 360 S. Yearling, Whitehall, OH 43213, 614 237-8611; r. 4665 B Eastway Ct., Columbus, OH 43213, 614 866-1084.
HEAPHY, Jeffrey John, LNHA; '83 BSBA; Sr. Reimbursement Cnslt.; Nachtrab, Cousino, O'Neil, Treuhaft & Co., CPA's, POB 409, Sylvania, OH 43560, 419 885-4704; r. 1616 Park Forest, Toledo, OH 43614, 419 381-1206.
HEARD, Clarence David, Jr.; '75 BSBA; Telecom Engr.; Armco Inc., 703 Curtis St., Middletown, OH 45042; r. 1213 Young St., Middletown, OH 45042, 513 424-1008.
HEARD, CAPT Wanda F., USAF; '83 BSBA; Acctg. & Finance; 9th Strategic Reconnaissance Wing, Beale AFB, CA 95903, 916 634-4407; r. 1210 E. 22nd, Apt. #6, Marysville, CA 95901, 916 743-8051.
HEARING, Harold P.; '49 BSBA; 3960 Brumley Dr., Bridgeton, MO 63042, 314 291-2645.
HEARLIHY, Patrick Edward; '75 BSBA; Pres.; Hearlihy & Co., 714 W. Columbia St., Springfield, OH 45504, 513 324-5721; r. 117 Englewood Rd., Springfield, OH 45504, 513 399-4092.
HEARN, John C.; '27; Retired; r. 1631 Roxbury Rd. #C, Columbus, OH 43212, 614 488-8352.
HEARTSTEDT, Edmund Everett; '80 BSBA; Acct. Exec./Mgr.; Corroon & Black of Ohio, 22255 Ctr. Ridge Rd, Rocky River, OH 44116; r. 14745 Sleepy Hollow, Russell, OH 44072, 216 338-1277.
HEASLEY, Robert Daniel; '83 BSBA; Asst. VP; Huntington Natl. Bank, POB 1558, Columbus, OH 43227; r. 2968 Stone Mountain Dr., Pickerington, OH 43147, 614 861-3352.
HEATH, Carolyn Denise; '81 MBA; 110 Ridgewood Rd, Tarboro, NC 27886, 919 823-3195.
HEATH, Charles Perry; '88 BSBA; Student; Ohio State Univ.; r. 1758 N. High St. 6, Columbus, OH 43201.
HEATH, Eugene R.; '51 BSBA; Apartado Postal 1117, Guatemala, Guatemala.
HEATH, Frederick A.; '56 BSBA; Traffic Mgr.; Point Transfer Inc., 5075 Navarre Rd SW, Canton, OH 44706; r. 322 Cristland NW, N. Canton, OH 44720, 216 494-1664.
HEATH, Michael James; '85 BSBA; 9605 Ramm, Monclova, OH 43542.
HEATH, Nancy Jane Sprecher; '82 BSBA; Staff; P P G Industries Inc., One Ppg Pl., Pittsburgh, PA 15272; r. 662 Whispering Hills Dr., Chester, NY 10918.
HEATH, Mrs. Sheila M., (Sheila M. Bussmann); '76 BSBA; Supv./Mktg.; Anchor Hocking Packaging, Lancaster, OH 43130, 614 687-2114; r. 517 E. Allen St., Lancaster, OH 43130, 614 687-1346.
HEATH, William John; '84 BSBA; Operations Mgr.; PPG Industries, Inc., W. Gate Industrial Park, Goshen, NY 10924, 800 992-2800; r. 5 Huey Ave., Pine Bush, NY 12566, 914 744-2830.
HEATH, William T.; '48 BSBA; Sales; Tubelite Co. Inc., POB 07806, Columbus, OH 43207, 614 443-9734; r. 2225 Swansea Rd, Columbus, OH 43221, 614 457-0664.
HEATON, Patricia '71 (See Schumaker, Mrs. Patricia).
HEATON, Terry Lynn; '77 BSBA; Terminal Mgr.; Smith's Transfer Corp., 6000 Hall St., St. Louis, MO 63147; r. 1503 Virginia Ave., Ellisville, MO 63011.
HEATON, LTC Wilford H.; '47 BSBA; Lt. Col. Usa Retired; r. 4411 Bikini Dr., San Antonio, TX 78218, 512 656-1489.
HEATWOLE, COL James W., USA(Ret.); '50 MBA; Town Mgr.; City of Narrows, Narrows, VA 24124; r. 518 Scenic Dr., Narrows, VA 24124, 703 726-3514.
HEATWOLE, Lynn '83 (See Nelson, Lynn Heatwole).
HEATWOLFE, Robert; '74 BSBA; Commercial Loan Offcr; Southeast Bank, Sarasota, FL 33583; r. POB 2018, Sarasota, FL 34230.
HEBBLE, Charles M.; '28 BSBA; Retired; r. 408 Mad River St., Forest, OH 45843, 419 273-2103.
HEBBLE, David H.; '63 BSBA; VP of Finance; American Bldg. Maint. Ind, 333 Fell St., San Francisco, CA 94102, 415 864-5150; r. 3262 La Canada, Lafayette, CA 94549, 415 932-2971.
HEBDEN, Edward, Jr.; '54 BSBA; Retired IRS Agt.; r. 2221 Oakland Pkwy., Lima, OH 45805, 419 229-5192.
HEBER, Robert A.; '57 BSBA; Works Mgr.; Robert Shaw Controls Co., 3705 Marlane Dr., Grove City, OH 43123, 614 875-2351; r. 4390 Norwell Dr. E., Columbus, OH 43220, 614 451-8538.
HEBERGER, Mrs. Cheryl Eileen, (Cheryl Eileen Zimmerman); '72 BSBA; Admin.; Baker Manock & Jensen, 5260 N. Palm, Fresno, CA 93704, 209 432-5400; r. 4855 N. Sunset Dr., Fresno, CA 93704, 209 222-4177.
HEBERLING, Hon. Martin M.; '56 BSBA; Judge; Oberlin Municipal Ct., 85 S. Main St., Oberlin, OH 44074, 216 775-1751; r. 129 Orchard Hill Rd., Amherst, OH 44001, 216 988-8775.
HEBERT, Christopher Peter; '79 BSBA; Real Estate Sales Rep.; M/I Homes, 1855 E. Dublin-Granville Rd, Columbus, OH 43229; r. 214 Camrose Ct., Columbus, OH 43230, 614 476-6600.
HEBERT, David G.; '88 BSBA; Staff Acct.; Deloitte Haskins & Sells, 100 Chase Stone Ctr., POB 938, Colorado Spgs., CO 80901; r. 6435 Nanette Way, Colorado Spgs., CO 80918.
HEBERT, Lisa Marie, (Lisa Marie Buettner); '87 BSBA; Sr. Asst. Mgr.; Assocs. Financial Svcs., 10565 Lee Hwy., Fairfax, VA 22030, 703 385-2044; r. 5106 Woodmere Dr., Apt. 303, Centreville, VA 22020, 703 266-2352.
HEBERT, Lisa Marie; '82 BSBA; Inbnd Field Supt. Eng; Frito-Lay Inc., Div Pepsico Inc, 7701 Legacy Dr., Plano, TX 75074, 214 353-2177; r. 1724 Brookdale Rd., 21, Naperville, IL 60540.
HECHT, Craig A.; '85 BSBA; Tax Map Researcher; Erie Cnty. Hwy. Engrg. Dept., 2718 Columbus Ave., Sandusky, OH 44870, 419 627-7661; r. 421 Cedar Point Rd., Sandusky, OH 44870, 419 625-9608.
HECHT, David Louis; '79 MBA; Budget Analyst; Baystate Med. Ctr., 759 Chestnut St., Springfield, MA 01199, 413 784-4182; r. 9 Westernview Dr., Wilbraham, MA 01095, 413 596-8254.
HECHT, Edward B.; '61 BSBA; Sales Mgr.; Dataproducts Corp., 6200 Canoga Park, Woodland Hls., CA 91365, 818 887-8762; r. 532 Azalea, Thousand Oaks, CA 91360, 805 492-3938.
HECHT, Linda Elizabeth; '85 BSBA; 7291 Gaugherty, Reynoldsburg, OH 43068, 614 864-7013.
HECK, Charlotte Sebald; '47 BSBA; 4764 James Hill Rd, Dayton, OH 45429, 513 434-3105.
HECK, Laura Marie; '86 BSBA; 430 Queens Rd., #132, Charlotte, NC 28207, 704 333-3846.
HECK, Thomas F.; '49 BSBA; 4764 James Hill Rd, Dayton, OH 45429, 513 434-3105.
HECKEL, Laurie Ann; '80 BSBA; Import Car Sales; Lynch Imports Ltd., 5301 W. Irving Park Rd., Chicago, IL 60641, 312 283-1200; r. 30 E. Elm St. #18-F, Chicago, IL 60611, 312 266-7279.
HECKELMAN, William T.; '49 BSBA; Auto Dealer; r. 1690 Newark Granville Rd NE, Granville, OH 43023, 614 587-1230.
HECKENHAUER, John Frederick; '57 BSBA; Mgr. of Operation; Eaton Corp., Transmission Division, 222 E. Mossel Ave., Kalamazoo, MI 49007; r. 6328 Cherrywood, Portage, MI 49002, 616 323-2323.
HECKLER, Eugene C.; '50 BSBA; Retired; r. 150 Saddle Creek Dr., Roswell, GA 30076, 404 998-1874.
HECKMAN, Eric Thomas; '83 BSBA; Staff; Hobart Corp., Government Contracts Admin, World Headquarters Ave., Troy, OH 45374, 513 332-2162; r. 514 Lindsey St., Piqua, OH 45356, 513 773-3436.
HECKMAN, George C.; '51 BSBA; Grp. Engr.; Lockheed Missiles/Space Co. Inc., 1111 Lockheed Way, Sunnyvale, CA 94086; r. 1090 Zamora Ct., Milpitas, CA 95035.
HECKMAN, John Raymond; '68 BSBA; Staff; Federated Dept. Stores Inc., 7 W. 7th St., Cincinnati, OH 45202; r. 11020 SW 42nd Ct., Davie, FL 33328, 305 473-6171.
HECKMAN, Larry L.; '66 BSBA, '67 MBA; Mktg. Mgr.; IBM Corp., Ofc. Products Division, 3610 Fourteenth St., Riverside, CA 92501; r. Same.
HECKMAN, Richard William; '83 BSBA; Salesman/Pilot; Steven's Aviation, Hangar 2 Metropolitan Airport, Nashville, TN 37217, 615 360-8102; r. 312 Brandiwood Ct., Old Hickory, TN 37138, 615 847-4435.
HECKMAN, Robert Alan; '82 BSBA; 541 Thoma Pl., Apt. C, Vandalia, OH 45377, 513 890-2485.
HECKMAN, Sandra Kay; '85 BSBA; Sr. Acct.; Deloitte Haskins & Sells, 155 E. Broad St., Columbus, OH 43215, 614 221-1000; r. 4446 Mobile Dr. #301, Columbus, OH 43220, 614 459-6746.
HEDDLESON, Caroline Dozer, (Caroline Dozer); '66 BSBA; Owner; Carriage Travel Svc., 3964 E. Main St., Columbus, OH 43213, 614 235-2371; r. 132 S. Drexel Ave., Columbus, OH 43209, 614 258-3700.
HEDDLESTON, Russell A.; '32 BSBA; Retired; r. 11100 Coastal Hwy., Ocean City, MD 21842, 301 524-4378.
HEDGE, Michael James; '74 BSBA; Sr.VP Assoc. Media Dir.; BBDO, 1285 Ave. of Americas, New York, NY 10019, 212 459-6254.
HEDGE, Stephen Andrew; '77 MPA; Exec. Dir.; Ohio Assn. of Community Mental Hlth., 35 E. Gay St., Ste. 404, Columbus, OH 43215, 614 224-1111; r. 278 Chriswood Ct., Worthington, OH 43085, 614 847-1616.
HEDGEPETH, James Edward; '79 BSBA; Stf/Fed. Reserve Bank; r. 552 Meredith Ln., Cuyahoga Falls, OH 44223, 216 922-0167.
HEDGES, David Brian; '81 BSBA; Sales Repr; Lanier Business Prods., 8585 Stemmons Frwy. Ste. 303, Dallas, TX 75247; r. 3301 Cliffview Dr., Denton, TX 76205.
HEDGES, Diane Elizabeth; '87 BSBA; 5587 Copenhagen Dr., Westerville, OH 43081, 614 882-3474.
HEDGES, George E.; '49 BSBA; Retired; Keller Ins. Agency, POB 337, Lancaster, OH 43130; r. 1048 Fay Ave., Lancaster, OH 43130, 614 653-2283.
HEDGES, Jack V.; '51 BSBA; Partner-Owner; Mc Cormick-Hedges Ins., 726 E. Main St., Lebanon, OH 45036; r. 308 Sherwood Green Ct., Mason, OH 45040, 513 398-8637.
HEDGES, Mark Vawter; '81 BSBA; 3087 Brandon, Columbus, OH 43221.
HEDGES, Paul Richard; '78 BSBA; Financial Cnslt.; Merrill Lynch, 100 E. Broad St., Columbus, OH 43215, 614 225-3000; r. 920 Kenmure Ct., Columbus, OH 43220, 614 459-0526.
HEDLAND, Robert W.; '50 BSBA; VP/Mktng; Wooster Brush Co., 604 Madison Ave., Wooster, OH 44691, 216 264-4440; r. 3165 Country Club Dr., Medina, OH 44256, 216 725-6387.
HEDLAND, Victor A.; '61 MBA; 420 Mcintire Dr., Fairborn, OH 45324, 513 879-2115.
HEDRICK, Daisy Yurjevic, (Daisy Yurjevic); '35 BSBA; Retired; r. 2653 Riverbluff Pkwy., Sarasota, FL 34231, 813 922-0911.
HEDRICK, Earl J.; '35 BSBA; Retired; r. 2653 Riverbluff Pkwy., Sarasota, FL 34231, 813 922-0911.
HEDRICK, Robert N.; '58 BSBA; Sales Rep.; Watkins Motor Lines, 1819 Feddern Ave., Grove City, OH 43123, 614 875-0300; r. 2450 Sherwood Villa, Columbus, OH 43221, 614 442-6556.
HEDRICK, 2LT William Wayne; '87 MPA; Army Natl. Guard; r. 1645 14th St., Cuyahoga Falls, OH 44223.
HEEG, John Jude; '84 BSBA; 7868 Heathcock Ct, Westerville, OH 43081, 614 895-3727.
HEER, Hyman M.; '26; 44 Oakland Hills Pl., Rotonda West, FL 33947, 813 697-3863.
HEFFELFINGER, William H.; '39 BSBA; Owner & Operator; Heffelfinger Ins. Agcy., 114 Bank St., POB 55, Lodi, OH 44254, 216 948-1250; r. 218 Church St., Lodi, OH 44254, 216 948-1685.
HEFFKEN, Mark Raphael; '77 BSBA; Programming Mgr.; Cardinal Industries, 6060 Channingway, Columbus, OH 43227, 614 868-9114; r. 955 Hilton Dr., Reynoldsburg, OH 43068, 614 866-3329.
HEFFLEY, Lorie Ann '87 (See Parero, Mrs. Lorie Ann).
HEFFNER, Donald E.; '56 BSBA; Sales Comptroller; Crestview Cadillac, 6715 Sawmill Rd., Dublin, OH 43017; r. 409 Sentry Ln., Westerville, OH 43081, 614 891-3099.
HEFFNER, James E.; '47 BSBA; Family Hlth. Cnslt.; Neo-Life Health & Fitness Co., 5713 Azteca Dr., Ft. Worth, TX 76112, 817 451-5781; r. Same.
HEFFNER, Joseph Walter; '73 BSBA; Owner & Mgr.; Mt. Herman Greenhouses, Rte. 1, Dowelltown, TN, 615 597-5676; r. Dry Creek Rd Rte. 1, Dowelltown, TN 37059.
HEFFNER, Susan M.; '84 BSBA; Systs. Engr.; Ohio State Univ., University Hospitals, B418 Starling-Loving Hall, Columbus, OH 43210; r. 2428 Bradenton Ct., Worthington, OH 43085, 614 766-0480.
HEFFNER, Tom L.; '48 BSBA; Dist. Mgr. Dealer Sale; Gen. Tire & Rubber Co., 9219 Viscount Row, Dallas, TX 75247; r. General Tire & Rubber Co, 2170 French Settlement, Dallas, TX 75212.
HEFFRON, Vernon James; '38 BSBA; Retired; r. 12550 Lake Ave., Ste. 1107, Lakewood, OH 44107, 216 228-9300.
HEFNER, Ronald G.; '50 BSBA; 4100 Brice Rd, Canal Winchester, OH 43110, 614 837-9632.
HEFNER, William A.; '49 BSBA; Hercul/Kuppenheimer, POB 7050, Norcross, GA 30091.

HEFT, Deborah Ellen; '83 BSBA; Financial Analyst; United Savings Bank, 8219 Leesburg Pike, Vienna, VA 22180, 703 478-7400; r. 3119 Covington St., Fairfax, VA 22031, 703 280-9031.
HEFT, Jean Wallace; '48 BSBA; 85 Hampshire Dr., Boynton Bch., FL 33436, 407 734-6345.
HEFT, Mary Ann; '81 BSBA; Acct.; American Electric Power Svc. Corp., 1 Riverside Plz., Columbus, OH 43215, 614 223-2668; r. 3582 Keeper Ct., Hilliard, OH 43026, 614 876-9175.
HEFTY, Judy Polter; '75 BSBA; Stf/Christian Ctr Sc; r. 10080 Apple Wood Ct., Burke, VA 22015, 703 250-4436.
HEFZALLAH, Mona Ghaleb; '59 BSBA; c/o Mr Ibrahim M. Hefzallah, Teachers Clg. Dept. Educ., Cairo, Arab Republic Of Egypt.
HEGARTY, John P.; '70 MBA; Dir., Human Resources; Lanier, 1700 Chantilly Dr. NE, Atlanta, GA 30324, 404 329-8111; r. 522 Hickory Hills Dr., Stone Mtn., GA 30083, 404 469-6445.
HEGDE, Dr. Krishna Ganapa; '76 MBA, '83 PhD (BUS); Asst. Prof.; State Univ. of New York, Sch. of Business, 1400 Washington Ave., Albany, NY 12222; r. Karki Tq-Honavar N Kanara Dist, Karnataka State, India.
HEGELE, David A.; '43 BS; Retired; r. 550 Kaiaulu Loop, Makawao, HI 96768, 808 572-6861.
HEGLER, John Joseph, Jr.; '72 BSBA; Sales/Leasing Agt.; Epler Realty Co., 513 E. Rich St., Columbus, OH 43215, 614 461-4567; r. 2687 Charing Rd., Columbus, OH 43221, 614 488-8509.
HEGRENESS, Steven Eric; '75 BSBA; Technical Spec.; J C Penney Casualty Ins. Co., 800 Brooksedge Blvd., Westerville, OH 43081; r. 4930 Parkmoor Dr., Westerville, OH 43081, 614 890-8745.
HEIBERGER, Irene A.; '81 BSBA; 4151 Randmore Ct., Columbus, OH 43220.
HEICHEL, Douglas Eugene; '83 BSBA; Asst. Mgr.; Big R Distributors Two Rskm, 716-718 Grand Central Ave., Rte. 17, Horseheads, NY 14845; r. 104 Roosevelt Ave., Apt. 4B-2, Horseheads, NY 14845, 607 739-3182.
HEID, Charles Frank; '86 BSBA; Sr. Tax Cnslt.; Ernst & Whinney, 1900 Toledo Trust Bldg., Toledo, OH 43604, 419 241-8800; r. 1731 Longwood Dr., Toledo, OH 43615, 419 535-8722.
HEIDENESCHER, Richard Lee; '76 BSBA; Natl. Account Mgr.; RJR/Nabisco, 7031 Orchard Lake, Ste. 203, W. Bloomfield, MI 48322, 313 851-3200; r. 24922 White Plains, Novi, MI 48050, 313 347-0885.
HEIDKAMP, Janet Rose; '82 BSBA; Proj. Leader; GE Co., Nela Park, Cleveland, OH 44112; r. 7301 Olde Farm Ln., Mentor, OH 44060, 216 942-6097.
HEIDKAMP, Philip Charles; '87 BSBA; Field Svc. Rep.; I T T Commercial Finance, 7525 E. Camelback, Scottsdale, AZ 85151, 800 289-4488; r. 4650 W. Oakey #2244, Las Vegas, NV 89102, 702 258-0196.
HEIDLEBAUGH, Scott Allen; '86 BSBA; 603 Dayton Ave., Findlay, OH 45840.
HEIDTMAN, Bonnie Susan; '84 BSBA; Computer Programmer; Gen. Dynamics Corp., Convair Division, 5001 Kearny Villa Rd., San Diego, CA 92123; r. 638 Diamond, San Diego, CA 92109.
HEIKEL, Harvey A.; '65 BSBA; Partner; Allwest Assocs., 56 Issaquah, Sausalito, CA 94965, 415 332-6498; r. 1001-J Bridgeway #150, Sausalito, CA 94965, 415 332-6498.
HEIKKILA, Neil D.; '64 BSBA; Atty.; r. POB 5445, Hopkins, MN 55343, 617 935-2265.
HEIL, Lew Townsend; '66 BSBA; 69459 Heils Ln., Bridgeport, OH 43912, 614 635-2482.
HEIL, Russell Alexus; '84 BSBA; Underwriter; The Cincinnati Ins. Co., Gilmore Rd., Cincinnati, OH 45209; r. 2728 Westbourne Dr., Cincinnati, OH 45248, 513 451-4563.
HEIL, Sally J. '84 (See Hopper, Mrs. Sally Jo H.).
HEILBRUN, Jeffrey M.; '80 BSBA; Asst. Dir. of Golf; O.B. Sports, Inc., c/o Teton Pines Golf Club, Star Rte., Box 3669, Jackson, WY 83001, 307 733-2860; r. POB 7077, Jackson, WY 83001, 307 733-8417.
HEILMAN, Catherine J.; '84 BSBA; 409 St. Rte. 42, Polk, OH 44866.
HEILMAN, David Alan; '80 BSBA; Dist. Rep.; Liebert Corp., 1050 Dearborn Dr., Worthington, OH 43085; r. 375 Walhalla Dr., Columbus, OH 43202, 614 262-2939.
HEILMAN, Doris M., (Doris Marshalls); '46 BSBA; Community Volunteer; r. 115 Main St., Defiance, OH 43512, 419 782-1736.
HEILMAN, Michael Lavern; '88 BSBA; 89 E. Patterson, Columbus, OH 43202, 614 263-9950.
HEILMAN, Robert Guthrie; '80 MBA; VP/Plant Mgr.; Texas Foundries Inc., 1611 N. Raguet St., Lufkin, TX 75901, 409 632-4451; r. 303 Trailwood Cir., Lufkin, TX 75901, 409 632-8045.
HEIM, Harry L.; '47 BSBA; Divisional VP; F & R Lazarus Co., 7th & Race Sts., Cincinnati, OH 45202, 513 369-7090; r. 12098 Snider Rd., Cincinnati, OH 45249, 513 489-5224.
HEIM, Sybil Duffy; '48; 12098 Snider Rd., Cincinnati, OH 45249, 513 489-5224.
HEIM, William G.; '49 BSBA; Pres.; The Bill Heim Co., 133 E. College St., Granville, OH 43023, 614 587-2137; r. 115 E. College St., Granville, OH 43023, 614 587-1416.
HEIMAN, Leonard L.; '54 BSBA; Salesman; Megastar Apparrel Grp., POB 586008, Dallas, TX 75258, 214 630-7450; r. Same, 214 241-8301.
HEIMANN, Raymond A.; '43 BSBA; Retired; Columbus Southern Power, Subs:American Electric Power, 215 N. Front St., Columbus, OH 43215; r. 1177 Blind Brook Dr., Worthington, OH 43235, 614 885-2194.
HEIMANN, Dr. Stephen Raymond; '71 MACC, '72 PhD (ACC); Staff; Battelle Rsch. Inst., 505 King Ave., Columbus, OH 43201; r. 81 Bellefield Ave., Westerville, OH 43081, 614 890-8830.
HEIMEL, John D.; '58 BSBA; Retired; r. 3839 Bassett Rd., Rootstown, OH 44272, 216 325-7991.
HEIMLICH, Charles Matthew; '86 BSBA; Salesman; Miesse Nursing Home Supply, 3167 E. Main St., Columbus, OH 43213, 614 237-8291; r. 1024 Taylor Sta., Blacklick, OH 43004, 614 866-1159.
HEIMLICH, Richard A.; '56; CPA/Partner; Kirschner Heimlich & Mulligan, 729 S. Front St., Columbus, OH 43206, 614 444-9811; r. 3142 Bembridge Rd., Upper Arlington, OH 43221.
HEIMSCH, Ruth '51 (See Goodwin, Ruth Heimsch).
HEIN, E. Stewart; '52 BSBA, '54 MBA; Wstrn Rgnl Sales Mgr.; Continental Can Co., 1420 E. Edinger Ave., Santa Ana, CA 92705, 714 547-9285; r. 27091 Santa Susana, Mission Viejo, CA 92691, 714 582-0277.
HEIN, John Edward; '77 BSBA; Mgr. Application Sup.; Riverside Meth. Hosps., 3535 Olentangy River Rd., Columbus, OH 43214, 614 261-5000; r. 8899 Walton Ln., Powell, OH 43065, 614 764-1307.
HEIN, Michael Robert, II; '85 BSBA; Crew; Yacht Matador, 333 Elm St., Dedham, MA 02026, 617 461-0550; r. 1547 Guilford Rd., Columbus, OH 43221, 614 486-5120.
HEINE, Bruce Viel; '68 BSBA; Atty.; Heine B. Moyer, 5880 Sawmill Rd., Dublin, OH 43017, 614 766-6700; r. 3800 Criswell Dr., Columbus, OH 43220, 614 451-9863.
HEINE, Michael F.; '80 BSBA; Regional Sales Mgr.; Strato Med., POB #3148, Beverly, MA 01915, 614 766-0569; r. 6971 Literary Ln., Dublin, OH 43017, 614 766-1097.
HEINE, Walter F., III; '85 BSBA; Acct.; Jemo Assoc. Inc., 6150 Sunbury Rd., Westerville, OH 43081; r. 304 E. High St., Ashley, OH 43003, 614 747-2511.
HEINEMAN, Donald Russell; '59 BSBA; Sr. Technical Sales Rep.; ICI Americas Inc., Rollins Bldg. 8th Fl., Wilmington, DE 19897, 302 575-8129; r. 1126 Terranova, Houston, TX 77090, 713 893-1389.
HEINEMAN, CAPT Joseph William, USN; '68 BSBA; Exec. Asst. to the CDR.; Nav. Air Systs. Cmd., POB 16612, Arlington, VA 22215, 202 692-2260; r. 9106 Peartree Landing, Alexandria, VA 22309, 703 799-7763.
HEINER, Theresa '77 (See Lewis, Mrs. Theresa Heiner, CPA).
HEINES, Michael Alan; '87 BSBA; Real Estate Developer; Ack-Mor Properties, Inc., 1047 St. Gregory, Cincinnati, OH 45202, 513 579-0313; r. 1013 St. Gregory, Apt. 4, Cincinnati, OH 45202, 513 381-5277.
HEINEY, Joseph; '58 BSBA; 5101 River Rd, Washington, DC 20016.
HEINI, John; '80 MBA; 7103 W. Jefferson, Mentor, OH 44060.
HEINICK, Maryann '78 (See Shamis, Maryann).
HEINIGER, John Jay; '68 BSBA; Acct.; Buckeye News Co., 2021 Adams St., Toledo, OH 43624, 419 243-2161; r. 6602 Kingsbridge Dr., #2, Sylvania, OH 43560, 419 885-3147.
HEINL, John Michael; '82 BSBA; Gen. Mgr.; Ponderosa, 519 N. Reynolds, Toledo, OH 43615, 419 536-0336; r. 1029 Scribner, Maumee, OH 43537, 419 893-9350.
HEINLE, Cynthia Anne; '86 BSBA; Staff; Indiana Natl. Bank, Sub/Indiana Nat Corp, One Indiana Sq., Indianapolis, IN 46266; r. 4831 Macy Dr., Greenwood, IN 46142, 317 885-8311.
HEINLEN, Calvin X.; '30 BSBA; Retired; r. 2981 E. Powell Rd., Westerville, OH 43081, 614 885-7500.
HEINLEN, Stephen Henry; '69 BSBA; Pres.; S.H. Heinlen Inc., 8941 Dublin Rd., Powell, OH 43065, 614 889-9415; r. Same.
HEINMILLER, John Charles; '76 BSBA; Partner; Grant Thornton, 500 Pillsbury Ctr., Minneapolis, MN 55402, 612 332-0001; r. 9786 Archer Ln., Eden Prairie, MN 55347, 612 941-2022.
HEINMULLER, Jeanne Hall; '83 BSBA; Staff; Doctors Hosp. North, 1087 Dennison Ave., Columbus, OH 43201; r. 1930 Stelzer Rd., Columbus, OH 43219, 614 471-0377.
HEINRICH, James Rodney; '66 MBA; Pres.; St. Marys Hardware Co. Inc., 158 E. High St., St. Marys, OH 45885, 419 394-4257; r. 1101 Robin Rd, St. Marys, OH 45885, 419 394-2535.
HEINTEL, Arthur Charles; '78 MBA; VP & Regional Mgr.; Security Pacific Natl. Bank, Corporate Banking National Div, 333 S. Hope St., Los Angeles, CA 90071, 216 566-1630; r. 1450 Graber Ave., Lakewood, OH 44107, 216 529-9596.
HEINTSCHEL, James Paul, II; '78 BSBA; Mgr. Commercial Svcs.; Emro Mktg. Co. (Marathon Oil), 2525 W. Limestone St., Springfield, OH 45503, 513 390-1320; r. 3812 Marbella St., Springfield, OH 45502, 513 324-1244.
HEINTZ, Ms. Diane Lynn; '78 BSBA; Acctg. Mgr.; John Nuveen & Co., Inc., 333 W. Wacker Dr., Chicago, IL 60606, 312 917-7962; r. 1008 Rene Ct., Park Ridge, IL 60068, 312 692-4525.
HEINTZ, Jane Lettich, (Jane Lettich); '50; Acct. Dept.; Gerbig Snell Weisheimer Assoc., Advertising Dept., 425 Metro Pl. N., Worthington, OH 43017; r. 2174 Mc Coy Rd., Columbus, OH 43220, 614 451-3729.
HEINTZ, John E.; '48 BSBA; Retired; r. 2174 Mc Coy Rd., Columbus, OH 43220, 614 451-3729.
HEINTZ, Neal L.; '56 BSBA; Retired; r. 4093 14th Ln. NE, St. Petersburg, FL 33703, 813 526-9418.
HEINTZ, William W.; '51 BSBA; Sales Mgr.; Standard Fruit & Steamship Co., 1450 Panorama Dr. W., Long Beach, CA 90802; r. 16401 Woodstock Ln., Huntington Bch., CA 92647.
HEINTZELMAN, Ross G.; '48 BSBA; Retired; r. 206 Grandview, NW, Canton, OH 44708.
HEINZERLING, Dr. Robert A.; '54 BSBA; Pres. & Exec. Dir.; Heinzerling Fndn., 1800 Heinzerling Dr., Columbus, OH 43223, 614 272-8888; r. 1190 Kingsdale Ter., Columbus, OH 43220, 614 451-6650.
HEINZEROTH, Charles W.; '50 BSBA; Retired; r. 243 Sutton Ave. NE, N. Canton, OH 44720, 216 499-4665.
HEINZMAN, Edward R.; '41 BSBA; Retired; r. 2659 E. Market St., Warren, OH 44483, 216 372-5006.
HEINZMAN, Patrick Lee; '79 BSBA; Dir. of Mktg. & Info.; Fahlgren & Swink Advt., 655 Metro Pl., S., Ste. 700, Dublin, OH 43017, 614 766-3500; r. 4195 Valley Quail Blvd. S., Westerville, OH 43081, 614 895-0729.
HEISCHMAN, Ms. Mary Lou; '80 MPA; Chief, Bureau of Oper.; Ohio Dept. of Human Svcs., 30 E. Broad St., Columbus, OH 43266, 614 466-6176; r. 966 Cross Country Dr. E., Westerville, OH 43081, 614 890-5974.
HEISE, Robert W.; '87 BSBA; Sales & Mktg. Rep.; Automatic Data Processing, 4500 Enterprise Dr., Allen Park, MI 48101, 313 487-8419; r. 9614 Millbrook Dr., Cincinnati, OH 45231, 513 522-9069.
HEISEL, Dwight Richard, II; '81 BSBA; 6980 Wildcat Pk, New Bloomington, OH 43341, 614 499-2882.
HEISEL, Stephen Richard; '79 BSBA; Sr. Mgr.; Gowin Ferris & Gurman, CPA's, 8280 Greensboro Dr., Ste. 350, Mc Lean, VA 22102, 703 734-2300; r. 6020 Kathmoor Dr., Alexandria, VA 22310, 703 922-7075.
HEISER, Leonard Sherman; '78 BSBA; 1807 E. 22nd St., Cleveland, OH 44114, 216 621-1467.
HEISER, Steven Lawrence; '74 MPA; Loan Ofcr.; Buckeye Fed. S&L, 36 E. Gay St., Columbus, OH 43215; r. 1687 Doone Rd., Columbus, OH 43221, 614 486-5884.
HEISEY, Huffman R.; '60 BSBA; Dir., Sales Admin.; Tokheim Corp., Petroleum Mktg. Systs., POB 360, Ft. Wayne, IN 46801, 219 423-2552; r. 4902 Oak Creek Ct., Ft. Wayne, IN 46835, 219 485-4781.
HEISKELL, Harry R.; '46 BSBA; Retired; r. 5769 Autumn Hill Ct., Columbus, OH 43235, 614 451-6266.
HEISKELL, Thomas R.; '49 BSBA; Sales Rep.; r. 2462 SE 18th Cir., Ocala, FL 32671, 904 622-6373.
HEISKELL, William D.; '49 BSBA; Realtor; W.D. Heiskell & Son, 123 S. Court St., Circleville, OH 43113, 614 474-8848; r. 912 Circle Dr., Circleville, OH 43113, 614 474-7144.
HEISS, David William; '71 BSBA; 6217 Cascade Pass, Chanhassen, MN 55317, 612 474-1210.
HEISTER, Carl Crist; '59 BSBA; Retired; r. 149 E. Mulberry St., Lancaster, OH 43130, 614 687-9113.
HEITGER, Dr. Lester E.; '66 BSBA; Prof./Acctg.; Indiana Univ., Sch. of Business, Bloomington, IN 47401; r. 3404 Winston St., Bloomington, IN 47401, 812 339-6260.
HEITKAMP, Dennis M.; '67 MBA; VP; Texas Commerce Bk., PO Drawer 311388, 111 W. San Antonio St., New Braunfels, TX 78131, 512 625-7541; r. Rte. 5 Box 75 D, New Braunfels, TX 78132, 512 899-4590.
HEITMEYER, Daniel Lee; '73 BSBA; Owner/Operator; Heitmeyer Builders, 11717 Brookwood Ct., Pickerington, OH 43147, 614 837-4206; r. Same.
HEITMEYER, Norman C.; '84 BSBA; Mgmt. Trainee; Bank One, 100 E. Broad St., Columbus, OH 43215; r. 7142 Chadwood N., #1B, Columbus, OH 43235.
HEITMEYER, Thomas Gerald; '86 BSBA; 16116 Rd M, Ottawa, OH 45875, 419 532-2177.
HEITZ, Gordon Douglas; '71 BSBA; 63 Daleview Dr., Westerville, OH 43081, 614 890-0901.
HEITZMAN, Samuel H., Jr.; '59 BSBA; 509 Jamestown Rd., Stratford, CT 06497.
HEIZER, Russell L.; '66 MBA; Admin. Mgr.; Owens-Illinois, Inc., Plastic Products Division, 4034 Mint Way, Dallas, TX 75237, 214 339-5211; r. 2316 Chimney Hill Dr., Arlington, TX 76012, 817 274-2407.
HEKSCH, Heidi Elisabeth; '88 BSBA; Acct.; B P America, 200 Public Sq., Cleveland, OH 44115, 216 586-3203; r. 2180 Fenway Dr., Beachwood, OH 44122, 216 381-8899.
HEKSCH, Robert Andrew; '81 BSBA; Dir. of Sales Support; Mutual Health Svcs. Co., Sub of Blue Cross/Blue Shield, 255 E. Main St., Columbus, OH 43215; r. 2180 Fenway, Beachwood, OH 44122, 216 381-8899.
HELAL, Edward M.; '59 BSBA; Mgr. Materials Mgmt.; Faultless Rubber Co.-Abbott Labs, 268 E. 4th St., Ashland, OH 44805, 419 289-3555; r. 1112 Cooper Dr., Ashland, OH 44805, 419 289-1090.
HELAL, Philip Michael; '86 BSBA; Systs. Analyst; Aluminum Co. of America, 1501 Alcoa Bldg., Pittsburgh, PA 15219, 412 553-2086; r. 505 Countryside Dr., Mc Kees Rocks, PA 15136, 412 787-5258.
HELBER, David Kent; '85 MBA; Staff; Bank One, 100 E. Broad St., Columbus, OH 43215, 614 248-4977; r. 5790 Clear Stream Way, Westerville, OH 43081, 614 891-3149.
HELBER, Douglas D.; '74 BSBA; Salesman; Standard Safety Equip., 23572 St. Clair, Cleveland, OH 44113; r. 9733 Plumbrook Ln., Cleveland, OH 44136.
HELBER, MAJ Kent Lee; '61 BSBA; Maj./Logistics Offcr; Air Force Logistics Cmd., Usaf, Wright Patterson AFB, OH 45433; r. 1397 Rawlings, Fairborn, OH 45324, 513 879-2901.
HELBLING, Lauren Yeary, (Lauren Yeary); '84 BSBA; Atty.; Porter Wright Morris & Arthur, 925 Euclid Ave., Ste. 1700, Cleveland, OH 44115, 216 443-9000; r. 6030 Eastview Ave., N. Ridgeville, OH 44039, 216 327-3038.
HELD, Carl Bryan; '78 BSBA; 411 Daroco Ave., Coral Gables, FL 33146.
HELD, Daniel John; '69 BSBA; Real Estate Salesman; Coldwell Banker/Landmark Real, 3201 Murdoch Ave., Parkersburg, WV 26101, 304 422-5488; r. 414 59th St., Vienna, WV 26105, 304 295-9460.
HELD, Gregory; '70 BSBA; 3779 Dunwoody Club Dr., Dunwoody, GA 30338.
HELDMAN, George L.; '45 BSBA; Pres.; Fechheimer Bros. Co., 4545 Malsbary Rd., Cincinnati, OH 45248, 513 793-5400; r. 415 Bond Pl., Apt. 12A, Cincinnati, OH 45206, 513 221-5844.
HELF, Marianne R.; '87 BSBA; 15 Oenoke Pl., #3, Stamford, CT 06907.
HELF, Valerie Lee; '86 BSBA; Administrative Asst.; Mktg. Concepts, 623 High St., Worthington, OH 43085; r. 675 Bluffview Dr., Worthington, OH 43085, 614 846-2733.
HELFER, William F.; '87 BSBA; Acct.; Gulf Ohio Corp., 3933 Pice Rd., Newark, OH 43055, 614 366-7383; r. 167 Terrace Ave., Apt. #3, Newark, OH 43055, 614 366-1552.
HELFRICH, Linda Ann; '88 BSBA; 30612 Willoway Lane., Cleveland, OH 44140, 216 871-3792.
HELIAS, Pierre; '88 MA; 81-B E. Woodruff, Columbus, OH 43201.
HELLARD, David Virgil; '76 MPA; Corporate Recruiter/Sales; Sales Cnslts., 175 S. 3rd St., Columbus, OH 43215, 614 221-1113; r. 3287 Simmons Dr., Grove City, OH 43123, 614 871-1154.
HELLER, Charles; '47 BSBA; 6 Pine Tree Dr., Westport, CT 06880, 203 226-1155.
HELLER, Christopher Tod; '83 BSBA; Lease Analyst; Metropolitan Life Ins., 1 Metropolitan Plz., POB 30074, Tampa, FL 33630, 813 870-8329; r. 11150 4th St. N., #3009, St. Petersburg, FL 33716, 813 579-9092.
HELLER, John Franklin, III; '84 MPA, '84 MHA; Mgr.; Ernst & Whinney, Management Consulting Dept., 2400 Nationwide Plz., Columbus, OH 43216, 614 224-5678; r. 959 Newark Rd., Granville, OH 43023, 614 587-3982.
HELLER, Max Paul; '85 BSBA; Owner; Sea-West Sales & Svcs., 1606 NE 70th St., Seattle, WA 98115, 206 523-1918; r. Same.
HELLER, Michael Grant; '79 BSBA; Tax Appraiser; State of Ohio-Dept. of Taxation, 30 E. Broad St., Columbus, OH 43216, 614 846-6710; r. 481 Torrence Ave., Columbus, OH 43214.
HELLER, Paul Gerard; '88 MBA; 523 Greenglade Ave., Worthington, OH 43085, 614 846-4523.
HELLER, Ralph H.; '49 BSBA; Atty.; 40 Amazon Pl., Columbus, OH 43214, 614 267-0109; r. Same.
HELLER, Thomas Joseph; '80 BSBA; Product Support; Bank One of Columbus, Mccoy Ctr.-Shrock Rd., Westerville, OH 43081; r. 1160 Rose Bank, Worthington, OH 43085, 614 436-8930.
HELLING, Alene Gale, (Alene Gale); '54 BSBA; Assoc. Prof.; Stark Technical Clg., Acctg. Dept., 6200 Frank Rd. NW, Canton, OH 44720, 216 494-6170; r. 251 W. Mohawk Dr., Malvern, OH 44644, 216 863-1791.
HELLING, Victor J., JD; '54 BSBA; Atty./Partner; Kramer Helling & Kramer, 810 Ameritrust Bldg., Canton, OH 44702, 216 456-2853; r. 254 19th St. NW, Canton, OH 44709, 216 455-0754.
HELLMAN, Neil Jerry; '74 BSBA; VP; Maynards Elec Supply Co. Inc., 1776 N. Clinton Ave., Rochester, NY 14621, 716 266-6060; r. 12 Eastland Ave., Rochester, NY 14618, 716 271-8112.
HELLWEGE, Linda Louise; '80 BSBA; 2816 Yarling Ct., Falls Church, VA 22042, 703 560-3111.
HELLYER, CAPT James Arthur, USA; '72 BSBA; 3rd USA Arty Det APO, New York, NY 09403.
HELM, Kathleen S. '79 (See Enriquez, Kathleen Helm).
HELMAN, Charles W.; '52 BSBA; Dept. Mgr.; Nationwide Ins. Co., One Nationwide Plz., Medicare Operations, Columbus, OH 43216, 614 297-7067; r. 1994 Fleetwood Dr., Columbus, OH 43229, 614 885-7400.
HELMAN, John Norris; '88 BSBA; 7363 Dawson Rd, Sidney, OH 45365, 513 492-2154.
HELMAN, Lawrence Edward; '70 BSBA; Partner; Bohm-Nbbj Inc., 55 Nationwide Blvd., Columbus, OH 43215, 614 224-7156; r. 63 S. Cassady Ave., Columbus, OH 43209, 614 236-8492.
HELMER, John B.; '54 BSBA; Grp. VP; Armstrong World Industries Inc., Industrial Specialties Opers., W. Liberty & Charlotte, Lancaster, PA 17604; r. 1537 Mission Rd., Lancaster, PA 17601, 717 392-0860.

HELMER, Marsha Lynn; '80 BSBA; Auditor Asst.; American Electric Power Ser, 215 N. Front St., Columbus, OH 43215; r. 1203 Wilbur, Wichita, KS 67212, 316 721-3794.
HELMER, William Bradley; '82 BSBA; 318 E. Capital St. SE, #6, Washington, DC 20003.
HELMICK, Daniel Robert; '86 MBA; Exec. VP; Ohio Cable TV Assoc., 50 W. Broad St., Columbus, OH 43215, 614 461-4014; r. 2060 Fairfax Rd., Columbus, OH 43221, 614 486-0997.
HELMS, William R.; '50 BSBA; VP; The Oak Printing Co., 19540 Progress Dr., Strongsville, OH 44136, 216 238-3316; r. 17066 Ridge Point Cir., Cleveland, OH 44136, 216 238-3745.
HELPER, Fred W.; '53 BSBA; Deputy Cdr.; DCASMA Cleveland, Defense Logistics Agency, A J Celebrezze Fed. Bldg., Cleveland, OH 44199; r. 23728 Glenhill Dr., Beachwood, OH 44122, 216 381-0028.
HELSER, Lester R.; '47 BSBA; Dir. of Purchasing; Palm Beach Cnty., Governmental Ctr., W. Palm Bch., FL 33403; r. 526 NW 48th Ave., Delray Bch., FL 33445, 407 498-0861.
HELTERBRANT, Donna '74 (See Jackson, Mrs. Donna H.).
HELTZEL, Roger W.; '58 BSBA; Claims Adjuster; Pioneer Mutual Casualty Co., 74 N. 3rd St., Columbus, OH 43215; r. POB 62, Powell, OH 43065, 614 881-4292.
HEMERY, Philippe Christian; '85 MA; 1 Rue Des Flecheaur, 41500 Mer, France.
HEMINGER, David Lewis; '83 MBA; Account Mktg. Rep.; IBM Corp., 2827 Rupp Dr., Ft. Wayne, IN 46815, 219 481-4375; r. 7233 Winnebago Dr., Ft. Wayne, IN 46815, 219 493-1758.
HEMINGER, Sara Jane, (Sara J. Robson); '76 BSBA; Tchr.; r. 7233 Winnebago Dr., Ft. Wayne, IN 46815, 219 493-1758.
HEMLEBEN, Thomas Nicholas; '85 BSBA; Rte. 4 Box 108, Wapakoneta, OH 45895, 419 657-2316.
HEMMELGARN, James Leonard; '73 BSBA, '75 MBA; Dir./Sales Operations; Hilti Inc., 5400 S. 122nd East Ave., Tulsa, OK 74146, 614 436-2518; r. 6987 Wethersfield Pl, Worthington, OH 43085.
HEMMELGARN, Joseph C.; '83 BSBA; Partner; The Genesis Mktg. Grp., 6200 S. Syracuse Way, Ste. 125, Englewood, CO 80111, 303 771-5125; r. 2070 S. Hannibal Way #D, Aurora, CO 80013, 303 752-1439.
HEMMERICH, Julie Brossman; '76 BSBA; 2280 Sonnington Dr., Dublin, OH 43017, 614 764-8569.
HEMMERLY, James Lee; '68 BSBA, '76 MBA; Statistical Supv.; Ohio Bur. of Employment Servs, 145 S. Front St., Columbus, OH 43215; r. 3900 Chaney Pl., Columbus, OH 43207, 614 497-3446.
HEMMERT, William F.; '64 BSBA; Managing Owner; Elsa's Mexican Restaurants, 6326 Far Hills Ave., Dayton, OH 45459, 513 435-2118; r. 4748 Ackerman Blvd., Dayton, OH 45429, 513 439-5323.
HEMPSTEAD, Thomas Robert; '77 BSBA; Sales Rep.; Sunflooring, 7475 Chancellor Dr., POB 13429, Orlando, FL 32809, 407 851-6440; r. 3208 Ottawa Ct., Melbourne, FL 32935, 407 259-2786.
HEMPY, Richard Lee; '62 BSBA; Plant Mgr.; Chattanooga Gen. Svcs., 5912 Quintus Loop, Chattanooga, TN 37421, 615 875-7882; r. POB 16104, Chattanooga, TN 37416, 615 842-8534.
HEMRY, Richard Myron, Jr.; '79 BSBA; Real Estate Appraiser; R M Hemry & Assocs., 3108 Rosedale Ave., Ste. B, Dallas, TX 75205; r. 2429 Globe Ave., Dallas, TX 75228, 214 327-6010.
HEMSATH, David John; '83 BSBA; Area Sales Mgr.; Monsanto Co., 2381 Centerline Industrial Dr., St. Louis, MO 63146, 314 997-8636; r. 97 Wellsley Pl., Brunswick, OH 44212, 216 225-2079.
HEMSTEAD, Arthur E., Jr.; '47 BSBA; Cnslt.; 400 E. 52nd St., New York, NY 10022, 212 688-8859; r. Same.
HENCEROTH, Stanley W.; '37 BSBA; Realtor; Roy H. Long Realty, 6424 E. Tanque Verde Rd., Tucson, AZ 85715, 602 886-7500; r. 8917 E. Palm Tree Dr., Tucson, AZ 85710, 602 886-9364.
HENDEN, Arnold Ira; '63 BSBA; Field Adm Controller; Allstate Ins. Co., Allstate Plz. D8, Northbrook, IL 60062, 312 402-2928; r. 902 Dorsett St., Northbrook, IL 60062, 312 564-8827.
HENDERSHOT, Brian Eric; '84 BSBA; Spvr Inventory Cntrl; The Ltd. Inc., One Limited Pkwy., POB 16528, Columbus, OH 43216, 614 479-2341; r. POB 6079, Chillicothe, OH 45601, 614 848-8150.
HENDERSHOT, Elizabeth Ann; '86 BSBA; Rte. 1 Box 84, Fleming, OH 45729, 614 373-5823.
HENDERSHOT, Jeffrey Kevin; '84 BSBA; IBM Sales Rep.; Micro Ctr., 1555 W. Lane Ave., Columbus, OH 43221, 614 481-8041; r. 1467 Runaway Bay Dr., Apt. 3C, Columbus, OH 43204, 614 487-8537.
HENDERSHOT, Ms. Marcia A., (Marcia Ann Mitchell); '85 BSBA; Acct.; Chiquita Brands Inc., 250 E. 5th St., Cincinnati, OH 45202, 513 784-8404; r. 1082 Shangrila Dr., Cincinnati, OH 45230, 513 231-3078.
HENDERSHOT, Paul Andrew; '78 BSBA; Broker; Eagle Express, 6001 Westerville Rd., Westerville, OH 43081, 614 431-0450; r. 3485 Hiawatha Ave., Columbus, OH 43224, 614 263-0555.
HENDERSHOT, Richard H.; '50 BSBA; Acctg. Mgr.; r. 5578 Corey Swirl Dr., Dublin, OH 43017.
HENDERSHOT, Robert I.; '82 BSBA; Acct./Bus. Mgr.; Buckeye Real Estate Inc., 100 E. 11th Ave., Columbus, OH 43201, 614 294-4411; r. 749 Bevis Rd., Columbus, OH 43202, 614 263-0990.
HENDERSON, Brian Steven; '85 BSBA; 6035 Slippery Rock Rd., Columbus, OH 43229, 614 890-6270.
HENDERSON, Christina Bauer; '84 BSBA; Asst. Buyer; F & R Lazarus Co., S. High & Town Sts., Columbus, OH 43215; r. 6035 Slippery Rock Rd., Columbus, OH 43229, 614 890-6270.
HENDERSON, Craig A.; '78 BSBA; Pres.; Henderson Ins. Agcy. Inc., 2526 N. High St., Columbus, OH 43202, 614 263-5491; r. 134 Tibet Rd, Columbus, OH 43202, 614 262-0929.
HENDERSON, Curtis G.; '48 BSBA; Retired; r. POB 6089, Abilene, TX 79608, 915 692-2210.
HENDERSON, G. William; '51; Sales Rep.; Stuart Pharmaceuticals, Div of ICI Americas Inc, New Murphy Rd & Concord Pike, Wilmington, DE 19803; r. 335 E. Weisheimer Rd, Columbus, OH 43214, 614 267-7922.
HENDERSON, Gregory Harold; '73 BSBA; 3155 E. Hudson St., Columbus, OH 43219.
HENDERSON, Howard N.; '32 BSBA; Secy. Mgr.; Lynchburg Bldg. & Loan Assn. Co., 111 S. Main St., Lynchburg, OH 45142; r. 120 S. Eastern Ave., Lynchburg, OH 45142, 513 364-2175.
HENDERSON, Jack M.; '31 BSBA; Retired; r. 911 Ocean Dr., Juno Bch., FL 33408, 407 626-7519.
HENDERSON, James Eugene; '61 BSBA; CPA; r. Rte. 1, Sarahsville, OH 43779, 614 732-2938.
HENDERSON, James Leo; '40 BSBA; Retired; r. 1 Galina Ct., 15235 S. Tamiami Tr., Ft. Myers, FL 33912.
HENDERSON, Jeffrey Robert; '73 BSBA; Cash Mgmt. Ofcr.; Bank CNE, 100 E. Broad St., Columbus, OH 43215, 614 248-2171; r. 6175 Emberwood Rd., Dublin, OH 43017, 614 766-4099.
HENDERSON, Hon. John Workman; '50 BSBA; Judge; Clark Cnty. Common Pleas Ct., Cnty. Courthouse, 101 N. Limestone St., Springfield, OH 45502, 513 328-2467; r. 298 Brighton Rd., Springfield, OH 45504, 513 399-6557.
HENDERSON, Jon Thomas; '75 BSBA; 376 Via Hidalgo, Greenbrae, CA 94904, 415 461-8413.
HENDERSON, Lisa H. '83 (See Myers, Mrs. Keith L., Jr.).
HENDERSON, Mautz L., Jr.; '66 BSBA; 587 Apple River Dr., Naperville, IL 60565.
HENDERSON, Paul R.; '49 BSBA; Retired; r. 625 Calle Miramar, Redondo Bch., CA 90277, 213 378-0109.
HENDERSON, Ralph Alonzo, Jr.; '51 BSBA; Atty./Sr. Partner; Henderson Deis & Wolf, 120 N. 2nd St., Hamilton, OH 45011, 513 894-3600; r. 32 Wildwood Dr., Fairfield, OH 45014, 513 874-8035.
HENDERSON, Richard Harold; '83 MPA; Civil Engr.; Ohio Dept. of Transportation, Bureau of Design Services, 25 S. Front St., Columbus, OH 43215, 614 466-3907; r. 2274 Middlesex Rd., Columbus, OH 43220, 614 451-0528.
HENDERSON, Dr. Robert Dean; '41 MBA; Semi-Ret., Adjunct Prof.; Univ. of South Florida, Clg. of Business, Tampa, FL 33620; r. POB 271628, Tampa, FL 33688, 813 961-0769.
HENDERSON, Robert Kent; '83 MBA; VP; Cummins Ohio Inc., 4000 Lyman Dr., Hilliard, OH 43026, 614 771-1000; r. 5500 Winwood Dr., Dublin, OH 43017, 614 792-3371.
HENDERSON, Robert Wilson, II; '71 BSBA; Dir. of Operations; Cardinal Assocs. Inc., POB 901, Vincennes, IN 47591; r. 1525 Old Orchard Rd., Vincennes, IN 47591, 812 882-5812.
HENDERSON, Steven S.; '67 BSBA; Asst. Mgr.; Northwest Orient Airline, Sea-Tac Airport, Seattle, WA 98109; r. 1607 Lowama Ln. NE, Tacoma, WA 98422, 206 927-1638.
HENDERSON, Thomas Blake; '72 BSBA; Member Svc. Rep.; Licking Rural Electrification, POB 455, Utica, OH 43080; r. 1194 Country Club Dr., Newark, OH 43055, 614 366-5830.
HENDERSON, William Herb; '58 BSBA; Exec. VP; Mezey-Puroll Automotive, 30233 Southfield Rd, Southfield, MI 48076, 313 564-5030; r. 10025 Dorian, Plymouth, MI 48170, 313 455-4919.
HENDERSON, Dr. William L.; '51 BSBA; Asst. Prof.; The Ohio State Univ., University Dr., Newark, OH 43055; r. 1277 Lakewood Rd., Columbus, OH 43209, 614 236-8155.
HENDLER, Harvey R.; '63 BSBA; 4508 Sawgrass Ct., Alexandria, VA 22312, 703 354-3093.
HENDRICKS, Beth A. '85 (See Keefer, Mrs. Beth A.).
HENDRICKS, Dawn; '86 BSBA; Public Acct.; Arthur Andersen & Co., 133 Peachtree St. NE, Atlanta, GA 30303, 404 658-1776; r. 1535 Wood Terrace Cir., Doraville, GA 30340, 404 242-0609.
HENDRICKS, James W., JD; '47 BSBA; Atty./Real Estate Exec.; Key Largo Holiday Inn, 4850 Hwy. 42, Louisville, KY 40222, 800 824-4776; r. Ocean Reef Club, 49 Spadefish Ln., Key Largo, FL 33037, 305 367-2789.
HENDRICKS, Robert D.; '50 BSBA; Retired; US Govt. Defense Dept.; r. 4105 N. Garfield #78, Loveland, CO 80538, 303 669-1627.
HENDRICKS, Robert Flory; '84 MBA; VP & Owner; Preeminence Inc., Dba The Computer Network, 102 W. Main St., Newark, OH 43055, 614 349-9805; r. 1221 Berwyn Ln., Newark, OH 43055, 614 344-7171.
HENDRICKS, William Richard; '47 BSBA; Dir. of Mktg.; Mead Packaging, 950 W. Marietta NW, Atlanta, GA 30318, 404 875-2711; r. 5190 Vernon Springs Tr. NW, Atlanta, GA 30327, 404 955-1391.
HENDRICKSON, Charles Dana; '74 BSBA; Pres.; Hendrickson & Hendrickson Inc., POB 20111, Columbus, OH 43220, 614 459-3599; r. 4520 Helston Ct., Columbus, OH 43220.
HENDRICKSON, Jody D., (Jody Distad); '80 BSBA; Acct.; Schlabig & Assocs. CPA's, 525 Wolf Ledges Pkwy., Akron, OH 44311, 216 253-4424; r. 1180 Pump Station Rd., Sugar Grove, OH 43155, 614 746-8496.
HENDRICKSON, Nancy Louise; '74 BSBA; Mktg. Exec.; Digital Equip. Co., Continental Blvd., Merrimack, NH 03054, 603 884-3972; r. 420 Elk Run, Hudson, NH 03051, 603 880-1364.
HENDRICKSON, Pamela Poffenbarger; '80 BSBA; Asst. Controller; Emerson North, 5642 Hamilton Ave., Cincinnati, OH 45224; r. 41 Dazey Dr., Middletown, OH 45042, 513 539-9327.
HENDRICKSON, William Wilson; '70 BSBA; Pres.; Good Samaritan Health Systs., 31st St. & Central, POB 1927, Kearney, NE 68847, 308 234-7905; r. 2617 W. 24th St., Kearney, NE 68847, 308 234-6840.
HENDRIX, George W.; '29 BSBA; Retired; r. 783 S. Remington Rd., Columbus, OH 43209, 614 231-9287.
HENDRIX, Hubert L.; '30 BSBA; Retired; r. 5316 53rd Ave. E., #F-16, Bradenton, FL 34203, 813 756-4263.
HENDRIX, James Norwood; '83 BSBA; Commercial Loan Rep.; Trustcorp Bank, Ohio, Three Seagate, Toledo, OH 43603, 419 259-8530; r. POB 20217, Columbus, OH 43220, 614 457-5671.
HENDRIX, Patricia S., (Patricia Sears); '38 BSBA; Retired; r. 1901 Dolphin Blvd. S., St. Petersburg, FL 33707, 813 345-4532.
HENDRIX, Stephen C.; '72 MBA; VP Asst. Treas. Intl.; SmithKline Beckman, POB 7929, Philadelphia, PA 19101, 215 751-5127; r. 511 Barker Dr., West Chester, PA 19380.
HENDRIX, William Arthur, Jr.; '38 BSBA; Retired; r. 16 Hummingbird Ct., River Hills Plantation, Lake Wylie, SC 29710, 803 831-1838.
HENEHAN, William Todd; '87 BSBA; 4625 Silverwood Dr., Kettering, OH 45429, 513 294-2719.
HENERT, Robert Howard; '73 MBA; Dir. Logistics; Kemmerer Bottling Grp. Inc., 356 N. Kilbourn, Chicago, IL 60624, 312 261-0711; r. 1645 College Ln. S., Wheaton, IL 60187, 312 665-0062.
HENESTOFEL, Dianne '83 (See Stelzer, Mrs. Dianne M.).
HENGARTNER, Mary McClerg, (Mary McClerg); '53 BSBA; Social Worker; Lorain Cnty. Children's Svc., 226 Middle Ave., Elyria, OH 44035; r. 281 Overbrook Rd., Elyria, OH 44035, 216 365-5869.
HENGY, Willis M.; '56 BSBA; POB 2953, Vero Beach, FL 32961, 407 231-5839.
HENKEL, Otto Frederick, Jr.; '76 BSAGR, '77 BSBA, '88 MBA; Acctg. Rsch. Mgr.; Cincinnati Bell Inc., POB 2847, Cincinnati, OH 45201, 513 397-7856; r. 468 Flemridge Ct., Cincinnati, OH 45231, 513 931-4680.
HENLEY, James Stanton; '50 BSBA; Broker/Owner/Pres.; Re/Max East Realtors, 2699 E. Main St., POB 09645, Columbus, OH 43209, 614 231-2211; r. 1475 Rds. End Pl., Columbus, OH 43209, 614 239-1122.
HENLEY, Keith Francis; '65 BSBA; Atty./Legal Couns.; Ohio Bur. of Employment Srv, Labor Relations Dept., 145 S. Front, Columbus, OH 43215, 614 466-3182; r. 3039 Rightmire Blvd., Columbus, OH 43221, 614 457-2326.
HENLEY, Patricia Murphy; '70 BSBA; Realtor; King Thompson/Holzer-Wollam, Residential Marketing Div, 1670 Fishinger Rd., Columbus, OH 43221, 614 451-0808; r. 3039 Rightmire Blvd., Columbus, OH 43221, 614 457-2326.
HENLEY, Richard D.; '63 BSBA; Sr. Software Spec.; Ross Labs, 625 Cleveland Ave., Columbus, OH 43215; r. 102 Shepard St., Gahanna, OH 43230, 614 471-0630.
HENN, Kathleen E.; '87 BSBA; Staff Acct.; Coopers & Lybrand, Columbus, OH 43215, 614 225-8700; r. 4768 Avebury Ct., Apt. #A, Columbus, OH 43220, 614 451-6675.
HENNECK, Mrs. Barbara, (Barbara Ballinger); '81 BSBA; Homemaker; r. 420 Briarwyck Dr., St. Louis, MO 63011, 314 256-3827.
HENNEN, Ronald Crawford; '70 BSBA; Asst. Operations Ofcr.; Central Trust Co., 101 Central Plz., Canton, OH 44702, 216 493-2541; r. 3431 Briardale Dr. NW, Massillon, OH 44646, 216 837-2958.
HENNENBERG, Michael Chaim, Esq.; '70 BSBA; Atty.; Greene & Hennenberg Co. LPA, 801 Bond Court Bldg., Cleveland, OH 44114, 216 687-0900; r. Same.
HENNER, Janice Lee; '85 BSBA; 7737 Trailwoods Ct., West Chester, OH 45069, 513 777-8662.
HENNER, Linda Kay; '87 BSBA; 7737 Trailwoods Ct., West Chester, OH 45069, 513 777-8662.
HENNESSEY, John Edward; '49 BSBA; Sr. Systs. Analyst; Bancohio, 155 E. Broad St., Columbus, OH 43265, 614 463-8197; r. 4146 Gavin Ln., Columbus, OH 43220, 614 457-5460.
HENNESSEY, Patrick Sheeran; '86 BSBA; Heavy Staff; Price Waterhouse, Columbus, OH 43216; r. 4146 Gavin Ln., Columbus, OH 43220, 614 457-5460.
HENNEY, Margery Huff; '52 BSBA; Secy.; Natl. Inst. of Health, Bethesda, MD 20892, 301 496-6701; r. 4607 W. Virginia Ave., Bethesda, MD 20814, 301 656-4354.
HENNEY, Scott K.; '67 BSBA; Exec. VP; Investment Resources Inc., 855 S. Front St., Columbus, OH 43206, 614 443-0100; r. 1872 Edgemont Rd., Columbus, OH 43212, 614 486-0565.
HENNIGAN, Thomas Edward; '69 BSBA; Human Res. Mgr.; Navistar Intl. Corp., 6125 Urbana Rd., Springfield, OH 45501, 513 390-4570; r. 4305 Kay Ave., Springfield, OH 45502, 513 399-1649.
HENNING, George Frederick; '31 BSBA; 6120 Barberry Hollow, Columbus, OH 43213, 614 866-1162.
HENNING, Harry L., III; '87 BSBA; Mortgage Banker; Dime Savings, 3550 W. Waters Ave., Ste. 110, Tampa, FL 33614, 813 933-4440; r. 2610 Berwyn Rd., Columbus, OH 43221, 614 486-0855.
HENNINGER, Ms. Mary Beth; '85 BSBA; Personnel Admin.; Limited Express, One Limited Pkwy., POB 181000, Columbus, OH 43218, 614 479-4000; r. 5168 Greencastle Ct., Hilliard, OH 43026, 614 771-8813.
HENRETTA, Catherine R. Van Dyne, CPA, (Catherine R. Van Dyne); '82 BSBA; Mgr.; Coopers & Lybrand, Ste. 2100, 100 E. Broad St., Columbus, OH 43215, 614 225-8790; r. 5897 Honbury Ct., Dublin, OH 43017, 614 766-0143.
HENRETTA, Stephan Barclay; '80 BSBA; CPA/Partner; Henretta & Assocs, 2527 Worthington Galena Rd., Worthington, OH 43085; r. 5897 Honbury Ct., Dublin, OH 43017, 614 766-0143.
HENRICKS, John Herbert; '75 BSBA; Supv. Plng. & Budgets; Martin Marietta Energy Syst. Inc., POB 628, Piketon, OH 45661; r. 90 Applewood Dr., Chillicothe, OH 45601, 614 774-2971.
HENRICKS, CAPT Ralph K., USAF(Ret.); '64 BSBA, '67 MBA; Contracting Ofcr.; Battelle Mem. Inst., 505 King Ave., Columbus, OH 43201, 614 424-5693; r. 1989 Malvern Rd., Columbus, OH 43221, 614 486-1989.
HENRICKS, Ronald Warren; '70 BSBA; Dir. Organ Procurement; Lifeline of Ohio OPA, 700 Ackerman Rd., Ste. 580, Columbus, OH 43202, 614 263-5667; r. 7092 Winding Brook Ct., Worthington, OH 43235, 614 766-2920.
HENRIE, Homer Hudson; '31 BSBA; Retired; r. 949 W. Bonita, Claremont, CA 91711, 714 626-8936.
HENRIQUES, Richard L.; '58 BSBA; Couns.; Voc Rehab. for The Bli, Dept. of Public Welfare, 85 S. Washington St., Columbus, OH 43215; r. 1793 Forest Willow Ct., Apt. C, Columbus, OH 43229, 614 885-1433.
HENRY, Barbara Estella; '79 BSBA; Asst. Treas.; Worthington City Schs., 752 High St., Worthington, OH 43085, 614 431-6380; r. 1770 Lone Praire Dr., Powell, OH 43065.
HENRY, Barbara Turnbo; '79 BSBA; c/o Mary F Turnbo, 1456 Felix Dr., Columbus, OH 43207, 614 294-1138.
HENRY, Brett J.; '84 BSBA; Ofc. Mgr.; Agcy. Rent-A-Car, 1336 Woodman Dr., Dayton, OH 45432, 513 228-8400; r. 1477 Penbridge Dr., Cincinnati, OH 45225, 513 474-6313.
HENRY, Brian Jay; '87 BSBA; 632 Overlook Dr., Columbus, OH 43214, 614 451-4997.
HENRY, Brian Keith; '88 BSBA; 10745 Wolf Rd, Versailles, OH 45380, 513 526-4100.
HENRY, Charles Russell; '48 BSBA; Retired; r. 2816 Orland Ave., Cincinnati, OH 45211, 513 662-4063.
HENRY, Donald Lewis; '59 BSBA; Writer; Royal Features, POB 58174, Houston, TX 77258; r. POB 58174, Houston, TX 77058.
HENRY, Donald Max; '47 BSBA; Retired; r. 5904 Reams Dr. N., Mobile, AL 36608, 205 342-3337.
HENRY, Elizabeth Postle; '85 MBA; Homemaker/Volunteer; r. 2644 Haverford Rd., Columbus, OH 43220, 614 459-5502.
HENRY, George Willis, Jr.; '79 BSBA; Staff; Coca-Cola Co., PO Drawer 1734, Atlanta, GA 30301; r. 1524 N. Lakeview Blvd., Lorain, OH 44052, 216 245-4391.
HENRY, Glenn Alexander; '47 BSBA, '57 MBA; 9220 N. 82nd St., Scottsdale, AZ 85258, 602 951-0008.
HENRY, Grace Marie; '85 BSBA, '88 MBA; Admin. Spec.; Battelle's Columbus Labs, 505 King Ave., Columbus, OH 43201; r. 5600 Callahan Rd., S. Vienna, OH 45369.
HENRY, Jay Francis; '58 BSBA; Sr. Prof. Svc. Rep.; Smith Kline & French Labs, 1500 Spring Garden St., Philadelphia, PA 19130; r. 632 Overlook Dr., Columbus, OH 43214, 614 451-4496.
HENRY, Jeffery David; '77 BSBA; Acct.; Hansbargers, 610 Fair St., Greenville, OH 45331, 513 548-6591; r. 218 Catalpa Dr., Versailles, OH 45380, 513 526-5743.
HENRY, John Francis; '60 BSBA; Pres.; Republic Funding Corp., 111 Fulton St., New York, NY 10038, 212 406-8500; r. 41 Walbrooke Ave., Staten Island, NY 10301, 718 442-4352.
HENRY, Joseph P.; '49 BSBA; Pres.; Growers Chemical Corp., Lockwood Rd, Milan, OH 44846; r. POB 1700, Milan, OH 44846, 419 499-2690.
HENRY, Julie Marie, (Julie Marie Day); '81 BSBA; 5490 Old Franklin Rd., Grand Blanc, MI 48439, 313 694-9048.
HENRY, Lawrence Charles; '67 MACC; VP; Envirodyne Industries, Inc., 142 E. Ontario St., Chicago, IL 60611, 312 649-0600; r. 11 Arthur Ave., Clarendon Hls., IL 60514, 312 654-1129.
HENRY, Lawrence Joseph; '41 BSBA; Retired - Comptroller; GM Corp., Fisher Body Division, 200 Georgesville Rd., Columbus, OH 43228; r. 3950 Lytham Ct., Columbus, OH 43220, 614 451-7650.

HENRY, Leland William; '54 BSBA; Retired Bus. Exec.; r. 4480 Ravine Dr., Westerville, OH 43081, 614 882-7678.
HENRY, M. Louise; '52 BSBA; Retired Data Researc; Univ. of California, POB, La Jolla, CA 92093; r. 2510 Torrey Pines Rd., Apt. 406, La Jolla, CA 92037, 619 453-7589.
HENRY, Margaret Enid; '82 MPA; Dev Proj. Asst.; Dept. of Devel., 140 Marconi Blvd., Columbus, OH 43215; r. 1809 Arcadia Ave., Obetz, OH 43207, 614 497-9953.
HENRY, Michael Lee; '88 BSBA; 2744 Glenshire Dr., Columbus, OH 43219, 614 475-3945.
HENRY, Nancy Mayne; '58 BSBA; 901 Oakwood Ave., Dayton, OH 45419, 513 298-8710.
HENRY, Richard Lee; '58 BSBA; Gen. Mgr.; Di Pietro/Big D Food Supply, 1434 Fields Ave., Columbus, OH 43211, 614 294-2626; r. 5176 Schuykill St., Columbus, OH 43220, 614 451-5281.
HENRY, Robert Francis; '67 BSBA; Pres.; F A Fuller Const Co. Inc., 13619 Moorpark Ste. H, Sherman Oaks, CA 91423; r. POB 10161, Torrance, CA 90505.
HENRY, Robert Louis, Jr.; '75 BSBA; Mgmt. Cnslt. IC; Productivity Mgmt. Assocs., 693 1/2 High St., Worthington, OH 43085; r. 4537 Shoup Mill Dr., Gahanna, OH 43230.
HENRY, Waldo Garner; '32 BSBA; Town Auditor; Town of Bolton, Town Hall, Bolton, MA 01740; r. 154 Long Hill Rd., Bolton, MA 01740, 508 779-6610.
HENRY, Walter Martin, Jr.; '47 BSBA; Retired; r. 2002 W. 7th, Wilmington, DE 19805, 302 658-5888.
HENRY, William Droxler; '51 BSBA; Atty.; Ohio Div. of Securities, 22nd Fl. 77 S. High St., Columbus, OH 43266; r. 1830 Waltham Rd, Columbus, OH 43221, 614 486-4584.
HENSAL, James Earl; '67 BSBA; Atty. & Partner; Plassman Rupp Hensal & Short, 302 N. Defiance St., Archbold, OH 43502, 419 445-8815; r. 3530 Westwood Dr., Archbold, OH 43502, 419 445-5636.
HENSCHEN, Paul A.; '49 BSBA; Retired; r. 1411 Fountaine Dr., Columbus, OH 43221, 614 457-6182.
HENSEL, David Dean; '84 BSBA; Sr. Acct.; US Healthstar, 3555 Olentangy River Rd., Ste. 4000, Columbus, OH 43214, 614 261-5902; r. 415 Sycamore Dr., Pickerington, OH 43147, 614 833-1494.
HENSEL, Dennis Michael; '79 BSBA; Pres.; Texas Ins. Brokers, 1305 Snow Mountain Cir., Keller, TX 76248, 817 498-9350; r. Same, 817 581-0106.
HENSEL, Douglas Gene; '78 BSBA; 612 Kaderly Ave. SW, Strasburg, OH 44680, 216 878-7509.
HENSEL, Monika H. '83 (See Brown, Mrs. Monika H.).
HENSEL, Robert E.; '52 BSBA; VP; Bracton Corp., 925 Pacific Ct., Walnut Creek, CA 94598, 415 939-0128; r. Same.
HENSEL, Sheila Marie; '82 BSBA; 1620 Highland View Dr., Powell, OH 43065, 614 888-7798.
HENSGE, William Y.; '55 BSBA; VP Human Resources; Mead Corp., Zellerbach Div., 3131 Newmark Dr., Miamisburg, OH 45342, 513 495-6060; r. 27 W. 701 Swan Lake Dr., Wheaton, IL 60187, 312 665-2154.
HENSHAW, George Edward; '74 BSBA; Owner; Custom-Printed Sportswear, 6447 Glade, Cincinnati, OH 45230, 513 232-1868; r. Same.
HENSHAW, James Mc Neill; '78 BSBA; Atty-at-Law; 7510 Market St., Ste. 10, Youngstown, OH 44512, 216 867-9680; r. 1639 Liberty Dr., Akron, OH 44313, 216 867-9680.
HENSLEY, James Maxwell; '80 BSBA; Regional Mgr.; Fireman's Fund Mortgage Corp., 27555 Farmington Rd., Farmington Hls., MI 48024, 313 661-7720; r. Rte. 14 Box 809, Cove Tr., Cumming, GA 30130, 404 887-8011.
HENSLEY, Jill A. '79 (See Leopold, Mrs. Jill A.).
HENSLEY, Philip W.; '61 BSBA; Acctg. Mgr.; Battelle Mem. Inst., 505 King Ave., Columbus, OH 43221, 614 424-7035; r. 2411 Nottingham Rd., Columbus, OH 43221, 614 457-0171.
HENSLEY, Richard Arthur; '84 BSBA; Cmptr Prgrmr/Analyst; Diebold, Inc., Canton, OH 44202, 216 489-4800; r. 5877 Fairfax St., N. Canton, OH 44720, 216 497-7985.
HENSON, Janice '85 (See Hammond, Janice Henson).
HENSON, Randolph Lee; '86 BSBA; Material Analyst, MRP; Gen. Dynamics-Land Systs., 825 Williams St., Lima, OH 45807, 419 226-8545; r. 2275 N. Cable Rd., Apt. 181, Lima, OH 45807, 419 331-0273.
HENTZ, John T.; '51 BSBA; Appraiser; r. 4513 E. Dublin-Granville Rd., Westerville, OH 43081, 614 882-8198.
HENTZ, Stephen Thomas; '81 BSBA; Cnslt.-CPA; Coopers & Lybrand, 1100 Louisiana Ste. 4100, Houston, TX 77002, 713 757-5200; r. 5450 Kuldell, Houston, TX 77096, 713 666-1239.
HENTZE, Joni A. '82 (See Bullock, Mrs. Joni A.).
HEPBURN, Richie T.; '37 BSBA; Retired; Rubber Machinery Div., NRM Corp; r. 43573 Crestview Rd., Columbiana, OH 44408, 216 482-2084.
HEPKEMA, C. Philip; '66 BSBA; Mgr.-Automotive Oper.; Ohio Bell Telephone Co., 2317 Superior Ave., Cleveland, OH 44114, 216 822-1750; r. 28017 W. Oakland, Cleveland, OH 44140, 216 835-5511.
HEPNER, John J.; '50 BSBA; Retired; r. 240 W. Heffner St., Delaware, OH 43015, 614 363-5671.
HEPP, Carl W.; '57 BSBA; Owner & Pres.; Professional Bus Systs. Inc., 50 Alcona Dr., Buffalo, NY 14226, 716 834-1193; r. Same, 716 832-0665.
HEPPERLE, John W.; '87 BSBA; Account Mgr.; Norcliff Thayer, 303 S. Broadway, Tarrytown, NY 10591; r. 16917 SE Azalea, Milwaukie, OR 97222, 503 654-9112.
HEPPERT, Richard Harold; '74 BSBA; Controller; Intl. Gear Corp., 23555 Euclid Ave., Cleveland, OH 44117, 216 692-7043; r. 446 Richmond Park, Apt. 331-A, Richmond Hts., OH 44143, 216 461-3257.
HEPPLEWHITE, John L.; '40 BSBA; Retired; US Steel Corp., 912 Salt Springs Rd, Youngstown, OH 44509; r. 405 Overbrook Dr., Canfield, OH 44406, 216 533-5906.
HERALD, Robert Merl; '82 BSBA; 1325 Willoway SE, N. Canton, OH 44720, 216 497-1126.
HERB, Steven Mark; '82 BSBA; Owner/Publisher; Distribution Monthly, POB 06316, Columbus, OH 43206, 614 443-2220; r. 291 E. Stewart Ave., Columbus, OH 43206, 614 443-5857.
HERBEL, Vaughn E.; '49 BSBA; Retired; r. POB 353, Edinboro, PA 16412, 814 734-3130.
HERBERT, John D.; '54 BSBA; Pres.; John D Herbert & Assocs, 1790 E. Winter Dr., Phoenix, AZ 85020, 602 252-9744; r. 1776 E. Winter Dr., Phoenix, AZ 85020, 602 943-6042.
HERBERT, John F.; '54 BSBA; Mgr.; All State Pest Control, 1020 N. 4th St., Columbus, OH 43201, 614 294-6221; r. 982 S. Roosevelt Ave., Columbus, OH 43209, 614 237-4650.
HERBERT, John Frank, Jr.; '82 BSBA; Mgr./Audit Dept.; Arthur Young & Co., 10 W. Broad St., Columbus, OH 43215; r. 111 Aldrich Rd., Columbus, OH 43214, 614 263-9687.
HERBERT, Robert L.; '52 BSBA; Partner; Hausser & Taylor CPA's, 1111 Superior Ave., Ste. 1000, Cleveland, OH 44114, 216 523-1900; r. 705 Crosscreek Oval, Aurora, OH 44202, 216 562-4826.
HERBERT, William B., Jr.; '84 BSBA; 53 E. Como, Columbus, OH 43202, 614 263-3585.
HERBIK, Charles Robert; '85 MLHR; 5897 Marra Dr., Bedford Hts., OH 44146, 216 232-7566.
HERBST, Abner H.; '47 BSBA; Statistician; r. 273 Elmwood Ave., Maplewood, NJ 07040, 201 763-4080.
HERBST, Dennis Joseph; '71 BSBA; Financial Analyst; Prestolite Corp., Battery Division, POB 931, Toledo, OH 43694; r. c/o The Prestolite Co, POB 931, Toledo, OH 43694.
HERBST, James L.; '52 BSBA; 452 Cloverdale Ave., Cincinnati, OH 45246, 513 825-1636.
HERCHEK, Robert A.; '53 BSBA; Capt.; Delta Air Lines, Hartsfield Intl. Airport, Atlanta, GA 30320, 404 530-7684; r. 225 Greenfair Tr., Roswell, GA 30075, 404 998-9627.
HERCHLER, John Curtis; '66 BSBA; Pres.; Herk Excavating Inc., 1955 E. Liberty Ave., Vermilion, OH 44089, 216 967-7732; r. 1000 W. River Rd. #1532, Vermilion, OH 44089, 216 967-4335.
HERD, MAJ Gary D., USAF; '75 BSBA; Chief Mfg. Quality Div.; ASD/SDMD, Wright-Patterson AFB, OH 45433; r. 1944 Fraternity Ct., Fairborn, OH 45324, 513 879-9567.
HERD, Mark Duane; '81 BSBA; POB 342, Marysville, OH 43040, 513 644-0544.
HERDMAN, Bradley A.; '85 BSBA; Acct./Ofc. Mgr.; Centaur Financial Svcs., 1505 Monument Blvd., Concord, CA 94520, 415 689-1905; r. 515 Ridgeview Ct., Pleasant Hill, CA 94523, 415 229-0548.
HERETTA, Thomas Andrew; '70 MBA; Arch.; The Ohio State Univ., 2003 Millikin Rd., Columbus, OH 43210, 614 292-5130; r. 230 E. 18th Ave., Columbus, OH 43201, 614 291-7560.
HERFORTH, Maureen Anne; '85 BSBA; Staff; The Ohio State Univ., University Hospitals, Columbus, OH 43210; r. 94 West Ln. Ave., Apt. I, Columbus, OH 43201, 614 442-6726.
HERGENRADER, Wilmer J.; '57 MBA; Pres.; Cummins Mid South Inc., 1784 E. Brooks Ave., Memphis, TN 38116; r. 6486 Corsica Dr., Memphis, TN 38119, 901 767-2655.
HERGENRATHER, Mrs. Diane Marie, (Diane Marie Kalinowski); '84 MPA; Public Admin.; r. 723 Cherry Dr., Aiken, SC 29801, 803 642-6735.
HERGENRATHER, Glen M.; '87 BS; Welding Engr.; M. K. Ferguson, One Erieview Plz., Cleveland, OH 44114; r. 723 Cherry Dr., Aiken, SC 29801, 803 642-6735.
HERGESELL, Russell E.; '49 BSBA; Retired; r. 3852 Waldo Pl., Columbus, OH 43220, 614 451-4687.
HERILLA, Beth Ann; '88 BSBA; 1071 Baumock Burn Dr., Worthington, OH 43085, 614 436-8812.
HERL, Richard E.; '47 BSBA; Retired; r. 557 Williamsburg Ct. #D, Wooster, OH 44691, 216 263-6570.
HERLING, Herbert S.; '57 BSBA; Pres.; Banff Ltd., 1410 Broadway, New York, NY 10018, 212 221-2500; r. 3315 Harbor Point Rd., Baldwin, NY 11510, 516 868-4326.
HERMAN, Daniel Marc; '81 BSBA; VP; Hausman Devel. Corp., 4 Commerce Park Sq., Ste. 330, 23200 Chagrin Blvd., Cleveland, OH 44122, 216 464-5900; r. 2418 Elmdale Rd., Cleveland, OH 44118, 216 382-4705.
HERMAN, David Scott; '84 BSBA; VP; Herman Constr. Svcs. Inc., 3662 NW 16th St., Ft. Lauderdale, FL 33311, 305 581-6690; r. 543 NW 97th Ave., Plantation, FL 33324, 305 473-9061.
HERMAN, James Howard; '84 BSBA; Staff/Product Mktng; Marshall Industries, 5905 Harper Rd., Solon, OH 44139; r. 24650 Meldon, Beachwood, OH 44122.
HERMAN, Kurt Royal; '82 BSBA; Sr. Account Exec.; Graphic Business Systs., 5500 Market St., Youngstown, OH 44512, 216 783-2344; r. 4137 Helena, Youngstown, OH 44512, 216 782-2759.
HERMAN, Mark Alan; '76 BSBA; Finance Mgr.; Solna Inc., 6050 Connecticut, Kansas City, MO 64120, 816 483-2121; r. 11403 E. 20th St., Independence, MO 64052, 816 252-6351.
HERMAN, Michael Paul; '79 BSBA; Ofc. Acct.; Kellam & Assoc., 4789 Rings Rd, Dublin, OH 43017; r. 633 Linwood Ave., Columbus, OH 43205, 614 253-3704.
HERMAN, Milton L.; '39 BSBA; Retired; r. 1408 Woodside Pkwy., Silver Spg., MD 20910, 202 726-5122.
HERMAN, Richard Alan; '85 BSBA; Student; Capital Univ. Law Sch., 665 S. High St., Columbus, OH 43215; r. 5330 E. Main St., Apt. 110, Columbus, OH 43213.
HERMAN, Richard L.; '59 BSBA; 1st VP/ChiefFinancial Ofc; Horace Small Mfg. Co., 350 28th Ave. N., POB 1269, Nashville, TN 37209, 615 320-1000; r. 206 St. Andrews Dr., Franklin, TN 37064, 615 646-4468.
HERMAN, Roger Eliot; '77 MPA; Owner, Pres.; Herman Assocs., Inc., Mgmt. Cnslts., Trainers, 19 N. Main St., Rittman, OH 44270, 216 927-3566; r. 252 Grayling Dr., Fairlawn, OH 44313, 216 836-7576.
HERMAN, Seth S.; '86 BSBA; Financial Analyst; Heller Financial, 505 N. Brand Blvd., Glendale, CA 91203, 818 409-8671; r. 4501 Cedros Ave. #305, Sherman Oaks, CA 91403, 818 501-5058.
HERMANN, Robert B.; '41 BSBA; Broker Assoc.; Fox Valley Realty, 38 Tyler Creek Plz., Elgin, IL 60123, 312 742-8788; r. 1715 Royal Blvd., Elgin, IL 60123, 312 695-2454.
HERMANSEN, Tom A.B.; '87 MBA; Tax Counsel; Arthur Young, Stenersgt 10, N-0184 Oslo 1, Norway, 472425540; r. Ggranstangen 36 C, 1051 Oslo 10, Norway, 472308845.
HERMES, Russell J.; '59 BSBA; Purchasing Agt.; Process Equip. Co., Rte. 202, Tipp City, OH 45371, 513 667-4451; r. 6340 Pisgah Rd., Tipp City, OH 45371, 513 667-6750.
HERMSEN, Howard J.; '48 BSBA; Retired; r. 3263 Amherst Ln., San Jose, CA 95117, 408 243-1615.
HERNANDEZ, Arturo Gerardo; '88 BSBA; 1590 Meadow Lake Dr., Tiffin, OH 44883, 419 448-8812.
HERNANDEZ, Rafael Gabino; '77 MBA; Dist. Mgr.; Exxon Co. USA, 3221 NW 10th Ter., Ste. 503, Ft. Lauderdale, FL 33309, 305 563-4401; r. 2613 NW 38th St., Boca Raton, FL 33434, 407 241-9031.
HERNANDEZ, Raul Alberto; '83 BSBA; 2408 Sandstrom, Worthington, OH 43085.
HERNDON, Edward H.; '40 BSBA; Retired; r. 5224 Westpath Way, Washington, DC 20016.
HERNDON, James C.; '35 BSBA; Atty.; Buckingham Doolittle & Burroughs, 1000 Akron Ctr. Plz., Akron, OH 44308, 216 376-5300; r. 590 Ridgecrest Ave., Akron, OH 44303, 216 836-1144.
HERNDON, Richard G., Esq.; '36 BSBA; Atty. & Partner; Herndon, Morton, Herndon, Yaeger, 84-15th St., Wheeling, WV 26003, 304 232-5362; r. 47 Ainswood, Wheeling, WV 26003, 304 242-4571.
HEROLD, Alfred Francis; '80 BSBA, '82 MBA; Plant Supt.; Masstron/Toledo Scale, 6600 Huntley Rd., Columbus, OH 43229, 614 436-3292; r. 7725 Aldridge, Dublin, OH 43017, 614 761-2881.
HEROLD, Alfred S.; '55 BSBA; Plant Mgr.; GM/Fisher Guide, Flint Mfg & Coldwater Rd., Flint, MI 48559, 313 234-4636; r. 1710 Kilburn Rd., Rochester Hls., MI 48064, 313 651-6731.
HEROLD, Beth '84 (See Aman, Beth Herold).
HEROLD, Christopher Stanley; '82 BSBA; Sr. Loan Ofcr.; Bank One, Columbus NA, 100 E. Broad St., Columbus, OH 43215, 614 248-5348; r. 4532 Zeller Rd., Columbus, OH 43214, 614 262-2748.
HEROLD, Fred C.; '82 BSBA; Co-owner; Star Carpet, 426 S. Main, Lima, OH 45801, 419 222-7827; r. 4315 Southgate Blvd., Lima, OH 45806, 419 991-2689.
HEROLD, Jeffrey Alan; '87 BSBA; Sales Rep./Dist. Agt.; Prudential Ins. Co. of America, 1260 S. US #1, Ste. 1, Rockledge, FL 32955, 407 632-0461; r. 200 International Dr., #104, Cape Canaveral, FL 32920, 407 784-0673.
HEROLD, John F.; '87 BSBA; 496 S. Hamilton Rd., #7, Columbus, OH 43213, 614 864-8529.
HEROLD, Robert Lee, Jr.; '84 BSBA; Svc. Mgr.; Cintas Corp., Operations/Svc. Mgmt., 12133 Alameda Dr., Strongsville, OH 44136, 216 238-5565; r. 19260 Dorchester Cir., Strongsville, OH 44136, 216 572-5484.
HEROLD, Mrs. Susan K., (Susan K. Palmer); '87 BSBA; Corp Acctng Auditor; Arthur Andersen & Co., 1717 E. 9th St., Cleveland, OH 44114, 216 781-2140; r. 19260 Dorchester Cir., Strongsville, OH 44136, 216 572-5484.
HERON, John J.; '62 BSBA; Atty.; Porter Wright Morris & Arthur, 2100 1st National Bank Plz., Dayton, OH 45402; r. 5097 Jameswood Cir., Kettering, OH 45429, 513 434-6321.
HERPY, Albert R.; '56 BSBA; 5383 Iddings Rd., W. Milton, OH 45383, 513 698-6631.
HERR, Douglas Kim; '77 BSBA; Data Processing Mgr.; Scot Lad Foods, Inc., 1100 Prosperity Rd., Lima, OH 45802, 419 228-3141; r. 938 Rice Ave., Lima, OH 45805, 419 228-6801.
HERR, LCDR Gordon M.; '49 BSBA; Lcdr Usn; r. Rd 3 Box 194-D, Mohnton, PA 19540, 215 777-7987.
HERR, Michael Craig; '71 BSBA; Dispatcher-Transp. Supv.; Scot Lad Foods Inc., 1100 Prosperity Rd., Lima, OH 45802, 419 228-1761; r. 15053 Old State Rte. 12, Columbus Grove, OH 45830, 419 646-3387.
HERR, Scott Robert; '74 BSBA, '77 MBA; Dir./Plng. & Dvlpt; Allergan, 2525 Du Pont Rd., Irvine, CA 92671; r. 25502 El Picador, Mission Viejo, CA 92691, 714 770-6457.
HERREL, F. Michael; '50 BSBA; Entepreneur; r. 2511 Bryden Rd., Columbus, OH 43209, 614 231-9773.
HERREN, Rosie Marie; '87 BSBA; Staff Acct.; Warner Cable, 400 Metro Pl. N., Dublin, OH 43017; r. 26151 Lakeshore Blvd #1513, Euclid, OH 44132.
HERRERA ESPINOSA, Guillermo; '62 BSBA, '68 MBA; Partner CPA Firm; Young & Young, POB 3105, Panama 3, Panama; r. Box 3234, Panama 3, Panama.
HERRETT, Mrs. Susan L., (Susan L. Crowner); '81 BSBA; Tax Acct.; Banc One Corp., 100 E. Broad St., Columbus, OH 43215, 614 248-5525; r. 2586 Glen Echo Dr., Columbus, OH 43202, 614 262-2666.
HERRICK, Dr. Theodore P., Jr.; '59 PhD (ACC); Emeritus Prof./Acctng; Univ. of Oklahoma, 660 Parrington Oval, Norman, OK 73019; r. 401 Thorton Dr., Norman, OK 73069, 405 329-1954.
HERRICK, Thomas Russell; '68 BSBA; Merchandiser; K-Mart Discount Store, Photography Dept., 2975 S. Arlington, Akron, OH 44312; r. 440 Warwick St., Akron, OH 44305, 216 784-9098.
HERRING, Anita Louise; '78 BSBA; 1288 Clydesdale Ct., Columbus, OH 43229.
HERRING, Dennis James; '85 BSBA; 187 Highbluffs Blvd., Columbus, OH 43085, 614 433-0470.
HERRING, Geraldine Shkolnik; '59 BSBA; 295 S. Ardmore Rd., Columbus, OH 43209, 614 239-7983.
HERRING, Jack L.; '59 BSBA; Pres.; Home Moving & Storage Co., 1570 Integrity Dr. E., Columbus, OH 43209, 614 445-8831; r. 295 S. Ardmore Rd., Columbus, OH 43209, 614 239-7983.
HERRINGSHAW, Jacquilynn Attwood; '79 BSBA; 12719 Millview Ln., Chardon, OH 44024.
HERRINGTON, Joan Grabnar, (Joan Grabnar); '87 BSBA; Buyer; Herrington Catalog, 3 Symmes Dr., Londonderry, NH 03053; r. 9 Surry Coach Ln., Bow, NH 03301.
HERRINGTON, John David, III; '56 BSBA; Exec. Dir.; Reed Smith Shaw & Mc Clay, 747 Union Trust Bldg., POB 2009, Pittsburgh, PA 15230; r. 9402 Babcock Blvd., Allison Park, PA 15101, 412 366-0669.
HERRIOTT, Jeffrey Lee; '83 BSBA; Rural Box 23049, Raymond Rd., Raymond, OH 43067.
HERRMAN, Mary Taylor; '50 BSBA; 3590 Tioga Way, Las Vegas, NV 89109, 702 734-7871.
HERRMANN, Klaus A.; '58 BSBA; Supv. Fed./State Prgm; Columbus Bd. of Educ., 270 E. State St., Columbus, OH 43215, 614 365-5290; r. 11430 Meadowcroft Ct., Pickerington, OH 43147, 614 833-1321.
HERRMANN, Robert W.; '39 BSBA; Retired; r. 24189 Beech Ln., N. Olmsted, OH 44070, 216 777-1134.
HERRMANN, Theodore William; '69 BSBA; Gen. Mgr.; C Herrmann & Sons Inc., POB 1027, Portsmouth, OH 45662; r. 3205 Orchard Dr., Portsmouth, OH 45662, 614 353-4975.
HERRMANN, Thomas W.; '72 BSBA; Dist. Sales Mgr.; Mead Johnson Pharmaceuticals, 9121 W. Belmont Ave., Littleton, CO 80123, 303 978-1015; r. Same.
HERRNSTEIN, James L.; '67 BSBA; 3307 Marietta Rd., Chillicothe, OH 45601.
HERRNSTEIN, John Mark; '80 BSBA; Atty.; Hoover Heydorn & Herrnstein, 527 Portage Tr., Cuyahoga Falls, OH 44221, 216 929-2676; r. 2103 8th St., Cuyahoga Falls, OH 44221, 216 923-3685.
HERRO, Leslee Kaye; '85 BSBA; Regional Planner; Limited Express, 1 Limited Pkwy., Columbus, OH 43218, 216 479-4132; r. 4174 Christy Bloom Dr., Gahanna, OH 43230, 614 899-0814.
HERRO, Ms. Lynn Marie; '81 BSBA; Plant Controller; Gaylord Container, 210 Water St., Baltimore, OH 43105, 614 862-4161; r. 3752 Timberland Dr., Gahanna, OH 43230, 614 899-0814.
HERROLD, Robert B.; '29 BSBA; Retired; r. 2955 NW Blvd., Columbus, OH 43221, 614 488-0068.
HERRON, J. Abbott; '33; Retired Banker; r. 300 E. High St., Mt. Vernon, OH 43050, 614 393-1356.
HERRON, James Lawrence; '78 BSBA; Staff; Boykin Mgmt., 6500 Doubletree Ave., Columbus, OH 43229; r. 5759 Tamarack Blvd., Apt. E, Columbus, OH 43229, 614 431-0676.
HERRON, Loraine Gibb; '74 BSBA; Home Designs & Builders; Gibb Sisters; r. 212 Redding Ridge, Peachtree City, GA 30269.
HERRON, Richard A.; '88 BSBA; 3171 Kingswood Dr., Grove City, OH 43123, 614 875-3361.
HERRON, Richard Albert; '72 BSBA; Pres.; Herron Ins. Agcy., POB 87476, College Pk., GA 30337, 404 761-0500; r. 212 Redding Ridge, Peachtree City, GA 30269, 404 487-1145.
HERRON, Roger Dennis; '74 BSBA; Chief of Audits; Colo Dept. of Labor/Employment, 251 E. 12th Ave., Denver, CO 80203; r. 3445 S. Bellaire St., Denver, CO 80222, 303 758-8374.

ALPHABETICAL LISTINGS
HIGH 121

HERRON, Rolin W., Jr.; '70 BSBA; 777 Stewart Rd., Salem, OH 44460, 216 337-7923.
HERRON, Scott Michael; '85 BSBA; 5347 Via Vicente, Yorba Linda, CA 92686.
HERRON, William E.; '43 BSBA; Retired; r. 1058 E. Rahn Rd., Dayton, OH 45429, 513 435-8832.
HERSCH, Mark A.; '86 BSBA; Operations Mgr.; Celebrations, 1213 Eastwood Ave., Mayfield Hts., OH 44124, 216 461-1515; r. Same.
HERSCH, Robert Mark; '79 BSBA; VP; Irwin Union Corp., 500 W. Wilson Bridge Rd., Ste. 125, Worthington, OH 43085, 614 848-5490; r. 12114 Woodrow Ln., Pickerington, OH 43147, 614 866-2997.
HERSCH, Stephen Howard; '71 BSBA, '77 MBA; Asst. VP; Banc One Corp., Financial Planning & Analyst, 1255 Euclid Ave., Cleveland, OH 44101, 216 352-5077; r. 7596 Mountain Park Rd., Concord, OH 44060, 216 357-5581.
HERSCHEDE, Mary '53 (See Kirwin, Mary Herschede).
HERSHBERGER, Glenn E.; '49 BSBA; 5528 W. Blvd. NW, Canton, OH 44718, 216 499-7594.
HERSHBERGER, J. Peter; '42 BSBA; Retired; r. 10108 Camino Torero, Oro Vly., AZ 85737, 602 297-1286.
HERSHBERGER, Margo Louise; '81 BSBA; POB 256, Medina, WA 98039, 206 455-2098.
HERSHBERGER, Mary E. '39 (See Clark, Mary Hershberger).
HERSHEY, Charles Peter; '81 BSBA; 156 S. 17th Ave., Columbus, OH 43205, 614 252-0348.
HERSHEY, Herbert C., Jr.; '36 BSBA; Retired VP; Sutton Publishing Co.; r. 2 Hampton Hill Pl., Falconbridge, Chapel Hill, NC 27514, 919 489-7684.
HERSHEY, Steven Devere; '80 BSBA; 3271 W. Breese Rd., Lima, OH 45806.
HERSKO, Debbie Jones; '84 BSBA; Advisory Programmer/Anal.; Bank One, Columbus, 350 S. Cleveland Ave., Westerville, OH 43081; r. 6413 Deer Ridge Ln., Columbus, OH 43229, 614 899-0670.
HERSTIG, Barbara Gendler; '68; 2427 Fair Ave., Columbus, OH 43209, 614 258-1898.
HERTEL, Dorothy Becher; '44 BSBA; 8102 Hauser St., Lenexa, KS 66215, 913 492-9355.
HERTEL, Mark E.; '87 BSBA; Sales Engr.; ITW-NIFCO, Inc., 327 Stones River Cove, Nashville, TN 37214, 615 391-3072; r. Same, 615 885-5336.
HERTENSTEIN, Carol '81 (See West, Carol Hertenstein).
HERTLEIN, Donald A.; '57 BSBA; Atty.; 3316 N. High St., Columbus, OH 43202; r. 476 S. Spring Rd., Westerville, OH 43081.
HERTLEIN, Lori Ann; '81 BSBA; Acct.; Montgomery Cnty. Health Dist., 451 W. Third St., Dayton, OH 45422, 513 225-5718; r. 714 Damian St., Vandalia, OH 45377.
HERTSCH, MAJ James Waldron, USA; '68 BSBA; For. Area Spec.; Pentagon, Washington, DC 20310, 202 695-0571; r. 9005 Kerrydale Ct., Foxwood Apartments, Springfield, VA 22152, 703 866-3715.
HERTZER, Donald H.; '52 BSBA; Acct./Asst. Controller; Work Wear Corp. Inc., 1768 E. 25th St., Cleveland, OH 44114, 216 771-4040; r. 350 Circular St., POB 100, Tiffin, OH 44883, 419 447-3689.
HERTZER, John P.; '62 MBA; Sr. Industry Spec.; IBM Corp., 425 Market, San Francisco, CA 94101; r. 345 Montecillo Dr., Walnut Creek, CA 94595, 415 397-0731.
HERTZER, Martha Nedeff; '84 BSBA; Underwriter; Employers Reinsurance, 445 Hutchinson, Ste. 795, Columbus, OH 43235, 614 846-6254; r. 2283-H Hedgerow Rd., Columbus, OH 43220, 614 457-5273.
HERWALD, Paul; '40 BSBA; Retired; r. 1079 Irongate Ln., Apt. C, Columbus, OH 43213, 614 866-8144.
HERZBERGER, Cindy Brown; '88 BSBA; 26610 Midland, Bay Village, OH 44140, 216 835-8064.
HERZEG, Ladd Keith; '68 BSBA; Exec. VP/Genl Mgr.; Houston Oilers, Inc., 6910 Fannin, Houston, TX 77030; r. 3614 E. Creek Club Dr., Missouri City, TX 77459.
HERZOG, Alan Bruce; '73 BSBA; 26451 Bernwood Rd., Cleveland, OH 44122.
HERZOG, Craig Alexander; '78 BSBA; Sales Rep.; Electra Sign Enterprises, 12 Westerville Sq., Westerville, OH 43081; r. 5742 Pine Tree W., Columbus, OH 43229, 614 436-8611.
HERZOG, Francis J. R., Jr.; '85 BSBA; Ins. Sales Rep.; Stouffer-Herzog Ins., 4250 Lake Ave., POB 400, Ashtabula, OH 44004, 216 998-4444; r. 1527 Bunker Hill Rd., POB 55, Ashtabula, OH 44004, 216 992-5541.
HERZOG, Judith L. '81 (See Wertz, Mrs. Judith H.).
HESCHE, Douglas Matthew; '85 BSBA; Acct. Mgr.; Owens Brockway Gl. Container Inc., 5151 Beltline Rd. 317-A, Dallas, TX 75240, 214 934-9250; r. 2009 Greenstone, Carrollton, TX 75010, 214 394-1195.
HESCHEL, Michael Shane; '65 MBA; Corp. VP; Baxter Healthcare Corp., 1 Baxter Pkwy., Deerfield, IL 60015, 312 948-3511; r. 1500 Big Oaks Ct., Lake Forest, IL 60045, 312 295-7563.
HESELOV, Lawrence Joseph; '51 BSBA; Pres.; Store Engrg. Co., 52 E. Myrtle Ave., Youngstown, OH 44507, 216 744-0253; r. 3540 Ohio Tr., Youngstown, OH 44505, 216 759-1472.
HESKETT, Gene H.; '74 MBA; Dir.-Risk Mgmt.; White Consolidated Industries, 11770 Berea Rd., Cleveland, OH 44111, 216 252-8198; r. 7539 Old Quarry Ln., Cleveland, OH 44141, 216 526-9715.
HESKETT, Gregory Paul; '80 BSBA; 260 Mwoodland Dr., Hillsboro, OH 45133.
HESKETT, Kathleen R. '87 (See Grove, Mrs. Kathleen R.).
HESLEP, Robert Dewey; '71 BSBA; CPA/Partner; Waite Heslep & Assocs. CPA's, 2996 Grandview Ave., Ste. 202, Atlanta, GA 30305, 404 233-7990; r. 765 Barrington Way, Roswell, GA 30076, 404 992-5264.
HESS, Albert F.; '30 BSBA; Retired; r. 300 Forest Ave., Wyoming, OH 45215, 513 821-8218.
HESS, Bradley D.; '83 BSBA; Auditor; r. 13486 Cnty. Line Rd., Ottawa Lake, MI 49267, 313 888-1410.
HESS, David J.; '80 MBA; Asst. Prof.; Robert Morris Clg., Fifth at Sixth Ave., Dept. of Acctg., Pittsburgh, PA 15219, 412 227-6888; r. 117 Lakeview Dr., Mc Kees Rocks, PA 15136, 412 787-3853.
HESS, Dennis Joseph; '73 BSBA; Syst. Design Cnslt.; Ohio Bell Communications, 3401 Park Ctr. Dr., Dayton, OH 45414, 513 454-6000; r. 612 Applehill Dr., W. Carrollton, OH 45449, 513 859-1995.
HESS, James Anthony; '76 BSBA; Extrusion Operator; Crane Plastics, 2141 Fairwood Ave., Columbus, OH 43207; r. 442 Hilltop Dr., Pickerington, OH 43147, 614 837-0975.
HESS, Jill Cummings, (Jill Cummings); '85 BSBA; Acct.; Gandee & Assocs., 4488 Mobile Dr., Columbus, OH 43220, 614 459-8338; r. 5090 Henderson Heights Rd., Columbus, OH 43220, 614 459-7798.
HESS, Jimmie Dale; '79 BSBA; Govt. Sales Admin.; Axia Mail Media Inc., 7815 S. 46th St., Phoenix, AZ 85044, 602 968-6241; r. 7501 W. Turney Ave., Phoenix, AZ 85033, 602 849-2170.
HESS, John Frederick; '36 BSBA; Retired; r. 201 N. Main St., Apt. 301, Mt. Vernon, OH 43050, 614 393-2459.
HESS, Lou Ann Hughes; '76 BSBA; Staff; Cottingham Paper Co., 324 E. Second Ave., Columbus, OH 43201; r. 5762 Shannon Plance Ln., Dublin, OH 43017.
HESS, Mark Alan; '74 BSBA; United Mc Gill Co., 2400 Fairwood Ave., Columbus, OH 43207; r. 2300 Shrewsbury Rd, Columbus, OH 43221, 614 451-8919.
HESS, N. Theodore; '70 BSBA; Purchasing Mgr.; Pedershaab Inc., 500 N. Stanwood, Columbus, OH 43209, 614 253-8765; r. 5995 Darby Ln., Columbus, OH 43229, 614 891-7585.
HESS, Richard Rosenau; '50 BSBA; Pres.; The Kiesling Hess Finishing Co., 300 W. Bristol St., Philadelphia, PA 19140, 215 457-0906; r. 652 Ashbourne Rd., Elkins Park, PA 19117, 215 635-1406.
HESS, Thomas Michael; '88 BSBA; 841 Finney Tr., Cincinnati, OH 45224, 513 521-4128.
HESS, Wendell H.; '51 BSBA; Retired Acct.; r. 5367 Morning Dr., Hilliard, OH 43026, 614 876-6788.
HESS, Wilbur Otto; '35 BSBA; 11811 Laird Rd, Brooklyn, MI 49230.
HESS, William Wesley; '64 BSBA; Dir. Labor Relations; Navistar Intl., 401 N. Michigan Ave., Chicago, IL 60187, 312 836-3201; r. 25 W. 752 Durfee Rd, Wheaton, IL 60187.
HESSELING, Susan Elaine; '81 BSBA; Acct.; New Delphos Mfg. Co., Acctg. Dept.-Payroll, 102 S. Pierce St., Delphos, OH 45833; r. 709 E. Jackson St., Delphos, OH 45833.
HESSENAUER, Michael Ray; '84 MBA; Pres.; Hessenauer Corp., 6047 Frantz Rd., Ste. 102, Dublin, OH 43017, 614 764-2211; r. 5560 Adventure Dr., Dublin, OH 43017, 614 764-0358.
HESSLER, Norman Daniel; '85 BSBA; Sales Rep.; Lyons Transportation Lines, 1760 Feddern, Grove City, OH 43123, 614 875-9020; r. 3440 Fox Run Rd., Westerville, OH 43081, 614 895-2804.
HESSON, Bradley G.; '86 BSBA; Career Couns.; Ohio Army Natl. Guard, Lima-St. Mary's Recruiting Ofc, 855 S. Collett St., Lima, OH 45804, 419 227-0316; r. 400 S. Mumaugh Rd., Bldg. 3 Apt. 4, Lima, OH 45804, 419 225-9586.
HESTON, Darilee '71 (See Piner, Darilee Heston).
HESTON, David Douglas; '73 BSBA, '78 MBA; Field Operations Mgr.; Ford Motor Co., Houston District, 2110 Governors Cir. E., Houston, TX 77252, 713 680-4213; r. 5007 Walnut Hills, Kingwood, TX 77345, 713 360-7944.
HESTON, Kenneth D.; '50 BSBA; Sales Rep.; Price Bros. Co., 1500 Haul Rd., Columbus, OH 43207, 614 445-3830; r. 940 Eastmoor Blvd., Columbus, OH 43209, 614 231-1672.
HETER, Leonard Dean; '79 BSBA; Float Analyst; Bank One of Columbus, 100 E. Broad St., Columbus, OH 43215; r. 7180 Old State Rd., Galena, OH 43021.
HETRICK, Thomas Paul; '86 MPA; Mgmt. Ofcr.; Exec Ofc. for Immigratn Review, 222 E. Van Buren, Ste. 600, Harlingen, TX 78550, 512 427-8582; r. 1802 E. Washington, Apt. 16, Harlingen, TX 78550, 512 425-8677.
HETTERSCHEIDT, Francis Kenneth; '87 BSBA; 5551 Sportsman, Johnstown, OH 43031, 614 967-8355.
HETZEL, Horace D.; '37 BSBA; Music Dealer; H & H Music Svc. Inc., 1313 Washington Ave., Evansville, IN 47714; r. 1305 E. Park Dr., Evansville, IN 47714, 812 424-6089.
HETZLER, Linda Ross; '65; Owner; Bell-Ross Gallery, 1080 Brookfield Rd., Memphis, TN 38119, 901 682-2189; r. 6228 Lochlevin Cove, Memphis, TN 38119, 901 761-0636.
HEUSCHNEIDER, James Edward; '84 BSBA; Supv.; Nasco, 19 W. 34th St., New York, NY 10001, 212 643-0300; r. 546 Blue Ridge Dr., Medford, NY 11763.
HEUSSNER, Ralph C.; '47 BSBA; Retired; r. 2535 Kennelly Dr., Willoughby Hls., OH 44094, 216 951-7127.
HEWITT, Dennis Michael; '69 BSBA; Terminal Mgr.; Roadway Express Inc., 326 Lincoln Ave., Marion, OH 43302; r. 6796 Delawar Waldo Rd., Waldo, OH 43356, 614 926-2358.
HEWITT, Rosemary '48 (See Findley, Mrs. Rosemary H.).
HEWITT, Therese Elizabeth '81 (See Papiernik, Mrs. Therese E.).
HEXIMER, Wendell Lloyd; '72 BSBA; Acct./Partner; Haemmerle Heximer Harvey & Co., CPA's, 1630 NW Professional Plz., Columbus, OH 43220, 614 451-4644; r. 7760 Bridlespur Ln., Delaware, OH 43015.
HEYDINGER, Gus G.; '79 BSBA; Product Analyst; Shelby Ins., 175 Mansfield Ave., Shelby, OH 44875, 419 347-1880; r. 20 W. End Blvd., Shelby, OH 44875, 419 347-8719.
HEYDINGER, Mark Charles; '77 BSBA; Atty./Asst. Prosecutr; Ashland Co. Prosecutor's Ofc., 307 Orange St., Ashland, OH 44805, 419 289-8857; r. 520 Samaritan Ave., Ashland, OH 44805, 419 281-1177.
HEYER, Howard C.; '58 MA; Assoc.; Swords Assocs., Inc., 2 Brush Creek Blvd., Ste. 100, Kansas City, MO 64112, 816 753-7440; r. 90 Beech Ave., Waukegan, IL 60087, 312 244-3366.
HEYINK, Karen M. '86 (See Potoczak, Karen M.).
HEYLMAN, Bruce Dillon; '86 MBA; Inventory Mgr.; Thypin Steel, 49-49 30th St., Long Island City, NY 11101, 718 937-2700; r. 1764 First Ave., Apt. 2FS, New York, NY 10128, 212 348-8112.
HEYMAN, Brian Lee; '87 BSBA; Asst. Controller; Goldberg Cos., 24100 Chagrin Blvd., Cleveland, OH 44122, 216 831-6100; r. 26332 Annesley Rd., Beachwood, OH 44122, 216 831-2147.
HEYMAN, Catherine Marie '80 (See Heyman-Zellner, Catherine Marie).
HEYMAN, John Gibson; '83 BSBA; Financial Couns.; CIGNA Financial Svcs. Inc., 1408 N. Westshore Blvd., Ste. 500, Tampa, FL 33607, 813 289-4449; r. 16032 Eagle River Way, Tampa, FL 33624, 813 969-3028.
HEYMAN, Miles B.; '56 BSBA; Pres.; Miles Sales Co., 1682 Ladera Tr., Dayton, OH 45459, 513 435-1155; r. Same.
HEYMAN, Robert N.; '50 BSBA; VP Sales & Mktg.; Capitol Plastics of Ohio Inc., 333 Van Camp Rd, Bowling Green, OH 43402, 419 352-5154; r. 5209 Pine Grove Ct., Toledo, OH 43615, 419 536-2221.
HEYMAN-ZELLNER, Catherine Marie, (Catherine Marie Heyman); '80 BSBA; Sales Rep.; American Nukem, 21850 Melrose Ave., Ste. 1, Southfield, MI 48075, 313 353-5880; r. 4725 Canyon Oaks, Brighton, MI 48116.
HIATT, Michael K.; '81 BSBA; 1275 Millstone Sq., Westerville, OH 43081.
HIATT, Robert Linn; '70 BSBA; Soc Ins. Claims Exec.; Social Security Admn, 3535 Market St., Philadelphia, PA 19104, 215 596-6941; r. 1304 Pine Lake Village, Lindenwold, NJ 08021, 609 627-0851.
HIATT, William Douglas; '56 BSBA; Dir.-Admin.; Ault Deuprey Jones et al, 1455 Frazee Rd., 9th Fl., San Diego, CA 92108; r. 4210 Corral Canyon Rd, Bonita, CA 92002.
HIBBARD, Leonard J.; '76 BSBA; Financial Cnslt.; Shearson Lehman Hutton, 65 E. State St., Columbus, OH 43215, 614 460-2691; r. 1686 Peardale Rd N., Columbus, OH 43229, 614 891-9839.
HIBINGER, Gary Charles; '79 BSBA; Production Supv.; Borden Inc., 165 N. Washington, Columbus, OH 43215, 614 225-7038; r. 5804 Chatford St., Apt. C, Columbus, OH 43232, 614 868-1734.
HIBLER, John Timothy; '86 BSBA; 595 Marygate, Bay Village, OH 44140, 216 871-0985.
HICE, Kristen Mitten; '86 BSBA; Asst. Auditor; Auditor of State Ferguson, 88 E. Broad St., POB 1140, Columbus, OH 43266, 614 774-4257; r. 32196 U S Rte. 50, Chillicothe, OH 45601, 614 775-5868.
HICKERSON, Joyce Wallingford, (Joyce A. Wallingford); '48 BSBA; Homemaker; r. 20323 Westhaven Ln., Rocky River, OH 44116, 216 331-2660.
HICKEY, Lucy Catherine; '85 BSBA; 5346 Luther Ln., Hilliard, OH 43026, 614 876-6323.
HICKEY, Timothy Emmett; '76 BSBA; Asst. Plant Engr.; OI/NEG, 711 Southwood Ave., Columbus, OH 43207, 614 443-6551; r. 2647 Dellworth St., Columbus, OH 43232, 614 861-6740.
HICKMAN, Charles W.; '51 BSBA; Acct.; Stanton A Jones, CPA, 2000 W. Henderson Rd., Columbus, OH 43220; r. 3018 Voeller Cir., Grove City, OH 43123, 614 875-4138.
HICKMAN, Charles William, III; '75 BSBA; VP of Operations; Franklin Intl., 2020 Bruck St., Columbus, OH 43207, 614 443-0241; r. 2988 Kingston Ave., Grove City, OH 43123, 614 875-9841.
HICKMAN, Daniel Allen; '83 BSBA; Mktg. Repr; IBM Corp., 140 E. Town St., Columbus, OH 43215; r. 943 Kramer Ave., Columbus, OH 43212, 614 488-6117.
HICKMAN, Gregory Allen; '87 MBA; Clerk; Benesch Friedlander, 88 E. Broad St. Ste. 900, Columbus, OH 43215; r. Lanson Rd., Marion, OH 45042, 317 384-5281.
HICKMAN, Mark Alan; '81 BSBA; Distribution Mgr.; NAPA, 2655 W. Dublin-Granville Rd., Columbus, OH 43085, 419 394-5757; r. 4985 Atwater Dr., Columbus, OH 43229, 614 888-5582.
HICKMAN, Mark Hill; '74 BSBA; 412 Rumson Dr., Englewood, OH 45322, 513 836-8448.
HICKMAN, Nancy Miller; '73 MPA; 596 Reed St., Columbus, OH 43223.
HICKMAN, Richard L.; '53 BSBA; POB 306, Chesapeake, OH 45619.
HICKMAN, Steven Douglas; '76 BSBA, '81 MBA; Sr. VP; Barnett Banks of Tampa NA, Branch Admin., POB 30014, Tampa, FL 33630, 813 225-8219; r. 16226 Bonneville Dr., Tampa, FL 33624, 813 961-3952.
HICKMOTT, Warren T.; '62 BSBA; Mgr.; J C Penney Co. Inc., Towne Mall Shopping Ctr., Elizabethtown, KY 42701, 502 765-7500; r. 582 Rue La Grande Fontinblue, Elizabethtown, KY 42701, 502 737-3692.
HICKOK, Howard N., III; '62 BSBA; Dir.-Physical Distribut.; NEC Electronics Inc., 401 Ellis St., Mtn. View, CA 94043, 415 965-6000; r. 14115 E. Zayante Rd., Felton, CA 95018, 408 335-2258.
HICKOK, Sheri Mikanovich, (Sheri Mikanovich); '81 BSBA; Systs. Analyst; Santee Cooper, One Riverwood Dr., Moncks Corner, SC 29461, 803 761-8000; r. 110 Cromwell Ct., Summerville, SC 29485, 803 871-6773.
HICKS, Brenda Denise; '79 BSBA; 201 Anna St., Dayton, OH 45417.
HICKS, Brian Keith; '87 BSBA; 2015 Georgian Woods Pl. #32, Wheaton, MD 20902.
HICKS, Ernest Lee; '39 BSBA; Retired Partner; Arthur Young & Co., 277 Park Ave., New York, NY 10172; r. 2144 Cheltenham Rd., Columbus, OH 43220, 614 457-9635.
HICKS, Kimberly Doupnik; '82 BSBA; Sales Coord.; Conley Best Western, 3550 William Penn Hwy., Pittsburgh, PA 15135; r. 3380 N. Hills Rd., Murrysville, PA 15668.
HICKS, Randall Lee; '82 BSBA; 15613 Iona Lakes Dr., Ft. Myers, FL 33908, 813 454-1650.
HICKS, Richard Charles; '86 MPA; Budget Analyst; City of Columbus, 90 W. Broad St., Columbus, OH 43215; r. 3128 Indianola Ave., Columbus, OH 43202.
HICKS, Dr. Robert Elden; '63 BSBA; Prof.; Dept. of Economics, Florida Technical University, Orlando, FL 32801; r. 1161 Banbury Ter., Maitland, FL 32751, 407 647-8534.
HICKS, Rodney James; '87 BSBA; Sales Repr; Cargill Inc., Chemical Products Div, 762 Marietta Blvd. NW, Atlanta, GA 30318; r. 2710 Woodlands Dr., Smyrna, GA 30080.
HICKS, Ronald Lee; '69 BSBA; Customer Svcs.; Dispatch Printing Co., 34 S. Third St., Columbus, OH 43216; r. 140 S. Yearling Rd., Columbus, OH 43213, 614 239-6825.
HICKS, Steven L.; '72 BSBA; VP-Partner; Whittle Communications L.P., 505 Market St., Knoxville, TN 37902, 615 595-5000; r. 614 E. Fox Den, Knoxville, TN 37922, 615 966-9524.
HICKS, Thomas Edward Deam; '74 BSBA; 661 E. Beechwold Blvd., Columbus, OH 43214, 614 267-2056.
HICKS, William T.; '85 BSBA; 690 Glenmont Ave., Columbus, OH 43214, 614 267-5537.
HIDALGO, Joseph Anthony; '84 BSBA; Programmer, Analyst; Ross Labs, 625 Cleveland Ave., Columbus, OH 43216; r. 309 Coldwell Dr., Gahanna, OH 43230.
HIDER, Richard W.; '55 BSBA; Asst. Secy./Asst. Treas.; Rubbermaid Inc., 1147 Akron Rd, Wooster, OH 44691, 216 264-6464; r. 2922 Graustark Path, Wooster, OH 44691, 216 345-6212.
HIDY, James E.; '64 BSBA; Mgr./Ofc. Auto Sys; E I Pu Pont De Nemours Co., Du Pont Nemours&Brandywine Bld, Textile Fibers Dept., Wilmington, DE 19898; r. 200 Weldin Rd, Liftwood, Wilmington, DE 19803, 302 764-7783.
HIDY, John David; '77 BSBA; Sales Mgr.; Hi-State Beverage Co., Miller Brand, 871 Michigan Ave., Columbus, OH 43215; r. 1831-A NW Blvd., Columbus, OH 43212, 614 488-8282.
HIGDON, Joanne '48 (See Holleran, Joanne Higdon).
HIGDON, Richard D.; '72 MBA; Gen. Mgr./Results Ops; Aeonic Systs., Inc., 46 Manning Rd., Billerica, MA 01821, 508 663-2300; r. 67 Liberty St., Acton, MA 01720, 617 263-1914.
HIGGINBOTHAM, Gerlinde; '85 MPA; POB 03192, Columbus, OH 43203.
HIGGINS, Daniel Edward; '72 BSBA; RR 2, London, OH 43140.
HIGGINS, Hugh Richard; '42 BSBA; Asst. to Pres.; Capital Univ., 2199 E. Main St., Columbus, OH 43209, 614 236-7107; r. 1000 Urlin Ave., Apt. 2222, Columbus, OH 43212, 614 488-7866.
HIGGINS, Michael Kevin; '84 BSBA; Property Mgr.; Carriage Property Mgmt., c/o Postmaster, Columbus, OH 43216; r. 3917 Saddlehorn, Hilliard, OH 43026, 614 876-1433.
HIGGINS, N. Suzanne '76 (See O'Malley, Mrs. Suzanne H.).
HIGGINS, Randall Roger; '69; 3818 Lamarque Ct., Columbus, OH 43232, 614 861-2262.
HIGGINS, Richard Cannon; '30 BSBA; Retired R/E Broker; The Higgins Co., 823 S. High St., Columbus, OH 43206; r. 1104 E. Whittier St., Columbus, OH 43206, 614 252-8820.
HIGGINS, Robert Lewis; '65; S/E Prsnl Conlultant; r. 3148 Walden Ravine, Hilliard, OH 43026, 614 876-3697.
HIGH, Lee Ann '83 (See Tremback, Mrs. Lee Ann).
HIGH, Lloyd William; '76 BSBA; Staff; Patrick Electric, 408 Dana St., Warren, OH 44484; r. 3035 Ridge Rd NE, Cortland, OH 44410.
HIGH, Robert D.; '50 BSBA; Factory Mgr.; r. Firestone T & R Co Ltd, Box 197, Bombay, India.

122 HIGH OSU COLLEGE OF BUSINESS

HIGH, William A.; '74 BSBA, '76 MBA; Pres./CEO; Vail Natl. Bank, 108 S. Frontage Rd W., POB 2638, Vail, CO 81658, 303 476-4600; r. POB 1241, Vail, CO 81658, 303 926-3478.
HIGHMAN, Robert E.; '55 BSBA; Treas.; Carpenter Reserve Printing Co., 7100 Euclid Ave., Cleveland, OH 44103; r. 1962 Hopehaven Dr., Parma, OH 44134, 216 842-1665.
HIGHT, Neil C.; '59 BSBA; Intl. VP; r. 12915 Cherry Rd, N. Miami, FL 33181.
HIGHTOWER, James Clifford; '46 BSBA; Retired Forms Analyst; Ohio Dept. of Transportation; r. 439 Canyon Dr. S., Columbus, OH 43214, 614 262-7606.
HIGINBOTHAM, Mark Alan; '79 BSBA; 2648 Howard Ave., San Carlos, CA 94070.
HILAND, Michael Howard; '70 BSBA; Controller CPA; American United Inns Inc., 1279 E. Dublin Granville Rd, Columbus, OH 43229; r. 439 Canterwood Ct., Gahanna, OH 43230, 614 471-1869.
HILBERG, Susan Katheryn; '84 BSBA; Programmer Analyst; Cincinnati Bell Info. Systs., 600 Vine St., Cincinnati, OH 45202, 513 784-5639; r. 3520 St. Charles Pl., Cincinnati, OH 45208, 513 871-3576.
HILBERT, John A.; '47 BSBA; Retired; r. 5740 Parkbridge Ln., Dublin, OH 43017, 614 766-4028.
HILBORN, I. Pauline '44 (See Lawrence, I. Pauline Hilborn).
HILDEBRAND, Jeanne Baker; '49 BSBA; Homemaker; r. 1120 N. Acacia, Fullerton, CA 92631, 714 525-9446.
HILDEBRAND, Paul H.; '47 BSBA; 110 NE 16th Ave., Gainesville, FL 32601.
HILDEBRAND, Shepard A.; '39 BSBA; Retired Treas.; Blue Cross/Blue Shield; r. 43 Bubier Rd., Marblehead, MA 01945, 617 631-6634.
HILDEBRAND, Timothy David; '79 BSBA; Auditor; Lazarus, Town & High Sts., Columbus, OH 43215; r. 11 Hanna Rd. #B, Edison, NJ 08817, 513 471-9232.
HILDEBRANT, Donald V.; '51 MBA; Retired; r. 214 Ashwood Ave., Dayton, OH 45405, 513 275-4190.
HILDERBRAND, Vicki Lynn; '85 BS; Field Auditor; Audit Bur. of Circulations, 900 Meacham Rd., Schaumburg, IL 60173; r. 1217 Norman Dr., Columbus, OH 43227, 614 864-5187.
HILDITCH, James Edward; '81 BSBA; Dist. Sales Rep.; Gibson Guitars, 1145 W. 5th, Columbus, OH 43212, 614 291-8716; r. 2797 Chateau Cir., Columbus, OH 43221, 614 486-4084.
HILDITCH, Lawrence O.; '70 BSBA; Div. Agcy. Mgr.; Farmers Ins. Grp. Inc., 2400 Farmers Dr., Dublin, OH 43017; r. 5443 Pheasant Dr., Orient, OH 43146, 614 877-3172.
HILDRETH, John Edward; '85 BSBA; Cost Acct.; Capital City Prods., 525 W. First Ave., POB 569, Columbus, OH 43216, 614 299-3131; r. 5000-D Arbor Village Dr., Columbus, OH 43214, 614 431-3583.
HILE, John Burton; '86 BSBA; Audit Staff; Arthur, Young & Co., One Seagate, Toledo, OH 43604; r. 2215 Scottwood #2, Toledo, OH 43620.
HILE, Robert H.; '50 BSBA; Retired; r. 1007 Gateshead Ct., Louisville, KY 40222, 502 425-4390.
HILEMAN, Carl M.; '52 BSBA; Controller; Merce Industries, 2245 Front St., Toledo, OH 43605, 419 698-8081; r. 2141 Mayport Dr., Toledo, OH 43611, 419 729-4420.
HILEMAN, John N.; '48 BSBA; Retired Salesman; Sunbelt Tool Supply, POB 2626, Spartanburg, SC 29304, 803 585-4331; r. 106 River Song, Irmo, SC 29063, 803 781-1171.
HILER, Michael Alan; '80 BSBA; Prog. Mng Analyst; Ohio Dept. of Devel., State Ofc. Twr. 24th Fl., 77 S. High St., Columbus, OH 43215, 614 466-2285; r. 8393 Yuma Dr., Powell, OH 43065, 614 889-4791.
HILES, Kimberly S. '83 (See Welker, Mrs. Kimberly S.).
HILES, Marylouise A., (Marylouise Angelo); '48 BSBA; Tchr.; Cleveland Public Schs., 1380 E. 6th, Cleveland, OH 44114; r. 29111 Millard Dr., Bay Village, OH 44140, 216 871-1135.
HILGERT, Mary Hess; '57 BSBA; Tchr.; Lima City Schs., Board of Education, 515 S. Calumet Ave., Lima, OH 45802; r. 3449 Greens Rd., Lima, OH 45805, 419 999-1857.
HILGERT, Sarah Jane; '84 BSBA; Systs. Analyst; Xerox Corp., 2301 W. 22nd St., Ste. 300, Oak Brook, IL 60521, 312 572-9488; r. 2766 Bristol Dr., Ste. 203, Lisle, IL 60532, 312 717-0753.
HILKERT, Albert Andrew; '84 BSBA; Sr. Acct.; Arthur Andersen & Co., 41 S. High St., Columbus, OH 43215, 614 228-5651; r. 1357 Bluff Ave., Apt. B, Columbus, OH 43212, 614 487-0625.
HILKERT, Max L.; '58 BSBA; VP Sales; MDT Corp., 1777 E. Henrietta St., Rochester, NY 14620, 716 272-5125; r. 4 Spyglass Hill, Canandaigua, NY 14424, 716 396-2499.
HILL, Amanda Mary, (Amanda M. Green); '80 BSBA; Materials Coord.; Avery Intl., 250 Chester St., Painesville, OH 44077; r. 422 7th St., Fairport Harbor, OH 44077.
HILL, Anne Connelly; '84 BSBA; 11692 Hunnington Way, Pickerington, OH 43147.
HILL, Beatrice Jenks, (Beatrice Jenks); '39 BSBA; Owner; Hill House Interiors, 4715 Golf View Ct., Santa Rosa, CA 95405, 707 546-9576; r. Same.
HILL, Carlos Eugene; '28 BSBA; Retired; r. 165 North St., Middlebury, CT 06762, 203 758-9313.
HILL, Chester Robert, Jr.; '42 BSBA; Retired; r. POB 672, Sedona, AZ 86336, 602 282-9351.
HILL, Christopher Scott; '85 BSBA; Salesman; S.L. Pierce & Co., Billings Rd., Dublin, OH 43017; r. 1171 Beaver Creek Blvd., Reynoldsburg, OH 43068, 614 759-0879.
HILL, Craig Tuttle; '78 MBA; Area Finance Mgr.; R J Reynolds Tobacco Co., 8108 E. Prentice Ave., Ste. 510, Englewood, CO 80111, 303 773-3188; r. 7350 Brixham Cir., Castle Rock, CO 80104.
HILL, David Charles; '74 BSBA; Asst. Gen. Mgr.; Panasonic Co., One Panasonic Way, Secaucus, NJ 07094, 201 348-7914; r. 24 Raven Dr., Morristown, NJ 07960, 201 984-0163.
HILL, Debra; '78 BSBA; 11706 Iowa Ave., Cleveland, OH 44108, 216 451-0054.
HILL, Diane Kay Horst; '82 BSBA; Mgr./Public Acctng; Arthur Andersen & Co., 41 S. High St., Columbus, OH 43215, 614 228-5651; r. 339 Northridge Rd., Circleville, OH 43113, 614 474-8925.
HILL, Donald Arthur; '74 BSBA; 13668 Duluth Dr., St. Paul, MN 55124, 612 423-1186.
HILL, Dorothy L. '41 (See Snyder, Mrs. Dorothy Hill).
HILL, Douglas A.; '67 BSBA; VP; Recreactions of California Inc., 220 Newport Center Dr., Ste. 20, Newport Bch., CA 92660, 714 720-9881; r. 24922 Toca-loma Ct., Laguna Hls., CA 92653, 714 643-0190.
HILL, Duane W.; '86 BSBA; 3007 Addison Dr., Grove City, OH 43123.
HILL, Frank Rudolph; '57 BSBA; Asst. Dir.; OSU Lima Branch, 102 C Galvin, Lima, OH 45804; r. 1536 Latham Ave., Lima, OH 45805, 419 225-3691.
HILL, Frederick Brackette, III; '50 BSBA; Retired Pres.; Miraplas Tile Co., 980 Parsons Ave., Columbus, OH 43206; r. 460 Indian Mound Rd., Columbus, OH 43213, 614 861-6254.
HILL, Frederick William; '64 BSBA; Pres.; Fred Hill Haberdashers, Box 584, Plymouth, MI 48170, 313 459-3733; r. 690 Simpson, Plymouth, MI 48170, 313 455-9291.
HILL, James Duane; '76 BSBA; Exec. Coord.; Hill & Assocs. Inc., 123 30th St. NE, Canton, OH 44714; r. POB 6425, Akron, OH 44312, 216 633-6422.
HILL, CAPT James Jay, Jr., USMC; '78 BSBA; Marine Barracks, 8th & I Sts., SE, Washington, DC 20013, 202 433-2275.
HILL, James Robert; '55 BSBA; Retired; r. 860 Leetonia Rd., Marion, OH 43302, 614 387-2530.
HILL, James Scott; '64 BSBA; Lecturer; Univ. of Texas San Antonio, Div of Acctng & Bus Data Sys, San Antonio, TX 78285; r. 209 Regal Oaks, San Antonio, TX 78233.
HILL, Jeffrey Lee; '78 BSBA; Staff; Village Meats Inc., 641 E. Kossuth St., Columbus, OH 43206; r. 5795 Settlers Pl., Dublin, OH 43017, 614 761-2435.
HILL, Jeffrey Robert; '77 BSBA; Regional Gen. Mgr.; CarePlus, Inc., Home Infusion Therapy, 120 Interstate N. Pkwy. E.#424, Atlanta, GA 30339, 404 933-8624; r. 4144 Manor House Dr. NE, Marietta, GA 30062, 404 587-0963.
HILL, John Burton; '48 BSBA; Retired VP; G.W. Banning & Assoc., Worthington, OH 43085; r. 1122 Strathaven Dr. N., Worthington, OH 43085, 614 885-1995.
HILL, Hon. John W.; '48 BSBA; Retired Judge/Atty.; Hill-Hill & Stanger, 7737 Olentangy River Rd., Worthington, OH 43235, 614 848-6500; r. 9158 Liberty Rd., Powell, OH 43065, 614 436-7960.
HILL, Joseph B.; '79 BSBA; MIS Proj. Leader; Porcelain Prods. Co., 225 N. Patterson St., Carey, OH 43316, 419 396-7621; r. 320 Frazer, Findlay, OH 45840, 419 422-7775.
HILL, Kathryn Firstenberge; '46 BSBA; Retired Tchr.; r. 1208 Cres. Heights Rd., Marion, OH 43302, 614 387-2449.
HILL, Kendall Lyle; '84 BSBA; Ins.; r. 1298 Granville Rd., Newark, OH 43055, 614 344-6654.
HILL, Kevin A.; '85 BSBA; Operations Mgr.; Priority Freight Systs. Inc., 1879 Federal Pkwy., Columbus, OH 43207, 614 443-1444; r. 7527 Sawmill Commons Ln., #K, Dublin, OH 43017, 614 766-9923.
HILL, Kevin Lynn; '77 BSBA; Claim Spec.; State Farm Ins. Co., 1435 Shoup Mill Rd, Dayton, OH 45414, 513 276-1900; r. 6706 Yorkcliff Pl., Centerville, OH 45459, 513 434-0629.
HILL, Lawrence William; '66 BSBA; Pres.; Sumar Enterprises Inc., 1617 Fannin Ste. 1100, Houston, TX 77002, 713 739-7226; r. 2118 Sunshine Pt., Kingwood, TX 77345, 713 360-3845.
HILL, Leonarda Brickman; '38 BSBA; Retired; r. 1969 Grafton Rd., Elyria, OH 44035, 216 458-5893.
HILL, Leslie Guy; '48 BSBA; Employment Supv.; Battelle Mem. Inst., 505 King Ave., Columbus, OH 43201; r. 987 N. Caribe Ave., Tucson, AZ 85710, 602 298-5673.
HILL, Lewis Henry; '52 BSBA; Claim Supt.; State Farm Ins., 6850 103rd St., Jacksonville, FL 32238, 904 777-2410; r. 2171 Eventide Rd., Switzerland, FL 32259, 904 287-8540.
HILL, Lisa M. '85 (See White, Mrs. Lisa M.).
HILL, Lorraine M. '83 (See Bouey, Mrs. Lorraine).
HILL, Lu An; '80 BSBA; Controller; r. 612 Wilmington Island Rd., c/o Sheraton, Savannah, GA 31410.
HILL, Mrs. Mary Ditty, (Mary Ditty); '84 BSBA; Student; Univ. of Dayton, Dayton, OH 45469; r. 1563 Fishinger Rd., Columbus, OH 43221, 614 457-8071.
HILL, Phyllis Tuttle, (Phyllis A. Tuttle); '47 BSBA; 1826 Shawnee Rd., Lima, OH 45805, 419 222-7656.
HILL, Ray Edward; '69 BSBA; Staff; Ray Hill, 1312 Hampton Ridge, Norcross, GA 30093, 404 921-0643; r. 1698 King Ave., Columbus, OH 43212, 614 486-7639.
HILL, Richard Emerson; '79 MPA; Staff; Cooper Industries Inc., Two Houston Ctr., Houston, TX 77002; r. 1510 Washington, Edmond, OK 73034.
HILL, Richard Kolter; '47 BSBA; Retired; r. 1826 Shawnee Rd., Lima, OH 45805, 419 222-7656.
HILL, Rick; '78 BSBA; Programmer Analyst; BP America, 200 Public Sq., Cleveland, OH 44114, 216 586-6836; r. 9829 Lake Ave. #404, Cleveland, OH 44102, 216 631-8311.
HILL, Robert Earl; '47 BSBA; Broker Realtor; Robert E. Hill & Assoc., 4767 Widner Ct., Columbus, OH 43220, 614 451-1705; r. Same.
HILL, Robert Fredrick, II; '62; CPA; Robert F. Hill, CPA, 65 E. State St., Ste. 1000, Columbus, OH 43215, 614 460-3538; r. 120 Peach Blossom Rd., Pataskala, OH 43062, 614 927-3892.
HILL, Robert Guthrie; '39 BSBA; Retired; r. 3065 Winding Way, Zanesville, OH 43701, 614 452-0020.
HILL, Samuel Jay; '71 BSBA; CEO & Secy.; Priority Mortgage Corp., 5701 N. High St., Worthington, OH 43085, 614 431-1141; r. 1222 Edilyn Ct., Westerville, OH 43081, 614 890-0747.
HILL, Sandra Ann; '87 BSBA; Grad. Student; The Ohio State Univ., Sport Management Dept., Columbus, OH 43210; r. 4780 Gainsborough Ct., #D, Columbus, OH 43220, 614 459-8838.
HILL, Suzanne '62 (See Mac Gowan, Mrs. Suzanne K.).
HILL, Ted Alan; '85 BSBA; Programmr I/Analyst; The Mead Corp., Courthouse Plz. NE, Dayton, OH 45463, 513 495-3694; r. 853 Revere Village Ct., Centerville, OH 45459, 513 439-4284.
HILL, Thomas Richard; '69 BSBA; Sales Engr.; Grumman-Flxible Corp., 970 Pittsburgh Dr., Delaware, OH 43015; r. 6623 Brock St., Dublin, OH 43017, 614 889-2614.
HILL, Timothy Braun; '86 BSBA; Mgmt. Trainee; First Bank of Marietta, 320 Front St., Marietta, OH 45750, 614 373-4904; r. 97 Keith St., Parkersburg, WV 26104, 304 428-1403.
HILL, Tonya Rae; '80 BSBA; Student; Ohio State Univ., Columbus, OH 43210; r. 3965 Summitview Rd., Dublin, OH 43017, 614 889-8877.
HILL, Willard Gerald, II; '70 BSBA; Buyer; City of Columbus, 95 W. Long St., Columbus, OH 43215; r. 5288 Wolf Run Dr., Columbus, OH 43230, 614 475-6575.
HILLARD, Fred Brian; '80 BSBA; Programmer/ Analyst; Shawmut Mortgage Corp., 3232 Newmark Dr., Miamisburg, OH 45342, 513 436-4326; r. 5073 Knollwood Dr., Morrow, OH 45152, 513 899-4478.
HILLER, Gerald L.; '50; Secy./Treas./Mgr.; Producers Livestock Assn., Box 29800, 5909 Cleveland Ave., Columbus, OH 43229, 614 890-6666; r. 5317 Acevedo Ct., Columbus, OH 43220, 614 451-2929.
HILLER, Michael L.; '76 BSBA; Exec. VP; Acme-Ritz Co., 2357 Graydon Blvd., Columbus, OH 43220, 614 442-6841; r. Same.
HILLER, Shawn Michael; '85 BSBA; Corporate Auditor; Borden Inc., Corporate Audit, 23rd Fl., 180 E. Broad St., Columbus, OH 43215, 614 225-4701; r. 151 Blakeford Dr., Dublin, OH 43017, 614 766-1273.
HILLERY, Brian P.; '86 BSBA; Pension Fund Acn./ Admin.; State Street Rsch. & Mgmt., One Financial Ctr., Rm. 3800, Boston, MA 02111; r. 244 Kennedy Dr., Apt. 201, Malden, MA 02148, 617 322-0994.
HILLIARD, Mrs. Melinda Mc Entee, (Melinda L. Mc Entee); '63 BSBA; Co-owner; Telecomputer Business Svcs., 1550 Old W. Henderson Rd, Ste. N149, Columbus, OH 43220, 614 442-6703; r. 69 Qual Run, 3475 Lyon Dr., Lexington, KY 40513, 606 224-3333.
HILLICK, Joyce '83 (See Ely, Joyce Hillick).
HILLIER, Doris Murphy, (Doris Murphy); '40 BSBA; Retired; r. 2846 Shellhart Rd., Norton, OH 44203, 216 825-3572.
HILLIGOSS, Mark Allan; '79 BSBA; Dir. of Internal Audits; Ohio State Univ., Columbus, OH 43210; r. 2086 Langham Rd., Columbus, OH 43221, 614 459-2448.
HILLIKER, Don M.; '35 BSBA; Pres.; Don M Hilliker Co., The Hilliker Bldg., 101 W. Columbus Ave., Bellefontaine, OH 43311, 513 593-9015; r. 1 Arlington Rd., Bellefontaine, OH 43311.
HILLIKER, Donald James; '65 BSBA; Gen. Mgr./ Exec. VP; Don M. Hilliker Co., The Hilliker Bldg., 101 W. Columbus Ave., Bellefontaine, OH 43311, 513 593-9015; r. 2 Arlington Rd., Bellefontaine, OH 43311.
HILLIKER, Richard Orrin; '72 BSBA; POB 06039, Ft. Myers, FL 33906, 813 482-2245.
HILLIKER, Thomas Ray; '70 BSBA; VP; Michigan Natl. Bank, POB 9065, 30445 Northwestern Hwy., Farmington Hls., MI 48333, 313 737-3223; r. 25016 Avon Ct., Novi, MI 48050, 313 347-0826.
HILLINGER, Sam; '52 BSBA; Controller; r. 10327 14th St. NW, Seattle, WA 98177, 206 784-7647.
HILLIS, Lee Edward, Jr.; '69 BSBA; Real Estate Agt.; r. 1030 Roslyn Dr., Mt. Clemens, MI 48043.
HILLIS, Robert Lewis; '84 BSBA; 376 Colonial Ave., Worthington, OH 43085, 614 888-5826.
HILLMAN, Stuart Harvey; '60 BSBA; VP-Treas.; Hill Mfg. Co., 1500 Jonesboro Rd SE, Atlanta, GA 30315; r. 3830 Brandy Sta. Ctn W., Atlanta, GA 30339, 404 436-4207.
HILLMUTH, Edward Alexander; '87 BSBA; 4972 Hollyview Dr., Vermilion, OH 44089, 216 967-4747.
HILLOW, George A., Jr.; '76 MBA; CPA/Partner; Hillow Gornik & Co. CPA's, 29550 Detroit Rd., Westlake, OH 44145, 216 871-8288; r. 3300 Balsam Dr., Westlake, OH 44145, 216 871-5618.
HILLOW, Regis; '83 BSBA; Baxter Healthcare Corp., 7724 Burr Oak Ln., University City, MO 63130, 314 721-1840; r. Same.
HILLS, Mrs. Elizabeth Wells, (Elizabeth Wells Almond); '86 BSBA; Analyst; Conoco Inc., Div E. I. du Pont de Nemours, 1000 S. Pine, Ponca City, OK 74601, 405 767-2269; r. 2409 Bluebird Ln., Ponca City, OK 74604, 405 765-3286.
HILLYER, Hudson, JD; '50 BSBA; Atty./Partner; Connolly Hillyer & Welch, 201 N. Main St. Box 272, Uhrichsville, OH 44683, 614 922-4161; r. 405 Park Dr., Uhrichsville, OH 44683, 614 922-0672.
HILSCHER, Frank J., III; '50 BSBA; Retired; r. 7061 Pine View Dr., Folsom, CA 95630, 916 988-4056.
HILSHEIMER, Cynthia Eberts, (Cynthia Eberts); '79 BSBA; Part-time Acct.; r. 26 Eastmore Blvd., Columbus, OH 43209, 614 236-2656.
HILSHEIMER, Lawrence Allen; '78 BSBA; Tax Partner; Deloitte Haskins & Sells, 155 E. Broad St., Columbus, OH 43215, 614 229-4653; r. 26 Eastmore Blvd., Columbus, OH 43209, 614 236-2656.
HILSMIER, Larry Duane, Jr.; '87 BSBA; Public Acct.; KRMP Peat Marwick Main & Co., 245 Peachtree Ctr. NE, Ste. 1900, Atlanta, GA 30043, 404 577-3240; r. 6640 Akers Mill Rd., Apt. 21-A-1, Atlanta, GA 30339, 404 951-8592.
HILT, James Scott; '71 BSBA; Staff; Society Natl., 34 N. Main St., Dayton, OH 45402, 513 226-6429; r. 8204 Rhine Way, Dayton, OH 45458, 513 435-0770.
HILTBRAND, Ms. Eileen Brubeck, (Eileen Brubeck); '82 BSBA; Buyer/Women's Fashns; Davis Inc., 202 W. 4th St., Winston-Salem, NC 27102, 919 721-7400; r. 1716 Camden Rd., Winston-Salem, NC 27103, 919 723-9642.
HILTON, Danny Benjamin; '72 BSBA; Med. Svc. Repr; Dow Chemical Co., 3764 Roswell Dr., Columbus, OH 43227; r. 2509 Queenswood Dr., Columbus, OH 43219.
HILTON, Dr. Ronald Walter; '77 PhD (ACC); 2526 NW 18th Way, Gainesville, FL 32605, 904 378-8137.
HILTY, Clinton C.; '54 BSBA; Ret. Tax Mgmt./Sr Auditor; r. 416 N. Marie Ave., Fullerton, CA 92633, 714 525-8587.
HILTY, Hugh C.; '57 BSBA; Interior Detail Spec.; Color Glo of Stark Cnty., 8900 Blitzen Rd., NW, N. Canton, OH 44720, 216 497-4930; r. 6776 Oakcrest Ave. NW, N. Canton, OH 44720, 216 494-5761.
HILYARD, David C.; '47 BSBA; Partner Cnslt.; Hartigan Assocs. Inc., Commercial Real Estate Firm, Natl City Ctr 1900 E 9Th 1520, Cleveland, OH 44114; r. 500 Pioneer Tr., Aurora, OH 44202, 216 562-6640.
HILYARD, Jeffrey Earl; '78 BSBA; Pres.; Edwards Insulation Co., 1404 Goodale Blvd., Columbus, OH 43212, 614 486-9660; r. 4230 Goldenseal Way, Hilliard, OH 43026, 614 771-1197.
HILZ, James Brian; '88 BSBA; Ofc. Mgr.; The Success Grp., Inc., 1 Columbus, 13th Fl., Columbus, OH 43215, 614 221-0971; r. 1370 Highland St., Columbus, OH 43201, 614 299-8401.
HIMEBAUGH, Marc Stephen; '76 MBA; Regional Mktg. Dir.; Brink's Inc., 234 E. 24th St., Chicago, IL 60616, 312 567-7110; r. 773 Stearns Rd., Bartlett, IL 60103, 312 289-9394.
HIMELICK, CAPT Ronald V., USN(Ret.); '58 BSBA; Capt. USN & Farmer Ret.; r. RR 5 Box 25-B, Front Royal, VA 22630, 703 636-3689.
HIMES, Caroline Dee; '77 BSBA; Dir.; Photon Entertainment Inc., Dept. of Acctg. & Planning, 12610E NW Hwy., Dallas, TX 75228; r. 2535 Marsh Ln. #1205, Carrollton, TX 75006.
HIMES, Lizbeth Ingram, (Lizbeth Ingram); '81 MBA; Inventory Coord.; Delta Petroleum, 3011 Lausat St., Metairie, LA 70001, 504 833-2861; r. 127 Kingston Dr., Slidell, LA 70458, 504 646-2432.
HIMES, Steven George; '75 BSBA, '77 MBA; 690 E. Whipp Rd., Centerville, OH 45459.
HIMMEL, Hortense Bachrach, (Horty Bachrach); '43 BSBA; 3714 Normandy Rd, Cleveland, OH 44120, 216 921-7300.
HIMMEL, Leonard R.; '42; Real Estate Broker; 2000 Warrensville Rd, Cleveland, OH 44121, 216 382-7333; r. 3714 Normandy Rd, Cleveland, OH 44120, 216 921-7300.
HIMMELREICH, Ms. Nancy A.; '84 BSBA; Territory Mgr.; Beecham Labs, 628 Oakland Hills Dr., # 402, Arnold, MD 21012, 301 974-4525; r. Same.
HIMRICH, 2LT Rick Lynn; '72 BSBA; Pilot; r. Box 154, Selby, SD 57472.
HINAMAN, Gary Allen; '72 BSBA; Acct.; Mills Chev-Olds-Pontiac, Inc., 153 N. Franklin St., Richwood, OH 43344, 614 943-2311; r. 528 Mayfield Dr., Marion, OH 43302, 614 389-4109.
HINAMAN, Sheila '68 (See Forsyth, Sheila H., CPA).
HINCKLEY, Marilyn Manske; '83 MLHR; 139 Shore Dr., Box 646, Portage, IN 46368.
HINDALL, George C.; '34 MBA; Retired Pres.; Hindall & Sons, Inc.; r. POB 209, Cedar Key, FL 32625, 904 543-5556.
HINDE, Edward J., IV; '79 MBA; Bus. Cnslt.; Hinde & Hinde, 925 Malone Ave., Dayton, OH 45429, 513 298-8459; r. Same.

ALPHABETICAL LISTINGS HOEFFEL 123

HINDENLANG, Jane Ann; '82 BSBA; Systs. Analyst; Greene Cnty. Data Bd., 61 Greene St., Xenia, OH 45385, 513 376-5150; r. POB 381, Xenia, OH 45385, 513 372-3438.

HINDERER, John Frederick; '79 BSBA; Staff; W B N S-TV, 770 Twin Rivers Dr., Columbus, OH 43215, 614 460-3892; r. 14601 State Rte. #347, Marysville, OH 43040, 513 642-7744.

HINDES, Donald W.; '39 BSBA; Retired; r. 230 North St., Greenfield, OH 45123, 513 981-3462.

HINDMAN, Hugh David; '84 MPA; #Rt 2, Box 682, Boone, NC 28607.

HINDS, Mrs. Anita M., (Anita M. Shea); '86 BSBA; Retail Merchandiser; McLane Northeast Inc., 2828 McLane Dr., POB 2828, Baldwinsville, NY 13027; r. 4429 Cox Dr., Stow, OH 44224, 216 327-1773.

HINEBAUGH, Lorraine Geralyn, (Lorraine Geralyn Santisa); '83 BSBA; Systs. Engr.; Electronic Data Systs. (EDS), 408 Dana St., NE, POB 431, Warren, OH 44486, 216 373-2724; r. 1561 Norwood Ave., Girard, OH 44420, 216 545-5145.

HINER, Arthur D.; '30 BSBA; Retired; r. 815 Duff Dr., Ashland, OH 44805, 419 281-6710.

HINER, Charles N.; '50 BSBA; Reg. Security Ofcr.; American S&L Assn., 4652 Telegraph Ave., Oakland, CA 94609; r. 310 Candleberry Rd, Walnut Creek, CA 94598, 415 943-6984.

HINES, Richard Allen; '87 BSBA; Internal Auditor; Celina Financial Corp., One Insurance Sq., Celina, OH 45822, 419 586-5181; r. 502 E. Auglaize St., Wapakoneta, OH 45895, 419 738-6084.

HINES, Thomas Michael; '68 MA; Assoc. Commissioner; NYS Dept. of Labor, Bldg. 12, State Ofc. Campus, Albany, NY 12240, 518 457-9570; r. Four Crumitie Rd., Loudonville, NY 12211, 518 465-3195.

HINES, Walter E., Jr.; '52 BSBA; Retired; Navistar Intl. Corp., Ft. Wayne, IN 46801; r. 3617 57th Ave. Dr. W., Bradenton, FL 34210, 813 755-2648.

HING, Kenneth William; '71 BSBA; Staff; Radio Shack Corp., Div of Tandy Corp, Troy Rd Shopping Ctr., Delaware, OH 43015; r. 131 Page Ct., Delaware, OH 43015.

HINGA, William Thomas, Jr.; '83 MBA; VP; Prescott, Ball & Turben Inc., 65 E. State St., Ste. 1400, Columbus, OH 43215, 614 224-8128; r. 4595 Helston Ct., Columbus, OH 43220, 614 451-7935.

HINGER, Carl E.; '55 BSBA; Retired; r. POB 175, Spanish Ft., AL 36527, 205 626-9697.

HINGST, Carl F.; '50 BSBA; Retired; r. 5517 Driftwood Rd., Columbus, OH 43229, 614 888-7049.

HINIG, Floyd J.; '50 BSBA; Retired; r. 2424 Nottingham Rd., Columbus, OH 43221, 614 457-0143.

HINKEL, Jean Richardson; '77 BSBA; 261 N. Thompson Dr., Apt. #6, Madison, WI 53714, 608 241-9259.

HINKLE, Kevin Cedric; '88 MPA; 1775 Waltham Rd., Columbus, OH 43221, 614 486-9829.

HINKLIN, Robert E.; '67 BSBA; Dir. Distribution Pln; Lazarus, Federated Dept. Stores, 11114 Canal Dr., Cincinnati, OH 45241, 513 782-1250; r. 8175 Capitol Dr., Cincinnati, OH 45244, 513 474-3259.

HINNEBUSCH, COL Michael L., USAF(Ret.); '67 MBA; Advt. Mgr.; Los Alamos Monitor, 256 D.P. Rd., POB 1268, Los Alamos, NM 87544, 505 662-4185; r. 526 Paul Pl., Los Alamos, NM 87544, 505 667-3116.

HINSHAW, Steven A.; '73 BSBA; Tax Mgr.; Banc One Corp., 100 E. Broad St., Columbus, OH 43271; r. 669 W. Main St., Westerville, OH 43081, 614 890-7805.

HINSHAW, Wade B.; '87 BSBA; Programmer; Marathon Oil Co., 539 S. Main St., Findlay, OH 45840; r. 519 East St., Findlay, OH 45840.

HINSHAW, William R.; '64 BSBA; 32 Picardy Ct., Walnut Creek, CA 94596, 415 339-2759.

HINSON, Alan Dean; '87 BSBA; 2741 Patterson Rd., Pataskala, OH 43062, 614 927-7230.

HINSON, Mrs. Carolyn Jo Johnson; '70; 4856 Green Acres Dr., Columbus, OH 43220, 614 451-9836.

HINTERSCHIED, Eugene C.; '59 BSBA; Pres.; The Butler Report Co., 505 S. High St., Columbus, OH 43215, 614 221-8073; r. 2916 Dover Rd., Columbus, OH 43209, 614 231-1927.

HINTERSCHIED, James L.; '84 BSBA; Sales; Clopay Corp., 101 E. Forth St., Cincinnati, OH 45202, 800 543-0307; r. 1025 Whittier Cir., Oviedo, FL 32765, 305 365-6337.

HINTERSCHIED, John Herbert; '72 BSBA; 1411 Cobblegate Ln., Reynoldsburg, OH 43068, 614 864-6434.

HINTERSCHIED, Michael Joseph; '81 BSBA; Gen. Mgr.; Whitehead Electronics, Sales & Distribution Ctr., 4487-B Park Dr., Norcross, GA 30093, 404 923-6667; r. 262 Timothy Ln., Lilburn, GA 30247, 404 923-4594.

HINTON, Joyce Drake, (Joyce E. Drake); '76 BSBA, '83 MBA; Branch Mgr.; Trustcorp Mortgage Co., E. Gay St., Columbus, OH 43215; r. 6195 Hickory Lawn Ct., Grove City, OH 43123, 614 875-9570.

HINTON, Robert T.; '51 BSBA; Instr.; IBM, 2830 Victory Pkey, Cincinnati, OH 45206; r. 7212 Aldgate, Indianapolis, IN 46250, 317 849-5635.

HINTZ, Cheryl Marie; '83 BSBA; Acct. Exec.; Infortext Syst. Inc., 500 Carson Plz. Dr., Ste. 112, Carson, CA 91745, 213 327-6410; r. 23105 Madison St., Apt. 104, Torrance, CA 90505, 213 375-0140.

HINZ, Neal Warren; '79 BSBA; Sales Engr.; The Osborn Mfg. Corp., 5401 Hamilton Ave., Cleveland, OH 44114, 216 361-1900; r. 3896 Coral Gables Dr., Parma, OH 44134, 216 885-3331.

HIPOLITE, Alan Duane; '75 BSBA; Assoc. Realtor; Abn Realty Co., 133 S. State St., Westerville, OH 43081; r. 5506 Rockwood Rd, Columbus, OH 43229.

HIPPENSTEEL, Kim Curtis; '77 BSBA; Account Exec.; Barclaysamerican/Comm, 10401 Linn Station Rd., Louisville, KY 40223; r. 2220 Beargrass Ave., Louisville, KY 40218, 502 491-6258.

HIRSCH, Howard I.; '56 BSBA; Exec. Asst.; Ainsley Lamp Co., 1099 Flushing Ave., Brooklyn, NY 11237, 718 366-5400; r. 243 S. Broadway, Hastings-on-Hudson, NY 10706, 914 478-2544.

HIRSCH, John Edward; '76 BSBA; 133 Beacon Hill, Northfield, OH 44067, 216 467-5533.

HIRSCH, Michael Steven; '80 BSBA; Retail Buyer; Sun TV & Appliance Inc., 1583 Alum Creek Dr., Columbus, OH 43209, 614 445-8401; r. 118 S. Weyant Ave., Columbus, OH 43213, 614 231-5846.

HIRSCH, Robert A.; '88 BSBA; Planner; Calcitek Inc., 2320 Faraday Ave., Carlsbad, CA 92008, 619 431-9515; r. 6525 Brookville-Salem Rd., Brookville, OH 45309, 513 836-6363.

HIRSCH, Stanley; '48 BSBA; Financial Svcs.; Stanley Hirsch Assocs. Inc., 15 Hickory Dr., Roslyn, NY 11576, 516 621-6987; r. Same, 516 621-6117.

HIRSCHFELD, Stanley E.; '57 BSBA; Sr. VP Corp Dev/Dir.; Anacomp Inc., 11550 N. Meridian St., Indianapolis, IN 46240; r. Anacomp Inc, 11550 N. Meridian St., Carmel, IN 46032.

HIRSH, Lawrence Mark; '80 BSBA; Sr. Tax Mgr.; Touche Ross & Co., 1801 E. 9th St., Cleveland, OH 44114; r. 1639 Overbrook, Lyndhurst, OH 44124, 216 449-2416.

HIRTH, Charles W.; '56 BSBA; CPA; Hirth Norris & Crawl, 2425 Old Stringtown Rd, Grove City, OH 43123, 614 875-0803; r. 13041 Carson Rd., Orient, OH 43146, 614 877-3120.

HIRVELA, Nora Aberegg; '84 BSBA; 571 Oaknoll Dr., Springboro, OH 45066.

HIRZ, Martin T.; '49 BSBA; Sr. Traffic/Trans. Engr.; US X Corp., US S. Div., 600 Grant St., Pittsburgh, PA 15219, 412 433-3164; r. 1531 Jenkins Dr., Upper St. Clair, PA 15241, 412 854-0803.

HIRZ, Stephen R.; '48 BSBA; Retired; r. 144A Schmitz Ter., Mt. Arlington, NJ 07856, 201 770-2191.

HISCOX, Raymond G.; '29 BSBA; Retired; r. 2525 Warwick Rd. SE, Cleveland, OH 44120, 216 371-9962.

HISCOX, Rolland E.; '56 BSBA; Bus. Cnslt.; 5189 W. Georgetown Dr., Mc Kean, PA 16426, 814 476-7358; r. Same.

HISKEY, Ralph E.; '23 BSBA; Retired; Ohio Bell Telephone Co., 100 Erieview Plz., Rm. 1159, Cleveland, OH 44114; r. 604 Doherty Rd., Galloway, OH 43119.

HISS, Robert Anthony; '84 BSBA; VP/Treas./CFO; Jefferson Savings Bank, 5131 Post Rd., Dublin, OH 43017, 614 889-6466; r. 225 Lilly Chapel Rd., W. Jefferson, OH 43162, 614 879-7497.

HISSONG, Loren Burdell; '39 BSBA; Retired; r. 2908 W. Burke St., Tampa, FL 33614, 813 872-0493.

HISSONG, Thomas H.; '87 BSBA; Leasing Rep.; Hissong-Kenworth Leasing, 2890 Brecksville Rd., Richfield, OH 44286, 216 659-7133; r. 954 Hampton Ridge Dr., Akron, OH 44313, 216 836-8537.

HISTED, Bradley John; '78 MPA; Atty.; Motorists Mutual Ins. Co., 471 Broad St., Columbus, OH 43215, 614 225-8575; r. 6455 Timbermill Way, Reynoldsburg, OH 43068, 614 861-6515.

HISTED, Janet Morrison; '79 MPA; Budget Analyst; r. 6455 Timbermill Way, Reynoldsburg, OH 43068.

HITCHCOCK, John H.; '51 MPA; 441 N. Hill Rd., Mc Minnville, OR 97128.

HITCHCOCK, Nelson D.; '66 BSBA; Tchr.; Huron City Schs., Huron, OH 44839, 419 433-4870; r. 616 Wayne St., Sandusky, OH 44870, 419 625-7223.

HITCHCOCK, Richard B.; '57; VP Mktg./Sales; Walker Trucking, 1030 Frank Rd., Columbus, OH 43223; r. 1081 Loch Ness Ave., Worthington, OH 43085, 614 888-4272.

HITCHCOCK, Richard Lyle; '88 BSBA; 3477 Independence St., Grove City, OH 43123, 614 875-4775.

HITCHINGS, Mrs. Nancy Bassett, (Nancy Bassett); '71 BSBA; Acct.; Client Bus. Svc. Inc., Ft. Myers, FL 33922; r. 225 SW 39th St., Cape Coral, FL 33914, 813 549-3539.

HITE, Daniel Charles; '72 BSBA; Mgr.; Tee Jay's Country Place, 4048 W. Broad St., Columbus, OH 43228; r. 483 Knob Hill W., Columbus, OH 43228, 614 276-4937.

HITE, Gailen Lee, PhD; '70 BSBA; Assoc. Prof.; Columbia Univ., Grad. Sch. of Business, New York, NY 10027, 212 280-4224; r. 39 Claremont Ave., Apt.#63, New York, NY 10027, 212 662-3619.

HITE, Judith '63 (See Sterling, Judith H.).

HITE, Judson C.; '62 BSBA; Gen. Mgr./Corp Auditng; The Upjohn Co., 7000 Portage Rd, Kalamazoo, MI 49002; r. 5961 Scenic Way, Kalamazoo, MI 49009, 616 375-6560.

HITE, Margaret Dempsey; '79 BSBA; Staff Auditor; First Banc Grp., 5445 N. High St., Worthington, OH 43085; r. 2584 Sawmill Meadows Ave., Dublin, OH 43017.

HITE, Marianne Z.; '83 MBA; Instr.; Univ. of Colorado, 1475 Lawrence St., Dept. of Finance, Denver, CO 80202, 303 623-4436; r. 30695 Roan Dr., Evergreen, CO 80439, 303 674-1524.

HITEMAN, Richard Lee; '76 BSBA; Territory Mgr.; Davol Med. Supply, 4610 E. Grandview Rd, Phoenix, AZ 85032; r. 4137 W. Gary Dr., Chandler, AZ 85224.

HITES, Elmer Russell; '39 BSBA; Retired; r. 11630 106th St. N., Largo, FL 34643, 813 397-6082.

HITES, Michelle Louise; '86 BSBA; 4310-C Goldengate Sq., Columbus, OH 43224.

HITT, Franklin J.; '65 BSBA, '66 MBA; Pres.; Abb-Hit, 2348 Hunterfield Rd., Maitland, FL 32751, 407 831-7085; r. Same.

HITT, LTC M. Bill, USAF(Ret.); '67 MBA; Branch Mgr.; Dept. of Energy, Richland, WA 99352, 509 376-7309; r. 1125 Hills W. Way, Richland, WA 99352, 509 627-2813.

HITTLE, Jeffrey E.; '78 BSBA; VP; Hittle Pontiac-Cadillac Inc., 1270 Dayton Rd., Greenville, OH 45331, 513 548-1147; r. 1282 Parkway Dr., Greenville, OH 45331, 513 548-8525.

HITZELBERGER, Dr. William Ronald; '85 PhD (BUS); 6277 Golden Hook, Columbia, MD 21044.

HITZEMAN, Cheryl Lynn; '85 BSBA; Mgr. Retl. Merchandising; J C Penney Co. Inc., 5001 Monroe, Toledo, OH 43623, 419 473-3511; r. 1220 Bernath Pkwy., Toledo, OH 43615, 419 867-9311.

HITZEMANN, Gary Todd; '87 BSBA; 128 Highland Ave., Worthington, OH 43085, 614 885-8469.

HIVELY, John Thurman, Jr.; '54; Pres.; Arctic Ice Inc., 630 Drew St., Clearwater, FL 34615, 813 441-4594; r. 2 Windward Island, Clearwater, FL 34630, 813 461-3920.

HIVELY, Michael Lee; '70 BSBA; VP; Society Bank NA, 1 S. Fountain Ave., Springfield, OH 45502, 513 324-7074; r. 1260 Hinkle Dr., Springfield, OH 45505, 513 325-8870.

HIVELY, Stephen Richard; '74 BSBA; 2142 Hickory Dr, Chesterfield, MO 63017.

HIVNOR, Gary L.; '67 BSBA; Mgr., Contracts; Power Computing Co., 1930 Hi Line Dr., Dallas, TX 75207, 214 655-8647; r. 2210 Burgundy, Carrollton, TX 75006, 214 416-7595.

HIVNOR, Harvey Lee; '69 MBA; Pres.; H & R Mfg. & Supply Inc., POB 3183, Conroe, TX 77301, 409 856-5529; r. 643 S. Rivershire Dr., Conroe, TX 77304, 409 539-1505.

HIX, Ms. Kimberly C., (Kimberly C. Newsom); '87 BSBA; Student; Ohio State Clg. of Law, High St., Columbus, OH 43210; r. 69 N. Pine St., Newark, OH 43055, 614 344-7814.

HIXENBAUGH, Donna M. '53 (See Johnston, Donna H.).

HIXENBAUGH, Walter A.; '41 BSBA; Retired; r. 896 Kings Post Rd, Rockledge, FL 32955, 407 631-0467.

HIXSON, Jeffrey Robert; '86 BSBA; 23168 State Rte. 37, Marysville, OH 43040, 513 348-2316.

HIXSON, Stephen Allan; '81 BSBA; Pres.; Second Sole, 755 Boardman-Canfield Rd., Youngstown, OH 44512, 216 758-8708; r. 7417 Jaguar Dr., Youngstown, OH 44512, 216 758-9546.

HIXSON, Todd Allen; '85 BSBA; Asst. Golf Profn.; Mound Builders Country Club, 125 N. 33rd St., Newark, OH 43055, 614 344-4500; r. 10680 Belle Dr., Norwich, OH 43767, 614 872-3494.

HLAVAC, David Allen; '78 BSBA; Controller; North Shore Hlth. Care Mgmt., 25200 Chagrin Blvd., Beachwood, OH 44122, 216 831-7786; r. 7894 Brentwood, Mentor, OH 44060, 216 946-1329.

HLAVAC, Martha Hopkins; '57 BSBA; Treas.; Village of Red Hook, 24 S. Broadway, Red Hook, NY 12571, 914 758-1081; r. 8 W. Bard Ave., Red Hook, NY 12571, 914 758-8244.

HLAY, James Thomas; '73 BSBA; CPA-Controller; Cardinal Industries, Inc., 6062 Channingway Blvd., Columbus, OH 43232, 614 868-9114; r. 12040 Scioto Darby Rd, Orient, OH 43146, 614 877-3909.

HNAT, Joann Marie; '79 BSBA; Atty-at-Law; The Prince Bldg., 265 Essex St., Salem, MA 01970, 508 745-6802; r. 38 Ward St., Salem, MA 01970.

HO, Chee Chiang; '85 BSBA; 10 Minru Rd., Singapore, Singapore.

HO, Jaqueline Wei-Yen; '87 BSBA; 250 Halsey St., Newark, NJ 07102.

HO, Kai Ming, (Kai Ming Chow); '81 MACC; Staff Acct.; Rifkin & Assoc., 360 S. Monroe, Denver, CO 80237, 303 333-1215; r. 4046 S. Quebec St., Denver, CO 80237, 303 220-9177.

HOAG, Robert S.; '51 BSBA; Staff; Marsh & Mc Lennan Inc., 65 S. Fifth St., POB 18125, Columbus, OH 43218; r. 1696 Roxbury Rd., Columbus, OH 43212, 614 488-3866.

HOAGLAND, Dr. John H.; '54 PhD (BUS); Prof. of Managm.; Grad. Sch. of Bus Admin., Michigan State University, E. Lansing, MI 48823; r. 830 Glenhaven, E. Lansing, MI 48823, 517 332-4460.

HOARD, Anita Elaine; '79 BSBA; 5221 Big Bend Dr., Dayton, OH 45427, 513 268-8286.

HOBAN, William Edward; '84 BSBA; Owner; Central Ohio Business Forms, POB 2016, Columbus, OH 43216; r. 2819 Chateau Cir. S., Columbus, OH 43221.

HOBART, Marian R.; '36 BSBA; Retired; r. 1113 Buckland Ave., Fremont, OH 43420, 419 332-7433.

HOBBIE, Dr. Richard Alan; '75 PhD (PA); Pro Stf Mbr/Econmst; US Congress, House of Representatives, Committee On Ways & Means, Washington, DC 20515, 202 225-1025; r. 7902 Belleflower Dr., Springfield, VA 22152, 703 451-0246.

HOBBS, Erick Allan; '88 BSBA; 940 Deacon Cir., Columbus, OH 43214.

HOBBS, Mrs. Glenna H., (Glenna M. Hunter); '41 BSBA; Retired; r. 1411 Wheeling Rd., Lancaster, OH 43130, 614 653-0826.

HOBBS, Kathy Brown, (Kathy Brown); '83 MPA; Mgr.; ALLTEL Svc. Corp., 100 E. Broad St., Columbus, OH 43215, 614 461-6060; r. 4363 Manor Ct. E., Dublin, OH 43017, 614 766-9797.

HOBBS, Michael Barnard; '73 MPA; Pres.; Michael B Hobbs Assocs., 10510 Park Lane Dr., Cleveland, OH 44106, 216 231-0080; r. 5688 Gemini Ct., Solon, OH 44139, 216 248-3818.

HOBBS, Robert H.; '42 BSBA; Retired; r. 2434 Dorset Rd, Columbus, OH 43221, 614 488-4463.

HOBE, Tanya Elizabeth; '88 BSBA; 12346 Milton Carlisle Rd, New Carlisle, OH 45344, 513 845-3330.

HOBE, Thomas Matthew; '71 BSBA; 10667 Stonewood Ct., Cincinnati, OH 45240, 513 851-6510.

HOBERT, Rev. Theodore K.; '47 BSBA; Minister; Living Water Chapel House, 47279 T.R. 216 Rte. 3, Millersburg, OH 44654, 614 622-3492; r. Rte. 3, Millersburg, OH 44654, 614 622-3492.

HOBSON, Gordon G. (Ted), Sr.; '46; Real Estate Broker; 2121 Arlington Ave., Apt. 1, Columbus, OH 43221, 614 486-5117; r. Same.

HOBSON, COL Thomas Blair, Jr., USAF; '48 BSBA; Retired; r. 2512 Dorset Rd., Columbus, OH 43221, 614 488-4168.

HOCEVAR, David Frank; '71 BSBA; Area Sales Mgr.; Goodyear Tire & Rubber Co., 8544 Page Blvd., St. Louis, MO 63114; r. 312 Summer Ridge, St. Charles, MO 63303, 314 928-3336.

HOCEVAR, James Charles; '84 BSBA; Asst. Mgr. Bus. Affairs; Case Western Reserve Univ., University Cir., Cleveland, OH 44106, 216 368-2650; r. 6511 Marsol Rd., Apt. 126, Mayfield Hts., OH 44124, 216 449-5925.

HOCH, Gerald F., II; '68 BSBA; Pres.; G. F. Hoch Co., Inc., Ste. 3401, the Galleria Twr., 1301 E. 9th St., Cleveland, OH 44114, 216 621-3367; r. 16552 N. White Oaks, Strongsville, OH 44136, 216 238-9580.

HOCH, Steven James; '81 BSBA; 1920 N. Columbus St., Lancaster, OH 43130, 714 249-7699.

HOCH, William Henry; '46 BSBA; Mgr. Budget Plan-Ret; Nationwide Ins. Co., One Nationwide Plz., Columbus, OH 43216; r. 2095 Inchcliff Rd., Columbus, OH 43221, 614 488-9451.

HOCHHAUSER, Mrs. Rebecca A., (Rebecca A. Federspiel); '85 BSBA; Product Planner; Norden Systs.-UTC, 1 Norden Pl., Norwalk, CT 06856, 203 852-4851; r. 97 Churchill St., Fairfield, CT 06430, 203 259-3402.

HOCHMAN, David B.; '71 BSBA; Atty.; Dinn Hochman & King Melamed, 3659 Green Rd., Beachwood, OH 44122, 216 464-0800; r. 3977 W. Ash Ln., Orange Vlg., OH 44122, 216 292-3652.

HOCHMAN, Hon. James B.; '63 BSBA; Atty./Pres.; Hochman & Assocs. Co. LPA, 650 Talbott Twr., Dayton, OH 45402; r. 8795 Frederick Pike, Dayton, OH 45414.

HOCHRADEL, Brent Alan; '75 BSBA; Partner/CPA; Peat Marwick Main & Co., Two Nationwide Plz., Columbus, OH 43215, 614 249-2300; r. 1775 Hickory Hill Dr., Columbus, OH 43228, 614 876-0533.

HOCHSCHEID, Vernon E.; '49 BSBA; Pres.; Early Ages, Inc., 5517 W. 23rd St., Topeka, KS 66614, 913 272-8165; r. Same.

HOCHSTETTER, Gregory; '62 BSBA; Pres.; Serval Energy Corp., 223 Yoder Ave., Box 187, Sugarcreek, OH 44681, 216 852-2522; r. 477 Springbrook Dr. SW, New Philadelphia, OH 44663, 216 339-2185.

HOCHSTETTER, Randolph S.; '69 BSBA; Devel. Spec.; State of Ohio Intl. Trade Div., POB 1001, Columbus, OH 43266, 614 466-5017; r. 3099 Highcliff Ct., Columbus, OH 43231, 614 882-1640.

HOCHWARTH, Karen A. '85 (See Bender, Mrs. David J.).

HOCK, Seth Allen; '75 MBA; Prof.; Columbus State Community Clg., 550 E. Spring St., Columbus, OH 43216, 614 227-2653; r. 3528 Kerry Ct., Hilliard, OH 43026, 614 876-5929.

HOCKENBERRY, George E.; '53 BSBA; Regional Prog. Consul; Public Health Svc., 300 S. Wacker Dr., Chicago, IL 60606; r. 2056 Parkview Cir. W., Hoffman Estates, IL 60195, 312 885-4716.

HOCKENBERY, Barbara Gutzman; '77 BSBA; Tax Acct.; Accuray Corp., 650 Ackerman Rd., Columbus, OH 43202; r. 7280 Gregg Rd SE, W. Jefferson, OH 43162.

HOCKING, Richard; '77 BSBA; Sr. Material Analyst; r. 6335 Century City N. #3, Reynoldsburg, OH 43068, 614 864-1306.

HOCKMAN, Dennis G.; '63 BSBA; Mgr. Billing/Receivables; Battelle Mem. Inst., 505 King Ave., Columbus, OH 43201, 614 424-7799; r. 1791 Victorian Ct., Columbus, OH 43220, 614 459-0343.

HOD, Orna '78 (See Wexler, Mrs. Orna H.).

HODGES, H. Roy; '72 BSBA; Admin.; Arlington Nursing Home, 98 S. 30th St., Newark, OH 43055; r. 162 Day Ave., Newark, OH 43055, 614 344-1307.

HODGES, Karin A., (Karin Lautenschlager); '82 BSBA; Owner/Acct.; HE Electrical Contractors, Inc., 365 LeJeune Dr., Merritt Island, FL 32953, 407 459-2541; r. Same, 407 459-2566.

HODSON, Harold Charles, Jr.; '53; Pres.; Benefit Plans Inc., 474 Grandview Ave., Columbus, OH 43212; r. 2705 Westmont Blvd., Columbus, OH 43221, 614 486-6931.

HOEFFEL, Lois Bond; '53 BSBA; 8132 Capitola Ave., Fair Oaks, CA 95628, 916 961-0975.

HOEFFEL, Thomas R.; '54 BSBA; Sr. Account Rep.; 3 M Corp., Printing Products Div, Fair Oaks, CA 95628, 916 961-9045; r. 8132 Capitola Ave., Fair Oaks, CA 95628, 916 961-0975.
HOEFS, Bruce William; '75 BSBA; Crude Loss Controller; Sohio Supply, 200 Public Sq., 23-3206-D, Cleveland, OH 44114, 216 586-5266; r. 10226 Old Orchard Dr., Brecksville, OH 44141, 216 838-5370.
HOEGLER, Victoria Ann; '83 BSBA; 305 Sage Ln., Euless, TX 76039.
HOEHN, Miles Frederick; '82 BSBA; Q C Supv.; Therm-0-Disc Inc., Div of Emerson Electronic, S. Main St., Mansfield, OH 44907, 419 756-5911; r. 2269 Sprucewood Dr., Mansfield, OH 44903, 419 589-7143.
HOEHNE, George Karl; '81 BSBA; Acct. Mgr.; Haagen-Dazs, Rte. 4, Fairfield, OH 43080; r. 8153 Red Mills, West Chester, OH 45069.
HOELSCHER, Elody M., CPA; '50 BSBA; Retired Acct.; Grey Advt. Inc.; r. 4757 Chandlers Forde, Sarasota, FL 34235, 813 377-2789.
HOELZEL, Diane Hunt; '83 BSBA; Sales Rep.; Zale Corp., Insurance Replacement Div, 161 Chapel Hill Mall, Akron, OH 44310, 216 633-4315; r. 1500 Winslow Dr., Hudson, OH 44236, 216 650-2993.
HOELZER, Joel Lee; '81 BSBA, '83 MBA; Mgr.; Columbia Gas of Pennsylvania, District Human Resources Dept., 1405 Mc Farland Rd., Pittsburgh, PA 15216, 412 344-9800; r. 1620 Pembroke Dr., Pittsburgh, PA 15243, 412 279-3328.
HOENECKE, Jane '52 (See Gribben, Jane Hoenecke).
HOENIE, Brian K.; '85 BSBA; Mfg. Repr; Giles & Assoc., 4713 Hammermill Rd., Tucker, GA 30084; r. 2278 Forest Green Ct., Marietta, GA 30062.
HOENIE, James R.; '49 BSBA; Sr. Member Tech. Staff; Bcsr, Fed. Bldg., Richland, WA 99352; r. 2206 166th Avenue SE, Bellevue, WA 98008, 206 641-7844.
HOERGER, Richard L.; '45 BSBA; Retired; r. 10041 Forbes Ave., Sepulveda, CA 91343, 818 366-8044.
HOERMLE, John Albert, Jr.; '49 BSBA; VP; Warner P Simpson Co., 1301 Dublin Rd., Columbus, OH 43215; r. 8136 Blind Brook Ct., Worthington, OH 43085.
HOERNER, Allen F.; '57 BSBA; Owner; Northern Mgmt. Co., POB 29, New Madison, OH 45346, 513 548-8995; r. 3522 North Dr., Wayne Lakes, Greenville, OH 45331, 513 548-8802.
HOERSTEN, Carol Jane; '86 BSBA; 1700 Garland, Lima, OH 45804, 419 227-8441.
HOERSTEN, Douglas Eugene; '76 BSBA; 927 Bridgegate Dr., Marietta, GA 30068.
HOERTT, Patrick E.; '87 BSBA; Manufacturer's Rep.; McFadden Sales, Columbus, OH 43216; r. 7143 Fallen Oaks Tr., Centerville, OH 45459, 513 433-4507.
HOES, Ms. Jane E.; '84 BSBA; Merchandise Mgr.; J C Penney Co. Inc., 5500 South Expy., Forest Park, GA 30050, 404 363-3855; r. 1000 Lake Regency Dr., 1105, College Park, GA 30349, 404 991-3036.
HOESS, Joseph Christopher; '88 BSBA; Mktg./Transp. Logistics; r. 2263 Nayland Rd., Columbus, OH 43220, 614 451-3497.
HOESS, Mary '83 (See Gardier, Mary Hoess).
HOEY, Roger Allan; '74 BSBA; Financial Ofcr.; Columbus Fndn., 1234 E. Broad St., Columbus, OH 43205, 614 251-4000; r. 113 S. Ardmore Rd., Columbus, OH 43209, 614 237-7714.
HOFER, Mary Agnes; '84 BSBA; Supervisory Trainee; GM Corp., Fisher Body Division, 200 Georgesville Rd., Columbus, OH 43228; r. 16469 Middleberg Plain City Rd, Marysville, OH 43040, 614 873-3603.
HOFF, Arthur M.; '61 BSBA; 5837 Lengwood Dr., Cincinnati, OH 45244, 513 232-1974.
HOFF, Donald V.; '37 BSBA; Retired; r. 540 Bristol Ferry Rd., Portsmouth, RI 02871, 401 683-1062.
HOFF, James J.; '62 BSBA; VP; Daugherty-Hoff Appraisers Inc., 523 N. Columbus St., Lancaster, OH 43130, 614 653-8705; r. 2015 Coldspring Dr., Lancaster, OH 43130, 614 654-6395.
HOFFER, David Brian; '80 BSBA; Technical Proj. Analyst; The Drackett Co., 5020 Spring Grove Ave., Cincinnati, OH 45232, 513 632-1500; r. 4023 White Chapel Ln., Loveland, OH 45140, 513 677-9787.
HOFFER, Debra Jean '84 (See Gales, Debra Hoffer).
HOFFER, CAPT Jeffrey Allen, USAF; '82 BSBA; Navigator; r. 20 Cedar Run Rd. NE, Newark, OH 43055, 614 366-5502.
HOFFER, MAJ Nicholas Joseph, USMC; '73 BSBA; Telecommunication Mgmt.; HQMC CCP-17, Washington, DC 20380, 202 693-3100; r. 6621 E. Wakefield Dr. #517, Alexandria, VA 22307.
HOFFHEIMER, Craig R.; '72 BSBA; Buckeye Prods., 7020 Vine St., Cincinnati, OH 45216; r. 1005 Spruceglen Dr., Cincinnati, OH 45224, 513 521-0468.
HOFFHINES, John W.; '39 BSBA; Retired; r. 25 Warner Ln., Worthington, OH 43085, 614 885-5759.
HOFFMAN, Adonica Jeanne; '71 BSBA; Mgmt. Info.; Ohio Bd. of Regents, 88 E. Broad St. Ste. 770, Columbus, OH 43215; r. 107 Mark Pl., Westerville, OH 43081.
HOFFMAN, Charles Edward; '62 MBA; Retired; r. 161 Linden Ave., Dayton, OH 45403, 513 253-2833.
HOFFMAN, Clifford Allen; '51 BSBA; Retired; r. 25615 1st St., Westlake, OH 44145, 216 871-5453.
HOFFMAN, Craig Lee; '83 BSBA; Operations Mgr.; The Limited Stores, 3 Limited Pkwy., Columbus, OH 43230, 614 479-2602; r. 1717 Schrock Rd., Columbus, OH 43229, 614 895-0810.
HOFFMAN, David Remy; '68 BSBA; Dir. of Sales; Grocers Supply Co., Inc., 3131 E. Holcomb Blvd., Houston, TX 77221, 713 749-9332; r. 3222 Flaming Candle Dr., Spring, TX 77388, 713 288-3517.
HOFFMAN, Deborah L. '71 (See Gross, Deborah Hoffman).
HOFFMAN, Don Charles; '83 BSBA; 12 Golf Green Ln., Salem, SC 29676, 803 944-0539.
HOFFMAN, Mrs. Eleanor Davis, (Eleanor Davis); '49 BSBA; Homemaker; r. 25615 1st St., Westlake, OH 44145, 216 871-5453.
HOFFMAN, Geralyn Engler; '83 BSBA; Systs. Engr.; IBM Corp., 1360 Peachtree St., Atlanta, GA 30309; r. 3915 Winters Hill Dr., Atlanta, GA 30360, 404 396-0237.
HOFFMAN, Jerry Wilhelm; '81 BSBA; Financial Analyst; W R Grace Co., 13455 Noel Rd., Dallas, TX 75240, 214 770-0239; r. 1607 Concord Dr., Carrollton, TX 75007, 214 394-7984.
HOFFMAN, Joe Arden; '39 BSBA; Retired Ins. Agt.; r. 226 E. Friend St., Columbiana, OH 44408, 216 482-4829.
HOFFMAN, John Clyde; '76 BSBA; Purchasing Dir.; Morrison Printing Ink Co., 4801 W. 160th St., Cleveland, OH 44135; r. 28406 W. Oakland Rd., Bay Village, OH 44140, 216 871-6422.
HOFFMAN, Kathryn '78 (See Ryba, Kathryn Hoffman).
HOFFMAN, Kenneth Clarence; '36 BSBA; Retired; r. 10714 Kingston, Huntington Woods, MI 48070.
HOFFMAN, Kenneth Douglas, DBA; '81 BSBA; Asst. Prof.; Mississippi State Univ., Dept. of Mktg., PO Drawer N, Mississippi State, MS 39762, 601 325-3163; r. 132 Helen Cir., Apt. A, Starkville, MS 39759, 601 324-2675.
HOFFMAN, Lori Ann; '86 BSBA; Personal Trust Admin.; Star Bank/Cincinnati, 425 Walnut St., Cincinnati, OH 45201; r. 119 D Piccadilly Sq., Cincinnati, OH 45255, 513 528-1464.
HOFFMAN, Mark Edward; '77 BSBA; Dist. Mgr.; Bob Evans Farms Inc., 3776 S. High St., Columbus, OH 43207, 614 491-2225; r. 229 Thelma Dr., Sheffield Lake, OH 44054, 216 949-7332.
HOFFMAN, Dr. Marvin; '49 MBA, '57 PhD (BUS); Retired; r. 27020 Cedar Rd., Apt. 221, Cleveland, OH 44122, 216 831-4196.
HOFFMAN, Myron; '40 BSBA; Retired; r. 4166 Inverrary Dr. #410, Lauderhill, FL 33319, 305 486-0170.
HOFFMAN, Norman Nathan; '55 BSBA; VP/Finance; Garment Corp. of America, 10300 Sunset Dr., Ste. 450, Miami, FL 33173, 305 595-7770; r. 4079 N. 49th Ave., Hollywood, FL 33021, 305 963-2141.
HOFFMAN, Paul A.; '87 BSBA; Metal Trader; Trans-World Metals, London, England; r. 11 Kenwood Ct., Beachwood, OH 44122, 216 292-6279.
HOFFMAN, Randolph Charles; '77 BSBA; VP/Corp Finance; Health Matrix Corp., 120 Northwoods Blvd., Worthington, OH 43085, 614 888-2223; r. 7034 Shooters Hill Rd, Toledo, OH 43617, 614 889-5370.
HOFFMAN, Richard Harold; '68 MBA; Pres./CEO; Appraisal Rsch. Corp., 2415 N. Main St., Findlay, OH 45840, 419 423-3582; r. 2030 Imperial Ln., Findlay, OH 45840, 419 422-1311.
HOFFMAN, Susan Jean; '86 BSBA; 1st Line Mgr.; Frito-Lay Inc., Div. PepsiCo Inc., Rte. 6 Box 30, Frankfort, IN 46041, 317 659-1831; r. 1222 Golfview Dr., Apt. C, Carmel, IN 46032, 317 846-1665.
HOFFMAN, Theodore Michael; '87 BSBA; Mgr./Mktg. Dir.; Pizza Hut Delivery, 5316 N. High St., Columbus, OH 43214, 614 436-1591; r. 1985 Torreys Pl., Powell, OH 43065, 614 761-9311.
HOFFMAN, Mrs. Wendy L., (Wendy L. Frank); '63 BSBA; Mktg. Svcs. Coord.; California Lutheran Univ., 60 W. Olsen Rd., Financial Education Ctr., Thousand Oaks, CA 91360, 805 493-3124; r. 330 Somerset Cir., Thousand Oaks, CA 91360, 805 496-2764.
HOFFMAN, William A.; '48 BSBA; Owner; Greater Properties Inc., 2705 NE 65th St., Seattle, WA 98115, 206 526-0330; r. 18623 Soundview Pl., Edmonds, WA 98020, 206 771-1939.
HOFFMAN, William Martin; '38 BSBA, '53 MBA; Retired; r. 5845 Paddington Rd, Dayton, OH 45459, 513 434-1924.
HOFFMANN, Alan Frederick; '86 BSBA; Ins. Agt.; Aetna Life & Casualty, 100 E. Campus View Blvd., Ste. 150, Columbus, OH 43235, 614 431-5000; r. 6787 Welland St., Dublin, OH 43017, 614 764-4627.
HOFFMANN, Daniel George; '72 MACC; Tax Mgr.; Borden Inc., 180 E. Broad St., Columbus, OH 43215, 614 225-4945; r. 1775 Hillandale Ave., Columbus, OH 43229, 614 891-2990.
HOFFMANN, David George; '78 BSBA; Svc. Rep.; Ohio Bell Telephone Co., 150 E. Gay St. Rm 4D, Columbus, OH 43215; r. 797 Tollis Pkwy., Broadview Hts., OH 44147, 216 582-2582.
HOFFMANN, David Neal; '83 BSBA; 4140 Spring Flower, Columbus, OH 43230.
HOFFMANN, J. Terrence, CPA; '66 BSBA; 7100 E. Livingston Ave., Reynoldsburg, OH 43068, 614 864-8839; r. 8216 Spruce Needle Ct., Worthington, OH 43235, 614 847-1193.
HOFFMANN, John Richard; '80 MBA; Pres.; Coin-Tel, 2820 Fisher Rd., Columbus, OH 43204, 614 274-6660; r. 1895 Suffolk Rd, Columbus, OH 43221, 614 486-0720.
HOFFMANN, Paul Francis; '67 MBA; Prog. Analyst; USAF-AF Logistics Cmd., AFLC/XPP, Wright Patterson AFB, OH 45433, 513 257-4127; r. 4857 Marybrook Dr., Kettering, OH 45429, 513 434-8309.
HOFFMANN, Thomas Carl; '69; 4915 Bayhill Dr., Powell, OH 43065.
HOFFMANNER, Mark Richard; '87 BSBA; Constr. Acctg.; PPG Industries Inc.; r. 9824 Presidenti, Allison Park, PA 15101.
HOFMANN, Randall Arnold; '83 BSBA; Data Analyst; Nationwide Ins. Co., One Nationwide Plz., Columbus, OH 43216; r. 1435 Buck Trail Ln., Worthington, OH 43085, 614 491-2033.
HOFMEISTER, George Scott; '74 BSBA; Owner/Chmn.; Alliance Machine, 1049 S. Mahoning Ave., Alliance, OH 44601, 216 823-6120; r. 700 Highland Ave., Salem, OH 44460, 216 332-0325.
HOFMEISTER, Jesse Deuhrelle, Jr.; '75 BSBA; Data Communic Spec.; Nationwide Ins. Co., One Nationwide Plz., Columbus, OH 43216; r. 4118 Seigman Ave., Columbus, OH 43213, 614 239-8441.
HOFSTETER, Roy; '49 BSBA; Retired; r. 2767 Dover Rd., Columbus, OH 43209, 614 231-4958.
HOFSTETTER, Kathryn H., (Kathy S. Hanna); '78 BSBA; Programmer/Analyst; Orran Hofstetter Inc., POB 237, Orrville, OH 44667, 216 683-8070; r. 213 Pres Vannes Dr., Dalton, OH 44618, 216 684-2102.
HOGAN, David Joseph; '82 BSBA; Programmer Analyst; Kobacker Stores, P.O.Box 27935, Columbus, OH 43227; r. 1909 Chimney Hill Ct., Reynoldsburg, OH 43068, 614 864-0116.
HOGAN, Dennis Arthur; '72 BSBA; Atty.; Franklin Cnty. Prosecutor, 369 S. High St., 5th Fl., Columbus, OH 43215, 614 462-3555; r. 2383 Brixton, Columbus, OH 43221, 614 481-9503.
HOGAN, Horace C., Jr.; '56 MBA; Retired; r. 2126 Huntington Dr., Grand Prairie, TX 75051, 215 641-3076.
HOGAN, Michael F.; '73 MBA; VP/Mgr.; Huntington Natl. Bank, Systs & Programming Support, 17 S. High St., Columbus, OH 43215; r. 653 Glastonbury Ct., Westerville, OH 43081, 614 891-0783.
HOGAN, Patrick Joseph; '70 BSBA; Contrct Price Anlyst; Defense Electronic Supply Ctr., Wilmington Pike, Dayton, OH 45444, 513 296-5405; r. 3542 Pamona Dr., Beavercreek, OH 45440, 513 429-9758.
HOGAN, Sharon Rausch, (Sharon Rausch); '78 BSBA; Acctg. Supv.; Westlake Polymers Corp., 711 Louisiana Ave., Ste. 1800, Houston, TX 77002, 713 225-5227; r. 2822 Goldspring Ln., Spring, TX 77373, 713 288-8467.
HOGAN, Thomas J.; '74 MBA; EDP Audit Spec.; Procter & Gamble, Internal Auditing Div Go-Te-15, 2 Procter & Gamble Plz., Cincinnati, OH 45202, 513 983-5027; r. 136 Dogwood Dr., Loveland, OH 45140, 513 683-8165.
HOGE, Jack Robert; '85 BSBA; POB 199, New Knoxville, OH 45871, 419 753-2597.
HOGE, Ned W.; '64 BSBA, '65 MBA; Owner; United Controls, 900 Shullo Dr., Akron, OH 44313, 216 867-3117; r. Same.
HOGE, Robert A.; '39; Retired; r. 1973 Hillside Dr., Columbus, OH 43221, 614 488-3789.
HOGE, Robert Michael; '66 MBA; Proj. Engr.; Ohio Bell Telephone Co., 150 E. Gay St., Columbus, OH 43215, 614 223-7009; r. 2760 Asbury Dr., Columbus, OH 43221, 614 488-1903.
HOGLE, Robert Lee; '77 BSBA; Mgr. CSD Quality Assur.; Florida Power Corp., 3201 34th St. S., MAC: B2A, St. Petersburg, FL 33711, 813 866-5616; r. 4874 Lake Charles Dr. N., Kenneth City, FL 33709, 813 545-3452.
HOGUE, Charles Terrence; '71 MBA; Media Planner; r. 56 Covington Dr., E. Windsor, NJ 08520, 609 443-5414.
HOGUE, Day B.; '34 BSBA; Retired; r. 6367 Danbury Pl., Worthington, OH 43085, 614 889-1514.
HOGUE, Elmer Joseph; '67 BSBA; Retired; r. 599 College Crest Rd., Westerville, OH 43081, 614 882-7463.
HOGUE, Forrest J.; '49 BSBA; Atty.; Hogue Mc Carty & Huntingdon, 12 E. Main, Fairborn, OH 45324; r. 1192 Peebles Dr., Fairborn, OH 45324, 513 878-6270.
HOGUE, George N.; '54 MBA; Pres. & Sales Rep.; Culver Art & Frame Co. Inc., 16 E. Main St., Westerville, OH 43081; r. 148 Parkview Ave., Westerville, OH 43081, 614 882-3295.
HOGUE, Nancy Irene; '88 BSBA; Rte. 2 Box 156, Lewisville, OH 43754, 614 567-3503.
HOGUE, Warren Ellet; '84 BSBA; Mktg. Rep.; CBS Computers, 6660 Doubletree Ave., Ste. 16, Columbus, OH 43229, 614 436-2113; r. 465 Allanby Ct., Gahanna, OH 43230, 614 475-1705.
HOGUE, William H.; '72 BSBA; 10308 Burnside Dr., Ellicott City, MD 21043, 301 461-1514.
HOH, George Jack; '69 BSBA, '70 MBA; Sr. VP; NCNB Natl. Bank, POB 31590, Tampa, FL 33631, 813 224-5325; r. 3301 Bayshore Blvd., #1210, Tampa, FL 33629, 813 839-8539.
HOHENBRINK, Albert Cornelius; '72 BSBA; c/o George Rabe, RR 1, Hamler, OH 43524, 419 274-6435.
HOHENBRINK, Anthony Mark; '83 BSBA; Programmer Analyst; Ciber, Inc., 3222 W. Cheryl Dr. Apt. 326, Phoenix, AZ 85051, 602 789-9410; r. Same.
HOHENBRINK, Daniel Lee; '80 MBA; Systs. Analyst; Exxon Chemical Co. USA, 1333 W. Loop S., Houston, TX 77027; r. 6611 Garden Canyon, Katy, TX 77449, 713 550-8121.
HOHENBRINK, Richard L.; '53 BSBA; Controller; Striblings Nursery Inc., 6529 E. Mariposa Way, Merced, CA 95340, 209 722-4106; r. 2308 Katy Ln., Merced, CA 95340, 209 722-5524.
HOHENSHIL, David Noel; '87 BSBA; Programmer; Nationwide Ins., 3 Nationwide Plz., Columbus, OH 43216; r. 236 Buttles #5, Columbus, OH 43215, 614 291-5757.
HOHENSHIL, Jay N.; '55 BSBA; Sales Rep.; Osborn Mfg. Co., 10701 N. Mcnichols Rd, Detroit, MI 48221, 313 863-3511; r. 44598 Charnwood Ct., Plymouth, MI 48170, 313 455-3349.
HOHENSHIL, Linda Louise; '85 BSBA; Acct.; Snyder Hunt Inc., 800 Hethwood Blvd., Blacksburg, VA 24060, 703 552-3515; r. 2715 Chelsea Ct., Blacksburg, VA 24060, 703 961-2565.
HOHL, Bruce Wendell; '86 BSBA; Student; Univ. of Akron, Akron, OH 44325; r. 2425 Northland St., #2, Cuyahoga Falls, OH 44221, 216 920-9787.
HOHL, Doreen Whittaker; '82 BSBA; Acct.; American Electric Power Co., 1 Riverside Plz., POB 16631, Columbus, OH 43216; r. 1660 Candlelite Ln., Westerville, OH 43081, 614 433-9622.
HOHL, Paul Francis; '88 BSBA; 1415 Deer Hollow Blvd., Sarasota, FL 34232, 813 378-2606.
HOHL, R. Bruce; '50 BSBA; Retired; r. 1951 Clarenden, Toledo, OH 43607, 419 536-7356.
HOHLBEIN, Ms. Bonnie Regina; '87 MBA; Supv.; Coopers & Lybrand, Broad St. & Columbus, Columbus, OH 43287; r. 6017 Renfield Dr., Dublin, OH 43017, 614 766-4431.
HOHLER, Dale Anthony; '70 BSBA; Pres.; D A Hohler & Assocs., 318 N. Enterprise, Bowling Green, OH 43402, 419 352-7723; r. 318 N. Enterprise, Bowling Green, OH 43402, 419 352-7723.
HOHLER, Richard Jon; '81 BSBA; VP; Hohler Furnace & Sheet Metal, POB 685, Sandusky, OH 44870, 419 625-7474; r. POB 685, Sandusky, OH 44870, 419 625-3939.
HOHMAN, Derek Matthew; '88 BSBA; 3087 Dorris Ave., Columbus, OH 43202, 614 268-8678.
HOHMAN, Joseph Michael; '87 BSBA; Financial Analyst; IBM Corp., 9500 Godwin Dr., Manassas, VA 22110, 703 367-3054; r. 7384 Arlington Blvd., Falls Church, VA 22042, 703 876-1857.
HOICOWITZ, Morton; '50 BSBA; Agt.; New York Life Ins. Co., 3401 Enterprise Pkwy., Beachwood, OH 44122, 216 292-5242; r. 25085 Bridgeton Dr., Beachwood, OH 44122, 216 464-1859.
HOISINGTON, Richard M.; '49 BSBA; Dct Coord.; r. 1680 Central Ave., Merritt Island, FL 32952, 407 452-1594.
HOLAN, Gerald Roy; '53 BSBA; Mgr.; Ameritech Svcs., 1900 E. Golf Rd. 3rd Fl., Schaumburg, IL 60173, 312 605-2125; r. 23W 570 St. Charles, Wheaton, IL 60188, 312 665-1176.
HOLBERT, Bard Harrison; '74 BSBA; Pres.; Olympic Temporary Svcs., Inc., 1010 W. Mockingbird, Ste. 164, Dallas, TX 75247, 214 638-3021; r. 5501 Silver Bow Tr., Arlington, TX 76017, 817 572-3144.
HOLBERT, Laurence Michael; '71 BSBA; Pvt Usa, 1594 Stuckert Rd, Warrington, PA 18976, 215 343-6169.
HOLBROOK, David John; '82 BSBA; 3911 Edendale Rd, Columbus, OH 43207, 614 491-2505.
HOLBROOK, Edward W.; '31 BSBA; Asst. Secy.; r. 104 Arrowwood Ct., Red Bank, NJ 07701, 201 530-0079.
HOLBROOK, Keith Argus; '80 BSBA; Application Mgr.; Bank One of Cols, 350 Cleveland Ave., Columbus, OH 43271, 614 895-4365; r. 8251 Waco Ln., Powell, OH 43065, 614 766-8050.
HOLBROOK, Patricia Ann; '86 BSBA; Asst. Mktg. Dir.; Micro Ctr., 1555 Lane Ave., Columbus, OH 43221, 614 481-4427; r. 3654 Seaford Dr., Columbus, OH 43220, 614 459-9354.
HOLBROOK, William S.; '56 BSBA; Asst. VP; The Citizens Savings Bank, POB 10, Martins Ferry, OH 43935, 614 633-0445; r. 315 N. Zane Hwy., Martins Ferry, OH 43935, 614 633-0365.
HOLCOMB, Bruce Wiese; '84 BSBA; Supv. Key Entry; Bank One of Columbus, Carolyn Ave., Columbus, OH 43224; r. 4875 Hallwood Ct., Hilliard, OH 43026, 614 876-0978.
HOLCOMB, Carolyn '48 (See Mac Blane, Mrs. Carolyn Holcomb).
HOLCOMB, Douglas Peter; '88 BSBA; Financial Svc. Advisor; United Resources, 94 Northwoods, Ste. 211, Worthington, OH 43085, 614 847-8207; r. 1026 W. 6th Ave., Columbus, OH 43212, 614 294-8143.
HOLCOMB, Fred Blanc, IV; '72 BSBA; Cnslt.; Integrated Management Systs., 11100 State Rte. 550, Athens, OH 45701, 614 593-3101; r. 1965 Ridgecliff Rd., Columbus, OH 43221, 614 451-6511.
HOLCOMB, Howard T.; '59 BSBA; Circulation Supv.; Columbus Dispatch, 34 S. 3rd St., Columbus, OH 43216; r. 3021 Woodgrove Dr., Grove City, OH 43123.
HOLCOMB, James O.; '52 BSBA; 609 Valley Rd., Sanford, NC 27330.
HOLCOMB, John Charles; '70 BSBA; Electrician; Mid-City Electric Co., 1099 Sullivant Ave., Columbus, OH 43223; r. 682 Vancouver, Westerville, OH 43081, 614 890-8374.

ALPHABETICAL LISTINGS HOLT 125

HOLCOMB, Kenneth James; '81 BSBA; Productn Chg Analyst; Rockwell Intl., 4300 E. Fifth Ave., Columbus, OH 43216, 614 239-3140; r. 8095 Simfield Rd., Dublin, OH 43017, 614 766-7065.
HOLCOMB, Steven Clyde; '82 BSBA; Employment Cnslt.; JD Cotter, Michael Rhyan Asst., 2999 E. Dublin Granville Rd., Columbus, OH 43229, 614 895-2065; r. 234 Cantwell Ct., Reynoldsburg, OH 43068, 614 861-3519.
HOLCOMBE, Dr. F. Douglas; '82 PhD (BUS); Aero Expmtl Psychology; USN, Aeromedical Div. Code 145, Naval Safety Ctr., Norfolk, VA 23511, 804 444-7341; r. Same, 804 451-0209.
HOLDEN, Jeffrey L.; '64 BSBA; Atty./Partner; Mc Clure & Trotter, 1100 Connecticut Ave., Washington, DC 20036, 202 659-3400; r. 9508 Brian Jac Ln., Great Falls, VA 22066, 703 759-9649.
HOLDEN, John Donaldson; '68 BSBA; Production Mgr.; GM Corp., Fisher Guide Division, POB 5897, Brownsville, TX 78520, 512 548-2205; r. 405 Escandon Ave., Rancho Viejo, TX 78520, 512 350-4327.
HOLDEN, John R.; '48 BSBA; Retired; r. 834 Francis Ave., Columbus, OH 43209, 614 231-9184.
HOLDEN, John T.; '58 BSBA; Dir. of Investment Sales; Harrison & Bates Inc., 823 E. Main St., Richmond, VA 23219, 804 788-1000; r. 4035 Poplar Grove Rd., Midlothian, VA 23112, 804 744-2539.
HOLDEN, Lisa Sue; '86 BSBA; 2773 Bell Rd., Rd. 8, Mansfield, OH 44904, 419 884-1214.
HOLDEN, Michael D.; '65 BSBA; Merchandise Coord.; Eckerd Drug Corp., 2061 I-45 S., Conroe, TX 77385, 713 364-2800; r. 2102 River Falls Dr., Kingwood, TX 77339, 713 358-0449.
HOLDEN, Scott Elliott; '73 BSBA; 816 Orange Dr., Silver Spring, MD 20901, 301 681-5610.
HOLDEN, Thomas Albert; '80 BSBA; Sales Admin.; Transport Intl. Pool, 3711 Inpark Cir., Dayton, OH 45414, 513 237-0700; r. 6940 Fallen Oaks Dr., Mason, OH 45040, 513 398-0748.
HOLDER, Llewellyn Charles; '82 BSBA; Sales Rep.; Dictaphone Corp., 7711 Brookpark Rd., Cleveland, OH 44129, 216 749-3555; r. 25000 Rockside #543, Cleveland, OH 44146, 216 232-0441.
HOLDERMAN, Robert E.; '47 BSBA; Investments; 250 E. Broad St., Columbus, OH 43215, 614 463-1662; r. 2395 Onandaga Dr., Columbus, OH 43221, 614 486-6471.
HOLDERMAN, Robert Lee, II; '82 BSBA; Materials Mgr.; The Budd Co., 100 S. Poe Rd., N. Baltimore, OH 45872, 419 257-2231; r. 1001 N. Union St., Fostoria, OH 44830, 419 435-9348.
HOLDERMAN, Dr. Ronald Dale; '75 BSBA; Dent.; Naval Hospital, Bethesda, MD 20814, 301 295-0076; r. 9108 Tulip Grove Rd., Gaithersburg, MD 20879, 301 869-6208.
HOLDRIETH, Philip D.; '55 BSBA; Realtor Insurer; Phil Holdrieth Realtor, 483 S. Yearling Rd, Columbus, OH 43213, 614 237-3446; r. 507 Van Hyde, Columbus, OH 43209, 614 237-1184.
HOLDSTEIN, Russell S.; '68 BSBA; Chmn. & CEO; Payday, 501 Second St., Ste. 200, San Francisco, CA 94107, 415 543-6200; r. 82 Sonora Way, Corte Madera, CA 94925, 415 924-2434.
HOLDSWORTH, Michael Paul; '74 BSBA; Sr. VP-Finance CFO; Deaconess Hosp., 311 Straight St., Cincinnati, OH 45219; r. 11136 Allenhurst Blvd. E., Cincinnati, OH 45241.
HOLE, Joanne Sitler, (Joanne Sitler); '55 BSBA; Tchr.; Greater Egg Harbor Regional Sch. Dist., Home Economics Dept., Mays Landing, NJ 08330; r. 215 Boston Ave., Egg Harbor City, NJ 08215, 609 965-2502.
HOLE, William Jeffrey; '75 BSBA; Productions Analyst; American Aggregates Corp., POB 160, Greenville, OH 45331, 513 548-2111; r. POB 122, Greenville, OH 45331, 513 968-6865.
HOLEHOUSE, Mrs. Elaine Giet, (Elaine Giet); '85 BSBA; Retail Sales Mgr.; Goodyear, 60 N. Stygler, Gahanna, OH 43230, 614 475-9999; r. 1313 Haybrook Dr., Gahanna, OH 43230, 614 475-2034.
HOLEHOUSE, William Gerard; '85 BSBA; VP Sales; Cable Link Inc., 280 Cozzins St., Ste. 2A, Columbus, OH 43215, 614 221-3131; r. 1313 Haybrook Dr., Gahanna, OH 43230, 614 475-2034.
HOLFORTY, Jack E.; '55 BSBA; Sr. VP Regional Mgr.; C&S Trust Co., 369 N. New York Ave., Winter Park, FL 32789, 407 646-9293; r. 1361 Mohawk Tr., Maitland, FL 32751.
HOLGATE, Christopher Steven; '82 BSBA; Sales Assoc.; King-Thompson-Holzer-Wollam, Commercial Investment Div, 1515 Bethel Rd., Columbus, OH 43220, 614 451-5100; r. 4655 Merrimar Cir. E., Apt. D, Columbus, OH 43220, 614 459-5539.
HOLIDAY, Dale; '88 BSBA; 1807 Sawtooth Ct., Mansfield, OH 44904, 419 756-7536.
HOLJEVAC, Peter John; '83 BSBA; Student; Case Western Reserve Univ., 10900 Euclid Ave., Cleveland, OH 44106; r. 3803 Dawnshire Dr., Parma, OH 44134, 216 884-7704.
HOLKKO, John E.; '49 BSBA; Contractor/Owner; Lifetime Shingle Co. Inc., 4000 Deeble St., Sacramento, CA 95820, 916 452-3433; r. 1552 Zapata Dr., Lakehills Estates, Folsom, CA 95630, 916 933-1740.
HOLLAND, Brett R.; '88 BSBA; 12 Fox Hill Ln., Darien, CT 06820, 203 655-3371.
HOLLAND, Cindi Sue, (Cindi S. Ramsey); '82 BSBA; 2364 Lois Ln., Brownsville, TX 78520.
HOLLAND, David Earl; '79 BSBA; Mgr./Manufg Systs.; Liebert Corp., Conditioned Power Corp Div, POB 29186, Columbus, OH 43229; r. 7100 Harlem Rd., Westerville, OH 43081, 614 899-1861.
HOLLAND, Elizabeth Ann '80 (See Barthelmas, Elizabeth Ann).
HOLLAND, Evelyn Jacula; '79 BSBA; Staff; AT&T Columbus, 6200 E. Broad St., Columbus, OH 43213; r. 1709 Ramapo Way, Scotch Plains, NJ 07076.
HOLLAND, Gary Leon; '73 MPA; Deputy Dir.; State of Ohio, Dept. of Hwy. Safety, 240 Parsons Ave., Columbus, OH 43215, 614 466-8505; r. 261 N. Lowell Rd., Columbus, OH 43209, 614 235-7560.
HOLLAND, Mrs. Helen Harder, (Helen Harder); '49 BSBA; Sales Rep.; Roderick St. John's Inc., 6101 N. Keystone, Indianapolis, IN 46220, 317 253-3322; r. 2346 Frisco Pl., Indianapolis, IN 46240, 317 259-1234.
HOLLAND, Mary Grace; '80 MPA; Exec Dir-Boston Fed Ex Ed; US Environ. Protection Agcy., JFK Fed. Bldg., Boston, MA 02203, 617 565-3400; r. 29 Mt. Hood Rd. #9, Brookline, MA 02146, 617 232-6971.
HOLLAND, Michael Francis; '84 BSBA; 3848 Walhaven Rd., Columbus, OH 43220, 614 451-4695.
HOLLAND, Orlando Martin; '69 MBA; Civil Engr.; r. 2279 Berry Creek Dr., Kettering, OH 45429, 513 434-4785.
HOLLAND, Dr. Rodger Gene; '81 PhD (BUS); Prof.; Florida State Univ., Clg. of Business, Tallahassee, FL 32306, 904 644-2771; r. 8269 Hunters Ridge Tr., Tallahassee, FL 32312, 904 893-6542.
HOLLAND, Roy Morgan; '85 BSBA; Grad. Student; r. 5185 Fino Dr., San Diego, CA 92124.
HOLLAND, Wes; '56 BSBA; VP-Sales; Bell Chemical, 40522 Hayes, Mt. Clemens, MI 40522, 313 263-0760; r. 38427 Beaver Dr., Sterling Hts., MI 48077, 313 264-6543.
HOLLANDER, Donna Crispen; '58 BSBA; Salesperson; Meyer Transmission, Inside Sales Dept., Cleveland, OH 44101; r. 5836 Millscreek, N. Ridgeville, OH 44039, 216 327-9966.
HOLLANDER, Harry Tobias; '78 BSBA; Territory Sales Mgr.; Digital Comm. Assoc. (DCA), 2100 W. Loop S., Ste. 905, Houston, TX 77027, 713 621-9688; r. 9409 Pagewood, Houston, TX 77063, 713 783-8611.
HOLLANDER, Kenneth A.; '59 BSBA; Owner/Mktg. Rsch.; r. 411 W. Wesley Rd NW, Atlanta, GA 30305, 404 352-2408.
HOLLENACK, Donald Ray; '87 BSBA; Staff Acct.; Deloitte Haskins & Sells, 155 E. Broad St., Columbus, OH 43215, 614 221-1000; r. 2295 Hedgerow Apt. A, Columbus, OH 43220, 614 459-6923.
HOLLENBECK, David B.; '81 MPA; Dir.-Public Safety; Univ. of Nevada-Las Vegas, 4505 Maryland Pkwy., Las Vegas, NV 89154, 702 739-3668; r. 8741 Vercelli Ct., Las Vegas, NV 89117, 702 254-1353.
HOLLENBECK, Sondra J., (Sondra J. Spraley); '76 BSBA; Sr. Mgr./CPA; Deloitte Haskins & Sells, 155 E. Broad St., Columbus, OH 43215, 614 221-1000; r. 4571 Aragon Ave., Columbus, OH 43227, 614 861-1557.
HOLLENDER, John Edward; '64 BSBA, '65 MBA; Sr. VP; Metromail Corp., Info. Processing/Mktg., 360 E. 22nd St., Lombard, IL 60148, 312 620-2999; r. 23655 W. Juniper Ln., Barrington, IL 60010, 312 381-3526.
HOLLERAN, Joanne Higdon, (Joanne Higdon); '48 BSBA; Homemaker; r. 1521 Swallow, Naperville, IL 60565, 312 357-3689.
HOLLERN, Jan Reed; '88 BSBA; Bus. Syst. Analyst; Buckeye Fed. S&L, 36 E. Gay St., Columbus, OH 43215, 614 899-4010; r. 1660 Evinrude Ave., Columbus, OH 43229, 614 882-5241.
HOLLERN, Mrs. Susan P., (Susan I. Price); '85 BSBA; Financial Analyst; Whirlpool Kitchens Inc., 6300 S. Syracuse Way, 7th Fl., Englewood, CO 80111, 303 740-3894; r. 7391 S. Glencoe Way, Littleton, CO 80122, 303 721-9037.
HOLLEY, Byron J.; '48 BSBA; Retired; r. 1092 Azure Ct., Cincinnati, OH 45230, 513 231-1220.
HOLLEY, Michael Lee; '77 BSBA; Supv.; George Shustick & Sons, 756 Parsons Ave., Columbus, OH 43206; r. 5125 Doral Ave., Columbus, OH 43213, 614 755-9497.
HOLLIDAY, Gail Susan; '85 BSBA; POB 1932, Zephyr Cove, NV 89448, 702 588-5327.
HOLLIDAY, James B.; '60 BSBA; Exec. Dir.; Summit Tire & Battery, Inc., 160 Beck Ave., Akron, OH 44302, 216 434-4949; r. 207 Durward Rd., Akron, OH 44313, 216 867-5255.
HOLLIDAY, James P.; '57 BSBA; VP of Materials; Telinq Systs., Inc., 1651 N. Glenville Dr., Richardson, TX 75081, 214 669-7757; r. 14424 Hague Dr., Farmers Branch, TX 75234, 214 247-4170.
HOLLIDAY, Ms. Terri Anne; '81 BSBA; Mgr.; Arthur Young & Co., 1100 Superior Ave., Ste. 1600, Cleveland, OH 44144, 216 241-2200; r. 15130 Sprague Rd., Apt. H-45, Middleburg Hts., OH 44130, 216 243-8937.
HOLLIFIELD, Alfred J.; '62 BSBA; 9609 W. Natonal Rd, New Carlisle, OH 45344.
HOLLIFIELD, Debra '80 (See Askins, Debra Hollifield).
HOLLIFIELD, Steve E.; '88 BSBA; 259 E. William St., Delaware, OH 43015, 614 369-6749.
HOLLIGAN, Kenneth; '49 BSBA; Retired; r. 357 L'Atrium Dr., Sandestin Beach Resort, Destin, FL 32541, 904 837-9255.
HOLLIMAN, Paul Herbert; '72 BSBA; 1665 Brentnell Ave., Columbus, OH 43219, 614 258-5277.
HOLLINGER, Kent Vaughn; '85 MBA; Mfg. Engr.; GE Co., 3024 Symmes Rd., Hamilton, OH 45015, 513 870-3558; r. 5988 Red Oak Dr., Fairfield, OH 45014, 513 829-5762.
HOLLINGER, Kurt John; '82 BSBA; 851 Lookout Point, Worthington, OH 43085, 614 888-3906.
HOLLINGER, Laura Leslie, (Laura Leslie); '74 BSBA; Employment Recruiter; Southwest Gen. Hosp., 18697 Bagley Rd., Cleveland, OH 44130; r. 33339 Lake Rd., Avon Lake, OH 44012, 216 933-8757.
HOLLINGER, Mark Reinhold; '82 MBA; Proj. Mgr.; IBM Corp., South Rd., Bldg. 415, Poughkeepsie, NY 12601; r. 23 Marino Rd., Poughkeepsie, NY 12601, 914 462-1622.
HOLLINGER, W. Dan; '72 BSBA; Sr. Account Rep.; Honeywell Bull, 925 Keynote Cir., Brooklyn Hts., OH 44131, 216 459-6126; r. 33339 Lake Rd., Avon Lake, OH 44012, 216 933-8757.
HOLLINGSEAD, Richard E.; '54 BSBA; VP & Dir.; Hercules Tire & Rubber Co., 1300 Morrical Rd., Findlay, OH 45840, 419 423-7202; r. 3970 Lyon Dr., Columbus, OH 43220, 614 459-1166.
HOLLINGSWORTH, Richard L.; '83 BSBA; 2109 Bennington Dr., Mansfield, OH 44906.
HOLLINGSWORTH, Robert W.; '37 BSBA; Retired; r. 1956 Normandy Dr., Zanesville, OH 43701, 614 452-8114.
HOLLINGSWORTH, Ross B., Jr.; '50 BSBA; Retired Sales Engr.; Werner Maint. & Const, POB 1957, 1900 Mc Kinley Ave., Columbus, OH 43216; r. 2260 Pinebrook Rd., Columbus, OH 43220, 614 451-5420.
HOLLINGTON, Richard P.; '50 BSBA; Div. VP/Gen. Mgr.; Bryan Custom Plastics, 918 S. Union St., Bryan, OH 43506, 419 636-4211; r. Rte. 5, Box 92, Bryan, OH 43506.
HOLLIS, Jeffrey Paul; '74 BSBA; Corp Tax Analyst; Lubrizol Corp., 29400 Lakeland Blvd., Wickliffe, OH 44092, 216 943-4200; r. 5534 A Wrens Ln., Willoughby, OH 44094, 216 946-3305.
HOLLIS, Steven Alan; '81 BSBA; 6300 Youngland Dr., Columbus, OH 43228, 614 870-9555.
HOLLISTER, Robert Thomas; '87 MLHR; 4577 Harbor Blvd., Columbus, OH 43232, 614 837-2951.
HOLLMAN, Kenneth W., Jr.; '65 BSBA; 9400 S. Dadeland Blvd., Ste. 200, Miami, FL 33156.
HOLLMEYER, Louis R.; '65 BSBA; Mktg. Mgr.; Dupps Co., 548 N. Cherry St., Germantown, OH 45327, 513 855-6555; r. 7411 Wetherfield Dr., West Chester, OH 45069, 513 874-8055.
HOLLON, Mary Beth '84 (See Irwin, Mary Beth Hollon).
HOLLON, Michelle Anne; '88 BSBA; 2482 Middle-Bellville, Mansfield, OH 44903, 419 756-3836.
HOLLOWAY, Harry Harrison, Jr.; '42 BSBA; Supv.; r. RR No 1, Green Valley Rd, Eighty Four, PA 15330, 412 941-6940.
HOLLOWAY, Lonna Marie; '86 BSBA; 8246 Lakeshore Dr., West Chester, OH 45069, 513 777-6301.
HOLLOWAY, Mark Wilbert; '67 BSBA; VP Operations; Goldman Sachs & Co., 85 Broad St., New York, NY 10004; r. 35 Edgewood Rd., Montclair, NJ 07042.
HOLLOWAY, Mary Lyons; '78 BSBA; Nationwide Ins. Co., One Nationwide Plz., Columbus, OH 43216; r. 326 Rimbey Ave., Gahanna, OH 43230, 614 476-2345.
HOLLOWAY, Thomas A.; '49 BSBA; 2065 3 Mile Rd NW, Grand Rapids, MI 49504.
HOLM, Calvin Douglas; '76 BSBA; 740 Gearhart Ave., Crestline, OH 44827, 419 683-2546.
HOLMAN, Alan M.; '39 BSBA; 955 Murnan Rd, Galloway, OH 43119, 614 878-5936.
HOLMAN, Alan Richard; '70 MBA; VP Investments; Bateman Eichler Hill Richards, 700 S. Flower, Los Angeles, CA 90017, 213 683-3948; r. 2901 S. Sepulveda #161, Los Angeles, CA 90064, 213 477-6409.
HOLMAN, Peggy Fain; '81 BSBA; 19353 Shadowood Dr., Monument, CO 80132.
HOLMAN, Steven Eheren; '83 BSBA; Owner; Martin Stuart Decals, 329 W. 18th St., Ste. 1001, Chicago, IL 60616, 312 666-7232; r. 1480 W. Grace, Chicago, IL 60613, 312 248-5778.
HOLMBERG, Carl Eric; '56 MA; Chmn.; Holmberg-Len & Assocs., Inc., 1000 RIDC Plz. Fox Chapel, Pittsburgh, PA 15238, 412 963-1850; r. 107 Carriage Hill Rd., Kings Point, Glenshaw, PA 15116, 412 487-1624.
HOLMBERG, Martha Jean; '76 BSBA; Sr. Cmmrcl. Underwriter; Westfield Ins. Co., 1 Park Cir., Westfield Ctr., OH 44212, 216 887-0833; r. 3513 Villa Casa, Brunswick, OH 44212, 216 225-4254.
HOLMEN, Edward Allen; '78 BSBA; 3453 Moore St., Los Angeles, CA 90066.
HOLMEN, Kimberly Schave, (Kimberly Schave); '81 BSLHR; Realtor; Hunter Realty, 200 Cleveland St., Elyria, OH 44035, 216 366-5032; r. 39782 Calann, Elyria, OH 44035, 216 322-4744.
HOLMER, Leanna L.; '78 MPA; Doctoral Candidate; Ohio State Clg. of Bus., Bureau of Employment Svcs., 145 S. Front, Columbus, OH 43210; r. 512 Forest St., Columbus, OH 43206, 614 444-3161.
HOLMES, Albert Glock; '39 BSBA; Retired; r. 7005 Wellington Dr., Knoxville, TN 37919, 615 588-1079.
HOLMES, Cora Jill '82 (See Brehm, Mrs. Jill H.).
HOLMES, E. Roberta '87 (See Wade, E. Roberta).
HOLMES, Eric Robert; '87 BSBA; Asst. Mgr.; Midwest Merchandizing, 2982 Hayden Rd., Columbus, OH 43235, 614 764-4610; r. 5940 Godown Rd., Columbus, OH 43235, 614 459-1916.
HOLMES, Fred Randall; '84 MPA; Admin. Ofcr.; City of North Adams, 10 Main St., N. Adams, MA 01247, 413 663-6583; r. 388 Ashland St., Apt. 3, N. Adams, MA 01247, 413 663-6612.
HOLMES, Jeffrey Martin; '86 BSBA; Mgr.; Ritzy's, 1496 Old Henderson Rd., Columbus, OH 43220; r. 395 Oak St., Apt. B3, Columbus, OH 43215, 614 469-4827.
HOLMES, Jo Ann Becker; '77 BSBA; Mortgage Loan Ofcr.; Wayne Co. Natl. Bank, POB 550, Wooster, OH 44691; r. 2560 Jane St., Wooster, OH 44691.
HOLMES, John W. A., Jr.; '40 BSBA; Retired Personnl Dir.; GM Corp., 3044 Grand Blvd. W., Detroit, MI 48202; r. 28 Cache Cay Dr., Vero Beach, FL 32963, 407 231-4908.
HOLMES, Lyle David; '69; Paint Repair; GM-B O C, Hallock-Young Rd., Lordstown, OH 44482, 216 841-5401; r. 609 Adelaide Ave. SE, Warren, OH 44483, 216 394-4394.
HOLMES, Monica Elaine; '84 BSBA; 5468 Bermuda Bay Dr. #1 C, Columbus, OH 43235.
HOLMES, Paul Brian; '77 BSBA, '83 MBA; Controller; Borden Inc., Consumer Export, 180 E. Broad St., Columbus, OH 43215, 614 225-7542; r. 5749 N. Meadows Blvd., Columbus, OH 43229, 614 431-2666.
HOLMES, Robert Denzler; '53 BSBA; Atty.; 16 E. Braod St., Ste. 701, Columbus, OH 43215, 614 228-3235; r. 285 Longfellow Ave., Worthington, OH 43085, 614 885-7818.
HOLMES, Robert M.; '53 MBA; Prof.; Miami Jacobs Jr. Clg., 400 E. 2nd St., Dayton, OH 45402, 513 461-5174; r. 26 Wisteria Dr., Dayton, OH 45419, 513 293-6145.
HOLMES, Scott Michael; '80 BSBA; Asst. VP; Wayne Co. Natl. Bank, Public Sq., Wooster, OH 44691, 216 345-5723; r. 2560 Jane St., Wooster, OH 44691, 216 264-9243.
HOLMES, Uri Tracy, Jr.; '48 BSBA; Acct.; Watkins Printing Co., 240 N. 4th St., Columbus, OH 43215; r. 1340 Castleton Rd N., Columbus, OH 43220, 614 457-2378.
HOLMES, William Conard; '57 BSBA; Managing Cnslt.; UNISYS Corp., One Unisys Ctr., Ste. 622, Lombard, IL 60148, 312 810-8508; r. 1042 Woodland Hills, Batavia, IL 60510, 312 879-2187.
HOLMQUIST, David K.; '58 BSBA; Atty./Assoc.; Henderson, Covington, Stein, et al, 600 Wick Bldg., Youngstown, OH 44503, 216 744-1148; r. 221 Southview Dr., Canfield, OH 44406, 216 533-3649.
HOLOWECKY, Carole Rickey; '84 BSBA; Acct./Supervisr; Apex Paper Box Co., 5601 Walworth Ave., Cleveland, OH 44102; r. 1936 Julia, Avon, OH 44011, 216 934-6434.
HOLOWIENKO, John Henry; '84 BSBA; Stockbroker; R. B. Marich, Inc., 4675 MacArthur Ct., Ste. 400, Newport Bch., CA 92660, 714 833-0686; r. 12859 Mansfield Pl., Chino, CA 91710, 714 627-1209.
HOLSCHER, John Noble; '48 BSBA; VP; Cardinal Financial Mgmt. Corp., 155 E. Broad St., Columbus, OH 43215, 614 464-5553; r. 460 Medick Way, Worthington, OH 43085, 614 885-8319.
HOLSCHUH, William Dennison; '70 BSBA; Controller; The Pizza People, Inc., 132 S. Fourth St., Marietta, OH 45750, 614 373-1102; r. POB 707, Marietta, OH 45750, 614 373-9428.
HOLSER, Michael Stephen; '72 BSBA; Mgr.-Capital Equip. Sales; The Boeing Co., POB 3707, M/S 3T-10, Seattle, WA 98124, 206 773-3390; r. 1423 NE 73rd Ct., Redmond, WA 98052, 206 881-5324.
HOLSTEIN, Charles J.; '60 BSBA; Ret. Material Control Mgr; Reliance Electric Co., 1078 E. Granville Rd, Columbus, OH 43229; r. 2105 Kentwell Rd., Columbus, OH 43221, 614 457-0104.
HOLT, Barbara Rufo; '80 BSBA; 16300 Ledgemont Ln. Apt. 202, Dallas, TX 75248.
HOLT, Burgess Lloyd; '87 BSBA; Sales Rep.; National Boiler Works, Inc., 3947 Jennings Rd., Cleveland, OH 44109, 216 749-5747; r. 3379 S. Weymouth Rd., Medina, OH 44256, 216 725-7024.
HOLT, Charlene Kay; '74 MBA; Product Mgr.; Mellon Bank Corp., Mellon Sq., Pittsburgh, PA 15230; r. 1412 8th Ave., Irwin, PA 15642, 412 863-6346.
HOLT, Christopher James; '87 BSBA; Dir. of Finance; Natl. Premier Financial Svc., 5900 Sawmill Rd., Ste. 250, Dublin, OH 43017, 614 764-9944; r. 110 Weildon Ln., Worthington, OH 43085, 614 436-1219.
HOLT, Constance Wall, (Constance Wall); '54 BSBA; Asst. Prof.; Clg. of St. Catherine, 2004 Randolph St., St. Paul, MN 55105, 612 690-6599; r. 466 Marshall Ave., St. Paul, MN 55102, 612 224-3519.
HOLT, COL E. Eric, USAF(Ret.); '68 MBA; Pres.; Security/Investigative Assocs, 390 Allview Rd, Westerville, OH 43081, 614 890-4538; r. Same.
HOLT, Howard L.; '42 BSBA; Retired; r. Rte. 10, T21 Gardenia Dr., Ft. Myers, FL 33908, 813 466-5759.
HOLT, Jeffrey Warren; '79 BSBA; 16300 Ledgemont Ln. Apt. 202, Dallas, TX 75248.
HOLT, Lisa J. '80 (See Stilwell, Mrs. Lisa J.).
HOLT, Loretta M. '82 (See Marshall, Mrs. Loretta Holt).
HOLT, Robert Louis; '72 BSBA; Carpenter; r. 219 E. Cir., Washington Ct. House, OH 43160.

HOLT, Mrs. Susan G., (Susan G. Greer); '87 BSBA; Credit Analyst; Bank One Leasing Corp., 713 Brooksedge Plaza Dr., Westerville, OH 43081, 614 248-4194; r. 299 Potawatomi Dr., Westerville, OH 43081, 614 794-0470.

HOLT, Timothy Arthur; '84 BSBA; Sr. Systs. Programmer; Bank One Svcs. Corp., 340 McCoy Ctr., N. Cleveland Ave., Westerville, OH 43081, 614 248-8284; r. 1713 Brookfield Sq. N., Columbus, OH 43229, 614 888-6214.

HOLT, Yale J.; '50 BSBA; VP; Dayco Corp., 333 W. First St., Dayton, OH 45402, 513 226-5851; r. 4600 Cantura Dr., Dayton, OH 45415, 513 277-2811.

HOLTON, Carol Brooks; '50 BSBA; Homemaker; r. 17 Bannister Ct., Poquoson, VA 23662, 804 868-9340.

HOLTON, Douglas David; '71 BSBA; 8132 Weaver Rd, St. Louisville, OH 43071, 614 745-5417.

HOLTON, James Earl; '80 BSBA; Staff Member.; Dow Chemical Co., Granville Research Ctr., POB 515, Granville, OH 43023, 614 587-4294; r. 10274 Hazeldell Rd., NE, Newark, OH 43055, 614 345-8861.

HOLTON, Jeffrey Robert; '80 BSBA; Plant Mgr.; Communicolor, Div of Standard Register Co, POB 400, Newark, OH 43055; r. 1042 Lakeshore Dr. W., Hebron, OH 43025, 614 928-3448.

HOLTSCHULTE, Michael James; '75 BSBA; VP/Dir. of Dp; Central Reserve Life Corp., 343 W. Bagley Rd., Berea, OH 44017; r. POB 239, Litchfield, OH 44253.

HOLTSHOUSE, James F., Jr.; '64 BSBA; VP; Dow Brands, POB 368, Greenville, SC 29602, 803 297-2975; r. 119 Sandpiper Ln., Greenville, SC 29607, 803 297-4167.

HOLTZLEITER, Michael Edward; '74 BSBA; Mgr./Intrnl Finance; Senco Prods. Inc., 8485 Broadwell Rd, Cincinnati, OH 45244; r. 995 Walnut Ct., Mason, OH 45040, 513 398-1968.

HOLUB, Jeffrey Alan; '82 BSBA; 2605 Charing, Columbus, OH 43221, 614 486-8372.

HOLUB, Robert C.; '55 BSBA; Fund-Raiser; Living Endowment Inc., 700 Ackerman Rd., Ste. 375, Columbus, OH 43202, 614 447-0123; r. 2734 Kent Rd., Columbus, OH 43221, 614 488-2259.

HOLWADEL, Earl D.; '53 BSBA; VP Sales; Southern Div., Dundee Cement Company, 658 Ofc. Pkwy., Creve Coeur, MO 63141; r. 252 Southlake Rd, Columbia, SC 29204, 803 788-0341.

HOLYCROSS, Donald E., Jr.; '77 MPA; Village Administrator; Village of Waterville, City Hall, Waterville, OH 43566; r. 209 Cedar Ln., Waterville, OH 43566, 419 878-7832.

HOLYCROSS, Ms. Lora Anne; '85 BSBA; Systs. Analyst; Practical Solutions Inc., 500 W. Wilson Bridge Rd., Ste. 300, Worthington, OH 43085, 614 436-9066; r. 7981 Oakwind Ct., Westerville, OH 43081, 614 846-8456.

HOLZ, Douglas A.; '88 BSBA; 93 Sycamore St., Tiffin, OH 44883, 419 447-0508.

HOLZ, Robert Karl; '86 MBA; Syst. Analyst; NCR Corp., 1700 S. Patterson Blvd., Dayton, OH 45479, 513 445-3660; r. 4555 Irelen St., Kettering, OH 45440, 513 298-4787.

HOLZAPFEL, George J.; '40; Retired; Borden Inc. Midwest Div., 165 N. Washington Ave., Columbus, OH 43216; r. 2849 Wellesley Dr., Columbus, OH 43221, 614 486-8797.

HOLZAPFEL, George Steven; '78 BSBA; Staff; Roof Die Tool & Machine, 2000 S. High St., Columbus, OH 43207; r. 7326 Downey Dr., Worthington, OH 43085.

HOLZEMER, Franklin M.; '33 BSBA; Retired; r. 1060 Carolan 312, Burlingame, CA 94010, 415 343-2257.

HOLZEMER, Michael W.; '63 BSBA; 4531 Old William Penn Hwy., Monroeville, PA 15146, 412 372-1598.

HOLZEMER, Robert L.; '37 BSBA; Retired; r. 3147 N. Hill Rd., Apt. 24, Portsmouth, OH 45662, 614 353-2332.

HOLZMER, William J.; '48 BSBA; Retired; r. 19467 Northampton Dr., Saratoga, CA 95070, 408 255-9629.

HOLZWORTH, Bradley Glen; '77 BSBA; Advisory Mkt. Support Rep; IBM, 140 E. Town St., Columbus, OH 43215, 614 225-3600; r. 1652 Cambridge Blvd., Columbus, OH 43212, 614 486-2214.

HOM, Edward Lee; '85 BSBA; Student; r. 20765 Brandywine Dr., Fairview Park, OH 44126, 216 333-2773.

HOM, Raymond M.; '81 BSBA; Mgr Pricing & Mktg Systs; Natl. Convenience Stores Inc., 100 Waugh Dr., Houston, TX 77007, 713 863-2425; r. 1714 Brun Unit 5, Houston, TX 77019, 713 520-6522.

HOM, Richard Lee; '87 BSBA; Computer Prgrmr/Analyst; Credit Bur. of Columbus, Inc., Columbus, OH 43215, 614 222-4399; r. 2122 Fitzroy Dr., Apt. #A6, Columbus, OH 43224, 614 471-2045.

HOM, Terry; '78 BSBA; 11921 Harbortown Dr., Cincinnati, OH 45249.

HOMAN, Carol Ann; '82 BSBA; Sales Rep./Acct. Mgr.; Natl. Cash Register Corp., 10727 W. North Ave., Milwaukee, WI 53226; r. 4 West St., Arlington, MA 02174.

HOMAN, Debra M.; '81 BSBA; Controller; Marriott Corp., 90 S. High St., Dublin, OH 43017, 614 761-2330; r. 2244 Woodstock Rd., Columbus, OH 43221, 614 459-8974.

HOMAN, Mary J.; '88 BSBA; 4445 Lemarie Ct., Columbus, OH 43224.

HOMAN, Ralph P.; '48 BSBA; Retired; r. 5343 Fox Run, Toledo, OH 43623, 419 882-3672.

HOMAN, Robert W.; '49 BSBA; Retired Fin Consltnt; American Electric Power, 161 W. Main, Lancaster, OH 43130; r. 4646 Green Willow Wood, San Antonio, TX 78249, 512 492-6251.

HOMER, John William; '76 BSBA; Sales Rep.; Thypin Steel Co., Inc., 49-49 30th St., Long Island City, NY 11101, 718 937-2700; r. 108 Forest Ln., Cheshire, CT 06410, 203 272-1629.

HOMIER, Kathleen G. '82 (See Ernsberger, Ms. Kathleen H.).

HOMLEID, Gordon Mark; '79 MBA; 35 Sea Ter., Dana Point, CA 92629, 714 496-2503.

HOMOLAK, John E.; '53 BSBA; Real Estate Broker; Proficient Real Estate Corp., 8898 N. Gateway Dr., N. Royalton, OH 44133, 216 582-2075; r. Same.

HOMRIGHOUSE, Edward F.; '41 BSBA; Retired; r. 335 Russell Ave., Cortland, OH 44410, 216 637-5216.

HOMRIGHOUSE, Mark Edward; '72 BSBA; VP; Cortland Banks, 194 W. Main St., Cortland, OH 44410; r. 2057 Quail Run Dr., Cortland, OH 44410, 216 638-3362.

HOMRIGHOUSE, Randy Lee; '74 BSBA; Personnel Mgr.; Wean Industries, Inc., 3805 Henricks Rd., POB 180, Youngstown, OH 44501, 216 797-2000; r. 335 Russell Ave., Cortland, OH 44410, 216 637-5216.

HOMSI, Samir M.; '87 BSBA; Acct., Credit Dept.; GMAC, Worthington, OH 43085, 614 438-7100; r. 1342 Vinewood, Columbus, OH 43229, 614 888-7644.

HOMSY, Susan Adams, (Susan Adams); '77 BSBA; Sales Rep.; California Wine Mktg., 650 5th St., San Francisco, CA 94107, 415 541-0541; r. 738 Marin Dr., Mill Valley, CA 94941, 415 383-7513.

HONAKER, Randy Allen; '79 BSBA; Tsps Operator; AT&T Communications, 111 N. Fourth St., Rm. 709, Columbus, OH 43215, 614 460-7528; r. 216 S. Chillicothe St., Plain City, OH 43064, 614 873-3556.

HONCHUL, Delbert; '59 MBA; Retd Assoc. Prof. Emer; Murray State Univ., Dept. of Management, Murray, KY 42071; r. RR #2, Box 215, Murray, KY 42071, 502 753-7548.

HONE, Curtis John; '86 BSBA; 476 Beal Ave., Bucyrus, OH 44820.

HONECK, Timothy Brian; '85 BSBA; Sr. Mkt. Analyst; Premark Intl., World Headquarters, Troy, OH 45374, 513 332-2278; r. 96 S. Brown School Rd., Apt. 3, Vandalia, OH 45377, 513 454-0455.

HONERT, Teresa Lynn; '83 BSBA; Sr. Network Analyst; Mellon Bank NA, One Mellon Bank Ctr., Rm. 530, Pittsburgh, PA 15258, 412 366-8247; r. 9003 Harmony Dr., Pittsburgh, PA 15237, 412 366-8247.

HONEYMAN, Benjamin Foster; '71 BSBA; 300 Oakridge Rd., S. Hills, Lewistown, PA 17044, 717 248-1455.

HONKEN, Sandra Jean; '88 MBA; Assoc. Programmer; IBM Corp., POB 390, Poughkeepsie, NY 12602; r. 715 Chelsea Cay, Wappingers Falls, NY 12590.

HONNOLD, Robin Sue; '87 BSBA; 295 Laural Ln., Pataskala, OH 43062, 614 927-6590.

HONRATH, Henry D.; '49 BSBA; Banker; Security First Natl. Bank, 834 State St., Santa Barbara, CA 93101; r. 57 Lacumbre Cir., Santa Barbara, CA 93105, 805 687-1420.

HOOBLER, Dennis Scott; '72 BSBA, '83 MBA; Mktg. Dir.-Athletics; The Ohio State Univ., 236 St. John Arena, 410 Woody Hayes Dr., Columbus, OH 43210, 614 292-4679; r. 2284 Swansea Rd., Upper Arlington, OH 43221, 614 457-0020.

HOOBLER, James Robert; '75 BSBA; Asst. VP/Trust Ofcr.; Huntington Trust Co., 41 S. High St., 11th Fl., Columbus, OH 43215, 614 463-4535; r. 1385 Winesap Dr., Columbus, OH 43204, 614 278-9279.

HOOD, Brian Wesley; '86 BSBA; 134 W. Liberty St., Springfield, OH 45506, 513 322-4289.

HOOD, Donald John; '69 BSBA; Mgmt. Cnslt.; Donald J. Hood, 1900 E. Golf Rd., Ste. M100, Schaumburg, IL 60173, 312 956-0335; r. 1710 S. Chesterfield Dr., Arlington Hts., IL 60005, 312 437-6441.

HOOD, Duane V.; '52 BSBA; Ins. Agt.; Earl J. Hood Ins. Agcy., 2964 Sylvania Ave., Toledo, OH 43613, 419 473-2611; r. 4210 Robinhood Ln., Toledo, OH 43623, 419 882-1234.

HOOD, James G., Jr.; '48 BSBA; Retired; r. 1225 Woodland Cres., Fairmont, WV 26554, 304 363-4805.

HOOD, Jeffrey David; '79 BSBA; 3335 Ridge Rd., Medina, OH 44256, 216 239-2375.

HOOD, John A.; '48 BSBA; Retired; r. 1950 W. Lane Ave., Columbus, OH 43221, 614 486-3879.

HOOD, MAJ John Wilbur, USA(Ret.); '72 BSBA; Bus. Mgr.; Winchester & Western RR, Winchester, VA 22601; r. Box 765 Rte. 2, Winchester, VA 22601.

HOOD, Stephanie Kay; '80 BSBA; Sr. Financial Analyst; E.I. du Pont de Nemours & Co., Inc., 1007 Market St., D-9134, Wilmington, DE 19898, 302 774-6175; r. 2529 Justin Ln., Wilmington, DE 19810, 302 478-5036.

HOOD, Stephen Louis; '75 BSBA; CPA; Kamphaus & Assocs., 1000 Ohio Pike, Cincinnati, OH 45245, 513 752-8350; r. 7821 Cloveridge Ct., Cincinnati, OH 45244, 513 232-0878.

HOOD, Terrence Martin; '85 BSBA; 3799 Kilmuir Dr., Hilliard, OH 43026.

HOOGERHYDE, George Patrick; '83 BSBA; Field Mktg. Rep.; Armstrong World Industries, 680 Langsdorf Dr., Ste. 224, Fullerton, CA 92631, 714 680-7200; r. 1450B Cabrillo Park Dr., Santa Ana, CA 92701, 714 835-1019.

HOOI, Ms. Choy Wan; '85 BSBA; Computer Instr.; Malaysia; r. 60 Jalan Hang Jebat, 75200 Melaka, Malaysia.

HOOK, James L.; '59 BSBA; Pres.; Leader Mortgage Co., 1015 Euclid Ave., Cleveland, OH 44115, 216 696-8000; r. 7797 Oakhurst Cir., Brecksville, OH 44141, 216 526-9137.

HOOK, Joseph Francis; '78 BSBA, '85 MPA; Dir.; Neighborhood Svcs., Inc., 82 E. 16th, Columbus, OH 43201, 614 297-0592; r. 2392 N. 4th, Columbus, OH 43202, 614 262-3227.

HOOKER, Bryce Haven; '70 BSBA, '72 MBA; F Tuscarawas Rd, Uhrichsville, OH 44683.

HOOKER, Cheri Lynn; '82 BSBA; 3427 Leighton, Columbus, OH 43221, 614 457-1709.

HOOKER, Dennis Charles; '75 MPA; Regional Grp. Mgr.; Prudential Ins. Co., 120 S. Riverside Plz., Ste. 93, Chicago, IL 60606; r. 132 Joyce Pl., Park Ridge, IL 60068, 312 823-7310.

HOON, MAJ Craig G.; '74 BSBA; Admin. Ofcr.; Ohio Army Natl. Guard, 4100 Reading Rd., Cincinnati, OH 45229, 513 751-5056; r. 7044 Cheyenne Way, Mason, OH 45040, 513 398-0762.

HOOP, Charles C.; '57 BSBA; Mgr.-Configuration Mgmt.; Westinghouse Electric Co., Marine Div., Hendy Ave., Sunnyvale, CA 95045, 408 735-2352; r. 629 Carlsbad Ct., Milpitas, CA 95035, 408 945-1444.

HOOP, Louie B., Jr.; '69 MBA; Capt. USN Retired; r. 430 Forest Hill Dr., Grenada, MS 38901, 601 226-8122.

HOOPER, Dr. Donald Bruce; '57 BSBA, '58 MBA, '68 PhD (BUS); Prof.; Jacksonville Univ., Business Admin. Dept., Jacksonville, FL 32211, 904 744-3950; r. 1842 St. Johns Bluff, Jacksonville, FL 32225, 904 641-8235.

HOOPER, James J.; '57 BSBA; Cnty. Court Judge; r. 108 S. 3rd St., Tipp City, OH 45371, 513 667-6493.

HOOPES, David Gordon; '78 BSBA; Acctg. Mgr.; Parker Hannifin Corp., 17325 Euclid Ave., Cleveland, OH 44112, 216 943-5700; r. 1558 Woodward Ave., Lakewood, OH 44107, 216 221-6640.

HOOPINGARNER, Joseph Charles; '81 BSBA; Sr. Programmer/Analyst; Loral Systs. Grp., c/o Postmaster, Akron, OH 44315, 216 796-1263; r. 1650 Windcrest St. NW, N. Canton, OH 44720, 216 494-7221.

HOORMAN, James John; '87 MA; Cnty. Extention Agt.; State of Ohio; r. 11742 Scenic Dr., Kiser Lake, Conover, OH 45317.

HOOVER, Ms. Delana F.; '79 BSBA; Personnel & Payroll Admin; Natl. Guardian Corp., 2461 McGaw Rd., E., POB 7893, Columbus, OH 43207, 614 491-5200; r. 6142-D Hendron Ln., Groveport, OH 43125, 614 836-5251.

HOOVER, Diane L. '83 (See Parks, Mrs. Diane L.).

HOOVER, Douglas Eivind; '70 BSBA; Atty-at-Law; 1001 High St., Ste. 200, Worthington, OH 43085, 614 436-1001; r. 7514 Satterfield Rd., Worthington, OH 43235, 614 889-5700.

HOOVER, Earl Neil; '69 BSBA; Material Supv.; Kenworth Truck, Rte. 159 N., Chillicothe, OH 45601; r. 1635 Marietta Rd, Chillicothe, OH 45601, 614 772-2769.

HOOVER, Emaleen Dunfee, (Emaleen Dunfee); '56 BSBA; VP; Hoover Mgr. Svcs., Columbus, OH 43220, 614 451-2374; r. 1300 Marlyn Dr., Columbus, OH 43220, 614 451-6656.

HOOVER, Joan Zimmerman; '40 BSBA; Retired; r. 1669 Pleasantview Dr., Lancaster, OH 43130, 614 653-4221.

HOOVER, Kathy Annette; '85 BSBA; Banker/Asst. Mgr.; Cnty. Savings Bank, 65 E. State St., Columbus, OH 43215, 614 889-2265; r. 3081 Highcliff, Columbus, OH 43229, 614 899-9435.

HOOVER, Kevin Joseph; '83 BSBA; Sales Cnslt.; Coldwell Banker Coml Real Est, 201 S. Orange Ave., Ste.#1400, Orlando, FL 32801, 407 843-4020; r. 1751 Mizell Ave., Winter Park, FL 32789, 407 644-8477.

HOOVER, CAPT Larry Eugene; '68 BSBA; Capt. Usaf; r. 1909 NW 89th Ter., Pompano Bch., FL 33065, 305 752-8152.

HOOVER, Matthew P.; '87 BSBA; Financial Analyst; Western Digital, 2445 McCabe Way, Irvine, CA 92714, 714 474-2033; r. 6242 Warner Ave., Apt. 14F, Huntington Bch., CA 92647, 714 843-0042.

HOOVER, Merwin Leroy; '31 BSBA; Retired; r. 10038 62nd Ter., N., #3, St. Petersburg, FL 33708, 813 392-4074.

HOOVER, Mitchell D.; '84 BSBA; Account Exec.; Dean Witter Reynolds, 370 17th St., Ste. 5100, Denver, CO 80217, 303 592-4025; r. 2101 S. Quentin Way, #T-204, Aurora, CO 80014, 303 745-2936.

HOOVER, Nancy Dunham; '47 BSBA; 234 Sweet Gum Rd., Pittsburgh, PA 15238, 412 826-1654.

HOOVER, Rachel '53 (See Carter, Mrs. Rachel H., CPA).

HOOVER, Richard Larry; '76 MBA; Commercial Lender/VP; Huntington Natl. Bank, Commercial Lending Dept., 41 S. High St., Columbus, OH 43260, 614 463-3636; r. 114 N. Spring Rd., Westerville, OH 43081, 614 895-1628.

HOOVER, Richard Lee; '55 BSBA; Divisional Controller; Pepperidge Farm Inc., Subs. of Campbell Soup, Chestnut St., Downingtown, PA 19335, 215 873-4360; r. 110 Birch Dr., Downingtown, PA 19335, 215 873-7717.

HOOVER, Terry Lee; '67 BSBA; Trumansburg, NY 14886, 607 387-9807.

HOOVER, Thomas Ted E., Jr.; '85 BSBA; Mgr.; Bank One, Kettering Twr., Dayton, OH 45401, 513 449-4845; r. 8465 Hyannis Port, Apt. 1-C, Dayton, OH 45458, 513 436-0616.

HOPKINS, Barbara Bowers; '79 BSBA; Claims Adjuster; Erie Ins. Grp., POB 439, Milford, OH 45150, 513 575-2465; r. 6106 Donna Jay Dr., Loveland, OH 45140, 513 575-2465.

HOPKINS, Craig R.; '86 BSBA; Operations Supv.; Bank One, 380 S. Cleveland Ave., Dept. 0680, Westerville, OH 43071, 614 248-7055; r. 815 N. High St., Columbus, OH 43215, 614 621-0128.

HOPKINS, Daniel J.; '84 BSBA; Alumni/Devel. Dir.; Chanel HS, 480 Northfield, Bedford, OH 44146, 216 232-5900; r. 13812 Eastwood, Garfield Hts., OH 44125, 216 663-7434.

HOPKINS, Jack M.; '56 BSBA; Dist. Mgr.; Louver Drape Inc., Div of Beatrice Foods Co, 11650 Iberia L-1, San Diego, CA 92128; r. 13507 Calle Colina, Poway, CA 92064, 619 451-1476.

HOPKINS, Jeffery Alan; '84 MBA; Sr. Cnslt.; Ernst & Whinney, 2400 Nationwide Plz., Columbus, OH 43215, 614 224-5678; r. 7309 Daugherty Dr., Reynoldsburg, OH 43068, 614 864-9832.

HOPKINS, MAJ John L.; '73 BSBA; Maj. Usa; r. 13180 Forest Green Dr., Elbert, CO 80106.

HOPKINS, John O., Sr.; '57 BSBA; Pres.; Calumite Intl., Box 273507, Boca Raton, FL 33427, 407 994-4500; r. 648 Boca Marina Ct., Boca Raton, FL 33487, 407 997-6647.

HOPKINS, Kenneth L.; '47 BSBA; Exec. VP; Willamette Industries Inc., 1300 S. W. 5th Ave., Portland, OR 97201, 317 297-3033; r. 3331 E. Bay Point Dr., Indianapolis, IN 46240, 317 251-0430.

HOPKINS, Leonard L.; '38 BSBA; Retired; r. 2652 Berwyn Rd., Columbus, OH 43221, 614 488-6675.

HOPKINS, Leonard Lima, Jr.; '70 BSBA; Exec Asst/Sr Legal Counsl; Ofc. of the Governor, State Capitol, Richmond, VA 23219, 804 786-2211; r. 1511 Helmsdale Dr., Richmond, VA 23233, 804 740-4167.

HOPKINS, Mrs. Melisa D., (Melisa D. McGuire); '85 BSBA; Logistical Data Spec.; Defense Constr. Supply Ctr., 3990 E. Broad St., Columbus, OH 43216, 614 238-3420; r. 505 Gnarled Oak, Pickerington, OH 43147, 614 833-9743.

HOPKINS, Rebecca Jean; '88 BSBA; Mgmt. Assoc.; Society Bank, 88 E. Broad St., Columbus, OH 43215; r. 4849 Hollingbourne Ct., Columbus, OH 43214.

HOPKINS, Richard Allen; '76 BSBA; Pres./Gen. Mgr.; Spiralcool Co., 186 Sheffield St., Bellevue, OH 44811, 419 483-2510; r. 156 Arlington Dr., Bellevue, OH 44811, 419 483-3015.

HOPKINS, Rollo J., Jr.; '48 BSBA; Mgr. Budgets/Acctng; Hughes Tool Co., POB 2539, Houston, TX 77001; r. 8823 Imogene St., Houston, TX 77074.

HOPKINS, Stephen J.; '56 BSBA; Pres.; Stephen Hopkins Assoc. Inc., 487 Prospect Ave., Oradell, NJ 07649, 201 261-0934; r. 487 Prospect Ave., Oradell, NJ 07649, 201 967-1190.

HOPKINS, Steven Mark; '73 BSBA; Buyer; Roses, Garnet St., Henderson, NC 27536, 919 430-2727; r. 1707 Nottingham Ct., Henderson, NC 27536, 919 492-4310.

HOPKINS, Timothy Allen; '77 MBA; Telecommunicatns Mgr.; Ross Labs, 625 Cleveland Ave., Columbus, OH 43216, 614 227-3333; r. 1538 Francisco Rd., Columbus, OH 43220, 614 459-3584.

HOPKINS, William A., Jr.; '67; Ins. Agt.; William A. Hopkins & Assocs., 4663 Kenny Rd., Columbus, OH 43220, 614 451-1555; r. 1653 Guilford Rd, Columbus, OH 43221, 614 488-4964.

HOPPEL, James Henry, Jr.; '86 BSBA; Staff Acct.; Rothschild Meckler & Co., Four Commerce Park Sq., 23200 Chagrin Blvd., Cleveland, OH 44122; r. 25925 Hilliard Blvd., Westlake, OH 44145, 216 871-0325.

HOPPER, David A.; '63 BSBA; Asst. Sec & Administr; Lincoln Natl. Corp., 1301 S. Harrison, Ft. Wayne, IN 48602; r. 4512 Williamsburg Ct., Ft. Wayne, IN 46804, 219 432-1671.

HOPPER, Ronald Douglas; '72 BSBA; Assoc. Dir.; OSU Alumni Assn., Alumni House, 2400 Olentangy River Rd., Columbus, OH 43210, 614 292-8257; r. 522 W. Orange Rd., Delaware, OH 43015, 614 548-4274.

HOPPER, Mrs. Sally Jo H., (Sally J. Heil); '84 BSBA; Financial Control Mgr.; Galena Brick Prods., Inc., 72 Holmes St., POB 368, Galena, OH 43021, 614 965-1010; r. 1950 S. Old 3C Hwy., POB 124, Galena, OH 43021, 614 965-1024.

HOPPER, William Thomas; '52 BSBA; Retired Realtor; r. 1300 Queens Rd., Unit 201, Charlotte, NC 28207, 704 376-9369.

HOPSON, Lilli Langley; '83 BSBA; Cost/Price Analyst; Defense Constructn Supply Ctr., 3990 E. Broad St., Columbus, OH 43213; r. 3720 Bunty Sta., Delaware, OH 43015, 614 881-5181.

HOPSON, Ronald Eugene; '81 BSBA; Sales Repr; Rose Chemical Prods., 545 Stimmel Rd, Columbus, OH 43223; r. 3720 Bunty Sta., Delaware, OH 43015.

HOPTA, Lisa Vogt; '80 BSBA; Site Mgr.; Computer Sciences Corp., 6521 Arlington Blvd., Falls Church, VA 22042; r. 1201 Wiesman Ct., Great Falls, VA 22066, 703 759-2837.

HORAN, Thomas Joseph, Jr.; '74 MPA; Asst. Health Commsnr; City of Columbus, 181 Washington Blvd., Columbus, OH 43215, 614 222-6560; r. 5407 Godown Rd., Columbus, OH 43220, 614 459-1646.

HORBALY, Barbara '81 (See DelRoso, Barbara Horbaly).

HORCH, Jeffrey Warren; '85 BSBA; Financial Analyst; The Ltd. Credit Svcs., 4590 E. Broad St., POB 182127, Columbus, OH 43218, 614 755-3340; r. 1331 Hideaway Woods Dr., Westerville, OH 43081, 614 794-3081.

HORCH, Richard Elliott; '67 BSBA; Pres.; Horchs Inc., 915 Honeywell Ctr., Dallas, TX 75247; r. 11460 Parkchester, Dallas, TX 75230, 214 987-1278.

HORCH, Richard M.; '50 BSBA; Dir.; Frederick Electronics, Frederick, MD 21701, 301 695-6520; r. 193 Fairfield Dr., Frederick, MD 21701.

HORCH, Verna '31 (See Haubrich, Verna Horch).

HORCHER, Ronald R.; '58 BSBA, '60 MBA; Cost Analyst; Rockwell Intl., 4300 E. 5th Ave., Columbus, OH 43219; r. 6040 Whitman Rd, Columbus, OH 43213, 614 866-8588.

HORCHLER, Charles C.; '51; Mbr/Sales Mktng Stf; Page Net, 1478 Morse Rd., Columbus, OH 43229, 614 846-5050; r. 4117 Karl Rd., #107, Columbus, OH 43224, 614 268-2618.

HORCHLER, John Scott; '77 BSBA; Dist. Mgr.; E. R. Carpenter Co., Inc., Columbus, OH 43214, 800 288-3834; r. 601 Fallis Rd., Columbus, OH 43214, 614 267-0333.

HORD, Ronald E.; '56 BSBA; Retired; r. 5304 Arrowwood Loop E., Columbus, OH 43229, 614 885-0342.

HORD, Ronald Eugene, Jr.; '85 BSBA; R.J. Reynolds Tobacco Co., 1577 Trinity Garden Cir., Clemmons, NC 27012; r. 118 First Ave., Kingston, PA 18704, 717 288-5275.

HORGAN, Michael John; '69 BSBA; Sales Rep.; Thomas Publishing Co., 1056 Hardesty Pl. W., Columbus, OH 43204, 614 276-9269; r. Same.

HORLICK, Douglas T.; '55 BSBA; Rsch. Analyst; Toledo Edison, Edison Plz., 300 Madison Ave., Toledo, OH 43652; r. 4876 S. Arvilla Dr., Toledo, OH 43623, 419 882-8384.

HORN, Charles G.; '52 BSBA; 4125 Dundee Ave #C, Columbus, OH 43227, 614 864-1675.

HORN, Cynthia Lee; '75 BSBA; 9502 Avers Ave., Evanston, IL 60203.

HORN, Donald R.; '57 BSBA; Packaging Design Eng; N Amer Rockwell Corp., 2000 N. Memorial Dr., Tulsa, OK 74115; r. RR No 1, Box 54, Rose, OK 74364, 918 479-8185.

HORN, Herbert A.; '57 BSBA; Retired; Texas Utilities Co.; r. 6207 Danbury Ln., Dallas, TX 75214, 214 368-4578.

HORN, Lawrence E.; '52 BSBA; Real Estate Broker; Larry Horn & Co., 863 S. High St., Columbus, OH 43206, 614 444-6843; r. 8285 Township Rd 51 NE, Somerset, OH 43783, 614 743-1590.

HORN, Lester K.; '45 BSBA; Retired; r. 175 Grosvenor Pl., Atlanta, GA 30328.

HORN, Michael Joseph; '81 BSBA; Bus. Mgr.; W.C.I. Appliance Grp., 5500 Frantz Rd., Ste. #125, Dublin, OH 43017, 614 761-7040; r. 3182 Brampton St., Dublin, OH 43017, 614 792-0143.

HORN, Michael Mount; '82 BSBA; Mktg. Mgr.; Payco American Corp., 1950 Spectrum Cir. #525, Marietta, GA 30067, 614 766-0803; r. 2691 Alliston Ct., Columbus, OH 43220, 614 451-5682.

HORN, Patrick Armor; '76 BSBA; Prog. Analyst; Jim Walter Corp., 1500 N. Dale Mabry Hwy., Tampa, FL 33607; r. 13103 Wister Ln., Tampa, FL 33612, 813 931-0533.

HORN, Robert Burkey; '71 BSBA; Pres.; Raxlon Inc., 893 High St., Ste. J., Worthington, OH 43085, 614 888-8515; r. 864 Highview Dr., Worthington, OH 43085, 614 846-6748.

HORN, Thomas A.; '73; Dist. Mgr.; Raybestos Manhattan, 100 Oakview Dr., Trumbull, CT 06611; r. 1450 Harlton Ct., Columbus, OH 43221, 614 488-1672.

HORNADAY, Fred Eugene, III; '84 BSBA; Internal Auditor; Advo Syst. Inc., 1 Univac Ln., Windsor, CT 06095, 203 285-6164; r. 116 Dover, W. Hartford, CT 06119, 203 232-3878.

HORNBECK, Mrs. Elizabeth Flack, (Elizabeth Flack); '38 BSBA; Retired; r. 563 Cottingwood Ct., Dayton, OH 45429, 513 293-5547.

HORNBERGER, Deborah Lee; '69 BSBA; Loaned Exec To United Way; Wells Fargo Bank, 410 Bush St., San Francisco, CA 94108, 415 772-4399; r. 2035 Filbert St., Apt. 107, San Francisco, CA 94123, 415 567-4198.

HORNBERGER, Donald J.; '23 MACC; 186 Griswold, Delaware, OH 43015, 614 369-4660.

HORNBERGER, John W.; '66 BSBA; CPA; 1824 E. Broad St., Columbus, OH 43203, 614 258-1148; r. 115 S. Columbia Ave., Columbus, OH 43209, 614 253-9934.

HORNE, Janice '49 (See Butts, Mrs. Janice Horne).

HORNE, Kristi L.; '88 MBA; 6581 Ethan Dr., Reynoldsburg, OH 43068, 614 866-6037.

HORNE, Stuart W.; '57 MBA; Sales Engr.; r. Fed. Hill Rd, RR No 2, Milford, NH 03055, 603 673-3652.

HORNER, Gregory Eldon; '87 MBA; 411 Monticello Dr., Fostoria, OH 44830, 419 435-7484.

HORNER, Jack Allan; '74 MPA; Tchr.; Emerson JHS, 140 W. High, Fostoria, OH 44830; r. 544 1/2 W. Fremont St., Fostoria, OH 44830, 419 435-9673.

HORNER, Mrs. John A., Jr., (Mary A. Miller); '51 BSBA; Profn. Volunteer; 3008 Fontenay Rd., Shaker Hts., OH 44126, 216 752-8448; r. Same.

HORNICK, Steven Andrew; '82 BSBA; Claims Repr; Grange Mutual Ins. Co., 910 E. Tallmadge Ave., Akron, OH 44310, 216 494-9044; r. 4325 Foxhaven Ave. NW, Canton, OH 44718, 216 493-8018.

HORNIG, Mary Parnell; '82 MPA; Analyst; r. 6725 Greenleaf St., Springfield, VA 22150, 703 971-8575.

HORNING, Charles W.; '86 BSBA; Acct.; Dow Chemical, POB 36000, Strongsville, OH 44136; r. 9934 Pleasant Lake Blvd., Parma, OH 44130, 216 886-7009.

HORNING, Evelyn Smiley, (Evelyn Smiley); '45 BSBA; 1539 Hunters Chase Dr., Westlake, OH 44145, 216 871-3124.

HORNING, Mrs. Suzanne, (Suzanne Sarvis); '87 BSBA; Sales Rep.; Summerville's, 800 S. Broadway, Akron, OH 44308, 216 535-3163; r. 2014 Braewick Dr., Akron, OH 44313, 216 867-3919.

HORNSBY, Michael Carl; '79 BSBA; 2026 Beechglen, Cincinnati, OH 45238, 513 922-1351.

HORNUNG, George J.; '65 BSBA; 55 Clairmont, Orinda, CA 94563, 415 254-9790.

HORNYAK, Edward John; '81 BSBA; Sales Repr; Lykes Bros., 24650 Ctr. Ridge Rd., Cleveland, OH 44145; r. 6772 Beresford Ave., Parma Hts., OH 44130.

HORNYAK, Mrs. Kathryn L., (Kathryn L. Tarantino); '82 BSLHR; Personnel Supv.; McDonald's Corp., 28253 Lorain, Cleveland, OH 44070, 216 734-4177; r. 2029 Reveley, Lakewood, OH 44107, 216 228-7745.

HOROWITZ, John; '77 BSBA; Network Systs. Engr.; MCI, Mc Lean, VA 22075; r. 1505 Church Hill Pl., Reston, VA 22094, 703 437-9083.

HOROWSKI, Joe, Jr.; '72 BSBA; Staff; Lear Romec, 241 S. Abbe Rd., Elyria, OH 44036, 216 323-3211; r. 5500 Lockwood, Madison, OH 44057, 216 428-6141.

HORR, Arthur N.; '35 BSBA; Retired; r. 1610 28th St., Portsmouth, OH 45662, 614 353-0207.

HORRIGAN, Mark Charles; '81 BSBA; 581 Aqueduct St., Akron, OH 44303, 216 864-6547.

HORRISBERGER, Theodore; '57 BSBA; Salesman; Gen. Mills Inc., 9200 Wayzata Blvd., Minneapolis, MN 55440; r. 1215 Lincoln Ave., Cuyahoga Falls, OH 44223.

HORSFALL, Richard H.; '65 MBA; 8150 Somerset Rd., St. Paul, MN 55125, 612 738-1040.

HORST, Darren Lowe; '84 BSBA; Account Mgr.; Panic Distributing Corp., 2999 Silver Dr., Columbus, OH 43224; r. 1180-5 Court Dr, Duluth, GA 30136, 216 698-0251.

HORST, Dirk Lawson; '79 BSBA; Operations Supt.; Carolina Freight Carriers Corp., Box 697, Cherryville, NC 28021; r. Carolina Freight, Box 697, Cherryville, NC 28021.

HORST, James R.; '48 BSBA; HS Tchr.; Ashtabula Area City Schs., W. 44th St., Ashtabula, OH 44004; r. 514 W. 38 St., Ashtabula, OH 44004, 216 998-0748.

HORST, Dr. Oscar H.; '49 BSBA; Chmn.; Western Michigan Univ., Geography Dept., Kalamazoo, MI 49008; r. 2818 Parkview, Kalamazoo, MI 49008, 616 342-1152.

HORSTMAN, Mark Thomas; '83 BSBA; Personal Financial Plnr.; 58 Marco Ln., Centerville, OH 45459, 513 434-2573; r. 2095 Foxknoll Dr., Centerville, OH 45459, 513 433-2036.

HORSTMAN, Paul Bernard; '76 BSBA; Div. Controller; JP Industries, S. Greenwood & Spruce Sts., Bellefontaine, OH 43311, 513 592-5010; r. 5888 Hickory Dr., W. Liberty, OH 43357, 513 465-7755.

HORTON, Ms. Cinthia Casto, (Cinthia S. Casto); '81 BSBA; Systs. Cnslt.; Central Benefits Mutual Ins. Co., 255 E. Main St., Columbus, OH 43216, 614 464-8541; r. 1675 Norma Rd., Columbus, OH 43229, 614 436-8285.

HORTON, Ms. Fiona J.; '87 BSBA; Sales Asst.; Prudential-Bache Securities, 65 E. State St., Columbus, OH 43215, 614 225-6600; r. 638 N. High St. #18, Columbus, OH 43215, 614 451-3999.

HORTON, George W.; '32 BSBA; Retired; r. 504 S. S., Wilmington, OH 45177, 513 382-7502.

HORTON, Janet A. '83 (See Radakovich, Janet Horton).

HORTON, Veronica Clare; '85 BSBA; Grad. Student; The Ohio State Univ., Clg. of Business, Columbus, OH 43210; r. 1527 Presidential Dr., Columbus, OH 43212, 614 481-3193.

HORTON, William Thomas; '76 BSBA; 12781 Caves Rd, Chesterland, OH 44026, 216 729-9939.

HORVATH, Alan August A.; '83 BSBA; Systs. Analyst; Allen-Bradley, 747 Alpha Dr., Highland Hts., OH 44143, 216 449-6700; r. 4487 Camellia Ln., N. Olmsted, OH 44070, 216 777-4358.

HORVATH, Candace '81 (See Barnhart, Mrs. Candace L.).

HORVATH, Charles John, CPA; '77 BSBA; Acctg. Mgr.; Brunswick Defense, 3333 Harbor Blvd., Costa Mesa, CA 92628, 714 546-8030; r. 17145-D San Mateo, Fountain Vly., CA 92708, 714 962-5211.

HORVATH, Lawrence John; '82 BSBA; 3266 Winston Blvd., Toledo, OH 43614, 419 385-6879.

HORVATH, Michael Keith; '83 BSBA; Examiner; State of Ohio, Dept. of Insurance, 2100 Stella Ct., Columbus, OH 43215, 614 644-2647; r. 2159 River Run Trace, Worthington, OH 43235, 614 766-1263.

HORVATH, Pamela Rene; '85 BSBA; Ins. Examiner; State of Ohio, Dept. of Insurance, 2100 Stella Ct., Columbus, OH 43266, 614 644-2647; r. 4450 Mobile Dr. #210, Columbus, OH 43220, 614 459-7429.

HORVITZ, Harry R.; '29 BSBA; CPA Managing Official; Horvitz Green & Assocs. Inc., 23200 Chagrin Blvd. Ste. 350, Cleveland, OH 44122, 216 831-3221; r. 2608 Deborah Dr., Beachwood, OH 44122, 216 464-1722.

HORWATH, Thomas Clement; '87 BSBA; 932 Malone Ave., Kettering, OH 45429, 513 298-2131.

HORWITZ, Joseph M.; '38 BSBA; Atty.; 1610 Standard Blvd., Cleveland, OH 44113, 216 621-5547; r. 24958 Hazelmere Rd, Cleveland, OH 44122, 216 464-1654.

HORWITZ, Sam S.; '37 BSBA; 6331 N. Federal Hwy., c/o Miles/Tiles, Boca Raton, FL 33487, 407 499-5245.

HORWITZ, Stuart Mark; '82 BSBA; Tax Atty.; r. 9410 Farmcourt Ln., Loveland, OH 45140, 513 984-1133.

HOSACK, Kaye Cavlovic; '82 BSBA; Staff; Jacobson'S, 11700 US 1, N. Palm Bch., FL 33408; r. 2301-F Sabal Ridge Ct., Palm Bch. Gardens, FL 33418, 407 627-8313.

HOSAKA, Pamela; '84 BSBA; Mgr.; Fidelity Investments, 260 Franklin St., Boston, MA 02109, 617 570-2908; r. 193 Weston St., Waltham, MA 02154, 617 899-5769.

HOSANSKY, Stuart Neil; '79 BSBA; Asst. VP; Pittsburgh Natl. Bank, International Banking Div, Pittsburgh National Bldg., Pittsburgh, PA 15222; r. Pittsburgh National Bank, International Banking Div, Pittsburgh, PA 15222.

HOSEA, Richard Morris; '73 BSBA; 8376 Bridle Rd., Cincinnati, OH 45244, 513 474-0684.

HOSER, Russell Robert; '87 BSBA; Box 578 Rd #1, Stewartsville, NJ 08886, 210 859-0072.

HOSFELD, Earl A.; '58 BSBA; Realtor; Donley Builders & Realtors, 6422 E. Main St., Reynoldsburg, OH 43068, 614 861-8030; r. 13179 Coventry Ave. NW, Pickerington, OH 43147, 614 860-1888.

HOSKET, Bill; '68 BSBA; Gen. Mgr.; Millcraft Paper Co., 7461 Worthington-Galena Rd., Columbus, OH 43085, 614 436-0101; r. 4721 Bayford Ct., Columbus, OH 43220, 614 457-1855.

HOSKET, Wilmer Edward; '88 BSBA; Sales Rep.; Chemcraft, 7461 Worthington-Galena Rd., Columbus, OH 43085, 614 436-0101; r. 1343 Presidential, Apt. 1, Columbus, OH 43212, 614 487-8424.

HOSKINS, Estil Lewis, Jr.; '81 BSBA; 56739 Spruce Ln., # 3-A, Elkhart, IN 46516, 219 295-8704.

HOSKINS, Herman B.; '48 BSBA; Retired; r. 8101 Del Cuarzo Dr., Scottsdale, AZ 85258, 602 991-4479.

HOSKINS, Howard H.; '51 BSBA; Engr.-Prin Mgmt.; Martin Marietta Corp., 12250 S. Hwy. 75, Littleton, CO 80120; r. 7551 S. Race, Littleton, CO 80120, 303 798-4052.

HOSKINS, Robert W.; '48 BSBA; Retired; r. 6735 Thorne St., Worthington, OH 43085, 614 885-0669.

HOSKINSON, Arthur M.; '40 BSBA; Retired Finance Dir.; Victor Valley Joint Union HS; r. 18535 Symeron Rd., Apple Vly., CA 92307, 619 242-2032.

HOSKINSON, Charles Richard; '68 BSBA, '69 MBA; Recruiter/Owner; Sales Opportunities Unlimited, Prado Mall Ste. 103, 5600 Roswell Rd., Atlanta, GA 30342, 404 256-9314; r. 1670 Branch Valley Dr., Roswell, GA 30076, 404 993-1602.

HOSKINSON, Mrs. Maryann Rhoad; '70 BSBA; Co-owner; Rhoad Farms, 3131 US 62 SW, Washington C.H., OH; r. 18 Burgundy Ln., Nesconset, NY 11767, 516 724-6714.

HOSKINSON, Robert Kevin; '77 BSBA; 133 Kingston Ct., Madison, NJ 07940, 201 377-7663.

HOSLER, Bette Jane; '82 BSBA; Mgmt. Analyst Gs-9; Newark Air Force Station, Agmc/Maws, Newark, OH 43055; r. 4557 Loudon Rte. 2, Granville, OH 43023, 614 587-2085.

HOSLER, Polly Anna; '85 BSBA; 6914 State Rte. 97, Rte. 6, Mansfield, OH 44903, 419 468-9388.

HOSLER, Robert James; '82 BSBA; Dir. of Sales; Patriot Life Ins. Agcy., 5900 Roche Dr., Columbus, OH 43229; r. 4557 NW Louden Rte. 2, Granville, OH 43023, 614 587-2085.

HOSSMAN, Frank E.; '50 BSBA; Retired; r. 430 Westphal Ave., Columbus, OH 43213, 614 231-6402.

HOSTENSKE, CAPT Charles W., USAF(Ret.); '70 BSBA; 2092 Lake Club Ter., Columbus, OH 43232, 614 863-6622.

HOSTETTLER, Christopher Earl; '78 BSBA, '80 MBA; Loan Admin.; Bank One of Columbus, Metropolitan Division, 100 E. Broad St., Columbus, OH 43215; r. 95 Northridge Rd., Columbus, OH 43214, 614 447-1301.

HOSTETTLER, Otto K.; '39 BSBA; Retired Auditor; r. 50 E. 10th St., Apt. 5-F, New York, NY 10003, 212 473-0880.

HOTCHKISS, James D.; '60 MBA; VP-Mfg.; Webtron Corp., 2030 W. McNab Rd., Ft. Lauderdale, FL 33309, 305 971-1380; r. 8186 NW 2nd Manor, Coral Spgs., FL 33069, 305 341-5908.

HOTHEM, Donald James; '72 BSBA; 244 Liberty, San Francisco, CA 94114.

HOTRAKITYA, Ampol; '65 MBA; Asst. Managing Dir.; Bangchak Petroleum Co. Ltd., 210 Sukhumvit 64 Rd., Bangkok 10260, Thailand, 331-6395; r. 92 Soi Meesuwan 3, Sukumvit 71 Rd., Bangkok 10110, Thailand, 392-8633.

HOTTOVY, Troy Gerard; '88 MPA; 1335 Presidential Dr., #B, Columbus, OH 43212, 614 488-1493.

HOTZ, Ann Muire; '80 MPA; 352 W. Wilbur Ave., Columbus, OH 43215.

HOU, Eddie Hsiao-Wen; '86 BSBA; c/o PO-Chu Chung, 110 Hong Kong Garden, Hong Kong, Hong Kong.

HOUCHARD, John E., II; '59 BSBA; Partner; Houchard & Smith, 128 W. Main St., Plain City, OH 43064, 614 873-3421; r. 420 Gay St., Plain City, OH 43064, 614 873-5023.

HOUCHINS, Daniel Thomas; '78 BSBA; CPA; 6000 Hildenboro Dr., Dublin, OH 43017, 614 761-2138; r. Same.

HOUCK, Brent Allen; '82 BSBA; Financial Cnslt.; CIGNA Financial Svcs., 1408N Westshore, Ste. 500, Tampa, FL 33607, 813 289-4625; r. 2813 Woodhall Ter., Palm Harbor, FL 34685, 813 784-0462.

HOUCK, Fred C., Jr.; '55 BSBA; Asst. Treas.; The Mead Corp., Courthouse Plz. NE, Dayton, OH 45463, 513 495-3456; r. 4816 James Hill Rd., Kettering, OH 45429, 513 434-7759.

HOUCK, Stephen Edward; '79 BSBA; Fin Reporting Supv.; Hewlett-Packard, 19310 Pruneridge Ave., Cupertino, CA 95014; r. 1509 Rockcrest Way, Marietta, GA 30062.

HOUCK, Susan '78 (See Pope, Susan H.).

HOUDESHELL, Alice K., (Alice K. Ralph); '36; Retired; r. 9258 Briarwood Cir. N., Sun City, AZ 85351, 602 974-4595.

HOUDESHELL, Monty Alan; '70 BSBA; VP & Chief Financial Ofcr; The Fluorocarbon Co., 27611 La Paz Rd., Laguna Niguel, CA 92656, 714 831-5350; r. 26881 Highwood Cir., Laguna Hls., CA 92653, 714 643-8485.

HOUDESHELL, Renee Lee; '84 BSBA; 2086 Ridgeview Rd., Apt. B, Columbus, OH 43221, 614 486-2084.

HOUFEK, Sandra L. '79 (See Moeller, Mrs. Sandra Lee).

HOUGH, John Christopher; '75 BSBA; Staff; Loral Defense Systs., 1210 Massillon Rd., Akron, OH 44315; r. 1392 N. Indian Hill Dr., Bolivar, OH 44612.

HOUGH, Nancy; '80 MBA; Audit Supv.; E I du Pont de Nemours & Co., Inc., 1000 S. Pine, Ponca City, OK 74603, 405 767-2331; r. 2804 Green Meadow Dr., Ponca City, OK 74604, 405 765-4410.

HOUGHAM, Stephen Synnott; '67 BSBA; Pres.; Mgmt. Technologies Inc., 3221 W. Big Beaver, Troy, MI 48084, 313 643-1915; r. 1209 Club Dr., Bloomfield Hls., MI 48013, 313 334-3972.

HOUGHN, Barbara '49 (See Hain, Mrs. Barbara H.).

HOUGHTON, Brian Van; '83 BSBA; Mktg. Repr.; Armstrong World Industries, 400 Embassy Row, Atlanta, GA 30328, 404 399-5803; r. 1618 Ellenwood Dr., Roswell, GA 30075, 404 992-6426.

HOUGHTON, Gary Lee; '85 BSBA; 1355 West 3rd Street, Weiser, ID 83672.

HOUGHTON, James F.; '49 BSBA; Staff; Rowland & Houghton, 7332 Willow Lake Way, Sacramento, CA 95831; r. Rowland & Houghton, 7332 Willow Lake Way, Sacramento, CA 95831, 916 392-3345.

HOUGHTON, John Paul; '86 BSBA; Staff Acct.; David L Shuttleworth CPA, 172 E. State St., Ste. 300, Columbus, OH 43215, 614 462-2750; r. 3370 Trabue Rd. #9, Columbus, OH 43204, 614 488-3240.

HOUGHTON, Mrs. Kathryn, (Kathryn Raymond); '49; Homemaker; r. 4612 E. Calle Tuberia, Phoenix, AZ 85018, 602 840-0608.

HOUGHTON, Paul D.; '47 BSBA; Retired; r. 4612 E. Calle Tuberia, Phoenix, AZ 85018, 602 840-0608.

HOUK, Annette E. '83 (See Espinoza, Mrs. Annette E.).

HOUK, Gary Robert; '84 MBA; Dept. Mgr./New Systs.; OCLC Inc., 6565 Frantz Rd., Dublin, OH 43017, 614 764-6000; r. 5596 Indian Hill, Dublin, OH 43017, 614 889-5848.

HOUK, Jeffrey Raymond; '82 BSBA; Sales Rep.; Columbus Serum Co., 2025 S. High St., Sta. G Box 7883, Columbus, OH 43207, 614 444-1155; r. 7397 Chateauguay Dr., Hamilton, OH 45011, 513 863-4256.

HOUK, Karen Meckstroth, (Karen Meckstroth); '81 BSBA; Data Sales Cnslt.; Ohio Hosp. Assoc., 21 W. Broad St., Columbus, OH 43215, 614 221-7614; r. 2701 Berwyn Rd., Columbus, OH 43221, 614 486-4993.

HOUK, Moira Ann; '86 BSBA; Staff Acct.; Coopers & Lybrand, 100 E. Broad St., Columbus, OH 43215, 614 221-7471; r. 3318 Thornway Dr., Columbus, OH 43229.

HOUK, Robert C.; '31 BSBA; Retired; r. 321 Hazel Croft Ave., New Castle, PA 16101, 412 654-3469.

HOULE, Mark Michael; '83 BSBA; 11715 Lake Ave. #4, Cleveland, OH 44107.

HOULETTE, Phillip Clifford; '70 BSBA, '73 MBA; Finan Plng. Staff; El Paso Natural Gas Co., El Paso Natural Gas Bldg., El Paso, TX 79901; r. 1909 Octubre, El Paso, TX 79935.

HOUMES, Dale Maurice, Jr.; '73 BSBA; Asst. VP; Marsh & Mc Lennan Inc., Commercial Brokerage Unit, 10 W. Broad St., Ste. 1200, Columbus, OH 43215, 614 461-6400; r. 1015 Pine View Rd., Westerville, OH 43081, 614 890-4335.

HOUMES, CAPT Darrell Wayne, USAF; '83 BSBA; 4433 38th Way S., St. Petersburg, FL 33711, 813 867-5394.

HOUP, Michael Ray; '85 MBA; Treas.; Midmark Corp., 60 Vista Dr., Versailles, OH 45380, 513 526-3662; r. 890 Lincolnshire Dr., Troy, OH 45373, 513 339-8636.

HOURIGAN, Lizabeth O'Connell; '85 BSBA; Asst. Production Dir.; Coverdell & Co., 2622 Piedmont Rd. NE, Atlanta, GA 30324, 404 262-9100; r. 254 Park Ave., Woodstock, GA 30188, 404 926-9029.
HOUSE, Aileen Charters; '33 BSBA; 104 Chart Rd., Cuyahoga Falls, OH 44223, 216 923-7546.
HOUSE, Darla Eileen; '88 BSBA; 1110 E. 19th Ave., Columbus, OH 43211, 614 299-1681.
HOUSE, Dorotha Starker, (Dorotha Starker); '41 BSBA; Retired; r. 1962 Pineview Dr., Kent, OH 44240, 216 673-5878.
HOUSE, Dr. Forest W.; '47 MBA; Retired; r. 1962 Pineview Dr., Kent, OH 44240, 216 673-5878.
HOUSE, Raymond E.; '64 BSBA; Mgr. Benefits & Comp.; Lamson & Sessions Co., 25701 Science Park Dr., Cleveland, OH 44122, 216 464-3400; r. 31811 N. Roundhead Dr., Solon, OH 44139, 216 248-9203.
HOUSE, Salli A. '54 (See Subler, Mrs. Salli A.).
HOUSE, William Walter; '70 BSBA; Regional Claims Mgr.; Progressive Casualty Ins., 4100 Exec. Park Dr., Ste. 300, Cincinnati, OH 45005, 513 733-9500; r. 2480 N St. Rte. 741, Franklin, OH 45005.
HOUSEBERG, Charlotte Cassaday; '76 MPA; Exec. Dir.; Reynoldsburg Community Counseling Ctr., 6521 E. Livingston Ave., Reynoldsburg, OH 43068; r. 965 Annagladys Dr., Worthington, OH 43085.
HOUSEHOLDER, Mrs. Kimberley Ann, (Kimberley Ann Frank); '86 MBA; Scientist; Owens Corning Fiberglas, POB 415, Granville, OH 43023, 614 587-7608; r. 11758 Eddington Ave., Pickerington, OH 43147, 614 868-8138.
HOUSEL, Gregory Charles; '84 BSBA; 1184 City Park, Columbus, OH 43206.
HOUSEL, Jacqueline Ann; '84 MBA; Systs. Analyst; Baxter Travenol Labs Inc., Materials Management Div, 1425 Lake Cook Rd., Deerfield, IL 60015, 312 940-6223; r. 2244 N. Cleveland #301, Chicago, IL 60614, 312 248-3220.
HOUSEL, Ms. Susan Lynn; '87 BSBA; PHD Candidate; Univ. of Iowa, Dept. of Mgt Sciences, Phillips Hall, Iowa City, IA 52242; r. 598 W. Mulberry St., Jefferson, OH 44047, 614 294-1823.
HOUSER, David Wilson; '84 BSBA; Controller; RMS Inc., 4889 Sinclair Rd., Ste. 202, Columbus, OH 43229, 614 848-6640; r. 4710 Elliott Rd., Amlin, OH 43002, 614 771-5580.
HOUSER, Douglas R.; '65; 2221 Brixton Rd., Columbus, OH 43221, 614 486-2512.
HOUSER, John Leroy; '75 BSBA; Sr. Systs. Engr.; Electronic Data Systs., 1160 E Dayton-Yellowsprings Rd, Fairborn, OH 45324, 513 455-0484; r. 7236 Pine View Dr., Englewood, OH 45322, 513 832-3423.
HOUSER, Robert Edison; '73 BSBA; 4962 Teddy Dr., Columbus, OH 43227, 614 861-6694.
HOUSLER, Alicia Kay; '87 BSBA; 1900 Sunshine Blvd., Apt. E, Naples, FL 33999, 813 455-0146.
HOUSLEY, Mary Jo Van Heyde; '77 MBA; VP; Housley & Assocs., 359 Delegate Dr., Worthington, OH 43085; r. 359 Delegate Dr., Worthington, OH 43085, 614 436-6325.
HOUSTON, Cathy Davies; '83 BSBA; Loan Ofcr.; First Natl. Bank, 1 First National Plz., Massillon, OH 44646; r. 1599 A Treetop Tr., Akron, OH 44313, 216 928-1044.
HOUSTON, James Edward, Jr.; '82 BSBA; Partner; Houston & Assocs., CPA's, 1911 N. Cleveland Massillon Rd, POB 2687, Bath, OH 44210, 216 666-0799; r. 1599 A Treetop Tr., Akron, OH 44313, 216 928-1044.
HOUSTON, Janet C. '50 (See Spangler, Mrs. Janet C.).
HOUSTON, Dr. John Leonard; '60 BSBA, '62 MBA; Prof. of Finance; De Paul Univ., 25 E. Jackson Blvd., Chicago, IL 60604, 312 341-8359; r. 309 Driftwood Ln., Wilmette, IL 60091, 312 256-6639.
HOUSTON, Joseph James; '88 BSBA; 1309 Manor Dr., Columbus, OH 43232, 614 864-5090.
HOUSTON, Robin Christine; '86 BSBA; Auditor; American Electric Power Co., POB 700, Lancaster, OH 43130, 614 687-3164; r. 5539-C Hibernia Dr., Columbus, OH 43232, 614 755-2634.
HOUTS, Kenneth G.; '35 BSBA; Retired; r. 17580 Gulf Blvd. #207, Redington Shrs., FL 33708, 813 392-0414.
HOUZE, Ricky Ray; '76 BSBA; Staff Acct.; Nationwide Ins. Co., One Nationwide Plz., Columbus, OH 43216; r. 648 S. 9th St., Columbus, OH 43206.
HOVANEC, Albert George; '78 MPA; Chief Hlth./Human Svc.Div; State of Illinois, Bureau of The Budget, Ofc. of The Governor, Springfield, IL 62706; r. 5 N. Oxford, Springfield, IL 62702, 217 787-4310.
HOVER, Kenneth William; '81 MBA; Sr. Mech. Engr.; A-E Design Assoc., 632 Vine, Cincinnati, OH 45202; r. 8405 Eagleridge Dr., West Chester, OH 45069.
HOVEY, Vaughn W., Jr.; '67 BSBA; Mgr. Corporate Sourcing; Eastman Kodak, 343 State St., Rochester, NY 14650, 716 781-5564; r. 1 Lamplighter Ln., Rochester, NY 14616, 716 633-1296.
HOVIS, George Neil, Sr. Esq.; '58 BSBA; Atty.; 1304 Garden St., San Luis Obispo, CA 93401, 805 544-6200; r. 1481 Balboa St., San Luis Obispo, CA 93401, 805 543-0366.
HOVIS, Karen Jo Woolever, (Karen Jo Woolever); '85 BSBA; Programmer/Analyst; Nationwide, One Nationwide Plz., Columbus, OH 43216, 614 249-4118; r. 2911 State Rte. 674, S., Ashville, OH 43103.
HOWALD, Geraldine '29 (See Waring, Geraldine Howald).
HOWARD, Dr. Cecil Gerald; '60 MBA, '65 PhD (BUS); Prof.; Howard Univ., Sch. of Bus & Pub Admin, Washington, DC 20059, 301 762-1565; r. 806 Twin Oak Dr., Potomac, MD 20854, 301 762-1427.
HOWARD, Christine '81 (See Weemhoff, Christine Howard).
HOWARD, Craig Douglas; '72 BSBA; CPA/Mgr.; Moss & Freidman, 15233 Ventura Blvd., Sherman Oaks, CA 94103, 818 995-8614; r. 138 Smoke Tree Ave., Agoura, CA 91301, 818 707-3071.
HOWARD, Dr. Daniel James; '85 MA, '86 PhD (BUS); Mktg. Prof.; Southern Meth. Univ., Dallas, TX 75275, 214 692-2469; r. 10914 Wallbrook, Dallas, TX 75238, 214 341-9773.
HOWARD, David Wayne; '75 BSBA; Sr. Proj. Mgr.; Gold Circle Stores, 6121 Huntley Rd., Worthington, OH 43085; r. 10495 Stoudertown Rd., Pickerington, OH 43147.
HOWARD, Donald Earl; '68 BSBA; Supv./Edp Auditing; Columbia Gas Syst. Svc., 1600 Dublin Rd., Columbus, OH 43215; r. 740 White Tail Dr., Gahanna, OH 43230.
HOWARD, Donald Edward; '78 BSBA; EDP Operations Mgr.; FL Aerospace, Janitrol Aero Division, 4200 Surface Rd., Columbus, OH 43228, 614 365-5230; r. 3453 Castleton St., Grove City, OH 43123, 614 875-0521.
HOWARD, Dr. Donald Gene; '69 BSBA, '77 MBA, '83 PhD (BUS); Pilot; r. 138 Ferguson Dr., Tallmadge, OH 44278, 216 633-3631.
HOWARD, Donald L.; '88 BSBA; Utility Rate Analyst; Public Utilities Commission of Ohio, 180 E. Broad, Columbus, OH 43266, 614 466-6399; r. 5876 Aqua Bay, Columbus, OH 43220, 614 442-0993.
HOWARD, Dorothy Denney, (Dorothy Denney); '55 BSBA; Police Clerk; City of Worthington, 789 High St., Worthington, OH 43085, 614 436-3100; r. 3512 Manila Dr., Westerville, OH 43081, 614 891-7213.
HOWARD, Mrs. Dorothy L., (Dorothy M. Lewis); '46 BSBA; Tax Preparer/Semiretired; r. 8597 Wyoming Club Dr., Cincinnati, OH 45215, 513 821-7164.
HOWARD, Ms. Gianna Maria; '85 BSBA; Sr. Programmer Analyst; Baxter Intl., Deerfield, IL 60015; r. 1104 Prairie Brook Dr., Apt. C, Palatine, IL 60067, 312 358-1342.
HOWARD, Heber Lawrence; '30 BSBA; Retired; r. 3840 Ironwood Ln. Apt. 505 H, Bradenton, FL 34209, 813 792-8449.
HOWARD, Ms. Jeannette Wilson; '82 BSBA, '86 MBA; Dir., Systs. Devel.; Blue Cross Blue Shield of Virginia, 2821 Emerywood Pkwy., Richmond, VA 23229, 804 287-2570; r. 10122 Deepwood Cir., Richmond, VA 23233, 804 740-2443.
HOWARD, Joanne Jones, (Joanne Jones); '44 BSBA; Homemaker; r. 889 Leetonia Rd., Marion, OH 43302, 614 387-2517.
HOWARD, John William; '57 BSBA; Staff Asst.; Fischer Guide, G.M., 901 Tower Dr., Troy, MI 48098, 313 696-0972; r. 31435 Shaw Dr., Warren, MI 48093, 313 978-1678.
HOWARD, Mrs. Judy B., (Judy A. Blicke); '54 BSBA; Asst. Supt.; Crawford Cnty. Sch. Dist., Courthouse, Bucyrus, OH 44820; r. 330 Euclid Ave., Bucyrus, OH 44820, 419 562-9031.
HOWARD, Kathleen Frank; '80 BSBA, '83 MBA; Mkt. Rsch. Analyst; Chemical Abstracts Svc., Olentangy River Rd, Columbus, OH 43212; r. 3643 Tonti Dr., Dublin, OH 43017, 614 764-2145.
HOWARD, L. Michael; '72 BSBA, '83 MA; Dir. of Rsch.; Ohio Auditor of State, POB 1140, Columbus, OH 43266, 614 466-4971; r. 656 Colony Dr., Westerville, OH 43081, 614 890-4760.
HOWARD, Mrs. Linda M., (Linda M. Lucarell); '79 BSBA; CPA Mgr. Dist. Acctg.; Hannaford Bros. Co., POB 1000, Portland, ME 04104, 207 883-2911; r. 6 Woodward Ln., Falmouth, ME 04105, 207 781-2750.
HOWARD, Lisa K. '85 (See Nentwick, Mrs. Lisa K.).
HOWARD, Michael John; '76 MACC; Acct.; J I Case Co., Subs:Tenneco Co, 700 State St., Racine, WI 53404; r. 3039 N. Wisconsin St., Racine, WI 53402, 414 639-9162.
HOWARD, Nathan James; '75 BSBA; Gen. Mgr.; American Multicinema Inc., Westerville Mall, Westerville, OH 43081, 614 890-3346; r. 300 E. Stafford Ave., Worthington, OH 43085.
HOWARD, Oma Sue; '80 BSBA; 960 S. Market St., Galion, OH 44833.
HOWARD, Paul Allan; '49 BSBA; Postal Worker; US Govt., US Postal Service, Macon, GA 31204; r. 3028 Malvern Hill Dr., Macon, GA 31204, 912 742-6836.
HOWARD, Paul Herbert; '51 BSBA; Retired; r. 330 Euclid Ave., Bucyrus, OH 44820, 419 562-9031.
HOWARD, Paul Leroy; '48 BSBA; Retired; r. 22351 Cameo Dr. E., Boca Raton, FL 33433, 407 392-3272.
HOWARD, Phillip Terence; '83 BSBA; Ins. Underwrtr; State Auto Mutual, 11333 Cornell Park Dr., Blue Ash, OH 45242, 513 489-3700; r. 7249 Osceola Dr., Cincinnati, OH 45243, 513 561-9677.
HOWARD, Dr. Richard Hayden; '64 MBA, '67 PhD (BUS); 1660 Cobblestone Ct., Baton Rouge, LA 70806, 504 928-1027.
HOWARD, Robert F., Sr.; '50 BSBA; Retired; r. 6682 Cresthaven Ave., West Chester, OH 45069, 513 777-6574.
HOWARD, Robert Joseph; '83 MBA; Product Mgr.; Oscar Mayer & Co., Box 7188, Madison, WI 53707, 608 241-3311; r. 1606 Fordem Ave., Apt. 314, Madison, WI 53704, 608 249-6424.
HOWARD, Dr. Robert Lee; '78 PhD (BUS); Assoc. Prof.; North Carolina A&T State Univ., Dept. of Business Admin., Greensboro, NC 27411, 919 334-7656; r. 315 Barberry Dr., Greensboro, NC 27406, 919 275-7929.
HOWARD, Sherry '84 (See Buk, Mrs. Sherry Howard).
HOWARD, Susan '81 (See Kaufmann, Susan Howard).
HOWARD, Mrs. Terry Feldman, (Terry Feldman); '48 BSBA; 2434 Mulberry E., Bloomfield Hls., MI 48013, 313 338-1044.
HOWARD, William L.; '52 BSBA; Pres.; Bill Howard Assocs., Inc., 316 Richards Rd., Columbus, OH 43214, 614 267-4000; r. Same.
HOWARTH, Kristen Anne; '82 BSBA; 10694 Deershadow L, Montgomery, OH 45242.
HOWDEN, Richard Andrew; '83 BSBA; Sales Mgr.; The Howden Co., POB 2156, Heath, OH 43056, 614 928-6666; r. 5487 Karl Rd., Columbus, OH 43229, 614 885-8042.
HOWE, David Arthur; '64 BSBA, '66 MBA; CPA-Slf Employed; r. 4749 Fairway Dr., Brooklyn, OH 44144, 216 741-1448.
HOWE, Elton W., Jr.; '48 BSBA; Retired; r. 1584 Newcomer Rd, Worthington, OH 43235, 614 888-5647.
HOWE, Harold W.; '34 BSBA; Retired; r. 165 Highbluffs Blvd. #311, Columbus, OH 43235, 614 433-2374.
HOWE, James M.; '64 BSBA; Pres.; Raymond S Barry Cos., 3170 Kingstree Ct., Dublin, OH 43017, 614 761-1171; r. 2682 Lane Rd., Columbus, OH 43220, 614 451-5534.
HOWE, Karen Thomas; '84 BSBA; Exec. Asst./Sales & Mktg.; Zink Communications Inc., 245 W. 19th St., New York, NY 10011, 212 929-2949; r. 43-01 46th St. #1L, Sunnyside, NY 11104, 718 361-1777.
HOWE, Mrs. Marybeth S., (Marybeth Sullivan); '80 MBA; VP; National City Bank, 1900 E. Ninth St., Cleveland, OH 44114, 216 575-3275; r. 22641 N. Nottingham, Birmingham, MI 48010, 313 644-5906.
HOWELL, Brian Lee; '50 BSBA; Chmn. of the Bd.; ACCEL Intl. Corp., 475 Metro Pl. N., POB 7000, Dublin, OH 43017, 614 764-7007; r. 8404 Kirkaldy Ct., Dublin, OH 43017, 614 889-8480.
HOWELL, Dale Lynn; '77 BSBA; Staff Mgr./Audits; Cincinnati Bell Telephone, POB 2301, Location 102-800, Cincinnati, OH 45201, 513 397-7389; r. 3784 State Rte. 222, Batavia, OH 45103, 513 732-2340.
HOWELL, Ellis V.; '49 BSBA; Staff; D C S C, U S. Government, 3990 E. Broad St., Columbus, OH 43213; r. 915 Poling Dr., Columbus, OH 43224, 614 268-2604.
HOWELL, Jack H.; '62 BSBA; Pres.; J Howell Machine Inc., Box 6, Somerton, OH 43784; r. 55613 Washington St., Somerton, OH 43784.
HOWELL, John David; '69 BSBA; Asst. Mgr.; Big Bear Store, 169 Graceland Blvd., Columbus, OH 43214, 614 888-5579; r. 915 Prince William Ln., Westerville, OH 43081, 614 890-5179.
HOWELL, John Steven; '69 BSBA; Corp Security Man; 3 M Co., 3M Ctr. Bldg. 224 25, St. Paul, MN 55101; r. Rte. 2 Lakeland Shores, Lakeland, MN 55043.
HOWELL, Lawton; '41 BSBA; Retired; r. 133 Ole Hickory Tr., Carrollton, GA 30117, 404 834-7036.
HOWELL, Paul J.; '32 BS; Retired; r. 3609 Glencairn Rd, Cleveland, OH 44122, 216 561-6644.
HOWELL, Paul Roger; '73 BSBA; Mgr./Finance; GE Co., I-75, Evendale Plant, Cincinnati, OH 45234; r. 6761 Devon Dr., Middletown, OH 45044.
HOWELL, Robb Fitch; '77 BSLHR; Plant Supt.; Hobart Bros. Co., Hobart Sq., Troy, OH 45373, 513 332-4000; r. 550 Lincolnshire Dr., Troy, OH 45373, 513 339-3492.
HOWELL, Thomas R.; '65 BSBA; Transportation Rep.; Armco Inc., Transportation Dept., 703 Curtis, Middletown, OH 45043; r. 433 Ridgeway Ct., Monroe, OH 45050, 513 539-8326.
HOWELL, Victoria Lynn; '81 BSBA; 807 Greenfield Dr., Mansfield, OH 44904, 419 522-1027.
HOWELLS, Deborah J. '82 (See Colasurd, Mrs. Deborah Howells).
HOWELLS, Henry Coggeshall, IV; '82 MBA; Mktg. Dir.; British-American Tobacco-HG KG, 2 Heung Yip Rd., Aberdeen, Hong Kong, 58143868; r. House 2, 7 Belleview Dr., Repulse Bay, Hong Kong, 58121682.
HOWELLS, John Andrew; '40 BSBA; Dir.; Automated Packaging Systs., 8400 Darrow Rd, Twinsburg, OH 44087; r. 2066 Newcome St., Cleveland, OH 44143, 216 531-3482.
HOWELLS, John E., III; '65 BSBA; POB 880065, San Diego, CA 92108, 619 279-7244.
HOWELLS, Richard Alan; '50 BSBA; 5411 Elder Rd., RR 1, Canal Winchester, OH 43110, 614 837-1247.
HOWER, 1LT Michael Jon; '85 BSBA; 1Lt; USMC, E. Battery 2/11 1st Mar Div, Camp Pendleton, CA 92055; r. 3558 Lookout Ct., Oceanside, CA 92056, 619 630-8287.
HOWERTON, Kurtis Wilhelm; '84 BSBA; Sales Repr; Benckiser Consumer Prods. Inc., 411 W. Putnam Ave., Greenwich, CT 06830; r. 2940 Sunbridge Ln., Dublin, OH 43017, 614 761-3669.
HOWES, MAJ Kenneth P., USAF; '77 BSBA; Chief-Logistics Plans; PACAF Air Base Operability, Pacops/Doupl, Hickam AFB, HI 96853, 808 449-9483; r. 301-B 6th St., Honolulu, HI 96818, 808 422-4376.
HOWES, Ralph Lewis; '75 BSBA; Special Agt.; Northwestern Mutual Life Ins., 37 W. Broad St. Ste. 745, Columbus, OH 43215; r. 201 N. Franklin, Delaware, OH 43015, 614 363-6118.
HOWICK, Charles Harvey; '70 BSBA; Secy.-Treas.; Community Auto Parts, Inc., 16 Pierce Ave., Hamburg, NY 14075, 716 648-0618; r. 21 Prospect Ave., Hamburg, NY 14075, 716 648-5732.
HOWICK, Charles M.; '39 BSBA; Retired; r. 3325 Lile St., Oceanside, CA 92056, 619 433-7176.
HOWINGTON, Julia Ingram; '75 MPA; English Master; The Patterson Sch., Rte. 5, Lenoir, NC 28645; r. Rte. 5 Box 414, Lenoir, NC 28645.
HOWISON, Clifton Raymond; '86 BSBA; Sr. Constr. Mgr.; Owens Corning Fiberglas, Case Ave., Newark, OH 43055, 614 349-8134; r. 886 Lakeshore Dr. W., Hebron, OH 43025, 614 928-0753.
HOWISON, Stephen William; '79 BSBA; Materials Mgr.; Whitewater Industries, 475 Industrial Ln., Harrison, OH 45030, 513 367-4833; r. 22875 Murray Dr., Lawrenceburg, IN 47025, 812 637-1856.
HOWITZ, Phillip F.; '53 BSBA; Retired; r. 658 Grist Run Rd, Westerville, OH 43081, 614 891-3771.
HOWLAND, Donald Stewart, Jr.; '55; VP; Bancohio, 155 E. Broad St., Columbus, OH 43215; r. 1957 Coventry Rd, Columbus, OH 43212, 614 486-4297.
HOWLAND, Martha Hickman; '54 BSBA; 1957 Coventry Rd, Columbus, OH 43212, 614 486-4297.
HOWLETT, Rita Marie; '86 BSBA; VP of Trust Investments; Southeast Bank NA, 114 N. J St., Lake Worth, FL 33406, 407 586-4600; r. 149 Heritage Way, W. Palm Bch., FL 33407, 407 478-6863.
HOWLETT, Robert Thomas, Jr.; '68 BSBA; Sr. Sales Rep.; CODEX Div. of Motorola, 5491 N. High St., Columbus, OH 43214, 614 436-2370; r. 463 Pittsfield Dr., Worthington, OH 43085, 614 888-0173.
HOWMAN, Richard C.; '58 BSBA; Quality Control Cnslt.; Intertek Svcs. Corp., 9900 Main St., Ste. 500, Fairfax, VA 22031; r. 7465 W. 22nd Ave., Lakewood, CO 80215, 303 237-8905.
HOY, Carl David; '71 BSBA; 11727 Elder Ln., Canal Winchester, OH 43110, 614 837-4592.
HOY, William Lawrence; '71 BSBA, '72 MPA; Owner; Columbus Sign Co., 1515 E. 5th Ave., Columbus, OH 43219, 614 252-3133; r. 371 Delegate Dr., Worthington, OH 43085, 614 888-8294.
HOYDILLA, Anthony; '73 MACC; Sr. Financial Analyst; Pratt & Whitney, 400 Main St., E. Hartford, CT 06108, 203 565-4144; r. 350 Spring St., Meriden, CT 06450, 203 237-6882.
HOYER, Patricia Lynne; '87 BSBA; 123 Halligan Ave., Worthington, OH 43085, 614 885-6225.
HOYING, John Sylvester; '71 BSBA; Prod Supt.; Allied Mineral Prod Inc., 2700 Scioto-Pkwy., Hilliard, OH 43026; r. 5353 Roscommon Rd., Dublin, OH 43017, 614 889-8346.
HOYING, Pamela Millard, (Pamela Millard); '84 BSBA; Premium Receivables Supv.; CIGNA Healthplan of Arizona, 4907 E. Broadway, Ste. 100, Tucson, AZ 85711, 602 571-6500; r. 1461 N. Calle de Durazo, Tucson, AZ 85715, 602 886-1586.
HOYING, Teresa Ann; '81 BSBA; Asst. Buyer; F & R Lazarus Co., S. High & W. Town Sts., Columbus, OH 43215; r. 675 Briggs St., Columbus, OH 43206, 614 444-7579.
HOYLE, Charles Edd; '72 BSBA; 107 W. Thruman, Columbia, MO 65201.
HOYLE, Michele Montavon; '78 MPA; Homemaker; r. 2576 Camden Rd., Columbus, OH 43221, 614 486-0711.
HOYLE, Thomas Ford; '76 MPA; Fiscal Ofcr.; City of Columbus, Public Svc. Dept., 90 W. Broad St., Columbus, OH 43215, 614 222-8290; r. 2576 Camden Rd., Columbus, OH 43221, 614 486-0711.
HOYT, Lawrence Paul; '72 BSBA; Pres.; Hoyt Inc., 8047 Broadview, Cleveland, OH 44147, 216 526-9500; r. 10195 Whitewood Dr., Brecksville, OH 44141, 216 526-4405.
HOYT, Ms. Pamela S.; '80 BSBA; Area Mgr.; Quantum Svcs., 4284 N. High St., Columbus, OH 43214, 614 261-1190; r. 14307 Diplomat Dr., Tampa, FL 33613.
HOYT, Paul I.; '53 BSBA; Retired; r. 19767 Fairmount Blvd., Cleveland, OH 44118, 216 321-5779.
HOYT, Richard H.; '61 BSBA, '62 MBA; VP; Gates Mc Donald & Co., Sub of Nationwide, POB 1944, Columbus, OH 43216, 614 249-7311; r. 2286 Picket Post Ln., Columbus, OH 43220, 614 459-5752.
HOYT, Robert B.; '48 BSBA; Chmn. of The Bd.; Buckeye Boxes/Cols Cello Poly, 601 N. Hague Ave., Columbus, OH 43204, 614 274-8484; r. 4150 Shire Cove, Hilliard, OH 43026, 614 876-2255.
HOYT, Thomas Arthur; '80 MBA; Asst. VP; Pittsburgh Natl. Bank, Commercial Banking Division, Special Industries Group, Pittsburgh, PA 15222; r. 5901 Dorlyn Dr., Bethel Park, PA 15102, 412 854-3068.
HOYT, William Gordon; '70 BSBA; Dir. of Disbursement; Harvard Univ.; r. 53 Spruce St., Framingham, MA 01701.
HOZIER, George Chambers, Jr.; '71 MBA; Prof. of Mgmt.; Univ. of New Mexico, Anderson Sch. of Management, Albuquerque, NM 87131, 505 277-6169; r. 13007 Calle De Sandias NE, Albuquerque, NM 87111, 505 292-1749.
HRABAK, William H.; '51 BSBA; Human Resources Cnslt.; William H. Hrabak & Assocs., 324 Moran Rd., Grosse Pte. Farms, MI 48236, 313 885-0423; r. Same.

HRABAK, William Henry, Jr.; '77 BSBA; Assoc. Atty.; Feiwell Galper & Lasky, Civil Litigation Division, 30 N. LaSalle #2400, Chicago, IL 60602, 312 782-4844; r. 1560 N. Sanberg Ter. #3710, Chicago, IL 60610, 312 664-1076.
HRABCAK, Gregory John; '84 BSBA; Staff; Grp. One Realty, 2400 E. Dublin-Granville Rd, Columbus, OH 43229; r. 40 Groton Dr., Westerville, OH 43081.
HREHOV, Greg J.; '83 BSBA; Devel. Dept.; City of Columbus, 140 Marconi Blvd., Columbus, OH 43215, 614 222-8172; r. 1229 Oakwood Rd., Marion, OH 43302, 614 846-1169.
HRENKO, Paul; '49 BSBA; 7523 Sawmill Common Ln Apt #H, Dublin, OH 43017.
HRIBAR, Richard J.; '54 BSBA; Retired; r. 7045 Carriage Hill Dr., Apt. 203, Brecksville, OH 44141, 216 526-6086.
HRINKO, Mrs. Jodie L., (Jodie L. Fields); '87 BSBA; Loan Processor; Homestead Mortgage, 8001 Ravines Edge Ct., Worthington, OH 43235, 614 885-6336; r. 2214 Deewood Dr., Columbus, OH 43229, 614 891-4302.
HRITSKO, David Douglas; '87 BSBA; Mfg. Repr; Keller Prods., c/o Postmaster, Detroit, MI 48233; r. 448 Lock Haven, Mason, OH 45040.
HRITZ, John David; '87 BSBA; 864 Lynridge Dr., Boardman, OH 44512, 216 758-5821.
HRIVNAK, Robert Gerald; '82 BSBA; 2508 Stoneleigh Ct., Dublin, OH 43017, 614 889-5132.
HROMY, M. Albert; '42 BSBA; Retired; r. 7270 Whitaker Dr., Parma, OH 44130, 216 845-5740.
HRUSOVSKY, John Joseph, II; '86 BSBA; Staff Cnslt.; Arthur Andersen & Co., 2000 Huntington Ctr., 41 S. High St., Columbus, OH 43215, 614 228-5651; r. 280 E. Royal Forest Blvd., Columbus, OH 43214, 614 262-3148.
HSIA, Angie; '80 BSBA; 4 Stone Rd., Chappaqua, NY 10514, 914 238-8643.
HSIA, Melissa; '86 BSBA; Intermediate Acct.; Enron Corp., 1400 Smith, POB 1188, Houston, TX 77251, 713 853-7434; r. 4400 Memorial Dr. #3020, Houston, TX 77007, 713 864-9250.
HSIAO, Chen-Wu; '86 MBA; 657 Tuscarawas Ct., Columbus, OH 43210.
HSIEH, Raymond H.; '56 BSBA; Auditor; Defense Contract Audit Agcy., DOD, 2500 Wilshire Blvd., Ste. 405, Los Angeles, CA 90057, 714 720-7619; r. 20332 Everglades Ln., Huntington Bch., CA 92646, 714 963-1515.
HSU, Doreen M.; '87 BSBA; 777 Olde Settler Pl., Columbus, OH 43214, 614 451-3117.
HSU, Grace Rosanna, CPA; '85 BSBA; Staff Acct.; IL HWA American Corp., 401-B Fifth Ave., New York, NY 10016, 212 696-0130; r. 481 Eighth Ave., Box G2, New York, NY 10001, 212 594-6803.
HSU, Helen Wu; '74 BSBA; Dir. Audit Admin.; Johnson & Johnson, One Johnson & Johnson Plz., K 325, New Brunswick, NJ 08933, 201 524-2209; r. 12 Cherokee Rd., E. Brunswick, NJ 08816, 201 251-7603.
HU, Hungye Wilbur; '88 MBA; VP; Investment Plng. Inc., 869 Bluff Ridge Dr., Worthington, OH 43085, 614 764-8955; r. 4673 Greentree Ct., Apt. C, Columbus, OH 43220, 614 442-0189.
HUANG, Imeng; '88 MBA; Dorm: 101 Curl Dr. 1156, Columbus, OH 43210, 614 293-9668.
HUANG, Jing-Dan; '87 MBA; 96 Jai-Ai St., Kuan Miao Shiang, Tainam, Taiwan.
HUBACH, Ms. Lynn Louise; '80 BSBA; Coord. Risk Mgmt.; Sugarbush Ski Resort, RR 1, Box 350, Warren, VT 05674, 802 583-2381; r. RR 1 Box 64, Warren, VT 05674, 802 583-9910.
HUBBARD, Harry C.; '55 BSBA; Staff; Westhall Co., 150 Cross St., Akron, OH 44311; r. 32943 Charmwood Oval, Solon, OH 44139, 216 248-8836.
HUBBARD, J. Rex; '50 BSBA; Semiretired Travel Cnslt.; Sedona Travel Inc., POB 1610, Sedona, AZ 86336, 602 282-7979; r. HC-30 Box 774, Sedona, AZ 86336, 602 282-3323.
HUBBARD, Stephen Frederick; '81 BSBA; Atty./Partner; Weaner, Zimmerman, Bacon, Yoder & Hubbard, State Bank Bldg., Defiance, OH 43512, 419 782-3010; r. 974 Stanley Rd., Defiance, OH 43512, 419 782-1140.
HUBBARD, Van R.; '70 BSBA; Asst. Dir.; Hartford Ins. Grp., Hartford Plz., Hartford, CT 06104; r. 42 Ratlum Rd., Collinsville, CT 06022.
HUBBELL, Mary Taggart; '51; Retired; r. 3420 Ridgewood Dr., Hilliard, OH 43026, 614 876-4187.
HUBER, Dr. Charles Courtland, Jr.; '71 BSBA; Lecturer; Univ. of Texas, Dept. of Acctg., Austin, TX 78701, 512 471-3764; r. 439 Corona, San Antonio, TX 78209, 512 829-1024.
HUBER, Dale O.; '72 BSBA; Owner; Dale O. Huber CPA, 1550 Old Henderson Rd., Columbus, OH 43220, 614 457-6040; r. 4273 Rudy Rd., Columbus, OH 43214, 614 457-4287.
HUBER, Dorothea '55 (See Bowers, Mrs. Dorothea Huber).
HUBER, J. David; '68 BSBA, '71 MBA; Dir. of Admin./Svcs.; Winsbury Co., 33 N. Third St., Columbus, OH 43215, 614 461-4141; r. 8125 Holyrood Ct., Dublin, OH 43017, 614 766-6433.
HUBER, James Augustine; '86 BSBA; 38691 Overlook Dr., Grafton, OH 44044, 216 458-6040.
HUBER, Lori Ann; '85 MPA; 5224 Fall Waterr Ct., Columbus, OH 43220.
HUBER, Mary Ann '52 (See Johnson, Ms. Mary Ann Huber).
HUBER, Michael William; '70 BSBA; Sr. Tax Counsel; Westinghouse Corp., Gateway Ctr., Westinghouse Bldg., Pittsburgh, PA 15222, 412 642-3378; r. 3817 Kim Ln., Gibsonia, PA 15044, 412 443-5565.
HUBER, Richard Anthony, Jr.; '76 BSBA; 387 Arcadia, Columbus, OH 43202, 614 263-4972.
HUBER, Robert W.; '39 BSBA; 64 Mallard Run, Maumee, OH 43537.
HUBER, Warren Edward; '80 BSBA; Mgr.; Kuhn's IGA, 507 N. Washington, Castalia, OH 44824, 419 684-7411; r. POB 61, Castalia, OH 44824, 419 684-7793.
HUBER, William Richard; '81 BSBA; VP; Auto Logistics of Columbus Inc., 4620 Indianola Ave., Columbus, OH 43214, 614 261-8170; r. 181 Village Dr., Columbus, OH 43214, 614 262-9297.
HUBLER, Myron J., Jr.; '52 BSBA; Assoc. Prof.; Houghton Clg., Bus. Admin. Dept., Houghton, NY 14744; r. 4839 Monticello Blvd., Cleveland, OH 44143, 216 381-8026.
HUBMAN, Christopher John; '87 BSBA; Acct.; Ernst & Whinney, 1300 Huntington Bldg., Cleveland, OH 44115; r. 3140 Meadowbrook Blvd., Cleveland Hts., OH 44118.
HUCKLEBERRY, Clifford E.; '49 BSBA; Retired; r. 512 Sherwood Dr., Bay Village, OH 44140, 216 871-7298.
HUCKLEBERRY, Paul Alan; '84 BSBA; 2625 Cranford Rd., Columbus, OH 43221, 614 459-3160.
HUCKLEBERRY, Richard Ray; '87 BSBA; 2625 Cranford Rd., Columbus, OH 43221, 614 459-3160.
HUDAK, Matthew Joseph; '83 BSBA; Stockroom Mgr.; A R A Svcs. Inc., 1900 Progress Ave., Columbus, OH 43207, 216 445-8341; r. 6720 Chatsworth Ct., Reynoldsburg, OH 43068, 614 863-9366.
HUDAK, Thomas Francis; '68 MBA; Corporate Controllr; P P G Industries Inc., One Ppg Pl., Pittsburgh, PA 15272; r. 1458 Stoltz Rd., Bethel Park, PA 15102, 412 833-0286.
HUDDLE, Richard Fredrick; '69 BSBA; 8999 Nathaniels Hollow, Cincinnati, OH 45249, 513 530-5166.
HUDDLESTON, David Milton; '75 MPA; Sr. Community Planner; Metropolitan Plng. Commissn, Lindsley Ave. 301, Nashville, TN 37210; r. 665 Brookhollow Rd., Nashville, TN 37205, 615 352-9736.
HUDGINS, Robert Mercel, Jr.; '83 BSBA; Credit Mgr.; Norwest Financial, 5111 E. Main, Columbus, OH 43213; r. 6142 Maryhurst Dr., Dublin, OH 43017, 614 764-0256.
HUDGINS, Sheri Thomas; '83 BSBA; Staff Acct.; Kenneth Leventhal & Co., 155 E. Broad St., Columbus, OH 43215; r. 6142 Maryhurst Dr., Dublin, OH 43017, 614 764-0256.
HUDNALL, Ken L.; '52 BSBA; Retired; r. 8 Alcott Cir., Sewickley, PA 15143, 412 366-3268.
HUDOCK, Anthony Joseph; '86 BSBA; Customer Support; CIGNA, 900 Cottage Grove Rd., Wilde Bldg.-B210, Bloomfield, CT 06002, 203 726-7672; r. 612 Lander Dr., Highland Hts., OH 44143, 216 461-7034.
HUDOCK, Mrs. Laura, (Laura Siegelman); '85 BSBA; Cust. Svc.; Central Benefit, 255 Main St., Columbus, OH 43220; r. 5448 Heathmoor St., Columbus, OH 43220, 614 459-4923.
HUDOCK, Thomas Peter; '43 BSBA; Retired; r. 1239 Briarwood Ln., Libertyville, IL 60048, 312 362-0533.
HUDSON, Alastair G.; '62 MBA; Company Secy.; J Ballantyne & Co. Ltd., Box 4648, Christchurch, New Zealand, 03797400; r. 58 Greers Rd., Ilam, Christchurch, New Zealand, 03584919.
HUDSON, David Cary; '87 BSBA; Asst. Secy.; Chesrown Leasing Co., 4657 Karl Rd., Columbus, OH 43229, 614 846-4427; r. 2295 Hedgerow, #C, Columbus, OH 43220, 614 442-6641.
HUDSON, Edward E.; '42 BSBA; Retired Mgmt. Analyst; r. 2049 Essex St., Bangor, ME 04401, 207 945-9457.
HUDSON, James Douglas; '83 MPA; 5634 Angora Ter., Philadelphia, PA 19143.
HUDSON, COL John S.; '48 MPA; Col. Usmc; r. 1455 N. Chapelcross Loop, Crystal River, FL 32629, 904 563-1589.
HUDSON, John Wesley; '25 BSBA; Atty.; Taft Stettinius & Hollister, 1800 Star Ctr. Bldg., 425 Walnut St., Cincinnati, OH 43202, 513 381-2838; r. 6700 Miami Bluff Dr., Cincinnati, OH 45227, 513 271-5049.
HUDSON, Richard Lorrell; '78 BSBA; Computer Programmer; Edmont Div., Becton-Dickinson & Co., 1300 Walnut St., Coshocton, OH 43812, 614 622-4311; r. 711 Cambridge Rd., Coshocton, OH 43812, 614 623-0642.
HUDSON, CDR Richard S.; '50 BSBA; Cdr. Usn Retired; r. 2553 Chester Rd., Columbus, OH 43221, 614 488-6960.
HUDSON, Robert J.; '54 BSBA; Pres./Owner; Chesrown Leasing Co., Vehicle & Equipment Leasing, 4657 Karl Rd., Columbus, OH 43229, 614 846-4427; r. 5377 Bennington Hill Dr., Columbus, OH 43220, 614 451-3907.
HUDSON, Scott B.; '88 BSBA; Mgmt. Trainee; West Coast Video, Columbus, OH 43206; r. 88 Thurman Ave., Columbus, OH 43206, 614 444-4988.
HUDSPETH, LTC Edwin George; '58 BSBA; Lt. Col. Usaf Ret; r. 3600 Wiley Rd., Montgomery, AL 36106, 205 279-7523.
HUEGEL, Brian Carr; '78 BSBA; Account Exec.; Cable Networks, Inc., 260 Madison Ave., New York, NY 10016, 212 889-4670; r. 303A E. 91st St. #3R, New York, NY 10028, 212 289-9172.
HUELSKAMP, Ronald Larry; '79 BSBA; Systs. Analyst; Hobart Corp., World Headquarters, Troy, OH 45373; r. 1634 S. Barnhart Rd., Troy, OH 45373, 513 335-8958.
HUELSMAN, David Louis; '78 BSBA; Staff; Alpha Ii Systs. Inc., 5330 E. Main St., Columbus, OH 43213; r. 6181 Stornoway Dr. N., Columbus, OH 43213, 614 863-5048.
HUELSMAN, Dennis Xavier; '70 BSBA; 1358 Goldsmith Dr., Westerville, OH 43081, 614 891-1076.
HUELSMAN, Janel Marie; '88 MBA; 325 Springboro Ln., Worthington, OH 43085, 614 433-7361.
HUELSMAN, Kurt William; '82 MBA; Corporate Engr.; Worthington Industries, 1055 Dearborn Dr., Columbus, OH 43085, 614 438-3204; r. RR 10, Touby Rd., Mansfield, OH 44903, 419 756-3586.
HUENKE, Gary (Hink) S.; '71 BSBA; Technical Sales Rep.; US Surgical Corp., 150 Glover St., Norwalk, CT 06856, 904 932-6916; r. 3352 Santa Rosa Dr., Gulf Breeze, FL 32561, 904 932-6393.
HUESTON, Harry Raymond, II; '75 MPA; Asst. Chief of Police; Univ. of Arizona, 1200 E. Lowell St., Tucson, AZ 85721, 602 621-1484; r. 9511 E. Baker St., Tucson, AZ 85748, 602 721-9285.
HUETTEL, Kathy Anne '82 (See Huettel-Mendel, Ms. Kathy Anne).
HUETTEL-MENDEL, Ms. Kathy Anne, (Kathy Anne Huettel); '82 BSBA; Met Prog.; Metropolitan, Warwick, RI 02886; r. 243 Burnside Ave., Riverside, RI 02915, 401 433-0753.
HUEY, John H., Jr.; '60 BSBA; VP/Info.; Motorists Mutual Ins. Co., 471 E. Broad St., Columbus, OH 43215, 614 225-8399; r. 3463 Castleton St., Grove City, OH 43123, 614 875-3644.
HUEY, Kevin Michael; '78 BSBA; Field Application Spec.; ITT Cannon Div., 5335 Far Hills Ave., Kettering, OH 45429, 513 434-8181; r. 1288 Talon Ridge Dr., Centerville, OH 45440.
HUFF, Carroll W.; '61 BSBA; CPA; 8 E. Long St., Columbus, OH 43215, 614 224-4226; r. 5497 Homer Rd NW, Centerburg, OH 43011, 614 625-5786.
HUFF, Duane R.; '73 BSBA, '76 MBA; Asst. VP-Investments; Alexander Hamilton Life Ins., 33045 Hamilton Blvd., Farmington Hls., MI 48018, 313 553-2000; r. 11109 Chestnut Dr., Plymouth, MI 48170, 313 453-4209.
HUFF, Nancy Lenart, (Nancy Lenart); '72 BSBA; Homemaker; r. 11701 Spinnaker Way, Ft. Myers, FL 33908, 813 466-4678.
HUFF, Nancy Lynne; '83 BSBA; Hosp. Rep.; St. Anne's Hosp., 500 S. Cleveland Ave., Westerville, OH 43081, 614 898-6670; r. 6663 S. Old 3-C Hwy., Westerville, OH 43081, 614 882-6417.
HUFF, Robert A.; '39 BSBA; Retired; r. 419 E. 12th St., Dover, OH 44622, 216 364-3675.
HUFF, Stuart N.; '51 BSBA; Retired Contract Act; Gen. Dynamics, Electronics Division, 1400 N. Goodman St., Rochester, NY 14609; r. 37 Mule Path Cir., Rochester, NY 14606, 716 227-8715.
HUFF, COL William Stinnie, USA(Ret.); '50 MPA; Retired; r. 4078 Durhamshire Pl., Stone Mtn., GA 30083, 404 294-6692.
HUFFER, Danny L.; '61 BSBA; Exec. VP; Centerre Bancorporation, One Centerre Plz., St. Louis, MO 63101, 314 554-6052; r. 13332 Fairfield Square Dr., Chesterfield, MO 63017, 314 469-3667.
HUFFMAN, Dan H.; '57 BSBA; 500 Overhill, Birmingham, MI 48010, 313 645-1493.
HUFFMAN, Daniel A.; '49 BSBA; Retired Salesman; Commerce Clearing House, 180 N. La Salle, Chicago, IL 60601; r. RR 1, Loudonville, OH 44842, 419 938-7131.
HUFFMAN, David Cochrane; '67 MBA; VP; Aultman Hosp., 2600 6th St., Canton, OH 44710; r. 3318 Miles Ave. NW, Canton, OH 44718, 216 477-7879.
HUFFMAN, Donald P.; '54 MBA; Owner; Baker Boy, 107 E. College Ave., Springfield, OH 45504, 513 325-8894; r. 474 E. Cecil St., Springfield, OH 45503, 513 324-5334.
HUFFMAN, Greggory Randall; '82 BSBA; Mfg. Specs Mgr.; Hewlett-Packard, 3625 Cincinnati Ave., Rocklin, CA 95677, 916 786-8000; r. 7529 Gallant Cir., Citrus Hts., CA 95621, 916 723-4203.
HUFFMAN, Harold J.; '32 BSBA; Retired; r. 35 2nd St., Athens, OH 45701, 614 592-1414.
HUFFMAN, Dr. Howard Burdett; '61 PhD (BUS); Prof.; Bowling Green State Univ., Dept. of Business Admin, Bowling Green, OH 43402; r. 6088 Raley Road, New Waterford, OH 44445.
HUFFMAN, James Freman; '48 BSBA; Retired; r. 2417 W. Spring St., Lima, OH 45805, 419 227-7890.
HUFFMAN, LTC James Wesley; '67 BSBA; Lt. Col./Dir.; USAF, Contracting Dept., Asd/Bik, Wright-Patterson AFB, OH 45433, 513 255-5371; r. 1583 Etta Kable Dr., Dayton, OH 45432, 513 429-3014.
HUFFMAN, Jeanne '82 (See Altmiller, Jeanne Huffman).
HUFFMAN, Jodine A. '86 (See Marcum, Mrs. Jodine A.).
HUFFMAN, John Albert, Sr.; '51 BSBA; Mgr. Dist. Cla; Nationwide Ins. Cos., 899 E. Broad St., Columbus, OH 43205; r. 2417 Black Bass Cir., Fruitland Park, FL 32731, 904 728-0040.
HUFFMAN, Marilyn Bursiek, (Marilyn Bursiek); '48; Retired; r. 2866 Buxton Ln., Grove City, OH 43123, 614 875-3678.
HUFFMAN, Randall Eugene; '73 BSBA; VP Canadian Operations; CECO Bldgs. Div., 3350 S. Service Rd., Burlington, ON, Canada L7N3J5, 416 333-6455; r. 281 Richler, Oakville, ON, Canada L6H5E5.
HUFFMAN, Richard L.; '77 BSBA; Dir. of Mktg. Admin.; Blue Cross/Blue Shield of New Mexico, 12800 Indian School Rd., NE, Albuquerque, NM 87112, 505 291-6902; r. 801 Eastridge Dr. NE, Albuquerque, NM 87123, 505 294-6424.
HUFFMAN, Robert G.; '49 BSBA; Retired; r. 4261 White Rd Box 691, Centerburg, OH 43011, 614 625-6406.
HUFFMAN, Robert Lee; '53 BSBA; Gen. Acct.; Medusa Corp., POB 5668, Cleveland, OH 44101, 216 371-4000; r. 23920 Knickerbocker Rd., Bay Village, OH 44140, 216 871-4170.
HUFFMAN, Thomas L.; '48 BSBA; Retired; r. 7383 Abby Ct., Mentor, OH 44060, 216 951-8009.
HUFFMAN, William West; '48 BSBA; Retired; r. 51 Parkcreek Ct., Roswell, GA 30076, 404 993-0713.
HUFFMAN, Winifred Kneisley, (Winifred Kneisley); '46 BSBA; Homemaker/Volunteer; r. 2 Cove Rd., River Hills Plantation, Clover, SC 29710, 803 831-2620.
HUFFORD, Arthur C.; '47 BSBA; Retired; r. 205 Grant St., Dover, OH 44622, 216 343-2677.
HUFFORD, Douglas Carl; '81 BSBA; Sales Repr; R & O Elevator Co., 6045 Pillsury Ave. S., Minneapolis, MN 55419, 612 861-3377; r. 2814 60th St. W., Minneapolis, MN 55410, 612 920-4440.
HUFGARD, William John; '86 BSBA; Financial Analyst; VME Americas, 23001 Euclid Ave., Cleveland, OH 44117, 216 383-3234; r. 7079 Dogwood Ln., Mentor, OH 44060, 216 255-3625.
HUG, Thomas Richard; '75 BSBA; 4446 Donna Dr., Richmond Hts., OH 44143.
HUGGINS, Ralph L.; '55 BSBA; VP; Huntington Natl. Bank, 17 S. High St., Columbus, OH 43215, 614 463-3062; r. 5276 Redwood Rd., Columbus, OH 43229, 614 885-8744.
HUGH, Karen Jean; '84 BSBA; 3702 Hyannis Port Dr., Apt. 1B, Indianapolis, IN 46214.
HUGHES, Dr. Abby Lizabeth; '80 MBA; Dir.; BOCES Southern Westchester, Planning & Program Development, 17 Berkeley Dr., Port Chester, NY 10573; r. c/o D Hughes, 16 W. 64th St. Apt. 4A, New York, NY 10023.
HUGHES, Cynthia; '79 BSBA; Staff; Capital City Prods., 525 W. First Ave., POB 569, Columbus, OH 43216; r. 329 E. Franklin St., Circleville, OH 43113, 614 477-1987.
HUGHES, Dana Sue; '85 BSBA; 1301 N. 13th St., Cambridge, OH 43725, 614 432-5746.
HUGHES, David Richard; '79 BSBA; Computer Instr.; Infodata Systs., Inc., 5205 Leesburg Pike, Falls Church, VA 22041, 703 578-3430; r. 4704 Federal Ct., Annandale, VA 22003, 703 978-2609.
HUGHES, Donald Lee; '52 BSBA; Pres.; Dolphin Computer Systs. Inc., 20800 Ctr. Ridge Rd., Ste. 307, Cleveland, OH 44116, 216 331-7000; r. 25967 Byron Dr., N. Olmsted, OH 44070, 216 779-0202.
HUGHES, Donald O.; '59 BSBA; VP; Twyman-Templeton Co., 650 Harrison Dr., Columbus, OH 43204; r. 1823 White Pine Ct., Columbus, OH 43229.
HUGHES, Frederick Joseph; '70 BSBA; Pres.; Davis Decorating Inc., 208 Federal Ave., NW, Massillon, OH 44646, 216 833-8304; r. 624 N. Walnut St., Louisville, OH 44641, 216 875-3855.
HUGHES, Gregory Charles; '73 BSBA; CPA; r. 7745 El Cerrito, Topeka, KS 66614, 913 862-9004.
HUGHES, Jackie Ann, (Jackie Ann Hazen); '85 BSBA; Gen. Svcs. Coord.; Walt Disney Pictures, 500 S. Buena Vista St., Burbank, CA 91521, 818 840-2718; r. 26704 Diaz Dr., Saugus, CA 91350, 805 297-9248.
HUGHES, James Andrew; '86 BSBA; Client Mktg. Rep.; Automatic Data Processing, 3660 Corporate Dr., Columbus, OH 43229, 614 895-7700; r. 7295 Chaparral Rd., Worthington, OH 43085, 614 889-9479.
HUGHES, James H.; '66 BSBA; Norwich, OH 43767.
HUGHES, James M.; '87 BSBA; Bailiff-Judge T Thompson; Ct. of Common Pleas, 369 S. High St., Columbus, OH 43215, 614 462-3666; r. 4319 Fairoaks Dr., Columbus, OH 43214, 614 268-4974.
HUGHES, James Richard; '73 BSBA; 623 E. Plymouth Ave., DeLand, FL 32720, 904 738-3955.
HUGHES, Kenneth Stark; '84 BSBA; Sales Repr; Rockwell Intl., Ryland Group, 4300 E. 5th Ave., Columbus, OH 43219; r. 2133 Farleigh Rd., Columbus, OH 43221, 614 481-7618.
HUGHES, Laurie Lyn; '85 BSBA; Staff Acct.; Ohio Financial Svcs. Corp., 100 E. Broad St., Columbus, OH 43215, 614 469-0932; r. 465-B Alexandria Colony S., Columbus, OH 43215, 614 221-5972.
HUGHES, Lawrence Edward; '48 BSBA; State Rep.; Ohio Bell Telephone Co.; r. 4329 Randmore Rd., Columbus, OH 43220, 614 451-6424.
HUGHES, M. Lynn Wolfe; '79 BSBA; Homemaker; r. 7093 Missy Park Ct., Dublin, OH 43017, 614 889-8433.
HUGHES, Meredith Jay; '74 BSBA; Salesman; UNISYS Corp., 1 Unisys Pl., Detroit, MI 48232, 313 972-7000; r. 578 Shellbourne Dr., Rochester Hls., MI 48309, 313 373-8783.

HUGHES, Paul Clayton; '57 BSBA; Staff; AT&T Columbus, 6200 E. Broad St., Columbus, OH 43213; r. 734 Olde Orchard Ct., Columbus, OH 43213, 614 868-5399.
HUGHES, Paul Francis; '84 BSBA; 1296 Edwards Ave., Lakewood, OH 44107.
HUGHES, Philip Lee; '84 BSBA; CPA; Murnane, Coffman Inc., 5900 Roche Dr., Ste. 344, Columbus, OH 43229; r. 5 Whitaker Dr., London, OH 43140, 614 852-9308.
HUGHES, Rita Naughton, (Rita Naughton); '45 BSBA; 490 E. N. Broadway, Columbus, OH 43214, 614 263-8235.
HUGHES, Robert W.; '36 BSBA; Tchr.; Richmond Public Sch., 11th & Bissell Ave., Richmond, CA 94801; r. 131 Orchard Rd, Orinda, CA 94563, 415 254-4009.
HUGHES, Mrs. Ruth K., (Ruth Keller); '46 BSBA; Homemaker; r. 4329 Randmore Rd., Columbus, OH 43220, 614 451-6424.
HUGHES, Samuel R.; '47 BSBA; CPA; Packer Thomas & Co., 197 W. Market St., Warren, OH 44482; r. 8485 Deer Creek Ln. NE, Warren, OH 44484, 216 856-3823.
HUGHES, Stanley F.; '72 BSBA; Cnty. Treas.; Gallatin Cnty., POB 549, Bozeman, MT 59771, 406 585-1315; r. 2511 Landoe, Bozeman, MT 59715, 406 586-4130.
HUGHES, Steven Riter; '77 BSBA; Mgr.Of Budgets & Fin. Sys; Alcan Foil Prods., 4451 Robards Ln., Louisville, KY 40218, 502 452-8711; r. 209 Marshall Dr., Louisville, KY 40207, 502 895-7530.
HUGHES, Timothy Scott; '82 BSBA; Proj. Mgr.; Dee Brown Marble & Granite, POB 28335, Dallas, TX 75228, 214 321-6443; r. 60 E. Scott #904, Chicago, IL 60610, 312 337-7317.
HUGHES, Ward Neil; '52 BSBA; 416 James St., Jackson Ctr., OH 45334, 513 596-6413.
HUGHES, Wilbert A., Jr.; '50 BSBA; VP; State Automobile Ins. Co., 518 E. Broad St., Columbus, OH 43216; r. 3385 Firefly Ct., Hilliard, OH 43026, 614 876-4565.
HUGHES, William Herbert; '78 BSBA; 221 E. Union St., Circleville, OH 43113, 614 474-2524.
HUGHES, William K.; '49 BSBA, '50 MBA; 1017 W. Elm St., Lima, OH 45805.
HUGHES-SHROYER, Nancy Jo; '83 BSBA; 2104 Charney Ct., Reynoldsburg, OH 43068.
HUGILL, Stephen William; '83 BSBA; Lead Programmer Analyst; Ohio State Univ., 1810 College Rd. 02 Page Hall, Columbus, OH 43210, 614 292-8157; r. 1236 Middlefield Ct., Columbus, OH 43235, 614 457-2523.
HUGO, Dale Phillip; '68 MBA; Mktg. Mgr.; r. 4544 SE 12th Pl., Ocala, FL 32671, 904 694-2022.
HUGUS, Mrs. Marcia Ann, (Marcia Ann Romie); '87 BSBA; Mgmt. Trainee; Bank One, 180 E. Broad St., Columbus, OH 43215, 614 248-7074; r. 1867 Wetherburn Dr., Columbus, OH 43085, 614 792-0299.
HUGUS, Philip Lee; '86 BSBA; Account Exec.; MCI Telecommunications, 180 E. Broad St., Ste. 201, Columbus, OH 43215, 614 222-4134; r. 1867 Wetherburn Dr., Worthington, OH 43085, 614 792-0299.
HUHTA, Charles S.; '60 BSBA; Assoc. VP; Gruntal & Co., One Post Office Sq., Boston, MA 02109, 617 426-9620; r. 102 Pembroke St., Boston, MA 02118, 617 267-9865.
HUIET, Joan H. '85 (See Moyer, 1LT Joan H., USAF).
HUISMAN, Nancy '73 (See Handel, Nancy).
HUISS, 2LT Charles Benjamin; '80 BSBA; USAF, Air National Guard Base, 121st Tactical Fighter Wing, Rickenbacker ANGB, OH 43217; r. 5500 Ebright Rd., Groveport, OH 43125, 614 836-3817.
HUITT, Jimmie Lee, Jr.; '72 BSBA; Mgr.; Coopers & Lybrand, 7th & Franklin, Ste. 1000, Richmond, VA 23219, 804 643-0234; r. 10120 Duryea Dr., Richmond, VA 23235, 804 320-4191.
HUKILL, Patrick Alan; '83 BSLHR; 507 Fort St. #B, Marietta, OH 45750.
HUKKANEN, Robert Larry; '75 MBA; Tax Mgr.; United Health Inc., 105 W. Michigan, Milwaukee, WI 53203, 414 347-4405; r. W. 127 S.-6781 Jaeger Pl., Muskego, WI 53150, 414 529-0290.
HULBERT, James H.; '60 BSBA; Painting Contractor; Master Maint. & Painting, Boca Raton, FL 33498; r. 4119 Fargo Dr., Ashtabula, OH 44004, 216 998-2544.
HULING, James Alan; '79 MBA; VP; Bank One, Columbus, NA, Columbus, OH 43271, 614 248-8009; r. 877 Prince William Ln., Westerville, OH 43081, 614 882-6464.
HULKA, Mark Allen; '86 BSBA; Staff Acct.; Deloitte Haskins & Sells, 155 E. Broad St., Columbus, OH 43215, 614 221-1000; r. 8294 Storrow Dr., Westerville, OH 43081, 614 436-9402.
HULL, Addis Emmet, III; '41 BSBA; Sr. Partner/Div. Head; Jenner & Block, Estate Planning & Probate, 1 Ibm Plz., Chicago, IL 60611; r. 1245 Somerset, Glenview, IL 60025, 312 724-3628.
HULL, Cannis Williams; '54; Tchr.; r. 916 Emerald Dr., Alexandria, VA 22308.
HULL, Charles O., Jr.; '65 BSBA; Sales Rep.; Little Brown & Co., 34 Beacon St., Boston, MA 02106; r. 4083 Arrowhead Tr., Enon, OH 45323, 513 864-1082.
HULL, Darel R.; '61 BSBA; Dist. Mgr.; AT&T Hdqrs., 5 Woodhollow Rd., Parsippany, NJ 07054, 201 581-3643; r. 148 Amherst Ct., Annandale, NJ 08801, 201 735-8436.
HULL, Marvin L.; '52 BSBA; Internal Auditor; r. 216 S. Greenlawn, South Bend, IN 46617, 219 233-2484.
HULL, Rosemary Kline; '46 BSBA; Homemaker; r. 9192 Wilson Mills Rd, Chesterland, OH 44026.
HULL, Shirley Kreakbaum; '47 BSBA; 18582 Coshocton Rd, Mt. Vernon, OH 43050, 614 397-9298.
HULLS, Bradley Robert; '82 BSBA; Co-owner/VP; Zacchaeus Inc., Clothing Store, 2030 Crown Plaza Dr., Columbus, OH 43220, 614 457-2224; r. 3273 Mountview, Columbus, OH 43221, 614 457-5508.
HULLS, Bradley Webster; '81 BSBA; 57 101 W. Kuilima Dr., #104, Kahuku, HI 96731, 808 293-8659.
HULME, Edward J.; '47 BSBA; Devel. Dir.; Youngstown Area United Way, 255 Watt St., Youngstown, OH 44505; r. 420 Crandall Ave., Youngstown, OH 44504, 216 746-3945.
HULSE, Howard O.; '52 BSBA; Retired; r. 6 Loma Alta, Lakeland, FL 33813, 813 646-2710.
HULSE, Sidney Drewel; '79 MBA; Product Mgr.; Degussa Corp., Feed Additives Dept., 65 Challenger Rd., Ridgefield Park, NJ 07660, 201 807-3232; r. 52 Lenox Rd., Wayne, NJ 07470, 201 696-1429.
HULTZ, Erna Imler, (Erna Imler); '47 BSBA; Retired; r. 1717 NW 23rd Ave., Apt. 2-E., Gainesville, FL 32605, 904 371-2346.
HULTZMAN, William Joseph; '74 BSBA; Controller; Impact Systs. Inc., 1075 E. Brokaw Rd., San Jose, CA 95131, 408 293-7000; r. 1660 Lederer Cir., San Jose, CA 95131, 408 279-5461.
HUMASON, Robert Neal; '84 BSBA; Supv.; Payless Cashways, Lumberjack, 800 Gettysburg Ave., Clovis, CA 93612; r. 2556 Betsy St., Sparks, NV 89431.
HUMBERT, LTC Charles K., USAF(Ret.); '65 MBA; 1617 B Dolores St., San Francisco, CA 94110, 415 826-9131.
HUMBERT, Ernest Edward; '76 BSBA; Chf Financial Ofcr.; Mercy Alternative, Mercy Health Service, 2000 Hogback Rd Ste. 15, Ann Arbor, MI 48105, 313 971-7667; r. 1212 Harwood Cir., Saline, MI 48176, 313 429-2068.
HUME, Joseph H.; '48 BSBA; 81 Oriole Dr., Youngstown, OH 44505, 216 759-1462.
HUMES, Fred Wister; '74 BSBA; 1627 York Mills Ln., Reston, VA 22094, 703 689-2689.
HUMES, Richard A.; '56 BSBA; Staff; Jet Real Estate, Inc., Rte. #2, Stover, MO 65078; r. Jet Real Estate,Inc, Rte. #2, Stover, MO 65078.
HUMMEL, Alice, (Alice Barcroft); '52 BSBA; Homemaker; r. 12980 Coronado Ln., Miami, FL 33181, 305 895-3900.
HUMMEL, G. Bradley; '55 BSBA; Atty./Partner; Baker & Hostetler, 65 E. State St., Columbus, OH 43215, 614 462-4719; r. 1205 Lake Shore Dr., Columbus, OH 43204, 614 486-8184.
HUMMEL, John F.; '33 BSBA; 2827 Doncaster Rd., Columbus, OH 43221, 614 486-4141.
HUMMEL, Joyce Gillen; '48 BSBA; Dir.; City Sr. Citizen's Ctr., 22 S. Trine, Canal Winchester, OH 43110; r. 279 Trine St., Canal Winchester, OH 43110, 614 837-8361.
HUMMEL, Paul Andrew; '78 MBA; Gen. Sales Mgr.; Flow Motors, 425 Corporation Pkwy., Winston-Salem, NC 27104, 919 723-3524; r. 980 Bryans Pl. Rd., Winston-Salem, NC 27104, 919 765-2940.
HUMMEL, Philip C.; '54 BSBA; Dir. OEM Mktg.; Eastman Kodak Co., 901 Elmgrove Rd., Bldg. 5, Rochester, NY 14653, 716 726-2327; r. 10 Lockwood Dr., Pittsford, NY 14534, 716 385-1488.
HUMMEL, Robert W.; '59 BSBA; Principal; Highland Local Schs., 3880 Ridge Rd., Medina, OH 44256, 216 239-2597; r. 1195 Granger Rd, Medina, OH 44256, 216 239-2380.
HUMMELL, Robert K.; '49 BSBA; Bank Clerk; Fairfield Natl. Bank, 143 W. Main St., Lancaster, OH 43130, 614 653-7242; r. 808 N. Mt Pleasant Ave., Lancaster, OH 43130, 614 653-2053.
HUMMER, Daniel Martin; '70 BSBA; Data Processing Cnslt.; InfoServices, 4777 Red Bank Expy., Cincinnati, OH 45227, 513 271-7000.
HUMMER, Jeffery Lynn; '73 BSBA; Sr. VP; Prescott Ball & Turben Inc., 1331 Euclid Ave., Cleveland, OH 44115, 216 574-8832; r. 127 Lakeview Ln., Chagrin Falls, OH 44022, 216 338-7715.
HUMPERT, Art J.; '86 BSBA; Sales Rep.; Swift-Eckrich(Beatrice Co), 1251 S. Front, Columbus, OH 43206, 614 433-5752; r. 4730 Carahan Rd., Columbus, OH 43229, 614 436-6174.
HUMPHREY, Mrs. Barbara Martin; '80 BSBA; Stockbroker; Banc One Brokerage Corp., 100 E. Broad St., Columbus, OH 43215, 614 248-5611; r. 1727 Ashland Ave., Columbus, OH 43212, 614 488-0560.
HUMPHREY, Michael John; '82 MLHR; 1105 Kingsbridge Ct., Blue Springs, MO 64015, 314 449-7617.
HUMPHREY, Patricia Ann; '81 MPA; Staff; City of Columbus, Recreation & Parks Dept., 139 W. Main St., Columbus, OH 43215; r. 2600 Coventry Rd., Columbus, OH 43221, 614 486-2227.
HUMPHREY, Perry Richard; '79 BSBA; Dir. of Finance; Reckitt & Colman NA, 3 Empire Blvd., S. Hackensack, NJ 07606, 201 440-7178; r. 1034 Sussex Tpk., Randolph, NJ 07869, 201 895-3641.
HUMPHREY, Robert Alan; '80 BSBA; Industry Mgr.; Sterling Software Inc., 1651 NW Professional Plz., Columbus, OH 43220, 614 459-7665; r. 1727 Ashland Ave., Columbus, OH 43212, 614 488-0560.
HUMPHREYS, John Cheney; '43 BSBA; Retired; r. 5522 Woodbridge Ln., Dayton, OH 45429, 513 435-1230.
HUMPHREYS, John R.; '62 BSBA; Cnslt.; 13875 Malcolm Ave., Saratoga, CA 95070, 408 867-7590; r. Same.
HUMPHREYS, Nancy '54 (See Young, Nancy Humphreys).
HUMPHREYS, Richard F.; '60 BSBA; Staff; r. 541 Woodland Dr., Heath, OH 43055.
HUMPHREYVILLE, Theresa Ruth; '40 BSBA; 601 Newman Ln., Blacksburg, VA 24060, 703 552-6486.
HUNADY, Terence William; '84 BSBA; Acctg. Mgr.; Vision Svc. Plan, 400 E. Town St., Columbus, OH 43215, 216 282-6297; r. 174 Reinhard Ave., Columbus, OH 43206.
HUNADY, Thomas William; '86 BSBA; 174 Reinhard, Columbus, OH 43206, 216 282-6297.
HUNDLEY, Ms. Angela Renee; '87 BSBA; Mktg. Rep.; US Healthcare, 100 Commerce Dr., Park Ridge II, Pittsburgh, PA 15275, 412 788-0500; r. RD 6 Scaife Rd., Sewickley, PA 15143, 412 741-0579.
HUNDLEY, Melvin S., II; '87 BSBA; 111 7th Dr. SE, New Philadelphia, OH 44663, 216 339-2570.
HUNDLEY, Virgil L.; '55 BSBA, '56 MBA; Controller; The Hamilton Foundry & Mach. Co., 200 Industrial Rd., Harrison, OH 45030, 513 367-6900; r. 838 Sabino Ct., Cincinnati, OH 45231, 513 522-3466.
HUNDSRUCKER, Jane Ann; '87 BSBA; Acct.; Capital Club, 41 S. High St., Columbus, OH 43215, 614 228-0225; r. 5846 Scenic Edge Blvd., Dublin, OH 43017, 614 792-2596.
HUNE, Elizabeth E. '77 (See Kalter, Mrs. Elizabeth H.).
HUNECK, James J.; '58 BSBA; Account Mgr.; Morton Salt Co., 110 N. Wacker Dr., Chicago, IL 60606; r. 4264 Rudy Rd., Columbus, OH 43214, 614 451-0044.
HUNECK, John Robert; '82 BSBA; 2369 Shrewsbury, Columbus, OH 43221, 614 457-7297.
HUNGER, Ann '48 (See Engel, Mrs. Ann Hunger).
HUNGER, Mrs. Helene Kaiser, (Helene Kaiser); '56 BSBA; Bldg. Chmn.; Eliza Jennings Inc., Retirement Community, John Rd. Olmstead Falls Twp., Olmsted Falls, OH 44138, 216 226-0282; r. 282 Elmwood Rd., Rocky River, OH 44116, 216 331-2358.
HUNGER, Dr. J. David; '66 MBA, '73 PhD (BUS); Prof. of Mgmt.; Iowa State Univ., Clg. of Business, 300 Carver Hall, Ames, IA 50011, 515 294-8463; r. 703 12th St., Ames, IA 50010, 515 232-0962.
HUNKER, Robert J.; '48 BSBA, '49 MBA; Retired Advg Mgr.; Norton Co., 1 New Bond St., Worcester, MA 01606; r. 16403 Oakmanor Dr., Tampa, FL 33624.
HUNKINS, Blaine B., Jr.; '83 BSBA; Restaurant Mgr.; Apple Barrel Restaurant, Lancaster, OH 43020; r. 91 E. Weisheimer, Columbus, OH 43214, 614 261-7068.
HUNLEY, James Aaron; '87 BSBA; 6515 Malone Dr., Reynoldsburg, OH 43068, 614 861-2709.
HUNLEY, John Kirk; '84 BSBA; Financial Analyst; r. 147 N. Franklin St., Delaware, OH 43015, 614 363-0671.
HUNLOCK, Barry Eugene; '75 BSBA; VP; ACCEL Intl. Corp., 475 Metro Pl. N., POB 7000, Dublin, OH 43017; r. 2136 Coach Rd N., Columbus, OH 43220.
HUNN, Michael Steven; '88 BSBA; 1419 Hess Ln., Mansfield, OH 44907, 419 756-0445.
HUNN, Robert Sherman, Jr.; '85 BSBA; 1419 Hess Ln., Mansfield, OH 44907, 419 756-0445.
HUNNICUTT, William Lord; '88 MBA; 1662 S. Galena Rd., Galena, OH 43021, 614 965-3527.
HUNSICKER, Julie Ann; '83 MBA; Financial Spec.; Natl. Cash Register Co., 1700 S. Patterson Blvd., World Headquarters, Dayton, OH 45479; r. 289 Progress Rd., Dayton, OH 45449.
HUNSINGER, David Noel; '81 BSBA; 2532 Sinclair, Cleveland, OH 44114, 216 241-5839.
HUNSUCKER, Terry Lee; '73 BSBA; Staff Programmer; IBM Corp., US Marketing & Svc. Group, 740 New Circle Rd., Lexington, KY 40511, 606 232-1474; r. 3433 Laredo Dr., Lexington, KY 40502, 606 271-0848.
HUNT, Andrew Lewis; '88 MBA; 3035 Cherylane Blvd., Columbus, OH 43220.
HUNT, Ann Moyer; '76 BSBA; Staff; Peat Marwick Mitchell & Co., National City Ctr. Bldg., Cleveland, OH 44114; r. 8270 Craig Ln., Broadview Hts., OH 44147, 216 526-4959.
HUNT, Charles Norman; '54 BSBA; Atty.; Hunt Millican & Devictor, 5808 Monroe St., POB 364, Sylvania, OH 43560, 419 882-0518; r. 4815 Far Hills Rd., Toledo, OH 43623, 419 882-8788.
HUNT, Daniel Edgar; '84 BSBA; Systs. Analyst; Marathon Oil Co., 539 S. Main St., Findlay, OH 45840; r. 994 Westhaven St., Columbus, OH 43228, 614 875-7198.
HUNT, David S.; '83 MBA; VP; Hunt Machine & Mfg., 285 West Ave., Tallmadge, OH 44278, 216 633-7444; r. 2831 Saybrook Blvd., Stow, OH 44224, 216 673-5166.
HUNT, Douglas Edgar; '59 BSBA; Salesman Maj. Accnts.; Xerox Corp., One Valley Sq. Ste. 900, Charleston, WV 25301, 304 345-0110; r. 1508 Viewmont Dr., Charleston, WV 25302, 304 344-1907.
HUNT, ENS Frederick E., III; '87 BSBA; Ensign Usn; r. 103 Church St. #1, Newport, RI 02840.
HUNT, Gary Alan; '77 BSBA; Mgr.; Standard Oil Co., Traffic & Transportation, 4850 E. 49th St., Cleveland, OH 44125, 216 271-8703; r. 8270 Craig Ln., Broadview Hts., OH 44147, 216 526-4959.
HUNT, MAJ Harry Albert, USA(Ret.); '28; 650 Los Ninos Way, Los Altos, CA 94022, 415 948-7249.
HUNT, J. Bradford; '86 BSBA; 245 Leland Ave., Columbus, OH 43214, 614 488-2385.
HUNT, Jeffrey Lee; '83 BSBA; Mktg. Rep.; Mc Donnell Douglas, 11260 Chester Rd., Ste. 400, Cincinnati, OH 45246, 513 772-1999; r. 3205 Grischy Ln., Cincinnati, OH 45208, 513 871-4360.
HUNT, John Roger; '75 BSBA; Account Exec.; Brooks Ins. Agcy., Commercial Insurance Div, 1120 Madison Ave., Toledo, OH 43624, 419 243-1191; r. 2220 Densmore, Toledo, OH 43606, 419 531-4223.
HUNT, Mary Gilbert; '48 BSBA; Retired; r. 5706 Marengo Ave., La Mesa, CA 92042, 619 465-1079.
HUNT, Richard Myron; '78 BSBA; Section Mgr.; Bank One, 340 S. Cleveland Ave., Westerville, OH 43081, 614 248-4813; r. 3857 Clearview Ave., Columbus, OH 43220, 614 451-7425.
HUNT, Robert James, Jr.; '77 BSBA; Svc. & Finance Supv.; Kal Kan Foods Inc., POB 1039, Rte. 45 N./At County Rd., Mattoon, IL 61938, 217 258-8800; r. 2614 Krishire Dr., Charleston, IL 61920, 217 348-0788.
HUNT, Dr. Ronald John; '62 BSBA; 209 Grosvernor, Athens, OH 45701, 614 592-2206.
HUNT, Ronald Raymond; '69 BSBA; US Air Force; r. 3605 E. Jameson Rd., Raleigh, NC 27604, 919 850-9686.
HUNT, William Paul, Sr.; '27 BSBA; Retired; r. 3600 Reed Rd Apt. 22, Columbus, OH 43220, 614 451-4247.
HUNTER, Daniel James; '78 BSBA; Atty./Assoc.; Thompson Hine & Flory, 100 E. Broad St., Columbus, OH 43215, 614 469-7209; r. 650 Cole Rd., Galloway, OH 43119, 614 870-0750.
HUNTER, David Clark; '74 BSBA; Asst. VP; St. Charles Hosp., 2600 Navarre Ave., Oregon, OH 43616; r. 3144 Cindy Dr., Oregon, OH 43616, 419 691-4550.
HUNTER, Dennis Edward; '74 BSBA; 773 Franklin Blvd., Highland Hts., OH 44143.
HUNTER, Glenna M. '41 (See Hobbs, Mrs. Glenna H.).
HUNTER, John David; '80 MPA; 136 Tratelo Rd., Waltham, MA 02154, 617 899-7493.
HUNTER, Julie Lynn; '85 BSBA; Programmer Analyst II; Huntington Natl. Bank, 17 S. High St., Columbus, OH 43215, 614 476-8056; r. 1244 Oakfield Dr., N., Columbus, OH 43229.
HUNTER, K. Annette Lowe; '87 BSBA; 333 Executive Dr., Apt. M, Marion, OH 43302.
HUNTER, Kevin; '86 BA; Bank Teller; Cnty. Savings, 27 North St., Mt. Vernon, NY 10550, 914 667-8723.
HUNTER, Mark Richard; '81 BSBA; Account Repr; Catalina Inc., 6040 Bandini Blvd., Los Angeles, CA 90040, 213 726-1262; r. 7439 Saunder Lane Ct., Worthington, OH 43085.
HUNTER, Patricia '47 (See Miller, Patricia Hunter).
HUNTER, Rachel L. '81 (See Livengood, Rachel Hunter).
HUNTER, Richard Eugene, Jr.; '69 MBA; Mktg. Mgr.; Ashland Chemical Co., I C & S. Div, 5200 Blazer Memorial Pkwy., Dublin, OH 43017, 614 889-3803; r. 5742 Rushwood Dr., Dublin, OH 43017, 614 792-5144.
HUNTER, Stephen Charles; '70 BSBA; Atty.; 226 Talbott Twr., Dayton, OH 45402, 513 228-8080; r. 6675 S. State Rte. 202, Tipp City, OH 45371, 513 667-1665.
HUNTER, Tamala Ann; '88 BSBA; 5753 Jeffrey Pl., Fairfield, OH 45014, 513 829-5570.
HUNTER, Thomas Michael; '70 BSBA; Controller; The Kroger Co., 1100 New Salem Hwy., Murfreesboro, TN 37130, 615 895-2790; r. 8111 Dozier Pl., Brentwood, TN 37027, 615 790-1770.
HUNTER, Val William; '85 BSBA; Programmer; Stouffer Corp., 5750 Harper Rd., Solon, OH 44139; r. 880 Weymouth Rd., Medina, OH 44256, 216 723-3521.
HUNTER, Varley Carin; '87 BSBA; Banking Rep.; Ameritrust Co., NA, 33 N. 3rd St., Columbus, OH 43215, 614 224-0670; r. 580 Enfield Rd., Columbus, OH 43209, 614 231-2966.
HUNTINGTON, Francis Ropes; '50 BSBA; 2040 Willowick Cir., Columbus, OH 43229.
HUNTLEY, Debbie Lynn; '82 BSBA; Staff; Marathon Oil Co., 539 S. Main St., Findlay, OH 45840; r. 932 Warwick Dr., Sheffield Lake, OH 44054.
HUNTLEY, Jill Ann; '84 MPA; Asst. Admin.; Ohio Dept. of Health, Bur.For Cldrn.W/Med. Handicaps, 246 N. High St., 6th Fl., Columbus, OH 43266, 614 644-7890; r. 580 E. Town St. #215, Columbus, OH 43215, 614 228-6236.
HUNTLEY, John E.; '57 BSBA; Atty.; 8 E. Broad St. 3rd Fl., Columbus, OH 43215, 614 228-3859; r. 4337 Cameron Rd, Hilliard, OH 43026.
HUNTZINGER, LCDR Robert E., USN(Ret.); '48 BSBA; 98-1244 Neki St., Aiea, HI 96701, 808 488-5671.
HUPP, Ellis E., Jr.; '48 BSBA; Pres.; Northside Plumbing, Inc., 3756 Agler Rd, Columbus, OH 43219, 614 475-1415; r. 1350 E. Cooke Rd., Columbus, OH 43224, 614 262-6007.
HUPP, Forest Ray, Jr.; '71 BSBA; Cosemetic Salesman; r. 3900 Saturn Rd., Hilliard, OH 43026, 614 876-2807.
HUPRICH, Carl A.; '40 BSBA; Owner/Mgr.; Huprich Arabians, 22333 County Rd. 62, N., Robertsdale, AL 36567, 205 947-5489; r. Same.

HUR, Dr. Chang-Soo; '82 MA, '85 PhD (BUS); Prof.; Seoul City Univ. Dept. Bus Adm, 8-3 Jeonnong-Dong, Dongdaemun-Ku, Seoul 131, Korea; r. 1 301 Kyung-nam, Chungdan-Dong, Seoul, Korea.
HURA, Richard B.; '50 BSBA; Purchasing Cnslt.; Xerox Corp., 800 Phillips Rd., Bldg. 311E, Webster, NY 14580, 716 422-1803; r. 26 Great Wood Ct., Apt. 3, Fairport, NY 14450, 716 223-9268.
HURAK, Anthony J.; '49 BSBA; Mgr.; Montgomery Wards & Co., 140 Clearwater Mall, Clearwater, FL 33515; r. 2329 Carrie Ct., Palm Harbor, FL 34683, 813 796-4374.
HURBEAN, Karen M., (Karen M. Dober); '82 BSLHR; Bus. Mgr.-Psychiatry Dept; The Ohio State Univ., University Hosps., 473 W. 12th Ave., Columbus, OH 43210, 614 293-8204; r. 716 Beautyview Ct., Columbus, OH 43214.
HURD, Alan Jay; '80 BSBA; Acct./Ofc. Mgr.; J.W. Groves & Sons Inc., 1812 McKinley Ave., Columbus, OH 43222, 614 276-2625; r. 592 Everwood Ave., Columbus, OH 43214, 614 459-9143.
HURD, Dwight I.; '57 BSBA; Atty. Partner; Emens Hurd Kegler & Ritter, 65 E. State St., Columbus, OH 43215, 614 462-5400; r. 3169 Griggsview Ct., Columbus, OH 43026, 614 876-5115.
HURD, Lorna Crawford; '52 BSBA; Homemaker; r. 552 Deerwood Dr., Tallmadge, OH 44278, 216 633-2945.
HURD, Ms. Pamela Ann; '84 BSBA; Asst. Controller; Bank One of Columbus NA, 100 E. Broad St., Columbus, OH 43271, 614 248-6134; r. 1522 Lafayette Dr., Apt. B, Columbus, OH 43220, 614 451-6129.
HURD, Suzanne Johnson; '47 BSBA; 2950 W. Market St., Ste. M, Akron, OH 44313, 216 864-8900.
HURLBURT, Patricia Pulskamp; '54 BSBA; 16 Londonderry La, Deerfield, IL 60015, 312 945-6306.
HURLBURT, Robert A.; '45 BSBA; Goodyear Aircraft Corp., Wheel & Brake Technical Serv, Massillon Rd, Akron, OH 44312; r. 3840 Cayugas Dr., Akron, OH 44319, 216 644-6735.
HURLBUT, Peter Raymond; '80 BSBA; Ins. & Securities Sales; Peter R. Hurlbut Ins. Agcy., 3100 Tremont Rd., Columbus, OH 43221, 614 457-6913; r. 316 E. 18th Ave., Apt. C, Columbus, OH 43201, 614 299-6090.
HURLEY, Bruce C.; '80 BSBA; Grunnan Aerospace, c/o Postmaster, Bethpage, NY 11714; r. 1 Penrose Path, E. Northport, NY 11731, 516 499-5224.
HURLEY, Charles T.; '65 BSBA; 6202 Virginia Ave., Parma, OH 44129, 216 884-7649.
HURLEY, Daniel Raymond; '72 BSBA; 6221 Gary Dr., Huntington, WV 25705, 304 736-9850.
HURLEY, Francis E., Jr.; '48 BSBA; Retired; r. 732 Oakridge Dr., Youngstown, OH 44512, 216 758-2163.
HURLEY, Frank James; '81 BSBA; Production Supv.; Universal Mfg. Inc., 11 Jackson Rd, Totowa, NJ 07050; r. 4 Esher Ct., Toms River, NJ 08757.
HURLEY, 2LT Gregory David; '83 BSBA; 2nd Lt. Usaf/Pilot; USAF, 54th Flying Training Squadron, Reese AFB, TX 79489; r. 2325 Brahms Blvd., W. Carrollton, OH 45449, 513 434-0412.
HURLEY, Kelley M., (Kelley D. Martin); '84 BSBA; Technical Cnslt.; Mead Data Central, 9443 Springboro Pike, POB 933, Dayton, OH 45401, 513 865-1178; r. 1133-16 Falls Creek Ln., Charlotte, NC 28209, 704 525-2285.
HURLEY, Mary Stupnik; '79 MPA; Assoc. Rsch. Dir.; Harold Cabot Advt. Co., One Constitution Plz., Boston, MA 02129, 617 242-6244; r. 18 Poplar St., Framingham, MA 01701, 508 877-3897.
HURLEY, Patrick Neal; '83 BSBA; EDP Auditor; Goodyear Tire & Rubber Co., 1144 E. Market St., Akron, OH 44316, 216 796-9154; r. 421 Pinewood Cir., Wadsworth, OH 44281, 216 336-7734.
HURLEY, Thomas J.; '66 MBA; 14595 Chalk Creek Dr., Sun City Village, Tucson, AZ 85737.
HURN, George E., II; '63 BSBA; Statistician; r. 4603 Jean Marie Dr., Temple Hills, MD 20744.
HURNI, Patricia Jean; '83 BSBA; Sales Asst.; Northwestern Mutual Life Ins., 580 S. High St., Columbus, OH 43215; r. 3020 Woodbine Pl., Columbus, OH 43202, 614 268-0521.
HURON, Earl Joseph; '81 BSBA; Mgmt. Cnslt.; Peat Marwick Main & Co., 3 Chestnut Ridge Rd., Montclair, NJ 07645, 201 307-7093; r. 126 B High St., Emerson, NJ 07630, 201 967-5528.
HURREL, Nancy Ann '53 (See Gueulette, Mrs. Nancy Ann Hurrel).
HURSEY, Robert E.; '50 BSBA; 96 W. Weber Rd., Columbus, OH 43202, 614 268-1025.
HURST, Gary Lloyd; '77 BSBA; 26187 Redwood Dr., Olmsted Falls, OH 44138, 216 235-9421.
HURST, John Michael; '68 BSBA; Asst. Administra; Bryan Community Hosp., 426 Central Dr., Bryan, OH 43506; r. 1318 Bavarian Ln., Rte. 1, Bryan, OH 43506, 419 636-7249.
HURST, Mitchell Kent; '87 BSBA; Acctg. Analyst; Emro Mktg. Co., 4300 Gateway Blvd., Springfield, OH 45501, 513 323-0513; r. 572 White Cedar Ct., Columbus, OH 43119, 614 870-1431.
HURT, Le Roy; '50 BSBA; Retired; Chesapeake & Ohio Railway, 100 N. Charles St., Baltimore, MD 21201; r. 455 Lymington Rd., Severna Park, MD 21146, 301 647-4623.
HURT, Mary Ellen; '82 MBA; Ofc. Mgr.; Nolte Inc., 918 E. Broadway, Columbia, MO 65203, 314 443-3228; r. 505 Maplewood Dr., Columbia, MO 65203, 314 442-4972.
HURTUBISE, Christine Richey; '84 BSBA; Sales Repr; Carlton Cards, c/o 3475 Gerbert, Columbus, OH 43224; r. 3475 Gerbert, Columbus, OH 43224, 614 268-9113.
HURTUBISE, Lawrence Cooper; '84 BSBA; Account Mgr.; Household Bank, 2500 Corporate Exchange, Columbus, OH 43218, 614 898-7780; r. 3475 Gerbert, Columbus, OH 43224, 614 268-9113.
HURWITCH, Michael Steven; '80 BSBA; Systs. Engr.; Hewlett-Packard, 39550 Orchard Hill Pl., Novi, MI 48050, 313 845-0274; r. 22699 Chestnut Tree Way, Novi, MI 48050, 313 344-9228.
HURWITZ, Howard William; '69 BSBA; Owner; Howards Jewelers, 20780 Libby Rd., Maple Hts., OH 44137, 216 475-0848; r. 125 Aspenwood Dr., Moreland Hls., OH 44022, 216 248-5639.
HURWITZ, Stuart Mark; '66 BSBA; Co Ordinator; Penasquitos Inc., 3010 Cowley Way, San Diego, CA 92117; r. 9525 La Jolla Farms Rd, La Jolla, CA 92037.
HUSBAND, Dr. William H.; '24 MACC, '28 PhD (BUS); Retired; r. 5070 Lowell St. NW, Washington, DC 20016.
HUSS, Mrs. C. Eric, (D. L. Shelly Wild); '85 BSBA; Sales Rep.; Dun & Bradstreet, POB 1406, Pittsburgh, PA 15230, 412 928-9946; r. 394 Rockhill Rd., Pittsburgh, PA 15243, 412 221-6433.
HUSS, Dr. William R.; '77 MPA; Dir. Utility Cnsltg.; Xenergy, 60 Mall Rd., Burlington, MA 01803, 617 273-5700; r. 10 Carter Dr., Chelmsford, MA 01824, 508 256-9647.
HUSSEY, Donald M.; '48 BSBA; Realtor/Developer; POB 5060, Ft. Myers Bch., FL 33932, 813 463-8000; r. 538 Estero Blvd., Ft. Myers Bch., FL 33931, 813 463-6818.
HUSSEY, Joy; '85 BSBA; Customer Svc. Rep.; Beneficial Finance Co., 896 S. Hamilton Rd., Columbus, OH 43213; r. 7953 Corsham Ct., Dublin, OH 43017.
HUSSEY, Timothy Lee; '74 BSBA; Mgr.; Anatec, Manufacturing Control, 5160 Blazer Memorial Pkwy., Dublin, OH 43017; r. 5568 Old Pond Dr., Dublin, OH 43017, 614 766-1332.
HUSTED, Robert F.; '37 BSBA; Retired; r. 8001 Camino Tassajara Rd., Pleasanton, CA 94566, 415 833-9013.
HUSTON, Fred Ray; '54 BSBA; Corporate Buyer; Navistar, 600 Woodfield, Schaumburg, IL 60194, 312 517-3454; r. 619 North Ave. W., Bartlett, IL 60103, 312 837-0713.
HUSTON, George Richard; '81 BSBA; Account Mgr.; Eaton Corp., 26101 Northwestern Hwy., Southfield, MI 48037, 313 354-7264; r. 3306 Pine Creek Dr., Brighton, MI 48116, 313 229-9194.
HUSTON, George Russell; '55 BSBA; VP; DeVilbiss Co., Human Resources Dept., POB 913, Toledo, OH 43692, 419 470-2121; r. 6854 Milrose Ln., Carrietown, Sylvania, OH 43560, 419 531-6998.
HUSTON, James A.; '50 BSBA; Retired; r. 421 Atalanta, St. Louis, MO 63119.
HUSTON, Paul F.; '47 BSBA; Retired Salesman; Franklin Furniture Co., 101 E. Railroad, Columbiana, OH 44408; r. 141 James St SW #4, N. Canton, OH 44720, 216 877-1673.
HUSTON, Stephan Arthur; '71 BSBA; Audit Mgr.; Coopers & Lybrand, 1000 TCF Twr., Minneapolis, MN 55402, 612 370-9500; r. 14338 Park Ave. S., Burnsville, MN 55337, 612 431-4683.
HUSTON, Susan B. '81 (See Gatten, Mrs. Susan B.).
HUSTON, William C.; '53 BSBA; VP of Real Estate; Union Oil Co. of California, 1201 W. 5th St., Los Angeles, CA 90017, 213 977-6487; r. 5381 Godbey Dr., La Canada-Flintridge, CA 91011, 818 790-3030.
HUTCH, Thomas Edward, Jr.; '78 BSBA; 7428 Indian Tr., Youngstown, OH 44514.
HUTCHESON, Mary Frances; '78 BSBA; 125 Karla Ct., Roswell, GA 30076, 404 993-3241.
HUTCHINGS, Jean Meredith; '55 BSBA; Dist. Sales Engr.; Contech Constr. Prods. Inc., 2550 Telegraph Rd., Bloomfield Hls., MI 48013, 313 332-6030; r. 9907 Daleview Dr., S. Lyon, MI 48178, 313 437-2882.
HUTCHINGS, John Hiram; '80 BSBA; Asst. Syndicate Mgr.; The Ohio Co., 155 E. Broad St., Columbus, OH 43215, 614 464-7060; r. 760 Olde Settler Pl., Columbus, OH 43214.
HUTCHINS, Ernest Eugene; '84 MPA; Comptroller; Ohio Student Loan Commission, 309 S. 4th St., Columbus, OH 43215, 614 644-5663; r. 8607 Broadacre Dr., Powell, OH 43065, 614 792-7705.
HUTCHINS, Kenneth Lee; '82 BSBA; Production Coord.; Whirlpool Corp., 1710 Heil Quaker Blvd., La Vergne, TN 37086, 615 793-7511; r. 3005 Dobbs Ave., Nashville, TN 37211, 615 834-3868.
HUTCHINS, Ralph G.; '48 BSBA; Retired; r. 2418 Swainwood Dr., Glenview, IL 60025, 312 729-2218.
HUTCHINSON, Charles; '80 BSBA; 231 E. 276 St., Euclid, OH 44132, 216 732-7226.
HUTCHINSON, David F.; '64 BSBA; Sr. VP; Credit Gen. Ins. Co., 1 S. Limestone, Springfield, OH 45502; r. 1039 Meadowlark Dr., Enon, OH 45323.
HUTCHINSON, David Ray; '86 BSBA; Branch Operations Supv.; Republic Bank & Trust, 101 S. Kings Dr., Charlotte, NC 28204, 704 377-2676; r. 7122 Stonington Ln., Charlotte, NC 28212, 704 563-8156.
HUTCHINSON, Mrs. James H., Jr., (Virginia D. Minnick); '45 BSBA; Secy.; W.PA. Motor Carriers Assn., 9800 McKnight Rd., Pittsburgh, PA 15237; r. Box 348 Bradford Rd., Bradfordwoods, PA 15015, 412 935-3657.
HUTCHINSON, Linda A., (Linda A. Balzano); '83 BSBA; Sr. Sales Rep.; Blue Cross & Blue Shield-Ohio, 2060 E. 9th St., Cleveland, OH 44115, 216 687-7000; r. 7062 Ashlawn Dr., Brecksville, OH 44141, 216 526-9361.
HUTCHISON, Eric John; '74 BSBA; Mkt. Analyst; Standard Havens, Inc., 8800 E. 63rd, Kansas City, MO 64133, 816 737-0400; r. 20 Eastfield Dr., Hummelstown, PA 17036, 717 566-5408.
HUTCHISON, Rev. Frank Warren; '52 BSBA; Pastor; r. POB 854, Anna Maria, FL 34216, 813 778-1789.
HUTCHISON, Jeffrey Watt; '81 BSBA; Salesman; Reed & Carnrick Pharmaceuticals, 3152 Lorne Scots Ave., Dublin, OH 43017, 614 766-2299; r. Same.
HUTCHISON, Joel A.; '61 BSBA; VP Sales/Mid-West; Plymouth Inc. Div. Smd Ind Inc., Benigno Blvd., Bellmawr, NJ 08031; r. 10355 Wildwood Cir., Minneapolis, MN 55437, 612 831-1648.
HUTCHISON, Karen Schumaker; '77 BSBA; Systs. Analyst; Penn State Univ., Hershey Med. Ctr., POB 850, Hershey, PA 17033, 717 531-7791; r. 20 Eastfield Dr., Hummelstown, PA 17036, 717 566-5408.
HUTCHISON, Richard I.; '57 BSBA; Retired Mfgr Repr; Sheridan P Harris & Assocs., POB 423, Chagrin Falls, OH 44022; r. 3945 Saturn Rd., Hilliard, OH 43026, 614 876-7849.
HUTCHISON, Robert M.; '52 BSBA; Retired VP-Finance; Michigan Chemical Corp.; r. 2653 W. Crown King Dr., Tucson, AZ 85741, 602 742-2814.
HUTCHISON, Watt L.; '49 BSBA; POB 292556, Columbus, OH 43229.
HUTCHISON, William C.; '46 BSBA; Retired Tchr.; r. 8689 Seasons Rd, Streetsboro, OH 44241, 216 626-4371.
HUTH, Donald P.; '85 BSBA; Examiner; Ohio Dept. of Ins., 2100 Stella Ct., Columbus, OH 43215, 614 644-2647; r. 175 W. California Ave., Columbus, OH 43202, 614 262-8918.
HUTH, Joseph L.; '63 BSBA; 216 Springbrook SE, New Philadelphia, OH 44663, 216 339-3793.
HUTH, Thomas Martin; '86 BSBA; Applications Programmer; Compuserve Inc., 5000 Arlington Ctr. Blvd., Columbus, OH 43220, 614 457-8600; r. 4629 Chesapeake Ct., Columbus, OH 43220, 614 451-4684.
HUTMACHER, JoAnn K. '74 (See Hutmacher Iler, JoAnn K.).
HUTMACHER ILER, JoAnn K., (JoAnn K. Hutmacher); '74 BSBA; Partner-Public Acct.-CPA; Reinhard & Co., 406 Bliss Twr., Canton, OH 44702, 216 456-8100; r. 1201 Woodrow NW, N. Canton, OH 44720, 216 494-1866.
HUTMAN, Tammy Sue; '88 BSBA; 1356 W. 7th Ave. C, Columbus, OH 43212, 614 481-9534.
HUTRAS, William M.; '84 BSBA; Beverage Mgr.; Doubletree Hotel, POB 1928, Vail, CO 81658, 303 476-7810; r. POB 1093, Vail, CO 81658, 303 476-5238.
HUTSON, James L.; '67 BSBA; Acct.; r. 4033 Waynesburg Rd. NW, Carrollton, OH 44615, 216 863-0772.
HUTSON, John Robert; '41 BSBA; VP; Echenrode Furniture Co., 2100 E. Dublin-Granville Rd., Columbus, OH 43229, 614 891-6100; r. 4331 Olentangy Blvd., Columbus, OH 43214, 614 263-8173.
HUTSON, Mary Echenrode, (Mary Echenrode); '43; Staff; Echenrode Furniture, 2100 E. Dublin-Granville Rd., Columbus, OH 43229; r. 4331 Olentangy Blvd., Columbus, OH 43214, 614 263-8173.
HUTSON, Miriam Esterly; '47 BSBA; 670-B Springfield Rd., Columbiana, OH 44408, 216 482-4167.
HUTT, Roger Willard; '66 BSBA, '68 MBA; Prof.; Arizona State Univ., W. Campus, Bus. Programs, Phoenix, AZ 85069, 602 543-6200; r. 2443 S. Canton, Mesa, AZ 85202, 602 839-0143.
HUTTENHOWER, William J.; '85 BSBA; Acct.; r. 5642 Brendenway Pkwy., Apt. B, Indianapolis, IN 46226.
HUTTON, Gregory Morris; '80 BSBA; 1210 Chambers Rd., #315A, Columbus, OH 43212, 614 263-0693.
HUTTON, Mark Harry; '77 BSBA; Pres.; Hutton Enterprises Inc., 5644 Bayside Dr., Orlando, FL 32819, 407 876-5015; r. Same, 407 876-5186.
HUVER, Maryann '76 (See Kennedy, Maryann Huver).
HWANG, Seung Hyeon; '88 MBA; 4343 Luxury Ln. B4, Columbus, OH 43224, 614 447-8620.
HYATT, Charles S.; '52 BSBA; Pres.; Crafts Inc., 3300 Riverside Dr., Ste. 165, Columbus, OH 43221, 614 457-2204; r. 3920 Lytham Ct., Columbus, OH 43220, 614 451-6633.
HYBIAK, Richard Eugene; '75 BSBA; Gen. Mgr./VP; r. 1581 Manor Ln., Park Ridge, IL 60068, 312 825-3071.
HYDE, Germaine Valentine, (Germaine Valentine); '84 BSBA; Inventory Spec.; N C R Corp., 1700 S. Patterson Blvd., EMD-4, Dayton, OH 45479, 513 445-3734; r. 1643 Hearthstone Dr., Dayton, OH 45410, 513 254-7061.
HYDE, Hugh M.; '47 BSBA; Retired; r. 445 Red Chimney Dr., Warwick, RI 02886, 401 884-9595.
HYDE, John Mark; '80 BS, '82 BSBA, '82 MS; Process Design Mgr.; Seiberling Assocs., Inc., 11415 Main St., Roscoe, IL 61073, 815 623-7311; r. 3823 Pine Crest, Rockford, IL 61107, 815 229-6902.
HYDE, Laurence M.; '27 BSBA; Retired; r. Box 26, Rushville, OH 43150, 614 536-7467.
HYDELL, Martin H.; '64 BSBA; Staff; Mead Corp., Courthouse Plz., NE, Dayton, OH 45463, 513 495-3758; r. 1320 Seminary View Dr., Centerville, OH 45458, 513 435-7355.
HYER, David C.; '51 BSBA; 2602 Brentwood Rd., Columbus, OH 43209, 614 231-6222.
HYEST, Robert A.; '65 BSBA; VP & Gen.; Cloverland Dairy Inc., POB 464, Flushing, OH 43977; r. Box 464, Flushing, OH 43977, 614 968-3148.
HYKES, Deborah '71 (See Gerrick, Deborah Hykes).
HYKES, John Elmer; '71 BSBA; Atty.; Chorpenning, Good, Mancuso Co., LPA, 492 S. 3rd St., Columbus, OH 43215, 614 469-1301; r. 1865 Torchwood Dr., Columbus, OH 43229, 614 846-2426.
HYLAN, S. Robert; '40 BSBA; 3160 Peninsula Rd., Apt. 604, Oxnard, CA 93035.
HYLAND, Arthur Wesley; '49 BSBA; Retired; r. 1420 Lindgate Dr., Kirkwood, MO 63122, 314 966-3598.
HYLAND, Brenda '81 (See Cross, Brenda Hyland).
HYLAND, Kathleen; '83 BSBA; Asst. Mgr.; Days Inn, 1595 W. Oakland Park Blvd., Ft. Lauderdale, FL 33311; r. 303 N. Atlantic Blvd., Ft. Lauderdale, FL 33304.
HYLAND, Sheila D., (Sheila D. Maginn); '83 BSBA; Dealer Mgr.; Cellular One, 900 S. Patterson Blvd., Dayton, OH 45402, 513 223-9099; r. 2350 Hunterglen Ct., Dayton, OH 45459, 513 436-3579.
HYLANT, Patrick Richard; '70 BSBA; Pres.; Hylant Mac Lean Inc., 711 First Fed. Plz., Toledo, OH 43602, 419 255-1020; r. 4333 Forestview, Toledo, OH 43615, 419 536-0155.
HYLE, Thomas Paul; '69 BSBA, '72 MBA; VP; Sunwest Bank, 600 W. Santa Ana Blvd., Santa Ana, CA 92701, 714 835-1791; r. 23911 Jarrow Ln., El Toro, CA 92630.
HYLTON, Chester R.; '50 BSBA; Retired; GM Corp., Fisher Body Div, 200 Georgesville Rd, Columbus, OH 43228; r. 5717 Isabell Ave., Port Charlotte, FL 33953, 813 697-5255.
HYMAN, Wallace R.; '64 BSBA; POB 103, Oak City, NC 27857.
HYMIAK, Janet Joyce; '87 MPA; Occupatnl Therapist; St. Elizabeth Med. Ctr., 601 Edwin C Moses Blvd., Dayton, OH 45408; r. 314 Clinton Hts., Columbus, OH 43202, 614 267-2918.
HYMON, Janice '53 (See Ferester, Janice Hymon).
HYNES, Patrick E.; '65 BSBA; Asst. Buyer; Higbee Co., 100 Public Sq., Cleveland, OH 44113; r. 24238 Elm Rd., N. Olmsted, OH 44070, 216 779-7513.
HYRE, Barbara Yeager; '83 MPA; Dir.; Riverside Methodist Hosp., Med. Education Adm, 3535 Olentangy River Rd, Columbus, OH 43214, 614 261-5163; r. 2017 Wickford Rd., Columbus, OH 43221, 614 488-1567.
HYRE, Dr. James G.; '63 BSBA; Pres./Co-owner; Columbus Paraprofessional Inst., 236 E. Town St., Columbus, OH 43215, 614 221-7399; r. 5948 Timber Dr., Columbus, OH 43213, 614 863-2672.
HYRMER, Frank Charles; '71 BSBA; Dir. of Tax Collection; Regional Income Tax Agcy., 10107 Brecksville Rd, Brecksville, OH 44141, 216 526-4455; r. 9519 Ponderosa Ln., Olmsted Falls, OH 44138, 216 235-5720.
HYSELL, Wallace S.; '65 BSBA; Syst. Assurance Mgr.; Motorist Mutual Ins. Co., 471 E. Broad St., Columbus, OH 43215; r. 6295 Mound View Pl., Grove City, OH 43123, 614 875-9290.
HYSER, Kevin M.; '85 BSBA; Mgr., Tax Dept.; WCI Major Appliance Grp., 300 Phillipi Rd., Columbus, OH 43228, 614 272-4100; r. 500 Jeffrey Pl. E., Columbus, OH 43214, 614 262-3313.
HYSER, Warren W.; '50 BSBA; 1614 Greenoak Ct., Fairborn, OH 45324, 513 878-5104.
HYSLOP, Gayle C.; '87 BSBA; Sales Rep.; Advanced Drainage Systs., 3300 Riverside Dr., Columbus, OH 43214, 800 237-8823; r. 896 Worthington Woods Blvd., Worthington, OH 43085, 614 431-9681.
HYSON, James Erie; '80 BSBA; Loan Ofcr.; Merit S&L, 4318 Montgomery Rd., Cincinnati, OH 45212, 513 631-2234; r. 1634 Beacon St., Cincinnati, OH 45230, 513 232-5047.

I

IACOBELLI, John Adam; '88 BSBA; Systs. Analyst; Progressive Corp., Cleveland, OH 44143; r. 3421 Silverdale Ave., Cleveland, OH 44109, 216 749-6973.
IACOBELLI, Dr. Mark A.; '79; Dent.; Drs Obenauer & Iacobelli, 6681 Ridge Rd. Ste. 405, Parma, OH 44129; r. 3421 Silverdale Ave., Cleveland, OH 44109.
IACOBELLI, Paul Joseph; '83 BSBA; Mgr., Systs. Devel.; Sherwin-Williams Co., 101 Prospect Ave. NW, Paint Stores Group MIS, Cleveland, OH 44115, 216 566-2982; r. 7583 Amber Ln., Cleveland, OH 44130, 216 842-1244.
IACONIS, Joseph D.; '48 BSBA; Retired; r. 1492 Park Club Dr., Westerville, OH 43081, 614 436-8562.
IACONIS, Mrs. Lori L., (Lori B. Leeman); '81 BSBA; Exec. Dir.; Occupational Health Ctrs., 1001 E. Palmdale St., Tucson, AZ 85714, 602 889-9574; r. 3156 N. Willow Creek Dr., Tucson, AZ 85712, 602 327-1587.
IACOVETTA, Eugene Richard; '77 BSBA; Co-owner; Columbus Roof Trusses, 2525 Fisher Rd., Columbus, OH 43204, 614 272-6464; r. 3920 Appaloosa Ct., Hilliard, OH 43026, 614 771-9355.
IAFELICE, Christine Anne; '76 BSBA; 700 Brick Mill Run #406, Cleveland, OH 44145, 216 331-1506.
IAMS, Alvin Lewis; '32 BSBA; Retired; r. 77 E. Thruston Blvd., Dayton, OH 45409, 513 293-8551.

IAMS, Paul F.; '37 BSBA; 12642 Parkwood Dr., Sun City West, AZ 85375, 602 584-3619.

IANDIMARINO, Salvatore J.; '83 BSBA; 4469 Green Glen, Youngstown, OH 44511.

IANNARINO, Mark Joseph; '81 BSBA; Security Guard; Pinkerton's Inc., 1350 W. 5th Ave., Columbus, OH 43212; r. 24 Burnham St., Cincinnati, OH 45218, 513 851-1879.

IANNARINO, Michael Joseph; '83 BSBA; Financial Cnslt.; Merrill Lynch, 100 E. Broad St., Columbus, OH 43215, 614 225-3108; r. 213 W. North Broadway, Columbus, OH 43214, 614 447-0120.

IANNI, John Dante; '85 BSBA; 1944 Old Coach Rd., Springfield, OH 45505, 513 322-2642.

IANNI, Joseph P.; '50 BSBA; Secy.-Treas.; Westview Acres Apts., 9755 Westview Dr., Parma, OH 44129, 216 749-5822; r. 11539 Willow Hill Dr., Chesterland, OH 44026, 216 729-2771.

IBATUAN, P., Jr.; '68 MBA; Opers Manage Consul; State of Florida, Dept. of Health & Rehab Servs, Tallahassee, FL 32301; r. State of Florida, Dept. of Health & Rehab Servs, Tallahassee, FL 32301.

ICKERT, Heinz Erhard; '74 BSBA; Managing Partner; Ickert, Mahoney & Co., 35 N. Liberty Rd., Columbus, OH 43065, 614 431-1378; r. 6875 Kilt Ct., Worthington, OH 43085, 614 846-6189.

ICKES, Karen Fife, (Karen V. Fife); '79 MPA; VP Compensation & Benefit; Gold Circle Stores, POB 63, 6121 Huntley Rd., Worthington, OH 43085, 614 438-4074; r. 4800 Bayhill Dr., Powell, OH 43065, 614 881-5035.

ICKES, Robert Dale; '80 MPA; Rehab Psychology Asst.; St. Elizabeth Rehab. Ctr., 601 Edwin C Moses Blvd., Dayton, OH 45408, 513 229-6081; r. 6501 Germantown Rd., #344, Middletown, OH 45042, 513 424-8040.

IDDINGS, Sherrie Lee; '82 MBA; Sr. Loan Ofcr.; Bank One of Columbus NA, 100 E. Broad St., Columbus, OH 43215; r. 3846 Hillbrook Rd., University Hts., OH 44118.

IDE, David B.; '49 BSBA; Retired; r. 905 SW Coconut Dr., Ft. Lauderdale, FL 33315, 305 525-7017.

IDELL, Ms. Mary Beth; '87 BSBA; Bank Ctr. Mgr.; Fifth Third Bank, 111 W. 1st St., Dayton, OH 45402, 513 461-9990; r. 160-N. Cannonbury Ct., Kettering, OH 45429, 513 434-9486.

IDEN, Todd Porter; '87 BSBA; 3687 Panama Ave., Westerville, OH 43081, 614 899-7569.

IDZKOWSKI, Gary Michael; '72 BSBA; Purchasing Agt.; Red Roof Inns, 4355 Davidson Rd, Hilliard, OH 43026, 614 876-3295; r. 6960 MacGregor Ct., Worthington, OH 43085, 614 436-6953.

IEZZI, Frank Joseph, Jr.; '81 BSBA; Programmer Analyst; State of Ohio-EPA, 1800 Watermark Dr., Columbus, OH 43215, 614 644-2998; r. Rte. 1, Galena, OH 43021, 614 965-1529.

IGE, Adewole Ajibola; '78 BSBA; Bus. Cnslt.; Globetrotters Engrg. Corp., Bus. Development Ctr., 567 Broadway, POB 9007, Gary, IN 46402, 219 883-5802; r. 7208 Harrison Ave., Hammond, IN 46324, 219 933-4618.

IGEL, Robert A., CPA; '57 BSBA; CPA; Robert A Igel, CPA, 2501 N. Star Rd., Ste. 202, Columbus, OH 43221, 614 481-0647; r. 2906 Welsford Rd., Columbus, OH 43221, 614 488-8662.

IGELMAN, Robert P.; '65 BSBA; Product Planner; AT&T Columbus, 6200 E. Broad St., Columbus, OH 43213, 614 860-4286; r. 13702 Nantucket Ave., Pickerington, OH 43147, 614 927-1917.

IGNAC, Donna Gaye; '84 BSBA; Box 78, Piney Fork, OH 43941.

IGNASIAK, Stephen Anthony; '87 BSBA; Contract Spec.; The Boeing Co., POB 3707, M/S:3C-83, Seattle, WA 98124, 206 773-2494; r. 28715 47th Pl. S., Auburn, WA 98001, 206 941-5553.

IGOE, Cleve Ross; '81 BSBA; 5680 Crown Crest Ln., Columbus, OH 43220.

IGOE, Thomas D.; '58 MBA; Sr. VP; Bank One, 100 E. Broad St., Commercial Loan Dept., Columbus, OH 43215; r. 2773 Helston Rd, Columbus, OH 43220, 614 451-6904.

IGRAM, Omar Kalid; '87 BSBA; Mgmt. Trainee; World Bank, 1818 H St., NW, Washington, DC 22403, 202 477-9091; r. 4350 N. Pershing Dr., Apt. 1, Arlington, VA 22203, 703 276-8275.

IHDE, MAJ Gregory Lask, USAF; '76 BSBA; F-16 Pilot; Nellis AFB, NV 89110; r. 201 E. Water St., Oak Harbor, OH 43449, 419 898-1855.

IHNAT, William Lee; '78 BSBA; Gen. Mgr.; S & S Wood Specialties Inc., RD #3, Box 183, Ebensburg, PA 15931, 814 472-9295; r. 1415 2nd St., Nanty Glo, PA 15943, 814 749-8722.

IHRER, Shirley Shipe, (Shirley Shipe); '51; Retired; r. 864 Magnolia Ct., Marco Island, FL 33937, 813 394-0337.

IHRIG, Weldon E.; '63 MBA; VP/Finance; The Ohio State Univ., 190 N. Oval Mall, 381 Bricker, Columbus, OH 43210, 614 292-9232; r. 4757 Powderhorn Ln., Westerville, OH 43081, 614 882-0125.

IJOSE, Dr. Abiodun; '70 MPA, '75 PhD (PA); Dir. of Admin. & Serv; United Nation Reg Ctr., Engineering Design & Manuf, Ibadan, Nigeria; r. University of Ibadan, Nigerian Inst Soc-Econ Res, Ibadan, Nigeria.

IJOSE, Olumide Adebola; '87 MLHR; Jones Twr. #1204, 101 Curl Dr., Columbus, OH 43210, 614 421-2685.

IKE, Larry Marten; '73 BSBA; Controller; Structural Assocs. Inc., 5949 Fisher Rd., E. Syracuse, NY 13057, 315 463-0001; r. 104 Burlingame Rd., Syracuse, NY 13203, 315 475-2784.

ILAN, Mrs. Edie Solomon; '84 MPA; Exec. Assoc.; Columbus Jewish Federation, 1175 College Ave., Columbus, OH 43209, 614 237-7686; r. 2870 Kingsrowe Ct., Columbus, OH 43209, 614 239-7339.

ILHARDT, Kent J.; '80 BSBA; Com Real Est Broker; Cushman & Wakefield of IL Inc., 150 S. Wacker Dr., Chicago, IL 60606, 312 853-0030; r. 1212 W. Altgeld St., Chicago, IL 60614, 312 477-5336.

ILLE, Richard Alan; '69 BSBA; Mgr./Union Relations; GE, 1 Neumann Way, Evendale, OH 45215, 513 243-4893; r. 239 Sinclair Ct., Loveland, OH 45140, 513 683-3982.

ILLERT, Thomas Michael; '84 BSBA; 2543 Howey Rd, Columbus, OH 43211, 614 267-3498.

ILLIAN, Stuart H.; '85 BSBA; Acct.; Lockheed Corp., 1329 Moffet Pk. Dr., Sunnyvale, CA 94088, 408 742-0449; r. 1056 Continentals Way, Apt. 35, Belmont, CA 94002, 415 594-9902.

IMAM, Jelili Tele; '74 BSBA; 52/54 Murtala Moh Way, POB 3607, Lagos, Nigeria.

IMBODEN, Mrs. Joan Thompson, (C. Joan Thompson); '48 BSBA; Retired; r. 10218 Tarpon Dr., Treasure Island, FL 33706, 813 367-5085.

IMBODEN, John C.; '48 BSBA; Retired; r. 10218 Tarpon Dr., Treasure Island, FL 33706, 813 367-5085.

IMBODEN, John Kevin; '85 MBA; Dir. Asset Mgmt.; State Tchrs. Retirement Syst., 275 E. Broad St., Columbus, OH 43215, 614 227-2893; r. 13945 Chambers Rd., Sunbury, OH 43074, 614 524-3321.

IMBODEN, Mrs. Laura B., (Laura Bulkeley); '48 BSBA; Retired; r. 6750 Schreiner St. E., Worthington, OH 43085, 614 885-6839.

IMBODEN, Mark James; '85 BSBA; Sales Mgr.; Quadax, 2021 E. Dublin-Granville Rd., Columbus, OH 43229, 614 436-7790; r. 2784 Swansea Rd., Columbus, OH 43221, 614 457-5300.

IMBODY, Denyse Maureen; '84 BSBA; Sales Rep.Med. Products; Baxter Healthcare Corp., Pharmseal Med. Div., Lenexa, KS 66215, 913 491-1111; r. 8804 W. 106th Ter., Overland Park, KS 66212, 913 649-3420.

IMBROSCIO, Richard J.; '53 BSBA; Agt. Taxation; State of Ohio, 601 Underwood St., Zanesville, OH 43701, 614 453-0628; r. 72560 Pattons Run Rd., Martins Ferry, OH 43935.

IMEL, Harry H.; '49 BSBA; 217 W. Water St., Urbana, OH 43078, 513 653-7776.

IMES, Roland H.; '55 BSBA; Trust Auditor; The Exch. Natl. Bank, PO Drawer 800, Winter Haven, FL 33884; r. 120 Shelley Dr. SE, Winter Haven, FL 33884, 813 324-4050.

IMFELD, Daniel Thomas; '76 BSBA; Transportation Advis; Cummins Diesel Engine Co., Baker St., Lakewood, NY 14750; r. 3944 Hillview Dr., Lakewood, NY 14750, 716 763-9723.

IMHOFF, Richard E.; '48 BSBA; Retired; r. 309 Merchant St., Newark, OH 43055, 614 345-2611.

IMLAY, Robert J., III; '83 BSBA; Pilot; The Ltd. Inc., 4389 E. 17th Ave., Columbus, OH 43219, 614 239-8490; r. 190 Fenway Rd., Columbus, OH 43214, 614 436-5808.

IMLER, Erna '47 (See Hultz, Erna Imler).

IMMEL, Albert Erwin; '39 BSBA; Foreman Furnace Room; Anchor Hocking Glass Co., Plant 1, Lancaster, OH 43130; r. 641 Sheridan Dr., Box 612, Lancaster, OH 43130, 614 654-9656.

IMMEL, Charles Louis; '83 BSBA; POB 22475, Tampa, FL 33622.

IMMELL, Marlin L.; '57; Rl Estate Cnslt.; r. 11370 Twelve Oaks Way, # 118, N. Palm Bch., FL 33408.

IMMELT, Joseph F.; '51 BSBA; Mgr.; GE Co., Evendale Plant, Cincinnati, OH 45241; r. 9060 Cotillion Dr., Cincinnati, OH 45231, 513 521-6248.

IMMORDINO, Howard William; '73 BSBA; Admin. Analyst 1; NJ Dept. of Transportation, 1035 Parkway Ave., Trenton, NJ 08625, 609 530-2135; r. 62 Willis Dr., W. Trenton, NJ 08628, 609 771-3576.

INBODEN, Mrs. Alice G., (Alice Green); '54 BSBA; Secy.; Riverside Methodist Hosp., 3535 Olentangy River Rd, Columbus, OH 43214; r. 57 E. Columbus St., Canal Winchester, OH 43110, 614 837-5310.

INCORVIA, Anthony Edward; '68 BSBA; Pres.; Reasor Bldg. Systs., 750 W. State St., POB 460, Charleston, IL 61920, 217 345-3921; r. 12992 Brighton Ave., Carmel, IN 46032, 317 844-1055.

INDERMILL, Albert E.; '73 BSBA; Mgr./Grp. Life/Disabil; Celina Financial Corp., One Insurance Sq., Celina, OH 45822; r. 417 Magnolia St., Celina, OH 45822, 419 586-1393.

INDOE, Alberta A. '49 (See Perrill, Alberta A.).

INGALLS, David Sharp; '70 BSBA; Owner; David Ingalls Co. Realtor, 332 E. State St., Columbus, OH 43215, 614 228-0077; r. 2325 Bryden Rd, Columbus, OH 43209, 614 237-5635.

INGLE, Beverly Creachbaum, (Beverly Creachbaum); '54 BSBA; 6007 Amos Pl., Dayton, OH 45459, 513 434-7531.

INGLER, COL William J., Jr.; '55 BSBA; Retired Col./Cdr.; Ohio Air Natl. Guard, 160th Air Refueling Group, Rickenbacker AFB, OH 43217; r. 1274 Langston Dr., Columbus, OH 43220, 614 457-6246.

INGOLD, Randall Carl; '69 BSBA; Assoc. Dir.-Bus. Affairs; OSU Newark Campus, Bus. & Financial Affairs, University Dr., Newark, OH 43055, 614 366-9235; r. 999 Jonathan Ln., Newark, OH 43055, 614 366-3184.

INGRAHAM, Edgar Grey; '69 BSBA; Financial Cnslt.; Merrill Lynch, 50 S. Main St., Akron, OH 44308, 216 379-4752; r. 4362 Cottage Grove Rd., Uniontown, OH 44685, 216 896-4003.

INGRAM, Lizbeth '81 (See Himes, Lizbeth Ingram).

INGRAM, Todd Alan; '88 BSBA; 5658 Hamilton Ave., Cincinnati, OH 45224, 513 541-6078.

INGRAM, Ms. Virginia Moore, (Virginia Moore); '68 BSBA; Asst. Prof.; Kennesaw State Clg., Finance Dept., Marietta, GA 30303, 404 423-6379; r. 677 Post Road Dr., Stone Mtn., GA 30088, 404 469-0370.

INGRAM, William H.; '61 BSBA; Pres.; Sutton Capital Assocs. Inc., 231 E. 35th St., New York, NY 10016, 212 686-8022; r. 1037 Ocean Ave., Mantoloking, NJ 08738, 201 899-3072.

INK, Mrs. Gloria Jobi, (Gloria M. Jobi); '46 BSBA; Owner; Carriage Crafts Bookshop, 480 NE 125th St., N. Miami, FL 33161, 305 895-2904; r. 54 NE 106th St., Miami Shrs., FL 33138, 305 754-1790.

INKROTT, Martin R.; '80 BSBA; Supv.: Systs. & Prog.; Marathon Oil Co., 539 S. Main St., Findlay, OH 45840, 419 422-2121; r. 15651 Beechwood Rd., Findlay, OH 45840, 419 423-2595.

INMAN, James E.; '66 MBA; Prof. of Bus. Law; Univ. of Akron, Clg. of Bus. Admin., Leigh Hall, Rm. 111, Akron, OH 44325, 216 375-7043; r. 434 Forest Ln., Wadsworth, OH 44281, 216 336-6824.

INMAN, Patricia Lynn; '83 BSBA; 3040 Oaklawn St., Columbus, OH 43224.

INMAN, Robert Jesse; '81 BSBA; Mgmt. Trainee; J C Penney Distribution Ctr., 5555 Scarborough, Columbus, OH 43227; r. 196 E. Moler St., Columbus, OH 43207, 614 443-4968.

INNENBERG, Louis Jay; '80 BSBA; Songwriter; r. 1375 Brookline Rd., Cleveland, OH 44121.

INNES, James Alexander; '85 BSBA; Cost Acct.; Harshaw/Filtrol Partnership, 3200 E. Washington Blvd., Los Angeles, CA 90023; r. 10655 Lemon Ave. #3512, Rancho Cucamonga, CA 91701.

INNES, Thomas Gordon; '87 BSBA; Production Supv.; Columbus Coated Fabrics, 1260 Grant Ave., Columbus, OH 43201, 614 297-6092; r. 5859 Natureview Ln., Dublin, OH 43017, 614 766-8213.

INNIS, Lyman H., Jr.; '37 BSBA; Retired; r. 2452 Brazilia Dr., Apt. 50, Clearwater, FL 34623, 813 797-5270.

INSCHO, Clyde S., Jr.; '49 BSBA; Executice VP; The Gulf & Basco Co., POB 445, Houston, TX 77001, 713 222-6611; r. 79 Williamsburg Ln., Houston, TX 77024, 713 465-7647.

INSCORE, Larry L.; '54 BSBA; Partner; Inscore Rinehardt & Whitney, 304 Richland Trust Bldg., Mansfield, OH 44902; r. 1198 Charwood Dr., Mansfield, OH 44907, 419 756-4989.

INSCORE, Michael Lee; '81 BSBA; Atty.; Inscore Rinehardt & Whitney, 3 N. Main St., Mansfield, OH 44902; r. 851 Dream Dr., Mansfield, OH 44907, 419 756-4038.

INSINGA, Brenda H. '83 (See Viviano, Mrs. Brenda H.).

INSKEEP, Barbara Anne; '86 BSBA; 4704 Stonecastle Dr., Columbus, OH 43229.

INSKEEP, Daniel C., II; '73 BSBA; Agt.; Farmers Ins., 109 N. Acacia, Solana Bch., CA 92075, 619 755-0294; r. 293 Countryhaven Rd., Encinitas, CA 92024, 619 436-5102.

INSKEEP, Michael E.; '88 BSBA; 4704 Stonecastle Dr., Columbus, OH 43229.

INSKEEP, William M., Jr.; '75 BSBA; Controller; Abbott Foods, 2400 Harrison Rd., Columbus, OH 43204, 614 272-0659; r. 2263 Shrewsbury Rd, Columbus, OH 43221, 614 457-7213.

INSLEY, Karen O. '72 (See Uhrich, Mrs. Karen T.).

INSLEY, Susan Kelly; '76 BSBA; 671 Hartford St., Worthington, OH 43085, 614 846-7787.

INSLEY, Walter C.; '30 BSBA; 2101 Greendale, Fox Run Manor, Findlay, OH 45840.

INVEISS, Andris Erik, Esq.; '81 BSLHR, '83 MLHR; Assoc.; Prochazka McGrath & Cortes, 2918 Fifth Ave., Ste. 302, San Diego, CA 92103, 619 296-7676; r. 3207 E. Fox Run Way, San Diego, CA 92111, 619 565-6423.

IOANNOU, Demos Christ; '85 BSBA; Programmer; Ross Labs, 625 Cleveland Ave., Columbus, OH 43215, 614 438-6130; r. 838 City Park Ave., Columbus, OH 43206, 614 443-1804.

IONNO, John M.; '66 BSBA; Rte. #1, Hilltop Dr., Magnolia, OH 44643, 216 866-3079.

IQBAL, Tahir; '86 BSBA; Gen. Mgr.; T T E of Boston, 1073 Hancock #300, Boston, MA 02169, 612 328-6300; r. 2 Oceanside Dr. #2, Hull, MA 02045, 617 925-4676.

IRELAND, John Howard; '70 BSBA; Mgr.; Lennox Industries Inc., Contract Procurement, POB 809000, Dallas, TX 75380, 214 980-6517; r. 2921 Round Rock Tr., Plano, TX 75075, 214 596-2954.

IRELAND, Kenneth D.; '64 BSBA; Gen. Acct.; Caterpillar Industrial Inc., 5960 Heisley Rd., Mentor, OH 44060, 216 357-2890; r. 8867 Edgehill Rd, Mentor, OH 44060, 216 255-5771.

IRESON, D. Robert; '86 MPA; Bureau Chief; Ohio Dept. of Commerce, 8895 E. Main St., Reynoldsburg, OH 43068, 614 752-8200; r. 1088 NW Blvd., #D, Columbus, OH 43212, 614 294-6520.

IRETON, John Francis; '87 BSBA; Acct./Syst. Sppt Spec.; Bank One, 762 Brooksedge Plz., Westerville, OH 43271, 614 248-8598; r. 7295 Chaparral, Columbus, OH 43235, 614 889-9479.

IRICK, Mrs. Anne S., (Anne Spencer); '56 BSBA, '61 BSED; Homemaker; r. 27 Meadowbrook Ln., Fremont, OH 43420, 419 334-2153.

IRICK, Brett Douglas; '85 BS; Proj. Engr.; Ford Motor Co., Dearborn, MI 48124; r. 3438 Heritage Pkwy., Dearborn, MI 48124, 313 277-8647.

IRICK, Carl Merwin; '56; VP-Engr.; Package Machinery Co., Reed Div., Stafford Spgs., CT 06076; r. 27 Meadowbrook Ln., Fremont, OH 43420, 419 334-2153.

IRION, Frank M.; '50 BSBA; Underwriting Mgr.; American Continental Ins. Co., 2275 Half Day Rd., Ste. 320, Bannockburn, IL 60015, 312 940-7550; r. 5224 Dobson St., Skokie, IL 60077, 312 673-7279.

IRION, William K.; '61 BSBA; VP/Natl. Accts; Anr Freight Syst. Inc., One Woodward Ave., Detroit, MI 48226; r. Anr Freight System Inc, One Woodward Ave., Detroit, MI 48226.

IRONS, John B., Jr.; '65 BSBA; VP; Ziegler Securities, 1850 Mt. Diablo Blvd., Ste. 370, Walnut Creek, CA 94596, 415 930-0655; r. 80 Camellia Ln., Lafayette, CA 94549, 415 284-5017.

IRSAK, John Merritt; '82 BSBA; Lab Tech.; Ppg Industries Inc., 95 Columbia Rd., Cleveland, OH 44140, 216 671-0050; r. 34468 Lewis St., N. Ridgeville, OH 44039, 216 327-9060.

IRVIN, Dudley Ross; '85 MBA; Mgmt. Cnslt.; Arthur Andersen & Co., 100 E. Broad St., Columbus, OH 43215; r. 3031 Shadywood Rd., Columbus, OH 43221, 614 457-6470.

IRVIN, Kenneth Lee; '69 BSBA; Gen. Mgr.; Astromec, Inc., 1780 Forrest Way, Carson City, NV 89706, 702 883-9226; r. 3020 Imperial Way, Carson City, NV 89706, 702 883-2307.

IRVIN, William Timothy; '68 BSBA; Exec. Trainee; Rikes Dept. Store, 2nd & Main Sts., Dayton, OH 45409; r. 5501 Brampton Rd., Dayton, OH 45429.

IRVINE, J. Martin; '78 BSBA; Economic Devel. Cnslt.; American Electric Power, 1 Riverside Plz., Columbus, OH 43215, 614 223-2707; r. 320 Rimbey Ave., Gahanna, OH 43230, 614 476-6229.

IRVINE, Kari Lynn '87 (See Sowder, Kari Lynn).

IRVINE, Robert Fulton; '27 BSBA; Retired Col.; r. 330 Greenwich Rd. NE, Grand Rapids, MI 49506, 616 949-1773.

IRVINE, Robert James, Jr.; '73 BSBA; Eastern Div. Controller; Sun Chemical Corp., General Printing Ink Division, 3301 Hunting Park Ave., Philadelphia, PA 19129, 215 223-8220; r. 5 Marcy Ct., Marlton, NJ 08053, 609 985-0247.

IRVING, John E.; '78 MPA; 1957 Hitching Post Ln., Marietta, GA 30067.

IRVING, Rhoda Gooden, (Rhoda Gooden); '35 MA; Retired; r. 3024 NE 18th St., Oklahoma City, OK 73121, 405 427-2085.

IRWIN, Albert L.; '49 BSBA; Semiretired; r. 5998 Edgewood Cir., Dublin, OH 43017, 614 889-1470.

IRWIN, Barry Thomas; '79 BSBA; Sales; Wiggins Material Handling Co., 4139 N. High St., Columbus, OH 43214, 614 267-9215; r. 286 Brownsfell Dr., Worthington, OH 43235, 614 888-4370.

IRWIN, Christopher John; '80 BSBA; Sr. Acct.; Diamond Power, 2600 E. Main St., Lancaster, OH 43130, 614 687-4334; r. 832 College Ave., Columbus, OH 43209, 614 237-7005.

IRWIN, Clayton J.; '29; Retired; r. 6110 E. 5th St. #118, Tucson, AZ 85711, 602 571-8692.

IRWIN, Dale Alan; '78 BSBA; Plant Mgr.; Great Lakes Corrugated Corp., 1400 Matzinger Rd., Toledo, OH 43612; r. 3710 Larchmont Pkwy., Toledo, OH 43613, 419 472-0038.

IRWIN, Dana Lewis; '78 BSBA; Purchasing Agt.; Valasic Food, 37558 Hills Tech Dr., Farmington Hls., MI 48331, 313 489-8880; r. 878 Alpine Dr., Brighton, MI 48116, 313 227-6334.

IRWIN, David Joseph; '84 BSBA; Admin. Analyst; City of Columbus Tax Div., 140 Marconi Blvd., Columbus, OH 43215, 614 222-7477; r. 1320 Castleton Rd. N., Columbus, OH 43220, 614 451-6397.

IRWIN, Dennis Michael; '82 BSBA; Operations Mgr.; Allied Van Lines, 1024 N. High St., Columbus, OH 43201; r. 548 Tibet Rd, Columbus, OH 43202.

IRWIN, Gary Wayne; '85 BSBA; 2502 Sawmill Village Ct., Worthington, OH 43085, 614 761-1672.

IRWIN, James D.; '50 BSBA; Retired; r. 211 Paseo de Suenos, Redondo Bch., CA 90277, 213 378-8040.

IRWIN, James E.; '51 BSBA; Tax Mgr.; Columbia Gas of Ohio Inc., 200 Civic Center Dr., Columbus, OH 43215, 614 460-4864; r. 290 E. Main St., Ashville, OH 43103, 614 983-2786.

IRWIN, James J.; '54 BSBA; Mgr. Sales & Distribution; George A Hormel & Co., 1930 Hormel Dr., San Antonio, TX 78208, 512 226-7288; r. 13702 Stoney Hill, San Antonio, TX 78231, 512 492-2958.

IRWIN, John William; '68 MBA; Pres.-Investments; Liberty First Securities, 1545 Bethel Rd., Ste. 101, Columbus, OH 43220, 614 442-0050; r. 64 W. Cooke Rd., Columbus, OH 43214, 614 267-5560.

IRWIN, Karl H.; '49 BSBA; Retired Dept.Finance Dir.; City of Upper Arlington, 3600 Tremont Rd., Columbus, OH 43221; r. 1320 Castleton Rd. N., Columbus, OH 43220, 614 451-6397.

IRWIN, Lawrence Burton; '70 MBA; Partner; Burton Assocs., 921 N. Plum Grove Rd., Schaumburg, IL 60173, 312 517-4300; r. 206 Otis Rd., Barrington Hls., IL 60010, 312 381-4084.
IRWIN, Mary Beth Hollon, (Mary Beth Hollon); '84 BSBA; Homemaker; r. 2591 Chester Rd., Columbus, OH 43221, 614 488-8241.
IRWIN, Robert Arthur; '70 BSBA; CPA; 23 N. Fourth St., Columbus, OH 43215, 614 228-0080; r. 1364 S. Weyant Ave., Columbus, OH 43227, 614 237-8014.
IRWIN, Robert Clayton; '63 BSBA; Pilot; United Airlines Inc., POB 66100, Chicago, IL 60666; r. 555 Burg St., Granville, OH 43023, 614 587-2754.
IRWIN, Robert D.; '82 BSBA; Mktg. Mgr.; IBM Corp., 140 E. Town St., Columbus, OH 43215, 614 225-3762; r. 2591 Chester Rd., Upper Arlington, OH 43221, 614 488-8241.
IRWIN, Robert W.; '30 BSBA; Retired; r. 2775 Edgewood Rd., Columbus, OH 43220, 614 451-7232.
IRWIN, Ruth J. '31 (See Snyder, Ruth Irwin).
IRWIN, Steven Wayne; '80 BSBA; Treas.; J & B Acoustical Inc., 2750 Lexington Ave., Lexington, OH 44904, 419 884-1155; r. 1945 Banyan Ln., Mansfield, OH 44907, 419 756-6201.
IRWIN, Todd Edward; '81 BSBA; Sales Rep.; Didier Taylor Refractories Crp, 8361 Broadwell Rd., Cincinnati, OH 45244, 317 877-6578; r. 25 Hampshire Ct., Noblesville, IN 46060, 317 877-6577.
ISAAC, Clarence Albert, Jr.; '39 BSBA; Mktg. Cnslt.; Craig Krakoff & Co., 6489 Blickling Dr., Dublin, OH 43017, 614 761-3655; r. Same.
ISAACS, David Paul; '82 BSBA; Rd 7 Box 117-C, Mansfield, OH 44904, 419 884-2143.
ISAACS, Madelyn Cheron; '77 MBA; 12802 Carniel Ct., Saratoga, CA 95070, 408 741-5853.
ISAACS, Paul Douglas; '71 BSBA; Pres.; Isaacs Enterprises, 3021 Bethel Rd., Ste. 114, Columbus, OH 43220, 614 457-8771; r. 21379 Shirk Rd, Marysville, OH 43040, 513 644-9792.
ISAACS, Paula Dunham, (Paula Dunham); '67 BSBA; Exec. VP; Retail Distribution Systs.; r. 2930 Neilson Way, #306, Santa Monica, CA 90405, 213 392-5334.
ISAACS, Terrence Lynn; '77 BSBA; Sales Audit Supv.; Wendy's Intl., 4288 W. Dublin-Granville Rd, Dublin, OH 43017; r. 98 Tibet Rd., Columbus, OH 43202, 614 262-5373.
ISAACSON, Corey Scott; '85 BSBA; Store Mgr.; Hub Distributing (Miller's Outpost), 301 Parkway Plz., El Cajon, CA 92020, 619 588-2087; r. 3899 Kenwood Dr., Spring Vly., CA 92077, 619 278-3885.
ISAACSON, Howard B.; '50 BSBA; 2427 Presidential Way, Apt. 502-C, W. Palm Bch., FL 33401, 407 689-1580.
ISABEL, Karen Leigh; '83 BSBA; Legal Asst.; Schottenstein Zox & Dunn, 41 S. High St., 26th Fl., Columbus, OH 43215, 614 221-3211; r. 333 Indian Mound Rd., Columbus, OH 43213, 614 861-0034.
ISAKOFF, Louis Alan; '80 MPA; Assoc. Counsel; The Christian Broadasting Network Inc., Cbn Ctr., Virginia Bch., VA 23463; r. 625 Ravenwoods Dr., Chesapeake, VA 23322, 804 479-0857.
ISALY, Earl W.; '50; 5916 Midnight Pass Rd., #W-505, Sarasota, FL 34242, 813 349-9556.
ISALY, Lynn Delbert; '63; Grp. Mgr.; IRS, 200 N. High St., Columbus, OH 43215, 614 469-5630; r. 570 Clark State Rd., Gahanna, OH 43230, 614 471-5190.
ISALY, Richard A., Jr.; '64 BSBA; Chmn. of Bd./C E Ofcr.; Tbs Intl. Inc., 1700 Gateway Blvd., Richardson, TX 75080; r. 4604 Huffman Ct., Plano, TX 75024, 214 519-0923.
ISALY, Robert H.; '51 BSBA; Investor; r. 3040 NE 51 St., Lighthouse Pt., FL 33064, 305 421-0693.
ISALY, Thomas George; '68 BSBA; 2118 Eagle Pointe Rd, Crosby, TX 77532, 713 324-1010.
ISENSTEIN, William David; '75 BSBA, '77 MBA; Dir.; Providence Hosp., Alternative Delivery Systs., 16001 W. 9 Mile Rd., Southfield, MI 48075; r. 5340 Cedar Grove Ct., W. Bloomfield, MI 48322, 313 661-1962.
ISERN, Clara I.; '87 BSBA; Staff Acct.; Grenadier, Appleby & Co., 4655 Salisbury Rd., Ste. 300, Jacksonville, FL 32256, 904 281-0700; r. 10587 Fox Squirrel Ct., Jacksonville, FL 32257, 904 262-4095.
ISHAM, Duane L.; '51 BSBA; Atty./Partner; Roetzel & Andress, 75 E. Market St., Akron, OH 44308, 216 376-2700; r. 333 N. Portage Path, # 10, Akron, OH 44303, 216 864-3562.
ISHEE, Margaret R.; '88 BSBA; 135 South St., Chardon, OH 44024, 216 286-3754.
ISHIYAMA, Howard Jiro; '86 MPA; 1338 Virginia Ave., Apt. A, Columbus, OH 43212, 614 299-3102.
ISLAS, Odette Black; '42 BSBA; Spencer 408, Mexico 11570, Mexico.
ISMAIL, Omar Bin; '78 MBA; 2 3/4 Milestone Bukit Piatu, Melaka Pen, Malaysia.
ISMAIL, Sahar; '83 BSBA; Operations Control Plnr.; General Mills Inc., 2000 W. Turner Rd., Lodi, CA 95240, 209 334-7054; r. 2401 Eilers Ln. #204, Apt. 218, Lodi, CA 95242, 209 339-9616.
ISMAILY, Nasir I.; '78 BSBA; Mgr. Devel. Bank; POB 309 Muscat, Ruwi-Muscat, Oman, 738021; r. POB 5968, Ruwi-Muscat, Oman, 602814.
ISNER, Thomas Jefferson; '69 BSBA; Pres.; Isner Ins. Assocs. Inc., POB 13166, Columbus, OH 43213; r. 330 Lyncroft Ct., Columbus, OH 43230, 614 476-2420.
ISOMA, George John; '66 MBA; 10801 Rose Ave., Apt. 24, Los Angeles, CA 90034, 213 839-0603.
ISOMA, Irene Elizabeth; '69 BSBA; Staff; The Standard Oil Co., 1072 Guildhall Bldg., Cleveland, OH 44115; r. 925 Debbie Ct., Dayton, OH 45415, 513 898-2228.
ISON, Mrs. Barbara Jean; '78 BSBA; Interior Designer; r. 5818 Lou St., Columbus, OH 43231, 614 890-4476.
ISON, David Alan; '80 BSLHR; 5273 Captains Ct., Columbus, OH 43220.
ISON, Donald E.; '48 BSBA; Retired; r. 5273 Captains Ct., Columbus, OH 43220, 614 451-1788.
ISON, Patricia Vercellino, (Patricia Vercellino); '51 BSBA; 1436 S. Clubview Blvd., Worthington, OH 43085, 614 888-1156.
ISRAEL, Gerald Joseph; '61 BSBA; Mgr. Mfg. Grp. Acct.; Chrysler Motors Corp., 12000 Chrysler Dr., Highland Park, MI 48288, 313 956-1177; r. 6078 Rocky Spring Rd., Birmingham, MI 48010, 313 626-1862.
ISRAEL, John Kenneth; '76 BSBA; Dir. of Mktg.; Safeguard Business Systs., National Accounts, 455 Maryland Dr., Ft. Washington, PA 19034, 215 641-5000; r. 1408 Greenbriar Dr., Oakville, ON, Canada L6M1Z9.
ISRAEL, Michael Alan; '84 BSBA; Pres.; McGene Corp., 33103 Cromwell Dr., Solon, OH 44139, 216 349-4970; r. Same, 216 349-4943.
ISSLEIB, Steve Andrew; '84 MBA; Financial Futures Broker; Merrill Lynch, 440 S. LaSalle St., Ste. 1121, Chicago, IL 60605, 312 347-3350; r. 11 N. Madison, Hinsdale, IL 60521, 312 655-3604.
ITALIANO, 1LT Christopher Stevens, USA; '86 BSBA; Exec. Ofcr.; 2nd Combat Aviation Sqd 2nd Ac, HHT Box 244, APO, New York, NY 09092; r. 539 B Simonds Loop, San Francisco, CA 94129, 415 346-8761.
ITAUMA, Dr. Udoh Charles; '85 MPA; 560 S. Hamilton Rd. #L, Columbus, OH 43213, 614 863-5378.
ITO, Christopher Allen; '88 BSBA; Staff Acct.; Deloitte, Haskins & Sells, 1 World Trade Ctr., New York, NY 10048, 212 669-5000; r. 510 E. 88th St., Apt. A, New York, NY 10128, 212 288-7026.
ITO, David Takashi; '88 BSBA; 5824 Sunset Dr., Hudson, OH 44236, 216 656-2713.
IUS, Lori Jo; '86 BSBA; Claims Adjuster; Crawford & Co., 6660 Doubletree Ave., POB 26387, Columbus, OH 43229, 614 846-0161; r. 5922 Slippery Rock Dr., Columbus, OH 43229, 614 794-0896.
IVEC, Jonathan C.; '78 MBA; Mgr. of Corporate Acctng.; White Consolidated Industries, 11770 Berea Rd., Cleveland, OH 44111; r. 1675 Oakmount Rd., Cleveland, OH 44121, 216 382-8972.
IVEN, Ms. Kathy Rogel, (Kathy Rogel); '83 BSBA; Asst. Treas.; Cnty. Savings Bank, 65 E. State St., 25th Fl., Columbus, OH 43215, 614 462-2873; r. 558 Chase Rd., Columbus, OH 43214, 614 888-4351.
IVENS, Marty A. '58 (See Warner, Mrs. Wayne E.).
IVENS, Mary '53 (See Moor, Mary Ivens).
IVENTASH, Robert E.; '50 BSBA; Yarn-Wool Broker; r. 1 Rhode Island Ave., Providence, RI 02906, 401 751-8515.
IVES, Robert W.; '35 BSBA; Retired; r. 19100 Crest Ave., Apt. 95, Castro Vly., CA 94546, 415 278-9776.
IVES, Thomas John; '70 BSBA; Warehouse Mgr.; Nat Assoc. of Clg. Stores, 528 E. Lorain, Oberlin, OH 44074; r. 19036 Vermont, Grafton, OH 44044, 216 355-9927.
IVORY, Gwendolyn Pollard; '79 BSBA; Equal Employmnt Ofcr.; State of Ohio, Dept. of Adm Ser, Columbus, OH 43215; r. 3741 Gilroy Rd., Columbus, OH 43227.
IVORY, Wilbert; '78 BSBA; 741 Bedford Ave., Columbus, OH 43205.
IWIG, David K.; '67 BSBA; Staff; Univ. of Kentucky, POB, Lexington, KY 40506; r. 1176 Ln. Allen Rd., Lexington, KY 40504, 606 278-5557.
IYER, Vijaya; '87 BSBA; 6719 Masefield St., Worthington, OH 43085, 614 846-2475.
IZ, Dr. Peri H.; '83 MA, '87 PhD (BUS); Asst. Prof.; Miami Univ., Dept. of Decision Sciences, Oxford, OH 45056, 513 529-4830; r. 6135 Fairfield Rd., #19, Oxford, OH 45056, 513 523-2010.
IZUMI, Dr. Marleen Meiko; '74 MACC, '77 PhD (ACC); 7836 French St., Vancouver, BC, Canada.
IZZIE, John Stephen; '68 BSBA; Atty. Partner; Porter Wright Morris & Arthur, 37 W. Broad St., Columbus, OH 43215; r. 1325 Lakeshore Dr., Apt. B, Columbus, OH 43204.

J

JABLINSKI, Coleen Marie; '82 BSBA; 25 W. Thruston Blvd., Dayton, OH 45419, 513 293-4077.
JABLONS, Daniel Andrew; '82 BSBA; VP of Public Relations; Natl. Improvisational Theatre, 223 Eighth Ave., New York, NY 10011, 212 243-7224; r. 11 Maiden Ln., Apt. 9-D, New York, NY 10038, 212 349-3314.
JABLONSKI, Gary John; '71 BSBA; Mgr.; American Electric Power, Ash Utilization & Research, 1 Riverside Plz., Columbus, OH 43215, 614 223-2954; r. 2740 Sawmill Meadows Ave., Dublin, OH 43017, 614 766-1304.
JABLONSKI, John J., CPA; '64 BSBA; 14023 Carrydale Ave., Cleveland, OH 44111, 216 476-2397.
JABLONSKY, Lisa Sheri; '84 BSBA; 10 Dayton Ln., Englishtown, NJ 07726.
JACK, Alan Rocco; '70 BSBA; Manufacturer's Rep.; r. 1308 Farrington Dr., Knoxville, TN 37923, 615 693-1893.
JACK, Julie Criss; '85 BSBA; Sales Assoc.; John Criss Realty, 317 Washington St., Steubenville, OH 43952, 614 283-1555; r. 334 Efts Ln., Steubenville, OH 43952, 614 264-3550.
JACK, Thomas Craig; '59 BSBA; Pres.; Employee Benefit Mgmt. Corp., 4789 Rings Rd., Dublin, OH 43017, 614 766-5800; r. 2028 Jewett Rd., Powell, OH 43065, 614 436-5108.
JACKEL, Joan Alicia; '87 BSBA; 253 W. Indiana Ave., Perrysburg, OH 43551.
JACKSON, Amy A. '85 (See Salay, Amy J.).
JACKSON, Brent Michael; '85 BSBA; Credit Analyst; Huntington Natl. Bank, 41 S. High St., Columbus, OH 43215, 614 463-3688; r. 1585 Lincoln Rd., Columbus, OH 43212, 614 487-8746.
JACKSON, Brian David; '85 BSBA; Estimator; Retail Display Grp., 1772 Joyce Ave., Columbus, OH 43219, 614 297-7248; r. 7576-C Sawmill Commons Ln., Dublin, OH 43017, 614 792-2416.
JACKSON, Charles G.; '30 BSBA; Rep.; Ins., 4 Taugher Bldg., Mt. Vernon, OH 43050; r. 1109 E. Chestnut St., Mt. Vernon, OH 43050, 614 392-0621.
JACKSON, Charles Rosco; '48 BSBA; Retired; r. 505 E. Franklin, Hartford City, IN 47348, 317 348-3756.
JACKSON, Daniel Allen; '83 BSBA; Financial Analyst; N C R Corp., 1700 S. Patterson Blvd., Dayton, OH 45479, 513 445-2653; r. 3191 Marigold Ct., Dayton, OH 45440, 513 434-3245.
JACKSON, Daniel E., Esq.; '82 BSBA; Atty.; Morgan Lewis & Bockius, 101 Park Ave., New York, NY 10178, 212 309-6348; r. 232 E. 74th St., Apt. 5-A, New York, NY 10021, 212 628-3406.
JACKSON, David Albert; '76 BSBA; Programmer; Rolin Enterprises, 2900 Chandlee-Tucker Rd., Atlanta, GA 30341; r. 3008 Neil Ave., Apt. 72-A, Columbus, OH 43202, 614 263-4285.
JACKSON, Ms. Denise L.; '75 BSBA; 87 W. Cross St., Box 97, Winchester, OH 45697, 513 695-0659.
JACKSON, Donald Shane; '82 BSBA; Bus. Devel. Spec.; QED Info. Sciences, 340 W. Butterfield Rd., Elmhurst, IL 60126, 312 530-8280; r. 541 Juniper Ln., Naperville, IL 60540, 312 369-1376.
JACKSON, Mrs. Donna H., (Donna Helterbrant); '74 BSBA; Homemaker; r. 21176 Brantley Rd., Cleveland, OH 44122, 216 321-3325.
JACKSON, Donna Lynn '81 (See Givens, Donna Lynn).
JACKSON, Edward Lee; '85 BSBA; Supv.-Distribution; Eddie Bauer Inc., 2711 International St., Columbus, OH 43228, 614 771-2900; r. 1623 Ashland Ave., Columbus, OH 43212.
JACKSON, Evan Boyd; '85 BSBA; 10520 Wade Park, Cleveland, OH 44106.
JACKSON, Gene Edwin; '40; Retired; r. 264 E. Schreyer Pl., Columbus, OH 43214, 614 262-7801.
JACKSON, George Charter, PhD; '80 PhD (BUS); Assoc. Prof.; Wayne State Univ., Dept. of Marketing, Detroit, MI 48202, 313 577-4545; r. 2025 Norwood, Grosse Pte., MI 48236, 313 885-3221.
JACKSON, CAPT Henry Clay, II, USMC; '79 BSBA; USMC, HMH-464 MAG-29 2d MAW FMFLA, MCAS New River, Jacksonville, NC 28545, 919 451-6123; r. 302 King Richard Ct., Jacksonville, NC 28546, 919 346-4256.
JACKSON, Jack Jay; '84 MPA; Budget Analyst II; State of Ohio, Ofc. of Budget & Management, 30 E. Broad St. 34th Fl., Columbus, OH 43215; r. 369 Forest St., Columbus, OH 43206, 614 444-1588.
JACKSON, Jae Kevin; '86 BSBA; Proj. Coord.; ONI Constr. Firm, 1244 Taylor St., NW, Washington, DC 20011, 202 723-7701; r. 9717 Eldwick Way, Potomac, MD 20854, 301 299-5082.
JACKSON, James Allen; '50; Pres.; J-Deck Inc., 2587 Harrison Rd, Columbus, OH 43204, 614 274-7755; r. 2365 Abington Rd, Columbus, OH 43221, 614 488-2360.
JACKSON, James H.; '49 BSBA; 2024 Central Dr., Beaumont, TX 77706, 409 892-9245.
JACKSON, James P., CPA; '86 BSBA; Sr. Acct.; Norman Jones Coen, 1418 Brice Rd., Reynoldsburg, OH 43068, 614 864-3134; r. 2701 Neil Ave., Apt. B, Columbus, OH 43202, 614 447-9021.
JACKSON, James Theodore; '82 BSBA; 113 Princewood Ave., Dayton, OH 45429.
JACKSON, Janice Iola; '85 BSBA; Assoc. Prof. Repr; Merck Sharp & Dohme, 4242 Janitrol Rd., Columbus, OH 43228; r. 3710 Hyde Park Ave. #1, Cincinnati, OH 45209, 513 731-4637.
JACKSON, Jeffrey Alan; '86 BSBA; Sr. Control Acct.; Citicorp Mid-Atlantic, 1775 Pennsylvania Ave., Washington, DC 20006, 202 857-6708; r. 2400 16th St. NW, Apt. 638, Washington, DC 20009, 202 265-9209.
JACKSON, Jeffrey J.; '84 BSBA; Airman/US Navy; r. 8931 Hipps, Jacksonville, FL 32222, 904 777-8530.
JACKSON, John R.; '65 BSBA, '67 MBA; Trng. Repr; E I Du Pont De Nemours Co., D-10088 10th & Market St., Wilmington, DE 19898; r. 213 Apache Ct.-The Woods, Newark, DE 19702, 302 366-1538.
JACKSON, Larry Allen; '64 BSBA; Acct.; r. 347 Engle Dr., Tucker, GA 30084.
JACKSON, Lois Elaine; '79 MPA; 2140 Commons Rd. S., Reynoldsburg, OH 43068, 614 864-0218.
JACKSON, Mark Alan; '80 BSBA; VP; Scudder Stevens & Clark, 111 E. Wacker Dr., Ste. 2200, Chicago, IL 60601, 312 861-2700; r. 209 Oxford Rd., Twr. Lakes, Barrington, IL 60010, 312 526-7199.
JACKSON, 2LT Michael Jene; '80 BSBA; 2Lt Usmc; US Marine Corp., *, Quantico, VA 22134; r. Rte. #3 Riggle Rd, Bellville, OH 44813, 419 892-2747.
JACKSON, Nina Lucille; '83 BSBA; Acct.; Coopers & Lybrand, 668 A N. Nelson Rd., 100 E. Broad St., Columbus, OH 43215; r. 13654 Fairhill Rd #206, Apt. C, Shaker Hts., OH 44120.
JACKSON, Olivia A.; '85 MPA; Budget Analyst; Ohio Ofc. of Budget & Mgmt., 30 E. Broad St., Columbus, OH 43215, 614 462-8815; r. 5791 SW 74th Ter., Apt. 38, S. Miami, FL 33143.
JACKSON, Philip G.; '48 BSBA; 301 Linwood Dr., Miami Spgs., FL 33166, 305 887-6281.
JACKSON, Rev. Richard Lewis; '38 BSBA; Retired; r. 222 Marion St., Tryon, NC 28782, 704 859-6482.
JACKSON, Robert Gerald; '69 BSBA; Standard Oil Co., *, Lima, OH 45806; r. 4748 Zurmehly Rd, Lima, OH 45806, 419 991-7747.
JACKSON, Robert Irwin; '80 BSBA; Pres.; Realco, 724 Salem Ave., Dayton, OH 45406, 513 278-7325; r. 1000 Lookout Tr., #E, Dayton, OH 45449, 513 866-4060.
JACKSON, Hon. Sewall Farrell; '54 BSBA; Judge; Probate Ct., Hall of Justice, Lancaster, OH 43130, 614 687-7087; r. 10370 Lithopolis Rd NW, Canal Winchester, OH 43110, 614 837-7069.
JACKSON, Timothy Gordon; '79 BSBA; Supv. Cost Acctg.; Monsanto Co., POB 711, Alvin, TX 77512, 713 393-4013; r. 1415 Basilan Ln., Houston, TX 77058, 713 333-9460.
JACKSON, Ules Preston; '75 BSBA; Cost Analyst; Battelle Mem. Inst., 505 King Ave., Columbus, OH 43201, 614 424-5447; r. 4823 Kingshill Dr., Apt. B, Columbus, OH 43229, 614 436-0740.
JACKSON, Wiley Hilliard; '81 BSBA; Rate Tech.; Comtrac Info. Svcs., 6620 Singletree Dr., Columbus, OH 43229, 614 436-0850; r. 2143 Fitzroy Dr., Apt. A, Columbus, OH 43224, 614 475-4527.
JACOB, Brenda Lynn; '88 BSBA; POB 484 2121 Panhandle, Delaware, OH 43015, 614 362-1232.
JACOB, Frederick Merlin; '79 BSBA; Sales Mgr.; Macy's, 3604 Memorial Dr., Decatur, GA 30032; r. 258 Mill Ridge Ct., Lawrenceville, GA 30245, 404 962-0714.
JACOB, Mrs. Janet M., (Janet M. Wootton); '66 BSBA; CPA/Mgr.; Arthur Andersen & Co., Financial Plng & Analysis Grp, 69 W. Washington St., Chicago, IL 60602, 312 507-3238; r. 1211 E. Waverly Pl., Arlington Hts., IL 60004, 312 392-0240.
JACOB, John Eric; '82 BSBA; Staff; Nationwide Ins. Co., One Nationwide Plz., Columbus, OH 43216; r. 7700 Garrison Dr., Worthington, OH 43085, 614 885-1799.
JACOB, John R.; '27; Retired; r. 561 Bentley Village Ct., Naples, FL 33963.
JACOB, Natalie Ann; '88 BSBA; Secy./Media Dept.; Falgren & Swink, 655 Metro Pl., Dublin, OH 43017; r. 5829 Garden Hill, Dublin, OH 43017, 614 792-1723.
JACOB, Seymour M.; '52 BSBA; Atty.; 75 Public Sq., Ste. 400, Cleveland, OH 44113; r. 4409 Groveland Rd., Cleveland, OH 44118, 216 381-1081.
JACOBER, Donald; '58 BSBA; Pres.; Today Steel Co., Steel Sales & Service Ctr., 2972 E. 34th At Broadway, Cleveland, OH 44115, 216 441-6550; r. 25225 Shaker Blvd., Beachwood, OH 44122, 216 292-4797.
JACOBER, Todd Jeffrey; '82 BSBA; Owner-Pres.; Buckeye Fast Freight, 2972 E. 34th St., Cleveland, OH 44115; r. 25225 Shaker Blvd., Beachwood, OH 44122, 216 292-4797.
JACOBS, Clarence Lester; '49 BSBA; VP; Jacobs & Son Inc., 5242 Columbine Ct., c/o Sara Wilson, Gahanna, OH 43230; r. 954 Gilbert St., Columbus, OH 43206, 614 444-1145.
JACOBS, David Clark; '84 BSBA; Commercial Underwriter; CNA Ins. Cos., 100 CNA Dr., Nashville, TN 37214, 615 871-1684; r. 210 Woodmaker Ct., Nashville, TN 37214, 615 883-8794.
JACOBS, Dr. F. Robert; '76 MBA, '79 PhD (BUS); Prof./Ops&Systs Mgmt.; Indiana Univ. Grad. Sch. of Bus, 10th & Fee Ln., Bloomington, IN 47405, 812 335-8449; r. 610 Pleasant Ridge Rd, Bloomington, IN 47401, 812 334-0706.
JACOBS, Frank Steve; '82 BSBA; Mgr. of Pricing; NCR Corp., MPD Pricing Dept., 9095 Washington Church Rd, Miamisburg, OH 45342, 513 439-8364; r. 1941 Washington West Dr., Dayton, OH 45458, 513 433-5074.
JACOBS, James Keith; '77 BSBA; Atty.; r. 29555 Shaker Blvd., Cleveland, OH 44124.
JACOBS, James Wilbur; '53 BSBA; 99 Meadow Pl., Barrington, IL 60010, 312 382-7957.
JACOBS, Jeffrey P.; '78 MBA; State Rep.; OH House of Representatives, State House, Columbus, OH 43215; r. 370 Darby's Run, Bay Village, OH 44140, 216 333-2756.
JACOBS, Jodine '79 (See Bogdas, Jodine Jacobs).
JACOBS, LTJG John Frederick, USN; '84 BSBA; USS Coronado AGF-11, FPO, San Francisco, CA 96662, 808 471-4987; r. 98-402 Koauka Loop Apt. 2206, Aiea, HI 96701, 808 487-0845.
JACOBS, Judy Ann; '79 BSBA; 2619 Milton Rd., University Hts., OH 44118, 216 932-6472.
JACOBS, Kimberly Suanne; '84 BSBA; Programmer/Analyst; US Shoe Corp., One Eastwood Dr., Cincinnati, OH 45227, 513 527-7103; r. 2731 Edroy Ct., #62, Cincinnati, OH 45209, 513 841-0888.

JACOBS, Dr. Laurence W.; '63 MBA, '66 PhD (BUS); Prof. of Mktg.; Univ. of Hawaii, 2404 Maile Way, Honolulu, HI 96822, 808 948-8504; r. 1474 Kamole St., Honolulu, HI 96821, 808 373-3977.

JACOBS, Lillian '48 (See Bushell, Lillian Jacobs).

JACOBS, Mark Ira; '84 MBA; Atty.; Jaffee Jacobs & Tucker, 924 Spitzer Bldg., Toledo, OH 43604, 419 248-3501; r. 619 Stratford Pl., Toledo, OH 43620, 419 244-6566.

JACOBS, Melvin Martin; '68 BSBA; Tchr.; r. 24007 Edgehill Dr., Cleveland, OH 44121, 216 381-2401.

JACOBS, Richard E.; '76 BSBA, '80 MBA; Atty.; Mead Data Central Inc., POB 933, Dayton, OH 45401, 513 865-7206; r. 3945 Lenox Dr., Dayton, OH 45429, 513 293-5059.

JACOBS, Stephen Joseph; '82 BSBA; Sales Engr.; POB 128, Altamonte Spgs., FL 32715, 407 699-6460; r. Same.

JACOBS, Ted Jack; '43 BSBA; Retailer/Mgr.; Ted Jacobs Inc., 209 4th St., Lorain, OH 44052, 216 245-6814; r. 3031 E. Erie Ave., Lorain, OH 44052, 216 288-8146.

JACOBS, Terry R.; '66; Pres.; Brice Builders Inc., 4480 Refugee Rd., Columbus, OH 43232, 614 864-1097; r. 2799 Maywood Rd., Columbus, OH 43232, 614 866-1536.

JACOBS, Thomas Edward; '86 MBA; Dir. of Material; Tech Devel. Inc., 6800 Poe Ave., POB 1400-0, Dayton, OH 45414, 513 878-9600; r. POB 21, Ft. Loramie, OH 45845, 513 492-7454.

JACOBS, Thor Michael; '81 BSBA; Accounts Mgr.; Cincinnati Bell Info. Systs., POB 1638, Cincinnati, OH 45201, 513 784-5410; r. 1004 Eastland Ter., Cincinnati, OH 45230, 513 232-6263.

JACOBS, William Edward; '83 MBA; Cnsltg. Mgr.; Mgmt. Horizons/Price Waterhouse, 570 Metro Pl. N., Dublin, OH 43017, 614 764-9555; r. 33 Forest Ridge Ct., Powell, OH 43065.

JACOBSEN, Robert Gill; '78 BSBA; Staff; Acceleration Life Ins. Co., 475 Metro Pl. N., Dublin, OH 43017; r. 76 Garden Rd, Columbus, OH 43214, 614 268-2545.

JACOBSON, Henry; '43 BSBA; Pres.; Jay Pontiac Inc., 565 Broadway, Bedford, OH 44146, 216 232-5000; r. 31299 Gates Mills Blvd., Cleveland, OH 44124, 216 442-6043.

JACOBSON, Joyce Ann; '82 MLHR; 2651 Eastcleft Rd., Columbus, OH 43221, 614 459-1827.

JACOBSON, Kenneth Allan; '78 BSBA; Mgr. of Acctg.; ITT Rayonier Inc., Fernandina Division, POB 2002, Fernandina Bch., FL 32034; r. 5395 Meadow Wood Blvd., Cleveland, OH 44124.

JACOBSON, Laurie Ann; '84 BSBA; Installer/Trainer; Systs. Alternatives, 1946 N. 13th St., Toledo, OH 43624, 419 255-7715; r. 5837 Ryewyck Dr., Toledo, OH 43614, 419 867-9211.

JACOBSTEIN, Robert Howard; '84 MBA; 11301 Classical Ln., Silver Spring, MD 20901, 301 681-6684.

JACOBUS, Julie L.; '88 BSBA; 2868 Shade Rd., Akron, OH 44313, 216 666-2005.

JACOBY, Byron H.; '50 BS; Manufacturers Agt.; Dempsco, 7015 Corporate Way, Dayton, OH 45459, 513 434-3146; r. 5299 Cynthia Ln., Dayton, OH 45429, 513 434-3114.

JACOBY, Charles A.; '57 BSBA; Agt.; Nationwide Ins., 657 High St., Worthington, OH 43085, 614 846-5025; r. 400 Whitney Ave., Worthington, OH 43085, 614 846-5143.

JACOBY, David Allen; '86 BSBA; Staff Acct.; Ernst & Whinney, 2400 Nationwide Plz., Columbus, OH 43215, 614 224-5678; r. 4825-G Pennfair St., Columbus, OH 43214, 614 459-4561.

JACOBY, George R.; '54 BSBA; Ins. Broker; Wm. Leonard Ins. Agcy. Inc., 7373 Beechmont Ave., Cincinnati, OH 45230, 513 231-7660; r. 8445 Gamma Ct., Cincinnati, OH 45231, 513 522-6338.

JACOBY, George William; '74 MPA; Deputy Treas.; City Sch. Dist., 341 S. Bellefield Ave., Pittsburgh, PA 15213; r. 2388 Crestview Rd, Pittsburgh, PA 15216, 412 561-4469.

JACOBY, Matthew Gerald; '79 BSBA; CPA; Alexander & Rogers, 4000 S. Medford, Lufkin, TX 75901; r. 322 Laurel Ln., Nacogdoches, TX 75961, 409 569-8039.

JACOBY, Thomas H.; '57 BSBA; CPA/Pres.; 1080 Fishinger Rd, Columbus, OH 43221, 614 457-1990; r. 1930 Seaford Ct., Columbus, OH 43220.

JACOMET, Joseph Allen; '75 MBA; Section Mgr.; Battelle Mem. Inst., 505 King Ave., Columbus, OH 43201, 614 424-6533; r. 5610 Roesland Dr., Galena, OH 43021, 614 548-4348.

JACQUES, Joseph R.; '40 BSBA; Retired; r. 5903 Orchard Ave., Cleveland, OH 44129, 216 884-0574.

JACQUES, Randall Scott; '88 BSBA; 6199 Barberry Hollow, Columbus, OH 43213, 614 866-9412.

JACQUES, Robert John; '71 MBA; Mgr. of Finance; Borden, Inc., 180 E. Broad St., Columbus, OH 43215; r. 5582 Spohn Dr., Westerville, OH 43081, 614 890-5573.

JADOS, Andrew Stephen, Jr.; '78 BSBA; Analyst; Anheuser Busch Inc., 700 Schrock Rd, Columbus, OH 43229; r. 85 Spring Hollow Ln., Westerville, OH 43081, 614 891-6732.

JAEGER, Donald C.; '59 BSBA; Partner; Lloyd, Darner, Guenther & Ellis, 3055 Kettering Blvd., Ste. 101, Dayton, OH 45439, 513 297-3000; r. 6496 Freeport Dr., Dayton, OH 45415, 513 890-2760.

JAEGER, John W., Jr.; '59 BSBA; Asst. VP/Reimbursemnt; Blue Cross of Western PA, Fifth Ave. Pl., Pittsburgh, PA 15222, 412 255-7783; r. 247 Broadmoor Ave., Pittsburgh, PA 15228, 412 563-1639.

JAEGER, Sally Kuster, (Sally Kuster); '51 BSBA; Homemaker; r. 5107 Thornhill Ln., Dublin, OH 43017, 614 761-2575.

JAEGER, Sharon A. '85 (See Broker, Sharon J.).

JAEGER, William C.; '50 BSBA; Ins. Agt.; Jaeger Ins. Agcy., POB 21698, Columbus, OH 43216; r. 5107 Thornhill Ln., Dublin, OH 43017, 614 761-2575.

JAFFE, Alvin E.; '50 BSBA; Real Estate Investor; Beachwood, OH 44122; r. 23818 E. Baintree Rd, Beachwood, OH 44122, 216 382-6154.

JAFFE, Burton H.; '55 BSBA; 3708 N. Oakland St., Arlington, VA 22207.

JAGODNIK, MAJ Warren Lee, USAF; '73 BSBA; Fighter Pilot; Tactical Air Warfare Ctr., Commander's Exec. Ofc., Eglin AFB, FL 32542, 904 882-2885; r. 431 Martinique Cove, Niceville, FL 32578, 904 897-5161.

JAHN, Arthur C.; '29 BSBA; Retired Sr. Partner; Arthur C Jahn & Co. CPA's, Columbus, OH 43214; r. 2228 Yorkshire Rd., Columbus, OH 43221, 614 488-8449.

JAHN, David Ralph; '71 BSBA; Proj. Dir.; Nationwide Ins., Agency Ofc. Automation, One Nationwide Plz., Columbus, OH 43216, 614 249-5412; r. 11711 Brookwood Ct. NW, Pickerington, OH 43147, 614 837-4777.

JAITE, Mrs. Linda S., (Linda Snook); '86 BSBA; Tax Acct.; Leasing Dynamics, Inc., 1375 E. 9th St., Cleveland, OH 44114, 216 687-0100; r. 8263 Wiese Rd., Cleveland, OH 44141, 216 838-5312.

JAKEWAY, Ms. Mary Pollock; '87 MBA; Ind. Pretreatment Coord.; City of Columbus, 900 Dublin Rd., Columbus, OH 43215, 614 645-7016; r. 175 Powhatan Ave., Columbus, OH 43204, 614 276-6036.

JAKOB, E. Martina; '86 MBA; Homemaker; r. 945 Greenridge Rd., Columbus, OH 43235, 614 846-1919.

JAKUBISIN, Nancy Joann; '88 BSBA; 1318 Virginia Ave. A, Columbus, OH 43212, 614 299-9413.

JAMES, Betsy '82 (See Schaaf, Mrs. Betsy J.).

JAMES, Charles Dee; '68 BSBA; Asst. Comptroller; Cadillac Div.-GM, 2860 Clark Ave., Detroit, MI 48232, 313 554-7786; r. 4349 Greensboro Rd., Troy, MI 48098, 313 524-2317.

JAMES, David Lorey; '53 BSBA; Retired; r. 3213 La Encina Way, Pasadena, CA 91107, 818 796-2940.

JAMES, David Richard; '85 BSBA; Computer Programmer; Nationwide Ins. Co., One Nationwide Plz., Columbus, OH 43216; r. POB 15723, Columbus, OH 43215.

JAMES, David Russell; '77 BSBA; Mgr. Mfg. & Distrib. Syst; Electrolux, 300 E. Valley Dr., Bristol, VA 24201, 703 466-2251; r. 224 Monticello Dr., Bristol, VA 24201, 703 669-8370.

JAMES, Delber Lutz; '46 BSBA; Retired; r. 258 Burgess Ave., Dayton, OH 45415, 513 275-5322.

JAMES, Donald W.; '70 BSBA; CPA-Tax Partner; Kiplinger & Co., 15300 Pearl Rd, Strongsville, OH 44136, 216 238-0222; r. 15027 Cowley Rd, Columbia Sta., OH 44028, 216 926-3745.

JAMES, Doris Jean; '80 MPA; 208 Wellesley St., Hempstead, NY 11550.

JAMES, George London; '78 BSBA; Acctg. Clerk; Freedom Natl. Bank, 275 W. 125th St., New York, NY 10027; r. 1989 Bairsford Dr., Columbus, OH 43227, 614 873-0669.

JAMES, John William; '47 BSBA; 6255 Alrojo, Worthington, OH 43085, 614 888-9944.

JAMES, Kevin Paul; '82 BSBA; 11635 Chelsea Ct., Noblesville, IN 46060.

JAMES, Langley Bruce; '64 BSBA; 9502 Neuseway, Great Falls, VA 22066, 703 759-4464.

JAMES, Leno Benjamin; '69; Agt.; John Hancock Mutual Life, Frank Clegg Agency, 250 E. Broad, Columbus, OH 43215; r. 70 S. Ardmore Rd, Columbus, OH 43209, 614 235-1859.

JAMES, Phyllis Arnold; '50; 1162 Oldgate Ct., Mc Lean, VA 22101, 703 356-1868.

JAMES, Richard Lee; '82 BSBA; Staff; Rockwell Intl., 4300 E. 5th Ave., Columbus, OH 43219; r. 19 E. Longview, Columbus, OH 43202, 614 268-7654.

JAMES, Robert Charles; '71 MBA; VP Product Mktg.; N C R Corp., 1700 S. Patterson Blvd., Dayton, OH 45479, 513 445-2950; r. 833 Barth Ln., Kettering, OH 45429, 513 294-4498.

JAMES, Sandra '81 (See Kaplan, Sandra James).

JAMES, Sue J. '66 (See Eagleson, Mrs. Sue J.).

JAMES, Teri Compton; '82 BSBA; POB 105, Centerburg, OH 43011, 614 625-6310.

JAMES, Thomasine '84 (See Dotson, Mrs. Thomasine).

JAMES, Wilbur Gene; '71 MBA; Gen. Engr./Usaf; r. 4908 Sweetbirch Dr., Dayton, OH 45424, 513 233-3990.

JAMES, William Richard; '51 BSBA; Retired; GE Co., 625 The City Dr., Orange, CA 92668; r. 886 Shadowgrove St., Brea, CA 92621, 714 990-5189.

JAMES, William Ross; '71 MBA; Systs. Cnslt.; AT&T Data Systs. Grp., 300 W. Wilson Bridge Rd., Worthington, OH 43085, 614 431-7700; r. 1554 Austin Dr., Columbus, OH 43220, 614 457-6024.

JAMESON, Christine Renee; '87 BSBA; Controller; MFP Ins. Agcy., 46 E. Gay St., Ste. 904, Columbus, OH 43215, 614 221-2398; r. 5136 Reddington Ct., Dublin, OH 43017, 614 459-2090.

JAMESON, J. Ross, II; '62 BSBA; Asst. Mgr.; Economy S&L, 141 E. Liberty St., Wooster, OH 44691; r. 145 Cannon, Wooster, OH 44691.

JAMESON, John W.; '59 BSBA; 5140 N. High St., Apt. 106, Columbus, OH 43214.

JAMESON, Mrs. Mary Chakeres; '36 BSBA; Owner; Classic Travel Tours, 3080 Edgefield Rd., Columbus, OH 43221, 614 457-4863; r. Same.

JAMESON, Richard Crane; '65 BSBA; Pilot; United Airlines, O'Hare Intl. Airport, Chicago, IL 60607; r. 6151 Seneca Ct., Grove City, OH 43123, 614 875-5415.

JAMIE, Kenneth David; '80 MBA; 2101 Cardinal Harbour Rd., Prospect, KY 40059, 502 228-3030.

JAMIESON, Gregory Alexander; '78 MBA; Financial Svcs. Mgr.; The Coca-Cola Co., One Coca-Cola Plz., Atlanta, GA 30313, 404 676-2585; r. 2187 N. Forest Tr., Dunwoody, GA 30338, 404 454-8955.

JAMIESON, Peggy A., (Peggy A. Pico); '86 BSBA; Sr. Bus. Analyst; Community Mutual, 1351 William Howard Taft Rd., Cincinnati, OH 45206, 513 872-8447; r. 5473 Beechmont Ave., Apt. 409, Cincinnati, OH 45230, 513 231-4895.

JAMIS, David Franklin; '80 BSBA; Acct.; White & Ellis Drilling, Inc., 401 E. Douglas, Ste. 500, Wichita, KS 67202, 316 263-1102; r. 542 N. Crestway, Wichita, KS 67208, 316 682-6578.

JAMISON, Donna; '87 BSBA; Personnel Asst.; Lennox Industries Inc., 1711 Olentangy River Rd., Columbus, OH 43212, 614 421-6293; r. 870 N. Meadows Ct., Apt. F, Columbus, OH 43229, 614 848-9945.

JAMISON, Jack Dean; '77 BSBA; Operations Mgr.; Rohner Distributors, Inc., 763 S. Broadway, Akron, OH 44311, 216 253-4173; r. 408 E. Baird Ave., Barberton, OH 44203, 216 848-3952.

JAMISON, Mark Edward; '88 BSBA; 4054 Letort Ln., Allison Park, PA 15101, 412 487-0631.

JAMISON, William Hardin; '72 MBA; C/O Dr Andrew Marshall Jamison, 371 Country Club Rd, Columbus, OH 43213, 614 866-0111.

JANAKIEVSKI, Vancho; '88 BSBA; 1209 Westphal Ave., Columbus, OH 43227, 614 237-3544.

JANATOWSKI, Thomas Joseph; '66 BSBA; Dir./Internal Audit; Lucas Aerospace Inc., 11150 Sunrise Valley Dr., Reston, VA 22091, 703 264-1704; r. 8370 Greensboro Dr., Apt. 203, Mc Lean, VA 22102, 703 442-0455.

JANCOSEK, Jan A.; '58 BSBA; Cost Analyst; Rockwell Intl., POB 464, Golden, CO 80402, 303 966-4980; r. 4693 Chatham Way, Boulder, CO 80301, 303 530-2627.

JANDASEK, David Stephen; '85 BSBA; 8211 W. Grand River, Brighton, MI 48116, 313 227-5891.

JANDER, Donald Edgar; '87 BSBA; Tax Agt.; State of Ohio, Dept. of Taxation, 1880 E. Dublin-Granville Rd., Columbus, OH 43229, 614 895-6250; r. 5694 Satinwood Dr., Columbus, OH 43229, 614 885-9669.

JANDER, Thomas Richard; '62 BSBA; Distribution Mgr.; Procter & Gamble Co., One Procter & Gamble Plz., Cincinnati, OH 45202, 513 530-4531; r. 7112 Bestview Ter., Cincinnati, OH 45230, 513 232-7796.

JANDOREK, Richard Harold; '78 MBA; VP; John Garrison Real Estate, 925 Long Ridge Rd., Stamford, CT 06902; r. 22 Fishing Tr., Stamford, CT 06903.

JANER, Mark A.; '81 BSBA, '88 MBA; Customer Srv Expedtr; UPS, 2700 Rathmell Rd., Obetz, OH 43207; r. POB 131, Powell, OH 43065, 614 764-2274.

JANES, Charles L.; '48 BSBA; Retired; r. 1414 Lakeshore Dr., # B, Columbus, OH 43204, 614 486-1714.

JANES, Clair Willet; '50 BSBA, '53 MBA; Prof. of Acctg.; San Jose State Univ., Sch. of Business, 1 Washington Sq., San Jose, CA 95192, 408 924-3481; r. 7034 Via Valverde, San Jose, CA 95135.

JANES, Kimberly Lynn; '86 BSBA; 517 City Park, Columbus, OH 43215.

JANES, Stasia Anne; '84 BSBA; Pharmaceutical Repr; Beecham Labs, 501 Fifth St., Bristol, TN 37620; r. 2026 Inchcliff Rd., Columbus, OH 43221, 614 486-5089.

JANEZIC, Louis A.; '49 BSBA; Retired; r. 4901 Occoquan Club Dr., Woodbridge, VA 22192, 703 590-4560.

JANICK, Ms. Colleen Irene; '81 MBA; Prod. Mgr.; Hewlett-Packard Co., 3000 Minuteman Rd., Andover, MA 01810, 508 687-1501; r. 1 Roosevelt Rd., Wilmington, MA 01887.

JANIK, Frank Joseph, Jr.; '48 BSBA; Atty.; Frank J Janik & Assocs., 153 Park Ave., Amherst, OH 44001, 216 988-4172; r. 275 Crosse Rd., Amherst, OH 44001, 216 988-9019.

JANKO, Marie T. '86 (See Crotts, Mrs. Marie T.).

JANKORD, Mrs. Jean D., (Jean D. Stange); '81 BSBA; Mktg. Mgr.; Westfield Ins. Cos., 3115 S. Orchard Vista Dr., SE, Grand Rapids, MI 49588, 616 949-6510; r. 7180 Eastwood, Jenison, MI 49428, 616 457-6862.

JANNAZO, Louis Anthony; '78 MPA; Chief of Plng.; ODOT Rail Div., 25 S. Front St., Columbus, OH 43216, 614 275-2890; r. 373 E. Tulane, Columbus, OH 43202, 614 263-6343.

JANOTKA, Peter John; '76 BSBA; Eray Operator; Kreber Graphics, Inc., 670 Harmon Ave., Columbus, OH 43223, 614 228-3501; r. 3106 Somerford Rd., Columbus, OH 43221, 614 451-7588.

JANOVITZ, Alvin B.; '51 BSBA; VP Constr. Lending; First Fed. Savings Bank, 28789 Chagrin Rd., Woodmere, OH 44122, 216 831-1998; r. 3659 Strathavon Rd, Shaker Hts., OH 44120, 216 921-8843.

JANOVITZ, Lee Bradford; '78 BSBA; CFO; Laurelwood Hosp., 35900 Euclid, Willoughby, OH 44094, 216 953-3315; r. 20001 Sussex Rd., Cleveland, OH 44122, 216 283-7389.

JANOWICZ, Victor F.; '52; Administrative Asst.; Ohio State Auditors Ofc., 88 E. Broad St., Columbus, OH 43215, 614 466-2468; r. 1966 Jervis Rd, Columbus, OH 43221, 614 486-3431.

JANOWIECKI, Debra J. '84 (See Tillman, Debra Janowiecki).

JANOWIECKI, John; '83 MBA; Occupational Engr.; AT&T Columbus, 6200 E. Broad St., Columbus, OH 43213, 614 860-2544; r. 344 Leaning Fence Ct., Pickerington, OH 43147, 614 833-9497.

JANSEN, Gregory V.; '83 BSBA; 2314 Springcress Ave., Grove City, OH 43123.

JANSEN, Lance Kim; '71 BSBA; Treas.; Jansen Dry Cleaners, 716 S. 2nd St., Hamilton, OH 45011, 513 867-8300; r. 82 Winding Tr., Fairfield, OH 45014, 513 874-7623.

JANSEN, Susan Marie; '85 BSBA; Syst. Engr.; Electronic Data Systs., 7171 Forest Ln., Dallas, TX 75230; r. 3219 US Rte. 127, Celina, OH 45822.

JANSON, Douglas Richard; '75 BSBA; Auditor; Defense Constr. & Supply, 3990 E. Broad St., Columbus, OH 43216, 614 238-3273; r. 3390 Clearview Ave., Columbus, OH 43221, 614 451-9582.

JANSON, Ernest C., Jr.; '44 BSBA; Retired; r. 216 Roger Webster, Williamsburg, VA 23185, 804 220-2326.

JANSSEN, Harold Henry; '42 MBA; Retired; r. 171 W. Riverglen Dr., Worthington, OH 43085, 614 885-7702.

JANUSKA, Laurie Ann; '88 BSBA; 4521 Vandemark Rd, Litchfield, OH 44253, 216 667-2201.

JANUSZ, David L.; '67 MBA; Dir.; P P G Industries Inc., Engineering & Purchasing, 680 Pittsburgh Dr., Delaware, OH 43015, 614 363-9610; r. 1201 Wyandotte Rd., Columbus, OH 43212, 614 486-3498.

JANUZZI, Paul Ettore; '86 BSBA; 724 Lincoln St., Amherst, OH 44001.

JANZ, Donald H.; '57 MBA; Retired; The Ohio State Univ., 190 N. Oval Mall, Columbus, OH 43210; r. 3910 Chevington Rd., Columbus, OH 43220, 614 451-4729.

JANZEN, Jay Milton; '74 BSBA, '76 MPA; Grp. Svcs. Mgr.; Mennonite Mutual Aid Assoc., 1110 N. Main, Goshen, IN 46526, 219 533-9511; r. 1708 Clg. Manor, Goshen, IN 46526, 219 534-5038.

JAQUAY, Janet '84 (See Prior, Janet Jaquay).

JAQUITH, Kent William; '84 BSBA; 3581 Ramsgate Rd., Columbus, OH 43221, 614 459-0135.

JARASEK, Paul Andrew; '85 MBA; Mfg. Engr.; Morse Controls, 21 Clinton St., Hudson, OH 44236, 216 653-7784; r. 10130 Spinnaker Run, Aurora, OH 44202, 216 562-7947.

JARBOE, Jeffrey Ross; '78 BSBA; CFO; Sierra Nevada Corp., POB 6900, Reno, NV 89513, 702 345-2722; r. POB 2147, Gardnerville, NV 89410, 702 265-3383.

JARBOE, Terry Elizabeth; '80 BSBA; Proj. Mgr.; Rielly Homes, 4350 Von Karman, Newport Bch., CA 92660, 714 851-1646; r. 2430 Santa Ana Ave. #A2, Costa Mesa, CA 92627, 714 722-7458.

JARDINE, Robert Scott; '88 BSBA; Collections Coord.; GE, 4370 Malsbary Rd., Cincinnati, OH 45242, 800 345-0594; r. 9078 Woodstream Ln., Spring Vly., OH 45370, 513 885-2199.

JARED, Isaac Eugene; '59 BSBA; Regional VP; Recognition Equip. Inc., 700 Ackerman Rd., Ste. 480, Columbus, OH 43202, 614 457-2152; r. 5238 Brynwood Dr., Columbus, OH 43220, 614 457-2462.

JAROS, Scott James; '84 BSBA; Asst. Mgr.; Transamerica Corp., 4600 E. Broad St., Ste. 415, Columbus, OH 43213, 614 864-3911; r. 4857 Birmingham Ct., Columbus, OH 43214, 614 459-3687.

JARRETT, Sheila R. '85 (See Nicely, Mrs. Sheila R.).

JARVI, Aaron Lee; '88 BSBA; 125 W. Dodridge 303, Columbus, OH 43202, 614 267-5011.

JARVIS, David Eric; '82 BSBA; Systs. Analyst; Thomson Consumer Electronics, 600 N. Sherman Dr., Indianapolis, IN 46206, 317 267-5796; r. 814 N. Wallace, Indianapolis, IN 46201, 317 357-5353.

JARVIS, Lauretta '84 (See Jarvis-Philips, Lauretta).

JARVIS, Michael Mountain; '63; Pres.; The Jarvis Co., 1050 S. Federal Hwy., Delray Bch., FL 33444, 407 243-1479; r. c/o Pine Tree Golf Club, 4150 St. Andrews Dr., Boynton Bch., FL 33436, 407 734-0468.

JARVIS, Ms. Susan Mary; '87 MBA; Product Mgr.; Online Computer Library Ctr., 6565 Frantz Rd., Dublin, OH 43017, 614 764-6083; r. 2204 Amherst Ave., Columbus, OH 43223.

JARVIS-PHILIPS, Lauretta, (Lauretta Jarvis); '84 MBA; Product Mgr.; Bristol Myers USPNG, 2404 W. Pennsylvania St., Evansville, IN 47721, 812 429-7347; r. 1551 S. Plaza Dr., Evansville, IN 47715.

JARZEN, Thomas M.; '67 BSBA; Asst. Exec. Dir.; Mental Health Ctr., 331 E. 8th St., Anniston, AL 36201, 205 236-3403; r. 7 Windsor Cir., Anniston, AL 36201, 205 238-8988.

JASINSKI, P. Thomas; '75 BSBA; Supv./Acct.; Allied Signal Inc., 901 Cleveland St., Elyria, OH 44035, 216 329-9740; r. 566 West St., Amherst, OH 44001, 216 988-8981.

JASKARI, Susan '83 (See St. Laurent, Susan J.).

JASON, Nolan C.; '77 BSBA; Owner; Jason's Midi Marts, 3244 Fairfield Ave., Cincinnati, OH 45207, 513 861-1835; r. 6300 Elwynne Dr., Cincinnati, OH 45236, 513 793-2909.

JASPERS, Thomas M.; '77 BSBA; Pres.; Manufacturer's Fuel Co., 130 1/2 N. Prospect, POB 521, Granville, OH 43023, 614 587-2000; r. 79 Spangler Ct., Granville, OH 43023, 614 587-3932.
JASWA, Rhonda L. '77 (See Matt, Ms. Rhonda Jaswa).
JAVENS, Ralph Leroy, Jr.; '76 BSBA; 1459 Alison Jane Ln., Kennesaw, GA 30144, 404 928-9902.
JAW, Dr. Yi-Long; '86 MA, '87 PhD (BUS); Assoc. Prof.; Natl. Taiwan Univ., Dept. of International Trade, Taipei, Taiwan; r. 4171 Lyon Dr., Columbus, OH 43220.
JAWA, Abdul Rahman Amin; '74 BSBA; POB 34, Riyadh OS, Saudi Arabia.
JAWORSKI, Diane '84 (See McCoy, Diane Jaworski).
JAY, Arthur Hale; '85 BSBA; Sales Repr; Owens Corning Fiberglas, One Appletree Sq. #1252, Bloomington, MN 55425, 612 854-4994; r. 4645 1/2 Penkwe Way, St. Paul, MN 55122, 612 681-9248.
JAY, Ben C.; '81 BSBA; Grad. Student; Ohio State Univ., St. John Arena, Rm. 236, 410 Woody Hayes Dr., Columbus, OH 43210, 614 292-4679; r. 470 Springs Dr., Columbus, OH 43214, 614 267-5105.
JAY, David Edward, Esq.; '76 BSBA; Owner; David E. Jay & Assocs., 4884 Dressler Rd. NW, Canton, OH 44718, 216 493-8257; r. 5524 Glenhill NE, N. Canton, OH 44721, 216 492-0580.
JAY, Jack G.; '42 BSBA; Retired; r. 1286 Crestwood Ave., Columbus, OH 43227, 614 235-0785.
JAYASIMHA, Vikram B.(Vic); '81 MBA; Dir. of Corporate Plng.; NCR Canada Ltd., 6865 Century Ave., Mississauga, ON, Canada L5N2E2, 416 826-9000; r. 4205 Shipp Dr. #2808, Mississauga, ON, Canada L4Z2Y9, 416 896-9216.
JAYKEL, Daniel Paul; '74 BSBA; 35 Willow Haven Dr., Elyria, OH 44035.
JAYNE, Patrick Henry; '71 BSBA; Regional Mgr. in Central; Ashland Chemical, 6428 Joliet Rd., Countryside, IL 60525, 312 579-2879; r. 3932 Broadmoor Cir., Naperville, IL 60565, 312 851-4013.
JAYNES, Beth Ann; '88 BSBA; 224 Electric, Westerville, OH 43081, 614 882-4097.
JAYNES, Donald K.; '52 BSBA; 941 Thomas, Columbus, OH 43212, 614 294-8638.
JAYNES, Mark Steven; '82 BSBA; Projects Coord.; Geupel Constr. Co. Inc., POB 26540, Phoenix, AZ 85068, 602 879-6013; r. 1601 E. Villa Maria Dr., Phoenix, AZ 85022.
JAYSON, Lisa M. '82 (See White, Lisa J.).
JAZBEC, Laurie Ann; '82 BSBA; Mktg. Coord.; Whitlatch & Co., POB 363, Twinsburg, OH 44087, 216 425-3500; r. 1835 Edenhall Dr., Lyndhurst, OH 44124, 216 449-1737.
JEANGUENAT, Jerry L.; '59 BSBA; Pres.; Jeanco Inc., 904 Peach St., Erie, PA 16501, 814 474-3935; r. 6851 Haskell Dr., Fairview, PA 16415, 814 474-3935.
JEANNIN, Isabelle Josette; '88 MBA; 79 E. Eleventh Ave. H, Columbus, OH 43201, 614 294-3465.
JECHURA, Ralph C.; '65 MBA; Sales Rep.; Central Data Corp., Kroger Bldg. 1014 Vine St., Cincinnati, OH 45202; r. 8262 Coppernail Way, West Chester, OH 45069, 513 874-5326.
JECKELL, Betty Smith; '36; Homemaker; r. 417 Ingram Rd., Cincinnati, OH 45218, 513 825-6983.
JEFFCOAT, James William; '87 MBA; Financial Analyst; Warner Cable Communications, 400 Metro Pl. N., Dublin, OH 43017, 614 792-7492; r. 120 Broadmeadows Blvd., Columbus, OH 43214, 614 847-9537.
JEFFERIS, Heidi Ann; '84 BSBA; Gen. Acct.; Banner Industries, Inc., 25700 Science Park Dr., Beachwood, OH 44122, 216 464-3650; r. 3256 Ormond Rd., Cleveland Hts., OH 44118, 216 321-1379.
JEFFERIS, Melanie Joy; '87 BSBA; Cost Acct.; BF Goodrich Technical Ctr., Moore & Wlker Rds., POB 122, Avon Lake, OH 44012, 216 933-0226; r. 165 Best St., Berea, OH 44017, 216 243-5465.
JEFFERS, Aldo K.; '50 BSBA; Retired; r. 556 Wickham Way, Gahanna, OH 43230, 614 471-8854.
JEFFERS, Carolyn Angell; '62 BSBA; 8745 Red Fox Ln., Cincinnati, OH 45243, 513 271-3085.
JEFFERS, Carolyn L. '75 (See Gill, Carolyn J.).
JEFFERS, Gregory Alan; '87 BSBA; 6301 Renner Rd., Columbus, OH 43228, 614 878-2952.
JEFFERS, James K.; '52 BSBA; Retired; r. 1465 Clubview Blvd., Worthington, OH 43085, 614 888-6179.
JEFFERY, Morton L.; '63 BSBA; Industrial Engr.; GM Corp., CPC Group, Moraine Engine Plant Box 1291, Dayton, OH 45401, 513 455-2160; r. 2417 Springmill Rd., Dayton, OH 45440, 513 434-8584.
JEFFIRE, Thomas William; '88 BSBA; 48 E. Lakeview, Columbus, OH 43202, 614 262-3309.
JEFFREY, Dwight Alan; '74 BSBA; Pres.; Prestige Bath & Spa, 1255-7 Johnson Ferry Rd., Marietta, GA 30068, 404 973-9261; r. 2856 Barbara Ln., Marietta, GA 30062, 404 971-5630.
JEFFREY, Joseph Andrew, Jr.; '62; Crooked Mile Rd., Gahanna, OH 43230, 614 475-3111.
JEFFREY, Peter; '55 BSBA; Council; GE Co., Fairfield, CT 06430, 203 373-2414; r. 180 Glengarry Rd., Fairfield, CT 06430, 203 374-6413.
JEFFRIES, Beth H., (Beth Susan Habegger); '84 BSBA; Trng. Rep.; Columbus State Community Clg., 550 E. Spring St., 101 Eivling Hall, Columbus, OH 43216, 614 227-2480; r. 5123 Fairway Lakes Dr., Westerville, OH 43081, 614 882-0907.
JEFFRIES, Jack B.; '63 BSBA; Sales Mgr.; Automatic Fire Protection, 3265 N. 126th St., Brookfield, WI 53005, 414 781-9665; r. 3419 W. Burgundy Ct., Mequon, WI 53092, 414 242-1739.
JEFFRIES, Jack Gary; '85 MBA; Assoc. Dir.; Ohio State Univ., Engineering Experiment Sta., 2070 Neil Ave., Columbus, OH 43210, 614 422-8312; r. 4860 Medfield Way, Apt. L, Columbus, OH 43228, 614 870-6858.
JEFFRIES, Patrick James; '76 BSBA; Chief Acct.; Baptist Regional Health Svcs., 1000 W. Moreno St., Pensacola, FL 32501, 904 434-4878; r. 2421 Atwood Dr., Pensacola, FL 32514, 904 478-7884.
JEFFRIES, Patrick M.; '66 BSBA; Trng. Dir.; State Farm Ins. Co., 1440 Granville Rd, Newark, OH 43055, 614 349-5800; r. 500 Hemlock Pl., Newark, OH 43055, 614 366-3980.
JEFFRIES, Ronald Charles; '69 MPA; Benefits Administrtr; Celina Financial Corp., Insurance Sq., Celina, OH 45822; r. 641 Oak Creek Ct., Jefferson City, MO 65101.
JEFFRIES, Samuel Jacob; '74 BSBA; Mktg.; Circle Business Credit, Inc., 10585 N. Meridian St., Indianapolis, IN 46290; r. 7821 Meadowbrook Dr., Indianapolis, IN 46240, 317 259-4527.
JEKICH, John; '82 BSBA; 1470 - 302 Slade, Columbus, OH 43220, 614 459-2563.
JELENIC, Frank Odon, Jr.; '72 BSBA; Prog. Change Coord.; Ford Motor Co., The American Rd., Dearborn, MI 48121; r. 41941 Kentvale, Mt. Clemens, MI 48044, 313 286-0137.
JELENKO, Jesse F., Jr.; '35; Retired; r. Country Club of Florida, Village of Golf, FL 33436.
JELETT, James T.; '50 BSBA; Gen. Mgr./Owner; Metro Industries, 1050 W. Goodale Blvd., POB 184, Columbus, OH 43212; r. 1425 Montcalm Rd., Columbus, OH 43221, 614 488-5750.
JELLIFF, Edwin H.; '40 BSBA; Retired; Arizona Bankers Assoc., Phoenix, AZ 85003; r. 14001 Driftwood Point, Sun City, AZ 85351, 602 977-4933.
JELLIFFE, Charles Gordon; '37 BSBA; Chmn. & CEO; First Fidelity Bank of New Jersey; r. 2901 Gulf Shore Blvd. N., Naples, FL 33940, 813 261-1681.
JEMISON, David Blair; '69 BSBA, '70 MBA; Assoc. Prof./Mgmt.; Stanford Univ., POB, Stanford, CA 94305; r. 3517 Fawn Tr., Austin, TX 78746.
JENCSON, David Michael; '78 BSBA; Production Mgr.; Viacom Cablevision, 7 Severance Cir., Cleveland Hts., OH 44118, 216 291-4006; r. 6812 Glenella Dr., Seven Hls., OH 44131, 216 524-6980.
JENDE, Maris; '72 BSBA; Audits/Reimbursements Mgr; Ohio Dept. of Human Svcs., 30 E. Broad St., Columbus, OH 43215, 614 644-2186; r. 9587 Sunset Dr., Powell, OH 43065, 614 889-2248.
JENDER, Patricia Turner; '81 BSBA; Supv.; Toledo Trust Co., Auditing Services, 245 N. Summit St., Toledo, OH 43603, 419 259-8191; r. 140 Edgewood Dr., Perrysburg, OH 43551, 419 874-4340.
JENDER, Robert Walter, Jr.; '82 BSBA; Sales Rep./S & S Pkg; r. 140 Edgewood Dr., Perrysburg, OH 43551, 419 874-4340.
JENEFSKY, Jack; '41 BSBA; Pres.; Bowman Supply Co., POB 1404, Dayton, OH 45401, 513 254-6241; r. 136 Briar Heath Cir., Dayton, OH 45415, 513 274-4761.
JENKINS, Hon. Bruce; '50 BSBA; Judge; Franklin Co. Municipal Ct., 375 S. High St., Columbus, OH 43215; r. 4472 Loos Cir. E., Columbus, OH 43214, 614 457-6938.
JENKINS, Coreen Meunier; '81 BSBA; Acct. Rep.; Carolina Freight Corp., 1720 Joyce Ave., Columbus, OH 43219; r. 3721 Kennybrook Bluff, Columbus, OH 43220.
JENKINS, Craig Alan; '79 BSBA; Field Claim Repr; State Farm Fire & Casualty Co., 3333 S. Arlington, Akron, OH 44312; r. 43 Mull Ave., Akron, OH 44313.
JENKINS, Daniel Robert; '82 BSBA; Sr. Sales Rep.; Lotus Devel., 2010 Main St., Ste. 1100, Irvine, CA 92714, 714 476-3600; r. 22606 Wood Shadow Ln., Lake Forest, CA 92630, 714 458-7714.
JENKINS, Dennis Mark; '69 BSBA; Partner; Jenkins Ins. Agcy., 885 SE Ave., Tallmadge, OH 44278, 216 633-5525; r. 720 Pennwood Dr., Tallmadge, OH 44278, 216 633-5059.
JENKINS, Gary Martin; '65 BSBA; Sr. Budget Analyst; Public Svc. Co. of Indiana, 1000 E. Main St., Plainfield, IN 46168; r. RR 1, POB 436, Pittsboro, IN 46167, 317 892-4281.
JENKINS, Harold Eugene; '78 BSBA; Acctg. Supv.; Ashland Chemical Co., 5200 Paul Blazer Memorial Pkwy, Dublin, OH 43017; r. 4035 Dumfries Ct., Columbus, OH 43220.
JENKINS, Harold Gene; '51 BSBA; Staff VP/ Purchasing; Nabisco Brands Inc., River Rd. & Deforest Ave., E. Hanover, NJ 07936, 201 884-3540; r. 25 Land of Oaks, Oak Ridge, NJ 07438, 201 697-1572.
JENKINS, Henry Lee, Jr.; '78 MPA; Div. Chief; Ohio Dept. of Human Svcs., Div. of Adult&Child Care Srvcs, 30 E. Broad St. 30th Fl., Columbus, OH 43215, 614 466-1043; r. 1815 Franklin Ave., Columbus, OH 43205, 614 258-2014.
JENKINS, John Blaine; '62 BSBA; Dir. Compensatn&Benef; Ranco Inc., 8115 U S. Rte. 42, Plain City, OH 43064; r. 2616 Wexford Rd., Columbus, OH 43221, 614 488-8704.
JENKINS, John Jay; '67 BSBA; VP; Dorcy Intl. Inc., 3985 Groves Rd., Columbus, OH 43232, 614 861-5830; r. 2426 Sherwood Villa, Columbus, OH 43221, 614 459-4383.
JENKINS, Julianne; '88 BSBA; Rte. 4 Smart Rd, Mansfield, OH 44903, 419 892-3006.
JENKINS, Julie Anne; '80 BSBA; Atty.; Goodwin Procter & Hoar, Exchange Pl., Boston, MA 02109, 617 570-1625; r. 330 Dartmouth St., #4-S, Boston, MA 02116, 617 247-2604.
JENKINS, Keith Bernard; '86 BSBA; Govt. Contract Admin.; HRC Compressor Engrg., 72 N. Gleenwood Ave., Columbus, OH 43222, 614 461-6370; r. 2203 Ward Rd., Columbus, OH 43224, 614 471-8037.
JENKINS, Kelly Ann; '85 BSBA; Staff; The Ohio State Univ., University Systs., Columbus, OH 43210; r. 55 Lincoln St., Pataskala, OH 43062, 614 927-5220.
JENKINS, Kenneth Alan; '86 BSBA; Mgr.; Original Cookie Co., Northland Mall, Columbus, OH 43229, 614 263-2230; r. 3573 Walmar Dr., Columbus, OH 43224, 614 267-8660.
JENKINS, Lisa Wright, (Lisa Wright); '81 BSBA; Sales Rep.; R R Donnelly & Sons, 2082 Michelson Dr., Irvine, CA 92715, 714 833-1533; r. 22606 Wood Shadow Ln., Lake Forest, CA 92630, 714 458-7714.
JENKINS, Mark Douglas; '86 BSBA; Mktg.; Natl. Latex Prods. Co., 246 E. 4th St., Ashland, OH 44805, 419 289-3300; r. 903 Center St., Ashland, OH 44805, 419 281-2941.
JENKINS, Martin David; '77 MPA; Cnslt.; Organizational Resources Grp., 506 Lambourne Dr., Worthington, OH 43085, 614 846-2938; r. 506 Lambourne Dr., Worthington, OH 43085, 614 846-2938.
JENKINS, Mary Ann Work, (Mary Ann Work); '46 BSBA; Slf-Empl Bookkeeper; r. 17 Waverly Ct., Alamo, CA 94507, 415 837-0993.
JENKINS, Matthew Richard; '79 BSBA; Atty.; Coopers & Lybrand, 100 E. Broad St., Columbus, OH 43215; r. 158 Brookmount Rd., Dayton, OH 45429, 513 434-0751.
JENKINS, Palmer Lee; '47 BSBA; 17 Waverly Ct., Alamo, CA 94507, 415 837-0993.
JENKINS, Richard Wayne; '74 BSBA; 948 Hillsdale Dr., Columbus, OH 43224, 614 267-7317.
JENKINS, Dr. Roger Lane; '76 PhD (BUS); Assoc. Dean/Mktg. Prof.; Univ. of Tennessee, Graduate Business Programs, Knoxville, TN 37916; r. 3933 Topside Rd., Knoxville, TN 37920, 615 573-4299.
JENKINS, Scott Andrew; '87 BSBA; 4180 Colemere, Dayton, OH 45415, 513 890-4185.
JENKINS, Thomas Alan; '50 BSBA; Partner; Charles Thomas Assoc., POB 3247 Harbourtown Sta., Hilton Head Island, SC 29928, 803 671-2657; r. 27 Audubon Pond Rd., Hilton Head Island, SC 29928, 803 671-3890.
JENKINS, Thomas Gary; '65 BSBA; Pres.; Jenkins Properties, POB 20344, Columbus, OH 43220; r. 215 Paddock Cir. W., Powell, OH 43065.
JENKINS, Waldo Clinton; '39 BSBA; Edu Cnslt.; Ohio Dept. of Edu, 3201 Alberta St., Columbus, OH 43204; r. 1792 Harrington Dr., Columbus, OH 43229.
JENKINS, LTC Willard Dolphos, USAF(Ret.); '57 BSBA; 6316 Tall Chief, N. Little Rock, AR 72116, 501 835-7393.
JENKINS, William W.; '77 BSBA; VP & Gen. Mgr.; Coldwell Banker, 941 Chatham Ln., Columbus, OH 43221, 614 451-0007; r. 3721 Kennybrook Bluff, Columbus, OH 43220, 614 451-5978.
JENKINSON, Laura L. '83 (See Carpenter, Mrs. Laura L.).
JENKINSON, Thomas M.; '55 BSBA; 1st VP; Advest, Inc., 1 Commercial Plz., Hartford, CT 06103, 614 653-5757; r. 1983 Sheridan Dr., Lancaster, OH 43130, 614 654-8928.
JENKINSON, Thomas R.; '55 BSBA; Owner; Versailles Mack Truck Co., 176 N. W., Versailles, OH 45380, 513 526-3591; r. Box 56, Versailles, OH 45380, 513 526-4139.
JENKS, Beatrice '39 (See Hill, Beatrice Jenks).
JENKS, Brian Keith; '81 BSBA; Sales; The Principal Financial Grp., 100 S. 5th St., Ste. 400, Minneapolis, MN 55402, 612 342-2220; r. 4416 Edinbrook Ter., Brooklyn Park, MN 55443, 612 424-7059.
JENKS, Jeffrey Allen; '83 BSBA; Mfg. Supv.; Ross Labs, 625 Cleveland Ave., Columbus, OH 43215, 614 227-3333; r. 3810 Ravens Glen Dr., Columbus, OH 43026, 614 816-8584.
JENKS, Peggy Stratman; '82 BSBA, '87 MLHR; Human Resources Rep.; Eddie Bauer, Inc., 2711 International St., Columbus, OH 43228, 614 771-2900; r. 3810 Ravens Glen Dr., Columbus, OH 43026, 614 876-8584.
JENNE, Charles L.; '29 BSBA; Retired; r. 23371 Blue Water Cir., Apt. C-308, Boca Raton, FL 33433, 407 391-6591.
JENNESS, Bartlett D.; '50 BSBA; Sales; Jones Intercable, 4000 W. Buffalo Ave., Tampa, FL 33607, 813 877-6805; r. 3716 Binnacle Dr., Tampa, FL 33611, 813 839-6782.
JENNEY, John H.; '55 BSBA; Exec. VP; City Securities Corp., 135 N. Pennsylvania St., Ste. 2200, Indianapolis, IN 46204, 317 634-4400; r. 12421 Brookshire Pkwy., Carmel, IN 46032, 317 848-2665.
JENNINGS, David R.; '66 BSBA; Atty.; r. 135 Normandy Rd, Lafayette, LA 70503, 318 988-3574.
JENNINGS, Harry A.; '50 BSBA; Product Warranty Mgr.; Hubbell Inc., Electric Way, Christiansburg, VA 24073, 703 382-6111; r. 870 Carson Dr., Christiansburg, VA 24073, 703 382-5441.
JENNINGS, Herschel Todd; '61 BSBA; Pilot; r. 5249 Antelope Ln., Stone Mtn., GA 30083, 404 934-7056.
JENNINGS, Jack W.; '51 BSBA; Bus. Admin.; Cuyahoga Cnty., 3121 Euclid Ave., Dept. of Human Services, Cleveland, OH 44115, 216 987-7802; r. 2159 Wooster Rd. 103B, Apt. A 12, Rocky River, OH 44116, 216 356-1398.
JENNINGS, Jeffrey Douglas; '80 BSBA; Bond Salesman; Solomon Bros., 8700 Sears Twr., Chicago, IL 60610; r. 678 Prospect St., Maplewood, NJ 07040, 201 762-3792.
JENNINGS, MAJ Larry Gene; '70 BSBA; Maj. Usaf Cdr.; USAF, A F Military Air Lift Command, 438Th Field Maintenance Sqdrn, Mc Guire AFB, NJ 08641; r. 438Th Field Maintenance Sqdrn, Mc Guire AFB, NJ 08641.
JENNINGS, Margaret '30 (See Kellerman, Margaret J.).
JENNINGS, Mark David; '77 BSBA; Mktg. Assoc.; Di Paolo/Sysco Food Srvs, 3500 Indianola Ave., Columbus, OH 43214, 614 263-2121; r. 3616 Blackbottom Ct., Hilliard, OH 43026, 614 771-0642.
JENNINGS, Richard Louis; '62 BSBA; Retail Cnslt.; r. 6545 Reflection Dr., Apt. 207, San Diego, CA 92124, 619 281-1183.
JENNINGS, Sue Ann Schwab; '83 MPA; Mgmt. Relations Spec.; US Forces Cmd., Command-(Forscom), Attn: Afzk-Pa-Cm, Ft. Mc Pherson, GA 30269; r. 101 Hearthstone Reach, Peachtree City, GA 30269, 404 487-6574.
JENNINGS, William C.; '59 BSBA; Trinway, OH 43842, 614 754-1427.
JENNISON, Carolyn Ludwig; '53 BSBA; 2545 Maple Hill Ln., Brookfield, WI 53005, 414 786-1819.
JENNISON, Dr. Marshall R.; '52 BSBA; Anesthesiologist; West Allis Mem Hosp., 8901 W. Lincoln Ave., West Allis, WI 53227; r. 2545 Maple Hill Ln., Brookfield, WI 53005, 414 786-1819.
JENNISON, William Clayton; '80 MPA; Asst. Dir.; City of Columbus-Ofc. of Mgmt. & Budget, 90 W. Broad St., 4th Fl., Columbus, OH 43215; r. 6959 Pilar Ct., Dublin, OH 43017, 614 766-1561.
JENSEN, Carolyn Rudy, (Carolyn May Rudy); '64 BSBA; Academic Advisor; Ohio State Univ., University Clg., Columbus, OH 43210, 504 292-0646.
JENSEN, Dr. Daniel Lyle; '70 PhD (ACC); Ernst & Whinney Prof.; Ohio State Univ., Acctg. Dept., 1775 College Rd. Hagerty Hall, Columbus, OH 43210, 504 292-2529.
JENSEN, Daniel R.; '67 BSBA; Scheduler; Marathon Pipeline Co., 231 E. Lincoln St., Findlay, OH 45840; r. 2330 Foxfire Ln., Findlay, OH 45840, 419 422-1178.
JENSEN, Patrick Lee; '83 BSBA; Mgmt. Trainee; Louisiana-Pacific Corp., Plant Operations, Ukiah, CA 95482; r. 6750 Buckeye Ave., Kelseyville, CA 95451.
JENSEN, Peggy Lou; '82 MBA; Product Mgr.; Borden Inc., 180 E. Broad St., Columbus, OH 43215; r. 314 Oakfield Dr., Ballwin, MO 63021, 713 558-2880.
JENSEN, Robert B., CLU, CHFC; '57 BSBA; Estate Planner/Sales; 1422 Euclid Ave., Ste. 731, Cleveland, OH 44115, 216 781-8530; r. 19965 Riverwood Ave., Rocky River, OH 44116, 216 331-5341.
JENSEN, Scott Byron; '88 BSBA; 15174 Hill Dr., Novelty, OH 44072.
JENSEN, Stephen D.; '86 BSBA; Acct.; Price Waterhouse & Co., One DuPont Ctr., Ste. 1900, Orlando, FL 32801, 407 236-0550; r. 3437 Bocage Dr. #522, Orlando, FL 32812, 407 857-6552.
JENSEN, Susan W.; '87 BSBA; Rsch. Assoc.; Shelly Berman Communicators, 707 Park Meadow Rd., Westerville, OH 43081, 614 891-7070; r. 2351 Meadow Spring Cir., Columbus, OH 43235, 614 792-9839.
JENTGEN, James J.; '54 BSBA; Partner; Sheaf Constr. Co., 1818 Joyce Ave., Columbus, OH 43219; r. 3540 La Rochelle Dr., Columbus, OH 43221, 614 451-0083.
JENYK, Paul J.; '41 BSBA; Claims Mgr.; American States Ins. Co., Subs of Lincoln Nat'L Corp, 135 Pine Ave. SE, Warren, OH 44481; r. 2832-D Ivy Hill Cir., Cortland, OH 44410, 216 372-7866.
JEON, Un Ki; '86 MLHR; Govt. Offcl/Dept. Chf; Korean Govt., Ministry of Labor, Jung Ang-Dong, Govt. Complex 2, Kwa Chun, Korea, 025039700; r. Joo-Kong Apt. 404-1308, Beal Yang-Dong, Kwa Chun, Korea, 025032590.
JERAM, George Joseph; '67 MBA; Proprietor; Gaffer's Speakeasy Restaurant, 2860 S. Perkins, Memphis, TN 38118; r. 5403 Laurie Ln., Memphis, TN 38119.
JEREN, John Anthony, Jr.; '68 BSBA; Atty.; Wellman & Jeren LPA, Austintown Legal Ctr., 67 Westchester Dr., Youngstown, OH 44515; r. 8199 Burgess Lake Dr., Youngstown, OH 44514, 216 757-9144.
JEREW, Jim Bryon; '79 BSBA; Exec. VP & Gen. Mgr.; McDaniel Toyota Agcy., 1432 Marion-Waldo Rd., Marion, OH 43302, 614 389-6335; r. 805 Bexley Ave., Marion, OH 43302, 614 387-7392.
JERMANN, James Jude; '72 BSBA; 103 Gleckler Rd, Portland, ME 04103, 207 775-2250.
JERMIER, Dr. John Michael; '75 MPA, '78 MBA, '79 PhD (BUS); Prof.; Univ. of South Florida, 4202 Fowler Ave., Tampa, FL 33620, 813 974-4155; r. 15914 Wyndover Rd., Tampa, FL 33647, 813 972-3297.

JEROME, Marvin J.; '46 BSBA; Secy./Dir.; Florelee-Brentwood Inc., 11-22 45th Rd, Long Island City, NY 11101; r. POB 198, c/o N. S. Country Club, Glen Head, NY 11545, 407 732-8115.
JESANO, Garva Gene; '69 BSBA; Internal Auditor; r. 7476 Westlake Ter., Bethesda, MD 20817, 301 365-4177.
JESENSKY, Alex, Jr.; '60 BSBA; Atty. & Court Referee; City Hall, W. Erie Ave., Lorain, OH 44052, 216 245-1160; r. 234 Beachwood Ave., Avon Lake, OH 44012, 216 933-6647.
JESKO, Howard E., Jr.; '78 BSBA; Sales Mgr.; Nashbar & Assocs., Boca Professional Ctr., 860 Boardman-Canfield Rd., Youngstown, OH 44512, 216 726-3800; r. 7460 Pheasant Dr., Boardman, OH 44512, 216 758-8758.
JESSE, David D.; '80 MBA; Regional Sales Rep.; Subaru Financial Svcs., 405 N. Hamilton Rd., POB 13906, Columbus, OH 43213, 614 864-6650; r. 10208 Heron Pond Ter., Burke, VA 22015, 703 250-8946.
JESSE, Dennis Paul; '84 BSBA; Regional Dir. of Sales; Arthur Matney Co. Inc., 4014 First Ave., Brooklyn, NY 11232, 614 451-1607; r. 5919 Shadow Lake Cir., Columbus, OH 43235, 614 451-8214.
JESSIE, William Joe; '75 MBA; CPA/Audit Mgr.; Kelley Galloway & Co., 577 E. Main St., Morehead, KY 40351; r. 500 Oxcart Rd #212, Ashland, KY 41101, 606 325-8627.
JESSON, William C.; '58 BSBA; Advt. Administration Mgr.; Miami Herald Publishing Co., #1 Herald Plz., Miami, FL 33101, 305 376-2733; r. 11180 S. W. 58th Ter., Miami, FL 33173, 305 271-1358.
JESTER, Jack David; '68 BSBA; Atty./Sr. Partner; Coffield Ungaretti Harris, 3500 Three 1st National Plz., Chicago, IL 60602, 312 977-4400; r. 1760 N. Larrabee, Chicago, IL 60614, 312 642-2230.
JESTER, Joseph P.; '54 BSBA; Dir. Community Relations; Ohio Bell Telephone Co., 150 E. Gay St., Columbus, OH 43215, 614 223-7433; r. 1224 Clubview Blvd. N., Worthington, OH 43085, 614 888-9919.
JESWALD, Jon Christopher; '86 BSBA; Analyst; 1228 Euclid, Cleveland, OH 44115, 216 696-5432; r. 1497 Sherbrook, S. Euclid, OH 44121, 216 381-1899.
JESWALD, Kristina Petrovic, (Kristina Petrovic); '84 BSBA; Mgr.; Norwest Financial, 2270 Romig Rd., Akron, OH 44320, 216 745-6900; r. 1497 Sherbrook, S. Euclid, OH 44121, 216 381-1899.
JETTE, Maribeth Brennan; '81 MBA; Financial Analyst; The Hartford Courant, 285 Broad St., Hartford, CT 06115, 203 241-3925; r. 42 Old Towne Rd., Cheshire, CT 06410, 203 272-3214.
JETTINGHOFF, Rudolph H.; '20 BSBA; 6 Crestview Ct. E., c/o Rudden, Morris Plains, NJ 07950.
JETTON, Mrs. Gabriela G., (Gabriela Marie Guerra); '84 BSBA; Acct.; Marathon Oil Co., 539 S. Main St., Findlay, OH 45840, 419 422-2121; r. 521 Lima Ave., Findlay, OH 45840, 419 423-5093.
JEWELL, Arthur L.; '49 BSBA; Retired; r. 1295 Huffer Ave., Lancaster, OH 43130, 614 654-6653.
JEWELL, Jacqueline Sue, (Jacqueline Sue Judy); '86 MPA; Psych. Soc. Worker II; Oneida Co. Dept. of Mntl Health, Adult Clinic, 800 N. Park Ave., Utica, NY 13501, 315 798-5081; r. 242-D Hillcrest Manor Ct., Utica, NY 13501, 315 738-0350.
JEWELL, James Edward; '87 MPA; 2837 W. Jackson Rd., Springfield, OH 45502, 513 322-4772.
JEWELL, Mrs. Nancy Schafer, (Nancy Schafer); '48 BSBA; Bus. Mgr.; Johnson City Sch. Dist., Science Hill H.S., Johnson City, TN 37601; r. 2318 Camelot Cir., Johnson City, TN 37604, 615 282-0918.
JEWELL, Stanley Robert; '72 MBA; Sr. VP, Operations & Fin.; Richard D Irwin Inc., 1818 Ridge Rd., Homewood, IL 60430, 312 798-6000; r. 915 Linden Ct., Western Spgs., IL 60558.
JEWELL, Steven Gary, PE; '83 MA; Systs. Engr.; City of Columbus, Div of Traffic Engineering, 109 N. Front St., Columbus, OH 43215, 614 645-7790; r. 1802 Stemwood Dr., Columbus, OH 43228, 614 876-9682.
JEWETT, James Michael; '70 BSBA; Atty.; 2565 N. High St., Columbus, OH 43202, 614 268-8661; r. 109 E. Oakland Ave., Columbus, OH 43201, 614 291-6827.
JIAMBALVO, Dr. James Joseph; '77 PhD (ACC); Asst. Prof.; Univ. of Washington, POB, Seattle, WA 98195; r. 3340 126th Ave. NE, Bellevue, WA 98005, 206 885-5912.
JIMISON, Bret Edward; '87 BSBA; Box 300 Rte. 4, Shelby, OH 44875, 419 347-6648.
JINDRA, Todd Robert; '78 BSBA; 5 Helianehus, Rcho Santa Margarita, CA 92688, 714 951-1547.
JINKENS, Jeffrey Rutledge; '75 BSBA; Atty./Partner; Luper Wolinetz Sheriff & Neidenthal, 50 W. Broad St., Columbus, OH 43215, 614 221-7663; r. 4347 Manor Ct., E., Dublin, OH 43017, 614 792-1293.
JINN, Mee K. '84 (See Kim, Mrs. Mee K.).
JIOVANAZZO, Mary Beth; '85 BSBA; Agt.; State Farm Ins. Co.; r. 1882 Turner Blvd., Apt. D, Elyria, OH 44035.
JIPPING, Douglas James; '74 BSBA; Branch Sales Mgr.; American States Ins., 801-B W. 8th, Cincinnati, OH 45231; r. 1061 Peachtree Ct., Cincinnati, OH 45231, 513 729-3329.
JIREC, Michael Josef; '80 BSBA; Sales Engr.; Gould Inc., POB 26905, Milwaukee, WI 53226; r. 10124 W. Vienna Ave., Milwaukee, WI 53222, 414 461-1454.
JIRLES, Jeffrey; '78; c/o Samuel Jirles, 1003 Clark St., Cambridge, OH 43725, 614 439-2126.
JIULIANTE, Joyce '48 (See Carponter, Joyce J.).
JIVIDEN, Todd Alan; '83 BSBA; Financial Systs. Spec.; Harris Wholesale Co., 30600 Carter St., Solon, OH 44139, 216 248-8100; r. 1820 Laurel Dr., Twinsburg, OH 44087, 216 425-3954.
JIZHAR, Daniel; '88 BSBA; 130 W. Lane Ave. Apt. 35, Columbus, OH 43201.
JOBE, Charles L.; '48 BSBA; Certified Public Acc; HS Hutzell, 512 Laconia Bldg., Wheeling, WV 26003; r. 55864 National Rd., Bridgeport, OH 43912, 614 635-9122.
JOBES, Edward Alan; '81 BSBA; Reg. Tune-in Coord.; Times-Mirror Cable TV, POB 680, Newark, OH 43055, 614 349-8526; r. 856 Wintermute Ave., Newark, OH 43055, 614 344-9331.
JOBI, Gloria M. '46 (See Ink, Mrs. Gloria Jobi).
JOBKO, Mrs. Janet Rieser, (Janet Rieser); '83 BSBA; Systs. Info.; Wasserstrom Co., S. High St., Columbus, OH 43228, 614 228-6525; r. 7630 Sawmill Commons Ln., Apt. C, Dublin, OH 43017, 614 764-2676.
JOCKISCH, Holly Lynn; '86 BSBA; 5 Locustwood Ct., Silver Spring, MD 20904.
JOFFE, Ms. Andrea Ellen; '85 BSBA; Financial Acct.; State of Ohio, 30 E. Broad St., Columbus, OH 43215, 614 466-2736; r. 4266 Kenmont Pl., Columbus, OH 43220, 614 451-2352.
JOHANN, Mrs. Mary C., (Mary E. Conley); '81 BSBA; Student; Ohio Univ., Graduate Sch., Lancaster, OH 43140; r. 11525 Huntington Way, Pickerington, OH 43147, 614 837-4962.
JOHANN, Stephen M.; '81 BSBA; Systs. Analyst; Ross Labs, 625 Cleveland Ave., Columbus, OH 43216, 614 229-7390; r. 11525 Huntington Way, Pickerington, OH 43147, 614 837-4962.
JOHANNES, Steven B.; '86 BSBA; Comml. Ins. Brokerage; Carl J. Johannes Co., 7071 Corporate Way, Centerville, OH 45459, 513 433-9946; r. 7320 Falkmore Ct., Centerville, OH 45459, 513 433-2143.
JOHANNES, William Charles; '67 BSBA, '69 MBA; Asst. VP; Bank One of Columbus, 100 E. Broad St., Columbus, OH 43215; r. 1964 Cardigan Ave., Columbus, OH 43212, 614 486-7962.
JOHANNI, Katherine M. '83 (See Miller, Mrs. Katherine M.).
JOHANNI, Walter V.; '60 BSBA; Pres.; Columbus Heating & Ventilating Co., 182 N. Yale Ave., Columbus, OH 43222, 614 274-1177; r. 1327 Pepperell Dr., Columbus, OH 43235, 614 451-2863.
JOHANNING, Thomas L.; '62 BSBA; Engr.; Diebold Inc., 818 Mulberry Rd SE, Canton, OH 44707; r. 1716 Oberlin Ct. NW, Canton, OH 44703, 216 455-7551.
JOHANSEN, Robert Charles; '73 BSBA; Financial Svc.; r. 1760 Iowa St., Costa Mesa, CA 92626, 714 545-9628.
JOHANSEN, Robert Edward; '88 BSBA; 995 Swanton Ct., Westerville, OH 43081.
JOHERL, Dennis Richard; '71 BSBA; Branch Claims Mgr.; American Intl. Claims Co., 118 St. Clair Ave. NE, Cleveland, OH 44113; r. 4975 Geraldine, Richmond Hts., OH 44143, 216 291-1993.
JOHN, James W.; '53 BSBA; Pres.; Harmon Contract, Milton Keynes, England, 019317639; r. Milton Keynes, England.
JOHN, Johnny Allen; '84 BSBA; Agt. Trainee; State Farm Ins. Co., 1440 Granville Rd, Newark, OH 43055; r. 144 Britton Ln., Monroe, OH 45050, 513 539-8494.
JOHN, Laura Lee, (Laura Lee Baird); '82 BSBA; Supv.; MCI, Commercial Customer Svc., 707 SW Washington St. Ste. 900, Portland, OR 97205, 503 222-2900; r. 18060 C NW Cornell Rd., Beaverton, OR 97006, 503 629-5957.
JOHN, Richard C.; '28 BSBA; Retired; r. 615 Park St., Apt. 511, Des Moines, IA 50309, 515 288-0437.
JOHN, Tedd M.; '59 BSBA; Regional Trng. Mgr.; The Hoover Co., 4510 E. Pacific Coast Hwy., Ste. 200, Long Beach, CA 90804, 213 597-7677; r. 9349 Thyme Ave., Fountain Vly., CA 92708, 714 839-1638.
JOHN, William S.; '54 BSBA; 545 Townview Cir., Mansfield, OH 44907, 419 756-8861.
JOHN, Winona Sharkey; '31; 615 Park St., Apt. 511, Des Moines, IA 50309, 515 288-0437.
JOHNS, Catherine Marie; '85 BSBA; 8161 Twp Rd. 55, RR 9, Mansfield, OH 44904.
JOHNS, Drucilla '52 (See Williams, Drucilla).
JOHNS, Gary Dennis; '68 BSBA; Film Dir.; Johns & Gorman Films, 654 S. Western Ave., Los Angeles, CA 90005, 213 383-9177; r. 940 S. Ogden Dr., Los Angeles, CA 90036, 213 934-5769.
JOHNS, Gary Ray; '74 BSBA; 1715 Birch Dr., Toledo, OH 43614, 419 382-9310.
JOHNS, Lawrence L.; '67 BSBA; 666 Asbury Rd, Cincinnati, OH 45230.
JOHNS, Richard Eugene; '74 BSBA; Staff Its Inc; r. RR 1 #2830, Huntsville, OH 43324.
JOHNS, Stuart F.; '86 BSBA; Mktg. Rep.; Crawford Prods. Inc., 3637 Corporate Dr., Columbus, OH 43229, 614 890-1822; r. 3234 State Rte. 61, Cardington, OH 43315, 419 864-1536.
JOHNS, Thomas George; '66 BSBA; Staff; GE Co., I-71 & Newman Way, Evendale, OH 45215; r. 6408 Northward, Loveland, OH 45140, 513 683-2518.
JOHNSON, Aimee Patrice; '81 BSBA; 1115 Burkwood, Mansfield, OH 44907.
JOHNSON, Alan Douglas; '56 BSBA; Pres./Investmnt Bankr; Johnson Holdings, Inc., 2610 Sandover Rd., Columbus, OH 43220, 614 457-9497; r. 2610 Sandover Rd, Columbus, OH 43220, 614 457-9497.
JOHNSON, Albert Culver; '54 BSBA; Branch Mgr.; Penske Truck Leasing, 1700 Bluff Rd., Columbia, SC 29201, 803 254-2698; r. 445 Calcutta Dr., W. Columbia, SC 29169, 803 755-6127.
JOHNSON, Allen Le Roy; '69 MBA; Prog. Mgr.; Air Force Avionics Lab, Electronic Warfare Div, Wright Patterson AFB, OH 45433; r. 1040 Harvard Blvd., Dayton, OH 45406, 513 278-7159.
JOHNSON, Andrew C.; '31 BSBA; RR, Marshallville, OH 44645, 216 855-4356.
JOHNSON, Barbara R., (Barbara A. Rich); '80 MPA; Asst. Admin.; City of Columbus, Purchasing Division, 95 W. Long St., Columbus, OH 43215, 614 222-8315; r. 6759 Amur Dr., Columbus, OH 43235, 614 764-1442.
JOHNSON, Barbaree '77 (See Hardy, Mrs. Barbaree J.).
JOHNSON, Brent Ernest; '70 BSBA, '71 MBA; 14 Monte Carlo Dr., Kenner, LA 70026, 504 467-5192.
JOHNSON, Bruce Allen; '84 MPA; Student; Univ. Colorado Sch. of Law, Boulder, CO 80303, 303 494-1131; r. 1246 Aikins Way, Boulder, CO 80303.
JOHNSON, Byrdelle Ardis; '59 BSBA; Secy.; Univ. of Cincinnati, Cincinnati, OH 45221, 513 475-5404; r. 2300 Ohio Ave., Apt. 59, Cincinnati, OH 45219, 513 421-6228.
JOHNSON, Carl Mc Clellan, Jr.; '57 BSBA; Treas.; Hickinbotham Bros. Ltd., 635 S. Aurora St., Stockton, CA 95203, 209 942-1212; r. 2820 Juniper Ave., Stockton, CA 95207, 209 477-5121.
JOHNSON, Carla J. '79 (See Laylin, Mrs. Carla J.).
JOHNSON, Carletta Yvonne; '83 BSBA; Homemaker; r. 2060 Woodtrail Dr., #21, Fairfield, OH 45014.
JOHNSON, Carlton Don, Jr.; '78 MBA; Staff; Combibloc Inc., 4800 Roberts Rd., Columbus, OH 43228; r. 7975 E. Bowling Green Ln. NW, Lancaster, OH 43130.
JOHNSON, Mrs. Celeste Jane; '85 MLHR; Employee Relations Couns.; Riverside Methodist Hosps., 3535 Olentangy River Rd., Columbus, OH 43214, 614 261-4482; r. 2283 Picket Post Ln., Columbus, OH 43220, 614 451-8300.
JOHNSON, Chacona Winters, (Chacona Winters); '78 MPA; Area Dir.; Univ. of Michigan, Individual Giving Programs, 6000 Fleming Bldg., Ann Arbor, MI 48109, 313 763-6000; r. 200 Riverfront Park 17-B, Detroit, MI 48226, 313 393-5373.
JOHNSON, Charles Hamilton; '53 BSBA; Retired; r. Box 1148, Long Key, FL 33001, 305 664-4450.
JOHNSON, Charles M.; '63 BSBA; Exec. VP; Wells Fargo Bank NA, 464 California St., San Francisco, CA 94163; r. 62 B Pine Lake Dr., Whispering Pines, NC 28389, 919 949-2121.
JOHNSON, Charles R.; '80 BSBA; Pres.; Chas. R. Johnson Co. Inc., 685 High St., Ste. #7, Worthington, OH 43085, 614 885-7711; r. 1567 Sandringham Dr., Columbus, OH 43220, 614 459-5552.
JOHNSON, Charles Russell, Sr.; '44; 7123 Riverside Dr., Powell, OH 43065.
JOHNSON, Cheryl L.; '86 BSBA; Mktg. Analyst; Lennox Industries Inc., 1711 Olentangy River Rd., Columbus, OH 43212, 614 421-6021; r. 1360 Presidential Dr., Apt. 209, Columbus, OH 43212, 614 481-3080.
JOHNSON, Cynthia Gest; '82 BSBA; 460 Scioto St., Urbana, OH 43078, 513 653-7327.
JOHNSON, Cynthia Gillette; '78 BSBA; Revenue Supv.; Norcen Explorer Inc., 550 Westlake Park Blvd., Houston, TX 77079, 713 558-6611; r. 21130 Carmel Valley Dr., Katy, TX 77449, 713 463-6164.
JOHNSON, Dale E.; '61 BSBA; Mgr. of Advt. Svcs.; Kennametal Inc., 1 Lloyd Ave., Latrobe, PA 15650, 412 539-5327; r. RR 7, Box 285A Carney Rd., Greensburg, PA 15601, 412 837-3895.
JOHNSON, Dale Eugene; '68 BSBA; VP/Mktg.; First Natl. Bank, 720 W. Chicago Ave., E. Chicago, IN 46312, 219 392-6587; r. 3048 Sunrise Dr., Crown Point, IN 46307, 219 663-9183.
JOHNSON, Daniel C.; '77 MBA; Faculty; Devry Inc., 1350 Alum Creek Dr., Columbus, OH 43207, 614 253-7291; r. 549 S. Spring Rd., Westerville, OH 43081, 614 895-3578.
JOHNSON, David; '67 BSBA; 63 E. Howell Rd., Mason, MI 48854, 517 676-6059.
JOHNSON, David Alan; '54 BSBA; Owner; Hilliard Box Johnson Ins., POB 7096, Tyler, TX 75711, 214 597-8337; r. 1204 Larkspur Ln., Tyler, TX 75703, 214 581-2835.
JOHNSON, David Charles; '74 BSBA; Salesman; Suburban Motor Freight, 1100 King Ave., Columbus, OH 43212; r. 6297 Geyer Dr., Columbus, OH 43228, 614 878-4721.
JOHNSON, Deirdre Rhea, (Deirdre Grigsby); '87 BSBA; Mgmt. Trainee; J.C. Penney; r. 7037 Sandalview Dr., Huber Hts., OH 45424, 513 233-7512.
JOHNSON, Devoe Ellington; '79 BSBA; Registered Repr; First Investors, 5878 Fulton Dr. NW, Canton, OH 44718; r. 2518 7th St. NE, Canton, OH 44704.
JOHNSON, Don E.; '56 BSBA; 15657 Avenida Alcachofa #H, San Diego, CA 92128, 619 451-2925.
JOHNSON, Donald Rodman; '62 BSBA; 504 Charlotte St., Athens, TN 37303, 615 745-2377.
JOHNSON, Mrs. Donna J., (Donna J. Benedict); '77 BSBA; Prod & Inv Cntrl Mgr.; Dixon Ticonderoga, 1706 Hayes Ave., Sandusky, OH 44870; r. 2156 Remington Ave., Sandusky, OH 44870, 419 626-6291.
JOHNSON, Douglas A.; '77 BSBA; Owner; Don Johnsons Florist & Bridal, 1707 N. West St., Lima, OH 45801, 419 227-5110; r. 1907 University Blvd., Lima, OH 45805, 419 224-8672.
JOHNSON, Douglas N.; '73 BSBA; 419 Forrer Blvd., Dayton, OH 45419, 219 485-8839.
JOHNSON, Earle Randolph; '27; Retired Mortician; r. 120 Holder Rd., RR 1, Baltimore, OH 43105, 614 862-4473.
JOHNSON, Edwin Charles; '53 BSBA; Account Exec.; Container Corp. of America, Folding Carton Division, 6385 Cochran Rd, Solon, OH 44139, 216 248-4370; r. 7525 Club Rd., Sylvania, OH 43560, 419 882-6144.
JOHNSON, Elaine Pierce; '85 MPA; Neighborhood Affair Coord; City of Dayton, 2160 E. 5th, Dayton, OH 45403, 513 253-0322; r. 3298 Hillpoint, Dayton, OH 45414, 513 277-3823.
JOHNSON, Elizabeth '80 (See Gundy, Elizabeth J.).
JOHNSON, Ernest Eugene; '66 BSBA; Acct.; Peat Marwick Mitchell & Co.; r. 1325 Thurell Rd, Columbus, OH 43229.
JOHNSON, Erwin Henry; '47 BSBA; Real Estate Broker; R Van Dellen Realtors Inc., 2505 Burton SE, Grand Rapids, MI 49506, 616 949-5340; r. 1424 Sherwood Ave. SE, Grand Rapids, MI 49506, 616 942-6319.
JOHNSON, Evadna A. '38 (See Knies, Evadna Johnson).
JOHNSON, Francine Kay; '88 MBA; Supv.; Coopers & Lybrand, Mailroom/Filing/Purchasing Dpt, 100 E Broad Ste 2000 Cols Ctr, Columbus, OH 43215; r. 1398 Broadview Ave., Columbus, OH 43212, 614 481-8955.
JOHNSON, Freddie Lee; '86 MPA; 4225 E. Broad St., Apt. #47, Columbus, OH 43103, 614 235-7365.
JOHNSON, Frederick G.; '57 BSBA; Claims Rep.; Ins. Co. of North America, 9200 Keystone Crossing, Indianapolis, IN 46290; r. 978 Keefer Rd, Girard, OH 44420, 216 539-5588.
JOHNSON, Gary Lee; '71 BSBA; Gne. Mgr.-Rsch.; Bell Atlantic Mobile Systs., 180 Mt. Airy Rd., Basking Ridge, NJ 07920, 201 953-2394; r. 2 Quick Ln., Plainsboro, NJ 08536, 609 799-4318.
JOHNSON, Gary Ronald; '71 MA; Dir.-Law; Northern States Power Co., 414 Nicollet Mall, Minneapolis, MN 55401, 612 330-7623; r. 4924 Emerson Ave., S., Minneapolis, MN 55409, 612 827-4343.
JOHNSON, Dr. George Allan; '61 MBA; Prof.; Idaho State Univ., Pocatello, ID 83209, 208 236-2966; r. 20 Creighton, Pocatello, ID 83201, 208 232-5645.
JOHNSON, Gerald Truett; '68 BSBA; Instr.; Bliss Clg., 3770 N. High St. E., Columbus, OH 43214; r. 5278 Eisenhower Rd., Columbus, OH 43229, 614 888-3248.
JOHNSON, Glen Roy, Jr.; '41 BSBA; Secy.; Battle Creek Hot Air Balloon Championships, 172 W. Van Buren St., Battle Creek, MI 49017, 616 962-0592; r. Ste. 305 N. Shore Pl., 355 W. Columbia Ave., Battle Creek, MI 49015, 616 963-4983.
JOHNSON, Gregory Bradford; '72 BSBA; Commercial Real Estate; Daimler Grp., 1533 Lake Shore Dr., Columbus, OH 43204, 614 488-4424; r. 2343 Coventry Rd., Columbus, OH 43221, 614 487-1070.
JOHNSON, Dr. Herbert J.; '65 PhD (BUS); CPA; Dr Herbert J Johnson, POB 2010, Brenham, TX 77833; r. 3001 Live Oak, Brenham, TX 77833, 409 836-6690.
JOHNSON, Dr. Herbert Webster; '41 PhD (BUS); Prof. Emer-Wayne St Univ.; r. 17383 Garfield Ave., Apt. B4, Redford, MI 48240, 313 537-8030.
JOHNSON, Jack Cornelius; '74 BSBA; Buyer/Owner; Hawk's Inc., 105 S. Main, Bryan, OH 43506; r. 505 Oxford Dr., Bryan, OH 43506, 419 636-7105.
JOHNSON, James E.; '85 BSBA; Investment Exec.; Paine Webber Inc., 1801 E. 9th St., Ste. 1000, Cleveland, OH 44114, 216 696-5900; r. 531 Woodlane Dr., Bay Village, OH 44140, 216 892-9313.
JOHNSON, James Le Land; '75 BSBA; Dir./Fin Acctng; Med. Clg. OH Ohio, Financial Acctg. Dept., C S. #10008, Toledo, OH 43699; r. 7253 Sawmill Run, Holland, OH 43528, 419 865-0123.
JOHNSON, James M.; '86 BSBA; Acctg. Mgr.; Franklin Cnty. Municipal Ct., 375 S. High St., Columbus, OH 43215, 614 222-8289; r. 1234 Bunkerhill Blvd., Apt. A, Columbus, OH 43220, 614 459-7941.
JOHNSON, Dr. James Mark; '75 PhD (BUS); Prof. of Finance; Northern Illinois Univ., De Kalb, IL 60115; r. 43W690 Willow Creek Ct., Elburn, IL 60119, 312 365-9004.
JOHNSON, Jan Rhees, (Jan Rhees); '78 BSBA; Mgr. Mdse. Replenishment; Ofc. Depot, Inc., 851 Broken Sound Pkwy., Boca Raton, FL 33487, 407 994-2131; r. 3463 Carambola Cir., Coconut Creek, FL 33066, 305 974-2594.
JOHNSON, Janet; '81 BSBA; Staff; J W Thompson Advt. Agcy., 875 N. Michigan Blvd., Chicago, IL 60611; r. 610 S. Vine, Park Ridge, IL 60068.
JOHNSON, Mrs. Jean K., GRI, (Jean A. Koogle); '46 BSBA; Assoc. Broker; M. M. Griffin Real Estate, Inc., RD 5, Box 132, Rte. 415, Dallas, PA 18612, 717 675-4663; r. RR 1 Box 1643, Berwick, PA 18603, 717 752-5697.
JOHNSON, Jeffrey Guy; '76 BSBA; Agt.; Johnson Agcy. Inc., 1130 N. Limestone, Springfield, OH 45503; r. 106 N. Clairmont, Springfield, OH 45503, 513 322-0646.

JOHNSON, Jeffrey Laylin; '71 BSBA; Computer Cnslt.; Vogelpohl & Weisenstein, 760 Morrison Rd., Blacklick, OH 43004; r. 147 E. Torrence, Columbus, OH 43214, 614 262-0961.

JOHNSON, Jeffrey Reed; '79 BSBA; 7123 Riverside Dr., Powell, OH 43065.

JOHNSON, John Allison; '70 BSBA; RD 5, Box 315, Jamestown, NY 14701, 716 484-7389.

JOHNSON, John V.; '53; Partner; Johnson-Scott Co., POB 1331, Dublin, OH 43017, 614 873-8695; r. 8090 Brock Rd., Plain City, OH 43064, 614 873-8695.

JOHNSON, John Wilford, Jr.; '81 MBA; Sr. Engr.; E I Du Pont & Co., POB 89, Circleville, OH 43113, 614 774-0111; r. 512 Glenmont Dr., Circleville, OH 43113, 614 474-2545.

JOHNSON, Joseph Henry, III; '79 BSBA; 4600 S. 4 Mile Run Dr., #806, Arlington, VA 22204.

JOHNSON, Juanita Beatrice; '83 MBA; Mktg. Dir.; Comcast Cablevision, POB 7600, 940 Prospect St., Trenton, NJ 08628, 609 394-2288; r. 6803 Emlen St. 1-I, Philadelphia, PA 19119, 215 843-6212.

JOHNSON, Karen Lynn; '87 BSBA; 2031 Shawbury Ct. W., Columbus, OH 43229, 614 888-4493.

JOHNSON, Karl Campbell; '54 BSBA; Sales Promotion; White Sewing Machine Co., 11770 Berea Rd, Cleveland, OH 44111; r. 1733 14th St., Cuyahoga Falls, OH 44223, 216 923-8311.

JOHNSON, Mrs. Kathleen M., (Kathleen M. Bennett); '85 MBA; VP Clinical&Support Svcs.; Mt. Carmel Med. Ctr., 793 W. State St., Columbus, OH 43222, 614 225-5105; r. 8211 Spruce Needle Ct., Worthington, OH 43085, 614 888-2096.

JOHNSON, Kay '50 (See Crowe, Kay Johnson).

JOHNSON, Kelli Kay; '86 BSBA; 1325 Thurell Rd., Columbus, OH 43229.

JOHNSON, Kelly Gene; '87 BSBA; Loan Analyst; Comerica Bank-Detroit, 1 Kennedy Sq., Detroit, MI 48275, 313 496-7460; r. 23230 Halsted Rd., Apt. 119, Farmington Hls., MI 48024, 313 474-8825.

JOHNSON, Kenneth A.; '56 BSBA; Retired; r. 2852 Jodeco Dr., Jonesboro, GA 30236, 404 478-3018.

JOHNSON, Kent Edward; '83 BSBA; Employee Relations Supv.; Eaton Corp. Forge Div., 1550 Marion Agosta Rd., Marion, OH 43302, 614 383-2111; r. 1115 Chanteloup Dr., Marion, OH 43302, 614 389-3649.

JOHNSON, Kevin William; '86 BSBA; Account Rep.; Quaker Oats Co., 355 E. Campus View Dr., Ste. 125, Worthington, OH 43085, 614 848-4401; r. 3590 Village Dr., #F, Franklin, OH 45005.

JOHNSON, La Vern Lloyd, Jr.; '81 MPA; Automation Tech.; ADC Telecommunications, 11311 K-Tel Dr., Minnetonka, MN 55343, 612 936-8284; r. 311 Shawnee Tr., Shakopee, MN 55379, 612 445-8545.

JOHNSON, Laurie J., CPA; '81 BSBA; Mgr.; M R Weiser & Co., 535 Fifth Ave., New York, NY 10017, 212 972-2500; r. 303 Newark St., #3, Hoboken, NJ 07030, 201 792-4224.

JOHNSON, Lawrence A.; '76 BSBA; Branch Mgr./Claims; Progressive Ins. Corp., 9417 Princess Palm Ave., Tampa, FL 33619, 813 628-0765; r. 2008 Rivercrossing Dr., Valrico, FL 33594, 813 654-7476.

JOHNSON, Leon George; '73 BSBA; Supt./Productn Contrl; AC Spark Plug, Div G M, 1300 N. Dort Hwy., Flint, MI 48501, 313 257-6490; r. 5343 Chickasaw Tr., Flushing, MI 48433, 313 659-8151.

JOHNSON, Leonard Jay; '88 BSBA; 1600 Lawton St., Akron, OH 44320, 216 869-0148.

JOHNSON, Linda Goodwin; '83 BSBA; Staff; The Ohio State Univ., Ohio Cooperative Ext. Svc., 2120 Fyffe Rd., Columbus, OH 43210; r. 3981 Reed Rd, Columbus, OH 43220, 614 451-8773.

JOHNSON, Linda Schlesinger; '81 BSBA; 7902 Albritton Pl., West Chester, OH 45069, 513 777-5307.

JOHNSON, Lisa M.; '88 BSBA; 3229 St. Rte. 59, Ravenna, OH 44266, 216 297-9904.

JOHNSON, Loren Gale; '48 BSBA; Retired; r. 1785 Guilford Rd, Columbus, OH 43221, 614 488-4526.

JOHNSON, Ms. Margaret, (Peggy Kirk); '86 BSBA; Student; Capital Univ. Law Sch., 665 S. High St., Columbus, OH 43215; r. 4800 S. Old 3C Hwy., Westerville, OH 43081.

JOHNSON, CAPT Margaret Betley, USAF; '73 BSBA; 1814 Edith Marie Dr., Beavercreek, OH 45431, 513 429-1820.

JOHNSON, Margaret J., (Margaret Althauser); '84 BSBA; Finance Ofcr.; Case Western Reserve Univ., Cleveland, OH 44106, 216 368-2272; r. 9907 Lake Ave. #105, Apt. #5C, Cleveland, OH 44102, 216 651-3721.

JOHNSON, Marian C. '46 (See Green, Mrs. Marian).

JOHNSON, Marilyn Valentine, (Marilyn Valentine); '49 BSBA; Sec/Ofc. Mgr.; ROC Assocs. Inc., 808 High St., Worthington, OH 43085, 614 885-1057; r. 6058 Karl Rd., Columbus, OH 43229, 614 891-6040.

JOHNSON, Mark Alan; '80 MBA; Operations Adm; Bank One of Columbus, 750 Piedmont Dr., Columbus, OH 43215; r. 6558 Deeside Dr., Dublin, OH 43017, 614 792-0379.

JOHNSON, Mark David; '86 BSBA; Customer Svc. Rep.; Columbus Bur. of Credit, 170 E. Town St., Columbus, OH 43216; r. 305 Cheyenne Dr., Westerville, OH 43081, 614 882-3650.

JOHNSON, Mark Jeffery; '84 BSBA; 141 N. Galena Rd., Apt. C, Sunbury, OH 43074, 614 965-5672.

JOHNSON, Mark Russell; '81 BSBA; Supv.; Queue Systs., Wood Cnty. Airport, Industrial Park, Parkersburg, WV 26101, 304 464-5400; r. 110 Holly St., Marietta, OH 45750, 614 373-0520.

JOHNSON, Mark Steven; '81 BSBA; Ohio Bell Telephone Co., 575 S. Front St., Columbus, OH 43215; r. 5336 Lynx Ct., Westerville, OH 43081.

JOHNSON, Marvin R.; '82 BSBA; Territory Mgr.; Konica Med. Corp., c/o Postmaster, Wayne, NJ 07470; r. 632 Providence Ave., Apt. C, Columbus, OH 43214, 614 457-3030.

JOHNSON, Ms. Mary Ann Huber, (Mary Ann Huber); '52 BSBA; Sales Rep.; Huber's Oak Store, Elkhart, IN 46514; r. 1639 Victoria Dr., Elkhart, IN 46514, 219 264-0362.

JOHNSON, Mrs. Mary F., (Mary K. Flynn); '80 BSBA; Dist. Sales Mgr.; Warner Lambert, 140 Jeannette Dr., Youngstown, OH 44512, 216 782-9222; r. Same.

JOHNSON, Mary L. '40 (See Poulton, Mary Lee Johnson).

JOHNSON, Ms. Mary S., (Mary A. Smith); '85 BSBA; Ofc. Mgr.; United Lubricants Corp., 1708 Farr Dr., Dayton, OH 45404, 513 228-0403; r. 5138 Scarsdale Dr., Kettering, OH 45440, 513 435-1052.

JOHNSON, Matthew C.; '81 BSBA; Staff Acct.; Robinson Caltrider Tenney CPA's, 100 Front, Marietta, OH 45750; r. 109 Oakwood Ave., Marietta, OH 45750, 614 373-1628.

JOHNSON, Merlyn K.; '54 MBA; Partner; Green & Goren, 3340 Ocean Park Blvd., Ste. 3070, Santa Monica, CA 90405, 213 450-8355; r. 6541 Green Valley Cir., Culver City, CA 90230, 213 641-3625.

JOHNSON, Michael Francis; '74 BSBA; Controller; Westinghouse Hanford Co., 1100 Jadwin Ave., Richland, WA 99352, 509 376-4094; r. 224 Broadmoor St., Richland, WA 99352, 509 627-7334.

JOHNSON, Michael Fredric; '81 BSBA; Account Exec.; GE Capital Corp., 100 Galleria Pkwy. Ste. 900, Atlanta, GA 30339, 404 955-9299; r. 2468 Zachary Woods Dr., Marietta, GA 30064, 404 425-9301.

JOHNSON, Michael Wayne; '73 BSBA; Supv. Sales & Use Tax; Ohio Dept. of Taxation, 601 Underwood St., Zanesville, OH 43701, 614 453-0628; r. 54670 Fulton Hill Rd., Bellaire, OH 43906, 614 676-0074.

JOHNSON, LTC Milton Lee, USAF(Ret.); '63 BSBA; Sales Rep.; Natl. Fedn. of Indep. Bus., Valdosta, GA 31602; r. Rte. 4, Box AA 295, Valdosta, GA 31602, 912 242-3517.

JOHNSON, Naomi Denise; '88 BSBA; 828 E. 7th St., Navarre, OH 44662, 216 767-4424.

JOHNSON, Nathan Paul; '83 BSBA; Application Systs Analyst; Wear-Ever Proctor Silex Inc., 4421 Waterfront Dr., Glen Allen, VA 23060, 804 273-9777; r. 4721 Rollingwood Ln., Glen Allen, VA 23060.

JOHNSON, Patrick William; '86 BSBA; Staff Acct.; American Koyo, 29570 Clemens Rd., Westlake, OH 44145, 216 835-1000; r. 325 Bassett Rd., Bay Village, OH 44140, 216 871-1569.

JOHNSON, Paul Francis; '58 BSBA; 4023 N. State Rte. 48, Lebanon, OH 45036, 513 932-3710.

JOHNSON, Phyllis Chard; '46; 2439 Middlesex Rd, Columbus, OH 43220, 614 457-7885.

JOHNSON, Quinten Theodore; '79 MPA; Mgr. ACS-100; Airport/Aircarrier Security, Fed. Aviation Admin., 800 Independence Ave. SE, Washington, DC 20591, 202 267-3378; r. 7711 Jewelweed Ct., Springfield, VA 22152, 703 644-5125.

JOHNSON, Mrs. R. Edgar, (Judy Fritz); '62 BSBA; Owner & Realtor; The Devonshire Co., 2833 S. Colorado Blvd., Denver, CO 80222, 303 758-7611; r. 18 Polo Club Dr., Denver, CO 80209, 303 777-2828.

JOHNSON, Raymond Taylor; '81 BSBA; Owner; Tip Top Rubber Prods., 3975 Cambridge Rd., Marietta, OH 45750, 614 374-8155; r. 1000 Ann St., Parkersburg, WV 26101, 304 485-1515.

JOHNSON, Richard Darrell; '62 MBA; Partner; Arthur Andersen & Co., 33 W. Monroe St., Chicago, IL 60603, 312 580-0033; r. 351 Sussex Ln., Lake Forest, IL 60045, 312 295-2169.

JOHNSON, Richard Darren; '84 BSBA; VP; Franciscan Health Syst. of Central Ohio, 1492 E. Broad St., Columbus, OH 43205, 614 251-3759; r. 5246 Spencer Ct. #D, Columbus, OH 43228, 614 870-7156.

JOHNSON, Richard Edward; '29 BSBA; Retired; r. 3420 Wooster Rd, Apt. B 509, Rocky River, OH 44116, 216 333-0682.

JOHNSON, Richard Edward; '88 BSBA; 648 Saint Clair, Newton Falls, OH 44444, 216 872-1712.

JOHNSON, Richard Irvin; '74 BSBA; VP; Cardinal Fed. Savings Bank, Income Properties Lending, 150 Euclid Ave., Cleveland, OH 44114, 216 623-2664; r. 11885 Laurel Rd., Chesterland, OH 44026.

JOHNSON, Richard Joseph; '73 MACC; CFO; Barker-Patrinely Grp., Inc., Commercial Real Estate Dev., 5151 San Felipe, Ste. 1400, Houston, TX 77056, 713 961-5780; r. 20722 Park Bend Dr., Katy, TX 77450.

JOHNSON, Richard Lemoyne; '53 BSBA; Retired; r. 2210 Ramsey Rd, Monroeville, PA 15146, 412 372-3602.

JOHNSON, Richard Wayne; '57 BSBA; Ret Mgr.; GE Co., Louisville, KY 40225; r. 3522 Coronado Dr., Louisville, KY 40241, 502 426-3114.

JOHNSON, Rikard Severin; '71 BSBA; Mgr.; Sigma Instruments, Production/Inventory Control, 90 Libbey Pkwy., Weymouth, MA 02169, 617 340-0700; r. 6 Simmons Rd., Hingham, MA 02043, 617 749-4275.

JOHNSON, Rita Faye; '83 MLHR, '83 MPA; Bur. Chief; Ohio Dept. of Human Svcs., Bur. of Medicaid Prevent Hlth., 30 E. Broad St., Columbus, OH 43266, 614 466-4966; r. 4705 Olde Colony Way, Columbus, OH 43213, 614 864-5661.

JOHNSON, Robbin Andrew; '69 BSBA; Salesman; Sequoia Pacific Syst. Corp., 5850 Shellmound St., Emeryville, CA 94608; r. 2374 Mossy Bank Dr., #2, Sacramento, CA 95833.

JOHNSON, Robert Carol; '35 BSBA; 163 W. Carriage Dr. Apt. 203, Chagrin Falls, OH 44022, 216 247-4077.

JOHNSON, Robert Earl; '48 BSBA; Retired; r. 5652 Cochran Rd., Morrow, OH 45152, 513 494-2962.

JOHNSON, Robert Gaylord; '81 BSBA; Food Distribution; Martin Brower, 65 Leone Ln., Chester, NY 10918, 914 469-4500; r. 191 Greencrest Dr., Middletown, NY 10940, 914 692-8615.

JOHNSON, Robert L.; '59 MBA; Cnsltg. Mgmt. Engr.; POB 2335, Sunnyvale, CA 94087, 408 253-2380; r. 836 Shetland Pl., Sunnyvale, CA 94087, 408 253-2097.

JOHNSON, Robert L.; '80 MPA; Asst. to Dir.; City of Columbus, Management & Budget Ofc., 90 W. Broad St., Columbus, OH 43215, 614 222-6437; r. 6759 Amur Dr., Columbus, OH 43235, 614 764-1442.

JOHNSON, Robert O.; '41 BSBA; Retired; r. 106 Azalea Tr., Leesburg, FL 32748, 904 326-8041.

JOHNSON, Robert Theodore; '68 BSBA; Staff; George A Hormel Co., POB 800, Austin, MN 55912; r. 3115 W. 63 St., Davenport, IA 52806, 319 386-6846.

JOHNSON, Rochelle Marie; '88 MBA; 161 W. Maynard #5A, Columbus, OH 43202, 614 294-1290.

JOHNSON, Roger Emerson; '53 BSBA; Interior Decorator; John T Mc Coy, 922 Kramer Ave., Columbus, OH 43212; r. 1001 Old State Rd, Delaware, OH 43015, 614 524-7741.

JOHNSON, Roger Lee; '58 BSBA; Dir. Treasury Operations; Standard Register Co., 600 Albany St., Dayton, OH 45408; r. 1419 Devoe Dr., Beavercreek, OH 45385, 513 426-3427.

JOHNSON, Russell Harry; '47 BSBA; Rep.; r. 205 S. Church St., Washington, IL 61571, 309 444-3478.

JOHNSON, Scott William; '86 BSBA; Sales; Lennox Industries, 1711 Olentangy River Rd., Columbus, OH 43216, 614 421-6000; r. 7525 Club Rd., Sylvania, OH 43560, 419 882-6144.

JOHNSON, Sharon Marie; '80 BSBA; Human Res. Ofcr./Asst. VP; Trust Svcs. of America, 700 Wilshire Blvd., Los Angeles, CA 90017, 213 614-7000; r. 5255 Bellingham Ave., #101, N. Hollywood, CA 91607, 818 761-6176.

JOHNSON, Stanley Edwin; '81 MBA; Civil Engr.; Burgess & Niple, 5085 Reed Rd., Columbus, OH 43220; r. 510 Noe-Bixby Rd., Columbus, OH 43213, 614 864-8405.

JOHNSON, Stephen James; '71 BSBA; Cost/Payroll Mgr.; F E Myers Co., 1101 Myers Pkwy., Ashland, OH 44805, 419 281-9935; r. Rte. 4 Box 399C, Ashland, OH 44805, 419 368-3431.

JOHNSON, Steven Lugh; '84 BSBA; POB 206, Middlefield, OH 44062.

JOHNSON, Stuart Van; '82 BSBA; Pres.; Johnson Bros. Gen. Stores, Inc., Dba Short Stop Stores, 475 Pennsylvania Ave., Delaware, OH 43015, 614 369-6547; r. 9400 Shawnee Tr., POB 837, Powell, OH 43065, 614 889-7741.

JOHNSON, Terry Ann; '79 BSBA; Stf/Mgmt. Systs.; Procter & Gamble Co., 301 E. Sixth St., Cincinnati, OH 45202; r. 1506 Franklin Ave., Cincinnati, OH 45237, 513 242-4438.

JOHNSON, Theodore Wesley, CPA; '76 BSBA; Pres.; Coopers & Lybrand, 2775 Scottwood Rd, Columbus, OH 43209, 614 235-5011.

JOHNSON, Thomas Gordon; '78 BSBA; Sales Rep.; Stuart Pharmaceuticals, Div. of ICI Americas, Inc., New Murphy Rd & Concord Pike, Wilmington, DE 19897; r. 119 E. Kanawha Ave., Columbus, OH 43214, 614 885-0539.

JOHNSON, Thomas Rogers; '47 BSBA; Pres.; Ohio Manufacturers Assn., 33 N. High St., Columbus, OH 43215; r. 2940 Leeds Rd., Columbus, OH 43221, 614 486-8777.

JOHNSON, Tom Weaver; '60 BSBA; Pres.; Sajar Plastics Inc., POB 37, Middlefield, OH 44062, 216 632-5203; r. 113 Quail Ln., Hunting Vly., OH 44022, 216 247-4776.

JOHNSON, Vernon Dale; '49 BSBA; Treas.; Fulfab Inc., 1525 Whipple Ave. SW, Canton, OH 44710; r. 10825 Strausser St. NW, Canal Fulton, OH 44614, 216 854-2848.

JOHNSON, Vernon Dale; '78 BSBA; Stationary Engr.; Cargill, Dayton, OH 45401; r. 7060 Hobart Ave., Franklin, OH 45005, 513 746-0259.

JOHNSON, Vicki Denise; '79 MBA; 11601 Pinkston Dr., Miami, FL 33176.

JOHNSON, Virginia '63 (See Wheeler, Virginia Johnson).

JOHNSON, W. Scott; '82 BSBA; 25 Knob Hill Rd., Hackettstown, NJ 07840, 201 850-9724.

JOHNSON, Warren Paul; '68 MBA; 5024 Ackerman Blvd., Kettering, OH 45429, 513 434-4774.

JOHNSON, Wayne Earl; '76 BSBA; Auditor; Agcy. News Corp., 635 Park Meadow Rd., Ste. 214, Westerville, OH 43081, 614 895-2458; r. 169 C Brandywine Dr., Westerville, OH 43081, 614 890-7924.

JOHNSON, Wesley Robert; '48 BSBA; Pres.; Economic Club of Detroit, 920 Free Press Bldg., Detroit, MI 48226, 313 963-8547; r. 16 Provencal Rd., Grosse Pte. Farms, MI 48236, 313 885-0084.

JOHNSON, Willard Ray, Jr.; '74 BSBA; Mgr.; Bill Johnson's Auto, 1701 White Oaks Rd, Marion, OH 43302, 614 382-1516; r. 3520 Marion Marysville Rd, Prospect, OH 43342, 614 387-2698.

JOHNSON, William B., Jr.; '83 BSBA; Mktg. Mgr.; Dietrich Industries Inc., 1435 W. 165th St., Hammond, IN 46320, 219 931-3741; r. 951 Sherwood Lake Dr., Apt. 1-C, Schererville, IN 46375, 219 322-3630.

JOHNSON, Dr. William Bruce; '73 MACC, '75 PhD (ACC); Prof.; Northwestern Univ., Dept. of Acctg., Kellogg Grad Sch. of Mgmt, Evanston, IL 60201; r. 302 Park Rd., Iowa City, IA 52240.

JOHNSON, William Henry; '31 BSBA; Retired; r. 1327 London Dr., Columbus, OH 43221, 614 457-4989.

JOHNSON, William P.; '43 BSBA; Retired Fncl Analyst; Rockwell Intl., 4300 E. 5th Ave., Columbus, OH 43219; r. 860 Chestershire Rd., Columbus, OH 43204, 614 279-3233.

JOHNSON, William Taulby; '86 BSBA; Asst. to Dir.; Ohio Ofc. of Collective Bargaining, 65 E. State St., Columbus, OH 43215, 614 466-0570; r. 220 Glenn Rd., Ashville, OH 43103, 614 983-3878.

JOHNSTON, Bryan Lee; '87 BSBA; 7100 Almeda Rd., Apt. 807, Houston, TX 77054.

JOHNSTON, C. Ned; '68 BSBA; Mgr.; Southern Bell Telephone Co., 6451 N. Federal Hwy., Ft. Lauderdale, FL 30338, 305 492-2146; r. 7426 San Sebastian Dr., Boca Raton, FL 33433, 407 368-8042.

JOHNSTON, Carolyn Blakeney, (Carolyn B. Blakeney); '54 BSBA; 10780 Watkins Rd., Blanchester, OH 45107, 513 783-2662.

JOHNSTON, Charles Edward; '27 BSBA; Retired; r. Bella Costa Apt. 136, 220 Santa Maria St., Venice, FL 34285, 813 488-8534.

JOHNSTON, Charles Frederick, Jr.; '52 BSBA; Atty.; Brenneman Bldg., Wadsworth, OH 44281, 216 334-2520; r. 198 Longview Dr., Wadsworth, OH 44281, 216 336-0003.

JOHNSTON, David Wesley; '82 BSBA; Asst. VP; E F Hutton & Co. Inc., 88 E. Broad St., Columbus, OH 43215; r. 1960 W. 5th Ave., Columbus, OH 43212, 614 481-0499.

JOHNSTON, Donald Charles; '60 BSBA; Controller; Pacific Towboat & Salvage Co., Pier D Berth 35, Long Beach, CA 90802; r. 2417 Sparta Dr., Rancho Palos Verdes, CA 90274, 213 547-5013.

JOHNSTON, Donna H., (Donna M. Hixenbaugh); '53 BSBA; Volunteer; r. 547 Anita Ave., Grosse Pte. Woods, MI 48236, 313 884-2171.

JOHNSTON, Elizabeth A. '87 (See Tweardy, Mrs. Elizabeth J.).

JOHNSTON, Emogene '26 (See Adams, Emogene J.).

JOHNSTON, Flora '47 (See Nunn, Flora Johnston).

JOHNSTON, Fred B.; '56 BSBA, '57 MBA; Principal; Leslie Sufrin & Co., PC, 325 Fifth Ave., New York, NY 10016, 212 696-4800; r. 330 E. 46th St., Apt. 5V, New York, NY 10017, 212 661-3098.

JOHNSTON, James Joel; '79 MPA; Administrative Ofcr.; r. Mogadishu, Dos, Washington, DC 20520.

JOHNSTON, Jeffrey Allen; '82 BSBA; Investment Srvs Repr; Bank One of Columbus, 100 E. Broad St., Columbus, OH 43271; r. 2309 Edgevale Rd., Columbus, OH 43221, 614 451-8238.

JOHNSTON, Jodi Ann; '84 BSBA; 3305 Amanda Northern Rd., Carroll, OH 43112, 614 837-4871.

JOHNSTON, John N.; '42 BSBA; Controller; Gardena Rubber Co. Inc., 155 E. 157th St., Gardena, CA 90248, 213 323-1682; r. 1066 Highland Ave. N., Fullerton, CA 92635.

JOHNSTON, Joseph Gifford; '66 BSBA; Acct.; Wilson Shannon Snow & Evans, 10 W. Locust, Newark, OH 43055, 614 345-6611; r. 625 Country Club Dr. G-1, Newark, OH 43055, 614 344-4624.

JOHNSTON, Dr. Kenneth Stanton; '62 PhD (ACC); 4531 Natalie Dr., San Diego, CA 92115.

JOHNSTON, LTC Kingsley M., USAF(Ret.); '49 BSBA; 2319 Leu Rd., Orlando, FL 32803, 407 894-8565.

JOHNSTON, Kirkland Mark; '75 BSBA; Titanium Prods. Sales Mgr; Astro, Div of Harsco Corp, 3225 Lincoln Way W., Wooster, OH 44691, 216 264-8639; r. 1518 Southwood Dr., Ashland, OH 44805, 419 289-6439.

JOHNSTON, L. Philip; '60 BSBA; Prof. Rep.; Merck Sharp & Dohme, Division of Merck & Co Inc, 9001 Quivera Rd., Lenexa, KS 66201; r. 7909 Beverly Dr., Prairie Vlg., KS 66208, 913 381-6195.

JOHNSTON, 2LT Martin Lee; '86 BSBA; 2 Lt. Usmc; r. 11869 Spangler Rd., Circleville, OH 43113, 614 474-5635.

JOHNSTON, Melody Merry, (Melody Merry); '75 BSBA; Homemaker; r. 1988 Breed Hill Ct., Lancaster, OH 43130, 614 653-1707.

JOHNSTON, Nancy '49 (See Frick, Mrs. Nancy J.).

JOHNSTON, Richard Park; '57 BSBA; Pres./CEO; Buckhorn Inc., 55 W. Techne Center Dr., Milford, OH 45150, 513 831-4402; r. 6767 Wooster Pike, Mariemont, OH 45227, 513 561-3463.

JOHNSTON, Richard Scott; '80 BSBA; Field Sales Rep.; Schweber Electronics, 115 Hurley Rd., Oxford, CT 06483, 203 264-4700; r. 78 Laurel Ln., Simsbury, CT 06070, 203 651-3286.

JOHNSTON, Robert William; '63 MBA; VP-Mktg. & Sales; Micrel Semiconductor, Inc., 560 Oakmead Pkwy., Sunnyvale, CA 94086, 408 245-2500; r. 754 Southampton Dr., Palo Alto, CA 94303, 415 327-8860.

JOHNSTON, Scott Robert; '84 BSBA; Transportation Clerk; Big Bear Co., 770 Goodale St., Columbus, OH 43215, 614 464-6642; r. 953 Havendale Dr., Columbus, OH 43220, 614 451-0983.

JOHNSTON, Shirley E., (Shirley Emch); '55 BSBA; Mgr.; Natl. Coin Laundry Inc., 990 W. 3rd Ave., Columbus, OH 43212, 614 294-0222; r. 1291 Bryson Rd., Columbus, OH 43224, 614 268-3486.

JOHNSTON, CDR Thomas Marsh, Jr.; '36 BSBA; Retired; USNR; r. 1589 Covington Cir., Ft. Myers, FL 33919, 813 939-1883.

JOHNSTON, William L.; '76 BSBA; Supt.; Weirton Steel, Main St., Weirton, WV 26062, 304 797-2000; r. 248 S. Circle Dr., Weirton, WV 26062, 304 723-5464.

JOHNSTONE, James M.; '63 BSBA; 638 Brubaker Dr., Dayton, OH 45429, 513 293-2473.

JOHNTONY, Regina Marie; '87 BSBA; Prudential Ins. Co. of America, 1105 Schrock Rd., Ste. 830, Columbus, OH 43229, 614 885-2466; r. POB 18262, Columbus, OH 43218, 614 262-7307.

JOKERST, Michael Jay; '79 BSBA; Secy.-Treas.; Jack Maxton Chevrolet, 700 E. Granville Rd., Worthington, OH 43085, 614 885-5301; r. 489 E. Tulane Rd., Columbus, OH 43202, 614 267-0935.

JOKINIEMI, Gary Lee; '73 BSBA; Pres.; Financial First Mortgage Co., 1515 Bethel Rd., Columbus, OH 43220, 614 459-1944; r. 2170 Harwich Rd., Upper Arlington, OH 43221, 614 488-5686.

JOKINIEMI, Thomas Allan; '69 BSBA; Owner; Paul's Carpet, 365 SW 13th Ave., Pompano Bch., FL 33069, 305 946-6766; r. 9226 N. W. 18 St., Coral Spgs., FL 33071, 305 752-2423.

JOLLEY, David Andrew; '76 BSBA; Compensation Analyst; Bank One Columbus, 100 E. Broad St., Columbus, OH 43271, 614 248-5717; r. 3079 Breed Dr., Reynoldsburg, OH 43068, 614 861-7645.

JOLLIFF, Beth Ann; '87 BSBA; 518 S. Main St., Arlington, OH 45814, 419 365-5591.

JOLLIFF, Donald Dean; '73 BSBA; CFO; Vacuform Industries, Inc., 1877 E. 17th Ave., POB 30963, Columbus, OH 43230, 614 294-2616; r. 489 Meadow View Dr., Powell, OH 43065, 614 548-4569.

JOLLIFFE, John D.; '50 BSBA; Atty.; Black Mc Cuskey Souers & Arbau, 1000 United Bank Plz., 220 Market Ave. S., Canton, OH 44702; r. 302 Summit St. SW, N. Canton, OH 44720, 216 499-9759.

JOLLIFFE, Robert H.; '54 BSBA; 4680 Cottonwood Dr., Ann Arbor, MI 48042, 313 662-7956.

JOLOVITZ, Herbert A.; '52 BSBA; Cnslt.; H. A. Jolovitz Assocs., 7531 Sebago Rd., Bethesda, MD 20817, 301 229-5877; r. Same.

JOLY, Jody Steven; '88 BSBA; Cleveland, OH 44101, 216 731-3438.

JOMINY, Walter E.; '75 BSBA; Exec. VP; Realtron Corp., N. Andrews Ext., Pompano Bch., FL 33060, 305 946-6432; r. 8875 N. W. 2nd Pl., Coral Spgs., FL 33071, 305 753-3953.

JONARD, Brian Richard; '82 BSBA; Acct.; Natl. Gas & Oil Corp., 1500 Grandville Rd., Newark, OH 43055, 614 344-2106; r. 625 Timber Run Rd., Zanesville, OH 43701, 614 454-6134.

JONAS, Edward M.; '60 BSBA, '61 MBA; Corporate Comptroller; Anchor Glass Container Corp., One Anchor Pl., Tampa, FL 33607, 813 870-6120; r. 1492 El Tair Tr., Clearwater, FL 34625, 813 797-4918.

JONES, Alan Lee, Jr.; '61 BSBA; Agt.; Beneficial Life Ins. Co., 36 S. State, Salt Lake City, UT 84111; r. 6482 Vinecrest Dr., Salt Lake City, UT 84121, 801 263-8653.

JONES, Alan S.; '71 MBA; Realtor; Remax Capital Centre, 3701 N. High St., Columbus, OH 43214, 614 447-1000; r. 217 Girard Rd., Columbus, OH 43214, 614 888-0888.

JONES, Mrs. Amy Lynne, (Amy L. Millman); '86 BSBA; 4591 Orange Ave., Apt. 105, Long Beach, CA 90807.

JONES, Mrs. Amy Tugend, (Amy Tugend); '73 BSBA; Homemaker; r. 6186 Middlebury Dr. E., Worthington, OH 43085, 614 888-0232.

JONES, Anne Meier; '70 MBA; Realtor; King Thompson Holzer-Wollam, 220 W. Bridge St., Dublin, OH 43017, 614 889-0808; r. 4200 Dublin Rd., Hilliard, OH 43026, 614 876-7129.

JONES, Anne Pierce; '52 BSBA; RR 4 Box 150, Wheeling, WV 26003, 304 242-3322.

JONES, Bradley Edward; '85 BSBA; Student; Univ. of Akron, 302 E. Buchtel Ave., Akron, OH 44325; r. 731 Valley Crest Dr., Akron, OH 44319, 216 882-6101.

JONES, Brett Ellison; '80 MPA; Title 20 Coord.; Ohio Dept. of Mental Health, 30 E. Broad St., Columbus, OH 43215; r. 3225 Mount Holyoke, Columbus, OH 43221, 614 457-3195.

JONES, Bruce Ervin; '73 BSBA, '76 MBA; Dir. of Taxes; Gifford Hill & Co., 300 E. John Carpenter Frwy., Dallas, TX 75062; r. 4016 Bobbin Ln., Addison, TX 75234, 214 239-5548.

JONES, Burris Delmar; '50 BSBA; 1085 Racine Ave., Columbus, OH 43204, 614 274-1809.

JONES, Carl Allen; '34 BSBA; Pres./Publisher/Dir.; Press Inc., 204 W. Main St., Johnson City, TN 37601, 617 929-3111; r. 806 Hillrise Blvd., Johnson City, TN 37601, 615 926-2958.

JONES, Carl Dewitt, Jr.; '50 BSBA; Sales Mgr.; Georgia Pacific, POB 1329, Lake City, FL 32055, 904 752-7412; r. 1180 Lake Montgomery Dr., Lake City, FL 32055, 904 752-9528.

JONES, Carl S.; '77 BSBA; Grad. Student Osu; r. 595 Fourth Fairway Dr., Roswell, GA 30076, 404 992-5091.

JONES, Carol Lynn; '82 BSBA; Sr. Personal Lines Undrwr; State Farm Ins., 1440 Granville Rd., Newark, OH 43055, 614 349-5508; r. 269 1/2 Woods Ave., Newark, OH 43055, 614 345-2484.

JONES, Mrs. Carolyn C., (Carolyn Campbell); '51 BSBA; Homemaker; r. 8706 Honeysuckle Tr., Austin, TX 78759, 512 346-0619.

JONES, Catherine Kosydar; '76 BSBA; Law Student; r. 595 Fourth Fairway Dr., Roswell, GA 30076, 404 992-5091.

JONES, Channing Edgar, Jr.; '33; Mgr. Ortho Consumer Div.; Chevron Chemical Co., San Francisco, CA 94105; r. 106 Lake Merced Hill S., San Francisco, CA 94132, 415 584-1064.

JONES, Charles Haddon, Jr.; '64 BSBA; Pres. & CEO; Gem Financial Corp., Gem Plz., Dayton, OH 45402, 513 298-8999; r. 6477 Kings Grant Passage, Dayton, OH 45459, 513 433-1483.

JONES, Charles Hayden; '40 BSBA; Atty.; Baden, Jones, Scheper & Crehan, 222 High St., Rm. 300, Hamilton, OH 45011, 513 868-2731; r. 5801 Oakridge Dr., Hamilton, OH 45011, 513 863-6966.

JONES, Charles Howard, Jr.; '54 BSBA; Industrial Sales Rep.; Twyman-Templeton Co., 650 Harrison Dr., Columbus, OH 43204, 614 272-5623; r. 2620 Edgevale Rd., Columbus, OH 43221, 614 457-3593.

JONES, Charles Robert; '64 BSBA; VP of MIS; Clipper Express, 15700 W. 103rd St., Lemont, IL 60439; r. 5512 Dunham, Downers Grove, IL 60515, 312 739-0700.

JONES, Clyde Jacob; '60; Pres.; Trace Financial Corp., 1170 Old Henderson Rd., Columbus, OH 43220, 614 442-1217; r. 1248 Darcann Dr., Columbus, OH 43220, 614 457-2071.

JONES, Colleen Marie; '87 BSBA; Payroll Auditor; The Ltd. Inc., One Limited Pkwy., POB 16528, Columbus, OH 43216, 614 475-4000; r. 1980 Belcher Dr., Apt. C 24, Columbus, OH 43224.

JONES, Cynthia Lou; '80 BSBA; Clerk/Treas.; Bd. of Trustees of Public Affairs, POB 354, E. Main St., Orwell, OH 44076, 216 685-4734; r. 33 Sunset St., Orwell, OH 44076, 216 437-5175.

JONES, D. Donald; '56 BSBA, '57 MBA; CPA; Clark Schaefer Hackett & Co., 333 N. Limestone St., Springfield, OH 45503, 513 324-4800; r. 26 Dover Rd., Springfield, OH 45504, 513 399-7417.

JONES, Danny Edmond; '85 BSBA; 106 Prospect St, Troy, IL 62294.

JONES, LTC David Alfred, USAF(Ret.); '58 BSBA; Educ. Rsch.; 2801 Oak Cliff Ln., Arlington, TX 76012, 817 265-6132; r. Same.

JONES, David Anthony; '81 BSBA; 302 E. Main, Oak Hill, OH 45656.

JONES, David Emlyn; '71 BSBA; 315 Clifftop Ct., Roswell, GA 30076.

JONES, David John; '85 MPA; 1807 Everglades Dr., Milpitas, CA 95035, 408 262-6726.

JONES, David L.; '86 BSBA; Sales Mgr., Territory; Borden Chemical Inc., Los Angeles, CA 90055; r. 1250 10th St., Apt. 1, Santa Monica, CA 90401, 213 458-1200.

JONES, David Orrin; '60 BSBA, '67 MBA; CPA/Managing Partner; Norman Jones Coen & Co., 125 W. Mulberry St., Lancaster, OH 43130, 614 653-9581; r. 306 N. High St., Lancaster, OH 43130, 614 654-3099.

JONES, David William; '85 BSBA; Programmer/Analyst; Champion Intl., 101 Knightsbridge Dr., Hamilton, OH 45011, 513 868-4015; r. 1039 Saint Clair Ave., Apt. 4, Hamilton, OH 45015, 513 868-9753.

JONES, De Ettra Reeves (D.D.); '87 MBA; Merchandising; Ford Parts & Svc., POB 3333, Livonia, MI 48151, 313 523-5368; r. 19950 Trinity, Detroit, MI 48219, 313 538-4043.

JONES, Denise '85 (See Trevarrow, Denise Elaine).

JONES, Dennis C.; '57 MBA; Retired; r. 5315 Landgrave Ln., Springfield, VA 22151, 703 321-7067.

JONES, Donald Kevin; '81 BSBA; 2847 Harcourt, Los Angeles, CA 90016.

JONES, Donna; '84 BSBA; Proj. Mgr.; Visa Inc., San Mateo, CA 94402; r. 11 Sorrel Ln., San Carlos, CA 94070, 415 591-8389.

JONES, Donna Beth; '85 BSBA; 7516 Oak Hill Dr., Chesterland, OH 44026, 216 729-1244.

JONES, Douglas E.; '86 BSBA; Acctg. Mgr.; McMaster Carr, Elmhurst, IL 60147, 312 824-9600; r. 5600 Hillcrest #2M, Lisle, IL 60532, 312 964-5127.

JONES, Douglas Michael; '79 BSBA; VP; Triangle Business Forms, Inc., 3833 April Ln., POB 27167, Columbus, OH 43227, 614 236-1940; r. 847 Promise Ct., Reynoldsburg, OH 43068, 614 863-1639.

JONES, E. Douglas; '82 BSBA; Mgr.; Deloitte Haskins & Sells, 250 E. Fifth St., Ste. 1900, Cincinnati, OH 45201, 513 784-7294; r. 3854 Millsbrae, Cincinnati, OH 45209, 513 631-3209.

JONES, Edwin Wallace; '47 BSBA; VP-Claims; Reliable Ins. Co., 1564 W. 1st Ave., Columbus, OH 43212; r. 7601 Tyjon Cir., Worthington, OH 43085, 614 761-3739.

JONES, Eric Lynn; '68 BSBA; Mgr./Loan Ofcr.; Park Natl. Bank, 50 N. Third St., Newark, OH 43055, 614 349-8451; r. POB 160, Granville, OH 43023, 614 587-1906.

JONES, Evan Haydn; '74 BSBA; Salesman; Jones Lumber Co., 57 N. Sylvan Ave., Columbus, OH 43204, 614 274-1109; r. 4802 Wynwood Ct., Columbus, OH 43220, 614 459-3890.

JONES, Mrs. Evelyn C., (Evelyn C. Cardwell); '47 BSBA; Retired; r. 2685 Schaaf Dr., Columbus, OH 43209, 614 235-6502.

JONES, Frank Thomas; '59 BSBA; Dir. Matls/Purchases; EBCO Mfg. Co., 265 N. Hamilton Rd., Columbus, OH 43213, 614 861-1350; r. 1608 Southwood Ave., Reynoldsburg, OH 43068, 614 861-1877.

JONES, Gail Parnes, (Gail Parnes); '77; Homemaker; r. 9701 W. Stanford Ave., Littleton, CO 80123, 303 973-3218.

JONES, Garry Edward; '76 BSBA; Regional Sales Mgr.; Cmi Corp., 2600 Telegraph Rd., Bloomfield Hls., MI 48013; r. 6730 Oakhills Dr., Birmingham, MI 48010, 313 433-1762.

JONES, Gary Allen; '69 BSBA; Staff; Lumbermen's Mutual Ins., POB 969, Mansfield, OH 44901; r. 681 Davis Rd., Mansfield, OH 44907, 419 756-5124.

JONES, Gary David; '77 BSBA; 2439 Beedchwood Dr., Westlake, OH 44145, 216 835-5852.

JONES, Gary Lee; '60 BSBA; Atty.; Private Practice, 50 W. Broad St., Columbus, OH 43215; r. 70 Nob Hill Ct., Gahanna, OH 43230, 614 476-2900.

JONES, Gary Timothy; '75 BSBA; Acct. Exec. Mgr.; Thomas W Ruff & Co., 1114 Dublin Rd, Columbus, OH 43215, 614 487-4000; r. 5635 Orchid Pl., Columbus, OH 43220, 614 451-9217.

JONES, George Albert; '42 BSBA; Realtor; Wm. M. Patrick Realty, 200 Shroyer Rd., Dayton, OH 45419, 513 298-1446; r. 406 Telford Ave., Dayton, OH 45419, 513 293-6878.

JONES, George Rowland; '48 BSBA; Retired; r. 282 Garden Rd., Columbus, OH 43214, 614 268-4498.

JONES, Geraldine Owston; '28 BSBA; Retired; r. 479 Richards Rd., Columbus, OH 43214, 614 262-7050.

JONES, Glenn; '53 BSBA; Pres.; Triangle Business Forms Inc., 3833 April Ln., POB 27167, Columbus, OH 43227, 614 236-1940; r. 281 S. Chesterfield Rd., Columbus, OH 43209, 614 237-1989.

JONES, Gordon, Jr.; '65 BSBA; Asst. Secy.; The Travelers, 30 Batterson Park, Farmington, CT 06032; r. 20 Sherry Dr., E. Hampton, CT 06424, 203 267-8162.

JONES, Gregory William; '79 BSBA; Sales Rep.; Mooney & Moses of Ohio Inc., POB 539, Worthington, OH 43085; r. POB 539, Worthington, OH 43085.

JONES, Harold Ray; '48 BSBA; Retired; Cahners Publishing Co., 1621 Euclid Ave., Cleveland, OH 44115; r. 1005 SE Tenth Ct., Deerfield Bch., FL 33441, 305 426-8678.

JONES, Harry, CPA; '76 MACC; Acct.; POB 1042, Reynoldsburg, OH 43068, 614 863-1645; r. 2685 Moundcrest St., Columbus, OH 43232, 614 868-8623.

JONES, Harry Lloyd, Jr.; '73; Acctg. Clerk; Licking Cnty. Child Support, 25 S. Park Pl., Newark, OH 43055; r. 300 Executive Dr. S. #19, Newark, OH 43055.

JONES, Helen '38 (See Lambert, Helen J.).

JONES, Herbert Arnold; '78 BSBA; 195 Conner Ln., Delaware, OH 43015, 614 548-6540.

JONES, Herbert Julius; '54 BSBA, '58 MBA; VP; Electronic Data Systs. Corp., 7171 Forrest Ln., Dallas, TX 75230; r. Electronic Data Systs. Corp, 7171 Forrest Ln., Dallas, TX 75230.

JONES, Howard Robert; '47 BSBA; 1314 S. Main St., Niles, OH 44446, 216 652-3972.

JONES, James Philip, Jr.; '81 BSBA; 740 Seveth Ave., River Edge, NJ 07661.

JONES, James Wallace, Jr.; '87 BSBA; 114 Shewell Ave., Doylestown, PA 18901, 215 345-5824.

JONES, Jeannette C., (Jeannette Crum); '82 BSBA; Assoc.; Natl. Financial, Executive Plz. One, 144 Merchant St. Ste. 300, Cincinnati, OH 45246, 513 771-3500; r. 3550 Stoneboat Ct., Maineville, OH 45039, 513 677-2832.

JONES, Jeffrey Douglas; '78 BSBA; 7435 Carmen Dr., N. Canton, OH 44720, 216 494-6617.

JONES, Jennifer L. '88 (See Martin, Jennifer Lynn).

JONES, Joanne '44 (See Howard, Joanne Jones).

JONES, John Edward; '52; Chmn.; State of Ohio, Bd of Review-Unemplymnt Comp, 145 S. Front St., Columbus, OH 43215, 614 466-3628; r. 528 Clark State Rd., Gahanna, OH 43230, 614 475-3457.

JONES, John Irvin, Jr.; '42 BSBA; VP; Doddington Millwork Inc., 35 Derrer Rd, Columbus, OH 43204, 614 274-1188; r. 210 N. Ardmore Rd., Columbus, OH 43209, 614 258-9486.

JONES, John Kenneth; '66 BSBA; c/o P Webber, 8200 Mopac Expy. # 100, Austin, TX 78759.

JONES, John Merrill; '68 BSBA; Asst. VP; Medical Life Ins. Co., 1220 Huron Rd., Cleveland, OH 44115, 216 687-6815; r. 33550 Coachman Ln., Solon, OH 44139, 216 349-4111.

JONES, John Olson; '48 BSBA; Retired; r. 875 Hampton Ridge Dr., Akron, OH 44313, 216 864-4237.

JONES, John Paul; '49 BSBA; Retired; r. 9424 Wilson Blvd., Wauwatosa, WI 53226.

JONES, John Robert; '31 BSBA; Retired; r. 9726 Lake of The Woods Dr., Galena, OH 43021, 614 882-3092.

JONES, Joyce Joan '59 (See Roberts, Joyce Joan).

JONES, Judith Ann; '83 MPA; 3180 Strathbarn Ct., Dublin, OH 43017.

JONES, Judy Lynn; '80 BSBA; Staff; Cooper Energy Svcs., Div Cooper Industries, N. Sandusky St., Mt. Vernon, OH 43050; r. 1341 Westwood Dr., Mt. Vernon, OH 43050, 614 397-0561.

JONES, June Foster; '46; 450 E. Main St., Canfield, OH 44406, 216 533-6200.

JONES, Justin Ralph; '47 BSBA; Retired; r. 742 Via Del Sol, Del Tura Country Club, N. Ft. Myers, FL 33903, 813 731-1535.

JONES, Karen Denise; '83 BSBA; Profiling Spec.; Online Computer Library Ctr., 6565 Frantz Rd., Dublin, OH 43017, 714 764-6389; r. 154 Franklin Ave., Worthington, OH 43085, 614 885-5814.

JONES, Karen Lynn; '85 BSBA; 2496 Greenvale Rd., Cleveland, OH 44121, 216 486-1105.

JONES, Karl Maurice; '82 BSBA; 1048 Danner Ave., Dayton, OH 45408, 513 228-6905.

JONES, Kathleen Serek; '84 BSBA; Ofc. Mgr.; Interstate Battery of Cols, 5985 Westerville Rd., Westerville, OH 43081, 614 890-0334; r. 3416 Paris Blvd., Westerville, OH 43081, 614 899-1176.

JONES, Keith Lamar; '73 BSBA; Staff; Lincoln Natl. Bank, 116 E. Berry St., Ft. Wayne, IN 46802; r. 4507 S. Calhoun St., Ft. Wayne, IN 46807, 219 744-4520.

JONES, Kenneth Allan; '72 BSBA; VP/Chief Financial Ofcr.; Rax Restaurants Inc., 1266 Dublin Rd., Columbus, OH 43215, 614 486-3669; r. 6186 Middlebury Dr. E., Worthington, OH 43085, 614 888-0232.

JONES, Kenneth Earl; '75 BSBA; Sales Correspondent; North American Refractories Co., Farber, MO 63345; r. 2 Wells Fargo, St. Peters, MO 63376, 314 447-6284.

JONES, Kenneth Frederick; '56 BSBA; Plant Mgr.; Cambridge Filter Corp., 1815 Glenwood Rd., Delano, CA 93215; r. 1420 8th Ave., Delano, CA 93215, 805 725-2941.

JONES, Kenneth Hector; '62 BSBA; Owner; Iron Pony Motorcycle Accessories, 5309 Westerville Rd., Columbus, OH 43229, 614 891-2461; r. 5073 Maplewood Dr., Columbus, OH 43229, 614 890-1931.

JONES, Kenneth Perry; '83 BSBA; Sales Repr; Tenney Tool & Supply Co., 64 Surrey Rd., Mansfield, OH 44903, 419 522-2711; r. 34 Faye Ave., Shelby, OH 44875, 419 347-4788.

JONES, Kevin Charles; '86 BSBA; Agt.; Robert K Jones Ins. Agcy., 432 Patterson Rd., Dayton, OH 45419, 513 294-2600; r. 5825 Montgomery Square Dr., Apt. 2-D, Kettering, OH 45440, 513 436-4944.

JONES, Kimberly Paige; '87 BSBA; Financial Admin.; Campus Club Cos., 4369 Shirelanding Rd., Columbus, OH 43026, 614 291-7977; r. 17259 Long Meadow, Chagrin Falls, OH 44022, 216 543-3012.

JONES, Larry Michael; '75 BSBA; 10603 Bradbury Dr., Cincinnati, OH 45240.

JONES, Larry Wilson; '62 BSBA; 438 NW 113 Ter., Coral Spgs., FL 33071, 305 755-7039.

JONES, Lawrence William; '83 BSBA; Affil. Promotions Coord.; MTV Networks, 1775 Broadway, 9th Fl., New York, NY 10019, 212 713-7059; r. 110 Thompson St., #6C, New York, NY 10012, 212 925-5868.

JONES, Lisa Diane; '85 BSBA; Operations Mgr.; Business First, 200 E. Rich St., Columbus, OH 43215, 614 461-4040; r. 1947 Cedar Willow Dr., Columbus, OH 43229, 614 436-0099.

JONES, Lorraine Meeks; '86 BSBA; Mktg. Repr; Anacomp Inc., 289 Cleveland Ave., Columbus, OH 43215, 614 228-0673; r. 4160 Rutherford Rd., Powell, OH 43065, 614 881-5246.

JONES, Maria R.; '85 BSBA; 9090 S. R 736, Plain City, OH 43064, 614 873-8758.

JONES, Mrs. Marian E., (Marian E. Cox); '67 BSBA; Controller/Treas.; Potomac Industries Inc., 3301 Old Pickett Rd., Fairfax, VA 22031, 703 352-2999; r. 2316 Riviera Dr., Vienna, VA 22180, 703 938-1722.

JONES, Mark Alan; '84 BSBA; Plant Acct./Supv.; The Gen. Industries Co., Financial Acctg. Dept., Olive & Taylor Sts., Elyria, OH 44035, 216 323-3136; r. 33803 Electric Blvd., Smugglers Cove Condo A-20, Avon Lake, OH 44012, 216 933-9302.

JONES, Mark Owen; '82 BSBA; Applications Engr.; Krueger Ringier Inc., 8700 J Red Oak Blvd., Charlotte, NC 28217, 704 527-6865; r. 4145 Aycock Ln., Charlotte, NC 28209, 704 523-9233.

JONES, Mark W.; '88 MBA; Co-owner; T & M Landscaping, 67 W. Norwick Ave., Columbus, OH 43201; r. 280 E. Selby Blvd., Worthington, OH 43085, 614 431-9544.

JONES, Marna B.; '79 MPA; Devel. Dir.; Mental Health Svcs. West, 710 SW 2nd Ave., Portland, OR 97204, 503 273-8433; r. 3144 NE 18th, Portland, OR 97212, 503 288-7741.

JONES, Mary Whisner; '47 BSBA; 4001 Apple Valley Dr., Howard, OH 43028.

JONES, Mrs. Marynell B., (Marynell B. Brown); '48 BSBA; 199 Superior St., Marion, OH 43302, 614 382-0608.

JONES, CAPT Matthew Kendall, USAF; '81 BSBA; Instr. Pilot; 560 FTS, Randolph AFB, Universal City, TX 78150, 512 652-6340; r. 8555 Odyssey Dr., Universal City, TX 78148, 512 659-6344.

JONES, Michael; '87 BSBA; 1915 Belcher #203, Columbus, OH 43224.

JONES, Michael Alban; '65 BSBA; VP; Coronet Ind., Coronet Dr., Dalton, GA 30720, 404 259-4511; r. Rte. 3, Box 390, La Fayette, GA 30728, 404 397-8801.

ALPHABETICAL LISTINGS JUDY 139

JONES, Paul Staton; '79 BSBA; Cmptr Systs. Spec.; Midwest Data Systs., 300 Wlson Bridge Rd, Worthington, OH 43085; r. 302 E. Main, Oak Hill, OH 45656.

JONES, Ms. Paula R.; '88 BSBA; Operations Mgr.; Lazarus Dept. Store, 7th & Race, Cincinnati, OH 45202, 513 782-1201; r. 11755 Norbourne Dr., Apt. 1203, Forest Park, OH 45240, 513 825-6030.

JONES, Randy Eugene; '85 BSBA; Mgr. Trainee; Wendy's Intl. Inc., POB 256, 4288 W. Dublin-Granville Rd, Dublin, OH 43017; r. 1966 Guilford Rd., Columbus, OH 43221, 614 486-8677.

JONES, Renee Lynn; '88 BSBA; 70 E. 12th Ave. #G, Columbus, OH 43201.

JONES, Richard Anthony S.; '85 BSBA; Ofc. Mgr.; A. T. Brod, Inc., Investment Bankers, 1415 E. Sunrise Blvd., Ste 802, Ft. Lauderdale, FL 33304, 305 728-3450; r. 2720 S. Oakland Forest Dr., Apt. 901, Fort Lauderdale, FL 33309, 305 486-9023.

JONES, Richard Bayly; '87 MBA; Portfolio Mgr.; Branch Bkg. & Trust, 237 W. Nash St., Wilson, NC 27893, 919 399-4485; r. 106 Garwin Dr. #B, Wilson, NC 27893.

JONES, Richard James; '84 MBA; Mgr.; GE, Business Info. Systs., 6325 Huntley Rd., Worthington, OH 43085; r. 9195 White Oak Ln., Westerville, OH 43081, 614 890-0652.

JONES, Richard Lee; '68 BSBA; Salesman; Complete Reading Elec Co., 300 N. Mannheim Rd., Hillside, IL 60162, 312 547-5400; r. 769 Tanglewood Ct. N., Frankfort, IL 60423, 815 469-3938.

JONES, Richard Lynn; '72 BSBA; Sr. Prog. Analyst; GE, 1975 Noble Rd., Nela Park, Cleveland, OH 44112, 216 266-5546; r. 1823 E. 225th St., Euclid, OH 44117, 216 486-3578.

JONES, Richard Mc Clelland; '50 BSBA; Underwriter; Atlantic Mutual Ins. Co., 508 Beggs Bldg., Columbus, OH 43215; r. 2329 Bristol Rd, Columbus, OH 43221, 614 451-7390.

JONES, Richard Proctor; '73 BSBA; Sale Rep./Distributor; W&H Voortman Ltd., 4455 N. Service Rd., POB 206, Burlington, ON, Canada L7R3Y2, 416 335-9500; r. 522 Neely's Creek Rd., Rock Hill, SC 29730, 803 324-2533.

JONES, Robert Alexander, Jr.; '76 BSBA; Mgr.-Western Auto; r. 1117 Sebetha Ct., Antioch, TN 37013, 615 361-0974.

JONES, Robert Dale, Sr.; '49 BSBA; 370 Hampshire Dr., #6, Hamilton, OH 45011.

JONES, Robert Eugene; '57 BSBA; Sales Rep.; Dyquip Mktg. Assocs., 1957 Brandywine Dr., Columbus, OH 43220, 614 451-5233; r. Same.

JONES, Robert Eugene; '50 BSBA; Driving Instr.; Allstar Driving Sch., 1875 Morse Rd, Columbus, OH 43229, 614 262-8034; r. 176 E. Stanton Ave., Columbus, OH 43214, 614 885-8316.

JONES, Robert Harlan; '75 BSBA; VP/Chief Internal Auditor; ACCEL Intl. Corp., 475 Metro Pl. N., Dublin, OH 43017, 614 764-7157; r. 7450 State Rte. 762, Orient, OH 43146, 614 877-9577.

JONES, Robert Lee; '63 BSBA; Supv.; Cols & Southern Ohio Electric, Public Relations Dept., 215 N. Front St., Columbus, OH 43215; r. 3891 Girbert St., Grove City, OH 43123, 614 875-2222.

JONES, Robert Stamm; '24 BSBA; Retired Dist. Mgr.; Proctor & Gamble; r. 13801 York Rd., Apt. J-3, Cockeysville, MD 21030, 301 628-6044.

JONES, Robert W.; '84 BSBA; Owner; Exton Bicycles, 315 E. Lincoln Hwy., Exton, PA 19341, 215 363-2747; r. Same.

JONES, Robert Wells; '49 BSBA; Tavern Owner; Paint Grill, 339 S. Paint St., Chillicothe, OH 45601, 614 773-1580; r. 165 Sunbury Rd., Chillicothe, OH 45601, 614 774-2058.

JONES, Roger Dwight; '73 BSBA; Asst. Staff Judge Adv; USA, Sja Ofc. 2nd Armored Div, Ft. Hood, TX 76546, 512 733-8863; r. 1029 W. Woodlawn Ave., San Antonio, TX 78201.

JONES, Roland R.; '35 BSBA; Retired; r. 43 Shenango Ave., Sherburne, NY 13460, 607 674-4593.

JONES, Ronald Leo; '66 BSBA; 6753 Merwin Rd., Worthington, OH 43085.

JONES, Rosa Marie; '81 MBA; Asst. Branch Mgr.; Chase Lincoln First Bank, c/o Postmaster, Rochester, NY 14606; r. 335 Aldine St., Rochester, NY 14619, 716 436-3541.

JONES, Rosemary; '77 MPA; Admin.; Ohio Bd. of Regents, Research & Analysis, 30 E. Broad St. Rm 3600, Columbus, OH 43215; r. 109 N. Westgate, Columbus, OH 43204, 614 276-6138.

JONES, Royal Arthur, III; '73 BSBA; Queene Anne Rd., E. Harwich, MA 02645, 508 432-9844.

JONES, Samuel Henry; '87 BSBA; Qlty Contrl Lab Tech.; Ross Labs, 625 Cleveland Ave., Columbus, OH 43215, 614 227-3258; r. 7609 Lewis Center Rd., Westerville, OH 43081, 614 965-1293.

JONES, Scott A.; '87 BSBA; Sales Auditor; Victoria's Secret Stores, Limited Pkwy., Columbus, OH 43219, 614 479-5121; r. 2354 Deewood Dr., Columbus, OH 43229, 614 890-4394.

JONES, Simon W.; '35 BSBA; Retired; r. RR 1, Malta, OH 43758, 614 342-3729.

JONES, Stanley Russell; '81 BSBA; Staff; Guardian Industries, 3763 Interchange Rd, Columbus, OH 43204; r. 315 W. Johnson St., Upper Sandusky, OH 43351, 419 294-4767.

JONES, Stanton A.; '55 BSBA; CPA; Stanton A. Jones Co., 2000 W. Henderson Rd., POB 20385 Ste. 400, Columbus, OH 43220, 614 221-9501; r. 5470 Sandalwood Blvd., Columbus, OH 43229, 614 888-2290.

JONES, Stephen Lewis; '80 BSBA, '86 MBA; Budget Mgr.; Schottenstein Stores Corp., 3241 Westerville Rd., Columbus, OH 43224, 614 478-2375; r. 3695 Maize Rd., Columbus, OH 43224, 614 261-8789.

JONES, Steven Richard; '86 BSBA; Sales Assoc.; Sibcy Cline Commercial R E Grp., 7265 Kenwood Rd., Cincinnati, OH 45236, 513 984-8877; r. 2709 Caledon Ln., Cincinnati, OH 45244, 513 231-6087.

JONES, Tami L. '83 (See Black, Tami Jones).

JONES, Terrence Lee; '78 BSBA; Sales Rep.; Hewlett-Packard, Sales Dept., 24 Inverness Pl. E., Englewood, CO 80524; r. 9701 W. Stanford Ave., Littleton, CO 80123, 303 973-3218.

JONES, Terry Lee; '76 BSBA; Airline Pilot; Orion Air, 4505 Falls of the Neuse Rd., Raleigh, NC 27609, 919 872-8850; r. 6267 Valley Stream Dr., Dublin, OH 43017, 614 764-4685.

JONES, Theresa Lynn; '82 BSBA; Coord./Mktg. Records; Chemical Mortgage Co., 101 E. Town St., Columbus, OH 43214, 614 460-3266; r. 445 Chatham Rd., Columbus, OH 43214, 614 267-3335.

JONES, Thomas F.; '33 BSBA; Retired; r. 5537 Via Callado, La Jolla, CA 92037, 619 459-6883.

JONES, Thomas Martin; '32 BSBA; Retired; r. POB 122, Middle Pt., OH 45863, 419 968-2304.

JONES, Thomas Reid; '77 BSBA; Mgr.; J J's Restaurant, 240 Mc Laws Cir., Williamsburg, VA 23185, 804 229-6060; r. 105 Phoenix Cir., Williamsburg, VA 23185, 804 565-1503.

JONES, Thomas Richard; '69 BSBA; Pres.; Mobile Svc. Body Co., POB 1450, Rogers, AR 72757, 501 631-4100; r. 705 Summit Loop, Rogers, AR 72756, 501 631-0855.

JONES, Timothy Alan; '69 BSBA, '71 MBA; Stockbroker; Eppler Guerin & Turner Inc., 20011 Bryan Twr. Ste. 2300, Dallas, TX 75201, 214 880-9000; r. 6440 Barkwood Ln., Dallas, TX 75248, 214 960-8610.

JONES, Timothy Edward; '82 MBA; Mgr., NJ Advt.; Philadelphia Inquirer Newspaper, 400 N. Broad St., Philadelphia, PA 19101, 215 854-5556; r. 7 Medoc Ct., Marlton, NJ 08053, 609 985-9628.

JONES, Tina Marie; '86 BSBA; 3015 'E' St., Toledo, OH 43608, 419 726-6480.

JONES, Mrs. Tracy A., (Tracy A. Hamberg); '81 BSBA; 3854 Millsbrae, Cincinnati, OH 45209, 513 631-3209.

JONES, COL Troy H., Jr.; '67 PhD (BUS); Retired; USAF; r. 407 Forest Tr., Oviedo, FL 32765, 407 365-7222.

JONES, Valerie Nyalda; '80 BSBA; 3992 Cozycroft, Dayton, OH 45424.

JONES, Wilbur W.; '46 BSBA; Retired Furniture Rep.; r. 450 Patterson Rd., Hendersonville, NC 28739, 704 692-9812.

JONES, Willard A.; '37 BSBA; Retired; r. 3807 Chapman Rd., Delaware, OH 43015, 614 369-5467.

JONES, William Brownlee; '38 BSBA; Owner/Publisher; Showcase Books, 145 W. Market St., Warren, OH 44481, 216 392-7595; r. 107 Gypsy Ln., Youngstown, OH 44505, 216 743-2409.

JONES, William Henry; '67 BSBA; Atty.; Crabbe Brown Jones Potts & Schmidt, POB 15039 2500 Nationwide Pl., Columbus, OH 43215; r. 4200 Dublin Rd., Hilliard, OH 43026, 614 876-8109.

JONES, William Lee; '86 BSBA; Sales Rep.; Janssen Pharmaceutica, 40 Kingsbridge Rd., Piscataway, NJ 08854; r. 1017 Stoney Springs Rd., Vandalia, OH 45377, 513 898-4061.

JONES, William Leo, Jr.; '76 BSBA; Gen. Mgr.; Rems Div. Koontz-Wagner Elect., 1000 Post St., Toledo, OH 43610, 419 241-6101; r. 5456 Bonniebrook, Sylvania, OH 43560, 419 882-5861.

JONES, William Paul; '87 BSBA; 4667 Ralston St., Columbus, OH 43214.

JONKE, Eric Rudolf; '80 BSBA; Sr. Tournament Dir.; Intl. Mgmt. Grp., One Erieview Plz., Golf Div., Cleveland, OH 44114, 216 522-1200; r. 26200 George Zeiger Dr., #514, Beachwood, OH 44122.

JONTZ, Suzanne A., (Suzanne Ashman); '51 BSBA; Homemaker; r. 8307 Westridge Rd., Ft. Wayne, IN 46825, 219 489-4006.

JONUSKA, Lynne M. '77 (See Malone, Lynne J.).

JOPKO, Susan Elaine; '86 BSBA; Asst Inventory Controller; Great Lakes Power Prods., 7455 Tyler Blvd., Mentor, OH 44060, 216 951-5111; r. 27 Saxton St., Madison, OH 44057, 216 428-2895.

JORANKO, Ronald J.; '60 BSBA; Dir. of Tax Audits; TRW Inc., 1900 Richmond Rd., Cleveland, OH 44124, 216 291-7711; r. 7673 Fairview Ave., Mentor, OH 44060, 216 255-8252.

JORASCH, Ronald E.; '60 MBA; Elec. Engr.; Ford Aerospace Corp., Palo Alto, CA 94301; r. 14555 De Bell Rd, Los Altos Hls., CA 94022, 415 948-7334.

JORDAN, Ms. Anne F., (Anne Ford); '78 BSBA; Staff Underwriting Spec.; Nationwide Ins. Co., One Nationwide Plz., Columbus, OH 43216, 614 249-7753; r. 5262 Bethel Woods Dr., Columbus, OH 43220, 614 442-3988.

JORDAN, Barbara Gibas; '81 BSBA; 266 Hayes St., Delaware, OH 43015, 614 369-3029.

JORDAN, Bissell H.; '48 BSBA; Retired; r. 3008 Silver Lake Blvd., Silver Lake, OH 44224, 216 928-5808.

JORDAN, Carl L.; '57 BSBA; Sales Repr; W W Grainger Inc., 5900 E. Front St., Kansas City, KS 64120; r. 7917 W. 92nd Pl., Overland Park, KS 66212, 913 381-8517.

JORDAN, David E.; '59 BSBA; Pres.; Rosemont Constructors, Inc., 7400 Beaufont Springs Dr., Ste. 300, Richmond, VA 23225, 804 330-4746; r. 717 Boulder Springs Dr., Richmond, VA 23225, 804 323-1205.

JORDAN, David Robert; '85 BSBA; Auditor; Huntington Natl. Bank, 41 S. High St. Fl. 6, Columbus, OH 43215; r. 487 Wood Duck Dr., Cincinnati, OH 45246.

JORDAN, David Scott; '84 BSBA; Financial Analyst; Gold Circle Stores, Sub/Federated Dept. Stores, 6121 Huntley Rd., Worthington, OH 43085, 614 438-4183; r. 874 Pine Way Dr., Worthington, OH 43085, 614 433-9709.

JORDAN, George Terrell; '80 MPA; 3575 Oaklawn St., Columbus, OH 43224.

JORDAN, Gregory Scott; '84 BSBA; Mgr.; Ernst & Whinney, 2400 Nationwide Plz., Columbus, OH 43216, 614 224-5678; r. 230 Cherokee Ct., Canal Winchester, OH 43110, 614 837-3634.

JORDAN, James Lan; '80 BSBA; Branch Mgr.; Metromedia Paging Svcs., 720 N. Post Oak Rd., Ste. 124, Houston, TX 77024, 713 683-7200; r. 8718 Troulon Dr., Houston, TX 77036, 713 988-8119.

JORDAN, Jeffrey Allan; '77 BSBA; Supv.; Big Bear Bakeries Inc., 1550 N. High St., Columbus, OH 43201, 614 464-6744; r. 3803 Kinsey Dr., Columbus, OH 43224, 614 261-7739.

JORDAN, Jerry Merlyn; '75 BSBA; Exec. Mgr.; Ponderosa Inc., 1182 Delaware Ave., Marion, OH 43302, 614 387-7320; r. 1050 Riviera Dr., Marion, OH 43302, 614 389-3281.

JORDAN, Keith Brent, CPA; '81 BSBA; Mgr.; Peat Marwick Main & Co., Two Nationwide Plz., Columbus, OH 43215, 614 249-2300; r. 1052 Gateshead Way, Westerville, OH 43081, 614 898-0869.

JORDAN, Mark Ray; '78 BSBA; Grp. Supv.; Gold Circle Stores, 6121 Huntley Rd, Worthington, OH 43085; r. 1738 Park Village Dr., Worthington, OH 43085.

JORDAN, Matthew S.; '60 BSBA; Owner; Matt Jordan Real Estate, Rte. 4 Albany Post Rd., Wappingers Falls, NY 12590, 914 298-9595; r. 9 Big Meadow Ln., Poughkeepsie, NY 12603, 914 473-7799.

JORDAN, Mc Kenna Shelton, Jr.; '68 BSBA; 1926 Benson Dr., Dayton, OH 45406, 513 275-8241.

JORDAN, Ralph Wilbur; '46 BSBA; Retired; r. 4270 Shelbourne Ln., Columbus, OH 43220, 614 451-8991.

JORDAN, Richard William; '68 BSBA; Mgr., External Affairs; AT&T, 65 E. State St., Ste. 1500, Columbus, OH 43215, 614 460-3390; r. 868 E. College Ave., Westerville, OH 43081, 614 891-1003.

JORDAN, Mrs. Sandra K., (Sandra Grosz); '85 BSBA; Ofc. Admin.; Kemp, Schaeffer & Rowe Co. LPA, 88 W. Mound St., Columbus, OH 43215, 614 224-2678; r. 230 Cherokee Ct., Canal Winchester, OH 43110, 614 837-3634.

JORDAN, Sara Jane; '85 BSBA; 7643 Fairwind Dr., Cincinnati, OH 45242, 513 891-3723.

JORDAN, Scott E.; '87 BSBA; VP; Butler Cnty. Mem. Park, 4570 Trenton Oxford Rd., Hamilton, OH 45011, 513 856-7100; r. 1138 Carney St., Unit I, Mt. Adams, Cincinnati, OH 45202, 513 721-7268.

JORDAN, Thomas Mims, III; '81 BSBA; Slf-Empl CPA; r. 3722-G Olentangy River Rd., Columbus, OH 43214, 614 459-5145.

JORDAN, Tom M., Jr.; '58 BSBA; CPA; 3722-G Olentangy River Rd, Columbus, OH 43214, 614 459-5145; r. 959 Kenwood Ln., Columbus, OH 43220, 614 451-0885.

JORDAN, William James; '82 BSBA; Surgical Sales Spec.; Baxter Intl., 1 Baxter Pkwy., Deerfield, IL 60015; r. 8815 Stirrup Ct., Indianapolis, IN 46256, 317 842-4642.

JORGENSEN, Charles B.; '49 BSBA; Retired; r. 7956 Lindisfarne Dr., Pittsburgh, PA 15237, 412 364-6060.

JORGENSEN, Michael Keith; '81 BSBA; Mgr.; SME Mktg., 3404 W. Cheryl Dr., Ste. A-158, Phoenix, AZ, 602 863-0043; r. 4252 E. Winnetka St., Phoenix, AZ 85044, 602 496-9144.

JORGENSEN, Susan Bauer, (Susan Bauer); '81 BSBA; Controller; Engrg. Task Grp., 20033 W. North Ln. Ste. 212, Phoenix, AZ 85021, 602 944-9631; r. 4252 E. Winnetka St., Phoenix, AZ 85044, 602 496-9144.

JORGENSEN, William Harold; '83 MBA; 2060 N. High St. #301, Columbus, OH 43201.

JORND, Rita Moore; '81 BSBA; 3215 Scarsborough Rd., Toledo, OH 43615.

JOSEPH, Carol Beatrice; '73 BSBA; POB 718 38 Anna's Hope, Christiansted, St. Croix, Virgin Islands 00820.

JOSEPH, Mrs. Deborah S., (Deborah A. Scheiman); '79 BSBA; Homemaker; r. 5660 Pauley Ct., Columbus, OH 43235, 614 459-4944.

JOSEPH, Diane Lynne; '79 BSBA; 3590 Fenley Rd., Cleveland, OH 44121.

JOSEPH, Donald A.; '48 BSBA; Retired; r. 1228 Surrey Rd., West Chester, PA 19382, 215 399-1056.

JOSEPH, Emmett F.; '55 BSBA; Financial Spec.; r. 3030 Blue Green Dr., Dayton, OH 45431, 513 429-0527.

JOSEPH, Kenneth A.; '66 BSBA; Commcl Mortgage Brkr; Ohio Savings Bank, Ohio Savings Plz., 1801 E. 9th St., Cleveland, OH 44114; r. 21817 Halburton, Cleveland, OH 44122.

JOSEPH, Paul Andrew; '83 BSBA; Infoscan Mgr.; Information Resources, 5300 E. Main St., #206, Columbus, OH 43213, 614 866-9936; r. 19839 Cotton Slash Rd., Marysville, OH 43040, 513 644-2330.

JOSEPH, Peter Charles; '68 MBA; 14 Point Rd., Northwood, Sydney 2066, Australia.

JOSEPH, Dr. Robert Daniel; '69 BSBA; Continuing Educ. Dir.; Accountancy Bd., 77 S. High, 18th Fl., Columbus, OH 43266, 614 466-4135; r. 4738 Bourke Rd, Columbus, OH 43229, 614 888-8374.

JOSEPH, Robert O.; '76 BSBA; Secy.-Treas.; Muskingum Iron & Metal Co., POB 2726, Zanesville, OH 43701; r. 2839 Center Dr., Zanesville, OH 43701, 614 454-0200.

JOSEPH, Roger R.; '71 BSBA; Asst. Controller; Standard Oil Prod. Co., 5151 San Felipe, Houston, TX 77056, 713 552-3109; r. 1714 Chateau Bend Ct., Katy, TX 77450, 713 579-7411.

JOSEPH, Steven Charles; '87 BSBA; Gen. Mgr.; Reserve Iron & Metal, 12701 S. Doty Ave., Chicago, IL 60633, 312 646-2121; r. 1901 N. Bissell #1, Chicago, IL 60614, 312 929-7573.

JOSEPH, Dr. W. Benoy; '77 PhD (BUS); Prof.; Cleveland State Univ., 1983 E. 24th St., Cleveland, OH 44115, 216 687-3797; r. 2288 Loyola Rd., University Hts., OH 44118, 216 381-4087.

JOSEPH, William E.; '49 BSBA; Pres.; W E Joseph & Assoc., Box 724, Bermuda Run, Advance, NC 27006, 919 998-2025; r. Same, 919 998-2017.

JOSEPHSON, Gary Alan; '80 BSLHR; Union Rep.; Communication Workers of Amer, Local 4501, 1475 N. High St., Columbus, OH 43201, 614 294-2225; r. 1615 Summit St., Columbus, OH 43201, 614 291-6433.

JOSEPHSON, Herbert H., CPA; '42 BSBA; Retired; r. 5711 Wilson Mills Rd., Highland Hts., OH 44143, 216 442-7136.

JOSEPHSON, Scott Iver; '77 BSBA; Asst. Controller; Kroger Co., 1700 Elm Hill Pike, Nashville, TN 37210, 615 871-2600; r. 113 Coastal Ct. E., Nashville, TN 37217, 615 361-8294.

JOSEY, William Cobb; '80 MACC; VP & Trust Ofcr.; AmSouth Bank of Florida, 70 N. Baylen St., Pensacola, FL 32501, 904 444-1427; r. 6430 Hermitage Dr., Pensacola, FL 32504, 904 476-6865.

JOSIVOSKI, Patricia; '86 BSBA; Rsch. Asst.; The Ohio Co., 155 E. Broad St., Columbus, OH 43215, 614 464-6947; r. 1286 Lancelot Rd., Columbus, OH 43227, 614 868-0821.

JOUBLANC, Charles Scott; '72 MBA; Aromatics Dept. Head; Exxon Chemical Co. USA, Aromatics Technical Dept., POB 4004, Baytown, TX 77521; r. 1000 Indian Shores Rd., Crosby, TX 77532, 713 324-1023.

JOUBLANC, Jonathan M.; '73 BSBA; 845 Somers St., Zanesville, OH 43701, 614 453-9242.

JOUBLANC, Kathryn Ann; '85 BSBA; Personnel Analyst; City of Columbus, Civil Svc. Community, Columbus, OH, 614 222-8300; r. 1442 Bayshore Dr., #2-C, Columbus, OH 43204, 614 486-3173.

JOY, David Michael; '84 BSBA; Account Mgr.; Master Lease Corp., One Presidential Blvd., Bala-Cynwyd, PA 19004, 800 628-9441; r. 307 Meadow Farm S., N. Chili, NY 14514, 716 594-0698.

JOYCE, John Frederick; '76 MBA; Nonwoven Metal Prods. Mgr; Natl. Standard Co., 2401 N. Home St., Mishawaka, IN 46545, 219 259-8505; r. 16144 Woodhaven Ct., Granger, IN 46530, 219 272-3283.

JUBA, David A.; '74 MPA; Sr. Analyst; Physician Payment Review Commission, 2120 L St. NW Ste. 510, Washington, DC 20037, 202 653-7220; r. 6106 Hibbling Ave., Springfield, VA 22150, 703 451-6396.

JUDD, Jane Cordery '49 (See Reeves, Mrs. Jane Cordery J.).

JUDD, Marilyn '76 (See Deckard, Mrs. Marilyn Judd).

JUDE, Ellen Isabel; '85 BSBA; Acct.; Cardinal Industries Inc., POB 32999, Columbus, OH 43232, 614 755-7923; r. 343 Timber Creek Rd., Reynoldsburg, OH 43068, 614 863-8661.

JUDGE, Kathy N., (Kathy Noe); '83 BSBA; Mkt. Researcher; The Andersons, 1200 Dussel Dr., Maumee, OH 43537, 419 891-6397; r. 3110 Hopewell Pl., Toledo, OH 43606, 419 536-6354.

JUDGE, Michael Ward; '83 BSBA; Owner/Pres.; Steak Escape Restaurant, Portside, Toledo, OH 43604, 419 255-3155; r. 3110 Hopewell Pl., Toledo, OH 43606, 419 536-6354.

JUDIS, Donald C.; '50; 3547 Herschel View Way, #2, Cincinnati, OH 45208, 513 321-0747.

JUDOPRASETIJO, Agoes Hermanto; '88 MBA; Sr. Elec. Engr.; Toledo Scales Co., Div of Reliance Electric, 1150 Dearborn Dr. POB 658, Worthington, OH 43085, 614 438-4577; r. 5334 Hollister St., Columbus, OH 43220, 614 459-9499.

JUDSON, Robert Allen; '71 BSBA; CPA/Pres.; Yorkland Theatres Inc., 8393 Riverside Dr., Powell, OH 43065, 614 881-4449; r. Same.

JUDY, Ms. Carol R., (Carol L. Rose); '83 BSBA; Homemaker; r. 459 Southbrook Dr., Centerville, OH 45459, 513 439-2073.

JUDY, Jacqueline Sue '86 (See Jewell, Jacqueline Sue).

JUDY, Timothy Gary; '85 BSBA; Industrial Engr.; GM Corp., 2000 Forrer Blvd., Kettering, OH 45420, 513 455-7183; r. 459 Southbrook Dr., Centerville, OH 45459, 513 439-2073.

JUDY, William K.; '53 BSBA; Dir. Phys. Relations; Doctors Hosp., 1087 Dennison Ave., Columbus, OH 43201, 614 297-4213; r. 2099 Lytham Rd., Columbus, OH 43220, 614 442-0571.

JUE, Richard; '78 BSBA; Restaurateur; Golden Dragon Restaurant, 6036 Mayfield Rd., Mayfield Hts., OH 44124, 216 449-8710; r. 12900 Opalocka Dr., Chesterland, OH 44026, 216 729-0890.

JUERGENS, Arthur W.; '33 BSBA; Retired; Oglebay Norton Co., Cleveland, OH 44101; r. 10436 Caron Dr., Sun City, AZ 85351, 602 977-3327.

JUERGENS, Robert S.; '63 BSBA; VP & Proj. Mgr.; Ironite Prods. Co., 8700 Via de Ventura, Scottsdale, AZ 85258, 602 991-9804; r. 13555 N. 92nd Pl., Scottsdale, AZ 85260, 602 391-3537.

JUHAS, Dr. Andrew Mark; '79 MPA; 6113 Beechtree Dr., Alexandria, VA 22310, 703 960-5124.

JUHASZ, Elizabeth Marie; '88 BSBA; 2366 Crider Rd., Mansfield, OH 44903, 419 589-5116.

JULIAN, Brooks Patton; '40 BSBA; Retired; r. 1300 Fountaine Dr., Columbus, OH 43221, 614 451-6434.

JULIEN, David W.; '52 BSBA; Free-lance Writer; r. 4991 Arbor Village Dr., Apt. #C43, Columbus, OH 43214, 614 848-3993.

JULIEN, Dennis M.; '51 BSBA; Purchasing Coord.; Natl. Automobile Theft Bur., 10330 S. Roberts Rd. Ste.-3A, Palos Hills, IL 60465, 312 430-2430; r. 11345 S. Roberts Rd., #G, Palos Hills, IL 60465, 312 974-2620.

JULIUSSEN, Jay Charles; '74 MBA; CPA/Partner; Ernst & Whinney, 2400 Nationwide Plz., Columbus, OH 43216; r. 1695 Swanson Ln., Pittsburgh, PA 15241, 412 854-4043.

JUMP, Marilyn (Mitzi) Miller; '80 BSBA; Co-owner; United Circuits, 206 Clarks, Elyria, OH 44035; r. 941 Elywood Dr., Elyria, OH 44035, 216 366-9083.

JUN, Lawrence J.; '71; Supv.; Ford Motor Credit Co., #1 The American Rd., POB 1732, Dearborn, MI 48121, 313 337-6678; r. 45020 Brunswick Dr., Canton, MI 48187, 313 459-6302.

JUNG, Gerhard Jakob; '81 BSBA; Mgr. of Finance; GE Capital Corp., 14950 Roosevelt Blvd., Clearwater, FL 34622, 813 531-7717; r. 3652 Deer Run S., Palm Harbor, FL 34684, 813 784-9256.

JUNG, Quentin; '87 BSBA; Assoc. Mgr.; Ohio Bell Telephone Co., 425 Jefferson, Rm. 210, Toledo, OH 43604, 419 245-7809; r. 4117 Drummond Rd., Toledo, OH 43613, 419 472-3671.

JUNG, Sharon Elaine; '87 BSBA; 407 E. Ruth, Sidney, OH 45365, 513 492-0245.

JUNGBLUTH, Diane L. '85 (See Snyder, Diane Jungbluth).

JUNK, Keith N.; '66 BSBA; VP/Dir. of Acquisitions; Owens Illinois, One Seagate, Toledo, OH 43666, 419 247-2992; r. 3543 Edgevale Rd., Toledo, OH 43606, 419 531-8098.

JUPP, Kenneth Robert; '86 BSBA; Spec. & Design Coord.; Ralph Wilson Plastics-Wilson Art, 1758 Westbelt Dr., Columbus, OH 43228, 614 876-1515; r. 2443 Sanford Dr., Columbus, OH 43235, 614 889-5877.

JURCENKO, Scott Jeffrey, CPA; '85 BSBA; Acct.; Hausser & Taylor, 471 E. Broad St., Ste. 1200, Columbus, OH 43215, 614 224-7722; r. 1907 Olde Coventry Rd. E., Columbus, OH 43232, 614 864-7763.

JUREY, Gail Theresa; '77 BSBA; Lead Bus. Analyst; Premark Intl., 22 Ridge Ave., Troy, OH 45374, 513 332-2973; r. 1220 York Ln., Troy, OH 45373, 513 339-9505.

JURICA, Cynthia Beany; '79 BSLHR; Programmer Analyst; Sterling Inc., 1585 Frederick Ave., Akron, OH 44320, 216 867-1230; r. 2831 Belleflower Dr., Alliance, OH 44601, 216 823-9031.

JURJANS, Peteris; '69 BSBA; 11635 Rockside Rd, Chardon, OH 44024.

JURKOSHEK, Albert Frederick; '73 BSBA; Acct. Supv.; Fidelity Fed. S&L, Glendale, CA 91209, 818 956-7100; r. 3827 Evans St. Apt. #4, Los Angeles, CA 90027, 213 664-6850.

JURSEK, Elizabeth Anne; '86 BSBA; Buyer; Westinghouse Materials Co. of Ohio, POB 398704, Cincinnati, OH 45239, 513 738-6022; r. 8162 W. Mill St., Apt. 112, Cleves, OH 45002, 513 353-1456.

JUSAK, James Allan; '68 BSBA; Gen. Supv.; GM Corp., CPC-Div., Brookpark & Chevrolet Blvd., Parma, OH 44130, 216 265-5262; r. 10001 Cedarwood Dr., N. Royalton, OH 44133, 216 237-0609.

JUSEK, Barbara Hurley; '56 BSBA; Ret'D Personnel Mgr.; Xerox Educ. Publications, 245 Long Hill Rd, Middletown, CT 06457, 203 638-2400; r. 522 Maple Shade Rd., Middletown, CT 06457, 203 344-0639.

JUSEK, Gerald Joseph; '82 BSBA; Sales Spec.; Systs. Industries, 1225 W. 190th, #460, Gardena, CA 92626; r. 2047 Calvert, Costa Mesa, CA 92626.

JUSKALIAN, Berge A.; '61 BSBA; Sales Rep.; Westco Prods. Co., 7351 Crider Ave., Pico Rivera, CA 90660, 619 485-7492; r. 17526 St. Andrews Dr., Poway, CA 92064.

JUSKO, Richard Victor; '82 BSBA; 9970 Whippoorwill Dr., Mason, OH 45040, 513 398-4373.

JUST, William D.; '88 BSBA; Special Agt.; Northwestern Mutual Life, 925 Superior Bldg., 815 Superior Ave., Cleveland, OH 44114; r. 11099 Lake Ave. #15, Cleveland, OH 44102, 216 961-0247.

JUSTER, Stanley C.; '47 BSBA; Pres.; J R Toy Sales Corp., 200 5th Ave., New York, NY 10010; r. 1649 Salem Rd, Valley Stream, NY 11580, 516 561-0637.

JUSTICE, James C.; '50 BSBA; Atty.; Supreme Ct. of Ohio, 30 E. Broad St., Columbus, OH 43215, 614 466-1560; r. 2011 Ridgecliff Rd., Columbus, OH 43221, 614 457-7427.

JUSTICE, John R.; '64 BSBA; Principal; Dempsey Wilson & Co., Human Res. Mgmt. Cnslt. Div., 630 S. Church St., Murfreesboro, TN 37130, 615 893-6666; r. 2406 Racquet Club Dr., Murfreesboro, TN 37131, 615 890-4437.

JUSTICE, Judith Lyn; '80 BSBA; CPA; McMahon Love Pierce & Albert, 2326 S. Congress Ave., W. Palm Bch., FL 33406, 407 964-9110; r. 3774 Blue Ridge Rd., W. Palm Bch., FL 33406, 407 642-9736.

JUSTICE, Randall Uel; '78 BSBA; Sales Engr.; Littleford Bros. Inc., 15 Empire Dr., Florence, KY 41042; r. c/o Littleford Bros Inc, 15 Empire Dr., Florence, KY 41042.

JUSTICE, William F., Jr.; '51 BSBA; Purchasing Agt.; Owens Corning Fibeglas, POB 100 Jackson Rd, Berlin, NJ 08009; r. 187 Tavistock Condo, Cherry Hill, NJ 08034, 609 428-7547.

JUSTUS, Robert Lynn; '75 BSBA; Staff; Discon Svcs. Inc., 1360 Norton Rd, Columbus, OH 43228; r. 1454 Osborn Dr., Columbus, OH 43221, 614 488-2294.

JUTERBOCK, Ms. A. Krista; '70 BSBA; Gen. Mgr.; Robert Half of Dayton Inc., POB 756, Mid City Sta., Dayton, OH 45402, 513 224-0600; r. 2620 Delavan Dr., Dayton, OH 45459, 513 435-2499.

JUTKOWITZ, Bernice Epstein; '41 BSBA; 720 Milton Rd., Apt. F 2, Rye, NY 10580, 914 967-8010.

K

KABBARA, Fawzi Monzer; '88 BSBA; 484 Stinchcomb Dr., Apt. #23, Columbus, OH 43202, 614 294-6866.

KABEALO, George; '35; Retired; r. 5800 Forest Hills Blvd., Apt. G 104, Columbus, OH 43229, 614 890-7717.

KABEALO, John Geoffrey; '71 BSBA; Inventory Mgr.; Avon Prods. Inc., General Delivery, Sidney, Australia; r. 15 Patanga Rd., French Forest, N. S. W. 2086, Australia.

KABEALO, Kenneth Raymond; '83 BSBA; Internal Auditor; Ohio State Life Ins. Co., Subs/Farmers Ins Group Inc, 2500 Farmers Dr., Worthington, OH 43085, 614 764-4000; r. 933 Farnham Rd., Columbus, OH 43220, 614 451-5754.

KABEALO, Michael T.; '40 BSBA; Broker; Investmark Realtors, Inc., 6239 Wilmington Pike, Centerville, OH 45459, 513 435-2611; r. 9515 S. Normandy Ln., Centerville, OH 45458, 513 885-2666.

KABEL, Mrs. Carol A., (Carol Tauber); '80 BSBA; Asst. VP; Star Bank NA Cincinnati, 425 Walnut St., Cincinnati, OH 45202, 513 632-4164; r. 3901 Kilbourne Ave., Cincinnati, OH 45209, 513 871-9195.

KABELKA, Karen '80 (See Hartle, Karen Kabelka).

KABELKA, Kenneth J.; '51 BSBA; Retired Exec. VP; Huntington Banks; r. 358 Arden Rd, Columbus, OH 43214, 614 263-6093.

KABLE, John R.; '35 BSBA; Investment Banking; r. 4310 Garmon Rd NW, Atlanta, GA 30327, 404 237-8726.

KACHINSKE, Stephanie Vey; '76 BSBA; 2224 Heritage Trace View, Marietta, GA 30062.

KACHURCHAK, Lisa Jo; '84 BSBA; Svc. Repr; Community Mutual Ins., 6060 Rockside Wood Blvd., Ste. 110, Independence, OH 44131, 216 642-0955; r. 584 Surfside Dr., Akron, OH 44319, 216 644-9514.

KACKLEY, Jerry Lee; '84 BSBA; Sr. Acct.; Columbia Gas Syst., 1600 Dublin Rd., Columbus, OH 43215, 614 481-1421; r. 5440 Brook Rd., Lancaster, OH 43130, 614 756-4351.

KACMAR, Diana Barvainas; '76 BSBA, '77 MBA; 1107 River Park, San Antonio, TX 78216, 512 492-0726.

KACZMAREK, David V.; '61 BSBA; Tax Mgr.; Chemlawn Corp., 8275 N. High St., Worthington, OH 43085; r. 130 Hyatts Rd., Delaware, OH 43015, 614 548-7801.

KACZMAREK, George F.; '75 BSBA; Cost Acctg. Mgr.; American Greetings, 10500 American Rd., Cleveland, OH 44144, 216 252-7300; r. 6537 Brookhill Dr., Garfield Hts., OH 44125, 216 662-3764.

KACZMAREK, Jeffrey B.; '73 BSBA; Ins. Agt.; 12954 Mark Path, Doylestown, OH 44230, 216 867-7430; r. Same, 216 658-3069.

KACZYNSKI, Judith '80 (See Wood, Judith Kaczynski).

KADEMENOS, George Peter; '83 BSBA; Prog. Coord.; Huntington Natl. Bank, Relationship Banker Dvlpmnt, POB 1558 (MA1300), Columbus, OH 43216, 614 463-3725; r. 1078-I Merrimar Cir. N., Columbus, OH 43220, 614 451-8206.

KADING, Daniel Jefferson; '81 MPA; Rsch. Cnslt.; Clemens Nelson & Assoc., 355 E. Campus View Blvd., Worthington, OH 43085; r. 1449 West Ln. Ave. #B, Columbus, OH 43221, 614 481-8728.

KADUNC, Dr. Donald Albert; '74 MBA; Pres.; Kadunc Engrg., 714 Market St., Ste. 500, Philadelphia, PA 19106, 215 238-7444; r. Hancock Dr., Apt. 6C, Fox Meadow Apts., Maple Shade, NJ 08052.

KAEMMING, Jon Louis; '68 BSBA; Purchasing Mgr.; Owens Corning Fiberglas, POB 499, Aiken, SC 29801; r. 1679 Huckleberry Dr., Aiken, SC 29801, 803 649-3117.

KAENZIG, Joseph G. (Gary), Jr.; '67 BSBA; Pres.; Baker & Taylor, 652 E. Main St., Bridgewater, NJ 08807, 201 218-3919; r. 5 Birch Way, Neshanic Sta., NJ 08853, 201 369-6733.

KAERCHER, Dennis Eugene; '75 BSBA; Buyer; Glicks Furniture Co., 1800 E. Fifth Ave., Columbus, OH 43219; r. 4677 Kitzmiller Rd., New Albany, OH 43054, 614 855-1377.

KAERCHER, Kathy '74 (See Grove, Kathy Kaercher).

KAGAN-MOORE, Lori; '82 MPA; Staff; Patchwork Boutique'S, 846 E. High St., Lexington, KY 40504; r. 123 Goodrich Ave., Lexington, KY 40503, 606 277-4238.

KAGEL, Daniel J.; '66 BSBA; Staff; Yellow Freight Syst., 5250 Cleu-Massillon Rd., Richfield, OH 44286, 216 659-9365; r. 7456 W. Smith Rd., Medina, OH 44256, 216 722-1677.

KAGY, Dale Edward; '73 BSBA; Agt.; Underwriters Adjusting Co., 1111 E. Broad St., Columbus, OH 43205; r. 3112 Jackie Lane Dr., Columbus, OH 43220, 614 761-9066.

KAGY, Roger Lee; '73 BSBA; Mgr.-Financial Svcs.; Scurlock Oil Co., 333 Clay St., 3 Allen Ctr., Houston, TX, 713 739-4178; r. 2222 Cedar Falls, Humble, TX 77339, 713 358-8870.

KAHL, Jeffrey Norman; '73 BSBA; Risk/Ins. Mgr.; Ace Hardware Corp., 2200 Kensington Ct., Oak Brook, IL 60521, 312 990-6531; r. 2251 Paddock Ct., Geneva, IL 60134, 312 232-9371.

KAHLE, Ms. Constance Louise; '82 BSBA, '86 MBA; Mgmt. Cnslt.; Arthur Andersen & Co., 41 S. High St., Ste. 2000, Columbus, OH 43215, 614 228-5651; r. 5028 Dierker Rd., Apt. A-1, Columbus, OH 43220, 614 457-7743.

KAHLE, David Bruce; '83 BSBA; Staff; Marathon Oil Co., 539 S. Main St., Findlay, OH 45840; r. POB 196, Iraan, TX 79744.

KAHLE, Kenneth Dean; '84 BSBA; Financial Cnslt.; Winkle Chevrolet & Oldsmobile Corp., 105 N. Main St., Paulding, OH 45879, 419 399-2071; r. POB 385, Kalida, OH 45853, 419 532-2226.

KAHLE, Mrs. Theresa Marie, (Theresa Marie Plumadore); '84 BSBA; Acct.; Warner Cable, 400 Metro Ctr., Dublin, OH, 614 792-7328; r. 10149 State Rte. 736, Plain City, OH 43064, 614 873-8079.

KAHLER, David M.; '65 BSBA; Staff; Purchasing Dept., Good Samaritan Hospital, 703 Tyler, Sandusky, OH 44870; r. 3616 Karwood Dr., Port Clinton, OH 43452, 419 797-2357.

KAHLER, Michael Stephen; '70 BSBA; Underwriting Mgr.; Motorists Mutual Ins. Co., 471 E. Broad St., Columbus, OH 43215; r. 2820 Cornstalk Ave., Ashville, OH 43103, 614 983-2710.

KAHLER, LCDR Robert C., USN(Ret.); '60 BSBA; Dir. of Parking Svcs.; Old Dominion Univ., 4900 Hampton Blvd., Norfolk, VA 23529, 804 683-4004; r. 3940 W. Stratford Rd., Virginia Bch., VA 23455, 804 460-9414.

KAHLER, William G., II; '61 BSBA; Mgr. Transp. Safety/Regl.; Union Carbide Corp., Chemicals & Plastics, 39 Old Ridgebury Rd., Danbury, CT 06817, 203 794-7121; r. Saddle Ridge Rd. #19, New Fairfield, CT 06812, 203 746-4536.

KAHN, Allan W.; '29 BSBA; 33 Twinshore Ct., Carmel, IN 46032, 317 846-8832.

KAHN, Colman H.; '65 BSBA; Pres.; Kahn & Co. Inc., 1440 Blake St., Denver, CO 80202, 303 573-1629; r. 156 Betasso Rd., Boulder, CO 80302, 303 442-0256.

KAHN, Henrietta L. '55 (See Sherman, Mrs. Henrietta Kahn).

KAHN, Irwin; '57 MBA; Mkt. Analyst; Sears Roebuck & Co., Dept. 733-Mr, 2000 Spring Rd, Oak Brook, IL 60521; r. 156 N. Ashbury, Bolingbrook, IL 60439.

KAHN, Jerome H.; '47 BSBA; Owner, Pres.; Cash a Check NF, Jacksonville, FL 32205, 904 783-9955; r. 11629 Edinburgh Way, Jacksonville, FL 32223, 904 268-7848.

KAHN, Joseph H.; '37 BSBA; Atty.; Private Practice, 607 Tell Bldg., Akron, OH 44308, 216 253-6651; r. 123 Castle Blvd., Akron, OH 44313, 216 864-4367.

KAHN, Larry Allan; '68 BSBA; Manufacturers Rep.; Larry Kahn & Assoc., 3809 Chimney Hill Dr., Cincinnati, OH 45241, 513 984-3634; r. Same.

KAHN, Leonard B.; '47 BSBA; Partner; Kahn-Kohn Assocs., 23351 S. Woodland Rd., Cleveland, OH 44122, 216 921-1383; r. Same.

KAHN, Michael B.; '63 BSBA; Owner; Suburban Catering, 5136 Richmond Rd., Bedford Hts., OH 44146, 216 789-1780; r. 14372 Washington Blvd., Cleveland, OH 44118, 216 371-1666.

KAHN, Robert Joseph; '41 BSBA; Sales Rep.; Serbin Fashions Inc., 631 Osborn Bldg., 1020 Huron Rd., Cleveland, OH 44115; r. 13415 Shaker Blvd. #10D2, Cleveland, OH 44120, 216 752-5830.

KAHN, Mrs. Tamara K., (Tammy K. Ruhl); '84 BSBA; Software Engr.; Softech Inc., 3100 Presidential Dr., Fairborn, OH 45324, 513 429-6345; r. 5126 Chapin St., Dayton, OH 45429, 513 433-0867.

KAHN, Toby J.; '69 BSBA; 439 E. 88 St. Apt. E., New York, NY 10028, 212 427-1947.

KAHOUN, Leslie Catherine; '84 BSBA; 43188 Country Rd. 23, Coshocton, OH 43812, 614 622-2285.

KAHRL, Clyde C.; '81 MBA; Staff Atty.; Ohio Div. of Securities, Two Nationwide Plz., Columbus, OH 43215, 614 466-3440; r. 373 W. 6th Ave., Columbus, OH 43201, 614 421-7448.

KAHRL, Robert Conley; '75 MBA; Assoc. Atty.; Jones Day Reavis & Pogue, 1700 Union Commerce Bldg., Cleveland, OH 44115; r. 7624 Red Fox Tr., Hudson, OH 44236, 216 656-2061.

KAIDO, Mrs. Tamala L., (Tamala L. Longaberger); '84 BSBA; VP; Longaberger Mktg. Inc., 2503 Maple Ave., Zanesville, OH 43701, 614 455-3175; r. 817 St. Louis Ave., Zanesville, OH 43701, 614 454-6029.

KAINE, Gary Howard; '68 BSBA; Dir., Operations; Sundstrand Turbomach, 4400 Ruffin Rd., San Diego, CA 92123, 619 569-5813; r. 13135 Shalimar Pl., Del Mar, CA 92014, 619 481-9185.

KAINRAD, Alan; '73 BSBA; VP/Gen. Mgr.; Texoma Leather & Brass Inc., 4101 E. Warehouse Rd., Denison, TX 75020; r. Rte. 3, Box 185, Sherman, TX 75090, 214 786-9161.

KAISER, Bernard W.; '49 BSBA; Stockbroker; A. E. Aub & Co., 36 E. Fourth St., Ste. 915, Cincinnati, OH 45202, 513 621-3344; r. 118 Ritchie Ave., Cincinnati, OH 45215, 513 761-7532.

KAISER, Charles Dennis; '83 BSBA; Owner; Cdk Structures Inc., Landscape/Maint/Contracting Co, 3002 Woodloop Ln., Columbus, OH 43204; r. 6463 Columbus Pike, Delaware, OH 43015.

KAISER, Daniel Scott; '82 BSBA; Corporate Controller; Scherer Co., 5131 Post Rd., Dublin, OH 43017, 614 792-0777; r. 483 Meadow View Dr., Powell, OH 43065, 614 548-4709.

KAISER, David Joseph; '71 MBA; 1487 Stone Rd, Xenia, OH 45385, 513 376-2858.

KAISER, Helene '56 (See Hunger, Mrs. Helene Kaiser).

KAISER, Kenneth J.; '59 BSBA; Pres.; Wyomissing Corp., Div. Alco Standard Corp., POB 742, Reading, PA 19602, 215 376-2891; r. RD 1, Box 349, Reading, PA 19607, 215 775-4970.

KAISER, Mark Andrew; '87 BSBA; 1320 Buena Vista, Canton, OH 44714, 216 499-9628.

KAISER, Paul A.; '82 BSBA; Supv/Prspctve Rating; Central Benefits, 255 E. Main St., Columbus, OH 43215, 614 464-5993; r. 1301 Ironwood Dr., Columbus, OH 43229, 614 846-8175.

KAISER, Richard W.; '50 BSBA; Special Agt.; FBI, 3521 W. Broward Blvd., Ft. Lauderdale, FL 33312; r. 25630 Dia Crotalo, Carmel, CA 93923, 408 625-9425.

KAITHERN, Reginald G.; '39 BSBA; Retired; r. 2641 Cranford Rd., Columbus, OH 43221, 614 457-2138.

KAITSA, George, Jr.; '81 MBA; Finance Dir.; Franklin Cnty., Human Services Dept., 80 E. Fulton, Columbus, OH 43215, 614 462-4273; r. 4400 Limerick Ln., Dublin, OH 43017.

KAJANDER, Francine; '86 BSBA; 6308 New Jersey, Wildwood, NJ 08260.

KAKARA, Ms. Marjorie Schradski; '57 BSBA; Financial Mgmt. Spec.; McDonnell Douglas Astronautics, 5301 Bolsa Ave., Huntington Bch., CA 92647, 714 896-5977; r. 346 Ave. E, Redondo Bch., CA 90277, 213 316-2349.

KALAMAS, David Joseph; '78 MPA; Customized Trng. Dir.; Clark State Community Clg., E. Leffel Ln., Springfield, OH 45501, 513 328-6000; r. 6373 Amston Dr., Dublin, OH 43017, 614 764-9947.

KALAMAS, Joyce Malinak, (Joyce Malinak); '76 BAJ, '77 MPA; Rsch. Spec.; Ohio State Univ., 941 Chatham Ln., Ste. 210, Columbus, OH 43221, 614 292-8692; r. 6373 Amston Dr., Dublin, OH 43017, 614 764-9947.

KALAPODIS, John Gust; '87 BSBA; Sales Rep.; Myers Industries, 1596 W. 34th Pl., Hialeah, FL 33012, 305 556-7775; r. 708 SE 6th Ct., Apt. #2, Ft. Lauderdale, FL 33301, 305 462-4412.

KALB, David Lawrence; '80 BSBA; Systs. Engr.; I T T Courier, 4807 Rockside Rd., Ste. 160, Independence, OH 44131, 216 447-3000; r. 9624 E. Idlewood Dr., Twinsburg, OH 44087, 216 425-3224.

KALDOR, Rosemarie '82 (See Nemeth, Rosemarie Kaldor).

KALE, Cornelia '35 (See Lang, Cornelia Kale).

KALE, Jeffrey S.; '87 BSBA; Owner; East Side Auto Parts, 214 First St., Toledo, OH 43605, 419 693-0534; r. 2412 Country Squire Ln., Toledo, OH 43615, 419 535-0980.

KALE, William Leonard; '71 BSBA; 2737 Winding Wood, Clearwater, FL 34621, 813 796-0930.

KALEEL, Kenneth Michael; '82 BSBA; Atty.; Kenneth M. Kaleel P.A., 105 E. Palmetto Park Rd., Boca Raton, FL 33432, 407 368-4674; r. 683 SW 7th St., Boca Raton, FL 33432, 407 338-9148.

KALER, Ms. Nancy Ellen; '85 MBA; Admin. Asst.; Ohio State Ctr. for Mapping, 404 Cockins Hall, 1958 Neil Ave., Columbus, OH 43215, 614 292-6642; r. 1285 Hollywood Ave., Columbus, OH 43212, 614 488-9173.

KALIES, Louise '49 (See Card, Mrs. Louise Kalies).

KALINEY, Richard Edward; '79 BSBA; 460 North Rd. SE, Warren, OH 44484, 216 856-2169.

KALINICH, Estella M. '58 (See Buddelmeyer, Estella Kalinich).

KALINOS, Theodore V.; '49 BSBA; Retired; r. 1727 Brookhollow Dr., Springfield, OH 45504, 513 390-0642.

KALINOSKI, Kenneth S.; '63 BSBA; Sales Rep.; American Greetings Assoc., 10500 American Rd, Cleveland, OH 44144; r. 3956 Dryden Dr., N. Olmsted, OH 44070, 216 779-1631.

KALINOWSKI, Diane Marie '84 (See Hergenrather, Mrs. Diane Marie).

KALINOWSKI, Thomas R.; '50 BSBA; 117 Teresa Dr., Steubenville, OH 43952, 614 264-6336.

KALIS, John Steven; '85 BSBA; Financial Mgr.; Ohio Dept. of Devel.; r. 2534 Martinsburg, Newark, OH 43055, 614 866-7920.

KALISH, Myron R.; '50 BSBA; Acct.; 410 Richland Trust Bldg., Mansfield, OH 44902, 419 524-2932; r. 235 Cline Ave., Mansfield, OH 44907, 419 756-3034.

KALIVODA, LTC George F., USAF(Ret.); '61 BSBA; Mgr.; North American Coating Lab, 190 Alpha Park Dr., Cleveland, OH 44143, 216 442-9277; r. 9005 Bluejay Ln., Mentor, OH 44060, 216 257-0605.

KALKSTEIN, Joseph Henry; '82 BSBA; 49 Spruce St., Cranford, NJ 07016, 201 272-5453.

KALLE, Laurie M.; '88 BSBA; Asst. Mgr.; El-Vee Shoe Stores Inc., 52 Westerville Sq., Westerville, OH 43081; r. 4695 Keswick Ct. Apt., Columbus, OH 43220, 614 451-9644.

KALLE, Lee Martin; '86 BSBA; Sr. Customer Srv Repr; Natl. Savings Bank, 911 Central Ave., Albany, NY 12065, 518 482-3357; r. 7 Prestwick Ave., Clifton Park, NY 12065, 518 877-7317.

KALLIN, Etha Ludwig; '55 BSBA; R 1 Box 79 B, N. Judson, IN 46366, 219 896-5153.

KALLIN, Walter K.; '49 BSBA; Systs. Repr; Moore Business Forms, 2157 Euclid Ave., Cleveland, OH 44115; r. 3067 N. Woolflower Ter., Beverly Hls., FL 32665, 904 746-0474.

KALLINICOU, Nicolas Loizou; '88 BSBA; 127 W. Kanawha, Columbus, OH 43214, 614 848-4319.

KALLMAN, Matthew Hanley; '76 BSBA; Buyer; Famous-Barr (May Co. Dept. Stores), 601 Olive St., St. Louis, MO 63101, 314 444-2638; r. 2381 Cedar Lake Dr., Maryland Hts., MO 63043, 314 469-1610.

KALLMAN, Ms. Susan Marie; '85 BSBA; Inventory Mgr.; Defense Electronics Supply Ctr., 1507 Wilmington Pike, Dayton, OH 45444, 513 296-6827; r. 248 S. Heincke Rd., Apt. 3C, Miamisburg, OH 45342, 513 866-8135.

KALLMERTEN, Robert Barth; '75 BSBA; Asst. VP; Bank One, Columbus, NA, 100 E. Broad St., Columbus, OH 43215, 614 248-5561; r. 2944 Bexley Park Rd., Columbus, OH 43209, 614 235-4263.

KALLMERTEN, Robert L.; '39 BSBA; Field Underwriter; Mutual Life Ins. of New York, Ste. 510, 5025 Arlington Ctr., Columbus, OH 43220, 614 457-6080; r. 2630 Wellesley Rd, Columbus, OH 43209, 614 231-5219.

KALLOS, Deborah '82 (See Dougherty, Deborah Kallos).

KALLSTROM, David H.; '49 BSBA; Owner; Kallstrom Cos., 141 Broad Blvd., Cuyahoga Falls, OH 44221; r. 161 Old Bridge Lake, Houston, TX 77069, 713 440-9757.

KALMAN, Elmer G.; '50 BSBA; Section Mgr./Materls; Loral Systs. Grp., 1210 Massillon Rd, Akron, OH 44315, 216 796-1291; r. 4342 Maplepark Rd., Stow, OH 44224, 216 688-8535.

KALMAN, Sanford R.; '56 BSBA; Production Mgr.; Shapely, Inc., 2430 E. Kemper Rd., Cincinnati, OH 45243, 513 771-7733; r. 6471 Ridge Rd., Cincinnati, OH 45213, 513 531-6297.

KALMAN, Stephen; '71 BSBA; Pres.; Esquire Micro Cnslts., POB 1962, Lords Vly., PA 18428, 717 775-9016; r. 197 Dean St., Brooklyn, NY 11217, 718 875-2051.

KALMAN, Thomas John; '80 MBA; 1134 Rockport Ln., Columbus, OH 43220.

KALMBACH, Rita C. '81 (See Wagner, Mrs. Rita C.).

KALNASY, Donna Lynne, (Donna Lynne Goettler); '86 BSBA; Financial Analyst; Online Computer Library Ctr., 6565 Frantz Rd., Dublin, OH 43017, 614 764-6000; r. 2038 Rolling Meadows Dr., Columbus, OH 43228, 614 279-4204.

KALNASY, Mark Allen; '86 BSBA; Acct.; White Castle Syst. Inc., 555 W. Goodale, Columbus, OH 43215, 614 228-5781; r. 2038 Rolling Meadows Dr., Columbus, OH 43228, 614 279-4204.

KALSKI, Steven Frank; '81 BSBA; 4045 Bushnell, University Hts., OH 44118.

KALTER, Mrs. Elizabeth H., (Elizabeth E. Hune); '77 BSBA; Writer, Public Speaker; World Tour, 627-1/2 Ninth St., Marietta, OH 45750, 614 373-1784; r. Same.

KALU, Kalu Omoji; '76 MBA; c/o Ibe A Otah, POB 4682, Lagos, Nigeria.

KAMBURY, Stuart A.; '82 BSBA; Asst. Sales Mgr.; Napa, 2665 W. Dublin Granville Rd., Columbus, OH 43085, 614 766-1182; r. 6008 Slippery Rock #9, Columbus, OH 43229, 614 899-0278.

KAMEN, William Patterson; '70 BSBA; Staff; Empire Detroit, 913 Bowman St., Mansfield, OH 44905; r. 898 Mayflower Rd., Mansfield, OH 44905, 419 589-4855.

KAMENAR, Joseph David; '82 BSBA; Fedl Bank Examiner; US Govt., 501 Main Ave. SW, Knoxville, TN 37902; r. 2407 Montana Ave. #K-5, Cincinnati, OH 45211.

KAMER, Edward Paul; '69 BSBA; VP, Mktg.; Innovative Distributors, 3132 Las Hermanas, Rancho Dominguez, CA 90221, 213 631-9002; r. 306 Ximeno Ave., Long Beach, CA 90814, 213 433-2174.

KAMIMURA, Akira; '62 MBA; Dir.; Kamimura Trading Co., 2-10-9 Midori, Sumida-ku, Tokyo, Japan, 036322980; r. Same.

KAMINSKI, Scott John; '88 BSBA; Asst. Terminal Mgr.; Tri-Modal Svc., 2001 Walcutt Rd., Columbus, OH 43228, 614 876-6325; r. 1146 Bethel Rd, Columbus, OH 43202, 614 459-2615.

KAMINSKI, Susan Marie '82 (See Pavlisko, Mrs. Susan Marie, CPA).

KAMINSKY, Paul M.; '50 BSBA; 8647 Tilby Rd, N. Royalton, OH 44133.

KAMM, Robert E.; '47 BSBA; 606 West St., Summersville, WV 26651, 304 872-1422.

KAMM, Warren E., Jr.; '44 BSBA; 398 El Paseo, Millbrae, CA 94030, 415 692-3987.

KAMMERER, Joanne; '88 BSBA; 8839 Birgham Ct. N., Dublin, OH 43017, 614 889-2711.

KAMNIKAR, David Louis; '86 BSBA; 1328 W. 40th St., Lorain, OH 44053, 216 282-6994.

KAMPSEN, David J.; '87 BSBA; 605 Lowell, Cincinnati, OH 45220, 606 491-5284.

KAN, Michael Eugene; '81 BSBA; 1203 Doralee Dr., Mogadore, OH 44260.

KANAVEL, Shirley '57 (See Dozer, Shirley Kanavel).

KANAZAWA, Toshihiro; '84 MBA; VP/Gen'L Mgr.; Kirin USA Inc., 241 S. Figueroa St., Los Angeles, CA 90012, 213 628-5374; r. 1479 Vandyke Rd., San Marino, CA 91108, 818 286-8440.

KANDER, Mark Leslie; '71 BSBA; Proj. Editor; National Health Publishing, 99 Painters Mill Rd., Owings Mills, MD 21117, 301 363-6400; r. 4210 Lowell Dr., Baltimore, MD 21208, 301 486-0323.

KANE, Dennis Michael; '87 BSBA; 4980 Woodman Park Dr., Apt. 5, Dayton, OH 45432, 513 254-5973.

KANE, Donne F.; '51 BSBA; Realtor, Acct. Exec.; Coldwell Banker, 170 W. Fairbanks, Winter Park, FL 32789, 407 628-3199; r. 2104 Venetian Way, Winter Park, FL 32789, 407 647-1347.

KANE, Edward Dean; '83 BSBA; Mfg. Scheduler; Argo-Tech Corp., Euclid Ave., Euclid, OH 44117, 216 692-5341; r. 7885 Bellflower, Mentor, OH 44060, 216 255-7305.

KANE, Frank E.; '50 BSBA; Atty./Partner; Eastman & Smith, 800 United Savings Bldg., Toledo, OH 43604, 419 241-6000; r. 1750 Brown Stone #F, Toledo, OH 43614, 419 867-9622.

KANE, James Michael; '73 BSBA; Receiving Mgr.; J C Penney Catalog Div., 1339 Tolland Tpk., Manchester, CT 06040, 203 649-2000; r. 1 Abbot Rd. #88, Ellington, CT 06029, 203 875-6426.

KANE, James Patrick; '82 BSBA; 3123 Brightington Dr., Dublin, OH 43017, 614 764-3869.

KANE, Kenneth Victor; '73 BSBA; 2025 W. 13th St., Ashtabula, OH 44004, 216 964-9285.

KANE, M. Earl; '33 BSBA; Retired; r. 123 Forest Hill Dr., Amherst, OH 44001.

KANE, Mary Beth; '84 BSBA; Ofc. Mgr.; K-Mart Corp., Cambridge, OH 43725; r. 2028 Sunray Pl., Zanesville, OH 43701, 614 454-1120.

KANE, Michael David; '66 BSBA, '68 MACC; 3807 Lake Ave., Ashtabula, OH 44004.

KANE, Michael Harry; '84 BSBA; 446 Richmond Park E., Apt. 2168, Richmond Hts., OH 44143, 216 461-4285.

KANE, Stephen Anthony; '84 BSBA; 2452 Tremont Rd., Columbus, OH 43221, 614 486-7286.

KANFER, Jack B.; '58 BSBA; 19891 Planters Blvd., Apt. C, Boca Raton, FL 33434.

KANG, Jane Eunha; '88 BSBA; Mgr. Trainee; Safety Plus Inc., Middleburg Hts., OH 43336, 216 243-8220; r. 5329 N. Abbe Rd., Elyria, OH 44035, 216 934-4848.

KANIA, Joseph; '54 BSBA; Owner; Mr. Tie Shop, 530 Euclid Ave., Cleveland, OH 44115, 216 694-3654; r. 5724 Edgehill Dr., Cleveland, OH 44130.

KANIA, Walter; '54 BSBA; Psychologist; 666 Park Ave. W., Mansfield, OH 44906; r. 581 Cliffside Dr., Mansfield, OH 44904, 419 756-4911.

KANIK, James R.; '50 BSBA; Pres.; J R Kanik Inc., Black River, NY 13612, 315 785-2593; r. 108 West St., Black River, NY 13612, 315 773-5055.

KANKEY, Dr. Roland D.; '85 MA, '88 PhD (BUS); Assoc. Prof.; Air Force Inst. of Technology, AFIT/LSQ, Dept. of Quantative Mgmt., Wright-Patterson AFB, OH 45433, 513 255-8410; r. 115 Cimmaron Tr., Enon, OH 45323, 513 864-5252.

KANN, Karen Cyril; '83 BSBA; 25016 Wimbledon Rd, Beachwood, OH 44122.

KANN, Lori; '85 BSBA, '88 MBA; Staff Cnslt.; Arthur Andersen & Co., 41 S. High St., Columbus, OH 43218, 614 228-5651; r. 4973 Archdale Ln., Columbus, OH 43214, 614 442-0286.

KANNAPEL, Keith David; '79 BSBA; 4223 Wellington Hills Dr., Snellville, GA 30278, 404 985-1171.

KANNE, Yvonne Marie; '87 BSBA; Public Acct.; Arthur Andersen & Co., 133 Peachtree St. NE, Atlanta, GA 30303; r. 3225-N. Post Woods Dr. NW, Atlanta, GA 30339, 404 952-4416.

KANNEL, Ms. Stephanie Lynne; '86 BSBA; Acct.; Banc One Travel, 180 E. Broad St., Columbus, OH 43215, 614 248-5366; r. 5385 Crawford Dr., Columbus, OH 43229, 614 885-6190.

KANNEN, Madelynn Warren; '73 BSBA; 9 Old Coach Rd., Bowling Green, OH 43402, 419 823-5871.

KANNING, Ms. Karen Anne, (Karen Anne Bride); '81 MPA; Hosp. Cnslt.; Karlsberger Cos. Inc., 99 E. Main St., Columbus, OH 43215, 614 461-9500; r. 2668 Edgebail Rd., Columbus, OH 43221.

KANNO, MAJ Stanley Satoshi, USAF; '72 BSBA; Pilot; 1649 7th Ave., Langley AFB, VA 23665, 804 865-7923; r. 198 S. Green Rd., S. Euclid, OH 44121, 216 481-1850.

KANOSKI, John Eric; '87 BSBA; Sales Rep.; Sterling Paper Co., 2055 Corvair Ave., Columbus, OH 43207, 614 443-0303; r. 6195 Northgap Dr., Columbus, OH 43229, 614 436-3465.

KANT, Steven William; '73 BSBA; Dir. of Mktg.; Boehringer Ingelheim, St. Joseph, MO 64506, 816 233-2571; r. 4709 Woodfield Dr., St. Joseph, MO 64506, 816 364-5817.

KANTER, Bernard E.; '54 BSBA; Atty./Slf/Empl; Private Practice, 824 S. High, Columbus, OH 43206, 614 444-4415; r. 2445 Sherwood Rd., Columbus, OH 43209, 614 235-0002.

KANTER, Joel Edmund; '55 BSBA; Atty./Partner; Owens, Schine, Nicola & Donahue, 10 Middle St., Bridgeport, CT 06604, 203 334-4153; r. 32 Minuteman Hill, Westport, CT 06880, 203 227-8836.

KANTER, Nathan; '48 BSBA; Retired Mgmt. Analyst; NASA-Lewis Rsch. Ctr., 21000 Brookpark Rd., Cleveland, OH 44135; r. 3701 Mayfield, Cleveland Hts., OH 44121, 216 382-1947.

KANTNER, Perry Michael; '63 BSBA; Atty.; Kantner & Assocs., 555 E. William St., Ann Arbor, MI 48104, 313 769-3430; r. 5536 Weber Rd., Saline, MI 48176, 313 429-2103.

KANTZER, John Robin; '82 BSBA; Staff; I T T Financial, 2600 Corporate Exchange Dr., Columbus, OH 43229, 614 457-7190; r. 5236 Dierker Rd., Columbus, OH 43220, 614 459-1187.

KANTZER, Joseph Christopher; '84 BSBA; Student; Univ. of Akron, Sch. of Law, Akron, OH 44325; r. 1261 Evergreen Rd, Marion, OH 43302, 614 389-2234.

KAO, Ming-Tse James; '88 MBA; 101 Curl Dr., Rm. 851, Columbus, OH 43210, 614 293-9550.

KAPAROS, George N.; '48 BSBA; Sr. VP Treas.; Sanese Svcs. Inc., 6465 Busch Blvd., Columbus, OH 43229; r. 4140 Reedbury Ln., Columbus, OH 43220, 614 451-6780.

KAPKA, Edith '60 (See Starkey, Mrs. Edith Kapka).

KAPLAN, Barbara Ann; '78 BSBA; Mgr. Returnable Reels; Gen. Cable Co., 1 Woodbridge Ctr., Woodbridge, NJ 07095; r. Wynbrook W. # J-10, Dutch Neck Rd, Hightstown, NJ 08520.

KAPLAN, Carl J.; '32 BSBA; Retired; r. 28349 S. Woodland Rd., Cleveland, OH 44124.

KAPLAN, Irving L.; '40 BSBA; Retired; r. 24549 Hawthorne Dr., Cleveland, OH 44122, 216 464-7344.

KAPLAN, Joseph M.; '88 MBA; Mfg. Engr.; Owens Corning Fiberglas, Case Ave., Newark, OH 43055; r. 38 Amberly Dr., Granville, OH 43023, 614 587-3317.

KAPLAN, Richard O.; '64 BSBA; Pres./Owner; Aluminum Coating Manufacturers, Inc., 7301 Bessemer Ave., Cleveland, OH 44127, 800 556-8030; r. 28349 S. Woodland Rd., Pepper Pike, OH 44124, 216 464-0261.

KAPLAN, Rodney Michael; '72 BSBA; 5534 E. Galbraith Rd #41, Cincinnati, OH 45236, 513 793-7134.

KAPLAN, Sandra James, (Sandra James); '81 BSBA; Buyer; Decor Corp., Allen Creek Rd., 6121 Huntley Rd., Columbus, OH 43213, 614 438-4165; r. 2200 Pine Knoll Ave., Columbus, OH 43229, 614 882-4932.

KAPLAN, William; '61 BSBA; Pres.; Mall Network Publishing Inc., 22035 Chagrin Blvd., Beachwood, OH 44122, 216 991-2403; r. 2663 Cranlyn Rd., Shaker Hts., OH 44122.

KAPLANSKY, Arthur H.; '53 BSBA; Pres.; The Welker Mc Kee Supply Co., 6606 Granger Rd., Cleveland, OH 44131; r. 36930 Jackson Rd., Chagrin Falls, OH 44022, 216 247-6520.

KAPLIN, Thomas L., Jr.; '50 BSBA; Chmn.; Ralston Industries Inc., 600 N. Cassady, Columbus, OH 43219, 614 252-5233; r. 207 E. Deshler, Columbus, OH 43206, 614 443-3835.

KAPLOW, Stuart Harvey; '74 MACC, '74 MBA; Proj. Mgr.; Tuckerman Optical Co., 64 E. BrOAd St., Columbus, OH 43215; r. 77 Smith Pl. Apt. 3A, Columbus, OH 43201, 614 299-3833.

KAPOOR, Raj Kumar; '81 MBA; Pres.; Kapoor Ins. Agcy., 6525 Busch Blvd., Ste. 208, Columbus, OH 43229, 614 885-9562; r. 5278 Meadowknoll Ln., Columbus, OH 43220, 614 459-5630.

KAPP, Judy '86 (See Clokey, Mrs. Judy Kapp).

KAPPELER, James Ernest; '68 BSBA; Financial Mgr.; Marsat Sevicos Submarino, Ave. Augusto Severo 8, 40, Rio de Janeiro, Brazil; r. 1721 Sweetbriar Ln., Eugene, OR 97405, 503 687-0357.

KAPPUS, David N.; '51 BSBA; Atty.; Maryland Casualty Co., 3910 Keswick Rd., Baltimore, MD 21211, 301 338-9342; r. 3000 Suffolk Ln., Fallston, MD 21047, 301 557-9978.

KAPTEIN, Edmond Forrest; '78 BSBA; Revenue Ofcr.; Dept. of Treas., 200 N. High St., Columbus, OH 43216, 614 469-2122; r. 3892 Ivygate Pl., Dublin, OH 43017, 614 792-0541.

KARA, Alan Roger; '72 BSBA; 14678 Drake Rd., Strongsville, OH 44136, 216 238-4729.

KARABINOS, Edward F.; '83 BSBA; Branch Mgr.; Stanley Steemer Carpet Clnr, 423 Commerce Ln. #6, Berlin, NJ 08009, 609 768-5252; r. 302-B Cypress Point Cir., Mt. Laurel, NJ 08054, 609 235-9485.

KARAFFA, Raymond Andrew; '73 BSBA; Supv.; Motorola Inc., 8201 E. McDowell Rd., Scottsdale, AZ 85252, 602 949-2926; r. 4740 E. Glencove St., Mesa, AZ 85205, 602 830-5797.

KARAKOUZIAN, Dr. Moses; '75 MBA; Engr.; Battelle Meml. Inst., 505 King Ave., Columbus, OH 43201; r. POB 3232, Columbus, OH 43210.

KARAM, Ernest; '33 BSBA; CHF Referee Domestic Rel.; Hamilton Cnty. Common Pleas Court., Rm. 412A Hamilton Cnty. CTHSE, 1000 Main St., Cincinnati, OH 45202, 513 632-8671; r. 5105 Graves Rd, Cincinnati, OH 45243, 513 561-8233.

KARAM, Frederick Anthony; '72 BSBA; 405 Quentin Rd, Utica, NY 13502.

KARAM, Gregory Lee; '69 BSBA, '73 MPA; Atty.; Gregory L Karam Jd, 7700 Ahwenasa Ln., Cincinnati, OH 45243, 606 371-5055; r. 7700 Ahwenasa Ln., Cincinnati, OH 45243, 513 271-0497.

KARAM, J. David, II; '82 BSBA; VP of Finance; Wendy's of Las Vegas Inc., 3496 N. High St., Columbus, OH 43214, 614 261-0362; r. 4985 Dunkerrin Ct., Dublin, OH 43017, 614 889-6936.

KARAM, Suzanne Marie; '83 BSBA; Natl. Accts Sppt Mgr.; LITEL Telecommunications, 200 Old Wilson Bridge Rd., Worthington, OH 43085, 614 433-9333; r. 1269 Beechlake Dr., Worthington, OH 43085, 614 885-5535.

KARAMALAKIS, Mark Laird; '81 BSBA; Financial Analyst; Ross Labs, 625 Cleveland Ave., Columbus, OH 43215, 618 227-3753; r. 3525 Karikal Dr., Westerville, OH 43081, 614 890-5840.

KARAS, Milan R., PhD; '51 PhD (BUS); Emeritus Prof.; Univ. of Cincinnati, Clg. of Business, Cincinnati, OH 45227; r. 3603 Mound Way, Cincinnati, OH 45227, 513 272-2616.

KARAYANNAKOS, Anna Benetatos; '75 MBA; 6756 Masefield St., Worthington, OH 43085.

KARCH, Jack R.; '53 BSBA; Pres.; Equity Retirement Housing Inc., 900-C 1829 E. Franklin St., Chapel Hill, NC 27514, 919 967-6151; r. One E. Bridlewood Tr., Durham, NC 27713, 919 493-5796.

KARCH, Lloyd E.; '46 BSBA; Retired; r. 1427 S. 5th Ave., Arcadia, CA 91006, 818 447-7717.

KARCHEFSKY, Chester Anthony, Jr.; '85 BSBA; Sr. Dist. Exec.; Boy Scouts of America, 7671 Auburn Rd., Painesville, OH 44077, 216 352-0631; r. 5899 White Oak Dr., Mentor, OH 44060, 216 257-0246.

KARCHER, Arthur E.; '47 BSBA; Retired; r. 4744 Timberview Dr., Vermilion, OH 44089, 216 967-3024.

KARDISH, Mark Stanley; '74 BSBA; Financial Mgr.; CIGNA Corp., 11050 Olson Dr., Rancho Cordova, CA 95670, 916 636-3758; r. 8842 Winding Way, #432, Fair Oaks, CA 95628, 916 967-3467.

KARG, Karen M. '78 (See Roller, Mrs. Karen M.).

KARL, Robert E.; '52 BSBA; Sr. Trust Ofcr.; The Ohio Co., 155 E. Broad St., Columbus, OH 43215, 614 464-6811; r. 2575 Sabra Ct., Rte. 8, Lancaster, OH 43130, 614 653-0182.

KARLAK, Gerald; '70 BSBA; IBM Corp., 4900 Old Ironsides Dr., Santa Clara, CA 95054, 408 492-2043; r. 2423 Golf Links Cir., Santa Clara, CA 95050, 408 985-6879.

KARLE, Ronald J.; '60 BSBA; Pres.; Auron Svcs. Inc., Bus. Consltg., 55 Ridgeport Rd., Lake Wylie, SC 29710, 803 831-8776; r. Same.

KARLIN, David Ronald; '77 BSBA; Staff Mgr.; AT&T Communications, 295 N. Maple Ave./5216F2, Basking Ridge, NJ 07920, 201 221-8493; r. 561K Fox Run Rd., Stewartsville, NJ 08886, 201 479-4390.

KARLING, Scott Arthur; '83 BSBA; Salesperson; S.E.O. Computers Inc., 1306 Brandywine Blvd., Zanesville, OH 43701, 614 454-6853; r. 558 Harding Rd., Zanesville, OH 43701, 614 454-0022.

KARNAP, Paul; '78; 9295 Knoll Dr., Galena, OH 43021.

KARNEHM, Donavon Paul; '80 BSBA; 3814 Mason Rd., Monroeville, OH 44847, 419 359-1802.

KARNITIS, Dr. Sue Ann, (Sue Ann Long); '79 BSBA; Pediatrician; Univ. of Virginia Hosps., Charlottesville, VA 22908, 804 924-0001; r. 2308 Dellmead Ln., Apt. A, Charlottesville, VA 22901, 804 296-3737.

KARNOSH, Robert C.; '50 BSBA; Retired; r. 3238 Duneville Dr., Las Vegas, NV 89102, 702 876-2558.

KARNS, Arthur D.; '49 BSBA; CPA/Atty.; Laventhal & Horwath, 23200 Chagrin Four Commerce, Park Sq., Beachwood, OH 44122, 216 831-1200; r. 28849 Edgedale, Cleveland, OH 44124, 216 831-1732.

KARNS, Mark Harry; '72 MBA; Projs Dvlpmnt Ofcr.; Dept. of State, Tunis (I D), Washington, DC 20520; r. Dept. of State, Tunis (I D), Washington, DC 20520.

KAROL, Raymond Mark; '74 BSBA; 1112 Carlisle St., Natrona Hts., PA 15065, 412 226-1542.

KAROW, Robert J.; '58; Pres.-Owner; J.C. Stoner, Inc., 7889 Mitchell-Dewitt Rd., Plain City, OH 43064, 614 873-8057; r. Same.

KAROZOS, Gus A.; '48 BSBA; Gen. Agt.; Franklin Life Ins. Co., 4040 S. Meridian St., Indianapolis, IN 46217, 317 787-6261; r. 1645 E. Loretta Dr., Indianapolis, IN 46227, 317 784-4692.

KARP, Michael David; '81 BSBA; Merchandise Mgr.; Your Choice, Inc., POB 9517, Matthews, NC 28106, 704 845-1200; r. 9232 New Towne Dr., Matthews, NC 28105, 704 847-6141.

KARP, Stanley Louis, III; '81 MBA; Plng. Mgr.; Apple Computer, Inc., 20525 Mariani Ave., Cupertino, CA 95014; r. 107 Fairmont Ave., San Carlos, CA 94070.

KARPAC, Karen Marie; '84 BSBA; Acct.; Fred Laubie & Assocs., 1041 Dublin Rd., Columbus, OH 43215, 614 481-0700; r. 1318 Lane On The Lake, Columbus, OH 43235, 614 442-0667.

KARPATHAKIS, George; '81 BSBA; Asst. VP/Product Mgr.; Branch Bkg. & Trust Co., POB 1847, Wilson, NC 27893, 919 399-4263; r. 115 Garwin St., Apt. 3B, Wilson, NC 27893, 919 243-3360.

KARPINSKI, Terry Lee; '82 BSBA; Homemaker; r. 7555 Old Delaware Rd., Rte. 2, Mt. Vernon, OH 43050, 614 397-9889.

KARPINSKI, MAJ William John; '68 MBA; Maj. Usaf; r. 245 E. Voltaire Ave., Phoenix, AZ 85022, 602 863-0315.

KARR, Max Armstrong; '35 BSBA; Retired; r. 18399 University Park Dr., Livonia, MI 48152, 313 591-6720.

KARR, Samuel Ray; '73 BSBA; Co-owner; Wesam Constr. Co., POB 38, Chester, OH 45720, 614 992-6466; r. 44361 Wippel Rd., Pomeroy, OH 45769, 614 992-2219.

KARRAS, Alex Louis; '86 BSBA; Investment Banking Assoc.; Money Concepts Intl., N. Canton, OH 44708, 216 477-8512; r. 320 Poplar NW, Canton, OH 44708, 216 477-8347.

KARRAS, George Pete; '87 BSBA; Shift Mgr.; Wilmington Heights Mkts., Inc., 4650 Wilmington Pike, Kettering, OH 45440, 513 299-4164; r. 4504 Rean Meadow Dr., Kettering, OH 45440, 513 434-4799.

KARRENBAUER, Dr. Jeffrey Joseph; '80 PhD (BUS); VP; Insight Inc., 1411 King St., Alexandria, VA 22314; r. 13814 Foggy Hills Ct., Clifton, VA 22024, 703 968-0287.

KARRICK, Ann Gail; '86 BSBA; Merchadising Spec.; Petland Inc., 195 N. Hickory St., Chillicothe, OH 45601, 800 233-5918; r. 5917 Rocky Rill Rd., Columbus, OH 43235.

KARSCH, O. Arthur; '68 MBA; Cost Analyst; USAF, Aeronautical Systs. Div, Wright Patterson AFB, OH 45433, 513 255-5904; r. 421 Stuckhart Rd., Trotwood, OH 45426, 513 837-2417.

KARSHNER, Ms. Dina Tiberi, (Dina Tiberi); '81 BS; Coord.; Columbus State Comm Clg., Compensation & Benefits, 550 E. Spring St., Columbus, OH 43215, 614 227-2406; r. 4791 Hummingbird Ct. S., #B, Columbus, OH 43229, 614 846-7934.

KARSHNER, John Noble; '62 BSBA; Div. Personnel Dir.; Nash Finch, Box 2427, Rocky Mount, NC 27801; r. 1724 Burnt Mill Rd., Rocky Mount, NC 27804, 919 977-0408.

KARSHNER, Patricia Garey; '57 BSBA; Administrative Asst.; Clintonville Electric Co., 3367 N. High St., Columbus, OH 43202; r. 6021 Winstead Rd., Worthington, OH 43085, 614 885-2291.

KARSHNER, Phillip W.; '56 BSBA; VP & Gen. Mgr.; Clintonville Electric Co., 3367 N. High St., Columbus, OH 43202; r. 6021 Winstead Rd., Worthington, OH 43085, 614 885-2291.

KARST, Julius Lee; '70 BSBA; Ins. Adjuster; Nationwide Ins., One Nationwide Plz., Columbus, OH 43216; r. 6205 Mad River Rd, Hillsboro, OH 45133, 513 393-1534.

KARTSIMAS, William J.; '50 BSBA; Dist. Mgr.; r. 1600 Birch Rd, Northbrook, IL 60062, 312 564-0911.

KARU, Michael Howard; '75 BSBA; CPA/Partner; Levine Hoffman Blackwell & Karu, 160 S. Livingston Ste. 113, Livingston, NJ 07039, 201 992-9400; r. 6 Vosseler Ct., W. Orange, NJ 07052, 201 325-1867.

KARVELIS, Katherine Ann; '79 MBA; Bus. Analyst; Senco Prods. Inc., 8485 Broadwell Rd, Cincinnati, OH 45211; r. 2 Circus Pl., Terrace Park, OH 45174, 513 831-8597.

KARVOIS, Roseann; '79 BSBA; 397 Kingwood Rd, King Of Prussia, PA 19406, 215 265-2192.

KASBERG, Joseph R.; '74 BSBA; VP-Finance; National Church Residences, 2335 N. Bank Dr., Columbus, OH 43220, 614 451-2151; r. 1329 Elderwood Ave., Columbus, OH 43227, 614 235-5678.

KASCH, William M.; '65 BSBA; Staff; Everybody's Inc., 26 E. Third St., Dayton, OH 45402; r. 4405 Southern Blvd., Dayton, OH 45429, 513 298-0999.

KASE, David Warren; '88 MBA; 610 Jasonway Ave., Columbus, OH 43214, 614 459-8483.

KASER, Bonnie Curran, (Bonnie Curran); '64 BSBA; Bus. Mgr.; Osborne Devel. Co. Inc., 811 N. First St., Osborne, KS 67473; r. 209 Gemini, Osborne, KS 67473, 913 346-5733.

KASER, Jeffrey William; '87 BSBA; Asst. Treas.; S.E.A. Inc., 7349 Worthington-Galena, Columbus, OH 43085, 614 888-4160; r. 5540 Foxhound Ln., Westerville, OH 43081, 614 895-5337.

KASER, Wayne Milton; '68 MBA; Pres./Dir.; Julian Speer Co., 4296 Indianola Ave., Columbus, OH 43214, 614 261-6331; r. 5922 Rocky Rill Rd., Worthington, OH 43085, 614 888-6628.

KASH, Arthur G.; '67 BSBA; Divisional Mdse Mgr.; Robinsons of Florida, 6901 22nd Ave. N., St. Petersburg, FL 33710; r. 1616 Orchard St., Middletown, OH 45044, 513 424-4415.

KASICA, Walter Stephen; '70 BSBA; Mgr. Acctg. & Fin. Rptg.; UNC, Inc., 175 Admiral Cochrane Dr., Annapolis, MD 21401, 301 266-7333; r. 772 Live Oak Dr., Millersville, MD 21108, 301 987-8434.

KASLE, Richard L.; '48 BSBA; Pres./Dir.; Toledo Paper Box Co., POB 3281, Sta. C, Toledo, OH 43607, 419 244-8375; r. 3336 Bentley Blvd., Toledo, OH 43606, 419 536-9713.

KASLER, Timothy Ray; '84 BSBA; 127 Waldon Rd Apt. G, Abingdon, MD 21009, 301 676-7588.

KASPAR, Joseph Michael; '71 BSBA; Capt.; BP America, Inc., 200 Public Sq., Cleveland, OH 44114, 216 586-4075; r. 1038 Brookfield Dr., Medina, OH 44256, 216 723-2467.

KASPER, David Peter; '80 BSBA; Retired; r. 6391 Norfolk Dr., Reynoldsburg, OH 43068, 614 866-5289.

KASPER, Jeffrey Daniel; '88 BSBA; 4621 Plumbrook, Toledo, OH 43623, 419 882-2911.

KASPER, Larry John; '69 BSBA, '75 MACC; Economist No 3; Battelle Mem. Inst., 505 King Ave., Columbus, OH 43201; r. 773 Dennison Ave., Columbus, OH 43215, 614 291-3135.

KASS, Franklin E.; '65 BSBA; Chmn. of The Bd.; Continental Real Estate, 1070 Morse Rd., Columbus, OH 43229, 614 888-2400; r. 3 Sessions Village, Columbus, OH 43209, 614 253-4771.

KASSIAN, W. Richard; '48 BSBA; Retired; r. 2140 Willowick Sq., Columbus, OH 43229, 614 891-2929.

KASSON, 2LT Gregory Michael; '84 BSBA; 2nd Lt. Usaf; r. 670 Hill Rd. N., Pickerington, OH 43147, 614 833-1229.

KASSON, Michael C.; '62 BSBA; Account Agt.; Allstate Ins. Cos., 4045 E. Broad St., Columbus, OH 43213; r. 670 Hill Rd. N., Pickerington, OH 43147, 614 833-1229.

KASTAN, Stacey Kaye; '84 BSBA; 2440 Sawmill Village Ct., Worthington, OH 43085.

KASTELIC, Michael Jay; '83 BSBA; 5750 Columbia Dr., Bedford Hts., OH 44146, 216 232-3117.

KASTNER, David Gerard; '87 BSBA; 29 Cathedral Dr., Nashua, NH 03063, 603 882-8485.

KASTNER, Maurice H.; '64 BSBA; Controller; M.C. Shoe Co., 920 S. Taylor, St. Louis, MO 63110, 314 534-5151; r. 727 Deauville Ct., St. Louis, MO 63141, 314 434-4979.

KASTOR, Michelle Grube, (Michelle Grube); '85 BSBA; Buyer; The May Co., 158 Euclid Ave., Cleveland, OH 44114, 216 575-7083; r. 32300 Monroe Ct., Apt. 201, Solon, OH 44139, 216 349-0349.

KASTORY, Mrs. Carol Sue, (Carol Sue Hartranft); '85 BSBA; Dist. Mgr.; Heublein Inc., 9701 W. Higgins, Ste. 270, Rosemont, IL 60018, 312 825-7400; r. 5032 W. Crain, Skokie, IL 60077, 312 679-0334.

KASUBINSKI, James Gerard; '83 BSBA; Employee Rels Coord.; Hills Dept. Store, 15 Dan Rd., Canton, MA 02021, 617 821-1000; r. 60 Irving St., Randolph, MA 02368.

KASUBINSKI, Robert Gerard; '85 BSBA; Personnel Rep.; Marathon Oil Co., 539 S. Main St., Findlay, OH 45840, 419 422-2568; r. 2800 S. Main St., Apt. 216, Findlay, OH 45840, 419 424-2056.

KASUN, Donald Lee; '62 BSBA; VP; Xm World Trade, Beethvanlaan, Vorschoten, Netherlands; r. Konijnenlaan 29, Wassenaar, Netherlands.

KASYCH, Kathryn M. '85 (See Magee, Mrs. Kathryn M.).

KASZAR, Ms. Suzanne C.; '87 MLHR; Editor; Ohio Educ. Assn., 225 E. Broad St., Box 2550, Columbus, OH 43216, 614 228-4526; r. 448 Loveman Ave., Worthington, OH 43085, 614 848-3773.

KATAGI, Yoshihiro; '79 MBA; Staff; Fishing Tackle Mf, Daimaru Kk, Bungo-Takada, Ohita 879-06, Japan; r. 2-12-2 Takeshirodai, Sakai, Osaka 590-01, Japan.

KATAYAMA, Masatoshi; '61 MBA; Dir.; Katayama Shoji Kaisha, 2-9-5 IwamotoOCho, Chiyoda-Ku, Tokyo, Japan; r. 1 39 E. Chome Izumicho, Higashi Ku, Osaka, Japan.

KATE, Drew Keith; '77 BSBA; CPA; Seitz, Kate, Freiburg & Medue, 6005 Landerhaven Dr., Mayfield Hts., OH 44124, 216 446-0900; r. 2488 Brentwood Rd., Beachwood, OH 44122, 216 291-3303.

KATES, Frank Alex; '81 BSBA; Staff Acct.; Columbus Show Case Co., 850 W. Fifth Ave., Columbus, OH 43212; r. 123 Clinton St., Columbus, OH 43202.

KATES, Robert D.; '53 BSBA; Ins. Agt.; New York Life Ins. Co., 3061 Enterprise Pl., Cleveland, OH 44122, 216 292-5200; r. 5 Hampshire Ct., Cleveland, OH 44122, 216 292-4795.

KATHREIN, Michael Henry; '69 BSBA; Analyst; P P G Industries, Production Control Division, Crestline, OH 44827, 419 683-2400; r. 2095 Cloverdale Dr., Mansfield, OH 44903, 419 756-2269.

KATILA, Ronald H.; '60 BSBA; Gen. Atty.; Aluminum Co. of America, 1501 Alcoa Bldg., Pittsburgh, PA 15219, 412 553-4281; r. 1641 Williamsburg Rd., Pittsburgh, PA 15243, 412 343-1605.

KATKO, Steven Mark; '78 BSBA; Financial Analyst; Columbia Gas Distribution Co., 200 S. Civic Center Dr., Columbus, OH 43215, 614 460-5917; r. 2920 Hollyhead Dr., Dublin, OH 43017, 614 889-6920.

KATNIK, Mary E., (Mary E. Morrison); '87 BSBA; Admin. Asst.; Banc One Cleveland, NA, 1255 Euclid Ave., Cleveland, OH 44115, 216 781-3333; r. 7809 Parmaview Ln., Parma, OH 44134, 216 843-7307.

KATSAOUNIS, William Vasilios; '86 BSBA; 1185 Yorkwood Rd., Mansfield, OH 44907, 419 756-6859.

KATSCHKA, Brenda Bom; '85 BSBA, '87 MBA; Rsch. Analyst; Maritz Mktg. Rsch., 3035 Moffat Dr., POB 7328, Toledo, OH 43615; r. 116 Brentwood St., Marietta, OH 45750, 614 373-8381.

KATTELMAN, Jeri Tyrrell; '79 BSBA; Staff Mgr.; Cincinnati Bell Telephone, 201 E. Fourth St., Cincinnati, OH 45201, 513 397-7798; r. 9224 Village Green Dr., Cincinnati, OH 45242, 513 791-3049.

KATYNSKI, William L.; '50 BSBA; 3765 Lindhurst Rd., Columbus, OH 43220, 614 451-6233.

KATZ, Mrs. Bobbi Levy, (Bobbi S. Levy); '81 BSBA; Ofc. Mgr.; Pinnacle Invest. Advisors, 4900 Reed Rd, Ste. 300, Columbus, OH 43220, 614 451-9263; r. 4944 Kilconnel Dr., Hilliard, OH 43026, 614 771-6023.

KATZ, Brian Stuart; '80 BSBA; Financial Analyst; Ryder, 3600 NW 82nd Ave., Miami, FL 33166, 305 593-3107; r. 10845 SW 112th Ave., #108, Miami, FL 33176, 305 598-1373.

KATZ, Dale Scott; '73 BSBA; Acct.; Kubinec & Burg, Northern Ohio Bank Bldg., Cleveland, OH 44113; r. 32675 Stonybrook Ln., Cleveland, OH 44139, 216 248-6995.

KATZ, David Allan; '55 BSBA; Atty./Sr. Partner; Spengler Nathanson Heyman Mc Carthy & Durfee, 1000 National Bank Bldg., Toledo, OH 43604, 419 241-2201; r. 3600 Brookside Rd., Toledo, OH 43606, 419 536-5250.

KATZ, Donald W.; '48 BSBA; Realtor; r. 54 New Amsterdam Ave., Buffalo, NY 14216, 716 877-0633.

KATZ, Herman M.; '24 BSBA; Retired; r. 500 Bayview Dr., Apt. #520, N. Miami Bch., FL 33160, 305 940-1458.

KATZ, Jerome L.; '49 BSBA; Pres.; Emil Katz & Co. Inc., 1001 Ave. of The Americas, New York, NY 10018; r. 21 W. Terrace Rd., Great Neck, NY 11021, 516 487-6709.

KATZ, Jerome L.; '56 BSBA; Pres./CEO; Charterhouse Grp. Intl., Inc., 535 Madison Ave., New York, NY 10022, 212 421-3125; r. 351 E. 84th St., New York, NY 10028, 212 535-9368.

KATZ, Jody Teresa; '82 BSBA; 336 Indian Mound, Columbus, OH 43213, 614 866-9293.

KATZ, Jordan Soloway; '87 BSBA; MIS Dir.; Meuse Rinker Chapman Endres, 90 N. High St., Columbus, OH 43215, 614 221-0722; r. 23605 Letchworth Rd., Beachwood, OH 44122, 216 464-1342.

KATZ, Joseph; '49 BSBA; Treas.; Pasadena Material Co., 426 65th St. S., St. Petersburg, FL 33707; r. 9949 133rd St. N., Seminole, FL 34646, 813 596-2823.

KATZ, Karen Marsh, (Karen Marsh); '79 BSBA; S. High & W. Town Sts.; r. 2464 Edgerton Rd, University Hts., OH 44118, 216 321-9459.

KATZ, Lawrence D.; '62 BSBA, '64 MBA; Pres.; Graphic Arts Systs. Inc., 19499 Miles Rd., Cleveland, OH 44128, 216 581-9050; r. 23605 Letchworth Rd., Beachwood, OH 44122, 216 464-1342.

KATZ, Marvin A.; '52 BSBA; VP; Kapac Co., 400 Dublin Ave., Columbus, OH 43215, 614 469-4100; r. 4300 E. Walnut St., Westerville, OH 43081, 614 882-9389.

KATZ, Michael Scott; '81 BSBA; Atty.; Spengler, Nathanson, Heyman, McCarthy & Durfee, 1000 National Bank Bldg., Toledo, OH 43604, 419 241-2201; r. 2507 Bexford Pl., Toledo, OH 43606.

KATZ, Nathan; '35 BSBA; Retired/Volunteer Cnslt.; SCORE; r. 3800 Oaks Clubhouse Dr., Apt. 209, Pompano Bch., FL 33069, 305 974-3231.

KATZ, Randolph Stewart; '76 BSBA; POB 1030, Toledo, OH 43601, 419 535-1576.

KATZ, Robert Mark; '87 BSBA; Account Exec.; T M P, 1633 Broadway, 33rd Fl., New York, NY 10019, 212 940-3967; r. 739 Marilyn Ln., Baldwin, NY 11510, 516 223-1580.

KATZ, Roger Alan; '71 BSBA; Tax Mgr.; Banner Industries Inc., 25700 Science Park Dr., Beachwood, OH 44122, 216 464-3650; r. 4326 Lucille Ave., S. Euclid, OH 44121, 216 291-2824.

KATZ, Sharon L.; '83 BSBA; Financial Analyst; I David Cohen Corp., Analytical Services, 42 E. Gay St. Ste. 1310, Columbus, OH 43215; r. 5238 Jomar Dr., Concord, CA 94521.

KATZ, Steven Michael; '81 BSBA; Acct.; Given Finkel & Co., 3029 Wilshire Blvd., #200, Santa Monica, CA 90403, 213 828-7547; r. 5741 Vesper Ave., Van Nuys, CA 91411, 818 781-0828.

KATZ, Suzanne '51 (See Gordon, Suzanne Katz).

KATZ, William; '56 BSBA; Sr. VP; Dean Witter Reynolds, 505 S. Flagler Dr., Ste. 700, W. Palm Bch., FL 33416, 407 838-8900; r. 548 Overlook Dr., N. Palm Bch., FL 33408, 407 626-4131.

KATZENBERGER, James D.; '57 BSBA; Real Estate Appraiser; James D. Katzenberger & Assoc. Inc., 18533 Wallingford Ave., N., Seattle, WA 98133, 206 542-6537; r. Same.

KATZENBERGER, James Edward; '84 BSBA; Applications Engr.; Profitkey Intl., 1011 E. Touhy Ave., Ste. 335, Des Plaines, IL 60018, 312 824-3800; r. 1609 Vermont Dr., Elk Grove Vlg., IL 60007.

KATZMEYER, David Bruce; '83 BSBA; Sales Rep.; Pitney Bowes Inc., Walnut & Pacific Sts., Stamford, CT 06904, 614 846-5770; r. 846 Lindenhaven Rd., Gahanna, OH 43230, 614 476-0877.

KAU, Ing Chuan; '88 BSBA; 1700 Shanley Dr. #6, Columbus, OH 43224.

KAUCHER, Michael Joe; '86 BSBA; Tchr.; Tiffin Calvert HS, 152 Madison St., Tiffin, OH 44883, 419 447-3844; r. 1041 Harding Dr., Toledo, OH 43609, 419 447-6674.

KAUCHER, Paul R.; '67 BSBA; Material Systs. Mgr.; ASC Inc., One Sunroof Ctr., Southgate, MI 48195, 313 285-4911; r. 14150 Williamsburg Dr., Riverview, MI 48192, 313 282-3017.

KAUFFMAN, Daniel Gene; '70 BSBA; Owner; Capet Specialties Inc., 2096 Statham Ct., Dublin, GA 30164; r. Same, 614 761-2155.

KAUFFMAN, David M.; '65 MBA; Atty.; David M Kauffman Co. LPA, 2867 Cranston Dr., Dublin, OH 43017, 614 889-5002; r. 3675 W. Henderson Rd., Columbus, OH 43220, 614 457-2627.

KAUFFMAN, Dean Kyle; '80 MPA; Dir. of Allocations; United Way of Franklin Co., 360 S. Third St., Columbus, OH 43215, 614 227-2700; r. 7263 Rising Way, Worthington, OH 43085, 614 761-2075.

KAUFFMAN, Douglas Lee; '79 BSBA, '81 MBA; Mgr.; Wendy's Intl. Inc., Franchise Finance Dept., 4288 W. Dublin-Granville Rd., Dublin, OH 43017, 614 764-3075; r. 2134 Bentwood Cir., #1B, Columbus, OH 43235, 614 766-0704.

KAUFFMAN, George B.; '66 MBA; Investment Analyst; Natl. Bank of Commerce, 2nd Ave. & Spring St., Seattle, WA 98104; r. 2071 127th SE, Bellevue, WA 98005, 206 747-1979.

KAUFFMAN, Kenneth L.; '50 BSBA; Pres.; United Transportation, Inc., 525 Kennedy Dr., Columbus, OH 43215, 614 221-3800; r. 5693 Strathmore Ln., Dublin, OH 43017, 614 889-0987.

KAUFFMAN, Michael Lynn; '81 BSBA; 1781 Millwood Dr., Columbus, OH 43221.

KAUFFMAN, Rita Marlene; '80 BSBA; Product Mgr.; Huntington Natl. Bank, Wholesale Trust-Marketing, 51 S.High, Columbus, OH 43215, 614 463-6411; r. 4841 Shackelford Ct., Columbus, OH 43220.

KAUFFMAN, Ronald P.; '58 BSBA; Atty.; 824 S. High, Columbus, OH 43206, 614 443-4643; r. 10233 Southfork Ln., Powell, OH 43065, 614 846-1252.

KAUFFMAN, Stanley C.; '48 BSBA; VP/Treas.; Columbia Gas Syst. Svc. Corp., 20 Montchanin Rd., Wilmington, DE 19807, 302 429-5324; r. 12 Francis Ln., Wilmington, DE 19803, 302 478-1472.

KAUFHOLD, Paul F., CPA; '79 BSBA; Sr. Mgr.; Peat Marwick Main & Co., 707 17th St., Ste. 2300, Denver, CO 80202, 303 296-2323; r. 4173 S. Syracuse, Denver, CO 80237, 303 796-0949.

KAUFMAN, Benjamin H.; '81 BSBA; Staff; Electronic Business Solutions, 1900 Riverside Dr., Columbus, OH 43221; r. 1900 Riverside Dr., Columbus, OH 43221, 614 488-8032.

KAUFMAN, Bruce F.; '87 MPA; Securities Broker/Dealer; United Svcs. Plng. Assn. & Indep. Rsch. Agcy., 3344 Mather Field Rd., Rancho Cordova, CA 95670, 916 362-1163; r. 2745 Saddletree Ln., Rocklin, CA 95677, 916 624-2607.

KAUFMAN, Dr. Daniel J., Jr.; '86 PhD (BUS); Asst. Prof.; Wright State Univ., 244 Rike Hall, Dayton, OH 45435, 513 873-3175; r. 4581 Poplar Creek, Vandalia, OH 45377, 513 898-3043.

KAUFMAN, David Lee; '86 MBA; Sales Repr; Knoll Pharmaceuticals, c/o 4213-C W. Dublin-Granville, Dublin, OH 43017; r. 712 N. Wayne St., Kenton, OH 43326, 419 675-2218.

KAUFMAN, Donald Leroy; '53 BSBA; Pres. & CEO; Alside Inc., Subs: Associated Materials Inc, POB 2010, Akron, OH 44309; r. POB 5488, Akron, OH 44313, 216 836-5317.

KAUFMAN, Elliot M.; '61 BSBA; Atty.; Atty-at-Law, 900 Park Plz., 1111 Chester Ave., Cleveland, OH 44114, 216 579-0900; r. 2978 Courtland Blvd., Shaker Hts., OH 44122, 216 295-0310.

KAUFMAN, Eric Jon; '83 BSBA; Staff; Ashland Oil Inc., 3464 Sullivant Ave., Columbus, OH 43204; r. 6375 Kitzmiller Rd., New Albany, OH 43054, 614 855-2842.

KAUFMAN, Frank G.; '29 BSBA; Retired VP; Cleveland Screw & Bolt Co.; r. 182 Oak Manor Dr., York, PA 17402, 717 741-0647.

KAUFMAN, Gale Eugene; '83 BSBA; Dept. Mgr.; Toys R US, 402 N. 44th Ave., Phoenix, AZ 85043, 602 484-9767; r. 2624 W. Lawrence Rd., Phoenix, AZ 85017, 602 246-2022.

KAUFMAN, George S.; '49 BSBA; Pres.; Kaufman Realty Corp., 450 Seventh Ave., New York, NY 10001; r. 117 E. 79th St., New York, NY 10021.

KAUFMAN, Gerald Arthur; '68 BSBA; Data Processing Mgr.; Rudolph Libbe Inc., 6494 Latcha Rd, Walbridge, OH 43465; r. Same.

KAUFMAN, Harvey D.; '55; Mktg. Mgr.; Mid-America Steel Corp., 9000 Aetna Rd., Cleveland, OH 44105, 216 341-4900; r. 175/18 Hawthorne Dr., Aurora, OH 44202, 216 562-7924.

KAUFMAN, Irving Russell; '58 BSBA; Beauty Care Unit Mgr.; Procter & Gamble Co., 26935 Northwestern Hwy., Ste. 500, Southfield, MI 48086, 313 262-1711; r. 4862 East Rd., Lima, OH 45807, 419 339-4601.

KAUFMAN, Jeffry Lee; '82 BSBA; POB 154, 157 Otto St., Ottoville, OH 45876, 419 453-3735.

KAUFMAN, Michael Scott; '81 BSBA; VP; Shearson Lehman Hutton Inc., Gen. Motors Bldg., 767 5th Ave., 34th Fl., New York, NY 10153, 212 230-3458; r. 765 Arbuckle Ave., Woodmere, NY 11598, 516 295-1827.

KAUFMAN, Richard Lee; '76 MBA; Sales Unit Mgr.; Digital Equip. Corp., Creekstone Ofc. Park, Box 13988, Research Triangle Pk., NC 27709, 919 941-4406; r. 2402 Shallowford Ln., Chapel Hill, NC 27514, 919 493-8206.

KAUFMAN, Scott Alan; '87 BSBA; 6375 Kitzmiller Rd., New Albany, OH 43054, 614 855-2842.

KAUFMAN, William Edward; '49 BSBA; Chmn. & CEO; A I Mfg. Corp., 1611 Des Pares, Ste. 395, St. Louis, MO 63131, 314 821-7200; r. 43 Conway Close Rd., St. Louis, MO 63124, 314 993-2054.

KAUFMANN, Susan Howard, (Susan Howard); '81 BSBA; Dir. of Selling; Lazarus, 11700 Princeton Pike, Tri County Mall, Cincinnati, OH 45234, 513 782-2213; r. 2916 Observatory Ave., Hyde Park, OH 45208, 513 533-3195.

KAUHL, John Mervyn; '68 BSBA; 2711 Sunrise Dr., Arlington, TX 76006.

KAUMEYER, William H.; '51 BSBA; Trng. Ofcr.; Ohio Bur. of Motor Vehicles, 4300 Kimberly Pkwy., Columbus, OH 43216, 614 752-7642; r. 815 King St., Lancaster, OH 43130, 614 653-3389.

KAUPPILA, Todd Martin; '84 BSBA; Acct./Credit Mgr.; Hillside Dairy, 1418 Warrensville Center Rd., Cleveland Hts., OH 44121, 216 381-7600; r. 612 Vine St., Fairport Harbor, OH 44077, 216 352-4717.

ALPHABETICAL LISTINGS KELLER 143

KAUTZ, Leslie A.; '40 BSBA; Retired; r. State Rte. 125, Hamersville, OH 45130, 513 379-1084.

KAUVAR, Herbert S.; '49 BSBA; Restaurant Owner; r. The Sink, 1165 13th, Boulder, CO 80302.

KAVANAGH, John Fitzgerald; '86 BSBA; 6544 Balsam Dr., Reynoldsburg, OH 43068, 614 866-3486.

KAVANAGH, Lloyd R.; '50 BSBA; 3715 Airport Hwy., Toledo, OH 43623.

KAVANAGH, Ned D.; '65 BSBA; Sr. Devel. Engr.; Eastman Kodak Co., 901 Elmgrove Rd., Mail Stop 35409, Rochester, NY 14653, 716 726-2042; r. 65 Tahoe Dr., Rochester, NY 14616, 716 621-4269.

KAVANAUGH, Erin '82 (See Bishop, Erin Kavanaugh).

KAVEN, William H.; '46 BSBA; Prof.; Cornell Unvi., Sch. of Hotel Admin., Ithaca, NY 14853, 607 255-4990; r. 520 Wyckoff Rd, Ithaca, NY 14850, 607 257-7463.

KAVKA, Gerald Louis; '68 BSBA; VP/Investments; Dean Witter Reynolds, 1145 Broadway Plz., Ste. 400, Tacoma, WA 98402, 206 593-5006; r. 2116 Bridgeport Way W., Tacoma, WA 98466.

KAY, Gary Wayne; '74 MBA; VP; Edwards Industries Inc., 941 Chatham Ln., Columbus, OH 43221, 614 459-1604; r. 8792 Finlarig Dr., Dublin, OH 43017, 614 764-1104.

KAY, Jerome M.; '48 BSBA; Pres.; Jerry Kay Co. Inc., Miami Mart Ste. 1 Bb 11, 777 N. W. 72 Ave., Miami, FL 33126; r. 1063 Crumpet Ct., Longwood, FL 32750, 407 332-5063.

KAYATI, Stephen, CPA; '56 BSBA; POB 81, Worthington, OH 43085, 614 846-4530; r. 247 E. New England Ave., Worthington, OH 43085, 614 885-5286.

KAYE, Harvey A.; '43 BSBA; Retired Pres.; William Stevens Ltd., 107 Mathewson St.; r. 425 Meshanicut Valley Pkwy., Apt. 115, Cranston, RI 02920, 401 943-5337.

KAYE, Samuel Kornhendler; '71 BSBA; Mfg. Rep.; Premier Dental Prods. Co., Romano Dr., POB 111, Norristown, PA 19401; r. 684 Richmond Rd., E. Meadow, NY 11554, 516 486-0286.

KAYLOR, Larry L.; '73 BSBA; Assoc.; L&S Book Distributors, 980 9th St., San Francisco, CA 98012, 415 861-6300; r. 5315 Cole St., Apt. #3, Oakland, CA 94601, 415 532-4224.

KAYLOR, Richard Wayne; '71 BSBA; Pres.; Gen. Rental Ctrs., Inc., 2235 State Rte. 703, Celina, OH 45822, 419 586-6664; r. 2029 Green Timber Tr., Minster, OH 45865, 419 628-3387.

KAYNE, Harold G.; '40 BSBA; Gen. Contractor; 20th Century Builders Inc., 660 S. Chesterfield Rd., Columbus, OH 43209, 614 231-0733; r. 2785 Elm Ave., Columbus, OH 43209, 614 231-3411.

KAYNE, Sanford A.; '47 BSBA; Staff Acct.; Aerospace Guidance & Metrology Ctr. (AFLC), Newark AFB, Newark, OH 43057, 614 522-7612; r. 64 S. Remington Rd, Columbus, OH 43209, 614 235-7111.

KAYS, Gary Steven; '78 MBA; Process Engr./Tm Mgr.; Procter & Gamble Paper Product, Mehoopany Plant POB 32, Mehoopany, PA 18629; r. Rd 2 Box 383, Mehoopany, PA 18629, 717 833-5863.

KAYS, William Alan; '83 MBA; Mgr. of Bus. Analysis; Senco Prods. Inc., 8485 Broadwell Rd., Cincinnati, OH 45244, 513 576-4279; r. 11058 Bodwell Ct., Cincinnati, OH 45241, 513 563-0184.

KAYSER, C. Scott; '63 BSBA; Proj. Mgr.; Aero Turbin Corp., 5950 S. Willow Dr., Englewood, CO 80111, 303 779-8930; r. 5509 E. Dickenson Pl., Denver, CO 80222, 303 758-5962.

KAYSER, Ms. Diane E.; '87 BSBA; Tax Spec.; Peat Marwick Main, 2 Nationwide Plz., Ste. 1600, Columbus, OH 43215, 614 249-2300; r. 2174 Tuliptree Ave., Columbus, OH 43229, 614 882-9115.

KAYSER, Phillip William; '68 BSBA; Investment Consultnt; Intl. Collections Asso, 2696 S. Colorado Blvd., Denver, CO 80222; r. 12943 N. 3rd St., Parker, CO 80134, 303 841-2217.

KAYSER, Susan Elaine '87 (See Ziska, Susan Elaine).

KAYSER, Walter George, Jr.; '76 MBA; Systs. Analyst/Mgr.; Xerox Corp., Xerox Sq., Rochester, NY 14644; r. 7 Northwood Dr., Fairport, NY 14450, 716 223-5177.

KAZDIN, Brian Louis; '88 BSBA; 1412 A Lakeshore Dr., Columbus, OH 43204.

KAZDIN, Nathan L.; '32 BSBA; 22065 Palms Way #108, Boca Raton, FL 33433, 305 368-7698.

KAZES, Michael Dimitrios; '79 BSBA; Pres.; A.A. Exec. Catering, 4870 Frank Rd. NW, N. Canton, OH 44720, 216 497-1427; r. 1000 35th St. NW, Canton, OH 44709, 216 493-0186.

KAZINEC, Wendy Michele; '87 BSBA; Plant Acct.; Ohio Edison, 76 S. Main St., Akron, OH 44308; r. 4233 Stilmore Rd., S. Euclid, OH 44121, 216 291-2661.

KAZMERZAK, Lynda Marie; '78 BSBA; Staff; E F Hutton & Co. Inc., 88 E. Broad St., Columbus, OH 43215; r. 2046 Harwitch Rd., Columbus, OH 43221, 614 486-0366.

KAZMERZAK, Ronald Lee; '83 BSBA; Terminal Mgr.; C L Motor Freight, 3400 Refugee Rd, Columbus, OH 43227; r. 5901 Naterview, Dublin, OH 43017, 614 761-7006.

KEADEY, Douglas Bruce; '71 BSBA; Staff; Defense Constr. Supply, 3990 E. Broad St., Columbus, OH 43213; r. 3170 Saxon Ct., Columbus, OH 43232, 614 231-9850.

KEANEY, William R.; '61 BSBA; Pres.; Gen. Assocs. Corp., POB 762, Worthington, OH 43085, 614 846-9921; r. 1314 Oakview Dr., Worthington, OH 43085, 614 846-3665.

KEANEY, William R., Jr.; '78 BSBA; Sales Mgr.; Cisco Electrical Supply Co., 883 King Ave., Columbus, OH 43212, 614 299-6606; r. 2976 Stillmeadow Dr., Dublin, OH 43017, 614 764-2689.

KEARNS, Maribelle Wallick; '40 BSBA; Retired; r. 164 Amazon Pl., Columbus, OH 43214, 614 262-9040.

KEARNS, William Frank; '72 MBA; Engrg. Mgr.; Fred D Pfening Co., 1075 W. Fifth Ave., Columbus, OH 43212, 614 294-5361; r. 665 Chaffin Ridge, Columbus, OH 43214.

KEASLING, John F.; '59 BSBA; Secy.-Treas.; The White Lily Foods Co., 218 Depot Ave., POB 871, Knoxville, TN 37901, 615 546-5511; r. 10134 El Pinar Dr., Knoxville, TN 37922, 615 966-3389.

KEATING, Lawrence Aloys; '81 BSBA; 297 Naughright Rd., Long Valley, NJ 07853, 201 876-5983.

KEATTS, John H.; '56 BSBA; Staff; Keatts Motivation Plans, 30 Waterside Plz., Apt.31-B, New York, NY 10010, 212 679-6364; r. Same.

KECK, Christopher Brucken; '82 BSBA; 753 Hudson, Newark, OH 43055, 614 366-2039.

KECKAN, William David; '70 BSBA; Sr. Mgr.; Peat Marwick Main & Co., Health Care Consulting, 2 Nationwide Plz., Columbus, OH 43215; r. 7577 Tenbury Dr., Dublin, OH 43017, 614 792-1936.

KECKLER, James Allen, CPA; '70 BSBA; Controller; Oberle & Assocs, 700 N. W. 2nd St., Richmond, IN 47374, 317 966-7715; r. 38 Circle Dr., Richmond, IN 47374, 317 966-0637.

KEEFE, Alice Dudgeon; '81 BSBA; 5848 Martinsburg Rd. NE, Newark, OH 43055.

KEEFER, Mrs. Beth A., (Beth A. Hendricks); '85 BSBA; Ofc. Mgr.; 1092 Lexington Ave., Mansfield, OH 44907, 419 756-1366; r. 656 Glendale Blvd., Mansfield, OH 44907, 419 756-9017.

KEEFER, Edward W., Jr.; '67 BSBA; Acctg. Systs. Mgr.; Amarillo 76 Truck Stop, Inc., Rte. 2, Box 121, Amarillo, TX 79101, 806 273-1837; r. 6303 Anton, Amarillo, TX 79109, 806 355-7079.

KEEFER, Ms. Harriet Earhart, (Harriet Jane Earhart); '38; Retired; r. 1900 Shrine Rd, Springfield, OH 45502, 513 322-0446.

KEEFER, Lucy '48 (See Stephenson, Lucy K.).

KEEFER, William Carl, CPA; '82 BSBA; Acct.; 1092 Lexington Ave., Mansfield, OH 44907, 419 756-1366; r. 656 Glendale Blvd., Mansfield, OH 44907, 419 756-9017.

KEEGAN, Bertrand J.; '66 BSBA; Real Estate Broker; Tri-State Realty, 227 N. Wayne St., Angola, IN 46703, 219 665-2414; r. RR 2, C E. 3, Angola, IN 46703, 219 833-4072.

KEEGAN, Jeff A.; '87 BSBA; 6006 Wahl Rd., Vickery, OH 43464, 419 684-5254.

KEEGAN, Kevin Michael; '71 BSBA; VP of Mktg.; Marshall & Swift, 1200 Rte. 22, Bridgewater, NJ 08807, 201 231-8920; r. 50 Washington Valley Rd., Morristown, NJ 07960, 201 538-8173.

KEEGAN, Linda Joan; '80 BSBA; Gen. Mgr. & VP; Paging Network Inc., 3800 W. Alameda Ave., Ste. 1400, Burbank, CA 91505, 818 845-1400; r. 1110 S. Bedford St. #8, Los Angeles, CA 90035, 213 275-9173.

KEEL, Robert L.; '67 BSBA; Mgr.; Ohio Bell Telephone Co., 45 Erieview Plz. Rm 670, Cleveland, OH 44114, 216 822-8318; r. 5096 Columbia Rd., Medina, OH 44256, 216 722-1849.

KEELER, David M.; '65 BSBA; Owner; Executive Svcs., P 104 Park Plz., Greenwood, SC 29646, 803 229-0785; r. 123 Country Acres Rd., Greenwood, SC 29646, 803 227-8334.

KEELEY, Suzanne '54 (See Shaw, Suzanne Keeley).

KEELING, John William; '71 BSBA; Staff Atty.; Franklin Cnty., Public Defender's Ofc., 400 S. Front St., Columbus, OH 43215; r. 679 Overbrook Dr., Columbus, OH 43214, 614 262-4390.

KEEN, Bernard Spencer; '32 BSBA; Retired; r. Evergreen Knoll, RR No 2 Box 338, Washington, WV 26181, 304 863-3493.

KEENAN, Dr. John Michael; '65 PhD (BUS); Operations Analyst; Western Michigan Univ., POB, Kalamazoo, MI 49008; r. 228 Falkirk Ct., Kalamazoo, MI 49007, 616 381-2487.

KEENAN, Kenneth Bruce; '60 BSBA; Pres.; Kenny's Floor Covering Ctr., 1329 Boston Post Rd., Larchmont, NY 10538, 914 834-3284; r. 4 Stanton Cir., New Rochelle, NY 10804, 914 235-2669.

KEENAN, Michael Harry; '76 BSBA; Pres.; Hutchison-Keenan-Serra Agcy., 500 W. Wilson Bridge Rd., #306, Worthington, OH 43085, 614 436-9542; r. 272 Odessa Ln., Dublin, OH 43017, 614 889-7917.

KEENAN, Michael James; '73 BSBA; Driver Supv.; Roadway Express Inc., 1009 Frank Rd, Columbus, OH 43223; r. 2893 Bryden Rd., Columbus, OH 43209, 614 231-6187.

KEENAN, Nancy Jane; '85 BSBA; Bus. Mgr.; Geo Byers & Sons Imports, 401 N. Hamilton Rd., Columbus, OH 43213, 614 864-5180; r. 5910 Slippery Rock Dr., Columbus, OH 43229, 614 899-0147.

KEENAN, Richard Dean; '49 BSBA; Exec. Dir.; United Way Wheaton/Carol Stream, 303 Naperville Rd., Wheaton, IL 60187; r. 715 Naperville Rd., Wheaton, IL 60187, 312 665-4222.

KEENAN, Timothy Patrick; '80 BSBA; Technical Dir.; Technology Applications Inc., 6101 Stevenson Ave., Alexandria, VA 22304, 703 461-2297; r. 6068 Estates Dr., Alexandria, VA 22310.

KEENAN, William Francis, III; '81 BSBA; Sr. Analyst; James River Corp., 800 Connecticut Ave., Norwalk, CT 06856, 203 854-2726; r. 45 Stevens St., Unit 1-4, Bridgeport, CT 06606, 203 374-2990.

KEENE, Janice Anne; '88 MBA; Mktg. Assoc.; Eli Lilly & Co., Elanco Product Division, 4100 N. Hamline Ave., St. Paul, MN 55112; r. 100 Cedar St., Apt. 311, Mankato, MN 56001.

KEENE, Richard Daniel; '71 BSBA; Trainmaster; Csx Transportation, 2815 Spring Grove Ave., Cincinnati, OH 45225; r. 6411 Eagle Ct., Mason, OH 45040, 513 398-4672.

KEENE, William Aldy; '75 BSBA; 402 Park Pl., Elkton, MD 21921, 301 398-1321.

KEENER, Geraldine Williams; '35 BSBA; Retired; r. 208 Wolf Creek St., Brookville, OH 45309, 513 833-2721.

KEENER, John Brady; '79 BSBA; Pres.; Toledo Water Conditioning, 2806 Nebraska Ave., Toledo, OH 43607; r. 3865 Indian Rd., Toledo, OH 43606, 419 536-3003.

KEES, George Christian; '74 BSBA; Sr. Systs. Analyst; Navy Fed. Credit Union, POB 3001, Merrifield, VA 22119; r. 4113 Breezewood Ln., Annandale, VA 22003, 703 256-9070.

KEETHLER, William W.; '59 BSBA; Owner; The Keethler Cos., 4027 Lyon Dr., Columbus, OH 43220, 614 451-2124; r. 4027 Lyon Dr., Columbus, OH 43220, 614 451-2124.

KEEVERT, James L.; '66 BSBA; 211 Ginseng Ln., Hendersonville, NC 28739, 704 697-1572.

KEFERL, David Russell; '84 BSBA; 715 Gloria Dr., Lima, OH 45805, 419 991-3803.

KEGARISE, Ann Shuttleworth; '57 BSBA; Homemaker; r. 4285 Newport Ct., Bettendorf, IA 52722, 319 359-0416.

KEGELMEYER, James Anthony; '83 BSBA; Account Exec.; Sun Microsystems, 345 Woodcliff Dr., Fairport, NY 14450, 716 385-3055; r. 33 Chartwell Ct., Rochester, NY 14618, 716 473-2528.

KEGERREIS, Leland A.; '21 BSBA; 25445 Moreno Vista St., Moreno Valley, CA 92387, 619 465-2713.

KEGERREIS, Melissa Ann; '78 BSBA; Atty.; Hartman & Craven, 460 Park Ave., New York, NY 10022, 212 753-7500; r. 55 Poplar St. #2H, Brooklyn, NY 11201, 718 596-5977.

KEGERREIS, Dr. Robert James; '43 BSBA, '47 MBA, '68 PhD (BUS); Cnslt.; 1850 Kettering Twr., Dayton, OH 45423, 513 228-0904; r. Same, 513 873-2312.

KEGLER, Charles John; '65 BSBA; Atty./Partner; Emens, Hurd, Kegler & Ritter, 65 E. State St., Columbus, OH 43215, 614 462-5400; r. 4648 Stonehaven Dr., Columbus, OH 43220, 614 459-2999.

KEHL, David L.; '80 BSBA; Pres.; Dave Kehl Chevrolet Inc., POB 8, Mechanicsburg, OH 43044, 614 221-5726; r. 6286 Deeside Dr., Dublin, OH 43017, 614 889-1747.

KEHL, Thurman L.; '56 BSBA; Certified Public Acc; r. 13385 Milnor Rd, Pickerington, OH 43147, 614 837-3585.

KEHLER, MAJ John Thomas, USAF; '75 BSBA; 611 Oxen Ct., Belleville, IL 62221.

KEHLER, COL William Arthur; '60 BSBA, '69 MBA; Prof.; Univ. of Virginia, Dept. of Aerospace Studies, Det 890, Charlottesville, VA 22903, 804 924-6829; r. 1619 Trailridge Rd., Charlottesville, VA 22903, 804 295-3424.

KEHN, Jack P.; '58 BSBA; Mgmt. Trainee; Firestone Tire & Rubber Co., 1133 W. Goodale Blvd., Columbus, OH 43212; r. 234 E. 17th Ave., Columbus, OH 43201.

KEHOE, Robert James; '79 MBA; Pres./Owner; Robert Douglas Inc., 6400 Shafer Ct., Rosemont, IL 60018, 312 518-0060; r. 314 Roslyn Rd, Barrington, IL 60010, 312 381-4391.

KEHRER, Robert David; '70 BSBA; 2nd VP; Pacific Mutual Ins. Co., 700 Newport Center Dr., Newport Bch., CA 92660, 714 760-4444; r. 31 Ensueno W. St., Irvine, CA 92720, 714 731-8387.

KEHRES, Carl Joseph; '85 BSBA; Product Mgr.; Cincinnati Bell Telephone, 201 E. Fourth St., 102-375, POB 2301, Cincinnati, OH 45201, 513 397-1391; r. 2402 Vienna Woods Dr., Cincinnati, OH 45211, 513 662-4839.

KEHRES, Rebecca Dye; '81 BSBA; Traffic Analyst; Penney's Distribution Ctr., 5555 Scarborough Blvd., Columbus, OH 43227; r. 287 Colony Park Dr., Pickerington, OH 43147, 614 833-1317.

KEHRMANN, Ron; '84 BSBA; Head-Mkt. Rsch. DPT; Iscar, Industrial Zone, Nahariya, Israel; r. 121 Hanassi Ave., Haifa 346 34, Israel.

KEIDAN, Paul A.; '81 BSBA; Bus. Owner; Added Incentives, 3150 N. Lakeshore Dr., Chicago, IL 60657, 312 528-8686; r. 512 W. Wrightwood, #5A, Chicago, IL 60614, 312 525-1965.

KEIDAN, Robert Stuart; '73 BSBA; Certified Financial Plnr.; Keidan Financial Cnslts., 400 S. Fifth St., Ste. 100, Columbus, OH 43215, 614 469-5003; r. 1423 Windrush Cir., Blacklick, OH 43004, 614 868-5254.

KEIGER, Lois '49 (See Stollar, Mrs. Lois K.).

KEIGHLEY, Krista Susan; '84 BSBA; 3047 Green Arbor LN, Dublin, OH 43017, 614 764-4852.

KEIGHTLEY, Ruth Hathaway; '54 BSBA; Homemaker; r. 6 Indian Tr., Westmont, IL 60559, 312 325-3990.

KEIGHTLEY, Waldo Wallace; '52 BSBA; VP/Treas./Controller; Libby Mc Neill & Libby Inc., 1414 Plz. Dr., Westmont, IL 60559, 312 654-0036; r. 6 Indian Tr., Westmont, IL 60559, 312 325-3990.

KEIM, Kenneth M.; '87 BSBA; 477 Shultz Dr., Hamilton, OH 45013.

KEINATH, John David; '86 BSBA; Student; r. 2344 Antigua Dr. #2-D, Columbus, OH 43235, 614 457-8636.

KEINATH, Paul Charles; '72 BSBA; Controller; Custom Steel Processing, POB 20343, Columbus, OH 43220; r. 225 Monsarrat Dr., Dublin, OH 43017, 614 889-8416.

KEIP, William D.; '72 BBA, '85 MBA; Sr. Mgmt. Cnslt.; Advanced Prog. Resolutions Inc., Mgmt. Cnsltg., 2715 Tuller Pkwy. Dr., Dublin, OH 43017, 614 766-6901; r. 2695 Westmont Blvd., Columbus, OH 43221, 614 486-3321.

KEIPPER, James Mark; '82 BSBA; Sr. Acct.; Ohio State Life Ins., 2500 Farmers Dr., Columbus, OH 43085, 614 764-4000; r. 3855 Braidwood Dr., Hilliard, OH 43026, 614 771-1719.

KEIPPER, Paul Eugene; '77 BSBA; 16204 Pinerock Dr., Tampa, FL 33624, 813 968-1412.

KEIR, Joan Price; '73 BSBA; 3458 Dempsey Rd., Westerville, OH 43081, 614 891-7145.

KEIRSTEAD, Betty Jo; '84 MPA; 55 Farratut Ave., Somerville, MA 02144, 617 625-3915.

KEISTER, Orville Russell; '58 BSBA, '59 MBA; Prof.; Univ. of Akron, Dept. of Acctg., Akron, OH 44304; r. RT2 Box 52, Oliphant Furnace, PA 15401.

KEITH, David W.; '71 BSBA; Supt.; Lehman Constr. Inc., 1025 W. 3rd Ave., Columbus, OH 43212, 614 294-6409; r. 5537 Gingerclove Way, Columbus, OH 43213, 614 861-5002.

KEITH, Harlow John; '77 MPA, '82 MLHR; Personnel Asst.; American Electric Power Co., 180 E. Broad St., Columbus, OH 43215; r. 5160 Raspberrybush Ct., Gahanna, OH 43230, 614 882-8835.

KEITH, Kathy '75 (See Loretta, Kathy E.).

KEITLEN, Mrs. Carla Ann, (Carla A. Vessele); '86 BSBA; Financial Rep.; Lincoln S&L, 5971 Santa Ana Canyon Rd., Anaheim, CA 92635, 714 974-4410; r. 2656 Associated Rd., #B-21, Fullerton, CA 92635, 714 671-4143.

KEITLEN, Matthew N.; '87 BSBA; Systs. Analyst; Treasure Chest Adv., Glendale, CA 92635, 818 963-0194; r. 2656 Associated Rd., B21, Fullerton, CA 92635, 714 671-4143.

KEITZ, Ms. Judy L.; '79 MA; Dir.; Strategic Mktg. Inc., 1550 N. Cleveland Rd., Chicago, IL 60610, 312 280-1500; r. 456 W. Roslyn Pl., #3E, Chicago, IL 60614, 312 883-1135.

KELBLE, Dean R.; '52 BSBA; Sales Engr.; Lorain Prods. Corp., 1122 'F' St., Lorain, OH 44052; r. 32640 Greenwood Dr., Avon Lake, OH 44012, 216 933-5368.

KELCH, James Franklin, Jr.; '78 BSBA; Systs. Analyst; First Wachovia Corp., 301 N. Church St., MC #31041, Winston-Salem, NC 27101, 919 770-6834; r. 719 W. End Blvd., Winston-Salem, NC 27101, 919 761-1289.

KELCH, Mark William; '83 BSBA; 8410 Dragon St., San Antonio, TX 78250, 512 647-0347.

KELEHER, Michael Heyward; '82 BSBA; 5205 Paw Paw Rd, Columbus, OH 43229, 614 890-2925.

KELEMEN, Charles; '39 BSBA; Lt. Col. Usa Res.; r. 234 Borden Rd., Middletown, NJ 07748, 201 957-0412.

KELEMEN, Mona Lisa; '86 BSBA; 2711 Canterbury Rd., Columbus, OH 43221.

KELL, James Mason; '87 MPA; Economics Mgr.; Ohio Dept. Devel., POB 1001, Columbus, OH 43216, 614 466-2115; r. 3559 Prestwick Ct. S., Columbus, OH 43220, 614 451-1283.

KELL, Merle Wagner; '61 BSBA; Peace Corps, Monrovia, Liberia.

KELLAR, Robert E., Jr.; '87 BSBA; 5076 Springfield Ct., Westerville, OH 43081, 614 891-7576.

KELLEHER, Mrs. Janet C., (Janet Carter); '80 BSLHR; 3518 Bellevue Rd., Raleigh, NC 27609, 919 781-1064.

KELLER, Carl Ralph; '66 MBA; Buyer; GM Corp., Delco Air Conditioning Div, 300 Taylor St., Dayton, OH 45442; r. 981 Marycrest Ln., Dayton, OH 45429, 513 434-2383.

KELLER, Christopher Thomas; '87 BSBA; 4847 Imperial, Toledo, OH 43623, 419 882-6598.

KELLER, Clarence William, Jr.; '80 BSBA; Owner; Kellers Pub, 3979 Colonel Glenn Hwy., Beavercreek, OH 45324, 513 426-4612; r. 2841 Nacoma Pl., Kettering, OH 45420, 513 298-4023.

KELLER, Craig Weldon; '83 BSBA; Agt.; Keller Ins. Agcy., 8579 E St. Rte. 37, Sunbury, OH 43074, 614 928-0661; r. 140 N. Galena Rd., Sunbury, OH 43074, 614 965-4789.

KELLER, Dorothy '49 (See Yontz, Dorothy Keller).

KELLER, Dr. Dorothy Birge; '77 MPA; Asst. Prof.; Manchester Clg., Sociology & Social Work Dept., N. Manchester, IN 46962; r. 304 E. Fourth St., N. Manchester, IN 46962, 219 982-8854.

KELLER, Gary N.; '80 BSBA; Account Mgr.; Kenner Prods., 1014 Vine St., Cincinnati, OH 45202, 214 495-0092; r. 610 Melissa Ln., Garland, TX 75040, 214 495-0092.

144 KELLER OSU COLLEGE OF BUSINESS

KELLER, Gary Wayne; '72 BSBA; Exec. Dir.; Jackson Metropolitan Housing Authority, 249 W. 13th St. POB 619, Wellston, OH 45692, 614 384-5627; r. POB 931, Jackson, OH 45640, 614 286-5843.
KELLER, Gerald Stuart; '69 BSBA; 1521 Wood Rd., Cleveland Hts., OH 44121, 216 381-0705.
KELLER, Harold D.; '81 MPA; Housing Cnslt.; HDK Assocs., 233 Oakland Park Ave., Columbus, OH 43214, 614 262-8158; r. Same.
KELLER, Holly Susann; '80 BSBA, '83 MBA; Mgr., Investor Relations; Consolidated Natural Gas Co., Pittsburgh, PA 15230; r. 4230 Lyon Dr., Columbus, OH 43220, 614 457-9580.
KELLER, J. Robert; '35 BSBA; Retired; r. 631C Lee Rd., Apt. 1226, Bedford, OH 44146, 216 581-8185.
KELLER, John Guy; '49 BSBA; Dir./Fed. Tax Admin.; The Greyhound Corp., Greyhound Twr. Rm. 30, Phoenix, AZ 85077, 602 248-5757; r. 6121 N. 79th St., Scottsdale, AZ 85253, 602 991-0413.
KELLER, John P.; '56; Funeral Dir.; Keller-Ochs-Koch, 416 S. Arch St., Fremont, OH 43420, 419 332-8288; r. 1505 McPherson Blvd., Fremont, OH 43420, 419 332-9235.
KELLER, Judy Ann; '84 BSBA; Asst. Mgr.; Marriott Corp., St. Anthony's Hospital, Amarillo, TX 79109; r. 2550 Rosebush, Worthington, OH 43085.
KELLER, Julie Anne; '83 BSBA; 1801 Hunters Point Ln., c/o Plagens, Cleveland, OH 44145.
KELLER, Klaude Leo; '82 BSBA; Chiropractor; Pickerington Chiropractic Clinic, 705 Hill Rd. N., Pickerington, OH 43147, 614 837-6227; r. 11371 Lancaster-Newark Rd., Millersport, OH 43046, 614 467-2319.
KELLER, Mary E. '39 (See Moyer, Mary Keller).
KELLER, Mary L., (Mary L. Styer); '80 BSBA; Contract Admin.; Sabine Corp., 2001 Ross Ave., Ste. 1000, Dallas, TX 75201, 214 979-6900; r. 610 Melissa Ln., Garland, TX 75040, 214 495-0092.
KELLER, Michael Rex; '76 MBA; VP/Thrift Cnslt.; Wallace A Boesch Assocs., 110 N. High St., Gahanna, OH 43230, 614 890-0100; r. 3236 Cairngorm Dr., Columbus, OH 43220, 614 771-0354.
KELLER, N. Teresa '46 (See Lehman, Mrs. N. Teresa).
KELLER, Paul Eugene; '78 BSBA; 2660 Bayside Dr. S., St. Petersburg, FL 33705, 813 823-6602.
KELLER, Robert Paul; '67 BSBA; Gen. Mgr. Canton Centre; Forest City Enterprises, 10800 Brookpark Rd, Cleveland, OH 44130, 216 659-9575; r. 1051 Joy Oval, Seven Hls., OH 44131, 216 447-9244.
KELLER, Robert Ransom; '87 MBA; Residential Loan Mgr.; First Nationwide Bank, 4065 Mayfield Rd., S. Euclid, OH 44121, 216 382-8551; r. 20800 W. Bryon Rd., Shaker Hts., OH 44122.
KELLER, Ruth '46 (See Hughes, Mrs. Ruth K.).
KELLER, Sandra Leigh; '84 BSBA; Auditor; Columbia Gas Syst. Svc. Corp., Auditing Dept., 200 Civic Ctr. Dr., Columbus, OH 43215, 614 460-4849; r. 4230 Lyon Dr., Columbus, OH 43220, 614 457-9580.
KELLER, Stephen Curtis; '69 BSBA; Acct.; Celanese Corp., 4550 Hilliard Cemetrery Rd, Hilliard, OH 43026; r. 73 S. Spring Rd, Westerville, OH 43081, 614 890-1027.
KELLER, Steven; '68 BSBA; Staff; Dept. of Speech, George Washington University, Washington, DC 20052; r. 1758 N. Troy 668, Arlington, VA 22201, 202 223-2462.
KELLER, Timothy James; '77 BSBA; Tax Agt. 5; Ohio Dept. of Taxation, 1880 E. Dublin-Granville Rd., Columbus, OH 43229, 614 895-6290; r. 3689 Creekridge Ct., Gahanna, OH 43230, 614 895-8177.
KELLERMAN, Edward J.; '41 BSBA; Retired; r. 1006 Bunker Dr., #101, Akron, OH 44313, 216 666-7045.
KELLERMAN, Margaret J., (Margaret Jennings); '30 BSBA; 603 Ridgewood Rd-Park Hills, Huntington, WV 25701, 304 697-5027.
KELLERMAN, Robert Jay; '73 BSBA; CPA & Partner; Schwartz Adelman & Kellerman, 33 S. James Rd., Ste. 304, Columbus, OH 43213, 614 237-0545; r. 180 N. Roosevelt Ave., Columbus, OH 43209.
KELLEY, Brian S.; '88 BSBA; Acct. Rep.; Summitville Chicago Inc., 1101 Lunt Ave., Elk Grove Vlg., IL 60007, 312 439-8820; r. 2628 N. Wayne Ave., Chicago, IL 60614, 312 975-1200.
KELLEY, Crystal Dawn; '88 BSBA; 130 Obetz Rd, Columbus, OH 43207, 614 491-1331.
KELLEY, Daniel John; '87 BSBA; Tax Cnslt.; Deloitte Haskins & Sells, 155 E. Broad St., Columbus, OH 43215, 614 221-1000; r. 4650 Orwell Dr., Columbus, OH 43220, 614 442-6920.
KELLEY, David C.; '61 BSBA; VP/Legal Counsel; Vita-Fresh Vitamin Co., 7366 Orangewood Ave., Garden Grove, CA 92641; r. 28102 Gunnison Ct., Laguna Niguel, CA 92677.
KELLEY, Donald W.; '59 BSBA; Realtor/Partner; Falco Smith & Kelley Inc., 250 E. Broad St., Columbus, OH 43215, 614 228-5775; r. 878 Fairway Blvd., Columbus, OH 43213, 614 866-4612.
KELLEY, Dwight A.; '66 BSBA; Dir. Corp. Personnel; Worthington Industries Inc., Personnel/Industrial Relations, 1205 Dearborn Dr., Columbus, OH 43085, 614 438-3274; r. 1006 Clubview Blvd. N., Worthington, OH 43085, 614 436-2270.
KELLEY, Edward J.; '68 BSBA; Warden, Capt.; Montana Fish & Game Dept., 490 N. Meridian Rd., Kalispell, MT 59901, 406 752-5501; r. 176 Bayou Rd., Kalispell, MT 59901, 406 752-0240.
KELLEY, Frank R., Jr.; '51 BSBA; Staff; St. Vincent Hosp. Med. Ctr., 2231 Cherry St., Toledo, OH 43608, 419 255-5665; r. 2247 Rockspring, Toledo, OH 43614, 419 866-4590.
KELLEY, James Robert; '53 BSBA; IBM Vis. Asst. Prof.; Univ. of the Virgin Islands, 4109 Wake Forest Rd., St. Thomas, Virgin Islands 00801, 809 776-9200; r. Red Hook Box 57, St. Thomas, Virgin Islands 00802, 809 775-5262.
KELLEY, James Todd; '84 BSBA; Purchasing Staff; Honda of America Mfg., 24000 US Rte. 33, Marysville, OH 43040, 513 644-7763; r. 3507 Brinkton Dr., Columbus, OH 43229, 614 471-2743.
KELLEY, Jerry Lee; '73 BSBA; Div. Controller; Ralston Purina Co., Checkerboard Sq., St. Louis, MO 63164, 314 982-2672; r. 1979 Banyan Tree Rd., Collinsville, IL 62234, 618 344-5838.
KELLEY, John Alan; '77 BSBA; 1946 Indianola Ave., Columbus, OH 43201.
KELLEY, John F.; '49 BSBA; Retired; r. 2658 Galaxie St., Memphis, TN 38134, 901 386-7658.
KELLEY, John Michael; '81 BSBA; Computer Analyst; Motorists Ins. Cos., 471 E. Broad St., Columbus, OH 43215; r. 6659 Fallen Timbers Dr., Dublin, OH 43017.
KELLEY, Kathleen Marie; '85 BSBA; Mktg. Rep.; Columbus Southern Power, 95 E. Main St., Chillicothe, OH 45601, 614 774-7116; r. 189 1/2 W. Water St., Chillicothe, OH 45601, 614 773-8176.
KELLEY, Mary Christine '49 (See Chappell, Mary Kelley).
KELLEY, Michele Anne; '78 MPA; Doctoral Candidate; Johns Hopkins Univ., Maternal & Child Health Dept., Baltimore, MD 21205; r. 110 S. Scoville, #2, Oak Park, IL 60302.
KELLEY, Patrick Joseph; '82 BSBA, '84 MA; Real Estate Devel.; Donald W. Kelley & Assocs., 250 E. Broad St., Columbus, OH 43215, 614 228-5775; r. 317 S. Chesterfield Rd., Columbus, OH 43209, 614 231-7427.
KELLEY, Dr. Richard E.; '52 BSBA; Retired; r. 140 Heyn, Saginaw, MI 48602, 517 799-4297.
KELLEY, Robert Arthur, Jr.; '87 BSBA; 630 Crofton Cir., Manchester, MO 63021, 314 256-8190.
KELLEY, Steven Carl; '74 BSBA; Ofcr.; Columbus Police Dept., Patrol Bureau, 120 W. Gay St., Columbus, OH 43215, 614 222-4580; r. 4575 Sunbury Rd., Galena, OH 43021, 614 271-2640.
KELLEY, Terrence Patrick; '83 BSBA; RI Estate Appraiser; Falco Smith & Kelley Inc., 225 E. Broad St., Columbus, OH 43215; r. 403 E. Sycamore St., Columbus, OH 43206, 614 443-4213.
KELLEY, Thomas John; '69 BSBA; VP-Finance; Goal Systs. Intl. Inc., 7965 N. High St., Columbus, OH 43235, 614 888-1775; r. 8595 Milmichael Ct., Dublin, OH 43017, 614 764-8655.
KELLEY, William A., Jr.; '43; Retired; GTE Sylvania Inc., Sylvania Systs Grp/Western Div, 100 Ferguson Dr., Mtn. View, CA 94042; r. 755 Ajax Dr., Sunnyvale, CA 94086, 408 738-4409.
KELLEY, William T.; '60 BSBA; Retired; r. 1614 Rolling Hills Cir., Garland, TX 75043, 214 271-3454.
KELLIHER, Daniel Joseph; '77 BSBA; Field Engr.; Fairbanks Scales, 308 F S. Richardson Rd., Ashland, VA 23005, 804 798-1496; r. 8640 Brown Summit Rd., Richmond, VA 23235, 804 330-7362.
KELLING, Gilbert V.; '34 BSBA; Retired; r. 215 E. Streetsboro St., Hudson, OH 44236, 216 653-6911.
KELLIS, Tambera Marie; '85 BSBA; Sr. Cnslt.; Deloitte Haskins & Sells, 155 E. Broad St., Columbus, OH 43215; r. 279 Turnstone Rd., Apt. A, Worthington, OH 43235, 614 847-6093.
KELLNER, James W.; '49 BSBA; Staff; Goodyear Tire & Rubber Co., 1144 E. Market St., Akron, OH 44316; r. 1275 Maitland Cir., Cuyahoga Falls, OH 44223, 216 929-3933.
KELLOGG, James Nicholas; '66 BSBA; Commodity Speculator; r. c/o Kellogg & Assocs, 3665 Dublin Rd., Hilliard, OH 43026, 614 771-0362.
KELLOUGH, Stephen; '51 BSBA; Pres.; Scioto Investment Co., 4750 Arlington Ctr. Blvd., Columbus, OH 43220, 614 459-3143; r. 4561 Lanes End, Columbus, OH 43220, 614 451-5848.
KELLY, Daniel Gregory; '79 BSBA; Tech. Sales Repr; Eutectic Corp., 40-40 172nd St., Flushing, NY 11358, 212 221-1433; r. POB 72, Fairfield, OH 45014, 513 641-3885.
KELLY, David Alan; '71 BSBA; CPA-Acct.; 6495 Meadow Brook Cir., Worthington, OH 43085, 614 888-4905; r. Same.
KELLY, MAJ David Samuel; '75 MBA; Maj. Usa; Plng. & Mgmt., Defense Const Supply Ctr., Columbus, OH 43213; r. 1905 Linville Dr., Wenatchee, WA 98801, 509 662-8581.
KELLY, Diane Compton; '81 BSBA; Staff; Trinity Investment Mgmt., 10 Tremont, Boston, MA 02205; r. 477 Poe Ave., Worthington, OH 43085.
KELLY, Donald J.; '58 BSBA; Factory Mgr.; Kelly Plating Co., 10316 Madison Ave., Cleveland, OH 44102, 216 961-1080; r. Same, 216 521-4627.
KELLY, Edward Arthur; '74 BSBA; Dist. Mgr.; Ashland Chemical Co., 1817 W. Indiana, South Bend, IN 46613, 219 233-0033; r. 52818 Farmingdale Dr., Granger, IN 46530, 219 277-0278.
KELLY, Edward F.; '52 BSBA; Retired Mgr./Ind Rels; Rockwell Intl.; r. 5686 Lindenwood Rd., Columbus, OH 43229, 614 885-0388.
KELLY, Ernest Willie; '79 BSBA; 769 Cordova, Akron, OH 44320.
KELLY, Mrs. Helen I., (Helen I. Gruszecki); '82 BSBA; Micro Computer Mgr.; Natl. Committee to Preserve Social Security & Medicare, 2000 K St., Washington, DC 20006; r. 2818 Gladevale Way, Vienna, VA 22180, 703 255-2476.
KELLY, James E.; '67 BSBA; Sr. VP; First American Natl. Bank, 505 S. Gay St., Knoxville, TN 37901, 615 521-5222; r. 404 Honeysuckle Cr, Franklin, TN 37064.
KELLY, James Edward; '85 BSBA; Operations Mgr.; Ed Kelly & Sons, 153 S. Hawley St., Toledo, OH 43613, 419 243-5108; r. 10270 Sylvania Metamora, Berkey, OH 43504, 419 829-5664.
KELLY, Jana Sue '85 (See Kelly-Core, Ms. Jana Sue).
KELLY, Jeanne W.; '43 BSBA; Box 354, Oxford, MD 21654, 301 226-5594.
KELLY, Jeffrey David; '77 BSBA; Sr. VP; Natl. City Bank, 1900 E. 9th St., Cleveland, OH 44114, 216 575-2000; r. 16350 Misty Lake Glen, Chagrin Falls, OH 44022, 216 543-1663.
KELLY, John Freeman; '79 BSBA, '80 MBA; Sr. Acct.; Exxon Co. USA, 1415 Louisiana St., Houston, TX 77002, 719 656-8701; r. 6352 Windswept, Apt. #42, Houston, TX 77057, 713 785-0980.
KELLY, COL John Joseph, USAF(Ret.); '72 MBA; Pres.; JKA, Inc., POB 128, Alpha, OH 45301, 513 429-1702; r. 2586 Lantz Rd., Xenia, OH 45385, 513 429-1265.
KELLY, John Wayne; '71 BSBA; Production Scheduler; Pfaudler Co., Taylor St., Elyria, OH 44035; r. 27380 Osborne Rd., Columbia Sta., OH 44028, 216 236-3549.
KELLY, Joyce Foutty; '65 BSBA; Acct.; Williamson & Sneed Inc., 5825 Glenridge Dr. NE, Atlanta, GA 30328; r. 11250 Cranwood Cove Dr., Roswell, GA 30075.
KELLY, Mrs. Katherine L., (Katherine E. Likes); '84 MPA; Homemaker; r. 5558 Old Pond Dr., Dublin, OH 43017, 614 889-4999.
KELLY, Kathleen Anne; '86 BSBA; Tour Mktg. Spec.; Ohio Dept. of Devel., POB 1001, Columbus, OH 43266, 614 466-8844; r. 6014 Slippery Rock Dr. Bldg. 9, Columbus, OH 43229, 614 794-1116.
KELLY, Kenneth Vincent; '81 BSBA; Proj. Dir.; Outdoor World Inc., Marketing Division, Marmora, NJ 08223; r. 515 Pincus Ave., Northfield, NJ 08225.
KELLY, Kent Rogers; '64 BSBA, '66 MBA; Pres.; Electrosystems Inc., POB 273, Airport Complex, Ft. Deposit, AL 36032, 205 227-8306; r. 3601 Everest Ct., Montgomery, AL 36106, 205 271-3228.
KELLY, Kevin Thomas; '84 BSBA; Claims Adjuster; Westfield Cos., 5700 Lombardo Cntr., Ste. 110, POB 31420, Seven Hls., OH 44131, 216 447-9310; r. 8735 Fairlane Dr., Olmsted Township, OH 44138, 216 235-0617.
KELLY, Lynn Menoher; '76 MPA; 7436 Silver Pine Dr., Springfield, VA 22153, 703 455-0612.
KELLY, Martin J.; '87 BSBA; Account Mgr.; Digital Storage Inc., 921 Eastwind Dr. #124, Westerville, OH 43081, 614 895-6701; r. 1364 Bayshore Dr. Apt. 1-C, Columbus, OH 43204, 614 486-3530.
KELLY, Ms. MaryEllen; '83 MBA; Mktg. Cnslt.; 74 S. Linwood Ave., Pittsburgh, PA 15205, 412 937-1282; r. Same.
KELLY, Michael J.; '57 BSBA; Gen. Mgr.; Paul Revere Ins. Grp., 3200 Park Center Dr., Ste. 730, Costa Mesa, CA 92626, 714 641-8868; r. 39 Laguna Woods Dr., Laguna Niguel, CA 92677, 714 496-1506.
KELLY, Michael Patrick; '86 BSBA; 5335 Mississippi, Fairfield, OH 45014, 513 868-9057.
KELLY, Paul; '82 BSBA; 110 Central Ave., Dalton, MA 01226, 413 684-0907.
KELLY, Richard A.; '42 BSBA; Retired; r. 520 Hillcrest, Van Wert, OH 45891, 419 238-3940.
KELLY, MAJ Robert John, USAF(Ret.); '53 BSBA; Rte. 2 Box 49-56, Denton, MD 21629, 301 479-2532.
KELLY, Robert Joseph; '56 BSBA; Prog. Analyst; US Environ. Protection Agcy., Washington, DC 20460, 202 382-2030; r. 2239 N. Madison St., Arlington, VA 22205, 703 536-8583.
KELLY, Sarah Norwood; '87 BSBA; Student; The Ohio State Univ., MBA Graduate Sch., Columbus, OH 43210; r. 2528 Deming Ave., Columbus, OH 43202, 614 268-5853.
KELLY, Thomas Joseph; '81 BSBA; Staff; Arthur Andersen & Co., 69 W. Washington St., Chicago, IL 60602; r. 22 Pearl Rd., E. Brunswick, NJ 08816, 201 257-3381.
KELLY, Thomas Patrick; '78 MBA; VP Strategy & Promotion; Cummins Transportation Svcs., POB 95070, Arlington, TX 76005, 214 660-2600; r. 3900 Brookside Dr., Bedford, TX 76021, 817 545-4826.
KELLY, Timothy Arthur; '88 BSBA; 8243 St. Andrews Dr., W. Chester, OH 45069, 513 874-8950.
KELLY, Timothy Michael; '73 BSBA; 1323 Cedarwood Dr., Brimfield, OH 44240, 216 678-1607.
KELLY, William Gerald; '68 MBA; Partner; Arthur Andersen & Co., 1717 E. 9th St., Cleveland, OH 44114, 216 781-2140; r. 4931 Middledale Rd, Cleveland, OH 44124, 216 381-4867.
KELLY, William J.; '50 BSBA; Retired; r. 1980 Lane Rd., Columbus, OH 43220, 614 451-1899.
KELLY-CORE, Ms. Jana Sue, (Jana Sue Kelly); '85 BSBA; Secy.; HBD Industries, 1301 W. Sandusky Ave., Bellefontaine, OH 43311, 513 593-5010; r. 868 E. Sandusky Apt. 141, Bellefontaine, OH 43311, 513 592-8079.
KELMAN, Jeffrey Scott; '85 BSBA; 6366 Eastondale, Mayfield Hts., OH 44124, 216 449-1148.
KELNER, Marvin I., JD; '53 BSBA; Atty.; Benesch Friedlander Coplan & Aronoff, 1100 Citizens Bldg., Cleveland, OH 44114, 216 363-4557; r. 25032 Maidstone Ln., Cleveland, OH 44122, 216 464-9064.
KELSEY, Thomas Miller; '70 BSBA; VP/Fin. Cnslt.; Merrill Lynch & Co., 555 Metro Pl. N., Dublin, OH 43017, 614 889-5999; r. 5437 River Forest Rd., Dublin, OH 43017, 614 889-5610.
KELSIK, Elmer K.; '38 BSBA; Retired; r. 21070 Parkwood Ave., Fairview Park, OH 44126, 216 331-9211.
KELSIK, Kim E.; '60 BSBA; Developer/Contractor; Kim Kelsik Builders, 6525 Meadowbrook Cir., Worthington, OH 43085, 614 888-7636; r. Same.
KELSO, Cristin Lee; '81 MA; 3656 Kent Rd, Ravenswood Apts # B-16, Stow, OH 44224, 216 688-6564.
KELTING, John Albert; '70 BSBA, '71 MBA; Pres.; Kelting & Assocs., Inc., 9605 Scranton Rd., Ste. 850, San Diego, CA 92121, 619 587-9170; r. 439 Loma Larga Dr., Solana Bch., CA 92075, 619 481-8992.
KELTNER, John Robert; '46 BSBA; Retired; r. 314 W. New England Ave., Worthington, OH 43085, 614 885-6093.
KEM, Myron S.; '28 BSBA; Retired; r. 1336 Ridgeview Ave., Dayton, OH 45409, 513 298-6120.
KEMERER, Karen A. '82 (See Wolfe, Mrs. Karen K.).
KEMERER, William John; '73 BSBA; Audit Partner; Laventhol & Horwath, 500 E. Broward Blvd., Ste. 1400, Ft. Lauderdale, FL 33301, 305 760-9000; r. 22113 Soliel Cir. W., Boca Raton, FL 33433, 407 394-7916.
KEMERY, Nancy Ellen; '87 BSBA; POB 1062, Bucyrus, OH 44820, 419 562-1763.
KEMP, Carol Lynn; '82 BSBA; Data Analyst; Blue Cross of Central Ohio, 255 E. Main St., Columbus, OH 43215, 614 422-4530; r. 286 E. Longview Ave., Columbus, OH 43202, 614 262-7376.
KEMP, Geoffrey Merlin; '75 BSBA, '77 MBA; Cost Acct.; Harrison Radiator Div. GM Corp., 300 Taylor St., Dayton, OH 45402; r. 9511 Centerbrook Ct., Dayton, OH 45458, 513 885-3410.
KEMP, Janet '53 (See Woodward, Janet K.).
KEMP, Roger Barry; '73 BSBA; Staff; Baxter Travenol Labs Inc., 1 Baxter Pkwy. 2-2E, Deerfield, IL 60015; r. 139C Mohawk Tr., Lake Zurich, IL 60047.
KEMP, Scott David; '86 BSBA; Industrial Engr.; Yellow Freight Systs., 5400 Fisher Rd., Columbus, OH 43228, 614 878-9281; r. 7030 Brandmere Ln., Apt. I, Winston-Salem, NC 27106.
KEMP, Mrs. Sheryl Lynn, (Sheryl Lynn Farr); '86 BSBA; Sales Rep.; TSI of Michigan, 24701 Halsted Rd., Farmington, MI 48331, 313 476-6041; r. 25141 Grodan, Apt. #222, Southfield, MI 48034, 313 352-5735.
KEMP, Thomas A.; '56 BSBA; Pres.; Hamilton Welding Co., 2200 Refugee Rd., Columbus, OH 43207, 614 445-8446; r. 4311 Stratton Rd, Columbus, OH 43220, 614 451-2842.
KEMP, Zail H., Jr.; '48 BSBA; POB 35145, Tucson, AZ 85740.
KEMPE, Robert Heller; '86 BSBA; Field Examiner; Mellon Bank (East), Secured Lending Division, 4 Mellon Bank Ctr. 14Th Fl., Philadelphia, PA 19106; r. 2608 Arborwood III, Lindenwold, NJ 08021.
KEMPER, Brenda Sue; '87 BSBA; 1150 Pauline Ave., Columbus, OH 43224.
KEMPER, Donald H., Jr.; '61 BSBA; Sta. Mgr.; WHIO-TV, 1414 Wilmington Ave., Dayton, OH 45401, 513 259-2111; r. 3150 Winding Way, Dayton, OH 45419, 513 294-1527.
KEMPER, Eric Aaron; '86 BSBA; Acct.; Grant Med. Ctr., 111 S. Grant, Columbus, OH 43215, 614 461-3232; r. 1150 Pauline Ave., Columbus, OH 43224, 614 268-9986.
KEMPERT, Kathleen; '78 BSBA; Bus. Svc. Rep.; Ohio Bell Telephone Co., 150 E. Gay St., Columbus, OH 43215; r. 4864 Dublin Falls Rd., Hilliard, OH 43026, 614 876-4442.
KEMPTHORNE, Roy M.; '52 BSBA; Appraiser; Los Angeles Cnty., Cnty. Courthouse, Los Angeles, CA 90012; r. 1422 No Pacific, Glendale, CA 91202.
KEMZ, Carey Stanley; '83 BSBA; 668 Wyleswood Dr., Berea, OH 44017, 216 243-0149.
KEMZ, Kraig Eesley; '86 BSBA; Supv.; Invacare Corp., 899 Cleveland St., Elyria, OH 44036, 216 329-6268; r. 2559 Shakespeare Ln., Avon, OH 44011, 216 937-6744.
KENDALL, Darin Gene, Esq.; '74 BSBA; Assoc.; Chorpenning, Good & Mancuso, 492 S. 3rd St., Columbus, OH 43215, 614 469-1301; r. 1688 Willowpark Ct., Powell, OH 43065, 614 764-9572.
KENDALL, Edward P., Jr.; '75 MBA; Asst. Chief; Ohio Dept. of Mental Health, Rm. 1305, 30 E. Broad St., Columbus, OH 43215, 614 466-9958; r. 86 Walcreek Dr. W., Gahanna, OH 43230, 614 475-5434.
KENDALL, Gordon Andrew; '77 BSBA; 530 Cambridge Rd., Coshocton, OH 43812, 614 622-8571.
KENDALL, Gregory Alan; '83 BSBA; Operations Mgr.; Lyons Transportation Lines, 1760 Feddern Ave., Grove City, OH 43123, 614 875-9020; r. 8674 Ashford Ln., Pickerington, OH 43147, 614 861-0820.
KENDALL, Howard Joachim; '70 MBA; Dir. of Eastern Reg Sales; Seagate Technology, 239 Littleton Rd., Ste. 4-B, Westford, MA 01886, 508 692-8585; r. 2 Dalkeith Rd., POB 74, Hollis, NH 03049, 603 465-3118.

KENDALL, Julie Lynn; '85 BSBA; Mktg. Rep.; Xerox Corp., 471 E. Broad St., Columbus, OH 43215, 614 460-9010; r. 2969 Dublin Arbor Ln., Dublin, OH 43017, 614 889-4924.
KENDER, Edward C.; '49 BSBA; Retired; r. 172 Cannes Cir., Brooklyn, MI 49230, 517 592-6087.
KENDIS, Leroy D.; '35 BSBA; 7831 E. Hampton, Tucson, AZ 85715, 602 298-4934.
KENDLE, Earl, Jr.; '42 BSBA, '48 MBA; Retired; r. 636 Oakmoor Rd, Bay Village, OH 44140.
KENDRICK, Barbara Farrell; '54 BSBA; 1945 Otoe St., Lincoln, NE 68502, 402 423-4820.
KENDRICK, John Micheal; '87 MBA; Trainee; Gen. Foods Corp., Sales Management Training, Dallas, TX 75260; r. 4038 Wabash St., Jackson, MS 39213, 601 982-1885.
KENEFAKE, Jerry E.; '59 BSBA; Dir./Comp & Benefits; Hallmark Cards Inc., 25th & Mc Gee, Kansas City, MO 64141, 816 274-5372; r. 9700 W. 105th St., Overland Park, KS 66212, 913 888-5674.
KENEN, Reynold Lewis; '47 BSBA; Atty.; Kenen & Snider, 1110 Public Sq. Bldg., Cleveland, OH 44113; r. 2790 Belgrave Rd, Cleveland, OH 44124.
KENESTRICK, Frank K.; '56 BSBA; Investigator; r. 21 Corona Ave., Dayton, OH 45419, 513 298-0530.
KENLEY, Robert Lee, Jr.; '87 BSBA; Technical Sales Rep.; Eastman Kodak Co., 7171 Ohms Ln., Minneapolis, MN 55435, 612 921-3640; r. 4840 16th Ave. SW, Ste. #304, Fargo, ND 58103, 701 282-8246.
KENNAN, Richard C., Jr.; '58 BSBA; 7020 Snapdragon Dr., Carlsbad, CA 92008, 619 931-8738.
KENNARD, Alan Lee; '86 BSBA; 126 Lamar Dr., Athens, OH 45701, 614 592-1550.
KENNARD, Danny Neal; '73 BSBA; 733 Third St., Findlay, OH 45480, 419 424-0537.
KENNARD, William A., CPCU, CLU; '69 BSBA; Operations Supv.; State Farm Ins. Co., 1440 Granville Rd, Newark, OH 43055, 614 344-2161; r. 384 Catalina Dr., Newark, OH 43055, 614 366-1069.
KENNEALLY, Robert John, Jr.; '73 BSBA; VP; Central Natl. Bank of Cleveland, Branch Banking Div, 800 Superior Ave., Cleveland, OH 44114; r. 64 N. Lakehurst, Eastlake, OH 44094.
KENNEDY, Ms. Anne Marie; '87 BSBA; Technical Writer; AT&T Technologies, 5151 Blazer Memorial Pkwy., Dublin, OH 43017, 614 764-5454; r. 147 Corbins Mill Dr., Dublin, OH 43017, 614 792-2274.
KENNEDY, Brad Douglas; '82 BSBA; 1080 E. Merrimar Cir. S., Columbus, OH 43220, 614 442-6735.
KENNEDY, Daniel Edward; '83 BSBA; Salesperson; Natl. Cash Register Corp., 700 Boardman-Poland Rd, Youngstown, OH 44512; r. 1041 Academy Dr., Youngstown, OH 44505, 216 759-9733.
KENNEDY, David John; '78 MBA; Sales Svc. Engr.; Midwest Instrument Co., 541 Industrial Dr., Hartland, WI 53029; r. 25718 Bronson, Olmsted Falls, OH 44138, 216 235-1321.
KENNEDY, LTC Francis S., USAF(Ret.); '41 BSBA; Retired; r. 6080 Shaker Dr., Riverside, CA 92506, 714 686-6665.
KENNEDY, Gordon J.; '51 BSBA; Pres.; G K Assoc., 1534 Barrington Pl., Ann Arbor, MI 48103, 313 761-1424; r. 1534 Barrington Pl., Ann Arbor, MI 48103, 313 761-1424.
KENNEDY, Herbert L., Jr.; '62 BSBA; Airline Pilot; r. 3731 N. E. 26th Ave., Lighthouse Pt., FL 33064, 305 782-3593.
KENNEDY, Jack C.; '41 BSBA; Retired; r. 2060 Willowick Cir., Columbus, OH 43229, 614 891-1359.
KENNEDY, Jack W., CPA; '46 BSBA; Treas.; Lancaster Colony Corp., 37 W. Broad St. Rm 500, Columbus, OH 43215, 614 224-7141; r. 3666 Olentangy Blvd., Columbus, OH 43214, 614 268-0515.
KENNEDY, James Blakely; '79 BSBA; Mgr.-Technical Devel.; Nationwide Ins. Co., One Nationwide Plz., Columbus, OH 43216, 614 249-4549; r. 5691 Chatterfield, Dublin, OH 43017, 614 792-3289.
KENNEDY, James Joseph; '81 BSBA; Field Audit Supv.; State of Ohio Auditor's Ofc., 4480 Refugee Rd., Columbus, OH 43232, 614 864-3917; r. 5865 Timber Dr., Columbus, OH 43213, 614 868-1926.
KENNEDY, James Lehr; '73 MBA; Admin.; Ohio Public Utilities Comm, 180 E. Broad St., Columbus, OH 43215, 614 466-1836; r. 1139 Langland Dr., Columbus, OH 43220, 614 457-6790.
KENNEDY, Jan L.; '59 BSBA; 205 Grogan's Landing, Atlanta, GA 30338, 404 395-9720.
KENNEDY, Dr. John Joseph; '59 MBA, '62 PhD (BUS); 17812 Woodthrush St., South Bend, IN 46635, 219 277-1480.
KENNEDY, CDR John Joseph, Jr., USN; '68 BSBA; Commanding Ofcr.; U.S.S. Coral Sea (CV 43), F. O. P., New York, NY 10802; r. 1520 Shrine Rd., Springfield, OH 45504, 513 322-5085.
KENNEDY, Rev. John L.; '50 BSBA; Minister; r. 931 Buckeye NW, Warren, OH 44485, 216 394-9133.
KENNEDY, Karen Cathleen; '86 BSBA; Sales Mgr.; Sears Roebuck & Co., 6501 W. 95th, Chicago Ridge, IL 60415, 312 499-2100; r. 2257 S. Lexington Dr., Apt. 301, Mt. Prospect, IL 60056, 312 364-9415.
KENNEDY, Kyle Richard; '82 BSBA; 2411 Planters Way, Friendswood, TX 77546.
KENNEDY, Linda Zovack, (Linda Zovack); '82 BSBA; Mgr.-Systs. Devel.; Ltd. Express, Computer Dept., One Limited Pkwy., Columbus, OH 43216, 614 479-4000; r. 5691 Chatterfield, Dublin, OH 43017, 614 792-3289.
KENNEDY, Louis Paul; '82 BSBA; Engr.; The Boeing Co., POB 3707, M/S. 10-18, Seattle, WA 98124, 206 544-4350; r. 1300 S. Puget Dr. #406, Renton, WA 98055.
KENNEDY, Martha Dibert; '53 BSBA; Retired Exec. Secy.; Marathon Oil Co., 539 S. Main St., Findlay, OH 45840; r. POB 1700, Darien, GA 31305, 912 437-4345.
KENNEDY, Maryann Huver, (Maryann Huver); '76 BSBA; Homemaker; r. 211 Schooley St., Moorestown, NJ 08057, 609 273-0560.
KENNEDY, Michael Edward; '80 BSBA; Supv.; r. 27851 Middle Point Dr., #104-Q, Mt. Clemens, MI 48045, 313 463-1098.
KENNEDY, Randal E.; '83 BSBA; 614 248-5995; r. 2840 Sherwood, Columbus, OH 43209.
KENNEDY, Hon. Richard D.; '48 BSBA; Retired Judge; State of Ohio, Ct. of Common Pleas, 105 S. Market St., Lisbon, OH 44432; r. 54 North St., Lisbon, OH 44432, 216 424-5627.
KENNEDY, Richard J.; '42 BSBA; Retired; r. RR No 7, 2364 Crissinger Rd, Marion, OH 43302, 614 387-5702.
KENNEDY, Robert Harry, Jr.; '53 BSBA; Steel Broker; North American Steel Bros., 1920 Northwest Blvd., Columbus, OH 43212, 614 488-0729; r. 2840 Sherwood Rd, Columbus, OH 43209, 614 231-8480.
KENNEDY, Ronald R.; '61 BSBA; Chief of Personnel; USA Corps of Engrs., POB 2870, Portland, OR 97208; r. 9508 NW 11th Ave., Vancouver, WA 98665, 206 574-2186.
KENNEDY, Scott Michael; '84 BSBA; Analyst; Rockwell Intl., 4300 E. 5th Ave., Columbus, OH 43219; r. 6444 Reflections Dr., #B, Dublin, OH 43017.
KENNEDY, Thelma Darlene; '79 MBA; 1951 Finch Ave., Mobile, AL 36617.
KENNEDY, Thomas D.; '60 BSBA; Pres.; Life Lok, Inc., POB 15053, Ft. Wayne, IN 46885, 219 485-5891; r. 7108 Blue Beech Dr., Ft. Wayne, IN 46815, 219 485-6925.
KENNEDY, Timothy Jones; '59 BSBA; Owner; Timothy J Kennedy, Sales & Marketing, POB 5201, Ft. Lauderdale, FL 33310, 305 564-0498; r. POB 5201, Ft. Lauderdale, FL 33310, 305 564-7358.
KENNEDY, Walter David; '80 BSBA; 2834 Powell Ave., Columbus, OH 43209.
KENNEDY, William Landers; '76 BSBA; VP, CIO; Jones Apparel Grp., 250 Rittenhouse Cir., Bristol, PA 19007, 215 785-4000; r. 211 Schooley St., Moorestown, NJ 08057, 609 273-0560.
KENNEDY, William R.; '87 BSBA; Tax Agt.; Ohio Dept. of Taxation, 1030 Frwy. Dr., Columbus, OH 43229, 614 433-7691; r. 1719 Moravian St., Columbus, OH 43220, 614 457-8166.
KENNEDY, William Stephen; '75 MBA; Staff; USAF, Ship Launched Cruise Missile, Jcm-R-09/Jcmp, Washington, DC 20363; r. 13614 Ellendale Dr., Chantilly, VA 22021, 703 378-8227.
KENNELLY, Daniel C.; '65; Dir.; Miami Vlly Area Health Ed Ctr., 428 Wilson Dr., Xenia, OH 45385; r. 684 Piedmont, Wilmington, OH 45177, 513 392-0877.
KENNELLY, James E.; '49 BSBA; Pres.; Action Svcs., 172 E. State St., Ste. 300, Columbus, OH 43215, 614 462-2720; r. 5493 Cherrywood Rd., Columbus, OH 43229, 614 885-0667.
KENNETT, Roy L.; '49 BSBA; Bus. Cnslt.; 51 Moran Dr., Waldorf, MD 20601, 301 843-3392; r. Same.
KENNEY, Judy Lynne; '80 BSBA; Wholesale Merchandsr; Fashions Unlimited, 4375 Commerce Dr. SW, Atlanta, GA 30336; r. 5606 Mc Coy Tr., Douglasville, GA 30125.
KENNEY, Stephen Craig; '66 BSBA; Atty./Partner; Fisher & Hurst, Four Embarcadero Ctr., San Francisco, CA 94114, 415 956-8000; r. 411 Summit Ave., Mill Valley, CA 94941, 415 383-5525.
KENNEY, William J.; '62 BSBA; Acctg. Repr; J Walter Thompson Co., 420 Lexington Ave., New York, NY 10017; r. Box 1174, W. Dennis, MA 02670.
KENNY, Arthur J.; '47 BSBA; 33 Homestead Rd, Edison, NJ 08820, 201 548-1315.
KENNY, Thomas H.; '43 BSBA; Retired Mfg. Mgr.; Diebold Inc., 818 Mulberry Rd. SE, Canton, OH 44702; r. 10661 Elton St. SW, Navarre, OH 44662, 216 879-5405.
KENSINGER, Dr. John William; '83 PhD (BUS); Asst. Prof. of Finance; Univ. of Texas at Austin, Graduate Sch. of Business, Austin, TX 78712, 512 471-4368; r. 1904 Hermitage Dr., Round Rock, TX 78681, 512 255-8550.
KENSLER, Thomas Cranston, III; '73 BSBA; Sports Staff Writer; The Daily Oklahoman, POB 25125, Oklahoma City, OK 73125, 405 231-3313; r. 3022 Stonepoint Dr., Edmond, OK 73034, 405 348-7285.
KENT, Betsy '83 (See O'Morrow, Betsy Kent).
KENT, Betty Kilbury; '39; Apt. N 1004, 603 Longboat Club Rd., Longboat Key, FL 34228, 813 383-2957.
KENT, Charles H.; '41 BSBA; Atty-at-Law; 7170 E. Main St., Reynoldsburg, OH 43068, 614 868-9800; r. 81 N. Drexel Ave., Bexley, Columbus, OH 43209, 614 252-6227.
KENT, Christine Ann; '86 BSBA; Hum Resources Admin.; VOCA Corp., 1350 W. 5th Ave., Ste. 214, Columbus, OH 43212, 614 486-5928; r. 768 Pine Post Ln., Westerville, OH 43081, 614 436-9095.
KENT, David Steven; '85 BSBA; Acct.; Coopers & Lybrand, Ste. 2000 Columbus Ctr., 100 E. Broad St., Columbus, OH 43215, 614 225-8700; r. 3037 Cherylane Blvd., Columbus, OH 43235, 614 761-2573.
KENT, Guy E.; '50 BSBA; Retired; r. 297 Bradley Rd., Cleveland, OH 44140, 216 871-5777.
KENT, Kenneth Robert; '87 MBA; Financial Analyst; Ford Motor Co., 20000 Rotunda Dr., Dearborn, MI 48124; r. 24959 Woodview Ct., Apt. 5201, Farmington Hls., MI 48331, 313 478-4019.
KENT, Lynne A. '83 (See Gallagher, Mrs. Lynne A.).
KENT, Philip Edward; '87 BSBA; Sales Rep.; CompuServe, 5000 Arlington Centre Blvd., Columbus, OH 43220, 614 457-8600; r. 928 Boscastle Ct., Columbus, OH 43214, 614 459-5310.
KENT, Ralph Edwin; '37 BSBA; Retired; r. 603 Longboat Club Rd., Apt. N 1004, Longboat Key, FL 34228, 813 383-2957.
KENT, Robert Joseph; '83 BSBA; Sales Repr; Monroe Syst. for Business, 1101 Dublin Rd, Columbus, OH 43215; r. 118 Clinton St., Defiance, OH 43512.
KENT, Robert Nathan, Jr.; '83 MBA; Financial Adminstrtr; Bank One of Columbus, 100 E. Broad St., Columbus, OH 43215; r. 1618 Westwood, Columbus, OH 43212.
KENT, Robert W.; '54 BSBA; Pres.; Ostarr of Missouri Inc., 2429 Centerline Industrial Dr., Maryland Hts., MO 63043, 314 569-1505; r. 13084 Ferntrails Ln., St. Louis, MO 63141, 314 576-4393.
KENT, Thomas Edward; '76 BSBA; Acct.; Harts, 770 Goodale, Columbus, OH 43215; r. 1877 Mink St., Pataskala, OH 43062, 614 927-6335.
KENT, Thomas R.; '57 BSBA; Pres.; Wyeth-Scott Co., 85 Dayton Rd., Box 888, Newark, OH 43055; r. Box 208, Newark, OH 43055.
KENTON, Tamaria '86 (See Sites, Tamaria Kenton).
KENY, Julianne T., (Julianne (Judy) Tynan); '41 BSBA; Homemaker/Volunteer; r. 2070 N. Wilson Rd., Columbus, OH 43228, 614 876-7621.
KENY, Timothy Charles; '79 MBA; Co-owner; Keny & Johnson Gallery, 300 E. Beck St., Columbus, OH 43206; r. 300 E. Beck St., Columbus, OH 43206, 614 464-1228.
KENYON, William A.; '47 BSBA; Mgr.; Valley Natl. Bank of Arizona, 942 Grand Ave., POB 1146, Nogales, AZ 85621; r. 1106 Meadow Hills Dr., Nogales, AZ 85621.
KEOUGH, Douglas Allan; '73 BSBA; 4544 Forestcove Dr., Belmont, NC 28012, 704 825-4359.
KEOUGH, John Anthony; '81 BSBA; Asst. Dist. Sales Mgr.; Stauffer Chemical Co., 1 Corporate Dr., POB 881, Shelton, CT 06484, 203 925-3339; r. 111 Wooster St., #6-B, Naugatuck, CT 06770, 203 723-0808.
KEPHART, Bruce Manning; '73 BSBA; 3015 River, Perry, OH 44081, 216 259-2217.
KEPLAR, James Andrew; '85 BSBA; 1369 Northridge Rd., Columbus, OH 43224.
KEPLAR, Terry Tripp; '68 BSBA; Controller; Pensacola Mill Supply Co., POB 18060, Pensacola, FL 32505; r. 4540 Lighthouse Ln., Pensacola, FL 32514, 904 476-7822.
KEPLE, Kirk Harold; '68 BSBA; Staff Acct.; Mission Viejo Co., 26137 La Paz Rd, Mission Viejo, CA 92675; r. 10921 Nighthawk Cir., Fountain Vly., CA 92708.
KEPLINGER, Keith Bradley; '85 MPA; Asst. Dir.; OSU Comprehensive Cancer Ctr., Ste. 302, 410 W. 12th Ave., Columbus, OH 43210, 614 292-1098; r. 50 Richards Rd., Columbus, OH 43214, 614 261-7263.
KEPNER, Dr. Karl Wilfred; '60 MBA; Prof.; Univ. of Florida, SW 13th & W. University Ave., Gainesville, FL 32611; r. 5620 N. W. 55th Ln., Gainesville, FL 32601, 904 375-0529.
KEPPLE, Dennis Allen; '77 BSBA; Section Mgr.; Goodyear Tire & Rubber Co., Corporate Financial Analysis, 1144 E. Market St., Akron, OH 44305, 216 796-7814; r. 3083 Lindale St., Akron, OH 44312, 216 699-5859.
KEPPLE, Donald F.; '31 BSBA; Retired; r. 4 Belleview Blvd., Apt. 607, Belleair, FL 34616.
KEPPLE, Philip E.; '50 BSBA; VP; Security Natl. Bank & Trust, 40 S. Limestone St., Springfield, OH 45502, 513 324-6881; r. 1507 Sheaff Rd, Springfield, OH 45504, 513 399-7179.
KEPPLER, Christopher R.; '81 BSLHR; Personnel Ofcr.; Ohio Dept. of Health, 246 N. High St., POB 118, Columbus, OH 43216, 614 466-2434; r. 354 E. Stanton Ave., Columbus, OH 43214, 614 431-0919.
KEPPLER, Mary '48 (See Davies, Mary Keppler).
KERBER, Dr. James Edward; '50 BSBA; Assoc. Prof.; OSU Clg. of Educ., 140 Arps Hall, Columbus, OH 43210; r. 2825 Neil Ave., Apt. #716, Columbus, OH 43202, 614 262-7082.
KEREKES, Laura Turner; '80 BSBA; Asst. VP, HR; Fed. Home Loan Bank of Sf, One Montgomery St., San Francisco, CA 94108, 415 393-0757; r. 440 Lilac Ct., Benicia, CA 94510, 707 745-5012.
KERESTER, Charles John; '49 BSBA; Atty./Partner; Jones Day Reavis & Pogue, N. Point, 901 Lakeside Ave., Cleveland, OH 44114, 216 586-7182; r. 2986 Falmouth Rd., Shaker Hts., OH 44122, 216 921-3823.
KERESTER, Thomas Paul; '51 BSBA; Atty.; Coopers & Lybrand, 1800 'M' St. NW, Washington, DC 20036; r. 1305 Kingston Ave., Alexandria, VA 22302, 703 751-2303.
KERLIN, Thomas C.; '32 BSBA; 2571 1st St., c/o Sga Chest Motel, Ft. Myers, FL 33916.
KERMODE, Lawrence G.; '59 BSBA; Regional Mktg. Mgr.; Little Giant Pump Co., 3810 N. Tulsa St., Oklahoma City, OK 73112, 405 947-2511; r. 9275 E. Mission Ln. 102, Scottsdale, AZ 85258, 602 391-2535.
KERN, Rev. Benson Lowell; '67 BSBA; Minister; First Baptist Church, 400 9th Ave. N., Buhl, ID 83316, 208 543-4442; r. 217 8th Ave. N., Buhl, ID 83316, 208 543-6965.
KERN, Christopher R.; '64 BSBA; Pres.; Columbus Builders Supply, 807 W. Third Ave., Columbus, OH 43212, 614 294-4991; r. 115 S. Guadalupe #H, Redondo Bch., CA 90277, 213 372-0867.
KERN, Daniel Adam; '85 BSBA; Dir. of Sales Mktg.; Russ Berrie & Co. Inc., 111 Bauer Dr., Oakland, NJ 07436, 800 631-8465; r. 2476 7th St., Ft. Lee, NJ 07024, 201 585-5063.
KERN, Dave James; '85 BSBA; 248 S. Dimand Mill Rd., Clayton, OH 45315, 513 832-1899.
KERN, Jack David; '77 BSBA; Commercial Loan Ofcr.; Citizens Southern Natl. Bank, Commercial Loans Dept., St. Petersburg, FL 33733, 813 786-2684; r. 6512 Seafarer Dr., Tampa, FL 33615, 813 855-1380.
KERN, Jacqueline Claire; '85 BSBA; Account Supv.; Cooper Rand, 45 W. 25th St., New York, NY 10010, 212 463-9090; r. 246 E. 32nd St., New York, NY 10016.
KERN, Jennifer Lynn; '87 BSBA; 972 Spring Grove Ln., Worthington, OH 43085, 614 846-5151.
KERN, MAJ Jon Reeves, USAF; '73 BSBA; Pilot/Dir. of Operations; 6 ACCS,, Langley AFB, VA 23665, 804 764-2109; r. 509 Thomas Bransby, Williamsburg, VA 23185, 804 220-9195.
KERN, Kerry Conway; '85 BSBA; Inventory Control Spec.; Sugar Food Corp., Subs of Sysco, 2000 Westbelt Dr., Columbus, OH 43228, 614 876-4777; r. 4094 Franklin St., Grove City, OH 43123, 614 871-2510.
KERN, Pamela Renfroe, (Pamela Renfroe); '85 BSBA; Mgmt. Asst.; First Natl. Bank of Dayton, One First National Plz., Dayton, OH 45402, 513 226-2000; r. 2159 Lake Glen Ct. #B, Centerville, OH 45459, 513 434-8540.
KERN, Richard J.; '48 BSBA; Retired; r. 2216 Creek Ridge Ct., Mobile, AL 36609, 205 666-6441.
KERN, Robert F.; '47 BSBA, '50 MBA; Sr. Tech.; Systs. Applied Sciences, Fairborn, OH 45324; r. 502 Scioto St., Urbana, OH 43078, 513 652-1093.
KERN, Scott William; '86 BSBA; 972 Spring Grove Ln., Worthington, OH 43085, 614 846-5151.
KERNAN, Jeffrey Francis; '84 MBA; Exec. Dir.; Pitney Bowes US Business Syst., Management Info. Srvs, 4517 Honeywell Ct., Dayton, OH 45424; r. 1404 Harvest Grv Ln., Conyers, GA 30208.
KERNER, Ms. Cynthia Marie; '86 BSBA; Staff Acct.; Arthur Andersen & Co., 41 S. High St., Ste. 2000, Columbus, OH 43215, 614 228-5651; r. 7198 Springdale Dr., Reynoldsburg, OH 43068, 614 863-1341.
KERNS, 2LT Bruce Roye, USA; '73 BSBA; POB 217, Burghill, OH 44404.
KERNS, Gregg Allan; '85 BSBA; Mgr./Owner; Costume Holiday House, 5234 Bethel Rd., Bethel Ctr., Columbus, OH 43220, 614 451-0715; r. 1903 Willoway Cir. N., Columbus, OH 43220, 614 457-0341.
KERNS, Howard D.; '50 BSBA; Retired; r. 720 Neil Ave., Lancaster, OH 43130, 614 654-2569.
KERNS, Kathleen Ann; '81 BSBA; Box 65 65 Highland, W. Mansfield, OH 43358.
KERNS, Kenneth Alan; '85 BSBA; Mktg. Rep.; American Brands Inc., Mt Vernon Rd., Raleigh, NC 27612; r. 107 Mercia Cir., Durham, NC 27703, 919 596-2264.
KERNS, Ms. Linda Sue; '82 MPA; Mgr.; Midwest Insulation Supply, 4555 Groves Rd, Columbus, OH 43232, 614 863-1055; r. 897 McClain Rd., Columbus, OH 43212, 614 486-4409.
KERNS, Martha Smith, CPA, (Martha Smith); '84 BSBA; Grad. Student; Ohio State Univ.-Sch. of Bus.; r. 2274 Wickliffe Rd., Columbus, OH 43221, 614 459-3048.
KERNS, Mrs. Mary Elizabeth, (Mary Elizabeth George); '84 BSBA; Sales Trainer; CUC Intl., 831 Greencrest Dr., Westerville, OH 43081; r. 3244 Rainier, Columbus, OH 43231, 614 890-6364.
KERNS, Ms. Nancy Duecaster; '73 BSBA; POB 217, Burghill, OH 44404.
KERNS, Richard E.; '61 BSBA; Sr. Cost & Price Spec.; AT&T, 3800 Golf Rd, Rolling Meadows, IL 60008, 312 981-2467; r. 1018 Cambridge Dr., Buffalo Grove, IL 60089, 312 541-7115.
KERNS, Robert J., Jr.; '48 BSBA; Retired; Eaton Corp., 100 Erieview Plz., Cleveland, OH 44114; r. 4074 Shelly Dr., N. Olmsted, OH 44070, 216 734-7292.
KERNS, William D.; '66 BS; Partner; Outcalt Kerns Ins. Agcy., 1001 Eastwind Dr., Westerville, OH 43081, 614 890-0383; r. 3808 Sunbury Rd., Galena, OH 43021, 614 965-2238.
KERPSACK, Robert William, Jr.; '83 BSBA; 6195 Tippecanoe Rd, Canfield, OH 44406.
KERR, Hester Reighley; '37 BSBA; Retired; r. 4064 Columns Dr., Marietta, GA 30067, 404 956-9944.
KERR, Jack Darnall; '81 BSBA; Distribution Mgr.; Eastman Kodak Co., 3100 Research Park Dr., Kettering, OH 45420; r. 6060 Edna Oaks Ct., Dayton, OH 45459, 513 434-3201.
KERR, Jerry W.; '77 BSBA; VP-Mgmt. Info. Systs.; Schottenstein Stores Corp., 1800 Moler Rd., Columbus, OH 43207, 614 221-9200; r. 2720 State Rte. 56 SW, London, OH 43140, 614 852-0649.

KERR, Mildred Ritt; '36 BSBA; 529 Fernwood Dr., Altamonte Spgs., FL 32701, 407 831-3255.
KERR, Mohamed A.; '84 BSBA; NCR Corp., 1601 S. Main St., Dayton, OH 45479, 513 445-5000; r. 8465 Fox Cub Ln., Cincinnati, OH 45243, 513 891-1263.
KERR, Robert R.; '26; Retired; r. 4848 Noble St., Bellaire, OH 43906, 614 676-4372.
KERR, Ronald S.; '86 BSBA; Mgmt. Info. Cnslt.; Arthur Andersen & Co., 711 Louisiana, Ste. 1300, Houston, TX 77002, 713 237-2323; r. 7500 Bellerive, Apt. 313, Houston, TX 77036, 713 785-2334.
KERR, William L.; '54 BSBA; Underwriter Mgr.; Nationwide Ins. Co., Commercial Line Dept., POB 278, Memphis, TN 38101, 901 346-6400; r. 3886 Dante Ave., Memphis, TN 38128, 901 388-4377.
KERRISON, Diana Lynn; '83 BSBA; Acct.; Countrymark Inc., 35 E. Chestnut St., Columbus, OH 43216, 614 225-8781; r. 265 Olentangy St., Columbus, OH 43202, 614 268-1345.
KERSCHER, Daniel Joseph; '67 BSBA; Atty. Partner; Baker & Hostetler, Capitol Sq., 65 E. State St., Columbus, OH 43215, 614 228-1541; r. 2016 Lane Rd., Columbus, OH 43220, 614 457-1314.
KERSELL, Susan C.; '82 BSBA; Systs. Analyst; Countrymark, Inc., 4565 Columbus Pike, POB 1206, Delaware, OH 43015, 614 548-8375; r. 151 Washington St., Canal Winchester, OH 43110, 614 837-4672.
KERSHAW, Andrew J.; '71 BSBA; Partner; U.M.K. Ins. Agcy., POB 486, Mansfield, OH 44901, 419 522-0242; r. 665 Princeton Ct., Mansfield, OH 44904, 419 756-2974.
KERSHAW, David Alan; '71 BSBA; Staff Analyst; Centerior Energy Corp., Oak Tree Blvd., Independence, OH 44108, 216 447-2822; r. 7353 Amanda Pl., Concord Township, OH 44077, 216 357-0276.
KERSHAW, LT Kent Baldwin, USN; '81 BSBA; Instr. Pilot; Training Squadron Six, NAS Whiting Field, Milton, FL 32570; r. 8200 Sharkhead Cir., Pensacola, FL 32514, 904 479-6080.
KERSHNER, Steven Jerome; '87 BSBA; Loan Ofcr.; State Savings Bank, Columbus, OH 43015, 614 764-1446; r. 622 Wildindigo Run, Westerville, OH 43081, 614 848-4243.
KERSKI, Benjamin Michael; '77 BSBA; Staff; r. 6166 Dora Blvd., c/o Ida Myers, Cleveland, OH 44131.
KERSKI, Michael D.; '75 BSBA; Proj. Mgr.; Borden Inc., 180 E. Broad St., Columbus, OH 43215, 614 225-3365; r. 409 Liberty Ln., Westerville, OH 43081, 614 891-9178.
KERSTETTER, Henry Charles; '75 BSBA; Corp Acctg. Mgr.; R G Barry Corp., 13405 Yarmouth Rd, Pickerington, OH 43147; r. 13729 Stonehenge Cir., Pickerington, OH 43147, 614 927-3317.
KERWOOD, Janet Lynn; '85 BSBA; Financial Mgr.; Household Finance, 1867 Morse Rd., Columbus, OH 43229, 614 267-0906; r. 113 W. Hubbard, Columbus, OH 43215, 614 291-8354.
KERZE, Allan R.; '71 MBA; Sr. VP/Div. Head; BancOhio, 155 E. Broad St., Columbus, OH 43251, 614 463-7353; r. 214 Medick Way, Worthington, OH 43085, 614 436-1899.
KERZMAN, John Miles; '88 BSBA; Operations Supv.; Andrews Moving & Storage UVL, 4061 Perimeter Dr., Columbus, OH 43228, 614 272-5544; r. 4722 Braddock Ct. Apt. B, Columbus, OH 43220, 614 442-1851.
KESLAR, Carl B.; '31 BSBA; Retired; r. 3671 Kay Dr., Zanesville, OH 43701, 614 453-5538.
KESLAR, Carol Lynn; '85 BSBA; Underwriter; Charter Oak Fed. Savings Bk., 4445 Lake Forest Dr., Cincinnati, OH 45242, 513 563-3300; r. 3622 Zumstein #404, Cincinnati, OH 45208, 513 871-4977.
KESLAR, Ellen, (Ellen McCoy); '36 BSBA; Retired; r. 1220 Newark Rd, Zanesville, OH 43701, 614 452-4377.
KESLAR, Mrs. Linda, (Linda Lawrence); '77 BSBA; Mgr., Contract Mgmt.; Loral Corp., Defense Systs. Div. Akron, 1210 Massillon Rd., Akron, OH 44315; r. 3404 Waterside Dr., Akron, OH 44319, 216 644-1705.
KESLING, Mrs. Suzanne, (Suzanne Wooldridge); '85 BSBA; Customer Svc. Mgr.; Comnet of Ohio, 390 Dublin Ave., Ste. 200, Columbus, OH 43215, 614 365-3339; r. 6196 Ambleside Dr., Apt. D, Columbus, OH 43229, 614 888-4115.
KESSEL, Craig Kenneth; '50 BSBA; Pres.; CRACO Enterprises, Inc., 5808 Schaefer Rd., Edina, MN 55436, 612 933-8172; r. Same.
KESSEL, Lisa L. '83 (See Flannagan, Lisa Lee).
KESSELRING, Becky '73 (See Offenbacher, Becky Kesselring).
KESSELRING, Bruce E.; '47 BSBA; Retired; r. 2052 Carlile Dr., Uniontown, OH 44685, 216 699-6429.
KESSELRING, Gerald Wayne; '87 BSBA; Sales Rep.; Contract Sweepers Co., 561 Short St., Columbus, OH 43215, 614 221-7441; r. 7765 Leaview, Worthington, OH 43085.
KESSEN, Paul J.; '75 MBA; Store Mgr.; Lazarus, Kingsdale Ctr., Columbus, OH 43221, 614 459-6401; r. 2315 Arlington Ave., Columbus, OH 43221, 614 486-0146.
KESSINGER, William C.; '80 BSBA; Data Processing Mgr.; Nu Look Fashions, 5080 Sinclair Rd., Columbus, OH 43229, 614 885-4936; r. 146 Ormsbee Ave., Westerville, OH 43081, 614 891-6917.
KESSLER, Alan Steven; '68 BSBA; Writer; r. 98 Nashua Rd, Pepperell, MA 01463, 508 433-9056.
KESSLER, Hon. Carl D.; '47 BSBA; Judge; Ohio Common Pleas Ct., 41 N. Perry St., Dayton, OH 45402; r. 784 Martindale Rd., Vandalia, OH 45377, 513 898-3890.
KESSLER, Christina M., (Christina Miller); '81 BSBA; Loan Review Ofcr.; Bank One, 100 E. Broad St., 4th Fl., Columbus, OH 43271, 614 248-5293; r. 2726 Redding Rd., Columbus, OH 43221, 614 481-3122.
KESSLER, David Herman; '71 BSBA; Asst. Prof.; Ohio Northern Univ., Pettit Clg. of Law, Ada, OH 45810; r. 4411 Bee Ridge Rd., Ste. 258, Sarasota, FL 34233.
KESSLER, David Michael; '86 MBA; VP/Commercl Lending; Fifth Third Bank, 180 E. Broad St., Columbus, OH 43215; r. 750 S. Roosevelt Ave., Columbus, OH 43209, 614 237-4852.
KESSLER, Hal Ross; '71 BSBA; Gen. Partner; Kessler & Ex Law Firm, 205 W. Wacker Dr., Ste. 500, Chicago, IL 60606, 312 372-1315; r. 3150 N. Lake Shore Dr., Apt. 21A, Chicago, IL 60657, 312 929-3646.
KESSLER, Irving L.; '48 BSBA; Atty./Partner; Underberg & Kessler, 1800 Lincoln First Twr., Rochester, NY 14604, 716 258-2800; r. 1163 East Ave., Rochester, NY 14607, 716 473-3443.
KESSLER, James Arthur; '79 MPA; Student; Univ. of Cincinnati, 2624 Clifton Ave., Cincinnati, OH 45221; r. 4058 Ruxton Ln., Columbus, OH 43220, 614 451-1549.
KESSLER, John R.; '51 BSBA; Pres.; Cermak Tile Co., 1250 E. Schaaf Ln., Cleveland, OH 44131; r. 9936 Lynn Dr. SW, N. Royalton, OH 44133, 216 237-7163.
KESSLER, John Whitaker; '58 BSBA; Pres.; John W Kessler Co., 41 S. High St., Ste. 3700, Columbus, OH 43215, 614 224-9561; r. 212 Park Dr., Columbus, OH 43209, 614 252-5277.
KESSLER, John William, Jr.; '76 BSBA; 7006 Wynterhall Dr., Germantown, TN 38138, 901 756-5769.
KESSLER, Joseph Michael; '83 BSBA; Mgr.; Ernst & Whinney, 1300 Huntington Bank Bldg., Cleveland, OH 44115, 216 861-5000; r. 3999 Greentree Rd., Stow, OH 44224, 216 688-2571.
KESSLER, Joseph W.; '86 BSBA; Mktg. Admin. Mgr.; Ohio State Life Ins., 2500 Farmers Dr., Worthington, OH 43085, 614 764-4000; r. 9864 State Rte. 736, Plain City, OH 43064, 614 873-4909.
KESSLER, Karl J.; '87 BSBA; Casualty Claims Cnslt.; Crawford Risk Mgmt., 6660 Doubletree Ave., Columbus, OH 43226, 317 846-0161; r. 8143 Worthington-Galena Rd., Westerville, OH 43081, 614 436-4837.
KESSLER, Morton L.; '48 BSBA; Retired; r. 12716 Sunlight, Dallas, TX 75230, 214 385-1123.
KESSLER, Thomas L.; '84 BSBA; Co-owner; Kessler Decorating, 5726 Vorndran Rd., New Washington, OH 44854, 419 492-2094; r. 303 S. Kibler, New Washington, OH 44854, 419 492-2858.
KESSLER, Wendell R.; '62 BSBA; Pres.; Acceleration Life Ins. Co., 6600 Busch Blvd., Columbus, OH 43229; r. 1571 Hill Rd. N., Pickerington, OH 43147, 614 868-5109.
KESTERSON, Lance W.; '86 BSBA; Bus. Systs. Analyst; Nationwide Life Ins., Investment Prod. Operations, One Nationwide Plz., Columbus, OH 43216, 614 249-7815; r. 1327 Palmer House Ct., Columbus, OH 43235, 614 451-5478.
KESTNER, Carl R.; '65 BSBA; Sales Rep.; Goodyear Tire & Rubber Co., 1600 E. Euclid Ave., Des Moines, IA 50313, 515 263-6400; r. 3808 Mary Lynn Dr., Des Moines, IA 50322, 515 276-0322.
KETCHAM, Jo Anne Green, (Jo Anne Green); '51 BSBA; Homemaker; r. 4220 Gavin Ln., Columbus, OH 43220, 614 451-1865.
KETCHAM, Timothy S.; '87 BSBA; Personnel Supv.; Olsten Svcs., 180 E. Broad St., Ste. 1300, Columbus, OH 43215, 614 228-8114; r. 3579 Seabrook, Columbus, OH 43227, 614 237-2926.
KETCHUM, Ronald Lee; '71 BSBA; Staff; Huffy Corp., Grand Lake Rd., Celina, OH 45822; r. 810 Edward St., St. Marys, OH 45885, 419 394-4745.
KETNER, Frances '33 (See Lehmann, Frances K.).
KETNER, Mary Jo Salay, (Mary Jo Salay); '78 BSBA; CPA; r. 417 Buttonwood, Bowling Green, OH 43402, 419 354-2076.
KETTER, Mark Wayne; '81 BSBA; Logistician; r. 5667 B3 Parkville Ct., Columbus, OH 43229, 614 882-0359.
KETTERING, Lucie Hardison, (Lucie Hardison); '83 BSBA; Sales Mgr.; Prince Matchabelli, 33 Benedict Pl., Greenwich, CT 06836, 203 661-2000; r. 5545 Bartlett St., Pittsburgh, PA 15217, 412 422-5017.
KETTLE, Keith Clayton; '74 BSBA; Staff; C/O Mark, Four Allegheny Ctr. Ste. 810, Pittsburgh, PA 15212; r. POB 650083, Dallas, TX 75265.
KETZEL, Joyce Crotinger; '58 BSBA; Internal Auditor; FL Dept. of Health & Rehab. Svcs.; r. 3446 Cesery Blvd., Jacksonville, FL 32211.
KEUCHLER, Lamar James; '83 BSBA; Med. Student; Columbus St. Univ., Columbus, OH 43216; r. 2826 Stonehenge Dr., Columbus, OH 43224, 614 476-5678.
KEUNG, Fanny Wai-Han; '81 BSBA; Sr. Programmr Analyst; Dade Cnty. Sch. Bd., Mis Dept., 13135 Coral Way, Miami, FL 33175; r. 2143 Tree Heaven Cir. SE, Ft. Myers, FL 33907.
KEUSCH, Dr. R.B.; '52 MBA, '69 PhD (BUS); Cnslt.; Delphi, Ltd., POB 2485, Greenville, NC 27836, 919 752-4953; r. Same.
KEVDZIJA, Peter David; '87 BSBA; 29296 Detroit Rd., Westlake, OH 44145, 216 835-5909.
KEVERN, Mrs. Kendra J., (Kendra J. Orders); '68 BSBA; Pres./Owner; Tennis Barn, 10643 Braddock Rd., Fairfax, VA, 703 591-0066; r. 11320 Robert Carter Rd, Fairfax Sta., VA 22039, 703 250-8388.
KEYES, Gerald E.; '61 MBA; Pres.; Gerald E Keyes CPA PA, 333 W. Miami Ave., Venice, FL 34285, 813 485-4847; r. 514 Bayview Pkwy., Nokomis, FL 34275, 813 488-9568.
KEYES, Joe Grady; '75 BSBA; POB 1284, Wilmington, NC 28402.
KEYES, John Michael; '84 BSBA; Systs. Programmer; Ohio State Life Ins. Co., 2500 Farmers Dr., Worthington, OH 43085, 614 764-4000; r. 7402 Chaparral Rd., Worthington, OH 43235, 614 792-2254.
KEYES, Robert Coleman; '83 BSBA; Mgr. Mktg.; Cummins Ohio Inc., 4000 Lyman Dr., Hilliard, OH 43026, 614 771-1000; r. 15339 Twp Rd 403 NW, Thornville, OH 43076, 614 246-4213.
KEYES, Robert L.; '52 BSBA; Atty./Partner; Bashein Levine & Keyes Garson, Illuminating Bldg., 55 Public Sq., Ste. 1200, Cleveland, OH 44114, 216 241-4525; r. 3835-1 Lander Rd., Orange Vlg., OH 44022, 216 464-8659.
KEYES, Thomas Wesley; '78 BSBA; Controller; Ohio Auto Club, 174 E. Long St., Columbus, OH 43215; r. 223 Hermitage Rd., Gahanna, OH 43230, 614 471-2603.
KEYNES, William W.; '58 BSBA; Pres.; Keynes Bros., 1 W. Front St., POB 628, Logan, OH 43138, 614 385-6824; r. 234 Florence, Logan, OH 43138, 614 385-2906.
KEYS, Erin Kay '83 (See Rahrig, Erin Kay).
KEYSER, Jerome D.; '71 BSBA; Pres.; Three Fifty Six, Inc. Publishers, 2151 E. Dublin-Granville Rd., Ste. G-292, Columbus, OH 43229, 614 891-0398; r. 12 Spring Creek Dr., Westerville, OH 43081.
KEYSOR, Donald E.; '47 BSBA; Retired; r. 2171 Northampton Dr., San Jose, CA 95124, 408 264-4155.
KEYSOR, Keith Brian; '88 BSBA; Rd. 1 Box 214, Greenwich, OH 44837, 419 752-4052.
KHEIRE, Yusuf Abdi; '87 BSBA; c/o Ahmed Ibrohim SR, 1805 E. 26th Ave., Columbus, OH 43219.
KHEMAKHEM, Dr. Abdellatif; '66 PhD (ACC); Prof.; Univ. of Tunisia, c/o Postmaster, Tunis, Tunisia; r. Same.
KHOL, Kathleen Lee; '88 BSBA; Supv.; Tigre Systs., 11 Stanwix St., Pittsburgh, PA 15222, 412 765-3334; r. 258 Shady Ave., Pittsburgh, PA 15206, 412 441-9346.
KHOSROWSHAHI, Khalil; '67 BSBA; Chmn.; Cangulf Investco Ltd., 4950 Yonge St., 14th Fl., Willowdale, ON, Canada M2N6K1, 416 223-4836; r. 49 Lower Village Gate, Toronto, ON, Canada M5P3L7, 416 488-5893.
KHOURIE, Cristie Lu; '81 BSBA; Computer Programmer; Columbia Gas of Ohio, 1600 Dublin Rd., Columbus, OH 43215, 614 481-1355; r. 3075 Tweedsmuir Ln., Dublin, OH 43017, 614 761-7577.
KHOURIE, Michael N.; '47 BSBA; Atty. Partner; Khourie Crew Jaeger, 1 Market Plz., Spear Twr. 40th Fl., San Francisco, CA 94105, 415 777-0333; r. 8 Tara View Rd., Tiburon, CA 94920, 415 435-0183.
KHOURIE, William N.; '50 BSBA; Manufacturer's Rep.; r. 2209 Sandover Rd., Columbus, OH 43220, 614 457-3450.
KHOURY, Joseph Thomas, Sr.; '52 BSBA; Svcs. Tech.; Ohio Bell Telephone Co., 100 Erieview Plz., Rm. 254-A, Cleveland, OH 44114, 216 822-7667; r. 2180 Concord Dr., Lakewood, OH 44107, 216 221-4156.
KHOURY, William W.; '62 BSBA; VP; Arcair Co., US Rte. 33, Lancaster, OH 43130; r. 8407 Tibbermore Ct., Dublin, OH 43017.
KIBLER, Ann Verna; '80 MPA; 717 Old Lane Rd., Binghamton, NY 13903, 607 729-3693.
KIBLER, Gordon F.; '79 BSBA; Staff; Continental Ofc. Furniture, 1070 Morse Rd, Columbus, OH 43229; r. 13570 Falmouth Ave., Pickerington, OH 43147, 614 868-1098.
KIBLER, Kevin Keith; '81 BSBA; 6867 Sunbury Rd, Westerville, OH 43081, 614 891-2949.
KIBLER, Vincent W.; '57 BSBA; Retired; r. 2125 West Ave. N.-8, Palmdale, CA 93551, 805 273-3395.
KICHLER, Ross R.; '54 BSBA; 8973 Fontainbleau Ter., Cincinnati, OH 45231, 513 522-0304.
KICINSKI, John M.; '58 BSBA; 25 Edwards St., Binghamton, NY 13902, 607 723-1529.
KICK, CDR David L., USN(Ret.); '51 BSBA; 233 Molasses Ln., Mt. Pleasant, SC 29464, 803 884-5627.
KICK, Mrs. Mary B., (Mary A. Bell); '49 BSBA; 233 Molasses Ln., Mt. Pleasant, SC 29464, 803 884-5627.
KIDD, David L.; '48 BSBA; Retired; r. 5753 Myers Rd., Akron, OH 44319, 216 882-4461.
KIDD, Gregory Adolphus; '76 BSBA; Insp Gage/Equip. Coor; Ford Motor Co., The American Rd., Dearborn, MI 48121; r. 11464 Islandale, Cincinnati, OH 45240, 513 742-4083.
KIDD, K. Richard, Jr.; '75 BSBA; Asset Mgr.; Richard Ellis, 725 S. Figueroa St., Ste. 1590, Los Angeles, CA 90017, 213 955-7979; r. 8500 Falmouth, #2106, Playa Del Rey, CA 90293, 213 827-8764.
KIDD, Walter L.; '30 BSBA; Retired; r. 12 Tunstall Rd, Scarsdale, NY 10583, 914 723-1118.
KIDDIE, John Curtis; '74 BSBA; Account Supv.; Promotional Mktg. Inc., 152 W. Huron St., Chicago, IL 60610; r. 1064 Greentree Ave., Deerfield, IL 60015.
KIDIDIS, Denise '78 (See Ragias, Denise K.).
KIDMAN, Tod R.; '85 BSBA; Mgr.; Thom McCan, River Valley Mall, Lancaster, OH 43130, 614 654-9149; r. 1226 Pauline Ave., Columbus, OH 43224, 614 262-9937.
KIDNER, Marsha Arlene; '85 BSBA; 19869 Township Rd. 76, Coshocton, OH 43812, 614 327-2475.
KIDNEY, Adrian W.; '37 BSBA; Retired Dir. Staff Svc.; Libby Owens. Ford Co.; r. 6042 Wakefield, Sylvania, OH 43560, 419 882-6734.
KIDNOCKER, Mrs. Mary Fraza, (Mary Fraza); '57 BSBA; VP; MAECO-Columbus, POB 28609, Columbus, OH 43228; r. 1135 Chickasaw Dr. NW, London, OH 43140, 614 852-5353.
KIDWELL, Dorothy '51 (See Magley, Dorothy K.).
KIDWELL, Harold W.; '65; Retired VP Materials Mgmt; Ross Labs; r. 987 Thomas Ln., Columbus, OH 43220, 614 451-4531.
KIEBEL, Mrs. Kathleen M., (Kathleen M. Hanley); '80 BSBA; Customer Svc. Rep.; Huntington Natl. Bank, 800 N. High St., Worthington, OH 43085, 614 885-9109; r. 6050 Harlem Rd., New Albany, OH 43054, 614 855-1283.
KIEBLER, Paul Edgar; '68 BSBA; 129 Claridon Rd, Chardon, OH 44024, 216 285-2436.
KIEF, Herbert W.; '52 MBA; VP; Hitt Equip. Inc., Cincinnati, OH 45215, 513 761-9966; r. 7770 Cedarville Ct., Cincinnati, OH 45255, 513 474-5433.
KIEFER, Albert Francis; '41 BSBA; Retired; r. 3533 Traskwood Cir., Cincinnati, OH 45208, 513 321-3198.
KIEFER, Richard Lee; '83 BSBA; Ins. Underwriter; Cincinnati Financial Corp., 6200 S. Gilmore Rd., Fairfield, OH 45014, 513 870-2611; r. 5254 A Camelot Dr., Fairfield, OH 45014, 513 829-4651.
KIEFER, William C.; '48 BSBA; Retired; r. 302 Widgeon Dr. Olde Point, Hampstead, NC 28443, 919 270-3665.
KIEFER, William E.; '50 BSBA; Account Exec.; Goodyear Tire & Rubber Co., Roseville, MI 48066; r. 215 Kalhaven Rd., Rochester Hls., MI 48063, 313 652-2531.
KIEFHABER, Edward L.; '54 BSBA; Gen. Sales Mgr. Human Res; Lever Bros. Co., Household Products Sales, 390 Park Ave., New York, NY 10022, 212 688-6000; r. 69 Chatham Rd., Stamford, CT 06903, 203 322-7847.
KIEHFUSS, Thomas C.; '65 BSBA; Mgr. Dealer Mktg.; Firestone Tire & Rubber Co., 1200 Firestone Pkwy., Akron, OH 44317; r. 6733 Ponteberry NW, Canton, OH 44718, 216 494-3720.
KIEHL, Barbara Jo '87 (See Pedrozo, Barbara Jo).
KIEHL, Dennis E.; '53 BSBA; Real Estate Adminstr; US Steel Corp., 600 Grant St. Rm. 2644, Pittsburgh, PA 15230; r. 1169R Greentree Rd, Pittsburgh, PA 15220, 412 561-7704.
KIEL, Michael; '76 BSBA; 20 Oraton Dr., Cranford, NJ 07016, 201 272-0851.
KIEL, Stephen John; '74 BSBA, '76 MBA; Partner; Touche Ross & Co., 1801 E. 9th St., Cleveland, OH 44114; r. 1376 Meadowood Ln., Hudson, OH 44236, 216 650-4913.
KIELKOPF, Andrew John; '86 BSBA; 45 W. Kenworth Rd., Columbus, OH 43214, 614 486-1361.
KIEMLE, Frederick William; '62 MBA; Pres.; The Kiemle Co., POB 6168, Greenville, SC 29606, 803 877-5119; r. 706 Stone Ridge Rd., Greer, SC 29650, 803 877-6804.
KIENE, Alan Scott; '75 BSBA; 639 North Ct. St., Medina, OH 44256, 216 725-0075.
KIENER, John Patrick; '74 BSBA, '76 MBA; Bus. Repr; Ohio Bell Telephone Co., 150 E. Gay St., Columbus, OH 43215; r. 2189 Bigby Hollow, Columbus, OH 43228, 614 272-6050.
KIENINGER, Charles Ronald, Jr.; '87 BSBA; 1818 Gayhart Dr., Xenia, OH 45385.
KIENLE, Elizabeth Rozum, (Elizabeth Rozum); '53 BSBA; Staff; Mktg. Assocs., 800 W. Long Lake Rd., Bloomfield Hls., MI 48013, 313 540-6911; r. 435 Wilshire Dr., Bloomfield Hls., MI 48013, 313 338-3493.
KIENLE, Joseph John; '73 BSBA; Engr.; East Ohio Gas Co., 1717 E. 9th St., Cleveland, OH 44114, 216 348-6441; r. 361 Longbeach Pkwy., Cleveland, OH 44140, 216 892-1249.
KIENLE, Peter Jerome; '72 BSBA, '77 MBA; Mktg. Mgr.; Bohm-NBBJ, 55 Nationwide Blvd., Columbus, OH 43215, 614 224-7145; r. 6954 Pilar Ct., Dublin, OH 43017, 614 766-2176.
KIENLE, William J.; '61 BSBA; VP Sales; The Ohio Co., 155 E. Broad St., Columbus, OH 43215, 614 464-6922; r. 1695 Doone Rd., Columbus, OH 43221, 614 486-4606.
KIENTZ, William Deshler, II; '76 MBA; Ins. Agt./VP; Kientz & Co., POB 451, Columbus, OH 43216; r. 1821 N. Devon Rd., Columbus, OH 43212, 614 486-9396.
KIENZLE, Katherine Klingbeil; '37; Retired Libr/Osu; Ohioana Library, 65 S. Front St., Columbus, OH 43215; r. c/o Mrs George F Kienzle, 542 Yaronia Dr., Columbus, OH 43214, 614 267-3535.
KIEP, Philip Martin; '68 MBA; Registered Rep.; Mutual Benefit Fin. Svc. Co., 850 S. Third St., Columbus, OH 43206, 614 443-1010; r. 1044 Blind Brook Dr., Worthington, OH 43235, 614 888-4009.
KIER, Karen '82 (See Quinn, Karen Kier).
KIER, Patrice Lynne; '81 BSBA; Ofc. Admin.; Dallas Bldg. Owners & Managers Assn., 1700 Pacific Ave. #1260, Dallas, TX 75201, 214 953-1170; r. 14277 Preston Rd. #511, Dallas, TX 75240, 214 980-7361.

ALPHABETICAL LISTINGS

KING 147

KIESLING, Andrea Rae; '87 BSBA; 1915 Sawbury Blvd., Worthington, OH 43085, 614 446-9723.
KIESLING, Charles Mark; '77 BSBA; Atty./CPA; Somerville & Co., 501 5th Ave., Huntington, WV 25701, 304 525-0301; r. 1915 Sawbury Blvd., Worthington, OH 43085, 614 446-9723.
KIESSLING, Mark Joseph; '83 BSBA; Buyer; GE-Evendale, 1 Neumann Way, Cincinnati, OH 45215; r. 8899 Tammy Dr., West Chester, OH 45069.
KIGER, Eugene C., Jr.; '56 MBA; Bus Mgr.; r. Lt Col Usaf-Ret, Hiwassee Clg., Madisonville, TN 37354, 615 442-4350.
KIGHT, Linda Marie; '79 BSBA; Asst. VP; BancOhio Natl. Bank, Secured Credit Division, 155 E. Broad St., Columbus, OH 43265, 614 463-7931; r. 655-L Providence Ave., Columbus, OH 43214, 614 459-3088.
KIKO, Theresa M. '88 (See Bucher, Theresa M.).
KILBANE, Edward F.; '86 BSBA; 3191 Clague Rd., N. Olmsted, OH 44070, 216 779-9224.
KILBANE, Gerald Alan; '75 BSBA; Staff; Rockwell Intl., 4300 E. 5th Ave., Columbus, OH 43219, 614 239-3344; r. 461 E. Beaumont, Columbus, OH 43214, 614 267-1300.
KILBANE, James V., JD; '58 BSBA, '62 MBA; Engr.; LTV Steel, LTV Bldg., POB 6778, Cleveland, OH 44101; r. 2680 Struhar Dr., Rocky River, OH 44116, 216 331-9280.
KILBANE, Terrence Thomas; '87 BSBA; Masonry Contractor; E. Kilbane & Sons Masonry Co., Inc., 1494 Lincoln Ave., Lakewood, OH 44107, 216 228-4913; r. Same.
KILBOURNE, Elizabeth '31 (See King, Mrs. Russell W.).
KILBURN, Charles Michael; '76 BSBA; Cnty. Commissioner; Warren Cnty., 320 E. Silver St., Lebanon, OH 45036, 513 932-4040; r. 1710 E. Lytle 5 Points Rd., Centerville, OH 45459, 513 885-3889.
KILBURY, Mrs. Patricia F., (Patricia Frederick); '50; Homemaker; r. 5145 E. 76th St. Ct., Indianapolis, IN 46250, 317 849-4050.
KILBURY, William M.; '47 BSBA; Retired; r. 5145 E. 76th St. Ct., Indianapolis, IN 46250, 317 849-4050.
KILCULLEN, Elizabeth Bentley; '47 BSBA; O-C Skytop Dr., Croton-on-Hudson, NY 10520, 914 739-9011.
KILDOW, Kelly L.; '86 BSBA; Sales Rep.; Nabisco Brands Inc., 150 Heatherdown Dr., Westerville, OH 43081, 614 890-3676; r. 2212 Brooklyn Rd., Columbus, OH 43229, 614 478-3735.
KILDOW AUSTIN, Faye C. '65 (See Sobers, Faye C.).
KILEY, Steven Martin; '87 BSBA; Underwriter; State Auto Mutual Ins., 518 E. Broad St., Columbus, OH 43216, 614 464-5101; r. 1335 Bunker Hill Blvd., Columbus, OH 43220, 614 457-3372.
KILGORE, Brian Harry; '81 BSBA; Mgr.; Chesapeake Bay Seafood House, 8027 Leesburg Pike, Ste. 506, Vienna, VA 22180, 703 827-0320; r. 4770 Parkman Ct., Annandale, VA 22003, 703 642-3529.
KILGORE, Jack E.; '66 MA; Natl. Sales Mgr.; Meridian One, 109 N. Henry St., Alexandria, VA 22314, 703 739-8933; r. 5518 Paxford, Fairfax, VA 22302, 703 978-7143.
KILGORE, James Clarkson, Jr.; '84 BSBA; Asst. Mgr.; State Savings Bank, 20 E. Broad St., Columbus, OH 43215, 614 460-6100; r. 3190 Hayden Rd., Columbus, OH 43220, 614 761-3672.
KILGORE, John Garis, Jr.; '75 MBA; Mgr./Financial Plng.; Gen. Dynamics Corp., Land Systs. Division, 1161 Buckeye Rd., Lima, OH 45805, 419 221-7080; r. 3311 Muirfield Pl., Lima, OH 45805, 419 991-1797.
KILGORE, MAJ William P., USAF(Ret.); '64 BSBA; VP Public Affairs; Arizona Clg. of the Bible, 2045 W. Northern Ave., Phoenix, AZ 85021, 602 995-2670; r. 2116 E. Broadmore Dr., Tempe, AZ 85282, 602 967-3438.
KILIANY, Jeffrey Thomas; '76 BSBA; Industrial Engr.; Hall China Co., Anna Ave., E. Liverpool, OH 43920; r. 559 Walnut St., Leetonia, OH 44431, 216 427-9874.
KILL, Jerry A.; '77 BSBA; Gen. Mgr.; South Portland Motor Inn, 461 Maine Mall Rd., S. Portland, ME 04106, 207 772-3450; r. 62 Cascade Rd. Unit 1, Old Orchard Bch., ME 04064, 207 934-5775.
KILL, Karl Craig; '80 BSBA; Computer Cnslt.; Arthur Young & Co., 10 W. Broad St., Columbus, OH 43215, 614 222-3900; r. 8891 Walton Ln., Powell, OH 43065, 614 889-7342.
KILL, Timothy W.; '76 BSBA; Staff; Fruehauf Corp., POB 238, Detroit, MI 48232; r. 236 W. 6th, Delphos, OH 45833, 419 695-8245.
KILLEBREW, Thomas E.; '50 BSBA; Procurement Mgr.; GTE Govt. Systs. Corp., POB 7188, Mountain View, CA 94039, 415 966-4360; r. 220 Lanitos Ave., Sunnyvale, CA 94086, 408 737-0280.
KILLGALLON, William C.; '60 BSBA; Pres./Dir.; Ohio Art Co., One Toy St., Bryan, OH 45306, 419 636-3141; r. 805 Noble Dr., Bryan, OH 45306, 419 636-3363.
KILLIAN, Dorothy A.; '88 BSBA; 1209 Whipple SW, Canton, OH 44710.
KILLIAN, Kevin Mark; '81 BSBA; Dir-Communications/Facil.; The Ultimate Corp., 717 Ridgedale Ave., E. Hanover, NJ 07936, 201 887-9222; r. 10 Norwich Pl., Somerset, NJ 08873, 201 873-0003.
KILLINGER, Jeffrey Todd; '85 BSBA; 359 Madison St., Groveport, OH 43125.
KILLINGER, Richard John; '74 BSBA; Transportation Supv.; Big Bear Stores Co., 770 W. Goodale Blvd., Columbus, OH 43212, 614 464-6665; r. 1740 Home Rd., Delaware, OH 43015, 614 548-5206.
KILLINGER, Ronald B.; '48 BSBA; VP; Carillon Advisers, Inc., Box 177, Cincinnati, OH 45201, 513 595-2479; r. 9438 Shadyoak Ct., Cincinnati, OH 45231, 513 729-0015.
KILLINGS, Bolin Howard; '83 BSBA; Real Estate Agt.; Century 21, 3576 Covington Hwy., Ste. 200, Decatur, GA 30032, 404 299-0021; r. 3128 Albatross Ln., Decatur, GA 30334, 404 296-0741.
KILLMER, Robin Denise, (Robin Denise Morgan); '83 BSBA; Mgr.; Oxford Mgmt. Co., 1575 Hunters Chase Dr., Westlake, OH 44145, 216 835-2322; r. 428 Lynn Dr., Berea, OH 44017, 216 243-7404.
KILMER, Willis G.; '61 BSBA; Owner/Rancher; Willy Wire, 4730 Antioch Dr., Merriam, KS 66203, 913 262-1118; r. Same.
KILPATRICK, Stephen Keith; '80 BSBA, '85 MBA; Loan Adm Ofcr.; Comerica Bank Inc., 211 W. Fort St., Detroit, MI 48226, 313 496-7481; r. 3336 Alice St., Dearborn, MI 48124, 313 561-4413.
KILPATRICK, Mrs. Susan P., (Susan F. Pochon); '83 MPA, '83 MSW; Assoc. Dir.; Condell Mem. Hosp., Libertyville, IL 60047, 312 362-2900; r. 1830 Linneman, Glenview, IL 60025, 312 998-1983.
KILRAIN, Patrick S.; '88 BSBA; 1064 Stanwell, Highland Hts., OH 44143, 216 449-0307.
KILSHEIMER, Jacqueline C.; '86 BSBA; Mktg./Sales Mgr.; Cardinal Industries Inc., 902 W. Lumsden #103, Brandon, FL 33511, 813 681-3145; r. 529 S. Parsons Ave., #1212, Brandon, FL 33511, 813 689-0260.
KIM, Dr. Chong Woong; '76 PhD (BUS); Chmn. of Mmgt. Dept.; Marshall Univ., 400 Malgrer Blvd., Huntington, WV 25755, 304 696-3170; r. 128 Franklin St., South Point, OH 45680, 614 377-9567.
KIM, Dr. Deug Koo; '85 MA; 67 Franklin St., Haworth, NJ 07641.
KIM, Do-Soon; '87 MBA; 725-38 Yiksamdong Kangnamgee, Seoul 125, Korea.
KIM, Heesoo; '87 MPA; Rsch. Asst.; The Ohio State Univ., Graduate Sch., Columbus, OH 43210; r. POB 200, Dayton, OH 45409, 513 294-5851.
KIM, Ho B.; '80 MACC; Controller; Planned Communities Co., 150 W. Wilson Bridge Rd, Worthington, OH 43085, 614 846-5330; r. 497 E. N. Broadway, Columbus, OH 43214, 614 263-0955.
KIM, Jun-Kyung; '86 MBA; Staff; Lucky-Goldstar Intl. Corp., Business Promotion Section, C POB 1899, Seoul, Korea; r. 1-802 Samik Apt., Echon-Dong,Yongsan-Ku, Seoul 140, Korea.
KIM, Kum O.; '87 BSBA; 7779 Barkwood Dr., Worthington, OH 43085.
KIM, Kwan-Bo; '88 MPA; 2627 Muskingum Ct., Columbus, OH 43210, 614 283-0483.
KIM, Mrs. Mee K., (Mee K. Jinn); '84 BSBA; Asst. Acct.; BJD Inc., 707 S. Broadway, 7th Fl., Los Angeles, CA 90014; r. 16105 Evergreen Ln., Cerritos, CA 90701, 213 404-9925.
KIM, Peter; '85 BSBA; Area Sales Supv.; Land Title Ins. Co., 2550 Hollywood Way, Burbank, CA 91505; r. 16105 Evergreen Ln., Cerritos, CA 90701, 213 404-9925.
KIM, Dr. Sangphill; '84 PhD (BUS); Asst. Prof.; Bentley Clg., Dept. of Finance, Waltham, MA 02154, 617 891-2088.
KIM, Seow Ling; '87 BSBA; 2094 Neil Ave., Apt. 52, Columbus, OH 43210, 614 294-8041.
KIM, Dr. Yong-Cheol; '86 MA, '87 PhD (BUS); Asst. Prof.; Baruch Clg./CUNY, Economics & Finance Dept., 17 Lexington Ave., Box 504, New York, NY 10010, 212 725-4408; r. 251 W. Shirley Ave., Edison, NJ 08820, 201 574-2489.
KIMBALL, Charles M.; '31 BSBA; Retired; IBM Corp., Spec Edu Support Programs, Old Orchard Rd., Armonk, NY 10504; r. 117 Old Orchard, Hudson, OH 44236, 216 653-6978.
KIMBALL, David Michael; '72 BSBA; 8901 36 Ave. N., Minneapolis, MN 55427, 612 544-4689.
KIMBALL, Everett Skaryd; '69 BSBA; Supv. Data Processing; Precision Components Corp., POB M-101, York, PA 17405, 717 848-1126; r. 2535 Lori Dr., York, PA 17404, 717 764-9046.
KIMBALL, Merritt Alvin; '75 BSBA; Tax Analyst; Borden Inc., 180 E. Broad St., Columbus, OH 43215; r. 6812 Highland Pl., Worthington, OH 43085, 614 885-9023.
KIMBALL, COL Morton W.; '50 MBA; Lt Col Usa, 1014 Melissa Dr., San Antonio, TX 78213, 512 341-2333.
KIMBALL, Thomas Alan; '86 BSBA; 3767 Salem Walk North #A2, Northbrook, IL 60062, 217 398-5924.
KIMBALL, Thomas S.; '54 BSBA; Retired; Columbus, OH 43215; r. 2835 Mayflower St., Sarasota, FL 34231, 813 921-3711.
KIMBLE, Derrick L.; '67 BSBA; Deputy Controller; Natl. City Bank, 1 Cascade Plz., Akron, OH 44308, 216 375-8311; r. 180 Laurel Blvd., Munroe Falls, OH 44262, 216 688-2762.
KIMBLE, Dianna Kay '81 (See Cellentani, Dianna Kay Kimble).
KIMBLE, Donald R., Jr.; '82 BSBA; Acct.; Ernst & Whinney, 2400 Nationwide Plz., Columbus, OH 43216; r. 2007 Langham Rd., Columbus, OH 43221, 614 457-4164.
KIMBLE, Edward Lincoln; '84 BSBA; 551 Cottingwood Ct., Dayton, OH 45459, 513 294-1331.
KIMERER, COL Perry E., USAF(Ret.); '53 MBA; Owner; Kimerer Real Estate, 3327 Winthrop Ave. Ste. 155, Ft. Worth, TX 76116, 817 738-2423; r. 6113 Valley View Dr., Ft. Worth, TX 76116, 817 737-4269.
KIMERLINE, Ruth Janeen; '88 BSBA; 1855 Independence 114, Columbus, OH 43212, 614 486-7387.
KIMMEL, Harvey; '66 MACC; Chmn.; Crossway Ventures, 1429 Walnut St., Philadelphia, PA 19102, 215 665-8900; r. 719 Iron Post Rd., Moorestown, NJ 08057, 609 235-5081.
KIMMEL, James Richard; '86 BSBA; Front Desk Supv.; Courtyard By Marriott, 5175 Post Rd., Dublin, OH 43017, 614 764-9393; r. 134 Georgetown Dr., Columbus, OH 43214, 614 263-8556.
KIMMEL, COL Robert E., USAF(Ret.); '50 BSBA; 840 Via Zapata, Riverside, CA 92507, 714 682-4698.
KIMMEL, Roy Everett; '29 BSBA; Retired; r. 211 Gardengrove Way, Englewood, OH 45322, 513 836-5438.
KIMMET, Edward Eugene; '69 BSBA; Purchasing Mgr.; GE Motors, 1635 Broadway, POB 2206, Ft. Wayne, IN 46804, 219 428-3903; r. 7114 Chartercrest Dr., Ft. Wayne, IN 46815, 219 485-9100.
KIMMICK, CAPT Timothy Edward, USA; '78 BSBA; HHB Divarty, APO, New York, NY 09165; r. Hhb Divarty 3Ad, APO, New York, NY 09165.
KIN, Daniel Carl; '49 BSBA; 486 White Cedar Ln., Severna Park, MD 21146, 301 647-7908.
KIN, Thomas N.; '79 BSBA; Acctg. Analyst; Marathon Oil Co., 539 Main St., Findlay, OH 45840, 419 422-2121; r. 6515 W. Township Rd. #102, Tiffin, OH 44883, 419 937-2319.
KINCAID, John W.; '49 BSBA; Regional Dir.; Eastern Airlines, Sales & Service, Logan International Airport, Boston, MA 02128; r. Old Salem Village, 16 Carriage Way, Danvers, MA 01923.
KINCAID, Marvin D.; '51 BSBA; Dir. of Purchases; Vorys Bros. Inc., POB 328, Columbus, OH 43216, 614 294-4701; r. 2413 Cranford Rd., Columbus, OH 43221, 614 451-8044.
KINDER, Mrs. Dorothy Trapp, (Dorothy Trapp); '55 BSBA; Retired Tchr.; Suffolk Community Clg.; r. 594 Boca Ciega Point Blvd. N., Madeira Bch., FL 33708, 813 398-5905.
KINDINGER, Donald E.; '55 BSBA; Instr.; Ashland Clg.; r. 1221 Park Rd., Crestline, OH 44827, 419 683-1797.
KINDINGER, Lowell F.; '51 MBA; Mgr.; GE Co., Corporate Facilities, 3135 Easton Tpk., Fairfield, CT 06431; r. 29 Greenbrier Rd, Trumbull, CT 06611, 203 261-8731.
KINDL, Dale Vincent; '72 BSBA; Sales Rep.; Cleveland Financial Grp., 805 Bond Ct., 1300 E. 9th St., Cleveland, OH 44114, 216 241-5766; r. 6533 Crabtree Ln., Brecksville, OH 44141.
KINDLE, Melvin Lamont; '68 BSBA; Gen. Mgr.; City Cable TV, 1408 N. Kingshighway, St. Louis, MO 63113; r. 11904 Continental Dr., #202, St. Louis, MO 63138, 314 741-1529.
KINDLER, Cheryl L., (Cheryl L. Thompson); '86 BSBA; Human Resources Coord.; Cardinal Industries Inc., 2255 Kimberly Pkwy., E., Columbus, OH 43232, 614 755-6325; r. 2397 King's Cross Ct., Columbus, OH 43229.
KINDLER, Jack W.; '55 BSBA; Dist. Maj. Accounts Mgr.; Xerox Corp., 471 E. Broad St., Columbus, OH 43215, 614 460-5407; r. 2084 Andover Rd., Columbus, OH 43221, 614 481-7606.
KINDLER, Kenneth Jon; '86 BSBA; Claims Spec.; Liberty Mutual Ins.; r. 2397 King's Cross Ct., Columbus, OH 43229, 614 794-1320.
KINDRED, Robert G.; '51; Printing Mgr./Inplant; Shoe Corp. of America, 2035 Innis, Columbus, OH 43224, 614 265-1955; r. 217 E. Stanton Ave., Columbus, OH 43214, 614 888-2107.
KINDRICK, Mrs. Sallie B., (Sallie Barlow); '83 BSBA; Sr. Litigation Cnslt.; Price Waterhouse & Co., 1201 Louisiana, Ste. 2900, Houston, TX 77002, 713 654-4100; r. 8006 Oakwood Forest Dr., Houston, TX 77040, 713 937-3839.
KINDY, Christopher James; '88 BSBA; 3907 204th Ave. NE, Redmond, WA 98053, 206 868-0862.
KING, Dr. Alan Lee; '67 BSBA, '69 MA, '72 PhD (BUS); Pres. & Owner; The Omeca Co. Inc., 2850 Needmore Rd., Dayton, OH 45414, 513 277-2929; r. 325 Maysfield Rd., Dayton, OH 45419, 614 299-0122.
KING, Dr. Algin Braddy; '66 PhD (BUS); Chmn. Dept. of Mktg.; Towson State Univ., Sch. of Business, Dept. of Mktg., Towson, MD 21204, 301 321-3334; r. 801 Dellwood Dr., Fallston, MD 21047, 301 877-0616.
KING, Mrs. Ann L., (Ann L. Moore); '85 BSBA; Pers. Lines Underwriter; Celina Financial Corp., One Insurance Sq., Celina, OH 45822, 419 586-5181; r. Box 315 RR 2, Ohio City, OH 45874, 419 965-2785.
KING, LTC Arthur Henry; '68 MBA; Pres.; Lakeside Mills, Rte. 1, Box 38, Seven Spgs., NC 28578; r. 1709 DuBoise Dr., Kinston, NC 28501, 919 523-8972.
KING, Barrie Heiliger; '82 BSBA; Mgr./Employee Relations; Protective Treatments Inc., 3345 Stop Eight Rd., Dayton, OH 45414, 513 890-3150; r. 5838 Mad River Rd., Dayton, OH 45459.
KING, Billy Jo; '68 BSBA; Owner; King Lumber Co., 67 E. Front St., Logan, OH 43138; r. 993 Marla Ave., Logan, OH 43138, 614 385-6311.
KING, Carl C.; '49 BSBA; VP; American Modulars Corp., 433 Windsor Park, Dayton, OH 45459; r. 99 Davis Rd., Centerville, OH 45459, 513 433-9504.
KING, Carole Higgins; '80 BSBA; Asst. Mgr.; Ralph's Printing Svc., 30 E. Main St., Fairborn, OH 45324; r. 128 Foley Ave., Vandalia, OH 45377, 513 898-1427.
KING, Carrie; '83 BA; Owner; Carrie's Flower Shop, 917 Bentley Heath Common, Virginia Bch., VA 23452, 804 340-6178.
KING, Clifford A.; '26 BSBA; Retired; r. 614 Cambridge Rd, Coshocton, OH 43812, 614 622-2375.
KING, Cynthia L. '80 (See Antolino, Mrs. Cynthia L.).
KING, Dale E.; '51 BSBA; Managing Partner; Arthur Young & Co., 10 W. Broad St., Columbus, OH 43215, 614 222-3900; r. 4853 Shackelford Ct., Columbus, OH 43220, 614 459-5824.
KING, Dan Joseph; '87 BSBA; Staff Acct.; Deloitte Haskins & Sells, 155 E. Broad St., Columbus, OH 43215, 614 221-1000; r. 731 Winmar Pl. E., Westerville, OH 43081, 614 882-1208.
KING, Daniel Lyle; '82 BSBA; 5245 Ruthton Rd., Columbus, OH 43220.
KING, Daniel P.; '88 BSBA; 7180 Scioto Rd., Dublin, OH 43017.
KING, David Albert; '75 BSBA; Atty.; 1406 Kingsley Ave., Orange Park, FL 32073, 904 269-6699; r. 1320 Bear Run Blvd., Orange Park, FL 32065, 904 272-2332.
KING, David Clark; '64 BSBA, '80 MBA; CPA; r. 6522 Mc Vey Blvd., Worthington, OH 43085, 614 889-2728.
KING, David H.; '49 BSBA; Purch Spec. Batteries; Ford Motor Co., 29500 Plymouth Rd, Livonia, MI 48150; r. 20849 W. Glen Haven Cir., Northville, MI 48167, 313 349-3402.
KING, David Lee; '77 BSBA; Purchasing Administr; Honda of America Mfg. Inc., 24000 U S Rte. 33, Marysville, OH 43065, 513 642-5000; r. 1860 Lost Valley Rd., Powell, OH 43065, 614 436-6707.
KING, David Randall; '79 BSBA; Sales Rep.; Scherers Communications, 6145 Scherers Pl., Dublin, OH 43017, 614 889-6055; r. 86 Northridge, Columbus, OH 43214, 614 263-8480.
KING, David Thomas; '81 BSBA; Account Rep.; Equinox Floral Intl., 15864 W. Hardy Rd., Houston, TX 77060, 713 447-7673; r. 8600 S. Course Dr., Apt. 2604, Houston, TX 77072, 713 568-1623.
KING, Diana Green, (Diana L. Green); '61 BSBA, '78 MED; Elem. Spec. Educ. Tchr.; Wickliffe City Schs., Wickliffe, OH 44092; r. 6697 Wildwood Tr., Mayfield Vlg., OH 44143, 216 461-9414.
KING, Diane Lavonne; '80 MBA; 875 Harrison Ave. #I, Apt. 7, Columbus, OH 43215, 614 228-8817.
KING, Donald R.; '38 BSBA; Retired; r. 6246 Prospect, Dallas, TX 75214, 214 823-7381.
KING, Douglas Warren; '74 BSBA; Financial Systs. Coord.; Mead Corp., Courthouse N. E., Dayton, OH 45463, 513 495-3482; r. 2770 Dorset Woods Ct., Miamisburg, OH 45342, 513 435-6279.
KING, Eldon J.; '50 BSBA; Retired Farmer; King Farm, 4051 Jacksonburg Rd., Hamilton, OH 45011; r. 350 Hancock Ave., Hamilton, OH 45011, 513 863-4218.
KING, Gene P.; '55 BSBA; Pres.; Gene P. King & Assocs., Inc., 1024 Dublin Rd., Columbus, OH 43215, 614 488-0617; r. 2427 Mc Coy Rd., Columbus, OH 43220, 614 451-2973.
KING, Gerald Lee; '71 BSBA; Real Estate Salesman; Robert R Garrison Realtor, 4195 N. High St., Rear, Columbus, OH 43214, 614 451-7074; r. 4821 Teter Ct., POB 20097, Columbus, OH 43220, 614 451-9654.
KING, Gifford Elton; '26 BSBA; Retired; r. 1470 Middle Bellville Rd, Mansfield, OH 44904, 419 756-4753.
KING, Gregory Lee; '74 BSBA; VP Finance; Patton Wallcoverings, Inc., 1106 Ridge St., Columbus, OH 43215, 614 488-1881; r. 1329 Silvertree Dr., Galloway, OH 43119, 614 870-6881.
KING, Gus Neil; '77 BSBA; Farmer; King Farms; r. 5496 Robert Pike, Springfield, OH 45502, 513 322-4783.
KING, Hamlin Caldwell, Jr.; '67 MPA; Atty.; Atty-at-Law, 512 Second Ave., Gallipolis, OH 45631; r. 624 E. Lincoln Ave., Columbus, OH 43214, 614 446-0855.
KING, Herdic W., Jr.; '59 BSBA; Mgmt. Trainee; r. 31 Grand View, Saddle River, NJ 07458, 201 934-8645.
KING, Ms. Irene Hagiantoniou, (Irene Hagiantoniou); '68 BSBA; VP; J.P. Morgan & Co., Inc., 23 Wall St., New York, NY 10015, 212 483-2371; r. 425 E. 79th St., Apt. 9N, New York, NY 10021.
KING, James Alan; '87 BSBA; Public Acct.; Price Waterhouse, One Seagate, Ste. #1800, Toledo, OH 43604, 419 247-1800; r. 3760 Hill Ave., Apt. 170, Toledo, OH 43607, 419 537-1078.
KING, James Alan Fitch; '85 BSBA; Contract Analyst; Defense Logistics Agcy., 1402 E. 9th St., Cleveland, OH 44114; r. 1488 Westwood Ct. #108, Cleveland, OH 44145, 216 241-3138.
KING, James R.; '51 BSBA; Geiger Bros. Plumbing, 758 W. Front St., Logan, OH 43138; r. Box 185, Logan, OH 43138, 614 385-4861.
KING, Janel Renee; '88 BSBA; 5798 Monnett-New Wnchstr, Galion, OH 44833.
KING, Jeffrey Charles; '84 BSBA; Financial Mgr.; True Sports Co., 4601 Lyman Dr., Hilliard, OH 43026, 614 876-0565; r. 4249 Rowanne Rd., Columbus, OH 43214, 614 457-7253.

KING, John Lane; '48 BSBA; Atty.; Berry Moorman King Lott Cook, 2600 Detroit Bank & Trust Bldg, Detroit, MI 48226; r. 15 Wellington Pl., Grosse Pte., MI 48230, 313 882-8734.

KING, John W.; '49 BSBA; Retired; r. 31 Buckingham Rd., Norwood, MA 02062, 617 762-5210.

KING, Joseph A.; '37 BSBA; CPA; Buckenmeyer & King CPA's, Spitzer Bldg. 520 Madison Ave., Toledo, OH 43604, 419 242-8432; r. 30720 E. River Rd, Perrysburg, OH 43551, 419 666-1422.

KING, Kamilla '74 (See Sigafoos, Kamilla King).

KING, Kelley Adams; '82 BSBA; Sales Assoc.; Financial Svc. Grp. Inc., 450 W. Wilson Bridge Rd., Worthington, OH 43085, 614 888-3848; r. 5526 Riverside Dr., Dublin, OH 43017, 614 761-3371.

KING, Kenneth E.; '49 BSBA; Retired Controller; First Fed. S&L Assoc.; r. 7110 Lakehurst Ave., Dallas, TX 75230, 214 361-2921.

KING, Kenneth James, Jr.; '83 BSBA; Sales Mgr.; Minerva Tire & Svc. Ctr., 611 Valley St., POB 456, Minerva, OH 44657, 216 868-6466; r. 504 Superior Ct., Minerva, OH 44657, 216 868-3927.

KING, Lionel T.; '48 BSBA; Retired; r. 545 Enfield Rd., Columbus, OH 43209, 614 231-9089.

KING, Martin Clarence; '81 BSBA; Mktg. Rep.; The Midland, 250 E. Broad St., Columbus, OH 43215, 614 228-2001; r. 251 Gentlewind Dr., Westerville, OH 43081, 614 895-7538.

KING, Dr. Martin L.; '60 PhD (BUS); Assoc. Prof.; r. 5120 Old New Utrecht Rd., c/o Waldman, Brooklyn, NY 11204.

KING, Michael Anthony; '84 BSBA; Arrow Intl. Inc., 233 N. Clay, Delphos, OH 45833, 800 821-2737; r. Same, 419 692-3257.

KING, Michael Paul; '83 BSBA; Administrative Ofcr.; Bank One of Marion, 165 W. Center St., Marion, OH 43302, 614 383-4051; r. 1485 Southland Pkwy., Apt. 31, Marion, OH 43302, 614 389-2295.

KING, Norman C., Jr.; '66 BSBA; Supv.; Roadway Express, Hagmann Rd, Toledo, OH 43612; r. 404 E. Felicity, Angola, IN 46703, 219 665-3758.

KING, Owen Henry; '73 BSBA; Area Mgr.; Parfums Givenchy, 680 Fifth Ave., New York, NY 10019, 201 780-7338; r. 8 Foxboro Ln., Manalapan, NJ 07726, 201 780-7338.

KING, Patricia Levy; '75 BSBA; CPA; Consolidated Stores Corp., 2020 Corvair Ave., Columbus, OH 43207, 614 224-1297; r. 4110 Scioto Run Ct., Hilliard, OH 43026, 614 771-8516.

KING, Paul Ellsworth; '49 BSBA; Retired; r. 749 S. Terrace Ave., Columbus, OH 43204, 614 279-8423.

KING, Penelope Anne; '79 BSBA; c/o United Tech Apg, 1200 S. Essex, Martinsville, IN 46151.

KING, Peter James, Jr.; '70 BSBA; VP Sales; Rand McNally Book Mfg. Co., 666 3rd Ave., New York, NY 10017, 212 983-5600; r. 7 Allen Ct., Norwalk, CT 06851, 203 847-7105.

KING, R. Brian; '85 BSBA; Staff Acct.; Arthur Andersen & Co., 1201 Elm St., Dallas, TX 75202; r. 431 S. 45th St., Philadelphia, PA 19104.

KING, Randall Howard, PhD; '73 BSBA; Assoc. Prof.; Univ. of Akron, Dept. of Economics, 302 E. Buchtel Ave., Akron, OH 44325, 216 375-7521; r. 874 Eaglenest Ave., Akron, OH 44303, 216 867-9376.

KING, Richard Joseph; '81 BSBA; Account Repr; Galway Investments Inc., 6797 N. High St., Worthington, OH 43085; r. 4981 Fenwick Ct., Columbus, OH 43220.

KING, Rodney Alan; '81 BSBA; Acct.; Marathon Oil Co., 539 S. Main St., Findlay, OH 45840; r. Marathon Oil Co., POB 1228, Houston, TX 77251.

KING, Rolland Dean; '74 MBA; Rsch. Leader; Battelle Mem. Inst., 505 King Ave., Columbus, OH 43201, 614 424-5162; r. 1266 Southport Cir., Columbus, OH 43235, 614 451-4195.

KING, Rosemary Wile, (Rosemary Wile); '47 BSBA; Retired; r. 545 Enfield Rd., Columbus, OH 43209, 614 231-9089.

KING, Mrs. Russell W., (Elizabeth Kilbourne); '31 BSBA; Retired; r. 1111 S. Lakemont Ave. #323, Winter Park, FL 32792, 305 647-4083.

KING, Stephen Michael; '72 BSBA; Partner; Fuel Svcs. Grp., 6797 N. High St., Ste. 320, Worthington, OH 43085, 614 846-7888; r. 366 Fenway Rd., Columbus, OH 43214, 614 431-0770.

KING, Stuart Allen; '81 BSBA; 508 Duquesne Dr., Pittsburgh, PA 15243, 412 344-6096.

KING, Sue Ellen; '81 MBA; Account Rep.; Riverside Home Care, 3724 J. Olentangy River Rd., Columbus, OH 43214, 614 459-6966; r. 6359 Well Fleet Dr., Columbus, OH 43231, 614 891-7205.

KING, Mrs. Susan Ellwood, (Susan A. Ellwood); '84 BSBA; Sr. Acct.; US Healthstar Corp., 3555 Olentangy River Rd., Columbus, OH 43214, 614 261-5902; r. 4249 Rowanne Rd., Columbus, OH 43214, 614 457-7253.

KING, Terry L.; '67 BSBA; Regional Mgr.; Liebert Corp., 1050 Dearborn Dr., Worthington, OH 43085, 614 438-6994; r. 1003 Ravine Ridge Dr., Worthington, OH 43085, 614 885-8045.

KING, Timothy Allen, JD; '74 BSBA, '77 MBA; Tax Atty.; American Elec Power Srv Corp., 1 Riverside Plz., POB 16631, Columbus, OH 43216, 614 223-1643; r. 4110 Scioto Run Ct., Hilliard, OH 43026, 614 771-8516.

KING, Todd Allan; '88 BSBA; Sales; Dow Chemical Co., 2020 Willard H Dow Ctr., Midland, MI 48674; r. 2616 Abbort Rd. Apt. I10, Midland, MI 48640, 517 631-8247.

KING, Wallace E.; '50 BSBA; Atty.; 101 South St., Chardon, OH 44024, 216 285-5731; r. POB 71, Chardon, OH 44024, 216 286-4133.

KING, William Gene; '59 BSBA; Salesman; r. 1004 Howard St., POB 188, Petoskey, MI 49770, 616 347-6875.

KINGERY, Eric Russell; '77 MBA; 2302 S. Hemlock, Broken Arrow, OK 74012, 918 250-7032.

KINGMAN, Jon Allyn; '78 BSBA; Staff; US Postal Svc., 345 E. Bridge St., Elyria, OH 44035; r. 162 Crestview Dr., Elyria, OH 44035, 216 365-5104.

KINGSBURY, Daniel J.; '50 BSBA; Dir. of Bus. Devel.; Litton Ind. Svcs., Crescent Spgs., KY 41017, 313 497-6000; r. 5626 Shadow Ln., Bloomfield Hls., MI 48013, 313 646-0349.

KINGSBURY, Marland J.; '42 BSBA; Retired Dir.; B F Goodrich Co., Acctg. Services, 500 S. Main St., Akron, OH 44318; r. 230 Rutledge Dr., Akron, OH 44319, 216 644-4654.

KINGSEED, Wyatt Andrew; '80 MPA; Analyst; City of Columbus, Ofc. of Management & Budget, 90 W. Broad St., Columbus, OH 43215; r. 6532 Hawthorne St., Worthington, OH 43085, 614 848-8087.

KINGSLAND, Nancy Alta; '87 BSBA; 5021 Pr 339, Rte. 2, Millersburg, OH 44654, 216 674-9910.

KINGSLEY, John K.; '65 BSBA; Pres.; Ermlich Kingsley & Schaeffer, Box 3345, Alliance, OH 44601, 216 823-2283; r. 1321 Pkwy. Blvd., Box 3345, Alliance, OH 44601, 216 821-9567.

KINGTON, Robert Alan; '76 BSBA, '85 MBA; Dir. of Mktg.; Goal Systs. Intl., 7965 High N., Columbus, OH 43235, 614 888-1775; r. 2969 Mallard Meadow Dr., Dublin, OH 43017, 614 761-3924.

KINKADE, LTC Harold H., USAF(Ret.); '67 MBA; Retired; r. 22825 135th Ave. SE, Kent, WA 98042, 206 631-5716.

KINKAID, David R.; '60 BSBA; Industrial Engr.; Aerojet Gen. Corp., 1100 W. Hollyvale, Azusa, CA 91702; r. 20538 Lynde Ct., Saratoga, CA 95070.

KINKLEY, Mark Wayne; '48 BSBA; Retired; r. 420 Pioneer Rd., Country Wood, Sapulpa, OK 74066, 918 227-4462.

KINKOPF, Kenneth M.; '83 BSBA; Portfolio Mgr./Asst. VP; NCNB, 150 E. Palmetto Park Rd., Boca Raton, FL 33432, 407 393-5191; r. 7207 Le Chalet Blvd., Boynton Bch., FL 33437, 407 732-3163.

KINKOPF, Sigfrid G.; '40 BSBA; Owner; Kinkopf & Co. Ins., 24976 Center Ridge Rd., Westlake, OH 44145, 216 835-4800; r. 2694 Gibson Dr., Rocky River, OH 44116, 216 333-5439.

KINLEY, Karen L.; '88 BSBA; Area Mgr.; Superior Bldg. Svcs., Nussbaum Pkwy., Mansfield, OH 44906, 419 529-8800; r. 110 Mohican Tr., Lexington, OH 44904, 419 884-0608.

KINMAN, Gary Willard; '79 BSBA; Owner/Contractor; Kinman Landscape/Design Co., 6080 Post Rd., Dublin, OH 43017; r. 680 Post Rd., Dublin, OH 43017, 614 764-0422.

KINNAIRD, Mrs. Karen L., (Karen Garvy); '83 BSBA; Sales Rep.; Radiofone, 3939 North Cswy., Metairie, LA 70002, 504 837-9540; r. 2917 Texas, Apt. #C, Kenner, LA 70065, 504 443-6065.

KINNEAR, Marjorie L. '45 (See Sydor, Mrs. Marjorie K.).

KINNEER, CAPT John Patrick, USAF; '81 BSBA; 100 Summer Field Ln., #275, Vacaville, CA 95688.

KINNEL, Russel George; '26 BSBA; Retired; Univ. of Michigan, Sponsored Research, Ann Arbor, MI 48109; r. 1309 S. Fairview, Park Ridge, IL 60068.

KINNELL, Bradley Eugene; '78 BSBA; Prog. Analyst; Marathon Oil Co., Three Riverway # 500, Houston, TX 77056; r. 15123 Mulberry Meadows Dr., Houston, TX 77084, 713 859-2270.

KINNEN, Andrew Underwood; '85 BSBA; Sales Rep.; Sherwin-Williams Co., 13101 N. End St., Oak Park, MI 48237, 313 541-3644; r. 596 Leroy, Ferndale, MI 48220, 313 548-6968.

KINNEY, Douglas Perry; '83 BSBA; Exec. Mgr.; Elby's Restaurants, 2045 Brice Rd., Columbus, OH 43068, 614 868-5300; r. 433 Collingwood Ave., Columbus, OH 43213, 614 231-0439.

KINNEY, Mrs. Elaine M., (Elaine Rausch); '82 BSBA; Personnel Rep.; Columbia Gas of Ohio, 920 W. Goodale, Columbus, OH 43212, 614 460-2271; r. 1530 Bolingbrook Dr., Columbus, OH 43228, 614 878-6685.

KINNEY, Jane M. '83 (See Cozzarelli, Jane M.).

KINNEY, John Edward; '81 BSBA; Credit Analyst; Westinghouse Elec Supply Co., 737 Oaklawn, Elmhurst, IL 60126; r. 605 Catalpa, Itasca, IL 60143, 312 250-9669.

KINNEY, Louise Walker; '45 BSBA; 3247 Conway Dr., Baton Rouge, LA 70809.

KINNEY, Marcia '83 (See Dice, Marcia Kinney).

KINNEY, Michelle Marie '82 (See Mikula, Michelle Marie).

KINNEY, Timothy J.; '69 BSBA; Auto Underwriter; State Farm Ins. Co., 1440 Granville Rd, Newark, OH 43055, 614 344-2161; r. 124 Field Point, Heath, OH 43055, 614 522-5310.

KINNISON, Richard Lee; '75 BSBA; Auditor; US Govt., Nat Credit Union Adm, 230 S. Dearborn St., Chicago, IL 60604; r. 8734 Creekwood Ln., Maineville, OH 45039, 513 683-3289.

KINNISON, CAPT Timothy Lee, USAF; '81 BSBA; Asst. Flght Cdr.; 8th Flying Training Squadron, Vance AFB, OK 73701; r. 4525 Falcon Ct. N., Mc Guire AFB, NJ 08641.

KINNUNE, Arthur J.; '47 BSBA; Sales Promotion Mgr.; The Irving-Cloud Publishing Co., 7300 N. Cicero Ave., Lincolnwood, IL 60645; r. 21 Essex Rd, Elk Grove Vlg., IL 60007, 312 439-6148.

KINSELLA, Gary R.; '63 BSBA; Corp. Controller; Aeroquip Corp., 1715 Indian Wood Cir., Maumee, OH 43537; r. 2266 St. Roberts Ln., Toledo, OH 43617.

KINSEY, Marilyn Hobart; '80 MBA; 630 Lake Shore Dr., Escanaba, MI 49829, 906 786-2401.

KINSEY, William Paul; '64 BSBA; Chmn. & CEO; N. California Food Svcs., 8080 Madison Ave., Ste. 202, Fair Oaks, CA 95628, 916 962-2802; r. 4904 St. Thomas Dr., Fair Oaks, CA 95628, 916 966-1921.

KINSKEY, Charles R.; '50 BSBA; Pres.; Jersey Creamery Inc., Box 748, Sheridan, WY 82801; r. 410 Crescnet Dr., Sheridan, WY 82801.

KINSKY, Richard David; '72 BSBA; Mgr./Corp. Acctg.; Warner-Lambert Co., Corporate Financial Admin, Dept. 0811 POB 16579, Morris Plains, NJ 07950, 201 540-3633; r. 1 Dennis Ct., Sparta, NJ 07871, 201 729-8338.

KINT, Robert William; '88 BSBA; 1698 Brookdale Rd., Naperville, IL 60540.

KINTZ, Kimberly Anne '83 (See Shore, Mrs. Kimberly Anne).

KIPHEN, Linda '83 (See Bamber, Dr. Linda).

KIPLINGER, Kevin Phillip; '86 BSBA; Sales Rep.; Gestetner Corp., 4362 Tuller Rd., Dublin, OH 43017, 614 766-6613; r. 5270 Fall Water Ct., Columbus, OH 43220, 614 451-5182.

KIPP, Kaye Marie; '82 BSBA; Financial Analyst; Standard Oil Co., Midland Bldg., Cleveland, OH 44115; r. 1190 Sellman Dr., Akron, OH 44313.

KIRBY, Dale James; '79 BSBA; Sr. Contracts Admin.; RJO Enterprises Inc., 101 Woodman Dr., Dayton, OH 45431, 513 252-8609; r. 213 N. Danern Dr., Dayton, OH 45430, 513 429-2915.

KIRBY, Edwin Schneider; '60 BSBA; Pres.; Kirtac Inc., 111 S. Harbour Dr., Noblesville, IN 46060, 317 773-7855; r. 958 Laurel Ln., Noblesville, IN 46060, 317 773-7221.

KIRBY, Joseph T.; '49 BSBA; Rate Clerk; Mr & R Trucking Co., 1101 Pickettville Rd, Jacksonville, FL 32205; r. 4715 Trout River Blvd., Jacksonville, FL 32208, 904 764-0070.

KIRBY, Richard A.; '87 BSBA; Supv.; The Ltd. Inc., Three Limited Pkwy., Columbus, OH 43216, 614 475-4000; r. 1321 Eastview, Columbus, OH 43212, 614 297-6301.

KIRBY, Thomas James; '73 BSBA; Supv.-Production; Ford Motor Co., 3020 Tiffin, Sandusky, OH 44870; r. 211 Lima Ave., Huron, OH 44839, 419 433-4876.

KIRCHDORFER, Nicolaus Alexander D.; '87 MBA; 9730 N. Mercer Way, Mercer Island, WA 98040.

KIRCHHOFER, William E.; '61 MBA; Sr. Spec.-Financial Anal.; McDonnell Douglas Corp., Lambert Int'l. Airport, St. Louis, MO 63145, 314 234-8143; r. 11729 Chandellay Dr., St. Louis, MO 63146, 314 567-6093.

KIRCHNER, Clifford Steven; '83 BSBA; Customer Svc. Rep.; Communicolor, Div of Standard Register Co, Newark Industrial Park, Newark, OH 43055, 614 928-6110; r. 206 N. 26th St., Newark, OH 43055, 614 344-8318.

KIRCHNER, Eileen Marie; '75 BSBA; 4200 E. Sprague Rd., Cleveland, OH 44147.

KIRCHNER, James Francis; '86 BSBA; 1146 Worthington Woods Blvd, Worthington, OH 43085, 614 846-6463.

KIRCHNER, John Francis, III; '85 BSBA, '88 MBA; Field Sales Rep.; Dow Chemical, Midland, MI 48640; r. 2616 Abbott Rd. I-10, Midland, MI 48640, 517 631-8247.

KIRCHNER, Leann Mull, (Leann Mull); '83 BSBA; Auditor/CPA; Wilson Shannon & Snow Inc., 10 W. Locust St., Newark, OH 43055, 614 345-6611; r. 206 N. 26th St., Newark, OH 43055, 614 344-8318.

KIRCHNER, Mary Guadalupe; '78 MPA; Atty.; Ohio Legal Rights Svc., Legislative Service Commission, 8 E. Long St., Columbus, OH 43215, 614 466-7264; r. 91 W. Kenworth Rd., Columbus, OH 43214.

KIRCHNER, Robert Lee; '77 MPA; Economist; Potomac Electric Power Co., Forecasting Division, 1900 Pennsylvania Ave. N. W., Washington, DC 22068, 202 872-3244; r. 4001 N. 9th St. #1221, Arlington, VA 22203, 703 243-6473.

KIRCHNER, Ronald M.; '61 BSBA; Corporate Mgr.; Gold Cross Ambulance & Med., 600 Market St., Youngstown, OH 44502; r. POB 8075, Youngstown, OH 44505, 216 743-3703.

KIRILLOW, Eduardo; '80 BSBA; Intrnt'L Bank Ofcr.; Huntington Natl. Bank, 17 S. High St., Columbus, OH 43215; r. 111 Chaucer Ct., Worthington, OH 43085.

KIRK, Adam Michael; '87 BSBA; Special Agt.; Prudential, 83 N. Miller Rd. Ste. 201, Akron, OH 44313, 216 867-9500; r. 1530 W. Exchange St., Akron, OH 44313, 216 867-2764.

KIRK, Brenton S., Jr.; '48 BSBA; Retired Personnel Admin.; Masonite Corp.-Dover Plant; r. 1648 Seven Mile Dr., New Philadelphia, OH 44663, 216 343-6240.

KIRK, Guinette Marie; '80 MBA; Asst. Product Mgr.; The Drackett Co., 201 E. 4th St., Atrium I, Cincinnati, OH 45201, 513 632-1820; r. 1215 Carolina Ave., Cincinnati, OH 45237, 513 242-0414.

KIRK, Jackson A., Jr.; '65 BSBA, '66 MBA; VP Inves; First Wisconson Trust Co., Box 2054, Milwaukee, WI 53201, 414 765-5011; r. 6116 N. Shoreland Ave., Milwaukee, WI 53217, 414 964-9516.

KIRK, James R.; '49 BSBA; 1200 Woodbrook Ln., Apt. D, Columbus, OH 43223, 614 276-4900.

KIRK, Janet '47 (See Miller, Mrs. Kathryn Kirk).

KIRK, Ms. Luella; '87 BSBA; Sales Rep.; CompuServe, 5000 Arlington Ctr. Blvd., Columbus, OH 43220, 614 457-8600; r. 997 Atlantic Ave. Apt. 768, Columbus, OH 43229, 614 888-5291.

KIRK, Marian Clodfelter; '47 BSBA; Retired Tchr.; Clinton Elem. Sch., 10 Clinton Heights Ave., Columbus, OH 43202; r. 2010-A Harwitch Rd., Columbus, OH 43221, 614 488-6507.

KIRK, Michael Lin; '69 BSBA; POB 16017, Columbus, OH 43216.

KIRK, Peggy '86 (See Johnson, Ms. Margaret).

KIRK, William Rex; '76 BSBA; Labor Relations Ofcr.; Ohio EPA, 1800 Watermark Dr., Columbus, OH 43266, 614 644-2100; r. 661 Grist Run Rd., Westerville, OH 43081, 614 890-4894.

KIRKBRIDE, Robert G.; '64 BSBA; Dist. Mgr.; Centel, POB 2214, Tallahassee, FL 32316, 904 599-1289; r. 3205 Shannon Lakes N., Tallahassee, FL 32308, 904 893-8333.

KIRKEY, Jeffrey Scott; '87 BSBA; Claims Svc. Rep.; Motorists Mutual Ins., 5561 Farhills Ave., Dayton, OH 45429, 513 435-5540; r. 825 Gawain Cir., W. Carrollton, OH 45449, 513 865-9698.

KIRKHAM, Kent Norman; '71 BSBA; 220 Laura Lee Dr., Coraopolis, PA 15108, 412 264-7802.

KIRKING, Dr. Duane M.; '79 MPA; Assoc Prof/Pharmacy Admin; Univ. of Michigan, Clg. of Pharmacy, Ann Arbor, MI 48109, 313 764-4483; r. 2659 Sequoia Pkwy., Ann Arbor, MI 48103, 313 663-8272.

KIRKLAND, De Anne Terri; '87 BSBA; Inventory Planner; Eastman Kodak Co., 2400 Mount Read Blvd., Rochester, NY 14650; r. 1461 Lake Ave., Rochester, NY 14615.

KIRKLAND, Jeffery Alan; '86 BSBA; Financial Analyst; Borden Inc., 180 E. Broad St., Columbus, OH 43215, 614 225-4000; r. 681 Sage Court, Worthington, OH 43085, 614 471-3088.

KIRKLAND, John David; '81 MPA; Admin.; Central Ohio Psychiatric Hosp., 1960 W. Broad St., Columbus, OH 43223, 614 274-7231; r. 1784 W. 3rd Ave., Columbus, OH 43212, 614 481-7901.

KIRKLAND, John Reppart; '70 BSBA; Asst. Buyer; Lazarus, S. High & W. Town Sts., Columbus, OH 43215; r. 1258 Bunkerhill #C, Columbus, OH 43220.

KIRKLEY, David Allen; '82 MBA; Head Hairdresser; The Village Boutique, 330 E. Beck St., Columbus, OH 43206; r. 3436 Brendon, Hilliard, OH 43026, 614 876-8805.

KIRKLIN, Robert Boyd; '68 MBA; Prof.; Los Angeles Community Clg. Dist., Dept. of Business, 1111 Figueroa Pl., Wilmington, CA 90744, 213 518-1000; r. 3235 Avalo Dr., Hacienda Hts., CA 91745, 818 336-9516.

KIRKPATRICK, Mrs. Cynthia J., (Cynthia J. Wise); '83 BSBA; Terminal Mgr.; Peoples Cartage Inc., POB 539, Massillon, OH 44648, 216 833-8571; r. 2639 Winding Way St. NW, Uniontown, OH 44685, 216 494-1402.

KIRKPATRICK, Harold D.; '52 BSBA; Retired; r. RR 1, 199 Park Ave., New London, OH 44851, 419 929-5085.

KIRKPATRICK, Myron E.; '66 MACC; VP & Controller; Costco Wholesale Corp., 10809-120th Ave. NE, Kirkland, WA 98083, 206 828-8245; r. 935 Idylwood Dr. SW, Issaquah, WA 98027, 206 392-1501.

KIRKPATRICK, Dr. Thomas Owen; '67 PhD (BUS); Prof.; Univ. of Montana, Sch.-Business Admin., Missoula, MT 59812; r. 401 50th St. S., Apt. 7, Great Falls, MT 59405, 406 452-1867.

KIRKWOOD, Mrs. Eleanor Bricker, (Eleanor Bricker); '38 BSBA; Homemaker; r. 59 Newport Dr., Youngstown, OH 44512, 216 788-4474.

KIRLIK, Kathleen; '86 BSBA; 1417 Hideaway Woods Dr., Westerville, OH 43081.

KIRSCH, Charles Randall; '80 BSBA; 3464 Independence St., Grove City, OH 43123, 614 875-2417.

KIRSCH, James Francis; '79 BSBA; Mktg. Mgr.; Dow Chemical Co., 2040 Dow Ctr., Midland, MI 48640, 517 636-9628.

KIRSCH, Martha Joan; '82 BSBA; Regional Sales Mgr.; Kyocera Unison, Inc., 600 S. Dearborn, Ste. 1416, Chicago, IL 60605, 312 939-7471; r. Same.

KIRSCH-TAYLOR, Ms. Mary; '63 BSBA; Sr. VP; The Central Trust Co. N A, Central Trust Ctr., 5th & Main, Cincinnati, OH 45202, 513 651-8697; r. 8146 Traverse Ct., Cincinnati, OH 45242, 513 984-3051.

KIRSHENBAUM, Kenneth Jay; '85 BSBA; Pres.; K.J.K. Assocs., 32 Clover Ln., Randolph, NJ 07869, 212 978-3355; r. Same, 201 895-2297.

KIRST, Ms. Lorrie Elvira; '86 MPA; Sr. Planner; Hillsborough Cnty., Planning & Zoning Dept., 800 Twiggs Rm. 202, Tampa, FL 33602, 813 272-5710; r. 8415 N. Armenia Ave., Apt. 321, Tampa, FL 33604, 813 933-7193.

KIRTZ, Richard Allen; '69 BSBA; 741 South Ave., Youngstown, OH 44502.

KIRWAN, Margaret Mary; '86 BSBA; Sales; Cardinal Ind., Upper Broad St., Columbus, OH 43213, 614 745-6725; r. 4654 Chesapeake Ct., Columbus, OH 43220, 614 459-8636.

KIRWEN, Lawrence Raymond; '84; Salesman; Ameri-Con Inc., 1608 Harvester Ln., Columbus, OH 43229; r. POB 26224, Columbus, OH 43226, 614 895-2865.

KIRWIN, John F.; '53 BSBA; 7212 Idylwood Ct., Falls Church, VA 22043, 703 821-3757.
KIRWIN, Mary Herschede, (Mary Herschede); '53 BSBA; Public Affairs; IRS, 1111 Constitution Ave. NW, C:PA:F, Washington, DC 20224, 202 566-4037; r. 7212 Idylwood Ct., Falls Church, VA 22043, 703 821-3757.
KIRWIN, Meg M.; '80 BSBA; Floor Mgr.; Revco, 926 High, Worthington, OH 43085, 614 888-6366; r. 5051 Godown Rd., Columbus, OH 43220, 614 459-4762.
KIRWIN, Michael Joseph; '61 BSBA; VP; Rolltech, Ltd., Box 7497, Pittsburgh, PA 15213, 412 621-3557; r. 111 Grandview Ave., Pittsburgh, PA 15211, 412 481-7969.
KIRWIN, Richard A.; '49 BSBA; Retired; r. 3527 Bolton Ave., Columbus, OH 43227, 614 235-9639.
KIRWIN, Thomas Gregory; '79 BSBA; Product Mgr.; Daymon Assocs. Inc., 500 Fifth Ave., 57th Fl., New York, NY 10110, 212 354-8844; r. 17 Hope Street., #3-C, Stamford, CT 06906.
KIRWIN, William Joseph; '88 BSBA; Underwriter; Penco, 400 W. Wilson Bridge Rd., Worthington, OH 43085, 614 436-2424; r. 3527 Bolton Ave., Columbus, OH 43227, 614 235-9639.
KISABETH, Clair E.; '48 BSBA; Retired; r. 1313 South Dr., Fostoria, OH 44830, 419 435-2430.
KISEL, Jeffrey M.; '87 BSBA; 586 Gloucester, Highland Hts., OH 44143, 216 461-3421.
KISER, Betsy Carpenter, (Betsy Carpenter); '81 BSBA; Mgr.; OCLC, Inc., 6565 Frantz Rd., Dublin, OH 43017, 614 764-6017; r. 2022 Shadeview Ct., Dublin, OH 43017, 614 761-3759.
KISER, Daniel Ray; '74 BSBA, '80 MACC; Acct.; Greene & Wallace, 1241 Dublin Rd., Columbus, OH 43215, 614 488-3126; r. 3395 Smiley Rd., Hilliard, OH 43026, 614 771-0881.
KISER, Douglas R.; '60 BSBA; Salesman; H B Fuller Co., 4020 Cherry St., Cincinnati, OH 45401; r. 32 Castle Dr., Dayton, OH 45429, 513 298-3215.
KISER, Philip James; '85 MPA; Dir.; City of Reynoldsburg, Parks & Recreation Dept., 7232 E. Main St., Reynoldsburg, OH 43068, 614 866-6188; r. 1154 Addison Dr., Reynoldsburg, OH 43068, 614 868-0859.
KISGEROPOULOS, Savvas A.; '86 BSBA; Foreman; Shipsview Painting Corp., Box 231, Bourne, MA 02533; r. 92 Devir St. #411, Malden, MA 02148.
KISH, Nora M., (Nora Csetri); '81 MACC; Acct.; Honda of America Mfg. Inc., Marysville, OH 43040; r. 5160 Drumcliff Ct., Columbus, OH 43026, 614 771-9442.
KISHLER, Jo Ann '49 (See Ross, Mrs. Jo Ann K.).
KISIL, Robert Steven; '77 BSBA; Supv.; UPS, 4300 E. 68th St., Cleveland, OH 44129, 216 826-2546; r. 6214 Hollywood, Parma, OH 44129, 216 885-0224.
KISKER, Ellen Hudson; '54 BSBA; 30 Fairway Dr., Southgate, KY 41071, 606 441-3637.
KISLING, James Albert; '63 BSBA; Sales Mgr.; Gardner Inc., 1150 Chesapeake Ave., Columbus, OH 43212, 614 488-7951; r. 5414 Rockport St., Columbus, OH 43235, 614 459-2823.
KISOR, Lee N.; '64 BSBA; Computr Syst. Analyst; IRS, W. Fourth St., Covington, KY 41019, 606 292-5492; r. 5744 Brandtmanor Dr., Cincinnati, OH 45248, 513 451-2325.
KISOR, Stephen Joseph; '83 BSBA; Asst. VP; Aviation Ofc. of America, Love Field Terminal Bldg., Dallas, TX 75235, 214 353-1400; r. 3334 Webb Chapel Ext., #6116, Dallas, TX 75220, 214 358-3531.
KISS, Joseph Robert; '81 BSLHR; Gen. Mgr.; El Chico Corp., c/o Postmaster, Carrollton, TX 75007; r. 8112 Forest Dawn, Live Oak, TX 78233.
KISSEL, Michael Lee; '83 BSBA; Proj. Leader; Kalmar-AC, 777 Manor Park Dr., Columbus, OH 43228, 614 878-0885; r. 3776 Cypress Creek Dr., Columbus, OH 43228, 614 276-2583.
KISSH, John A., Jr.; '64 BSBA; Atty.; Fry Niemeyer & Kissh, Findlay, OH 45840, 419 423-7941; r. 515 W. Hobart, Findlay, OH 45840, 419 423-8503.
KISSOS, Dean G.; '79 BSBA; 805 Squirrel Hill, Youngstown, OH 44512, 216 758-7776.
KISTER, Kimberly Frances; '85 BSBA; Comptroller; r. 7024 Nocturne Rd., Reynoldsburg, OH 43068, 614 864-9284.
KITAJIMA, Toshio; '82 MBA; Mgr./Bus. Devel.; Kirin Brewery Co. Ltd., 6-26-1 Jingumae, Shibuya-Ku, Tokyo 150, Japan, 034996154; r. 4-4-17-203 Higashi-Nakashinjuk, Kashiwa, Chiba 277, Japan, 047 175-1737.
KITAY, Laura A. '83 (See Lax, Mrs. Laura A.).
KITCHEN, Bruce Everitt; '88 BSBA; 6667 Michael Dr., Cincinnati, OH 45243, 513 948-9349.
KITCHEN, Douglas Edward; '85 BSBA; 5593 Maleka Ct., Columbus, OH 43220.
KITCHEN, John Harold; '88 MBA; 208 W. Ninth Ave., Columbus, OH 43201.
KITCHEN, Michael Lee; '77 BSBA; Assoc. Contract Analyst; American Electric Power, POB 700, Lancaster, OH 43130, 614 687-1440; r. 6201 Stornoway Dr., N., Columbus, OH 43213, 614 863-6530.
KITCHTON, George G.; '41 BSBA; Gen. Contractor; r. 41 Carmine St., New York, NY 10014.
KITSMILLER, Gary Roger; '67 BSBA, '80 MBA; Assoc. Exec. Dir.; Ohio State Univ., University Development, 2400 Olentangy River Rd., Columbus, OH 43210, 614 292-3060; r. 3078 Mann Rd., Blacklick, OH 43004, 614 855-9586.
KITSMILLER, Paula G.; '81 BSBA; 6226 Upperridge Dr., Canal Winchester, OH 43110, 614 837-5828.
KITSON, Francis L.; '48 BSBA; Retired; r. 71 Skull Creek Dr., A202, Hilton Head Island, SC 29926, 803 681-8330.
KITSONAS, Nicholas Theodore; '80 BSBA; Sales Repr; Data Cash Corp., 730 W. Rich St., Columbus, OH 43223; r. 13026 Heatherstone, Pickerington, OH 43147, 614 868-5477.
KITTLE, Donna Saul; '82 BSBA; 1795 Hollywood NE, Warren, OH 44483, 216 372-5646.
KITZMILLER, Judith '79 (See Guyer, Judith Kitzmiller).
KIVOWITZ, Haskell; '43 BSBA; Chmn. of the Bd.; Madewell Mfg. Co., 127 W. Rodney Fr Blvd., Box M 158, New Bedford, MA 02744, 508 997-0768; r. 43 Whiteweed Dr., N. Dartmouth, MA 02747, 508 994-0606.
KJELLMAN, Kirk H.; '66 BSBA; Mill Acctg. Supv.; J. & L. Specialty, Midland, PA 15059, 412 773-2510; r. 918 Waldwick Dr., Pittsburgh, PA 15237, 412 366-8895.
KLABAN, Thomas Max; '76 BSBA; 10842 Surfwood, Cincinnati, OH 45241, 513 563-7862.
KLAGES, Lorna '54 (See Loveless, Lorna K.).
KLAMER, Reuben B.; '44 BSBA; 16061 Anoka Dr., Pacific Palisades, CA 90272.
KLAMERT, Ronald Alan; '83 BSBA; Cnslt./VP-Sales; NTC Mgmt. Svcs., 28 W. Aurora Rd., Northfield, OH 44067, 216 468-3100; r. 2122 Pinebrook Tr., Cuyahoga Falls, OH 44223, 216 929-5118.
KLAMET, John J., Jr.; '54 BSBA; Salesman; Republic Steel Corp., 611 N. Broadway Ste. 400, Milwaukee, WI 53202; r. 9 Alameda Pl., Hot Springs Vlg., AR 71909, 501 922-3227.
KLAMFOTH, Douglas Hartley; '85 MBA; Sr. Loan Ofcr.; Bank One of Columbus NA, 100 E. Broad St., Columbus, OH 43271, 614 248-5735; r. 2844 Mt Holyoke Rd., Columbus, OH 43221, 614 488-3678.
KLANG, Ronald I.; '72 BSBA; VP/Sr. Credit Ofcr.; Seafirst Bank, Real Estate Group, 701 Fifth Ave., Seattle, WA 98124, 206 358-3558; r. 13430 1st Ave. W., Everett, WA 98208, 206 745-8826.
KLANN, Kathy Jean; '83 BSBA; Ld Cash Applictn Clk; Univ. Hosps. of Cleveland, 2074 Abington Rd., Cleveland, OH 44106; r. 1093 Shepard Hills Blvd., Macedonia, OH 44056, 216 467-7026.
KLASSMAN, Richard Soloman; '82 BSBA; Restauranteur; Beverly Hills Cafe, 26300 Cedar Rd., Beachwood, OH 44118, 216 464-6544; r. 23205 Fernwood Dr., Beachwood, OH 44122, 216 464-0926.
KLASSON, Dr. Charles R.; '53 BSBA, '56 MBA; Prof.; Univ. of Iowa, Clg. of Bus. Admin., Iowa City, IA 52242, 319 335-0887; r. 2006 Glendale Rd., Iowa City, IA 52245, 319 351-3813.
KLASSON, Mildred Hergatt; '53 BSBA; Homemaker/Volunteer; r. 2006 Glendale Rd., Iowa City, IA 52245, 319 351-3813.
KLATSKIN, Andrew Steven; '69 BSBA; Atty.; Carpenter & Klatskin PC, 518 17th St. Ste. 1500, Denver, CO 80202, 303 534-6315; r. 4776 S. Helena Way, Aurora, CO 80015, 303 693-2928.
KLATSKIN, Neil Martin; '82 BSBA; VP; Wm A White/Tishman East Inc., 55 E. 59th St., New York, NY 10022, 212 759-9700; r. 20 E. 9th St., Apt., 4M, New York, NY 10003, 212 529-4220.
KLATT, Mrs. Cynthia L., (Cynthia L. Halpin); '83 BSBA; Asst. Auditor; Auditor of State, 88 E. Broad St., 5th Fl., Columbus, OH 43215, 614 864-3917; r. 5207 Southminster Rd., Hilliard, OH 43026, 614 876-4179.
KLAUS, Frank Makovec; '70 BSBA; Finance Dir.; Euclid Clinic Fndn., 18599 Lake Shore Blvd., Euclid, OH 44119, 216 383-8500; r. 27999 S. Woodland Rd., Pepper Pike, OH 44124, 216 292-4891.
KLAUS, Larry Leroy; '76 BSBA; Sales Rep.; Philip Morris, 100 Park Ave., New York, NY 10001; r. RR 1, Delphos, OH 45833, 419 692-4164.
KLAUS, Margaret Blanche; '85 BSBA; Industrial Engr.; Boeing Georgia Inc., POB 10248, Wilson Airport, Macon, GA 31297, 912 781-3043; r. 109 Springtime Dr., Warner Robins, GA 31088, 912 953-5405.
KLAUS, William Richard; '82 BSBA; VP of Mfg.; Automatic Equip. Corp., Magnetics Div, 2974 Graves Ln., Cincinnati, OH 45241, 513 769-0044; r. 900 Ledro St., Cincinnati, OH 45246, 513 671-2204.
KLAUSING, Richard Eugene; '77 MBA; Mgr. Financial Opertn; UNISYS, 4151 Ashford-Dunwoody Rd., Atlanta, GA 30319, 404 851-3603; r. 1712 Rochelle Dr., Dunwoody, GA 30338, 404 395-1549.
KLAUSNER, Gregory Joseph; '76 MBA; CEO; Hallmark Fabrics Inc., 7124 Industrial Park Blvd., Mentor, OH 44060, 216 951-2111; r. 6806 Glencairn Ct., Mentor, OH 44060, 216 255-9350.
KLAY, George Henry; '76 BSBA; Process Operator; BP Oil Refinery, S. Metcalf St., Lima, OH 45801; r. 3883 N. Dixie Hwy., Lima, OH 45801, 419 221-0735.
KLAYMAN, Don Allan; '80 BSBA; Prof. Musician; r. 4019 Anvil Ct., Norcross, GA 30009, 404 923-6089.
KLAYMAN, John Lloyd; '76 BSBA; Sales Rep.; Acad. Music Co., 1443 Warrensville Ctr. Rd., Cleveland, OH 44121, 216 381-8460; r. 6508 Fairfax, Mentor, OH 44060, 216 255-8221.
KLEBACHA, George Paul; '79 MBA; Supv./Process Engrg.; P P G Industries, POB 269, Crestline, OH 44827; r. 21 Darby Dr., Lexington, OH 44904, 419 884-0297.
KLECKNER, Robert Anthony; '59 MACC; Managing Dir.; Grant Thornton Intl., National Ofc., 17th Fl., Prudential Plz., Chicago, IL 60601, 312 856-0001; r. 1204 Ashland Ave., Wilmette, IL 60091, 312 256-1420.
KLEESPIE, Dr. Dee L.; '61 PhD (ACC); Prof. Emeritus; Univ. of Arizona, Dept. Business/Public Admin, Tucson, AZ 85721; r. 821 N. Magnolia Ave., Tucson, AZ 85711.
KLEIFGEN, Paul Robert; '73 BSBA; Sales Mgr.; Bourg Collators of Texas, 10690 Shadow Wood #119, Houston, TX 77043, 713 461-7422; r. 6612 Lancret Hill Dr., Austin, TX 78745, 512 448-1762.
KLEIMAN, Ansel; '50 BSBA; Pres./Dir.; Telex Communications Inc., 9600 Aldrich Ave. S., Minneapolis, MN 55420; r. 3501 S. Zenith Ave., Minneapolis, MN 55416, 612 927-9488.
KLEIN, Alan D.; '55 BSBA; VP of Devel.; Fulcrum Devel. Co., 1040 Crown Pointe Pkwy., #360, Atlanta, GA 30338, 404 391-9455; r. 2145 Six Branches Dr., Roswell, GA 30076, 404 992-4765.
KLEIN, Alan Reiter; '26 BSBA; Ret Sales Rep.; r. 27500 Cedar Rd., #709, Beechwood, OH 44122, 216 292-6720.
KLEIN, Allan M.; '43 BSBA; Retired; r. 1700 Presidential Way, Apt. #101, W. Palm Bch., FL 33401, 407 684-3585.
KLEIN, Audrey Helene; '82 BSBA; 4313 Groveland Rd., Cleveland, OH 44118.
KLEIN, Bradley N.; '79 BSBA; Operations Mgr.; Natl. Tire Wholesale, Inc., 100 W. Bay Area Blvd., Webster, TX 77598; r. 735 Redway Ln., Houston, TX 77062, 713 486-0578.
KLEIN, Bruce Michael; '77 BSBA; Pres.; Bernie's Photo Ctr., 525 E. Ohio St., Pittsburgh, PA 15212, 412 231-1718; r. 4789 Wallingford, Pittsburgh, PA 15213, 412 683-5440.
KLEIN, Curt James; '86 BSBA; Member of Mktg. Staff; The Buckeye Stamping Co., 555 Marion Rd., Columbus, OH 43207, 614 445-8433; r. 5665 Tacoma Rd., Apt. F, Columbus, OH 43229, 614 846-8250.
KLEIN, Daniel L.; '47 MACC; 600 Almeda Blvd., Coronado, CA 92118, 619 435-2619.
KLEIN, Mrs. Florence S., (Florence Slaff); '48 BSBA; Dept. Chairperson; Passaic HS, Paulison Ave., Passaic, NJ 07013, 201 470-5455; r. 83 Mountain View Dr., Clifton, NJ 07013, 201 279-2791.
KLEIN, Ms. Hallee Dianne; '83 BSBA; Salesperson; Dun & Bradstreet, 6701 Rockside Rd., Independence, OH 44131, 216 524-8080; r. 6505 Marsol, Mayfield Hts., OH 44124, 216 461-6881.
KLEIN, Helga Christine; '82 BSBA; 717 Mayer Dr., Mansfield, OH 44907, 419 525-2748.
KLEIN, Jay R.; '54 MBA; Pres.-Employment Couns.; Precision Placements, Inc., 1999 E. Marlton Pike, Cherry Hill, NJ 08003, 609 424-0955; r. 212 Charlann Cir., Cherry Hill, NJ 08003, 609 424-4294.
KLEIN, Josef Jay; '49 BSBA; Atty.; Klein, Levine, Donner, 16311 Ventura Blvd., Ste. 500, Encino, CA 91436, 818 907-8400; r. 616 20th St., Santa Monica, CA 90402, 213 395-9633.
KLEIN, Kathleen Uland; '78 BSBA; 4 Allen St., Northampton, MA 01060.
KLEIN, Lawrence Ray; '84 BSBA; Leasing Rep.; Forest City Enterprises, 10800 Brookpark, Cleveland, OH 44130, 216 267-1200; r. 6505 Marsol Dr., #621, Mayfield Hts., OH 44124, 216 461-7482.
KLEIN, Dr. Leon R.; '55 BSBA, '56 MBA, '63 PhD (BUS); Assoc. Prof.; Wayne State Univ., Dept. of Marketing, Detroit, MI 48202; r. 16167 Carriage Trade Ln., Southfield, MI 48075, 313 569-1661.
KLEIN, Margo '78 (See Sweitzer, Margo Klein).
KLEIN, Mark Ira; '69 BSBA; 7723 Shirley Dr., Clayton, MO 63105, 314 721-8585.
KLEIN, Norma Kaufman; '54 BSBA; Interior Decorator; Arc-Lectric, 505 3rd Ave., San Diego, CA 92101; r. 6704 Casselberry Way, San Diego, CA 92119, 619 697-2461.
KLEIN, Mrs. Oreta M., (Oreta M. Booth); '80 BSBA; 5444 Murfield Ct., Dublin, OH 43017, 614 889-5444.
KLEIN, Peter Merrill; '71 MPA; Owner; Peter Klein Co., 1550 W. Henderson Rd, Columbus, OH 43220; r. 5444 Muirfield Ct., Dublin, OH 43017, 614 889-5444.
KLEIN, Richard Michael; '82 MBA; Patent/Trademrk Atty.; Fay, Sharpe et al, 1100 Superior Ave., Ste. 700, Cleveland, OH 44114, 216 861-5582; r. 906 Barkston Dr., Highland Hts., OH 44143, 216 449-0296.
KLEIN, Roger Julius; '73 BSBA; Mgr.; Burroughs Corp., Marketing Support Group, 6820 W. Snowville Rd., Brecksville, OH 44141; r. 5567 Kingsfield Dr, W. Bloomfield, MI 48322.
KLEIN, Russell Bernard; '79 BSBA; Sr. VP; Seven Up Co. USA, 8144 Walnut Hill Ln., POB 655086, Dallas, TX 75265, 214 360-7000; r. The Bonaventure, 5200 Keller Springs Rd., Dallas, TX 75248, 214 871-9459.
KLEIN, Stanley B.; '48 BSBA; 659 Abrigo Ct., San Ramon, CA 94583.
KLEIN, Stephen G.; '83 BSBA; Controller-Purch. Agt.; Karder Rubber Machinery & Eng., 258 Kenmore Blvd., POB 349, Akron, OH 44301, 216 253-3377; r. 400 Mowbray Rd., Akron, OH 44313, 216 867-4906.
KLEIN, Steven Joseph; '81 BSBA; Acctg. Dept. Mgr.; Park Natl. Bk., 50 N. Third St., Newark, OH 43055, 614 349-3762; r. 3719 Hebron Rd., Hebron, OH 43025, 614 928-1215.
KLEIN, Susan Melanie; '84 BSBA; Atty.; Larry Natinsky, 1390 S. Dixie Hwy., Ste. 1203, Coral Gables, FL 33146, 305 666-5233; r. 5401 Collins Ave., Apt. 707, Miami Bch., FL 33140, 305 861-4111.
KLEIN, Virginia Susan '82 (See Daly, Virginia Klein).
KLEINE, Cody Richard; '85 BSBA; Acct.; Ellett Bros., PO Drawer G, Chapin, SC 29036, 803 345-3751; r. 3930 Broad River Rd., Columbia, SC 29210, 803 798-1531.
KLEINER, Mark Louis; '84 BSBA; Installation Dir.; Shared Med. Systs., Field Installations Dept., 2550 Corporate Exchange Dr., Columbus, OH 43229, 614 895-3232; r. 969 E. College Ave., Westerville, OH 43081, 614 882-9482.
KLEINGUETL, Edward; '82 BSBA; VP & Controller; Allwaste, Inc., 4800 Sugar Grove Blvd., Ste. 170, Stafford, TX 77477, 713 240-0360; r. 3214 Creek Shadows Dr., Kingwood, TX 77339, 713 360-5461.
KLEINHANS, Charles J.; '43 BSBA; Retired VP/Secy.; Porcelain Metals Corp., 1400 S. 13th St., Louisville, KY 40210; r. 5810 Brittany Woods Cir., Louisville, KY 40222, 502 425-4751.
KLEINHENZ, Andrew N.; '58 BSBA; Owner; Pantsmakers, 7676 McGwen Rd., Centerville, OH 45459, 513 439-1261; r. 7557 Yankee St., Dayton, OH 45459, 513 433-2854.
KLEINKE, Jon Dana; '86 BSBA; Financial Analyst; GE FANUC Automation, Fanuc Automation, Rte. 29 N., Charlottesville, VA 22906, 804 978-5252; r. Rte. 1, Box 236C, Barboursville, VA 22923, 804 985-4288.
KLEINKNECHT, Steven D.; '88 BSBA; 656 Portland Way, Galion, OH 44833.
KLEINMAN, George; '73 BSBA; Pharmaceutical Rep.; r. 4801 95 1/2 St. W., Minneapolis, MN 55437.
KLEINSCHMIDT, Andrew J.; '85 BSBA; Sr. Systs. Cnslt.; Computer Works Inc., 7000 N. Broadway, Denver, CO 80221, 303 426-1582; r. 11581 W. 100th Pl., Westminster, CO 80020, 303 466-5370.
KLEINSCHMIDT, Steven Alen; '79 BSBA; Agt./Reg. Rep.; The Equitable Ins. Cos., Michael Fitzpatrick Agency, 155 Prospect Ave., W. Orange, NJ 07052, 201 731-8800; r. RD #1, Box 100-E, Andover, NJ 07821, 201 850-4524.
KLEINSCHMIDT, Mrs. Susan P., (Susan Louise Pistler); '85 BSBA; Sales Rep.; Procter & Gamble, 3131 S. Vaughn Way, Denver, CO 80014, 303 696-4750; r. 11581 W. 100th Pl., Westminster, CO 80020, 303 466-5370.
KLEKAMP, Robert C.; '55 MBA; Asst. Prof.; Dept. of Mgmt., Xavier University, Cincinnati, OH 45207; r. 1131 Brayton, Cincinnati, OH 45215, 513 948-8313.
KLEMAN, Lisa M., (Lisa G. McGlone); '84 BSBA, '88 MBA; Rsch. Info. Spec.; Nationwide Ins., One Nationwide Plz., Columbus, OH 43215, 614 249-6173; r. 8724 Easton Dr., Pickerington, OH 43147, 614 837-4277.
KLEMAN, Terry N.; '84 BSBA; Sr. Programming Analyst; Nationwide Ins., One Nationwide Plz., Columbus, OH 43215, 614 249-2509; r. 8724 Easton Dr., Pickerington, OH 43147, 614 837-4277.
KLEMAN, Wayne J.; '66 BSBA; Controller; Domino's Pizza, Inc., POB 646, 130 E. Wilsonbridge Rd., Worthington, OH 43085, 614 885-0030; r. 4815 Wynwood Ct., Columbus, OH 43220, 614 451-9772.
KLEMPAY, John F.; '85 BSBA; Sales Rep.; Keebler Co., Cleveland Zone, 2823 Gilchrist Rd., Akron, OH 44305, 216 733-1380; r. 979 Mill Cir., #142, Alliance, OH 44601, 216 823-8017.
KLENK, Lester J.; '32 BSBA; Retired; r. 1624 N. Lynhurst Dr., Apt. 15, Indianapolis, IN 46224, 317 244-8010.
KLENK, Raymond L.; '61 BSBA; Staff; Honeywell Inc., Honeywell Plz., Minneapolis, MN 55408; r. RR No 1, Rush City, MN 55069, 612 358-3480.
KLEOSAKUL, Uran; '87 BSBA; 403 Fenway Rd., Columbus, OH 43214, 614 431-5201.
KLEPCHAK, Steven Douglas; '72 BSBA; Gen. Supv.; GM Corp., Truck & Bus Division, Pricing & Analysis, Pontiac, MI 48053, 313 456-4290; r. 8304 Peaceful Valley, Clarkston, MI 48016, 313 625-8949.
KLEPINGER, John R.; '52 BSBA; Security Broker; Cenpac Securities Corp., 1661 E. Camelback Rd., Phoenix, AZ 85016; r. 936 E. 8th Pl., Mesa, AZ 85203, 602 969-5778.
KLEPINGER, William O.; '52 BSBA; Account Exec.; Francis I Du Pont & Co., 1644 Welton St., Denver, CO 80202; r. 29/2878 Shady Ln., Highlands Rnch., CO 80126, 303 741-0757.
KLESHINSKI, Barbara Lockett; '85 BSBA; Financial Analyst; Bancohio Natl. Bank, 155 E. Broad St., Columbus, OH 43251, 614 463-8835; r. 186 Greenbank Rd., Gahanna, OH 43230, 614 882-9425.
KLESHINSKI, David; '76 BSBA; Staff; White's Fine Furniture, 5051 Frwy. Dr., Columbus, OH 43229; r. 4012 Tri-Corner Ct., Gahanna, OH 43230, 614 476-4620.
KLESHINSKI, Mark; '84 BSBA; Syst. Engr.; IBM Corp., 140 E. Town St., Columbus, OH 43215, 614 225-3876; r. 186 Greenbank Rd., Gahanna, OH 43230, 614 471-7314.
KLESHINSKI, Paula '87 (See Nestor, Paula Kleshinski).
KLESS, Harry; '41 BSBA; 4446 Baintree Rd, Cleveland, OH 44118, 216 381-0898.
KLETTER, Samuel Jay; '78 MBA; 744 W. Gordon Tr. 203, Chicago, IL 60613, 312 764-5220.
KLEVAY, Walter S., Sr.; '52 BSBA; Chmn. of The Bd.; Kleco Corp., 6060 Rockside Woods Blvd., Ste. 226, Cleveland, OH 44131, 216 642-1031; r. 690 Hampton Ridge Dr., Akron, OH 44313, 216 867-4222.

KLEVAY, Walter Stephen, Jr.; '74 BSBA; Pres.; Aviation Product Support, 7600 Tyler Blvd., Mentor, OH 44060, 216 951-1133; r. 1 Louis Dr., Pepper Pike, OH 44124.

KLEVEN, Kathleen Siddall; '82 MPA; Homemaker; r. 135 Nottingham Rd., Columbus, OH 43214, 614 263-9506.

KLEVEN, William P.; '76 BSBA, '78 MBA; VP Commercial Lending; Mellon Bank, One Mellon Bank Ctr., Pittsburgh, PA 15258, 412 234-3487; r. 1217 Denniston Ave., Pittsburgh, PA 15217, 412 421-1879.

KLICE, Lisa Marie; '83 BSBA; Financial Syst. Cnslt.; Shared Med. Systs., Valley Stream Pkwy., Malvern, PA 19355, 215 251-3947; r. 936 N. Pullman Dr., Railway Sq., West Chester, PA 19380.

KLIE, Douglas; '50; VP; Klie Hall Ins. Inc., 999 W. 6th Ave., Columbus, OH 43212, 614 299-1172; r. 785 Pleasant Ridge Ave., Columbus, OH 43209, 614 231-8076.

KLIM, Richard David; '87 BSBA; Supv.-Machine Shop; Cummins Engine Co. Inc., 199 Fifth St. & Cottage Ave., Columbus, IN 47201, 812 377-6077; r. 1152 Kevin Dr., Columbus, IN 47201, 812 378-2666.

KLINE, Chris Osborn; '81 BSBA; 1673 Oliver St., Rahway, NJ 07065, 201 381-9610.

KLINE, Cynthia '83 (See Morrison, Cynthia K.).

KLINE, Dennis P.; '83 BSBA; Ins. Supv.; Farmer's Ins., 6125 E. Kemper Rd., Sharonville, OH 45241, 513 489-6881; r. 3120 Oregonia Rd., Lebanon, OH 45036, 513 932-0378.

KLINE, LTC Doil Franklin, USAR; '50 BSBA; Retired; r. 4515 E. Cheery Lynn Rd., Phoenix, AZ 85018, 602 840-4897.

KLINE, George I.; '65 MACC; Investor Svcs. Ma; Pennsylvania Power & Light Co., 2 N. Ninth St., Allentown, PA 18101; r. 12 Fairlawn Rd, RR No 2, Center Valley, PA 18034, 215 797-5019.

KLINE, Gerald Edwin; '79 MBA; Materials Mgmt.; GM Corp., C P C Division, 2525 W. Fourth St., Mansfield, OH 44906, 419 755-5242; r. 2699 Lutz Ave., Mansfield, OH 44903, 419 589-9466.

KLINE, James H., Jr.; '65 BSBA; Supv.; City Natonal Bank, Acctg. Dept., 100 E. Broad St., Columbus, OH 43215; r. 151 S. Ardmore Rd, Columbus, OH 43209.

KLINE, Jeffrey D.; '77 BSBA; Exec. Dir., Ticket Oper.; New York Yankees Baseball Team, Yankee Stadium, Bronx, NY 10451, 212 293-4300; r. 51 Malvern Rd., Stamford, CT 06905, 203 322-1179.

KLINE, Jerry H.; '62 BSBA; VP Employee Relations; Motorola Inc., 1303 E. Algonquin Rd., Schaumburg, IL 60196, 312 576-5273; r. 610 Berkley Ct. Z-1, Schaumburg, IL 60194, 312 885-7408.

KLINE, Matilda '32 (See Asch, Mrs. Matilda Kline).

KLINE, Richard E.; '50 BSBA; Dir./Budgets & Plng.; Harvard Industries, 3959 Columbus Pike, Worthington, OH 43085, 614 548-2959; r. 899 Hard Rd., Columbus, OH 43235, 614 846-2959.

KLINE, Richard Jeffrey; '69 BSBA; Atty.; 1110 Commerce Ctr., 129 W. Trade St., Charlotte, NC 28202, 704 334-5494; r. POB 1797, Davidson, NC 28036, 704 892-3224.

KLINE, Woodrow W.; '37 BSBA; Retired; r. RD 1 Box 64, Boyertown, PA 19512, 215 369-1753.

KLINEBRIEL, Amy Lynne; '86 BSBA; 55 E. 15th Ave., Columbus, OH 43201.

KLINEDINST, Thorald S.; '33 BSBA; Retired; r. 2207 Applegrove NW, N. Canton, OH 44720, 216 494-0013.

KLING, Michael Irvin, IV; '86 BSBA; Staff Acct.; Arthur Young & Co., 1100 Superior Ave., Ste. 1600, Cleveland, OH 44114, 216 241-2200; r. 1479 Hunters Chase Dr., Apt. 2A, Westlake, OH 44145, 216 835-8916.

KLING, Robert Michael; '86 BSBA; Staff; Price Waterhouse & Co., 180 E. Broad St., Columbus, OH 43215; r. 1109 Sells Ave., Apt. J, Columbus, OH 43212, 614 486-8933.

KLINGEL, Kevin J.; '85 BSBA; Investment Ofcr.; State of Ohio, Treasurer of State's Ofc., 30 E. Broad St. 9th Fl., Columbus, OH 43215, 614 466-3511; r. 865 Richland Ter., Marion, OH 43302, 614 389-1043.

KLINGEL, Melanie Diane; '87 BSBA; 223 S. Marion, Waldo, OH 43356, 614 726-2290.

KLINGELHAFER, David Paul; '68 BSBA; Store Mgr.; K-Mart Corp., 8680 Beechmont Ave., Cincinnati, OH 45130, 513 474-3744; r. 11 Hammann Green Dr., Amelia, OH 45102, 513 753-7175.

KLINGENBERGER, Mark Douglas; '70 BSBA; Corporate Mgr.; Gen. Tire & Rubber Co., One General St., Employee Group Insurance, Akron, OH 44329; r. 2800 Waterbury St. NW, N. Canton, OH 44720, 216 499-5453.

KLINGER, Louis Barry; '73 BSBA; VP; Klinger Motors Inc., 222 W. Boston Post Rd, Mamaroneck, NY 10543, 914 698-3333; r. 116 Bayberry Ln., New Rochelle, NY 10804, 914 632-6370.

KLINGER, Roy J.; '48 BSBA; Retired; r. 1631 Whipple Ave., NW, Canton, OH 44708, 216 477-4439.

KLINGINSMITH, COL Russell Ellis, USAF(Ret.); '56 BSBA; Real Estate Broker; REK Real Estate, Rte. 3, Box 1067, San Antonio, TX 78218, 512 651-6477; r. Same.

KLINGLER, Denise Ellen; '85 BSBA; Sr. Mktg. Rsch. Analyst; Home Shopping Network, 1529 US Hwy. 19 S., Clearwater, FL 33546, 813 572-8585; r. 101 12th Ave., St. Petersburg Bch., FL 33706, 813 367-4924.

KLINGLER, Erma K. '47 (See Simons, Mrs. Erma K.).

KLINGLER, Keith W.; '86 BSBA; Warehouse Supv.; Martin-Brower Co., 2159 Lockbourne Rd., Columbus, OH 43207, 614 445-8486; r. 50 W. 9th Ave. Apt. K, Columbus, OH 43201, 614 421-2740.

KLINGSHIRN, James Paul; '75 BSBA; Staff; UPS, Huntley Rd, Columbus, OH 43229; r. 262 Northmoor Pl., Columbus, OH 43214.

KLINK, Bodo B.; '64 BSBA; VP; General Chemical Corp., 90 E. Halsey Rd., Parsippany, NJ 07054, 201 515-1978; r. 100 Elatan Dr., Pittsburgh, PA 15243, 412 279-9575.

KLINKER, Boyd Edwin, Jr.; '73 MA; Dir. Mktg. Support; CompuServe, Inc., Subsidiary of H &R Block, Inc., 5000 Arlington Ctr. Blvd., Columbus, OH 43220, 614 457-8600; r. 2504 Sonnington Dr., Dublin, OH 43017, 614 766-1266.

KLIPPERT, Rolf V. R.; '58 BSBA; 295 Elmwood Ave., E. Aurora, NY 14052, 716 652-5066.

KLOBOVES, Edward Howard; '81 MBA; 18742 Demion Ln., #A, Huntington Bch., CA 92646.

KLOBUCHAR, Anthony F.; '83 BSBA; 9000 S. Hamilton, Chicago, IL 60620.

KLODNICK, Kent D.; '85 BSBA; Programmr/Analyst II; Fed. Reserve Bank of Cleveland, E. 6th & Superior Ave., Cleveland, OH 44101, 216 579-2895; r. 1700 E. 13th St., Apt. 12-S.-E., Cleveland, OH 44114, 216 861-6787.

KLODNICK, Kurt Daniel; '86 BSBA; 2886 Tennyson Blvd., Apt. B, Columbus, OH 43232, 614 885-9008.

KLOHE, Paul J.; '81 BSBA; Acct.; Nutone Inc., Madison & Red Banks Rds., Cincinnati, OH 45227, 513 527-5100; r. 7016 Fowler Ave., Cincinnati, OH 45243, 513 791-2659.

KLONOWSKI, Bernard P.; '48 BSBA; Retired; r. 7475 Brecksville Rd., Independence, OH 44131, 216 524-6935.

KLONOWSKI, Gary Francis; '85 BSBA; Commercl Fin Auditor; Bankamerica Corp., Oak Brook, IL 60521; r. 2 S. 319 Kiowa Ct., Wheaton, IL 60187, 312 665-8019.

KLONTZ, Loren Russell; '58; Buyer; Armco Bldg. Systs. Inc., 1629 U S Rte. 35 SE, Washington C. H., OH 43160, 614 335-8783; r. 11280 US Rte. 35 NW, Jeffersonville, OH 43128, 614 948-2465.

KLOPFSTEIN, David Norris; '85 BSBA; 2350 N. Limestone, Apt. 16, Springfield, OH 45503.

KLOPFSTEIN, Melissa N. '84 (See Kowalski, Mrs. Melissa K.).

KLOPP, Constance Lee; '86 BSBA; Staff Acct.; Deloitte Haskins & Sells, 155 E. Broad St., Columbus, OH 43215, 614 229-4769; r. 5494 Bermuda Bay Dr. #2-B, Columbus, OH 43220, 614 457-5631.

KLOSE, Michael Karl; '81 BSBA; Terr Mgr.; Pfizer Inc., Agri. Div., Lee's Summit, MO 64063; r. 22 Highland Springs Dr. N., Mc Cordsville, IN 46055, 317 335-2811.

KLOSEK, Edmond E.; '52 BSBA; 95 Corbin Mills, Dublin, OH 43017, 614 889-5581.

KLOSKY, CDR Lowell H., USN(Ret.); '59 BSBA; CPA;Dir Finance & Acctg.; Edison Electric Inst., 1111 19th St., NW, Washington, DC 20036, 202 778-6497; r. 5707 Wooden Hawk Ln., Burke, VA 22015, 703 250-4642.

KLOSS, Matthew James; '84 BSBA; Staff; Roberts Express Inc., 2088 S. Arlington St., Akron, OH 44306; r. 737 Ridgecrest Rd., Akron, OH 44303, 216 867-5918.

KLOSS, Robert A.; '38 BSBA; Retired; r. 156 W. Riverglen Dr., Worthington, OH 43085, 614 885-5060.

KLOSS, Robert E.; '49 BSBA, '50 MBA; Retired Broadcaster; r. 17-B Turtle Creek Dr., Tequesta, FL 33469, 407 744-7872.

KLOSS, William D.; '53 BSBA; Atty./Partner; Vorys Sater Seymour & Pease, 52 E. Gay St., POB 1008, Columbus, OH 43216, 614 464-6220; r. 2640 Dorset Rd, Columbus, OH 43221, 614 486-3586.

KLOSTERMAN, Roger Lee; '80 BSBA; Mktg. Mgr.; Microcom Corp., 651-D Lakeview Plz. Blvd., Worthington, OH 43085, 614 885-9911; r. 5500 Kenny Ln., Columbus, OH 43235, 614 764-3860.

KLOSTERMAN, Walter W.; '50 BSBA; Retired; r. 38 N. Vista De Catalina, Laguna Bch., CA 92677, 714 499-2333.

KLOTZ, Dorothy E.; '29 BSBA; Owner; Klotz-Rowley Income Investment Co., 1628 Lamego Dr., Glendale, CA 91207, 818 241-7254; r. Same.

KLOTZ, Karla L.; '87 BSBA; Student; Ohio State Law Sch., Columbus, OH 43210; r. 1642 Clemson Cir., Cincinnati, OH 45255, 513 474-2586.

KLOVANICH, John P.; '62 BSBA; VP/Mfg.; Easco Hand Tools Inc., 318 Clubhouse Rd., Hunt Valley, MD 21031, 301 584-9220; r. 805 Katesford Rd., Cockeysville, MD 21030.

KLUENDER, Bruce Allen; '76 BSBA; Driver Sales Rep.; Dandee Potato Chip Co., 2901 E. 65th St., Cleveland, OH 44127, 216 341-1764; r. 3015 Stanley Rd., Fairlawn, OH 44313, 216 836-8026.

KLUG, Matthew David; '84 BSBA; Mgr. of Purchasing; Conaway Inc., 6611 Liggett Rd., Dublin, OH 43017, 614 766-0200; r. 1375 Morning Ave., Columbus, OH 43212, 614 488-5802.

KLUG, Dr. Raymond H.; '62 PhD (BUS); Prof Emeritus Mgmt.-Stats; USAF-Inst. of Tech., Sch. of Engrg., Wright Patterson AFB, OH 45433; r. 3819 Kemp Rd, Dayton, OH 45431, 513 429-2197.

KLUG, Thomas Joseph; '87 BSBA; Commerical Underwriter; Cincinnati Financial Corp., 6200 S. Gilmore Rd., Fairfield, OH 45250; r. 5392 Gantzfield Ct., Cincinnati, OH 45241, 513 489-0564.

KLUG, Thomas L.; '71 BSBA; VP; Drexel Burnham Lambert Inc., 60 Broad St., New York, NY 10004, 212 232-3100; r. 8 Deborah Ln., Chappaqua, NY 10514, 914 741-5183.

KLUGER, Esther Abrams; '46 BSBA; Social Worker; r. 824 E. Eugie Ave., Phoenix, AZ 85022, 602 375-3856.

KLUKOVICH, Kimberly '81 (See Crook, Kimberly Klukovich).

KLUNK, James D.; '60 BSBA; Auditor; Roy Green & Assoc., 1236 Powers Ferry Rd., Marietta, GA 30067; r. 690 S. Roosevelt Ave., Columbus, OH 43209, 614 237-4499.

KLUNK, Richard Edward; '76 BSBA; 3576 Chowning Ct., Columbus, OH 43220, 614 488-3711.

KLUSKA, J. Michael, III; '82 BSBA; Systs. Programmer; Natl. Advanced Systs., 9535-A Waples St., San Diego, CA 92126; r. 10630 Caminito Alvarez, San Diego, CA 92126.

KLUTE, Holly Lynn, (Holly Lynn Martin); '85 BSBA; Homemaker; r. 5936 Aqua Bay Dr., Columbus, OH 43220, 614 442-1470.

KLUTE, Scott Paul; '85 BSBA; Financial Analyst; Bank One of Columbus NA, 750 Piedmont Rd., Columbus, OH 43271, 614 248-2902; r. 5936 Aqua Bay Dr., Columbus, OH 43220, 614 442-1470.

KLYCE, Lauranne Elisabeth; '85 BSBA; Merchandiser; Glenbrook Labs, Div/Sterling Drug, New York, NY 10016; r. 273 Richards Rd., Columbus, OH 43214.

KLYM, Norman J.; '66 BSBA; Div. Pres.; Kirkwood Commutator Co., 4855 W. 130th St., Cleveland, OH 44135, 216 267-6200; r. 59 Collver Rd., Rocky River, OH 44116, 216 356-1694.

KMIOTEK, Steve; '82 BSBA; Traffic Mgr.; Cleveland Pneumatic, 3781 E. 77th St., Cleveland, OH 44105, 216 341-1700; r. 4201 Dentzler Rd, Parma, OH 44134, 216 843-8009.

KNABE, Brian Frederick; '81 BSBA; 634 Canterbury Ct., Newark, OH 43055.

KNABE, Scott A.; '88 BSBA; POB 141398, Columbus, OH 43214.

KNABLE, D. Douglas; '84 BSBA; CPA; Rippe & Kingston CPA's, 1077 Celestial St., Cincinnati, OH 45202, 513 241-1375; r. 420 Tusculum Ave., Cincinnati, OH 45226, 513 871-4472.

KNABLE, Sidney; '40 BSBA; Atty.; Voorhees Knable & Voorhees, 3465 Torrance Blvd. Ste. D, Torrance, CA 90503, 213 543-1333; r. 4816 W. Blackhorse Rd, Rancho Palos Verdes, CA 90274, 213 377-8951.

KNAPE, Kevin Dennis; '83 BSBA; Spec. Proj. Controller; Sprins Ind. Inc., POB 111, Hwy. 9, Lancaster, SC 29720, 803 286-3227; r. 2001 Ebenezer Rd., #7, Rock Hill, SC 29730, 803 366-0807.

KNAPEL, Ronald E.; '40 BSBA; Claims Regional Mgr.; Travelers Ins. Co., 185 Lennon Ln., Walnut Creek, CA 94596, 415 945-4242; r. 2331 Ticonderoga Ct., San Mateo, CA 94402, 415 574-7819.

KNAPP, Barbara Ellen '49 (See Wright, Ms. Barbara Ellen K.).

KNAPP, Charles Edward; '78 BSBA; Controller; Andrews Ofc. Prods., 401 Hampton Park Blvd., Capitol Hts., MD 20743, 301 499-1500; r. Lake Village Manor, 15812 Pillar Ln., Bowie, MD 20715, 301 249-4942.

KNAPP, Hon. Charles Freeman; '48 BSBA; Judge; Common Pleas Ct., Belmont Cnty., St. Clairsville, OH 43950, 614 695-2121; r. 102 Patti Ln., St. Clairsville, OH 43950, 614 695-4865.

KNAPP, Donald Joseph; '67 BSBA; Advisory Mktg. Rep.; IBM Corp., POB 1448, First Plz. Bldg., Tate Blvd., Hickory, NC 28603, 704 323-7900; r. 2004 10th St. Ln. NW, Hickory, NC 28601, 704 328-6798.

KNAPP, Donna Lynne; '80 BSBA; Realtor; ERA Kachina Realty West, 10200 Corrales Rd., NW, Albuquerque, NM 87124, 505 898-0444; r. 4812 Sundance Tr. NW, Albuquerque, NM 87120, 505 898-5428.

KNAPP, Glenn H.; '48 BSBA; Certified Public Acc; 823 National Bank Bldg., Portsmouth, OH 45662; r. 1231 Gallia St., Portsmouth, OH 45662, 614 353-5960.

KNAPP, Harry Conrad; '72 BSBA, '79 MBA; Branch Sales Mgr.; Data General Corp., 720 Cross Keys Ofc. Park, Fairport, NY 14450, 716 425-7510; r. 25 Sandpiper Hill, Fairport, NY 14450, 716 223-8793.

KNAPP, Howard Henry; '73 BSBA; Insustrial Rels Spec.; Ohio Steel Tube Co., Div of Copperweld Corp, 140 W. Main St., Shelby, OH 44875; r. 20 W. Park Dr., Shelby, OH 44875, 419 342-3863.

KNAPP, Jean '48 (See Meek, Mrs. Jean).

KNAPP, Kenneth D.; '61 BSBA; Instr.; Lew Petit Driving Sch., 166 Park Ave. W., Mansfield, OH 44902, 800 426-0575; r. 84 Mickey Rd., Shelby, OH 44875, 419 347-7120.

KNAPP, Kimberly Kay; '85 BSBA; 6550 Northland Rd., Worthington, OH 43085, 614 885-6589.

KNAPP, L. Joseph; '69 BSBA; Principal; Portsmouth Public Schs., 4th & Ct. Sts., Portsmouth, OH 45662; r. RR 2 Box 565 L, Sciotoville, OH 45662.

KNAPP, COL William Andrew, USAFR; '67 MBA; Svcs. Supv.; Guarenty Natl. Ins. Co., 100 Inverness Ter. E., Englewood, CO 80112, 303 790-8200; r. 6204 E. Peakview Ave., Englewood, CO 80111, 303 773-2040.

KNAPPE, Amy Van Sickle; '43; 19543 Coffinberry Blvd., Cleveland, OH 44126.

KNAPPE, Carl L., Jr.; '43; Retired; r. 19543 Coffinberry Blvd., Cleveland, OH 44126.

KNAPPENBERGER, Jerry L.; '64 BSBA; Farm Mgr.; Stoney Creek Farm, 1350 W. 5th Ave., Newark, OH 43055; r. 625 Country Club Dr., Unit G6, Newark, OH 43055, 614 344-8057.

KNASEL, Izetta Tabler, (Izetta Tabler); '34; Retired; r. 130 W. Pinehurst St., Sidney, OH 45365, 513 492-4384.

KNAUBER, Cheryl Lynn; '88 BSBA; 1033 County Rd. 159, Ashley, OH 43003, 614 747-2792.

KNAUFF, James Irvin; '75 BSBA; Pres.; Knauff Cnslts., 651 Walnut, Evansville, IN 47708; r. 6200 Ward, Evansville, IN 47711, 812 479-0094.

KNAZEK, Lisa Yvonne; '87 BSBA; Asst. Mgr.; Bob Evans Farms Restaurant, 34760 Maple Grove, Willoughby, OH 44094; r. 6303 Ridgebury Blvd., Mayfield Hts., OH 44124, 216 449-3353.

KNECHT, Brad A.; '83 BSBA; Systs. Analyst; Ohio Dept. of Human Svcs., 30 E. Broad St., Columbus, OH 43215, 614 644-8473; r. 676 Riverview Dr., #H3, Columbus, OH 43202, 614 267-8445.

KNECHT, Gilbert Morris; '55 BSBA, '58 MBA; Mgr.; Personnel & Trng. Div., Morris Plan Co, 715 Market St., San Francisco, CA 94103; r. 382 Alida Way, #211, S. San Francisco, CA 94080.

KNECHT, Kirk Edward; '78 BSBA; 118 Kimberly Pl., Circleville, OH 43113, 614 474-1237.

KNECHT, Mary K. '83 (See Bull, Mrs. Mary K.).

KNECHT, Robert A.; '40 BSBA; Retired CPA; r. 2110 Quail Dr., Lakewood, CO 80215, 303 237-4272.

KNECHTGES, Judith '80 (See Leyrer, Mrs. Judith E.).

KNECHTL, Robert E.; '50 BSBA; Acct.; 3069 Lakeshore Dr., Deerfield Bch., FL 33442, 305 782-7130; r. Same, 305 428-6776.

KNECHTLY, Rex Earl; '81 BSBA; Sr. Sales; Reichhold Chemicals, 5000 South Blvd., Charlotte, NC 28220, 704 525-6420; r. 4100 Woodfox Dr., Charlotte, NC 28226, 704 541-3447.

KNEDLER, John G.; '65 BSBA; Personnel Dir.; GM Corp., Delco Remy Division, 760 Jersey Ave., New Brunswick, NJ 08903, 201 246-5115; r. 1371 Peoria Pl., N. Brunswick, NJ 08902, 201 247-5862.

KNEEN, Robert Scott; '81 BSBA; Supt. of Fin. Goods Ship.; The Hoover Co., 101 E. Maple St., N. Canton, OH 44720, 216 499-9200; r. 8005 Killington Ave. NW, N. Canton, OH 44720, 216 494-1771.

KNEESSI, Michael Charles; '74 BSBA; 1752 Hickory Creek Ln., #5, Columbus, OH 43229.

KNEISLEY, Winifred '46 (See Huffman, Winifred Kneisley).

KNEISLY, Virginia '45 (See Lewis, Virginia Kneisly).

KNELL, George H.; '56 BSBA; Atty. & Partner; Knell & Dorner, 3 N. Main St., Mansfield, OH 44902, 419 524-5568; r. 98 Redwood Rd., Mansfield, OH 44907, 419 756-6868.

KNELL, Dr. Leonard G.; '59 BSBA; Phys.; r. 4808 Yale Ave. NE, Canton, OH 44709, 216 494-6383.

KNELL, Richard H.; '51; Clerk; Public Employee Retirement Syst., 277 E. Town St., Columbus, OH 43215; r. 1811 Bedford Rd, Columbus, OH 43212.

KNEPPER, Charles D., Jr.; '58 BSBA, '59 MBA; Sr. VP; Liggett-Stashower Inc., 1010 Euclid Ave., Cleveland, OH 44115, 216 771-0300; r. 350 Parklawn Dr., Rocky River, OH 44116, 216 333-7793.

KNEPPER, G. Jeffrey; '67 BSBA; Dir., Advanced Tech.; Touche Ross, 1900 M St., NW, Washington, DC 20036, 202 955-4229; r. 2606 Chilcott Ct., Vienna, VA 22180, 703 281-3055.

KNEPPER, John A.; '41 BSBA; Retired; r. 8154 Brittany Pl., Pittsburgh, PA 15237, 412 364-5373.

KNERR, Cecil E., Jr.; '59 BSBA; MIS Mgr.; Van Dyne-Crotty Inc., POB 442, Dayton, OH 45401, 513 236-1500; r. 7830 Raintree, Dayton, OH 45459, 513 433-2535.

KNERR, George R., Jr.; '50 BSBA; VP; Amp Inc., Data Systs. Division, Harrisburg, PA 17105; r. 12 Kensington Sq., Mechanicsburg, PA 17055.

KNERR, Richard Alan, Sr.; '84 BSBA; 7580 Jackman Rd, Temperance, MI 48182.

KNIBLOE, Ralph L.; '34 BSBA; 25 Taunton Hill Rd., Newtown, CT 06470, 203 426-2000.

KNICELY, A. Lee; '74 MBA; Sr. VP; Connecticut Natl. Bank, One Landmark Sq., Stamford, CT 06904, 203 358-6119; r. 15 Little Brook Rd., Wilton, CT 06897, 203 834-9844.

KNICKERBOCKER, Thomas Lee; '86 BSBA; VP; Knickerbocker Pools Inc., 2449 Linebaugh Rd., Xenia, OH 45385, 513 426-7081; r. 2401 Kewanna Ln., Beavercreek, OH 45385, 513 429-8807.

KNIERIM, Carol Anne; '85 BSBA; 121 Sherringham Ct., Apt. G, Dayton, OH 45429, 513 258-0864.

KNIES, Evadna Johnson, (Evadna A. Johnson); '38 BSBA; Homemaker; r. 650 Westbrook Rd., Ridgewood, NJ 07450, 201 445-4794.

KNIES, Paul H.; '40 BA; Retired Sr. VP/Controllor; Metropolitan Life Ins. of NY; r. 650 Westbrook Rd., Ridgewood, NJ 07450, 201 445-4794.

KNIGHT, Aldis M.; '64 BSBA; Dir.; Purdue Univ., Staff Training Dept., Freehafer Hall, W. Lafayette, IN 47907, 317 494-7390; r. 8304 Timber Ln., Lafayette, IN 47905, 317 564-4426.

KNIGHT, Hon. Charles Howard; '72 MBA; Judge; Meigs Cnty., Commomn Pleas Ct., 2nd St., Pomeroy, OH 45769; r. 37651 Texas Rd., Pomeroy, OH 45769.

KNIGHT, David P.; '65 BSBA; Mgmt. Supv.; Navistar, 2069 Lagonda, Springfield, OH 45503, 513 390-4425; r. 503 Rd 24 S., De Graff, OH 43318, 513 585-6130.
KNIGHT, Douglas Allan; '84 BSBA; Buyer; Higbee Co., 100 Public Sq., Cleveland, OH 44113; r. 4001 Elmwood Rd., Cleveland Hts., OH 44121, 216 291-1896.
KNIGHT, George M.; '56 BSBA; Sales Mgr.; Allstate Ins. Co., 2440 S. Hacienda Blvd., Ste. 122, Hacienda Hts., CA 91745, 818 968-5712; r. 3204 El Sebo, Hacienda Hts., CA 91745, 818 336-5820.
KNIGHT, Glenn R.; '49 BSBA; Retired; r. 5482 Dorothy Dr., N. Olmsted, OH 44070, 216 734-4687.
KNIGHT, CAPT James E., USAF; '67 BSBA; Prod Prog.; Rockwell Intnatl B 1 Syst., 5701 W. Imperial Hwy., Los Angeles, CA 90045; r. 9129 6th Ave. N., Birmingham, AL 35206, 205 833-7683.
KNIGHT, Jerome C.; '49 BSBA; Owner; JAE Ice Cream Co., 2599 S. Hamilton Rd., Columbus, OH 43232; r. 91 N. Stanwood Rd., Columbus, OH 43209, 614 239-7758.
KNIGHT, LTC John Robert, USA; '67 BSBA; Military Intelligence; HHC 30 INF Div. (G2), APO, New York, NY 09036; r. Hans Boeckler Strasse 28A, 8709 Rimpar, West Germany, 093653889.
KNIGHT, Stephen Richard; '81 BSBA; Asst. VP; Household Bank, Mortgage Loan Production, 4491 Refugee Rd., Columbus, OH 43227; r. 5741 Tara Hill Dr., Dublin, OH 43017, 614 766-7929.
KNILANS, Michael Jerome; '49 BSBA; Pres. & Dir.; Big Bear Stores, 770 W. Goodale Blvd., Columbus, OH 43212, 614 464-6516; r. 1119 Kingsdale Ter., Columbus, OH 43220, 614 451-1293.
KNILANS, Richard S.; '49 BSBA; Adjuster; Indiana Ins. Grp., 1840 Mackenzie Dr., Columbus, OH 43220, 614 457-5606; r. 47 Sprague Dr., Hebron, OH 43025, 614 928-8066.
KNIPE, Darlene Carr; '75 BSBA; POB 359, Ashton, IL 61006, 815 453-7734.
KNIPE, Wilson, III; '49 BSBA; Syst. Surveillnce Mgr.; Battelle Mem. Inst., Project Management Division, 505 King Ave., Columbus, OH 43201, 614 424-4861; r. 3640 Olentangy Blvd., Columbus, OH 43214, 614 268-9773.
KNIPFER, Clyde B.; '37; Rep.; Glen Falls Ins. Co., 57 Forsyth St. N. W., Atlanta, GA 30303; r. 1848 Colt Dr., Chamblee, GA 30341.
KNIPP, Ronald B.; '60; Special Investigator; State Farm F & C Ins. Co., 1440 Granville Rd., Newark, OH 43055, 614 349-5419; r. 7367 Central College Rd., New Albany, OH 43054, 614 855-9200.
KNISELY, Douglas Charles; '71 BSBA; CPA; Bolon Hart & Beuhler Inc., 65 E. State St., Ste. 1506, Columbus, OH 43215, 614 228-2691; r. 5875 Grove City Rd., Grove City, OH 43123, 614 871-0227.
KNOBEL, Harry Spencer; '51 MBA; Retired; r. 2095 Fairway Blvd., Hudson, OH 44236, 216 656-4112.
KNOBLE, Paul Joseph; '79 BSBA; Asst. Treas.; Lorain Cnty. Bank, 124 Middle Ave., Elyria, OH 44035, 216 329-8000; r. 9976 Gifford, Amherst, OH 44001, 216 965-8535.
KNOCH, Eric Scott; '83 BSBA; Analyst; Cincinnati Bell Info. Syst. Inc., 600 Vine St., Cincinnati, OH 45202, 513 784-5693; r. 547 Davis Rd., Unit #9, Cincinnati, OH 45255, 513 752-6487.
KNOCH, James Michael; '80 BSBA; Sr. Analyst/Programmer; Transamerica Ins. Grp., 1150 S. Olive St., Los Angeles, CA 90015; r. 11873 Nightingale St., Moorpark, CA 93021, 805 523-2165.
KNODEL, Eric Jonathan; '87 BSBA; 2920 Stanwin Pl., Cincinnati, OH 45241.
KNOEF, Brian Dustman; '76 MACC; Dir./Tax Administratn; Cummins Engine Co. Inc., 500 Jackson St., Columbus, IN 47201, 812 377-3396; r. 3805 Lakeside Dr., Columbus, IN 47203, 812 376-9100.
KNOEF, Kevin Dean; '78 BSBA, '80 MBA; Staff; IBM Corp., c/o Postmaster, Sterling Forest, NY 10979; r. 35 Peter Bush Dr., Monroe, NY 10950, 914 782-0356.
KNOFF, John F.; '56 BSBA; Pres.; Allen Mason Ins., 420 S. Broadway, Escondido, CA 92025, 619 740-2040; r. 1130 Baja Way, San Marcos, CA 92069, 619 744-7084.
KNOFSKY, Howard; '49 BSBA; Pres.; Jolly Good Industries Inc., 2007 Corporate Dr., Boynton Bch., FL 33426, 407 736-5792; r. 4205 Bocaire Blvd., Boca Raton, FL 33487, 407 994-6315.
KNOFSKY, Joyce Weiner; '52; 4205 Bocaire Blvd., Boca Raton, FL 33487, 407 994-6315.
KNOKE, William Kenneth; '79 BSLHR; Fed. Svc.; US Govt.; r. 2251 Watt Ave. #136, Sacramento, CA 95825, 916 487-8027.
KNOLL, Joan Clark; '52; 3900 Dorset Dr., Dayton, OH 45405, 513 275-7896.
KNOLL, Milton; '49 BSBA; Developer; POB 1086, Newark, OH 43055, 614 344-1151; r. 175 Stanwick Ct., Newark, OH 43055, 614 344-7575.
KNOLL, S. Nancy '49 (See Lamping, Mrs. Nancy K.).
KNOLLMAN, Kirk William; '84 BSBA; Branch Mgr.; Sherwin Williams, #1062, 7140 Montgomery Rd., Cincinnati, OH 45236, 513 791-1537; r. 11493 Village Brook Dr., #606, Cincinnati, OH 45249, 513 530-5475.
KNOLLS, Adam Matthew; '86 BSBA; Controller; ENBE Inc., 5198 E. Main St., Columbus, OH 43213, 614 866-1003; r. 628 S. Pearl St., Columbus, OH 43206, 614 221-6315.
KNOLLS-WALKER, Harriet Laven; '55 BSBA; Survey Rsch. Interviewer; Survey Rsch. Assoc.; r. 2437 E. Livingston Ave., Columbus, OH 43209, 614 231-3968.
KNOOP, Charles L.; '64 BSBA; Exec. VP; Premium Glass Co., Columbus, OH 43215, 614 443-4701; r. 4312 Riverside Dr., Columbus, OH 43220, 614 457-4848.
KNOOP, Nancy White, (Nancy White); '62 BSBA; Acct. Cnslt.; Arlington-Peninsula Assoc., 4312 Riverside Dr., Columbus, OH 43220, 614 457-4848; r. Same.
KNORR, Carol Dinapoli; '70 BSBA; 225 South St., Apt. B, Tiltonsville, OH 43963.
KNOSKE, George Robert; '86 BSBA; Programmer/Analst; The Ltd. Inc., One Limited Pkwy., POB 16528, Columbus, OH 43216, 614 479-7697; r. 1064 Pennsylvania Ave., Columbus, OH 43201, 614 294-1823.
KNOST, James Richard; '73 BSBA; Principal/Audit Dept.; Arthur Young & Co., One Seagate, Toledo, OH 43604, 419 244-8000; r. 5544 Forest Bend, Toledo, OH 43615, 419 865-2747.
KNOST, William E.; '49 BSBA; Retired; r. 1408 Franklin Ave., Portsmouth, OH 45662, 614 353-6687.
KNOTT, Kirstin J.; '88 BSBA; Pilot/Usaf; r. 3820 Ridgewood Dr., Columbus, OH 43026.
KNOUFF, Mark Steven; '76 BSBA, '88 MBA; Div. Mgr.; Canada Dry Corp., 2600 Century Pkwy., Atlanta, GA 30345, 614 889-6063; r. 5691 Rothesay Dr., Dublin, OH 43017, 614 889-7953.
KNOUFF, Paul E.; '45; CPA; 1565 Bethel Rd., POB 20327, Columbus, OH 43220, 614 451-2772; r. 2140 Haverford Rd, Columbus, OH 43220, 614 451-2617.
KNOUFF, Robert E.; '65 BSBA; Box 124, Cusick, WA 99119.
KNOUSE, Todd Louis; '88 MBA; 1558 Essex Rd., Columbus, OH 43221, 614 488-0898.
KNOWLES, Brooke Ellen; '86 BSBA; Intl. Mgmt. Trainee; Honda Motor Co. Ltd., No 27 8 6 Chome, Jingumae Shibuya-Ku, Tokyo, Japan; r. 7652 Kimmel Rd., Clayton, OH 45315, 513 836-2343.
KNOWLES, George Wallace; '49 BSBA; Retired; r. 9500 S. A1A St., Apt. 1809, Jensen Bch., FL 34957, 407 229-5694.
KNOWLES, Philip George; '73 MBA; Physics Tchr.; Baton Rouge HS, 2528 Government St., Baton Rouge, LA 70806, 504 383-0520; r. 12010 Lake Sherwood Ave. S., Baton Rouge, LA 70816, 504 292-6261.
KNOWLES, Robert Otis; '72 BSBA; Pres.; Knowles Mgmt. Co., 5600 W. Alexis Rd., Sylvania, OH, 419 885-4646; r. 3443 Orchard Tr., Toledo, OH 43606.
KNOWLTON, Charles H., Jr.; '47 BSBA; Pres.; Central Oil Asphalt Corp., 8 E Long St., Columbus, OH 43215, 614 224-8111; r. 2666 Bridgeview Rd., Columbus, OH 43221, 614 488-7874.
KNOWLTON, Dave; '76 BSBA; Dir.; Community Hosp. Hlth. Care Ctr., 144 W. Pleasant, Springfield, OH 45506, 513 328-5279; r. 2166 Ladue, Powell, OH 43065, 614 766-4959.
KNOX, Connie Ruth; '87 BSBA; Acctg. Clerk III; Integrity Life Ins. Co., 200 E. Wilson Bridge Rd., Worthington, OH 43085, 614 438-1189; r. 5478 Woodvale Ct. W., Westerville, OH 43081, 614 899-6524.
KNOX, David Brian; '87 BSBA; Staff Acct.; Coopers & Lybrand, 100 E. Broad St., Columbus, OH 43215; r. 460 Cumberland Dr., Columbus, OH 43213, 614 861-8729.
KNOX, Howard A.; '30 BSBA; Weatherstone Dr., # 12 Winders Creek, Rocky Mount, NC 27801.
KNOX, Judson M.; '59 BSBA; VP/Owner; Rainbow Metals Inc., 3826 Raleigh St., POB 26245, Charlotte, NC 28221, 704 372-7714; r. 10110 Patrick Henry Ln., Charlotte, NC 28226, 704 846-2608.
KNOX, Lois Chandler, (Lois Chandler); '81 BSBA; Staff Acct.; Gibson-Homans Co., 1755 Enterprise Pkwy., Twinsburg, OH 44087, 216 487-1270; r. 5809 Williamsburg Cir., Hudson, OH 44236, 216 650-1019.
KNOX, Norman E.; '48 BSBA; Retired Div. Mangr; John Deere & Co., Box 585, Syracuse, NY 13201; r. 9099 N. 75th St., #214, Milwaukee, WI 53223.
KNOX, Peter Joseph; '82 BSBA; Programmer/Analyst; Nationwide Ins. Co., One Nationwide Plz., Columbus, OH 43215, 614 249-5655; r. 2228 Tupsfield Rd., Columbus, OH 43229, 614 895-7622.
KNOX, Robert E.; '42 BSBA; Retired; r. 2 Meadowlawn Dr., Apt. 3, Mentor, OH 44060, 216 255-2905.
KNOX, Robert Stanley; '74 BSBA; Sr. Investment Spec.; Ashland Oil Inc., Treasury/Finance, POB 391, Ashland, KY 41114, 606 329-3885; r. 114 Bellefonte Dr., Bellefonte, KY 41101, 606 325-0821.
KNOX, Ms. Susan Unkefer; '71 BSBA; CPA; 2929 Kenny Rd. St. 165, Columbus, OH 43221, 614 459-0515; r. 4757 Powderhorn Ln., Westerville, OH 43081, 614 882-0125.
KNOX, Timothy John; '77 BSBA; Plant Mgr.; Worthington Industries Inc., 1127 Dearborn Dr., Columbus, OH 43085, 614 438-3079; r. 6949 Bonnie Brae Ln., Worthington, OH 43235, 614 888-0160.
KNOX, LTC William D., USAF(Ret.); '67 MBA; 14644 E. Atlantic Dr., Aurora, CO 80014.
KNUDSEN, Kenneth Martin; '63 BSBA, '69 MBA; VP of Mktg.; Bruning Paint Co., 601 S. Haven St., Baltimore, MD 21224, 301 342-3636; r. 617 Meadow Ridge Rd., Baltimore, MD 21204, 301 321-4238.
KNUTSON, CAPT Albert Eugene, USN(Ret.); '62 BSBA; Harbormaster; Municipal Yacht Harbor, 401 N. Roadway, New Orleans, LA 70124, 504 288-1431; r. 21 Carriage Ln., New Orleans, LA 70114, 504 367-8436.
KNYSZEK, Steven Edward; '82 BSBA; Acct.; Stanton Jones, 2000 W. Henderson, Columbus, OH 43216, 614 221-9501; r. 1170 Chambers Rd., Apt. 22B, Columbus, OH 43212, 614 486-8652.
KO, Brian L.; '88 BSBA; 571 Stinchcomb Dr. #8, Columbus, OH 43202, 614 268-2342.
KO, Guo-Hwa; '88 MBA; 101 Curl Dr., #976 Jones, Columbus, OH 43210, 614 293-9798.
KO, Dr. Wansuck Matthew; '85 PhD (ACC); Staff; Purdue Univ., Krannert Bldg., Dept. of Mgmt., Lafayette, IN 47907, 317 494-4474; r. 2735 Henderson St., W. Lafayette, IN 47906, 317 463-9199.
KOACHWAY, Charles John; '73 BSBA; Manufacturers Repr; r. 18209 Flamingo, Cleveland, OH 44135, 216 267-4860.
KOBACKER, John Sheppard; '79 BSBA; Decor Corp., 1519 Alum Creek Dr. S., Columbus, OH 43209; r. 5634 Clark St. Rd., Gahanna, OH 43230.
KOBBEMAN, Kevin James; '86 BSBA; Store Mgr.; Sherwin-Williams Co., 56 Westerville Sq., Schrock Rd., Westerville, OH 43081, 614 890-7992; r. 4443 Mobile Dr. #A, Columbus, OH 43220, 614 457-4347.
KOBE, Kenneth Vernon; '72 MA; Budget Dir.; State of Indiana, 212 State House, Indianapolis, IN 46204, 312 232-5612; r. 4326 N. Washington Blvd., Indianapolis, IN 46205, 317 923-8020.
KOBEL, Larry James; '79 BSBA; Merchandise Mgr.; J C Penney Co., 1724 Winchester Ave., Ashland, KY 41101, 606 324-4101; r. POB 672, Ashland, KY 41105, 606 836-7854.
KOBELT, Donald J.; '49 BSBA; Retired Svc. Export Coord; r. 515 Foster St. SE, N. Canton, OH 44720, 216 499-7370.
KOBLENTZ, Steven Brian; '73 BSBA, '74 MBA; Staff Acct.; Haskins & Sells CPA's, 1717 E. 9th St., Cleveland, OH 44114; r. 31049 Gates Mills Blvd., Cleveland, OH 44124.
KOBULNICKY, Henry G.; '64 BSBA; Pilot; United Airlines, O'Hare Field, Chicago, IL 60010; r. 1091 Felten Rd., Aurora, IL 60504.
KOBY, Frank S.; '49 BSBA; Owner; Frank S. Koby, Broker, 13110 Kuykendahl Rd., Ste 1603, Houston, TX 77090, 713 872-5265; r. 108 Sunset Lake Dr., Huntsville, TX 77340, 409 295-4428.
KOBY, Z. William; '50 BSBA, '51 MBA; POB Kb, Mississippi State, MS 39762, 601 323-7748.
KOBYRA, James Anthony; '88 MBA; 700 Harwick St., Westerville, OH 43081, 614 882-7770.
KOCH, Barbara B. '57 (See Fergus, Barbara Koch).
KOCH, Dr. Bruce Stuart; '77 PhD (ACC); Prof.; North Texas State Univ., c/o Postmaster, Denton, TX 76203; r. 2319 N. E. 15th Ter., Ft. Lauderdale, FL 33305.
KOCH, Carl H.; '50 BSBA; Pres.; Ancon Inc., 5400 Renner Rd., POB 18105, Columbus, OH 43218, 614 878-8777; r. 3864 Cider Mill Dr., Columbus, OH 43204, 614 276-8624.
KOCH, Clifford James; '84 BSBA; Programmer; Genuine Parts Co., 2665 W. Dublin-Granville Rd., Columbus, OH 43085, 614 766-1182; r. 10280 Rd. P-9, Columbus Grove, OH 45830, 419 659-5295.
KOCH, Dennis Dale; '75 BSBA; VP/Finance; Multiform Industries Inc., 4039 Nanway Blvd., Ravenna, OH 44266, 216 297-5255; r. 9811 Country Scene Ln., Mentor, OH 44060, 216 357-7630.
KOCH, Gerald Howard, Jr.; '51 BSBA; Staff; The Hoover Co., 101 Maple St. E., N. Canton, OH 44720, 216 499-9200; r. 1551 Mabry Mill Dr. SW, N. Canton, OH 44709, 216 494-4680.
KOCH, Jeffrey William; '82 BSBA; 4695 Louisiana, #7, San Diego, CA 92116.
KOCH, John F.; '27 BSBA; Retired; r. 1102 Ethan Allen Ave., Winooski, VT 05404.
KOCH, John Phillip, Jr.; '77 BSBA; Materials Mgr.; Buehler Prods. Inc., POB A, Hwy. 70 E., Kinston, NC 28501, 919 522-3101; r. 713 Roseanne Dr., Kinston, NC 28501, 919 527-1923.
KOCH, Kenneth Allen; '71 BSBA; 7660 Burlinehills Ct., Cincinnati, OH 45244, 513 231-9573.
KOCH, Kim '79 (See Toussant, Kim Koch).
KOCH, Leo John, Jr.; '86 BSBA; Sales Rep.; Cintas Corp., 12133 Alameda Dr., Strongsville, OH 44136, 216 238-5565; r. 5291 Royal Wood Rd., Apt. 204, Cleveland, OH 44133, 216 237-3517.
KOCH, Matthew J.; '57 BSBA; Atty.; Koch Regal & Murray, 405 Quaker Sq., Akron, OH 44308, 216 253-2729; r. 623 Fairhill Dr., Akron, OH 44313, 216 864-8432.
KOCH, Ronald E.; '57 BSBA; Prod Control Spec.; Ford Motor Co., 3020 Tiffin St., Sandusky, OH 44870; r. 3375 Cr 213, Clyde, OH 43410, 419 547-0308.
KOCH, Sharney James; '77 BSBA; Proj. Mgr.; Ohio Dept. of Mental Retardation, 30 E. Broad St., Ste. 1220, Columbus, OH 43215, 614 466-3660; r. 382 W. Sixth Ave., Columbus, OH 43201, 614 294-1929.
KOCH, Thomas Edward; '83 BSBA; Mgr. Info. Systs.; Ernst & Whinney, 1300 Columbia Plz., 250 E. 5th St., Cincinnati, OH 45202, 513 621-6454; r. 8614 Pond Ridge Dr., Maineville, OH 45039, 513 683-5798.
KOCH, Tyson Frederick; '85 BSBA; Ofcr. Candidate/Usmc; r. 7580 Dimmick Rd., Cincinnati, OH 45241, 513 777-6406.
KOCH, Wayne F.; '57 BSBA; 2970 Silver Lake Blvd., Silver Lake, OH 44224, 216 920-1174.
KOCH, William Joseph; '72 BSBA; Gen. Mgr.; Koch Bros. Trucking Inc., 4589 Eastlane Dr., Cleveland, OH 44144; r. 3050 Bear Oval, Cleveland, OH 44133.
KOCHER, Lynn Marie; '82 MLHR; Dietitian; Hillhaven Corp., 920 Eastwind Dr., Westerville, OH 43081, 614 890-7444; r. 350 Brevoort Rd., Columbus, OH 43214, 614 263-7769.
KOCHHEISER, John Stewart; '82 BSBA; 5692 Glenbirvie Ct., Dublin, OH 43017, 614 889-2163.
KOCHHEISER, Sharon June '86 (See Deardourff, Sharon June).
KOCJAN, Lesa-Rae; '87 BSBA; 2689 Oak Forest Dr., Niles, OH 44446, 216 652-5612.
KODER, Timothy Jon; '80 BSBA; Acct.; Trans. Svc. Systs. Inc., 2555 Dorr St., Toledo, OH 43607, 419 537-1234; r. 3645 Garrison Rd., Toledo, OH 43613, 419 475-3426.
KODGER, Kenneth Edward; '68 MBA; Realtor; Smythe & Cramer Co., 33383 Walker Rd., Avon Lake, OH 44012, 216 871-0488; r. 32583 Greenwood Dr., Avon Lake, OH 44012, 216 933-2682.
KODISH, Joseph S.; '58 BSBA; Atty./Dir.; Summit Cnty. Legal Defender Ofc., 1013 Society Bldg., Akron, OH 44308, 216 434-3461; r. 1867 Ganyard Rd., Akron, OH 44313, 216 867-3793.
KODISH, Marcia D.; '82 BSBA; Financial Svcs. Advisor; Integrated Resources, 9 Aurora St. Ste. 2, Hudson, OH 44236, 216 656-3361; r. 2623 3rd St., Apt. 301, Cuyahoga Falls, OH 44221, 216 928-7982.
KODISH, Marvin S.; '67 BSBA; Div. Operations Mgr.; Chrysler Capital Corp., 24950 Great Northern Ctr., Ste. 220, N. Olmsted, OH 44070, 216 779-5800; r. 968 Carlone Pl., S. Euclid, OH 44121, 216 382-6588.
KOEBBE, MAJ Terrence Allan, USAF; '75 BSBA; ACQ Program Mgr.; ASD/YSX, Wright Patterson AFB, OH 45433, 513 255-7132; r. 7312 Cascade Dr., West Chester, OH 45069, 513 777-6732.
KOEBEL, Suzanne Marie; '79 MPA; Dir./Arthritis Progrm; Ohio Dept. of Health, Division of Chronic Diseases, 246 N. High St., Columbus, OH 43215; r. 138 Northridge Rd., Columbus, OH 43214, 614 267-4781.
KOEBERER, Elizabeth Wilson; '66 BSBA; VP; Bernard Schottenstein Invstmnt, 853 S. High St., Columbus, OH 43215; r. 474 S. Parkview, Columbus, OH 43209.
KOEGLE, Mrs. Margaret Lynn, (Margaret C. Lynn); '50 BSBA; 9302 Gregg Dr., West Chester, OH 45069.
KOEGLER, Catherine L., (Catherine L. Waugaman); '79 BSBA; Acct., CPA; The Klingbeil Co., 4767 Galton Ct., Columbus, OH 43220, 614 451-8941; r. 856 Hines Rd., Columbus, OH 43219, 614 471-8884.
KOEGLER, Ronald Paul; '75 BSBA; Asst. Controller; Gold Circle Store, 6121 Huntley Rd., Worthington, OH 43085, 614 438-4227; r. 856 Hines Rd., Columbus, OH 43219, 614 471-8884.
KOEHL, Dr. Dorothy Steward; '75 MBA, '78 PhD (BUS); Prof.; Univ. of Puget Sound, Finance Dept., 1500 N. Warner, Tacoma, WA 98416, 206 756-3493; r. 4519 60th Ave. W., Tacoma, WA 98466, 206 564-6482.
KOEHLER, Charles Theodore; '81 BSBA; Engrg. Asst.; USAF, 129th Air National Guard, Nas, Moffett Field, CA 94035; r. 195 Creston Dr., Mansfield, OH 44906, 419 529-4042.
KOEHLER, G. Paul; '77 MPA; Investment Banking; Ehrlich Bober & Co., Inc., 100 S. Third St., Columbus, OH 43215, 614 221-1231; r. 316 Acton Rd., Columbus, OH 43214, 614 268-4885.
KOEHLER, Herman Joseph, Jr.; '83 BSBA; Sales Repr; Calgon Vestal Labs, 5035 Manchester Ave., St. Louis, MO 63110; r. 2966 Highland Pk Dr., Pickerington, OH 43147, 614 864-1613.
KOEHLER, Rebecca Devine; '79 BSLHR; 974 Rock Canyon Cir., San Jose, CA 95127, 408 251-9719.
KOEHLER, T. James; '60 BSBA; Exec. VP-Chief Fin. Ofcr.; DECOR Corp., 1519 Alum Creek Dr. S., Columbus, OH 43209, 614 251-1043; r. 2505 Slate Run, Columbus, OH 43220, 614 451-2057.
KOE KROMPECHER, Pedro; '77 BSBA; Owner; Pe Koe Contracting, POB 5655, Columbus, OH 43221; r. 2899 Clifton Rd, Columbus, OH 43221.
KOENIG, Arnold; '57 BSBA; Atty.; r. 5421 Blvd. E., W. New York, NJ 07093, 201 867-5072.
KOENIG, Bruce Edward; '80 BSBA; Audit Supv.; NCNB Texas, POB 83000, Dallas, TX 75201, 214 977-4805; r. 5906 Del Roy Dr., Dallas, TX 75230, 214 373-3510.
KOENIG, Charles Anthony; '75 BSBA, '78 MBA; Atty.; Charles A Koenig, 150 E. Broad St., Ste. 401, Columbus, OH 43215, 614 224-3227; r. 1382 Beechlake Dr., Worthington, OH 43085, 614 436-6931.
KOENIG, John D.; '57 BSBA; 13801 SW 78th Pl., Miami, FL 33158, 305 235-0258.
KOENIG, Joseph Ladislas; '72 BSBA; 7031 Stonington Rd., Cincinnati, OH 45230, 513 232-7738.
KOENIG, Kim Frazier; '75 BSBA; Head/Appraisal Div.; Borror Corp., 1225 Dublin Rd, Columbus, OH 43215; r. 433 E. Chase Rd., Columbus, OH 43214, 614 888-0003.
KOENIG, Randy Neal; '75 BSBA; VP; Bancohio Natl. Bank, 155 E. Broad St., Columbus, OH 43251, 614 463-7089; r. 644 Antler Ct., Gahanna, OH 43230, 614 855-7377.
KOENIG, Robert Gervase, Jr.; '80 MACC, '81 MBA; 1408 Woodhollow #9316, Houston, TX 77057.
KOENIG, Ruth '41 (See Bliss, Mrs. Ruth Koenig).
KOENIGSBERG, Tami Claire; '86 BSBA; 647 Boxford Ln., Columbus, OH 43213, 614 864-3460.

KOEPNICK, Robert E.; '53 BSBA; Mgr.; E-Systs., ECI Div., 1501 72nd St. N., St. Petersburg, FL 33733, 813 381-2000; r. 2029 Iowa Ave. NE, St. Petersburg, FL 33703, 813 526-7955.
KOEPP, Sally '51 (See Smith, Mrs. Sally).
KOERBEL, Michael Edward; '86 BSBA; Exec. Mgr.; Petes Photo World Inc., 614 Race St., Cincinnati, OH 45202; r. 11560 Olde Gate Dr., Apt. I, Springdale, OH 45246.
KOERBER, Gerald T.; '50 BSBA; Sales & Sv of Applia; Box 550, Adena Oh 43901; r. 351 S. Chestnut St., Barnesville, OH 43713, 614 425-2449.
KOERNER, Donald S.; '60 BSBA; Personnel Consultants; Gimbel & Assocs., 201 NE 2nd St., Ft. Lauderdale, FL 33301, 305 525-7000; r. 10715 NW 19th Pl., Coral Springs, FL 33071, 305 755-4131.
KOERNER, Edward Lee; '83 BSBA; Tax Acct.; The Kobacker Co.; r. 1410 Sheridan Dr. #18C, Lancaster, OH 43130, 614 687-0905.
KOERNER, James Lovell; '85 BSBA; Commercial Underwriter; Buckeye Union Ins. Co., Subs/Continental Corp, 1111 E. Broad St., Columbus, OH 43205, 614 251-5000; r. 64 E. Dunedin Rd., Columbus, OH 43214, 614 268-4821.
KOERNER, Mrs. Margaret W., (Margaret Wuorinen); '83 MBA; Acct. II; City of Columbus, City Hall, 90 W. Broad St., Columbus, OH 43215, 614 222-7313; r. 64 E. Dunedin Rd., Columbus, OH 43214, 614 268-4821.
KOESTERMAN, Mrs. Denise Y., (Denise Y. Yaeger); '83 BSBA; Sales Rep.; C.R. Bard-USCI, 200 Ames Pond Dr., Tewksbury, MA 01876, 513 661-9206; r. 3129 Daytona Ave., Cincinnati, OH 45211, 513 661-9206.
KOESTERS, George R.; '51 BSBA; Retired Supv.; Eaton Corp., 21135 Erwin Ave., Woodland Hls., CA 91367; r. 7059 Darnoch Way, Canoga Park, CA 91307, 818 346-1837.
KOESTNER, Rosemarie Kathrin; '83 BSBA; 1350 W. 5th Ave. #150, Columbus, OH 43212, 614 481-8271.
KOETT, Kristin Kay; '86 BSBA; Logistics Engr.; Ross Labs, 6480 Busch Blvd., Columbus, OH 43229, 614 438-6122; r. 2894 Ravine Way, Dublin, OH 43017.
KOETT, Kurt William; '80 BSBA; 9595 Cooper Ln., Blue Ash, OH 45242, 513 791-3592.
KOETZ, James R.; '47 BSBA; Assoc.; Eriksen Ofc. Supplies, 333 S. High St., Columbus, OH 43215; r. 316 N. Gate Ct., Westerville, OH 43081, 614 891-5215.
KOETZ, John T.; '49 BSBA; Pres.; Surety Bonds & Ins. Agcy. Inc., 2021 E. Dublin Granville Rd., Ste. 162, Columbus, OH 43229, 614 885-0004; r. 56 N. Roosevelt Ave., Columbus, OH 43209, 614 237-8856.
KOETZ, Theodore; '51 BSBA; Tax Cnslt./Partn; American Tax Assocs, 729 S. 3rd St., Columbus, OH 43206, 614 443-5343; r. 2911 E. Moreland Dr., Columbus, OH 43209, 614 235-0194.
KOFFMAN, Milton A.; '45 BSBA; Chmn./CEO; Centuri Inc., 300 Plaza Dr., Binghamton, NY 13902, 607 729-9331; r. 16 Ivanhoe Rd., Binghamton, NY 13903, 607 723-0137.
KOFLOWITCH, Susan Kay; '87 BSBA; 2701 W. Bay Area Blvd., Apt. 3209, Webster, TX 77598, 713 996-8647.
KOFMAN, Tatyana Margaret; '86 BSBA; 13777 Cedar Rd., #205, S. Euclid, OH 44118, 617 734-3389.
KOH, Dr. Victor A. T.; '85 MA, '86 PhD (BUS); 2764 E. 28th St., Highland, CA 92346.
KOHL, Anthony W.; '87 BSBA; 3799 Aqueduct Ct., Hilliard, OH 43026, 614 771-1965.
KOHL, Edwin J.; '75 MACC; Acct.; Amcast Industrial Corp., 3931 S. Dixie Ave., POB 98, Dayton, OH 45401; r. 57 S. Spring Ln., Phoenixville, PA 19460, 215 933-6622.
KOHLER, Albert E., Jr.; '66 BSBA; Commercial Sales; Dovell & Williams GMC, 1100 Crain Hwy., Glen Burnie, MD 21061, 301 766-8132; r. 605 Bay Hills Dr., Arnold, MD 21012, 301 974-0983.
KOHLER, Charles Walter; '72 BSBA; Atty.; Ste. 1600, 65 E. State St., Columbus, OH 43215, 614 621-2300; r. 365 Medick Way, Worthington, OH 43085, 614 885-1455.
KOHLER, Hon. Foy David; '31 BSBA; Retired; r. Waterford Twr., Apts. 1102, 605 S. US Hwy. 1, Juno Bch., FL 33408, 407 627-2344.
KOHLER, Keith P.; '87 BSBA; CPA; r. 98 W. Mennonite Rd., Aurora, OH 44202, 216 562-9892.
KOHLER, Kenneth Edward; '85 BSBA; Produc. Mgr.; Isomedix, 4405 Marketing Pl., Groveport, OH 43125, 614 836-5757; r. 1022 Neil Ave., Apt. 2, Columbus, OH 43201, 614 297-6511.
KOHLER, Kerry Lee; '71 BSBA; Chief Financial Svcs.; Defense Contract Admin. Svcs., 34 Civic Center Plz., Santa Ana, CA; r. 21481 Countryside Dr., El Toro, CA 92630.
KOHLER, Kurt Louis; '80 BSBA; 10 N. West Ave. Apt. C, Wenonah, NJ 08090.
KOHLER, Paul D.; '76 BSBA; Area Mgr.; Unocal 76, 3112 Parrott Ave., Atlanta, GA 30318, 404 799-1414; r. 3366 Lake Crest Ln., Roswell, GA 30075, 404 998-4884.
KOHLHEPP, Dr. Daniel Bruce; '74 PhD (BUS); Pres.; Potomac Realty Advisors, 1010 N. Glebe Rd., Ste. 800, Arlington, VA 22201, 703 522-6200; r. 11317 S. Shore Rd., Reston, VA 22090, 703 689-0068.
KOHLS, Corwin J.; '56 BSBA; Agt.; State Farm Ins. Co., 4629 Far, Rm. 1A, Newark, OH 43055, 513 434-4300; r. 989 Patriot Sq., Dayton, OH 45429, 513 433-2600.
KOHLS, Donald J.; '65 MBA; Real Estate Cnslt.; r. 5966 Shallow Creek Dr., Milford, OH 45150, 513 248-4168.
KOHLS, James David; '82 BSBA; Acct.; Super Valu-Xenia, 1003 Bellbrook Ave., Xenia, OH 45385, 513 376-8611; r. 4785 Archmore Dr., Kettering, OH 45440, 513 435-1340.
KOHLS, John Joseph; '81 BSBA; Territory Mgr.; Terumo Corp., 100 E. 95th St., Ste. # 1, Bloomington, MN 55420, 612 881-5550; r. Same, 612 884-7912.
KOHLS, Robert Bernard; '70 BSBA; 10693 Deershadow Ln., Montgomery, OH 45242, 513 793-9664.
KOHLS, Thomas J.; '66 BSBA; 3851 Newport LN NW, Rochester, MN 55901, 719 594-0173.
KOHN, Arnold Michael; '71 BSBA; VP; Samson Sales Inc., 2915 Prospect Ave., Cleveland, OH 44115, 216 696-5822; r. 599 Battles Rd., Gates Mills, OH 44040, 216 423-0914.
KOHN, Arthur; '39 BSBA; Retired; r. 3191 E. Broad St., Columbus, OH 43209, 614 231-1594.
KOHN, Barry Clarke; '79 BSBA, '80 MACC; Mgr. of Corporate Acctg.; FL Aero Space, 4200 Surface Rd., Columbus, OH 43228, 614 276-1300; r. 4841 Dierker Rd., Columbus, OH 43220, 614 451-1964.
KOHN, Burton S.; '50 BSBA; Pres.; Alco Furniture Renjtal, 6339 Old York Rd., Cleveland, OH 44130, 216 845-9000; r. 3444 Kersdale Rd., Cleveland, OH 44124, 216 831-1172.
KOHN, Harold M.; '41 BSBA; Store Owner; Kohn Enterprises Inc., Box 1620, Logan, WV 25601, 304 752-3434; r. 262 River Dr., Logan, WV 25601, 304 752-8225.
KOHN, Ms. Idelle; '74 BSBA; VP-Finance; Ohio Business Machines, 1728 St. Clair Ave., Cleveland, OH 44143, 216 579-1300; r. 4448 Habersham Ln. S., Cleveland, OH 44143, 216 481-0285.
KOHN, James Jay; '72 BSBA; CPA; Commonwealth Saving & Loan, 2000 W. Commercial Blvd., Ft. Lauderdale, FL 33309, 305 493-5100; r. 11041 NW 15th St., Pembroke Pines, FL 33026, 305 431-5312.
KOHN, Michael Douglas; '88 BSBA; 23306 Greenlawn, Beachwood, OH 44122, 216 291-2244.
KOHOOT, Mark Allen; '84 BSBA; Int'l. Sales; r. 5152 Dorset Dr., Cleveland, OH 44131, 216 447-0641.
KOHOUT, John Joseph; '69 BSBA, '70 MBA; Sales Mgr.; Drum Parts Inc., 7580 Garfield Blvd., Cleveland, OH 44125, 216 271-0702; r. 29676 Cedar Rd, Pepper Pike, OH 44124.
KOHR, Paul T.; '47 BSBA; VP; Kohr, Royer & Griffith-, 145 N. High St., Columbus, OH 43215, 614 228-2471; r. 3868 Hillview Dr., Columbus, OH 43220, 614 459-1776.
KOHRMANN, Gerard Michael; '85 BSBA; Store Mgr.; Nationwise Automotive Inc., 1200 S. Parsons Ave., Columbus, OH 43206, 614 444-1183; r. 3577 Edler St., Hilliard, OH 43026, 614 771-5656.
KOK, Pick Cheang; '88 BSBA; 62 East Woodruff Ave., #B, Columbus, OH 43201, 614 294-6643.
KOKOT, Sharon Ruswinkle; '80 MBA; Tchr.; Olentangy HS, 814 Shanahan Rd, Delaware, OH 43015; r. 2148 Wesleyan Dr., Columbus, OH 43221, 614 451-5678.
KOKSAL, Cevdet Gerald (Jeff); '83 MBA; Sr. Rsch. Engr.; Babcock & Wilcox, Alliance Research, 1562 Beeson St., Alliance, OH 44601, 216 821-9110; r. 1445 Robinwood Rd., Alliance, OH 44601, 216 823-0764.
KOLARIK, CAPT Francis Leo, Jr., USAF; '69 BSBA; 1435 Arnold Ave., Roslyn, PA 19001, 215 659-5978.
KOLBE, Nancy Leigh; '86 BSBA; Dir. of Advt.; The Hammond Grp., 225 E. Hellen Rd., Palatine, IL 60067, 312 359-9372; r. 2730 N. Wayne, 1st Fl., Chicago, IL 60614.
KOLBE, Robert Joseph; '74 MBA; Dir. Banking Relations; Ameritech Corp., 30 S. Wacker #3500, Chicago, IL 60606, 312 750-5388; r. 1950 Buckingham Dr., Wheaton, IL 60187, 312 682-1727.
KOLDA, Brian Joseph; '86 BSBA; Asst. Branch Mgr.; Bank One, Dayton NA, Kettering Twr., Dayton, OH 45401, 513 426-6817; r. 8435 Hyannis Port Dr. #1-B, Centerville, OH 45458, 513 439-5446.
KOLDA, Jeffrey Thomas; '87 BSBA; Acct. Exec.; AT&T, 7250 Poe Ave., Dayton, OH 45414, 513 454-4497; r. 8465 Hyannisport Dr., Apt. 3C, Centerville, OH 45458, 513 439-5692.
KOLEFF, Ted; '50 BSBA; Surveyor; r. 819 Franklin Rd NE, Massillon, OH 44646, 216 833-1461.
KOLER, Michael Allen; '87 BSBA; Mgmt. Trainee; Home Fed. Savings Bank, 14650 Detroit Ave., Lakewood, OH 44107, 216 226-0510; r. 7516 Dogwood Ln., Parma, OH 44130, 216 884-7042.
KOLESAR, Ralph A.; '51 BSBA; Gen. Credit Mgr.; Sandoz, Master Builders Inc., 23700 Chagrin Blvd., Beechwood, OH 44122, 216 831-5500; r. 17410 Sugar Hill Tr., Chagrin Falls, OH 44022, 216 543-2838.
KOLESAR, Richard Lee; '71 BSBA; Mktg. Repr; Mohawk Data Sciences Corp., c/o Postmaster, Columbia, MD 21045; r. 6920 Deer Pasture Dr., Columbia, MD 21045, 301 381-8891.
KOLESAR, Richard R.; '59 BSBA; Partner; Vanguard Film Svc., 1910 E. Dominguez, Long Bch., CA 90810, 213 835-2600; r. 24132 Hollyoak-J, Laguna Hls., CA 92656, 714 831-8080.
KOLESZAR, Ilona Elizabeth; '80 BSBA; Student/Univ. of Oreg; r. 3030 Cres. NE, Warren, OH 44483, 216 399-1370.
KOLIANDER, Raymond Edward; '71 BSBA; 6 Mather Ter., Montpelier, VT 05602, 802 229-0254.
KOLIC, Cynthia '75 (See Steiger, Cynthia K.).
KOLICH, Kathy J.; '80 BSBA; Atty.; Ohio Edison Co., 76 S. Main St., Akron, OH 44308, 216 384-3864; r. 1245 Weathervane Ln., #2-B, Akron, OH 44313, 216 869-8779.
KOLIN, Barry R.; '61 BSBA; Partner Retail Store; Flerr Capitol Inc., 508 St. Clair Ave. NW, Cleveland, OH 44113, 216 241-3960; r. 18 Dorset, Cleveland, OH 44122, 216 292-7283.
KOLLER, Jean E. '77 (See Goodhart, Mrs. Jean K.).
KOLLUS, Barbara '49 (See Mendel, Barbara K.).
KOLMAN, Helen Theresa; '85 MBA; VP, Gen. Mgr., Co-owner; T-Air Helicopters, Inc., 1976 Norton Rd., Columbus, OH 43228, 614 870-0001; r. 1483 Ashland Ave., Columbus, OH 43212, 614 486-1552.
KOLODEY, John Robert; '86 BSBA; Loan Ofcr.; Provident Bank, 1111 Superior, Cleveland, OH 44114, 216 694-2340; r. 1930 Fowl Rd., Apt. 208, Elyria, OH 44035, 216 323-4864.
KOLODNY, Victor M.; '59 BSBA; Atty.; 710 Terrace-Hilton Hotel Bldg., 15 W. 6th St., Cincinnati, OH 45202; r. 400 Oak St., Cincinnati, OH 45219.
KOLT, Jeffrey Arnold; '66 BSBA; 35520 Bainbridge Rd, Cleveland, OH 44139, 216 349-2966.
KOMAR, Monica D. '83 (See Ellis, Mrs. Monica D.).
KOMEROFSKY, Marvin Lester; '70 BSBA; Plant Mgr.; Kimberly-Clark Corp., 1040 Chapman Ave., Neenah, WI 54956, 414 721-2000; r. 1841 Oxwood Dr., Neenah, WI 54956, 414 729-5702.
KOMESSAR, Saul; '48 BSBA; 203 Westerly Rd, Weston, MA 02193, 617 891-4777.
KOMIVES, Shirley A. '79 (See Kostanski, Shirley Ann).
KOMMINSK, Betty Greene; '40 BSBA; RR No 1, New Bremen, OH 45869, 419 629-3120.
KOMP, Charles E.; '49 BSBA; Retired Corp Secy.; Hydrosol Syst. Inc., Sales & Service Division, Brimfield, OH 44240; r. 121 Chapel Ln., Canfield, OH 44406, 216 533-5150.
KONCAR, Janet Marie; '82 BSBA; Clg. Recruiting Assoc.; BP America, Inc., 200 Public Sq., #10-2800-E., Cleveland, OH 44114, 216 586-5666; r. 674 Prospect Rd., #1-202, Berea, OH 44017, 216 243-8515.
KONDIK, Robert L.; '48 BSBA; Sonic Motor Messenger Svc., 602 Oak St., Columbus, OH 43215; r. 7506 Gatestone Ln., Worthington, OH 43085, 614 436-8354.
KONDIK, Stephen; '56 BSBA; Controller; Magnolia Transportation Co., 5121 Oates Rd., Houston, TX 77013, 713 672-7474; r. 7506 Brushwood Dr., Houston, TX 77088, 713 448-5126.
KONDOLEON, Nicholas Louis; '88 BSBA; 2652 N. River Rd, Warren, OH 44483, 216 372-6849.
KONECNY, Joseph A.; '66 BSBA; Gen. Mgr.; Citi-Tel, 131 Maumee Ave., Toledo, OH 43609, 419 244-6562; r. RR No 4, 28585 Banner Sch. Rd., Defiance, OH 43512, 419 497-2831.
KONIOWSKY, John William; '74 BSBA; 8700 Welles Dale, San Antonio, TX 78240, 512 692-7630.
KONKEL, Kenneth John; '70 BSBA; 4922 Red Bank Rd, Galena, OH 43021.
KONKLER-BLAKE, Linda Kay; '83 BSBA; 800 N. Michigan Ave., Chicago, IL 60611.
KONNER, Jeffrey Ira; '72 BSBA; VP; Malcolm Konner Chevrolet Corp., 194 Rte. 17, Paramus, NJ 07652, 201 261-7100; r. 46 Carteret Rd., Allendale, NJ 07401.
KONNERTH, Jim Paul; '69 BSBA; Pres.; Konnerth Sales Assoc. Inc., 3295 N. Arlington Hts. Rd., Ste. 112, Arlington Hts., IL 60004, 312 255-6955; r. 20505 Buckthorn Ct., Mundelein, IL 60060, 312 949-3988.
KONNYU, Hon. Ernest L.; '65 BSBA; Congressman; US House of Representatives, 511 Rayburn Ofc. Bldg., Washington, DC 20515, 202 225-5411; r. 19437 DeHavilland Ct., Saratoga, CA 95070, 408 446-0702.
KONOLD, Robert A.; '80 BSBA; Writer; DDB Needham Worldwide, 303 E. Wacker Dr., Chicago, IL 60601, 312 861-0200; r. 4232 Hampton, Western Spgs., IL 60558, 312 246-3954.
KONOPKA, Edmund Martin; '73 BSBA; CPA; Borden Inc., 180 E. Broad St., Columbus, OH 43215, 614 225-4733; r. POB 14451, Columbus, OH 43214, 614 431-9539.
KONRAD, Joyce Serafini; '66 BSBA; VP/Merchandising; Contempo Casuals, 5433 Jefferson Blvd., Los Angeles, CA 90016, 213 930-4500; r. 1352 Glen Oaks Blvd., Pasadena, CA 91105, 818 304-0862.
KONSTAN, Dr. Louis William; '83 BSBA; Dent.; Gen. Dentistry, 11 S. Cleveland Ave., Mogadore, OH 44260, 216 628-3017; r. 1694 Liberty Dr., Akron, OH 44313, 216 864-7288.
KONSTANS, Dr. Constantine; '62 MACC; Dir. & Assoc. Dean; Memphis State Univ., Sch. of Accountancy, Fogelman Clg. of Business, Memphis, TN 38152, 901 678-2445; r. 2114 Hickory Crest, Memphis, TN 38119, 901 755-4569.
KONTOS, Nicholas George; '82 BSBA; Owner; Warren Screw Machine, 837 Woodland Ave. NE, Warren, OH 44483, 216 399-5703; r. 635 Melwood Dr. NE, Warren, OH 44483, 216 372-5622.
KONTRAS, Gus N.; '47 BSBA; Agt.; Kontras Ins. Agcy., 5432 N. High, Columbus, OH 43220; r. 5195 Hampton Ln., Columbus, OH 43220.
KONTRAS, James N., CPA; '52 BSBA; Atty.; 2000 W. Henderson Rd., Columbus, OH 43220, 614 451-7159; r. 2015 Braemar Dr., Columbus, OH 43220, 614 457-3471.
KONTRAS, N. Gregory; '82 BSBA; VP; Kontras Ins. Agcy. Inc., 5432 N. High St., Columbus, OH 43214, 614 436-3423; r. 4585 Benderton Ct., Columbus, OH 43220, 614 457-5357.
KONTRAS, Nicholas James; '77 BSBA; CPA; Nicholas J. Kontras CPA, 2000 W. Henderson Rd., Columbus, OH 43220, 614 442-1717; r. 2691 Sawmill Meadows Ave., Dublin, OH 43017, 614 764-8907.
KONUCH, Timothy G.; '84 BSBA; 2230 Northland Ave., Lakewood, OH 44107, 216 226-8084.
KONVES, Jeffrey Alan; '86 BSBA; Mktg. Analyst; N C R Corp., 9391 Washington Church Rd., Miamisburg, OH 45342, 513 439-8624; r. 6442 Quintessa Ct., W. Carrollton, OH 45449, 513 439-4092.
KONZE, Hilja; '57 BSBA; Administrative Asst.; Capitol South Community Urban Redevelopment, 175 S. 3rd St., Columbus, OH 43215, 614 461-4440; r. 1321 Westphal Ave., Columbus, OH 43227, 614 231-2056.
KOO, Yee Chun; '23 MACC; 369 Tun Hua Rd S., 4-4 Alley 4, Taipei, Taiwan.
KOOB, Steven Francis; '82 BSBA; Systs. Analyst; James L Sellers & Assoc., 12970 Rustic Dr., Pickerington, OH 43147, 614 864-8806; r. 8760 Taylor Way Dr., Westerville, OH 43081, 614 891-0137.
KOOGLE, Jean A. '46 (See Johnson, Mrs. Jean K., GRI).
KOOL, Ms. Andrea Klara; '86 MPA; Dir. Voc. Educ.; Central Ohio Psychiatric Hosp., 1960 W. Broad St., ICFIMR, Columbus, OH 43223, 614 274-7231; r. 4035 Blueberry Hollow Rd., Columbus, OH 43230, 614 882-1948.
KOON, Samuel Denton; '77 BSBA, '83 MBA; Pres.; The Robert Weiler Co., 41 S. High St., Ste. 2200, Columbus, OH 43215, 614 221-4286; r. 300 N. Drexel, Columbus, OH 43209, 614 252-8227.
KOON, Susan '83 (See Dobkins, Susan Koon).
KOONS, George C.; '51 BSBA; Pres./Atty.; Lawyers Assistance Bur., POB 11354, Charlotte, NC 28220, 704 332-0650; r. 6833 Constitution Ln., Charlotte, NC 28210, 704 552-0681.
KOONS, Ronald Ray; '73 BSBA; Proj. Mgr.; M-E Bldg. Cnslts. Inc., 1015 E. Broad St., Columbus, OH 43205, 614 258-4903; r. 531 S. Spring Rd., Westerville, OH 43081, 614 890-0617.
KOONTZ, LTC Bert William, USAF; '68 BSBA; Dir. of Manpower; HQ USAF Europe/Ramstein, Manpower & Organization APO, New York, NY 09012; r. Box 6018, APO, New York, NY 09012.
KOONTZ, Carl E.; '49 BSBA; Retired-Asst. VP; Chicago Title Ins. Co.; r. 264 Buffington Rd, Akron, OH 44313, 216 836-1915.
KOONTZ, LTC Charles W., USAF(Ret.); '52 BSBA; 5512 York Ln. N., Columbus, OH 43232, 614 864-0827.
KOONTZ, Gary C.; '58 BSBA; VP Operations; Loyalty Life Ins. Co., 2 Corporate Pl. S., Piscataway, NJ 08854, 201 981-4978; r. 115 Reimer St., Somerville, NJ 08876, 201 526-2165.
KOONTZ, Luther V.; '53 MBA; Prof.; Morris Harvey Clg., Charleston Wv 25304; r. 717 Glenridge Ave., Charleston, WV 25304, 304 925-6539.
KOONTZ, Ralph Harold; '67 MPA; Mgmt. Analyst; DLA Systs. Automation Ctr., Columbus, OH 43216, 614 238-9340; r. 699 College Ave., Columbus, OH 43209, 614 237-2453.
KOONTZ, Warren N., Jr.; '83 BSBA, '87 MBA; Analyst/Mgr.; Public Employees Retirement Syst./Security-Portfolio, 277 E. Town St., Columbus, OH 43215, 614 466-6713; r. 5605 Longrifle Rd., Westerville, OH 43081.
KOPAN, Michael Eric; '83 BSBA; Sales Mgr.; Joe O'Brien Chevrolet Co., 5180 Mayfield Rd., Lyndhurst, OH 44124, 216 442-7700; r. 8770 Norwood Dr., Mentor, OH 44060, 216 255-6565.
KOPE, 2LT John Frederick, USA; '87 BSBA; Ft. Huachuca, Ft. Huachuca, AZ 85613; r. 66 Mi Co/3 Acr, Ft. Bliss, TX 77916.
KOPELMAN, David W.; '61 BSBA; Chmn.; W B Wood Co., 150 Floral Ave., New Providence, NJ 07974, 201 771-9000; r. 838 Nancy Way, Westfield, NJ 07090, 201 233-8743.
KOPELSON, Edward A.; '67 BSBA; Grad. Student; r. 2774 Larchmont Rd, Union, NJ 07083, 201 688-9280.
KOPER, James Francis; '88 BSBA; 510 Hickory Dr., Marysville, OH 43040, 513 644-1763.
KOPF, Christopher Donald; '84 BSBA; Maj. Account Sales Rep.; Harris/Lanier, 2777 Stemmons Frwy., Ste. 1022, Dallas, TX 75207, 214 630-0692; r. 5454 Amesbury #1504, Dallas, TX 75206, 214 361-1873.
KOPF, Laurie Jean Arnold; '86 BSBA; Acct.; Laidlaw Waste Systs., 999 Crupper Ave., Columbus, OH 43229, 614 848-4480; r. 479 Galena Rd., Sunbury, OH 43074, 614 965-1005.
KOPPELMAN, Scott Alan; '81 BSBA; VP of Sales; Midwest Materials Inc., 3687 Sheppard Rd., Perry, OH 44081, 216 257-5200; r. 11767 Raintree, Munson Township, OH 44024, 216 286-9637.
KOPPERT, Bruce Jeffrey; '84 MBA; Account Mgr.; Goal Systs. Intl. Inc., 7965 N. High St., Columbus, OH 43235, 614 888-1775; r. 431 A E. North St., Worthington, OH 43085, 614 431-9975.
KOPPES, Earl D.; '52 BSBA; Staff; Mc Graw Edison Co., 941 Chatham Ln., Columbus, OH 43221; r. 8386 Fairway Dr., Worthington, OH 43085, 614 885-6110.

KOPPES, Jeffery Allen; '88 BSBA; 361 Sycamore Tree, Medina, OH 44256, 216 723-8872.

KOPROWSKI, Sheri Lynn; '85 BSBA; 144 Antelope Way #1-A, Worthington, OH 43085.

KOPYAR, Matthew Eugene; '82 BSBA; Mktg. Analyst; American Express/IDS, 2900 IDS Twr., Minneapolis, MN 55474, 612 342-1197; r. 3540 Hennepin Ave. S., Apt. 108, Minneapolis, MN 55408, 612 822-1125.

KOPYAR, Victoria Clare; '84 BSBA; Internal Auditor; First Bank Syst., 1st Bank Pl., Minneapolis, MN 55480, 612 870-4915; r. 2116 Kenwood Pkwy., Minneapolis, MN 55405, 612 377-7950.

KORB, Charles E.; '64 BSBA; Regional Merchandise Mgr.; Sears Roebuck Co., Mid Central Region, Dayton, OH 45459; r. 228 Cheltenham Dr., Dayton, OH 45459, 513 435-9293.

KORB, Donald L.; '64 BSBA; Dir./Financl Analysis; GMC Delco Electronics, 700 E. Firmin, Kokomo, IN 46902, 317 451-2411; r. 556 Conner Creek Dr., Noblesville, IN 46060, 317 845-5674.

KORB, Steve P.; '82 BSBA; 589 Timberlake Dr., Westerville, OH 43081, 614 882-9457.

KORB, Thomas Alan; '81 BSBA; Regional Sales Mgr.; Natl. Draeger Inc., 1757 Mesa Verde Ave., Ventura, CA 93003, 805 654-8461; r. 2383 Martinique Ln., Oxnard, CA 93035, 805 985-7321.

KORDES, Henry E., III; '52 BSBA, '56 MBA; Atty.; Kordes, Clayton & Ambrose, Box 365, Brielle, NJ 08730, 201 528-5557; r. 1002 Forrest Rd., Brielle, NJ 08730, 201 528-5728.

KORDIC, Bradford John; '80 MBA; Sales & Mktg.; r. 2766 Derby Dr., San Ramon, CA 94583, 415 833-0519.

KORDIC, James Francis; '81 BSBA; 1842 Indianola Ave., Columbus, OH 43201.

KORDT, Donald Fredrick; '57 BSBA; Membership Couns.; QSO Mktg. Resources Inc., 94 Wildoak Ct., Blackhawk, CA 94526, 415 471-7772; r. 1530 Awalt Ct., Los Altos, CA 94022, 415 969-2858.

KORECKO, Henry Clifford; '83 BSBA; 4200 E. Sprague Rd., Brecksville, OH 44141, 216 526-7297.

KOREN, Barbara '83 (See Cencula, Mrs. Barbara Koren).

KOREN, Christopher; '82 BSBA; 6900 Wilson Mills Rd., Gates Mills, OH 44040, 216 461-9230.

KOREN, Cyril L.; '48 BSBA; Manufacturer's Rep.; r. 132 Fleetwood Ter., Williamsville, NY 14221, 716 633-7407.

KOREN, Juliette '39 (See Di Lillo, Mrs. Juliette Koren).

KORETZKY, Joseph; '60 MBA; Staff; IBM Corp., c/o Postmaster, Boca Raton, FL 33432; r. 22311 Guadeloupe St., Boca Raton, FL 33433, 305 368-0659.

KORHAN, Michael Gerard; '83 BSBA; Prof. Sales Repr; Pfizer Pharmaceutical, 16700 Red Hill Ave., Irvine, CA 92714; r. 24095 Hollyoak #E, Laguna Hls., CA 92656, 714 643-0380.

KORHAN, Robert E.; '51 BSBA; Human Resources Cnslt.; Chemcut Corp., 669 Berkshire Dr., State College, PA 16803; r. Same.

KORHN, Stephen Franklin; '69 BSBA; Atty. & Partner; Clemens, Korhn, Palmer & Liming, POB 787, Defiance, OH 43512, 419 782-6055; r. 1016 Valley Forge, Defiance, OH 43512, 419 782-0109.

KORMANIK, Martin Basil; '82 BSBA; Grp. Mgr.; R H Macy Dept. Stores, Lenox Sq., Atlanta, GA 30326, 404 231-8866; r. 1064 Creatwood Cir., Smyrna, GA 30080, 404 434-0805.

KORMOS, Michael J.; '64 BSBA; Pres.; Kormos Harris & Assoc. Inc., 28 White Bridge Rd., Ste. 200, Nashville, TN 37205, 615 353-0096; r. 129 Timberline Dr., Franklin, TN 37064, 615 646-4771.

KORN, Bryan David; '82 BSBA; Grad. Student; r. 4913 Lindsey Ln., Richmond Hts., OH 44143, 216 381-4040.

KORN, Charles R.; '67 BSBA; Pres.; Gymnastix Inc., 51 Park St., Buffalo, NY 14201, 716 852-2141; r. 51 Park St., Buffalo, NY 14201, 716 882-5117.

KORN, Robert C.; '87 BSBA; Mgmt.; Assocs. Commercial Corp., 7125 Orchard Lake Rd., W. Bloomfield, MI 48322, 313 737-2040; r. 31250 Springlake, Apt. 3302, Walled Lake, MI 48088, 313 624-6374.

KORN, Sara Jane '71 (See Hale, Sara Jane).

KORNEGAY, Benjamin F., Jr.; '83 BSBA; POB 18093, Columbus, OH 43218.

KORNMAN, James Edward; '76 BSBA; Pres.; E & J Industrial Automation, POB 8, Wilmington, OH 45177, 513 382-1685; r. POB #48, Wilmington, OH 45177.

KORNMILLER, Mrs. Brenda L., (Brenda L. Saters); '88 BSBA; Instr.; Careercom, Columbus, OH 43216; r. 296 Chase Rd., Columbus, OH 43214, 614 436-3254.

KORNMILLER, Robert Lee, Jr.; '83 BSBA; Special Proj. Mgr.; Borden Columbus Coated Fabrics, 1280 N. Grant Ave., Columbus, OH 43201, 614 297-6098; r. 296 Chase Rd., Columbus, OH 43214, 614 436-3254.

KORNYE, George W.; '53 BSBA; Pres. Fine Art Dealer; Locator's Fund Investments Inc., 2200 Cedar Springs, At the Crescent, Dallas, TX 75201, 214 871-3434; r. 3805 Hollow Creek Rd., Ft. Worth, TX 76116.

KOROSCIK, Daniel Thomas; '84 MLHR; Personnel Mgr.; CMHA, 960 E. 5th Ave., Columbus, OH 43201, 614 294-4901; r. 3337 Mansion Way, Upper Arlington, OH 43221.

KORPI, Ms. Sue Ellen Moore, (Sue Ellen Moore); '63 BSBA; Contract Spec.; USAF, Dept. of Defense, W. P Contracting Ctr., Wright Patterson AFB, OH 45433, 513 257-2698; r. 2223 E. Whipp Rd., Kettering, OH 45440, 513 435-9149.

KORTE, Mrs. Elaine B., (Elaine A. Brennan); '86 BSBA; Cnslt.; Ernst & Whinney, 787 Seventh Ave., New York, NY 10019, 212 830-6124; r. 23 2nd St., Brooklyn, NY 11231, 718 624-4798.

KORTE, Peter Barrett; '86 BSBA; 4099 Medina Rd., Medina, OH 44256, 216 722-1816.

KORTHALS, John L.; '70 BSBA; Atty.; Rhinehardt, Welch & Korthals, 2401 E. Atlantic Blvd., Ste. 400, Pompano Bch., FL 33062, 305 943-2020; r. 8693 NW 9th Ct., Coral Spgs., FL 33071, 305 752-8402.

KORTING, John Spencer; '76 BSBA; Pres.; Financial Automation Res. Inc., 3069 Carisbrook Rd., Upper Arlington, OH 43221, 614 457-9788; r. Same.

KORTKAMP, Phillip A.; '50 BSBA; Retired; r. 1407 Spangle Rd. NE, Canton, OH 44714, 216 453-4851.

KOSANOVIC, David Alan; '83 BSBA; Staff Acct.; Capital Univ., 2199 E. Main St., Columbus, OH 43209, 614 236-6514; r. 1098 Country Club Rd., Columbus, OH 43227, 614 866-0621.

KOSANOVICH, Donna Kovach, (Donna Kovach); '82 BSBA; Operations Supv.; Franklinton Financial Svcs., 4653 E. Main St., Columbus, OH 43251, 614 863-8051; r. 3232 Rainier Ave., Columbus, OH 43229, 614 899-9936.

KOSANOVICH, Nicholas Kenneth; '80 BSBA; Production Mgr.; Drumstick, Inc., 1740 Joyce Ave., Columbus, OH 43216, 614 294-4931; r. 3232 Rainier Ave., Columbus, OH 43229, 614 899-9936.

KOSCHNY, Mark Alan; '82 BSBA, '85 MBA; Dir. of Franchise Sales; Rax Restaurants Inc., 1266 Dublin Rd., Columbus, OH 43215, 614 486-3669; r. 545 Colonial Ave., Worthington, OH 43085, 614 846-3048.

KOSCO, Michael Andrew; '82 BSBA; Financial Systs. Analyst; Comdisco, Inc., 6111 N. River Rd., Rosemont, IL 60018, 312 698-3000; r. 8515 W. Catalpa, Chicago, IL 60656, 312 357-2302.

KOSE, Paul H.; '47 BSBA; Retired Treas.; The Ross Willoughby Co., 1400 W. Goodale Blvd., Columbus, OH 43212; r. 139 Anita Dr., Pickerington, OH 43147, 614 837-7169.

KOSEMPA, James L.; '66 BSBA; Sr. Cost Analyst; Allied Signal Corp.; r. 8129 Lakepoint Ct., Plantation, FL 33322, 305 475-4697.

KOSER, Victor Jere; '66 MBA; Grp. VP; Trusco Capital Mgmt., One Park Pl., Atlanta, GA 30303; r. 2076 Fisher Tr. NE, Atlanta, GA 30345, 404 321-6707.

KOSHIBA, Samuel Shigeru; '49 BSBA; PSC Box 681, APO, San Francisco, CA 96293.

KOSICH, Mrs. Athena Poulos, (Athena Poulos); '85 BSBA; Mgr.; ITT Financial Svcs., 5129 E. Main St., Whitehall, OH 43213, 614 861-6611; r. 7632 Sessis Dr., Worthington, OH 43085, 614 888-9834.

KOSICH, Charles Michael, III; '83 BSBA; Acctg. Dir.; Central Ohio Med. Grp., 497 E. Town St., Columbus, OH 43215, 614 222-3300; r. 7632 Sessis Dr., Worthington, OH 43085, 614 888-9834.

KOSKO, Dennis Michael; '76 MBA; Rep.; Lutheran Brotherhood, 1232 W. Northwest Hwy., Palatine, IL 60067, 312 991-6455; r. 4320 Haman Ct., Hoffman Estates, IL 60195, 312 934-4063.

KOSLEN, Mark M.; '67 BSBA; Real Estate Broker; AMJ Realty, 638 Elmwood, Evanston, IL 60202, 312 866-9021; r. Same, 312 866-8943.

KOSMO, Richard; '66 BSBA, '67 MBA; Real Estate Developer; Richard Kosmo Co., 1120 Forest Glen Rd., Westerville, OH 43081, 614 891-5157; r. Same, 614 891-5157.

KOSTANDEN, Andy G.; '49 BSBA; Owner; Graffiti's Bar, 9751 Walnut St. #224, Dallas, TX 75243, 214 437-2488; r. Same.

KOSTANSKI, Shirley Ann, (Shirley A. Komives); '79 BSBA; EDP Audit Supv.; Banc One Corp., 100 E. Broad St., Columbus, OH 43271, 614 248-4562; r. 5238 Arrowood Loop, Columbus, OH 43229, 614 885-0308.

KOSTELAC, Michael Thomas; '88 BSBA; RD 2 Box 97, Winfield, PA 17889, 717 524-0453.

KOSTER, Lynne '52 (See Douglas, Lynne Koster).

KOSTER, Theresa '82 (See Swehla, Mrs. Therese Marie).

KOSTOFF, Susan '76 (See Hatten, Ms. Susan Kostoff).

KOSTOGLOU, Mrs. Georgia Paidousis, (Georgia Paidousis); '82 BSBA; Substitute Tchr.; Upper Arlington Latch Key, Tremont Elem Sch, Arlington, OH 45814, 614 486-9466; r. 1363 Weybridge Rd., Columbus, OH 43220, 614 451-9488.

KOTALA, Ms. Lorianne; '84 BSBA; Sr. Merchandise Planner; Gold Circle, 6121 Huntley Rd., Worthington, OH 43085, 614 438-7076; r. 459 E.North St., Worthington, OH 43085, 614 888-1680.

KOTAPISH, Susan Bly; '81 BSBA; Staff; North Coast Frame Supply, c/o Postmaster, Akron, OH 44309; r. 705 Wellesley Ave., Akron, OH 44303, 216 867-7971.

KOTAS, Kevin W.; '85 BSBA; 17311 Stocking Rd., Madison, OH 44057.

KOTCH, Walter E.; '67 BSBA; Reg. Sales Mgr.; Great Plains Bag Corp., Cargill Bldg., Minneapolis, MN 55402; r. 15531 Garfied Cir., Eden Prairie, MN 55344.

KOTECKI, Edward E., Jr.; '40 BSBA; Retired; Kotecki Monuments, 3636 W. 25th, Cleveland, OH 44109; r. 34805 Mc Affee Dr., Solon, OH 44139, 216 248-6277.

KOTH, Leslie A.; '83 MBA; 214 N. Broadway Box 126, Green Spgs., OH 44836, 419 639-3381.

KOTHEIMER, Carl John; '75 MA; Risk Mgr.; Picker Intl., 595 Miner Rd., Cleveland, OH 44143, 216 473-3995; r. 45 Division St., Hudson, OH 44236, 216 656-3619.

KOTHMAN, Mrs. Ellen Reeb, (Ellen Reeb); '79 BSBA; Paralegal; Procter & Gamble, POB 599, Cincinnati, OH 45201, 513 983-3786; r. 1641 Lindenhall Dr., Loveland, OH 45140, 513 683-1427.

KOTNIK, Ms. Connie L.; '87 BSBA; Seminar Coord.; Mentor Technologies, 700 Ackerman Rd., Columbus, OH 43202, 614 262-8147; r. 4162 Summit Dr., Columbus, OH 43224, 614 471-7426.

KOTORA, Frank E.; '48 BSBA; Retired; r. 310 Tecumseh Pl., Huron, OH 44839, 419 433-3560.

KOTTEN, Kenneth Michael; '82 BSBA; 1904 Camelot Ln., Findlay, OH 45840.

KOTTENSTETTE, Robert Frederick; '82 BSBA; Asst. Mgr.; Kroger Food Store, Miracle Mile Shopping Ctr., Toledo, OH 45816, 419 475-4394; r. 139 Mark Ln., Perrysburg, OH 43551, 419 874-5403.

KOTTENSTETTE, Thomas R.; '78 BSBA; VP; Remarks Inc., 6728 Hyland Croy Rd, Dublin, OH 43017, 614 889-5867; r. 5103 Pebble Ln., Columbus, OH 43220, 614 457-1321.

KOTULA, Karl R.; '79; Commercial Credit Mgr.; Sysco Corp., 1723 Enclave Pkwy., Houston, TX 77077, 614 263-2121; r. 3051 Dresden St., Columbus, OH 43224, 614 262-2622.

KOURIE, Dolores Lee '79 (See Parson, Mrs. Dolores Lee).

KOURLAS, Chris P.; '65; VP/Sales & Marketng; Lancaster Colony Corp., Frozen Foods Div, 1120 Morse Rd, Columbus, OH 43229; r. 4391 Mumford Dr., Columbus, OH 43220, 614 457-1373.

KOUTRAS, James Chris; '86 BSBA; 904 47th St. N. E., Canton, OH 44714, 216 499-7224.

KOVAC, Frank John; '42 BSBA; Retired; r. 3685 Bryan Dr., Beaumont, TX 77707, 409 833-0100.

KOVACH, Donna '82 (See Kosanovich, Donna Kovach).

KOVACH, Kathleen Anne; '87 BSBA; Prog. Asst.; The Ohio State Univ., Instructional Materials Lab, 842 W. Goodale Blvd., Columbus, OH 43212, 614 221-4950; r. 2709 Prendergast Pl., Reynoldsburg, OH 43068, 614 863-2545.

KOVACH, Richard Louis; '84 BSBA; Financial Analyst; Ferro Corp., 1 Erieview Plz., Cleveland, OH 44114, 216 641-8580; r. 1189-D Brookline, Willoughby, OH 44094, 216 942-1340.

KOVACH, Robert D.; '76 MPA; Asst. Security Spec.; Plng. Rsch. Corp., NASA Hdqtrs. Code SI, Washington, DC 20546, 202 453-1182; r. 6946 33rd St. N. W., Washington, DC 20015, 202 966-8302.

KOVACH, Sandra Maria; '86 BSBA; 1393 Allandale St., Amherst, OH 44001, 216 988-2449.

KOVACH, Steven Victor; '84 BSBA; Programmer; IBM Corp., I B M Rd., Poughkeepsie, NY 12601; r. 64 Allerton Rd., Newton, MA 02159.

KOVACH, Susan Ann '84 (See Moussi, Mrs. Susan A.).

KOVACHICK, Charles Joseph; '83 BSBA; Gen. Mgr.; Flammer Beckford Ford Mercury, 772 Hwy. 90, Milton, FL 32570, 904 623-2234; r. 6000 Arnies Way, Milton, FL 32570, 904 623-6787.

KOVACICEK, John L. '39 (See Kovey, John Louis).

KOVACS, Alex D., Jr.; '66 BSBA; Computer Spec.; Fed. Energy Regulatory Comm., 825 N. Capitol St. NE, Washington, DC 20426, 202 357-5599; r. 2000 N. Vermont St., Arlington, VA 22207, 703 522-0527.

KOVACS, Gabor Joseph; '70 MBA; VP Info. Systs.; Battelle-Columbus Div., 505 King Ave., Columbus, OH 43201, 614 424-6424; r. 4354 Shire Landing Rd., Hilliard, OH 43026, 614 876-2908.

KOVACS, John Stephen; '75 BSBA; Regional Sales Mgr.; John H. Swisher & Son, Inc., POB 2250, Jacksonville, FL 32203, 800 874-9720; r. 115 Milton Cir., Lititz, PA 17543.

KOVACS, William Richard; '69 BSBA; Statistician; r. 1216 W. Jackson St., Painesville, OH 44077.

KOVALCHEK, Thomas J.; '65 BSBA; Pres.; Partners West Devel. Inc., POB 951, Loxahatchee, FL 33470, 407 346-7984; r. 328 Squire Dr., Wellington, FL 33414, 407 793-6227.

KOVESDY, Arthur Zoltan; '85 BSBA; Sales Rep.; Eagle Trailer Inc., 4624 13th St., Wyandotte, MI 48192, 313 284-2310; r. 1630 Lauderdale, Lakewood, OH 44107, 216 521-4446.

KOVEY, John Louis, (John L. Kovacicek); '39 BSBA; Retired; r. 447 Brookfield Ave., Youngstown, OH 44512, 216 758-1523.

KOWALAK, Janice H. '73 (See Chasman, Mrs. Janice H.).

KOWALSKI, Daniel S.; '62 BSBA; Retired; r. 4081 Greenwood Oval, N. Royalton, OH 44133, 216 237-8008.

KOWALSKI, Helen June; '77 BSBA; Staff Auditor; Huntington Bancshares, 37 W. Broad St., Columbus, OH 43215; r. 5220 Harlem Rd., New Albany, OH 43054, 614 855-7649.

KOWALSKI, James M.; '59 BSBA; Owner; Kowalski & Assocs. Computer Svc., 6654 Montgomery Rd., Cincinnati, OH 45213, 513 984-0751; r. 3710 Section Rd, Cincinnati, OH 45236, 513 984-0751.

KOWALSKI, John Robert; '84 BSBA; Cnslt.; Healthcare Assocs. of Virginia, 9300-P Brass Hill Way, Richmond, VA 23229, 804 346-2839; r. Same.

KOWALSKI, Martin; '80 BSBA; Acct. Supv.; Amerada Hess Corp., One Hess Plz., Woodbridge, NJ 07095, 201 750-6558; r. 20 Knoll Ct., Matawan, NJ 07747, 201 583-8677.

KOWALSKI, Mrs. Melissa K., (Melissa N. Klopfstein); '84 BSBA; Admin. Dir.; Radio Shack, 100 Tandy Dr., Hagerstown, MD 21740, 301 739-3657; r. 1103 Moller Ave., Hagerstown, MD 21740.

KOWALSKI, Richard John; '75 BSBA; Auditor; US Interior Dept., Box 7730, St. Thomas, Virgin Islands 00801, 809 774-8300; r. Same, 809 776-0419.

KOWALSKY, Leonard M.; '42 BSBA; Partner; Segal & Kowalsky CPA's PC, Bankers Trust Bldg., Utica, NY 13501, 315 735-5216; r. 34 S. Hills Dr., New Hartford, NY 13413, 315 724-3310.

KOWIT, Bradley T.; '87 BSBA; Leasing Rep.; Ronald Markowitz Real Estate, 6181 Mayfield Rd., Mayfield Hts., OH 44124, 216 473-3988; r. 6542 Gates Mills Blvd., Mayfield Hts., OH 44124, 216 449-5144.

KOZAK, John W.; '77 BSBA; Sr. VP/Treas.; Mutual Fed. Savings Bank, 14 S. 5th St., Zanesville, OH 43701, 614 454-2521; r. 2510 Molly Cir., Zanesville, OH 43701, 614 454-3321.

KOZAN, Norman R.; '50 BSBA; Pres.; The N. R. Kozan Co., 4634 S. Lyn Cir., S. Euclid, OH 44121, 216 381-9110; r. Same, 216 381-1449.

KOZAR, Mike, Jr.; '51 BSBA; Retired; r. 30709 Royalview Dr., Willowick, OH 44094, 216 943-3022.

KOZAR, Susan Flinn; '75 BSBA; 31153 Huntington Woods Pkwy., Bay Village, OH 44140, 216 835-5746.

KOZEL, William W., Jr.; '60 BSBA; Sales Mgr./VP; W O H I Radio Station, 516 Market, E. Liverpool, OH 43920; r. 920 Crestview Dr., E. Liverpool, OH 43920, 216 385-1475.

KOZERSKI, James John; '87 BSBA; Engrg. Designer; GE Aircraft Engines, 1 Neumann Way, Cincinnati, OH 45215, 513 243-0646; r. 8534 Cottonwood Dr., West Chester, OH 45069, 513 777-1986.

KOZICH, Suzanne Catherine; '88 BSBA; Student; Univ. of Denver, 11100 E. Dartmouth Ave., Taxation Dept., Aurora, CO 80014, 303 755-9446; r. 17 Hunting Hollow Dr., Pepper Pike, OH 44124, 216 831-0435.

KOZLOSKI, Ms. Melissa L., (Melissa Lewis); '80 BSBA; Asst. Ofc. Mgr.; Gateway Fed., 128 E. 4th, Cincinnati, OH 45202, 513 631-1515; r. 1716 Hunter Rd., Fairfield, OH 45014, 513 829-3652.

KOZLOWSKI, Edward Alan; '74 MBA; Constr./Mgr.; r. 100 Auburn St., San Rafael, CA 94901, 415 457-1097.

KOZUP, John Alexander; '76 BSBA; 141 B-2 Broadmeadow Rd., Marlboro, MA 01752, 617 481-8168.

KRABILL, Jeffrey Neath; '75 MBA; Pres.; Krabill Mktg. Grp., 334 E. Washington St., Sandusky, OH 44870, 419 627-9999; r. 810 Wayne St., Sandusky, OH 44870, 419 625-7527.

KRAEMER, Morton Dennis; '71 BSBA; 1247 E. Kay Dr., Cherry Hill, NJ 08034, 609 795-5650.

KRAFT, Dennis Patrick; '77 BSBA; 4120 Dundee, Plano, TX 75075.

KRAFT, Howard W.; '33 BSBA; Retired; r. 1404 London Dr., Columbus, OH 43221, 614 457-5878.

KRAFT, Joseph William, Jr.; '71 BSBA; Dir.; Avon Prods. Inc., Intl. Treasury Opers., 9 W. 57th St., New York, NY 10019, 212 546-8009; r. 4 Monterey Dr., W. Windsor, NJ 08550, 609 275-0982.

KRAFT, Lawrence Howard; '72 BSBA; VP/Gen. Mgr.; Serta Mattress Co., 2760 W. Warren, Detroit, MI 48208, 313 896-5300; r. 6287 Rose Blvd., W. Bloomfield, MI 48322, 313 851-7089.

KRAFT, Richard N.; '51 BSBA; VP/Sales; Merrill Lynch, 1185 Ave. of The Americas, New York, NY 10036, 212 382-8446; r. 41 Donnybrook Rd., Montvale, NJ 07645, 201 573-9636.

KRAFT, Mrs. Sondra F., (Sondra Fridley); '65 BSBA; Secy.; Greyhound Lines, Inc., 1005 Gilbert Ave., Cincinnati, OH 45202, 513 352-6067; r. 879 Surrey Tr., Cincinnati, OH 45245.

KRAFT, Steven Arthur; '81 BSBA; VP Lending; Columbus DOD Fed. CU, Risk Management Dept., 3990 E. Broad St., Columbus, OH 43213, 614 239-0210; r. 7522 Broadwyn Dr., Reynoldsburg, OH 43068, 614 864-7113.

KRAHENBUHL, Richard Louis, Jr.; '82 BSBA; Staff Acct.; Taylor Made Golf Co., 2440 Impala Dr., Carlsbad, CA 92008, 800 325-7579; r. 2274 Carol View Dr., Apt. 210, Cardiff-By-The-Sea, CA 92007, 619 632-0883.

KRAJEWSKY, Robert W.; '75 BSBA; Operations Asst.; Hoover Transportation Svcs., 2234 S. Hamilton Rd., Columbus, OH 43232, 614 868-0577; r. 2006 Commons Rd. N., Reynoldsburg, OH 43068, 614 866-8294.

KRAKER, Jeffrey Louis; '74 BSBA; Staff; Olsten Temporary Svcs., 180 E. Broad St., Columbus, OH 43215; r. 1084 Mac Gregor Ave., Worthington, OH 43085, 614 846-7168.

KRAKOFF, Steven Paul; '83 MBA; Dir. of Mktg.; Mt. Carmel Health, 793 W. State St., Columbus, OH 43222; r. 1246 Ln. On The Lake, Apt. A, Columbus, OH 43220, 614 451-7009.

KRAKOWSKI, James Allan; '68 BSBA; VP Finances; Shelter & Rite, POB 331, Millersburg, OH 44654; r. 4107 129th W., Apt. 203, Cortez, FL 34215, 813 795-1258.

KRAL, John David; '52 BSBA; Mgr.; GE Co., Lighting Finance Operation, Nela Park, Cleveland, OH 44112, 216 266-2727; r. 5219 Hickory Dr., Lyndhurst, OH 44124, 216 449-5698.

KRALL, Leonard S.; '57 BSBA; Pres./Owner; Krall's Ltd., One Second St., Troy, NY 12180, 518 272-6621; r. 8 Diana Ln., Troy, NY 12180, 518 279-3758.

KRALLMAN, Charles William; '78 BSBA, '79 MBA; Pres.; Retail Optimization Intl., POB 14584, N. Palm Bch., FL 33408, 407 627-0209; r. 3000 N. Ocean Dr., Apt. 30-G, Singer Island, FL 33404, 407 863-9310.

KRALY, Edward James; '74 BS; Div. Mgr.; Ortho Pharmaceutical Corp., 9420 Towne Square Ave., Ste. 4, Cincinnati, OH 45242, 513 891-8463; r. 40 Forest Ave., Wyoming, OH 45215, 513 821-5842.

KRAMER, Charles David; '78 BSBA; Sr. Financial Analyst; Loral Corp. Defense Systs. Div., 1210 Massillon Rd., Akron, OH 44315, 216 796-4588; r. 137 Ohio St., Mansfield, OH 44903, 419 524-5614.

KRAMER, Christine Renee; '87 BSBA; Account Exec.; CompuServe, Arlington Center Blvd., Columbus, OH 43220, 614 457-8600; r. 263 Pleasant Hill, Centerville, OH 45459, 513 433-6794.

KRAMER, David George; '72 BSBA; Dir. of Engrg.; Kahn's & Co., 3241 Spring Grove Ave., Cincinnati, OH 45225; r. 6306 Edwood Ave., Cincinnati, OH 45224, 513 541-5190.

KRAMER, Deborah Zimmerman; '84 BSBA; Credit Analyst; Bancohio Natl. Bank, 4661 E. Main St., Columbus, OH 43213; r. 10127 Kimberly Dr., Plain City, OH 43064, 614 873-8282.

KRAMER, Denise Du Pont; '81 BSBA; VP; Kramer Cnsltg. Inc., 6175-B Shamrock Ct., Dublin, OH 43017, 614 792-3900; r. 3510 Wenwood Dr., Hilliard, OH 43026, 614 771-1635.

KRAMER, Douglas Edward; '85 BSBA; Apt. B 11 Bon Vista, Morgantown, WV 26505.

KRAMER, Edward Albert; '59 BSBA; Owner/Mgr.; Kramer Broadcasting, POB 300, Portage, WI 53901, 608 742-8833; r. 1201 W. Wisconsin, Portage, WI 53901, 608 742-7698.

KRAMER, Guy Wilbur; '34 BSBA; Retired; r. 10424 Heather Ln., Dallas, TX 75229, 214 350-0753.

KRAMER, Horace John; '75 BSBA; VP Auctioneer/Realtr; Kramer & Kramer, 108 W. Main St., Eaton, OH 45320; r. 3768 Wayne-Trace Rd., Eaton, OH 45320, 513 456-6512.

KRAMER, J.; '84 BSBA; Banker; Fifth Third Bank, Cincinnati, OH 45263; r. 3619 Burch Ave., Cincinnati, OH 45208, 513 871-6604.

KRAMER, James Markee; '86 BSBA; Purchasing Dir.; City Machine & Wheel, 1676 Commerce Dr., Stow, OH 44224, 216 688-7756; r. 2056 Ridgewood Rd., Akron, OH 44313, 216 864-6392.

KRAMER, Joseph Anthony; '85 BSBA; Tax Examining Asst.; IRS, Covington, KY 41011; r. 4224 Carriagelite Dr., Sharonville, OH 45241, 513 563-6772.

KRAMER, Karl Richard; '84 BSBA; 3563 Edgewood, Stow, OH 44224, 216 688-9735.

KRAMER, Kevin Bernard; '83 BSBA; Sales Engr./Asia Pcfc; Goodyear Tire & Rubber Co., Goodyear Singapore Private Ltd, Maxwell Rd., POB 791, Singapore, Singapore; r. 82 Grange Rd. #16-02, Singapore 1024, Singapore.

KRAMER, Kevin Lee; '79 MBA; Bus. Cnslt.; Arthur Andersen & Co., 1 Market Plz., San Francisco, CA 94105; r. 6180 Olentangy River Rd, Delaware, OH 43015, 614 548-6728.

KRAMER, Nancy Sheedy; '52; Secy.; r. 270 Chriswood Ct., Worthington, OH 43085, 614 433-0332.

KRAMER, Paul Patrick; '85 BSBA; Warehousing Supv.; Heinz USA, 1200 N. Fifth St., Fremont, OH 43420, 419 332-7357; r. 1735 E. Perry #3, Port Clinton, OH 43452, 419 734-9483.

KRAMER, Robert Donald; '88 BSBA; Ensign; USN; r. 10156 Fairfax Dr., NW, Pickerington, OH 43147, 614 868-7500.

KRAMER, Ronald Alvin; '68 BSBA; Pres.; Worthington Technologies, Inc., 6969 Worthington Galena Rd., Ste. I, Worthington, OH 43085, 614 431-3366; r. 1562 Blackstone Dr., Worthington, OH 43085, 614 846-9486.

KRAMER, LTC Terrence L., USAF(Ret.); '60 BSBA; Sr. Mgmt. Analyst Supv.; The Florida Public Svc. Commission, 101 E Gaines St/Fletcher Bldg, Tallahassee, FL 32399, 904 488-8147; r. 1622 Levy Ave., Tallahassee, FL 32304, 904 575-4881.

KRAMER, Thomas D., Sr.; '67 BSBA; Pres./Mktg.; Rome Mfg. Co., POB 191, Rome, GA 30161, 404 236-2900; r. 19 London Ln., Rome, GA 30161, 404 232-7900.

KRAMER, Thomas Wesley; '75 BSBA; Chf. Recoverable Item Br.; US Civil Svc., USAF, Wright Patterson AFB, OH 45433; r. 129 W. John St., Springfield, OH 45506, 513 322-0685.

KRAMER, William C.; '41 BSBA; Retired; r. 3044 Schwartz Rd., Columbus, OH 43232, 614 235-5976.

KRAMMES, Larry Alan; '87 BSBA; 1110 Wycliff Ave., San Pedro, CA 90732, 213 833-1576.

KRAMP, Kenneth David; '84 BSBA; Banker; Fifth Third Bank, 38 Fountain Sq. Plz., Cincinnati, OH 45263, 513 896-4310; r. 6609 Cresthaven Ave., West Chester, OH 45069, 513 779-9447.

KRANTZ, Alan J.; '52 BSBA; Retired; r. 15514 Middlebury, Dearborn, MI 48127, 313 441-3088.

KRANTZ, Howard Jeff; '83 BSBA; Student; Cleveland State Univ., Law Sch., 1983 E. 24th St., Cleveland, OH 44115; r. 25435 Wimbledon, Beachwood, OH 44122, 216 449-8388.

KRASCHINSKY, John Theodore; '78 BSBA; Programming Mgr.; Triad Systs. Corp., 3055 Triad Dr., Livermore, CA 94550, 415 449-0606; r. 2043 Limewood Dr., San Jose, CA 95132, 408 263-0526.

KRASNER, James David; '86 MBA; Assoc. Cnslt.; A T Kearney Inc., Logistics Consulting, 222 S. Riverside Plz., Chicago, IL 60606, 312 648-0111; r. 710 W. Gordon Ter., #2W, Chicago, IL 60613, 312 975-0152.

KRASNEY, Donna Beth; '81 BSBA; Investment Mgr.; Banner Industries, 25700 Science Pk. Dr., Cleveland, OH 44122, 216 464-3650; r. 14 Pepperwood Ln., Pepper Pike, OH 44124, 216 831-5545.

KRASNEY, Sherry Ellen '78 (See Feuer, Sherry Ellen).

KRASNOFF, Michael Scott; '68 BSBA; Staff VP/Asst. Treas.; R G Barry Corp., 13405 Yarmouth Rd. N. W., Pickerington, OH 43147; r. 855 Old Farm Rd., Columbus, OH 43213, 614 864-9402.

KRASNOSKY, Robert E.; '61 BSBA; Sr. VP/Dir. of Mktg.; Prescott Asset Mgmt., 1331 Euclid Ave., Cleveland, OH 44115, 216 574-7207; r. 32965 Creekside Dr., Pepper Pike, OH 44124, 216 765-1431.

KRASS, Stephen J.; '60 BSBA; Atty./Sr. Partner; Krass & Lund PC, 419 Park Ave. S., 19th Fl., New York, NY 10016, 212 683-3636; r. 45 W. 60th St., 14-J, New York, NY 10023, 212 957-8665.

KRASTEL, Norman W.; '50 BSBA; 22 Buntine Rd, Wembly Downs, Perth WA 6109, Australia.

KRASZEWSKI, David Andrew; '78 MACC; 403 Baintree Run, Downingtown, PA 19335.

KRATZER, Joel Brent; '81 BSBA; Acctg. Mgr.; Motorists Ins. Cos., 471 E. Broad St., Columbus, OH 43215, 614 225-8327; r. 5190 Maplewood Ct. E., Columbus, OH 43229, 614 895-0946.

KRAUS, Douglas Alan; '88 BSBA; 6766 Maplebrook Ln., Worthington, OH 43085, 614 889-0890.

KRAUS, Edward Harlan; '83 BSBA; Asst. Cnty. Prosecutor; Cuyahoga Cnty. Prosecutor's Ofc., 1200 Courts Twr., The Justice Ctr. 8th Fl., Cleveland, OH 44113, 216 443-7800; r. 4491 University Pkwy., University Hts., OH 44118, 216 381-0315.

KRAUS, Kenneth M.; '64 BSBA; Dir.-Admin.; City of Marysville, 125 E. 6th, Marysville, OH 43040, 513 642-6015; r. 1038 Sherwood Ave., Marysville, OH 43040, 513 642-6994.

KRAUS, Steven Conrad; '87 BSBA; Asst. Mgr.; Transamerica Financial Svcs., 6797 N. High St., Worthington, OH 43085, 614 436-5462; r. 3314 Thornway Dr., Columbus, OH 43229, 614 476-0789.

KRAUSE, Deanna L.; '88 BSBA; Merchant Svcs. Rep.; Discover Card, Westland Mall, Columbus, OH 43228, 614 278-4412; r. 273 S. Richardson Ave., Columbus, OH 43204, 614 279-3354.

KRAUSE, Edward W., Jr.; '56 BSBA; Ins. Underwriter; Nationwide Ins. Co., One Nationwide Plz., Columbus, OH 43216; r. 370 Brevoort Rd, Columbus, OH 43214, 614 262-8972.

KRAUSE, Elizabeth Levy; '85 MBA; 567 Woodlawn Ave., Westerville, OH 43081, 614 898-9509.

KRAUSE, Frank Bernard, IV; '78 MPA; Dir. of Devel.; Universal Health Svcs. Inc., 367 S. Gulph Rd., King Of Prussia, PA 19406, 215 768-3300; r. 5316 Whitehouse Plantation, Macon, GA 31210, 912 474-1759.

KRAUSE, George W.; '29 BSBA; Retired; r. 2223 N. Jefferson Blvd., Lorain, OH 44052, 216 288-8418.

KRAUSE, Jack Morton; '53 BSBA; CPA/Partner; Unger Krause & Assocs. Inc., 3659 Green Rd. #220, Beachwood, OH 44122, 216 831-4141; r. 1411 Worton Blvd., Cleveland, OH 44124, 216 442-7658.

KRAUSE, Laura Jo Ann; '84 BSBA; 1225 N. Pierce St., #5, Arlington, VA 22209.

KRAUSE, Louis John; '80 BSBA; Financial Analyst; Atlantic Rsch. Corp., 5390 Cherokee Ave., Alexandria, VA 22314, 703 642-4015; r. 6367 Chimney Wood Ct., Alexandria, VA 22306, 703 660-9689.

KRAUSE, Robert L.; '40 BSBA; Retired; r. 4433 Jonathan Dr., Kettering, OH 45440, 513 299-4834.

KRAUSE, Roy Gustav; '68 BSBA; CPA Supv.; Peat Marwick & Mitchell, Peachtree Ctr. S., Atlanta, GA 30303; r. 3811 Vineyard Trace, Marietta, GA 30062, 404 973-4816.

KRAUSER, Patricia '80 (See Toothman, Patricia K.).

KRAUSS, Annette Mathilde '85 (See Treudler, Mrs. Annette Mathilde).

KRAUSS, Bruce Alan; '71 BSBA; Staff Communications; Ohio Atty. Generals Ofc., Courthouse Annex, Columbus, OH 43215; r. 5942 Winterberry Dr., Galloway, OH 43119.

KRAUSS, Mrs. Cheryl A., (Cheryl A. Cox); '80 BSBA; Homemaker; r. 7732 Morse Rd., New Albany, OH 43054, 614 855-9217.

KRAUSS, David; '71 BSBA; Mgmt. Cnslt./CPA; r. 59 Charles Ave., Massapequa Park, NY 11762.

KRAUTER, Dean E.; '48 BSBA; Sr. VP; First Bancorporation of Ohio, 106 S. Main St., Akron, OH 44308, 216 384-8000; r. 2106 Mt Vernon Blvd. NW, Canton, OH 44709, 216 492-6029.

KRAUTHAMER, Dr. Sigmund; '49 BSBA; 1217 SW 11th Ave. #201, Portland, OR 97205, 503 222-1652.

KRAUTSAK, Robert Francis; '86 BSBA; Account Exec.; Alexander & Alexander Inc., 17 S. High St., Columbus, OH 43215, 614 228-6115; r. 4719 Widner Ct., Columbus, OH 43220.

KRAVEC, Taras Marion; '86 BSBA; Options Trader; r. 2908 Marioncliff, Parma, OH 44134, 216 884-6115.

KRAVITZ, Edward Daniel; '86 BSBA; Mktg. Analyst; The Flxible Corp., 970 Pittsburg Dr., Delaware, OH 43015, 614 362-2602; r. 5205 Rutherford Rd., Powell, OH 43065, 614 766-1548.

KRAVITZ, Mrs. Janet Eileen; '81 BSBA; Atty.; Schotterstein, Zox & Dunn, 41 S. High, Columbus, OH 43215, 614 221-3211; r. 2180 Bryden Rd, Columbus, OH 43209, 614 236-5341.

KRAVITZ, Julius P.; '48 BSBA; Retired; r. 7239 Katherine Ave., Van Nuys, CA 91405, 818 780-8378.

KRAVITZ, Kevin Jeffrey; '85 BSBA; 8715 Applewood Ct., Mentor, OH 44060.

KRAVITZ, Mark S.; '58 BSBA; Sr. Loan Ofcr.; Progressive Mortgage Corp., One Cleveland Ctr., Ste. 2350, 1375 E. 9th St., Cleveland, OH 44114, 216 861-6300; r. 8715 Applewood Dr., Mentor, OH 44060, 216 953-9081.

KRAVITZ, Martin Paul; '72 MA; Dir. Dog Food Info. Res.; Ralston Purina Co., Checkerboard Sq., St. Louis, MO 63164, 314 982-3440; r. 123 Saylesville Dr., Chesterfield, MO 63017, 314 576-3085.

KRAWCZESKI, Richard Anthony; '88 BSBA; 5024 Dierker Rd., Apt. C-3, Columbus, OH 43220, 614 451-3979.

KRAWCZYK, Thomas James; '79 BSBA, '80 MBA; Financial Analyst; I C A Svc. Corp., c/o Postmaster, San Diego, CA 92199; r. 7588 Winterwood Ln., San Diego, CA 92126, 619 530-1665.

KRAWETZKI, Robert Dean; '70 BSBA; Graphic Arts Mgr.; Sandusky Plastics Inc., 400 Broadway St., Sandusky, OH 44870, 419 626-8980; r. 8703 Rte. 113, Berlin Hts., OH 44814, 419 588-2183.

KREAGER, Eileen Davis, (Eileen Davis); '45 BSBA; Clg. Bursar; r. POB 214, Worthington, OH 43085, 614 846-6859.

KREAGER, James Scott; '49 BSBA; POB 4555, Ft. Lauderdale, FL 33338.

KREAGER, Jefferson Stuart; '86 BSBA; Claim Rep.; Allstate Ins. Co., Columbus, OH 43230, 614 895-8300; r. 518 N. Westmoor, Newark, OH 43055, 614 344-5680.

KREAGER, John David; '77 BSBA; Ins. Underwriter; State Farm Ins. Co., 1440 Granville Rd, Newark, OH 43055, 614 344-2161; r. 750 S. Hampton, Newark, OH 43055, 614 366-5482.

KREAGER, Robert L.; '48 BSBA; Retired; r. 5730 Sun Valley, Sylvania, OH 43560, 419 882-4948.

KREBS, Bart Douglas; '81 BSBA; 3858 Julia Ct., Gahanna, OH 43230, 614 478-1809.

KREBS, Charles Edward; '69 BSBA; Acct.; r. 659 25th St., Des Moines, IA 50312, 515 282-6639.

KREBS, Dale F.; '32 BSBA; Retired; r. 10549 Hart, Huntington Woods, MI 48070, 313 544-9792.

KREBS, David Paul; '84 BSBA; Acct./Partner; Krebs & Knapp Public Accts Inc., 487 E. Mound Sreet, Columbus, OH 43215, 614 221-1036; r. 45 Glenmont Ave., Columbus, OH 43214, 614 261-8216.

KREBS, Donald A.; '52 BSBA; Dir. of Finance; Parkview Hosp., 1920 Parkwood Ave., Toledo, OH 43624; r. 3531 Secor Rd, Apt. 102, Toledo, OH 43606, 419 531-8462.

KREBS, Donald E.; '48 BSBA; Exec.; Ford Motor Co.; r. 2270 Cameo Lake Dr., Bloomfield Hls., MI 48013, 313 626-1499.

KREBS, George Albert, III; '72 BSBA; Special Agt.; US Dept. of Justice, 601 Rockwell Rm 300, Cleveland, OH 44114.

KREBS, Mrs. Lois R., (Lois Richey); '48 BSBA; Certified Fin. Planner; r. 2270 Cameo Lake Dr., Bloomfield Hls., MI 48013, 313 626-1499.

KREGLOW, Lew Coffman; '32 BSBA; Retired; r. 2265 S. Stage Coach Ln., Fallbrook, CA 92028, 619 728-9352.

KREID, David E.; '49 BSBA; 711 Shady Lake Ln., Vero Beach, FL 32963, 407 231-1183.

KREIDER, Ellen R.; '79 MPA; 1760 Waltham Rd., Columbus, OH 43221.

KREIDER, James Nicholas; '75 MBA; Dir/Financial Plng & Anly; Pneumo Abex Corp., 4800 Prudential Twr., Boston, MA 02199; r. 30 Drumlin Hill Rd., Groton, MA 01450, 508 448-3668.

KREIDLER, Marianne C. '86 (See Shank, Ms. Marianne C.).

KREILING, Paul M.; '61 BSBA; Sales Rep.; r. 1214 Scenic Dr., Latrobe, PA 15650, 412 539-7783.

KREINBERG, Jerome J.; '39 BSBA; 2350 Cheltenham, Toledo, OH 43606, 419 536-9625.

KREINBIHL, Charles David; '78 BSBA; Acct.; Marathon Petroleum, S. Main St., Findlay, OH 45840; r. 301 Hillcrest, Findlay, OH 45840, 419 424-3017.

KREINBIHL, Robert O.; '49 BSBA; Retired; The Kenton Savings Bank, 126 W. Columbus St., Kenton, OH 43326; r. 533 N. Main, Kenton, OH 43326, 419 675-3143.

KREINBRINK, Ann Cecelia; '86 BSBA; Probate Acct.; Porter Wright Morris & Arthur-Attys-at-Law, 41 S. High St., Columbus, OH 43215, 614 227-2044; r. 852 Deacon Cir., Columbus, OH 43214, 614 442-1749.

KREINBRINK, Joanne Marie; '85 BSBA; Fundraising Supv.; The Cystic Fibrosis Fdn, 6500 Busch Blvd., Ste. 132, Columbus, OH 43206, 614 431-1230; r. 1322 Stonebridge Dr. #A, Columbus, OH 43213, 614 866-0609.

KREISER, John Edward; '74 BSBA; Bus. Mgr.; Len Immke Buick, 300 N. Hamilton Rd., Columbus, OH 43213, 614 864-9200; r. 3487 Darbyshire Dr., Hilliard, OH 43026, 614 876-0915.

KREITLER, Carolyn; '49 BSBA; Mgr.; Plus Sizes, 7601 De Moss, Houston, TX 77036, 713 270-6414; r. 6400 S. Gessner Apt. 1086, Houston, TX 77036, 713 772-3069.

KREITMAN, Janet Bernstein; '84 MPA; 1100 Matthews Dr., Rockville, MD 20851.

KRELL, Wayne Scott; '84 BSBA; Acct.; Franklin & Co.; r. 1318 E. 102nd Ter., Kansas City, MO 64131.

KREMER, Sharon Ann '86 (See Moore, Sharon Ann).

KREMER, Timothy Gordon; '79 MPA; Assoc. Dir./Spec. Servs; Ohio Sch. Boards Assn., 700 Brooksedge Blvd., Westerville, OH 43081, 614 891-6466; r. 547 Michael Ave., Westerville, OH 43081, 614 899-9135.

KRENDL, Kristina Sue; '87 MLHR; POB 263, Pandora, OH 45877.

KRENDL, Lee Joseph; '77 BSBA; Owner/Mgr.; Lee's Ace Hardware, 120 S. Washington, Van Wert, OH 45891, 419 238-1546; r. 321 W. Ervin Rd., Van Wert, OH 45891.

KRENT, Laurie E. '79 (See Pettigrew, Mrs. Laurie E.).

KRESHECK, Neal E.; '61 BSBA; Admin.; Springfield Community Hosp., 2615 E. High St., Springfield, OH 45501, 513 325-0531; r. 410 Leander Dr., Springfield, OH 45504, 513 324-2697.

KRESS, Evan B.; '63 BSBA; Masseur; Los Angeles, CA 90025, 213 207-3653; r. 11658 Iowa Ave., Los Angeles, CA 90025, 213 207-3653.

KRESS, Katherine '81 (See O'Brien, Mrs. Katherine Kress).

KRESSE, Kathryn Henderson; '82 MBA; 1504 Sagemore Dr., Marlton, NJ 08053.

KRESSER, Anthony J.; '54 BSBA, '55 MBA; Retired; r. 323 Defiance Ave., Findlay, OH 45840, 419 422-6921.

KRETCH, Mrs. Mateel P., (Mateel Preis); '45 BSBA; Sales; Arista; r. 3330 Warrensville Center Rd., Apt. 507, Cleveland, OH 44122, 216 751-6067.

KREUCHAUF, Ms. Sally B., (Sally B. Beondo); '86 MLHR; Asst. Dir., Coop. Educ.; Ohio State Univ., 05 Brown Hall, 190 W. 17th Ave., Columbus, OH 43210, 614 292-7055; r. 6469 Penick Dr., Reynoldsburg, OH 43068.

KREUSSER, Kathleen H. '73 (See Root, Kathleen H.).

KREUTZFELD, Raymond Edward; '72 BSBA; Gen. Mgr.; Texas Fuel Injection Svc., 4828 Calvert St., Dallas, TX 75247, 214 631-0127; r. 1820 Highland, Carrollton, TX 75006, 214 245-3262.

KREUZER, Shelli '86 (See Stumph, Shelli S.).

KRIBS, Ann Remlinger, (Ann Remlinger); '55 BSBA; Exec. Secy.; Massachusetts Mutual Life Ins., POB 65005, Denver, CO 80206, 303 333-3441; r. 2325 S. Linden Ct. 307N, Denver, CO 80222, 303 758-0315.

KRICHBAUM, Dean C.; '56 BSBA, '57 MBA; Gen. Mgr.; Diversitech Div., General Corporation, Batesville, AR 72503.

KRICHMAN, Alan R.; '53 BSBA; Merchant Owner; The Mercantile Inc., 101 E. Grand Ave., Escondido, CA 92025, 619 745-3800; r. 2377 Royal Oak Dr., Escondido, CA 92027, 619 741-3853.

KRICK, Ruth Dodge, (Ruth Dodge); '42 BSBA; Retired; r. 420 E. Schreyer Pl., Columbus, OH 43214, 614 263-1968.

KRIEG, M. Jane '53 (See Tyo, M. Jane Krieg).

KRIEG, Scott Michael; '76 BSBA, '80 MBA; Systs. Analyst; American Electric Power, 1 Riverside Plz., Columbus, OH 43215, 614 223-1000; r. 7160 Schoolcraft Dr., Dublin, OH 43017, 614 764-4988.

KRIEGER, Burton Charles; '70 BSBA, '72 MBA; Gen. Merchandise Mgr.; Boscov's Dept. Stores, 4500 Perkiomen Ave., Reading, PA 19606, 215 370-3438; r. 1627 Meadowlark Rd., Wyomissing, PA 19610, 215 775-8684.

KRIEGER, G. Douglas; '75 BSBA; Pres.; Krieger Ford, 1800 Morse Rd., Columbus, OH 43229, 614 888-3320; r. 1235 Three Forks Dr. N., Westerville, OH 43081, 614 890-5181.

KRIEGER, George A.; '50 BSBA; Chmn. of The Bd.; Krieger Ford, 1800 Morse Rd., Columbus, OH 43229, 614 888-3320; r. 121 Flores Pl., Columbus, OH 43213, 614 866-0235.

KRIEGER, Harry Lange, Jr.; '64 BSBA; Dir.-Human Resources; Price Waterhouse, The Huntington Ctr., 41 S. High St., Columbus, OH 43215, 614 221-8500; r. 118 Corbins Mill Dr., Dublin, OH 43017, 614 766-4557.

KRIEGER, James William; '81 BSBA; Sr. Cnslt.; Arthur Young & Co., One Seagate, Toledo, OH 43604, 419 244-8000; r. 514 N. Locust St., Oak Harbor, OH 43449, 419 898-1801.

KRIEGER, Keith Edwin; '77 BSBA; Treas.; Bellefontaine Bd. of Educ., 820 Ludlow Rd, Bellefontaine, OH 43311, 513 593-9060; r. 2343 County Rd. 11, Bellefontaine, OH 43311, 513 599-5306.

KRIEGER, Mary Logan, (Mary Logan); '35 BSBA; Retired; r. 2970 Halstead Rd., Columbus, OH 43221, 614 488-4264.

KRIEGER, Michael Avery; '79 BSBA; 1057 Deerpath Ct., Wheeling, IL 60090, 312 520-4743.

KRIEGER, Philip S.; '51 BSBA; Salesman; King Thompson Holzer-Wollam, 1670 Fishinger Rd., Columbus, OH 43221, 614 451-0808; r. 3148 Brandon Rd., Columbus, OH 43221, 614 457-4143.

KRIEGER, Robert J.; '53 BSBA; Ins. Salesman; Mutual of New York, 5025 Arlington Ctr., Ste. 510, Columbus, OH 43220, 614 457-6080; r. 1079 Woodman Dr., Worthington, OH 43085, 614 885-4152.

KRIEGER, COL Thomas Bert; '59 BSBA; Dir./Admissions/Rcds; Troy State Univ., 305 S. Ripley St., Montgomery, AL 36101, 205 834-2320; r. 5708 Bridle Path Ln., Montgomery, AL 36116, 205 277-8003.
KRIGER, Richard Carl; '72 BSBA; Controller; Psychologia Metrika Inc., 3806 N. High St., Columbus, OH 43214, 614 263-1665; r. Same.
KRILL, MAJ James F., USAF(Ret.); '54 BSBA; 2219 Brookpark Dr., Kettering, OH 45440, 513 434-0529.
KRILL, Philip P.; '62 BSBA; Dir. of Personnel; Continental Baking Co., Eastern Division, 1275 Summer St., Ste. 300, Stamford, CT 06905, 203 348-3640; r. 7 Allan Way, Bethel, CT 06801, 203 792-8369.
KRILL, Scott Douglas; '85 BSBA; Law Student; Northwestern Univ., Chicago, IL 60657; r. 3 3516 Gaslite Dr., Archbold, OH 43502, 419 445-6162.
KRILL, Vivian R. '48 (See Cooley, Mrs. Leslie).
KRINER, Robert Gayle; '75 BSBA; Mgr., Corporate Taxes; Columbia Gas of Ohio, 200 Civic Center Dr., Columbus, OH 43216; r. 5953 Northern Pine St., Columbus, OH 43229.
KRIPPEL, Mary Elizabeth; '84 BSBA; Acct.; Forest City Enterprises, 10800 Brookpark Rd., Cleveland, OH 44130, 216 267-1200; r. 10635 Cardinal Ln., Brecksville, OH 44141, 216 838-5423.
KRISHER, Allison; '86 BSBA; Prog. Coord.; Leukemia Society of America, 1991 Crocker Dr., Ste. 550, Cleveland, OH 44145, 216 871-9990; r. 22453 Lake Rd., Ste. 408C, Rocky River, OH 44116, 216 356-9113.
KRISHER, Kurt Otto; '81 BSBA; Sr. Financial Analyst; Riverside Methodist Hosp., 3535 Olentangy River Rd, Ste. 3728-F, Columbus, OH 43214; r. 6221 Renner Rd., Columbus, OH 43228, 614 878-5672.
KRISHNAN, Jagannathan; '87 MBA; 523 Montgomery, Columbus, OH 43210, 614 293-0189.
KRISHNAN, Prakash; '86 MBA; 5347 Erin Isles Ct., Dublin, OH 43017.
KRISKO, John G.; '43; Retired; r. 1403 Smith Rd, Ashland, OH 44805, 419 289-0697.
KRISTIE, Joseph Edward; '82 MBA; VP; Oppenheimer & Co., 1 S. Wacker Dr., Chicago, IL 60606, 312 621-8329; r. 27 N. Ashland, La Grange, IL 60525, 317 354-1508.
KRISTOF, Mrs. June M., (June M. Zimpfer); '47 BSBA; Sales Assoc.; AT&T, 88A Worthington Sq., Worthington, OH 43085, 614 431-1055; r. 4290 Meadowview Ct., Columbus, OH 43224.
KRISTOFF, James Walter; '73 MA; 1815 NW Blvd., Columbus, OH 43212, 614 481-9398.
KRISTOFIC, Eric Francis; '88 BSBA; 3190 E. Deshler Ave., Columbus, OH 43227, 614 235-0747.
KRISTOSIK, Lisa Antoinette; '87 BSBA; Credit Mgr.; L T V Steel Co., L T V Bldg., 25 W. Prospect Ave., Cleveland, OH 44115, 216 622-5191; r. 2231 Edgehill Rd., Cleveland, OH 44106, 216 229-4554.
KRITZLER, Robert Matthew; '80 BSBA; Dir. of Finance; Los Angeles Cellular, 6045 E. Slauson Ave., Los Angeles, CA 90040, 213 721-3939; r. 9033 Gibson St., Los Angeles, CA 90034, 213 202-9332.
KRIVAK, Donna Jean; '81 BSBA; Analyst II; State Auto Ins. Co., 518 E. Broad St., Columbus, OH 43216, 614 464-4926; r. 3900 Bickley Pl., Columbus, OH 43220, 614 457-8507.
KRIVANEK, Timothy Gerard; '86 BSBA; Fitness Sales Rep.; r. 3343 Hilltop Dr., Parma, OH 44134, 216 842-3752.
KRIVO, Randy Michael; '77 BSBA; VP of Mktg.; Minnetonka Inc., Box 1-A, Minnetonka, MN 55343, 612 448-4181; r. 5017 W. 94th St., Bloomington, MN 55437, 612 835-3387.
KRIVOS, Paul Richard; '84 BSBA; Dist. Sales Mgr.; Loctite Corp., 4450 Cranwood Ct., Cleveland, OH 44128, 216 475-3600; r. 18 Pumpkin Hook, POB 02413, W. Henrietta, NY 14586, 716 359-4438.
KRIZO, Thomas Edward; '81 BSBA; Programmer; Ohio Presbyterian Homes, 6800 N. High St., Worthington, OH 43085; r. 26 W. Weisheimer Rd., Columbus, OH 43214, 614 267-8347.
KRNICH, Milfert E.; '51 BSBA; 500 Market St., #502 Ohio Valley Towers, Steubenville, OH 43952.
KROCK, Kenneth Wayne; '66 BSBA; Bus. Ofc. Mgr.; Huntsville Mem. Hosp., Business Ofc., Huntsville, TX 77340, 409 291-4536; r. 3329 Pine Grove Dr., Huntsville, TX 77340, 409 295-2178.
KROEGER, Ms. Jacqueline Ann; '87 BSBA; Corporate Acct.; Libbey-Owens-Ford Co., 811 Madison Ave., Toledo, OH 43695, 419 247-3737; r. 3425 Jeanette St., Toledo, OH 43608, 419 726-2737.
KROEGER, Raymond J.; '48 BSBA; Retired Salesman; US Steel Corp., 100 Erieview Plz., Cleveland, OH 44114; r. POB 1199, St. Michaels, MD 21663, 301 745-3383.
KROEKER, Ronald Wayne; '66 BSBA; Staff; Chembond Corp., Subs:Getty Oil Co, Springfield, OR 97477; r. 724 Montview Way, Springfield, OR 97477, 503 726-0706.
KROENER, Robin Lynn; '82 BSBA; Systs. Designer; Merrell Dow Pharmaceuticals, Subsidiary of The Dow Chem Co, 2110 E. Galbraith Rd, Cincinnati, OH 45215, 513 948-7560; r. 1342 Deerfield Rd., Apt. B, Lebanon, OH 45036, 513 932-7805.
KROENKE, COL Leon J., USAF(Ret.); '67 MBA; Cert. Finn. Plnr./Broker; r. 4565 Cameo Pl., Santa Maria, CA 93454, 805 937-5816.
KROH, Kimberly Joan; '86 BSBA; Sales Trainee; L T V Steel Co., 16801 Addison Rd., Dallas, TX 75248, 214 248-3035; r. 18790 Lloyd Dr. 1015, Dallas, TX 75252, 214 306-8078.
KROHN, Edmund Louis; '70 BSBA; Materials Mgr.; Ashland Chemical Co., Foundry Products Division, 5200 Blazer Memorial Pkwy., Dublin, OH 43017, 614 889-3513; r. 5508 Cara Ct., Amlin, OH 43002, 614 876-9663.
KROHN, Mary Trunick; '80 BSBA; Disribution Mgr.; Procter & Gamble Co., Food Division Distribution, 5th & Sycamore, Cincinnati, OH 45201, 513 983-6217; r. 3607 Ault Park Ave., Cincinnati, OH 45208, 513 871-7531.
KROMALIC, Joseph W.; '56 BSBA; Retired; r. 816 Lawson Ave., Steubenville, OH 43952, 614 282-4485.
KRON, Dan Elliot; '69 BSBA; Pres.; Dan Kron, Assoc., 7000 Palmeto Park W., Ste. 408, Boca Raton, FL 33433, 407 393-0008; r. 2727 S. Ocean Blvd., Highland Bch., FL 33487, 407 243-8006.
KRONE, Bruce Andrew; '77 BSBA; Atty.; Eichel & Krone Co. LPA, 508 Atlas Bank Bldg., 524 Walnut St., Cincinnati, OH 45202, 513 241-1234; r. 2743 Grandin Rd., Cincinnati, OH 45208, 513 871-0743.
KRONENBERGER, Donald R.; '43 BSBA; Retired VP/Treas.; Goodyear Tire & Rubber Co.; r. 3100 Gulf Shore Blvd. N., #601, Naples, FL 33940, 813 649-7535.
KRONENBERGER, George Kaspar; '79 MLHR; Human Res. Supv.; Pacific Gas & Electric Co., 1170 Market St., San Francisco, CA 94102, 415 972-4411; r. 19 Medau Pl., San Francisco, CA 94133, 415 362-8849.
KRONENFELD, Herbert Allan; '56 BSBA; VP; Radio Systs., Inc., 3421 SW 24th Ave., Ft. Lauderdale, FL 33312, 305 587-9135; r. 3505 W. Atlantic Blvd., Apt. 615, Pompano Bch., FL 33069, 305 975-4918.
KRONEWITTER, Craig Lee; '69 BSBA; 14 Lake Shore, Cary, IL 60013, 312 639-4775.
KROON, Peter J.; '72 BSBA; Mktg. Rep.; IBM Switzerland, 48 Ave. G-Motta, 1202 Geneva, Switzerland, 412 291-5573; r. 68 Rte. de Rolle, St.-Prex 1162, Switzerland, 412 180-6157.
KROOS, Gerald Leonard; '65; Staff; The Game Exch., POB 09-598, Columbus, OH 43209, 614 258-2933; r. 475 Columbia Pl., Columbus, OH 43209, 614 237-4263.
KROPF, Holly Nutter; '67 BSBA; 20 Sunset Rd, Bloomington, IL 61701.
KROPLIN, Kelly Renee; '88 BSBA; 107 Pioneer Rd., Elida, OH 45807, 419 331-6963.
KROSIN, Bryan Howard; '85 BSBA; Mgr.; Ultrametl Mfg. Co., 1000 Wenso Rd., Bedford, OH 44146, 216 232-7250; r. 13765 Cedar Rd., #304, S. Euclid, OH 44118, 216 321-4829.
KROTZ, Charles Thomas; '82 BSBA; 2025 Hawthorne Ter, Novato, CA 94947, 415 453-2624.
KROUSE, Thomas Reynolds; '82 BSBA; Partner; Daly & Lewis, Advertising/Public Relations, 75 S. High St., Dublin, OH 43017; r. 582 S. Pearl St., Columbus, OH 43215, 614 464-1906.
KROVIAK, James; '72 BSBA; 12486 Grainwood Way, San Diego, CA 92131.
KROZSER, Linda Jo '80 (See Cullen, Linda Jo).
KRSTOLIC, Raymond C.; '63 BSBA; Sales Mgr.; Container Corp. of America, 9960 Alliance Rd., POB 42335, Cincinnati, OH 45242, 513 745-2421; r. 1111 Scarborough Way, Cincinnati, OH 45215, 513 821-8427.
KRUCZYNSKI, Robert Louis; '50 BSBA; Tabulating Operator; GM Corp., Electronic Data Systs., 200 Georgesville Rd, Columbus, OH 43228; r. 3767 Richard Ave., Grove City, OH 43123, 614 875-5093.
KRUDER, George Thomas; '77 BSBA, '78 MBA; Asst. Analyst; H P M Corp., 820 Marion Rd, Mt. Gilead, OH 43338, 419 946-0222; r. 207 Bain Ave., Marion, OH 43302, 614 382-3459.
KRUEGER, John Albert; '75 BSBA; VP/Sales; Krueger & Assoc. Insurers, Center St., Mentor, OH 44060; r. 119 Nantucket Cir., Painesville, OH 44077.
KRUEGER, Louis R.; '33 BSBA; Public Acct.; Louis R. Krueger & Assocs., 2140 Front St., Cuyahoga Falls, OH 44221, 216 928-4233; r. 935 Davis Ave., Cuyahoga Falls, OH 44221, 216 923-0213.
KRUEGER-LEWIS, Ms. Kimberly Jean; '84 BSBA; Sales Rep.; Suntel, S. Dixie Hwy., W. Palm Bch., FL 33402, 800 444-1355; r. 1123 11th Ct., Jupiter, FL 33477, 407 775-3685.
KRUG, Joseph A.; '88 MBA; Stf-Sales/Promotion; Mead Paper, 4360 Chamblee-Dunwoody Rd., Ste. 100, Atlanta, GA 30341; r. 6837-D Glenlake Pkwy., Atlanta, GA 30328.
KRUGER, 2LT Scot David, USAF; '87 BSBA; 164 N. 74th St., #1060M, Mesa, AZ 85207, 216 688-7400.
KRUGER, Thomas Allen; '69 MBA; VP-Finance/Admin.; Hoechst Celanese Corp., Film & Fiber Intermediates, POB #32414, Charlotte, NC 28211, 704 554-2554; r. 2420 Sedley Rd., Charlotte, NC 28211, 704 366-2301.
KRUGLINSKI, Thomas Philip; '88 MLHR; 80 Broadmeadows Blvd., #92, Columbus, OH 43214, 614 846-8271.
KRUL, Robert Louis; '78 BSBA; Sr. Sales Rep.; GTE Sylvania, 1000 Huyler St., Teterboro, NJ 07608, 201 288-9484; r. POB 641, Mc Afee, NJ 07428, 201 209-4256.
KRULICH, Ronald F.; '64 BSBA; Payroll Auditor; r. 18801 Abby Ave., Cleveland, OH 44119, 216 481-3105.
KRULL, George W., Jr.; '65 BSBA; Natl. Dir./Prof. Devel.; Grant Thornton, Natl. Ofc., 1700 One Prudential Plz., Chicago, IL 60601, 312 856-0001; r. 26W334 Menomini Dr., Wheaton, IL 60187, 312 668-5411.
KRUM, Bernard L.; '52 BSBA; Contractor; r. One Trimont Ln. #400A, Pittsburgh, PA 15211, 412 381-2707.
KRUMEL, David Frederick; '88 BSBA; Driver/Distributor; Riverside Methodist Hosp., 3535 Olentangy River Rd., Columbus, OH 43214; r. 5325 Harvestwood Ln., Gahanna, OH 43230.
KRUMESC, Susan Lee; '88 BSBA; Asst. Mgr.; Gingiss Formalwear, 4261 Westland Mall, Columbus, OH 43228, 614 279-9464; r. 5801 Loganwood Dr., Columbus, OH 43229, 614 863-9155.
KRUMLAUF, Bruce Edward; '75 BSBA; 3249 Rensbury Ct., Dublin, OH 43017, 614 766-5460.
KRUMM, Daniel Edward; '74 BSBA; Realtor; Results Realty, 3380 Tremont Rd., Upper Arlington, OH 43221, 614 451-4444; r. 1514 Northam Rd., Columbus, OH 43221, 614 486-2873.
KRUMWIEDE, James Arthur; '79 BSBA; 27190 Cook Rd., Cleveland, OH 44138.
KRUPKA, Thomas Lee; '72 BSBA; 25877 Woodpath Tr., Westlake, OH 44145, 216 779-7893.
KRUPP, Daniel William; '68 BSBA; 7930 Washington Ave., Evansville, IN 47715, 812 476-5760.
KRUPP, Michael Lee; '84 BSBA; Acct.; Peat Marwick Mitchell & Co., 2300 1st City Bank Twr., 201 Main St., Ft. Worth, TX 76132; r. 1755 Kilbourne Pl. NW, #2, Washington, DC 20010.
KRUSE, Doris M.; '64 MBA; Systs. Analyst; Sherwin Williams Co., 101 Prospect NW, Cleveland, OH 44115, 216 566-2299; r. 3893 W. 160th St., Cleveland, OH 44111, 216 941-6396.
KRUSE, Eric Dale; '84 BSBA; Mgr.; Sherwin-Williams Co., 4780 Woodville Rd., Northwood, OH 43619, 419 698-4825; r. 501 Water St., Woodville, OH 43469, 419 849-2250.
KRUSE, Frederick Richard; '77 BSBA, '81 MBA; Audit Mgr.; Coopers & Lybrand, Ste. 2000 Columbus Ctr., 100 E. Broad St., Columbus, OH 43215, 614 225-8700; r. 2708 Petsinger Rd., Columbus, OH 43209, 614 231-2401.
KRUSE, Janel Marie; '82 BSBA; Acct.; Sanese Svcs., 6465 Busch Blvd., Columbus, OH 43229; r. 4767 Leap Ct., Hilliard, OH 43026.
KRUSE, Juanita P., (Juanita P. Hamman); '84 BSBA; Accounts Payable Clerk; Provident United, 5597 Sierra Ridge Ln., Columbus, OH 43229, 614 891-1953; r. 85176 Dahltry, Columbus, OH 43220, 614 459-3458.
KRUSE, Robert T.; '54 BSBA; Acct.; Ford Motor Co., Acctg. Dept., Lima, OH 45801; r. 10344 Rd 7, RR 1, Ottawa, OH 45875, 419 523-3784.
KRUSER, Herbert William; '67 MBA; 414 E. Apple Tree Rd, Milwaukee, WI 53217, 414 351-1029.
KRUSKAMP, Jack Lee; '73 BSBA; 71 Rockwell Rd., Columbus, OH 43207, 614 497-3025.
KRUSZEWSKI, Jeffrey Allen; '84 MBA; Pres.; Microvox Voice Communication, 47 W. Oakland Ave., Columbus, OH 43201, 614 294-4494; r. Same.
KRUTKO, John Edward; '85 BSBA; 205 Orchard Ln., Columbus, OH 43214, 614 268-0374.
KRUZER, Richard Anthony; '71 BSBA; Staff; Goodyear Tire & Rubber Co., 18901 Snow Rd., Cleveland, OH 44142, 216 265-1883; r. 11147 Stoneham Rd., Cleveland, OH 44130, 216 842-6240.
KRYGIER, James Edward; '80 MPA; Mgmt. Studies Analyst; Ohio State Univ., Columbus, OH 43210; r. 1558 Essex Rd., Columbus, OH 43221, 614 487-8868.
KRYGIER, Melissa Green, (Melissa L. Green); '80 MPA; Administrative Mgr.; Ohio State Univ., Education Admin., 174 Arps 1945 N. High St., Columbus, OH 43210, 614 292-2801; r. 1558 Essex Rd., Columbus, OH 43221, 614 487-8868.
KRYK, Gary Stanley; '73 BSBA; Technical Sales Rep.; Eastman Kodak Co., 2600 N. Central Ave., Ste. 600, Phoenix, AZ 85004, 602 264-0331; r. 4416 W. Wagoner Rd., Glendale, AZ 85308, 602 843-5383.
KRYSIAK, Michael Pat; '77 BSBA; 2058 Harwitch Rd., Columbus, OH 43221.
KRYSTOFIK, Stephen Edward; '84 BSBA; Sales Rep.; Diabrasive Intl., Ltd., 7619 Beechlake Dr., Worthington, OH 43235, 614 431-8265; r. 220 E. Oakland Ave., Apt. A, Columbus, OH 43201, 614 447-1751.
KRZYS, Deborah Ann; '88 BSBA; 5540 Sleepy Hollow, Valley City, OH 44280, 216 483-4103.
KRZYSTEK, Peter James; '80 BSBA; Asst. Oper. Mgr.; Salomon Bros. Inc., 1 New York Plz., Private Investments, New York, NY 10004, 212 747-6434; r. 36 Bernard Dr., Tinton Falls, NJ 07753, 201 922-0393.
KUBAYANDA, Aurelia Debpuur; '87 MLHR; 4277 Appian Way W., Columbus, OH 43230, 614 475-8843.
KUBIAK, Phyllis J.; '84 BSBA; Acct.; Midland, MI 48640; r. 2715 Georgetown Dr., Midland, MI 48640, 517 832-0804.
KUBIAK, Robert Bruce; '86 BSBA; Merchandise Mgr.; J.C. Penney, 401 Richmond Mall, Richmond Hts., OH 44114, 216 449-3800; r. 8360 Dines Rd., Novelty, OH 44072, 216 338-5254.
KUBIC, Gary Thomas; '74 BSBA; Dir. of Finance; City of Youngstown, Finance Dept., 26 S. Phelps, Youngstown, OH 44503, 216 742-8721; r. 940 Monterey Ave., Youngstown, OH 44509, 216 799-6614.
KUBIC, James Joseph; '51 BSBA; Personnel Dir.; GM Corp., Cadillac Grand Blanc, 10800 S. Saginaw, Grand Blanc, MI 48439, 313 234-1166; r. 674 Campus Rd., Rochester Hls., MI 48309, 313 651-8166.
KUBICINA, James Ronald; '71 BSBA; 568 Westgate Blvd., Youngstown, OH 45515.
KUBILIUS, Jerry Vincent; '77 BSBA; Systs. Analyst; Advanced Computer Systs. Inc., Development & Maintenance, 3490 Far Hills Ave., Dayton, OH 45429, 513 294-4477; r. 965 Pine Needles Dr., Dayton, OH 45458, 513 433-3064.
KUBIN, Stephen Jay; '72 BSBA; Communications Rep.; Ohio Bell Telephone Co., 35 E. Gay St., Columbus, OH 43215; r. 1765 Arborhill Dr., Columbus, OH 43229, 614 890-6602.
KUBIN, William E.; '69 BSBA; Regional Controller; Kaiser Fndn., 60 Washington St., Hartford, CT 06106, 203 280-1214; r. A-2 Sunset Rd., Old Saybrook, CT 06475, 203 388-1724.
KUCERA, Daniel A.; '63 BSBA; Western Sales Mgr.; Fed. Mogul Corp., POB 1966, Detroit, MI 48235; r. 1511 E. Wing St., Arlington Hts., IL 60004, 312 259-5080.
KUCERA, James D.; '65 BSBA; Sales Mgr.; L S Chemical Corp., 5989 District Blvd., POB 219, Maywood, CA 90270, 213 773-2234; r. 2206 Olivine Dr., Chino Hls., CA 91709, 714 597-0791.
KUCERA, Lee M.; '57 BSBA; Investments; r. 185 Meadowhill Ln., Chagrin Falls, OH 44022, 216 831-1857.
KUCH, David William; '76 BSBA; Sales Rep.; Bobby Layman Chevrolet, 783 N. High St., Columbus, OH 43215; r. 967 Danvers Ave., Westerville, OH 43081, 614 898-7737.
KUCH, Douglas Paul; '85 BSBA; 900 Birchmont Rd., Columbus, OH 43220, 614 451-0478.
KUCK, Ronald Martin; '69 BSBA; CPA; Longanbach Giusti & Assoc., 50 W. Broad St., Columbus, OH 43215, 614 461-1752; r. 2300 Home Rd., Delaware, OH 43015, 614 881-4131.
KUDIKA, Frank Louis, Jr.; '66 BSBA; 530 Woodrest Dr., Mansfield, OH 44905.
KUEBLER, Erwin G.; '47 BSBA; Retired; r. 5923 Twin Lakes Dr., Parma, OH 44129, 216 884-2445.
KUEBLER, Stephen Paul; '80 BSBA; Customer Svc. Asst.; Columbus Industries Inc., 2938 State Rte. 752, Ashville, OH 43103, 614 983-2552; r. 2172 Hedgerow Rd., Apt. G, Columbus, OH 43220, 614 457-9818.
KUECHENMEISTER, Janice R.; '55 BSBA; Tax Examiner; IRS, 4th & Scott Sts., POB 267, Covington, KY 41019; r. 458 Conroy St., Cincinnati, OH 45214, 513 421-0056.
KUECHLER, Jack (Keek) H.; '57 BSBA; Gen Mgr Sales/Mktg Admin.; Anchor Glass Container Corp., 5610 La Salle, Tampa, FL 33607, 813 870-6120; r. 8 Clearview Dr., Safety Harbor, FL 34695, 813 726-5023.
KUEHL, Karl Dean; '83 BSBA; Stockbroker; Olde & Co., 120 S. Fourth St., Columbus, OH 43215; r. 6967 Mesquire Ct., Dublin, OH 43017, 614 766-9839.
KUEHL, Dr. Philip George; '67 MBA, '70 PhD (BUS); Prof.; Univ. of Maryland, Dept. of Business Administratn, College Park, MD 20742; r. 10409 Masters Ter., Potomac, MD 20854, 301 983-0226.
KUEHN, Frederick Curtis; '61; VP-Sales; Turner Enterprises, 8050 Wildridge Rd., Colorado Spgs., CO 80950, 719 633-7766; r. 4191 Hampshire Pl., Colorado Spgs., CO 80906, 719 576-4474.
KUEHN, Jeffrey Martin; '78 BSBA; Corporate Apt. Svc. Rep.; Cardinal Industries, 4249 Donlyn Ct., Columbus, OH 43232; r. 3135 Herrick Rd., Columbus, OH 43221.
KUEHNE, C. Karl, III; '75 BSBA; POB 263, Berlin, MA 01503.
KUEHNE, Rita '82 (See Weyers, Rita Loretta).
KUEMMEL, Dana H.; '79 BSBA; Computer Programmer; Elder Beerman, 3155 Elbee Rd., Dayton, OH 45439, 513 296-2869; r. 2201 Belvo Rd., Miamisburg, OH 45342, 513 859-0509.
KUEMMEL, Judy L., (Judy L. Hausrath); '80 BSBA; Systs. Analyst; N C R Corp., 1700 S. Patterson Blvd., Dayton, OH 45479, 513 445-2523; r. 2201 Belvo Rd., Miamisburg, OH 45342, 513 859-0509.
KUENNING, Carol '63 (See Gue, Carol Kuenning).
KUENZLI, William Leo; '73 BSBA; 6 Kentwood Rd., Succasunna, NJ 07876.
KUESS, Judy A. '79 (See Dudte, Mrs. Judith A.).
KUGELMAN, Neil Henry; '75 BSBA; 244 Fonder Lac Dr. SE, Warren, OH 44484.
KUHARIK, Gregory George; '84 BSBA; Sales Rep.; Thomas J. Lipton Inc., 1919 S. Highland Ave., Lombard, IL 60148, 614 890-7938; r. 2105 Hampstead Dr. S., Columbus, OH 43229, 614 890-7938.
KUHLMAN, Keith Francis Mari; '88 MBA; 2132 Wells Dr., Sidney, OH 45365, 513 492-2167.
KUHLMAN, Kenneth Lee; '79 BSBA; Mgr. Bulk Cargo Dock; Kuhlman Corp., 1845 Collingwood Blvd., Toledo, OH 43695; r. 27230 Fort Meigs Rd, Perrysburg, OH 43551, 419 666-0274.
KUHLMAN, Teri '83 (See Leonard, Teri L. Kuhlman).
KUHLMAN, Timothy Gerard; '85 BSBA; 1039 Woodlands Dr., Lima, OH 45805, 419 228-0457.

KUHN, Amy Katherine; '71 BSBA; Real Estate Appraiser; Robert Weiler Co., 41 S. High St., Ste. 2200, Columbus, OH 43215, 614 221-4286; r. POB 12300, Columbus, OH 43212, 614 488-2395.
KUHN, Barbara '82 (See Schiefer, Barbara Jean).
KUHN, Dana Thomas; '82 BSBA, '88 MBA; Corp Banking Ofcr.; Society Bank, 88 E. Broad St., Columbus, OH 43215, 614 460-3431; r. 1308 W. Third Ave., Apt. C, Columbus, OH 43212, 614 486-1156.
KUHN, David Alan; '80 BSBA; Dist. Sales Mgr.; Globe Mktg. Svcs., Div. of Globe Communications, 5401 NW Broken Sound Blvd., Boca Raton, FL 33431, 407 997-7733; r. 9669 Forest Ln. #2306, Dallas, TX 75243, 214 907-9669.
KUHN, Delbert L.; '40 BSBA; Banking Cnslt.; People's Bank, 35 Public Sq., Nelsonville, OH 45764, 614 753-1955; r. 57 Pine Grove Dr., Nelsonville, OH 45764, 614 753-1707.
KUHN, Dennis R.; '71 BSBA; Corp. Risk Mgr.; Burroughs Wellcome Co., Treasury Dept., 3030 Cornwallis Rd, Research Triangle Pk, NC 27709, 919 248-3531; r. 104 S. Drawbridge Ln., Cary, NC 27511, 919 467-4153.
KUHN, Edwin P.; '67 BSBA; Retail Sales Mgr.; Standard Oil of Ohio, 930 Tennessee Ave., Cincinnati, OH 45229; r. 32580 Shadowbrook Dr., Solon, OH 44139, 216 248-2978.
KUHN, Dr. Gerald Wade; '59 BSBA; Assoc. Prof.; Northern Illinois Univ., Dept. of Finance, De Kalb, IL 60115; r. Rte. 2 Box 479, Ellen Oaks, Genoa, IL 60135, 815 784-5522.
KUHN, Helen Roberts; '64 BSBA; 1561 Puerto Vallarta Dr., San Jose, CA 95120.
KUHN, James Herman; '69 BSBA; 4757 Ledgewood #7-C, Medina, OH 44256.
KUHN, James W.; '81 MLHR; Staffing Mgr.; Adria Labs, POB 16529, Columbus, OH 43216, 614 764-8118; r. 1666 Essex Rd., Upper Arlington, OH 43221, 614 488-8084.
KUHN, Janet Louise; '78 MPA; Internl Control Spec.; Xerox Corp., 404 Camino Del Rio S., San Diego, CA 92108; r. 5609 La Paz St., Long Beach, CA 90803.
KUHN, John David; '84 BSBA; Acctg. Clerk; UPS, 6100 Channingway Blvd., Ste. 407, Columbus, OH 43232; r. 6941 Britwell Ln., Reynoldsburg, OH 43068, 614 863-5747.
KUHN, John Timothy; '78 BSBA; Purchasing Agt.; The Minster Machine Co., 240 W. 5th St., Minster, OH 45865, 419 628-2331; r. 29 S. Webster St., Minster, OH 45865, 419 628-3479.
KUHN, Keith Alan; '80 BSBA; Data Base Admin.; GE Superabrasives, 6325 Huntley Rd., Worthington, OH 43085, 614 438-2803; r. 440 Courtney Dr., Newark, OH 43055, 614 366-6960.
KUHN, Keith Brian; '82 BSBA; Sales/Mktg. Rep.; Cook's Pantry Svc., 905 Pierce St., Sandusky, OH 44870, 419 626-2775; r. 1006 Third St, Sandusky, OH 44870, 419 626-9447.
KUHN, Paul; '43 BSBA; Retired; r. 1161 Trentwood Dr., Akron, OH 44313, 216 864-8855.
KUHN, Paula A.; '83 BSBA; Mgr. Acctg. Operations; PPG Industries Inc. Biomed. Systs. Div., 9910 Widmer Rd., Shawneee Mission, KS 66215, 913 492-3110; r. 12119 Hayes Dr., Overland Park, KS 66213, 913 681-3954.
KUHN, Randie Marie; '87 BSBA; Facility Planner; State of Ohio, Bureau of Real Estate, 30 E. Broad St., Columbus, OH 43215, 614 466-8223; r. 6446 Cranston Way, Dublin, OH 43017, 614 889-2668.
KUHN, Richard I.; '42; Atty.; r. 17804 Lake Rd., Lakewood, OH 44107, 216 521-3035.
KUHN, Robert S.; '37; Retired; r. 650 Dickson Pkwy., Mansfield, OH 44907, 419 756-1131.
KUHNEE, Charles R.; '40 BSBA; Retired; r. 1694 Radcliff Ave. SE, Grand Rapids, MI 49506, 616 942-9459.
KUHNERT, Laura Mueller, (Laura M. Mueller); '51; Writer; r. 1625 Grenoble Rd, Upper Arlington, OH 43221, 614 486-9288.
KUHNHEIM, Earl James; '46 BSBA; Retired; r. 46 Golfview Dr., Tequesta, FL 33469, 407 747-2386.
KUHNHEIM, Richard F.; '51 BSBA; Asst.-Ind Devel.; State of Ohio, 7 S. High, Columbus, OH 43215, 614 466-3723; r. 1219 Denbigh Dr., Columbus, OH 43220, 614 451-7649.
KUHNS, Christopher H.; '68 BSBA; Cert Public Acctnt; Christopher H. Kuhns & Assoc., 1457 W. 117th St., Cleveland, OH 44107, 216 529-1040; r. 3912 Orchard Rd., Cleveland Hts., OH 44121, 216 382-4592.
KUHNS, John Bradley; '77 BSBA; Investment Couns.; Boys Arnold & Co., PO Drawer 5255, Asheville, NC 28813, 704 274-1542; r. 15 Forest Rd., Asheville, NC 28803, 704 274-1881.
KUHNS, Thomas M.; '57 BSBA; Sr. Sales Repr; Graybar Electric Co., 1200 Kinnear Rd., Columbus, OH 43212, 614 486-4391; r. 4606 Healy Dr., Columbus, OH 43227, 614 861-8024.
KUHNS, W. Dain; '47 BSBA; Retired Owner; Kuhns Mfg. Co., Springfield, OH 43320; r. 4401 Gulfshore Blvd. N., Apt. #1501, Naples, FL 33940, 813 434-5795.
KUHR, Donald Byrle; '73 BSBA; Acctg. Mgr.; Digitron Tool Co., Inc., 8641 Washington Church Rd., Miamisburg, OH 45342, 513 435-5710; r. 6407 Noranda Dr., Dayton, OH 45415, 513 890-0228.
KUHR, Gordon Neil; '73 BSBA; Sr. Sales Engr.; Anphenol Corp., 9550 Forest Ln., Dallas, TX 75243, 214 343-8420; r. 7238 Holyoke, Dallas, TX 75248, 214 931-2181.
KUHR, Jeffrey Allen; '88 BSBA; 6401 Westover, Cincinnati, OH 45236, 513 984-2186.
KUHR, Joel Martin; '80 BSBA; 6407 Noranda Dr., Dayton, OH 45415, 513 890-0228.
KUHR, Michael Stuart; '71 BSBA; Controller; Copco Papers Inc., Div. of Alco Standard Co., 525 N. Nelson Rd., Columbus, OH 43219, 614 251-7052; r. 10367 N. Crosset Hill Dr. NW, Pickerington, OH 43147, 614 866-5593.
KUIPERS, William P.; '30 BSBA; Retired Dist.Mgr.; Sun Oil Co.; r. 1571 Riverwood Ln., Coral Spgs., FL 33071, 305 752-5369.
KUJANEK, Andrea Pukita; '83 BSBA; 8526 Lake Crystal, Houston, TX 77095, 713 550-6318.
KUJANEK, Kenneth Michael; '82 BSBA; Salesman; Bemis Co.-Film Div., POB 905, Terre Haute, IN 47808, 713 859-9925; r. 8526 Lake Crystal, Houston, TX 77095, 713 550-6318.
KUKIS, Kathy Jo; '81 BSBA; Sr. Systs. Analyst; Aluminum Co. of America, 1600 Harvard Ave., Cleveland, OH 44105, 216 641-4328; r. 387 Forestview Rd., Bay Village, OH 44140, 216 892-0936.
KUKLA, Anne Mason; '76 MPA; Real Estate Appraiser; Elizabeth Gerstung Appraisals, New London Tpk., Glastonbury, CT 06033, 203 659-1500; r. 140 Morgan Rd., Canton, CT 06019, 203 693-2898.
KUKLA, Michael Francis; '77 MBA; Financial Systs. Coord.; Pratt & Whitney Aircraft, 400 Main St., MS-19, E. Hartford, CT 06108, 203 565-8329; r. 140 Morgan Rd., Canton, CT 06019, 203 693-2898.
KUKRAL, Kenneth Edward; '83 BSBA; Pres.; Intl. Excess Agcy. Inc., 5001 Mayfield Rd., Ste. 109, Lyndhurst, OH 44124, 216 291-1818; r. 5637 Marine Pkwy., Mentor-On-The-Lake, OH 44060, 216 974-0948.
KUKUL, Ms. Marcy Evans; '66 BSBA; Staff Mgr.; GTE Svc. Corporations, 1 Stamford Forum, Stamford, CT 06904, 203 965-3187; r. 455 Hope St., Condo 2B, Stamford, CT 06906, 203 978-0509.
KUKURA, Denise Marie; '87 BSBA; Portfolio Analyst; Feldman Securities, 135 S. Lasalle, Chicago, IL 60603, 312 444-1755; r. 3649 N. Sheffield, Apt. 3, Chicago, IL 60613, 312 929-3702.
KULAS, Theodore Joseph; '82 BSBA; Warehouse Supv.; RJR Nabisco, 7001 S. Harlem Ave., Bedford Park, IL 60638, 312 458-0140; r. 1614 Campbell, Apt. A, Joliet, IL 60435, 815 725-8802.
KULCHAR, David Michael; '79 BSBA; Stockbroker; Mony Financial Svcs., 1422 Euclid Ave., Ste. 1500, Cleveland, OH 44115, 216 621-7343; r. 10798 Waterfall Rd., Strongsville, OH 44136.
KULDA, Oto; '86 BSBA; 171 S. Ridge Rd., Mansfield, OH 44905, 419 589-6856.
KULERMAN, Daniel; '47 BSBA; Pres.; Anderson Winn Paper Co., 1101 W. Chestnut St., Burbank, CA 91506, 213 849-3381; r. 2179 Ridge Dr., Los Angeles, CA 90049, 213 476-7227.
KULICK, Paul E.; '62 BSBA; Store Mgr.; Venture-May Dept. Store Co., 5880 E. State St., Rockford, IL 61108, 815 229-2300; r. 6953 Avalon Cir., Rockford, IL 61108.
KULIK, Raymond Alexander; '83 BSBA; Student; Cleveland State Univ., 1982 E. 24th St., Cleveland, OH 44105; r. 6710 Sunderland Dr., Parma, OH 44129, 216 884-7156.
KULKA, Anthony Lee; '80 BSBA; Acct.; John Gerlach & Co., 37 W. Broad St., Columbus, OH 43215; r. 1984 Elmwood Ave., Apt. A, Columbus, OH 43212, 614 488-5749.
KULKLEY, Karen '83 (See Mlicki, Karen).
KULL, Louis Jacob, III; '86 BSBA; 2409 Indian Mound Ave., Cincinnati, OH 45212, 513 531-7327.
KULL, Louis Jacob, Jr.; '50 BSBA; 2409 Indian Mound Ave., Cincinnati, OH 45212, 513 531-7327.
KULL, Walter R.; '51 BSBA; Ins. Agt.; Horne-Hill Ins. Assoc. Inc., 13571 McGregor Blvd., Ft. Myers, FL 33919, 813 482-1884; r. 2319 Ivy Ave., Ft. Myers, FL 33907, 813 936-8150.
KULLMAN, Deborah S.; '77 BSBA; Dir. of Acctg.; Community Life Ins., 250 Old Wilson Bridge Rd., Worthington, OH 43085, 614 433-8343; r. 1054 Grandon Ave., Columbus, OH 43209, 614 237-0742.
KULOW, Rene S. '71 (See Garrett, Mrs. Rene S.).
KUMIN, Robert Alan; '69 BSBA; Atty./Pres.; Robert A Kumin Inc., 6900 Squibb Rd., Ste. 316, Shawnee Mission, KS 66202, 913 642-3214; r. 9125 Slater, Overland Park, KS 66212, 913 642-3214.
KUMPF, Sharon Joyce; '85 BSBA; Sales Mgr.; Sears Roebuck & Co., Park Forest, IL 60466, 312 747-8600; r. 1334 Potomac Pl. #7, Bourbonnais, IL 60914.
KUNCE, Paul Brian; '87 BSBA; Real Estate Appraiser; Summit Cnty. Auditor, 175 S. Main St., Akron, OH 44308, 216 379-2710; r. 3165 Charles St., Cuyahoga Falls, OH 44221, 216 928-8439.
KUNDERER, Jo Ann '77 (See Griggs, Jo Ann K.).
KUNDERT, Gregory David; '85 BSBA; Staff; Western & Southern Ins., 640 W. Market St., Lima, OH 45801; r. 640 E. 5th St., Delphos, OH 45833, 419 695-2465.
KUNDLA, Gerald Stephen; '66 BSBA; Dir. of Facilities; Cnty. Natwest, Inc., 100 Wall St., New York, NY 10005, 212 440-8727; r. 7 Great Neck Ct., Huntington, NY 11743, 516 351-6935.
KUNDTZ, Joseph M.; '40 BSBA; Retired; r. 4237 W. 217th St., Fairview Park, OH 44126, 216 331-4984.
KUNEEPUN, Srikanchana; '87 MBA; 332 Soi Udomsuk, Teejadsunyasoop Bangna, Bangkok, Thailand 10260.
KUNERT, David W.; '59 BSBA; Realtor; Jerry Devitt & Assocs., Ste. 3610 Carew Twr., Cincinnati, OH 45202, 513 241-7688; r. 793 Ackley Rd, Cincinnati, OH 45230, 513 231-5061.
KUNG, Shuyi Wu; '86 BSBA; 647 Harley Dr. 3, Columbus, OH 43202, 614 267-4690.
KUNGL, David Bryan; '84 BSBA; Mgr.; Peat Marwick Main & Co., Republic Bank Ctr., POB 4545, Houston, TX 77210, 713 224-4262; r. 4212 San Felipe, #398, Houston, TX 77027, 713 784-9912.
KUNKEL, James Gregory; '73 BSBA; 1237 Allen St., Glendale, CA 91201.
KUNKEL, Richard Kenneth; '59 BSBA; Atty./Partner; Blair Kunkel & Kaiser Co. LPA, 21 W. Central Ave., Delaware, OH 43015; r. 106 Griswold St., Delaware, OH 43015, 614 369-3328.
KUNKLE, Lauren Jayne; '86 BSBA; 8091 Running Fox Rd., Apt. 2A, Worthington, OH 43085.
KUNKLEMAN, Kenneth Joseph; '81 BSBA; Personnel Admin.; Motorists Ins. Cos., 471 E. Broad St., Columbus, OH 43215, 614 225-8468; r. 2065 Millrow Loop, Dublin, OH 43017, 614 766-4755.
KUNKLER, Michael Andrew; '80 BSBA; Real Estate Appraiser; R A Myers & Assocs., 2735 Sawbury Blvd., Worthington, OH 43085, 614 889-7666; r. 101 Sheffield Rd., Columbus, OH 43214, 614 447-1143.
KUNKLER, Ms. Patricia Evelyn; '85 MPA; Systs. Analyst; State of Ohio, 30 E. Broad St., Columbus, OH 43215, 614 466-0175; r. 1978 Inchcliff Rd., Columbus, OH 43221, 614 481-8985.
KUNNING, Richard A.; '23 BSBA; Retired; r. 34 Bailey Ave., Wallingford, CT 06492.
KUNST, Kyle Albert; '74 BSBA; Plant Mgr.; Pepsi; r. 2416 Evergreen Forest Ct., Ballwin, MO 63011, 314 458-0139.
KUNTZ, Frederick James; '83 BSBA; Mgr.; Twin Pines Motel, National Rd, St. Clairsville, OH 43950, 614 695-3734; r. 46079 National Rd, St. Clairsville, OH 43950, 614 695-3720.
KUNTZ, Harry L.; '49 BSBA; Sr. Tech. Support; Firestone Tire & Rubber Co., 1655 S. Main St., Akron, OH 44301, 216 379-6005; r. 655 S. Hawkins, Akron, OH 44320, 216 867-5246.
KUNTZ, Thomas Beatty, Jr.; '77 BSBA; Supv.; GM Corp., Delco Prods Div, 4145 Market Pl., Flint, MI 48507, 313 236-1490; r. 6294 Tanglewood Ln., Grand Blanc, MI 48439, 313 695-3139.
KUNTZMAN, John C.; '65 BSBA; Principle Analyst; Syscon Corp., 2828 Pennsylvania Ave. NW, Washington, DC 20007, 202 342-4673; r. 11204 Trippon Ct., Gaithersburg, MD 20878, 301 279-7626.
KUNTZMAN, Thomas Alan; '78; Plant Supt.; Shape Form Inc., 250 S. Jefferson, Plain City, OH 43064, 614 873-3451; r. 3880 Ramblehurst Rd., Columbus, OH 43026, 614 876-8278.
KUNZE, Gary Allen; '78 BSBA; Account Mgr.; Yale Industrial Trucks, 208 Azar Ct., Baltimore, MD 21227, 301 247-8844; r. 6405 Loch Crest Rd., Baltimore, MD 21239, 301 435-2396.
KUNZMAN, Thomas D.; '58 BSBA; Spec.; GAM Exec. Search, 30400 Telegraph Rd., Ste. 322, Birmingham, MI 48010, 313 258-0343; r. 5936 Dunmore Dr., W. Bloomfield, MI 48322, 313 855-1361.
KUO, Yu-Yun Tristan; '82 MACC; CFO; Architectural Aluminum Inc., 3225 E. Washington Blvd., Los Angeles, CA 90023, 213 269-7300; r. 17708 Thornlake Ave., Artesia, CA 90701, 213 402-4026.
KUPPER, Bruce Philip; '78 BSLHR; VP; Chesapeake Gen. Hosp., 736 Battlefield Blvd. N., POB 2028, Chesapeake, VA 23320, 804 482-6100; r. 317 Angus Rd., Chesapeake, VA 23320, 804 436-1432.
KUPPERMAN, Mark D.; '54 BSBA; Realtor-Assoc.-Coml.; Merrill Lynch Realty, 13400 Ventura Blvd., Sherman Oaks, CA 91423, 818 907-0883; r. 16852 Bahama St., Sepulveda, CA 91343, 818 892-3014.
KURCSAK, Ann Marie Michelle; '84 BSBA; Tax Analyst; r. 6667 Cheryl Ann Dr., Independence, OH 44131, 216 524-8494.
KURDZIEL, Donald Michael; '76 BSBA, '77 MBA; Cofounder/Principal; Jacques & Kurdziel Ltd., 110 E. 59th St., New York, NY 10022, 212 758-8778; r. 40 E. 94th St., Apt. 5G, New York, NY 10128, 212 369-7842.
KURELIC, Sheryl Maxwell, (Sheryl Maxwell); '86 BSBA; Acct. Payable Contrlr; The Ltd. Inc., One Limited Pkwy., POB 16528, Columbus, OH 43216, 614 479-2000; r. 281 Bruce Ct., Westerville, OH 43081, 614 891-0858.
KURFEES, Donald Bryson, Jr.; '87 MBA; Mkt. Rsch. Mgr.; Kurfees Coatings Inc., POB 1093, Louisville, KY 40201, 502 584-0151; r. 870 Milford Ct., Louisville, KY 40207, 502 893-3944.
KURILIC, George A., Jr.; '83 BSBA; CPA; Kurilic & Kurilic, CPA's, 2507 Milan Rd, POB 1490, Sandusky, OH 44870, 419 626-8373; r. 503 E. Stoneway Dr., Sandusky, OH 44870.
KURILIC, Jodie L., (Jodie L. Gardner); '83 BSBA; Asst.Secy./Treas.; Gardner Ins. Agcy. Inc., 2507 Milan Rd, POB 1490, Sandusky, OH 44870, 419 626-5580; r. 503 E. Stoneway Dr., Sandusky, OH 44870.
KURIT, Bernerd Franklin; '68 BSBA; Pres.; Bernerd Kurit CLU, 1551 Forum Pl. Ste. 300-A, W. Palm Bch., FL 33401, 407 689-1000; r. 3125 Embassy Dr., W. Palm Bch., FL 33401, 407 686-7224.
KURITA, Iaso; '68 MBA; Pres.; Nihon-Ip Corp., 1-6-6 Iriya Taitoku, Tokyo, Japan, 038716211; r. 2-11-21 Mama Ichikawashi, Chiba Pref, Japan, 473261670.
KURKCU, Cengiz Seref; '77 BSBA, '78 MBA; Mgr.; The Timken Co., Distribution Ctr.-Bucyrus, Bucyrus, OH 44820; r. 872 Arrowhead Dr., Bucyrus, OH 44820, 419 562-2815.
KURKCU, Metin Behzat; '85 BSBA; 1308 Drexel Ave., Apt. #112, Miami Lakes, FL 33139.
KURMALLY, Dr. Mohammed Y.; '74 MBA; Pres.; Adam Assocs., POB 21593, Columbus, OH 43221, 614 460-3640.
KURSON, Charles J.; '31 BSBA; Partner; Mutual Adj Bur., 131 E. State St. Ste. 303-304, Columbus, OH 43215; r. 2329 E. Livingston Ave., Columbus, OH 43209, 614 231-1556.
KURTIS, Sevil '83 (See Candas, Mrs. Sevil).
KURTZ, Adore Flynn; '82 MPA; Zoning Admin.; City of Canton, c/o Postmaster, Canton, CT 06019; r. 6660 Meadow Lane, Galena, OH 43021, 203 673-4146.
KURTZ, Arthur H.; '51 BSBA; Retired; r. 26 Christy Cove, Gulfport, MS 39503, 601 832-8169.
KURTZ, Elizabeth Davidson; '38 BSBA; American Smelting & Refining C, Box 5747, Tucson, AZ 85703, 602 234-0313.
KURTZ, James F.; '41 MACC; Retired; r. 122 N. Stanwood Rd, Columbus, OH 43209, 614 231-2540.
KURTZ, Kyra Ann; '88 BSBA; 7365 Lawyer Rd, Cincinnati, OH 45244, 513 232-5924.
KURTZ, Mary Frances; '82 BSBA; Mktg. Svcs. Spec.; Ohio State Life Ins. Co., Subs/Farmers Group, Inc, 2500 Farmers Dr., Columbus, OH 43235, 614 764-4052; r. 2227 Gnarled Pine Dr., Dublin, OH 43017, 614 766-2547.
KURTZ, Mary P., (Mary E. Pardee); '80 BSLHR; Human Resources Mgr.; Natl. Ctr. for Mfg. Sciences, 900 Victors Way, Ann Arbor, MI 48108, 313 995-0300; r. 1943 Pointe Ln., #204, Ann Arbor, MI 48105, 313 665-9232.
KURUCZ, Barbara '83 (See Craig, Barbara Kurucz).
KURYLA, Joyce Slavkovsky; '84 BSBA; Sales Repr; Data Gen. Corp., 1440 Snow Rd., Cleveland, OH 44134, 216 459-0990; r. 420 S. Freedom, Ravenna, OH 44266, 216 297-6788.
KURZ, George Frank; '70 BSBA; Mgr.; Eastman Kodak Co., Finance & Admin-Venezuela, 343 State St. Nj-160, Rochester, NY 14650, 716 722-1988; r. Eastman Kodak Company, 343 State St. Nj-160, Rochester, NY 14650.
KURZ, Kim Mendenhall, (Kim Mendenhall); '80 BSBA; Acct.; Meaden & Moore CPA's, 1010 Huntington Bldg., Cleveland, OH 44115, 216 241-3272; r. 7537 Bradenton Blvd., Parma, OH 44134, 216 888-9525.
KURZ, Richard Allen; '80 BSBA; Supv./CPA; Ciuni & Panichi Inc., 25201 Chagrin Blvd., Beachwood, OH 44122, 216 831-7171; r. 7537 Bradenton Blvd., Parma, OH 44134, 216 888-9525.
KUSKOWSKI, Carla Ann '86 (See Dedula, Mrs. Carla Ann).
KUSMA, David Michael; '84 BSBA; Mktg. Mgr.; Tradin' Times Inc., 5655 N. High St., Worthington, OH 43085, 614 436-6021; r. 1998 Aberdeen Dr., Upper Arlington, OH 43220, 614 459-0773.
KUSMA, Stacy Craig; '82 BSBA; Resident Rep.; Liberty Mutual Ins. Grp., 2280 W. Henderson Rd., Columbus, OH 43220, 614 459-2008; r. 13070 Heatherstone Cir. NW, Pickerington, OH 43147, 614 866-4772.
KUSS, John Albert; '71 MBA; Staff; The Ltd. Inc., One Limited Pkwy., POB 16528, Columbus, OH 43216; r. 1711 Essex Rd., Columbus, OH 43221, 614 488-9843.
KUSTER, Sally '51 (See Jaeger, Sally Kuster).
KUSUBE, Mrs. Ada G., (Ada Garcia-Abascal); '76 BSBA; Programmer Analyst; US West Corporate Info. Svc., 6200 S. Quebec St., Ste. 2000, Englewood, CO 80111, 303 889-6886; r. 8714 W. Center Ave., Lakewood, CO 80226, 303 988-1345.
KUSY, Ernest J.; '52 BSBA; 648 Tropical Cr, Sarasota, FL 34231, 813 349-7897.
KUTNIK, Edward R.; '49 BSBA; Retired; r. 1503 Warwick Ave., Whiting, IN 46394, 219 659-0504.
KUTROSKY, Elaine Mc Kenzie; '59 BSBA; 4875 Bluebell Ave., N. Hollywood, CA 91607.
KUTSCH, Lawrence Steven; '76 BSBA; Mgr.; r. 792 Hardwood St., Orange Park, FL 32073, 904 276-1938.
KUTSCHER, Paul F.; '53 BSBA; Pres.; Kutscher & Assocs., 9032 Martin Rd., Mentor, OH 44060, 216 951-6253; r. Same, 216 256-3469.
KUZAREVSKI, Dijana; '88 BSBA; 5835 Rock Hill Rd, Columbus, OH 43213, 614 861-5290.
KUZILA, Lawrence Andrew; '73 MPA; VP; Morris Bean & Co., Industrial Sales & Marketing, 777 E. Hyde Rd., Yellow Spgs., OH 45387, 513 767-7301; r. 1586 Tamara Tr., Beavercreek, OH 45385, 513 429-4307.
KUZMYN, John Peter; '84 BSBA; Credit Analyst; Bank One of Columbus, 750 Piedmont Rd., Columbus, OH 43271, 614 248-2181; r. 1613 Worthington Row Dr., Columbus, OH 43235, 614 761-7735.
KUZNIA, John L., Jr.; '49 BSBA; Branch Mgr.; r. POB 558, Saratoga Spgs., NY 12866.
KVITKO, Michael Scott; '83 BSBA; Buyer; The Higbee Co., 100 Public Sq., Cleveland, OH 44113, 216 579-3418; r. 2283 Gary Dr., Twinsburg, OH 44087, 216 425-7919.

ALPHABETICAL LISTINGS LAMBRINIDES 157

KWACZALA, Emil Carl; '81 MBA; VP; Mellon Bank NA, Two Mellon Bank Ctr., Rm. 270, Pittsburgh, PA 15259, 412 234-5773; r. 1933 Dubonnet Ct., Allison Park, PA 15101, 412 366-0194.

KWACZALA, Maripat Squillace, (Maripat Squillace); '82 MLHR; Homemaker; r. 1933 Dubonnet Ct., Allison Park, PA 15101, 412 366-0194.

KWAK, Chung Kil; '80 MBA; Pres.; BNF Enterprises, 3350 Wilshire Blvd., Ste. 378, Los Angeles, CA 90010; r. 3547 May St., Los Angeles, CA 90066.

KWAK, Hyon Kun; '87 MPA; 0107 Morrison, 196 W. 11th Ave., Columbus, OH 43210.

KWASNY, Mrs. Barbara Elizabeth; '87 MLHR; Supv.; Aetna Life & Casualty Ins., 4151 Executive Pkwy., Westerville, OH 43081, 614 890-9280; r. 5531 Sierra Ridge Dr., Columbus, OH 43231, 614 899-9624.

KWASNY, Joseph Louis; '87 BSBA; Mgmt. Trainee; Bancohio Natl. Bank, 770 W. Broad St., Columbus, OH 43222; r. 132 Lakeview Ln., Chagrin Falls, OH 44022, 216 338-8380.

KWEDER, Lynne Moore; '73 MPA; Exec. Dir.; Gestalt Inst. of Cleveland, 1588 Hazel Dr., Cleveland, OH 44106, 216 421-0468; r. 13855 Superior Rd. E Cleveland, Apt. 1706, Cleveland, OH 44118, 216 321-0667.

KYFF, John L., Jr.; '64 BSBA; RR 1, Box 68, Culpeper, VA 22701, 703 825-2895.

KYLE, Barbara Jean; '88 MLHR; 401 S. 22nd St., Columbus, OH 43205, 614 258-6104.

KYLE, C. Donald; '24 BSBA; Retired; r. 14402 Aqua Fria Dr., Sun City, AZ 85351, 602 933-4507.

KYLE, James E.; '63 BSBA; Sales/Mktg. Mgr.; Ol-NEG TV Prods. Inc., 711 Southwood Ave., Columbus, OH 43207, 614 443-6551; r. 2575 Bexley Park Rd., Bexley, OH 43209, 614 235-4824.

KYLE, William Richards; '64 MBA; Pres.; Grande Lake Financial Svcs. Inc., 1 Grande Lake Dr., Port Clinton, OH 43452, 419 734-5545; r. 42 Grande Lake Dr., Port Clinton, OH 43452, 419 732-3229.

KYMAN, Michael R.; '53 BSBA; Pres.; Kyman Mgmt. Systs., POB 22988, Cleveland, OH 44122, 216 831-0022; r. 19301 N. Park Blvd., Cleveland, OH 44122, 216 321-6900.

L

LAACK, Ronald Harry; '50 BSBA; Retired; r. 4044 Commodore Dr., Chamblee, GA 30341, 404 451-1967.

LAAKSO, William K.; '67 BSBA; Controller; HDR Power Systs. Inc., 4242 Reynolds Dr., Hilliard, OH 43026, 614 771-5500; r. 6463 Middleshire, Columbus, OH 43229, 614 891-1363.

LABARDEE, Mark J.; '87 BSBA; Special Agt.; Northwestern Mutual Life, 580 S. High St., Ste. 100, Columbus, OH 43215, 614 221-5287; r. 1350 Highland Ave., Apt. H, Columbus, OH 43201, 614 291-8041.

LA BARRE, Dennis Anthony; '73 BSBA; Supv/Info. Svcs.; Delta Air Lines Inc., 3550 Greenbriar Pkwy., Atlanta, GA 30331; r. 215 Ashland Tr., Tyrone, GA 30290, 404 487-6592.

LA BARRE, Roger Allan; '73 BSBA; VP; Business Equip. Electronics, 288 E. Long St., Columbus, OH 43215; r. 361 E. Clinton Hts., Columbus, OH 43202, 614 268-2754.

LABASH, Alexander J.; '43 BSBA; Pres.; Labash Inc., 213 Main St., Dennis, MA 02638, 508 385-2712; r. 11 Mooncusser Ln., POB 1351, E. Dennis, MA 02641, 508 385-5984.

LABBE, Thomas John; '85 BSBA; 5727 Chesapeake Way, Fairfield, OH 45014, 513 829-1317.

LABEL, Stanley R.; '65 BSBA; Regional Mgr.; CIGNA Ins. Co., 150 N. Miller Rd., Ste. 100, POB 5457, Akron, OH 44313, 216 867-8090; r. 508 Haskell Dr., Akron, OH 44313, 216 864-6422.

LA BIER, Kimberly Kay; '86 BSBA; POB 371231, El Paso, TX 79925.

LABORDE, Douglas Paul; '82 BSBA; Account Mgr.; Goal Systs. Intl. Corp., 7965 N. High St., Columbus, OH 43235, 614 888-1775; r. 3022 Midgard, Columbus, OH 43202, 614 268-5155.

LABOSKY, Nick Andrew; '83 BSBA; 231 Granada Dr., Mountain View, CA 94043.

LABOVITZ, Dr. George Harold; '68 PhD (BUS); Asst. Prof.; Boston Univ., Sch. of Management, Boston, MA 02215; r. 5 Phinney Rd., Lexington, MA 02173, 617 861-9340.

LACEY, Cloyd Eugene; '41 BSBA; Retired; r. 8010 Woods Ln., Worthington, OH 43235, 614 888-5670.

LACEY, Thomas Williams; '64 BSBA; 933 Wild Forest Dr., Gaithersburg, MD 20879, 301 330-5040.

LACH, Alfred Alexander; '78 BSBA; Pres.; The Prog. Store, Computer Programs, Inc, 829 Bethel Rd., Columbus, OH 43214, 614 457-1153; r. 929 Stoney Creek Rd., Worthington, OH 43085, 614 885-2022.

LACHEY, David Frank; '81 BSBA; Cnsltg. Analyst; NCR, 1700 S. Patterson Blvd., Dayton, OH 45479; r. 2707 Kings Arm Cir. N., Centerville, OH 45440, 513 435-4213.

LACHEY, James Michael; '85 BSBA; Profn. Athlete; Washington Redskins Natl. Football League, Redskin Park, 13832 Redskin Dr., Herndon, VA 22070, 703 471-9100; r. 1427-G Roxbury Rd., Columbus, OH 43212, 614 486-8500.

LACHMAN, David M.; '75 MBA; Proj. Engr.; URS Cnslts., 33 N. High St., Columbus, OH 43215, 614 464-4500; r. 1746 Stemwood Dr., Columbus, OH 43228, 614 876-5850.

LACK, Edward I.; '56 BSBA; Pres.; Union Title Corp., 7400 Wiles Rd., Ste. 102, Coral Spgs., FL 33067, 305 753-4100; r. 5888 NW 66th Way, Parkland, FL 33067, 305 755-1189.

LACKENS, COL Edwin B., USAF(Ret.); '51 BSBA; 3701 Oakmont Dr., Rio Rancho, Albuquerque, NM 87124, 505 892-0338.

LACKEY, Ms. Nancy, (Nancy Medors Schmalenberger); '61 BSBA; Internal Cnslt.; Univ. of Miami, Info. Resources, 213 Ungar Bldg., Coral Gables, FL 33124, 305 284-3961; r. 1025 Adams Dr., Key Largo, FL 33037, 305 451-1396.

LACKO, Alan Joseph; '79 BSBA; Acctg. Staff; Arthur Young & Co., One Seagate, Toledo, OH 43604; r. 30 W 61st St #23B, New York, NY 10023.

LACKRITZ, Mrs. Dorothy Krakoff; '41 BSBA; Retired; r. 18975 Van Aken Blvd., Apt. 505, Shaker Hts., OH 44122, 216 295-1212.

LACKRITZ, Michael J.; '60 BSBA; Sales Mgr.; Traub Container Corp., 22475 Aurora Rd, Bedford Hts., OH 44146, 216 475-5100; r. 1961 Bromton Dr., Lyndhurst, OH 44124, 216 442-5655.

LACKRITZ, Stephanie Ann; '87 BSBA; Law Student; John Marshall Law Sch., 315 S. Plymouth Ct., Chicago, IL 60604, 312 427-2737; r. 1961 Bromton Dr., Lyndhurst, OH 44124, 216 442-5655.

LACKS, Samuel L., Jr.; '67 BSBA; VP/Finance; L G Balfour Co. Inc., 25 County St., Attleboro, MA 02703.

LA CORTE, Sheri J., (Sheri Divine); '80 BSBA; Staff; Divine Constr. Co., 1059 Cable Ave., Columbus, OH 43222, 614 221-4443; r. 5169 Tamarack Blvd., Columbus, OH 43229, 614 846-6165.

LACY, Jeffrey Lee; '82 BSBA; 7771 Glenhollow Ct, Worthington, OH 43085, 614 431-9282.

LADD, Harlow Brookner; '48 BSBA; Mgr.; American Mgmt. Systs., 501 Sarasota Quay, Sarasota, FL 34236, 813 366-2600; r. 3232 Ringwood Meadow, Sarasota, FL 34235, 813 377-6990.

LADD, Karen '83 (See Stone, Ms. Karen Ladd).

LADD, Lindsey Leslie; '86 MPA; 335 Jamestown Ct., Columbus, OH 43228.

LADD, Richard F.; '60 BSBA; Southern Sales Mgr.; Peachtree Windows & Doors Inc., POB 5700, Norcross, GA 30091; r. 1209 Rainbrook Cir., Valrico, FL 33594, 813 684-6884.

LADERMAN, Samuel; '44 BSBA; Acct. CPA; Leader Bldg., 526 Superior Ave. NE, Cleveland, OH 44114, 216 781-0085; r. 3445 Lawton Ln., Cleveland, OH 44124, 216 831-1158.

LAESSLE, Tina A. '81 (See Patterson, Mrs. Tina M.).

LAFACE, Larry James; '85 BSBA; Asst. Mgr.; Pizza Hut Inc., 4761 W. Broad St., Columbus, OH 43228; r. 1143 Grand View Ave., Columbus, OH 43212, 614 481-7991.

LA FAVE, Richard Arthur; '74 MBA; Rsch. Engr.; Elliott Co., Materials Engineering Div, Jeannette, PA 15644; r. 4432 Marywood Dr., Monroeville, PA 15146, 412 373-8385.

LAFFERTY, Dennis William; '75 BSBA; Personnel Mgr.; Sun Chemical Corp., 4526 Chickering Ave., Cincinnati, OH 45232, 513 681-5950; r. 119 Pearl St., Lynchburg, OH 45142, 513 364-2280.

LAFFERTY, Jeffrey D.; '84 BSBA; Owner; Mid-South Lawn Care/Irrigation, 4440 Valleydale Cove, Memphis, TN 38111, 901 368-3446; r. Same, 901 366-6055.

LAFFERTY, Laurie Lex, (Laurie Lex); '82 BSBA; Materials Control; Maybelline Co., 3030 Jackson Ave., Memphis, TN 38151, 901 320-5151; r. 4440 Valleydale Cove, Memphis, TN 38115, 901 366-6055.

LAFFERTY, Ms. Sheila Gay; '86 BSBA; 3rd Year Law Student; Univ. of Dayton, 300 College Park Dr., Dayton, OH 45419, 513 224-0744; r. 1405 Woodstock Dr., Oakwood, OH 45419, 513 298-0502.

LAFFEY, John J.; '32 BSBA; Retired; r. 246 Hill Top Ln., Cincinnati, OH 45215, 513 521-6997.

LAFKAS, Robert C.; '65 BSBA; VP; Provident Bank, 4th & Vine Sts., Cincinnati, OH 45201, 513 579-2306; r. 3816 Broadview Dr., Cincinnati, OH 45208, 513 871-7236.

LAFONE, Barry S.; '78 BSBA; Operations Mgr.-West; TRW Aftermarket Div., 4770 Santa Fe Ave., Los Angeles, CA 90058, 213 583-1971; r. 11363 Discovery Way, Riverside, CA 92503, 714 354-8027.

LA FONTAINE, Kenneth Ronald; '79 MPA; Coop Ext./4-H Agt.; The Ohio State Univ., Coop Ext. Service, Hardin Cnty. Courthouse, Kenton, OH 43326, 419 674-2297; r. 16405 Maureen Dr., Kenton, OH 43326, 419 674-4605.

LA FORCE, William R.; '50 BSBA; Retired; r. 1200 Brickyard Way #204, Richmond, CA 94801, 415 232-5735.

LA GAMBINA, Mrs. Kathy S., (Kathy S. Lawrence); '79 BSBA; Administration; Campus Crusade for Christ, Arrowhead Springs, San Bernardino, CA 92414, 714 886-5224; r. 2627 E. 29th St., Highland, CA 92346, 714 864-6591.

LA GESSE, Dr. Enid J.; '82 MLHR, '86 PhD (LHR); Asst. Prof.; Miami Univ., Western Clg. Program, Oxford, OH 45056, 513 529-5669; r. 349 S. Patterson, Oxford, OH 45056, 513 523-6056.

LA GRASSA, Joseph E.; '58 BSBA; VP; Merrill Lynch, 130 Lincoln Way E., Chambersburg, PA 17201, 717 263-4070; r. 21 Sheffield Dr., Chambersburg, PA 17201, 717 263-3645.

LAHMON, Kimberly Lynn; '88 BSBA; 3647 Rte. 31, Fancher, NY 14452, 716 638-8394.

LA HUE, Thomas Jay; '78 BSBA, '80 MBA; Mktg. Mgr., Systs. Div.; Ebara-Cryodynamics, 19750 S. Vermont Ave., Ste. 160, Torrance, CA 90502, 213 324-5277; r. 5849 Topeka Dr., Tarzana, CA 91356, 818 996-3652.

LAI, Dr. Andrew Wen Yuh; '74 PhD (BUS); Staff; Wright State Univ., Colonel Glenn Hwy., Dayton, OH 45435; r. 2111 Crab Tree Dr., Dayton, OH 45431, 513 426-1061.

LAI, Hsueh-Ying; '86 MA; Instr-Computer Info Systs; Wilberforce Univ., Wilberforce, OH 45384, 513 376-2911; r. 541 Mahoning Ct., Columbus, OH 43210.

LAI, Kok-Chieu; '85 BSBA; c/o Lai, Chok-Mun, 53 Leboh Raya 1st Garden, Ipoh Perak, Malaysia.

LAIDLY, William Clifton, Jr.; '86 BSBA; Staff Acct.; Lloyd, Darner, Guenther & Ellis, 3055 Kettering Blvd., Ste. 101, Dayton, OH 45439, 513 297-3000; r. 6057 Hackamore Tr., Dayton, OH 45459, 513 435-3261.

LAIOS, Takis; '83 MBA; Engr.; American Electric Power, 1 Riverside Plz. 23rd Fl., Columbus, OH 43215, 614 223-2364; r. 5757 Hallridge Cir., Columbus, OH 43232, 614 866-9105.

LAIPPLY, James Edwin; '76 BSBA; Fiscal Ofcr.; Ohio Environ. Protection Agcy., 1800 Watermark Dr., Columbus, OH 41049, 614 644-2905; r. 204 W. 4th Ave., Columbus, OH 43201, 614 299-6781.

LAIRD, Cammie LaVerne, (Cammie LaVerne Dean); '87 MBA; Financial Spec. II; N C R Corp., 1700 S. Patterson Blvd., Dayton, OH 45479; r. 4 Elm St., Trotwood, OH 45426, 513 854-0418.

LAIRD, James Francis, Jr.; '79 BSBA; Treas./CFO; Nationwide Financial Svcs., Nationwide Investors Services, One Nationwide Plz., Columbus, OH 43215, 614 249-5947; r. 5277 Brynwood Dr., Columbus, OH 43220, 614 457-2092.

LAIRD, Jeffrey E.; '73 BSBA; Sales Mgr.; Buckeye Steel Co., 12401 W. 70th St., Shawnee, KS 66216; r. Same, 913 631-2140.

LAIRD, Kathy Saturday; '78 BSBA; 2308 Seedling Ln., Dallas, TX 75252, 214 307-1697.

LAIRD, Kenneth Earl; '34 BSBA; Retired; r. 404 Brydon Rd, Dayton, OH 45419, 513 299-8309.

LAIRD, Mary '76 (See Duchi, Mary Laird).

LAIRD, Patrick Emmett; '83 BSBA; Dir. of Mktg.; The Financial Grp., 6400 Riverside Dr., Dublin, OH 43017, 614 761-2900; r. 1316 Lane On The Lake, Columbus, OH 43235, 614 457-7990.

LAIRD, Robert F.; '54 BSBA; Underwriter; Money Financial Svc., 1840 Frontier Tr., Mansfield, OH 44905, 419 589-2790; r. Same.

LAIRD, Stephen Earle; '70 BSBA; VP; Bank One of Marion, 165 W. Center St., Marion, OH 43302, 614 383-4051; r. 1105 Bexley Ave., Marion, OH 43302, 614 389-1749.

LAITMAN-ASHLEY, Nancy Michele; '84 MLHR; Homemaker; r. 44 Richards Rd., Columbus, OH 43214, 614 267-8805.

LA JEVIC, Donald William; '71 BSBA, '72 MBA; 1060 Elizabeth Dr., Bridgeville, PA 15017.

LAJOIE, Dorsey Clutter, (Dorsey Clutter); '54 BSBA; Asst. Comptroller; Presley Co., Irvine, CA 92714; r. 26212 Tierra Cir., Mission Viejo, CA 92691, 714 837-4158.

LAKE, Linda Louise; '86 BSBA; Profn. Rep.; Merck Sharp & Dohme Labs, Division of Merck & Co Inc, West Point, PA 19486; r. 8524 Jonathan Ln., Apt. C, Maineville, OH 45039, 513 683-8372.

LAKE, Ronald Neil; '75 BSBA; Pres.; Lake Motors, Inc., 16592 Broadway Ave., Maple Hts., OH 44137, 216 587-2277; r. 2480 Warrensville Rd., University Hts., OH 44118.

LAKKIDES, Theodore; '68 BSBA; 3941 Lotus Dr., Waterford, MI 48095, 313 623-7918.

LAKOCY, Michelle, (Michelle Menze); '84 BSBA; Staff Acct.; Moore & Moore PC, CPA's, 16205 W. 14 Mile Rd., Birmingham, MI 48099, 313 644-8660; r. 15553 Fox, Redford, MI 48239, 313 538-8056.

LAKOCY, Thomas Andrew; '85 MBA; Commercial Loan Ofcr.; Natl. Bank of Detroit, 611 Woodward Ave., Detroit, MI 48226, 313 259-8840; r. 15553 Fox, Redford, MI 48239, 313 538-8056.

LAKS, Brian A.; '67 BSBA; Acct.; Laks Wynbrandt & Assocs, 2195 S. Green Rd., University Hts., OH 44121; r. 25861 Annesley Drife, Beachwood, OH 44122.

LAKS, Ernest A.; '41 BSBA; Hotel Mgmt.; Laks Enterprises, 2195 S. Green Rd., Cleveland, OH 44121, 216 381-9700; r. 1900 Consolate, W. Palm Bch., FL 33401, 407 686-0225.

LAKS, Robert Barry; '77 BSBA; Partner; Laks Greenfield Assocs., 2195 S. Green Rd., University Hts., OH 44118, 216 381-9700; r. 29076 Gatesmills Blvd., Pepper Pike, OH 44124, 216 464-0023.

LALIBERTE, Dennis Gerard; '84 BSBA; Acctg. Mgr.; Roto-Rooter Svcs. Co., 1400 Dubois Twr., Cincinnati, OH 45202, 513 762-6687; r. 1702 White Pine, Amelia, OH 45102, 513 752-7316.

LALIBERTE, Therese S. '82 (See Manring, Therese L.).

LALLY, Patrick James; '76 BSBA; Asst. Auditor; State of Ohio, State Ofc. Bldg., Columbus, OH 43215, 614 864-3917; r. 552 Fallis Rd., Columbus, OH 43214, 614 262-8454.

LALONDE, Anna Marie; '85 MPA; CRIS-E Coord.; Ohio Dept. of Human Svcs., 30 E. Broad St., Columbus, OH 43215, 614 466-4815; r. 1429 W. Sixth Ave., Columbus, OH 43212.

LA LONDE, Bruce Gary; '85 MBA; 4605 Bathurst Rd., Virginia Bch., VA 23464.

LALWANEY, Aruna Narian; '80 BSBA, '82 MBA; c/o Kal Kan, POB 58853, Vernon, CA 90058.

LALWANEY, Ms. Kiran Narain; '84 BSBA; Member-Technical Staff; TRW Space & Defense, 2751 Prosperity Ave., FV10/4004, Fairfax, VA 22031; r. 11924 Beltsville Dr., Apt. #12, Beltsville, MD 20705, 301 572-7091.

LAM, Song Wei; '87 BSBA; c/o Sie Gin Lam, 15 Grace Park, Singapore, Singapore.

LAM, T.L. '69 (See Liu, Mrs. Celia Lam).

LAMAGNA, Kirk Richard; '80 BSBA; CPA; Nelson & Co. Inc., 2247 Babcock Blvd., Pittsburgh, PA 15237, 412 821-3114; r. 4071 Clarkland Rd., Allison Park, PA 15101, 412 487-2327.

LAMAN, Darrel Lee; '72 BSBA; Missionary; r. Box 467, Nakuru, Kenya.

LAMANTIA, Mrs. Sharon, (Sharon Wharton); '79 BSBA; Bus. Mgr.; Glatting Lopez Kercher Anglin, 33 E. Pine St., Orlando, FL 32801, 407 843-6552; r. 449 Haverlake Cir., Apopka, FL 32712, 407 889-8569.

LAMARCHE, Daniel L., JD; '79 BSBA; LLM Candidate-Taxation; Univ. of San Diego Sch. of Law, San Diego, CA 92109; r. 1615 Collingwood Dr., San Diego, CA 92109, 619 270-8773.

LAMB, David Patrick; '86 BSBA; Loan Analyst; Great Lakes Bancorp, 401 S. Liberty, Ann Arbor, MI 48150, 313 769-8300; r. 2043 Jackson Ave., Apt. 209, Ann Arbor, MI 48104, 313 930-2668.

LAMB, COL Henry A.; '67 MBA; Banker; First State Bank, 400 Oak St., Abilene, TX 79602; r. 3496 Santa Monica, Abilene, TX 79605, 915 692-6502.

LAMB, Neil W., Jr.; '66 BSBA; Pres.; Daisy Fresh Carpet Cleaners, 19242 Misty Lake Dr., Cleveland, OH 44136, 216 572-1211; r. Same, 216 238-1794.

LAMBERT, Bill George; '68 BSBA; Staff; The First Boston Crp, 20 Exchange Pl., New York, NY 10005, 212 909-2594; r. 7 W. 81st St., New York, NY 10024, 212 595-5574.

LAMBERT, David J.; '66 BSBA; CPA; David J. Lambert, PC, 1522 Hudson Rd., POB 284, Hillsdale, MI 49242, 517 439-1585; r. 130 Arbor Ct., POB 139, Hillsdale, MI 49242, 517 437-4622.

LAMBERT, Dr. Douglas M.; '75 PhD (BUS); 927 Guisando De Avica, Tampa, FL 33613, 813 962-8652.

LAMBERT, Frederick A.; '37 BSBA; Retired Atty.; Edwards, Markey, Ely & Lambert; r. Rte. 2, Box 206, Oak Grove, MO 64075, 816 443-2571.

LAMBERT, Helen J., (Helen Jones); '38 BSBA; Retired VP/Controllor; Buckeye Fed. Saving & Loan, 36 E. Gay St., Columbus, OH 43215; r. 3575 N. Prestwick Ct., Columbus, OH 43220, 614 459-1849.

LAMBERT, Howard L.; '63 BSBA; Gen. Supv.; GMC Inland Div., Materials Management, 480 N. Dixie Dr., Vandalia, OH 45377, 513 455-8194; r. 2718 State Rte. 47 E., Bellefontaine, OH 43311, 513 592-7163.

LAMBERT, Jill Ann; '88 BSBA; 275 Blenheim Rd, Columbus, OH 43214, 614 268-3870.

LAMBERT, John F.; '65 BSBA; Mgr.; GM Corp., Packard Electric Division, Warren Branch Oper., POB 431, Warren, OH 44486, 216 373-3504; r. 6999 Oak Hill Dr., W. Farmington, OH 44491, 216 847-6266.

LAMBERT, Kenneth E.; '51 MACC; Assoc. Prof. Emeritus; Univ. of Cincinnati; r. 576 Wirham Pl., Cincinnati, OH 45220, 513 861-3443.

LAMBERT, Mark Dwayne; '84 BSBA; Staff; Kroger Co., 2474 Stringtown Rd, Grove City, OH 43123; r. 2650 Holt Rd., Grove City, OH 43123, 614 878-6868.

LAMBERT, Patricia '79 (See Bruck, Patricia Lambert).

LAMBERT, Robert Booth; '41 BSBA; Oil Producer; 100 N. Stone Ave. St., Ste. 1002, Tucson, AZ 85701, 602 628-9680; r. 3424 E. Calle Alarcon, Tucson, AZ 85716, 602 325-0472.

LAMBERT, Robert Edgar; '77 BSBA; Asst. Parts & Svc. Mgr.; Earl's Truck Sales, 1515 Frank Rd, Columbus, OH 43223, 614 276-6511; r. 4414 Wanda Ln., Columbus, OH 43224, 614 268-5632.

LAMBERT, Terry Hess; '79 BSBA; CFO; Harper Engraving & Printing Co., 2626 Fisher Rd., Columbus, OH 43204, 614 276-0700; r. 2041 Cannongate Cir., Columbus, OH 43228, 614 279-2886.

LAMBETH, Stephen F.; '88 BSBA; Asst. Traffic Coord.; Ryder Truck Rental, 775 Shrock Rd., Columbus, OH 43229, 614 846-6780; r. 6140 Cherry Hill Dr., Columbus, OH 43213, 614 868-1122.

LAMBIOTTE, Brent Ashley; '85 MBA; Purchasing Admr; Honda of America Mfg. Inc., 24000 U S. Rte. 33, M/Bus 1985 Lm, Marysville, OH 43040; r. 6605 Fallin Timber Rd., Dublin, OH 43017.

LAMBOURNE, Kenneth J. L.; '73 BSBA; Partner; The Performance Grp., 4627 Executive Dr., Ste. 103, Columbus, OH 43220, 614 451-4311; r. 4266 Lyon Dr., Columbus, OH 43220, 614 459-2198.

LAMBRIGHT, Mary Joanne; '74 BSBA; Homemaker; r. 2801 Welsford Rd, Columbus, OH 43221, 614 488-5344.

LAMBRINIDES, Dr. Alexander C.; '78 BSBA; Restaurant Operator; Skyline Chili Inc., 4752 Ridge Rd., Brooklyn, OH 44144, 216 351-7632; r. 2829 Gasser Blvd., Rocky River, OH 44116, 216 356-2693.

LAMBRINIDES, Theodore Christie; '81 BSBA; Staff; Nautilus Midwest, POB 19040, Cincinnati, OH 45219; r. 3615 Marburg Ave., Cincinnati, OH 45208.

LAMBROU, Nicholas J.; '81 BSBA; Mgr.; Arthur Andersen & Co., 41 S. High St., Ste. #2000, Hunting Ctr., Columbus, OH 43215, 614 229-5331; r. 3210 Summerhill Ln., Columbus, OH 43220, 614 771-1970.
LAMKA, Donald; '72 BSBA; Pres.; Digital Petroleum Systs., Inc., 1013 Dublin Rd., POB 16404, Columbus, OH 43216, 614 486-7113; r. POB 16404, Columbus, OH 43216.
LAMM, David Boyd; '83 BSBA; Financial Cnslt.; Video Financial Svcs., 15301 Dallas Pkwy., Ste. 240, Dallas, TX 75252, 214 392-9491; r. 4050 Franford Bldg. 1004, Dallas, TX 75252, 214 248-9331.
LAMM, Lanny E.; '63 BSBA; 2098 Crystal Marie Dr., Dayton, OH 45431, 513 426-8441.
LAMMERS, William I., Jr.; '83 BSBA; Bus. Mgr.; Mark Smith Cycles, 1741 State Rd., Cuyahoga Falls, OH 44223; r. 1698 Dominion Dr. #4, Akron, OH 44313, 216 864-0953.
LAMNECK, David Arthur; '74 BSBA; VP; Gen. Reinsurance Corp., 471 E. Broad St., Columbus, OH 43215, 614 221-7111; r. 158 Pinetree Dr., Granville, OH 43023, 614 587-2155.
LAMNECK, MAJ Philip William, Jr., USA; '69 BSBA; 2175 Stelzer Rd., Columbus, OH 43219, 614 471-4338.
LA MONICA, John Anthony, Jr.; '73 BSBA; Asst Dir/Finance & Admin.; Hosp. Rsch. & Educational Trust, 840 N. Lake Shore Dr., Chicago, IL 60611, 312 280-6000; r. 556 Hawthorn Ln., Winnetka, IL 60093, 312 446-6362.
LAMONT, LTC Frederick Carlton, USAFR; '70 MACC; Pres.; Lamont Enterprises, 2101 142nd St. S. E., Mill Creek, WA 98012; r. Same.
LAMONT, Mrs. Myrna Ingram; '37 BSBA; Retired; r. 706 NW 185 St., #304, Seattle, WA 98177, 206 546-8914.
LA MONTE, Mark Joseph; '86 MBA; Finance Mgr.; Combustion Engrg., Inc., 650 Ackerman Rd., Columbus, OH 43202, 614 261-2000; r. 1467 Bradshire Dr., Columbus, OH 43220, 614 459-0767.
LA MOREAUX, Ira M.; '30 BSBA; Retired; r. RR 1, 4181 Harlem Rd., New Albany, OH 43054, 614 855-7967.
LAMOREUX, Alice '48 (See Munger, Alice L.).
LAMOSEK, Russell Alan; '84 BSBA; Acct.; Deloitte Haskins & Sells, 155 E. Broad St., Columbus, OH 43215, 614 221-1000; r. 2086 Ridgeview Rd., Apt. B, Columbus, OH 43221, 614 486-2084.
LA MOTTE, John Edward, Jr.; '88 MPA; 637 City Park, Columbus, OH 43206, 614 469-0899.
LAMP, Thomas Charles; '85 BSBA; Park Tech.; Natl. Park Svc., c/o Postmaster, S. Wellfleet, MA 02663; r. 13313 Hillendale Dr., Woodbridge, VA 22193.
LAMPARTER, Jeffrey Alan; '81 MBA; 990 Hunters Tr., Broadview Hts., OH 44147, 216 526-3262.
LAMPE, Erica L.; '82 BSBA; Account Exec.; WCNY-TV, POB 2400, 506 Old Riverpool Rd, Syracuse, NY 13220, 315 453-2424; r. 253 North Ave., Syracuse, NY 13206, 315 437-6057.
LAMPERT, Mark Alan; '78 BSBA; Mktg. Intern; Eaton Corp., 100 Erieview Plz. World Hdqs, Cleveland, OH 44114; r. 5710 Royal Club, Arlington, TX 76017, 817 468-4404.
LAMPERT, Rosalie Rosenfeld; '43 BSBA; Retired; r. 209-11 Whitehall Ter., Queens Vlg., NY 11427, 718 468-7180.
LAMPHERE, Joseph E.; '50 BSBA; Retired-Property Mgr.; r. 1460 Belford Ct. S., Merritt Island, FL 32952, 407 453-0783.
LAMPINEN, Richard James; '71 BSBA; Hosp. Sales Rep.; Marion Laboritories Inc., 10236 Bunker Ridge Rd, Kansas City, MO 64137; r. 9195 Arlington Dr., Ypsilanti, MI 48198, 313 485-8469.
LAMPING, Mrs. Nancy K., (S. Nancy Knoll); '49 BSBA; Retired; r. 10 Anchorage, Keowee Key, Salem, SC 29676, 803 944-1428.
LAMPING, S. Gregor; '82 BSBA; CPA; Barnes Dennig & Co. CPA's, 900 Carew Twr., Cincinnati, OH 45202, 513 241-8313; r. 14 Edgecombe Dr., Milford, OH 45150, 513 248-0292.
LAMPRINAKOS, Sharon Vasko; '86 BSBA; Account Exec.; Litel Telecommunications Corp., 200 Old Wilson Bridge Rd., Worthington, OH 43085, 614 433-9359; r. 2275 Worthingwoods Blvd., Powell, OH 43065, 614 764-8584.
LAMPUS, Robert William; '69 BSBA; Pres.; Lampus-Marusa Ins. Agcy., POB 16339, Rocky River, OH 44116, 216 333-3150; r. Same, 216 331-5118.
LA MUSGA, Dennis John; '67 BSBA; Staff; Dayton Power & Light, POB 1247, Courthouse Plz. SW, Dayton, OH 45401; r. 2599 Valdina Dr., Xenia, OH 45385, 513 429-2386.
LANCE, Stephen Edwin; '68 MBA; Exec. Dir.; Pueblo Regional Bldg. Authority, 316 W. 15th St., Pueblo, CO 81003, 719 543-0002; r. 7 Pedregal, Pueblo, CO 81005, 719 564-1225.
LANCE, William B.; '67 MBA; Maj. Usaf/Asst. Prof.; Univ. of Minnesota, Aerospace Studies, Minneapolis, MN 55455; r. 1703 7th St. W., Billings, MT 59102, 406 259-2830.
LANCIONE, John; '39 BSBA; Retired; r. 1123 Kensington Dr., Dallas, TX 75208, 214 942-1043.
LANCIONE, Richard Lee; '63 BSBA; Atty.-Partner; Lancione & Davis Co., LPA, 3800 Jefferson St., Bellaire, OH 43906, 614 676-2034; r. 65321 Three Hills Dr., Bellaire, OH 43906, 614 676-3635.
LANCIONI, Dr. Richard Anthony; '71 PhD (BUS); Prof. of Mktg.; Temple Univ., Sch. of Business, Broad & Montgomery, Philadelphia, PA 19122, 215 787-8885; r. 1285 Grenoble Rd., Ivyland, PA 18974, 215 322-4748.
LANDAU, Joel M.; '71 BSBA; CPA/Atty.; Bailey Vaught Robertson, 1100 Thanksgiving Twr., Dallas, TX 75201, 214 979-0390; r. 2719 Sedgeway Ln., Carrollton, TX 75006, 214 418-0734.
LANDECK, Albert William; '71 MBA; Mgr.; Rockwell Intl., Financial Planning Dept., 4300 E. 5th Ave., Columbus, OH 43219; r. 155 Savern Pl., Gahanna, OH 43230, 614 475-4359.
LANDEFELD, C. William; '63 BSBA; Pres./CEO; Citizens S&L, 301 Broadway, Normal, IL 61761, 309 452-1102; r. 27 Buckhurst Cir., Bloomington, IL 61704, 309 663-8760.
LANDEFELD, Emil Ernest; '51 BSBA; Cnslt.-Corp., Fin., Bus.; 53 Kavenish Dr. N., Rancho Mirage, CA 92270, 619 324-9725; r. Same.
LANDEFELD, John R.; '65 BSBA; Exec.; Premier Bank Corp., Monroe, LA 71201, 315 362-7000; r. 9427 Windy Knoll, Dallas, TX 75243, 214 343-2013.
LANDEFELD, Otto J., Jr.; '50 BSBA; Atty.; r. 729 W. Cleveland Rd., Huron, OH 44839.
LANDEN, James Paul; '56 BSBA; Controller; Wildish Land Co., POB 7428, Eugene, OR 97401, 503 485-1700; r. 1975 W. 34th Ave., Eugene, OR 97405, 503 687-9180.
LANDENBERGER, Charles B.; '61 BSBA; Agt.; IRS, 200 N. High St., Columbus, OH 43215, 614 469-6877; r. 3703 Braidwood Dr., Hilliard, OH 43026, 614 876-7761.
LANDER, Sharon Phyllis; '84 BSBA; Agt.; Fidelity Union Life Ins., 3130 N. High St., Columbus, OH 43202; r. 4041 N. High St., Columbus, OH 43214, 614 291-5608.
LANDERS, Doreen Tecora; '80 BSBA; Grp. Rep.; Prudential Ins., Group Sales & Service, 100 Campus View Blvd., Worthington, OH 43084, 614 431-5601; r. 5902 Slippery Rock Dr., Columbus, OH 43229, 614 890-8848.
LANDERS, Douglas Earl; '83 BSBA; 5993 NW 57th Ct. #A112, Ft. Lauderdale, FL 33319.
LANDERS, Murray L.; '48 BSBA; 6200 Falls Circle Dr., Lauderhill, FL 33319, 305 731-4004.
LANDERS, Timothy Carlos; '77 BSBA; Mktg. Rep.-Steel Reg.; Browning-Ferris Industries, 1280 Boardman-Canfield Rd., Youngstown, OH 44512, 216 726-2911; r. 3485 New Riley Rd., Dresden, OH 43821, 614 754-2703.
LANDES, Earl J.; '55 BSBA; Investments; r. 2612 Christmas Run Blvd., Wooster, OH 44691, 216 345-7561.
LANDES, Harvey I.; '48 BSBA; Secy.; Dubov Agents Inc., 1050 Bristol Rd, Mountainside, NJ 07092; r. 650 E. 82nd St., Brooklyn, NY 11236.
LANDES, Norman Eugene; '71 MBA; Pres./Owner; Slidemasters Inc., 4900 Reed Rd., Ste. 206, Columbus, OH 43220, 614 457-5310; r. 5723 Middlefield Dr., Columbus, OH 43235, 614 451-6350.
LANDEVER, Michelle Toby; '88 BSBA; Staff Acct.; Ernst & Whinney, 1300 Huntington Bldg., Cleveland, OH 44115, 216 861-5000; r. 3432 Helen Rd., Shaker Hts., OH 44122, 216 991-3411.
LANDHOLT, Gerald Fox, Jr.; '86 BSBA; Acct.; Hood & Strong CPA's, 101 California St., Ste. 1500, San Francisco, CA 94111, 415 781-0793; r. 723 Mills Ave., San Bruno, CA 94066, 415 873-1008.
LANDHOLT, Thomas Fulton; '83 MBA; Reliability Engr.; GM Corp., Inland Division, 901 Tower Dr., Troy, MI 48098, 313 696-1237; r. 3224 Palm Aire Dr., Rochester Hls., MI 48309, 313 375-0740.
LANDIS, Dean C.; '57 BSBA, '63 MA; 13026 N. 18th St., Phoenix, AZ 85022, 602 482-6731.
LANDIS, Helen Brady; '52 BSBA; 4121 Mountview Rd, Columbus, OH 43220, 614 457-3882.
LANDIS, Herbert G.; '48 BSBA; Rep. in Ma; H G Landis Co., Box 2118, Dayton, OH 45429; r. 1230 Smugglers Way, Dayton, OH 45459.
LANDIS, Monica Rodgers, (Monica A. Rodgers); '84 BSBA; Sales Rep.; Micro Ctr. Inc., 1555 W. Lane Ave., Columbus, OH 43221, 614 481-4433; r. 5027 Avalon Ave., Columbus, OH 43229, 614 794-2625.
LANDON, Charles B.; '50 BSBA; Retired Auditor; Dean & Barry Co., 296 Marconi Blvd., Columbus, OH 43215; r. 4319 Kenmont Pl., Columbus, OH 43220, 614 451-4862.
LANDOR, Walter E.; '64 BSBA; Acting Deputy Direct; Trumbull Co. Plng. Comm, County Bldg 5Th Fl 160 High St, Warren, OH 44481; r. 1813 Maplewood NE, Warren, OH 44483, 216 372-1870.
LANDOWNE, Harold D.; '49 BSBA; Pres.; Lan Sales, Inc., 108 Cardinal Rd., Manhasset, NY 11030, 516 627-1623; r. Same.
LANDREMAN, Lawrence Charles; '71 BSBA, '73 MA; Contract Spec.; Wright Patterson AFB, US Government, Wright Patterson AFB, OH 45433; r. 7069 Settlement Waye, Dayton, OH 45414, 513 890-0364.
LANDRY, John Brett; '81 BSBA; Account Exec.; Carnation Co. FSMO, 7055 Engle Rd., Ste. 303, Cleveland, OH 44130, 216 826-0050; r. 1019 Venetian Way, Gahanna, OH 43230, 614 855-9722.
LANDSCHULZ, Ms. Ann D.; '85 BSBA; Ofc. Mgr.; Calolympic Glove & Safety Co., 188-A Newport Dr., San Marcos, CA 92069, 619 744-8320; r. 1123 Via Las Cumbres, San Diego, CA 92111, 619 278-3885.
LANDSITTEL, Lee S.; '31 BSBA; Retired Purchasing Agt.; Ohio Wesleyan Univ.; r. 455 W. Central Ave., Delaware, OH 43015, 614 362-4911.
LANDSITTEL, Mrs. Marguerite Steele, (Marguerite E. Steele); '31 BSBA; Homemaker; r. 455 W. Central Ave., Delaware, OH 43015, 614 362-4911.
LANDTHORN, Ernest F.; '41 BSBA; Retired; r. 1329 Deerlick Dr., Columbus, OH 43228, 614 878-6737.
LANDWEHR, John Michael; '87 BSBA; Public Acct.; Jacoby & Yuskewich, 1080 Fishinger Rd., Columbus, OH, 614 457-1990; r. 2615 N. Adams Ave., Columbus, OH 43202, 614 262-4215.
LANE, Albert Edwin; '48 BSBA; Broker; Albert Lane Realty Co., POB 37152, Cincinnati, OH 45222, 513 631-6601; r. 7200 Fair Oaks Dr., Cincinnati, OH 45237, 513 531-7594.
LANE, Alfred Joseph; '55 BSBA; Pilot; r. 6529 Sagamor Rd, Shawnee Mission, KS 66208, 913 362-7824.
LANE, Alfred William; '29 BSBA; Retired Ofc. Mgr.; GM; r. 221 Tamoshan Ter., Palm Spgs., FL 33461, 407 965-1054.
LANE, Alice Vance, (Alice Vance); '52 BSBA; Homemaker; r. 2257 Middlesex Rd., Columbus, OH 43220, 614 451-3426.
LANE, Mrs. Bernice Whitehead, (Bernice W. Whitehead); '36; Retired; r. 795 S. Cassingham Rd., Columbus, OH 43209, 614 231-7370.
LANE, Charles Logan; '42 BSBA; Retired; r. 2440 18th St., Cuyahoga Falls, OH 44223, 216 928-9264.
LANE, Dennis Andrew; '87 BSBA; Product Mgr.; Schwinn Bicycle Co., 217 N. Jefferson, Chicago, IL 60606, 312 454-7441; r. 2402 Goebbert, #1020, Arlington Hts., IL 60005, 312 439-8735.
LANE, Gerald Patrick; '80 BSBA; Inventory; ABS, 1654 E. Broad St., Columbus, OH 43203, 614 251-6501; r. 4063 Abbey Ct., Columbus, OH 43213, 614 235-8412.
LANE, John Robert; '74 BSBA; 6987 Big Creek Pkwy., Cleveland, OH 44130, 216 843-7676.
LANE, Katherine Lee '81 (See Verner, Katherine Lee).
LANE, Mrs. Kathryn G., (Kathryn Glaser); '87 BSBA; Acct.; The Ltd. Express, POB 181000, Columbus, OH 43218, 614 479-4142; r. 926 Tennessee Dr., Gahanna, OH 43230, 614 475-9587.
LANE, Leonard, (Leonard S. Lipovsky); '60 BSBA; Sr. Claim Rep./Res. Adjus; CIGNA Cos., 9200 Keystone Crossing, Indianapolis, IN 46280, 216 688-3765; r. 112 Guise Park Dr., Munroe Falls, OH 44262, 216 688-3765.
LANE, Lester Eugene; '73 BSBA; CPA & Mgr.; Price Waterhouse & Co., 1900 Central Trust Ctr., Cincinnati, OH 45202; r. 2113 Marine Pkwy., New Port Richey, FL 34652, 813 845-1879.
LANE, Lonnie Lloyd; '74 BSBA; CPA Account Mgr.; William I. Schoenfeld & Co., 1300 Hulman Bldg., Dayton, OH 45402, 513 223-5247; r. 3081 Murdock Rd., Cedarville, OH 45314, 513 766-2420.
LANE, Michael Brian; '87 BSBA; Realtor; Century 21 Signet Realty, 2280 W. Henderson Rd., Columbus, OH 43220, 614 451-6111; r. 1400 Bosworth Ct., Columbus, OH 43229, 614 848-8150.
LANE, Norman Thomas; '79 BSBA; Electronic Tech.; US Postal Svc., 850 Twin Rivers Dr., Columbus, OH 43215, 614 469-4447; r. 971 Oberlin Dr., Columbus, OH 43221, 614 457-0130.
LANE, William, Jr.; '72 BSBA; 2224 May St., Cincinnati, OH 45206, 513 961-0334.
LANE, William Ronald; '88 BSBA; 27 Hickory Ln., Hudson, OH 44236, 216 650-0713.
LANESEY, Julie Murray; '83 BSBA; 475 Piedmont Rd., Columbus, OH 43214, 614 447-1841.
LANFORD, Dr. Horace W., Jr.; '64 PhD (BUS); Retired; r. 1825 Southlawn Dr., Fairborn, OH 45324, 513 878-6637.
LANG, Ms. Carol Edwards, (Carol Edwards); '75 BSBA; Asst.VP-Employee Benefits; Natl. Geographic Society, 1145 17th St. NW, Washington, DC 20036, 202 775-6152; r. 705 Ridge Dr., Mc Lean, VA 22102.
LANG, Charles Pierce, Jr.; '68 BSBA; 1st Ofcr.; Southwest Airlines, Love Field, Dallas, TX 75235; r. 2209 Stonegate, Denton, TX 76205, 817 382-4015.
LANG, Cornelia Kale, (Cornelia Kale); '35 BSBA; Retired Secy.; Youngstown Area Grocers Assn., Youngstown, OH 44512; r. 5050 New Rd., Youngstown, OH 44515, 216 799-9629.
LANG, Dave W.; '49 BSBA; Owner; D. W. Lang & Co., 106 Driftwood Dr., Seabrook, TX 77586, 713 326-5604; r. Same.
LANG, Edward Henry, III; '76 MBA; Supv.; Defense Logistics Agcy., DSAC-TB, POB 1605, Columbus, OH 43216, 614 238-9178; r. 652 Old Coach Rd., Westerville, OH 43081, 614 891-3809.
LANG, Eugene Saylor, Jr.; '79 BSBA; Production Planned; Dayco Prods., POB 3258, Springfield, MO 65808, 417 881-7440; r. 1745 W. Whiteside, Springfield, MO 65807, 417 864-4667.
LANG, Honora Gwirtzman; '55 BSBA; 119 Valley Rd, Rochester, NY 14618, 716 244-6004.
LANG, Judith Ann; '83 BSBA; Staff; The Ohio State Univ., Sponsored Programs Admin, Columbus, OH 43210; r. 933 Barclay Dr., Galloway, OH 43119, 614 878-5811.
LANG, Ms. Julie Ann; '84 BSBA; Sales; The Bali Co., 1583 Overlook Rd., Kent, OH 44240, 216 673-8839; r. Same.
LANG, Keith Trevor; '87 BSBA; Gen. Acct.; MTS Systs. Inc., 2861 Congressman Ln., Dallas, TX 75220, 214 338-3196; r. 4025 N. Beltline Rd. #2225, Irving, TX 75038, 214 570-7416.
LANG, Kenneth E.; '48 BSBA; Retired Purchasing Dir.; r. 1378 Walker Dr. NW RR 3, Lancaster, OH 43130, 614 837-0205.
LANG, Marian '40 (See Acton, Marian L.).
LANG, Nicholas R.; '86 BSBA; Client Rep.; Boston Private Sch., 1 Winthrop Sq., Boston, MA 02110, 617 556-1913; r. 5 Pond St., 2nd Fl., Salem, MA 01970, 508 741-8759.
LANG, Patrick Anthony; '85 BSBA; Public Acct.; Deloitte Haskins & Sells, Kettering Twr., Dayton, OH 45401, 513 223-8203; r. 4722 Croftshire Dr., #3B, Dayton, OH 45440, 513 436-3930.
LANG, Robert Eugene; '65 BSBA; 20031 Park Ranch, San Antonio, TX 78259, 512 497-8286.
LANG, Robert Kurtz; '83 BSBA; 101 E. Frankfort St., Columbus, OH 43215, 614 443-1132.
LANG, Stanford L.; '58 BSBA; Pres.-Ins. Div.; Lang Kruke/Financial Care Inc., 9549 Montgomery Rd., Cincinnati, OH 45242, 513 984-3100; r. 3220 Fairhaven Ln., Cincinnati, OH 45237, 513 631-2424.
LANG, Thomas; '69 BSBA; Pres.; PAR, Inc., 1633 Wellshire Ln., Dunwoody, GA 30338, 404 395-7363; r. Same, 404 394-7203.
LANGANKE, Sharon M. '84 (See Van Benthuysen, Sharon M.).
LANGDON, Fred S.; '47 BSBA; Retired; r. 826 Linden Ave., Celina, OH 45822, 419 586-5066.
LANGDON, Larry R.; '59 BSBA; Dir. Tax & Distribution; Hewlett-Packard Co., POB 10301, Palo Alto, CA 94303, 415 857-3948; r. 1005 Deanna Dr., Menlo Park, CA 94025, 415 854-1287.
LANGDON, Paul R.; '35 BSBA; Retired; r. 4952 Farnham Dr., Newark, CA 94560, 415 791-6293.
LANGDON, Robert Clark; '75 MBA, '75 MACC; Supv-Melting/Rolling Cost; Allegheny Ludlum Steel, River Rd., Brackenridge, PA 15014, 412 226-5508; r. 2718 Cleveland Dr., Lower Burrell, PA 15068, 412 339-0911.
LANGDON, Warren Elmore; '74 BSBA; 111 E. New England Ave., Worthington, OH 43085.
LANGE, Michele Lee; '87 BSBA; Staff Acct. II; Ernst & Whinney, 1300 Huntington Bldg., Cleveland, OH 44115, 216 861-5000; r. 311 Pineview Dr., Berea, OH 44017, 216 234-7460.
LANGE, Richard Edmund; '74 BSBA; Pres.; Prestige Mazda, 3013 Mall Park Dr., Dayton, OH 45459, 513 434-4723; r. 7305 Jade Ct., Dayton, OH 45459, 513 439-2410.
LANGE, Robert Elmer, Jr.; '70 BSBA; Dist. Rep.; AAL; r. 10236 W. Layton Dr., Littleton, CO 80123, 303 979-2176.
LANGE, William Dennis; '75 BSBA; VP & Mgr.; Huntington Trust Co. of Florida, Mktg. Bus. Devel. Dept., 400 5th Ave. S., Naples, FL 33940, 813 263-3398; r. 4065 Belair Ln., Naples, FL 33940.
LANGEL, Everett Adam; '27 BSBA; Retired; r. 1217 SW 29th Ter., A-3 #105, Topeka, KS 66611, 913 267-5110.
LANGELL, James Floyd; '70 BSBA; Prog. Mgr.; Northrop Corp., 100 Morse St., Norwood, MA 02019; r. 19 Wethersfield Rd., Bellingham, MA 02019, 508 966-0217.
LANGENBAHN, John Douglas; '87 BSBA; Internal Auditor; Battelle Mem. Inst., 505 King Ave., Columbus, OH 43201, 614 424-7037; r. 1922 Slaton Ct., Worthington, OH 43085, 614 764-3685.
LANGENDORF, LTC William H., USA(Ret.); '48 MBA; Retired; r. 1159 E. Lexington Ave., El Cajon, CA 92019, 619 447-0054.
LANGERMEIER, Gregory Ellis; '86 BSBA; 3500 W. 210 St., Cleveland, OH 44126, 216 749-5203.
LANGFORD, Carole Blake; '57 BSBA; Volunteer Coord.; The Palace Theatre, Columbus, OH 43220; r. 4351 Woodbridge Rd, Columbus, OH 43220, 614 451-2109.
LANGFORD, James G.; '57 BSBA; Stockbroker/VP; The Ohio Co., 155 E. Broad St., Columbus, OH 43215, 614 464-6945; r. 4351 Woodbridge Rd, Columbus, OH 43220, 614 451-2109.
LANGFORD, Karen Lea '87 (See Motil, Mrs. Charles).
LANGFORD, W. Franklin; '73 BSBA; VP & Dir. O Finance; Motorola Inc., 8201 E. McDowell Rd., Scottsdale, AZ 85252; r. 9915 E. San Salvador, Scottsdale, AZ 85258.
LANGGUTH, Brian James; '88 BSBA; 188 W. Patterson Ave., Apt. K, Columbus, OH 43202, 614 294-8570.
LANGHALS, Peter Carl; '88 BSBA; 188 W. Patterson Apt. C, Columbus, OH 43202, 614 291-3379.
LANGHORN, Billie J.; '80 BSBA; Financial Reports Analyst; Fed. Reserve Bank of Cleveland, 1455 E. 6th St., Cleveland, OH 44101, 216 579-2083; r. 25400 Rockside, Ste. #423A, Bedford Hts., OH 44146, 216 232-6767.
LANGLEY, MAJ John Lowry, USAF(Ret.); '39 BSBA; Retired Auditor; USAF-DEF CONT AUD Agcy.; r. 250 Budd Ave., Apt. 119, Campbell, CA 95008, 408 379-5117.
LANGLEY, Richard Allen; '72 BSBA, '73 MBA; Financial Analyst; Ford Motor Co., 29500 Plymouth Rd., Livonia, MI 48154; r. Ford Motor Co., 29500 Plymouth Rd., Livonia, MI 48154.

LANGLEY, Ted L.; '82 MBA; Dir.; Gould Inc., 3631 Perkins Ave., Cleveland, OH 44114, 216 361-3315; r. 4717 Kingsbury Rd., Medina, OH 44256, 216 273-8186.

LANGSHAW, Carol Cox, (Carol Cox); '61 BSBA; Pres.; Carol Langshaw Interiors, 4822 Donegal Cliffs Dr., Dublin, OH 43017, 614 889-4804; r. Same, 614 889-4805.

LANGSHAW, Joni L. '83 (See Languis, Mrs. Joni L.).

LANGUIS, Mrs. Joni L., (Joni L. Langshaw); '83 BSBA; 127 Orchard Ln., Columbus, OH 43214, 614 268-3390.

LANGWASSER, Michael David; '87 BSBA; Supv.; Quaker Oats, 1551 E. Willow St., Kankakee, IL 60901; r. 644 Coyne St., Bourbonnais, IL 60914.

LANGWASSER, Richard H.; '59 BSBA; Assoc.; Hill Floral Prods. Co., 245 N. Grant Ave., Columbus, OH 43215; r. 11693 Gutridge Rd SE, Thornville, OH 43076.

LANIGAN, Richard Davis; '56 BSBA; Acct.; Columbus Steel Drum, Gahanna Industrial Park, 1385 Blatt Blvd., Blacklick, OH 43004, 614 864-1900; r. 689 Latham Ct., Columbus, OH 43214, 614 457-0691.

LANKA, George J.; '47 BSBA; 386 S. Burnside Ave., Los Angeles, CA 90036.

LANKAMER, Victor Frank; '78 BSBA; 4500 Village Run Dr., Glen Allen, VA 23060.

LANNAN, Carol Jane; '84 BSBA; Application Spec.; Banc One Svcs. Corp., 777 Brooksedge Plaza Dr., Westerville, OH 43081; r. 2862 Eastmoreland Dr., Columbus, OH 43209, 614 236-0602.

LANNAN, Terrence Edward; '73 BSBA; Sales Cnslt.; Whiting Sales Systs. Inc., 2200 Wales Ave., NW, Massillon, OH 44646, 216 832-5393; r. 2788 Kensington Pl. W., Columbus, OH 43202, 614 268-1052.

LANNING, James W.; '63 BSBA; Asst. Prof.; Ohio Inst. of Technology, 1340 Alum Creek Dr., Columbus, OH 43209; r. 848 Colony Way, Worthington, OH 43085, 614 846-3989.

LANNING, Robert L., III; '72 MBA; Controller; Kasco, 1569 Twr. Grove Ave., St. Louis, MO 63110, 314 771-1550; r. 1366 White Rd., Chesterfield, MO 63017, 314 469-6363.

LANO, C. Jack; '49 BSBA; Mgmt. Auditor; City of Anaheim, 200 S. Anaheim Blvd., Anaheim, CA 92805, 714 999-5168; r. 6274 E. Calle Jaime, Anaheim, CA 92807, 714 974-6416.

LANPHERE, Charles A.; '56 MBA; Pres./Chf Exec. Officr; J Byron's Dept. Store, 15600 NW 15th Ave., Miami, FL 33169, 305 620-3201; r. 3175 Equestrian Dr., Boca Raton, FL 33434, 407 487-2272.

LANT, Wolfgang A.; '83 BSBA; Owner; Greenhouse Mgmt. Systs., 5618 Marita Ln., Columbus, OH 43235; r. Same.

LANTHORN, Alleen '34 (See Taylor, Mrs. Donald H.).

LANTZ, Gene P.; '56 BSBA; Pres.; Food Mart Inc., 1126 S. Main St., Bellefontaine, OH 43311, 513 592-6791; r. 2245 US 68 S., Bellefontaine, OH 43311, 513 593-7915.

LANTZ, Harry W.; '50 BSBA; 132 W. Boston Rd, Hinckley, OH 44233.

LANTZ, Judith Coburn; '48 BSBA; 900 Valley Rd., Carbondale, IL 62901, 618 457-8579.

LANTZ, Ronald Lee; '70 BSBA; Asst. VP; Park Natl. Bank, Commercial Lending & Bus Dev, 150 E. Broad St., Columbus, OH 43215, 614 276-5103; r. 2706 Berwyn Rd., Columbus, OH 43221, 614 488-0910.

LANTZ, Steven Paul; '81 BSBA; 2550 S. Holly Pl., Denver, CO 80222.

LANUM, Douglas G.; '83 BSBA; Production Control Mgr.; Amtekco Industries Inc., 33 W. Hinman Ave., Columbus, OH 43207, 614 443-4677; r. 39 E. Jeffrey Pl., Columbus, OH 43214, 614 262-9105.

LANUM, Gordon V.; '50 BSBA; Pharmaceutical Sales Rep.; A.H. Robins, Richmond, VA 23232; r. 1080 Woodmere Rd, Columbus, OH 43220, 614 451-1701.

LAPE, Jerome Edward, II; '67 BSBA; Mgr. Cost Acctg. Dept.; Allegheny Ludlum Corp., River Rd., Brackenridge, PA 15014, 412 226-5406; r. 216 Primrose Dr., Sarver, PA 16055, 412 295-2676.

LAPE, Robert Andrew; '87 BSBA; 1996 Guildhall Dr., Columbus, OH 43209, 614 237-3993.

LA PENNA, Anthony; '80 BSBA; Law Student; Akron Univ., 302 E. Buchtel Ave., Akron, OH 44325; r. 216 Madison, Mingo Jct., OH 43938, 614 535-1033.

LA PENS, Thomas Robert; '71 BSBA; Realtor; Century 21, Joe Walker's Associates, 2400 E. Dublin-Granville Rd., Columbus, OH 43229, 614 891-0180; r. 89 Northridge Rd., Columbus, OH 43214, 614 268-4741.

LAPISH, Thomas Phillip; '72 BSBA; Special Agt.; FBI, POB 2118, Detroit, MI 48226, 313 965-2323; r. 325 Hillcrest, Grosse Pte. Farms, MI 48236, 313 885-7523.

LA PLACE, William Burnell; '51 BSBA, '53 MBA; Partner & CPA; Deloitte Haskins & Sells, 1717 E. 9th St., Cleveland, OH 44114, 216 589-1340; r. 18860 Rivercliff Dr., Cleveland, OH 44126, 216 331-7219.

LA PLANTE, Isabelle A. '48 (See Brinkman, Mrs. Isabelle A.).

LAPOINTE, Lillian Jane; '86 BSBA; 2751 Charing Rd., Columbus, OH 43221.

LA POLLA, Thomas A.; '59 BSBA; Atty.-Partner; Delbene La Polla & Thomas, POB 353, Warren, OH 44482, 216 399-4333; r. 443 Isaac Ave., Niles, OH 44446, 216 652-3382.

LA POLLA, Thomas Anthony G., II; '87 BSBA; Mgmt. Assoc.; J.C. Penney Catalog Distribution, 5555 Scarborough Blvd., Columbus, OH 43232, 614 863-7107; r. 786 Arbors Cir., Gahanna, OH 43230, 614 471-8252.

LA PORTE, Ralph M., Jr.; '64 BSBA; Pres.; La Porte Furniture Co., 225 E. 3rd St., Uhrichsville, OH 44683; r. Box 546, Dover, OH 44622.

LAPOV, Daniel; '53 BSBA; Retired Auditor; US Govt; r. 11879 Old Columbia Pike, Silver Spring, MD 20904, 301 622-0553.

LAPP, Dr. Charles Leon; '50 PhD (BUS); Owner; Valentine Travel, 3801 Hulen Ste. 103, Ft. Worth, TX 76107, 817 731-9999; r. 3735 Hulen Park, Ft. Worth, TX 76109, 817 921-4868.

LAPPER, Margaret Edgar; '63 BSBA; VP; Great Western Bank, Acctng Policies & Procedures, 8484 Wilshire Blvd., Beverly Hls., CA 90211; r. 11641 Valley Spring Ln., #301, Studio City, CA 91604.

LAPWORTH, Mary E. '82 (See Apgear, Mary Lapworth).

LARABEE, B. Keith; '52 BSBA; Staff; Tru Sales Corp., St. Charles Ind Park, O'Fallon, MO 63366; r. 1610 Starboard Dr., Hixson, TN 37343, 615 870-2746.

LARAVIE, Robert H.; '49 BSBA; Advt. Dir.; Pk. Bldg. Ctrs., 6171 Far Hills Ave., Dayton, OH 45402, 513 461-3870; r. 2307 Lantern Hill Dr., Dayton, OH 45459, 513 434-9701.

LARCOMB, Thomas M.; '55; 1568 Jewel Box Ave., Naples, FL 33962.

LARGER, B. Ann Barthelmas, (B. Ann Barthelmas); '80 MBA; Real Estate; First Columbus Realty Corp., 1241 Dublin, Columbus, OH 43215, 614 486-0681; r. 2109 Elgin Rd., Columbus, OH 43221, 614 486-6305.

LARGER, Ernest Alfred; '85 BSBA; Technical Svcs. Mgr.; Chemical Abstracts Svc., Info Systs. Operations Dept., POB 3012, Columbus, OH 43210, 614 447-3600; r. 4895 Dunlap Rd., Columbus, OH 43229, 614 436-5125.

LARGER, Marvin Ivo; '82 MBA; Real Estate Investment; Distribution Ctrs. Inc., 229 Huber Village Blvd., Westerville, OH 43081, 614 890-1730; r. 2109 Elgin Rd., Columbus, OH 43221, 614 486-6305.

LARGER, Richard L.; '57 BSBA; Mfg. Wholesle Sales Rep.; r. 1311 Rolling Meadow Dr., Pittsburgh, PA 15241, 412 221-1563.

LARIMER, Joseph M.; '52 BSBA; Mgr./Cost Acctg.; Ranco Inc., 8115 N. U S. 42, Plain City, OH 43064, 614 873-4611; r. 1850 Radnor Ave., Columbus, OH 43224, 614 263-1654.

LARKIN, Christopher William; '83 BSBA; Mgr.; Peat Marwick Mitchell & Co., Two Nationwide Plz., Columbus, OH 43215; r. 2324 Shuford Dr., Dublin, OH 43017, 614 766-6791.

LARKIN, Deborah Morley; '84 BSBA; Compliance Ofcr.; US Dept. of Labor, Rm 238 US Customs House, 2nd & Chestnut Sts., Philadelphia, PA 19106, 215 597-4950; r. 67 Black Watch Ct., Horsham, PA 19044.

LARKIN, Edward S., Jr.; '54 BSBA; Purchasing Mgr. Intl.; Westinghouse Trading Co., Gateway Ctr., Westinghouse Bldg., Pittsburgh, PA 15222; r. 235 National Dr., Pittsburgh, PA 15236, 412 653-6643.

LARKIN, Karen Renee; '84 BSBA; Acct.; Arthur Andersen Co., 100 E. Broad St., Ste. 1000, Columbus, OH 43215; r. 2324 Shuford Dr., Dublin, OH 43017, 614 766-6791.

LARKIN, Marian Luce; '75 MPA; Homemaker; r. 175 Park Rd., Dayton, OH 45419, 513 293-4981.

LARKIN, Robert Richard; '71 BSBA; 637 Chaffin Ridge, Columbus, OH 43214, 614 451-2170.

LARKINS, Richard T.; '60 BSBA; Pres.; Franklin Bldg. Svcs., 1335 King Ave., Columbus, OH 43212, 614 488-4443; r. 2614 Fishinger Rd., Columbus, OH 43221, 614 459-9562.

LA ROCCO, Dennis David; '76 MPA; Exec. Dir.; Hancock,Hardin,Wyandot,Putnam Community Action Commission, 122 Jefferson St., Findlay, OH 45840, 419 423-3755; r. 2825 Northgate Blvd., Findlay, OH 45840, 419 424-0891.

LA ROCCO, Ms. Marianne Ellen; '80 MBA; 3707 Orangecrest St., Valrico, FL 33594.

LA ROCCO, Michael Edward; '78 BSBA; Student; Univ. of Cincinnati, Law Sch., Cincinnati, OH 45221; r. 3707 Orangecrest, Valrico, FL 33594.

LARRICK, Ms. Carla Jeanne; '76 BSBA; Acctg. Mgr.; Sch. Employees Retirement Systs., 45 N. 4th St., Columbus, OH 43215; r. 11099 E. Buck Run Rd., Rockbridge, OH 43149.

LARRICK, David Lynn; '83 BSBA; Sales Rep.; Central Benefits, 255 E. Main St., Columbus, OH 43215, 614 464-5962; r. 7854 Cobdon Ave., Westerville, OH 43081.

LARRIMER, Brant A.; '63 BSBA; Real Estate Broker; Re-Max Real Estate Partners, 5300 Veterans Blvd., Metairie, LA 70003, 504 392-9033; r. 2409 Westmere Ct., Harvey, LA 70058, 504 340-1172.

LARRIMER, Gavin R.; '59 BSBA; Atty./Partner; Larrimer & Larrimer, 165 N. High St., Columbus, OH 43215, 614 221-7548; r. 2375 Andover Rd, Columbus, OH 43221, 614 486-2771.

LARSCHIED, Harry Lee; '80 BSBA; 1285 Timberlane Rd, Lima, OH 45805, 419 991-7666.

LARSEN, Connie '87 (See Swigert, Mrs. Connie).

LARSEN, Eric Charles; '68 BSBA; Mgr.Purchasing & Tool Ctr; Airfoil Forging Textron, 23555 Euclid Ave., Cleveland, OH 44117; r. 5183 Stevenson St., Richmond Hts., OH 44143, 216 449-8556.

LARSEN, James L.; '56 BSBA; Staff; Virginia Beach Dialysis Ctr., 1127 First Colonial Rd., Virginia Bch., VA 23454; r. 1128 Rollingwood Arch, Virginia Bch., VA 23464, 804 495-0255.

LARSEN, Lawrence James, Jr.; '81 MBA; Asst. VP; Comerica Bk.-Detroit, Metro Corporate Banking Dept., 211 W. Fort St., Detroit, MI 48226, 313 531-9190; r. 6645 Woonsocket Dr., Canton, MI 48187, 313 459-1013.

LARSON, Harry Eugene; '32 BSBA; 153 Old Dyke Rd., Trumbull, CT 06611, 203 375-1515.

LARSON, Jerry Thomas; '83 BSBA; Programmer Analyst; Bancohio Natl. Bank, 770 W. Broad St., Columbus, OH 43215, 614 463-6696; r. 3208 Old Mill Rd. NE, Lancaster, OH 43130, 614 654-8038.

LARSON, Dr. Mark Dennis; '80 MLHR, '87 PhD (LHR); Dir.; Co-op Work Rel. Prog., 71 S. Plains Rd., The Plains, OH 45780, 514 797-2535; r. 16 N. May, Athens, OH 45701, 614 592-1220.

LARSON, Robert Linden; '69 BSBA; Staff; E F Hutton Grp. Inc., 100 Old W. Wilson Bridge Rd., Worthington, OH 43085, 614 431-1010; r. 403 Hickory Ln., Westerville, OH 43081, 614 899-9792.

LARSON, Stephen Dodd; '76 MBA; Dir. of Mktg.-Asia; Commercial Intertech, 1775 Logan Ave., Youngstown, OH 44501, 216 746-8011; r. 181 Greenbay Dr., Boardman, OH 44512, 216 726-1721.

LARSON, Steven Anders; '75 MPA; Atty.; 88 N. Fifth St., Columbus, OH 43215, 614 464-9112; r. 5742 Plum Orchard Dr., Columbus, OH 43213, 614 755-9505.

LARSSON, Kent Arne Willy; '71 BSBA, '73 MBA; VP-Mktg./Sales Promotion; Consolidated Stores Corp., 2025 Corvair Ave., Columbus, OH 43226, 614 443-0296; r. 9333 Lerwick Dr., Dublin, OH 43017, 614 761-2684.

LA RUE, David Ellis; '85 BSBA, '88 MBA; Staff-Financial Analysis; Gates Mc Donald, Subs:Nationwide, POB 1944, Columbus, OH 43216; r. 5121 Orange Blossom Ct., Gahanna, OH 43230.

LA RUE, David Marshall; '81 BSBA; Computer Systs.; The Ltd. Inc., One Limited Pkwy., POB 16528, Columbus, OH 43216, 614 891-5132; r. 4221 Valley Quail S., Westerville, OH 43081, 614 891-5132.

LA RUE, Martha Anne; '84 BSBA; Ofc. Mgr.; The Ohio Co., 626 N. 4th St., Steubenville, OH 43952, 614 283-3787; r. 2556 Devonshire Rd., Steubenville, OH 43952, 614 264-3690.

LA RUE, Stephen S.; '49 BSBA; Asst. Publisher; Time Magazine, Time & Life Bldg., Rockefeller Ctr., New York, NY 10020; r. 1 Hillwood Rd. E., Old Lyme, CT 06371, 203 434-2740.

LA RUE, Wendy Davidson; '85 BSBA; Registered Repr; First Investers Corp., 4284 N. High St., Columbus, OH 43214; r. 10740 Cincinnati-Zanesville Rd, Amanda, OH 43102, 614 969-4321.

LASCOLA, Christine Bednarski; '74 BSBA; 75 E. Wacker Dr., Ste. 1510, Chicago, IL 60601.

LASCOLA, Frank Michael; '75 BSBA; Xerox Corp., 471 E. Broad St., Columbus, OH 43215; r. 75 E. Wacker Dr., Ste. 1510, Chicago, IL 60601.

LASDUK, Frank S.; '78 BSBA; Flight Attendant; North West Orient Airlines, Mpls/St. Paul Int'L Airport, St. Paul, MN 55101; r. 332 Cayuga N. W., Canton, OH 44708, 216 477-7544.

LASER, Douglas William; '76 BSBA; R/E Appraiser; r. 487 Beechwood, Mansfield, OH 44907, 419 756-3661.

LASER, LTC Thomas A., USAF; '60 BSBA; 2296 Bullfrog Rd., Fairfield, PA 17320, 717 642-8160.

LASH, Catherine Ann; '81 BSBA; 7980 Mink Street Rd., Ostrander, OH 43061, 614 595-3510.

LASH, Clifford Charles; '76 BSBA; 750 Ridgecrest Rd, Akron, OH 44303, 216 867-5517.

LASH, Jeffrey Fred; '85 BSBA; In-Charge Acct.; Von Lehman & Co. CPA's, 211 Grandview Dr., Ft. Mitchell, KY 41017, 606 331-3300; r. 4212 Allendorf Dr., Apt. G-27, Cincinnati, OH 45209, 513 561-3530.

LASH, Rochelle Lavonne; '87 BSBA; Acct.; Goodyear Tire & Rubber Co., 1144 E. Market St., Akron, OH 44316, 216 796-5079; r. 2597 Romig, #2H, Akron, OH 44320, 216 848-4522.

LASHBROOK, James Donald; '68 MBA; Atty.; 218 1/2 W. 3rd St., Owensboro, KY 42301, 502 658-5889; r. 449 Maplewood Dr., Owensboro, KY 42301, 502 683-2604.

LASHLEY, Nancy '53 (See Wittebort, Nancy Lashley).

LASHUTKA, Kenneth; '69 BSBA; Pres.; The A. W. Fenton Co., 6565 Eastland Rd., Brook Park, OH 44142, 216 243-5900; r. 3555 Eldorado Dr., Rocky River, OH 44116.

LASICHAK, Nicholas; '35 BSBA; 304 Delaware St., Jermyn, PA 18433, 717 876-1788.

LASKE, LTC Ernest L., USAF(Ret.); '58 BSBA, '63 MBA; Emeritus Prof.; Southwest Missouri State Univ., 901 S. National Ave., Springfield, MO 65804; r. 2928 S. Brentmoor, Springfield, MO 65804, 417 883-0673.

LASKEY, Mrs. Carl L., (Ann Carstensen); '46 BSBA; Tchr.; Otsego Local Schs, Box 168, Tontogany, OH 43565; r. 24169 Second St., Box 420, Grand Rapids, OH 43522, 419 832-5931.

LASKEY, LTC Marvin D.; '58 MBA; Retired Rep.; Dept. of Housing & Urban Dev; r. 45 Estrella Dr., Santa Rosa, CA 95403, 707 544-4114.

LASKO, Edward J.; '59 BSBA; VP of Finance; The American Ship Bldg. Co., 2502 Rocky Point Dr., Tampa, FL 33607, 813 885-5537; r. 15009 Cancun Pl., Tampa, FL 33618, 813 962-7765.

LA SOGGA, Shirley Barr, (Shirley Barr); '39 BSBA; 2676 Helix St., Spring Vly., CA 92077, 619 463-2225.

LASSEL, Carl Dave; '77 BSBA; Staff; Lassel & Karst Contrs, 60 Rocky Creek Dr., Gahanna, OH 43230, 614 475-6700; r. 4664 Lasky Ct., Columbus, OH 43230, 614 476-5882.

LASSETTRE, Pauline English, (Pauline English); '57 BSBA; 123 Vineyard Ct., Los Gatos, CA 95030, 408 395-8401.

LAST, Gary Arnold; '70 BSBA; VP; Huntington Natl. Bank, POB 1558, Columbus, OH 43260; r. 619 Edgecliff Dr., Worthington, OH 43085.

LASTER, Anita; '86 BSBA; Financial Systs. Analyst; Cleveland Metropolitan Gen. Hosp., 3395 Scranton Rd., Cleveland, OH 44109, 216 459-4592; r. 12905 Dove Ave., Cleveland, OH 44105, 216 561-3734.

LASURE, Edna L. '42 (See Drake, Mrs. Edna L.).

LATCH, John Anthony; '70 BSBA; Pres.; Latch Machinery & Supply, Inc., 8404 St. Clair Ave., Cleveland, OH 44103, 216 361-3555; r. 7233 Enfield Dr., Mentor, OH 44060, 216 951-5885.

LATER, Mark A.; '84 BSBA; Acct.; Benedict, Inc., POB 315, Mc Arthur, OH 45651, 614 596-5226; r. 339 Church St., Logan, OH 43138, 614 385-8085.

LATESSA, Dr. Edward James; '77 MPA, '79 PhD (PA); Assoc. Prof.; Univ. of Cincinnati, Dept. of Criminal Justice, 303 French Hall, Cincinnati, OH 45221, 513 556-5827; r. 10582 Kenridge Dr., Cincinnati, OH 45242, 513 791-4652.

LATHAM, John William; '57 BSBA; Real Estate Appraiser; 20226 Detroit Rd., Rocky River, OH 44116, 216 333-8455; r. 1701 S. Bend, Rocky River, OH 44116, 216 333-1851.

LATHAM, Ms. Kathleen B., (Kathleen A. Brown); '63 BSBA; Owner; K Latham & Assocs Cnslts., 42 Rockwood, Irvine, CA 92714, 714 733-9077; r. Same, 714 786-5985.

LATHAM, Kevin Dean; '76 BSBA; Mgr. Mktg.; BP Chemical Intl., BP Chemcial America, 200 Public Sq., Cleveland, OH 44114, 216 586-5682; r. 342 Westwind Dr., Avon Lake, OH 44012, 216 933-5749.

LATHAM, Raymond R., Jr.; '68 BSBA; Pres./Computer Cnslt.; Latham & Assocs., Inc., 195 Tunxis Hill Rd, Fairfield, CT 06430, 203 255-4491; r. 2708 Congress St., Fairfield, CT 06430, 203 259-0019.

LATHAN, Barry Robert; '69 BSBA; VP; Xerox Corp., 191 Spring St., Lexington, MA 02173, 617 890-6400; r. 35 Munnings Dr., Sudbury, MA 01776, 508 443-8619.

LATHER, Patricia A. '79 (See Winzeler, Mrs. Patricia A.).

LATHER, Thomas Dean; '87 BSBA; 190 Cheshire Rd., Delaware, OH 43015.

LATHROP, Robert Elmer, III; '69 BSBA; Loan Ofcr.; Inland Mortgage Corp., 9265 Counselors Row, Indianapolis, IN 46240, 317 844-7788; r. 10839 Greenbrier Dr., Carmel, IN 46032, 317 846-4950.

LATHROP, William James; '77 BSBA; Ins. Sales; Lathrop Ins., 510 E. Water St., Prospect, OH 43342, 614 494-2092; r. Same.

LATIMER, Bryan Ray; '80 BSBA; 467 Haymore Ave. N., Worthington, OH 43085, 614 885-7255.

LATIMER, John Stratford, Jr.; '82 BSBA; Pres.; Events Unlimited, POB 22333, Cleveland, OH 44122, 216 467-0300; r. 2355 Wyandotte Ave., Cuyahoga Falls, OH 44233, 216 922-0612.

LATOUSAKIS, Frances '75 (See Baby, Frances Latousakis).

LATSA, Charles John; '81 BSBA; 2416 Mc Vey Ct., Worthington, OH 43085, 614 792-2951.

LATSA, Jeffrey James; '84 BSBA; Missionary Staff; Campus Crusade for Christ, Arrowhead Springs, San Bernardino, CA 92414; r. 1001 S. Barstow St., Eau Claire, WI 54701, 715 833-0545.

LATSHAW, George William; '66 BSBA; Personnel Mgr.; Brush Wellman Inc., S. Portage River Rd., Elmore, OH 43416, 419 862-4243; r. 6821 Regents Park, Toledo, OH 43617, 419 841-5492.

LATTA, William C., II; '88 BSBA; 2270 Medina Ave., Columbus, OH 43211.

LATTIMER, Curtis C.; '43 BSBA; VP/Gen. Mgr.; Frost-Whited Warehouse Co., 2005 Texas Ave., POB 3894, Shreveport, LA 71106, 318 425-5367; r. 9991 Trailridge Dr., Shreveport, LA 71106, 318 797-3469.

LATTIMER, David John; '88 BSBA; 2186 Summit St., Columbus, OH 43201.

LATZ, Joan Louise; '85 BSBA; 614 755-3430; r. 711 Alton Rd, Galloway, OH 43119, 614 276-5473.

LAU, Blane Lee; '74 BSBA; Industrial Engr.; Whirlpool Corp., N. Main St., Findlay, OH 45840, 419 423-6062; r. 460 Loyer Ln., Perrysburg, OH 43551, 419 874-1575.

LAUBACH, Frederick Horn, IV; '78 MBA; Mfg. Engr.; United Technology, 131 Godfrey St., Logansport, IN 46947, 219 753-7521; r. 22-B Flora Dr., Peru, IN 46970, 317 473-9192.

LAUBACK, Joan B.; '78 MBA; VP, Asset Mktg.; Citibank, 4041 N. Central Ave., Phoenix, AZ 85012, 602 224-0425; r. 2925 E. Rose Ln., Phoenix, AZ 85016, 602 954-9169.

LAUBE, F. Jerome; '57 BSBA; Owner-Mfr. Rep. Firm; F. J. Laube & Assocs., POB 30297, Cincinnati, OH 45255, 513 474-2444; r. 8529 Northport Dr., Cincinnati, OH 45255, 513 474-0313.

LAUBE, Norbert Joseph; '50 BSBA; Retired; r. 3450 Ledgewick Cir., Akron, OH 44313, 216 666-5740.
LAUBENTHAL, Renee M.; '84 BSBA; Sales Rep.; Airborne Express, 15800 Commerce Park, Cleveland, OH 44142, 216 267-7900; r. 38475 Chestnut Ridge Rd., Elyria, OH 44035, 216 322-4811.
LAUBER, Rebecca Katherine; '84 BSBA; 2363 Woodbrook Cir. N., Apt. G, Columbus, OH 43223, 614 279-6204.
LAUBIE, Fred William; '69 BSBA; CPA; CPA, 1041 Dublin Rd., Columbus, OH 43215, 614 481-0700; r. 5990 Kirkwall Ct. W., Dublin, OH 43017, 614 764-0700.
LAUE, Ms. Janet E., (Janet Roof); '45 BSBA; Retired Consume Fabrics; Eastman Chemical Prod. Inc., Div of Eastman Kodak, New York, NY 10036; r. 501 Bird Key Dr., Sarasota, FL 34236, 813 366-3361.
LAUER, Christopher Hall; '78 BSBA; Controller; Winthrop Hosp., 40 Lincoln St., Winthrop, MA 02152; r. RR 3 Tirrell Hill Road, Goffstown, NH 03045, 603 432-6725.
LAUER, Dale Ellis; '68 BSBA; Hc-01 Box 70, c/o Charles Newman, Hatchechubbee, AL 36858.
LAUER, Donn Lee; '74 BSBA; Real Estate Broker; Nielsen Real Estate, 61 S. Old Rand Rd, Lake Zurich, IL 60047; r. 4000 W. North Ave., Chicago, IL 60639.
LAUER, Robert Allan; '68 MBA; Partner/Mgmt. Info. Dv; Arthur Andersen & Co., 1717 E. Ninth St., Ste. 1600, Cleveland, OH 44114; r. 55 Riverstone Dr., Moreland Hls., OH 44022, 216 247-7876.
LAUER, Robert F., Jr.; '66 BSBA; Principal; West Star Coal Co., RR 2, Caryville, TN 37714, 614 873-8868; r. 7429 Cook Rd, Powell, OH 43065, 614 873-8868.
LAUFER, Carl L.; '35 BSBA; Retired Pres.; Modern Hanger Corp., 4734 Commerce Ave., Cleveland, OH 44103; r. 183 Majorca Cir., Marco, FL 33937, 813 394-2193.
LAUFERSWEILER, John Hoglund; '79 BSBA; Stockbroker; Prescott, Ball & Turben, 1610 Kettering Twr., Dayton, OH 45423, 513 223-1133; r. POB 96, Mid City Sta., Dayton, OH 45402, 513 439-2373.
LAUFERSWEILER, Thomas J.; '53 BSBA; Sr. VP/Resident Mgr.; Prescott Ball & Turben, 1610 Kettering Twr., Dayton, OH 45402, 513 223-1133; r. 221 Brookway Rd., Dayton, OH 45459, 513 433-1386.
LAUFFER, Michael John; '69 BSBA; Capt.; American Airlines Inc., P.O.Box 61616, Dallas-Ft. Worth Airport, Dallas, TX 75234; r. 5306 Hidden Oaks Ct., Arlington, TX 76017, 817 572-0198.
LAUGESEN, Edgar N.; '61 BSBA; Asst. Mgr.; Phillips Petroleum Co., Shareholder Communications, Phillips Bldg., Bartlesville, OK 74006, 918 661-8713; r. 5832 SE Meadowcrest Dr., Bartlesville, OK 74006, 918 335-2175.
LAUGHLIN, Christopher Lee; '83 BSBA; Systs. Engr.; Electronic Data Systs. Corp., New Departure Hyatt, 2509 Hayes Ave., Sandusky, OH 44870, 419 627-7838; r. 300 Salem Dr., Apt. S, Vermilion, OH 44089, 216 967-2676.
LAUGHLIN, Craig Brian; '76 BSBA; Banker; Bank One, 301 W. 3rd, Dover, OH 44622, 216 364-4481; r. POB 134, Gnadenhutten, OH 44629, 614 254-9485.
LAUGHLIN, Duanne C.; '59 BSBA; 1032 Ray Ave. NW, New Philadelphia, OH 44663, 216 339-7047.
LAUGHLIN, Gerald Lee; '59 BSBA; VP; Broadview S&L-Corp., Methods & Procedures, 1600 Rockside Woods, Independence, OH 44131; r. 26758 Russell Rd., Bay Vlg., OH 44140, 216 871-1704.
LAUGHLIN, James David; '80 BSBA; Profn. Athlete; Atlanta Falcons, I-85 & Suwanee Rd., Suwanee, GA; r. 6225 Brookwood Rd., Norcross, GA 30092, 404 448-5174.
LAUGHLIN, Kathy Ann; '86 BSBA; Transit Analyst; Ameritrust Co., 900 Euclid Ave., Cleveland, OH 44115, 216 687-5807; r. 26758 Russell Rd., Bay Village, OH 44140, 216 871-1704.
LAUGHLIN, Linda M., (Linda Zimmerman); '83 MLHR; Human Resources Mgr.; Worthington Industries Inc., POB 30, 350 E. High St., London, OH 43140, 614 852-3200; r. 302 N. Second St., Upper Sandusky, OH 43351.
LAUGHLIN, Robert George; '78 BSBA; 9100 Dominion Cir., Cincinnati, OH 45242, 513 683-7200.
LAUGHLIN, William Raymond; '56 BSBA; Owner/CPA; 2320 Furman Dr., Charleston, SC 29414, 803 766-8161; r. Same.
LAULETTA, Lynette R.; '87 BSBA; 111 Hickory Dr., Pataskala, OH 43062, 614 927-3614.
LAUNER, Robert Barry; '70 BSBA; VP/Trading; Merrill Lynch, World Financial Ctr., North Twr., New York, NY 10281, 212 449-4647; r. 2 Seven Springs Ct., Lloyd Harbor, NY 11743, 516 271-9321.
LAUNSTEIN, Dr. Howard Cleveland; '56 PhD (BUS); Prof. Emeritus; Marquette Univ., Finance Dept., Milwaukee, WI 53233; r. 7933 Exuma Ave., Port Richey, FL 34668, 813 845-8438.
LAURENSON, Charles Philip; '51 BSBA; VP/Sales/Dir.; A Finkl & Sons Co., 2011 S. Port Ave., Chicago, IL 60614, 312 975-2500; r. 1981 Durham Dr. Inverness, Palatine, IL 60067, 312 358-0127.
LAURICH, Dennis George; '68 BSBA; Exec. VP-Treas.; Clevetrust Realty Investors, Investment Plz., Cleveland, OH 44114; r. 10823 Gate Post Rd., Cleveland, OH 44136.
LAURIE, Charles R.; '41 BSBA; Atty.; Engrs. Bldg., 1365 Ontario, Cleveland, OH 44114; r. 6947 Windward Hills Dr., Brecksville, OH 44141, 216 526-2729.
LAURIE, W. Randall; '82 BSBA; Sr. Proj. Engr.; Honeywell Inc., POB 6280, Point Loma Sta., San Diego, CA 92106, 619 226-1272; r. 3520 1st Ave. #4, San Diego, CA 92103, 619 295-5483.
LAURILA, John Charles; '70 BSBA; Mgr. of Acctg.; Robert E. McKee, Inc., POB 5066, Englewood, CO 80155, 303 799-8448; r. 3027 S. Alton Ct., Denver, CO 80231, 303 368-4265.
LAURITZEN, Christopher John; '87 MBA; Systs. Engr.; Catenatian, 333 Main St., Green Bay, WI 54301, 414 436-2394; r. 2445 Foxway Cir. NW, N. Canton, OH 44720, 216 494-4660.
LAUSE, Darrin Philip; '83 BSBA; 6730 Defiance Tr., RR 2, Delphos, OH 45833.
LAUSE, Patrick Joseph; '82 BSBA; Sr. Systs. Analyst; Cummins Engine Co., Mail Code 60104, Box 3005, Columbus, IN 47202, 812 377-3489; r. 6511 Nathan Ln., Indianapolis, IN 46237, 317 787-9609.
LAUT, MAJ Thomas J., USANG; '68 BSBA; Pilot; Moffet Naval Air Sta., 129th ARRG, Sunnyvale, CA 94035; r. 12244 Santa Teresa Dr., San Ramon, CA 94583, 415 828-4281.
LAUTENSCHLAGER, Karin '82 (See Hodges, Karin A.).
LAUTERHAHN, Catherine Bowsher; '75 BSBA; 5301 Millikin Rd., Hamilton, OH 45011, 513 777-8943.
LAUTERHAHN, Larry Bartlett; '74 BSBA; 5301 Millikin Rd., Hamilton, OH 45011, 513 777-8943.
LAUTSBAUGH, Jack S.; '50 BSBA; 329 Darby Paoli Rd, Paoli, PA 19301, 215 647-7604.
LAUTZENHEISER, Dennis R.; '82 BSBA; Acct.; Norman Moline CPA, 150 N. Santa Anita, Ste. 640, Arcadia, CA 91006, 818 445-5554; r. 1708 1/2 Sierra Bonita, Pasadena, CA 91104, 818 798-2572.
LAUX, Kathleen '86 (See Carwile, Mrs. Kathleen Laux).
LAUX, Laura D. '82 (See Barley, Mrs. Laura D.).
LAUX, Matthew Thomas; '85 BSBA; Annuity Broker; North Star Mktg. Corp., 425 Metro Pl. N., Dublin, OH 43017, 614 764-9300; r. 822 Washington Ave., Elyria, OH 44035, 614 459-4644.
LA VANCE, George Edward, Jr.; '69 MBA; POB 362, Sugar Loaf Shrs., FL 33044.
LAVELLE, James Edward, Jr.; '77 BSBA; CPA; 16485 Mohaven Rd., Danville, OH 43014, 419 683-1095; r. Same.
LAVELLE, Mary Elizabeth; '85 BSBA; 2721 Kingsbury, Rocky River, OH 44116, 216 333-0986.
LA VELLE, Philip R.; '66 BSBA; Exec. VP; Pro Hardware Inc., POB 3850, Stamford, CT 06905, 203 356-1154; r. 109 Hidden Hills Dr., Greenville, SC 29605.
LAVER, Christian E.; '81 BSBA; Registered Rep.; Aetna Life & Casualty, E. F Sommer Clu Group, 100 E. Campus View Blvd. #150, Columbus, OH 43235, 614 431-5000; r. 2487 Chester Rd., Columbus, OH 43221, 614 488-3070.
LAVERGHETTA, Jane M. '84 (See Staunton, Mrs. Jane M.).
LA VERGNE, Janet Thomas, (Janet Thomas); '49 BSBA; Elem. Tchr.; Sidney City Schs., Central Elem. Sch., N. Miami St., Sidney, OH 45365, 513 498-2131; r. 1302 Port Jefferson Rd, Sidney, OH 45365, 513 492-4942.
LAVIN, Charles; '54 BSBA; Owner/Pres.; Buckeye Travel Svc. Inc., 9 E. Main St., Troy, OH 45373; r. 1617 W. Mc Kaig Rd., Troy, OH 45373, 513 335-1435.
LAVIN, David J.; '45 BSBA; Gen. Partner; Laar Ltd., #3 Cromwell Ct., Rancho Mirage, CA 92270; r. 70-540 Gardenia Ct., Rancho Mirage, CA 92270, 619 324-3744.
LAVINE, Judith Jackson; '80 BSBA, '82 MBA; 1024 Foxshire Pl., Dayton, OH 45459.
LA VOY, Mark Edward; '75 BSBA; Staff; Dal-Mac Constr. Dev, POB 160, Richardson, TX 75083; r. 2728 Dunwick Dr., Plano, TX 75023, 214 867-2212.
LAVRIC, Bonnie Jeanne; '83 BSLHR; Homemaker; r. 3160 Needham Dr., Dublin, OH 43017, 614 761-1169.
LAW, Charles Herbert, Sr.; '38 BSBA; Farmer; r. 7082 Worthington Rd SW, Alexandria, OH 43001, 614 924-5032.
LAW, Clyde T.; '49 BSBA; Retired; r. 4030 Avenida Del Tura, N. Ft. Myers, FL 33903, 813 543-3914.
LAW, Eva '83 (See Nourse, Eva).
LAW, Shawn Eric; '85 BSBA; Accounts Mgr.; Household Bank, 2340 E. Dublin-Granville Rd, Columbus, OH 43229, 614 899-2255; r. 7392 Bridewater Blvd., Worthington, OH 43085, 614 761-9739.
LAW, CAPT Stacy Forbes, USAF; '80 BSBA; Flight CDR; Training Sch. Command Base, Lackland AFB, TX 78236; r. 6695 Schreiner St. W., Worthington, OH 43085, 614 885-8951.
LAWELL, Thomas Paul; '85 BSBA; 220 Kelso Rd., Columbus, OH 43202.
LAWHEAD, James Norman; '84 BSBA; Mktg. Repr; C B S Computers Inc., 51 W. 52nd St., New York, NY 10019; r. 2774 E. Erie Ave., Lorain, OH 44052, 216 288-2680.
LAWHUN, Bruce Edgar, II; '86 BSBA; Staff; Selby Mutual Ins., 5450 Far Hills Ave., Dayton, OH 45429; r. 7781 Sterling Pl., Dayton, OH 45459.
LAWHUN, Gerald L.; '54 BSBA; Pres.; Western Title Co., Inc., 225 S. Arlington Ave., Reno, NV 89501, 702 688-4300; r. POB 2439, Reno, NV 89505, 702 826-5560.
LAWHUN, James H., Jr.; '50 BSBA; Retired Pres.; Managed Futures Investments, 2830 NW 41st St., POB 14848, Gainesville, FL 32604, 904 373-0362; r. 2201 NW 26th Ter., Gainesville, FL 32605, 904 375-7514.
LAWHUN, James Nelson; '72 BSBA; Indep Futures Trader; r. 2919 NW 42 Ter., Gainesville, FL 32606, 904 378-7362.
LAWLER, Jamie L., (Jamie Lynn Tura); '78 BSBA; Controller; Meridia Hillcrest Hosp., 6780 Mayfield Rd., Mayfield Hts., OH 44124, 216 449-4500; r. 6848 Bramblewood Ln., Mayfield Vlg., OH 44143, 216 442-3718.
LAWLER, John P.; '50 BSBA; Pres.; American Data Svcs., 4010 DuPont Cir., Louisville, KY 40222, 502 893-0169; r. 9206 Marlboro Cir., Louisville, KY 40222, 502 425-4757.
LAWLER, John V.; '52 MBA; Agri. Economist; USDA, 1301 New York Ave. NW Rm 1034, Washington, DC 20005, 202 786-1840; r. 703 N. Jackson St., Arlington, VA 22201, 703 524-7168.
LAWLER, Malcolm McGregor; '49 BSBA; Retired; r. 3215 Lakenheath Pl., Dallas, TX 75204, 214 823-3465.
LAWLER, Thomas V.; '50; Retired; r. 1002 Kaderly St. NW, New Philadelphia, OH 44663, 216 343-9668.
LAWLESS, David E.; '48 BSBA; Retired VP; Physics Intl.; r. 2712 Sheraton Pt., Akron, OH 44319, 216 644-6492.
LAWLESS, Joseph Edward; '71 BSBA; VP; Hayes Travel Agcy. Inc., 132 W. Second St., Perrysburg, OH 43551, 419 874-2271; r. 403 E. 6th St., Perrysburg, OH 43551, 419 874-8626.
LAWLESS, Phillip Lynn; '76 BSBA; Auditor; Ohio Dept. of Workers Co., 65 S. Front St., Columbus, OH 43215; r. 4145 Bowmansroot Ct., Hilliard, OH 43026, 614 879-8789.
LAWLESS, William R.; '50 BSBA; Retired Supt.; Columbia Gas Transmnission Corp.; r. 5963 Bausch Rd., Galloway, OH 43119, 614 870-3659.
LAWN, Gary A.; '77 BSBA; Mgr.; Armstrong World Industries Inc., Production Planning, 1020 Riverbend Dr., Dalton, GA 30720, 404 272-7834; r. 4506 Country Way, Cohutta, GA 30710, 404 694-3872.
LAWN, William Alan; '81 BSBA; Mgr.; Pioneer Industrial Prods., Planning & Logistics Dept., 512 E. Tippen St., Willard, OH 44890; r. 1210 Pin Oak Dr., Apt. D, Willard, OH 44890, 419 935-9280.
LAWNHURST, Richard, III; '66 BSBA; Retail Store Owner; Howards Clothing Inc., 100 N. Park, Warren, OH 44481, 216 392-7126; r. 305 Pheasant Run Rd., Warren, OH 44484, 216 856-1780.
LAWRENCE, Alan Philip; '74 MBA; Facilities Mgr.; Packaging Corp. of America, 4633 Downey Rd., Los Angeles, CA 90058, 213 589-8181; r. 1924 Monterey Blvd., Hermosa Bch., CA 90254, 213 372-3236.
LAWRENCE, Charles Thompson; '83 MBA; Asst. VP; First Bank Syst., Minneapolis, MN 55403, 612 936-2681; r. 5701 McGuire Rd., Edina, MN 55435, 612 944-7033.
LAWRENCE, Charles Z.; '37 BSBA; Retired; r. 3311 Warrensville Center Rd., Shaker Hts., OH 44122, 216 921-2014.
LAWRENCE, Dr. Clark Baker; '79 MBA, '81 PhD (BUS); 11960 Southridge, Little Rock, AR 72212.
LAWRENCE, Holly Louise; '88 BSBA; 6767 Skyline Dr. E., Worthington, OH 43085, 614 889-1153.
LAWRENCE, I. Pauline Hilborn, (I. Pauline Hilborn); '44 BSBA; Retired; r. 2215 Kellogg Ave., Ames, IA 50010, 515 232-8402.
LAWRENCE, James Michael; '84 BSBA; Sales Rep.; Liebert Corp., 6700 Huntley, Columbus, OH 43229, 614 438-2714; r. 6084 O'Sweeney Ln., Columbus, OH 43220, 614 792-1435.
LAWRENCE, Jerald Alan; '74 BSBA; Owner; Lawrence Ins. Agcy., 446 E. Church St., Marion, OH 43302; r. Rte. 1, Upper Sandusky, OH 43351, 419 294-3478.
LAWRENCE, Kathy S. '79 (See La Gambina, Mrs. Kathy S.).
LAWRENCE, Leslie Mason; '56 BSBA; CEO; Lawrence Equity Corp., 601 California, Ste. #1811, San Francisco, CA 94108, 415 433-9234; r. 2423 Broadway, San Francisco, CA 94115, 415 563-4434.
LAWRENCE, Linda '77 (See Keslar, Mrs. Linda).
LAWRENCE, Ms. Melanie S.; '79 BSBA; Intl. Contracts Admin.; Alcatel Info. Systs., 1515 W. 14th St., Tempe, AZ 85281, 602 894-7549; r. 8518 E. Windsor, Scottsdale, AZ 85257, 602 990-3752.
LAWRENCE, Ned M.; '40 BSBA; Sr. Contract Admin.; Loral Electronic Systs., Ridge Hill, Yonkers, NY 10710, 914 964-2678; r. 30 Tamarack Tr., Hartsdale, NY 10530, 914 725-3031.
LAWRENCE, Phillip Allen; '55 BSBA; Atty./Partner; Phillip A Lawrence & Assocs, 26 S. Franklin, Chagrin Falls, OH 44022, 216 247-8933; r. 1120 Haverston Rd., Lyndhurst, OH 44124, 216 442-9005.
LAWRENCE, Ramon Eugene; '31 BSBA; Retired Banker; r. 1326 N. J Ter., Lake Worth, FL 33460, 407 582-1856.
LAWRENCE, Robert Lee; '74 MBA; Sr. Compensation Analyst; Bank One Columbus NA, 100 E. Broad St., Columbus, OH 43271, 614 248-5337; r. 346 Charleston Ave., Columbus, OH 43214, 614 431-0859.
LAWRENCE, LTC Robert M., USAF; '68 BSBA; Deputy Base Cdr.; 6570 Air Base Grp., Brooks AFB, TX 78235, 512 536-3411; r. 113 Vinsant St., Brooks AFB, TX 78235, 512 337-7814.
LAWRENCE, Steven Dale; '72 BSBA; Rte. 2, Malta, OH 43758, 614 962-5191.
LAWRIE, Kevin Michael; '86 BSBA; Staff Acct.; Price Waterhouse & Co., 153 E. 53rd St., New York, NY 10022; r. 322 Apple Blossom, Pataskala, OH 43062, 614 927-5532.
LAWS, Jeanne M., (Jeanne Murphy); '81 BSBA; Systs. Design Cnslt.; Certified Bus. Svcs. Inc., 180 Cook St., Denver, CO 80206, 303 321-3453; r. 3449 W. Hayward Pl., Denver, CO 80211, 303 458-8172.
LAWS, Steven Robert; '77 BSBA; Asst. Mgr.; r. 3216 Leesville Way, Dublin, OH 43017, 614 764-2761.
LAWSON, Anthony Randolph; '86 BSBA; 11903 W 58 Terr #G, Shawnee Mission, KS 66216.
LAWSON, Deborah L. '79 (See Coughlin, Mrs. Deborah L.).
LAWSON, Dr. Donald F.; '62 PhD (BUS); Retired; r. 618 California St., Eureka, CA 95501, 707 442-4291.
LAWSON, Donald Richard; '72 BSBA; Materials Mgr.; Carlisle Syntec Systs., Greenville, IL 62246, 618 664-4540; r. RR 2, Box 178, Highland, IL 62249, 618 654-7393.
LAWSON, Edward N.; '54 BSBA; Real Estate Mgt.; Ohio State Realtors, 5900 N. High St., Worthington, OH 43085; r. 1508 Bolenhill Ave., Columbus, OH 43229, 614 846-6010.
LAWSON, George T., Jr.; '43 BSBA; Retired; r. 6909 Sheridan Ave., Des Moines, IA 50322, 515 276-6217.
LAWSON, Jeffrey Alan; '78 BSBA; Pres./Owner; Associated Millwrights Inc., 6116 Grubbs - Rex Rd., Arcanum, OH 45304, 513 678-6033; r. Same.
LAWSON, Lloyd A.; '53 MBA; 3928 Williams, Downers Grove, IL 60515.
LAWSON, Michael Ray; '78 BSBA; VP; Associated Millwrights Inc., 6116 Grubbs-Rex Rd., Arcanum, OH 45304, 513 678-6033; r. Same.
LAWSON, Thomas Carl; '77 BSBA; Sr. Mgr.; Touche Ross & Co., 1801 E. 9th St., Cleveland, OH 44114, 216 771-3525; r. 14262 Crown Point Pkwy., Strongsville, OH 44136, 216 238-2928.
LAWSON, Thomas James; '81 BSBA; Asst. Cashier; Second Natl. Bank, POB 130, Greenville, OH 45331; r. 1393 Highland Dr., Greenville, OH 45331, 513 547-0999.
LAWTON, CAPT Lawrence Wells, USN; '62 BSBA; Retired; r. RR 2, Box 67, Weems, VA 22576, 804 438-6080.
LAX, Bruce B.; '62 BSBA; Mgr., Network Control; Electronic Data Systs., 4054 Oaktech Bldg., 3551 Hamlin Rd., Auburn Hls., MI 48057, 313 853-3567; r. 4670 Claudia Dr., Pontiac, MI 48054, 313 673-5575.
LAX, Mrs. Laura A., (Laura A. Kitay); '83 BSBA; Mgr.; Kitay Enterprise Inc., Barnie's Coffee & Tea Co, DeSoto Sq. Mall, Bradenton, FL 34205, 813 746-0585; r. 5657 Garden Dr., Sarasota, FL 34243, 813 355-0744.
LAX, Michael Andrew; '73 BSBA; Sales-Acct. Mgr.; Revlon Inc., 767 Fifth Ave., New York, NY 10153; r. 622 S Columbus St, Alexandria, VA 22314.
LAX, Ronald H.; '54 BSBA; Tchr.; r. 2222 E. 3rd Dr., Mesa, AZ 85204, 602 964-0982.
LAXSON, Bradley Evan; '85 BSBA; Atty.; Dept. of Housing, 451 7th., SW, Washington, DC 20410; r. 114 Acklen Park Dr., Apt. #6, Nashville, TN 37203.
LAY, Carolyn Stewart; '77 MPA; Personnel Dir.; r. POB 24938, Nagel Sta., St. Louis, MO 63115.
LAYBOURNE, Stanley; '71 BSBA; Pres./CEO; Scottscom Bancorp Inc., 4110 N. Scottsdale Rd., Ste. 120A, Scottsdale, AZ 85251, 602 946-1130; r. 10830 E. San Salvador, Scottsdale, AZ 85258, 602 860-5607.
LAYDEN, Kenneth Eugene, Jr.; '84 BSBA; 6729 Stillmeadow Dr., Matthews, NC 28105.
LAYER, Derrick Steven; '83 BSBA; Gen. Contractor/Pres.; 2344 Antigua Dr. #1A, Columbus, OH 43220, 614 459-1416; r. Same.
LAYFIELD, Ronald D.; '76 BSBA; Acctg. Mgr.; Snorkel Economy a Figgie Intl. Co., POB 65, Stockyards Sta., St. Joseph, MO 64504, 913 989-4481; r. POB 8204, St. Joseph, MO 64508.
LAYLIN, Mrs. Carla J., (Carla J. Johnson); '79 BSBA; 1946 Rockdale Dr., Columbus, OH 43229, 614 882-4031.
LAYMAN, Frank Melvin; '81 BSBA; 2818 Brookpark Cir., Grove City, OH 43123.
LAYMAN, Robert P.; '55 BSBA; Pres.; N. Alabama Express Inc., POB 1028, Alexander City, AL 35010, 205 234-3471; r. 3 Lake Shore Dr., Alexander City, AL 35010, 205 329-8231.
LAYMON, David Brent; '75 BSBA; Salesman; Ross-Willoughby Co., 1400 Goodale Blvd., Columbus, OH 43212, 614 486-4311; r. 6111 Landsbury Ct., Dublin, OH 43017, 614 761-3288.
LAYMON, 1LT Thomas Richard, USAF; '80 BSBA; Pilot; Barksdale AFB, LA 71110; r. 2003 Solar Ln., Bossier City, LA 71112, 318 747-0957.
LAYNE, Victor Anthony; '82 BSBA; Wendy's Intl. Inc., POB 256, 4288 W. Dublin-Granville Rd, Dublin, OH 43017; r. 1342 E. 18th Ave., Columbus, OH 43211.
LAYO, Anna Marie; '81 BSBA; 2452 Club Rd., Columbus, OH 43221, 614 486-4668.
LAYTON, John Wesley; '87 BSBA; 209 High St., Prospect, OH 43342, 614 494-2733.
LAYTON, Robert James; '81 MPA; Bud Mgmt. Analyst; City of Columbus, Acctg. Dept., 90 W. Broad St., Columbus, OH 43215, 614 222-8200; r. 641 Brost St., Columbus, OH 43206, 614 464-4033.

LAZAR, Louise Kahn; '46 BSBA; 3059 Priscilla, Highland Park, IL 60035, 312 432-0899.
LAZAR, Mac Edward; '71 BSBA; Process Engr.; GM Corp., Delco Remy Division, 4500 S. Delaware Rd., Anderson, IN 46014; r. 4001 W. Woodway Dr., Muncie, IN 47304, 317 289-2410.
LAZAR, Richard Alan; '79 BSBA; VP of Finance; Roll-Kraft Inc., POB 35, Willoughby, OH 44094, 216 953-9400; r. 8598 Harvest Home, Mentor, OH 44060, 216 257-2468.
LAZAR, Walter J.; '65 BSBA; Staff/Carlisle'S; r. 102 Lincoln Ave., Niles, OH 44446, 216 544-0563.
LAZAR, William V.; '81 MBA; Mgr. Intl. Mktg.; Northern Telecom, Inc., POB 13010, Research Triangle Park, Raleigh, NC 27709, 919 992-3198; r. 412 Emerywood Dr., Raleigh, NC 27615, 919 848-9826.
LAZARUS, Leonard Allen; '72 BSBA; 2336 N. Stoneybrook, Wichita, KS 67226.
LAZER, Dr. William; '56 PhD (BUS); Eminent Scholar; Florida Atlantic Univ., Clg. of Bus. & Public Admin., Boca Raton, FL 33431, 407 393-2636; r. POB 539, Boca Raton, FL 33429.
LAZOR, Andrew Edward; '78 BSBA; Mgr. of Operations; Automatic Data Processing Inc., 3660 Corporate Dr., Columbus, OH 43229, 614 895-7700; r. 333 Olenview Cir. E., Powell, OH 43065.
LAZUR, Edward G.; '65 BSBA, '66 MBA; Dir. Proj. Mgmt.; Defense Programs, Dept. of Energy, 1000 Independence Ave. SW, Washington, DC 20305; r. 14540 Pettit Way, Potomac, MD 20854, 301 977-8468.
LEACH, Cheryl Ann '82 (See Boyd, Mrs. Cheryl Leach).
LEACH, Cynthia Finke; '82 BSBA; Cert Publ Acct.; Coopers & Lybrand, Ste. 2000 Columbus Ctr., 100 E. Broad St., Columbus, OH 43215; r. 6840 Sparrolow Ln., Worthington, OH 43085, 614 761-2826.
LEACH, Gregory Dale; '83 BSBA; Budget Analyst; Columbus Coated Fabrics, Div of Borden Inc, 1280 N. Grant Ave., Columbus, OH 43201, 614 297-6157; r. 2732 Woodgrove Dr., Grove City, OH 43123, 614 875-1786.
LEACH, Jeffrey Dean; '82 BSBA; Systs. Analyst; Rockwell Intl., 4300 E. Fifth Ave., Columbus, OH 43219; r. 6840 Sparrolow Ln., Worthington, OH 43085, 614 761-2826.
LEACH, Michael J.; '63 BSBA; Constr. Mgmt. Delay Claim; 2256 Bond St., New York, NY 10001; r. 5162 Hopstill Rd., New York, NY 10001.
LEACH, Robert Paul; '69 BSBA; Pres.; Regal Constr. Co., 330 Third St. NW, Canton, OH 44702, 216 452-9844; r. 6529 Fulton Dr. NW, Canton, OH 44718, 216 497-6223.
LEACH, Roger Mc Clellan, Jr.; '49 BSBA; 9247 Summit Rd SW, Reynoldsburg, OH 43068.
LEACH, Ronald G.; '58 BSBA; 3544 Moonlight Bay Dr. NW, Canton, OH 44708.
LEACH, Ross V.; '62 BSBA; Price Estimator; Emerson Electric Manuf Co., 8100 W. Florissant Ave., St. Louis, MO 63136; r. 11 Hawk Forest Ct., Defiance, MO 63341, 314 828-4142.
LEACH, Terrence Gregory; '88 BSBA; 10545 Dixie, Mt. Sterling, OH 43143, 614 869-2043.
LEACHMAN, Dale Edwin; '77 BSBA; Acctg. Supv.; Ashland Chemical Co., 5200 P G Blazer Memorial Pkwy., Dublin, OH 43017, 614 889-3409; r. 7957 Saddle Run, Powell, OH 43065, 614 764-1791.
LEACHMAN, Kenneth Bain; '75 BSBA; VP/Treas.; Cranston Securities Co., 1501 Neil Ave., Columbus, OH 43201, 614 421-2000; r. 1463 Briarmeadow Dr., Worthington, OH 43085, 614 436-5618.
LEAHY, George L.; '51 BSBA; Owner; Arlington Landscape Svc., 2611 Zollinger Rd, Columbus, OH 43221, 614 488-5668; r. Same.
LEAHY, John T.; '48 BSBA; Retired; r. 5177 Scioto Darby Creek Rd, Hilliard, OH 43026, 614 876-2183.
LEAHY, Ms. Kimberly Sue, (Kimberly Reimsnyder); '86 BSBA; Account Mgr.; Kraft Retail Foods, 10329 Bluegrass Pkwy., Louisville, KY 40299, 800 999-5014; r. 1206 Hickory Hill Rd., Seymour, IN 47274, 812 522-6120.
LEAHY, Stephen James; '74 BSBA; Dist. Mgr.; MADA Med. Prods. Inc., Carlstadt, NJ 07072; r. 348 Garden Rd., Columbus, OH 43214, 614 267-3440.
LEAK, Lisa Michelle '84 (See Leak-Buell, Lisa Michelle).
LEAK-BUELL, Lisa Michelle, (Lisa Michelle Leak); '84 BSBA; Customer Svc. Supv.; Discover Card Svcs., Eastland Mall, Sears 2nd Fl., Columbus, OH 43232; r. 200 W. 4th Ave., Columbus, OH 43201, 614 291-3463.
LEAR, Eugene H.; '27 BSBA; Retired; r. 1685 Royal Palm Way, Boca Raton, FL 33432, 407 395-4523.
LEAR, James Cole; '33 BSBA; VP; Dean Witter Reynolds, Investments, One Oxford Ctr., 31st Fl., Pittsburgh, PA 15219, 412 434-8511; r. 2707 Bristol Ct., Allison Park, PA 15101, 412 486-5266.
LEAR, Juliane Pizzino; '82 BSBA; 512 S. Pennsylvania, Denver, CO 80209.
LEARD, Larry Richard; '69 BSBA; Proj. Engr.; Hughes Aircraft, 200 N. Sepulveda Blvd., El Segundo, CA 90245, 702 361-7121; r. 7575 Hickam Ave., Las Vegas, NV 89129, 702 645-3508.
LEARMONTH, David Alan; '84 BSBA; 10541 Paces Ave. #721, Apt. 3, Matthews, NC 28105.
LEARMONTH, Mrs. Sherri Ann, (Sherri A. Fry); '84 BSBA; Regional Mgr.; Accessories Assocs., Inc., 4 Warren Ave., N. Providence, RI 02911; r. 10541 Paces Ave., Matthews, NC 28105, 704 845-2818.
LEARY, Roy L.; '55 BSBA; Asst. to the Dean; Ohio State Univ., Clg. of Dentistry, Columbus, OH 43210, 614 292-3333; r. 1919 Radnor Ave., Columbus, OH 43224, 614 268-0795.
LEAS, James Scott; '69 BSBA, '74 MBA; Principal; Industry Insights Inc., 1585 Bethel Rd., Columbus, OH 43220, 614 442-6626; r. 6141 Inverurie Dr. E., Dublin, OH 43017, 614 889-0328.
LEASE, Daniel Halter; '49 BSBA; Pres.; Wahl Refractories Inc., POB 530, Green Springs Rd., Fremont, OH 43420, 419 334-2658; r. 1508 Birchard Ave., Fremont, OH 43420, 419 332-2122.
LEASE, Daniel Wahl; '74 MBA; VP; Wahl Refractories, 767 State Rte. 19 S., POB 530, Fremont, OH 43420, 419 334-2658; r. 18 Paula Ct., Fremont, OH 43420, 419 332-4186.
LEASURE, David Lee; '86 BSBA; Supv.; Directel, 921 Eastwind Dr., Ste. 114, Westerville, OH 43081, 614 891-1600; r. 875 Harrison Ave. #F, Columbus, OH 43215, 614 469-9066.
LEASURE, June Schmidt; '43 BSBA; 4604 Wicklow Dr., Middletown, OH 45042, 513 423-8272.
LEASURE, Roy Edgar, Jr.; '68 BSBA; Acct.; r. 2356 County Rd. 57 W., Huntsville, OH 43324, 513 599-2890.
LEATHERBERRY, James D.; '73 BSBA; Sr. VP; First Options of Chicago Inc., 1 Financial Pl. Ste. 2950, Chicago, IL 60605, 312 786-4061; r. 211 S. La Grange Rd, La Grange, IL 60525, 312 354-6335.
LEATHERMAN, Mrs. Joanna, (Joanna Shenk); '87 BSBA; Staff; Nationwide Ins. Co., One Nationwide Plz., Columbus, OH 43216; r. 2115 W. Case Rd., Columbus, OH 43220, 614 459-7948.
LEATHERMAN, Michael Arthur; '72 BSBA; VP/Operations; Target Constr. Co., 1730 Schrock Rd., Columbus, OH 43229, 614 899-1221; r. 7900 Mckitrick Rd., Plain City, OH 43064.
LEATHEROW, Chris Eugene; '82 BSBA; Staff; Mellon Bank NA, Info Mgt Research, Mellon Sq., Pittsburgh, PA 15230; r. 300 A Timbertrail, Imperial, PA 15126, 412 695-7575.
LEATHERWOOD, Mark Alan; '85 MBA; Owner; Leatherwood & Assocs., 88 S. Scioto St., Ashville, OH 43103, 614 983-2035; r. 309 E. Main St., Ashville, OH 43103, 614 983-2036.
LEAVELL, David Marion; '80 BSBA; Mgr. Purchasing Logistics; Campbell Soup Co., 210 W. Oliver Dr., Marshall, MI 49068, 616 781-3989; r. 580 Madison St., Marshall, MI 49068, 616 781-8125.
LEAVITT, Alan J.; '53 BSBA; 3231 Philadelphia Ave. Apt. 2C, Dayton, OH 45405, 513 278-5121.
LEAVITT, Sanford; '37 BSBA; Production Mgr.; WeekDay Newspaper, Lake Park, FL 33403, 407 844-3400; r. 11811 Ave. of The PGA, Apt. 3-1-B, Palm Bch. Gardens, FL 33418, 407 622-2333.
LEBAROFF, Ronald D.; '70; Dir. of Trng.; La-Z-Boy Showcase Shoppes, 4740 Dues Dr., Cincinnati, OH 45246, 513 874-9110; r. 616 Stanton Ave., Springfield, OH 45503, 513 325-7667.
LE BARRON, Phillip Bradford; '82 BSBA; Supv.; Campbell Soup Co., Transportation Dept., E. Maumee Ave., Napoleon, OH 43545, 418 592-1010; r. 65 Bordeaux Dr., Napoleon, OH 43545, 419 592-4605.
LE BAY, James Gilbert; '67 BSBA; Supply Mgr.; Gen. Telephone Co., 100 Executive Dr., Marion, OH 43302; r. 523 Adena Dr., The Plains, OH 45780, 614 797-4106.
LEBENSBURGER, Kenneth E.; '39 BSBA; 3101 Haney Rd, Dayton, OH 45405, 513 275-4422.
LEBER, Douglas William; '78 BSBA; Programmer; IBM Corp., Fed. Systs. Division, 6600 Rockledge Dr., Bethesda, MD 20817; r. 18917 Mcfarlin Dr., Germantown, MD 20874.
LEBER, Elizabeth G. '79 (See Gilliland, Mrs. Elizabeth).
LE BLANC, Henry Robert; '34 MA; Retired; r. 710 Euclid Ave., Toronto, OH 43964.
LE BLANC, Peter Vernon; '83 MLHR; 1403 Sneed Rd., Franklin, TN 37064.
LEBOLD, Stephen John; '83 BSBA; Gen. Mdse Mgr.; Buehler's Foods, 800 W. Central Ave., Delaware, OH 43015, 614 363-1933; r. 1477 Greenscape Blvd., Westerville, OH 43081, 614 848-3581.
LEBOVITZ, David H.; '47 BSBA; Retired; r. 4710 Birchwood Rd, Cleveland, OH 44125, 216 271-5182.
LEBOWITZ, Edward Alan; '76 BSBA; Pres.; Natl. Programming Svcs., 237 N. Woodward, Birmingham, MI 48009, 313 646-4708; r. 8627 Cooley Lake Rd., Unit 308, Union Lake, MI 48085, 313 363-1895.
LECHLAK, Scott Alan; '85 BSBA; Programmer/Analyst; Blue Cross/Blue Shield of Ohio, 3737 W. Sylvania Ave., Toledo, OH 43623; r. 6050 Airport Hwy. #10, Holland, OH 43528, 419 865-8880.
LECHNER, Steven Allen; '84 BSBA, '87 MBA; CPA; Beall Rose & Assoc. CPA, 5151 Post Rd., Dublin, OH 43017, 614 889-8725; r. 219 Spicewood Ln., Powell, OH 43065, 614 548-6837.
LECKEMBY, Joseph H., Jr.; '83 BSBA; Mgmt. Trainee/Teller; Roswell Bank, 37 Magnolia St., Roswell, GA 30075; r. 910 Summit Trace Dr., Tucker, GA 30084, 404 642-9188.
LECKY, Kristen Marie; '87 BSBA; 154 W. Good Ave., Wadsworth, OH 44281, 216 334-1865.
LE CRAS, Carol Schneider; '53 BSBA; Acct.; E. G. Le Cras Assocs. Inc., 434 N. Ridgewood Ave., Daytona Bch., FL 32014, 904 253-5781; r. 2008 Green St., S. Daytona, FL 32019, 904 767-5437.
LEDEL, Jeffrey Louis; '74 BSBA; 19830 Riverview, Rocky River, OH 44116, 216 333-0822.
LEDFORD, Becky Cathy Lynn; '88 BSBA; 1216 Minor Ave., Hamilton, OH 45015, 513 863-0618.
LEDFORD, Eddie L., Jr.; '83 BSBA; Gen. Mgr.; Beltone-Ledford Hearing Aid Ctr., 3116 Victoria Blvd., #200, Hampton, VA 23661, 804 722-3989; r. 577G Turnberry Blvd., Newport News, VA 23602, 804 874-8248.
LEDMAN, Dale Edward; '65 BSBA; Supervisory Auditor; US Gen. Acctg. Ofc., New Fed. Bldg. 5th & Main St., Cincinnati, OH 45202; r. 98 Junefield Ave., Cincinnati, OH 45218, 513 851-0774.
LEDMAN, Kenneth Bridge, Sr.; '23 BSBA; Retired; r. The Canterbury Apt. 5-C, 3440 Olentangy River Rd., Columbus, OH 43202, 614 261-6761.
LEE, Amy Yi-Chih; '87 BSBA; POB 3136, Columbus, OH 43210, 614 457-6456.
LEE, Angela; '88 BSBA; 113 Sunrise Ln., Waverly, OH 45690, 614 947-4729.
LEE, Brian David; '87 BSBA; Institutional Broker; The Ohio Co., 155 E. Broad, Columbus, OH 43215, 614 464-7015; r. 2773 Sonata Dr., Columbus, OH 43209, 614 235-3959.
LEE, Brian Edward; '80 BSBA; 3 Woodland Cir., Rochester, NY 14622.
LEE, Brian Jay; '85 BSBA; 176 E. Main St., Center Moriches, NY 11934, 516 878-1239.
LEE, Byungnam; '82 MLHR; Township Ln., Washington Benson Food, Jenkintown, PA 19046.
LEE, Carl Hopkins; '64 BSBA; Dist. Mgr./West Coast; Crouse-Hinds Co., 11 Embarcadero W., Oakland, CA 94607; r. 810 Lee St, Oakland, CA 94610, 619 944-9141.
LEE, Cynthia '81 (See Lindsey, Cynthia).
LEE, Dana Floyd; '81 BSBA; Sr. Acct.; Coca-Cola USA, PO Drawer 1734, Atlanta, GA 30301, 404 676-6022; r. 906 Monterery Pkwy., Dunwoody, GA 30350, 404 391-0761.
LEE, Donna D.; '83 BSBA; Programmer Analyst II; Huntington Natl. Bank, POB 1558, Columbus, OH 43216, 614 478-7077; r. 2119 Bentwood Cir., Apt. 2C, Columbus, OH 43235, 614 761-7653.
LEE, Emery Robert; '76 BSBA; Supv.; Big Bear, 770 W. Goodale, Columbus, OH 43212, 614 443-7443; r. 1173 Evergreen Rd., Columbus, OH 43207, 614 491-3224.
LEE, Evelyn Barkman; '84 BSBA; Acct.; r. 203 Coshocton Ave., Mt. Vernon, OH 43050, 614 392-7257.
LEE, Frank Harley; '42 BSBA; Retired; r. 210 Park Ln., Hendersonville, NC 28739, 704 891-7256.
LEE, Grace Ping; '78 BSBA; 149 S. Weyant Ave., Columbus, OH 43213, 614 237-2610.
LEE, Heon Woo; '82 BSBA; Mgr.; Marina Restaurant, 697 Harrisburg Pike, Columbus, OH 43223, 614 279-8291; r. 882 Exeter Rd., Columbus, OH 43213, 614 866-1836.
LEE, Hooran; '81 BSBA; c/o Mrs Rich, 188 E. Frambes, Columbus, OH 43201.
LEE, Hugh Bertram, Jr.; '38 BSBA; VP of Sales; Peabody Coal Co., 301 Olive St., St. Louis, MO 63102; r. 92 Allendale Pl., Terre Haute, IN 47802.
LEE, Jack B.; '82 BSBA; Pres./Computer Cnsltg.; Jack B. Lee & Assocs., 1000 Croyden Dr., Dayton, OH 45420, 513 253-7000; r. Same.
LEE, Dr. Jae Chang; '67 BSBA; Prof.; Korea Univ., Anam-Dong 5-1, Sungbuk-Ku, Seoul 132, Korea; r. Korea Univ., Anam-Dong 5-1 Sungbuk-Ku, Seoul 136-701, Korea.
LEE, James Bryan; '85 BSBA; 301 Elm, Belpre, OH 45714, 614 423-7466.
LEE, Jerald H., SPHR; '67 BSBA; Human Res. Dir.; Colins & Aikman, 1803 N. Main St., Roxboro, NC 27573; r. 2421 Umstead Rd., Durham, NC 27712, 919 383-8057.
LEE, Jerry D.; '58 BSBA; CPA/Partner; Ernst & Whinney, 1500 Market St., Philadelphia, PA 19102; r. Golf Club Rd., Greenwich, CT 06830, 203 869-8218.
LEE, John D.; '65 BSBA, '66 MBA; Pres.; Ehrlich Bober & Co., 101 Park Ave., New York, NY 10178, 212 856-4302; r. 12 Intervale Pl., Greenwich, CT 06830, 203 661-7079.
LEE, Judy; '88 BSBA; Employment Spec.; Limited Credit Svc.-Human Res., 4590 E. Broad St., Columbus, OH 43213, 614 755-5000; r. 6844 Traymore Ave., Brooklyn, OH 44144.
LEE, Kenneth John; '86 BSBA; Auditor; Dept. of State, Div. of Licensing, The Capitol, Tallahassee, FL 32301, 904 488-5381; r. 2301 Old Bainbridge Rd., Apt. H-908, Tallahassee, FL 32303, 904 385-2305.
LEE, Kweon Sang; '85 MPA; Asst. Dir.; Ministry of Govt. Administratn, Training Div/Personnel Bureau, 77 Sechongro Bldg/Govt Complex, Seoul, Korea; r. 350-65 Sangdo-3Dong, Kongjak-Ku, Seoul 151, Korea.
LEE, Lanton Lawrence; '87 BSBA; Grad. Student; Univ. of Cincinnati; r. 1666 Glen Parker Ave., Apt. #6, Cincinnati, OH 45223.
LEE, Larry Emerson; '76 BSBA; Admin. Analyst; City of Columbus, Community Services, Columbus, OH 43215; r. 890 Wilson St., Columbus, OH 43206, 614 252-6658.
LEE, LTC Larry Lawrence, USAF(Ret.); '71 MBA; Proj. Mgr.; Poggemeyer Design Grp., 8 Plymouth St., Lexington, OH 44904, 419 884-2001; r. 62 Dartmouth Dr., Lexington, OH 44904, 419 884-1731.
LEE, Mark Daniel; '88 MBA; 523 Lloyd St., Barberton, OH 44203, 216 753-3243.
LEE, Minha Kim; '84 MBA; 3808 147th St., 3rd Fl., Flushing, NY 11354.
LEE, Patrick Brendan; '77 BSBA; Owner; Horseshoe Cafe Inc., 226 Main St., N. Reading, MA 01864, 508 664-3591; r. Same, 508 664-2348.
LEE, Peggy '83 (See Tsai, Mrs. Peggy).
LEE, Philip Gregory; '84 BSBA; Sales Rep.; Jameson Image Info. Mgmt., 6418 9th St., Cincinnati, OH 45229; r. 2908 Minto Ave., Cincinnati, OH 45208, 513 871-8253.
LEE, Phyllis Robbins, (Phyllis Robbins); '51 BSBA; Homemaker; r. 715 N. George Mason Dr., Arlington, VA 22203, 703 524-3428.
LEE, Priscilla Elaine; '74 BSBA; 3401 Dillward Dr., Columbus, OH 43219.
LEE, Richard English; '50 BSBA; Personnel Ofcr.; City of Los Angeles, Bureau of St. Lighting, 200 N. Main St., Los Angeles, CA 90012, 213 485-5928; r. 1428 N. Ogden Dr., Los Angeles, CA 90046, 213 851-0258.
LEE, Richard Wesly; '85 MBA; Mgr. Info. Systs.; Atlas Crankshaft Corp., 901 S. US Rte. 23, POB 846, Fostoria, OH 44830, 419 435-8531; r. 636 James Marie Ct., Fostoria, OH 44830, 419 435-0506.
LEE, Robert David; '75 BSBA; Banker; First Fed. S&L, 136 S. Main, Mt. Vernon, OH 43050, 614 397-6331; r. 203 Coshocton Ave., Mt. Vernon, OH 43050, 614 392-7257.
LEE, Robert Edward; '69 BSBA; 1st VP/Auditor; Sovran Financial Corp., 900 E. Main St. 13th Fl., POB 398, Richmond, VA 23203, 804 225-5900; r. 4816 Bonnie Brae, Richmond, VA 23234, 804 271-1057.
LEE, Robert John; '50 BSBA; Account Exec.; State Street Securities, 801 Kings Mill Pkwy., Columbus, OH 43229, 614 847-7322; r. 512 Columbus Ave., Washington Ct. House, OH 43160, 614 335-1808.
LEE, Robert Wolford; '49 BSBA; Retired; r. 3433 Gladstone Rd., Amarillo, TX 79121, 806 352-4356.
LEE, Rod Paul; '55 BSBA; Stockbroker/VP/Mgr.; Advest Inc., 21 E. Church St., Newark, OH 43055, 614 345-9717; r. 3753 N. Bank Rd., Millersport, OH 43046, 614 928-2263.
LEE, Shirley S. '87 (See Cheung, Mrs. Shirley Sau-Kuen).
LEE, Steven Michael; '87 BSBA; Production Mgr.; Hallmark Graphics Inc., 3559 E. Fulton, Columbus, OH 43227, 614 239-0657; r. 872 Cummington Rd., Columbus, OH 43213.
LEE, Taehoon; '86 MBA; Banpo-Bong 16-1, Mijoo 3-801, Grangnam-Gu, Seoul, Korea.
LEE, Teng Kiat; '86 BSBA; 85 W. Blake #B, Columbus, OH 43202.
LEE, Valerie '86 (See Lockhart, Valerie Lee).
LEE, Vance Ogan; '43 BSBA; Retired Acct.; r. 49427 South Dr., Plymouth, MI 48170, 313 459-9461.
LEE, William Anthony; '68 BSBA; VP/Regn'L Mgr.; Nationwide Ins. Co., Southern CA Regional Ofc., 681 S. Parker, Orange, CA 92668, 714 647-3060; r. 5947 Avenida La Vida, Anaheim, CA 92807, 714 921-9106.
LEE, William Edward; '70 BSBA; Staff; Grange Mutual Ins. Co., 650 S. Front St., Columbus, OH 43215; r. 3465 Simmons Dr., Grove City, OH 43123, 614 875-4358.
LEE, Youngjin; '85 MA; 275 W. Roosevelt St., #3258, Baton Rouge, LA 70802, 504 344-7716.
LEECH, Donald Eugene; '81 BSBA; Systs. Analyst; PPG Industries, Inc., 1 PPG Pl., Pittsburgh, PA 15272, 412 434-2860; r. 6701 Ridgevue Dr., Pittsburgh, PA 15236, 412 653-9973.
LEED, Marilyn '86 (See Brugger, Marilyn Leed).
LEEDOM, Marvin Lee; '64 BSBA; Mgr.-Human Resources; PPG, 2155 W. Big Beaver Rd., Troy, MI 48083, 313 564-5500; r. 1926 N. Lake Dr., Troy, MI 48083, 313 528-1746.
LEEDY, David W.; '57 BSBA; Owner; All Parts Supply, 214 E. 2nd St., Clovis, NM 88101, 505 763-5524; r. 4201 W. Llano Estacado Blvd., Clovis, NM 88101, 505 985-2628.
LEEDY, Patricia Carter, (Patricia C. Beale); '77 BSBA; Partner; Digital Vision Video & Film, 929 Eastwind Dr., Ste. 209, Westerville, OH 43081, 614 899-7388; r. 2488 Maybury Rd., Columbus, OH 43232, 614 866-5993.
LEEDY, Ralph Andrew; '82 BSBA; 311 Amfield Ct., Gahanna, OH 43230, 614 476-5775.
LEEDY, William B.; '59 BSBA; Pres.; Tri State Securities, Inc., 2100 S. Greenriver Rd., Evansville, IN 47715, 812 473-3590; r. 1451 Southfield Rd, Evansville, IN 47715, 812 477-5768.
LEEMAN, Donald D.; '56 BSBA; Sales Rep.; Home Line Industries, 3400 N. 6th St., Philadelphia, PA 19140, 800 523-3310; r. 5543 Chowning Way, Columbus, OH 43213, 614 755-9666.
LEEMAN, Lori B. '81 (See Iaconis, Mrs. Lori L.).
LEEMHUIS, William Phillips; '87 MBA; Com. Real Estate Lender; Pittsburgh Natl. Bank, Pittsburgh Natl. Bank Bldg., Pittsburgh, PA 15222, 412 762-4881; r. 421 Denniston Ave., Apt. 2, Pittsburgh, PA 15206, 412 441-3665.
LEEPER, Murray A.; '57 BSBA; 7211 S. Franklin, Littleton, CO 80122, 303 795-7950.

LEEPER, Rebecca Jane; '84 BSBA, '88 MBA; Programmer/Analyst; Chemical Abstracts Svc., 2540 Olentangy River Rd, POB 3012, Columbus, OH 43210, 614 447-3600; r. 1045-C Folkestone Rd., Columbus, OH 43220, 614 459-9512.

LEES, Gary R.; '81 BSBA; Traffic Spec.; NCR Corp., Intl. Distribution, 200 Hwy. 74 S., Peachtree City, GA 30269, 404 487-7000; r. 417 Hilo Rd., Fayetteville, GA 30214, 404 461-3857.

LEES, Thomas P.; '55 BSBA; Mgr./Plant Purchasing; GM Corp., Inland Div, 2727 Inland Ave., Dayton, OH 45417, 513 455-3440; r. 6300 Seton Hill St., Dayton, OH 45459, 513 433-2181.

LEESON, Robert Stephen; '85 MBA; Naval Sta., c/o Exchange Officer, FPO, San Francisco, CA 96630.

LEETCH, Kimberly M., (Kimberly Moore); '81 BSBA; Legal Asst.; Swann & Haddock, First FA Bldg. One DuPont Cir., 390 N. Orange Ave. Ste. 1100, Orlando, FL 32801, 407 425-3939; r. 3102 Pell Mell Dr., Orlando, FL 32818, 407 298-1243.

LE FAIVRE, Mrs. Mary Shank, (Mary Alice Shank); '50 BSBA; Homemaker; r. 1163 Old Gate Ct., Mc Lean, VA 22102, 703 821-9123.

LEFEBVRE, George Alfred; '52 BSBA; Atty.; 9358 Crest Dr., Spring Vly., CA 92077, 619 466-9042; r. Same.

LE FEVER, Susan '83 (See Gainer, Susan Le Fever).

LE FEVRE, Frederick C.; '35 BSBA; Retired; r. 5 Newman Ct., Fords Colony, Williamsburg, VA 23185, 804 565-4933.

LEFEVRE, Frederick Jay; '77 BSBA; CPA; 6307 Hammel Ave., Cincinnati, OH 45237, 513 631-7881; r. Same.

LE FEVRE, John Edgar; '57 BSBA; Pres.; Freight Svc. Inc., 140 Everett Ave., Newark, OH 43055, 614 345-0699; r. 1574 Russet Ln., Newark, OH 43055, 614 366-4493.

LEFF, Philip B.; '36 BSBA; Retired; r. 261-5 Quail Nest Rd., Naples, FL 33962, 813 775-1154.

LEFFEL, Kenneth Eugene; '69 BSBA; Gen. Mgr.; Koneta Rubber Co. Inc., 700 Lunar Dr., Wapakoneta, OH 45895, 419 738-2155; r. 809 Carnation, Wapakoneta, OH 45895, 419 738-4892.

LEFFERDINK, Morgan D.; '47 BSBA; Retired; r. POB 85, Pond Eddy, NY 12770, 914 557-6238.

LEFFLER, David Hering, Jr.; '77 BSBA, '79 MBA; Mgr.; A T Kearney, 1111 Superior Ave., Ste. 900, Cleveland, OH 44114, 216 241-6880; r. 166 Moray Dr., Akron, OH 44319, 216 645-0879.

LEFFLER, Karla '85 (See Dunlap, Karla L.).

LEFKO, Jordan R.; '56 BSBA; VP/Investments; Prudential-Bache Securities, National City Ctr., 1900 E. 9th St., Cleveland, OH 44114, 216 623-3058; r. 2496 Beachwood Blvd., Beachwood, OH 44122, 216 382-4246.

LEFKOVITZ, Tom; '66 BSBA; Pres.; Midwest Chandelier Co., 100 Funston, Kansas City, KS 66115, 913 281-1100; r. 3518 W. 100th Ter., Leawood, KS 66206, 913 649-6602.

LEFKOWICH, Norman S.; '51 BSBA; Pres.; Profile Business Svcs. Inc., 710 Silver Spur Rd., #315, Rolling Hls. Est., CA 90274, 213 541-6977; r. 100 Aspen Way, Rolling Hls. Estates, CA 90274, 213 377-5852.

LEFKOWITZ, James Edward; '70 BSBA; Atty.; Climaco Climaco Seminatore, 1228 Euclid Ave. 9th Fl., Halle Pl., Cleveland, OH 44115, 216 621-8484; r. 2043 Edenhall Dr., Lyndhurst, OH 44124, 216 449-5777.

LEFTON, Earle S.; '52 BSBA; Pres.; Earle Bldg. Co., 2 Hampshire Ct., Beachwood, OH 44122, 216 464-1140; r. Same.

LEFTON, Richard Allen; '87 BSBA; Salesman; Provident Camera, 18 W. 7th, Cincinnati, OH 45202, 513 621-5762; r. 7885 Elbrook Ave., Cincinnati, OH 45237, 513 351-7418.

LEFTWICH, Jimmie D.; '74 BSBA; Dir. of Real Estate; Rite Aid Corp., POB 29686, Columbus, OH 43229, 614 471-2526; r. 4704 Knotty Knolls Dr., Gahanna, OH 43230, 614 476-6881.

LEGEZA, Paul Arpad; '85 BSBA; Sales Mgr.; L-Tek Inc., 1447 Firethorn Dr., Cleveland, OH 44131, 216 524-0955; r. Same, 216 524-8518.

LEGG, James B.; '49 BSBA; Mgr.; The Eldred Co., 2491 Fairwood Ave., Columbus, OH 43207; r. 883 Pleasant Ridge Ave., Columbus, OH 43209, 614 235-7802.

LEGGE, Lowell N.; '49 BSBA; Retired; r. 3172 N. Centennial St., Indianapolis, IN 46222, 317 925-1263.

LEGGETT, Amy Irene; '86 BSBA; Natl. Mktg. Coord.; Wendy's Intl. Inc., 4288 W. Dublin-Granville Rd., Dublin, OH 43017, 614 764-3527; r. 9 Buttles Ave. Apt., 400, Columbus, OH 43215, 614 624-0128.

LEGGETT, Daniel K.; '71 BSBA; Chmn.; LM Tech, 94A Westpark Rd., Dayton, OH 45459, 513 439-4321; r. 1110 Stone Brook Ct., Spring Vly., OH 45459, 513 885-4544.

LEGGETT, Ernest W.; '48 BSBA; Retired Treas. Osu; The Ohio State Univ., Treasurer, Columbus, OH 43210; r. 20 Chatham Rd, Columbus, OH 43214, 614 263-0824.

LEGGETT, James Randolph; '75 BSBA; VP-Finance; Nationwise Automotive, Inc., 3750 Courtright Ct., Columbus, OH 43227; r. 6822 E. Halligan Ave., Worthington, OH 43085.

LEGGETT, Jody '82 (See Moss, Ms. Jody Leggett).

LEGGETT, Robert Michael; '72 BSBA; Mgr.-Equity Portfolio; State Tchrs. Ret Sys of Ohio, 275 E. Broad St., Columbus, OH 43215, 614 227-4061; r. 587 S. 6th St., Columbus, OH 43206, 614 463-9601.

LEGGETT, Susan Shuttleworth; '76 MBA; Mgr.; State Tchrs. Ret Syst., 275 E. Broad St., Mortgages Division, Columbus, OH 43215, 614 227-4029; r. 587 S. 6th St., Columbus, OH 43206, 614 463-9601.

LEGGETT, Thomas Steven; '81 BSBA; Portfolio Mgr.; Nationwide Ins. Co., One Nationwide Plz., Columbus, OH 43216, 614 249-6461; r. 4905 Brittany Ct. W., Columbus, OH 43229, 614 431-9902.

LEGGETT, CAPT William D., Jr., USAF; '55 BSBA; 3330 Templeton Gap Rd Apt. 53, Colorado Spgs., CO 80907.

LE GROS, Robert Richard; '70 BSBA; Sr. Atty.; Pennsylvania Power & Light, 2 N. 9th St., Allentown, PA 18101, 215 770-4306; r. 35 Woodbrook Rd., Swarthmore, PA 19081, 215 328-6533.

LEGUE, Gerald Wayne; '70 MBA; Field Prod. Quality Engr.; GE Co., Evendale Plant Mail Drop A38, Cincinnati, OH 45215, 513 786-2490; r. 71 Wickfield Rd., Blacklick, OH 43004, 614 864-1363.

LEHEW, Sally '59 (See Sterbutzel, Sally Lehew).

LEHMAN, Barbara '53 (See Slager, Barbara L.).

LEHMAN, Clifford Ray; '79 BSBA, '86 MBA; VP, Human Resources; Blanchard Valley Hosp., 145 W. Wallace St., Findlay, OH 45840, 419 423-5228; r. 2500 Foxbury Ln., Findlay, OH 45840, 419 425-0202.

LEHMAN, David Thomas; '59 MBA; Commercial Loan Ofcr.; Valley American Bk. & Trust Co., POB 328, South Bend, IN 46544, 219 256-6000; r. 28891 Oak Grove, Elkhart, IN 46514, 219 295-7387.

LEHMAN, Dennis Paul; '52 BSBA; 410 Lafayette Rd. W., # 19 Regal Arms, Medina, OH 44256, 216 722-7325.

LEHMAN, Frank Thomas; '66 BSBA; Dist. Coord.; Roadway Express Inc., 1009 Frank Rd., Columbus, OH 43223; r. 203 Ceramic Dr., Columbus, OH 43214, 614 263-7174.

LEHMAN, Gary James; '69 BSBA; Staff; Barnesville Hosp., 639 W. Main, Barnesville, OH 43713; r. 1220 W. Choctaw, London, OH 43140.

LEHMAN, James David; '60 BSBA; Self/Empl Mfgr Repr; J.D. Lehman & Assoc., 4219 Shire Landing Rd., Columbus, OH 43026, 614 876-7729; r. Same, 614 876-7773.

LEHMAN, Mrs. N. Teresa, (N. Teresa Keller); '46 BSBA; Retired; r. 18 Commodore, Salem, SC 29676, 803 944-2770.

LEHMAN, Rick Martin; '85 BSBA; Owner; Lehman Constr., 1693 Rosemeade Dr., Dayton, OH 45432, 513 429-1555; r. 1693 Rosemeade Dr., Dayton, OH 45432, 513 429-4796.

LEHMAN, Robert Glenn; '51 BSBA; Retired; r. 22 Gate 8, Carolina Shores, Calabash, NC 28459, 919 579-3311.

LEHMAN, Dr. Robert Hayes; '47 MA; Retired; r. 18 Commodore, Salem, SC 29676, 803 944-2770.

LEHMAN, Robert Richard; '81 BSBA; VP; Lehman Cartage, 38495 Center Ridge Rd., N. Ridgeville, OH 44039, 216 327-7272; r. 502 Mariner Vlg., Huron, OH 44839, 419 433-7532.

LEHMAN, Ronald Louis; '57 BSBA; Sales Mgr.; Cincinnati Builders Supply Co., 7130 Dillward Ave., Cincinnati, OH 45216; r. 7539 Whisper Ln., Okeana, OH 45053.

LEHMANN, Albert F.; '53 BSBA; c/o Colotta, Woodstock Rd, Gates Mills, OH 44040, 216 449-1479.

LEHMANN, Edward Nearing; '88 BSBA; Ithaca, NY 14850, 607 257-8114.

LEHMANN, Frances K., (Frances Ketner); '33 BSBA; Retired; r. 9964 Jackson Pike, Lockbourne, OH 43137, 614 875-6629.

LEHMANN, Kathy '78 (See Hagerdon, Kathy L.).

LEHMANN, Robert J.; '37 BSBA; Pres.; Mm Ullman Co., Box U, Natchez, MS 39120; r. 222 Lawer Woodville Rd., Natchez, MS 39120, 601 445-4149.

LEHMANN, Ronald David; '70 BSBA; Mgr.; Quinn's Mill Restaurant & Bar, Div of Victoria Sta., 3300 Northlake Pkwy., Atlanta, GA 30345; r. 3849 Smokemist Trace, Lawrenceville, GA 30245, 404 923-0514.

LEHMANN, Dr. Timothy, III; '59 BSBA; Dir.; Empire State Clg., Research & Evaluation Dept., Saratoga Spgs., NY 12866; r. 92 Mc Lean St., Ballston Spa, NY 12020, 518 885-9921.

LEHMKUHL, Earl V.; '53 BSBA; 32 Trailwood Dr., Baltimore, MD 21236.

LEHMKUHL, John Craig; '76 BSBA; Controller; Mid-American Waste Systs., Inc., 6010 Groveport Rd., Groveport, OH 43125; r. 855 Skylark Ln., Worthington, OH 43235, 614 436-5563.

LEHMKUHL, Richard T.; '60 BSBA; 10 Spring Hill Ln., Hilton Head Island, SC 29928, 803 785-5620.

LEHMKUHL, Steven Lester; '86 BSBA; Programmer; Champion Intl., Knightsbridge Dr., Hamilton, OH 45011, 513 868-6660; r. 374 Hampshire Dr., #4, Hamilton, OH 45011, 513 856-7820.

LEHNER, Lorenz Karl, Jr.; '67 BSBA; Pres. & CEO; St. Alexis Hosp. Med. Ctr., 5163 Broadway Ave., Cleveland, OH 44127, 216 429-8305; r. 31826 S. Roundhead Dr., Solon, OH 44139, 216 248-4749.

LEHNER, Robert D.; '57 BSBA; Sales Mgr.; IBM Corp., 3401 W. Buffalo Ave., Tampa, FL 33607, 813 872-2261; r. 4904 Bay Way Pl., Tampa, FL 33629, 813 286-0887.

LEHR, Brian David; '83 BSBA; Student; Case Western Reserve Univ., 2121 Abbington Rd., Cleveland, OH 44106; r. 3130 Kensington Rd., Cleveland Hts., OH 44118, 216 397-4636.

LEHR, Frederic E.; '63 BSBA; Agt.; Central Benefits Mutual Ins. Co., 255 E. Main St., Columbus, OH 43215, 614 462-4599; r. 4333 Hansen Dr., Columbus, OH 43220, 614 876-1984.

LEHR, Thomas P.; '87 BSBA; Systs. Analyst; E I Du Pont De Nemours, 901 W. Du Pont Ave., Belle, WV 25015, 304 357-1335; r. 5323 Luray Ln., Cross Lanes, WV 25313, 304 776-2612.

LEHRER, Mrs. Holly Lescovitz, (Hollis D. Lescovitz); '66 BSBA; Sr. VP; Bonwit Teller, 1120 Sixth Ave., New York, NY 10036, 212 764-2185; r. 99 West Ln., Stamford, CT 06905, 203 325-2201.

LEHRER, Stanley I.; '49 BSBA; Atty. Partner; Squadron Ellenoff Plesent & Lehrer, 551 Fifth Ave., New York, NY 10017, 212 661-6500; r. 29 Crossway, Scarsdale, NY 10583, 914 723-1954.

LEHRING, Larry L.; '68 BSBA; Partner; Continental Real Estate Co., 1070 Morse Rd., Columbus, OH 43229, 614 888-2400; r. 444 N. Parkview Ave., Columbus, OH 43209, 614 258-9694.

LEHRNER, Mark; '76 BSBA; CPA; 6767 S. Jackson Ct., Littleton, CO 80122, 303 721-8917; r. Same, 303 770-2286.

LEHTO, William Richard; '71 BSBA; Mgr./Acctg.; Rio Bravo Electros, Juarez, Mexico; r. 6217 Pino Real, El Paso, TX 79912, 915 584-5508.

LEID, James L., Jr.; '48 BSBA; Retired Examiner; Fed. Home Loan Bank Bd., 60 Broad St., New York, NY 10004; r. 20 Jacata Rd., Marlboro, NJ 07746, 201 536-9496.

LEIDY, Charles Dean; '83 MACC; Tax Acct.; Cardinal Industries Inc., 2255 Kimberly Pkwy. E., Columbus, OH 43232, 614 755-6944; r. 1694 Boulder Ct., Powell, OH 43065, 614 761-2896.

LEIFELD, John G.; '50 BSBA; 1155 Saratoga Dr., Roswell, GA 30075, 404 993-9928.

LEIGH, Carolyn Harper; '79 BSBA; Grp. Underwriter; Columbus Mutual Life Ins. Co., 303 E. Broad St., Columbus, OH 43215; r. 109 N. Nelson Rd, Columbus, OH 43219, 614 253-7335.

LEIGHTON, Charles T.; '64 BSBA; Atty.; Leighton & Love, 261 S. Hamilton Rd., Columbus, OH 43213, 614 236-1075; r. POB 13549, Columbus, OH 43213.

LEIKEN, Robert S.; '67 BSBA; Owner/Pres.; Robert S. Leiken Co. LPA, 23611 Chagrin Blvd., Ste. 225, Beachwood, OH 44122, 216 464-3570.

LEIMBACH, Gary Lynn; '85 BSBA; Acct.; Ohio State Univ., Treasurer's Ofc., Riverwatch Twr. 364 W Ln., Columbus, OH 43201, 614 292-6261; r. 911-B Manor Ln., Columbus, OH 43221, 614 459-7722.

LEIN, Michael Owen; '78 MBA; Pilot; r. 5846 Burdette St., Toledo, OH 43613, 419 474-0926.

LEINASARS, Edward Adolf; '76 BSBA; Sr. Housing Spec.; Citywide Devel. Corp., 40 W. 4th St., Dayton, OH 45402, 513 226-0457; r. 723 Cedar St., Springfield, OH 45504, 513 322-2514.

LEINBERGER, James William; '70 BSBA; Sr. Systs. Analyst; IBM Corp., 1502 Page Mill Rd., Palo Alto, CA 94304, 415 855-4071; r. 542 Pure Ct., San Jose, CA 95136, 408 629-4270.

LEININGER, Dwayne Eugene; '71 BSBA; Mgr.; Broadview Lumber, 403 Harris St., Kendallville, IN 46755, 219 347-3050; r. 2688 County Rd. 68, Auburn, IN 46706, 219 925-1742.

LEIS, Blake William; '83 BSBA; Exec. Recruiter; R. E. Lowe Assocs., 130 E. Wilson Bridge Rd., Ste. 100, Worthington, OH 43085, 614 436-6650; r. 8370 Nuthatch Way, Columbus, OH 43235, 614 847-9248.

LEIS, Roy D.; '25 BSBA; Retired; r. 351 Canyon Dr. N., Columbus, OH 43214, 614 262-5153.

LEISER, Joyce B., (Joyce Berger); 492 N. Broadway, #28, White Plains, NY 10603, 914 946-8281.

LEISER, Randy Stuart, CPA; '81 BSBA; Investment Banking; Wertheim Schroder & Co. Inc., 787 7th Ave., New York, NY 10019, 212 492-6266; r. 492 N. Broadway, #28, White Plains, NY 10603, 914 946-8281.

LEISK, Arthur J.; '33 BSBA; Retired; r. 8441 Woodville Rd., Pleasant Plain, OH 45162, 513 877-2691.

LEIST, Gary Alan; '81 BSBA; Systs. Analyst; Shell Oil Co., 1500 Old Spanish Tr., POB 2099, Houston, TX 77252, 713 241-1513; r. 12531 Millbanks, Houston, TX 77031, 713 933-3155.

LEISTER, Robert W.; '48 BSBA; Retired; r. 242 S. Chesterfield Rd., Columbus, OH 43209, 614 237-9144.

LEITER, Robert Steven; '85 BSBA; Acct. Rep.; O.C. Tanner Co., 4924 Reed Rd., Ste. B, Columbus, OH 43220, 614 459-0044; r. 1740 Birchcrest Rd., Columbus, OH 43221, 614 457-6596.

LEITH, John Mason; '72 MBA; CEO; Datamed Corp., Columbus, OH 43216; r. 1710 Arbor Hill Dr., Columbus, OH 43229, 614 882-9411.

LEITHE, Ronald E.; '55 BSBA; Elem. Principal; Columbus Public Schs., 1965 Gladstone Ave., Columbus, OH 43211, 614 365-5565; r. 7762 Slate Ridge, #B, Reynoldsburg, OH 43068, 614 866-4845.

LEITNAKER, Ellen Z.; '42 BSBA; Retired; r. 310 S. Kellner Rd., Columbus, OH 43209, 614 231-5841.

LEITZ, Bo '57 (See Rosenstock, Barbara Leitz).

LEKAS, William Charles; '74 BSBA; Administrative Mgr.; Burroughs Corp., 7400 Harwin Dr., Houston, TX 77036; r. 24507 Los Alisos #141, Laguna Hls., CA 92653.

LELAND, Gerald W.; '67 BSBA; Asst. Dist. Council; Dist. Council/IRS, 316 N. Robert St., St. Paul, MN 55101, 612 290-3797; r. 1621 Duluth St., St. Paul, MN 55106, 612 774-7936.

LELLI, Marjorie Lee; '79 BSBA; Rate Engr.; Columbia Gas of Ohio, Inc., 200 Civic Center Dr., Columbus, OH 43215, 614 460-5961; r. 5014 Cheviot Dr., Columbus, OH 43220, 614 457-9598.

LE MAR, Patricia L.; '60 BSBA; 464 Oakland Park Ave., Columbus, OH 43214.

LEMASTER, Debi A., (Debi Hart); '82 BSBA; Proj. Leader; CUC Intl., 5025 Arlington Ctr. Blvd., Columbus, OH 43220, 614 451-0475; r. 5348 Shannon Ln., Columbus, OH 43220, 614 459-9745.

LE MASTER, Rudolph C.; '48 BSBA; Retired VP; Motorists Mutual Ins. Co.; r. 1490 Zollinger Rd, Columbus, OH 43221, 614 457-5589.

LEMENOGER, Beverly Marie, (Beverly Rozsa); '83 BSBA, '85 MLHR, '85 MPA; Asst. Personnel Dir.; Henkel Corp., POB 191, Kankakee, IL 60901, 815 939-6128; r. 505 E. Main, POB 114, Ashkum, IL 60911, 815 698-2034.

LEMIEUX, Carmen Marie; '85 BSBA; Acctg. Supv.; Health Alliance Plan, 2850 W. Grand Blvd., Detroit, MI 48202, 313 874-8393; r. 27505 Cordoba Dr., Apt. 3314, Farmington Hls., MI 48018, 313 478-3697.

LEMIRE, Leonard Paul; '72 BSBA; 5530 N. Richmond Rd, Pierpont, OH 44082, 216 858-2910.

LEMKE, Robert P.; '49 BSBA; 1374 Lincoln Rd., Columbus, OH 43212, 614 486-7062.

LEMLEY, Lewis J.; '51 BSBA; Regional VP; Midland Natl. Life Ins. Co., 1425 E. Dublin-Granville Rd, Ste. 212, Columbus, OH 43229, 614 846-1190; r. 5288 Butternut Ct. W., Columbus, OH 43229, 614 888-1987.

LEMMON, Gordon L.; '49 BSBA; 113 E. Center St., Blanchester, OH 45107.

LEMMON, James Walter; '78 BSBA, '81 MBA; Cnslt./Appraiser; William J. Lemmon & Assocs., 1201 S. Main St., Ste. 200, N. Canton, OH 44720, 216 499-1222; r. 1747 Beechwood Ave. NE, Apt. #11, N. Canton, OH 44720, 216 494-7778.

LEMMON, Roger A.; '66 BSBA; Acct.; Midwest Express Inc., 16725 Square Dr., Marysville, OH 43048, 513 642-0335; r. 4260 Reedbury Ln., Columbus, OH 43220, 614 457-2643.

LEMMON, William J.; '59 BSBA, '60 MBA; 230 Cordelia St. SW, Canton, OH 44720, 216 499-1441.

LEMONS, David Michael; '72 MBA; Acct. Repr; Union Carbide, Box 8361, S. Charleston, WV 25303; r. 101 Sherwood Dr., Huntington, WV 25704, 304 429-6126.

LEMONS, R. Alan; '82 BSBA; Atty.; Miller Searl & Fitch, 300 Bank One Plz., POB 991, Portsmouth, OH 45662, 614 354-3600; r. 1065 Seminole Rte. 5, Wheelersburg, OH 45694, 614 574-2627.

LEMONS, William Robert, Jr.; '78 BSBA; State Examiner; Ohio Bur. of Inspection, Auditors Ofc. Cty-Twp Div, Wheelersburg, OH 45694; r. Rte. 3 Box 558, Wheelersburg, OH 45694, 614 491-3071.

LEMPONEN, John L.; '55 BSBA; Staff; Mark-Gross Inc., 3210 Euclid Ave., Cleveland, OH 44115; r. 20905 Clare Ave., Maple Hts., OH 44137, 216 475-5097.

LENART, Kay; '66 BSBA; Rental Agt.; Vacation Shoppe Inc., 11595 Kelly Rd., Ft. Myers, FL 33908, 813 454-1400; r. 14710 Westport Dr., Ft. Myers, FL 33908, 813 489-4098.

LENART, Nancy '72 (See Huff, Nancy Lenart).

LENCHESKI, Terry A.; '69 BSBA; Salesman; Coldwell Banker Commercial Real Estate Svcs., 24422 Avenida De La Carlotta, Ste. 120, Laguna Hls., CA 92653, 714 458-5226; r. 29211 Bobolink, Laguna Niguel, CA 92677, 714 831-3134.

LENCKE, Steven Howard; '87 BSBA; Auditor; r. 2286 Turtle Creek Dr., Worthington, OH 43085, 614 457-9229.

LENERZ, David Edward; '75 MBA; Mkt. Rsch. Coord.; Columbia Gas Distribution Co., 200 Civic Ctr. Dr., Columbus, OH 43215, 614 460-6214; r. 4585 Gateway Dr., Columbus, OH 43220, 614 459-1491.

LENGYEL, Michael; '59 BSBA; Retired Supv.; r. 10461 Pinecrest Rd, Painesville, OH 44077, 216 352-4894.

LENHARDT, Cindy Kay; '87 BSBA; 759 W. Main, Plain City, OH 43064, 614 873-5656.

LENHART, Joseph Leroy; '75 BSBA; 17743 Pine Needle Ter., Boca Raton, FL 33431, 407 994-3754.

LENHART, Michael E.; '86 BSBA; Sr. Sales Mgr.; Hyatt Wilshire, 3515 Wilshire Blvd., Los Angeles, CA 90010, 213 381-7411; r. 347 E. Markison, Columbus, OH 43207, 614 444-2933.

LENHART, Michael William; '75 BSBA; Acct./Asst. Controller; St. Anthony Hosp., 1450 Hawthorne Ave., Columbus, OH 43203; r. 955 Spring Grove Ln., Worthington, OH 43085.

LENHART, LTC Paul E., USA(Ret.); '50 BSBA; Owner; Micro-Brush of Hawaii, 141 Kuukama St., Kailua, HI 96734, 808 261-9184; r. Same.

LENNON, CDR Gerard Thomas, USN(Ret.); '73 MPA; 169 W. Selby Blvd., Worthington, OH 43085, 614 846-3987.

LENNON, Jeanne Marie; '84 BSBA; 9633 Ferris Branch Blvd #213, Dallas, TX 75243, 614 433-7223.

LENNON, John Thomas; '72 MBA; 4747 Olentangy Blvd., Columbus, OH 43214, 614 263-6557.

LENNOX, Thomas Wayne; '73 BSBA; VP/Commerce; Marine Corp., 901 State St., Erie, PA 16501; r. 245 Vesper Ave., Hershey, PA 17033, 717 534-2402.

LENOX, Brian Michael; '87 BSBA; 525 N. Woodhill, Amherst, OH 44001, 216 988-8728.
LENTZ, Deborah Hentzen; '75 MBA; Tchr.; The Ohio State Univ., Acad Fac of Accting & Mis, Columbus, OH 43210; r. 68 Chicory Ln., Amherst, NY 14051, 614 486-5429.
LENTZ, Robert Allen; '76 MPA; Sr. VP; Huntington Natl. Bank, 17 S. High St., Columbus, OH 43215; r. 68 Chicory Ln., E. Amherst, NY 14051.
LENZ, Diane Wray, (Diane Wray); '67 BSBA; Probation Ofcr.; Hamilton Cnty., 222 E. Central Pkwy., Cincinnati, OH 45202, 513 632-8681; r. 7246 Pickway Dr., Cincinnati, OH 45233, 513 941-0312.
LEON, Emile Joseph, III; '82 BSBA; 311 Sherborne Dr., Columbus, OH 43219, 614 252-7836.
LEON, Jack; '48 BSBA; Retired Credit Analy; GE Credit Corp., 570 Lexington Ave., New York, NY 10022; r. 12 Bittersweet Tr., Wilton, CT 06897, 203 762-8182.
LEONARD, COL Charles Francis, USAF(Ret.); '59 MBA; Retired; r. 17372 Encino Cir., Huntington Bch., CA 92647, 714 847-9772.
LEONARD, David Allen; '61 BS; Pres.; The Premium Grp. Inc., 25 Van Zant St., Ste. 15-4, Norwalk, CT 06855, 203 855-0695; r. One Island Dr. #25, E. Norwalk, CT 06855.
LEONARD, Donald James; '84 BSBA; Air Traffic Control Spec.; Fed. Aviation Admin., Cleveland Air Rte. Traffic, Control Ctr., Oberlin, OH 44074, 216 774-0242; r. 398 N. Woodhill, Amherst, OH 44001, 216 988-4882.
LEONARD, George Carl; '75 BSBA; Traffic Mgr.; Sherwin Williams Co., 3671 Dayton Park Dr., Dayton, OH 45414; r. 10814 Fence Row Dr., Strongsville, OH 44136, 513 832-2890.
LEONARD, Gregory Michael; '79 BSBA; Agt./Owner; Leonard Ins. Agcy., 6834 Caine Rd., Worthington, OH 43235, 614 889-0701; r. 5616 Sinclair Rd., Columbus, OH 43229, 614 433-7996.
LEONARD, 2LT James Franklin, USAF; '71 BSBA; 4219 W. 226th St., Fairview Park, OH 44126, 216 779-9473.
LEONARD, John Franklin; '56 BSBA; Retired; r. 818 Stratford St., Elmhurst, IL 60126, 312 832-8656.
LEONARD, John Jeffrey; '88 MBA; 2515 Neil Ave., Columbus, OH 43202, 614 447-9845.
LEONARD, Joseph Roehm; '76 BSBA; Mktg. Mgr.; Big Drum Inc., Div. of Alco Standard, 1740 Joyce Ave., Columbus, OH 43219; r. 2381 Kings Cross Ct., Columbus, OH 43229.
LEONARD, Margaret Tobin; '60 BSBA; 2386 Pine Knott, Dayton, OH 45431, 513 426-1642.
LEONARD, Dr. Myron Jack; '61 BSBA; Assoc. Prof.; Western Carolina Univ., Marketing Dept., Cullowhee, NC 28723; r. Box 122, Cullowhee, NC 28723, 704 293-9085.
LEONARD, Ray E.; '88 BSBA; 877 Boscastle Ct. Apt. B, Columbus, OH 43214, 614 159-5501.
LEONARD, Robert James; '52 BSBA; 205 Timbercreek Ct., Columbia, SC 29210.
LEONARD, Robert William; '86 MA; Asst. Prof.; Lebanon Valley Clg., Dept. of Management, Annville, PA 17003; r. 618 E. Queen St., Annville, PA 17003.
LEONARD, Roy William; '73 BSBA; Dir. of Client Admin.; Schottenstein Zox & Dunn, LPA, 41 S. High St., Huntington Ctr./Ste. 2600, Columbus, OH 43215, 614 221-3211; r. 8300 Waco Ln., Powell, OH 43065, 614 766-2701.
LEONARD, Teri L. Kuhlman, (Teri Kuhlman); '83 BSBA; Comptroller; Kenyon Clg., Acctg. Ofc., Walton House, Gambier, OH 43022, 614 427-5181; r. 300 E. Gambier St., Mt. Vernon, OH 43050, 614 392-1396.
LEONARD, Thomas John; '79 BSBA; Audit Mgr.; Coopers & Lybrand, 1500 One Cleveland Ctr., 1375 E. 9th St., Cleveland, OH 44114, 216 241-4380; r. 1238 Ramona, Lakewood, OH 44107, 216 226-7141.
LEONARD, Wesley Mark; '78 BSBA; Profit Ctr Mgr.; Sundor Brands Inc., 1120 Boston Post Rd., Darien, CT 06820, 203 655-1122; r. 35 Deer Run Ln., Shelton, CT 06484, 203 734-7228.
LEONARD, William John; '72 BSBA; VP-Finance; Kidde Automated Systs., 835 Sharon, Westlake, OH 44145; r. 1983 Coe's Post Run, Cleveland, OH 44145, 216 835-4395.
LEONARDELLI, Paul William; '77 MBA; Commercl Branch Mgr.; Owens Corning Fiberglas Corp., Interior Prods Operating Div, Fiberglas Twr., Toledo, OH 43659; r. 7148 Finchley Ct., Toledo, OH 43617, 419 841-5042.
LEONE, Joseph William; '78 BSBA; Sr. Bus. Systs. Analyst; Nationwide Ins. Co., One Nationwide Plz., Columbus, OH 43215, 614 249-7043; r. 5486 Pine Bluff, Columbus, OH 43229, 614 848-9729.
LEONETTI, Mrs. Karin Madsen, (Karin Madsen); '85 BSBA; Production Coord.; CDROM, 7001 Discovery Blvd., Dublin, OH 43017, 614 761-4279; r. 120 Antelope Way #2A, Worthington, OH 43235, 614 436-9814.
LEONG, Sing Loong; '87 BSBA; 8 Talan Pari, Ipoh Perak, Malaysia.
LEONHARD, David William; '53 BSBA; 1435 N. Haddow, Arlington Hts., IL 60004, 312 255-5371.
LEONHARDT, Cathy S.; '81 BSBA; Cert Public Acct.; Price Waterhouse & Co., 1251 Ave. of The Americas, New York, NY 10020; r. 5336 Aryshire Dr., Dublin, OH 43017.
LEONHARDT, Joseph Earl; '87 BSBA; Production Supv.; Leonhardt Plating Co., 5753 Este Ave., Cincinnati, OH 45232, 513 242-1410; r. 2951 Diehl Rd., Cincinnati, OH 45211, 513 662-3549.
LEONHARDT, Sally '75 (See Nelson, Sally Leonhardt).
LEONOFF, Richard Scott; '84 BSBA; Broker; Bernstein Real Estate, 855 Ave. of the Americas, New York, NY 10001; r. 429 E. 52nd St., New York, NY 10022, 212 751-1141.
LEOPOLD, Carl Thomas; '70 MBA; Trust Investment Ofcr.; First Natl. Bank of Ohio, 106 S. Main St., Akron, OH 44308, 216 384-7359; r. 2855 Ft. Island Dr., Akron, OH 44313, 216 867-8084.
LEOPOLD, Mrs. Jill A., (Jill A. Hensley); '79 BSBA; 1721 Haggin Grove Way, Carmichael, CA 95608, 916 488-4144.
LEOPOLD, John Clifford; '76 BSBA; Natl. Sales Mgr.; Starcraft Boat Co., 1939 Pioneer Rd., Fond Du Lac, WI 54935, 414 929-5735; r. 307 Lac du Vue Ct., Fond Du Lac, WI 54935, 414 923-5832.
LEOSHKO, Alex Elliott; '75 BSBA; Utility Person; Quality Inn/Port Columbus, 4801 E. Broad Streete, Columbus, OH 43213, 614 861-0321; r. 4834 Mc Allister Ave., Columbus, OH 43227, 614 866-8544.
LEOW, Michael C.; '78 BSBA; VP; John Alden Life Ins. Co., N. Star Mktg.,Ste. 105A, 3820 Northdale Blvd., Tampa, FL 33624, 813 264-2385; r. 16143 Vanderbilt Dr., Odessa, FL 33556, 813 920-3264.
LEPAGE, Charles F.; '62 MA; Wv State Employee; r. 106 50th St. SE, Charleston, WV 25304, 304 925-4046.
LE PAGE, COL Julien Harvey, USA(Ret.); '52 MBA; Retired; r. 717 Parkview Way, Missoula, MT 59803, 406 728-2538.
LEPARD, Sunday Dawn; '86 BSBA; Staff Auditor; Gen. Instrument, 125 Chubb Ave., POB 617, Lyndhurst, NJ 07071, 201 507-3065; r. 86 Longview St., Summit, NJ 07052, 201 731-3312.
LEPLEY, Allan Watt; '77 BSBA; Ins. Agt.; Northwestern Mutual Life Ins., 580 S. High St., Ste. 100, Columbus, OH 43215, 614 221-5287; r. 2202 Arlington Ave., Columbus, OH 43221, 614 481-8928.
LEPLEY, Carol Hutchison; '84 BSBA; Adm Offcr/Fincl Anal; Banc One Leasing Corp., 713 Brooksedge Plz. Blvd., Westerville, OH 43081, 614 248-4173; r. 439 Slate Run Dr., Powell, OH 43065, 614 548-5249.
LEPLEY, Lorin; '52 BSBA; Area Mgr. II; Columbia Gas Dis, 138 Harding Way, Galion, OH 44833; r. 838 Briarwood Dr., Galion, OH 44833, 419 468-4939.
LEPLEY, Robert Francis; '72 BSBA; Partner, Sales Admin. Mgr; Lepley's Custom Bldg., 6618 Portland Rd., Sandusky, OH 44870, 419 433-7600; r. Same, 419 359-1160.
LEPPERT, Frank K.; '48 BSBA; Retired; r. 245 Longfellow Ave., Worthington, OH 43085, 614 885-7234.
LEPPERT, Gary L.; '59 BSBA; Banker Avp; Banc One Svcs. Corp., 340 S. Cleveland Ave., Dept. 0629, Westerville, OH 43081, 614 248-4302; r. 1880 Cassill Ct., Columbus, OH 43220, 614 457-2131.
LEPPERT, Harold N.; '54 BSBA; Retired; r. 525 Northwood Ter., Hamilton, OH 45013, 513 892-0720.
LEPPERT, Karen Curren; '82 BSBA; Staff; Chemical Mortgage Co., Customer Service Dept., 101 E. Town St., Columbus, OH 43215; r. 250 E. Broad St., 9th Fl., Columbus, OH 43215.
LEPPERT, Matthew Raymond; '82 BSBA; Tax Mgr.-CPA; Touche Ross & Co., 250 E. Broad St., Columbus, OH 43215, 614 224-0119; r. 1612 Park Trail Dr., Westerville, OH 43081, 614 433-9730.
LEPPERT, Steven Craig; '80 BSBA; Asst. Traffic Mgr.; Capital City Prods. Co., Div of Stokely Van Camp Inc, 525 W. 1st Ave., Columbus, OH 43201; r. 7362 Coldstream Dr., Worthington, OH 43085, 614 889-8733.
LERCH, Patrick Shane; '71 BSBA; 329 Highland Ave., Worthington, OH 43085, 614 885-7385.
LERG, Kenneth William; '72 BSBA; VP; Quality Metal Craft, 33355 Glendale, Livonia, MI 48150, 313 261-6700; r. 32511 Camborne, Livonia, MI 48154, 313 427-0757.
LERNER, Clyde L.; '40 BSBA; Retired; r. 24620 Gessner Rd, N. Olmsted, OH 44070, 216 777-1185.
LE ROSE, Frank Joseph; '85 BSBA; Terminal Mgr.; Flying Tigers, Rickenbacker Air Natl. Guard, Columbus, OH 43227, 614 288-4000; r. 1477 Lonsdale Rd., Columbus, OH 43227, 614 861-5044.
LE ROY, George R.; '50 BSBA; Salesman; Throop-Martin Co., 1662 Williams Rd., Columbus, OH 43207; r. 3169 Kingstree Ct., Dublin, OH 43017, 614 792-9153.
LEROY, Michael Eugene; '82 BSBA; No Main St., Box 324, Peru, NY 12972, 518 523-2981.
LEROY, Victor H.; '48 BSBA; Retired; r. 5 Lylburn Rd., Middletown, OH 45044, 513 422-1660.
LEROY, William Edward; '78 BSBA; 47 Richard Rd., c/o Carolynch Co, Ivyland, PA 18974.
LERTZMAN, Alan; '51 BSBA; 26685 Saint Francis St., Los Altos, CA 94022.
LE SAR, Margaret '33 (See Bogen, Margaret Le Sar).
LESCH, James Edward; '70 MBA; 4204 Tradewind Ct., Englewood, OH 45322, 513 836-5037.
LESCOVITZ, Hollis D. '66 (See Lehrer, Mrs. Holly Lescovitz).
LESHEIM, Hans J.; '58 BSBA; Owner; Cleve Draperies & Carpeting, 16105 Lorain Ave., Cleveland, OH 44111; r. 21680 Aberdeen Rd, Rocky River, OH 44116, 216 331-4989.
LESHER, Andrew Charles; '86 BSBA; 12555 Salem-Warren, Salem, OH 44460, 216 337-7232.
LESHER, Carl E.; '43 BSBA; Retired Sr. Accontant; Firestone Tire & Rubber Co., 1085 Sweitzer Ave., Akron, OH 44301; r. 299 Westgate Ave., Wadsworth, OH 44281, 216 334-6975.
LESHY, Albert; '49 BSBA; Atty./Partner; Mayer & Leshy, 85 E. Gay St., Rm 500, Columbus, OH 43215, 614 221-6677; r. 3929 Patricia Dr., Columbus, OH 43220, 614 451-4145.
LESHY, George Valeren; '68 BSBA; Atty.; Leshy & Leshy, 85 E. Gay St., Ste. 500, Columbus, OH 43215, 614 461-1178; r. 7111 Hill Rd., Plain City, OH 43064, 614 873-8987.
LESHY, John; '38 BSBA; Retired; r. 193 N. Main St., POB 277, Peebles, OH 45660, 513 587-2190.
LESINSKI, Nadine Marie; '85 BSBA; Mgr.; Mandi of Columbus, c/o Postmaster, Cincinnati, OH 45234; r. 2923 Victoria Ave. #1, Cincinnati, OH 45208, 513 871-7986.
LESKO, Michael John; '68 BSBA; Chief Res. Mgmt.; Fed. Reserve Syst., 20th & Constitution Ave., NW, Washington, DC 20551, 202 452-3415; r. 13403 Birch Bark Ct., Fairfax, VA 22033, 703 471-1839.
LESKO, Steve; '49 BSBA; Retired; r. 742 Highland Dr., Columbus, OH 43214, 614 263-0550.
LESLIE, Beverley Tennenbaum; '53 BSBA; Med. Secy.; B P America, 200 Public Sq. 7-J-3751, Cleveland, OH 44114; r. 16100 Van Aken Blvd., Apt. 303, Shaker Hts., OH 44120, 216 991-7577.
LESLIE, Joel David; '86 BSBA; Staff; Joel David Leslie, 12655 C H 64, Upper Sandusky, OH 43351; r. 12655 C H 64, Upper Sandusky, OH 43351, 419 294-3788.
LESLIE, John Marvin; '83 BSBA; Public Acct.; Gallant, Farrow & Greene, PC, 3333 N. Seventh Ave., Phoenix, AZ 85067; r. 822 N. Poplar Cir., Gilbert, AZ 85234.
LESLIE, Kenneth H.; '66 BSBA; VP Human Resources; One Valley Bancorp, One Valley Sq., Charleston, WV 25326, 304 348-1169; r. 4503 Staunton Ave., Charleston, WV 25304, 304 925-8108.
LESLIE, Laura '74 (See Hollinger, Laura Leslie).
LESLIE, Nancy Bil Richards, (Nancy Bil Richards); '78 BSBA; VP; Escrow One Corp., 6649 N. High, Ste. 105, Worthington, OH 43085, 614 885-7769; r. 8519 Bridletree Way, Columbus, OH 43235, 614 846-0437.
LESLIE, Ralph C.; '50 BSBA; Retired Pres.; Therma Tru Inc., 2806 N. Reynolds Rd, Toledo, OH 43615; r. 531 Palm Way, Gulf Stream, FL 33483, 407 276-5848.
LESNICK, Leonard M.; '55 BSBA; Registered Pharmacist; r. 731 Christine Dr., Palo Alto, CA 94303, 415 493-0101.
LESSAM, Sam; '31 BSBA; CPA; 3441 W. Brainard Rd, Rm 102, Woodmere, OH 44122, 216 292-3557; r. 14394 Washington Blvd., University Hts., OH 44118, 216 371-0321.
LESTE, James Henretty, CPA; '68 BSBA; Exec. VP, Loan Svc. Spec.; First Assocs Mortgage Corp., 7084 Miramar Rd., Ste. #300, San Diego, CA 92121, 619 578-0010; r. 4335 Chaumont, Woodland Hls., CA 91364, 818 883-8040.
LESTER, B. Keith; '88 BSBA; Purchasing Staff Member; Honda of America, 24000 US Rte. 33, Marysville, OH 43040, 614 877-1855; r. 2691 Melane, Grove City, OH 43123, 614 875-2192.
LESTER, Earl J.; '52 BSBA; Supv. Production Engrg.; Ford Motor Co.-Ohio Truck Div., Miller Rd., Avon Lake, OH 44012, 216 933-1227; r. 1816 W. 38th St., Lorain, OH 44053, 216 282-2616.
LESTER, Lawrence J.; '65 BSBA; VP Finance; Mangill Chemical Co., 23000 St. Clair Ave., Cleveland, OH 44117, 216 486-5300; r. 35901 Maplegrove Rd, Willoughby Hls., OH 44094, 216 942-2981.
LESTOCK, Richard Philip; '76 BSBA; Dir. of Mktg.; Shafter & Shafter Applied Res & Devel., 3468 N. High St., Columbus, OH 43201; r. 12815 Orme Rd., Garfield Hts., OH 44125, 216 475-3096.
LESTOCK, William John; '73 BSBA; 12815 Orme Ave., Garfield Hts., OH 44125, 216 475-3096.
LE SUER, Jennifer Margaret; '85 BSBA; Purchasing Staff; TRW Valve Div., 1455 E. 185th St., Cleveland, OH 44110, 216 692-4620; r. 35656 King Dr., Eastlake, OH 44094, 216 942-4099.
LESUEUR, Richard Henri; '86 BSBA; Sales; Anthem Electronics, Inc., 659K Lakeview Plaza Blvd., Worthington, OH 43085, 614 888-8707; r. 5362 Portland St., Columbus, OH 43235.
LE SUEUR, Rita L., (Rita Lewis); '40 BSBA; Dir. of Contracts; Commart, Inc., 600 Central Ave., Edgewater, MD 21037, 301 261-4344; r. 316 Burnside St., Apt. 405, Annapolis, MD 21403.
LETCHER, Jean Marie; '81 BSBA; Sales Mgr.; Dictaphone Corp., 751 Northwest Blvd., Ste. 101, Columbus, OH 43212, 614 299-5671; r. 824 Thomas Rd., Columbus, OH 43212, 614 299-7140.
LETCHER, Kimberly Wheeler, (Kimberly Wheeler); '83 BSBA; Financial Analyst; NCR Corp., 1700 S. Patterson Blvd., Dayton, OH 45479, 513 865-8022; r. 453 Southbrook Dr., Dayton, OH 45459, 513 434-0510.
LETSCHE, Jennifer '82 (See Sauer, Jennifer Letsche).
LETSON, Daniel John; '80 BSBA; 6920 Erie St., Sylvania, OH 43560, 419 882-5036.
LETTES, Mark Allen; '74 MBA; Treas.; Amax Gold, 1707 Cole Blvd., Golden, CO 80401, 303 231-0205; r. 6194 S. Macon Way, Englewood, CO 80111, 303 721-9805.
LETTICH, Jane '50 (See Heintz, Jane Lettich).
LEUNG, Cheuk Hang; '86 MBA; Financial Analyst; Dow Chemical Pacific Ltd., 39/F Sun Hung Kai Ctr., 30 Harbour Rd., Hong Kong, Hong Kong; r. 120 Argyle St. 8/A, Kowloon, Hong Kong.
LEUNG, Eric L.; '75 MACC; Controller; Marshall Macklin Monaghan, Ltd., 275 Duncan Mill Rd., Toronto, ON, Canada M3B2Y1, 416 449-2500; r. 6 Chillwood Ct., Unionville, ON, Canada L3R9N9, 416 477-9280.
LEUNG, Ms. Susan Y.; '85 BSBA; Merchandise Planner; Lazarus, 7th & Race, Cincinnati, OH 45439, 513 369-7798; r. 315 Washington Ave., Cincinnati, OH 45217, 513 641-2276.
LEUNG, Dr. Yuk-Hi Patrick; '81 MPA; PO Box 10044, Denver, CO 80210, 319 337-6152.
LEUPOLD, Carnot H.; '25 BSBA; Retired; r. 5292 Idylwild Tr., Boulder, CO 80301, 303 530-0304.
LEUPOLD, Richard Carnot; '55 BSBA; Advisory Engr.; IBM Corp. Ofc. Prods. Div., 6300 Diagonal Hwy., Boulder, CO 80301; r. 5292 Idylwild Tr., Boulder, CO 80301, 303 530-0304.
LEUPP, Elizabeth Anne; '76 BSBA; Analyst; City of Columbus, 120 W. Gay St., Columbus, OH 43215, 614 222-4910; r. 640 Brookside Dr., Columbus, OH 43209, 614 231-0899.
LEUPT, John Russell; '77 BSBA; 9202 Slough Rd., Canal Winchester, OH 43110.
LEUTHOLD, Jonathan Edward; '75 BSBA; Sr. Systs. Designer; GE Superabrasives, 6325 Huntley Rd., Worthington, OH 43085, 614 438-2356; r. 1820 Sutter Pkwy., Powell, OH 43065, 614 766-4415.
LEUTHOLD, Kenneth Reuben; '69 BSBA; Plant Controller; Reliance Electric, 4950 E. 49th St., Cleveland, OH 44125, 216 266-7295; r. 872 Greenfield Dr., Medina, OH 44256, 216 725-4963.
LEVASSEUR, James Alan; '88 BSBA; Account Rep.; Automatic Data Processing, 225 2nd Ave., Waltham, MA 02254, 617 622-3143; r. 83 R Hobart St., Apt. D-3, Danvers, MA 01923, 508 774-9157.
LEVATTER, Sandra Caudill; '80 BSBA; 12109 Westerly, Cincinnati, OH 45231, 513 742-4590.
LEVENSON, Donald Harvey; '60 BSBA; VP/Stockbroker; Prescott Ball & Turben Inc., 1331 Euclid Ave., Cleveland, OH 44115; r. 2359 Edgerton Rd., Cleveland, OH 44118, 216 371-2445.
LEVENTHAL, Aaron Jay; '64 BSBA; Wrtr/Publshr/Fundrsr; German Village Oktoberfest, German Village Society, 588 S. Third St., Columbus, OH 43215, 614 464-4252; r. 572 City Park, Columbus, OH 43215, 614 224-3003.
LEVENTHAL, Harry E.; '39 BSBA; Pres.; Vining Broom Co., 2530 Columbus Ave., Springfield, OH 45503; r. POB 1606, Springfield, OH 45501.
LEVENTHAL, Wilma Goldberg; '35 BSBA; 839 Park Central N., Indianapolis, IN 46260, 317 255-5387.
LEVENTRY, Robert Bruce; '79 MPA; Planner; John David Jones Assocs., 222 High St., Hamilton, OH 45011, 513 844-8057; r. 722 Gordon Smith Blvd. #8, Hamilton, OH 45013, 513 868-9695.
LEVERT, Daniel T.; '50 BSBA; Retired/Supv.; Ford Motor Co., 17601 Brook Park Rd, Cleveland, OH 44142; r. 3641 Brainard Rd, Cleveland, OH 44122, 216 831-8233.
LEVESKAS, LCDR Michael Joe, USN; '76 BSBA; Box 141, Nato Awacs APO, New York, NY 09104.
LEVEY, Robert Edward; '66 MBA; VP/Investment; Prudential-Bache Securities, 4 Seagate Ste. 200, Toledo, OH 43604, 419 249-7313; r. 4925 Derby Rd., Toledo, OH 43615, 419 531-2069.
LEVI, Bernard N.; '42 BSBA; Chmn. of The Bd.; Samuel Levi & Co. Inc., Portsmouth, OH 45662; r. 20100 Boca West Dr. #151, Boca Raton, FL 33434, 407 482-7188.
LEVI, Edward S.; '48 BSBA; Pres.; Samuel Levi & Co., 3019 Willow Way, Portsmouth, OH 45662, 614 353-3349; r. 454 N. Washington Dr., Sarasota, FL 34236, 813 388-1942.
LEVI, Sara Seff; '34 BSBA; 2599 E Main St #220, Columbus, OH 43209.
LEVICKI, John Sullivan; '70 MBA; VP Public Affairs & Rates; Centerior Energy Corp., 6200 Oaktree Blvd., Independence, OH 44131, 216 447-3109; r. 27963 Marquette Blvd., N. Olmsted, OH 44070, 216 734-8813.
LEVIN, Donald Lee; '80 BSBA; 2887 Charing Cross Rd. NW, Canton, OH 44708, 216 477-5646.
LEVIN, Harold Lee; '68 BSBA, '69 MBA; Pres.; Wexner Investment Co., 41 S. High St., Ste. 3710, Columbus, OH 43215, 614 464-1535; r. 320 N. Parkview Ave., Columbus, OH 43209, 614 252-4975.
LEVIN, Kenneth Michael; '78 MACC; Pres.; K.M.L. & Assocs, Inc., 1989 Camaro Ave., Columbus, OH 43207, 614 445-8688; r. 8205 Maugham Dr., Reynoldsburg, OH 43068, 614 866-1058.
LEVIN, Martin Allen; '60 BSBA; Bus. Park Developer; Allen Road Business Centre, Hampshire & Allen Rds., Stow, OH 44224, 216 864-1789; r. 3475 Bancroft Rd., Akron, OH 44313, 216 864-1789.
LEVIN, Melvin B.; '47 BSBA; Staff; Merrill Lynch, One Liberty Plz., Roslyn Hts., NY 11577; r. 58 Pasture Ln., Roslyn Hts., NY 11577, 516 621-6454.

LEVIN, Richard Allen; '67 BSBA, '70 MA; Deputy Tax Commissioner; Ohio Dept. of Taxation, 30 E. Broad St., Columbus, OH 43216, 614 466-2166; r. 2419 Havenwood Dr. S., Columbus, OH 43209, 614 231-0663.
LEVIN, Robert Earl; '74 MPA; Mgmt. Analyst; US Gen. Acctg. Ofc., 441 G St. NW, Washington, DC 20548; r. 9311 Glenbrook Rd., Fairfax, VA 22031.
LEVINE, Allan Theodore; '54 BSBA; Consumer Svcs.; r. 9024 Pine Springs Dr., Boca Raton, FL 33428, 407 483-6303.
LEVINE, Bert Ivan; '49 BSBA; Factory Rep.; Sandusky Metal Prods. Inc., 513 E. Washington St., Sandusky, OH 44870, 419 626-5465; r. 6650 Meadow Ridge Ln., Cincinnati, OH 45237, 513 731-6653.
LEVINE, Deborah Deutchman; '74 BSBA; Broker; Land Developers Real Estate, Inc., 24100 Chagrin Blvd., Beachwood, OH 44122, 216 831-6616; r. 5054 Lansdowne, Solon, OH 44139, 216 248-5050.
LEVINE, Edward Gary; '62 BSBA; VP; Atlas Mgmt. Corp., 6928 Carnegie Ave., Cleveland, OH 44022, 216 391-4004; r. 3929 Lander Rd., Orange Vlg., OH 44020, 216 831-3863.
LEVINE, George Milton; '47 BSBA; Grp. Pres.; Edwards Industries, Bldg. Materials Division, 1241 Mc Kinley Ave., Columbus, OH 43222, 614 276-5137; r. 1000 Urlin Ave., Apt. 1420, Columbus, OH 43212, 614 486-1141.
LEVINE, Gregg Alan; '80 BSBA; Sales Mgr.; Standard Oil of Ohio, 200 Public Sq., Cleveland, OH 44114, 216 271-8805; r. 23897 Wimbledon Rd., Shaker Hts., OH 44122, 216 991-9304.
LEVINE, Harvey Gordon; '45; Acct. Mgr.; Spectrum Carpet, Camden, NJ 08109, 609 365-0112; r. 1 Farmington Pl., Newtown, PA 18940, 215 968-6161.
LEVINE, Irvin; '43; Pres.; Georgia Fabrics Inc., 369 Broadway, New York, NY 10013, 212 966-2550; r. 910 Park Ave., New York, NY 10021, 212 744-0295.
LEVINE, Irving; '49 BSBA; Dist. Mgr.; Crown Auto Top Mfg. Co.; r. 4611 Holliston Rd., Atlanta, GA 30360, 404 458-7185.
LEVINE, Mrs. Joyce E., (Joyce E. Rupert); '67 BSBA; Bus. Mgr.; HRL Assocs., 2102-B Gallows Rd., Vienna, VA 22180, 703 448-1442; r. 12181 Holly Knoll Cir., Great Falls, VA 22066, 703 430-1619.
LEVINE, Kathy Harriet; '72 BSBA; Guid. Couns.; r. 728 N. Pine St., Lancaster, PA 17603, 717 394-3339.
LEVINE, Kenneth Harold; '42; Acct.; r. 111 Rogers Dr., New Rochelle, NY 10804, 914 235-5273.
LEVINE, Leigh Irwin; '86 MPA; Planner; Ohio Dept. of Transportation, 1600 W. Broad St., Columbus, OH 43223, 614 275-1389; r. 819 City Park, Columbus, OH 43206, 614 444-9505.
LEVINE, Marc Samuel; '67 BSBA; Pres./CEO; United D C, 8947 Market St., Houston, TX 77029, 713 678-8000; r. 6235 Queensloch, Houston, TX 77096, 713 774-6232.
LEVINE, Marilyn Brenner; '81 MLHR; 3743 Barleyton Cir., Sylvania, OH 43560, 419 841-2477.
LEVINE, Mark Fredrick; '72 BSBA; Manufacturer's Rep.; Bassett Furniture Co., 5 Forsythia Cir., Sharon, MA 02067; r. Same, 617 784-6444.
LEVINE, Mitchell Douglas; '83 MLHR; Mgmt. Cnslt.; The Sobeco Grp., 133 Richmond St. W., Ste. 800, Toronto, ON, Canada M5H2L3; r. 77 W. 15th St., #3F, New York, NY 10011.
LEVINE, Richard Jay; '80 BSBA; Mgr.; Triangle Electronics, 6580 Frankstown Ave., Pittsburgh, PA 15206; r. 302 Fox Chapel Rd #311, Pittsburgh, PA 15238, 412 784-0998.
LEVINE, Robert Michael; '57 BSBA; Cnslt.; 2100 Linwood Ave., Ft. Lee, NJ 07024, 201 592-1889; r. Same.
LEVINE, Robin Joy; '87 BSBA; Law Student; r. 2600 Hickory Ln., Cleveland, OH 44124, 216 442-4774.
LEVINE, Shirley Douglas; '48 BSBA; Real Estate Agt.; Cam Taylor Co., 80 N. Hamilton Rd., Gahanna, OH 43230, 614 471-6667; r. 6241 Brooksong Cir., Blacklick, OH 43004, 614 864-9137.
LEVINS, Harry Joseph; '83 MBA; Sr. Cnslt.; Mgmt. Horizons, 570 Metro Pl. N., Dublin, OH 43017, 614 764-9555; r. 225 Perth Dr., Dublin, OH 43017, 614 761-9532.
LEVINSOHN, Mrs. Corinne Bree, (Corinne M. Bree); '46 BSBA; Retired; r. 258 Hudson Ave., Tenafly, NJ 07670, 201 567-2006.
LEVINSON, Ms. Sarah A.; '82 BSBA; Atty.; Baker & Hostetler, 65 E. State St., Columbus, OH 43215, 614 462-2682; r. 485 S. Parkview, Apt. 302, Bexley, OH 43209, 614 338-1210.
LEVINSTEIN, Richard Frank; '78 BSLHR; 2226 Cedarview, Cleveland, OH 44122, 216 291-0409.
LE VISEUR, Kurt G., Jr.; '55 BSBA; Pres.; Retirement Investment Co., Portfolio Management, 1008 Slatler Ofc. Twr., Cleveland, OH 44115, 216 696-1556; r. 10579 Kings Way, N. Royalton, OH 44133, 216 582-2456.
LEVISON, Scott Perry; '80 BSBA; Regional VP; Don Kirshner Jewelers, Hudson Goodman Store, 2152 Glendale Galleria, Glendale, CA 91210, 818 247-3363.
LEVITON, Reva Barrar; '30; 300-64th Ave. N., Sylvette Apartments #416, St. Petersburg Bch., FL 33706, 813 360-9197.
LEVITSKY, Michael Anthony; '86 BSBA; Sales Rep.; Prescott Travel, Bank Ohio Bldg., 155 E. Broad St. 8th Fl., Columbus, OH 43215; r. 5637 River Run Tr. E., # B, Ft. Wayne, IN 46825, 219 482-2329.
LEVITT, Herman W.; '41 BSBA; Pres.; Herle's Inc., 5007 Salem Ave., Dayton, OH 45426, 513 854-0000; r. 540 Heather Dr. Apt. 3, Dayton, OH 45405, 513 275-9638.
LEVITZ, Michael David; '77 BSBA, '80 MBA; Financial Cnslt.; Sugar Brokers London Ltd., 54 Pall Mall, London SW1, England, 019309652; r. 27 Glycena Rd., London SW11, England, 012234076.
LE VORA, Jeffrey Scott; '82 BSBA; Asst. Controller; Estes Homes, 5210 E. Williams Cir. #300, POB 17360, Tucson, AZ 85731; r. 1687 W. Woodbridge Ct., Tucson, AZ 85746, 602 746-0694.
LEVY, Annette Klein; '27; Homemaker; r. 1620 E. Broad St., Apt. 505, Columbus, OH 43203, 614 252-3825.
LEVY, Barth Alan; '80 BSBA; Arch.; Darryl R. Frey, Inc., Rte. 910, RD 5, Gibsonia, PA 15044, 412 443-6929; r. 103A Mc Kim St., Zelienople, PA 16063, 412 452-8972.
LEVY, Bobbi S. '81 (See Katz, Mrs. Bobbi Levy).
LEVY, Elliot; '47 BSBA; 983 Roland Rd, Cleveland, OH 44124, 216 461-2855.
LEVY, Herbert S.; '27; Retired; r. 1620 E. Broad St., Apt. 505, Columbus, OH 43203, 614 252-3825.
LEVY, Howard Samuel; '86 BSBA; 9683 Sycamore Trace Ct., Cincinnati, OH 45242.
LEVY, Irving; '50 BSBA; Retired; r. 568 S. Kellner Rd., Columbus, OH 43209, 614 235-5979.
LEVY, Jeffrey David; '73 BSBA; Atty.; Levy & O'Connell, 615 Spitzer Bldg., Toledo, OH 43604, 419 248-3360; r. 6501 Antoinette Ln., Maumee, OH 43537, 419 865-0492.
LEVY, Joel; '56 BSBA; Atty.; 225 W. 34th St., New York, NY 10022, 212 594-9222; r. 975 Woodoak Dr., Baldwin, NY 11510, 516 223-2626.
LEVY, Joseph Henry; '37 BSBA; Retired Merchant; r. 7234 Tarryton Rd, Dayton, OH 45459, 513 435-1029.
LEVY, Kenneth James; '71 BSBA, '73 MBA; Sr. VP; Grey Advt., 777 3rd Ave., New York, NY 10017, 212 546-2688; r. 112 Deerfield Ln. N., Pleasantville, NY 10570, 914 747-2181.
LEVY, Richard Aloys; '82 BSBA; Sr. Asst. Acct.; Deloitte Haskins & Sells, 155 E. Broad St., Columbus, OH 43215; r. 614 Farrington Dr., Worthington, OH 43085, 614 885-5405.
LEVY, Robert D.; '47 BSBA; Retired; r. 15536 Collina Strada, Los Angeles, CA 90077, 213 472-9494.
LEVY, Robert Kaichen, Jr.; '51; Retail Cnslt.; A.C. Design Co.; r. 117 E. Deslier Ave., Columbus, OH 43206, 614 444-5200.
LEVY, Steven; '77 BSBA; Systs. Analyst; Bur. of Workers Compensation, 246 N. High St., Columbus, OH 43215; r. 282 Cherrystone Dr. N., Gahanna, OH 43230, 614 476-5846.
LEVY, Todd Sidney; '84 BSBA; Account Mgmt.; J Walter Thompson, USA, 875 N. Michigan Ave., Chicago, IL 60611, 312 951-4766; r. 2909 N. Sheridan, #1709, Chicago, IL 60657, 312 327-3702.
LEW, Jian-Ming; '86 BSBA; 35 Jalan Musang Bulan,Taman, Century, 80250 Johur Bahru, Johur, Malaysia.
LEWANDOWSKI, Michael David; '82 BSBA; Acctg. Mgr.; Sajar Plastics, 15285 S. State Ave., POB 37, Middlefield, OH 44062, 216 632-5203; r. 1233 Moneta Ave., Aurora, OH 44202, 216 562-3286.
LEWIE, Regina Martin, (Regina Martin); '83 BSBA; Shareholder Opers. Mgr.; Nationwide Financial Svcs., One Nationwide Plz., Columbus, OH 43216, 614 249-4642; r. 5377 Edie Dr., Hilliard, OH 43026, 614 771-8769.
LEWIN, Dolph P.; '34; Retired; r. 2644 Burnaby Dr., Columbus, OH 43209.
LEWIN EPSTEIN, Max S.; '50 BSBA; 10517 Ave. K, Brooklyn, NY 11236.
LEWIS, Anthony Nyles; '76 BSBA; Pres.; Strongpoint Systs., Inc., 6842 Caine Rd., Columbus, OH 43235, 614 792-8202; r. 1957 Plains Blvd., Powell, OH 43065, 614 761-2607.
LEWIS, Brian Clarke; '76 BSBA; Programmer Analyst; Assn. of American Railroads, 1920 L St. NW, Washington, DC 20036; r. 500 Hazlett Ave., Baltimore, MD 21229.
LEWIS, Dr. Craig Meredith; '78 BSBA; Prof.; Vanderbilt Univ., Owen Graduate Sch. of Mgmt, Nashville, TN 37203, 615 322-2626; r. 4425 Wayland Dr., Nashville, TN 37215, 615 383-0945.
LEWIS, Cyrus; '33 BSBA; CPA; 1877 Springfield Ave., Maplewood, NJ 07040, 201 761-6442; r. 57 Park Ave., Maplewood, NJ 07040, 201 762-4153.
LEWIS, Dane D., Jr.; '86 BSBA; Sales Rep.; Jones New York, 555 Fashion Ave., 21st Fl., New York, NY 10018, 212 398-9800; r. 22 Kenwood, Boston, MA 02146, 617 436-5535.
LEWIS, Donald Anthony; '83 BSBA; Staff; C A M C O Constr., 2128 Eakin Rd., Columbus, OH 43223, 614 272-7657; r. 1649 Carrigallen Ln., Columbus, OH 43228, 614 272-2444.
LEWIS, Donald Bauer; '81 BSBA, '88 MBA; Controller; Coaxial Communications, 3770 E. Livingston Ave., Columbus, OH 43227, 614 236-1292; r. 4977 Charlbury Dr., Columbus, OH 43220, 614 457-7966.
LEWIS, Dorothy M. '46 (See Howard, Mrs. Dorothy L.).
LEWIS, Edward Dewey; '72 BSBA; Asst. VP Mortgage Loans; Park Natl. Bank, 50 N. 3rd St., Newark, OH 43055, 614 349-8451; r. 80 Neal Ave., Newark, OH 43055, 614 344-7505.
LEWIS, Edward John; '67 BSBA; Controller; Cook United Inc., Corporate Acctg., 16501 Rockside Rd, Maple Hts., OH 44137; r. 4851 Dierker Rd., Columbus, OH 43220.
LEWIS, Edward William, Jr.; '63 BSBA; Commissioner; Fed. Mediation/Conciliation Svc., 85 Marconi Blvd., Columbus, OH 43215, 614 469-5577; r. 7433 Silverleaf Ct., Worthington, OH 43085, 614 761-8869.
LEWIS, Ellen Wilcox; '86 BSBA; 11570 Folkstone, Cincinnati, OH 45240, 513 851-9843.
LEWIS, Gary Alan; '76 BSBA; CPA; Wright & Tagge Inc., 900-A W. Cherokee, Enid, OK 73701; r. 1205 Briar Creek Rd., Enid, OK 73703, 405 237-3638.
LEWIS, Gary Michael; '79 MBA; Portfolio Mgr.; American Capital Asset Mgmt., 2800 Post Oak Blvd., POB 3121, Houston, TX 77253, 713 993-0500; r. 2408 Yorktown, Apt. 161, Houston, TX 77056, 713 621-8254.
LEWIS, Gregg Richard; '86 BSBA; Atty.; Harry Lewis Co., 625 City Park Ave., Columbus, OH 43206, 614 221-3938; r. 956 Jaeger St., Columbus, OH 43206, 614 445-6824.
LEWIS, Harold Eugene; '50 BSBA; Sales Rep.; Wyckoff Steel Inc., 1000 General Dr., Plymouth, MI 48170, 313 453-2700; r. 258 Village Green Blvd., Apt. 106, Ann Arbor, MI 48108, 313 994-0896.
LEWIS, J. Jay; '84 BSBA; Exec. Account Mgr.; N C R Corp., 1515 Harbor Blvd., W. Sacramento, CA 95691, 916 371-2340; r. 8472 Emerado Pl., Apt. 2, Westminster, CA 92683.
LEWIS, Jack David; '70 BSBA; Asst. Controller; W S Tyler, Inc., POB 8900, Gastonia, NC 28053, 704 868-3374; r. 2719-25 Selwyn Ave., Charlotte, NC 28209, 704 377-4677.
LEWIS, James Edward; '59; 411 E. Kline St., Girard, OH 44420, 216 545-5529.
LEWIS, James Joseph; '44 BSBA; Retired Acct.; Columbus Show Case Co., 850 W. Fifth Ave., Columbus, OH 43212; r. RR 3, 12709 Chambers Rd., Sunbury, OH 43074, 614 524-6262.
LEWIS, Jeffrey Alan; '82 BSBA; Systs. Analyst; American Electric Power, 1 Riverside Plz., Columbus, OH 43216, 614 223-3725; r. 12388 Butterfield Dr. NW, Pickerington, OH 43147, 614 868-1884.
LEWIS, John Kevin; '79 BSBA; Staff; Borden Inc., 180 E. Broad St., Columbus, OH 43215; r. 133 Windrow Ct., Gahanna, OH 43230.
LEWIS, John Randall; '88 BSBA; 1928 W. Breese Rd., Lima, OH 45806, 419 999-3922.
LEWIS, John William; '82 BSBA; Warehouse Mgr.; PFS, 1680 Westbelt, Columbus, OH 43228; r. 963 Dennison Ave., Columbus, OH 43201, 614 299-4244.
LEWIS, Judson Taylor; '52 BSBA; Pres.; Jutlew Co., 36 Waterworks Rd., Newark, OH 43055, 614 366-4572; r. Stillmeadow, 14 Valley Dr., Newark, OH 43055, 614 366-1088.
LEWIS, June Bolzenius, (June M. Bolzenius); '83 BSLHR; Dir./Human Resources; Lutheran Social Svcs., 57 E. Main St., Columbus, OH 43215, 614 228-5209; r. 236 W. Kanawha Ave., Columbus, OH 43214, 614 885-4103.
LEWIS, Kevin Michael; '87 BSBA; 14 Valley Dr., Newark, OH 43055, 614 366-1088.
LEWIS, Kim; '79 BSBA; 8315 San Marcos Cir., Indianapolis, IN 46256.
LEWIS, Laura B., (Laura A. Bishop); '84 BSBA; Personnel Ofcr.; Park Natl. Bank, 50 N. 3rd St., Newark, OH 43055, 614 349-3750; r. 80 Neal Ave., Newark, OH 43055, 614 344-7505.
LEWIS, Leon Eugene; '35 BSBA; Retired; r. 1904 Pebble Beach Blvd., Sun City Center, FL 33570, 813 634-5629.
LEWIS, Linda Marie; '82 BSBA; Staff; Automatic Data Processing, 3600 Corporate Dr., Westerville, OH 43081; r. 3577 Karikal Ct., Westerville, OH 43081, 614 890-6091.
LEWIS, Maceo R., III; '78 BSBA; Unit Mgr.; Kroger Co., 4111 Executive Pkwy., Westerville, OH 43081, 614 263-1766; r. 5325 Great Oak Dr., #F, Columbus, OH 43213, 614 864-2596.
LEWIS, Mark Douglas; '83 BSBA; Acct.; DCSC, POB 3990, Columbus, OH 43216, 614 238-3139; r. 230 Guernsey Ave., Columbus, OH 43204, 614 279-0136.
LEWIS, Mark Edwin; '86 BSBA; Production Supv.; Faultless Rubber Co., Division of Abbott Labs, 268 E. 4th St., Ashland, OH 44805, 419 289-3555; r. 943 Woodview, Ashland, OH 44805, 419 289-3440.
LEWIS, Mary '45 (See Merrill, Mary L.).
LEWIS, Mary Anne; '50 BSBA; Retired; r. 627-707 Continental Cir., Mountain View, CA 94040, 415 968-6427.
LEWIS, Matthew Dale; '82 BSBA; 3923 Zuber Rd, Orient, OH 43146, 614 875-5892.
LEWIS, Melissa '80 (See Kozloski, Ms. Melissa L.).
LEWIS, Michael George; '86 BSBA; Computer Programmer; Ohio Operating Engrs., 1665 W. Fifth Ave., Columbus, OH 43212, 614 488-0708; r. 1442 Bayshore Dr. Apt. 3D, Columbus, OH 43204, 614 487-9525.
LEWIS, Pamela Sue; '81 BSBA; Asst. Buyer; E I Du Pont, 100 Old Wilson Bridge Rd., Worthington, OH 43085, 614 438-6320; r. 6805 Springhouse Ln., Columbus, OH 43229, 614 899-0055.
LEWIS, Paul Gad; '51 BSBA; 1237 S. Masselin Ave., Los Angeles, CA 90019, 213 934-7388.
LEWIS, Richard John Anthony, FACHE; '67 MBA; Assoc. Prof.; Univ. of New Hampshire, Health Mgmt. & Policy Program, Sch. of Health Studies, Durham, NH 03824, 603 862-2733; r. 127 Durham Point Rd., RR 2, Durham, NH 03824, 603 868-2533.
LEWIS, Richard Philip; '69 BSBA; Comedian/Writer/Actor; Bernie Brillstein Inc., 9200 Sunset Blvd., Los Angeles, CA 90007, 213 275-6135; r. Same.
LEWIS, Rita '40 (See Le Sueur, Rita L.).
LEWIS, Robert Allen; '76 BSBA; Funeral Dir.; Welch-Sekeres Funeral Home, 2523 W. Tuscarawas St., Canton, OH 44708, 216 452-4041; r. 2525 Tuscarawas St. W., Canton, OH 44708, 216 455-0056.
LEWIS, Robert Bonsall; '27 BSBA; Retired; r. 25 La Noria Rd., Orinda, CA 94563, 415 254-3890.
LEWIS, Robert DeWitt; '51 BSBA; Prog. Analyst; USAF, Hq Air Force Contracts, Maintenance Ctr., Wright Patterson AFB, OH 45433; r. 1319 S. Union Rd., Dayton, OH 45427, 513 835-5124.
LEWIS, Robert Harry; '58 BSBA; Sr. VP; McDonald & Co. Securities Inc., Investment Banking, 128 N. Broad St., Lancaster, OH 43130, 614 654-8888; r. 1495 Longwood Dr., Lancaster, OH 43130, 614 687-1922.
LEWIS, Robert Prince; '51 BSBA; Mgr., Info. Systs.; IBM, 740 New Circle Rd., Lexington, KY 40504, 606 232-1582; r. 1021 Ln. Allen Rd, Lexington, KY 40504, 606 277-3550.
LEWIS, Roger Lee; '62; Owner Mgr.; r. 980 Bailey Ave., Akron, OH 44302.
LEWIS, Roger Lee; '84 MBA; Mgr. Sales; Target Prods., 4320 Clary Blvd., Kansas City, MO 64130, 816 923-5040; r. 11908 Cherokee, Leawood, KS 66209, 913 491-1968.
LEWIS, Rosemary Adams; '44; 2086 Upper Chelsea Rd, Columbus, OH 43221, 614 488-6702.
LEWIS, Sam H.; '39 BSBA; 2413 E. Rancho Dr., Phoenix, AZ 85218, 602 954-9491.
LEWIS, Sandra L.; '86 BSBA; Acct.; Lake Hosp., 1710 Fourth St. N., Lake Worth, FL 33460, 407 588-7341; r. 7810 W. Lake Dr., Lake Clarke Shrs., FL 33406, 407 967-4937.
LEWIS, Mrs. Shirley B., (Shirley M. Baker); '50 BSBA; Realtor; Jim Fennell Realty, 1600 Harrodsburg Rd., Lexington, KY 40504, 606 278-9402; r. 1021 Ln. Allen Rd, Lexington, KY 40504, 606 277-3550.
LEWIS, Stanley Andrew; '77 BSBA; 3742 Dexter Rd., Columbus, OH 43220.
LEWIS, Thelma Ramler; '25 BSBA; Retired; r. 403 S. E. 43rd Ter., Apt. 2A, Cape Coral, FL 33904, 813 542-2985.
LEWIS, Theodore W.; '84 BSBA; Terminal Coord.; OWens Corning Fiberglas, 99 Union St., Newark, OH 43055, 614 345-3441; r. 2945 Kerrwood Dr., Columbus, OH 43231, 614 890-8647.
LEWIS, Mrs. Theresa Heiner, CPA, (Theresa Heiner); '77 BSBA; Acct./Tax Mgr.; Peat Marwick Main, 1500 1st American Ctr., Nashville, TN 37238, 615 244-1602; r. 4425 Wayland Dr., Nashville, TN 37215, 615 383-0945.
LEWIS, Thomas Haines; '55; 619 NE 38th St., # 102, Kansas City, MO 64116.
LEWIS, Thomas Jay; '71 BSBA; Credit Mgr.; HBD Industries, Inc., 1301 W. Sandusky Ave., Bellefontaine, OH 43311, 513 593-5010; r. 517 Oakwood Dr., Bellefontaine, OH 43311, 513 592-2664.
LEWIS, Todd Michael; '85 BSBA; Prod. Control Analyst; Zerand Corp., 15800 W. Overland Dr., New Berlin, WI 53151, 414 786-2500; r. 1239 E. Broadway, Waukesha, WI 53186, 414 547-7424.
LEWIS, Virginia Kneisly, (Virginia Kneisly); '45 BSBA; Retired; r. RR 3, 12709 Chambers Rd., Sunbury, OH 43074, 614 524-6262.
LEWIS, Vivian '47 (See Munro, Vivian Lewis).
LEWIS, Wayne L.; '43; Pres.; First Ohio Cos., 1429 King Ave., Columbus, OH 43212; r. 2086 Upper Chelsea Rd, Columbus, OH 43221, 614 488-6702.
LEWIS, Wilbur H.; '53 BSBA; Cons Educntl Mgmt.; r. POB 31690, Tucson, AZ 85751, 602 298-9421.
LEWIS, William Edward; '52 BSBA; Retired; r. 1770 Roxbury Rd., Columbus, OH 43212, 614 486-2230.
LEWIS, William Evan; '86 BSBA; 364 Cental, Columbus, OH 43203.
LEWIS, William Felton; '50 BSBA; Salesman; Columbus Svc. Supply Co., 1190 N. 4th St., Columbus, OH 43201; r. 3923 Zuber Rd, Orient, OH 43146, 614 875-5892.
LEWIS, William Hamilton; '86 BSBA; 1770 Roxbury, Columbus, OH 43212, 614 486-2230.
LEWIS, William Henry; '57 MBA; Mgr./Administration; Union Carbide Corp., Computing & Telecommunication, POB 8361, S. Charleston, WV 25303, 304 747-4003; r. 110 Oakwood Rd., Charleston, WV 25314, 304 343-1989.
LEWIS, Woodrow, Jr.; '78 MPA; Staff; Montgomery Cnty. Ofc. Consumer Affairs, Rockville, MD 20853; r. 1812 Blue Knob Rd., Virginia Bch., VA 23464, 804 427-2970.
LEWITT, Leon; '60 BSBA; Atty.; Lewitt Hackman & Hoefflin, 16633 Ventura Blvd., Encino, CA 91436, 818 990-2120; r. 4405 Jubilo Dr., Tarzana, CA 91356.
LEX, Laurie '82 (See Lafferty, Laurie Lex).
LEYERLE, Albert H.; '54 BSBA; Prof.; Univ. of Akron, Sch. of Law, Akron, OH 44325, 216 375-6616; r. 80 N. Portage Path, Apt. 14B7, Akron, OH 44303, 216 836-1237.

LEYRER, Charles Earl; '81 MBA; Mktg. Programs; IBM Corp., 1501 LBJ Frwy., 3rd Fl., Dallas, TX 75234, 214 406-7864; r. 1121 Cambridge Dr., Carrollton, TX 75007, 214 245-0721.

LEYRER, Mrs. Judith E., (Judith Knechtges); '80 MHA, '81 MBA; Pharmaceutical Rep.; Merck Sharp & Dohme Labs, Division of Merck & Co., Inc, 1121 Cambridge Dr., Carrollton, TX 75007, 214 245-0721; r. Same.

LI, Ms. Amy Y.; '85 MBA; Cnslt.; Grant Thornton, 1001 Bishop St., Pacific Twr. #2900, Honolulu, HI 96813, 808 536-0066; r. 1555 Hoaaina St., Honolulu, HI 96821, 808 377-5567.

LI, Miao-Ling; '82 BSBA; Asst.-Sales; Mitsui & Co., Houston, TX 77002; r. 7710 Poitiers, Houston, TX 77071, 713 728-2528.

LI, Phoebe Tsai-Hong; '85 BSBA; 7710 Poitiers, Houston, TX 77071.

LI, Sandra Jean; '85 BSBA; Staff; The Ohio State Univ., I & R Computer Ctr., Columbus, OH 43210; r. 1106 Forest Rise Dr, Westerville, OH 43081, 614 871-4689.

LIAKOS, Gregory J.; '88 BSBA; 1479 Devonhurst Dr., Columbus, OH 43232, 614 866-6701.

LIAS, Robert Preston; '69 BSBA; VP/Mgr., Cash Mgmt.; Bank One Cleveland, 1255 Euclid Ave., Cleveland, OH 44115, 216 781-2351; r. 3943 Monticello Blvd., Cleveland Hts., OH 44121, 216 381-0619.

LIAS, William George; '86 BSBA; Auditor; Mead Corp., Dayton, OH 43601, 513 495-3161; r. 5400 Montgomery Sq., Apt. E, Kettering, OH 45440, 513 436-2428.

LIBBY, Harold L.; '49 BSBA; Pres.; H. L. Libby Corp., 500 Stambaugh Bldg., Youngstown, OH 44503, 216 744-5100; r. 18 Wildfern Dr., Youngstown, OH 44505, 216 759-2050.

LIBBY, James Andrew; '87 MBA; Mktg. Rep.; Trammell Crow Co., 6000 Poplar Ave., Ste. #300, Memphis, TN 38119, 901 761-1700; r. 590 Wood Arbor Pkwy., Apt. #302, Cordova, TN 38018, 901 756-4897.

LIBER, David Alan; '69 BSBA; Owner/Mgr.; Cherry Auto Parts, 5650 N. Detroit Ave., Toledo, OH 43612, 419 476-7222; r. 3313 Darlington Rd, Toledo, OH 43606, 419 535-1473.

LIBERMAN, Stephen Victor; '68 BSBA; 600 W. 9th St., Apt. #1409, Los Angeles, CA 90015, 213 627-7906.

LIBSTER, Neal N.; '50 BSBA; Real Estate Broker; Libster Real Estate, 420 44th St., NW, Canton, OH 44709, 216 492-1837; r. Same.

LICATA, Jane W.; '84 MPA; 2942 Three Oaks, Baton Rouge, LA 70820, 504 766-7325.

LICAUSE, Michael Louis; '76 BSBA; Purchasing Mgr.; Copco Papers Inc., Fine Paper Area, 525 N. Nelson Rd., POB 597, Columbus, OH 43216, 614 251-7000; r. 5143 Maplewood Ct. E., Columbus, OH 43229, 614 890-2308.

LICHTCSIEN, Isadore; '57 BSBA; Secy.-Treas. & CFP; Sandusky Steel & Supply, 1943 Milan Rd., Sandusky, OH 44870, 419 668-3341; r. 2812 Marlenkay Pl., Sandusky, OH 44870, 419 625-0160.

LICHTCSIEN, Keith Michael; '81 BSBA; Pres.; Res. Strategies, Inc., 29425 Chagrin Blvd., #308, Pepper Pike, OH 44122, 216 765-0121; r. 29226 Cedar Rd., Pepper Pike, OH 44124.

LICHTCSIEN, Steven Bryan; '84 BSBA; Trng. Supv; NASE, Cleveland, OH 44092, 213 661-6273; r. 2812 Marlenky Pl., Sandusky, OH 44870, 419 625-0160.

LICHTEN, Alexander; '49 BSBA; Asst. to President; Excim Trading Corp., Miami Bch., FL 33169, 305 654-9937; r. 840 NE 199th St., Apt. B-105, N. Miami Bch., FL 33179, 305 652-3766.

LICHTENSTEIN, Jean S. '47 (See Bradley, Jean S.).

LICHTKOPPLER, Richard John; '71 BSBA; Rsch. Asst.; Auburn Univ., 202 Comer Hall, Auburn, AL 36849, 205 826-4800; r. 427 S. Gilpin, Denver, CO 80209, 303 722-3470.

LICHTY, John F.; '45 BSBA; Retired; r. 631 N. High St., Kenton, OH 43326, 419 675-0442.

LICK, Robert J.; '47 BSBA; Publishing Dir.; Maclean Hunter Publishing Co., 29 N. Wacker Dr., Chicago, IL 60606, 312 726-2802; r. 111 E. Hillside Ave., Barrington, IL 60010, 312 382-3639.

LICKOVITCH, David Carl; '85 BSBA; Salesman; Select Optical, Inc., 6155 Huntley Rd., Columbus, OH 43229, 614 846-5750; r. 850 Deacon Cir., Columbus, OH 43214, 614 459-8542.

LIE, Jan Khong; '85 BSBA; 606 Riverview Dr., Columbus, OH 43032, 614 262-1687.

LIEB, Anthony Blair; '82 BSBA; 15369 Township Rd., 1073 NW, Thornville, OH 43076, 614 246-5636.

LIEB, Dennis A.; '61 BSBA; Quality Assurance; Defense Constructn Supply Ctr., Quality Assurance Directorate, 3990 E. Broad St., Columbus, OH 43215, 614 238-1691; r. 944 Old Farm Rd., Columbus, OH 43213, 614 861-2278.

LIEB, Don S.; '59 BSBA; Hosp. Controller; OSU University Hosp., 104 Univ Hosp 410 W. 10th Ave., Columbus, OH 43210; r. 2883 Halstead Rd, Columbus, OH 43221, 614 486-7927.

LIEB, Rhea-Jean '68 (See Walker, Mrs. Rhea-Jean).

LIEBENROOD, David D.; '48 BSBA; Dist. Sales Mgr.; r. 3865 Homewood Rd, Cincinnati, OH 45227, 513 271-3799.

LIEBENTHAL, Bruce A.; '58 BSBA; Pres.; Buckeye Fixture Co. Inc., 1336 W. Bancroft St., Toledo, OH 43606, 419 241-9864; r. 4745 Rose Glen St., Toledo, OH 43615.

LIEBERMAN, Betty '44 (See Talis, Betty L.).

LIEBERMAN, Gary Lance; '75 BSBA; Atty.; 1365 Ontario St. #536, Cleveland, OH 44114, 216 241-4004; r. 29526 Bryce Rd., Pepper Pike, OH 44124, 216 241-4004.

LIEBERMAN, Martin L.; '42 BSBA; Pres.-Owner; Ohio Furniture Co., 139 E. Main St., Columbus, OH 43215; r. 179 S. Harding Rd, Columbus, OH 43209.

LIEBERMAN, Ronald David; '68 BSBA; Gen. Mgr.; Carls Furniture Co., 559 Federal Hwy., Boca Raton, FL 33432, 407 368-4090; r. 1921 NW 86th Ter., Pembroke Pines, FL 33024, 305 435-4427.

LIEBERMAN, Samuel David; '37 BSBA; Tax Cnslt.; Samuel D. Lewis, Inc., 5171 Mayfield Rd, Cleveland, OH 44124, 216 461-3174; r. 6 Kenwood Ct., Cleveland, OH 44122, 216 831-2311.

LIEBERMAN, Tom Edward; '85 MPA; Family Div Campaign Coord; S. Palm Beach Jewish Fedn., 336 Spanish River Blvd., Boca Raton, FL 33431; r. 301 N. Ocean Blvd., Apt. 604, Pompano Bch., FL 33062, 305 786-1619.

LIEBES, Richard Martin; '76 BSBA; Media Buyer/Advtsng; Leo Burnett USA, Prudential Plz., Chicago, IL 60601; r. 3 Sherwood Dr., Plainview, NY 11803, 516 938-6379.

LIEBLICH, Milton B.; '55 BSBA; Cnslt.; r. 3405 Helen Rd., Shaker Hts., OH 44122, 216 921-1828.

LIEBRECHT, Donald Bernard; '79 BSBA; 2178 Pelwood Dr., Centerville, OH 45459.

LIENING, Roger Henry; '81 BSBA; Sales Rep.; Mj Advt., Indianola Ave., Columbus, OH 43201; r. 13811 Purple Martin, Houston, TX 77083, 713 933-1313.

LIEPACK, Marc Steven; '81 BSBA; Acct.; Creative Palette Inc., 121 Mill St., Gahanna, OH 43230; r. 4575 Mandeville Ct., Apt. B, Columbus, OH 43232, 614 861-1973.

LIERMANN, August, Jr.; '49 BSBA; Retired; r. 911 Easthill St., SE, N. Canton, OH 44720, 216 494-3947.

LIESER, David A.; '59; Exec. Dir.; Lancaster-Fairfield Cnty., Chamber of Commerce, 415 E. Main St., POB 193, Lancaster, OH 43130, 614 653-8251; r. 1541 Parkland Dr., Lancaster, OH 43130, 614 654-6070.

LIESER, John T.; '63 MBA; Exec. VP; Vantage Realty Svcs., Inc., W. 115 Century Rd., Paramus, NJ 07652, 201 967-1500; r. 255 N. Murray Ave., Ridgewood, NJ 07450, 201 445-0193.

LIETZ, Steven Alan; '80 BSBA; Sales Rep.; L & S Prods., Box 138, Coldwater, MI 49036, 614 863-4731; r. 5756 Plum Orchard Dr., Columbus, OH 43213, 614 861-5719.

LIFF, Howard S.; '62 BSBA; Pres.; Prestige Fashions, 250 N. Fed. Hwy., Hallandale, FL 33009; r. 5225 N. 31st Pl., Hollywood, FL 33022, 305 981-2121.

LIFFITON, Jack D.; '63 BSBA; 47 Sandlewood Dr., Getzville, NY 14068, 716 688-2796.

LIFTIS, Alexander M.; '88 MBA; 2599 Riverside 3F, Columbus, OH 43221, 614 488-7897.

LIGGETT, Marie Buchert; '55 BSBA; 451 E. Fairlawn Dr., Columbus, OH 43214, 614 262-8426.

LIGGETT, Richard Keith; '82 MBA; Chief Engr.; Quickdraft Corp., 1525 Perry Dr. SW, POB 1353 Sta. C, Canton, OH 44708, 216 477-4574; r. Rte. #1, Dennison, OH 44621, 614 269-3573.

LIGGETT, Robert A.; '49 BSBA; Treas.; The Claycraft Co., Box 866, Columbus, OH 43216; r. 722 S. 6th St., Columbus, OH 43206, 614 444-7040.

LIGGETT, Robert C.; '55 BSBA; Contractor; Liggett Bros. Const Co., 4126 Winfield Rd, Columbus, OH 43221; r. 451 E. Fairlawn Dr., Columbus, OH 43214, 614 262-8426.

LIGGINS, Timothy Eugene; '88 BSBA; 1794 Franklin Ave., Columbus, OH 43205, 614 258-4146.

LIGGITT, Robert A., Jr.; '59 BSBA; Ret Civ. Svc; Contr Admin; Pacific Electro Dynamics, 11465 Willows Rd. NE, POB 97045, Redmond, WA 98073, 206 882-5820; r. 12011 NE 64th St., Kirkland, WA 98033, 206 822-5884.

LIGHT, David N.; '62 BSBA; VP Finance & Admin.; Colonial Corp. of America, 111 W. 40th St., New York, NY 10018, 212 827-1624; r. 420 Timber Dr., Berkeley Hts., NJ 07922, 201 665-1760.

LIGHT, Debra Faye; '79 BSBA; Product Mgr.; NL Chemicals, POB 700, Hightstown, NJ 08520, 609 443-2500; r. 3506 Chadbury Rd., Mt. Laurel, NJ 08054, 609 727-9583.

LIGHT, Keith Erwin; '86 BSBA; 1627 River Rd., Bucyrus, OH 44820, 419 562-7838.

LIGHT, Kenneth J.; '72 BSBA; Atty.; Law Offices of Kenneth J. Light, POB #1735, Muncie, IN 47308, 317 289-8656; r. 401 S. Lombard Dr., Muncie, IN 47304, 317 747-0772.

LIGHT, Richard Gerald; '54 BSBA; Pres./CEO/Dir.; Whitaker Clark & Daniels Inc., 1000 Coolidge St., S. Plainfield, NJ 07080, 201 561-6100; r. 134 Spring Ridge Dr., #1, Berkeley Hts., NJ 07922, 201 464-2056.

LIGHT, Walter L.; '60 BSBA; Retired; r. 4909 Silver Fern Dr., Sarasota, FL 34241, 813 377-4188.

LIGHTBURN, Belle Keys; '44; Retired; r. 45 E. Placita Jazmin, Green Vly., AZ 85614, 602 625-4241.

LIGHTBURN, James B.; '34 BSBA; POB 435, Quechee, VT 05059, 802 295-2459.

LIGHTBURN, Robert A.; '37 BSBA; Farmer; Elk Run Farm, SR 3 Box 349, Rochelle, VA 22738, 703 948-3012; r. Same.

LIGHTFOOT, Danny Jerome; '83 BSBA; 836 Southbriar Rd., Toledo, OH 43607, 419 531-5348.

LIGHTHISER, Richard D.; '71 MBA; Staff; The Wallick Constr. Co., 6880 Tussing Rd., Reynoldsburg, OH 43068, 614 863-4640; r. 6653 Kennington Sq. N., Pickerington, OH 43147, 614 837-4561.

LIGHTLE, Edward Eugene; '83 MPA; 3653 Plainview Dr., Columbus, OH 43204, 614 272-5056.

LIGHTLE, Robert Dorsey; '74 BSBA; VP; Rocall Co., 9 S. Main F, Frankfort, OH 45628, 614 998-2333; r. 1716 Green Valley Rd., Washington Ct. House, OH 43160, 614 335-6510.

LIKENS, Anita Marie; '88 BSBA; 391 Schrock Rd., Worthington, OH 43085, 614 436-7610.

LIKES, Carmen '80 (See Christie, Carmen Likes).

LIKES, Katherine E. '84 (See Kelly, Mrs. Katherine L.).

LIKOVER, Jeffrey Lee; '73 BSBA; Acct.; Parker-Hannifin, 17325 Euclid Ave., Cleveland, OH 44112, 216 531-3000; r. 5884 Ashcroft Dr., Cleveland, OH 44124, 216 449-2456.

LILIENTHAL, Robert H.; '57 BSBA; Bookbinder; W Lilienthal & Sons, 112 S. 7th St., Cambridge, OH 43725; r. 726 Hal Bar Dr., Cambridge, OH 43725, 614 432-5944.

LILKO, Ms. Cheryl Ann; '84 BSBA, '86 MBA; Account Exec.; Ketchum Advt., One Independence Mall, Philadelphia, PA 19106, 215 931-2069; r. 4672 Wendler Blvd., Gahanna, OH 43230.

LILLER, Clarence, Jr.; '50 BSBA; Retired Sr. VP; First Natl. Bank, 621 17th, Denver, CO 80202; r. 26022 Primo Cir., Rio Verde, AZ 85255, 602 837-1014.

LILLEY, Christopher Allen; '84 BSBA; Sr. Cnslt.; Price Waterhouse, 1900 Central Trust Ctr., Cincinnati, OH 45202, 513 621-1900; r. 4116 Oleary Ave., Cincinnati, OH 45236, 513 891-7025.

LILLEY, John Ralph; '28; 2637 Bryan Cir., Grove City, OH 43123.

LILLEY, Joseph H.; '55 BSBA; Retired; r. 127 W. Market, Apt. 4, Urbana, OH 43078, 513 653-6249.

LILLEY, William F., Jr.; '53 BSBA; Mgr. Employee Benefits; City of Akron; r. 2586 Brice Rd, Akron, OH 44313, 216 836-3114.

LILLICH, Glenn Davis; '69 BSBA; VP of Mktg.; DSC Communications Corp., 1000 Coit Rd., Plano, TX 75075, 214 519-4280; r. 6514 Barnsbury Ct., Dallas, TX 75248, 214 248-9499.

LILLIE, Stephen R.; '81 BSBA; Mgr.; Deloitte Haskins & Sells, 155 E. Broad St., Columbus, OH 43215, 614 229-4754; r. 3466 S. Old 3C Hwy., Galena, OH 43021, 614 965-2514.

LILLY, Bryan Scott; '85 BSBA; 9S025 Lake Dr., Bldg. 10-207, Clarendon Hls., IL 60514.

LILLY, Michael J.; '60 BSBA; Piping Estimator; J. A. Guy, Inc., 5810 Shier-Rings Rd., Dublin, OH 43017, 614 889-8392; r. 5204 Honeytree Loop W., Columbus, OH 43229, 614 882-9262.

LILLY, Stephen Dewitt; '82 BSBA; 429 W. Roscoe, Chicago, IL 60657, 312 975-9363.

LIM, Ah Leng; '87 BSBA; c/o Goh Huat Lim, 3 Lorong Pendita Satu Tmn, Cheras Kuala, Malaysia.

LIM, Chun Yow; '85 BSBA; 23 Jalan Jaya Diri, Rengit, Malaysia.

LIM, Ellen N., (Ellen Nee); '83 MBA; Devel. Engr.; AT&T Columbus, 6200 E. Broad St., Columbus, OH 43213; r. 861 Knebworth Ct., Westerville, OH 43081, 614 895-8301.

LIM, Gwen Ming-Kuan; '87 BSBA; 777 Waterton Dr., Westerville, OH 43081.

LIM, John C.; '87 BSBA; 777 Waterton Dr., Westerville, OH 43081.

LIM, Mun Wuan; '86 BSBA; 9 Jalan SS25/39 Taman Mayang, 47301 Petaling Jaya Selangor, Malaysia, Malaysia, 603 703-7570; r. 3 Jalan Leong Yong, Segamat, Malaysia.

LIM, Ms. Penney H.; '86 BSBA; Credit Analyst; Bank of Trade, 1001 Grant Ave., San Francisco, CA 94133, 415 731-5792; r. 1314 39th Ave., San Francisco, CA 94122.

LIM, Shirley L.; '87 BSBA; Purchasing Ofcr.; Ministry of Defense, Procurement Div., Leo Bldg., Singapore, Singapore, 380-2191; r. 17A Jazan Majijah, Singapore 1646, Singapore, 445-9871.

LIM, Siew Choo; '87 BSBA; 153 08 Seventy Six Rd, #B1, Flushing, NY 11367.

LIM, Tian Hong; '87 BSBA; 55 E. Norwich Ave., #B2, Columbus, OH 43201, 614 299-3881.

LIMBERG, Lori Ann; '87 BSBA; Programmer; Nationwide Ins., One Nationwide Plz., Columbus, OH 43216, 614 249-7590; r. 6913 Gilette Dr., Reynoldsburg, OH 43068, 614 866-4579.

LIMBERT, George Victor; '71 BSBA; VP; Wallick Petroleum, 6880 Tussing Rd., Reynoldsburg, OH 43068, 614 863-4640; r. 1795 Scottsdale Ave., Columbus, OH 43220, 614 451-9569.

LIMBERT, John Warren; '50 BSBA; 2363 Kemper Ln. #306, Cincinnati, OH 45206.

LIMBIRD, Richard S., CPA; '50 BSBA; Exec. VP; Natl. Imaging, 400 Perimeter Ctr. Ter., Ste. 270, Atlanta, GA 30346, 404 393-8989; r. 2813 Christopher Ct., Atlanta, GA 30360, 404 394-6976.

LIMEKILLER, Michael Louis; '86 BSBA; Bowling Alley Mgr.; Homefield Bowl, 938 Saw Mill River Rd, Yonkers, NY 10703, 914 969-8419; r. 106 Edgewood Ave., Yonkers, NY 10704, 914 237-8820.

LIMES, Jeffrey Stockwell; '75 BSBA; Tax Mgr.; Price Waterhouse, 153 E. 53rd St., New York, NY 10022, 212 371-2000; r. 95 Horatio St., Apt. 229, New York, NY 10014, 212 255-7092.

LIMING, Brent B.; '87 BSBA; Sales Rep.; Sterling Assocs., 687 Seville Rd., Wadsworth, OH 44281, 216 335-1591; r. 1243 Weathervane Ln., Apt. 3C, Akron, OH 44313, 216 869-4884.

LIMING, Linda Lou; '78 BSBA; 4159 Petre Rd, Springfield, OH 45502, 513 322-2783.

LIMING, Ms. Mindi Dee; '87 BSBA; Personnel Speclst; Job Trng. Partnership Act, POB 188, Winchester, OH 45697, 513 695-0316; r. 13214 Purdy Rd., Sardinia, OH 45171, 513 446-2087.

LIN, Hsien-Jen; '88 MBA; 161 E. Norwich Ave., B-4, Columbus, OH 43201.

LIN, Jui J.; '79 MACC; Pres.; Lim-Tel, 1849 Stringtown Rd., Grove City, OH 43123, 614 871-0440; r. 4829 Stonehaven Dr., Columbus, OH 43220, 614 457-0422.

LIN, Julie Yi-Ching; '79 BSBA; 2660 Zahman, Cincinnati, OH 45204, 513 921-4025.

LIN, Nancy J. '84 (See Trejo, Mrs. Nancy L.).

LIN, Thomas Wen Shyoung, PhD; '75 PhD (ACC); Prof. of Acctg.; Univ. of Southern Calif, Sch. of Acctg., University Park, Los Angeles, CA 90089, 213 743-2426; r. 16518 Elm Haven Dr., Hacienda Hts., CA 91745, 818 968-6540.

LINCOLN, Jenai Ann '85 (See Makulinski, Mrs. Jenai Ann).

LINCOLN, Paul Skoff; '83 BSBA; Student; Weatherhead Sch. of Mgmt., Cleveland, OH 44106; r. 19715 N. Park Blvd., Shaker Hts., OH 44122, 216 932-1118.

LINCOLN, Robert Eugene; '76 BSBA; POB 543, Hereford, TX 79045.

LIND, Samuel Lee; '83 MBA; Prof.; Univ. of San Francisco, Ignatian Hgts., San Francisco, CA 94117, 415 666-6850; r. 935 Center Ct., Alameda, CA 94501, 415 769-6418.

LINDBLOM, Tom H.; '57 BSBA; Pres.; Accurate Mfg. Co., 1940 Lone Eagle St., Columbus, OH 43228, 614 878-6510; r. 4885 Vanlear Rd., Columbus, OH 43229, 614 888-5942.

LINDEMAN, Amy Dee; '84 BSBA; Unit Supv.; Ethicon-Johnson & Johnson Co., 4545 Creek Rd., Cincinnati, OH 45242, 513 786-7041; r. 3113 Troy Ave., Cincinnati, OH 45213, 513 631-7010.

LINDEMAN, William Scott; '86 BSBA; 15050 N. 59th Ave., Apt. 164, Glendale, AZ 85306.

LINDEMUTH, Mabel Ruehle, (Mabel Ruehle); '30 BSBA; Retired; r. 750 Obetz Rd., Columbus, OH 43207, 614 491-0831.

LINDEN, Dennis Alan; '79 BSBA; CPA; Baden & Linden, CPA's, 1430 Leader Bldg., 526 Superior Ave. E., Cleveland, OH 44114; r. 3897 Faversham Rd., Cleveland, OH 44118, 216 321-0441.

LINDEN, Harold Sanford; '41 BSBA; Partner & CPA; Baden & Linden, Leader Bldg 526 E Superior Ave, Cleveland, OH 44114, 216 781-8350; r. 2676 Sulgrave Rd, Cleveland, OH 44122, 216 464-8550.

LINDEN, Richard John; '68 BSBA; Tchr.; r. 5304 Elliott Rd., Bethesda, MD 20816, 301 229-6474.

LINDENBERG, Charles H.; '28 BSBA; Retired; r. 2461 Fair Ave., Columbus, OH 43209, 614 235-4507.

LINDER, Lori Jean; '78 BSBA; Controller; Desert Samaritan Hosp., 1400 S. Dobson Rd., Mesa, AZ 85202, 602 835-3230; r. 1645 W. Baseline Rd. #1136, Mesa, AZ 85202, 602 897-8836.

LINDER, Mary Elizabeth; '81 BSBA; Financial Mgr.; Transcom Inc., 1120 Morse Rd., POB 29357, Columbus, OH 43229, 614 433-9174; r. 5332 Silverthorne Rd., Westerville, OH 43081, 614 890-6486.

LINDLEY, Patricia Suzanne; '79 BSBA; Staffing Coord.; Bank One Columbus, 100 E. Broad St., Columbus, OH 43271, 614 248-5604; r. 1490 Slade Ave. #201, Columbus, OH 43235, 614 459-8807.

LINDMILLER, Robert P.; '22 BSBA; Retired; r. 906 S. M Center Rd. Apt. 201, Cleveland, OH 44143, 216 461-2257.

LINDNER, Janice E. '80 (See Schwartz, Mrs. Janice E.).

LINDNER, Mrs. Martha S., (Martha S. Schenk); '56 BSBA; Tchr.; Jones Middle Sch., 2100 Arlington Ave., Columbus, OH 43221; r. 4197 Evansdale Rd., Columbus, OH 43214, 614 451-1410.

LINDNER, Philip Earl; '86 BSBA; 4197 Evansdale Rd., Columbus, OH 43214, 614 451-1410.

LINDON, Warren Paul; '78 BSBA; Mgr.; Lyphomed, 10401 Touhy Ave., Rosemont, IL 60018, 312 390-1525; r. 157 Fox Hill Dr., Buffalo Grove, IL 60089, 312 537-0559.

LINDQUIST, COL Albert A., USA(Ret.); '27 BSBA; Volunteer; Homestead A F B Hosp., Red Cross Volunteer Dept., Homestead A F B, FL 33039, 305 257-8245; r. 15420 Palmetto Lake Dr., Miami, FL 33157, 305 235-7875.

LINDQUIST, Joni Kay; '88 MBA; Mktg. Analyst; United Telephone Co. of Ohio, 665 Lexington Ave., Mansfield, OH 44907; r. 457 Shepard Rd., Mansfield, OH 44907, 419 756-0829.

LINDSAY, James Leo; '66 BSBA; Pres.; Pandick Press, 1015 S. Shepard Dr., Houston, TX 77019; r. 16406 Craighurst Dr., Houston, TX 77059, 713 488-1933.

LINDSAY, Kristine Louise; '87 BSBA; Artist Devel. Asst.; MCA Records, 70 Universal City Plz.,, 3rd Fl., Universal City, CA 91608, 818 777-4572; r. 1604 Curson Ave., Los Angeles, CA 90019, 213 935-3402.

LINDSAY, William R.; '57 BSBA; Atty.; r. 3430 E. Tropicana #44, Las Vegas, NV 89121.
LINDSEY, Barbara Dodd; '48; 1817 Lynnhaven Dr., Columbus, OH 43221, 614 451-7327.
LINDSEY, Cynthia, (Cynthia Lee); '81 BSBA; Assoc. Dir.-Mktg.; r. 257 E. Schreyer Pl., Columbus, OH 43214.
LINDSEY, Hugh M.; '54 BSBA; Pres.; Lindsey Motor Sales Inc., 112 14 N. Lynn St., Bryan, OH 43506; r. 925 Markey Ave., Bryan, OH 43506, 419 636-3534.
LINDSEY, John R.; '58 BSBA; Atty.; 21 S. First St., Ste. 107, Newark, OH 43055, 614 345-2240; r. 2236 River Rd., Granville, OH 43023, 614 522-6272.
LINDSEY, Keefe E.; '49 BSBA; VP; Misco Shawnee Inc., 6522 Singletree Dr., Columbus, OH 43229; r. 1817 Lynnhaven Dr., Columbus, OH 43221, 614 451-7327.
LINDSEY, Keefe Edward, Jr.; '83 BSBA; Supv.; Bank One of Columbus, Data Processing Dept., 100 E. Broad St., Columbus, OH 43215; r. 1817 Lynnhaven Dr., Columbus, OH 43221, 614 451-7327.
LINDSEY, Mary Hughey; '44 BSBA; 494 Reinhard Ave., Columbus, OH 43206.
LINDSLEY, Benjamin Kent; '68 BSBA; Owner & Mgr.; Lindsleys Mens Wear, 545 Cleveland Rd. W., Huron, OH 44839, 419 433-4334; r. 718 Stowbridge Dr., Huron, OH 44839, 419 433-3839.
LINE, Norman Charles; '49; Retired; r. 188 S. Southampton Ave., Columbus, OH 43204, 614 274-7054.
LINE, Ronald N.; '64; Criminal Investigator; IRS, 550 Main St., Rm. 7532, Cincinnati, OH 45202, 513 684-3364; r. 7181 Anderson Woods Dr., Cincinnati, OH 45244, 513 232-2306.
LINEBAUGH, Allen Ray; '78 BSBA; Tax Acct.; Wendy's Intl. Inc., ATTN: Tax Dept., POB 256, Dublin, OH 43017, 614 764-6750; r. 7132 Donnybrook Dr., Dublin, OH 43017, 614 792-0233.
LINEBERGER, Mary Stanfield; '54 BSBA; Tchr.; Olentangy Local Schs., 814 Shanahan Rd, Lewis Ctr., OH 43035; r. 74 Glen Dr., Worthington, OH 43085, 614 888-3754.
LINEHAN, Charles T.; '37 BSBA; Retired; r. Rte. 4, Stone Creek Cove, Anderson, SC 29624, 803 225-6221.
LINEHAN, Donald Gene; '71 BSBA; Branch Ofcr.; Buckeye Fedl Savins & Loan, 94 Granville Rd, Gahanna, OH 43230; r. 961 Annagladys Dr., Worthington, OH 43085, 614 766-2036.
LINEK, Emil J.; '30 BSBA; Retired; r. 7542 Olili Pl., Honolulu, HI 96825, 808 395-0205.
LINES, Rebecca Anne; '85 BSBA; Store Inventory Planner; Victoria's Secret, 3 Limited Pkwy., Columbus, OH 43230, 614 479-5251; r. 1685 Berkshire Rd., Upper Arlington, OH 43221, 614 488-5477.
LINGNAU, Mrs. Theresa Marie, (Theresa Marie Mercer); '84 BSBA; Sales Rep.; C F Air Freight, 3600 W. Century Blvd., Inglewood, CA 90303, 213 673-7661; r. 2019 Mathews Ave., Apt. D, Redondo Bch., CA 90278, 213 372-5325.
LINGO, Darcy Ellen; '79 BSBA; 2119 Sarilynn Ct., Hilliard, OH 43026, 614 771-1825.
LINGO, Edward J.; '63 BSBA; Dir. Corp. Material Res.; Applied Materials, 3050 Bowers, Santa Clara, CA 95054, 408 748-5098; r. 16536 Englewood Ave., Los Gatos, CA 95032, 408 356-3300.
LINICK, Debra Elaine '78 (See Schottenstein, Debra Elaine).
LINK, James A.; '48 BSBA; Comptroller & CPA; Don M Casto Org., 209 E. State St., Columbus, OH 43215; r. 4852 Crazy Horse Ln., Westerville, OH 43081, 614 890-5662.
LINK, James Louis; '81 BSBA; 136 E. Schreyer Pl., Columbus, OH 43214, 614 262-9935.
LINK, Jeffrey Alan; '75 BSBA; Controller; Skilken Properties Co., 910 E. Broad St., Columbus, OH 43205, 614 253-8654; r. 1834 Elmwood Ave., Columbus, OH 43212, 614 481-7703.
LINK, John Robert; '78 BSBA; Sales Mgr.; Pax Machine Works Inc., 5139 Monroe Rd., Celina, OH 45822, 419 586-2337; r. 624 Plum Dr., Coldwater, OH 45828, 419 678-4543.
LINK, Michael D.; '74 BSBA; Woodshop Supv.; Columbus Clg. of Art/Design, 47 N. Washington Ave., Columbus, OH 43215, 614 224-9101; r. 3696 Eisenhower Rd., Columbus, OH 43224, 614 262-5996.
LINK, Paul Martin; '73 BSBA; Dir./Field Mktg.; USA Today, POB 500, Washington, DC 20044, 703 276-6330; r. 4515 Orr Dr., Chantilly, VA 22021, 703 968-0452.
LINK, Raymond D.; '48 BSBA; Asst. Br Mgr.; Underwriters Salvage Co. of Chi, 1799 Frebis Ave., Columbus, OH 43206; r. 200 N. Chase Ave., Columbus, OH 43204, 614 279-2672.
LINK, Richard J.; '46 BSBA; Real Estate Broker; Link Hellmuth Inc., 22 N. Limestone, Springfield, OH 45502; r. Signal Hill Rd, Springfield, OH 45504, 513 399-3857.
LINK, Roy E.; '48 BSBA; 200 N. Chase Ave., Columbus, OH 43204, 614 279-2672.
LINK, Ms. Vicki Lynn; '85 BSBA; Acct.; The Limited, Three Limited Pkwy., Columbus, OH 43216, 614 479-2389; r. 2848 Chesfield Dr., Columbus, OH 43204, 614 272-7413.
LINK, Willis K., Jr.; '49 BSBA; Asst./Pres. of Corp; r. 8215 Prospect Rd., Sarasota, FL 33580, 813 758-4131.
LINKE, Jane Hack; '81 MBA; Mktg. Mgr.; Andrew Jergens Co., 2535 Spring Grove Ave., Cincinnati, OH 45214; r. 19 Arcadia Pl., Cincinnati, OH 45208, 513 871-8297.
LINKLATER, Marcia A., (Marcia Amli); '72 BSBA; Dir. Mkt. Rsch.; Carlson Mkt. Grp., E.F. MacDonald Incentative Co., 111 N. Main St., Dayton, OH 45402, 513 226-5126; r. 622 Dellhurst, Dayton, OH 45429, 513 298-9124.
LINKS, Gretchen Kay; '88 BSBA; Grad. Student; Ohio State Univ., Columbus, OH 43210; r. 3705 Grantley Rd, Toledo, OH 43613, 419 475-4360.
LINN, David Paul; '86 MA; Acquisition Ofcr.; State Tchrs. Retirement Syst., 275 E. Broad St., Columbus, OH 43215, 614 227-2881; r. 2265 Hedgerow Rd. #G, Columbus, OH 43220, 614 459-4001.
LINN, Gordon L.; '51 BSBA; Inventory Contrl Mgr.; Pre Finish Metals Inc., 2300 Pratt Blvd., Elk Grove Vlg., IL 60007, 312 439-2210; r. 244 Linden Ave., Elmhurst, IL 60126, 312 834-7467.
LINN, Jonnie Sue; '72 BSBA; Dir., Internal Audit; Ball-Incon Glass Packaging, 1509 S. Macedonia Ave., Muncie, IN 47307, 317 741-7628; r. 777 Duner Rd., Celina, OH 45822.
LINN, Kimberly Bruegman; '80 BSBA; Homemaker; r. 1215 E. Waco St., Brownfield, TX 79316.
LINN, Laura Jane; '88 BSBA; 3995 Bel-Air Avneue NW, Canton, OH 44718, 216 492-1670.
LINNENKOHL, Mrs. Christina Y., (Christina S. Yeack); '78 MBA; Homemaker; r. 8300 Garnet Dr., Dayton, OH 45458, 513 435-7411.
LINNENKOHL, David H.; '78 MBA; Mgr., Systs. Integration; B D M Corp., 1900 Founders Dr., Kettering, OH 45420, 513 259-4357; r. 8300 Garnet Dr., Dayton, OH 45458, 513 435-7411.
LINSCOTT, Richard E.; '55 BSBA; Pres.; Fun-tastic Foods Inc., POB #330, Weaver, AL 36277, 205 820-1578.
LINSE, Mrs. Toni R., (Toni R. Vrsansky); '83 BSBA; VP; Linse & Assocs., POB 20263, Columbus, OH 43220, 614 459-5005; r. 2122 Wesleyan, Columbus, OH 43221, 614 459-3264.
LINSLEY, Edward R.; '57 BSBA; Mgmt. Repr; r. 2432 Nancy Ln. NE, Atlanta, GA 30329, 404 636-6151.
LINSTEDT, John Edward; '76 BSBA; Raw Materials Buyer; Dresser Industries-Marion Div., 617 W. Center St., Marion, OH 43302, 614 383-5211; r. 312 Chesterville Ave., Cardington, OH 43315, 419 864-6811.
LINT, Milan D.; '87 BSBA; Agt.; Natl. Labor Bd., 1240 E. 9th St., Cleveland, OH 44199, 216 522-3715; r. Box 30 Rte. 1, Dennison, OH 44621, 614 922-2669.
LINT, Robert F.; '34 BSBA; Retired; r. POB 1468, Santa Barbara, CA 93102.
LINTON, Catherine M., (Catherine J. Moore); '79 MACC; CPA; 8834 Gailes Ct., Dublin, OH 43017, 614 889-1388; r. Same.
LINTON, Harry Carl; '78 BSBA; Sales Repr; Wamsutta-Pacific, c/o Postmaster, Cincinnati, OH 45234; r. 344 Eaton St., Northfield, IL 60093, 312 441-7838.
LINVILLE, Anne E.; '88 BSBA; 29 E. Patterson, Columbus, OH 43202, 614 268-2860.
LINVILLE, Fred Edwin; '65 BSBA; 10441 W. 125th Ter., Overland Park, KS 66213.
LINVILLE, Malcolm E.; '51 BSBA; Sr. Sales Engr.; Textron Inc., Airfoil Forging Textron Subsid, 23555 Euclid Ave., Cleveland, OH 44117, 216 692-5667; r. 11487 Twin Mills Ln., Chardon, OH 44024, 216 286-6559.
LINZ, Marty Jo; '86 MBA; Partner; Linz & Cueroni Constr., POB 6516, Panama City, FL 32404, 904 769-5124; r. 2401 Stanford Rd., Apt. 221, Panama City, FL 32405, 904 769-5124.
LINZELL, Mary Kay '53 (See Palmer, Mary Kay).
LINZINMEIR, John Douglas; '86 BSBA; Operations Mgr.; J C Penney Co. Inc., Regional Catalog Ctr., 5555 Scarborough Blvd., Columbus, OH 43227, 614 863-7189; r. 6002 Lake Club Sq., Columbus, OH 43232, 614 863-9832.
LIOCE, Nicholas, Jr.; '60 BSBA; Pres.; N & L Enterprises Inc., 2950 Drake Ave., Huntsville, AL 35805, 205 883-8700; r. 3218 Riley St. SW, Huntsville, AL 35801, 205 881-8223.
LIONETTI, Jill Marie '87 (See Brebant, Jill Marie).
LIOTTA, William A.; '80 BSBA; Gen. Mgr.; Architectural Floors & Walls, Div Continental Ofc. Furniture, 1021 Euclid Ave., Cleveland, OH 44115, 216 781-5863; r. 19350 Lakeshore Blvd., Euclid, OH 44119, 216 531-4175.
LIPAJ, Cy Mark; '79 BSBA; Owner/Agt.; State Farm Ins. Co., 9853 Johnnycake Ridge Rd., Mentor, OH 44060, 216 354-4905; r. 13071 Radcliffe Rd., Chardon, OH 44024, 216 286-7450.
LIPAJ, Cynthia Englefield; '79 BSBA; Homemaker; r. 13071 Radcliffe Rd., Chardon, OH 44024, 216 286-7450.
LIPARI, Mark Salvatore; '76 BSBA; Salesman; AT&T, 3201 Jermantown Rd., Fairfax, VA 22030; r. 2512 Freetown Dr., Reston, VA 22091, 703 476-6790.
LIPETZ, Robert Eugene; '83 MBA; VP; Forum Intl. Inc., 1074 E. Broad St., Columbus, OH 43205, 614 253-5517; r. 263 Rome-Hilliard, Columbus, OH 43228, 614 878-1759.
LIPINSKI, David Roger; '86 BSBA; Redbird Ln., Grapevine, TX 76051.
LIPKIN, Timothy Leland; '84 BSBA; 3471 Derbyshire Dr., Columbus, OH 43224.
LIPKIN-HART, Susan Marlene; '88 MBA; 90 E. Kelso Rd., Columbus, OH 43202, 614 267-2121.
LIPOVSKY, Leonard S. '60 (See Lane, Leonard).
LIPP, David Alan; '67 MBA; Dir.-Plng. & Budgeting; Florida Combined Life, 8665 Baypine Rd., Jacksonville, FL 32256, 904 730-7821; r. 3540 Bran Ct. W., Jacksonville, FL 32211, 904 743-7632.
LIPP, Robert Anthony; '58 BSBA; Lt. Col. Usaf Ret; r. Box 603, Monument, CO 80132, 719 481-3490.
LIPPE, Al A.; '29 BSBA; Retired; r. 120 Cooper Dr., Great Neck, NY 11023, 516 482-6005.
LIPPERT, David Carl; '86 BSBA; Auditor; American Electric Power Co., 1 Riverside Plz., POB 16631, Columbus, OH 43216, 614 223-2637; r. 165 Fallis Rd., Columbus, OH 43214, 614 262-6251.
LIPPIATT, Suzanne Kaye; '87 BSBA; 1281 Brockett Rd Apt. #14 L, Clarkston, GA 30021.
LIPPMAN, Edgar T.; '53 BSBA; Mgmt.; Ponderosa Steak House, 3218 Dixie Hwy., Cincinnati, OH 45216; r. 547 Brunswick Cir., Cincinnati, OH 45240, 513 825-7401.
LIPPMAN, John N.; '48 BSBA; 3040 Gorham Ct., Carmel, IN 46032, 317 848-5984.
LIPPS, Woodson David; '71 BSBA; Tax Commissioner Agt.; State of Ohio, 15 E. Fourth St., Dayton, OH 45402, 513 449-6200; r. 2945 Knoll Ridge Dr., Apt. D, Dayton, OH 45449, 513 435-5991.
LIPPY, Jeffrey Steele; '87 BSBA; Mktg. Srvs Repr; Pressware Intl. Inc., 2120 Westbelt Dr., Columbus, OH 43228, 614 771-5400; r. 2074 Martell Dr., Columbus, OH 43229, 614 882-4490.
LIPSCHITZ, Howard Joseph; '84 BSBA; Law Student; Cleveland State Univ., 1983 E. 24th St., Cleveland, OH 44115; r. 2058 Aldersgate, Lyndhurst, OH 44124.
LIPSON, Stephen H.; '65 BSBA; 4840 Mannboro Dr., Columbus, OH 43220, 614 442-1750.
LIS, Timothy Matthew; '88 MBA; Grad. Student; The Ohio State Univ., Clg. of Business, Columbus, OH 43210; r. 61 E. 12th Ave., #C, Columbus, OH 43201, 614 457-7695.
LISBONA, Frank J.; '50 BSBA; 1 Franklin Ave., Apt. A-11, Nutley, NJ 07110.
LISCANO, Robert Lee; '75 BSBA; Mgr., Comp. & Benefits; KQED Inc., 500 Eighth St., San Francisco, CA 94103, 415 553-2212; r. 2345 Larkin #7, San Francisco, CA 94109, 415 771-6275.
LISHAWA, William Charles; '50 BSBA; CPA; 509 S. Main St., Mt. Blanchard, OH 45867, 419 694-7071; r. Same.
LISHEWSKI, Richard Edward; '87 BSBA; 4120 Wyndwood, Toledo, OH 43623, 419 882-4485.
LISK, Harry Ralph; '67 MBA; Warehouse Mgr.; Hobart Corp., 448 Huffman Ave., Dayton, OH 45403, 513 259-0051; r. 130 Lexington Farm Rd., Union, OH 45322, 513 832-1117.
LISKO, Irene '42 (See Lyle, Irene Lisko).
LISLE, Herbert Allen; '40 BSBA; Retired; r. 1591 Agave Ln., Green Vly., AZ 85614, 602 625-9278.
LISLE, William S.; '40 BSBA; Retired; r. 2300 Fishinger Rd., Columbus, OH 43221, 614 451-3815.
LISLE, William Stanley; '81 MBA; Retail Properties; Trammell Crow Co., Commercial Real Estate, 100 S. Ashley, Ste. 700, Tampa, FL 33602, 813 273-9500; r. 4627 Sunset Blvd., Tampa, FL 33629, 813 839-2837.
LISOWSKI, John Raymond; '79 MBA; Investment Broker; Advest, 3300 One Oxford Ctr., 301 Grant St., Pittsburgh, PA 15219, 412 391-6500; r. 501 Dorchester Dr., Pittsburgh, PA 15241.
LISSKA, David N.; '53 BSBA; Gen. Foreman; GMC Chevrolet Div., Mc Donough & Sawtell Blvds, Atlanta, GA 30315; r. 2630 Wellington Dr. NE, Marietta, GA 30062, 404 971-3763.
LISSON, Gerald H.; '48 BSBA; Pres.; G & G Lisson Inc., 674 Wyckoff Ave., Wyckoff, NJ 07481; r. 1243 Washington Ave., Washington Twp, NJ 07675.
LISTON, Martin Lynn; '75 BSBA; Salesman; Ranco Inc., 555 Metro Pl. N., Ste. 550, Dublin, OH 43017; r. 2683 Queensway Dr., Grove City, OH 43123, 614 871-1960.
LISTON, Scott Andrew; '84 BSBA; Flight Mgr.; Executive Jet Aviation, Port Columbus Int Airport, Box 19707, Columbus, OH 43219; r. 1558 Greenscape, Westerville, OH 43081, 614 848-5954.
LISTON, Wayne R.; '43 BSBA; 408 Brydon Rd, Dayton, OH 45419, 513 293-8795.
LITKOVITZ, Walter Steven; '84 MBA; Engr.; Mass Dept. of Public Utilities, 100 Cambridge, Boston, MA 02202, 617 727-9748; r. 1109 Broadway, #1, Somerville, MA 02144, 617 625-9367.
LITTELL, Lanny L.; '66 BSBA; 13620 Lk Magdalene #413, Tampa, FL 33618.
LITTEN, Edward F.; '55; Sales Mgr.; Stenger Business Systs., 1035 Chapline St., Wheeling, WV 26003, 304 233-2666; r. 703 Elm St., Martins Ferry, OH 43935, 614 633-5005.
LITTERAL, Jon David; '86 BSBA; Appraiser-Comm. Res.; Dean Appraisel Co., 400 E. Maple, Birmingham, MI 48034, 313 433-1244; r. 28455 Thornapple Dr., Apt. 106, Southfield, MI 48034, 313 355-0722.
LITTLE, Ashley J.; '52 MBA; Retired; r. 3427 Hall Dr., Aiken, SC 29801, 803 648-0661.
LITTLE, Bradford R.; '87 BSBA; Dir. of Mktg.; r. 5793 Forge Bridge Dr., West Chester, OH 45069, 513 779-9794.
LITTLE, Donna Lynn; '77 BSBA; Proj. Mgr.; Motorists Mutual Ins. Co., 471 E. Broad St., Columbus, OH 43215, 614 225-8376; r. 3205 Dresden St., Columbus, OH 43224, 614 263-6491.
LITTLE, Douglas William, JD; '76 BSBA; Atty.; 213 E. 2nd St., Pomeroy, OH 45769, 614 992-6689; r. 32890 Pleasant View Rd., Racine, OH 45771, 614 949-2935.
LITTLE, Mrs. Frances P., (Frances A. Pandolfo); '83 MBA; Trng. Cnslt.; Katharine Gibbs Sch., 535 Broadhallow Rd., Melville, NY 11747, 516 293-2460; r. 3 Turnip Hill, Northport, NY 11768, 516 754-6021.
LITTLE, Jackson R.; '49 BSBA; Retired; r. 4105 Garrett Dr. W., Columbus, OH 43214, 614 457-3174.
LITTLE, James Joseph; '73 BSBA; Atty./CPA; 75 E. Wacker Dr., Ste. 200, Chicago, IL 60601, 312 346-5090; r. 2633 N. Magnolia St., Chicago, IL 60614.
LITTLE, Dr. John Andrew; '83 MBA; Retired Pres./CEO; Monitronix Corp., 2971 Silver Dr., Columbus, OH 43224, 614 262-0334; r. 3 Turnip Hill, Northport, NY 11768.
LITTLE, John Keith; '86 BSBA; Sales Rep.; AT&T, 4667 Karl Rd., Columbus, OH 43229, 614 431-1106; r. 157 Richards Rd., Columbus, OH 43229, 614 268-9912.
LITTLE, Kim Edward; '76 BSBA; Broker & Dealer; Enterprise Capital Corp., 5471 Chatford Sq., Columbus, OH 43227; r. 5471 Chatford Sq., Columbus, OH 43227, 614 866-4809.
LITTLE, Lewin L.; '48 BSBA; Retired; r. 203 Poinciana Dr., Ellenton, FL 34222, 813 729-1641.
LITTLE, Michael David; '86 BSBA; Materials Planner; Akron Brass Co., Spruce St., Wooster, OH 44691, 216 264-5678; r. 310 E. Larwill #4, Wooster, OH 44691, 216 263-2721.
LITTLE, Richard Patton; '78 BSBA; Classified Adv Mgr.; Scrantonian Tribune, 338 N. Washington Ave., Scranton, PA 18505, 717 344-7221; r. 211 Hall Ave., Clarks Green, PA 18411, 717 586-8593.
LITTLE, COL Robert W., USMC; '49 BSBA; Retired; r. 1106 Hendricks Ave., Jacksonville, NC 28540, 919 346-9889.
LITTLE, Robin Kindy; '82 BSBA; Montessori Tchr.; Avon Montessorie Sch., Auburn Ave., Rochester Hls., MI 48308, 313 853-4050; r. 424 Ivywood Ct., Rochester Hls., MI 48063, 313 656-7171.
LITTLE, Thomas Charles; '77 BSBA; Real Estate Appraiser; Knight & Dorin, 2720 Enterprise Pkwy. #114, Richmond, VA 23229, 804 273-1818; r. 1019 Francisco Dr., Richmond, VA 23229, 804 288-6577.
LITTLEFIELD, Dr. Cleatice L.; '50 PhD (BUS); Prof. Emeritus; Univ. of North Texas, Sch of Bus Admin, Denton, TX 76203; r. Box-5235-N. T Sta., Denton, TX 76203, 817 382-2494.
LITTLEJOHN, John Paul; '75 BSBA; Account Rep.; Storage Technology Corp., 700 Ackerman Rd., #525, Columbus, OH 43202, 614 268-8106; r. 6918 Valley Down Rd., Dublin, OH 43017, 614 792-0513.
LITTLEJOHN, CAPT Kevin Lee, USAF; '83 BSBA; Launch Ofcr.-Evaluator; 321 Strategic Missile Wing, 6228-A Dakota, Grand Forks AFB, ND 52805, 701 594-5008; r. 619 Meadow Ln., Troy, OH 45373, 513 335-2016.
LITTON, Charles Henry; '74 BSBA; Acct.; Cmi Corp., 2600 Telegraph Rd, Bloomfield Hls., MI 48303; r. 5060 Abbey Ln., Utica, MI 48087, 313 731-1428.
LITTS, Ann Farinacci; '84 BSBA; 1253 Westfield Dr., Maumee, OH 43537, 419 893-2192.
LITTS, Timothy Joseph; '81 BSBA; 3944 Farmbrook Ln., Columbus, OH 43204.
LITVAK, Evan Marshall; '80 BSBA; Corp. Cost Acctg.; Kellogg Co., One Kellogg Sq., Battle Creek, MI 49017, 616 961-2366; r. 109 W. Sunset Blvd., Battle Creek, MI 49017, 616 962-6902.
LITVAK, Marc Jay; '80 BSBA; Special Agt.; Northwestern Mutual Life, 925 Superior Bldg., Cleveland, OH 44114, 216 241-5840; r. 4242 Harwood Rd., S. Euclid, OH 44121, 216 381-5256.
LITWACK, Jerry; '53 BSBA; Scrap Bus.; r. 819 E. 64th St., Indianapolis, IN 46220.
LITWILLER, Stephen H.; '72 BSBA; VP; Central Trust Co., 17 N. 3rd St., Newark, OH 43055; r. 44 N. 34th St., Newark, OH 43055, 614 344-4910.
LITZINGER, James F., CPA; '78 BSBA; VP; The Entrepreneurship Inst., 3592 Corporate Dr., Ste. 112, Columbus, OH 43231, 614 895-1153; r. 7780 Dustin Rd., Galena, OH 43021, 614 965-1562.
LITZINGER, Paul William; '81 BSBA; Lead Programmer/Analyst; Nationwide Ins. Co., One Nationwide Plz., Columbus, OH 43216, 614 249-4074; r. 1379 Goldmill Way, Columbus, OH 43204, 614 274-3406.
LIU, Alexander; '87 BSBA; 2850 Stonecreek Ct., Columbus, OH 43224, 614 475-8251.
LIU, Mrs. Celia Lam, (T.L. Lam); '69 BSBA; Financial Analyst; Shulton Inc., Subs American Cyanamid, 697 Rte. 46, Clifton, NJ 07015, 201 340-6000; r. 599 Green Hill Rd., Kinnelon, NJ 07405.
LIU, Paul Zhi Cheng; '88 BSBA; Operations Exec.; Dickson Wong Pte Ltd., 625 Alsunied Rd., Singapore 1438, Singapore, 793-1155; r. Blk 23 Holland Dr., #18-108, Singapore 1027, Singapore, 775-5185.
LIU, Waikit; '88 BSBA; POB 3371, Columbus, OH 43210, 614 297-0719.
LIVELY, John Robert; '33 BSBA; Retired; r. 2521 Revere Ave., Dayton, OH 45420, 513 253-3477.
LIVELY, Joyce Skeen, (Joyce Skeen); '50 BSBA; Retired; r. 1804 Millwood Dr., Columbus, OH 43221, 614 451-5832.
LIVELY, Marc Richard; '86 BSBA; Commercial Lending Rep.; Huntington Natl. Bank, Courthouse Plz. SW, Ste. 200, Dayton, OH 45402, 513 443-5925; r. 179 Sail Boat Run Apt. 2A, Dayton, OH 45458, 513 885-6117.

LIVELY, Michael John; '78 BSBA; Rte. Salesman; Pepsi Cola Co., 1241 Gibbard Ave., Columbus, OH 43224, 614 253-8771; r. 104 Sharon Springs Blvd., Worthington, OH 43085, 614 436-0211.
LIVENGOOD, Rachel Hunter, (Rachel L. Hunter); '81 BSLHR; Human Res. Admin.; Ohio Dept. of Liquor Control, 2323 W. 5th Ave., Columbus, OH 43216; r. 330 E. Main St., S. Vienna, OH 45369, 513 568-4777.
LIVEZEY, Jane '51 (See Barthelmas, Jane Livezey).
LIVEZEY, Robert E.; '51 MBA; Sr. Analyst; r. POB 252, Leland, MI 49654, 313 549-6036.
LIVINGSTON, Brad E.; '81 MBA; Asst. VP, Inst.Equity Tr.; Prudential-Bache Capital Funding, Inc., 1 S. Wacker, Ste. 3880, Chicago, IL 60606, 312 630-7825; r. 240 W. Cole Ave., Wheaton, IL 60187, 312 682-3128.
LIVINGSTON, Brian W.; '66 BSBA; Dist. Mgr.; IDS/American Express, 6060 Dutchmans Ln. 250, Louisville, KY 40205, 502 458-0691; r. 9006 Collingwood, Louisville, KY 40299, 502 991-5601.
LIVINGSTON, Cherie Lynn; '88 BSBA; 7857 Angel, N. Canton, OH 44720, 216 497-7729.
LIVINGSTON, Cheryl Lynn; '84 BSBA; 411 Tollis Pkwy. 139, Broadview Hts., OH 44147.
LIVINGSTON, Randy Thomas; '75 BSBA; Acct.; Cols & Southern Ohio Electric, Sub of American Elec Power, 215 N. Front St., Columbus, OH 43215; r. 2199 Pine Kmoll Ave., Columbus, OH 43229, 614 891-5869.
LIVINGSTON, Scott Gordon; '81 BSBA; Staff; Crown Card & Gift Shop, Dba:Halmark Crown Shop, 3890 E. Broad St., Columbus, OH 43213; r. 2271 Severhill Dr., Dublin, OH 43017, 614 766-1647.
LIVINGSTON, Mrs. Terri P., (Terri J. Paumier); '82 BSBA; Sales Rep.; Western Sports Mktg., 119 Aberdeen Dr., #5, Cardiff, CA 92007, 619 944-0771; r. 1825 College Cir., Long Beach, CA 90815, 213 430-7083.
LIVINGSTON, Toby Petticrew; '80 BSBA, '85 MBA; Account Marktng Repr; IBM Gen. Systs. Div., 140 E. Town St., Columbus, OH 43215, 614 225-3637; r. 6769 Markwood St., Worthington, OH 43085, 614 431-2042.
LIVINGSTON, Willard P.; '21 BSBA; Retired; r. 13700 Fairhill Rd, Cleveland, OH 44120, 216 229-7412.
LIVORNO, John Foster; '68 BSBA; Atty./Partner; Livorno & Arnett, 131 N. High St., Columbus, OH 43215; r. 7115 Old Prose Ct., Dublin, OH 43017, 614 761-2645.
LIVSEY, Roberta; '77 BSBA, '78 MBA; Bus Plnr/Fin Analyst; GM Corp., Buick-Oldsmobile-Cadillac Grp, 920 Townsend, Lansing, MI 48921, 517 377-4627; r. 1744 E. Paradise Ln., Phoenix, AZ 85022, 602 493-1618.
LIZANICH, Gregory Charles; '76 BSBA; Sr. Acct. Analyst; Travelers Ins. Co., 10000 N. 31st Ave., Phoenix, AZ 85021, 602 861-8652; r. 731 E. Gardenia Dr., Phoenix, AZ 85020, 602 997-2517.
LLOYD, B. Michl, CPA; '69 BSBA; Partner; Deloitte Haskins & Sells, 3800 Howard Hughes Pkwy., Ste. 1600, Las Vegas, NV 89109, 702 791-1000; r. 2804 Ashworth Cir., Las Vegas, NV 89107, 702 870-4147.
LLOYD, George Dylan; '85 BSBA; 457 Greenglade Ave., Worthington, OH 43085, 614 885-0874.
LLOYD, Howard L.; '48 BSBA; Trade Rel Representa; r. 12 E. 88, New York, NY 10028, 212 289-1157.
LLOYD, James N.; '78 BSBA; Sales Rep.; New York Wire Co., 2420 E. Oakton Rd, Arlington Hts., IL 60005; r. 705 Cottonwood Ct., Apt. 106, Modesto, CA 95356.
LLOYD, Jay C.; '58 BSBA; Real Estate Appraiser; Jay C Lloyd Appraisers, 3300 S. Dixie Dr., Rm. #105, Dayton, OH 45439; r. 6718 Yorkcliff Pl., Dayton, OH 45459, 513 433-1741.
LLOYD, Jeffrey Jamieson; '72 BSBA; Asst. VP; The First Bank of Marietta, 320 Front St., Marietta, OH 45750; r. 116 Becker Ln., Marietta, OH 45750, 614 373-6014.
LLOYD, John Evan; '76 BSBA; Realtor; Re/Max RCI Grp. Inc., 5880 Sawmill Rd., Dublin, OH 43017, 614 764-2222; r. 7503 Sagewood Ct., Worthington, OH 43235, 614 764-9779.
LLOYD, John R.; '40 BSBA; 4624 Rolling Hills Rd, Pittsburgh, PA 15236, 412 881-6095.
LLOYD, Kenneth Rolland; '69 BSBA; Air Traffic Controlr; Fed. Aviation Admin., Napier Field Sta., Dothan Airport, Dothan, AL 36301; r. 307 Bracewell, Dothan, AL 36301, 205 794-8215.
LLOYD, Stanley E.; '36 BSBA; Retired; r. 13225 US1 #63, Sebastian, FL 32958, 407 589-3078.
LLOYD, Terry L.; '65 BSBA; Pres./Dir.; Byer California, 66 Potrero Ave., San Francisco, CA 94103; r. 1737 Oak Grove Ave., San Marino, CA 91108, 213 614-1077.
LLOYD, Thomas E.; '67 BSBA; CPA/Partner; Ernst & Whinney, 2400 Kettering Twr., Dayton, OH 45423, 513 223-2000; r. 1042 Putney Dr., Worthington, OH 43085, 614 436-8716.
LLOYD, Wendell Eugene; '48 BSBA; Retired; r. 3975 Iverness Ln., Orchard Lake, MI 48033, 313 851-6988.
LOAR, Robert; '60 BSBA, '66 MBA; Agt.; Loar Ins. Agcy., 3851 N. High St., Columbus, OH 43214; r. 1314 Ironwood Dr., Columbus, OH 43229, 614 885-9838.
LOAR, Stephen Paras; '84 BSBA; 6338 Hibiscus Ct., Westerville, OH 43081, 614 891-1416.
LOAR, Timothy Edward; '86 MA; 6641 Guyer St., Worthington, OH 43085, 614 846-1739.
LOBAS, Jeffrey George; '74 MPA; 8789 Sycamore Ct., Eden Prairie, MN 55344, 317 257-6023.
LOBDELL, Harry E.; '54 BSBA; Mfg. Engr.; Westinghouse Electric Corp., Wapakoneta Rd, Lima, OH 45801; r. 2565 Chesterton Dr., Lima, OH 45805, 419 331-5736.
LOBDELL, Lynne D. '80 (See Smallwood, Mrs. Lynne D.).
LOBECK, Annette Bavetz, (Annette Bavetz); '82 BSBA; Order Admin.; Xerox Corp., 6400 Southcenter Blvd., Tukwila, WA 98188, 206 241-1230; r. 13704 SE 202nd Pl., Kent, WA 98031, 206 631-0802.
LOCHNER, John Raymond; '80 BSBA; Sr. Cnslt.; Peat Marwick Main & Co., 1601 Elm St., Ste. 1400, Dallas, TX 75201, 214 754-2000; r. 6624 Fireflame Dr., Dallas, TX 75248, 214 392-3104.
LOCKARD, Sarah Louise; '80 BSBA; Staff; Nordson Corp., 113 Jackson St., Amherst, OH 44001; r. 245 W. Clg., Oberlin, OH 44074, 216 774-8007.
LOCKE, Charles Thomas, Jr.; '83 BSBA; VP; Floramerica Inc., 274 S. Center St., Pierson, FL 32080, 904 749-9005; r. 420 Lakebridge Plaza Dr., Apt. #206, Ormond Bch., FL 32074, 904 677-7915.
LOCKE, Paula Bruce, (Paula J. Bruce); '84 BSBA; Controller; Floramerica Inc., 274 S. Center St., Pierson, FL 32080, 904 749-9005; r. 420 Lakebridge Plaza Dr., Apt. #206, Ormond Bch., FL 32074, 904 677-7915.
LOCKE, Stephanie Anne; '87 BSBA; Inside Sales; Simpson Strong-Tie Co. Inc., 2200 Westbelt Dr., Columbus, OH 43228, 614 876-8060; r. 437 Briar Lake Dr., Elyria, OH 44035, 216 365-5687.
LOCKE, Thomas Philip; '78 BSBA, '80 MBA; Programming Mgr.; Progressive Corp., 3401 Enterprise Pkwy., Beachwood, OH 44122, 216 464-7900; r. 32816 S. Roundhead, Solon, OH 44139, 216 349-4374.
LOCKE, William Mead; '42; Gen. Mgr.; Tur-Bo Jet Prod. Co. Inc., 5025 N. Earle Ave., Rosemead, CA 91770, 818 285-1294; r. 999 E. Valley Blvd., Apt. 11, Alhambra, CA 91801, 818 289-9504.
LOCKE, William Michael; '77 BSBA; Mgr.; Compuserve Inc., Data Base Products Div, 5000 Arlington Ctr. Blvd., Columbus, OH 43220; r. 5252 Wagon Wheel Ln., Gahanna, OH 43230, 614 475-5252.
LOCKER, Raymond Mark; '74 BSBA, '75 MBA; POB 26656, Phoenix, AZ 85068.
LOCKETT, Frances Barker; '17; 4911 Traylor Ave., Sarasota, FL 34234, 813 355-5407.
LOCKHART, Edward L.; '49 BSBA; Proj. Admin.; Hughes Aircraft, 2060 E. Imperial Hwy., El Segundo, CA 90245, 213 410-5228; r. 6211 San Lorenzo, Buena Park, CA 90620, 714 827-1627.
LOCKHART, Louis V.; '48 BSBA; 6211 San Lorenzo Dr., Buena Park, CA 90620.
LOCKHART, Paula Jewett; '77 BSBA; Staff; US Govt., Wright Patterson AFB, Dayton, OH 45433, 513 257-8229; r. 4424 Castleton Rd. W., Columbus, OH 43220, 614 451-6352.
LOCKHART, Valerie Lee, (Valerie Lee); '86 BSBA; Mktg. Cnslt.; Lockhart Mkt. Rsch., 2212 Town Pl., Middletown, CT 06457, 203 635-0471; r. Same.
LOCKMAN, Paul Martin; '81 BSBA; Terminal Supv.; The St. Johnsbury Trucking Co., 829 Harmon Ave., Columbus, OH 43223; r. 2442 Opal Ct., Grove City, OH 43123, 614 875-4250.
LOCKSHIN, Bertram A.; '45 BSBA; VP; American Accessory Corp., 4700 NW 128th St. Rd., Opa-Locka, FL 33054, 305 688-8623; r. 1800 N. E. 114th St., Apt. 1405, Miami, FL 33181, 305 895-6646.
LOCKSHIN, David W.; '49 BSBA; Retired; r. 278 Hollywood Ave., Akron, OH 44313, 216 836-2319.
LOCKSHIN, Eric Steven; '72 BSBA; Supv. of Indust; Uniwear Inc., 825 E. Tallmadge Ave., Akron, OH 44310; r. 195 Brook Bend Dr., Akron, OH 44313, 216 666-6620.
LOCKSHIN, James D.; '48 BSBA; Pres.; Fame Beverage Co., 1911 Quimby, SW, POB 6210, Canton, OH 44706, 216 452-8888; r. 350 Santa Clara Dr., NW, Canton, OH 44709, 216 492-2400.
LOCKSHIN, Jerrold L.; '50 BSBA; Pres.; Ohio Bus Sales Inc., POB 6210, Canton, OH 44706, 216 453-3725; r. 716 24th St. NE, Canton, OH 44714, 216 452-4889.
LOCKSPEISER, Sanford E.; '48 BSBA; Retired; r. 2324 Madison Rd., Apt. 1609, Cincinnati, OH 45208, 513 321-6544.
LOCKWOOD, COL Harold K., USA; '56 MBA; 501 Slaters Ln., Apt. 203, Alexandria, VA 22314, 703 836-4954.
LOCKWOOD, John Hadley; '70 BSBA; Appraiser/Owner; Lockwood Appraisal Svcs., 3800 S. Dixie Hwy., Lima, OH 45806, 419 991-2345; r. 3592 Woodhaven, Lima, OH 45806, 419 991-8532.
LOCKWOOD, LTC Robert F.; '56 BSBA; Ltc Usaf; r. 108 Buttonwood Cir., Seminole, FL 34647, 813 397-8412.
LOCKWOOD, William Thomas; '84 BSBA; 3429 Bell St., Huntsville, OH 43324, 513 599-2526.
LOCOCO, Anthony Craig; '84 BSBA; Mgr.-Buyer; Knickers, Boca Raton Hotel, 501 E. Camino Real, Boca Raton, FL 33432, 407 393-9180; r. 5401 NW Second Ave., #320, Boca Raton, FL 33487, 407 994-0301.
LOCOCO, Beth Andrea; '85 BSBA; Recruiter; Riverside Methodist Hosp., 3535 Olentangy River Rd., Columbus, OH 43214, 614 261-5165; r. 4629 Chesapeake, Columbus, OH 43220, 614 451-4684.
LOCSEY, Mrs. Jeanne M., (Jeanne M. Suplica); '85 MBA; Ofc. Mgr.; Geza E. Locsey DDS, 7453 E. Main, Reynoldsburg, OH 43068, 614 866-1234; r. 521 Rosehill Rd., Reynoldsburg, OH 43068, 614 759-8525.
LODGE, MAJ William W., USAF(Ret.); '49 BSBA; Retired; r. 5715 Sandalwood Blvd., Columbus, OH 43229, 614 885-9307.
LODICO, Mrs. Stacy Jamison; '78 BSBA; Med. Sales Repr; Alcon Labs, 6201 S. Frwy., Ft. Worth, TX 76134; r. 5696 Windwood Dr., Dublin, OH 43017, 614 889-8169.
LOE, Brian Thomas; '87 BSBA; Account Exec.; The Ohio Co., 2288 E. Main St., Columbus, OH 43209, 614 231-4800; r. 2222 Swansea Rd., Columbus, OH 43221, 614 459-1838.
LOEB, Alvin M.; '28; Atty.; Loeb Ney Vollman Harper & Friedmann, 700 American Bldg., Cincinnati, OH 45202, 513 579-1707; r. 111 Garfield Pl., Apt. 904, Cincinnati, OH 45202, 513 421-9678.
LOEB, Joyce '48 (See Rabb, Joyce Loeb).
LOEB, William E.; '40 BSBA; Retired; r. 2444 St. Francis, Akron, OH 44313, 216 836-3767.
LOEBER, William G., III; '69 MBA; Principal; Ellanbee Capital Grp., 924 E. Phillips Ln., Littleton, CO 80122, 303 795-6526; r. Same.
LOEDDING, Donald R.; '59 MBA; Pres.; Mar-Ket Inc., Rte.#2 Box 589 Cnty. Line Rd, Cumming, GA 30130, 404 588-0001; r. Same, 404 887-9846.
LOEFFERT, John Daniel; '78 BSBA; Area Sales Mgr.; GTE Prods. Corp., 1975 W. Main St., Owosso, MI 48867, 517 723-0221; r. 9716 Sunny Point Dr., Laingsburg, MI 48848, 517 651-2007.
LOEFFLER, Douglas Lee; '77 BSBA; VP; American Equip. Co., POB 381, Boca Raton, FL 33429, 407 997-2080; r. 2000 NE Four Way, Boca Raton, FL 33431, 407 393-8979.
LOEFFLER, Edgar L.; '51 BSBA; Foreman; US Rubber Co. Coated Fabrics Di, 312 N. Hill St., Mishawaka, IN 46544; r. 52620 Walsingham Ln., South Bend, IN 46637, 219 272-1294.
LOEFFLER, Thomas D.; '57 BSBA; Retired; r. 1220 Chesterton Ln., Columbus, OH 43229, 614 885-5187.
LOEHR, Bernard Kenneth; '79 MACC; Dir. External Reporting; Eastman Kodak Co., 343 State St., Rochester, NY 14650, 716 726-3076; r. 70 Gordon Dr., Rochester, NY 14626, 716 225-3802.
LOEHRKE, Craig Allen; '76 MBA; Staff; Owens Corning Fiberglas Corp., Tech Ctr. Rte. 16 POB 415, Granville, OH 43023; r. 4401 Bridle Ct., Utica, OH 43080, 614 892-2174.
LOESCH, J. Rodney; '76 BSBA; Golf Profn.; The CT Golf Club, 915 Black Rock Tpk., Easton, CT 06612, 203 261-2544; r. Same, 203 452-0930.
LOEWE, Douglas Mark; '85 BSBA; Network Sales Spec.; CompuServe, Inc., 5000 Arlington Ctr. Blvd., Columbus, OH 43220, 614 457-8600; r. 6695 Willow Grove Pl. E., Dublin, OH 43017, 614 889-1963.
LOEWENDICK, Michael Lynn; '84 BSBA; Lab Tech.; Holophane Div. of Manville, 214 Oakwood Ave., Newark, OH 43055, 614 349-4179; r. 725 Smithfield Dr., Newark, OH 43055, 614 344-4329.
LOEWER, MAJ David Charles, USAF; '74 BSBA; Chief, Offensive Tactics, SAC Tactics Sch., Nellis AFB, NV 89191; r. 3739 Topawa St., Las Vegas, NV 89103.
LOEWY, Mrs. Janet Nussbaum; '38; 2727 S. Ocean Blvd., Apt. 502, Highland Bch., FL 33487, 407 272-8028.
LOFLAND, Dale E.; '50 BSBA; Contractor; r. 396 E. Dunedin Rd, Columbus, OH 43214, 614 263-4904.
LOFLIN, James Clifford; '77 BSBA; Partner/Gen. Mgr.; Oberlin Laundry & Dry Clnrs, 51-53 S. Main St., Oberlin, OH 44074; r. 49553 Rte. 303W, Oberlin, OH 44074, 216 774-7846.
LOFTIS, Homer J., Jr.; '53 BSBA; Public Acct./Cnslt.; Loftis & Assocs., 1105A Lakeview Dr., Franklin, TN 37064, 615 790-3527; r. 303 Sheffield Pl., Franklin, TN 37064, 615 790-8707.
LOFTUS, Betty R., CFP, (Betty R. Suttle); '65 BSBA; VP-Plng.; Pacific Plng. Cnslts., 2255 Watt Ave. #100, Sacramento, CA 95825, 916 972-8445; r. 5330 Dawn Oak Ln., Fair Oaks, CA 95628, 916 988-9870.
LOFTUS, Leonard Thomas, III; '80 BSBA; Buyer-Mens Clothing; F & R Lazarus, 7th & Race Sts., Cincinnati, OH 45202, 513 369-7000; r. 5500 Old Farm Dr., Mason, OH 45040, 513 398-7109.
LOGAN, Donald E.; '56 BSBA; Retired; Wright Patterson AFB, Dayton, OH 45433; r. 1000 Kentshire Dr., Centerville, OH 45459, 513 435-5022.
LOGAN, Howard C.; '50 BSBA; Retired; Goodyear Tire & Rubber Co., Dept. 205, New Bedford, MA 02741; r. 46 Bellevue Ave., Westerly, RI 02891, 401 596-1254.
LOGAN, James F.; '54 BSBA; Retired; r. 2883 E. Orange Rd., Galena, OH 43021, 614 548-4710.
LOGAN, Mary '35 (See Krieger, Mary Logan).
LOGAN, P. Barclay; '55 BSBA; Sr. VP; Boettcher & Co., 813 Main St., Durango, CO 81301, 303 247-2975; r. 114 Cottonwood Creek Rd., C3, Durango, CO 81301, 303 259-2995.
LOGAN, Terence; '73 BSBA; Assoc. Dir.; Travelers Ins. Co., Employee Benefits Div., One Tower Sq., Hartford, CT 06115, 203 277-4210; r. Rte. 2, Old New Hartford Rd., Winsted, CT 06098, 203 379-5852.
LOGAN, LTC Theodore John; '68 BSBA; Flight Trng. Instr.; Air Natl. Guard, 112 Tactical Fighter Group PA, Air National Guard, Pittsburgh, PA 15231, 412 269-8377; r. 460 Dawson Ave., Bellevue, PA 15202, 412 734-5678.
LOGAN, Whitney Todd; '84 BSBA; Fincl Cnslt./Partner; Jeffrey D Logan & Co., 921 Chatham Ln., Ste. 300, Columbus, OH 43221, 614 457-6233; r. 1568 College Hill Dr., Columbus, OH 43221, 614 488-0907.
LOGSDON, Christopher Alan; '83 BSBA; Musician/Entertainer; 2662 Northwest Blvd., Columbus, OH 43221, 614 487-9033; r. Same.
LOGSDON, Mrs. Delores E., (Delores E. Criner); '84 BSBA; Cnslt. Programmer; Synectics, Inc., Phoenix, AZ 85109; r. 6747 W. McRae Way, Glendale, AZ 85308, 602 561-0797.
LOGSDON, Jeff James; '81 BSBA; Rd 5 Pulver Rd, Mansfield, OH 44903.
LOGUE, Dr. Stephen Stuart; '69 BSBA; Internal Medicine; Private Practice, 1766 Metromedical Dr., Fayetteville, NC 28304; r. 400 Forest Lake Rd., Fayetteville, NC 28305, 919 483-4950.
LOH, Chai Sheong; '88 BSBA; 3162 E. Woodruff Ave., Columbus, OH 43201, 614 294-6643.
LOH, Esther Chung-Sian; '85 BSBA; POB 3235, Columbus, OH 43210.
LOH, Sow Wan; '86 BSBA; 426 E. 15th Ave., Columbus, OH 43201.
LOH, Yok Yeong; '86 BSBA; 2359 Antiguq Dr., #1A, Columbus, OH 43220.
LOHA, Sylvester; '52 BSBA; 636 Public Rd, Yorkville, OH 43971, 614 859-4322.
LOHMEYER, Cynthia K. '83 (See Mortimer, Mrs. Cynthia K.).
LOHMEYER, Jeffery R.; '88 BSBA; 4047 Eaglehurst Rd., Sylvania, OH 43560, 419 882-0685.
LOHMULLER, Brian Keith; '79 BSBA; Sr. Systs. Analyst; NCR Corp., 1597 NE Expy., Atlanta, GA 30329, 404 321-8920; r. 1477 Red Fox Run, Lilburn, GA 30247, 404 978-0827.
LOHN, Susan Curley; '82 BSBA; Cleveland Range Co., 1333 E. 179th St., Cleveland, OH 44110, 216 481-4900; r. 12190 Reserve Ln., Chesterland, OH 44026, 216 729-6442.
LOHR, Kevin Ross; '88 BSBA; 71 Hartshorn Dr., Painesville, OH 44077, 216 352-3858.
LOHRKE, Henry R.; '43 BSBA; 3718 Stonewall Ln., New Port Richey, FL 34655, 813 376-0839.
LOJEK, Michelle Lynn; '88 BSBA; 146 Woodridge Dr., Peninsula, OH 44264, 216 923-0949.
LOJO, Frederick Manuel; '81 BSBA; 3126 Derby Rd., Columbus, OH 43221, 614 486-2325.
LOKER, Ralph L.; '28 BSBA; Retired; r. 3943 SE 11th Pl., #104, Cape Coral, FL 33904, 813 542-8105.
LOKEY, Larry Hugh; '77 BSBA; Mktg. Mgr.; IBM Corp., US Mktg. Svcs., 580 Walnut St., Cincinnati, OH 45201, 513 762-2851; r. 6534 Cedar Ridge Dr., Loveland, OH 45140, 513 683-0797.
LOMBARDI, Anthony P.; '55 BSBA; Employee of Fiat; r. 366-C Quail Dr., Mars, PA 16046, 412 776-4468.
LOMBARDI, Mark Antony; '88 BSBA; Sales Coord.; Liebert Corp., 1050 Dearborn Dr., POB 29186, Columbus, OH 43229, 614 438-5936; r. 5846 Garden Hill Ln., Dublin, OH 43017, 614 792-7689.
LOMBARDI, Mondo F., CPA; '48 BSBA; Retired Sr. Partner; Touche Ross & Co., Columbus, OH 43215; r. 6055 Springburn Dr., Dublin, OH 43017, 614 889-7454.
LOMBARDI, Tony C.; '49 BSBA; Retired; r. 1000 Urlin Ave., Apt. 1215, Columbus, OH 43212, 614 488-4455.
LOMBARDO, Louis; '77 BSBA; Staff; Nagy Alex E & Assoc. Inc., 588 Cleveland Ave., Columbus, OH 43229; r. 8951 Monifieth Ct., Dublin, OH 43017, 614 766-4318.
LONADIER, James Dalton; '86 BSBA; 221 Estates Dr., Dayton, OH 45459.
LONAS, Mary Kay, (Mary Kay Viola); '80 BSBA; Sr. Prog. Analyst; Nationwide Ins. Co., One Nationwide Plz., Columbus, OH 43216, 614 249-5622; r. 1332 Tiverton Sq. N., Columbus, OH 43229.
LONDON, Nancy Joyce; '86 MPA; Court Svcs. Coord.; City of Upper Arlington, 3600 Tremont Rd., Columbus, OH 43221, 614 457-5080; r. 911 Palmer Rd., Columbus, OH 43212, 614 488-5061.
LONDOT, Kevin Todd; '88 BSBA; 11285 Martinsburg Rd. NE, Utica, OH 43080, 614 745-2142.
LONES, Dorothy Richards, (Dorothy Richards); '43 BSBA; Retired; r. 2887 Kalmia Pl., San Diego, CA 92104, 619 282-4398.
LONG, Anne Sefcik; '49 BSBA; 1060 Edgemere Ln., Hayward, CA 94545, 415 782-1800.
LONG, Clarence Elmer, Jr.; '36; Stockbroker; Dean Witter Reynolds Inc., 1390 Main St. Ste. 2, Sarasota, FL 34236, 813 957-5500; r. 1514 Flower Dr., Sarasota, FL 34239, 813 365-2791.
LONG, Clayton Hugh; '70 BSBA; Svc. Engr.; Reliance Electric, 5577 Airport Hwy., Toledo, OH 43615, 419 866-1441; r. 2255 S. Crissey Rd., Monclova, OH 43542, 419 865-3453.
LONG, Dana Lee; '87 BSBA; Job Cost Acct.; Continental Bldg. Systs. Inc., 1070 Morse Rd., Columbus, OH 43224, 614 888-2456; r. 1739 Shanley Dr., Apt. 3, Columbus, OH 43224.
LONG, Don C.; '60; 748 Park Ln., Urbana, OH 43078, 513 653-6124.
LONG, Dwight Earl; '85 BSBA; 21 Fruit Hill Dr., Chillicothe, OH 45601, 614 774-4865.
LONG, Eric Dane; '73 BSBA; Pres.; Long's Retreat Inc., 50 Bell Hollow Rd, Latham, OH 45646; r. Same.
LONG, Frederick E.; '69 BSBA; 8164 S. Elyria, Shreve, OH 44676, 216 567-2180.

LONG, Gerald Hiram; '52 BSBA; VP; Abex Corp. Denison Div., 1160 Dublin, Columbus, OH 43215; r. 3075 Rockford Dr., Hilliard, OH 43026, 614 876-6172.

LONG, Gregory Lee; '79 BSBA; Med. Svc. Repr; A H Robins Co., Pharmaceutical Firm, Richmond, VA 23220; r. 5376 Edger Dr., Cincinnati, OH 45239, 513 385-4169.

LONG, Harry Harrison, Jr.; '48 BSBA; Retired; r. 1234 Fountaine Dr., Columbus, OH 43221, 614 451-6527.

LONG, Howard Arthur; '55 BSBA; Claims Supv.; Travelers Ins., 40 W. 4th St., Dayton, OH 45402, 513 222-5816; r. 4510 Pennyston Ave., Dayton, OH 45424, 513 233-0010.

LONG, Howard Franklin; '48 BSBA; 3811 Priest Lake Dr., Nashville, TN 37217, 615 361-4733.

LONG, James Herbert; '73 BSBA; Gen. Maint. Mech.; Globe Metallurgical Inc., POB 157, Beverly, OH 45715, 614 984-2361; r. RR 2, Lowell, OH 45744, 614 896-2909.

LONG, James K.; '50 BSBA; Mgr. of Mktg.; RPR Products Inc., 407 Delz, Houston, TX 77018, 713 697-7003; r. 3123 Broadmoor Dr., Sugar Land, TX 77478, 713 494-5930.

LONG, Janice A. '84 (See Crockett, Janice Long).

LONG, John Herman; '31 BSBA; 3256 Durkin Cir., Riverside Green, Dublin, OH 43017.

LONG, John Winslow; '54 BSBA; Bond Supt.; St. Paul Fire & Marine Ins. Co., 7733 Forsyth, Clayton, MO 63105, 314 721-8484; r. 2 Great Knight Ct., Manchester, MO 63011, 314 227-0724.

LONG, Kevin Deuane; '85 BSBA; Svc. Writer; Jegs High Performance, 751 E. 11th Ave., Columbus, OH 43211, 614 294-5454; r. 262 E. Waterloo St., Canal Winchester, OH 43110, 614 837-4447.

LONG, Larry Leland; '88 MPA; 3998 Clayford Dr., Columbus, OH 43204, 614 274-8357.

LONG, Larry Max; '60 BSBA; Ind Relations Mgr.; Ford Motor Co., 4000 Red Bank Rd, Cincinnati, OH 45227; r. 732 Woodbine Dr., Carmel, IN 46032.

LONG, Lawrence Edward; '60 BSBA; 1112 Co Rd 2256, RR 1, Perrysville, OH 44864, 419 368-3306.

LONG, Lois Waters; '53 BSBA; 3075 Rockford Dr., Hilliard, OH 43026, 614 876-6172.

LONG, Marden; '34 BSBA; Retired; r. 2948 Wicklow Rd, Columbus, OH 43204, 614 279-3526.

LONG, Ms. Nancy E.; '82 MBA; Sr. Bus. Analyst; Community Life Ins. Co., 250 Old Wilson Bridge Rd., Worthington, OH 43085, 614 436-0688; r. 91 W. Kanawha, Columbus, OH 43214, 614 436-4432.

LONG, Patricia Vrabel, (Patricia Vrabel); '68 BSBA; Controller; Kelly's Camp, POB 187, Half Day, IL 60069, 312 634-9393; r. 586 Peachtree Ln., Lake Zurich, IL 60047, 312 438-5207.

LONG, Paul Walker, III; '78 MPA; 11770 Garden Cir. W., Noblesville, IN 46060.

LONG, Raymond N.; '67 MBA; 1254 River Acres Dr., New Braunfels, TX 78130, 512 629-1760.

LONG, Richard Leland; '67 BSBA; Supv.; AT&T, 6200 E. Broad St., Columbus, OH 43213; r. 7036 White Butterfly Ln., Reynoldsburg, OH 43068, 614 866-2649.

LONG, Rissa Lynn-Patrick; '87 BSBA; 1818 Marston Rd., Columbus, OH 43219, 614 252-3382.

LONG, Robert Allen; '82 BSBA; Truck Driver; Big Bear Stores, 770 W. Goodale Blvd., Columbus, OH 43212, 614 464-6646; r. 3280 Fisher Rd., Columbus, OH 43204, 614 279-8748.

LONG, Robert Stanton; '78 MBA; Dir. of Commercial Sales; The Daimler Grp., 1533 Lakeshore Dr., Columbus, OH 43204, 614 488-4424; r. 2064 Waltham Rd, Columbus, OH 43221, 614 488-4867.

LONG, Roberta '77 (See Gilmore, Roberta Long).

LONG, Roger Brian; '79 BSBA; Sr. Analyst; Chemical Abstracts Svc., 2540 Olentangy River Rd, POB 3012, Columbus, OH 43210, 614 447-3600; r. 63 Halligan Ave., Worthington, OH 43085, 614 436-8953.

LONG, Scott Alan; '87 BSBA; Admin. Asst.; Plastic Suppliers Inc., 2400 Marilyn Ln., Columbus, OH 43219, 614 475-8010; r. 6818 Clearhurst Dr., Columbus, OH 43229, 614 794-9165.

LONG, Sherwyn G.; '60 BSBA; Buyer; Ford Motor Co., 1155 Bible Rd, Lima, OH 45801, 419 226-7180; r. 860 Heritage Dr., Lima, OH 45804, 419 221-0675.

LONG, Sheryl Corns; '80 BSBA; Internal Auditors; Ohio Dept. of Transportation, 30 E. Broad St., Columbus, OH 43215; r. 4088 Seigman Ave., Columbus, OH 43213.

LONG, Stephen Joseph; '86 BSBA; Acct.; Grant Thornton, 201 E. 4th St., 1600 Atrium One, Cincinnati, OH 45202, 513 762-5000; r. 4418 Eastwood Dr., #6309, Batavia, OH 45103, 513 753-5574.

LONG, Sue Ann '79 (See Karnitis, Dr. Sue Ann).

LONG, Ms. Sydney Crossland; '80 MBA; Asst. VP; Huntington Natl. Bank, 41 S. High St., Columbus, OH 43215, 614 463-4424; r. 57 Yorkshire, Delaware, OH 43015, 614 363-2238.

LONG, Theodore Robert, Jr.; '76 MBA; 3347 Glendora, San Mateo, CA 94403.

LONG, Thomas Charles; '63 BSBA; Acct.; GM Corp., POB, C/O Postmaster, Warren, MI 48090; r. 6040 West Rd., Washington, MI 48094, 313 781-6248.

LONG, Thomas Patrick; '79 BSBA; VP; Raney Constr./Devel., 1854 Fontenay Ct., Columbus, OH 43220; r. 7264 Chetbert, Cincinnati, OH 45236, 513 891-2676.

LONG, Todd Alan; '82 BSBA; Mktg. Admin. Mgr.; Motorists Mutual Ins. Co., 471 E. Broad St., Columbus, OH 43215, 614 225-8617; r. 1588 Park Trail Dr., Westerville, OH 43081, 614 848-4503.

LONG, Wayne Edwin; '63 BSBA; VP of Mktg.; Atlanta Braves; r. 5271 Manhasset Cove, Dunwoody, GA 30338, 404 394-0584.

LONG, Wayne R.; '71 BSBA; Mgr Corp Fleet Operations; Abbott Labs, 1400 N. Sheridan, N. Chicago, IL 60064, 312 405-7234; r. 4335 Eagle Ct., Gurnee, IL 60031, 312 336-4189.

LONG, William Carl, Jr.; '38 MACC; Retired Auditor; r. 770 Spruce St., Berkeley, CA 94707, 415 524-2951.

LONG, William Edward; '50 BSBA; Chmn. of The Bd.; Comfort Tech Inc., 116 River Bluff Dr., Ormond Bch., FL 32074; r. 116 River Bluff Dr., Ormond Bch., FL 32074, 904 672-6344.

LONGABERGER, Tamala L. '84 (See Kaido, Mrs. Tamala L.).

LONGANBACH, Lewis Henry; '31 BSBA; Retired; Columbia Gas of Ohio, Columbus, OH 43215; r. 2893 Neil Ave., Apt. 402A, Columbus, OH 43202, 614 262-8790.

LONGANBACH, Neal L.; '59 BSBA; CPA; Longanbach, Giusti & Assocs., 50 W. Broad St., Columbus, OH 43215, 614 461-1752; r. 141 Academy Ct. S., Gahanna, OH 43230, 614 475-6115.

LONGAUER, George Peter; '74 BSBA; Asst. Corp Controller; Plycraft, 557 W. Main Rd., Conneaut, OH 44030; r. 920 Lincoln Dr., Conneaut, OH 44030, 216 593-5023.

LONGBRAKE, Clarence W.; '53 BSBA; Retired Acct.; State of Ohio, State Ofc. Bldg., Columbus, OH 43215; r. 1395 Francisco Rd., Columbus, OH 43220, 614 451-4192.

LONGBRAKE, Stanley E.; '55 BSBA; Retired; r. 149 Silver Lake Cir., Columbia, SC 29212, 803 781-9768.

LONGENECKER, Justin G., PhD; '50 MBA; Emeritus Prof.; Baylor Univ., Waco, TX 76798, 817 755-2261; r. 750 Arlington Dr., Waco, TX 76712, 817 772-7497.

LONGFELLOW, Lisa Kensler; '84 BSBA; 2418 Indian Creek Ct., Grove City, OH 43123.

LONGMIRE, Laurette Ione; '81 BSBA; EDP Audit Supv.; Wickes Cos. Inc., 3340 Ocean Park Blvd., #2000, Santa Monica, CA 90405, 213 452-9511; r. 1136 N. Columbus, Apt. 207, Glendale, CA 91202, 818 507-8876.

LONGO, Kenneth J.; '57 BSBA; Sales; Nyman Mfg., 15 W. 6th, Cincinnati, OH 45202; r. 5615 Frogdan Ct., Cincinnati, OH 45248, 513 922-0753.

LONGSTRETH, Timothy Raymond; '68 MBA; Pres.; Roseville Charcoal Co., POB 1148, Zanesville, OH 43702, 614 452-5473; r. 3051 Dresden Rd., Zanesville, OH 43701, 614 453-8671.

LONGWORTH, Charles M.; '49 BSBA; 9600 Amity Pike Rte. 2, Plain City, OH 43064, 614 873-4181.

LONSINGER, Robert Allen; '87 BSBA; Financial Spec.; NCR, 9095 Washington Church, Miamisburg, OH 45342, 513 439-8543; r. 6641 River Downs 2A, Centerville, OH 45459, 513 436-2029.

LONSWAY, David Michael; '86 BSBA; Regional Sales Engr.; TRW, 1455 E. 185th St., Cleveland, OH 44110, 216 692-4820; r. 8203 Forest Ln., Mentor, OH 44060, 216 942-8655.

LONSWAY, William E.; '84 BSBA; Sales Mgr.; Cummins Ohio, 7585 Northfield Rd., Cleveland, OH 44146, 216 439-6800; r. 7825 Emery Cir., Mentor, OH 44060, 216 257-5612.

LOOBY, Thomas T.; '60 BSBA; Farm Mgr.; Looby Farms, POB 79, W. Jefferson, OH 43162, 614 879-8310; r. Same.

LOOKER, Randall Carl; '72 BSBA; Mktg. Dir.; Eagle Fed. S&L, 3615 N. High St., Columbus, OH 43214; r. 2078 Cardington Ave., Columbus, OH 43229.

LOOMIS, Barbara Solomon, (Barbara Solomon); '56 BSBA; Principal Librarian; San Diego City Library, 555 Overland Ave., San Diego, CA 92123, 619 694-2425; r. 4064 Mahaila Ave., Apt. C, San Diego, CA 92122, 619 587-4775.

LOOMIS, COL Barton A., USAR(RET.); '41 BSBA; 3128 Walden Ravines, Columbus, OH 43026, 614 876-7648.

LOOMIS, Don; '56 BSBA; Acct.; Ford Motor Co., 21500 Oakwood Blvd., Dearborn, MI 48121, 313 323-2580; r. 24338 Country Squire Blvd., Apt. 308, Mt. Clemens, MI 48043, 313 791-5066.

LOOMIS, Harold W.; '32 BSBA; Assoc. Broker; Coldwell-Banker Real Estate, 465 Maple Ave. W., Vienna, VA 22180, 703 938-5600; r. 4140 Orchard Dr., Fairfax, VA 22032, 703 273-4464.

LOOMIS, Patricia Allen; '84 MBA; 72 Greenwood Dr., Millburn, NJ 07041, 201 376-5336.

LOOMIS, Dr. Vernon L.; '59 PhD (BUS); Prof. in Mktng Emeritus; Univ. of Denver, Clg. of Bus Admin, Denver, CO 80202; r. 2931 S. Race St., Denver, CO 80210, 303 756-2084.

LOONEY, Craig Allen; '73 BSBA; 1321 Lakeshore Dr., Snellville, GA 30278, 404 979-3541.

LOONEY, James Andrew; '88 BSBA; 1056 Elaine Rd., Whitehall, OH 43227, 614 759-8875.

LOOP, Floyd F.; '49 BSBA; Retired; r. 3995 Cottingham Dr. #110, Cincinnati, OH 45241, 513 563-3710.

LOOPER, Mark Edwin; '82 BSBA; 647 Longvale Dr., Dayton, OH 45427.

LOOS, Jeffrey L.; '86 BSBA; Plant Mgr.; Chenille Prods. Inc., 639 Clymer Rd., Marysville, OH 43040, 513 642-9956; r. 722 Collins, Apt. A, Marysville, OH 43040, 513 644-5037.

LOOSE, Linda Louise; '72 BSBA; Sr. VP Gen. Mgr.; J. Walter Thompson Direct, 420 Lexington Ave., New York, NY 10017; r. 12 W. 18th St., #5E, New York, NY 10011, 212 627-2261.

LOPER, Susan Laraine; '84 BSBA; Programmer Analyst; The Ohio State Univ., University Systs., 1121 Kinnear Rd., Columbus, OH 43210, 614 422-3687; r. 5869 Spring Run Dr. #18, Columbus, OH 43229, 614 890-5843.

LOPEZ, Ms. Julie Ellen, (Julie Ellen Brownson); '86 BSBA; Staff Acct.; Frank Rimerman & Co. CPA, 770 Welch Rd., Palo Alto, CA 94304, 415 328-3103; r. 20990 Valley Green Dr., #654, Cupertino, CA 95014, 408 255-4493.

LOPEZ, Maria Cecilia C.; '68 MBA; 483 Vernon Hts. Blvd., Marion, OH 43302.

LOPEZ, Mary Elizabeth; '85 BSBA; 3104 Hull Rd., Huron, OH 44839, 419 626-4374.

LOPEZ, Richard D.; '51 BSBA; 4591 El Rancho Verde Dr., La Palma, CA 90620.

LOPILO, Nancy Lee; '79 BSBA; Gen. Acountant; Parsons Peebles Electric Prod, 1725 Clarkstone, Cleveland, OH 44112; r. 27645 Bishop Park Dr., Apt. 703-N., Willoughby Hls., OH 44092, 216 943-2112.

LOPINA, Edward Frederick; '49 BSBA; Manuf Cost Mgr.; Procter & Gamble Co., Ivorydale Technical Ctr., Cincinnati, OH 45217; r. 801 Carini Ln., Cincinnati, OH 45218, 513 825-9337.

LOPRESTI, James Anthony; '68 BSBA, '69 MBA; VP/Corporate Banking; Imperial Bank, 701 'B' St., San Diego, CA 92101, 619 239-7741; r. 8168 Avenida Navidad #32, San Diego, CA 92122, 619 546-8301.

LOPRESTI, Thomas Gabriel; '75 MPA; Planner; Ohio Dept. of MR/DD, 30 E. Broad St., 12th Fl., Columbus, OH 43215, 614 466-0125; r. 1450 King Ave., Apt. 28, Columbus, OH 43212, 614 488-9002.

LO PRESTI, William Michael; '76 BSBA; Compliance Ofcr.; US Dept. of Labor, Wage/Hour Dept., 800 Briar Creek Rd., Ste CC412, Charlotte, NC 28205, 704 371-6369; r. 9835 Providence Forest Ln., Charlotte, NC 28226, 704 846-3450.

LORBER, Theodore; '28 BSBA; Retired; r. 573 Sark Ct., Milpitas, CA 95035.

LORD, Alan Tunis; '72 BSBA, '73 MA, '74 MACC, '74 MBA; PhD Student/Instr.; Case Western Reserve Univ., Weatherhead Sch. of Mgmt., Dept. of Accountancy, Cleveland, OH 44106, 216 368-3938; r. 3673 Braidwood Dr., Columbus, OH 43026, 614 876-7246.

LORD, Dr. Kenneth Richard; '88 PhD (BUS); Asst. Prof.; SUNY at Buffalo, Jacobs Mgmt. Ctr., Buffalo, NY 14260, 716 636-3359; r. 359 Seabrook Dr., Williamsville, NY 14221, 716 632-3618.

LORENCE, John; '49 BSBA; Retired; r. 406 Market St., Yorkville, OH 43971, 614 859-2318.

LORENCE, John Raymond; '81 BSBA; Sales Mgr.; Quaker Oats Co., 1755 N. Collins Blvd., Richardson, TX 75080, 214 783-1942; r. 5814 Palm Ln., Dallas, TX 75206, 214 823-5823.

LORENTZ, Phyllis A. '74 (See Petty, Mrs. Phyllis).

LORENZ, Daniel E.; '85 MBA; Pres.; Performance Excavating Co., 2040 Alum Creek Dr., Columbus, OH 43207, 614 445-7161; r. 4395 Millwater Dr., Powell, OH 43065, 614 881-4163.

LORENZ, Daniel Joseph; '50; Cnty. Auditors Ofc., 410 S. High St., Columbus, OH 43215; r. 2884 Sherwood Rd, Columbus, OH 43209, 614 231-6150.

LORENZ, Joseph Frank; '85 BSBA; Account Exec.; Hameroff Milenthal Spence Inc., One Columbus Bldg. 14th Fl., 10 W. Broad St., Columbus, OH 43215, 614 221-7667; r. 6173 Polo Dr. W., Columbus, OH 43229, 614 436-3835.

LORENZ, Linda L.; '76 BSBA; Devel.; City of Columbus Rec. & Parks, City Hall, 90 W. Broad St., #127, Columbus, OH 43215, 614 445-3325; r. 693 Yaronia Dr., Columbus, OH 43214.

LORENZ, Robert Joseph; '72 BSBA; Proj. Supv.; Honeywell Inc., Commercial Div, 507 36th St. SE, Grand Rapids, MI 49508, 616 246-6607; r. 3721 Pine Park Ct. SE, Grand Rapids, MI 49508, 616 949-0892.

LORETTA, Kathy E., (Kathy Keith); '75 BSBA; CPA; r. 2871 Courtland Blvd., Shaker Hts., OH 44122, 216 921-1766.

LORETTA, Ralph G.; '74 BSBA; Partner; Price Waterhouse, BP America Bldg., 27th Fl., 200 Public Sq., Cleveland, OH 44114, 216 781-3700; r. 2871 Courtland Blvd., Shaker Hts., OH 44122, 216 921-1766.

LOREY, Daniel R.; '64 BSBA; Dir. Grant Acctg.; Western Carolina Univ., Robinson Admin. Bldg., Cullowhee, NC 28723, 704 227-7285; r. POB 902, Cullowhee, NC 28723.

LOREY, Paul R.; '46 BSBA; Retired; r. POB 925, 235 St. Andrews Dr., Pinehurst, NC 28374, 919 295-4087.

LORIA, Christopher Joseph; '85 BSBA; Inside Salesman; Dun & Bradstreet Collections, POB 723002, Atlanta, GA 30339; r. 1022 Kathleen Ct., Roswell, GA 30075, 404 992-6680.

LORINCZ, MAJ Thomas Edward; '71 BSBA; Fighter Pilot, F-15; USAF, HQ 8th ID/ALO, APO, New York, NY 09111; r. 17 Everett Rd., Painesville, OH 44077, 216 352-2973.

LORMS, Molly A. '84 (See Prim, Mrs. Molly L.).

LORTZ, Carrie Johnson; '39 BSBA; Retired; r. 1616 Roxbury Rd Apt. B, Columbus, OH 43212, 614 486-8844.

LORUBBIO, Frank Victor; '87 BSBA; 6342 Dommerston Ct., Dublin, OH 43017, 614 766-8298.

LOS, Ms. Sally A.; '85 BSBA; Sr. Financial Analyst; Sherwin Williams Co., 101 Prospect Ave., 16 Midland Bldg., Cleveland, OH 44114, 216 566-3153; r. 18225 Detroit Rd., Apt. 307, Lakewood, OH 44107, 216 221-8439.

LOSEGO, Michael Allyn; '71 BSBA; Salesman; Morgan Lumber Sales Co., 5025 Arlington Ctr., Columbus, OH 43220; r. 1150 Rockport Ln., Columbus, OH 43220.

LOSEKAMP, Bernard Mark; '85 BSBA; Tariff & Transp. Analyst; A.J. Fritz Cos., 3700 Corporate Dr., Ste. 105, Columbus, OH 43229, 614 891-3533; r. 2011 Chelsea Rd., Columbus, OH 43212, 614 792-9838.

LOSEY, Gary Steven; '82 BSBA; Sales Rep.; Cincinnati Bell Info., 600 Vine St., Cincinnati, OH 45202; r. 4875 Brantfort Ct., West Chester, OH 45069, 513 860-4035.

LOSEY, Karen '76 (See Carnahan, Mrs. Karen L.).

LOSEY, Ronald Arthur; '80 MBA; 2971 Silver Lake Blvd., Cuyahoga Falls, OH 44224, 216 928-1488.

LOSEY, Virginia A., (Virginia A. Witherspoon); '75 BSBA; CPA; 6505 Renner Rd., Columbus, OH 43228; r. Same.

LOSONCY, William A.; '60 BSBA, '65 MBA; Bldg. & Zoning Inspector; Violet Twp., 10 S. Center St., Pickerington, OH 43147, 614 837-5035; r. 7515 Reynoldsburg-Baltimore Rd, Pickerington, OH 43147, 614 837-4265.

LOSSMAN, Susan '82 (See Case, Mrs. Susan L.).

LOTHIAN, Carol A., (Carol A. Vlchek); '54 BSBA; Exec. Secy.; Lake Geneva Yacht Club, Williams Bay, WI 53191; r. 539 Park Ridge Rd., Williams Bay, WI 53191, 414 245-5901.

LOTHIAN, David R., Sr.; '55 BSBA; Retired; r. 35 Upper Loch Vista, Williams Bay, WI 53191, 414 245-5333.

LOTOZO, William Anthony; '80 BSBA; Staff; The Ohio State Univ., Treasurer, Columbus, OH 43210; r. 1846 W. Fifth Ave., Columbus, OH 43212, 614 486-7061.

LOTSHAW, Dr. Elmer P.; '48 BSBA; Retired Chief Economist; Owens Illinois, 1 Seagate, Toledo, OH 43666; r. 6969 River Rd., Waterville, OH 43566, 419 878-8695.

LOTT, LCDR Daryl Ray, USN; '85 MBA; Student/Supply Ofcr.; Armed Forces Staff Clg., Norfolk, VA 23511; r. 1151 Porter Rd., Norfolk, VA 23511, 804 451-1972.

LOTT, Warren James; '79 BSBA; Asst. Mgr./Corp Budgts; Ohio Bell Telephone Co., 100 Erieview Plz., Rm. 1032, Cleveland, OH 44114; r. 2011 E. 228th St., Cleveland, OH 44117, 216 481-8787.

LOTTES, James C.; '59 BSBA; Pres.; MJ Cnsltg., POB 239, E. Sparta, OH 44626; r. 5121 Elson SE, Magnolia, OH 44643, 216 866-2021.

LOTTHAMMER, Alfred Michael; '84 BSBA; 107 Park Ln. Ct., Greenville, SC 29607.

LOTZ, Gilbert M.; '51 BSBA; Retired; r. 6370 Kinston Park Dr., Memphis, TN 38115.

LOTZ, Gregory A.; '87 BSBA; M.R.O. Buyer; Fed. Mogul Switches Div., 516 High St., Logansport, IN 46947, 219 722-6141; r. 3245 Maple Ridge Ct., Logansport, IN 46947, 219 753-6298.

LOTZ, Ruth E. '34 (See Minor, Mrs. Ruth L.).

LOUDEN, Charles H., Jr.; '47 BSBA; Retired VP/Mktg.; Blue Cross/Blue Shield, Charleston, WV 25301; r. 2124 Highland Ave., S. Charleston, WV 25303, 304 744-8088.

LOUDEN, J. Keith; '28 BSBA; Pres. & Dir.; The Corporate Director Inc., POB 2077, Lancaster, PA 17603, 717 299-6532; r. 257 Brook Farm Rd., Lancaster, PA 17601, 717 394-3942.

LOUDENBACK, Tena '78 (See Wentz, Tena L.).

LOUDER, Paul Dean; '77 BSBA; Proj. Engr.; Stanadyne Inc., 377 Woodland Ave., Elyria, OH 44035, 216 323-3341; r. 44 Morgan Ave., Ashland, OH 44805, 419 289-7999.

LOUDIN, Donald R.; '54 BSBA; Branch Account Exec.; Mack Trucks Inc., 9751 Blue Grass Rd., Philadelphia, PA 19114, 215 934-5800; r. 41 Birch Rd., Malvern, PA 19355, 215 647-3648.

LOUGH, Robert L., Sr.; '68 MBA; Stockbroker; IM&R, 34 N. Main, Ste. 906, Dayton, OH 45204, 513 372-9443; r. 893 SR 380, Xenia, OH 45385, 513 372-9443.

LOUGHRIDGE, Mary Uehling; '53 BSBA; 603 Austin Rd., Mansfield, OH 44903, 419 756-1233.

LOUIE, Norman; '76 BSBA; 23146 Lorain Rd., Apt. 161, N. Olmsted, OH 44070.

LOUIS, CPT Geoffrey Rickards; '71 MBA; Cpt Usa; US Military Acad., c/o Postmaster, West Point, NY 10996; r. US Military Academy, c/o Postmaster, West Point, NY 10996, 914 446-9150.

LOUKOUMIS, George A.; '87 BSBA; Account Rep.; Metropolitan Life Ins. Co., 6500 Busch Blvd., Ste. 217, Columbus, OH 43229, 614 888-6096; r. 940 E. N. Broadway, #C-37, Columbus, OH 43224, 614 263-0226.

LOUWERS, Robert Joseph; '88 BSBA; 13343 Haverhill, Plymouth, MI 48170, 313 459-7788.

LOVE, Andrew Ira; '87 BSBA; Asst. Mktg. Mgr.; Londonhouse Inc., 1550 Northwest Hwy., Park Ridge, IL 60068; r. 299 N. Dunton #725, Arlington Hts., IL 60004, 312 870-1389.

ALPHABETICAL LISTINGS LUDWIG 169

LOVE, Daniel James; '86 BSBA; Supv.; Eddie Bauer, 2711 Interchange Dr., Columbus, OH 43204; r. 207 Landover Rd., Gahanna, OH 43230.
LOVE, Duane Stuart, Jr.; '79 BSBA; Mktg. Repr; Burroughs Corp., 6733 Airport Hwy., Holland, OH 43528; r. 5713 Tibaron Ln. #112, Toledo, OH 43615, 419 866-6306.
LOVE, James L.; '50 BSBA; Retired; r. 1428 Hydetown Rd., Titusville, PA 16354, 814 827-7941.
LOVE, Jerry E.; '67 BSBA; 1050 Balmoral Dr., Atlanta, GA 30319, 404 257-9150.
LOVE, Paul Kenneth; '85 BSBA; 158 Minwood Dr., Tallmadge, OH 44278, 216 633-4095.
LOVE, Robert D.; '66 BSBA; Asst. VP; Bancohio, 155 E. Broad St., Columbus, OH 43265; r. 6188 Meadowood Ln., Columbus, OH 43228.
LOVE, Robert R.; '61 BSBA; Real Estate Appraiser; Robert R. Love & Assocs., 4100 W. Kennedy Blvd., Ste. 335, Tampa, FL 33609, 813 289-7733; r. 4725 Vasconia St., Tampa, FL 33629, 813 831-0199.
LOVE, Robert W.; '26 BSBA; Retired; r. RR 2 Rd, Rural Box 291, Waterford, OH 45786, 614 984-2830.
LOVE, Siew Hoon; '80 BSBA; Waitress; Japanese Steak House, 270 E. Town St., Columbus, OH 43215; r. 1272 Elmwood Ave., Columbus, OH 43212, 614 488-1789.
LOVE, Susan F.; '87 BSBA; Traffic Analyst; Svc. Merchandise, 245 Great Circle Dr., Nashville, TN 37238; r. 4503 Eastwood Dr. #14207, Apt. 111, Batavia, OH 45103, 615 360-3423.
LOVEJOY, Howard C.; '40 BSBA; Retired; r. 67125 Rango Rd., Cathedral City, CA 92234, 619 322-4568.
LOVELACE, Stacy Michelle; '87 BSBA; Financial Analyst; GE Co., c/o Postmaster, King Of Prussia, PA 19104; r. 515 Plymouth Rd., Plymouth Meeting, PA 19462.
LOVELESS, David Roger; '69 BSBA; 405 Bibby St. #A, Charleston, WV 25301.
LOVELESS, James Matthew; '87 BSBA; Buyer; The May Co. Dept. Stores, 158 Euclid Ave., Cleveland, OH 44114; r. 26151 Lake Shore Blvd., Euclid, OH 44132, 216 731-1616.
LOVELESS, Lorna K., (Lorna Klages); '54 BSBA; Assoc. Editor; Mother Earth News, POB 70, Hendersonville, NC 28793, 704 693-0211; r. 335 Sourwood Dr., Black Mtn., NC 28711, 704 669-5878.
LOVELL, C. Edwin; '30 MA; Retired; r. 950 Beach Rd., Apt. 291, Vero Beach, FL 32963.
LOVELL, Daniel Alan; '74 BSBA; Inventory Mgr.; Westinghouse Electric Corp., 401 E. Hendy Ave. 92-8, Sunnyvale, CA 94086; r. 3447 Cunard Ct., San Jose, CA 95132.
LOVELL, Glenn Allen; '84 BSBA; 205 Laverne Rd. #A, Newark, OH 43055.
LOVELL, Randy William; '82 BSBA; Mgr. Standards & Insp.; NYC Transit Authority, 370 Jay St., Rm. 1246, Brooklyn, NY 11201, 718 330-3607; r. 419 Raritan Ave., Staten Island, NY 10305, 718 979-2046.
LOVELY, Cheryl Lynn; '86 MPA; Staff; Ohio Dept. of Devel., 30 E. Broad St., Columbus, OH 43215, 614 466-5700; r. 3800 Soft Wind Dr., Columbus, OH 43232.
LOVETT, Wells T.; '43 BSBA; Atty.; Lovett & Lamar, 208 W. 3rd St., Owensboro, KY 42301, 502 926-3000; r. 18 Stone Creek Pk., Owensboro, KY 42301, 502 683-7008.
LOVIT, Andrew Mark; '83 BSBA; Sr. Account Rep.; Wang Labs Inc., 301 Rte. 17 N., Rutherford, NJ 07070, 201 933-0600; r. 12 Pheasant Run, Edison, NJ 08820, 201 549-7065.
LOW, Gregory A.; '82 BSBA; Store Dir.; Toys R US, One Geoffrey Dr., Fairless Hls., PA 19030, 215 736-8100; r. 218 Plymouth Rd., Wilmington, DE 19803, 302 655-8129.
LOW, Pauline A.; '86 BSBA; 517 Cherry St., Perrysburg, OH 43551, 419 874-7739.
LOWD, Jonathan E.; '85 BSBA; Sub-Contract Admin.; Grumman Aerospace Corp., Bethpage, NY 11714; r. 2 Hillwood Dr., Huntington, NY 11746, 516 385-1325.
LOWDER, James Robert; '83 BSBA; Advisory Systs. Prgrmr.; Big Bear Stores Co., 770 W. Goodale Blvd., Columbus, OH 43212, 614 464-6721; r. 5254 Cape Cod Ln., Columbus, OH 43220, 614 459-6806.
LOWE, C. Max; '65 BSBA; Mgr./Computer Sales; Natl. Cash Register Co., 1251 Dublin Rd, Columbus, OH 43215; r. 2320 Terrance Dr., Columbus, OH 43220.
LOWE, Carolyn Lilley; '69 BSBA; 2637 Bryan Cir., Grove City, OH 43123.
LOWE, Deborah Diane; '84 BSBA; 3560 Rodell, Columbus, OH 43232, 614 833-1916.
LOWE, Frances J., (Frances J. Purvis); '80 MBA; Sales Rep.; Allied Enterprises Inc., POB 331156, Atlantic Bch., FL 32233, 904 221-0826; r. 434 Cockatiel Dr., Jacksonville, FL 32225, 904 221-0826.
LOWE, Frederick W., Jr.; '50 BSBA; VP; E.I.E., 807 Edgewater Dr., Naperville, IL 60540, 312 369-1305; r. Same, 312 355-8199.
LOWE, Gerald Master, Jr.; '85 BSBA; Sales Rep.; Kidder, Peabody & Co., 1201 W. Peachtree St., Ste. 3500, Atlanta, GA 30309, 404 872-1300; r. 422 Ben Ave., Lilburn, GA 30247, 404 564-2953.
LOWE, Gerald Walker; '68 BSBA; Mktg. Rep.; IBM Corp., 140 E. Town St., Columbus, OH 43215, 614 225-3756; r. 2224 River Run Trace, Worthington, OH 43085, 614 761-3139.
LOWE, Gregory Alan; '84 BSBA; Mgr. of Collections; Cnty. Savings Bank, 65 E. State St., Columbus, OH 43215, 614 462-2877; r. 12039 Greenbower Ave. NW, Pickerington, OH 43147, 614 863-9706.
LOWE, Howard P.; '53 BSBA; Atty.; Atty-at-Law, 7400 E. Main St., Reynoldsburg, OH 43068; r. 2187 Summit Row Blvd., Powell, OH 43065, 614 889-5902.
LOWE, John Andrew; '84 MBA; Sr. Engr.; Northern Telecom Inc., 4001 E Chapel Hill-Nelson Hwy, POB 13010, Raleigh, NC 27709, 919 481-7655; r. 7912 Mourning Dove Rd., Raleigh, NC 27615, 919 870-5621.
LOWE, John Bruce; '73 BSBA, '80 MPA; Asst. Dir.; The Ohio State Univ., Univ. Budget Planning, Rm. 19, 190 N. Oval Mall, Columbus, OH 43210, 614 292-9990; r. 181 E. Deshler Ave., Columbus, OH 43206, 614 443-7711.
LOWE, Lora Anne; '82 BSBA; 2427 Hassell Pl., Charlotte, NC 28209, 704 535-0622.
LOWE, Matthew Dean; '85 BSBA; 59 N. Seventh St., Mc Connelsville, OH 43756, 614 962-3862.
LOWE, Richard K.; '60 BSBA; Ofc. Supv.; AT&T Technologies, 6200 E. Broad St., Columbus, OH 43213; r. 285 Medick Way, Worthington, OH 43085, 614 885-1597.
LOWE, Sabra Ann; '81 BSBA; Operational Acct.; Robert C Vernon, Inc., Co Rd 20, Reno, OH 45773; r. 1016 Woodland Ave., Beverly, OH 45715, 614 984-2540.
LOWE, Virginia '49 (See Hager, Mrs. Virginia L.).
LOWE-DUPAS, Helene M., (Helene M. Dupas); '85 MA; PhD Student; The Ohio State Univ., Columbus, OH 43210; r. 327 W. 7th Ave., Columbus, OH 43201, 614 421-1564.
LOWENSTEIN, Ann '48 (See Gottlieb, Ann).
LOWER, H. Rex; '73 BSBA; Buyer Analyst; Cascade Corp., Springfield, OH 45505; r. 3481 Saddle Ln. S., Westerville, OH 43081, 614 890-5962.
LOWERY, Donald E.; '50 BSBA; Production Mgr.; B. F. Goodrich, Akron, OH 44308; r. 371 Hollywood Ave., Akron, OH 44313, 216 864-8129.
LOWERY, Frank R., Jr.; '83 MBA; CEO/Treas.-Pres.; Franklin Constr. Co. Inc., Project Consultants Inc, 2087 Dublin Rd., Columbus, OH 43228, 614 486-9441; r. 287 Mccoy Ave., Worthington, OH 43085, 614 885-0101.
LOWERY, Mark Eric; '85 BSBA; 3111 Butter Churn Ln., Matthews, NC 28105, 704 846-2988.
LOWERY, Robert Charles; '48 BSBA, '48 MBA; Prof. of Mgmt.-Author; Univ. of Southern Mississippi, 13801 Paraiso Rd., Box 159, Ocean Spgs., MS 39564, 601 872-1384; r. Same.
LOWIEN, Louis W.; '72 BSBA; Supv., Customer Svc.; Copeland Corp., 500 Conrad Harcourt Way, Rushville, IN 46173, 317 932-2956; r. 465 E. Main St., Greensburg, IN 47240, 812 663-6429.
LOWMAN, Ms. Andrea Beth; '76 BSBA; Mktg. Mgr.; Xerox Corp., US Marketing Grp., Xerox Sq. 014, Rochester, NY 14644; r. 120 Shaftsbury Rd., Rochester, NY 14610.
LOWMAN, J. Philip; '63 BSBA, '65 MBA; 1st VP; Natl. Bank of Detroit, 611 Woodward Ave., Detroit, MI 48226, 313 254-2000; r. 4203 Carillon Dr., Bloomfield Hls., MI 48013, 313 681-9469.
LOWNIE, Harold William, Jr.; '72 MBA; Retired Mgr. Prim Ops; Battelle Mem. Inst., Process & Phys Metallurgy Dept, Columbus, OH 43201; r. 2902 Halstead Rd., Columbus, OH 43221, 614 486-3798.
LOWRIE, David Richard; '80 BSBA; 2188 Palmer St., Steve Perotin, Costa Mesa, CA 92627.
LOWRIE, Don M.; '33 BSBA; Retired Supv.; Bur. of Employment Svcs., Youngstown, OH 44512; r. 338 Ewing Rd., Youngstown, OH 44512, 216 758-1715.
LOWRIE, Robert David; '67 BSBA; Sr. VP; Indiana Natl. Corp., One Indiana Sq., Indianapolis, IN 46266, 317 266-5339; r. 785 Lakeland Ct., Carmel, IN 46032, 317 846-7573.
LOWRIE, Scott Robert; '81 BSBA; Atty.; Roetze & Andress, 37 W. Broad St. 8th Fl., Columbus, OH 43215, 614 463-9770.
LOWRY, Bill Lee; '70 BSBA; Chief Supv.; Delta Airlines Inc., Hartsfield Interntl Airport, Atlanta, GA 30320, 404 765-4189; r. 105 Sara Cove, Fayetteville, GA 30214, 404 461-9495.
LOWRY, Brian; '87 BSBA; 200 Talsman Dr., #D, Canfield, OH 44406, 216 533-4443.
LOWRY, Dona '52 (See McConnell, Mrs. Dona Lowry).
LOWRY, Dr. James R.; '52 BSBA, '54 MBA, '66 PhD (BUS); Prof./Dept. Head; Ball State Univ., Dept. of Marketing, Muncie, IN 47306, 317 285-5180; r. 5000 Holborn Dr., Muncie, IN 47304, 317 282-4401.
LOWRY, John A.; '64 BSBA; VP/Corp Controller; Cardinal Industries Inc., 6062 Channingway Blvd., Columbus, OH 43232, 614 755-6971; r. 9253 Carriage Ln., Pickerington, OH 43147, 614 927-1548.
LOWRY, Jon D.; '62 MBA; Pres.; Dana's Housekeeping Ladies, 320 Muller Rd, Walnut Creek, CA 94598; r. 230 Sydney, Walnut Creek, CA 94595.
LOWRY, Paula Jo; '80 BSBA; Homemaker; r. 438 Sioux Dr., Mechanicsburg, PA 17055, 717 763-0950.
LOWRY, William Ralph; '49 BSBA; Retired Sr. Staff Rep.; Shell Oil Co., Houston, TX 77001; r. 45 Thunder Cove Pl., The Woodlands, TX 77381, 713 363-0013.
LOWTHER, LTC Dale Raymond, USAF(Ret.); '46 BSBA; Retired; r. 7108 Lantern Rd. NE, Albuquerque, NM 87109, 505 884-8583.
LOWTHER, Dorothy Hankey; '51 BSBA; #5 Chelsie, Bowling Green, OH 43402, 419 352-9175.
LOWTHER, Robert D.; '67 BSBA; Contract Spec.; US Dept. of Energy, Kirkland AFB, Albuquerque, NM 87115, 505 844-7839; r. 7216 Carriage Rd. NE, Albuquerque, NM 87109, 505 883-4770.
LOWY, Louis P.; '62 BSBA; Salesman; Louis R Polster Co., 585 S. High St., Columbus, OH 43215, 614 221-3295; r. 224 N. Merkle Rd, Columbus, OH 43209.
LOWY, Martin Edward; '86 BSBA; 24812 Albert Ln., Beachwood, OH 44122.
LOY, Mrs. Karen R., (Karen Marie Rugani); '87 MBA; Financial Analyst; 1582-B Treetop Tr., Akron, OH 44313, 216 920-9761; r. 7279 Grovedell St., Waynesburg, OH 44688, 216 866-3280.
LOYD, Dr. David P.; '47 MBA, '62 PhD (BUS); Assoc. Prof. Emeritus; Univ. of Akron, Akron, OH 44325; r. 610 Katherine Ave., Ashland, OH 44805, 419 289-0536.
LOZIER, Laura Murray; '83 BSBA; 4005 Dollar Cir., Suwanee, GA 30174, 404 932-2587.
LU, Janny Mann-Jing; '84 BSBA; Purchasing Agt.; r. 1357 Prosper Dr., Troy, MI 48098.
LU, Terence D.; '85 BSBA; 2752 Glenbriar St., Columbus, OH 43232, 614 866-2607.
LU, Tu V.; '86 BSBA; MIS/Fiscal Coord.; Ohio Dept. of Devel., Ofc. of Community Svcs., 30 E. Broad St., Columbus, OH 43266, 614 466-6014; r. 5128 Sassafras Rd., Columbus, OH 43229, 614 436-5671.
LUBASKI, Clark Eugene; '83 BSBA; 4116 Seldom Seen, Powell, OH 43065, 614 889-1603.
LUBBERS, Michael Jay; '67 BSBA; 5550 Knollwood Rd, Springfield, OH 45502, 513 969-8184.
LUBEACH, Ronald Z.; '64 BSBA; Buyer - Retail; Elder Beerman Corp., 3155 Elbee Rd., Dayton, OH 45439, 513 296-2953; r. 6843 Morrow Dr., Dayton, OH 45415, 513 898-5202.
LUBER, Richard Alan; '71 BSBA; Atty.; r. 8800 Davington Dr., Dublin, OH 43017.
LUBITZ, Dr. Lester Marc; '69 BSBA; 9100 Old Indian Hill Rd., Cincinnati, OH 45243.
LUBOW, Howard; '51 BSBA; Atty./Partner; Bogin & Patterson Attys., 1200 Talbott Towers, 131 N. Ludlow St., Dayton, OH 45402, 513 226-1200; r. 557A Raintree Pl., Englewood, OH 45322, 513 832-3899.
LUBY, Donald K.; '62 BSBA; Sales/Svc. Repr; Georgia Pacific Corp., 133 Peachtree Plz., Atlanta, GA 30303, 404 521-4000; r. 125 Lincoln Dr., Newark, OH 43055, 614 366-6357.
LUCAK, John; '49 BSBA; 106 Southwind Reach, Peachtree City, GA 30269.
LUCARELL, Linda M. '79 (See Howard, Mrs. Linda M.).
LUCART, Benjamin R.; '51 BSBA; Retired; r. 2236 E. Belmont, Phoenix, AZ 85020, 602 944-3115.
LUCAS, Andrew Taso; '82 BSBA; Sales Rep.; Warner Amex Cable Comm Inc., 930 Kinnear Rd, Columbus, OH 43212; r. 616 S. Pearl St., Columbus, OH 43206.
LUCAS, Barbara Ann; '86 BSBA; Staff; Galion Amco, 505 8th St., Galion, OH 44833; r. 710 Park Ave., Galion, OH 44833, 419 462-5210.
LUCAS, Beth Ann; '85 BSBA; Financial Analyst; Hewlett-Packard, 100 Mayfield Ave., Mountain View, CA 94043, 415 691-5260; r. 1224 Vicente Dr. # H, Sunnyvale, CA 94086, 415 968-9323.
LUCAS, Craig S.; '82 BSBA; Real Est Appraiser; Richmond City Assessors Ofc., City Hall, Richmond, VA 23219, 804 780-5605; r. 1709 Avondale Ave., Richmond, VA 23227, 804 266-8868.
LUCAS, David Michael; '81 BSBA; 117 Woodbury St., Ponca City, OK 74601.
LUCAS, Elizabeth '65 (See Peterson, Elizabeth).
LUCAS, Frank R.; '56 BSBA; Purchasing Agt.; Gen.-Space Systs. Div., 5001 Kearny Villa Rd, San Diego, CA 92123, 619 547-7707; r. 1901 Quidort Ct., El Cajon, CA 92020, 619 444-1654.
LUCAS, Jay Douglas; '79 BSBA; Programmer/Analyst; Huntington Natl. Bank, 15 S. High St., Columbus, OH 43215; r. 323 Baroness Way, Gahanna, OH 43230, 614 475-5844.
LUCAS, Jeffrey Robert; '79 BSBA; Instr./Cmptr Literacy; East Liverpool Sch. Dist., Board of Education, E. Liverpool, OH 43920; r. 932 Mc Kinnon Ave., E. Liverpool, OH 43920, 216 385-4095.
LUCAS, Jerry Ray; '62 BSBA; Memory & Learning Expert; Lucas Learning Inc., 2406 Park Central Blvd., Decatur, GA 30035, 404 987-8804; r. 201 Treehills Pkwy., Stone Mtn., GA 30088, 404 593-4787.
LUCAS, John Wayne; '29 BSBA, '35 MBA; Retired; r. 835 Fairacres Rd., Omaha, NE 68132, 402 553-5128.
LUCAS, Joseph Garnett; '37 BSBA; Real Estate Broker; Bill D. Brasel & Assocs., Box 154, Jasper, AR 72641, 501 446-5217; r. HCR 31, Box 107, Jasper, AR 72641, 501 428-5470.
LUCAS, Joyce Barrett, (Joyce Barrett); '83 BSBA; Indep. Health Care Cnslt.; r. 11604 Coventry Ave. NW, Pickerington, OH 43147, 614 755-4675.
LUCAS, Kenneth C.; '47 BSBA; Retired; r. 4336 Oak View Dr., Sarasota, FL 34232, 813 378-1652.
LUCAS, Marc Randall; '84 MBA; Territory Mgr.; Johnson & Johnson, Grandview Rd., Skillman, NJ 08558; r. 1535 Westmeade Dr., Chesterfield, MO 63017.
LUCAS, Michael Madison; '70 BSBA; Bus/Enterprise Spec.; State of Ohio, Dept. of Corrections & Rehab, 315 Phillipi Rd., Columbus, OH 43228, 614 274-9000; r. 5408 Teakwood Ct., Columbus, OH 43229, 614 882-3038.
LUCAS, Robert Gordan; '40 BSBA; Staff; Nadge Corp., Box 4219, Fullerton, CA 92634; r. 448 Pomeroy Rd, Nipomo, CA 93444.
LUCAS, Robert Lee; '88 MPA; 12820 Worthington Rd., Pataskala, OH 43062, 614 927-2556.
LUCAS, Robert Shaffer, SRPA CAE; '57 BSBA; Coml. Prop. Appraiser RE; Palm Beach Cnty., Property Appraisers Ofc., 301 N. Olive Ave., 5th Fl., W. Palm Bch., FL 33401, 407 820-2546; r. POB 1132, Palm City, FL 34990, 407 286-0176.
LUCAS, Roy Raymond; '80 BSLHR; Skilled Laborer; Borden Inc., 1917 Joyce Ave., Columbus, OH 43219; r. 2977 Bremen St., Columbus, OH 43224.
LUCAS, Scott Alan; '84 BSBA; Salesman; Business Mens Assurance Co., Insurance & Securities, 10 W. Locust Ste. #11, Newark, OH 43055, 614 349-9262; r. 3460 Laurent Ct., Columbus, OH 43229, 614 794-3191.
LUCAS, Stasha Jean, (Stasha Jean OBenour); '84 BSBA; Homemaker; r. 1966 Columbus Sandusky S., Marion, OH 43302, 614 389-6528.
LUCAS, Dr. Stephen Rodney; '54 BSBA; Prof., Mktg.; Univ. of North Carolina T Greensboro, Spring Garden St., Greensboro, NC 27412; r. Same.
LUCAS, Stuart Dean; '83 BSBA; Asst. VP; Society Bank, Business Banking Dept., 88 E. Broad St., Columbus, OH 43215, 614 890-6770; r. 6022 Meadowsglen Dr., Dublin, OH 43017, 614 766-9118.
LUCAS, William Carl, Jr.; '71 BSBA; VP; Bancohio Natl. Bank, 51 N. High St., Columbus, OH 43215; r. 535 E. Schreyer Pl., Columbus, OH 43214, 614 268-0680.
LUCCI, Albert Richard, Jr.; '70 BSBA; Financial Cnslt.; Merrill Lynch, 2732 South U.S.1, Ft. Pierce, FL 34982, 407 465-7500; r. 1930 Wyoming Ave., Ft. Pierce, FL 34982, 407 465-1818.
LUCE, William Whitsett, III; '78 BSBA; Controller; Holt-Refakis Equip. Co., 3765 E. Livingston Ave., Columbus, OH 43227, 614 237-7491; r. 8521 Banwick Ct., Powell, OH 43065, 614 764-2093.
LUCHT, Karen Ann; '84 BSBA; Area Sales Rep.; Pitney Bowes, 780 Grant St., Denver, CO 80203, 303 837-8370; r. 945 Washington St., Denver, CO 80203, 303 830-2053.
LUCIOW-FAY, Beverly Ann; '85 MPA; 787 E. Weber Rd., Columbus, OH 43211, 614 263-7409.
LUCK, LCDR Charles William, USN; '74 BSBA; Exec. Ofcr.; USS Stump DD-978, FPO, Norfolk, VA 09587; r. 4281 Derby Wharf Dr., Virginia Bch., VA 23456, 804 467-9548.
LUCKE, Denise Laura; '87 BSBA; RR 1 Box 258-A, Van Wert, OH 45891, 419 968-2568.
LUCKE, Ronald W.; '62 BSBA; Staff; Formica Corp., Evendale Plant, 10155 Reading Rd, Evendale, OH 45241; r. 10619 Convo Ct., Cincinnati, OH 45242, 513 489-3539.
LUCKENBACH, Melanie Trout, (Melanie Trout); '86 MBA; Coord./Human Res.; Good Samaritan Hosp. & Health Ctr., 2222 Philadelphia Dr., Dayton, OH 45406; r. 9595 Saddlebrook Ln., Apt. #1-B, Miamisburg, OH 45342, 513 434-7294.
LUCKENBACH, Robert John; '86 MBA; Order Acctg. Mgr.; N C R Corp., Main St., Dayton, OH 45479, 513 445-4322; r. 9595 Saddlebrook Ln., Apt. 1-B, Miamisburg, OH 45342, 513 434-7294.
LUCKENBILL, Gregory Alan; '78 BSBA; Dist. Mgr.; GM Corp., 130 E. Carpenter Frwy., Irving, TX 75062, 214 541-6100; r. 1820 Timber Ridge Rd., Edmond, OK 73034, 405 340-8948.
LUCKERMAN, Richard P.; '65 BSBA; Prod Syst Procedures Mgr; Hallmark Cards, Inc., 2501 Grand Ave., Kansas City, MO 64141, 816 274-8818; r. 600 Delwood, Blue Springs, MO 64015, 816 229-5581.
LUCKHAUPT, Bradley Joseph; '78 BSBA; Dist. Sales Mgr.; NCR Corp., 11775 US Hwy. 19 S., Clearwater, FL 34624, 813 573-3048; r. 3223 Wessex Way, Clearwater, FL 34621, 813 785-8594.
LUCKI, Bruce Lyn; '76 BSBA; Mfg. Analyst; Ford Motor Co., 3001 Miller Rd., Dearborn, MI 48121, 313 322-4367; r. 3742 Dewlawn Dr., Toledo, OH 43614, 419 385-8042.
LUCKI, Martin J.; '73 BSBA; Quality Engr.; Wheeling Pittsburgh Steel, 2 Public Rd., Yorkville, OH 43971, 614 859-6609; r. 46708 W. Almar Ln., St. Clairsville, OH 43950, 614 695-5320.
LUCKS, John Emil, Jr.; '61 BSBA; Pres.; Continental Furniture & Ofc. Supply Co., 1070 Morse Rd., Columbus, OH 43229, 614 846-5010; r. 152 N. Drexel Ave., Columbus, OH 43209, 614 258-1555.
LUCREZI, Piero Domenico; '88 BSBA; 109 Foxfire Dr., Painesville, OH 44077.
LUCZAK, Arthur F.; '65 BSBA; Retired; r. 9417 Bainwoods Dr., Cincinnati, OH 45249, 614 863-2437.
LUDWICK, Thomas Andrew; '75 BSBA; Cost Acct.; Cooper Industries, 1401 Sheridan Ave., POB #540, Springfield, OH 45501, 513 327-4360; r. 3237 Scioto Run Blvd., Hilliard, OH 43026, 614 771-6156.
LUDWIG, Bradley Eugene; '86 BSBA; RR 5, Bryan, OH 43506, 419 636-3679.
LUDWIG, Christopher William; '81 BSBA; 3331 N. Glen Creek Dr., Tucson, AZ 85712, 602 881-6234.
LUDWIG, Cora Riber; '61 BSBA; Breslauer Str 20, Zierenberg , 3501, West Germany.
LUDWIG, Mrs. Cristi Curren, (Cristi Curren); '82 BSBA; Homemaker; r. 3310 211th Ave. NE, Redmond, WA 98052, 206 868-4165.

LUDWIG, Daniel Anthony; '82 BSBA; Industrial Engr.; Rockwell Intl., 4300 E. 5th Ave., Columbus, OH 43216, 614 239-2200; r. 6974 Black Oak Dr., Reynoldsburg, OH 43068, 614 863-6575.

LUDWIG, Daniel Carl; '79 BSBA; Asst. VP; Ameritrust Co., 33 N. Third St., Columbus, OH 43215, 614 224-0670; r. 2574 Chester Rd., Upper Arlington, OH 43221, 614 459-2141.

LUDWIG, David Paul; '84 BSBA; Sr. Programmer Analyst I; Bank One of Columbus, 340 Mc Coy Center Dr., Westerville, OH 43215, 614 248-4790; r. 760 Pine Post Ln., Westerville, OH 43081, 614 846-0194.

LUDWIG, Donald Paul; '86 BSBA; Hospitality Mgmt.; Country Hearth Inns; r. 358 Brightwood Dr., Marion, OH 43302, 614 387-2793.

LUDWIG, Gary Leroy; '68 MBA; Technical Dir.; Airborn Electronics, Wright Patterson Airfield, Dayton, OH 45433; r. 1781 Scotch Pine Dr., Dayton, OH 45432, 513 426-6024.

LUDWIG, James C.; '59 BSBA; Atty.; 835 W. Jefferson, Louisville, KY 40202, 502 587-7177; r. 510 Penwood Rd, Louisville, KY 40206, 502 897-6227.

LUDWIG, Jeffrey Joseph; '81 BSBA; Branch Mgr.-Cincinnati; R H Williams & Assoc., 4836 Duff Dr., Ste. C, Cincinnati, OH 45246, 513 874-6883; r. 7602 Clovernook Ave., Cincinnati, OH 45231, 513 521-0004.

LUDWIG, Joanne '52 (See Bain, Joanne Ludwig).

LUDWIG, Keri Morgan; '83 BSBA; Account Systs. Engr.; IBM Corp., 140 E. Town St., Columbus, OH 43215, 614 225-3767; r. 760 Pine Post Ln., Westerville, OH 43081, 614 846-0194.

LUDWIG, Paul L.; '55 BSBA; Pres.; L & K Restaurants & Motels Inc., 1125 Ellen Kay Dr., POB 546, Marion, OH 43302; r. 915 Flagpole Hill, Marion, OH 43302.

LUDWIG, Robert C.; '55; Chmn./CEO; L&K Restaurants & Motels Inc., 1125 Ellen Kay Dr., POB 546, Marion, OH 43302, 614 387-0300; r. 358 Brightwood Dr., Marion, OH 43302, 614 387-2793.

LUDWIG, Mrs. Stephanie A., (Stephanie A. Niemeyer); '85 BSBA; Theatre Mgr.; American Multi Cinema Inc., 4245 Macsway Ave., Columbus, OH 43232, 614 861-2481; r. 770 Riverview Dr., Apt. 11B, Columbus, OH 43202, 614 447-1515.

LUDWIG, Thomas Allen; '68 BSBA; 14759 Neartree Rd, La Mirada, CA 90638, 714 522-4283.

LUDWIN, Fred A.; '62 BSBA; Area Sales Mgr.; Johns-Manville, 7500 Dutch Rd, Waterville, OH 43566; r. 3647 Brunswick, Toledo, OH 43606, 419 841-6033.

LUE, Merald F.; '25 BSBA; 89 Weed Ave., Norwalk, CT 06850, 203 838-5786.

LUEBBE, Mary Lou '73 (See Luebbe-Gearhart, Mary Lou).

LUEBBE-GEARHART, Mary Lou, (Mary Lou Luebbe); '73 BSBA; Pres./Clin Audiologist; Luebbe Hearing Svcs., Inc., 610 Northridge Rd., Circleville, OH 43117, 614 267-9249; r. 30820 State Rte. 159, Congo Farm, Kingston, OH 45644, 614 642-5077.

LUECKE, Dawn Fronius, (Dawn Fronius); '84 BSBA; Sr. Tax Cnslt.; Deloitte Haskins & Sells, 1717 E. 9th St., Ste. 1300, Cleveland, OH 44114, 216 589-1300; r. 28110 Sherwood Dr., Westlake, OH 44145.

LUECKEN, John Joseph, Jr.; '85 BSBA; 1500 Winton Ave., Cleveland, OH 44107.

LUECKEN, Linda Jean; '86 BSBA; Cnslt.; GE; r. 538 Sun Valley Dr., Akron, OH 44313, 216 449-8329.

LUEDEMANN, Bert Charles; '75 BSBA; Dir./Mgnt Info. Systms; The Ltd. Inc., The Limited Express Division, POB 18100, Columbus, OH 43218; r. 5671 Sheehan Ct., Dublin, OH 43017.

LUEDY, Robert B.; '50 BSBA; Retired; r. 1917 Wedgewood Dr., Sanford, NC 27330, 919 499-4237.

LUEHRMANN, Rachel Mary; '87 BSBA; Sales Rep.; Honeywell Inc., 108 Cleveland Ave., Columbus, OH 43215, 614 228-2232; r. 2326 Meadow Village Dr., Worthington, OH 43235.

LUELLEN, Teresa Marie; '87 BSBA; Reg. Analyst; N C R Corp., 2300 Edwin C Moses Blvd., Dayton, OH 45408, 513 220-6752; r. 1908-2A Chimney Ln., Kettering, OH 45440, 513 433-4664.

LUFFY, Thomas George; '80 BSBA; Mgr./Public Acctg.; Coopers & Lybrand, 100 E. Broad St. Ste. 2000, Columbus, OH 43215, 614 225-8729; r. 1359 Gumwood Dr., Columbus, OH 43229, 614 846-7088.

LUFT, Charles F.; '31 BSBA; Retired; r. 6361 Diamond Head Cir., Apt. C, Dallas, TX 75225, 214 361-2637.

LUFT, Ms. Laurie Doersam; '87 BSBA; Mgr.; Cincinnati Microwave Inc., The Escort Store, 1097 Bethel Rd., Columbus, OH 43220, 614 459-0099; r. 3871 Ramblehurst Rd., Hilliard, OH 43026, 614 771-9717.

LUGAR, John Timothy; '69 BSBA; Gen. Mgr.; Weyerhaeuser Co., PO Drawer X, Alameda, CA 94501, 415 634-1458; r. 620 Beaver Ct., Byron, CA 94514, 415 634-1458.

LUGGER, John Frederick; '70 BSBA; Mgr./Corrections Div.; Med. Svc. Inc., 5733 Staples Mill Rd., Richmond, VA 23228, 804 266-8777; r. 4313 Milsmith Rd., Chester, VA 23831, 804 796-6783.

LUGO JUAN, Marisol Del Rosario; '88 BSBA; POB 3056, Columbus, OH 43210.

LUH, Dr. Feng Shyang; '65 PhD (ACC); Acctg. Prof.; Lehigh Universty, Acctg. Dept., Bethlehem, PA 18015; r. Lehigh University, Bethlehem, PA 18015.

LUI, Danis Pui Chi; '84 BSBA; Asst. Mgr.; Tong Tong Corp., 1646 Norton Rd., Stow, OH 44224; r. 5779 N. Crossview Rd., Seven Hls., OH 44131, 216 741-2412.

LUIKART, Robert Blair; '80 BSBA; Computer Oper Mgr.; Nationwide Ins. Co., One Nationwide Plz., Columbus, OH 43215; r. 3001 Mountview Rd., Columbus, OH 43221, 614 488-4205.

LUKAC, Daniel Coleman, Jr.; '83 BSBA; Shipping & Receiving Supv; Duro Bag Mfg. Co., #1 Duro Way, Richwood Industrial Pk., Walton, KY 41094, 606 485-6188; r. 7575 Carole Ln., Florence, KY 41042.

LUKE, Troy Luther; '88 BSBA; Treasury Investm. Admin..; Accel Int'l., 475 Metro Pl. N., Dublin, OH 43017, 614 764-7172; r. 1344 Palmer House C, Columbus, OH 43320, 614 457-5009.

LUKEN, Frank L.; '48 MBA; Retired; r. 8630 SW 95th St., #B, Ocala, FL 32676, 904 854-5732.

LUKENS, Edwin Jefferson; '81 BSBA, '82 MBA; Student At Osu; r. 3509 Leighton Rd., Columbus, OH 43221, 614 451-8476.

LUKENS, Robert Edwin; '51 BSBA; Design Tech.; Ohio Dept. of Transportation, 25 S. Front St., Columbus, OH 43215, 614 466-5254; r. 3509 Leighton Rd., Columbus, OH 43221, 614 451-8476.

LUKIANOWICZ, John Joseph; '68 BSBA; Staff; Park-Ohio Industries Inc., 3800 Harvard Ave., Cleveland Hts., OH 44121; r. 13325 Strathmore Dr., Valley View, OH 44125, 216 447-0095.

LUKOVICS, Robert M.; '58 BSBA; Mgr./Corp Advt.; Westinghouse Electric Corp., Gateway Ctr Westinghouse Bldg, Pittsburgh, PA 15222; r. 1594 Holly Hill Dr., Bethel Park, PA 15102, 412 833-5508.

LUMAN, Gregory Davis; '77 BSBA; Mgr. Elec. Engrg.; A S E Automation Inc., 23538 Pinewood, Warren, MI 48091, 313 754-5940; r. 43066 Avon Ct., Sterling Hts., MI 48078, 313 254-9151.

LUMANNICK, Allan G.; '68 BSBA; Mgr.; Columbus Southern Power, 215 N. Front St., Columbus, OH 43215; r. 5849 Forestview Dr., Columbus, OH 43213, 614 861-5366.

LUMANNICK, Mary Canning, (Mary Canning); '77 BSBA; Homemaker; r. 5849 Forestview Dr., Columbus, OH 43213, 614 861-5366.

LUMET, Pascale Dominique; '85 MA; Saleswoman; Comparex Info. Systs., 21, Rue Des Peupliers, 9200 Nanterre, France; r. 77, Ave. du Marechal Joffre, 9200 Nanterre, France.

LUMP, John R.; '67 BSBA; Certified Publ Acct.; Riester, Lump & Burke, 1600 Lexington Ave., Mansfield, OH 44907; r. 1488 Brookpark Dr., Mansfield, OH 44906, 419 756-8061.

LUMPKIN, COL Phillip Ray; '75 MBA; Capt. Usaf; USAF, Box 1931, APO, Miami, FL 34003; r. Same.

LUNDBERG, Leiv Erik; '86 MBA; Supv. Investor Relation; Ameritech Inc., 30 S. Whacker, Chicago, IL 60601, 312 750-5378; r. 2930 N. Sheridan Rd., #1505, Chicago, IL 60657, 312 525-9477.

LUNDBOHM, Eric Paul; '85 MBA; Product Mgr.; TRW Credit Data, 505 City Pkwy. W., Orange, CA 92680, 714 385-7821; r. 2282 Clover Dr., Tustin, CA 92680, 714 731-0715.

LUNDE, James Arthur; '83 BSBA; Trust Ofcr.; Huntington Trust Co., 41 S. High St., Columbus, OH 43287, 614 463-4417; r. 751-C Moon Rd., Columbus, OH 43224, 614 267-4397.

LUNDELL, Michael Gunnar; '79 BSBA; Grad. Student; Indiana Univ., Main Campus, Bloomington, IN 47401; r. 31 Wilshire Dr. SE, Hebron, OH 43025, 614 928-5358.

LUNDQUIST, Richard D.; '67 BSBA; Guid. Dir.; Westside Community Schs., 8701 Pacific St., Omaha, NE 68114, 402 390-2100; r. 519 S. 85th St., Omaha, NE 68114, 402 397-1270.

LUNDREGAN, Deborah Jane, (Deborah Folk); '80 MBA; Homemaker; r. 8132 Lodgepole Tr., Littleton, CO 80124, 303 792-0613.

LUNDREGAN, Stephen Michael; '80 MBA; Controller; Nationwide Ins., 9110 E. Nichols Ave., Englewood, CO 80112, 303 649-7555; r. 8132 Lodgepole Tr., Littleton, CO 80124, 303 792-0613.

LUNDSTEDT, Mrs. Lee B., (Lee K. Bernstein); '76 BSBA; Cnslt.; Forrest Ford Cnslts., 160 Craig St., Ste. 100, St. Louis, MO 63141, 314 567-6737; r. 1438 Old Farm Dr., St. Louis, MO 63146, 314 576-5766.

LUNDSTEDT, Peter Sanford; '86 BSBA; Stockbroker; Kopstein Van Alen/Citicorp, 321 Main Mall, Poughkeepsie, NY 12601, 914 485-6600; r. 25 Tamarack Cir., Fishkill, NY 12524, 915 896-4773.

LUNDY, Charles James, Jr.; '73 BSBA; Sr. Sales Repr; Computervision, Corner Crosby & Middlesex Tpk., Bedford, MA 01730; r. 2415 Silver Springs Dr., Stow, OH 44224, 216 678-9432.

LUNKA, Tony L.; '49 BSBA; Pres.; Lunka Bros. Inc., 10 Palmer Ave., Painesville, OH 44077, 216 352-0771; r. 41 Stratford Rd., Painesville, OH 44077, 216 352-3726.

LUNKA, Victor W.; '48 BSBA; Pres./CEO; Harbour Side Devel. Corp., *, Vero Beach, FL 32963; r. 1825 Mooring Line Dr., Vero Beach, FL 32963, 407 231-5693.

LUNSFORD, James F.; '55 BSBA; Funeral Dir./Owner; Bolton & Lunsford Funeral Homes, 3042 Harrison Ave., Cincinnati, OH 45211, 513 661-4059; r. 2992 Gilligan Ave., Cincinnati, OH 45233, 513 941-2822.

LUONGO, Richard C.; '56 BSBA; 1811 Hennessy Dr., Southampton, PA 18966, 215 364-7193.

LUPE, Stephen F.; '57 MBA; Mgmt. Cnslt.; Mgmt. Rsch. & Plng., 1609 Sherman Ave., Evanston, IL 60201; r. 1316 W. Fargo Ave. Apt. 405, Chicago, IL 60626, 312 973-1350.

LUPER, Carol Perlmuter, (Carol Perlmuter); '64 BSBA; Reporter Producer; WBNS TV, 770 Twin Rivers Dr., Columbus, OH 43216, 614 460-3950; r. 115 S. Gould Rd, Columbus, OH 43209, 614 231-8866.

LUPFER, William B.; '51 BSBA; Sales Mgr.; r. 4240 Hampton, Western Spgs., IL 60558, 312 246-3705.

LUPIDI, Joseph Alphonso; '84 BSBA; Sr. Programmer; Bank One of Columbus, 100 E. Broad St., Columbus, OH 43215; r. 209 Broadmeadows Blvd., Columbus, OH 43214, 614 431-9165.

LUPINETTI, Stephen Thomas; '85 BSBA; Systs. Analyst; Comp-U-Staff, Carnegie Ofc. Park, 600 N. Bell Ave., Ste. 245, Pittsburgh, PA 15106, 412 429-1680; r. 274-G Evergreen Run Rd., Imperial, PA 15126, 412 695-0969.

LUPINSKE, Thomas E.; '47 BSBA; VP; Dayton Builders Supply Co., 800 E. 1st St., Dayton, OH 45402; r. 446 Lookout Ridge, Dayton, OH 45419.

LUPO, CAPT Vincent C., USAF; '82 BSBA; Aircraft Maint.; Carswell AFB, Ft. Worth, TX 76127; r. Ft. Worth, TX 76127.

LURIE, Devera Feldman, (Devera Feldman); '47 BSBA; Retired; r. 612 N. Roxbury Dr., Beverly Hls., CA 90210, 213 858-8655.

LURIE, Jack Martin; '80 BSBA; Mgr.; Lightning Enterprises, 2605 Cleveland Ave., Ft. Myers, FL 33901; r. 3332 6th Ave., St. James City, FL 33956, 813 283-7318.

LURIE, Kathryn Alane; '83 BSBA; Financial Analyst; GE Co., 2901 E. Lake Rd., Erie, PA 16509, 814 875-2027; r. 5200 Henderson Rd., #406, Erie, PA 16531, 814 825-7805.

LURIE, Kevin D.; '87 BSBA; Financial Planner; Massachusetts Mutual, 1375 E. 9th, Cleveland, OH 44114, 216 621-5680; r. 2400 Brian Dr., Beachwood, OH 44122, 216 464-0676.

LURIE, Leonard N.; '65 BSBA; Appeals Ofcr.; US IRS, 1375 E. 9th St., Cleveland, OH 44199, 216 522-2748; r. 3677 Stoer Rd., Cleveland, OH 44122, 216 561-1148.

LURIE, Samuel Lee; '79 BSBA; Smuggler's Cove Apt. 2 A3, 5100 Estero Blvd., Ft. Myers Bch., FL 33931, 813 463-3520.

LURING, Gregory B.; '67 BSBA; Owner; Mc Donald's of Yakima, 1400 Summitview Ave. #201, Yakima, WA 98902, 509 248-2176; r. 4305 Scenic Dr., Yakima, WA 98908, 509 453-4596.

LURING, Mrs. Janice D., (Janice Dillon); '66 BSBA; Owner; McDonald's of Yakima, 1400 Summitview Ave. #201, Yakima, WA 98902, 509 248-2176; r. 4305 Scenic Dr., Yakima, WA 98908, 509 453-4596.

LURTY, Alan Scott; '83 MBA; Asst. VP Mktg. Mgr.; Midland Mutual Life Ins. Co., 250 E. Broad St., Columbus, OH 43215, 614 228-2001; r. 4570 Mt Rushmore Ct., Columbus, OH 43230, 614 476-6651.

LUSA, Julie Elaine; '87 BSBA; Leasing/Support; Tipton Grp., 124 E. 3rd St., Dayton, OH 45402, 513 224-4448; r. 6051 Waterloo Rd., Dayton, OH 45459, 513 434-3124.

LUSE, Barry Francis; '79 BSBA; VP & Regional Supv.; Savings of America, 1200 Mt. Vernon Ave., Marion, OH 43302, 614 389-1187; r. 1927 Robert Ave., Fremont, OH 43420, 419 334-3554.

LUSHINA, Louis N.; '50 BSBA; Retired; r. 10102 Tamarack Dr., Vienna, VA 22180, 703 281-4972.

LUSK, Ralph William; '65; Merchandising Mgr.; Fed. Paper Bd. Co. Inc., 2242 Olde Sawmill Blvd., Dublin, OH 43017; r. 2683 Mt Holyoke Rd, Columbus, OH 43221, 614 488-3224.

LUSK, Stephen Wilson; '67 BSBA; Pres.; Seawind Devel. Co., Inc., POB 60729, San Diego, CA 92106, 619 291-4227; r. POB 60418, San Diego, CA 92106, 619 224-5151.

LUSK, William Joseph; '81 BSBA; Cooper Energy Svcs., Div Cooper Industries, N. Sandusky St., Mt. Vernon, OH 43050; r. 2 1/2 Yokum, Mt. Vernon, OH 43050, 614 393-2021.

LUSSIER, Steven Joseph; '84 BSBA; 109 E. 12, Columbus, OH 43201.

LUST, Carl R., Jr.; '49 BSBA; Sales Repr; Agr Prod Div., W. R Grace & Co, 1465 E. 17th Ave. Box 148, Columbus, OH 43219; r. 85 Lincoln Rd, Tiffin, OH 44883, 419 448-1134.

LUST, Dennis Aaron; '80 BSBA; Admin. Mgr.; Owen Corning Fiberglas, 9300 W. 110th St., Overland Park, KS 66210, 913 451-2563; r. 15549 W. 81st, Lenexa, KS 66219, 913 894-9163.

LUST, Julie Ann; '87 BSBA; Sales Rep.; Ricton Corp., 733 Lakeview Plz., Columbus, OH 43085; r. 1400-B Jones Mill Rd., Columbus, OH 43229, 614 890-4319.

LUST, Norman E.; '49 BSBA; Ret Asst. Dir./Controller; Public Employees Ret. Syst., Columbus, OH 43214; r. 4799 Drayton Rd., Hilliard, OH 43026, 614 876-2609.

LUSTBADER, Mark Adam; '84 BSBA; Atty.; Brach Eichler et al, 101 Eisenhower Pkwy., Roseland, NJ 07068, 201 228-5700; r. 5 Woodward Ln., Basking Ridge, NJ 07920, 201 604-9684.

LUSTGARTEN, Glenn Barry; '88 BSBA; 3850 Brockton Dr., Toledo, OH 43623, 419 882-4039.

LUSTGARTEN, Jodi Robin; '86 BSBA; Student; Boston Univ. Sch. of Law, Boston, MA 02215; r. 185 Freeman St., Apt. 440, Brookline, MA 02146, 617 566-7532.

LUSTIG, Gregg Robert; '77 BSBA; Comml. Property Underwrtr; Home Ins., 9630 N. 25th Ave., Phoenix, AZ 85021, 602 861-8144; r. 6609 W. Jamaica, Glendale, AZ 85306, 602 878-3682.

LUSTIG, LTC J. Merwin, USA(Ret.); '35 BSBA; Retired; r. 8526 E. San Lorenzo Dr., Scottsdale, AZ 85258, 602 998-0726.

LUTCH, Sheldon; '79 BSBA; Account Exec.; Oppenheimer & Co., Inc., Oppenheimer Twr., World Financial Ctr., New York, NY 10281, 212 667-5697; r. 345 E. 80th St., #12D, New York, NY 10021, 212 288-4187.

LUTERAN, Diane; '83 MPA; 13005 Oakview Blvd., Garfield Hts., OH 44125, 216 662-7817.

LUTERAN, John; '83 MPA; 10702 Wadsworth, Garfield Hts., OH 44125, 216 662-7817.

LUTH, Ronald Alan; '77 MBA; Mktg. Repr Mgr.; Ford Motor Co., Westline Industrial Dr., St. Louis, MO 63141; r. 15700 Cedarmill Dr., Chesterfield, MO 63017, 314 537-1393.

LUTHER, Timothy Victor; '85 BSBA; Acct.; Coopers & Lybrand, 100 E. Broad St., Columbus, OH 43215, 614 221-7471; r. 6378 Chippenhook Ct., Dublin, OH 43017, 614 766-1688.

LUTMERDING, LTC Medard R., USAF(Ret.); '32 BSBA; 1121 Delaine Ave., Dayton, OH 45419, 513 293-4454.

LUTTON, Steven H.; '85 BSBA; Comptroller; Renegade Press, Inc., 1301 W. Baseline Rd., Lafayette, CO 80026, 303 665-7292; r. Same, 303 494-2949.

LUTZ, Dale Michael; '88 BSBA; 5422 Foley Rd., Cincinnati, OH 45238, 513 451-8277.

LUTZ, Daniel Joseph; '83 BSBA; Mgr.; Marko Electronics, 2021 S. Reynolds Rd., Toledo, OH 43614, 419 382-5032; r. 1932 Airline Ave. #2, Toledo, OH 43609, 419 385-2476.

LUTZ, CAPT Joseph Edgar, USAF; '82 BSBA; Pilot; 4401st Helicopter Flight, Langley AFB, VA 23665, 804 764-2848; r. 1209 Springwell Pl., Newport News, VA 23602, 804 886-0740.

LUTZ, Leslie Hamrick; '79 BSBA; 5501 Cardinal Dr., Orient, OH 43146.

LUTZ, Randall Lee; '76 MPA; Sergeant; Lancaster Police Dept., 130 S. Broad St., Lancaster, OH 43130, 614 653-2114; r. POB 262, Sugar Grove, OH 43155, 614 746-9676.

LUTZ, Richard A.; '53 BSBA; Self-Employeed; r. POB 356, Alta Loma, CA 91701, 714 987-1945.

LUTZ, Robert Julius; '73 BSBA; Sales Mgr.; Xerox Corp., 8777 Purdue Rd., Indianapolis, IN 46268, 317 875-6500; r. 13242 Briarwood Trace, Carmel, IN 46032, 317 846-6394.

LUTZ, Robert S.; '50 BSBA; Retired; r. 1338 Hollywood St., Dearborn, MI 48124, 313 336-4537.

LUTZ, Russell E.; '60 BSBA; 5 Tudor City Pl., Apt. 1034, New York, NY 10017, 212 986-0075.

LUTZ, William Herbert, Jr.; '48 BSBA; Atty.; Squire Sanders & Dempsey, 1800 Huntington Bldg., 925 Euclid Ave., Cleveland, OH 44115, 216 687-8500; r. 1365 Alegriano Ave., Coral Gables, FL 33146, 305 665-5527.

LUTZ, William Johnson; '76 MBA; VP; Goldman Sachs & Co., 200 Renaissance Ctr., Ste. 2966, Detroit, MI 48243, 313 259-5840; r. 1029 Yorkshire, Grosse Pte., MI 48230, 313 884-1360.

LUU, Annie Mak; '82 BSBA; 4781 Silver Oak St., Dayton, OH 45424.

LUU, Yen Kim; '87 BSBA; 1311 W. 61 Up, Cleveland, OH 44102.

LUX, Frank Edward; '71 MBA; Procurement Mgr.; Aluminum Co. of America, POB 150, Massena, NY 13662, 315 764-4373; r. 12 Dover St., Massena, NY 13662, 315 769-9539.

LUX, Scott Alan; '86 BSBA; Asst. Mgr.; J. B. Robinson Jewelers, Eastland Mall, Columbus, OH 43232, 614 864-2200; r. 3285 Dresden, Columbus, OH 43224, 614 262-9666.

LUZI, Andrew Dennis; '71 BSBA; Asst. Prof.; Univ. of Oklahoma, 307 W. Brooks, Rm. 200, Norman, OK 73019, 405 325-4221; r. 2707 Hollywood, Norman, OK 73069, 405 360-7102.

LYBARGER, Jerri Lynn; '84 BSBA; Pension Spec.; Nationwide Ins. Co., One Nationwide Plz., Columbus, OH 43216; r. 927 Oxley Rd., Columbus, OH 43212, 614 486-1313.

LYDAY, Jack Clovis; '49 BSBA; Exec. VP/Secy. & Dir.; The Palmer-Donavin Mfg. Co., 750 Twin River Dr., Columbus, OH 43215; r. 3854 Girbert St., Grove City, OH 43123, 614 875-4419.

LYDAY, James Marvin, Jr.; '73 BSBA; Owner; Lyday & Assocs., POB 435, Western Spgs., IL 60558, 312 246-0200; r. 512 W. 50th Pl., Western Spgs., IL 60558, 312 246-6162.

LYDIC, Frederick J.; '51 BSBA; Acct.; Addressograph Multigraph Corp., 20600 Chagrin Blvd., Cleveland, OH 44122; r. 8659 Pr 337, Millersburg, OH 44654, 216 674-4581.

LYDIC, Roy M., Jr.; '86 BSBA; Staff Acct.; Packer Thomas & Co., 600 2nd National Twr., Warren, OH 44481, 216 392-2747; r. 137 N. Bonair Ave., Youngstown, OH 44509, 216 792-3372.

LYKES, Robert L., Jr.; '67 BSBA; Employment Repr; Diamond Shamrock Corp., 300 Un Com Bldg 925 Euclid Ave, Cleveland, OH 44115; r. 949 Hartford Ave., Akron, OH 44320.

LYKINS, Angela Maria; '86 BSBA; Asst. Natl. Bk. Examiner; Comptroller of the Currency, POB 429107, Cincinnati, OH 45242, 513 864-2246; r. 9052 Saxton Dr., West Chester, OH 45069, 513 777-8756.

LYKINS, Irene Chmielewski; '78 BSBA; Mktg. Spec.; Belden Electronic Wire & Cable, Subs:Cooper Industries, 2200 U S. 27 S. POB 1980, Richmond, IN 47374; r. 3416 Knollwood Dr., Beavercreek, OH 45432, 513 426-0539.
LYLE, Dr. Harry C.; '48 BSBA, '50 MBA, '60 PhD (ACC); Prof. Emeritus; Miami Univ.-Acctg. Dept., Oxford, OH 45056; r. POB 239, Oxford, OH 45056, 513 523-8248.
LYLE, Irene Lisko, (Irene Lisko); '42 BSBA; Retired; r. 611 E. Park Ave., Barberton, OH 44203, 216 745-2624.
LYLE, James Wesley; '55 BSBA; Investment Ofcr.; Trustcorp, Inc. Bank, Ohio, 245 Summit St. N., Toledo, OH 43699, 419 259-8332; r. 2210 Brookford Dr., Toledo, OH 43614, 419 382-2887.
LYLE, James Winston; '51 BSBA; Retired; r. Rte. 9, Box 9378, Hayward, WI 54843, 715 462-9645.
LYLE, Oscar L.; '58 BSBA; Retired Engr. Assoc.; AT&T, Columbus, OH 43213; r. 13658 Cobblestone Ln., Pickerington, OH 43147, 614 927-0249.
LYLE, Sally Gribben, (Sally A. Gribben); '54 BSBA; Administrative Asst.; Concord Hotels Inc., 1215 Superior Ave. NE, Cleveland, OH 44114, 216 589-0441; r. 14731 Lake Ave., Lakewood, OH 44107, 216 228-1326.
LYLE, Shari Dearing, (Shari Dearing); '84 BSBA; Corporate Accts Mgr.; Parker Pen USA Ltd., 1400 N. Parker Dr., Janesville, WI 53545; r. 5600 N. Beach St., #524, Haltom City, TX 76137, 817 581-9566.
LYLE, Dr. Thomas Charles; '65 BSBA; Dent.; Private Practice, 5625 N. High St., Worthington, OH 43085; r. 36 W. Cooke Rd., Columbus, OH 43214, 614 267-7318.
LYLES, Kevin Dean; '83 BSBA; Atty.; Jones Day Reavis & Pogue, 1900 Huntington Ctr., Columbus, OH 43215, 614 469-3939; r. 1207 Leicester Pl., Worthington, OH 43235, 614 847-0548.
LYLES, Reynaldo Jeffrey; '87 BSBA; 4557 Bridgewood Ct., Columbus, OH 43229.
LYMAN, Luke Hudson; '29 BSBA; Retired Atty.; r. 1707 Forest Rd., Venice, FL 34293, 813 497-0510.
LYMAN, Thomas E.; '48 BSBA; Master Underwriter; CIGNA Corp., City Ctr., 304 Commerce St., Ste. 1320, Ft. Worth, TX 76102, 817 332-3782; r. 7729 Yamini Dr., Dallas, TX 75230, 214 691-6564.
LYMAN, Webster S., Jr.; '44 BSBA; Atty.; Lyman & Lyman, 1313 E. Broad St. Ste. 17, Columbus, OH 43205, 614 221-1158; r. 1620 E. Broad St., Ste. 1005, Columbus, OH 43203, 614 252-4302.
LYMAN, Wells Byon; '66 BSBA; Atty.; r. 8453 La Mesa Blvd., #B, La Mesa, CA 92041.
LYNCH, Elizabeth Louise; '81 BSBA, '88 MBA; Security Analyst; State Tchrs. Ret Syst. Ohio, 275 E. Broad St., Columbus, OH 43215, 614 227-2877; r. 3101 Mount View Rd., Columbus, OH 43221, 614 486-4694.
LYNCH, Gary William; '77 MBA; 199 Winter Ave., Warwick, RI 02889, 401 738-3617.
LYNCH, James M., Jr.; '47 BSBA; Retired Account Supv.; H.J. Heinz Co.; r. 3776 Braidwood Dr., Hilliard, OH 43026, 614 876-4295.
LYNCH, John C.; '65 BSBA; Certified Publ Acct.; Deloitte Haskins & Sells, 155 E. Broad St., Columbus, OH 43215; r. 650 Chaffin Ridge, Columbus, OH 43214, 614 451-6905.
LYNCH, John F.; '87 MBA; Mgmt. Cnslt.; Arthur Andersen, 41 S. High St., Ste. 2000, Columbus, OH 43215, 614 228-5651; r. 2222 Deewood Dr., Columbus, OH 43229, 614 794-0936.
LYNCH, John Howard; '84 MBA; Atty.; William, Harrold, Allen, Dixon & Branch, Two Midtown Plz., Ste. 1500, 1360 Peachtree St. NE, Atlanta, GA 30309, 404 898-8000; r. Same.
LYNCH, Mary Carroll; '42 BSBA; Retired; r. 2709 E. Elm St., Tucson, AZ 85716, 602 327-1907.
LYNCH, Robert G.; '66 MBA; Assoc. Prof.; Univ. of Dallas, Northgate Ave., Irving, TX 75062, 214 721-5326; r. 2408 Kings Country, Irving, TX 75038, 214 252-1327.
LYNCH, Robert Stephen; '71 MBA; Dir. Bus. Devel.; Diamond/Mc Cune Inc., 1102 West St., Ste. 800, Wilmington, DE 19801, 302 651-9300; r. 21 Douglas Ct., Dover, DE 19901, 302 697-3121.
LYNCH, Robin Shawn; '77 BSBA; Admin. Analyst; City of Columbus, 2080 Alum Creek Dr., Columbus, OH 43207, 614 222-7620; r. 6548 Brock St., Dublin, OH 43017, 614 766-9679.
LYNCH, Sharon '82 (See Pooley, Sharon Lynch).
LYNCH, Thomas Francis, Jr.; '68 BSBA; Chief Financial Offi; Water Refining Co., 500 N. Verity Pkwy., Middletown, OH 45042; r. Water Refining Company, 500 N. Verity Pkwy., Middletown, OH 45042.
LYND, Rodney M.; '80 BSBA; VP/Controller/Dir.; Universal Guaranty Life Ins., 1550 Old Henderson Rd., Columbus, OH 43220, 614 457-2100; r. 7568 Placid Ave., Worthington, OH 43085, 614 846-5928.
LYNN, Mrs. Barbara A., (Barbara Allen); '43 BSBA; Comp. Programmer/Analyst; Wright-Patterson AFB, Wright-Patterson AFB, OH 45433; r. 6162 Quinella Way, Dayton, OH 45459, 513 439-1240.
LYNN, Margaret C. '50 (See Koegle, Mrs. Margaret Lynn).
LYNN, Richard K.; '58 MBA; Mgmt. Cnslt.; 2717 Pacific Ave., San Francisco, CA 94115, 415 567-3890; r. Same, 415 567-3889.
LYNN, Robert John; '42 BSBA; Prof.; The Ohio State Univ., 226 Law Bldg. 1659 N. High St., Columbus, OH 43210, 614 292-2829; r. 4275 Waybourn Rd., Columbus, OH 43220, 614 451-7177.
LYNNE, Donald M.; '59 BSBA; Sales Rep.; R.L. Polk & Co., 2105 S. Hamilton Rd., Columbus, OH 43232, 614 224-7274; r. 63 W. Granville Rd., Worthington, OH 43085, 614 888-6681.
LYON, Douglas Jon; '84 BSBA; Sales Rep.; Cooper Aviation Suply Co., 2503 Englewood Dr., Columbus, OH 43219; r. 9012 Morrow Woodville, Pleasant Plain, OH 45162, 513 877-2191.
LYON, Eric Lee; '85 BSBA; 7832 Bartles Ave, Dublin, OH 43017, 614 262-7948.
LYON, Jeffrey Vernon; '78 BSBA; VP; GE Trans Svc. Co., 7309 W. Jefferson Blvd., Ft. Wayne, IN 46804, 219 428-2000; r. 10710 Braeburn Ct., Ft. Wayne, IN 46804, 219 432-6721.
LYON, Randolph Scott; '87 BSBA; 8064 Honeysuckle Ln., West Chester, OH 45069, 513 777-9729.
LYON, Richard Howard, Jr.; '85 BSBA; Reg. Product Coord.; Frito-Lay Inc., 2299 Perimeter Park, Ste. 100, Atlanta, GA 30341, 404 986-1729; r. 3900 Creek Water Ct., Lawrenceville, GA 30244, 404 381-6781.
LYON, William Frank; '86 BSBA; Agt.; Registered Rep.; New York Life Ins. Co., 210 S. Pleasant St., Georgetown, OH 45121, 513 378-6551; r. 432 W. Grant Ave., Georgetown, OH 45121, 513 378-3500.
LYONS, Anthony James; '77 BSBA; Controller; BETCO Corp., 1001 Brown Ave., POB 3127, Toledo, OH 43607, 419 241-2156; r. 2210 Greenlawn Dr., Toledo, OH 43614, 419 385-1356.
LYONS, Daniel William; '75 BSBA; POB 13, Lakeside-Marblehead, OH 43440, 419 734-4426.
LYONS, Dorothy Schill, (Dorothy Schill); '50 BSBA; Sr. Acct.; Tremec Trading Co., 23382 Commerce Dr., Farmington Hls., MI 48024, 313 471-3200; r. 806 S. Durand, Jackson, MI 49203, 517 787-3534.
LYONS, Edith L. '56 (See Gasbarro, Mrs. Suzanne L.).
LYONS, Francis William; '73 BSBA; Pres.; Emerging Tech Cnslts., 1000 Douglas Ave., Ste. 130, Altamonte Spgs., FL 32714; r. 122 Essex Dr., Longwood, FL 32779, 407 774-8387.
LYONS, James D.; '64 BSBA; Transportation Mgmt.; Consolidated Freightways, 3283 Broadway Ave., Cleveland, OH 44115, 216 575-0710; r. 7674 N. Linden Ln., Cleveland, OH 44130, 216 884-4613.
LYONS, Jill Diane; '85 BSBA; Fin Inst Examiner; State of Ohio Dept. of Commerce, Division of Savings & Loan, 2 Nationwide Plz., Columbus, OH 43215; r. 1080 Clyde Ave., # 7, Cuyahoga Falls, OH 44221, 216 923-0638.
LYONS, John L.; '50 BSBA; Acct.; Maxon Constr. Co. Inc., 2600 Far Hills Ave., Dayton, OH 45419; r. 3801 Denlinger Rd, Dayton, OH 45426, 513 837-6383.
LYONS, Lawrence H., II; '66 BSBA; Statistician; Bur. of The Census, Scuderi Bldg., Rm. 709, Marlow Hts., MD 20748, 301 763-2850; r. 9100 Grandhaven Ave., Upper Marlboro, MD 20772, 301 627-5395.
LYONS, Lionel Dale; '86 MPA; 621 Dennis St., Enfield, NC 27823.
LYONS, Marcus William; '87 BSBA; Mgmt. Assoc.; Park Natl. Bank, 50 N. 3rd St., Newark, OH 43055, 614 349-8451; r. 277 Moull St., Newark, OH 43055, 614 344-4101.
LYONS, Michael Joseph; '86 BSBA; 51 Oakwood Hills, East Islip, NY 11730, 516 277-6280.
LYONS, Raymond Grady; '82 MPA; EDP Cnslt.; OCLC On-Line Computer Ctr., POB 145, Akron, OH 44309, 216 794-9954; r. 1854 Marks Ave., Akron, OH 44305.
LYONS, Raymond T.; '39 BSBA; Retired; r. 4629 Carleen Rd, Houston, TX 77092, 713 682-7055.
LYONS, Rita '48 (See Mc Kenna, Rita Lyons).
LYONS, Robert E., III; '72; VP; Drug Emporium Inc., Rte. 38 & Lenola Rd., Moorestown, NJ 08047, 609 235-1642; r. 4 Camelia Ln., Mt. Laurel, NJ 08054, 609 235-1378.
LYTER, John B.; '82 MPA; Exec. Dir.; American Red Cross, 2275 Collingwood Blvd., Toledo, OH 43620, 419 248-3331; r. 521 Tonbridge Ct., Perrysburg, OH 43551, 419 874-5214.
LYTLE, Harry Edward; '65 BSBA; Dist. Mgr.; Continental Cable Inc., 2400 Olentangy River Rd, Columbus, OH 43210; r. 10133 Cols Grove-Bluffton Rd, Bluffton, OH 45817, 419 358-1236.
LYTLE, Lindsey Carla; '80 BSBA; Commercial Underwriter; r. 4520 Collingdale Rd., Columbus, OH 43231, 614 475-4996.
LYTLE, Mrs. Mildred, (Mildred Abbott); '28 BSBA; Retired; r. c/o John Campbell, 230 N. Glenridge Rd., Akron, OH 44319, 216 644-2301.
LYTTON, Robert E.; '53 BSBA; Rte. 1 Box 261-A, Bean Sta., TN 37708.

M

MAAG, Charles J.; '41; Retired; r. 4150 N. Grove Dr., Port Clinton, OH 43452, 419 797-2376.
MAAG, Theodore Joseph; '69 BSBA; Partner; Ernst & Whinney, 200 Renaissance Ctr., Ste. 2300, Detroit, MI 48243, 313 259-9600; r. 2906 Creek Bend Dr., Troy, MI 48098, 313 641-9091.
MAAS, Preston E.; '44 BSBA; 58 Lakewood Dr., Denville, NJ 07834, 201 627-5362.
MAASS, William R.; '53 BSBA; Retired; r. 4410 Norwell Dr., Columbus, OH 43220, 614 451-3713.
MABERT, Dr. Vincent Anthony; '67 BSBA, '69 MBA, '73 PhD (BUS); Prof.; Indiana Univ., Sch. of Business, Bloomington, IN 47405, 812 335-8449; r. 2146 Meadow Bluff Ct., Bloomington, IN 47401, 812 339-3765.
MABRY, Rick Lee; '82 MBA; Mgr. Finance; Mktg. Technology, 660 Doubletree Ave., Columbus, OH 43229; r. 400 Oak St. #726, Cincinnati, OH 45219.
MABRY, Ronald Dean; '79 MBA; Pres.; Flexo Transparent Inc., POB 128, 28 Wasson St., Buffalo, NY 14240, 716 825-7710; r. 8 Hemlock Hill, Orchard Park, NY 14127, 716 662-0468.
MABRY, Steven Craig; '72 BSBA; 22435 Bassett St., Canoga Park, CA 91304.
MAC ADAM, Barbara, (Barbara Shisler); '78 BSBA; Mgmt. Analyst; Fed. Govt., Dept. of Defense, Broad St., Columbus, OH 43215; r. 2969 Hamilton Ave., Columbus, OH 43224, 614 268-5920.
MACALI, Palmer Joseph, Jr.; '80 BSBA; Owner; Macali's Valu King, 2642 Elm Rd., Warren, OH 44483, 216 372-3347; r. 1459 Stepney, Niles, OH 44446, 216 652-4843.
MACALI, Robert Samuel; '88 BSBA; Dir. of Operations; Macali's Deluxe Supermarkets Inc., 48 Vienna Ave., Niles, OH 44446, 216 652-2510; r. 107 Hogarth Ave., Niles, OH 44446, 216 652-2178.
MAC ARTHUR, Daniel Francis; '86 BSBA; 10325 Kingsport Dr., Cincinnati, OH 45241, 513 563-2297.
MAC ARTHUR, David Michael; '83 BSBA; 8809 Logger Pl., Mason, OH 45040, 513 398-1682.
MAC AULAY, James D.; '54 BSBA; Atty.; Mc Guire & Mac Aulay, 150 W. Wilson Bridge Rd., Worthington, OH 43085; r. Same.
MAC BLANE, Mrs. Carolyn Holcomb, (Carolyn Holcomb); '48 BSBA; 23 Ridgeview Dr., Atherton, CA 94025, 415 854-2391.
MAC BLANE, Donald Robert; '49 BSBA; Retired; r. 23 Ridgeview Dr., Atherton, CA 94025, 415 854-2391.
MAC CARTEY, Homer G.; '67 BSBA; 24 St. John Pl., Westport, CT 06880, 203 226-9170.
MACCORA, Deborah Clark; '85 BSBA; Programmer/Analyst; Columbus Southern Power Co., 215 N. Front St., Columbus, OH 43215; r. 2157 Riverdale Sq. E., Columbus, OH 43232, 614 237-4155.
MACCORA, Jeff Bernard; '84 BSBA; Territory Mgr.; Clarklift of Columbus, 850 Harmon Ave., Columbus, OH 43232, 614 228-6200; r. 2157 Riverdale Sq. E., Columbus, OH 43232, 614 237-4155.
MAC CRACKEN, George L., Jr.; '33 BSBA; Pres.; Steel Prods. Corp., 1699 Commerce Dr., Stow, OH 44224; r. 1699 Commerce Dr., Stow, OH 44224.
MAC DONALD, Dean A.; '54 BSBA; Retired; r. 1737 Arlingate S., Columbus, OH 43220, 614 486-2691.
MAC DONALD, G. Clark; '84 BSBA; Mktg. Repr; IBM Corp., 140 E. Town St., Columbus, OH 43215, 614 225-3857; r. 1287 NW Blvd., Apt. #E, Columbus, OH 43212, 614 481-9384.
MAC DONALD, John Andrew; '72 MBA; Dir.-Private Investing; Hallmark Cards Inc., 2501 McGee St., Kansas City, MO 64108, 816 274-5878; r. 6540 Sagamore Rd, Shawnee Mission, KS 66208, 913 262-6063.
MAC DONALD, Robert L.; '60 BSBA; Zone Mgr.; Interface Flooring Systs. Inc., 230 E. Second St., Port Clinton, OH 43452, 419 734-9122; r. 1510 N. Buck Rd. #99, Lakeside-Marblehead, OH 43440, 419 734-1561.
MAC DONALD, Steven Roderick; '84 BSBA; Sales Rep.; Sears Roebuck & Co., Contract Sales Division, 74 Andover St., Danvers, MA 01923, 508 777-6810; r. 4 Shaw Rd., Brockton, MA 02401, 508 584-4162.
MAC DONALD, William Estes, Jr.; '40 BSBA; Retired-Chmn./CEO; Ohio Bell Telephone Co., 45 Erieview Plz., Rm. 1500, Cleveland, OH 44114; r. 13705 Shaker Blvd., Cleveland, OH 44120, 216 991-9100.
MAC DOWELL, John Russell, Jr.; '70 BSBA; Ins. Agt./Owner; Mac Dowell-Abely Ins. Agcy., 2100 E. Robinson St., Orlando, FL 32803, 407 898-6003; r. 6056 Twin Lakes Dr., Oviedo, FL 32765, 407 678-7516.
MACE, Delmer Floyd; '71 BSBA; Account Mgr.; Richardson-Vicks Inc., Ten Westport Rd., Wilton, CT 06897; r. 16 Grant Cir., Richardson, TX 75081, 214 783-7672.
MACE, Joyce Elaine; '84 BSBA; Staff Acct.; Price Waterhouse, 180 E. Broad St., Columbus, OH 43215; r. 3241 Cresten Ct., Dublin, OH 43017, 614 792-0832.
MACEK, Robert Otto; '82 BSBA; 1865 Mavie Dr., Dayton, OH 45414, 513 890-3947.
MAC EWAN, Robert J.; '53 BSBA; Gen. Sales Mgr.; Clarklift of Columbus, Inc., POB 23080, 850 Harmon Ave., Columbus, OH 43223, 614 228-6200; r. 3907 Hillview Dr., Columbus, OH 43220, 614 451-3507.
MACEWAN, Roxann V.; '81 BSBA; Sr. Acct.; J. Thomas Meeks & Assocs., Inc., 5282 Cleveland Ave., Columbus, OH 43231, 614 890-1744; r. 6341 Archmere Sq. E., Columbus, OH 43229, 614 846-2417.
MAC EWEN, William Earl, III; '68 BSBA; Pres.; Minute Man Muffler Ctr. Inc., c/o Postmaster, Mesa, AZ 85203; r. 1810 E. Dartmouth, Mesa, AZ 85203, 602 969-6832.
MAC FARLAND, Kenneth E.; '53 BSBA; Retired; r. 2200 Victory Pkwy. Apt. 2101, Cincinnati, OH 45206, 513 861-6427.
MAC GOWAN, Gregory Wade; '87 BSBA; 136 E. Stanton, Columbus, OH 43214.
MAC GOWAN, Mrs. Suzanne K., (Suzanne Hill); '62; 63288 Oak Rd, South Bend, IN 46614, 219 232-1514.
MACGREGOR, Dustin Jane; '81 MBA; VP; McGrath & Petzel, 7301 Ohms Ln., Edina, MN 55435, 612 831-3115; r. 3025 Walnut Grove Ln., Plymouth, MN 55447.
MACH, Paul Phillip; '77 BSBA; 61 Madrid Plz., Mesa, AZ 85201, 602 924-8102.
MACH, Robert T.; '58 BSBA; Salesperson; r. 12900 E Trails End Rd #11, Floral City, FL 32636, 813 577-9420.
MACHEN, Martha Ann; '88 MBA; Mbr/Cnsltg. Staff; Arthur Andersen & Co., 41 S. High St., Columbus, OH 43215; r. POB 32061, Columbus, OH 43232.
MACHINSKY, Francis C.; '56 BSBA; Owner; Moose Beverage Co., 1178 Joyce Ave., Columbus, OH 43219; r. 4094 Lyon Dr., Columbus, OH 43220, 614 459-1850.
MACHOCK, Kenneth Alan; '83 BSBA; UPS, POB, Columbus, OH 43201; r. 78 Wetmore Rd., Columbus, OH 43214, 614 267-0856.
MACHOVINA, Gregory James; '84 BSBA; Distribution Mgr.; Liquid Carbonic, Carbon Dioxide Corp., 1900 Dove St., Port Huron, MI 48060, 313 985-3344; r. 3546 Armour St., Port Huron, MI 48060, 313 987-1427.
MACHSON, Jeffrey Lee; '70 BSBA; 263 Franklin Ave. Apt. 56, Ridgewood, NJ 07450.
MACIEJOWSKI, Ronald Joseph; '71 BSBA; Dist. Sales Mgr.; Worthington Steel, c/o Postmaster, Detroit, MI 48233; r. 349 Meditation Ln., Worthington, OH 43085, 614 436-5484.
MACINTOSH, Henry C., Jr.; '49 BSBA; Retired; r. 3028 N. 49th Ct., Phoenix, AZ 85018, 602 840-4807.
MACK, A. Clarke, Jr.; '39; Pres.; Clarke Mack Inc., 505 Orlando Ave., Akron, OH 44320, 216 836-9733; r. Same, 216 864-0610.
MACK, Amy Deborah; '85 BSBA; Systs. Analyst; Continental IL Corp., 200 W. Jackson St., Chicago, IL 60697, 312 923-3705; r. 2805 Farmington Cir., Northbrook, IL 60062, 312 525-2269.
MACK, Dana Charles; '85 BSBA; Accel. Mgmt. Trng. Prog.; BarclaysAmerican Financial; r. 2586 Sandbury Blvd., Worthington, OH 43235.
MACK, David Christopher; '86 BSBA; Masters Candidate; Emory Univ., Sch. of Business Admin., 1602 Mizell Dr., Atlanta, GA 30021, 404 727-6311; r. 2201 Summit Pointe Way, Atlanta, GA 30329, 404 728-1974.
MACK, Delbert Joseph; '74 MBA; Natl. Svc. Mgr.; Dennison Mfg. Co., 300 Howard St., Framingham, MA 01701, 508 879-0525; r. 63 Flanagan Dr., Framingham, MA 01701, 508 877-9231.
MACK, Gary Edward; '75 BSBA; Sr. VP/Mdsng; F & R Lazarus & Co., 7th & Race Sts., Cincinnati, OH 45202, 614 463-3388; r. 12084 Paulmeadows Dr., Cincinnati, OH 45249, 513 530-0560.
MACK, Gregory Paul; '72 BSBA; Constr. Mgmt.; Mack Co., 415 W. North Ave., Chicago, IL 60610, 312 943-1250; r. 1460 Sandburg Ter., #1609, Chicago, IL 60610, 312 943-4726.
MACK, Jacqueline Quenby, (Jacqueline Quenby); '51 BSBA; Personal Lines Admin.; Auto Owners Ins. Co., 2325 N. Cole St., Lima, OH 45801, 419 227-1452; r. 166 Carlos Ln., Lima, OH 45804, 419 221-1042.
MACK, Richard William; '53 BSBA; Pres.; Mack Industries Inc., POB 335, Valley City, OH 44280, 216 483-3111; r. 1229 W. River Rd, Box 295, Valley City, OH 44280, 216 483-3141.
MACK, Robert Marvin, Jr.; '86 BSBA; 311 E. 18th Ave., Columbus, OH 43201.
MACK, Simeon J.; '49 BSBA; Retired CPA; 214 Kenwick Dr., Akron, OH 44313, 216 864-3435; r. Same.
MACK, William L.; '49 BSBA; Pres.; Bill Mack Specialties, Cleveland, OH 44122, 216 371-1113; r. 2531 Laurelhurst Dr., Cleveland, OH 44118, 216 371-9563.
MACKALL, George Randy; '78 BSBA; Sr. Data Proc Clerk; AT&T Communications, 300 Eastside Dr., Alpharetta, GA 30201, 404 391-1123; r. 116 Wiley Bridge Ct., Woodstock, GA 30188, 404 926-1934.
MACKAN, Alfred J.; '35 BSBA; Retired; r. 840 W. 6th St., Marysville, OH 43040, 513 642-7954.
MACKANOS, Gregory Scott; '86 BSBA; Sales Mgr.; Sears Roebuck & Co., 790 W. Market St., Tiffin, OH 44883, 419 448-0373; r. 1065 Champaign, Marion, OH 43302, 614 389-3552.
MACKAY, Andrew Neil; '78 BSBA; Mfg. Engr.; Martin Marietta, Eastern Ave., Baltimore, MD 21221; r. 171 Terrace Villa Dr., Abingdon, MD 21009, 301 671-7385.
MACKAY, Frances Tromble; '27 BSBA; 9265 Deercross Pkwy., Apt. 2 C, Cincinnati, OH 45236.
MAC KAY, Gordon D.; '60 BSBA; Sr. VP-Public Affairs; New England Mutual Life Ins., 501 Boylston St., Boston, MA 02116, 617 578-2659; r. 180 Grove St., Lexington, MA 02173, 617 861-9467.
MAC KAY, John Howard; '27 BSBA; Retired; r. 5127 Gerbel LN, Sarasota, FL 34232, 813 924-3175.
MACKAY, John Robert; '74 BSBA; VP; Profit Plng. Grp., 1877 Broadway, Ste. 501, Boulder, CO 80302, 303 444-6212; r. 2949 Tincup Cir., Boulder, CO 80303, 303 499-1037.
MAC KAY, ENS Peter Donald; '79 BSBA; Operations Ofcr.; Uss Gallant, Mso 489, San Francisco, CA 96666; r. 50 S. Ardmore Rd., Columbus, OH 43209, 614 231-1147.

MAC KAY, Scott Timothy; '81 BSBA; Sr. Acct.; Zaremba Corp., c/o Postmaster, Bainbridge, OH 44022; r. 9229 Moccasin Run, Bainbridge, OH 44022, 216 543-8489.

MACKAY, Sharon; '87 BSBA; Customer Svc. Rep.; Huntington Natl. Bank, Cleveland, OH 44101; r. 13703 Mohawk Tr., Middleburg Hts., OH 44130, 216 845-0246.

MACKE, Guy J.; '75 BSBA; Claims Rep.; Grange Mutual Casualty Co., 245 Stanford Pkwy., Findlay, OH 45839, 419 422-0647; r. 1436 E. 3rd St., Ottawa, OH 45875, 419 523-3468.

MACKE, Todd Christopher; '83 BSBA; Financial Planner; IDS Financial Svcs., 7370-304 College Pkwy., Ft. Myers, FL 33907, 813 936-1177; r. 6919 Cambridge Ln., Ft. Myers, FL 33919, 813 482-0651.

MACKE, Wade Francis; '81 BSBA; Syst. Programmer; Trinova Corp., 1705 Indian Wood Cir., Maumee, OH 43537, 419 891-3958; r. 3640 Rugby, Toledo, OH 43614, 419 382-2465.

MACKENBACH, Steven Paul; '74 BSBA; Realtor; Frank & Mackenbach, 156 E. Spring St., St. Marys, OH 45885, 419 394-7402; r. 812 Williams St., St. Marys, OH 45885, 419 394-8292.

MACKENBACH, William Jacob; '57 BSBA; Pres.; Mackenbach & Assocs., 3380 Tremont Rd., Columbus, OH 43221, 614 451-0436; r. 1140 Regency Dr., Columbus, OH 43220, 614 451-1140.

MACKENSEN, William Harold; '71 BSBA; Staff; Pryor Corp., Buncher Industrial Park Ave. C, Leetsdale, PA 15056, 614 436-8280; r. 8300 Brock Rd., Plain City, OH 43064, 614 873-3651.

MAC KENZIE, George C.; '50 BSBA; 631 Garden Rd., Dayton, OH 45419, 513 293-3661.

MACKEY, David John; '84 BSBA; Claims Rep.; Cincinnati Ins. Co., POB 145496, Cincinnati, OH 45250; r. 1474 Fowler Dr., Columbus, OH 43224.

MACKEY, Dwight E.; '50 BSBA; 3 Marian Dr., Newburgh, NY 12550.

MACKEY, Edward T.; '52 BSBA; Retired; r. Via Magliano Sabina 24, 00199 Rome, Italy.

MACKEY, Ms. Kelley S.; '87 BSBA; Contract Rep.; Sci. Applications Intl. Corp., 10260 Campus Point Dr., San Diego, CA 92121, 619 546-6198; r. 6810 Caminito Sueno, La Costa, CA 90265, 619 471-1145.

MACKEY, Patricia Ann; '80 BSBA; Appraisal Auditor; Savings of America, 95 E. Wilson Bridge Rd., Worthington, OH 43085, 614 846-7333; r. 5431 Bermuda Bay, Apt. 2C, Columbus, OH 43235.

MACKEY, Robert F.; '49 BSBA; Retired; r. 1474 Fowler Dr., Columbus, OH 43224, 614 262-6183.

MACKEY, Robert Lee; '72 BSBA; VP/Dir. of Admin.; Fed. Home Loan Bk. of Topeka, 120 E. 6th POB 176, Topeka, KS 66601, 913 233-0507; r. 7624 Robin Hood Ct., Topeka, KS 66614, 913 478-3125.

MACKEY, Rodney Eugene; '77 BSBA; Plant Mgr.; Seaman Corp., 1000 Venture Blvd., Wooster, OH 44691, 216 262-1111; r. 3521 Twp Rd 36 Rte. 1, Glenmont, OH 44628, 216 377-4182.

MACKEY, Stephen J.; '82 BSBA; Atty.; Donahue & Callaham, 3604 Fair Oaks Blvd., Ste. 200, Sacramento, CA 95864, 916 972-1212; r. 711 Hawthorne Ln., Davis, CA 95616, 916 756-2487.

MACKIE, Jon K.; '86 BSBA; Ofc. Mgr.; New York Life, 2 Prestige Plz., Ste. 460, Miamisburg, OH 45342, 513 436-0000; r. 831 Lancelot Dr., W. Carrollton, OH 45449, 513 859-0331.

MACKIE, Teresa Gay; '81 BSBA; Asst. Mgr.; Wendy's Restaurant, Coshocton Rd, Mt. Vernon, OH 43050; r. 2844 Ruhl Ave., Columbus, OH 43209.

MACKIN, Ms. Ellen M.; '84 BSBA; Acct.; Battelle Memorial Inst., 505 King Ave., Columbus, OH 43201, 614 424-5537; r. 1900 W. Lane Ave., Columbus, OH 43221, 614 486-5818.

MACKIN, John Joseph, Jr.; '76 BSBA; Acct.; Executive Jet Aviation, POB 19707, Columbus, OH 43219; r. 1900 W. Lane Ave., Columbus, OH 43221, 614 486-5818.

MACKIN, Marcia Ann; '79 BSBA; 1391 Navahoe Dr., Pittsburgh, PA 15228.

MACKIN, Patrick Joseph; '79 BSBA; 1900 W. Lane Ave., Columbus, OH 43221, 614 486-5818.

MACKIN, Thomas Joseph; '83 BSBA; 1900 W. Lane Ave., Columbus, OH 43221, 614 486-5818.

MACKIN, William Joseph; '86 BSBA; 1900 W. Lane Ave., Columbus, OH 43221, 614 486-5818.

MACKLIN, Carole, PhD; '81 PhD (BUS); Assoc. Prof. of Mktg.; Univ. of Cincinnati, Mailing Location #145, Cincinnati, OH 45221, 513 475-7112; r. 7333 Timbernoll Dr., West Chester, OH 45069, 513 779-1185.

MACKLIN, Mrs. Florence Pymer, (Florence Pymer); '49 BSBA; Homemaker; r. 4820 Rollingwood Dr., Austin, TX 78746, 512 327-2073.

MACKLIN, James H., CPA; '66 MACC; Lecturer; California State Univ., Acctg. & MIS Dept., 18111 Nordhoff St., Northridge, CA 91330, 818 445-3866; r. 1221 Greenfield Ave., Arcadia, CA 91006, 818 446-6411.

MACKLIN, Jeffrey Randall; '72 BSBA; Sr. Dir. & Cao; Continental Bank, Continental Bank House, 162 Queen Victoria St., London EC4V 4BS, England, 001 860-5320; r. 13, St. Annes Rd., London SW13 9LH, England, 001 876-7319.

MACKLIN, Karen Ann '86 (See Wiegandt, Karen Ann).

MACKLIN, Robert Michael; '75 BSBA; Mgr. of Acctg.; IRD Mechanalysis, 6150 Huntley Rd., Columbus, OH 43229; r. 84 N. Stanwood Rd., Columbus, OH 43209, 614 237-4340.

MACKLIN, Timothy F.; '67 BSBA; Mgr.-Systs. & Progr; Compuserve, Subs H & R Block Inc, 5000 Arlington Ctr. Blvd., Columbus, OH 43220; r. 249 Montrose Way, Columbus, OH 43214, 614 262-6077.

MACKROTH, John R.; '48 MPA; Retired; r. Capt Usn, 4651 Longbow Rd., Jacksonville, FL 32210, 904 384-3610.

MACLAREN, Kenneth A.; '58 BSBA; Commercial Real Est. Agt.; Danberry Co., 309 N. Reynolds Rd., Toledo, OH 43615, 419 535-1451; r. 2915 Secretariat, Toledo, OH 43615, 419 531-5255.

MAC LAREN, Tammy '80 (See Sparks, Tammy Mac Laren).

MAC LEAN, Douglas Todd; '87 BSBA; 1472 Thurell Rd., Columbus, OH 43229, 614 882-8274.

MAC MEANS, Charles Richard; '83 BSBA; Mgr.; Capital City Prods., Systs. & Programming, 525 W. First Ave., Columbus, OH 43215, 614 299-3131; r. 655 Hickory View Ct., Westerville, OH 43081, 614 890-7564.

MAC MEANS, Donna Lutz; '77 BSBA; CPA/Controller; The Wasserstrom Co., 1675 S. High St., Columbus, OH 43207; r. 655 Hickory View Ct., Westerville, OH 43081, 614 890-7564.

MACMILLAN, Jeanne '80 (See Sprague, Jeanne Louise).

MAC NAB, Dr. Bruce E.; '59 MBA, '65 PhD (BUS); Prof.; California State Univ. Hayward, Sch. of Business & Economics, Dept. of Mktg., Hayward, CA 94542, 415 881-3797; r. 7429 Maywood Dr., Pleasanton, CA 94566, 415 846-8012.

MACOMBER, William B., Jr.; '56 BSBA; Sales Mgr.; r. 9839 Aberdeen, Shawnee Mission, KS 66206, 913 341-9227.

MAC RAE, Murdock N.; '51 BSBA; Retired; r. 1209 Emerald Bay, Laguna Bch., CA 92651, 714 494-7703.

MACURAK, Michael Joseph; '78 BSBA; 2607 W. Sweetwater Ave., Phoenix, AZ 85029, 602 944-1080.

MACY, Dr. Barry A.; '75 PhD; Dir./Prof.; Texas Tech. Univ., POB 4320, Texas Ctr. of Productivity, Lubbock, TX 79409, 806 742-1530; r. 5706 78th St., Lubbock, TX 79424, 806 794-5307.

MACY, Jack Edwin; '44; Ins. Agt.; Wise Ins. Brokers, Inc., 517 Glen St., Glens Falls, NY 12801, 518 793-2503; r. 308 Ridge St., Glens Falls, NY 12801, 518 793-4567.

MACYNSKI, David A.; '86 MBA; Asst. Mgr./Engr.; Varo Engrs. Ltd., Newark Ofc., 21 S. 1st, Newark, OH 43055; r. 3208 Adirondack Ave., Columbus, OH 43231, 614 891-0148.

MACYNSKI, Susan Jane; '82 BSBA; Staff; Meridian Ins. Agcy., 1840 Belcher Dr., Columbus, OH 43224; r. 449 Northridge Rd., Columbus, OH 43214, 614 261-1756.

MADANSKI, Joseph John; '88 BSBA; Mktg.; r. 390 S. Saint Clair St., Painesville, OH 44077, 216 352-2518.

MADDEN, Catherine Herl; '72 BSBA; Edu/Career Coord.; Ashtabula Cnty. Joint Voc. Sch., 1565 State Rte. 167, Jefferson, OH 44047; r. 3770 Lancashire Dr., Conneaut, OH 44030, 216 998-6950.

MADDEN, Daniel Lee; '70 BSBA; 3770 Lancashire Dr., Conneaut, OH 44030, 216 998-6950.

MADDEN, Edward D.; '86 BSBA; Mgr.; F W Woolworth Co., 21658 Libby Rd., Maple Hts., OH 44137, 216 663-8377; r. 7856 Normandie Blvd., #M-20, Middleburg Hts., OH 44130, 216 234-0872.

MADDEN, George Vincent; '51 BSBA; Retired; r. 3964 Reed Rd., Columbus, OH 43220, 614 451-1685.

MADDEN, Hugh Frederick; '64 BSBA; Financial Cnslt.; 2757 Hickoryweed Ln., SE, Grand Rapids, MI 49506, 616 942-9446; r. Same.

MADDEN, Jack L.; '59 BSBA; Logistics Mgr.; Loral Defense Systs. Akron, 1210 Massillon Rd., Akron, OH 44315, 216 796-9073; r. 13370 Sugarbush Ave. NW, Mogadore, OH 44260, 216 699-3498.

MADDEN, Kevin Eugene; '83 BSBA; 7508 Valerie Ln., Hudson, OH 44236, 216 650-1084.

MADDEN, Louis C.; '48 BSBA; Retired; Borden Co., Columbus, OH 43216; r. 441 N. Westmoor Ave., Columbus, OH 43204, 614 276-3468.

MADDEN, Marcella Danklef; '81 BSBA; Examiner; Ohio Dept. of Transportation, 47 S. Front St., Columbus, OH 43215, 614 466-0588; r. 10643 Reussner Rd., Pataskala, OH 43062, 614 927-2217.

MADDEX, Edwin C.; '48 BSBA, '51 MBA; Admin.; St. Joseph Church, 532 Ave. M NW, Winter Haven, FL 33880, 813 294-3144; r. 131 W. Lake Howard Dr. SW, Winter Haven, FL 33880, 813 299-6207.

MADDOCK, Pamela Ann '52 (See Tishkin, Mrs. Pamela A.).

MADDOCKS, Dr. Robert Frederick; '52 BSBA; Chmn.; Kelly-Maddocks Inc., 1419 Lake Cook Rd., Ste. 330, Lake Cook Ofc. Ctr., Deerfield, IL 60015, 312 945-0504; r. 7 Middlebury Ln., Lincolnshire, IL 60015, 312 948-5935.

MADDOX, Mrs. Carol D., (Carol J. Duesing); '78 MPA; Supv.; Frankling Cnty. Children Svcs., 1951 Gantz Rd., Grove City, OH 43123, 614 294-5534; r. POB 4176, Newark, OH 43055, 614 344-5143.

MADDOX, Mark Allen; '79 BSBA; Financial Analyst; BP Chemicals-America, 200 Public Sq., Cleveland, OH 44114, 216 586-5050; r. 9495 Langdon Ln., N. Royalton, OH 44133, 216 582-2590.

MADDOX, Dr. Raymond Neil; '71 MBA, '76 PhD (BUS); Assoc. Prof.; Dalhousie Univ., Sch. of Business, Halifax, NS, Canada B3H1S7; r. 6018 South St., Halifax, NS, Canada B3H1S7.

MADDOX, Theresa Ann; '85 BSBA; Title Ofcr.; Continental Title Ins., 150 E. Mound St., Columbus, OH 43215; r. 480 Napoleon Ave., Columbus, OH 43213, 614 861-0445.

MADDUX, Theodore W.; '54 BSBA; VP; Oakwood-Kettering Travel Svc., 500 Lincoln Park Blvd. #102, Kettering, OH 45429, 513 294-4141; r. 5663 Oak Valley Rd., Kettering, OH 45440, 513 434-4630.

MADER, David C.; '66 BSBA; Central Reg. Sales Mgr.; Owens Corning Fiberglas Corp., Fiberglas Twr., #T-22, Toledo, OH 43659, 419 248-8928; r. 4944 Valencia Dr., Toledo, OH 43623, 419 882-1199.

MADER, David R.; '48 BSBA; Staff; Aluminum Co. of America, 1501 Alcoa Bldg., Pittsburgh, PA 15219; r. 1000 Grandview Ave., Apt. 806, Pittsburgh, PA 15211, 412 431-5367.

MADER, John Thomas; '87 MLHR; Personnel Recruiter; Ross Environ. Svcs. Inc., 394 Giles Rd., Grafton, OH 44044, 216 748-2171; r. 9001 Chamberlin Rd., London, OH 43140, 614 877-2136.

MADER, Mrs. Laurel B., (Laurel Gase); '84 BSBA; Account Exec.; Kraft Foods Retail Div., 23432 Commerce Park Blvd., Beachwood, OH 44122, 216 464-4694; r. 1600 Edgefield Rd., Lyndhurst, OH 44124, 216 461-9464.

MADER, Richard Otis; '42 BSBA; Retired; r. 9313 Lake of Woods Dr., Rte. 2, Galena, OH 43021.

MADIGAN, Rebecca Lynne; '79 BSBA; Supv.; Riverside Meth. Hospt, Financial Systs. Ofc., 3535 Olentangy River Rd., Columbus, OH 43214, 614 447-0747; r. 5442 Worthington Forest Pl. W., Columbus, OH 43229, 614 846-2484.

MADONIK, Paul; '50 BSBA; Retired; r. 8153 Sierra Madre Dr., Jacksonville, FL 32217, 904 733-1974.

MADRAS, Linda J. '80 (See Gorey, Mrs. Linda M.).

MADRO, Joseph C.; '40 BSBA; Retired; r. 3528 Magnolia Dr., Alameda, CA 94501, 415 769-7089.

MADSEN, LTC James Kendall; '69 BSBA; Acquisition Mgmt.; HQ Air Force Logistics Cmd., Wright Patterson AFB, OH; r. 1888 Edith Marie Dr., Beavercreek, OH 45431.

MADSEN, Karin '85 (See Leonetti, Mrs. Karin Madsen).

MADSEN, Neil Patrick, CPA; '83 BSBA; Account Exec.; Professional Practice Mgmt., 4400 N. High St., Columbus, OH 43214, 614 261-3737; r. 3847 Ramblehurst Rd., Hilliard, OH 43026, 614 876-0451.

MAENPAA, Richard L.; '58 BSBA; POB 305, Wauchula, FL 33873, 813 773-6611.

MAERKER, Michele Elaine; '88 BSBA; 1592 Rosehill Rd., Reynoldsburg, OH 43068, 614 861-1742.

MAFFE, Richard J.; '46 BSBA; Controller; r. Bishop Randall Hospital, Lander, WY 82520.

MAGAR, Arlene Cohen, (Arlene Cohen); '61 BSBA; 24758 Hawthorne Dr., Cleveland, OH 44122, 216 464-8633.

MAGAZINER, Marvin; '40 MBA; Retired; r. POB 2307, Zanesville, OH 43702, 614 453-2628.

MAGEE, Mrs. Connie S., (Connie C. Spahr); '84 BSBA; Staff Acct.; Mercury Stainless Inc., 411 Oberlin Ave., Massillon, OH 44646, 216 837-6906; r. 3015 Chaucer Dr. NE, N. Canton, OH 44721, 216 493-4308.

MAGEE, Mrs. Kathryn M., (Kathryn M. Kasych); '85 BSBA; Indep. Tax Preparer; 1816 Cook Ave., Cleveland, OH 44109, 216 741-0813; r. 2403 Oak Park Ave., Cleveland, OH 44109, 216 351-2950.

MAGEE, Lowell W.; '60 BSBA; Process Engr & Spc. Coord; Hordis Bros. Inc., 265 Quarry Rd., Lancaster, OH 43130; r. 1907 W. Union St., Lancaster, OH 43130, 614 654-3567.

MAGEE, Neal Hall, II; '63 BSBA; VP & Gen. Counsel; Technical Rubber Co., POB 486, Johnstown, OH 43031, 614 967-9015; r. 2000 Tremont Rd., Columbus, OH 43212, 614 486-6692.

MAGEE, Therese Jean; '81 MBA; Corporate Planner; Standard Oil Co., 1600 Midland Bldg., Cleveland, OH 44115; r. 8175 Hetz, #101, Cincinnati, OH 45242.

MAGER, Harold Keddie; '83 BSBA; 6835 Bowerman E., Worthington, OH 43085, 614 846-9233.

MAGER, Jack B.; '75 BSBA; Optician; Optic Svcs. Inc., 4705 Park Rd, Charlotte, NC 28209, 704 523-5800; r. 200 Mc Falls Dr., Ft. Mill, SC 29715, 803 548-4047.

MAGER, Paul S., III; '86 BSBA; Pres.; Subway Coal Co., 900 E. 29th St., Lorain, OH 44055, 216 984-3353; r. 731 Trails End Dr., Amherst, OH 44001, 216 245-3353.

MAGGI, Floyd Paul; '79 BSBA; Acct.; Gold Circle Stores, Sub/Federated Dept. Stores, 6121 Huntley Rd., Worthington, OH 43085; r. 655 Teteridge Rd, Columbus, OH 43214, 614 451-4208.

MAGGIED, Dr. Hal S.; '64 BSBA; Economist & Policy Anal.; Broward Cnty. Ofc./Plng., Governmental Ctr. Rm. 329, 115 SW Andrews Ave., Ft. Lauderdale, FL 33301, 305 357-6679; r. 6930 NW 47th Pl., Lauderhill, FL 33319, 305 742-9119.

MAGGIO, Dr. Ralph A.; '66 PhD (BUS); 2232 Canterbury Dr., Burlington, NC 27215, 919 584-1989.

MAGGIORE, A. David; '78 MBA; Asst. Treas.; Van Dorn Co., 2700 E. 79th St., Cleveland, OH 44104, 216 361-5234; r. 6822 Old Royalton Rd., Brecksville, OH 44141, 216 526-5605.

MAGGIORE, David S.; '62 BSBA; Gen. Mgr.; Maggiore's Drive Thru, 400 Navarre Rd., Canton, OH 44707, 216 454-7913; r. 2029 50th St. NW, N. Canton, OH 44709, 216 497-7744.

MAGHES, Suzette Ann; '83 BSBA; Staff Acct.; Arthur Andersen & Co., 425 Walnut St., Cincinnati, OH 45202; r. 3554 Kroger Ave., Cincinnati, OH 45226.

MAGILL, Mrs. Elizabeth Lowe; '79 BSBA; Asst. Controller; MPW Industrial Svcs. Inc., POB 838, Hebron, OH 43025, 614 928-0213; r. 3364 Chatford Cir. NE, Lancaster, OH 43130, 614 687-4720.

MAGINN, Sheila D. '83 (See Hyland, Sheila D.).

MAGINN, William E.; '87 BSBA; Mgr. of Mfg. Systs.; Emerson Corp., 3300 S. Standard, Santa Ana, CA 92072, 714 545-5581; r. 1453 Firwood Dr., Columbus, OH 43229, 614 885-9617.

MAGINNIS, Kelly Lynn; '85 BSBA; Systs. Engr.; Electronic Data Systs., 7171 Forest Ln., Dallas, TX 75244; r. 122 William Ave., Bellevue, OH 44811, 419 483-2948.

MAGINNIS, Robert Charles; '87 BSBA; 13659 Carriage Ln., Pickerington, OH 43147, 614 927-9432.

MAGLEY, Dorothy K., (Dorothy Kidwell); '51; Retired Secy.; Worthington City Schs.; r. 930 Longview Ct., Worthington, OH 43085, 614 885-7287.

MAGLEY, Theodore R.; '49 BSBA; Vice Chmn./Bd.; State Auto Mutual Ins. Co., 518 E. Broad St., Columbus, OH 43216, 614 464-5037; r. 930 Longview Ct., Worthington, OH 43235, 614 885-7287.

MAGLOTT, Donald Lee; '70 BSBA; Devel. Ofcr.; Club Corp. of America, Dallas, TX 75221; r. 802 Cresside Ln., Richardson, TX 75081, 214 235-9714.

MAGNACCA, Anthony Joseph; '88 BSBA; 5074 Almont Dr., Columbus, OH 43229, 614 885-0953.

MAGNACCA, David Alan, CPA; '84 BSBA; Sr. Financial Analyst; Abercrombie & Fitch, POB 182168, Columbus, OH 43218, 614 479-6560; r. 1515 W. 7th Ave., Columbus, OH 43212, 614 486-1770.

MAGNACCA, Michael Anthony; '83 BSBA; Acctg. Mgr.; Nationwide Financial Svcs., Inc., One Nationwide Plz., Columbus, OH 43216, 614 249-7866; r. 1977 Sumac Dr., Columbus, OH 43229, 614 888-9574.

MAGNUSON, Carl A.; '34; Owner; Magnusons, 627 S. Third St., Columbus, OH 43206; r. 2840 S. Dorchester Rd., Columbus, OH 43221, 614 488-2627.

MAGNUSON, Patricia Kaiser; '83 BSBA; Unit Mgr.; Discover Card Svcs., 2765 B Eastland Mall, Columbus, OH 43232, 614 860-1291; r. 5123 Hendron Park, Groveport, OH 43125, 614 836-5025.

MAGNUSON, Theodore R.; '51 BSBA; Chmn. of Bd.; C L Pugh Co. & Assocs., 2144 Riverside Dr., Columbus, OH 43221, 614 486-9678; r. 895 Vernon Rd., Bexley, OH 43209, 614 235-8172.

MAGOTO, Ms. Clara Ellen; '87 BSBA; Inv.Control&Traffic Mgmt.; Dayton Bag & Burlap Co., Inventory Control Dept., 322 Davis Ave., Dayton, OH 45403, 513 258-8000; r. 2710 Rugby Rd., Dayton, OH 45406, 513 275-3289.

MAGOTO, Robert Douglas; '82 BSBA; Field Examiner; Ohio Dept. of Ins., 2100 Stella Ct., Columbus, OH 43215; r. 2710 Rugby Rd, Dayton, OH 45406, 513 275-3289.

MAGOTO, Timothy Louis; '79 BSBA; Breakbulk Mgr.; ABF Freight Syst., POB 1547, Lebanon, PA 17042, 717 274-3350; r. 6 Logan Dr., Gardners, PA 17324, 717 486-4288.

MAGRUDER, Sara Friedrichs; '49 BSBA; 136 St. Clair Dr., St. Simons Island, GA 31522, 912 638-3144.

MAGUIRE, John J., III; '65 BSBA; Owner; Maguire Sales Co., 12609 Ensley Ln., Leawood, KS 66209, 913 491-1584; r. Same.

MAHAFFEE, Charles Lawrence; '71 BSBA; Mtrls Contrl Analyst; Motorola Inc., 5005 E. Mc Dowell Rd, Phoenix, AZ 85008; r. 9973 Caminito Tomatillo, San Diego, CA 91231.

MAHAFFEE, Rebecca Ellen; '85 MLHR; Personal Spec.; Goodwill/Central Ohio Rehab. Ctr., 1331 Edgehill Rd., Columbus, OH 43212, 614 291-5181; r. 1211 Broadview Ave., Columbus, OH 43212, 614 481-0813.

MAHAFFEY, Gerald T., Jr.; '51 BSBA; Retired; r. 5974 Schroeder Rd., Apt. A, Madison, WI 53711, 608 271-3387.

MAHAFFEY, John Howard; '77 MPA; 3493 Haas Rd, Cuyahoga Falls, OH 44223, 216 929-2771.

MAHAFFEY, Martha '32 (See Gordon, Mrs. Martha Mahaffey).

MAHAFFEY, Mikele Elaine; '88 BSBA; Premium Account Clerk; Farmers Ins., Farmers Dr., Columbus, OH 43235, 614 766-9975; r. 2120 Brentwood Cir., 3B, W. Worthington, OH 43235, 614 792-5483.

MAHAFFEY, Dr. Theodore; '32 BSBA, '34 MBA; Admin Asst To Chancellor; North Carolina Agr&Tech State Univ., 312 N. Dudley St., Greensboro, NC 27411; r. 1804 Carlton Ave., Greensboro, NC 27406, 919 373-1804.

MAHAFFEY, William Thomas, II; '81 BSBA; Inventory Coordinato; City of Columbus Div. of Water, 940 Dublin Rd, Columbus, OH 43215; r. 812 Breathitt Ave., Columbus, OH 43207, 614 497-9804.

MAHAFFEY, William W.; '33 BSBA; Former Exec. Secy.; Upper Sandusky Ohio Chamber of Commerce, 108 E. Wyandott, Upper Sandusky, OH 43351; r. 220 Dogwood Ln., Upper Sandusky, OH 43351, 419 294-4790.

MAHAN, Allen V.; '66 MBA; Asst To Dir of Public Wks; City of Clearwater, 112 S. Osceola Ave., Clearwater, FL 34618; r. 1972 Kansas Ave. NE, St. Petersburg, FL 33703, 813 522-7086.

MAHAN, Kenneth M.; '55 BSBA; Asst. Dir.; Ohio Dept. of Aging, 50 W. Broad St., Columbus, OH 43215, 614 466-4997; r. 1518 Klibreck Ct., Columbus, OH 43228, 614 875-4231.

ALPHABETICAL LISTINGS MALOY 173

MAHANEY, Philip R.; '57 BSBA; Stony Hill Rd., Brookside, NJ 07926, 201 543-7845.

MAHANNA, David E.; '66 MBA; Mgr./Engrg.; AT&T, 225 Schilling Cir., Cockeysville, MD 21030, 301 584-6501; r. 1404 Winsted Dr., Fallston, MD 21047, 301 877-3390.

MAHANY, Thomas Kent; '74 BSBA; 545 E. Overlook, Eastlake, OH 44094.

MAHATZKE, James E.; '50 BSBA; Pres.; Earlee Enterprises, Kentucky Fried Chicken, 7 Corona Cir., Hillsdale, MI 49242, 517 439-9161; r. Same.

MAHER, Frances A.; '49 BSBA; 39 Gramercy Park N., New York, NY 10010, 212 673-6904.

MAHER, John Joseph; '74 MBA; Exec. VP; St. Vincent Health Svcs., 2001 W. 86th St., Indianapolis, IN 46240, 317 871-3373; r. 11636 Bradford Pl., Carmel, IN 46032, 317 846-5346.

MAHFOUZ, Jeanne V. '73 (See Cousino, Mrs. Jeanne M.).

MAHLE, Mary Martha; '86 BSBA; Dir.; First Capital Enterprise, Personnel Traing/Consultg Dept, 167 W. Main St., Chillicothe, OH 45601; r. 235 St. Clair, Chillicothe, OH 45601.

MAHLIE, John Timothy; '79 BSBA; Dist. Mgr.; Uni-Royal Goodrich Tire Co., 3290 W. Big Beaver Rd Box 3939, C8, Troy, MI 48007, 313 649-8142; r. 5003 Hartford Dr., Ft. Wayne, IN 46835, 219 486-2950.

MAHLIE, Joseph Michael; '82 BSBA; Purchasing Mgr.; Spectra Physics, 5475 Kellenburger Rd., Dayton, OH 45424, 513 233-8921; r. 40 W. Peach Orchard Rd., Dayton, OH 45409, 513 296-0638.

MAHLMEISTER, Marilyn '60 (See Applegate, Mrs. Marilyn Mahlmeister).

MAHMUD, Shahid Uddin; '87 MA; 647 Harley Dr. #7, Columbus, OH 43202, 614 262-7235.

MAHOLM, Susan Downey; '77 BSBA; 9683 Leeward Ave., Largo, FL 34643, 813 397-1271.

MAHOLM, William Lehr; '82 MBA; Staff; Jack Eckerd Corp., 8333 Bryan Dairy Rd., Clearwater, FL 33518; r. 9683 Leeward Ave., Largo, FL 34643, 813 397-1271.

MAHONEY, Alice '46 (See Corrigan, Mrs. Alyce M.).

MAHONEY, Brian Richard; '63 MBA; Cnslt.; r. 4727 Sportsman Club Rd N. W., Johnstown, OH 43031, 614 967-6115.

MAHONEY, Charles A., Jr.; '73 MPA; Chief; Ohio Dept. of Mental Health, Forensic Services, 30 E. Broad St. #1135, Columbus, OH 43215, 614 466-1984; r. 497 Blandings Ct., Worthington, OH 43085, 614 885-1040.

MAHONEY, Constance Webster; '53 BSBA; 937 Meadow Ln., Kingsport, TN 37663, 615 239-7779.

MAHONEY, Debra M. '78 (See Ellison, Debra Mahoney).

MAHONEY, Joseph Edward; '74 BSBA; VP; Barnett Bank of S Florida, 701 Brickell Ave., Miami, FL 33131, 305 789-3057; r. 16410 SW 81st Ave., Miami, FL 33157, 305 238-1478.

MAHONEY, Michael John; '78 BSBA; Staff; Decor, 1519 Alum Creek Dr. S., Columbus, OH 43209; r. 415 Fallis Rd., Columbus, OH 43214, 614 262-3141.

MAHONEY, Michael Patrick; '67 BSBA; Atty.-Partner; Arter & Hadden, 10 W. Broad St., Columbus, OH 43215, 614 221-3155; r. 5170 Chevy Chase Ct., Columbus, OH 43220, 614 459-3060.

MAHONEY, Raymond A.; '47 BSBA; Retired; r. 300 E. Rich St. Apt. 1409, Columbus, OH 43215, 614 228-7878.

MAHONEY, Thomas M.; '77 BSBA; Ohio Rubber, Willoughby, OH 44094; r. 519 Storrs St., Painesville, OH 44077.

MAHONEY, Timothy John; '76 BSBA, '78 MA; Salesman; Hewlett-Packard Inc., POB 713, Valley Forge, PA 19482, 215 666-2248; r. 8 Dan Dr., Glenmoore, PA 19343, 215 458-8385.

MAHOY, James O.; '50 BSBA; Atty.; 126 W. Sandusky St., Mechanicsburg, OH 43044; r. Same, 513 834-3351.

MAHRER, Douglas Lloyd; '68 MBA; Procurement Spec.; Aluminum Co. of America, 1501 Alcoa Bldg., Pittsburgh, PA 15219, 412 553-4316; r. 114 Mayfair Dr., Pittsburgh, PA 15228, 412 531-0384.

MAHY, Carolyn Brauner; '79 BSBA; Asst. VP; N C N B Natl. Bank, POB 25900, Tampa, FL 33630; r. 13807 83rd Pl. N., Seminole, FL 34646.

MAIBERGER, David Anthony; '82 BSBA; Account Mgr.; Maryland Natl. Indus Fin Corp., Hightower Bldg., Pittsburgh, PA 15205; r. 5126 Longton Rd, Cleveland, OH 44124.

MAIBERGER, Mark A.; '80 BSBA; VP-Finance; Ohio Bank & Savings, 236 S. Main St., Findlay, OH 45840, 419 424-4000; r. 176 Marilyn Dr., Findlay, OH 45840, 419 423-1744.

MAIBERGER, Philip Andrew; '83 BSBA; CPA; Price-Waterhouse, One Riverwalk Pl. #900, San Antonio, TX 78205, 512 226-7700; r. 11800 Braesview, Apt. 4716, San Antonio, TX 78213, 512 340-1468.

MAIDLOW, Virginia Denbrock; '32 BSBA; 1965 Upper Chelsea Rd, Columbus, OH 43221, 614 488-4074.

MAIER, Al J.; '54 BSBA; Retired; r. 226 S. Plum St., E. Canton, OH 44730, 216 488-1471.

MAIER, Frank Mark; '78 MBA; Law Student/Univ. of Tol; r. 1035 Cady, Maumee, OH 43537.

MAIER, Manfred; '57 BSBA; VPR; Recreations Maternity, 2440 Main St., Columbus, OH 43209, 614 236-2014; r. 5905 Forestview Dr., Columbus, OH 43213, 614 866-1452.

MAIER, Steven Gregg; '82 BSBA; 1804 Vinings Way, Smyrna, GA 30080.

MAIER, Ted, Jr.; '54 BSBA; Technical Staff; Special Processes of Arizona, 508 W. Watkins, Phoenix, AZ 85003, 602 254-8096; r. 6030 W. Harmont Dr., Glendale, AZ 85302, 602 934-0923.

MAILENDER, Kenneth M.; '69 BSBA, '70 MBA; Chmn.; Mailender-Barnett Inc., 6230 Wiehe Rd., Cincinnati, OH 45237; r. 6230 Wiehe Rd., Cincinnati, OH 45237.

MAILLARD, Sherril R.; '78 BSLHR; Personnel Spec.; Johnson Controls Inc., Plastic Container Div., 845 Kaderly Dr., Columbus, OH 43228, 614 274-5812; r. 345 S. High St., Columbus, OH 43017, 614 761-8198.

MAIN, Larry Lynn; '71 BSBA, '73 MBA; VP; Accel Intl. Corp., 475 Metro Pl. N., Dublin, OH 43017, 614 764-7000; r. 1012 Blind Brook Dr., Worthington, OH 43235, 614 431-3552.

MAIN, Robert A., Sr.; '48 BSBA; Pres., CEO & Founder; Robert A Main & Sons Inc., POB 159, Wyckoff, NJ 07481, 201 447-3700; r. Same.

MAIN, Roger L.; '67 BSBA; VP/Natl. Accounts; Revlon Inc., 625 Madison Ave., New York, NY 10153, 212 572-5807; r. 541 Cypress, Washington Township, Westwood, NJ 07675, 201 664-2526.

MAIN, William Allen; '80 BSBA; Operations Mgr.; The Pillsbury Co., 921 SW Washington St., Ste. 858, Portland, OR 97205, 503 226-3811; r. 6760 N. West Ave. #102, Fresno, CA 93711.

MAINES, Tracy Ann; '86 BSBA; Grad. Student; Miami Univ., Acctg. Dept., Oxford, OH 45056; r. 5956 Hamilton-Lebanon Rd., Middletown, OH 45042, 513 871-2921.

MAINEY, James H.; '59 BSBA; 211 Bayberry Dr., Lake Park, FL 33403.

MAINS, Donald J.; '53 BSBA; Owner/Pres.; DJM Glass & Metal Sales, c/o 830 N. Richmond Ave., Fullerton, CA 92632, 714 773-0514; r. Same.

MAINS, Mrs. Jodette Lynn, (Jodette L. Savely); '85 BSBA; Ofcr.; State of Ohio, Safety & Health Compliance, 2323 W. 5th Ave., Columbus, OH 43212; r. 6008 Crossgate Pl., Columbus, OH 43229, 614 891-2203.

MAINS, John B.; '63 BSBA; 3448 Regiment Dr., Fayetteville, NC 28303, 919 867-6328.

MAINS, Thomas L.; '65 BSBA; Pers Staff Rhom&Hoss; r. 10 Bayou Tr., Medford, NJ 08055, 609 654-0995.

MAIORANO, John Frank; '70 MBA; 4076 Sylvan Dr., Enon, OH 45323, 513 864-5101.

MAIRE, Michael Maurice; '81 BSBA; CPA; 7126 Yardley, Houston, TX 77450, 713 395-2307; r. Same.

MAIRS, Robert Martin; '82 BSBA; Owner; Mairs Equine Distributors, 2089 Heyl Rd, Wooster, OH 44691; r. 2089 Heyl Rd, Wooster, OH 44691, 216 262-7921.

MAISENBACHER, Gregory Charles; '81 BSBA; 7235 Hayden Run Rd., Amlin, OH 43002, 614 771-1624.

MAISH, Tom O.; '61 BSBA; Owner, Pres.; Contract Sweepers Co., 561 Short St., Columbus, OH 43215, 614 221-7441; r. 2351 Oxford Rd, Columbus, OH 43221, 614 486-0035.

MAISTROS, George A.; '49 BSBA; 1323 St. Clair Ave., E. Liverpool, OH 43920, 216 385-9261.

MAITLAND, Douglas Scott; '77 BSBA; 1842 Indianola Ave., Columbus, OH 43201.

MAJESKA, Brian John; '88 BSBA; 895 Cranbrook Dr., Highland Hts., OH 44143, 216 449-4831.

MAJEWSKI, James Edward; '73 MACC; Certified Publ Acct.; Monarch Business Forms, Irvine, CA 92718; r. 22192 Tama Dr., El Toro, CA 92630, 714 586-1576.

MAJEWSKI, Vincent Earl; '69 BSBA; 9624 Belding Rd NE, Rockford, MI 49341, 616 874-6135.

MAJKA, Martin Paul; '83 BSBA; Account Exec.; Bank One Svcs. Corp., 350 McCoy Ctr., Cleveland Ave., Columbus, OH 43271, 614 248-4378; r. 6173 Polo Dr. W., Columbus, OH 43229, 614 436-3835.

MAJORS, David Wayne; '71 BSBA; Coal Miner; North American Coal Co., c/o Postmaster, Powhatan Pt., OH 43942; r. Box 160 Rte. #3, Woodsfield, OH 43793, 614 472-0450.

MAJOY, Christopher Ora; '81 BSBA; Coord. US Mktg Operations; Eastman Kodak Co., Professional Photography Div., 343 State St., Rochester, NY 14650; r. 5 Walnut Hill Dr., Rochester, NY 14527, 716 442-2171.

MAJUMDAR, Chandra S.; '88 MLHR; 4786 Avebury Ct. #A, Columbus, OH 43220, 614 459-4521.

MAK, Chiew Chooi; '86 BSBA; 55 E. Norwich #B2, Columbus, OH 43201.

MAKARITIS, Chrysoula, (Chrysoula Navrides); '59 BSBA; Proj. Dir.; Ohio Bell Telephone Co., 300 W. 1st St.-Rm. 328, Dayton, OH 45402, 513 227-4605; r. 6240 Westford Rd., Dayton, OH 45426, 513 837-7520.

MAKHAMREH, Dr. Muhsen Abdallah; '81 PhD (BUS); Faculty; Univ. of Jordan, Faculty of Econ. & Admin. Sci., POB 13256, Amman, Jordan, 843 555-3354; r. Fuheis-Main St., Amman, Jordan, 688588.

MAKRUSKI, Edward Dennis, II; '88 BSBA; 80 Northridge Rd, Columbus, OH 43214, 614 268-7841.

MAKULINSKI, Mrs. Jenai Ann, (Jenai Ann Lincoln); '85 BSBA; Corp Acct. Exec.; Newcom Devel., 3301 W. Central Ave., Toledo, OH 43606, 419 531-3000; r. 13811 Oakbrook Dr. Apt. 312, N. Royalton, OH 44133, 216 237-0471.

MALAGON, R. Leonardo; '86 BSBA; Staff Acct.; Price Waterhouse, 3500 One Biscayne Twr., Miami, FL 33131; r. 8780 Duveen Dr., Wyndmoor, PA 19118.

MALAMUD, Harvey B.; '62 BSBA; Acct.; r. 233 San Marcos Ave., San Francisco, CA 94116.

MALATESTA, Stanley Alan; '74 BSBA; Mortgage Banker; W Lyman Case & Co., 1500 Lake Shore Dr., Ste. 400, Columbus, OH 43204, 614 481-3900; r. 2667 Sandover Rd., Columbus, OH 43220, 614 457-3344.

MALCHUS, Budd Elliot, Jr.; '87 BSBA; Ins. Agt.; Mc Cloy Financial Svcs., 921 Chatham Ln., Ste. 300, Columbus, OH 43221, 614 457-6233; r. 2885 Ravine Way, Dublin, OH 43017, 614 792-5170.

MALCOLM, Douglas C.; '79 BSBA; Dist. Sales Mgr.; Harris-3M Document Prod., Inc., 3215 NW 10th Ter., Ft. Lauderdale, FL 33309, 305 561-8382; r. 2208 NE 19th Ave., Ft. Lauderdale, FL 33309, 305 564-1246.

MALCOLM, Douglas Raymond; '80 BSBA, '81 MBA; Ins. Broker; Malcolm-Maconachy Grp., Insurance/Financial Planning, 4791 Munson St. NW, Canton, OH 44718, 216 494-8144; r. 815 Woodrow St. NW, N. Canton, OH 44720, 216 497-0436.

MALCOLM, Stephen Clark; '88 BSBA; Real Estate Sales; r. 3300 Enfield Rd. NW, Canton, OH 44708, 216 455-8690.

MALCOM, Dr. Robert E.; '58 MBA, '62 PhD (ACC); Prof.; Pennsylvania State Univ., Acctg. Dept., 209 Beam Bus. Admin. Bldg., University Park, PA 16802, 814 863-0707; r. 219 S. Patterson St., State College, PA 16801, 814 238-0395.

MALDINGER, James Dale; '70 BSBA; Retired; r. 882 Brookpark Rd., Marion, OH 43302, 614 389-5801.

MALE, Danny Donald; '84 BSBA; Programmer; r. Rte. 4, Box 130, Woodsfield, OH 43793, 614 472-0265.

MALESH, Thaddeus Howard, Jr.; '69 BSBA; Sr. Economist; American Cyanamid, One Cyanamid Dr., Wayne, NJ 07470, 201 831-3954; r. 3 Carlisle Dr., Andover, NJ 07821, 201 347-4305.

MALESKI, Mark Allen; '81 BSBA; Staff; J C Penney Co. Inc., 1301 Ave. of The Americas, New York, NY 10019; r. 50-04 Fox Run Dr., Plainsboro, NJ 08536.

MALHOTRA, Manoj Kumar; '88 MA; Doctoral Candidate; The Ohio State Univ., 1775 College Rd., Business Sch, Columbus, OH 43210, 614 292-9938; r. 73 E. Norwich Ave., Columbus, OH 43201, 614 291-4364.

MALHOTRA, Pran Nath; '60 MBA; Cost Analyst; Wright Patterson AFB, ASD, Dayton, OH 45433, 513 255-6530; r. 1148 Rosendale Dr., Dayton, OH 45430, 513 426-8019.

MALICH, Christopher M.; '85 BSBA; 1808 Greene St., #1, Columbia, SC 29201.

MALINA, George Kenneth; '86 BSBA; Field Acct.; Comprehensive Acctg. Srv, 28 S. Fifth St., POB 594, Geneva, IL 60134, 312 232-1123; r. 27 Winthrop New Rd., Aurora, IL 60506, 312 466-4453.

MALINA, Paul D.; '57 BSBA; Atty.; Paul D Malina, LPA, 302 Arcue Bldg., 6 W. High St., Springfield, OH 45502; r. 445 Sparta Dr., Springfield, OH 45503, 513 390-3417.

MALINAK, James Edward; '77 MBA; 3 Country Rd., Westford, MA 01886, 508 692-5138.

MALINAK, Joyce '76 (See Kalamas, Joyce Malinak).

MALINOWSKI, James Michael; '74 BSBA; Supv Quality Assur Spec.; US Govt., General Svcs. Admin., 230 S. Dearborn St., Chicago, IL 60604; r. 4873 Magnolia Blossom Blvd., Gahanna, OH 43230, 614 891-6757.

MALINOWSKI, Thomas Edward; '78 BSBA; Staff Acct.; GTE North Inc., Controller Dept., U S. 31 N., Westfield, IN 46074; r. 101 Banbury Rd., Noblesville, IN 46060.

MALINVERNI, COL Albert, USAF(Ret.); '63 MBA; Contract Mgr.; Arco Alaska, Inc., 700 G St., Anchorage, AK 99510, 907 263-4938; r. 710 Harbor Cir., Anchorage, AK 99515, 907 345-2618.

MALISHENKO, COL Timothy P., USAF; '68 BSBA; Chief, Systs. Contracts; SAF/AQCS, The Pentagon, Rm. 4C323, Washington, DC 20330, 202 697-7714; r. 4416 S. Pershing Ct., Arlington, VA 22204, 703 892-9315.

MALISZEWSKI, Roy Michael; '82 BSBA; Div. Controller; Precision Valve Corp., 700 Nepperhan Ave., Yonkers, NY 10703, 914 969-1031; r. 51 Main St., Garnerville, NY 10923, 914 429-9350.

MALITZ, Charles P.; '59 BSBA; Acct.; r. 2811 Belgrave Rd, Cleveland, OH 44124, 216 831-1362.

MALIZIA, Daniel Thomas; '82 BSLHR; POB 33626, Los Angeles, CA 90033.

MALKOFF, Alan Richard; '71 MBA; VP Finance & Admin.; Milton Hershey Sch., POB 830, Hershey, PA 17033; r. 70 Brook Dr., Hershey, PA 17033.

MALKOFF, Stanley A.; '51 BSBA; Pres.; Homes By Stansim Inc., 1350 Stonington Dr., Youngstown, OH 44505; r. 1350 Stonington Dr., Youngstown, OH 44505, 216 759-1950.

MALKOWSKI, Michael Frederick; '74 BSBA; Reg. Mgr.; Paccar Financial Corp., 9800 Metcalf, Box 12007, Overland Park, KS 66212; r. 19017-14th St. N., Independence, MO 64056, 816 796-4443.

MALL, Russell Lee; '70 BSBA; Admin. & Tech. Trainee; State Farm Ins. Co., 1440 Granville Rd, Newark, OH 43055; r. 173 Northridge Rd, Columbus, OH 43214, 614 261-6499.

MALLARE, Joseph F.; '52 BSBA; Retired; r. 213 Huxley St., Jamestown, NY 14701, 716 489-7944.

MALLETT, Charles Edgar; '72 BSBA; Investor; r. 2720 W. Dublin-Granville Rd, Worthington, OH 43085, 614 764-2720.

MALLETT, Roger Evan; '74 BSBA; Dist. Mgr.; Epson America Inc., 19852 Haggerty Rd., Livonia, MI 48152, 313 464-2088; r. 3037 Leeds Rd., Columbus, OH 43221, 614 487-0073.

MALLEY, Ms. Dolores Jean; '74 BSBA; Acct.; Dolores Malley, 1705 Thomas Ave., Charlotte, NC 28205, 704 332-0447; r. Same.

MALLEY-SNIDER, Elaine Ann; '84 MBA; Asst. VP/Comm. Lending; Natl. Bank of Detroit, 611 Woodward Ave., Detroit, MI 48226, 313 225-3394; r. 31670 Flynn, Warren, MI 48092, 313 826-9228.

MALLING, Jack F.; '50 BSBA; Retired; r. 4899 Glenburn Ave., Columbus, OH 43214, 614 888-4049.

MALLONN, Judith Penn, (Judith Penn); '60 BSBA; CFO; Bank One, Wooster, MA, POB 106, Wooster, OH 44691, 216 264-5085; r. 2500 Armstrong Dr., Wooster, OH 44691, 216 345-7681.

MALLORY, Charles M.; '47 BSBA; Chmn. of the Bd.; Sloans Dept. Stores Inc., 12th St. & Dunbar Ave., Dunbar, WV 25064, 304 768-2478; r. 1112 Kanawha Ave., Dunbar, WV 25064, 304 768-2922.

MALLORY, Joseph Allen; '76 BSBA; Acct.; r. 780 Forestview Dr., Tallmadge, OH 44278, 216 633-3065.

MALLOY, Michael W.; '88 BSBA; 5770 Lucinda Ct., Columbus, OH 43232, 614 863-2806.

MALLOY, Toni '81 (See Corcoran, Mrs. Antoinette Malloy).

MALM, Wade Ely, Jr.; '72 BSBA; 14939 Surrey Downs Dr., Novelty, OH 44072, 216 338-4862.

MALONE, Clancy J.; '85 BSBA; 339 Baroness Way, Gahanna, OH 43230, 614 471-1491.

MALONE, Ms. Jennifer Bain; '76 MPA; Exec. Dir.; Northwest Counseling Svcs., 1560 Fishinger Rd., Columbus, OH 43221, 614 457-7876.

MALONE, Joseph Robert; '70 BSBA; Sales Rep.; Thompson Electronics Co., 182 E. Long St., Columbus, OH 43215; r. 198 Academy Ct., Gahanna, OH 43230.

MALONE, Kristine A. '86 (See Gundy, Mrs. Kristine Ann).

MALONE, Lynne J., (Lynne M. Jonuska); '77 BSBA; Mgr.; Price Waterhouse, BP America Bldg., 200 Public Sq., Cleveland, OH 44114, 216 781-3700; r. 1447 Neptune Ave., Akron, OH 44301, 216 724-9772.

MALONE, Mary Stanton, (Mary Stanton); '45 BSBA; Homemaker; r. 2546 Scottwood Rd, Columbus, OH 43209, 614 231-9962.

MALONE, Michael Earle; '85 BSBA; 115 E. 270th, Euclid, OH 44132, 216 261-1999.

MALONE, Raymond M.; '51 BSBA; Collections Supv.; GMAC, 1190 E. Central Ave., W. Carrollton, OH, 513 859-7300; r. 2815 Balsam Dr., Springfield, OH 45503, 513 399-0466.

MALONE, Robert H.; '47 BSBA; Retired; r. 2546 Scottwood Rd, Columbus, OH 43209, 614 231-9962.

MALONE, Terry Wayne; '71 BSBA, '73 MBA; Exec. VP; Independence One Mortgage, 300 Galleria Ofc. Ctr., POB 5076, Southfield, MI 48086, 313 350-6305; r. 4446 Apple Valley Ln., W. Bloomfield, MI 48033, 313 851-9268.

MALONE, William Thomas, III; '87 BSBA; 2221 Pemberton Dr., Toledo, OH 43606, 419 535-0694.

MALONEY, Albert Thomas, Jr.; '67 BSBA; Dir. of Guid.; Jordan-Elbridge Central Sch., Hamilton Rd, Jordan, NY 13080, 315 689-9633; r. 38 Standart Ave., Auburn, NY 13021, 315 253-0275.

MALONEY, Donald J.; '54 BSBA; Financial Cnslt.; Shearson Lehman Hutton Inc., 1803 Kingsdale Shopping Ctr., Columbus, OH 43221, 614 457-3005; r. 2941 Pickwick Dr., Columbus, OH 43221, 614 486-5548.

MALONEY, John Paul, Jr.; '41 BSBA; Atty.; Atty-at-Law, 21313 Franklin Rd., Maple Hts., OH 44137, 216 662-4019; r. 21313 Franklin Rd., Maple Hts., OH 44137, 216 662-4019.

MALONEY, Kevin M.; '82 BSBA; Atty.; Denmead Blackburn & Willard, 37 W. Broad St., Ste. 1150, Columbus, OH 43215, 614 228-5271; r. 6410 Busch Blvd., Apt. 486, Columbus, OH 43229, 614 846-2318.

MALONEY, Robert James; '87 BSBA; 6349 New London Dr., Columbus, OH 43229.

MALONEY, Robert M.; '56 BSBA; 8102 Twin Oaks Dr., Cleveland, OH 44147, 216 237-6792.

MALONEY, Robert W.; '50 BSBA; 974 Hidden Acres Ct., Columbus, OH 43224, 614 268-5497.

MALONEY, Mrs. Susan Y., (Susan C. Yacher); '77 BSBA; Cost Acct.; Clermont Mercy Hosp., 3000 Hospital Dr., Batavia, OH 45103, 513 732-8558; r. 3801 Linn Tree Dr., Amelia, OH 45102, 513 752-4645.

MALONEY, Teresa Fitz; '83 BSBA; Asst. Controller; Universal Guaranty Life Ins., 1550 W. Henderson Rd., Columbus, OH 43220; r. 5586 Maleka Ct., Columbus, OH 43220.

MALONEY, Thuc Tracy; '85 BSBA; Acct.; Fed. Treasurer Dept., Chicago, IL 60604; r. 2506 Stratford, Westchester, IL 60153, 312 531-9778.

MALONEY, Tracy Ann; '84 BSBA; 6687 Thorne St., c/o R.H. Haddix, Worthington, OH 43085.

MALOOF, Leila '83 (See Fresco, Leila Maloof).

MALOOF, Michael F.; '82 BSBA; Investment Ofcr.; Maloof Investments, 4405 Glenmawr Ave., Columbus, OH 43224, 614 263-3117; r. Same.

MALOY, Robert James; '71 BSBA; 1130 Cherington Dr., Galion, OH 44833, 419 468-1989.

MALPIEDI, Remo R.; '51 BSBA; Owner; Malpiedi Distributing Co., 3186 Union St., Bellaire, OH 43906, 614 676-0166; r. 3942 Grandview Ave., Shadyside, OH 43947, 614 676-0551.

MALPIEDI, Ronald Everett; '79 BSBA; VP; Physicians Ins. Co. of WI, 328 E. Lakeside St., POB 1628, Madison, WI 53701, 608 256-6677; r. 21 Homestead Ct., Madison, WI 53711, 608 273-4885.

MALSTER, Lynda Sue; '84 BSBA; Human Resources Dir.; Decor Corp., 1519 Alum Creek Dr. S., Columbus, OH 43209, 614 258-2871; r. 609 S. Lazelle St., Columbus, OH 43206, 614 469-1259.

MALTBIA, Terrence Earl; '83 BSBA; 1412 Belmont, Toledo, OH 43607.

MALTZMAN, David J.; '47 BSBA; Tchr.; Fair Haven Sch. Syst., Fair Haven, NJ 07701; r. 16 Lawrence Ave., W. Long Branch, NJ 07764, 201 222-6543.

MALUEG, Rebecca Ann; '87 BSBA; 511 Washington, Wapakoneta, OH 45895, 419 738-3966.

MALVUTCH, Joseph J.; '47 BSBA; Certified Publ Acct.; Acctg. Firm, 606 State St. NE, Massillon, OH 44646; r. 5968 E. Pace Cir. NW, Canton, OH 44718.

MAMPIERI, Anthony R.; '86 BSBA; Stockbroker; Ohio Co., 9449 Kenwood Rd., Cincinnati, OH 45242, 513 793-6692; r. 5220 Londonderry Dr., Cincinnati, OH 45241, 513 530-9599.

MAMULA, Charles; '64 BSBA; Plant Mgr.; Swift-Eckrich Inc., 3001 W. Cornelia Ave., Chicago, IL 60618, 312 588-4912; r. 1695 Fairfield Ln., Hoffman Estates, IL 60195, 312 885-2872.

MAMULA, Melissa Lee; '87 BSBA; Investment Acct.; Zurich-American Ins. Co., The Zurich Insurance Bldg., 231 N. Martingale St., Schaumburg, IL 60196; r. 1695 Fairfield Ln., Hoffman Estates, IL 60195, 312 885-2872.

MANBURG, Edwin; '47 BSBA; VP/Purchasing; Amdur Braude Riley Inc., 226 Salem St., Woburn, MA 01801; r. 40 Dunedin Rd., Wellesley Hls., MA 02181, 617 235-3054.

MANCE, Terrence Alan; '86 BSBA; Sales Rep.; Ashland Chemical Co., 6428 Joliet Rd., Countryside, IL 60525, 312 579-2880; r. 4210 Chesapeake Dr., Apt. 1A, Aurora, IL 60504, 312 898-3890.

MANCY, Gus John; '86 BSBA; Mgr.; Nancy's Restaurant, 937 Phillips Ave., Toledo, OH 43612; r. 5267 Carlingfort Dr., Toledo, OH 43623.

MANDATOR, Charles Anthony; '67 BSBA; Spec. - Advt. Technology; The Timken Co., Info. Systs Applications, 1835 Dueber Ave. SW, Canton, OH 44706, 216 438-3403; r. 1739 Radcliff NW, Massillon, OH 44646, 216 832-8240.

MANDEL, Howard; '85 MBA; Info. Systs. Spec.; Cincinnati Gas & Electric Co., 139 E. 4th St., Cincinnati, OH 45202, 513 632-3707; r. 3807 Fox Run Dr., Apt. 1007, Cincinnati, OH 45236, 513 791-0950.

MANDEL, Jeffrey Irving; '85 MLHR; Employee Relations Analys; Shell Off Shore, Inc., New Orleans, LA 70123, 504 588-4869; r. 2501 Metairie Lawn Dr., Apt. 1-121, Metairie, LA 70002, 504 835-3001.

MANDEL, Lloyd J.; '83 BSBA; 9031 N. Lincoln Wood, Skokie, IL 60203, 312 679-1016.

MANDELL, Ernest P.; '86 BSBA; Restaurant Owner; Mandell Systs., 1512 W. 5th Ave., Columbus, OH 43212, 614 481-0280; r. 5060 Dublin Rd., Dublin, OH 43017, 614 761-1183.

MANDERSON, Mary Ellen; '87 BSBA; Data Entry Oper II; Ohio Bur. of Workers Co., Direct Billing Dept., 246 N. High St., Columbus, OH 43215; r. 1915-302 Tamarack Cir. S., Columbus, OH 43229.

MANDISH, Keith Ian; '77 BSBA; VP/Acct. Supv.; J. Walter Thompson Co. USA, 600 Renaissance Ctr., Detroit, MI 48243, 313 568-3800; r. 928 Berkshire Rd., Grosse Pte. Park, MI 48230, 313 822-9891.

MANDL, Joseph P.; '83 MBA; Dir. Sales; Medex Inc., 3637 Lacon Rd, Hilliard, OH 43026, 614 876-2413; r. 1049 Wyandotte Rd., Grandview Hts., OH 43212, 614 487-1663.

MANDLER, Seymour; '47 BSBA; CPA; 14441 Beach Blvd., Westminster, CA 92683, 714 891-2311; r. 5471 Paseo Del Lago E., Laguna Hls., CA 92653, 714 768-1452.

MANES, Marvin G.; '58 BSBA; Atty.; Dalessio Shapiro Musitano Manes Schrader Assif, 441 Wolf Ledges Pkwy., Ste. 400, Akron, OH 44311, 216 762-0765; r. 171 Court Dr., Apt. 306, Akron, OH 44313, 216 666-5812.

MANEV, Biljana; '88 BSBA; 5729 Duquesne Pl., Columbus, OH 43235, 614 457-9628.

MANEY, Jerry B.; '55 BSBA; Financial Analyst; GE Co., Appliance Park, AP-4 257, Louisville, KY 40225, 502 452-3440; r. 9812 Melissa Dr., Louisville, KY 40223, 502 426-5302.

MANEY, Mrs. Kimberley Smith, (Kimberley Sue Smith); '84 BSBA; Homemaker; r. 775C Stevens Creek Rd., Augusta, GA 30907, 404 863-0293.

MANEY, Mrs. Linda B., (Linda A. Berg); '68 BSBA; Dir.of Strategies & Admin; John Hancock Mutual Ins., POB 111, Boston, MA 02117, 617 572-5087; r. 45 French St., Westwood, MA 02090, 617 329-0881.

MANFRE, Victor; '53 BSBA; Pres.; World Mkts. Devel. Inc., 17033 Ridge Creek Rd., Strongsville, OH 44136, 216 238-1033; r. Same.

MANGANO, William Basil; '65 BSBA; Lic Special Agt.; New York Life & Annuity Corp., City Ctr. One, Youngstown, OH 44514; r. 8143 Bendermeer Dr., Poland, OH 44514, 216 757-1076.

MANGAS, Constance Sistek, (Constance L. Sistek); '82 BSBA; 1469 Elizabeth Ln., Macedonia, OH 44056, 216 467-3195.

MANGAS, Stephen John; '82 BSBA; Controller; Dana Business Credit, 7271 Engle Rd., Ste. 408, Cleveland, OH 44130, 216 243-7778; r. 1469 Elizabeth Ln., Macedonia, OH 44056, 216 467-3195.

MANGER, Douglas; '84 BSBA; Natl. Sales Rep.; CBC Cos., 250 E. Town St., Columbus, OH 43215, 614 222-5500; r. 96 Fellows Ave., W. Jefferson, OH 43162, 614 879-7230.

MANGIA, Michael Joseph; '86 BSBA; 107 Savern Pl., Gahanna, OH 43230, 614 471-4923.

MANGIAMELI, Dr. Paul Michael; '79 PhD (BUS); Asst. Prof.; Univ. of Rhode Island, Clg. of Business Admin, Kingston, RI 02881; r. 314 Kenyon Ave., E. Greenwich, RI 02818, 401 884-2526.

MANGIE, Edward D.; '87 BSBA; Sales Rep.; Specialty Steel Sales, POB 5245, Youngstown, OH 44514, 216 757-3723; r. 46 Poland Manor, Poland, OH 44514, 216 757-1096.

MANGRUM-JEFFRIES, Landria Kim; '87 BSBA; Acctg. Supv.; UPS, 4129 Arlingate Plz., Columbus, OH 43228; r. 4823 Kingshill Dr., Apt. H, Columbus, OH 43229.

MANGUM, Joseph Bryant; '68 BSBA; Supv. Profit Analysis; Ford Motor Co., POB #75, Ypsilanti, MI 48198, 313 484-8725; r. 838 Juneau, Ypsilanti, MI 48198, 313 485-7468.

MANHART, Mark A.; '87 BSBA; Arthur J. Anderson Acctg.; r. 10916 SW 75th Ter., Miami, FL 33173, 305 274-1556.

MANHART, Dr. Robert C.; '37 BSBA, '39 MBA, '49 PhD (BUS); Prof. Emeritus; r. 108 Heather Ln., Columbia, MO 65203, 314 445-5539.

MANICHO, Joseph M.; '55 BSBA; Agt.; Redwood Ins. Agcy. Inc., 370 S. 5th St., Columbus, OH 43215; r. 3486 Ridgewood Dr., Hilliard, OH 43026, 614 876-4846.

MANIFOLD, Beth Ann; '86 BSBA; Sales Coord.; The Complete PC, 521 Cottonwood Dr., Milpitas, CA 95035, 408 434-0145; r. 591 Eleventh Ave., San Francisco, CA 94118, 415 752-4458.

MANIKER, Howard B.; '64 BSBA; Atty.; 330 Standard Bldg., Cleveland, OH 44113, 216 241-5094; r. 2850 Meldon Blvd., Beachwood, OH 44122, 216 292-7781.

MANLEY, Dean W.; '47 BSBA; Retired; r. Rte. 3 Bogey Dr., Bellaire, MI 49615, 616 533-6460.

MANLEY, Gerald P.; '82 BSBA; Sales Rep.; Sun TV & Appliance, 4815 E. Main St., Columbus, OH 43213, 614 866-0150; r. 673 Mirandy Pl., Reynoldsburg, OH 43068, 614 861-8057.

MANLEY, John Raymond; '73 BSBA; Acct.; Chemical Abstracts Svc., 2540 Olentangy River Rd, Columbus, OH 43210; r. 3976 Three Rivers Ln., Groveport, OH 43125, 614 836-9108.

MANLEY, Judith L.; '70 BSBA; Secy.; Ohio State Univ., 134 Derby Hall, 154 N. Oval Mall, Columbus, OH 43210, 614 292-6360; r. 140 Haldy Ave., Columbus, OH 43204.

MANLEY, Michael E.; '65 BSBA; 2015 Dewey Dr., Stafford, VA 22554, 703 659-2039.

MANN, Benjamin H.; '80 BSBA; Pres.; Bison Leasing Co., 3659 Green Rd., Ste. 112, Cleveland, OH 44122, 216 464-1035; r. 6809 Mayfield Rd., Ste. 1571, Cleveland, OH 44124, 216 473-3348.

MANN, Charles; '49 BSBA; Retired Fld Stl Insp; r. 2218 Mahoning Rd. NE, Canton, OH 44705, 216 455-5041.

MANN, Mrs. D. Jayne, (D. Jayne West); '84 BSBA; Admissions; Acad. of Ct. Reporting, 630 E. Broad St., Columbus, OH 43215, 614 221-7770; r. 324 W. 2nd Ave., Columbus, OH 43201, 614 299-8544.

MANN, Emily Therese, (Emily Nolan); '82 BSBA; PC Coord.; State Credit Union Div., Columbus, OH 43215; r. 3534 Maple Shade, Columbus, OH 43228, 614 875-8933.

MANN, Gerald Francis; '68 BSBA; Corporate Cash Mgr.; Borden Inc., 180 E. Broad St., Columbus, OH 43215, 614 225-4932; r. 1656 Heaterwae Loop, Powell, OH 43065, 614 766-2438.

MANN, Harry H.; '68 BSBA; Natl. Mktg. Mgr.; Dennison Mfg. Co., 300 Howard St., Framingham, MA 01701, 508 879-0511; r. 26 Waterview Cir., Medway, MA 02053, 508 533-8169.

MANN, Ivan Jack; '56 BSBA; Sr. Mfg. Engr.; Black & Decker (Us) Inc., Consumer Power Tools Division, Hwy. 301 S., Fayetteville, NC 28306, 919 423-3239; r. 285 Shads Ford Blvd., Fayetteville, NC 28314, 919 868-6139.

MANN, Jerald Eugene, CPA; '67 BSBA; 553 N. Main St., Marion, OH 43302.

MANN, Joseph E.; '48 BSBA; 1008 Whippoorwill Dr., Port Orange, FL 32019, 904 756-3561.

MANN, Julia Marie; '85 BSBA; 941 Wilmington Ave. #E, Dayton, OH 45420, 513 294-5595.

MANN, Leigh Ellen; '87 BSBA; 1961 Garden Dr., Wickliffe, OH 44092, 216 585-1032.

MANN, Mark Frank; '85 BSBA; 7420 Hillside, Independence, OH 44131, 216 524-2102.

MANN, Maurice Murl; '67 BSBA; Bus. & Pers. Svc. Analyst; CA State Poly Univ., 3801 W. Temple Ave., Admin. Bldg., Rm. 209, Pomona, CA 91768, 714 869-3231; r. 968 Reed Dr., Claremont, CA 91711, 714 624-3732.

MANN, Ronald Clinton; '52 BSBA; Staff; IBM Corp., Spec Edu Support Programs, Old Orchard Rd., Armonk, NY 10504; r. 21 Hillandle Dr., New Rochelle, NY 10804, 914 576-2173.

MANN, Ronald Clovis; '72 BSBA; POB 401, Walton, IN 46994, 219 626-3196.

MANN, Timothy Shane; '87 MPA; 352 Crestview Rd., Columbus, OH 43202, 614 267-6020.

MANNA, Anthony Scot; '83 BSBA; Atty.; Amer Cunningham & Brennan, Society Bldg. 6th Fl., 159 S. Main St., Akron, OH 44308, 216 762-2411; r. 1829 Cromwell Dr., Akron, OH 44313, 216 867-7132.

MANNARINO, Sheri Swanson; '85 BSBA; Cert Publ Acct.; Price Waterhouse Co., 41 S. High St., Columbus, OH 43215, 614 221-8500; r. 8464 Bridletree Way, Worthington, OH 43085, 614 431-5125.

MANNARINO, Thomas Albert; '83 BSBA; Grad. Student; The Ohio State Univ., Clg. of Education, 127 Arps 1945 N. High St., Columbus, OH 43210; r. 8464 Bridletree Way, Worthington, OH 43085, 614 431-5125.

MANNING, Barbara Startzman; '54 BSBA; 7118 Chadwood Ln. Apt. 2B, Columbus, OH 43235, 614 792-5263.

MANNING, Donald Lee; '83 BSBA; 16093 Windsor Ave., Strongsville, OH 44136, 216 572-1252.

MANNING, Jim Craig; '88 BSBA; 260 E. 15th Ave., Columbus, OH 43201.

MANNING, John Bernard; '55 BSBA; Asst. Mgr. of Credits; Republic Steel Corp., Republic Bldg 25 Prospect Av W, Cleveland, OH 44115; r. 16093 Windsor Dr., Strongsville, OH 44136, 216 572-1252.

MANNING, Michael Lawrence; '85 BSBA; Flight Attendant; American Airlines Inc., O'Hare International Airport, Chicago, IL 60607; r. 1772 Gaynor Rd., Columbus, OH 43227, 614 861-2586.

MANNING, Robert Alan; '82 BSBA; Golf Profn.; North Florida PGA, Daytona Bch., FL; r. 1463 Wakefield Ct. E., Columbus, OH 43209.

MANNING, Steven Bruce; '80 BSBA; 1463 Wakefield Ct. E., Columbus, OH 43209.

MANNING, Thomas Kent; '74 BSBA; VP-Gen. Mgr.; Melville Plastics, Inc., POB 478, Graham, NC 27253, 919 578-5800; r. 2026 Gurney Ct., Burlington, NC 27215, 919 584-1149.

MANNINO, Frank P.; '50 BSBA; Real Estate Broker; r. 8 Eccelstone Cir., Irvine, CA 92714, 714 551-1440.

MANNIX, John Robert, Jr.; '59 BSBA; Partner; Keck Mahin & Cate, 8300 Sears Twr., Chicago, IL 60606, 312 876-3475; r. 1300 N. Lake Shore Dr., Unit 36-D, Chicago, IL 60610, 312 664-6529.

MANNO, Vincent F.; '50 BSBA; Material Contol Mgr.; The Hoover Co., 101 E. Maple St., N. Canton, OH 44720; r. 4544 9th St. N. W., Canton, OH 44708, 216 477-7004.

MANOFSKY, Carl Matthew; '70 BSBA; Assoc. VP; Coldwell Banker, Industrial Real Estate Sales, 200 E. Randolph Ste. 6509, Chicago, IL 60601, 312 861-7846; r. 906 Red Fox Ln., Oak Brook, IL 60521, 312 572-8293.

MANOFSKY, Charles J.; '76 BSBA; Sales Mgr.; Coldwell Banker Commercial, 65 E. State St., Ste. 1708, Columbus, OH 43215, 614 463-1600; r. 2718 Camden Rd., Columbus, OH 43221, 614 486-2500.

MANOGG, Philip Martin; '71 BSBA; Atty.; Atty-at-Law, POB 855, Newark, OH 43055, 614 349-8049; r. 963 W. Church St., Newark, OH 43055, 614 344-6142.

MANOUKIAN, Richard Vahan; '70 BSBA; Sales Rep.; Eastman Kodak Co., 395 E. Broad St., Columbus, OH 43215; r. 6495 Berkshire Ct., Lisle, IL 60532, 312 369-6257.

MANRING, Bradley Andrew; '84 BSBA; 187 Cherrington Rd., Westerville, OH 43081, 614 891-2076.

MANRING, Charles Alan; '77 BSBA; Asst. Plant Mgr.; John H Harland Co., 4150 Will Rogers Pkwy., Ste. 1000, Oklahoma City, OK 73108; r. 2907 Pepperwood, Sugar Land, TX 77479, 713 980-7876.

MANRING, Therese L., (Therese S. Laliberte); '82 BSBA; Technical Svcs. Asst.; Chemical Abstracts Svc., 2540 Olentangy River Rd., POB 3012, Columbus, OH 43210, 614 447-3600; r. 7910 Beecher Rd. SW, Pataskala, OH 43062, 614 927-3663.

MANRODT, Susan M.; '87 BSBA; Tax Acct.; United McGill Corp., One Mission Park, POB 7, Groveport, OH 43125, 614 836-9981; r. 128 N. Huron Ave., Columbus, OH 43204, 614 272-2690.

MANSARAY-DURA, Agnes Adama; '88 BSBA; Typist 2; Admissions Ofc., Ohio State Univ., Columbus, OH 43210, 614 292-1548; r. 5373 Gracewood Ct., Columbus, OH 43229, 614 898-7622.

MANSER, Richard Louis; '79 MBA; VP; Savings of America, 400 W. Wilson Bridge Rd., Ste. 130, Worthington, OH 43085, 614 885-2422; r. 8247 Riverside Dr., Powell, OH 43065.

MANSFIELD, Mark Douglas; '73 BSBA, '80 MBA; Acctg. Systs. Supv.; Ashland Chemical Co., 5200 P G Blazer Memorial Pkwy., Dublin, OH 43017; r. 4560 Rutherford Rd., Powell, OH 43065, 614 881-5624.

MANSON, John Marvin; '76 MPA; 642 Fallow Ct., Gahanna, OH 43250, 614 855-2271.

MANSOUR, Elizabeth Ann; '84 BSBA; Commercial Mktg. Spec.; Farmers Ins. Grp., 2400 Farmers Dr., Worthington, OH 43085, 614 766-3710; r. 1448 Runaway Bay Dr., Apt. 1A, Columbus, OH 43204, 614 481-9290.

MANSOUR, John Charles; '81 BSBA; Asst. Dir.; Riverside Methodist Hosp., Material Management, 3535 Olentangy River Rd., Columbus, OH 43214; r. 326 Greenwold Ct, Worthington, OH 43085, 312 968-6442.

MANSOUR, Mohammed Ibrahim; '83 MLHR, '88 PhD (LHR); c/o Ahmed Al-Amash, POB 702, Ras Al-Khaimah, United Arab Emirates.

MANSPERGER, Lyn '86 (See Clemons, Mrs. Lyn Mansperger).

MANTEL, Brice C.; '49 BSBA; 311 Henry St., New Carlisle, OH 45344, 513 845-8807.

MANTELL, Thomas Edward; '83 BSBA; Retail Buyer; Cord Camera Store, Columbus, OH 43212, 616 299-1441; r. 1278 Olde Henderson Sq., Columbus, OH 43220, 614 442-6741.

MANTER, Joan Messina, (Joan Messina); '82 MBA; Asst. Dir. Mktg.; Riverside Meth. Hosps., 3535 Olentangy River Rd., Columbus, OH 43214, 614 261-5235; r. 126 Somerset Dr., Delaware, OH 43015, 614 363-8201.

MANTLE, Jeanne Mahoney; '76 BSBA; Acct.; Alum Crest, 1599 Alum Creek Dr., Columbus, OH 43209; r. 6491 Borr Ave., Reynoldsburg, OH 43068, 614 861-2729.

MANTYLA, David Wesley; '83 BSBA; Sales Rep.; Russell Stover Candies, 1004 Baltimore Ave., Kansas City, MO 64105; r. 253 Everhard, N. Canton, OH 44709, 216 497-4013.

MANTYLA, Scott Henry; '78 BSBA; Smyth Business Syst., Box 8800, Canton, OH 44708; r. 1266 11th St. NW, Canton, OH 44703.

MANUEL, James Carlton, Jr.; '80 BSBA; Atty.; Battelle Mem. Inst., 505 King Ave., Columbus, OH 43201, 614 424-6198; r. 3768 Baybridge Ln., Dublin, OH 43017, 614 764-9670.

MANUEL, Thomas E.; '64 BSBA; Chief of Div. of Adm; Ohio Legislative Svc. Comm, State House, Columbus, OH 43215; r. 2668 Nottingham Rd, Columbus, OH 43221, 614 451-9373.

MANWARING, Richard; '87 BSBA; 142 Riverside Dr., Troy, OH 45373, 513 339-1345.

MAPES, Jerry Wayne; '82 MBA; Mgr.-Human Resources; The Flxible Corp., 970 Pittsburgh Dr., Delaware, OH 43015, 614 362-2600; r. 262 Storington Rd., Westerville, OH 43081.

MAPES, John S.; '53 BSBA; Personnel Director; Purdue Univ. North Central, 1402 S. US Hwy. 421, Westville, IN 46391, 219 464-4197; r. 2007 Beulah Vista Blvd., Valparaiso, IN 46383, 219 464-7080.

MAPLE, Margaret Mercer; '81 BSBA; POB 528, Dawsonville, GA 30534.

MAR, Jimmy; '80 BSBA; Salesman; F D Titus & Son, 2343 Lincoln Ave., Hayward, CA 94545, 415 786-2878; r. 1659 29th Ave., San Francisco, CA 94122, 415 681-8668.

MARA, Matthew Joseph; '87 BSBA; Govt. Bond Trader; Exch. Natl. Bank, 200 W. Monroe, Chicago, IL 60603; r. 752 W. Shubert Ave., 2nd Fl. E., Chicago, IL 60614.

MARAGOS, Paul Nicholas; '83 BSBA; Asst. Mgr./Finance; I T T Financial Svcs., 1035 Pearl Rd., Brunswick, OH 44212, 216 225-4468; r. RR 1, Box 153, Toronto, OH 43964.

MARAPOTI, LTC James Anthony; '68 BSBA; Ltc Usmc; US Marines, POB, Washington, DC 20001; r. Moq 2406, Camp Lejeune, NC 28542, 919 353-0199.

MARAVICH, Sam, Jr.; '81 BSBA; 5478 Dinglebay Ct., Dublin, OH 43017, 614 764-3774.

MARAZZA, John Anthony; '82 BSBA; Mgr.; Peat Marwick Main & Co., Two Nationwide Plz., Columbus, OH 43215, 614 249-2300; r. 5652 Sheehan Ct., Dublin, OH 43017, 614 761-9849.

MARCARELLO, John Thomas; '83 BSBA; 1119 Guarnieri Dr., Warren, OH 44483, 216 372-4717.

MARCELLUS, James H.; '54 BSBA; Retired Auditor; r. 3025 Lakeview Ave., Dayton, OH 45408, 513 268-3339.

MARCH, Daniel Nathan; '84 BSBA; Acct.; Mc Donalds Corp., 2600 Corporate Exchange Dr., Ste. 300, Columbus, OH 43231, 614 895-5134; r. 1953 Starbridge Ct., Worthington, OH 43085, 614 761-3824.

MARCH, Ronald Anthony; '70 BSBA; Metal Control Mgr.; Alcan Aluminum Corp., 100 Erieview Plz., Cleveland, OH 44114, 216 523-6874; r. 2319 Glen Echo, Hudson, OH 44236, 216 653-9420.

MARCHAL, Glenn Ray; '68 BSBA; Tchr.; Mt. Vernon Bd. of Educ., 105 E. Chestnut St., Mt. Vernon, OH 43050, 614 397-7422; r. 16320 Colville Rd, Mt. Vernon, OH 43050, 614 397-4059.

MARCHANT, Jayne Marie; '81 BSBA; 10007 Christian Dr., Glen Allen, VA 23060, 804 264-0051.

MARCHESE, Thomas John; '82 BSBA; Atty.; Marchese & Marchese, 50 W. Broad St., Ste. 1420, Columbus, OH 43215, 614 224-2062; r. 1964 Bedford Rd., Columbus, OH 43212, 614 488-6062.

MARCIE, Julius F.; '49 BSBA; Sr. Engr.; Stanadyne Inc., Moen Division, Woodford Ave., Elyria, OH 44035; r. 5421 Longbrook Dr., Lorain, OH 44053, 216 282-9902.

MARCINICK, Gary John; '86 BSBA; Financial Planner; John Hancock Financial Svc., 1105 Schrock Rd., Ste. 700, Columbus, OH 43229, 614 846-6000; r. 6021-A Shadow Lake Cir., Columbus, OH 43235, 614 442-0629.

MARCONNET, Lois '52 (See Moor, Lois Marconnet).

MARCUM, Mrs. Jodine A., (Jodine A. Huffman); '86 BSBA; Direct Mktg. Trng. Coord.; MeraBank (Federal Savings Bank), 3033 N. Central Ave., Ste. 112, Phoenix, AZ 85012, 602 248-4565; r. 4764 W. Marco Polo Rd., Glendale, AZ 85308, 602 582-2215.

MARCUS, Marvin J.; '51 BSBA; VP; Miller-Valentine Realty, Box 744, Dayton, OH 45401, 513 293-0900; r. 1140 Oakwood Ave., Dayton, OH 45419, 513 299-6767.

MARCUS, Yair Jack; '82 MBA; POB 30081, Bethesda, MD 20814.

MARDER, Eugene; '60 MBA; VP; Re/Max Distinctive Properties, 2429 N. Harrison St., Arlington, VA 22207; r. 2235 N. Nottingham St., Arlington, VA 22205, 703 536-7447.

MARENBERG, Phyllis M. '53 (See Feldman, Phyllis M.).

MARES, Lawrence R.; '68 BSBA; Materials Mgr.; Baxter Pharmaseal, 200 McKnight St., POB 2046, Jacksonville, TX 75766, 214 586-6502; r. 1212 Purdue Dr., Jacksonville, TX 75766, 214 586-7065.

MARETT, LT Michael Jay; '83 BSBA; Engrg. Instr.; USN, 36 Kay St., Newport, RI 02840, 401 841-4030; r. 4813 Rte. 162 W., New London, OH 44851, 419 929-8178.

MARG, Kenneth Douglas; '79 MBA; Generalist Gen.; Ohio Accuspray, 26881 Cannon Rd., Cleveland, OH 44146, 216 439-1200; r. 3562 Som Center Rd., Cleveland, OH 44124, 216 831-9566.

MARGARD, Werner Le Roy, III; '88 MBA; Atty.; Barkan & Neff, 50 W. Broad St., Ste. 1515, Columbus, OH 43215, 614 221-4221; r. 1466 Presidential Dr., Columbus, OH 43212, 614 481-7882.

MARGARETES, George; '55 BSBA; Realtor; George Margaretes Inc., 1205 Market St., Wheeling, WV 26003; r. 120 Oak Dr. Cir., Wheeling, WV 26003, 304 232-8879.

MARGESON, Dean Paul; '82 BSBA; Researcher; Battelle Mem. Inst., 505 King Ave., Columbus, OH 43201, 614 424-4597; r. 4841 Jennie Wren Ct. N., Columbus, OH 43229, 614 846-8152.

MARGESON, Gary John; '84 BSBA; Real Estate Analyst; Nationwide Ins. Co., One Nationwide Plz., Columbus, OH 43216, 614 249-7132; r. 4841 Jennie Wren Ct. N., Columbus, OH 43229, 614 846-8152.

MARGLES, Daniel Scott; '79 MBA; Pres.; Advance Auto Rental Inc., 1460 Renaissance Dr., #102, Park Ridge, IL 60068, 312 298-6100; r. 2324 S. Cannon Dr., Mt. Prospect, IL 60056, 312 640-6424.

MARGOLIN, Ms. Fannie L.; '28 BSBA; Retired; r. 27030 Cedar Rd, Apt. 407B, Beachwood, OH 44122, 216 292-6464.

MARGOLIN, Marvin H.; '55 BSBA; Assoc.; Ostendorf-Morris Co., Financial Services Dept., 1100 Superior Ave., Cleveland, OH 44114, 216 861-7200; r. 22387 Byron Rd., Cleveland, OH 44122, 216 921-4878.

MARGOLIS, Burton A.; '56 BSBA; Public Acct.; Admin. Svcs., 26101 Euclid Ave., Euclid, OH 44132, 216 261-3777; r. 2050 Aldersgate Dr., Cleveland, OH 44124, 216 449-5020.

MARGOLIS, Gary Edward; '79 BSBA; 3602 Tullamore Rd, University Hts., OH 44118.

MARGOLIS, Jennifer '85 (See Rusinek, Mrs. Jennifer).

MARGOLIS, Mrs. Joyce Abromowitz, (Joyce Abromowitz); '76 BSBA; Homemaker; r. 6855 Rushleigh Rd., Englewood, OH 45322, 513 836-3997.

MARGOLIS, Linda Susan; '74 BSBA; 657 Juniper Place, West Palm Beach, FL 33414.

MARGOLIS, Loren Jonathan; '80 BSBA; Atty.; Carney & Rains, 1500 Ohio Savings Plz., Cleveland, OH 44114, 216 771-3250; r. 1109 Royal Oak Dr., S. Russell, OH 44022.

MARGOT, Gary Lynn; '73 BSBA; Asst. Prof./Dir.; Ashland Clg., Computer Corporate Educ, 401 College Ave., Ashland, OH 44805; r. 2169 Bennington Dr., Mansfield, OH 44904, 419 756-5681.

MARGULIES, James Warren; '86 BSBA; Staff Cnslt.; Price Waterhouse & Co., 1900 Central Natl Bank Bldg., Cleveland, OH 44114, 216 781-3700; r. 1847 Warrensville Ctr. Rd, Cleveland, OH 44121.

MARHEVKA, Donna Marie; '81 BSBA; Corporate Lawyer; Benesch Friedlander Coplan & Arnoff, 88 E. Broad St., Columbus, OH 43215, 614 223-9318; r. 7747 Southwick Dr., Dublin, OH 43017, 614 792-0257.

MARHOVER, Robert H.; '63 BSBA; Account Exec.; Hayden Stone Inc., 626 Wilshire Blvd., Los Angeles, CA 90017; r. 506 W. Arbor Vitae, Inglewood, CA 90301.

MARIANA, Henry David; '82 BSBA; 6401 Blackhaw Dr., Reynoldsburg, OH 43068, 614 861-6200.

MARICEVICH, Matthew James; '78 BSBA; Head Stock Clerk; Big Bear Stores Co., 5700 Columbus Sq., Columbus, OH 43229; r. 585 Mc Cutcheon Rd., Gahanna, OH 43230, 614 475-1822.

MARIETTI, James Robert; '86 BSBA; 204 Forest View, Wintersville, OH 43952.

MARIK, David Nathan; '84 BSBA; Sales Rep.; Boehringer Mannheim Diagnostics; 2523 N. Moreland, A17, Shaker Hts., OH 44120, 216 932-6335.

MARIK, James Rudolph; '88 BSBA; 3735 Bonaire St., Columbus, OH 43213.

MARIN, James Martin; '80 MBA; VP/Product Mgr.; Diebold Inc., Digital Systs. Design, 818 Mulberry Rd. SE, N. Canton, OH 44720; r. 134 Briar Ave. NE, N. Canton, OH 44720, 216 494-5898.

MARINELLI, Anthony; '64 BSBA; 65 Bald Eagle, Hackettstown, NJ 07840, 201 852-8059.

MARINELLI, Eugene; '49 BSBA; Retired; Nationwide Ins. Co., One Nationwide Plz., Columbus, OH 43216; r. 5174 Cedar Hammock Ln., Sarasota, FL 34232, 813 371-3047.

MARINIK, Mark Steven; '78 BSBA; Pres.; Intl. Computer Exch., Inc., 24950 Great Northern Corp. Ctr, Ste. 415, Cleveland, OH 44070, 216 779-2200; r. 3603 Reserve Dr., Medina, OH 44256, 216 725-0701.

MARINKO, Ronald P.; '71 BSBA; Controller; Ohio Crankshaft Co., 3800 Harvard Ave., Cleveland, OH 44105, 216 341-2300; r. 4671 Ashbury Park Dr., N. Olmsted, OH 44070.

MARINO, Christopher James; '88 BSBA; 8957 Cain Dr., Warren, OH 44484, 216 856-6749.

MARINO, David Anthony; '78 BSBA; 90 Glencoe, Columbus, OH 43214, 614 262-7527.

MARION, Elwood J., Jr.; '47 BSBA; Appraiser; Cass Cnty. Offices, Walker, MN 45684, 218 547-3300; r. HCR 84, Box 431, Walker, MN 56484, 218 836-2248.

MARK, Judith E., (Judith E. Eakin); '80 BSBA; Sr. Financial Analyst; Ross Labs, 625 Cleveland Ave., Columbus, OH 43215, 614 227-3763; r. 3190 Amanda Northern Rd., Carroll, OH 43112, 614 837-2566.

MARK, Philip Edward; '49 BSBA; Owner; Phil Mark Packaging Specialist, POB 716, Worthington, OH 43085, 614 846-2659; r. 143 Chaucer Ct., Worthington, OH 43085, 614 846-2659.

MARK, William Meade; '34 BSBA; Retired; r. 122 Burwood Ln., San Antonio, TX 78213, 512 344-1933.

MARKANTON, Chris G.; '49 BSBA; Agt.; State of Ohio Dept. of Taxation, 737 N. Garland Ave., Youngstown, OH 44506, 216 742-8550; r. 431 Orchard Grove, E. Liverpool, OH 43920, 216 386-4040.

MARKEL, David; '35 BSBA; Retired; r. 236 Wedgewood Dr., Williamsville, NY 14221, 716 689-1610.

MARKEL, Gregory Alan; '83 BSBA; Sr. Acct.; Columbia Gas of Ohio Inc., 200 Civic Center Dr., Columbus, OH 43250; r. 764 Breezedale Pl., Columbus, OH 43213, 614 861-8373.

MARKEL, Roy A., II; '52 BSBA; Retired; r. 2766 Rowe Ging Rd. SW, Rte. 2, Washington Ct. House, OH 43160, 614 335-0583.

MARKEN, Howard A.; '48 BSBA; Atty.; Walter, Haverfield, Buescher & Chockley, 1215 Terminal Twr., Cleveland, OH 44113, 216 781-1212; r. 20925 Shaker Blvd., Shaker Hts., OH 44122, 216 932-4455.

MARKER, David Allen; '71 BSBA; Treas./CPA; Louisville Title Agcy., 626 Madison Ave., Toledo, OH 43604, 419 248-4611; r. 4330 Tamworth Rd., Sylvania, OH 43560, 419 882-0132.

MARKER, George David; '73 BSBA; Computer Sci.; Raytheon Co., POB 4127, Patrick AFB, FL 32925, 407 494-5991; r. 2011 Tall Oak, Melbourne, FL 32935, 407 242-0264.

MARKER, Rick A.; '78 BSBA; Student; r. 1021 Bernard, Findlay, OH 45840, 419 423-4480.

MARKER, Thomas M.; '66 BSBA; Ind Eng Mgr.; Borg Warner Electronics, S. Aurora St., Ithaca, NY 14850; r. 54 Buckridge Dr., Amherst, NH 03031, 603 673-6086.

MARKET, William Charles, IV; '84 BSBA; VP Admin./Gen. Mgr.; Miller Boat Line Inc., POB 238, Put-In-Bay, OH 43456, 419 285-2421; r. POB 388, Put-In-Bay, OH 43456, 419 285-8965.

MARKETCH, Betty June; '79 BSBA; Administrative Ofcr.; Banc One Credit Corp., 5025 Arlington Centre Blvd., Columbus, OH 43220; r. 5344 Portland St., Columbus, OH 43220, 614 457-6113.

MARKEY, David John; '82 BSBA; Communications Spec.; Electronic Data Systs., 2701 Home Ave., Mail Code 04-8, Dayton, OH 45417, 513 455-8865; r. 8528 Peachwood Dr., Centerville, OH 45458, 513 439-1195.

MARKEY, Donald E.; '49 BSBA; Dir. of Pen & Fi; Aetna Life & Casualty Co., Union Commerce Bldg., 952 Euclid, Cleveland, OH 44115; r. 815 Eggleston Rd., Aurora, OH 44202.

MARKEY, Matthew Robert; '88 MPA; 3116 Mountville Dr., Kettering, OH 45440, 513 294-0186.

MARKEY, Robert P.; '64 BSBA; Purchasing Agt.; Metal Container Corp., 350 Mc Cormick Blvd., Columbus, OH 43213; r. 325 Monsarrat Dr., Dublin, OH 43017, 614 889-7966.

MARKEY, Wanda Christensen; '47 BSBA; * Aetna Life & Cas, Corporate Social Responsi Dept, 151 Farmington Ave., Hartford, CT 06156; r. 815 Eggleston Rd., Aurora, OH 44202.

MARKHAM, John Edward; '71 BSBA; Admin. Asst. Socl/Syst.; Nippert Co., 801 Pittsburgh Dr., Delaware, OH 43015; r. 505 Coover Rd., Delaware, OH 43015.

MARKHOFF, Charles Edward, Jr.; '75 BSBA; Industrial Sales Eng; Westinghouse, Gateway Ctr., Westinghouse Bldg., Pittsburgh, PA 15222; r. 85 E. Essex Ave., Lansdowne, PA 19050, 215 622-5645.

MARKIS, Carolyn Diehlmann; '70 BSBA; Applications Staff; Harte-Hanks Communications, Urban Data Processing, 209 Middlesex, Burlington, MA 01803, 617 273-0900; r. 15 Gammons Rd., Newton, MA 02168, 617 332-7639.

MARKLE, Roy; '64 BSBA; Asst. Prof.; Sch. of The Ozarks, Pt. Lookout, MO 65726, 417 334-6411; r. POB 826, Pt. Lookout, MO 65726, 417 334-1506.

MARKLEY, Howard J.; '49 BSBA; Retired; r. 1350 Hickory Ln., Mansfield, OH 44905, 419 589-2159.

MARKLING, James A., Jr.; '50 BSBA; Builder & Operator; Mohican Hills Golf Club, 25 Ashland Cnty. Rd. 1950, Jeromesville, OH 44840; r. 204 38th St. NW, Canton, OH 44709, 216 492-0162.

MARKOVICH, William J.; '49 BSBA; Educator; Youngstown Public Schs., 20 W. Wood St., Youngstown, OH 44503; r. 4557 Woodhurst Dr. Apt. 10, Youngstown, OH 44515, 216 792-1636.

MARKOVITZ, Kirk Arnold; '81 BSBA; 1574 Sunset Ln., Wooster, OH 44691.

MARKOVS, Vija Danilaus; '75 MPA; 8794 Manchester Rd., Grosse Ile, MI 48138, 313 676-6955.

MARKOWITZ, Ms. Melissa Anne, (Melissa Anne Sternweiler); '83 MBA; Credit Mgr.; Cincinnati Time, Inc., 1733 Central Ave., Cincinnati, OH 45214, 513 241-5500; r. 7992 Autumnwind Dr., Cincinnati, OH 45249, 513 489-7992.

MARKS, Andrew Steven; '86 BSBA; CPA; Price Waterhouse, 41 S. High St., Huntington Ctr., Columbus, OH 43215, 614 221-8500; r. 5702 Bixbywoods Ct., #C, Columbus, OH 43232, 614 864-9961.

MARKS, Bertram W.; '35 BSBA; Retired; r. 1008 Bunker Dr., Apt. 202, Akron, OH 44313.

MARKS, Bruce William; '71 BSBA; Cnslt./Atty.; Crown Mgmt. Corp., 7441 W. Ridgewood Dr., Parma, OH 44129; r. 5410 Harleston Dr., Lyndhurst, OH 44129.

MARKS, David Alan; '72 BSBA; Contractor; r. POB 1026, Leaburg, OR 97489, 503 896-3994.

MARKS, David Nelson; '74 BSBA; 3010 Park Newport Apt. 212, Newport Bch., CA 92660, 714 640-8930.

MARKS, Debra Saxon, (Debra Saxon); '86 BSBA; IRA Admin.; The Ohio Co., 155 E. Broad St., BancOhio Bldg., Columbus, OH 43215, 614 464-6870; r. 5702 Bixbywoods Ct., #C, Columbus, OH 43232, 614 864-9961.

MARKS, Gerald M.; '50 BSBA; Pres.; Safeway Inc., 116 Linden Ave., Youngstown, OH 44505; r. 2900 Belmar Dr., Youngstown, OH 44505, 216 759-2727.

MARKS, Harold M.; '48 BSBA; Retired; r. 5106 Bromley Ln., Richmond, VA 23226, 804 285-1132.

MARKS, Ida Schlansky, (Ida Schlansky); '31 BSBA; Retired; r. 906 S. Remington Rd, Columbus, OH 43209, 614 231-5195.

MARKS, Irving B.; '67 BSBA; 988 Cherryfield Ave., Worthington, OH 43085, 614 888-0832.

MARKS, Jeffrey Neal; '69 BSBA; Atty.; Deltona Corp., 3250 SW 3rd Ave., Miami, FL 33129; r. 2020 NE 163rd St., N. Miami Bch., FL 33162.

MARKS, Kevin Lee; '86 BSBA; Real Estate Broker; Jon Douglas Co., 9911 W. Pico Blvd., Los Angeles, CA 90035, 213 551-0250; r. 3666 Cardiff Ave., Los Angeles, CA 90034, 213 478-8689.

MARKS, Marvin M.; '45 BSBA, '46 MBA; Furniture Distributors; Marvin M. Marks & Assoc., Inc., 11018 World Trade Ctr., 2050 Stemmons Frwy., Dallas, TX 75207, 214 748-4662; r. 6807 Orchid Ln., Dallas, TX 75230, 214 361-0774.

MARKS, Norman Richard; '79 BSBA; Operations Mgr.; Answerall Technologies Inc., 271 Western Ave., Lynn, MA 01901, 617 596-1316; r. 803 Pinebrook Dr., Peabody, MA 01960, 508 535-2842.

MARKS, Phyllis R. '82 (See Mentser, Mrs. Phyllis M.).

MARKS, Robert Gerard; '82 BSBA; Public Acct.; Norman, Jones, Coen, Tucker, Cochenour Inc., 125 W. Mulberry St., Lancaster, OH 43130, 614 653-9581; r. 3312 Ridgewood Dr., Hilliard, OH 43026, 614 876-7239.

MARKS, Ronald James; '79 BSBA; 3407 Enjoie Dr., Columbus, OH 43228.

MARKS, Ruth Flamberg; '46 BSBA; Special Asst.; Mayor Paduano, City Hall, New Rochelle, NY 10802; r. 85 Hilary Cir., New Rochelle, NY 10804, 914 576-6465.

MARKS, Ruth Neustadt; '46 BSBA; POB #909, Oakhurst, NJ 07755, 201 493-8472.

MARKS, Ms. Sharon B.; '83 BSBA; Sales Rep.; Ryan Homes, Inc., 3592 Corporate Dr., Columbus, OH 43231, 614 895-3401; r. 4894 Dexter Falls Rd., Hilliard, OH 43026, 614 876-9400.

MARKS, Wallace William; '82 BSBA; 7704 Deer Field, Parma, OH 44129, 216 884-1915.

MARKSBERRY, Miles R.; '50 BSBA; Auditor; Western Auto Supply Co., 2107 Grand Ave., Kansas City, MO 64108; r. 2210 1st Natl'L Twr., c/o R N. Towne, Akron, OH 44308.

MARKSBERRY, Terry Louis; '74 BSBA; Dir.; The Pillsbury Co., Pillsbury Ctr.-MS 3012, Minneapolis, MN 55402, 612 330-7138; r. 685 Old Long Lake Rd., Wayzata, MN 55391, 612 476-4016.

MARKSOHN, Steven Bruce; '75 BSBA; Exec. VP; W E Transport Inc., 42 E. Carl St., Hicksville, NY 11801; r. POB 271, Mill Neck, NY 11765.

MARKUS, Alan L.; '50 BSBA; Sr. VP/Stores; F & R Lazarus, 7th & Race St., Cincinnati, OH 45020, 513 369-7780; r. 5504 E. Galbraith Rd., Cincinnati, OH 45236, 513 791-2036.

MARKWORTH, Lawrence; '69 BSBA; VP/Trust Mgr.; Huntington Trust Co., 232 W. 3rd, Dover, OH 44622, 216 343-6611; r. 1377 Third St. S. E., New Philadelphia, OH 44663, 216 339-4151.

MARKWORTH, Thomas; '70 MBA; Atty.; 941 Chatham Ln., Columbus, OH 43221, 614 457-5422; r. 2940 Rockford Dr., Hilliard, OH 43026, 614 876-6971.

MARLING, Lisa K. '86 (See Marling-George, Mrs. Lisa).

MARLING, Richard A.; '62 BSBA, '63 MBA; Pres./Owner; Marling Inc., 400 Metro Pl. N., Ste. 350, Dublin, OH 43017, 614 764-1587; r. 8283 Riverside Dr., POB 95, Dublin, OH 43017, 614 889-7926.

MARLING-GEORGE, Mrs. Lisa, (Lisa K. Marling); '86 BSBA; Cnslt.; Specialty Recruiting Systs., 400 Metro Pl. N., Ste. 350, Dublin, OH 43017, 614 792-2023; r. 3045 Bethel Rd., Columbus, OH 43220, 614 459-4297.

MARLOW, David William; '75 BSBA; Mgr.; Mohawk Ind, POB 1726, Mansfield, OH 44901; r. 1338 Beechdale Dr., Mansfield, OH 44907.

MARLOW, LTC Robert Terry, USAF; '68 BSBA; Ofc of Secy. of Air Force, Pentagon, Washington, DC 20301, 202 697-8947; r. 5907 Oak Ridge Ct., Burke, VA 22015, 703 250-7305.

MARLOWE, Gina Lee '86 (See Tanner, Gina Lee).

MARLOWE, Jeffrey Norman; '78 BSBA; Salesman; Texas Instruments Inc., 33737 W. 12 Mile Rd, Farmington Hls., MI 48331, 313 553-1599; r. 37642 Bristol Ct., Livonia, MI 48154, 313 464-8643.

MARLOWE, Phillip Arnold; '85 BSBA; Sales Repr; Sea-Land Svcs. Inc., 7801 E. Bush Lake Rd., Minneapolis, MN 55435, 612 835-2620; r. 7365 Howard Ln., Eden Prairie, MN 55344, 612 934-8515.

MARMIE, Craig William; '86 BSBA; Processing Mgr.; Frito-Lay Inc., 4236 Kirklawn Ave., Topeka, KS 66611, 913 267-2600; r. 6542 SW 27th St., Topeka, KS 66614, 913 273-8915.

MARMON, Earl F.; '58 BSBA, '59 MBA; Retired; GM Corp., Guide Div, 2915 Pendleton Ave., Anderson, IN 46013; r. 939 Sunset Dr., Anderson, IN 46011, 317 643-0110.

MARMON, Edwin A.; '43 BSBA; Mortgage Banker; r. 122 Glen Ave., Millburn, NJ 07041, 201 376-5693.

MARNECHECK, Philip Alan; '78 BSBA; Atty.; r. 4050 Maple Hill Dr., Seven Hls., OH 44131, 216 447-9160.

MARODY, John; '50 BSBA; Retired Supv Gen. Acctg.; Strong Cobb Arner Inc., Cleveland, OH 44120; r. 6913 NW 100th St., Oklahoma City, OK 73132, 405 722-3001.

MAROSCHER, Udo W.; '61 BSBA; Asst. Membership; Ohio Chamber of Commerce, 17 S. High St., Columbus, OH 43215; r. POB 69 11392 Meadowcroft Dr, Pickerington, OH 43147.

MAROTTA, Joseph W.; '73 BSBA, '74 MBA; Gen. Mgr.; W. R. Grace/Automotive Chemicals, 55 Hayden Ave., Lexington, MA 02173, 617 861-6600; r. 34 Westcott Rd., Hopedale, MA 01747, 508 478-3179.

MAROUSH, John J.; '49 BSBA; 34655 Lakeview Dr., Solon, OH 44139, 216 248-4186.

MAROWITZ, Daniel Saul; '83 BSBA; Account Rep.; Roadway Package Syst., 977 Frank Rd., Columbus, OH 43223, 614 279-0168; r. 1345 Island Bay Dr., Columbus, OH 43235, 614 459-3634.

MAROWITZ, Howard; '52 BSBA; Mktg. Dir.; Ohio Valley Litho Color, 7405 Industrial Rd., Florence, KY 41042, 606 525-7405; r. 6240 Grand Vista Ave., Cincinnati, OH 45213, 513 351-4183.

MARQUARDT, Carol Jean; '84 BSBA; 17577 Whitney Rd., #511, Cleveland, OH 44136.

MARQUARDT, Jack William; '78 BSBA; 543 Bloomfield Ave., Bloomfield, CT 06002, 203 243-5211.

MARQUARDT, Lisa Carroll; '85 BSBA; 7318 Lee Rd., Westerville, OH 43081.

MARQUARDT, Lisa Marie; '84 BSBA; Dir. of Operations; The Front Row Theatre, 6199 Wilson Mills Rd., Highland Hts., OH 44143, 216 449-5000; r. 2235 Overlook Apt. 311, Cleveland, OH 44106, 216 229-0559.

MARQUE, David Hartley; '84 BSBA; Technical Sales Rep.; Sun Chemical Corp., 411 Sun Ave., Cincinnati, OH 45232, 513 681-5950; r. 3525 Woodridge Blvd., #10, Fairfield, OH 45014, 513 874-1671.

MARQUE, Kathryn Ann; '85 BSBA; 2941 N 75Th St, Milwaukee, WI 53210.

MARQUE, Suzanne Eileen; '82 BSBA; 114 Honor Ct., Lancaster, OH 43130.

MARR, Phillip W.; '53 BSBA; Sales Engr.; Canfield & Joseph Inc., 180 Weidman Rd., Manchester, MO 63021, 314 391-1750; r. #1 Marie Ct., Manchester, MO 63011, 314 227-2373.

MARRA, H. Joseph; '51 BSBA; Dir. - Data Ctr.; Stark Cnty. Bd. of Educ., 7800 Columbus Rd. NE, Louisville, OH 44641, 216 875-1431; r. 1220 Franklin St., Salem, OH 44460, 216 337-3075.

MARRAH, Dr. John A.; '59 BSBA; Mgr.; AT&T Bell Labs, 200 Laurel Ave., Middletown, NJ 07748, 201 957-6000; r. 411 Rumson Rd., Little Silver, NJ 07739, 201 842-7055.

MARRINAN, Mrs. Cynthia L., (Cynthia McVean); '84 BSBA; Supv. Sales Audit; Prints Plus Inc., National Headquarters, 2500 Bisso Ln. Bldg. 200, Concord, CA 95420, 415 680-8025; r. 486 Morello Ave., #209, Martinez, CA 94553, 415 372-7447.

MARRINAN, William Charles; '81 BSBA; Sales Mgr.; NIBCO, 2050 S. State College Blvd., Anaheim, CA 92806, 714 937-1012; r. 308-4 Carnation, Corona Del Mar, CA 92625, 714 675-6595.

MARSDEN, Mary Pollock, (Mary Pollock); '46 BSBA; 3308 Melendy Dr., San Carlos, CA 94070, 415 593-5988.

MARSH, MAJ Ben Franklin; '63 BSBA; Facilities Spec.; Third Army G-4 War Reserves, Bldg. 363, Ft. McPherson, Jonesboro, GA 30236; r. 9197 Brave Ct., Jonesboro, GA 30236, 404 471-2244.

MARSH, Brian N.; '87 BSBA; Sales Assoc.; Wears Kahn Mc Menamy & Co., 81 S. 5th St., Columbus, OH 43215, 614 228-6321; r. 2324 Bexley Park Rd., Columbus, OH 43209, 614 235-8840.

MARSH, Christi Lynne; '86 BSBA; Svc. Rep.; Children's Hosp., Columbus, OH 43205; r. 1893 Brookfield Rd., Columbus, OH 43229, 614 888-8108.

MARSH, Dr. Glyde Arthur; '40 BSBA; Retired; r. 3449 Reynoldsburg, New Albany, OH 43054, 614 855-7249.

MARSH, Glyde Arthur, Jr.; '72 BSBA; Acct./Owner/VP; Glyde A Marsh Jr., Statcom Incorporated, 1989 W. 5th Ave., Columbus, OH 43212, 614 481-8303; r. 8981 St. Rte. 736, Plain City, OH 43064, 614 873-8420.

MARSH, Jay Dale; '68 MBA; Chmn.; JDM Holdings, Inc., 7235 Bonnie Dr., Huntley, IL 60142, 815 455-5475; r. Same.

MARSH, Jeffrey Stuart; '74 BSBA; 611 E. 6th St., Marysville, OH 43040, 513 644-3507.

MARSH, Joseph I.; '48 BSBA; Retired; r. 1341 Boxwood Dr., Columbus, OH 43229, 614 885-6420.

MARSH, Karen '79 (See Katz, Karen Marsh).

MARSH, Kenneth Robert, CPA; '76 BSBA; Partner; Marsh & Klein, CPA's, 58 Hapisga, Beit Vegan, Jerusalem 96433, Israel, 02439258; r. 24/12 Brand, Har Nof, Beit Vegan, Jerusalem, Israel 96433, 02538901.

MARSH, Ms. Kimberle Dianne; '86 BSBA; Asst. Branch Mgr.; Old Kent Bank, One Vandenberg Plz., Old Kent Plz., Grand Rapids, MI 49503, 616 774-5659; r. 4355 Timber Ridge TR8, Wyoming, MI 49509, 616 530-0620.

MARSH, COL Robert Allen, USAF(Ret.); '55 BSBA; 7503 Brian Clarke, San Antonio, TX 78240, 512 680-7499.

MARSH, Todd Alan; '87 BSBA; 9069 Richards Dr., Mentor, OH 44060, 216 257-7707.

MARSH, Hon. William James; '51 BSBA; Retired Circuit Judge; State of Missouri, 800 Hartfeld Bldg., 1111 Main St., Kansas City, MO 64106; r. 650 E. 116th St., Kansas City, MO 64131, 816 942-8717.

MARSH, William N.; '52 BSBA; Mgr.; O M Scott & Sons, Sub Itt, POB, Marysville, OH 43040; r. 410 Grand Ave., Marysville, OH 43040, 513 644-1882.

MARSHACK, James Harold; '80 BSBA; VP; Bur-Mar Enterprises, Inc., 699 Harrisburg Pike, Stes. D&E, Columbus, OH 43223, 614 279-1777; r. 4845 Hummingbird Ct. N., Columbus, OH 43229, 614 885-0720.

MARSHALL, Billy Davis; '80 BSBA; 65 Amberly Dr., Granville, OH 43023, 614 587-1519.

MARSHALL, Bruce Edwin; '66 BSBA; 5560 Sharon Dr., Boardman, OH 44512, 216 758-0401.

MARSHALL, Carlile Babcock; '80 MBA; Exec. Asst. to VP Mktg.; Public Svc. Electric & Gas Co., 80 Park Plz., Newark, NJ 07101; r. 155 Maple St., Summit, NJ 07901, 201 273-6332.

MARSHALL, Charles John; '84 BSBA; Territory Mgr.; Allergan Pharmaceuticals, 8733 Scarsdale Blvd., Powell, OH 43065, 614 766-9497; r. Same, 614 766-8178.

MARSHALL, Corey Steven; '86 BSBA; 315 N. Stanley Ave., Los Angeles, CA 90036.

MARSHALL, David Thomas; '87 BSBA; 23 S. Monroe, Apt. 6, Columbus, OH 43205, 614 469-1646.

MARSHALL, Deborah Brown; '81 BSBA; Sales Rep.; Preston Trucking Co., 1000 Frank Rd., Columbus, OH 43223, 614 279-9199; r. 5398 Eric Pl., Columbus, OH 43235, 614 459-6792.

MARSHALL, Dennis Oliver; '88 MBA; 605 Eleanora Dr., Cuyahoga Falls, OH 44223, 216 929-2725.

MARSHALL, Diann, (Diann L. Goodwin); '80 BSBA; Treas.; Eagle Mountain Energy Corp., 7626 E. Main St., Reynoldsburg, OH 43068; r. 5350 Chaumonte Ave., Columbus, OH 43232, 614 868-7604.

MARSHALL, Edward Lyle; '58 BSBA; VP/Co-owner; Boylan Publications, 1335 Hotel Cir. S., Ste. 117, San Diego, CA 92108; r. 10327 Keokuk Ave., Chatsworth, CA 91311, 818 341-1829.

MARSHALL, Elizabeth Garner, (Elizabeth N. Garner); '36 BSBA; 3041 Big Hill Rd., Dayton, OH 45419, 513 293-1290.

MARSHALL, Franklin H.; '75 MPA; Probation Ofcr.; US Govrnment, US Courthouse, 601 Market St. Rm 9000, Philadelphia, PA 19106, 215 597-3805; r. 208 Terminal Ave., Erdenheim, PA 19118, 215 233-4937.

MARSHALL, Gordon T.; '54 BSBA; Policy Writer; Gulfstream Aerospace, Travis Field, Savannah, GA 31322, 912 966-4699; r. 301 Cardinal, Pooler, GA 31322, 912 748-6834.

MARSHALL, Jack M.; '51 BSBA; Atty.; Marshall & Jarnicki, 27 N. East St., Lebanon, OH 45036; r. 718 Columbus Ave., Lebanon, OH 45036, 513 932-2611.

MARSHALL, James Leon; '66 MBA; Asst. to Dean; OSU Clg. of Engrg., 122 Hitchcock 2070 Neil Ave., Columbus, OH 43210; r. POB 3275, Columbus, OH 43210.

MARSHALL, Jeffrey Del; '70 BSBA; 292 Lewis Center Rd., Delaware, OH 43215.

MARSHALL, Joanne Fox, CPA; '48 BSBA; Owner; Oak Ridge, TN 37830; r. 101 Oak Ln., Oak Ridge, TN 37830, 615 483-0098.

MARSHALL, John Kingston, Jr.; '56 BSBA; 1520 Price Cir., Clearwater, FL 33546.

MARSHALL, John N.; '49; Sales Assoc.; Sears, 1800 Tiffin Ave., Findlay, OH 45840; r. 216 E. Yates Ave., Findlay, OH 45840, 419 423-2882.

MARSHALL, John Rene; '80 BSBA; Sr. Analyst; Simon & Schuster, 4343 Equity Dr., Columbus, OH 43228, 614 771-5883; r. 196 Brookhill Dr., Gahanna, OH 43230, 614 471-2577.

MARSHALL, Dr. Jon Elden; '76 MBA; Financial Analyst; Roadway Svcs. Inc., POB 88, 1077 Gorge Blvd., Akron, OH 44309, 216 384-2376; r. 4260 Americana Dr. #403, Stow, OH 44224, 216 929-8115.

MARSHALL, Judson E.; '47 BSBA; Agt.; United WI Ins. Agcy., Inc., 611 New York Ave., Sheboygan, WI 53082, 414 457-5569; r. 515 Columbus Ave., Sheboygan, WI 53081, 414 457-3571.

MARSHALL, Ms. Linda Lee; '76 MPA; Bus. Mgr.; Ohio Dept. of Admn Svcs., Contract Admin. Dept., 30 E. Broad St. 27th Fl., Columbus, OH 43215; r. 378 W. Hubbard Ave., Columbus, OH 43215, 614 291-0052.

MARSHALL, Mrs. Loretta Holt, (Loretta M. Holt); '82 BSBA; Systs. Analyst; RCA Corp., Consumer Electronics Div, 600 N. Sherman, Indianapolis, IN 46206, 317 267-1916; r. POB 11683, Indianapolis, IN 46201.

MARSHALL, Mary Abbott, (Mary Abbott); '46 BSBA; Box 200 Low, Locust Grove, VA 22508, 703 972-1227.

MARSHALL, Paul Devereaux; '75 MPA; Assoc. Dir.; The Ohio State Univ., University Budget Planning, Columbus, OH 43210; r. 288 Mimring Rd., Columbus, OH 43202, 614 263-8709.

MARSHALL, Robert Clark; '67 BSBA; 3836 King James Rd., Grove City, OH 43123, 614 871-3530.

MARSHALL, Robert Elwood; '50 BSBA; Retired; r. 1067 Wetmore Rd, Columbus, OH 43224, 614 268-5817.

MARSHALL, Ronald Elsworth; '86 BSBA; Human Resources; Kobacker Co., 6606 Tussing Rd., POB 16751, Columbus, OH 43216, 614 755-7565; r. 6740 Darylane Dr., Dublin, OH 43017, 614 766-2807.

MARSHALL, Ronald Mark, PhD; '63 BSBA, '69 PhD (ACC); Assoc. Prof.; Michigan State Univ., Acctg. Dept., E. Lansing, MI 48824; r. 1429 Ramblewood, E. Lansing, MI 48823, 517 337-9224.

MARSHALL, Steven David; '84 BSBA; Staff; Firestone T&R Co., 1796 Morse Rd., Columbus, OH 43229, 614 885-2659; r. 2760 Oakridge Ct., Columbus, OH 43221, 614 486-3077.

MARSHALL, Wayne Eugene; '63 BSBA; VP; Turner & Shepard Inc., 17 S. High St., Columbus, OH 43215; r. 5613 Brushcreek Dr., Westerville, OH 43081.

MARSHALL, William Brandt, III; '72 BSBA; Internal Auditor; Kraftco Corp., Kraft Food Div, 501 De Kalb Industrial Way, Decatur, GA 30030; r. 2262 Stratingham Dr., Dublin, OH 43017, 614 764-0669.

MARSHALL, William Dale; '68 BSBA; Ens. USN; r. 10200 Cimi Mesa Rd., Littlerock, CA 93543.

MARSHALLS, Doris '46 (See Heilman, Doris M.).

MARSHMAN, William A.; '70 BSBA; 2468 Mecca Rd, Columbus, OH 43224, 614 475-7374.

MARSICO, David James; '84 MBA; Mkt. Rsch. Analyst; Adria Labs, 7001 Post Rd., Dublin, OH 43017, 614 764-8131; r. 1491 Osborne Dr., Columbus, OH 43221, 614 481-0161.

MARSON, Earl W.; '49 BSBA; Comptroller; Fallsview Psychiatric Hosp., Cuyahoga Falls, OH 44221, 216 929-8301; r. 1667 Glenmount Ave., Akron, OH 44301, 216 724-1887.

MARSTELLER, Dr. William F., III; '77 BSBA; Chiropractor; 145 S. Main St., Centerville, OH 45458, 513 433-4800; r. 178 Shadybrook Dr., Centerville, OH 45459, 513 434-4437.

MARSTON, Larry G.; '60 BSBA; Cost Acct.; Owens Corning Fiberglas Corp., Case Ave., Newark, OH 43055; r. 1708 Stonewall Dr., Newark, OH 43055, 614 366-2147.

MART, Dennis A.; '65 BSBA; Sales Staff; S S Kemp, 4301 Perkins, Cleveland, OH 44103; r. 940 Daryl Dr., Cleveland, OH 44124.

MARTASIN, COL William N.; '58 MBA; Retired; r. Rte. No 5, Box 639A, Easton, MD 21601, 301 822-4228.

MARTEL, Jeffrey Allan; '75 BSBA; 2150 Milton Rd. #204, Cleveland, OH 44121.

MARTELL, Kenneth Ralph; '75 MBA; Dir. of Rsch.; The Limited, Inc., Columbus, OH 43215; r. 3242 Brookview Way, Columbus, OH 43220, 614 771-1722.

MARTELLO, Gilbert Anthony, Jr.; '59 BSBA; Mkt. Devel. Mgr.; BF Goodrich, 6100 Oak Tree Blvd., Cleveland, OH 44131, 216 447-6334; r. 33839 Willowick Dr., Eastlake, OH 44094, 216 942-0541.

MARTENET, Michael Lawrence; '86 BSBA; 1145 Burkwood Rd., Mansfield, OH 44907, 419 756-4625.

MARTENEY, Albert James; '76 BSBA; 686 Riverview Dr. Apt. 15, Columbus, OH 43202, 614 263-2146.

MARTIJA, Michael F.; '87 BSBA; 601 Riverview Dr. #8, Columbus, OH 43202, 614 447-0783.

MARTIN, Dr. Albert Joseph, Jr.; '69 PhD (BUS); Mktg. Cnslt.; 9513 Woody Ln., Great Falls, VA 22066, 703 759-7780; r. Same, 703 759-2858.

MARTIN, Barbara Bishop; '48; 7913 W. 98th Ter., Overland Park, Shawnee Mission, KS 66212, 913 642-2265.

MARTIN, Rev. Billy Wilson, Jr.; '82 BSBA; Minister; Church of God of Prophecy, 2680 S. Sheridan Blvd., Denver, CO 80227, 303 922-6417; r. 1990 S. King St., Denver, CO 80219, 303 922-2117.

MARTIN, Calvin Dean; '78 BSBA; Acct.; Franklin Chemical Inds Inc., 2020 Bruck St., Columbus, OH 43207; r. 2482 Mc Zand Blvd., Grove City, OH 43123, 614 875-9662.

MARTIN, Carol '76 (See Brown, Carol Martin).

MARTIN, Mrs. Cathy L., (Cathy L. Ehrsam); '83 BSBA; Audit Mgr.; Price Waterhouse, One Sea Gate Ste. 1800, Toledo, OH 43604, 419 247-1800; r. 31 Homestead Pl., Maumee, OH 43537, 419 893-8995.

MARTIN, Charles Irvin; '50 BSBA; 6044 N. Quinella Way, Dayton, OH 45459, 513 434-3110.

MARTIN, Charles Wayne; '54 BSBA; Owner; Arrow Pest Control, 14707 Carolcrest, Houston, TX 77079, 713 493-4148; r. Same, 713 493-3350.

MARTIN, Charles Wayne; '77 BSBA; VP Controller; Mann Theaters, 9200 Sunset Blvd., Los Angeles, CA 90069, 213 273-3336; r. 4247 Bonavita Pl., Encino, CA 91436.

MARTIN, Cheryl Lynne; '82 BSBA; Account Mgr.; Digital Equip. Corp., 175 Federal St., Boston, MA 02110, 617 654-1694; r. One Washington St., Marblehead, MA 01945, 617 639-0456.

MARTIN, Craig Stephen; '80 MBA; Asst. Budget Analyst; Cleveland Elec Illuminating, 55 Public Sq., Cleveland, OH 44123; r. 24455 Lakeshore Blvd., Euclid, OH 44112.

MARTIN, Danny Nolan; '69 BSBA; Certified Publ Acct.; G A Stevens & Co., 119 N. West St., Lima, OH 45801; r. POB 1667, Lima, OH 45802.

MARTIN, David Craig; '82 MBA; Materials Mgr.; FL Aerospace Corp., Product Support Div., 240 Twain Ave., Urbana, OH 43078, 513 653-5225; r. 423 Lafayette Ave., Urbana, OH 43078, 513 653-3178.

MARTIN, David D.; '84 BSBA; Salesman; Claycraft Co., 698 Morrison Rd., Gahanna, OH 43213, 614 866-3300; r. 1042 Folkestone Rd., Columbus, OH 43220, 614 457-3246.

MARTIN, MAJ David Franklin, USA; '72 BSBA; New Cumberland Army Depot, New Cumberland, PA 17070, 717 770-7939; r. 220 E. Dixon Ave., Dayton, OH 45419, 513 293-2795.

MARTIN, David Robert; '82 BSBA; Buyer; Cleveland Elec Illuminating Co., 10 Center Rd., N. Perry, OH 44081, 216 259-3737; r. 580 Nelmar Dr., Painesville, OH 44077, 216 354-4341.

MARTIN, Dennis Patrick; '60 BSBA; Capt./Pilot; American Airlines, La Guardia Airport, Flushing, NY 11369; r. 10 Buckingham Way, Freehold, NJ 07728, 201 431-0919.

MARTIN, Dix Edward; '68 BSBA; Real Estate Agt.; Pinnacle Peak Realty, 8787 E. Pinnacle Peak Rd., Ste. 100, Scottsdale, AZ 85255, 602 563-5240; r. 5546 E. Yucca St., Scottsdale, AZ 85254, 602 483-3181.

MARTIN, Donald William; '77 BSBA; Mktg. Dir.; First Fed. of Charlotte Cnty., 410 Taylor St., POB 1748, Punta Gorda, FL 33951, 813 637-3213; r. 17070 Wayzata Ct., NE, N. Ft. Myers, FL 33917, 813 543-4737.

MARTIN, Doreen; '86 BSBA; Acct.; J E Grote Co., 1160 Gahanna Pkwy., Gahanna, OH 43230; r. 1297 Weybridge Rd., Columbus, OH 43220.

MARTIN, Edward Philip; '78 BSBA, '82 MBA; Mgr.; Arthur Young & Co., 10 W. Broad St., Columbus, OH 43215, 614 222-3994; r. 14223 Robinson Rd., Plain City, OH 43064, 614 873-5079.

MARTIN, Edwin Smith; '31 BSBA; Stockbridge Hotel, 3328 Euclid Ave., Cleveland, OH 44115.

MARTIN, Eliana Grimaldi De; '85 MLHR; Prof.; Univ. of Carabobo, Barbula 2008, Venezuela; r. Los Mijaos/86-A-41, Trigal Sur, Valencia 2002, Venezuela.

MARTIN, Eric Lance; '71 BSBA; Financial Adm Mgr.; Mgmt. Horizons, Div of Price Waterhouse Co, 570 Metro Pl. N., Dublin, OH 43017, 614 764-9555; r. 1104 Carousel Ct., Westerville, OH 43081, 614 891-0473.

MARTIN, Forde Stephens; '40 BSBA; Partner; A B Martins Sons Rl Est & Ins., 35 S. Broadway Box 389, Geneva, OH 44041; r. 615 Eastwood St., Geneva, OH 44041, 216 466-3240.

MARTIN, Gary Lee; '65 BSBA; Public Affairs Analyst; Sci. Applications Intl. Corp., POB 18288, Pittsburgh, PA 15236, 412 892-4708; r. 488 Serpentine Dr., Pittsburgh, PA 15242, 412 341-4874.

MARTIN, Gerre Lee; '74 BSBA; Staff The Data House; r. 73 Somerset Rd, Delaware, OH 43015, 614 369-6281.

MARTIN, Glenn Arthur; '67 BSBA; Dir. Employee Relations; Capital City Prods., 525 W. 1st Ave., Columbus, OH 43216; r. 1841 Dorsetshire Rd, Columbus, OH 43229, 614 891-2383.

MARTIN, Gregory Douglas; '81 BSBA; Sales Engr.; Harris/Farinon, 1117 Perimeter Ctr., W., Ste. 500-E., Atlanta, GA 30338, 404 392-3357; r. 135 Waters Mill Cir., Alpharetta, GA 30201, 404 664-3628.

MARTIN, Harold Preston; '56 BSBA; Dealer Baseball Collect.; 7560 Mettetal, Detroit, MI 48228, 313 582-4587; r. Same.

MARTIN, Hilda Hofer; '50; POB 2806, Littleton, CO 80161.

MARTIN, Holly Lynn '85 (See Klute, Holly Lynn).

MARTIN, Jack Wesley; '59 BSBA; Mktg. Rsch Data-Base Admin; Oscar Mayer & Foods Corp., 910 Mayer Ave., Madison, WI 53704, 608 241-4083; r. 5310 Arapahoe Ln., Madison, WI 53704, 608 244-9214.

MARTIN, Jack Wilbur; '50; 2927 Valley Forge, Sarasota, FL 34231, 813 922-9449.

MARTIN, Ms. Jacqualyn Lou; '85 MPA; Grad. Assoc.; The Ohio State Univ., 246 Allied Medicine Bldg., 1583 Perry St., Columbus, OH 43210, 614 292-9708; r. 3425 Maize Rd., Apt. B, Columbus, OH 43224, 614 262-6333.

MARTIN, James Michael; '85 BSBA; Salesman; Pitney Bowes Inc., 6480 Doubletree Ave., Columbus, OH 43229; r. 6401 Warner Ave. #122, Huntington Bch., CA 92647.

MARTIN, Janice Morgan; '55 BSBA; 5221 Nantucket Ln., Anaheim, CA 92807, 714 637-4959.

MARTIN, Jeffrey Scott; '88 BSBA; 736 Grand Valley, Maumee, OH 43537, 419 893-4523.

MARTIN, Jennifer Lynn, (Jennifer L. Jones); '88 BSBA; Dir. of Mktg.; Family Restaurant Systs. Inc., 3050 Ritter Rd., Ste. 207, Mechanicsburg, PA 17055; r. 924 Shiremont Dr., Mechanicsburg, PA 17055, 717 732-4780.

MARTIN, CAPT John B., USAF; '84 BSBA; 524 B. 6th Street Cir., Robins AFB, GA 31098, 912 929-4794; r. 266 S. Kellner Rd., Columbus, OH 43209, 614 231-6700.

MARTIN, John Carl; '69 BSBA; Transportation Plng. Mgr.; Harland Bartholomew & Assoc., 5005 W. Laurel, Tampa, FL 33607, 813 289-7996; r. 6444 Lake Sunrise Dr., Apollo Bch., FL 33570, 813 645-8551.

MARTIN, John David; '83 BSBA; Box 54 Notre Dame Du Laus, Duffy, PQ, Canada J0X2M0.

MARTIN, John Edwin; '81 BSBA; 5170 St. Rte. 95 Rr#1, Mt. Gilead, OH 43338, 419 947-3577.

MARTIN, John Francis; '70 BSBA; Chmn. of the Bd.; Martin Carpet Cleaning Co. Inc., 795 S. Wall St., Columbus, OH 43206, 614 443-4655; r. 1993 West Ln. Ave., Columbus, OH 43221, 614 481-8442.

MARTIN, John Phillip; '82 BSBA; Leasing Analyst; UNISYS, 5201 W. Kennedy Blvd., Tampa, FL 33609, 813 287-1310; r. 8424 Boxwood Dr., Tampa, FL 33615, 313 941-2333.

MARTIN, Joseph Gregory; '73 BSBA; Sr. Tax Analyst; Marathon Oil Co., 539 S. Main St., Findlay, OH 45840, 419 422-2121; r. 2005 S. Main St., Findlay, OH 45840, 419 423-0784.

MARTIN, Joseph P.; '87 BSBA; Acct.; Electronic Data Systs. Corp., Dallas, TX 75221; r. 4710 Cliffwood Dr., Garland, TX 75043.

MARTIN, Kathleen Dolores; '82 BSBA; Account Mktg. Rep.; IBM Corp., San Francisco Commercial, 425 Market St., San Francisco, CA 94105, 415 545-5019; r. 2010 Chestnut St. #301, San Francisco, CA 94123, 415 922-1239.

MARTIN, Kelley D. '84 (See Hurley, Kelley M.).

MARTIN, Kevin Lee; '83 BSBA; Audit Mgr.; Ernst & Whinney, 1900 Toledo Trust Bldg., Toledo, OH 43604, 419 241-8800; r. 31 Homestead Pl., Maumee, OH 43537, 419 893-8995.

MARTIN, Larry Allen; '74 BSBA; POB 2070, Greensboro, NC 27401.

MARTIN, Lowell David; '67 BSBA; Mgr.; Timken Co., Prod & Proc Compl-Bearing Ops, 1835 Dueber Ave. SW, Canton, OH 44706, 216 438-3570; r. 6200 Easton St. NE, Louisville, OH 44641, 216 875-8859.

MARTIN, Marcia Z., (Marcia Zbierajewski); '77 BSBA; Cnslt.; Fox TV Stations, 5746 Sunset Blvd., Los Angeles, CA 90028, 213 856-1560; r. 4247 Bonavita Pl., Encino, CA 91436, 818 738-7889.

MARTIN, Margaret Burkey, (Margaret Burkey); '42 BSBA; 266 S. Kellner Rd, Columbus, OH 43209, 614 231-6700.

MARTIN, Mark Stephen; '83 BSBA; Airline Pilot; TWA; r. 489 Olenwood Ct., Worthington, OH 43085, 614 888-4135.

MARTIN, 2LT Mary Jane; '86 BSBA; 2Lt Usmc; Mcdec Co. H, Basic Sch. Box 236, Quantico, VA 22134; r. 2742 Camden Rd., Columbus, OH 43221, 614 488-6038.

MARTIN, Mary Priest; '54 BSBA; Treas.; Madison Bd. of Educ., 601 Hill St., Middletown, OH 45042, 513 420-4750; r. 104 Orchard St., Middletown, OH 45044, 513 423-0354.

MARTIN, Mary Robinson; '77 BSBA; 4439 Martin Dr., N. Olmsted, OH 44070.

MARTIN, Masayo Tsubota; '82 MBA; 300 Pine St., Mt. Vernon, OH 43050, 614 393-3281.

MARTIN, Michael; '76 BSBA; Branch Mgr.; Cnty. Savings, 225 E. Broad St., Columbus, OH 43215; r. 834 Cherlyn Ct., Columbus, OH 43228, 614 761-9763.

MARTIN, Mrs. Michelle Revou, (Michelle Avritt); '81 BSBA; Tax Supv.; Liebert Corp., 1050 Dearborn Dr., Columbus, OH 43229, 614 438-6945; r. 192 Bluejay Dr., Worthington, OH 43085, 614 888-1069.

MARTIN, Monica Lynne; '82 BSBA; Acctg. Supv.; Wendys Intl., 4288 Dublin Granville Rd., Dublin, OH 43017, 614 764-3146; r. 2511-F Golden Gate Sq. N., Columbus, OH 43224, 614 476-8555.

MARTIN, Paris Leveret; '67 BSBA; Pres.; PLM Enterprises Inc., 1320 Matthews-Mint Hill Rd., Matthews, NC 28105, 704 847-0234; r. 9208 Hunting Ct., Matthews, NC 28105, 704 847-6476.

MARTIN, Patrick John; '88 BSBA; Programmer/Analyst; Thomson Consumer Electronics, 600 N. Sherman Dr., POB 1976, Indianapolis, IN 46206, 317 267-6095; r. 8850 Garonne Terace #2D, Indianapolis, IN 46250, 317 577-8325.

MARTIN, Paul Frederick; '64 BSBA; Partner; Martin Carpet Cleaning Co., 795 S. Wall St., Columbus, OH 43206, 614 443-4655; r. 8700 Chevington Ct. NW, Pickerington, OH 43147, 614 868-9639.

MARTIN, Phillip A.; '57 BSBA; Maj Usaf Ret, 2012 Colebrooke Dr. SE, Temple Hills, MD 20748, 301 894-2574.

MARTIN, Randall Jay; '87 BSBA; Production Suprv; Quaker Oats Co., 1703 Voorhees St., POB 4006, Danville, IL 61834; r. 2200 N. Vermilion, Apt. 604, Danville, IL 61832.
MARTIN, Regina '83 (See Lewie, Regina Martin).
MARTIN, Rena Eunice; '84 BSLHR; 1089 Robinson St., Marion, OH 43302, 614 382-2058.
MARTIN, Rhonda L. '87 (See Ridenour, Mrs. Rhonda L.).
MARTIN, Richard Foster; '49 BSBA; CPA & Partner; Battelle & Battelle, 3400 S. Dixie Dr., Dayton, OH 45439, 513 298-0201; r. 1117 Brittany Hills Dr., Dayton, OH 45459, 513 434-3488.
MARTIN, Richard John; '67 BSBA; VP; Rykoff-Sexton Inc., 761 Terminal St., Los Angeles, CA 90021, 213 622-4131; r. 9 Ponderosa Ln., Rolling Hls. Estates, CA 90274, 213 373-6372.
MARTIN, Richard John; '85 BSBA; Financial Planner; M.K. Katz & Assocs., 4900 Reed Rd. Ste. 300, POB 20410, Columbus, OH 43220, 614 451-9263; r. 3410 Garylane Dr., Dublin, OH 43017, 614 766-5453.
MARTIN, Richard Joseph; '88 BSBA; 2107 W. Case Rd., Columbus, OH 43225, 614 459-4392.
MARTIN, Robert Dirkson; '81 BSBA; Proj. Leader; Sterling Softwares, 1651 NW Professional Plz., Columbus, OH 43220, 614 459-7643; r. 4050 Town Crier Pl., Gahanna, OH 43230, 614 476-0131.
MARTIN, Robert Hazen; '85 BSBA; CPA; Kagay & Schellhaas CPA's, 849 Harman Ave., Columbus, OH 43223, 614 228-3895; r. 89 W. Maynard Ave., Columbus, OH 43202, 614 291-5064.
MARTIN, Roger L.; '66 BSBA; Computer Syst. Analyst; USAF, Wright-Patterson AFB, OH 45433; r. 5060 Sweetleaf Dr., Dayton, OH 45424, 513 233-5491.
MARTIN, Roy Francis; '58 BSBA; Exec. Dir.; Rural Legal Aid Society, 31 E. High St., Springfield, OH 45502, 513 325-5991; r. 4423 Sintz Rd, Springfield, OH 45504, 513 323-2252.
MARTIN, Ruth '50 (See Harriston, Ruth Martin).
MARTIN, Scott Vance; '87 BSBA; Acct.; Bartlett & Co., 36 E. 4th St., Cincinnati, OH 45202, 513 621-4612; r. 8444 Brookridge Dr., West Chester, OH 45069, 513 777-5303.
MARTIN, Sean Edward; '82 BSBA; Sales-Med. Supplies; r. 244 Oakbriar Farm Dr., St. Louis, MO 63021, 314 394-7686.
MARTIN, Shawn Alan; '72 BSBA; Plng. Mgr.; Valley Todeco, 12975 Bradley Ave., Sylmar, CA 91342, 818 367-2261; r. 10515 Forbes Ave., Granada Hls., CA 91344, 818 368-1756.
MARTIN, Stephen Christopher; '81 BSBA; Mktg. Cnslt.; Reynolds & Reynolds, 800 Germantown St., Dayton, OH 45407, 513 443-2000; r. 4377 Jonathan Dr., Kettering, OH 45440, 513 298-5118.
MARTIN, Stephen D. L.; '82 BSBA; Realtor; Blue Chip Real Estate, Cincinnati, OH; r. 40 Ferndale St., Cincinnati, OH 45216, 513 821-3582.
MARTIN, Stephen Earl; '87 BSBA; 1507 Arthur Ave., Lakewood, OH 44107, 216 226-9143.
MARTIN, Stephen Roscoe; '77 BSBA; Plant Mgr.; Beta Mfg. Co., 1098 2nd St., Marks, MS 38646, 601 326-2622; r. 742 Walnut St., Marks, MS 38646.
MARTIN, Steven Arthur, JD, CPA; '87 MBA; Atty.; Squire, Sanders & Dempsey, 155 E. Broad St., 16th Fl., Columbus, OH 43215, 614 365-2776; r. 3976 Clayford Dr., Columbus, OH 43204, 614 279-5544.
MARTIN, Sue Ann '86 (See Meal, Sue Ann).
MARTIN, Tennyson Charles; '76 BSBA; Employee Relations Mgr.; Kenworth Truck Co., 65 Kenworth Dr., Chillicothe, OH 45601, 614 774-5372; r. 458 Roberta Ln., Chillicothe, OH 45601, 614 773-5794.
MARTIN, Terry E.; '65 BSBA; Mgr./Salaried Employ; Liebert Corp., 1050 Dearborn Dr., Worthington, OH 43085, 614 438-5753; r. 4522 Crompton Dr., Columbus, OH 43220, 614 442-1696.
MARTIN, Theresa Brulport; '82 BSBA; Sr. Acct.; Coopers & Lybrand, 400 Renaissance Ctr., Detroit, MI 48243, 313 446-7100; r. 29585 Herbert Ave., Madison Hts., MI 48071, 313 544-8414.
MARTIN, Thomas Booker; '83 BSBA; 168 W. Warren Ave., Youngstown, OH 44507, 216 747-3136.
MARTIN, Thomas Francis; '86 BSBA; Infrared Cnslt.; PEMCO Thermal Inc., 489 Olenwood Ave., Worthington, OH 43085, 614 885-3319; r. 2161 Smoky View Blvd., Powell, OH 43065, 614 766-8194.
MARTIN, Virgil Benjamin, Jr.; '56 BSBA; Retired; r. 2072 Old Columbus Rd, Lancaster, OH 43130, 614 653-5917.
MARTIN, Ward Robert; '67 MBA; Sr. Buyer; OEA Inc., POB 10488, Denver, CO 80210, 303 693-1248; r. 15086 E. Radcliff Dr., Aurora, CO 80015, 303 693-1471.
MARTIN, Wayne Donald; '88 BSBA; 1711 England Ave., Everett, WA 98203, 206 353-3103.
MARTIN, LCDR William E., II, USNR; '75 BSBA; Gen. Mgr.; Martin Motors, Chrysler Plymouth, 1345 E. Main St., Ravenna, OH 44266, 216 296-6455; r. Same.
MARTIN, William Gamble; '62; Real Estate Broker; Wm G Martin Realty Inc., 238 S. Sandusky Ave., Bucyrus, OH 44820, 419 562-3001; r. 935 Laura Ave., Bucyrus, OH 44820, 419 562-9066.
MARTIN, William Robert; '87 MBA; Mktg. Rep.; IBM Corp., National Distribution Div, 1701 Golf Rd. Twr. 1 Fl. 7, Rolling Meadows, IL 60008, 312 981-4698; r. 84 Bosworth Dr., Glendale Hts., IL 60139, 312 351-0986.
MARTIN, William Russell; '32 BSBA; Retired; r. 578 Westview Blvd., Mansfield, OH 44907, 419 756-7935.
MARTIN, William Tracy; '62 BSBA; Mktg. Exec.; Frank Gates Svc. Co., POB 16580, Columbus, OH 43216, 614 221-5327; r. 4613 Hanford Ln., Louisville, KY 40207, 502 893-0507.
MARTIN, William Voress; '78 BSBA; Lt.; USN, USS Okinawa (Lph-3) FPO, San Francisco, CA 96625.
MARTIN, Yvonne; '80 BSBA; Operationa Mgr.; Community Mutual Blue Cross & Blue Shield/Hmp, 1351 Wm Howard Taft Rd., Cincinnati, OH 45206; r. 203 Stanton Ave., Terrace Park, OH 45174.
MARTINA, Cathy Donnelly, (Cathy Donnelly); '82 BSBA; Sr. Acctg. Asst.; Chevron USA Inc., 2003 Diamond Blvd., Concord, CA 94520; r. 480 N. Civic Dr., #107, Walnut Creek, CA 94596.
MARTINA, Norma Nance; '69 BSBA; Treas.; C-P Med. Prods., Inc., 5174 Sinclair Rd., Columbus, OH 43229; r. 6085 Clintonview St., Columbus, OH 43229, 614 882-1798.
MARTINDALE, Allen Russell; '79 BSBA; Spvr. - Territoy Sales; M & M/Mars Inc., 4109 Swarthmore Rd., Durham, NC 27707, 919 493-6987; r. 4109 Swarthmore Rd., Durham, NC 27707, 919 493-3425.
MARTINELLI, Dr. Patrick Andrew; '62 MBA, '68 PhD (BUS); Prof.; Loyola Clg., Dept. of Bus. Admin., 4501 N. Charles St., Baltimore, MD 21210; r. 2315 Wonderview Rd., Timonium, MD 21093, 301 561-5976.
MARTINEZ, Luis R.; '82 MPA; Dir.; Proyectos Integrales Ltd., Transversal 5 #43-52, AP 201, Bogota, Colombia, 912326389; r. Diagonal 84F #72-09, Bogota, Colombia.
MARTINEZ, Manuel J., Jr.; '83 BSBA; Head Golf Profn.; St. Andrews Country Club, 17557 Claridge Oval, W., Boca Raton, FL 33496, 407 487-1110; r. 5638 Wellesley Park Dr., #101, Boca Raton, FL 33433, 407 338-9707.
MARTINEZ, Raymond Don; '76 MA; Supv.; Champion Intl., Employee Relations Dept., 100 E. Sartell St., Sartell, MN 56377, 612 251-6511; r. 5175 361St St., St. Cloud, MN 56303, 612 251-5186.
MARTINEZ, Robert Steven; '86 MLHR; Atty.; r. 131 Corbin Mills, Dublin, OH 43017.
MARTING, William L.; '58 BSBA; Gen. Sales Mgr.; Grover Prods. Co., 3424 E. Olympic Blvd., Los Angeles, CA 90023, 213 263-9981; r. 15321 Reims Cir., Irvine, CA 92714, 714 857-1682.
MARTINI, Thomas Patrick; '77 BSBA; CPA/Gen. Practice Mgr.; Coopers & Lybrand, Ste. 2000 Columbus Ctr., 100 E. Broad St., Columbus, OH 43215, 614 221-7471; r. 844 Caroway Blvd., Gahanna, OH 43230, 614 476-4241.
MARTIN-LONG, Laurie Lynn; '82 BSBA; 23130 Halsted Rd #E214, Farmington Hls., MI 48024.
MARTINO, John Andrew; '87 MBA; Import-Purchasing Mgr.; Hagglunds/Denison, 1220 Dublin Rd., Columbus, OH 43216, 614 481-4215; r. 8393 Seabright Dr., Powell, OH 43065, 614 766-5523.
MARTINO, Patricia Ann; '85 BSBA; 9734 Meadow Wood Dr. NW, Pickerington, OH 43147, 614 864-2894.
MARTINSON, Timothy Edward; '76 BSBA; Mgr. Automation Prods.; Duelmann Elec. Supply Co., Cleveland, OH 44111; r. 5570 Ericson Ln., Willoughby, OH 44094, 216 946-5770.
MARTO, Richard James; '61 BSBA; Regional Sales Mgr.; I.R.I., 3525 Danbury Rd., Fairfield, OH 45014, 513 874-0888; r. Same, 513 874-2069.
MARTT, Laurie E.; '87 BSBA; Homemaker; r. 7645 Garners Ferry Rd., Apt. 1015F, Columbus, OH 43220, 803 776-3294.
MARTZ, James Michael; '83 BSBA; Staff; Terry Corp., c/o Postmaster, Lima, OH 45802; r. 400 N. Defiance Tr., Spencerville, OH 45887, 419 224-4702.
MARTZ, Lindy Fitzgerald, (Lindy Fitzgerald); '84 BSBA; Sales Rep.; Harbour Town Plastics, POB 212, 650 Main St., Vermilion, OH 44089, 216 967-4834; r. 5349 Portage Dr., Vermilion, OH 44089, 216 967-1607.
MARTZ, Michael Walter; '84 BSBA; Programmer/ Analyst; Natl. Assn. of Clg. Stores, 528 E. Lorain St., Oberlin, OH 44074, 216 775-7777; r. 5349 Portage Dr., Vermilion, OH 44089, 216 967-1607.
MARULLI, John Fitzgerald; '83 BSBA; Dir. of Operations; Raisin Rack Inc., 3919 Cleveland Ave., NW, Canton, OH 44709, 216 492-3360; r. 1011 Oakwood St. SE, N. Canton, OH 44720, 216 497-2654.
MARUSA, Andrew Joseph; '68 BSBA, '76 MBA; Partner; MEDICAP, 2323 W. 5th Ave., Ste. 2360, Columbus, OH 43204, 614 488-0669; r. 1282 Weybridge Rd., Columbus, OH 43220, 614 457-2324.
MARUSHIN, John Edward; '78 BSBA; Engr.; Mc Donnell Douglas Corp., Assembly Manftg Methods Dept., 3855 Lakewood Blvd., Long Beach, CA 90846; r. 930 First St. 5, Hermosa Bch., CA 90254, 213 379-0177.
MARUSIAK, Paul Michael; '74 BSBA; Controller; Advanced Coating Tech Inc., POB, Franklin, TN 37064; r. 1150 Venetian Way, Gahanna, OH 43230, 614 855-2493.
MARUSIN, James Anthony; '87 BSBA; Sales; Elyria, OH 44035; r. 1936 Fowl Rd., Apt. 311, Elyria, OH 44035, 216 323-7961.
MARUSIN, Joseph J.; '59 BSBA; 8511 Carvel Ln., Houston, TX 77036.
MARVAR, Ronald J.; '58 BSBA; 7840 Vernon Rd. S., Clay, NY 13041, 315 458-4056.
MARVIN, Janet Pierce; '78 BSBA; Systs. Coord.; Maison Blanche, Data Processing Div, 6901 22nd Ave. N., St. Petersburg, FL 33710, 813 344-4611; r. 11740 108th Ave. N., Largo, FL 34648, 813 392-1797.
MARVIN, John J.; '83 BSBA; Procurement Analyst; Air Force Logistics Cmd., Area A, Wright Patterson AFB, Fairborn, OH 45433; r. 3140 Glenrock Rd., Dayton, OH 45420.
MARX, Alan S.; '57 BSBA; Atty.-Partner; Ferber & Marx, 37 Wall St., New York, NY 10005; r. 105 Bayeau Rd, New Rochelle, NY 10804, 914 632-5986.
MARX, Anne M. '83 (See Haggerty, Mrs. Anne M.).
MARX, Jay Leslie; '82 BSBA; Residential Builder; POB 56, Redding, CT 06875; r. Same.
MARXEN, Lee A.; '86 BSBA; 855 Colony Dr., Highland Hts., OH 44143, 216 442-7412.
MARZANO, Albert E.; '42; Retired Mgr.; Owens Corning Fiberglas, Industrial Engineering, Fiberglas Twr., Toledo, OH 43659; r. 3024 Byrnwyck W., Maumee, OH 43537, 419 865-1176.
MARZELLA, Richard Anthony; '79 BSBA; Tax Mgr.; Kaneb Svcs., 14141 Southwest Frwy., Sugar Land, TX 77478, 713 490-5172; r. 1610 Half Moon Ct., Richmond, TX 77469, 713 342-2017.
MARZEN, William Joseph; '83 BSBA; Acct.; City of Houston, 8000 N. Stadium, Houston, TX 77054; r. 502 S. Post Oak Ln., Apt. 21, Houston, TX 77056, 713 963-0630.
MARZLUFF, Paul J.; '60 BSBA; Owner; Pro Golf Discount, 5546 S. State Rte. 741, Mason, OH 45040, 513 398-2400; r. 602 Bonker Ln., Mason, OH 45040, 513 398-1200.
MARZLUFF, Sondra Clapp; '64 BSBA; Realtor; Irongate Realtors, 4021 Far Hills Ave., Dayton, OH 45429, 513 298-6000; r. 1431 Westwicke Pl., Dayton, OH 45459, 513 433-3364.
MARZOLF, Ellen '50 (See Hallerman, Ellen Marzolf).
MASAND, Deepak Shyam; '85 MBA; Distribution Planner; Gen. Mills Inc., 2000 Turner Rd., POB 1113, Lodi, CA 95240, 209 334-7146; r. 6005 Carolina Cir., Stockton, CA 95209, 209 474-7006.
MASARSKY, Mollie '47 (See Ruben, Mollie M.).
MASCAZINE, Paul J.; '87 BSBA; Personnel Asst.; The Mazer Corp., 2501 Neff Rd., Dayton, OH 45414, 513 276-6181; r. 8495 Hyannis Port Dr., Apt. 2B, Dayton, OH 45459, 513 435-2066.
MASCIO, Mary '79 (See Borrell, Mary Mascio).
MASCOLINO, Sharon Ussery; '81 BSBA; Store Mgr.; T J Maxx, 4800 Everhard Rd. NW, Canton, OH 44718, 216 494-2549; r. 3255 Anglo Cir. NW, Canton, OH 44708, 216 478-2895.
MASDEA, Bruno; '60 BSBA; Gen. Mgr.; All-American Cable, 1980 Alum Creek Dr., Columbus, OH 43207; r. 1450 Ridgeview Rd, Columbus, OH 43221, 614 486-1461.
MASDEA, John F.; '57 BSBA; Cnslt.; 1234 Carron Dr., Columbus, OH 43220, 614 451-8590; r. Same.
MASEK, James Edward; '69 BSBA; Regional Mgr.; Ins. Svcs. Ofc., Govt & Industry Relations, 1 Montgomery St., Ste. 2360, San Francisco, CA 94104, 415 391-6765; r. 5102 Shelter Bay Ave., Mill Valley, CA 94941, 415 383-9130.
MASER, Henry; '53 BSBA; Atty.; 1 E. Livingston Ave., Columbus, OH 43215, 614 228-5295; r. 4740 Dierker Rd., Columbus, OH 43220, 614 457-4727.
MASHETER, Mrs. Christine J., (Christine J. Renner); '78 BSBA; Homemaker; r. 1701 Guilford Rd., Columbus, OH 43221, 614 486-1898.
MASHETER, Richard L.; '50 BSBA; Auto Dealer; Dick Masheter Ford, Inc., 1090 S. Hamilton Rd., Columbus, OH 43227, 614 861-7150; r. 1790 Baltimore-Somerset Rd, Thurston, OH 43157, 614 862-4038.
MASI, James Damien, Jr.; '75 MBA; Salesman/Ryan Homes; Ryan Homes Inc., 100 Ryan Ct., Pittsburgh, PA 15205; r. 45842 Browwell St., Utica, MI 48078, 313 739-8824.
MASKAS, John Thomas; '85 BSBA; Sales Rep.; PPG Industries Inc., 760 Pittsburgh Dr., Delaware, OH 43015, 614 363-9610; r. 6081 O'Sweeney Ln., Dublin, OH 43017, 614 792-8123.
MASLYK, William Vincent; '68 BS; Engr./Pilot; State of North Carolina-Aviation Div., Raleigh, NC 27615, 919 787-9618; r. 7941 Brown Bark Pl., Raleigh, NC 27615, 919 847-3117.
MASO DE MOYA, Lianne Gail; '87 MBA; Sales Spec.; General Foods Corp., 10901 Kenwood Rd., Cincinnati, OH 45242, 513 792-2520; r. 11783 Rose Ln., Apt. D, Cincinnati, OH 45246, 513 825-0817.
MASON, Ms. Barbara Ann; '76 BSBA, '80 MBA; Sr. Economic Analyst; Borden Inc., 180 E. Broad St., Columbus, OH 43215; r. 1 Hemlock St., Windham, NH 03087, 614 868-9429.
MASON, Chauncey Mortz; '84 MLHR; Deputy Dir./ Mgmt.; Ohio Sch. Boards Assn., 700 Brooksedge Blvd., Westerville, OH 43081; r. 1347 Roberts Pl., Columbus, OH 43207, 614 443-6392.
MASON, Daniel Scott; '88 BSBA; 757 Brittingham Ct., Columbus, OH 43214, 614 459-1561.
MASON, Ms. Darlene C., (Darlene A. Cornish); '75 MBA; Owner; Unique Boutique, Bus. Rte. 13, Bayside St., Cheriton, VA 23316, 804 331-8303; r. POB 252, Cheriton, VA 23316, 804 331-4421.
MASON, David Marvin; '49 BSBA; Retired; r. 347 Evans St., Apt. 6, Williamsville, NY 14221, 716 633-5772.
MASON, Gregory S.; '86 BSBA; 1451 Tomahawk, Coshocton, OH 43812.
MASON, Jack Raymond; '41 BSBA; 21969 Meridian, Grosse Ile, MI 48138, 313 676-5219.
MASON, Jo Ann; '61 BSBA; Court Analyst; Ofc. of Ct. Admin., 270 Broadway, New York, NY 10007; r. 888 8th Ave., Apt. Box 213, New York, NY 10019.
MASON, John G.; '74 BSBA; 3275 Frederick Blvd., #19, Delray Bch., FL 33483, 407 243-0352.
MASON, John Otis; '73 BSBA; Parts & Svc. Repr; Ford Motor Co., POB 775, Wixom, MI 48096; r. 25557 Hunt Club Blvd., Farmington Hls., MI 48018, 313 474-4462.
MASON, John Walter; '70 BSBA; CAD Supv.; Hunt Valve Co., 1913 E. State St., Salem, OH 44460, 216 337-9535; r. 2340 Merle Rd, Salem, OH 44460, 216 332-0501.
MASON, Joseph Gordon, III; '81 BSBA; 4036 Brandy Chase Way, Apt. 179, Cincinnati, OH 45245.
MASON, Krisree Kandler; '85 MA; Credit Mgr.; Columbus Oxygen Co., 876 S. Front St., Columbus, OH 43706; r. 4012 Greenery Dr., Columbus, OH 43207, 614 491-9016.
MASON, Marsha Dianne; '74 MPA; 414 E. Maple St., Nicholasville, KY 40356, 606 885-4265.
MASON, Raymond Edward, III; '74 BSBA; Staff; Columbus Truck & Equip. Co., 1688 E. 5th Ave., Columbus, OH 43219, 614 252-3111; r. 224 Walhalla Rd., Columbus, OH 43202, 614 447-8407.
MASON, Raymond Edward, Jr.; '41 BSBA; Pres.; Bode-Finn Co. & Columbus Truck & Equip. Co., 1688 E. 5th Ave., POB 03250, Columbus, OH 43219, 614 252-3111; r. 725 Old Oak Trace, Worthington, OH 43235, 614 885-7119.
MASON, Robert Gordon; '49 BSBA; CPA & Partner; 1350 W. 5th Ave., Columbus, OH 43212, 614 488-9736; r. 4326 Camborne Rd., Columbus, OH 43220, 614 451-9734.
MASON, Robert Lee; '59 BSBA; VP; City Natl. Bank & Trust Co., 100 E. Broad St., Columbus, OH 43215; r. 8682 Craigston Ct., Dublin, OH 43017.
MASON, Ronald William; '52 BSBA, '59 MBA; Retired; r. 11514 New Delaware Rd., Mt. Vernon, OH 43050, 614 392-6576.
MASON, Scott Eugene; '83 BSBA; Systs. Analyst; The Boeing Co., 1800 Founders Dr., Kettering, OH 45420; r. 5324 Glendon Ln., Kettering, OH 45440, 513 434-6297.
MASON, Ms. Sharon G., (Sharon L. Grow); '80 BSBA; Field Rep.; The Prudential-LMI Comm. Ins. Co., 900 Springmill Rd., Mansfield, OH 44901, 419 525-9000; r. 1807 Galewood Dr., Mansfield, OH 44904, 419 756-8015.
MASON, Thomas James; '55 BSBA; Reg. Mgr.; Asea Brown Budroin; r. 9066 N. Meadowlark, Bayside, WI 53217, 414 352-0532.
MASON, Thomas James; '87 MBA; Account Mgr.; AT&T Technologies, 1600 Osgood St., N. Andover, MA 01845, 508 960-6338; r. 1 Hemlock St., Windham, NH 03087, 603 437-2703.
MASON, Todd Alan; '78 BSBA; Sr. Account Spec.; AT&T Network Systs., 6200 E. Broad St., Columbus, OH 43213, 614 860-4706; r. 353 Kenbrook Dr., Worthington, OH 43085, 614 846-3728.
MASONY, Brian Lee; '65 BSBA; Exec. Dir.; Legal Servs of Virgin Islands, 6 Company St., Christiansted, St. Croix, Virgin Islands 00820; r. 55-56 Company St., Christiansted, St. Croix, Virgin Islands 00820.
MASOR, John Donald; '84 BSBA; Account Exec.; Oppenheimer & Co., Inc., 2455 E. Sunrise Blvd.,10th Fl., Ft. Lauderdale, FL 33308, 305 561-6300; r. 7117 San Salvador, Boca Raton, FL 33433, 407 393-6285.
MASSA, Don Joseph, Jr.; '76 MBA; Gen. Mgr.; Ampex Switcher Co., 10604 W. 48th Ave., Wheat Ridge, CO 80033; r. 13862 W. 59th Ave., Arvada, CO 80004, 303 421-9580.
MASSA, Monica Marie; '78 BSBA; 315 Vernon Rd, Mansfield, OH 44905, 419 589-2981.
MASSA, Ray John; '85 BSBA; Realtor/Appraiser; Holzer-Wollam Realtors, 6641 N. High St., Worthington, OH 43085, 614 431-0808; r. 5678 Beechcroft Rd., Columbus, OH 43229, 614 846-9203.
MASSA, Robert C.; '66 MBA; Pres.; R&D Ophthalmics Corp., 779 Brooksedge Plaza Dr., Westerville, OH 43081, 614 899-2252; r. 1425 Royal Oak Dr., Mansfield, OH 44906, 419 756-4937.
MASSAR, Gary Louis; '81 BSBA; Real Estate Appraisr; H.A.Yeargin & Assocs., 9428 Baymeadows Rd., Jacksonville, FL 32217, 904 733-2474; r. 14129 Inlet Dr., Jacksonville, FL 32225, 904 221-3813.
MASSAR, Margaret Brison, (Peggy Brison); '47 BSBA; 4150 Chadbourne Dr., Columbus, OH 43220, 614 451-1049.
MASSARELLA, Mark T.; '83 BSBA; Controller; Executive Jet Aviation, Inc., POB 19707, Columbus, OH 43219, 614 239-5500; r. 3075 Dewbourne Dr., Reynoldsburg, OH 43068, 614 861-7028.
MASSARO, Joyce A., (Joyce A. Meinzen); '81 BSBA; Reinsurance Acctg.; Armco Ins. Grp., 311 City Ctr., Middletown, OH 45042, 513 425-4431; r. 8939 Eldora Dr., Cincinnati, OH 45236, 513 793-5298.
MASSARO, Michael Alan; '76 BSBA; Inside Sales Rep.; Wayne-Dalton Corp., County Rd. 160, Mt. Hope, OH 44660, 216 674-7015; r. 1124 Townsview Pl., Wooster, OH 44691, 216 264-1898.
MASSENBERG, Dr. Samuel Edwin; '57 BSBA; Univ. Affairs Ofcr.; Natl. Aeronautics & Space Admin., NASA Langley Rsch. Ctr., M/S 105A, Hampton, VA 23665, 804 865-2188; r. 146 Mill Point Dr., Hampton, VA 23669, 804 723-4142.

MASSER, Jack I.; '58 BSBA; North Ctrl Sales Mgr.; Reynolds Metals Co., 29777 Telegraph Rd. Ste. 2500, Southfield, MI 48034, 313 557-1720; r. 7360 Creek View, W. Bloomfield, MI 48322, 313 855-0121.
MASSER, Robert A.; '45; Retired; r. 5680 Pl. de La Bastille, Columbus, OH 43213, 614 860-9838.
MASSEY, Charles Steven; '76 BSBA; Franchise Dir.; Rax Restaurants Inc., 1266 Dublin Rd, Columbus, OH 43215, 614 486-3669; r. 7468 Saunderlane Rd., Worthington, OH 43085, 614 764-8541.
MASSEY, George W.; '47 BSBA; Retired; r. 4040 Maloney Rd SW, Knoxville, TN 37920, 615 577-9553.
MASSEY, Michael Hall; '80 BSBA; Sales Mgr.; Triangle Pacific Corp., 970 Fellsway, Boston, MA 02155, 617 395-7990; r. POB 1062, Rochester, NH 03867, 603 335-3385.
MASSIE, James Steven; '71 BSBA; Gen. Mgr.; Prudential Property Co., Ste. 500, 1 Prudential Plz., Chicago, IL 60601, 312 861-4406; r. 3660 N. Lake Shore Dr., #3113, Chicago, IL 60613, 312 883-4525.
MASSIE, Kevin David; '82 BSBA; Sales Rep.; Johnson & Johnson Dental Care, 501 George St., New Brunswick, NJ 08903; r. 9844 Tywood Ct., Sacramento, CA 95827, 415 342-2339.
MASSIE, Michael E.; '86 BSBA; Tennis Profn.; r. 7507 Goodwalt, Cleveland, OH 44102, 216 631-7088.
MASSIE, Thomas D.; '64 BSBA; Atty.; Fed. Trade Commission, 6th & Pennsylvania Ave. NW, Washington, DC 20580, 202 326-2982; r. 7204 Spring Faire Ct., Apt. K, Alexandria, VA 22310.
MAST, John Bernard, III; '77 BSBA; Gen. Contractor; E. Mast & Sons, Zanesville, OH 43701; r. 201 E. Military Rd, Zanesville, OH 43701, 614 452-3431.
MAST, Dr. Kenneth E.; '60 MBA; Assoc. Dean/Prof. Mktg.; Univ. of Akron Clg. of Bus. Admin., Akron, OH 44325, 216 375-7041; r. 3807 Eastern Rd., Norton, OH 44203, 216 658-3275.
MAST, Randall Glenn; '74 BSBA; VP/Production; Landmark Community Newspapers, POB 549, Shelbyville, KY 40065, 502 633-4334; r. 1111 Bellewood Rd., Anchorage, KY 40223, 502 245-7632.
MASTER, Michele L.; '87 BSBA; Staffing Asst.; Grand & Toy Ltd., 33 Green Belt Dr., Don Mills, ON, Canada M3C1M1, 416 445-7255; r. 2177 Ave. Rd., Apt. 216, Toronto, ON, Canada M5M4B7, 416 482-7034.
MASTERS, Dwight E.; '57 BSBA; Retired Tchr.; Sidney HS, 1215 Campbell Rd, Sidney, OH 45365; r. 306 Cherokee Dr., Sidney, OH 45365, 513 492-2902.
MASTERS, Mrs. Jill S., (Jill S. Richman); '80 BSBA; 11825 NW 13 St., Pembroke Pines, FL 33026, 305 432-5589.
MASTERS, Russell Milan, Jr.; '68 BSBA; Dir. of Pgm. Devel.; Veda Inc., Dayton Div., 5200 Springfield Pike #200, Dayton, OH 45431, 513 253-4770; r. 2979 Southfield Dr., Beavercreek, OH 45385, 513 426-4562.
MASTERSON, Charles Henry; '77 BSBA; Owner; Masterson Tree Farm, 233 S. Jackson, New Lexington, OH 43764; r. 644 Mill St., New Lexington, OH 43764, 614 342-4243.
MASTIN, John Joseph; '69 BSBA; Pres.; John J Mastin Inc., 31700 Telegraph Rd. #110, Birmingham, MI 48010, 313 645-5358; r. 3820 Oakhills Dr., Birmingham, MI 48010, 313 645-0897.
MASTRANGELO, Mark Evan; '76 BSBA; Lawyer; Mastrangelo & Freda, 35100 Euclid Ave., Ste. 305, Willoughby, OH 44094, 216 951-9034; r. 36629 Ridge Rd., Willoughby, OH 44094, 216 951-9034.
MASTRIANA, Fred P.; '34 BSBA; Retired VP; Dog House Inc., 1506 Market St., Youngstown, OH 44507; r. 111 Brainard Dr., Youngstown, OH 44512, 216 758-6355.
MASTRO, Michael Albert; '78 BSBA; VP; Micalo Corp., 1197 Mt Vernon Ave., Marion, OH 43302; r. 1343 Collinswood Ln., Marion, OH 43302, 614 389-2576.
MASUDAL, Julius Edmund; '85 BSBA; 124 Kg Peringatan, Mile 5 1/2, Petagas, 88200 Kota, Kinabalu Sabah, Malaysia.
MASUGA, James J.; '56 BSBA; Builder; Golden Falcon Homes, 14400 Pearl Rd., Strongsville, OH 44136, 216 572-3310; r. 6002 Lewis Rd., Olmsted Twp., OH 44138, 216 234-5225.
MATALON, Eli; '87 BSBA; Dispatcher; H&R Cargo Svc. Inc., 347 Broadmoor Ave., Columbus, OH 43213, 614 235-4992; r. Same.
MATARESE, Lorraine Heichemer; '80 BSBA; Com Grp. Administratr; IBM Corp., 1701 North St., Endicott, NY 13760; r. 1042 Briarwood Dr., Endicott, NY 13760, 607 797-0262.
MATASICH, Ronald Robert; '68 BSBA, '69 MBA; Pres.; Chainvision Corp., 9901 I H 10 W., 8th Fl., San Antonio, TX 78230; r. 7445 81st Pl., Mercer Island, WA 98040, 206 232-4205.
MATCHISON, Mrs. Anita T., (Anita T. Nowicki); '77 BSBA; Homemaker; r. 9066 Altura Dr. NE, Warren, OH 44484, 216 856-2059.
MATCHNEER, George H.; '57 BSBA; Retired; r. 7073 Havens Corners Rd., Blacklick, OH 43004, 614 866-1173.
MATESICH, George J.; '38 BSBA; Chmn. of the Bd.; Matesich Distributing Co., 1190 E. Main St., POB 4400, Newark, OH 43055, 614 349-8686; r. 3235 Hilltop Rd., Zanesville, OH 43701, 614 453-6205.
MATESICH, James Mark; '77 BSBA; VP-Operations; Matesich Distributing Co., 1190 E. Main St., Newark, OH 43055; r. 62 Victoria Dr., Newark, OH 43055.
MATEY, John E.; '49 BSBA; Retired; r. 2371 Dorchester, Apt. 102, Troy, MI 48084, 313 649-3465.
MAT HASSAN, Fauziah; '85 BSBA; %Zahari Mat Hassan, F-110 Tanah Putih, Kuantan, Pahang, Malaysia, 614 299-5640.
MATHEKE, Ronald Marlin; '79 BSBA; Mgr. Corp. Data Processor; Red Roof Inns, 4355 Davidson Rd, Hilliard, OH 43026, 614 876-3363; r. 8119 Simfield Rd., Dublin, OH 43017, 614 766-0561.
MATHENY, Mark Hummell; '80 BSBA; Dist. Planner; The Limited Stores, 1 Limited Pkwy., Columbus, OH 43230, 614 475-4000; r. 3044 Olive St., Columbus, OH 43204, 614 272-8655.
MATHENY, Mark R.; '79 BSBA; Controller; Goergia Pacific Co., 2820 Winfield Way NE, Canton, OH 44705, 216 453-0151; r. 2298 Comet Cir. NW, N. Canton, OH 44720, 216 494-8095.
MATHENY, Patricia Paulus, (Patricia Paulus); '79 MPA; Asst. Dir.; Riverside Methodist Hosp., Med. Social Services Dept., 3535 Olentangy River Rd., Columbus, OH 43214, 614 261-5592; r. 2371 Clover Blossom Ct., Grove City, OH 43123, 614 875-2774.
MATHENY, Philip R.; '50 BSBA; Pres./Cnslt.; Matheny Cnsltg. Grp., 4700 Reed Rd., Columbus, OH 43220, 614 451-6155; r. 2420 Dorset Rd., Columbus, OH 43221, 614 486-4451.
MATHERLY, Greg Alan; '86 BSBA; Sales Rep.; Spinnaker Sales, 17870 Sky Park Cir., #107, Irvine, CA 92714, 714 261-7233; r. 6526 Ocean Crest Dr., #A309, Rancho Palos Verdes, CA 90274, 213 541-0343.
MATHERLY, L. Kay, (Kay Firestone); '87 BSBA; Commercial Lender; Wells Fargo Bank RCBO, 180 E. Ocean, Ste. 920, Long Beach, CA 90802, 213 491-8080; r. 6526 Ocean Crest Dr., #A309, Rancho Palos Verdes, CA 90274, 213 541-0343.
MATHEWS, Charles A., Jr.; '50 BSBA; Retired; r. 719 Church St., Apt. 2, Elmira, NY 14905, 607 732-9680.
MATHEWS, David Martin; '79 BSBA; Sr. Account Rep.; Franklinton Financial Svcs., 4661 E. Main St., Columbus, OH 43213, 614 863-8450; r. 5120 E. Walnut St., Westerville, OH 43081, 614 895-1386.
MATHEWS, David Ralph; '82 BSBA; Supv.; Owens Corning Fiberglas, T-25 Fiberglas Twr., Toledo, OH 43659; r. T-25 Fiberglas Twr., Toledo, OH 43659, 419 874-3172.
MATHEWS, Gary Miles; '77 BSBA; Mfg. Supv.; Texas Instruments Inc., Hwy. 75 S., Sherman, TX 75090; r. 3305 Iris Ct., Richardson, TX 75081, 214 783-9248.
MATHEWS, Dr. H. Lee; '63 MBA, '66 PhD (BUS); Prof.; Ohio State Univ., Dept. of Marketing, Columbus, OH 43210, 614 292-2700; r. 6347 Plesenton Dr., Worthington, OH 43085, 614 846-3433.
MATHEWS, Joseph Craig; '74 BSBA; VP/CFO; Sherman R Smoot Co., 907 N. 23rd St., Columbus, OH 43219, 614 253-9000; r. 1667 Pin Oak Dr., Columbus, OH 43229, 614 885-2688.
MATHEWS, Karolyn '48 (See Buckey, Karolyn Mathews).
MATHEWS, CAPT Richard L., USN(Ret.); '55 BSBA; Pres.; Rickbert Ltd., 520 S. Ellison Ln., Waynesboro, VA 22980, 703 943-6556; r. Same.
MATHEWS, Robert Eugene, Jr.; '71 BSBA; Materials Mgr.; Oscar Mayer Foods, Div of General Foods, 3301 E. Vernon Ave., Los Angeles, CA 90058, 213 586-3455; r. 2626 Amador Pl., Ontario, CA 91761, 714 947-0352.
MATHEWS, Robert Green; '29; Retired; Equitable Life, 180 E. Broad St., Columbus, OH 43215; r. 100 E. Broad St., c/o Bank One Trust, Columbus, OH 43271, 614 488-4693.
MATHEWS, Robin Renee; '88 MPA; 8515 Bauer Dr., Apt. #12, Springfield, VA 22152.
MATHEWS, Roger K.; '76 BSBA; Mgr.; Firestone Tire & Rubber Co., Customer Svc., Akron, OH 44301, 216 379-7708; r. 860 Chapel Cir., Medina, OH 44256, 216 723-5825.
MATHEWS, Terry Lee; '73 BSBA; 662 Hartford, Worthington, OH 43085, 614 885-2461.
MATHEWSON, David Lee; '84 BSBA, '87 MBA; 1804 Red Robin Rd., Columbus, OH 43229, 614 261-9068.
MATHEWSON, George Otis; '71 BSBA; Atty.; Tanner & Mathewson, 2 S. Main St., London, OH 43140; r. 134 Lafayette, London, OH 43140.
MATHIAS, Brad M.; '81 BSBA; Sales Mgr.; Liberty Mutual Ins. Grp., 6100 Channingway Blvd., Columbus, OH 43232, 614 864-4100; r. 6160 Carnation Dr., Westerville, OH 43081, 614 890-7971.
MATHIAS, Dwight D.; '65 BSBA; Pres. & CEO; Farmers & Savings Bank, POB 179, Loudonville, OH 44842, 419 994-4115; r. 3156 County Rd. 529, Rte. 2, Loudonville, OH 44842, 419 994-5449.
MATHIAS, Earl E., Jr.; '58 BSBA; Retired; r. 170 N. Remington Rd., Columbus, OH 43209, 614 235-4226.
MATHIAS, Sanford Tucker; '87 MBA; Mgmt. Trainee; Transamerica Fin. Systs., 333 S. Anita Dr., Orange, CA 92668; r. 403 Ocean Ave., Apt. E, Seal Bch., CA 90740.
MATHIEU, Denis Francois; '75 MACC; 18 Rue Vital, 75016 Paris, France.
MATHLESS, Gene H.; '49 BSBA; Pres.; Mathless & Mathless CPA's Inc., 2691 E. Main, Columbus, OH 43209, 614 235-3469; r. 1610 Peace Pl., Columbus, OH 43209, 614 231-3969.
MATHLESS, Joan '49 (See Cohn, Joan M.).
MATHLESS, Norman; '40 BSBA; CPA; Mathless & Mathless, 2691 E. Main, Columbus, OH 43209, 614 235-3469; r. 2877 E. Broad St., Apt. B5, Columbus, OH 43209, 614 231-4716.
MATHUR, Lynette Louise; '87 MA; RT4 Union Hill, Carbondale, IL 62901.
MATHYS, Leonard Mark; '82 BSBA; 153 Chilton Ave., Mansfield, OH 44907, 419 522-2036.
MATIK, Ronald Joseph; '64 BSBA; CEO; First Choice Bank, 4442 E. 26th St., Vernon, CA 90058; r. 5370 E. Broadway, Long Beach, CA 90803, 213 438-0442.
MATISCIK, John David; '87 BSBA; Staff Acct.; Hill, Barski & King, 7680 Market St., Youngstown, OH 44512, 216 758-8613; r. 5100 Glenwood Ave. Apt. #1, Boardman, OH 44512, 216 782-9728.
MATISCIK, Michael John; '83 BSBA; Budget Dir.; The Master's Clg., POB 878, Newhall, CA 91322, 805 259-3540.
MATNEY, Douglas Clayton; '88 BSBA; 2432 Neil Ave., Columbus, OH 43212, 614 267-6102.
MATOSZKIA, James Vincent; '80 BSBA; Rte. 1, Shadyside, OH 43947.
MATSANOFF, Yordan Boris; '84 BSBA; 5766 Hibernia Dr. E., #C, Columbus, OH 43232, 614 866-7202.
MATSON, Ms. Carol K.; '81 BSBA, '84 MBA; Ind. Relations Analyst; Ford Motor Co., Norfolk Assembly Plant, 2424 Springfield Ave., Norfolk, VA 23523, 804 494-2071; r. 1529 Brenland Cir., Virginia Bch., VA 23464, 804 467-5809.
MATSON, Joseph Richard; '69 BSBA; Corporate Controller; Nashua Corp., 44 Franklin, Nashua, NH 03061, 603 880-2286; r. 4 Pulpit Run, Amherst, NH 03031, 603 672-0686.
MATSON, Leonore Weiss; '30; 1255 Gulstream Ave., Apt. 302, Sarasota, FL 34236.
MATSON, Mark Alan; '87 MLHR; 1330 E. Amherst Ave., Englewood, CO 80110, 303 730-2456.
MATSUMOTO, COL Glenn K.; '63 MBA; Pres.; Matsumoto Corp. Grp., POB 9805, Alexandria, VA 22304, 703 751-3693; r. 274 Gretna Green Ct., Alexandria, VA 22304, 703 751-4119.
MATT, Ms. Rhonda Jaswa, (Rhonda L. Jaswa); '77 BSBA; Acctg. Coord.; PPG Industries, 1 PPG Pl., Pittsburgh, PA 15272, 412 434-2107; r. 1357 Regency Dr., Pittsburgh, PA 15237, 412 364-8859.
MATTER, Robert A.; '81 BSBA; Acct. in Taxes; United Telephone Co. of Ohio, POB 3555, Mansfield, OH 44907, 419 755-8011; r. 442 Chevy Chase Rd., Mansfield, OH 44907, 419 756-1313.
MATTERN, Albert J.; '33 BSBA; Retired Acct.; r. 800 SE 5th Ave., Pompano Bch., FL 33060, 305 781-4483.
MATTERN, Randall M.; '75 MBA; Tech. Mgmt. Cnslt.; 2175 Nayland Rd., Columbus, OH 43220, 614 451-4258; r. Same.
MATTES, Robert Charles; '81 BSBA; 318 674-3538; r. 6701 Long Timbers Dr., Shreveport, LA 71119, 318 635-4525.
MATTEY, George J.; '49 BSBA; Pres.; Mattey-Oklok Co., 168 N. 4th St., POB 98, Steubenville, OH 43952, 614 282-3656; r. 101 Braybarton Blvd., Steubenville, OH 43952, 614 264-2602.
MATTEY, Thomas Mark; '84 BSBA; Mktg. Mgr.; Westfield Co., 1 Park Cir., Westfield, OH 44251; r. 2324 Grand Canal Blvd #555, Stockton, CA 95207, 209 478-6747.
MATTHEW, Edward R.; '59 BSBA; Box 66, Palmyra, NJ 08065, 609 829-4531.
MATTHEWS, Alan Virgil; '73 BSBA; Assoc. Treas.; Univ. of Miami, University Sta., POB 249146, Coral Gables, FL 33124, 305 284-5698; r. 10528 SW 53rd St., Cooper City, FL 33328, 305 434-4900.
MATTHEWS, Benjamin F.; '46 BSBA; Chmn. of the Bd.; Matthews Ofc. Equip., 107 E. 2nd St., Davenport, IA 52801, 319 323-8044; r. 4035 Rodeo Rd., Davenport, IA 52806, 319 391-2260.
MATTHEWS, Cynthia Bruce, (Cynthia Bruce); '84 BSBA; Mktg. Repr; IBM Corp., Product Ctr., 140 E. Town St., Columbus, OH 43215, 614 225-3600; r. 1090 Venetian Way, Gahanna, OH 43230, 614 855-1177.
MATTHEWS, Esther Rivera; '84 BSBA; POB 225, Dublin, OH 43017.
MATTHEWS, Faye Marie; '85 BSBA; 200 W. 2nd St., Lakeside, OH 43440.
MATTHEWS, Frederick Fritz R.; '60 BSBA, '80 MBA; VP/Gen. Mgr.; Atlas Crankshaft Corp., POB 846, Fostoria, OH 44830, 419 435-7789; r. 1303 Stratford Ln., Fostoria, OH 44830, 419 435-4575.
MATTHEWS, Keith Allen; '82 BSBA; Systs. Dev. Spec.; Nationwide Ins. Co., One Nationwide Plz., Columbus, OH 43216, 614 249-7657; r. 1090 Venetian Way, Gahanna, OH 43230, 614 855-1177.
MATTHEWS, Michael S.; '82 BSBA; Stockbroker; Kidder Peabody & Co., 1001 4th Ave. Plz., Ste. 2600, Seattle, WA 98154, 206 628-8610; r. 17715 NE 141 St., Redmond, WA 98052, 206 883-0730.
MATTHEWS, Rachael '87 (See Vieth, Rachael Matthews).
MATTHEWS, Robert B.; '66 MBA; Capt Usaf, 5 Harris Dr., Athens, OH 45701, 614 592-2807.
MATTHIAS, Cynthia Ann; '86 BSBA; Mgmt. Trainee; Matthias Paper Corp., 460 Penn St., Yeadon, PA 19050, 215 284-2211; r. 204 Cheswold Ct., Wayne, PA 19087, 215 889-4859.
MATTIMOE, Robert Andrews; '78 BSBA; Acct.; Robert A Mattimoe, 2175 Avenida Espada, San Clemente, CA 92672; r. 25251 Yacht Dr., Dana Point, CA 92629, 714 240-1814.
MATTINSON, David William; '79 BSBA; Mgr. Acctg. Dept.; Credit Life Ins. Co., 1 S. Limestone St., Springfield, OH 45502; r. 2957 Oxford Dr., Springfield, OH 45502, 513 462-8902.
MATTINSON, Richard A.; '55 BSBA; Partner; PIC-Sunbelt Agcy. Inc., 1200 Golden Key Cir., Ste. 230, El Paso, TX 79925, 915 592-8787; r. 5640 Pebble Beach, El Paso, TX 79912, 915 584-3854.
MATTINSON, William E.; '54 BSBA; Farmer & Acct.; r. 14218 S. Charleston Pike, S. Solon, OH 43153, 513 462-8038.
MATTIS, Tina '52 (See Froelich, Ms. Tina M.).
MATTISON, Howard W.; '33 BSBA; Retired; r. 10 Edwardo Ln., Spanish Lakes # 1, Port St. Lucie, FL 34952, 407 878-2447.
MATTISON, Lee H.; '48 BSBA; 3615 Eakins Rd, Cuyahoga Falls, OH 44223, 216 928-8453.
MATTIX, Frederick F.; '59 BSBA; VP-Human Resources; N R M Corp., 400 W. Railroad St., Columbiana, OH 44408; r. 1777 Merle Rd., Salem, OH 44460, 216 332-5738.
MATTO, Edward A.; '63 BSBA; Atty.; Bricker & Eckler, 100 S. 3rd St., Columbus, OH 43215, 614 227-2300; r. 2368 Southway Dr., Columbus, OH 43221, 614 486-7339.
MATTO, Rev. Michele Smith, (Michele Smith); '66 BSBA; Minister; Epworth United Meth. Church, 5100 Karl Rd., Columbus, OH 43229, 614 885-8015; r. 2368 Southway Dr., Columbus, OH 43221, 614 486-7339.
MATTOCK, Simeon R.; '41 BSBA; Retired; r. 7808 W. Co Rd 24H, Loveland, CO 80537, 303 667-3055.
MATTOX, James A., Jr.; '84 BSBA; Owner; Hoi Chinese Enterprises, 3033 Indianola Ave., Columbus, OH 43202, 614 263-4701.
MATTOZZI, Joanna '77 (See Baker, Joanna Mattozzi).
MATTSON, Linda Ruth; '88 BSBA; 41588 N. Lakeview Ter., Antioch, IL 60002, 312 395-1989.
MATURO, Raymond A.; '49 BSBA; Retired; r. 7886 Blairwood Cir. S., Lake Worth, FL 33467, 407 967-6186.
MATUSHONECK, Patricia Marie; '87 BSBA; Litigation Cnslt.; Price Waterhouse, 41 S. High St., Ste. 3500, Columbus, OH 43215, 614 221-8500; r. 2275 Antigua Dr., Apt. 1C, Columbus, OH 43235, 614 459-8374.
MATUSOFF, Martin Louis; '56 BSBA; VP Real Estate; Cardinal Industries, 43 Pheasant View Ct., Columbus, OH 43232, 614 755-6517; r. 229 Tucker Dr., Worthington, OH 43085, 614 433-0331.
MATUSZAK, Edward Robert; '85 BSBA; Grad. Student/Cnslt.; Cleveland, OH 44114, 216 696-4770; r. 8315 Settlers Passage, Brecksville, OH 44141, 216 221-7665.
MATUSZKIEWICZ, John M.; '75 BSBA; Property & Casualty Supv.; Fidelity & Deposit Co. of Maryland, First Indiana Plz., 135 Pennsylvania Ave.,Ste.1700, Indianapolis, IN 46244, 317 634-7413; r. 4115 Zimfandel Way, Indianapolis, IN 46254, 317 255-1275.
MATYAS, Louis Anthony; '69 BSBA; 218 2nd St., Hicksville, NY 11801.
MATZ, Rudolph W.; '58 BSBA; Pres.; Padre Transit Mix Inc., 10975 Beeler Canyon Rd., Poway, CA 92064, 619 695-8600; r. 16692 Espola Rd, Poway, CA 92064, 619 487-6274.
MATZENBACH, David C.; '87 BSBA; Ofc. Systms Coord.; Huntington Mortgage Co., 41 S. High St., Hc1311, Columbus, OH 43286; r. 1360 Presidential Dr. #103, Columbus, OH 43212.
MATZENBACH, Mrs. Michelle R., (Michelle R. Fidak); '87 BSBA; Customer Svc. Rep.; Continental Ins., 1111 E. Broad St., Columbus, OH 43218, 614 367-8146; r. 1360 Presidential Dr., Columbus, OH 43212, 614 487-8242.
MATZKIN, Giora; '67 BSBA, '69 MBA; 16 Wedgewood Ave., Haifa, Israel.
MATZULES, Edward Peter; '83 BSBA; Commercial Realtor; Cummins Realty, 1 Cascade Plz., Akron, OH 44308, 216 535-2661; r. 1275 Weathervane Ln., Akron, OH 44313, 216 864-2262.
MAUCK, Mrs. Anabel W., (Anabel Walker); '52 BSBA; Retired; r. 5138 N. High St., Apt. 116, Columbus, OH 43214, 614 885-6915.
MAUCK, Linda Kay; '85 BSBA; Ofc. Supv.; Audio Temp Svcs., c/o Postmaster, Cincinnati, OH 45234; r. 2516 Seedling Ln., Dallas, TX 75252, 214 307-1687.
MAUER, Mrs. Daphne Smith, (Daphne Lynn Smith); '85 BSBA; Sr. Auditor; Touche Ross & Co., 333 Clay St., Ste. 2300, Houston, TX 77002, 713 750-4100; r. 15417 Shanghai Dr., Houston, TX 77040, 713 937-0464.
MAUGER, Charlotte Valentine, (Charlotte Anne Valentine); '43; Retired; r. 390 S. Broadleigh Rd., Columbus, OH 43209, 614 237-3006.
MAUGER, Donn M.; '55; Pres. of Rl Est Mgmt.; Mauger Mgmt. Co. Inc., 1200 W. 5th Ave., Ste. 100, Columbus, OH 43212; r. 1677 St. James Ct., Columbus, OH 43220, 614 457-7760.

MAUGER, Jud R.; '80 BSBA, '86 MBA; Sales Mgr.; Anchor Hocking Corp., Far E./S. Pacific Sales, 109 N. Broad St., Lancaster, OH 43130, 614 687-2047; r. 258 Blacks Rd. S. W., Pataskala, OH 43062, 614 927-7694.

MAUGER, Richard W.; '42; Retired Sales Mgr.; Bircraft Inc., 55-61 W. State St., Huntington, IN 46750; r. 121 Donnelly Dr., Anderson, IN 46011, 317 644-3887.

MAUGER, Robert S.; '51 BSBA, '53 MBA; Retired; r. 100 Hickory Dr., Pataskala, OH 43062, 614 927-2001.

MAUK, Charles E.; '39 BSBA; Retired; r. 12935 Ashwood Dr., Sun City West, AZ 85375, 602 584-2485.

MAUK, Robert Allan; '85 BSBA; Financial Planner; Steinhaus Financial Grp., 6797 N. High St., Worthington, OH 43085; r. 555 Bernhard Rd., Columbus, OH 43213.

MAUK, Timothy William; '86 BSBA; Account Exec.; Crown Favor Inc., 7465 Worthington-Galena Rd, Worthington, OH 43085, 614 431-0726; r. 348 Bradford St., Marion, OH 43302.

MAUL, David J.; '69 BSBA; VP of Finance; Glick Furniture Co., 1800 E. 5th Ave., Columbus, OH 43219, 614 253-7441; r. 3168 Rochfort Bridge Dr. E., Columbus, OH 43026, 614 876-1622.

MAUL, Mrs. Sharon, (Sharon Monaghan); '69 BSBA; Homemaker; r. 3168 Rochfort Bridge Dr. E., Columbus, OH 43026, 614 876-1622.

MAULE, Charles L.; '39 BSBA; Retired; r. 3219 Flora St., San Luis Obispo, CA 93401, 805 541-3307.

MAULL, Charles C., Jr.; '32 BSBA; Retired Sales Engr.; The Bimel Co., 2600 Colerain Ave., Cincinnati, OH 45214; r. 7994 Honeysuckle Ln., West Chester, OH 45069, 513 777-8063.

MAULT, Richard Lee; '76 BSBA; Opers. Mgr.; Wyandot, Inc., 135 Wyandot Ave., Marion, OH 43302, 614 383-4031; r. 2705 Marion-Waldo Rd, Marion, OH 43302, 614 389-2435.

MAUNTLER, John Edward; '87 MBA; 4658 Coldsprings Ct., Columbus, OH 43220.

MAUPIN, David Charles; '76 BSBA; Acct.; The Lunkenheimer Co., Beekman St. & Waverly Ave., Cincinnati, OH 45214; r. 12198 Dorset Dr., Cincinnati, OH 45241, 513 563-2159.

MAURATH, Dr. Robert Eugene; '49 BSBA, '52 MBA; Assoc. Prof./Acctncy; Sangamon State Univ., Shepard Rd., Springfield, IL 62708, 217 786-6305; r. 30 Trailridge Ln., Springfield, IL 62704, 217 787-2561.

MAURER, Dorothy Montgomery, (Dorothy Montgomery); '54 BSBA; 4427 Lowestone, Columbus, OH 43220, 614 451-6374.

MAURER, Earl H.; '57; 4427 Lowestone, Columbus, OH 43220, 614 451-6374.

MAURER, Edward John; '71 BSBA; Chief Acct.; Northern Michigan Exploratn Co., One Jackson Sq., Jackson, MI 49201, 517 787-9011; r. 1740 Seven Oaks Dr., Jackson, MI 49203, 517 787-5132.

MAURER, Gerald R.; '59 MBA; Dir.; r. 31416 Manchester Ln., Cleveland, OH 44140, 216 871-3886.

MAURER, Harriet Demorest; '46 BSBA; 175 Indian Run Dr., Dublin, OH 43017, 614 889-1230.

MAURER, Mrs. Helen S., (Helen Schulte); '32 BSBA; Retired; r. 3300 NE 36th St., #510, Ft. Lauderdale, FL 33308, 305 561-3648.

MAURER, Jane Adkins; '66 BSBA; Computer Programmer; r. 3902 Carousel Dr., Northbrook, IL 60062, 312 729-4357.

MAURER, John M.; '53 BSBA; Mgr.; Kroger Co., Gallatin Rd., Madison, TN 37115, 615 865-7956; r. 608 Joyce Ln., Nashville, TN 37216, 615 227-4846.

MAURER, Michael L.; '81; Tax Comm. Agt. II; State of Ohio, Ohio Dept. of Taxation, 30 E. Broad St., Columbus, OH 43215, 614 433-7698; r. 5420 Gilbert Rd., Centerburg, OH 43011, 614 625-5578.

MAURER, Rita Ann; '82 BSBA; 614 461-3920; r. 2562 Darwin Dr., Worthington, OH 43085, 614 889-5547.

MAURER, Scott Alan; '84 BSBA; Financial Acct.; The Ltd., 2 Limited Pkwy., Columbus, OH 43216, 614 457-4000; r. 493 W Fourth Ave, Apt. B, Columbus, OH 43201, 614 461-4767.

MAURIC, Stephen F.; '84 BSBA; Salesman; Lenkei Custom Kitchens, 383 S. State St., Westerville, OH 43081, 614 890-1918; r. 448 Edingburgh Rd., Dublin, OH 43017, 614 792-8162.

MAURICE, COL Timothy P., USA; '66 BSBA; Retired; r. 950 E. Alexis, Lot 315, Toledo, OH 43612.

MAUSER, William C.; '41 BSBA; Real Estate Agt.; Palm Worth Realty, 12 S. Dixie, Lake Worth, FL 33460, 407 585-5556; r. 2721 N. Garden Dr. #310, Lake Worth, FL 33461, 407 965-2441.

MAUST, Daniel Robert; '87 BSBA; Mgmt. Trainee; Central Transport, 2450 Sobeck, Columbus, OH 43232, 614 237-1343; r. 13911 Sheldon Rd., Middleburg, OH 44130, 216 676-9396.

MAUST, Terry Alan; '81 BSBA; Shipping & Rec.Supervisor; American Can Co., 5300 Dobeckmun Ave., Cleveland, OH 44102, 216 631-3500; r. 7501 Spring Garden Rd. (Up), Parma, OH 44129, 216 845-5751.

MAUTER, Mark Allan; '82 BSBA; Mark Builders Inc., 711 Forest Hills Rd., Heath, OH 43056; r. 1198 Howell Dr., Newark, OH 43055, 614 366-5547.

MAUTZ, Michael Alan; '78 BSBA; Controller; Nursing Ctr. Svcs. Inc., 4700 NW Pkwy., Hilliard, OH 43026, 614 876-0225; r. 4952 Windy Bluff Ct., Westerville, OH 43081, 614 890-5152.

MAUTZ, William H.; '31 MA; 7979 S Tamiami Tr #122, Sarasota, FL 34231, 813 349-3990.

MAVROMATES, Stanley Peter; '49 BSBA; 3427 Lime Hill Rd., Ft. Lauderdale, FL 33319, 305 484-5780.

MAWHINNEY, John Richard; '73 BSBA; Mgr.; Westinghouse Electric, Distribtn/Contrl Business Unit, Pkwy. Ctr., Pittsburgh, PA 15222, 412 937-6342; r. 9214 Darrell Dr., Pittsburgh, PA 15237, 412 366-2652.

MAWHORR, Carol Lee; '83 BSBA; 5605 Cartwright Ln., Columbus, OH 43229, 614 882-0155.

MAWHORR, Jack Roger; '69 BSBA; Dir. Pricing & Analysis; Lubrizol Corp., 29400 Lakeland Frwy., Wickliffe, OH 44092; r. 8899 Trailwood Ct., Mentor, OH 44060, 216 255-7843.

MAXEY, Richard Melvin; '88 MPA; Housekeeping Mgr. II; Ohio State Univ., Graves Hall Rm. B044, 333 W. 10th Ave., Columbus, OH 43210; r. 173 W. Kanawha Ave., Columbus, OH 43214, 614 888-2285.

MAXIM, Matthew Randall; '83 BSBA; 5835 Toll Ln., Apt. 3B, Columbus, OH 43213, 614 755-4612.

MAXIMO, Rodolfo Tan; '75 MACC; Tax Acct.-CPA; Spitzer Bardack Sechooler, 16633 Ventura Blvd., Ste. 510, Encino, CA 91436, 818 990-1125; r. 10140 Sepulveda Blvd. #3, Mission Hls., CA 91345, 818 891-6690.

MAXSON, Nicholas Dean; '71 BSBA; Dean/Coor-Acad. Dept.; The Way Intl., Box 328, New Knoxville, OH 45871; r. 1300 W. 12th Ave., Emporia, KS 66801, 316 342-3670.

MAXTON, David Keith; '69 BSBA; Staff/Wpafb; r. 1101 Bristol Dr., Vandalia, OH 45377, 513 890-7125.

MAXWELL, David Evan; '63 BSBA; Exec. VP; Brazeway Inc., 2711 E. Maumee St., Adrian, MI 49221, 517 265-2121; r. 2447 Cedarwood Dr., Adrian, MI 49221, 517 263-5787.

MAXWELL, David Ray; '64 BSBA, '69 MBA; Exec. VP Production; Wiland Svcs., 6707 Winchester Cir., Boulder, CO 80301, 303 530-0606; r. 9536 W. 89th Pl., Westminster, CO 80020, 303 425-5724.

MAXWELL, H. Richard; '52 BSBA; 1 Stony Creek Rd., Millersburg, OH 44654, 216 674-5526.

MAXWELL, James Donald; '61 BSBA, '63 MBA; Staff; CIGNA Financial Svcs., 100 E. Campus View Blvd., Worthington, OH 43085, 614 431-1411; r. 10080 Wright Rd., Canal Winchester, OH 43110, 614 837-4775.

MAXWELL, James Lee; '61 BSBA; Purchasing Mgr.; Toledo Scale Corp., 60 Collegeview Rd, Westerville, OH 43081, 614 898-5000; r. 7959 S. Old State Rd., Westerville, OH 43081, 614 548-4527.

MAXWELL, Jay Sidney; '77 BSBA; Pres.; Maxwell & Assoc., POB 2335, Wichita, KS 67202, 316 688-5278; r. 10428 Bartlett Ct., Wichita, KS 67212, 316 722-9621.

MAXWELL, Lisa K.; '87 BSBA; Outside Sales Repr; Viva Optique, 11 Stuart Pl., Fairfield, NJ 07006, 800 345-8482; r. 5870 Abbey Church Rd., Dublin, OH 43017, 614 792-3438.

MAXWELL, Ms. Lynne E.; '83 BSBA; Syst. Analyst; The Ltd., Inc., One Limited Pkwy., POB 181000, Columbus, OH 43218, 614 479-7786; r. 6056 Osweeney Ln., Dublin, OH 43017, 614 792-0724.

MAXWELL, Nan Lynne; '80 MLHR; Assoc. Prof.; California State Univ., Dept. of Economics, Hayward, CA 94542, 415 881-3369; r. 3443 La Mesa, Hayward, CA 94542, 415 889-6738.

MAXWELL, Richard Noel; '69 BSBA; Asst. Dir.; OSU Ofc. for Disability Svc., 1760 Neil Ave., Columbus, OH 43210, 614 292-3307; r. 2718 Mt Holyoke, Columbus, OH 43221, 614 488-1550.

MAXWELL, Sheryl '86 (See Kurelic, Sheryl Maxwell).

MAXWELL, Thomas V.; '68 BSBA; Finance Mgr.; Marshall Field & Co., 111 N. State St., Chicago, IL 60602, 312 781-4015; r. 1460 N. Sandburg, #711, Chicago, IL 60610, 312 787-3675.

MAXWELL, William James; '76 BSBA; Systs. Cnslt.; Terminal Freight Handling Co., 377 E. Butterfield Rd., Lombard, IL 60148, 312 960-8819; r. 920 Manchester St., Naperville, IL 60540, 312 369-2724.

MAY, Ada I. '43 (See Burke, Ada May).

MAY, Barbara Furniss; '86 BSBA; Assumption Analyst; Chemical Mortgage Co., Subs/Chemical New York Corp, 101 E. Town St., Columbus, OH 43215, 614 460-3222; r. 921 Sycamore Dr., Box 204, Harrisburg, OH 43126, 614 877-4036.

MAY, COL Britt Stanaland; '48 MBA; Col. Usaf Ret; r. 3215 Agate Ct., Boise, ID 83705, 208 345-0604.

MAY, Dennis D.; '61 BSBA; 13442 Charlona Dr., Tustin, CA 92680, 714 838-8468.

MAY, Douglas Floyd; '80 BSBA; Mgr.-Consolidations; NCR, World Headquarters, Dayton, OH 45479; r. 1540 Valley Heights Rd., Xenia, OH 45385, 513 376-5534.

MAY, Francis V.; '47 BSBA; Retired; r. 3780 Dover Center Rd., Westlake, OH 44145, 216 871-8131.

MAY, Holly Young; '74 BSBA; Interior Designer; Sullivan & May Interior, POB 1022, Shaker Hts., OH 44120; r. 16860 Shaker Blvd., Shaker Hts., OH 44120, 216 921-0574.

MAY, James B.; '35 BSBA; Retired; r. 916 Lagoon Ln., Mantoloking, NJ 08738, 201 899-9675.

MAY, James Gerard; '73 BSBA; CPA; r. 231 W. Weisheimer Rd., Columbus, OH 43214, 614 267-3010.

MAY, Jeffrey Scott; '67 MBA; Owner; Packaging Film Sales, 2150 W. 29th Ave., Denver, CO 80211, 303 455-3089; r. 38 Wedge Way, Littleton, CO 80123, 303 730-8063.

MAY, Mrs. Jennifer Y., (Jennifer Y. Smith); '85 BSBA; Product Relocation Asst.; Kingway Transportation, 6735 W. Pike, Zanesville, OH 43701; r. 120 Stone St., Kirkersville, OH 43033.

MAY, John Clark; '63 BSBA; Facilites Engr.; Levi Strauss & Co., 2292 Skyview Dr., Centerville, TN 37033, 615 729-4291; r. 4900 Caddie Dr., Centerville, TN 37033.

MAY, Johnny Edward; '78 BSBA; Dir.; Morrow Cnty. J T P A, 27 W. High St., Mt. Gilead, OH 43338, 419 946-8480; r. 1020 Revere Dr., Marion, OH 43302, 614 387-1613.

MAY, Kenneth Albert; '86 BSBA; Distribution Ctr. Mgr.; Cintas Corp., Eastern Opers., 2500 Pearl Buck Rd., Ste. C, Bristol, PA 19007, 215 781-0505; r. 14-12 Beacon Hill Dr., Holland, PA 18966, 215 860-6824.

MAY, Lawrence Evan; '71 BSBA; Pres.; The May Grp. Ltd., 10 Fairview Ave., Westwood, NJ 07675; r. 8 Westervelt Ave., Tenafly, NJ 07670, 201 567-6763.

MAY, Mrs. Mary Margaret, (Mary Margaret Zorko); '80 BSBA; Forms Control Analyst; BP America, Inc., 11-4305-G, 200 Public Sq., Cleveland, OH 44114, 216 586-4798; r. 15645 Normandy Ave., Cleveland, OH 44111.

MAY, Peter John; '81 BSBA; Acct.; 740 N. Spaulding, Los Angeles, CA 90046, 213 653-2571; r. Same.

MAY, CDR Porter E., USN(Ret.); '51 BSBA; Cnslt.; 7 Brookmont Dr., Malvern, PA 19355, 216 296-8312; r. Same, 215 296-0515.

MAY, Richard J.; '46 BSBA; Retired; r. 4900 Pineview Cir., Delray Bch., FL 33445, 407 498-0418.

MAY, Robert Allan; '80 BSBA; 6063 Hildenboro Dr., Dublin, OH 43017.

MAY, Mrs. Ruth B., (Ruth E. Beeman); '50; Retired; r. 4302 Ingham Ave., Columbus, OH 43214, 614 267-7360.

MAY, Steven Clarke; '84 BSBA; Systs. Engr.; GM Corp., Electronic Data Systs., 3900 Holland Rd., Saginaw, MI 48603, 517 757-3685; r. 171 Camelot Dr. #T12, Saginaw, MI 48603, 517 799-0716.

MAY, William Glenn; '68 MBA; Partner; Ernst & Whinney, 2000 National City Ctr., Cleveland, OH 44114, 216 861-5000; r. 2700 Inverness Rd., Shaker Hts., OH 44122, 216 831-3828.

MAYBERRY, Yvonne '87 (See Pearson, Yvonne Mayberry, MSW).

MAYER, Barbara Ann; '78 BSBA; 3190 Portsmouth Ave., Cincinnati, OH 45208.

MAYER, Carl Frederick, Jr.; '43; Pres.; Carl Mayer Corp., 19071 Detroit Rd., POB 16066, Rocky River, OH 44116, 216 333-0833; r. 20010 Frazier Dr., Rocky River, OH 44116, 216 331-9188.

MAYER, Charles D., Sr.; '51 BSBA; Sr. VP; The Boswell Oil Co., Central Trust Twr., Ste. 2500, Cincinnati, OH 45202, 513 421-1200; r. 7 Hickory View Ln., Milford, OH 45150, 513 831-0716.

MAYER, David Anthony, CPA; '78 BSBA; Controller; Lincoln Property Co., 101 Lincoln Ctr. Dr., Foster City, CA 94404, 415 571-2200; r. 770 12th Ave., San Francisco, CA 94118, 415 386-0979.

MAYER, Earl Edwin, Jr.; '54 BSBA; Atty. & Couns.; Mayer Johrendt & Cook Co. Lpa'S, 328 E. State St., Columbus, OH 43215; r. Mayer Johrendt & Cook Co Lpa'S, 328 E. State St., Columbus, OH 43215, 614 262-8713.

MAYER, Gary Lee; '78 MBA; Sr. Constr. Mgr.; Trammell Crow Co., 7995 E. Prentice Ave., #300, Englewood, CO 80111, 303 220-0900; r. 2481 D S. Xanadu Way, Aurora, CO 80014, 303 751-9699.

MAYER, Jerry Lee; '59 BSBA; VP Western Reg.; The Premium Grp., Inc., 25 Van Zant St., #15-4, Norwalk, CT 06855; r. 3005 211th Ave., NE, Redmond, WA 98053, 206 868-1713.

MAYER, Joan Krejci; '55 BSBA; Real Estate Assoc.; Lyons & Assocs., 645 Madison Ave., New York, NY 10028, 212 644-0800; r. 75 E. End Ave., New York, NY 10028, 212 988-6829.

MAYER, Lynn David; '66 MA; Pres.; Mayer Mgmt. Inc., *, Richmond, IN 47374; r. 2831 Brentwood Ct., Richmond, IN 47374, 317 966-4823.

MAYER, Morris Lehman, PhD; '61 PhD (BUS); Prof./Mktg.; Univ. of Alabama, Box 5444, Tuscaloosa, AL 35486, 205 348-8916; r. 1321 Montclair Cir., Tuscaloosa, AL 35404, 205 553-4474.

MAYER, Robert Charles; '67 MPA; 23523 Duffield Rd, Cleveland, OH 44122, 216 283-7563.

MAYER, Susan Dodson; '52 BSBA; Secy.; OSU Clg. of Law, 112 Law 1659 N. High St., Columbus, OH 43210; r. 4873 Moreland Dr. W., Columbus, OH 43220.

MAYER, William Francis; '73 BSBA; Golf Profn.; Kenwood Country Club, Kenwood Rd., Cincinnati, OH 45227; r. 7450 Shewango Way, Cincinnati, OH 45243, 513 793-5602.

MAYERS, Edward G.; '48 BSBA; Full Partner; Mayers-Pitcairn, POB 13, Upper Black Eddy, PA 18972, 215 294-9487; r. Same.

MAYERS, Mark C.; '85 BSBA; Private Bnkg Ofcr.; Society Bank, 88 E. Broad St., Columbus, OH 43215, 614 460-3467; r. 972 Neil Ave., Columbus, OH 43201, 614 299-6911.

MAYERS, Michael Stephen; '87 BSBA; Owner; Esperessioni Italiane, European Men's Specialty Shop, Atlanta, GA 30339; r. 425 Pinehurst Dr., Atlanta, GA 30339, 404 433-2273.

MAYERSON, Jerald; '51; Salesman; Mayerson Leavitt Realtor, 1002 Harries Bldg. 137 N. Main, Dayton, OH 45402; r. 6442 Wood Acre Ct., Englewood, OH 45322, 513 832-1770.

MAYES, Donald Manuel; '86 BSBA; Med. Underwriter; Nationwide Ins. Co., One Nationwide Plz., Columbus, OH 43216, 614 249-8341; r. 5560 Ebright Rd., Groveport, OH 43125, 614 836-3466.

MAYES, Sue E., (Sue E. Strohl); '82 BSBA; Acct.; r. 713 S. Main St., Cheshire, CT 06410, 203 271-3145.

MAYHUE, Dr. Richard L.; '66 BSBA; Sr. Pastor; Grace Brethren Church, 3590 Elm Ave., Long Beach, CA 90807, 213 595-6881; r. 3635 Gaviota Ave., Long Beach, CA 90807, 213 427-9677.

MAYKOWSKI, Kenneth P.; '70 BSBA; Secy.-Treas.; Ctr. City Intl. Trucks, 4200 Currency Dr., Columbus, OH 43228, 614 876-3500; r. 581 D'Lyn St., Columbus, OH 43228, 614 878-6186.

MAYLE, Crystal Lynn; '85 BSBA; 419 422-2121; r. 4114 Independence Dr., Cincinnati, OH 45230, 419 423-7259.

MAYLE, David E.; '69 BSBA; Dir./Technology Rsch.; Nationwide Ins. Co., One Nationwide Plz., Columbus, OH 43216, 614 249-6435; r. 55 Powhatan Ave., Columbus, OH 43204, 614 276-3023.

MAYNARD, Craig W.; '85 MBA; Asst. VP/Controller; BancOhio Natl. Bnk., Retail Banking Group, 155 E. Broad St., Columbus, OH 43251, 614 463-8752; r. 2040 Dornbin Dr. #H, Reynoldsburg, OH 43068.

MAYNARD, Robert M.; '47 BSBA, '48 MBA; Retired; r. 5 Burnside Dr., Short Hills, NJ 07078, 201 379-7092.

MAYNARD, Thomas Jeffrey; '68 BSBA; Mgr/Procedure, Forms Trng; Ohio State Life Ins. Co., 2500 Farmers Dr., Columbus, OH 43215, 614 764-4096; r. 1659 Sandhurst Rd, Columbus, OH 43229, 614 891-9197.

MAYNE, Lucille Stringer, (Lucille Stringer); '49 MBA; Prof. of Banking & Fin.; Case Western Reserve Univ., Weatherhead Sch. of Mgmt., Cleveland, OH 44106, 216 368-2151; r. 3723 Normandy Rd., Shaker Hts., OH 44120, 216 491-9161.

MAYNE, Robert W.; '49 BSBA; Owner; Robert Mayne & Co., 241 Southview Rd., Dayton, OH 45419, 513 298-8492; r. Same, 513 293-3396.

MAYNER, Joseph R.; '33; Owner; Learning Experiences, POB 201, Englewood, CO 80151, 303 781-1319; r. 3335 S. Clarkson Apt. 107, Englewood, CO 80110, 303 781-1319.

MAYO, Alvin H., Jr.; '83 MBA; Sales Mgr.; Trane Co., 816 Green Crest Dr., Westerville, OH 43081, 614 895-2222; r. 231 Marlow Dr., Worthington, OH 43085, 614 846-8812.

MAYO, Michael Anthony; '80 BSBA; Constructn Contractr; A.J. Mayo Co., 220 S. Cassidy Rd., Columbus, OH 43209, 614 237-4765; r. 34 N. Remington, Columbus, OH 43209, 614 237-1639.

MAYO, Wanda Arbogast; '60 BSBA; Tchr.; Madison Plains Sch. Dist., 800 Linson Rd., London, OH 43140, 614 869-2107; r. 15775 Jedwin Dr., Mt. Sterling, OH 43143, 614 869-2556.

MAYS, Douglas F.; '86 BSBA; Sales Coord.; Westbrook Mfg. Inc., 600 N. Irwin St., Dayton, OH 45403, 513 254-2004; r. 2729 Orchard Run Rd., W. Carrollton, OH 45449, 513 436-3823.

MAYS, Lee N.; '31 BSBA; Retired; r. 1431 S. Ocean Blvd. House 42, Pompano Bch., FL 33062, 305 941-2602.

MAYSE, Ernest Dwight; '87 BSBA; 602 W. State, Newcomerstown, OH 43832, 614 498-8144.

MAYTON, Lilly Shahravan; '74 BSBA; 85 Highland Ave., Worthington, OH 43085, 614 885-4215.

MAZER, Jeffrey M.; '80 BSBA; Operations Supv; St. John Hosp., 7911 Detroit Ave., Cleveland, OH 44102; r. 13009 D Wedgewood Way, Apt. 6, Bayonet Pt., FL 33567, 813 862-6481.

MAZER, Richard Michael; '87 BSBA; Staff; Samuels Inc., POB 852, Worthington, OH 43085, 614 431-1445; r. 3195 Summerdale Ln., Hilliard, OH 43026, 614 876-7804.

MAZEY, Thomas Robert; '81 BSBA; Analyst Programmer 3; Natl. City Corp., 770 W. Broad St., Columbus, OH 43251, 614 463-7113; r. 5300 Brandy Oak Ln., Columbus, OH 43220, 614 459-0080.

MAZIK, Timothy Randall; '86 BSBA; Acct. 1; The Ohio State Univ., Dept. of Chemistry, 120 W. 18th Ave., Columbus, OH 43210; r. 1140A Loring Rd., Columbus, OH 43224.

MAZOR, Dana Matthew; '76 BSBA; 4601 Bryenton Rd., Litchfield, OH 44253, 216 667-2756.

MAZOR, John Arthur; '88 BSBA; Commodity Trader; 445 W. Barry #219, Chicago, IL 60657, 312 929-8086; r. Same.

MAZOR, LTC Walter S., USAF(Ret.); '57 BSBA; 308 Coronado Tr., Enon, OH 45323, 513 864-2354.

MAZUR, Jacob Leonard; '54 BSBA; Auditor; HUD; r. 4527 44th St. N. W., Washington, DC 20016, 202 244-3773.

MAZUZAN, George P.; '57 BSBA; Staff; Control Data Business Ofc., 2251 Wisconsin Ave. NW, Washington, DC 20007; r. 5506 Oakmont Ave., Bethesda, MD 20817, 301 530-4249.

MAZUZAN, Jannine F., (Jannine Fosnaugh); '54 BSBA; 11 Martin Dr., Rome, NY 13440, 315 337-1728.

MAZZA, Theodore John; '66 BSBA; Merchandiser; The Kroger Co., 3165 Mc Kelvey Rd., St. Louis, MO 63044; r. 12910 Cluster Pine Dr., Cypress, TX 77429, 713 370-6245.

MAZZOIL, Mary Gall, (Mary Gall); '49 BSBA; Homemaker; r. 3828 Mountview Rd., Columbus, OH 43220, 614 451-0555.

MAZZOLINI, Joan Marie; '83 BSBA; Reporter; Birmingham Post-Herald, 2200 4th Ave. N., Birmingham, AL 35202, 205 325-3191; r. 1301 29th St. S., Apt. #6, Birmingham, AL 35205, 205 323-7504.

MAZZONE, Frank Patrick; '87 BSBA; 1776 Dunbarton Rd., Beavercreek, OH 45432, 513 426-6019.

MC ADAMS, James E.; '59 BSBA; 266 Fallis Rd, Columbus, OH 43214, 614 263-7823.

MCADAMS, Mrs. Martha W., (Martha S. Waddell); '37 BSBA; Retired; r. 2214 Wheeler Rd, Raleigh, NC 27607, 919 787-4449.

MC ADAMS, Richard Brian; '81 BSBA; Claim Examiner; Principal Financial Grp., 1105 Schrock Rd., Ste. 530, Columbus, OH 43229, 614 888-2554; r. 832 Eddystone Ave., Columbus, OH 43224, 614 267-1857.

MCADOO, Ms. Lois Ann; '76 MACC; Admin. Secy.; The Ohio State Univ., Inst. & Rsch. Computer Ctr., 1971 Neil Ave., Columbus, OH 43210, 614 292-4843; r. 2983 Wellesley Dr., Columbus, OH 43221, 614 486-2640.

MC ADOO, Robert A.; '82 BSBA; Mgr., Advanced Technology; Parker-Hannifin, 17325 Euclid Ave., Cleveland, OH 44112, 216 531-3000; r. 8177 Wren Dr., Macedonia, OH 44056, 216 468-2034.

MC AFEE, Frank J.; '61 BSBA; Nut Tree Pecan Co., 1504 Oakridge Dr., Albany, GA 31707, 912 883-1359; r. 2205 Chapman Dr., Albany, GA 31707, 912 888-0235.

MC AFEE, LTC Lawrence S., USA; '74 BSBA; Cdr.; 2nd Battalion 16th Infantry, Ft. Riley, KS 66442, 913 239-4286; r. Quarters 25-B, Sheridan Ave., Ft. Riley, KS 66442, 913 784-3011.

MC AFEE, Terry Kyle; '75 BSBA; 5093 Willowbrook Rd., Colorado Spgs., CO 80917, 719 597-5649.

MC ALISTER, David Carl; '79 BSBA; Purchasing Agt.; Clem Lumber & Distr Co., Wholesale Bldg. Prod Co, Alliance, OH 44601, 216 821-2130; r. 14915 Marlboro Ave., Atwater, OH 44201, 216 947-3706.

MC ALISTER, Dr. Edgar R.; '63 PhD (BUS); Asst. Prof. of Bu; North Texas State Univ., Box 13677 N. Texas Sta., Denton, TX 76203; r. Box 13677 N. Texas Sta., Denton, TX 76203, 817 382-5100.

MC ALLISTER, Alan W.; '49 BSBA; Retired Acct.; Procter & Gamble Co.; r. 835 Douglas St., Terrace Park, OH 45174, 513 831-3973.

MC ALLISTER, Christopher Patrick; '65 BSBA; Pres./Owner; McAllister & Assocs., Inc., 49 N. Plaza Blvd., Chillicothe, OH 45601; r. POB 611, Chillicothe, OH 45601.

MCALLISTER, Gregory Laurence; '87 BSBA; Tech. Procesr/Designr; White Office Systs., 50 Boright Ave., Kenilworth, NJ 07003, 201 272-8888; r. 62 Devonshire Rd., Cedar Grove, NJ 07009, 201 239-1264.

MC ALLISTER, Joseph Frederick; '87 BSBA; 1643 Josephine St. #509, New Orleans, LA 70130, 504 524-4626.

MCALLISTER, Margaret '48 (See Sedgwick, Margaret M.).

MC ALLISTER, Tracey Lorene; '83 BSBA; Computer Prog.; Nationwide Ins., 1 Nationwide Plz., Columbus, OH 43225, 614 249-2501; r. 1316 Harlow Rd., Columbus, OH 43227, 614 231-9452.

MCALPINE, Laura A. '84 (See Coles, Ms. Laura A.).

MC ANALL, Richard W.; '43 BSBA; Retired Fin Analyst; r. 18378 Bedford Rd., Birmingham, MI 48009, 313 646-2511.

MC ANDREW, John Patrick; '72 BSBA; 1624 Cayaga Ct., Grove City, OH 43123, 614 871-0332.

MC ARDLE, Dale Robert; '82 MPA; Morg. Banker; ABG Financial Svc., 300 F. Lombard Ste. 1100, Baltimore, MD 21202; r. 226 E. University Pkwy., Baltimore, MD 21218, 301 243-6509.

MCARDLE, Donald P.; '61 MBA; Pres.; McCoy Bolt Works Inc., 2811 Congressional Pkwy., Ft. Wayne, IN 46808, 219 482-4476; r. 3530 Rosewood Dr., Ft. Wayne, IN 46804, 219 432-9466.

MC ARDLE, Lyn Patrick; '71 BSBA; Staff/Lazarus; F & R Lazarus, S. High & W. Town Sts., Columbus, OH 43215; r. 280 W. Como Ave., Columbus, OH 43202, 614 447-1871.

MC ASHAN, Karen Klimaski; '71 BSBA; 207 Bobwhite, Kerrville, TX 78028.

MCATEE, Glenn Frederick; '83 BSBA; Support Tech.; Micro Ctr., 1555 West Ln. Ave., Columbus, OH 43221, 614 481-4419; r. 1380-B Jones Mill Rd., Columbus, OH 43229, 614 891-1788.

MC AULEY, Irwin Lee; '80 BSBA; Mgr. of Plng & Cost Acctg; Flxible Corp., 970 Pittsburgh Dr., Delaware, OH 43015, 614 362-2684; r. 724 Granby Pl. E., Westerville, OH 43081, 614 882-4359.

MCBEAN, Shelley Lynn; '88 BSBA; 684 Riverview Dr., Apt. 91, Columbus, OH 43202, 614 267-3076.

MC BEE, C. William; '66 BSBA; Mgr.; Boise Cascade Corp., POB 648, 1235 N. 7th St., W. Memphis, AR 72301; r. 5597 Saint Joseph Fairway, Memphis, TN 38119, 901 763-1771.

MC BETH, Mary Uhl; '82 BSBA; 5021 Ln. Green Camp, New Bloomington, OH 43341, 614 528-2686.

MC BETH, Steven James; '88 BSBA; Huntington Bank, Foreign Currency, Columbus, OH 43215, 614 463-3602; r. 2043 Prince George Dr., Apt. C, Columbus, OH 43209, 614 237-7334.

MCBRAYER, Deborah Kay; '86 BSBA; Mktg. Rep.; Armstrong World Industries, 8930 Rte. 108, Oakland Ctr., Columbia, MD 21045, 301 964-2408; r. 11960-R Little Patuxent, Columbia, MD 21044, 301 995-0561.

MC BRAYER, Michael Curtis; '84 MBA; Staff; Western Electric Co., 5151 P G Blazer Memorial Pkwy., Dublin, OH 43017, 614 764-5278; r. 13831 Cobblestone Ln., Pickerington, OH 43147, 614 927-1592.

MC BREARTY, Robert Lawrence; '70 BSBA; Grp. Admin.; Assocs. Commercial Corp., 10900 Harper Ave., Detroit, MI 48213; r. 23234 Liberty St., St. Clair Shrs., MI 48080.

MC BRIDE, Cynthia Ellen; '83 BSBA; Commerical Underwriter; Progressive Casualty Ins., 6671 Beta Dr., Mayfield Vlg., OH 44143, 216 461-6655; r. 27645 Bishop Park Dr., #218N, Willoughby Hls., OH 44092, 216 944-9132.

MC BRIDE, David Myers, Jr.; '79 BSBA; Info. Systs. Mgr.; Hewlett-Packard Co., Mfg. Productivity Div., 5301 Stephens Creek Blvd., Santa Clara, CA 95052, 408 553-3771; r. 699 Cambrian Dr., Campbell, CA 95008, 408 377-5764.

MC BRIDE, Frederick Allison; '79 BSBA; Advt. Sales Rep.; The Daily Jeffersonian, 831 Wheeling Ave., Cambridge, OH 43725, 614 439-3531; r. 2101 Greenwood Ave., Cambridge, OH 43725, 614 432-3631.

MC BRIDE, Grace Maria; '80 BSBA; 1552 41st St. SE, Washington, DC 20020.

MCBRIDE, John Charles; '83 BSBA; Pilot; Champion Spark Plug Co., 900 Upton Ave., Toledo, OH 43661, 419 535-2341; r. 6653 Garden Rd., Maumee, OH 43537, 419 865-1951.

MC BRIDE, Lisa Lynn '87 (See Cantor, Lisa Lynn).

MC BRIDE, Rebecca Balthaser; '79 BSBA; R&D Proj. Mgr.; Hewlett-Packard Co., Info. Software Div., 19447 Pruneridge Ave. MS:47UN, Cupertino, CA 95014, 408 447-5817; r. 699 Cambrian Dr., Campbell, CA 95008, 408 377-5764.

MC BRIDE, Walter James; '78 BSBA; 24445 Hillsdale Ave., Laguna Hls., CA 92653, 714 643-3471.

MC BRIDE, William Charles; '72 BSBA; Acct.; Dept. of Econ & Community Dev, State of Ohio Ofc. of Finance, Columbus, OH 43215; r. 3687 Ridgewood Dr., Hilliard, OH 43026, 614 876-6339.

MC CABE, David Elbert; '84 BSBA; Account Rep.; Itek Graphix, 1239 E. Newport Ctr. Dr., Ste. 110, Deerfield Bch., FL 33442, 305 428-1313; r. 2684 SW 15th St., Deerfield Bch., FL 33442, 305 426-4339.

MC CABE, Don R.; '50 BSBA; Ind Engr. Cols Aircft; Rockwell Intl., 4300 E. 5th Ave., Columbus, OH 43219; r. 4844 Elks Dr., Columbus, OH 43214, 614 888-4967.

MC CABE, Frank Ralston, III; '88 BSBA; 431 E. 15th Ave., Columbus, OH 43201.

MC CABE, Jeannie A.; '84 BSBA; Acct.; Music Promotions, Inc., 8399 Green Meadows Dr., N., Westerville, OH 43081, 614 548-4525; r. 145 Richards Rd., Columbus, OH 43214.

MC CABE, Jon David; '86 BSBA; Sr. Acct.; GTE Corp., Box 407, Westfield, IN 40374, 317 896-6967; r. Rte. 2 Box 116, Arcadia, IN 46030, 317 984-9504.

MC CABE, Michael Kelly; '84 BSBA; Staff Acct.; Mt. Carmel Health, 52 Robinwood, Columbus, OH 43213, 614 238-6590; r. 5915 Parliament Dr., Columbus, OH 43213, 614 861-8816.

MC CABE, Michael Vincent; '84 BSBA; Sr. Programmer; Nationwide Ins. Co., One Nationwide Plz., Columbus, OH 43216, 614 249-7734; r. 2976 W. Case Rd., Dublin, OH 43017, 614 761-0531.

MC CABE, Steven Thomas; '86 BSBA; 1621 Calico Ct., Bethel Park, PA 15102.

MC CABE, Timothy Patrick; '74 BSBA; Real Est Appraiser; Tim McCabe & Co., 22 1/2 E. Mound St., Columbus, OH 43215, 614 224-7253; r. 4009 Tri Corner Ct., Gahanna, OH 43230, 614 475-3124.

MC CAFFERTY, John E.; '58 BSBA; Asst. Mgr.; Pers & Labor Relations, Western Elec Co, Dallas, TX 75206; r. 9421 Brentgate, Dallas, TX 75238, 214 620-1320.

MCCAFFERTY, Katherine J. '83 (See Turoczi, Ms. Katherine J.).

MC CAFFERTY, Vicki Marie; '84 BSBA; Territory Mgr.; Ft. Howard Paper Co., 3745 Camelot Dr. #88, Lexington, KY 40502, 606 273-1465; r. Same.

MC CAFFREY, William F.; '59 BSBA; Pres.; Mc Caffrey Ins. Agcy., 921 Chatham Ln., Columbus, OH 43221; r. 7400 Bellaire Rd, Dublin, OH 43017, 614 889-1132.

MC CAHAN, John Dale; '77 BSBA; Acct.; Peat Marwick Main & Co., United Bank Bldg. Ste. #740, Canton, OH 44702, 216 453-6464; r. 2961 Vermont St. NW, N. Canton, OH 44720, 216 497-7862.

MC CAIN, John William; '76 BSBA; Staff; Ford Motor Co., 1-75 & Hwy. 126, Cincinnati, OH 45234; r. 3655 Besudes Ct. #3, Cincinnati, OH 45208, 513 871-2067.

MC CAIN, Mace Marlin; '86 BSBA; Securities Analyst; State Tchrs. Retirement Syst., 275 E. Broad St., Columbus, OH 43213, 614 227-4088; r. 1420 Runaway Bay Dr., Columbus, OH 43204, 614 486-1486.

MC CAIN, Timothy Edwin; '87 BSBA; 3815 Bel Air Dr. N. W., Canton, OH 44718, 216 492-1557.

MC CALL, Alan Howard; '77 BSBA; Sales Mkgt. Instr.; AT&T, 15 W. 6th St., Cincinnati, OH 45202, 513 352-7279; r. 862 Nimitzview Dr., Cincinnati, OH 45230, 513 232-2324.

MC CALL, James P.; '59 BSBA; Rep.; Defense Constr. Supply Ce, 3990 E. Broad St., Columbus, OH 43213; r. 2796 Key Pl., Columbus, OH 43207, 614 491-3061.

MC CALL, Lynn E.; '49 BSBA; Retired; Nationwide Ins. Co., One Nationwide Plz., Columbus, OH 43215; r. 6680 Walbridge St., Columbus, OH 43229, 614 895-2572.

MC CALL, Richard W.; '67 BSBA; 2345 Weston Dr., Pittsburgh, PA 15241, 412 831-1478.

MC CALLISTER, Barbara Davis, (Barbara Davis); '81 BSBA; Homemaker; r. 2135 Gladstone Ave., Louisville, KY 40205, 502 459-7827.

MC CALLISTER, Ernest Brian; '82 BSBA; Prog. Mgr.; USAF, Logistics Command, Wright Patterson AFB, OH 45433, 513 257-5651; r. 2624 Parklawn Dr., Apt. 15, Kettering, OH 45440, 513 294-6492.

MC CALLISTER, John Willard; '80 BSBA; Mgr. Intl. Taxes; Kentucky Fried Chicken, 1900 Schuff Ln., Louisville, KY 40232, 502 456-8004; r. 2135 Gladstone Ave., Louisville, KY 40205, 502 459-7827.

MC CALLISTER, Robert L.; '60 BSBA; VP/Mgr. Gen. Acctg.; BancOhio Natl. Bank, 770 W. Broad St., Columbus, OH 43251, 614 463-7159; r. 7326 St. Rte. 19, Mt. Gilead, OH 43338, 419 946-4036.

MC CALLUM, Edward Donald, III; '83 MBA; Dist. Mgr.; Production Magazine, 1301 W. 22nd St., Ste. 501, Oak Brook, IL 60521; r. 830 N. Summit, Wheaton, IL 60187.

MC CANCE, Diane L.; '85 BSBA; Mgr.; The Siekmann Co., 5501 Frantz Rd. #100, Dublin, OH 43017, 614 792-5200; r. 652 Riverview Dr., #A, Columbus, OH 43202, 614 447-0733.

MC CANN, Mrs. Cheryl Stewart; '78 MBA; Mgr. MIS Strat. Plan/QA; Ross Labs, 625 Cleveland Ave., Columbus, OH 43216, 614 227-3584; r. 1962 Glenn Ave., Columbus, OH 43212, 614 488-6343.

MC CANN, Christine Marie; '85 BSBA; Operations Mgr.; Siemens Hearing Instruments, 13043 E. 166th St., Cerritos, CA 90701, 800 445-8203; r. 4423 Casa Grande, Apt. 203, Cypress, CA 90630, 714 761-2175.

MC CANN, Craig Allen; '78 BSBA; Supv.; AT&T Columbus, 6200 E. Broad St., Columbus, OH 43213, 614 860-2607; r. 5161 Smothers Rd., Westerville, OH 43081, 614 882-2838.

MC CANN, Gregory John; '88 MBA; 2980 Berkshire Rd., Cleveland Hts., OH 44118, 216 932-8027.

MC CANN, Gregory L.; '49 BSBA; Asst. Auditor; State Auditors Ofc., 88 E. Broad St., Columbus, OH 43215, 614 864-3917; r. 1619 Bostwick Rd., Columbus, OH 43227, 614 231-2367.

MC CANN, Helen '50 (See Gugle, Helen M.).

MCCANN, James L., Jr.; '59 BS, '61 MS; Asst. Principal; Westerville North HS, 950 Smothers Rd, Westerville, OH 43081, 614 895-6060; r. 198 Bernadine Ct., Westerville, OH 43081, 614 882-1464.

MC CANN, John P.; '38; Retired; r. 160 Paine Ave., New Rochelle, NY 10804, 914 636-5275.

MC CANN, Joseph Stephen; '81 BSBA; Systs. Spec. II; Digital Equip. Corp., Digital Dr., Westminster, MA 01473, 508 874-4947; r. POB 257, Westminster, MA 01473, 508 874-0818.

MCCANN, Karen '72 (See Cryan, Karen M.).

MCCANN, Louella '48 (See Meinken, Mrs. Louella).

MC CANN, Richard Paul; '80 BSBA; 1200 Taylor Sta., Gahanna, OH 43230, 614 866-9562.

MC CANN, T. Joseph; '49 BSBA; Assoc.; Wagner Brenner Co., Columbus, OH 43203, 614 258-1844; r. 252 S. Chesterfield Rd., Columbus, OH 43209, 614 239-8199.

MC CANN, Terrence Joseph; '76 BSBA; VP/Treas.; The Acorn, 2705 Farmers Dr., Worthington, OH 43085, 614 764-8806; r. 93 Walcreek Dr. E., Gahanna, OH 43230, 614 476-3892.

MC CANN, Vicki Ashley; '86 BSBA; Personnel Coord.; The Limited Inc., Victoria's Secret Mail Order, 2 Limited Pkwy., Gahanna, OH 43230; r. 3001 Kemp Blvd., #107, Wichita Falls, TX 76308.

MCCARLEY, Dennis Michael; '74 BSBA; Syst. Safety Engr.; George G. Sharp Inc., 2121 Crystal Park Dr., Ste. 714, Arlington, VA 22202, 703 892-4000; r. 3997 Hidden Valley Ct., Dumfries, VA 22026, 703 680-0640.

MC CARLEY, Ella A.; '31 BSBA; Retired Atty.; r. 1837 Mac Kenzie Dr., Columbus, OH 43220, 614 451-6575.

MCCARLY, Mrs. Sally W., (Sally Wood); '81 BSBA; CPA; 1695 Waltham Rd., Upper Arlington, OH 43221, 614 488-1332; r. Same.

MC CARRICK, Jack William; '77 BSBA; 8163 Hickory Ave., Galena, OH 43021.

MC CARRON, Mary C.; '66 BSBA; Owner; Mary McCarron Inc., 5426 Meadowcreek Dr., Apt.1031, Dallas, TX 75248, 214 239-9452; r. Same.

MC CARTER, Herbert; '78 BSBA; 195 Joliet Ave., Cincinnati, OH 45215, 513 771-6548.

MC CARTHY, Brian Michael; '88 BSBA; 5039 Fairway Ln., Sylvania, OH 43560, 614 299-1811.

MC CARTHY, Ms. Ellen B., (Ellen Backstrom); '82 BSBA, '87 MBA; Analyst; Great American Ins., Corporate Development Dept., 580 Walnut St., Cincinnati, OH 45202, 513 369-5621; r. 5687 Shady Hollow Ln., Cincinnati, OH 45230, 513 231-6597.

MC CARTHY, James W.; '69 BSBA; Corporate Atty.; Ponderosa Inc., POB 578, Dayton, OH 45401, 513 454-2676; r. 5296 Grantland Dr., Dayton, OH 45429, 513 439-5245.

MC CARTHY, Jeffrey Michael; '84 BSBA; Staff; Ford Motor Co., E. & E. Division, 3020 Tiffin Ave., Sandusky, OH 44870, 419 627-3600; r. 409 Miami Pl., Huron, OH 44839, 419 433-7471.

MC CARTHY, Ms. Linda A., (Linda A. Walser); '84 BSBA; Financial Analyst; r. 5681 Oliver St., Columbus, OH 43231, 614 891-4092.

MC CARTHY, Neil William, Jr.; '75 BSBA; VP; Premix Inc., POB 281, N. Kingsville, OH 44068, 216 224-2181; r. 1921 Walnut Blvd., Ashtabula, OH 44004, 216 964-8304.

MC CARTHY, Robert M.; '39 BSBA; VP; Consolidation Coal Co., 330 One Olive Plz., Pittsburgh, PA 15222; r. 233 Oakcrest Ln., Pittsburgh, PA 15236, 412 655-7929.

MCCARTHY, Stephanie M. '84 (See Dunn, Mrs. Stephanie M.).

MC CARTHY, Stephen Joseph; '74 BSBA; Financial Svcs. Rep.; Lotus Devel. Corp., 1990 Post Oak Blvd., Houston, TX 77056, 713 963-8020; r. 2211 Ashmont Ct., Missouri City, TX 77489.

MCCARTHY, Mrs. Susan, (Susan Clark); '50 BSBA; Real Estate Agt.; r. 9032 Moors Pl. N., Dublin, OH 43017, 614 766-6366.

MC CARTHY, Suzanne Lishka; '79 BSBA; Tax Acct.; Ron Likins & Co., 45 W. Main St., Westerville, OH 43081; r. 466 Lambourne Ave., Worthington, OH 43085.

MC CARTNEY, Clyde E.; '60 BSBA; Food Broker; O G Sandbo Co., 11070 Southland Rd, Cincinnati, OH 45240; r. 257 E. Rahn Rd., Dayton, OH 45429.

MC CARTNEY, David; '80 BSBA; Staff; US Post Ofc., 850 Twin Rivers Dr., Columbus, OH 43215; r. 8024 Smokey Row Rd., Powell, OH 43065.

MC CARTNEY, Donald S.; '40 BSBA; Retired Field Mgr.; IBM Corp., 370 W. 1st St., Dayton, OH 45402; r. 11348 High St., St. Paris, OH 43072, 513 663-4567.

MC CARTNEY, James E.; '52 BSBA, '52 BIE; CPA; Mc Cartney & Mc Intyre PC, 940 Long Blvd., Ste. 20, Lansing, MI 48911, 517 694-6262; r. 1725 N. Fairview Ave., Lansing, MI 48912, 517 372-2872.

MC CARTY, Betsy Kerr; '88 BSBA; 654 Stoneledge Rd., State College, PA 16803, 814 238-4473.

MCCARTY, John J.; '84 BSBA; Recovery Mgr.; Fifth Third Bank, 180 E. Broad, Columbus, OH 43215, 614 223-3921; r. 2897 Dover Rd., Columbus, OH 43209.

MC CARTY, Patrick J.; '61 BSBA; Buyer; GE Co., GE Appliances, 35 Rix Mills Rd., New Concord, OH 43762, 614 826-7947; r. 2810 E. Pike, Apt. 9, Zanesville, OH 43701, 614 454-1907.

MCCARTY, Thomas Edward; '68 MBA; Owner; Mkt. Rsch., 333 Greenwich Apt. 3, San Francisco, CA 94133; r. Same.

MCCASKEY, Dr. Donald W., Jr.; '79 BSBA, '82 MBA, '87 PhD (BUS); Principal Rsch. Scientist; Battelle Columbus Div., 505 King Ave., Columbus, OH 43201, 614 424-3783; r. 10665 Johnstown Rd., New Albany, OH 43054, 614 855-2771.

MC CASLIN, Dr. Roy J.; '61 BSBA; Chief Internal Auditor; State Ct. Systs., Supreme Court Bldg., Tallahassee, FL 32301, 904 487-3970; r. 2944 Brandemere, Tallahassee, FL 32312, 904 385-5458.

MC CAULEY, Christopher James; '82 BSBA; Atty.; Weltman Weinberg & Assoc. LPA, 33 Public Sq. Bldg., 6th Fl., Cleveland, OH 44113, 216 363-4000; r. 1701 E. 12th St., Apt. 9L, Cleveland, OH 44114, 216 241-2492.

MC CAULEY, Meredith Anne; '81 BSBA; 107 Baker Ln., Oak Ridge, TN 37830, 615 482-1472.

MC CAULEY, Michael K.; '66 BSBA; Territory Representa; Xerox Corp., Lincoln Bldg. 1367 E. 6th St., Cleveland, OH 44114; r. 9088 SR 44, Shalersville Township, Ravenna, OH 44266, 216 297-9452.

MC CAULEY, Richard G.; '57 BSBA; 1023 E. Home Rd Apt. C, Springfield, OH 45503, 513 390-3264.

MCCAULEY, Sean A.; '83 BSLHR; Sr. Dist. Exec.; Dan Beard Council-Boy Scouts of America, 2331 Victory Pkwy., Cincinnati, OH 45206, 513 961-2336; r. 2240 Westwood Northern Blvd., A26, Cincinnati, OH 45225.

MC CAUSLAND, Patrick Michael; '82 BSBA; Sales Rep.; Gowe Printing Co., 620 E. Smith, Medina, OH 44256; r. 195 Ruthledge Dr., Akron, OH 44319, 216 645-6005.

MC CAUSLIN, David Wayne; '83 BSBA; Traffic Mgr.; Freight Express, 2200 Prospect Ave., Cleveland, OH 44114; r. 210 Atterbury Blvd., Hudson, OH 44236, 216 650-9502.

MC CAW, Jeffrey Robert; '81 BSBA; 9679 Rexford Dr., Cincinnati, OH 45241, 513 733-0604.

MC CAW, Michael Earl; '76 BSBA; Corporate Atty.; r. 8631 Twilight Tear Ln., Cincinnati, OH 45249.

MC CHESNEY, Roger Alan; '79 MPA; Mr Roger A Mc Chesney, POB 52117, Lafayette, LA 70505, 318 233-3663; r. 102 Boring Cir., Lafayette, LA 70506, 318 984-2920.

MC CLAIN, Brian Neil; '84 BSBA; Sr. CPA Cnslt.; Deloitte Haskins & Sells, 155 E. Broad St., Columbus, OH 43215, 614 221-1000; r. 3600 Shattuck Ave., Columbus, OH 43220, 614 459-9109.

MC CLAIN, Brigid Maureen; '77 BSBA; 154 N. Ardmore Rd., Columbus, OH 43209.

MCCLAIN, John (Jay) R.; '75 BSBA; Employee Stockholder; Alpine Summit Sales, 1115 Grant St., Denver, CO 80203, 303 863-7721; r. 4016 S. Magnolia Way, Denver, CO 80237, 303 759-2504.

MC CLAIN, John E.; '58 BSBA; Pres.; Ohio Vly Battery & Ignition Co., 16th & Eoff St., Wheeling, WV 26003, 304 233-2840; r. 121 Pine Knoll, St. Clairsville, OH 43950, 614 695-0283.

MC CLAIN, Kim R.; '81 MBA; Mktg. Mgr.; Standard Oil Co., BP America Bldg., 200 Public Sq., Cleveland, OH 44115; r. 1934 Reeds Ct. Tr., Cleveland, OH 44145, 216 892-9053.

MCCLAIN, Mark A.; '81 BSBA; Plant Acct.; United Technology-Automotive, 13060 State Rte. 287, E. Liberty, OH 43319, 513 666-3031; r. 600 Iroquois Rd., Bellefontaine, OH 43311, 513 599-3258.

MC CLAIN, Paul Harding; '70 BSBA; Sr. Dir.; Life Ins. Mktg. & Rsch. Assn. Inc., Marketing Consultation Group, 8 Farm Springs, Farmington, CT 06032, 203 677-0033; r. 18 Hampton Village Dr., Granby, CT 06035, 203 653-3945.

MC CLAIN, Paul Michael; '74 BSBA; Area Rep.; Dale Carnegie Courses, 1395 E. Dublin-Granville Rd, Columbus, OH 43229, 614 846-6400; r. 265 Willowdown Ct., W. Worthington, OH 43235.

MCCLAIN, Renee, (Renee C. Erb); '83 BSBA; Acct.-CPA; Sterling Software, 1651 NW Professional Plz., Columbus, OH 43220, 614 459-7500; r. 3600 Shattuck Ave., Columbus, OH 43220, 614 459-9109.

MC CLAIN, William D.; '50 BSBA; Retired Underwriter; Nationwide Ins. Co., One Nationwide Plz., Columbus, OH 43216; r. 645 Neil Ave. #504, Columbus, OH 43215, 614 469-0519.

MC CLANAHAN, Ann Cowgill, (Ann Cowgill); '63 BSBA; Homemaker; r. 6722 Coral Ridge Rd, Houston, TX 77069, 713 444-5293.

MC CLANAHAN, Herbert H.; '29 BSBA; 112-20 72nd Dr., Forest Hills, Flushing, NY 11375.

MC CLANAHAN, Joy Lynn; '82 BSLHR; 66 Mc Cracken Dr., Johnstown, OH 43031, 614 967-8983.

MC CLARREN, Craig Coulter; '80 BSBA; Salesman; AMSCO Sch. Publications, 315 Hudson St., New York, NY 10013; r. 1077 Mulford Rd., Columbus, OH 43212, 614 291-1823.

MC CLASKIE, Ms. Deborah Lynn; '80 BSBA; Owner-Agt.; State Farm Agcy., 3725 W. Dublin-Granville Rd., Worthington, OH 43085; r. Same, 614 766-1190.

MC CLAVE, Elmer W., Jr.; '50 BSBA; 1014 Maple Ave., Uhrichsville, OH 44683, 614 922-1223.

MC CLEARY, Barbara Ann; '84 BSBA; Staff; Super X Drugs, Kingsdale Shopping Ctr., Columbus, OH 43221; r. 1273 Serenity Ln., Worthington, OH 43085, 614 848-3730.

MC CLEAVE, Jeffrey Michael; '72 BSBA; 609 Auburn Ln., Schaumburg, IL 60193, 312 893-3563.

MC CLEERY, Mrs. Joy A., (Joy Crouch); '58 BSBA; Homemaker; r. Rte. 1 Box 83, Van Wert, OH 45891, 419 238-9745.

MC CLEESE, Anita Ruth; '83 BSBA; Asst. Mgr.; Summit Chase Condominiums, 1000 Urlin Ave., Columbus, OH 43212; r. 3129 Kingswood Dr., Grove City, OH 43123, 614 871-4459.

MC CLELLAN, Kay Brubaker; '55 BSBA; 111 Corbin Ave., Beaver Falls, PA 15010.

MC CLELLAN, Lori Elaine; '84 BSBA; 5996 Pelton Rd., Bloomdale, OH 44817, 419 454-2391.

MC CLELLAN, Stephen John; '87 BSBA; 1220 Birch, Maumee, OH 43537, 419 893-8695.

MC CLELLAN, Warren Louis; '74 BSBA; 878 Bradford Ct., Cincinnati, OH 45233, 513 941-7036.

MC CLELLAND, LTC David H., USAF(Ret.); '62 BSBA; Mgr. Leasing Systs.; The Taubman Co. Inc., 200 E. Long Lake Rd., POB 200, Bloomfield Hls., MI 48013, 313 258-7491; r. 2540 Rambling Way, Bloomfield Hls., MI 48013, 313 334-1266.

MC CLELLAND, Frank B., Jr.; '59 BSBA; Staff; Columbia Gas Syst. Svc., 1600 Dublin Rd., Columbus, OH 43215; r. 5115 Cobblestone Dr., Columbus, OH 43220, 614 442-0718.

MC CLELLAND, Joyce M., (Joyce Mc Grew); '61 BSBA; Acct.; The Taubman Co. Inc., 200 E. Long Lake Rd., POB 200, Bloomfield Hls., MI 48303, 313 258-7441; r. 2540 Rambling Way, Bloomfield Hls., MI 48013, 313 334-1266.

MC CLELLAND, Leland S.; '36; Artist; Mc Clelland Studio Gallery, 1313 E. Broad St., Columbus, OH 43205, 614 252-4334; r. 346 S. Drexel Ave., Columbus, OH 43209, 614 258-1755.

MC CLELLAND, Mary Haag; '49 BSBA; 455 N. King St., Xenia, OH 45385.

MCCLELLAND, Mary Lynn '53 (See Corbin, Mary McClelland).

MC CLELLAND, Richard Charles; '75 BSBA; Sales Mgr.; Amer. Gen. Life & Accident Ins., 2021 E. Dublin Granville Rd., Columbus, OH 43229, 614 436-2344; r. 494 Flintwood Dr., Gahanna, OH 43230, 614 475-4600.

MC CLELLAND, Stephen Alan; '70 BSBA; Maj. Acct. Rep.; Harris/Lanier, 2777 Stemmons Frwy., Ste. 1022, Dallas, TX 75207, 214 630-0692; r. 9639 Livenshire, Dallas, TX 75238, 214 503-8002.

MC CLELLAND, W. Reed; '43 BSBA; Retired VP; Cottingham Paper Co., 324 E. 2nd Ave., Columbus, OH 43215; r. 1244 Kenbrook Hills Dr., Upper Arlington, OH 43220, 614 457-6563.

MC CLELLAND, William T.; '48 BSBA; Retired; r. 8598 Brick Church Rd, Cambridge, OH 43725, 614 685-3557.

MC CLENAHAN, Donald C.; '49 BSBA; Staff; Waste Mgmt. Inc., 3003 Butterfield Rd, Oak Brook, IL 60521, 312 572-8938; r. 819 W. Hickory St., Hinsdale, IL 60521, 312 654-1497.

MC CLENATHAN, Donald E.; '60 BSBA; 18061 Winchester Ct., Strongsville, OH 44136, 216 572-1950.

MCCLERG, Mary '53 (See Hengartner, Mary McClerg).

MC CLINTIC, Michael B.; '67 BSBA; POB 312, Mt. Pleasant, MI 48858, 517 773-0960.

MC CLINTOCK, Eugene A., USN(Ret.); '51 BSBA; Owner; Cutting Corners Inc., 13720 Midway Rd., Dallas, TX 75244, 214 233-1471; r. 3796 Vinecrest St., Dallas, TX 75229, 214 351-1243.

MC CLOSKEY, Dennis Lee; '72 BSBA, '78 MBA; VP; Citicorp Investment Bank, 200 S. Wacker Dr., Chicago, IL 60606, 312 993-3092; r. 1594 Derby Ct., Naperville, IL 60540, 312 355-2131.

MC CLOSKEY, Richard H.; '39 BSBA; Retired; r. 1406 Brentwood Dr., Greeneville, TN 37743, 615 639-4854.

MC CLOUD, S. Newton; '25 BSBA; Retired; r. 1818 B Riverside Dr., Columbus, OH 43212, 614 486-3756.

MC CLOY, COL Edward; '47 MBA; Retired; r. 97 W. Main St., # 75, Niantic, CT 06357, 203 739-3771.

MC CLOY, Helen Emily; '84 BSBA; 10873 Lake Thames, Cincinnati, OH 45242, 513 489-5180.

MCCLOY, William A.; '82 BSBA; Sales Mgr.; Power Distribution Svcs. Inc., 9879 Cres. Pk. Dr., West Chester, OH 45069, 513 777-4445; r. 4655 Delhi Pike, Cincinnati, OH 45238, 513 471-6331.

MC CLUNG, Deborah '81 (See Tracy, Deborah M.).

MCCLUNG, Robert William; '52 BSBA; VP; Shearson Lehman Hutton, 72A Patton Ave., Asheville, NC 28801, 704 252-0200; r. POB 502, Banner Elk, NC 28604, 704 387-4460.

MCCLURE, Charles S.; '76 BSBA; Partner/Tax Div.; Arthur Andersen & Co., 1717 E. 9th St., Cleveland, OH 44114, 216 781-2140; r. 3280 Ingleside Rd., Shaker Hts., OH 44122.

MCCLURE, Mrs. Christine L., (Christine L. Zone); '73 BSBA; 553 Haskell Dr., Akron, OH 44313, 216 867-4779.

MC CLURE, David L.; '61 BSBA; House Counsel; Certified Oil Co., 303 S. Front St., Columbus, OH 43215; r. 5774 Plain View Dr., New Albany, OH 43054, 614 855-9626.

MCCLURE, Gregory J.; '86 BSBA; Auditor; Coopers & Lybrand, 100 E. Broad St., Columbus, OH 43215, 614 221-7471; r. 816 Oakland Park Ave., Columbus, OH 43224, 614 447-8547.

MC CLURE, John J., Jr.; '39 BSBA; 608 Hector Ave., Metairie, LA 70005, 504 835-7485.

MC CLURE, Ross O.; '48 BSBA; Retired; r. 2741 N. E. 32nd St., Ft. Lauderdale, FL 33306, 305 564-9866.

MCCLURE, Stephen C.; '83 BSBA; Free-lance Writer; 7809 Falstaff Rd., Mc Lean, VA 22102, 703 821-2588; r. Same.

MC CLURG, Mark A.; '76 BSBA; Mgr. of Programming; Reynolds & Reynolds, POB 1005, Dayton, OH 45401, 513 443-2622; r. 6633 Marjean Dr., Tipp City, OH 45371, 513 667-6295.

MC CLUSKEY, Walter B.; '43 BSBA; Realtor/Dev./Investments; Walt McCluskey & Co., 5215 Millcreek Rd., Dayton, OH 45440; r. Same, 513 434-1207.

MCCOLGAN, Daniel Brian; '82 MLHR; Labor Relations Spec.; Louisville Gas & Electric Co., 311 W. Chestnut, Louisville, KY 40202, 502 627-3234; r. 1001 Darbyshire Apt. 2, Louisville, KY 40222, 502 423-8296.

MCCOLLOCH, Jerry L.; '53 BSBA; Pres./Owner; McColloch-Baker Ins. Svc. Inc., 1121 W. Water St., POB 1196, Piqua, OH 45356, 513 773-5626; r. 9695 Spiker Rd., POB 1151, Piqua, OH 45356, 513 773-1038.

MC COLLOUGH, Mary Gavula; '79 MBA; Gen. Mgr.; H J Heinz Co., Marketing Services, POB 57, Pittsburgh, PA 15230; r. 1913 Concord Dr., Allison Park, PA 15101, 412 366-6761.

MC COLLOUGH, Michael Ashton; '80 BSBA, '82 MBA; Buyer; M O'Neils, Division of May Dept. Stores, 226 S. Main St., Akron, OH 44308, 216 375-5000; r. 1685 Rugg St., Kent, OH 44240.

MC COLLOUGH, William Elzy; '75 BSBA, '77 MBA; Dir.; Kaufmanns Dept. Store, Stratigic Planning Ofc., 400 Fifth Ave., Pittsburgh, PA 15219, 412 232-2048; r. 1913 Concord Dr., Allison Park, PA 15101, 412 366-6761.

MC COLLUM, Albert E.; '49 BSBA; Retired; r. 125 Erie Rd., Columbus, OH 43214, 614 268-2530.

MC COLLUM, John Ralph; '68 BSBA; Claim Supt.; State Farm Ins. Co., 7088 W. 130th St., Cleveland, OH 44130, 216 886-7415; r. 9504 Oak Park Dr., Brecksville, OH 44141, 216 838-5667.

MC COMB, Roger E.; '63 BSBA, '67 MBA; 211 N. Kasper Ave., Apt. G 7, Arlington Hts., IL 60005, 312 255-5206.

MC COMBS, RADM Charles E.; '48 MPA; Retired Ofcr. USN; r. Apt.-B 468, 6000 Riverside Dr., Dublin, OH 43017, 614 792-1952.

MC COMBS, Donald E.; '59 BSBA; Pres.; Pattison Supply Co., 4550 Willow Pkwy., Cleveland, OH 44125, 216 441-3000; r. 17449 Ridge Creek Rd., Strongsville, OH 44136, 216 238-4461.

MC COMBS, Walter L.; '73 MBA; Dir.-Intl. Tax; Abbott Labs, D367 AP6D, Abbott Park, IL 60064, 312 937-6355; r. 60 Quail Dr., Lake Forest, IL 60045, 312 295-7037.

MC CONAUGHY, Dr. David H.; '58 BSBA, '62 MBA, '65 PhD (BUS); Pres.; Data Mgmt. Resources, 20725 S. Western Ave., Ste. 100, Torrance, CA 90501, 213 618-9677; r. Club View Ln. #32, Rolling Hls. Estates, CA 90274, 213 530-5847.

MCCONAUGHY, Steven C.; '70 BSBA; Regional Mgr.; A L Williams, 2141 Chelmsford Ln., Toledo, OH 43614, 419 385-2203; r. Same.

MCCONNELL, Christine M. '87 (See Clifford, Mrs. Christine M.).

MCCONNELL, Ms. Diane; '84 BSBA; Logistics Analyst; Leaseway Transportation, 3700 Park East Dr., Cleveland, OH 44122, 216 765-5468; r. 3955 Idlewild Dr., Rocky River, OH 44116, 216 333-3899.

MCCONNELL, Mrs. Dona Lowry, (Dona Lowry); '52 BSBA; Ofc. Mgr.; Dr. Bernie A. McConnell, Wells Professional Bldg., 515 Third St. NW, Canton, OH 44703, 216 455-9977; r. 216 Lakecrest Ln. NW, Canton, OH 44709, 216 492-3048.

MC CONNELL, Dwight C.; '40 BSBA; Box 64, Piedmont, OH 43983.

MC CONNELL, Eugene E., Jr.; '53 BSBA; Owner; Capital City Awning Co., 577 N. 4th St., Columbus, OH 43215, 614 221-5404; r. 4244 Evansdale Rd., Columbus, OH 43214, 614 451-4228.

MC CONNELL, Kenner, Jr.; '48 BSBA; Retired; r. 187 Lakeridge Rd., Worthington, OH 43085, 614 885-1631.

MC CONNELL, Robert Ted; '75 BSBA; RR 5, Caldwell, OH 43724, 614 732-2852.

MCCONNELL, Teresa R. '80 (See Miller, Mrs. Teresa M.).

MCCONNELL, Thomas David; '71 BSBA; Pres. & CEO; Suburban Gen. Hosp., S. Jackson Ave., Bellevue, Pittsburgh, PA 15202, 412 734-1800; r. 492 Woodland Rd., Pittsburgh, PA 15237, 412 366-8910.

MC CONOUGHEY, Charles E.; '54 BSBA; Retired Salesman; r. 4315 Fishburg Rd, Dayton, OH 45424, 513 233-1089.

MC CORD, Cynthia Lynne; '88 BSBA; 1551 Berkshire Rd., Columbus, OH 43221, 614 486-8870.

MC CORD, Denver P.; '49 BSBA; Pres. Aro Auto E; Obee Mc Cord Inc., 8799 Lyndon Ave., Detroit, MI 48238; r. 31181 Schoolcraft, Livonia, MI 48150.

MCCORD, James W.; '63 BSBA; Atty. & Partner; Vars Pave Mc Cord & Freedman, 16030 Ventura Blvd., Ste. 600, Encino, CA 91436, 818 783-8820; r. 4949 Hayvenhurst Ave., Encino, CA 91436, 818 981-0767.

MC CORD, Timothy Stauffer; '83 BSBA; Acct. Mgr.; Arthur Young & Co., One Columbus, 10 W. Broad St., Columbus, OH 43215, 614 222-3900; r. 3451 Wicklow Rd., Columbus, OH 43204, 614 279-5258.

MC CORKLE, Diane Elizabeth; '86 BSBA; Auditor; Bank One of Columbus, Trust Dept., 841 Greencrest, Columbus, OH 43271; r. 860 Shullo Dr., Akron, OH 44313, 614 766-5734.

MCCORKLE, William R., Jr.; '47 BSBA; Pres.; McCorkle, Inc. Realtors, 755 Bluffview Dr., Worthington, OH 43235, 614 882-1112; r. Same.

MC CORMIC, George Edward; '74 BA, '76 MPA, '77 MBA; Pres.; Gem Electronics Inc., 444 Lake Cook Rd., Ste. 19, Deerfield, IL 60015, 312 940-7702; r. 628 Sheridan Rd., 3B, Highwood, IL 60040, 312 432-9309.

MC CORMICK, Archibald B., Jr.; '40 BSBA; Comptroller; The Frick-Gallagher Mfg. Co., 226 S. New York Ave., Wellston, OH 45692; r. Hamden Pike, POB 302, Wellston, OH 45692, 614 384-2049.

MC CORMICK, Christine Murnane; '77 BSBA, '82 MBA; 5076-G Godown Rd., Columbus, OH 43220, 614 451-3848.

MC CORMICK, Donald Blair; '57 BSBA; 15989 Rimrock, Apple Vly., CA 92307.

MC CORMICK, Gregg J., Sr.; '83 BSBA; VP of Sales; On-Cor Frozen Foods Inc., 6693 Merwin Rd., Worthington, OH 43085, 614 766-6592; r. Same, 614 889-5045.

MC CORMICK, Harold Eugene; '58 BSBA; Sales Engr.; Leco Corp., c/o Postmaster, St. Joseph, MI 49085; r. 272 Moreland Dr., Canfield, OH 44406, 216 533-4931.

MCCORMICK, John B.; '33 BSBA; Retired; r. 2019 Redondo Pl., Fullerton, CA 92635.

MC CORMICK, John H.; '33; Retired; r. 3833 Calvert St. NW, Washington, DC 20007.

MC CORMICK, John Robert; '64 BSBA; Area Sales Mgr.; Stokely Van Camp Inc., 941 N. Meridian, Indianapolis, IN 46204; r. 674 Smokey Ln., Carmel, IN 46032, 317 846-9281.

MC CORMICK, Kelly Lynn, CPA; '84 BSBA; Sr. Acct.; Arthur Young, 707 17th St., Ste. 3800, Denver, CO 80202, 303 297-9500; r. 1985 S. Cherry St., Apt. 316, Denver, CO 80222, 303 757-2386.

MCCORMICK, Marjorie '51 (See Payne, Marjorie M.).

MC CORMICK, Mary Vaffis; '40 BSBA; 2252 Abington Rd, Columbus, OH 43221, 614 488-1553.

MC CORMICK, Robert Alan; '70 BSBA; Branch Mgr.; IBM Corp., 18000 W. Nine Mile Rd., Southfield, MI 48086, 313 552-4920; r. 2594 Hounds Chase, Troy, MI 48098, 313 641-8782.

MC CORMICK, Robert Hipp; '41 BSBA; Retired; r. 2252 Abington Rd., Columbus, OH 43221, 614 488-1553.

MCCORMICK, William Bernard; '61 BSBA; Controller; Bushings & Bearings Div.-JP Industries, 1215 Greenwood St., Bellefontaine, OH 43311, 513 592-5010; r. 301 N. Center St., Belle Ctr., OH 43310, 513 464-2857.

MC CORT, Ralph W.; '49 BSBA; Retired; r. 10484 Scripps Tr., San Diego, CA 92131, 619 586-7538.

MC COURT, Donald Cowan; '85 BSBA; Account Exec.; The Wedding Pages, 407 Fairfield Ct., Schaumburg, IL 60193, 312 351-5343; r. Same.

MC COY, Bernard E.; '69; Sr. VP; Berwanger, Overmyer Assocs., 2245 Northbank Dr., Columbus, OH 43220, 614 457-7000; r. 3939 Fairlington Dr., Columbus, OH 43220, 614 459-5247.

MC COY, Brian Edgar; '76 BSBA; Mgr.; Gen. Cinema Theatres, Chestnut Hill, MA 02167; r. 2609 Westmont Blvd., Columbus, OH 43221, 614 486-3167.

MC COY, Denise Ehrler; '84 MBA; Asst. Energy Analyst; Amer Elec Power Co., 1 Riverside Plz., Columbus, OH 43215; r. 2123 Wesleyan Dr., Columbus, OH 43221, 614 459-5588.

MCCOY, Diane Jaworski, (Diane Jaworski); '84 BSBA; Cost Acct.; Allied Signal Inc., 901 Cleveland St., Elyria, OH 44035, 216 329-9788; r. 1828 Narragansett Blvd., Lorain, OH 44053, 216 282-1579.

MCCOY, Ellen '36 (See Keslar, Ellen).

MC COY, Frank Peter; '49 BSBA; Acct.; Strawser Paving Co. Inc., 2134 Eakin Rd, Columbus, OH 43223; r. 9347 Circle Dr. E., Pickerington, OH 43147, 614 866-4407.

MC COY, James Ray; '34 BSBA, '36 MBA; Dean Emeritus; The Ohio State Univ., Clg. of Admin Science, Columbus, OH 43210; r. 3579 Prestwick Ct., Columbus, OH 43220, 614 459-2669.

MCCOY, Kirk J.; '83 BSLHR; Personnel Mgr.; City of Columbus, Municipal Electric Plant, 2500 Jackson Pike, Columbus, OH 43223, 614 645-3147; r. 6263 Century City N., Apt. 6, Reynoldsburg, OH 43068, 614 863-5078.

MCCOY, Michael Charles; '87 BSBA; Sales Rep.; Micro Ctr., 1555 W. Lane Ave., Columbus, OH 43221, 614 481-4409; r. 5628 N. Meadows, Columbus, OH 43229, 614 885-3674.

MCCOY, Peter Christian; '74 BSBA; Pres./Owner; Gen. Acctg. & Auditing Paraprofessionals, 2288 Sedgwick Dr., Columbus, OH 43220, 614 459-9116; r. Same.

MC COY, Roger Joseph; '79 BSBA; Product Coord.; Yellow Freight Syst., Inc., 10990 Roe Ave., Overland Park, KS 66211, 913 345-3000; r. 11456 Conser, Overland Park, KS 66210, 913 661-0047.

MCCOY, Scott D.; '47 BSBA; Retired Mgr. Corp Sys; Mobil Oil Corp., 150 E. 42nd St., New York, NY 10017; r. 29 Tuthill Ave., Rowayton, CT 06853, 203 838-6358.

MC COY, Sonya '83 (See Dahl, Sonya).

MC COY, Wayne Irvin; '77 MPA; Lt.; Westerville Div. of Police, 29 S. State St., Westerville, OH 43081.

MC CRABB, Jeffrey Allen; '64 BSBA; Pres.; C M Prods. Co., 6061 Milo Rd., Dayton, OH 45414, 513 898-4420; r. 316 W. Main St., Eaton, OH 45320, 513 456-6786.

MCCRACKEN, Charles H.; '48 BSBA; Regional Rep.; Presbyterian Fndn., 9409 N. 53rd Dr., Glendale, AZ 85302, 602 937-1512; r. Same.

MC CRACKEN, H. Richard; '43 BSBA; Retired Atty.; r. 2357 Brandon Rd., Columbus, OH 43221, 614 488-9873.

MC CRATE, Gregory Alan; '72 BSBA; Systs. Cnslt.; AT&T, 7250 Poe Ave., Dayton, OH 45414, 513 454-4518; r. 1759 Sheltering Tree, W. Carrollton, OH 45449, 513 866-7749.

MC CRATE, Sean Patrick; '87 BSBA; 3185 Maize Rd., Columbus, OH 43224.

MC CRAY, Richard Charles; '68 MBA; Dir. of Marketng; Metal Forge Co., Sub: General Signal Corp, 291 Marconi Blvd., Columbus, OH 43215, 614 224-2271; r. 1955 Rosebery Dr., Columbus, OH 43220, 614 457-7835.

MCCRAY, Robert D.; '52 BSBA; Warehouse Mgr.; The J. M. Smucker Co., 1275 Hansen St., Salinas, CA 93901, 408 424-2761; r. 791 Lemos Ave., Salinas, CA 93901, 408 424-4543.

MC CREADY, Marvin R.; '50 BSBA; Purchasing Expediter; Central Mgmt. Purchasing, The Babcock & Wilcox Company, Fossil Power Generation Divisi, Barberton, OH 44203; r. 2523 14th St., Cuyahoga Falls, OH 44223, 216 923-2351.

MC CREADY, Robert E.; '34 BSBA; Partner; Mc Cready Suburban Furniture, 1500 W. 4th St., Mansfield, OH 44906; r. 712 Courtwright Blvd., Mansfield, OH 44907, 419 756-5966.

MC CREARY, Peter H.; '87 BSBA; Minister; Cincinnati Church of Christ, 5252 Montgomery Rd., Cincinnati, OH 43212, 513 731-2270; r. 5325 E. Knoll Ct. #126, Cincinnati, OH 45239, 513 681-8436.

MC CREIGHT, Deborah Ann; '83 BSBA; Auditor; John Deere Co., John Deere Rd., Moline, IL 61265; r. 237 Turnstone Rd., Apt. B, Worthington, OH 43085.

MC CRERY, Michael Joseph; '78 BSBA; Atty.; The Walgreen Co., 200 Wilmot Rd., Deerfield, IL 60015; r. 1919 S. Wolf Rd., #416, Hillside, IL 60162, 312 449-5975.

MCCRORIE, Catherine '80 (See Cordell, Mrs. Catherine M.).

MC CROSKEY, Kristy Lee; '85 BSBA; Purchasing Agt.; Gaylord Container Corp., 440 N. Baldwin Park Blvd., City of Industry, CA 91749, 818 369-3451; r. 697 Mira Monte Pl., Pasadena, CA 91101, 818 568-1329.

MCCROSKEY, Matthew Mark; '83 BSBA; Account Exec.; Stanley Paper Co., Inc., 3130 Leonis Blvd., Los Angeles, CA 90058, 213 581-7826; r. 4682 Warner Ave. #B-201, Huntington Bch., CA 92649, 714 846-8238.

MC CUE, George Robert; '78 BSBA; Asst. Atty. Gen.; Ohio Atty. General's Ofc., 30 E. Broad St. 16th Fl., Columbus, OH 43266, 614 466-4320; r. 53 Acton Rd., Columbus, OH 43214, 614 267-1696.

MC CUE, William Hall, Jr.; '65 BSBA, '69 MBA; Dir.; Red Lobster, Mktng Research/Strategic Plng, 5930 Sharon Woods Blvd., Columbus, OH 43229; r. 1901 Legion Dr., Winter Park, FL 32789, 407 645-3905.

MC CUEN, Jeffrey Scott; '88 BSBA; 4801 Scotch Pine Way, N. Ridgeville, OH 44039, 216 327-4136.

MC CULLOCH, Charles Lewis; '69 BSBA; Treas.; Morton Thiokol Inc., 110 N. Wacker Dr., Chicago, IL 60606; r. 236 Hawthorne, Glencoe, IL 60022, 312 835-2259.

MC CULLOCH, Thomas G.; '74 BSBA; 7945 Verandah Ct., Powell, OH 43065, 614 761-2190.

MC CULLOUGH, Donald J., CPA; '48 BSBA; 2909 Silverton Dr., Dallas, TX 75229, 214 247-7379.

MC CULLOUGH, Howell D.(Mac), III; '78 BSBA; VP, Mgr. Financial Plng.; Texas Commerce Bancshares, 712 Main St., Houston, TX 77002, 713 236-6498; r. 2247 South Blvd., Houston, TX 77098, 713 524-6173.

MC CULLOUGH, John D.; '58 BSBA; Supv.; Indiana Gear Works, 7040 Grosvenor Pl., Indianapolis, IN 46220, 317 849-5881; r. Same.

MC CULLOUGH, Mark Cooper; '88 BSBA; 897 Deacon Cir., Columbus, OH 43214, 614 882-0207.

MC CULLOUGH, Mark Steven; '76 BSBA; Acct.; Ohio Decorative Prods., c/o Postmaster, Spencerville, OH 45887; r. Rte. 6, 5050 Kerr Rd., Cridersville, OH 45806, 419 648-5031.

MC CULLOUGH, Stacy J.; '86 BSBA; 116 S. Hayden Pkwy., Hudson, OH 44236, 216 650-0420.

MC CULLOUR, Walter A.; '42 BSBA; Retired; GTE of Florida; r. 14121 Cypress Run, Carrollwood Village, Tampa, FL 33624, 813 961-2194.

MC CUMMINGS, Betty Hall; '74 MPA; 160 William Penn Blvd., Penn Oaks, West Chester, PA 19382.

MC CUMMINS, Caroline Susan; '85 BSBA; Treas.; Farmington Local Sch. Dist., 121 N. Second St., W. Farmington, OH 44491, 216 889-3311; r. 220 Grove Dr., Cortland, OH 44410, 216 638-7108.

MC CUNE, William Thomas; '45 BSBA; POB 443, Burlingame, CA 94011, 415 343-6404.

MC CURDY, Terrance Michael; '74 BSBA; Sales Rep.; Xerox Corp., 471 E. Broad St., Columbus, OH 43215; r. 4606 Sandringham Dr., Columbus, OH 43220, 614 459-0061.

MCCURRY, Douglas Ray; '81 BSBA; Supv. Bus. Plng.; Gulfstream Aerospace Corp., POB 2206, M/S A14, Savannah, GA 31402, 912 966-4642; r. 818 Meriweather Dr., Savannah, GA 31406, 912 355-5812.

MC CURRY, Jeffrey Alan; '86 BSBA; Gen. Mgr.; Conference Concepts Inc., 900 E. 8th Ave., Ste. 300, King Of Prussia, PA 19406, 215 337-9917; r. 108 Fairfield Ct., West Chester, PA 19382, 215 644-5921.

MC CURRY, William Lloyd; '83 BSBA; Programmer; State of Ohio, Ohio Student Loan Commission, 50 W. Broad St., Columbus, OH 43215; r. 1132 Tulsa Dr., Columbus, OH 43229.

MC CUTCHEON, Clarence David; '83 BSBA; Owens Corning Fiberglass, 1 Case Ave., Newark, OH 43055; r. 816 N. 21st St., Newark, OH 43055, 614 344-9285.

MCCUTCHEON, Thelma '47 (See Milligan, Thelma M.).

MC DAID, Kristine; '78 BSBA; Sr. Systs. Analyst; Mc Donnell Douglas Computer Systs., 4 Gary Rd., Union, NJ 07083, 201 964-5210; r. 89-02 Tamarron Dr., Plainsboro, NJ 08536, 609 275-0052.

MC DANELS, Gregory Michael; '83 BSBA; Acct.; Beverly Enterprizes, 3280 Virginia Beach Blvd., Virginia Bch., VA 23458, 804 431-7000; r. 514 Waters Edge Dr., #H, Newport News, VA 23606, 804 595-8414.

MC DANIEL, Carl H.; '50 BSBA; Ins. Agt.; r. POB 44013, Cincinnati, OH 45244, 513 474-3062.

MC DANIEL, Gregory Alan; '70 BSBA; Acct.; Portman Equip. Co., *, Cincinnati, OH 45234; r. 7245 Berwood Dr., Cincinnati, OH 45243, 513 561-5471.

MC DANIEL, Jenny Sue; '80 BSBA; Sr. Prog. Analyst; McDonnell Douglas, 5301 Bolsa Ave., MS 14-1 W372, Huntington Bch., CA 92647; r. 17172 Bolsa Chica #33, Huntington Bch., CA 92649.

MC DANIEL, John W., Jr.; '81 BSBA; Sales Rep.; O&M Co., 1111 Mount Vernon Ave., Marion, OH 43302; r. 1404 Lusch Rd., Marion, OH 43302, 614 389-3958.

MC DANIEL, John William; '67 BSBA; Staff; John W Galbreath & Co., 180 E. Broad St., Columbus, OH 43215; r. 2576 Henthorne Rd., Columbus, OH 43221, 614 486-3909.

MC DANIEL, Kevin Lee; '77 BSBA; Slf Empl Plumber; r. 3293 Towers Ct. N., Columbus, OH 43227.

MC DANIEL, Larry Lee; '69 BSBA; Dir. Minnesota Field Ofcr; Comptroller of Currency, 920 2nd Ave. S., Ste. 800, Minneapolis, MN 55402, 612 370-3337; r. 361 Swanson Cir., Burnsville, MN 55337, 612 435-1858.

MC DANIEL, Laurence G.; '54 BSBA; 1306 Stoneridge Dr., Apt. B, Columbus, OH 43213, 614 861-7422.

MC DANIEL, Louis A., Jr.; '65 BSBA; Retired Examiner; Ohio Dept. of Commerce, 2 Nationwide Plz., Columbus, OH 43215; r. 585 E. Town St., Apt. 14, Columbus, OH 43215, 614 221-7642.

MCDANIEL, Mary L. '83 (See Evans, Mrs. Mary L.).

MC DANIEL, Richard A.; '62 BSBA; VP; St. John Knits, POB 19524, Irvine, CA 92713, 714 863-1171; r. 9 Greenbriar Ln., Newport Bch., CA 92660, 714 644-9021.

MC DANIEL, Richard Franklin; '80 BSBA; Grain Merchant; The Pillsbury Co., POB 9277, Ogden, UT 84409, 801 621-3540; r. 2412 E. 2200 North St., Layton, UT 84040, 801 546-6426.

MC DANIEL, Richard Keith; '70 BSBA; Quality Control Mgr.; Ford Motor Co., Norfolk Assembly Plant, 2424 Springfield Ave., Norfolk, VA 23523; r. 4845 Linwood Ct., Virginia Bch., VA 23464, 804 474-0208.

MC DANIEL, Roger Gilbert, Jr.; '83 BSBA; 155 E. Wilson Bridge, Worthington, OH 43085, 614 885-3644.

MC DANIEL, Roger W.; '63 BSBA; Div. Mgr.; Fleet Wing Div. Pennzoil Co., 6929 W. 130th, Cleveland, OH 44130; r. 267 Ashley Ct., Xenia, OH 45385.

MC DANIEL, Ronald L.; '88 BSBA; Reprographics Spclst; Riverside Meth. Hosp., 3535 Olentangy River Rd, Columbus, OH 43214; r. 871 Copeland Rd., Columbus, OH 43212, 614 294-1463.

MC DANIEL, Ronald Louis; '87 BSBA; 1474 Marion Rd. #B, Columbus, OH 43206, 614 443-2205.

MC DANIEL, Sue '61 (See Moore, Sue).

MC DANIEL, William A.; '66 MBA; Engr.; Rockwell Intl. Corp., 1800 Satellite Blvd., Duluth, GA 30136; r. 6300 Sta. Mill Dr., Norcross, GA 30092, 404 449-6261.

MCDANNOLD, Ms. Kathleen A.; '84 BSBA; Corporate Account Mgr.; Micro Ctr. Corporate Sales, 1555 W. Lane Ave., Columbus, OH 43221, 614 481-4405; r. 5825 Satinwood Blvd., Columbus, OH 43229, 614 436-4250.

MC DAVID, Dr. John Edwin, Jr.; '62 MBA, '66 PhD (BUS); Prof.; Univ. of South Carolina-Sumter, Dept. of Business & Economics, Miller Rd., Sumter, SC 29150, 803 775-6341; r. 2110 Gin Branch Rd., Sumter, SC 29154, 803 481-4165.

MC DAVID, Scott Collins; '76 BSBA; Supv.; State of Ohio, Dept. of Banking, Columbus, OH 43215; r. 921 Deer Run Trail, Lebanon, OH 45036, 513 932-0266.

MC DAVID, William R.; '61 BSBA; Atty./Partner; Bowles Mc David Graff & Love, POB 1386, 1600 Commerce Sq., Charleston, WV 25325, 304 347-1100; r. 465 Linden Rd., Charleston, WV 25314, 304 346-9001.

MCDAVID, Winona G. '82 (See Day, Mrs. Winona G.).

MC DERMOTT, Dr. Dennis R.; '73 PhD (BUS); Prof.; Virginia Commonwealth Univ., 1015 Floyd Ave., Richmond, VA 23284, 804 367-1618; r. 3105 Bradwill Rd., Richmond, VA 23225, 804 272-9059.

MC DERMOTT, Joan Ceraso; '52 BSBA; Bank Teller; Natl. Bank of The Commonwealth, Postmaster, Vandergrift, PA 15690, 412 567-6778; r. 306 Harrison Ave., Vandergrift, PA 15690, 412 567-7104.

MC DERMOTT, Lee Alfred; '70 BSBA; 712 Wingrave Dr., Charlotte, NC 28226, 704 365-5961.

MC DERMOTT, Nancy Merritt; '73 BSBA; Prof.; George Washington Univ., 2029 G St. NW, Washington, DC 20052; r. 3105 Bradwill Rd., Richmond, VA 23225, 804 272-9059.

MCDEVITT, Patrick T.; '77 BSBA; Staff Mgr.; ALLTEL Corp., 50 Exec. Pkwy., Hudson, OH 44236, 216 650-7539; r. 237 W. Streetsboro Rd., Hudson, OH 44236, 216 650-9697.

MC DONALD, Alexander Francis; '51 BSBA; Pres.; Stretchtape, Inc., 2909 E. 79th St., Cleveland, OH 44104, 216 341-7735; r. 111 E. 216th St., Cleveland, OH 44123, 216 732-7536.

MC DONALD, Douglas Clay; '85 BSBA; 4707 Misty Sq. Dr., Colorado Spgs., CO 80918.

MCDONALD, Mrs. Elizabeth S., (Elizabeth M. Schmidt); '84 BSBA; Sales Rep.; Johnson & Johnson/Ethicon, 426 Telford Ave., Dayton, OH 45419, 513 298-6318; r. Same.

MCDONALD, Harry B.; '50 BSBA; Exec. VP; Cloyes Gear & Prods.; r. 2432 Forest Glen Rd., Madison, OH 44057, 216 428-5030.

MC DONALD, Jack Allen; '68 BSBA; Asst. Treas.; Columbus Public Schs., 270 E. State St., Columbus, OH 43215, 614 365-6446; r. 998 Martingrove Ct., Westerville, OH 43081, 614 891-9174.

MC DONALD, James Earl; '50 BSBA; Retired; r. 294 Bunty Station Rd., Delaware, OH 43015, 614 363-2653.

MC DONALD, COL James Robert; '50 BSBA; Col. Usaf Comptroller; r. 3865 Tusico Pl., Fairfax, VA 22032, 703 691-1318.

MCDONALD, Mrs. Janice H., (Janice H. Moore); '49 BSBA; Collector; C R P S, 12240 Inwood, Ste. 308, Dallas, TX 75244, 214 490-0422; r. 7043 La Cosa Apt. 1029, Dallas, TX 75248, 214 387-3519.

MC DONALD, Jeanette Shafer, (Jeanette Shafer); '60; Contract Spec.; Defense Constr. Supply Ctr., 3990 E. Broad St., Columbus, OH 43213, 614 238-1350; r. 1438 Simpson Dr., Columbus, OH 43227, 614 864-9404.

MC DONALD, CAPT Jerry R., USN; '77 MPA; Lcdr Usn; USS La Salle AGF 3, FPO, New York, NY 09577; r. 1229 Botetourt Gardens, Norfolk, VA 23517, 804 622-4815.

MC DONALD, Joni Lynn; '81 BSBA; Programmer Trainee; IBM Corp., 8000 Bent Branch Dr., Irving, TX 75063; r. 2016 Chalfont Dr., Carrollton, TX 75007, 214 492-2590.

MC DONALD, Joseph O.; '55 BSBA; Retired; r. 2404 Fair Ave., Columbus, OH 43209, 614 239-9436.

MCDONALD, Julie '47 (See Arnold, Julie McDonald).

MC DONALD, Martha I. '45 (See Walker, Mrs. Martha I.).

MC DONALD, Orville Eugene; '67 BSBA; Sales Rep.; Van Waters & Rogers, 7425 E. 30th St., Indianapolis, IN 46219, 317 547-4811; r. RR 1 Box 377, Clayton, IN 46118, 317 839-8017.

MC DONALD, Ms. Patricia Jill; '81 BSBA; 1028 Highland St., Columbus, OH 43201.

MC DONALD, Paul Jerome, III; '83 BSBA; 5500 York Ln., Columbus, OH 43232, 614 866-9711.

MC DONALD, Regina Renee; '80 BSBA; Underwriter; Transamerica Ins. Co., 250 E. Wilson Bridge, Worthington, OH 43085, 614 885-2171; r. 782 Cap Ln., Worthington, OH 43085, 614 436-3926.

MC DONALD, Thomas C.; '51 BSBA; 18826 N. 32nd Ave., Phoenix, AZ 85027, 602 869-0936.

MC DONALD, Thomas Douglas; '83 BSBA; Ymca, 101 Locust St. Rm. 717, Des Moines, IA 50309.

MC DONALD, Timothy Paul; '86 BSBA; Acct.; Peat Marwick Main & Co., Two Nationwide Plz., Columbus, OH 43215, 614 249-2300; r. 5720 Roche Dr., Apt. A, Columbus, OH 43229, 614 848-3511.

MC DONALD, Timothy S.; '88 BSBA; Mgmt. Trainee; L T V Steel Co., L T V Bldg., POB 6778, Cleveland, OH 44101; r. 11830 Lake Ave., Apt. 105, Lakewood, OH 44107.

MCDONALD, Todd Jeffery; '87 BSBA; Acct.; Brankamp Yuskewich & Co., CPA's, 25 W. New England Ave., Worthington, OH 43085, 614 888-1776; r. 7902 Solitude Dr., Westerville, OH 43081, 614 436-6936.

MCDONALD, LTC William Allan, USAF(Ret.); '43 BSBA; Cnslt.; r. 8545 Tidewater Dr., Apt. T, Norfolk, VA 23503, 804 480-1357.

MC DONNEL, Harold A.; '63 BSBA; Retired; r. 1516 Camino Loma, Fullerton, CA 92633, 714 879-8657.

MC DONNELL, Brian F.; '82 BSLHR; Owner/Guide; Mc Donnell Adirondack Challenge; r. POB 855, Saranac Lake, NY 12983, 518 891-1176.

MCDONNELL, Deborah Van Steyn, (Deborah Van Steyn); '82 BSBA; Owner; Acctg. Cnslts., Ltd., POB 855, Saranac Lake, NY 12983, 518 891-1176; r. Same.

MC DONNELL, Thomas M.; '57 BSBA; Cnslt./Pres.; Stm Cnsltg., 2333 Croydon Rd., Twinsburg, OH 44087, 216 425-2402; r. 2333 Croydon Rd., Twinsburg, OH 44087, 216 425-2402.

MC DONOUGH, John Francis, III; '68 BSBA; Sales Rep.; Nordson Corp., Jackson St., Amherst, OH 44001; r. 32398 Regency Ct., Avon Lake, OH 44012, 216 933-7473.

MCDONOUGH, Mark Edward; '85 BSBA; Sr. Tax Spec.; Peat Marwick Main & Co., 111 N. Orange Ave., Ste. 1600, Orlando, FL 32802, 407 423-3426; r. 3972 Lancashire Ln., Longwood, FL 32779, 407 869-8731.

MCDONOUGH, Mark J.; '82 BSBA; Operations Mgr.; ABF Freight Syst., 2930 Eunice Ave., Orlando, FL 32808, 407 297-1917; r. 3700 Mitchell Rd., Orlando, FL 32808, 407 299-8491.

MCDONOUGH, Martha A. '46 (See Nelson, Mrs. Martha A.).

MC DONOUGH, Thomas Patrick; '81 BSBA; Distribution Mgr.; Ecolab Inc., Ecolab Ctr. N., 370 Wabasha St., St. Paul, MN 55102, 612 293-2456; r. 900 Park Knoll Dr., Eagan, MN 55123, 612 452-5495.

MCDOUGALL, James P.; '79 BSBA; Asst. Mgr.; Walgreens, 1635 W. Valencia, Tucson, AZ 84756; r. 10951 E. Ft. Lowell, Tucson, AZ 85749, 602 749-0436.

MC DOUGLE, Gregory Lynn; '86 BSBA; Trust Examiner; State of Ohio Dept. of Commerce, Two Nationwide Plz., Columbus, OH 43215, 614 466-2932; r. 1142A Bridgeway Cir., Columbus, OH 43220, 614 459-2752.

MCDOWELL, Alan David; '79 BSBA; Retail Mgr.; McCrory Stores, 130 N. Queen St., Martinsburg, WV 25401, 304 267-4232; r. 409 W. Race St., Apt. #13, Martinsburg, WV 25401, 304 263-7220.

MC DOWELL, Allen E.; '29 BSBA; Retired; r. 5742 Dublin Rd., Dublin, OH 43017, 614 889-8833.

MC DOWELL, Donald L.; '56 BSBA; Exec. VP; Maine Med. Ctr., 22 Bramhall St., Portland, ME 04102; r. 20 Ocean View Rd, Cape Elizabeth, ME 04107, 207 799-8363.

MC DOWELL, Karla Renee; '88 BSBA; 195 E. Adams, #9, Millersburg, OH 44654, 216 674-5377.

MCDOWELL, Mary '47 (See Rhinehart, Mrs. Mary Mc Dowell).

MC DOWELL, Walker Burnette; '75 BSBA; Controller/Fleet Mgr.; T Marzetti Co., Frozen Foods Dept., 1105 Schrock Rd., Columbus, OH 43229, 614 846-2232; r. 12149 Palmer Rd. S. W., Reynoldsburg, OH 43068, 614 927-0101.

MCELHANEY, David Anthony; '80 BSBA; Acct.; Joyce Bros. Storage & Van, 1915 Janice, Melrose Park, IL 60160, 312 681-1700; r. 723 Homestead, La Grange Park, IL 60525, 312 482-7325.

MC ELHANEY, Evelyn '83 (See White, Evelyn Mc Elhaney).

MC ELHANEY, Floyd E., Jr.; '67 BSBA; Certified Publ Acct.; F E Mc Elhaney-Jr., 1725 Washington Rd., Ste. 202, Pittsburgh, PA 15241; r. 3108 Eastview Rd, Bethel Park, PA 15102, 412 835-8779.

MC ELHINEY, Ardath '50 (See Meier, Mrs. Ardath Mc Elhiney).

MC ELRATH, Larry; '78 MPA; 3111 Hannahs Pond Ln., Herndon, VA 22071.

MC ELRATH, Rose Ann Lewis; '78 MPA; 3111 Hannahs Pond Ln., Herndon, VA 22071.

MC ELREE, Robert L.; '48 BSBA; Mgr.; Union Carbide Corp., 270 Park Ave., New York, NY 10017; r. 1922 Innisbrook Ct., Venice, FL 34293, 813 497-1338.

MC ELROY, Andrew Milton; '61 BSBA; Sales Mgr.; Plasticolors Inc., 2600 Michigan Ave., Ashtabula, OH 44004, 216 997-5137; r. 2978 College St., Austinburg, OH 44010, 216 275-2621.

MC ELROY, COL Arvine W.; '30 BSBA; Col. Usa Ret; r. 356 York St. NW 401, Aiken, SC 29801, 803 648-8611.

MC ELROY, David J.; '77 BSBA; VP; AMG Industries, Inc., 200 Commerce Dr., Mt. Vernon, OH 43050, 614 397-4044; r. 10 Fairway Ln., Mt. Vernon, OH 43050.

MC ELWEE, Darwin E.; '35 BSBA; Owner-Operator; Lake Shore Farm Mkt., 1800 N. Ridge Rd, Painesville, OH 44077; r. 6001 Burnt Store Rd., Punta Gorda, FL 33950.

MCENERY, Mary '79 (See Shubaily, Mary Ann M.).

MC ENTEE, COL Jervis W.; '55 BSBA; Col. Usafr Cdr.; USAF Reserve, 507Th Tf Gp, Tinker AFB, OK 73145; r. 3205 Adobe Dr., Edmond, OK 73034.

MC ENTEE, Lucy Caldwell, (Lucy Caldwell); '31; Retired; r. 1555 Tarpon Center Dr., #B116, Venice, FL 34285, 813 484-2583.

MC ENTEE, Melinda L. '63 (See Hilliard, Mrs. Melinda Mc Entee).

MC ENTIE, Marvin Sanders, Jr.; '85 BSBA; 1519 E. 26th Ave., Columbus, OH 43211, 614 299-3123.

MCEWAN, John Peter; '83 BSBA; Sr. Acct./CPA; Deloitte Haskins & Sells, 155 E. Broad St., Columbus, OH 43215, 614 221-1000; r. 1095 Slade Ave., Columbus, OH 43220, 614 451-2651.

MC EWAN, Paul William; '86 BSBA; Accoutant; Coopers & Lybrand, 1500 Atrium One, Cincinnati, OH 45202, 513 651-4000; r. 3404 Whitfield Apt. 7, Cincinnati, OH 45220, 513 559-0321.

MCFADDEN, Jeffrey Raymond; '82 BSBA; Sales Rep.; Kuehne & Nagel, Inc., 17830 Englewood Dr., Middleburg Hts., OH 44130, 216 243-6070; r. 8127 Litto Dr., Cleveland, OH 44136, 216 238-1752.

MC FADDEN, Robert J., Jr.; '75 BSBA, '76 MA; Mgr./Systs. & Programming; Whirlpool Corp., Parts Distribution Ctr., La Porte, IN 46350, 219 325-2163; r. 2730 Floral Tr., Long Beach, Michigan City, IN 46360, 219 879-5581.

MC FADDEN, Timothy Patrick; '82 BSBA; Med. Prod Spec.; Baxter Travenol, One Baxter Pkwy., Deerfield, IL 60015; r. 647 Oakhurst Dr., Naperville, IL 60540.

MCFADYEN, Mrs. Debra K.; '84 BSBA; Homemaker; r. 3749 Ellerdale Dr., Columbus, OH 43230.

MCFADYEN, Margaret A. '86 (See Emmelhainz, Dr. Margaret A.).

MC FALL, Donald Wayne, Jr.; '78 BSBA; Staff; Kraft Co., Auditing Dept., Kraft Ct., Glenview, IL 60025; r. 199 Drury Ln., Columbus, OH 43220.

MC FARLAND, Allan B.; '50 BSBA; Pres.; State Savings Bank, 3800 W. Dublin-Granville Rd, Dublin, OH 43017; r. 578 Evening St., Worthington, OH 43085, 614 885-8962.

MCFARLAND, Carl R.; '33 BSBA; Retired IRS; r. 2201 N. Walnut St., Dover, OH 44622, 216 364-1241.

MC FARLAND, Cheryl Lynn; '88 BSBA; Sales Rep.; Kraft, Inc., 3680 Corporate Dr., Columbus, OH, 614 890-1171; r. 3605 Keeper Ct., Hilliard, OH 43026, 614 771-8128.

MC FARLAND, Harold Ray; '72 MBA; 125 Spring Ridge Dr., Roswell, GA 30076, 404 642-7854.

MC FARLAND, James Bruce; '56 BSBA; Pres./Gen. Mgr.; Thermo King De Puerto Rico, Sub of Westinghouse Electric, POB H, Arecibo, Puerto Rico 00613; r. Mm-8 Dorado Del Mar, Dorado, Puerto Rico 00646, 809 796-2350.

MC FARLAND, John T.; '52 BSBA; Retired; Sohio Chem & Ind Prods. Co., 20600 Chagrin Blvd., Cleveland, OH 44122; r. 5760 Kitzmiller Rd., New Albany, OH 43054, 614 855-1776.

MCFARLAND, Julia Ann; '85 BSBA; Acct.; Price Waterhouse, 41 S. High St., 3500 Huntington Ctr., Columbus, OH 43215, 614 221-8500; r. 3429 Richard Ave., Grove City, OH 43123, 614 871-9221.

MC FARLAND, Keith Leonard; '84 BSBA; Customer Svc. Rep.; Citizens Fed. Saving & Loan, 110 N. Main St., Dayton, OH 45402; r. 5125 Heatherton Dr., Dayton, OH 45426, 513 837-4679.

MC FARLAND, Randy Louis; '83 BSBA; Asst. Mgr.; Norfolk Southern Corp., 204 S. Jefferson St., Roanoke, VA 24042, 703 985-6750; r. 3732 Piccadilly Ln., Roanoke, VA 24018, 703 774-0733.

MC FARLAND, Scott Allan; '78 BSBA; Appraiser; Ohio Dept. of Transportation, 25 S. Front St., Columbus, OH 43215; r. 3750 Canon Ridge Pl., Gahanna, OH 43230, 614 890-3849.

MCFARLAND, CDR William C., III, USN; '83 MBA; Chief-Stock Control Div.; Defense Constr. Supply Ctr., Columbus, OH 43216, 614 238-3000; r. 6687 Rosedale Ave., Reynoldsburg, OH 43068, 614 868-5817.
MC FARLANE, Darryl Kenyatta; '87 BSBA; Staff Auditor; NYC Comptroller's Ofc., 161 William St., New York, NY 10038, 212 566-5477; r. 210 Ivy Ln., Teaneck, NJ 07666, 201 833-0559.
MCFARLANE, William R.; '72 BSBA; Gen. Contractor; D.M.D. Builders Inc., 2150 S. Bellaire St., #105, Denver, CO 80222, 303 757-1807; r. 29360 Lower Moss Rock Rd, Golden, CO 80401, 303 526-1320.
MC FARREN, Lorraine Faye; '81 BSBA; c/o Charlotte Amalie, POB 442, St. Thomas, Virgin Islands 00801.
MCFEE, Raymond A.; '60 BSBA; Owner; Banacom Instant Signs, 83 S. Hamilton Rd., Columbus, OH 43213, 614 866-2747; r. 1478 Knollwood Dr., E., Columbus, OH 43232, 614 861-3752.
MCFERREN, William J.; '56 BSBA; Acct.; Nationwide Ins. Co., One Nationwide Plz., Columbus, OH 43216, 614 249-7111; r. 1240 Carbone Dr., Columbus, OH 43224, 614 267-3635.
MCGAHA, Joanne Oxley, (Joanne Oxley); '78 BSBA; Bus. Mgr.; Drs. Harris & Berkley Inc., 4157 Hunt Rd., Cincinnati, OH 45236, 513 791-6154; r. 710 Windemere Hill, Lawrenceburg, IN 47025, 812 537-4878.
MC GANN, Jennifer Ann; '83 BSBA; Mktg. Mgr.; Stryker Surgical, 420 E. Alcott St., Kalamazoo, MI 49001, 616 381-3811; r. 304 W. Candlewyck, Apt. 1432, Kalamazoo, MI 49001, 616 343-5309.
MC GANN, Richard T.; '54 BSBA; Auditor; Agcy. for Intl. Devel., American Embassy Cairo Egypt, Box 10, RIG/A FPO, New York, NY 09527, 355-7371; r. 5 Lebanon St. Mohandaseen, Cairo, Arab Republic Of Egypt, 344-6915.
MC GANNON, Thomas Joseph; '70 BSBA; Owner; Heenans Home Furnishings, 3841 N. W. 63rd, Oklahoma City, OK 73116, 405 848-2461; r. 4325 N. W. 43rd, Oklahoma City, OK 73112, 405 942-9830.
MC GARRY, Timothy Lawrence; '88 BSBA; 11 E. 225 St., Euclid, OH 44123, 216 731-8927.
MCGARVEY, John Douglas; '82 BSBA; Controller; Laidlaw Waste Systs. Inc., 999 Crupper Ave., Columbus, OH 43229, 614 848-4480; r. 2253 Indianola Ave., Columbus, OH 43202, 614 263-9546.
MCGATH, Christopher John; '74 BSBA; Economist; USDA Economic Rsch. Svc., 1301 New York Ave. NW, Washington, DC 20005, 202 786-1804; r. 2320 Glenmont Cir., Apt. T-6, Silver Spring, MD 20902, 301 933-4956.
MC GATH, Floretta Trimble; '58 BSBA; D E Coord.; Greene Voc. Sch., 2960 W. Enon Rd, Xenia, OH 45385; r. Box 109, Mt. Sterling, OH 43143.
MC GAUGHEY, Blair Lin; '79 BSBA; Asst. Mgr.; Goodyear Tire & Rubber Co., 333 W. 1st, Akron, OH 44316; r. 1474 Yorktown Rd., Columbus, OH 43232, 614 755-4635.
MC GAUGHY, Robert Harry; '60 BSBA; VP/Human Resources; Licking Mem. Hosp., 1320 W. Main St., Newark, OH 43055, 614 366-0385; r. 1390 Pleasant Valley Rd., Newark, OH 43055, 614 366-5803.
MC GAUGHY, Thomas B.; '66 BSBA; Sr. Trust Ofcr.; Wheeling Dollar Savings Trust, 1315 Market, Wheeling, WV 26003; r. 50424 Cindy Dr., St. Clairsville, OH 43950, 614 695-2499.
MC GAVRAN, Francis Johnston, II; '62 BSBA; Atty. Advisor; USN, Naval Military Personnel Cmd., Washington, DC 20370, 202 694-2792; r. 5220 Ferndale St., Springfield, VA 22151, 703 354-0422.
MCGEARY, Hunter Alvin, Jr.; '82 BSBA; Atty.; Dickie McCamey & Chilcote, 2 PPG Pl., Ste. 400, Pittsburgh, PA 15222, 412 281-7272; r. 108 Crofton Dr., Pittsburgh, PA 15238, 412 963-0683.
MC GEE, Alden M.; '61; Staff; Sticklin Bellsheim, 1000 High St., Worthington, OH 43085; r. 273 Heischman Ave., Worthington, OH 43085, 614 885-4517.
MC GEE, Alice Schwerdtfege; '53; Staff; Univ. Hilton, 3110 Olentangy River Rd, Columbus, OH 43202; r. 273 Heischman Ave., Worthington, OH 43085, 614 885-4517.
MC GEE, M. Gynell; '73 BSBA; Special Asst.; Arlington Cnty. Govt., Personnel Director's Ofc., 2100 Clarendon Blvd., Ste. 511, Arlington, VA 22201, 703 358-3447; r. 2868 S. Meade St., Arlington, VA 22206, 703 549-8236.
MC GEE, Martha Jane; '83 BSBA; Mktg.; r. 1716 Bethel Rd., Columbus, OH 43220, 614 451-2502.
MC GEORGE, Ernest W.; '42 BSBA; Stockbroker; Refsnes Ely Beck & Co., 111 W. Monroe St., Phoenix, AZ 85003; r. 25818 S. Greencastle Dr., Sun Lakes, AZ 85248, 602 895-8262.
MC GEORGE, James Donald; '66 BSBA; Salesman; Shaffer Distributing Co., 1100 W. Third St., Columbus, OH 43212, 614 224-6800; r. 2831 Exmoor Rd., Columbus, OH 43221, 614 486-0589.
MC GEORGE, Robert T., CPA; '38 BSBA; 12401 N. 22nd St., Tampa, FL 33612.
MCGEORGE, Sherman B.; '48 BSBA; Owner/Comp. Prog.; Master Programs, 8945 S. Michigan Ave., Sun Lakes, AZ 85248, 602 895-7355; r. Same.
MCGHEE, Maurice L., Jr.; '75 BSBA; Sales Rep.; Logan Ins. Agcy. Inc., 53 S. Market St., Logan, OH 43138, 614 385-8575; r. 13821 State Rte. 664, S., Logan, OH 43138, 614 385-3120.
MC GHEE, Richard M.; '47 BSBA; Retired VP; Ohio Farmers Ins., 1 Park Cir., Westfield Ctr., OH 44251; r. Box 214, Westfield Ctr., OH 44251, 216 887-5533.
MC GILLIVRAY, Carl Michael; '80 BSBA; Purchasing Agt.; r. 14446 Century Oak Dr., Cleveland, OH 44136.
MC GILLIVRAY, Leslie C.; '50 BSBA; Acct.; TRW Inc., 23555 Euclid Ave., Cleveland, OH 44117, 216 692-7087; r. 14446 Century Oak Dr., Cleveland, OH 44136.
MC GILLIVRAY, Michael J.; '85 BSBA; 900 Long Blvd., #225, Lansing, MI 48911.
MC GINLEY, Deborah Louise; '84 BSBA; 170 E. 192 St., Euclid, OH 44119, 216 486-8279.
MC GINN, Charles Robert; '74 BSBA; Dir.; Abbott Labs, Abbott Park, N. Chicago, IL 60064; r. 915 Dymond, Libertyville, IL 60048.
MCGINNIS, Cynthia Eve; '83 BSBA; Mktg. Asst.; Sarah Lee Corp., Winston-Salem, NC 27101, 919 768-8571; r. 457 Valleymeade Dr., Kernersville, NC 27284, 919 784-5466.
MC GINNIS, Michael Kern; '83 BSBA; 4064 Cambridge #101, Canton, MI 48187, 313 981-3863.
MC GINNIS, Terry Michael; '88 MBA; Proc Chem Engr.; P P G Industries, POB 457, Circleville, OH 43113, 614 878-2417; r. 773 Thurber Dr. E., Apt. D, Columbus, OH 43215, 614 228-7152.
MC GINNIS, Thomas E.; '57 BSBA; Mgr./Info. Syst.; The Mansfield Gen. Hosp. Corp., 335 Glessner Ave., Mansfield, OH 44903, 419 526-8402; r. 2074 Random Dr., Mansfield, OH 44904, 419 756-7998.
MCGINTY, Marjorie F. '49 (See Clifford, Mrs. Marjorie F.).
MCGINTY, Peter Bruce; '81 BSBA; Account Exec.; Fahlgren & Swink Inc., 655 Metro Pl. S. Ste. 700, POB 7159, Dublin, OH 43017, 614 766-3500; r. 91 Howard Ave., Worthington, OH 43085, 614 847-1445.
MC GINTY, Thomas Patrick; '88 MLHR; Warehouse Worker; The Kroger Co., 4450 Poth Rd., Columbus, OH 43219; r. 4020 Virginia Cir. E., Columbus, OH 43213, 614 237-2476.
MC GIRR, Dale Lynn; '70 BSBA, '72 MPA; VP/Finance/Treas.; Univ. of Cincinnati, Mail Location #620, Cincinnati, OH 45221, 513 556-2413; r. 1569 Larry Ave., Cincinnati, OH 45224, 513 681-5380.
MCGIVERIN, Donald Scott; '46 MBA; Governor & Chmn.; Hudson's Bay Co., 401 Bay St., Toronto, ON, Canada M5H2Y4, 416 861-4871; r. Apt. 4802, 44 Charles St., W., Toronto, ON, Canada M4Y1R8, 416 961-2799.
MC GLADE, R. David; '83 BSBA; Atty-at-Law; Toledo, OH 43607; r. 1923 Norwood Blvd., Zanesville, OH 43701, 614 453-6918.
MCGLONE, Lisa G. '84 (See Kleman, Lisa M.).
MCGLONE, Omer M.; '63 MBA; Retired; r. 4454 Kemp Rd, Dayton, OH 45431, 513 426-0512.
MC GLOTHIN, Yvette Sarah; '84 BSBA; Sales Rep.; Owens Corning Fiberglass, 900 17th St. NW, Washington, DC 20006; r. 3177 Elm Rub Dr., Columbus, OH 43219.
MC GOHAN, William L., CHA; '52 BSBA; Gen. Mgr.; Thunderbird Motor Lodge, Beach Motel Corp, 35th St. At Oceanfront, Virginia Bch., VA 23451, 804 428-3024; r. 100 Pinewood Rd. Unit 111, Linkharbor, Virginia Bch., VA 23451, 804 422-5179.
MCGONIGAL, Ronald Edward; '87 MBA; Metallurgical Lab Supv.; Navistar Intl., 6125 Urbana Rd., Springfield, OH 45502, 513 390-4441; r. 4546 Tulane Rd., Springfield, OH 45503, 513 399-4361.
MC GORY, Hon. Arthur Michael, Jr.; '50 BSBA; Judge; Erie Cnty. Courthouse, 3 Main St., Milan, OH 44846; r. 33 W. Church St., Apt. 1, Milan, OH 44846, 419 499-2035.
MC GORY, Blake Stephen; '85 BSBA; 317 Shawnee, Huron, OH 44839, 419 433-5783.
MC GORY, James G.; '54 BSBA; Pres./Owner; Jamac Inc., 422 Buchanan St., Sandusky, OH 44870, 419 625-9790; r. 144 N. Harbors End Dr., Port Clinton, OH 43452.
MC GORY, Mark James; '79 BSBA; VP Sales Mgr.; Jamac Inc., 422 Buchanan St., Sandusky, OH 44870, 419 625-9790; r. 608 Neil St., Sandusky, OH 44870, 419 625-3708.
MC GORY, Patrick John; '79 MPA; Personnel Ofcr.; Ohio Dept. of Youth Svcs., Scioto Village, 5993 Home, Powell, OH 43065, 614 881-5531; r. 2270 Palmleaf Ct., Worthington, OH 43085.
MC GOVERN, Lisa Rose; '87 BSBA; 283 D N. Chesterfield, Columbus, OH 43209.
MC GOVERN, Michael John; '84 BSBA; Software Cnslt.; r. 1705 Riverbirch Dr., Columbus, OH 43229, 614 888-3535.
MC GOWAN, John B.; '60 BSBA; Financial Analyst; Eastman Kodak Co., 343 State St., Rochester, NY 14650, 716 724-3922; r. 196 Gregory Hill Rd., Rochester, NY 14620, 716 442-9565.
MC GOWEN, Thomas Glendon; '69 BSBA; 170 E. Frankfort St., Columbus, OH 43206, 614 443-5817.
MC GRANE, Michael Dennis; '76 BSBA, '78 MBA; Acct.; r. 1940 Oak Bluff Way, Sacramento, CA 95833, 916 922-2980.
MC GRATH, James J.; '56 BSBA; Prog. Dir.; Gould Inc., 18901 Euclid Ave., Cleveland, OH 44117; r. 12497 Bentbrook, Chesterland, OH 44026, 216 729-3783.
MC GRATH, John W.; '39; Retired; r. 1776 Drew Ave. W. Apt. 230W, Columbus, OH 43220, 614 459-0405.
MC GRATH, John W.; '78 BSBA; Salesman; Columbus Parts Supply, 815 Grandview Ave., Columbus, OH 43215, 614 486-9500; r. 17611 Fries, Lakewood, OH 44107, 216 228-6426.
MCGRATH, Lester Howard; '71 BSBA; Acctg. Mgr.; Columbia Gas Syst. Svc. Co., 1600 Dublin Rd., Columbus, OH 43215, 614 481-1000; r. 3306 Kenaston Dr., Columbus, OH 43232, 614 231-1038.
MC GRATH, Miriam '47 (See Fischer, Mrs. Miriam Mc Grath).
MC GRATH, Timothy John; '65 BSBA; Atty.; Terakedis & Blue L P A, 180 E. Broad St., Columbus, OH 43215; r. 1691 Andover Rd, Columbus, OH 43212, 614 486-5071.
MC GRAW, Brian David; '81 BSBA; Sr. Acct.; Tattersall & Tattersall CPA's, 333 N. Ferncreek Ave., Orlando, FL 32803, 407 894-2272; r. 2051 S. Semoran Blvd. #D, Orlando, FL 32822, 407 658-4844.
MCGRAW, Richard W.; '81 BSBA; 661 Pine Ridge, Raleigh, NC 27609, 919 781-5039.
MC GREW, Joyce '61 (See Mc Clelland, Joyce M.).
MC GRUDER, Dr. John Lancer; '73 MPA, '75 PhD (PA); Prog./Assessment Coor; US Dept. of State, Bur of Int'L Narcotics Matters, Washington, DC 20530; r. 5939 Oakland Park, Burke, VA 22015, 703 250-7931.
MCGUCKIN, David William; '74 BSBA; Audit Supv.; Auditor of State, 88 E. Broad St., Columbus, OH 43215, 614 864-3917; r. 1350 Millerdale Rd., Columbus, OH 43209, 614 231-4549.
MC GUINEA, Deborah Ann; '85 BSBA; 17608 Walden Ave., Cleveland, OH 44128, 216 283-1814.
MC GUINN, Kevin Kelly; '81 BSBA; Distribution Supv.; Media Resources Corp., 915 E. Central Ave., W. Carrollton, OH 45449, 513 866-8000; r. 165 Bethel Rd, Centerville, OH 45458, 513 433-8481.
MC GUINNESS, James Robert, Jr.; '83 MBA; Tax Mgr.; Touche Ross & Co., 2001 Bryan Twr. Ste. 2400, Dallas, TX 75201, 214 220-8900; r. 18788 Marsh Ln., #723, Dallas, TX 75287, 214 306-7495.
MC GUIRE, Dwight M., Jr.; '51 BSBA; 5024 Hidden Creek Ln., Fair Oaks, CA 95628.
MC GUIRE, Jeffrey Dwain; '78 BSBA; Mgr.; Ross Labs, Financial Planning Dept., 625 Cleveland Ave., Columbus, OH 43216, 614 227-3275; r. 3165 Leeds Rd., Columbus, OH 43221, 614 486-7360.
MCGUIRE, Jeffrey Scott; '86 BSBA; Staff Acct.; Crowe, Chizek & Co., 10 W. Broad St., 17th Fl., Columbus, OH 43215, 614 469-0001; r. 4446 Mobile Dr., #304, Columbus, OH 43220, 614 442-1044.
MC GUIRE, John J.; '48 BSBA; Branch Mgr.; Owens Illinois Inc., Owens II Bldg 405 Madison Ave, Toledo, OH 43604; r. Rte. 1 Wilson Lake, Beallsville, OH 43716, 614 926-1609.
MC GUIRE, Jon Mark; '79 BSBA; Sr. Operations Anlyst; Dart & Kraft, Inc., 300 Interstate N., Ste. 510, Atlanta, GA 30339; r. Dart & Kraft, Inc, 300 Interstate N. Ste. 510, Atlanta, GA 30339, 404 977-0927.
MC GUIRE, Joseph A.; '54 BSBA; VP; G.E. Mortgage Ins. Co., 6601 Six Forks Rd., Raleigh, NC 27619, 919 846-4100; r. 1511 Hemphill Dr., Raleigh, NC 27609, 919 790-9365.
MC GUIRE, Margaret Raab; '77 MBA; VP & Mgr.; Philadelphia Natl. Bank, Wholesale Bank Div., Broad & Chestnut Sts., Philadelphia, PA 19104, 215 973-3875; r. 1121 Sheffield, Berwyn, PA 19312, 215 296-9644.
MC GUIRE, Mark William; '86 BSBA; Public Acct.; Ritchey & Assoc., Zanesville, OH 43701, 614 453-0621; r. 3560 Chesapeake Dr., Zanesville, OH 43701, 614 452-9920.
MCGUIRE, Melisa D. '85 (See Hopkins, Mrs. Melisa D.).
MC GUIRE, Robert F.; '41 BSBA; Retired; r. 167 N. Cassingham Rd, Columbus, OH 43209, 614 258-7577.
MC GUIRE, Terry Joseph; '78 BSBA; 1435 Westbrook Rd., Jackson, MS 39211, 601 957-3630.
MC GUIRE, Thaddeus Michael; '83 BSBA; Cnslt.; Peterson & Co. Cnsltg., 310 S. Michigan Ave. Ste. 1900, Chicago, IL 60404, 312 922-9500; r. 932 Judson Ave #3W, Evanston, IL 60202, 312 866-8417.
MC HAM, Ronald H.; '61 BSBA; Food Broker; Stanley Ferger & Assocs Inc., POB 12184, Columbus, OH 43212; r. 1801 Roxbury Rd., Columbus, OH 43212.
MC HENRY, MAJ Roger William, USA; '71 BSBA; HQ 200 TAMMC (Bulk Petroleum), Box 406, APO, New York, NY 09145; r. Same.
MC HENRY, Winston E.; '48 BSBA, '49 MBA; Retired Univ. Tchr.; r. 4828 Village Ln., Toledo, OH 43614, 419 381-0748.
MCHUGH, Douglas Charles; '79 BSBA; Funeral Dir.; Kindrich-McHugh Funeral Home, 33375 Bainbridge Rd., Solon, OH 44139, 216 248-6088; r. 33519 Solon Rd., Solon, OH 44139, 216 349-0176.
MCHUGH, James Kenneth; '82 BSBA; CPA/Sr. Tax Acct.; Deloitte Haskins & Sells CPA's, 300 Madison Ave., Ste. 1525, Toledo, OH 43604, 419 255-2576; r. 4134 Garden Estates, Toledo, OH 43623, 419 885-2930.
MC HUGH, Jeffrey Michael; '77 BSBA; Tax Atty./CPA; Miller Canfield Paddock&Stone, 2500 Comerica Bldg., Detroit, MI 48226, 313 963-6420; r. 1633 S. Hills Blvd., Bloomfield Hls., MI 48013, 313 853-0549.
MC HUGH, Michael James; '86 BSBA; Account Exec.; ICL Leasing Inc., 174 E. Long St., Columbus, OH 43215, 614 228-4300; r. 1685 Fallhaven Dr., W. Worthington, OH 43235, 614 792-3693.
MC HUGH, Dr. Peter Michael; '81 MBA; 4188 Blue Bonnet Ct., Westerville, OH 43081.
MC HUGH, Richard George; '36 BSBA; Retired; r. 120 Maromi Rd, New Canaan, CT 06840, 203 966-5597.
MCILRATH, Scott Robert; '68 BSBA; Mgr.; The Coca-Cola Co., Corp Concentrate Op Qlty Audit, One Coca-Cola Plz., Atlanta, GA 30313, 404 676-2762; r. 6516 Walden Pond Rd., Stone Mtn., GA 30087, 404 469-1668.
MCILVAINE, Wayne W.; '49 BSBA; Pres.; WW McIlvaine Assoc. Corp.; r. 107 Mill Hill Ln., Southport, CT 06490, 203 255-3116.
MC INERNEY, Dr. Marjorie Lynn; '83 PhD (BUS); Asst. Prof.; Marshall Univ., Dept. of Business Mgmt, Huntington, WV 25701, 304 696-5423; r. 1462 Edwards St., Huntington, WV 25701, 304 522-6517.
MCINTIRE, Larry Cecil; '70 BSBA; Airline Pilot (Capt.); Northwest Airlines; r. 5103 Sandlewood Ct., Marietta, GA 30068, 404 992-7707.
MC INTIRE, Matthew Dean; '85 BSBA; Mgr.; Radio Shack, 4343 Williams Rd., Groveport, OH 43125; r. 1639 Lucks Rd., Reynoldsburg, OH 43068, 614 868-9525.
MC INTIRE, Robert Alan; '83 BSBA; Sales Rep.; Crown Cork & Seal Co. Inc., 125 Ottley Dr. NE, Atlanta, GA 30324, 404 892-6113; r. 1583 Esquire Pl., Norcross, GA 30093, 404 934-3462.
MCINTIRE, Robert H.; '32 BSBA; Retired; r. 161 Doe Tr., Jupiter, FL 33458, 407 744-0650.
MC INTOSH, Barbara Maxine; '77 MPA; 411 Thom Hall Dr., Hampton, VA 23663.
MC INTOSH, Christopher K.; '83 BSBA; 6360 Highland Rd, Pontiac, MI 48054.
MC INTOSH, Emmett P.; '54 BSBA; VP-Mkt. & Mrch; White Consolidated Industries, Wci Appliance Group, 3555 S. Kettering Blvd., Dayton, OH 45449; r. 5618 Red Coach Rd., Kettering, OH 45429, 513 434-6539.
MCINTOSH, Heather K. '78 (See Wyman, Mrs. Heather K.).
MC INTOSH, John Patrick; '69; Distributor; Seven Up Bottling Co., 960 E. 5th Ave., Columbus, OH 43201; r. 652 Riverview Dr., Apt. F, Columbus, OH 43202, 614 261-7903.
MC INTOSH, John William Van Vloten; '80 BSBA, '82 MBA; Network Svcs. Acct. Exec.; Centel Communications Systs., 1544 Valwood Pkwy., Ste. 106, Carrollton, TX 75006, 214 620-8300; r. 729 Villawood Ln., Coppell, TX 75019, 214 462-0394.
MC INTOSH, Kyle I., Jr.; '48 BSBA; Warehousing Mgr.; Eveready Battery Inc., Subs:Ralston-Purina, 1101 Belt Line, Brooklyn, OH 44144; r. 13968 Lake Ave., Lakewood, OH 44107, 216 221-8077.
MCINTYRE, Charles S.; '73 BSBA; Owner; Dairy Kreme, 112 6th St., Glenwood Spgs., CO 81601, 303 945-0504; r. POB 231, Glenwood Spgs., CO 81602, 303 945-5751.
MC INTYRE, Craig Alan; '69 BSBA; Mail Sales Ser Mgr.; Zaner-Bloser Inc., Highlights For Children, 2300 W. Fifth Ave., Columbus, OH 43212; r. 3049 E. 2nd St., Apt. 1, Ft. Myers, FL 33901, 513 224-8777.
MCINTYRE, Curtis Edward; '74 BSBA; Dist. Gen. Mgr.; Florida Power & Light Co., N. Broward, 1982 N. St. RD 7, Margate, FL 33063, 305 979-7600; r. 5111 NW 82 Ter., Coral Spgs., FL 33067, 305 755-3725.
MC INTYRE, Hugh A.; '52 BSBA; Real Estate Sales; r. 2988 Melford Rd, Columbus, OH 43221, 614 488-2626.
MC INTYRE, Jeffrey Bernard; '77 BSBA; Sr. Cost Contl Analst; Rockwell Intl., 4300 E. 5th Ave., Columbus, OH 43219, 614 239-3344; r. 237 N. Cassingham, Columbus, OH 43209, 614 252-7510.
MC INTYRE, Robert S.; '74 BSBA; Real Estate Broker; Natl. Church Residences, 2335 N. Bank Dr., Columbus, OH 43220, 614 415-2379; r. 338 Cliffside Dr., Columbus, OH 43202, 614 268-1708.
MC JUNKIN, John Clark; '69 BSBA; Pres.; Bexley Bicycle Sports, 2994 E. Broad St., Columbus, OH 43209; r. POB 127, Lockbourne, OH 43137, 614 497-1443.
MC JUNKIN, Michael Jay; '83 BSBA; Field Underwriter; Equitable Life Ins. Co., 4207 E. Broad St., Columbus, OH 43213; r. 2040 Sherwood Lake Dr., Apt. 1, Schererville, IN 46375, 219 322-6395.
MC KAY, Donald W.; '62 BSBA; Owner; The Flower Co., One Pierce Pl., Ste. 155W, Itasca, IL 60143, 312 250-9333; r. 11 E. Waverly Rd., Arlington Hts., IL 60004, 312 394-8744.
MC KAY, CDR Frank W., USN(Ret.); '37 BSBA; Retired; r. 1030 Coronado Ave., Coronado, CA 92118, 619 435-5039.
MC KAY, James B.; '49 BSBA; Auditor; Home S&L, 275 Fed. Plz. W., Youngstown, OH 44501; r. 7377 Indian Tr., Poland, OH 44514, 216 757-9448.
MC KAY, Monica Elizabeth; '82 MBA; Cnslt./Pres.; Mkt. Grp. One, Marketing Dept., Columbus, OH 43216; r. 5790 Pickerington Rd., Carroll, OH 43112, 614 837-2095.
MC KAY, Ralph Hall; '56 BSBA; Underwriter; Jefferson Pilot Life Ins. Co., 108 Robert St., POB 4321, Alexandria, LA 71301; r. 27 W. Wood Blvd., Box 4321, Alexandria, LA 71301, 318 443-2915.
MCKEAG, COL Charles Marshall, USAF(Ret.); '76 MBA; 327 Johnstown Rd., Gahanna, OH 43230, 614 475-5451.
MCKEAN, Donald D.; '55 BSBA; Financial Controller; Select Sires Inc., 11740 US 42, Plain City, OH 43064, 614 873-4683; r. 2261 Gardner Rd., Galloway, OH 43119, 614 879-9644.

MCKEE, Ms. Beverly K., (Beverly K. Stalder); '79 BSLHR, '84 MLHR; Compensation Cnslt.; The Wyatt Co., 345 California St., Ste. 1400, San Francisco, CA 94104, 415 984-2318; r. 511 Goodman Rd., Pacifica, CA 94044, 415 355-5998.

MC KEE, Charles James; '70 BSBA; VP; Bank of America, Box 37000, San Francisco, CA 94137; r. 414A Village Rd E., Princeton Jct., NJ 08550.

MC KEE, Daniel Joseph; '74 BSBA; Gen. Mgr.; Control Data Corp., 300 Embassy Row, Ste. 110, 6600 Peachtree-Dunwoody Rd., Atlanta, GA 30328, 404 399-2170; r. 1579 Greyson Ridge NE, Marietta, GA 30062, 404 578-1349.

MC KEE, David Lee; '68 BSBA; Farmer; D L Mc Kee, 723 Rinkliff Ln., Chillicothe, OH 45601, 614 775-7384; r. Same.

MC KEE, David Lewis, Jr.; '80 BSBA; 405 6th St., Manhattan Bch., CA 90266; r. Same.

MC KEE, Kenneth Allen; '84 BSBA; Student; The Ohio State Univ., Clg. of Law, 1659 N. High St., Columbus, OH 43210; r. 6041 Sandgate Rd., Columbus, OH 43229, 614 882-1207.

MC KEE, Michael Allen; '71 BSBA; Computer Prog./Analyst; USAF, Mc Clellan AFB, Sacramento, CA 95652, 916 643-5736; r. 6248 Holly Springs Ct., Citrus Hts., CA 95621, 916 726-6157.

MCKEE, Richard Edwin; '60 BSBA; Supv./Plant Acctg. Div.; Alltel Svc. Corp., 300 N. Mapelwood Dr., Rantoul, IL 61866, 217 893-3330; r. RR 1 Box 46, Gifford, IL 61847, 217 396-7339.

MC KEE, William Anders; '78 BSBA; 1st Asst. City Atty.; City of Columbus, 90 W. Broad St., Columbus, OH 43215, 614 222-7385; r. 6895 Linbrook Blvd., Worthington, OH 43085.

MCKEE, William H.; '47 BSBA; Retired; r. 127 Mayberry, Myrtle Trace, Conway, SC 29526, 803 347-0083.

MC KEEVER, COL Bernard E., USA(Ret.); '50 MBA; 2023 Companero Ave., Orlando, FL 32804, 407 293-2023.

MCKEEVER, Robert James; '41 BSBA; Ins. Agt.; McKeever Agcy., 1117 Chapline St., Wheeling, WV 26003, 304 233-8160; r. 27 Greenwood Ave., Wheeling, WV 26003, 304 242-0444.

MC KELVEY, Stephen James; '88 BSBA; 301 Windfall Ln., Wadsworth, OH 44281, 216 336-1683.

MC KENDRY, Brian Wallace; '76 BSBA; Dist. Sales Mgr.; Sealed Air Corp., 500 Thornburg Dr., POB 608, Conover, NC 28613, 216 779-3292; r. 4599 Carsten Ln., N. Olmsted, OH 44070, 216 777-9962.

MCKENDRY, Patrick A.; '77 BSBA; Secy./VP; James Doorcheck Inc., 201 Spring Garden St., Philadelphia, PA 19123, 215 922-8575; r. 426 Pepper Rd., Huntingdon Vly., PA 19006, 215 947-8037.

MC KENNA, Rita Lyons, (Rita Lyons); '48 BSBA; Homemaker; r. 4466 Dunhaven Rd, Dunwoody, GA 30338, 404 458-6397.

MCKENNA, Robert E.; '66 BSBA; Pres.; N A P A, 2999 Circle 75 Pkwy., Atlanta, GA 30339, 404 956-2200; r. 4064 Rivercliff Chase, Marietta, GA 30067, 404 952-7369.

MC KENNEY, John B.; '59 BSBA; VP Mktg.; Marmi Inc. DBA H&R Block, 1359 S. 3rd St., Louisville, KY 40208, 502 636-3377; r. 1411 St. James Ct., #1, Louisville, KY 40208, 502 637-5030.

MC KENNEY, John P.; '35; Salesman; The Humko Co., POB 448, Memphis, TN 38101; r. 5935 Headley Rd. c/o Jane Leuk, Gahanna, OH 43230, 614 488-7545.

MC KENNEY, Richard W.; '49 BSBA; Retired; r. 17607 Loring Ln., Spring, TX 77388, 713 353-3849.

MCKENZIE, Heather Carole; '87 BSBA; Financial Production Rep.; CompuServe Inc., Subs H & R Block Inc, 5000 Arlington Ctr. Blvd., Columbus, OH 43220, 614 457-8600; r. 240 Park Rd., Westerville, OH 43081, 614 846-1816.

MC KENZIE, Robert P.; '38 BSBA; Retired; Mc Kenzie Mercury Co., 3992 Main St., Weirton, WV 26062; r. 604 Foxcraft Ave. #1A, Martinsburg, WV 25401, 304 267-9088.

MC KEON, Gordon J.; '56 BSBA; CPA; POB 92737, Pasadena, CA 91109, 213 681-2608; r. 1500 Lancashire Pl., Pasadena, CA 91103, 818 792-1268.

MC KEOWN, John Clifton, Jr.; '79 BSBA; Data Base Admin.; State of Ohio, 30 E. Broad St., Columbus, OH 43215, 614 644-6465; r. 5392 Burwash Landing, Hilliard, OH 43026, 614 771-6225.

MC KIBBEN, John Michael; '72 BSBA; Proj. Mgr.; Battelle Mem. Inst., Management Systs. Operations, 505 King Ave., Columbus, OH 43201; r. 921 Werner Way, Worthington, OH 43085, 614 431-0342.

MC KIE, Richard Herbert; '76 BSBA; Staff; American Express Co., First Data Resources S. & P, 10805 Old Mill Rd., Omaha, NE 68105; r. 22706 S. Shore Dr., Waterloo, NE 68069, 402 779-3306.

MC KIM, M. Lee; '50 BSBA; Retired Sr. Buyer; Pacific Car & Foundry; r. 27407 208th Ave. SE, Kent, WA 98042, 206 432-3411.

MCKIMMY, Mrs. Claudia R., (Claudia R. Tambur); '87 BSBA; Sales Rep.; Data S Systs., 3150 Bellevue, Toledo, OH 43606; r. 4521 W. Bancroft #4, Toledo, OH 43615, 419 536-4819.

MC KINLEY, Arthur Lynn; '86 BSBA; Acct.; Ohio State Life Ins. Co., Subs/Farmers Ins Group Inc, 2500 Farmers Dr., Worthington, OH 43085; r. 6989 Britwell Ln., Reynoldsburg, OH 43068, 614 759-8892.

MC KINLEY, Dave; '70 BSBA; Realtor; King Thompson/Holzer-Wollum, 1670 Fishinger Rd., Columbus, OH 43221, 614 451-0808; r. 2651 Andover, Columbus, OH 43221, 614 481-3043.

MC KINLEY, J. William, II; '65 BSBA; Buyer & Mgr.; Kopy Kat, Box 276, Lucasville, OH 45648; r. Box 291, Lucasville, OH 45648, 614 259-4333.

MC KINLEY, James Patrick; '72 BSBA; 7157 Shetland St., Worthington, OH 43085, 614 846-6140.

MCKINLEY, Jeffrey Todd; '84 BSBA; Data Processing Mgr.; US Playing Card Co., Beech & Park, Cincinnati, OH 45212, 513 396-5858; r. 3815 Winding Way, Apt. A, Cincinnati, OH 45229, 513 861-1826.

MC KINLEY, Julie Ann; '86 BSBA; Account Clerk III; State Tchrs. Retirement Syst., 275 E. Broad St., Columbus, OH 43215; r. 796 Plant Dr., Worthington, OH 43085, 614 846-2353.

MCKINLEY, Kenneth Carey; '75 MBA; Tchr.; Columbus Bd. of Educ., Columbus City Sch. District, 270 E. State St., Columbus, OH 43215; r. 274 S. Broadleigh Rd., Columbus, OH 43209, 614 239-1118.

MCKINLEY, Leroy T. (Mac); '49 BSBA; Retired Lawyer; r. 1505 Noe Bixby Rd., Columbus, OH 43232, 614 866-7660.

MC KINLEY, Marjorie J.; '45 BSBA; Supv.; Lybrand Ross Bros. & Montgomery, Report Dept., 100 E. Broad St., Columbus, OH 43215; r. Box 76, Harrisburg, OH 43126.

MC KINLEY, Martha Poffenberger; '31 BSBA; 80870 Hwy. 111, # 94, Indio, CA 92201.

MC KINLEY, Richard Paul; '77 BSBA; Staff; Avco Financial Svcs., 7149 Main St., Reynoldsburg, OH 43068; r. 7163 Briarcliff Rd., Reynoldsburg, OH 43068, 614 755-2920.

MC KINLEY, Thomas Richard; '80 BSBA; Builder; r. 2981 Blendon Woods, Columbus, OH 43229, 614 891-9709.

MC KINLEY, William Hubert; '79 BSBA; Sales Rep.; Compuserve Inc., Subsidiary H & R Block Inc., 5000 Arlington Ctr. Blvd., Columbus, OH 43220; r. 396 Chatham Rd., Columbus, OH 43214, 614 267-6412.

MC KINNELL, Thomas Bruce; '77 BSBA; 2036 Hollywood Ave., Salt Lake City, UT 84108, 801 485-2551.

MC KINNERY, Jeffrey Alan; '85 BSBA; Industrial Engr.; N I Industries, 801 John C Watts Dr., Nicholasville, KY 40356, 606 887-6237; r. 3751 Appian Way #210, Lexington, KY 40502, 606 273-9281.

MC KINNEY, James Edward; '79 MBA; 4130 Edgehill Dr., Columbus, OH 43220, 614 451-5430.

MC KINNEY, John Cooper; '66 BSBA, '79 MS; Dist. Sea Grant Ext.; Michigan State Univ., Cooperative Ext. Service, 400 Boardman Ave. Govt Bldg., Traverse City, MI 49684, 616 922-4620; r. 7288 Peninsula Dr., Traverse City, MI 49684, 616 947-1926.

MCKINNEY, John Richard; '77 BSBA; CPA; Hahn Garvey & Thomas, 5330 E. Main St., Columbus, OH 43213, 614 863-1308; r. 3504 Negley Rd., Columbus, OH 43232, 614 833-9238.

MC KINNEY, Karl Morton; '68 BSBA; 705 W. Virginia Ave., Phoenix, AZ 85007.

MC KINNEY, Leroy Andrew; '78 BSBA; Asst. Buyer; r. 12 C Chatfield Dr., Stone Mtn., GA 30083.

MCKINNEY, Mark Alan; '81 BSBA; Sales Rep.; UARCO Inc., 2600 Far Hills Ave., Dayton, OH 45419, 513 298-9931; r. 6231 Carnation Rd, Dayton, OH 45449, 513 434-7651.

MC KINNEY, Suzanne Marie; '83 BSBA; Sr. Assoc. Programmer; IBM Corp., 1100 Regency Pkwy., Cary, NC 27511, 919 469-7494; r. 523 New Kent Pl., Cary, NC 27511, 919 469-8325.

MC KINNEY, William Crawford; '73 BSBA; Newspaper Publisher; r. 12240 Oakmont Cir., Knoxville, TN 37922, 615 675-7202.

MCKINNON, Hazel '47 (See Spetka, Hazel M.).

MCKINSTER, Ray; '49 BSBA; Prof. Med. Repr; Ciba Pharmaceutical Co., 556 Morris Ave., Summit, NJ 07901; r. 10820 Deep Cut, Millersport, OH 43046, 614 467-2944.

MCKINSTRY, Thomas B., Jr.; '62 BSBA; Sale Engr.; Pyroter, 1285 Claremont Rd., Carlisle, PA 17013; r. 561 Upland Rd., Bay Village, OH 44140, 216 871-8956.

MC KITRICK, Mura L.; '78 BSBA; 11325 Jerome Rd, Plain City, OH 43064, 614 873-8376.

MC KITRICK, Robert Lee; '50 BSBA; Contract Admin.; The Urban Inst., 2100 M St. NW, Washington, DC 20037, 202 857-8710; r. 7304 Riverhill Rd., Oxon Hill, MD 20745, 301 839-2640.

MCKNIGHT, Kevin Richard; '84 BSBA; Coord., Financial Report; Westinghouse Electric Co., POB 355, Pittsburgh, PA 15230, 412 374-4766; r. 84 Shangrila Cir., Pittsburgh, PA 15239, 412 733-4178.

MC KOWN, Raymond S.; '49 BSBA; Retired; r. 42 West St., Shelby, OH 44875, 419 342-3836.

MC LAIN, Jeffrey Todd; '86 BSBA; 606 Northridge Rd., Columbus, OH 43214, 614 263-4777.

MC LAIN, John M.; '48 BSBA; Pres.; Accurite Industries, Inc., 14730 E. Firestone Blvd., # 317, La Mirada, CA 90638; r. 13832 Allthorn Dr., Santa Ana, CA 92705, 714 838-0639.

MC LANE, Mary Jane Benson; '43 BSBA; Rhododendron, Kippington Rd., Seven Oakes, Kent, England.

MC LANE, Michael James; '84 BSBA; Assoc. Atty.; Hamilton Kramer Myers & Cheek, 17 S. High St., Ste. 1100, Columbus, OH 43215, 614 228-1717; r. 1666 N. High St., Apt. 22, Columbus, OH 43201, 614 299-0168.

MCLANE, Stephen Thomas; '76 BSBA; Road Engineman; Norfolk Southern Railway, 1085 Joyce Ave., Columbus, OH 43219, 614 252-6100; r. 2388 Eastcleft Dr., Columbus, OH 43221, 614 451-8041.

MC LANE, Terese Ann; '80 MBA; 5135 Barracuda Ct., Waldorf, MD 20601.

MC LAREN, Barbara Doss; '82 BSBA; Mgr.; Capstone Asset Mgmt., Inc.; r. 3801 Manchaca Rd. #58, Austin, TX 78704.

MC LAREN, Lyle C., Jr.; '50 BSBA; Retired; r. 5510 Joplin St., Springfield, VA 22151, 703 256-6314.

MC LAREN, Walter Jack; '84 BSBA; 8003 Rosaberry, Westerville, OH 43081.

MC LAUGHLIN, David Edward; '86 BSBA; 1425 Debra Dr., Ashtabula, OH 44004, 216 997-5845.

MC LAUGHLIN, George J.; '86 BSBA; Real Estate Appraiser; Property Financial Svcs., 449 Forest Ave., Portland, ME 04101, 207 773-7487; r. 120 Chadwick St., Portland, ME 04102, 207 775-1909.

MC LAUGHLIN, Jeffrey Wade; '81 BSBA; Distribution Analyst; Texas Instrument Inc., 34 Forest St., Mail Sta. #4-20, Attleboro, MA 02703, 617 699-3480; r. 461 Paine Rd., N. Attleboro, MA 02760, 508 695-5808.

MC LAUGHLIN, Jerri Eisnaugle; '82 BSBA; Staff; Rebublic Bank of Dallas, Pacific & Ervay, Dallas, TX 75205, 214 922-5000; r. 461 Paine Rd., N. Attleboro, MA 02760, 508 695-5808.

MCLAUGHLIN, Jill Anne '85 (See Cole, Jill Anne McLaughlin).

MC LAUGHLIN, John Thomas; '84 BSBA; Syst. Engr.; IBM Corp., 140 E. Town, Columbus, OH 43215; r. 5256 Portland St., W. Worthington, OH 43235.

MC LAUGHLIN, Mark William; '88 BSBA; 6667 Rosedale Ave., Reynoldsburg, OH 43068, 614 864-7863.

MC LAUGHLIN, Michael Paul; '68 BSBA; Assoc. Resch Analyst; Toledo Edison, Edison Plz., 300 Madison Ave., Toledo, OH 43652; r. 34411 N. Summerset Oval, Solon, OH 44139, 216 248-0950.

MC LAUGHLIN, Richard J.; '82 BSBA; 5230 Bigelow Dr., Hilliard, OH 43026, 614 876-7017.

MC LAUGHLIN, Robert Joseph; '86 BSBA; Internal Auditor; Gen. Instrument Corp., 125 Chubb Ave., Lyndhurst, NJ 07071, 201 507-3000; r. 29 Overlook Ave., Belleville, NJ 07109, 201 751-4184.

MC LAUGHLIN, Suzanne Trewhitt; '78 BSBA; Acct./Farmland Inds; r. 13573 Capetown, Pickerington, OH 43147, 614 864-8660.

MC LAUGHLIN, Wayne Clayton; '71 BSBA; Asst. Exec.; Natl. Water Well Assoc., 500 W. Wilson Bridge Rd, Worthington, OH 43085; r. 16717 Murphy Rd, Sunbury, OH 43074, 614 965-4608.

MC LAUGHLIN, William M.; '63 BSBA; Chmn.; Meret Inc., 645 S. Grant Ave., Columbus, OH 43206, 614 469-0444; r. 6354 Olentangy River Rd., Delaware, OH 43015, 614 548-7508.

MC LEAD, Patrick Jay; '74 BSBA; Staff; Burrell Ins. Co., 3 W. Winter, Delaware, OH 43015; r. 124 Orchard Hts., Delaware, OH 43015, 614 369-6650.

MC LEAN, Dwight E.; '34 BSBA; Retired; r. 4332 Mayfield Rd., Apt. 4, S. Euclid, OH 44121, 216 381-0432.

MC LEAN, Frederick Hutchins; '53 BSBA; VP; The Mc Lean Co., 3155 E. 17th Ave., Columbus, OH 43219, 614 475-2880; r. 144 Chaucer Ct., Worthington, OH 43085, 614 885-9222.

MC LEAN, Dr. James Hannis; '67 PhD (ACC); Staff; Eastern Tennessee State Univ., Dept. of Acctg., Johnson City, TN 37614; r. Eastern Tennessee State Univ, Johnson City, TN 37614.

MC LEAN, John Leslie; '69 BSBA; 1516 E. 46th St., Ashtabula, OH 44004, 216 998-7664.

MC LEAN, John Robert; '49 MBA; Retired Realtor/Broker; r. 1615 Belle Haven Rd, Alexandria, VA 22307, 703 765-5157.

MC LEAN, William H.; '50 BSBA; VP-Treas.; Gerlinger Equip. Co., 1001 Adams St., Toledo, OH 43624; r. 416 W. S. Boundry, Perrysburg, OH 43551, 419 874-5206.

MC LEER, Thomas Joseph, Jr.; '81 BSBA; Sales Rep.; Howmedica-Johnson, Inc., 2690 Billingsley Rd., Worthington, OH 43235; r. 2408 Sandstrom, Worthington, OH 43235, 614 792-5536.

MC LENNAN, COL Donald G., USA(Ret.); '50 MBA; Givens Estates, Wesley Dr. Villa 21-A, Asheville, NC 28803, 704 274-3964.

MC LEVEY, Patricia Emish; '86 BSBA; Sr. Acct.; Accountemps Div. R. Half, Inc., 2 Gateway Ctr., Pittsburgh, PA 15222, 412 236-0546; r. 976 E. Arcadia Dr., Allison Park, PA 15101.

MC LOUGHLIN, Christopher A.; '77 BSBA; Staff of Big Bear Su; r. 6890 Blackhawk Ct., Dublin, OH 43017, 614 889-6311.

MC LOUGHLIN, George L.; '50 BSBA; Retired Mgr./Acct. Dpt; Columbus & Southern Ohio Elec., 215 N. Front St., Columbus, OH 43215; r. 5600 Concord Hill Dr., Columbus, OH 43213, 614 866-6366.

MC LOUGHLIN, Patrick K.; '74 BSBA; Maj. Account Supv.; MCI Telecommunications, 180 E. Broad St., Ste. 201, Columbus, OH 43215, 614 222-4142; r. 135 Mayfair Blvd., Columbus, OH 43213, 614 237-5602.

MC MACKIN, Thomas Kennedy; '82 MBA; Atty.; Thomas K Mc Mackin Atty., 5200 S. Gilmore Rd., Fairfield, OH 45014, 513 870-2120; r. 8720 Cranfield Dr., Cincinnati, OH 45239, 513 733-8949.

MC MAHILL, James R.; '23 BSBA; Retired; r. 5124 S. Ridge Dr., Cincinnati, OH 45224, 513 853-2838.

MC MAHON, David Edward; '84 BSBA; Programmer Trainee; The Ohio State Univ. Systs., 1121 B Kinnear Rd., Columbus, OH 43209; r. 3824 Cypress Creek Dr., Columbus, OH 43228, 614 272-5737.

MCMAHON, Janet Lea '82 (See Skoll, Mrs. Janet Lea M.).

MC MAHON, Kelly Edward; '86 BSBA; Dist. Accountg. Mgr.; Browning-Ferris Industries, Inc., 101 3rd St., Marietta, OH 45750; r. 994 Springbrook Dr., Cincinnati, OH 45224, 513 522-9088.

MC MAHON, Kenneth Karl; '83 BSBA; Programmer; IBM Corp., 575 South Ave., Poughkeepsie, NY 12601; r. 6325 Cragie Hill Ct., Dublin, OH 43017.

MC MAHON, Paige James; '85 BSBA; 1038 E. 5th St., Stuart, FL 34996, 407 283-9175.

MCMAHON, Patrick James; '70 BSBA; Personal Lines Supv.; Kemper Ins. Co., 1201 Greenwood Cliffs, Charlotte, NC 28204, 704 372-7150; r. 1932 Summerhill Dr., Charlotte, NC 28212, 704 536-9355.

MC MAHON, Patrick Thomas; '80 MBA; Sr. Account Rep.; Compu Serve Inc., 5000 Arlington Ctr. Blvd., Columbus, OH 43220, 614 792-1301; r. 5017 Cambria Way, Westerville, OH 43081, 614 898-7945.

MC MAHON, Paul Philip; '83 BSBA; 1650 Se Green Acres Cir, #E202, Port St. Lucie, FL 34952.

MC MAHON, Thomas D.; '48 BSBA; Sales Mgr.; Brainard Steel Corp., Plant No 2, Larchmont Ave. NE, Warren, OH 44483; r. 8468 Deer Creek Ln. NE, Warren, OH 44484, 216 856-3242.

MC MAHON, Vandy '82 (See Watrous, Vandy Mc Mahon).

MC MAINS, Greg Kris; '82 BSBA; Account Exec.; TNT Holland Motor Express, 10720 Memphis Ave., Cleveland, OH 44144, 216 941-4340; r. 889 Clearwood Rd., Copley, OH 44321, 216 666-0803.

MC MANAMON, Tracy Brian; '79 BSBA; VP; BTD Directory Mgmt., 12966 Euclid St., Ste. 440, Garden Grove, CA 92642; r. 27161 Ashton Cir., El Toro, CA 92630.

MC MANIGELL, Kenneth D.; '60; Acct.; Mem. Hosp. Union Co., 500 London Ave., Marysville, OH 43040; r. 4453 Marland Dr., Columbus, OH 43224, 614 263-8737.

MC MANIS, Billy C.; '58 BSBA; Real Estate Agt.; Joe Walker-Century 21, 2400 Dublin-Granville, Columbus, OH 43229, 614 891-0180; r. 2953 Berry Ln., Columbus, OH 43229, 614 891-5127.

MC MANUS, James W.; '50 BSBA; c/o Paul T Theisen, 424 Second St., Marietta, OH 45750.

MC MANUS, Joseph M.; '88 BSBA; 1205 Oak Bluff Ct., Westerville, OH 43081, 614 891-0647.

MC MASTER, Leonard Royal; '63 BSBA; VP-Munic. Finance; Bernard P. Dunegan Inc., Box 70, 7632 Main St. Fishers, Victor, NY 14564, 716 924-2145; r. 4990 Wyffels Rd., Canandaigua, NY 14424.

MC MASTERS, Christopher J.; '86 BSBA; 1432 Northridge Rd., Columbus, OH 43224, 614 263-1519.

MC MENAMY, William C., Jr.; '62 BSBA; Partner/Comcl Rl Est; Wears Kahn Mc Menamy & Co., 81 S. 5th St., Columbus, OH 43215, 614 228-6321; r. 275 Ashbourne Pl., Columbus, OH 43209, 614 253-6300.

MC MICHAEL, Robert W.; '50 BSBA; Pres.; The Stewart Co., 355-F 5th Ave., S., Naples, FL 33940, 813 263-2200; r. 12945 Vanderbilt Dr., #501 PH, Naples, FL 33963, 813 597-4600.

MC MILLAN, Carolyn '53 (See Elsass, Carolyn Mc Millan).

MC MILLAN, Dr. Claude, Jr.; '55 PhD (BUS); Prof.; Univ. of Colorado, Mgmt. Science Dept., Boulder, CO 80309; r. 485 Baseline Rd., Boulder, CO 80302, 303 444-2926.

MC MILLAN, Douglas Earl; '87 MBA; Technical Cnslt.; AT&T Info. Syst., 114 N. 4th St., Columbus, OH 43215, 614 462-5051; r. 810 S. Roosevelt Ave., Columbus, OH 43209, 614 235-5180.

MCMILLAN, Gayle '81 (See Davis, Gayle M.).

MC MILLAN, James G.; '54 BSBA; Pres.; Miami Valley Publishing Co., 678 Yellow Springs-Fairfield, Fairborn, OH 45324, 513 879-5678; r. 3766 St. Andrews Dr., Fairborn, OH 45324, 513 767-3351.

MC MILLAN, Dr. James Richard; '72 PhD (BUS); Assoc. Prof.; Univ. of Tennessee, Marketing & Transportation, Knoxville, TN 37916; r. 5423 Timbercrest Tr., Knoxville, TN 37909, 615 584-5700.

MC MILLAN, Kathleen Ann; '79 BSBA; Estimator; Miami Valley Publishing Co., 1 Herald Sq., Fairborn, OH 45324; r. 818 S. High St., Yellow Spgs., OH 45387.

MC MILLAN, Merle C.; '60 BSBA; Pres.; CMM Mgmt. Cnsltg. Co., POB 8107, Rocky Mt., NC 27804, 919 443-2200; r. 2928 Berkley Dr., Rocky Mt., NC 27803, 919 443-2200.

MC MILLEN, Albert H.; '54 BSBA; 1463 Blackburn, Wheaton, IL 60187.

MC MILLEN, Chester K.; '42 BSBA; Retired; r. 1409 Burr Oak Rd., #414A, Hinsdale, IL 60521.

MC MILLEN, Don B.; '52 BSBA; Dir.; Nationwide Ins. Co., Advertising & Promotion Admin, One Nationwide Plz., Columbus, OH 43215, 614 249-6014; r. 411 E. Schreyer Pl., Columbus, OH 43214, 614 263-2187.

MC MILLEN, George A.; '53 BSBA; Asst. Ofc. Man; Ohio Civil Svc. Employees A, 85 E. Gay St., Columbus, OH 43215; r. 3494 Helen Pl., Grove City, OH 43123, 614 871-2096.

MC MILLEN, James C.; '58 BSBA; VP Finance; Rockwell Intl. Aircraft, 100 N. Sepulveda Blvd., El Segundo, CA 90245, 213 414-1796; r. 18938 Mt Walton, Fountain Vly., CA 92708, 714 962-6673.

MC MILLEN, James D.; '65 BSBA, '67 MBA; Mgr. of Technical; A M S Inc., 1560 Fishinger Rd, Columbus, OH 43221; r. 124 W. North St., Worthington, OH 43085, 614 766-1176.
MC MILLEN, Robert J.; '53 BSBA; VP Finance; Greenville Med. Ctr., 1825 Kennedy Blvd., Jersey City, NJ 07305, 201 547-6173; r. 34 Dillingham Pl., Englewood Cliffs, NJ 07632, 201 568-6490.
MC MILLIN, Allen Ray, Jr.; '72 BSBA; 825 E. Front St., Logan, OH 43138, 614 385-4994.
MC MILLIN, Claudia Craft; '79 BSBA; Asst. VP; Prudential Bank & Trust Co., 200 Galleria Pkwy., Ste. 1900, Atlanta, GA 30339, 404 952-6663; r. 1700 Barrington Cir., Marietta, GA 30062, 404 565-6624.
MCMILLIN, James Robert, Jr.; '79 BSBA; Treas.; Blue Circle Holdings, Inc., 1800 Parkway Pl., Ste. 1200, Marietta, GA 30067, 404 423-4700; r. 1700 Barrington Cir., Marietta, GA 30062, 404 565-6624.
MC MILLIN, Janet Wright, (Janet Wright); '84 BSBA; Photo Lab Tech.; Meijer Inc., 75 Georgesville Rd., Columbus, OH 43228, 614 274-6708; r. 1665 Bucksglen Dr., Galloway, OH 43119, 614 878-4881.
MC MORROW, Audbert L.; '49 BSBA; VP; Nationwide Ins. Cos., Western Personal Lines Ops, Columbus, OH 43216; r. 318 N. W. Old Orchard Dr., Vancouver, WA 98665, 206 574-0372.
MCMULLEN, Carl G.; '51 BSBA; Retired; r. 1115 Mormon Dr., Las Cruces, NM 88001, 505 522-3217.
MC MULLEN, Martin Michael; '74 BSBA; 360 Garden Blvd., Palm Bch. Gardens, FL 33410, 407 622-1603.
MC MULLEN, Noel Sean; '73 BSBA; Staff; Owens Corning Fiberglas, Fiberglas Twr., Toledo, OH 43659; r. 177 S. Hayden Pkwy., Hudson, OH 44236.
MC MUNN, Gregg; '69 BSBA; Staff; Nationwide Ins. Co., One Nationwide Plz., Columbus, OH 43216, 614 227-7111; r. 724 Hines Rd., Columbus, OH 43219, 614 475-3935.
MC MURRAY, Mrs. Bernice Holt; '28 BSBA; Retired; r. 3530 B Burton Ridge Dr. SE, Grand Rapids, MI 49506, 616 949-3631.
MC MURRAY, Ellen Wiley, (Ellen Wiley); '34 BSBA; 5925 Shore Blvd. S., Apt. 210, Gulfport, FL 33707, 813 343-9497.
MC MURRAY, Lesa D.; '82 BSBA; Loan Processor; Suntrust Mortgage, Inc., Secondary Marketing, POB 1480, Orlando, FL 32801, 407 237-5146; r. 417 W. Hazel St., Orlando, FL 32804, 407 425-8629.
MC MURRAY, Robert Paul, II; '87 BSBA; 234 Stanton, Columbiana, OH 44408, 216 482-2259.
MC NABB, David Robert; '76 BSBA; VP; Columbus Power Sweeping Inc., 3277 Delburn Rd, Dublin, OH 43017; r. 4870 Dierker, Columbus, OH 43220.
MC NABNAY, CAPT James Richard, SC USN; '65 BSBA; Cdr.; Defense Contract Admin.-Springfield, DCASMA Springfield, 240 US Rte. 22, Springfield, NJ 07081, 201 564-8201; r. 295 English Ct., Bridgewater, NJ 08807, 201 725-0830.
MC NAIR, Robert Malcolm; '65 BSBA; Atty.; Robert M Mc Nair Co., 35 W. Jefferson St., Jefferson, OH 44047, 216 576-3831; r. 185 W. Jefferson St., Jefferson, OH 44047, 216 576-1946.
MC NAIR, COL Thomas E.; '60 BSBA; Retired Col.; r. Box 95, Charlotte Hall, MD 20622, 301 884-8612.
MC NAIRY, Carrie Fleming, (Carrie Fleming); '33 BSBA; Volunteer; Metropolitan-Mt. Sinai Hosp.; r. 1632 Comstock Ln., Minneapolis, MN 55447, 612 473-1778.
MC NALLY, Harry Donald; '65 BSBA; Dir., State Taxes; Roadway Svcs., Inc., 1077 Gorge Blvd., Akron, OH 44309, 216 384-2657; r. 1431 Wimbledon Cir., Stow, OH 44224, 216 688-2187.
MC NAMARA, James A.; '85 BSBA; Branch Mgr.; Spectra-Physics, Inc., 5425 Beaumont Ctr. Blvd., Ste. 900, Tampa, FL 33634, 813 887-5506; r. 6161 Memorial Hwy., Tampa, FL 33615, 813 889-8043.
MC NAMARA, John Merrell; '68 BSBA; Mgr./Fcst. & Sales Admin.; Heil-Quaker Corp., 1136 Heil Quaker Blvd., POB 3005, La Vergne, TN 37086, 615 793-4119; r. 418 Guill Rd., Mt. Juliet, TN 37122, 615 758-9560.
MC NAMARA, John S., Jr.; '40 BSBA; Tchr.; r. 2241 Kellogg Park Dr., Pomona, CA 91768, 714 629-7421.
MC NAMARA, Keith Peter; '85 BSBA; Sales Rep.; N C R Corp., 965 Keynote Cir., Brooklyn Hts., OH 44131, 216 459-0010; r. 52 Chapel Hill Dr., Fairfield, OH 45014.
MC NAMARA, Maureen Therese; '75 BSBA; 8405 White Haven, Cleveland, OH 44129.
MC NAMARA, Robert; '84 BSBA; 19871 Saranac, Fairview Park, OH 44126, 216 331-2465.
MC NAMARA, Timothy Dale; '72 BSBA; Credit Admin.; Borden Inc., 180 E. Broad St., Columbus, OH 43215; r. 2535 Peachblow Rd, RR 2, Delaware, OH 43015, 614 548-5681.
MC NAMARA, Wendy Jennings; '85 BSBA; Asst.; Massachusetts Med. Society, 1440 Main St., Waltham, MA 02254, 617 893-4610; r. 12222 Blanco Rd., Apt. #807, San Antonio, TX 78216, 508 480-0132.
MC NAMEE, Dennis Patrick; '83 MPA; Law/Legal Svcs.; 299 E. Livingston Ave., Columbus, OH 43215, 614 221-8004; r. 506 E. Dunedin Rd., Columbus, OH 43214, 614 262-2984.
MC NAMEE, Sally Leggett; '79 BSBA; Bank Ofcr./Mgr.; State Savings Bank, 3800 W. Dublin Granville Rd., Dublin, OH 43017; r. 330 Guernsey, Columbus, OH 43204, 614 279-0544.
MC NARY, Michael William; '82 BSBA; Stockbroker; Dean Witter Reynolds Inc., 41 S. High St., Ste. 2700, Columbus, OH 43215; r. 870 1/2 Neil Ave., Columbus, OH 43215, 614 876-6731.
MC NARY, Nicolette Lowe; '85 MBA; Stockbroker; Dean Witter Reynolds Inc., 41 S. High St., Ste. 2700, Columbus, OH 43229, 614 228-0600; r. 870 1/2 Neil Ave., Columbus, OH 43215, 614 876-6731.
MC NAUGHTON, Frank; '57 BSBA; Dir.; Nationwide Devel. Co., Real Estate Division, 246 N. High St., Columbus, OH 43216; r. 3226 Creston Ct., Dublin, OH 43017, 614 889-8056.
MC NAUGHTON, Jeffrey Scott; '87 BSBA; 104 Northern Spy D, Howard, OH 43028, 614 397-1007.
MC NAUL, Jeffrey Allan; '82 MBA; Mgr.; Grant Thornton CPA's, 1600 Atrium One, 201 Fourth St., Cincinnati, OH 45202, 513 762-5000; r. 8419 Winding Trail Pl., Mason, OH 45040, 513 398-6290.
MC NEAL, Charles A.; '48 BSBA; 13030 Frazier Rd, Chardon, OH 44024, 216 286-4179.
MC NEAL, Donald L.; '59 BSBA; VP; Mead Corp., Human Resources Dept., Courthouse Plz. NE, Dayton, OH 45463; r. 6394 Marshall, Centerville, OH 45459, 513 433-2372.
MC NEAL, Herbert H.; '49 BSBA; Retired; r. 1761 Christine Ter., Madison Hts., MI 48071, 313 546-9260.
MC NEAL, Kathleen Keller; '78 MPA; Atty.; Atty-at-Law, 1323 Wilson Ave., Columbus, OH 43206, 614 443-3633; r. 1323 Wilson Ave., Columbus, OH 43206, 614 443-3633.
MCNEALY, Jolynn '67 (See Gustin, Jolynn McNealy).
MC NEELEY, Dr. Brian J.; '85 PhD (BUS); Asst. Prof.; Hofstra Univ., Dept.Of Mktg., 1000 Fulton Ave., Hempstead, NY 11550, 516 560-5706; r. 103 Hale Rd., N. Babylon, NY 11703, 516 422-7329.
MC NEELEY, Patrick Joseph; '66 BSBA; 196 Forest Hill Blvd., Avon Lake, OH 44012, 216 933-5339.
MC NEIL, Brenda Diane; '83 BSBA; Asst. Acct.; Deloitte Haskins & Sells, 1200 Travis, Ste. 26, Houston, TX 77002; r. 441 D 2300 Lazy Hollow, Houston, TX 77063.
MC NEIL, Donald Michael; '86 BSBA; Sales Rep.; N C R Corp., 965 Keynote Cir., Brooklyn Hts., OH 44131; r. 1281 Cranford Ave., Lakewood, OH 44107.
MC NEIL, Joseph Robert; '69 BSBA; Div. Controller; Titus Prods., Div of Philips Industries, 990 Security Row, Richardson, TX 75081, 214 699-1030; r. 3501 Seltzer, Plano, TX 75023, 214 867-5856.
MC NEIL, Leo Edward, Jr.; '71 BSBA, '77 MBA; Controller; W A Butler Co., 4140 Fisher Rd, Columbus, OH 43228, 614 272-0103; r. 2760 Chester Rd., Columbus, OH 43221, 614 486-5116.
MC NEIL, Lowell H.; '59 BSBA; Owner/Agt.; Sitterle Ins. Svc., 346 Jefferson St., Greenfield, OH 45123, 513 981-4005; r. 334 S. 2nd St., Greenfield, OH 45123, 513 981-2403.
MC NEIL, Richard Michael; '73 BSBA; 4331 Sheridan, Royal Oak, MI 48072.
MC NEIR, Andrew D.; '50 BSBA; Woodland Hls., CA.
MC NELLY, Duaine Brent; '72 BSBA; Sr. Industrial Engr.; Senmed, 8485 Broadwell Rd., Cincinnati, OH 45244; r. 4043 N. Ascot, Mason, OH 45040, 513 398-3002.
MC NETT, Mark Allen; '78 BSBA; Territory Mgr.; Burroughs Corp., E. Wilson Bridge Rd., Worthington, OH 43085; r. 55 Springbrook Dr., Lima, OH 45801.
MC NICHOLS, David Joseph; '77 BSBA; Legal Asst.; Robert E Sexton, 50 W. Broad St. Ste. 1903, Columbus, OH 43215; r. 446 Glenmont Ave., Columbus, OH 43214, 614 262-9306.
MC NICHOLS, Patricia Marie; '83 BSBA; Mgmt. Trainee; Equitable Life Assurance, 200 E. Wilson Bridge Rd, Worthington, OH 43085; r. 35832 Tr. 79A, Warsaw, OH 43844.
MC NICHOLS, Thomas James; '81 BSBA; Sr. Staff Acct./CPA; McLiesh Hamilton Priest Bowman & Barber Inc., 21 S. First St., Ste. 111, Newark, OH 43055, 614 345-5355; r. 103 Parks St., POB 589, Hebron, OH 43025, 614 928-1577.
MCNICHOLS, Timothy Joseph; '81 BSBA; Chief Acct.; Distribution Ctrs., Inc., 229 Huber Village Blvd., Westerville, OH 43081, 614 890-1730; r. 495 Oakland Park Ave., Columbus, OH 43214, 614 262-2542.
MC NICOL, Cristopher Edward; '80 BSBA; Salesman; Key Blueprint, 195 E. Livingston Ave., Columbus, OH 43215, 614 228-3285; r. 7629 Yosemite St., Worthington, OH 43085, 614 848-9793.
MC NICOL, Linda K., (Linda K. Starr); '81 BSBA; Acct.; Laidlaw Waste Systs., Inc., 999 Crupper Rd., Columbus, OH 43229, 614 848-4480; r. 7629 Yosemite St., Worthington, OH 43085, 614 848-9793.
MCNULTY, Charles Joseph; '83 BSBA; Asst. Customer Svc. Coord; The Kroger Co., 1630 Morse Rd., Columbus, OH 43229; r. 2926 Dresden St., Columbus, OH 43224, 614 267-9792.
MCNULTY, COL Edward J.; '54 BSBA; Exec. Ofcr.; 913th Tag, Willow Grove Air Reserve, Willow Grove, PA 19090, 215 443-1100; r. 7 Lantern Ln., Lansdale, PA 19446, 215 855-3847.
MC NULTY, Frank Raymond, Jr.; '48 BSBA; Retired Spec. Claims Rep.; Nationwide Ins. Co.; r. 167 W. Cooke Rd., Columbus, OH 43214, 614 268-7067.
MC NULTY, Joseph D.; '50 BSBA; 549 Marylea Ave., Pittsburgh, PA 15227, 412 882-2408.
MC NULTY, Margaret Lohnes; '49 BSBA; Staff; Mercy Med. Ctr., 1343 N. Fountain Blvd., Springfield, OH 45501; r. 262 Ridge Rd., Springfield, OH 45503, 513 399-7591.
MC NUTT, James Eugene; '68 BSBA; Mgr.; OSU Treasurer's Ofc., Student Aid Acctg., 1800 Cannon Dr., Columbus, OH 43210, 614 292-9390; r. 290 E. Hudson St., Columbus, OH 43202, 614 263-3240.
MC NUTT, William F.; '58 BSBA; Sr. Prog. Ofcr.; Fed. Emergency Mgmt. Agcy., 500 C St., Washington, DC 20472, 202 646-2857; r. 4504 Rynex Dr., Alexandria, VA 22312, 703 354-3096.
MC OWEN, William H.; '50 BSBA; 6174 St. Rte. 132, Goshen, OH 45122, 513 625-6700.
MC PEEK, Roy D.; '58 BSBA; Tchr.; r. POB 1209, Lompoc, CA 93438.
MCPHERON, Alferd P.; '32 BSBA; Retired; r. Stratford Arms Apt. 2A, 2600 S. Ocean Blvd., Boca Raton, FL 33432, 407 392-7171.
MC PHERSON, Gregory Lynn; '83 BSBA; 750 Brookdale Dr., Kiousville Rd., W. Jefferson, OH 43162, 614 879-8480.
MCPHERSON, Mary K.; '87 BSBA; Sales Rep.; Pella Window & Door Co., 1514 Morse Rd., Columbus, OH 43229, 614 436-7001; r. 5735 Tacoma Rd. Apt. E, Columbus, OH 43229, 614 888-1829.
MC PHERSON, Philip Andrew; '79 BSBA; Programmer/Analyst; Ohio Bell, 6889 Snowville Rd, Brecksville, OH 44141, 216 838-6183; r. 4291 Sir John Ave., N. Royalton, OH 44133, 216 237-0733.
MC PHERSON, Scott Allen; '80 BSBA; Mgr. Data Base Analysis; Progressive Ins. Corp., 6300 Wilson Mills Rd., Mayfield Vlg., OH 44143, 216 446-4270; r. 6603 Thornton Dr., Parma, OH 44129, 216 842-9399.
MC PHERSON, Thomas Daniel; '81 BSBA; Store Mgr.; Wal-Mart Stores Inc., 888-A Green Blvd., Aurora, IN 47001, 812 926-1151; r. RR #2, Box 95, Guilford, IN 47022, 813 926-4262.
MC PHERSON, Todd Yancey; '87 BSBA; Financial Assoc.; Baxter Healthcare Corp., 1450 Waukegan Rd., Mc Gaw Park, IL 60085, 312 473-0400; r. 2807 Glen Flora, Apt. 210, Waukegan, IL 60085, 312 360-9537.
MC QUADE, David L.; '49 BSBA; Retired; r. 1414 Yorktown Rd, Columbus, OH 43232, 614 866-9750.
MCQUAID, John P.; '53 BSBA; Small Bus. Liaison Ofcr.; United Technologies Corp., Government Engine Business, POB 109600, W. Palm Bch., FL 33410; r. 124 N. Dory Rd., N. Palm Bch., FL 33408, 407 626-4934.
MC QUEEN, Marcus Lee; '59 BSBA; Financial Mgr.; Parma Hosp., 7007 Powers Blvd., Parma, OH 44129; r. 24342 Palm Dr., N. Olmsted, OH 44070, 216 734-8218.
MC QUEEN, Rodney James; '81 MBA; Dir. of Manufrng; De Soto Inc., 1700 S. Mt Prospect Rd., Des Plaines, IL 60017, 312 391-9224; r. 40 W. 175 Deer Run Dr., St. Charles, IL 60175, 312 377-2652.
MCQUERREY, James Ronald; '84 BSBA; Sales Engr.; Gen. Telephone & Electronics, 1300 Columbus Sandusky Rd, Marion, OH 43302, 614 382-7460; r. 717 S. Prospect St., Marion, OH 43302, 614 387-6790.
MC QUERREY, Larry R.; '76 MBA; Staff; Kal Kan Foods Inc., 5115 Fisher Rd., Columbus, OH 43228; r. 2405 E. Deborah Ln., Orange, CA 92669, 714 639-2759.
MC QUIGG, John Heston; '51 BSBA; Real Estate Saleman; Landes & Landes, 228 W. Liberty, Wooster, OH 44691; r. 2830 Graustark Path, Wooster, OH 44691, 216 345-7585.
MC QUIGG, William G.; '39 BSBA; Retired; r. 9 Canterbury Ln., E. Aurora, NY 14052, 716 652-5727.
MCQUILKIN, Jean '54 (See Tingley, Mrs. Jean McQuilkin).
MC QUILKIN, John R.; '51 BSBA; Pres.; JRM Devel., POB 6027, Toledo, OH 43614; r. 4266 Deepwood Ln., Toledo, OH 43614, 419 385-1115.
MC QUILLEN, Peter Edward; '77 BSBA; 817 Seneca Ave., Huron, OH 44839, 419 433-2498.
MCQUILLIN, Mary Ann '82 (See Griffin, Mrs. Mary Ann).
MC QUISTON, Dr. Daniel Houston; '85 PhD (BUS); Asst. Prof.; Indiana Univ., Clg. of Business, Bloomington, IN 47405, 812 855-8878; r. 1903 Chelsey Ct., Bloomington, IN 47401, 812 332-5723.
MC QUOWN, Dean Allen; '76 MA; Dir. of Rsch.; Iaao, 1313 E. 60th St., Chicago, IL 60637; r. 618 Burns Ave., Flossmoor, IL 60422, 312 957-4001.
MCRAE, Kelly B.; '39 BSBA; Retired Tax Mgr.; Ernst & Whinney, 2000 National City Ctr., Cleveland, OH 44114; r. 700 Beach Dr., NE, Apt. 808, St. Petersburg, FL 33701, 813 822-8406.
MCREYNOLDS, Linda J. '68 (See Bryant, Linda M.).
MC ROY, Kenneth Philip; '85 BSBA; 8 Community Pl., Madison, NJ 07940, 201 377-5285.
MC SHANE, John Patrick; '85 BSBA; 5215 Bandon Ct., Columbus, OH 43220.
MC SHANE, Kimberly Mc Cluskey; '78 BSBA; 4078 Domenico Ct., Bridgeton, MO 63044.
MC SHEFFERY, Mary Megan; '85 BSBA; 1633 Babcock Rd. #188, San Antonio, TX 78229.
MC VAY, Clarke T.; '39 BA; Retired; r. 1733 Westwood Ave., Apt. H, Alliance, OH 44601, 216 823-5038.
MC VAY, David Ronald; '78 BSBA; Industrial Engr.; Amer Trdng & Prod Corp. Kromex, 880 E. 72nd St., Cleveland, OH 44103; r. 1447 E. 195th St., Euclid, OH 44117, 216 486-3770.
MCVAY, Ellen Vance; '84 BSBA; Mfg. Rep.; r. 4732 Archdale Ln., Columbus, OH 43214, 614 457-7415.
MC VAY, Larry Jay; '71 BSBA; Mgr.; Mc Vay Lumber Co., 185 Cnty. Line Rd, Westerville, OH 43081; r. 8051 Bevelheimer Rd, Westerville, OH 43081, 614 855-2591.
MC VAY, Susan Elliotte; '82 BSBA; Systs. Engr.; IBM Corp., 9200 Corporate Blvd., Rockville, MD 20850, 301 921-7400; r. 5875 Abbey Church Rd., Dublin, OH 43017, 614 761-0915.
MCVEAN, Cynthia '84 (See Marrinan, Mrs. Cynthia L.).
MCVEAN, Scott Duncan; '86 BSBA; Mgr.; Agcy. Rent-A-Car, Toledo, OH 43615, 419 865-0811; r. 5027 St. Aubin, Toledo, OH 43615, 419 537-0751.
MC VEIGH, James L.; '48 BSBA; Travel Cnslt.; Merriman Travel Inc., Ste. 856, Davisville Ctr., Warminster, PA 18974, 215 322-5045; r. 1626 Dolington Rd., Yardley, PA 19067, 215 493-9355.
MC VEY, Ms. Anne E., (Anne E. Gottwald); '76 MPA; Asst. Prof.; University of Virginia, Maury Hall, Charlottesville, VA 22903, 804 924-0976; r. Rte. 1, Box 360, Shipman, VA 22971, 804 263-8028.
MC VEY, Barbara L. '50 (See Wright, Mrs. Barbara L.).
MC VEY, Larry Spangler; '59 BSBA; VP; Bates & Co., 999 W. 6th Ave., POB 1647, Columbus, OH 43216, 614 291-4386; r. 2220 Cheltenham Rd., Columbus, OH 43220, 614 451-0276.
MC VEY, Scott Taylor; '74 BSBA; 19-2nd St., Poland, OH 44514, 216 757-9134.
MC VEY, Stephen Neal; '81 BSBA; Account Systs. Engr.; IBM Corp., 1300 E. Ninth St., Cleveland, OH 44114; r. 7024 Longview Dr., Solon, OH 44139, 216 248-7766.
MC VEY, Thomas Elgin; '79 BSBA; Financl Mgmt. Trainee; GE Co., Evendale Plant, Cincinnati, OH 45215; r. 74 Woodsfield Ct. #B, Fairfield, OH 45014, 513 829-8256.
MC VEY, Thomas M., Jr.; '49 BSBA; Owner; McVey Oil Co., POB 474, Painesville, OH 44077, 216 352-2431; r. 107 Wintergreen Hill Dr., Painesville, OH 44077, 216 354-2954.
MC VICKER, Dwight W.; '57 BSBA; Certfd Public Acct.; Dale W Black & Co., 5755 Granger Rd., Independence, OH 44131, 216 749-5200; r. 1649 Lewis Dr., Lakewood, OH 44107, 216 521-0664.
MC VICKER, Marian Young; '82 BSBA; CPA-Sr. Tax Consultnt; Ernst & Whinney, 1900 Toledo Trust Bldg., Toledo, OH 43604, 419 241-8800; r. 2356 Barrington Dr., Toledo, OH 43606, 419 537-1233.
MC VICKER, Robert A.; '72 BSBA; Dir. of Finance; Akron City Hosp., 525 E. Market St., Akron, OH 44309, 216 375-3197; r. 1813 A Higby Dr., Stow, OH 44224, 216 688-6309.
MC VICKER, Robert Gregg, IV; '87 BSBA; 325 Old Mill Rd., Lake Forest, IL 60045, 312 295-3161.
MC WHORTER, David J.; '57 BSBA; Mgr./Natl. Accts; Unocal Corp., 1650 E. Golf Rd., Schaumburg, IL 60196, 312 330-5296; r. 284 Shore Line Rd., Lake Barrington Shores, Barrington, IL 60010, 312 381-0637.
MC WHORTER, Dr. Paul, JD; '47 MBA, '50 PhD (BUS); Prof. Emeritus; Univ. of North Texas; r. 2825 Foxcroft Cir., Denton, TX 76201, 817 382-3434.
MC WHORTER, Dr. Suzanne Schirrman, (Suzanne Schirrman); '57 PhD (BUS); Retired; r. 2825 Foxcroft Cir., Denton, TX 76201, 817 382-3434.
MCWILLIAMS, Dr. Abagail, (Abagail Freeman); '82 BSBA; Asst. Prof.; Texas A & M Univ., Dept. of Management, 306 D Blocker, College Sta., TX 77843, 409 845-3876; r. 8702 Driftwood Dr., College Sta., TX 77840, 409 693-6420.
MC WILLIAMS, Tracy Lyn; '87 BSBA; Asst. Mgr.; Rite Aid Pharmacy, Wilson Mills Rd., Richmond Hts., OH 44124; r. 6000 Richmond Rd., Bedford, OH 44146, 216 439-6576.
MD KHALID, Noor Khalidah; '86 BSBA; 15 E. 18th Ave., Columbus, OH 43201.
MEACHAM, David C.; '67 BSBA; Controller; Owens Corning Fiberglas, Fiberglas Twr. 1 Levis Sq., Toledo, OH 43659; r. Fiberglas Twr. 1 Levis Sq., Toledo, OH 43604, 419 535-6906.
MEACHAM, Louis William; '46 BSBA; Retired; r. 30 Vista Encanta, San Clemente, CA 92672, 714 361-1811.
MEAD, Gordon S.; '45 BSBA; Retd Pres./Owner; Mgmt. Svcs. & Trng., 310 Lorraine Dr., Pickerington, OH 43147, 614 863-5614; r. 310 Lorraine Dr., Pickerington, OH 43147, 614 837-4704.
MEAD, Joanie Renee; '79 BSBA; Homemaker; r. 6606 Lake of The Woods Point, Galena, OH 43021, 614 882-6113.
MEAD, Mark Kevin; '80 BSBA; Maj. Component Buyer; Whirlpool Corp. Danville Div., Lebanon Rd., POB 947, Danville, KY 40422, 606 238-3506; r. RR 2, Pope Rd., Box 230, Danville, KY 40422, 606 236-6903.
MEAD, Nancy Lynn; '85 BSBA; 4673 Ralston St., Columbus, OH 43214, 513 433-5497.
MEAD, William Taylor; '86 BSBA; Account Sales Exc; Dpx Co. Inc., 2109 Stella Ct., Columbus, OH 43215, 614 486-6700; r. 1381 Bluff Ave., #A, Columbus, OH 43212, 614 481-9573.
MEADE, Cheryl Janine; '83 BSLHR; Ofc. Pers/Pub Relatio; Mad River Mountain Resort & Convention Ctr., POB 22, Bellefontaine, OH 43311; r. 3440 Rd 256, De Graff, OH 43318, 513 585-5041.

MEADE, Donna Starr, (Donna Starr); '82 BSBA; 2841 Howard Dr., Marietta, GA 30062, 404 977-8702.

MEADE, H. Christopher; '84 BSBA; Underwriter Analyst; Nationwide Ins., Deferred Comp Underwrtg. Dept., One Nationwide Plz., Columbus, OH 43216, 614 249-4722; r. 1528 Runaway Bay Dr., Apt. 2A, Columbus, OH 43204, 614 486-7689.

MEADE, Larry Allen; '72 BSBA; Owner; Polo's Place, 1375 Bethel Rd., Columbus, OH 43221; r. 5187 Deventry Ln., Columbus, OH 43220, 614 459-9159.

MEADE, Marcia Lynn; '82 BSBA; 362 E. Walnut, Westerville, OH 43081, 614 882-2041.

MEADE, William Y.; '57 BSBA; Gen. Partner; J C Bradford & Co. Investments, 150 E. Broad St., Columbus, OH 43215, 614 221-5815; r. 5495 Nelsonia Pl., Columbus, OH 43213, 614 861-0363.

MEADEMA, William Carey; '82 BSLHR; Dir./Mktg.; Realty One Corporate Relocations, 50 Public Sq., Ste. 1415 Terminal Twr., Cleveland, OH 44113, 216 523-1800; r. 6071 Creekside Ln., N. Ridgeville, OH 44039, 216 327-4032.

MEADORS, Dennis Dean; '69 BSBA; Staff; Cranston Securities, 1501 Neil Ave., Columbus, OH 43201; r. 277 Odessa Ln., Dublin, OH 43017, 614 764-9782.

MEADOWS, Charles Winston; '79 BSBA; Cash Mgmt. Mgr.; Columbia Gas Dis, 99 N. Front St., Columbus, OH 43215; r. 2297 Wynds Ct., Columbus, OH 43232.

MEADOWS, Clara Ilene; '86 BSBA; 27 S. 23rd St., Newark, OH 43055.

MEADOWS, Donald Ray, Jr.; '80 BSLHR; Asst. Branch Mgr.; I T T Financial Svcs., 962 S. Reynolds, POB 7469, Toledo, OH 43615; r. 206 Marie Pl., Perrysburg, OH 43551, 419 874-2991.

MEADOWS, Edward Lee; '69 BSBA; Owner/CFO; Gateway Computer, Retail Computer Chain, 2006 Marlin Way, Newport Bch., CA 92660; r. 2006 Marlin Way, Newport Bch., CA 92660.

MEAGER, Mrs. Susan C., (Susan C. Cornell); '86 BSBA; Asst. to Registrar; The Ohio State Univ., Ofc. of the U. Registrar, 1250 Lincoln Twr., Columbus, OH 43210, 614 292-1556; r. 359 Loveman Ave., Worthington, OH 43085, 614 433-7261.

MEAGER, Timothy James; '82 BSBA; Sr. Budget Analyst; Ohio State Univ., Dept. of Financial Mgmt., 710 Lincoln Twr., Columbus, OH 43210, 614 292-8189; r. 359 Loveman Ave., Worthington, OH 43085, 614 433-7261.

MEAL, Sue Ann, (Sue Ann Martin); '86 BSBA; Sales Rep.; Churchill Truck Line, 440 Greenlawn Ave., Columbus, OH 43223, 614 444-6611; r. 201 Cumberland Rd., Delaware, OH 43015, 614 363-3325.

MEALER, James Lee; '77 BSBA; Ins. Agt.; Andrew Ins. Assocs., 3434 Riverside Dr., Columbus, OH 43221, 614 451-1272; r. 1450 Ardwick Rd., Columbus, OH 43220, 614 451-5541.

MEALER, William Michael; '72 BSBA; Acctg. Mgr.; Battelle Mem. Inst., 505 King Ave., Columbus, OH 43201, 614 424-7030; r. 4732 Mc Bane Ct., Columbus, OH 43220, 614 457-2596.

MEALKA, Donna Pranger, (Donna Jean Pranger); '83 BSBA; Production Control Mgr.; Mactac, 4560 Darrow Rd., Stow, OH 44224, 216 688-1111; r. 181 Oakhurst Dr., Munroe Falls, OH 44262, 216 688-2077.

MEALY, Chris A.; '70 BSBA; Member; Texas Brd of Pardons & Paroles, 8610 Shoal Creek, Austin, TX 78758, 512 459-2722; r. 808 Serenada Dr., Georgetown, TX 78628, 512 863-6353.

MEANS, Johnston H.; '50 BSBA; Chmn. & Treas.; Means Bichimer & Burkholder, 42 E. Gay St., Columbus, OH 43215; r. 7660 Hyland-Croy Rd, Plain City, OH 43064, 614 873-3044.

MEANS, Russel Garrett; '49 BSBA; Chmn. of Bd./Treas.; Employee Benefit Mgmt. Corp., 4789 Rings Rd., Dublin, OH 43017, 614 766-5800; r. 4470 Dublin Rd., Hilliard, OH 43026, 614 771-8827.

MEANS, Thomas Frederick; '78 BSBA; Pres.; Means Mktg. Grp. Inc., 1279 Friar Ln., Columbus, OH 43221; r. 1279 Friar Ln., Columbus, OH 43221, 614 459-5238.

MEARA, Richard Carl; '72 BSBA; Dir. of Mktg.; Sheraton Harbor Island, 138 Harbor Island Dr., San Diego, CA 92101, 619 692-2200; r. Same.

MEARAN, Michael Hugh; '68 BSBA; Atty./Pres.; Enid Drive Properties Inc., 1012 Enid Dr., Wheelersburg, OH 45694; r. Enid Dr. Properties Inc, 1012 Enid Dr., Wheelersburg, OH 45694, 614 574-4751.

MEARS, Edward Frank; '70 BSBA, '73 MACC; VP, Admin.; West Coast Life Ins., 1275 Market St., San Francisco, CA 94103, 415 552-6200; r. 729 Cornell Ave., Albany, CA 94706, 415 527-2018.

MEARS, Mrs. Ruthmary Boring, (Ruthmary Boring); '49 BSBA; Homemaker; r. 5971 Whittingham Dr., Dublin, OH 43017, 614 889-2710.

MECHIR, George X.; '39 BSBA; Pres./CEO; Great Lakes Commerce Bank, 8484 Mentor Ave., Mentor, OH 44060; r. 1255 Croyden Rd., Cleveland, OH 44124, 216 442-4956.

MECHLIN, John Roy, Jr.; '74 BSBA; Acct.; Dayton Mallable Inc., 3931 S. Dixie, Kettering, OH 45429; r. 600 E. Schreyer Pl., Columbus, OH 43214, 614 267-0598.

MECHLING, Betty Louise '81 (See Mechling-Hay, Ms. Betty Louise).

MECHLING, Dolores E. '55 (See Fuller, Mrs. Dolores M.).

MECHLING-HAY, Ms. Betty Louise, (Betty Louise Mechling); '81 BSBA; Prog. Analyst; Dept. of Defense, 3990 E. Broad St., Columbus, OH 43216, 614 238-2159; r. 1116 Little Plum Ln., Columbus, OH 43227, 614 861-0810.

MECK, James A.; '53 BSBA; Admin. Asst.; Goodyear Tire & Rubber Co., 1144 E. Market St., Akron, OH 44316, 216 796-2144; r. 2814 Outlook Dr., Cuyahoga Falls, OH 44224, 216 929-9252.

MECK, Milton H.; '26 BSBA; Retired; r. 3068 Kent Rd #201C, Stow, OH 44224, 216 688-3688.

MECKES, John Joseph; '45; Retired; r. 7040 Hunters Branch Dr. NE, Atlanta, GA 30328, 404 394-0702.

MECKLENBORG, Mark Joseph; '86 MBA; Product Mgr.; Real Estate Brokerage Council, 430 N. Michigan Ave., Chicago, IL 60611, 312 329-8642; r. 537 W. Melrose St., #333, Chicago, IL 60657, 312 929-0656.

MECKLER, Avery M.; '52 BSBA; Contractor/Pres.; JASE Bldg. Co., 792 Bishop Rd., Cleveland, OH 44143, 216 449-1262; r. 2620 Snowberry Ln., Pepper Pike, OH 44124, 216 449-1725.

MECKLER, Deborah Goldsmith, (Deborah Goldsmith); '70 BSBA; Homemaker-Volunteer; r. 26851 Annesley Rd., Beachwood, OH 44122, 216 292-6388.

MECKLER, Stephen G.; '62 BSBA; Partner/Atty.; Spike & Meckler, 230 3rd St., Elyria, OH 44035, 216 323-7577; r. 366 Hamilton Cir., Elyria, OH 44035, 216 323-2932.

MECKSTROTH, Karen '81 (See Houk, Karen Meckstroth).

MECKSTROTH, Kenneth W.; '39; Retired; r. 4407 Airendel Ct., Columbus, OH 43220, 614 457-8787.

MECKSTROTH, Marguerite Starbuck, (Marguerite Starbuck); '39; Retired; r. 4407 Airendel Ct., Columbus, OH 43220, 614 457-8787.

MEDAR, Melissa '83 (See Minnich, Mrs. Melissa Medar).

MEDDOCK, Lisa Mamula; '87 BSBA; Financial Analyst; Prudential Ins. Co. of America, 250 Gibralter Rd., Horsham, PA 19411, 215 443-4549; r. 1306 Marlbrook Ln., Lansdale, PA 19446, 215 855-4568.

MEDER, Emily Chin; '80 BSBA; Claims Spec.; State Farm Ins. Cos., 4757 Ledgewood 7C, Medina, OH 44256, 216 842-6700; r. 4757 Ledgewood Rd., Unit 7-C, Medina, OH 44256, 216 723-0822.

MEDER, John C.; '44; Retired; r. 1493 Hazelwood Pl., Columbus, OH 43229, 614 885-6929.

MEDER, John David; '86 BSBA; Risk Mgmt.-Ins.; John W. Galbreath & Co., 180 E. Broad St., #820, Columbus, OH 43215, 614 460-4415; r. 411 Highmeadows Villa, Powell, OH 43065, 614 548-5628.

MEDER, John Jeffrey; '74 BSBA; Chmn./Pres.; Drug Emporium N W, 12515 116th Ave. NE, Kirkland, WA 98034, 206 820-1060; r. 16910 144th Ave. SE, Renton, WA 98058, 206 228-5078.

MEDER, Thomas Joseph; '81 BSBA; Ins. Agt./Owner; Meder-Bush Ins. Agcy., 25000 Euclid Ave., Ste. 105, Euclid, OH 44117, 216 731-9383; r. Same.

MEDICH, Lewis Samuel; '82 BSBA; 2342 Turtle Creek Dr., Worthington, OH 43085.

MEDICH, Richard G.; '78 BSBA; Stockbroker; Prudential-Bache, 65 E. State St., Columbus, OH 43215, 614 225-6600; r. 3695 Settlers Rd., Dublin, OH 43017, 614 764-8049.

MEDICH, Robert Nick; '84 BSBA; Account Exec.; Prudential-Bache Securities, 65 E. State St., Columbus, OH 43215, 614 225-6688; r. 5357 Acevedo Ct., Columbus, OH 43220, 614 451-8660.

MEDILL, George F.; '66 MBA; Unit Dir.; Eastman Kodak Co., 343 State, Rochester, NY 14608, 716 722-2945; r. 25 Creekside Ln., Rochester, NY 14618, 716 381-9145.

MEDLAND, William I.; '69 BSBA; 1765 W. Market St., York, PA 17404, 717 845-7401.

MEDLEY, Carol Hidy; '77 BSBA, '79 MBA; Product Mgr.; Electronic Data Systs., 803 W. Big Beaver, POB 7019, Troy, MI 48007, 313 244-2777; r. 312 Lakewood Dr., Bloomfield Hls., MI 48013, 313 258-0865.

MEDLEY, Mrs. Joan M., (Joan M. Shawver); '85 BSBA; Staff; Lawyers Title Agcy., 34 N. Main St. 1001, Dayton, OH 45402, 513 223-8217; r. 807 McGraw Ct., Englewood, OH 45322, 513 832-3609.

MEDLEY, Joseph F.; '40 BSBA; 1213 Bluewater Rd, Sun City Center, FL 33570, 813 634-9501.

MEDLEY, Larry Jay; '84 BSBA; Financial Cnslt.; Shearson Lehman Hutton, 102 W. Whiting St., 2nd Fl., Tampa, FL 33602, 813 223-4946; r. 16134 Dawnview Dr., Tampa, FL 33624, 813 969-0893.

MEDLEY, Robert E.; '82 MBA; Operations Mgr.; Thomson McKinnon Securities, 300 W. Wilson Bridge Rd, Worthington, OH 43085, 614 436-9830; r. 7402 Golden Springs Dr., Columbus, OH 43235, 614 766-0628.

MEDLEY, Robert Howard; '86 BSBA; Inspection Supv.; Columbus Coated Fabrics, Div of Borden Chemical, 1280 N. Grant Ave., Columbus, OH 43201, 614 297-6063; r. 1180 Church St., Marion, OH 43302, 614 389-3935.

MEDLOCK, Mrs. Marnie A., (Marnie A. Opitz); '87 BSBA; Accounts Payable Auditor; The Ltd. Inc., Three Limited Pkwy., Columbus, OH 43216, 614 479-2513; r. 1606 Club Trail Dr., Westerville, OH 43081, 614 847-5801.

MEDLOCK, Owen Leroy; '63; Sales Rep.; Ohio Timekeeping Systs., 814 Morrison Rd., Blacklick, OH 43004, 614 864-6349; r. 6966 Carrousel Dr. S., Reynoldsburg, OH 43068, 614 866-5109.

MEDORS, Michael Keith; '87 BSBA; Account Exec.; Automatic Data Processing Inc., 3660 Corporate Dr., Columbus, OH 43229, 614 895-7700; r. 363 Haymarket Pl., Gahanna, OH 43230, 614 476-0502.

MEDSKER, Mary Bush; '47 BSBA; 1286 Brockley, Cleveland, OH 44107, 216 777-0760.

MEDWID, Michael Andrew; '75 BSBA; Cost Mgmt. Cnslt.; Bc/Bs, 6740 N. High St., Worthington, OH 43085; r. 2720 Branden Rd., Columbus, OH 43221, 614 488-4831.

MEECHAN, Robert L.; '61 BSBA; 598 Woodsfield Dr., Columbus, OH 43214.

MEEHAN, Paul F., Jr.; '40 BSBA; Pres.; Meehan Steel Prods. Co., 501 N. 2nd St., Ironton, OH 45638; r. 501 Amanda Cir., Ashland, KY 41101, 606 325-9555.

MEEHAN, Robert J.; '55 BSBA; Western Reg. Mgr.; ETP Div. Berger Industries, Inc., 1660 School St., Moraga, CA 94556, 415 376-2611; r. 411 Donald Dr., Moraga, CA 94556, 415 376-2891.

MEEK, Gregory Len; '78 BSBA; Mktg. Repr; The Singer Co., Dayton Mall, Dayton, OH 45459; r. 9320 Canterchase Dr. Apt. 2B, Miamisburg, OH 45342.

MEEK, Mrs. Jean, (Jean Knapp); '48 BSBA; Travel Agt.; Brookshire Travel, 12534 N. Gray Rd., Carmel, IN 46032; r. 10 Arrowae Dr., Apt. G, Carmel, IN 46032, 317 844-4175.

MEEK, Lowell E.; '48 BSBA; Dir. Branch Operations; Saerbers Bee Window Co. Inc., 1002 E. 52nd St., Indianapolis, IN 46205; r. 10 Arrowae Dr., Apt. G, Carmel, IN 46032, 317 844-4175.

MEEK, Robert Jay; '80 BSBA; Buyer; Pretty Prods. Inc., Cambridge Rd., Coshocton, OH 43812; r. 1737 Cambridge Rd., Coshocton, OH 43812, 614 622-8478.

MEEKER, George Nelson; '74 BSBA; Sales Repr; Gjr Inc., POB 680, Troy, OH 45373; r. 1153 Fairway Dr., Troy, OH 45373, 513 339-5489.

MEEKER, Michele M. Nemes; '83 MPA; Needs Analysis Dir.; The Ohio State Univ., Student Financal Aids Dept., Scholarship & Grants, Columbus, OH 43210; r. 3050 Greenvale Dr., Worthington, OH 43085, 614 889-1321.

MEEKS, Betty Lu Bartley; '48 BSBA; 1467 Cunard Rd, Columbus, OH 43227, 614 231-6760.

MEEKS, John Neal, II; '85 BSBA; Dir Defense/intl Prod Mkt; Hercules Engines Inc., 1101 Eleventh St. SE, Canton, OH 44707, 216 438-1325; r. 1600 Steiner St. NW, N. Canton, OH 44720, 216 499-1600.

MEEKS, John Thomas, Sr.; '72 BSBA; CPA; 5282 Cleveland Ave., Columbus, OH 43231, 614 890-1744; r. 5794 Annarue Pl., Columbus, OH 43231, 614 882-9523.

MEEKS, Richard D.; '49 BSBA; 1467 Cunard Rd, Columbus, OH 43227, 614 231-6760.

MEENA, Jeffrey Paul; '82 BSBA; Chief Acct.; Shonac Corp., 1675 Watkins Rd., Columbus, OH 43207, 614 497-1199; r. 8334 Yuma Dr., Powell, OH 43065, 614 792-0163.

MEENA, Thomas E., Jr.; '50 BSBA; Retired; r. 74 La Cerra Dr., Rancho Mirage, CA 92270, 619 324-2374.

MEES, Bruce Lightle; '71 BSBA, '75 MBA; VP; Durable Prods. Inc., 2717 Bushmill Rd, POB 520, Frankfort, OH 45628, 614 998-6979; r. 197 Woodland Way, Chillicothe, OH 45601, 614 775-1848.

MEES, Monte N.; '87 BSBA; Data Base Analyst; Liebert Corp., 1050 Dearborn Dr., Columbus, OH 43229, 614 438-5837; r. 758 Latham Ct., Columbus, OH 43214, 614 451-2205.

MEESE, William James; '70 BSBA; Area Mgr.; The Timken Co., Green Heat Treat & Inspection, 1835 Dueber Ave., SW, Canton, OH 44706, 216 438-5053; r. 437 Hillcrest Dr. NE, New Philadelphia, OH 44663.

MEETH, James Michael; '77 MBA; Bond Portfolio Mgr.; State Tchrs. Retirement, 275 E. Broad St., Columbus, OH 43215, 614 227-2902; r. 1777 Riverhill Rd, Columbus, OH 43221, 614 457-9603.

MEGINNIS, Brian Keith; '68 BSBA, '69 MBA; Adm Coord./Radiology; Riverside Methodist Hosp., 3535 Olentangy River Rd, Columbus, OH 43214; r. 3370 Tudor Ln., Hilliard, OH 43026, 614 876-5894.

MEGLA, Philip Joseph; '84 BSBA; Ofc. Mgr.; Perma View, 1004 Proprietors Rd., Worthington, OH 43085, 614 436-8226; r. 446 E. Clearview Ave., Worthington, OH 43085, 614 431-0182.

MEGYESI, Jeffry Allen; '88 BSBA; 6630 North St., Whitehouse, OH 43571, 419 877-5476.

MEHALKO, Kim; '76 BSBA; Account Systs. Engr.; IBM Corp., 2850 E. Camelback Rd., Phoenix, AZ 85016, 602 224-2721; r. 9355 N. 91st St., #116, Scottsdale, AZ 85258, 602 391-1189.

MEHALL, John David; '70 BSBA; 15 Dale, Shelby, OH 44875, 419 347-6498.

MEHALL, Martin Joseph; '70 BSBA; Ofcr. Counsel; Zellmer & Gruber, 1400 Leader Bldg., Cleveland, OH 44114; r. 282925 Turnbridge, Cleveland, OH 44140, 216 871-8754.

MEHALL, Philip Scott; '78 BSBA; Atty.; Powers & Hall Prof Corp., 100 Franklin St., Boston, MA 02110, 617 357-1500; r. 76 W. Rutland Sq., Boston, MA 02118, 617 247-9474.

MEHALL, Thomas Stephen; '75 BSBA; Supv./Genl Accountng; ITT North Electric Co., 533 S. Market, Galion, OH 44833; r. 15 Dale Ave., Shelby, OH 44875, 419 347-6498.

MEHALLIS, Emanuel G.; '51 BSBA; Pres./CEO; Citizens Natl. Bank, 247 W. Main St., St. Clairsville, OH 43950, 614 695-3291; r. 113 Clark Rd., Rte. #5, St. Clairsville, OH 43950, 614 695-0139.

MEHALLIS, Gus E.; '75 BSBA; Sales Mgr.; Olympic Steel, Inc., 2104 Rocky Ridge Rd., Birmingham, AL 35216, 205 979-9944; r. 2109 Bailey Brook Ct., Birmingham, AL 35244, 205 985-4164.

MEHALLIS, James E.; '80; Sales Mgr.; Strand Steel Corp., 7310 Bessemer Ave., Cleveland, OH 44127, 216 883-1121; r. 6691 Forest Glen Ave., Solon, OH 44139, 216 248-2059.

MEHALLIS, Stephen G.; '61 BSBA; Exec. VP; Drexel Investments Inc., 2477 E. Commercial Blvd., Ft. Lauderdale, FL 33308, 305 491-1722; r. 4100 NE 25th Ave., Ft. Lauderdale, FL 33308, 305 566-6261.

MEHILL, Mark Paul; '78 BSBA; Mgr./Mktg.; Digital Communications Assoc., 100 E. Wilson Bridge Rd., Ste. 224, Worthington, OH 43085, 614 888-6001; r. 1393 Buttermilk Ave., Worthington, OH 43235, 614 436-4686.

MEHLBERTH, Jeffrey Alan; '86 BSBA; Sales Rep.; Philip Morris Co. USA, 400 Technecenter Dr., Ste. 260, Milford, OH 45150; r. 125 Brown St., Dayton, OH 45402, 513 228-0507.

MEHLER, Michele J. '81 (See Quickle, Michele J.).

MEHLING, Wilfred L.; '58 BSBA; Sales Mgr.; Forging Ind. Prods., Premier Engrg. Co., 30000 Stephenson Hwy., Madison Hts., MI 48077, 313 547-8153; r. 10745 Rockwood Dr., Kirtland, OH 44094, 216 256-8529.

MEHOK, Timothy Lee; '75 BSBA; Computer Programmer; Afl-Cio, 815 16th St. NW, Washington, DC 20006; r. 776 N Vermont, Arlington, VA 22203, 703 548-0028.

MEHRLING, Robert F.; '38 BSBA; Retired; r. 117 Shannon Rd., Hendersonville, NC 28739, 704 692-7917.

MEHTA, Himanshu Indravadan; '70 MBA; Dept. Chief-Engrg.; AT&T Technologies Inc., 4500 Laburnum Ave., Richmond, VA 23231, 804 226-5350; r. 8316 Yolanda Rd., Richmond, VA 23229, 804 270-9423.

MEIENBERG, Charles Curtis; '79 BSBA; Supv. Qualified Benefits; Vista Chemical Co., POB 19029, Houston, TX 77224, 713 531-3200; r. 2131 Ft. Laramie Dr., Katy, TX 77449, 713 578-0016.

MEIER, Mrs. Ardath Mc Elhiney, (Ardath Mc Elhiney); '50 MPA; Retired; r. 8417 Castle Ridge Ln., Indianapolis, IN 46256, 317 841-3989.

MEIER, Dr. Guenter Friedrich; '70 MBA; VP/Mpc Japan; E I Du Pont Co., 1007 Market Du Pont, Rm. D-4167, Wilmington, DE 19898; r. E I Du Pont Co, 1007 Market Du Pont Rm D-4167, Wilmington, DE 19898, 302 774-2166.

MEIER, James R.; '67 BSBA; VP Mktg.; Westinghouse Electric Corp., 4300 36th St., Grand Rapids, MI 49508, 616 957-7537; r. 1644 Beard Dr., SE, Grand Rapids, MI 49506, 616 957-9137.

MEIER, Matthew Joseph; '73 BSBA; Principal Rsch. Scientist; Battelle Mem. Inst., 505 King Ave., Columbus, OH 43201, 614 424-6399; r. 3475 Byers Rd., Delaware, OH 43015, 614 363-0002.

MEIER, Robert R.; '50 BSBA; Retired; r. 214 Wellington Rd, Wilmington, DE 19803, 302 656-1489.

MEIER, Walter T.; '49 BSBA; Retired; r. 45 Butterfield Ln., Powell, OH 43065.

MEIGE, Cristie C., (Cristie Crews); '81 BSBA; Programmer/Analyst; The Ltd. Inc., One Limited Pkwy., POB 16528, Columbus, OH 43215, 614 479-7804; r. 4505 Densmore, Columbus, OH 43224, 614 267-0452.

MEIGS, Douglas Arthur; '83 BSBA; 165 Oakley, Wooster, OH 44691, 216 262-2561.

MEILINGER, Joseph Richard, Jr.; '81 BSBA; Fire Fighter I; City of Charlotte, Charlotte, NC 28210; r. 1800 Beacon Ridge Rd., Apt. #303, Charlotte, NC 28210, 704 552-1834.

MEINERDING, Wesley Charles, Jr.; '67 BSBA, '69 MBA; VP-Investments; First Natl. Bank, 1 First National Plz., Massillon, OH 44646, 216 832-9801; r. 2346 Mohler Dr. NW, N. Canton, OH 44720, 216 494-6965.

MEINERT, Patricia Ann; '80 MLHR; Asst. Personnel Mgr.; Nationwide Ins., One Nationwide Plz., Lho, Columbus, OH 43216; r. 3780 Canon Ridge Pl., Gahanna, OH 43230, 614 895-8192.

MEINHART, Gordon E., Jr.; '57 BSBA; Acct. & Partner; Ernst & Whinney, 2400 Nationwide Plz., Columbus, OH 43215, 614 224-5678; r. 9409 Robinhood Cir., Westerville, OH 43081, 614 890-3380.

MEINIG, Joseph L.; '67 MBA; Mgr. Assets Mgmt.; Burroughs Corp., 41100 Plymouth Rd, Plymouth, MI 48170; r. 19953 W. Clairview Ct., Grosse Pte. Woods, MI 48236, 313 882-6614.

MEINKEN, Mrs. Louella, (Louella McCann); '48 BSBA; Homemaker; r. 1515 E. Central Rd., Arlington Hts., IL 60005, 312 439-0991.

MEINZEN, Joyce A. '81 (See Massaro, Joyce A.).

MEIRESONNE, Joseph August; '83 BSBA; Acct./Treas.; Chesrown Leasing Co., 4657 Karl Rd., POB 29040, Columbus, OH 43229, 614 846-4427; r. 1727 Weather Stone Ln., Columbus, OH 43235.

MEIRING, Robert William; '75 BSBA; VP/Ins. Agcy.; Franke Agcy. Inc., 616 Wayne St., Ft. Recovery, OH 45846; r. 307 George St., Ft. Recovery, OH 45846, 419 375-4000.

MEIRSON, Ms. Judy Lynn; '86 MPA; Resrch Admin.; Ohio Dept. of Mental Health, 73 E. Wilson Bridge, #B-1, Worthington, OH 43085, 614 431-0616; r. 885 S. 3rd St., Apt. #B, Columbus, OH 43206, 614 444-6569.

ALPHABETICAL LISTINGS MEREDITH 187

MEISELMAN, Mark Philip; '67 BSBA; 7150 169th St., Flushing, NY 11365.

MEISENHELDER, John F.; '86 BSBA; Law Student; Univ. of Cincinnati, Cincinnati, OH 45211; r. 3158 Dickinson Rd., Cincinnati, OH 45211, 513 922-7309.

MEISER, Robert L.; '83 BSBA; Tax Commissioner Agt.; Ohio Dept. of Taxation, 30 E. Broad St., Columbus, OH 43216, 614 466-6171; r. 539 Meadow Green Cir., Gahanna, OH 43230, 614 471-3748.

MEISTEDT, Robert L.; '46 BSBA; Retired; r. 7041 Bent Three Blvd., Apt. 404, Worthington, OH 43235, 614 889-6239.

MEISTER, Linda Marie; '80 BSBA; Internal Revenue Agt.; US Treas. Dept., Internal Revenue Service, 300 N. Los Angeles St., Los Angeles, CA 90012, 213 894-5885; r. 27642 Susan Beth Way #E, Saugus, CA 91350, 805 297-7557.

MEISTER, Raymond Albert; '68 BSBA; Sr. Industrial Engr.; Alden E Stilson & Assocs., 170 N. High St., Columbus, OH 43215; r. 9815 Pain City-Georgesville Rd, Plain City, OH 43064, 614 873-8324.

MEISTER, Rebecca Pearce; '77 BSBA; Mgr.; Nationwise Automotive Inc., Compensation & Benefits, 2208 S. Hamilton Rd., Columbus, OH 43232, 614 864-4150; r. 710 Pepper Ct., Westerville, OH 43081, 614 890-0806.

MEISTER, Thomas Alfred; '74 MPA; Staff; American Electric Power Co., 180 E. Broad St., Columbus, OH 43215; r. 161 Olentangy St., Columbus, OH 43202, 614 457-3925.

MEIZLISH, Arthur J.; '49 BSBA; Pres.; Marcy Enterprises Inc., 2977 Lamb Rd., Columbus, OH 43219, 614 471-5200; r. 67 S. Virginia Lee Rd., Columbus, OH 43209, 614 231-4249.

MEIZLISH, Steven Rand; '84 BSBA; Co-owner & VP; Marcy Enterprises Inc., 2977 Lamb Rd., Columbus, OH 43219, 614 471-5200; r. 514 Rader Alley, Columbus, OH 43206, 614 464-3323.

MEKLUS, Pamela Jean; '83 BSBA; Staff; H & H Seed Co., 1835 E. 19th St., Yuma, AZ 85364; r. 2145 6th Ave., Yuma, AZ 85364.

MEKUS, Scott Allan; '88 BSBA; 309 Koerber Dr., Defiance, OH 43512, 419 784-5803.

MELANSON, Edward Louis, Jr.; '84 BSBA; Head Swim Coach; Kettering City Swimming Team, 518 E. Broad St., Kettering, OH 45429; r. 2175-B Whipp Rd., Kettering, OH 45440, 513 435-5707.

MELARAGNO, Barbara '81 (See Tucker, Barbara Melaragno).

MELARAGNO, Felix J.; '51 BSBA; Retired; r. 290 Constitution Dr., Chillicothe, OH 45601, 614 775-7498.

MELARAGNO, Michael S.; '77 BSBA; Inventory Analyst; Jeffrey Mining Machinery-Div. of Dresser Industries, 274 E. 1st Ave., Columbus, OH 43201; r. 390 Forestwood Dr., Gahanna, OH 43230, 614 476-5670.

MELARAGNO, Mrs. Michele A., (Michele Pagura); '77 BSBA; Mgr. Access Strat. Plng.; AT&T, 2533 Dulles Corner Blvd., 3rd Fl., Herndon, VA 22071, 703 742-5225; r. 3014 Emerald Chase Dr., Herndon, VA 22071, 703 435-9006.

MELARAGNO, Olin Patrick; '70; Owner; Video Stars of Dublin, 7656 Sawmill Rd., Dublin, OH 43017, 614 766-0029; r. 1326 Bradshire Rd., Columbus, OH 43220, 614 457-1632.

MELARAGNO, Robert Vincent; '74 BSBA; Corporate Mgr.; Community Mutual Ins. Co., 222 E. Campus View Blvd., Worthington, OH 43235, 614 433-8980; r. 4800 Lakeview Dr., Powell, OH 43065, 614 881-4158.

MELASZUS, John A.; '74 BSBA; Div. Controller; Danis/Shook, 101 W. Landstreet Rd., Orlando, FL 32824, 407 851-1225; r. 186 Ringwood Dr., Winter Spgs., FL 32708, 407 695-0082.

MELBOURNE, Mrs. Barbara Porter, (Barbara Porter); '69 BSBA; Adjunct Faculty; Cuyahoga Community Clg., Cleveland, OH 44115; r. 1494 Laclede Rd., S. Euclid, OH 44121, 216 382-9576.

MELBOURNE, Ronald S.; '87 BSBA; Prodn Contrl Analyst; Raytheon Co., 20 Seyon St., Waltham, MA 02154, 508 899-8400; r. 116 Crossbow Ln., N. Andover, MA 01845, 508 683-9362.

MELCHIORRE, Albert Domenic; '86 BSBA; Trust Investment Ofcr.; Huntington Asset Mgmt. Co., 41 S. High St., Columbus, OH 43215, 614 463-3894; r. 127 Rosslyn Ave., Columbus, OH 43214, 614 436-6399.

MELELLA, Greg; '72 BS; Realter; Hampton Realty, 242 Kingston Ave., Yonkers, NY 10701, 914 476-8675.

MELICK, James Mc Coy, Jr.; '80 MACC; 7565 Rosehill Rd., Roseville, OH 43777, 614 697-7497.

MELICK, Mary E. '48 (See Meyers, Mrs. Mary M.).

MELICK, Robert L.; '53 BSBA; Ret Dir/Trng & Mnpwr Dev; Ralston Purina Inc.; r. 39 Murillo Way, Hot Springs Vlg., AR 71909, 501 922-1315.

MELLERT, Thomas Arthur; '81 BSBA; 365 Essex Dr., Tipp City, OH 45371.

MELLETT, David George; '80 BSBA; CFO; Marshall Cnty. Hosp., E. 9th, Benton, KY 42025, 502 527-1336; r. Rte. #3, Box 251, Benton, KY 42025, 502 527-9974.

MELLIN, Judith Arolyn; '79 MBA; Financial Mgr.; AT&T Info. Systs., 1111 W. 22nd St., 4th Fl., Oak Brook, IL 60521; r. 1408 Whispering Springs Cir., Palatine, IL 60074, 312 359-6062.

MELLMAN, Bernard A., RPA; '48 BSBA; Retired; Mellman-Smith, Inc.; r. 5300 Brendonwood Ln., Dayton, OH 45415, 513 275-2614.

MELLMAN, Carl B.; '49 BSBA; Chmn. of Bd.; Gilmed, Inc., 36500 De Portola Rd., Temecula, CA 92390, 714 676-5224; r. Same.

MELLMAN, David B.; '38 BSBA; CPA; Mellman Perdue & Co., 4207 E. Broad St., Columbus, OH 43213, 614 237-2523; r. 485 S. Parkview, Apt. #314, Columbus, OH 43209, 614 237-4848.

MELLMAN, Edwin M.; '51 BSBA; Auditor; US Defense Contract Audit Agcy., 131 N. High St., Columbus, OH 43215, 614 469-2557; r. 52 N. Merkle Rd, Columbus, OH 43209, 614 237-6755.

MELLMAN, Jeffrey Joel; '68 BSBA; Public Acct.; r. 619 Millwood Ct., Columbus, OH 43230.

MELLMAN, Judith Schwartz; '80 MPA; Psychotherapist; Village Counseling & Psychological Svcs. Inc., 918 S. Front St., Columbus, OH 43206, 614 445-8277; r. 260 N. Cassady, Columbus, OH 43209.

MELLMAN, Karen Lynn; '85 BSBA; Student; Northwestern Univ., J.L. Kellogg Sch. of Managment, Evanston, IL; r. 1600 Hinman Ave., Evanston, IL 60201.

MELLMAN, Dr. Mark David; '77 BSBA; Periodontist; 721 W. Robertson 107B, Brandon, FL 33511, 813 654-4545; r. 3210 Bluffview Ln., Brandon, FL 33511, 813 684-4886.

MELLMAN, Myer W.; '39; Pres.; Columbus Jack Corp., 1000 S. Front St., Columbus, OH 43206, 614 443-7492; r. 150 Preston Rd., Columbus, OH 43209, 614 231-8942.

MELLOR, John Michael; '83 BSBA; Production Supv; Kardon Composite Can/Tube Div., 425 Collins Blvd., Orrville, OH 44667, 216 683-6015; r. 729 Cleveland Ave., Orrville, OH 44667, 216 682-5885.

MELLOR, Steven Charles; '81 BSBA; Operations Mgr.; Rathbone Prods. Inc., POB 10356, Columbus, OH 43201, 614 297-7782; r. 2718 Calumet St., Columbus, OH 43202, 614 268-0328.

MELLOTT, COL Jerre Kent, USAF(Ret.); '69 MBA; Retired; r. POB 423, Hustontown, PA 17229, 717 987-3429.

MELLOTT, John Max; '39 BSBA; River Crest Farm, Mendon, MI 49072.

MELLUM, Steven Dale; '88 MBA; 175 N. Braodleigh Rd., Columbus, OH 43209, 614 235-5973.

MELNIK, Frank F.; '72 BSBA; Production Supv.; Anheuser-Busch Brewery Inc., 700 Schrock Rd., Columbus, OH 43229, 614 888-6644; r. 1095 Markworth Ct., Westerville, OH 43081, 614 882-4163.

MELNYK, Andrew; '80 BSBA; Financial Analyst; Leaseway Trasportation Corp., 3350 E. Birch St., Ste. 204, Brea, CA 92621; r. 3666 Oakhaven Ln., Chino Hls., CA 91709.

MELOCIK, 2LT Gary Lawrence; '71 BSBA; 2Lt Usa; r. 14745 Ravenna Rd., Burton, OH 44021.

MELOENY, Roy John; '48 BSBA; Retired; r. 30140 Stellmar, Birmingham, MI 48010, 313 646-7573.

MELOSH, Charles Lewis; '75 BSBA; CPA; r. 11315 Snyder Church Rd, Baltimore, OH 43105, 614 862-6204.

MELOY, Carol '84 (See Giulitto, Ms. Carol A.).

MELROSE, Donald Graham; '73 BSBA; POB 2483, Vineyard Haven, MA 02568.

MELSER, Ronald Bruce; '82 BSBA; Mktg. Dir.; Vlaemynck USA Inc., POB 8566, Red Bank, NJ 07701, 201 530-6658; r. 122 N. Riverside Ave., Apt. 3G, Red Bank, NJ 07701.

MELSHER, Gary William; '61 BSBA; Partner; Jones Day Reavis & Pogue, 901 Lakeside N. Pt., Cleveland, OH 44144, 216 586-7274; r. 2374 Beechwood Blvd., Beachwood, OH 44122, 216 382-8917.

MELTON, Angela Renea; '83 BSBA; 429 N. Hawkins #408, Akron, OH 44313, 216 376-3792.

MELTON, Edward Wayne; '72 BSBA; Gen. Mgr.; Ellis Tire Co., W. Lafayette, Detroit, MI 48233, 313 831-5270; r. 38098 Arcola Dr., Sterling Hts., MI 48077, 313 268-1249.

MELTON, Jody Lynn; '88 BSBA; 3301 Poinciana Rd., Middletown, OH 45042.

MELTON, Martin P.; '47; Pres.; Chicago Pipe Bending & Coil Co., 4535 W. Lake St., Chicago, IL 60624, 312 379-1919; r. 7841 Churchill, Morton Grove, IL 60053, 312 965-0301.

MELTON, Richard Dean; '78 BSBA; Buyer; Target Stores, 33 S. 6th St., Minneapolis, MN 55440, 612 334-3741; r. 14717 Hillshire Ln., Burnsville, MN 55337, 612 435-8140.

MELTON, Samuel M.; '23 BSBA; Retired; r. 1000 Urlin Ave., #1505, Columbus, OH 43212, 614 486-2690.

MELVIN, Mrs. Debra B., (Debra A. Benson); '85 BSBA; Mgr.-Data Processng; Mid-Ohio Chemical Co., 717 Robinson Rd., POB 280, Washington C. H., OH 43160, 614 335-3810; r. 7390 Whiteoak Rd. NE, Bloomingburg, OH 43106, 614 437-7574.

MELVIN, Ronald L.; '59 BSBA; Chief; Cost Advisory Branch, US Public Health Service, 5600 Fishers Ln., Rm. 13A41, Rockville, MD 20857, 301 443-6507; r. 15620 Sycamore Ln., Rockville, MD 20853, 301 924-5896.

MELVIN, William J.; '52 BSBA; Atty.; Atty-at-Law, 199 S. 5th St., Columbus, OH 43215; r. 3440 Olentangy River Rd., Apt. 14-M, Columbus, OH 43202.

MELZER, Robert D.; '47 BSBA; Retired; r. 371 Louvaine Dr., Buffalo, NY 14223, 716 877-1191.

MELZIVA, Marvin L.; '49 BSBA; Retired; r. 211 Grosse Pines Dr., Rochester Hls., MI 48309, 313 651-3447.

MENAGER, Hugues Marie; '87 MA; c/o Bruno M Menager, 54 Ave. De Sasce, Paris, France.

MENART, Rudolph John; '80 BSBA; 6391 Leslie Dr., Brook Park, OH 44142, 216 433-1591.

MENCER, Ms. Jetta Lynn; '80 BSBA; Asst. Atty. Gen.; State of Ohio Atty. Gen. Ofc., 65 S. Front St., Ste. 310, Columbus, OH 43215, 614 466-1744; r. 1122A Weybridge Rd., Columbus, OH 43220, 614 442-0325.

MENDEL, Barbara K., (Barbara Kollus); '49 BSBA; 2080 Willowick Cir., Columbus, OH 43229, 614 895-2666.

MENDEL, Diane '64 (See Sirkin, Diane Mendel).

MENDEL, Max, III; '56 BSBA; Pres.; Inner-Space Inc., 3201 Fox St., Philadelphia, PA 19129, 215 223-6200; r. 92 Merbrook Ln., Merion Sta., PA 19066, 215 667-7843.

MENDEL, Thomas Richard; '77 BSBA; Production Mgr.; American Natl. Rubber, c/o Postmaster, Ceredo, WV 25507; r. Twin Valley Estates, 15 Twin View Ln., Huntington, WV 25704, 304 453-6915.

MENDELSOHN, Norman; '59 MBA; Industry Mgr. Pla; Minerals Pigments & Metals Div., Pfizer Inc, 235 E. 42nd St., New York, NY 10017; r. 3269 Ocean Harbor Dr., Oceanside, NY 11572, 516 536-0726.

MENDELSOHN, Robert Allan; '70 MBA; Pres.; Universal Oil Inc., 265 Jefferson St., Cleveland, OH 44113, 216 771-4300; r. 7862 Country Ct., Mentor, OH 44060, 216 255-8054.

MENDEN, Suzanne Ellen; '86 BSBA; Computer Programmer/Anal.; Cap Gemini, America, 10921 Reed - Hartman Hwy., Cincinnati, OH 45242, 513 791-9421; r. 9 S. Timber Hollow St., Apt. 933, Fairfield, OH 45014, 513 858-3067.

MENDENHALL, Kim '80 (See Kurz, Kim Mendenhall).

MENDENHALL, Thomas A.; '39 BSBA; Retired; r. 41 Landsdowne Ln., Rochester, NY 14618, 716 381-1107.

MENDICINO, Kerrigan Smith; '86 BSBA; 1070 Weybridge Rd #D, Columbus, OH 43220, 614 268-2066.

MENDICINO, Marcia '82 (See Pfefferle, Marcia M.).

MENDICINO, Margery; '82 BSBA; Controller/Pacific Asia; Continental Airlines Inc., 2929 Allen Pkwy., Ste. 1466, Houston, TX 77019, 713 639-2387; r. 1751 Wroxton Ct., #3, Houston, TX 77005, 713 526-5605.

MENDLOVITS, Rita '56 (See Appelbaum, Mrs. Rita).

MENDLOWITZ, Bruce; '75 BSBA; Examiner; State of Ohio, 30 E. Broad St., Columbus, OH 43212; r. 1607 Roseview Dr., Columbus, OH 43209, 614 231-7120.

MENEFEE, LTC Clayton Lee; '68 MBA; Grad. Student; Florida State Univ., POB, Tallahassee, FL 32306; r. 2923 Kings Rd., Panama City, FL 32405, 904 785-5523.

MENG, R. Christopher; '88 MBA; 11632 Timberidge Ln., Apt. 2, Sharonville, OH 45241, 513 489-2136.

MENGELSON, Mrs. Katherine Kelly, (Katherine Kelly Culberson); '76 BSBA; Acctg. Mgr.; Pumps Inc., 960 Harbor Lake Ct., Safety Harbor, FL 34695, 813 725-1666; r. 3402 Masters Dr., Clearwater, FL 34621, 813 785-9461.

MENGES, Mark Alan; '87 BSBA; Account Rep.; The Quaker Oats Co., Mar-Ren #2, Tennis Center Dr., Marietta, OH 45750, 614 374-2609; r. Same.

MENGHINI, Ms. Paula Jean; '83 BSBA; Sr. Programmer; PYA/Monarch, Inc., 107 Frederick Dr., POB 1328, Greenville, SC 29602, 803 240-2265; r. 65 Villa Rd., Apt. 715, Greenville, SC 29615, 803 271-1917.

MENGISTU, Mebrate; '68 BSBA, '69 MBA; Box 2153, Addis Ababa, Ethiopia.

MENKEL, Charles F.; '58 BSBA, '61 MBA; Systs. Analyst; r. 6825 Pleasant Dr., Charlotte, NC 28211, 704 364-5357.

MENNELL, Roger Elliot; '74 MBA; Tax Anal.; The Lubrizol Corp., 29400 Lakeland Blvd., Wickliffe, OH 44092, 216 943-4200; r. 1260 French Ave., Lakewood, OH 44107, 216 521-5434.

MENNETTI, Emmett T.; '58 BSBA; Salesman; Interstate Ins. Agcy., POB 397, Mansfield, OH 44903; r. 505 Walfield Dr., Mansfield, OH 44904, 419 756-4108.

MENO, Frederick John, IV; '79 BSBA; Pres.; Woodmont Property Mgmt. Co., 6500 W. Frwy., Ste. 900, Ft. Worth, TX 76116, 817 732-4000; r. 7353 Tamarack Rd., Ft. Worth, TX 76116, 817 738-6403.

MENS, Robert W.; '71 BSBA; Ins. Sales; Kaminski, Mens & Assocs., 360 S. Reynolds Rd., Toledo, OH 43615, 419 531-4246; r. 7961 Bittersweet, Sylvania, OH 43560, 419 882-6260.

MENTSER, Mrs. Phyllis M., (Phyllis R. Marks); '82 BSBA; Info. Systs. Analyst; Central Benefits Ins. Co., 255 E. Main St., Columbus, OH 43215, 614 464-5829; r. 1491 Joshua Run Rd., Columbus, OH 43232, 614 863-1018.

MENYHERT, Coleman R.; '49 BSBA; Retired; r. 2917 Whitby Dr., Atlanta, GA 30340, 404 938-2232.

MENZE, Michelle '84 (See Lakocy, Michelle).

MEO, Eugene Joseph; '70 BSBA; Supv. Financial Reporting; BP America, 200 Public Sq., Cleveland, OH 44141, 216 586-8547; r. 6523 E. Wallings Rd, Brecksville, OH 44141, 216 526-3241.

MERCER, Carroll E.; '53 BSBA; Merger/Acquisition Spec.; Mercor Inc., 1080 Fishinger Rd., Columbus, OH 43221, 614 451-8223; r. 4429 Reed Rd., Columbus, OH 43220, 614 457-4903.

MERCER, David Cameron; '63 BSBA; Rte. 2, Runaway Bay #72, Syracuse, IN 46567.

MERCER, LCDR Dean S., USN(Ret.); '51 BSBA; 91 Oakdale Rd, N. Kingstown, RI 02852, 401 295-0943.

MERCER, Joel Richard; '74 BSBA; Blue Cross, 3737 Sylvania Ave., Toledo, OH 43613; r. 123 E. John St., Maumee, OH 43537, 419 893-4064.

MERCER, John L.; '32 BSBA; Retired; r. 1892 Crabill Rd, Springfield, OH 45502, 513 322-1768.

MERCER, Mrs. Kevin J., (Renee L. Rasmussen); '84 BSBA; Account Exec.; Cort Furniture Rental, 4870 Evanswood Dr., Columbus, OH 43229; r. 2901 Barclay Sq. S., Columbus, OH 43209, 614 224-2174.

MERCER, Kyle Robert; '80 BSBA; Regional Sales Mgr.; The Paul Revere Grp., 5950 Fairview Rd., Ste. 414, Charlotte, NC 28210, 704 554-1464; r. 3109 Willow Oak Rd., Charlotte, NC 28209.

MERCER, Larry Tilmon; '77 MBA; Head/Manpwr Analysis; USN, Comnavmedcon-Midlant, 5600 Hampton Blvd., Norfolk, VA 23508, 804 444-7563; r. 4538 Regent Dr., Portsmouth, VA 23703, 804 483-1092.

MERCER, Molly Alice; '86 BSBA; Sales Coord.; Natl. Packaging, 441 N. Reynoldsburg, New Albany Rd., Columbus, OH 43213, 614 864-1700; r. 2777 Lakewood Dr., Columbus, OH 43229, 614 882-8700.

MERCER, Raymond L., Jr.; '86 BSBA; Retail Curric Devel. Anly; NCR Corp., 100 W. Schantz, Oakwood, OH 45479, 513 445-7086; r. 930 Pimlico Dr. #2-D, Centerville, OH 45459, 513 436-1885.

MERCER, Richard A.; '57 BSBA; Retired; r. 1265 Maize Ct., Columbus, OH 43229, 614 888-1587.

MERCER, Robert A.; '59 BSBA; CPA; Mercer & Woodford, CPA's, 18411 Crenshaw Blvd. #330, Torrance, CA 90504, 213 516-7307; r. 12606 Rosy Cir., Los Angeles, CA 90066, 213 822-8208.

MERCER, Ron A.; '79; Account Exec.; Means Mktg. Grp. Inc., 685 S. Front St., Columbus, OH 43206, 614 444-7703; r. 2006 Andover Rd., Columbus, OH 43212, 614 488-5318.

MERCER, Susan Ann; '86 BSBA; Auditor; Victoria's Secret Stores, 2 Limited Pkwy., Columbus, OH 43216, 614 475-4000; r. 13985 Cape Cod Way, Pickerington, OH 43147, 614 927-0350.

MERCER, Susan L. '82 (See Harrigan, Mrs. Susan L.).

MERCER, Theresa Marie '84 (See Lingnau, Mrs. Theresa Marie).

MERCER, Thomas R.; '50 BSBA; Retired; r. 2322 Patwynn Rd, Wilmington, DE 19810, 302 475-7725.

MERCER, Ms. Tracy Lynn; '87 BSBA; Asst. Auditor; State of Ohio, 60788 Southgate Rd., Byesville, OH 43723, 614 432-6371; r. 23821 Township Rd., 371, Walhonding, OH 43843, 614 824-3452.

MERCIER, Mrs. Dorothy S., (Dorothy L. Sidor); '80 MBA; Bus. Mgr.; Battelle Mem. Inst., 505 King Ave., Columbus, OH 43201, 614 424-4975; r. 1037 E. Cooke Rd., Columbus, OH 43224, 614 263-6276.

MERCIER, Mrs. Jacqueline Lea; '79 BSLHR, '81 MLHR; Owner; Jacquie's Sew & Sew, 6721 Markwood St., Worthington, OH 43085, 614 888-0838; r. Same.

MERCIER, Murry J.; '80 MBA; Prog. Admin. Mgr.; Battelle Memorial Inst., 505 King Ave., Columbus, OH 43201, 614 424-7291; r. 6721 Markwood St., Worthington, OH 43224, 614 888-0838.

MERCIER, Murry James, III; '80 MBA; 6721 Markwood St., Worthington, OH 43085, 614 888-0838.

MERCURE, Anthony Lawrence; '82 BSBA; 2959 Highpoint Dr., Hilliard, OH 43026, 614 876-8576.

MERCURIO, John Joseph, Jr.; '84 BSBA; Sales Engr.; Illinois Tool Works/Nifco, 4199 Weaver Ct., Hilliard, OH 43026, 614 876-3636; r. 328 Larry Ln., Gahanna, OH 43230, 614 861-3066.

MERCURIO, Michael Anthony; '86 BSBA; Admin. Analyst; City of Columbus, 90 W. Broad St., Columbus, OH 43215, 614 222-7602; r. 6066 Olde Orchard Dr., Columbus, OH 43213, 614 861-3066.

MERCY, Mrs. Dorothy Hallarn, (Dorothy Hallarn); '36 BSBA; Homemaker; r. 3324 Holly Ct., Falls Church, VA 22042, 703 560-2380.

MERDICK, Kurt Michael; '87 MBA; Structural Engr.; Duke Power Co., 122 S. Church St., POB 33189, Charlotte, NC 28242, 704 373-7894; r. 400 Greenway Dr., Huntersville, NC 28078.

MERECICKY, Paul Louis; '78 BSBA; Sales Mgr.; Digital Equip. Corp., 10450 Holmes Rd., Kansas City, MO 64131, 816 941-3830; r. 11 E. 70 St., Kansas City, MO 64113.

MEREDITH, Bridget Marie '84 (See Sollars, Ms. Bridget M., CPA).

MEREDITH, David Edward; '68 BSBA; POB 727, Bridgeport, TX 76026, 817 575-4391.

MEREDITH, Lawrence C., III; '77 BSBA; Mkt. Mgr.; Combustion Engrg., Process Automation Business, 650 Ackerman Rd, Columbus, OH 43202; r. 1524 Ashdowne Rd, Upper Arlington, OH 43221, 614 488-9988.

MEREDITH, Paul Murray; '86 BSBA; Grad. Student; Bowling Green State Univ., Clg. of Business, Bowling Green, OH 43402; r. 11854 Newton Rd., Bowling Green, OH 43402, 419 352-1283.

MEREDITH, Richard B.; '66 MBA; Production Superinte; r. 5063 Waterloo Rd., Atwater, OH 44201, 216 947-3721.

MEREDITH, Richard Eugene, JD; '56 BSBA; Partner; Cory Meredith Witter Roush & Cheney, 607 Savings Bldg., Lima, OH 45801, 419 228-6365; r. 334 S. Charles St., Lima, OH 45805, 419 223-5376.

MEREDITH, Robert James, Esq.; '83 BSBA; Assoc.; Cory, Meredith, Witter, Roush & Cheney LPA, POB 1217, Lima, OH 45802, 419 228-6365; r. 174 Hartford Ct., Lima, OH 45805, 419 331-6647.

MEREDITH, Thomas Brian; '80 BSBA; Cnslt.; Peat Marwick Mitchell & Co., 1600 National City Ctr. Bldg., Cincinnati, OH 44114, 216 696-9100; r. 6429 Stafford Dr., N. Olmsted, OH 44070.

MEREDITH, William Robinson; '83 BSBA; Staff; MI-Homes, 161 Dublin-Granville, Worthington, OH 43085; r. 3736 Lifford Ct., Hilliard, OH 43026, 614 876-6939.

MERENESS, Arthur L.; '40 BSBA; Retired; r. 304 E. Schreyer Pl., Columbus, OH 43214, 614 268-3011.

MERENESS, Daniel R.; '64 BSBA; Mgmt.; NCR Corp., 1700 S. Patterson Blvd., Dayton, OH 45479, 513 445-2360; r. 3448 Lenox Dr., Dayton, OH 45429, 513 298-0942.

MERENESS, Mrs. Virginia M.; '43 BSBA; Retired; r. 304 E. Schreyer Pl., Columbus, OH 43214, 614 268-3011.

MERFELD, Homer J.; '67 MBA; Pilot & Meteorolog; r. 209 Wedgewood Dr., Rapid City, SD 57702, 605 343-7866.

MERICLE, Russell A.; '27 BSBA; Star Rte. Box 2534, Coldspring, TX 77331.

MERKER, Russell Edward; '69 BSBA; Corporate Controller; Metal Container Corp., 10733 Sunset Ofc. Dr., St. Louis, MO 63127, 314 957-9580; r. 12615 Town & Country Estates, St. Louis, MO 63141, 314 997-7618.

MERKLE, David Arthur; '83 MPA; Psychotherapist; PC S D Mental Health, 3444 Kearny-Villa Rd., San Diego, CA 92123; r. 536 Maple St., Apt. 206, San Diego, CA 92103.

MERKLE, Jill Friend; '79 BSBA; Product Mgr.; T Marzetti Co., 1105 Schrock Rd., Box 29163, Columbus, OH 43229, 614 846-2232; r. 200 Montrose Way, Columbus, OH 43214, 614 447-1235.

MERKLE, Steven Ray; '86 BSBA; Driver; UPS, 2450 Rathbone Rd., Columbus, OH 43207; r. 951 Kramer Ave., Columbus, OH 43212, 614 481-0941.

MERKLE, William J., III; '53 BSBA; Treas.; Patterson Merkle & Assocs., Inc., 941 Chatham Ln., Columbus, OH 43221, 614 451-1187; r. 2900 Squires Ridge, Columbus, OH 43220, 614 451-1054.

MERKLIN, Christopher Alan; '82 BSBA; Purchasing Agt.; Modernage Kitchens Inc., 100 Modernage Blvd., Holly Hill, FL 32017; r. 1536 Primrose Ln., Holly Hill, FL 32017, 904 258-0319.

MERLIN, Joseph R.; '23 BSBA; Cnslt.; Cleveland, OH 44118, 216 321-9310; r. 3747 Warrendale Rd, Cleveland, OH 44118, 216 321-9310.

MEROLA, David J.; '83 BSBA; Banker; State Savings Bank, 3800 W. Dublin-Granville Rd., Dublin, OH 43017; r. 1905 Highland View Dr., Powell, OH 43065, 614 888-0685.

MEROLA, Leslie Ann; '87 BSBA; Sales Rep.; Procter & Gamble, 301 E. Sixth St., Cincinnati, OH 45202; r. 1905 Highland View Dr., Powell, OH 43065, 614 888-0685.

MERRELL, Edwin N.; '65 BSBA; Real Estate Appraiser; H. R. Halas & Assocs., 4186 Daventry Rd., Columbus, OH 43220, 614 451-1616; r. 4826 Crazy Horse Ln., Westerville, OH 43081, 614 891-0311.

MERRELL, Robert Eugene; '52 BSBA; Life Ins. Salesman; Robert E. Merrell Assocs., Ins./Financial Svcs., 2115-10 Stonehenge Dr., Raleigh, NC 27615, 919 846-9871; r. Same.

MERRIAM, Lori Ann; '87 BSBA; Mgmt.; r. 5617 Hibernia Dr., Apt. C, Columbus, OH 43232, 614 755-9182.

MERRICK, Barry I.; '62 BSBA; Tchr.; r. 6686 Schreiner St. W., Worthington, OH 43085, 614 436-2160.

MERRICK, Donald W.; '39 BSBA; Retired; r. 2106 W. View Dr., Sun City Center, FL 33570, 813 634-9480.

MERRICK, Melody Heather; '85 BSBA; Auditor; State of Ohio, Ofc. of The Auditor, Columbus, OH 43215; r. 2942 Dublin Arbor Ln., Dublin, OH 43017, 614 792-2064.

MERRICK, Raymond E., Jr.; '53 BSBA; Utility Examiner; State of Ohio, Borden Bldg., 180 E. Broad St., Columbus, OH 43215; r. 6360 Portsmouth Dr., Reynoldsburg, OH 43068, 614 863-3275.

MERRICK, William C.; '51 BSBA, '54 MBA; Ofc. Mgng Partner; Arthur Young & Co., 2100 Gas Light Twr., 235 Peachtreet St. NE, Atlanta, GA 30043; r. 57 Folkstone Dr., Greensboro, NC 27403.

MERRILEES, Mark Hamer; '87 BSBA; Acctg. Supv.; Kobacker, POB 16751, Columbus, OH 43216, 614 755-7543; r. 153 W. North Broadway, Columbus, OH 43214, 614 263-7086.

MERRILL, Bruce B.; '63 BSBA; Regional Sales Mgr.; Intl. Paper Co., 85 W. Algonquin, Arlington Hts., IL 60005, 312 228-7227; r. 1155 W. Illinois Ave., Palatine, IL 60067, 312 359-5248.

MERRILL, Charter B.; '52 BSBA; Retired Ins. Agt.; Young & Merrill Co., 531 E. State St., Salem, OH 44460; r. Rte. 11-Box 289-A, Sevierville, TN 37862, 615 453-3499.

MERRILL, Daniel Gene; '75 BSBA; Regional Credit Admin.; First Union Natl. Bank, 145 King St., Charleston, SC 29402, 803 724-1022; r. 967 Governors Ct., Mt. Pleasant, SC 29464.

MERRILL, James B.; '57 BSBA; Mgr.; Natchez Eola Hotel, Natchez, MS 39120, 601 445-6000; r. Natchez, MS 39120.

MERRILL, Joan Rader; '57 BSBA; Gestalt Therapist; Charter By the Sea Hosp., 2927 Demere Rd., St. Simons Island, GA 31522; r. 1149 Beachview Dr., St. Simons Island, GA 31522.

MERRILL, Joseph A.; '47 BSBA; Retired; r. 3440 Olentangy River Rd., Apt. 13-J, Columbus, OH 43202, 614 263-0680.

MERRILL, Judith I. '45 (See Yarling, Mrs. Judith M.).

MERRILL, Mary L., (Mary Lewis); '45 BSBA; Homemaker; r. 701 W. Church St., Savoy, IL 61874, 217 352-7199.

MERRILL, Nicholas C.; '53 BSBA; Airport Mgr.; Univ. of Illinois, Willard Airport, Savoy, IL 61874, 217 244-8604; r. 701 W. Church St., Savoy, IL 61874, 217 352-7199.

MERRILL, Willard N.; '72 BSBA; Traffic Mgr.; Intl. Multifoods, 3956-A Brown Park Dr., Hilliard, OH 43026, 614 771-1141; r. 101 Orchard Ln., Columbus, OH 43214, 614 262-8219.

MERRIMAN, Douglas G.; '82 BSBA; Claims Examiner; Midland Co., 537 E. Pete Rose Way, Cincinnati, OH 45201, 513 721-3010; r. 1611 Larmon Ct., Cincinnati, OH 45224, 513 541-5403.

MERRIMAN, Edwin D.; '61 BSBA; 208 S. Harrison St., Mt. Vernon, OH 43050, 614 397-2135.

MERRITT, Edgar Littleton; '83 BSBA; Analyst; Mktg. Rsch. Svcs., 15 E. 8th St., Cincinnati, OH 45202, 513 579-1555; r. 7313 Iuka, Cincinnati, OH 45243, 513 561-6568.

MERRITT, James Harmer; '47 BSBA; Retired; r. 5133 Westpath Way, Bethesda, MD 20816, 301 229-1335.

MERRITT, John Charles; '43 BSBA; Retired; r. 80 N. Parkview Ave., Columbus, OH 43209.

MERRITT, John Charles, Jr.; '75 BSBA; Ins. Underwriter; Personal Svc. Ins., 100 E. Gay St., Columbus, OH 43210; r. 1096 Irongate Ln. #A, Columbus, OH 43213, 614 861-1098.

MERRITT, June Eschenbrenne; '46; 80 N. Parkview Ave., Columbus, OH 43209, 614 253-7880.

MERRITT, Laura Beth; '86 BSBA; Acctg. Programmr; Continental Fed. Savings Bank, 4020 University Dr., Fairfax, VA 22030, 703 691-4403; r. 10444 Rapidan Ln., Manassas, VA 22110, 703 368-7601.

MERRITT, Roger Lee; '70 BSBA; Claims Supv.; Ohio Disability Determination Bur., 400 E. Campusview Blvd., Columbus, OH 43085, 614 438-1824; r. 2180 Trent Rd., Columbus, OH 43229, 614 476-1235.

MERRITT, Thomas Bret; '83 MPA; 84 Winthrop Rd, Columbus, OH 43214, 614 263-1472.

MERRY, Melody '75 (See Johnston, Melody Merry).

MERRYMAN, Mrs. Frances R., (Frances L. Rummel); '83 BSBA; Programmer Analyst; Central Benefit Mutual Ins. Co., 255 E. Main St., Columbus, OH 43215, 614 464-5935; r. 1744 Staffordshire Rd., Columbus, OH 43229, 614 890-5947.

MERSHAD, Edward Anthony; '82 BSBA; 318 E. North St., Worthington, OH 43085, 614 436-6842.

MERSHAD, Richard Michael; '80 BSBA; VP Mktg.; Micro Ctr., 1555 West Ln. Ave., Columbus, OH 43221, 614 481-8041; r. 318 E. North St., Worthington, OH 43085, 614 436-6842.

MERSNIK, Joseph Edward; '84 BSBA; Area Sales Mgr.; Lever Bros. Co., 24050 Great Northern Corp Ctr., Ste. 200, Cleveland, OH 44070, 216 777-4440; r. 1599 Pinehurst Dr., Upper St. Clair, PA 15241, 412 221-3905.

MERTH, Joseph James, III; '85 BSBA; Acctg. Mgr.; Robins Beverage Grp. Inc., 871 Michigan Ave., Columbus, OH 43219, 614 291-6500; r. 5040 Kings Highland #111, Columbus, OH 43229, 614 888-0783.

MERTIE, Robert B., CPA; '65 BSBA; Mgr. Corp. Acctg.; Firestone Tire & Rubber Co., 1200 Firestone Pkwy., Akron, OH 44317; r. 751 Springwater Dr., Akron, OH 44313, 216 666-5279.

MERTZ, Mary Beth; '86 BSBA; 1111 Myers Rd., Celina, OH 45822, 419 586-2542.

MERULLO, Pasquale Anthony, Jr.; '83 BSBA; Pres.; The Exotica Floral Shoppe Inc., 1917 Northwest Blvd., Columbus, OH 43212, 614 488-2143; r. 2058 Cannington Ct., Columbus, OH 43229, 614 846-1821.

MERULLO, Victor D.; '64 BSBA; Atty.; Merullo, Reister & Swinford, 772 S. Front St., Columbus, OH 43206, 614 443-7455; r. 3880 Fairlington Dr., Upper Arlington, OH 43220, 614 459-2988.

MERWIN, Miles P.; '52 BSBA; Mfg. Rep.; Ann Arbor, MI 48103; r. 1301 Bird Rd., Ann Arbor, MI 48103, 313 761-9706.

MERZ, David Erwin, Jr.; '79 BSBA; Traffic Mgr.; Panacea Prods. Corp., 1025 E. Fifth Ave., Columbus, OH 43201; r. 6165 Northgap Dr., Columbus, OH 43229, 614 433-9592.

MERZ, Harold Eugene; '79 MBA; Researcher; The Ohio State Univ., Natl Ctr./Vocational Educ, Columbus, OH 43210; r. 1822 W First Ave, Columbus, OH 43212, 614 488-7347.

MESAROS, Kenneth Edward; '78 BSBA; Sales Rep.; US Tobacco Co., 100 W. Putnam Ave., Greenwich, CT 06830; r. 22505 Sharon Ln., Fairview Park, OH 44126, 216 734-0844.

MESHANKO, Celia M.; '87 BSBA; Realtor; Coldwell Banker, 33 E. North St., Worthington, OH 43085, 614 436-7900; r. 7790 Barkwood Dr., Worthington, OH 43085, 614 436-4796.

MESHANKO, Paul Bernard; '87 BSBA; Mktg. Rep.; Bendix H.V.S., 2786 Northbrook Pl., Boulder, CO 80302, 303 449-5761; r. Same, 303 449-5760.

MESLEY, Henri Edouard; '69 MBA; Credit Mgr.; Esso France(Exxon Corp), Cedex 2, Paris La Defense92093, France; r. 98 Bd De La Reine, 78000 Versailles, Paris 00100, France.

MESSENGER, Debra Lynn; '86 BSBA; Members Svcs. Rep.; Met Life Health Care Insur., 23200 Chagrin Blvd. #4, Commerce Park Sq., Beachwood, OH 44122, 216 464-8446; r. 4106 Harwood Rd., S. Euclid, OH 44121, 216 382-6486.

MESSENGER, Kathryn Thomas, (Kathryn Thomas); '44 BSBA; Retired Acct.; Ford Aerospace & Comm. Corp.; r. 10265 Vicksburg Dr., Cupertino, CA 95014, 408 253-6346.

MESSENGER, Philip Brent; '77 BSBA; 3685 Marion Marysville, Prospect, OH 43342, 614 387-6814.

MESSER, Anthony David; '75 BSBA; Production Supv.; Teledyne Inc., 4 W. 4th St., Lima, OH 45804; r. 2432 Greendale Dr., Lima, OH 45801, 419 228-4343.

MESSERLY, John R.; '33 BSBA; Retired; r. 1580 Pine Valley Dr., Apt. 108, Ft. Myers, FL 33907, 813 481-8003.

MESSERLY, William A., Jr.; '65 BSBA; Manufacturer's Rep.; Western Associated Mktg., 5076 Moonstone Ct., San Jose, CA 95136, 408 448-1535; r. Same, 408 267-1341.

MESSINA, Joan '82 (See Manter, Joan Messina).

MESSINGER, Ferdinand R.; '23 BSBA; Retired; r. 2038 N. Cove Blvd., Toledo, OH 43606, 419 472-2894.

MESSMER, Donald Davis, Jr.; '48 BSBA; Regional VP; GEICO, 10680 Treena St., San Diego, CA 92131, 619 549-5566; r. 10431 Rue Finisterre, San Diego, CA 92131, 619 586-0521.

MESSNER, Betty De Huff; '45 BSBA; 1025 E. Edison, Tucson, AZ 85719.

MESSNER, James Arthur; '73 BSBA; Builder; r. 1088 Chatham Ln. E., Delaware, OH 43015.

MESSNER, Larry Stephen; '72 BSBA; Sr. VP/Treas.; Ohio Gas Mktg. Corp., 3933 Price Rd. NE, Newark, OH 43055; r. 158 Spruce Dr., Granville, OH 43023, 614 587-1922.

MESSURI, Joseph Archie; '83 MBA; Staff; TRW & Assocs., 2704 Noblestown Rd., Pittsburgh, PA 15205; r. 1277 Valley View Dr., Boardman, OH 44512, 216 726-0614.

MESZAROS, Alex J., Jr.; '66 BSBA; VP Admin./Oper; The Mead Corp., Mead Distribution, 14451 W. Chicago Ave., Detroit, MI 48228, 313 931-1200; r. 9775 Tennyson Dr., Plymouth, MI 48170, 313 453-6575.

MESZAROS, Douglas J.; '79 MBA; Commercial & Sales Mgr.; Magnetek Natl. Electric Coil, 800 King Ave., Columbus, OH 43216, 614 488-1151; r. 6527 Winston Ct. W., Worthington, OH 43235, 614 761-9245.

MESZAROS, Gary Vernon; '72 BSBA; Production Planner; Owens Corning Fiberglas, Fiberglas Twr. T/16, Toledo, OH 43569, 419 248-6004; r. 7116 Windy Hill Rd., Maumee, OH 43537, 419 867-0513.

MESZAROS, Paul Eugene; '73 BSBA; Auditor I; American Electric Power Svc. Corp., 1 Riverside Plz., Columbus, OH 43215, 614 223-1336; r. 628 Woodlake Ct., Westerville, OH 43081.

METCALF, Allan Lee; '77 BSBA; Personnel/Public Rels Mgr; Nationwide Ins. Co., 2300 Clayton Rd., Concord, CA 94520, 415 356-5300; r. 3030 G St., Antioch, CA 94509, 415 754-4607.

METCALF, Richard G.; '58 BSBA; Partner/CPA; Coopers & Lybrand, 2080 Kettering Twr., Dayton, OH 45423; r. 536 Grants Tr., Dayton, OH 45459, 513 433-0674.

METCALF, COL Robert L., USA(Ret.); '40 BSBA; Retired; r. 3032 Point Clear Dr., Ft. Mill, SC 29715.

METCALF, Virginia Ruth; '84 BSBA; Asst. Buyer; Lazarus, S. High & W. Town Sts., Columbus, OH 43215; r. 9228 Deercross Pkwy. #1-B, Cincinnati, OH 45236.

METEA, George P.; '53 BSBA; RR 1, 27 Ladera Ln., Washington, MO 63090, 314 239-6361.

METERKO, Raymond A.; '66 BSBA; 426 E. Main St., Marblehead, OH 43440, 419 798-5254.

METERSKY, 2LT Michael Roy, USANG; '85 BSBA; Budget Ofcr.; Ohio Army Natl. Guard, 2170 Howey Rd., Columbus, OH 43211, 614 492-3761; r. 2366 Indianola Ave., Columbus, OH 43202, 614 268-5919.

METHE, Robert David; '73 BSBA; Real Estate Agt.; King Thompson Holzer & Wollam, 1515 Bethel Rd., Columbus, OH 43220, 614 882-5100; r. 1298 Belden Rd., Columbus, OH 43229, 614 888-5696.

METNES, Dr. Don Carl; '77 BSBA; Dent.; 111 Park St., Ste. 1E, New Haven, CT 06511, 203 865-2874; r. 68 Barnes Ave. #B3, New Haven, CT 06513, 203 467-0288.

METRO, Cheryle Jean; '87 BSBA; 10395 Wright Rd., Uniontown, OH 44685, 216 494-4597.

METTERS, Henry A.; '55 BSBA; Acct.; Jess Howard Electric Co., 6630 Taylor Rd, Blacklick, OH 43004; r. 1381 Glenn Ave., Columbus, OH 43212, 614 488-9156.

METTERS, Henry H.; '24 BSBA; Retired; r. 533 Morse Rd, Columbus, OH 43214, 614 268-9779.

METTILLE, Mrs. Kara C., (Kara A. Coyne); '85 BSBA; Order Entry Admin.; Coyne Printing Inc., 106 W. Ohio Ave., Mt. Vernon, OH 43050, 614 397-6232; r. 1814 Churchill Downs Rd., Newark, OH 43055, 614 366-7526.

METTLER, Richard E.; '50 BSBA; Exec. VP; Home Bldrs. Assn. of Central Arizona, 7301 N. 16th St., Phoenix, AZ 85020, 602 274-6545; r. 7124 E. Kalil Dr., Scottsdale, AZ 85254, 602 948-2843.

METTLER, Thomas M.; '55 BSBA; Atty.; Baugher Mettler & Shelton, 340 Royal Poianciana Plz., POB 109, Palm Bch., FL 33480, 407 833-9631; r. 1150 N. Ocean Way, Palm Bch., FL 33480, 407 848-2068.

METZ, David Edward; '87 BSBA; 6493 Zoar Rd., Morrow, OH 45152, 513 899-3363.

METZ, Harvey V.; '47 BSBA; Retired; Dist. Dir of Internal Revenue, 220 Saint Clair Ave. W., Cleveland, OH 44113; r. 6809 Mayfield Rd, #1250, Mayfield Hts., OH 44124.

METZ, Howard Alan; '74 BSBA; Controller; Sherwin-Williams Co., 11 La Vista Perimeter Ofc Park, Ste. 107, Tucker, GA 30084, 404 621-6766; r. 10820 Tuxford Dr., Alpharetta, GA 30201, 404 664-7211.

METZ, Mary Jeanne Forgue; '77 MPA; Info. Spec.; Ross Labs, 625 Cleveland Ave., Columbus, OH 43216, 614 227-3800; r. 943 Danvers Ave., Westerville, OH 43081, 614 882-7462.

METZ, Richard L.; '67 BSBA, '71 MBA; Bus. Mgr.; The Ohio State Univ., Columbus, OH 43212, 614 292-4843; r. 943 Danvers Ave., Westerville, OH 43081, 614 882-7462.

METZ, Scott Allen; '85 BSBA; Loan Ofcr.; Beneficial Ohio Inc., 140 E. Center St., Marion, OH 43302, 614 387-0325; r. 317 Jamesway Dr. #C, Marion, OH 43302, 614 389-3044.

METZGAR, Robert J.; '60 BSBA; Gen. Mgr.; Northern States Power Co., 202 Eau Claire St., POB 8, Eau Claire, WI 54702, 715 839-4627; r. 1420 Nixon Ave., Eau Claire, WI 54701, 715 832-5118.

METZGER, Carl Anthony, Jr.; '83 BSBA; Claims Branch Mgr.; Progressive Cos., 35550 Curtis Blvd. Ste. 130, Eastlake, OH 44094, 216 942-4863; r. 7863 Gallowae Ct., Mentor, OH 44060, 216 255-7420.

METZGER, Christine '87 (See Dreps, Ms. Christine Metzger).

METZGER, Edward Joseph; '87 BSBA; 303 S. Bredeick St., Delphos, OH 45833, 419 695-1601.

METZGER, Eugene F.; '49 BSBA; Retired; r. 2330 Deercreek Tr., Deerfield Bch., FL 33442, 305 428-2603.

METZGER, Gregory Alan; '80 BSBA; Sr. Underwriter; J C Penney Casualty Ins., 800 Brooksedge Blvd., Westerville, OH 43081, 614 891-8412; r. 7167 Bridewater Blvd., Worthington, OH 43085, 614 889-8875.

METZGER, James Edward; '72 BSBA; VP Intl. Accounts; Carlson Mktg. Grp. E F Mac Donald, 111 N. Main St., Dayton, OH 45402; r. 1801 Ladera Tr., Dayton, OH 45459, 513 433-1687.

METZGER, Jeffrey Joseph; '80 BSBA; Plant Controller; Owens Corning Fiberglas, POB 98, Rte. 32S Feura Bush Rd., Delmar, NY 12054, 518 439-9341; r. 9 Capitol Ave., Delmar, NY 12054, 518 439-0603.

METZGER, Rev. John L.; '50 BSBA; Priest; St. Mary Church, 132 S. High St., Lancaster, OH 43130; r. Saint Mary Church, 132 S. High St., Lancaster, OH 43130.

METZGER, Larry L., DDS; '56 BSBA; Gen. Dent.; 1544 S. Byrne Rd., Toledo, OH 43614, 419 385-7435; r. 6154 S. Chanticleer Dr., Maumee, OH 43537, 419 865-0842.

METZGER, Marcia Ann; '83 BSBA; Account Repr; Marsh & Mc Lennan Inc., 65 S. 3rd St., Columbus, OH 43216, 614 461-6400; r. 2746 Wellesley Dr., Columbus, OH 43221.

METZGER, Margaret, (Margaret A. Thomas); '82 BSBA; 9 Capitol Ave., Delmar, NY 12054, 518 439-0603.

METZGER, Richard H.; '49 BSBA; VP; S Metzger Co., 139 S. Huron St., Toledo, OH 43602; r. 3450 Shakespeare Ln., Toledo, OH 43615, 419 841-5481.

METZGER, Robert Lynn; '87 BSBA; Traffic Analyst; Svc. Merchandise Co. Inc., 245 Great Circle Rd., Nashville, TN 37228, 615 254-2552; r. 505 Piccadilly Row, Apt. 170, Antioch, TN 37013, 615 361-8916.

METZGER, Vickie Alison; '79 BSBA; Acct.; Bendix Corp., 901 Cleveland St., Elyria, OH 44035; r. 3476 Villa Casa Ct., Brunswick, OH 44212, 216 225-8431.

METZGER, LTC William H., USAF(Ret.); '31 BSBA; 319 N. Seminole, Okmulgee, OK 74447, 918 756-1246.

METZKER, Martin Scott; '77 BSBA; 2nd VP; Manufacturers Natl. Corp., Manufacturers Bank, 411 W. Lafayette, Detroit, MI 48226, 313 222-4023; r. 536 Kentucky Dr., Rochester, MI 48063, 313 652-1551.

METZLER, Bradford Carl; '75 MBA; Distribution Ctr Mgr.; J M Smucker Co., Strawberry Ln., Orrville, OH 44667, 216 682-0015; r. 374 Farr Ave., Wadsworth, OH 44281, 216 336-5148.

METZLER, Philip Vaughn; '71 BSBA; 44200 Proctor Rd, Canton, MI 48188, 313 397-8547.

MEVES, Dianne M. Klisuric; '78 BSBA; 4126 Everett Rd., Richfield, OH 44286, 216 659-4723.

MEVS, Daniel; '86 BSBA; 41 Patricia Dr., Tonawanda, NY 14150.

MEYER, Mrs. Anita W., (Anita G. Weber); '80 BSBA; Sr. Syst. Engr.; Chemical Abstracts Svc., 2540 Olentangy River Rd, POB 3012, Columbus, OH 43210, 614 421-3600; r. 7914 Saddle Run, Powell, OH 43065, 614 766-2481.

MEYER, Brenda D., (Brenda Dodge); '87 BSBA; Staff Acct.; Peat Marwick Main & Co., One Financial Plz., Hartford, CT 06103, 203 522-3200; r. 11-4 King Arthurs Way, Newington, CT 06111, 203 667-1841.

ALPHABETICAL LISTINGS MILBY 189

MEYER, Bruce E.; '86 BSBA; Account Exec.; AT&T, 300 W. Wilson Bridge Rd. #110, Worthington, OH 43085, 614 431-7137; r. 5180 Dahltry Ln., Columbus, OH 43220, 614 451-3072.
MEYER, Carol Lutz; '67 BSBA, '69 MA; Mgr./Merchandise Info.; Lasalle'S, 513 Adams, Toledo, OH 43604; r. 94 E Lincoln, Westerville, OH 43081.
MEYER, Charles Henry; '42 BSBA; Retired; r. 1567 Ferndale Pl., Jacksonville, FL 32207, 904 396-0311.
MEYER, Donald Eugene; '75 BSBA; Atty.; Cahille-Gordon & Reindel, 80 Pine St., New York, NY 10005; r. 484 W. 43rd St., 24A, New York, NY 10036, 212 868-1429.
MEYER, Eric Benjamin, CPA; '80 BSBA; Sr. Acct.; Grau & Co. PA, 1101 E. Sample Rd., Pompano Bch., FL 33064, 305 943-7733; r. 2810 NE 55th St., Ft. Lauderdale, FL 33308, 305 771-2719.
MEYER, Francis Xavier, III; '76 BSBA; Pres.; Effex Corp., 5600 NW 12th Ave., Ft. Lauderdale, FL 33309, 305 771-4994; r. 3120 NE 57 St., Ft. Lauderdale, FL 33308, 305 772-9839.
MEYER, James Eugene; '71 MBA; Pres.; Mansfield Gen. Hosp., 335 Glessner Ave., Mansfield, OH 44903, 419 526-8400; r. 1350 Cedar Lawn Ct., Mansfield, OH 44906, 419 756-0904.
MEYER, Janis '80 (See Call, Janis Meyer).
MEYER, Jean Murphy, (Jean Murphy); '49 BSBA; Retired; r. 616 Birchleaf Dr., Anaheim, CA 92804, 714 527-6318.
MEYER, Karen Cowan, (Karen Cowan); '66 BSBA; Real Estate Broker; Jalmark Real Estate, 4700 Sheridan, Hollywood, FL 33021; r. 3400 N. 32nd Ter., Hollywood, FL 33021, 305 961-7440.
MEYER, Kristen Van Patten; '86 BSBA; 13425 Chardon Windsor, Chardon, OH 44024.
MEYER, Lauri Liptak; '81 BSBA; Staff; Nationwide Ins., One Nationwide Plz., Columbus, OH 43215, 614 249-5005; r. 3641 Olentangy Blvd., Columbus, OH 43214, 614 267-0744.
MEYER, Mark D.; '80 BSBA; Acct.; r. 7914 Saddle Run, Powell, OH 43065, 614 766-2481.
MEYER, Michele Ann; '87 BSBA; 1789 Hillcrest Ave., Wilmington, OH 45177, 513 382-2163.
MEYER, Peter Charles; '79 BSBA; Mgmt. Info. Systs. Mgr.; Robbins, Inc., 4777 Eastern Ave., Cincinnati, OH 45226, 513 871-8988; r. 9325 Loveland-Madiera Rd. #F, Cincinnati, OH 45242, 513 891-9043.
MEYER, Philip Bernard; '88 BSBA; 1671 Alpine Dr., Columbus, OH 43229, 614 882-1012.
MEYER, Philip Ernest; '66 MACC; Prof.; Boston Univ., 704 Commonwealth Ave., Boston, MA 02215; r. 286 Mason Ter., Brookline, MA 02146, 617 566-8188.
MEYER, Phillip J.; '85 BSBA; Dist. Mgr.; Paul Revere Life Ins. Co., 4141 Rockside Rd. Ste. 220, Seven Hls., OH 44131, 216 447-0041; r. 1406 W. Clifton Blvd. Apt. 16, Lakewood, OH 44107, 216 226-3620.
MEYER, Richard Ives; '70 BSBA; Salesman; Willamette Ind, Inc., Western Kraft, 770 W. John St., Matthews, NC 28105; r. 4911 Torrey Pines Ct., Charlotte, NC 28226, 704 542-3828.
MEYER, Robert Lynn; '71 BSBA; VP Operations; American Steel & Wire Corp., 4300 E. 49th St., Cuyahoga Hts., OH 44125, 216 883-3800; r. 4574 Prestwick Crossing, Westlake, OH 44145, 216 892-0712.
MEYER, Robert Paul, Jr.; '71 BSBA; Dir. of Operations; Ohio Air Natl. Guard, Rickenbacker ANGB, Columbus, OH 43217, 614 492-4625; r. 10236 Ridgecliff Pl. NW, Pickerington, OH 43147, 614 866-5098.
MEYER, Robert Vincent; '36; Owner; Meyer Bookkeeping Svc., 1897 Baldridge Rd, Columbus, OH 43221; r. 1897 Baldridge Rd., Columbus, OH 43221, 614 488-6263.
MEYER, Russell J.; '79 BSBA; Head of Intrnl Audit; White Castle Systs., 555 W. Goodale St., Columbus, OH 43215; r. 6073 Shier Ln., Amlin, OH 43002, 614 889-9107.
MEYER, Stephen Foster; '64; Systs. Engr.; Toledo Scale Div. Reliance Elec, 60 Collegeview, Westerville, OH 43085; r. 12 N. Neadow Ln., Golden Vly., MN 55422.
MEYER, Theodore Roosevelt; '28 BSBA; Retired; r. 2537 NW Northrup, Portland, OR 97210.
MEYER, Theresa Lillian; '87 BSBA; Prog. Dir.; Scandinavian Health Spa, 4987 North Rd., Columbus, OH 43229, 614 261-1133; r. 116 Hanby Ave., Westerville, OH 43081, 614 890-9891.
MEYER, Thomas Otto; '86 MA; Asst. Prof.; Univ. of Toledo, 2801 Bancroft St., Toledo, OH 43606; r. 6204 C Ambleside Dr., Columbus, OH 43229, 614 888-3269.
MEYER, Vincent Edward; '64 BSBA; Dir./Human Resources; Elkhart Prods. Corp., 1255 Oak St., Elkhart, IN 46515, 219 264-3181; r. 3108 Harvesttime Cres, Chesapeake, VA 23321, 219 277-2131.
MEYER, Walter Erick, Jr.; '37 BSBA; Acct.; r. 2700 Picciola Rd Lot 250, Fruitland Park, FL 32731, 904 728-1285.
MEYER, Wilbert Harold; '47 BSBA; Retired Industrial Engr.; Gen. Metal Prods. Co.; r. 3268 S. Benton, Springfield, MO 65807, 417 881-9253.
MEYER, William L.; '68 BSBA; Auditor; State of Ohio, 30 E. Broad St., Columbus, OH 43213, 614 466-9410; r. 3199 Columbus St., Grove City, OH 43123, 614 875-3624.
MEYER, William Leroy; '61 BSBA; VP-Devel.; Wil-Car Industries, *, Portsmouth, OH 45662; r. 70 Timberlane Dr., Chillicothe, OH 45601, 614 775-4766.
MEYERS, Allan Robert; '79 BSBA; Corporate Controller; Container Recovery Corp., Div of Anheuser-Busch Corp, 10733 Sunset Ofc. Dr. #400, St. Louis, MO 63127, 314 957-9350; r. 306 Fox Den Dr., Ballwin, MO 63021, 314 527-2916.
MEYERS, Carl A.; '64 BSBA; Atty.; 9650 Cincinnati-Columbus Rd, Cincinnati, OH 45241, 513 777-1617; r. 8060 Mill Rock Ct., West Chester, OH 45069.
MEYERS, Carl E.; '49 BSBA; Retired; r. 358 Bow Dr., Gahanna, OH 43230, 614 471-4817.
MEYERS, Charles C.; '48 BSBA; Retired; r. 2820 Marcia Blvd., Cuyahoga Falls, OH 44223, 216 923-5629.
MEYERS, Chuck Evan; '78 BSBA; 2450 Brandon Rd., Columbus, OH 43221, 614 481-0572.
MEYERS, Clay P.; '79 BSBA; Atty.; r. 2627 Fishinger Rd., Columbus, OH 43221, 614 459-7179.
MEYERS, David William; '80 MBA; Deputy Supt.; Dept. of Youth Svcs., Buckeye Youth Ctr., 2280 W. Broad St., Columbus, OH 43223, 614 275-0532; r. 54 Glencoe Rd., Columbus, OH 43214.
MEYERS, Frederick David; '52 MBA; Prof.; The Ohio State Univ., Dept. of Eng Graphics, 240 Hitchcock Hall 2070 Neil, Columbus, OH 43210, 614 292-1676; r. 5021 Link Ct., Columbus, OH 43213, 614 861-1755.
MEYERS, Geoffrey Groman; '69 MBA; Exec. VP; Health Care & Retirement Corp., One Seagate, Toledo, OH 43666, 419 247-5023; r. c/o Owens Illinois, One Seagate, Toledo, OH 43666.
MEYERS, Jason J.; '84 BSBA; Ins. Rater; Beacon Ins. Co., Westerville, OH 43081, 614 890-3500; r. 1182 Sanborn Pl. #A, Columbus, OH 43229, 614 267-2764.
MEYERS, Jerome Gilbert; '62 MBA; 2655 Rachel St., Bellmore, NY 11710.
MEYERS, Kevin Patrick; '86 BSBA; Labor Relations Spec.; Ohio Sch. Boards Assn., 700 Brooksedge Blvd., Westerville, OH 43081, 614 891-6466; r. 1639 Durbridge Rd., Columbus, OH 43229, 614 895-1891.
MEYERS, Marcia Justine; '80 BSBA; Sales Rep.; Kaiser Permanente; r. 2924 Pease Dr. #213, Rocky River, OH 44116, 216 356-0941.
MEYERS, Mark Edward; '80 BSBA; Mgr.; Arthur Andersen & Co., Mgmt Info Consulting Div, 41 S. High St., Columbus, OH 43215, 614 228-5651; r. 1585 Waltham Rd., POB 21817, Columbus, OH 43221, 614 486-3813.
MEYERS, Mrs. Mary M., (Mary E. Melick); '48 BSBA; Administrative Asst.; Sterling Software, 1651 NW Professional Plz., Columbus, OH 43220, 614 459-7578; r. 5118 Schuylkill St., Columbus, OH 43220, 614 457-9870.
MEYERS, Randal Joseph; '82 BSBA; Sales Rep.; Zee Med. Pharmaceuticals, Columbus, OH 43229, 614 771-5555; r. 1722 Durbridge Rd., Columbus, OH 43229, 614 891-0565.
MEYERS, Richard Alan; '78 BSBA; Asst. Dist. Sales Mgr.; Standard Register Co., 2323 W. Fifth Ave., Ste. 2340, Columbus, OH 43204; r. 4275 Cambridge Cres., Troy, MI 48098.
MEYERS, Samuel; '58 BSBA; Acct.; r. 1196 Laurelwood Rd, Mansfield, OH 44907, 419 756-5623.
MEYERS, Thomas Allan; '80 BSBA; Sales Repr; Burroughs-Welcome & Co., Research Triangle Park, Durham, NC 27709; r. 2653 N. Moreland #9, Apt. A, Cleveland, OH 44120, 317 876-0709.
MEYERS, Thomas B.; '50 BSBA; Ofc. Supv.-Acct. Dept.; Columbus Southern Power, 215 N. Front St., Columbus, OH 43215, 614 464-7472; r. 400 S. Gould Rd., Columbus, OH 43209, 614 237-1168.
MICELI, Jack Anthony; '71 BSBA; 5432 Aspen Rd, Columbus, OH 43229, 614 888-3965.
MICELI, Michael Joseph; '87 MBA; Mgr., US Distrib. Fin.; GE Co., GE Superabrasives, POB 568, Worthington, OH 43085, 614 438-2810; r. 2453 Powell Ave., Columbus, OH 43209, 614 235-5833.
MICHAEL, Bradd Lee; '84 BSBA; Plant Acct.; James River Corp., 610 Old Chemstrand, Cantonment, FL 32533; r. 413 Spring Meadow Rd., Simpsonville, SC 29681.
MICHAEL, Charles Frederick, Jr.; '82 BSBA; 1st Asst. Mgr.; Bob Evans Farms Inc., 266 E. Highland Rd., Macedonia, OH 44056, 216 468-3344; r. 62 N. High St., Jackson, OH 45640, 614 286-3683.
MICHAEL, David Richard; '73 BSBA; Ins. Agt.; Gen. Ins. Agcy., 3360 Tremont Rd, Columbus, OH 43221, 614 451-9602; r. 5732 Hartford St., Worthington, OH 43085, 614 436-9176.
MICHAEL, COL George Richard, USA(Ret.); '42 BSBA; Retired; r. 2850-6 Canterbury Ln., Columbus, OH 43221, 614 486-2793.
MICHAEL, Marlyn, (Marlyn Albright); '81 MBA; Blue Cross of Central Ohio, 255 E. Main St., Columbus, OH 43215; r. 243 W. Lincoln, Delaware, OH 43015, 614 362-6525.
MICHAEL, Marlys '82 (See Beatty, Marlys Michael).
MICHAEL, Mary Margaret '85 (See Bopp, Mrs. Mary Margaret).
MICHAEL, Paul W.; '57 BSBA; 3801 Mason Rd, Hamilton, OH 45011, 513 892-8062.
MICHAEL, Robert E.; '52 BSBA; Retired; r. 4887 Villa Marie Rd, Lowellville, OH 44436, 216 536-6994.
MICHAEL, Terry A.; '63 BSBA; Acct.; Ernst & Ernst, 1356 Union Commerce Bldg., Cleveland, OH 44115; r. 2751 W. Asplin Dr., Rocky River, OH 44116, 216 333-4556.
MICHAEL, Timothy Arthur; '76 MBA; 1st VP; Mc Donald & Co., 221 E. 4th St., Cincinnati, OH 45202, 513 721-0980; r. 4165 Rose Hill Ave., Cincinnati, OH 45229, 513 221-0422.
MICHAELIDES, Thomas G.; '75 BSBA; Secy.-Treas.; Instantwhip Foods Inc., 2200 Cardigan Ave., Columbus, OH 43215, 614 488-2536; r. 940 Highview Dr., Worthington, OH 43235, 614 885-0330.
MICHAELS, Betty Le Sueur; '47 BSBA; 16A Pine Lake Dr., Whispering Pines, NC 28327, 919 949-2135.
MICHAELS, Cindy Hershberger; '88 MPA; Gaa/Univ. Ombudsman; The Ohio State Univ., 340 Ohio Union, 1739 N. High St., Columbus, OH 43210, 614 292-0307; r. 3186 Dorris Ave., Columbus, OH 43202, 614 447-1545.
MICHAELS, Dennis Edward; '74 BSBA; Pres.; The Stanford Grp., 1499 W. Palmetto Park Rd., Ste. 114-A, Boca Raton, FL 33432, 407 368-0798; r. 1357 NW 112th Way, Coral Spgs., FL 33071, 305 755-3859.
MICHAELS, Linda Ann; '85 BSBA; Sr. Financial Analyst; Procter & Gamble Co., POB 599, Cincinnati, OH 45201, 513 983-5986; r. 2475 Madison Rd., #48, Cincinnati, OH 45208, 513 871-5413.
MICHAELS, Richard Stretton; '65 BSBA; Mgr./Tax Audit Compliance; Goodyear Tire & Rubber, 1144 E. Market St., Akron, OH 44316, 216 796-3514; r. 1921 Flintwood Dr., Richmond, VA 23233, 804 741-8612.
MICHAELS, William Alfred; '82 BSBA; Programmer/Analyst; r. 2344 Antigua Dr., Apt. 3C, Columbus, OH 43235, 216 524-2379.
MICHAK, COL Alex, Jr.; '56 MBA; Col. Usaf Ret/Exec. Dr; Xela Rsch. Inst., 112 S. Royal St., Alexandria, VA 22314; r. POB 721, Alexandria, VA 22313, 703 451-0888.
MICHALAK, Michael Paul; '87 BSBA; 1885 Rock Creek Dr., Grove City, OH 43123.
MICHALAK, Thomas B., Sr.; '31 BSBA; Retired; r. M Sgt Usaf, 9 Clarkin Ave., Charleston Hts., SC 29405, 803 747-2588.
MICHALOS, Fanny '85 (See Haritos, Mrs. Fanny).
MICHEL, Aaron Edmund; '78 BSBA; Staff; Fred S James Co., Public Ledger Bldg., 600 Chestnut St., Philadelphia, PA 19106, 215 928-4600; r. POB 206, Short Hills, NJ 07078.
MICHEL, Ronald Joel; '81 BSBA; Acct.; Marathon Oil Co., 539 S. Main St., Findlay, OH 45840, 419 422-2121; r. 321 Seventh St., Findlay, OH 45840, 419 423-9372.
MICHENER, Eric Andrew; '84 BSBA; Production Supv.; Packaging Corp. of America, 3400 Vega Ave., Cleveland, OH 44113, 216 961-5060; r. 2540 Hetzel Dr., Parma, OH 44134, 216 884-6631.
MICHOTA, Laura Lizbeth; '88 BSBA; 4638 Vicksburg Dr., Sylvania, OH 43560, 419 882-0462.
MICK, Thomas Harold; '77 BSLHR; Mediator; Fed. Mediation Svcs., 3505 E. Royalton Rd., Ste. 200, Broadview Hts., OH 44147, 216 522-7541; r. 4902 Fairview, Newton Falls, OH 44444, 216 872-5538.
MICKLER, Jeanne '43 (See Moser, Mrs. Jeanne Mickler).
MICKSHAW, Jeffrey Jay; '83 BSBA; 27600 Chardon Rd Apt. 874, Willoughby Hls., OH 44092.
MIDDAUGH, Dr. Jack Kendall, II; '81 PhD (ACC); Assoc. Prof.; Wake Forest Univ., 7659 Reynolda Sta., Babcock Grad. Sch. of Mgmt., Winston-Salem, NC 27109, 919 761-5047; r. 8016 Kilcash Ct., Clemmons, NC 27012, 919 766-9752.
MIDDELBERG, Ted Martin; '76 MBA; 2009 Port Royal Dr., Austin, TX 78746, 512 327-4433.
MIDDLEBROOK, Billy J.; '64 BSBA; Prof.; Southwest Texas State Univ., Management Dept., San Marcos, TX 78666, 512 245-3180; r. 4802 Mid Oak, Austin, TX 78749, 512 892-5082.
MIDDLEBROOK, William Cecil; '79 MBA; Financial Ofcr.; Intercollegiate Ctr. for Nrsg. Educ., Ft. George Wright Dr., Spokane, WA 99204, 509 325-6143; r. 1100 Alvar, Pullman, WA 99163, 509 334-5633.
MIDDLESWORTH, Duane E.; '70 BSBA; Pres.; Worth Transport Co., 3100 N. Summit St., POB 5006, Toledo, OH 43611, 419 729-7139; r. 12720 N. Lakeshore Dr., La Salle, MI 48145, 313 243-5789.
MIDDLETON, H. Warren, Jr.; '56 BSBA; Retired Engr.; Genl. Elec. Mobile Comm. Div., Lynchburg, VA 24552; r. 305 Quail Meadows Dr., Forest, VA 24551, 804 525-0476.
MIDDLETON, Jeffrey Scott; '84 BSBA; Inventory Control Spec.; Mazda Motor Mfg. USA Co., 1 Mazda Dr., Flat Rock, MI 48134, 313 782-7801; r. 13510 Cambridge, Southgate, MI 48195, 313 282-3004.
MIDDLETON, John L.S.; '33 BSBA; Retired; r. 418 Aberdeen Ct. S., Lakeland, FL 33813, 813 646-5273.
MIDDLETON, Kathryn Williams; '32 BSBA; Retired; r. 418 Aberdeen Ct. S., Lakeland, FL 33813, 813 646-5273.
MIDKIFF, Jack Barrett; '81 BSBA; 107 Green Valley Ct., Pittsburgh, PA 15220, 412 344-6340.
MIDKIFF, Keith A.; '85 BSBA; Financial Analyst; GE, Goddard Blvd., King Of Prussia, PA 19406, 215 354-5346; r. 723 Crooked Ln., King Of Prussia, PA 19406, 215 337-3219.
MIDKIFF, Robert Emerson; '85 BSBA; 1111 Afton Rd, Columbus, OH 43221.
MIDLAM, Max William; '78 BSBA; Salesman; Mid-States Med. Assocs. Inc., 1890 Crooks, Ste. E, Troy, MI 48084, 313 244-8405; r. Rte. 5, 830 Ridge Rd., Ashland, OH 44805, 419 962-4319.
MIDLICK, Ralph L.; '52 BSBA; Retired; r. 4243 Oakhurst Cir. E., Sarasota, FL 34233.
MIDOLO, Mary-Ellen; '85 BSBA; Syst. Engr.; N C R Corp., Detroit Dist., 20 Oak Hollow, Southfield, MI 48034, 313 746-5148; r. 42666 Postiff Ave., Apt. 86, Plymouth, MI 48170, 313 455-6156.
MIEHLS, James Arthur; '85 MPA; Investment Sales Rep.; BancOhio Natl. Bank, Investment Div., 155 E. Broad St., Columbus, OH 43251, 614 463-8141; r. 2196 Hedgerow Rd., Apt. F, Columbus, OH 43220, 614 451-6144.
MIELKE, James A.; '56 BSBA; Pres.; Michigan Officeways, Inc., 1008 Bridge St., Charlevoix, MI 49720; r. 19777 Lake St., Charlevoix, MI 49720, 616 547-6929.
MIELKE, William L.; '63 BSBA; Pres.; Ditch Witch of Central Ohio, 2020 Integrity Dr. S., Columbus, OH 43209, 614 443-9751; r. 4024 Glenda Pl., Columbus, OH 43220, 614 457-3724.
MIESSE, Gabriel R., Jr.; '49 BSBA; Asst. Production; r. 144 College Ave., Beaver, PA 15009, 412 775-4021.
MIGGO, Steven H.; '87 MLHR; Dir. of Human Resources; Plaskolite Inc., 1770 Joyce Ave., POB 1497, Columbus, OH 43216, 614 294-3281; r. 5593 Brush Creek Dr., Westerville, OH 43081, 614 794-0948.
MIGHT, Marcia Lynn; '78 BSBA; 2831 S. Park, Sanford, FL 32771.
MIGLIORE, Beth Keitch; '81 BSBA; Staff; Bank One, 301 W. 3rd, Dover, OH 44622; r. 1506 N. Wooster Ave., Dover, OH 44622, 216 343-8968.
MIGLORE, Joseph James; '71 BSBA; VP Finance & Admin.; Haworth Inc., 1 Haworth Ctr., Holland, MI 49423, 616 393-1505; r. 233 Foxdown, Holland, MI 49424, 616 399-5794.
MIGNANELLI, Florence Smith, (Florence M. Smith); '34 BSBA; Retired; r. 376 New York Ave., Rochester, PA 15074, 412 775-7548.
MIHALCO, James A.; '56 BSBA; 15841 Silver Star Rd, Canyon Country, CA 91351, 805 251-4439.
MIHALEK, Barbara Griffin; '74 BSBA; RR 6 Box 299, 5 Rambling Hills, Minot, ND 58701, 701 839-0583.
MIHALEK, James Adam; '87 BSBA; 318 Dellwood Rd., Avon Lake, OH 44012, 216 933-3590.
MIHALEK, CAPT Michael G., USAF; '74 BSBA; RR 6 Box 299, 5 Rambling Hills, Minot, ND 58701, 701 839-0583.
MIHALICK, Charles Rautze, Jr.; '71 BSBA; VP & CFO; Contain-a-Way, Inc., 18001 Cowan, Irvine, CA 92714, 714 852-0777; r. 27441 Betanzos, Mission Viejo, CA 92692.
MIHM, Nancy Ann; '83 BSBA; 4097 Indianola Ave., Columbus, OH 43214, 614 267-1126.
MIHNOVETS, Peter Alex; '88 BSBA; 5800 Goodman Dr., N. Royalton, OH 44133, 216 237-1554.
MIILLE, Dale R.; '56 BSBA; Controller; Skidmore Sales & Distributing, 10310 Julian Dr., Cincinnati, OH 45215, 513 772-4200; r. 3157 Goda Ave., Cincinnati, OH 45211, 513 661-3803.
MIKANOVICH, Sheri '81 (See Hickok, Sheri Mikanovich).
MIKLIS, Ellen Harriet; '84 BSBA; Financial Analyst; N C R Corp., 1700 S. Patterson Blvd., Dayton, OH 45479, 513 445-2034; r. 5563 Cobblegate Dr., Dayton, OH 45449, 513 435-2865.
MIKO, William Alfred; '83 MBA; Dir./Mktg.; Cole Natl. Corp., 9055 Frwy. Dr., Macedonia, OH 44056, 216 473-2000; r. 8920 Acre Dr., Northfield, OH 44067, 216 467-1794.
MIKOLAJCZYK, Julia Marie; '88 BSBA; 42 E. Park Stret, Toledo, OH 43608, 419 242-5408.
MIKOLANIS, Aloysius Leonard; '72 MBA; 7670 S. Scarff Rd, New Carlisle, OH 45344, 513 845-9583.
MIKSCH, Harold Joseph; '69 BSBA; VP; Retail Plng. Assocs., 645 S. Grant Ave., Columbus, OH 43206; r. 1166 Mulford Rd., Columbus, OH 43212, 614 481-9562.
MIKULA, Michelle Marie, (Michelle Marie Kinney); '82 BSBA; Acct.; r. 989 Parkside Pl., Cincinnati, OH 45202, 513 421-6703.
MIKUSA, John, Jr.; '64 BSBA; VP of Operations; Brunswick Corp., One Brunswick Plz., Skokie, IL 60077, 312 470-4217; r. 48 Lake Zurich Dr., Lake Zurich, IL 60047, 312 438-6412.
MIKUSA, Robert; '80 BSBA; RI Estate Appraiser; Citizens Fed. S&L, 66 S. Third St., Columbus, OH 43215; r. 8345 Jefferson Rd., Carroll, OH 43112.
MILAM, Ms. Carol Sue; '75 MPA; Trng./Devel. Mgr.; Grossmans, 200 Union St., Braintree, MA 02184, 617 848-0100; r. 1286 Commercial St., Weymouth, MA 02189, 617 331-3055.
MILAM, Nancy Gates, (Nancy Gates); '77 BSBA; Homemaker; r. 5619 Ramblewood Ct., Columbus, OH 43235, 614 442-0912.
MILARCIK, Michael Allen; '69 BSBA; CPA; 216 364-4533; r. 169 Fairview Ln., New Philadelphia, OH 44663, 216 343-2312.
MILBRANDT, Elizabeth Ann; '87 BSBA; 132 Spanish Tr., Apt. E, Rochester, NY 14612, 716 663-2302.
MILBURN, Carl L.; '48 BSBA; Ret Sales Promo Stf; Sales Mktg. Inc., 3329 Uniersity Ave. S. E., St. Paul, MN 55104; r. 82 Turtle Creek Dr., Tequesta, FL 33469, 407 744-7077.
MILBURN, Shirley A. '57 (See Caronis, Mrs. Shirley M., CPA).
MILBY, James Dean; '72 BSBA, '73 MBA; VP; Citibank/Citicorp, 1-1-3 Marunouchi, Chiyoda-Ku, Tokyo, 100, Japan, 214-6615; r. 3-5-7 Aobadai, Meguro-Ku, Tokyo, 153, Japan, 496-1640.

MILEM, Norman R.; '55 BSBA; Sr. Prof. Med. Rep.; Roerig Div. of Chas Pfizer, 235 E. 42nd St., New York, NY 10017; r. 114G E. Ticonderoga Dr., Westerville, OH 43081, 614 882-0867.
MILENKOVSKI, Marina '82 (See Adams, Mrs. Marina M.).
MILES, Ms. Cynthia Ann; '86 BSBA; Grad. Student; Univ. of Illinois-Chicago, Dept. of Architecture, Chicago, IL 60604; r. 1433 N. State Pkwy., Chicago, IL 60610, 312 943-6256.
MILES, George Winfield; '55 BSBA; Supv.; Gen. Acctg., Santa Barbara Research Ctr., 75 Coromar Dr., Goleta, CA 93017; r. 4984 Yaple Ave., Santa Barbara, CA 93111, 805 683-1309.
MILES, James Rooker; '50 MBA; Oglethorpe University, Box 63, Atlanta, GA 30319, 404 475-1839.
MILES, Jerry Mack; '76 BSBA; Mgr.; Ohio Bell Telephone Co., 150 E. Gay St., Rm. 194, Columbus, OH 43215, 614 223-8917; r. 6439 Cherroy Dr., Reynoldsburg, OH 43068, 614 863-6661.
MILES, Jodie C. '87 (See Harris, Mrs. Jodie Coleen Miles).
MILES, Margaret Kimberly; '85 BSBA; Territory Mgr.; Johnson & Johnson Inc., Personal Products Division, 180 Bent Tree Dr. Apt. 2B, Fairfield, OH 45014; r. 180 Bent Tree Dr., Apt. 2B, Fairfield, OH 45014, 513 874-5376.
MILES, Nathan Russell; '84 BSBA; 2600 Snouffer Pl., Worthington, OH 43085, 614 889-9245.
MILES, Robert C.; '38 BSBA; Retired; r. 7400 Estero Blvd., Unit #3 Apt. 619, Ft. Myers Bch., FL 33931, 813 463-6566.
MILES, Robert T.; '50 BSBA; 2659 Circle Dr., Zanesville, OH 43701.
MILES, Shari Lynn '85 (See Bookman, Mrs. Shari Lynn).
MILES, Steven Arthur; '81 BSBA; Staff Programmer; IBM, 1001 WT Harris Blvd., Charlotte, NC 28257; r. POB 561507, Charlotte, NC 28256.
MILETI, Raymond Timothy; '80 BSBA; Store Mgr.; F.W. Woolworth Co., 915 Lee St., Des Plaines, IL 60016; r. 7558 Orlando Dr., Parma, OH 44134.
MILEY, James R.; '66 BSBA; Asst. Mgr.; Ohio Casualty Ins. Co., 136 N. 3rd St., Hamilton, OH 45011, 513 867-3683; r. 24 Mayflower Ter., Hamilton, OH 45013, 513 863-5173.
MILEY, Larry H.; '64 BSBA; Assoc. Chief-Appeals; Dept. of IRS, Appeals Ofc., 1 Cleveland Ctr., Cleveland, OH 44199, 216 522-7240; r. 1864 Euston Dr., Mayfield Hts., OH 44124, 216 442-1739.
MILEY, Mark Joseph; '84 BSBA; Profn. Sales Rep.; Burroughs Wellcom Pharmaceuticals, 3030 Cornwallis Rd., Research Triangle Pk, NC 27709; r. 1325 Adak Ave., Lima, OH 45805, 419 999-1337.
MILEY, Richard L.; '76 BSBA; Asst. VP; State Auto Ins. Co., 518 E. Broad St., Columbus, OH 43216; r. 2331 Brixton Rd., Columbus, OH 43221.
MILEY, Steven Lee; '68 BSBA; Prodctn Control Mgr.; Carter Machine Co. Inc., Edward St., Galion, OH 44833; r. 973 Meadow Ln., Galion, OH 44833, 419 468-9056.
MILEY, Terry Duane; '74 BSBA; Controller; Drytek Inc., Subs General Signal Corp, 16 Jonspin Rd, Wilmington, MA 01887, 508 657-3933; r. 7 London Rd., Derry, NH 03038, 603 434-8968.
MILFORD, James; '56 BSBA; Investigator; Milfax Investigators, 903 W. Lincoln, Anaheim, CA 92805; r. 11892 Donna Ln., Garden Grove, CA 92640.
MILICIA, Angeline '50 (See Tose, Angeline M.).
MILISITS, Joseph John; '69 MBA; Proj. Mgr.; NCR Corp., 1700 S. Patterson Blvd., Dayton, OH 45479, 513 445-6652; r. 3361 Lenox Dr., Kettering, OH 45429, 513 298-5471.
MILJUS, Donald; '62; POB 4175, Steubenville, OH 43952, 614 544-5931.
MILJUS, Robben Chris; '85 BSBA; Owner; EVCOR Systs., 7303 N. Armenia Ave., Tampa, FL 33604, 813 931-5822; r. 2260 Windway Cir., #2125, Tampa, FL 33612.
MILJUS, Tara Marie; '87 BSBA; Ofc. Mgr.; Evcor, 14103 Arbor Hills Rd., Tampa, FL 33625; r. 14103 Arbor Hills Rd., Tampa, FL 33625.
MILKIE, Marc David; '85 BSBA; Sales Rep.; Duo-Fast Corp., 4110 Lockbourne Rd., Columbus, OH 43207; r. 6121 Foth St., Toledo, OH 43613.
MILLAR, Mark K.; '81 BSBA; Stockbroker; E F Hutton & Co., 76 S. Main St., Akron, OH 44308, 216 434-7131; r. 8236 Willowdale Lake Ave. NW, N. Canton, OH 44720, 216 499-8847.
MILLAR, Roland G.; '76; Sales; Best Pack Co., 6865 Downs St., Worthington, OH 43085; r. 6865 Downs St., Worthington, OH 43085, 614 885-7527.
MILLARD, Kelly Kristine; '84 BSBA; 13717 W. 81st Ter., Lenexa, KS 66215, 913 541-0651.
MILLARD, Pamela '84 (See Hoying, Pamela Millard).
MILLBERG, Charles Thomas; '80 MBA; Area Sales Mgr.; Micro Linear Corp., 6458 City West Pkwy., Eden Prairie, MN 55344, 612 941-8040; r. 9350 Talus Cir., Eden Prairie, MN 55347, 612 941-5868.
MILLEM, Rickey Dale; '84 BSBA; Sales Repr; N C R Corp., 965 Keynote Cir., Cleveland, OH 44131; r. 218 E. 17th Ave. #302, Columbus, OH 43201.
MILLEMAN, Nancy Beattie; '85 BSBA; 379 Welsh Hills Rd., Granville, OH 43023, 614 587-4716.
MILLER, Adam V.; '87 BSBA; Supv.; The Quaker Oats Co., Merchandise Mart Plz., Chicago, IL 60654; r. 2100 Heatherwood Dr., #B-4, Lawrence, KS 66046, 913 842-2477.
MILLER, Alan Bratton; '63 BSBA; Contracting Ofcr.; Aeronautical Systs. Div., US Air Force, Simulator System Program Offic, Wright Patterson AFB, OH 45433; r. 5630 Hagan Rd, Springfield, OH 45502, 513 325-7554.
MILLER, Alan Gregory; '69 BSBA; VP/Investments; Fund Analysts; r. 4354 Baintree Rd, Cleveland, OH 44118, 216 381-4466.
MILLER, Alan Jeffrey; '77 BSBA; Pres.; M., M., & R, 555 North Ave., Apt. 19-H, Ft. Lee, NJ 07024, 201 947-5999; r. 30 Sherwood Rd., Tenafly, NJ 07670, 201 871-4070.
MILLER, Albert Donovan; '49 BSBA; Sr. Counsel; The Bendix Corp., Bendix Ctr., Southfield, MI 48076; r. 4016 Blackthorn Ct., Birmingham, MI 48010, 313 642-7861.
MILLER, Alice Sun, (Alice S. Sun); '75 BSBA; Proj. Mgr.; CIGNA Corp., Cottage Grove Rd., Bloomfield, CT 06002, 203 726-3018; r. 1035 Lamplighter Rd., Niskayuna, NY 12309, 518 393-7283.
MILLER, Amy Joanne; '84 BSLHR; Employee Benefit Admin.; Morton Thiokol Inc., 110 N. Wacker Dr., Chicago, IL 60606, 312 807-2361; r. 3660 N. Lake Shore Dr., Apt. 806, Chicago, IL 60613, 312 883-2139.
MILLER, Ann M., (Ann C. Moore); '85 BSBA; Grp. Mgr.; Macy's Dept. Store, Atlanta, GA 30304; r. 106 Fair Haven Way, Smyrna, GA 30080, 404 434-6446.
MILLER, Annice Evon; '83 BSBA; Rsch. Assoc.; The Ohio State Univ., Ofc. of Research, Columbus, OH 43210; r. 1683 Glenn Ave., Columbus, OH 43212.
MILLER, Anthony Eugene, JD; '85 MBA; Atty.; Goodyear Tire & Rubber Co., 1144 E. Market St., Akron, OH 44316, 216 796-7975; r. 10018 Gatewood Dr., Brecksville, OH 44141, 216 838-4731.
MILLER, Arthur H.; '49 BSBA; Retired; r. 4386 W. 226th St., Fairview Park, OH 44126, 216 734-1790.
MILLER, B. Keith; '64 BSBA; Mgr. Plant Acctg.; The Rexroth Corp., 1700 Old Mansfield Rd., POB 394, Wooster, OH 44691, 216 263-3300; r. 2609 Montclair, Wooster, OH 44691, 216 345-7866.
MILLER, Beth Ann; '86 BSBA; 7542 Shawnee Rd., Cincinnati, OH 45243, 513 561-7737.
MILLER, Betty '49 (See Bader, Mrs. Betty Miller).
MILLER, Bob L.; '55 BS; Safety Dir.; City of Columbus, 109 N. Front St., Columbus, OH 43215, 614 222-8319; r. 424 Lorraine Dr., Pickerington, OH 43147.
MILLER, Bret Douglas; '81 BSBA; Manufacturer's Rep.; G.F. Miller & Assocs. Inc., 29519 Osborn Rd., Bay Village, OH 44140, 216 835-0978; r. Same.
MILLER, Brian Ray; '79 BSBA; Acct.; Bonded Oil Co., 2525 N. Limestone St., Springfield, OH 45503; r. 613 Villa, Apt. E., Springfield, OH 45503, 513 390-0532.
MILLER, Bruce Dalton; '75 BSBA; Mgr. Internal Audit; Community Mutual Blue Cross & Blue Shield, 6740 N. High St., Worthington, OH 43085, 614 433-8752; r. 676 Sheridan Ave., Columbus, OH 43209, 614 239-7920.
MILLER, Bruce Lyndon; '82 BSBA; Distribution Clerk; US Postal Svc., 850 Twin Rivers Dr., Columbus, OH 43215; r. 750 Riverview Dr., Apt. #A-10, Columbus, OH 43202, 614 261-7364.
MILLER, Bruce Michael; '86 BSBA; 18616 Parkland Dr., Shaker Hts., OH 44122, 216 751-9262.
MILLER, Carl Edward; '57 BSBA; Staff; Central Ohio Psychiatric Hosp., 1960 W. Broad St., Columbus, OH 43223; r. 1064 Torrey Hill Dr, Columbus, OH 43228, 614 459-5986.
MILLER, Carl Keith; '54 BSBA; Retired Tchr.; Columbus Bd. of Educ., 270 E. State St., Columbus, OH 43215; r. 870 S. Brinker Ave., Columbus, OH 43204, 614 274-7795.
MILLER, Carol '70 (See Ward, Carol Miller).
MILLER, Mrs. Carol, (Carol J. Bretschneider); '45 BSBA; 1675 Murex Ln., Naples, FL 33940, 813 261-7288.
MILLER, Carol Regina; '79 BSBA, '82 MBA; VP-Trust Investments; Central Trust Co., 201 E. 5th St., Cincinnati, OH 45202, 513 651-8468; r. 874 Wesley Dr., Villa Hls., KY 41017, 606 341-0889.
MILLER, Cathy Jo '82 (See Pappas, Cathy J.).
MILLER, Charles David; '56 BSBA; Baseball Admin.; Detroit Tigers Baseball Club, 2121 Trumbull Ave., Detroit, MI 48216, 313 962-4000; r. 23642 Cherry Hill, Dearborn, MI 48124, 313 562-0325.
MILLER, Charles Robert; '84 BSBA; Pilot; Midway Airlines, Midway Airport, Chicago, IL 60607; r. 5124 Winterburg Way, Westerville, OH 43081, 614 898-0327.
MILLER, Charles Samuel, Jr.; '76 MACC; Chmn.; Univ. Clg. of Eastern Africa, Dept. of Bus Admn/Sec Sciences, Kenya, Kenya; r. Same.
MILLER, Charles William; '62 MBA; Defense Req. Spec. Sr.; Lockheed Aeronautical Syst. Co., Box 551, Burbank, CA 91520, 818 847-2867; r. 18678 Pad Ct., Newhall, CA 91321, 805 251-3993.
MILLER, Cheri Petride, (Cheri Petride); '86 MPA; 6854 Rosemont Dr., Brecksville, OH 44141, 216 526-8966.
MILLER, Christina '81 (See Kessler, Christina M.).
MILLER, Christine Brown, (Christine Brown); '78 BSBA; Practice Admin.; David K. Miller Jr. DDS, 2503 Charlevoix Ave., Petoskey, MI 49770, 616 347-5317; r. 443 Overbay Dr., Petoskey, MI 49770, 616 347-0428.
MILLER, Christopher James; '88 BSBA; 791 Addy Rd, Columbus, OH 43214, 614 451-8117.
MILLER, Chuck; '71 BSBA; Coml. Real Estate Sales; Grubb & Ellis Commercial Real Estate, 1 Montgomery St., Ste. 3100, San Francisco, CA 94104, 415 433-1050; r. 205 Lovell Ave., Mill Valley, CA 94941, 415 381-8302.
MILLER, Dr. Clair R.; '50 BSBA; Staff Cnslt.; Honeywell, 7900 W. Park Dr., Mc Lean, VA 22102, 703 827-3151; r. 4196 Dandridge Ter., Alexandria, VA 22309, 703 780-5913.
MILLER, Clare G.; '42 BSBA; Retired; r. 41 Bay Ridge Rd., Key Largo, FL 33037, 305 367-2257.
MILLER, Mrs. Clare G., (E. Louise Schubert); '42 BSBA; Homemaker; r. 41 Bay Ridge Rd., Key Largo, FL 33037, 305 367-2257.
MILLER, Clifford N.; '69 BSBA; Buyer-Fl. Coverings; Sherwin Williams Co., 101 Prospect, NW, Cleveland, OH 44115, 216 566-2311; r. 34016 S. Side Park Dr., Solon, OH 44139, 216 248-7446.
MILLER, Clyde Allen; '63 BSBA; Treas.; Edco Drilling & Producing Inc., 869 Meadow Dr., POB 329, Mt. Gilead, OH 43338, 419 947-2515; r. 5555 Township Rd. 14, Rte. #3, Mt. Gilead, OH 43338, 419 947-3380.
MILLER, Colleen Ryan; '79 BSBA; Audit Mgr.; Rehab. Programs Inc., 70 Fairview Ave., Poughkeepsie, NY 12603, 914 485-9803; r. 37 Schoolhouse Ln., Poughkeepsie, NY 12603, 914 462-0562.
MILLER, Craig E.; '73 BSBA; Mgr. Inventory Control; North American Refractories Co., 500 Halle Bldg., 1228 Euclid Ave., Cleveland, OH 44115, 216 621-5200; r. 30779 Windy Hollow, N. Olmsted, OH 44070.
MILLER, Curtis E.; '50 BSBA; Retired; r. 2217 Clough Ridge Dr., Cincinnati, OH 45230, 513 231-9323.
MILLER, Dana Allyn; '79 BSBA; Gen. Mgr.; Da-Tronics Inc., 1455 Harrison Ave. NW, Ste. #105, Canton, OH 44708, 216 455-5363; r. 2544 Shunk Ave., Alliance, OH 44601, 216 823-6859.
MILLER, Daniel Kirwan; '71 BSBA; Mgr. Human Resources; Westinghouse Oceanic Div., 895 Oceanic Dr., Annapolis, MD 21401, 301 260-5702; r. 194 Fulbright Ct., Severna Park, MD 21146, 301 647-4476.
MILLER, Daniel Lee; '76 MBA; Sales Rep.; Hewlett-Packard, 9920 Carver Rd, Cincinnati, OH 45442; r. 217 Hillcrest Dr., Cincinnati, OH 45215, 513 821-0598.
MILLER, Daniel Paul; '75 BSBA; 6920 Louis Center Rd., Galena, OH 43021, 614 548-4250.
MILLER, Daniel Wayne; '49 BSBA; Tax Auditor; r. 628 S. Ashburton Rd, Columbus, OH 43213, 614 231-4080.
MILLER, Daniel Wayne; '75 BSBA; Programmer Analyst; Ohio Med. Indemnity Inc., 6740 N. High St., Worthington, OH 43085; r. 628 S. Ashburton Rd, Columbus, OH 43213, 614 231-4080.
MILLER, David Alan; '68 BSBA; Mgr.; Jones Anastasi Corbett & Lennon Advt., 40 S. 3rd St., Columbus, OH 43215, 614 221-2395; r. 3947 Danford Sq., Hilliard, OH 43026, 614 876-9242.
MILLER, David Charles; '84 BSBA; Mktg. Rep.; IBM Corp., 140 E. Town St., Columbus, OH 43215, 614 226-3600; r. 7136 Winding Brook Ct., Worthington, OH 43085, 614 889-5044.
MILLER, David E.; '84 BSBA; Sr. Tax Acct.; Ernst & Whinney, 1 Cascade Plz., Akron, OH 44308, 216 253-9150; r. 212 Hoffman Rd., Loudonville, OH 44842.
MILLER, David Eugene; '77 BSBA; Pres.; Miller Financial Svcs., 1105 Shrock Rd., Ste. #401, Columbus, OH 43229, 614 888-4770; r. 6857 Perry Dr., Worthington, OH 43085, 614 436-4604.
MILLER, David Paul, CPA; '80 BSBA; Dir. of Finance; Frederick C Smith Clinic Inc., 1040 Delaware Ave., Marion, OH 43302, 614 383-7938; r. 443 Whetstone River Rd. N., Caledonia, OH 43314, 419 845-2779.
MILLER, David Randall; '76 BSBA; Personnel Mgr.; Kaydon, c/o Postmaster, Muskegon, MI 49441; r. 475 Mallard Dr., Sumter, SC 29150.
MILLER, David S.; '37 BSBA; Sr. Assoc.; Evarts Capital Inc., 23200 Chagrin Blvd., Ste. 640, Cleveland, OH 44122, 216 831-1448; r. 3129 Belvoir Blvd., Shaker Hts., OH 44122, 216 752-6076.
MILLER, David W.; '74 BSBA; Gen. Acctg. Mgr.; Merrill Publishing Co., 1300 Alum Creek Dr., Columbus, OH 43216, 614 251-6916; r. 596 Sycamore Dr., Pickerington, OH 43147, 614 837-3887.
MILLER, Dawn Lynn; '81 BSBA; Acct. Mgr.; Electronic Data Syst., Tallahassee, FL 32301; r. 428 Victory Garden Dr., Tallahassee, FL 32301, 904 878-0257.
MILLER, Dean Alan; '86 MBA; Logistics Engr.; Frito-Lay Inc., 7701 Legacy Dr., Plano, TX 75024, 214 353-5843; r. 1633 Rocky Pt., Lewisville, TX 75067, 214 221-0518.
MILLER, Deborah A. '77 (See Daniels, Deborah Miller).
MILLER, Deborah Jean; '79 MBA; Systs. Engr.; Electronic Data Systs., One Granite Pl., Concord, NH 03301, 603 224-7741; r. 99 Clinton St., Apt. E.-2, Concord, NH 03301, 603 226-3512.
MILLER, Debra '86 (See Cacchio, Debra Miller).
MILLER, Debra S. '80 (See Gallotto, Mrs. Debra M.).
MILLER, Ms. Denise Lorraine; '76 BSBA; Acctg. Supv.; Hamilton Cnty. Dept. of Human Svc., 628 Sycamore St., Cincinnati, OH 45202, 513 632-6776; r. 1000 Byrd Ave., Cincinnati, OH 45215, 513 733-1247.
MILLER, Denise Sue; '85 BSBA; Sr. Programmer/Analyst; Chemical Mortgage Co., 101 E. Town St., Columbus, OH 43215, 614 460-3179; r. 11950 Stoudertown, Baltimore, OH 43105, 614 862-8693.
MILLER, Diane Marie; '78 BSBA; Rte. 2 Box W. 50, Minster, OH 45865.
MILLER, Donald Phillip; '60 BSBA; Support Analyst; J.C. Penney Ins., 800 Brookedge Blvd., Westerville, OH 43081, 614 891-8466; r. 756 Hard Rd., Worthington, OH 43085, 614 885-9957.
MILLER, Donald Thomas; '79 BSBA; Cnslt.; Symmetry Systs./Comdata, POB 10343, Columbus, OH 43201, 614 895-3282; r. 2076 Iuka Ave., Columbus, OH 43201, 614 291-0600.
MILLER, Douglas A.; '75 BSBA; Partner; Miller Ensign Partners, 1335 Worthington Woods Blvd., Worthington, OH 43085, 614 436-7526; r. 2243 Antigua Dr., # 1-C, Columbus, OH 43220, 614 442-1556.
MILLER, Douglas Carl; '77 BSBA; Acct.; r. 1956 Guilford Rd., Columbus, OH 43221, 614 488-6439.
MILLER, Douglas Lee; '75 BSBA; Computer Cnsltg.; 9141 Woodcut Ct., Mason, OH 45040, 513 398-1787; r. Same.
MILLER, Douglas Omer; '33 BSBA; 5659 Lindenwood Ln., Fairfield Branch, Hamilton, OH 45014, 513 829-3957.
MILLER, Douglas W.; '72 BSBA; Physical Dist. Supv.; Manville Corp., 140 Carey St., Utica, OH 43080, 614 892-2011; r. 496 Deerfield Dr., Newark, OH 43055, 614 344-9557.
MILLER, Duane D., II; '87 BSBA; Plant Mgr.; Stark Truss Inc., Component Dr., Edgerton, OH 43517, 419 298-2359; r. RR 1, Edgerton, OH 43517, 419 298-2650.
MILLER, Duncan Holliday; '71 BSBA; Pres.; D H Miller & Co., 918 Lakeview Way, Redwood City, CA 94062, 415 368-4057; r. 918 Lakeview Way, Redwood City, CA 94062, 415 367-0917.
MILLER, Earl L.; '78 BSBA; Dept. Supv.; Union Carbide Corp., Bldg. 2000, Rm. 1431, POB 8361, S. Charleston, WV 25303, 304 747-3820; r. 3297 Hurricane Creek Rd., Winfield, WV 25213.
MILLER, LCDR Edward M., USN; '75 BSBA; Aviator; F-14 VF-14, NAS Oceana, Virginia Bch., VA 23460; r. 1701 Wicomico Ct., Virginia Bch., VA 23464.
MILLER, Edwin Wallace; '29 BSBA; Retired; r. 3120 Ptarmigan Dr., #3, Walnut Creek, CA 94595, 415 939-8656.
MILLER, Ernest Leroy; '78 BSBA; 6622 Clement Ave., Cleveland, OH 44105.
MILLER, Erwin J.; '48 BSBA; Pres.; E.J. Miller & Co., 2401 Pennsylvania Ave., Apt. 19C45, Philadelphia, PA 19130, 215 235-4798; r. 2401 Pennsylvania Ave., Apt. 19C45, Philadelphia, PA 19130, 215 235-4798.
MILLER, Eva Ann; '83 BSBA; Acct.; Ashland Chemical Co., 5200 P G Blazer Memorial Pkwy., Dublin, OH 43017; r. 34490 Ridge Rd. #206B, Willoughby, OH 44094.
MILLER, Floyd Joseph; '75 BSBA; Box 366, Danville, OH 43014.
MILLER, Fred B., II; '87 BSBA; Staff Acct.; Price Waterhouse & Co., 153 E. 53rd St., New York, NY 10022, 212 371-2000; r. Village Twr. 17A, 1 Irving Pl., New York, NY 10003, 212 674-5692.
MILLER, Fred Bodimer; '62 BSBA; Audit Partner; Price Waterhouse, 41 S. High St., Columbus, OH 43215, 614 221-8500; r. 1936 Andover Rd., Columbus, OH 43212, 614 486-9014.
MILLER, Freddie Scovell; '43 BSBA; Retired; r. 5353 Via Carancho, San Diego, CA 92111, 619 277-1086.
MILLER, Dr. Frederick Byers; '40 MBA, '52 PhD (BUS); Retired; r. 7904 E. Pecos Ln., Scottsdale, AZ 85253, 602 994-8100.
MILLER, Frederick H.; '38 BSBA; Retired; r. 313 Sound Beach Ave., Old Greenwich, CT 06870, 203 637-9890.
MILLER, Gary A.; '59 BSBA; Dir.-Career/Placemt. Svc.; Four Cnty. Voc. Sch., Rte. 1, Box 245-A, Archbold, OH 43502, 419 267-3331; r. 245 Briarcliff Dr., Napoleon, OH 43545, 419 599-2601.
MILLER, Gary Dean; '82 BSBA; Supv. of Mails; US Postal Svc., 850 Twin Rivers Dr., Columbus, OH 43216, 614 469-4327; r. 7192 Flatrock Dr., W. Worthington, OH 43235, 614 764-0576.
MILLER, Gary Irwin; '69 BSBA; VP; R&B Realty Inc., 2040 Douglas Blvd., Ste. 120, Roseville, CA 95661, 916 782-3330; r. 20 Summer Ridge, Roseville, CA 95661, 916 782-1890.
MILLER, Gary Marshall; '69 MBA; Corporate Controller; Rich-Seapak Corp., POB 667, St. Simons Island, GA 31522, 912 638-5000; r. 109 Killarney, St. Simons Island, GA 31522, 912 638-4122.
MILLER, Gary Richard; '67 BSBA; Secy.-Treas.; Massillon Washed Gravel Co., POB 167, Navarre, OH 44662, 216 879-2132; r. 1302 Second St. NE, Massillon, OH 44646.
MILLER, Gary Wayne; '77 BSBA; Dir. of Acctg.; The Sherwin Williams Co., 101 Prospect Ave., NW, Cleveland, OH 44114, 216 566-3114; r. 605 Parkside Dr., Bay Vlg., OH 44140, 216 871-3641.
MILLER, Dr. George Alfred; '76 MPA; Dir.; Black Art Plus Gallery, 51 Parsons Ave., Columbus, OH 43215, 614 469-9980; r. 3940 Gillespie Ct., Columbus, OH 43230, 614 476-5412.
MILLER, George Arthur; '48 BSBA; Life Underwriter; Mutl Ben Life Ins. of Newark NJ, 28 W. Park Ave., Mansfield, OH 44902, 419 522-0622; r. 610 Russell Rd., Mansfield, OH 44903, 419 756-5947.

MILLER, George Carpenter; '40 BSBA; Investments; George Carpenter Miller, 1008 Texas Commerce Bk. Bldg., Lubbock, TX 79401, 806 744-2404; r. 3213 43rd St., Lubbock, TX 79413, 806 799-3803.

MILLER, George Paul, Jr.; '76 MBA; Rsch. Fellow; Logistics Mgmt. Inst., 6400 Goldsboro Rd., Bethesda, MD 20817, 301 320-2000; r. 807 Gallop Hill Rd., Apt. B, Gaithersburg, MD 20879, 301 963-1447.

MILLER, Gordon Thomas; '53 BSBA; Owner; Homer W Miller & Son Jewelers, 6641 High St., Worthington, OH 43085, 614 262-6617; r. 6770 Masefield St., Worthington, OH 43085, 614 846-6617.

MILLER, Gregory D.; '86 BSBA; Mgmt. Assoc.; Bank I, Columbus, OH 43271, 614 248-8221; r. 2720 Collinford Dr. Apt. H, Dublin, OH 43017, 614 792-3233.

MILLER, Gregory Dean; '81 BSBA; Mgr.; Nationwise Auto Parts, 3750 Courtright Ct., Columbus, OH 43227, 614 239-1111; r. 4396 Ingham, Columbus, OH 43214, 614 262-5413.

MILLER, Hal V.; '70 MBA; Rsch. Analyst; US Govt., Wright Patterson AFB, OH 45433, 513 257-2951; r. 6945 Hubbard Dr., Dayton, OH 45424, 513 236-1722.

MILLER, Harley M.; '56 BSBA; Pres.; Miller Wholesale Outlet, 3255 Cleveland Ave., NW, Canton, OH 44709, 216 493-7030; r. 256 21st NW, Canton, OH 44709, 216 454-8471.

MILLER, Harold Lloyd; '50 BSBA; Retired; r. 650 Milford Hills Dr., Milford, OH 45150, 513 831-3530.

MILLER, Harold Wesley, Jr.; '74 BSBA; Switchworker; GTE North, 222 E. Main St., Plain City, OH 43064, 614 873-4598; r. 98 E. Kelso Rd., Columbus, OH 43202, 614 262-1724.

MILLER, Harry Clay; '50 BSBA; Realtor; King Thompson/Holzer-Wollam, 1090 Georgesville, Columbus, OH 43228, 614 276-8111; r. 651 Binns Blvd., Columbus, OH 43204, 614 274-1362.

MILLER, Helen May; '38 MBA; Retired; r. 40 E. High St., Alliance, OH 44601, 216 823-5351.

MILLER, Hope E.; '80 BSBA; Mktg. Coord.; American Colors Inc., 1321 First St., POB 397, Sandusky, OH 44870, 419 625-2173; r. 304 Buckeye, Huron, OH 44839, 419 433-6028.

MILLER, Howard L.; '62 BSBA; Controller; Day Bros. Devel. Co., 6075 Cleveland, Columbus, OH 43231, 614 891-4220; r. 225 Northridge Rd., Columbus, OH 43214, 614 268-0302.

MILLER, Ivan W., Sr.; '61 BSBA; Exec. Mgr.; Ponderosa Unit #130, 1296 Lexington Ave., Mansfield, OH 44907, 419 756-5864; r. 142 N. Brookwood Way, Mansfield, OH 44906, 419 756-5864.

MILLER, Jack; '55 BSBA; Atty.-Partner; Jones Norpell List Miller & Howarth, 2 N. First St., POB 4010, Newark, OH 43055, 614 345-9801; r. 887 N. Village Dr., Newark, OH 43055, 614 344-7896.

MILLER, Jack W.; '34 BSBA; Retired; r. 3915 Overdale Dr., Columbus, OH 43220, 614 459-0572.

MILLER, James Bowman; '51 BSBA; Sales Rep.; r. 1343 Waggoner Rd., Reynoldsburg, OH 43068, 614 462-8483.

MILLER, James Christopher; '80 BSBA; Sales Rep.; Kaiser Tech., Heath, OH 43055; r. 163 Terrace Ave. Apt. #5, Newark, OH 43055, 614 522-5528.

MILLER, James Clinton; '66 BSBA; Retail Mgmt. Cnslt.; r. 5170 Hampton Ln., Columbus, OH 43220, 614 459-0491.

MILLER, James Joseph; '55 BSBA; Acct.; Columbus Southern Power Co., 215 N. Front St., Columbus, OH 43215, 614 464-7761; r. 2021 N. Devon Rd, Columbus, OH 43212, 614 488-2275.

MILLER, Dr. James Marion; '65 MBA; Prof.; Univ. of Michigan, POB, Ann Arbor, MI 48109; r. Box 7995, Ann Arbor, MI 48107.

MILLER, James Michael; '68 MBA; Data Proc Mgr.; Caterpillar Industrial Inc., 5960 Heisley Rd., Mentor, OH 44060, 216 357-2444; r. 7881 Mountain Ash Dr., Concord Township, OH 44060, 216 352-4122.

MILLER, James Richard; '38 BSBA; Retired; r. 3 Applewood Ln. NW, Albuquerque, NM 87107, 505 898-0414.

MILLER, James William; '50 BSBA; Atty./Partner; Dagger Johnston Miller Ogilvie & Hampson, 144 E. Main St. POB 667, Lancaster, OH 43130, 614 653-6464; r. 415 E. 5th Ave., Lancaster, OH 43130, 614 653-4285.

MILLER, Jaye Claire; '80 MBA; Dir-Rsch & Franchisee Dev; Escape Enterprises, 1265 Neil Ave., Columbus, OH 43201, 614 297-8860; r. 170 Jackson St., Columbus, OH 43206, 614 464-3609.

MILLER, Jeffrey David; '84 BSBA; Acct.; Price Waterhouse, 180 E. Broad St., Columbus, OH 43215; r. 1104 Heritage Ln., Milford, OH 45150, 513 831-6337.

MILLER, Jeffrey Stuart; '82 BSBA; 660 H Residenz Pkwy., Dayton, OH 45429.

MILLER, Jerrold Dee; '78 BSBA; Acct.; GM Corp., Parts Div, 6060 W. Bristol Rd, Flint, MI 48554; r. 4382 Hillcrest Cr, Flint, MI 48506, 313 736-6609.

MILLER, Jerry Lee; '73 BSBA; Contracts Mgr.; USN Dept. of Defense, Naval Training Systs. Ctr., 12350 Research Pkwy., Orlando, FL 32826, 407 380-8065; r. 1793 Club Ct., Orlando, FL 32807, 407 678-9344.

MILLER, Jerry Wayne; '80 BSBA; Pres.; Lightning Delivery Svc. Inc., 3114 Larbrook Ct., Dublin, OH 43017, 614 889-2915; r. Same, 614 764-4912.

MILLER, Joe M.; '63 BSBA; 2557 Rutt Ct., Wooster, OH 44691, 216 264-2719.

MILLER, John Adam; '60 BSBA; Asst. Prof.; Edison State Community Clg., 1973 Edison Dr., Piqua, OH 45356, 513 778-8600; r. 6650 S. Pisgah Rd., Tipp City, OH 45371, 513 667-3642.

MILLER, John Arthur; '51 BSBA; Real Estate Broker; John Miller Realtor, 2109 W. 5th Ave., Columbus, OH 43212, 614 488-0756; r. 2069 Upper Chelsea Rd., Columbus, OH 43221, 614 486-4620.

MILLER, John Christopher; '87 BSBA; 195 Eastwood Ave., Westerville, OH 43081, 614 882-7994.

MILLER, John David; '72 BSBA; Mgr. Trust R.E. Dept.; Huntington Trust Co., NA, 41 S. High St., Columbus, OH 43216, 614 463-4944; r. 1279 Cross Country Dr., Worthington, OH 43085, 614 436-6837.

MILLER, John Edward; '83 MBA; VP-Bus. Devel.; Monitronix Corp., 929 Eastwind Dr., Ste. 220, Westerville, OH 43081, 614 891-3232; r. 2097 Queensbridge Dr., Worthington, OH 43085, 614 889-9754.

MILLER, John Eugene; '72 MBA; Production Mgr.; Goodyear Tire & Rubber Co., 13601 Industrial Pkwy., Marysville, OH 43040; r. 244 Mistwood Dr., Tallmadge, OH 44278, 216 633-4700.

MILLER, John Jacob; '58 BSBA; Atty.; Childs, Miller & Assocs., Gemini Twr. I, 1991 Crocker Rd., Cleveland, OH 44145, 216 871-5151; r. 26922 Bruce Rd, Cleveland, OH 44140, 216 871-5423.

MILLER, John Morris; '47 BSBA; Real Estate Agt.; Ad Miller Assocs., 305 5th Ave. S., Naples, FL 33940, 813 261-7801; r. 1675 Murex Ln., Naples, FL 33940, 813 261-7288.

MILLER, John Raymond; '68 BSBA; Co-owner; Century 21 Brighton Realty, 374 Boardman-Poland Rd., Youngstown, OH 44512, 216 726-9001; r. 154 Creston Dr., Boardman, OH 44512, 216 758-8103.

MILLER, John Rine; '50 BSBA; Mgr./Data Processing; Chrysler Corp., Market Representation Dept., POB 857, Detroit, MI 48288, 313 956-5386; r. 18265 Kirkshire St., Birmingham, MI 48009, 313 646-1491.

MILLER, John Roy; '68 BSBA; Employee Benefit Dept Mgr; Mather & Co., 226 Walnut St., Philadelphia, PA 19106, 215 351-4700; r. 104 Wayside Ct., Delran, NJ 08075, 609 461-8606.

MILLER, John S., Jr.; '48 BSBA; Distributor; John D. Brush & Co. Inc., 900 Linden Ave., Rochester, NY 14625; r. 1250 Independence Cir., New Philadelphia, OH 44663, 216 339-1376.

MILLER, Joseph Howard; '68 BSBA; Sr. VP; BancOhio Natl. Bank, Bank Opers. Div., POB 657, Columbus, OH 43216, 614 463-8318; r. 2676 Berwyn Rd., Columbus, OH 43221, 614 486-5157.

MILLER, Judith Smits; '83 BSBA; Acct.; Nationwide Ins., One Nationwide Plz., Columbus, OH 43216, 614 249-4083; r. 757 Saratoga Ave., Newark, OH 43055, 614 344-5213.

MILLER, Ms. Julie Anne; '87 BSBA; Analyst; Meridian Corp., 4300 King St., Ste. 400, Alexandria, VA 22302, 703 998-3672; r. 7586 Westlake Ter., Bethesda, MD 20817, 301 365-3449.

MILLER, Karen La Marr; '81 BSBA; Sales Rep.; 1029 Neil Ave., Columbus, OH 43201, 614 299-5552; r. Same.

MILLER, Mrs. Katherine M., (Katherine M. Johanni); '83 BSBA; Syst. Programmer Analyst; Columbia Gas Svc. Corp., 1600 Dublin Rd., Columbus, OH 43216, 614 481-1147; r. 91 Fallis Rd., Columbus, OH 43214, 614 447-1483.

MILLER, Mrs. Kathryn Kirk, (Janet Kirk); '47 BSBA; Retired; r. 113 Beatty Ave., Richwood, OH 43344, 614 943-2081.

MILLER, Kathy Mitchell, (Kathy Mitchell); '68 BSBA; Broker/Owner; Century 21 Brighton Realty, 374 Boardman-Poland Rd., Youngstown, OH 44512, 216 726-9001; r. 154 Creston Dr., Boardman, OH 44512, 216 758-8103.

MILLER, Kelli J., (Kelli J. Adelsperger); '86 BSBA; Staff Analyst; E.I. du Pont de Nemours, Louviers Bldg.-31W83, POB 6090, Newark, DE 19714, 302 366-4229; r. 806 N. Gwynn Ct., Bear, DE 19701, 302 322-1743.

MILLER, Dr. Kenneth Ernest; '72 MBA, '76 PhD (BUS); Dean, Faculty of Bus.; Univ. of Technology, Sydney, POB 123, Broadway, NSW, Australia, 022-0930; r. 53 Shepherd Rd, Artarmon NSW 2064, Australia.

MILLER, Kevin William; '84 BSBA; Staff; Credit Thrift of America Inc., 4665 Karl Rd, Columbus, OH 43229, 614 885-3331; r. 2685 Westmont, Columbus, OH 43221, 614 488-3064.

MILLER, Kim Nutter, (Kim Nutter); '80 BSBA; Systs. Analyst; Map Systs. Inc., 395 E. Broad St., Ste. 300, Columbus, OH 43215, 614 224-5193; r. 5841 Forest Hills Blvd., Columbus, OH 43229, 614 895-2415.

MILLER, Mrs. Kimberly S., (Kimberly A. Shay); '85 BSBA; Shop Mgr.; Laura Ashley Inc., 398 Columbus Ave., New York, NY 10024, 212 496-5110; r. Village Twr. 17A, 1 Irving Pl., New York, NY 10003, 212 674-5692.

MILLER, Kristine Ann; '79 BSBA; Rte. 2 Box W. 50, Minster, OH 45865.

MILLER, Kurt Stephen; '85 MPA; Mgmt. Analyst; DLA Systs. Automation Ctr., DSAC-U, POB 1605, Columbus, OH 43216, 614 238-9326; r. 882 Troon Tr., Worthington, OH 43085, 614 431-0816.

MILLER, Laura Washburn; '49 BSBA; 1427 London Dr., Columbus, OH 43221, 614 457-4283.

MILLER, Lawrence; '68 BSBA; Dept. Mgr.; Systs. Control Technology, 6905 Alamo Downs Pkwy., San Antonio, TX 78238, 512 523-1261; r. 6702 Washita Way, San Antonio, TX 78256, 512 698-3484.

MILLER, Lawrence Clay; '79 MBA; Branch Mgr./VP; Paine Webber, 41 S. High St., 33rd Fl., Columbus, OH 43215, 614 460-6562; r. 75 Riverview Park Dr., Columbus, OH 43214, 614 261-6556.

MILLER, Lawrence David; '86 BSBA; Pilot; USAF, Miami, FL 33101; r. 4105 Woodbridge Rd., Columbus, OH 43220, 813 839-1251.

MILLER, Lee Hoagland; '79 BSBA; Mktg. Rep.; Physicians Ins. Co., Bates Dr. POB 281, Pickerington, OH 43147, 614 864-7100; r. 4290 Greensview Dr., Columbus, OH 43220, 614 459-2165.

MILLER, Leonard Leroy; '49 BSBA; Retired Qlty Srv Rep.; GM Corp.; r. 115 Scott St., Sandusky, OH 44870, 419 625-5958.

MILLER, Leroy Clarence; '50 BSBA; Retired; r. 23 Monastery Rd, Savannah, GA 31411, 912 598-1664.

MILLER, Lewis Emerson; '26 BSBA; Owner & Mgr.; Lewis Miller & Co., 176 W. Adams St. Ste. 1834, Chicago, IL 60603; r. 6008 N. Glenwood Ave., Chicago, IL 60660, 312 274-6639.

MILLER, Lila '53 (See Rhode, Lila Miller).

MILLER, Linda M.; '87 BSBA; Financial Plnr.; Prudential Ins. Co. of America, 1103 Schrock Rd., Ste. 830, Columbus, OH 43229, 614 885-2466; r. 990 Pineview Rd., Westerville, OH 43081, 614 891-2515.

MILLER, Lisa Rose; '87 BSBA; Mktg./Cust Serv Advsr; Aep-Indiana & Michigan Elec, 100 E. Wayne St., POB 1731, South Bend, IN 46634; r. 1961 Concord Rd., Columbus, OH 43212, 614 488-9208.

MILLER, Luke E.; '21 BSBA; Retired; r. 2933 English Dr., Troy, MI 48098, 313 879-8428.

MILLER, Mabry Batson, PhD; '81 PhD (BUS); Assoc. Prof. of Mgmt.; Drake Univ., Clg. of Bus. & Public Admn., Des Moines, IA 50311, 515 271-3724; r. 1606 Big Cove Rd. SE, Huntsville, AL 35801, 205 534-8798.

MILLER, Margaret Wilson; '51 BSBA; 108 E. Granville Rd., Worthington, OH 43085.

MILLER, Marie Hurlebaus; '22 BSBA; Retired; r. 315 Wilson Miller Rd., Apt. 108, Chardon, OH 44024, 216 285-9701.

MILLER, Marilyn Sue; '84 BSBA; Cost Admin.; Martin Marietta Corp. Orlando Aerospace, POB 5837, Orlando, FL 32819, 407 356-4550; r. 582 Willow Pond Ct. #203, Orlando, FL 32825, 407 658-2530.

MILLER, Marjorie '48 (See Neubig, Marjorie Miller).

MILLER, Mark A.; '83 BSBA; Programmer-Analyst; Cole Natl., Inc., 5340 Avion Park Dr., Highland Hts., OH 44114, 216 473-2000; r. 5932 Stumph Rd., Apt. 320, Parma, OH 44130, 216 842-3080.

MILLER, MAJ Mark Andrew, USAF; '76 BSBA; Chief Instr. Prog. Devel.; HQ Air Trng. Cmd., 3305 Sch. Sq., Randolph AFB, TX 78150, 512 652-2299; r. 16511 Fox Knoll, San Antonio, TX 78247, 512 599-8843.

MILLER, Mark Evans; '73 BSBA, '79 MBA; VP of Finance & Admin.; Ohio Credit Union League, 1201 Dublin Rd, Columbus, OH 43215; r. 990 Neil Ave., Columbus, OH 43201, 614 297-8041.

MILLER, Mark Scott; '84 BSBA; Data Processing Coord.; Metokote Corp., 1334 Neubrecht Rd., Lima, OH 45801, 419 227-1100; r. 227 W. Clime St. #57, Delphos, OH 45833, 419 695-6600.

MILLER, Mark Stephen; '88 MBA; Loan Analyst; Comerica Bank, 211 W. Fort St., Detroit, MI 48275, 313 496-7384; r. 39080 Polo Club Dr., Apt. 22-102, Farmington Hls., MI 48024, 313 477-7026.

MILLER, Mark William; '83 BSBA; Co-owner; Salesman; Midco Prods., Inc., 3270 Cleveland Ave., Columbus, OH 43224, 614 261-7200; r. 4567 Olentangy Blvd., Columbus, OH 43214, 614 262-3307.

MILLER, Marshall Lyle; '29 BSBA; Retired; r. 131 Bluff View Dr., Apt. 110, Belleair Bluffs, FL 34640, 813 581-0973.

MILLER, Mary A. '51 (See Horner, Mrs. John A., Jr.).

MILLER, Mary C. '79 (See Beck, Mrs. Mary Catherine).

MILLER, Mary L. '43 (See Spratley, Mrs. Mary L.).

MILLER, Maureen Rose; '84 BSBA; Admin. Mgr./Loan Ofcr.; Fairfield Natl., Div. of Park Natl. Bank, 143 W. Main St., Lancaster, OH 43130, 614 653-7242; r. 608 Country Club Dr., Newark, OH 43055, 614 344-4708.

MILLER, Michael Andrew; '86 BSBA; Acct.; Clark Schaefer Hackett & Co., 1 E. Campus View Blvd., Ste. 200, Worthington, OH 43085, 614 885-2208; r. 2969 Northern Woods Ln., Columbus, OH 43231, 614 794-2910.

MILLER, Michael Charles; '84 BSBA; 4880 Praire Ln., Orient, OH 43146, 614 875-9506.

MILLER, Michael Dee; '80 BSBA; Owner; Moore & Miller, POB 372 Wolf Island, Russells Pt., OH 43348, 800 777-8845; r. Same, 513 842-3959.

MILLER, Michael Edward; '67 BSBA; Gen. Mgr.; Linder Industrial Machinery Co., POB 5330, Lakeland, FL 33803, 813 646-5711; r. 941 Allegro Ln., Apollo Bch., FL 33570, 813 645-7125.

MILLER, Michael Francis; '65 BSBA; Operator of Real Est; r. 300 Crooked Oak Ct., Longwood, FL 32750, 407 788-1225.

MILLER, Michael James; '77 MACC; Staff Acct.; Vantage Cos., 4055 Leap Rd, Columbus, OH 43216; r. 3 Goldthread Ct., The Woodlands, TX 77381.

MILLER, Michael Jon; '76 BSBA; V-W Fox Valley, Midway Rd., Menasha, WI 54913, 414 832-2645; r. 2124 N. Elinor, Appleton, WI 54914, 414 739-8835.

MILLER, Michael Joseph; '66 MBA; Asst. Prof.; The Ohio State Univ., 203 Hitchcock, 2070 Neil Ave. Engr Dept., Columbus, OH 43210, 614 292-2080; r. 2369 Fair Ave., Columbus, OH 43209, 614 252-6995.

MILLER, Michael Theodore; '64 BSBA; Sr. Account Agt.; Allstate Ins. Co., 1721 Brice Rd., Reynoldsburg, OH 43068, 614 866-9001; r. 293 Rocky Fork Dr., Gahanna, OH 43230, 614 476-0996.

MILLER, Minnie Sole; '45 BSBA; 1637 Central Ave., Far Rockaway, NY 11691.

MILLER, Morris Edmond; '51 BSBA, '56 MBA; Owner; Miller Assocs., 1051 Wenrick Dr., Xenia, OH 45385, 513 426-5764; r. Same, 513 426-1372.

MILLER, Myron Clyde; '50 BSBA; Pres.; M.C. Mike Miller Agcy., Inc., 394 Oak St., Columbus, OH 43215, 614 224-2155; r. 1097 Wyandotte Rd., Columbus, OH 43212, 614 486-3135.

MILLER, Nancy Bruce, (Nancy Bruce); '75 BSBA; Technical Supv.; Bank One of Columbus, 350 S. Cleveland, Westerville, OH 43081, 614 248-4614; r. 230 Brownsfell Dr., Worthington, OH 43235, 614 431-9238.

MILLER, Nancy Duffy; '78 BSBA; Acct.; Deloitte Haskins & Sells, 155 E. Broad St., Columbus, OH 43215; r. 1865 Elmwood Ave., Columbus, OH 43212, 614 488-0045.

MILLER, Neal Le Moyne; '85 MBA; Mgr. New Products & QA; OI-NEG, 711 Southwood Ave., Columbus, OH 43207, 614 443-6551; r. 5019 Jamestown Rd., Columbus, OH 43220, 614 451-8877.

MILLER, Nelson Keith; '62 BSBA; Sales Repr Jostens; r. Rte. 1 Box 148L, Monticello, IL 61856, 217 762-3006.

MILLER, COL Nelson Leroy; '51 BSBA; Dir. Info. Systs.; Nav. Supply Systs. Cmd., Sup 041, Washington, DC 20376, 202 695-4437; r. 9114 Platte Pl., Fairfax, VA 22032, 703 978-5487.

MILLER, Nicholas E.; '65 BSBA; Mgr., Exec. Relations; Arco, 515 S. Flower, POB 2679TA, Los Angeles, CA 90051, 213 486-2154; r. 22824 Dolorosa, Woodland Hls., CA 91367, 818 883-7589.

MILLER, Nickolas; '49 BSBA; Retired; r. 2027 W. 234th St., Torrance, CA 90501, 213 534-3650.

MILLER, Nicolette '76 (See White, Nicolette Miller).

MILLER, Norman Francis; '54 BSBA; Atty.-Partner; Hopple & Miller, 50 W. Broad St., Ste. 2750, Columbus, OH 43215, 614 221-6118; r. 1869 Glenn Ave., Columbus, OH 43212, 614 486-2018.

MILLER, Dr. Norman Gene; '73 BSBA, '74 MA, '77 PhD (BUS); Assoc. Prof.; Univ. of Cincinnati, Finance/Real Estate Depts, Cincinnati, OH 45221; r. 235 Greendale Ave., Cincinnati, OH 45220, 513 281-0217.

MILLER, Orlan Ralph; '84 BSBA; Programmer; IBM Corp., POB 950, Poughkeepsie, NY 12602, 914 433-8077; r. 37 Schoolhouse Ln., Poughkeepsie, NY 12603, 914 462-0562.

MILLER, Orville Christian, Jr.; '75 BSBA; Partner; Coopers & Lybrand, 1155 Peachtree St., Ste. 1100, Atlanta, GA 30309, 404 870-1100; r. 10530 Shallowford Rd., Roswell, GA 30075, 404 642-8898.

MILLER, Mrs. Patricia D., (Patricia R. Dooley); '49 BSBA; Owner; The Little House Gift Shop, 423 N. Main St., Piqua, OH 45356, 513 773-3666; r. 8 Hopewood Dr., Piqua, OH 45356, 513 773-0928.

MILLER, Patricia Hunter, (Patricia Hunter); '47 BSBA; Homemaker; r. 180 Whieldon Ln., Worthington, OH 43085, 614 436-8889.

MILLER, Patrick Steven; '78 BSBA; 179 Baranof Dr., Westerville, OH 43081.

MILLER, Paul Martin; '70 BSBA; Absed 116 N. Murray Hall, Oklahoma State University, Stillwater, OK 74078.

MILLER, Paul Michael; '83 BSBA; Credit Mgr.; Maytag Co., Magic Chef Division, 421 Monroe St., Bellevue, OH 44811, 419 483-2800; r. 222 W. Shoreline Dr., Apt. #B, Sandusky, OH 44870, 419 625-5069.

MILLER, Paul R.; '82 MBA; Dir. of Finance Ofc.; Capital Univ., 2199 E. Main St., Columbus, OH 43209, 614 236-6316; r. 839 Euclaire Ave., Columbus, OH 43209, 614 231-7015.

MILLER, Paul William; '55 BSBA; VP; Agee Clymer Morgan & Fulton, 89 Nationwide Blvd., Columbus, OH 43215; r. 1177 Creekside Pl., Reynoldsburg, OH 43068, 614 866-2533.

MILLER, Paula Fugitt; '79 BSBA; Secy.; Regional Plng. Commission, 35 N. Park St., Mansfield, OH 44903; r. 352 S. Linden Rd., Mansfield, OH 44903, 419 756-5249.

MILLER, Peter T.; '83 MBA; Owner; Western Reserve Typographics, 624 Fairwood Dr., Tallmadge, OH 44278, 216 630-2922; r. Same, 216 633-7096.

MILLER, Philip Evans; '67 BSBA; Cnslt.; 3556 Sullivant Ave., Columbus, OH 43223; r. 1750 Flinthill Dr., Columbus, OH 43223, 614 875-4128.

MILLER, Phillip Alan; '59 BSBA; Sr. Engrg. Repre; Northeast Area, Aetna Life & Casualty Co, Albany, NY 12207; r. Tenantville Rd., Box 217B, Edinburg, NY 12134, 518 863-6950.

MILLER, Phyllis '56 (See Sapp, Phyllis Miller).

MILLER, Priscilla E.; '86 BSBA; Controller/Cnslt.; Borden, Inc., 180 E. Broad St., Columbus, OH 43215, 614 225-7472; r. 2076 Iuka Ave., Columbus, OH 43201, 614 291-0600.

MILLER, R. Greg; '73 BSBA; Dir./Co. Operations; G. D. Ritzy's, Inc., 1496 Old Henderson Rd., Columbus, OH 43220, 614 459-3250; r. 3726 Mullane Ct., Dublin, OH 43017, 614 761-1219.

MILLER, R. Ted; '64; Pres.; C C I Administrators, Inc., 2751 Tuller Parkway Dr., Dublin, OH 43017, 614 764-7600; r. 8830 Birgham Ct. N., Dublin, OH 43017, 614 889-7717.

MILLER, Ralph Charles, Jr.; '36 BSBA; Retired; r. 5 Thunderbird Cir., Pinehurst, NC 28374, 919 295-2650.

MILLER, Ralph Edward; '32 BSBA; Retired; r. 4920 Logan Ave. NW, Canton, OH 44709, 216 494-1837.

MILLER, Ralph Paul; '54 BSBA; VP; Springfield Ins. Inc., 1730 N. Limestone St., Springfield, OH 45503; r. 111 Stanford Pl., Springfield, OH 45503, 513 399-4459.

MILLER, Randy Earl; '77 BSBA, '84 MBA; Mgr. Finance & Admn; Briskheat Corp., 1055 Gibbard Ave., POB 628, Columbus, OH 43216, 614 294-3376; r. 6977 Tralee Dr., Dublin, OH 43017, 614 766-4898.

MILLER, Raymond Francis, CPA; '40 BSBA; Retired; r. 127 Haywood Knolls Dr., Hendersonville, NC 28739, 704 891-3630.

MILLER, Raymund Eric; '86 BSBA; 4170 Atlanta Dr., Columbus, OH 43228, 614 279-3030.

MILLER, Richard Alban; '49 BSBA; Realtor; Galbreath Realty, Inc., 100 N. Sunset Dr., Piqua, OH 45356, 513 773-7144; r. 8 Hopewood Dr., Piqua, OH 45356, 513 773-0928.

MILLER, Richard Barry; '78 BSBA; 628 S. Ashburton Rd., Columbus, OH 43213, 614 231-4080.

MILLER, Richard Henry; '59; Pres.-Gen. Contractor; CDMS Inc., 1971 Mackenzie Dr., Columbus, OH 43220, 614 457-8873; r. Same, 614 457-8956.

MILLER, Richard J.; '72 BSBA; CPA; Richard J.Miller, CPA, 544 2nd Ave., Gallipolis, OH 45631, 614 446-4966; r. Same, 614 446-4174.

MILLER, Richard James; '81 BSBA; Deloitte Haskins & Sells, 100 E. Broad St., Columbus, OH 43215; r. 1865 Elmwood Ave., Columbus, OH 43212, 614 488-0045.

MILLER, Richard Lee; '47 BSBA, '59 MBA; Asst. Prof.; Sch. of Bus Adm, Miriam Hall, Univ of Dayton, Dayton, OH 45409; r. 2412 Malvern, Dayton, OH 45406, 513 278-6970.

MILLER, Richard Scott; '79 BSBA; 2502 Lot Mine Tr., Doraville, GA 30360, 404 458-0364.

MILLER, Richard Thomas; '49 BSBA; Retired; r. 459 Uxbridge Ave., Gahanna, OH 43230, 614 855-9875.

MILLER, COL Richard Wagner; '54 BSBA, '66 MA; Ret Col./Now Self Emp; Ofc. of Inspector Gen., Dept. of Defense, Camaron Sta. (8B4E1, Alexandria, VA 22314; r. 9205 Shari Dr., Fairfax, VA 22032, 703 425-6111.

MILLER, Robert Andrew; '63 BSBA; Regional Sales Mgr.; Hobart Corp., 2222 Profit Dr., Indianapolis, IN 46241, 317 243-8506; r. 725 Dayton Dr., Carmel, IN 46032, 317 846-7589.

MILLER, Robert Byron; '72 BSBA; 638 S. Cassingham Rd, Columbus, OH 43209, 614 443-6761.

MILLER, Robert Carl; '79 BSBA; 4395 2 176 St., Cleveland, OH 44135.

MILLER, Robert Channing; '46; Pres.; Midco Prods. Inc., 3270 Cleveland Ave., P.O.Box 24025, Columbus, OH 43224; r. 972 Bean Oller Rd., Delaware, OH 43015, 614 548-6210.

MILLER, Robert Edward, Jr.; '75 BSBA; Dir. of Mktg.; Trade Task Grp., 900 Fourth Ave., Ste. 2430, Seattle, WA 98164, 206 622-2730; r. POB 17034, Seattle, WA 98107, 206 784-7989.

MILLER, Robert Frank; '77 BSBA; Computer Operator; Croghan Colonial Bank, POB 70, Fremont, OH 43420; r. 1515 River Dr., Fremont, OH 43420, 419 332-8867.

MILLER, Robert G., Jr.; '73 BSBA; Asset Mktg. Rep.; Fed. Deposit Ins. Corp., 245 Peachtree Center Ave. NE, Atlanta, GA 30303, 404 522-1145; r. 3449 Oak Dr., Lawrenceville, GA 30244, 404 923-2075.

MILLER, Robert John; '35 BSBA; 743 Old Farm Rd, Columbus, OH 43213.

MILLER, Robert John; '73 BSBA; Regional Sales Dir.; American Bankers Ins. Grp., 100 Crescent Center Pkwy., Atlanta, GA 30339, 404 939-1153; r. 3289 Allegheny Dr., Marietta, GA 30066, 404 977-3688.

MILLER, Robert M.; '68 BSBA; Pres.; MILLCO Properties Grp., 4378 Tuller Rd., Dublin, OH 43017, 614 761-2533; r. 2330 Lane Rd., Columbus, OH 43220, 614 451-6863.

MILLER, Robert Merlin; '47 BSBA; Retired; r. 705 Cherokee, Traverse City, MI 49684, 616 929-1650.

MILLER, Robert Sterling; '51 BSBA; VP; Franklin Intl. Inds, Sales Consumer Division, 2020 Bruck St., Columbus, OH 43207, 614 443-0241; r. 4208 Greensview Dr., Columbus, OH 43220, 614 451-7857.

MILLER, Robert Stevenson; '69 BSBA; Sales Assoc.; Alma Fuller Realty Co., 4277 Memorial Dr., Decatur, GA 30032; r. POB 569, Pine Lake, GA 30072, 404 633-1163.

MILLER, Robin L.; '87 BSBA; Mktg. Admin.; Sterling Engineered Prods., 1715 Indian Wood Cir., Maumee, OH 43537, 419 891-2549; r. 4604 Nantuckett, #42, Toledo, OH 43623, 419 885-4135.

MILLER, Robin Schweibel; '79 BSBA; Mgr.; Internal Audit Tiffany & Co., 727 5th Ave., New York, NY 10022; r. 30 Sherwood Rd., Tenafly, NJ 07670, 201 871-4070.

MILLER, Rodger Kinnear; '66 MBA; Pres.; Haddon Fence Co., Rte. 38, Mt. Holly, NJ 08060, 609 261-1286; r. 145 Atsion Rd., Medford Lakes, NJ 08055, 609 654-6046.

MILLER, Rodney Allen; '81 BSBA; Prog. Mgr.; Telenet Communications Corp., 12524 Sunrise Valley Dr., Reston, VA 22096, 703 689-6357; r. 14108 Red River Dr., Centreville, VA 22020, 703 830-0841.

MILLER, MAJ Roger Don, Sr.; '61 BSBA; USA, 1st Bn 2D Air Defense Arty, Seoul, South Korea; r. 6745 Bison St., Springfield, VA 22150, 703 971-3636.

MILLER, Ronald David; '78 BSBA; Atty.; Ronald D Miller, 10500 Clara Dr., Roswell, GA 30075; r. 169 Norcross St., Roswell, GA 30075.

MILLER, Ronald Keith; '61 BSBA; Buyer; Anchor Hocking Glass Corp., 109 N. Broad St., Lancaster, OH 43130; r. 5815 Wakefield Dr., Sylvania, OH 43560, 419 882-0881.

MILLER, Ronald Lee; '72 BSBA; Dir. - Materials Mgmt.; Hardwood House, 569 Lyell Ave., Rochester, NY 14606, 716 254-0600; r. 76 High Park Blvd., Eggertsville, NY 14226, 716 836-3185.

MILLER, Ronnald Lou; '75 BSBA; 13862 Watkins Rd., Marysville, OH 43040, 513 644-1113.

MILLER, Russell Allen; '73 MPA; Exec. Dir.; League Against Child Abuse, 360 S. 3rd St., Columbus, OH 43215, 614 464-1500; r. 8177 Lake Bluff Ct., Worthington, OH 43235.

MILLER, Russell W.; '49 BSBA; Mgr.; Standard Register Co., Sales Control & Budget, 600 Albany St., Dayton, OH 45401, 513 443-1638; r. 428 Limberlost Tr., Dayton, OH 45429, 513 434-1672.

MILLER, Samuel Huston; '46; Staff; Hamilton-Parker Co., 491 Kilbourne St., Columbus, OH 43215, 614 221-6593; r. 1988 Cambridge Blvd., Columbus, OH 43221, 614 488-7808.

MILLER, Samuel Leroy; '67 BSBA; Div. Mgr.; Morrison Prods. Inc., 16900 S. Waterloo, Cleveland, OH 44110; r. 17145 Overlook Dr., Chagrin Falls, OH 44022, 216 543-9705.

MILLER, Sandra Lynn; '81 BSBA; 705 Timberlake Dr., Westerville, OH 43081, 614 891-0659.

MILLER, Scott Louis; '84 BSBA; 701 N. Second St. #7, Blytheville, AR 72315, 501 762-1847.

MILLER, Sharon Ann; '84 BSBA; Student of Law; Ohio State Univ., 1520 W. 6th Ave. Apt. #43, Columbus, OH 43212, 614 481-3025; r. Same.

MILLER, Sheldon E.; '53 BSBA; Bldg. Contractor; Sam Miller & Son Inc., 3825 Bushnell Rd, Cleveland, OH 44118, 216 831-6378; r. 3 Hampshire Ln., Beachwood, OH 44122, 216 464-0226.

MILLER, Sheryl Ann; '81 BSBA; Data Prep Clerk; Gen. Telephone Co. of Ohio, Executive Dr., Marion, OH 43302; r. 3752 Adelbert Dr., Columbus, OH 43228.

MILLER, Sieanna '86 (See Bucy, Sieanna Miller).

MILLER, Stephen Lane; '66 BSBA; Investment Ofcr.; IAA Trust Co., 1701 Towanda Ave., Bloomington, IL 61701, 309 557-3236; r. 109 Ruth Rd., Bloomington, IL 61701, 309 662-7551.

MILLER, Hon. Stephen Michael; '60 BSBA; Prosecuting Atty.; Franklin Cnty., 369 S. High St., Columbus, OH 43215, 614 462-3555; r. 4722 Shire Ridge W., Hilliard, OH 43026, 614 876-2509.

MILLER, Stephen Ralph; '86 MPA; Hlth Policy Analyst; Ohio Dept. of Health, 245 N. High St., Columbus, OH 43215, 614 466-3543; r. 5142 N. High St. #303, Columbus, OH 43214, 614 846-1580.

MILLER, Steven R.; '88 BSBA; 1191 Forest Rise Dr., Westerville, OH 43081, 614 882-8927.

MILLER, Steven Russell; '80 BSBA; Financial Ofcr.; USAF, Afwal Pcm, Wright-Patterson AFB, OH 45433, 513 255-8007; r. 274 Honey Jane, Xenia, OH 45385, 513 426-2229.

MILLER, Stuart John; '85 BSBA; Supervising Sr. Acct.; Peat Marwick Main & Co., 303 E. Wacker Dr., Chicago, IL 60601, 312 938-1000; r. 655 W. Wrightwood, #3R, Chicago, IL 60614, 312 871-2596.

MILLER, Sue Anne; '75 BSBA; Com. Plng. & Devel. Rep.; US Govt., Dept. of Housing & Urban Devel, 200 N. High St., Columbus, OH 43215, 614 469-7709; r. 1610 Hallworth Ct., Columbus, OH 43232, 614 864-0077.

MILLER, Susan Annette; '78 BSBA; 4025 Seigman Ave., Columbus, OH 43213, 614 231-4637.

MILLER, Mrs. Teresa M., (Teresa R. McConnell); '80 BSBA; Sr. Programmer/Analyst; Bank One, 350 Cleveland Ave., Westerville, OH 43081; r. 3099 Minerva Lake Rd., Columbus, OH 43231, 614 882-7942.

MILLER, Terry L.; '84 BSBA; Acctg./Supv.; W C I Appliance Grp., 300 Phillipi Rd., Columbus, OH 43228, 614 272-4712; r. 4919 Kristie Falls, Hilliard, OH 43026, 614 771-5612.

MILLER, Terry M.; '69 BSBA; Atty.; Vorys Sater Seymour & Pease, 52 E. Gay St., POB 1008, Columbus, OH 43216, 614 464-5645; r. 288 E. North Broadway, Columbus, OH 43214, 614 263-7670.

MILLER, Terry P.; '79 BSBA; Area Rep.; Blue Cross/Blue Shield, 2400 Market St., Youngstown, OH 44507, 216 783-9800; r. 3540 Almerinda, Canfield, OH 44406, 216 793-7078.

MILLER, Theodore A.; '78 BSBA; Staff; American Electric Power, 180 E. Broad St., Columbus, OH 43215; r. 116 W. Lake Dr., Weatherford, TX 76086, 817 599-6090.

MILLER, Theodore Philbrick; '43 BSBA; Retired; r. 3166 N. Star Rd., Columbus, OH 43221.

MILLER, Thomas; '71 BSBA; Public Acct.; Thomas Miller & Co., 2455 N. Star Rd, Columbus, OH 43221, 614 486-9671; r. 2063 Charmingfare St., Columbus, OH 43228, 614 276-9523.

MILLER, Thomas Carroll; '77 BSBA; RR 5, Box 03 534 1250, Bryan, OH 43506, 419 636-4853.

MILLER, Thomas F.; '70 BSBA; Coord.; Cincinnati Ins. Co., Claims Dept., POB 145496, Cincinnati, OH 45214, 513 870-2000; r. 922 S. Remington Rd., Columbus, OH 43209, 614 237-3099.

MILLER, Thomas Franklyn; '85 BSBA; 119 Aldrich Rd., Columbus, OH 43214, 614 261-8462.

MILLER, Dr. Thomas Roger; '68 MBA, '72 PhD (BUS); Prof./Chmn./Mgmt. Dept.; Memphis State Univ., Southern Ave., Memphis, TN 38152; r. 3420 Dell Glade Dr., Memphis, TN 38111, 901 327-7930.

MILLER, Timothy Hart; '61 BSBA; Owner; Mkt. Masters Realty, POB 208, Eaton, OH 45320, 513 456-4000; r. Same.

MILLER, Timothy M.; '86 BSBA; 2587 Olde Hill Ct. N., Columbus, OH 43221.

MILLER, Tracy J.; '86 BSBA; 3260 Harper Dr., Nashport, OH 43830, 614 452-2061.

MILLER, Tracy Kairis; '85 BSBA, '86 MLHR; Benefits Admin.; N C R Corp., 1334 S. Patterson Blvd., Dayton, OH 45479, 513 445-5263; r. 7840 Lockport Blvd., Centerville, OH 45459, 513 436-3642.

MILLER, Victor Allan; '49 MPA; Deputy Exec. Dir.; State Tchrs. Retirement Syst. of Ohio, 275 E. Broad St., Columbus, OH 43215, 614 227-4040; r. 8559 Pitlochry Ct., Dublin, OH 43017, 614 761-0377.

MILLER, W. Harold; '56 BSBA; Retired Asst. Comptroller; Anchor Hocking Corp., 109 N. Broad St., Lancaster, OH 43130; r. 1431 Lynn Dr., Lancaster, OH 43130, 614 654-4548.

MILLER, Wendell Corley; '68 MBA; Product Mgr.; Borg-Warner Chemicals, International Ctr., Parkersburg, WV 26101, 304 424-5881; r. 1519 Washington Ave., Parkersburg, WV 26101, 304 422-7534.

MILLER, Mrs. Wendy A., (Wendy A. Moyer); '83 BSBA; Sr. Product Support Spec.; Master Card Intl., 12115 Lackland Rd., St. Louis, MO 63146, 314 275-6276; r. 2233 Beam Pl., Florissant, MO 63031, 314 837-7573.

MILLER, William Arthur; '64 BSBA; Production Foreman; GM Corp., Fisher Body Div, 200 Georgesville Rd, Columbus, OH 43228; r. 1588 Greenville Rd, Columbus, OH 43223.

MILLER, William B.; '86 MPA; Systs. Analyst.; Ohio State Univ., 1971 Neil Ave., Columbus, OH 43210, 614 292-4843; r. 5597 Rocky Pine Loop W., Columbus, OH 43229, 614 885-2402.

MILLER, William Charles, IV; '82 BSBA; MIS Mgr.; BancOhio Natl. Bank, 770 W. Broad St., Locator 0341, Columbus, OH 43251, 614 463-7152; r. 6321 Bidwell Ln., Columbus, OH 43213.

MILLER, William H.; '74 BSBA; Financial Analyst; Sovran Bank of Delaware, Dover, DE 19901, 302 734-6812; r. 373 Nimitz Rd, Dover, DE 19901, 302 678-3957.

MILLER, William Henry; '62 BSBA; Broker/Realtor; Arvida Corp. Broken Sound, 5200 St. Andrews Blvd., Boca Raton, FL 33496, 407 997-5999; r. 7826 Wind Key Dr., Boca Raton, FL 33434, 407 487-8071.

MILLER, William Kelso; '66 BSBA; Dir. Personnel & Operts; Albert Steiger Co., POB 392, Springfield, MA 01102, 413 785-4769; r. 153 Emerson St., Springfield, MA 01118, 413 783-8686.

MILLER, William Leonard; '79 BSBA; Staff; New Departure-Hyatt, Bearing Div of General Motors, 2509 Hayes Ave., Sandusky, OH 44870; r. 318 Pennsylvania Ave., Sandusky, OH 44870, 419 625-9722.

MILLER, William Richard; '67 BSBA; VP/Operations; Baxter Healthcare Corp., 2807 Catherine Way, Santa Ana, CA 92705, 714 261-7900; r. 10841 Hideaway Dr., Santa Ana, CA 92705, 714 832-9648.

MILLER, William Rudolph; '48 BSBA; Staff; Century Electric, Electric Motor Division, 1881 Pine St., St. Louis, MO 63166, 314 436-7800; r. 1743 Baxter Forest Valley, Chesterfield, MO 63005, 314 537-9130.

MILLET, Paul L.; '66 BSBA; Atty.; Millet & Sprague, 23200 Chagrin Blvd., Ste. 805, Cleveland, OH 44122, 216 765-1188; r. 3947 W. Meadow Ln., Cleveland, OH 44122, 216 831-8080.

MILLHOLLAND, Emmett W., Jr.; '62 BSBA; VP Sales; Anixter Bros. Inc., 4711 Golf Rd., Skokie, IL 60015, 312 677-2600; r. 2 Ct. of Fox River Valley, Lincolnshire, IL 60015, 312 948-8273.

MILLHON, Bette, (Bette A. Gragnon); '51 BSBA; Homemaker; r. 2400 Tremont Rd., Columbus, OH 43221, 614 486-4719.

MILLI, Alex; '70 BSBA, '73 MBA, '74 MACC; Certified Publ Acct.; Cooper Energy Svcs., Div Cooper Industries, N. Sandusky St., Mt. Vernon, OH 43050; r. 641 Trenton Dr., Mansfield, OH 44904, 419 756-8708.

MILLIER, Ms. M. Kay; '77 BSBA; Sr. Budget Analyst; NYS Elec. & Gas Corp., Freeville, NY 13068, 607 347-4131; r. 812 Irish Settlement Rd., Freeville, NY 13068, 607 844-8742.

MILLIGAN, C. Joanne Waddell; '57; 4230 Darbyshire Ct., Hilliard, OH 43026, 614 876-4268.

MILLIGAN, Charles Herbert; '48 BSBA; Retired; r. 6449 Fairdale Dr., Cambridge, OH 43725, 614 432-3317.

MILLIGAN, Donna Louise; '85 BSBA; Secy.; Milligan Ins. Agcy., 630 High St., Wadsworth, OH 44281; r. 5610 Beach Rd., Medina, OH 44256, 216 239-1162.

MILLIGAN, George C.; '63 BSBA; Owner; George Milligan CPA Assocs., 418 Niles Bldg., Findlay, OH 45840, 419 423-3303; r. 461 Lynshire Ln., Findlay, OH 45840, 419 422-4825.

MILLIGAN, Jana Kable; '79 BSBA; 1220 Brittany Ln., Columbus, OH 43220, 614 457-3111.

MILLIGAN, Joseph Andrew; '88 BSBA; 3209 Webster Dr., Columbus, OH 43232, 614 236-1920.

MILLIGAN, Julie Lynn '86 (See Gausepohl, Julie Lynn).

MILLIGAN, Rick; '71 BSBA; Mgr.; Big Bear Plus, 920 Columbus Ave., Lebanon, OH 45036, 513 932-3330; r. 129 Cook Rd. #B, Lebanon, OH 45036, 513 932-5094.

MILLIGAN, Ms. Sheila E., (Sheila Aldrich); '83 MPA; DP Systs. Coord.; City of Columbus, Health Dept., 181 S. Washington Blvd., Columbus, OH 43215, 614 222-8949; r. 645 Governors St., Delaware, OH 43015, 614 369-5898.

MILLIGAN, Stephen Dwight; '85 BSBA; Sr. Acctg. Auditor; Price Waterhouse & Co., 150 Almaden Blvd., San Jose, CA 95113; r. 5081 Doyle Rd., San Jose, CA 95129.

MILLIGAN, Thelma M., (Thelma McCutcheon); '47 BSBA; 16 Club Ln., Littleton, CO 80123, 303 794-6235.

MILLIKAN, James Richard; '73 BSBA; Financial Cnslt.; The Millikan Co., 3380 Tremont Rd. 2nd Fl., Columbus, OH 43221, 614 459-7707; r. 3131 Arlingtowne Ln., Columbus, OH 43221, 614 486-4116.

MILLIKEN, MAJ Donald J., USAF(Ret.); '56 BSBA; 9700 Tam O Shanter Dr., Upper Marlboro, MD 20772, 301 868-6586.

MILLIKEN, Frank H., Jr.; '51 BSBA; Resident Mgr.; Bowerston Shale Co., Box 199, Bowerston, OH 44695; r. 300 Liberty St., Box 155, Bowerston, OH 44695, 614 269-5154.

MILLIKEN, Gary S.; '61 BSBA; Mgr. Info. Systs. Oper.; The Peoples Natural Gas Co., Div Consolidated Natrl Gas, CNG Twr., 625 Liberty Ave., Pittsburgh, PA 15222, 412 471-5100; r. 105 Ennerdale Ln., Pittsburgh, PA 15237, 412 366-5791.

MILLIKEN, Robert E.; '66 BSBA; Sr. Systs. Analyst; Armstrong World Industries, Lancaster, PA 17603; r. 2160 New Holland Pike, Lancaster, PA 17601, 717 299-2796.

MILLIKEN, Robert F.; '67 BSBA; Acct.; 2144 Cecelia Ter., San Diego, CA 92110, 619 275-6283; r. Same.

MILLIKIN, Howard A.; '37 BSBA; Retired Sales; r. 2 Pine Orchard Ln., Pinehurst, NC 28374, 919 295-2080.

MILLIKIN, Robert Tavenner; '64 BSBA; 3499 Sunset Dr., Columbus, OH 43221, 614 459-9582.

MILLIKIN, William A.; '56 BSBA; 1 County Ln., Apt. C104, Brookville, OH 45309, 513 833-4512.

MILLIRON, Samuel E.; '66 BSBA; CPA; 40 Northwoods Blvd., Worthington, OH 43235, 614 885-2178; r. 7704 Chancel Dr., Worthington, OH 43235, 614 436-4038.

MILLISOR, James R., Jr.; '54 BSBA; Retired VP; GTE Corp.; r. 6212 Bayshore Blvd. #H, Tampa, FL 33611, 813 837-0011.

MILLISOR, Kenneth Clyde; '79 MPA; 7585 Breman Rd. SE, Lancaster, OH 43130.

MILLISOR, Robert Edward; '39 BSBA; Deputy Inspector; Franklin Co. Auditor's Ofc., Cnty./Township Audit Div, Columbus, OH 43215; r. 1750 Northridge Rd., Columbus, OH 43224, 614 263-9970.

MILLMAN, Amy L. '86 (See Jones, Mrs. Amy Lynne).

MILLMAN, Gerald; '57 BSBA; G & N Co. Inc., 13927 Cedar Rd., S. Euclid, OH 44118, 216 371-0525; r. 26511 Shaker Blvd., Cleveland, OH 44122, 216 464-7871.

MILLMAN, Steven Markell; '87 BSBA; 2445 Twigwood Ln., Cincinnati, OH 45237, 513 731-4974.

MILLON, Alain Michel; '83 MLHR; 215 E. 15th, Columbus, OH 43201.

MILLS, Alvin R.; '29 BSBA; Retired; r. 226 Winthrop Rd., Columbus, OH 43214, 614 267-5782.

MILLS, David S.; '73 BSBA; CPA; Siciliano & Assocs., 204 Lexington Ave., Mansfield, OH 44907, 419 524-6880; r. 56 Rambleside Dr., Mansfield, OH 44907, 419 756-3566.

MILLS, Donald Lewis; '24 BSBA; Retired; r. 900 78 US 41 N., Brooksville, FL 34601, 904 796-0951.

MILLS, Elizabeth '58 (See Burkholder, Mrs. Elizabeth Mills).

MILLS, Elizabeth A.; '55 BSBA; Secy.; Merrell Lynch Pierce, Fenner S. Smith Inc, 100 E. Broad St., Columbus, OH 43215; r. 8324 Cliffthorne Way, Worthington, OH 43085, 614 885-0687.

MILLS, Erik John; '86 BSBA; Claims Rep.; The Cincinnati Ins. Co., POB 1554, Sandusky, OH 44870, 419 626-2635; r. 4502 Venice Hts. Blvd. #7, Sandusky, OH 44870.

MILLS, Frederick E.; '69 BSBA; Atty./Banker; Bancohio Natl. Bank, 155 E. Broad St., Columbus, OH 43215, 614 463-8247; r. 1296 Carron Dr., Columbus, OH 43220, 614 457-0540.

MILLS, Ivan Forrest; '53 BSBA; Retired; r. 5360 Redwood Rd, Columbus, OH 43229, 614 885-8460.

MILLS, James Myron, DDS; '49 BSBA; Dent.; 103 Seneca Dr., Marietta, OH 45750, 614 373-2915; r. RR 2, Lower Salem, OH 45745, 614 585-2315.

MILLS, Janet Leah; '82 BSBA; 5878 S. Wright St., Kingsville, OH 44048, 216 224-1728.

MILLS, Jeffrey Donald; '81 BSBA; 232 Alamo Rd. SE, Carrollton, OH 44615, 216 627-4279.
MILLS, Jerrilyn Lee; '83 BSBA; Acct.; Ashland Oil Inc., 5200 Paul G Blazer Mem Pkwy., Dublin, OH 43017; r. 7310 Schoolcraft Ln., Worthington, OH 43235.
MILLS, John L.; '59 BSBA; VP of Sales; Dinner Bell Foods, POB 488, Defiance, OH 43512, 419 782-9015; r. 339 Sunset Dr., Defiance, OH 43512, 419 782-9327.
MILLS, John Michael; '65 BSBA; Exec. VP; Fiesta Salons, 6363 Fiesta Dr., Columbus, OH 43085, 614 766-6363; r. 901 Cherryfield Ave., Worthington, OH 43085, 614 846-0482.
MILLS, John Michael; '73 BSBA; Admin. Mgr.; Ohio State Univ., Clg. of Business, Rm. 126-L, Hagerty Hall, Columbus, OH 43210, 614 292-7678; r. 2788 Pickwick Dr., Columbus, OH 43221, 614 487-1629.
MILLS, Patricia Louise; '87 BSBA; Agt.; IRS, 550 Main St., Rm. 4116, Cincinnati, OH 45202, 513 684-2337; r. 8228 Four Worlds Dr., Apt. 8, Cincinnati, OH 45231, 513 522-0818.
MILLS, Steven Richard; '86 BSBA; Programmer; Nationwide Ins. Co., One Nationwide Plz., Columbus, OH 43216, 614 249-2854; r. 4507 Loos Cir., Columbus, OH 43214, 614 451-8574.
MILLS, Terry Dale; '55 BSBA; Staff; Scott Paper Co., Ind Hwy. & Tinicum Island Rd, Media, PA 19063; r. 857 Park Ridge Rd, Media, PA 19063, 215 565-2129.
MILLS, Thomas C.; '87 BSBA; 322 Harvard Ave., Terrace Park, OH 45174, 513 831-9189.
MILLS, Thomas Moore; '37 BSBA; Retired; r. 10639 Salamanca Dr., Port Richey, FL 34668, 813 863-4053.
MILLS, Tyler Gordon; '80 BSBA; Staff; Advanced Distribution Syst., 1350 W. 5th Ave., Columbus, OH 43220; r. 4410 Hanna Hills Dr., Dublin, OH 43017, 614 792-0389.
MILLS, William Myers; '50 BSBA; Semiretired, Investor; r. 9045 E. Indian Canyon Rd., Tucson, AZ 85749, 602 749-1226.
MILLSAP, Phyllis E. '77 (See Newman, Ms. Phyllis M.).
MILLSAPS, Bartley Geter, Jr.; '70 BSBA; Special Risk Sr. Under.; St. Paul Ins., Park Rd., Charlotte, NC 28222, 704 554-1220; r. 627 Pine Branch Rd., Rock Hill, SC 29730, 803 324-1518.
MILNE, Dr. David Robert; '80 BSBA; Dent.; 11201 Sandusky St., Ste. 202, Perrysburg, OH 43551, 419 874-3775; r. 6031 Jeffrey Ln., Sylvania, OH 43560, 419 882-7507.
MILNER, Gary L.; '84 BSBA; Retail Bus. Owner; Milners Sports Spectrum, Inc., 12 N. Sandusky St., Delaware, OH 43015, 614 369-1509; r. 87 Richards Dr., Delaware, OH 43015, 614 369-3953.
MILNER, Robert C.; '48 BSBA; Ofc. Admin.; r. 4060 Central Ave., Western Spgs., IL 60558, 312 246-5157.
MILNER, Susan Fields; '81 BSBA; Acct./Controllr; The Inst. for Rehab. & Rsch., 1333 Moursund Ave., Houston, TX 77030; r. 16310 Hunting Dog Ln., Missouri City, TX 77489, 713 438-0301.
MILNES, Ellen Palmgren; '81 BSLHR; Mgr./Labor Relations; Columbia Gas Distribution Co., 200 S. Civic Center Dr., Columbus, OH 43215, 614 460-4742; r. 67 Spring Creek Dr., Westerville, OH 43081, 614 899-0046.
MILO, Paul Richard; '72 BSBA; Asst. VP; J.E. Moenkhaus & Assoc. Ins. Agcy., Inc., Bond Court Bldg., 1300 E. 9th St., Cleveland, OH 44114, 216 861-5444; r. 1814 E. 227th St., Cleveland, OH 44117, 216 481-1128.
MILOS, Charles John; '48 BSBA; Retired; r. POB 6857, Stateline, NV 89449, 702 588-7078.
MILSOM, Lois '55 (See Devlin, Lois Milsom).
MILSOM, Paul, II; '88 BSBA; 4634 Kingston Ct., Columbus, OH 43220, 614 457-4188.
MILSTEAD, Joan Kruse; '85 BSBA; Admin. Asst.; Adeas, Inc., 2729 Sawbury Blvd., Worthington, OH 43085, 614 761-0884; r. 88 R. Chase Rd., Columbus, OH 43214, 614 846-6912.
MILSTED, Mary Minnich, (Mary Minnich); '31 BSBA; Retired; r. 3629 Olde Falls Rd., Zanesville, OH 43701, 614 452-1626.
MILTKO, Mark Eugene; '83 BSBA; Sales; Lennox Industries Inc., 3 Gill St., Woburn, MA 01801, 518 475-1364; r. 82 Dorchester Ave., Selkirk, NY 12158, 518 475-9078.
MILUM, Ms. Barbara J.; '84 BSBA; 5431 Kenwood Rd., Apt. 404, Cincinnati, OH 45227, 513 561-6050.
MILWARD, Dr. H. Brinton; '73 MPA, '78 PhD (PA); Assoc. Dean; Univ. of Arizona, Clg. of Business & Pub Admn, 453D Harvill #76, Tucson, AZ 85721, 602 621-7476; r. 3401 N. Tonto Pl., Tucson, AZ 85715, 602 721-0881.
MIN, Elijah K.; '87 MBA; CPA; Foxx & Co., 324 W. 9th St., Cincinnati, OH 45202, 513 241-1616; r. 2317 Moerlein, Cincinnati, OH 45219, 513 961-7551.
MIN, Dr. Hokey; '86 MA, '87 PhD (BUS); Asst. Prof.; Univ. of New Orleans, Dept. of Mgmt., New Orleans, LA 70148, 504 286-7142; r. Apt. 218 2305 Cleary Ave., Metairie, LA 70002, 504 888-1620.
MINAHAN, Norman James; '83 BSBA; 3168 Warren Rd, Cleveland, OH 44111, 419 525-1518.
MINARDA, Amy M., (Amy M. Ogrinic); '86 BSBA; Acctg. Mgr./Asst. Treas.; McElroy-Minister Co., 141 E. Town St., Columbus, OH 43215, 614 228-5565; r. 3202 Hayden Rd., Columbus, OH 43235, 614 766-0906.
MINCH, John Anthony; '85 BSBA; Pro Baseball Player; Oakland Athletics Baseball Co., Oakland-Alameda Co Coliseum, Oakland, CA 94621; r. 21210 Edgecliff Dr., Euclid, OH 44123, 216 731-0049.
MINCH, Thomas H.; '68 BSBA; Sales Rep.; Fluid, 13735 Welch Rd., Farmers Branch, TX, 214 661-2824; r. 1916 Spies Springs Ct., Arlington, TX 76006, 817 860-5401.
MINCY, John Charles; '86 BSBA; Internal Auditor; Nationwide Mutual Ins., One Nationwide Plz., Columbus, OH 43216, 614 249-6948; r. 4063 Longhill Rd., Columbus, OH 43220, 614 457-7887.
MINDEL, Irvin J.; '40; Pres.; A Mindel & Son Inc., 4200 Creekside Ave., Toledo, OH 43612; r. 4343 W. Bancroft #1F, Toledo, OH 43615, 419 535-6131.
MINDLIN, Sidney I.; '48 BSBA; Scrap Iron Broker; Mindlin Corp., 560 Epsilon Dr., Pittsburgh, PA 15238, 312 527-4044; r. 5045 5th Ave., Apt. 102, Pittsburgh, PA 15232, 412 687-1199.
MINDLING, Arthur N.; '38 BSBA; Retired Atty.; r. 1809 Sanford Rd, Silver Spring, MD 20902, 301 681-5365.
MINELLI, Timothy Lee; '87 MPA; Intern; US Gen. Acctg. Ofc., 441 G St. NW, Washington, DC 20548, 202 275-1985; r. 119 3rd St. NE, Washington, DC 20002, 202 544-1239.
MINER, Jerry Paul; '73 BSBA; VP; Palmer Donavin Mfg. Co., 1245 Neubrecht Rd., Lima, OH 45801, 419 225-2045; r. 2280 Amy Ave., Elida, OH 45807, 419 339-8855.
MINER, Lawrence S., Jr.; '64 BSBA; VP Raw Materials; Commonwealth Aluminum, 1200 Medinger Twr., Louisville, KY 40202, 502 589-8100; r. Woodside Way, Louisville, KY 40202, 502 228-3039.
MINER, Susan Allison; '84 BSBA; 45 Elm Hill Dr., Dayton, OH 45415, 513 277-4864.
MINETOS, Mrs. Valarie V., (Valarie V. Avradopoulos); '84 BSBA, '86 MBA; Mktg. Spec.; Prudential Life Ins., Planning & Analysis, POB 4647, Houston, TX 77210, 713 951-2613; r. 2624 Nottingham St., W. University Pl., Houston, TX 77005.
MING, Gary; '78 BSBA; Computer Sales Repr; Digital Equip. Corp., 10101 Alliance Dr., Cincinnati, OH 45242, 513 984-7546; r. 4212 Fox Hollow Dr., Cincinnati, OH 45241, 513 563-5969.
MING, King Y.; '52 BSBA; Retired; Sperry Corp./UNISYS, Admin. & Financial Processing, Great Neck, NY 11020, 516 574-1563; r. 268 Sixth Ave. #101, San Francisco, CA 94118.
MINGER, Debra Brown, (Debra Brown); '75 BSBA; Homemaker; r. 212 Clover Ave., Marion, OH 43302, 614 389-1223.
MINICHBAUER, 2LT Richard George; '71 BSBA; 2Lt Usa; r. 1719 Waterford Dr., Wilson, NC 27893, 919 237-3951.
MINICHBAUER, Robert Kenneth; '71 BSBA; POB 290039, St. Louis, MO 63129.
MINISTER, Michael E.; '66 BSBA; Atty.; Baker & Hostetler Law Firm, 65 E. State St., Columbus, OH 43215, 614 462-4711; r. 7022 Lansdowne St., Worthington, OH 43085, 614 846-2291.
MINIUM, Stacey Joy; '83 BSBA; 586 Revere Dr., Bay Village, OH 44140, 216 872-8578.
MINKE, John E.; '48 BSBA; 111 Scott Way, Grass Vly., CA 95949, 916 477-1412.
MINKE, Scott Patrick; '86 BSBA; 219 Fairdale Ave., Westerville, OH 43081, 614 882-8630.
MINKIN, Herbert Evan; '62; VP; Schottenstein Stores Corp., 3241 Westerville Rd., Columbus, OH 43224, 614 478-2200; r. 65 S. Gould Rd., Bexley, OH 43209, 614 237-9911.
MINKIN, Jay Frederick; '81 BSBA; Sales Mgr.; Co-op Optical, 3330 Kent Rd., Stow, OH 44224, 216 688-8244; r. 1351 Neil Evan, Akron, OH 44313, 216 869-9858.
MINKO, David James; '84 MBA; Product Mgr.; Ameritrust Bank, 900 Euclid Ave., Cleveland, OH 44101, 216 676-3081; r. 17322 Archdale, Lakewood, OH 44107, 216 521-3948.
MINNEAR, Robert Earle, CPA; '50 BSBA; Partner; Touche Ross & Co., 225 Peachtree St., NE, Ste. 1400, Atlanta, GA 30303, 404 586-6700; r. 1162 14th Pl., NE, Atlanta, GA 30309, 404 876-3708.
MINNEHAN, Patrick Mario; '69 BSBA; Capt.; American Airlines, Md1144, POB619047, DFW Airport, TX 75261; r. 3007 Bridalgate Dr., Arlington, TX 76016, 817 457-4495.
MINNERY, James Andrew; '88 BSBA; 2831 Columbia St., Anchorage, AK 99508, 907 272-7947.
MINNICH, Brian K.; '84 BSBA; Programmer Analyst; Emerson Electric, 8000 W. Florissant, St. Louis, MO 63136, 314 553-3018; r. 5174 Winter Haven Ct., Imperial, MO 63052, 314 467-2724.
MINNICH, Mary '31 (See Milsted, Mary Minnich).
MINNICH, Mrs. Melissa Medar, (Melissa Medar); '83 BSBA; Sr. Benefits Examiner; Hickey Mitchell-Natl. Cas., 1 City Ctr., 515 N. 6th St., 18th Fl., St. Louis, MO 63101, 314 421-4626; r. 5174 Winter Haven Ct., Imperial, MO 63052, 314 467-2724.
MINNICH, Sharon Marie; '88 BSBA; 601 Wellfleet Dr., Bay Village, OH 44140.
MINNICH, Stephen Garrett; '81 BSBA; Mgr.; Color Tile, 4638 Monroe St., Toledo, OH 43623, 419 474-5409; r. 4316 Garrison Rd., Toledo, OH 43613, 419 473-0227.
MINNICH, Thomas Charles; '70 BSBA; VP; Thomson Mc Kinnon Securities, 2880 Kettering Twr., Dayton, OH 45423, 513 461-5363; r. 4048 Brookdale, Dayton, OH 45429, 513 299-8867.
MINNICK, Virginia D. '45 (See Hutchinson, Mrs. James H., Jr.).
MINNING, Daniel Joseph; '84 BSBA; Dir./Operations; Lasalle Partners Asset Mgnt Ltd., 11 S. Lasalle St., Chicago, IL 60603, 312 782-5800; r. 1331 W. Sixth St., Apt. C, Columbus, OH 43206, 614 487-9014.
MINNIS, Kirk Nevin; '70 MBA; Cnslt.; The Michael Allen Co., 131 Rowayton Ave., Rowayton, CT 06853; r. 2 Wakeman Rd., Darien, CT 06820, 203 655-6730.
MINO, Edward Bryan; '84 BSBA; Territory Mgr.; Lennox Industries Inc., 900 Hollywood Ave., Itasca, IL 60143, 312 773-4090; r. 1117 Devonshire, Buffalo Grove, IL 60089, 312 634-8309.
MINOFF, Barry Jay; '71 BSBA; VP; L D Kichler Co., 1541 E. 38th St., Cleveland, OH 44114; r. 23529 Quail Hollow Dr., Cleveland, OH 44145.
MINOR, Charles Daniel; '50 BSBA; Atty./Partner; Vorys Sater, Seymour & Pease, 52 E. Gay St., Columbus, OH 43215; r. 2691 Lear Rd., Columbus, OH 43220, 614 457-6254.
MINOR, Janet Helen; '80 MPA; VP; Dial One Gronbach Electric Co., 470 J. Schrolk Rd., Columbus, OH 43229, 614 451-0516; r. 1035 Larkstone Dr., Worthington, OH 43085, 614 459-3468.
MINOR, Paul Vincent; '87 BSBA; Mktg. Rep.; North Star Mktg., 6751 Commerce Pkwy., Dayton, OH 43017, 614 764-9300; r. 3047 Falcon Bridge Dr., Columbus, OH 43232, 614 861-5369.
MINOR, Mrs. Ruth L., (Ruth E. Lotz); '34 BSBA; Real Estate Broker; 22503 Ventura Blvd., Woodland Hls., CA 91364, 818 347-8133; r. 4856 Excelente Dr., Woodland Hls., CA 91364, 818 347-8133.
MINOR, William J., Jr.; '51 BSBA; 607 Howe Ave., Erie, PA 16511, 814 899-6416.
MINSHALL, Betty J. '49 (See Garst, Mrs. Betty M.).
MINTER, Charles E.; '54 MBA; Sr. VP; Tate Engrg. Inc., 601 W. West St., Baltimore, MD 21230; r. 2711 Nottingham Rd, Roanoke, VA 24014, 703 342-7902.
MINTON, Don L.; '58 BSBA; VP-Gen. Merchandise; Schnucks Mkt. Inc., 12921 Enterprise Way, Bridgeton, MO 63044, 314 344-9620; r. 18 Lake Rd. Rte. 1, Pacific, MO 63069, 314 938-5742.
MINTON, Harvey S., JD; '56 BS; Atty./Partner; Minton & Leslie, 6641 N. High St., Worthington, OH 43085, 614 848-8900; r. 549 Poe Ave., Worthington, OH 43085, 614 436-6064.
MINTON, James A.; '63 BSBA; Finance Dir.; Goodyear Ltd., Box 30073, Nairobi, Kenya; r. Goodyear Limited, Box 30073, Nairobi, Kenya.
MINTON, Robert Lee; '54 BSBA; Bus. Mgr.; Battelle Mem. Inst., 505 King Ave., Columbus, OH 43201, 614 424-6424; r. 3441 Sciotangy Dr., Columbus, OH 43221, 614 457-0205.
MINTON, Robert Scott; '87 BSBA; 4992 Attica Dr., Columbus, OH 43232, 614 833-0770.
MINTON, Theresa Mc Donald; '81 BSBA; Sr. Comm Underwriter; Celina Financial Grp., 1 Insurance Sq., Celina, OH 45822; r. POB 174, Chickasaw, OH 45822.
MINTON, W. Stewart; '64 MPA; VP; Unidex Corp., 575 Colonial Park Dr., Roswell, GA 30075, 404 528-5342; r. 4690 Monticello Cir., Marietta, GA 30066, 404 641-1624.
MINTZ, Gary Lee; '76 MACC; Atty.; Cleveland Mobile Telephone, 5533 State Rd., Cleveland, OH 44134, 216 351-0311; r. 4401 Groveland Rd, University Hts., OH 44118, 216 291-5883.
MINTZ, Leo K.; '39 BSBA; Retired; r. 2455 Lee Blvd., Apt. 201, Cleveland, OH 44118, 216 932-7952.
MINTZER, Barry Randolph; '65 BSBA; VP; Mercy Northern Health Svcs., 400 Hobart St., Cadillac, MI 49601, 616 779-7440; r. 3800 E. 44 Mile Rd., Cadillac, MI 49601, 616 775-1753.
MINUTE, Eleanor Guba, (Eleanor Guba); '56 BSBA; Homemaker; r. 2980 Bonny Blvd., Parma, OH 44134, 216 843-7654.
MINUTILLI, Benjamin; '48 BSBA; Retired CPA; Coopers & Lybrand, Ste. 2000 Columbus Ctr., 100 E. Broad St., Columbus, OH 43215; r. 2721 Vassar Pl., Columbus, OH 43221, 614 488-2269.
MINUTILLI, Daniel Philip; '82 BSBA; Comm Bank Trainee; Mellon Bank, 525 William Penn Pl., Pittsburgh, PA 15219; r. 2721 Vassar Pl., Columbus, OH 43221, 614 488-2269.
MION, Janis Ann; '84 BSBA; Staff Analyst; United Telephone of Ohio, 665 Lexington Ave., POB 3555, Mansfield, OH 44907, 419 755-8340; r. 168 1/2 Poplar, Lexington, OH 44903, 419 524-2554.
MIRACLE, Ms. Jana Rose; '81 BSBA; Sr. Account Coord.; CMG/E F MacDonald, 111 N. Main St., POB 1362, Dayton, OH 45401, 513 226-5296; r. 929H Wilmington Ave., Dayton, OH 45420, 513 294-5674.
MIRALIA, Lisa Ann; '87 MBA; Retail Sales Rep.; Black & Decker (US), Inc., 6509 Marsol Rd., #322, Mayfield Hts., OH 44124, 216 442-9179; r. Same.
MIRALIA, Mark David; '87 BSBA; 1373 Bell Rd., Chagrin Falls, OH 44022, 216 338-3313.
MIREE, Daniel Anderson; '74 BSBA; Mgmt.-Corporate Bldg.; Procter & Gamble Co., 301 E. Sixth St., Cincinnati, OH 45202, 614 983-1100; r. 1483 Netherland Ct., Cincinnati, OH 45240, 513 851-7079.
MIRGON, Thomas Lee; '80 MLHR; Industrial Rel Mgr.; Campbell Soup Co., E. Maumee Ave., Napoleon, OH 43545; r. 901 Chesterwood Ct., Marlton, NJ 08053, 714 643-0925.
MIRICK, LTC Steven Chester, USAF; '66 BSBA, '68 MBA; Deputy Dir. for Personnel; Dept. of Defense, Washington, DC 20301, 202 694-4705; r. 5721 Wooden Hawk Ln., Burke, VA 22015, 703 250-3224.
MIROLO, Amelita; '40; Retired; r. 2516 Onandaga Dr., Columbus, OH 43221, 614 488-0458.
MISCHKE, COL Richard M., USAF(Ret.); '59 MBA; 3915 Crestridge Dr., San Antonio, TX 78229, 512 349-7522.
MISCHKULNIG, Scott Justin; '84 BSBA; Sub-Contractor; Scott J. Mischkulnig Constr. Co.; r. 3579 Carmel Ter., Cincinnati, OH 45211, 513 661-7984.
MISCHLER, David Wendell; '84 BSBA; Acct.; Deloitte Haskins & Sells, 155 E. Broad St., Columbus, OH 43215; r. 146 W. Hadley Rd., Dayton, OH 45419, 513 298-6439.
MISCHLER, Harland L.; '54 BSBA, '57 MBA; Chmn./Owner; H & M Resources Inc., 800 Corporate Dr., Ste. 610, Ft. Lauderdale, FL 33334, 305 776-3762; r. 7303 Gateside Dr., Boca Raton, FL 33496, 407 482-6316.
MISCHLER, James J., Jr.; '57 BSBA, '58 MBA; Owner; J J Mischler Jr. Co., 146 W. Hadley Rd., Dayton, OH 45419; r. 146 W. Hadley Rd., Dayton, OH 45419, 513 298-6439.
MISCHLER, Thomas O'Connor; '86 BSBA; Acct.; Deloitte Haskins & Sells, 250 E. Fifth St., Chiquita Ctr., Cincinnati, OH 45202, 513 784-7222; r. 2552 Madison Rd., Apt. 4, Cincinnati, OH 45208, 513 321-8563.
MISE, Jeffrey Kemp; '78 BSBA; Civilian Persnl Spec.; Wright-Patterson AFB, 2750 Abw/Dpcs, Dayton, OH 45433; r. 509 Greene Tree Pl., Fairborn, OH 45324, 513 879-7929.
MISENER, Kenneth Taylor; '71 BSBA; VP/Chf Op Ofcr.; Fairview Gen. Hosp., 18101 Lorain Ave., Cleveland, OH 44111, 216 476-7020; r. 19859 Roslyn Dr., Rocky River, OH 44116, 216 333-7157.
MISER, Jack; '47 BSBA; 50 Blush Hill, Conroe, TX 77301, 409 856-2536.
MISER, Jane Hooffstetter; '45; Retired; r. 5111 Chuckleberry Ln., Westerville, OH 43081, 614 891-2414.
MISHEY, Barbra A. '82 (See Gunderson, Ms. Barbara A.).
MISICK, Gretchen Schaefer; '53 BSBA; Lagoona, Somerset Bridge, Bermuda.
MISIHOWSKY, Robert Walter; '78 BSBA; Cnslt.; Arthur Young, 277 Park Ave., New York, NY 10172, 212 407-1856; r. 4 Orange Ave., Clifton, NJ 07013, 201 779-8152.
MISITIGH, Matthew Michael; '82 BSBA; 3207 Quail Ln., Arlington, TX 76016.
MISKEL, Glenn Anthony; '86 BSBA; Sales Mgr.; Sears, Roebuck & Co., 5600 Durand Ave., Racine, WI 53406, 414 554-0100; r. 4710 Indian Hills, Apt. 103, Racine, WI 53406, 414 634-2740.
MISKEWICH, Mrs. Patricia A., (Patricia A. Noonan); '82 BSBA; Ins. Sales; USAA Ins., 5505 W. Cypress St., Tampa, FL 33623, 813 289-6820; r. 1528 Seabreeze, Clearwater, FL 34616, 813 787-1916.
MISKILL, Robert D.; '43 BSBA; Retired CPA; r. 2806 Evergreen Dr., St. Joseph, MI 49085, 616 983-7424.
MISKIMEN, Marcia Jean; '81 BSBA; Systs. Programmer; Univ. of Minnesota, St. Paul Computing Svcs., 50 Coffey Hall, St. Paul, MN 55108, 612 624-3263; r. 1378 W. Minnehaha Ave., #2, St. Paul, MN 55104.
MISKIMENS, Marjorie Dunfee; '79 BSBA; Acct.; United Air Specialists Inc., 4440 Creek Rd, Cincinnati, OH 45242; r. 4319 Redmont Rd., Cincinnati, OH 45236, 513 984-5782.
MISKINIS, Lisa Maria; '80 BSBA; 610 1/2 Heliotrope Ave., Corona Del Mar, CA 92625, 714 759-7072.
MISKINIS, Mark E.; '86 BSBA; Public Acct.; Touche Ross & Co., 2201 Dupont Dr., Ste. 800, Irvine, CA 92715, 714 476-1141; r. 1607 E. Balboa Blvd., Newport Bch., CA 92661, 714 723-0432.
MISKINIS, Patricia Cecilia; '88 BSBA; 273 Weydon Rd., Worthington, OH 43085, 614 846-6544.
MISRA, Prabhakar; '76 MBA; Head; Indian Inst. of Remote Sensing, Human Settlement Analysis Grp, Dehradun 248001, India; r. 14 Balbeer Ave., Dehradun 248001, India.
MISRAC, Simon Benjamin; '71 BSBA; Pres.; Triangle Mktg., Inc., 1304 S. Canal St., Chicago, IL 60607, 312 738-0255; r. 1332 Larchmont, Buffalo Grove, IL 60089, 312 634-2425.
MISTAK, Leo J.; '46 BSBA; Sales Dir.; Spring Grove Mem. Mausoleu, 4861 Gray Rd, Cincinnati, OH 45231; r. 6106 Meyers Dr., Wyoming, OH 45215.
MITCHELL, Alice Hellstrom; '81 BSBA; Employeed; Mc Graw Edison Svc. Grp., 941 Chatham Ln., Columbus, OH 43221; r. 204 Chaucer Ct., Worthington, OH 43085, 614 885-3028.
MITCHELL, Carl; '56 BSBA; Tchr.; r. 161 Brett Rd, Rochester, NY 14609, 716 288-1996.
MITCHELL, Charles Allan; '67 BSBA; Financial Cnslt.; Shearson Lehman Hutton, 221 E. 4th St., Cincinnati, OH 45202, 513 762-5253; r. 10741 Bentley Pass Ln., Loveland, OH 45140.
MITCHELL, Christine Everett; '73 BSBA; Instr.-Fashion Merch; Kettering Adult Sch., 3700 Far Hills Ave., Dayton, OH 45429, 513 296-7180; r. 1936 Indian Head Rd., Centerville, OH 45459, 513 435-5114.
MITCHELL, Daniel Ray; '61 BSBA; Mgr.-Tax Plan & Res.; Standard Oil Ind, 200 E. Randolph Dr., Chicago, IL 60601; r. 1148 Oak St., Winnetka, IL 60093, 312 446-5264.

MITCHELL, David Andrew; '86 BSBA; 6709 Red Fox Rd., Reynoldsburg, OH 43068, 614 866-6604.
MITCHELL, David Bryant, II; '80 MBA; VP/Gen. Mgr.; Pittsburgh Natl. Bank, 500 W. Madison Ave., Ste. 3140, Chicago, IL 60606, 312 906-3401; r. 913 Golf Ln., Wheaton, IL 60187, 312 653-6934.
MITCHELL, Deborah Jean; '80 BSBA; 665 Glenmoor Dr., Columbus, OH 43227, 614 275-2745.
MITCHELL, Ellen Mae Wilgus; '44 BSBA; 614 286-4181; r. POB 27, Jackson, OH 45640, 614 286-2426.
MITCHELL, Frances High; '28 BSBA; 1874 Riverside Dr., Columbus, OH 43212, 614 487-1498.
MITCHELL, Glen Laverne; '66 BSBA; 3107 Lorton Ave., Davenport, IA 52803, 319 355-1938.
MITCHELL, Gwendolyn; '78 BSBA; 2300 Bridge Ave., Cleveland, OH 44113, 216 621-5296.
MITCHELL, H. William; '57 BSBA; Sr. Transp. Prods. Mgr.; Bolman Distribution-Barnes Grp. Inc., 850 E. 72nd St., Cleveland, OH 44103, 216 391-7200; r. 725 Cross Creek Oval, Aurora, OH 44202, 216 562-3333.
MITCHELL, Jacqueline '83 (See Eringman, Jacqueline Mitchell).
MITCHELL, James Claude; '52 BSBA; Retired; r. 8005 Beach Dr., Myrtle Bch., SC 29577, 803 449-1187.
MITCHELL, James Kenneth; '65 MBA; Regional Tax Partner; Arthur Young & Co., 2121 San Jacinto St., Dallas, TX 75201, 214 969-8408; r. 6506 Cove Creek Pl., Dallas, TX 75240, 214 386-7018.
MITCHELL, Jane M. '44 (See Derry, Mrs. Jane M.).
MITCHELL, Jane Palmer, (Jane Palmer); '45 BSBA; Woman's Gift & Dress Shop; The Parrott Cage, 112 E. Franklin Ave., Neenah, WI 54956, 414 725-6442; r. 975 Manor Dr., # 84, Neenah, WI 54956, 414 729-5738.
MITCHELL, Jeffrey Craig; '75 BSBA; Dir. of Acctg.; Val-Pak Direct Mktg. Systs. Inc., 10601 Belcher Rd., Largo, FL 34647, 813 546-5721; r. 2276 Spring Flower Dr., Clearwater, FL 34623, 813 733-7053.
MITCHELL, Jerome Martin; '75 BSBA; 1203 W. London-Groveport Rd., Grove City, OH 43123, 614 871-1040.
MITCHELL, John Edward; '49 BSBA; Retired; r. 1309 Foster Ave., Cambridge, OH 43725, 614 432-3323.
MITCHELL, John Thomas; '79 BSBA; RR 3, Eaton, OH 45320, 513 456-4270.
MITCHELL, Judy Reese, (Judy Reese); '76 BSBA; VP-Finance; Peter R Brown Co. Inc., POB 4100, Clearwater, FL 34618, 813 531-1466; r. 2276 Spring Flower Dr., Clearwater, FL 34623, 813 733-7053.
MITCHELL, Kathleen; '45 BSBA; Retired; r. 103A Lakeview Estates, Parkersburg, WV 26104, 304 485-6704.
MITCHELL, Kathy '68 (See Miller, Kathy Mitchell).
MITCHELL, Kenneth Paul; '64 BSBA; Pres./CEO; Dakite Prods. Inc., 50 Valley Rd., Berkeley Hts., NJ 07922, 201 464-6900; r. 7 India Brook, Mendham, NJ 07945, 201 543-9433.
MITCHELL, Lawrence R.; '48 BSBA; Retired; r. 607 Crestview Dr., Henry, IL 61537, 309 364-3406.
MITCHELL, Leisa Beatrice; '86 BSBA; c/o Michelle D Shipp, 5296 Osceda Ave., Dayton, OH 45427.
MITCHELL, Leo J.; '50 BSBA; Retired; r. Clark St., POB 307, New Straitsville, OH 43766.
MITCHELL, Marcia Ann '85 (See Hendershot, Ms. Marcia A.).
MITCHELL, Marian M., (Marian Morrow); '42 BSBA; Retired; r. 831 W. Main, Eaton, OH 45320, 513 456-2679.
MITCHELL, Marvin Harry; '59 BSBA; Atty./Partner; Mitchell Hurst Jacobs & Dick, 152 E. Washington St., Indianapolis, IN 46204, 317 636-0808; r. 8902 Pickwick Dr., Indianapolis, IN 46260, 317 846-3180.
MITCHELL, Michael James; '73 BSBA; Air Traffic Control; FAA Uss Govt., Flint Bishop Airport, Flint, MI 48502; r. RR 2, Liberty Ctr., OH 43532, 419 533-5180.
MITCHELL, Nanette '55 (See Freeman, Nanette Mitchell).
MITCHELL, Paul Joseph; '81 BSBA; Systs. Analyst; State Auto Ins. Co., 518 E. Broad St., Columbus, OH 43216; r. 12367 Limerick Ln. NW, Pickerington, OH 43147.
MITCHELL, Randy Leon; '83 MPA; Prob/Parole Ofcr.; State of Missouri, Probation & Parole, 405 E. 13th St., Kansas City, MO 64106, 314 751-4949; r. 6108 N. Jefferson #5, Apt. 6, Kansas City, MO 64118, 816 452-7523.
MITCHELL, Raymond L.; '64 BSBA; Mfg. Systs. Mgr.; AT&T Network Systs., 6200 E. Broad St., Columbus, OH 43213, 614 860-2944; r. 360 Cherokee Dr., Canal Winchester, OH 43110, 614 837-3560.
MITCHELL, Richard Dale, Jr.; '87 BSBA; Acct.; Ernst & Winney, 1 Cascade Plz., Fl. 17, Akron, OH 44308, 216 253-9150; r. 3252 Hewitt Ave., Massillon, OH 44646, 216 832-6344.
MITCHELL, Richard Flannery; '88 MBA; Mgt Intern; Data Gen. Corp., 4400 Computer Dr., Westboro, MA 01580; r. 3450 Quail Lake Rd., Colorado Spgs., CO 80906.
MITCHELL, Richard William; '64 BSBA; Owner-Mgr.; Haney's House of Used Treasure, RR 3, Pinkley Rd., Fredericktown, OH 43019, 614 694-0817; r. Same.
MITCHELL, Robert Joseph; '52 BSBA, '55 MBA; Staff; Ohio Bell Telephone Co., 100 Erieview Plz., Rm. 1721, Cleveland, OH 44114; r. 305 Chelmsford Dr., Aurora, OH 44202, 216 562-5434.
MITCHELL, Ronald; '78 BSBA; 2300 Bridge Ave., Cleveland, OH 44113, 216 621-5296.
MITCHELL, Ronald K.; '58 BSBA; Acct.; Kroger Co., Cincinnati, OH 45204; r. 5687 Windview Dr., Cincinnati, OH 45211, 513 922-7364.
MITCHELL, Roy A.; '77 BSBA; Financial Advisor/CPA; 4145 Crossgate Sq., Cincinnati, OH 45236, 513 891-2232; r. 12173 Greencastle Dr., Springdale, OH 45246, 513 742-2109.
MITCHELL, Stephen Arthur; '70 BSBA, '71 MBA; Dir. of Investment; State Tchrs. Retirement Syst., 275 E. Broad St., Columbus, OH 43215, 614 227-4003; r. 1361 Slade Ave., Columbus, OH 43235, 614 451-4440.
MITCHELL, Wilbur O.; '49 BSBA; Div. Mgr.; r. 652 Bloomfield Ct., Birmingham, MI 48009, 313 647-5176.
MITCHELL, William Adolph; '50 BSBA; Retired; r. 825 S. Lazelle St., Columbus, OH 43206, 614 444-0033.
MITCHELL, William Stephen; '74 BSBA, '75 MBA; Pres./Owner; Fuzznubby, Inc., POB 722, Clayton, CA 94517, 415 672-2020; r. 652 Mt Duncan Dr., Clayton, CA 94517, 415 672-1034.
MITCHONIE, Edward G.; '50 BSBA; 919 E. 17th St., Ashtabula, OH 44004.
MITCHUSSON, Thomas Joseph, CPA; '79 BSBA; Exec. VP/CFO; Pioneer Bank & Trust Co., 2211 S. Big Bend Blvd., St. Louis, MO 63117, 314 644-6600; r. 4812 Chapel Hill Rd., St. Louis, MO 63128, 314 487-6021.
MITISKA, Eric James; '87 BSBA; Sr. Programmer; Gates Mc Donald, Sub of Nationwide, 1 Nationwide Blvd., Columbus, OH 43215, 614 249-2822; r. 751 Worthington Forest Pl., Columbus, OH 43229, 614 848-8748.
MITROVICH, Paul H.; '60 BSBA; Atty.; 29025 Lake Shore Blvd, Willowick, OH 44094; r. 438 E. 314Th St., Willowick, OH 44094.
MITSAKOS, Peter L.; '64 MBA; Stockbroker; Merrill Lynch Pierce Fenner, 125 High St., Boston, MA 02110; r. Merrill Lynch Pierce Fenner, 125 High St., Boston, MA 02110.
MITTAS, William Gust; '84 BSBA; 4131 Millport S. W., Canton, OH 44706, 216 484-1892.
MITTELMAN, Eric David; '82 BSBA; 242 34th NW, Canton, OH 44709, 216 492-7200.
MITTEN, Carol Jeanne; '84 MBA; Real Estate Appraiser; Reynolds & Reynolds Inc., 725 Independence Ave. SE, Washington, DC 20003, 202 544-2344; r. 603 G St. SE, Washington, DC 20003, 202 546-5719.
MITTEN, Florence '50 (See Murphy, Florence Mitten).
MITTER, Matthew Jay; '83 BSBA; Financial Spec.; NCR Corp., 1700 S. Patterson Blvd., PCD-2, Dayton, OH 45479, 513 445-4594; r. 3960 Parliament Pl., Apt. 77, Kettering, OH 45429, 513 298-9125.
MITTERHOLZER, Douglas Otto; '81 BSBA; Supv. of Financial Svcs.; Armco Inc., 703 Curtis St., Middletown, OH 45043, 513 425-5652; r. 609 Gideon Rd., Middletown, OH 45044, 513 423-6000.
MITTERHOLZER, Michael Rudolph; '72 BSBA; c/o Mike Mitterholzer, 21398 Nottingham Dr., Fairview Park, OH 44126, 216 734-4130.
MITTLEMAN, Steve R.; '69 BSBA; Atty.; Mittleman & Smith, 281 2nd St., E., POB 271, Sonoma, CA 95476, 707 996-5258; r. 183 Newcomb St., Sonoma, CA 95476, 707 996-1984.
MITTLESTEADT, Daniel Joseph; '86 BSBA; 1520 Bradshire Rd. D, Columbus, OH 43220, 614 459-7846.
MIX, Carl Martin; '81 BSBA; Acct. Mgr.; MAI Basic Four Inc., 1105 Schrock Rd., Ste. 221, Columbus, OH 43229; r. 334 Northridge Rd., Columbus, OH 43214, 614 268-8359.
MIXER, Joseph R., PhD; '49 MBA; Cnslt.; 76 Bonnie Ln., Berkeley, CA 94708, 415 525-5714; r. Same.
MIXER, Robert Caley; '81 BSBA; Manufacturers Rep.; Keith-Nicholas Co. Inc., 6200 Avery Rd., Dublin, OH 43017, 614 761-1234; r. 3114 Kingswood Dr., Grove City, OH 43123, 614 875-7899.
MIXTER, Thomas Keith; '85 BSBA; Sr. Acct.; Coopers & Lybrand, Ste. 2000 Columbus Ctr., 100 E. Broad St., Columbus, OH 43215, 614 225-8700; r. 165 Desantis Dr., Columbus, OH 43214, 614 268-2486.
MIYAHARA, Colleen Michiko; '82 MACC; Jr. Acct.; Deloitte, Haskins & Sells, Wells St. Professional Ctr., Ste. 203, Wailuku, HI 96793; r. 1129 E. Lower Main St., Apt. 504, Wailuku, HI 96793, 808 242-9522.
MIYAMURA, Hiroko; '78 BSBA; 3489 Glorious Rd., Columbus, OH 43204.
MIZANOSKI, Edward Alfred, Jr.; '69 BSBA; Tchr./Coord.; Steubenville City Schs., 932 N. 5th St., Steubenville, OH 43952, 614 282-7525; r. 2722 Cleveland Ave., Steubenville, OH 43952, 614 266-6968.
MIZELL, CDR Larry Linton, USCG; '71 BSBA; USCG Grp. Grand Haven, 650 S. Harbor Dr., Grand Haven, MI 49417; r. 18683 Pinecrest Ln., Spring Lake, MI 49456.
MIZER, Bret David; '84 BSBA; Asst. to Pres.; Analytical Technologies, Inc., 30300 Telegraph, Ste. 200, Birmingham, MI 48010, 313 540-4440; r. 7356 Barrington Ct., W. Bloomfield, MI 48322, 313 788-0923.
MIZER, Daniel Lee; '76 BSBA; Customer Serv Repr; IBM Corp., 140 E. Town St., Columbus, OH 43215; r. 5793 Plantation Rd, Sunbury, OH 43074, 614 747-2096.
MIZER, Douglas Kermit; '75 BSBA; Systs. Analyst; Nationwide Ins. Co., One Nationwide Plz., Columbus, OH 43216, 614 249-4900; r. 5463 Crawford Dr., Columbus, OH 43229, 614 436-9151.
MIZER, Richard Charles; '69 BSBA; Pres.; Century Bank, 1720 Zollinger Rd., Columbus, OH 43221, 614 457-4242; r. 2647 Berwyn Rd., Columbus, OH 43221, 614 486-9292.
MIZERA, Mrs. Janet L.; '81 BSBA; Mktg. Rsch. Analyst; Ross Labs, 625 Cleveland Ave., Columbus, OH 43216; r. 767 Black Gold Ave., Gahanna, OH 43230, 614 855-1428.
MIZIK, John E.; '56 BSBA; Syst. Analyst; Harris Bank, 111 W. Monroe St., Chicago, IL 60690, 312 461-2121; r. 565 Babcock, Elmhurst, IL 60126, 312 279-2645.
MLACHAK, Gerald Anthony; '87 BSBA; First Investors Corp., 1836 Euclid Ave., Cleveland, OH 44115, 216 589-5861; r. 140 E. 208th St., Euclid, OH 44123, 216 692-0350.
MLASOFSKY, Beatrice Hartley, (Beatrice Hartley); '46 BSBA; Real Estate Owner, Mgr.; r. 1885 Willow Forge Dr., Columbus, OH 43220, 614 451-1084.
MLASOFSKY, Richard Fredrick; '73 BSBA; Pres.; R F Mlasofsky & Co., 210 Hayes St., Delaware, OH 43015, 614 363-5200; r. 10721 Dublin Rd., Dublin, OH 43017, 614 889-0135.
MLICKI, Karen, (Karen Kulkley); '83 BSBA; Secy./Treas.; Mlicki Design,Inc., 1847 W. Fifth Ave., Columbus, OH 43212, 614 486-0286; r. 2082 Ellington Rd., Columbus, OH 43221, 614 486-9054.
MLICKI, Ronald Paul; '66 BSBA; Pres. & Owner; Mlicki Design Inc., 1847 W. 5th Ave., Columbus, OH 43212, 614 486-0286; r. 2082 Ellington Rd., Columbus, OH 43221, 614 486-9054.
MLINARCIK, Robert L.; '59 BSBA; Controller; Sterling Corp., 27 Sterling Rd., N. Billerica, MA 01862, 508 667-0044; r. 4 Pond View Rd, Norfolk, MA 02056, 508 528-4336.
MOACDIEH, Frederick Emile; '87 MBA; Budget Analyst; GTE Corp., 2701 S. Johnson St., San Angelo, TX 76902, 915 942-2932; r. 3009 Chestnut St., San Angelo, TX 76901, 915 942-0556.
MOATS, Edward A.; '61 BSBA, '64 MBA; Human Res. Dir.; Colamco Inc., 1533 Alum Creek Dr., Columbus, OH 43209; r. 4756 Lodgelane Dr., Columbus, OH 43229.
MOATS, Hon. Ellsworth A.; '30 BSBA; Atty./Judge; 19 W. Main St., Chillicothe, OH 45601, 614 775-9657; r. 330 Fairway Ave., Chillicothe, OH 45601, 614 772-4934.
MOBARRY, Joan Adams; '51 BSBA; 17 Canterbury Rd, Brewer, ME 04412, 207 989-6947.
MOBERGER, Linda Lee; '82 BSBA, '84 MBA; VP-Finance; Thermocon Intl., POB 1970, Waco, TX 76703, 817 756-3713; r. 9602 Old Farm Rd., Waco, TX 76710, 817 776-5105.
MOBERGER, Robert Carl; '84 BSBA; VP Mktg.; Construction One Inc., 3045 E. 5th Ave., Columbus, OH 43219, 614 235-0057; r. 7983 Solitude Dr., Westerville, OH 43081, 614 436-5839.
MOBERGER, Steven M.; '80 BSBA; Pres.; Energy Savers Inc., 3045 E. 5th Ave., Columbus, OH 43219, 614 235-6087; r. 8738 Ripton Dr., Powell, OH 43065, 614 766-1254.
MOBERLY, Gary Allen; '76 BSBA; Mgr.; The Kroger Co., 4111 Executive Pkwy., Westerville, OH 43081; r. 3126 Easthaven Dr. S., Columbus, OH 43232, 614 239-9350.
MOBERLY, Keith James; '84 BSBA; Mgmt. Trainee; First Investors Corp., 4284 N. High St., Columbus, OH 43214; r. 7551 Cutters Egde Ct., Apt. 1, Dublin, OH 43017, 614 889-5273.
MOBLEY, Jeffrey Robert; '84 BSBA; Mktg. Oper Trainee; Marathon Oil Co., Marketing Operations Dept., Rte. 21, Brecksville, OH 44141; r. 14302 Wilma Dr., Strongsville, OH 44136, 216 238-4689.
MOBLEY, Judith Fletcher, (Judith Fletcher); '80 BSBA; Acct.; Battelle Mem. Inst., 505 King Ave., Columbus, OH 43201, 614 424-5962; r. 5177 Red Oak Ln., Dublin, OH 43017, 614 766-8297.
MOBLEY, Robert L.; '49 BSBA; Sr. VP; Bank of A Levy, Dept. C C 153, POB 272, Oxnard, CA 93032; r. 4056 Faria Rd., Ventura, CA 93001, 805 643-2673.
MOCK, Dr. Edward J.; '64 PhD (BUS); Prof.; r. 1645 Parkcrest Cir. #101, Reston, VA 22090.
MOCK, Joan Dascenzo; '87 MBA; Client Acctg. Mgr.; Porter Wright Morris & Arthur, 41 S. High St., Columbus, OH 43215, 614 227-1908; r. 341 Orchard Dr., Granville, OH 43023, 614 587-4428.
MOCK, Roger Charles; '69 BSBA; 425 Carrier, NE, Grand Rapids, MI 49505, 616 454-4962.
MOCKER, John Anthony, Jr.; '81 BSBA; Sales Mgr.; Lally Pipe & Tube, POB 15246, Covington, KY 41015, 606 431-8300; r. 42 Fairway Dr., Southgate, KY 41071, 606 781-8368.
MODD, Christopher James; '87 BSBA; Computer Cnslt./Sales Mgr; Keyes & Assocs., 6465 Monroe St., Ste. 208 POB 821, Sylvania, OH 43560, 419 885-5994; r. 2015 N. McCord Rd., Apt. 115, Toledo, OH 43615, 419 841-6123.
MODECKI, Gerard Edward; '75 BSBA, '76 MBA; Mgr./Domestic Funds; Marathon Oil Co., 539 S. Main St., Findlay, OH 45840, 419 422-2121; r. 2606 Foxfire Ln., Findlay, OH 45840, 419 422-8103.
MODES, Irving M.; '55 BSBA; VP; Joe Modes & Co., 39 W. Long St., Columbus, OH 43215, 614 221-4672; r. 946 S. Roosevelt, Columbus, OH 43209, 614 235-0144.
MODIANO, R. Brian; '79 MBA; Asst. Controller; Huntington Mortgage Co., 17 S. High St., Columbus, OH 43215, 614 463-4499; r. 2223 Sonnington Dr., Dublin, OH 43017, 614 764-0375.
MODIC, Brian Lee; '78 BSBA; Acctg. Mgr.; Cornell Oil Co., 13355 Noel Rd., Dallas, TX 75240, 214 386-5729; r. 211 Creekside Ln., Coppell, TX 75019, 214 462-8106.
MODIC, Robert; '51 BSBA; Cnsltg. Engr./Owner; Robert Modic & Assocs., 351 Fairlawn Dr., Richmond Hts., OH 44143, 216 731-1724; r. Same, 216 731-0522.
MODLICH, Heide Sue; '88 BSBA; 1634Plaincity-G.R, Galloway, OH 43119, 614 879-7126.
MODLICH, Linus William; '84 BSBA; Sales Repr; Modlich Monument Co., 301 N. Hague Ave., Columbus, OH 43204; r. 1300 Elmwood Ave., Columbus, OH 43212.
MODZELEWSKI, Gregory Stanley; '73 BSBA; 8216 Redstone Dr., Ft. Wayne, IN 46815, 219 486-1020.
MOE, Richard William; '77 MBA; Pres.; Armo Inc., 5085 Edler Rd., Canal Winchester, OH 43110, 614 837-4664; r. Same.
MOEHLE, John F.; '50 BSBA; 53211 Saturn Dr., Utica, MI 48087, 313 781-5809.
MOEHRMAN, Robert Louis, Jr.; '79 MBA; Admin.; Helen Purcell Home, 1854 Norwood Blvd., Zanesville, OH 43701; r. 1271 C Maple Ave., Zanesville, OH 43701.
MOELLENBERG, John M.; '57 MBA; Div. Mgr.; Southwestern Bell Telephone Co., Rm. 2421, One Bell Ctr., 909 Chestnut St, St. Louis, MO 63101, 314 235-4200; r. 452 Hammermill Rd, Creve Coeur, MO 63141, 314 576-4769.
MOELLER, Patrick Gerard; '80 BSBA; Atty.; 709 Dayton St., Hamilton, OH 45011, 513 863-1177; r. 790 Oakwood Dr., Hamilton, OH 45013, 513 863-1961.
MOELLER, Ronald Lee; '77 BSBA; Div. Controller; Parker Hannifin Corp., 8145 Lewis Rd., Minneapolis, MN 55427, 612 544-7781; r. 6874 Sugar Hill Cir., Eden Prairie, MN 55346, 612 934-8664.
MOELLER, Mrs. Sandra Lee, (Sandra L. Houfek); '79 BSBA; Homemaker; r. 9578 Graystone Ln., Mentor, OH 44060.
MOENCH, Lester K., Jr.; '54 BSBA; Retired; r. 1169 Hathaway Ln., Marion, OH 43302, 614 389-5781.
MOENNICH, John E.; '76 BSBA; Sales Engr.; Xaloy, 5412 Aqua St., Columbus, OH 43229, 800 336-9653; r. Same, 614 891-2387.
MOFFAT, Daniel John; '87 MPA; 2714 Calumet, Columbus, OH 43202.
MOFFETT, Chrisdon Matthew; '84 BSBA; 324 Elmwood Pl., Lima, OH 45801.
MOFFETT, JoAnn Ziemann; '78 BSBA; Capital Mgmt. Ofcr.; Rainier Natl. Bank, 1301 5th Ave., Seattle, WA 98101, 206 621-4344; r. 19536 4th Ave. S., Seattle, WA 98148, 206 878-7724.
MOFFITT, Charles M., Jr.; '61 BSBA; Account Mgr.; Collier Equip. Co., 1630 NW Professional Plz., Upper Arlington, OH 43220, 614 459-1169; r. 2623 Bristol Rd., Columbus, OH 43221, 614 457-1516.
MOFFITT, Hulda Simonson; '62 BSBA; Mgr./Operations; Bancohio Natl. Bank, 155 E. Broad St., Columbus, OH 43251, 614 463-8621; r. 429 Carilla Ln., Columbus, OH 43228, 614 870-6171.
MOGAN, John H.; '50 BSBA; Atty.; r. 2633 29th St. NE, Ft. Lauderdale, FL 33306.
MOGAVERO, Julianne; '80 MPA; Hocking Cnty. Child Svcs., 61 N. Market St., Logan, OH 43138; r. 133 Zanesville Ave., Logan, OH 43138, 614 385-7129.
MOGENSEN, Orville Loyd; '49 BSBA; Retired; r. 325 Spring St., Bethlehem, PA 18018, 215 866-1581.
MOHANAN, Parathazathel; '79 MBA; Pres.; Everest Corp., 44815 Fig Ave., Ste. 202, Lancaster, CA 93534, 805 945-7777; r. 325 W. Lake Dr., Palmdale, CA 93550, 805 945-6648.
MOHLER, Christopher Paul; '85 BSBA; Agt.; New York Life Ins., One Seagate, Ste. 1050, Toledo, OH 43604, 419 244-8311; r. 123 Park Pl., Napoleon, OH 43545, 419 592-8916.
MOHN, LTC John R., USA(Ret.); '65 BSBA; 900 Bayview Pl. NE, St. Petersburg, FL 33704, 813 823-0316.
MOHNEY, John F.; '54 BSBA; Industrial Engr.; Motorola Inc., 8201 E. Mc Dowell Rd., Phoenix, AZ 85026; r. 7722 Pleasant Run, Scottsdale, AZ 85258.
MOHR, Joan Helen; '86 BSBA; Clerk; Huntington Natl. Bank, 41 S. High St., Columbus, OH 43215, 614 476-8300; r. 692 Riverview Dr., Apt. 101, Columbus, OH 43202, 614 263-3210.
MOHR, John Robert; '69 BSBA; Atty.; Ponderosa Syst. Inc., POB 578, Dayton, OH 45401; r. 7545 Winding Way, Tipp City, OH 45371, 513 667-4960.
MOHR, Patricia '52 (See Bidwell, Patricia Mohr).

MOHR, Robert Thomas; '75 BSBA; Fiscal Ofcr.; Ohio Dept. of Econ & Comm Dev, 30 E. Broad St., Columbus, OH 42315; r. 1207 Woodbrook Cir. W. #B, Columbus, OH 43223, 614 276-4269.

MOHRE, Mark D.; '87 BSBA; Acct.; McCarthy Bros, 1341 N. Rock Hill Rd., St. Louis, MO 63124, 314 968-3300; r. 2143 Gallery, Apt. #1, St. Louis, MO 63146, 314 576-3928.

MOHRMAN, Michael Gerard; '79 MA; Admin.; Adams Cnty. Dept. of Social Svcs., Assistance Payments Section, 7190 Colorado Blvd., Denver, CO 80022, 303 289-6545; r. 3084 S. Cherry Way, Denver, CO 80222, 303 691-9190.

MOINPOUR, Dr. Reza; '65 BSBA, '66 MBA, '70 PhD (BUS); Prof./Dir. of PhD Prog.; Univ. of Washington, Graduate Sch. of Bus. Admin., Seattle, WA 98195, 206 543-4369; r. 6412 NE 60th St., Seattle, WA 98115, 206 523-8193.

MOJZISIK, Allan William; '78 BSBA; Instr./Owner; Executive Scuba, 6301 Carthage Dr., Westerville, OH 43081, 614 890-6301; r. Same.

MOKAS, John P.; '84 BSBA; Leasing Agt.; R J Solove & Assocs., 8 E. Broad St., Columbus, OH 43215, 614 221-1191; r. 3804 Zephyr Pl., Columbus, OH 43232, 614 755-2873.

MOKHTARI, Masoumeh; '80 BSBA, '84 MPA; Profn. Rep.; Marion Labs Inc., Pharmaceutical Sales Dept., Los Angeles, CA 90036; r. 14707 Victory Blvd. #102, Van Nuys, CA 91411, 818 989-1815.

MOKODEAN, Michael Dan; '74 BSBA; Controller; Formu-3 Intl. Inc., 4790 Douglas Cir., NW, Canton, OH 44718, 216 499-3334; r. 1452 Cottage Pl. NW, Canton, OH 44703, 216 453-2923.

MOKROS, Richard Allen; '74 BSBA; Gen. Supv.; Warren Consolidated Industries, Blast Furnace Opers., 1040 Pine St., Warren, OH 44482, 216 841-8764; r. 9116 Briarbrook NE, Warren, OH 44484, 216 856-1580.

MOLAR, George; '42 BSBA; Retired; r. 2444 Berwick Blvd., Columbus, OH 43209, 614 231-8858.

MOLDENHAUER, Donna Sue; '85 BSBA; 658 Park Dr. NE, Atlanta, GA 30306.

MOLDOVAN, George John; '63 BSBA; Sr. Syst. Analyst; Standard Oil of Indiana, Systs Dev & Chem, 180 E. Randolph, Chicago, IL 60601; r. 129 Franklin Ave., River Forest, IL 60305, 312 771-3907.

MOLENGRAFT, Richard Paul; '72 BSBA; Sales Cnslt.; KOZI Radio AM/FM, POB 819, Chelan, WA 98816, 509 682-4033; r. Rte. #1 Box #15, Chelan, WA 98816, 509 682-4307.

MOLES, Richard D.; '49 BSBA; 294 Saddler Rd., Bay Village, OH 44140, 216 835-4757.

MOLINE, Dale Edward; '69 MBA; Sales Mgr.; Union Camp Corp., 1600 Valley Rd., Wayne, NJ 07300, 201 628-2330; r. 762 Red Oak Ln., Kinnelon, NJ 07405, 201 492-0332.

MOLL, Braden Kent; '88 BSBA; Staff; Southeast Bank NA, 1 SE Financial Ctr., 200 S. Biscayne Blvd., Miami, FL 33131; r. 1260 Boardman-Canfield Rd., #10, Boardman, OH 44512, 216 758-0630.

MOLL, Mrs. Daniel F., (Nancy Jo Pishner); '87 BSBA; Benefits Coord.; Metal Forge Co., 291 Marconi Blvd., Columbus, OH 43215, 614 224-2271; r. 5266 Owl Creek Dr., Westerville, OH 43081, 614 899-7164.

MOLLENCOPF, John E.; '72 BSBA; Technical Support Spec.; Anchor Hocking Corp., POB 600, Lancaster, OH 43130, 614 687-2180; r. 54 Barry Dr., Reynoldsburg, OH 43068, 614 927-1931.

MOLLENKOPF, David E.; '58 BSBA; Staff; Xerox Corp., 1200 High Ridge, Stamford, CT 06904; r. 50 Hampton Ln., Fairport, NY 14450, 716 223-2066.

MOLLER, David Max; '86 BSBA; Production Supv.; Johanna Farms Inc., Johanna Farms Rd., Flemington, NJ 08822, 201 788-2200; r. 423 Lawrence Rd., Apt. 413, Lawrenceville, NJ 08648, 609 695-5811.

MOLLI, Kenneth C.; '77 MPA; Administrative Analy; City of Columbus, 1 Division of Water, 50 W. Broad St., Columbus, OH 43215; r. 7444 Henshaw Ln., Galloway, OH 43119, 614 878-3418.

MOLLICA, Angela Marie; '87 BSBA; Sales Assoc.; Owens Corning Fiberglas, 900 W. Valley Rd., Ste. 1101, Wayne, PA 19048, 215 688-8650; r. 620 American Ave., Ste. 507, King Of Prussia, PA 19406, 215 265-4885.

MOLLICA, Joseph Robert; '84 BSBA; 673 Courtwright Blvd., Mansfield, OH 44907, 419 756-1390.

MOLLMAN, Anthony D.; '56 BSBA; Tchr.; Scottsdale Public Schs., 3811 N. 44th St., Scottsdale, AZ 85251; r. 6739 N. 15th Pl., Phoenix, AZ 85293, 602 279-3441.

MOLLOY, Daniel Anthony; '86 BSBA; MBA Candidate; OH State Univ., 2257 Parkville Ct., Columbus, OH 45229, 614 882-2963; r. 7603 Carriage Ln., Cincinnati, OH 45242, 513 984-1935.

MOLLOY, Joan '69 (See Williams, Mrs. Joan Molloy).

MOLNAR, LTC Alexander A., USAF(Ret.); '61 BSBA; 1048 Dalebrook Dr., Alexandria, VA 22308, 703 360-7624.

MOLNAR, Jennifer Young; '82 MPA; Homemaker; r. 1609 W. Belmar Pl., Cincinnati, OH 45224, 513 522-4015.

MOLNAR, John Lawrence; '72 BSBA; 1180 Highland Ave., Brunswick, OH 44212, 216 225-4312.

MOLNAR, Louis E.; '32 BSBA; Retired; r. 30504 Winston Dr. NW, Bay Village, OH 44140, 216 871-7846.

MOLNAR, Ronald Eugene; '74 BSBA; Regional Mktg. Spec.; Boehringer Mannheim Diagnostics, 9115 Hague Rd., POB 50100, Indianapolis, IN 46250, 800 845-7355; r. 3541 Normount Rd., Oceanside, CA 92056, 619 758-8856.

MOLNER, Gregory Joseph; '76 BSBA; Payroll Staff; St. Joseph's Mem. Hosp., Accounts Payable Dept., Hillsboro, WI 54634; r. RR 1 Box 221, Hillsboro, WI 54634, 608 489-2599.

MOLODET, George L.; '53 BSBA; Owner; Molodet Ins. Agcy., 2303 45th St., Highland, IN 46322, 219 924-1368; r. 10034 4th St., Highland, IN 46322, 219 924-8925.

MOLONEY, James Paul; '57 BSBA; 3839 Redcliffe Rd. Flat 8, London, England SW102.

MOLONEY, John M.; '65 BSBA; 14883 Hartford Rd, Sunbury, OH 43074, 614 965-4853.

MOLONEY, Robert Brian; '73 BSBA; 1191 Baker Lake Ct., Westerville, OH 43081, 614 890-5156.

MOLONEY, Robert P.; '41 BSBA; Retired; r. 355 E. Beaumont Rd., Columbus, OH 43214, 614 268-1727.

MOLSBERRY, Roberta M. '42 (See Warren, Roberta Molsberry).

MOLT, Rick Lee; '73 BSBA; c/o Chester G Molt, 3727 Heywood, Hilliard, OH 43026, 614 876-8408.

MOLYNEAUX, MAJ William W.; '54 BSBA; Maj. Usafr Retired; r. 751 Mandalay Ave., Clearwater, FL 34630, 813 441-4856.

MOMAH, Dr. Reginald C.; '78 MBA, '80 MACC; Atty.; Ohio Supreme Ct., 30 E. Broad St., Columbus, OH 43266, 614 466-3456; r. 6401 Amston Dr., Dublin, OH 43017, 614 761-8842.

MONACO, Anna Catherine; '74 BSBA; Staff; Rockwell Intl., 430 E. Fifth Ave., Columbus, OH 43219; r. 2670 Travis Rd., Apt. E, Columbus, OH 43209, 614 235-2194.

MONACO, Frank Marion; '69 BSBA; Manufacturers Repr; Monaco Mktg., 1553 Cambridge Blvd., Ste. 330, Columbus, OH 43212, 614 486-9355; r. Same, 614 486-8875.

MONACO, Lisa '85 (See Geringer, Lisa Monaco).

MONACO, Stanley C.; '74 BSBA; Tax Supv.; The Ltd. Inc., One Limited Pkwy., POB 16528, Columbus, OH 43216; r. 428 Liberty Ln., Westerville, OH 43081, 614 891-2616.

MONAGAN, Mrs. Carla Kitt, (Carla K. Allison); '86 BSBA; Search Cnslt.; PR Search Corp., Valley Hills Ctr., Rte. 2, Box 712, Carmel, CA 93923, 408 625-9585; r. 213 Sicily Rd., Ft. Ord, CA 93941, 408 394-5852.

MONAGHAN, Sharon '69 (See Maul, Mrs. Sharon).

MONAGHAN, Terence E.; '67 MBA; Treas.; Zipatone Inc., 150 Fencl Ln., Hillside, IL 60162, 312 449-5500; r. 3150 N. Lake Shore Dr., Apt. 9A, Chicago, IL 60657, 312 281-3498.

MONAGHAN, William I.; '39 BSBA; Pres.; Bryce E Dressel & Co. Inc., 3330 W. Esplanade Ave., Metairie, LA 70002, 504 838-9871; r. 1009 Falcon Rd., Metairie, LA 70005, 504 835-9556.

MONAHAN, Michael Joseph; '77 BSBA; 7898 Juneau Ln. N., Maple Grove, MN 55369, 612 420-8393.

MONAHAN, Steven Francis; '71 BSBA; 1097 Forest Dr., Columbus, OH 43223.

MONAHAN, Thomas M.; '38 BSBA; Retired; r. 4158 Beehner Rd., Pittsburgh, PA 15217, 412 521-2633.

MONDA, Jack Anthony; '81 MLHR; Dir. of SBDC; Ohio Univ., 1 President St., Athens, OH 45701, 614 593-1797; r. 12 Briarwood, Athens, OH 45701, 614 593-6153.

MONDA, Joseph Clement; '81 BSBA; Asst. Mgr.; Tire America, Mc Knight Rd., Pittsburgh, PA 15237; r. 3339 Willington Dr., Dublin, OH 43017, 312 898-4009.

MONDA, Keith David; '68 BSBA, '71 MA; VP/Fin & Adm; Pfizer Corp., Chemical Division, 235 E. 42nd St., New York, NY 10017, 212 573-1263; r. 14 Bonmar Rd., Pelham Manor, NY 10803, 914 738-5928.

MONDAY, Wayne Heiby; '72 BSBA; Mgr. Fin Plng./Analyst; United Technologies Corp., Automotive Group, 15002 Commerce Dr., Dearborn, MI 48126, 313 322-6156; r. 25320 Lyncastle, Farmington Hls., MI 48018, 313 477-3498.

MONDLAK, Michael Alan; '85 BSBA; 2520 Hard Rd., Dublin, OH 43017, 614 761-1092.

MONE, Henry A.; '50 BSBA; Staff; Columbus Bd. of Educ., 270 E. State St., Columbus, OH 43215; r. 6843 Scioto Darby Creek, Hilliard, OH 43026, 614 876-6843.

MONETT, Gayle Merves; '68 BSBA; Account Exec.; Revlon Inc., Ultima Div., 625 Madison Ave., New York, NY 10022, 212 527-6277; r. 25186 Genesee Spring Rd., Golden, CO 80401, 303 526-0613.

MONETT, Suzanne; '81 BSBA, '85 MBA; Programmer/Analyst; Nationwide, One Nationwide Plz., Columbus, OH 43216, 614 249-2778; r. 2806 Chateau Cir., Columbus, OH 43221, 614 487-8831.

MONG, Julie Anne; '88 BSBA; 445 Thackeray Ave., Worthington, OH 43085.

MONG, Susan Leigh '80 (See Dolinar, Ms. Susan Mong).

MONGOLD, Mary B.; '86 BSBA; 413 Napoleon Ave., Columbus, OH 43213, 614 235-9221.

MONIESON, Dr. David D.; '57 PhD (BUS); Staff Member; Sch. of Business, Queens University, Kingston, ON, Canada; r. Same.

MONINGER, Thomas Ross; '72 BSBA; Sales Rep.; Belding Heminway Corp., 1430 Broadway, New York, NY 10018, 212 944-6040; r. 24 Brick Mill Rd., Bedford, NH 03102, 603 472-7210.

MONJOT, James Alan; '69 BSBA; 284 Greenbriar, Avon Lake, OH 44012.

MONK, John Thomas; '75 MBA; Sr. VP; Systematics Inc., 777 Rockwell Ave., Cleveland, OH 44114, 216 523-3001; r. 2124 Samson Cir., Hudson, OH 44236, 216 656-9853.

MONKS, Paul Thomas; '78 BSBA; Parts Mgr.; Century Equip. Inc., 4199 Leap Rd., Hilliard, OH 43026, 614 771-9995; r. 1918-A S. Hulmac, Columbus, OH 43229, 614 888-2516.

MONNETT, COL James F.; '64 BSBA; Col. Deputy Cdr.; USAF, Resource Management, 26 TRW/RM APO, Apo New York, NY 09860; r. Box N6R 2061 APO, New York, NY 09860.

MONNETT, Kenneth Eugene; '63 BSBA; Sr. VP/Treas.; Natl. Revenue Corp., 2323 Lake Club Dr., Columbus, OH 43232, 614 864-3377; r. 1639 Ridgeway Pl., Columbus, OH 43212, 614 486-8284.

MONNETTE, Ms. Nancy Sue; '73 BSBA; Advanced Acctg. Analyst; Marathon Oil Co., POB 2690, Cody, WY 82414, 307 587-4961; r. 1025 Red Butte, POB 2314, Cody, WY 82414, 307 587-9218.

MONNIG, Donald J.; '57 BSBA; Supv. Mgmt. Analyst; HQ AF Logistics Cmd. USAF, Resources Dir., Wright Patterson AFB, OH 45433, 513 257-6245; r. 2429 Westlawn Dr., Kettering, OH 45440, 513 434-4588.

MONNIN, Michael Joseph; '85 BSBA; 9588 Lindberg Blvd., Olmsted Falls, OH 44138, 216 235-1706.

MONRO, John Lee; '80 BSBA; Ofc. Mgr.; Ashland Chemical Co., 8610 Enterprise Dr., Newark, CA 94560, 415 794-7784; r. 5508 Jonathan Dr., Newark, CA 94560.

MONROE, John D.; '50; Realtor; r. 1520 Imperial Golf C. Blvd., Naples, FL 33942, 813 597-9513.

MONROE, Kenneth Ellsworth; '68 BSBA; Dir./Survey Rsch.; American Med. Assn., 535 N. Dearborn, Chicago, IL 60610; r. 1122 Franklin Ln., Buffalo Grove, IL 60090.

MONROE, Robert Franklin; '59 BSBA; Plant Engrg.; General Dynamics Corp., Land Systs. Division, 1161 Buckeye Rd., Lima, OH 45804, 419 221-8317; r. 1537 Adak Ave., Lima, OH 45805, 419 991-1320.

MONROE, Sally Longstreth; '57 BSBA; 1010 Catawba Valley Dr., Cincinnati, OH 45226, 513 871-1568.

MONROE, Tracie Elizabeth; '86 BSBA; Lbr. & Overhead Analst; The Ford Motor Co., Sandusky Plastics Plant, 3020 Tiffin Ave., Sandusky, OH 44870, 419 627-3512; r. 412 Fulton St., Apt.# 3, Sandusky, OH 44870, 419 626-8543.

MONSARRAT, Mark Peters; '80 MBA, '73 BSME, '74 MSME; Monsarrat Artworks, POB 881724, San Francisco, CA 94188, 415 824-8819; r. 170 Bocana St., San Francisco, CA 94110.

MONSOUR, Darcey Lynn; '83 BSBA; Acct.; Martin Marietta Corp., 6801 Rockledge Dr., Bethesda, MD 20817; r. 24612 Showbarn Cir., Damascus, MD 20872.

MONSOUR, Mary Louise; '81 BSBA; Account Exect.; Mead Data Central, 1121 L St., St. 1000, Sacramento, CA 95814, 916 441-6626; r. 3849 V St., Sacramento, CA 95817.

MONTAG, Harold Anthony; '23 BSBA; Retired; r. 7358 Caminito Carlotta, San Diego, CA 92120, 619 286-8779.

MONTAG, Nancy, (Nancy Wolfe); '59 BSBA; Educational Aide; Centennial HS, 1441 Bethel Rd., Columbus, OH 43220, 614 365-5491; r. 5053 Sharon Hill Dr., Worthington, OH 43235, 614 451-3805.

MONTAGNESE, Carol A., (Carol A. Borowicz); '77 BSBA; Mgr. Budget/Cost Acctg.; Allegheny Gen. Hosp., 320 E. North Ave., Pittsburgh, PA 15212, 412 359-3778; r. 2395 Fairhill Rd., Sewickley, PA 15143, 412 741-1693.

MONTAGNO, Anthony Joseph; '71 BSBA; Mgr./Production; H J Heinz Co., 1200 N. Fifth St., Fremont, OH 43420, 419 332-7357; r. 1192 Buchman, Fremont, OH 43420, 419 332-6635.

MONTAGUE, John; '85 BSBA; Account Exec.; Ashton-Tate, 70 Walnut St., Wellesley, MA 02181, 617 239-8050; r. 14 Warren Ave., Boston, MA 02136, 617 690-1517.

MONTAGUE, Nancy Duncan; '80 BSBA; 400 New Jersey Ave. SE, Washington, DC 20003, 202 547-4906.

MONTAGUE, Robert Cameron; '79 BSBA; Distribution Oper. Mgr.; Glaxo Inc., POB 12359, 2500 S. Alston Ave., Rsch. Triangle Park, NC 27709, 919 248-2484; r. 309 Gregory Dr., Cary, NC 27513, 919 481-1047.

MONTALBINE, Christopher John; '87 MLHR; Human Resources Mgr.; Eaton Corp., POB 2487, Sanford, NC 27330, 919 776-8451; r. 2914 Keith Dr., Sanford, NC 27330, 919 776-8793.

MONTANARI, William R.; '49 BSBA; Entrepreneur; 4466 Norwell Dr., E., Columbus, OH 43220, 614 442-6585; r. Same.

MONTANARO, LT Joseph A.; '60 BSBA; Retired Pilot; r. 140 Lakeshore W., Lake Quivira, KS 66106, 913 631-0838.

MONTAVON, Harry Fredrick; '82 BSBA; VP/Sales Dir.; John M. Mendez Inc., 20 W. 55th St., New York, NY 10019, 212 582-9834; r. 70 E. 12th St., Apt. #4B, New York, NY 10003, 212 529-5730.

MONTECALVO, Richard Leonard; '66 BSBA; Sales Rep.; Marsh Instrument Co., POB 1011, Skokie, IL 60076; r. 2170 W. Broadway Ste. #540, Anaheim, CA 92804.

MONTEI, Tom Ross; '50 BSBA; Semiretired Stock Mkt.; r. 1399 Brookwood Pl., Columbus, OH 43209, 614 236-1226.

MONTELEONE, Anthony J.; '58 BSBA; Spanish Tchr.; Salem SHS; r. 1094 N. Ellsworth Ave., Salem, OH 44460, 216 337-7164.

MONTELLO, Lisa Marie; '88 BSBA; Personal Cnslt.; Dawson Personal, 55 Public Sq., Cleveland, OH 44141, 216 771-8100; r. 32000 Cedar Rd., Pepper Pike, OH 44124, 216 449-0595.

MONTELLO, Thomas C.; '82 BSBA; Sales/Advt.; r. 18705 Newell Rd., Shaker Hts., OH 44122, 216 921-9188.

MONTELONE, Randall Joseph; '73 BSBA; Grange Mutural, Columbus, OH 43211, 614 445-2900; r. 6673 Skywae Dr., Columbus, OH 43229, 614 890-8324.

MONTER, Michael George; '81 BSBA; Sales Engr.; US Amada, Ltd., 7025 Firestone Blvd., Buena Park, CA 90621; r. 523 Wellman Ave., N. Chelmsford, MA 01863, 508 251-7732.

MONTER DURBAN, Kathleen Marie; '79 BSBA; Property Acquistion Dir.; Broadway Area Housing Coalition, Cleveland, OH 44127, 216 429-1182; r. 1310 W. 106th St., Cleveland, OH 44102, 216 961-5112.

MONTESANO, Joseph J.; '63 MBA; Dir. of Bus.; Norwich Pharmacal Co., Morton Norwich Products Inc, 13 27 Eaton Ave., Norwich, NY 13815; r. 13 27 Eaton Ave., Norwich, NY 13815.

MONTEVIDEO, Michael Angelo; '78 MBA; Asst. Treas.; F H P, Inc., 9900 Talbert Ave., Fountain Vly., CA 92728, 714 963-7233; r. 31066 Via Madera, San Juan Capistrano, CA 92675, 714 661-2342.

MONTEVIDEO, Richard Gary; '81 BSBA; Atty.; Rutan & Tucker, 611 Anton Blvd., Ste. 1400, Costa Mesa, CA 92626, 714 641-5100; r. 33032 Terrapin Ct., San Juan Capistrano, CA 92675, 714 493-7605.

MONTGOMERY, Mrs. Barbara A., (Barbara A. VanAtta); '46 BSBA; Retired Librarian; Vandalia Butler HS, Vandalia, OH 45377; r. 5264 Diamond Mill Rd., Brookville, OH 45309, 513 837-6666.

MONTGOMERY, Brian; '84 BSBA; Principal Analyst; Mead Data Central, POB 933, Dayton, OH 45401, 513 865-1274; r. 1155 Case Ct., Miamisburg, OH 45342, 513 859-8433.

MONTGOMERY, Dennis Eugene; '66 BSBA; Regional Mgr.; Children's Palace, 2400 Mc Gaw Rd., Obetz, OH 43207, 614 497-2720; r. 6538 Riverton Cir., Pickerington, OH 43147, 614 837-4418.

MONTGOMERY, Dorothy '54 (See Maurer, Dorothy Montgomery).

MONTGOMERY, Edna '74 (See Amesquita, Mrs. Edna Montgomery).

MONTGOMERY, Everett Leonard; '61 BSBA; Warehouse Mgr.; Columbia Chem. Co., Atlanta, GA 30301; r. 720 Fairfield Dr., Marietta, GA 30067, 404 565-7948.

MONTGOMERY, LTC Harold C., USMC(Ret.); '42 BSBA; 17505 NE Flanders St., Portland, OR 97230, 503 252-4497.

MONTGOMERY, James J.; '30 BSBA; Owner/Mgr. Agri.-Bus.; Montgomery Farms, 348 Johnson Rd., Deerfield, OH 44411; r. RFD 6, Deerfield, OH 44411, 216 584-3690.

MONTGOMERY, John Ruffner; '63 BSBA; Pres.; Dealers Lumber Co., 1900 E. Long St., Columbus, OH 43219, 614 252-2123; r. 1670 Doone Rd., Columbus, OH 43221, 614 486-5562.

MONTGOMERY, Leroy Noble; '64 BSBA; Pres.; Montgomery Music Co., 2408 Tiffin Ave., Sandusky, OH 44870; r. 134 Jackson St., Apt. 9, Sandusky, OH 44870.

MONTGOMERY, Margaret '65 (See Cole, Ms. Margaret M.).

MONTGOMERY, Michael Joseph; '87 BSBA; 7392 Fall Creek Ln., Worthington, OH 43085.

MONTGOMERY, Reid John; '32 BSBA; Retired; r. Laurel Lakes, Hudson, OH 44211, 216 928-4102.

MONTGOMERY, Richard Lee; '71 BSBA; Secy.-Treas.; Star Constr., 1225 Tamiami Tr., Port Charlotte, FL 33952; r. 4534 Colleen St., Port Charlotte, FL 33952, 813 629-0090.

MONTGOMERY, Robert William, Jr.; '63 BSBA; RE Developer/Broker; Outreach Realty, POB 283, Woodburn, OR 97071, 503 981-7447; r. 5373 Verda Ln., Salem, OR 97303, 503 393-7066.

MONTGOMERY, Timothy Scott; '80 BSBA; Acct.; Cincinnati Milacron, 4701 Marburg Ave., Cincinnati, OH 45209, 513 841-8875; r. 2733 N. State Rte. 48, Lebanon, OH 45036, 513 932-0375.

MONTGOMERY, Yolonda D., (Yolonda D. Murph); '80 BSBA; Member Prof. Staff; Geodynamics Corp., c/o IBM Zone 103, Rm. 2Y74, 18100 Frederick Rd., Gaithersburg, MD 20879, 301 240-4013; r. 1820 Lasalle Pl., Severn, MD 21144, 301 551-7783.

MONTIE, Jeffrey William; '85 MBA; Asst. Brand Mgr.; Procter & Gamble Co., 301 E. 6th St., POB 599, Cincinnati, OH 45202; r. 125 Brentwood Dr., Battle Creek, MI 49015.

MONTROSE, Barry P.; '84 BSBA; Audit Mgr.; Cardinal Lodging Grp., 2255 Kimberly Pkwy. E., Columbus, OH 43232, 614 755-6278; r. 4616 Chesapeake Ct., Columbus, OH 43220, 614 451-4951.

MONUS, Nathan H.; '45; Retired; r. 1380 Virginia Tr., Youngstown, OH 44505, 216 759-1044.

MOODESPAUGH, Charles A.; '59 BSBA; Production Engr.; Kusan Inc., 3206 Belmont Blvd., Nashville, TN 37212; r. 108 Amy Ct., Franklin, TN 37064, 615 790-1255.

MOODY, David C.; '56 BSBA; Salesman; Mansfield Plating Companytng, 153 E. 5th St., Mansfield, OH 44901; r. 1166 Devonwood Rd., Mansfield, OH 44907, 419 756-0267.

MOODY, Dwight L.; '58 BSBA; Proprietor; Moodys Paper Store, 559 High St., Worthington, OH 43085; r. 559 High St., Worthington, OH 43085, 614 846-5570.

MOODY, Gilbert; '34 BSBA; Cnslt. Clu; MONY Financial Svcs., POB 20283, Columbus, OH 43220, 614 457-6080; r. 331 Tequesta Dr., Apt. 216, Tequesta, FL 33469, 407 746-6436.

MOODY, Richard James; '78 BSBA; Pres.; Moody-Woodley Mgmt. Corp., 1250 W. Dorothy Ln., Dayton, OH 45409, 513 293-1149; r. 6410 Hidden Hills Dr., Centerville, OH 45459, 513 434-3870.

MOODY, Robert E.; '71 BSBA; Sanitation Mgr.; The Quaker Oats Co., 1171 W. Center St., Marion, OH 43302; r. 1075 Amboise Dr., Marion, OH 43302, 614 389-4363.

MOODY, Hon. Tom; '54 BSBA; 945 Stoney Creek Rd., Worthington, OH 43085, 614 888-9918.

MOODY, Tracey Katherine, (Tracey Katherine Cannon); '87 BSBA; Mktg. Mgr.; Cannon Grp., Inc., Blendonview Ofc. Park, 5037 Pine Creek Dr., Westerville, OH 43081, 614 890-0343; r. 5459 Hazelwood Rd., Columbus, OH 43229, 614 885-6157.

MOOERS, Jonathan Kevin; '85 BSBA; Engr. Staff; Honda of America Mfg., 2400 US Rte. 33, Marysville, OH 43040, 513 642-5000; r. 6896 Sparrow Rd., W. Worthington, OH 43235, 614 792-3631.

MOON, Bryan Larry; '86 BSBA; 509 S. High, Mt. Orab, OH 45154, 513 444-2923.

MOON, David D.; '63 BSBA; Pres./Treas./Dir.; Greenfield Printing & Pub Co., 1025 N. Washington St., Greenfield, OH 45123, 513 981-2161; r. 615 Franklin Dr., Greenfield, OH 45123, 513 981-2962.

MOON, COL Lloyd Binford, USAF(Ret.); '67 MBA; Rte. 3 Box 270D, Sumter, SC 29154, 803 494-3234.

MOON, Matthew Allan; '84 BSBA; Student; The Ohio State Univ., 190 N. Oval Mall, Columbus, OH 43210; r. 3256 Indianola Ave., Apt. D, Columbus, OH 43202, 614 267-3407.

MOON, Sung-Ho; '87 MBA; 81-8 Ku Ki Dong, Chong Ro Ku, Seoul, Korea.

MOONEY, Christopher Patrick; '82 BSBA; Contract Auditor; American Electric Power, POB 700, Lancaster, OH 43130, 614 687-3162; r. 622 Sheridan Dr., Lancaster, OH 43130, 614 654-4987.

MOONEY, David D.; '63 BSBA; Assoc. VP; Nationwide Ins. Co., Group Insurance Operations, One Nationwide Plz., Columbus, OH 43216; r. 53 W. Cooke Rd., Columbus, OH 43214, 614 268-7207.

MOONEY, Dennis Paul; '72 BSBA; State Tax Spec.; Herman Miller Inc., 8500 Byron Rd., Zeeland, MI 49464, 616 772-3422; r. 1340 Northlawn NE, Grand Rapids, MI 49505, 616 361-7146.

MOONEY, Gary Michael; '71 BSBA; Mgr.; Arthur Andersen & Co., 711 Louisiana Ste. 1300, Houston, TX 77002; r. 1226 Shillington Dr., Katy, TX 77450, 713 492-7648.

MOONEY, Kathleen J.; '88 BSBA; 294 Dallas Ave., New Lexington, OH 43764, 614 342-1070.

MOONEY, Maryanne Esping; '76 BSBA; 1226 Shillington Dr., Katy, TX 77450, 713 492-7648.

MOONEY, Michael Franklin; '82 BSBA; Staff; Equitable Fed. S&L, 6066 Busch Blvd., Columbus, OH 43229; r. 3290-2G Lynn Ridge Dr., Raleigh, NC 27612, 919 848-8762.

MOOR, Amanda Jane; '81 BSBA; Systs. Analyst; Electronic Data Syst., Cincinnati, OH 45246; r. 452 Glensprings Dr. #C, Cincinnati, OH 45246, 513 825-6441.

MOOR, Lois Marconnet, (Lois Marconnet); '52 BSBA; Retired; r. 2465 Farleigh Rd, Columbus, OH 43221, 614 488-6882.

MOOR, Mary Ivens, (Mary Ivens); '53 BSBA; 3818 Maize Rd, Columbus, OH 43224, 614 267-2367.

MOORE, Ann C. '85 (See Miller, Ann M.).

MOORE, Ann L. '85 (See King, Mrs. Ann L.).

MOORE, Bailey Kevin; '87 BSBA; 4494 Quick Rd., Peninsula, OH 44264, 216 929-1606.

MOORE, Ms. Beth Elaine; '86 BSBA; Computer Programmer; A P Parts, One John Goerlich Sq., Toledo, OH 43624, 419 259-3461; r. 102 E. Washington St., Montpelier, OH 43543, 419 485-3479.

MOORE, Bradley Dean; '81 BSBA; Owner; Moore Pizza, 1868 Cherry Valley Rd., Newark, OH 43055, 614 522-6929; r. 140 Marks Dr. N.E., Newark, OH 43055, 614 345-3510.

MOORE, Brian Harold, CPA; '64 BSBA; Owner; Peat Marwick Main & Co., Decatur, IL 62525; r. 28 Whirlaway Dr., Mt. Zion, IL 62549, 217 864-3635.

MOORE, Catherine J. '79 (See Linton, Catherine M.).

MOORE, Charles A.; '41 BSBA; Owner; Colonial Restaurants Inc., 4002 New Haven Ave., Ft. Wayne, IN 46803; r. 2207 Springfield Dr., Ft. Wayne, IN 46805, 219 484-9264.

MOORE, Charles La Verne, Jr.; '77 MBA; Atty.; GE, Research & Devel. Ctr., POB 8, Schenectady, NY 12301; r. Chancellor, London Sq. Apts., Clifton Park, NY 12065, 518 383-6630.

MOORE, Cheryl Lyn; '84 BSBA; Programmer; Nationwide Ins., One Nationwide Plz., Columbus, OH 43216, 614 227-4799; r. 1555 Cardiff Rd., Columbus, OH 43221, 614 488-6552.

MOORE, Dana Eugene; '84 BSBA; Box 148, Damascus, OH 44619.

MOORE, Daniel David; '74 BSBA; Mgr. of Acctg.; Harris Corp., Inf Systs. Internat Div, POB 9831, Melbourne, FL 32901; r. 1255 Jackson Ave., Reynoldsburg, OH 43068, 614 866-6414.

MOORE, David Elwood; '74 BSBA; 16 Morningside Dr., Shelby, OH 44875, 419 347-8212.

MOORE, David Russell; '88 BSBA; 2881 Mounts Rd., Alexandria, OH 43001, 614 924-6081.

MOORE, David Wilson; '40 BSBA; Exec. VP; Quality Courts Motels Inc., 11161 New Hampshire Ave., Silver Spg., MD 20904; r. 926 Greenbriar Rd, Hagerstown, MD 21740.

MOORE, Dawn Anita; '85 BSBA; 16516 Throckley, Cleveland, OH 44128, 216 561-3396.

MOORE, Dennis Robert; '69 BSBA; Sr. Credit Admin.; Borden Inc., 180 E. Broad St., Columbus, OH 43215, 614 225-7548; r. 103 Letchworth, Columbus, OH 43204, 614 276-4608.

MOORE, Dianna R.; '87 BSBA; 3234 Pine Hills Dr. SW, Massillon, OH 44646, 216 833-9635.

MOORE, Donald Newton; '55 BSBA; Pres.; Luma Glas Inc., 11 Industrial Ave., Upper Saddle River, NJ 07458, 201 825-1333; r. 405 Blauvelt Ave., Ho-Ho-Kus, NJ 07423, 201 652-6964.

MOORE, Earl F., Jr.; '47 BSBA; Retired; r. 307 Picardy Pl., Boise, ID 83706, 208 344-5263.

MOORE, Edward Roe; '32 BSBA; Retired; r. 6450 Alkire Rd., Galloway, OH 43119, 614 878-5519.

MOORE, Emmett Richard; '51 BSBA; Atty.; 900 Central Trust Twr., Cincinnati, OH 45202, 513 381-9200; r. 3475 Boudinot Ave., Cincinnati, OH 45211, 513 661-1213.

MOORE, Franklin Given, PhD; '28 BSBA, '32 MA, '39 PhD (BUS); Prof. Emeritus; Univ. of Michigan; r. 2255 Glendaloch Rd, Ann Arbor, MI 48104, 313 971-6671.

MOORE, Gerald Allen; '66 BSBA; 411 Twelve Oaks Tr., Xenia, OH 45385, 513 429-2320.

MOORE, Gordon Fairle, II; '74 BSBA; Atty.; Archer & Greiner, One Centennial Sq., Haddonfield, NJ 08033, 609 795-2121; r. 208 Mount Vernon Ave., Haddonfield, NJ 08033, 609 428-8712.

MOORE, Herff Leo, Jr.; '64 BSBA; Capt. Usaf Ret/Studnt; Eastern Kentucky Univ., Dept. of Business Admin, Richmond, KY 40475; r. Eastern Kentucky University, Dept. of Business Admin, Richmond, KY 40475.

MOORE, Howard Benford; '49 BSBA; Retired Pres.; Cee Bee Steel Co. Inc.; r. 30574 Old Coast Rd., POB 1154, Gold Bch., OR 97444, 503 247-6901.

MOORE, Mrs. Ida P., (Ida P. Ortega); '82 BSBA; Acct.; r. 182 Garden Rd, Columbus, OH 43214, 614 267-1766.

MOORE, James Franklin; '61; CEO; Colonial Federal S&L, 201 Columbus Ave., Bellefontaine, OH 43311, 513 593-2010; r. 341 N. Barron St., Kenton, OH 43326, 419 673-7139.

MOORE, James L.; '66 BSBA; Appraisal Supv.; Kansas Dept. of Revenue, 1309 SW Western Ave., Topeka, KS 66604, 913 296-2365; r. 5552 Naiche Rd., Columbus, OH 43213, 614 755-4479.

MOORE, James Lee, Jr.; '59 BSBA; Compensation Spec.; US Postal Svc., 475 L'Enfant Plz., Washington, DC 20260, 202 268-4205; r. 10129 Ranger Rd., Fairfax, VA 22030, 703 385-3574.

MOORE, Jane Neptune; '81 BSBA; 482 Park Blvd., Worthington, OH 43085, 614 436-3617.

MOORE, Janice H. '49 (See McDonald, Mrs. Janice H.).

MOORE, Jason Hurd; '41 BSBA; Retired; r. 4706 Nelson Mosier Rd., Southington, OH 44470.

MOORE, Jay Paul; '84 BSBA; Natl. Account Mgr.; MCI Telecommunications, 3600 W. Broad St., Ste. 680, Richmond, VA 23230, 804 353-3073.

MOORE, Jean Staudt; '69 BSBA; Atty.; Hogan & Hartson, 815 Connecticut Ave. NW, Washington, DC 20006; r. 1419 Janney's Ln., Alexandria, VA 22302, 703 370-4627.

MOORE, Jeffery Lynn; '79 BSBA; Systs. Analyst; Columbus Mutual Life Ins. Co., 303 E. Broad, Columbus, OH 43216, 614 221-5875; r. 2136 Summer Breeze Dr., Columbus, OH 43223, 614 276-4423.

MOORE, John Raymond; '36 BSBA; Retired; r. 528 Acton Rd, Columbus, OH 43214, 614 263-0774.

MOORE, Kenneth Parlette; '24 BSBA; 3700 N. Piqua Troy Rd, RR 1, Troy, OH 45373, 513 339-8169.

MOORE, Kevin M.; '86 BSBA; Salesman; Tom Wood Pontiac, 7550 E. Washington, Indianapolis, IN 46260; r. 8253 N. Harcourt Rd., 221-B, Indianapolis, IN 46260, 317 631-1404.

MOORE, Kimberly '81 (See Leetch, Kimberly M.).

MOORE, Linda A., (Linda K. Adrian); '84 BSBA; Acct.; Edward D. Garris CPA, 122 Park Rd., Charlottesville, VA 22903, 804 979-1112; r. Same, 804 295-8311.

MOORE, Mrs. Margery A., (Margery A. Aydelott); '37 BSBA; Retired; r. 393 Richards Rd., Columbus, OH 43214, 614 267-6280.

MOORE, Marion Greegor; '41 BSBA; Homemaker; r. 13 Hidden Valley Ln., Newtown Crossing, Newtown, PA 18940.

MOORE, Mark Edward; '76 BSBA; Staff Auditor; Arthur Andersen & Co., 150 S. E. 2nd Ave., Miami, FL 33128; r. 6300 S. Pointe Blvd. SW, #425, Ft. Myers, FL 33919, 813 482-0739.

MOORE, Mary Gordon; '65 BSBA; Tchr.; Xenia City Sch. Syst., 124 E. Church, Xenia, OH 45385; r. 1363 Regency Dr., Xenia, OH 45385, 513 372-3213.

MOORE, Maura Louise; '84 BSBA; Asst. Mktg. Dir.; Real Find Mortgage Co., Div of State Savings Bank, 3800 W. Dublin/Granville Rd., Dublin, OH 43017, 614 764-1423; r. 3690 Santiago Dr., Westerville, OH 43081, 614 882-1687.

MOORE, Maurice Jerry; '64 BSBA; 3737 Gooding Rd., Conklin, MI 49403, 616 899-2410.

MOORE, Michael Dennis; '75 BSBA; Acctng Systs. Admin.; Motorists Mutual Ins. Co., 471 E. Broad St., Columbus, OH 43215; r. 735 Jonsol Ct., Gahanna, OH 43230, 614 475-6398.

MOORE, Michael Roger; '88 MLHR; 5860 Woolman Ct., Parma, OH 44130, 216 888-2443.

MOORE, Natalie Kiyoko; '87 MBA; 315 E. 73rd #11, New York, NY 10021.

MOORE, Norman Craig; '83 BSBA; Ins. Analyst; Putnam Ins. Agcy., 4161 N. High St., Columbus, OH 43214, 614 267-1269; r. 541 Longhurst Dr. E. #8, Columbus, OH 43228, 614 274-3991.

MOORE, Pamela M., (Pamela M. Spitzig); '79 BSBA; Acct.; r. 4708 Big Oak Bend, Marietta, GA 30062, 404 594-9342.

MOORE, Pamela S.; '87 BSBA; Mktg. Coord.; Equitable Savings a Div. of Citizens Fed. Bk., Miami, FL, 6800 N. High St., Worthington, OH 43085, 614 848-4664; r. 7616 S. Oakbrook Dr., Reynoldsburg, OH 43068, 614 759-9231.

MOORE, Patrice Ellen, (Patrice Ellen Dilworth); '88 MPA; Occupatnl Therapist; Ohio Sch. for the Deaf, 500 Morse Rd., Columbus, OH 43214, 614 888-1550; r. 4300 Maynard Rd., Delaware, OH 43015, 614 881-5991.

MOORE, Mrs. Patricia L., (Patty L. Gladys); '78 BSBA; Jazzercise Instr.; Broadview Hts., OH 44147, 216 833-1410; r. 2145 Rusnak Tr., Broadview Hts., OH 44147.

MOORE, Paul Thomas; '88 MBA; 3600 Beulah Rd., Apt. A, Columbus, OH 43224, 614 267-2771.

MOORE, Paul Warren; '81 BSBA; Chief of Security; r. 534 Seahawk Rd., Apt. A, Milton, FL 32570.

MOORE, Richard Hall; '64 BSBA; Exec. VP; Berwanger Overmyer Assocs., Ins. & Risk Mgmt., 2245 N. Bank Dr., Columbus, OH 43220, 614 457-7000; r. 2212 Sheringham Rd., Columbus, OH 43220, 614 451-8826.

MOORE, Richard Roth; '50 BSBA; Atty.; Richman Bros. Co., 1600 E. 55th St., Cleveland, OH 44103; r. 185 Norwood Dr., Chagrin Falls, OH 44022, 216 247-5426.

MOORE, Richard William; '72 BSBA; Assoc. Dir.; Bear Stearns & Co., 245 Park Ave., New York, NY 10167, 212 272-2000; r. 58 Beverly Rd., Summit, NJ 07901, 201 273-4498.

MOORE, 1LT Robert George, Jr.; '83 BSBA; 1Lt Usaf/Manpwr Mgmt.; USAF, 1600Th Mgmt Engrng Squadron, Altus AFB, OK 73523; r. 7205 W. Mercer Ln., Peoria, AZ 85345, 602 979-6028.

MOORE, Robert I.; '79 BSBA; Data Processing Mgr.; Warner Storage Inc., 14800 Brookpark Rd., Cleveland, OH 44135, 216 676-0500; r. 8110 Whitehaven Dr., Parma, OH 44129, 216 884-0196.

MOORE, Robert Joe; '60 BSBA; Dir.-Quality Mgmt.; Ofc. of Regulatory Activities, 801 17th St., NW, Washington, DC 20006, 202 331-4503; r. 8921 Copenhaver Dr., Potomac, MD 20854, 301 251-9212.

MOORE, Robert Kenneth; '83 BSBA; Underwriting Supr; Nationwide Ins., One Nationwide Plz., Columbus, OH 43216, 614 249-7111; r. 2613 Sawbury Blvd., Worthington, OH 43235.

MOORE, Robert Lee; '42; Dir.; The First Fed. Savings Bank, 1215 Superior Ave., Cleveland, OH 44114; r. 3150 Sheridan Rd., Portsmouth, OH 45662, 614 353-8606.

MOORE, Robert Scott; '74 BSBA; VP-CFO; The Acorn, 2705 Farmers Dr., Worthington, OH 43235; r. 7706 Strathmoore Rd., Dublin, OH 43017.

MOORE, Roger Lyle; '65 BSBA; Worldwide Bus. Dir.; E I du Pont de Nemours & Co., Engineering Polymers, 10th & Market Sts., Wilmington, DE 19898, 302 774-8938; r. 116 Fraser Pl., Newark, DE 19711, 302 239-2330.

MOORE, Rose '66 (See Wilson, Rose Moore).

MOORE, Roy Lee; '66; Asst. VP; Delaware Cnty. Bank, 41 N. Sandusky, Delaware, OH 43015; r. 4300 Maynard Rd., Delaware, OH 43015, 614 881-5991.

MOORE, Scott Lawrence; '88 BSBA; 16966 Bob White Cir., Strongsville, OH 44136, 216 238-1817.

MOORE, Scott Lewis; '85 BSBA; Mortgage Finance Rep.; Red Roof Inns Inc., 4355 Davidson Rd., Hilliard, OH 43026, 614 876-3393; r. 3598 Ridgewood Dr., Hilliard, OH 43026, 614 771-8698.

MOORE, Sharon Ann, (Sharon Ann Kremer); '86 BSBA; Analyst; Cincinnati Bell Info. Systs., 600 Vine St., POB 2301, Cincinnati, OH 45201; r. 1306 Michigan Ave., Cincinnati, OH 45208, 513 321-1854.

MOORE, Shawn Paul; '86 BSBA; Loan Adjustor; Farmers Bkg. Co., N. Main St., Bellefontaine, OH 43311, 513 593-7206; r. 904 N. Park, Bellefontaine, OH 43311.

MOORE, Shirley '57 (See Goldsmith, Shirley Moore).

MOORE, Stephanie Dibert, (Stephanie Dibert); '82 BSBA; Substitute Tchr.; r. 447 Lafayette Ave., Urbana, OH 43078, 513 653-5725.

MOORE, Steven Alan; '74 BSBA; Managing Dir.; Source Svcs. Corp., 135 N. Pensylvania St., Indianapolis, IN 46204, 317 631-2900; r. 212 Cranberry Dr., Greenfield, IN 46140, 317 326-3806.

MOORE, Steven Patrick; '84 BSBA; 2025 Cheyenne Dr., Scottsbluff, NE 69361, 308 635-3213.

MOORE, Sue, (Sue Mc Daniel); '61 BSBA; 1561 Kingsbury, Casper, WY 82609, 307 577-0942.

MOORE, Sue Ellen '63 (See Korpi, Ms. Sue Ellen Moore).

MOORE, Mrs. Susan E., (Susan E. Corwin); '80 BSBA; Planagram Coord.; Gold Circle Corporate Ofcs., 6121 Huntley Rd., Worthington, OH 43085, 614 438-4141; r. 2467 Abbotsford Way, Dublin, OH 43017, 614 792-2391.

MOORE, Susan K. '82 (See Varrasso, Susan K.).

MOORE, Teresa De Long; '84 BSBA; Investm. Prods Prod Coord; Cardinal Industries Inc., 8400 E. Broad St., Columbus, OH 43228, 614 755-6809; r. 3598 Ridgewood Dr., Hilliard, OH 43026, 614 771-8698.

MOORE, Terry Lee; '71 BSBA; Asst. Controller; Nationwide Automotive Inc., 3750 Courtright Ct., Columbus, OH 43227; r. 5776 Adventure Dr., Dublin, OH 43017, 614 792-2935.

MOORE, Terry Lee; '86 BSBA; Mgr. of Operations; Acorn, 2705 Farmers Dr., Worthington, OH 43235, 614 764-8868; r. 2224 Burgoyne Ct., Columbus, OH 43220, 614 451-7525.

MOORE, Thomas Davis; '83 MPA; Cnslt.; State of Ohio-Dept. of Health, Ofc. of Resources, 246 N. High St., Columbus, OH 43215; r. 374 Edinburgh Rd., Dublin, OH 43017, 614 766-9919.

MOORE, Thomas Edward; '62 BSBA; Staff; Mc Elroy Minster Co., 141 E. Town St., Columbus, OH 43215; r. 6220 Havens Rd., Blacklick, OH 43004, 614 855-9779.

MOORE, Timothy G.; '65; Box 1104 I Chapel Point Rd, Port Tobacco, MD 20677, 301 934-1953.

MOORE, Timothy Grant; '80 BSBA; Prog. Dir./Announcer; WKSQ 'KISS 94 FM' Radio, Box 9494 Buttermilk Rd., Ellsworth, ME 04605, 207 667-7573; r. RFD 1 Box 444M, Ellsworth, ME 04605, 207 667-2618.

MOORE, Timothy John; '78 BSBA; Dist. Mgr.; Harris/3M Document Processing, 6625 the Corners Pkwy., Ste. 120, Norcross, GA 30092, 404 446-9124; r. 4708 Big Oak Bend, Marietta, GA 30062, 404 594-9342.

MOORE, Vicki Fisher; '85 BSBA; Merchandise Coord.; The Ltd. Inc., One Limited Pkwy., POB 16528, Columbus, OH 43216; r. 4369 Blythe Rd., Columbus, OH 43224.

MOORE, Virginia '68 (See Ingram, Ms. Virginia Moore).

MOORE, Walter Graham, Jr.; '51 BSBA; Retired; r. POB 242, Burgaw, NC 28425, 919 259-5656.

MOORE, William Bascom; '81 BSBA, '83 MBA; Actuarial Rsch. Analyst; Midland Mutual Life Ins., 250 E. Broad St., Columbus, OH 43215, 614 228-2001; r. 3660 W. Horizons Dr., #305, Columbus, OH 43204, 614 276-8665.

MOORE, William L.; '51 BSBA; 20000 Lorain Rd., #202, Cleveland, OH 44126, 216 356-2074.

MOORE, William Patrick; '60 BSBA; Appraisal Ofcr.; Central Natl. Bank of Cleveland, 800 Superior Ave., Cleveland, OH 44114; r. 20235 Parklane Dr., Rocky River, OH 44116, 216 333-2483.

MOORE, Dr. Willie M.; '87 PhD (BUS); Asst. Prof.; Drake Univ., Clg. of Bus & Public Admin., Des Moines, IA 50311, 515 271-3159; r. 5505 Aurora Ave., #16, Des Moines, IA 50310, 515 276-3983.

MOOREHEAD, John Clifford; '72 BSBA; Sales Rep.; Reynolds & Reynolds, 2500 Mc Cain Pl., N. Little Rock, AR 72116; r. 16 Piney Cove Manor, Maumelle, N. Little Rock, AR 72118, 501 851-3370.

MOOREHEAD, Robert W.; '60 BSBA; Tax Acct.; BP America, 200 Public Sq., Cleveland, OH 44114, 216 586-5249; r. 30151 Eddy Rd., Willoughby, OH 44094, 216 944-5311.

MOORHEAD, Daniel Otis; '82 MPA; Personnel Ofcr.; Ohio Dept. of Transportation, 25 S. Front St., Columbus, OH 43215, 614 466-3353; r. 1715 Guilford Rd., Columbus, OH 43221, 614 486-3469.

MOORHEAD, Lois Fenton; '31 BSBA; Homemaker; r. 9067 Liberty Twp. Rd 89, Findlay, OH 45840, 419 423-1784.

MOORMAN, Charles Lester; '71 BSBA; Dist. Finance Mgr.; Xerox Corp., 1 First National Plz., Dayton, OH 45401, 800 762-2347; r. 5308 Ridgewood Rd. E., Springfield, OH 45503, 513 322-0637.

MOORMAN, Steven Earl; '75 BSBA; 308 Oak Dr., Spencerville, OH 45887, 419 647-6418.

MORABITO, Joanne '85 (See Unites, Mrs. Joanne M.).

MORALES, Egdilio J.; '86 MPA, '87 MLHR; Labor Relations Spec.; State of Ohio, 65 E. State St., 16th Fl., Columbus, OH 43215, 614 466-0570; r. 3230 Indianola Ave., Columbus, OH 43202, 614 268-9207.

MORALES, Michael Angelo; '85 BSBA; Programmer/Analyst; Nationwide Ins., 2 Nationwide Plz., Columbus, OH 43215, 614 249-8809; r. 371 Halsbury Cir., Gahanna, OH 43230, 614 476-4258.

MORAN, Ms. Christina Marie; '87 BSBA; Production Supv.; The Dial Corp., 110 W. First St., London, OH 43140, 614 852-3621; r. 4508 Hyatt Ct. N. #7, Columbus, OH 43228, 614 275-4838.

MORAN, Kurtis Lee; '83 BSBA; Acct.; Marathon Oil Co., POB 2690, Cody, WY 82414, 307 587-4961; r. 116 Robertson St., Cody, WY 82414, 307 587-2584.

MORAN, Margaret Petersen; '82 BSBA; 4502 Christina Ln., Columbus, OH 43230.

MORAN, Mrs. Mary Pat, (Mary Pat Cosgriff); '80 BSBA; Info. Systs. Coord.; Masco Industries-NI, 39600 Orchard Hill Pl., Novi, MI 48080, 313 349-6900; r. 15615 Parklane, Livonia, MI 48154, 313 464-6449.

MORANDO, Rocco J.; '83 BSBA; Dist. Sales Mgr.; Stuart Pharmaceuticals, Div. of ICI Americas, Inc., Concord Pike & New Murphy Rd, Wilmington, DE 19897; r. 4900 Ballentine, Shawnee, KS 66203.

MORANTZ, Mardi J.; '76 MBA; Mgmt./Systs./Analyst; State of Ohio-Computer Svcs., 30 E. Broad St., 3rd Fl., Columbus, OH 43266, 614 466-7405; r. 1416 Striebel Apt. 206, Columbus, OH 43227.

MORANZ, Marvin; '40; Sales Supv.; Tamarkin Co., 555 N. Meridian Ave., Youngstown, OH 44509; r. 6255 N. Camimo Pimeria Alta, #123, Tucson, AZ 85718, 602 577-3303.

MORAR, Melanie S. '85 (See Fidler, Mrs. Melanie Sue).

MORAVICK, Doris Jean; '82 BSBA; Software Spec.; Digital Equip. Corp., 4888 Loop Central, Ste. 200, Houston, TX 77081, 713 953-2771; r. 414 Woodrail, Webster, TX 77598, 713 486-5352.

MORAVICK, Mary Ann; '79 BSBA; Underwriting Account Exec; Aetna Casualty & Surety, 525 Vine St., Cincinnati, OH 45202, 513 579-3480; r. 4006 Nob Hill Dr., Ft. Thomas, KY 41075, 606 781-2710.

MORBECK, Mrs. Janet N., (Janet Nordstrom); '75 MBA; Systs. Analyst; United Mc Gill, 1 Mission Park, Groveport, OH 43125; r. 3814 Hillside Tr., Grapevine, TX 76051.

MORDARSKI, Richard A.; '66 BSBA; Dir.-Mktg.; Glas-Craft Inc., 5845 82nd St., Ste. 102, Indianapolis, IN 46278, 317 875-5592; r. 130 N. Main St., Apt. 3, Zionsville, IN 46077, 317 873-4406.

MOREAU, John A.; '85 BSBA; Asst. Supt.; New Towne Grp. Inc., 5840 Sawmill Rd., Dublin, OH 43017; r. 6594 Liggett Rd., Amlin, OH 43002.

MOREHEAD, Jane L.; '48 BSBA; Retired; r. 2081 Thornhill Dr., Akron, OH 44313, 216 836-2087.

MOREHEAD, Lisa '81 (See Brant, Lisa Morehead).

MORELAND, Gregory Dean; '74 BSBA, '76 MBA; Acquisition Programs Mgr.; Ford Motor Co., The American Rd., Dearborn, MI 48121, 313 322-9749; r. 42144 Crestview Cir., Northville, MI 48167, 313 344-4358.

MORELLI, Peter Joseph, II; '83 MA; 83 Princeton St., Garden City, NY 11530, 516 437-4607.

MORENO, Maria Victoria; '75 BSBA; Carrera 29 No 50 34, Bucaramanga, Colombia.

MORENO-CAAMANO, Carlos; '84 BSBA; POB 595, Pataskala, OH 43062, 614 927-6901.

MORGAN, Amy Jean; '83 BSBA; Store Mgr.; Louis Vuitton, 180 Peachtree St. NW, Atlanta, GA 30303, 404 221-7939; r. 2452 Inverloch Cir., Duluth, GA 30136, 404 497-8045.

MORGAN, Benjamin; '48 BSBA; Retired VP of Finance; US Ethicare; r. 258 Greentree Rd, Tonawanda, NY 14150, 716 694-0623.

MORGAN, Charles Robert; '69 BSBA; Staff; Continental Airlines, Houston Intercontntl Airport, Houston, TX 77060, 713 780-3344; r. R 1, 191 G, Kearney, MO 64060.

MORGAN, 1LT Christopher Evan, USAF; '85 BSBA; 12 Af/Ins, Bergstrom AFB, TX 78743, 512 369-2631; r. 2425 Cromwell Cir., Apt. 1505, Austin, TX 78741, 512 385-2466.

MORGAN, Daniel Douglas, II; '86 BSBA; Syst. Programmer; IBM Corp., Neighborhood Rd., Kingston, NY 12401, 914 385-7501; r. 250 Broadway, Kingston, NY 12401, 914 339-2113.

MORGAN, Donaldine Carolyn; '39 BSBA; Retired Pres.; D E Morgan Co. Inc., Columbus, OH 43209; r. 662 Eastmoor Blvd., Columbus, OH 43209, 614 231-1208.

MORGAN, Frank C.; '47 BSBA; Acct.; r. 139 Maplecrest St. SW, Canton, OH 44720, 216 494-1727.

MORGAN, Frank William; '82 BSBA; Sr. Cust Serv Rep.; J C Penney Casuality Ins., 800 Brooksedge Blvd., Westerville, OH 43081; r. 56 W. Brighton, Columbus, OH 43202, 614 268-5429.

MORGAN, George Edward; '39 BSBA; Retired; r. 1622 Morningside Ave., Duluth, MN 55803, 218 525-7385.

MORGAN, Harold Stanley; '64 BSBA, '65 MBA; VP, MIS; Shawmut Mortgage Corp., 3232 Newmark Dr., Miamisburg, OH 45342, 513 436-4308; r. 7592 Pelbrook Farm Dr., Centerville, OH 45459, 513 433-7178.

MORGAN, Howard Arthur; '35 BSBA; Retired Engr. US Steel; r. 112 Pebblestump Point, Peachtree City, GA 30269, 404 487-7976.

MORGAN, Jack Lemoyne; '51 BSBA; Retired; r. 2665 Brandon Rd., Columbus, OH 43221, 614 488-7087.

MORGAN, James Emery; '77 BSBA; Pres.; Rollmore, Inc., 1291 W. Lane Ave., Columbus, OH 43221, 614 488-1641; r. 2008 Wolverhampton, Powell, OH 43065, 614 766-1162.

MORGAN, James Samuel; '73 BSBA; Div. Coord.; Airtron Heating & Air Conditioning, 1360 McKinley Ave., Columbus, OH 43222, 614 274-2345; r. 1962 MacKenzie Dr., Columbus, OH 43220, 614 459-7871.

MORGAN, John Pierpont, Jr.; '59 BSBA; Retired Usaf; r. Box 125, Puryear, TN 38251, 901 247-5315.

MORGAN, Joseph Porter, Jr.; '80 BSBA; Professnal Sales Rep.; Smith Kline & French Labs, 1 Franklin Plz., Philadelphia, PA 19103; r. 7140 White Oak Tr., Indianapolis, IN 46236, 317 823-0776.

MORGAN, MAJ Joseph Porter, USA; '55 BSBA; North American Rockwell Corp., 4300 E. 5th Ave., Columbus, OH 43219; r. 1301 St. Michaels #115, Arlington, TX 76011.

MORGAN, Mrs. Lori S., (Lori S. Arnold); '81 BSBA; Acct.; r. 2849 Brainard Rd., Pepper Pike, OH 44124, 216 831-2221.

MORGAN, Moyne Giffen; '41; Retired; r. 3930 Woodbridge Rd., Columbus, OH 43220, 614 451-4771.

MORGAN, Raymond Joseph; '48 BSBA; 115 Henley Dr., Somerset, NJ 08873.

MORGAN, Richard H.; '41 BSBA; Pres.; Bryn-Mawr Co. Inc., 1372 Granville Rd, Newark, OH 43055, 614 344-4061; r. 555 Howell Dr., Newark, OH 43055.

MORGAN, Richard Matthew; '86 BSBA; Realtor; Century 21/Joe Walker & Assoc., 2400 E. Dublin/Granville Rd., Columbus, OH 43229, 614 891-0180; r. 4656 N. High St., Columbus, OH 43214, 614 766-7015.

MORGAN, Robert Glenn; '59 BSBA; Retired; r. 2832 Gertrude St., Riverside, CA 92506, 714 686-1482.

MORGAN, Robin Denise '83 (See Killmer, Robin Denise).

MORGAN, Ms. Sherry Nowell, (Sherry Nowell); '83 BSBA; Standard Fed. Savings Bank, Gaithersburg, MD 20877; r. 9556 Fernhollow Way, Gaithersburg, MD 20879.

MORGAN, Stanley Kyle; '86 BSBA; Sales Rep.; Litel, 200 Old Wilson Bridge Rd., Worthington, OH 43085, 614 433-9333; r. 150 Longfellow Ave., Worthington, OH 43085, 614 457-3734.

MORGAN, Steven Dayton; '79 BSBA; Property Adm; John W Galbreath & Co., 180 E. Broad St., Columbus, OH 43215, 614 460-4364; r. 6060 Blue Hen Pl., Westerville, OH 43081, 614 890-8244.

MORGAN, Stuart Donald; '85 BSBA; 3087 Brandon Rd., Columbus, OH 43221, 614 457-0472.

MORGAN, Victoria Marie; '82 BSBA; 2121 Burwick Ave., Apt. 2303, Orange Park, FL 32073.

MORGAN, Walter Thomas, Sr.; '39 BSBA; Retired Clerk; r. Ferryview Rd., 56745, Martins Ferry, OH 43935, 614 635-0969.

MORGAN, William Geoffrey; '85 BSBA; Acctg. Supv.; Eagle's Eye, Inc., 1001 Washington St., Conshohocken, PA 19428, 215 941-3700; r. 145 Westport House, 1801 Butler Pike, Conshohocken, PA 19428, 215 941-9728.

MORGANSKI, Paul William; '80 MPA; Mgr. Proj. Dev; Ohio Dept. of Mental Hlth, 30 E. Broad St., Columbus, OH 43215; r. 81 N. Roosevelt Ave., Columbus, OH 43209, 614 237-4509.

MORGANSTERN, Stanley; '63 BSBA; Atty.; Morganstern & MacAdams Co. LPA, One Public Sq. #800, Cleveland, OH 44113, 216 621-4244; r. 28299 N. Woodland, Pepper Pike, OH 44124, 216 292-7244.

MORGIONE, Nicholas Gerard; '88 BSBA; 3085 Dade Ave., Youngstown, OH 44505, 216 759-9737.

MORIARITY, Shane Robert; '70 MACC; Prof.; Univ. of Oklahoma, Sch. of Acctg., Norman, OK 73019, 405 325-4221; r. 2203 Iowa, Norman, OK 73069.

MORIARTY, James Patrick; '72 BSBA; Inventor; r. 1007 S. High St., Columbus, OH 43206.

MORIARTY, James Tighe; '86 BSBA; Acct. Mgr.; Anacomp Inc., 157 Chambers St., New York, NY 10007, 212 349-3440; r. 81 Columbia Hts., #11, Brooklyn, NY 11201, 718 797-2297.

MORIN, Gary Edward; '71 BSBA, '73 MBA; Controller; Tambrands Inc., One Marcus Ave., Lake Success, NY 11042, 516 358-8747; r. 24 Bluff Point Rd., Northport, NY 11768, 516 754-8981.

MORITZ, Michael E.; '58 BSBA; Lawyer/Partner; Baker & Hostetler, 65 E. State Ste. 2200, Columbus, OH 43215, 614 462-2664; r. 4900 Deer Run Dr., Dublin, OH 43017, 614 766-9865.

MORLAN, John Edwin; '72 BSBA; Account Exec.; Carlson Cos., Cleveland, OH 44130; r. 2236 Tanglewood Dr., Salem, OH 44460, 216 332-5422.

MORLANG, Theodore Dixon; '28 BSBA; Chmn. & Exec.; Union Trust & Deposit Co., 700 Market St., Parkersburg, WV 26105; r. 304 Emerson Rd., c/o David Clovis, Clarksburg, WV 26301.

MORLEY, Bradford Charles; '69 BSBA; Sr. VP & Gen. Mgr.; Structural Dynamics Res Corp., 2000 Eastman Dr., Milford, OH 45150, 513 576-2510; r. 7730 Ashley View Dr., Cincinnati, OH 45227, 513 271-0098.

MORLEY, Cynthia '82 (See Shanklin, Cynthia L.).

MORLEY, Harold Clarkson; '79 BSBA; Sr. Account Exec.; H C Copeland & Assocs., 555 Metro Pl. N., Ste. 360, Dublin, OH 43017, 614 792-5552; r. 636 Beautyview Ct., Columbus, OH 43214, 614 431-0135.

MORLEY, Jill, (Jill Stone); '83 BSBA; Homemaker; r. 5243 Ruthton Rd., Columbus, OH 43220, 614 459-8134.

MORLOCK, Cynthia Mc Elroy; '87 BSBA; Mgmt.; ITT Financial Svcs., Florence, KY 41045; r. 1714 Graves Rd., Hebron, KY 41048, 606 689-5354.

MORMAN, Brett; '84 BSBA; Mktg. Info. Analyst; Nationwide Ins. Co., Marketing Dept., One Nationwide Plz., Columbus, OH 43216, 614 249-6251; r. 5103 D Cobblestone Dr., Columbus, OH 43220, 614 451-8958.

MORMAN, David John; '75 BSBA; Tchr.; Lima City Schs., 515 S. Calumet, Lima, OH 45804, 419 227-6001; r. 3451 Providence Cir., Lima, OH 45801, 419 225-8587.

MORMAN, John Michael; '79 BSBA; Farmer; 16924 State Rte. 115, Columbus Grove, OH 45830; r. Same.

MORMAN, John Victor; '83 BSBA; Staff; Natl. Bank of Detroit, 611 Woodward Ave., Detroit, MI 48226, 313 225-1000; r. 15668 DuPage Blvd., Taylor, MI 48180, 313 374-0294.

MORMAN, Mylinda Beard, (Mylinda Beard); '80 BSBA; Sr. Fin. Analyst; Gen. Dynamics, Land Systs. Division, 1161 Buckeye Rd., Lima, OH 45804, 419 221-7175; r. 18326 RD 16-0, Columbus Grove, OH 45830, 419 642-4855.

MORNINGSTAR, Thomas H.; '49 BSBA; VP Sales; B F Sawyer & Sons Inc. Realtors, 1501 1st Ave., Middletown, OH 45042; r. 4784 Fairlane Pl., Franklin, OH 45005, 513 423-3331.

MORONE, John Joseph; '75 BSBA; Acct.; Columbus Southern Power Co., 215 N. Front St., Columbus, OH 43215, 614 464-7508; r. 1298 Glenn Ave., Columbus, OH 43212, 614 488-3903.

MORONEY, James Vincent; '77 MPA; Atty.; US Dept. of Justice, Ofc. of Chief Counsel, 1375 E. 9th St. Ste. 810, Cleveland, OH 44114, 216 522-3380; r. 1060 Piermont Rd., S. Euclid, OH 44121, 216 291-0275.

MORONEY, Sr. Marie V.; '66 BSBA; Holy Cross Admn; r. St. Mary's, Notre Dame, IN 46556.

MORRILL, Edward F., III; '62 BSBA; POB 736, Cedar Crest, NM 87008, 505 281-5529.

MORRILL, John M.; '82 BSBA; Mgr., Accounts Receivable; The Ohio State Univ., University Health Services, 1875 Millikin Rd., Columbus, OH 43210, 614 292-0113; r. 1002 E. Dunedin Rd., Columbus, OH 43224, 614 263-7184.

MORRILL, Michael B.; '66 BSBA; Food Svc. Suprvsr; Columbus Bd. of Educ., Columbus City Sch. District, Fulton St., Columbus, OH 43215, 614 365-5306; r. 883 Dunham Rd., Galena, OH 43021, 614 363-9414.

MORRIS, Angela Louise; '79 BSBA; 762 Whittier St., Cincinnati, OH 45229.

MORRIS, Barry Ira; '86 BSBA; 967 Atlantic Ave., #648, Columbus, OH 43229.

MORRIS, Barry Jay; '84 BSBA; Financial Sales; Natl. Cash Reg, 355 Fleet St., Pittsburgh, PA 15220, 412 937-3547; r. 800-D Timberglen Dr., Imperial, PA 15126, 412 695-3100.

MORRIS, Beverly N., (Beverly Nugen); '56; Secy. to Principal; Cambridge HS, 152 Highland Ave., Cambridge, OH 43725, 614 439-5021; r. 736 Clark St., Cambridge, OH 43725, 614 432-2039.

MORRIS, Mrs. Bonnie E.; '87 BSBA; CPA; 5621 Farms Dr., Columbus, OH 43213, 614 228-2278; r. Same.

MORRIS, Cynthia Pinkston; '82 BSBA; Staff Acct.; Lazard, Curlee & Co., CPA's, 322 E. Bryan St., Savannah, GA 31401; r. 4717 Glenaire Ct., Tampa, FL 33624.

MORRIS, David Michael; '62; Mfg. Mgr.; F W Bell Inc., 6120 Hanging Moss Rd, Orlando, FL 32807; r. 3330 Arnel Ct., Winter Park, FL 32789, 407 671-4730.

MORRIS, Denise Paugh; '78 BSBA; Asst. Treas.; Northeastern Bd. of Educ., 1414 Bowman Rd., Springfield, OH 45502, 513 328-6554; r. 2490 Vernon Asbury, S. Vienna, OH 45369, 513 568-4335.

MORRIS, Donald Lewis; '53 BSBA; VP & Com; Seaboard Coast Line Ind Inc., 500 Water St., Jacksonville, FL 32208; r. #3 Lake Julia Dr., Ponte Vedra Bch., FL 32082, 904 285-6100.

MORRIS, Dorothy Smith; '49 BSBA; Retired Statistician; Cleveland Elec Illuminating Co.; r. 25697 Hidden Acres Dr. NW, Westlake, OH 44145, 216 871-8283.

MORRIS, Eric Stephen; '70 BSBA; Store Mgr.; Sears Roebuck & Co., 128 N. Highland Ave., Pittsburgh, PA 15206, 412 363-9251; r. 520 Bruton Dr., Gibsonia, PA 15044, 412 443-9124.

MORRIS, Floyd Oland; '28 BSBA; Retired; r. 1211 E. Tremont St., Allentown, PA 18103, 215 434-1552.

MORRIS, Gregory Dean; '75 BSBA; Rte. 3 St. Rte. 26, Woodsfield, OH 43793.

MORRIS, COL Jack, USAF(Ret.); '48 BSBA; Cnslt.; Betac Corp., 1401 Wilson Blvd., Arlington, VA 22209, 703 243-9200; r. HCR 73, Box 662B Low, 2903 Lakeview Pkwy., Locust Grove, VA 22508, 703 972-1423.

MORRIS, Jack Eugene; '55 BSBA; Sr. VP; Huntington Natl. Bank, Credit Policy Grp., 41 S. High St., Columbus, OH 43287; r. 6457 Rocky Den Ct., Reynoldsburg, OH 43068.

MORRIS, Jeffrey; '65 BSBA; Optician; Barnett Optical, 26900 Cedar Rd., Cleveland, OH 44122, 216 464-0882; r. 1997 Aldersgate Dr., Cleveland, OH 44124, 216 461-4164.

MORRIS, Joel A., Jr.; '51 BSBA; 7262 Katherine Ave., Van Nuys, CA 91405.

MORRIS, John David; '75 BSBA; Dir. of Franchise Devel.; Perkins Family Restaurants, 5955 T. G. Lee Blvd., Ste. 180, Orlando, FL 32822, 407 240-4413; r. 6635 Crenshaw Dr., Orlando, FL 32811, 407 298-7900.

MORRIS, Ken T.; '86 BSBA; 105 Winthrop, Columbus, OH 43214.

MORRIS, Kenneth G.; '31 BSBA; Retired; r. 2500 E. Broad St., Columbus, OH 43209, 614 252-4416.

MORRIS, Kevin Jack; '79 BSBA; Acct.; Dublin Bldg. Systs., 6233 Avery Rd., Dublin, OH 43017, 614 889-1445; r. 1708 Twin Oaks Dr., Powell, OH 43065, 614 766-6796.

MORRIS, Kevin Kaldenbach; '86 BSBA; 105 Bethel Pl., Washington, WV 26181, 304 863-3796.

MORRIS, Kristy '85 (See Spires, Mrs. Kristy L.).

MORRIS, Kyle A.; '56 BSBA; 320 E. 57th St., New York, NY 10022.

MORRIS, Mary Ellen; '86 BSBA; Air S. Box 111, FPO, New York, NY 09524.

MORRIS, Olinda Edna; '68 BSBA; Supv.; Columbus Mutual Life Ins., Box 900, Columbus, OH 43216, 614 221-5875; r. 1722 Sunapple Way, Columbus, OH 43227, 614 863-1372.

MORRIS, Peter R.; '75 BSBA; Product Sales Mgr.; Cordage Packaging, 85 Pioneer Blvd., Springboro, OH 45066, 513 743-9525; r. 9145 Payne Farm Ln., Spring Vly., OH 45370, 513 885-4032.

MORRIS, Philip G.; '56 BSBA; Owner & Mgr.; Philip G Morris Real Estate, 85 E. Gay St. Ste. 705, Columbus, OH 43215; r. 85 E. Gay St. Ste. 705, Columbus, OH 43215, 614 235-8854.

MORRIS, R. Michael; '76 MPA; Dir Lgl Affrs/Admin Svcs; OSU Natl. Ctr. for Rsch., Vocational Education, 1960 Kenny Rd., Columbus, OH 43210, 614 486-3655; r. 1132 Grandview Ave., Columbus, OH 43212, 614 486-1741.

MORRIS, Robert Alan; '80 BSBA; 3016 Aqueduct Ct., Hilliard, OH 43026.

MORRIS, Robert Cashmore; '66 BSBA; 5962 Johnstown Rd., New Albany, OH 43054, 614 855-9736.

MORRIS, Robert James; '86 BSBA; Staff Acct.; Arthur Andersen & Co., 425 Walnut St., Cincinnati, OH 45202, 513 381-6900; r. 2673 Wendee Dr. #1833, Cincinnati, OH 45238, 513 661-6459.

MORRIS, Robert Lee; '70 BSBA; Mgr./Material Control; GM Corp., Detroit Diesel Allison Div, 13000 W. Outer Dr., Detroit, MI 48228; r. 1524 Hidden Valley Ct., Rochester Hls., MI 48064, 313 651-6458.

MORRIS, Robert Lee; '71 BSBA; VP; Balcor/American Express, 10024 Skokie Blvd., Skokie, IL 60077; r. 1775 The Exchange, #325, Atlanta, GA 30339.

MORRIS, Robert Lee; '77 BSBA; Admin.; Manor Healthcare, 140 Cnty. Line Rd., Westerville, OH 43081, 614 882-1511; r. 1080 Bryan Dr., Westerville, OH 43081, 614 891-2624.

MORRIS, Robert Stuart; '85 BSBA; 96 W. Como Ave., Columbus, OH 43202, 614 267-9760.

MORRIS, Ronald Lee, Jr.; '83 BSBA; VP; M & R Flexible Packaging, POB 566 Wbb, Dayton, OH 45409; r. 2076 Hewitt Ave., Kettering, OH 45440, 513 435-8809.

MORRIS, Roy Lewis; '51 BSBA; Atty.; Morris & Jones, 920 Wheeling Ave., Cambridge, OH 43725, 614 432-4030; r. 736 Clark St., Cambridge, OH 43725, 614 432-2039.

MORRIS, Dr. Russell Dale; '63 BSBA, '64 MBA, '73 PhD (BUS); Staff; US Dept. of Treas., c/o Postmaster, Washington, DC 20066; r. 120 Sharburn Rd., Severna Park, MD 21146.

MORRIS, Ruth E.; '42 BSBA; 150 Fox Rd., Apt. 4A, Van Wert, OH 45891, 419 238-5369.

MORRIS, Steven Bradley; '87 BSBA; Pharmaceutical Rep.; Y.A.D. Labs, 4455 Folkestone Ct. S., Columbus, OH 43220, 614 766-5096; r. Same, 614 459-1519.

MORRIS, Steven Edward; '72 BSBA; VP; Semegen Morris Auck & Co., 3450 W. Central Ave., Toledo, OH 43606, 419 531-1418; r. 2231 Barrington Dr., Toledo, OH 43606, 419 531-2716.

MORRIS, Tim S.; '81 BSBA; Corp. Counsel; Spatecourt, Inc., POB 2925, 447 Grace Ave., Panama City, FL 32401, 904 872-8911; r. 6314 S. Lagoon Dr., Panama City Bch., FL 32407, 904 233-6323.

MORRIS, Todd Robert; '71 BSBA; Employee Rels Spec.; US IRS, 201 W. Fourth, Covington, KY 41014; r. 808 Deena Dr., Villa Hls., KY 41017, 606 341-8929.

MORRIS, William Gerard; '85 BSBA; 1334 Palmer House Ct., Columbus, OH 43220.

MORRIS, William R., Jr.; '57 MBA; Retired; New York Telephone, 1095 Ave. of The Americas, New York, NY 10036; r. 471 Smith Ave., Islip, NY 11751, 516 581-2323.

MORRISEY, Edward Lee; '68 BSBA; Acct.; Battelle Mem. Inst., 505 King Ave., Columbus, OH 43201; r. 162 Stornoway Dr. E., Columbus, OH 43213.

MORRISEY, Edward W.; '78 BSBA; Programmer Analyst; Wright Patterson AFB, Dayton, OH 45305, 513 257-4376; r. 4211 Beryl Dr., Bellbrook, OH 45305, 513 848-2343.

MORRISON, Andrew Scott; '87 BSBA; Customer Svc. Mgr.; Distribution Ctrs., Inc., 4454 Genesee St., Buffalo, NY 14225, 716 633-6982; r. 52 Edgebrook Estates, Apt. 5, Cheektowaga, NY 14227, 716 684-5828.

MORRISON, Charles W., II; '77 BSBA; Sales-Computer Systs. Div; Reynolds & Reynolds, POB 1005, Dayton, OH 45401, 513 443-2000; r. 102 NE Cypress Tr., Jensen Bch., FL 34957, 407 334-9641.

MORRISON, Cynthia K., (Cynthia Kline); '83 BSBA; Ins. Examiner; State of Ohio, Dept. of Insurance, Columbus, OH 43215; r. 5316 Acevedo Ct., Columbus, OH 43235, 614 451-5389.

MORRISON, Donald Colin; '48 BSBA; Retired; r. 3880 El Hijo, Riverside, CA 92504, 714 687-6017.

MORRISON, Douglas Putnam, Jr.; '30 BSBA; Public Acct.; r. 1900 S. Niagara St., Denver, CO 80222, 303 756-8559.

MORRISON, Fred (Curly) L.; '52 BSBA; Mktg. & Financial Cnslt.; r. 17202 Palisades Cir., Pacific Palisades, CA 90272, 213 454-9344.

MORRISON, Harvey Stuart; '58 BSBA; Atty.; 1310 Standard Bldg., Cleveland, OH 44113, 216 687-0343; r. 2424 White Rd., University Hts., OH 44118, 216 291-2614.

MORRISON, Jennifer Bogen, (Jennifer Bogen); '83 BSBA, '87 MBA; Acquisition Analyst; Huntington Bancshares, 41 S. High St., 6th Fl., Columbus, OH 43287, 614 463-5297; r. 4047 Killary Dr., Dublin, OH 43017, 614 889-6466.

MORRISON, John Carl; '81 BSBA; Sr. Buyer; Sci. Applications Intl. Corp., 10260 Campus Point Dr., San Diego, CA 92121, 619 458-2767; r. 7056 Park Mesa Way, #44, San Diego, CA 92111, 619 569-6110.

MORRISON, John Lloyd; '84 BSBA; 425 E. 18th Ave., Columbus, OH 43201.

MORRISON, Joyce B. '54 (See Polk, Joyce Morrison).

MORRISON, Lisa Jane; '83 MBA; Mkt. Mgr.; Baxter Health Care, 1500 Waukegan Rd., Mc Gaw Park, IL 60085, 312 473-1500; r. 1555 N. Dearborn St., #22C, Chicago, IL 60610, 312 664-8142.

MORRISON, Marc B.; '86 BSBA; Grad. Student; Kent State Univ.; r. 6 Cable Ct., Montville, NJ 07045, 201 299-7999.

MORRISON, Mary E. '87 (See Katnik, Mary E.).

MORRISON, Paul Stanley; '69 BSBA; Key Acct. Mgr.; Western Publishing Co., 1220 Mound Ave., Racine, WI 53404; r. 2126 Campus Rd., Beachwood, OH 44122, 216 382-8587.

MORRISON, Richard E.; '83 MBA; 2314 Mulberry Ln., Lafayette Hl., PA 19444.

MORRISON, Richard Sherman; '72 BSBA; Salesman; Partyka Chevrolet, 200 Skiff St., Hamden, CT 06517, 203 245-8828; r. 877 Durham Rd., Madison, CT 06443, 203 421-3286.

MORRISON, Robert Clarke; '62 BSBA; Agt.; Farmers Ins. Grp., 575 Union, #101, Lakewood, CO 80228, 303 985-4848; r. 13820 W. 26th Ave., Golden, CO 80401, 303 279-4365.

MORRISON, Robert David; '72 BSBA; Investment Sales; Ohio Equities Inc., 395 E. Broad St., Columbus, OH 43215, 614 224-2400; r. 162 Longview Dr., Dublin, OH 43017, 614 764-9909.

MORRISON, Roger Kent; '73 BSBA; CFO/Treas.; Larson Picture Frame, 4320 International Blvd., Norcross, GA 30093, 404 925-7492; r. 4359 Allen Hurst Dr., Norcross, GA 30092, 404 662-0648.

MORRISON, Sophie Snider, (Sophie Snider); '50 BSBA; Real Estate Broker; Jon Douglas Co., 1515 Palisades Dr. #F, Pacific Palisades, CA 90272, 213 459-7511; r. 17202 Palisades Cir., Pacific Palisades, CA 90272, 213 454-9344.

MORRISON, Steven Alan; '75 BSBA; Resident Salesman; Owens Corning Fiberglas Co., 1605 Marietta Blvd. NW, Atlanta, GA 30318; r. 2275 Pine Warbler Way, Marietta, GA 30062, 404 977-8265.

MORRISON, Terry W.; '70 BSBA; Pres.; Terry W Morrison Inc. Realtors, 1009 Dublin Rd., Columbus, OH 43215, 614 621-1600; r. 711 Winter Rd, Delaware, OH 43015, 614 548-5706.

MORRISON, Vernon Lee; '84 BSBA; Asst.VP/Mgr.Mortgage Bkg.; Jefferson Savings, 5131 Post Rd., Dublin, OH 43017, 614 889-6466; r. 4047 Killary Dr., Dublin, OH 43017.

MORRISON, William C.; '59 BSBA; Regional Sales Mgr.; Canam Steel, 2341 S. 30th St., Lafayette, IN 47903, 216 871-6517; r. 26741 Osborn Rd, Bay Village, OH 44140, 216 835-0557.

MORRISON, William T.; '77 MPA; 931 B Worth Ave., Silver Spring, MD 20901.

MORRISSEY, William Raymond; '69 MBA; Pres.; Ogilvy & Mather Direct, 450 Park Ave. S., New York, NY 10016, 212 340-3500; r. 39 Hawthorne Way, Hartsdale, NY 10530, 914 949-2531.

MORRIS-WAGNER, Robin, MSW; '80 MPA; Dir. of Mktg.; IFIDA Health Care Grp., 956 Railroad Ave., Bryn Mawr, PA 19010, 215 525-8412; r. 106 S. Lansdowne Ave., #9, Lansdowne, PA 19050, 215 626-9629.

MORROW, Dorene M. '81 (See Beyer, Dorene Morrow).

MORROW, James W., CPA; '50 BSBA, '52 MBA; Sr. Partner; Morrow Davis & Burgoon, 177 E. Main St., Chillicothe, OH 45601, 614 773-2671; r. 342 Fairway Ave., Chillicothe, OH 45601, 614 774-3965.

MORROW, John David; '85 BSBA; Investment Analyst; Physicians Ins. Co. of Ohio, 13515 Yarmouth Dr., POB 281, Pickerington, OH 43147, 614 864-7100; r. 476 Foxtail Cir. W., Westerville, OH 43081, 614 890-3476.

MORROW, Kenneth Edward; '83 BSBA; Mgr.; Canton Plating Co., 903 9th St., NE, Canton, OH 44704, 216 452-6851; r. 6888 Oakcrest Ave., NW, N. Canton, OH 44720, 216 497-0019.

MORROW, Kevin P.; '87 BSBA; Rsch. Analyst; The Ohio Co., 155 E. Broad St., 11th Fl., Columbus, OH 43215, 614 464-7070; r. 224 W. Hubbard Ave., #B, Columbus, OH 43215, 614 291-1428.

MORROW, Margaret Brown, (Margaret Brown); '50 BSBA; Gift Shop Mgr.; Med. Ctr. Hosp., 272 Hospital Rd., Chillicothe, OH 45601, 614 772-7530; r. 342 Fairway Ave., Chillicothe, OH 45601, 614 774-3965.

MORROW, Marian '42 (See Mitchell, Marian M.).

MORROW, Robert I.; '53 BSBA; 2546 Allendale Dr., Cape Girardeau, MO 63701, 314 334-2138.

MORROW, Robert M.; '59 BSBA; 29 Brodwood Dr., Stamford, CT 06902, 203 357-9548.

MORROW, Robert Myron; '79 BSBA; Atty.; Means Bichimer Burkholder & Baker, 42 E. Gay St., Columbus, OH 43215, 614 221-3135; r. 2311 Swansea Rd., Columbus, OH 43221, 614 459-7433.

MORROW, Winifred Kay; '85 BSBA; Grp. Underwriter; Nationwide Ins. Co., One Nationwide Plz., Columbus, OH 43216, 614 249-8205; r. 404 Thurber Dr. W., Apt. 11, Columbus, OH 43215, 614 461-1418.

MORSE, Kermit Nelson, III; '81 BSBA; Systs. Analyst; Bank One of Columbus, 350 S. Cleveland Ave., Columbus, OH 43271, 614 248-4725; r. 1286 Northridge Rd., Columbus, OH 43224, 614 262-3610.

MORSE, Steven Kenneth; '82 BSBA; 209 Coe Rd., Clarendon Hls., IL 60514, 312 920-9351.

MORSE, Terry Steven; '86 BSBA; Financial Svc. Advisor; United Resources, 94 Northwoods, Ste. 211, Columbus, OH 43085, 614 847-8207; r. 8519 Cranberry Ln., Pickerington, OH 43147.

MORSE, William M.; '52 BSBA; Real Estate Agt.; Berwick Realty Co., 1217 1/2 S. James Rd, Columbus, OH 43227; r. RR No 1, Carroll, OH 43112, 614 837-3737.

MORTENSEN, James Paul; '87 BSBA; 7655 W. 67th Ave., Apt. #306, Arvada, CO 80004, 303 425-9126.

MORTENSEN, James R.; '51 BSBA; Retired; r. 2236 3rd St., Cuyahoga Falls, OH 44221, 216 929-3953.

MORTIMER, Mrs. Cynthia K., (Cynthia K. Lohmeyer); '83 BSBA; Acct. Cnslt.; US Sprint Communications, 5600 N. River Rd., 9th Fl., Rosemont, IL 60018, 312 318-3494; r. 311 Morgan St., Elgin, IL 60123, 312 742-0158.

MORTLEY, Loyal Hess; '57 BSBA; Retired; r. 4188 Wall St., Centerburg, OH 43011, 614 625-5075.

MORTON, Alan; '64 BSBA; Pres.; Ravga Inc., 2921-404 Lenox Rd. NE, Atlanta, GA 30324, 404 261-4991; r. 2921-404 Lenox Rd. NE, Atlanta, GA 30324, 404 985-1884.

MORTON, Claude Frederick, Jr.; '57 BSBA; Owner; Mortons Restaurant, 1018 Chillicothe St., Portsmouth, OH 45662; r. 2848 Willow Way, Portsmouth, OH 45662, 614 353-0611.

MORTON, David Ray; '83 MBA; Dir. Mktg. & Sale; Freeman Mfg. & Supply, 1246 W. 70th St., Cleveland, OH 44102; r. 296 Chestnut Ct., Avon Lake, OH 44012, 216 933-7119.

MORTON, Deborah D.; '78 MPA; Staff; Virginia Dept. of Taxation, Systs. Development Team, 2220 W. Broad St., Richmond, VA 23220, 804 257-8000; r. 605 Tilton Ct., Richmond, VA 23224, 804 233-0389.

MORTON, James Bernard; '53 BSBA; Admin. Svcs. Mgr.; Accuride Corp., 2315 Adams Ln. POB 40, Henderson, KY 42420, 502 826-5000; r. 333 S. Water St., Henderson, KY 42420, 502 826-6867.

MORTON, Marshall Wayne; '54 BSBA; Adm Mgr.; IBM Corp., 2700 Kent Ave., W. Lafayette, IN 47906, 317 497-8300; r. 3927 Prange Dr., Lafayette, IN 47905, 317 447-6166.

MORTON, Reed Laird; '66 BS; Coord.; Amer. Clg. of Healthcare Exec., 840 N. Lakeshore Dr., Chicago, IL 60611, 312 943-0544; r. 1021 Hull Ter., Evanston, IL 60602, 312 869-0422.

MORTON, Robert Charles; '69 BSBA; VP; Mack's Inc., 6767 School St., Valley City, OH 44280, 216 483-3121; r. POB 460, Valley City, OH 44280, 216 483-4966.

MORVAI, Donald Charles; '68 BSBA; Surety Mgr.; CIGNA, 115 Perimeter Center Pl., Ste. 865, Atlanta, GA 30346, 404 399-3781; r. 3267 Allegheny Dr., Marietta, GA 30066, 404 977-5215.

MOSCOWITZ, Irvin H.; '74 MBA; Owner; Burhill Leasing Co., 80 Mead St., Dayton, OH 45402, 513 222-4625; r. 6584 Stillcrest Way, Dayton, OH 45414, 513 890-6114.

MOSELEY, Philip H.; '51 BSBA; Prof.; r. 5231 Willow Grove Pl. S., Dublin, OH 43017, 614 766-0583.

MOSER, Charles Nicholas, Jr.; '66 BSBA; Financial Mgr.; USAF, Air Force Logistics Command, LMSC/SZF, Wright Patterson AFB, OH 45433, 513 257-4841; r. 4401 Castle Gate Dr., Beavercreek, OH 45432, 513 429-3789.

MOSER, Doris '57 (See Butcke, Ms. Doris M.).

MOSER, Flora Hassel; '45 BSBA; POB 4066, Covina, CA 91723.

MOSER, Gary Alan; '74 BSBA; Farmer; r. Rte. No 2 Box 76, Convoy, OH 45832, 419 749-2926.

MOSER, George F.; '49 BSBA; VP & Secy.; Syndicated Investment Co., 1500 W. Lane Ave., Columbus, OH 43221; r. 141 W. Riverglen Dr., Worthington, OH 43085, 614 888-8046.

MOSER, H. Michael, III; '58 BSBA; Atty.; Private Practice, 108 W. Auglaize, Wapakoneta, OH 45895; r. POB 33, Wapakoneta, OH 45895, 419 738-6604.

MOSER, Mrs. Jeanne Mickler, (Jeanne Mickler); '43 BSBA; Homemaker/Volunteer; r. 245 Eastmoor Blvd., Columbus, OH 43209, 614 237-6371.

MOSER, Joan Patricia; '83 MLHR; Dir.-Med. Nursing; Riverside Methodist Hosp., 3535 Olentangy River Rd, Columbus, OH 43214; r. 1266 Clubview Blvd. N., Worthington, OH 43085, 614 888-5169.

MOSER, Joseph Alfred; '73 BSBA; VP; Dataplex, Image Mgmt. Systs., 750 Woodlands Pkwy., Ridgeland, MS 39157, 601 977-4000; r. 101 Redbud Ct., Brandon, MS 39042, 601 992-9110.

MOSER, Maynard R.(Rudy; '66 BSBA; Mgr. Raw Materials; Rubbermaid Inc., 1147 Akron Rd., Wooster, OH 44691, 216 264-6464; r. POB 557, Smithville, OH 44677.

MOSER, Michael Lee; '86 BSBA; Programmer; Hunkar Labs, 7007 Valley Ave., Cincinnati, OH 45244, 513 272-1010; r. 5788 Tall Oaks Dr., Milford, OH 45150, 513 575-2944.

MOSER, Steven M.; '87 BSBA; Staff Acct.; Aronowitz Chaiken & Hardesty, 105 E. 4th St., POB 5367, Cincinnati, OH 45201; r. 7004 Allet Ave., Cincinnati, OH 45239, 513 923-1949.

MOSER, Thomas Alan; '78 BSBA; Asst. Admin.; Providence Hosp., General Svcs., 3200 Providence Dr., Anchorage, AK 99519, 907 261-3102; r. 18520 Culruss Cir., Eagle River, AK 99577, 907 694-2191.

MOSES, Franklin Maxwell; '41 BSBA; Mktg. Cnslt.; 4 Coalmine View, Portola Vly., CA 94025, 415 851-8356; r. Same.

MOSES, Jackson Fitzgerald, II; '69 BSBA; #5 Partridge Dr., Huntington, WV 25705, 304 736-8609.

MOSES, James G.; '47 BSBA; Sales Rep.; H H Brown Shoe Co. Inc., 630 Third Ave., New York, NY 10017, 212 661-6800; r. 1442 Willow Point Cove, Marietta, GA 30068, 404 993-3692.

MOSES, Robert Lee; '70 BSBA; 19 Greenspring Cir., Huntington, WV 25705, 304 736-0222.

MOSES, Scott Alan; '87 BSBA; Acct.; Deimling & Flament Inc., 36615 Vine St., Willoughby, OH 44094, 216 951-1777; r. 4165 Eastway Rd., S. Euclid, OH 44121, 216 382-2383.

MOSHER, Donna Fledderjohan; '57 BSBA; 4117 Joyce Rd., Grove City, OH 43123, 614 875-5903.

MOSHER, Mrs. Maureen, (Maureen Graham); '79 MBA; Owner/Answering Svc.; Ofc. Answers, 2669 Sawbury Blvd., Columbus, OH 43235, 614 766-1822; r. 2247 Severhill Dr., Dublin, OH 43017, 614 766-9333.

MOSHOLDER, Michele Elaine; '83 BSBA; Des Mgr./Future Systs Dev; Banc One Svcs. Corp., 350 S. Cleveland Ave., Westerville, OH 43081, 614 248-4390; r. 25 Allen St., Newark, OH 43055, 614 899-1363.

MOSHOLDER, Thomas Edmund; '79 BSBA; Advanced Acct.; Marathon Petroleum Co., c/o Postmaster, Garyville, LA 70051; r. POB 536, Findlay, OH 45839.

MOSIER, Laura Lynn; '81 BSBA; Sr. Acct.; Saratoga Hosp., POB, Saratoga Spgs., NY 12866; r. 21 Meadow Rue Pl., Ballston, NY 12020, 518 899-5456.

MOSKALIK, William Frederick; '84 BSBA; 5605 Mt Everett Rd., Hubbard, OH 44425.

MOSKERINTZ, Michael William; '85 BSBA; Administrative Suprv; Nationwide Ins. Co., One Nationwide Plz., Columbus, OH 43216, 614 249-7111; r. 4779 Tamarack Blvd., Columbus, OH 43229, 614 848-5970.

MOSKONAS, Peter; '56 BSBA; Engr.; AT&T Columbus, 6200 E. Broad St., Columbus, OH 43213; r. 1451 Devonhurst Dr., Columbus, OH 43232, 614 861-2789.

MOSKOS, Patrick Jeffery; '81 MBA; 26557 Summerdale, Southfield, MI 48034, 313 356-5819.

MOSKOVITZ, Rex Alex; '88 BSBA; Acct.; r. 262 S. Cassady Rd., Bexley, OH 43209, 614 235-1151.

MOSKOW, Laura Susan; '81 MPA; Exec. Dir.; OH Hunger Task Force, 80 S. 6th St., Columbus, OH 43215, 614 464-1956; r. 2030 Northtowne Ct., Columbus, OH 43229, 614 262-3727.

MOSLEY, Farnham E.; '50 BSBA; 410 O St. SW, Washington, DC 20024, 202 554-3939.

MOSLEY, John Edwin; '48 BSBA; Staff; Peoria, IL 61629; r. 7227 N. Lakeside Ct., Peoria, IL 61614, 309 692-1368.

MOSLOW, David Wayne; '82 MBA; Buyer; Gold Circle Stores, Sub/Federated Dept. Stores, 6121 Huntley Rd., Worthington, OH 43085; r. 4247 Olentangy Blvd., Columbus, OH 43214.

MOSS, Douglas Tyrone; '87 BSBA; 436 W. Stewart, Dayton, OH 45408, 513 461-2269.

MOSS, Gene B.; '54 BSBA; Owner; Home Printing Co., 1146 Tuscarawas St., W., Canton, OH 44702, 216 454-4511; r. 1812 Glenmont Dr. NW, Canton, OH 44708, 216 477-1171.

MOSS, Jeffrey T.; '88 BSBA; Asst. Mgr.; Bill Knapps Restaurants, 11550 Chester Rd., Cincinnati, OH 45241, 513 772-1270; r. 11606-3 Timber Ridge Ln., Cincinnati, OH 45241, 513 489-6523.

MOSS, Ms. Jody Leggett, (Jody Leggett); '82 BSBA; Bus. Mgr.; Patrick Motors Inc., 2455 Billingsley Rd., Columbus, OH 43085, 614 792-2455; r. 1850 Dry Creek Rd., Granville, OH 43023, 614 882-1958.

MOSS, John Joseph; '72 MBA; VP; D D Dunlap Cos., 3591 Long Beach Blvd., Long Beach, CA 90807, 213 424-8191; r. 6911 Cherty Dr., Rancho Palos Verdes, CA 90274, 213 377-2077.

MOSS, Joseph Robert; '84 BSBA; VP; Asset Based Lending Cnslts., 1812 Sherman St., Hollywood, FL 33020, 305 920-9076; r. 612 Gardens Dr., Apt. 101, Pompano Bch., FL 33069, 305 974-6539.

MOSS, Judith D., JD; '75 BSBA; Atty.; White Rankin Co. LPA, 175 S. Third St., Ste. 900, Columbus, OH 43215, 614 228-1071; r. 3268 Valley Ln. S., Columbus, OH 43231, 614 895-2302.

MOSS, Kenneth Andrew; '75 BSBA; Comptroller; Independence Steel Co., 615 Liverpool Dr., Valley City, OH 44280, 216 225-7741; r. 2419 Center Dr., Parma, OH 44134, 216 842-4551.

MOSS, Mary Gehring, (Mary L. Gehring); '32 BSBA; Chief of Ofc.; Ohio Dept. of Natural Resources; r. 3040 Oakridge Rd, Columbus, OH 43221, 614 488-5001.

MOSS, Maxwell J.; '47 BSBA; VP; Flexcell Wallcovering, 261 5th Ave., New York, NY 10016, 212 679-4597; r. 69-25 173rd St., Flushing, NY 11365, 718 969-1378.

MOSS, Michael A.; '46 BSBA; Pres.; Bern Furniture Stores Inc., 2507 James St., Syracuse, NY 13206, 315 463-6681; r. 1200 Meadowbrook Dr., Syracuse, NY 13224, 315 446-1473.

MOSS, Robert Michael; '57 BSBA; Bus. Cnsltg.; Robert Moss Inc., RR 1, Box 45, S. Bedford Rd., Pound Ridge, NY 10576, 914 764-5875; r. Same, 914 764-8379.

MOSS, Mrs. Susan F., (Susan F. Reedus); '81 BSBA; Sales Forecasting Supv.; Kal Kan Foods Inc., 3250 E. 44th St., Vernon, CA 90058, 213 586-4847; r. 706 Moonbeam St., Placentia, CA 92610, 714 524-5891.

MOSSBARGER, Charles E.; '56 BSBA; Mgr. Truck Tire Plng.; Kelly-Springfield Tire Co., Willowbrook Rd., Cumberland, MD 21502, 301 777-6049; r. 812 Bishop Walsh Rd., Cumberland, MD 21502, 301 724-4322.

MOSSBARGER, James W.; '65 BSBA; Sr. Systs. Analyst; Martin Marietta Corp., POB 628, Piketon, OH 45661, 614 897-2132; r. Rte. 6 Box 3, Lucasville, OH 45648, 614 259-5108.

MOSSBARGER, Jane E., (Jane M. Ewing); '46 BSBA; Tchr.; Washington C H City Schs., Board of Education, 306 Highland Ave., Washington C. H., OH 43160, 614 335-2301; r. POB 32, 30 W. Front St., New Holland, OH 43145, 614 495-5355.

MOSSBARGER, Jerome Frederick; '81 MBA; Dist. Mgr.; NCR, 1940 Century Park E., Los Angeles, CA 90067, 213 556-5265; r. 2750 Hilary Ct., Thousand Oaks, CA 91362, 805 492-6398.

MOSSER, Elizabeth Farber, (Elizabeth Farber); '69 BSBA; Acct.; Carrousel Fashions, 3275 S. W. Cedar Hills Blvd., Beaverton, OR 97005, 503 646-3807; r. 13690 N. W. Lariat Ct., Portland, OR 97229, 503 645-2842.

MOSSER, George E.; '59 BSBA; CPA; Gene Mosser CPA, 520 N. 9th St., Rochelle, IL 61068, 815 562-4547.

MOSSER, Jan Charles; '70 BSBA; Owner/Mgr.; Carrousel Fashions, Beaverton Mall, 3275 S. W. Cedar Hills Blvd., Beaverton, OR 97005, 503 646-3807; r. 13690 N. W. Lariat Ct., Portland, OR 97229, 503 645-2842.

MOSSER, Joel E.; '62 BSBA; VP; Hanifen, Imhoff Securities, 8401 E. Belleview Ave., Ste. 200, Denver, CO 80237; r. 13635 E. Yale #C, Aurora, CO 80014, 303 695-8209.

MOSSER, Kurtis D.; '67 BSBA; Owner/VP; All Florida Moving Svcs., 1045 Laquinta Dr., Orlando, FL 32809, 407 240-5300; r. 1101 Almond Tree Cir., Orlando, FL 32809, 407 293-0548.

MOSSING, Alan Arthur; '84 BSBA; 6050 Airport Hwy., Apt. 17, Holland, OH 43528, 419 866-5111.

MOSSMAN, Ruth Sparks; '32 BSBA; Michigan State University, 310 Eppley Ctr., E. Lansing, MI 48824.

MOSTELLER, Mrs. Leslie V., (Leslie Bell); '81 BSBA; Sr. Cost Analyst; Tecolote Rsch. Inc., 2041 E. Rosecrans Ave., Ste. 220, El Segundo, CA 90245, 213 640-1136; r. 2016 Vanderbilt #4, Redondo Bch., CA 90278, 213 379-6096.

MOTE, Robert M.; '57 BSBA; Retired; r. 500 Pacific Ave. #911, Virginia Bch., VA 23451, 804 491-1198.

MOTES, Julia Ann; '83 BSBA; Gen. Mgr.; The AA Clearing Co., Inc., Pickaway Industrial Pkg., Circleville, OH 43113, 614 474-8554; r. 1257 Lakeshore Dr., Apt. A, Columbus, OH 43204, 614 488-2032.

MOTES, Marvin E.; '61 BSBA; Pres. Treas.; AA Cleaning Co. Inc., 28155 River Rd., Circleville, OH 43113, 614 474-8554; r. 1 Applewood, Chillicothe, OH 45601, 614 774-4360.

MOTIL, Mrs. Charles, (Karen Lea Langford); '87 BSBA; Sales; Lazarus; r. 1365 Bluff Ave. Apt. B, Columbus, OH 43212, 614 487-9139.

MOTIL, Joseph Michael; '71 BSBA, '73 MBA; Staff; Rockwell Intl., 1724 Phoenix Pkwy., College Park, GA 30337; r. 755 Springview Ct., Roswell, GA 30076, 404 587-3095.

MOTIL, Michael Francis; '68 BSBA; Ins. Acct.; State of Ohio Ins. Dept., 2100 Stella Ct., Columbus, OH 43215; r. 2574 Alward Rd., Pataskala, OH 43062, 614 927-8221.

MOTLEY, Jeanne Patrice; '72 BSBA; 11619 S. Ada, Chicago, IL 60643.

MOTSINGER, Stuart Thomas; '85 BSBA; 29600 Norfolk, Bay Village, OH 44140, 216 871-8149.

MOTT, Mrs. Kathryn Bigler, (Kathryn I. Bigler); '29 BSBA; Retired; r. 51 Circle Dr., Medina, OH 44256, 216 725-0270.

MOTT, William Harold, Jr.; '68 MBA; Acct.; Delco Remy Div., General Motors, 1401 Columbus Ave., Anderson, IN 46016; r. 1103 Fallcreek Overlook, Pendleton, IN 46064, 317 778-4534.

MOTTA, Carol J.; '87 BSBA; Auditor; State of Georgia, Dept. of Audits, 270 Washington St., Atlanta, GA 30334; r. 144 Carteret Pl., Decatur, GA 30032.

MOTTAYAW, Craig A.; '82 BSBA; Acctg. Supv.; Autocall, Inc., 41 E. Tucker Ave., Shelby, OH 44875, 419 347-2400; r. Rte. #5, Washington South Rd., Mansfield, OH 44903, 419 756-2539.

MOTTER, James Michael; '75 BSBA; Implant Cnslt.; American Med. Systs., 11001 Bren Rd. E., Minnetonka, MN 55343; r. 2545 Easthaven Dr., Hudson, OH 44236.

MOTTICE, Dr. H. Jay; '56 BSBA, '64 PhD (ACC); Pres.; Mottice & Assocs., Inc., 241 John Knox Rd, Tallahassee, FL 32303, 904 386-2117; r. 833 Lake Ridge Dr., Tallahassee, FL 32312, 904 893-6171.

MOTWANI, Bhagwan N.; '86 MBA; Dealer Bus. Cnslt.; Haworth, Inc., 1 Haworth Ctr., Holland, MI 49423, 616 393-1630; r. POB 1412, Grand Rapids, MI 49501, 616 531-9534.

MOTWANI, Sara Turben; '86 BSBA; Letter Carrier; US Postal Svc., c/o Postmaster, Powell, OH 43065; r. POB 1412, Grand Rapids, MI 49501.

MOTZ, William K.; '49 BSBA; Retired; r. 9 Grove Ter., Lake Mohawk, Sparta, NJ 07871, 201 729-7522.

MOUCH, Robert L.; '49 BSBA; Owner; Mouch Ins. Agcy., 233 S. High St., Columbus, OH 43215, 614 221-6733; r. 635 Marburn Dr., Columbus, OH 43214, 614 451-3659.

MOUERY, Howard D.; '49 BSBA; Retired Mgr.; Rockwell Intl., 600 Grant St., Pittsburgh, PA 15219; r. 117 Buckskin Way, Winter Spgs., FL 32708, 407 695-1996.

MOUGIANIS, Nick A.; '49 BSBA; Dist. Mgr.; Nationwide Ins. Co., POB 40, 340 S. Hollywood Blvd., Steubenville, OH 43952, 614 264-1635; r. 517 Braebarton Blvd., Steubenville, OH 43952, 614 264-4456.

MOUK, Richard C.; '56; Staff; Shamrock & Assocs., 3016 Cortona Rd., Columbus, OH 43204; r. 1565 Arlington Ave, Columbus, OH 43212, 614 274-0600.

MOULTHROP, John M.; '43 BSBA; Ceramic Artist; Jack Moulthrop Studio, 1203 Ford Rd., Lyndhurst, OH 44124, 216 442-1860; r. Same.

MOULTON, Linda Du Bois, CPA, (Linda Du Bois); '79 MACC; 34 Sipple Ave., Baltimore, MD 21236, 301 665-4246.

MOUNT, Geoffrey William; '82 BSBA; Asst. Mgr.; Kobacker Stores, 6606 Tussing Rd., Reynoldsburg, OH 43068; r. 3631 Dinsmore Castle Dr., Columbus, OH 43220, 614 876-0519.

MOUNT, Oren B.; '59 BSBA; CFO; Hitt Contracting, Inc., 921 Quincy St., Arlington, VA 22205, 703 522-6937; r. Rte. 4 Box 318, Leesburg, VA 22075.

MOUNT, Richard Lee; '67 BSBA; Pres. & CEO; Saratoga Natl. Bank, 12000 Saratoga-Sunnyvale Rd., Saratoga, CA 95070, 408 973-1111; r. 20564 Verde Ct., Saratoga, CA 95070, 408 741-0628.

MOUNTAIN, Richard C.; '75 BSBA; Indep. Ins. Agt.; Mountain Ins. Agcy., 307 Park Ave., Ironton, OH 45638, 614 532-7813; r. 603 S. 6th St., Ironton, OH 45638, 614 532-8589.

MOUNTS, James Bruce; '72 BSBA; Staff; Baker Equip. Svcs., Construction Dept., Worthington, OH 43085; r. 934 Maebelle Way, Westerville, OH 43081, 614 899-1921.

MOUNTS, Joel Eckles; '76 BSBA; 5220 Sabrina Ln. NW, Warren, OH 44483.

MOUNTS, Marilyn Eileen; '85 BSBA; 5246 Tamarack Cir., Columbus, OH 43229, 614 792-5234.

MOURNING, LTC Charles F.; '52 BSBA; Lt. Col. Retired; r. 4160 S. Roslyn St., Denver, CO 80237.

MOURTON, Helen Henderson; '47 MBA; Librarian; Eastham Public Library, Samoset Rd., Eastham, MA 02642, 508 255-3070; r. Queen Anne Dr., Box BB, N. Eastham, MA 02651, 508 255-5696.

MOURTON, Paul S.; '48 BSBA; Retired; r. Queen Anne Dr., Box BB, N. Eastham, MA 02651, 508 255-5696.

MOUSSI, Mrs. Susan A., (Susan Ann Kovach); '84 BSBA; Acct.; Ary & Earman, CPA's, 2929 Kenny Rd., Columbus, OH 43221, 614 459-3868; r. 6946 Spruce Pine Dr., Worthington, OH 43235, 614 889-9068.

MOWAT, John Bates; '86 BSBA; Sales Rep.; Century Equip., 4199 Leap Rd., Hilliard, OH 43026, 614 771-9995; r. 4885 Dublin Falls, Columbus, OH 43026, 614 771-9329.

MOWER, Marilyn Eileen; '86 BSBA; 774 Hardtack Ct., Gahanna, OH 43230, 614 855-2153.

MOWERS, Jeffrey A.; '71 BSBA, '75 MBA; Operations Plng. Mgr.; Kal Kan Foods Inc., Div of Mars In Mc Lean Va, 3250 E. 44th St., Vernon, CA 90058, 213 587-3663; r. 38 Christamon W., Irvine, CA 92720, 714 832-3470.

MOWERSON, Edward A.; '33 BSBA; Pres. & Mgr.; r. 656 Quackenbush Ave., Wyckoff, NJ 07481, 201 891-0341.

MOWERY, Gary L.; '66 BSBA; CPA; POB 312, Wilmington, OH 45177, 513 382-6691; r. 503 Virginia Cir., Wilmington, OH 45177, 513 382-8219.

MOWERY, Jeffrey Eric; '76 BSBA; Asst. VP; Huntington Natl. Bank, 17 S. High St., Columbus, OH 43215; r. 7318 Shcoolcraft Ln., Worthington, OH 43085, 614 761-2079.

MOWERY, Richard Leroy; '69 BSBA; Pres.; RMMM Inc., 100 Savannah, Ste. 101, Mc Allen, TX 78503, 512 682-5547; r. 2412 Live Oak, Mission, TX 78572, 512 581-4228.

MOWERY, William David; '84 BSBA; Systs. Engr.; Gen. Motors/Electronic Data Syst., 2601 Fortune Cir. E., Ste. 300C, Indianapolis, IN 46241, 317 240-7705; r. 3909 Deer Ridge, Apt. 3A, Indianapolis, IN 46254.

MOWRY, David D.; '58 BSBA; Assoc. Prof.; Ohio Univ.-Lancaster, Zoology & Biomedicine Dept., 1570 Granville Rd., Lancaster, OH 43130, 614 654-6711; r. 129 Strayer Ave., Bremen, OH 43107, 614 569-7333.

MOX, Michael Eugene; '75 BSBA; VP Sales; Lomas Bankers Corp., POB 655644, Dallas, TX 75265, 214 746-8362; r. 4317 Cornell Dr., Plano, TX 75093, 214 985-1458.

MOXLEY, Edward James; '69 BSBA; 2614 Cr 250, Vickery, OH 43464, 419 547-7402.

MOY, Robert Sing; '75 MPA; 8205 Hamilton Spring Ct., Bethesda, MD 20817, 301 469-8145.

MOYE, Andrew John; '81 BSBA, '86 MBA; Asst. VP; Chemical Mortgage, 801 E. Town St., Columbus, OH 43215, 614 460-3228; r. 6544 Plesenton Dr., Worthington, OH 43085, 614 885-5173.

MOYER, Dr. Frederick Weaver, Jr.; '38 BSBA; Retired; r. 101 Trinity Lakes Dr. Apt. 264, POB 300, Sun City Center, FL 33570, 813 634-7224.

MOYER, Gordon James; '83 BSBA; Sr. Financial Analyst; Northern Telecom, Rsch. Triangle Park, NC 27709, 919 992-8587; r. 1219 Brookgreen Dr., Cary, NC 27511, 919 469-5477.

MOYER, 1LT Joan H., USAF, (Joan H. Huiet); '85 BSBA; HQ ACD/AUSMO, Scott AFB, IL 62225, 618 256-4836; r. 1405 H-Paeglow, Scott AFB, IL 62225, 618 744-0126.

MOYER, John C., CPA; '61 BSBA; CFO; DEBC Corp., 200 N. Glenwood, El Paso, TX 79905, 915 778-9900; r. 4433 N. Stanton #203, El Paso, TX 79902, 915 544-6756.

MOYER, Mary Keller, (Mary E. Keller); '39 BSBA; Retired; r. 101 Trinity Lakes Dr. Apt. 264, POB 300, Sun City Center, FL 33570, 813 634-7224.

MOYER, Robert Eugene; '58 BSBA; Real State Agt.; 1515 Bethel Rd., Columbus, OH 43220; r. 3496 Kerry Ct., Columbus, OH 43026, 614 771-1772.

MOYER, Steven J.; '84 BSBA; Agt.; State of Ohio-Dept. of Taxation, 601 Underwood St., Zanesville, OH 43701, 614 453-0628; r. 3110 Primrose Dr., Zanesville, OH 43701, 614 453-7130.

MOYER, Wendy A. '83 (See Miller, Mrs. Wendy A.).

MOYER, William S.; '49 BSBA; Retired; r. 5155 Dayton-Liberty Rd, Dayton, OH 45418, 513 263-9433.

MOYES, John Andrew; '69 BSBA; 1678 E. 7200 S., Salt Lake City, UT 84121, 801 942-0333.

MOYSEY, Glenn G., Jr.; '50 BSBA; Staff; Twin Valley Local Sch. Dist., POB 52, W. Alexandria, OH 45381, 513 839-4482; r. 216 N. Beech St., Eaton, OH 45320, 513 456-3866.

MOZIEJKO, Randy John; '84 BSBA; Staff; J C Penney Co. Inc., 2724 Eastland Mall, Columbus, OH 43227; r. 5016 Chatterton Dr., Apt. 6, Columbus, OH 43232, 614 868-1730.

MOZINA, Michael Edward; '87 BSBA; Acct.; Dow Chemical Co., Eastern Division, POB 36000, Strongsville, OH 44136; r. 15380 Sprague Rd., Apt. G11, Cleveland, OH 44130.

MOZOLA, John Michael; '71 BSBA; Sr. Tax Atty.; B P America, 200 Public Sq., Cleveland, OH 44114; r. 1688 Holdens Arbor Run, Westlake, OH 44145, 216 835-8378.

MRAMOR, Michael John; '87 BSBA; 6477 Brookedge Ct., Dublin, OH 43017, 614 766-6287.

MRAZ, Mark Joseph; '79 BSBA; 4075 W. 215th St., Fairview Park, OH 44126, 216 333-6994.

MROCZKOWSKI, Ms. Robin Marie; '87 BSBA; Svc. Coord.; CDI Temporary Svcs., Inc., 88 E. Broad St., Ste. 1640, Columbus, OH 43215, 614 228-3400; r. 4666 Coldsprings Ct., Apt. C, Columbus, OH 43220, 614 457-3474.

MUCCIARONE, Lou Ann '83 (See Parker, Lou Ann).

MUCCINO, Donald Joseph; '82 MBA; VP, New Systs. Impl.Div; Oline Computer Library Ctr., New Systs. Implementation Div, 6565 Frantz Rd., Dublin, OH 43017, 614 764-6000; r. 6707 Willow Grove Pl. E., Dublin, OH 43017, 614 766-5650.

MUCHA, Ronald Arthur; '68 BSBA, '71 MPA; Dir.; State of Ohio Taxation Dept., Research & Statistics, 30 E. Broad St., Columbus, OH 43215; r. 612 Cherrington Rd., Westerville, OH 43081, 614 891-6803.

MUDD, Robert Joseph; '69 MBA; Apparatus Srvc Engr.; Mc Graw Edison Co., National Coil Div, 800 King Ave., Columbus, OH 43212; r. 9175 White Oak Ln., Westerville, OH 43081.

MUEHLHEIM-FALB, Jill Anne; '82 BSLHR; Mgr.; Compuserve Inc., Arlington Ctr. Dr., Columbus, OH 43220, 614 457-8600; r. 3636 Darbyshire Dr., Hilliard, OH 43026, 614 876-5093.

MUEHSAM, Audrey Kalish; '51 BSBA; Purchasing; Teaneck Bd. of Ed., 1 Merrison, Teaneck, NJ 07666, 201 833-5515; r. 172 Pinewood Pl., Teaneck, NJ 07666, 201 837-2493.

MUELLER, Donald Joseph; '63 BSBA; Pres.; Harper Engraving & Printing Co., 283 E. Spring St., Columbus, OH 43215; r. Box 201, Dublin, OH 43017.

MUELLER, Dr. Fred Jack; '56 PhD (BUS); Prof. Emeritus; Univ. of Washington; r. 12073 Lakeside Pl. NE, Seattle, WA 98125, 206 363-7611.

MUELLER, James Eugene; '82 BSBA; Planner; Cooper Vision, Production Dept., Huntington Bch., CA 92648; r. 23700 Cambridge Cir., #43, Laguna Niguel, CA 92677, 714 495-4609.

MUELLER, John Edward; '68 BSBA; Bureau Chief; Bur. of Cnty. Support, State Ofc Tower 30 E Broad St, Columbus, OH 43215; r. 328 Weyden Rd., Worthington, OH 43085, 614 436-9868.

MUELLER, John Ernest; '58 BSBA; Mgr. Disbursements; Thomson Consumer Electronics, 600 N. Sherman Dr., Indianapolis, IN 46206, 317 267-6436; r. 6360 Commons Dr., Indianapolis, IN 46254, 317 291-2635.

MUELLER, Karl Heinz; '82 BSBA; Sr. Programmer Analyst; Systs. Svcs. Inc., Poydras St., New Orleans, LA 70190; r. 712 Taft Park Blvd., Metairie, LA 70001, 504 837-6014.

MUELLER, Kevin Paul; '84 BSBA; 933 Harrison Ave., Greenville, OH 45331, 513 548-3927.

MUELLER, Kristin Krueger; '80 MBA; Self Emp Cnslt.; r. 12712 Brookglen Ct., Saratoga, CA 95070.

MUELLER, Kurt Lawrence; '71 BSBA, '75 MBA; Mgr.-Gen. Acctg.; Accel Intl. Corp., 475 Metro Pl. N., POB 7000, Dublin, OH 43017, 614 764-7000; r. 1077 High St., POB 190, Harrisburg, OH 43126, 614 877-9709.

MUELLER, Laura M. '51 (See Kuhnert, Laura Mueller).

MUELLER, Lawrence Edward; '70 BSBA; Sr. Sales Engr.; Reliance Electric, 11811 NE 1st Ave., Ste. 310, Bellevue, WA 98005, 206 454-1565; r. 17703 NE 33rd, Redmond, WA 98052, 206 885-1950.

MUELLER, Martin Geuder; '50 BSBA; Salesman; Monsanto Co., Western Reg, Newport Bch., CA 92660; r. 30 Rustling Wind, Irvine, CA 92715, 714 854-9435.

MUELLER, William W.; '50 BSBA; Owner; Short Stop, 616 Cayuga St., Bellaire, MI 49615, 616 533-6514; r. Rte. 1, Box 124C, Bellaire, MI 49615, 616 377-4125.

MUENCH, Frederic William, Jr.; '62 BSBA; Exec. VP; Tenex Corp., 1850 Estes Ave., Elk Grove Vlg., IL 60007, 312 439-4020; r. 25100 N. Iroquois Ct., Barrington, IL 60010, 312 381-2369.

MUENCH, Miriam '49 (See Sipe, Miriam).

MUENCHEN, Michael Donald; '82 MLHR; Labor Relatns Spec.; AM Fed. St. Co. Mun Employees, Div Afl-Cio, 995 W. Goodale St., Columbus, OH 43215; r. 1516 Debouis Ct., Middletown, OH 45044, 513 422-4857.

MUENZ, Donald Paul; '71 BSBA; Atty.; Muenz & Teague, 3805 N. High St., Columbus, OH 43214, 614 267-6525; r. 132 W. Rathbone Rd., Columbus, OH 43214, 614 885-2550.

MUESEGAES, Robert John; '73 BSBA; Asst Corp Qual Assur Mgr; Graham Container Corp., POB 1104, 500 Windsor St., York, PA 17405, 717 849-8537; r. 362 Rivermoor Dr., Marietta, PA 17547, 717 426-4836.

MUESSIG, Eckehard J.; '49 BSBA; Labor Arbitrator; 3450 N. Venice St., Arlington, VA 22207, 703 538-4716; r. Same.

MUESSIG, Jeanette Gingery, (Jeanette Gingery); '47 BSBA; Secy.; r. 3450 N. Venice St., Arlington, VA 22207, 703 538-4716.

MUFF, David M.; '50 BSBA; Owner; Muff Oil Co., 619 S. A St., Richmond, IN 47374, 317 966-6226; r. 5237 Greenmount Pike, Richmond, IN 47374, 317 962-2017.

MUGRAGE, Eugene Girden, II; '87 BSBA; Seasonal 1st Line Supv; Eddie Bauer Inc., 2711 International St., Columbus, OH 43228, 614 771-2900; r. 112 Demorest Rd., Columbus, OH 43204, 614 299-8631.

MUHLBACH, Alberta Kostoff; '76 BSBA; CPA; r. 2500 Old Orchard Ct., Dunwoody, GA 30338, 404 458-5135.

MUHLBACH, James Brent; '76 BSBA; Tax Atty.; Troutman Sanders Lockerman & Ashmore, 1400 Candler Bldg., Atlanta, GA 30043, 404 658-8463; r. 2500 Old Orchard Ct., Dunwoody, GA 30338, 404 458-5135.

MUI, Miranda Miu-Fong; '81 BSBA; Acctg. Clerk; r. 423 Olde Mill Dr., Westerville, OH 43081.

MUIR, Jeffrey R.; '83 BSBA; Supv.; Yellow Freight, 5400 Fisher Rd., Columbus, OH 43228, 614 878-9281; r. 7676 Stow Acres, Pickerington, OH 43147, 614 863-9513.

MUIR, Thomas P.; '64 BSBA; Dir.; Nationwide Ins. Co., One Nationwide Plz., Columbus, OH 43216; r. 13896 Copperfield Ln., Pickerington, OH 43147, 614 927-9383.

MUKADAM, Amina B.; '79 BSBA; Acctg. Supv.; Community Life Ins. Co., 250 Old Wilson Bridge Rd., Worthington, OH 43085, 614 436-0688; r. 4747 Winterset Dr., Columbus, OH 43220, 614 459-5833.

MUKHERJEE, Mita; '83 MPA; 37 Northfield Gate, Pittsford, NY 14534, 716 586-8590.

MUKOYAMA, Jorge S.; '64 BSBA; 111 Cherrywood Tr., Greer, SC 29651, 803 268-5989.

MULADORE, Eric Robert; '84 MBA; Asst. Controller; Solidstate Controls Inc., 875 Dearborn Dr., Worthington, OH 43085; r. 195 S. Section Line, Delaware, OH 43015, 614 362-5751.

MULADORE, Nils Christian; '79 BSBA; Asst. Controller; Online Computer Library Ctr., 6565 Frantz Rd., Dublin, OH 43017, 614 764-6153; r. 433 E. North St., Worthington, OH 43085, 614 436-6111.

MULARSKI, Raymond J.; '81 BSBA; Atty.; 107 Johnstown Rd., Gahanna, OH 43230, 614 471-8181; r. 5066 Ilo Dr., Columbus, OH 43229, 614 846-0755.

MULBARGER, Virginia Cly; '42; 171 W. South St., Worthington, OH 43085, 614 885-4170.

MULBERRY, Carl Aubrey; '76 BSBA; Mgr.; Abbey Foster, 306 E. 5th Ave., Columbus, OH 43201, 614 294-5585; r. 2460 Haviland Rd., Columbus, OH 43220, 614 457-7286.

MULER, Leon K.; '71 BSBA; Staff; Freidman, Forman, Bueler & Co., 4340 Fulton Ave., Ste. 100, Sherman Oaks, CA 91423; r. 12151 Darby Ave., Northridge, CA 91324, 818 368-2973.

MULFELD, Frederick H.; '52 BSBA; VP; Panation Trade Co. Inc., 113 Franklin St., Brooklyn, NY 11222, 718 383-7300; r. 24 Pinetree Rd., Westbury, NY 11590, 516 333-6461.

MULFORD, Jack R.; '56 BSBA; VP Human Res.; GE Info. Svcs., 401 N. Washington St., Rockville, MD 20850, 301 340-4755; r. 10420 Glen Rd., Potomac, MD 20854, 301 299-3169.

MULFORD, Molly Ann; '88 BSBA; 1530 King Ave. #24, Columbus, OH 43212, 614 487-0457.

MULFORD, Wendell Curtis; '81 BSLHR, '83 MLHR; Employee Relation Rep.; Shell Oil Co., POB 576, Houston, TX 77001, 713 870-2697; r. 15606 Rolling Timbers Dr., Houston, TX 77084, 713 550-9409.

MULGREW-SEITZ, Jo Anne; '77 BSBA; RR #2, Box 135, Nashville, IN 47448.

MULHEIM, Joseph I.; '65 BSBA; Mgr. Food Svcs.; United Airlines, 1200 Algonquin, Elk Grove, IL 66100, 312 952-6494; r. 1315 Wating, Arlington Hts., IL 60004, 312 253-7550.

MULHERN, Steven Robert; '83 BSBA; Sales Rep.; Parker Plus Amchem Inc., 2743 Highland Village Ln., Miamisburg, OH 45352, 513 436-1135; r. Same.

MULHOLLAN, John Steven; '88 BSBA; 7220 Northview Dr., Wadsworth, OH 44281, 216 336-5924.

MULHOLLAND, Daniel B.; '80 MBA; Bus. Dir./Lab Prod.; J. T. Baker Inc., 222 Red Sch. Ln., Phillipsburg, NJ 08865, 201 859-2151; r. 400 Dogwood Ter., Easton, PA 18042, 215 252-3479.

MULHOLLAND, Thomas C.; '83 BSBA; 1110 Sheerbrook Dr., Chagrin Falls, OH 44022, 216 338-3297.

MULKIN, E. Ireta '52 (See Wood, E. Ireta M.).

MULL, David Scott; '81 BSBA; Administrative Asst.; Dowell (Div of Dow Chemical), POB 31, Mt. Carmel, IL 62863; r. 602 Kennedy Dr., Princeton, IN 47670, 812 386-7623.

MULL, Donald P.; '52 BSBA; Atty.; Mull & Assocs. Co. LPA, 614 Superior Ave. NW #848, Cleveland, OH 44113, 216 523-1400; r. 10203 Snowville Rd., Brecksville, OH 44141, 216 526-7778.

MULL, Leann '83 (See Kirchner, Leann Mull).

MULL, William Q., II; '64 BSBA; VP; Mull Machine Co., N. River Rd, Wheeling, WV 26003; r. POB 6561, Wheeling, WV 26003.

MULLALLY, Robert J.; '50 BSBA; Industrial Sales/Retired; MMM Co., St. Paul, MN 55101; r. 3317 Kirk Rd., Youngstown, OH 44511, 216 799-9125.

MULLAN, Steve Michael; '88 BSBA; Mgmt.; Sunshine Mgmt. Grp., Tampa, FL 33602, 614 491-7155; r. 682 Riverview Dr. #136, Columbus, OH 43202, 614 267-0667.

MULLAY, Eulalia Cox, (Eulalia Cox); '26 BSBA; Retired; r. 129 Piedmont Rd., Columbus, OH 43214, 614 262-8977.

MULLE, Kenneth Ronald; '77 MBA; Bus Mgmt. Analyst; Ford Motor Co., 2225 W. North Ave., Melrose Park, IL 60160; r. Ford Motor Company, 2225 W. North Ave., Melrose Park, IL 60160.

MULLEN, John David; '86 BSBA; 1912 Burch, Lima, OH 45801.

MULLEN, Joseph Brian; '76 BSBA; VP; Donaldson Lufkin & Jenrette, Investment Banking Dept., 140 Broadway, New York, NY 10005, 212 504-3635; r. 1150 Park Ave., #2-D, New York, NY 10128, 212 289-2957.

MULLEN, Mary Anne '80 (See Fox, Mary Anne Mullen).

MULLEN, William J.; '49 BSBA; 2480 Skywae Dr., Youngstown, OH 44511, 216 799-8978.

MULLENIX, Charles D.; '70 BSBA; Atty.; 1080 Nimitzview Dr., Cincinnati, OH 45230, 513 232-4200; r. 7000 Royal Green Dr., Cincinnati, OH 45244, 513 231-6586.

MULLENIX, Martha '48 (See Snider, Martha Mullenix).

MULLET, James Robert; '80 BSBA; Financial Analyst; Warner Cable Communications, 400 Metro Pl. N., Dublin, OH 43017, 614 792-7236; r. 6043 Frantz Rd., Dublin, OH 43017, 614 889-2063.

MULLHOLAND, Sidney B.; '38 BSBA; Personnel; r. 116 Westover Ave., Norfolk, VA 23507, 804 393-7999.

MULLIGAN, Charles H.; '48 BSBA; Tchr.; Middletown Public Sch. Syst., Board of Education, Middletown, OH 45042; r. 2801 Fleming Rd., Middletown, OH 45042, 513 423-2446.

MULLIGAN, COL Thomas C.; '63 MA; Col. Usaf; r. 2727 Calle Loma Verde, Riverside, CA 92503, 714 359-8615.

MULLIGAN, Thomas J.; '57 BSBA; CPA; Kirschner Heimlich & Mulligan, 729 S. Front St., Columbus, OH 43206, 614 444-9811; r. 1273 Carbone Dr., Columbus, OH 43224, 614 267-9142.

MULLIN, John Patrick; '58; VP; Chemical Mortgate Co., Subs/Chemical New York Corp, 101 E. Town St., Columbus, OH 43215; r. 4755 Scenic Dr., Columbus, OH 43214, 614 268-6767.

MULLIN, Thomas E.; '50 BSBA; Directory Sales Rep.; Ameritech Publishing Inc., 2550 Corporate Exchange Dr., #310, Columbus, OH 43229, 614 895-6143; r. 5377 Bennington Woods Ct., Columbus, OH 43220, 614 451-6302.
MULLINS, Barbara Sue; '84 BSBA; Bank Examiner; Fdic, 233 Peachtree St. NE, Atlanta, GA 30303; r. 5707 Worchester Dr., Montgomery, AL 36116, 205 279-7455.
MULLINS, Mrs. Cynthia Cook; '71 BSBA; 4929 Puma Way, Carmichael, CA 95608, 916 481-6690.
MULLINS, Stephen Goodson; '85 BSBA; Transportation Analyst; Ashland Chemical Co., 5200 Blazer Pkwy., Dublin, OH 43017, 614 889-4135; r. 2436 Billingsley Rd., Worthington, OH 43235, 614 761-2695.
MULLINS, Tani Weiland; '86 BSBA; Administrative Asst.; Ohio Home Builders Assn., 16 E. Broad St., 12th Fl., Columbus, OH 43215, 614 228-6647; r. 5151 Brickwall N., Apt. #D, Columbus, OH 43213, 614 866-7438.
MULLONEY, Dalton H., Jr.; '48 BSBA; Owner; r. 1404 Tallahassee Ave., Tarpon Spgs., FL 34689, 813 938-1178.
MULOCK, Kenneth A.; '69 BSBA; Secy.-Treas.; Precision Fabricating & Mfg. Co., 30020 Lakeland Blvd., Wickliffe, OH 44092, 216 943-3232; r. 27675 Whitehall Cir., Westlake, OH 44145, 216 871-0597.
MUMAW, Vivian I.; '86 BSBA; Sr.Staff Acct.; Arthur Young & Co., One IBM Plz., Chicago, IL 60611, 312 645-3333; r. 907 W. Fletcher, Chicago, IL 60657, 312 929-8723.
MUMFORD, William Dean; '84 BSBA; Acctg. Supv.; Warner Cable, 400 Metro Pl. N., Dublin, OH 43017, 614 792-7325; r. 3188 Westmills Dr., Columbus, OH 43204, 614 276-1881.
MUMMA, Charles Arthur; '31 BSBA; Retired; r. 610 Westbrook Rd., Dayton, OH 45415, 513 890-3992.
MUMMA, Donald Charles; '76 MBA; Gen. Mgr. & Reg. Treas.; Toronto Dominion Bank, USA Division, Park Ave. Plz., New York, NY 10055, 212 407-0646; r. 18 Chapin Ln., Stamford, CT 06903, 203 968-2737.
MUMMA, Malia Warnock; '86 BSBA; Prod Ind Req Analyst; NCR Corp., Personal Computer Division, 1601 S. Main St., Dayton, OH 45479, 513 445-2199; r. 32 Princeton Sq. Cir., Cincinnati, OH 45246.
MUMMEY, Daryl John; '86 BSBA; 4410 Overland Tr., Kettering, OH 45429, 513 294-5317.
MUNCH, Arthur R.; '56 BSBA; Owner; Print Point, Inc., 150 S. Patterson Blvd., Dayton, OH 45402, 513 223-9041; r. 40 W. Schantz Ave., Dayton, OH 45409, 513 298-9696.
MUNCH, John Charles; '83 BSBA; Advt. Sales; Zimmerman Public Relations, Harrison Ave., Columbus, OH 44104; r. 3029 Wildflower Tr., Dublin, OH 43017, 614 792-7564.
MUNCH, Michael Thomas; '85 BSBA; 2009 Greenbriar Dr., Mansfield, OH 44907, 419 756-7986.
MUNCH, William R.; '73 BSBA; Comm Loan Ofc./Grp. VP; First American Bank of VA, 1970 Chain Bridge Rd., Mc Lean, VA 22102, 703 760-6102; r. 8412 Reflection Ln., Vienna, VA 22180, 703 573-2628.
MUNCIE, Marvin Edgar, Jr.; '81 BSBA; Underwriter; Nationwide Ins. Co., One Nationwide Plz., Columbus, OH 43216; r. 3671 Dinsmore Castle Dr., Hilliard, OH 43026, 614 876-6663.
MUNDELL, Robert Eugene; '80 BSBA; 2199 Bruce Rd., Delaware, OH 43015, 614 363-8496.
MUNDER, Lee P.; '67 BSBA; Pres. CEO COB; Munder Capital Mgmt. Inc., 260 E. Brown St. Ste. 100, POB 3082, Birmingham, MI 48012, 313 647-9200; r. 5865 Lahser Rd., Birmingham, MI 48010, 313 644-8382.
MUNDEW, Leslie Susan; '79 BSBA; Treasury Cnslt.; NCR Corp., 1700 S. Patterson Blvd., Dayton, OH 45479, 513 445-2943; r. 222 Glendora Ave., Dayton, OH 45409.
MUNDEW, Millard E.; '49 BSBA; Retired; r. 4741 Larwell Dr., Columbus, OH 43220, 614 451-8597.
MUNDIE, Dr. John D.; '55 MBA; Dean; The Univ. of Manitoba, Faculty of Commerce, Winnipeg, MB, Canada; r. 19 Tod Dr., Winnipeg, MB, Canada.
MUNDT, Phillip Eugene; '77 BSBA; Bond Field Supv.; St. Paul Fire & Marine Ins. Co., 9709 3rd Ave., NE, Seattle, WA 98115, 206 525-8414; r. 10415 Nottingham Rd., Edmonds, WA 98020, 206 546-4873.
MUNDY, Donald L.; '65 BSBA; CPA; 1666 Penworth Dr., Columbus, OH 43229, 614 885-8950; r. Same, 614 885-8996.
MUNDY, Joseph William; '73 BSBA; Staff; Columbus State Community Clg., 550 E. Spring St., Columbus, OH 43215; r. 2344 Park Ridge Dr., Grove City, OH 43123, 614 871-2641.
MUNDY, Patrick Richard; '70 BSBA; 50811 Country Knolls Dr., Granger, IN 46530, 219 271-0816.
MUNGER, Alice L., (Alice Lamoreux); '48 BSBA; Adult Srvs Librarian; Cleveland Heights-Univ. Heights Libraries, 2800 Noble Rd., Cleveland Hts., OH 44121, 216 291-5665; r. 1398 Westover Rd., Cleveland Hts., OH 44118, 216 371-2336.
MUNJAS, M. Leslie; '68 BSBA; Staff Admin.; GTE Corp., POB 407, Westfield, IN 46074, 317 896-6432; r. 1389 W. Wind Cir., Carmel, IN 46032, 317 844-7113.
MUNK, Jens; '84 BSBA; Staff; Bank One of Columbus, 100 E. Broad St., Columbus, OH 43215; r. 2999 Neil Ave. #53-B, Columbus, OH 43202, 614 267-3184.
MUNK, Michele D. '86 (See Smith, Ms. Michele D.).
MUNK, Richard G.; '50 BSBA; Pres.; Erwin's Ofc. Supply, 126 S. 4th St., Steubenville, OH 43952, 614 282-1211; r. 133 Starkdale Rd., Steubenville, OH 43952, 614 264-4236.
MUNOZ ROSADA, Florentina; '83 BSBA; Staff; The Ohio State Univ., University Clg. Admin, Columbus, OH 43210; r. Barrio Cruces, HC58 Box 10520, Aguada, Puerto Rico 00602.
MUNRO, Vivian Lewis, (Vivian Lewis); '47 BSBA; Retired; r. 2340 Dorchester Ct., Timber Pines, Spring Hill, FL 34606, 201 783-7263.
MUNRO, William D.; '47 BSBA; Retired; r. 2340 Dorchester Ct., Timber Pines, Spring Hill, FL 34606, 201 783-7263.
MUNSCH, Michael J.; '75 MA, '80 MBA; Sr. Financial Analyst; Bristol-Myers Co., Zimmer Inc, POB 708, Warsaw, IN 46580, 219 267-6131; r. 1917 N. Robb Rd., Warsaw, IN 46580, 219 267-6865.
MUNSELL, Hobart Monroe; '48 BSBA; Sr. VP; Chem Mortgage Co., Subs/Chemical New York Corp, 101 E. Town St., Columbus, OH 43215, 614 460-3214; r. 1924 Hythe Rd., Columbus, OH 43220, 614 457-0109.
MUNSELL, John G.; '50 BSBA; Pres./CEO; S. Hillsborough Community Bank, POB 3533, Apollo Bch., FL 33570, 813 645-0886; r. 3440 Wild Oak Bay Blvd., Apt. 129, Bradenton, FL 34210, 813 755-9702.
MUNSELL, Mark Richard; '78 BSBA; VP-Acquisitions; Equity Investors Inc., Acquisition Dept., 29001 Cedar Rd #325, Cleveland, OH 44124; r. 25424 Halberton, Beachwood, OH 44122, 216 464-9060.
MUNSEY, William I., Jr.; '65 BSBA; Asst. Atty. Gen.; Florida Dept. of Legal Affairs, Park-Trammel Bldg., Ste. 804, 1313 Tampa St., Tampa, FL 33602, 813 272-2670; r. The Atrium Mail Box 203, 2413 Bayshore Blvd., Tampa, FL 33629, 813 254-4545.
MUNSHI, Perseus Boman; '88 MBA; Staff Acct.; Touche Ross, Columbus, OH 43209; r. 1487 Perry St., Columbus, OH 43201, 614 421-2577.
MUNSON, Carol Susan; '79 BSBA; 169 Ireland Ave., Cincinnati, OH 45218, 513 825-7621.
MUNTO, Mark P.; '79 BSBA; Merchandising Mgr.; Lazarus, S. High & W. Town Sts., Columbus, OH 43215; r. 3845 Marvindale Dr., Toledo, OH 43606.
MURACO, Frank Vincent; '67 BSBA; Salesman; r. Ryder Truck Rental Inc, POB 520816, Miami, FL 33152.
MURAD, Mrs. Madaline A., (Madaline A. Serio); '87 BSBA; Cost Acct.; Glidden Co., 30400 Lakeland Blvd., Wickliffe, OH 44092, 216 953-2281; r. 4501 Oakpark Ave., Cleveland, OH 44109, 216 749-5848.
MURAKAMI, Jeffery Thomas; '84 BSBA, '87 MBA; 244 E. Cottage, Dayton, OH 45449.
MURAL, Robert William; '79 BSBA; Pres.; Mural & Son Inc., 11340 Brookpark Rd., Cleveland, OH 44130, 216 267-3322; r. 1701 Mayview Ave., Cleveland, OH 44109, 216 741-0590.
MURAL, William; '43 BSBA; Chmn. of Bd.; Mural & Son Inc., 11340 Brookpark Rd, Cleveland, OH 44130, 216 267-3322; r. 6402 W. Ridgewood Dr., Cleveland, OH 44129, 216 884-1872.
MURCH, Richard Leslie; '87 BSBA; Acct.; Consolidated Stores Corp., 400 Phillipi Rd., Columbus, OH 43228, 614 274-5619; r. 5683 Bridlington Ct., Apt. B, Columbus, OH 43229, 614 846-1207.
MURCHIE, Gates S.; '70 BSBA; Advisory Engr.; IBM Corp., Fed. Systs. Division, Owego Bodle Hl Rd., Owego, NY 13760, 607 751-2000; r. Box 386 I Rd. 2, Knight Rd., Vestal, NY 13850, 607 754-8355.
MURCHIE, James B.; '65 MBA; Industrial Engr.; Aluminum Co. of America, c/o Postmaster, Alcoa, TN 37701; r. 976 Vera Dr., Alcoa, TN 37701, 615 984-0792.
MURDICK, Laurie Ellen; '85 BSBA; 3250 Oberlin Pl., Columbus, OH 43221, 614 451-0581.
MURDOCK, Gary Allen; '82 BSBA; Asst. Exec. Dir.; Ohio Automotive Wholesalers Assn., 1560 Fishinger Rd., Columbus, OH 43221, 614 451-0573; r. 13900 Trout Rd., Marysville, OH 43040, 513 642-9673.
MURDOCK, Jeffrey Eugene; '79 BSBA; Syst. Prog. Proj. Leader; Big Bear Stores Co., 777 W. Goodale Blvd., Columbus, OH 43212, 614 464-6658; r. 5665 Tacoma Rd., Apt. B, Columbus, OH 43229, 614 846-0457.
MURDOCK, Larry Lee; '84 BSBA; Area Sales Mgr.; Stouffer's - Foodservice, 5750 Harper Rd., Solon, OH 44139, 317 776-5131; r. 16600 Cherry Tree Rd., Noblesville, IN 46060, 317 773-0409.
MURDOCK, Dr. Richard James; '70 BSBA; Assoc. Prof./CPA; Ohio State Univ. Acctg. Dept., 450 Hagerty, Columbus, OH 43210, 614 292-1720; r. 2301 Nayland Rd., Columbus, OH 43220, 614 457-2284.
MURDOCK, Mrs. Shelley M., (Shelley M. Engels); '85 BSBA; Financial Analyst; Blue Cross/Blue Shield, 120 Market St., Indianapolis, IN 46202, 617 841-4426; r. 16600 Cherry Tree Rd., Noblesville, IN 46060, 317 773-0409.
MURGATROYD, Keith Thomas; '68 MACC; Staff; United Airlines Inc., POB 66100, Chicago, IL 60666; r. 1205 Bristol Ln., Buffalo Grove, IL 60089, 312 634-3215.
MURGUL, Tammy Ann; '85 BSBA; Sr. Auditor; Banc One Corp., 100 E. Broad St., Columbus, OH 43217, 614 248-6890; r. 7962 Crosshaven Dr., #G, Dublin, OH 43017, 614 792-3594.
MURLEY, Charles Francis; '85 BSBA; 1281 Arlington Ave., Columbus, OH 43212, 614 486-6608.
MURMAN, Diane Caputo; '76 BSBA; 20880 Stratford, Cleveland, OH 44116, 216 331-0132.
MURMAN, Maureen Renee; '79 BSBA; Credit Analyst; Union Commerce Bank, 917 Euclid Ave., Cleveland, OH 44114; r. 1541 Crest Rd., Cleveland, OH 44121.
MURNANE, Donald T.; '54 BSBA; 1036 SE Ninth Ln., Cape Coral, FL 33990.
MURNANE, Mrs. Helen R., (Helen R. Hassen); '48; Homemaker; r. 422 Brookside Dr., Columbus, OH 43209, 614 231-3717.
MURNANE, Kandy S., (Kandy Simmons); '79 BSBA; Sr. Programr Analyst; Community Mutual Ins. Co., 6740 N. High St., Worthington, OH 43085, 614 433-8858; r. 4499 Bradford Rd., Columbus, OH 43220, 614 457-6333.
MURNANE, Lawrence Thomas; '87 BSBA; Auditor/CMAS Cnslt.; Touche Ross & Co., 250 E. Broad St., Columbus, OH 43215, 614 224-1119; r. 1838 Darby Creek Dr., Galloway, OH 43119, 614 878-4190.
MURNANE, Thomas Michael; '70 BSBA, '77 MBA; Exec. VP; Mgmt. Horizon Inc., 570 Metro Pl. N., Dublin, OH 43017, 614 764-9555; r. 4499 Bradford Rd., Columbus, OH 43220, 614 457-6333.
MURNEY, James F.; '61 BSBA; Advt. Mgr.; The Ohio Farmer, 1350 W. 5th Ave., Columbus, OH 43212, 614 486-9637; r. 5415 Indian Hill Rd, Dublin, OH 43017, 614 889-9222.
MUROFF, Stanley; '55 BSBA; Pres.; Muroff-Lewis Assocs. Ltd., 188 Rte. 10, E. Hanover, NJ 07936, 201 428-0688; r. 18 Thurston Dr., Livingston, NJ 07039, 201 992-4352.
MURPH, Yolonda D. '80 (See Montgomery, Yolonda D.).
MURPHEY, Mark H.; '79 BSLHR; Nursing Home Admin.; r. RD 1, Amherst, OH 44001.
MURPHY, Carolyn Collins, (Carolyn Collins); '77 MPA; Dir.; Fair Housing/Equal Opportunity, Housing & Urban Devel., 200 N. High St., Columbus, OH 43215, 614 469-6694; r. 2389 Brookwood Rd., Columbus, OH 43209, 614 236-1592.
MURPHY, Charles Louis; '71 BSBA; Mgr./Inventory Contro; W C I Appliance Grp., 300 Phillipi Rd., Columbus, OH 43228, 614 272-4212; r. 1629 Suqulak Tr. NW, London, OH 43140, 614 852-2836.
MURPHY, Chester Warren, III; '84 MBA; Farmer; r. 2048 Wilberforce-Clifton Rd., Xenia, OH 45385, 513 372-1768.
MURPHY, Daniel Reilly, Jr.; '66 MBA; Sculptor; r. 216 Spring Ln., Chapel Hill, NC 27514, 919 929-8950.
MURPHY, David Arthur; '75 BSBA; Info. Systs. Assoc.; AT&T Columbus, 6200 E. Broad St., Columbus, OH 43213, 614 860-2937; r. 9938 Melody Ln., Pickerington, OH 43147, 614 863-1119.
MURPHY, Donald Byers; '60 BSBA; Developer/Owner; La Nier Weber & Henry Realty, 101 S. Main St., Fostoria, OH 44830, 419 435-9361; r. 11 Whitegate, 425 W. Ridge Dr., Fostoria, OH 44830, 419 435-3038.
MURPHY, Doris '40 (See Hillier, Doris Murphy).
MURPHY, Florence Mitten, (Florence Mitten); '50 BSBA; Procurement Analyst; Defense Elec Supply Ctr., Defense Dept., 1507 Wilmington Pike, Dayton, OH 45444, 513 296-5562; r. 1305 Huntsman Ln., Centerville, OH 45459, 513 435-0857.
MURPHY, Gilbert Byron; '80 BSBA; Personnel Asst.; Kroger Co., 440 Poth Rd., Columbus, OH 43213; r. 3053 Ruhl Ave., #A, Columbus, OH 43209.
MURPHY, MAJ Greg Steven, USAF; '75 BSBA; Chief Systs. Integration; Survivalbe Systs. Branch, JSTPS/JKCX, Offutt AFB, NE 68113, 402 294-6833; r. 3114 Tammy St., Omaha, NE 68123, 402 291-4747.
MURPHY, Jack G.; '49 BSBA; Retired; Ford Motor Co.; r. Rte. 5 Box 332, Nashville, IN 47448, 812 988-6895.
MURPHY, Jacquelyn Joan; '75 BSBA; Buyer; Lazarus Dept. Store, 7th & Race St., Cincinnati, OH 45201, 513 369-6178; r. 1337 Northwest Blvd., Columbus, OH 43212, 614 486-4037.
MURPHY, James Eugene; '84 BSBA; Registerd Rep.; Provident Securities & Investments, 1 E. 4th St., Cincinnati, OH 45202, 513 579-2365; r. 492 Sunaire Ter., Cincinnati, OH 45238, 513 922-7711.
MURPHY, James Moreland; '51 BSBA; Mgr. of Pricing; Pacer Pacific Motor Transport, 215 Dalton Dr., De Soto, TX 75115, 214 223-1224; r. 1624 Houghton Rd., Dallas, TX 75217, 214 398-9784.
MURPHY, James Thomas; '62 BSBA; VP; BancOhio, 770 W. Broad St., Columbus, OH 43215, 614 463-7003; r. 8822 Chevington Ct., Pickerington, OH 43147, 614 866-2516.
MURPHY, Jean '49 (See Meyer, Jean Murphy).
MURPHY, Jeanne '81 (See Laws, Jeanne M.).
MURPHY, John Andrew; '82 BSBA; Traffic Supv.; Flying Tigers Air Freight, POB 66183, O'Hare Intl Airport, Chicago, IL 60666, 312 686-6247; r. 411 Ramblewood, Glen Ellyn, IL 60137, 312 858-3998.
MURPHY, Karen L. '83 (See Shaw, Mrs. Karen M.).
MURPHY, Katherine Nett; '80 BSBA; 8602 Calumet Way, Cincinnati, OH 45249.
MURPHY, Kimberly Kay; '87 BSBA; Commercial Lender; Park Natl. Bank, 150 E. Broad St., Ste. 810, Columbus, OH 43215, 614 228-0063; r. 76 Eulah Dr. SE, Hebron, OH 43025, 614 928-5216.
MURPHY, Linda Marie; '84 BSBA; Mktg. Rep.; Compuserve, 5000 Arlington Ctr. Blvd., Columbus, OH 43220; r. 1105 Lexington St., Apt. #2-10, Waltham, MA 02154, 617 891-7359.
MURPHY, Margaret Mary; '88 BSBA; Sales Rep.; H.P.S. Inc., 3670 Jay Pkwy. Ln., Hilliard, OH 43026, 614 876-8431; r. 5856 Aqua Bay Dr., Columbus, OH 43235, 614 457-4682.
MURPHY, Mark A.; '84 BSBA; 4745 S. Atlantic Ave., #305, Ponce Inlet, FL 32019.
MURPHY, Mark Alan; '84 BSBA; 2508 W. 39th St., Lorain, OH 44053, 216 282-2625.
MURPHY, Mark Edward; '86 BSBA; 5027 Betsy Dr., Columbus, OH 43227, 614 863-4666.
MURPHY, Mark Peterson; '85 MBA; Acct.; Deloitte Haskins & Sells, 155 E. Broad St., Columbus, OH 43215, 614 221-1000; r. 1610 Ardwick Rd., Columbus, OH 43220, 614 457-5431.
MURPHY, Mary Elizabeth; '52 BSBA; Administrative Assoc.; The Ohio State Univ., 1080 Carmack Rd., Columbus, OH 43210, 614 292-9404; r. 1784 Kings Ct. #E, Columbus, OH 43212, 614 486-0086.
MURPHY, Mary M. (Peggy) '87 (See Shackleton, Mary Margaret).
MURPHY, Mia; '87 BSBA; Parts & Svc. Div.; Ford Motor Co.; r. 41B Water St., Natick, MA 01760, 508 653-7379.
MURPHY, Michael John; '86 BSBA; Ofc. Acct.; Turner Constr. Co., 65 E. State St., Columbus, OH 43215, 614 225-2900; r. 1012 Palmer Rd., Grandview Hts., OH 43212, 614 481-4287.
MURPHY, Michael Stephen; '73 BSBA; VP/Finance/Treas.; Strata Corp., 4645 Executive Dr., Columbus, OH 43220; r. 1257 Churchbell Way, Worthington, OH 43085, 614 885-1951.
MURPHY, Michael William; '72 BSBA; VP-Finance; Vantage Health Care Corp., 530 Main St., Evansville, IN 47708, 812 425-8716; r. 6110 Knight Dr., Evansville, IN 47715, 812 477-3756.
MURPHY, Michael Wright; '81 MBA; Proj. Adm; Rockwell Intl., Missle Systs. Division, 4436 Park Dr., Norcross, GA 30245; r. 3871 Arc Way, Lawrenceville, GA 30245, 404 925-0965.
MURPHY, Nancy Branscome; '52 BSBA; 29012 7th Pl. S., Federal Way, WA 98003, 206 839-8442.
MURPHY, Noreen Joan; '82 BSBA; Transportation Mgr.; Pillsbury Co., Pillsbury Ctr., Mail Sta. 2017, Minneapolis, MN 55402, 612 330-8679; r. 4101 Parklawn Ave., #240, Edina, MN 55435, 612 893-1423.
MURPHY, Patti Wandel, (Patti Wandel); '51 BSBA; Literature Coord. Secy.; American Warning/Ventilating, Maumee, OH 43537; r. 2117 Romona, Toledo, OH 43614, 419 382-1721.
MURPHY, Paul Joseph; '58 BSBA; Supt.; Republic Storage Systs., 1038 Belden Ave. NE, Canton, OH 44705, 216 438-5800; r. 11696 Eldorado Cir., Hartville, OH 44632, 216 877-2951.
MURPHY, Rhonda Jane; '87 BSBA; 1941 Sturgeon St., Springfield, OH 45506, 513 325-9544.
MURPHY, 2LT Richard Michael, USAF; '86 BSBA; Pilot; 86th Flight Trng. Squad, Laughlin AFB, TX 78843; r. 500 Cantu Rd., Apt. 14, Del Rio, TX 78840, 512 774-2504.
MURPHY, Robert James; '52 BSBA; VP & Mgr.; Trust Div. Ohio Natl. Bank, 51 N. High St., Columbus, OH 43251, 614 463-7356; r. 4374 Castleton Rd W., Columbus, OH 43220, 614 451-3606.
MURPHY, Robert Warren, Jr.; '69 BSBA; Mgr.-Materials Plng.; Borden Inc., 180 E. Broad St., Columbus, OH 43215, 614 225-4130; r. 4144 Squires Ln., Columbus, OH 43220, 614 459-3674.
MURPHY, Sean Michael; '86 BSBA; Cost Acct.; I T T Hancock, Acctg. Dept., 2300 E. Ganson, Jackson, MI 49202, 517 784-3161; r. 2742 Granada Dr., Apt. 3B, Jackson, MI 49202, 517 783-4296.
MURPHY, Sharon Joy; '85 BSBA; 525 Broadway Up, Malden, MA 02148, 617 397-8240.
MURPHY, Thomas Edward; '76 BSBA; VP; The Ohio Co., Corporate Finance Dept., 155 E. Broad St., Columbus, OH 43215, 614 464-6979; r. 1785 Andover Rd., Columbus, OH 43212, 614 488-9676.
MURPHY, Thomas Joseph; '79 BSBA; 9 Balsam Ln., Fairport, NY 14450, 716 388-0551.
MURPHY, Thomas Walter; '80 BSBA; 10948 Deering St., San Diego, CA 92126.
MURPHY, Thomas Williamson; '52 BSBA; Area Mgr.; US Dept. of the Treas., POB 84-600, Los Angeles, CA 90073, 213 209-6580; r. 123 California St., #102, Santa Monica, CA 90403, 213 451-1940.
MURPHY, Timothy James; '81 BSBA; Regional Sales Mgr.; Micro D, 2801 Yale Ave., Santa Ana, CA 92720, 714 540-4781; r. 201 11th St., Huntington Bch., CA 92648, 714 536-3156.
MURR, James Lowell; '65 BSBA; Staff; James Petropoulous, 42 E. Gay St., Columbus, OH 43215, 614 224-3333; r. 864 Northbridge Ln., Worthington, OH 43085, 614 888-1497.
MURRAY, Allen W.; '32 BSBA; Retired; r. 4460 Rosemary Pkwy., Columbus, OH 43214, 614 263-7876.
MURRAY, Anita Muellner; '84 BSBA; Systs. Analyst 2; Ohio Dept. of Youth Svcs., 51 N. High St., Columbus, OH 43215, 614 462-6179; r. 1772 Weather Stone Ln., Worthington, OH 43085, 614 761-1239.
MURRAY, Brian Martin; '71 BSBA; 354 Ontario St., Huron, OH 44839, 419 433-6154.
MURRAY, Charles C.; '80 MPA; Admin. Asst.; Ohio Dept. of Rehab. & Correction, 1050 Frwy. Dr. N., Columbus, OH 43229, 614 431-2790; r. 4162 Wintergreen Blvd., Gahanna, OH 43230, 614 895-2354.

MURRAY, Charles D.; '54 BSBA; VP; Gradison & Co., Inc., 580 Bldg.-6th & Walnut St., Cincinnati, OH 45202, 513 579-5808; r. 509 Curryer Rd., Middletown, OH 45042, 513 422-5535.
MURRAY, Donald Ferguson, Jr.; '87 BSBA; Revenue Agt.; IRS, 200 N. High St., Columbus, OH 43215; r. 677 Penny Ln., Gahanna, OH 43230, 614 478-1732.
MURRAY, Douglas Hayes; '86 BSBA; Credit Analyst; Lennox Industries Inc., 1711 Olentangy River Rd., Columbus, OH 43212, 614 421-6061; r. 2700 Collinford Dr., Apt. K, Dublin, OH 43017, 614 761-9235.
MURRAY, Douglas Rutherford; '69 MBA; 80 Washington Post Dr., Wilton, CT 06897.
MURRAY, John Michael; '82 BSBA; Co. Cdr.; USA, Co. C 1-12th INF, Ft. Carson, CO 80913, 719 579-2435; r. 2960 Maroon Bells Ave., Colorado Spgs., CO 80918, 719 548-0440.
MURRAY, Joseph A.; '53 BSBA; 3443 Case Rd., Marietta, NY 13110, 315 673-4194.
MURRAY, Kimberly Sue; '87 BSBA; 65 Pinecrest, Mansfield, OH 44906, 419 524-7946.
MURRAY, Michael Bond; '73 MBA; Mgr./Mfg. Tech. Planng; Xerox Corp., Phillips Rd., Webster, NY 14580; r. 3971 Bailey Rd., Holcomb, NY 14469, 716 657-7997.
MURRAY, Michael Casey; '83 MLHR; Student; Northern KY Univ., Chase Law Sch., Highland Hts., KY 41076; r. 1870 Madison, Cincinnati, OH 45206, 513 281-4163.
MURRAY, Michael Richard; '82 BSBA; Dist. Mgr.; Gen. Mills, 26777 Lorain Rd., Ste. 513, N. Olmsted, OH 44070, 216 734-6700; r. 6140 Oakwood Cir., N. Ridgeville, OH 44039, 216 327-6244.
MURRAY, Patricia Coughlin; '85 BSBA; Sales Mgr.; Mayflower Motel, 827 W. Ann Arbor Tr., Plymouth, MI 48170, 313 453-1620; r. 806 Neff, Grosse Pte., MI 48230, 313 882-7053.
MURRAY, Phillip Dent; '40 BSBA; Retired; r. 405 Santa Helena Dr., Del Tura Country Club, N. Ft. Myers, FL 33903, 813 731-5301.
MURRAY, Richard Earl, Jr.; '55 BSBA; Chief Arch.; Dept. of Housing & Urban Dev, 451 7th St. SW, Washington, DC 20410, 202 755-5743; r. 8908 Camden St., Alexandria, VA 22308, 703 360-3955.
MURRAY, Richard William; '80 BSBA; Org. Dev. Cnslt.; GM Corp., Cadillac Motor Car Div., 2860 Clark, Detroit, MI 48232, 313 554-6073; r. 34477 Wood Dr., Livonia, MI 48154, 313 591-3782.
MURRAY, Ronald L.; '70 BSBA; Sr. VP & Secy.; Picton Cavanaugh Inc., POB 2167, Toledo, OH 43603, 419 241-8211; r. 5701 Heatherbank, Toledo, OH 43614, 419 866-0239.
MURRAY, Mrs. Susan E., (Susan L. Evans); '87 BSBA; Staff Acct.; Clark Schaeffer Hackett & Co., 1 E. Campus View Blvd., Worthington, OH 43235, 614 885-2208; r. 1965 N. Star Rd. Lower, Columbus, OH 43212, 614 487-8230.
MURRAY, Thomas James; '86 MBA; Gen. Mgr.; Franklin Dental Mfg. Inc., 3670-A Pkwy. Ln., Hilliard, OH 43026, 614 876-1552; r. 4228 Hertford Ave., Dublin, OH 43017.
MURRAY, Thomas Joseph; '75 BSBA; 848 Coventry NE, Boca Raton, FL 33432.
MURRAY, Wendell; '78 BSBA; 4213 Rolling Hills Dr., Brunswick, OH 44212.
MURRAY, William H.; '49 BSBA; 5391 NW 170 Ter., Carol City, FL 33055.
MURRER, Andrew Joseph; '73 BSBA; VP Finance & Operations; Teleflora, 12233 W. Olympic Blvd., Los Angeles, CA 90064, 213 442-3052; r. 32455 Agua Dulce Canyon Rd., Agua Dulce, CA 91350, 805 268-0977.
MURRER, Martin C.; '79 BSBA; VP; Salomon Bros., Two New York Plz., New York, NY 10004, 212 747-7235; r. 45 Gard Ave., Bronxville, NY 10708, 914 337-7240.
MURRY, Harold Hudson; '77 MPA; 53 N. Cherry St., Mt. Gilead, OH 43338, 419 947-4216.
MURRY, Suzanne Hockley; '77 MPA; 53 N. Cherry St., Mt. Gilead, OH 43338, 419 947-4216.
MURSCHEL, Jane '38 (See Wheeler, Jane M.).
MURSTEIN, Rita '52 (See Wohl, Ms. Rita Murstein).
MURTHA, Matthew Michael; '75 BSBA; Comm/Ind Real Estate Brkr; Galbreath-Huff Real Estate, 100 E. Campusview Blvd., Worthington, OH 43235, 614 846-4900; r. 5489 Hazelwood Rd., Columbus, OH 43229, 614 436-6909.
MURTON, William Norman, II; '77 BSBA; Mgr., Info. Systs.; The Chillicothe Telephone Co., 68 E. Main St., POB 480, Chillicothe, OH 45601, 614 772-8390; r. 145 W. Second St., Chillicothe, OH 45601, 614 775-6274.
MUSARRA, Anthony Todd; '88 BSBA; 2638 Fairwood Dr., Cleveland, OH 44101, 216 321-8377.
MUSCHE, Andrew Paul; '76 BSBA; 895 S. Hague Ave., Columbus, OH 43204.
MUSCI, Peter J.; '64 BSBA; Dir.; Info. & Financial Servs, P P G Industries Inc, Plant No 6, Carlisle, PA 17013, 717 486-0153; r. 1107 Linn Dr., Carlisle, PA 17013, 717 243-7708.
MUSE, Frank R.; '56 BSBA; Programmer; Defense Const Supply Ctr., 3990 E. Broad St., Columbus, OH 43213; r. 6133 Johnstown Rd, New Albany, OH 43054, 614 855-7040.
MUSGRAVE, Thomas W.; '51 BSBA; POB 3182, Orange, CA 92665, 714 974-2352.
MUSGROVE, James Alan; '79 BSBA; Rte. 4 Box 424, Gallipolis, OH 45631, 614 446-4406.
MUSHENO, William Scott; '70 BSBA; CPA; Kayati & Musheno, CPA's, 7552 Slate Ridge Blvd., Reynoldsburg, OH 43068, 614 759-0034; r. 1948 Walnut Hill Park Dr., Columbus, OH 43232, 614 863-9704.
MUSHINKO, Peter R.; '66 MACC; Acct.; Horsburgh & Scott Co., 5114 Hamilton Ave., Cleveland, OH 44114, 216 431-3900; r. 2920 Mill Gate Dr. Rd, Willoughby, OH 44094, 216 946-8588.
MUSHRUSH, Stephen Rees; '69 BSBA; VP-M G I C; Prescott, Ball & Turben, 65 E. State 14th Pl., Columbus, OH 43215, 614 224-8149; r. 4511 Cassill St., Columbus, OH 43220, 614 459-8152.
MUSIC, Mark Christopher; '85 BSBA; Sr. Account Rep.; Computerland, 5 Prestige Plz., Miamisburg, OH 45342, 513 439-1000; r. 10130 Atchison Rd., Spring Vly., OH 45370, 513 885-4285.
MUSIC, Robert Dwayne; '86 BSBA; Inventory Auditor; The Ltd. Inc., Victorias Secret Division, 2 Limited Pkwy., Columbus, OH 43216, 614 476-7100; r. 8520 Carter Rd., Hilliard, OH 43026, 614 876-4516.
MUSICK, Douglas Edward; '85 BSBA; Production Supv.; Musick Machine Co., Pataskala, OH 43062, 614 927-6220; r. 893 Carryback Dr., Pataskala, OH 43062, 614 927-7716.
MUSICK, Kelvin Lee; '77 BSBA; CPA-Treas.; r. 10800 Alpharetta Hwy. #200-G1, Alpharetta, GA 30076.
MUSILLE, Lucinda Ann; '83 BSBA; Systs. Analyst; Ohio Dept. of Transportation, 25 S. Front St., Columbus, OH 43215; r. 7968 Trellage Ct., Powell, OH 43065.
MUSILLI, Dale Michael; '80 MPA; Rsch. Asst.; OSU Clg. of Medicine, Wiseman Hall 400 12th Ave., Columbus, OH 43210; r. RR 11, Fleming Falls Rd, Mansfield, OH 44903.
MUSILLI, Ronald; '83 MBA; Dir. Bus. Devel.; The Associated Grp., 118 E. Ludwig Rd., Ste. 100, Ft. Wayne, IN 46825, 219 484-2801; r. 6630 Sweet Wood Ct., Ft. Wayne, IN 46804, 219 672-9000.
MUSKAL, Jerry; '80 BSBA; Auditor; State Auditor's Ofc., 222 E. Central Pkwy., Cincinnati, OH 45202; r. 2909 Mapletree Ct., Cincinnati, OH 45236, 513 793-8109.
MUSKOFF, John Robert; '37 BSBA; Finance Mgr.; Portage Metropolitan Housing, 223 W. Main, Ravenna, OH 44266, 216 297-1489; r. 4425 13th NW, Canton, OH 44708, 216 477-7218.
MUSSELMAN, David Scott; '85 BSBA; Cost Analyst; St. Ann's Hosp., 500 Cleveland Ave., Westerville, OH 43081, 614 898-4126; r. 388 Reinhard Ave., Columbus, OH 43206, 614 443-2548.
MUSSELMAN, Rory Larston; '83 BSBA; 2080 Summit St, Columbus, OH 43201.
MUSSER, Alan Lee; '83 BSBA; Ofc. Systs. Analyst; Xerox, 471 E. Broad St., Columbus, OH 43215, 614 460-5406; r. 10750 Peters Rd., Amanda, OH 43102, 614 969-2632.
MUSSER, Arthur Blaine, Jr.; '39 BSBA; Budget Mgmt. Analyst; State of Ohio, Budget & Management Ofc., State Ofc. Twr.-Ste. 3952, Columbus, OH 43215; r. 672 Beaverbrook Ct., Gahanna, OH 43230.
MUSSER, Edward R., III; '58 BSBA; Retired; r. POB 2552, Bonita Spgs., FL 33959.
MUSSER, Harvey Harold; '72 BSBA; Staff; Kroger Co., Prod & Tech Serv Dairy Div, 1014 Vine St., Cincinnati, OH 45201; r. 4951 Poth Rd., Columbus, OH 43213, 614 864-1226.
MUSSER, James G.; '59 BSBA; Real Estate Appraiser; Heartwell Mortgage Co., Grand Rapids, MI 49506; r. 1717 Nokomis Dr. SE, Grand Rapids, MI 49506, 616 243-2555.
MUSSIO, Raymond John; '78 MPA; Supv.; Ohio Dept. of Rehab. & Correctn, Presentence Investigation, 1050 Frwy. Dr. N., Columbus, OH 43229; r. 5312 Ponderosa Dr., Columbus, OH 43229, 614 891-7065.
MUSSON, Robert D., Sr.; '32 BSBA; Retired; r. 2750 SE Ocean Blvd. #N318, Stuart, FL 34996, 407 287-7358.
MUSTAFA, Dr. Husain M.; '56 MPA; Prof./Chmn.; Virginia Commonwealth Univ., Political Science Dept., 920 W. Franklin St., Richmond, VA 23284; r. 10110 Hollingsworth Ct., Richmond, VA 23235, 804 320-0689.
MUSTAINE, James Edward; '80 BSBA; POB 942, Civic Sq., Canberra ACT 2608, Australia.
MUSTAINE, John Charles; '70 BSBA; 7938 Trellage Ct., Powell, OH 43065, 614 889-9953.
MUSTAINE, W. Max; '48 BSBA; 11608 Timber Ridge Ln. #4, Cincinnati, OH 45241, 513 489-2421.
MUSTARD, Larry Eugene; '78 BSBA; Sr. Mgr.-Acct. & Audit; Peat, Marwick Main & Co., 1600 Central Trust Ctr., 201 E. Fifth St., Cincinnati, OH 45202, 513 421-6430; r. 3300 Beredith Pl., Cincinnati, OH 45213, 513 631-3168.
MUSTARD, Stephen Mark; '76 MPA; Legislative Liaison; Ohio Industrial Commission, Division of Rehabilitation, 106 N. High St., Columbus, OH 43215; r. 2087 Commons Rd. S., Reynoldsburg, OH 43068, 614 864-7241.
MUSTINE, Charles David; '78 BSBA; Financial Analyst; American Electric Power, 1 Riverside Plz., POB 16631, Columbus, OH 43215, 614 223-2819; r. 141 N. Ardmore Rd., Columbus, OH 43209, 614 258-8081.
MUTCHLER, Budd F.; '49 BSBA; 5243 Dunganon Cir. NW, N. Canton, OH 44720, 216 494-9738.
MUTCHLER, Thomas E.; '67 BSBA; Staff; Hedstrom Co., c/o Postmaster, Bedford, PA 15522; r. RR 5, Meadowbrook Ter., Bedford, PA 15522, 814 623-5088.
MUTH, Gilbert A.; '40 BSBA; Retired; r. 3711 N. Fruit, Apt. L, Fresno, CA 93705, 209 229-4244.
MUTH, Thomas Charles; '82 BSBA; Corp Banking Ofcr.; Huntington Natl. Bank, 105 W. 4th St., Cincinnati, OH 45202, 513 762-1847; r. 7088 Jeannie Ln., Cincinnati, OH 45230, 513 232-1989.
MUTTER, Brian L.; '86 BSBA; Materials Mgr.; Franklin Intl., 2020 Bruck St., Columbus, OH 43207, 614 445-1220; r. 4050 Erin Ln., Dublin, OH 43017, 614 792-0308.
MUTZIG, Allen Jay; '78 BSBA; Atty.; 1221 W. Chester Pike, West Chester, PA 19381, 215 692-6160; r. 42 Oak Knoll, Berwyn, PA 19312, 215 644-6781.
MUZECHUK, Tracey Lynn; '88 BSBA; Sales Rep.; Noxell Corp., 1806 B. Tree Top Tr., Akron, OH 44313, 216 928-8313; r. Same.
MUZILLA, Thomas Anthony; '82 BSBA; 5313 Portage Dr., Vermilion, OH 44089, 216 967-9366.
MYER, Karl Dunsmore; '85 BSBA; Sales Rep.; Columbus, OH 43209; r. 266 S. Virginia Lee, Columbus, OH 43209, 614 239-6609.
MYER, Kenneth James; '86 BSBA; Entrepreneur; Myer & Myer, 4015 Nile Ave., Groveport, OH 43125, 614 836-0326; r. Same.
MYER, Kenneth M., CPA; '53 BSBA; Owner; 6221 14th St., W., Ste. 210, Bradenton, FL 34207, 813 758-4389; r. 3890 Wilshire Cir., Sarasota, FL 34238, 813 924-1750.
MYER, Mark William; '88 BSBA; Asst. Mgr.; Stambaugh's Co., 131 Main St., Steubenville, OH 43952, 614 264-0900; r. 11500 Detwiler Rd, Columbiana, OH 44408, 216 549-2287.
MYER, Rosemary Chanek; '52 BSBA; Chief Acct.; Thunderbird Mtr Freight Lines, Acctg. Div, S. Roxana, IL 62087; r. 16 Crestwood Dr., Edwardsville, IL 62025.
MYERS, Albert Ray; '48 BSBA; Retired; r. 18-G Big Bethel Rd., Hampton, VA 23666, 804 826-4523.
MYERS, Albert Warren; '50 BSBA; Retired; r. 49 Brevoort Rd, Columbus, OH 43214, 614 262-9946.
MYERS, Arthur James; '51 BSBA; Retired; r. 29500 W. Oakland Rd., Bay Village, OH 44140, 216 871-7234.
MYERS, Barry Logan; '84 MBA; Pres.; Sytronics Inc., 1546 Marsetta Dr., Beavercreek, OH 45432, 513 429-1466; r. 7819 Old Rte. 42, S. Charleston, OH 45368, 513 462-7264.
MYERS, Bradley Eugene; '74 BSBA; Mgr.; Coopers & Lybrand, 2900 One American Sq., Box 82002, Indianapolis, IN 46282, 317 639-4161; r. 18226 Mountfield Dr., Houston, TX 77084, 713 463-0681.
MYERS, Carol Marie; '88 MBA; 2654 Cedar Lake Dr., Dublin, OH 43017, 614 766-4948.
MYERS, Carol S. '75 (See Gundrum, Mrs. Carol S.).
MYERS, Charles Hall; '57 BSBA; VP; United Bank of Denver, POB 5247, Denver, CO 80217, 303 863-6023; r. 1604 S. Johnson Ct., Lakewood, CO 80226, 303 989-8943.
MYERS, Mrs. Dan, (Debra Ann Ruthsatz); '83 BSBA; Advt. Exec.; WLVG FM 96, Columbus, OH 43215; r. 383 Olen Tangy Forest Dr., Columbus, OH 43214, 614 885-8544.
MYERS, Dorothy Held; '85 BSBA; Acct.; Kirby Co., 2120 Westbelt Dr., Cleveland, OH 44110; r. 26241 Lake Shore Blvd., #1251, Euclid, OH 44132, 216 731-1955.
MYERS, Earl Lee; '79 BSBA; Staff Acct.; Frank Seringer & Chaney CPA's, 1236 Claremont Ave., Ashland, OH 44805; r. Rte. 1 Leedy Rd., Bellville, OH 44813.
MYERS, George R.; '49 BSBA; Retired; r. POB 42, Oak Park, 150 Indian Tr., Cadiz, OH 43907, 614 942-3801.
MYERS, Gerald N.; '62 BSBA; 18 Oakwood Dr., Yarmouth, ME 04096, 207 846-6049.
MYERS, Gregory N.; '83 MPA; Benefits Analyst; Ohio Dept. of Admin. Svcs., Ofc. of Benefits Admin., 30 E. Broad St., 29th Fl., Columbus, OH 43266, 614 644-6146; r. 512 E. Dunedin Rd., Columbus, OH 43214, 614 267-0006.
MYERS, Dr. Herbert L., Jr.; '40 BSBA; Pres.; Mgmt. Educ. Assoc., Inc., 904 Allen Dr., Winchester, VA 22601, 703 662-9007; r. Rte. 3, Box 392, Ridgeley, WV 26753, 304 738-2128.
MYERS, Howard Steven; '84 BSBA; Registered Rep.; M O N Y Financial Svcs., 1422 Euclid Ave., Cleveland, OH 44115, 216 621-7343; r. 26401 Lakeshore Blvd., Cleveland, OH 44132, 216 944-4503.
MYERS, Jacob Alfred; '59 BSBA; Atty.; Atty-at-Law, 201 E. First St., Dayton, OH 45402; r. 819 Otterbein Ave., Dayton, OH 45406, 513 276-3798.
MYERS, James Lee; '70 BSBA; 1136 Venice Rd., Knoxville, TN 37923.
MYERS, James Richard; '38 BSBA; Retired; r. 2012 Semur Rd, Pensacola, FL 32503.
MYERS, Jan Arthur; '84 BSBA; Supt. Postal Operations; US Postal Svc., 175 S. Monroe St., Tiffin, OH 44883, 419 447-6329; r. POB 404, Tiffin, OH 44883.
MYERS, John Allen; '79 BSBA; Advisor; Apppalachian Power Co., Mktg & Customer Services Dept., POB 38, Pt. Pleasant, WV 25550, 304 675-2120; r. 2026 Maxwell Rd., Pt. Pleasant, WV 25550, 304 675-4048.
MYERS, John Edward; '56 BSBA; Asst. Principal; r. Suburban Shores No 2, Winter Garden, FL 32787, 305 656-3461.
MYERS, John W., Jr.; '78; VP; Myers Real Estate, 1223 Grandview Ave., Columbus, OH 43212, 614 486-4338; r. 5666 Pauley Ct., Columbus, OH 43235, 614 451-3175.
MYERS, Jonathan Kent; '88 BSBA; 5730 County Rd. 130, Edison, OH 43320, 419 946-6194.
MYERS, Julie Price; '63 BSBA; Admin. Asst.-Invest Svcs.; Bank One, Akron, 50 S. Main St., Akron, OH 44308, 216 374-8393; r. 1831 Brookwood Dr., Akron, OH 44313, 216 867-3353.
MYERS, Mrs. Keith L., Jr., (Lisa H. Henderson); '83 BSBA; Sales Repr; Baxter Travenol Labs, 1 Baxter Pkwy., Deerfield, IL 60015; r. 592 Heatherbrooke Way, Westerville, OH 43081, 614 888-8357.
MYERS, Kevin Leonard; '85 BSBA; Manufactures Rep.; Len Myers & Assocs. Inc., POB 30945, Gahanna, OH 43230, 614 861-6065; r. 5859 Parliament Dr., Columbus, OH 43213, 614 864-1607.
MYERS, Larry Felix; '62 MBA; VP & Asst. Treas.; The Mitre Corp., 7525 Colshire Dr., Mc Lean, VA 22101, 703 883-6000; r. 40 Westmoreland Dr., Sterling, VA 22170, 703 450-5410.
MYERS, Leonora Marie, CPA; '83 BSBA; Acct.; Gerhardt & Puckett, PC, Amarillo, TX 79109; r. 6608 Kingsbury Dr., Amarillo, TX 79109, 806 352-0176.
MYERS, Linda '60 (See Rhoten, Mrs. Linda).
MYERS, Mrs. Marilyn A., (Marilyn A. Beckman); '50 BSBA; 4930 Pierce St., Hollywood, FL 33021, 305 981-0844.
MYERS, Melanie Faye; '86 BSBA; 3185 Brandon Rd., Columbus, OH 43221, 614 451-1587.
MYERS, Michael Stephen; '86 BSBA; 2367 Carlford St., Columbus, OH 43232, 614 492-3574.
MYERS, Norman Ray; '69 BSBA; Staff; J Lee Dever, Accountancy Corporation, 5907 Stoney Creek Dr., Ft. Wayne, IN 46825, 219 483-3033; r. 5133 Forest Grove, Ft. Wayne, IN 46835, 219 486-1704.
MYERS, Paul Edward; '79 BSBA; Mktg. Coord.; Ryan Homes, 3592 Corporate Dr., Ste. 109, Columbus, OH 43231, 614 895-3401; r. 5200 Hialeah Ct., Columbus, OH 43216, 614 889-8081.
MYERS, Paul Taylor; '77 MBA; 1472 Roundleav Ct., Reston, VA 22090, 703 471-1562.
MYERS, Phillip Eugene; '73 BSBA; Regional Controller; Ryder Student Transportation, 11565 Page Service Dr., St. Louis, MO 63146, 314 569-3944; r. 719 Grand Glen Dr., Manchester, MO 63021, 314 394-3533.
MYERS, Dr. Phillip Fenton; '60 MBA; Pres.; Whitehall Intl. Mgmt. Co., Inc., 5819 Fitzpatrick Rd, Ste. 1000, Calabasas, CA 91302, 818 703-7056; r. 5819 Fitzpatrick Rd., Hidden Hls., CA 91302, 818 888-9704.
MYERS, Raymond Paul; '83 BSBA; Supv.; Kroger Co., Poth Rd., Columbus, OH 43213, 614 863-2063; r. 1126 Addison Dr., Reynoldsburg, OH 43068, 614 864-6629.
MYERS, Richard D.; '36 BSBA; Retired; r. 1271 Arbor Ln., Marion, OH 43302, 614 389-4226.
MYERS, Richard Watkins; '80 BSBA; Acct.; Forrest A English, CPA, 369 Wood St., Pataskala, OH 43062; r. 211 Broad, Box 316, Pataskala, OH 43062, 614 927-6081.
MYERS, Robert A.; '80 BSBA; Plant Mgr.; Imperial Packaging Corp., 525 S. Central Ave., Columbus, OH 43223, 614 274-2700; r. 7380 Correll-Maxey Rd. SW, London, OH 43140, 513 462-8906.
MYERS, Robert Demming, PhD; '54 PhD (BUS); Prof. Emeritus; Univ. of Toledo; r. 2421 Cheltenham Rd., Toledo, OH 43606, 419 536-9710.
MYERS, Robert Steven; '88 BSBA; 213 Broadmeadows Blvd., Columbus, OH 43214, 614 848-6712.
MYERS, Rodney Lynn; '75 MBA; Regional Agcy. VP; Columbus Mutual Life Ins. Co., 303 E. Broad St., Columbus, OH 43215, 614 221-5875; r. 897 Babbington Ct., Westerville, OH 43081, 614 895-3430.
MYERS, Roger Dale; '66 BSBA; Underwriting Mgr.; Century Surety Co., 1889 Fountain Square Ct., Columbus, OH 43224, 614 268-0276; r. 4424 Bitterroot Dr., Westerville, OH 43081, 614 890-8973.
MYERS, Ronald R.; '52 BSBA; Economic Devel. Cnslt.; Ron Myers Assocs., 126 Harding Way E., Galion, OH 44833, 419 468-7737; r. 200 Shady Ln., Galion, OH 44833, 419 468-6094.
MYERS, Sandra Shoup; '66 BSBA; Sr. VP-Finance/Adm; Cuyahoga Savings Assn., One Erieview Plz., Cleveland, OH 44114; r. 65 Grey Fox Run, Chagrin Falls, OH 44022.
MYERS, Mrs. Shay B., (Shay J. Bacak); '79 BSBA; Sr. Industry Cnslt.; Cincom, 6400 E. Main, Reynoldsburg, OH 43068, 614 863-6636; r. 1275 London Dr., Columbus, OH 43221, 614 451-3684.
MYERS, Shelly L., (Shelly L. Sheppard); '83 BSLHR; Human Resources Mgr.; The Wasserstrom Co., 477 S. Front St., Columbus, OH 43215, 614 228-6525; r. 70 Neal Ave., Newark, OH 43055.
MYERS, Stanley L.; '64 BSBA; Atty./Partner; Luper Wolinetz Sheriff & Neidenthal, 50 W. Broad St., Columbus, OH 43215, 614 221-7663; r. 135 E. Livingston, Columbus, OH 43215.
MYERS, Thomas Alden; '68 BSBA; Mgr.-Investor Rel; TRW Inc., 23555 Euclid Ave., Cleveland, OH 44117; r. 156 N. Highland Ave., Akron, OH 44303, 216 867-7821.
MYERS, Wayne Harvey; '34 BSBA; Retired; r. 605 S. Los Corales Cir., Green Vly., AZ 85614, 602 625-4342.

MYERS, William Herbert; '52 BSBA; CPA; White Castle Syst. Inc., 555 W. Goodale St., Columbus, OH 43215; r. 77 N. Vine St., Westerville, OH 43081, 614 882-2646.

MYERS, William Paul; '50 BSBA; Retired; r. 574 Greenwood, Inkster, MI 48141.

MYGRANT, Jeffery Scott; '79 BSBA; Clerk; The Kroger Co., 1199 Delaware Ave., Marion, OH 43302; r. 5460 Marion-Upper Sandusky Rd, Marion, OH 43302, 614 465-4745.

MYGRANT, Linda Seckel, (Linda L. Seckel); '83 BSBA; Acct.; Health Ohio, 372 E. Center St., Marion, OH 43302; r. 5460 Marion-Upper Sandusky Rd, Marion, OH 43302, 614 465-4745.

MYGRANT, Steve J.; '78 BSBA, '81 MBA; Asst. Mgr. Equities; State Tchrs. Ret Syst. of OH, 275 E. Broad St., Columbus, OH 43215, 614 227-4081; r. 6225 Winding Creek Ln., N. Olmsted, OH 44070, 614 227-4081.

MYHAL, Mark; '81 BSBA; Grad. Student; Ohio State Univ., Columbus, OH 43210; r. 6209 Southington Dr., Parma, OH 44129, 216 884-1006.

MYLES, Debora Renee; '80 BSBA; Product Analyst; Bank One, 350 McCoy Ctr., Columbus, OH 43271, 614 248-4357; r. 1100 Kirk Ave., Worthington, OH 43085, 614 885-1122.

MYRVOLD, Michael Laren; '83 MBA; Real Estate Mgr.; Federated/Allied, 7 W. 7th, Cincinnati, OH 45202, 513 579-7726; r. 7223 Lamplite Ct., Cincinnati, OH 45244, 513 232-1474.

MYSER, Robert Benton; '79 BSBA; Mgr. Sales OPS Support; GTE, 11611 N. Meridian St., Carmel, IN 46032, 317 843-7578; r. 1397 Stoney Creek Cir., Carmel, IN 46032, 317 575-0779.

MYSLIWIEC, Gregg; '73 BSBA; Owner; Beechwold Auto Sales, 4663 N. High, Columbus, OH 43214, 614 262-4110; r. 1282 Mulford, Columbus, OH 43212, 614 488-7657.

MYSONA, Jennifer Anne; '84 BSBA; 1260 Salt Springs Rd., Lordstown, OH 44481, 216 824-2482.

MYTON, Dean Leroy; '81 MPA; Asst. VP; Puller Mortgage Assocs., 3939 Vincennes Rd., Indianapolis, IN 46268, 317 876-1155; r. 1809 Timber Hts. Dr., Indianapolis, IN 46280, 317 875-5829.

MYTON, Mrs. Patricia T., (Patricia A. Tabscott); '81 MPA; Product Mgr-Finance Syst.; Alverno Admin. Svcs., 1300 Albany St., Beech Grove, IN 46107, 317 783-9341; r. 1809 Timber Hts. Dr., Indianapolis, IN 46280, 317 875-5829.

MYTRO, Irene Lakatos; '72 BSBA; 3081 Cranston Dr., Dublin, OH 43017, 614 889-2095.

MYTRO, Nicholas Alan; '74 BSBA; 3081 Cranston Dr., Dublin, OH 43017, 614 889-2095.

N

NABERHAUS, Mark Allen; '82 BSBA; Brand Mktg. Coord.; Anheuser-Busch, Inc., POB 4008, Sylmar, CA 91342, 818 367-2193; r. 854 Anson St., Simi Vly., CA 93065, 805 527-6800.

NACHMAN, David Charles; '67 BSBA; Assoc. Prof.; Georgia Inst. of Technology, Clg. of Management, Atlanta, GA 30332; r. 2348 Virginia Pl. NE, Atlanta, GA 30305.

NACHMAN, Jeffrey Neil; '72 BSBA; Controller; Drefus Corp. Mutual Funds, 767 5th Ave., New York, NY 10153, 212 830-8220; r. 129 Southgate Dr., Massapequa Park, NY 11762, 516 795-6187.

NACHT, Stephen I.; '57 BSBA; Pres.; Shonac Corp., 1675 Watkins Rd., Columbus, OH 43207, 614 497-1199; r. 8 Lyonsgate Rd., Columbus, OH 43209, 614 253-7455.

NACHTIGALL, John Alfred; '78 BSBA, '85 MBA; Student-PhD Prog.; The Ohio State Univ., Graduate Sch., Columbus, OH 43210; r. 42 E. 13th Ave., Apt. G, Columbus, OH 43201, 614 299-9008.

NADDY, John F., III; '48 BSBA; Retired; r. E. 11106 23rd Ave., Spokane, WA 99206, 509 928-4652.

NADER, Abby Jo; '85 BSBA; 307 Kenilworth SE, Warren, OH 44483, 216 395-1266.

NADER, Dean Joseph; '82 BSBA; Systs. Programmer; Defense Logistics Agcy., 3990 E. Broad St., Columbus, OH 43213, 614 238-9485; r. 1181 E. Cooke Rd., Columbus, OH 43224, 614 263-2578.

NADER, Jay A.; '81 BSBA; Financial Cnslt.; Shearson Lehman Hutton, 65 E. State St., 20th Fl., Columbus, OH 43215, 614 460-2600; r. 890 Boscastle Ct., Apt. B, Columbus, OH 43214, 614 459-4079.

NADER, Joseph A.; '53 BSBA; Partner; A J Nader & Sons, 5th & Market Sts., Zanesville, OH 43701, 614 452-4559; r. 1119 Maple Ave., Zanesville, OH 43701, 614 452-7009.

NADER, Thomas Christian; '84 BSBA; 307 Kenilworth S. E., Warren, OH 44483, 216 395-1266.

NAEGELE, Darci A.; '88 BSBA; 984 Maplecrest, Troy, OH 45373, 513 339-0358.

NAFT, Leonard J.; '65 BSBA; Ofc. Mgr.; Sunshine Industries, 1996 W. 3rd St., Cleveland, OH 44113; r. 1854 Fulham Dr., Mayfield Hts., OH 44124, 216 473-0987.

NAFZGER, Alva D.; '54 BSBA; Tchr.; Southwestern City Schs., Bd of Education, Grove City, OH 43123; r. 3914 Riverview Dr., Hilliard, OH 43026, 614 771-0081.

NAFZIGER, Mrs. Stella Jordan; '85 BSBA; Contract Admin.; US Govt.; r. 7304 S. Sectionline Rd., Delaware, OH 43015, 614 881-5613.

NAGARAJAN, Vaidyanathan; '86 MBA; Prin Rsrch Scientist; Battelle Mem. Inst., 505 King Ave., Columbus, OH 43201, 614 424-4446; r. 536 Montgomery Ct., Columbus, OH 43210.

NAGAYA, Hiroko Nagaya, (Hiroko N. Carroll); '79 MBA; Programming Mgr.; Franklin Mint, Tokyo, Japan; r. North 21, East 19, Sapporo, Japan.

NAGEL, Christopher Lewis; '84 BSBA; Doctoral Student; Ohio State Univ., Graduate Sch., Columbus, OH 43210; r. 2751 Charing Rd., Columbus, OH 43221, 614 486-5253.

NAGEL, David Fred; '82 BSBA; 6541 Belmeadow Dr., Middleburg Hts., OH 44130.

NAGEL, John Wesley; '62 BSBA; Dir. of Finance; WVUE-TV, 1025 S. Jefferson Davis Pkwy., New Orleans, LA 70125, 504 486-6161; r. 4112 Grace King Pl., Metairie, LA 70002, 504 887-8357.

NAGEL, Mark E.; '78 MPA; City Mgr.; City of Anoka, 2015 First Ave., N., Anoka, MN 55303, 612 421-6630; r. 1783 Gramsie Rd., Arden Hls., MN 55112, 612 636-9543.

NAGEL, Wanda '52 (See Scroggy, Wanda N.).

NAGEL, William Lee; '79 MBA; Managing Assoc.; Conley, Canitano & Assoc. Inc., Signature Sq. Ste. 390, 25201 Chagrin Blvd., Beachwood, OH 44122, 216 831-6240; r. 20186 Westover Ave., Rocky River, OH 44116, 216 333-8308.

NAGELSON, Russell Charles; '67 BSBA; No 1 Powderhorn Ct., Little Rock, AR 72212, 501 224-5669.

NAGLE, Robert F.; '55 BSBA; Mktg. Supv.; B F Goodrich Co., 500 S. Main St., Akron, OH 44311; r. 3743 Kent Rd, Stow, OH 44224.

NAGLE, Steve Andrew; '81 BSBA; Grp. Claims Spvr; Nationwide Ins., Group Claims & Services, 9110 E. Nichols Ave. Ste. 128, Englewood, CO 80112, 303 790-4411; r. 6419 Highlawn Dr., Columbus, OH 43229.

NAGORSKI, David Lee; '87 BSBA; Underwriter; Nationwide Ins. Co., 200 E. Campusview Blvd., Crosswoods Ctr., Worthington, OH 43085; r. 5712 Countrie Glen, Galloway, OH 43119, 614 878-7050.

NAGY, Alex E.; '58 BSBA; Real Estate Appraiser; Alex E. Nagy & Assocs., Inc., 2529 Oakstone Dr., Columbus, OH 43231, 614 890-7147; r. 131 St. Julian, Worthington, OH 43085, 614 885-5979.

NAGY, Mrs. Anne, (Anne George); '73 BSBA; VP-Customer Svc.; Physicians Health Plan of Ohio Inc., 3650 Olentangy River Rd., Columbus, OH 43214, 614 442-7166; r. 503 Foxtrail Cir., E., Westerville, OH 43081, 614 895-8412.

NAGY, Iris Noble; '49 BSBA; Rte. 1 Box 7, Jeromesville, OH 44840, 419 281-3647.

NAGY, Sherri Ellen; '85 BSBA; Student; Balden Wallace Clg., Subs Cigna Corporation, 5800 Lombardo Ctr., Berea, OH 44017; r. 4409 Woodrow, Parma, OH 44134, 216 885-4481.

NAHAN, Joseph F.; '62 BSBA; Ret Mgt Analysis Ofc.; Dept. of Housing & Urban Devel., 7th & D SW, Washington, DC 20024; r. 7606 Salem Rd., Falls Church, VA 22043, 703 560-0640.

NAHERNY, Dennis Theodore; '84 BSBA; 14 Goodnight Tr., Frisco, TX 75034, 214 292-3522.

NAIDITCH, Sanford M.; '47 BSBA; Mkt. Maker; c/o First Options of Chicago, 440 S. La Salle, Ste. 1767, Chicago, IL 60605, 312 786-3580; r. 17891 Beauville Ln., Boca Raton, FL 33496.

NAIR, Venugopalan P.; '80 MBA; Elec. Engr.; American Electric Power Co., 1 Riverside Plz., Columbus, OH 43215, 614 223-1000; r. 18 Keethler Dr. N., Westerville, OH 43081, 614 891-0081.

NAIRN, Frank Richard; '41 BSBA; Retired Dir.; Cota, 1600 Mckinley Ave., Columbus, OH 43222; r. 3750 Klibreck Dr., Columbus, OH 43228, 614 875-1049.

NAJJAR, Dr. Adnan; '64 MBA, '66 PhD (BUS); Asst. Prof.; Damascus Univ. Clg. of Commerce, Dept. of Bus Admin., Damascus, Syria; r. The University of Riyad, Clg. of Adm Science, Riyadh, Saudi Arabia.

NAKAGAWA, Samuel M.; '53 BSBA; Investment Mgr.; Allstate Ins. Co., Allstate Plz., Northbrook, IL 60062, 312 402-5920; r. 328 Dewey Ave., Evanston, IL 60202, 312 328-1424.

NAKAHASHI, Masashi; '84 BSBA, '86 MBA; Managing Dir.; Nakahashi Seiskusho Co. Ltd., 20 Takagi Bessho-Cho, Miki, Hyogo 673-04, Japan, 079 482-2212; r. 3-1-6 Sakuragaoka-Nishimachi, Nishi-ku, Kobe, Hyogo-Pref. 673-02, Japan, 078 994-3323.

NALESKIENSKI, Kimberley Leslie; '79 BSBA; Staff; Blue Cross of Mass, 336 Union Ave., Framingham, MA 01701; r. 3 Rockybrook Rd., Dover, MA 02030.

NALEZIENSKI, John Paul; '78 MBA; Bus. Devel.; r. 3 Rocky Rd., Dover, MA 02030.

NALLY, Susan Jean; '87 BSBA; Staff Acct.; Ernst & Whinney, 2400 Nationwide Plz., Columbus, OH 43215, 614 224-5678; r. 5951 Rocky Rill Rd., Worthington, OH 43085, 614 885-3979.

NALODKA, Ms. Katherine Ann; '76 BSBA; Supv. Internal Operations; Lane Drug Co., 253 Waggoner Blvd., Toledo, OH 43611, 419 476-2233; r. 4522-282nd St., Toledo, OH 43611, 419 729-0393.

NAN, Matthew Alan; '87 BSBA; Acct.; United Telephone Co. of Ohio, 665 Lexington Ave., POB 3555, Mansfield, OH 44907, 419 755-8393; r. 155 Betzstone Apt. 2, Mansfield, OH 44907, 419 756-4915.

NANCE, Frank Thomas; '79 BSBA; Corporate Auditor; GM Corp., General Motors Bldg., 3044 W. Grand Blvd., Detroit, MI 48202; r. 6703 Willowgrove Pl., E., POB 1364, Dublin, OH 43017, 614 889-4731.

NANCE, John Richard; '84 BSBA; Grad. Student Real Estate; Ohio State Univ. Clg. of Business; r. 5308 Caleb Dr., Columbus, OH 43220, 614 451-9548.

NANCE, Richard Edward; '68 BSBA; c/o Centurion Prop Management, POB 5908, Austin, TX 78763.

NANGLE, Patricia J.; '66 BSBA; Atty.; POB 104, 30 W. Main St., Logan, OH 43138, 614 385-7611; r. 6025 Winchester Rd., Carroll, OH 43112, 614 756-7760.

NANGLE, William Terrance; '67 BSBA; 1538 E. 7380 S., Salt Lake City, UT 84121, 801 943-9429.

NANN, Bernhard; '86 MBA; Tannstrasse 11, 7201 Koenigsheim, West Germany.

NANN, Michael James; '82 BSBA; Dist. Mgr.; NCR Corp., 1700 S. Patterson Blvd., Dayton, OH 45479, 513 445-3755; r. 909 Alexandersville Rd., Miamisburg, OH 45342, 513 865-9700.

NANN, Victoria R., (Victoria Zubal); '86 MBA; Tannstrasse 11, 7201 Koenigsheim, West Germany.

NAPIER, Guy Edward; '73 BSBA; Advt. Mgr.; Procter & Gamble, 6th & Sycamore, Cincinnati, OH 45202, 513 983-4922; r. 30 Weebetook Ln., Cincinnati, OH 45208, 513 321-4115.

NAPIER, Mark Wayne; '75 BSBA; Atty.; r. 3221 Lookout Dr., Cincinnati, OH 45208, 513 321-4869.

NAPIER, Mrs. Maureen A., (Maureen A. Barsnack); '79 BSBA; Acct.; R R Donnelly & Sons, Donnelley Dr., Glasgow, KY 42141, 502 678-2121; r. 194 Wilderness Rd., Glasgow, KY 42141, 502 651-5851.

NAPIER, Robyn Sue; '84 BSBA; Acct.; E.F. MacDonald Motivation, 111 N. Main St., Dayton, OH 45401, 513 226-5418; r. 310 Woodhills Blvd., W. Carrollton, OH 45449, 513 865-0043.

NAPIER, Rodney Ellis; '88 BSBA; 7370 Woodale Dr., Carroll, OH 43112, 614 756-9180.

NAPIERALA, Mrs. Beth C., (Beth A. Cain); '86 BSBA; Homemaker; r. 4621 Framingham Dr., Sylvania, OH 43560, 419 885-8361.

NAPIERALA, Robert Eugene, II; '86 BSBA; Mktg. Sales Rep.; Rudolf/Libbe Inc., 6494 Latcha Rd., Walbridge, OH 43465, 419 241-5000; r. 4621 Framingham Dr., Sylvania, OH 43560, 419 885-8361.

NAPOLEONE, Edward James; '86 BSBA; Staff Acct.; Baltimore Bancorp, POB 896, 205 W. Ctr. St., Baltimore, MD 21203, 301 783-6617; r. 51 Straw Hat Rd., Apt. 1D, Owings Mills, MD 21117, 301 356-5257.

NAPOLI, James Edward; '83 BSBA; Financial Analyst; Glasrock Home Health Care, 535 Anton Blvd., Ste. 300, Costa Mesa, CA 92626, 714 641-7101; r. 211 W. Orange Grove, Arcadia, CA 91006, 818 355-2815.

NAPOLI, Lisa A.; '87 BSBA; Legislative Asst.; Securities Industry Assn., 1850 M St. NW, Ste. 550, Washington, DC 20036, 202 296-9410; r. 9300 Vineyard Haven Dr., Gaithersburg, MD 20879, 301 869-3755.

NARANG, Manoj Kumar; '83 BSBA; 6356 Glengariff Ct., Cincinnati, OH 45230, 513 232-1224.

NARANG, Rachna; '85 BSBA; 6356 Glengarriff Ct., Cincinnati, OH 45230, 513 232-1224.

NARASIMHAN, Dr. Sridhar; '87 PhD (BUS); Asst. Prof.; Georgia Inst. of Technology, Clg. of Management, Atlanta, GA 30332, 404 894-4378; r. 2238 Tanglewood Rd., Decatur, GA 30033.

NARBUT, CAPT Joseph, Jr.; '64 BSBA; Capt. Usaf; r. RR No 1, Carbondale, PA 18407.

NAROTSKY, Albert H.; '46 BSBA; Interior Decorator; Mr Albert Interior Design, 1747 Bryden, Columbus, OH 43205; r. 1747 Bryden Rd, Columbus, OH 43205, 614 253-0444.

NARTKER, Joseph Daniel; '83 BSBA; Controller; Reading Concrete Prods. Corp., 4600 Devitt Dr., Cincinnati, OH 45246, 513 874-2345; r. 5860 Coachmont Dr., Fairfield, OH 45014, 513 829-4550.

NARUENARTWANICH, Pornsartid; '83 MPA; Airline Pilot; Thai Airways Intl., 89 Viphavadi Rangsit Rd., POB 1075, Bangkok, Thailand; r. 39/54 S01 Ladprow 23, Bangkaen, Bangkok 10900, Thailand.

NASCONE, Nicholas James; '82 BSBA; Branch Mgr.; UNISYS, 4151 Ashford-Dunwoody, Atlanta, GA 30319, 404 851-3228; r. 86 Mt. Vernon Cir., Dunwoody, GA 30338, 404 698-8696.

NASH, George Raymond; '80 BSBA; Ins. Agt.; Nationwide Ins. Co., 4509 NW 23rd Ave., #8, Gainesville, FL 32605, 904 372-1400; r. 5126 NW 59th Ln., Gainesville, FL 32606, 904 371-7056.

NASH, Mary '81 (See Van Meter, Mary N.).

NASH, Patrick Joseph; '80 BSBA; 52 E. 14th Ave., Columbus, OH 43201.

NASH, Thomas Michael; '71 BSBA; VP; Wendys Intl., Inc., 4659 Cherry Way, Marietta, GA 30067, 404 951-8017; r. 4659 Cherry Way, Marietta, GA 30067, 404 951-2971.

NASRI, Ishac Dib; '68 MBA; Solar I H Export Company, 2200 Pacific Hwy., San Diego, CA 92112.

NASSAU, Saul E.; '38 BSBA; 1214 Reeder Cir. NE, Atlanta, GA 30306, 404 872-2424.

NASTOFF, Thomas Anthony; '70 BSBA; Owner; Graves Fence Co. Inc., 750 River St., Columbus, OH 43222; r. 3811 Fairlington Dr., Columbus, OH 43220, 614 451-4678.

NATHAN, Jennifer Cormany; '87 BSBA; 915 Erin Ln., Nashville, TN 37221, 615 352-8734.

NATHAN, Jerry E.; '70 BSBA; Atty.; Bricker & Eckler, 100 S. 3rd St., Columbus, OH 43215, 614 227-2300; r. 4340 Camborne Rd., Columbus, OH 43220, 614 459-2532.

NATHAN, Marian Rose; '47 BSBA; Atty.; 8561 East Ave., Mentor, OH 44060, 216 951-1111; r. 5304 Chickadee Ln., Lyndhurst, OH 44124, 216 442-6295.

NATHAN, Michael J.; '67 BSBA; 2701 Revere #307, Houston, TX 77098, 713 526-8728.

NATHANS, Gary Alan; '70 BSBA; Owner; Home Lighting Ctr., Columbus, OH 43229, 614 794-1728; r. 333 S. Ardmore, Columbus, OH 43209, 614 235-1957.

NATHANS, Sari Roda; '83 BSBA; Data Base Analyst; Contel Corp., 600 Embassy Row, Ste. 400, Atlanta, GA 30328, 404 399-8361; r. 136 Peachtree Memorial Dr., Ga #3, Atlanta, GA 30309, 404 350-8615.

NATHANSON, Arnold N.; '49 BSBA; Cnslt.; Arley Merchandise Corp., 540 Miles Standish Blvd., Taunton, MA 02780, 508 823-1400; r. 62 Rachel Rd., Newton Centre, MA 02159, 617 332-5199.

NATHERSON, Russell S.; '64 BSBA; CPA; Natherson & Co. CPA, 1803 Glengary St., Sarasota, FL 34231, 813 923-1881; r. 5911 Midnight Pass Rd., #205, Sarasota, FL 34242, 813 349-7951.

NATION, Fern I. '25 (See Scelonge, Fern Nation).

NATKINS, Charles Evan; '75 BSBA; Atty.; Friedman & Natkins, 6175 SOM Center Rd. #210, Cleveland, OH 44139, 216 349-3300; r. 5440 Parkside Tr., Cleveland, OH 44139, 216 248-8846.

NATKINS, Sheryl F. '65 (See Friedman, Mrs. Arthur I.).

NATOLI, Charles A.; '48 BSBA; Staff Member; R G Denmead & Co. Realtors, 57 E. Gay St., Columbus, OH 43215; r. 479 Acton Rd., Columbus, OH 43214, 614 262-0444.

NATTER, Gloria Jean; '84 MPA; Staff; Ohio Bur. of Disabilities, 1944 Morse Rd., Columbus, OH 43229, 614 438-1598; r. 1543 Ferris Rd. #C2, Columbus, OH 43224, 614 263-6006.

NAU, Bennett E.; '48 BSBA; Retired; r. 545 N. Drexel Ave., Columbus, OH 43209, 614 253-4293.

NAU, Janet, (Janet Van Fleet); '78 BSBA; Homemaker; r. 17750 S. Acres, RR 4, Caldwell, OH 43724, 614 732-2667.

NAUGHTON, John D.; '50 BSBA; Mgr. Property Tax; LTV Steel Co. Inc., LTV Bldg., POB 6778, Cleveland, OH 44101, 216 622-5478; r. 8206 Sierra Oval, Parma, OH 44130.

NAUGHTON, Patrick F.; '68 BSBA; Pilot; Eastern Airlines, 1006 Euclid, Cleveland, OH 44115; r. 24228 Stonehedge Dr., Westlake, OH 44145, 216 779-6917.

NAUGHTON, Richard Leroy; '71 BSBA; Staff; 3M Corp., 3M Ctr., St. Paul, MN 55101; r. 9119 Branch Valley Way, Roswell, GA 30076, 404 587-4894.

NAUGHTON, Rita '45 (See Hughes, Rita Naughton).

NAUM, Dr. Byron Albert; '61 BSBA; Tchr.; Gahanna Public Schs., 160 S. Hamilton Rd., Gahanna, OH 43230; r. 498 E. Weisheimer Rd., Columbus, OH 43214, 614 268-3242.

NAUMAN, Michael David; '80 BSBA; Agcy. Automation Spec.; Ohio State Life Ins., 2500 Farmers Dr., Columbus, OH 43085, 614 764-4185; r. Box 146T Hide-Away-Hills, Sugar Grove, OH 43155, 614 746-8052.

NAVIN, Lisa Michelle, (Lisa Michelle Riel); '85 BSBA; Mgmt. Assoc.; Bank One, Columbus NA, Retail Lending, Columbus, OH 43271, 614 248-8172; r. 1755 Arlington Ave., Columbus, OH 43212, 614 486-3298.

NAVIN, Paul J.; '54 BSBA; Atty.; Larrimer & Larrimer, 165 N. High St., Columbus, OH 43215, 614 221-7548; r. 4380 Hayden Falls Dr., Hilliard, OH 43026, 614 876-4247.

NAVIN, Richard Patrick; '86 BSBA; Natl. Sales Mgr.; The Hiller Grp., Inc., 5321 Memorial Hwy., Tampa, FL 33634, 813 882-3313; r. 4747 W. Waters Ave., Apt. 1806, Tampa, FL 33614.

NAVRATIL, David Joseph; '75 MBA; Staff; Bancohio, 155 E. Broad St., Columbus, OH 43265; r. 130 Fallis Rd, Columbus, OH 43214.

NAVRATIL, Julie Ann; '85 BSBA; Staff; Ameritrust Corp., 1818 West Ln. Ave., Columbus, OH 43221, 614 488-0759; r. 32655 Creston Ct., Dublin, OH 43017, 614 792-3830.

NAVRIDES, Chrysoula '59 (See Makaritis, Chrysoula).

NAVY, Melvin; '47 BSBA; Wholesaler; r. 182 Washington Ave., Kingston, NY 12401.

NAY, Alan Rex; '60 BSBA; Tchr.; Memphis State Univ., Fogelman Clg. Business, Finance Dept., Memphis, TN; r. 134 Hilltop Cir., Elyria, OH 44035.

NAYMICK, John Joseph, Jr.; '75 BSBA; Sr. Analyst; Conoco Inc., Computer Dept., POB 1267, Ponca City, OK 74601, 405 767-3377; r. 120 Lansbrook, Ponca City, OK 74601, 405 762-9613.

NEAD, Glenn C.; '53 BSBA; Facilities Plng. Advisor; Fed. Express, Corporate Facilities Plng., 2003 Corporate Ave., 2nd Fl., Memphis, TN 38132, 901 395-3663; r. 5038 Pheasant Run Ln., Memphis, TN 38115, 901 795-6729.

NEAGO, Steve E.; '52 BSBA; Owner; Neago Ins. Agcy., 7401 S. Timberlane, Cincinnati, OH 45243; r. Same.

NEAL, April Dawn; '83 BSBA; Asst. Credit Supv.; J. C. Penney, 1721 Northland Mallway, Columbus, OH 43229, 614 267-1285; r. 4875 Kingshill Dr. #310, Columbus, OH 43229, 614 436-4295.

NEAL, Brenda Marie; '86 BSBA; 6931 Meadow Oak Dr., Worthington, OH 43085, 614 766-2497.

NEAL, Eleanor A. '62 (See Woerner, Mrs. Eleanor A.).

NEAL, George V.; '35 BSBA; Retired; r. 5433 Landau Dr., Dayton, OH 45429, 513 436-1013.

ALPHABETICAL LISTINGS NEMES 203

NEAL, Gilbert Wilson; '83 BSBA; State Mgr.; Gallo Winery, 1161 Holiday Dr., Kent, OH 44240, 216 673-1128; r. 1275 Weathervane #2C, Akron, OH 44313, 216 864-2262.

NEAL, Gregory James; '69 BSBA; 4909 Palmetto St., Columbus, OH 43228.

NEAL, Jerry Eugene; '65 BSBA; Sr. VP/Controller; Mattel Inc., 5150 Rosecrans Ave., Hawthorne, CA 90250, 213 978-6316; r. 6788 Alta Vista Dr., Rancho Palos Verdes, CA 90274, 213 541-5790.

NEAL, Orville Thomas; '56 BSBA; VP; Watkins Mfg. Corp. (Hot Spgs. Spas), 6225 El Camino Real, Carlsbad, CA 92008, 619 438-3334; r. POB 708, Pauma Vly., CA 92061, 619 742-3897.

NEAL, Perry Steven; '83 BSBA; Dist. Sales Mgr.; The Pillsbury Co., 303 Kirkland Park Pl., Ste. 125, Kirkland, WA 98033, 206 828-6616; r. 932 223rd Pl. NE, Redmond, WA 98053.

NEAL, Robert A.; '64 BSBA; Pres.-Owner; Robert A Neal Assocs., 1646 W. Lane Ave., Columbus, OH 43221; r. 2654 Henthorn Rd, Columbus, OH 43221, 614 488-2488.

NEAL, Robert J.; '47 BSBA; Retired-VP; Jorgenson & Co., 500 Sansome St., San Francisco, CA 94311; r. 306 Legal Arts Ctr, Youngstown, OH 44503.

NEAL, Terence Lee; '83 BSLHR; Territory Mgr.; Edmont, Sales Dept., 1300 Walnut St., Coshocton, OH 43812, 614 622-4311; r. 721 NW Greenwood, Ankeny, IA 50021, 515 965-1738.

NEAL, William Lucas; '67 MBA; Atty.; Stafford Frey Cooper & Stewart, 500 Watermark Twr., 88 Spring St., Seattle, WA 98104, 206 623-9900; r. 9016 SE 51st Pl., Mercer Island, WA 98040, 206 232-0603.

NEAL, William T.; '64 MBA; VP; The Fischer Grp., 8380 Miramar Rd., #200, San Diego, CA 92126, 619 271-7200; r. 12424 Rue Fountainbleau, San Diego, CA 92131, 619 586-7442.

NEALE, Denison, Jr.; '72 MBA; VP; W Lyman Case & Co., 55 Nationwide Blvd., Ste. 200, Columbus, OH 43215, 614 228-3700; r. 2141 Sheringham Rd., Columbus, OH 43221, 614 457-9718.

NEAMAN, Mark Robert; '72 BSBA; Pres./Chf Op Ofcr.; Evanston Hosp., 1301 Central St., Evanston, IL 60201, 312 492-6647; r. 263 W. Onwentsia Rd., Lake Forest, IL 60045, 312 234-2369.

NEAR, Mark Harrison; '80 BSBA; OO Spy; OO Spy Hdgr., 603 S. 5th St., Ironton, OH 45638, 614 532-7752; r. Same.

NEARY, Christopher Gregory; '84 BSBA; 5833 Pl. De La Concorde W., Columbus, OH 43229, 614 459-4193.

NEARY, Kevin Michael; '79 BSBA; Loss Control Mgr.; Chubb & Son Inc., 11 S. Meremac, Clayton, MO 63105, 314 726-2721; r. 11164 De Malle Dr., St. Louis, MO 63146, 314 997-2332.

NEBBERGALL, Mark A.; '88 BSBA; Staff Acct.; Snyder Scheffler Scherer & Fast Inc. CPA's, 110 E. Main St., Lancaster, OH 43046; r. 12122 Railroad Ave., POB 217, Millersport, OH 43046, 614 467-3181.

NEBERGALL, David A.; '60; Trader; Hunter Douglas Metals,Inc., 3513 Old Leeds Crest, Birmingham, AL 35213, 205 870-4638; r. Same, 205 870-4077.

NECHEMIAS, Stephen Murray; '66 BSBA; Atty.; Taft Stettinius & Hollister, Star Bank Ctr., Cincinnati, OH 45202, 513 381-2838; r. 777 Cedar Point Dr., Cincinnati, OH 45230, 513 232-8141.

NEDELL, Vera Rudolph '73 (See Greene, Vera Rudolph).

NEDOLAST, Roger Allan; '74 BSBA; Ofc. Mgr.; Sun American Corp., c/o Postmaster, Cleveland, OH 44101; r. 2260 E. Smiley, Shelby, OH 44875, 419 347-8686.

NEDRICK, Edna Cecille; '86 BSBA; Mktg. Rep.; Armstrong World Industries Inc., 18 Great Valley Pkwy., Ste. 120, Malvern, PA 19355, 215 296-8116; r. 177 E. Fariston Dr., Philadelphia, PA 19120, 215 548-4605.

NEDVED, Susan Ann; '88 BSBA; 1206 Colston Dr., Westerville, OH 43081, 614 891-5592.

NEE, Ellen '83 (See Lim, Ellen N.).

NEEDHAM, E. Jane '35 (See Griffith, Mrs. E. Jane N.).

NEEDHAM, Lori Sarkis; '81 BSBA; Application Consltnt; Gobal Software, 1009 Spring Forest Rd., Raleigh, NC 27615, 919 872-7800; r. 7204 Nicolson Ct., Raleigh, NC 27604, 919 790-0655.

NEEDLER, Michael Alan; '81 BSBA; Sr. Cnslt.; Bruce G. Jackson Assoc. Inc., 17629 El Camino Real, Houston, TX 77058, 713 282-7020; r. 15807 St. Lawrence Ct., Friendswood, TX 77546, 713 996-0794.

NEEDLES, Devin Scott; '82 BSBA; Div. Mgr.; Macola Inc., 333 E. Center St., Marion, OH 43302, 614 382-5999; r. 5298 Marion Edison Rd., Marion, OH 43302, 419 947-9102.

NEEDLES, Jack B.; '65 MA; Mgr. of Materials; Atlas Crankshaft Corp., 001 S. US Rte. 23, POB 846, Fostoria, OH 44830; r. 400 Mt Vernon Dr., Fostoria, OH 44830, 419 435-8694.

NEEDLES, Richard Carl; '78 BSBA; Mgr.-Human Resources; IDI-Battelle Subsidiary, 655 Metro Pl. S., Dublin, OH 43017, 614 761-7230; r. 1124 Langland Dr., Columbus, OH 43220, 614 457-7276.

NEELEY, Fred E.; '41 BSBA; Retired; Owens Corning Fiberglas Corp., Fiberglas Twr., Toledo, OH 43659; r. 8181 Chaley Ct., Egg Harbor, WI 54209, 414 868-3708.

NEELEY, Lynn Adrienne; '79 BSBA; 9165 Herron Walk Cv, Memphis, TN 38138.

NEELY, Don H.; '63 BSBA; 23821 Hillhurst Dr. #40, Laguna Niguel, CA 92677, 714 495-3190.

NEELY, Ted L.; '61 BSBA, '63 MBA; Cnslt.; Neely & Assocs., 1304 N. 129th Ave. Cir., Omaha, NE 68154, 402 496-1504; r. 1304 N. 129th Ave. Cir., Omaha, NE 68154, 402 496-1504.

NEELY, LT Thomas Elliott, USN; '83 BSBA; Radar Intersept Ofc.; r. 1608 Kepler Bend, Virginia Bch., VA 23454, 804 721-2728.

NEELY, William Michael; '75 BSBA; Account Mgr.; Electronic Data Svc., 666 Grand, Des Moines, IA 50265, 515 245-4723; r. 4700 Elm, W. Des Moines, IA 50265, 515 224-7693.

NEES, Susanne Marie; '86 BSBA; 1537 E. Main St., Louisville, OH 44641, 216 875-9289.

NEESHAM, Bonnie Lynn; '86 BSBA; Budget Analyst; The Ohio State Univ., Ofc. of Univ. Controller, 1800 Cannon Dr 710 Lincoln Twr, Columbus, OH 43210, 614 292-8981; r. 379 Springboro Ln., Worthington, OH 43085, 614 848-3104.

NEFF, Charles R.; '87 BSBA; Supv.; Airborne Express, 15800 Commerce Pk., Brook Park, OH 44142, 216 267-0610; r. 131 Aster Ct., Pataskala, OH 43062, 614 927-7433.

NEFF, Dennis; '58 BSBA; Pres.; The Neff Athletic Lettering Co., 725 Pine St., Greenville, OH 45331, 513 548-3194; r. 291 Hickory Dr., Greenville, OH 45331, 513 548-5378.

NEFF, Derek A.; '73 BSBA; Financial Srvcs Mgr.; Delaware Admn Regional Transit, One S. Monroe St., Wilmington, DE 19899, 302 658-8960; r. 102 South Rd., Wilmington, DE 19809, 302 764-7646.

NEFF, Frank Raymond; '83 BSBA; Deputy Clerk; Franklin Cnty. Clerk of Courts, 369 High St., Columbus, OH 43215, 614 462-3625; r. 1463 Ardwick Rd, Columbus, OH 43220, 614 451-3670.

NEFF, Mark Jerome; '79 MPA; VP; St. Josephs Med. Ctr., 811 E. Madison, POB 1935, South Bend, IN 46634, 219 237-8070; r. 52209 Surrey Trace, Granger, IN 46530, 219 271-9833.

NEFF, Michael K.; '85 BSBA; 4400 Mobile Dr', Apt. 310, Apt. B, Columbus, OH 43220, 614 442-0327.

NEFF, Nelson S.; '47 BSBA; Retired; r. 321 N. 4th St., Tipp City, OH 45371, 513 667-6841.

NEFF, Pamela Joy; '73 MPA; Rsch./Writing; Pamela J Neff, 4932 Pale Orchis Ct., Columbia, MD 21044, 301 740-4259; r. 4932 Pale Orchis Ct., Columbia, MD 21044, 301 740-4259.

NEFF, Patricia A. '65 (See Rauss, Patricia A.).

NEFF, Robert Hudson; '39 BSBA; Pres.; Neff Land Co.; r. 300 S. Ocean Blvd., #N-20, Delray Bch., FL 33483, 407 276-8248.

NEFF, Robert L.; '58 BSBA; Adm Asst.; Sentry Realty, 8551 Sudley Rd., Manassas, VA 22110, 703 361-8286; r. Rte. 1 Box 84B, Marshall, VA 22115, 703 347-9198.

NEFF, Valerie Gross; '84 BSBA; Sales Rep.; Pitney Bowes Inc., 6480 Doubletree, Columbus, OH 43229; r. 436 Pamlico St., Columbus, OH 43228.

NEFF, W. Randall; '73 BSBA; Supv. Cost Acctg.; Teledyne CAE, 1330 Laskey Rd, Toledo, OH 43612, 419 470-3515; r. 4316 Westway St., Toledo, OH 43612, 419 476-4826.

NEFF, Walter Loren; '62 BSBA; Dir. of Investment; Grange Ins. Cos., 650 S. Front St., Columbus, OH 43206; r. 1934 Westwood Ave., Columbus, OH 43212, 614 486-6815.

NEGELSPACH, Mary Coffman; '39 BSBA; Retired; r. 1290 Weybridge Rd., Columbus, OH 43220, 614 459-0145.

NEGIN, William S.; '49 BSBA; Pres.; B & J Textile Co., Inc., 295 5th Ave., New York, NY 10016, 212 683-5696; r. 90 Doyle St., Long Beach, NY 11561, 516 432-1280.

NEHER, Marlese Ann '52 (See Rouda, Marlese N.).

NEHR, Joan; '86 BSBA; Financial Analyst; Bank One, 750 Piedmont Rd., Dept. 0549, Columbus, OH 43224, 614 248-3212; r. 2688 Calumet St. #1, Columbus, OH 43202.

NEIBLER, Jefferie Harmon; '70 BSBA; Financial Plng. Mgr.; Rockwell Intl., Missile Systs. Div., 1800 Satellite Blvd., Duluth, GA 30136, 404 476-6395; r. 5346 High Harbor Ct., Gainesville, GA 30501.

NEIDENGARD, Gayla Rae; '88 MBA; 3737 Paris Blvd. E., Westerville, OH 43081, 614 899-1816.

NEIDERMEYER, Adolph A.; '66 MACC; Prof.; West Virginia Univ., Acctg. Dept., Morgantown, WV 26506, 304 599-2953.

NEIDES, Robert J.; '84 BSBA; CPA; Krasney Polk Friedman & Fishman, 24500 Chagrin Blvd., Ste. 315, Cleveland, OH 44122, 216 292-6120; r. 5461 Harleston Dr., Cleveland, OH 44124, 216 461-7113.

NEIDHARD, James Edward; '84 BSBA; 314 Tuxworth Rd., Centerville, OH 45459.

NEIGER, D. Fred; '52 BSBA; Property Mgr.; Inland Container Corp., 155 N. Delaware, Indianapolis, IN 46206, 317 262-0275; r. 6236 Olney, Indianapolis, IN 46220, 317 257-8250.

NEIGHBOR, Marlin Henry; '79 BSBA; Restaurateur; The Riverside Inn, *, Coshocton, OH 43812; r. 1817 S. 14th St., Coshocton, OH 43812, 614 622-8772.

NEIKIRK, John Pennell; '87 MLHR; 6342 Well Fleet Dr., Columbus, OH 43231, 614 890-0923.

NEIL, William D.; '50 BSBA; Dist. Mgr.; Ford Motor Co., 26 Executive Park W., NE, Atlanta, GA 30329, 404 982-7513; r. 2274 Littlebrooke Dr., Dunwoody, GA 30338, 404 396-2344.

NEILANDS, Natalie A. '86 (See George, Mrs. Natalie A.).

NEILANDS, Ms. Rachelle A.; '80 BSBA; Account Mgr/Computer Sale; AT&T, 101 Huntington Ave., Rm. 2050, Boston, MA 02199, 617 437-8868; r. 71 John St., Newton, MA 02159.

NEILL, Rondal Eugene; '79 BSBA; Partner; Z-Cars, 65 S. Sycamore, Ste. 7, Mesa, AZ 85202; r. 2726 E. Jerome, Mesa, AZ 85204, 602 497-1188.

NEILSEN, Ralph H.; '56 BSBA; Dir. of Admin.; Island Creek Corp., POB 11430, Lexington, KY 40575, 606 288-3000; r. 742 Kirkland Dr., Lexington, KY 40502, 606 277-2272.

NEILSON, Robert; '48 BSBA; Retired; r. 3011 W. Petty Rd., Muncie, IN 47304, 317 284-9287.

NEILY, Eric James; '84 BSBA; 10413 N. Mac Arthur, #227, Irving, TX 75063, 214 401-1147.

NEIMAN, Mrs. Lillian Sass; '51 BSBA; Homemaker; r. 272 Winston Rd, Akron, OH 44313, 216 864-1008.

NEIMAN, Maurice P.; '51 BSBA; Atty.; 615 S. Main St., Akron, OH 44308, 216 253-1126; r. 272 Winston Rd, Akron, OH 44313, 216 864-1008.

NEIN, James Russell; '67 BSBA; Atty.; James R. Nein, 1500 Lake Shore Dr., Ste. 240, Columbus, OH 43204, 614 488-0291; r. 4631 Lanercost Way, Columbus, OH 43220, 614 459-1523.

NEINER, John J.; '58 MBA; 268 Glen Valley, Chesterfield, MO 63017, 314 469-6028.

NEIPP, Morton J.; '29 BSBA; Atty.; r. 3955 Hillandale Rd, Toledo, OH 43606, 419 531-2062.

NEKERVIS, Rhoderick Bruce; '49 BSBA; 14090 Nona Ln., Whittier, CA 90602, 213 696-4205.

NELIGAN, Sheila Catherine; '86 BSBA; Accounts Payable Supv.; Modern Tool & Die, 5389 W. 130th, Cleveland, OH 44130, 216 267-2600; r. 17842 Northwood, #15, Lakewood, OH 44107, 216 221-6123.

NELKIN, Gary A.; '61 MBA; Mkt. Analyst; Babcock & Wilcox Co., 20 S. Van Buren Ave., Barberton, OH 44203; r. 690 Cliffside Dr., Akron, OH 44313, 216 836-0072.

NELKIN, Jodi Lynn; '83 BSBA; 690 Cliffside Dr., Akron, OH 44313, 216 836-0072.

NELKIN, Randi Sue; '85 BSBA; Acct.; Goldman Sachs & Co., 85 Broad St., New York, NY 10004, 212 902-0050; r. 201 E. 36th St., 9A, New York, NY 10016, 212 213-2308.

NELLE, William Grant, Jr.; '70 BSBA, '71 MBA; Pres.; Lambert, Nelle & Co., 111 Pine St., Ste. 1210, San Francisco, CA 94111, 415 788-4880; r. 1073 Broadway, San Francisco, CA 94133, 415 441-5709.

NELMS, Brett W.; '74 BSBA; Controller; Kempthorn Motors Inc., 1449 Cleveland Ave. NW, Canton, OH 44703, 216 452-6511; r. 876 11th St. NE, Massillon, OH 44646, 216 832-8300.

NELSEN, David John; '84 BSBA; Dist. Rep.; Aid Assn. for Lutherans, 7760 Olentangy River Rd., Worthington, OH 43085; r. 6011 Dartshire Blvd., Dublin, OH 43017, 614 761-2672.

NELSEN, Jeffrey Alan; '85 BSBA; Account Administratr; IBM Corp., 140 E. Town St., Columbus, OH 43215; r. 7560 Mill Bench Ct. #E, Apt. B, Dublin, OH 43017.

NELSON, Alice '54 (See Hannon, Alice Nelson).

NELSON, Ames M.; '48; Retired; r. 236 Mill St., Chillicothe, OH 45601, 614 775-3494.

NELSON, Ann Marie; '86 BSBA; 2839 Pioneer Tr., Hudson, OH 44236, 216 653-3174.

NELSON, Dr. Barrant Wyatt; '68 BSBA; Dent.; Gen. Practice, 1185 Main St., Willimantic, CT 06226, 203 423-1357; r. 4 Glenwood Ave., Norwich, CT 06360, 203 887-0764.

NELSON, Mrs. Bianca E., (Bianca Grace Enrione); '85 BSBA; Analyst/Programmer; Mutual of America, Boca Raton, FL 33433, 407 241-4119; r. 9736 Shadow Wood Blvd., Coral Spgs., FL 33071, 305 344-8070.

NELSON, Carl Andrew, Jr.; '67 BSBA; Partner/CPA; Arthur Andersen Co., Small Business Division, 41 S. High St. Ste. 200, Columbus, OH 43215, 614 228-5651; r. 1740 Arlington Ave., Columbus, OH 43212, 614 488-3282.

NELSON, Carol Louise; '80 BSBA; Claims Examiner; Farmers Ins., 2400 Farmers Dr., Columbus, OH 43085, 614 764-7277; r. 5443 Kirkland Way, Columbus, OH 43229, 614 891-5838.

NELSON, Carrie Ruehl; '81 BSBA; Banker; Southeast Bank, One SE Financial Ctr., Miami, FL 33131, 305 375-6084; r. 8701 SW 159th St., Miami, FL 33157, 305 232-2101.

NELSON, Daniel Lee; '86 BSBA; Partner; Contract Food Svcs., 150 Grand Lagoon Shores Dr., Panama City Bch., FL 32408, 904 233-1671; r. Bldg. 8, Unit B, 17751 Hutchinson Rd., Panama City Bch., FL 32413, 904 233-6692.

NELSON, David Fritz; '73 BSBA; 12696 Abbey Rd, N. Royalton, OH 44133, 216 237-7241.

NELSON, David Hugh; '83 BSBA; Computer Software Spec.; Klatzkin & Co., CPA's, 2681 Quakerbridge Rd., Trenton, NJ 08650, 609 890-9189; r. 19 Devon Ct., Robbinsville, NJ 08691, 609 426-9601.

NELSON, David Paul; '81 MBA; Treas.; Keener Mfg. Co., 500 Janet Ave., Lancaster, PA 17601, 717 394-7176; r. 23 Vanderbilt Dr., Box 711, Brownstown, PA 17508, 717 656-0039.

NELSON, Gene Erick; '64 BSBA; Pres.; Merchants Industries Inc., Box 100, Bellefontaine, OH 43311, 513 592-4010; r. 601 E. Columbus St., Bellefontaine, OH 43311, 513 592-2621.

NELSON, LTC George Russell; '71 BSBA; Air Defense Advisor; Air Staff, US Forces-AF S., Naples Italy, APO, New York, NY 09524; r. Airsouth POB 107, FPO, New York, NY 09524.

NELSON, Dr. James Cecil; '31 MA; Prof. Emeritus; Washington State Univ., Economics Dept.; r. NE 1036 D St., Pullman, WA 99163, 509 332-2150.

NELSON, Jeanette Nicole; '85 BSBA; Property Acct.; Swearigen Mgmt. Co., 8585 Stemmons Frwy., Ste. M-25, Dallas, TX 75247, 214 631-5197; r. 2400 Majestic Dr., Plano, TX 75074, 214 422-4022.

NELSON, John Edward; '48 BSBA; Retired; r. 2818 Meadow Hill Dr., Clearwater, FL 34621, 813 796-5016.

NELSON, John Graham; '55 BSBA; Psychologist; r. 812 N. Science Park Rd., State College, PA 16803.

NELSON, Joseph G.; '73 BSBA; VP, Finance; Kenyon Clg., Walton House, Gambier, OH 43022, 614 427-5172; r. 1010 Summit Dr., Mt. Vernon, OH 43050, 614 393-3428.

NELSON, Lawrence Webb, Jr.; '48 BSBA; Mgr.; r. 2211 Crosswind, Kalamazoo, MI 49008, 616 349-5180.

NELSON, Lynn Heatwole, (Lynn Heatwole); '83 BSBA; Stockbroker/Account Exec.; The Ohio Co., 2288 E. Main St., Columbus, OH 43209, 614 231-4800; r. 3936 Saddlehorn Dr., Hilliard, OH 43026, 614 771-7284.

NELSON, Margaret Meiklejohn; '51 BSBA; Retired; r. 7561 Lakeshore Dr., Ellenton, FL 34222.

NELSON, Mrs. Martha A., (Martha A. McDonough); '46 BSBA; 1801 N. Trafalgar Dr., St. Joseph, MI 49085, 616 429-1333.

NELSON, Patrick Ward; '81 BSBA; Financial Analyst; US Health Corp., 4247 Olentangy Blvd., Columbus, OH 43214, 614 461-3920; r. Same, 614 268-7661.

NELSON, Dr. R. Ryan; '82 MPA; Asst. Prof.; Univ. of Houston, Clg. of Business, DISC Dept., Houston, TX 77004, 713 749-6786; r. 2709 Werlein, W. University Pl., Houston, TX 77005, 713 667-1945.

NELSON, Richard John; '67 BSBA; Section Chief Materials; AT&T, 6200 E. Broad St., Columbus, OH 43213, 614 860-2000; r. 521 Sioux Dr., Westerville, OH 43081, 614 891-3192.

NELSON, Robert B.; '59 BSBA; VP Public Relations; Red Roof Inns Inc., 4355 Davidson Rd., Hilliard, OH 43026, 614 876-3321; r. 9940 Concord Rd, Dublin, OH 43017, 614 889-9908.

NELSON, Robert Dehn; '78 BSBA; Atty.; MCI Telecommunications Corp., 205 N. Michigan Ave., Chicago, IL 60601, 312 819-6534; r. 510 Banyon Ln., Unit A, La Grange, IL 60525, 312 352-5190.

NELSON, Robert G.; '54 BSBA; Ins. Broker; Fred. S. James, 505 Sansome St., San Francisco, CA 94111, 415 983-5628; r. 131 Robinhood Dr., San Francisco, CA 94127, 415 333-0558.

NELSON, Robert Martin; '54 BSBA; Pres.; First Fed. S&L, 130 W. Irving Blvd., Irving, TX 75060; r. 2500 Skyline Dr., Irving, TX 75038, 214 255-3223.

NELSON, Robert Miller; '31 BSBA, '33 MPA; Pres.; Bon Devel. Co., Cincinnati, OH 45043; r. 400 S. Main St., Apt. 2, Middletown, OH 45044, 513 422-8373.

NELSON, Roger D.; '52 BSBA; Ofc. Mgr.; Andrew Smith Inc., 90 S. High St., Dublin, OH 43017, 614 889-2677; r. 4565 Coach Rd., Columbus, OH 43220, 614 451-7806.

NELSON, Sally Leonhardt, (Sally Leonhardt); '75 BSBA; CPA; Nelson & Nelson, CPA's, 5 N. Gay St., Mt. Vernon, OH 43050, 614 397-0779; r. 1010 Summit Dr., Mt. Vernon, OH 43050, 614 393-3428.

NELSON, Sidney Gene; '68 MBA; Pres.; Sanitech, Inc., 1935 E. Aurora Rd., Twinsburg, OH 44087, 216 425-2354; r. 2839 Pioneer Tr., Hudson, OH 44236, 216 653-3174.

NELSON, Stephen G.; '67 BSBA; Cnslt.; Red Roof Inns Inc., Dublin, OH 43017; r. 4755 Tuttle Rd., Dublin, OH 43017, 614 764-9792.

NELSON, Stephen Manion; '68 BSBA; Priv Mgmt. Cnslt.; r. 707 Bonnie Brae, River Forest, IL 60305, 312 366-6790.

NELSON, Steven Keith; '77 BSBA; Acct.; Frontier Power, S. 2nd St., Coshocton, OH 43812; r. 18451 C R 80, Frazeysburg, OH 43822, 614 327-4701.

NELSON, Susan Ramsey; '76 MPA; 2637 Dayton Ave., Columbus, OH 43202, 614 263-4985.

NELSON, Dr. Ted; '53 BSBA; Compliance Dir.; Louise Wise Svcs., 12 E. 94th St., New York, NY 10128; r. 353 W. 20th St., Garden Apt., New York, NY 10011, 212 924-2177.

NELSON, Thomas Harvey; '79 BSBA; Atty.; Coopers & Lybrand, US Steel Bldg., 600 Grant Ave., Pittsburgh, PA 15219; r. 133 Deer Valley Dr., Sewickley, PA 15143, 412 741-5598.

NELSON, Tina Wojchowski; '80 BSBA; Acct. Rep.; Ford Motor Credit Co., 6500 Busch Blvd., Ste. 230, Columbus, OH 43229; r. 4113 Johnstown Utica Rd., Johnstown, OH 43031, 614 967-1991.

NELSON, Wilma Barnitz; '48 BSBA; 2211 Crosswind, Kalamazoo, MI 49008, 616 349-5180.

NEMER, Samuel Souhail; '73 MBA; 2149 Ridgeview Rd., Columbus, OH 43221, 614 486-9988.

NEMES, Arthur J., Jr.; '61 BSBA; VP & Gen. Mgr.; Wittek Mfg. Co., 1421 Barnsdale Rd., La Grange Park, IL 60525, 312 482-9400; r. 907 Pecos Ln., Mt. Prospect, IL 60056, 312 298-8964.

NEMES, Marie Ann; '87 BSBA; Claims Examiner; Central Benefits, 255 E. Main St., Columbus, OH 43216; r. 4739 Weybridge Rd. E., #B, Columbus, OH 43220.
NEMETH, Edith Theresa; '82 BSBA; 715 Hard Rd., Worthington, OH 43085, 614 436-0139.
NEMETH, Louis, III; '86 BSBA; 1806 Jamestown Dr., Mansfield, OH 44906, 419 756-2652.
NEMETH, Rosemarie Kaldor, (Rosemarie Kaldor); '82 BSBA; Ofc. Coord./Owner; Micro Advantage, 409 Lake Ave., Elyria, OH 44035, 216 322-5572; r. 411 Lake Ave., Elyria, OH 44035.
NEMETH, William Alex, Jr.; '87 BSBA; Sales Rep.; Rothman & Assocs. Inc., 3310 Erieview Twr., Cleveland, OH 44114, 216 861-6556; r. 2577 Romig Rd., #27, Akron, OH 44320, 216 753-8025.
NEMETHY, Laszlo G.; '65 BSBA; Staff; Natl. City Bank, 4100 W. 150th, Cleveland, OH 44135, 216 476-5874; r. 1832 Drayton Dr., Mayfield Hts., OH 44124, 216 461-0036.
NEMETZ, Randolph Richard; '84 BSBA; Acct.; Nutrius Inc., 8221 Brecksville Rd., Brecksville, OH 44141, 216 526-5522; r. 911 Canyon View 308, Northfield, OH 44067.
NEMIROFF, Steven James; '74 BSBA; Pres.; Perri Logan Equity, Melville, NY 11747, 516 621-4257; r. 63 Arbor Ln., Roslyn Hts., NY 11577, 516 484-6464.
NEMMERS, Charles Joseph; '75 MPA; Engr./Admin.; Fed. Hwy. Admin., 300 S. New St., Dover, DE 19901, 302 734-5323; r. 271 Carnoustie Rd., Dover, DE 19901, 302 674-8711.
NEMO, Edward Stanley; '63 BSBA; Pres. & Owner; Midwest Wine & Spirits Inc., 8041 Hosbrook Rd., Cincinnati, OH 45236; r. 8597 Sturbridge, Cincinnati, OH 45236, 513 791-4408.
NENNI, Robert Henry; '73 BSBA; Corporate Controller; Armco Advanced Materials Corp., POB 832, Butler, PA 16003, 412 284-2904; r. 228 W. Pearl St., Butler, PA 16001, 412 285-1080.
NENTWICK, Mrs. Lisa K., (Lisa K. Howard); '85 BSBA; Assoc. Mktg. Rep.; Ohio Edison Co., 111 E. High St., Springfield, OH 45502, 513 327-1256; r. 2916 Red Coach Dr., Springfield, OH 45503, 513 399-6839.
NEPTUNE, David Earl; '69 BSBA; Dir. of Sales; A C X Software, Inc., 1300 Iroquois Dr., Ste. 250, Naperville, IL 60540, 312 983-5555; r. 18W081 Williamsburg Ln., Villa Park, IL 60181, 312 953-1588.
NERDERMAN, Mark Anthony; '78 BSBA; Dir.; GNA, Regional Mktg. Dept., 100 E. Wilson Bridge Rd, #229, Worthington, OH 43085, 614 438-2629; r. 496 Richland Rd., Marion, OH 43302, 614 389-6265.
NERDERMAN, Stanley Jay; '79 BSBA; Mkt. Devel. Mgr.; Dow Chemical Co., 26555 Evergreen Rd, Southfield, MI 48072, 313 358-1300; r. 417 W. Webster, Royal Oak, MI 48073, 313 589-3629.
NERENBERG, Jonathon O.; '73 BSBA; Atty./Partner; Baden Jones Scheper & Crehan, 300 Hamilton Ctr. Bldg., Hamilton, OH 45011, 513 868-2731; r. 264 Raymond Dr., Monroe, OH 45050, 513 539-9308.
NERNY, Thomas J.; '33 BSBA; Retired; r. 2733 Wellesley Rd, Columbus, OH 43209, 614 237-1109.
NERODA, Dennis Samuel; '70 BSBA; Mgr.-Sales Support; Pacific Bell, 370 3rd St., Rm. 504, San Francisco, CA 94109; r. 1855 Clay, #4, San Francisco, CA 94109.
NERSINGER, Robert Alan; '78 BSBA; Product Mgr.; Rittenhouse, Div of Emerson Electric Co, 475 Quaker Mtg House Rd., Honeoye Falls, NY 14472; r. 1010 Staci Ln., Webster, NY 14580, 716 671-0273.
NESBITT, David Jacob; '75 MPA; 7472 Lindbrook Ct., Reynoldsburg, OH 43068, 614 868-0364.
NESBITT, Willey E.; '57 MBA; Partnr-Reg. Dir./Audit; Arthur Young & Co., 2121 San Jacinto St., Ste. 500, Dallas, TX 75201, 214 969-8116; r. 6547 Briarmeade Dr., Dallas, TX 75240, 214 233-8074.
NESMITH, Timothy Eric; '85 BSBA; Pres.; Mgmt. Plus Bus. Devel. Svcs., 5619 Longrifle Rd., Westerville, OH 43081, 614 899-6845; r. Same.
NESPECA, Anthony J.; '51 BSBA; Retired Sales Rep.; r. 192 W. Beaumont Rd, Columbus, OH 43214, 614 262-8118.
NESPOR, Andrea K.; '88 BSBA; 5175 Riverforest Rd, Dublin, OH 43017, 614 889-2657.
NESPOR, Joseph Lawrence; '85 BSBA; Contract Underwriter; US Fidelity & Guaranty, 100 Light St., Baltimore, MD 21202, 301 547-3349; r. 7720 Greenview Ter., Apt. #127, Towson, MD 21204, 301 582-7433.
NESS, Shirley Vogelsong; '47 BSBA; Retired; r. 7202 N. San Pasquale, Tucson, AZ 85704, 602 297-4286.
NESSELROAD, David Hilton; '83 BSBA; Sales Plng. Mgr.; The Quaker Oats Co., Diversified Division, 355 E. Campus View Blvd. #125, Worthington, OH 43085, 614 848-4401; r. 1303 Tranquil Dr., Worthington, OH 43085, 614 848-3319.
NESTER, Thomas Joseph; '85 BSBA; Systs. Mgr.; United Color Press, 351 Garver Rd., Monroe, OH 45050, 513 539-9991; r. 7655 Trailwind Dr., Cincinnati, OH 45242, 513 793-3833.
NESTERENKO, Dmytro James; '75 MBA; Div. Engr.; Ford Motor Co., POB 2100, Livonia, MI 48151; r. 48962 Thoreau Ct., Plymouth, MI 48170, 313 459-7639.
NESTMAN, Kenneth John; '85 BSBA; Sales Rep.; Yellow Book of New Jersey, 1086 Teaneck Rd., Teaneck, NJ 07666, 201 833-1750; r. 19 Edith St., Old Tappan, NJ 07675, 201 664-1884.
NESTOR, Kevin Paul; '87 MBA; Banking Ofc.; Bank One/Columbus, Columbus, OH 43271, 614 248-5366; r. 3360 Scioto Run Blvd., Hilliard, OH 43026, 614 771-5987.
NESTOR, Michael Edward; '83 BSBA; Tax Mgr.; Arthur Young & Co., One Seagate, Toledo, OH 43604, 419 244-8000; r. 4519 W. Bancroft, #2, Toledo, OH 43615, 419 537-8731.
NESTOR, Paula Kleshinski, (Paula Kleshinski); '87 MBA; Acct. Supv.; Riverside Methodist Hosp., 3535 Olentangy River Rd., Columbus, OH 43214, 614 261-5659; r. 3360 Scioto Run Blvd., Hilliard, OH 43026, 614 771-5987.
NESZ, Richard Henry; '69 BSBA; Pilot; Delta Air Lines, Atlanta Hartsfield Airport, Atlanta, GA 30320, 404 530-7688; r. 4486 Park Pl. Ter., Marietta, GA 30066, 404 998-7715.
NETH, Deborah L. '82 (See Rauh, Deborah L.).
NETHERS, Jerry S.; '66 BSBA; VP Dir. Mktg.; The Park Natl. Bank, 50 N. Third St., Newark, OH 43055, 614 349-3710; r. 1138 W. Main St., Newark, OH 43055, 614 344-7297.
NETHERS, Susan Marie, (Susan Ricket); '82 BSBA; Svc. Supv.; State Farm Ohio Region, 1440 Granville Rd., Newark, OH 43093, 614 349-5564; r. 14200 Wills Rd SE, Newark, OH 43055, 614 763-2904.
NETTING, Frances Ann; '85 MA; Admn/Ofcr.; Public Utilities Comm. of Ohio, 180 E. Broad St., Columbus, OH 43215, 614 466-8098; r. 1116 Highland St., Columbus, OH 43201, 614 294-7566.
NETTLETON, James C.; '49 BSBA; Grp. Ins. Cnslt.; 906 Rolling Pass, Glenview, IL 60025, 312 724-4241; r. Same, 312 724-3114.
NETTLETON, Kathryn Wilson; '48 BSBA; Caterer; 906 Rolling Pass, Glenview, IL 60025, 312 724-3114; r. Same.
NETZLEY, Allen Leon; '70 MBA; 100 Water St., W. Milton, OH 45383, 513 698-6556.
NEUBAUER, Curtis F.; '28 BSBA; Wholesale Lumber Dealer; 294 East Ave., POB 165, Greenville, PA 16125, 412 588-7817; r. Same.
NEUBERGER, Cathy Smith, (Cathy A. Smith); '78 BSBA; Report Analyst; Cost Care Inc., c/o of Postmaster, Huntington Bch., CA 92649; r. 15521 Sandusky Ln., Westminster, CA 92683, 714 893-3561.
NEUBERGER, Thomas Randall; '79 BSBA; CPA; Associated Financial Cnslts., 3231 Ocean Park Blvd., Ste. 221, Santa Monica, CA 90405, 213 452-2885; r. 15521 Sandusky Ln., Westminster, CA 92683, 714 893-3561.
NEUBIG, Marjorie Miller, (Marjorie Miller); '48 BSBA; 6806 Hickory Point Dr., Portage, MI 49002, 616 327-5290.
NEUBIG, Nelson Rodger; '41 BSBA; Retired Sales Mgr.; r. 7142 Mulberry Rd., Chesterland, OH 44026, 216 729-3574.
NEUBIG, Dr. Robert D.; '48 BSBA, '56 MBA, '61 PhD (ACC); Prof.; Western Michigan Univ., Dept. of Accountancy, Kalamazoo, MI 49008; r. 6806 Hickory Point Dr., Portage, MI 49002, 616 327-5290.
NEUERMAN, Donald Bruce; '74 BSBA; 6101 N. 31st Pl., Phoenix, AZ 85016.
NEUGER, Charles J.; '50 BSBA; Atty.; Charles J Neuger, 1101 Leader Bldg., Cleveland, OH 44114, 216 696-7660; r. 22455 S. Woodland Rd., Shaker Hts., OH 44122, 216 752-4334.
NEUHARDT, David John; '79 BSBA; Engr.; Therm-O-Disc Inc., 1320 S. Main St., Mansfield, OH 44907; r. 10836 SE 55th Ct., Belleview, FL 32620.
NEUHART, James R.; '64 BSBA; Pres.; Caldwell Motors Inc., 315 West St., Caldwell, OH 43724, 614 732-2351; r. Rte. 1 Pin Oak Dr., Caldwell, OH 43724, 614 732-5747.
NEUHART, John Michael; '87 BSBA; Production; r. 3418 Waco St., San Diego, CA 92117, 619 275-1728.
NEUHART, Monte L.; '63 BSBA; Data Processor; Columbia Gas Syst. Svc. Corp., 1600 Dublin Rd, Columbus, OH 43215; r. 8899 Watkins Rd., Marysville, OH 43040.
NEUMAN, Alan W.; '62 BSBA; 1653 S. Fountain Head, Ft. Myers, FL 33919, 813 481-8020.
NEUMAN, Jack L.; '63 BSBA; Sales Engr.; Ohio Decorative Prods. Inc., Elizabeth St., Spencerville, OH 45887; r. RR 4, 7930 Spencerville Rd., Lima, OH 45806.
NEUMAN, Jason Eric; '86 BSBA; Salesman; Neuman Enterprises Inc., 7930 Spencerville Rd., Lima, OH 45806, 419 991-1386; r. 753 S. Wapak Rd., Lima, OH 45805, 419 991-5218.
NEUMAN, Mary '84 (See Schwede, Ms. Mary).
NEUMANN, Judith E. '86 (See Teets, Judith E.).
NEUMEISTER, Robert E.; '54 BSBA; Pres.; Enterprise Roofing Sheet Metal, 1021 Irving Ave., Dayton, OH 45419, 513 298-8664; r. 36 Park Rd., Dayton, OH 45419, 513 299-9628.
NEUMEYER, Robert Dennis; '77 BSBA; Sr. Acc Spec.; Monsanto Co., 800 N. Lindbergh Blvd., St. Louis, MO 63166, 314 694-1000; r. 1018 Harvest Home Cir., St. Charles, MO 63303, 314 928-8147.
NEUNHERZ, Herbert W.; '24 BSBA; Retired; r. 33 Parker Hill Rd., Gardner, MA 01440, 508 632-0126.
NEUNHERZ, Neil E.; '33 BSBA; Retired; r. 20 Sherrill Hts., Little Rock, AR 72202, 501 664-3550.
NEUSTADT, David E.; '29; Retired; r. 3801 Environ Blvd., Apt. 514, Ft. Lauderdale, FL 33319, 305 485-4334.
NEUSTADT, Richard E.; '51; Owner; Richard E Neustadt & Assocs, 691 S. 5th St., Columbus, OH 43206, 614 445-8200; r. 90 N. Virginia Lee Rd., Columbus, OH 43209, 614 235-1728.
NEUTZIE, William Andre; '56 BSBA; Dir. of Rsch.; r. POB 21007, Columbus, OH 43221.
NEVILLE, John A.; '67 BSBA; VP N. American Tube Div.; Thomson Consumer Electronics, New Holland Ave., Lancaster, PA 17604, 717 295-6200; r. 1429 Center Rd., Lancaster, PA 17603, 717 392-5922.
NEVILLE, John Patrick; '74 BSBA; Operations Analyst; Travelers Ins. Co., One Tower Sq., Hartford, CT 06115; r. 76 Meadowlark Rd, Vernon, CT 06066, 203 872-3661.
NEVILLE, Mrs. Mary Jo Williams, (Mary Jo Williams); '44 BSBA; Retired; r. 32 Townhouse, Briarcrest Gardens, Hershey, PA 17033.
NEVILLE, Maynard E.; '47 BSBA; Retired; r. 32 Townhouse, Briarcrest Gardens, Hershey, PA 17033.
NEVIUS, Frank L.; '40 BSBA; Retired; r. 776 Broadmoor Blvd., Springfield, OH 45504, 513 399-7636.
NEW, Debra Kaye; '87 MPA; Occuptl Therapist; Franklin Cnty. Bd. of Mental Retard/Devel. Disabilities, 2879 Johnstown Rd., Columbus, OH 43219; r. 4091 Platte Ave., Groveport, OH 43125, 614 836-2713.
NEWBOLD, Janet Denese; '86 BSBA; POB N-474, Nassau, Bahamas.
NEWBOLD, Pamela Henning; '85 BSBA; Law Student; Atty. John Giva, National City Bank Bldg., W. Tuscarawa, Canton, OH 44702, 216 452-6400; r. 922 Cindy Ln. SW, N. Canton, OH 44720, 216 497-4123.
NEWBOLD, Thomas Joseph; '85 BSBA; 2015 Edgecliff Pt. #3, Cincinnati, OH 45206, 513 621-7216.
NEWBORG, Gerald G.; '78 MBA; Archivist; State Historical Society, ND Heritage Ctr., Bismarck, ND 58505, 701 224-2668; r. 1327 N. 18 St., Bismarck, ND 58501, 701 224-1430.
NEWBREY, James A.; '64 MBA; Gen. Mgr.-Textile Prods.; PPG Industries, One PPG Pl., Pittsburgh, PA 15272, 412 434-3088; r. 1212 Southgate Dr., Upper St. Clair, PA 15241, 412 221-8435.
NEWBURN, Donna R., (Donna J. Robishaw); '76 BSBA; Financial Analyst; GM, 901 Tower Dr., 4th Fl., Troy, MI 48098, 313 696-1192; r. 1556 Grandview Dr., Rochester Hls., MI 48064, 313 656-2949.
NEWBY, James E.; '58 BSBA; Real Estate Broker; Newby Realty, 108 Newby Ln., Hot Springs Natl. Pk., AR 71913, 501 767-5158; r. 108 Newby Ln., Hot Springs Natl. Pk., AR 71913, 501 767-5158.
NEWCOMB, Charles Truman, Jr.; '68 BSBA; Supv.; Teletype Corp., 5555 Touhy, Skokie, IL 60077, 312 982-3082; r. 513 69th St., Darien, IL 60559, 312 964-8218.
NEWCOMBE, Robert Diehm; '81 MLHR; 121 E. Walnut St., Titusville, PA 16354, 814 827-7684.
NEWCOME, Harold W.; '39 BSBA; Owner; Harold W. Newcome-Gen. Ins. Agcy., 82 W. 1st St., Frazeysburg, OH 43822, 614 828-2281; r. Same.
NEWCOMER, David Alan; '88 BSBA; 49 Parsons, Norwalk, OH 44857, 419 668-5884.
NEWCOMER, Ervin H.; '26 BSBA; Retired; r. 4600 North A-1-A, Apt. 506, Vero Beach, FL 32963, 407 231-5916.
NEWCOMER, Thomas Richard; '88 BSBA; Sr Transportation Analyst; Kraft Inc.-Dairy Grp., 1880 JFK Blvd., Philadelphia, PA 19103, 215 587-1751; r. 316 Lincoln Dr., Voorhees, NJ 08043, 609 772-5654.
NEWELL, Grace, (Grace W. Winslow); '84 MLHR; Personnel Spec.; IBM Corp., 3700 Bay Area Blvd., Houston, TX 77058, 713 282-7829; r. 14523 Oak Chase Dr., Houston, TX 77062, 713 486-4345.
NEWELL, Kathleen P. '86 (See Ott, Ms. Kathleen Newell).
NEWELL, Robert E.; '51 MBA; Retired; r. 321 Price St., West Chester, PA 19382, 215 696-0592.
NEWHART, Paul L.; '64 BSBA; Mgr.; E I Du Pont Dn Co., Me/Africa-Fgn Exch, Wilmington, DE 19898; r. 902 Lovering, Wilmington, DE 19806, 302 658-5687.
NEWHOUSE, Larry G.; '67 BSBA; Cost Analyst; USAF, Armament Div., Eglin AFB, FL 32542, 904 882-4945; r. 607 Greenwood Cove E., Niceville, FL 32578, 904 897-3745.
NEWKIRK, COL Mahlon M., USAF(Ret.); '57 BSBA, '59 MBA; Retired Bus. Admin. Prof.; Wittenberg Univ., Springfield, OH 45501; r. 324 Coronado Tr., Enon, OH 45323, 513 864-7903.
NEWKOLD, Ulrike K.; '84 MBA; Sr. Cost Acct.; 3Com, Inc., 3165 Kifer Rd., Santa Clara, CA 95052, 408 562-6807; r. 164 McLellan Ave., San Mateo, CA 94403, 415 570-6557.
NEWLAND, Robert L.; '63 BSBA; Midwest Reg. Sales Mgr.; Steel King Industries Inc., 2700 Chambers St., Stevens Pt., WI 54481, 715 341-3120; r. 1439 Lakeshore Dr., Columbus, OH 43204, 614 486-5431.
NEWLON, Edgar W.; '38 BSBA; VP; The Newlon-Foraker Co., 215 S. Main St., New Lexington, OH 43764, 614 342-5151; r. 321 S. Main St., New Lexington, OH 43764, 614 342-1080.
NEWLON, Jay O.; '40 BSBA; Gen. Mgr.; Whitewater Challengers Inc., POB 8, White Haven, PA 18661, 717 443-9532; r. 108 Wayland Rd., Wilmington, DE 19807, 302 998-4234.
NEWLON, Shaun Timothy; '86 MA; Mfg. Supv.; Baxter Healthcare Corp., Rte. 120 & Wilson Rd., Round Lake, IL 60073, 312 546-6311; r. 1257 Ballantrae Pl., Apt. B, Mundelein, IL 60060, 312 816-6014.
NEWMAN, Angela Dawn; '88 BSBA; Sales Rep.; r. POB 269, Waterford, OH 45786.
NEWMAN, Bernard; '49 BSBA; Owner; Sacks Shoes, 1929 Hollywood Blvd., Hollywood, FL 33020; r. 1929 Hollywood Blvd., Hollywood, FL 33020.
NEWMAN, Bruce Lee; '83 BSBA; Adm Mgr./Controller; Barney Corp., 2196 Wilson Rd., Columbus, OH 43228, 614 771-0059; r. 219 Morse Rd., Columbus, OH 43214, 614 262-9445.
NEWMAN, Carl Eugene; '50 BSBA; 779 Rodney Dr., Nashville, TN 37205, 615 356-5492.
NEWMAN, Charles Lester; '48 BSBA; Sales Rep.; Tilton Equip. Co., 1379 Jamike Ave., Erlanger, KY 41018, 606 525-9033; r. 2112 Acacia Park Dr., Lyndhurst, OH 44124, 216 442-3033.
NEWMAN, Craig Olin; '71 BSBA; Systs. Programmer; E I Du Pont Co., De Nemours Bldg., Wilmington, DE 19898; r. 14 W. Bellamy Dr., Whitehall, New Castle, DE 19720, 302 328-7238.
NEWMAN, David; '47 BSBA; 2976 Margaret Mitchell Ct., Atlanta, GA 30327, 404 351-2968.
NEWMAN, David Michael; '88 BSBA; 180 E. Maynard, Columbus, OH 43202, 614 268-7170.
NEWMAN, Dennis A.; '34 BSBA; Retired; r. 12745 Via Esperia, Del Mar, CA 92014, 619 755-3650.
NEWMAN, Douglas Allen; '88 BSBA; 101 Woodland Dr., Hillsboro, OH 45133, 513 393-4672.
NEWMAN, Edwin Ellsworth, Jr.; '82 BSBA; Mgr.; Candle-Lite Inc., Production/Inventory Control, 250 Eastern Ave., Leesburg, OH 45135, 513 780-2711; r. Box 79, Leesburg, OH 45135, 513 780-9445.
NEWMAN, F. Robert; '65 BSBA; Dir.-Ind Relations Ops.; Reynolds Metals Co., 6603 W. Broad St., Richmond, VA 23261, 804 281-4884; r. 11630 Rexmoor Dr., Richmond, VA 23236, 804 379-1968.
NEWMAN, Gary G.; '52 BSBA; Underwriter; Guardian Life Ins. Co., POB 43285, Cleveland, OH 44143, 216 473-2777; r. 130 Woodburn Dr., Moreland Hls., OH 44022, 216 247-3353.
NEWMAN, Greg Edwin; '84 BSBA; Supv.; OSU Hosps., 450 W. 10th Ave., Columbus, OH 43210, 614 293-8669; r. 845 E. Village Creek Dr., Columbus, OH 43209, 614 231-0262.
NEWMAN, Herbert; '61 BSBA; Atty.; 411 Wolf Ledges, Akron Oh 44311; r. 180 W. Cedar St., Akron, OH 44307, 216 666-3357.
NEWMAN, James William; '77 BSBA; Painter; r. 4364 Belcher Ct., Columbus, OH 43224, 614 267-7087.
NEWMAN, Jane E.; '83 BSBA; Ofc. Mgr.; Central Ohio Welding Co., 253 E. Spring, Columbus, OH 43215; r. 7900 Wyandott-Marion Rd., Galion, OH 44833.
NEWMAN, John Alfred; '51 BSBA; Retired/Vol. Bd. Member; N. Canton Playhouse, N. Canton, OH 44720; r. 1345 Salway Ave. SW, N. Canton, OH 44720, 216 499-8619.
NEWMAN, Karen Pell; '85 BSBA; Staff Acct.; Buckingham & Assocs., Inc., 3rd Fl., Diamond S&L Bldg., Findlay, OH 45840, 419 423-8262; r. 9249 Cnty. Hwy. 44, Upper Sandusky, OH 43351, 419 294-1038.
NEWMAN, Laura Ruth; '85 BSBA; 18 London Ter., New Rochelle, NY 10804, 914 235-2641.
NEWMAN, Leonard Martin; '82 BSBA; Audit Mgr.; Arthur Andersen & Co., 711 Louisiana, Ste. 1300, Houston, TX 77002, 713 237-5018; r. 2219 Chantilly Ln., Houston, TX 77018, 713 682-4336.
NEWMAN, Lisa Ann; '88 BSBA; Distributer; Abercrombie & Fitch, Columbus, OH 43216, 614 479-6568; r. 402 Alexandria Colony E., Columbus, OH 43215, 614 621-8017.
NEWMAN, Marcy '79 (See Schneider, Mrs. Marcy Newman).
NEWMAN, Mrs. Marianne Etowski; '80 BSBA; Ofc. Mgr.; Sinclair-Rotter, 2225 Carriage, Olympia, WA 98502, 206 357-7762; r. 2507 Crestline Dr. NW, Olympia, WA 98502, 206 866-8076.
NEWMAN, Neil Gottfried; '55 BSBA; Sales; r. 22350 Westchester Rd, Cleveland, OH 44122, 216 283-7364.
NEWMAN, Pamela Beth; '87 BSBA; Sales Rep.; Deluxe Check Printers, 5331 Royal Woods Pkwy., Tucker, GA 30085, 404 934-1100; r. 2006 Sterling Ridge Dr., Augusta, GA 30909, 404 868-0292.
NEWMAN, Patricia Anne; '83 BSBA; 258 W. Kanawha Ave., Columbus, OH 43214.
NEWMAN, Ms. Phyllis M., (Phyllis E. Millsap); '77 MPA; Fiscal/Personnel Ofcr.; Ohio State Univ., 186 University Hall, 230 N. Oval Mall, Columbus, OH 43210, 614 292-1882; r. 2090 Lower Chelsea Rd., Upper Arlington, OH 43212, 614 481-0975.
NEWMAN, Scott David; '62 BSBA; VP; Peerless Furniture Co., 8456 Vine, Cincinnati, OH 45216, 513 761-0052; r. 7890 Elbrook, Cincinnati, OH 45237, 513 351-4356.
NEWMAN, Shawn Timothy; '80 BSLHR; Legal Counsel; Evergreen State Clg., L3104, Olympia, WA 98505, 206 866-6000; r. 2507 Crestline Dr. NW, Olympia, WA 98502, 206 866-8076.
NEWMAN, Tamra L. '81 (See Byers, Mrs. Tamra L.).
NEWMAN, Teri Ellen; '88 BSBA; 7890 Elbrook Ave., Cincinnati, OH 45237.
NEWMAN, Victor Fredrick; '85 BSBA; 118 Lycan Rd., Ashland, KY 41101.
NEWMEYER, Terri Lynn '80 (See Ginsberg, Terri Lynn).
NEWSOM, Kimberly C. '87 (See Hix, Ms. Kimberly C.).
NEWSOME, Timothy Lee; '82 BSBA; 3900 Orchard Ave., Youngstown, OH 44505, 216 759-1778.

NEWTON, Amy Van Fossen, (Amy Van Fossen); '84 BSBA; Sr. Proj. Acct.; Birtcher Inc., 27611 La Paz Rd., Laguna Niguel, CA 92677, 714 831-8031; r. 1202 Taft St., Irvine, CA 92720, 714 552-2888.
NEWTON, Beth Ann; '87 BSBA; Acct. Exec.; WVKO Radio AM, 4401 Carriage Hill Ln., Columbus, OH 43220, 614 451-2191; r. 2996 Trentwood Rd., Columbus, OH 43221, 614 459-9262.
NEWTON, Carol Goodman; '45 BSBA; Tchr.; r. 10204 Mangrove Dr., #202, Boynton Bch., FL 33437, 407 734-0427.
NEWTON, Harry Davis; '69 BSBA; VP; Paytayt Holding Co., Operations Divisions, 4355 Yellowhammer Dr., Westerville, OH 43081; r. 4355 Yellowhammer Dr., Westerville, OH 43081, 614 890-5263.
NEWTON, John William; '81 BSBA; Sr. Operations Ofcr.; Bank One Svcs. Corp., 350 S. Cleveland Ave., Westerville, OH 43081, 614 248-4828; r. 5747 Middlefield Dr., Columbus, OH 43235, 614 459-2202.
NEWTON, Steven A.; '86 BSBA; 3116 Cleveland Rd. W., Huron, OH 44839, 419 433-5797.
NEY, William Henry; '69 BSBA; Sr. Systs. Engr.; F & R Lazarus, S. High & W. Town Sts., Columbus, OH 43215; r. 133 Flintridge Dr., Gahanna, OH 43230, 614 476-6789.
NEYER, Timothy Jerome; '83 MBA; Acctg. Mgr.; Metlife Healthcare Mgmt., 14500 S. Outer Forty Rd., St. Louis, MO 63017, 314 576-8219; r. 5526A Milentz, St. Louis, MO 63109, 314 353-3876.
NEZBETH, Donald J.; '62 BSBA; Buyer/Menswear; Elder Beerman Stores Corp., 3155 Elbee Rd, Dayton, OH 45439, 513 296-2700; r. 1932 Washington South Dr., Centerville, OH 45458, 513 435-8559.
NG, Kim Hoe; '88 BSBA; 1814 N. High St. Apt. F, Columbus, OH 43201.
NG, Swee Fatt; '85 BSBA; 22A, Jalan Melor, Mentakab 28400, Pahang, Malaysia.
NG, Teak Siang; '87 BSBA; 2359 Antigua Dr., Apt. #1A, Columbus, OH 43220.
NGUYEN, Chi Phuong; '85 BSBA; 2154 W. 85th, Cleveland, OH 44102.
NGUYEN, Hien Thi; '86 BSBA; Letter of Credit Spec.; Citibank, 111 Wall St., New York, NY 10043; r. 25-44 83rd St., Jackson Hts., NY 10370, 718 429-2405.
NGUYEN, Mien '86 (See Nguyen-Ahrns, Mien Thanh).
NGUYEN, Nam Thanh; '87 BSBA; Programmer Analyst; PPG Industries Inc., 1500 E. Murden St., POB 930, Kokomo, IN 46901, 317 457-7511; r. 135 Lions Creek Ct., S., Noblesville, IN 46060, 317 877-0923.
NGUYEN, Nhan Huu; '87 BSBA; Gen. Ofc. Mgr.; Bernard Electric, Columbus, OH 43215; r. 277 W. Kanawha Ave., Columbus, OH 43214, 614 436-6051.
NGUYEN, Thai Thuan; '82 BSBA; 1304 E. 23rd St., Columbus, OH 43211.
NGUYEN, Thanh-Lan Thi; '88 BSBA; 5976 Palomar Cir., Camarillo, CA 93010, 805 388-8514.
NGUYEN-AHRNS, Mien Thanh, (Mien Nguyen); '86 BSBA; Analyst; Dow Chemical USA, Abbott Rd., Midland, MI 48640, 517 636-9823; r. 2205 Burlington Dr., Midland, MI 48640, 517 839-0580.
NICELY, Mrs. Sheila R., (Sheila R. Jarrett); '85 BSBA; Sales Asst.; The Family Channel, Chicago, IL 60611; r. 641 W. Buckingham #2, Chicago, IL 60657, 312 528-0750.
NICELY, William Darrell; '71 BSBA; VP; St. Joseph's Hosp. & Med. Cntr, 350 W. Thomas Rd., Phoenix, AZ 85013, 610 285-3113; r. 725 N. 92 Ct. #402, Omaha, NE 68114, 602 948-4552.
NICHOL, John Leland; '86 BSBA; Bank Examiner; Fed. Home Loan Bk. - Cincinnati, 100 Old W. Wilson Bridge Rd, Worthington, OH 43085, 614 888-2512; r. 171 Ter. Villa Dr., Centerville, OH 45459, 513 433-4845.
NICHOLAS, Claire Elaine, (Claire Rigot); '83 BSBA; 5734 Saranac Dr., Columbus, OH 43232.
NICHOLAS, Edward I.; '49 BSBA; VP-Gen. Mgr.; Adventures Unltd. Travel Grp., 8100 Three Chopt Rd., Richmond, VA 23288, 804 285-7321; r. 1809 Oakway Dr., Richmond, VA 23233, 804 740-1795.
NICHOLLS, Harry Holt; '77 BSBA; 511 Willow Grove Dr., Munroe Falls, OH 44262.
NICHOLOFF, Mrs. Linda Astorino, (Linda Astorino); '79 BSBA; Underwriter; Auto-Owners Ins. Co., Anacapri Blvd., Lansing, MI 48917; r. 318 Williamsburg Rd., Lansing, MI 48917, 517 321-0301.
NICHOLS, Mrs. Constance, (Constance C. Curtis); '31 BSBA; Retired Public Acct.; Nichols Tax Svc.; r. 758 Lilley Ave., Columbus, OH 43205, 614 252-6666.
NICHOLS, D. Keith; '83 MPA; Dir.; Ohio Bur. of Employment Svc., Labor & Human Resources Div., 145 S. Front St., Columbus, OH 43215, 614 466-3448; r. 967 Miriam Dr. E., Columbus, OH 43204, 614 274-5134.
NICHOLS, Frances '41 (See Black, Frances Marie Nichols).
NICHOLS, James Lee; '73 BSBA; Treas.; Ohio State Univ., Riverwatch Twr., Ste. B, 364 W. Lane Ave., Columbus, OH 43201, 614 292-6261; r. 35 E. Sycamore St., Columbus, OH 43206, 614 444-6660.
NICHOLS, Rev. James R.; '69 BSBA; Controller; Life Publishers Intl., 3360 NW 110th St., Miami, FL 33167; r. 704 NW 89th Ave., Plantation, FL 33324, 305 370-7897.
NICHOLS, Jerry Frank, CLU, CHFC; '65 BSBA; Pres.; Jerry F. Nichols & Assocs., 720 Goodlette Rd., N., Ste. 302, Naples, FL 33940, 813 261-3000; r. 503 Neapolitan Way, Naples, FL 33940, 813 262-8762.
NICHOLS, John Albert; '81 BSBA; Standard Oil Co., Midland Bldg., Cleveland, OH 44115; r. 3033 Canterbury Rd, Westlake, OH 44145, 216 835-8417.
NICHOLS, John Francis; '65 MA; Dir.-Financial Anlst; Consolidated Natural Gas Svc., 4 Gateway Ctr., Pittsburgh, PA 15222; r. CNG Development Co., Park Ridge Ctr., POB 15746, Pittsburgh, PA 15244, 412 364-3778.
NICHOLS, John Howard; '27 BSBA; Salesman; r. c/o Richard Hoenigman, 815 Superior Ave. #2025, Cleveland, OH 44114.
NICHOLS, Larry Allen; '64 BSBA; Controller; Childrens Hosp., 8001 Frost St., San Diego, CA 92124; r. 359 Galloway Valley Rd, Alpine, CA 92001, 619 445-4026.
NICHOLS, Martha '45 (See Scott, Martha N.).
NICHOLS, Nancy Billiter, (Nancy Billiter); '86 BSBA; Ofc. Computer Optr; Nichols Industries, 4555-35 Groves Rd., Columbus, OH 43232, 614 866-8451; r. 772 Ross Rd., Columbus, OH 43213, 614 231-0172.
NICHOLS, Patrick Alan; '85 BSBA; Mgr.; Nichols Industries, 4555-35 Groves Rd., Columbus, OH 43232, 614 866-8451; r. 772 Ross Rd., Columbus, OH 43213, 614 231-0172.
NICHOLS, Richard Dean; '70 BSBA; 2276 National Dr., Brooklyn, NY 11234.
NICHOLS, Robert Leslie; '40 BSBA; Retired; r. 2201 Randa Blvd., Sarasota, FL 34235, 813 955-4606.
NICHOLS, Robert Lowell; '41 BSBA; Retired; r. 2335 Johnstown-Alex Rd. NW, Alexandria, OH 43001, 614 924-5981.
NICHOLS, Ronald Vincent, Jr.; '79 BSBA; Distribution Analyst; Pepsico Food Systs., Ste. 2100, 13455 Noel Rd., Dallas, TX 75240, 214 702-7271; r. 1704 Polstar Dr., Plano, TX 75093.
NICHOLS, Wallace Vance; '49 BSBA; Partner/Atty.; Nichols, Stonecipher & Flax, 25 1/2 S. Main St., London, OH 43140, 614 852-3000; r. 157 E. First St., London, OH 43140, 614 852-1366.
NICHOLSON, Dr. Edward Allen, Jr.; '63 BSBA, '66 MA, '70 PhD (BUS); Exec. VP; Lamar Univ., POB 10002, Academic/Student Affairs Dept., Beaumont, TX 77710, 409 880-8398; r. 7440 Pebble Beach Dr., Beaumont, TX 77707.
NICHOLSON, Harriette Harris; '56 BSBA; 3327 Ponoka Dr., Pittsburgh, PA 15241, 412 835-3581.
NICHOLSON, James P.; '57 BSBA; Treas.; r. 1609 Lakeside Ln., Plano, TX 75023, 214 964-1640.
NICHOLSON, James Terence; '71 BSBA; Credit Mgr.-Plastics; Ashland Chemical Co., 5200 Paul G Blazer Pkwy., Dublin, OH 43017, 614 889-3333; r. 5420 Dinglebay Ct., Dublin, OH 43017, 614 766-0085.
NICHOLSON, John E.; '64 BSBA; Head Golf Professionl; Country Club of Darien, POB 1145, 300 Mansfield Ave., Darien, CT 06820, 203 655-7043; r. 17 Oak Creste, Darien, CT 06820, 203 655-8812.
NICHOLSON, Joseph Riley; '74 BSBA; Audit Mgr.; Cooper Industries Inc., First City Twr., POB 4446, Houston, TX 77210; r. 17643 Moss Point Dr., Spring, TX 77379, 713 376-9547.
NICHOLSON, Scott John; '70 BSBA; Sr. Sales Rep.; Paul Revere Life Ins. Co., 6641 N. High St., POB 66, Worthington, OH 43085, 614 436-3377; r. 1072 Woodglen Rd., Westerville, OH 43081, 614 890-8246.
NICHOLSON, William John; '80 MBA; Merchandising Mgr.; Ford Motor Co., 7845 Northfield Rd, Walton Hls., OH 44146, 216 587-7777; r. 25300 Rockside Rd #322, Cleveland, OH 44146, 216 247-3969.
NICHTER, CAPT James W., USAF(Ret.); '64 BSBA; 408 6th St., Canby, MN 56220, 507 223-5980.
NICKELL, Donald Kyle; '81 BSBA; Account Mgr.; Consolidated Freightways, 6216 31st St., E., Bradenton, FL 34203, 813 755-8537; r. 320 Park Dale Dr., Venice, FL 34285, 813 484-3838.
NICKELL, Gregory Roy; '85 MA; Dir./Contr. & Compliance; Physicians Health Plan, Columbus, OH; r. 7586-E. Mill Bench Ct., Dublin, OH 43017, 614 761-3243.
NICKELL, Jodi Lynn; '88 BSBA; 6190 Michael Kenney Ln., Dublin, OH 43017, 614 889-5372.
NICKELS, Dr. William George; '62 BSBA, '69 PhD (BUS); Staff; Univ. of Maryland, *, College Park, MD 20740; r. 1086 Pipestem Pl., Potomac, MD 20854, 301 279-5750.
NICKERSON, Alfred Angus; '82 MACC; CPA; 2025 North St., NW, Granville, OH 43023, 614 587-1451; r. Same, 614 587-3132.
NICKERSON, Maria K.; '85 BSBA; Trng. Asst.; Ltd. Credit Svcs., Div of The Limited Inc, 4590 E. Broad St., Columbus, OH 43213, 614 755-6000; r. 599 Annarose Run, Westerville, OH 43081, 614 848-6475.
NICKERSON, Richard C.; '85 BSBA; Realtor; Welles Bowen, 1400 Dussel Dr. B9, Maumee, OH 43537, 419 891-0888; r. 425 E. 2nd St., Perrysburg, OH 43551, 419 874-7588.
NICKLAUS, Jack William; '61; Prof. Golfer/Chmn.; Golden Bear Intl., Inc., 11760 U S. Hwy. #1, N. Palm Bch., FL 33408; r. 11397 Old Harbor Rd., Lost Tree Village, N. Palm Bch., FL 33408.
NICKLE, Marlene Ann; '83 BSBA; Financial Mgmt. Assoc.; Anchor Hocking Corp., 109 N. Broad St., Lancaster, OH 43130; r. 17 N. Timberhollow Dr., #7-1723, Fairfield, OH 45014.
NICKLES, Kimberly Sue '86 (See Bagent, Kimberly Sue).
NICKLES, Marcus William; '74 BSBA; Box 126, Cambridge, OH 43725, 614 432-5998.
NICODEMUS, Raymond E.; '62 BSBA; VP/Underwriting; American Annuity Life Ins. Co., 2910 Lucerne Dr. SE, Grand Rapids, MI 49506; r. 839 Paradise Lake SE, Grand Rapids, MI 49506, 616 676-9724.
NICOL, Lloyd C.; '66 BSBA; Claims Atty.; Personal Svc. Ins., 100 E. Gay St., Columbus, OH 43215, 614 221-5115; r. 5712 Satinwood, Columbus, OH 43229, 614 888-1766.
NICOLA, Theodore W.; '55 BSBA; Ins. Agt.; Ted Nicola Ins., 5151 N. Oracle Rd, Tucson, AZ 85704, 602 888-5875; r. 1522 W. Calle Kino, Tucson, AZ 85704, 602 297-5095.
NICOLLS, David S.; '49 BSBA; Dir.-Athletic Devel.; The Ohio State Univ., St. John Arena, Rm. 233, 410 Woody Hayes Dr., Columbus, OH 43210, 614 292-9908; r. 664 Highland Dr., Columbus, OH 43214, 614 459-1061.
NICOLLS, Donald J.; '49 BSBA; Atty./Partner; Balph Nicolls Mitsos Flannery & Motto, 400 First National Bank Bldg., New Castle, PA 16101, 412 658-2666; r. 14 Fairhill Dr., New Castle, PA 16105, 412 652-4960.
NICOLOSI, Richard Joseph; '70 BSBA; Gen. Mgr./VP; Plaza Pontiac, Inc., 621 S. Sandusky St., Delaware, OH 43015, 614 363-1175; r. 1300 Richland Rd., Marion, OH 43302, 614 389-5898.
NICOLOZAKES, William G.; '57 BSBA; Secy. & Treas.; Nicolozakes Trucking & Constr. Co., POB 668, 8555 Georgetown Rd., Cambridge, OH 43725, 614 432-5648; r. 1505 N. 10th St., Cambridge, OH 43725, 614 432-4501.
NIEBEL, Steven Ross; '70 BSBA; Controller; Crystal Water, Co.; r. 12280 NW 2nd St., Coral Spgs., FL 33065, 305 755-6869.
NIEBUHR, Dr. Robert Edward; '77 PhD (BUS); Assoc. Prof., Acting Dean; Auburn Univ., Clg. of Business, Auburn, AL 36849, 205 826-4030; r. 186 N. Gay St., Auburn, AL 36830, 205 821-8650.
NIEDERLE, James R.; '79 MPA; VP; Texas Commerce Bank, Public Finance Division, POB 2558, Houston, TX 77252, 713 236-5775; r. 3518 Marywood, Spring, TX 77388, 713 288-8208.
NIEDZIELSKI-EICHNER, Phillip A.; '79 MPA; Proj. Mgr.; ICF Technology Inc., 955 L'Enfant Plz. SW, 8th Fl. N. Bldg., Washington, DC 20024, 202 646-6600; r. 4321 Majestic Ln., Fairfax, VA 22033, 703 378-4030.
NIEDZWIEDZ, Edward Robert; '88 MA; 4930 S. Pulaski, Chicago, IL 60632.
NIEHAUS, Hon. David J.; '66 BSBA; Juvenile Judge; r. 19 Hughes Ct., Hamilton, OH 45013, 513 856-7135.
NIEHAUS, James Edward; '60 BSBA; Sales Engr.; Nibco Valves & Fittings, 3615 E. Exchange Ave., Aurora, IL 60504, 414 785-9106; r. 2885 Meadowside Ct., Brookfield, WI 53005, 414 785-9106.
NIEHAUS, John H.; '75 MBA; Bank Examiner; Fed. Deposit Ins. Corp., 1 Nationwide Plz., Columbus, OH 43215; r. PO Box 10522, Columbus, OH 43201.
NIEHAUS, Katherine A.; '82 BSBA; Dist. Rep.; Astra Pharmaceutical Prdts Inc., 7 Neponset St., Worcester, MA 01606; r. 8081 Jonson Dr., Reynoldsburg, OH 43068, 614 861-3494.
NIEHAUS, Thomas A.; '64 BSBA; Pres.; Ventura Capital Cnslts., Inc., 2772 Johnson Dr., Ste. 100, Ventura, CA 93003, 805 656-4333; r. 515 Del Norte Rd, Ojai, CA 93023, 805 646-8565.
NIEHOFF, Gregory Phillip; '87 BSBA; Programmer/Analyst; NCR Corp, 1700 S. Patterson Blvd., Dayton, OH 45479, 513 445-3613; r. 8450 Tree Top Ct. N., #1001, Miamisburg, OH 45342, 513 859-4850.
NIEKAMP, Ronald Roger; '83 BSBA; 707 Bittersweet Dr., Coldwater, OH 45828.
NIELSEN, Mrs. Denise L., (Denise L. Smuckler); '85 BSBA; Credit Analyst; Bank One, Akron, NA, 1115 S. Main St., Akron, OH 44301, 216 374-8408; r. 2754 Shaftesbury Dr., NW, Canton, OH 44708, 216 477-4347.
NIELSEN, Dennis Eugene; '72 BSBA; Acct. Treas.; Hub Plastics, 725 Reynoldsburg-New Albany Rd, Blacklick, OH 43004, 614 861-1791; r. 5055 Kitzmiller Rd., New Albany, OH 43054, 614 855-9348.
NIELSEN, Frederick A.; '51 BSBA; Cnslt.; American Assoc. Ind Mgmt., 20 Milton St., Dedham, MA 02026, 617 329-7600; r. 181 Headwaters Dr., Harwich, MA 02645, 508 430-1450.
NIELSEN, Howard N.; '58 BSBA; VP, Finance; Rexroth Corp., Mobile Hydraulics Division, 1700 Old Mansfield Rd., Wooster, OH 44691, 216 263-3300; r. 1145 Greensview, Wooster, OH 44691, 216 264-8930.
NIEMEIER, Letitia Gay; '83 BSBA; Dir.-Chapter Devel.; Chi Omega, 3111 Carew Twr., Cincinnati, OH 45202, 513 421-7005; r. 2341 Madison Rd. #325, Cincinnati, OH 45208, 513 871-3694.
NIEMEYER, David Norbert; '69 BSBA; Account Exec.; r. 345 E. Auburn Way, Claremont, CA 91711.
NIEMEYER, Dennis Allen; '84 BSBA; Health Care Fund, 1865 N. Mc Cullough Rd., Lima, OH 45801; r. Redd Rd., Lima, OH 45807.
NIEMEYER, Douglas J.; '74 MBA; VP of Finance; Natl. Machinery Co., 161 Greenfield St., POB 747, Tiffin, OH 44883, 419 447-5211; r. 2734 Foxfire Ln., Findlay, OH 45840, 419 423-9432.
NIEMEYER, Stephanie A. '85 (See Ludwig, Mrs. Stephanie A.).
NIEMEYER, Stephen James; '84 BSBA; Asst. Auditor; The Central Trust Co. N A, 201 E. Fifth St., Cincinnati, OH 45201, 513 651-7198; r. 4431 Ridgeview #1, Cincinnati, OH 45238, 513 471-2816.
NIEMEYER, William Busse, Jr.; '79 BSBA; Owner; Promatech, POB 501, Loveland, OH 45140, 513 683-5222; r. 1837 Lindenhall Dr., Loveland, OH 45140, 513 683-9214.
NIEMI, Stephen Matthew; '87 MBA; Exec. Asst. to Pres.; Peak Health Plan, 11260 Chester Rd., Cincinnati, OH 45246, 513 772-7325; r. 3260 Shadowridge, Loveland, OH 45140.
NIEMINEN, LTC Norman Allen; '69 BSBA, '74 MBA; Base Comptroller; USAF, 7401St Comptroller Svcs. Sq., Torrejon Air Base, Madrid, Spain; r. POB 854, Langley AFB, VA 23665.
NIERMEYER, Diane Dombey; '64 BSBA; 353 S. Parkview Ave., Columbus, OH 43209, 614 252-7784.
NIERMEYER, John Erik; '88 BSBA; 353 S. Parkview, Columbus, OH 43209, 614 252-7784.
NIERMEYER, John L.; '61 BSBA; Pres. & Owner; Columbus Coal & Lime Co., 1150 Sullivant Ave., Columbus, OH 43223, 614 224-9241; r. 353 S. Parkview Ave., Columbus, OH 43209, 614 252-7784.
NIESE, Betty Jo; '86 BSBA; Acctg. Clerk; Whiting Mfg. Inc., 9999 Carver Rd., Cincinnati, OH 45242, 513 791-9100; r. 10857 Sharondale, Apt. 61, Cincinnati, OH 45241, 513 563-0838.
NIESE, Douglas James; '87 BSBA; Employment Supv.; Quaker Oats Co., POB 1677, Chattanooga, TN 37405, 615 698-1591; r. 1185 Mountain Creek Rd., Apt. 1906, Chattanooga, TN 37405, 615 877-9870.
NIESE, James Scott; '81 BSBA; Sales Rep.; Chesapeake Display & Packaging, 17 Old Orchard Dr., Easton, PA 18042, 215 250-9473; r. Same, 215 250-9366.
NIESE, Lyle Gregory; '73 BSBA; RR No 2, Leipsic, OH 45856, 419 653-4495.
NIESE, Marie Elaine; '82 BSBA; Staff; Carpet Care, POB 332, Marion, OH 43302; r. 633 Ilata, Lima, OH 45805, 419 228-5582.
NIESE, Melvin Amos; '71 BSBA; 32708 Fairfield St, Union City, CA 94587.
NIESEL, Beth Angela; '84 BSBA; Mgr.; Hilda Ltd. of Iceland, 7777 E. Hampden Ave., Denver, CO 80231, 303 750-5555; r. 4353 S. Helena Way, Apt. 211, Aurora, CO 80015.
NIGHTINGALE, Ellie '57 (See Dodds, Ellie Nightingale).
NIGHTINGALE, William Gordon; '72 BSBA; Controller; George J. Igel & Co., Inc., 2040 Alum Creek Dr., Columbus, OH 43207, 614 445-8421; r. 3809 Kioka Ave., Columbus, OH 43220, 614 457-8807.
NIGRO, William S.; '49 BSBA; Realtor; Nigro Realty, 5661 Pearl Rd SW, Cleveland, OH 44129, 216 886-4141; r. 13850 Shawnee Tr., Cleveland, OH 44130, 216 845-1354.
NIHOF, Helen Zimmerman; '38 BSBA; Retired; r. 235 Acton Rd., Columbus, OH 43214, 614 268-5677.
NIITSU, Nobuo; '88 MBA; 4729 Bentham Dr. B, Columbus, OH 43220.
NIKOLAI, Theodore Aloys; '88 BSBA; 3092 Sawdust Ln., Columbus, OH 43017, 614 761-3130.
NIKOLOVSKI, Steve Alexander; '84 BSBA; 5700 Bears Paw Ct., Westerville, OH 43081, 614 899-9963.
NILES, Dan Kevin; '83 MPA; Clinical Social Worker; Dublin Counsel Ctr., 5614 Post Rd., Dublin, OH 43017, 614 889-5722; r. 8780 Greenburg Dr., Powell, OH 43065, 614 766-6274.
NIME, Edward John; '79 MBA; Staff; Deloitte Haskins & Sells, 425 Walnut St., Cincinnati, OH 45201; r. 7614 Cathedral Hill Dr., Cincinnati, OH 45244, 513 232-6685.
NIMOCKS, Jesse A.; '41 BSBA; Retired; r. 435 Woodley Rd., Santa Barbara, CA 93108, 805 969-1216.
NIMS, Ronald Karl; '73 BSBA, '77 MBA; Atty. & Fncl Plnr; Berwanger Overmeyer & Assoc., 2245 N. Bank Dr., Columbus, OH 43220, 614 457-7000; r. 1150 Rockport Ct., Columbus, OH 43235, 614 457-2633.
NINER, Rodney Lawrence; '72 BSBA; Pastor; Bethel Baptist Church, 4621 Glendale Ave., Toledo, OH 43614, 419 385-4373; r. 3039 Frampton, Toledo, OH 43614, 419 382-0088.
NISHIMURA, Julie Ann; '81 MA; Admin. Asst.; Dept. of Health, Division of Dental Health, 246 N. High St., Columbus, OH 43266, 614 466-4180; r. 421 Demorest Rd., Columbus, OH 43204, 614 279-4378.
NISONGER, Mrs. Naomi A., (Naomi Ann Sherry); '87 BSBA; Inventory Spec.; Quality Farm Fleet, 1595 Dayton Rd, Greenville, OH 45331, 513 548-1219; r. 6749 Heller Rd., Greenville, OH 45331, 513 548-1946.
NISONGER, William R.; '57 MBA; Purchasing Agt.; Ford Motor Co., Dearborn, MI 48121, 313 337-2873; r. 1221 Fairholme Rd., Grosse Pte. Woods, MI 48236, 313 884-6828.
NISSIMOV, Talli; '88 BSBA; 1008-J Manor Ln., Columbus, OH 43221, 614 451-5336.
NISSLEY, Jerry E.; '48 BSBA; Pres.; Mid Michigan Monograms, 2885 Bay Rd., Saginaw, MI 48603, 517 790-3558; r. 2705 Julianne Dr., Saginaw, MI 48603, 517 793-0432.
NIST, Don; '56 BSBA; Branded Lube Spec.; Union Oil of California, 1595 SE Ave., Akron, OH 44278, 216 633-4951; r. 5742 Canterbury Dr., Akron, OH 44319, 216 882-3393.
NISWANDER, Bruce Alan, JD; '76 BSBA, '79 MBA; Pres.; Objective Financial Svcs., 500 W. Wilson Bridge Rd., Ste. 125, Worthington, OH 43085, 614 848-4499; r. 245 W. Cooke Rd., Columbus, OH 43214, 614 262-3171.

NITSCHKE, Paul Andrew; '63 BSBA; Pres.; Nitschke Bros., 37 E. Gay St., Columbus, OH 43215, 614 224-8231; r. 1940 Stanford Rd., Columbus, OH 43212, 614 486-2839.

NIXON, Dana Lee; '86 BSBA; Sales Rep.; The Upjohn Co., 3869 Buckskin Ct., Hilliard, OH 43026, 614 771-8592; r. Same.

NIXON, Galen W.; '61 BSBA; Mgr.; Borden Inc., Greif Rd, Zanesville, OH 43701; r. 5205 Heritage Dr., Nashport, OH 43830, 614 454-8007.

NIXON, John Francis, Jr.; '43 BSBA; Gen. Contractor; John F. Nixon Constr. Co., 3409 Industrial 25th St., Ft. Pierce, FL 34946, 407 465-8267; r. 1177 Bayshore Dr., Apt. 103, Ft. Pierce, FL 34949, 407 461-6824.

NIXON, Keith E.; '67 BSBA; 42476 Osborne Rd., Wellsville, OH 43968, 216 532-4349.

NIXON, Nanci M. '71 (See Whiteman, Mrs. Nanci M.).

NIXON, Ned D.; '51 BSBA; Retired; r. 700 S. 5th, Columbus, OH 43206, 614 444-2703.

NIXON, Richard D.; '50 BSBA; Admin. Dir.; Atlas Butler Inc., 243 N. 5th St., Columbus, OH 43215; r. 644 Collingwood Ave., Columbus, OH 43213, 614 236-5892.

NIXON, Robert W.; '58 BSBA, '61 MBA; Natl. Real Estate Mgr.; Toyota Motor Sales USA Inc., 19001 S. Western Ave., POB 2991, Torrance, CA 90509, 213 618-4938; r. 1012 N. Kroeger Ave., Fullerton, CA 92631, 714 879-9364.

NIXON, W. Ethelyn; '30 BSBA; Retired; r. 248 E. Kelso Rd., Columbus, OH 43202, 614 263-2174.

NIXON, William David; '49 BSBA; Retired; r. Rte. 1 POB 169, Banner Elk, NC 28604, 704 898-5399.

NIXON, COL William George, Jr.; '50 BSBA; Gen. Mgr.; Ohio Furnace Co., 1003 Kinnear Rd, Columbus, OH 43212, 614 486-5280; r. 1180 Langland Dr., Columbus, OH 43220, 614 451-0533.

NOAH, Mrs. Carolyn Sue, (Carolyn Sue Smucker); '88 BSBA; Programmer; Nationwide Ins., One Nationwide Plz., Columbus, OH 43216, 614 249-8567; r. 3214 Schellin Rd., Smithville, OH 44677, 216 345-7909.

NOBIL, Andrea Ellen; '83 BSBA; Mechandise Supv.; No Nonsense Fashions Inc., 2306 W. Meadowview Rd., Greensboro, NC 27407, 800 242-6634; r. 561 Penfield Rd., Fairfield, CT 06430, 203 259-6916.

NOBILE, Frank Daniel, Jr.; '85 BSBA; Sales Mgr.; Bank One of Columbus, 3800 Tuller Rd., Sawmill Financial Marketplace, Dublin, OH 43017, 614 248-5583; r. 614 E. Royal Forest, Columbus, OH 43214, 614 268-4368.

NOBILE, Louis A., Jr.; '61 BSBA; Sr. VP; Bank One of Columbus, 100 E. Broad St., Columbus, OH 43215, 614 248-5725; r. 900 Litchfield Ct., Columbus, OH 43235, 614 436-4477.

NOBILE, Wendy '80 (See Fuess, Wendy N.).

NOBLE, Danny Alan; '79 MBA; Owner/Pres.; Dan Noble Builders Inc., 5713 Loganwood Rd., Columbus, OH 43229, 614 888-7954; r. Same.

NOBLE, Edward S.; '40 BSBA; Atty.; Noble Montague & Moul, 146 E. Spring, POB #331, St. Marys, OH 45885, 419 394-7441; r. 935 Indiana Ave., St. Marys, OH 45885, 419 394-2162.

NOBLE, Elaine; '59; Horse Trainer; r. 3970 Maynard Rd., Delaware, OH 43015, 614 881-4375.

NOBLE, Hayden Scott; '71 BSBA, '81 MBA; VP-Sales & Mktg.; Dempster Systs., POB 3121, Knoxville, TN 37917; r. 409 Moser Ln., Knoxville, TN 37922, 615 966-4476.

NOBLE, John L.; '63 BSBA; VP; TRW Inc., 1900 Richmond Rd., Cleveland, OH 44124, 216 291-7842; r. 25 Fairway Tr., Moreland Hls., OH 44022, 216 349-4564.

NOBLE, John Lindsay; '84 BSBA; Acct.; Doctors On Call, 4220 Sunset Blvd., Steubenville, OH 43952; r. 2400 Sunset Blvd., Steubenville, OH 43952, 614 264-7256.

NOBLE, Kimberlee Kyle; '86 BSBA; Reservation-Trainee; Hyatt Regency, 350 N. High St., Columbus, OH 43215, 614 463-1234; r. 632 Lovers Ln., Steubenville, OH 43952, 614 264-6518.

NOBLE, Larry G.; '58 BSBA; Pres.; T Marzetti Co., 1105 Schrock Rd., Columbus, OH 43229, 614 846-2232; r. 3970 Maynard Rd., Delaware, OH 43015, 614 881-4375.

NOBLE, Leyland Archibald; '79 BSBA; Asst. Treas.; New York Natl. Bank, 960 Southern Blvd., Bronx, NY 10459, 212 589-5000; r. 1650 Selwyn Ave., 8C, Bronx, NY 10457, 212 901-0366.

NOBLE, Dr. Paul Le Moyne; '49 MBA, '52 PhD (ACC); Prof. of Acctg.; Univ. of Miami, POB, Coral Gables, FL 33124, 305 284-5428; r. 6755 N. Kendall Dr. #B-224, Miami, FL 33156, 305 661-5525.

NOBLE, Richard William; '83 BSBA; 2503 Cranford Rd., Columbus, OH 43221, 614 457-6795.

NOBLE, Robert H.; '59 BSBA; VP-Admin.; Copco Papers Inc., POB 597, 525 N. Nelson Rd., Columbus, OH 43216, 614 251-7099; r. 3259 Somerford Rd., Columbus, OH 43221, 614 451-6907.

NOBLE, Robert T.; '65 MBA; Mgmt. Analyst; Fed. Aviation Administration, 800 Independence Ave. SW, Washington, DC 20003; r. 11700 Old Columbia Pike, Apt. 1419, Silver Spring, MD 20904.

NOBLE, CAPT Thomas L.; '65 BSBA; 5344 Sage, Bossier City, LA 71112, 318 747-7053.

NOBLITT, LTC Richard C., Jr.; '60 MBA; Mgmt. Staff; USA, Plant Operations, Petersburg, VA 23801; r. 3421 Wood Dale Rd., Chester, VA 23831, 804 748-9204.

NOCERA, Joseph A., CPA; '58 BSBA; Staff; Coopers & Lybrand, 1800 M St. NW, Washington, DC 20002, 703 875-2112; r. 7405 Estaban Pl., Springfield, VA 22151, 703 569-4591.

NOCITO, Alfred A.; '40; Retired; r. 15-2F Williams Blvd., Lake Grove, NY 11755, 516 585-4508.

NODA, Henry T.; '50 BSBA; Mgr. of Food Mkt.; Noda Mkt., Kahului, HI 96732, 808 877-3395; r. 191 W. Kauai St., Kahului, HI 96732, 808 871-4297.

NOE, David Marian; '69 MBA; Exec. VP; r. POB 18255, Columbus, OH 43218.

NOE, Joan Walter; '84 BSBA; Sales Mgr.; Nutis Press Inc., 3540 E. Fulton St., Columbus, OH 43227, 614 237-8626; r. 2160 Surrywood Dr., Dublin, OH 43017, 614 761-3143.

NOE, Kathy '83 (See Judge, Kathy N.).

NOE, Nicholas N.; '63 MBA; Staff; Northern Illinois Univ., POB, De Kalb, IL 60115; r. 508 S. 5th St., De Kalb, IL 60115, 815 758-5804.

NOECKER, John S.; '55 BSBA; Pres.; Noecker Buick Pontiac Inc., Union Tpk. Rte. 66, Hudson, NY 12534; r. 91 Graham Ave., Hudson, NY 12534.

NOECKER, Nancy Kelley; '64 BSBA; Staff; Denison Univ., 20 Box, Granville, OH 43023; r. 2578 Newark-Granville Rd., Box 171, Granville, OH 43023, 614 522-6092.

NOEL, Dr. James Carl; '81 PhD (ACC); Staff; Carnegie-Mellon Univ., 5000 Forbes Ave., Pittsburgh, PA 15213; r. 2290 Chaucer Ct., Ann Arbor, MI 48103, 512 343-8158.

NOEL, John Charles; '86 BSBA; Budget-Forecast Analyst; Sherex Chemical Co., 5777 Frantz Rd., POB 646, Dublin, OH 43017, 614 764-6575; r. 4641 Wakeford, Columbus, OH 43214, 614 442-6852.

NOEL, Norman W.; '57 BSBA; Pres.; Towne Real Estate & Mgmt. Corp., 742 12th St. NW, Canton, OH 44703, 216 456-4551; r. Same.

NOELP, Nettie I. '35 (See Berry, Mrs. Nettie I. J.).

NOFFKE, LCDR Mark L., USN; '75 BSBA; Aviator & Operations Ofcr; USN, Commander,, Helicopter Sea Control Wing I, Norfolk NAS, VA 23511, 804 444-4112; r. 608 Kings Grant Rd., Virginia Bch., VA 23452, 804 431-8765.

NOFZINGER, Douglas Edward; '78 BSBA; Owner/Ins. Agcy.; State Farm Ins. Agcy., 2097 S. Hamilton Rd., Ste. 109, Columbus, OH 43232, 614 866-0856.

NOGA, Ronald Benjamin, JD; '68 BSBA; Atty-at-Law; 50 W. Broad St., Ste. 3220, Columbus, OH 43215, 614 224-2744; r. 223 Winthrop Rd., Columbus, OH 43214, 614 261-8277.

NOGGLE, William Earl; '72 BSBA; Proj. Mgr.; AT&T, I 85 & Mt. Hope Church Rd., POB 20046, Mc Leansville, NC 27420, 919 279-4000; r. 2715 Asbury Ter., Greensboro, NC 27408, 919 282-4417.

NOGLE, Stephen A.; '76 BSBA; Mgr. Computer Auditing; Coopers & Lybrand, 600 Grant St., 35th Fl., Pittsburgh, PA 15219, 412 355-8020; r. 209 Essex Knoll Dr., Coraopolis, PA 15108, 412 264-2487.

NOICE, William V.; '58 BSBA; Mktg. Communications; Abbott Labs Intl. Div., N. Chicago, IL 60064, 312 405-5337; r. 2709 Lydia St., Waukegan, IL 60085, 312 623-0562.

NOLAN, Allen L.; '52 BSBA; 3914 Larkins Ln., Garland, TX 75040.

NOLAN, Emily '82 (See Mann, Emily Therese).

NOLAN, John L.; '49 BSBA; Retired; r. 435 Washington Ave., Urbana, OH 43078, 513 653-7800.

NOLAN, Martin Gilbert; '84 MBA; Sales Rep.; R L English Co., 21990 Lorain Rd., Fairview Park, OH 44126, 216 333-6016; r. 1388 Mentor Dr., Westerville, OH 43081, 614 848-6187.

NOLAN, Richard L.; '32 BSBA; Retired; r. 5963 Eldergardens St., San Diego, CA 92120, 619 583-5017.

NOLAN, Robert L.; '56 BSBA; Tchr.; Independence Jr. Sr. Sch., 5175 Refugee Rd, Columbus, OH 43227; r. 10000 Circle Dr. NW, Pickerington, OH 43147, 614 861-4537.

NOLAN, Stephen Joseph; '69 BSBA, '71 MBA; Sr. Tax Mgr.; Price Waterhouse & Co., Ohio Tax Practice, 41 S. High St., Columbus, OH 43215, 614 221-8500; r. 312 N. Remington Rd., Columbus, OH 43209, 614 231-1503.

NOLAN, Theresa Ann; '80 BSBA; Ins. Agt.; State of Ohio, Dept. of Insurance, 2100 Stella Ct., Columbus, OH 43266, 614 481-5735; r. 411 E. Shell Ct., Columbus, OH 43213.

NOLAN, Thomas Patrick; '73 BSBA; Audit Unit Supv.; State of Ohio, Dept. of Taxation, 30 E. Broad St., Columbus, OH 43215, 614 466-8122; r. 311 E. Beechwold Blvd., Columbus, OH 43214, 614 262-3204.

NOLAND, Max Randall; '79 BSBA; Reg. Acct. Exec.; Investors Fidelity Life, 223 E. Town St., Columbus, OH 43216, 800 282-3425; r. 761 Plymouth Pl., Newark, OH 43055, 614 366-1719.

NOLDER, Jerome Barton, Jr.; '81 BSBA; Div. Controller; Greif Bros. Corp., Bettis Div., POB 2218, Zanesville, OH 43701, 614 452-9947; r. POB 4631, Zanesville, OH 43702, 614 674-4958.

NOLEN, Herman Christian; '37 PhD (BUS); Retired; r. 200 N. Ocean Blvd., Delray Bch., FL 33483, 407 276-4242.

NOLF, Craig Stephen; '72 BSBA; Supt. of Buildings; Hale Farm & Village, 2686 Oak Hill Rd., Bath, OH 44210, 216 666-3711; r. 2401 Ira Rd., Akron, OH 44313, 216 666-7783.

NOLF, Robert W.; '54 BSBA; Staff; Weirton Steel, c/o Dr. D L Mc Graw, Division of National Steel, Weirton, WV 26062; r. 244 Bryden Rd., Steubenville, OH 43952, 614 264-4382.

NOLIN, Wayne T.; '50 BSBA; Retired; r. 6100 S. W. 106th St., Miami, FL 33156, 305 661-6978.

NOLL, Dan Frederick; '85 BSBA; Programmer; Huntington Natl. Bank, 17 S. High St., Columbus, OH 43215; r. 5266 Owl Creek Dr., Westerville, OH 43081, 614 899-7164.

NOLL, James Joseph; '54 BSBA; Assoc. Dir. of Finance; Diocese of Columbus, 198 E. Broad St., Columbus, OH 43215, 614 224-1221; r. 1365 Boxwood Dr., Columbus, OH 43229, 614 885-8643.

NOLL, M. Lynn '86 (See Reymann, M. Lynn).

NOLL, Robert J.; '54 BSBA; Financial Mgr.; GE Co., GE Appliances, Appliance Park, Louisville, KY 40225, 502 452-5635; r. 2006 Ashley Ct., Louisville, KY 40242, 502 425-9922.

NOLZE, Sue M. '36 (See Wallace, Sue Nolze).

NONELLE, Richard, Jr.; '85 BSBA; Finance Mgr.; Arena Dodge Inc., 924 Shiloh Springs Rd., Dayton, OH 45415, 513 276-5056; r. 2100 Sinton Ave. #2, Cincinnati, OH 45206, 513 751-6910.

NOON, Ann Mc Ginnis; '60 BSBA; Prog. Dir.; KPCO-Radio, 395 Main St., Quincy, CA 95971, 916 283-1370; r. 4871 Main St., Quincy, CA 95971, 916 283-4012.

NOON, Thomas Joseph; '73 BSBA, '75 MBA; Chmn./Principal; Industry Insights Inc., 1585 Bethel Rd., Dublin, OH 43017, 614 442-6626; r. 8618 Hawick Ct. S., Dublin, OH 43017, 614 889-9041.

NOONAN, James Allen; '77 BSBA; VP, Sr. Financial Cnslt.; Merrill Lynch PF&S, POB 113, One Mariner Sq., New London, CT 06320, 203 447-7423; r. 111 Hangman Hill Rd., N. Stonington, CT 06359, 203 535-4875.

NOONAN, Jane Ann; '76 BSBA; Acct.; St. John HS, 110 N. Pierce, Delphos, OH 45833; r. 450 S. Pierce, Delphos, OH 45833, 419 692-5313.

NOONAN, Patricia A. '82 (See Miskewich, Mrs. Patricia A.).

NOONAN, Philip Gerard; '80 BSBA; Warehouse Mgr.; American Woodmark Corp., 5357 Cross Wind Dr., Columbus, OH 43228; r. 16019 S. 35th St., Phoenix, AZ 85044, 614 761-0589.

NOORDEWIER, Adrienne T. Meves; '87 MA; 84 Georgetown Dr., Columbus, OH 43214, 614 846-2989.

NORCROSS, Kevin Reid; '72 BSBA; Mgr. Financial Plng.; American Greetings, 10500 American Rd, Cleveland, OH 44144, 216 252-7300; r. 8458 Barton Dr., Strongsville, OH 44136, 216 238-4813.

NORD, Charles Lynn; '74 BSBA; Acct.; Pennsyvania Power Co., *, New Castle, PA 16103; r. 859 Moore, Hubbard, OH 44425, 216 534-1916.

NORDHOLT, James S., Jr.; '67 BSBA; Atty.; Tomb & Hering, 81 S. Washington St., Tiffin, OH 44883, 419 447-2521; r. 2783 Briarwood, Tiffin, OH 44883, 419 448-8848.

NORDRUM, James F.; '79 MACC; Rr6-Box 285 Plst Dr., Lucasville, OH 45648, 614 259-2711.

NORDSTROM, Helen Steele, (Helen Steele); '47 BSBA; Homemaker; r. 10149 S. Albany, Evergreen Park, IL 60642, 312 424-8282.

NORDSTROM, Janet '75 (See Morbeck, Mrs. Janet N.).

NORDSTROM, Karen '81 (See Roberts, Karen N.).

NORDSTROM, Orrin Bruce; '63 BSBA; Ins. Agt.; Nordstrom & Assoc. Inc., 2796 Brackley Rd., Columbus, OH 43220, 614 459-3769; r. 2796 Brackley Rd., Columbus, OH 43220, 614 457-2928.

NORDSTROM, Paul J.; '46 BSBA; Retired; r. 10149 S. Albany, Evergreen Park, IL 60642, 312 424-8282.

NOREEN, Scott Allan; '82 BSBA; 2076 Wendy's Dr., #31, Columbus, OH 43220, 614 459-7788.

NORKA, George John; '82 BSBA; 8059 Green Orchard Rd., #33, Glen Burnie, MD 21061.

NORLING, Richard E.; '52 BSBA; Partner; Norling, Williams & Oeser, 2701 E. Camelback Rd, Phoenix, AZ 85016, 602 955-5940; r. 5728 E. Monterosa, Phoenix, AZ 85018, 602 946-3170.

NORLING, William A.; '47 BSBA; Box 223, New Middletown, OH 44442, 216 542-3416.

NORMAN, James Daniel; '75 BSBA; Cnslt.; CIGNA Financial, Lookout Corporate Ctr., 1717 Dixie Hwy. Ste. 600, Ft. Wright, KY 41011, 606 341-0303; r. 1966 Timberidge Dr., Loveland, OH 45140, 513 683-4949.

NORMAN, Seth P.; '50 MBA; CPA; Norman, Jones, Coen, Tucker, Cochenour & Co., 125 W. Mulberry St., Lancaster, OH 43130, 614 653-9581; r. 1155 N. High St., Lancaster, OH 43130, 614 653-8126.

NORPELL, Constance J. '48 (See Smith, Mrs. Constance N.).

NORPOTH, Philip Leonard; '85 BSBA; VP; Euro Trucking, 270 Island Rd., Circleville, OH 43113, 614 474-5190; r. 225 S. Scioto St., Circleville, OH 43113, 614 474-5780.

NORRIS, Barbara Jeanne '86 (See Foltz, Mrs. Barbara Jeanne).

NORRIS, Christine '78 (See Smith, Christine Norris).

NORRIS, Dale B.; '82 MPA; Asst. Dir.; Bur. of Prog. Support, Ohio Rehab. Svcs. Commission, 400 E. Campus View Blvd., Columbus, OH 43235, 614 438-1490; r. 56 Glenmont Ave., Columbus, OH 43214.

NORRIS, Dwight Lee; '56 BSBA; Partner; Porterfield & Co., 555 Capitol Mall, Sacramento, CA 95814; r. 461 Appaloosa Ct., Folsom, CA 95630.

NORRIS, Elmer Russell; '33 BSBA; Retired; r. 10 Garden St., Apt. 204 Bldg. S., Tequesta, FL 33469, 407 746-8041.

NORRIS, James Eugene; '69 BSBA; CPA/Partner; Hirth Norris & Co., POB 373, Grove City, OH 43123, 614 871-1882; r. Same.

NORRIS, James Richard; '72 BSBA; Atty.; Private Practice, 30 E. Main, Centerburg, OH 43011; r. 4281 White Rd, Centerburg, OH 43011.

NORRIS, Jeffery R.; '86 BSBA; Asst. to Pres.; Ralph J Stolle Co., 6990 Cornell Rd., Cincinnati, OH 45242, 513 489-0280; r. POB 678, Lebanon, OH 45036, 513 932-8807.

NORRIS, Jeffrey A.; '71; Sales Rep.; Standard Register, 2323 W. 5th Ave., Columbus, OH 43204; r. 436 Fallis Rd, Columbus, OH 43214, 614 262-4317.

NORRIS, Jeffrey A.; '88 BSBA; 233 E. Patterson Ave., Columbus, OH 43202, 614 447-8635.

NORRIS, John Keller; '67 BSBA; Staff; Pacific Southwest Mortgage, 3333 Camino Del Rio S., San Diego, CA 92108; r. 3071 Pennant Way, San Diego, CA 92122, 619 452-0116.

NORRIS, John W.; '49 BSBA; Retired; r. 597 Robinwood Ave., Columbus, OH 43213, 614 235-5541.

NORRIS, Lisa A. '82 (See Zirger, Mrs. Lisa A.).

NORRIS, Lynne Millberg; '76 BSBA; Hosp. Administrtr; Henry Ford Hosp., 2799 W. Grand Blvd., Detroit, MI 48202; r. 2168 Lakeview Dr., Apt. 418, Ypsilanti, MI 48198.

NORRIS, Marian '45 (See Adams, Marian).

NORRIS, Michael James; '74 BSBA; Acct.; LTV Steel Co., 410 Oberlin Rd. SW, Massillon, OH 44648, 216 837-6302; r. 611 Sheri NE, Massillon, OH 44646, 216 837-0628.

NORRIS, Richard Allen; '64 BSBA; Mgr. TSS Controller; Nationwide Ins., One Nationwide Plz., Columbus, OH 43216, 614 249-8737; r. 6817 Thrush Ct., Orient, OH 43146, 614 877-9991.

NORRIS, Richard Frederick; '68 BSBA; Dir. of Finance; Don M. Casto Org., 209 E. State St., Columbus, OH 43215, 614 228-5331; r. 5386 Roscommon Rd., Dublin, OH 43017, 614 792-5451.

NORRIS, Robert Keith, Jr.; '78 BSBA; Claim Rep.; Lindsey & Newsom Ins. Adjusters, 1380 Dublin Rd., Columbus, OH 43215, 614 488-1117; r. 129 Cosmos Ln., Pataskala, OH 43062, 614 927-8615.

NORRIS, Ronald James, Jr.; '77 BSBA; Letter Carrier; US Postal Svc., 850 Twin Rivers Dr., Columbus, OH 43215, 614 469-4200; r. 2719 Chester Rd., Columbus, OH 43221, 614 481-7878.

NORRIS, Ronald LaMarr; '80 BSBA; Technical Sales Rep.; Eastman Kodak Co., 5521 N. O'Connor Blvd., Irving, TX 75039, 214 506-2360; r. 9915 S. 108th East Ave., Tulsa, OK 74133, 918 250-9707.

NORRIS, William Raymond, Jr.; '68 BSBA; Mgr.; Timken Co., Administrative Services, 1025 Cleveland Ave., Columbus, OH 43201; r. 1960 Arlington Ave., Columbus, OH 43212, 614 488-8354.

NORSTROM, David Mark; '74 MPA; Dir.; Central Ohio Transit Authority, Transit Development Ofc., 1600 Mckinley Ave., Columbus, OH 43222, 614 275-5800; r. 787 Oxford St., Worthington, OH 43085, 614 846-9688.

NORTH, Ardis '26 (See Hamilton, Mrs. Ardis N.).

NORTH, David Tod; '77 BSBA; Systs. Analyst; Consumer Power Co., 1945 Parnell, Jackson, MI 49201; r. 1773 Jewel St., Alliance, OH 44601.

NORTH, Harold L.; '25 BSBA; Retired; r. 558 Greer Rd., Palo Alto, CA 94303, 415 323-9143.

NORTH, Kathryn Brandts; '47 BSBA; Claim Mgr.; Riggs North Ins. Agcy., 3929 E. Main, Mesa, AZ 85205, 602 832-8252; r. 5840 E. Boston St., Mesa, AZ 85205, 602 985-4890.

NORTH, Stephen C.; '67 BSBA; Pres.; North & Assocs., c/o Postmaster, Carrollton, TX 75006; r. 1923 Maxwell Dr., Lewisville, TX 75067, 214 221-6819.

NORTHCRAFT, Julian O., Esq.; '53 BSBA; Sr. VP & Trust; First Natl. Bank Palm Beach, 4600 Ocean Blvd., Boynton Bch., FL 33435, 407 276-2479; r. 1311 Tamarind Way SW, Boca Raton, FL 33486, 407 368-1272.

NORTHROP, Lynn Veronica; '75 BSBA; Comm Underwritng Mgr.; Hanover Ins. Co., POB 15380, Sacramento, CA 95851, 916 925-8181; r. 2430 Ridgewood Ct., Rocklin, CA 95677, 916 786-5886.

NORTHRUP, John W.; '50 BSBA; Northrup Ins Agcy, 1030 Dublin Rd, Columbus, OH 43215, 614 486-0902.

NORTHRUP, John Wesley; '76 BSBA; Dir; Broker; Dealer Mktg.; Cardinal Industries, 2040 S. Hamilton Rd., Columbus, OH 43232, 614 861-3211; r. 779 S. Cassingham Rd., Columbus, OH 43209.

NORTHRUP, Lowell G.; '29 BSBA; 5062 Cranston Dr., Toledo, OH 43615, 419 536-8584.

NORTHRUP, Richard V.; '47 MACC; Assoc. Prof. Emeritus; OSU Acctg. Dept., 408 Hagerty Hall, 1775 College Rd., Columbus, OH 43210; r. 203 S. Brinker Ave., Columbus, OH 43204, 614 279-6426.

NORTON, Dennis O.; '62 BSBA; Sr. Account Agt.; Allstate Ins. Co., 510 S. State St., Westerville, OH 43081, 614 890-5504; r. 186 Monroe Ln., Westerville, OH 43081, 614 882-7750.

ALPHABETICAL LISTINGS O'BRIEN 207

NORTON, Kellyann; '83 BSLHR; Account Mgr.; Kendall, 571 Kenbrook Dr., Worthington, OH 43085, 614 436-9142; r. Same.
NORTON, Dr. Philip H.; '52 BSBA; Phys./Owner; 730 Potomac St. #214, Aurora, CO 80011, 303 364-3376; r. 2800 S. University Blvd., #39, Denver, CO 80210, 303 757-0797.
NORVAL, Nancy Beth; '83 BSBA; Systs. Engr.; IBM Corp., 140 E. Town St., Columbus, OH 43215, 614 225-3600; r. 5246 Meadowknoll Ln., Columbus, OH 43220, 614 459-3763.
NORVAL, Patrick Alan; '84 BSBA; Staff; Centimark Corp., 38341 Abruzzi, Westland, MI 48185, 313 722-9333; r. 40072 Cambridge St., Apt. 103, Canton, MI 48187, 313 981-4145.
NORVELL, Bruce A.; '66 BSBA; Revenue Agt.; IRS, 880 Front St., San Diego, CA 92188; r. POB 12172, San Diego, CA 92112, 619 270-6598.
NORWOOD, LTC William B., USAF; '67 MBA; Grand Forks AFB, ND 58208; r. RR 1 Box 46-B, Ardoch, ND 58213, 701 869-2485.
NOSKY, Richard E.; '58 MBA; Chmn., Exec. Search; U'Ren & Nosky Inc., 2700 N. Central Ave., Ste. 1125, Phoenix, AZ 85004, 602 277-2500; r. 6709 E. Valley Vista Ln., Paradise Vly., AZ 85253, 602 948-5384.
NOSS, Daryl Edwin; '86 BSBA; Bus. Analyist; Dun & Bradstreet, 3139 N. Republic Blvd., Toledo, OH 43615, 419 841-7731; r. 812 S. Ludwig Ave., Gibsonburg, OH 43431, 419 637-7081.
NOTESTINE, Robert John, III; '79 MPA; Atty-at-Law; McNutt, Waynick & Notestine, 120 Donelson Pike, Ste. 102, Nashville, TN 37214, 615 885-3405; r. 6576 Jocelyn Hollow Rd., Nashville, TN 37205, 615 356-0737.
NOTMAN, Jacci L. '79 (See Weirich, Mrs. Jacci L.).
NOTMAN, Jack; '48 BSBA; Retired; r. 12053 N. Basin St., Wellington, FL 33414, 407 793-4612.
NOURSE, Eva, (Eva Law); '83 BSBA; Mgr.; Casual Corner, 41 S. High St., St. Level, Huntington Ctr., Columbus, OH 43215, 614 464-1800; r. 855 Clubview Blvd. N., Worthington, OH 43085, 614 848-6072.
NOURSE, John H.; '49 BSBA; Mfg. Rep./Pres.; Nourse Constr. Prods., Inc., Box 15, Columbus, OH 43216, 614 451-1101; r. 2156 Cheltenham Rd., Columbus, OH 43220, 614 451-2159.
NOURSE, Thomas R.; '50 BSBA; Retired; Ohio Dept. of Taxation, Columbus, OH 43215; r. 317 Deerfield Rd, Columbus, OH 43228, 614 878-6128.
NOVACK, Kellie Kilbarger; '83 BSBA; Grp. Sales Mgr.; F R Lazarus, S. High & W. Town Sts., Columbus, OH 43215; r. 1183 Weybridge Rd., Columbus, OH 43220, 614 457-8372.
NOVAK, Howard Jay; '70 BSBA; Acct.; r. 9031 San Benito Way, Dallas, TX 75218, 214 327-7757.
NOVAK, Ira H.; '62 BSBA; Pres.; Novak Ins. Agcy., 24700 Chagrin Blvd., Beachwood, OH, 216 464-2155; r. 29525 S. Woodland, Cleveland, OH 44124, 216 464-8553.
NOVAK, Mildred M.; '74 BSBA; Cnslt.; r. 130 Chestnut St., Boston, MA 02108, 617 367-6234.
NOVAK, Ronald David; '75 BSBA; 2733 Mc Kinley St., Lorain, OH 44052, 216 288-8111.
NOVAK, Scott T.; '87 BSBA; Mgmt. Trainee; M C B Industries, 6663 Huntley Rd., Worthington, OH 43085, 614 436-4126; r. 2354 Edgevale Rd., Columbus, OH 43221, 614 451-8808.
NOVASEL, Barry H.; '66 BSBA; Agt.; New York Life, 600 Investment Plz., Cleveland, OH 44114; r. 3299 Fairhill Dr., Cleveland, OH 44116, 216 331-5462.
NOVELLI, Angelo E.; '42 BSBA; Acct.-CPA; r. Box 169, West Point, GA 31833.
NOVICK, Leonard W.; '51 BSBA; Retired; r. 6914 Yorktowne Dr., Charlotte, NC 28226, 704 366-7725.
NOVICKY, Lawrence M.; '77 MPA; 1409 S. Meridian Rd, Youngstown, OH 44511.
NOVISH, Christopher Paul; '84 BSBA; 5437 Floral Cir. South, #82, Columbus, OH 43228, 216 486-6956.
NOVOTNY, Janet Marie; '81 BSBA; Mktg. Rep.; Esprit De Corp, 1407 Broadway, Ste. 1108, New York, NY 10018, 212 354-5252; r. 310 W. 80th St., Apt. 4E, New York, NY 10024, 212 874-1312.
NOVOTNY, Robert Michael; '70 BSBA; Principal; A T Kearney Inc., Management Consultants, 5400 L B J Frwy., Dallas, TX 75240; r. 2801 Woodpath Ln., Bedford, TX 76021, 817 267-4310.
NOWAK, David Allen; '75 BSBA; Mgr., Dist. Ofc.; State of Ohio Tax Dept., 1011 E. Touhy Ave., Ste. 345, Des Plaines, IL 60018, 312 390-7490; r. 903-2 Golf Rd., Arlington Hts., IL 60005, 312 390-7494.
NOWAK, Dennis Jay; '88 BSBA; 36350 Jackson Rd, Moreland Hls., OH 44022, 216 247-5743.
NOWAK, Michael Joseph; '82 BSBA; 1230 Eastgate Rd., Toledo, OH 43615.
NOWAK, Monica Mary; '80 MPA; Rosemont Sch. for Girls, 2440 Dawnlight Ave., Columbus, OH 43211; r. 2440 Dawnlight Ave., Columbus, OH 43211.
NOWAK, Ted J.; '50 BSBA; Owner & Mgr.; T.J. Nowak Supply Co. Inc., 302 W. Superior Ave., Ft. Wayne, IN 46802, 219 424-1901; r. 7118 Blue Creek Dr., Ft. Wayne, IN 46804, 219 436-2432.
NOWAK, William Jerome; '70 MBA; Staff; Eaton Corp., 1111 Superior Ave., Cleveland, OH 44114; r. 28686 Brockway Dr., Westlake, OH 44145, 216 892-1548.
NOWELL, Sherry '83 (See Morgan, Ms. Sherry Nowell).
NOWICKI, Anita T. '77 (See Matchison, Mrs. Anita T.).
NOWICKI, 1LT Anthony William; '84 BSBA; 1st Lt. Usmc; USMC, 1st Marine Division, Camp Pendleton, CA 92055; r. 31 Sigman Ln., Elma, NY 14059, 716 652-9142.
NOWICKI, John Daniel; '77 BSBA; Journeyman Inside Wireman; IBEW - Local 8, Lime City Rd., Rossford, OH 43460; r. 3404 Chestnut St., Toledo, OH 43608, 419 729-9029.
NOWOSAD, Irene; '80 MLHR; 14036 SW 90 Ave., #Aa102, Miami, FL 33176.
NUDD, Harold B.; '35 BSBA; Retired; r. 19603 132nd Dr., Sun City West, AZ 85375, 602 584-4042.
NUDELMAN, Sidney; '60 BSBA; Atty.; Hahn Loeser & Parks, 800 National City E. 6th Bldg., Cleveland, OH 44114, 216 621-0150; r. 2472 Channing Rd, University Hts., OH 44118, 216 932-7750.
NUGEN, Beverly '56 (See Morris, Beverly N.).
NUGENT, George William; '80 BSBA; 1772 N. Star Rd., Apt. D, Columbus, OH 43212, 614 488-7283.
NUGENT, Geraldine Graver; '47 BSBA; 201 Greystone Ln., Apt. 5, Rochester, NY 14618, 716 442-9603.
NUGENT, Kristy Anne; '77 BSBA; Asst. Auditor; First Community Bank, 4300 E. Broad St., Whitehall, OH 43213, 614 239-4680; r. 787 Meadow Dr., Newark, OH 43055, 614 344-1272.
NULL, Ms. Brenda Lee; '87 BSBA; Financial Analyst; Huntington Natl. Bank, 41 S. High St., Columbus, OH 43287, 614 463-3844; r. 6017 Renfield Dr., Dublin, OH 43017, 614 766-4431.
NULL, John Allen; '86 BSBA; 431 Waterson Ave., E. Liverpool, OH 43920, 216 385-2340.
NULL, John Russell; '73 MBA; Gen. Mgr.; Denco, Leola, PA 17540, 717 656-2095; r. 578 Northlawn Dr., Lancaster, PA 17603, 717 299-6045.
NUMATA, Shigeru; '75 MA; Steel Export Dept.; C Itoh & Co. Ltd., 5-1 Kita Aoyama 2-Chome, Minatoku, Tokyo, Japan, 034973736; r. 3 5 25 Kita Aoyama, Minato Ku, Tokyo 107, Japan, 034014597.
NUMBERS, Michael Alan; '73 BSBA; Data Processing Mgr.; Wolohan Lumber Co., 1740 Midland Rd, Saginaw, MI 48603; r. 4330 Francis Shores, Sanford, MI 48657, 517 687-5942.
NUNAMAKER, Lawrence Edward; '80 BSBA; 372 Chase Rd., Columbus, OH 43214.
NUNEZ, Ralph Anthony; '78 BSBA; Tax Dir.; Fermenta Plant Protection, POB 8000, Mentor, OH 44061, 216 357-4184; r. 3500 Hunters Crossing Dr., Stow, OH 44224, 216 923-5968.
NUNGESSER, MAJ William C., USA(Ret.); '30 BSBA; Head of Maint.; Peabody Galion; r. 345 E. Summit St., Galion, OH 44833, 419 468-3457.
NUNN, Flora Johnston, (Flora Johnston); '47 BSBA; Homemaker; r. 26 Heritage Ln., Weston, CT 06883, 203 227-9018.
NUNN, John Allen; '47 BSBA; Retired; General Electric; r. 26 Heritage Ln., Weston, CT 06883, 203 227-9018.
NUSBAUM, Edward Elmer; '76 BSBA; Acct./Partner; Grant-Thornton, Prudential Plz., Chicago, IL 60601, 312 856-0200; r. 1155 Somerset, Deerfield, IL 60015, 312 940-0933.
NUSBAUM, Melvin G.; '55 BSBA; Managing Partner, Atty.; Lackey Nusbaum Harris & Reny, Two Maritime Plz., Toledo, OH 43604, 419 243-1105; r. 4619 Wyndwood Dr., Toledo, OH 43623, 419 882-6949.
NUSSBAUM, John Mark; '87 MBA; Asst. Investment Mgr.; Mennonite Mutual Aid, 1110 N. Main St., POB 483, Goshen, IN 46526, 219 533-9511; r. 1102 S. 16th St., Apt. 7, Goshen, IN 46526, 219 533-1672.
NUSSBAUM, Robert Stanley; '69 BSBA; Sales Supv.; Moore Business Forms Inc., 3760 Convoy St., Ste. 114, San Diego, CA 92124, 619 268-3161; r. 14352 Media Trice Ln., San Diego, CA 92129, 619 484-4964.
NUSSBAUMER, Mark Edward; '83 BSBA; 906 E. Scottsdale, Laurinburg, NC 28352, 919 276-4930.
NUSSMAN, Lisa Vergamini, (Lisa Vergamini); '85 BSBA; Grad. Sch. - Educ.; Univ. of Dayton; r. 114 Woolery Ln., Apt. C, Dayton, OH 45415, 513 890-1345.
NUTINI, Fredrick Raymond; '71 BSBA; Bus. Mgr.; City of Columbus, 90 W. Broad St., Columbus, OH 43215; r. 86 Letchworth Ave., Columbus, OH 43204, 614 274-6961.
NUTINI, Robert Alan; '75 BSBA; Acct. Supv.; Ohio Bur. of Employment Svcs., 145 S. Front St., Columbus, OH 43215, 614 466-8374; r. 5813 Chanwick Dr., Galloway, OH 43119, 614 878-7671.
NUTIS, Frank R.; '42 BSBA; Pres.; Nutis Press Inc., 3450 E. Fulton St., Columbus, OH 43227, 614 237-8626; r. 2790 Dale Ave., Columbus, OH 43209, 614 235-5334.
NUTT, Charles W.; '34 BSBA; Ret Freight Rate Auditor; Goodyear Aerospace Corp.; r. 183 N. Highland Ave., Akron, OH 44303, 216 864-2822.
NUTT, Edward A.; '54 BSBA; Lead Auditor; Defense Constr. Supply CT, 3990 E. Broad St., Columbus, OH 43213, 614 238-2264; r. 4925 Travers Ct., Hilliard, OH 43026.
NUTT, Joseph E.; '59 BSBA; Financial Planner; Hammond & Nutt/Assocs., 1636 N. Swan Rd., Ste. 206, Tucson, AZ 85712, 602 326-1785; r. 2330 S. Camino Seco, Tucson, AZ 85710, 602 886-0295.
NUTT, Ms. Suzanne Marie; '86 BSBA; Supv.; National City Corp., Franklinton Financial Services, 4661 E. Main St., Columbus, OH 43251, 614 863-8223; r. 1637 Scottsdale Ave., Columbus, OH 43220.
NUTTER, Kim '80 (See Miller, Kim Nutter).
NUTTER, S. Diane; '85 BSBA; Law Student; r. 2388 Deming Ave., Columbus, OH 43202, 614 263-0642.
NUTTER, Thomas A.; '47 BSBA; Retired Ofc. Mgr.; Massachusetts Mutual Ins. Co.; r. 7680 Foxboro Ln., Worthington, OH 43085, 614 889-0377.
NUZUM, Elizabeth Ann; '82 BSBA; Prod Dev Coord.; Banc Ohio Natl. Bank, 155 E. Broad St., Columbus, OH 43265; r. 1099 G Irongate Ln., Columbus, OH 43213, 614 864-6510.
NUZUM, James Bailey; '66 BSBA; Profn. Repr; Hoechst Roussel Inc., Rte. 202 206 N., Somerville, NJ 08876; r. 13895 Cape Cod Way, Pickerington, OH 43147, 614 927-5809.
NWACHUKWU, Madge Lenora; '83 BSBA; 4227 Rickenbacker Ave. #583, Columbus, OH 43228.
NYE, Chris James; '79 MBA; 3115 Bremen, Columbus, OH 43224, 614 268-4792.
NYE, Jeffrey D.; '67 BSBA; External Affairs Dir.; AT&T, 295 N. Maple Ave., Rm. 2147H-2, Basking Ridge, NJ 07920, 201 221-2874; r. 14 Sunrise Cir., Clinton, NJ 08809, 201 730-8367.
NYERGES, Glenn L.; '49 BSBA; Manufacturers Rep.; 25202 Wolf Rd., Bay Village, OH 44140, 216 871-8547; r. Same.
NYLAND, David; '51 BSBA; Pres.; White Engrg. Surfaces Corp., POB 388, Newtown, PA 18940, 215 968-5021; r. Still Meadows Farm, Box 84, Buckingham, PA 18912.
NYLIN, Michael Edward; '79 MBA; Financial Staff; GM Corp., General Motors Bldg., 3044 W. Grand Blvd., Detroit, MI 48202; r. 30596 6 Mile Rd., Livonia, MI 48152, 313 427-4706.

O

OAKES, Annette Riess; '80 BSBA; Operations Mgmt.; Toledo Scale Co., 60 Collegeview Rd., Westerville, OH 43081; r. 1914 Lost Valley Rd., Powell, OH 43065, 614 764-2198.
OAKES, Merrill Lloyd; '87 BSBA; Sales Rep.; Software Publishing Corp., Columbus, OH 43201; r. 210 W. 9th Ave., Columbus, OH 43201, 614 421-7110.
OAKES, Peter Hendrik; '83 MBA; 2 Garfield Pl., #1507, Cincinnati, OH 45202.
OAKLEY, Mark Alan; '85 BSBA; Acct.-Financial Analyst; Grp. Five Mgmt., 5335 Far Hills, Dayton, OH 45429, 513 434-4250; r. 934 Ludlow Rd., Xenia, OH 45385, 513 372-5528.
OAKLEY, Patrick S.; '87 BSBA; Sales Rep.; Parksite Inc., 4555-19 Groves Rd., Columbus, OH 43232, 614 863-0997; r. 448 Lock Haven Ct., Mason, OH 45040, 513 398-8511.
OAKLEY, Dr. Robert Alan; '69 MBA, '73 PhD (BUS); VP Corp Controller; Nationwide Ins. Co., One Nationwide Plz., Columbus, OH 43216, 614 249-7812; r. 940 Robbins Way, Worthington, OH 43085, 614 888-3257.
OAKLEY, Terry Lee; '82 BSBA; 4837 Hollingbourne Ct., Apt. B, Columbus, OH 43214, 614 459-5973.
OAKS, LGEN Robert C., USAF; '67 MBA; Hq Air Trng. Cmd., Randolph AFB, TX 78148, 512 652-5512; r. 1 Main Cir., Randolph AFB, TX 78148, 512 658-0872.
OANA, John, Jr.; '51 BSBA; 333 Benton Rd, Salem, OH 44460, 216 337-7465.
OATES, Edward J., Jr.; '52 BSBA; Exec. Dir.; Naples Area Chamber of Commerce, 1700 Tamiami Tr. N., Naples, FL 33940, 813 262-6141; r. 1321 Solana Rd., Naples, FL 33940, 813 434-7744.
OATES, James G.; '66 BSBA; Exec. VP; Leo Burnett Co. Inc., Prudential Plz., 130 E. Randolph St., Chicago, IL 60601, 312 565-5959; r. 2404 Harrison Ave., Evanston, IL 60201, 312 491-9315.
OATES, Marilyn Mumm; '51; Secy.; St. Ann Catholic Church, 407 Ninth Ave. S., Naples, FL 33940, 813 262-4256; r. 1321 Solana Rd., Naples, FL 33940, 813 434-7744.
OATES, Randy Paul; '73 MBA; GE, POB 568, Worthington, OH 43085; r. 1155 Lauren Ct., Westerville, OH 43081.
OATES, Robert Kurt; '70 BSBA; 299 Marie Ave., Kenton, OH 43326, 419 673-3128.
OATEY, Alan R.; '47 BSBA; Chmn.; Oatey Co., POB 35906, Cleveland, OH 44135, 216 267-7100; r. 4995 Joewood Dr., Sanibel, FL 33957, 813 472-4551.
OATMAN, Arthur D.; '52 BSBA; Retired Gen. Supv; Rockwell Intl., 4300 E. 5th Ave., Columbus, OH 43219; r. POB 880075, Steamboat Spgs., CO 80488, 303 879-3166.
OATNEY, F. Earl; '57 BSBA; Agt.; State Farm Ins. Co., 422 N. Broad St., Lancaster, OH 43130, 614 654-0332; r. 2431 Lancaster Thornville NE, Lancaster, OH 43130, 614 654-6759.
OBAN, Marcia E.; '82 MBA; 3380 NW 7th St., Ft. Lauderdale, FL 33311.
OBENAUF, Brad Alan; '73 BSBA; Mgr. Financial Operations; GE Aircraft, Evendale Production Division, 1 Neumann Way, Cincinnati, OH 45215, 513 243-6219; r. 11972 Barnswood Ct., Cincinnati, OH 45249, 513 489-8615.
OBENAUF, Dennis Richard; '71 BSBA; Asst. VP; Huntington Natl. Bank, 17 S. High St., Columbus, OH 43215; r. 12 Clover Ct., Granville, OH 43023, 614 587-0743.
OBENCHAIN, Lurie Grimm; '28 BSBA; Retired; r. 193 Chatham Rd, Columbus, OH 43214, 614 267-3095.
OBENDORF, Dennis Alan; '69 BSBA; Gen. Sales Mgr.; Rick Case Honda Automobiles, 1875 Brittain Rd., Akron, OH 44310, 216 633-6060; r. 766 S. Medina Line Rd, Wadsworth, OH 44281.
OBENG, Richard Yaw; '86 MBA; Cnslt.-Auditing; Metro. Transportation Authority, Randals Island, NY 10199; r. 107 New St., Apt. 508, E. Orange, NJ 07017, 201 676-8137.
OBENOUR, Robert W.; '39 BSBA; Retired/Dist. Mgr.; Mc Graw-Hill Publishing Co., 1125 W. 6th St., 1221 Ave. of The Americas, Los Angeles, CA 90017; r. 10702 Northslope Dr., Kelseyville, CA 95451, 707 277-7030.
OBENOUR, Stasha Jean '84 (See Lucas, Stasha Jean).
OBER, Susan Elaine; '85 BSBA; Acct.; Arthur Andersen & Co., 41 S. High St., Ste. 2000, Columbus, OH 43215, 614 228-5651; r. 5168 Dahltry Ln., Columbus, OH 43220, 614 457-7441.
OBERDICK, Rev. Jan Gilbert; '67 BSBA; Pastor; Azalea Baptist Church, 3314 E. Little Creek Rd., Norfolk, VA 23518, 804 588-7000; r. 225 Upperville Rd., Virginia Bch., VA 23462, 804 499-0258.
OBERFIELD, David Michael; '85 BSBA; Claims Rep.; State Farm Mutual Ins. Co., 2508 N. Reynold Rd., Toledo, OH 43615, 419 537-4800; r. 2404 Cheyenne Blvd. #3, Toledo, OH 43614, 419 865-8993.
OBERFIELD, John E.; '58 BSBA; Pres.; Ohio Producers Svcs. Inc., 15 W. Locust St., POB 681, Newark, OH 43055, 614 349-7992; r. 1116 Hilltop Dr., Newark, OH 43055, 614 366-1850.
OBERFIELD, Mary M. '84 (See Shumaker, Mrs. Mary M.).
OBERG, Dr. R. Winston; '47 MBA; Prof./Mgmt. Emeritus; Michigan State Univ., 243 Eppley Ctr., E. Lansing, MI 48824; r. 1585 Hillside Dr., Okemos, MI 48864, 517 349-1131.
OBERGFELL, Joseph Vincent; '86 BSBA; Sr. Mktg. Rep.; Gulf Ohio Corp., 3933 Price Rd., Newark, OH 43055, 614 366-7383; r. 7411 Cimmaron Station Dr., Worthington, OH 43235, 614 761-9641.
OBERHOLTZER, Richard G.; '54 BSBA; Pres.; William T. Yost Co., 217 S. 21st St., Newark, OH 43055, 614 344-1185; r. 648 Melanie Ct., Newark, OH 43055, 614 366-4146.
OBERLANDER, Robert Jay; '82 BSBA; Supv. Field Expense; Ross Labs, Distribution Dept., 6480 Busch Blvd., Columbus, OH 43229; r. 5016 Julie Pl., Columbus, OH 43229, 614 431-2051.
OBERLIN, Derl David; '79 BSBA; Production Supv.; The Upjohn Co., Kalamazoo, MI 49001; r. 7055 Sandpiper St., Kalamazoo, MI 49002.
OBERLIN, Jerry V.; '40 BSBA; Retired; r. 2232 E. Dartmouth, Englewood, CO 80110, 303 781-0034.
OBERLIN, Mark Allen; '81 BSBA; 3916 Leemar Dr., Hilliard, OH 43026, 614 876-7271.
OBERMILLER, Dr. Carl; '83 PhD (BUS); Prof.; Univ. of Washington, Clg. of Business Admin., Seattle, WA 98195, 206 543-4796; r. 7545 33rd Ave. NE, Seattle, WA 98115, 206 527-8041.
OBERMYER, William Neal; '58 BSBA; Ofc. Mgr./Corporate Secy.; Glenn Graffice & Son Inc., POB 188, Woodville, OH 43469, 419 849-2510; r. 719 Riverside Dr., Woodville, OH 43469, 419 849-2599.
OBERT, Beverly Ann; '70 BSBA; Acct.; Russell, Obert & Co., 2712 Sawbury Blvd., Worthington, OH 43235, 614 792-3103; r. 1885 Tamarack Ct. S., Columbus, OH 43229, 614 885-4313.
OBERT, Carl Ricci, CPA; '82 BSBA; CFO; Telemed, Inc., 6797 N. High St., Worthington, OH 43085, 614 436-1313; r. 1885 Tamarack Ct. S., Columbus, OH 43229, 614 885-4313.
OBERT, Carolyn Ann; '83 MBA; 1885 Tamarack Ct. S., Columbus, OH 43229, 614 885-4313.
OBERT, James Hall; '60 BSBA; Branch Mgr.; AT&T, 300 W. Wilson Bridge Rd., Worthington, OH 43085, 614 431-7710; r. 4140 Randmore Ct., Columbus, OH 43220, 614 451-5721.
OBERTING, Joseph Brian; '85 BSBA; Internal Auditor; Cardinal Industries Inc., 2525 Kimberly Pkwy., Columbus, OH 43232, 614 755-7008; r. 616 Mohawk St., Columbus, OH 43206, 614 228-7118.
OBOJSKI, Debra Lynn; '88 BSBA; 189 Cranberry Tr., Northfield, OH 44067, 216 467-7046.
O'BRIEN, Brian Cajetan; '87 BSBA; Programmer/Analyst; University Systs.-OSU, E601 1121 Kinnear Rd., Columbus, OH 43212, 614 292-3687; r. 18 E. Blake Ave., Columbus, OH 43202, 614 268-8407.
O'BRIEN, Carol Helen; '82 BSBA; Reg. Distributor; The Ltd. Stores, 1 Limited Pkwy., Columbus, OH 43230, 614 479-2729; r. 4758 Middletown St., Apt. #D, Columbus, OH 43214, 614 457-8122.
O'BRIEN, Charles Albert; '52 BSBA; Pres. & Chmn.; Delray Connecting Railroad, POB 32538, Sub. of National Steel, Detroit, MI 48232, 313 841-2851; r. 4118 Nearbrook Rd., Bloomfield Hls., MI 48013, 313 258-9525.
O'BRIEN, Charles Frederick; '49 BSBA; Atty.-Partner; Postlewaite & O'Brien, 150 E. Mound St., Columbus, OH 43215, 614 224-8269; r. 5502 Walshire Dr., Columbus, OH 43232, 614 864-1676.
O'BRIEN, Cheryl Palmer, (Cheryl Palmer); '77 BSBA; CPA; Holtzman & Urquhart; r. 8410 Bluegate, Houston, TX 77025, 713 668-2200.
O'BRIEN, Cynthia A. '80 (See Ohlemacher, Mrs. Cynthia O'Brien).

O'BRIEN, Daniel M.; '76 MBA; VP; Planned Devel. Co., 3530 Snouffer Rd., Worthington, OH 43085, 614 764-8886; r. 1173 Mc Cleary Ct., Worthington, OH 43085, 614 436-6964.
O'BRIEN, David Alan; '78 BSBA; Asst. Treas.; Fed. Home Loan Bank of San Francisco, One Montgomery St., San Francisco, CA 94120, 415 393-0733; r. 3312 Riverton Way, Stockton, CA 95209, 209 478-1230.
O'BRIEN, David Hugh; '51 BSBA; Sales Engr.; Mc Intosh Lab Inc., 2 Chambers St., Binghamton, NY 13903, 607 723-3512; r. 1408 Campus Dr., Binghamton, NY 13903, 607 724-0512.
O'BRIEN, David Thomas; '85 BSBA; Lumber Broker; Thomas Forest Prods., 9319 Cincinnati-Columbus Rd, West Chester, OH 45069, 513 777-3004; r. 11647 Timberridge Ln. #4, Cincinnati, OH 45241, 513 530-0437.
O'BRIEN, Dennis M.; '56 BSBA; 39 Stanridge Rd., Chagrin Falls, OH 44022, 216 247-5640.
O'BRIEN, Dolores Mary; '78 BSBA, '80 MBA; 8301 Montgomery Rd., Cincinnati, OH 45236.
O'BRIEN, Donald Jay; '33 BSBA; Retired; r. 1001 Ulmerton Apt. 173, Largo, FL 34641, 813 585-2567.
O'BRIEN, Donald K.; '48 BSBA; Photo Journalist SelfEmpl; r. 3256 Shasta Ave., Columbus, OH 43231, 614 895-1604.
O'BRIEN, Frank B.; '72 BSBA; VP; NACCO Industries, Inc., 12800 Shaker Blvd., Cleveland, OH 44120, 216 752-1000; r. 2878 Scarborough Rd., Cleveland Hts., OH 44118, 216 932-1798.
O'BRIEN, J. Edmund; '38; Chmn. of Bd.; Banner Die, Tool & Stamping Co., 1308 Holly Ave., Columbus, OH 43212; r. 4282 Zeller Rd., Columbus, OH 43214, 614 263-4396.
O'BRIEN, James John; '76 BSBA, '78 MBA; Product Mgr.; Ashland Chemical Co., POB 2219, Columbus, OH 43216; r. 513 Princewood Dr., DeLand, FL 32724, 614 889-5230.
O'BRIEN, James Patrick; '82 BSBA; Bldg. Cnslt.; Target Constr., 4150 Tuller Rd., Dublin, OH 43017, 614 792-2900; r. 56 Maplewood Rd., Newark, OH 43055, 614 344-3615.
O'BRIEN, Jean Elizabeth; '66 BSBA; Tchr.; Mansfield City Bd. of Edu, 272 W. 6th St., Mansfield, OH 44902; r. 620 Coleman Rd., Mansfield, OH 44903, 419 524-8093.
O'BRIEN, John Howard; '81 BSBA; Customer Serv Mgr.; The Murfin Div. of Menasha Corp., 539 Industrial Mile Rd, POB 28038, Columbus, OH 43228, 614 279-6326; r. 80 Glenmont Ave., Columbus, OH 43214, 614 261-1969.
O'BRIEN, Mrs. Katherine Kress, (Katherine Kress); '81 BSBA; Homemaker; r. 1829 Sessions Walk, Hoffman Estates, IL 60195, 312 310-9349.
O'BRIEN, Kevin John; '70 BSBA; Dir./Purchasing; The Limited Stores Inc., One Limited Pkwy., POB 16528, Columbus, OH 43216; r. 1978 Timberlake Dr., Delaware, OH 43015.
O'BRIEN, Lawrence Joseph, Jr.; '49 BSBA; CPA; 2950 E. Broad St., Columbus, OH 43209; r. 300 Mayfair Blvd., Columbus, OH 43213, 614 235-9727.
O'BRIEN, Mara L. '79 (See Otey, Mrs. Mara O'Brien).
O'BRIEN, Mary Elizabeth; '83 BSBA; Deputy Clerk; Franklin Cnty., Clerk of Cts., 375 S. High St., Columbus, OH 43215; r. Columbus, OH 43229.
O'BRIEN, Mary Tolerton; '78 MPA; 20550 Sausalito Dr., Boca Raton, FL 33498, 407 487-5398.
O'BRIEN, Maureen Barry; '85 BSBA; Contractor; r. 5325 Polen Cir., Kettering, OH 45440, 513 434-9565.
O'BRIEN, Michael C.; '63 BSBA; Asst. Admin.; Good Samaritan Hosp., c/o Postmaster, Vincennes, IN 47591; r. RR 4 Box 271, Edgewood E., Carmi, IL 62821, 618 382-4668.
O'BRIEN, Michael James; '86 BSBA; Sales Engr.; MJ Fein Co. MidAmerica, 2505 Coventry Rd., Columbus, OH 43220, 614 488-6446; r. 3880 Maidens Larne Dr., Hilliard, OH 43026, 614 771-0099.
O'BRIEN, Patrick John; '84 MBA; Mgr. Info. Systs.; Cardinal Lodging, 2255 Kimberly Pkwy. E., Columbus, OH 43232, 614 755-6186; r. 2450 Brandon Rd., Columbus, OH 43221, 614 481-0572.
O'BRIEN, Susan Marie; '87 BSBA; 1352 Yorktownroad, Columbus, OH 43232, 614 866-9555.
O'BRIEN, Thomas Robert, II; '82 BSBA; Sales Rep.; Xerox Corp., Document Systs. Division, 471 E. Broad St., Columbus, OH 43215, 614 460-5505; r. 3024 Wildflower Tr., Dublin, OH 43017, 614 889-9073.
O'BRYAN, Deborah A.; '85 BSBA; Tax Commissioner Agt. IV; Ohio Dept. of Taxation, Property Division, 30 E. Broad St., Columbus, OH 43216, 614 466-8122; r. 3228 Hayden Rd., Columbus, OH 43235, 614 792-0462.
O'BRYAN, Joanne Kinnear; '46 BSBA; Receptionist; Airlie Fndn., Rte. 605, Airlie, VA 22186, 703 347-1300; r. Rte. 2 Box 740, Nokesville, VA 22123, 703 754-8933.
O'BRYAN, Michael William; '69 BSBA; Gen. Mgr.; MJ Printing, 3050 Springboro Rd., Dayton, OH 45439, 513 299-0312; r. 200 S. Village Dr., Dayton, OH 45459, 513 435-4483.
OCANO, Don Armando; '76 BSBA; 2195 Howey Rd, Columbus, OH 43211, 614 262-3160.
OCASEK, Thomas J.; '61 BSBA; Pres.; Pomare Ltd., 700 Nimitz, Honolulu, HI 96817, 808 524-3966; r. 290 Portlock Rd, Honolulu, HI 96825, 808 395-7974.
OCHENKOWSKI, Danuta; '88 BSBA; 3712 Jaeger Rd., Lorain, OH 44053, 216 282-7816.
OCHESKE, Dale Lee; '80 BSBA; Asst. Auditor; Auditor of State/T Ferguson, 88 E. Broad St., Columbus, OH 43266, 800 443-9276; r. 1558 1/2 Oakmont, Toledo, OH 43605, 419 698-9964.
OCHI, Nobuo; '76 MBA; Mgr.-Strat. & Mktg. Dep.; Mitsubishi Electric Corp., Kamimachiya 325 Kamakura-Shi, Kanagawa-Ken, Japan, 046 744-1141; r. Minominami 7-9-18, Konan Ku, Yokohama 233, Japan, 045 893-6749.
OCHS, Mark Allen; '81 BSBA; Programmer; Chemlawn Corp., 2700 E. Dublin Granville Rd, Columbus, OH 43229; r. 1914 Lost Valley Rd, Powell, OH 43065, 614 764-2198.
OCKERMAN, Donald L., PhD; '68 MBA; Sr. Staff; Inst. for Defense Analysis, 1801 N. Beauregard St., Alexandria, VA 22311, 703 845-2353; r. 11156 De Vaughn Ct., Fairfax Sta., VA 22039, 703 250-3906.
OCKINGTON, William J.; '63 BSBA; Atty.; 29425 Chagrin Blvd., Ste. 305, Pepper Pike, OH 44122, 216 831-4935; r. 9905 Pebble Beach, Aurora, OH 44202, 216 562-2820.
O'CONNELL, Daniel Edward; '78 BSBA; Sales Engr.; Wilson Hurd, 4580 Scott Tr., Eagan, MN 55122, 612 688-6472; r. 13945 Galway Ct., Apple Vly., MN 55124, 612 431-5619.
O'CONNELL, Gerald Francis, Jr.; '81 BSBA; Atty.; Graydon Head & Ritchey, 1900 Fifth Third Ctr., 511 Walnut St., Cincinnati, OH 45202, 513 621-6464; r. 3270 Linwood Ave., Apt. 3, Cincinnati, OH 45226, 513 321-8982.
O'CONNELL, James Patrick; '88 BSBA; 164 E. Patterson, Columbus, OH 43202, 614 263-4638.
O'CONNELL, John D.; '69 BSBA; CFO; Brasel & Brasel, Inc., 937 High St., Worthington, OH 43085, 614 888-0101; r. 1264 Lincoln Rd., Columbus, OH 43212, 614 488-8052.
O'CONNELL, Michael Keene; '78 MPA; Real Estate Sales; Big Hill Realty, 216 N. Springboro Pike, Dayton, OH 45449, 513 435-1188; r. 3401 Woodman Dr., Apt. 201, Kettering, OH 45429, 513 293-1683.
O'CONNELL, Patrick Armstrong; '71 BSBA; VP; Policy Mgmt. Syst. Inc., 1 PMS Ctr., Columbia, SC 29210, 803 735-5545; r. 408 Oak Brook Dr., Columbia, SC 29223, 803 788-0799.
O'CONNELL, Patrick James; '76 BSBA; Mktg.; Ohio Bell Telephone Co., 150 E. Gay St., Columbus, OH 43215, 614 223-4165; r. 3960 Criswell Dr., Columbus, OH 43220.
O'CONNELL, Richard Dennis; '70 MBA; Dir.-Finance & Admin.; Marathon Oil U.K. Ltd., U.K. N. Sega Oil & Gas, Exploration & Production, London, England, 014860222; r. Flat 22 35-37 Grosvenor Sq., London, England, 014993296.
O'CONNELL, Suzanne C.; '86 BSBA; Sales Rep.; NCR Corp., 2301 Research Blvd., Rockville, MD 20850, 301 258-6575; r. 824 J Gallop Hill Rd., Gaithersburg, MD 20879, 301 963-8936.
O'CONNELL, Thomas Joseph; '82 BSBA; 4509 Troon Trail, Dayton, OH 45429, 513 298-5038.
O'CONNOR, David Paul; '81 BSBA; 1827 E. Erie Ave., Lorain, OH 44052.
O'CONNOR, Donald H.; '47 BSBA; T-67-A Indian Hill, Rte. 2, Phoenix, NY 13135, 315 695-2940.
O'CONNOR, Francis E.; '50 BSBA; Staff; Leaseway Transportation Corp., 1541 W. Belle De Mar Dr., Tempe, AZ 85283; r. 1734 W. Rose Ln., Phoenix, AZ 85015.
O'CONNOR, Henry; '75 BSBA; Pres./Trucking Co; Freedom Transport, 32 S. 6th St., Columbus, OH 43215; r. 454 Glenmont Ave., Columbus, OH 43214, 614 261-8142.
O'CONNOR, James Joseph; '85 BSBA; Public Acct.; Coopers & Lybrand, Ste. 2000 Columbus Ctr., 100 E. Broad St., Columbus, OH 43215, 614 221-7471; r. 3037 Cherylane Blvd., Columbus, OH 43235, 614 761-2573.
O'CONNOR, John M.; '85 BSBA; Bus. Broker; Corporate Investment Intl., 49 S. Grant Ave., Columbus, OH 43215, 614 469-1040; r. 4629 Stonehaven Dr., Columbus, OH 43220, 614 457-1847.
O'CONNOR, Kathleen Marie; '80 MPA; 60 E. Third Ave., Columbus, OH 43201, 614 299-3424.
O'CONNOR, Michael Joseph; '74 BSBA, '78 MBA; Mkt. Res. Analyst; Bancohio, 155 E. Broad St., Columbus, OH 43265; r. 173 Chatham, Columbus, OH 43214, 614 267-2753.
O'CONNOR, Michael Thomas; '83 BSBA; Account Exec.; Promark Electronics, 2249 Westbrook Dr., Columbus, OH 43223, 614 876-8885; r. 5028 Dierker Rd, #A6, Columbus, OH 43220, 614 459-7074.
ODA, Alan Christopher; '80 BSBA; Account Exec.; Kraft Inc., 4460 Lake Forest Dr., Ste. 218, Cincinnati, OH 45242, 513 733-1370; r. 501 Newford Dr., Bellefontaine, OH 43311, 513 592-1201.
O'DANIEL, Kathleen O.; '82 BSBA; Financial Mgmt. Prog.; GE Co., 1011 High Ridge Rd, Stamford, CT 06905; r. 108 Nob Hill N., Gahanna, OH 43230, 614 476-3100.
O'DAY, Stan David; '86 BSBA; 236 Eastland SE, Warren, OH 44483, 216 399-6971.
ODDI, James E.; '79 BSBA; CPA; 3099 Sullivant Ave., Columbus, OH 43204, 614 274-6900; r. 647 Wiltshire Rd, Columbus, OH 43204, 614 279-5491.
ODDOU, Michael Joseph; '75 MBA; Financial Analyst; Ameron, 4700 Ramona Blvd., Monterey Park, CA 91754; r. 1346 E. La Solana Dr., Altadena, CA 91001, 818 798-4518.
ODEBRECHT, A. Richard; '50 BSBA; Chmn./CEO; Appraisal-Cnslts. Inc., 3384 Sunningdale Way, Columbus, OH 43221; r. 3384 Sunningdale Way, Columbus, OH 43221, 614 451-8164.
ODEBRECHT, Louis Andre; '41 MBA; Retired Tchr.; r. 502 Avon Dr., Cambridge, OH 43725, 614 432-3000.
ODEGAARD, Sally Hardin; '76 MBA; Pres./Owner; Olga's, Inc., 565 Westview Village, Waco, TX 76710, 817 772-8020; r. 1013 Montclair Dr., Waco, TX 76710, 817 776-6749.
O'DELL, Mark W.; '87 BSBA; 573 Pine Needles Dr., Centerville, OH 45459.
ODELL, Ronald F.; '67 BSBA; Gen. Plants Mgr.; Sherwood Med. Industries, 1055 Dornoch Ct., San Diego, CA 92073, 619 661-6161; r. 5121 N. Via Condesa, Tucson, AZ 85718, 602 299-8362.
ODEN, Sallie Elizabeth; '86 BSBA; 35855 Brushwood Dr., Solon, OH 44139, 216 248-4506.
ODENWALDER, Thomas John; '77 BSBA; 59 S. Morrison Ave., Apt. 2, San Jose, CA 95126, 408 286-0723.
ODENWELLER, Gary M.; '67 BSBA; Asst. Mgr.; Travelers Ins. Co., 100 Park Plz., 100 Park St., Naperville, IL 60566, 312 961-8700; r. 5 Birchwood Dr., Naperville, IL 60540, 312 416-0608.
ODENWELLER, John Alex; '68 BSBA; Exec. VP; First Fed. S&L of Toledo, 701 First Fed. Plz., Toledo, OH 43624; r. 851 Sandalwood Rd. W., Perrysburg, OH 43551, 419 874-3634.
O'DONNELL, Ms. Amy T., (Amy S. Thurn); '81 BSBA; SPC Analyst; Airfoil Textron, 750 Buckeye Rd., Lima, OH 45805, 419 228-3302; r. 925 Fenway Dr., Lima, OH 45804, 419 221-1807.
O'DONNELL, Chris Dunlap; '72 BSBA; Dist. Sales Mgr.; Huntsman Chemical Corp., 2000 Eagle Gate Twr., Salt Lake City, UT 84111, 714 832-3781; r. 3 Hermosa, Irvine, CA 92720, 714 832-3781.
O'DONNELL, John P.; '59 BSBA; Sales Rep.; Bell Industries, 118 W. Park Rd., Dayton, OH 45459, 513 434-8231; r. 1325 Sand Trap Ln., Dayton, OH 45459, 513 434-4169.
O'DONNELL, Kevin John; '84 BSBA; Account Exec.; O G Sandbo Co., 1000 W. Henderson Rd., Columbus, OH 43220, 614 451-3334; r. 363 Lyncroft Dr., Gahanna, OH 43230, 614 476-2358.
O'DONNELL, Michael S.; '86 MBA; Prosthetist/Orthotist; Hanger Orthopedics, 1800 A Grand Central Ave., Vienna, WV 26105, 304 295-9381; r. 29 Campbell Dr., Parkersburg, WV 26101, 304 422-9950.
O'DONNELL, Patrick Michael; '77 MBA; Controller; Rock of Ages Corp., POB 482, Barre, VT 05641, 802 476-3115; r. RR2 Box 4335, Barre, VT 05641, 802 479-9896.
O'DONNELL, Susan Hughes; '83 BSBA; Supv. of Acctg. Oper.; Victoria's Secret Inc., Subs: The Limited, Two Limited Pkwy., Gahanna, OH 43230; r. 363 Lyncroft Dr., Gahanna, OH 43230, 614 476-2358.
O'DONNELL, William Ward; '50 BSBA; Retired; r. 11066 Honey Creek Rd. NW, Thornville, OH 43076, 614 246-5542.
O'DONOVAN, Thomas Michael; '86 BSBA; Auditor; Peat Marwick Main, One Mellon Bank Ctr., Pittsburgh, PA 15219, 412 391-9710; r. 2915 Potomac Ave., Pittsburgh, PA 15216, 412 561-1063.
ODVARKA, Dagmar '86 (See Rhinehart, Dagmar Odvarka).
ODWARKA, Gordon E.; '51 BSBA; Advt. Mgr.; Charles E Merrill Books Inc., 1300 Alum Creek Dr., Columbus, OH 43209; r. 2723 Melane Ave., Grove City, OH 43123, 614 875-5336.
ODWARKA, Kenneth L.; '57 BSBA; Tchr.; r. 393 E. Clearview, Worthington, OH 43085, 614 888-5311.
O'DWYER, William Michael; '82 BSBA; 44 S. Elm, Hinsdale, IL 60521, 312 323-1939.
OELGOETZ, Joseph F., III; '79 BSBA; Sales Rep.; Procter & Gamble, POB 599, Cincinnati, OH 45201; r. Procter & Gamble, POB 599, Cincinnati, OH 45201.
OERTLE, John C.; '52 BSBA; 12038 S. Tonalea Dr., Phoenix, AZ 85044, 602 893-2962.
OESCHLER STAUFFER, Darlene M. '66 (See Stauffer, Mrs. Darlene M.).
OETERS, Robert Earl; '78 BSBA; 3923 Tramore, Cincinnati, OH 45236, 513 984-5169.
OETERS, William Donald; '80 BSBA; Asst. Controller; Eagle-Picher Industries, Inc., 580 Walnut St., Ste. 1300, Cincinnati, OH 45202, 513 721-7010; r. 5084 Brasher Ave., Cincinnati, OH 45242, 513 891-7839.
O'FARRELL, Sean T.; '86 BSBA; Account Exec.; LiTel Telecommunications Corp., 200 Old Wilson Bridge Rd., Worthington, OH 43085, 614 433-9400; r. 6410 Chippenhook Ct., Dublin, OH 43017, 614 766-8176.
OFFENBACHER, Becky Kesselring, (Becky Kesselring); '73 BSBA; Homemaker; r. 5110 Maple Terrace Dr., Kingwood, TX 77345, 713 360-8362.
OFFICE, Blanche '30 (See Schear, Blanche Office).
OFFICER, Edward W.; '85 BSBA; Customer Repr; GE Co., Financial Dept., 6145 Barfield Rd., Ste. 100, Atlanta, GA 30328, 404 250-3833; r. 2371 Inverloch Cir., Duluth, GA 30136, 404 497-0526.
OFFUTT, Dr. Nancy Elizabeth; '72 BSBA, '82 PhD (BUS); Mktg. Rsch.; r. 3027 Decatur St., W. Lafayette, IN 47906, 317 497-2445.
O'FLYNN, Mark Patrick; '75 BSBA; Treas.; Columbia Gas Transmission Corp., 1700 Maccorkle Ave. SE, Charleston, WV 25325, 304 357-2546; r. 104 McDavid Ln., Charleston, WV 25311, 304 342-2546.
OFRENZO, Carol Patricia; '79 BSBA; 5811 Scenic Edge Blvd., Dublin, OH 43017, 614 761-8696.
OGG, John R.; '41 BSBA; Retired; r. 321 W. New England Ave., Worthington, OH 43085, 614 885-6058.
OGG, Maris Falken; '74 BSBA, '76 MBA; Investment Ofcr.; Winters Bank Rsch. Dept., Winters Bank Twr. 6th Fl., Dayton, OH 45406; r. 656 Mulford Rd., Wyncote, PA 19095, 215 887-0157.
OGG, Norris Lealand, Jr.; '79 BSBA; 7350 Africa Rd., Galena, OH 43021.
OGIER, Ben S.; '26; Retired; r. 2655 W. National Rd., Springfield, OH 45501, 513 325-1531.
OGIER, John B.; '56 BSBA; Supv.; BP America, 5551 San Felipe, Houston, TX 77056, 713 552-6357; r. 3219 N. Park, Missouri City, TX 77459, 713 499-0880.
OGILBEE, Steven Clark; '79 BSBA; Controller; Stone Container Corp., POB 5231, Martinsville, VA 24115, 703 632-6590; r. RR #3 Box 66, Ridgeway, VA 24148, 703 956-4360.
OGILVIE, James W.; '53 BSBA; 86187 Franklin Bl, Eugene, OR 97405.
OGLESBY, Edwin R.; '38 BSBA; Retired; r. 28402 Herndonwood Dr., Farmington Hls., MI 48018, 313 471-4922.
OGLEVEE, Daniel De Ford; '86 BSBA; 5 Heritage Ln., Rye, NY 10580, 914 967-3324.
OGLEVEE, Jeffrey Maxwell; '68 BSBA; Treas.; Franklin Chemical Industries, 2020 Bruck St., Columbus, OH 43207; r. 1055 Woodman Dr., Worthington, OH 43085, 614 885-7247.
O'GRADY, James J.; '36 BSBA; Retired VP; r. Horizon Twr. S. 2704, Ft. Lee, NJ 07024, 201 224-8450.
O'GRADY, James Kenneth; '85 MBA; 508 W. Lincoln Hwy., De Kalb, IL 60115, 815 758-7410.
O'GRADY, Kerry Lee; '88 MBA; 5042 Cobblestone Dr. K, Columbus, OH 43220.
O'GRADY, Richard K.; '84 BSBA; Real Estate Appraiser; Ohio Dept. of Transportation, 37 W. Broad St., Columbus, OH 43215, 614 644-8269; r. 2585 Findley Ave., Columbus, OH 43202, 614 261-9929.
OGRAM, James E.; '49 BSBA; Ret. Quality Control Mgr.; Coml. Shearing & Stamping Co.; r. 7521 Forest Hill, Poland, OH 44514, 216 757-3093.
OGRAM, Melvin F.; '37; Retired/Secy.; G F Business Equip. Inc., 229 E. Denwick Ave., Youngstown, OH 44505; r. 999 Colonial Dr., Youngstown, OH 44505, 216 759-1218.
OGREN, Lawrence Sheldon; '77 MBA; 278 West Ave., Darien, CT 06820, 203 656-1056.
OGRINC, Susan Rose; '88 BSBA; 3764 Bradley Rd, Westlake, OH 44145, 216 871-9430.
OGRINIC, Amy M. '86 (See Minarda, Amy M.).
O'GUINN, Timothy Edward; '86 BSBA; Credit Collectors Mgr.; Med. Ctr. Hosp., 1050 Delaware Ave., Marion, OH 43302, 614 383-7714; r. 292 Owens Rd. W., Marion, OH 43302, 614 389-5113.
O'HALLA, Deborah Highlander; '81 BSBA; Payroll Acct.; Rochester Prods., 2100 Burlingame SW, Wyoming, MI 49509, 616 247-5041; r. 3726 Chanute Ave., Grandville, MI 49418, 616 532-7582.
O'HALLORAN, Dr. Desmond Hubert; '72 MBA; Lecturer; Univ. Clg., Faculty of Commerce, Rm. D218, Dublin 4, Ireland, 069-3244; r. 19 Nutley Rd, Donnybrook, Dublin 4, Ireland, 069-3021.
O'HARA, Joanne Marie; '87 BSBA; 5136 Pondoray, Kettering, OH 45440, 513 433-5584.
O'HARA, Mark Shafer; '80 BSBA; Trust Ofcr.; Amer Fletcher Natl. & Trust Co., 101 Monument Cir. 9th Fl., Indianapolis, IN 46277; r. 5850 Lakeland Blvd., Indianapolis, IN 46234, 317 852-9716.
O'HARA, Patrick E.; '65 BSBA; POB 789, Madang, Papua New Guinea.
O'HARA, William H., Jr.; '46 BSBA; Retired; r. 26 Longwood, Stratford, NJ 08084, 609 783-5025.
O'HARE, Gregory James; '87 BSBA; 170 Greenglade Ave., Worthington, OH 43085, 614 846-8445.
OHEL, Cheryl Rae; '81 BSBA; Acct. CPA; r. 1590 NW 93rd Ter., Coral Spgs., FL 33071, 305 753-4474.
O'HERIN, Richard Daniel; '65 BSBA; CPA; 6368 N. Muscatel, San Gabriel, CA 91775, 818 285-7092; r. Same.
OHLE, Frederick William; '80 BSBA; 6714 Bluebird Ln., Youngstown, OH 44512, 216 758-7402.
OHLEMACHER, Bradley Robert; '86 BSBA; VP/Treas.; Elyria Mfg. Corp., 145 Northrup St., POB 479, Elyria, OH 44036, 216 365-4171; r. 1221 W. River Rd., Ste. B-2, Elyria, OH 44035, 216 324-4661.
OHLEMACHER, Mrs. Cynthia O'Brien, (Cynthia A. O'Brien); '80 BSLHR; Homemaker/Volunteer; r. 124 Clemson Ct., Elyria, OH 44035, 216 323-5062.
OHLEMACHER, Elinor Dixon; '44 BSBA; Co-owner; Helicopters for Industry, 13035 Mindanao Way, Marina Del Rey, CA 90291; r. 649 La Costa Dr., Banning, CA 92220.
OHLEMACHER, Robert Lewis; '48 BSBA; Chmn. CEO; Elyria Mfg. Corp., POB 479, Elyria, OH 44036, 216 365-4171; r. 310 Vassar Ave., Elyria, OH 44035, 216 322-2753.
OHLER, C.G.; '50 BSBA; Pres.; Ohler Corp., 115 S. 32nd Ave., Jacksonville, FL 32250, 904 246-8825; r. Same.
OHLINGER, Russell E.; '52 BSBA; Staff; Rainbow Pizza Inc., 117 W. 5th, Marysville, OH 43040; r. POB 3, Marysville, OH 43040, 513 644-0492.

ALPHABETICAL LISTINGS ONDREY 209

OHLSON, CDR Bruce H., USNR(RET.); '63 BSBA; Capt.; United Airlines, Flight Operations, San Francisco, CA 94128; r. 124 29th Ave., San Mateo, CA 94403, 415 571-6857.
OHLWEILER, James A.; '80 MBA; Dir./Mgmt. Inf Systs.; r. 1469 Creekside Dr., Walnut Creek, CA 94598, 415 947-2650.
OHNSMAN, Roger Elmer; '68 BSBA; 100 Sweetwater Hills Dr., Longwood, FL 32750, 407 869-1292.
OHSNER, Ronald Stanley; '81 MBA; Agt.; Business Ins. Svc. Agcy., 2455 N. Star Rd, Columbus, OH 43212, 614 486-4549; r. 2026 Jervis Rd., Columbus, OH 43221, 614 486-9981.
OJIBE, Mbanefo Brian; '80 BSBA; 417 Schrock Rd., Worthington, OH 43085.
OKEAFOR, Dr. Uche S.; '79 MACC, '82 PhD (BUS); Univ. of Port Harcourt, Dept. of Business Adm, Port Harcourt, Nigeria; r. POB 4719, Port Harcourt, Nigeria.
O'KEEFE, Anne Marie; '81 BSBA; Sales Rep.; Continental Ofc., 1070 Morse Rd, Columbus, OH 43229, 614 846-5010; r. 2343 Meadow Spring Cir., Columbus, OH 43235, 614 792-5297.
O'KEEFE, Bernard M.; '49 BSBA; Asst. Reg. Dir.; Fed. Mediation & Conciliation S, 219 S. Dearborn, Chicago, IL 60604; r. 7404 Crest Dr., Lexington, MI 48450, 313 359-7112.
O'KEEFE, David M.; '64 BSBA; Buyer; r. 397 Miles Rd, Chagrin Falls, OH 44022, 216 247-5495.
O'KEEFE, Paul Robert; '87 BSBA; Plastics Engr.; Gen. Polymers, 12001 Toepfer Rd., Warren, MI 48089, 313 755-1100; r. 35300 Dodge Pk., Apt. 2B, Sterling Hts., MI 48077, 313 264-5632.
O'KEEFE, Timothy M.; '87 BSBA; Computer Programmer; Nationwide Ins., Columbus, OH 43229, 614 249-4079; r. 26 1/2 N. 5th St., Newark, OH 43055, 614 349-3854.
OKER, Kaye Strunk; '57; Geography Tchr.; Chagrin Falls Schs., 77 E. Washington St., Chagrin Falls, OH 44022, 216 247-5500; r. 1755 Som Center Rd., Gates Mills, OH 44124, 216 442-7179.
OKITA, Frank Toshio; '49 BSBA; CPA; 221 N. LaSalle St., Chicago, IL 60601, 312 782-7277; r. 5203 S. Kimbark Ave., Chicago, IL 60615, 312 752-4348.
OKITA, William S.; '51 BSBA; Pres.; Guaranteed Tune Up, Inc., 101 Eisenhower Pkwy., Roseland, NJ 07068, 201 403-1996; r. 44 Prospect Ave., Montclair, NJ 07042, 201 746-3960.
OKLOK, Mari L. '83 (See Hall, Mrs. Mari L.).
OKOSUN, Gregory I.; '77 MBA; Mgr./Dir.; Organisation Devel. Assn. Ltd., 37 James Robertson Rd., Surulere, GPO Box 7158, Lagos, Nigeria, 01837552; r. 31 Olufemi Peters St., Ire Akari Estate Isolo, Lagos, Nigeria, 01520241.
OKTAVEC, Joseph Arthur; '84 BSBA; Branch Mgr. Cincinnati; Triangle Fastener Corp., 1244 Goodale Blvd., Columbus, OH 43212, 614 487-8800; r. 55 W. Devine, Shiremanstown, PA 17011, 717 763-0033.
OKULY, Amy F., (Amy Flinn); '85 BSBA; Patient Svc. Ofcr.; Veterans Admin., 4100 W. 3rd St., Dayton, OH 45428; r. 5208 Sweetleaf Dr., Dayton, OH 45424, 513 236-2195.
OKUN, Donald T.; '50; Pres.; Sam Okun Produce Co., 33 N. Huron St., Toledo, OH 43604, 419 241-1101; r. 5547 Citation Rd. N., Toledo, OH 43615, 419 841-3849.
OKUN, Fred; '55 BSBA; Secy. & Treas.; Sam Okun Produce Co., 33 N. Huron St., Toledo, OH 43604; r. 3759 Rose Glenn Dr., Toledo, OH 43615, 419 841-3292.
OKUN, Inez S. '51 (See Silverman, Inez Okun).
OKUN, Larry S.; '63 BSBA; Sales; L. Okun Produce Co., 1625 NW 20th St., Miami, FL 33142, 305 545-7814; r. 13233 S. W. 104th Ct., Miami, FL 33176, 305 238-9396.
OKUN, Sam Scott; '82 BSBA; Actor/Model; r. 1261 Laurel Ave., Los Angeles, CA 90049, 213 650-7902.
OLAND, Peter Jay; '69 BSBA; Pres.; Monarch Supply Corp., 1335 Oakpoint Ave., Bronx, NY 10474, 212 328-0200; r. 80 East End Ave., New York, NY 10028, 212 628-3296.
OLANDER, Thomas J.; '66 BSBA; Personnel Dir.; Ohio Environ. Protection Agcy., 1800 Watermark Dr., Columbus, OH 43212, 614 644-2108; r. 880 Ross Rd., Columbus, OH 43213, 614 231-7286.
OLDANI, Peter Michael; '73 MBA; Engr. & Real Est. Devel.; Brewster Bus. Park, Rte. 22, Brewster, NY 10509, 914 279-6111; r. R#2 McLain St., Bedford, NY 10549, 914 241-6726.
OLDERMAN, David J.; '60 BSBA; Pres./Invest./Couns. Firm; Carret & Co. Inc., 122 E. 42nd St. 18th Fl., New York, NY 10168, 212 697-9340; r. 3537 Royal Tern Ln., Boynton Bch., FL 33436, 407 734-4798.
OLDFIELD, John F., Jr.; '43 BSBA; Retired; r. 282 Hilton Dr., Boulder Creek, CA 95006, 408 338-3874.
OLDFIELD, William Hamilton; '85 BSBA; Sales Exec.; Cummings Sign Co., 885-B Claycraft Rd., Blacklick, OH 43004, 614 759-9611; r. 156 Melbourne Ave., Akron, OH 44313, 216 836-6040.
OLDHAM, A. Catherine '39 (See Werst, Mrs. Anna C.).
OLDHAM, April Ann; '84 BSBA; 2211 Argyle Dr., Columbus, OH 43219.
OLDHAM, Virginia M.; '37 BSBA; Mgr. & Owner; Oldham Real Estate Rentals, 301 S. Ohio Ave., Sidney, OH 45365, 513 492-6307; r. 206 Johnson Pl., 3003 Cisco Rd, Dorothy Love Retirement Comm., Sidney, OH 45365, 513 492-6465.
OLDS, John G.; '50 BSBA; Coord.; r. 4402 N. 14th Ave., Phoenix, AZ 85013, 602 279-0285.
OLDS, Keith; '53 BSBA; Financial Planner; Bristol Myers, 345 Park Ave., New York, NY 10154, 212 546-4695; r. 4 Dartmouth St., Forest Hills, NY 11375, 718 263-4925.
O'LEARY, Daniel G.; '52 BSBA; Owner; Lindner & O'Leary, 546 Wentworth Ave., Calumet City, IL 60409, 312 862-4710; r. 2327 Hutchison Rd, Flossmoor, IL 60422, 312 798-7778.
O'LEARY, Thomas Martin; '88 MPA; 1 Gledhill Dr., Galion, OH 44833, 419 462-5984.
O'LEARY, William T.; '67 BSBA; 310 N. Cherry St., Eaton, OH 45320, 513 456-4447.
OLEKSON, Thomas M.; '66 BSBA; Shift Boss; High Sierra Casino, Stateline, NV 89448; r. POB 11942, Zephyr Cove, NV 89448, 916 544-0432.
OLESEN, Robert B.; '58 BSBA; Retired Asst. Foreman; Everett Daily Herald, Grand & California Sts., Everett, WA 98201; r. 14600 51st Ave. #19-9, Marysville, WA 98270, 206 653-4231.
OLEXIO, Jan Rae; '85 BSBA; Dir. Gen. Acctg.; Mt. Carmel Health, 793 W. State, Columbus, OH 43222, 614 238-7404; r. 379 E. Kelso Rd., Columbus, OH 43202, 614 263-5352.
OLIGEE, Howard Lee; '69 BSBA; VP; Deerfield Constr. Co. Inc., 11166 Deerfield Rd., Cincinnati, OH 45242, 513 984-4096; r. 2019 Mounts Rd., Morrow, OH 45152.
OLIMPIO, Charles Joseph, Jr.; '68 BSBA; Controller; Mid Ohio Reg Plng. Comm, 285 E. Main St., Columbus, OH 43215, 614 228-2663; r. 110 Walcreek Dr. E., Gahanna, OH 43230, 614 471-8694.
OLIN, Jerry; '46 BSBA; Owner; All Florida Resorts, 300 71st St., Ste. 635, Miami Bch., FL 33141, 305 868-7222; r. 5080 Alton Rd, Miami Bch., FL 33140, 305 865-2070.
OLIN, John H.; '64 BSBA; Mgr.; Abbott Labs, Employee Financial Records, Dept. 310, Bldg. AP 6 D, Abbott Park, IL 60064, 312 937-5527; r. 302 Lakeshore Dr., Lindenhurst, IL 60046, 312 356-3947.
OLIN, Thomas F., Jr.; '83 MBA; Gen. Sales Mgr.; Archway Cookies Inc., POB 40, Boone, IA 50036, 515 432-4084; r. 1463 Kate Shelley Dr., Boone, IA 50036, 515 432-8283.
OLINGER, Alfred J.; '50 BSBA; Sales Mgr.; Olinger Motor Sales, 121 3rd St., Coshocton, OH 43812; r. Sleepy Hollow Dr., Coshocton, OH 43812, 614 622-1002.
OLINGER, Debra L. '80 (See Olinger-Daulton, Debra Leigh).
OLINGER, Max Brown; '57 BSBA; Partner; Olinger Motor Sales, 121 S. 3rd St., Coshocton, OH 43812, 614 622-4812; r. 1312 S. 13th St., Coshocton, OH 43812, 614 622-5974.
OLINGER, Michael Brian; '79 BSBA; Sr. Admin. Engr.; Loral Defense Systs. Akron, 1210 Massillon Rd., Akron, OH 44306, 216 796-9689; r. 3962 Heckman Rd. N. W., Uniontown, OH 44685, 216 497-2861.
OLINGER-DAULTON, Debra Leigh, (Debra L. Olinger); '80 BSBA; Mgr. Medicare Audit; Community Mutual BC/BS, 222 E. Campus View Blvd., Worthington, OH 43085, 614 433-8956; r. 5212 Red Oak Ln., Dublin, OH 43017, 614 761-8676.
OLIVA, Carmine T.; '66 MBA; Chmn. & CEO; XCEL Corp., 3100 New York Dr., Pasadena, CA 91107, 818 791-5691; r. 97 Ellisen Rd, Watchung, NJ 07060, 201 753-8775.
OLIVER, Amy Lu; '84 BSBA; Staff; Micro Ctr., 1555 West Ln. Ave., Columbus, OH 43221; r. 1550 Terrell Mill Rd., Apt. 7F, Marietta, GA 30067.
OLIVER, Charles E.; '51 BSBA; Ret. Aircraft Engr. Buyer; Wright Patterson AFB; r. 590 Kingswood Dr. N., Springfield, OH 45503, 513 399-3697.
OLIVER, Daniel Brent; '80 BSBA; Mfg. Mgr.; Stahl, A Scott Fetzer Co., 3201 W. Lincoln Way, Wooster, OH 44691, 216 264-7441; r. 244 E. South St., Shreve, OH 44676, 216 567-2390.
OLIVER, Florence Montgomery; '36 BSBA; Retired; r. 1817 Ardleigh Rd., Columbus, OH 43221, 614 451-7565.
OLIVER, Harold E.; '50 BSBA; Retired; USA Missile Cmd.; r. 1911 Capri Dr. NE, Huntsville, AL 35811, 205 533-3167.
OLIVER, Joanne Lickendorf; '54 BSBA; Coldwell Banker; Sears Financial Network, 1801 Palm Beach Lakes Blvd., W. Palm Bch., FL 33401; r. 16 Starboard Way, Tequesta, FL 33469, 407 746-0967.
OLIVER, John C., Jr.; '43 BSBA; Exec. VP; Porcelain Enamel Inst. Inc., 1101 Connecticut Ave., NW, Ste. 700, Washington, DC 20036; r. 5501 Seminary Rd., Apt. 2104, Falls Church, VA 22041.
OLIVER, L. Lee, III; '71 BSBA, '75 MBA; Dist. Mgr.; Natl. Cash Register Corp., 2065 Three Mile Rd., NW, Grand Rapids, MI 49504, 616 784-9030; r. 3101 Bannockburn Dr., Ada, MI 49301, 616 940-8660.
OLIVER, Lockwood, Jr.; '51 BSBA; Pres.; Florida Machine Tool Co., 1944 N. E. Second Ave., Pompano Bch., FL 33060, 305 943-4516; r. Same.
OLIVER, Patsy Gray, (Patsy Gray); '49; Homemaker; r. 1944 N. E. Second Ave., Pompano Bch., FL 33060, 305 943-4516.
OLIVER, Steven Matthew; '88 BSBA; Supv.; Fritolay Inc., 2800 Silver Star Rd., Orlando, FL 32808, 407 295-1810; r. 5040 Rosamond Dr., Apt. #2812, Orlando, FL 32808, 407 578-2952.
OLIVER, Suzanne '50 (See Bacon, Suzanne Oliver).
OLIVER, Timothy Allen; '71 BSBA; Partner; Oliver & Powell, 324 E. Warren St., Lebanon, OH 45036, 513 932-3452; r. 1548 Oregonia Rd., Lebanon, OH 45036, 513 932-2034.
OLIVER, Vennetta D. '48 (See Gerspacher, Mrs. Vennetta D.).
OLIVER, William Alan; '88 BSBA; 311 W. Water St., Greenville, OH 45331, 513 548-1890.
OLIVER, William Eugene; '73 MPA; VP; Merrill Lynch, Municipal Research Dept., World Financial Ctr.-No. Twr., New York, NY 10281, 212 449-1799; r. 343 First St., Brooklyn, NY 11215, 718 499-7990.
OLIVER, William G.; '58 BSBA; IRS, Covington, KY 41011; r. 1846 N. Washington Blvd., Hamilton, OH 45013, 513 896-5014.
OLIVETI, Frank Mario; '81 BSBA; Mgr.; Touche Ross & Co., 2 Oliver Plz., Pittsburgh, PA 15222, 412 281-2232; r. 357 Spahr St., Apt. 3, Pittsburgh, PA 15232, 412 441-1326.
OLIVIERI, Nicholas Michael; '80 BSBA; 23920 Middlebelt Rd., Apt. #3206, Farmington Hls., MI 48024, 313 474-4144.
OLIX, Susan Pisaris; '84 BSBA; Administrative Ofcr.; Bank One of Columbus, 100 E. Broad St., Columbus, OH 43215; r. 5577 Maleka Ct., Columbus, OH 43220, 614 457-3398.
OLJACA, Stewart Stoya; '74 BSBA; 1600 E. Liberty, Girard, OH 44420.
OLKES, Sidney Alan; '72 BSBA; Controller; Tandon Assocs. Inc., 49 Strathearn Pl., Simi Vly., CA 93065, 805 582-3207; r. 11938 Berrybrook Ct., Moorpark, CA 93021, 805 529-0146.
OLLENDORFF, Franklin G.; '64 MPA; City Mgr.; Univ. City, POB, University City, MO 63130; r. 8128 Cornell Ct., St. Louis, MO 63130, 314 725-7057.
OLLER, Jack Richard; '71 BSBA; Special Agt.; FBI, Vienna, VA 22180; r. 1374 Carpers Farm Way, Vienna, VA 22180, 703 820-4112.
OLMSTEAD, Allen M.; '40 BSBA; Retired; r. 74 185 Covered Wagon Tr., Palm Desert, CA 92260, 619 346-0827.
OLMSTEAD, David Charles; '82 BSBA; Sr. Financial Analyst; BP America, 200 Public Sq., Rm. 20-H, Cleveland, OH 44114, 216 586-4309; r. 4067 Columbia Rd., N. Olmsted, OH 44070, 216 777-5837.
OLMSTED, Douglas R.; '82 BSBA; Claims Mgr.; Progressive Casualty Ins., 9030 Yukon St., Westminster, CO 80020, 303 423-2066; r. 9902 Independence, Westminster, CO 80020, 303 420-3008.
OLNEY, Christopher Allen; '88 BSBA; Credit Rsch. Spec.; Franklinton Financial Svcs., 4653 E. Main St., Columbus, OH 43251, 614 863-8315; r. 5082 Gardenway Ct., Gahanna, OH 43230, 614 794-2289.
OLNHAUSEN, Eric; '80 BSBA; Sales Rep.; Calcomp, 9434 Chesapeake Dr., Ste. 1203, San Diego, CA 92123, 619 560-0926; r. 533 Summer View Cir., Encinitas, CA 92024, 619 942-7288.
OLNHAUSEN, Fritz; '81 BSBA; Systs. Application Supv.; Exxon Co. USA, 4550 Dacoma, Rm. 939C, Houston, TX 77092, 713 680-6122; r. 6000 Sun Forest #2508, Houston, TX 77092, 713 957-8840.
OLNHAUSEN, Van; '63 BSBA; Owner; Olnhausen Assocs., 329 S. 7th, Marietta, OH 45750, 614 373-3134; r. 104 Marigold Ln., Marietta, OH 45750, 614 373-0166.
O'LOUGHLIN, Joseph William, Jr.; '84 BSBA; Sales Repr; Diskriter, Inc., 3257 W. Liberty Ave., Pittsburgh, PA 15216, 412 344-9700; r. 1750 Patrick Pl. #318, Library, PA 15129, 412 831-3319.
O'LOUGHLIN, Martha Mc Coy; '75 BSBA, '80 MBA; Franklin Univ., 201 S. Grant Ave., Columbus, OH 43215; r. 3767 Greenbridge Loop S., Dublin, OH 43017.
O'LOUGHLIN, Thomas J.; '58 BSBA; Bldg. Mgr. & S; Spitzer Bldg. Co., 430 Spitzer Bldg. 520 Madison, Toledo, OH 43604; r. 3920 Sylvania, Toledo, OH 43623.
OLSEN, James H.; '47; Chmn.; Olsen Cos., 1971 W. Fifth Ave., Columbus, OH 43212, 614 486-1740; r. 1427-K Roxbury Rd., Columbus, OH 43212.
OLSEN, Lawrence Byron; '70 BSBA; 7448 Gardenview Pl., Dublin, OH 43017, 614 766-9586.
OLSEN, Norman P., Jr.; '54 BSBA; Treas.; G K S Inc., 25800 1st St., Westlake, OH 44146; r. 21800 Elizabeth, Cleveland, OH 44126.
OLSON, Annette O. '50 (See Wambaugh, Mrs. Annette O.).
OLSON, Brian D.; '86 BSBA; Copy Prod Sales Rep.; Eastman Kodak Co., 1901 W. 22nd Streed, Oak Brook, IL 60521; r. 7343 Canterbury Pl., Downers Grove, IL 60516.
OLSON, Charles Alfred; '77 BSBA; Financial Cnslt.; Merrill Lynch, 2001 Spring Rd., Oak Brook, IL 60514, 312 954-6327; r. 823 Raintree Dr., Naperville, IL 60540, 312 357-0507.
OLSON, Dale D.; '47 BSBA; 329 Grant St., Bettendorf, IA 52722, 319 355-8867.
OLSON, James David, Jr.; '87 BSBA; Purchasing Agt.; Compulab Corp., 1717 Dixie Hwy., Ste. 300, Ft. Wright, KY 41011, 606 331-7227; r. 2570 Madsion Rd. #8, Cincinnati, OH 45208, 513 321-6712.
OLSON, Jo Ann; '83 BSBA, '88 MBA; Warehouse Supv.; Ford Motor Co., 14000 Marshall Dr., Lenexa, KS 66215; r. 1641 Tanglewood Dr., Youngstown, OH 44505, 216 759-0984.
OLSON, John Edward; '73 BSBA; Ins. Agt.; Nationwide Ins., 7524 Richmond Hwy., Alexandria, VA 22306, 703 768-2020; r. 6103 Chapman Rd., Mason Neck, VA 22079, 703 339-7503.
OLSON, Joseph William; '79 BSBA; Owner; Olson Ins. Svcs., 1441 King Ave., POB 21287, Columbus, OH 43221, 614 486-0254; r. 1874 Guilford Rd., Columbus, OH 43221, 614 488-3470.
OLSON, Leif Helton, III; '86 BSBA; 2702 56th St., Lubbock, TX 79413.
OLSON, Richard Sulo, Jr.; '84 BSBA; 5130 Locust Hill Ln., Dublin, OH 43017, 614 889-2290.
OLSON, Robert Wesley; '48 BSBA; Dist. Sales Mgr.; IDS Financial Svcs. Inc., 1500 Lake Shore Dr., Columbus, OH 43204, 614 488-9727; r. 1407 Lonsdale Rd, Columbus, OH 43232, 614 866-6852.
OLSON, 1LT Russell Frank; '84 BSBA; 1Lt/Cost Analyst; USAF, Electronic Systs. Division, Hanscom AFB, MA 01731; r. 42 Offut Rd., Bedford, MA 01739, 617 274-7766.
OLSON, William Matthew; '87 BSBA; Sales Rep.; Nationwide Ins., Columbus, OH 43221, 614 486-0254; r. 1580 Mccoy Rd., Columbus, OH 43220, 614 451-3155.
OLSSON, COL Carl Walter; '69 MBA; Lt. Col. Usaf; r. 5011 Tealby Ln., St. Louis, MO 63128.
OLSZEWSKI, Harry; '38 BSBA; 7055 Texhoma St., Van Nuys, CA 91406.
OLSZEWSKI, Hollis A., (Hollis A. Bowden); '76 BSBA; Contracting Agt.; Union Carbide, POB 38011, S. Charleston, WV 25303, 304 747-2644; r. 2722 Lakeview Dr., St. Albans, WV 25177, 304 727-0543.
OLSZEWSKI, Jeffery M.; '82 BSBA; Residtl Appraiser; Home S&L, 275 Federal Plz., W., Youngstown, OH 44501, 216 742-0500; r. 3744 Bellwood Dr., Warren, OH 44484, 216 856-1261.
OLSZEWSKI, Joseph E.; '73 BSBA; 2326 Dearborn Ave. #C, Missoula, MT 59801, 406 721-1532.
OLT, Donald M.; '57 BSBA; Stores Mgr.; Sorg Paper Co., 901 Manchester Ave., Middletown, OH 45042, 513 420-5300; r. 221 Spirea Dr., Dayton, OH 45419, 513 293-4459.
OLT, John Herman; '71 BSBA; Se Area Mgr.; Reynolds & Reynolds Co., Computer Services, POB 1005, Dayton, OH 45401; r. 210 12th Ave. N., St. Petersburg, FL 33701, 813 821-4300.
OLTEAN, Richard Dan; '81 BSBA; Cert Pub Acct.; Pannell Kerr Forster, 1621 W. 1st Ave., Columbus, OH 43212, 614 486-8051; r. 244 Kelso Rd. E., Columbus, OH 43202, 614 267-4337.
OLTMANNS, Glen Allan; '58 BSBA; VP/Cnstr & Maint.; Vons Cos. Inc., 10150 Lower Azusa Rd., El Monte, CA 91731, 818 579-1400; r. 1624 Sunset Ln., Fullerton, CA 92633, 714 879-4588.
OLVERSON, Ms. Gene Moneque; '87 BSBA; Commercial Underwriter; The Continental Corp., 111 E. Broad St., Columbus, OH 43215, 614 251-5000; r. POB 32031, Columbus, OH 43232, 614 866-3862.
OLWINE, Nancy '55 (See Byrne, Nancy Olwine).
OLZAK, Mrs. Karen L., (Karen L. Chapman); '78 BSBA; Ofc. Admin.; J I Case Credit Corp., 3600 Sullivant Ave., Columbus, OH 43228, 614 278-9300; r. 8916 Walton Ln., Powell, OH 43065, 614 766-4742.
O'MALLEY, Robert Alan; '77 BSBA; Product Spec.; Compuserve Inc., 5000 Arlingate Ctr., Columbus, OH 43220; r. 5806 Rothesay, Dublin, OH 43017, 614 237-9251.
O'MALLEY, Mrs. Suzanne H., (N. Suzanne Higgins); '76 MPA; Principal Atty.; Interstate Commerce Commission, ICC Bldg. 12th & Constitution, Washington, DC 20423, 202 275-7292; r. 3721 Merrimac Tr., Annandale, VA 22003, 703 573-6909.
OMAN, Richard Allan; '61 BSBA; Customer Servs Mgr.; GTE, 301 Grand Lake Rd., Celina, OH 45822, 419 586-5959; r. 1102 Canterbury Rd, Celina, OH 45822, 419 586-4646.
O'MEARA, John J.; '49 BSBA; Pres.; J.J. O'Meara & Assocs., POB 167, Deerfield, IL 60015, 312 945-2478; r. 1555 Chapel Ct., Deerfield, IL 60015.
O'MERY, Robert Glenn; '84 BSBA; 115 Eleanor St., Mingo Jct., OH 43938, 614 282-2563.
OMETER, Gary David; '84 BSBA; Corporate Trust Ofcr.; Crestar Bank, 919 E. Main St., POB 26665, Richmond, VA 23261, 804 782-7084; r. 2913-2B W. Stony Hill Ct., Richmond, VA 23235, 804 272-1706.
OMOHUNDRO, Richard C.; '61 BSBA; CPA; r. 1580 Fishinger Rd., Columbus, OH 43221, 614 486-7372.
O'MORROW, Betsy Kent, (Betsy Kent); '83 BSBA; Pharmaceutical Sales Rep.; Purdue Frederick Co., 100 Connecticut Ave., Norwalk, CT 06856, 203 853-0123; r. 1765 Woodview Ct. Apt. F., Reynoldsburg, OH 43068, 614 866-0322.
OMURA, Dr. Glenn Seito; '76 PhD (BUS); Prof.; Michigan State Univ., Marketing Dept., Eppley Ctr., E. Lansing, MI 48824; r. 1332 Sebewaing Rd, Okemos, MI 48864, 517 349-9252.
ONACHILLA, Michael S.; '59 BSBA; Dir. of Corp. Sales; Vermont American Corp., 100 E. Liberty, Louisville, KY 40202; r. 2415 Stannye Dr., Louisville, KY 40222, 502 426-5063.
ONDICH, Jeffrey Joseph; '88 BSBA; 6745 Warrington Dr., N. Olmsted, OH 44070, 216 235-2184.
ONDICK, Larry Wayland; '71 BSBA; Salesman/Inglenook; r. 609 N. Eola Apt. 8, Orlando, FL 32803, 407 423-1825.
ONDREY, Emil F.; '28 BSBA; Retired; r. 8313 Clover Hill Loop, Beacon Woods, Bayonet Pt., FL 34667, 813 868-6773.

O'NEAL, Andrea L., (Andrea Anderson); '80 BSBA; Mgr. Recruitment/Placemnt; Columbia Gas Distribution Cos., 200 Civic Center Dr., Columbus, OH 43216, 614 460-4781; r. 6291 Hoover Rd., Grove City, OH 43123, 614 871-4373.
O'NEAL, Mark W.; '77 BSLHR; 1075 Lincoln, Toledo, OH 43607.
O'NEAL, Michael James; '71 BSBA; VP; J A O'Neal & Sons, 19 W. Hebble Ave., Fairborn, OH 45324; r. 19 W. Hebble Ave., Fairborn, OH 45324, 513 878-1297.
O'NEIL, Charles Richard; '51 BSBA; Atty-at-Law; 3151 N. High St., Columbus, OH 43202, 614 263-3032; r. 4201 Glenmawr Ave., Columbus, OH 43224, 614 262-6652.
O'NEIL, Daniel A., Jr.; '46 BSBA; Retired; r. 387 S. Chesterfield Rd., Columbus, OH 43209, 614 239-1758.
O'NEIL, John W.; '68 BSBA; Salesman; UARCO Inc., 2742 S. Hamilton Rd., Ste. 100, Columbus, OH 43232, 614 864-1040; r. 4736 Wynwood Ct., Columbus, OH 43220, 614 451-9733.
O'NEIL, Pamela Joy; '81 BSBA; Dir.; The Ohio State Univ., Alumni/Dev Info. Ctr., 2400 Olentangy River Rd, Columbus, OH 43210, 614 292-8300; r. 287 Acton Rd., Columbus, OH 43214, 614 262-4550.
O'NEIL, Penelope Felton; '71 BSBA; Asst. VP; Ohio State Univ., Business Services Ofc., 1800 Cannon Dr 800 Lincoln Twr, Columbus, OH 43210, 614 292-7394; r. 7721 Riverside Dr., Dublin, OH 43017, 614 889-9055.
O'NEIL, Timothy Allan; '84 BSBA; Salesman/Team; Continental Ofc., 4848 Evanswood Dr., Columbus, OH 43229; r. 2278 Palmleaf Ct., Worthington, OH 43085.
O'NEIL, William John; '67 BSBA; Regnl Sales Mgr.; Loctite Corp., 2727 Tuller Pkwy., Dublin, OH 43017, 614 761-0723; r. 7721 Riverside Dr., Dublin, OH 43017, 614 889-9055.
O'NEIL, William Joseph; '54 BSBA; Cnslt.; Medidentic Inc., 460 S. Northwest Hwy., Park Ridge, IL 60068, 312 693-4880; r. 2400 Virginia, Park Ridge, IL 60068, 312 825-3888.
O'NEILL, Brian Michael; '83 BSBA; Atty.; Burke Haber & Berick Co. LPA, 629 Euclid Ave., 300 National City Bank Bldg., Cleveland, OH 44114, 216 771-2700; r. 3021 North Ave., Parma, OH 44134, 216 351-3021.
O'NEILL, Donald L.; '57 BSBA; 4711 Sugarbush Dr., Holiday, FL 34690, 813 937-5233.
O'NEILL, James E.; '67 BSBA; VP/Treas.; Retail Mktg. Svcs. Inc., 1807 Tribute Rd., Sacramento, CA 95815, 916 929-9741; r. 7726 Juan Way, Fair Oaks, CA 95628, 916 966-7049.
O'NEILL, Jeffrey Lee; '78 BSBA; Mkt. Systs. Spec.; Nationwide Ins. Co., One Nationwide Plz., Columbus, OH 43216, 614 249-6165; r. 1811 Sutter Pkwy., Powell, OH 43065, 614 764-2377.
O'NEILL, John Capistran; '64 BSBA; Mgr., Property Taxes; Mitchell Energy Corp., POB 4000, The Woodlands, TX 77387, 713 363-6204; r. 13314 Dorchester Forest Dr., Houston, TX 77070, 713 469-3278.
O'NEILL, John F.; '87 BSBA; Mktg. Rsch. Supv.; Natl. Mkt. Measures, 6501 Wilson Mills Rd., Mayfield Vlg., OH 44143, 216 473-7455; r. 28283 Ctr. Ridge Rd. #E24, Westlake, OH 44145, 216 892-9518.
O'NEILL, John Patrick; '66 MBA; Law; McClelland, O'Neill & Thomas, 112 N. Chestnut St., POB 823, Ravenna, OH 44266, 216 296-3804; r. 520 E. Riddle, Ravenna, OH 44266, 216 296-2353.
O'NEILL, Judith Oprandi; '79 BSBA; Life Serv Spvr III; State Farm Life Ins. Co., 1440 Granville Rd, Newark, OH 43055, 614 344-0459; r. 1811 Sutter Pkwy., Powell, OH 43065, 614 764-2377.
O'NEILL, Kevin J.; '85 MA, '85 MCRP; Asst. Planner; City of Port Townsend, 540 Water St., Port Townsend, WA 98368, 206 385-3000; r. 1222 Tyler St., Port Townsend, WA 98368, 206 385-3945.
O'NEILL, Mrs. Lisa A., (Lisa A. Singer); '83 BSBA, '86 MBA; Sr. Programmer/Analyst; Mac Tools Inc., 4380 Old Roberts Rd., Columbus, OH 43228, 614 876-1330; r. 3823 Aqueduct Ct., Hilliard, OH 43026, 614 876-1790.
O'NEILL, Ms. Merlene K., (Merlene Truesdale); '79 BSBA; Asst. VP; The Huntington Trust Co., NA, 41 S. High St., HC1122, Columbus, OH 43215, 614 463-4290; r. 4256 Harlem Rd., Galena, OH 43021, 614 965-2646.
O'NEILL, Michael Foy; '66 BSBA; Prof. Chair Mktg./Finance; California State Univ., Warner St., Chico, CA 95926, 916 895-6405; r. 2819 North Ave., Chico, CA 95926, 916 891-8568.
O'NEILL, Patrick Martin; '72 BSBA; Admin.; 1104 Wesley, Bryan, OH 43506; r. 1810 Park Dr., Rte. 1, Osseo, MI 49266, 517 523-3464.
O'NEILL, Polly J. '84 (See Anthony, Mrs. Polly O'Neill).
O'NEILL, Richard W.; '47 BSBA; Sr. VP; Persona Personnel Corp., 2800 28th, Ste. 350, Santa Monica, CA 90405, 213 452-9092; r. 618 Erskine Dr., Pacific Palisades, CA 90272, 213 459-2693.
ONESON, Marvin D.; '81 BSBA; CPA; Dixon Francis Davis & Oneson, POB 100, Hebron, OH 43025, 614 928-1000; r. 186 Putnam Rd., Heath, OH 43056, 614 522-5797.
ONG, Kwok Tow; '75 BSBA; 959 E. Ave. A, Blythe, CA 92225, 619 922-3425.
ONO, Tracy Beard; '83 BSBA; Payroll Spec.; Chemlawn Corp., 8275 N. High St., Worthington, OH 43085, 614 888-3572; r. 4159 Pewter Court, Columbus, OH 43230, 614 863-4143.
ONOSKO, Mrs. Lucinda, (Lucinda Campbell); '85 BSBA; Analyst; Nation-Wide Ins., Columbus, OH 43216, 614 249-2803; r. 4330 Reed Rd., Columbus, OH 43220, 614 459-6732.
ONSTOTT, Frank C.; '50 BSBA; Retired; r. 509 Redwood Dr., Visalia, CA 93277, 209 734-4471.
ONTROP, William Cyril; '73 BSBA; Rd 3 Box 41, Center Valley, PA 18034, 215 868-3815.
ONYEJEKWE, Rosemary Egondu; '81 MPA; Programmer Analyst; Univ. Systs., 1121 Kinnear Rd, Columbus, OH 43212; r. 4836 Mcbane St., Columbus, OH 43220.
OOTEN, Richard James; '83 BSBA; Acct. Mgr.; NCR Corp., Financial System Div, 11455 N. Meridian St., Carmel, IN 46032, 317 846-3720; r. 141 Winona Dr., Carmel, IN 46032, 317 848-9651.
OPATRNY, James, Jr.; '66 MBA; Mgr./Corp Plng.; Ohio Bell Telephone Co., 45 Erieview Plz., Cleveland, OH 44114, 216 822-3079; r. 30640 Timber Ln., Bay Village, OH 44140, 216 835-2233.
OPELT, Vivian Lee; '76 BSBA; Atty.; Wendys Intl. Inc., Corporate Law Dept., 4288 W. Dublin-Granville Rd., Dublin, OH 43017, 614 764-8455; r. 1242 Neil Ave., Apt. Q, Columbus, OH 43201, 614 299-8084.
OPENA, Dr. Camilo Lalap; '82 MBA, '83 PhD (BUS); Assoc. Prof./Chmn.; Univ. of The Philippines, Los Banos, Laguna, Philippines; r. 25 San Gabriel, San Pablo 3723, Philippines.
OPITZ, Marnie A. '87 (See Medlock, Mrs. Marnie A.).
OPPENHEIMER, Jill S.; '88 BSBA; Retail Exec.; The May Co., 158 Euclid Ave., Cleveland, OH 44114; r. 19015 Van Aken Blvd., Apt. 405, Shaker Hts., OH 44122.
OPPER, Gregg A.; '78 BSBA; Pres./mktg. Rep.; OPP Intl., 15609-G Ave., Alcachofa, San Diego, CA 92128, 619 452-0600; r. Same, 619 485-7198.
OPPER, Jan Charles; '76 MPA; Policy Ofcr.; US Dept. of H.U.D., 451 Seventh St., SW, Rm. 7228, Washington, DC 20410, 202 755-6300; r. 6578 Rockland Dr., Clifton, VA 22024, 703 830-4612.
OPPER, Millard B.; '46 BSBA; Pres.; Carlton Cards Ltd., 1460 The Queensway, Toronto, ON, Canada; r. 182 Edenbridge Dr., Islington, ON, Canada.
OPPERMAN, Steven James; '87 BSBA; Account Exec.; CYMA/McGraw-Hill, 1400 E. Southern Ave., 8th Fl., Tempe, AZ 85202; r. 151 E. 1st St. #316, Mesa, AZ 85201.
OPRE, Raymond E.; '50 BSBA; Pres.; H.M. Pollock Co., Inc., 120 S. Grant Ave., Kittanning, PA 16201, 412 543-1142; r. 112 Creston Dr., Boardman, OH 44512, 216 758-0102.
OPREMCAK, Matthew Steven; '82 BSBA; 21215 Detroit #110B, Cleveland, OH 44116, 216 331-1845.
O'QUINN, Ms. Spring Boyd, (Spring Boyd); '79 BSBA; Natural Gas Analyst; Marathon Oil Co., POB 3128, Houston, TX 77253, 713 629-6600; r. 6610 Dusty Dawn Dr., Houston, TX 77086, 713 447-2591.
ORANSKI, Ronald A.; '67 MBA; Product Mgr.; B F Goodrich Co., 500 S. Main St., Akron, OH 44318; r. 7603 Brecksville Rd, Independence, OH 44131.
ORAVEC, Brian M.; '86 BSBA; Account Analyst; Fidelity Investments, 4445 Lake Forest Dr., Cincinnati, OH 45242, 513 786-6137; r. 1898 Doral Dr., Fairfield, OH 45014, 513 829-0436.
ORAVETZ, Michael Scott; '88 BSBA; Warehouse Mgr.; USCD Distribution Svcs., 2271 French Settlement Rd., Dallas, TX 75212, 214 634-8734; r. 3434 W. Country Club, Apt. 226, Irving, TX 75038, 214 252-4743.
ORAZEN, Michael Carl; '75 MBA; Pres.; E P G Inc., POB 536, Newbury, OH 44065; r. 166 S. Main St., Chagrin Falls, OH 44022, 216 247-6826.
ORBAN, John William; '80 BSBA; Systs. Analyst; Central Fidelity Bk., 2010 Atherholt Rd., Lynchburg, VA 24501, 804 847-9867; r. 500-D Weeping Willow Ln., Lynchburg, VA 24501, 804 237-0948.
ORDERS, Kendra J. '68 (See Kevern, Mrs. Kendra J.).
OREHEK, Edward Rudolph; '72 BSBA; Sr. Internal Auditor; Borman's Inc., POB 33446, Detroit, MI 48226, 313 270-1278; r. 8487 Honey Ln., Canton, MI 48187, 313 459-4609.
O'REILLY, Deborah Ann; '85 BSBA; 231 E. Fourth St., Greenville, OH 45331, 513 547-1300.
O'REILLY, John Joseph; '84 BSBA; 3847 Julia Ct., Gahanna, OH 43230, 614 475-9735.
O'REILLY, Mrs. Michelle F., (Michelle C. Florio); '85 BSBA; VP; Florio Hair Designs Inc., 2685 Sullivant Ave., Columbus, OH 43204, 614 272-7712; r. 6474 Brookedge Ct., Dublin, OH 43017, 614 889-1810.
O'REILLY, Patrick J.; '66 BSBA; CPA; Touche Ross & Co., 250 E. Broad St., Columbus, OH 43215, 614 224-1119; r. 6526 Redfern Pl., Columbus, OH 43229, 614 891-2911.
O'REILLY, Thomas W.; '86 BSBA; Sales Engr.; Inter Innovation LeFebure, 5081 Westerville Rd., Columbus, OH 43231, 614 882-8080; r. 2316 Marlborough Ct. D, Columbus, OH 43229, 614 899-9347.
O'REILLY, Timothy Patrick; '67 BSBA; Atty. Partner; Morgan Lewis & Bockius, 2000 One Logan Sq., Philadelphia, PA 19103, 215 963-5470; r. 1127 Cymry Dr., Berwyn, PA 19312, 215 296-2724.
OREWILER, Darl C.; '49 BSBA; 8275 Millview Rd, Cincinnati, OH 45242, 513 489-7289.
ORF, Daniel Joseph; '68 BSBA; Pres.; Orf Enterprises Int., 4010 Wakefield Dr., Annandale, VA 22003, 703 898-5943; r. Same, 703 425-9856.
ORF, Gary Lee; '69 BSBA; Branch Mgr.; r. 9719 N. 100th St., Scottsdale, AZ 85258.
ORGAN, James John; '84 BSBA; Dist. Mgr.; Carnation Co., 8335 Ste. G Guilford Rd, Columbia, MD 21046, 301 381-5113; r. 7001 Copperwood Way, Columbia, MD 21046, 301 381-9288.
ORHAN, Christine Marie; '84 MA; Chief Acct. & Controller; Atochem, B.P. 5, Lannemezan 65300, France; r. 31 Rue De La Doneliere, Rennes 35000, France.
ORIA, Maria Elisa; '75 MPA; 1313 Drill Ave., Dayton, OH 45414.
ORIANS, Jeffrey Donald; '84 BSBA; Data Processing Cnslt.; Nims Assocs. Inc., 2915 LBJ Frwy., Dallas, TX 75234, 214 241-0222; r. 728 James Dr., Richardson, TX 75080, 214 699-0894.
ORINSKI, James Robert; '85 BSBA; Mgr.; Credit Bur. of Columbus, 2765 Eastland Mall, Columbus, OH 43232; r. 7646 Worsley Pl., Dublin, OH 43017, 614 792-3422.
ORINSKI, Judy D. Holmes; '86 MPA; Admin.; Roxane Labs, Human Resource Dept., POB 16532, Columbus, OH 43228, 614 276-4000; r. 611 S. Roys Ave., Columbus, OH 43204, 614 274-5431.
ORISEK, Paula Renee; '78 BSBA; 4331 Hodgson, Cleveland, OH 44109.
ORIZONDO, Alan Pedro; '78 MBA; Mfg. Spec.; Ford Motor Co., EFH Div., Rawsonville, MI 48197, 313 484-8662; r. 375 Rock Creek Dr., Ann Arbor, MI 48104, 313 663-3784.
ORKIS, John Stanley; '82 BSBA; Transportation Mgr.; Institution Food House, 1591 Phoenix Blvd., Hickory, NC; r. 1419 Ashbrook Dr., Lawrenceville, GA 30245, 404 962-2764.
ORLADY, Linda Monroe; '81 MBA; Rsch. Assoc.; Harvard Univ., Dept. of Psychology, 1815 Beaver Grade Rd., Coraopolis, PA 15108, 412 269-1974; r. Same.
ORLANDO, Anthony M.; '78 BSBA; Proprietor; Orlando's Golden Dawn, Rte. 193, N. Kingsville, OH 44068, 216 224-2317; r. 717 Knollwood Dr., Ashtabula, OH 44004, 216 992-2718.
ORLANDO, George Ralph; '63 MBA; Retired; r. 3066 Carisbrook Rd., Columbus, OH 43221, 614 457-4341.
ORLANDO, Norma M. '56 (See Hasen, Mrs. Norma Orlando).
ORLIK, Henry John; '76 BSBA; Mgr. Cost Containment; C N A Ins. Cos., Cna Plz., Chicago, IL 60185, 312 822-4305; r. 2 Dover Ct., Streamwood, IL 60107, 312 837-6257.
ORLOFF, David Michael; '86 BSBA; Sr. Cadd Draftsman; M.K. Ferguson Engrg., Erieview One Plz., Cleveland, OH 44112, 216 523-5600; r. 6600 Ridgebury Blvd., Mayfield Hts., OH 44124, 216 461-4773.
ORLOFF, Louis Stanley; '75 BSBA; Pres.; Louis Gregory Corp., 3 Pond Rd., POB 1639, Gloucester, MA 01931, 508 283-4331; r. 9 Main St., Charlestown, MA 02129, 508 242-8971.
ORLOV, Bruce Martin; '84 BSBA; Sales Rep.; Berwick Steel Co., POB 27278, Columbus, OH 43227; r. 5410 Yorkshire Terrace Dr., Apt. A, Columbus, OH 43232, 614 755-4228.
ORLOVE, Frank F.; '42 BSBA; Sr. Budget & Mgmt.Analyst; City of Cleveland Finance Dept., 601 Lakeside Ave., Cleveland, OH 44114, 216 664-2648; r. 3693 Gridley Rd, Shaker Hts., OH 44122, 216 991-5219.
ORNSTEIN, Dr. Suzyn Leslie; '84 PhD (BUS); Prof.; Suffolk Univ., 8 Ashburton Pl., Boston, MA 02108, 617 573-8374; r. 122 Bowdoin St., Apt. 53, Boston, MA 02108, 617 523-6849.
OROSZ, Bob Dale; '84 BSBA; Trng. Mgr.; Ambassador Publishing, 300 W. Green St., Pasadena, CA 91129, 818 304-6090; r. 1324 S. Alta Vista, Monrovia, CA 91016, 818 359-6949.
OROSZ, Janet E. Foley; '81 MPA; Asst. Dir.; Cols & Franklin Co. Metro Parks, Business & Admin., POB 29169, Columbus, OH 43229, 614 891-0700; r. 315 Ridgeside Dr., Powell, OH 43065.
OROSZ, William Julius; '80 MPA; VP; Design Grp. Inc., 7600 Olentangy River Rd., Worthington, OH 43085, 614 888-6390; r. 315 Ridgeside Dr., Powell, OH 43065.
O'ROURKE, Patrick Edward; '86 BSBA; POB 396, Dresden, OH 43821.
OROZCO, Anthony Raymond; '84 BSBA; Distribution Svc. Analyst; Ryder Truck Rental, 31100 Telegraph Rd., Ste. 240, Birmingham, MI 48010, 313 540-5950; r. 24564 Lincoln Ct. 139, Farmington Hls., MI 48331, 313 474-6154.
ORR, Alan B.; '59 BBS; Field Rep.; Ford Motor Credit Co., The American Rd., Dearborn, MI 48121, 406 245-6306; r. Box 52, Red Lodge, MT 59068.
ORR, Charles Emory, Jr.; '61 BSBA; Exec. VP; Corporate Assistance Inc., 8070 E. Morgan Tr., Scottsdale, AZ 85258; r. 10059 E. Ironwood Dr., Scottsdale, AZ 85258, 602 860-9412.
ORR, David Alan; '87 BSBA; 3798 Astor Ave., Columbus, OH 43227.
ORR, Gregory Michael; '84 BSBA; Ind Sales Rep.; Devilbiss Co., 300 Phillips Ave., Toledo, OH 43612, 312 833-5850; r. 3164 Johnsbury Ln., Aurora, IL 60504, 312 820-2338.
ORR, James H.; '47 BSBA; Retired; r. 972 Mccandless St., Port Charlotte, FL 33980, 813 627-4093.
ORR, James Kevin; '84 BSBA; 1455 Orchard Park Dr., Columbus, OH 43232.
ORR, Jonathan Fisher; '81 BSBA; Sales Repr; Air Prods. & Chemicals, Box 538, Allentown, PA 18105; r. 8175 Joyce Ave., Cleveland, OH 44147, 216 838-4559.
ORR, Karin Lopper; '82 MPA; Social Work Dir.; Blick Clinic for Developmental Disabilities, c/o Postmaster, Broadview Hts., OH 44141; r. 8175 Joyce Ave., Cleveland, OH 44147, 216 838-4559.
ORR, Paul T.; '73 BSBA; Pres.; Orr Assocs. Inc., 6500 Pearl Rd., Cleveland, OH 44130, 216 885-1324; r. 1801 Holden's Arbor Run, Westlake, OH 44145, 216 871-8535.
ORR, R. Michael; '81 BSBA; Dist. Sales Mgr.; The Allen Grp. Inc., 1010 852 Millington Ct., Cincinnati, OH 45242, 513 984-3912; r. 30 Bent Tree Dr., Apt. 2B, Fairfield, OH 45014, 513 870-9612.
ORR, Robert M.; '62 BSBA; RR No 1, Utica, OH 43080.
ORR, Ronnie Eugene; '80 BSBA; Sales; RE/Max Assocs., 5871 Cleveland Ave., Columbus, OH 43231, 614 899-2600; r. 7663 Sweetwood Ct., Dublin, OH 43017, 614 889-5445.
ORR, Thomas D.; '59 BSBA; Pres.; Treborr's, 2520 Far Hills Ave., Dayton, OH 45419, 513 299-3084; r. 4400 Royal Ridge Way, Kettering, OH 45429, 513 293-4400.
ORR, Thomas Matthew; '86 BSBA; Sales Engr.; Orr Assocs. Inc., 6500 Pearl Rd., Cleveland, OH 44130, 216 885-1324; r. 1370 Sloane Ave. #408, Lakewood, OH 44107, 216 529-1036.
ORSBORN, Brigette Kirwin; '85 MLHR; Sales Rep.; Keebler Co., Hamilton Rd, Groveport, OH 43125; r. 3115 Pleasantville Rd NW, Carroll, OH 43112, 614 756-4091.
ORSHAN, Michael S.; '79 BSBA; Pres.; Ram Computer Systs., 350 5th Ave., Ste. 2608, New York, NY 10118, 212 629-8373; r. 261 W. 22nd St., New York, NY 10011, 212 924-3190.
ORTEGA, Angelo Anthony; '80 BSBA; Pres.; Best Foot Forward, 61 S. Seminary St., Galesburg, IL 61401, 309 342-5100; r. 1897 Cornelia Rd., Galesburg, IL 61401, 309 342-7376.
ORTEGA, Ida P. '82 (See Moore, Mrs. Ida P.).
ORTH, Howard Samuel, Jr.; '52 BSBA; Secy./Treas.; Industrial Ceramic Prods. Inc., 965 W. Fifth Ave., Columbus, OH 43212, 614 299-1082; r. 4294 Woodhall Rd, Columbus, OH 43220, 614 451-2098.
ORTIZ, Daniel Joseph; '83 BSBA; Salesman; CSI Supply Co., 2881 E. 14th Ave., Columbus, OH 43219, 614 252-1174; r. 5660 Montevideo Dr., Westerville, OH 43081.
ORTIZ, Donna Knopf; '82 BSBA; High Bay Supv.; The Ltd. Inc., One Limited Pkwy., POB 16528, Columbus, OH 43216; r. 12404 Woodsfield Cir. E. NW, Pickerington, OH 43147.
ORTLIEB, Charles Eugene; '68 BSBA; Tax Agt.; State of Ohio, 30 E. Broad St., Columbus, OH 43215; r. 127 Blenheim Rd, Columbus, OH 43214, 614 267-0749.
ORTLIEB, James Patrick; '81 BSBA; Tax Agt.; State of Ohio, Dept. of Taxation, Columbus, OH 43215; r. 338 Cheyenne Dr., Westerville, OH 43081, 614 895-3491.
ORTMAN, Mrs. Jennifer Foster, (Jennifer Foster); '82 BSBA; Acctg. Supv.; The Kroger Co., 4111 Executive Pkwy., Westerville, OH 43081, 614 898-3459; r. 56 W. Lakeview, Columbus, OH 43202, 614 268-0329.
ORTON, COL Robert B.; '59 BSBA; Col. Usaf Retired; r. 30172 Disney Ln., Vista, CA 92084, 619 724-0917.
ORTT, Charles R.; '82 BSBA; Production Mgr.; Chemical Abstract Svc., 2540 Olentangy River Rd., POB 3012, Columbus, OH 43210, 614 447-3600; r. 168 E. Pacemont Rd., Columbus, OH 43202, 614 267-5668.
ORVETS, Daniel F.; '82 BSBA; Sales Mgr.; Waste Mgmt. Inc., 933 Frank Rd., Columbus, OH 43223, 614 272-5700; r. 2164 Bigby Hollow St., Columbus, OH 43228, 614 276-6501.
ORVIS, John Edgar; '69 BSBA; Cnslt.; Tiburon, CA 94920; r. 12 Place Moulin, Tiburon, CA 94920, 415 435-6218.
ORVOS, Kathy Lynne; '87 BSBA; 3647 Mulberry St., Uniontown, OH 44685, 216 699-9799.
ORWIG, Dora Hill; '79 MPA; 5606 Dorsey Dr., Columbus, OH 43220.
O'RYAN, Albert L., Jr.; '48 BSBA; 1421 S. Ocean Blvd., #502, Pompano Bch., FL 33062.
O'RYAN, Michael John; '86 BSBA; 1928 Spruce Dr., Apt. B, Columbus, OH 43217.
O'RYAN, Thomas J.; '86 BSBA; 6993 Bartlett Rd., Reynoldsburg, OH 43068.
ORZES, John J.; '71 BSBA; Gen. Adjustor; GAB Business Svcs. Inc., POB 10029, Santa Ana, CA 92711, 714 547-5841; r. 823 E. Fairway Dr., Orange, CA 92666, 714 633-0815.
OSBERGER, Edith Harig, (Edith Harig); '34 BSBA; 3403 NW 82nd Ave., #1, Coral Spgs., FL 33065, 305 344-9299.
OSBORN, Glenn A.; '64 BSBA; Pres.; Glenn Osborn Assocs., Friendship Commons, 30 10th St., Toledo, OH 43659, 419 243-6911; r. 2624 Gunckel, Toledo, OH 43606, 419 474-8258.
OSBORN, James A.; '59 BSBA; Acct.; Pennzoil Co., c/o Postmaster, Oil City, PA 16301; r. 9 Fisher Ave., Oil City, PA 16301, 814 676-0079.

ALPHABETICAL LISTINGS OWERS 211

OSBORN, John Edward; '84 BSBA; Asst. VP; United Bank, Commercial Loans Dept., 9420 Pennsylvania Ave., Upper Marlboro, MD 20772; r. 12779 Lockleven Ln., Woodbridge, VA 22192.

OSBORN, John Everett; '65 BSBA; Staff Member; Campbell Hausfeld Co., Div. Scott Fetzer Co., 100 Production Dr., Harrison, OH 45030, 513 367-3101; r. 727 Dry Creek Ct., Villa Hls., KY 41017, 606 331-6964.

OSBORN, Myron Wallace, III; '71 BSBA, '72 MA; Owner; MWO Enterprises, POB 2640, Leucadia, CA 92024, 619 944-0661; r. Same.

OSBORN, Richard Forrest; '83 BSBA; 512 454-3737; r. 2403 Muirfield Cir., Austin, TX 78747, 512 282-1299.

OSBORN, Robert H.; '63 MBA; Owner; Gen. Business Svcs., c/o Postmaster, Jenkintown, PA 19046; r. General Business Services, Jenkintown, PA 19046.

OSBORN, Roderick T.; '77 BSBA; Owner; Alamo Hanger & Supply Co. Inc., 4342 W. 12th St., Houston, TX 77055, 713 681-1313; r. 4823 Ingleside, Spring, TX 77388, 713 288-6350.

OSBORNE, Barbara J., (Barbara J. DeLong); '63 BSBA; Retired Admin.; Ohio State Univ., Columbus, OH 43210; r. 5599 Roche Dr., Columbus, OH 43229, 614 885-0609.

OSBORNE, Charles Ernest, Jr.; '69 BSBA; Tchr.; Huntington HS, *, Chillicothe, OH 45601; r. 138 Overlook Dr., Waverly, OH 45690, 614 947-4097.

OSBORNE, Don Christopher; '71 MBA; Atty-at-Law; Certified Mgmt. Cnslt., POB 322, Noblesville, IN 46060, 317 773-4105; r. 1207 Sherwood Dr., Greenfield, IN 46140, 317 462-1398.

OSBORNE, Harold L.; '49 BSBA; Sales Rep.; r. 1925 Ridgefield Dr., Roswell, GA 30075, 404 993-1928.

OSBORNE, James F., II; '64 BSBA; Mgr.Health & Beauty Aides; Procter & Gamble, 6th & Sycamore, Cincinnati, OH 45201, 513 562-1100; r. 1131 Kings Cove Way, Cincinnati, OH 45230, 513 232-8577.

OSBORNE, Richard E.; '60 BSBA; Pres.; Buckeye Stamping Co., 555 Marion Rd., Columbus, OH 43207, 614 445-8433; r. 6962 Village Woods Pl., Worthington, OH 43085, 614 436-5294.

OSBUN, Cynthia A.; '79 BSBA, '82 MBA; Sales Mgr.; MCI, One International Dr., Rye Brook, NY 10573, 914 251-2181; r. 11 Driftwood Ln., Milford, CT 06460, 203 877-7818.

OSBUN, Kennon Lynn; '73 BSBA; Rl Est Appraisr/Cons; Kennon Osbun & Assocs., 2964 St. Rte. 529, Cardington, OH 43315, 419 864-9575; r. Same.

OSCAR, Leonard; '51 BSBA; VP; Oscar Plumbing & Heating Co., 2889 Woodhill Rd, Cleveland, OH 44104, 216 795-2222; r. 4100 Carroll Blvd., Cleveland, OH 44118, 216 932-5675.

O'SHAUGHNESSY, Jack P.; '35; Retired; r. 61 Leland Ave., Columbus, OH 43214, 614 885-4066.

O'SHEA, John E.; '49 BSBA; Regional Sales Mgr.; UNISYS, 5 Hutton Centre Dr., Santa Ana, CA 92707; r. 24201 Becard Dr., Laguna Niguel, CA 92677, 714 831-6792.

O'SHEA, Norma S., (Norma Shuttleworth); '48 BSBA; 24201 Becard Dr., Laguna Niguel, CA 92677, 714 831-6792.

O'SICKEY, Diane Gerber, (Diane Gerber); '81 BSBA; Acctg. Mgr.; Fabri-Ctrs. of America, 23550 Commerce Park, Beachwood, OH 44122, 216 464-2500; r. 10174 Spinnaker Run, Aurora, OH 44202, 216 562-9217.

OSIF, Thomas Patrick; '87 BSBA; 5077Beckenham Ct., Gahanna, OH 43230, 614 471-6386.

OSIGWEH, Dr. Chimezie A. B.; '81 MLHR, '82 PhD (BUS); Prof.-Mgmt./Intl. Rel.; Norfolk State Univ., Sch. of Business, Norfolk, VA 23504, 804 683-8284; r. 5240 Rolleston Dr., Virginia Bch., VA 23464.

OSINSKI, Ms. Ilona Parsch, (Ilona Parsch); '64 BSBA; Pres.; Dial-A-File, 3851 NW 126th Ave., Coral Spgs., FL 33065, 305 344-0360; r. 9511 NW 42nd Ct., Coral Spgs., FL 33065, 305 752-6674.

OSIS, Peteris Ludis; '82 MBA; Staff; Community Mutual Ins. Co., 6740 N. High St., Worthington, OH 43085; r. 994 Euclaire Ave., Columbus, OH 43209, 614 231-0763.

OSMAN-GANI, A. Ahad M.; '87 MA; Assoc. Prof.; Univ. of Chittagong, Dept. of Mgmt., Chittagong, Bangladesh; r. 663 Duscarawas Ct., Columbus, OH 43210, 614 293-9058.

OSMON, Lance Dana; '69 BSBA; Owner & Mgr.; Osmons Coin Laundries, 440 W. Market St., Tiffin, OH 44883; r. 1162 E. State Rte. 18, Tiffin, OH 44883, 419 447-4025.

OSSEGE, Greg Edward; '77 BSBA; CPA; Whitmer & Rohrkemper, & Co., 416 Provident Bank Bldg., 7th & Vine St., Cincinnati, OH 45202, 513 381-8010; r. 815 Picket Way, Cincinnati, OH 45245, 513 752-2351.

OSSING, Frank L.; '48 BSBA; Sr. VP; Investor Savings Bank, Downtown Ofc., Columbus, OH 43215; r. 1066 Melinda Dr., Westerville, OH 43081, 614 890-4640.

OSSMER, William Thomas, III; '72 BSBA; 1033 Zamora St., St. Augustine, FL 32084.

OSSO, David Nicholas; '85 BSBA; 301 Sinclair Ave., Yorkville, OH 43971, 614 859-4858.

OSTBERG, Dr. Henry D.; '52 MBA, '57 PhD (BUS); Chmn./CEO; Ad Mar Rsch. Co. Inc., 300 Park Ave., New York, NY 10022; r. 278 Fountain Rd., Englewood, NJ 07631, 201 871-3927.

OSTEN, Howard Jeffry; '74 BSBA; Salesman; Don Alleson Athletics, 2923 Brighton-Hen T.L. Rd., Rochester, NY 14623, 612 475-0014; r. 14720 13th Pl. N., Plymouth, MN 55447, 612 475-0014.

OSTENDORF, Jennifer R., (Jennifer L. Rudy); '82 BSBA; HRIS Admin.; Sami/Burke Inc., 800 Broadway, Cincinnati, OH 45202, 513 852-3984; r. 602 Deerfield Rd., Lebanon, OH 45036, 513 932-7033.

OSTERBROCK, Jack B.; '51 BSBA; Retired-Pres.; Inwood Automotive Prods. Co.; r. 6534 Willow Hollow Ln., Cincinnati, OH 45243, 513 561-3776.

OSTERHAGE, Keith Edward; '76 MPA; Dir.; American Univ., Ofc. of Research Programs, 4400 Massachusetts Ave. NW, Washington, DC 20016, 202 885-3451; r. 9595 Burnt Oak Dr., Fairfax Sta., VA 22039, 703 690-6962.

OSTERHELD, Kurt; '82 BSBA; 5880 Abbey Church Rd., Dublin, OH 43017.

OSTERHELD, Mark; '77 BSBA; Sr. Mgr.; Ernst & Whinney, Exchange Pl., Boston, MA 02109, 617 742-8600; r. 40 Commons Drive Apt 411, Shrewsbury, MA 01545, 508 842-2124.

OSTERHOLT, Gregory Ellis; '79 BSBA; Dist. Mgr.; Ashland Chemical Co., 400 Main St., Tewksbury, MA 01876, 617 729-6840; r. RFD 3, Mosett Ave., Goffstown, NH 03045, 603 624-2334.

OSTERHOLTZ, Jan Louise; '80 BSBA; 3175 Cedar Grove Pl., Grove City, OH 43123, 614 264-6592.

OSTERMAN, Christine Louise; '73 MBA; Dir./Acctg.; Blue Cross of Central Ohio, 255 E. Main St., Columbus, OH 43215; r. 1110 S. 4th St., Columbus, OH 43206, 614 444-8810.

OSTERMEYER, Donald Paul; '88 BSBA; 7066 Shetland St., Worthington, OH 43085, 614 846-8715.

OSTMEIER, Hanns; '86 MA; Asst. Prof.; Univ. of Wausks, c/o Postmaster, D-4400 Munster, West Germany; r. Steinfurter Str 16, D-4400 Munster, West Germany.

OSTRANDER, Kenneth Alan; '88 BSBA; Clearance Spec.; Bank One Corp./Investments Dept., 100 E. Broad St., Home Ofc., 3rd Fl.-0133, Columbus, OH 43215, 614 248-6887; r. 4569 Hartwell Rd, Columbus, OH 43224, 614 268-6375.

OSTRANDER, Tonia Lynn; '82 BSBA; C/O Kenneth Astrander, 4569 Hartwell Rd, Columbus, OH 43224.

OSTROSKE, Mark; '75 BSBA; Trust & Investments; Huntington Natl. Bank, 41 S. High St., Columbus, OH 43215, 614 463-3711; r. 7191 Lakebrook Blvd., Columbus, OH 43235, 614 792-5591.

OSTROV, Saul A.; '49 BSBA; Chmn. of Bd.; Ostrov Corp., POB 5560, Akron, OH 44313, 216 929-2992; r. 471 Bastogne Dr., Akron, OH 44303, 216 867-2767.

OSTROWSKI, Edward Joseph, Jr.; '76 MBA; Economic Analyst; Ford Motor Co. Tractor Div., 2500 E. Maple Rd, Troy, MI 48084; r. 41539 Waterfall Rd., Northville, MI 48167, 313 348-6304.

OSTROWSKI, Edward L., Jr.; '82 BSLHR, '83 MLHR; Labor Relations Spec.; State of Ohio, Ste. 1020, Columbus, OH 43215, 614 644-6533; r. 4023 Killary Dr., Dublin, OH 43017, 614 766-9798.

O'SULLIVAN, Michael D., MSW; '80 MPA; VP; United Way of San Diego Cnty., POB 23543, San Diego, CA 92123, 619 492-2020; r. 10730 Riesling Dr., San Diego, CA 92131, 619 271-1227.

O'SULLIVAN, Patrick Felix; '72 BSBA; Budget Ofcr.; Third USA, Ft. McPherson, Atlanta, GA 30603, 404 752-4823; r. 4200 Inns Brook Dr., Lithonia, GA 30058, 404 922-2815.

OSWALD, David F.; '84 BSBA; Salesman; A & H Jamra Corp., 201 S. St. Clair St., Toledo, OH 43602, 419 248-3393; r. 5945 Summit Dr., Sylvania, OH 43560, 419 882-0942.

OSWALD, Mary Katherine; '82 BSBA; Prog. Dir.; Arts/Recreation Council, 310 Shops Bldg., 806 Walnut St., Des Moines, IA 50309, 515 280-3222; r. 1059 27th St., Des Moines, IA 50311, 515 274-6309.

OSWALD, Susan '83 (See Wylie, Susan Oswald).

OSWALT, Constance '84 (See Elliott, Mrs. Constance A.).

OSWALT, David H.; '57 BSBA, '59 MBA; Retired; r. 8208 Briar Creek Dr., Annandale, VA 22003, 703 978-3163.

OSWALT, James Wilson; '82 BSBA; Mgr. Trainee; Ames Dept. Stores Inc., c/o Postmaster, Montrose, PA 18801; r. Clear Fork Mobile Home Park, No. 68, Bellville, OH 44813.

OSWALT, Mark Alan; '81 BSBA; Resources Mgr.; US Govt., Dept. of Defense, 9800 Savage Rd. Attn. NZ, Ft. Meade, MD 20755; r. 1011 2nd St., Glen Burnie, MD 21061, 301 768-5630.

OSWALT, Sterling Mark; '84 BSBA; Auto Worker; GM Corp., Delco Moraine Division, 1420 Wisconsin Blvd., Dayton, OH 45408; r. 239 Quinn Rd., W. Alexandria, OH 45381, 513 839-4238.

OTANI, Matthew M.; '87 BSBA; Mktg. Rep.; Armstrong World Industries, Inc., POB 3001, Lancaster, PA 17601; r. 4745 Magnolia Dr. NE, Canton, OH 44705, 216 492-3153.

OTEY, Mrs. Mara O'Brien, (Mara L. O'Brien); '79 BSBA; Homemaker; r. 668 Broadsworth Ct., Powell, OH 43065, 614 431-2141.

OTEY, Mrs. Velda E., (Velda Boyer); '75 BSBA; Info. Systs. Mgr.; American Electric Power, 1 Riverside Plz., Columbus, OH 43216, 614 223-3610; r. 2074 Greenway N., Columbus, OH 43219.

OTHMAN, Suraya; '85 BSBA; Balai Polis Alor Janggus, Alor Se Tar Kedah, Malaysia.

OTIS, James L.; '73 BSBA; Partner/Real Estate Devel; Otis & Clark Properties, 1850 Craigshire Dr., Ste. 203, St. Louis, MO 63146, 314 434-4004; r. 14795 Greenleaf Valley Dr., Chesterfield, MO 63017, 314 532-7899.

O'TOOLE, John Francis; '82 BSBA; Natl. Account Rep.; Reynolds Metals Co., 1699 E. Woodfield Rd., Schaumburg, IL 60197, 312 517-5329; r. 1150 Warwick Cir. N., Hoffman Estates, IL 60194, 312 843-5329.

O'TOOLE, Shannon Theresa; '86 BSBA; Sr. Analyst; TRW Real Estate Loan Svcs., 725 St. Clair Ave. NW, Cleveland, OH 44113, 216 696-2110; r. 37238 Grove Ave., 24-201, Willoughby, OH 44094, 216 946-5350.

OTT, Barbara '79 (See Glover, Barbara Ott).

OTT, Eleanor '47 (See Updike, Eleanor Ott).

OTT, Fred Lyle; '82 BSBA; Pizza Baker/Cook; Minellis Restaurant, 3858 Sullivant Ave., Columbus, OH 43228; r. 4462 Hickory Wood Dr., Columbus, OH 43228, 614 276-6594.

OTT, Howard F.; '50 BSBA; Dir. of Devel.; Cleaning Systs. Inc., 1100 Superior Ave., Cleveland, OH 44414, 216 861-1199; r. 4825 Logan Way, Hubbard, OH 44425, 216 759-1946.

OTT, Jonathan Edward; '85 BSBA; Utility Worker; Meijer, 770 Georgesville Rd., Columbus, OH 43228, 614 274-6708; r. 639 Holly Hill Dr., Columbus, OH 43228, 614 279-0342.

OTT, Ms. Kathleen Newell, (Kathleen P. Newell); '86 BSBA; Claims Rep.; Westfield Cos., POB 31420, Seven Hls., OH 44131, 216 447-9310; r. 3694 Viona Dr., Akron, OH 44319, 216 644-0012.

OTT, Michael Miller; '80 BSBA; Sr. Bus. Analyst; The Timken Co., 1835 Dueber Ave. SW, Canton, OH 44706, 216 430-6248; r. 809 Bellview St. NE, N. Canton, OH 44721.

OTT, Richard Frederick; '73 BSBA; 2801 W. Bay Area Blvd., Apt. 310, Webster, TX 77598, 713 482-9664.

OTTER, Thomas Gerard; '85 BSBA; Acct.; Blue Cross/Blue Shield of Northern Ohio, 2060 E. 9th St., Cleveland, OH 44115, 216 687-7111; r. 14050 Madison Ave., Cleveland, OH 44107, 216 529-9974.

OTTESON, Dr. Schuyler Franklin; '48 PhD (BUS); Retired Dean; Indiana Univ., Sch. of Business, Bloomington, IN 47401; r. 512 S. Jordan Ave., Bloomington, IN 47401, 812 339-9410.

OTTO, Jay Douglas; '87 BSBA; Stockbroker; Prescott Ball & Turben, 1610 Kettering Twr., Dayton, OH 45423, 513 223-1133; r. 230 Wisteria Dr., Dayton, OH 45419, 513 298-8424.

OTTO, Ms. Julia Kay; '85 BSBA; Sales Rep.; Harris/3M Facsimile Div., 1425 E. Dublin Granville Rd., Columbus, OH 43229, 614 436-0350; r. 8179 Wildflower Ln., Westerville, OH 43081, 614 847-0824.

OTWAY, Robert David; '83 BSBA; Production Supv.; Village Meats, 6009 Goshen Springs Rd., Norcross, GA 30071, 404 448-1574; r. 4586 College St., Forest Park, GA 30050, 404 366-9475.

OUELLETTE, Aurel J.; '82 MBA; Network Planner; United Telephone Co. of Ohio, 1404 Park Ave., W., Mansfield, OH 44902, 419 755-8914; r. 157 Creston Rd, Mansfield, OH 44906, 419 529-2423.

OURS, Michelle C.; '87 BSBA; Sales Rep.; Technicon Instruments Corp., 511 Benedict Ave., Tarrytown, NY 10591, 800 241-2500; r. 300 Woerner Rd., #2120, Houston, TX 77090, 713 537-8868.

OUTCALT, Catherine Leighty; '69; Substitute Tchr.; Alachua Co. Schs., Board of Education, Gainesville, FL 32602; r. 8218 S. W. 39th Pl., Gainesville, FL 32608, 904 373-2503.

OVADIA, Robert Howard; '79 MLHR; 29 Abeel St., Yonkers, NY 10705, 914 963-7835.

OVERBECK, Donald E.; '51 BSBA; Owner; Overbeck Enterprises, 2862 Woodwin Rd., Doraville, GA 30340, 404 458-1616; r. 2363 Kingsgate Ct., Atlanta, GA 30338, 404 451-5303.

OVERDORFF, Gary Paul; '80 MBA; Shift Supv.; Stone Contianer Corp., 500 N. 4th St., Coshocton, OH 43812, 614 622-6543; r. 3150 Nob Hill, Zanesville, OH 43701, 614 453-1724.

OVERFIELD, John Benjamin; '79 BSBA; Brand Mgr.; Bella Wine, 850 Dixie Hwy., Louisville, KY 40201; r. 10720 Eagle Ridge Pl., Louisville, KY 40223, 502 245-5020.

OVERFIELD, Virginia '49 (See Tuttle, Virginia Overfield).

OVERHOLSER, James Nelson; '69 BSBA; Atty.; *, 1700 First National Plz., Dayton, OH 45402; r. 117 Balmoral Dr., Kettering, OH 45429, 513 298-2046.

OVERHOLT, David L.; '69 BSBA; Staff; State Farm Ins. Co., One State Farm Plz., Bloomington, IL 61701, 309 766-2285; r. Rte. #1, Box 103C, Downs, IL 61736, 309 378-4414.

OVERHOLT, Gary Lee; '70 BSBA; Acct.; Reliance Electric, 1122 Addison St., Franklin Park, IL 60131; r. 2901 Willow, Franklin Park, IL 60131, 312 455-9106.

OVERLY, Joanne Grant; '77 BSBA; Mgr.; Kentucky Fried Chicken, 1475 Schrock Rd., Columbus, OH 43229, 614 882-0924; r. 1572 Allenford Ct., Columbus, OH 43232, 614 868-8494.

OVERLY, Michael Clark; '81 BSBA; Dist. Mgr.; Hewlett-Packard, 31600 Meridian, Carmel, IN 46032, 317 844-4100; r. 5304 Underwood Ct., Carmel, IN 46032, 317 846-7122.

OVERMIER, Thomas Eugene; '68 BSBA; Tchr./Leader; Fairport Central Sch., Business Dept., 1358 Ayrault Rd., Fairport, NY 14450, 716 223-1318; r. 2019 Meadow Dr., Palmyra, NY 14522, 315 597-9473.

OVERMYER, LTC Richard Eli, Jr., USA; '77 BSBA; Infantry Ofcr.; Automation & Computer Sci., Pentagon, Washington, DC 20310, 202 695-2596; r. 2587 Treehouse Dr., Woodbridge, VA 22192, 703 491-5501.

OVERMYER, Richard W.; '47 BSBA; Retired; r. 1008 Oakview Ave., Clearwater, FL 34616, 813 447-5937.

OVERMYER, Wayne S.; '40 BSBA, '47 MACC; Retired; r. 7663 Pine Meadow Ln., Cincinnati, OH 45224, 513 521-6050.

OVERS, Robert Craig; '85 BSBA; 372 Terrace Dr., Springfield, OH 45503.

OWCZARZAK, Stanley T.; '59 BSBA; Salesman; r. 540 Glen Park Dr., Bay Village, OH 44140, 216 835-5845.

OWEN, Alicon Eileen; '87 MBA; Financial Analyst; Ford Motor Co., The American Rd., Dearborn, MI 48121; r. 1006 Village Dr., Bowling Green, OH 43402, 419 354-1087.

OWEN, Charles Bishop; '80 BSBA; Sr. Telecomm. Analyst; Kennametal, Box 231, Latrobe, PA 15650, 412 539-4736; r. Rd 12 Box 47, Greensburg, PA 15601, 412 836-7927.

OWEN, Dr. Crystal Lorraine; '87 MA, '87 PhD (BUS); 4311 Cedar Rd., Orange Park, FL 32073, 904 264-5973.

OWEN, John Martin; '73 BSBA; VP Sales; Koleaco Inc., 209 Kirby, Garland, TX 75042; r. Rte. 1 Box 516-B, Pottsboro, TX 75076, 214 786-3005.

OWEN, John P.; '31 BSBA; Retired Caseworker; Child Welfare Grant Cnty.; r. 302 N. 1st St., POB 26, Upland, IN 46989, 317 998-2265.

OWEN, Lewis W.; '49 BSBA; Retired; r. RR #1, Clarion, PA 16214, 814 226-7056.

OWEN, Margaret Joyce; '80 BSBA; 3745 Dutch Ln., Johnstown, OH 43031, 614 967-1469.

OWEN, Mark Robert; '85 BSBA; Bus Relations Analyst; GM/Electronic Data Systs., General Motors Bldg. Anx-457, 3044 W. Grand Blvd., Detroit, MI 48202, 313 556-3378; r. 6459 Lakeview #9212, Westland, MI 48185, 313 326-9860.

OWEN, Phyllis Allen; '54; 2492 Onandago Dr., Columbus, OH 43221, 614 488-8510.

OWEN, Ronald E.; '61 BSBA; Atty.; Cohen Stokke Owen & Davis, 540 Golden Circle Dr., Santa Ana, CA 92705; r. 2172 Poppy Dr., Tustin, CA 92680.

OWEN, Thomas Walke; '54 BSBA; Sr. VP & Gen. Auditor; Natl. City Corp., Natl. City Ctr., POB 5756, Cleveland, OH 44101, 216 575-2128; r. 17339 Ridge Creek, Strongsville, OH 44136, 216 238-7387.

OWEN, William Ray; '75 BSBA; 614 469-1913; r. 11490 Forest Lane Ave. NW, Pickerington, OH 43147, 614 837-3537.

OWENS, Carol Hall; '82 BSBA; Homemaker; r. 623 Elm St., W. Lafayette, OH 43845, 614 545-9661.

OWENS, David Scott; '74 BSBA, '78 MBA; Pres.; Owens-Ohio Corp., 1009 Dublin Rd., Columbus, OH 44141, 614 621-1600; r. 2621 Leeds Rd., Columbus, OH 43221, 614 486-2586.

OWENS, Ms. Deborah K.; '82 BSBA; Systs. Admin.; Rochester Community Savings Bank, 250 Midtown Plz., Rochester, NY 14604, 716 258-4644; r. 1747 Stone Rd. #3, Rochester, NY 14615, 716 663-2344.

OWENS, James Andrew; '86 BSBA; Supv.; Nestle Co., Production Dept., 1181 Forest Ave., Maysville, KY 41056, 606 564-5581; r. General Delivery, Beloit, WI 53511.

OWENS, John Albert; '80 BSBA; Pilot; Northwest Airlines, Minneapolis/St. Paul Airport, Minneapolis, MN 55111; r. POB 1011, Newark, OH 43055, 614 344-3172.

OWENS, Lisa Murphy; '83 BSBA; Pres./Owner; G L Properties Inc., 126 S. Tradd St., Statesville, NC 28677, 704 872-0180; r. 242-A E. Broad, Statesville, NC 28677, 704 873-1070.

OWENS, Richard A.; '87 MPA; Budget Analyst 2; Cuyahoga Cnty., 1219 Ontario Rm. 410, Cleveland, OH 44113, 216 443-7220; r. 15721 Madison Ave. # 1, Lakewood, OH 44107, 216 221-0112.

OWENS, Robert C.; '48 BSBA; Retired/Sales; Federated Dept. Stores; r. 305 Mission Tr. W. #H, Venice, FL 34292, 813 497-1832.

OWENS, Sheree Olive; '84 BSBA; 576 E. Everret, Columbus, OH 43213.

OWENS, Tami Angela; '86 BSBA; Acct.; Arthur Anderson & Co., 41 S. High St., Columbus, OH 43215, 614 228-5651; r. 955 Clubview Blvd. N., Worthington, OH 43085, 614 885-2987.

OWENS, Ms. Tawana M.; '87 BSBA; Sales Rep.; Honeywell, 1867 W. Market St., Ste. C2, Akron, OH 44313, 216 867-6507; r. 1603-B Treetop Tr., Akron, OH 44313, 216 253-4388.

OWENS, Terry Lynn; '70 BSBA; 101 Granby, Portland, TX 78374, 512 643-5860.

OWENS, Theodore Lee; '70 BSBA; 328 Bunker Pl., Orlando, FL 32804.

OWENS, Thomas Cecil; '87 BSBA; 6781 S. Raccoon Rd., Canfield, OH 44406, 216 533-6093.

OWERS, Dr. James Edwin; '82 MA, '82 PhD (BUS); Prof.; Univ. of Massachusetts, Dept. of Finance, Sch. of Mgmt., Amherst, MA 01003, 413 549-4930; r. 21 Columbia Cir., Amherst, MA 01002, 413 256-6934.

OWINGS, Thomas Wendell; '77 BSBA; Commercial Mktg. Mgr.; Farmers Ins. Grp., Commercial Dept., Columbus, OH 43085, 614 764-1720; r. 2157 Stowbridge Rd., Dublin, OH 43017, 614 764-2419.
OXENDER, Richard Alan; '70 BSBA; Partner; McGough & Assocs. Inc., 50 W. Broad St., Ste. 2900, Columbus, OH 43215, 614 221-5771; r. 1150 Clubview Blvd. N., Worthington, OH 43235, 614 846-0022.
OXLEY, Allan R.; '59 BSBA; Dist. VP; Cuna Mutual Ins. Grp., 8440 Woodfield Crossing Blvd., Indianapolis, IN 46240, 317 257-4084; r. 5721 Sugar Hills, Greenfield, IN 46140, 317 326-3751.
OXLEY, Edmund Harrison, III; '69 BSBA; Staff; Stetter Wine Co., 5200 Lester Rd., Cincinnati, OH 45213; r. 4619 Erie Ave., Cincinnati, OH 45223, 513 631-8983.
OXLEY, Joanne '78 (See McGaha, Joanne Oxley).
OXLEY, Thomas Geoffrey; '82 MLHR; 9410 Poinciana Pl., Pine Island Ridge Apt. 102, Ft. Lauderdale, FL 33324, 305 475-9272.
OYAKAWA, Cynthia Lynn; '84 BSBA; Sr. Programmer; Guardian Royal Exch.-Amer, 1700 Edison Dr., Milford, OH 45150, 513 576-3459; r. 2860 Observatory Ave., Apt. 2, Cincinnati, OH 45208, 513 321-5147.
OYLER, William Dale; '58 BSBA; Treas.; Town of Bladensburg, Box 39, Bladensburg, MD 20710, 301 927-7962; r. 12906 Dauphin Ct., Ft. Washington, MD 20744, 301 292-9291.
OYSTER, Dennis Paul; '81 BSBA; 3688 S. Wise Rd., Mt. Pleasant, MI 48858, 517 772-2697.
OYSTER, Jeffery Allan; '87 BSBA; Financial Analyst; The First Boston Corp., 12 E. 49th St., New York, NY 10017, 212 909-7687; r. 179 Union St., Apt. #4, Brooklyn, NY 11231, 718 625-3498.
OZAN, Gerald M.; '53 BSBA; Atty.; r. 5522 Harleston Dr., Lyndhurst, OH 44124, 216 442-8411.
OZAN, Paul H.; '56 BSBA; Asst. Gen. Counsel; American Greeting Corp., 10500 American Rd, Cleveland, OH 44144, 216 252-7300; r. 5381 Kilbourne Dr., Cleveland, OH 44124, 216 461-1093.
OZER, Irving E.; '41 BSBA; Retired; Youngstown Area Jewish Fedn., 505 Gypsy Ln., Youngstown, OH 44504, 216 746-3251; r. 499 Richards Dr., Youngstown, OH 44505, 216 759-0614.

P

PAAT, Antonio Belmonte, Jr.; '85 BSBA; 194 W. 8th Ave., Apt. 1-F, Columbus, OH 43201, 614 299-4071.
PAAT, James Christopher; '88 BSBA; 6008 Chanticleer Dr., Maumee, OH 43537, 419 865-7448.
PABICH, Deborah L.; '86 BSBA; 6607 Edgemoor, Solon, OH 44139, 216 248-0562.
PABST, Dr. Donald F.; '58 MBA, '61 PhD (ACC); Prof.; Wright State Univ., Dept. of Accountancy, Clg. of Bus. Admin., Dayton, OH 45435, 513 873-3079; r. 6689 Statesboro Rd., Dayton, OH 45459, 513 433-2573.
PABST, Nelson C.; '31 BSBA; Retired; r. 5726 Olive Ave., Sarasota, FL 34231, 813 924-3458.
PABST, Thomas Gregory; '87 BSBA; 836 Greenridge Rd., Worthington, OH 43085, 614 885-1624.
PACE, Carolyn Berry; '77 MPA; Mktg. Rep.; Xerox Corp., 471 E. Broad St., Columbus, OH 43215; r. 1427 Fairwood Ave., Columbus, OH 43206, 614 444-4014.
PACE, Jacqulyn S. '45 (See Russell, Mrs. Jacqulyn Pace).
PACE, Mark David; '85 BSBA; Asst. Plant Mgr.; Variety Stamping Corp., 4620 E. 71st St., Cuyahoga Hts., OH 44125, 216 883-8888; r. 17608 Hicks Rd., Walton Hls., OH 44146, 216 439-1598.
PACELLA, Keith Joseph; '85 BSBA; Asst. Plant Mgr.; Variety Stamping Corp., 12695 Elmwood Ave., Cleveland, OH 44111, 216 252-4444; r. 5187 Southminster Rd., Hilliard, OH 43026, 614 771-9737.
PACETTA, Julie Sberna, (Julie Sberna); '81 BSBA; 7455 Woodspring Ln., Hudson, OH 44236, 216 656-3840.
PACHAN, Michael Steven; '80 BSBA; Controller; Westlake Holiday Inn, 1100 Crocker Rd, Westlake, OH 44107, 216 871-6000; r. 2219 Wyandotte Ave., Lakewood, OH 44107, 216 521-2997.
PACHECO, Elizabeth Martinez; '87 BSBA; 484 Bayamon La Cumbre, Rio Piedras, Puerto Rico 00926, 809 720-6489.
PACHNIUK, Walter; '82 BSBA; 4684 Linda Ln., Lorain, OH 44054, 216 277-1539.
PACHOUD, Lawrence E., Jr.; '49 BSBA; 2366 Rosedale Rd., Snellville, GA 30278.
PACHUTA, John G.; '48 BSBA; 297 Circle Dr., Venice, FL 34285, 813 488-6522.
PACHUTA, Paul A.; '53 BSBA; Atty.; 7400 E. Main, Reynoldsburg, OH 43068, 614 866-2749; r. 1254 Epworth Ave., Reynoldsburg, OH 43068, 614 866-4848.
PACHUTA, Teresa Bernadette; '87 BSBA; Rsch. Asst.; Lord, Sullivan & Yoder, 250 Old Wilson Bridge Rd., Worthington, OH 43085, 614 846-8500; r. 5651 Shannon Place Ln., Dublin, OH 43017, 614 761-8866.
PACK, Dorothy Culbertson; '50 BSBA; 12 Herkimer Rd., Scarsdale, NY 10583, 914 723-4768.
PACK, E. Wayne; '81 BSBA; Special Agt.; IRS, POB 3706, Beaumont, TX 77704, 409 839-2442; r. 4710 Ebonwood Ln., Beaumont, TX 77706, 409 898-3589.
PACK, Nancy Lou; '81 BSBA; Revenue Agt.; IRS, POB 2790, Beaumont, TX 77704, 409 839-2434; r. 4710 Ebonwood Ln., Beaumont, TX 77706, 409 898-3589.
PACK, Robert Craig; '83 BSBA; Financial Cnslt.; Merrill Lynch, 551 SE 8th St., Delray Bch., FL 33483, 407 276-1600; r. 1317 SE 5 Pl., Deerfield Bch., FL 33441, 305 427-3020.
PACK, Tama Lynn; '87 BSBA; 144 Quincy Shore Dr., Unit 37, N. Quincy, MA 02171.
PACKARD, John William, Jr.; '68 BSBA; Hosp. Admin.; Forbes Health Syst., Metropolitan Health Ctr., 225 Penn Ave., Pittsburgh, PA 15221, 412 247-2424; r. 1 Thomas Ln., Pittsburgh, PA 15235, 412 823-6035.
PACKARD, Paul C.; '25 BSBA; Retired; r. 6000 Riverside Dr., Apt. A432, Dublin, OH 43017, 614 764-9324.
PACKARD, Richard A.; '41 BSBA; Retired Buyer; r. 22 Inningwood, Ossining, NY 10562, 914 941-1392.
PACKER, Don S.; '39 BSBA; Pres.; Parkwood Oil & Gas, Inc., 145 S. Parkwood Ln., Wichita, KS 67218, 316 685-7287; r. Same.
PACKO, John George, III; '78 MBA; Systs. Engr.; r. 3775 Airport Hwy., Toledo, OH 43615, 419 381-1323.
PADDOCK, Harold De Wolf, JD; '70 BSBA; Chief Referee; Franklin Co. Common Pleas CT, Hall of Justice 5th Fl., 369 S. High St., Columbus, OH 43215, 614 462-3152; r. 454 Mainsail Dr., Westerville, OH 43081, 614 895-7547.
PADEN, Charles N.; '57 BSBA; Retired; r. 56 Horseshoe Ln. N., Henrietta, NY 14467, 716 334-4589.
PADEN, David Lee; '60 BSBA; Mgr. Asia/Pacific; P T Components Inc., 7545 Rockville Rd, Indianapolis, IN 46206, 317 273-5500; r. 4 Cairnhill Rise 06-03, Singapore 0922, Singapore, 732-6004.
PADEN, Ms. Nanette Lynn; '80 BSBA; Sr. Mgr.; Peat Marwick Main & Co., Audit Dept., 150 J F Kennedy Pkwy., Short Hills, NJ 07078, 201 467-9650; r. 54 Foxwood Ct., Bedminster, NJ 07921, 201 781-2738.
PADGETT, Shari Gray; '83 BSBA; Sr. Accntnt/Grau & Co; r. 51 Sparrow Dr., W. Palm Bch., FL 33411, 407 798-3933.
PADILLA, Mario Rene; '71 BSBA; Actor/Producer-TV, Films; 213 969-2400; r. 2015 Pier Ave., Santa Monica, CA 90405, 213 399-4466.
PADILLA, 2LT Robert Francis, Jr., USMC; '87 BSBA; Computer Operations Ofcr.; Marine Corps., POB 3000 (RASC), FPO, Seattle, WA 98775; r. 7250 Hatchery Rd., Pontiac, MI 48054, 313 666-4636.
PADMARAJAN, Dr. Nelliyank A.; '76 PhD (BUS); Staff; Finance Dept., Bowling Green State Univ, Bowling Green, OH 43403; r. Bowling Green State Univ, Finance Dept., Bowling Green, OH 43403.
PADVORAC, Carol Marie; '82 BSBA; Acctg. Mgr.; Richard Bowen & Assocs., 13000 Shaker Blvd., Cleveland, OH 44120, 216 491-9300; r. 1821 Lorimer Rd, Parma, OH 44134, 216 661-5825.
PAELICKE, Ronny Michael; '87 BSBA; 6592 Reflections Dr., Apt. C, Dublin, OH 43017, 614 764-1003.
PAESANO, Julianne Maria; '87 BSBA; Acctg. Supv.; Laidlaw Waste Systs. Inc., 999 Crupper Ave., Columbus, OH 43229, 614 848-4480; r. 1524 Greenscape Blvd., Westerville, OH 43081, 614 885-0848.
PAESE, William Paul; '59 BSBA; Retired; r. Rte. #2, Hill & Dale Rd., Plymouth, WI 53073, 414 892-4977.
PAFFENBARGER, Tom Link; '47 BSBA; Atty.; Carpenter & Paffenbarger, Citizens Natl. Bank Bldg., Box 737, Norwalk, OH 44857; r. 11 Fairoaks Dr., Milan, OH 44846, 419 499-2638.
PAGAN, Jacqueline Marie; '85 BSBA; 4058 Leap Rd. #C, c/o Elizabeth Oliver, Hilliard, OH 43026.
PAGANINI, Guillermo F.; '81 BSBA; Distribution Svcs. Mgr.; 3 Com Corp., 3165 Kifer Rd., Santa Clara, CA 95052, 408 562-6797; r. 165 Duggan Rd., Redwood City, CA 94062, 415 367-6502.
PAGANINI, Sharon Kaminski; '81 BSBA; Systs. Mgr.; Hewlett-Packard, 1501 Page Mill Rd, Palo Alto, CA 94304; r. 165 Duggan Rd., Redwood City, CA 94062, 415 367-6502.
PAGE, James R.; '55 BSBA; 6221 Warner Dr., Los Angeles, CA 90048.
PAGE, John Nicholas; '57 BSBA; VP/Info. Servs; Dollar Savings Asso, One E. Gay St., Columbus, OH 43215; r. 3132 NW Blvd., Columbus, OH 43221, 614 457-5330.
PAGE, Kenneth C.; '76 MPA; Regional Admin.; Community Health Plan, 817C Eastgate S. Dr., Cincinnati, OH 45245, 513 752-0500; r. 7811 Woodstone Dr., Cincinnati, OH 45244, 513 474-3593.
PAGE, Michael Alan; '77 BSBA; Staff; Kroger Co., 4450 Poth Rd, Columbus, OH 43219; r. 6755 Fallen Timbers, Dublin, OH 43017, 614 761-2446.
PAGE, R. Scott; '80 BSBA; Asst. Controller; Philip Crosby Assocs., Inc., POB 2369, 807 W. Morse Rd., Winter Park, FL 32790, 407 645-1733; r. 1420 Waterside Ln., Apt. 104, Casselberry, FL 32707, 407 678-8595.
PAGE, Dr. Thomas Johnson, Jr.; '76 MBA, '83 PhD (BUS); Asst. Prof./Mktg.; Michigan State Univ., Sch. of Business, Dept. Mktg. & Transportation, E. Lansing, MI 48824, 517 353-6381; r. 2413 Burcham Dr., E. Lansing, MI 48823, 517 351-7246.
PAGE, Wayne Edward; '70 BSBA; Cnslt.; Human Resources Mgmt. Grp., 1027 Swarthmoore Ave. Ste. 342, Pacific Palisades, CA 90272, 818 445-6741; r. 1019 Encanto Dr., Arcadia, CA 91006, 818 445-5406.
PAGEL, Daniel James; '82 BSBA; Dist. Mgr.; Carnation Co., 7055 Engle Rd., Cleveland, OH 44130, 216 826-0050; r. 8574 Oakridge Dr., Olmsted Falls, OH 44138, 216 235-5705.
PAGELS, Craig Alan; '83 BSBA; Pres.; C. A. Pagallo's, 17 S. Erie St., Mayville, NY 14757; r. POB 275, Mayville, NY 14757.
PAGELS, GEN Edward A., USAR(RET.); '34 BSBA; Retired; r. 10 Glengorra Ct., Mahwah, NJ 07430, 201 529-3055.
PAGHIS, Stacy Diane; '87 BSBA; Student; Cleveland Marshall Clg. of Law; r. 4626 Telhurst, S. Euclid, OH 44121, 216 291-4981.
PAGLIARO, Fulvio Alex; '81 MBA; Dir. Operations; Nestle Enterprises Ltd., 1185 Eglinton Ave. E., Beverage Div., Don Mills, ON, Canada M3C3C7, 416 467-2092; r. 188 Carlton Rd., Unionville, ON, Canada L3R3L8, 416 477-9278.
PAGLIONI, Saverio N.; '81 BSBA; Acct. Exec.; Meridian Travel, 41 E. Perimeter Ctr. E., Atlanta, GA 30346, 404 395-1839; r. 170 Kathryn Dr., Marietta, GA 30066, 404 429-4893.
PAGURA, Frederick Stephen; '79 BSBA; Pres.; Pagura Co. Inc., 1700 Churchview Ln., Columbus, OH 43220; r. 1587 NW Blvd. #1, Columbus, OH 43212, 614 451-1819.
PAGURA, Michele '77 (See Melaragno, Mrs. Michele A.).
PAGURA, Robert Michael; '62 BSBA; 870 Damon Dr., Medina, OH 44256, 216 723-1646.
PAHL, Douglas William; '85 BSBA; 1493 S. Home, Apt. D, Mansfield, OH 44904, 419 756-8430.
PAHLER, Arnold J.; '66 MACC; Auditor; San Jose State Univ., Dept. of Acctg. & Finance, Sch. of Business, San Jose, CA 95192; r. 20801 Sevilla Ln., Saratoga, CA 95070.
PAIDOUSIS, Georgia '82 (See Kostoglou, Mrs. Georgia Paidousis).
PAIGE, Kenneth Charles; '68 BSBA; Agt.; State Farm Ins. Co., 1075 Shawnee Rd, Lima, OH 45805, 419 222-5719; r. 1236 Lakewood Ave., Lima, OH 45805, 419 227-1620.
PAILET, David M.; '45 BSBA; Retired; r. 3239 Bishop St., Cincinnati, OH 45220, 513 281-1343.
PAILLAUD, Bernadette Monique; '87 MA; c/o Emile L Paillaud, Gournay, Chef-Boutonne, France.
PAINTER, Barbara Ann; '79 BSBA; Mktg. Rep.; NCR Corp., 1251 Dublin Rd, Columbus, OH 43215; r. 2818 Foxwood Ct., Miamisburg, OH 45342, 513 435-2015.
PAINTER, Dr. Dorothy Sue; '87 MPA; Tchr.; The Ohio State Univ., Arts & Sciences Adm, 113 Denney 164 W. 17th Ave., Columbus, OH 43210, 614 292-6961; r. 156 E. Tulane Rd., Columbus, OH 43202, 614 262-4830.
PAINTER, George A.; '43 BSBA; Staff; State of Ohio, 300 E. Broad St., Columbus, OH 43215; r. 2750 Westmont Blvd., Columbus, OH 43221, 614 486-7367.
PAINTER, Mark Emery; '77 BSBA, '86 MBA; Sr. Cost Acct.; GMC Chevrolet-Pontiac-Canada, POB 2567, 2525 W. 4th St., Mansfield, OH 44906, 419 755-5178; r. 219 Maplewood St., Willard, OH 44890, 419 935-0440.
PAINTER, Michael L.; '72; Staff; Painter Irwin Winekoop & Kookotstes, 2600 Corporate Exchange Dr., Ste. 250, Columbus, OH 43229; r. 2780 Delavan Drive, Dayton, OH 45459.
PAINTER, William Ernest; '70 BSBA; Mktg. Mgr.; A M Castle Metals, High Technology Products Group, 26800 Miles Rd., Bedford Hts., OH 44146, 216 292-7600; r. 2847 Outlook Dr., Cuyahoga Falls, OH 44224, 216 928-5659.
PAINTER, William M.; '87 BSBA; 3037 Swansea Cr W., Allison Park, PA 15101, 412 487-4720.
PAISLEY, D. Duane; '53 BSBA; 1274 Windham Rd., Columbus, OH 43220, 614 457-3465.
PAISLEY, Donald Lee; '83 MBA; Account Exec.; The Doody Co., 1459 King Ave., Columbus, OH 43212; r. 1199 E. College Ave., Westerville, OH 43081, 614 890-4115.
PAISLEY, Janice E.; '42 BSBA; Treas.; r. 1808 Hess Blvd., Columbus, OH 43212, 614 488-0940.
PAISLEY, Marian L.; '41 BSBA; Retired Atty.; Private Practice, 3281 N. High St., Columbus, OH 43202; r. 1955 S. Galena Rd., Galena, OH 43021, 614 965-2650.
PAK, Chong Man; '88 BSBA; 7605 Coolgrove Dr., Downey, CA 90240, 213 739-0699.
PAK, Sookeun; '87 MBA; CPA/Cnslt. Clients; Peat Marwick Main & Co., 345 Park Ave., New York, NY 10154, 212 872-6580; r. 9 Iris Cir., Glen Rock, NJ 07452, 201 447-0032.
PAKES, Thomas Kennedy; '85 BSBA; Flight Attendant; American Airlines, POB 619618, Dfw International Airport, Dallas, TX 75261, 703 892-7901; r. 13283A Leafcrest Ln., Apt. 302, Fairfax, VA 22033, 703 378-4992.
PALAGYI, Susan Elizabeth; '82 MPA; Comptroller; Offices of Dept. of The Army, c/o Postmaster, Washington, DC 20315; r. 5720 Merton Ct. Apt. 272, Alexandria, VA 22311, 703 931-3314.
PALAVIN, James Michael; '78 BSBA; Systs. Analyst; OSU Registration Svcs., 1010 Lincoln Twr. 1800 Cannon, Columbus, OH 43210; r. 4967 Willow Hollow Ct., Gahanna, OH 43230, 614 895-2147.
PALAY, Andrea Rose; '86 BSBA; Hotel Mgr.; r. 26498 Annesley Rd, Beachwood, OH 44122.
PALAY, Gerald; '51 BSBA; Pres.; Commonwealth Lumber Co., 2835 Woodhill Rd SE, Cleveland, OH 44104, 216 946-9800; r. 26498 Annesley Rd, Cleveland, OH 44124, 216 831-1841.
PALAY, Jeffrey Allen; '81 BSBA; Photo Editor TV Publicity; Lorimar Studios, 10202 W. Washington Blvd., Thalberg Bldg. Rm. #2056, Culver City, CA 90232, 213 280-2212; r. 4627 Coldwater Canyon Ave., #206, Studio City, CA 91604, 818 506-5121.
PALAY, Stephen William; '80 BSBA; VP; Commonwealth Lumber, 37940 Depot St., Willoughby, OH 44094, 216 946-9800; r. 1833 Bromton Dr., Lyndhurst, OH 44124, 216 442-7840.
PALAZZO, John Charles; '86 BSBA; Buyer; Nordson Corp., 555 Jackson St., Amherst, OH 44001, 216 988-9411; r. 300 Washington Ave., Apt. 409, Lorain, OH 44052, 216 246-1777.
PALCANIS, Gregory Frank; '68 BSBA; VP Gen. Couns.; American Fed. S&L of Colorado, 5475 Tech Ctr. Dr., Colorado Spgs., CO 80919, 719 599-7400; r. 3840 Roxbury Ct., Colorado Spgs., CO 80906, 719 756-1879.
PALCICH, John E.; '48 BSBA; Atty.; 209 S. High St., Ste. 307, Columbus, OH 43215; r. 274 Charleston Ave., Columbus, OH 43214, 614 888-0314.
PALENICK, Robert R.; '58 BSBA; Mfg. Mgr.; AT&T, 6200 E. Broad St., Columbus, OH 43213; r. 548 Woodingham Pl., Columbus, OH 43213, 614 864-0181.
PALENSCHAT, Roy William; '68 BSBA; Acct.; Cuyahoga Cnty. Bd./Ment. Retardn., 1050 Terminal Twr., Cleveland, OH 44113, 216 241-8230; r. 5863 Dorrwood Dr., Mentor, OH 44060, 216 257-7876.
PALENSHUS, Robert W.; '69 BSBA; Ins. Agt.; State Farm Ins. Co., 240 S. Sandusky Ave., Bucyrus, OH 44820, 419 562-0004; r. 2132 Stetzer Rd., Bucyrus, OH 44820, 419 562-5720.
PALERMO, Sharon A. '86 (See Von Behren, Mrs. Sharon P.).
PALESTRANT, Mrs. Betty S.; '48 BSBA; Social Studies Tchr.; Independence HS, 5175 Refugee Rd., Columbus, OH 43227, 614 864-6050; r. 315 S. Harding Rd., Columbus, OH 43209, 614 231-7187.
PALESTRANT, Bruce Jeffrey; '72 BSBA; Auditor; State of Ohio, Dept. of Taxation, Columbus, OH 43266; r. 4744 Dechant Rd, Columbus, OH 43229, 614 436-8459.
PALETTI, Betty Preece; '45 BSBA; Tchr.; r. 1431-22nd Ave. N., St. Petersburg, FL 33704, 813 898-7185.
PALEVSKY, Keith Alan; '86 BSBA; #2 W. Wesley, Unit #8, Atlanta, GA 30305, 404 262-7817.
PALISIN, David L.; '67 BSBA; Pres./Owner; Sup-R-Die, Inc., 10003 Memphis Ave., Cleveland, OH 44140, 216 252-3930; r. 29261 Inverness Dr., Bay Village, OH 44140, 216 871-7399.
PALKO, Laura Ann; '87 MLHR; Staff Asst.; r. 16 E. Tulane Rd., Columbus, OH 43202, 614 263-7690.
PALLAGI, Robert G.; '67 BSBA; 3175 Sharon Valley Rd., Newark, OH 43055, 614 366-1024.
PALLANTE, Lori Ann; '87 BSBA; 4179 Helen Rose Ln., Gahanna, OH 43230.
PALM, Bobbie Lyne; '88 BSBA; Administration Staff; Physicians Health Plan, 3650 Olentangy River Rd., Columbus, OH 43214; r. 285 E. 14th Ave., Apt. 1B, Columbus, OH 43201.
PALM, Doris Thirsk; '79 MPA; Social Worker; Greene Co. Comm On Aging, 105 W. N. College Ave., Yellow Spgs., OH 45387; r. 157 Shenandoah Tr., W. Carrollton, OH 45449, 513 435-0151.
PALM, Douglas M.; '79 BSBA; Acct.; E I Du Pont De Nemours & Co., POB 2000, La Place, LA 70068; r. 162 1/2 W. Mound St., Circleville, OH 43113, 614 474-5422.
PALMER, Arthur George, Jr.; '55 BSBA; CPA; Alexander Grant Co., Bond Court Bldg., 1300 E. 9th St., Cleveland, OH 44101; r. 1090 Orchard Park Dr., Cleveland, OH 44116, 216 481-8797.
PALMER, Barbara '64 (See Swing, Barbara Palmer).
PALMER, Charles Lovett, Jr.; '48 BSBA, '50 MBA; Secy. & Treas.; The Jeffrey Co., 180 E. Broad St., Columbus, OH 43215, 614 221-6115; r. 4351 Langport Rd., Columbus, OH 43220, 614 451-1455.
PALMER, Cheryl '77 (See O'Brien, Cheryl Palmer).
PALMER, David Youmans; '69 BSBA; Grp. Personnel Mgr.; Sears Roebuck & Co., Dept. 707-2 Sears Twr., Chicago, IL 60684, 312 875-8128; r. 1205 Sandpiper Ln., Naperville, IL 60540, 312 357-8130.
PALMER, Davis Currier; '77 MBA; 4351 Langport Rd., Columbus, OH 43220, 614 451-1455.
PALMER, Dean W.; '40 BSBA; Atty.; Kincaid Palmer & Randall, 155 E. Broad St., Columbus, OH 43215, 614 224-7193; r. 2114 Yorkshire Rd., Columbus, OH 43221, 614 488-8775.
PALMER, Donald Brent; '85 BSBA; 123 N. 18th St., Cambridge, OH 43725, 614 432-3343.
PALMER, Donald Owen; '73 BSBA; Staff; Allied Custom Molded Prods., 1240 Essex, Columbus, OH 43201; r. 386 S. Spring Rd., Westerville, OH 43081, 614 899-9041.
PALMER, Elizabeth Sutherland; '83 MBA; Commercial Lender; Natl. Bank of Detroit, 611 Woodward Ave., Detroit, MI 48226; r. 19831 Saxton Ave., Southfield, MI 48075, 313 352-3234.
PALMER, Ervin Slater; '50 BSBA; Owner & CEO; Elsinore West Marina, 32700 Riverside Dr., Lake Elsinore, CA 92330, 714 678-1300; r. 4040 Via Opata, Palos Verdes Estates, CA 90274, 213 378-0430.
PALMER, Gerald S.; '24 BSBA; Retired; r. 2555 N. Hamlin, St. Paul, MN 55113, 612 631-0846.

PALMER, Harold Leroy; '59 BSBA; Managing Dir.; Goodyear de Chile, Casilla 3607, 1144 E. Market St., Santiago, Chile, 562 557-2255; r. Same.

PALMER, Jack Harold; '74 BSBA; Atty.; Shaw Clemens Law Offices, POB 787, Defiance, OH 43512; r. 503 N. Clinton St., Defiance, OH 43512, 419 782-2281.

PALMER, James Edward; '48 BSBA; Retired; r. 1907 Canterbury Ln. F-2, Sun City Center, FL 33570, 813 634-9535.

PALMER, James Michael; '75 BSBA; Controller; J B Foote Foundry Co. Inc., 283 N. Main St., POB 150, Fredericktown, OH 43019, 614 694-1595; r. 28 W. Mound St., Rte. 4, Fredericktown, OH 43019, 614 694-7401.

PALMER, Jane '45 (See Mitchell, Jane Palmer).

PALMER, Kenneth Cameron, Jr.; '49 BSBA; Asst. Retail Mgr.; Sales Dept., Longs Book Store, 1836 N. High St., Columbus, OH 43201, 614 294-4674; r. 4167 Clayridge Ln., Columbus, OH 43224, 614 475-0166.

PALMER, Mary Kay, (Mary Kay Linzell); '53 BSBA; Homemaker; r. 3881 Lyon Dr., Columbus, OH 43220, 614 457-8435.

PALMER, Michael Keith; '87 BSBA; 2111 Sherwood Lake Dr. #8, Schererville, IN 46375.

PALMER, Morris William; '41 BSBA; 3908 Oakwood Dr., Ellenton, FL 34222, 813 729-5149.

PALMER, Pamela Sue '78 (See Palmer, Pamela Sue).

PALMER, Pamela Sue, (Pamela Sue Palmer); '78 BSBA; Acctg. Mgr.; Wendys Intl. Inc., 4288 W. Dublin-Granville Rd., POB 256, Dublin, OH 43017, 614 764-3349; r. 318 Avon Ct., Dublin, OH 43017, 614 889-6017.

PALMER, Paul Allen; '82 BSBA; Prog. Mgr.-I S; UNISYS, 2276 Highcrest Rd., Roseville, MN 55113, 612 635-7940; r. 225 E. Viking Dr., #269, St. Paul, MN 55117, 612 481-1263.

PALMER, Randall Brendt; '77 BSBA, '81 MBA; CPA & Treas.; Colonial American Devlop Corp., 400 S. 5th St., Columbus, OH 43215, 614 224-2083; r. 318 Avon Ct., Dublin, OH 43017, 614 889-6017.

PALMER, Randall Scott; '83 BSBA; 459 Sherman Pl., Mansfield, OH 44903.

PALMER, Richard Dennis; '69 BSBA; 2456 Bryden Rd., Columbus, OH 43209.

PALMER, Richard Glenn; '53 BSBA; Chief Acct.; South Texas Clg. of Law, 1303 San Jacinto St., Houston, TX 77002, 713 659-8040; r. 2715 Dragonwick Dr., Houston, TX 77045, 713 433-1603.

PALMER, Shirley A. '52 (See Corlette, Shirley Palmer).

PALMER, Susan K. '87 (See Herold, Mrs. Susan K.).

PALMER-FOLTZ, Merri Dawn; '85 MPA; 3070 Kent Rd, #504D, Stow, OH 44224.

PALMIERI, Patricia L.; '87 BSBA; Ins. Underwriter; State Farm Ins., 1440 Granville Rd., Newark, OH 43055, 614 349-5268; r. 6084 Busch Blvd. Apt. 29, Columbus, OH 43229, 614 888-3173.

PALMIERI, Robert Dennis; '87 BSBA; Quality Assurance Engr.; AT&T Network Systs., 6200 E. Broad St., Columbus, OH 43213, 614 860-4415; r. 199 Needlewood Ln., Reynoldsburg, OH 43068, 614 866-4284.

PALMISANO, James Joseph; '78 BSBA; Sr. Acct.; Buckeye Power Inc., 6677 Busch Blvd., Columbus, OH 43229; r. 7984 Brookpoint Pl., Westerville, OH 43081, 614 848-8231.

PALOMBO, Felix A.; '51 BSBA; Const Coord.; Rockwell Intl., 4300 E. 5th Ave., Columbus, OH 43219; r. 11429 Ashbrook, Canal Winchester, OH 43110, 614 837-2072.

PALTANI, Beth Ann; '86 BSBA; Cost Acct.; Gunton Corp., Bedford Hts., OH 44146; r. 4769 Fay, S. Euclid, OH 44121, 216 382-0777.

PALTANI, Richard Peter, Jr.; '88 MBA; Cnslt.; Arthur Andersen & Co., 41 S. High St., Ste. 2000, Columbus, OH 43215; r. 397 W. 5th Ave., Columbus, OH 43201.

PALTE, Bernadette Mary; '88 BSBA; 103 Deblanche, Columbus Grove, OH 45830, 419 659-5342.

PALTE, Jean '87 (See Petersen, Mrs. Jean Marie).

PALUMBO, Albert J.; '53 BSBA; 6525 Rollymeade, Cincinnati, OH 45243, 513 271-6617.

PALUMBO, Salvatore Anthony; '74 BSBA; Staff; The Comras Co., 60 E. 56th, New York, NY 10022, 212 751-6610; r. 20 Cherokee Rd., Yonkers, NY 10710, 914 793-1066.

PAMPUSH, Robert Charles; '69 BSBA; Treas.; Sanymetal Prods. Co. Inc., 1705 Urbana, Cleveland, OH 44112; r. 8060 Grovewood, Mentor, OH 44060, 216 257-1967.

PAN, Yung-Tang; '84 MBA; Asst. VP; Taiwan Liton Electronic Corp., 12th Fl. 25, Tunha S. Rd., Section 5, Taipei, Taiwan, 027714321; r. 15-3, Alley 1, Ln. 402, Yen Shuo St., Taipei, Taiwan, 027643891.

PANASIK, Paul Andrew; '84 BSBA; 21717 Inverness Forest, #1202, Houston, TX 77073, 713 443-6614.

PANCOAST, James Robert; '75 BSBA; Pres.; Fidelity Prescriptions, Forty-Two Wyoming St., Dayton, OH 45409, 513 224-0066; r. 317 Northview Rd., Dayton, OH 45419, 513 293-7204.

PANDOLFO, Frances A. '83 (See Little, Mrs. Frances P.).

PANEK, Bruce Caldwell; '77 BSBA; 1475 Glenn Ave., Columbus, OH 43212, 614 488-4136.

PANEK, Donald A.; '65 MBA; Chief Counsel; GTE Valenite Corp., POB 3950, Troy, MI 48084, 313 589-6030; r. 2945 Woodward, Apt. 31, Bloomfield Hls., MI 48013, 313 334-6189.

PANEK, Gary William; '72 BSBA; Dir./Finance & Adm; American Ceramic Society, 757 Brooksedge Plaza Dr., Westerville, OH 43081, 614 890-4700; r. 516 Liberty Ln., Westerville, OH 43081, 614 890-8456.

PANEK, Thomas Richard; '79 MBA; Dir.; Retail Plng. Assocs., New Business Ventures, 645 S. Grant St., Columbus, OH 43206; r. 103 Riverview Park Dr., Columbus, OH 43214, 614 268-0088.

PANEPUCCI, Jon Dino; '77 BSBA; Plant Controller; Union Carbide, POB 180, Sistersville, WV 26175, 304 652-3211; r. 107 Marshall Rd., Marietta, OH 45750, 614 374-2101.

PANKE, Carl Harold; '74 BSBA; Pilot; Delta Air Lines, Atlanta Hartsfield Int Airport, Atlanta, GA 30304; r. 2215 Woodfern Dr., Marietta, GA 30062, 404 977-0378.

PANKUCH, Richard Gary; '73 MBA; VP/Mgr.; Bugerische Vereinsbank Ag, Atlanta Agency Ste. 600, 230 Peachtree St. NW, Atlanta, GA 30303; r. 230 Peachtree St. NW, Apt. 600, Atlanta, GA 30303.

PANNEBAKER, Jeffrey Boyd; '86 MBA; Staff Acct.; Ernst & Whinney CPA's, 212 Locust St., Harrisburg, PA 17101, 717 232-7575; r. 709 Russell Dr., Harrisburg, PA 17112, 717 540-9813.

PANTANO, Daniel F.; '86 BSBA; Area Credit Mgr.; Baxter, Intl., 17201 Redhill Ave., Irvine, CA 92714, 714 261-6360; r. Same, 714 895-5132.

PANTANO, Robert James; '85 BSBA; Financial Mgr.; American Hosp. Supply, Eastern Area, 551 Raritan Ctr. Pkwy., Edison, NJ 08818, 201 494-4117; r. 100 Campus Dr., East Baxtr Hosp Sp, Destrehan, LA 70047, 609 588-5592.

PANTANO, Mrs. Susan Faye, (Susan Faye Armstrong); '87 BSBA; Sales Rep.; Mobilecomm Corp., 1051 E. Wardlow Rd., Long Beach, CA 90807, 213 595-8686; r. 14762 Adams Ave., Apt. D, Midway City, CA 92655, 714 895-5132.

PANTELIDES, Fran Efrosyni; '77 BSBA; Acct.; r. 1486 Hungington Ave., Ste. 202, S. San Francisco, CA 94080.

PANZER, John William; '65 BSBA; Atty.; John W Panzer-Atty., 137 W. Center St., Marion, OH 43302, 614 387-9920; r. 137 W. Ctr. Srteet, Marion, OH 43302, 614 383-5327.

PAOLIELLO, J. Richard, Sr.; '54; Retired; r. 78 Village Green Cir., Skidaway Island, Savannah, GA 31411, 912 598-0676.

PAOLUCCI, Charles L.; '75 BSBA; Owner; Alpha Ofc. Prods. Inc., 185 Alpha Park, Highland Hts., OH 44143, 216 461-8550; r. 1834 Oakmount Rd., S. Euclid, OH 44121, 216 381-7497.

PAOLUCCI, Michael Eugene; '82 BSBA; Benefit Design Cnslt.; Hewitt Assocs., 25231 Grogan's Mill Rd., Ste. 400, The Woodlands, TX 77380, 713 363-0456; r. 10600 Six Pines Dr., #611, The Woodlands, TX 77380, 713 367-4308.

PAPALIODIS, John; '51 BSBA; 10246 Black Mt Rd 117, San Diego, CA 92126.

PAPAS, Christine H.; '85 BSBA; Accounts Payable Supv.; Consolidated Stores Corp., 2025 Corvair Ave., Columbus, OH 43207, 614 443-0296; r. 5275 Portland St., #301, Columbus, OH 43220, 614 442-0544.

PAPE, Catherine Ann; '82 BSBA; Controller; Central Ohio Technical Clg., University Dr., Newark, OH 43055, 614 366-9319; r. 1381-E Twin Pines Tr., Newark, OH 43055, 614 366-5955.

PAPE, Scott David; '84 BSBA; Cnslt.; Arthur Andersen & Co., 100 E. Broad St., Columbus, OH 43215; r. 170 E. Cooke Rd, Columbus, OH 43214, 614 761-2328.

PAPIER, William Bernard; '32 BSBA; Retired; r. 1023 S. Remington Rd., Columbus, OH 43209, 614 231-0408.

PAPIERNIK, Mrs. Therese E., (Therese Elizabeth Hewitt); '81 BSBA; Sales Controller; Swift-Eckrich, Inc., 1919 Swift Dr., Oak Brook, IL 60522; r. 1205 Ardmore, Naperville, IL 60540.

PAPNER, Paige Allison; '86 BSBA; 1139 Fehl Ln., Cincinnati, OH 45230, 513 232-1111.

PAPPADAKES, Peter J.; '83 BSBA; Field Claims Rep.; Farmers Ins. Grp., 1387 Dublin Rd., Columbus, OH 43215; r. 1397 Bolenhill Ave., Columbus, OH 43229.

PAPPANO, Joseph A.; '53 BSBA; Auditor; Cnty. Auditor's Ofc., Belmont Cnty. Courthouse, St. Clairsville, OH 43950, 614 695-2121; r. 3715 Noble St., Bellaire, OH 43906, 614 676-0505.

PAPPAS, Cathy J., (Cathy Jo Miller); '82 BSBA; Cnslt.; Crawford & Assoc., Summit Park, Independence, OH 44131, 216 642-3950; r. 3351 Chalfant Rd., Shaker Hts., OH 44120, 216 751-1364.

PAPPAS, George Zane; '81 BSBA; Atty-at-Law; r. 7380 Chaparral Rd., Worthington, OH 43085, 614 766-1215.

PAPPAS, James R.; '60 BSBA; Pres.; Joy Graphics, 320 N. Carlyle Pl., Arlington Hts., IL 60004, 312 577-7780; r. Same, 312 577-0526.

PAPPAS, Panayotis F.; '64 BSBA; Atty.; Berry & Pappas, 10 W. Columbia St., Springfield, OH 45502; r. 375 Meadow Ln., Springfield, OH 45505.

PAPROCKI, Carole Crumley; '51 BSBA; Volunteer; Family Cnsltg.; r. 1637 Sussex Ct., Columbus, OH 43220, 614 451-6127.

PAQUELET, Clare Marie; '80 BSBA; Sr. Mgr.-Financial Cnslt.; Arthur Andersen & Co., 5600 First Republic Bank Twr., Dallas, TX 75202, 214 741-8522; r. 9640 Lynbrook Dr., Dallas, TX 75238, 214 343-3831.

PARCHER, Frederic C.; '31 BSBA, '33 JD; Retired; r. 202 W. Schreyer Pl., Columbus, OH 43214, 614 262-1809.

PARDEE, John Peter; '83 BSBA; 261 Forest St., Oberlin, OH 44074, 216 775-3745.

PARDEE, Mary E. '80 (See Kurtz, Mary P.).

PARDEE, Russell James; '42 BSBA; Staff; State of Florida, 421 W. Church St., Duval Cnty. Courthouse, Jacksonville, FL 32202, 904 630-4994; r. 1909 Seminole Rd., Atlantic Bch., FL 32233, 904 246-9151.

PARDI, Charles Joseph; '79 BSBA; Loan Ofcr.; Bancohio, 155 E. Broad St., Columbus, OH 43265; r. 63 W. Pacemont, Columbus, OH 43202, 614 268-8585.

PARDI, Frank J.; '54 BSBA; Pres.; Van's Music Sales Inc., 85 Graceland Blvd., Columbus, OH 43214, 614 436-4000; r. 2005 Samada Ave., Worthington, OH 43085, 614 888-4618.

PARENTE, Giuseppe; '87 BSBA; Constr.; r. 13691 Chippewa Tr., Middleburg Hts., OH 44130, 216 826-0448.

PARERO, Mrs. Lorie Ann, (Lorie Ann Heffley); '87 BSBA; Acct.; United Svc. Org., Orberstrasse 19, Frankfurt, West Germany, 496 941-9021; r. POB 6018, Rhein-Main Air Base, APO, New York, NY 09057, 496 969-1352.

PARETS, Herbert L.; '48 BSBA; Prod Mgr.; r. 23 Loudon Pkwy., Loudonville, NY 12211.

PARFITT, Todd Temple; '88 MPA; 2293 Ogontz Ave., Lakewood, OH 44107.

PARGEON, MAJ John Isaac, Jr. USAF; '78 BSBA; Missile Launch Cont. Ofcr; USAF, Afotec/Xppb, Kirtland AFB, NM 87117, 505 844-5792; r. 2074-A Redwing Pl., Kirtland AFB, NM 87118, 505 266-6838.

PARGEON, John Thomas; '81 BSBA; Mgr.; Bank One of Columbus, Financial Analysis Dept., McCoy Ctr.-0639, Westerville, OH 43271, 614 248-4091; r. 578 Michael Ave., Westerville, OH 43081, 614 898-3170.

PARGEON, Mrs. Macel Kennedy; '77 BSBA; Cnty. Ofc. Asst.; US Dept. of Agriculture, POB 1309, Bernalillo, NM 87004, 505 867-2358; r. 2074-A Redwing Pl., Kirtland AFB, NM 87118, 505 266-6838.

PARGEON, Robert Lloyd; '82 BSBA; 221 W. Sheridan, Somerset, OH 43783, 614 743-2656.

PARHAM, Christopher B.; '82 BSBA; Programmer/Analyst; Forest City Enterprises, EDP, 10800 Brookpark Rd., Cleveland, OH 44130, 216 267-1200; r. 1018 W. 9th St., Lorain, OH 44052, 216 244-3395.

PARIKH, Ashi Sarvabhaum; '88 BSBA; 721 Island Ct., Columbus, OH 43214, 614 457-3297.

PARIMI, Narayan Uday; '75 MBA; 11 Nyma Way, Succasunna, NJ 07876.

PARISH, Dennis Frank; '70 BSBA; Material Control Mgr.; ITT North Electric Co., Portland Way N., Galion, OH 44833; r. 621 Wiggs Ct., Galion, OH 44833, 419 462-5245.

PARISH, Richard A.; '65 BSBA; Dir. of Finance; Med. America Inc., 440 Grand Ave., Oakland, CA 94610; r. 3275 Indian Mills Ln., Jamul, CA 92035, 619 579-1442.

PARISH, Mrs. Sharon R., (Sharon R. Griffin); '80 BSBA; Paralegal; US Atty.'s Ofc., 1404 E. Ninth St., Cleveland, OH 44119, 216 363-3986; r. 16939 Deer Path Dr., Strongsville, OH 44136.

PARISI, Mrs. Caryn Elizabeth, (Caryn E. Cipriano); '85 BSBA; Acct.; Land Network, 39 E. Whittier, Columbus, OH 43206; r. 1491 Markland St., Worthington, OH 43235, 614 847-4485.

PARK, Dr. Chung P.; '83 MBA; Resch Engnr/Assoc.; Dow Chemical Co., Granville Research Ctr., POB 515, Granville, OH 43023, 614 587-4323; r. 8762 Stoneridge Ct., Pickerington, OH 43147, 614 927-6413.

PARK, Ernest T.; '49 BSBA; Retired; C E Morris Co., 9500 E. Broad St., Columbus, OH 43205; r. 1309 Northport Cir., Columbus, OH 43235, 614 451-3030.

PARK, Glen A.; '53 BSBA; Engr. Assoc.; AT&T Columbus, 6200 E. Broad St., Columbus, OH 43213, 614 888-5474; r. 6529 Rocky Den Rd, Reynoldsburg, OH 43068, 614 866-0149.

PARK, Dr. Hun Young; '79 MBA, '82 PhD (BUS); 2320 Hackberry Ct., Champaign, IL 61820, 217 359-6414.

PARK, Jack L., CPA; '62 BSBA; VP & Controller; Custom Coach, Div. of Greyhound, 1400 Dublin Rd., Columbus, OH 43215, 614 481-8881; r. 2439 Andover Rd, Columbus, OH 43221, 614 486-0017.

PARK, John W.; '58 BSBA; Housewares Sales Rep.; r. 1218 Chippewa Dr., Richardson, TX 75080, 214 231-5043.

PARK, Jonathan; '55 BSBA; VP; United Natl. Bank, 500 Virginia St., E., Charleston, WV 25301, 304 348-8360; r. 1558 Connell Rd, Charleston, WV 25314, 304 343-8653.

PARK, Jun Bum; '87 MBA; c/o Ok J Kim, Hyundae Apt. 80-1206 Apguj, Seoul, Korea.

PARK, MAJ Peter R., USA(Ret.); '63 BSBA; Loss Control Spec.; Farmers Ins. Grp. Inc., 3500 N. Nevada Ave., Colorado Spgs., CO 80907, 719 630-2041; r. 4255 Shoup Rd, Colorado Spgs., CO 80908, 719 495-3029.

PARKE, Christopher Robert; '74 BSBA; Corporate Financial Mgr.; SPX Corp., 100 Terrace Plz., POB 299, Muskegon, MI 49443, 616 724-5184; r. 17334 Sheldon Dunes Dr., W. Olive, MI 49460, 616 847-4066.

PARKE, Julie Ann; '88 BSBA; 5440 Keith Dr., Dayton, OH 45449, 513 435-1329.

PARKE, Mark Bryant; '80 BSBA; Stockbroker; Piper Jaffray & Hopwood, 5001 W. 80th, Ste. 175, Minneapolis, MN 55437, 612 831-2432; r. 5008 13th Ave. S., Minneapolis, MN 55417, 612 827-2442.

PARKER, Andrew M.; '78 BSBA; Property Adjuster; T M Mayfield & Co., POB 5231, N. Charleston, SC 29406, 803 554-8761; r. 1444 Pocahontas St., Mt. Pleasant, SC 29464, 803 884-5545.

PARKER, Anne '83 (See Bard, Anne M.).

PARKER, Bill F.; '88 BSBA; 150 W. Winter St., Delaware, OH 43015, 614 369-3566.

PARKER, Christopher Evan; '86 BSBA; Student; Ohio State Univ., Sch. of Law, Columbus, OH 43210; r. 211 Arden Rd., Columbus, OH 43214, 614 263-9152.

PARKER, Elizabeth Glidden; '83 BSBA; Software Engr.; T R W Inc., 2751 Prosperity Ave., Fairfax, VA 22031, 703 876-8019; r. 1600 Attorney Ct., Herndon, VA 22070, 703 689-3617.

PARKER, Gary Lee; '69 BSBA; Mgr.; K Mart; r. 4668 Vallejo, Toledo, OH 43615.

PARKER, Gary Lloyd; '71 BSBA; Salesman; Natl. Gypsum Co., 325 Delaware Ave., Buffalo, NY 14202; r. 440 44th St. S., St. Petersburg, FL 33711.

PARKER, Howard Ellis; '85 BSBA; Personnel Spec.; Veterans Admin., 1240 E. 9th, Cleveland, OH 44199, 216 522-3898; r. 36265 Timberlane, Solon, OH 44139, 216 349-4222.

PARKER, James Austin; '50 BSBA; Western Sales Mgr.; ITT Barton, 900 S. Turnbull Canyon Rd., City of Industry, CA 91749, 818 961-2547; r. 23538 Via Castanet, Valencia, CA 91355, 805 255-5075.

PARKER, James Lawrence; '78 BSBA; 1834 Enderly, Columbus, OH 43219.

PARKER, James William; '66 BSBA; Pres.; Kem-O-Kleen Inc., 700 W. Mississippi B3, Denver, CO 80223, 303 871-9731; r. 3101 S. Vine St., Englewood, CO 80110, 303 761-4325.

PARKER, Janet Kay; '81 BSBA; Acct.; Tracy-Wells Co., 3568 Indianola Ave., Columbus, OH 43214; r. 8749 Craigston Ct., Dublin, OH 43017.

PARKER, John Robert; '49 BSBA; Rancher/Investor; Parker Ranch; r. POB 176, Weston, TX 75097, 214 382-3349.

PARKER, Keith Edward; '86 BSBA; Cnslt.; Oracle, 3 Bethesda Metro Ctr., Ste. 200, Bethesda, MD 20814, 301 951-9190; r. 6514 Ivy Hill Dr., Mc Lean, VA 22101, 703 734-9613.

PARKER, Keith Warren; '86 BSBA; Acct.; Bock, Korsnack & Hinds Public Acct., Maumee, OH 43551; r. 2414 Ragon Wood Dr., Toledo, OH 43614, 419 865-8604.

PARKER, Kelly E. '84 (See Hanna, Mrs. Kelly Parker).

PARKER, Linda Sue; '83 BSBA; 320 Andover Dr., London, OH 43140, 614 852-3328.

PARKER, Lou Ann, (Lou Ann Mucciarone); '83 BSBA; Homemaker; r. 2963 Pontiac St., Columbus, OH 43224, 614 262-9542.

PARKER, Michael James; '75 BSBA; Sr. Buyer; r. 223 Weymouth Court, San Ramon, CA 94583.

PARKER, Patricia Jean; '81 MACC; Faculty; Columbus State Community Clg., POB 1609, Columbus, OH 43216, 614 227-2562.

PARKER, Penny Beth; '87 BSBA; Fncl Mgmt. Trainee; GE Co., Nela Park, E. Cleveland, OH 44112; r. 27400 Chardon Rd., Apt. 401, Willoughby Hls., OH 44092, 216 585-4840.

PARKER, Philip Charles; '67 MBA; VP; Bank One, Columbus, NA, 100 E. Broad St., Corp Financial Services, Columbus, OH 43215, 614 248-5388; r. 2675 Andover Rd, Columbus, OH 43221, 614 486-5552.

PARKER, Robert V.; '54 BSBA; 814 Gascom Pl., Tampa, FL 33617.

PARKER, Roy Eugene; '74 BSBA; Acctg. Clerk; Ohio State Univ., N. High St., Columbus, OH 43210; r. 1319 Doten Ave., Columbus, OH 43212, 614 488-1562.

PARKER, S. Dwight; '25 BSBA; Retired; r. Lakehouse W., 3435 Fox Run Rd. Apt. 333, Sarasota, FL 34231.

PARKER, Susan Lynn; '86 BSBA; 363 Highland Ave., Worthington, OH 43085, 614 885-3221.

PARKER, Susan Stranahan, (Susan Stranahan); '85 BSBA; Sr. Acct.; BP America, 200 Public Sq., Cleveland, OH 44114, 216 586-8087; r. 36265 Timberlane, Solon, OH 44139, 216 349-4222.

PARKER, Thomas Lee; '43 BSBA; Retired; r. 2321 Yorkshire Rd., Columbus, OH 43221, 614 488-7739.

PARKER, Tod Michael; '69 BSBA; Mgr. Trainee; Eckerd Drug Co., 1435 10th Lake Park, W. Palm Bch., FL 33403; r. POB 163, Lake Mary, FL 32746.

PARKER, Vicki Lynn '67 (See Wong, Mrs. Vicki).

PARKER, Virginia '49 (See Sharp, Mrs. Virginia Parker).

PARKER, Wayne Leroy; '49 BSBA; Retired Supv.; Baldwinsville Acad. & Centr Sch., E. Oneida St., Baldwinsville, NY 13027; r. 91 Sherwood Dr., Brockport, NY 14420, 716 637-8514.

PARKER, William Edward; '71; Owner; Woodland Golf Course, 4900 Swisher Rd, Cable, OH 43009; r. 4904 Swisher Rd, Cable, OH 43009, 513 653-8874.

214 PARKHILL OSU COLLEGE OF BUSINESS

PARKHILL, Don R.; '80 BSBA; Sales; Blackson-Parkhill Ins. Agcy., 617 Chestnut St., Coshocton, OH 43812, 614 622-1363; r. POB 1030, Coshocton, OH 43812, 614 622-6309.

PARKHILL, Kevin Keith; '80 BSBA; Shift Mgr.-Production; Rockwell Intl., 1000 Rockwell Dr., Fletcher, NC 28732, 704 687-2000; r. 2 Delacy Dr., Hendersonville, NC 28739, 704 697-1037.

PARKHILL, Molly Gates; '81 MPA; Dir. for Co-Op; Blue Ridge Community Clg., Rte. 2, Flat Rock, NC 28731, 704 692-3572; r. 2 Delacy Dr., Hendersonville, NC 28739, 704 697-1037.

PARKINSON, Charles D.; '59 BSBA; Dir. of Finance; Georgia Port Authority, POB 2406, Savannah, GA 31402, 912 964-3893; r. 17 Bitterroot Ln., Savannah, GA 31419.

PARKINSON, James H.; '63 BSBA; Pres.; Parkinson's & Assocs, 4051 Whipple Ave., Canton, OH 44718, 216 493-0130; r. 1122 Linwood Ave. SW, N. Canton, OH 44720, 216 494-2469.

PARKINSON, Joann Roseberry, (Joann Roseberry); '50 BSBA; VP; Parkinson Assocs. Inc., POB 7025, Bellevue, WA 98008, 206 644-4443; r. Same, 206 747-4456.

PARKINSON, Larry David; '75 BSBA; Pres.; Parkinson & Assocs. Inc., 6033 N. Sheridan Rd., Ste. 19E, Chicago, IL 60660, 312 334-1363; r. Same, 312 878-6369.

PARKINSON, Ronald E.; '60 BSBA; Staff; Ohio Bell Tel Co., 111 N. 4th St., Rm. 1052, Columbus, OH 43215; r. 1112 Carolyn Ave., Columbus, OH 43224, 614 262-3278.

PARKINSON, Thomas T.; '54 BSBA; 2713 Belair Dr., Sanford, NC 27330, 919 776-7436.

PARKS, Benjamin Franklin; '78 MPA; Counsel/VP; Great American First Savings Bk., Loan Admin., 600 B St., Ste. 450, San Diego, CA 92138, 619 231-6182; r. 6513 Reflection Dr., #104, San Diego, CA 92134, 619 282-7944.

PARKS, MAJ Charles E., (Ret.); '58 BSBA; Supv.; Alumni Records-Print-Mailing, Princeton University, Princeton, NJ 08540; r. Rte. 1 52 Millstream Rd., Creamridge, NJ 08514, 609 758-2019.

PARKS, Danny Ray; '79 BSBA; 1833 Harwitch Rd., Columbus, OH 43221, 614 481-0179.

PARKS, Mrs. Diane L., (Diane L. Hoover); '83 BSBA; Product Mgr.; AT&T, 6200 E. Broad St., Columbus, OH 43213, 614 860-4705; r. 4899 Heath Trails Dr., Hilliard, OH 43026, 614 771-6055.

PARKS, Douglas Evan; '84 BSBA; Registered Rep.; John Hancock Financial Svc., 1105 Schrock Rd., Ste. 700, Columbus, OH 43229, 614 846-6000; r. 3884 Pinto Ct., Hilliard, OH 43026, 614 771-7963.

PARKS, Ms. Evalyn Conwell; '76 MPA; Researcher; Ohio Dept. of Rehab. & Correction, 1050 Frwy. Dr. N., Columbus, OH 43229, 614 431-3201; r. 900 Evening St., Worthington, OH 43085, 614 885-8361.

PARKS, Hayden M., Jr.; '83; Auditor; BancOhio Natl. Bank, 155 E. Broad St., Columbus, OH 43251, 614 463-7902; r. 4899 Heath Trails Dr., Hilliard, OH 43026, 614 771-6055.

PARKS, Henry G., Jr.; '39 BSBA; Chmn.; Parks Sausage Co., 1123 N. Eutaw St., Baltimore, MD 21217; r. 1040 Deer Ridge Dr., 407, Baltimore, MD 21210.

PARKS, James Timothy; '84 BSBA; Sales Rep.; Micro Ctr., 1555 W. Lane Ave., Columbus, OH 43221, 614 481-4408; r. 1261 Virginia Ave., Apt. #A, Columbus, OH 43212, 614 294-4222.

PARKS, Kathleen Marie, (Kathleen Marie Sidley); '87 BSBA; Production Plnr.; Kimberly-Clark, Memphis, TN 38107; r. 373 McDermitt, Memphis, TN 38119, 901 682-2963.

PARKS, Reuben, Jr.; '82 BSBA; Staff; Pic Way Shoes, 1225 N. Countyline St., Fostoria, OH 44830, 419 435-7418; r. 810 W. Alexis St., #3, Toledo, OH 43612.

PARKS, Robert B.; '51 BSBA; 4520 Brookwood St. NE, Albuquerque, NM 87109.

PARKS, Robert C.; '53 BSBA; Mgr./Deluxe Apts; Hacienda Del Sol; r. 1707 Essex, Apt. 33, San Diego, CA 92103, 619 295-8615.

PARMAN, LTC Henry O., Jr.; '56 BSBA; Pres.; Parman Realty Inc., 3223 Ocean Dr., Vero Beach, FL 32963, 407 231-3133; r. POB 3178, Beach Sta., Vero Beach, FL 32964.

PARMELEE, Luther H.; '66 MBA; Staff; Kitchen Kraft Inc., 999 Goodale, Columbus, OH 43215; r. 4301 Chaucer Ln., Columbus, OH 43220, 614 457-6836.

PARMLEY, Robert Frederick; '67 BSBA, '71 MBA; Gen. Mgr.; Barefoot Grass Lawn Svc. Inc., 404 Mercantile Ct., Wheeling, IL 60090, 312 541-1607; r. 322 Lake Shore Dr., Lindenhurst, IL 60046, 312 356-2052.

PARNES, Gail '77 (See Jones, Gail Parnes).

PARO, Wayne Franklin; '73 BSBA; 3714 Rte. 11 Rd No 1, Mc Graw, NY 13101.

PARR, Eric Michael; '82 BSBA; Cash&Collctns Supv.; Columbia Gas of Ohio Inc., 701 Jefferson Ave., POB 900, Toledo, OH 43624, 419 248-5189; r. 801 Three Meadows Dr. #3, Perrysburg, OH 43551, 419 874-5499.

PARR, Kathleen Evans; '30; Retired; r. 30 E. 13th Ave., Apt. A, Columbus, OH 43201, 614 299-7227.

PARR, Melinda Salmans; '81 BSBA; Proj./Tech. Coordintr; Telephone Broadcasting Systs., 1550 Old W. Henderson Rd., Columbus, OH 43220, 419 248-5261; r. 801 Three Meadows Dr. #3, Perrysburg, OH 43551, 419 874-5499.

PARR, 2LT William Johnstone; '70 MBA; 2Lt Usa; r. 272 Merriss Ct., Westerville, OH 43081, 614 890-7945.

PARR, William R.; '53 BSBA; Retired; r. 1039 Hardesty Pl. E., Columbus, OH 43204, 614 276-1630.

PARRAS, Elaine Diane; '83 MBA; 3922 Savoy Dr., Fairview Pk, OH 44126.

PARRETT, Gary Lee; '70 BSBA; Financial Analyst; Eastman Kodak Co., 343 State St., Rochester, NY 14608; r. 381 Beresford Rd., Rochester, NY 14610.

PARRIN, Gary Edward; '74 MPA; 510 Ruskin Dr., Elk Grove Vlg., IL 60007, 312 437-8311.

PARRIS, Robert L., Jr.; '85 BSBA; Shift Mgr.-New Accounts; Discover Card Svcs., 2765 Eastland Mall, Columbus, OH 43232, 614 860-1245; r. 713 Market St., Apt. G., Steubenville, OH 43952, 614 282-6862.

PARRISH, John B.; '39 BSBA; Retired; r. 3118 Whispering Tr., Carmel, IN 46032, 317 848-2980.

PARRISH, W. David; '59 BSBA; Mgr.-Operations; Rosemount Analytical-UNILOC, 2400 Barranca Pkwy., Irvine, CA 92714, 714 863-1181; r. 2834 Shady Forest Ln., Orange, CA 92667, 714 637-1685.

PARROT, Roger Gene; '71 MBA; Dist. Audit Mgr.; Auditor of State of Ohio, 88 E. Broad St., Columbus, OH 43215, 614 864-3917; r. 66 Belle Ct., Pickerington, OH 43147, 614 837-9052.

PARROTT, James T.; '63 BSBA; Real Estate Broker; r. 3602 W. Mauna Loa Ln., Phoenix, AZ 85023, 602 938-7659.

PARROTT, Jeffrey Allen; '81 BSBA; 6 Overbrook Dr., Monsey, NY 10952, 914 352-3945.

PARROTT, Nan Pirsig; '48 BSBA; 3070 Big Hill Rd, Dayton, OH 45419, 513 293-4452.

PARRY, Dr. Richard Livingston, PhD; '68 PhD (BUS); Sr. VP & Treas.; Miles Homes Inc., POB 9495, 4700 Nathan Ln., Minneapolis, MN 55440, 612 553-8309; r. 5916 Amy Dr., Edina, MN 55436, 612 925-1872.

PARSCH, Ilona '64 (See Osinski, Ms. Ilona Parsch).

PARSLEY, Robert Martin; '85 BSBA; Staff; Diebold Inc., POB 2328, Newark Indus Park, Hebron, OH 43025; r. 264 W. Maple, Granville, OH 43023, 614 587-3320.

PARSON, Mrs. Dolores Lee, (Dolores Lee Kourie); '79 BSBA; Acct.; Compuserve, Arlington Ctr. Blvd., Columbus, OH 43220; r. 1994 Willoway Ct. N., Columbus, OH 43220, 614 459-5328.

PARSON, Lloyd P., Jr.; '58 BSBA; Grocer & Owner; Parsons Iga Mkt., 773 N. Williams St., Paulding, OH 45879; r. 829 N. Cherry St., Paulding, OH 45879, 419 399-3487.

PARSON, Timothy David; '83 BSBA; Grocery Store Mgr.; Parsons I.G.A. Mkt., 773 N. Williams St., Paulding, OH 45879, 419 399-2826; r. 767 N. Williams, Paulding, OH 45879, 419 399-4880.

PARSONS, Cynthia Lee; '88 BSBA; 211 Raymond St., Walbridge, OH 43465, 419 666-3264.

PARSONS, David Hollick; '69 BSBA; Pres. & CEO; Parsons Diamond Prods. Inc., 22 Grassmere Ave., W. Hartford, CT 06110; r. 35 Pine Brook Ln., W. Hartford, CT 06107, 203 521-4527.

PARSONS, Dean Kent; '80 BSBA; Mgr., Financial Plng.; UNISYS Corp., POB 500, Blue Bell, PA 19424, 215 653-7247; r. 910 Fillmore Rd., E. Norriton, PA 19403, 215 584-9493.

PARSONS, Deborah Lynn; '86 BSBA; Programmer/Analyst; Rockwell Intl., Rte. 79 Hebron, POB 109, Newark, OH 43055; r. 1313 Anderson Rd., Cuyahoga Falls, OH 44221.

PARSONS, Harry Voyt; '77 BSBA; Regional Sales Mgr.; Nissan Motor Corp., POB 5555, Costa Mesa, CA 92628, 714 549-1277; r. 2908 Bonanza, San Clemente, CA 92672, 714 498-0936.

PARSONS, Jack K.; '56 BSBA; 7921 Saint Dennis Dr., Springfield, VA 22153, 703 455-9219.

PARSONS, Dr. Jerry William; '62 BSBA; Dent.; 802 Newtown Rd., Virginia Bch., VA 23462, 804 456-0733; r. 1552 Bay Point Dr., Virginia Bch., VA 23454, 804 481-3821.

PARSONS, John Willard; '72 BSBA; Mgr. Financial Analysis; GE Co., Noble Rd., MS Components #1581, E. Cleveland, OH 44130, 216 266-3921; r. 6464 Woodhawk Dr., Cleveland, OH 44124, 216 461-5665.

PARSONS, Le Roy; '31; Retired; Ohio Assoc.-Real Estate Bds, 100 E. Broad St. Rm 1103, Columbus, OH 43215; r. 2358 Berwick Blvd., Columbus, OH 43209, 614 237-9979.

PARSONS, Ms. Purna Lynn; '76 BSBA; Student; Univ. of Texas at Austin, Austin, TX 78713; r. 1401 St. Edwards Dr., #167, Austin, TX 78704, 512 447-9565.

PARSONS, Ronda Anderson, (Ronda J. Anderson); '82 BSBA; Account Exec.; Pacific Bell, 16715 Von Karman Ave., Irvine, CA 92714, 714 474-5205; r. 2908 Bonanza, San Clemente, CA 92672, 714 498-0936.

PARSONS, Stuart Nelson; '64 BSBA, '69 MBA; VP/Trust Ofcr.; Park Natl. Bank, 50 N. Third St., Newark, OH 43055, 614 349-8451; r. 887 Sharon Cir., Newark, OH 43055, 614 366-6561.

PARTCH, Jenifer Janet; '79 MPA; Rsch. Spec.; r. 1412 W. 7th Pl., Tempe, AZ 85281.

PARTRIDGE, Robert W.; '64 MBA; Occupational Cnslt.; Corca, 1755 Alum Creek Dr., Columbus, OH 43207; r. 1625 W. Mound St., Columbus, OH 43223.

PARWANI, Kishore M.; '85 BSBA; Programmer; IBM Corp., POB 700, Suffern, NY 10901, 914 578-3460; r. POB 173, Southfields, NY 10975, 914 928-6219.

PARYZEK, John F.; '42 BSBA; Advt. Exec.; John F. Paryzek Advt. & Public Relations, 145 New Hudson Rd., Aurora, OH 44202, 216 562-8706; r. Same.

PARZINGER, Thomas Michael; '72 BSBA; Bank Examiner; F.D.I.C., 5100 Poplar Ave., Ste. 1900, Memphis, TN 38137, 901 685-1603; r. 2549 Park Creek Cove N., Germantown, TN 38138, 901 757-5357.

PASANOVIC, Halid; '83 BSBA; Mgr. Trainee; Natl. Car Rental, 400 N. High St., Columbus, OH 43215; r. 15318 Shiloh, Cleveland, OH 44110, 216 531-4486.

PASCHAL, James H.; '34 BSBA; Pres.; Pasco Brokerage, 10442 Heather Ln., Dallas, TX 75229, 214 357-2167; r. Same.

PASCHAL, R. Bruce; '49 BSBA; 75 291 Painted Desert Dr., Indian Wells, CA 92210.

PASCHALL, Anne Miller; '78 MPA; Data Proc Mgr.; Ohio Dept. of Ment Health & Ret, 30 E. Broad State Ofc. Twr., Columbus, OH 43215, 614 444-1712; r. 332 Westland Ave., Columbus, OH 43209, 614 258-8124.

PASCHYN, Oleh Roman; '73 BSBA; 7612 Wake Robin Dr., Cleveland, OH 44130.

PASCO, David Charles; '69 BSBA; Funeral Dir.; Pasco Mem. Mortuary, 312 E. Main St., Greenfield, IN 46140, 317 462-5536; r. 1318 Bluebird Dr., Greenfield, IN 46140, 317 462-7064.

PASDEN, J. Gregory; '87 BSBA; Ins. & Security Sales; Prudential, 1105 Schrock Rd., Columbus, OH 43229, 614 885-2466; r. 5836 Satinwood Dr., Columbus, OH 43229, 614 885-6945.

PASHKE, Nial Michael; '84 BSBA; Sales Rep.; Micro Ctr., 1555 W. Lane Ave., Columbus, OH 43221, 614 481-8041; r. 5026 Dierker Rd., #B3, Columbus, OH 43220, 614 442-0998.

PASHOLK, Andrew Valentine; '80 BSBA; Acct.; Colamco Inc., 1533 Alum Creek, Columbus, OH 43209; r. 1533 Alum Creek, Columbus, OH 43209.

PASHOLK, Mary Louise; '80 MPA; Policy Analyst; American Acad. Dermatology, 1567 Maple Ave., POB 3116, Evanston, IL 60204, 312 869-3954; r. 1350 N. Wells St., D307, Chicago, IL 60610, 312 943-4772.

PASHUCK, Eugene Thomas; '71 BSBA; RR No 3, Box 222, Woodstown, NJ 08098.

PASIC, Benjamin; '49 BSBA; Retired; r. 692 Lauby Ave., Akron, OH 44306, 216 724-4059.

PASKELL, Andrew Joseph; '85 BSBA; Transportation; r. 5802 Abbey Church, Dublin, OH 43017, 614 761-9189.

PASKELL, Ann M. '81 (See Whiteman, Mrs. Ann P.).

PASKELL, Thad Joseph; '86 BSBA; Security Trader; The Ohio Co., 155 E. Broad St., 12th Fl., Columbus, OH 43215, 614 464-7069; r. 9267 Leith Dr., Dublin, OH 43017, 614 761-2042.

PASKELL, Timothy J.; '77 BSBA; Area Mgr.; Chesebrough Pond's Inc., 19800 MacArthur Blvd. 1030, Irvine, CA 92715, 800 223-2690; r. 4301 Green Meadow E., Colleyville, TX 76034, 817 485-9772.

PASS, Myron B.; '49 BSBA; Retired Acct.; r. 6810 Tilven Ln., Rockville, MD 20852, 301 468-8964.

PASSELL, Lee Alan; '72 BSBA; Pres.; Med. Personnel Pool, 3645 Warrensville Ctr. Rd., #134, Shaker Hts., OH 44122, 216 921-4000; r. 21912 Westchester Rd., Cleveland, OH 44122, 216 752-2232.

PASSEN, Ronald John, Jr.; '88 BSBA; 118 Marlene Dr., Westerville, OH 43081, 614 891-1417.

PASSERO, Thomas Joseph; '79 BSBA; Buyer; E Z Paintr Co., Subs of Newell Company, 4051 S. Iowa Ave., Milwaukee, WI 53207, 414 481-4500; r. 5974 N. 84th St., Milwaukee, WI 53225, 414 462-9356.

PASSERO, Vincent John; '73 BSBA; Sr. Dir.; Wendys Intl. Inc., 4288 W. Dublin Granville Rd, Dublin, OH 43017, 614 764-3292; r. 13022 Heatherstone Cir., Pickerington, OH 43147, 614 866-7397.

PASSIAS, John James, II; '84 BSBA; Student; Col of Osteopathic Medicine, Med. Sch., Kirksville, MO 63501; r. 8000 Golfview Ct., Worthington, OH 43085, 614 846-0345.

PASSMAN, Martin A.; '69 BSBA; Home Bldg. Supt.; S T Arthur Interests, 11205 Alpharetta Hwy., Roswell, GA 30075, 404 442-3895; r. 3640 Peachtree Corners W., Apt. 902, Norcross, GA 30092, 404 448-1453.

PASTERNAK, Martin Jay; '82 MLHR; Rabbinical Student; r. 3080 Broadway, New York, NY 10027, 212 316-4737.

PASTERNAK, Stanley Taylor; '51 BSBA; RE Cnslt/Investmt. Banker; Taylor Investment Co., Real Estate Devel., 1255 Post St., Ste. 625, San Francisco, CA 94109, 415 775-7169; r. 32 Southridge Rd., Tiburon, CA 94920, 415 381-1138.

PASTOR, Jerome, CPA; '46 BSBA; Atty.; 1901 Ave. of The Stars, Ste. 1245, Los Angeles, CA 90067, 213 277-3411; r. Same, 213 836-0762.

PASTOR, Lina '83 (See Quimjian, Mrs. Lina Pastor).

PASZ, Myron J.; '47 BSBA; Ret Purchasing Agt.; Shields Midwestern Inc., Cleveland, OH 44107; r. 7617 Lexington Green, Cleveland, OH 44130, 216 234-6241.

PATANE, Frank Carl; '73 BSBA; 1383 Baldwin Rd., Yorktown Hts., NY 10598.

PATCH, Betty Salzgaber; '49 BSBA; Exec. Secy.; Sears Roebuck & Co., 4545 Fisher Rd, Columbus, OH 43228; r. 6800 Rings Rd., Amlin, OH 43002, 614 876-6704.

PATCHEN, Deborah Annette; '87 MBA; Mktg. Rsch. Analyst; Bristol-Meyers Pharmaceutical, 2400 W. Pennsylvania St., Evansville, IN 47712, 812 429-5943; r. 5225 Knottingham Dr., Evansville, IN 47715, 812 479-7443.

PATE, Denson C., Jr.; '66 BSBA; Sales Mgr.; Wabash Fibre Box Weston Papers, Ft. Wayne, IN 46804, 219 747-9111; r. 5715 Burnham Woods, Ft. Wayne, IN 46804, 219 432-8060.

PATEL, Kiran Bhavan; '79 MBA; 5128 Honeynut Ln., Windermere, FL 32786, 407 876-6414.

PATEL, Lisa B.; '88 MBA; 161 W. Maynard #5-A, Columbus, OH 43202, 614 294-1290.

PATENAUDE, LTC Robert L., USMC(Ret.); '60 BSBA; Mgr.; Baxter Intl., 12355 Sunrise Valley Dr., Reston, VA 22091, 703 264-3142; r. 13417 Brookfield Dr., Chantilly, VA 22021, 703 378-2893.

PATER, Monica M. '87 (See Reichle, Monica Margareth).

PATNIK, Albert M.; '84 BSBA; 2844 Kersdale, Pepper Pike, OH 44124, 216 831-1452.

PATNIK, Albert S.; '40 BSBA; VP; Lincoln Electric Co., 22801 St. Clair Ave. E., Cleveland, OH 44117, 216 481-8100; r. 2844 Kersdale Rd, Pepper Pike, OH 44124, 216 831-1452.

PATRELLA, Tanya Lynn; '85 BSBA; Staff; Comtrac Inc., 6606 Singletree Dr., Columbus, OH 43229; r. 48 Groton Dr., Westerville, OH 43081, 614 882-2732.

PATRICK, Dwight David; '84 BSBA; Programmer/Analyst; Shell Oil Co., 1500 Old Spanish Tr., Houston, TX 77025, 713 795-3616; r. 9255 Roark Rd., Apt. 501, Houston, TX 77099, 713 988-5428.

PATRICK, Jane Austin; '79 BSBA; Cnslt.; Shamrock Patrick Cnslts., 2511 Onandaga Dr., Columbus, OH 43221, 614 486-7491; r. Same.

PATRICK, Larry Richard; '55 BSBA; 3150 Matecumbe Key Rd., Punta Gorda, FL 33955.

PATRICK, Mary Ann; '84 BSBA; Sales Rep.; Zenith Data Systs., 6 Courthouse Ln. Bldg. B, Chelmsford, MA 01824, 508 454-8070; r. 79 Emerson Rd., Wellesley, MA 02181, 617 237-7607.

PATRICK, Nancy J. '77 (See Short, Nancy J.).

PATRICK, S. Lewis; '86 BSBA; Sr. Acct.; Ernst & Whinney, 1300 Huntington Bldg., Cleveland, OH 44115, 216 861-5000; r. 27303 Westown Blvd., #803, Westlake, OH 44145, 216 871-8556.

PATRICK, Stephen; '47 BSBA; 2936 Noel Dr., Youngstown, OH 44509, 216 799-3378.

PATRICK, William B.; '62 BSBA; Deputy Dist. Atto; Dist. Attys. Ofc., 211 Temple St., Los Angeles, CA 90012; r. 296 Cherry Dr., Pasadena, CA 91105, 213 257-1266.

PATRICOF, Alan J.; '55 BSBA; Chmn.; Alan Patricof Assocs., Inc., 545 Madison Ave., New York, NY 10022, 212 753-6300; r. 830 Park Ave., New York, NY 10021, 212 794-9426.

PATRIDGE, Robert T.; '52; Dir.-Retired; Columbia Gas Syst., Engineering Services, 99 N. Front St., Columbus, OH 43215; r. 6999 Dublin Rd, Delaware, OH 43015, 614 486-4484.

PATRONIK, Frank Charles; '79 BSBA; Distribution Supv.; Dillon Cos./Kroger, 701 Gellhorn, Houston, TX 77029, 713 672-5280; r. 2415 Pheasant Creek Dr., Sugar Land, TX 77478, 713 277-1151.

PATTERSON, Calvin Francis; '48 MA; Retired; AZ Dept. of Econ. Security; r. 8930 N. 80th Pl., Scottsdale, AZ 85258, 602 991-1353.

PATTERSON, Carl A.(Patt), CFP; '46 BSBA; Pres.-Treas.; Patterson Bus. & Tax Svc. Inc., 600 N. Mountain Ste. D-203, Upland, CA 91786, 714 982-7597; r. 838 Silverwood, Upland, CA 91786, 714 985-9080.

PATTERSON, Charles Benjamin; '73 MBA; Atty. Bus/Corp./Crim.; SCN Bank Bldg., 15 S. Main St., Ste. 620, Greenville, SC 20602, 803 232-8882; r. 40 Holly Hill Ct., Greenville, SC 29609, 803 233-9988.

PATTERSON, Charles Carroll; '39 BSBA; Retired; r. 624 Concord St., Marion, OH 43302, 614 457-7480.

PATTERSON, Cynthia Wolfinger; '79 BSBA; Dir.-Data Processing; St. James Hosp. Med. Ctr., Chicago Rd. at Lincoln Hwy., Chicago Hts., IL 60411; r. 2078 Lioncrest Ct., Richton Park, IL 60471.

PATTERSON, Daniel William; '84 BSBA; Dir. Corp. Comput Support; Alexander Patterson Groneck, 332 E. 8th St., Cincinnati, OH 45202, 513 621-9111; r. 2755 Felicity Pl., Cincinnati, OH 45211, 513 662-6038.

PATTERSON, Darrell Gene; '77 BSBA; Sr. Mgr.; Touche Ross & Co., 250 E. Broad St., Columbus, OH 43215, 614 224-1119; r. 1141 Granville Rd., Newark, OH 43055, 614 344-5096.

PATTERSON, David Lodge; '73 BSBA; Mgr.; Ernst & Whinney, 515 S. Flower St., Los Angeles, CA 90071, 213 621-1666; r. 8755 Whitaker Ave., Sepulveda, CA 91343, 818 891-1951.

PATTERSON, Donald Ellsworth; '49 BSBA; Retired; Price Waterhouse Co., 1251 Ave. of The Americas, New York, NY 10020; r. 3225 Beaumont Dr., Tallahassee, FL 32308, 904 893-7267.

PATTERSON, James Allan; '39; Retired Pres.; Patterson Pools & Patterson Enterprises, 4455 Cemetery Rd, Hilliard, OH 43026; r. 2 Overlook Pl., Hilton Head Island, SC 29928, 803 681-2816.

PATTERSON, James William; '57; Pres.; Patterson Enterprises, 5760 Lou St., Columbus, OH 43231, 614 486-0073; r. Same, 614 895-2414.

PATTERSON, Janine Keye; '83 BSBA; Internal Auditor; Farmers Ins., 525 Metro Pl. N., Dublin, OH 43017; r. 775 Jasonway Ave., Columbus, OH 43214, 614 459-3472.

PATTERSON, Jeffrey Dale; '83 BSBA; Comm. Real Estate Broker; Cushman & Wakefield, 111 N. Orange Ave. Ste. 800, Orlando, FL 32801, 407 841-8000; r. 1508 Delaney Ave., Orlando, FL 32806, 407 423-3316.

ALPHABETICAL LISTINGS PEARSON 215

PATTERSON, John Thomas; '71 BSBA, '74 MBA; 1130 Grant St., Ashland, OH 44805, 419 289-7931.
PATTERSON, John Wright; '38 BSBA; Retired Acct.; r. 196 NE Emerald Dr., Jensen Bch., FL 34957, 407 334-9164.
PATTERSON, Jon Douglas; '84 BSBA; Supv.; E.I. du Pont de Nemours Inc., Info. Systs. Dept., N-2425-1, Wilmington, DE 19898, 302 774-7364; r. 2045 Bentwood Ct., Wilmington, DE 19804, 302 994-4875.
PATTERSON, Kenneth G., Jr.; '63 BSBA; Mgr. Plant Acctg.; Dresser Rand Corp., 5th St., Olean, NY 14760, 716 375-3187; r. 8 Cir. Oak Dr., Allegany, NY 14706, 716 372-6670.
PATTERSON, Kim Verna; '84 BSBA; Programmer; Nationwide Ins. Co., One Nationwide Plz., Columbus, OH 43216; r. 71 W. Cewntral Ave., # 5, Delaware, OH 43015, 614 363-9441.
PATTERSON, Lesly J. '80 (See Wade, Lesly P.).
PATTERSON, Ms. Linda Lou; '86 MPA; Special Asst. to Pres.; Western Michigan Univ., 1921 W. Michigan Ave., Ofc to the Pres., Kalamazoo, MI 49008, 616 387-2352; r. 3403 Parkview Ave., Kalamazoo, MI 49008, 616 372-2401.
PATTERSON, Patrick W.; '86 BSBA; 129 Glen Cir., Worthington, OH 43085, 614 846-1105.
PATTERSON, Ray Pope; '74 BSBA; Dist. Sales Mgr.; Ivac Corp., 10300 Campus Point Dr., San Diego, CA 92121, 800 854-7128; r. 5905 Firestick Ct., Citrus Hts., CA 95621, 916 332-6999.
PATTERSON, Richard Leroy; '60 BSBA; Foreman/Shippng Dept.; Delco-Remy, Div of General Motors, 2401 Columbus Ave., Anderson, IN 46014; r. 105 Ringwood Way, Anderson, IN 46014, 317 642-1464.
PATTERSON, Ronald E.; '64 BSBA; Admin. VP; Madisons, 72 N. High St., Columbus, OH 43215; r. 5145 Rings Rd., Dublin, OH 43017.
PATTERSON, Shaun D.; '86 BSBA; Territory Mgr.; Ecolab Inc., 1900 E. Dublin Granville Rd., Columbus, OH 43229; r. 2673 Deming Ave., Columbus, OH 43202, 614 447-8787.
PATTERSON, Susan '86 (See Fiedler, Mrs. Susan Patterson).
PATTERSON, Mrs. Tina M., (Tina A. Laessle); '81 BSBA; Buyer; Dillard's, 4501 N. Beach St., Ft. Worth, TX 76137, 817 831-5164; r. 7323 Lakewood Blvd., Dallas, TX 75214, 214 328-8871.
PATTERSON, W. James; '56 BSBA; Pres.; Patterson Merkle & Assocs., 941 Chatham Ln., Columbus, OH 43221, 614 451-1187; r. 2179 Fairfax Rd, Columbus, OH 43221, 614 488-8036.
PATTERSON, William Michael; '54 BSBA; Pres.; Patterson & Smith Advt. Agcy., 215 N. 6th St., Richmond, IN 47374, 317 962-0041; r. 1003 Breckenridge, Richmond, IN 47374, 317 962-1414.
PATTERSON, William Sherman; '47 BSBA; Retired; r. 101 W. Sahuaro Vista Dr., Tucson, AZ 85704, 602 297-3419.
PATTERSON, William Thomas; '68 BSBA; Acct.; Marathon Oil Co., 539 S. Main St., Findlay, OH 45840; r. 357 Pinebrook Ct., Rte. No 2, Mc Comb, OH 45858, 419 293-2063.
PATTI, Gaetana C. '77 (See Snyder, Gaetana C.).
PATTI, Stella Elizabeth; '83 BSBA; Supply Sys Analyst; Defense Logistics Agcy., Dcsc 3990 E. Broad St., Columbus, OH 43213, 614 238-3012; r. 6291 Newtown Dr., Columbus, OH 43229.
PATTON, David Allen; '88 BSBA; 470 S. Spring Rd, Westerville, OH 43081, 614 882-0427.
PATTON, Gary M.; '65 BSBA; Residential Appraiser; r. 1659 S. Sycamore, Mesa, AZ 85202, 602 820-0782.
PATTON, MAJ Jerry V.; '64 BSBA; Maj. Usaf; r. POB 1725, Titusville, FL 32781.
PATTON, Kevin Ray; '82 BSBA; External Auditor; Ohio Dept. of Transportation, 25 S. Front St., Columbus, OH 43215, 614 466-3501; r. 3100 Minerva Lake Rd., Columbus, OH 43231, 614 895-5375.
PATTON, Louis E.; '52 BSBA; Salesman/Dist.Mgr. Unisys; Tandem Computers, 8100 E. 22nd St. N., Wichita, KS 67226, 316 685-1178; r. 7901 Donegal, Wichita, KS 67206, 316 685-9468.
PATTON, Michael George; '75 BSBA; Dir. of Materials; Cardinal Industries, Cardinal Lodging Group, 2255 Kimberly Pkwy. E., Columbus, OH 43232, 614 755-6176; r. 8155 Glencree Pl., Dublin, OH 43017, 614 766-9976.
PATTON, Penny Lou; '86 BSBA; Golf Shop Asst.; Coral Oaks Golf Course, 1800 NW 28th Ave., Cape Coral, FL 33915, 813 283-4100; r. 11170 Caravel Cir., Unit 201, Ft. Myers, FL 33908, 813 466-9287.
PATTON, Shawn Knapp; '80 BSBA; 4791 Wendler Blvd., Gahanna, OH 43230, 614 471-8887.
PATTON, Tammy Lyn; '87 BSBA; Gen. Ledger Acct.; Worthington Foods Inc., 900 Proprietors Rd., Worthington, OH 43085, 614 885-9511; r. 1779 Hickory Creek Ln., #8, Columbus, OH 43229, 614 899-7344.
PATTON, MAJ Thomas R.; '54 BSBA; Maj. Usaf; r. 8212 Garry Oak Dr., Citrus Hts., CA 95610, 916 723-2613.
PATTON, Timothy Dale, CPA; '82 BSBA; Mgr., External Reporting; Warner Cable Communications Inc., 400 Metro Pl. N., Dublin, OH 43017, 614 792-7000; r. 4153 Stockade Pl., Columbus, OH 43230, 614 476-0550.
PATTON, LTC William E., USAF(Ret.); '48 BSBA; 7190 S. Chase Ct., Littleton, CO 80123, 303 979-4854.
PATTYN, Tara Ann; '85 BSBA; Auditor/Pub Acct.; Ernst & Whinney, Nationwide Bldg., Columbus, OH 43216; r. 28915 Lincoln Dr., Bay Village, OH 44140, 216 835-0735.
PAUGH, Alice Young; '48 BSBA; Exec. Dir.; Columbus Cancer Clinic, 65 Ceramic Dr., Columbus, OH 43214, 614 263-5006; r. 2860 Minerva Lake Rd, Columbus, OH 43231, 614 882-8448.
PAUGH, Richard Curtis; '35 BSBA; Retired Atty.; r. 11354 Old Harbour Rd., N. Palm Bch., FL 33408, 407 622-1954.
PAUL, Clifford W.; '54; 9058 Kildoon Ct., Dublin, OH 43017, 614 889-5532.
PAUL, David Uri; '72 BSBA; Operations Mgr.; Blackburn Designs Inc., 1510 Dell Ave., Campbell, CA 95008, 408 370-1010; r. 16274 Lilac Ln., Los Gatos, CA 95032, 408 356-7806.
PAUL, Donald G.; '53 BSBA; Instr.; Shreveport-Bossier Cty Vo-Tech, 2010 N. Market, Shreveport, LA 71107, 318 226-7813; r. POB 8163, Bossier City, LA 71113, 318 742-8795.
PAUL, Eric Braden; '80 BSBA; CPA/Tax Mgr.; Touche Ross & Co., 100 S. Elm St., Greensboro, NC 27401; r. 1865 Mallard Lakes Dr., Winston-Salem, NC 27106.
PAUL, Frank Joseph; '73 BSBA; Computer Specialist; IRS, 1111 Constitution Ave. NW, 15:P, Rm 4320, Washington, DC 20224, 202 535-5024; r. POB 7714, Washington, DC 20044, 202 363-8911.
PAUL, James T.; '47; Pres.; Allied Beverage Distr Co., 2905 E. 4th Ave., Columbus, OH 43219; r. 5700 Strathmore Ln., Dublin, OH 43017, 614 889-9708.
PAUL, John Rhodes; '60 BSBA; Sr. VP Real Est; Dain Corp., 1820 Dain Twr., Minneapolis, MN 55402, 612 371-7873; r. 2811 Comstock Ln., Plymouth, MN 55447, 612 559-0121.
PAUL, La Vina Souslin; '58; Real Estate Salesman; King Thompson Realtors, 220 W. Bridge St., Dublin, OH 43017, 614 889-0808; r. 9058 Kildoon Ct., Dublin, OH 43017, 614 889-5532.
PAUL, Michael Louis; '86 BSBA; 157 Richards Rd., Columbus, OH 43214, 614 268-9912.
PAUL, Richard T.; '51 BSBA; VP Intl. Sales; Columbus Coated Fabrics, 1280 N. Grant Ave., Columbus, OH 43216, 614 297-6167; r. 3979 Fenwick Rd., Columbus, OH 43220, 614 457-3454.
PAUL, Roger L.; '61 BSBA; Mgr. Communications; Cooper Industries, Inc., Box 4446, Houston, TX 77210, 713 739-5754; r. 2926 Blue Glen, Houston, TX 77073, 713 443-1144.
PAUL, Ronald Howard; '80 BSBA; Programmer/Analyst; Cincinnati Milacron, 537 Grandin Rd., Maineville, OH 45039, 513 583-2616; r. 6723 Cheri Lynne Dr., Dayton, OH 45415, 513 898-7466.
PAUL, Stephen Moro; '88 BSBA; 4399 Langton Rd., Hilliard, OH 43026, 614 876-4669.
PAUL, Todd Christopher; '85 BSBA; Internal Auditor; Gen. Instrument Corp., 425 Chubb Ave., Lyndhurst, NJ 07071, 201 507-3064; r. 29 Overlook Ave., Belleville, NJ 07109, 201 751-4184.
PAULETTE, Richard Gordon; '75 BSBA; Fed. Safety Investigr; r. 8503 Lake Forest Dr., Olympia, WA 98503, 206 438-1447.
PAULEY, Scott Alan; '85 BSBA; Sales Rep.; Hamilton/Avnet, St. Petersburg, FL 33716, 813 573-3930; r. 13795 Feather Sound Cir., Apt. 511, Clearwater, FL 34622, 813 573-1222.
PAULIN, Patricia A. '74 (See Hammer, Patricia A.).
PAULLIN, Craig Lee; '76 BSBA; Credit Mgr.; Invacare Corp., 899 Cleveland St., Elyria, OH 44036, 216 329-6000; r. 516 Glen Park, Bay Village, OH 44140, 216 892-0268.
PAULMANN, Michele Marie; '85 BSBA; Sales Rep.; r. 21 Kristen Pl. #530, Schaumburg, IL 60194.
PAULMANN, LT Russell Dwight; '82 BSBA; Lt. Usnr/Pilot; USN, Nas Norfolk Vaw-126, Norfolk, VA 23511; r. 4908 Cliffony Dr., Virginia Bch., VA 23464, 804 467-7937.
PAULSEN, Louis L.; '49 BSBA; Retired; r. 505 S. 16th St., Mc Alester, OK 74501, 918 423-1898.
PAULSGROVE, Sandra '72 (See Seelenbinder, Mrs. Sandra P.).
PAULSON, Gary Alexander; '68 BSBA; 27 Blackburn St., Greenville, SC 29607, 803 235-0846.
PAULSON, Paul Joseph; '54 BSBA; Pres./CEO; Isidore & Paulson Inc., 810 7th Ave., 37th Fl., New York, NY 10019, 212 586-9300; r. 45 W. Brother Dr., Greenwich, CT 06830, 203 629-3347.
PAULUS, Frank W.; '37 BSBA; Retired; r. 881 Oxford St., Worthington, OH 43085, 614 885-5993.
PAULUS, Lloyd D.; '53 BSBA; Retired; r. 1771 Hess Blvd., Columbus, OH 43212, 614 488-7207.
PAULUS, Patricia '79 (See Matheny, Patricia Paulus).
PAULY, Thomas Howard; '88 BSBA; 1292 St. Rte. 603 R 1, Ashland, OH 44805, 419 289-8143.
PAUMIER, Terri J. '82 (See Livingston, Mrs. Terri P.).
PAUSCH, John L.; '36 BSBA; 8652 Eleuthera Ct., Ft. Myers, FL 33907.
PAUSCH, Robert Eddy; '62 BSBA; 2171 Waltham Rd., Columbus, OH 43221, 614 486-1441.
PAUTSCH, Richard Allen; '77 BSBA; Staff Acct.; Coopers & Lybrand, Ste. 2000 Columbus Ctr., 100 E. Broad St., Columbus, OH 43215; r. 6469 Hilltop Ave., Reynoldsburg, OH 43068, 614 864-7302.
PAVELZIK, Robert E., Jr.; '74 BSBA; Sr. Financial Analyst; L T V Steel Co., 410 Cherlin, LTU Bldg., Massillon, OH 44646, 216 737-6208; r. 1808 Jackson Ave. NW, Massillon, OH 44646, 216 832-7379.
PAVEY, Jonathan R.; '61 BSBA; Ins. Agt.; Affiliated Agencies, 8802 N. Meridian, Indianapolis, IN 46240, 317 846-4332; r. 10906 Pleasant View Dr., Carmel, IN 46032, 317 844-7561.
PAVIA, Anthony Prospie, Jr.; '75 BSBA; CPA/Bus. Analyst; Progressive Ins., 730 Som Center Rd., Mayfield, OH 44101, 216 473-3600; r. 20948 Eastwood Ave., Fairview Park, OH 44126, 216 331-2288.
PAVIA, Michael Andrew; '80 BSBA; Data Base Spec.; 770 W. Broad St., Columbus, OH 43265; r. 990 Lenore, Columbus, OH 43224, 614 268-5991.
PAVLIK, John M.; '72 BSBA; Acct.; r. 6861 Glenella Dr., Cleveland, OH 44131, 216 524-3461.
PAVLIK, Judith Rosboril, (Judith Rosboril); '76 BSBA; Controller; San Antonio River Authority, 100 E. Guenther St., San Antonio, TX 78204, 512 227-1373; r. 4934 Woodstone, San Antonio, TX 78230.
PAVLISKO, Mrs. Susan Marie, CPA, (Susan Marie Kaminski); '82 BSBA; Acctg. Supv.; LDI Corp., 1375 E. 9th St., One Cleveland Ctr., Cleveland, OH 44114, 216 687-0100; r. 1858 Skyline Dr., Richmond Hts., OH 44143, 216 261-3819.
PAVLOFF, John Michael; '88 BSBA; Prog. Analyst; Champion Intl., Knightsbridge Dr., Hamilton, OH 45020, 513 868-4488; r. 9572 Leebrook Dr., Cincinnati, OH 45231, 513 729-5972.
PAVLOVICZ, Karen Sue, (Karen Sue Wilgus); '81 BSLHR; Staff; United Mc Gill Corp., 1 Mission Park, POB 7, Groveport, OH 43125, 614 836-9981; r. 2742 Wildwood Rd., Columbus, OH 43231, 614 891-2977.
PAVLU, Lawrence K.; '55 BSBA, '56 MBA; Trust Ofcr.; Security Pacific Natl. Bank, Fin. Mgmt. & Trust Svcs., 234 E Colorado Blvd. POB 90610, Pasadena, CA 91109, 818 304-3284; r. 682 Monterey Pl., Sierra Madre, CA 91024, 818 355-1121.
PAVORD, Dr. William C.; '62 MBA, '69 PhD (BUS); Prof.; Averett Clg., Danville, VA 24541, 804 791-5732; r. 537 Tamworth Dr., Danville, VA 24540, 804 793-4807.
PAWLECKI, Michael Dennis; '86 BSBA; Purchasing & Engrg./Asst.; Hammill Mfg., 1517 Coining Dr., Toledo, OH 43612, 419 476-0789; r. 4920 Oak Glen Dr., Toledo, OH 43613, 419 472-9772.
PAWLUK, Lew Jaroslaw; '88 BSBA; Rsch. Asst.; Ohio State Univ., Pharmacology Dept., 375 W. 8th Ave., Columbus, OH 43201, 614 421-1658; r. 3411 Winthrop Dr., Parma, OH 44134, 216 888-0970.
PAWUK, Wayne Steven; '70 BSBA; Pres.; North Coast Passage Inc., 800 St. Clair Ave., Cleveland, OH 44114, 216 621-4344; r. 6720 Cypress Dr., N. Olmsted, OH 44070, 216 235-6705.
PAXSON, James Russell; '80 BSBA; Plant Mgr.; Aratex Svcs., 1200 Webster St., Dayton, OH 45404, 513 223-6667; r. 1376 Sheridan Ct., Troy, OH 45373.
PAXSON, Leslie J.; '22 BSBA; Retired; r. 1005 Joseph Johns Twr., Johnstown, PA 15901, 814 535-5466.
PAXTON, Deborah Jean; '86 BSBA; 6100 Clover Valley Rd., Johnstown, OH 43031, 614 967-4692.
PAXTON, Jennifer Anne; '86 BSBA; 5591 Sierra Ridge Dr., Columbus, OH 43229.
PAXTON, Joseph Mark; '76 BSBA; Owner; Graphic Awards, 1371 W. 3rd Ave., Columbus, OH 43212, 614 488-8445; r. 3884 Mountview Rd., Columbus, OH 43220, 614 459-8758.
PAXTON, Judith Karen; '85 BSBA; Asst. Mgr.; K Mart, Columbus, OH 43228; r. 2253 Hedgerow Rd. Apt. A, Columbus, OH 43220, 614 457-6782.
PAXTON, Michelle J.; '87 BSBA; 6100 Clover Valley Rd., Johnstown, OH 43031, 614 967-4692.
PAXTON, Robert Anthony, Jr.; '69 BSBA; Salesman; Natl. Electric Coil, Div Mc Graw Edison Co, 800 King Ave., Columbus, OH 43212; r. 2237 Lane Rd., Columbus, OH 43220, 614 451-7715.
PAXTON, T. Jay; '51 BSBA; Prog. Mgr.; Sparton Corp., 1400 Ganson St., Jackson, MI 49202, 517 787-8600; r. 2478 Glengarry Rd, Jackson, MI 49203, 517 784-0419.
PAYANT, Peter; '58 BSBA; Retired; r. 11642 S. Shoshoni Dr., Phoenix, AZ 85044, 602 893-2148.
PAYNE, Beverly '81 (See Epps, Mrs. Beverly Payne).
PAYNE, Carl R.; '49 BSBA; Salesman; The Col-Mer Co., 2549 Westbelt Dr., Columbus, OH 43228; r. 649 Olde Towne #C, Columbus, OH 43214, 614 451-7903.
PAYNE, Daniel Pearl; '49 BSBA; Retired; r. 6234 Charity Dr., Cincinnati, OH 45248, 513 574-1675.
PAYNE, David A.; '60 BSBA; Operational Plng. Mgr.; Nationwide Ins. Co., 1 Nationwide Plz., 31-T, Columbus, OH 43216, 614 249-6866; r. 1296 Bosworth Sq. S., Columbus, OH 43229, 614 888-1186.
PAYNE, Debra Adele; '84 MBA; User Svcs. Ibm Spclst; Battelle Mem. Inst., 505 King Ave., Columbus, OH 43201; r. 1260 College Ave., Columbus, OH 43209, 614 231-5823.
PAYNE, Donald N.; '40 BSBA; Retired Partner; Arthur Young & Co., 100 Renaissance Ctr., Detroit, MI 48243; r. 4133 Iverness Ln., Orchard Lake, MI 48033, 313 626-8364.
PAYNE, Douglas Lee; '80 BSBA, '83 MPA; Regional Sales Mgr.; Northwest Airlines, 411 E. Wisconsin Ave., Milwaukee, WI 53202, 414 747-4781; r. 4659 N. Ironwood, Milwaukee, WI 53209, 414 962-3028.
PAYNE, Douglas Melville; '72 MBA; VP; Continental Bank, 231 S. La Salle St., Chicago, IL 60697, 312 828-3674; r. 166 Cranston Ct., Glen Ellyn, IL 60137, 312 469-5071.
PAYNE, Ms. Eugenia C.; '83 BSBA; Syst. & Prog. Analyst; Chrysler Corp., 26001 Lawerence, Center Line, MI 48015, 313 758-9003; r. 29733 Julius Blvd., Westland, MI 48185, 313 729-3158.
PAYNE, Francis Michael, III; '72 BSBA; Sr. VP; Williamsburg Homes, POB 527, Chardon, OH 44024, 216 286-3186; r. 11423 Twin Mills Ln., Chardon, OH 44024, 216 286-6632.
PAYNE, James William; '73 BSBA, '78 MBA; Area Mgr.-Green/H.T.; Timken Co., 1 Timken Pl., Iron Sta., NC 28080, 704 735-6551; r. POB Sb 18 Rte. 1, Lincolnton, NC 28092, 704 735-9470.
PAYNE, John B., CPA; '55 BSBA, '56 MBA; Retired; r. 884 Pipestone Dr., Worthington, OH 43235, 614 436-8378.
PAYNE, John Lockwood; '86 BSBA; Production Planner; CIBA Corning Diagnostics Corp., 132 Artino St., Oberlin, OH 44074, 216 774-1041; r. 124 Berwick Ct., Elyria, OH 44035, 216 323-7332.
PAYNE, Mrs. Kathleen R., (Kathleen Benjamin); '85 BSBA; Sr. Acct.; Chiquita Brands, 250 E. 5th St., Cincinnati, OH 45202, 513 632-4049; r. 1301 Beacon, Cincinnati, OH 45230, 513 784-8552.
PAYNE, Marjorie M., (Marjorie McCormick); '51 BSBA; Retired Tchr.; r. 23300 Community St., West Hills, CA 91304, 818 346-5343.
PAYNE, Thomas James; '81 BSBA; Air Traffic Controller; FAA-DOT, 2211 17th St., Longmont, CO 80501, 303 776-4100; r. 734 N. Jefferson Ave., Loveland, CO 80537, 303 669-2169.
PAYNTER, John W.; '32 BSBA; Retired Exec. Dir.; Mc Gregor Fund, 2026 Commonwealth Bldg., Detroit, MI 48226; r. 5780 Gladstone Dr., POB 156, White Cottage, OH 43791, 614 849-2306.
PAYTER, Ellen Cecile; '82 BSBA; 1369 Weybridge Rd., Columbus, OH 43220.
PAYTON, Gene R.; '50 BSBA; Reitred Safety Supv.; Natl. Gypsum Co., Gold Bond Bldg. Products, 504 Walnut St., Niles, OH 44446; r. 516 W. Midlothian Blvd., Youngstown, OH 44511, 216 788-9170.
PAYTON, Joel Kenneth; '81 BSBA; Supv.; Kroger Distribution Ctr., 4055 Poth Rd, Columbus, OH 43213; r. 13830 Fairway Dr., Marysville, OH 43040, 513 642-4460.
PEAKE, Carrie Lynn; '86 BSBA; 29 Brookside Ave., Apalachin, NY 13732, 607 625-2722.
PEAKS, Hezekiah R.; '50 BSBA; Social Worker; Illinois Dept. of Public Aid, 624 S. Michigan, Chicago, IL 60605, 312 227-6600; r. 8228 S. Peoria Ave., Chicago, IL 60620, 312 783-5497.
PEALER, Arlo P.; '50 BSBA; Retired; Sears Roebuck & Co., 521 N. Nelson Rd, Columbus, OH 43219; r. 1202 N. Mulberry St., Mt. Vernon, OH 43050, 614 397-6478.
PEARCE, J. Matthews; '73 BSBA, '77 MBA; Gen. Accts Mgr.; Quadram Corp., One Quadway, Norcross, GA 30093, 404 564-5576; r. 1267 Woodcliff Ct., Lilburn, GA 30247, 404 979-8424.
PEARCE, Kenneth E.; '52 BSBA; Retired/Admin.; Bendix Corp.; r. 1 Teal Ct., Brevard, NC 28712, 704 885-8221.
PEARCE, Robert H.; '60 BSBA; Mgr. Human Resources; BP Oil Co., Marcus Hook Refinery, POB 428, Marcus Hook, PA 19061, 215 499-7260; r. 505 Marsh Rd., Wilmington, DE 19809.
PEARCE, Samuel W.; '25 BSBA; Retired; r. 8883 Browning Dr., Waterville, OH 43566, 419 878-3517.
PEARCH, Daniel Lowell; '76 BSBA; Dist. Sales Mgr.; Fletcher-Barnhardt & White Inc., 2089 Swan Ln., Safety Harbor, FL 34695, 813 726-6404; r. Same, 813 726-8632.
PEARCH, Michael Robert; '70 BSBA; Production Planner; Firestone Tire & Rubber Co., 1200 Firestone Pkwy., Akron, OH 44317, 216 379-7858; r. 3768 Mulberry NW, Uniontown, OH 44685, 216 699-3625.
PEARL, Pamela Kaye; '84 BSBA; Design Analyst; Ryder Distribution Resources, 3600 NW 82nd Ave., Miami, FL 33166, 305 593-3325; r. 7019 SW 115th Pl., Unit H, Miami, FL 33173, 305 271-5142.
PEARL, Sanford Kenneth; '76 BSBA; CPA/Controller; Denton Vacuum, Inc., 2 Pin Oak Ave., Cherry Hill, NJ 08003, 609 424-1012; r. 8 St. Anthony Ct., Cherry Hill, NJ 08003, 609 424-0287.
PEARLMAN, Bruce Michael; '78 BSBA; Dir., Financial Plng.; Student Loan Mktg. Assoc., 1050 Thomas Jefferson St. NW, Washington, DC 20007; r. 1239 Derbyshire, Rockville, MD 20854, 301 762-5569.
PEARLMAN, Gerald J.; '55 BSBA; 6928 Carnegie Ave., Coffee King In, Cleveland, OH 44103.
PEARLMAN, Louis R.; '61; Atty. & Corporate Ex VP; r. 117 Windsor Gate Dr., New Hyde Park, NY 11040, 516 365-2327.
PEARLMAN, Melvin; '54 BSBA; Pres.; L. B. Cleveland Mfg., 2363 E. 69th St., Cleveland, OH 44104, 216 881-9700; r. 24904 Wimbledon Rd., Cleveland, OH 44122, 216 464-0546.
PEARLMAN, Sidney; '32 BSBA; Owner; Colony House Furniture, 16801 Chagrin Blvd. SE, Chagrin Falls, OH 44120; r. Vlg Orioles, 14773 Cumberland Dr., Delray Bch., FL 33446, 407 498-7356.
PEARON, Paul James, Sr.; '66 BSBA; Mgr.; Haas Lumber Co., 41 Elm St., Peebles, OH 45660, 513 587-2722; r. 41 Elm St., Peebles, OH 45660, 513 587-3765.
PEARSON, David E.; '63 BSBA; Pres.; The Pultrusions Corp., 1331 S. Chillicothe Rd., Aurora, OH 44202, 216 562-5201; r. 7582 Sugarbush Tr., Hudson, OH 44236, 216 650-9445.

PEARSON, Debra '82 (See Gilman, Debra Pearson).
PEARSON, Hon. James A.; '51 BSBA; Judge; Franklin Co. Municipal Ct., Judges Chambers, 375 S. High St., Columbus, OH 43215; r. 5764 Satinwood Dr., Columbus, OH 43229.
PEARSON, James F.; '64 BSBA; Computer Syst. Anal; r. 3798 Fenn Rd, Medina, OH 44256.
PEARSON, Joan Snoddy; '49 BSBA; Ridge Rd Box 370, Chester, CT 06412, 203 526-5476.
PEARSON, Kevin E.; '87 BSBA; Results Analyst; Litel Telecommunications, 200 Old Wilson Bridge Rd., Worthington, OH 43085, 614 433-9200; r. 5597 Sutterton Ln., Westerville, OH 43081, 614 794-0745.
PEARSON, Lois R. '65 (See Roberts, Mrs. Lois P.).
PEARSON, Mark William; '83 BSBA; Product Support; Holp-Refakis Equip. & Co., 5252 Walcutt Ct., Columbus, OH 45039, 614 878-2287; r. 1073 Marland N., Columbus, OH 43224, 614 267-4392.
PEARSON, Philip D.; '38 BSBA; Retired; r. 8356 Africa Rd, Westerville, OH 43081, 614 882-2897.
PEARSON, Richard David; '58 BSBA; Pres.; Fleet Equip. Corp., 18 Overlook Ave., Rochelle Park, NJ 07662, 201 845-3891; r. 844 Trailing Ridge Rd., Franklin Lakes, NJ 07417, 201 891-7844.
PEARSON, Ulysses, Jr.; '75 BSBA; 2605 Jay Ave., Cleveland, OH 44113, 216 621-6191.
PEARSON, Yvonne Mayberry, MSW, (Yvonne Mayberry); '87 MPA; Administrative Dir.; Choices for Victims of Domestic Violence, POB 06157, Columbus, OH 43206, 614 258-6080; r. 1798 Jermain Dr., Columbus, OH 43219, 614 258-2593.
PEASE, Dr. Laurel E.; '72 PhD (BUS); Prof. & Tchr.; r. 1309 Puma Tr., Las Cruces, NM 88001, 505 526-4323.
PEAY, Elbert Orman, Jr.; '76 BSBA; Acct.; Big Drum Inc., 1740 Joyce Ave., Columbus, OH 43219; r. 3065 Blair Dr., Mansfield, OH 44903, 419 529-6181.
PECHTER, Morton; '47 BSBA; Pres.; Harrison Baking Co., Inc., 840 Jersey St., Harrison, NJ 07029, 201 483-3374; r. 344 W. Shore Tr., Sparta, NJ 07871, 201 729-4648.
PECINOVSKY, Keith James; '79 BSBA; Constr. Supt.; Homewood Corp., 6079 Northgate Rd, Columbus, OH 43229; r. 6369 Baskerville Dr., Columbus, OH 43213, 614 868-8208.
PECK, Jacob R.; '65 BSBA; Corp Materials Spec.; Diebold Inc., 818 Mulberry Rd SE, Canton, OH 44707; r. 3528 Fox Ave. NE, Minerva, OH 44657, 216 862-2531.
PECK, Jeffrey Wakefield; '75 BSBA; Sales Mgr.; Vitek Distributing, 920 Broadwalk Ave., San Marcos, CA 92069, 800 366-6655; r. 2710 Pine Creek Cir., Fullerton, CA 92635, 714 529-1252.
PECK, Rev. Russell Edward; '74 BSBA; Rector; St. Andrew Episcopal Church, Barberton, OH 44203, 216 753-9026; r. 600 E. Baird, Barberton, OH 44203, 216 753-0523.
PECK, William H.; '63; Staff; Ohio Bell Telephone Co., 111 N. 4th St., Columbus, OH 43015, 614 223-6253; r. 614 Reindeer Ln., Gahanna, OH 43230, 614 855-3000.
PECKHAM, George Crane; '84 BSBA; Programmer; IBM Corp., 10401 Fernwood, Bethesda, MD 20817, 301 571-7557; r. 10696 Weymouth St., #203, Bethesda, MD 20814, 301 530-1025.
PECTOL, William Donaldson; '73 MACC; CFO; North American Rayon Corp., W. Elk Ave., Elizabethton, TN 37643, 615 542-2141; r. 2300 Edgewood Ave., Elizabethton, TN 37643, 615 543-6130.
PEDIGO, Howard K.; '63 MBA; VP-Prod; Universal Tank & Iron Works In, 11221 Rockville Rd, Indianapolis, IN 46234; r. 633 Elm Dr., Plainfield, IN 46168, 317 839-4997.
PEDROZO, Barbara Jo, (Barbara Jo Kiehl); '87 MBA; Compensation Mgr.; Aultman Hosp., 2600 6th St. SW, Canton, OH 44710, 216 438-7406; r. 3060 Fulton Dr., NW, Canton, OH 44718, 216 455-7931.
PEEBLES, Nancy Laverne; '80 BSBA; 1814 Minnesota St., Middletown, OH 45044, 513 422-0490.
PEEBLES, Steven Craig; '82 BSBA; Sr. Auditor; Defense Contract Audit Agcy., 131 N. High St., Ste. 600, Columbus, OH 43215, 614 469-6764; r. 3327 Chetwood Pl., Dublin, OH 43017, 614 766-9929.
PEELLE, Douglas William; '83 BSBA; Salesman; Connecting Point, 6495 Sawmill Rd., Dublin, OH 43017, 614 889-7566; r. 655 Stinchcomb Dr., #2, Columbus, OH 43202, 614 262-7154.
PEELLE, William Edward; '72 BSBA; Atty.; Peelle Law Offices Co., . LPA, 135 N. South St., POB 804, Wilmington, OH 45177, 513 382-1497; r. 600 Kathryn Dr., Wilmington, OH 45177, 513 382-4784.
PEEPLES, Chris Alan; '78 BSBA; City Auditor; City of Troy, 100 S. Market St., Troy, OH 45373, 513 335-2224; r. 338 Robinhood Ln., Troy, OH 45373, 513 339-0124.
PEGEL, William John; '67 BSBA; 14314 Briartrail St., San Antonio, TX 78247.
PEGRAM, Theodore Arthur; '72 BSBA; Sales Rep.; Reynolds Metals, 14005 13th Ave. N., Plymouth, MN 55441, 612 546-5437; r. 7300 Gallagher Dr., Apt. 135-E., Edina, MN 55435, 612 921-0920.
PEIRSOL, Frank E.; '67 BSBA; Real Estate Broker; Frank E. Peirsol & Co., 6065 Frantz Rd., Dublin, OH 43017, 614 766-0994; r. 5409 Maple Canyon Ave., Columbus, OH 43229, 614 431-9627.
PEITZKE, James E., PA; '57; Acct.; 614 Lummisford Ln., N., Columbus, OH 43214, 614 451-1032; r. Same.
PEKAREK, Laura Marie; '79 BSBA; Staff; Prescott Ball & Turben, 1331 Euclid Ave., Cleveland, OH 44115; r. 6515 Liberty Bell Dr., Brook Park, OH 44142, 216 842-2959.
PEKAREK, Robert C.; '48 BSBA; Retired; r. 1131 Glenview Dr., Fullerton, CA 92635, 714 871-1595.
PELFREY, Ronald Dale; '85 BSBA; Prog. Mgr.; Enginetics Corp., 7700 New Carlisle Pike, Huber Hts., OH 45424, 513 878-3800; r. 4818 Pennswood Dr., Huber Hts., OH 45424, 513 233-7518.
PELLECCHIA, Suzanne '84 (See Bauman, Suzanne).
PELLEGRINI, Michele Marie; '88 BSBA; 19692 Glenmar Way, Strongsville, OH 44136, 216 238-5607.
PELLEGRINO, Jo Ann; '84 BSBA; Menswear Buyer; Bachrach's, 2354 Hubbard Ave., Decatur, IL 62526, 217 875-1020; r. 1703 S. Country Club Rd., #219, Decatur, IL 62521, 217 428-4043.
PELLERITI, Richard L.; '58 BSBA; CEO; Ram Prods. Inc., 1091 Stimmel Rd., Columbus, OH 43223; r. 2258 Montague, Columbus, OH 43220, 614 291-8898.
PELLETIER, Robert Adelard; '80 BSBA; Product Mgr.; Nashua Corp., Rte. 3, Merrimack, NH 03054, 603 886-4057; r. 23 Humphrey St., Wakefield, MA 01880, 617 246-3469.
PELLING, Wesley R.; '42 BSBA; Retired; Ford Motor Co., The American Rd, Dearborn, MI 48121; r. 1 Cherry Hill Ct., Dearborn, MI 48124, 313 562-0449.
PELLINGTON, Thomas F.; '75 BSBA; Dir. Transportation; The David J. Joseph Co., POB 1078, Cincinnati, OH 45201, 513 621-8770; r. 1149 Eagle Ridge Rd., Milford, OH 45150, 513 831-6529.
PELTOMAA, Roy Alan; '81 BSBA; Distribution Tech.; IBM Corp., 1 Gateway Ctr. 2nd Fl., Newton, MA 02158, 617 243-9592; r. 107 Jaques, Somerville, MA 02145, 617 628-1619.
PELTON, John D.; '64 BSBA; Asst. Produce Mgr.; r. 5431 Lanark Ct., Dublin, OH 43017, 614 764-0940.
PEMBERTON, Val R.; '49 BSBA; Div. Mgr.; Torx, Div of Camcar Textron, Hwy. 31 N., Rochester, IN 46975, 219 223-3131; r. 1029 Main St., Rochester, IN 46975, 219 223-4459.
PENCE, Gary L.; '82 MACC; Mgr. Cost/Price Analysis; The Analytic Sciences Corp., 2555 Presidential Dr., Fairborn, OH 45324, 513 426-1040; r. 302 Orville St., Fairborn, OH 45324, 513 878-2437.
PENCE, James Allen; '77 BSBA; VP; Trans Ohio Savings Bank, One Park Plz., 1250 Superior Ave., Cleveland, OH 44115; r. 30201 Wolf Rd., Cleveland, OH 44140, 216 892-8680.
PENCE, Richard P.; '50 BSBA; Retired Credit Mgr.; GM Acceptance Corp., 3250 W. Market St., Akron, OH 44313; r. 501 Dickemery Dr., Akron, OH 44303, 216 836-6934.
PENDER, Jack Edward; '68 BSBA; 1301 Weed Ln., Vincennes, IN 47512, 812 886-6123.
PENDLETON, Claude W.; '39 BSBA; Retired; r. 174 Fairway Dr., Columbus, OH 43214, 614 846-8460.
PENELTON, Teresa Eileen; '82 BSBA; Day Operation Mgr.; The Kroger Co., 7025 English Ave., Indianapolis, IN 46208, 317 352-5301; r. 1208 Congress, Indianapolis, IN 46208, 317 923-7740.
PENGOV, Ruann F. '77 (See Ernst, Dr. Ruann F.).
PENICK, Alan W.; '67 BSBA; Mfg. Grp. Mgr.; R. R. Donnelley & Sons Co., N. Rte. #45, Mattoon, IL 61938, 217 258-2603; r. Rte. #3, 9 St. Andrew Pl., Mattoon, IL 61938, 217 235-1567.
PENICK, Lawrence; '60; Technical Repr; Conalco Corp., POB 174, Hannibal, OH 43931; r. 575 W. 42nd St., Shadyside, OH 43947, 614 676-2983.
PENIX, LTCDR Larry Ellis; '71 BSBA; LT. CDR. USN; USS Reasoner 1063, San Diego, CA 92299; r. 3315 Midland Rd., Fairfax, VA 22031, 703 352-0947.
PENKAL, Dave Scott; '88 BSBA; Financial Planner; John Hancock Financial Svcs.; r. 224 E. Island Dr., Eastlake, OH 44094, 216 946-5542.
PENN, Douglas Dean; '81 BSBA; Sales Rep.; PPG Industries, 2054 Drill Ave., Dayton, OH 45414, 513 278-0671; r. 1283 Terry Ct., Mason, OH 45040, 513 398-4486.
PENN, Judith '60 (See Mallonn, Judith Penn).
PENN, Lewis; '49 BSBA; Gen. Mgr.; Penn Cork & Closures Inc., 1155 Manhattan Ave., Brooklyn, NY 11222; r. 11-55 Manhattan Ave., Brooklyn, NY 11222.
PENN, Marilyn '76 (See Allen, Ms. Marilyn Penn).
PENN, Robert F.; '65 BSBA; Airline Pilot; United Airlines, O'Hare International Airport, Chicago, IL 60607; r. 3215 Larkspur Dr., Crystal Lake, IL 60012, 815 455-0510.
PENNELL, Gerard B.; '55 BSBA; VP; Diamond Chain Co., Marketing, 402 Kentucky Ave., Indianapolis, IN 46225; r. 6116 Hythe Rd., Indianapolis, IN 46220, 317 849-0877.
PENNELLA, Mauro Luigi; '88 MA; 81 E. Woodruff Ave., Apt. B, Columbus, OH 43201.
PENNER, Mark L.; '80 BSBA; Mgr.; Delaware North Co., 200 Terminal Dr., Ft. Lauderdale, FL 33316, 305 359-1500; r. 805 NW 13th Ave., Dania, FL 33004, 305 925-5714.
PENNER, Stephen M.; '61 MBA; Ltd. Partner; Peelmeter Investments Ltd., 2445 S. 130th, Omaha, NE 68144, 402 333-2372; r. 13775 Poppleton Cir., Omaha, NE 68144, 402 333-0116.
PENNINGTON, Dr. John Byron; '73 PhD (BUS); 3841 Lake Aire Dr., Nashville, TN 37217, 615 361-1543.
PENNINGTON, Richard James; '81 BSBA; Acctg. Clerk; Tri Cnty. Energy Prods., 246 Abbott St., Salinas, CA 93901, 408 758-3201; r. 1357 Garner Ave., Apt. 15, Salinas, CA 93905, 408 758-3470.
PENNINGTON, Ronald Douglas; '70 BSBA; Acct.; r. 850 Oakwood Dr., Greenwood, IN 46142, 317 882-0915.
PENNY, Jeffrey Lee; '75 BSBA; Owner; Designed Acrylics Inc., 1740 S. Main St., Mansfield, OH 44907, 419 756-8907; r. 161 Chilton Ave. Rear, Mansfield, OH 44907, 419 522-6002.
PENNYBAKER, William O'Conner; '81 BSBA; 5804 Sturgeon Ln., Jacksonville, FL 32211, 904 743-6547.
PENROD, Daniel Lee; '73 BSBA; Staff; Lancaster Colony, 37 W. Broad St., Columbus, OH 43215; r. 435 N. Whitewoman St., #2, Coshocton, OH 43812, 614 622-8259.
PENROD, John Mark; '76 BSBA; Admin./Mgr.; State of Ohio, Bureau of Real Estate, 30 E. Broad St. 35th Fl., Columbus, OH 43266, 614 466-8301; r. 1497 Hempwood Dr., Columbus, OH 43229, 614 885-0928.
PENSINGER, Kathleen Bahen, (Kathleen Bahen); '78 BSBA; Staff; Univ. Hosps. of Cleveland, 2074 Abington Rd., Cleveland, OH 44106, 216 844-8410; r. 39645 Detroit Rd., Avon, OH 44011, 216 934-5745.
PENTECOST, James Miller, II; '73 MBA; VP; Power & Telephone Supply Co., 2668 Yale Ave., Memphis, TN 38138, 901 452-0655; r. 3019 Sandy Creek, Germantown, TN 38138, 901 756-4706.
PENTER, Laura Lee; '86 BSBA; Dist. Mgr.; G C Svcs., 265 W. Evans St., Florence, SC 29501, 803 669-4695; r. 820 Parker Dr., Apt. F, Florence, SC 29501, 803 665-5722.
PENTON, Ingrid Birgitte; '87 BSBA; Mgr.; Pentons Country Mkt., 1333 N. Ridge Rd W., Lorain, OH 44052; r. 1333 N. Ridge Rd. W., Lorain, OH 44053, 216 282-9246.
PENTON, Timothy James; '83 BSBA; 1264 N. Ridge Rd W., Lorain, OH 44052, 216 282-9371.
PENTZ, Paul E.; '88 BSBA; 22780 Fairview Dr., Minerva, OH 44657.
PENWELL, LTC Gary William, USAF(Ret.); '67 BSBA; Dir. of Exec. Support; Fndn. Health Corp., 11344 Coloma Rd., Gold River, CA 95670, 916 636-3578; r. 8025 Larwin Dr., Citrus Hts., CA 95610, 916 722-3368.
PENZ, Anton Jacob, PhD; '47 PhD (BUS); Prof. Emeritus; Univ. of Alabama; r. 845 Ashland Dr., Tuscaloosa, AL 35406, 205 345-8396.
PENZONE, David Christopher; '73 BSBA; Managing Partner; Touche Ross & Co., 250 E. Broad St., Columbus, OH 43215, 614 224-1110; r. 1933 Ramblewood Ave., Columbus, OH 43235, 614 224-1119.
PENZONE, Tony Michael; '70 BSBA; Investment Broker VP; Merrill Lynch, 100 E. Broad St., Columbus, OH 43215; r. 4267 Shire Landing Rd., Hilliard, OH 43026, 614 225-3185.
PEOPLES, Bernice; '78 BSBA; Appraiser; State of Ohio, Tax Equalization Dept., 30 E. Broad St., Columbus, OH 43215; r. c/o Thomas Peoples, 567 Kimball Pl., Columbus, OH 43205, 614 252-2871.
PEOPLES, Claude F.; '33 BSBA; Retired; Modern Rental Syst., Box 242, Clearwater, FL 34618; r. 5640 Bronx Ave., Sarasota, FL 34231, 813 447-3869.
PEOPLES, Robert A.; '59 BSBA; 3222 Angela Dr., Grove City, OH 43123, 614 871-0062.
PEOPLES, William Anthony; '87 BSBA; Acct.; Ernst & Winney, Div. of Price Waterhouse, 2400 Nationwide Plz., Columbus, OH 43215, 614 224-5678; r. 2735 Cooper Ridge Rd., Columbus, OH 43231, 614 794-3449.
PEPE, Thomas F.; '88 BSBA; Ownr/Ice Crm Sales; r. 288 E. 17th Ave., Columbus, OH 43201.
PEPIN, Mrs. Margaret D., (Margaret E. Dunlap); '72; Secy.-Treas.; JK&S Inc., 1000 Kenwood Rd., Bldg. 12, Fayetteville, GA 30214, 404 461-8231; r. 403 Comanche Tr., Lawrenceville, GA 30244, 404 972-2467.
PEPIN, William R.; '75 BSBA; Pres.; JK&S Inc., 1000 Kenwood Rd., Bldg. 12, Fayetteville, GA 30214, 404 461-8231; r. 403 Comanche Tr., Lawrenceville, GA 30244, 404 972-2467.
PEPLAW, Russell Baugh; '75 MPA; 4 Ocean Pines, Ocean Park, ME 04063, 207 934-5442.
PEPPE, James Joseph; '61 BSBA; Real Estate Broker; Offices, 1650 W. Fifth Ave., Columbus, OH 43212, 614 486-3132; r. 1851 Collingswood Rd, Columbus, OH 43221, 614 488-1225.
PEPPER, Frank C.; '53 BSBA; VP; The Galbreath Mortgage Co., 3155 U S. Steel Bldg., 600 Grant St., Pittsburgh, PA 15219; r. 16075 Comprint Circle, Gaithersburg, MD 20877, 301 493-5815.
PEPPER, Gordon Kenneth; '86 BSBA; Sales; Diehl Ofc. Equip., 3681 Corporate Dr., Columbus, OH 43229, 614 895-8071; r. 5696 Forest Elm Ln., Columbus, OH 43229, 614 866-4206.
PEPPER, Joseph D.; '42 BSBA; Retired; Ford Motor Co., The American Rd, Dearborn, MI 48121; r. 23750 Fordson Dr., Dearborn, MI 48124, 313 565-7174.
PEPPER, Richard D.; '57 BSBA; Prof.; De Vry Inst. of Technology, 1350 Alum Creek Dr., Columbus, OH 43209, 614 253-7291; r. 4573 E. Livingston Ave., Columbus, OH 43227, 614 863-2905.
PEPPER, Ronald Paul; '61 BSBA; Mgr. of Distribution; Micro Ctr., 1555 West Ln. Ave., Columbus, OH 43221, 614 481-8041; r. 7311 Woodale Dr. NW, Carroll, OH 43112, 614 756-4506.
PEPPLE, David R.; '66 BSBA; Exec. VP & Dir.; Mutual of Omaha/Untd of Omaha, Computer Data Services, Mutual of Omaha Plz., Omaha, NE 68175, 402 978-2664; r. 722 N. 56th St., Omaha, NE 68132, 402 551-9210.
PEPPLE, Gregory Lynn; '68 BSBA; Staff; Murphy Motor Freight, 4330 East Rd., Lima, OH 45807; r. 2301 N. Glenwood, Lima, OH 45805, 419 225-7908.
PEPPLE, Lon J.; '69 BSBA; Plant Controller; First Brands Corp., 1700 N. 13th St., Rogers, AR 72756, 501 636-2845; r. 104 Woodridge Ln., Rogers, AR 72756, 501 636-6601.
PEPPLE, Michael Wayne; '77 BSBA; Banking Ofcr.; Trustcorp Bank, 125 S. Main, Fostoria, OH 44830, 419 435-8171; r. 13097 County Rd. 37, Findlay, OH 45840, 419 365-5189.
PEPPLE, Stephen Alan; '70 BSBA; Pastor; Calvary Ministries Intl., Inc., Van Dyne Crotty, Ft. Wayne, IN 46825, 219 426-7661; r. 1236 Northlawn Dr., Ft. Wayne, IN 46805, 219 483-5882.
PEQUIGNOT, Rhonda Lee; '85 BSBA; Salesperson; Action Energy, Inc., 100 Old Wilson Bridge Rd., Worthington, OH 43085; r. 145 Eastwood Dr., Greenville, OH 45331, 513 548-3333.
PERALME, Austin; '54 MBA; Retired; r. 2701 N. E. 23rd Ct., Pompano Bch., FL 33062, 305 943-1629.
PERANI, Paul Joseph; '87 BSBA; Industrial Sales/Svc. Rep; PH Sales; r. 5791 University Club Blvd. N., #502, Jacksonville, FL 32211, 904 744-8231.
PERCY, Grant Earl; '75 BSBA; Buyer; Johnson Controls Inc., POB 669, Pikeville, TN 37367, 615 447-6861; r. Rte. 9 Box 58D, Crossville, TN 38555, 615 484-5263.
PERDUE, Steven Ralph; '74 BSBA; Partner; Mellman, Peroue & Co., CPA's, 4207 E. Broad St., Columbus, OH 43213, 614 237-2523; r. 2136 Atterbury Ave., Columbus, OH 43229, 614 890-1813.
PERDUE, Thomas H.; '65 BSBA; Owner; Southeastern Christmas Tree FM, POB 781, Washington, GA 30673; r. POB 33, Wellston, OH 45692.
PERELMAN, Lawrence D.; '54 BSBA; VP; Marvin Interior Decorators, 275 W. Market St., Akron, OH 44303, 216 535-8101; r. 886 Sunnyside Ave., Akron, OH 44303, 216 864-6482.
PERES, David B.; '51 BSBA; Principal; Surprise Corp., 555 Secaucus Rd., Secaucus, NJ 07094, 201 864-6100; r. Lecole, Green Hill Rd., Lumberville, PA 18938, 215 297-0258.
PERETZ, Andrea Lizbeth; '79 BSBA; Tax Mgr.; Peat Marwick Main & Co., 1300 One Capitol Sq., 300 W. 15th, Austin, TX 78701, 512 478-7476; r. 4904 Beverly Hills Dr., Austin, TX 78731, 512 453-7506.
PEREZ, Agustin Aguirre; '70 MBA; Asst. Prof.; Diario El Universo, POB 531, Guayaquil, Ecuador; r. POB 531, Guayaquil, Ecuador.
PEREZ, Jose L.; '81 MPA; Personnel Admin.; Dallas/Ft. Worth Intl. Airport, PO Drawer Dfw, Dallas, TX 75261, 214 574-8091; r. 616 Rifleman Tr., Arlington, TX 76018, 817 467-7503.
PEREZ, Michael Joseph; '87 BSBA; Div. Asst. Controller; r. 2466 NW 49th Ter., Coconut Creek, FL 33063.
PEREZ PUBILLONES, Antonio E.; '39 BSBA; c/o Marcus V Mc Evoy, 8637 Howland Springs Rd SE, Warren, OH 44484.
PERFECT, Gary Neal; '81 BSBA; Mgr. Mfg. Systs. Devel.; Liebert Corp. Div. of Emerson El, 1050 Dearborn Dr., POB 29186, Columbus, OH 43229, 614 438-5762; r. 1214 Clement, Worthington, OH 43085, 614 885-1234.
PERGINS, Peter Theodore; '82 BSBA; Mktg.; r. 5781 Wiclif NE, Canton, OH 44721, 216 492-8026.
PERIAN, Ronald Charles, II; '85 BSBA; Flight Instr.; Farmington Hls., MI 48018; r. 25388 Liberty Ln., Farmington Hls., MI 48331, 313 478-2693.
PERK, Ralph Joseph, Jr.; '68 BSBA; Atty.; Perk & Miller, 800 Standard Bldg., Cleveland, OH 44113, 216 575-1111; r. 3421 E. 49th St., Cleveland, OH 44127, 216 641-6633.
PERKINS, Delbert E.; '47 BSBA; Asst. Finance Dir.; Lucas Cnty. Bd. of Mental Retardation, 2001 Collingwood Blvd., Toledo, OH 43620, 419 248-3585; r. 2056 Glen Arbor Dr., Toledo, OH 43614, 419 389-9826.
PERKINS, Judson W., Jr.; '65 BSBA; Exec. VP; Madison Square Garden, 2 Penn Plz., Ste. 1888, New York, NY 10121, 212 563-8270; r. 51 Woodbine Rd., Stamford, CT 06903, 203 329-1897.
PERKINS, LTC Larry Farnum; '69 MBA; Lt. Col. USAF; r. 106 Ivey Ct., Prattville, AL 36067, 205 365-4888.
PERKINS, Mark Burton; '84 BSBA; Systs. Engr.; Electronic Data Systs., 2601 Fortune Cir. E., Indianapolis, IN 46241, 317 240-5500; r. 8226 Ontario Ln., Indianapolis, IN 46268, 317 872-4531.
PERKINS, Patty Lynn; '87 MPA; Student; St. Louis Univ., Sch. of Law, 4048 Westminster, St. Louis, MO 63103, 314 531-3543; r. Rte. 1, Sparta, IL 62286, 618 443-4078.
PERKINS, Robert Louis, Jr.; '83 BSBA; Sales Rep.; Yamaha-Golf Div., 5717 Bangor Ct., Columbus, OH 43220; r. Same, 614 451-3558.
PERKINS, Susan Lynn; '80 BSBA; Financial Syst. Cnslt.; Corporate Class Software, 333 W. Wacker, Ste. 700, Chicago, IL 60606, 312 444-2026; r. 723 W. Wrightwood Ave., Apt. 3, Chicago, IL 60614, 312 975-0453.

PERKINS, Winston G.; '48 BSBA; Retired; r. 686 E. Overlook Dr., Columbus, OH 43214, 614 451-4677.
PERKS, Ben W.; '36 BSBA; Retired; r. 275 W. Home Rd., Springfield, OH 45504, 513 399-4565.
PERKS, Lisa Guest; '80 BSBA; 113 E. Kanawha, Columbus, OH 43214, 614 431-9596.
PERLMAN, Joseph N.; '64 BSBA; Atty.; r. 1631 St. Pauls Dr., Clearwater, FL 34624, 813 539-8345.
PERLMUTER, Carol '64 (See Luper, Carol Perlmuter).
PERLMUTER, Ernest A.; '36 BSBA; Chmn. of The Bd.; The Perlmuter Printing Co., 4437 E. 49th St., Cleveland, OH 44125, 216 271-5300; r. 4800 Cherry Laurel Ln., Delray Bch., FL 33445, 407 498-2023.
PERNAL, Edward Anthony, Jr.; '72 BSBA; Commercial Pilot; TWA, JFK International Airport, Jamaica, NY 11436; r. 93 Connecticut Ave., Long Beach, NY 11561, 516 889-0354.
PERNOTTO, Michael Andrew; '80 BSBA; Buyer; Kaleel Bros. Inc., POB 538, Youngstown, OH 44501, 216 758-0861; r. 2510 Taylor St., Youngstown, OH 44502, 216 788-0764.
PERONE, Dr. Julie A.; '79 MPA; Counseling Psychologist; Univ. of Maryland, Shoemaker Bldg., Counseling Ctr., College Park, MD 20742, 301 454-2133; r. 7 Den Rd., Apt. #202, Lincoln University, PA 19352, 215 255-0501.
PEROTTI, Dr. James L.; '83 MBA; Assoc. Provost; Ohio Univ., POB, Athens, OH 45701; r. POB 163D Pine Grove Hts., Athens, OH 45701, 614 593-3720.
PERRICO, Michael Albert; '88 BSBA; Account Exec.; Alpha Imaging, Highland Hts., OH 44143, 216 461-2800; r. 9900 Juniper, Concord, OH 44060, 216 357-1819.
PERRIGO, Gregory Robert; '72 BSBA; 704 Larriwood Ave., Kettering, OH 45429, 513 294-4628.
PERRILL, Alberta A., (Alberta A. Indoe); '49 BSBA; Secy.; Gordon (Gus) Perrill Realty & Auction, Ashville, OH 43103; r. 17001 Walnut Creek Pike, Ashville, OH 43103, 614 474-2573.
PERRIN, Eileen Pfeiffer; '47 BSBA; 156 Long John Dr., Hendersonville, NC 28739.
PERRIN, Frank Louis; '68 BSBA; Product Cost/Var. Analyst; Whirlpool Corp., 2000 N. Michigan, Rte. 63, Benton Harbor, MI 49022; r. 254 Whetstone River Rd. S., Caledonia, OH 43314, 616 429-8091.
PERRINE, Amy Elizabeth; '87 BSBA; 1959 Maplewood Dr., Stow, OH 44224, 216 686-9459.
PERRING, A. Michael; '67 BSBA; Secy.-Treas.; M.P.K., Inc., 2153 National Rd., Wheeling, WV 26003, 304 243-1270; r. 100 Euclid Ave., Wheeling, WV 26003, 304 243-1238.
PERRINI, John J.; '56 BSBA; Atty.; Thompson & Perrini, 141 E. Livingston Ave., Columbus, OH 43215; r. 2126 Mackenzie Dr., Columbus, OH 43220, 614 457-5388.
PERRINO, Christina Marie; '83 BSBA; Mktg. Sales Asst.; IBM Corp., 140 E. Town St., Columbus, OH 43215; r. 9306 Roundtop Rd., Cincinnati, OH 45239.
PERRUZZI, Patrick Michael; '82 BSBA; 216 344-6024; r. 10034 Pleasant Lake Blvd., #J-14, Parma, OH 44130, 216 886-6556.
PERRY, Bruce Cameron; '74 BSBA; Mgr.-Tax/Gen. Acctg.; Contech Constr. Prods., 1001 Grove St., Middletown, OH 45044, 513 425-2331; r. 1810 Waynebrook, Middletown, OH 45044, 513 424-2226.
PERRY, Charles Leo; '50 BSBA; Retired; r. POB 533, Waldport, OR 97394, 503 563-2246.
PERRY, Cheryl Lynn, (Cheryl Lynn Wyant); '84 BSBA; Acctg. Cnslt.; r. 1475 Garywood Ave., Columbus, OH 43227, 614 231-7161.
PERRY, David Benjamin; '80 MBA; Devel. Regulation; City of Columbus, 140 Marconi Blvd., Development Dept., Columbus, OH 43215, 614 299-2567; r. 228 W. Hubbard Ave., Columbus, OH 43215, 614 299-2567.
PERRY, Debora Anne; '84 MLHR; Salary Analyst; IBM Corp., 1701 North St., Dept. 579, Endicott, NY 13760, 607 755-3576; r. 813 Alma Pl., Endicott, NY 13760, 607 785-0013.
PERRY, Deborah Ann; '87 BSBA; Staff Acct.; Price Waterhouse, 41 S. High St., Ste. 3500, Columbus, OH 43215, 614 221-8500; r. 11150 Sagebrush, Uniontown, OH 44685, 216 877-6113.
PERRY, Dominic Vincent; '77 BSBA; Student; Case Western Reserve, Law Sch., Cleveland, OH 44106; r. 20606 Beaconsfield Blvd., Cleveland, OH 44116, 216 356-0872.
PERRY, Donald Theodore; '73 BSBA; Systs. Analyst; GM Corp., Delco Remy Div, Columbus Ave., Anderson, IN 46011; r. 911 E. Thompson, Rensselaer, IN 47978.
PERRY, Dulin B.; '67 MBA; Systs. Analyst; Exxon Co. USA, POB 2180, Houston, TX 77252, 713 656-2290; r. 506 Hillhurst Dr., Baytown, TX 77521, 713 422-9420.
PERRY, Rev. Eddie Lee; '71 BSBA; Human Res. Dir.; Commonwealth of Virginia, Dept. of Social Services, 8007 Discovery Dr., Richmond, VA 23229, 804 662-9000; r. 4401 N. Lakefront Dr., Richmond, VA 23229, 804 270-0681.
PERRY, Frank Christopher; '79 BSBA; 5100 Doe Valley, Austin, TX 78759, 512 343-2357.
PERRY, Jack Robert; '48 BSBA; Retired; r. 628 Burton Dr., Lafayette, CA 94549, 415 283-5970.
PERRY, James Leonard; '83 BSBA, '87 MLHR; Employee Relations Mgr.; Premix/E M S, 2109 Commerce St., Lancaster, OH 43130, 614 654-6620; r. 2871 Merrymont Ct., #D, Columbus, OH 43232, 614 759-9268.
PERRY, Dr. James Paul; '79 MPA; Staff; MH Svcs. for Clark Cnty., 1345 N. Fountain, Springfield, OH 45504, 513 399-9500; r. 2711 Skylark Rd., Springfield, OH 45502, 513 399-4576.
PERRY, Jane Emerick; '75 BSBA; 6201 Alrojo St., Worthington, OH 43085, 614 436-8796.
PERRY, Janet E., (Janet E. Butler); '49 BSBA; Secy.-Treas.; Roger C. Perry & Co., 7710 Olentangy River Rd., Columbus, OH 43085, 614 846-7530; r. 1480 Abbotsford Green Dr., Powell, OH 43065, 614 885-1929.
PERRY, Kristine Elizabeth; '83 BSBA; Sales Mgr.; The Higbee Co., 100 Public Sq., Cleveland, OH 44113; r. 3471 Avalon Rd., Shaker Hts., OH 44120.
PERRY, Lynn Rathburn; '52 BSBA; Pres.; Ultra Drawn Steel Inc., 1640 Parkway Dr. SE, Leeds, AL 35094, 205 699-6822; r. 3400 Autumn Haze Ln., Birmingham, AL 35243, 205 991-0423.
PERRY, Mary Conley; '65; 2643 Andover Rd., Columbus, OH 43221, 614 488-8151.
PERRY, Maurice Lee, Jr.; '77 BSBA; Dist. Mgr.; Taco Bell, 1941 Bishop Ln., Ste. 112, Louisville, KY 40218, 502 452-6684; r. 4601 Leesburg Ct., Louisville, KY 40241, 502 426-4203.
PERRY, Paul Edwin; '63 BSBA; Active Partner; Arthur Young & Co., 601 NW Loop 410, POB 795094, San Antonio, TX 78279, 512 340-1000; r. 1703 Tarton Ln., San Antonio, TX 78231, 512 492-0853.
PERRY, Regina L. '80 (See Wright, Regina L.).
PERRY, Roger C.; '51 MBA; Pres.; Roger C. Perry & Co., 7710 Olentangy River Rd., Columbus, OH 43085, 614 846-7530; r. 1480 Abbotsford Green Dr., Powell, OH 43065, 614 885-1929.
PERRY, Thad R.; '68 MBA; Partner/Dir. Admin. Svcs.; Arthur Andersen Co., Friedrich, Ebert, Anlage 2-14, 6000, Frankfurt Am Main, West Germany; r. 2145 Tremont Rd, Columbus, OH 43221, 614 486-5604.
PERRY, Valorie Linette; '82 MPA; Dept. of Dissents; HS Govt.; r. 1236 Crestwood Ave., Columbus, OH 43227, 614 231-7866.
PERRY, William Earl; '82 BSBA; Sales Mgr.; Central Ohio Welding Co., 161 Neilston St., Columbus, OH 43215; r. 1015 Bluesail Dr., Westerville, OH 43081, 614 891-2335.
PERSHING, Dana '82 (See Wells, Dana Pershing).
PERSIANI, Vincent Lee, CPA; '85 BSBA; Audit Staff; Coopers & Lybrand, 100 E. Broad St., Columbus, OH 43215, 614 225-8700; r. 2520 Hard Rd., Dublin, OH 43017, 614 761-1092.
PERSINSKI, Donald John; '84 BSBA; Public Finance Ofcr.; Pittsburgh Natl. Bank, Fifth Ave. & Wood St., 25th Fl., Pittsburgh, PA 15265, 412 762-7569; r. 284 Murrays Ln., Pittsburgh, PA 15234, 412 885-2955.
PERVIN, Heidi Joy; '78 BSBA; Proj. Mgr.; Shaklee Corp., 444 Market St., T-317, San Francisco, CA 94111, 415 954-2104; r. Same.
PERZ, Edward Joseph; '80 BSBA; Sales Rep.; F. B. Wright, 4582 Willow Pkwy., Cleveland, OH 44125, 216 341-4300; r. 305 E. 232nd, Euclid, OH 44123.
PESAVENTO, Kenneth Anthony; '68 BSBA; VP; Merrill Lynch, 2001 Spring Rd, 165 Broadway, Oak Brook, IL 60514, 312 954-6268; r. 520 Sears Ln., Wheaton, IL 60187, 312 668-1170.
PESCH, Michael Joseph; '82 MBA; Prof.; St. Cloud State Univ., Clg. of Bus., St. Cloud, MN 56301, 612 255-4990; r. 3005 18th St., S., St. Cloud, MN 56301, 612 259-5623.
PESEK, Donald Arthur; '72 BSBA; Part Owner; Metropolitan Repair, 3294 E. 49th, Cleveland, OH 44127, 216 341-8782; r. 2253 W. Royalton Rd, Broadview Hts., OH 44147, 216 237-2824.
PESEK, Michael Raymond; '73 BSBA; 614 227-5286; r. 151 Beech Ridge Dr., Powell, OH 43065.
PESELNICK, Charles Stuart; '72 BSBA; Instr.; De Vry Inst. of Technology, 1350 Alum Creek Dr., Columbus, OH 43209; r. 1350 Alum Creek Dr., Columbus, OH 43209.
PESKIN, Arnold I.; '66 BSBA; 7914 Duffield, Houston, TX 77071, 713 771-0568.
PESKIN, Harvey; '56 BSBA; Securities Sales; Prudential Bache Securities, 2 Penn Plz., New York, NY 10121, 212 736-7600; r. 270 Grand Central Pkwy., Apt. 23Y, Floral Park, NY 11005, 718 631-8878.
PESTEL, Mrs. Helen Chenot; '73 MBA; Prin Rsch. Scient; Battelle Mem. Inst., 505 King Ave., Columbus, OH 43201, 614 424-6386; r. 188 Muskingum Dr., Gahanna, OH 43230, 614 471-7055.
PESTICH, Susan Lee; '88 BSBA; 8137 Beechwood Dr., Chesterland, OH 44026, 216 256-3455.
PETEFISH, Michael Dennis; '77 BSBA; Dir. of Trng.; GE Co., Omni Hotel, Charlottesville, VA 22901, 804 979-6866; r. 1130 Fox Bridge Dr., Earlysville, VA 22936, 804 978-1906.
PETER, Henry J.; '57 BSBA; Agt.; Prudential Ins. Co. of America, 1650 W. Lane Ave., Columbus, OH 43221; r. 2055 Fincastle Ct., Columbus, OH 43235.
PETERFY, Frank A.; '67; Dir. of Security; Dispatch Printing Co., 34 S. 3rd St., Columbus, OH 43216, 614 461-8501; r. 111 Pocono Rd., Worthington, OH 43085, 614 848-8777.
PETERFY, Robin Dale; '77 BSBA; VP & Controller; Columbus DOD Fed. Credit Union, 3990 E. Broad, POB 13240, Columbus, OH 43213, 614 239-0210; r. 551 Matthew Ct., Westerville, OH 43081.
PETERMAN, Gary Albert; '71 BSBA; 8871 Charington Ct., Pickerington, OH 43147, 614 861-8570.
PETERMAN, Milton; '48 BSBA; Retired; r. 2315 Brookwood Rd., Columbus, OH 43209, 614 231-1416.
PETERMAN, Russell J.; '59 BSBA; Retired; r. 841 Washington Ave., Findlay, OH 45840, 419 422-8364.
PETERS, Candace Chadwick; '77 MPA; Bureau Chief; St. of Ohio-Governor's Ofc., Criminal Justice Services, 30 E. Broad St. Ste. 312, Columbus, OH 43215, 614 462-8230; r. 5864 Honbury Ct., Dublin, OH 43017.
PETERS, Daniel Edmund; '58 BSBA; Pres.; Drucker Co., Construction Resources, Birmingham, MI 48012; r. 7286 Cathedral Dr., Birmingham, MI 48010, 313 851-5439.
PETERS, Debra Louise, (Debra L. Pusecker); '82 BSBA; Acctg. Mgr.; Universal Guaranty Life Inc., 1550 Old Henderson Rd., Columbus, OH 43220, 614 457-2100; r. 6649 Davis Rd., Hilliard, OH 43026.
PETERS, Douglas L.; '84 BSBA; Purchasing Supv.; Electronic Data Systs., Subs of General Motors, 700 Tower Dr., POB 7019, Troy, MI 48007, 313 265-2215; r. 227 Winry Dr., Rochester Hls., MI 48063, 313 652-3668.
PETERS, Douglas Scott; '65 BSBA; Sr. VP; Blue Cross & Blue Shield Assoc., 676 North St. Clair, Chicago, IL 60611, 312 440-6000; r. 1440 N. State Pkwy. #3B, Chicago, IL 60610, 312 915-0844.
PETERS, Frederick Alan; '72 BSBA; Natl. Sales Dir.; Assessment Designs Intl., 2500 Maitland Center Pkwy., Ste. 200, Maitland, FL 32751, 407 660-8887; r. 109 Lyndhurst Dr., Longwood, FL 32779, 407 869-7118.
PETERS, Frederick William; '36 BSBA; Retired; r. 5966 Rock Hill Rd., Columbus, OH 43213, 614 861-3453.
PETERS, George Elliott; '70 BSBA; 3621 Monessen Dr., Memphis, TN 38128, 901 386-1582.
PETERS, George Thomas; '59 BSBA; Sales Rep.; LSD Valve & Pipe Supply, 159 E. Franklin St., Circleville, OH 43113, 614 477-3359; r. 372 Cedar Hts., Circleville, OH 43113, 614 474-4821.
PETERS, Howard Oscar; '29 BSBA; Retired; r. 6 Bay Berry Ridge, Roslyn, NY 11576, 516 627-5717.
PETERS, Janis E. '63 (See Whittaker, Janis E.).
PETERS, Jay Philip; '77 BSBA; Pres.; Titleco Rsch. of Florida, 725 E. Kennedy, Ste. 310, Tampa, FL 33584, 813 229-3160; r. 2519 Pemberton Creek Dr., Seffner, FL 33584, 813 685-1120.
PETERS, Lee A.; '87 BSBA; Production Supv.; Quality Baker, Columbus, OH 43215, 614 224-1424; r. 2659 Kenny Ln., Grove City, OH 43123, 614 875-8459.
PETERS, Lisa Williams, (Lisa Williams); '84 BSBA; Acct.; Charles E Williams PA, 38 S. Main St., Johnstown, OH 43031, 614 927-2200; r. 5584 Blue Sky Ct., Westerville, OH 43081, 614 895-2237.
PETERS, Mark Edwin; '84 BSBA; Acct.; Peat Marwick Main & Co., Two Nationwide Plz., Columbus, OH 43215, 614 249-2360; r. 5584 Blue Sky Ct., Westerville, OH 43081, 614 895-2237.
PETERS, LT Mark Thomas; '83 BSBA; Lt. Usn/Supply Offcr; USN, Uss Jacksonville (Ssn699), Fpo New York, NY 09575, 804 444-1083; r. 815 Timberline Dr., Apt. 122, Bath, OH 44210.
PETERS, Philip David; '87 BSBA; 3701 Rolland Rd., Nashville, TN 37205, 615 386-9364.
PETERS, Richard A.; '82 BSBA; Incentive Compens. Spec.; Waste Mgmt., 3003 Butterfield Rd., Oak Brook, IL 60521, 312 572-8978; r. 2020 Providence Dr., Apt. 204, Woodridge, IL 60517, 312 968-8562.
PETERS, Richard Earl; '59 BSBA; Controls Mgr.; Edmont Inc., Account Dept., 1300 Walnut St., Coshocton, OH 43812; r. 763 Ridgewood Dr., Coshocton, OH 43812, 614 622-3190.
PETERS, Robert Allen, Jr.; '74 MBA; 2741 Bainbridge, Odessa, TX 79763, 915 362-1643.
PETERS, Robert D.; '56 BSBA; Retired; r. 882 Cobblestone Dr., Rochester, MI 48309, 313 651-5002.
PETERS, Thomas Carl; '42 BSBA; Ret Sr. VP/Finance; Blue Cross of Central Ohio, 255 E. Main St., Columbus, OH 43215; r. 58 S. Remington Rd., Columbus, OH 43209, 614 231-2012.
PETERS, Walter William, Jr.; '59 BSBA; 3 Settlers Tr., Darien, CT 06820, 203 655-8148.
PETERSEIM, Mrs. Jo Anne Shandy, (Jo Anne Shandy); '51; Homemaker; r. 267 E. 5th Ave., Lancaster, OH 43130, 614 653-3036.
PETERSEIM, M. Lee; '53 BSBA; Sales Mgr.; Aluminum Co. of America, One Burton Hills Blvd., Ste. 140, Nashville, TN 37215, 615 665-1267; r. 4366 Chickering Ln., Nashville, TN 37215, 615 373-8945.
PETERSEIM, Walter F.; '50; Gen. Mgr./Secy.; Fairfield Cnty. AAA, 714 N. Memorial Dr., Lancaster, OH 43130; r. 267 E. 5th Ave., Lancaster, OH 43130, 614 653-3036.
PETERSEN, ENS Douglas Kevin, USN; '87 BSBA; Surface Warfare Ofcr.; San Diego, CA 92154; r. 1494 Oro Vista Rd., Apt. 80, San Diego, CA 92154, 619 575-3704.
PETERSEN, Mrs. Jean Marie, (Jean Palte); '87 BSBA; Clerk-Typist; Dept. of Navy; r. 1494 Oro Vista Rd., Apt. 80, San Diego, CA 92154, 619 575-3704.
PETERSEN, Kenneth John; '88 BSBA; Programmer; N C R Corporatn, 1700 S. Patterson Blvd., Dayton, OH 45479; r. 729 Treasury Dr., #D, Kettering, OH 45429.
PETERSEN, Margaret Schubert; '48 BSBA; Retired; r. 865 Nottingham, Medina, OH 44256.
PETERSILGE, Albert Frank; '31; Retired; r. 1071 Homewood Dr., Lakewood, OH 44107, 216 226-1461.
PETERSILGE, David A.; '78 BSBA; Sales Cnslt.; Vance Creative Thinking Ctrs., 5100 Darrow Rd, Hudson, OH 44236; r. 1779 Clearbrook Dr., Stow, OH 44224, 216 688-5365.
PETERSON, Albert Wright; '51 BSBA; Case Mgr.; Chillicothe Correctional Inst., Chillicothe, OH 45601, 614 773-2616; r. 467 Willow Ln., Chillicothe, OH 45601, 614 773-4795.
PETERSON, Dr. Anne Allyn Rosher; '86 MLHR; Coord.; Columbus Technical Inst., Employee Development, 550 E. Spring St.-POB 1609, Columbus, OH 43215, 614 227-2400; r. 224 Acton Rd., Columbus, OH 43214, 614 267-6900.
PETERSON, Mrs. Barbara J., (Barbara J. Retig); '84 MPA; Real Estate Broker; B. J. Peterson Realty Inc., 345 N. Stanwood Rd., Columbus, OH 43209, 614 237-6481; r. Same, 614 237-3906.
PETERSON, Charles Edward; '74 BSBA; 5946 Columbia, N. Olmsted, OH 44070, 216 779-5022.
PETERSON, Dennis Eric; '73 BSBA; Sr. Subcontracts Mgr.; Norden Systs.-United Technology, *, Norwalk, CT 06516; r. 269 Captain Thomas Blvd., W. Haven, CT 06516.
PETERSON, Elizabeth, (Elizabeth Lucas); '65 BSBA; Sr. Financial Analyst; Huntington Bancshares Inc., 42 S. High St., Columbus, OH 43215, 614 463-5708; r. 8870 Braids Ct., Dublin, OH 43017, 614 764-0506.
PETERSON, Frank Robert; '70 BSBA; Staff Supv.; AT&T, 1901 L St. NW, Ste. 450, Washington, DC 20036, 202 457-2766; r. 13525 Copper Bed Rd., Herndon, VA 22071, 703 478-9820.
PETERSON, Jack Edward; '50 BSBA; Peterson Construction Co, RR No 4, Wapakoneta, OH 45895.
PETERSON, John Gilbert; '41; Retired; The Grand Union Co., 2251 N. Sylvan Rd, East Point, GA 30344; r. 2908 Dublin Arbor Ln., #8, Dublin, OH 43017.
PETERSON, Karen Elizabeth; '86 BSBA; 101 Dairy Ln., Gambrills, MD 21054.
PETERSON, Kristin Nan; '83 BSBA; Acct. Mgr.; Capital South Grp., 1200 Johnson Ferry Rd., Ste. 200, Marietta, GA 30068, 404 973-6667; r. 1431 Old Virginia Ct., Marietta, GA 30067, 404 956-1065.
PETERSON, Lee Berton, Jr.; '31 BSBA; 391 N. E. 131st St., N. Miami Bch., FL 33161, 305 893-9370.
PETERSON, Leslie Howard; '73 BSBA; 4391 Marland Dr., Columbus, OH 43224.
PETERSON, Lynn Rolli, (Lynn Rolli); '57 BSBA; Sales Account Rep.; Assured Micro Svcs. Inc., 945 N. Bend Rd, Cincinnati, OH 45224, 513 591-0880; r. 3393 Rocker Dr., Cincinnati, OH 45239, 513 385-5764.
PETERSON, Mark Albert; '85 BSBA; Law Student; Case Western Reserve; r. 3715 Waldo Pl., Columbus, OH 43220, 614 451-2207.
PETERSON, Marvin H.; '51 BSBA; Pres. & CEO; Boston Mills Ski Resorts, 7100 Riverview Rd., POB 175, Peninsula, OH 44264, 216 657-2334; r. 1925 Boston Mills Rd., POB 175, Peninsula, OH 44264, 216 657-2034.
PETERSON, Richard Henry; '74 MBA; Sales Rep.; r. 4842 152nd Pl. SE, Bellevue, WA 98006, 206 641-6022.
PETERSON, Russell Eric; '75 BSBA; Financial Spec.; USAF, Aeronautical Systs. Division, Wright Patterson AFB, OH 45433; r. 7630 Painted Turtle Dr., Dayton, OH 45414, 513 890-2690.
PETERSON, Russell L.; '35 BSBA; Retired Controller/Acct.; NW Electric Co.; r. 737 Driftwood Cir., Ponte Vedra Bch., FL 32082, 904 285-2383.
PETHIA, Dr. Robert F.; '59 BSBA, '66 PhD (BUS); 25 Woodmont Dr., Lawrenceville, NJ 08648, 609 895-1213.
PETIT, Norman Joseph; '78 BSBA; Dispatcher; Refiners Transport & Terminal Corp., 3260 Valleyview Dr., Columbus, OH 43204, 614 276-6578; r. 3735 Sheldon Pl., Grove City, OH 43123, 614 875-2526.
PETITTI, Joseph J., CLU; '58 BSBA; Pres.; American States Ins. Mktg. Grp., 1101 Kings Hwy., N., Cherry Hill, NJ 08034, 609 667-5445; r. 127 Green Vale Rd., Cherry Hill, NJ 08034, 609 667-6075.
PETITTO, Joseph Michael; '76 BSBA; Sales Territory Mgr.; r. 2306 Brookview Blvd., Parma, OH 44134, 216 398-3486.
PETITTO, Karen A. '78 (See Gualtieri, Mrs. Karen P.).
PETRASEK, Lawrence Edward; '71 BSBA; Equip. Mgr.; Davey Tree Expert Co., 1500 N. Mantua St., Kent, OH 44240, 216 673-9511; r. 8732 Willingham Dr. NW, Canal Fulton, OH 44614, 216 882-9839.
PETRE, Lynn Electa; '87 BSBA; Coord.; Travel Resources Intl., 129 W. Wayne St., Maumee, OH 43537, 419 893-5563; r. 5523 Westowne Ct., Toledo, OH 43615, 419 536-8502.
PETREE, Doretta '75 (See Andrews, Ms. Doretta Lauren).
PETRELLI, Joseph Lawrence; '86 MBA; Cnsltg. Actuary; J L Petrelli Actuary, 2941 Donnylane Blvd., Columbus, OH 43235, 614 761-8602; r. 3591 Grafton Ave., Columbus, OH 43220, 614 457-6253.
PETRIC, John D.; '50 BSBA; Retired; r. 5500 Laurent Dr., #313, Cleveland, OH 44129.
PETRICK, Charles Donald; '52 BSBA; Retired VP; Lucas Machine Div., Litton Industries, Cleveland, OH 44108; r. 7633 Oakridge Dr., Mentor, OH 44060, 216 357-6067.
PETRICK, Stephen; '81 BSBA; 931 Princeton Ave., E. Liverpool, OH 43920, 216 385-9522.

PETRICOLA, Mario Joseph; '84 BSBA; Asst. Mgr.; Fisher's Big Wheel Dept. Store, 201 Lancaster Pike, Circleville, OH 43113, 614 474-7536; r. 545-B Gumm Pl., Circleville, OH 43113, 614 474-4032.
PETRIDE, Cheri '86 (See Miller, Cheri Petride).
PETRIDES, Constandino; '77 BSBA; 306 Wilshire, Steubenville, OH 43952, 614 264-5091.
PETRIE, COL Glen E.; '49 MBA; Col. Usa Retired; r. 907 Roinell St., Steilacoom, WA 98388, 206 588-0556.
PETRO, Brett Anthony; '77 BSBA; Sr. Programmer; American Electric Power, 1 Riverside Plz., Columbus, OH 43215; r. 3973 Roxham Rd., Gahanna, OH 43230.
PETRO, William H.; '86 BSBA; Claims Adjuster; Nationwide Ins., 1100 N. Abbe Rd., Elyria, OH 44035, 216 934-6575; r. 12221 Clifton Blvd., Apt. 21, Lakewood, OH 44107, 216 228-8530.
PETROC, Barbara Joan; '81 BSBA; Acct.; Standard Oil Co., Public Sq., Cleveland, OH 44101, 216 586-4682; r. 10233 S. Lake Blvd., Apt. N.-23, Parma, OH 44130, 216 888-9387.
PETROFSKI, Donna; '88 BSBA; 810 Lexington Ave., Mansfield, OH 44907, 419 756-7714.
PETROHILOS, David Harry; '85 BSBA; Programmer; White Castle Syst. Inc., Goodale Ave., Columbus, OH 43235; r. 5500 Bermuda Bay Dr., Apt. 3A, Columbus, OH 43235, 614 459-8956.
PETROPOULOS, James, Jr.; '53 BSBA; Owner; Jas Petropoulos & Co. Realtors, 42 E. Gay St., Columbus, OH 43215, 614 224-3333; r. 2254 Onandaga Dr., Columbus, OH 43221, 614 486-4020.
PETROSKY, Philip Allan; '79 MPA; Exec. Asst.; Ohio Dept. of Health, 246 N. High St., Columbus, OH 43215, 614 462-8006; r. 825 Conestoga Dr., Columbus, OH 43213, 614 755-4803.
PETROU, Peter; '84 BSBA; Gen. Acct.; F E Myers Co., 1101 Myers Pkwy., Ashland, OH 44805, 419 289-1144; r. 1750 Kenmore Dr., Mansfield, OH 44906, 419 529-9096.
PETROVIC, Kristina '84 (See Jeswald, Kristina Petrovic).
PETRUCCI, Mark Charles; '86 MPA; 967 Spring Grove, Worthington, OH 43085, 614 885-2261.
PETRUCCIO, Debra '87 (See Ferritto, Ms. Debra M.).
PETRULIS, Robert Charles; '85 MPA; Student; Univ. of Michigan, Law Sch., Ann Arbor, MI 48109; r. 11240 Kader Dr, Parma, OH 44130.
PETRUSKA, Audrey Ann; '82 BSBA; Product Cnslt.; Lazarus Dept. Stores, 7th& Race Sts., Cincinnati, OH 45202, 513 369-6364; r. 7945 Clovernook Ave., #3915, Cincinnati, OH 45231, 513 729-4131.
PETRUSKA, Richard James; '88 MPA; 5803 Thoreau Dr., Parma, OH 44129, 216 884-0735.
PETRUSKY, Donald Andrew; '81 BSBA; 10 Macheay Rd, Montville, NJ 07045, 201 299-9423.
PETRY, C. Ward; '28 BSBA; Retired; r. 1432 Westminster, Ashtabula, OH 44004, 216 964-6482.
PETRY, Mark Alan; '80 BSBA; Acct.; Natl. Deposit Guarantee Corp., 555 Metro Pl., Ste. 185, Dublin, OH 43017; r. 3900 Pinto Ct., Hilliard, OH 43026, 614 771-9166.
PETRYCH, William; '57 MACC; Instr. & Theatre; Youngstown State Univ., State Theatre, 223 W. Federal St., Youngstown, OH 44503; r. 7637 E. Parkside Dr., Youngstown, OH 44512, 216 758-0723.
PETRYSZYN, John Daniel; '85 BSBA; Operations Analyst; ANR Freight Systs., 5340 W. 161st St., Brook Park, OH, 216 267-0200; r. 12641 Walnut Hill Dr., #104, N. Royalton, OH 44133, 216 582-1208.
PETSCHE, Daniel John; '80 BSBA; Mktg. Mgr.; OCTEL Communications, 890 Tasman Dr., Milpitas, CA 95035, 408 942-6593; r. 1032 W. Remington Dr. #1-14, Sunnyvale, CA 94087, 408 733-9287.
PETSEF, Rhonda D'Jalili; '86 BSBA; Commercial Loan Ofcr.; The Mitsui Trust & Bkg. Co., One World Financial Ctr., 21st Fl., New York, NY 10281, 212 341-0372; r. 428 George St., Ridgewood, NJ 07450, 201 670-7956.
PETTEGREW, Mrs. Margaret E., (Margaret E. Wilcox); '34; Retired; r. 5153 Isla Key Blvd. S., #215, St. Petersburg, FL 33715, 813 864-0120.
PETTENSKI, Robert Joseph; '88 BSBA; Production Control; J.E. Grote Co., Gahanna, OH 43004, 614 868-8414; r. 199 E. 14th Ave., Columbus, OH 43201, 614 291-3289.
PETTI, Carol Ann; '81 BSBA; Syst. Analyst; GTE Data Svcs., 214 Senate Dr., Ste. 301, Camp Hill, PA 17011, 717 431-4810; r. 870 Dartmouth St., Apt. C35, Harrisburg, PA 17109, 717 545-6618.
PETTI, Diane Lynn; '81 BSBA; Computer Operator; GTE Data Systs., 610 Morgan St., Tampa, FL 33618, 813 224-6023; r. 3339 Handy Rd. Apt. 436, Tampa, FL 33618, 813 963-5903.
PETTI, Michael Sherman; '78 BSBA; 1366 Briarcliff Rd., Apt. 55, Reynoldsburg, OH 43068, 614 863-6816.
PETTIBONE, Dr. John Mahlon; '70 MPA; 132 E. Northwood, Columbus, OH 43201.
PETTICREW, James Eric; '73 MBA; VP-MIS Proj. Mgr.; Centrust Savings Bank, 101 E. Flagler St., Miami, FL 33131, 305 376-5202; r. 361 Rosedale Dr., Miami Spgs., FL 33166, 305 887-6677.
PETTIFORD, Karen Wall; '77 BSBA; 7858 Burrwood St., Dublin, OH 43017, 614 766-0092.
PETTIGREW, Mrs. Laurie E., (Laurie E. Krent); '79 BSBA; Homemaker; r. 15044 Wilmington Dr., Strongsville, OH 44136, 216 572-1822.
PETTIGREW, Robert S.; '37 BSBA; Retired; R S Pettigrew & Co. Inc., 10 N. Main St., W. Hartford, CT 06106; r. 11 Braintree Dr., W. Hartford, CT 06117, 203 523-0285.
PETTIT, Hon. Brown W.; '46 BSBA; Retired Atty.; r. 216 Purcell Dr., Xenia, OH 45385, 513 376-2795.
PETTIT, Clifford C.; '49 BSBA; Owner; Pettits Dept. Stores Inc., 105 W. 2nd St., Ligonier, IN 46767; r. 105 W. 2nd St., Ligonier, IN 46767, 219 894-3585.
PETTIT, David Alan; '86 BSBA; Invntry Cntrl Auditr; Victoria's Secret Stores, Two Limited Pkwy., POB 16528, Columbus, OH 43216, 614 475-4000; r. 7068 Retton Rd., Reynoldsburg, OH 43068, 614 864-2691.
PETTIT, LTC Edwin E.; '67 MBA; Lt. Col. Usaf; r. 432 E. 400 S., Orem, UT 84057, 801 226-6820.
PETTIT, Imogene Caskey; '49 BSBA; RR No 2, Shelby, OH 44875, 419 342-2111.
PETTIT, Richard C.; '50 BSBA; Pres.; Pettit's, Inc., 130 S. Court St., Circleville, OH 43113, 614 474-5532; r. 170 Sylvan Ct., Circleville, OH 43113, 614 474-5419.
PETTIT, Robert C.; '48 BSBA; Imperial Oil & Gas Co Inc, Box 51426 Oil Ctr. Sta., Lafayette, LA 70505, 318 984-6863.
PETTIT, Ronald M.; '66 BSBA; 1971 Malvern Rd., Columbus, OH 43221, 614 481-0867.
PETTIT, Thomas E.; '59 MBA; Application Engr.; Sensotec Inc., 1200 Chesapeake Ave., Columbus, OH 43212, 614 486-7723; r. 1220 Chambers Rd., Apt. 429 B, Columbus, OH 43212, 614 487-0134.
PETTLER, Steven M.; '78 BSBA; Proprietor-Trustee; Talenfeld Real Estate, Construction Companies, 30 Pride St., Pittsburgh, PA 15219, 412 281-2603; r. 40 Union Ave., Pittsburgh, PA 15202, 412 766-3948.
PETTY, Arlene Shea; '47 BSBA; 651 Rosehill Rd., Reynoldsburg, OH 43068, 614 866-5595.
PETTY, John D.; '66 BSBA; Distribution Mgr.; US X Corp., 2021 Spring Rd., Ste. 700, Oak Brook, IL 60521, 312 990-5226; r. 4485 Brittany Dr., Lisle, IL 60532, 312 357-2851.
PETTY, Mrs. Phyllis, (Phyllis A. Lorentz); '74 MPA; Homemaker; r. 1680 Willow Park Ct., Powell, OH 43065, 614 766-1346.
PETTY, Scott Shea; '82 BSBA; 595 Bernhard Rd, Columbus, OH 43213, 614 237-6741.
PETTYJOHN, Mrs. Carolyn D., (Carolyn S. Dick); '56 BSBA; 6155 Mountain Brook Way NW, Atlanta, GA 30328, 404 252-6294.
PETTYS, Jeffrey Charles; '86 BSBA; 6545 Willowick Dr., Findlay, OH 45840.
PETUKAUSKAS, Michael G.; '80 BSBA; 17908 Ingleside Rd, Cleveland, OH 44119, 216 531-3872.
PETZLER, Linda Ann; '69 BSBA; Sr. Systs. Engr.; Electronic Data Systs., 7171 Forest Ln., Dallas, TX 75230, 214 604-5000; r. 3200 Jeremes Landing, Plano, TX 75075, 214 985-7826.
PEUGH, W.M.; '82 BSBA; Syst. Support Engr.; OCLC Inc., 6565 Frantz Rd., Dublin, OH 43017, 614 764-6000; r. 6830 White Chapel Ct., Columbus, OH 43229, 614 794-2540.
PEVZNER, Michael David; '68 BSBA; CPA VP; Arcade Financial Svcs. Inc., 2841 Executive Dr., Ste. 220, Clearwater, FL 34622, 813 572-4038; r. 1464 72nd Ave. NE, St. Petersburg, FL 33702, 813 526-5382.
PEYTON, Richard J.; '46 BSBA; Retired Pers Mgr.; Clintonville Elec Appl & Furn, 3367 N. High St., Columbus, OH 43214; r. 2767 Alliston Ct., Columbus, OH 43220, 614 451-2787.
PEYTON, Robert S.; '57 BSBA; Comptroller; Defense Elec Supply Ctr., 1507 Wilmington Pike, Dayton, OH 45444; r. POB 698, Waynesville, OH 45068, 513 897-1101.
PEZOR, Laurence J.; '47 BSBA; Retired; r. 5287 Berrywood Dr., Columbus, OH 43220, 614 459-1247.
PEZZUTTI, Dino G.; '54 BSBA; Dir.-Customer Svc.; Ohio State Univ., 1303 Lincoln 1800 Cannon Dr., Columbus, OH 43210; r. 11866 Kennington Sq. W., Pickerington, OH 43147, 614 837-2838.
PFAFF, Eric John; '85 BSBA; 21820 Addington Bld #5, Cleveland, OH 44116.
PFAHL, Douglas Stannard; '86 BSBA; Tax Financial Cnslt.; Chess Financial Corp., 3550 Lander Rd., Pepper Pike, OH 44124, 216 831-2400; r. 1176 Saybrook Dr., Macedonia, OH 44056, 216 467-2120.
PFAHL, John K., PhD; '49 MBA, '53 PhD (BUS); Bus. Cnslt.; John K Pfahl, 1085 Fishinger Rd., Columbus, OH 43220, 614 457-7700; r. 2610 Charing Rd., Columbus, OH 43221, 614 486-0021.
PFALTZGRAF, Edward Martin; '78 BSBA; Salesman; Allen Prime Meats, 2312 Damon St., Los Angeles, CA 91356, 213 627-2061; r. 18411 Hatteras, Tarzana, CA 91356, 818 344-5122.
PFANNENSCHMIDT, Keith Robert; '87 BSBA; 105 West Wendell, Endicott, NY 13760.
PFARR, Toni A. '79 (See Ansley, Toni Pfarr).
PFEFFER, Clarence F.; '54 BSBA; Capt./Pilot; TWA, Novato, CA 94947; r. 3 Harris Hill, Novato, CA 94947, 415 897-1235.
PFEFFER, Lynn A. '82 (See Wilson, Mrs. Lynn A.).
PFEFFER, Michael Stephen; '69 BSBA; Atty-at-Law; 112 Main St., Ripley, OH 45167, 513 392-4371; r. 5546 Ripley Dayhill Rd., Ripley, OH 45167, 513 392-4997.
PFEFFER, Troy Anthony; '87 BSBA; Mgr.; Bank One Dayton NA, Kettering Twr., Dayton, OH 45401; r. 7404 Creek Water Dr., Centerville, OH 45459, 513 439-4601.
PFEFFERLE, Marcia M., (Marcia Mendicino); '82 BSLHR; Compensation Cnslt.; Hewitt Assocs., Rowayton, CT 06856, 203 852-1100; r. 71-A Dora St., Stamford, CT 06902, 203 353-4371.
PFEIFER, Frank R.; '48 BSBA; Retired Sales Mgr.; R J Reynolds Industries, 401 N. Main St., Winston-Salem, NC 27101; r. 16322 Magellan Ln., Huntington Bch., CA 92647, 714 847-7882.
PFEIFER, Frederick W., Jr.; '55 BSBA; Mgr.; J C Penney Co. Inc., 300 Westfarms Mall, Farmington, CT 06032, 203 521-7850; r. 60 Tanglewood Dr., Southington, CT 06489, 203 628-5618.
PFEIFER, James E., CPA, CLU; '61 BSBA; Pres.; Alaska Natl. Ins. Co., 7001 Jewel Lake Rd., Anchorage, AK 99502, 907 248-2642; r. 4118 Apollo Dr., Anchorage, AK 99504, 907 333-0724.
PFEIFER, Jean L.; '47 BSBA; Retired; r. 1588 Six Point Ct., Worthington, OH 43085, 614 846-4422.
PFEIFFER, Donald Kevin; '81 BSBA; 2547 Wehr Rd., Hamilton, OH 45011.
PFEIFFER, Grace Stropkey, (Grace L. Stropkey); '67 BSBA; CPA; Marathon Oil Co., 539 S. Main St., Findlay, OH 45840, 419 422-2121; r. 730 Winterberry Dr., Findlay, OH 45840, 419 422-6217.
PFEIFFER, John Henry; '88 BSBA; Ofc. & Sales Rep.; The Deck Masters, Toledo, OH 43617, 419 841-4950; r. 7736 Dorr St., Toledo, OH 43617, 419 865-7568.
PFEIFFER, Mark Edward; '88 BSBA; 2633 Summer Dr., Dublin, OH 43017, 614 766-9512.
PFEIFFER, Paul L.; '49 BSBA; Real Estate Broker; Paul L. Pfeiffer Realty, 3190 Thoburn Rd., Hilliard, OH 43026; r. Same, 614 876-3502.
PFEIFFER, Richard C.; '39 BSBA; Retired; r. 1050 E. Cooke Rd., Columbus, OH 43224, 614 268-2331.
PFEIFFER, Robert G.; '38 BSBA; Retired; r. E. 3129-16th, Spokane, WA 99223, 509 535-4428.
PFEIFFER, Roger Lavern; '67 BSBA; 1095 Richland Rd, Marion, OH 43302, 614 389-4215.
PFEIFFER, Timothy Warren; '87 BSBA; Account Mgr.; Maven Corp., 3700 Corporate Dr., Ste. 112, Columbus, OH 43229, 614 891-6275; r. 2262 River Run Trace, Worthington, OH 43235, 614 761-3130.
PFEIFFER, William A.; '59 BSBA; Mgr.; Firestone T & R Co., 1200 Firestone Pkwy., Akron, OH 44317; r. 425 Letchworth Dr., Akron, OH 44303, 216 836-0082.
PFENING, Fred D., Jr.; '48; Pres., Treas. & Dir.; Fred D Pfening Co., 1075 W. 5th Ave., Columbus, OH 43212, 614 294-5361; r. 2515 Dorset Rd., Columbus, OH 43221, 614 488-1271.
PFENNING, Anthony Michael; '87 BSBA; Manufacturers Rep.; Dynacom, 8311 Washington St., Chagrin Falls, OH 44022, 216 543-1900; r. 5247 Edenhurst St., Lyndhurst, OH 44124, 216 449-2987.
PFIRRMAN, Bradford Edwin; '75 BSBA; 780 Kingston Dr., Covington, KY 41017, 606 341-4053.
PFISTER, James A.; '49 BSBA; Retired; r. 2137 Willowick Dr., Columbus, OH 43229, 614 882-4621.
PFLAUM, Robert Andrew; '87 BSBA; Auditor; Huntington Bancshares Inc., 41 S. High St., Columbus, OH 43216, 614 463-4515; r. 1365 Eastview Ave., Apt. #4, Columbus, OH 43212, 614 486-2568.
PFLAUMER, Mary Zehrung, (Mary E. Zehrung); '57 BSBA; Secy.; Upper St. Clair Twp. Sch. Dist., 1820 Mc Laughlin Run Rd., Pittsburgh, PA 15241, 412 833-1600; r. 142 Village Ct., Pittsburgh, PA 15241, 412 221-8153.
PFLIEGER, Horace E.; '50 BSBA; Owner/Agt.; Call Ins. Agcy., 888 High St., Worthington, OH 43085, 614 846-4120; r. 6544 Plesenton Dr., Worthington, OH 43085, 614 885-5173.
PFLUM, Charles Wesley; '71 BSBA; Capt./Check Admin. B 727; US Air, Charlotte Training Ctr., Charlotte Douglas Airport, Charlotte, NC 28204, 704 359-2727; r. 532 Knob View Dr., Winston-Salem, NC 27104, 919 768-4288.
PFLUM, Jeffrey Paul; '77 BSBA; 533 W. Main St., Napoleon, OH 43545, 419 599-9046.
PFOFF, Cynthia Sue; '86 BSBA; 7350 Brentford Dr., Colorado Spgs., CO 80919, 719 548-9658.
PFOUTS, Barry D.; '59 BSBA; Pres.; Commodity Mktg. Inc., 152 W. Huron, Chicago, IL 60610, 312 988-4318; r. RR 1, Box 79A, Waukee, IA 50263, 515 987-1026.
PH, Dr. Slamet; '87 MLHR; Iv/B19 J1.Deresan, Yogyakarta, Indonesia.
PHAM, Kim-Thuy; '85 BSBA; 3195 Mistletoe St., Columbus, OH 43219.
PHELAN, Ms. Joy A.; '83 BSBA; Syst. Svcs. Engr.; Chemical Abstracts Svc., 2540 Olentangy River Rd, POB 3012-Rm. 2443B, Columbus, OH 43210, 614 447-3600; r. 3092 Hayden Rd., Columbus, OH 43235, 614 766-5546.
PHELAN, Robin Eric; '67 BSBA; Partner/Atty.; Haynes & Boone, 3100 Firstrepublic Plz., 901 Main St., Dallas, TX 75202, 214 670-0612; r. 4214 Woodfin, Dallas, TX 75220, 214 350-8467.
PHELPS, Devon Neil; '86 BSBA; POB 243, Marengo, OH 43334.
PHELPS, Doris '41 (See Carlson, Doris Phelps).
PHELPS, Edwin Coy; '81 BSBA; Acctg. Analyst; Ross Labs, 625 Cleveland Ave., Columbus, OH 43216, 614 229-7297; r. 4494 Christina Ln., Gahanna, OH 43230, 614 476-2133.
PHELPS, Joseph Dwight; '84 BSBA; Prod. Scheduler; Gibson Greeting Cards, 2100 Section Rd., Cincinnati, OH 45219, 513 841-6748; r. 2243 Flora St., Cincinnati, OH 45219, 513 421-0585.
PHELPS, CAPT Larry L.; '67 MBA; Capt. Usaf; r. 745 S. Pinnelas Bayway, #202, Tierra Verde, FL 33715.
PHELPS, Michael D. '85 (See Windsor, Michael D.).
PHELPS, LTJG Norman John; '71 BSBA; LT JG USN; r. 4601 Selwood Ct., Virginia Bch., VA 23464, 804 495-0538.
PHELPS, Sharon Jean; '82 BSBA; 1474 Cambria Mill Rd., Granville, OH 43023.
PHENEGER, Jack Corbin; '50 BSBA; Retired; r. 177 E. N. Broadway, Columbus, OH 43214, 614 267-3522.
PHILBIN, Aileen M.; '35 BSBA; Retired; r. 948 Rogers St., Bucyrus, OH 44820, 419 562-3006.
PHILBIN, Philip A., Jr.; '49 BSBA; 2125 N. 52nd, Seattle, WA 98103, 206 632-7971.
PHILBIN, Philip Arthur; '71 BSBA; Controller; Larsens Danish Bakery Inc., 5530 208th St. SW, Lynnwood, WA 98036, 206 771-4806; r. 2125 N. 52nd St., Seattle, WA 98103, 206 632-7971.
PHILBRICK, Carol Gwen, (Carol Bischoff); '80 MBA; Cnslt.; The Philbrick Assocs., 1105 Kirk Ave., Worthington, OH 43085, 614 846-8991; r. Same.
PHILIPS, Craig William; '82 BSBA, '84 MBA; Product Mgr.; Bristol Myers Uspng, 2404 Pennsylvania Ave., Evansville, IN 47721, 812 429-7373; r. 1551 S. Plaza Dr., Evansville, IN 47715.
PHILIPS, Vol Keeney, Jr.; '78 BSBA; Owner; Hi-Fi Sales Co., 764 Cuthbert Blvd., Cherry Hill, NJ 08002, 609 486-7600; r. 515 Lombardy Rd., Drexel Hill, PA 19026, 215 259-1847.
PHILLABAUM, Volitta Cheryl; '84 BSBA; Mktg. Rep.; Xerox Corp., 5901 De Soto Ave., Woodland Hls., CA 91367; r. 5811 Hickory Dr., Box 16H, Agoura, CA 91301.
PHILLIP, David M.; '84 BSBA; VP Engrg.; Roof Craft, 13200 Broadway Ave., Garfield Hts., OH 44125, 216 663-8350; r. 18412 Homeway Ave., Cleveland, OH 44135, 216 267-7946.
PHILLIP, Michael John; '81 BSBA; Acct.; Anchor Swan, Div of Harvard Industries, Worthington, OH 43085; r. 2255 Blue Fox Ct., Worthington, OH 43085, 614 761-0297.
PHILLIPPI, Frederick R.; '51 BSBA; Retired; r. 1156 Hilltop Dr. NW, New Philadelphia, OH 44663, 216 364-6193.
PHILLIPS, Albert John; '77 BSBA; Carpenter; Sherer Constr., 569 Lancewood Dr., Gahanna, OH 43230; r. 741 Moon Rd. #B, Columbus, OH 43224, 614 447-0031.
PHILLIPS, Alberta '49 (See Callahan, Mrs. Alberta M.).
PHILLIPS, Boyd L.; '87 BSBA; 811 W. Seymore, Cincinnati, OH 45216, 513 821-4531.
PHILLIPS, Brenda Mc Gonagle; '81 BSBA; Homemaker; r. 1047 Glendale Ave., Columbus, OH 43212, 614 481-9642.
PHILLIPS, Charles Wesley, III; '87 MPA; 2565 Riverside Dr., #4-H, Columbus, OH 43221, 614 486-4504.
PHILLIPS, Daniel Miller; '58 BSBA; Atty.; Asbestos Claim Facility Inc., 500 College Rd. E., Princeton Forrestal Ctr., Princeton, NJ 08540, 609 520-3728; r. 439 Willowbrook Dr., N. Brunswick, NJ 08902.
PHILLIPS, Darrel K.; '67 BSBA; Account Mgr.; Mobay Corp., 9801 Higgins Ave., Rosemont, IL 60018; r. 208 Biltmore Dr., Barrington, IL 60010, 312 381-4758.
PHILLIPS, David Havre; '84 BSBA; Financial Acct.; Natl. Revenue Corp., 2323 Lake Club Dr., Columbus, OH 43232, 614 864-3377; r. 1432 Barnes Dr. E., Columbus, OH 43229, 614 431-2235.
PHILLIPS, Deborah J.; '86 BSBA; 8857 Big Creek Pkwy., Strongsville, OH 44136, 216 826-0213.
PHILLIPS, Donald Ray; '48 BSBA; Const Supt.; Timken Co., 1835 Dueber Ave. SW, Canton, OH 44706, 216 430-7441; r. 5923 Westshore Dr., NW, Canton, OH 44718, 216 497-1247.
PHILLIPS, Donald Raymond; '50 BSBA; Financial Syst. Coord.; Battelle Mem. Inst., 505 King Ave., Columbus, OH 43201; r. 3795 Dinsmore Castle Dr., Hilliard, OH 43026, 614 876-2823.
PHILLIPS, Edward Asher; '85 BSBA; CPA; r. 1727 Spruce St. 4-F, Philadelphia, PA 19103, 215 985-1943.
PHILLIPS, Eugene Edwin; '48 BSBA; Retired; r. 2433 Dorman Dr., Portsmouth, OH 45662.
PHILLIPS, Frank W.; '41 BSBA; Atty.; r. 146 S. Main St., Marion, OH 43302, 614 387-5511.
PHILLIPS, Gary Lee; '75 BSBA; Gen. Mgr.; Proffitts Inc., Hamilton Place Mall, 2100 Hamilton Place Blvd., Chattanooga, TN 37421, 615 899-3148; r. 8508 Brandermill Ln., Chattanooga, TN 37421, 615 899-0783.
PHILLIPS, Geoffrey Alan; '79 BSBA; VP; Liberty Savings Bk., F.S.B., 185 Park Dr., POB 1000, Wilmington, OH 45177, 513 382-1000; r. POB 481, Wilmington, OH 45177, 513 382-0815.
PHILLIPS, George William; '77 BSBA; 112 Kingston Dr., Slidell, LA 70458, 504 649-4513.
PHILLIPS, Henry Theodore, III; '71 BSBA; Mgr.; Groner, Boyle & Quillin, 957 E. Broad St., Columbus, OH 43205, 614 253-7971; r. 1984 Greensboro Dr., Columbus, OH 43220, 614 459-0810.
PHILLIPS, James David; '83 BSBA; Sales Inspector; Orkin Pest Control, Postmaster, Worthington, OH 43085; r. 3910 Bayberry Cir., Columbus, OH 43207, 614 497-2617.
PHILLIPS, James Howard; '65 BSBA; Atty.; r. 3807 Alton Pl. NW, Washington, DC 20016, 202 966-6102.

ALPHABETICAL LISTINGS PINKUS 219

PHILLIPS, James Robert; '73 BSBA; Staff; Empire Detroit Steel, Div of Cyclops Corp, 913 Bowman St., Mansfield, OH 44905; r. 86 Shelby Ave., Shelby, OH 44875, 419 347-7405.
PHILLIPS, James Verdon; '66 BSBA; VP & Gen. Tax Counsel; BP America Inc., 200 Public Sq., Rm. 38-2605-K, Cleveland, OH 44114, 216 586-4614; r. 31311 Fairwin Dr., Bay Village, OH 44140, 216 871-5636.
PHILLIPS, Jay Evan; '88 BSBA; 570 Fairholme, Gahanna, OH 43230, 614 475-0152.
PHILLIPS, Joan Marie, (Joan Marie Bletzacker); '85 MBA; Proj. Analyst; Bank One of Columbus, 707 Brooksedge Plz. Dr., Columbus, OH 43271, 614 248-8716; r. 222 S. Maple St., Marysville, OH 43040, 513 642-5433.
PHILLIPS, John Edward; '40 BSBA; Atty.; Law Offices, Central Trust Twr., Canton, OH 44702; r. 3823 Croydon Rd NW, Canton, OH 44718, 216 492-3043.
PHILLIPS, John Edward, Jr.; '65 BSBA; Staff; NCR Corp., 520 Logue Ave., Mountain View, CA 94043, 415 962-7414; r. 12446 Palmtag Dr., Saratoga, CA 95070.
PHILLIPS, John Frederic; '74 MPA; Sr. Health Planner; Health Syst. Agcy. of NE N.Y., 75 New Scotland Ave., Albany, NY 12208; r. RR 1 Box 8, Howes Cave, NY 12092, 518 296-8010.
PHILLIPS, Rev. John W.; '52 BSBA; Academic Admin.; Univ. of West Florida, Clg. of Education, 11000 University Pkwy., Pensacola, FL 32514, 904 474-2646; r. 8541 Wyckham Pl., Pensacola, FL 32514, 904 477-7904.
PHILLIPS, Kenneth B.; '85 BSBA; Acct.; Norman, Jones, Coen, Tucker, Cochemour & Co., 1100-A Brandywine Blvd., Zanesville, OH 43701, 614 453-0515; r. 3577 Chesapeake Dr., Zanesville, OH 43701, 614 452-0781.
PHILLIPS, Lisa Anne; '86 BSBA; 174 E. 14th Ave., Columbus, OH 43201.
PHILLIPS, Lynne Stebens, (Lynne Stebens); '78 BSBA; Systs. Analyst; First Virginia Bank, 6402 Arlington Blvd., Ste. 630, Falls Church, VA 22046, 703 241-4847; r. 1414 Aldenham Ln., Reston, VA 22090, 703 689-4005.
PHILLIPS, Mark Edward; '76 BSBA; POB 135, New Manchester, WV 26056.
PHILLIPS, Mary Jo Smith; '45 BSBA; 1209 Makamai Pl. #92, Makakilo, HI 96706.
PHILLIPS, Patrick Joseph; '85 BSBA; 33900 Eddy Rd., Willoughby Hls., OH 44094.
PHILLIPS, Richard Lawrence; '49 BSBA; Atty.; 1100 Citizens Bldg., 850 Euclid Ave., Cleveland, OH 44114, 216 363-4534; r. 19000 Lake Rd., #815, Cleveland, OH 44116, 216 331-1883.
PHILLIPS, Richard Lee; '50 BSBA; Cnslt.; Realtor; Re Max Unltd. Inc., 1600 Fishinger Rd., Columbus, OH 43221, 614 451-5567; r. 5059 Donegal Cliffs Dr., Dublin, OH 43017, 614 792-0255.
PHILLIPS, Robert Dale; '84 BSBA; 3012 Sunset Dr., #12-D, Columbus, OH 43202, 614 262-4845.
PHILLIPS, Roland L.; '55 BSBA; Retired; r. 5700 York Dr., Lyndhurst, OH 44124, 216 461-2783.
PHILLIPS, Russell Edward; '59 BSBA; CPA; 3924 Cleveland Ave., NW, Canton, OH 44709, 216 493-3928; r. 2215 55th St. NE, N. Canton, OH 44721, 216 492-6276.
PHILLIPS, Ruth '77 (See Booher, Ruth Phillips).
PHILLIPS, Stanley S.; '57 BSBA; Atty./Partner; Turrell & Phillips, F25 Hulman Bldg., 120 W. Second St., Dayton, OH 45402; r. 4180 Colemere Cir., Dayton, OH 45415, 513 890-4185.
PHILLIPS, Steven Scott; '80 BSBA; Staff; Rockwell Intl., 4300 E. 5th Ave., Columbus, OH 43219; r. 9706 Iris Dr., Cincinnati, OH 45241.
PHILLIPS, Mrs. Susane Granzow, (Susane Granzow); '53 BSBA; Bookkeeper; Robert N. Phillips, DDS, Inc., 147 Pinckney St., Circleville, OH 43113, 614 474-2450; r. 900 Lincoln Dr., Circleville, OH 43113, 614 474-3326.
PHILLIPS, Thomas Edward; '78 BSBA; VP/Operations; The Home Beverage Co., POB 9258, 1611 Marietta Ave. SE, Canton, OH 44711, 216 456-8219; r. 349 Winston Ave. NE, N. Canton, OH 44720, 216 494-1286.
PHILLIPS, Walter; '50 BSBA; Treas.; Paeco Rubber Co., POB 472, Ravenna, OH 44266, 216 673-4100; r. 154 Kenilworth Dr., Akron, OH 44313, 216 836-7673.
PHILLIPS, Dr. Wilbur E.; '52 BSBA; Optometrist; r. 18865 Adrian, Southfield, MI 48075, 313 559-1565.
PHILLIPS, William; '49 BSBA; 1047 Bryden Rd #4, Columbus, OH 43205, 614 279-0789.
PHILLIPS, William John, Jr.; '81 BSBA; VP/Bond Trader; Printon Kane Govt. Securities, Inc., 1000 Wilshire Blvd., Los Angeles, CA 90017, 213 612-4404; r. 9750 Yoakum Dr., Beverly Hls., CA 90210.
PHIPPS, April Lee; '88 BSBA; Exec. Trainee; May Co. Dept. Stores, 158 Euclid Ave., Cleveland, OH 44114; r. 451 Vineyard Dr., Apt. 401, Broadview Hts., OH 44147.
PHIPPS, James G.; '62 BSBA; Chmn. of the Bd.; Atlantic Food Inc., c/o Postmaster, Springfield, VA 22150; r. 8202 Rushing Creek Dr., Springfield, VA 22153, 703 455-5055.
PHIPPS, James Michael; '78 BSBA; Staff; Republic Steel Corp., 2633 8th St. NE, Canton, OH 44704; r. 501 Schneider, N. Canton, OH 44720, 216 494-0051.
PHIPPS, Jeffrey J.; '87 BSBA; 5459 Kenneylane Blvd., Columbus, OH 43220.
PHIPPS, John C.; '85 MBA; Dept. Mgr.; Online Computer Library Ctr., Engineering Services Dept., 6565 Frantz Rd., Dublin, OH 43017, 614 764-6000; r. 3154 Edgewood Park Ct., Union Lake, MI 48085.
PHIPPS, L. Craig; '83 BSBA; Staff Acct.; Max & Erma's Restaurants, Inc., 1561 Leonard Ave., POB 03325, Columbus, OH 43203, 614 258-5000; r. 151 Cosmos Ln., Pataskala, OH 43062, 614 927-4762.
PHIPPS, Mary Wiggenhorn; '77 MPA; 600 Valley Rd. #D 27, Warrington, PA 18976.
PHIPPS, Monzell J.; '59 BSBA; Maj Usaf Ret, 5684 Redding Ave., Memphis, TN 38119, 901 761-1724.
PHIPPS, Robert Patrick; '78 BSBA; Dist. Sales Mgr.; Gaf, POB 1128, Erie, PA 16512, 814 452-3291; r. 3109 Greenhowe Dr., Wilmington, NC 28403.
PHISITVANICH, Suphachai; '68 MBA; Deputy Comptroller Gen.; Comptroller Gen. Dept., Ministry of Finance, Rama Rd., Bangkok, Thailand, 279-9083; r. 690 Friendship Village, Sukumuit 77 Rd., Bangkok, Thailand, 321-0755.
PIACENTINI, John F.; '48 BSBA; Retired Auto Ctr. Mgr.; J.C. Penney Co.; r. 1463 Manchester Ave., Columbus, OH 43211, 614 263-3101.
PIACENTINO, George Anthony; '81 BSBA; 1241 Minnesota Ave., Columbus, OH 43211, 614 268-9804.
PIANALTO, James Anthony; '86 BSBA; Proj. Mgr.; Fortney & Weygandt, 13363 Madison Ave., Lakewood, OH 44107, 216 221-8989; r. 222 Randel Ave., Akron, OH 44313, 216 836-1549.
PIAZZA, Robert Anthony; '66 BSBA; Atty.; 105 Cleveland St., Elyria, OH 44035, 216 323-3361; r. 255 Hamilton Ave., Elyria, OH 44035, 216 323-7239.
PICAULT, Herve Marie; '88 MA; 79 E. Woodruff Ave., Columbus, OH 43207.
PICCIANO, Timothy Edward; '75 BSBA; Exec. VP; USF&G Mktg. Svcs. Co., 312 Plum St., Ste. 900, Cincinnati, OH 45202, 513 721-7227; r. 10659 Indian Woods Dr., Cincinnati, OH 45242, 513 489-8466.
PICCIONI, Joseph C.; '64 BSBA; Plant Mgr.; J & L Specialty Prods. Corp., 1500 W. Main St., Louisville, OH 44641, 216 875-6206; r. 2381 Moehler Dr. NW, N. Canton, OH 44720, 216 494-3937.
PICIACCHIO, Joel Anthony; '80 BSBA; Finance Mgr.; J & J Motors Inc., 11893 Lincolnway W., Massillon, OH 44646, 216 837-3595; r. 306 Kings Hwy., Brewster, OH 44613, 216 767-3135.
PICKARD, James Edward; '83 BSBA; Salesman; Hilton Head Galleries, Village At Wexford, #J7, Hilton Head Island, SC 29928, 803 842-9500; r. 5175 Wheaton, Dayton, OH 45429, 513 434-1189.
PICKARD, Mark Anthony; '86 BSBA; Salesman; Airtron Inc., 3050 Plainfield Dr., Dayton, OH 45429, 513 258-2171; r. 5175 Wheaton St., Dayton, OH 45429, 513 434-1189.
PICKARD, Robert Louis; '49 BSBA; Pres.; Lytton Steel Inc., Hwy. 250 POB 315, Lone Star, TX 75668, 214 639-2503; r. 1611 Pineland St., Longview, TX 75604, 214 759-1695.
PICKENPAUGH, Merel E., Jr.; '76 MPA; Dir.; Adult Probation Dept., Licking Cnty. Common Pleas Ct., Courthouse, Newark, OH 43055, 614 349-6207; r. 63 Sunny Ln. NE, Newark, OH 43055, 614 763-4369.
PICKENS, Ferd M., II; '56; Financial Cnslt.; Shearson Lehman Hutton, 1803 Kingsdale Ctr., Columbus, OH 43221, 614 457-3005; r. 4542 Sandringham Dr., Columbus, OH 43220, 614 451-6477.
PICKENS, James Leo; '87 BSBA; 314 Short St., Bucyrus, OH 44820, 419 562-2534.
PICKERING, D. Lee; '77 BSBA; Asst. Gen. Agt.; CT Mutual Life Ins., 700 Ackerman Rd., Columbus, OH 43202, 614 262-6228; r. 7455 Saunderlane Rd., Worthington, OH 43085, 614 764-0135.
PICKETT, Michael Edwin; '79 BSBA; Technical Acct.; Sherwin-Williams Co., 101 Prospect Ave. NW, Cleveland, OH 44115, 216 566-2224; r. 7838 Normandie K-3, Middleburg Hts., OH 44130, 216 243-7582.
PICKETT, Richard C.; '48 BSBA; Exec. VP; John W. Galbreath & Co., 180 E. Broad St., Columbus, OH 43215, 614 460-4555; r. 4182 Shire Cove, Columbus, OH 43026, 614 876-1300.
PICKLAP, Nancy J.; '82 BSBA; 1713 Handley Ave., Winchester, VA 22601, 703 662-1954.
PICKRELL, Jeffrey Paul; '72 BSBA; Staff Equip. Cont; Xerox Corp., 2109 Stella Ct., Columbus, OH 43215; r. 9433 Howdyshell Rd., Logan, OH 43138.
PICKUP, Joann '82 (See Harvey, Mrs. Joann Pickup).
PICO, Peggy A. '86 (See Jamieson, Peggy A.).
PICONE, Richard Michael; '78 BSBA; Salesman; Gen. Elect Co., 777 Church Rd., Elmhurst, IL 60126; r. 33 W. 55 St., Westmont, IL 60599, 312 719-1531.
PIDOCK, Gary Steven; '83 BSBA; Acctg.; Micro Ctr., Lane Ave. Shopping Mall, Columbus, OH 43220, 614 481-8041; r. 93 E. Kelso Rd, Columbus, OH 43202, 614 447-8093.
PIDOCK, Wayne L.; '51 BSBA; Retired Asst. Treas.; American Electric Power, 180 E. Broad St., Columbus, OH 43215; r. 2515 Eastcleft Dr., Columbus, OH 43221, 614 457-0785.
PIECH, CAPT Leonard G.; '64 BSBA; Capt. Usaf; r. 6016 Finlandia Ln., Mechanicsville, VA 23111.
PIEFKE, Robert Mc Duffie; '87 BSBA; 1120 Hyannis Dr., Xenia, OH 45385, 513 429-2615.
PIEGZA, Michael Edward; '81 BSBA; 3 Bergen Ct., Bayonne, NJ 07002.
PIELSTICKER, Robert Francis; '75 BSBA; 2625 E. Indian Sch Rd #205, #203, Phoenix, AZ 85016, 602 494-0348.
PIEPER, Paul T.; '52 MBA; Asst. VP-Inst. Sales; Parker Hunter Inc., 385 Midway Plz. Bldg., Elyria, OH 44035, 216 324-3333; r. 5001 Hampton Dr., N. Olmsted, OH 44070, 216 734-6699.
PIERATT, Richard E.; '49 BSBA; Dir.; Michigan Hosp. Assn., 6315 W. St. Joseph Hwy., Lansing, MI 48917, 517 323-3443; r. 1405 Watson Rd, Mt. Pleasant, MI 48858, 517 772-4444.
PIERCE, Arthur Kenneth, Jr.; '55 BSBA; VP/Ch Fin Officr; The Dispatch Printing Co., 34 S. Third St., Columbus, OH 43215, 614 461-5220; r. 4660 Haymarket Ct., Columbus, OH 43220, 614 451-6143.
PIERCE, Barbara Sean; '82 MLHR; 1926 Fiesta Ct. Apt. C, Columbus, OH 43229.
PIERCE, Ms. Cathy Jane; '73 BSBA; Sr. Mgr.; C N A Ins. Cos., Financial Control, Cna Plz., Chicago, IL 60685, 312 822-4378; r. 467 E. Hiawatha, #409, Wood Dale, IL 60191.
PIERCE, Clem R.; '50 BSBA; Retired; r. 1523 Calle Zocalo, Thousand Oaks, CA 91360, 805 523-7001.
PIERCE, Danny Allen; '81 BSBA; Dir. Intl. Sales & Mktg.; Indium Corp. of America, 1 Ellinwood Ct., New Hartford, NY 13413, 315 768-6400; r. RD 1, Meadow Ln., Ava, NY 13303, 315 339-6900.
PIERCE, Erik Richard; '73 BSBA; Pres.; Maple Leaf Gardens Inc., 147 Clinton St., Concord, NH 03301, 603 224-5133; r. Same.
PIERCE, F. Howard, Jr.; '59 BSBA; Owner/Pres.; The Pierce Co., Milford Gardens, POB 344, Hudson, OH 44236, 216 656-2752; r. 2371 Danbury Ln., Hudson, OH 44236, 216 650-0973.
PIERCE, Harold Michael; '75 BSBA; Syst. Analyst; United Telephone Co., 665 Lexington Ave., Mansfield, OH 44902, 419 524-3211; r. 3172 Eckert Rd., Lexington, OH 44904, 419 884-3931.
PIERCE, Howard P.; '49 MBA; Retired; r. 1920 Glenmont Dr. NW, Canton, OH 44708, 216 477-2177.
PIERCE, Joel Edward; '80 BSBA; Sr. Pricing Analyst; Rockwell Intl., 100 S. Sepulveda, El Segundo, CA 90245, 213 414-4905; r. 3073 W. Cheryllyn Ln., Anaheim, CA 92804, 714 828-5279.
PIERCE, John Bradley; '70 BSBA; 444 Hillcrest Dr., Aberdeen, MD 21001, 301 272-6154.
PIERCE, Margaret Divney, (Margaret Divney); '54 BSBA; Enrichment Coord.; Our Lady of Perpetual Sch., Grove City, OH 43123; r. 2588 Regina Ave., Columbus, OH 43204, 614 274-1687.
PIERCE, Norman O.; '42; Retired; r. 1540 Bunker Dr., Lima, OH 45805, 419 991-4666.
PIERCE, Norman Robert; '68 BSBA; CPA; Asst. to Sr. Partner; DeGrandis & DeGrandis, Superior Bldg., Cleveland, OH 44114, 216 771-0441; r. 1545 Elmwood, Cleveland, OH 44107, 216 228-1350.
PIERCE, Robert Mark; '83 BSBA; 350 Tremont Dr., Apt. D 59, Murfreesboro, TN 37130.
PIERCE, Robert Thomas; '83 BSBA; Sales Coord.; Kroger Co., 427 Cleveland Ave., Columbus, OH 43215, 614 462-2054; r. 2293 Laurelwood Dr., Columbus, OH 43229, 614 891-3775.
PIERCE, Samuel Laverne; '63 BSBA; Owner; American Mktg., POB 7, Dublin, OH 43017; r. 7356 Mac Beth Dr., Dublin, OH 43017, 614 889-8761.
PIERCE, Thomas Joseph; '85 BSBA; Supv.; GM Corp., 507 Forest Ave., Pittsburgh, PA 15202; r. 21 S. Elma Ave., Anderson, IN 46012, 317 643-0597.
PIERCY, Donald A.; '56 BSBA; Pres.; Island Equip. Co. Inc., 1122 Aster Ave., Sunnyvale, CA 94086, 408 244-4406; r. 1239 Mc Intosh Ct., Sunnyvale, CA 94087, 408 739-8571.
PIERMAN, Corwin W.; '34; Retired; r. 11212 Ottawa Dr., Ottawa, OH 45875, 419 523-5018.
PIERRE, Tracy R.; '86 BSBA; 534 Crestwood Dr., Seabrook, TX 77586, 713 326-1493.
PIERSALL, Craig Bruce; '70 BSBA; VP; Forma Scientific, POB 649, Mill Creek Rd, Marietta, OH 45750, 614 374-1846; r. 303 Strecker Ln., Marietta, OH 45750, 614 373-2755.
PIERSON, Carol Truske; '82 BSBA; Acct.; American Electric Power, 180 E. Broad St., Columbus, OH 43215; r. 2132 Firestone St., Columbus, OH 43228, 614 276-8932.
PIERSON, David Alan; '82 BSBA; Pres.; Marquis Homes, Inc., 7848 Farmbury Dr., Reynoldsburg, OH 43068, 614 866-8880; r. 818 Kerr St., Columbus, OH 43215, 614 291-6275.
PIERSON, David William; '72 BSBA; Sales Rep.; Limbach, 851 Williams Rd., Columbus, OH 43212, 614 299-2175; r. 3434 Woodview Pl., Columbus, OH 43220, 614 451-7853.
PIERSON, Edward G., III; '87 BSBA; Telecommunication Spec.; GE Lighting, Bldg. 329, Nela Park Noble Rd., E. Cleveland, OH 44112, 216 266-2121; r. 8178 Chagrin Mills, Chagrin Falls, OH 44022, 216 338-5000.
PIERSON, Kirk Berner; '86 BSBA; Acct.; Columbus Southern Power, 215 N. Front St., Columbus, OH 43215, 614 464-7700; r. 2132 Firestone St., Columbus, OH 43228, 614 276-8932.
PIERSON, Ronald Eugene; '66 BSBA; Field Dir.; Boy Scouts of America, 645 N. Delsea Dr., Vineland, NJ 08360, 609 692-8006; r. 1890 S. Lincoln Ave., Apt. 38, Vineland, NJ 08360, 609 691-7416.
PIETILA, Cheryl Bussiere, (Cheryl Bussiere); '79 BSBA; Mgr. Syst. Devel.; Sherwin-Williams Co., 101 Prospect Ave. NW, Cleveland, OH 44115, 216 566-3007; r. 7835 Normandie Blvd., #E44, Middleburg Hts., OH 44130, 216 234-3965.
PIETRUSIK, Joseph Mark; '84 BSBA; Acct.; Coopers & Lybrand, Ste. 2000 Columbus Ctr., 100 E. Broad St., Columbus, OH 43215, 614 221-7471; r. 1041 Bridgeway Cir. #D, Columbus, OH 43220, 614 459-0218.
PIETZSCH, Kevin Alan; '83 BSBA; Sales Support Rep.; I D I, Sub of Battelle Memorial Inst, 655 Metro Pl., S., Dublin, OH 43017, 614 761-7300; r. 4777 Leybourne Dr., Hilliard, OH 43026, 614 876-9996.
PIFER, Marjorie M.; '47 BSBA; Financial Secy.; F & R Lazarus, 175 S. 3rd St., Ste. 1010, Columbus, OH 43215, 614 463-2402; r. 958 Hillsdale Dr., Columbus, OH 43224, 614 263-0146.
PIGMAN, Donald E.; '57 BSBA; CPA; 201 W. 8th, Pueblo, CO 81003; r. 713 S. Carrizo Springs Ave., Pueblo, CO 81007, 719 547-2661.
PIKE, Albert Raymond; '38 BSBA; Cnslt.; Bank One Cleveland NA, Subsidiary of Bank One, 305 S. Park Pl., Columbus, OH 44077, 216 352-5000; r. 535 Barrington Ridge, Painesville, OH 44077, 216 354-0355.
PIKE, Charles A.; '42 BSBA; Judge; Common Pleas Ct., Columbiana Cnty.-Courthouse, Lisbon, OH 44432, 216 424-9511; r. 15 Morris St., Lisbon, OH 44432, 216 424-5135.
PIKE, Granville E.; '49 BSBA; Retired; r. 28621 Meadow Glen Way W., Escondido, CA 92026, 619 749-7690.
PIKE, Robert William; '77 BSBA; Acct.; Lawson Co., 210 Broadway E., Cuyahoga Falls, OH 44222; r. 2143 Anderson Rd., Cuyahoga Falls, OH 44221.
PIKE, Roy Walter; '68 MBA; Pres.; Applied Business Syst., Inc., 5025 Arlington Ctr. Blvd., Columbus, OH 43220, 614 451-5247; r. 2794 Folkstone Rd, Columbus, OH 43220, 614 451-8920.
PILAT, George J.; '57 BSBA; Quality Assur Spec.; USAF, PQ, Patrick AFB, FL 32925; r. 1225 Leslie Dr., Merritt Island, FL 32952.
PILGRIM, Gregory Flinn; '70 BSBA; Svcs. & Sales; American President Distribution Svc., 16600 Sprague Rd., Cleveland, OH 44130, 216 243-5225; r. 13471 Clifton Blvd., Lakewood, OH 44107, 216 228-7454.
PILKEY, William B., III; '62 MPA; Financial Planner; Waddell & Reed, 7223 20th Ave. SE, Olympia, WA 98503, 206 754-2725; r. 7223 20th Ave. SE, Olympia, WA 98503, 206 459-1625.
PILKINGTON, Jennifer Jepson; '85 BSBA; 4 Grouse Ln., Merrimack, NH 03054, 603 429-2340.
PILLAR, Philip M.; '64 BSBA; Pilot; Gen. Svcs., 19201 Villaview Rd., Cleveland, OH 44119, 216 481-6500; r. 6465 Tulip Way, Painesville, OH 44077, 216 357-6891.
PILLIOD, Renee '84 (See Skove, Mrs. Renee Pilliod).
PILLIVANT, Dennis Charles; '72 BSBA; Controller; Elyria Mem. Hosp., 630 E. River St., Elyria, OH 44035, 216 329-7605; r. 50961 Betts Rd., Wellington, OH 44090, 216 774-1382.
PILOSENO, Cynthia Lee; '85 BSBA; Internal Auditor; Union Central Life Ins., POB 179, Cincinnati, OH 45201, 513 595-2324; r. 5324 Camelot Dr., Apt. M, Fairfield, OH 45014, 513 858-2837.
PIMSNER, David Allen; '79 BSBA; 3246 Woodcreek Cir., Cleveland, OH 44145.
PIMSNER, Robert A.; '63 BSBA; Staff; Western Security Bank, Columbus & E. Washington Row, Sandusky, OH 44870; r. POB 1293, Sandusky, OH 44870, 419 626-4607.
PINCKARD, James Dennis; '70 BSBA; Mktg. Rep.; Natl. Advanced Systs., 8025 N. Point Blvd., Ste. 252, Winston-Salem, NC 27106, 919 725-1984; r. 605 Barrocliff Rd., Clemmons, NC 27012, 919 766-3322.
PINER, Augustine T., Jr.; '66 BSBA, '78 MBA; Owner; Custom Photography, 1337 Cambrian Ct., Columbus, OH 43220, 614 451-4672; r. Same.
PINER, Darilee Heston, (Darilee Heston); '71 MBA; Programmer/Analyst; Chemical Abstracts Svc., 2540 Olentangy River Rd, POB 3012, Columbus, OH 43210, 614 447-3600; r. 1337 Cambrian Ct., Columbus, OH 43220, 614 451-4672.
PINES, Allan A.; '49 BSBA; Atty.; Summit Rovins & Feldesman, 445 Park Ave., New York, NY 10022, 212 702-2200; r. 11 Fifth Ave., New York, NY 10003, 212 533-1059.
PINGRY, Dr. Jack Richard; '69 MBA, '72 PhD (BUS); Assoc. Prof.; West Georgia Clg., Carrollton, GA 30118, 404 836-6472; r. 139 Fairway Dr., Carrollton, GA 30117, 404 832-3113.
PINKELMAN, Colleen Marie; '88 BSBA; 514 Cambridge Pk S., Maumee, OH 43537, 419 893-3286.
PINKERTON, James E.; '58 MACC; 19 Barbara Rd., Little Rock, AR 72204, 501 664-3278.
PINKERTON, William Albert; '67 BSBA; Tax Mgr.; Arthur Andersen Co., 100 E. Broad St., Columbus, OH 43215; r. 6060 Tangledahl Ln., Beaumont, TX 77706, 409 899-1306.
PINKNEY, Bruce Reed; '72 BSBA; Financial Adm; Robert H Johns Co., 400 E. 2nd Ave., Columbus, OH 43201; r. 208 Woodland Ave., Powell, OH 43065, 614 846-1963.
PINKSTON, Charles Manning; '71 BSBA; 727 Pilot/1st Ofcr.; Delta Air Lines, Hartsfield Atlanta Intl Airprt, Atlanta, GA 30320; r. 110 Rosewood Ct., Peachtree City, GA 30269, 404 487-6649.
PINKUS, David E.; '58 BSBA; Dir. M I S; Fuller Co., 2040 Ave. C, Bethlehem, PA 18001, 215 264-6722; r. 1252 St. Michael St., Apt. 7, Allentown, PA 18104, 215 433-4389.

PINKUS, Fredric; '58 BSBA; Atty.; 851 Spitzer Bldg., Toledo, OH 43604, 419 241-2168; r. 3040 E. Lincolnshire, Toledo, OH 43606, 419 536-3943.
PINNEY, Hubert Russell; '62 MACC; Prof.; Mt. Union Clg., Econ Acctng & Bus Adm Dept., 1972 Clark Ave., Alliance, OH 44601, 216 821-5320; r. 221 Valley Rd., POB 245, Damascus, OH 44619.
PINNEY, Teresa Jane; '83 BSBA; Risk Mgmt. Spec.; Gold Circle Stores, 6121 Huntley Rd., Worthington, OH 43085, 614 438-4141; r. 3222 Scenic Bluff Dr., Columbus, OH 43229, 614 882-3993.
PINNIX, Tracy Sue; '88 BSBA; 3239 Sundale Rd, Columbus, OH 43232, 614 837-2127.
PINTER, Richard Moresi; '71 BSBA; Key Accounts Mgr.; The Glidden Co., 925 Euclid Ave., Cleveland, OH 44115, 216 344-8218; r. 180 Westwind Dr., Avon Lake, OH 44012, 216 933-7311.
PINTER, Dr. Robert Anthony; '78 BSBA; Phys.; North Cnty. Health Svcs., 348 Rancheros Rd., San Marcos, CA 92069, 619 471-2100; r. 252 E. Meadowlawn Blvd., Seven Hls., OH 44131.
PINZONE, Vincent John; '88 BSBA; 35440 Bainbridge, Solon, OH 44139, 216 248-0813.
PIPER, Gerald L.; '59 BSBA; Sr. Info. Systs. Spec.; AT&T, Guilford Ctr., Greensboro, NC 27420, 919 279-6849; r. 4709 Charlottesville Rd., Greensboro, NC 27410, 919 294-5793.
PIPINOS, Mario T.; '75 MPA; Gen. Mgr.; Wine & Bev Merchants of WV, Inc., POB 308, Follansbee, WV 26037; r. 3329 Orchard St., Weirton, WV 26062, 304 748-3040.
PIPPIN, Mark Douglas; '87 MBA; Supv., Mfg. Systs.; Harris Semiconductor, POB 883, MS51-196, Melbourne, FL 32901, 407 729-4011; r. 665 Mark Dr., W. Melbourne, FL 32904, 407 676-4987.
PIRIE, Suzanne Volmer; '49 BSBA; Realtor; r. 200 Quiet Meadow Ln., Centerville, OH 45459, 513 433-6123.
PIRKO, Paul; '50 BSBA; Retired Proc Dir.; US Govt., Aberdeen Proving Grounds, Aberdeen, MD 21005; r. 508 Woodbury Way, Bel Air, MD 21014, 301 838-3186.
PIRKO, Richard Edward; '78 BSBA; Real Est Invest Anal; The Neri Co., 23215 Commerce Park Rd Ste 216, Cleveland, OH 44122; r. 5068 Simon Rd, Youngstown, OH 44512, 216 782-8637.
PIRRO, Douglas Ladd; '68 BSBA; Salesman; r. 450 Tresham Rd., Gahanna, OH 43230, 614 476-4963.
PIRTLE, Timothy Alan; '81 BSBA, '83 MBA; Tax Atty.; Deloitte Haskins & Sells, 155 E. Broad St., Columbus, OH 43215, 614 229-4678; r. 1959 Jervis Rd., Upper Arlington, OH 43221, 614 488-9161.
PISCIOTTA, Mary Ann; '83 BSBA; Rep.; Burroughs Corp., Tech Marketing Support, Oak Brook, IL 60521; r. 13342 Oakview Ct., Palos Hts., IL 60463, 312 448-0465.
PISCIOTTA, Thomas Sansone; '87 BSBA; 1478 Cardiff Rd., Columbus, OH 43221, 614 486-1429.
PISEL, Malcolm K.; '37 BSBA; Acct.; Malcolm K. Pisel & Assoc., 1395 Dublin Rd., Columbus, OH 43215, 614 486-4300; r. 2464 Dale Ave., Columbus, OH 43209, 614 231-8815.
PISHKUR, Walter J.; '86 BSBA; Exec. VP; Inter-State Water Co., 322 N. Gilbert St., POB 907, Danville, IL 61834, 217 442-0142; r. 1301 W. Fairchild St., Danville, IL 61832, 217 431-3020.
PISHNER, Nancy Jo '87 (See Moll, Mrs. Daniel F.).
PISHOTTI, Thomas P.; '87 BSBA; 397 Rosewae Ave., Cortland, OH 44410, 216 637-7779.
PISOR, Charles T.; '37 BSBA; Retired; r. 53 W. Broadway St., Westerville, OH 43081, 614 882-4371.
PISTLER, Susan Louise '85 (See Kleinschmidt, Mrs. Susan P.).
PITCHER, Carter L.; '55 BSBA; Airline Pilot; r. 4024 Mendenhall, Dallas, TX 75234, 214 247-6047.
PITCOCK, Thomas C.; '64 BSBA; Ins. Adjuster; Crawford & Co., Zanesville, OH 43701, 614 452-8517; r. 859 Brighton Blvd., Zanesville, OH 43701.
PITSTICK, Anthony William; '77 BSBA; Dir. Purch Matl Mgmt.; N C R Corp., Engineering & Mfg Dept., 1700 S. Patterson Blvd., Dayton, OH 45479; r. 1324 Joyce Dr., Xenia, OH 45385, 513 372-0225.
PITSTICK, Si Alan; '88 BSBA; 3475 Westbury Rd, Kettering, OH 45409, 513 298-1753.
PITT, Susan Cathrine; '86 BSBA; 103 Haddam Pl. W., Westerville, OH 43081, 614 882-5993.
PITT, Teresa Lee '87 (See Russell, Teresa Lee).
PITTENGER, Glen W.; '54 BSBA; Partner; Crowe Chizek & Co., 10 W. Broad St., One Columbus, Columbus, OH 43215, 614 469-0001; r. 5166 Northcliff Loop W., Columbus, OH 43229, 614 885-3007.
PITTENGER, Ms. Kristin W.; '87 BSBA; EEO Contr/Compliance Ofcr; Ohio Dept. of Transportation, 25 S. Front St., Columbus, OH 43216, 614 466-1347; r. 2565 Riverside Dr., 4A, Columbus, OH 43221, 614 488-3745.
PITTENGER, Wayne A.; '62 BSBA; Pres. CEO; ASIX Syst. Corp., 47338 Fremont Blvd., Fremont, CA 94538, 415 656-8664; r. 108 Brocastle Way, Los Gatos, CA 95030, 408 395-1908.
PITTENGER, Wayne Ray; '74 BSBA; Staff; State of Ohio, Dept. of Welfare, Columbus, OH 43215; r. 7631 Penn Rd., Ostrander, OH 43061, 614 666-1561.
PITTINGER, David Alex; '76 MBA; 6416 Halsey Dr., Woodridge, IL 60517, 312 852-3087.
PITTMAN, Earl William; '70 BSBA; Engr.; BMY-WYD, 13311 Industrial Pkwy., Marysville, OH 43040, 513 644-0041; r. 382 Irving Wick Dr. E., Heath, OH 43056, 614 323-3245.
PITTMAN, John Curtis; '76 BSBA; 1892 Indianola Ave., Columbus, OH 43201.
PITTMAN, Kenneth L.; '65 BSBA; Maj. Usaf Ret; 614 864-5510; r. 7011 Linbrook Blvd., Worthington, OH 43085, 614 436-4042.
PITTMAN, Michael E.; '74 BSBA; Acct. Mgr.; Eaton Forms Corp., 16 N. Dutoit St., Dayton, OH 45402, 513 461-3676; r. 133 Greendale Dr., Dayton, OH 45429, 513 298-6947.
PITTMAN, Paige; '87 BSBA; 320 W. Eaton Pike, New Paris, OH 45347, 513 437-6807.
PITTNER, Brian Paul; '69 BSBA; VP/Sales; Dawson Ins., Cleveland, OH 44126, 216 333-9000; r. 20611 Woodstock Ave., Cleveland, OH 44126, 216 331-7362.
PITTS, David R.; '65 BSBA; Pres.; Pitts Mgmt. Assocs. Inc., 7946 Goodwood Blvd., Baton Rouge, LA 70806, 504 926-9000; r. 2025 E. Lakeshore Dr., Baton Rouge, LA 70808, 504 383-0448.
PITTS, Janet Dutkin; '83 BSBA; Sales Rep.; Wyeth Labs Inc., POB 8299, Philadelphia, PA 19101; r. 623 Fairway Blvd., Columbus, OH 43213, 614 864-1946.
PITTS, John C.; '57 BSBA; Bus. Mgr.; Masanga Leprosy Hosp., POB 48 Magburaka, Sierra Leone, Nigeria; r. Masanga Leprosy Hospital, POB 48 Magburaka, Sierra Leone, Nigeria.
PITTS, Kathy '81 (See Watt, Mrs. Kathy Pitts).
PITTS, Kevin M.; '88 BSBA; 914 E.129Th, Cleveland, OH 44108, 216 681-2991.
PITTS, Kevin Ray; '85 BSBA; 305 Marcella Ln., Cridersville, OH 45806, 419 645-4320.
PITTS, Terry L.; '88 BSBA; 2122 1/2 N. High St. #1, Columbus, OH 43201.
PITZER, James Russell; '73 BSBA; Mgr.; Reliance Electric, Payrolls & Tax Compliance, 24701 Euclid Ave., Cleveland, OH 44117; r. 36903 Julian Street, Avon, OH 44011.
PITZER, Woodrow W.; '48 BSBA; Retired; r. 1429 Badham Dr., Birmingham, AL 35216, 205 822-1522.
PIXA, Rand Redd; '72 BSBA; Trial Atty.; Dept. of Justice, 450 Golden Gate Ave., San Francisco, CA 94102, 415 986-6166; r. 125 Gardenside St., San Francisco, CA 94131, 415 550-8802.
PIYANKSUWAN, Sanguansri V.; '68 MPA; 30 Rong Muang St. 3, Bangkok, Thailand.
PIZZOLA, Jeff; '80 BSBA; Asst. Controller; Cardinal Foods, Inc., 315 Phillipi Rd, Columbus, OH 43228; r. 6484 Home Rd., Delaware, OH 43015, 614 881-5148.
PIZZOLA, Paul Joseph; '85 BSBA; Acct.; John Gerlach & Co., 37 W. Broad St., Columbus, OH 43215, 614 224-2164; r. 993 Deacon Cir., Columbus, OH 43214, 614 451-6653.
PLA, Jorge L.; '81 BSBA; Real Estate Investor; Xavier Luis & Luis, Inc., 3201 Tate Ave., Cleveland, OH 44109, 216 398-8919; r. Same.
PLAINE, Ruth '34 (See Rose, Ruth Plaine).
PLANK, Donald Thomas; '75 BSBA; Atty.; Shuler & LANK, 33 S. Grant Ave., Columbus, OH 43215, 614 228-4546; r. 372 Reinhard Ave., Columbus, OH 43206, 614 444-2763.
PLANK, John William; '86 BSBA; 614 443-6251; r. 5702 Bixby Woods Ct., Apt. A, Columbus, OH 43209, 614 863-9991.
PLANK, Thomas Walter; '72 BSBA; Mgr.; Planks Cafe, 743 Parsons Ave., Columbus, OH 43206, 614 443-6251; r. 377 E. Sycamore, Columbus, OH 43206, 614 444-7605.
PLANK, William Martin; '80 BSBA; Mgr.; Plank's Bier Garten, 888 S. High St., Columbus, OH 43206, 614 443-4570; r. 888 S. High, Columbus, OH 43206, 614 443-4570.
PLANKELL, Thomas R.; '56 BSBA; Commercial Lines Examiner; Ins. Intermediaries Inc., 5774 Shier Rings Rd., Dublin, OH 43017, 614 766-0222; r. 1325 Brookridge Dr., Columbus, OH 43235, 614 451-2448.
PLANT, Elbert W.; '56 BSBA; 1554 Victory Dr., Springfield, OH 45505, 513 325-6094.
PLANT, Lisa Jane; '88 BSBA; 11545 Brookside Ln., Pickerington, OH 43147, 614 863-4274.
PLASKO, Mark Robert; '77 BSBA; Systs. Analyst; Triangle Computer, 9 Cedar Village, Chapel Hill, NC 27516, 919 968-8752; r. Same.
PLASKO, Phillip Emil; '83 BSBA; Staff; Tire America, 4800 Sinclair Rd, Columbus, OH 43229; r. 7216 Wallace Rd. #420, Charlotte, NC 28212.
PLASKO, Stephen Paul; '87 BSBA; 640 Fox Rd., RR 14, Lexington, OH 44904, 419 884-0510.
PLASSMAN, Jeffrey Richard; '84 BSBA; Financial Spec.; Wright-Patterson AFB, Financial Dept., Dayton, OH 45433; r. 720 Beach, Medway, OH 45341.
PLATANIA, Lorenzo; '85 BSBA; 2914 United Ct., Reynoldsburg, OH 43068, 614 755-2368.
PLATAU, Steven Mark; '80 MACC; Atty.; Law Offices of Steven Platau, Shore Ctr. W., Ste. 201, 2511 N. Grady Ave., Tampa, FL 33607, 813 875-4700; r. 4307 Sevilla St., Tampa, FL 33629, 813 831-7333.
PLATNICK, Barry Howard; '70 BSBA; Atty.; r. 895 Ivy Hill Rd., Woodmere, NY 11598, 516 374-0464.
PLATT, Kenneth S., Jr.; '68 BSBA; Sr. Investment Cnslt.; Kenneth S. Hayashi Corp., 4370 La Jolla Village Dr., #900, San Diego, CA 92122, 619 546-3800; r. 9730 Caminito Pudregal, San Diego, CA 92131, 619 549-0957.
PLATT, William Edward; '81 BSBA; 1946 Shallowford Ave., Worthington, OH 43085, 614 766-0585.
PLAUT, Bernard C.; '48 BSBA; Atty.-CPA; Bernard C. Plaut & Co., CPA, 10901 Reed Hartman Hwy., Ste. 100, Cincinnati, OH 45242, 513 793-2334; r. 5979 Cherokee Dr., Cincinnati, OH 45243, 513 561-4640.
PLAUTZ, William Russell; '74 BSBA; Acct./Kirby Co; r. 8442 Vera Dr., Cleveland, OH 44147, 216 526-5591.
PLAVCAN, Michael John; '71 BSBA; Mgr.; Louis Rich Foods, Inc., Subs: Oscar Mayer-POB 7188, Gen. Prod. Plng./Invt. Cntl., Madison, WI 53704, 608 241-6720; r. 5214 Shawano Ter., Madison, WI 53705, 608 233-1638.
PLAZAK, Michael John; '74 BSBA; 3038 S. Oakhill Rd., Cuyahoga Falls, OH 44224, 216 688-2106.
PLECHATY, Bernard L.; '48 BSBA; VP; W E Plechaty Co., 3400 Independence Rd, Cleveland, OH 44105, 216 622-0303; r. 3400 Independence Rd., Cleveland, OH 44105, 216 356-2804.
PLEIS, Debra Jean; '82 BSBA; Systs. Analyst; Hewlett-Packard Co., 19320 Pruneridge Ave., Cupertino, CA 95014, 408 865-6361; r. 6435 Canterbury Ct., San Jose, CA 95129, 408 252-0788.
PLESIA, John, Jr.; '49 BSBA; Retired; r. RR No 1, Westerville, OH 43081, 614 855-1188.
PLESICH, David Michael; '86 BSBA; Police Ofcr.; Hilliard Police Dept., 3800 Municipal Sq., Hilliard, OH 43026; r. 5178 Bayside Dr., Dayton, OH 45431, 513 254-8326.
PLESSINGER, Jeannette Haun, (Jeannette Haun); '35; Homemaker; r. 136 E. High Point Rd., Peoria, IL 61614, 309 691-3628.
PLETA, Jeffrey David; '85 BSBA; Property Mgr.; Prudential Realty, 700 5th Ave., Pittsburgh, PA 15222, 412 884-2700; r. 406 E. Maiden St., Washington, PA 15301, 412 225-8222.
PLETCHER, Joan Aileen; '85 BSBA; Distribution Clerk; US Postal Svc., 128 S. Main, Caledonia, OH 43314, 419 845-2018; r. 504 N. Elm St., POB 386, Caledonia, OH 43314, 419 845-2183.
PLIENINGER, Rick William; '86 BSBA; Account Exec.; Rail Van Consolidated Inc., 47 E. Wilson Bridge Rd., POB 328, Worthington, OH 43085, 614 436-6262; r. 7691 Scofield Ct., Dublin, OH 43017, 614 766-9547.
PLIMPTON, Judy Marguerite; '87 BSBA; Staff A; Coopers & Lybrand, Ste. 2000 Columbus Ctr., 100 E. Broad St., Columbus, OH 43215, 614 225-8700; r. 68 Corbins Mill Dr., Dublin, OH 43017, 614 792-5499.
PLISKIN, Marvin Robert; '60 BSBA; Atty.; Squire Sanders & Dempsey, 155 E. Broad St., Columbus, OH 43215, 614 365-2732; r. 255 S. Roosevelt Ave., Columbus, OH 43209, 614 231-7963.
PLOETZ, Francis Patrick; '71 BSBA; 30 Spring Valley Rd., Methuen, MA 01844.
PLOETZ, Michael William; '75 BSBA, '79 MBA; Mgr. Account Mgmt.; SD Financial, 101 Main St., Cambridge, MA 02142, 617 499-2000; r. 301 Great Rd., Apt. C-2, Acton, MA 01720, 508 263-6423.
PLOTNICK, David Andrew; '87 BSBA; Sales Mgr.; The Great Gumball Candy Co. Inc., 867-C High St., Worthington, OH 43085, 614 431-1474; r. 614 Oxford St., Worthington, OH 43085, 614 436-3476.
PLOUCK, Stephen P.; '85 MPA; 1098 Lancer Way, Columbus, OH 43213, 614 755-9258.
PLUM, Charles Walden; '36 BSBA; Retired; r. 5 Forest Dr., College Sta., TX 77840, 409 846-7379.
PLUM, David A., Jr.; '84 BSBA; Ofc. Systs. Coord.; Goodyear Tire & Rubber Co., 1144 E. Market St., Akron, OH 44316, 216 796-8278; r. 4860 Whyem Dr., Akron, OH 44319, 216 644-9216.
PLUM, Larry Richard; '68 BSBA; Sr. VP; Cincinnati Ins. Co., 6200 S. Gilmore Rd., POB 145496, Cincinnati, OH 45250, 513 870-2000; r. 603 Eagle View Dr., Mason, OH 45040, 513 398-4932.
PLUMADORE, Theresa Marie '84 (See Kahle, Mrs. Theresa Marie).
PLUMLEY, Mary W., (Mary S. Wolf); '87 BSBA; Inventory Control; Columbus Coated Fabrics, 1280 N. Grant Ave., Columbus, OH 43201; r. 290 Olentangy St., Columbus, OH 43202, 614 447-8034.
PLUMLY, Evan O.; '57 BSBA; Controller; Dallas Symphony Assoc. Inc., POB 26207, Dallas, TX 75226, 214 565-9100; r. 4104 Wycliff Ave., Unit 7, Dallas, TX 75219, 214 522-1874.
PLUMMER, Carl Kerr; '29; Retired; r. 1923 W. Calle Del Ocio, Tucson, AZ 85745, 602 622-2960.
PLUMMER, Karen Lynn; '83 BSBA; RR 8 Box 25-N., 4000 Corallina Dr., Cape Coral, FL 33909.
PLUMMER, Mary Hord; '80 BSBA; Supv.; Bancohio, 155 E. Broad St., Columbus, OH 43265; r. c/o Mr Ronald E. Hord, 5304 Arrowood Loop E., Columbus, OH 43229.
PLUMMER, MAJ Orel L., USAF(Ret.); '66 MBA; 1 Cortez Ct., Hampton, VA 23666, 804 826-8745.
PLUNGIS, Mark Paul; '83 BSBA; Customer Svc. Mgr.; Executive Jet Aviation Mgmt., 4536 Airport Rd., Cincinnati, OH 45226, 513 871-2004; r. 9271 Fields Dr., Mason, OH 45040, 513 398-6778.
PLUTE, Thomas Mark; '83 BSBA; Mgr.; Wendys of New Orleans, 2555 Severn, Kenner, LA 70065, 504 456-2611; r. 1352 W. Esplanade Ave., Apt. F, Kenner, LA 70065, 504 466-1973.
PLYMALE, Jack H.; '49 BSBA; Citrus Food Buyer; Orange Co., POB 127, Lake Hamilton, FL 33851; r. 1931 Royal Palm Dr., Ft. Pierce, FL 34982, 407 461-1649.
POBST, LTC Gene L., USAF(Ret.); '51 BSBA; Contract Mgr.; Harris Corp., 407 Rodes Blvd., Melbourne, FL 32901, 407 242-4250; r. 399 Riverview Ln., Melbourne Bch., FL 32951, 407 724-1851.
POCHON, Susan F. '83 (See Kilpatrick, Mrs. Susan P.).
POCKMIRE, James Gorden; '68 BSBA; Exec. VP; Wyse Advt., Admin. & Media, 24 Public Sq., Cleveland, OH 44113; r. 1840 Carriage Pl., Gates Mills, OH 44040, 216 449-8413.
POCOCK, Deborah Lynne; '82 BSBA; Sales Rep.; Borden Inc., 114 W. Bluebell Ln., Mt. Laurel, NJ 08054, 609 778-1055; r. Same.
POCRASS, Alan Leonard; '69 BSBA; CEO; Plexcom Inc., 65 Moreland Rd., Simi Vly., CA 93065, 805 522-3333; r. 15161 Magnolia Blvd., #E, Sherman Oaks, CA 91403, 818 981-7619.
PODERYS, Andrew Stephen; '88 BSBA; 3600 Carters Corner Rd., Sunbury, OH 43074, 614 965-3115.
PODOBNIKAR, Ivo Louis; '84 BSBA; 1411 Zollinger Rd., Columbus, OH 43221, 614 761-2472.
PODRACKY, Mary J. '67 (See Bivens, Mrs. Mary J.).
PODRASKY, Sally Schwesinger; '78 BSBA; CPA; r. 325 West St. N. W., Vienna, VA 22180.
POE, Lawrence Joe; '54 BSBA; Bus. Broker/Pres.; Venture Res. Grp., Inc., 218 Trade St., Ste. F, Greer, SC 29652, 803 848-4300; r. 272 Warrior Dr., Tryon, NC 28782, 704 859-5073.
POE, Robert Ernest; '83 BSBA; Fed. Bank Examiner; FHLB of Cincinnati, 1919 Atrium II, Cincinnati, OH 45201, 513 852-5735; r. 1263 Settlemire Rd., Lebanon, OH 45036, 513 932-3700.
POE, Roger F.; '53 BSBA; Pres.-Gas & Oil Prod; Ohio Lease Operating Co., 893 High St., Worthington, OH 43085, 614 846-9828; r. 5121 Sansom Ct., Columbus, OH 43220, 614 459-1974.
POE, William B.; '36 BSBA; Retired; r. 1872 Breezewood Dr., Akron, OH 44313, 216 867-1872.
POEPPELMAN, Mark Wilbert; '82 BSBA; Securities Mgr.; Nationwide Ins. Co., One Nationwide Plz., Columbus, OH 43216, 614 249-8754; r. 5622 Dorsey Dr., Columbus, OH 43235, 614 451-7387.
POEPPELMAN, Melvin George; '74 BSBA; Salesman; Horn's Crop Svc., 601 Goodrich Rd, POB 326, Bellevue, OH 44811, 419 483-3790; r. 222 Union St., Bellevue, OH 44811, 419 483-9937.
POFFENBAUGH, Robert C.; '49 BSBA; Retired; r. POB 745, Brandon, FL 33511, 813 689-1392.
POFFENBERGER, Douglas Allen; '86 BSBA; 5106 Greentrail Ln., Mason, OH 45040, 513 398-8851.
POGANY, Andrew Nicholaus; '88 BSBA; 2280 Atherton Ct., Powell, OH 43065, 614 433-0567.
POGOS, Ellen; '83 MBA; Financial Cnslt.; Merrill Lynch, 100 E. Broad St., 24th Fl., Columbus, OH 43215, 614 225-3000; r. 576 Jasonway Ave., Columbus, OH 43214, 614 442-1935.
POHL, David H.; '60 BSBA; Sr. VP; Gibraltar Moneycenter Inc., 9696 Business Park Ave., San Diego, CA 92131, 619 271-9880; r. Gibralter Moneycenter Inc, 15250 Avenue Of Science, San Diego, CA 92128, 619 756-0320.
POHL, Keith Alan; '86 BSBA; Purchasing Dept. Buyer; Allied Signal Inc., Alled Aftermarket Div. Fram, Martz & Jackson POB 100, Greenville, OH 45331, 513 548-1161; r. 2110 State Rte. 716, Maria Stein, OH 45860, 419 925-4363.
POHL, Richard Mark; '67 BSBA, '69 MA; Pres.; The Breckenridge Co., 345 Williams St., Huron, OH 44839, 419 433-7127; r. 1004 Dockway, Huron, OH 44839, 419 433-6051.
POHL, Stanley H.; '38 BSBA; Retired; r. 276 E. Main St., Norwalk, OH 44857, 419 668-1330.
POHLABEL, Charles Thomas; '71 BSBA; Staff; Fed. Mogul, 150 Fisher Ave., Van Wert, OH 45891; r. 43051 Lancelot, Canton, MI 48188, 313 397-0784.
POHLABEL, James Gerard; '82 BSBA; Salesman; Jorgensen Steel Co., 601 Redna Ter., Cincinnati, OH 45215, 513 771-3223; r. 2291 Wyoming Ave., Cincinnati, OH 45214, 513 251-4936.
POHLEN, Dr. Michael F.; '67 PhD (BUS); Assoc. Prof.; Univ. of Delaware, Newark, DE 19716, 302 451-1777; r. 5457 Crestline Rd, Wilmington, DE 19808, 302 731-1632.
POHLMAN, Robert F.; '48 BSBA; Retired Secy.; Pohlman Foundry Co., Inc.; r. 113 Milford St., Hamburg, NY 14075, 716 649-5793.
POHTO, Mrs. Donna Evans; '42; Retired; r. 108 Wintergreen Hill Dr., Painesville, OH 44077, 216 352-3787.
POIRIER, Donald A.; '73 BSBA; VP; Micro Ctr., Inc., 1555 W. Lane Ave., Columbus, OH 43221, 614 481-8041; r. 6335 Deeside Dr., Dublin, OH 43017, 614 889-9232.
POISSON, Joseph; '74 MPA; Mgr. Govt. Contracting; Humana Inc., 500 W. Main St., Box 1438, Louisville, KY 40201, 502 580-1834; r. 11108 Ainwick Ct., Louisville, KY 40243, 502 245-9805.
POJE, Kenneth John; '75 BSBA; CPA; r. 10349 E. Pershing Ave., Scottsdale, AZ 85260.
POKRANDT, Dean Alan; '71 BSBA; Collection Mgr.; Trumbull Credit & Adjustment, 473 South St., POB 1192, Warren, OH 44482, 216 394-4200; r. 1709 Roberts Ln., Warren, OH 44483, 216 372-3306.
POLACK, Ms. Lisa Carin; '82 MLHR; Lecturer; Univ. of Maryland, European Divisions, Apo New York, NY 09102; r. 1630 Windsor Dr., Mayfield Hts., OH 44124, 216 442-8762.

POLAK, Dr. George; '54 BSBA; Chmn. & Prof.; West Liberty State Clg., Dept. of Economics, W. Liberty, WV 26074; r. 933 Betty Zane Rd., Wheeling, WV 26003, 304 277-2697.

POLAND, Frank Herbert, Jr.; '51 BSBA; Atty.; Poland Depler & Sheperd Co. LPA, 6 Water St., Shelby, OH 44875, 419 347-7421; r. 82 Glenwood Dr., Shelby, OH 44875, 419 342-4911.

POLANSKI, Peter John; '83 BSBA, '88 MBA; Cnslt.; Arthur Andersen & Co., Huntington Ctr., 41 S. High St., Columbus, OH 43215, 614 228-5651; r. 124 W. North Broadway, Columbus, OH 43214, 614 261-9945.

POLASKY, William M.; '67 BSBA; Mgr. of Operations; Kraft Inc., POB 324, Deerfield, IL 60015, 312 405-8750; r. 109 S. Weller Ln., Mt. Prospect, IL 60056, 312 259-9858.

POLATTY, James Marion, Jr.; '74 MPA; POB 2186, Anniston, AL 36201.

POLEN, Howard R.; '59 BSBA; Ind Engr.; r. 1365 14th Ave., Fox Island, WA 98333, 206 549-2148.

POLEN, Victor Alan; '87 BSBA; Supv.; Navistar Intl., 800 Manor Park Dr., Columbus, OH 43228, 614 870-5021; r. 4864 Devlin Falls Rd., Hilliard, OH 43026, 614 771-1083.

POLENTZ, Richard Jay; '84 BSBA; 6155 Renner Rd., Columbus, OH 43228, 614 878-9355.

POLING, Michael Alan; '83 BSBA; Asst. Mgr.; Wendys Intl., 1200 E. Main St., Lancaster, OH 43130; r. 14027 Beecher Gamble Rd., Marysville, OH 43040.

POLING, Randy Jay; '80 BSBA; Sr. Sales Assoc.; F & R Lazarus, Northland Mall, Columbus, OH 43229, 614 265-1378; r. 2134-A Via Da Vinci Ct., Columbus, OH 43229, 614 899-9206.

POLING, Richard C.; '46 BSBA; Retired; r. 2105 Coldstream Dr., Winter Park, FL 32792, 407 644-1525.

POLING, Terry L.; '67 BSBA; Dist. Sales Mgr.; El DuPont de Nemours & Co., 3070 NE Expy., Chamblee, GA 30341, 404 455-7836; r. 1565 Sandpoint Dr., Roswell, GA 30075, 404 587-2481.

POLING, Thomas R.; '49 BSBA; 331 Lexington Dr., Menlo Park, CA 94025.

POLINORI, Jeffrey Louis; '80 BSBA; Mgr.; Cub Food Stores, Consumer Sq. Mall, 6500 Tussing Rd., Reynoldsburg, OH 43068, 614 863-0600; r. 2379 Kings Cross Ct., Columbus, OH 43229, 614 890-5321.

POLIS, Joseph John; '69 BSBA; Ex-VP; Century 21-All American Realtr, 2457 E. Dublin-Granville Rd., Columbus, OH 43229; r. 6863 Mccord St., Worthington, OH 43085, 614 846-2444.

POLISCHUCK, Christopher; '74 BSBA, '76 MPA; 2501 Center Ave., Bay City, MI 48708, 517 893-3315.

POLISH, Sheldon S.; '65 BSBA; Partner; Ernst & Whinney, Ste. 1000, 110 E. Broward Blvd., Ft. Lauderdale, FL 33301, 305 763-7500; r. 621 Pebble Creek Ter., Plantation, FL 33324, 305 970-9590.

POLISNER, Dennis M.; '64 BSBA; Staff; Peat Marwick & Mitchell, 303 E. Wacker Dr., Chicago, IL 60601; r. 5 Kildare Ct., Deerfield, IL 60015, 312 948-0518.

POLISNER, Jeffrey Donald; '61 BSBA; Atty.; Contra Costa Cnty., Box 670, Martinez, CA 94553; r. 1038 Via Roble, Lafayette, CA 94549, 415 283-3152.

POLITO, Dominic R.; '51 BSBA; Secy.-Treas.; The City Asphalt & Paving Co., 1211 Gibson St., Youngstown, OH 44501, 216 744-3181; r. Poland Canfield Rd, Lowellville, OH 44436, 216 536-6615.

POLIVKA, Georgiana Salco; '68 BSBA; 4393 Sunbury Rd., Galena, OH 43021.

POLIVKA, Gerald George; '73 BSBA; 12300 Monkey Hollow Rd., Sunbury, OH 43074, 614 965-3965.

POLIVKA, John Ernest; '67 BSBA, '68 MBA; Plant Mgr.; United Mc Gill, United Sheet Metal Division, POB 820, Columbus, OH 43216; r. 4393 Sunbury Rd., Galena, OH 43021.

POLK, Jennifer Morrison; '81 BSBA; Mktg. Forecaster; GE, Nela Park, Cleveland, OH 44112, 216 266-6611; r. 2593 Hampshire Rd., Apt. 18, Cleveland Hts., OH 44106.

POLK, Joyce Morrison, (Joyce B. Morrison); '54 BSBA; Secy.; William Beaumont Hosp., 746 Purdy, Birmingham, MI 48009, 313 258-3795; r. 4417 Sheridan Dr., Royal Oak, MI 48072, 313 549-8357.

POLKOVITCH, William Joseph; '69 BSBA; Material Control Grp. Ldr; GM Corp., B-O-C Lordstown Plant, 2300 Hallock-Young Rd., Warren, OH 44481, 216 824-5243; r. 1500 Alissa Pl., Youngstown, OH 44512, 216 758-0256.

POLL, Charles Henry; '72 BSBA; Purchasing Agt.; H Poll Electric Co., 2 16 N St. Clair St., Toledo, OH 43604; r. 4544 Golf Creek Dr., Toledo, OH 43623, 419 885-2272.

POLL, Mrs. Cindy Lou, (Cindy Lou Adelstein); '82 BSLHR; Ofc. Mgr.; Industrial Med. Ctr., 8798 Complex Dr., San Diego, CA 92123, 619 565-1300; r. 3313 Bevis St., San Diego, CA 92111, 619 279-3411.

POLLACK, Gary Jay; '79 BSBA; CPA; Lerman, Osheroff & Wayne, 8383 Wilshire Blvd., Ste. 220, Beverly Hls., CA 90211, 213 658-7811; r. 19216 Lassen St., Northridge, CA 91324, 818 772-2413.

POLLACK, Richard Louis; '70 BSBA; Acct. Exec.; F I Dupont Glore Forgan & Co., 1409 Broadway, New York, NY 10018; r. 64 Manors Dr., Jericho, NY 11753.

POLLACK, Sanford Miles; '65 BSBA; Sales Rep.; Harper & Row Publishing Co., 49 E. 33rd St., New York, NY 10016; r. 10575 Des Moines, Northridge, CA 91324, 818 368-5088.

POLLACK, Seth Ellis; '80 BSBA; Asst. Mgr. Mkt. Rsch.; Carter-Wallace Inc., 767 Fifth Ave., New York, NY 10153, 212 758-4500; r. 192-24B 64th Cir., #2A, Flushing, NY 11365, 718 454-1020.

POLLAK, Charles Mitchel; '84 BSBA; VP; Belden Village Twin Cinemas, 4400 Belden Village NW, Canton, OH 44718; r. 1107 34th St. NW, Canton, OH 44709, 216 493-1068.

POLLARD, Nancy J. '50 (See Cherry, Nancy Pollard).

POLLARD, Theodore S.; '62 MBA; Bus. Editor; Middletown Journal, First & Broad, Middletown, OH 45042; r. 206 Leland Ct., Middletown, OH 45042, 513 422-2604.

POLLEN, Janean Renee; '84 BSBA; Computer Spec.; Defense Constr. Supply Co., 3990 E. Broad St., Columbus, OH 43219; r. 13791 Lonesome Rd., Thornville, OH 43076.

POLLENS, Harold S.; '47 BSBA; VP; Remington Steel Inc., Box 1491, Springfield, OH 45501, 513 322-2414; r. 1755 Crescent Dr., Springfield, OH 45504, 513 399-4758.

POLLET, Joseph Daniel; '75 MA; Dir.; IMM, Basel, Switzerland, 416 123-3050; r. Rue Du Trie 59510, Hem, France.

POLLETTA, Ralph Victor; '83 BSBA; Owner; Complete Outdoor Maint., 1730 Elmwood Ave., Columbus, OH 43212, 614 488-8475; r. 1572 Grandview Ave. #A, Columbus, OH 43212.

POLLEY, Jean '67 (See Boell, Jean Polley).

POLLEY, Lowell E.; '50 BSBA; Retired; r. 6886 Lakebrook Blvd., Worthington, OH 43085, 614 889-0967.

POLLEY, Mark Raymond; '77 BSBA; Returns Dept. Mgr.; J C Penney Co. Inc., Catalog Division, 11111 Stead Blvd., Reno, NV 89506, 702 972-2000; r. 4225 Snowshoe Ln., Reno, NV 89502, 702 827-8863.

POLLEY, Thomas E.; '59 MACC; 6619 Southpoint Dr., Dallas, TX 75248, 214 931-6892.

POLLICK, Dr. Philip John; '74 MBA; Patent Atty.; Watkins, Dunbar & Pollick, Ste. 260, 2941 Kenny Rd., Columbus, OH 43221, 614 457-5700; r. 183 Irving Way W., Columbus, OH 43214, 614 268-2696.

POLLITT, William C.; '48 BSBA, '49 MBA; Retired VP; Woodward & Lothrop, Washington, DC 20036; r. 405 Clover Way, Alexandria, VA 22314, 703 751-0205.

POLLOCK, Jerry C.; '59 BSBA; Acctg. Mgr.; Marathon Oil Co., 539 S. Main St., Findlay, OH 45840, 419 422-2121; r. 744 Red Fox Rd., Findlay, OH 45840, 419 423-0211.

POLLOCK, Joseph H.; '48 BSBA; 1436 Paloma, Pasadena, CA 91104, 818 794-1493.

POLLOCK, Kathleen Elaine; '88 MBA; 5919 Babbitt Rd., New Albany, OH 43054, 614 855-2349.

POLLOCK, Lawrence Ira; '69 BSBA; Owner; WWWE/WDOK Indep. Grp. Broadcasting, 835 Transohio Twr., Cleveland, OH 44115, 216 781-9658; r. 2680 Chesterton, Shaker Hts., OH 44122, 216 321-1230.

POLLOCK, Mary '46 (See Marsden, Mary Pollock).

POLLOCK, Steve Whitting; '88 BSBA; Distribution Mgr.; Distribution Ctrs. Inc., 2190 W. Belt Dr., Columbus, OH 43228, 614 876-0763; r. 6095 Ashtree Pl., Columbus, OH 43229, 614 895-2544.

POLLOV, Harold J.; '67 BSBA; Account Exec.; Prudential-Bache Securities, 29425 Chagrin Blvd., Pepper Pike, OH 44122, 216 464-5300; r. 23103 Greenlawn Ave., Beachwood, OH 44122, 216 381-5958.

POLLOWITZ, S. Morton; '46 BSBA; Pres. & CEO; The Duke's Accessory Corp., 110 E. 9th St., Ste. A 924, Los Angeles, CA 90079, 213 489-1738; r. 2937 Via Alvarado, Palos Verdes Estates, CA 90274, 213 377-0574.

POLNY, Robert Douglas; '74 BSBA; Supv.; Cummins Engine Co., 1000 5th St., Columbus, IN 47201, 812 377-6471; r. 1160 Saylor Dr., Apt. #2-C, Columbus, IN 47201.

POLOMSKY, P. '79 (See Flasch, Ms. Cynthia P.).

POLSTER, Charles A.; '49 BSBA; Ins. Agt.; Allstate Ins. Co., 21777 Ventura Blvd., Woodland Hls., CA 91364, 818 348-6151; r. 14530 Deervale Pl., Sherman Oaks, CA 91403, 818 986-3459.

POLSTER, Eugene A.; '49 BSBA; Pres.; Louis R Polster Co., 585 S. High St., Columbus, OH 43215, 614 221-3295; r. 80 S. Merkle Rd, Columbus, OH 43209, 614 237-2946.

POLSTER, Howard; '64 BSBA; Personnel Ofcr.; The World Bank, 1818 H St. N. W., Washington, DC 20433; r. 5202 Glenwood Rd., Bethesda, MD 20814, 301 530-1599.

POLSTER, Richard M.; '67 BSBA; Advt. Specialties; Spectron Promotional Prods. Co., 3220 Euclid Ave., Cleveland, OH 44115, 216 881-1100; r. 2200 Campus, Cleveland, OH 44122, 216 291-1596.

POLSTER, Ruth Silberstein, (Ruth Silberstein); '40 BSBA; Retired Acct.; r. 575 Brookside Dr., Columbus, OH 43209, 614 231-2057.

POLT, William A.; '63 BSBA; Staff; Porter Drywall, 297 Smothers Rd., Westerville, OH 43081, 614 890-2111; r. 6470 Clearport Rd., RR No 2, Lancaster, OH 43130, 614 969-4109.

POMERANTZ, Fred Wayne; '69 BSBA; Staff; Del Monte Corp., POB 3575, San Francisco, CA 94119; r. 1011 Ygnacio Valley Rd., #E, Walnut Creek, CA 94598, 415 437-5865.

POMPEY, Francis A., Jr.; '86 BSBA; Acct.; Touche Ross & Co., 424 Church St., Ste. 2400, Nashville, TN 37219, 615 259-1800; r. 1209 Long Hunter Ln., Nashville, TN 37217, 615 399-1113.

POMPILI, Teresa M. '88 (See Eschman, Mrs. Teresa P.).

PON, Anthony Mark; '84 MLHR; Plt. Trng. Coord.; 3M Co., Human Resources Dept., 3211 E. Chestnut Expy., Springfield, MO 65802, 417 869-3501; r. 1733 S. Luster Ave., Apt. 102, Springfield, MO 65804, 417 886-1886.

PONCIN, Mark Robert; '79 BSBA; Controller; Bell & Howell Quintar Co., 411 Amapola Ave., Torrance, CA 90501, 213 320-5700; r. 2625 Medford Pl., Fullerton, CA 92635, 714 528-8650.

POND, Kathy L.; '87 BSBA; Asst. to Registrar; The Ohio State Univ., Ofc. of The Registrar, 1800 Cannon Dr., Columbus, OH 43210, 614 292-0795; r. 1159 Belle Meade Pl., Westerville, OH 43081, 614 882-1935.

PONTI, Robert; '61 BSBA; Mgmt. Analyst; r. POB 15293, Asheville, NC 28813.

PONTIUS, Gerald Wendell; '33 BSBA; Retired; r. 1145 Tropical Ave., Pasadena, CA 91107, 818 351-9516.

PONTIUS, Howard W.; '34 BSBA; Retired/Pvt. Surveyor; r. 848 Burr Rd., RR #4, Wauseon, OH 43567, 419 335-7356.

PONTONES, Elias T.; '59 BSBA; Retired; r. 1509 Striebel Rd., Columbus, OH 43227, 614 237-7909.

PONTONES, Ramon E.; '48 BSBA; 209 Marion St., Indian Harbor Bch., FL 32937, 407 773-2389.

PONZANI, Timothy Joel; '85 BSBA; Grad. Student; Gordon Conwell Seminary, Hamilton, MA 01982, 508 468-1732; r. 118 Linden St., S. Hamilton, MA 01982, 508 468-1732.

POOL, Robert M.; '44 MA; Retired; r. 2230 S. Patterson Blvd., Dayton, OH 45409, 513 293-4629.

POOLE, Annette Bassett; '80 BSBA; Mktg. Rep.; Inn at Ravines, Ravines Rd., POB 1390, Middleburg, FL 32068, 904 282-1111; r. 1743 Sheridan St., Jacksonville, FL 32207.

POOLE, Ms. Christine Marie; '88 BSBA; Assoc Empl Relations Rep; Marathon Oil Co., 5555 San Felipe, POB 3128, Houston, TX 77253, 713 629-6600; r. 2200 S. Gessner Apt. 405, Houston, TX 77063, 713 975-1709.

POOLE, Donald E.; '64 BSBA; Acctg. Supv.; San Jose Med. Grp., Inc., 45 S. 17th St., San Jose, CA 95112, 408 282-7752; r. 6844 Eldridge Dr., San Jose, CA 95120, 408 997-3786.

POOLE, Jere E.; '67 MBA; Maj Usaf, 607 Mount View Rd, Berwyn, PA 19312, 215 647-1790.

POOLE, John Ryder, II; '64 BSBA, '69 MBA; Employee Representat; Brunswick Corp., 69 W. Washington St., Chicago, IL 60602; r. 13 Stonewood Dr., St. Charles, IL 60174, 312 584-6987.

POOLEY, Paul Robert; '84 BSBA; Owner; Yogurt Oasis Frozen Yogurt Shop, 6327 Sawmill Rd., Dublin, OH 43017, 614 761-1159; r. 7408 Apt. D Brandshire Ln., Dublin, OH 43017, 614 761-8015.

POOLEY, Perry Scott; '84 BSBA; Owner; Yogurt Oasis Frozen Yogurt Shop, 6327 Sawmill Rd., Dublin, OH 43017, 614 761-1159; r. 5408 Drumcally Ln., #B, Dublin, OH 43017, 614 766-1044.

POOLEY, Sharon Lynch, (Sharon Lynch); '82 BSBA; Account Rep.; TSI, 6665 Busch Blvd., Columbus, OH 43229, 614 436-4700; r. 5408 B Drumcally, Dublin, OH 43017, 614 766-1044.

POONIA, Gajendra Singh; '77 MBA; Student- T A; The Ohio State Univ., 1960 Kenny Rd., Columbus, OH 43210; r. 1314 Presidential Dr. #219, Columbus, OH 43212, 614 481-7624.

POOR, Louis S.; '35 BSBA; Retired; r. 965 Karen Dr., Chico, CA 95926, 916 342-4484.

POORE, Hughbert D., Jr.; '64 BSBA; Quality & Admin. Mgr.; Ford Motor Co., 17101 Rotunda Dr., POB 1598A, Dearborn, MI 48121, 313 594-1371; r. 22759 Glastonbury Gate, Southfield, MI 48034, 313 357-0349.

POORMAN, Ray Don; '49 BSBA; Ret. Corp. Dir. of Purch.; Duriron Co., Dayton, OH 45404; r. 715 7th Ave., Middletown, OH 45044, 513 422-5176.

POPA, Daniel J.; '50 BSBA; Retired; r. 1816 Harvest Ln., Bloomfield Hls., MI 48013, 313 338-7987.

POPADICH, William Milan; '75 BSBA; VP; Econexpress, 618 S. West St., Wheaton, IL 60187, 312 690-9850; r. 725 Manitou, Cary, IL 60013, 312 639-7402.

POPADYCH, Ms. Heidi Renee; '86 BSBA; Asst. Buyer; Ltd. Express, One Limited Pkwy., POB 181000, Columbus, OH 43218, 614 479-4000; r. 517 City Park, Columbus, OH 43215, 614 469-3786.

POPADYCH, William D.; '79 MBA; Operations Mgr.; Mead Corp., S. Paint St., Chillicothe, OH 45601; r. 13803 Trailville Dr., Houston, TX 77077, 713 496-3399.

POPE, Bradley Nolan; '84 MPA; Asst. Admin.; NE Ctr. for Children & Youth, Administrative Support, Lincoln, NE 68504, 402 471-3305; r. 4200 Huntington, Apt. 3, Lincoln, NE 68504, 402 467-2205.

POPE, Christ D.; '41 BSBA; Retired; r. 1165 Colony Dr., Apt. 426, Westerville, OH 43081, 614 882-8582.

POPE, Daniel Robert; '74 BSBA; Mortgage Ofcr.; Manufacturers Natl. Bk., POB 659, Detroit, MI 48231, 313 222-4063; r. 8660 Holly Dr., Canton, MI 48187, 313 455-6240.

POPE, Norman Ward; '55 BSBA; Sr. Planner; IBM Corp., POB 12195, Research Triangle Pk., NC 27709, 919 254-5552; r. 8520 Southfield Pl., Raleigh, NC 27615, 919 848-4939.

POPE, Paul T., II; '78 MBA; Mgr.; T R W Inc., 1900 Richmond Rd., Lyndhurst, OH 44124, 216 291-7680; r. 6792 Pinebrooke Dr., Hudson, OH 44236, 216 656-2644.

POPE, Rebecca Ann; '84 BSBA; 3188 Lake Ctr., Uniontown, OH 44685, 216 494-5059.

POPE, Robert Harold; '73 BSBA; Exec. VP; Sheet Metal & Roofing Contractors Assoc., 2210 Arbor Blvd., Dayton, OH 45439, 513 294-0023; r. 5789 Waynegate Rd., Dayton, OH 45424, 513 667-2142.

POPE, Susan H., (Susan Houck); '78 MBA; Instr./MBA Prgrm; Baldwin Wallace Clg., 275 Eastland Rd., Berea, OH 44017, 216 826-2392; r. 6792 Pinebrooke Dr., Hudson, OH 44236, 216 656-2644.

POPE, William Carlyle; '81 BSBA; 1154 Fernwood Dr., Westlake, OH 44145.

POPICH, William Joseph; '83 BSBA; 9954 Oxford Dr. N. W., Pickerington, OH 43147, 614 866-8072.

POPIO, Anthony John, Jr.; '48 BSBA; 1862 Cover Dr., Poland, OH 44514, 216 757-3118.

POPIO, Loren Anthony; '76 BSBA; Atty.; Schubert & Mc Kay Law Firm, 269 Seneca Ave. NE, Warren, OH 44481; r. 4456 Lockwood Blvd., Boardman, OH 44511, 216 782-9006.

POPLAR, William; '71 BSBA; Salesman; r. 225 Rustic Hill Ln., Amherst, OH 44001, 216 988-4298.

POPLSTEIN, D. Anthony; '66 BSBA; Div. Controller; Nike, Inc., 8605 SW Creekside Pl., Beaverton, OR 97005, 503 626-6453; r. 14050 SW Tennessee Ln., Beaverton, OR 97005, 503 641-1019.

POPOLIN, John Scott; '85 BSBA; Commercial Underwriter; Cincinnati Financial Corp., 6200 S. Gilmore, Cincinnati, OH 45215, 513 870-2000; r. 1008 Sherman Tr., Cincinnati, OH 45231, 513 522-0749.

POPOVICH, Jacob John; '86 BSBA; Financial Analyst; Household Card Svcs., 1550 Moffett, Salinas, CA 93901, 408 754-1400; r. 1330 Byron Dr., 12C, Salinas, CA 93901, 408 754-8859.

POPOVICH, Stephen Michael; '73 BSBA; 1665 Itawamba Tr., London, OH 43140.

POPP, Albert L.; '57 BSBA; Treas.; River Transportation Co., 5297 River Rd, Cincinnati, OH 45233, 513 941-0500; r. 6456 Timberhill Ct., Cincinnati, OH 45233, 513 941-3699.

POPP, Kathleen L.; '85 MBA; Product Mgr.; Kimberly-Clark Corp., Home Health Care, 2001 Marathon Ave., Neenah, WI 54714, 414 721-6075; r. 78 Spencer Village Ct., Appleton, WI 54914, 414 735-9448.

POPP, Robert L.; '49 BSBA; Exec. Dir.; Zanesville Chamber of Commerce, 217 N. 5th St., Zanesville, OH 43701, 614 452-7571; r. 3408 Southward Cir., Zanesville, OH 43701, 614 454-2425.

POPPER, Edwin D.; '58 BSBA; Dist. Mgr.; Uarco Inc., 1116 S. High St., Columbus, OH 43206; r. 539 Old Farm Rd, Columbus, OH 43213, 614 861-3092.

POPPER, Jonathan B.; '83 BSBA; Manufacturer's Sales Rep.; Mr. Jay Fashion; r. 27600 Chardon Rd., #552, Willoughby Hls., OH 44092, 216 944-7769.

POPPOVICH, B. Louis; '82 BSBA; Commercial Loan Ofcr.; First Natl. Bank, One First National Plz., Massillon, OH 44646, 216 832-9801; r. 12469 Orrville St. NW, N. Lawrence, OH 44666, 216 832-4727.

PORCHETTI, Mario Phillip; '51 BSBA; Gen. Contractor; Mario Porchetti Gen. Contractor, Inc., Columbus, OH 43219; r. 3275 Sycamore Knolls Dr., Columbus, OH 43219, 614 471-4691.

PORDAN, George W.; '51 BSBA; Atty.; National City Bank, E. 9th St. & Euclid Ave., Cleveland, OH 44114, 216 575-3330; r. 4037 Circlewood Dr., Fairview Park, OH 44126, 216 333-0571.

PORDAN, Jay Joseph; '85 BSBA; Law Student; r. 556 E. Acadia Point, Aurora, OH 44202, 216 562-7979.

PORDAN, Joseph, Jr.; '49 BSBA; Asst. Secy.; Alltel Corp., 100 Executive Pkwy., Hudson, OH 44236, 216 650-7000; r. 556 E. Acadia Point, Aurora, OH 44202, 216 562-7979.

PORDAN, Michael Joseph; '86 BSBA; Prog. Analyst; N C R Corp., 1700 S. Patterson Blvd., Dayton, OH 45479, 513 445-3254; r. 6156 Fireside Dr. E., Apt. C, Centerville, OH 45459, 513 436-1807.

PORE, Jack Alan; '54 BSBA; Dir. of Personnel; Sanese Svcs., 6465 Busch Blvd., Columbus, OH 43229, 614 436-1234; r. 842 Prince William Ln., Westerville, OH 43081, 614 882-3535.

POREA, James J.; '83 BSBA; Investment Broker; Butler Wick & Co. Inc., City Ctr. One, Ste. 700, POB 149, Youngstown, OH 44501, 216 744-4351; r. 489 Garver Dr., Boardman, OH 44512.

PORT, Mrs. Anne R., (Anne P. Rosenfield); '85 BSBA; Asst. Media Buyer; Mills Hall Walborn, 29125 Chagrin Blvd., Pepper Pike, OH 44122, 216 464-7500; r. 6811 Mayfield Rd. #777, Mayfield Hts., OH 44124, 216 442-3822.

PORT, Gregory Darwin; '81 BSBA; Territory Mgr.; Goldline Labs, 1900 Commercial Blvd., Ft. Lauderdale, FL 33309; r. 3840 Cypress Creek Dr., Columbus, OH 43228, 614 276-3482.

PORT, Michael Harry; '86 BSBA; Sr. Acct.; Ernst & Whinney, 30195 Chagrin Blvd., Cleveland, OH 44124, 216 861-5000; r. 6811 Mayfield Rd. #777, Mayfield Hts., OH 44124, 216 442-3822.

PORTER, Allen Wayne; '73 BSBA; Mgr.; Central Natl. Bank, 800 Superior Ave., Cleveland, OH 44114; r. General Delivery, Box 45, E. Claridon, OH 44033.

PORTER, Andrew William; '84 BSBA; Stock Worker; Big Bear Store, 770 W. Goodale Blvd., Columbus, OH 43212; r. 646 E. Crest Dr., Heath, OH 43056, 614 522-6049.

PORTER, Arthur Earl; '50 BSBA; Sales Rep.; Megastar Apparel Grp., 11007 Cedarwood Dr., Rockville, MD 20852, 301 881-8629; r. Same, 301 881-7423.

PORTER, Barbara '69 (See Melbourne, Mrs. Barbara Porter).

PORTER, Barbara Jo; '84 BSBA; Supv.; Marriott Food Svc., 200 E. Campus View Blvd., Worthington, OH 43085, 614 848-2605; r. 60 Colburn Ct., Worthington, OH 43085, 614 436-1328.

PORTER, Mrs. Betty E., (Betty E. Stauch); '43 BSBA; Investor; r. 1427 Roxbury Rd., Unit D, Columbus, OH 43212, 614 488-9217.

PORTER, Carl, Jr.; '56 BSBA; VP/Area Mgr.; R O Whitesell & Assocs., 18444 W. Ten Mile Rd, Southfield, MI 48075, 313 559-5454; r. 29266 Creek Bend Dr., Farmington Hls., MI 48331, 313 553-3780.

PORTER, Carl Gene; '61 BSBA; Credit Mgr.; LeRoi Div. Dresser Ind. Inc., POB 90, Main & Russell Rd., Sidney, OH 45365, 513 492-1171; r. 1025 Canterbury, Celina, OH 45822, 419 586-6064.

PORTER, Carol Marsh; '81 MBA; Mgmt. Intern; City of Scottsdale, c/o Postmaster, Scottsdale, AZ 85251; r. 10920 N 117 Place, Scottsdale, AZ 85259, 602 391-3955.

PORTER, Caryl James; '52 BSBA; 415 Amberidge Tr., Atlanta, GA 30328, 404 255-8038.

PORTER, Charles Raymond, Jr.; '74 BSBA; Pres.; Porter & Peck(Realtor/Apprais), 1001 Eastwind Dr., Ste. 103, Westerville, OH 43081, 614 890-8384; r. 4172 Avis Rd., New Albany, OH 43054, 614 855-1442.

PORTER, Cynthia Ann; '85 BSBA; Acctg. Supv.; Sherwin-Williams Co., S. Central Stores Division, 101 Prospect Ave., Cleveland, OH 44115, 216 566-3407; r. 42145 Oberlin Rd., Elyria, OH 44035, 216 322-5263.

PORTER, David Allen; '82 BSBA; Fire Analyst; Diebold Inc., Newark Industrial Park, Bldg. 14, Hebron, OH 43025, 614 928-1010; r. 7943 Ridge Rd., Zanesville, OH 43701, 614 452-0462.

PORTER, David T.; '77 BSBA; Area Mktg. Mgr.; Standard Register, 18425 Burbank Blvd., Ste. 616, Tarzana, CA 91356, 818 705-7544; r. 8209 Kentland Ave., West Hills, CA 91304, 818 594-0142.

PORTER, Francis Sidney; '72 BSBA; 2375 Cabot Rd, Canton, MI 48188, 313 397-1570.

PORTER, Galt Mertin; '88 BSBA; POB 297922, Columbus, OH 43229.

PORTER, Gerald Edward; '84 BSBA; 4194 Evansdale Rd., Columbus, OH 43214, 614 451-5548.

PORTER, H. Joseph; '56 BSBA; Mgr. Natl. Accounts; New Jersey Packaging, 6 Commerce Rd., Fairfield, NJ 07006, 201 227-9520; r. 7483 Pirates Cove SE, Grand Rapids, MI 49508, 616 949-4640.

PORTER, Joe Harmel; '48 BSBA; Retired; r. 3056 Wareham Rd., Columbus, OH 43221, 614 451-8587.

PORTER, Joseph Edward, II; '60 BSBA; 2805 Overdale Dr., Cincinnati, OH 45247.

PORTER, Kenneth Wayne; '76 BSBA; Atty.; Ohio Legal Svcs., 700 BankOhio Bldg., Portsmouth, OH 45662; r. 768 Campcreek Rd, Lucasville, OH 45648.

PORTER, Lana Garner; '80 MBA; Dir/Network Svc & Prod Pl; Ameritech Communications, 300 S. Riverside Ste. 1220, Chicago, IL 60606, 312 987-4770; r. 546 W. Brompton #3, Chicago, IL 60657, 312 975-1012.

PORTER, Mary Carolyn; '86 BSBA; Bond Underwriter; State Auto Ins. Co., 518 E. Broad St., Columbus, OH 43216, 614 464-5113; r. 6314 Busch Blvd., Apt. #174, Columbus, OH 43229, 614 848-5627.

PORTER, Merle Dempsey; '55 BSBA; Gen. Dir.; Hamilton-Fairfield YMCA, Hamilton, OH 45013, 513 895-6901; r. 909 Golfview Dr., Hamilton, OH 45013, 513 863-2592.

PORTER, Paul Robert; '50 BSBA; Chmn.; Insurance & Risk Mgmt., POB 2279, Muncie, IN 47307, 317 288-8802; r. 3413 Devon Rd., Muncie, IN 47304, 317 289-8702.

PORTER, Ray L.; '88 BSBA; 1397 C Brookeville Ave., Columbus, OH 43229, 614 882-8648.

PORTER, Richard Gregory; '79 BSBA; Student; Capital Univ., 2199 E. Main St., Columbus, OH 43209; r. 944 Oberlin Dr., Columbus, OH 43221.

PORTER, Ritchey T.; '49 BSBA; Retired; r. 1407 N. Beach St., Ormond Bch., FL 32074, 904 677-7184.

PORTER, Robert E.; '49 BSBA; Real Estate Broker; r. 7104 Edgewood Pl., Tucson, AZ 85704, 602 297-0739.

PORTER, Robert Jackson; '51 BSBA; Retired Stockbroker; r. 776 Cliffside Dr., Akron, OH 44313, 216 836-2326.

PORTER, Robert Wayne; '48 BSBA; 644 Island Way #501, Clearwater, FL 34630.

PORTER, Scott Jacob; '70 BSBA; Potter; Kenwood Ceramics, 183 Edgeworth Ave., E. Palestine, OH 44413; r. 3180 Hampton Ct., E. Liverpool, OH 43920, 216 386-9465.

PORTER, William C.; '67 BSBA; 475 Portland Way, Apt. 4, Galion, OH 44833.

PORTERFIELD, Brad Daniel; '84 BSBA; Atty-at-Law; Law Offices of Brad D. Porterfield, 695 Town Center Dr., Ste. 800, Costa Mesa, CA 92626, 714 754-5860; r. 22971 Tiagua, Mission Viejo, CA 92692, 714 770-2804.

PORTERFIELD, Lanning P.; '59 BSBA; Sales Rep.; Porterfield & Assoc., 729 Wayne St., Sandusky, OH 44870, 419 626-9848; r. Same.

PORTERFIELD, Larry R.; '73 BSBA; 4013 W. 138th St., Leawood, KS 66224.

PORTERFIELD, Scott Lanning; '87 BSBA; Mgr.; E & B Marine, 494 Market St., Perth Amboy, NJ 08861, 201 442-5700; r. 406 Warwick Tpk., Hewitt, NJ 07421, 201 853-7057.

PORTERFIELD, William B.; '57 BSBA; Realtor; King Thompson Holzer Wollam, 1670 Fishinger Rd., Columbus, OH 43221, 614 451-0808; r. 4354 Donington Rd., Columbus, OH 43220, 614 459-8302.

PORTEUS, Charles Russell; '77 BSBA; 1805 Higby Dr. #A, Stow, OH 44224, 216 686-3058.

PORTHOUSE, J. David; '63 MBA; Chmn.; Champion Boats Inc., 5025 Pattison, St. Louis, MO 63110, 314 772-4100; r. 128 Ridge Crest Dr., Chesterfield, MO 63017, 314 434-1148.

PORTMAN, Toby Mirkin; '78 MPA; Proj. Coord.; Leadership for the 90's, 65 Jefferson Ave., Columbus, OH 43215, 614 228-7445; r. 201 S. Drexel Ave., Columbus, OH 43209, 614 252-5565.

PORTMANN, Linda Lisa; '84 BSBA; Staff; Heritage Fed. Savings&Loan, 230 N. Beach St., Daytona Bch., FL 32019; r. 191 Centenial Ln., Daytona Bch., FL 32019.

PORTNER, Fredrick Elmer; '66 MBA; Sr. VP; Furash & Co., 2001 L St. NW, Ste. 800, Washington, DC 20036, 202 331-8400; r. 1919 Duffield Ln., Alexandria, VA 22307, 703 960-7923.

POSANI, Joseph Gene; '77 BSBA; Pres.; Trophies Plus, 2930 Hayden Rd., Columbus, OH 43220, 614 764-0081; r. 2829 Oaklawn St., Columbus, OH 43224, 614 268-8340.

POSEY, Kimberly Ann; '86 BSBA; Law Student; Univ. of Texas, 4505 Duval, #143, Austin, TX 78751, 512 458-9700; r. 480 W. Hylda Ave., Youngstown, OH 44511, 216 782-2859.

POSEY, William E.; '58 BSBA; Material Control Analyst; Rockwell Intl., Newark, OH 43055; r. 8952 Tinon Ln., Newark, OH 43055, 614 366-6956.

POSIVAL, Thomas Edward; '79 BSBA; 1238 Snohomish Ave., Worthington, OH 43085, 614 436-5399.

POSKOCIL, James J.; '67 BSBA; 22258 Spencer Ln., Fairview Park, OH 44126, 216 777-7532.

POSNER, Barry Zane; '72 MPA; Assoc. Prof.; Santa Clara Univ., Dept. of Management, Santa Clara, CA 95053, 408 554-4634; r. 2330 Forbes Ave., Santa Clara, CA 95050, 408 241-5251.

POSNER, Louis Edward; '71 BSBA; Owner; Ohio Engraving Co., 78 N. Hamilton Rd., POB 30737, Gahanna, OH 43230, 614 476-3332; r. 343 Worman Dr., Gahanna, OH 43230, 614 471-7371.

POSNER, Marc Harold; '75 MPA; Mgmt. Cnslt.; Booz, Allen & Hamilton Inc., 4330 E.-W. Hwy., Bethesda, MD 20814, 301 951-2200; r. 19404 Charline Manor Rd., Olney, MD 20832, 301 774-9696.

POSPICHEL, Bradley Lee; '78 BSBA; Comptroller; Meuse Rinker Chapman Endres & Brooks, 90 N. High St., Columbus, OH 43215, 614 221-0722; r. 2621 Woodley Rd., Columbus, OH 43231, 614 895-7959.

POST, Abram; '41 BSBA; Pres.; *, 3729 Union St. POB 523, Mineral Ridge, OH 44440; r. 4029 Lockwood Blvd., Youngstown, OH 44511, 216 788-9142.

POST, Donald Elmer; '52 BSBA; Dir. Budgets & Plng.; Halo Food Svc. Inc., 7520 Clover Ave., Mentor, OH 44060, 216 951-2662; r. 4104 Princeton Blvd., Cleveland, OH 44121, 216 381-1954.

POST, Irving Harvey; '68 BSBA; Staff; Reider's Stop N Shop, 17299 Broadway Ave., Maple Hts., OH 44137, 216 475-2770; r. 4245 Wilmington, Cleveland, OH 44121, 216 381-4840.

POST, John Walter; '73 BSBA; 5405 Kremer Hoying Rd., St. Henry, OH 45883, 419 678-2719.

POST, Murray Lewis; '76 BSBA; Real Estate Mgr.; B & I Mgmt., 3729 Union St., Mineral Ridge, OH 44440, 216 652-2525; r. 16 Wildfern Dr., Youngstown, OH 44505, 216 759-7144.

POST, Warren A.; '31 BSBA; Retired; r. Box 204, Marysville, OH 43040, 513 642-5706.

POSTLE, B. Dow; '47 BSBA; Retired; r. 3361 NE 17th Ave., Ft. Lauderdale, FL 33334, 305 563-3517.

POSTLE, Dr. H. Herb, III, DDS; '82 BSBA; Dent.; H. Herb Postle, DDS, PC, 1486 N. High St., Columbus, OH 43201, 614 299-8954; r. 1875 King Ave., Columbus, OH 43212, 614 486-3511.

POSTLE, Richard C.; '70 BSBA; COO/Pres.; Brice Foods, 5005 LBJ Frwy. Ste. 1650, Dallas, TX 75244, 214 450-9400; r. 6920 Spanky Branch Ct., Dallas, TX 75248, 214 250-3890.

POSTLE, Stuart Aylesworth; '78 BSBA; Production Planner; r. 70 Wisteria, Dayton, OH 45419, 513 294-3071.

POSTON, Florence '32 (See Carlin, Mrs. Oscar E.).

POSTON, Glen W.; '83 BSBA; Cnsltg. Engr.; Floyd Brown & Assocs., c/o Postmaster, Marion, OH 43302; r. 461 Goshen Ct., Gahanna, OH 43230, 614 476-3659.

POSTON, Helen Melinda; '82 BSBA; 3074 Anna, Grove City, OH 43123, 614 875-4256.

POSTON, Herbert F., Jr.; '54 BSBA; Staff; Transporta Equip. Svc., Postmaster, Clearwater, FL 33575; r. 3184 Wessex Way, Clearwater, FL 33519, 813 784-0401.

POSTON, Jacquelyn Siebold; '76 BSBA; 1189 Three Forks Dr. N., Westerville, OH 43081, 614 891-6522.

POSTYN, Jon Lawrence; '77 BSBA; Pres.; JLP Computer Enterprises Corp., 108-43 68th Ave., Forest Hills, NY 11375, 718 575-9219; r. Same, 718 575-9218.

POTISCHMAN, Bernard; '49 BSBA; Pres.; Proman Mfg. Co., 1140 Washington St., Boston, MA 02118; r. 19 Blackberry Ln., Framingham, MA 01701, 508 877-6028.

POTOCSNAK, Jeffrey; '85 BSBA; Personnel Mgr.; RL Polk & Co., 6400 Monroe Blvd., Taylor, MI 48180, 313 292-3200; r. 2500 Lake in the Woods Blvd., #A-619, Ypsilanti, MI 48198, 313 481-3072.

POTOCZAK, Karen M., (Karen M. Heyink); '86 BSBA; Sr. Client Admin.; The Boston Co., 1228 Euclid Ave., Cleveland, OH 44115, 216 623-9221; r. 13851 Oakbrook #310, N. Royalton, OH 44133, 216 582-3081.

POTOKAR, Edward Joseph; '84 BSBA; Production Control Supv.; Liebert Corp., 1050 Dearborn Dr., Worthington, OH 43085, 614 438-6911; r. 1972 Brimfield Ct., Columbus, OH 43229, 614 431-0997.

POTTER, CDR David W.; '52 BSBA; Cdr. Usn Sc Retired; r. Rte. No 1 Box 278, Wellsburg, WV 26070, 304 737-1069.

POTTER, Holly Thomas; '71 BSBA; 1451 Oakridge Cir., Decatur, GA 30033, 404 636-1606.

POTTER, J. Willard, Jr.; '38; Retired; r. 4752 Powderhorn Ln., Westerville, OH 43081, 614 794-2771.

POTTER, Joseph C.; '30 BSBA; Retired; r. 4826 Baker Rd., Delaware, OH 43015, 614 363-8083.

POTTER, Linda Sue; '81 BSBA; 904 Miriam Dr. W., Columbus, OH 43204.

POTTER, Paul D.; '64 BSBA; Farmer; Rte. 1, Box 20, Roscoe, TX 79545, 915 766-3489; r. Same.

POTTER, Stephen L.; '67 BSBA; Trust Admin.; BancOhio Natl. Bank, 155 E. Broad St., Columbus, OH 43251, 614 463-8528; r. 4593 Madison Sch. Dr., Columbus, OH 43232, 614 837-1945.

POTTER, Theresa Evangeline; '76 BSBA; Clothing Buyer; Lord & Taylor, 5th Ave., New York, NY 10018; r. 134 N. Schultz Ave., Columbus, OH 43222, 614 274-2302.

POTTER, Thomas T.; '49 BSBA; Sales Rep.; Paper, Calmenson & Co., Hwy. 280 At Hwy. 36, St. Paul, MN 55101; r. 96 B Maro St., Whispering Pines, NC 28327, 919 949-3153.

POTTER, Thomas W.; '59 BSBA; 154 Walker Hill Rd, Groton, CT 06340, 203 446-8822.

POTTINGER, LCDR Jeffrey Lee, USN; '77 BSBA; Head Svcs. Div.; US Navy Supply Corps Sch., Athens, GA 30606, 404 354-7245; r. 105 Sweet Gum Dr., Athens, GA 30605, 404 543-2709.

POTTINGER, Kirk Alan; '79 BSBA; Sr. Tax Mgr.; Price Waterhouse, 400 Australian Ave., W. Palm Bch., FL 33401; r. 3793 Blue Ridge Rd., W. Palm Bch., FL 33406, 407 969-9854.

POTTINGER, LT Scott Michael, USNR; '80 BSBA; Budget Ofcr.; Nav. Ordnance Station, 4201 Southside Dr., Louisville, KY 40214, 502 364-5682; r. 1923 Arboro Pl., Louisville, KY 40220, 502 499-2238.

POTTS, David Brent; '86 BSBA; 585 W. 45th St., Shadyside, OH 43947, 614 676-7103.

POTTS, Douglas Robert; '87 BSBA; 3232 Middleboro Way, Dublin, OH 43017, 614 889-5712.

POTTS, Edward Lee; '75 BSBA; 2738 Suann, Grove City, OH 43123, 614 875-0885.

POTTS, Gary Lee; '84 BSBA; Sr. Syst. Programmer; Nationwide Ins., One Nationwide Plz., Columbus, OH 43216, 614 249-7747; r. 65 W. Kenworth Rd., Columbus, OH 43214, 614 262-5580.

POTTS, Iry N.; '32 BSBA; Mgr.; r. 1216 N. Powhatan St., Arlington, VA 22205, 703 533-2948.

POTTS, James Robert; '82 BSBA; Syst. Support Spec.; The Ohio State Univ., Telephone Services, 320 W. 8th Ave., Columbus, OH 43210, 614 292-8128; r. 305 Piedmont Rd., Columbus, OH 43214, 614 261-6037.

POTTS, Mark Edward; '79 BSBA; Active Partners; Arthur Young & Co., 100 E. Broad St., Columbus, OH 43215; r. 1651 Twin Oaks, Powell, OH 43065, 614 761-3061.

POTTS, Nicki Mott; '71 BSBA; Operations Mgr.; MBA Systs. Automation Inc., 611 E. Weber Rd., Columbus, OH 43229; r. 1713 Parkgate, Columbus, OH 43229, 614 890-6902.

POTTS, Richard Lance; '81 BSBA; Salesman; Richard Potts Ins., 147 Granville St., Gahanna, OH 43230; r. 147 Granville St., Gahanna, OH 43230.

POTTS, Ricky Lee; '70 BSBA; VP/Gen. Mgr.; Heidelberg Distributing Co., 1247 Leo St., Dayton, OH 45404, 513 222-8692; r. 5784 Greencrest Dr., Hamilton, OH 45011, 513 868-6813.

POTTS, Terrence Charles; '77 BSBA; Admin. Asst. 3; OH Bur. of Workers Comp., Actuarial Section, 246 N. High St., Columbus, OH 43215; r. 6269 Braiden Ct., Columbus, OH 43213, 614 863-4582.

POTTS, Thomas J.; '29 BSBA; Atty.; Christian Ministries, 5 E. Long St., Columbus, OH 43215, 614 224-1479; r. 4200 NW 3rd Ct., Apt. 119, Plantation, FL 33317, 305 584-0842.

POULOS, Athena '85 (See Kosich, Mrs. Athena Poulos).

POULOS, Helen '60 (See Trifelos, Mrs. Helen P.).

POULOS, John George; '57 BSBA; Atty.; 88 E. Broad St., Columbus, OH 43215, 614 224-2233; r. 2205 Shoreham Rd, Columbus, OH 43220, 614 451-2938.

POULSON, Robert Byron; '83 BSBA; Auditor; Defense Contract Audit Agcy., Postmaster, Akron, OH 44309; r. 291 Vaughn Tr., Akron, OH 44319, 216 644-1384.

POULTON, Donald Semler; '39 BSBA; Retired; r. 4788 Dierker Rd, Columbus, OH 43220, 614 459-3775.

POULTON, Donna Lee; '67 BSBA; Controller; Quest Intl., 537 Jones Rd., POB 566, Granville, OH 43023, 614 522-9111; r. 4860 Smoketalk Ln., Westerville, OH 43081, 614 890-1877.

POULTON, Kenneth V.; '47 BSBA; 7 Oakland Hills St., Aiken, SC 29801, 803 642-2695.

POULTON, Mary Lee Johnson, (Mary L. Johnson); '40; Homemaker; r. 4788 Dierker Rd., Columbus, OH 43220, 614 459-3775.

POUND, Beth Ann; '87 BSBA; Bus. Analyst; Eastman Kodak, Rochester, NY 14621, 716 588-5329; r. 120 Holyoke St., Apt. B2, Rochester, NY 14615, 716 663-7854.

POUND, Jeffrey J.; '67 BSBA; Missionary; r. POB 94, Davao, Philippines.

POVENMIRE, Christina Maria; '80 BSBA, '82 MBA; Manufacturer's Rep.; America The Sales Agcy., 115 W. Weber, Columbus, OH 43202; r. 1838 NW Ct., Columbus, OH 43212.

POWE, Michael Lee; '78 BSBA; Ins. Broker; Michael Powe Assocs., 4602 Commons Dr., Ste. 204, Annandale, VA 22003, 703 354-3644; r. Same.

POWELL, Albert John; '42 BSBA; Retired; r. 6 Blake Ct., Gloucester, MA 01930, 508 283-4030.

POWELL, Amy Lynn; '86 BSBA; Mktg. Rep.; Xerox Corp., 1 1st Natl. Plz., Dayton, OH 45402, 513 223-7317; r. 550 Forrer Blvd., Kettering, OH 45419.

POWELL, Barbara Jean; '86 MA; 634 Vine St, Kent, OH 44240.

POWELL, Brian Patrick; '86 BSBA; Account Exec.; American Airlines Inc., 100 W. Cypress Creek Rd., Ste. 820, Ft. Lauderdale, FL 33309, 305 771-2046; r. 5028 Ashley Lake Dr., Apt. 3-19, Boynton Bch., FL 33437, 407 737-2068.

POWELL, Carrie Jane; '85 BSBA; 2020 Armstrong Mill, Apt. #433, Apt. 2C, Lexington, KY 40502.

POWELL, Charles Randall, PhD; '73 PhD (BUS); Asst. Dean; Indiana Univ., Sch. of Business, Bloomington, IN 47405, 812 335-5317; r. 1101 Whisnand Rd., Bloomington, IN 47408, 812 336-9002.

POWELL, Christopher William; '56 BSBA; Pres./Chief Ofcr.; Franklin Chemical Industries, 2020 Bruck, Columbus, OH 43207; r. 326 N. Columbia Ave., Columbus, OH 43209, 614 258-3092.

POWELL, Claudia Denlinger; '78 BSBA; Sr. Acct.; Columbus Southern Power Co., 215 N. Front St., Columbus, OH 43215; r. 6069 Graessle Rd., London, OH 43140.

POWELL, Dennis Jay; '75 BSBA; Real Estate Salesman; Presley Homes of New Mexico, 1909 Carlisle NE, Albuquerque, NM 87110, 505 821-2401; r. 6101 Sequoia Rd., #M-8, Albuquerque, NM 87120, 505 831-3845.

POWELL, Donald L.; '27 BSBA; Retired; r. 84 Tudor Pl., Kenilworth, IL 60043, 312 251-4709.

POWELL, Donald Walter, Jr.; '85 BSBA; Sales Rep.; N C R Corp., Worldwide Headquarters, Dayton, OH 45401; r. 8465 Hyannis Port Dr., #3B, Dayton, OH 45459.

POWELL, CAPT Edgar Samuel, Jr., USN; '51 MPA; 7844 E. Sandlewood Dr., Scottsdale, AZ 85253.

POWELL, Gay Elizabeth; '80 BSBA; Mktg. Repr; Xerox Corp., 471 E. Broad St., Columbus, OH 43215; r. 3380 Olentangy Forest Dr., Columbus, OH 43214.

POWELL, James Robert; '72 BSBA; Pres.; Liberty Savings Bank, 310 N. High St., Hillsboro, OH 45133; r. 9511 Glenwyck Ct., Spring Vly., OH 45370, 513 885-7709.

POWELL, Jeffrey Ralph; '81 BSBA; Reg. Franchise Mgr.; Gen. Foods Corp., 250 North St., White Plains, NY 10625; r. 222 Ball Pond Rd., New Fairfield, CT 06812.

POWELL, John Churchill; '50 BSBA; Retired; r. 6313 Clematis Dr., Dayton, OH 45449, 513 435-1064.

POWELL, John E.; '78 BSBA; 37 Miller Ave., Granville, OH 43023.

POWELL, Kent Raymond; '83 BSBA; VP; Liberty Savings Bank,F.S.B., 185 Park Dr., POB 1000, Wilmington, OH 45177, 513 382-1000; r. 8917 State Rte. 722, Arcanum, OH 45304, 513 884-5622.

POWELL, Larry Steven; '82 BSBA; Regional Supv.; Crisp Automation Inc., 5160 Blazer Memorial Pkwy., Dublin, OH 43017, 614 764-4200; r. 6069 Graessle Rd., London, OH 43140, 614 877-2579.

POWELL, Linda Faye; '83 BSBA; Computr Proj. Cnslt.; Vorys Sater Seymour & Pease, 52 E. Gay St., Columbus, OH 43215; r. 1199 Miller Ave., Columbus, OH 43206, 614 258-2677.

POWELL, Lori Ann; '85 BSBA; First State Savings Bank, 20 E. Broad, Columbus, OH 43215; r. 5830 Arborwood #A, Columbus, OH 43229, 614 848-5340.

POWELL, Mary Murray; '36; Homemaker; r. 2337 Canterbury Rd., Columbus, OH 43221, 614 486-6322.

POWELL, Robert Allen; '82 BSBA; Loan Admin.; Bank One, Wheeling Ave., Cambridge, OH 43725; r. 3171 Heatherside Dr., Dublin, OH 43017.

POWELL, Ronald James, Jr.; '81 BSBA; Supv. of Program Plng.; Martin Marietta Corp., Electronic Systs. Ctr., POB 5837 MP 1604, Orlando, FL 32825, 407 356-1932; r. 1727 Cypress Ridge Dr., Orlando, FL 32825, 407 281-0837.

POWELL, Stephen H.; '67 BSBA; Branch Mgr.; E W Smith Industrial Supply, 476 E. 5th Ave., Columbus, OH 43201; r. 1860 Wyandotte Rd, Columbus, OH 43212, 614 486-8410.

POWELL, William Price; '69 BSBA, '70 MBA; Town Mgr.; Town of Eagle, POB 609, Eagle, CO 81631, 303 328-6354; r. POB 1227, Eagle, CO 81631, 303 328-6569.

POWER, Richard M.; '50 BSBA; Retired; Nationwide Ins. Co., Columbus, OH 43216; r. 641 Sheri Ave. NE, Massillon, OH 44646, 216 833-6432.

POWER, T. Michael; '67 MBA; Dir. Shortline Sales/Mktg; Burlington Northern Railroad, 777 Main St., Ft. Worth, TX 76102, 817 878-1651; r. 2315 Rolling Hills Tr., Arlington, TX 76011, 817 795-4919.

POWERS, Beth Ann, (Beth Ann Byerley); '83 BSBA; Logistics Team Leader; Colgate-Palmolive Co., 8800 Guernsey Industrial Blvd., Cambridge, OH 43725, 614 432-8317; r. 5660 Pleasant View Dr., Nashport, OH 43830, 614 454-6521.

POWERS, Billy Wayne; '83 BSBA; Retail Couns.; Stouffer Corp., 555 Metro Pl. N., Dublin, OH 43017; r. 3280 Kellingsworth Way, Dublin, OH 43017, 614 761-2687.

POWERS, Carol DeMarco, (Carol DeMarco); '83 BSBA; Bank Ofcr. & Mgr.; The Huntington Natl. Bank, 6350 Sawmill Rd., Dublin, OH 43017, 614 889-5954; r. 3960 Clayford Dr., Columbus, OH 43204, 614 279-6231.

POWERS, Dennis Hal; '80 MPA; 203 Wintrop Rd., Columbus, OH 43214.

POWERS, Edward Allen; '69 MBA; Pres.; R B Powers Co., Ashley, OH 43003; r. 664 Congress Ct., Delaware, OH 43015, 614 369-6679.

POWERS, James Mark; '66 BSBA; Mgr.; Broglios Restaurant, 5568 Brecksville, Independence, OH 44131, 216 524-2700; r. 6963 Carol Dr., Independence, OH 44131, 216 524-4958.

POWERS, Jeffrey Paul; '83 BSBA; Mktg. Sales Mgr.; J.C. Penney Casualty Ins. Co., 800 Brooksedge Blvd., Westerville, OH 43081, 614 891-8369; r. 470 Arden Rd., Columbus, OH 43214, 614 447-0144.

POWERS, Matthew Alan; '84 BSBA; Sales Spec.; Campbell Sales Co., 6305 Ctr. Park Dr., Box 729, West Chester, OH 45069, 513 777-0990; r. 406 Lewiston Rd., Kettering, OH 45429, 513 296-0401.

POWERS, Philip Hanger; '70 BSBA; Contractor; Philip H. Powers Painting Contr., 1783 Willoway Cir., N., Columbus, OH 43220, 614 457-4767; r. Same.

POWERS, Richard T.; '51 BSBA; 1802 Council Bluff Dr., Atlanta, GA 30345.

POWERS, Robert Gerard; '85 BSBA; Salesman; P P G Industries, One Ppg Pl., Pittsburgh, PA 15272; r. 1301 Black Oak Cir., Westerville, OH 43081, 614 890-3635.

POWERS, Thomas Allen; '71 MA; POB 427, Humble, TX 77347.

POWERS, William Gilmore; '85 BSBA; Svc. Spec.; Automatic Data Processing Inc., Second Ave., Waltham, MA 02154, 617 890-2500; r. 52 Oakley Rd., Belmont, MA 02178, 617 484-5517.

POWNALL, Kevin Ian; '78 BSBA, '80 MBA; Financial Planner; r. 6 Carriage Hill Rd. #6, Amesbury, MA 01913, 508 388-5680.

POWRIE, Cynthia Ritchie; '72 BSBA; Sr. Svc. Rep.; Liberty Mutual Ins., 3250 W. Market St., Akron, OH 44313, 216 836-9981; r. 407 Foursome Ave., Akron, OH 44313, 216 867-2962.

POYAR, George Theodore, Jr.; '78 BSBA; Pres.; Poyar Enterprises Inc., Rd 2, Rome, OH 44085; r. Rd 2, Rome, OH 44085.

POYAR, Kenneth Lewis; '81 BSBA; Sys. Cnslt.; Software Svcs.; r. 2701 Coleridge Dr., Los Alamitos, CA 90720, 213 493-3145.

POZDERAC, Paul M.; '83 BSBA; Special Agt.; Fidelity & Deposit, 100 Erieview Plz., Cleveland, OH 44113, 216 771-7080; r. 12104 Marguerite, Garfield Hts., OH 44125, 216 581-7285.

POZSONYI, Deborah Ann; '87 BSBA; Grad. Student; The Ohio State Univ., Hagerty Hall, Finance Dept., Columbus, OH 43210; r. 3119 Gragsview Ct., Columbus, OH 43220, 803 957-6648.

PRABHU, George Solomon; '79 MBA; Pres.; Natl. Car Phones & Assc, 999 Bethel Rd., Columbus, OH 43214, 614 451-0204; r. 5681 Saverio Ct., Columbus, OH 43220.

PRACHT, Julia Brand; '46 BSBA; Homemaker; r. 742 Fairfield Ave., Elmhurst, IL 60126, 312 834-6674.

PRADA, Joseph M.; '55 BSBA; Retired; r. 6763 Sutherland Ave., Parma Hts., OH 44130, 216 843-6845.

PRADHAN, Biswambher M. S.; '65 MBA; 12172 Nheokha Tole, Kathmandu, Nepal.

PRAGER, Adam Jed; '85 MPA; Ind Dev Ofcr.; Maryland Dept. of Economics & Community Dev, 45 Calvert St., Annapolis, MD 21401, 301 269-2945; r. 1111 University Blvd. N., 905, Silver Spring, MD 20902.

PRAGER, Lesli Joyce; '85 BSBA; Account Mtkg. Rep.; IBM Corp., 1555 Palm Beach Lakes Blvd., W. Palm Bch., FL 33401, 407 684-6024; r. 5517 Pacific Blvd. #4413, Boca Raton, FL 33433, 407 338-3179.

PRAMIK, Barbara A. '82 (See Rao, Barbara Pramik).

PRAMIK, Carolyn Bryan, (Carolyn Bryan); '46 BSBA; Retired; r. 8619 Bradgate Rd., Alexandria, VA 22308, 703 780-2441.

PRANGER, Donna Jean '83 (See Mealka, Donna Pranger).

PRANKE, Robert Bolling; '48 BSBA; Staff; Calvert & Assocs., Inc., 1253 Rand Rd., Des Plaines, IL 60016, 312 699-0717; r. 922 Sandstone Dr., Libertyville, IL 60048, 312 367-0739.

PRASCSAK, Carol Diane; '85 BSBA; 9203/3 Rhode Island Dr., Wurtsmith AFB, MI 48753.

PRASER, Kenneth Joseph; '70 BSBA; Sr. Real Estate Analyst; First Natl. Bank of Chicago, One First National Plz., Ste. 0151, 1-13, Chicago, IL 60670, 312 732-6988; r. 708 N. Brainard, La Grange Park, IL 60525, 312 354-0417.

PRASHER, Gary Conrad; '69 BSBA; CPA; Coopers & Lybrand, 1800 One American Ctr., Austin, TX 78701, 512 477-1300; r. 10504 Spicewood Pkwy., Austin, TX 78750, 512 258-6401.

PRASHER, Todd William; '77 BSBA; Internal Auditor; Greif Bros. Corp., 621 Pennsylvania Ave., Delaware, OH 43015, 614 363-1271; r. 544 Green Meadows Dr. W., Powell, OH 43065, 614 548-6901.

PRASS, Mark Allen; '88 BSBA; Assoc. Systs. Analyst; UNISYS Corp., 5550-A Peachtree Pkwy., Norcross, GA 30092, 404 368-6639; r. 804 Summerchase Dr., Duluth, GA 30136, 404 497-9136.

PRASUHN, Cherie, (Cherie Wine); '66; Acct.; r. 132 Tall Oaks Dr., Wayne, NJ 07470, 201 633-0585.

PRATER, Teresa Nadine; '87 BSBA; 7904 Solitude Dr., Westerville, OH 43081.

PRATHER, Michael Lee; '81 BSBA; Proj. Mgr.; C.J. Robinson Com., 8790 Governor's Hill Dr., Cincinnati, OH 45249, 513 677-1117; r. 1359 Collinsdale, Cincinnati, OH 45230, 513 231-3100.

PRATT, Basil P.; '53 BSBA; Salesman; Sheet Metal Specialties, 2022 S. Sarah St., Fresno, CA 93721; r. 4695 E. Iowa Ave., Fresno, CA 93702, 209 255-5253.

PRATT, Orval Donald; '48 BSBA; Retired; r. 3421 Spring Lake Dr., Findlay, OH 45840, 419 423-1151.

PRATT, William E.; '58 BSBA; Benefit Couns.; Purdue Univ., 401 S. Grant Freehafer Hall, W. Lafayette, IN 47907, 317 494-1692; r. 2306 Iroquois Tr., Lafayette, IN 47905, 317 474-8094.

PRAVER, Edwin; '49 BSBA; Real Estate Devel.; 2115 Stoney Hill Rd., Los Angeles, CA 90049, 213 471-7108; r. Same.

PRAVER, Joan R., (Joan Rauch); '49; Owner; Joan R. Praver Stationery, 2115 Stoney Hill Rd., Los Angeles, CA 90049, 213 471-7108; r. Same.

PRAY, Charles Craig; '77 BSBA; VP; Dayton Wire Prods., Div of Polaris Ind Corp, 7 Dayton Wire Pkwy., Dayton, OH 45404, 513 236-8000; r. 2539 Goodfield Point, Spring Vly., OH 45370.

PREBLE, Robert W.; '56 BSBA; Retired; r. 3330 NE 14th Ct., Ft. Lauderdale, FL 33304, 305 564-2458.

PRECHTEL, Stephen Charles; '73 BSBA; Mgr.; Bank One of Columbus, 100 E. Broad St., Columbus, OH 43271, 614 248-8064; r. 1032 Twilight Dr., Reynoldsburg, OH 43068, 614 861-7036.

PREDMORE, Joyce Linn; '85 BSBA; 1312 E. Broad St. #1C, Columbus, OH 43205.

PREIS, Mateel '45 (See Kretch, Mrs. Mateel P.).

PREIS, Peter; '69 BSBA; Buyer; Marathon Oil Co., 3201 C St., Ste. 800, POB 190168, Anchorage, AK 99519, 907 564-6307; r. POB 789, Girdwood, AK 99587, 907 783-2884.

PREIST, Michael Allen; '86 BSBA; 3265 Washington Waterloo Rd., Washington Ct. House, OH 43160.

PRELLWITZ, Thomas H.; '86 BSBA; Dept. Mgr.; Big Bear Stores Co., Columbus, OH 43212; r. 4519 Mobile Dr., Columbus, OH 43220.

PREMEC, Richard John, Jr.; '83 BSBA; Sr. Sales Rep.; Norton Lilly Intl., 1030 Euclid Ave., Cleveland, OH 44115, 216 696-4622; r. 22098 River Oaks Dr., Rocky River, OH 44116, 216 331-7027.

PREMER, David Christopher; '87 BSBA; Territory Mgr.; Riviera Trading Corp., 2337 Canterbury, Westlake, OH 44145, 216 871-3185; r. Same.

PREMER, Harold B.; '55 BSBA; Acct.; Adalet-Plm, Div of Scott & Fetzer, 4801 W. 150th St., Cleveland, OH 44135; r. 2337 Canterbury Rd, Westlake, OH 44145, 216 871-3185.

PRENDERGAST, Ann Marie; '86 BSBA; Staff; Big Bear Stores Co., 770 W. Goodale Blvd., Columbus, OH 43212; r. 242 Chaucer Ct., Worthington, OH 43085, 614 885-8881.

PRENDERGAST, Joseph Patrick; '88 BSBA; 242 Chaucer Ct., Worthington, OH 43085, 614 885-8881.

PRENDERGAST, Richard T.; '52 BSBA; 6869 S. Bemis St., Littleton, CO 80120, 303 795-2226.

PRENGER, James Alfred; '79 BSBA; Quality Control Mgr.; White-New Idea, 1st & Sycamore, Coldwater, OH 45828, 419 678-5450; r. 161 S. Cleveland St., Minster, OH 45865, 419 628-3432.

PRENTICE, Thomas Christopher; '78 BSBA; VP; Merrill Lynch, 301 Vanderbilt Way, San Bernardino, CA 92408, 714 384-4314; r. 1700 Tara Ridge Ct., Colton, CA 92324, 714 824-8554.

PRENTICE, William H.; '61 BSBA; Plant Acct.; A.P. Green Industries, Inc., POB 1220, Pryor, OK 74362, 918 825-2081; r. 33 Sycamore Cir., Pryor, OK 74361, 918 825-2081.

PRESBAUGH, Suzanne Kay; '83 BSBA; 717 Shoop Rd., Tipp City, OH 45371, 513 667-2945.

PRESCOTT, Robert Michael; '87 MBA; Loan Ofcr.; Natl. Bank of Detroit, 611 Woodward Ave., Detroit, MI 48232, 313 225-2476; r. 1862 Wintrop Ln., Birmingham, MI 48009, 313 644-8408.

PRESGRAVE, Carl L.; '39 BSBA; 20 Tioga Cir., Rochester, NY 14616, 716 621-7057.

PRESGRAVE, Joyce N. '71 (See Tague, Joyce Presgrave).

PRESLEY, Karen Jane; '84 BSBA; Mgr.; Natl. Water Well Assoc., Management Infomation Systms, 6375 Riverside Dr., Dublin, OH 43017, 614 761-1711; r. 2269 F Hedgerow Rd., Columbus, OH 43220, 614 459-4941.

PRESOSKY, Sandra Lyn; '83 BSBA; 5169 Camden Rd, Maple Hts., OH 44137, 216 663-9634.

PRESSIE, Aaron L.; '49 BSBA; Staff; City of Chicago, Dept. of Revenue, Chicago, IL 60607; r. 7334 S. Euclid, Chicago, IL 60649, 312 955-5519.

PRESSIE, Eunice Young; '48 BSBA; 7334 S. Euclid, Chicago, IL 60649, 312 955-5519.

PRESSMAN, Martin; '66 BSBA, '68 MBA; Owner/Mgr.; Floor Fashions Inc., D.B.A. Arrow Rug Co, 730 Indiana Ave., Charleston, WV 25302, 304 346-5337; r. 844 Bridge Rd., Charleston, WV 25314, 304 344-3175.

PRESSON, Charles Wesley, Jr.; '82 BSBA; Systs. Programmer; Riverside Hosp., Columbus, OH 43216, 614 261-5000; r. 4906 Brittany Ct. E., Columbus, OH 43229, 614 431-9433.

PRESSON, Geoffrey Franklin; '73 BSBA; Pilot; Northwest Airlines; r. 1603 Fahnstock St., Eustis, FL 32726, 904 589-8074.

PRESTO, Joseph; '75 BSBA; Acct.; Goodyear T&R Co., 1144 E. Market St., Akron, OH 44316; r. 682 Austin Dr., Barberton, OH 44203.

PRESTON, Mrs. Betty Holt; '37; 2849 Morningside Blvd., Port St. Lucie, FL 34952, 407 335-2250.

PRESTON, Brian Lawrence; '86 BSBA; Apparel Mgr.; K Mart Apparel Corp., Stringtown Rd., Grove City, OH 43201; r. 1359 Weybridge Rd., Columbus, OH 43220, 614 442-6726.

PRESTON, Burton L.; '81 MBA; Staff; Clevepak, c/o Postmaster, Mansfield, OH 44901; r. 755 Andover Rd., Mansfield, OH 44907, 419 756-8380.

PRESTON, Daniel W.; '50 BSBA; 3456 Sunningdale Way, Columbus, OH 43221, 614 451-8264.

PRESTON, Diane M. '73 (See Beall, Diane Preston).

PRESTON, Fred Gifford; '60 BSBA; Atty.; Fred G Preston Jd, 209 E. State St., Columbus, OH 43215, 614 228-5331; r. 1928 Brandywine Dr., Columbus, OH 43220, 614 451-4647.

PRESTON, Karen Wiita; '85 MLHR; Employee Relations Spec.; Motorola Inc., 1500 NW 22nd Ave., Boynton Bch., FL 33435, 407 738-2200; r. 2773 Wind Swept Dr., #302, Lantana, FL 33462, 407 964-5099.

PRESTON, Marcia Byrd; '51 BSBA; 3456 Sunningdale Way, Columbus, OH 43221, 614 451-8264.

PRESTON, Robert C.; '56 BSBA; Atty.; Robins Preston & Beckett, 1328 Dublin Rd., Columbus, OH 43215, 614 486-3631; r. 4200 Dublin Rd., Hilliard, OH 43026, 614 876-9292.

PRESTON, Virginia D.; '47 BSBA; Retired; r. 619 Wiltshire Blvd., Dayton, OH 45419, 513 299-9107.

PRESTON-KUJAWA, Nina Swensen, (Nina W. Swensen); '52; Retired; r. 530 E. 23rd St., Apt. 4F, New York, NY 10010, 212 673-8348.

PRESTWICH, Dr. Leonard W.; '57 PhD (BUS); Prof. of Mktg.; Univ. of Omaha, 60th Ave. & Dodge St., Omaha, NE 68132; r. 3304 S. 115th St., Omaha, NE 68144, 402 333-5782.

PRESUTTI, Jack C.; '63 BSBA; 1806 W. Arndale Rd, Stow, OH 44224, 216 686-1078.

PRESUTTI, Katharine A., (Katharine A. Reynolds); '84 BSBA; Exec. Asst. to VP; Cardinal Industries Inc., 25 Pheasantview Ct., Columbus, OH 43232, 614 755-7922; r. 1597 Fallbrook Rd., Columbus, OH 43223, 614 276-3086.

PRESUTTI, Rocco Salvatore; '84 BSBA; Dir. of Operations; La Rue Millworks Inc., 346 N. Front St., La Rue, OH 43332, 614 499-3956; r. 1597 Fallbrook Rd., Columbus, OH 43223, 614 276-3086.

PRESUTTI, Salvatore Alfred; '60; Restaurant Cnslt.; S.D.J. Corp., 1692 W. Fifth Ave., POB 12145, Columbus, OH 43212, 614 488-0795; r. 948 Lansmere Ln., Columbus, OH 43220, 614 451-6162.

PRETEKIN, Maurice M.; '33 BSBA; Broker; Mauri Pretekin Realty, 2590 Shiloh Spgs. Rd., Ste. 250, Dayton, OH 45426, 513 854-1289; r. 3344 Catalpa Dr., Dayton, OH 45405, 513 274-9803.

PRETORIUS, Marycarol Fabian; '54 BSBA; Librarian; Dayton Bd. of Educ., 348 W. First St., Dayton, OH 45402; r. 454 Rolling Meadows Dr., Dayton, OH 45459, 513 439-0252.

PRETZ, Paula '53 (See De Weese, Mrs. Paula Pretz).

PRETZMAN, Allen B.; '52 BSBA; Real Est Developer; Financing Mergers Acquisitions, 11833 Edgewater Dr., Cleveland, OH 44107; r. 200 Granger Rd, Apt. 18, Medina, OH 44256, 216 666-4445.

PREUSSE, Robert E.; '69 BSBA; Plng. Analyst; USN Finance Ctr., 1240 E. 9th St., Cleveland, OH 44199, 216 522-6840; r. 3462 Doris Rd., Cleveland, OH 44111, 216 941-7956.

PREVITS, Gary John; '64 MACC; Prof.; Case Western Reserve Univ., Acctg. Dept., Cleveland, OH 44106, 216 368-2074; r. 3420 Bradfords Gate, Rocky River, OH 44116, 216 333-5109.

PREVITY, MAJ Anthony P.; '66 MBA; Maj. Usaf; r. 371 Potters Rd, Buffalo, NY 14220, 716 824-6647.

PRIAULX, Johanna Jaggard; '80 BSBA; Homemaker; r. 1722 Fullerton Dr., Cincinnati, OH 45240, 513 825-0488.

PRIBANIC, Deborah Ann; '88 BSBA; 49 E. 18th Ave., #B, Columbus, OH 43201.

PRIBONIC, Melinda Roshon; '84 BSBA; Accts Collector Supr; Brookwood-Parkside Lodge of OH, 349 Ridenour Rd., Columbus, OH 43230, 614 471-2552; r. 13180 Shipley, Johnstown, OH 43031, 614 892-3087.

PRICE, Armin Mark; '74 BSBA; Sales Rep.; 3M Corp., 22100 Telegraph Rd., Southfield, MI 48034, 313 353-5606; r. 821 Birchwood, Flushing, MI 48433.

PRICE, Ms. Barbara J., (Barbara J. Boes); '88 BSBA; Admin. Asst.; Century Cos. of America, 250 Old Wilson Bridge Rd., #170, Worthington, OH 43085, 614 436-1701; r. 132 E. Lincoln Ave., Columbus, OH 43214, 614 436-4515.

PRICE, Benjamin Brooks; '83 BSBA; Divisional Mgr.; CBC Cos., 250 E. Town St., Columbus, OH 43215, 614 222-5558; r. Same.

PRICE, Carl Franklin; '67 BSBA; Sr. Dir.; Source EDP, Two Crossroads of Commerce, Rolling Meadows, IL 60008, 312 392-0244; r. 1240 Citation Ln., Hanover Park, IL 60103, 312 830-6642.

PRICE, Carl Scott; '74 BSBA; Constr. Mgr.; Ray Fogg Bldg. Methods, 981 Keynote Cir., Ste. 15, Cleveland, OH, 216 351-7976; r. 2700 Plum Creek Pkwy., Brunswick, OH 44212, 216 273-6793.

PRICE, Carrington Dwayne; '86 BSBA; Contract Mktg. Rep.; Armstrong World Industries, 1355 Market St. #391, San Francisco, CA 94103, 415 552-9871; r. 259 E. 50th St., Los Angeles, CA 90011, 213 234-9325.

PRICE, Catherine Ludwig; '84 BSBA; Supv.; r. 506 S. Albany #C, Tampa, FL 33606.

PRICE, Charles C.; '27 BSBA; RR No 3, Norwalk, OH 44857, 419 668-6467.

PRICE, Charles R.; '48 BSBA; Pres.; Energy Supply Co., 552 E. Townview Cir., Mansfield, OH 44907, 419 756-8615; r. Same.

PRICE, Christina Jane; '87 BSBA; 2227 Sherer Ave., Apt. C, Dayton, OH 45414, 513 299-6735.

PRICE, Colleen M. '86 (See Saddler, Mrs. Colleen M.).

PRICE, David Brian; '86 BSBA; Internal Auditor; Dana Corp., 4500 Dorr St., Toledo, OH 43602; r. Toledo, OH.

PRICE, David Emerson; '70 BSBA; VP of Sales; Slife & Assocs. Inc., 2499 Mc Gaw Rd., Columbus, OH 43207; r. 2591 Clarion Ct., Columbus, OH 43220.

PRICE, David Glen; '87 BSBA; Sales Mgr.; Quality Stores Inc., 2520 W. State St., Alliance, OH 44601, 216 823-8202; r. 917 Commonwealth, Alliance, OH 44601, 216 823-7860.

PRICE, Dennis Andrew; '74 BSBA; Territory Sales Mgr.; Robertshaw Controls Co., 1701 Byrd Ave., Richmond, VA 23261, 216 237-1818; r. 519 Westview Blvd., Mansfield, OH 44907, 419 756-1086.

PRICE, Douglas L.; '64 BSBA; Staff; Dixico, 1415 S. Vernon, Dallas, TX 75224; r. 6644 Mc Vey Blvd., Worthington, OH 43085, 614 889-1886.

PRICE, Edward John; '68 BSBA; Div. Finance Mgr.; Kubota Tractor Corp., 438 McCormick Blvd., Columbus, OH 43213, 614 868-1278; r. 108 Aldrich Rd, Columbus, OH 43214, 614 261-0962.

PRICE, Edward Matthew; '88 BSBA; 128 E. Auburn Ave., Bellefontaine, OH 43311, 513 599-6629.

PRICE, Edward Walter; '56 BSBA; Sr. Systs. Engr.; IBM, 3109 W. Buffalo, Tampa, FL 33607, 813 872-1168; r. 13120 Tifton Dr., Tampa, FL 33618, 813 962-4590.

PRICE, Eric Charles; '83 BSBA; Mktg. Rep.; Med. Analysis Mgmt., 27 Alpha Park, Highland Hts., OH 44143; r. 14713 Alden Ave., E. Cleveland, OH 44112, 216 681-9381.

PRICE, Gary; '83 BSBA; Mgr.; Price Waterhouse, BP America Bldg., 200 Public Sq., Cleveland, OH 44114, 216 781-3700; r. 4792 Lindsey Ln., Richmond Hts., OH 44143, 216 381-1461.

PRICE, Gary Benjamin, Jr.; '88 BSBA; 555 Burg St., Granville, OH 43023, 614 587-4062.

PRICE, Gary Charles; '73 BSBA; 6070 Walnut St., Westerville, OH 43081, 614 855-1745.

PRICE, Gary Lee; '71 BSBA; Personnel Mgr.; Armstrong World Industries, Lancaster Plant, Liberty & Charlotte Sts., Lancaster, PA 17604, 717 396-3381; r. 1031 Signal Hill Ln., Lancaster, PA 17601, 717 898-0280.

PRICE, Geoffrey Baker; '73 BSBA; Purchasing Mgr.; Roadway Svcs. Inc., POB 88, 1077 Gorge Blvd., Akron, OH 44309, 216 384-2664; r. 768 S. Medina Line Rd., Wadsworth, OH 44281, 216 666-8137.

PRICE, Gregory Jay; '86 BSBA; Co-Mgr.; Kroger Co., 1014 Vine St., Cincinnati, OH 45201; r. 171 Whaley Pl., Chillicothe, OH 45601, 614 773-6140.

PRICE, J. Todd; '87 BSBA; Mgmt.; Huntington Natl. Bank, 41 S. High St., Columbus, OH 43215; r. 463 Hinsdale Ct., Worthington, OH 43085, 614 888-2252.

PRICE, Jack Walter; '81 BSBA; Mktg. Rep.; IBM Corp., 1133 Westchester, White Plains, NY; r. 210 Palmer Pt., River Rd., Cos Cob, CT 06807.

PRICE, James L.; '50 BSBA; Prof.; Univ. of Iowa, Dept. of Sociology, Iowa City, IA 52240, 319 335-2497; r. 422 Crestview Ave., Iowa City, IA 52240, 319 338-2740.

PRICE, James R.; '36 MA; Retired Coach; r. 1707 Leisure World, Mesa, AZ 85206, 602 985-8491.

PRICE, Jeffrey Scott; '88 BSBA; 118 Pine Lake Dr., Hartsville, SC 29550, 803 332-8676.

PRICE, Jo Ann Fishbaugh; '49 BSBA; Student Couns.; The Ohio State Univ., Allied Med. Prof., 127B All Med. 1583 Perry St., Columbus, OH 43210; r. 25 Deland Ave., Columbus, OH 43214, 614 267-5761.

PRICE, John Edwin; '60 BSBA, '62 MBA; Asst. Treas./Dir.; Owens Illinois, POB 1035, Toledo, OH 43666; r. Box 1035, Toledo, OH 43601.

PRICE, John Michael; '77 BSBA, '83 MBA; 506 S. Albany #C, Tampa, FL 33606.

PRICE, Joseph Richard; '78 MPA; Supv.; Franklin Co. Childrens Servs, Foster Care Unit, 1393 E. Broad St., Columbus, OH 43205; r. 173 Aldrich Rd., Columbus, OH 43214, 614 267-1907.

PRICE, Karen Lynn; '84 BSBA; POB 268, c/o Holston, Smithfield, OH 43948, 614 733-7781.

PRICE, Kenneth David; '83 BSBA; Systs. Cnslt.; Computer Sciences Corp., Cincinnati, OH 45202, 513 629-5578; r. 3473 Harvey Ave., Cincinnati, OH 45229, 513 281-7680.

PRICE, Lionel Gene; '56 BSBA; Sr. VP; St. Mary's Health Care Corp., 235 W. Sixth St., Reno, NV 89520, 702 789-3224; r. 3901 Skyline Blvd., Reno, NV 89509, 702 826-8755.

PRICE, Mrs. Marlene S., (Marlene Schad); '58 BSBA; Financial Admin.; John E. Price DDS, Inc., 1000 High St., Worthington, OH 43085, 614 888-2175; r. 463 Hinsdale Ct., Worthington, OH 43085, 614 888-2252.

PRICE, Pamela Jean; '85 BSBA; Waitress Trainer; Ethel Road Cooker, 1540 Bethel Rd., Columbus, OH 43220, 614 459-5114; r. 7999-C Leighlinbrdige Way, Dublin, OH 43017, 614 766-5853.

PRICE, Pat '49 (See Stelzer-Oberschlake, Emma P. (Pat)).

PRICE, R. Wayne; '70 BSBA; Branch Claims Mgr.; Farmers Ins., 1605 S. Plaza Way, Flagstaff, AZ 86002, 602 774-9100; r. 1401 N. Edgewood St., Flagstaff, AZ 86004, 602 526-5709.

PRICE, Ralph Earl; '70 BSBA; Principal; State Street Advisors, 1493 Beach Park Blvd.,Ste. 201, Foster City, CA 94404, 415 578-8875; r. 712 Cayman Ln., Foster City, CA 94404, 415 349-4439.

PRICE, Richard Alan; '64 BSBA; CPA/Partner in Charge; Kenneth Leventhal & Co., 1900 W. Loop, S., Ste. 1600, Houston, TX 77027, 713 850-9100; r. 1323 Sugar Creek Blvd., Sugar Land, TX 77478, 713 491-6781.

PRICE, Robert Winfield; '86 BSBA; Mgr.; Smith Concrete Co., POB 356, Marietta, OH 45750, 614 373-7441; r. POB 1068, Marietta, OH 45750, 614 373-9230.

PRICE, Susan I. '85 (See Hollern, Mrs. Susan P.).

PRICE, Thomas Anthony; '84 BSBA; Sr. Systs. Analyst; Nationwide Ins. Co., One Nationwide Plz., Columbus, OH 43216, 614 249-5527; r. 5153 Northcliff Loop W., Columbus, OH 43229, 614 436-2198.

PRICE, William Brooks; '55 BSBA; Chmn.; CBC Cos., 1 Capitol S. Ste. 1080, POB 1838, Columbus, OH 43215, 614 222-5300; r. 7110 Shetland St., Worthington, OH 43085, 614 885-0253.

PRICE, William Hartwell, II; '52; Retired; r. 174 RD6 JM S. Fork, Cody, WY 82414, 307 527-7673.

PRICE, William Merriman, IV; '68 BSBA; Operations Ofcr.; US Postal Svc., 475 L'Enfant Plz., SW, Rm. 7431, Washington, DC 20260, 202 268-3521; r. 13001 Orleans St., Woodbridge, VA 22192, 703 494-6171.

PRIDDY, Diane Mary; '82 BSLHR; 2959 Fairmount Blvd., Cleveland Hts., OH 44118.

PRIDE, William Blair; '76 BSBA; Outside Sales Rep.; Marmon/Keystone Corp., POB 791, Butler, PA 16001, 800 245-3910; r. 1952 Slaton Ct., Worthington, OH 43235, 614 889-5367.

PRIDEMORE, Robert Luke; '81 BSBA; Sales Mgr.; Harris/Lanier, 480 Plasters Ave., #C, Atlanta, GA 30324, 404 897-4425; r. 4540 Cherie Glen Tr., Stone Mtn., GA 30083, 404 299-1603.

PRIDEMORE, Veronica Camp; '80 BSBA; Buyer; Federated Dept. Stores Inc., Rich's Dept. Store, 45 Broad St., Atlanta, GA 30302, 404 586-4117; r. 4540 Cherie Glen Tr., Stone Mtn., GA 30083, 404 299-1603.

PRIEST, Barbara Cook, (Barbara Cook); '83 BSBA; Legal Secy.; James P. Carpenter Co. LPA, 43 S. Oregon St., Johnstown, OH 43031, 614 967-9040; r. 272 Briarwood Rd., Johnstown, OH 43031.

PRIEST, Ms. Colleen J.; '82 BSBA; Systs. Analyst; State of Ohio, Dept. of Administrative Svcs, 30 E. Broad St., 40th Fl., Columbus, OH 43266, 614 466-9403; r. 4315 Sandy Lane Rd., Columbus, OH 43224, 614 267-5737.

PRIEST, Douglas William, CPA; '76 BSBA; Pres./Public Acctg.; Mc Leish Hamilton Priest Bowman & Barber Inc., POB 2686, Zanesville, OH 43702, 614 454-2553; r. 1547 Constitution Dr., Newark, OH 43055, 614 366-1518.

PRIEST, Lois Dumenil, (Lois Dumenil); '33 BSBA; Retired; r. 6025 Virbet Dr., Cincinnati, OH 45230, 513 231-2120.

PRIEST, Walter J.; '59 BSBA; Chmn. & Pres.; Cleveland Plant & Flower Co., 2419 E. 9th St., Cleveland, OH 44115; r. 31113 Narragansett Ln., Cleveland, OH 44140, 216 871-1377.

PRIESTAS, Linda; '82 BSBA; Personnel Coord.; Aetna Life & Casualty, 4151 Executive Pkwy., Westerville, OH 43081, 614 890-9207; r. 4294 Chaucer Ln., Columbus, OH 43220, 614 459-5514.

PRIETO, Manuel Artagnan, II; '87 BSBA; 8631 Lutz Ave. NW, Clinton, OH 44216, 216 854-3205.

PRIETO, Ronald A.; '66 MBA; Maj Usaf, 1905 Mt Carmel Blvd., Toms River, NJ 08753, 201 255-4388.

PRIGOZEN, Elliot Van; '68 BSBA; Pres.; Sylvan Equip. Corp., 91 N. 12th St., Brooklyn, NY 11211, 718 387-4872; r. 740 Bryant Ave., Roslyn Harbor, NY 11576.

PRIM, Mrs. Molly L., (Molly A. Lorms); '84 BSBA; Trust Investment Ofcr.; First Tennessee Bank, Kirby Woods Branch, 1845 Kirby Pkwy., Memphis, TN 38119, 901 754-8150; r. 7363 Kingsland Dr., Memphis, TN 38125, 901 756-8959.

PRIMUS, Susan L. '78 (See Whittlesey, Mrs. Susan P., CPA).

PRINCE, Eleanor Karch; '39 BSBA; POB 60011, Richmond Bch., WA 98160, 206 546-1715.

PRINCE, Harry M.; '58 BSBA; V-P(Fin), Secy.-Treas.; Irving Drew Corp., 301 Forrest Rose Ave., Lancaster, OH 43130; r. 260 Scott Dr., Lancaster, OH 43130, 614 654-2253.

PRINCE, Marvin; '52 BSBA; Owner; Prince Fairview Embroideries, 46 Industrial Ave., Fairview, NJ 07022, 201 945-9100; r. 962 Wildwood Rd, Oradell, NJ 07649, 201 261-6713.

PRINCE, Waneda P.; '85 BSBA; Circulation Clerk; Newark Public Library, 88 W. Church, Newark, OH 43055; r. 247 W. National Dr., Newark, OH 43055, 614 323-4216.

PRINDLE, Theodore H.; '45; 1472 Pinegrove Ln., Palm Harbor, FL 34683, 813 786-5676.

PRINGLE, Clark Robert; '58 BSBA; Fund-raiser; r. 3102 Carskaddon Ave., Apt. 206, Toledo, OH 43606, 419 535-7601.

PRINGLE, Larry Allen; '78 BSBA; Lead Plng. Spec.; GE Co., Aircraft Engine Group, Evendale, OH 45241, 513 583-4758; r. 11700 Chesterdale, #A, Cincinnati, OH 45246, 513 771-6396.

PRINGLE, Rosemary G. '48 (See Purdum, Mrs. Rosemary Pringle).

PRINTZ, Leonard; '50 BSBA; 18707 Shauna Manor Dr., Boca Raton, FL 33496, 407 487-2413.

PRINTZ, Loudell; '70 BSBA; 4095 Spalding Dr. NE, Doraville, GA 30360.

PRIOR, Adelaide Chilcote, (Adelaide Chilcote); '47 BSBA; 95 N. 10th St., Newark, OH 43055, 614 345-8640.

PRIOR, Janet Jaquay, (Janet Jaquay); '84 BSBA; Branch Mgr.; Distribution Ctrs. Inc./Cols, Customer Service, 450 Mc Cormick Blvd., Columbus, OH 43213, 614 868-8770; r. 6456 Old Church Way, Reynoldsburg, OH 43068, 614 864-6333.

PRIOR, John Alan, Jr.; '60 BSBA; Financial Planner; Prior Financial Plng., 2535 Kettner Blvd., Ste. #2B3, San Diego, CA 92101, 619 234-8544; r. 8837 Camino Sueno, La Jolla, CA 92037, 619 455-8382.

PRIOR, Robert A.; '42 BSBA; Atty.; Robert A. Prior PC, 2000 Alameda de Las Pulgas, Ste. 224, POB 6763, San Mateo, CA 94403, 415 571-8300; r. 35 9th Ave., #8, San Mateo, CA 94401, 415 347-2440.

PRIOR, Robert L.; '63 BSBA; Pres./CEO; Vorys Bros. Inc., 834 W. Third Ave., POB 328, Columbus, OH 43216, 614 294-4701; r. 1525 Bridgeton Dr., Columbus, OH 43220, 614 457-6772.

PRITCHARD, Alvin C.; '47 BSBA; Retired; r. 10431 Brookhurst, Anaheim, CA 92804, 714 535-7446.

PRITCHARD, Betty Jefferis; '43 BSBA; 770 S. Palm Ave. Apt. 1402, Sarasota, FL 34236, 813 366-3212.

PRITCHARD, Charlotte Baker, (Charlotte Baker); '48 BSBA; Retired; r. 4260 Kendale Rd, Columbus, OH 43220, 614 451-0261.

PRITCHARD, Donald William; '68 BSBA; Locomotive Engr.; Conrail Corp., Collinwood Yard, 601 E. 152nd St., Cleveland, OH 44110, 216 681-1103; r. 13721 Thornhope Rd., Cleveland, OH 44135, 216 476-1288.

PRITCHARD, Jeffrey F.; '82 BSBA; 7964 Leighinbridge Way, Apt. C, Dublin, OH 43017, 614 792-2034.

PRITCHARD, Michele Ann; '84 BSBA; 53 W. Sixth St., Chillicothe, OH 45601.

PRITCHARD, Robert J.; '53 BSBA; Mbr-Bd. of Dir.; Joyce Beverages Inc., Joyce Rd, New Rochelle, NY 10802; r. 172 Dogwood Ct., Stamford, CT 06903, 203 322-0472.

PRITCHETT, Dana Gast, (Dana Gast); '82 BSBA; Systs. Analyst; Medex, Inc., 3637 Lacon Rd., Hilliard, OH 43026, 614 876-2413; r. 2377 Home Rd., Delaware, OH 43015, 614 881-5224.

PRITCHETT, 2LT Ellen Margaret, USAF; '87 BSBA; Pope AFB, Fayetteville, NC 28303, 919 394-4515; r. 6752-6 Willowbrook Dr., Fayetteville, NC 28314, 919 868-3483.

PRITCHETT, Z. Franklin; '56 BSBA; Dir./Finance; New Hanover Mem. Hosp., 2131 S. 17th St., Wilmington, NC 28401, 919 343-7044; r. 637 Robert E. Lee Dr., Wilmington, NC 28403, 919 791-2827.

PRITT, Thomas Alexander; '83 BSBA; Ofc. Mgr.; Custom Carpets, POB 1566, Portsmouth, OH 45662; r. 3609 Brandon Rd., Huntington, WV 25704, 304 429-2528.

PROBASCO, John F.; '63 BSBA; Sr. Facil Systs. Anal; Ohio State Univ., Campus Plng & Space Util, 8 Bricker Hall, Columbus, OH 43213, 614 292-6081; r. 5569 Farms Dr., Columbus, OH 43213, 614 861-0645.

PROBASCO, Kenneth Newton; '34 BSBA; Retired; r. 6000 Riverside Dr., Apt. A433, Dublin, OH 43017, 614 889-2438.

PROBASCO, Susan Lynn; '85 BSBA; Bookkeeper; David L. Day, LPA, 400 S. 5th St., Ste. 300, Columbus, OH 43215, 614 221-2993; r. 3991 Andrus Ct., Columbus, OH 43227, 614 231-9178.

PROBERT, Edwin P.; '60 BSBA; Mgr.; GE Corp., 12085 Freestone Ct., Cincinnati, OH 45240; r. 1890 Wiltshire, Fairfield, OH 45014, 513 829-5694.

PROBST, David Lee; '84 MBA; VP; Meuse Rinker & Chapman, 90 N. High St., Columbus, OH 43215, 614 221-0722; r. 6227 Arapahoe Pl., Dublin, OH 43017, 614 761-3870.

PROBST, Eugene A.; '59 BSBA; Tax Dir.; Nationwide Ins. Cos., One Nationwide Plz., Columbus, OH 43216, 614 249-6915; r. 531 Brightstone Dr., Reynoldsburg, OH 43068, 614 861-6450.

PROBST, Stella Bowen; '32 BSBA; Retired; r. 614 Crescent Dr., Columbus, OH 43204, 614 274-4687.

PROBST, William Allen; '68 BSBA; Sales Engr.; Probst Supply Co., 366 W. Center, Marion, OH 43302, 614 383-6071; r. 1065 Toulon Dr., Marion, OH 43302, 614 389-4592.

PROCTOR, LTC Frank Tolbert, Jr., USA; '73 BSBA; DRMEC Code 6406 NPGS, Monterey, CA 93943.

PROCTOR, James Coleman; '79 BSBA; Sales Rep.; E-Z-Go Textron, 2660 Fisher Rd, Columbus, OH 43204; r. 1783 Hightower Dr, Worthington, OH 43235, 412 537-0838.

PROCTOR, Michael Stanley; '76 BSBA; Regional Account Mgr.; Sandoz Pharmaceuticals Corp., 59 Rte. 10, E. Hanover, NJ 07936, 614 761-9213; r. 5596 Parker Hill Ln., Dublin, OH 43017, 614 761-9214.

PROCTOR, Terry Leslie; '75 MPA; Exec. Secy.; Seekonk Town Hall, c/o Postmaster, Seekonk, MA 02771, 617 336-7400; r. 225 Lincoln St., Seekonk, MA 02771, 508 336-4182.

PROCTOR, William Raymond; '76 BSBA; Systs. Analyst; R.J. Reynolds Tobacco, 401 N. Main St., Winston-Salem, NC 27102, 919 741-3792; r. 7101 Kenbridge Dr., Clemmons, NC 27012, 919 766-0310.

PROESCHEL, LTC Donald L., USA(Ret.); '57 BSBA; 218 Wildbrier Dr., Ballwin, MO 63011, 314 227-2231.

PROFUSEK, Richard Charles; '84 BSBA; Sr. Computer Analyst; State Auto Ins. Co., 518 E. Broad St., Columbus, OH 43216, 614 464-5000; r. 7954 Boothbay Ct., Powell, OH 43065, 614 766-4899.

PROHASKA, Mary L., (Mary L. Sweeney); '54 BSBA; Acctg. Mgr.; MacGuard Security Systs., Inc., 15304 Sunset Blvd., #200, Pacific Palisades, CA 90272, 213 459-7841; r. 6865 Valley Circle Blvd., Unit 8, West Hills, CA 91307, 818 703-7919.

PROICOU, Chris Nick; '62 BSBA; Credit Mgr.; Natl. Electric Coil Div., Magnetek Inc, 800 King Ave., Columbus, OH 43220, 614 488-1151; r. 2453 Mc Coy Rd., Columbus, OH 43220, 614 451-8865.

PROIETTI, Nello, Jr.; '48 BSBA; Acct.; Procter & Gamble Co., Gen. Ofc., 1 Procter & Gamble Plz., Cincinnati, OH 45202, 513 983-2304; r. 2959 Eggers Pl., Cincinnati, OH 45211, 513 481-8900.

PROKES, Tracey Anne; '83 BSBA; Auditor/CPA; Arthur Andersen & Co., 711 Louisiana, Houston, TX 77002, 713 237-2323; r. 2125 Augusta, #72, Houston, TX 77057, 713 785-8175.

PROMEN, Stephen Michael; '83 BSBA; Lounge Mgr.; Pewter Mug, 1078 E. Dublin/Grandville, Columbus, OH 43329, 614 888-6844; r. 1675 Bob O Link Bend W., Apt. B, Columbus, OH 43229, 614 436-8820.

PROPER, Leonard John; '88 MBA; 125 W. Dodridge 3, Columbus, OH 43202, 614 261-0966.

PROPPE, Edward J.; '58 BSBA; Treas.; Gentex Corp., Main St., Simpson, PA 18407; r. Rd1 Elkview Dr., Forest City, PA 18421.

PROROCK, Gregory Jonathan; '74 BSBA; Buyer; 1 RD Mechanalysis, 6150 Huntley Rd, Columbus, OH 43229; r. 6152 Darby Ln., Columbus, OH 43229, 614 891-1028.

PROSEK, Susan Dee; '81 MBA; Controller; Atlas Crankshaft Corp., US Rte. 23S, POB 846, Fostoria, OH 44830, 419 435-8531; r. 26 Shaker Ct., Fremont, OH 43420, 419 334-3722.

PROSPAL, Elizabeth Quarando, (Elizabeth Quarando); '76 BSBA; Part-time Acct.; Dr. Ruskin, 25865 W. 12 Mile Rd., Southfield, MI 48034, 313 350-8340; r. 781 De Etta, Troy, MI 48098, 313 879-2677.

PROSSER, Erica M.; '88 BSBA; 1688 Ivyhill Loop N., Columbus, OH 43229, 614 885-2150.

PROTENIC, John Joseph; '80 BSBA; Operation Mgr.; Apcoa Inc., 3550 W. Sixth, Ste. 310, Los Angeles, CA 90020; r. 344 Realty, Carson, CA 90745.

PROTOPAPAS, Mira Lynn; '88 BSBA; 3403 Garylane Dr., Dublin, OH 43017, 614 766-2056.

PROTSMAN, George Earl; '46; Retired; r. 1449 Bradshire Dr., Columbus, OH 43220, 614 451-1233.

PROTSMAN, Marc Alan; '87 MPA; 7845 Meadowhaven Blvd., Worthington, OH 43085.

PROTZ, John Robert; '77 BSBA; Mktg. Rep.; Federated Ins. Cos., 1515 Portage St. NW, N. Canton, OH 44720, 216 499-7055; r. 5766 Huckleberry St., NW, N. Canton, OH 44720, 216 499-0645.

PROUD, Timothy H.; '79 BSBA; Comp. Consultants/Progr.; 10184 Bennington Dr., Cincinnati, OH 45241, 513 777-9833; r. Same.

PROUT, Andrew Walter, III; '73 MBA; Mgr.; Nationwide Ins. Co., Data Processing Dept., One Nationwide Plz., Columbus, OH 43216; r. 1865 Chatfield Rd., Columbus, OH 43221, 614 488-8847.

PROVIDENT, Lori Ann; '87 BSBA; 881 Princeton, Amherst, OH 44001, 216 988-7946.

PROVOST, Michelle Strimple; '86 BSBA; 3446 US Rte. 224 E., Willard, OH 44890.

PRUCHNICKI, Joseph John; '75 BSBA; Sr. Buyer; Core-Mark Dist., 4985 Frusta Dr., Columbus, OH 43207, 614 491-4000; r. 5639 Lynx Dr., Westerville, OH 43081, 216 875-2146.

PRUDEN, Cheryl Anne; '76 BSBA; 15706 Cashmere Ln., Tampa, FL 33624, 813 962-8405.

PRUDEN, James W.; '59 BSBA; VP; Nationwide Ins. Co., One Nationwide Plz., Columbus, OH 43216; r. 785 Curleys Ct., Worthington, OH 43085.

PRUDEN, Karen Ann; '84 BSBA; Real Estate Sales Mgr.; Community Structures Inc., 117 Lazella Rd. E. Ste. A, Worthington, OH 43085, 614 848-4004; r. POB 822, Worthington, OH 43085, 614 436-8141.

PRUGH, Bradley Brian; '83 BSBA; Plng. Syst. Admin.; The Ltd. Inc., 1 Ltd. Pkwy., POB 16528, Columbus, OH 43216, 614 475-4000; r. 1901 Lost Vly., Powell, OH 43065, 614 764-1087.

PRUGH, Robert B.; '49 BSBA; 437 East Dr., Dayton, OH 45419, 513 299-3292.

PRUITT, Dr. Stephen W.; '80 MBA; Asst. Prof.; Indiana Univ., Dept. of Finance, 801 W. Michigan St., Indianapolis, IN 46223; r. 737 Marana Dr., Carmel, IN 46032.

PRULHIERE, Dale Herbert; '84 BSBA; 920 Walter Ct., Tallmadge, OH 44278, 216 633-5876.

PRUNIER, Charles Richard; '83 BSBA; Special Agt.; F B I, 110 S. Fourth St., Minneapolis, MN 55481, 612 339-7861; r. 7350 Gallagher Dr., Apt. 134-A, Edina, MN 55435, 612 835-2077.

PRUNTE, Dominic W.; '82 BSBA; Benefits Coord.; St. Anthony Med. Ctr., 1492 East Broad St., Columbus, OH 43205, 614 251-3040; r. 1244 Elaine Rd., Columbus, OH 43227, 614 231-9738.

PRUNTY, Sandra Kim; '81 BSBA; Mktg. Admin.; Society Bank, 88 E. Broad St., Columbus, OH 43215; r. 1408 Dubay Ave., Columbus, OH 43219, 614 253-2122.

PRUSHING, Robert Dana; '47 BSBA; Retired Mgr.; Jeffrey Mfg. Div. Dresser Ind., Distributor Sales, POB 387, Woodruff, SC 29388; r. 408 E. Schreyer Pl., Columbus, OH 43214, 614 262-1431.

PRUSS, David Joseph; '88 MBA; 7956 Millwheel Way, West Chester, OH 45069, 614 766-5743.

PRUYN, Charles R.; '49 BSBA; Retired; r. 2530 Wildwood Rd, Columbus, OH 43231, 614 882-5338.

PRUYN, Susan '63 (See Tricarico, Susan).

PRY, C. Nicholas; '65 MBA; Atty. & CPA; Pry CPA Svcs. Inc., 1909 S. Main St., Findlay, OH 45840, 419 423-4481; r. 201 Churchill, Findlay, OH 45840, 419 423-4606.

PRYNE, Gilbert A., Jr.; '52 BSBA; 11908 Chippewa Rd, Brecksville, OH 44141, 216 526-3435.

PRYOR, B. Sue, (B. Sue Dodson); '77 BSBA; Owner/Pres.; The Appraisal Professionals, 6145 Barfield Rd., Ste. 130, Atlanta, GA 30328, 404 843-1949; r. 6295 Broomsedge Tr., Norcross, GA 30092, 404 448-5974.

PRYOR, George Mc Clellan, Jr.; '72 BSBA; Pres.; First Intercontinental, Realty Corporation, 41 S. High St., Ste. 1675, Columbus, OH 43215, 614 464-1465; r. 162 N. Roosevelt Ave., Columbus, OH 43209, 614 231-6438.

PRYOR, Hal K.; '73 BSBA; Sr. Cnslt.; Digital Equip. Corp., 8301-L Arrowridge Blvd., Charlotte, NC 28217, 704 529-2104; r. 6295 Broomsedge Tr., Norcross, GA 30092, 404 448-5974.

PRYOR, J. William, Jr.; '88 BSBA; 60919 Sandy Ridge Rd, Barnesville, OH 43713, 614 425-1617.

PRYOR, James Lee; '82 BSBA; Territory Mgr.; Major Video Concepts, 1827 O'Brien Rd., Columbus, OH 43228, 614 876-0137; r. 6533 Skywae Dr., Columbus, OH 43229, 614 891-0404.

PRYOR, James W.; '45 BSBA; Retired; r. 4121 SW Third St., Plantation, FL 33317, 305 583-2149.

PRYOR, Timothy Michael; '83 MA; Cnslt.; M S Gerber & Assocs., 1357 West Ln. Ave., Columbus, OH 43221, 614 486-6711; r. 2376 N. Star, Apt. 2L, Columbus, OH 43221, 614 488-2082.

PRYOR, W. Frank; '50 BSBA; Pres.; Pryor-Guitner, Inc., 538 E. Town St., Columbus, OH 43215, 614 224-2135; r. 198 N. Remington Rd., Columbus, OH 43209, 614 235-6300.

PRZYBYLA, Thomas Walter; '79 BSBA; 552A Perch St., Zephyrhills, FL 34248, 813 782-4312.

PSYHOGIOS, William George; '87 BSBA; Investment Sales; Cardinal Industries, Inc., 31 Pheasantview Ct., POB 32999, Columbus, OH 43232, 614 755-6474; r. 3942 Overdale Dr., Columbus, OH 43220, 614 459-3249.

PTASZEK, Chester L.; '51 BSBA; Retired; r. 3093 Sunset Dr., Columbus, OH 43202, 614 263-8296.

PUCCETTI, Mrs. Gail A., (Gail A. Wing); '85 BSBA; Branch Supv.; Kelly Assisted Living Svcs., Kettering, OH 45429; r. 730 Residenz Pkwy., Apt. H, Kettering, OH 45429, 513 298-3352.

PUCCETTI, Gary A.; '85 BSBA; Systs. Engr.; Electronic Data Systs., 2601 W. Stroop Rd., Dayton, OH 45439, 513 455-2089; r. 730 Resident Pkwy., Apt. H, Kettering, OH 45429, 513 298-3352.

PUCCETTI, Thomas A.; '82 BSBA; 8010 Rosaberry Run, Westerville, OH 43081, 614 431-0139.

PUCHALA, Damian; '87 BSBA; Personal Lines Undrwriter; Motorists Mutual Ins. Co., 471 E. Broad, Columbus, OH 43215, 614 225-8485; r. 7515 Sawmill Commons Ln., Apt. J, Dublin, OH 43017, 614 761-8439.

PUCKETT, Charles William; '84 MBA; Rehab. Driver Educ. Coord; Ohio State Univ. Hosps., Dodd Hall, 471 Dodd Dr., Columbus, OH 43210, 614 293-3833; r. 2200 Ward Rd., Columbus, OH 43224, 614 471-5457.
PUCKETT, Frederick D.; '50 BSBA; Chief Counsel; Ohio Legislative Svc. Commission, State House, Columbus, OH 43215, 614 466-7854; r. 59 Hanby Ave., Westerville, OH 43081, 614 882-4501.
PUCKETT, Gary Lynn; '70 BSBA; Staff; Anchor Hocking, 109 N. Broad St., Lancaster, OH 43130; r. 11533 Village Mill Rd, Pickerington, OH 43147, 614 476-6395.
PUCKY, Timothy John; '70 BSBA; 4225 Parkdale N. W., Canton, OH 44718, 216 494-6418.
PUDERBAUGH, Randall Scott; '83 BSBA; Field Sales Tech.; Rittal Corp., 1900 E. Leffel Ln., Springfield, OH 45505; r. 1913 Sawbury Blvd., Worthington, OH 43085, 614 764-1108.
PUFFENBARGER, Dennis L., Sr.; '73 BSBA; Pres./Owner; Samsco Inc., 1919 Courtney Dr., Ste. 6, Ft. Myers, FL 33901, 813 275-8112.
PUGH, David Alan; '88 BSBA; Physical Mgr.; Shady Glen Links Teaching Ctr., 400 Shady Glen Dr., Franklin, OH 45005; r. 7299 Mountain Tr., Dayton, OH 45459, 513 434-2944.
PUGH, Della Victoria; '79 BSBA; Staff; Natl. City Bank, 4100 W. 150th, Cleveland, OH 44130; r. 4604 E. 131st, Garfield Hts., OH 44105.
PUGH, CAPT Harry M., USN(Ret.); '37 BSBA; Trailer Estates Box 6329, Bradenton, FL 34281, 813 756-0219.
PUGH, Dr. Jesse J.; '23 BSBA; Retired; r. 1975 Rebecca Dr., Clearwater, FL 34616, 813 447-5420.
PUGH, Robert J.; '49 BSBA; POB 189, Logan, OH 43138.
PUGH, Vincent Thomas; '87 BSBA; Opers. Supv.; Yellow Freight Systs., 2980 Chicago Dr., Grand Rapids, MI 49509, 616 538-8880; r. 3084 Carmel Ave. SW, Grandville, MI 49418, 616 534-4338.
PUHALLA, Leonard M.; '49 BSBA; Retired; r. 1225 Old Furnace Rd, Youngstown, OH 44511, 216 799-8050.
PULAKOS, Joy Pappas; '52 BSBA; VP; Pulakos Inc., 2530 Parade St., Erie, PA 16503, 814 452-4026; r. 1308 Tower Ln., Erie, PA 16505, 814 454-8464.
PULLEY, Jerry Lee; '68 BSBA; Computer Programmer; Defense Constr. Supply Ctr., 3990 E. Broad St., Columbus, OH 43213, 614 238-3183; r. 11 Lewis Dr., Johnstown, OH 43031, 614 967-0358.
PULLEY, Roger Allen; '74 BSBA; Pres.; Master Bus. Cnslts., 5357-B Yorkshire Terrace Dr., Columbus, OH 43232, 614 864-8772; r. Same.
PULLIAM, William Harrold; '68 BSBA; Natl. Sales Mgr.; Ktxl TV, 4655 Fruitridge Rd, Sacramento, CA 95820; r. 4217 Stowe Way, Sacramento, CA 95864.
PULLINS, Melanie Howell; '87 BSBA; Staff Cnslt.; Deloitte Haskins & Sells, 155 E. Broad St., Columbus, OH 43215, 614 229-4792; r. 6243 Polo Dr. W., Columbus, OH 43229, 614 431-2195.
PULSE, CAPT Paul Flavius, III, USAF; '83 BSBA; KC-135 Aircraft Cdr.; 410 Bombardment Wing, 307 Air Refueling Squadron, K.I. Sawyer AFB, MI 49843, 906 346-1373; r. 368 Marauder, K.I. Sawyer AFB, MI 49843, 906 346-7385.
PULSINELLI, Frank P.; '49 BSBA; Retired; r. 2681 Shrewsbury Rd., Columbus, OH 43221, 614 457-3311.
PULTZ, John F.; '79 BSBA; Computer Analyst; Ohio Rehab. Svcs., 1050 Frwy. Dr., Columbus, OH 43229; r. 52 Cottswold Dr., Delaware, OH 43015, 614 363-2306.
PULTZ, Michael Edward; '83 BSBA; Mgr.; State Savings Bank, 3011 E. Broad St., Columbus, OH 43209, 614 239-0844; r. 1255 Marlyn Dr., Columbus, OH 43220, 614 457-3073.
PUMMILL, Carol Pencheff; '57 BSBA; 6934 Thamesford, Ft. Wayne, IN 46815.
PUMPHREY, Daniel Byron; '75 MA; Pres.; Informatik, Inc., 621 17th St., Ste. 2230, POB 809, Denver, CO 80201, 303 297-0909; r. POB 868, 911 S. Gaylord St., Denver, CO 80201, 303 777-9403.
PUNPIPAT, Siripong; '86 BSBA; 117-C W. Northwood, Columbus, OH 43201.
PUNTENNEY, Frank, Jr.; '48 BSBA; Supt.; Portsmouth Reciving Hosp., POB 651, Portsmouth, OH 45662, 614 354-2804; r. 2231 High St., Portsmouth, OH 45662, 614 354-2475.
PUPPEL, Darin Daines; '88 BSBA; Staff Acct.; Coopers & Lybrand, Ste. 2000 Columbus Ctr., 100 E. Broad St., Columbus, OH 43215, 614 225-8700; r. 2066 Park Run Dr., Apt. D, Columbus, OH 43220, 614 442-0936.
PUPPEL, Dennis D.; '67 BSBA; Pres.; The Puppel Cos. Inc., 700 Ackerman Rd., Ste. 235, Columbus, OH 43202, 614 262-1224; r. 4773 Shire Ridge Rd. E., Hilliard, OH 43026, 614 876-8856.
PURCELL, Gary Arlin; '87 BSBA; 2623 New Jersey Rd., Lakeland, FL 33803, 813 682-5734.
PURCELL, 2LT Howard P., Jr., USAF; '87 BSBA; Pilot; Williams AFB, AZ 85240; r. 1710 S. Gilbert Rd., Mesa, AZ 85204, 602 497-9783.
PURCELL, Mrs. Kathleen D., (Kathleen Brown); '87 BSBA; Ofc. Mgr.; R. Dale Electric Co., 1631 Guadalupe Rd., Tempe, AZ 85281, 602 839-6380; r. 1710 S. Gilbert, Apt. 1177, Mesa, AZ 85204, 602 497-9783.
PURCELL, Margaret Willis; '59 BSBA; CPA; Martin Marietta Corp., Cape Canaveral Air Force Sta., MRL Bldg., Cape Canaveral, FL 32953, 407 853-7847; r. 301 Parkside Pl., Indian Harbor Bch., FL 32937, 407 777-7647.
PURCELL, Maurice Albert, Jr.; '73 MBA; VP; Grace Distribution Svcs., POB 308, Duncan, SC 29334, 803 433-2118; r. 925 Cleveland St., Apt. 82, Greenville, SC 29601.
PURCELL, Roderick N., Jr.; '59 BSBA, '61 MBA; 13202 Del Webb Blvd., Sun City, AZ 85351, 602 977-6937.
PURCELL, Sara J. '79 (See Stocker, Mrs. Sara P.).
PURDIN, Clifford R.; '51 BSBA; Dir. Purchased Mtl. Mgmt.; NCR, Rubicon & Caldwell, Dayton, OH 45479, 513 445-7101; r. 6410 Shirecliff Ct., Centerville, OH 45459, 513 433-1499.
PURDIN, Dale Philip; '81 BSBA; Retail Sales Spec.; Carnation Co., 500 W. Wilson Bridge Rd., Ste. 240, Worthington, OH 43085, 614 846-2550; r. 70 Benedict Dr., Johnstown, OH 43031, 614 967-5606.
PURDUM, Jack N.; '46 BSBA; Land Developer; Silver Lake Estates, 5374 S. Hwy. 441, Leesburg, FL 32788, 904 787-4165; r. 7447 Overton Dr., Leesburg, FL 32788, 904 787-6128.
PURDUM, Karen Kay; '83 BSBA; Financial Spec.; N C R Corp., 1700 S. Patterson Blvd., Dayton, OH 45479, 513 445-1443; r. 8381 Peach Blossom Dr., Dayton, OH 45458, 513 435-4061.
PURDUM, Mrs. Rosemary Pringle, (Rosemary G. Pringle); '48 BSBA; Property Developer; Silver Crest Co., 5374 S. Hwy. 441, Leesburg, FL 32788, 904 326-8563; r. 7447 Overton Dr., Leesburg, FL 32788, 904 787-6128.
PURKEY, David K.; '56 BSBA; Atty.; r. 113 E. Highland, Altamonte Spgs., FL 32701.
PURMAN, James Jackson, IV; '86 BSBA; 10971 Hebron Rd., Buckeye Lake, OH 43008, 614 928-4117.
PURNELL, Alicia Marie; '87 BSBA; Asst. Cost Acct.; The Ohio State Univ., University Budget Planning, 19 Bricker Hall, Columbus, OH 43210; r. 5734 Allenby Ct., Galloway, OH 43119, 614 878-6709.
PURNELL, David Robert; '74 BSBA; 20 Lindwood, Tiffin, OH 44883, 419 447-8977.
PURNELL, Norman; '50 BSBA; Atty.; 14001 Cascade Plz., Akron, OH 44308, 216 376-6136; r. 1108 N. Portage Path, Akron, OH 44313, 216 867-2508.
PURNHAGEN, Karen Kilkenny; '77 BSBA; Acct.; Haemmerle Heximer Harvey & Co., 1630 NW Professional Plz., Columbus, OH 43220; r. 4213 Seigman Ave., Columbus, OH 43213, 614 235-5278.
PURPURA, Anthony E.; '54 BSBA; VP; Delta Dental Plan, Finance & Data Processing, 3620 N. High St., Columbus, OH 43214; r. 148 Savern Pl., Gahanna, OH 43230, 614 471-3519.
PURSIFULL, Gregory Jon; '81 BSBA; 8 Dodworth Ct. #302, Timonium, MD 21093, 301 561-5228.
PURTELL, Richard Dale; '74 BSBA; Property Mgr.; John W Galbreath & Co., 425 Walnut St., Cincinnati, OH 45202, 513 621-4944; r. 8601 Toronto Ct., Cincinnati, OH 45255, 513 474-4231.
PURTELL, Shirley Jeanne; '83 BSBA; Acct.; Setterlin Co., 2000 Kenny Rd., Columbus, OH 43221; r. Box 233, Leesburg, OH 45135.
PURVIANCE, CAPT Raymond E., Jr.; '43 BSBA; USN(Ret.); r. 296 Sixth Ave. N., Tierra Verde, FL 33715, 813 866-6272.
PURVIS, Frances J. '80 (See Lowe, Frances J.).
PUSECKER, Beth Ann; '84 BSBA; 301 Old Spring Ct., Dublin, OH 43017, 614 766-9641.
PUSECKER, Debra L. '82 (See Peters, Debra Louise).
PUSEY, Glenn Alan; '83 MBA; POB 252, Russells Pt., OH 43348, 513 596-6794.
PUSKAC, Stephen Joseph; '50 BSBA; Retired; r. 2411 Lytham Rd., Columbus, OH 43220, 614 459-2831.
PUSTAY, Nicholas J.; '72 BSBA; Instr.; Marietta Clg., Petroleum Engineering, Marietta, OH 45750; r. Marietta Clg., Petroleum Engineering, Marietta, OH 45750.
PUSTI, Joy Elizabeth; '83 BSBA; Acct.; Marshall Personnel Systs., 6037 Frantz Rd., Ste. 107, Dublin, OH 43017, 614 889-2114; r. 1744 Linkton Dr., Powell, OH 43065, 614 766-6288.
PUTERBAUGH, Alan; '83 BSBA; Sr. Logistics Analyst; Technology Applications Inc., 5100 Springfield Pike, Dayton, OH 45431, 513 256-6633; r. 1782 Arlin Pl., Apt. D, Fairborn, OH 45324, 513 878-1494.
PUTHOFF, Kent Ryan; '88 BSBA; 23174 Stoneybrook Dr., N. Olmsted, OH 44070, 216 734-1197.
PUTMAN, H. Alan; '84 BSBA; Sr. Underwriter; J C Penney Ins., 800 Brooksedge, Westerville, OH 43081, 614 891-8497; r. 534 Birchard Ave., Delaware, OH 43015, 614 363-3385.
PUTMAN, Timothy Joseph; '77 BSBA; Pres./Atty.; Putman Properties Inc., 220 Market Ave. S., Ste. 1160, Canton, OH 44702, 216 430-3504; r. 4590 Andette NW, Massillon, OH 44646, 216 833-1227.
PUTNAM, Christine Davrian; '85 BSBA; Staff; The Ohio State Univ., Ircc-Facilities Mgmt, Columbus, OH 43210; r. 4936 Wintersong Ln., Westerville, OH 43081, 614 895-1836.
PUTNAM, David H.; '46 BSBA; VP-Counsel; Bank One, Columbus, NA, 100 E. Broad St., Columbus, OH 43271, 614 248-5700; r. 2800 S. Dorchester, Columbus, OH 43221, 614 488-7105.
PUTSOCK, Robert Lee; '86 BSBA; Acct.; James M Riley Inc., 104 S. Lincoln Ave., Bridgeport, OH 43912, 614 635-0431; r. 110 Sycamore St., Powhatan Pt., OH 43942, 614 795-5568.
PUTZKE, Denise Saunders; '83 MBA; 370 Retreat Ln. W., Powell, OH 43065, 614 848-5018.
PUZZUOLI, Renee Sue; '86 BSBA; 8204 Longhorn Rd., Powell, OH 43065.
PY, John Douglas; '68 BSBA; Staff; Flynn Py & Kruse, 165 E. Washington Row, Sandusky, OH 44870, 419 625-8324; r. 218 44th St., Sandusky, OH 44870, 419 626-4400.
PY, Phillip W.; '62 BSBA; Pres. & CEO; Mid Amer Fed. Svs & Loan Assoc., 4181 Arlinggate Plz., Columbus, OH 43228, 614 278-3451; r. 424 Jessing Tr., Worthington, OH 43235, 614 436-3444.
PYLE, Douglas Hildreth; '74 BSBA; Sr. VP; Shearson Lehman Hutton, 14 Wall St., New York, NY 10004, 212 742-6558; r. 310 Midland Ave., St. Davids, PA 19087, 215 688-7308.
PYLE, Robert E., Jr.; '83 BSBA; 169 W. Weisheimer, Columbus, OH 43214, 614 262-3298.
PYLES, Rodney V., Jr.; '84 BSBA; 4105 E. 187th, Cleveland, OH 44122.
PYMER, Florence '49 (See Macklin, Mrs. Florence Pymer).
PYYKKO, Linda Bowers; '81 BSBA; Acct.; Smythe Ratcliffe & Assoc., 7th Fl., 355 Burrard St., Vancouver, BC, Canada V6C2G8, 604 687-1231; r. 3338 Inverness St., Vancouver, BC, Canada V5V4V4, 604 873-4770.

Q

QUACKENBUSH, Howard M.; '28 BSBA; Retired; r. 2589 Onandaga Dr., Columbus, OH 43221, 614 488-1222.
QUAINTANCE, Carl L.; '60 BSBA; 15641 Montgomery Rd, Johnstown, OH 43031, 614 965-3324.
QUANDT, Lawrence Robert; '87 BSBA; 2965 Lynn Dr., Willoughby Hls., OH 44092, 216 944-5949.
QUARANDO, Elizabeth '76 (See Prospal, Elizabeth Quarando).
QUARTULLO, Orpheus F., Jr.; '63 BSBA; Staff; Leiken Oldsmobile, 38750 Mentor, Willoughby, OH 44094; r. 5720 Alberta Dr., Cleveland, OH 44124, 216 449-2264.
QUATTROCCHI, Salvatore Sam; '79 MBA; Mgr.; Fujitsu, 4403 Bland Rd., Raleigh, NC 27609, 919 790-2211; r. 4716 Wood Valley Dr., Raleigh, NC 27613, 919 847-8520.
QUATTRONE, Edward R.; '51 BSBA; Retired; r. 401 Colonial Dr., Apt. 10, Steubenville, OH 43952, 614 264-9686.
QUAY, Leslie Arthur; '82 BSBA; 2326 Myers Ln., Logansport, IN 46947, 219 753-3274.
QUEEN, Donald R.; '58 BSBA; Staff; California State Univ., Northridge, CA 91324; r. POB 33921, Granada Hls., CA 91344.
QUEEN, Douglas Christopher; '87 BSBA; Acct.; Childrens Hosp. Inc., 700 Childrens Dr., Columbus, OH 43205; r. 2275 Hedgerow Rd. #F, Columbus, OH 43220.
QUEEN, Earnest D.; '48 BSBA; 7133 S. Section Line Rd., Delaware, OH 43015, 614 881-4320.
QUEEN, Michael Andrew; '88 BSBA; 3163 Kingstree Ct., Dublin, OH 43017, 614 766-9657.
QUEEN, Nancy Ramsey; '58 BSBA; 3163 Kingstree Ct., Dublin, OH 43017, 614 766-9657.
QUEEN, Paulanne Kelly; '82 MBA; Mgr.; Price Waterhouse & Co., 41 S. High St., Columbus, OH 43215, 614 221-8500; r. 5419 Lanark Ct., Dublin, OH 43017, 614 889-8050.
QUEEN, Randall Alan; '82 BSBA; Sales Rep.; Armstrong Co., 500 Sargent Dr., POB 2001, New Haven, CT 06507; r. 21749 Malden St., Farmington Hls., MI 48024, 313 477-3146.
QUEEN, Russell William; '80 MBA; 5419 Lanark Ct., Dublin, OH 43017, 614 889-8050.
QUELETTE, William A., Sr.; '50 BSBA; Retired; r. 1574 Francisco Rd., Columbus, OH 43220, 614 451-1108.
QUENBY, Jacqueline '51 (See Mack, Jacqueline Quenby).
QUERE, David A.; '47 BSBA; Retired; r. RD #2, Lawndale, Mayville, NY 14757, 716 753-2199.
QUESTER, Pascale Genevieve; '86 MA; Lecturer; Massey Univ., Palmerston N., New Zealand; r. Milson Orchard Milson Line Rd8, Palmerston N., New Zealand.
QUICK, Fred M.; '44 BSBA; Retired; r. 65 Helen Ave., Mansfield, OH 44906, 419 522-3044.
QUICK, Gary L.; '74 BSBA; Pres.; K G Quick & Assocs., Inc., 1900 Bethel Rd., Columbus, OH 43220, 614 451-6630; r. 8432 Trails End Dr., Dublin, OH 43017.
QUICK, Patricia Carr; '78 MPA; 5304 Johnnycake Ridge NE, Canton, OH 44705, 216 493-1045.
QUICKLE, Michele J., (Michele J. Mehler); '81 BSBA; Property Claim Supt.; State Farm Ins. Co., 149 Northland Blvd., Cincinnati, OH 45246, 513 782-5138; r. 8152 Brownstone Dr., Cincinnati, OH 45241, 513 779-4742.
QUICKSALL, Jennifer Deeds; '81 BSBA; 21628 E. Powers Cir. South, Aurora, CO 80015.
QUIGLEY, Richard H.; '40 BSBA; Retired; r. 1803 Southwood St., Sarasota, FL 34231, 813 921-2624.
QUIGLEY, LT Thomas Timothy; '83 BSBA; Lt.; USA, 293rd Engineer Battalion, B Company, APO, New York, NY 09034; r. C Company 3Rb Battalion, Ft. Belvoir, VA 22060.
QUILL, Bruce Fred; '82 BSLHR; 123 Wise Ave. S. E., N. Canton, OH 44720, 216 499-4957.
QUILLIGAN, Betty Cleaton, (Betty Cleaton); '45 BSBA; 24 Urey Ct., Irvine, CA 92715, 714 856-1806.
QUILLIN, Dr. Alston M.; '58 BSBA; Dermatologist; Private Practice, 67 E. Wilson Bridge Rd, Worthington, OH 43085; r. 929 Mac Gregor Ave., Worthington, OH 43085, 614 846-5604.
QUILLIN, George W., Jr.; '49 BSBA; VP; Industrial Advisors Bur. Inc., 11 E. Broad St., Columbus, OH 43218, 614 221-7631; r. 136 Reinhard St., Columbus, OH 43206, 614 444-8879.
QUILLIN, Margaret E., (Margaret E. Spade); '83 BSBA; Acct.; Schottenstein Stores Corp., 3241 Westerville Rd., Columbus, OH 43224, 614 478-2268; r. 3936 Cedric Ln., Dublin, OH 43017, 614 761-7631.
QUILLIN, Ronald F.; '61 BSBA; Partner; Groner Boyle & Quillin, 957 E. Broad St., Columbus, OH 43205, 614 253-7971; r. 4225 Mumford Ct., Columbus, OH 43220, 614 459-7997.
QUILLING, Christine Carol; '88 BSBA; 825 Linden Ave., Celina, OH 45822, 419 586-3600.
QUILTER, Thomas Matthew; '70 BSBA; 1 Linden Ln., Cincinnati, OH 45215, 513 821-2626.
QUIMBY, Harry A.; '65 MBA; VP of Finance; DuPont-Mexico, DuPont, S.A. de C.V., Apartado 5-831 Y 837, Mexico 06500 D.F., Mexico, 905 531-3885; r. Same.
QUIMJIAN, Mrs. Lina Pastor, (Lina Pastor); '83 BSBA; Free-lance Writer; r. 776 Howell Dr., Newark, OH 43055.
QUINBY, Ira, V; '76 BSBA; 5071 Albany Dr., Columbus, OH 43232, 614 833-0664.
QUINCEL, Sandra '78 (See Farnlacher, Sandra Quincel).
QUINCEL, Steven Blake; '77 BSBA; Audit Supv.; American Electric Power, One Riverside Plz., Columbus, OH 43215; r. 3759 Washburn St., Columbus, OH 43213, 614 239-0276.
QUINLAN, Charles Evans; '82 BSBA; Data Base Adminstr; Ohio Bur. of Workers' Co., 78 E. Chestnut, Columbus, OH 43215, 614 466-7160; r. 4897 Archdale Ln., Columbus, OH 43214, 614 457-3634.
QUINLAN, Dennis J.; '48 BSBA; Retired; r. 1017 Brentford Dr., Columbus, OH 43220, 614 451-4549.
QUINLAN, Mark Warren; '82 BSBA; Systs. Analyst; Comtech, 1054 Shrock Rd., Columbus, OH 43229; r. 2268 Shuford Dr., Dublin, OH 43017.
QUINN, David Alan; '80 BSArch; Div. Mgr.; F & R Lazarus, 4330 Winton Rd., Cincinnati, OH 45232, 513 853-7115; r. 8300 Beaver Brook Ct., West Chester, OH 45069, 513 777-7347.
QUINN, Mrs. Eileen M., (Eileen M. Fox); '84 BSBA; Shift Mgr.; Discover Card Svcs. Inc., 2765 Eastland Mall, Columbus, OH 43232, 614 860-1306; r. 385 Directory Dr., # 3-B, Columbus, OH 43213, 614 861-2645.
QUINN, Hugh E.; '53 BSBA; 3324 Derr Rd, Springfield, OH 45503, 513 399-4984.
QUINN, James Edward; '83 BSBA; Sales Unit Dir.; Hamilton/Avnet Computer, 777 Brooksedge Blvd., Westerville, OH 43081, 614 882-5488; r. 171 Briarbend Blvd., Powell, OH 43065.
QUINN, John Paul; '60 BSBA; Owner; Buehls Resort, RR No 1, Stone Lake, WI 54876; r. Buehls Resort, RR No 1, Stone Lake, WI 54876, 715 865-2502.
QUINN, Joseph W., Jr.; '61 BSBA; Staff; Rel Auto Parts, 2777 E. Fourth, Columbus, OH 43219; r. 61 Nicole, Westerville, OH 43081, 614 890-3012.
QUINN, Karen Kier, (Karen Kier); '82 BSBA; Sales Rep.; Amtekco Industries Inc., 33 W. Hinman Ave., Columbus, OH 43207, 614 443-4677; r. 8300 Beaver Brook Ct., West Chester, OH 45069, 513 777-7347.
QUINN, Michael David; '77 BSBA; Controller; Kellems Div., Hubbell Inc., Rte. 1, Lard's Hill, POB 901, Stonington, CT 06378, 203 535-1250; r. 854 Bullet Hill Rd., Southbury, CT 06488, 203 264-3162.
QUINN, Patrick Joseph; '83 MBA; Asst. Dir. of Corp Tax; Red Roof Inns, Inc., 4355 Davidson Rd., Hilliard, OH 43026, 614 876-3416; r. 1180 Chambers Rd., #111A, Columbus, OH 43212, 614 486-3372.
QUINN, Richard L.; '62 BSBA; Staff; R R Donnelly & Sons, 1145 Conwell, Willard, OH 44890; r. 733 Woodbine, Willard, OH 44890, 419 935-7752.
QUINN, Robert Collins; '80 MBA; Pres.; The Robert C. Quinn Co., 904 Catalina Ct., Roseville, CA 95661, 916 786-8543; r. Same.
QUINN, Terry Jay; '74 BSBA; Pres.; Quality Sandwiches of Ohio Inc., Campus Amusements, 1845 Abbotsford Green Dr., Powell, OH 43065, 614 888-3733; r. Same.
QUIRIE, Jerry Edward; '69 BSBA; Owner; Waterbeds N Things Inc., 3414 Cleveland Ave., Ft. Myers, FL 33901, 813 939-2300; r. 3730 SE 12th Pl., Cape Coral, FL 33904, 813 542-1775.
QUIRK, Frank E.; '57 BSBA; Atty.; Brouse & McDowell, 500 1st National Twr., Akron, OH 44308, 216 535-5711; r. 1025 Merriman Rd., Akron, OH 44303, 216 867-6204.
QUIST, David Robert; '76 BSBA; Staff; Serents Ofc. Supply, 1589 W. 5th Ave., Columbus, OH 43212; r. 3167 Aldenridge Ct., Dublin, OH 43017, 614 766-5839.

QUIST, John Blomgren; '75 BSBA; Salesman; Columbus Parts Supply, Inc., 815 Grandview Ave., Columbus, OH 43215, 614 486-9500; r. 6916 Kilimanjaro Ct., Dublin, OH 43017, 614 889-2656.
QUO, Marcia Ann; '83 BSBA; Account Rep.; Xerox Corp., 471 E. Broad St., Columbus, OH 43215, 614 460-9010; r. 1381 Westmoreland Ct. #C, Columbus, OH 43220, 614 459-3686.

R

RAAB, Nancy Mc Namara; '43 BSBA; 320 Inlet, Palm Bch. Shrs., FL 33404.
RAAB, Robert Steven; '83 BSBA; Mgr.; Peat Marwick Main & Co., 2 Nationwide Plz., Columbus, OH 43215, 614 249-2300; r. 6888 Hayhurst St., Worthington, OH 43085, 614 433-0288.
RAABE, Everett J.; '58 BSBA; Exec. VP & Treas.; Dawson Ins. Inc., 19800 Detroit Rd, Rocky River, OH 44116; r. 12212 Park Cliff Rd, Strongsville, OH 44136, 216 238-0577.
RAASCH, Gerald F., Jr.; '84 BSBA; Purchasing Agt.; GM/Inland Div., Home Ave., Dayton, OH 45401, 513 455-3686; r. 416 Gwinnette Commons, Centerville, OH 45459, 513 433-8234.
RABAL, Dr. Bradley Stephen; '79 BSBA; Dent.; Pap & Rabal, 77 Normandy Dr., Painesville, OH 44077, 216 352-4130; r. 1347 Fox Run, Apt. 201, Willoughby, OH 44094, 216 946-9179.
RABATIN, Thomas William; '73 BSBA; Owner; Metro Exterminators, POB 18459, Louisville, KY 40218, 502 456-4831; r. 3824 Mamaroneck Rd., Louisville, KY 40218, 502 459-1083.
RABB, Howard S.; '82 BSBA; Atty.; Dworken & Bernstein, 153 E. Erie St., Painesville, OH 44077, 216 946-7656; r. 3838 Bushnell Rd., University Hts., OH 44118, 216 371-4212.
RABB, Joyce Loeb, (Joyce Loeb); '48 BSBA; Compensation Asst.; Providence Hosp., Southfield, MI 48075; r. 25543 Briar Dr., Oak Park, MI 48237, 313 968-3444.
RABE, Adolph; '39 BSBA; Retired; r. 45 N. Arch, Alliance, OH 44601, 216 823-4020.
RABE, Joseph; '53 BSBA; Retired; r. 999 Norway Dr., Columbus, OH 43221, 614 459-1022.
RABENOLD, Keith Marlyn; '86 BSBA; Law Student; Ohio State Univ., 1659 N. High St., Columbus, OH 43210; r. 7425 Algonquin Dr., Cincinnati, OH 45243, 513 271-4409.
RABENSTEIN, Howard P.; '32 BSBA; Retired; r. 356B Pine Ridge Dr., Whispering Pines, NC 28327, 919 949-2313.
RABENSTEIN, James W.; '55 BSBA; Manufacturers Agt.; r. 1945 Six Ranches Dr., Roswell, GA 30076, 404 992-4031.
RABINOWITZ, Herbert J.; '47 BSBA; Exec. Dir.; Acrylic Council Inc., 1251 Ave. Americas, New York, NY 10020, 212 944-8480; r. 33 Obre Pl., Shrewsbury, NJ 07702, 201 741-7237.
RABOLD, Randall G.; '79 BSBA; Computer Programmer; Accuray Corp., 650 Ackerman Rd., Columbus, OH 43202; r. 962 Norway Dr., Columbus, OH 43221, 614 451-4337.
RABOLD, Robert Arthur; '84 BSBA; Programmer Analyst; Ross Lab Div. of Abbott Labs, 625 Cleveland Ave., Columbus, OH 43215, 614 898-5696; r. 273 Colonial Ave., Worthington, OH 43085, 614 431-6859.
RACE, Adam Thomas; '88 BSBA; Production Control Coord.; Chandler Prods., 1491 Chardon Rd., Cleveland, OH 44119, 216 481-4400; r. 101 E. 199th, Euclid, OH 44119, 216 481-9281.
RACE, Connie Sue; '83 BSBA; 747 Adams Rd, Loveland, OH 45140, 513 683-3198.
RACE, Margaret Stephens; '45 BSBA; 24F Salt Marsh Cove, Pawleys Island, SC 29585, 803 237-2853.
RACEK, Richard Gary; '68 BSBA; Real Estate Appraise; r. 6567 Creekside Tr., Cleveland, OH 44139, 216 248-8096.
RACHEL, Dr. Allen K.; '66 MBA, '72 PhD (BUS); VP-Strategic Systs.; SAIC, 10260 Campus Point Dr., MS47, San Diego, CA 92121, 619 546-6397; r. 3938 Catamarca Dr., San Diego, CA 92124, 619 292-5010.
RACHER, Daniel F.; '76 BSBA; Sr. VP/Mortgage Banking; Diamond Mortgage Corp., Secondary Marketing, 212 S. Tryon St. Ste. 700, Charlotte, NC 28281, 704 333-2192; r. 1627 E. Barden Rd., Charlotte, NC 28226, 704 365-0730.
RACHER, James Francis; '87 BSBA; Rate Analyst; Columbia Gas Distribution Cos., 200 S. Civic Center Dr., Columbus, OH 43215; r. 2786 Wellesley Dr., Columbus, OH 43221, 614 486-4571.
RACHER, Paul Francis; '79 BSBA; Mktg.; Columbia Gas Co., 942 W. Goodale Blvd., Columbus, OH 43212, 614 460-2166; r. 111 W. Henderson Rd., Columbus, OH 43214, 614 263-7600.
RACHER, Timothy Francis; '83 BSBA; 518 Wooland Dr., Atlanta, GA 30080, 404 431-9512.
RACHWITZ, Judith, (Judith Alexander); '75 BSBA; Student; Madonna Clg., Dept. of Music Educ., Livonia, MI 48150; r. 15708 Swathmore Ct. S., Livonia, MI 48154, 313 464-7822.
RACK, Francis Collins; '86 MPA; Researcher 3; Public Utilities Comm of Ohio, 180 E. Broad St., Columbus, OH 43215, 614 466-9164; r. 1906 Fontenay Ct., Columbus, OH 43235, 614 457-3187.
RACKOFF, Susan Mona; '79 BSBA; Account Repr; The Wasserstrom Co., 477 S. Front St., Columbus, OH 43215; r. 5684 Bixbywoods Ct., #B, Columbus, OH 43232, 614 864-3642.
RACKOW, Lawrence A.; '72 BSBA; Cost Mgmt. Coord.; Carilion Health Syst., 433 McClanahan St., Roanoke, VA 24014, 703 981-7389; r. 4362 Bluebird Ln., Salem, VA 24153, 703 384-7111.
RACKOW, William Norman; '63 BSBA; Product Line Mgr.; Fed.-Mogul, Metal Removing Tooling, 5740 N. Tripp, Chicago, IL 60626; r. 360 Mors St., Wheeling, IL 60090.
RADABAUGH, Timothy Samuel; '69 BSBA; Staff; Radabaugh Paving Co., 840 Mansfield St., Columbus, OH 43219; r. 4049 Goose Ln., Granville, OH 43023, 614 587-4187.
RADACK, William J., Jr.; '60 BSBA; Stockbroker; Paine Webber, Commons Mahl, E. 3rd St., Jamestown, NY 14701, 716 664-4060; r. 26 Lakeview Ave., Jamestown, NY 14701, 716 487-9974.
RADAKOVICH, Janet Horton, (Janet A. Horton); '83 BSBA; Proj. Mgr.; The Limited, 1 Limited Pkwy., Columbus, OH 43230; r. 1206 1/2 Highland St., Columbus, OH 43201, 614 899-2815.
RADCLIFF, Michael David; '81 BSBA; 4530 Lanekcost Way, Columbus, OH 43220.
RADCLIFFE, Blake N.; '87 BSBA; 17719 Cr 209, Mt. Victory, OH 43340, 513 354-3202.
RADEBAUGH, Jerald Stephen; '70 BSBA; Ins. Agt.; Hosler-Corbin Ins. Agcy., Inc., 221 S. Main St., POB 359, Findlay, OH 45839, 419 422-2822; r. 212 First St., Findlay, OH 45840, 419 423-7828.
RADEBAUGH, Marian Watjen; '32 BSBA; 3173 Redding Rd., Columbus, OH 43221, 614 457-0666.
RADEBAUGH, William Edward; '29; Retired; r. 3525 Rue De Fleur, Columbus, OH 43221, 614 457-0776.
RADEBAUGH, William H.; '31; Retired; r. 2309 Mac Donough Rd, Wilmington, DE 19805, 302 658-3423.
RADEBAUGH-MOORE, Mrs. Mary L., (Mary L. Radenbaugh); '85 BSBA; Family Day Care Coord.; USAF, RAF Bentwaters, Suffolk, England; r. 4862 Smoketalk Ln., Westerville, OH 43081, 614 898-0303.
RADEL, Dwight A.; '85 BSBA; Ins. Examiner; Ohio Dept. of Ins., 2100 Stella Ct., Columbus, OH 43266, 614 644-2647; r. 8145 Wildflower Ln., Westerville, OH 43081, 614 431-9903.
RADENBAUGH, Mary L. '85 (See Radebaugh-Moore, Mrs. Mary L.).
RADER, Carol W.; '87 MA; 1617 Woodedge Rd., Springfield, OH 45804, 513 399-6398.
RADER, David Charles; '72 MBA; VP Finance; PepsiCo Food Systs., 13455 Noel Rd., Ste. 2100, Dallas, TX 75240, 214 702-7278; r. 1501 Ramsgate Cir., Plano, TX 75093, 214 248-3526.
RADER, Gary Ray; '82 BSBA; Store Mgr.; Hawkins Mkts., Inc., 2131 Park Ave., W., Mansfield, OH 44906, 419 529-6868; r. 1230 Mayfair Dr., Mansfield, OH 44905.
RADER, Linda Kay; '80 BSBA; Mgr.-Oil & Gas Sales; Primary Fuels, Inc., POB 569, Houston, TX 77001, 713 827-6757; r. 2100 Tanglewilde #731, Houston, TX 77063, 713 782-0050.
RADER, Thomas Allen; '71 BSBA; Boat Capt.; Buck Island Transportation Co., POB 6456, Hilton Head Island, SC 29938, 803 785-3090; r. Same, 803 686-3950.
RADER, Timothy Lee; '74 BSBA; Account Exec.; Shaw-Barton, 519 E. Engler St., Columbus, OH 43215, 614 224-6636; r. 759 Black Gold Ave., Gahanna, OH 43230, 614 855-2711.
RADER, William M.; '58 BSBA; 1617 Woodedge Rd., Springfield, OH 45504, 513 399-6398.
RADFORD, Carol Robinson; '78 BSBA; Supply Clerk; USAF, 18 SVS/SVD, Kadena AFB, San Francisco, CA 96239; r. P S. C #1 Box 21836, APO, San Francisco, CA 96230.
RADI, William G.; '49 BSBA; Pres.; Rubber Bands Inc., 6920 Lorain Ave., Cleveland, OH 44102, 216 961-2700; r. 6920 Lorain, Cleveland, OH 44102, 216 961-6679.
RADIGAN, James Thomas; '76 BSBA; Staff; Baxter Travenol Labs, 1425 Lake Cook Rd., Deerfield, IL 60015; r. 190 Pebblecreek, Lake Zurich, IL 60047, 312 540-8031.
RADIGAN, Martin Paul; '78 BSBA; VP; Lakewood Moving & Storage, 10133 Brecksville Rd., Brecksville, OH 44141, 216 526-9300; r. 9042 Fair Rd., Strongsville, OH 44136, 216 234-2981.
RADIGAN, Matthew Brian; '84 BSBA; Acct.; West Coast Cycle, Postmaster, Upland, CA 91786; r. 17218 Firmona Ave., Lawndale, CA 90260.
RADIS, David William; '85 BSBA; Sr. Auditor; Ernst & Whinney, 1300 Huntington Bldg., Cleveland, OH 44115, 216 861-5000; r. 2472 Princeton, Cleveland, OH 44118.
RADISEK, Mary Ann; '87 BSBA; 24690 Hawthorne Dr., Euclid, OH 44117, 216 531-7326.
RADJENOVICH, Nenad; '79 BSBA; 12814 Chamberlain Dr., Houston, TX 77077.
RADKOSKI, Donald James; '77 BSBA; Acct.; Bob Evans Farms, 3776 S. High St., Columbus, OH 43207; r. 837 Cherrybottom Rd., Gahanna, OH 43230, 614 475-6342.
RADLER, Robert William; '81 BSBA; PPO Dir.; Private Healthcare Systs. Ltd., Northpark Town Ctr., 1000 Abernathy Rd., NE Ste.840, Atlanta, GA 30328, 404 394-1084; r. 3828 Fox Hills Dr., Marietta, GA 30067, 404 980-1665.
RADLER, Tracy Alan; '85 BSBA; Sales Rep.; Aldus, 411 First Ave. S., Ste. 200, Seattle, WA 98104, 206 622-5500; r. 161 W. Como, Apt. C., Columbus, OH 43220, 614 263-3797.
RADMAN, Donald; '55 BSBA; Assoc. Prof.; Pfeiffer Clg.; r. 1025 Wishing Well Ln., Charlotte, NC 28226, 704 847-5481.
RADO, Donald S.; '54 BSBA; Pres.; All Tile Inc., 1201 Chase Ave., Elk Grove Vlg., IL 60007, 312 364-9191; r. 38 Longmeadow Rd, Winnetka, IL 60093, 312 446-8608.
RADON, William R.; '81 BSBA; Cnslt.; Ernst & Whinney, 1300 Huntington Bldg., Cleveland, OH 44070, 216 861-5000; r. 24029 Fairlawn Dr., N. Olmsted, OH 44070, 216 777-0969.
RADOW, Richard F.; '47 BSBA; Retired; r. 14440 Crabapple Rd, Golden, CO 80401, 303 279-3407.
RADTKE, Michael; '70 BSBA; Pres.; Royal Paper Stock, 914 Williams Ave., Columbus, OH 43212; r. 1885 Abbotsford Green Dr., Powell, OH 43065.
RADULOVICH, Steven Alan; '73 BSBA; Cost Analyst B; Ford Motor Co., Box 177, Lima, OH 45802; r. 2041 N. Metcalf St., Lima, OH 45801, 419 227-7773.
RADVANSKY, Robert Andrew; '65 BSBA; Financial Analyst; T R W Inc., 1900 Richmond Rd., Cleveland, OH 44124, 216 291-7503; r. 1452 Bell Ave., Lakewood, OH 44107, 216 226-7919.
RADY, Stephen George, III; '88 BSBA; Grad. Teaching Asst.; The Ohio State Univ., 248 Cunz Hall, 1841 Millikin Rd., Columbus, OH 43210, 614 292-2886; r. 1401 Broadview Ave. #3, Columbus, OH 43212, 614 481-9587.
RADZIWON, Kenneth John; '83 BSBA; Programmer/ Analyst; GE, 134 Merchant St., Cincinnati, OH 45246, 513 552-4171; r. 566 Brunner Dr., Cincinnati, OH 45240, 513 742-0004.
RAE, Andrea Post; '71 MPA; 36 Gage St., Needham, MA 02192, 617 444-2227.
RAE, Gary Afton; '69 BSBA; Dist. Mgr.; World Book Childcraft, Educatonal Material, Merchandise Mart Plz., Chicago, IL 60654; r. 2713 Berlin Station Rd., Delaware, OH 43015, 614 362-0166.
RAE, Laura Leeann; '86 BSBA; Acct./Asst. Controller; Res. Intl. Inc.L, 281 Enterprise Dr., Westerville, OH 43081; r. 6396 Busch Blvd., Apt. 406, Columbus, OH 43229.
RAFELD, Dean Max; '82 BSBA; Package Car Driver; UPS, 5101 Trabue, Columbus, OH 43229; r. 4423 Wingfield St., Columbus, OH 43229, 614 475-4579.
RAFERT, James A.; '47 MS; Retired; r. 9135 Little Mountain Rd, Mentor, OH 44060, 216 255-2992.
RAFFELD, Dale Ivor; '68 BSBA; Mgr.; Gen. Dynamics, Hourly Personnel Dept., Mission Blvd., Pomona, CA 91766, 714 868-1093; r. 2274 Wendy Way, Upland, CA 91786, 714 946-6128.
RAGAN, William Andrew, Jr.; '85 BSBA; 3256 W. 100th St., Cleveland, OH 44111.
RAGAS, Dr. Wade Ronald; '76 PhD (BUS); Prof. Finance; Univ. of New Orleans, Clg. of Bus. Admin. 120A, Lakefront, New Orleans, LA 70148, 504 286-6911; r. 4605 Pike Dr., Metairie, LA 70003, 504 454-0466.
RAGAZZO, Elaine '80 (See Stauffenger, Elaine Ragazzo).
RAGER, Aaron Scott; '88 BSBA; 110 SR 170, Petersburg, OH 44454, 216 426-3331.
RAGER, Nancy Smith; '59 BSBA; Cnslt.; Anchor Industries Inc., 1725 London Rd., Cleveland, OH 44114, 216 481-5900; r. 2590 Eaton Rd, University Hts., OH 44118, 216 321-8205.
RAGGIO, Janet A. '85 (See Drake, Mrs. Janet A.).
RAGHURAMAN, Paula Davis; '81 MLHR; 7447 Chinook Dr., West Chester, OH 45069, 513 779-1954.
RAGIAS, Argirios Pete; '75 BSBA; Trust Real Estate Ofcr.; Bank One Trust Co., NA, 100 E. Broad St., Columbus, OH 43271, 614 248-5747; r. 1122 Tiffany Dr., Reynoldsburg, OH 43068, 614 861-1856.
RAGIAS, Denise K., (Denise Kididis); '78 BSBA; Homemaker; r. 163 Bedford, Hercules, CA 94547, 415 799-0759.
RAGIAS, Paul Pete; '80 BSBA; Asst. Auditor; First Natl. Bank, 422 Main St., Zanesville, OH 43701, 614 452-8444; r. 3399 Dresden Rd., Zanesville, OH 43701, 614 455-3525.
RAGLAND, Richard N.; '50 BSBA; VP; Dean Witter Reynolds, 3535 Galt Ocean Dr., Ft. Lauderdale, FL 33308, 305 565-5661; r. 790 S. W. 55th Ave., Ft. Lauderdale, FL 33317, 305 587-6614.
RAGSDALE, James David; '79 BSBA; Dir. of Sales; Hy Production, Inc., 6000 Grafton Rd, Valley City, OH 44280, 216 273-2400; r. 910 White Oak Cir., Medina, OH 44256, 216 725-2910.
RAHALL, Sam G.; '40 BSBA; Pres.; Samhall & Co. Investments, POB 16402, St. Petersburg, FL 33733, 813 866-0101; r. 4251 42nd Ave. S., St. Petersburg, FL 33711, 813 867-6700.
RAHE, Bart W.; '77 BSBA; Sr. Underwriter; Midcentral Region, 1 Park Cir., Westfield Ctr., OH 44251; r. 454 Barrenwood Dr., Wadsworth, OH 44281.
RAHMAN, Nurur; '88 MA; 2600 Lorain Ct., Columbus, OH 43210, 614 293-0432.
RAHRIG, Erin Kay, (Erin Kay Keys); '83 BSBA; Programmer/Analyst; Magnavox, 1313 Production Rd., Ft. Wayne, IN 46808, 219 429-6000; r. 3504 Kirkland Ave., Ft. Wayne, IN 46805, 219 482-4054.
RAICA, Lauree; '81 MPA; Staff; Blue Cross of Central Ohio, 255 E. Main St., Columbus, OH 43215; r. 413 W. Second Ave., Columbus, OH 43201, 614 297-6376.
RAILEANU, Jordan D.; '48 BSBA; Work Programs Mgr.; Jewish Voc. Svc., 318 NW 25th St., Miami, FL 33127, 305 576-3220; r. 601 Ives Dairy Rd., Apt. 402, N. Miami Bch., FL 33179, 305 653-7473.
RAILSBACK, Paul Warner; '81 MBA; Farm Mgr.; r. 412 Moyer Rd., Greens Fork, IN 47345, 317 886-5437.
RAIMER, Darryl John; '83 MBA; Controller; Northeast Ohio Natural Gas Corp., 132 E. Main St., Lancaster, OH 43130, 614 687-5588; r. 488 Green Meadows Dr. W., Powell, OH 43065, 614 548-5783.
RAIMO, Nicholas Paul; '73 BSBA; Real Estate Broker; Lawrence Marcus Real Estate, 347 Fifth Ave., Ste. 404, New York, NY 10016, 212 889-5673; r. 950 Islip Ave., Brentwood, NY 11717, 516 942-8662.
RAINEY, Dr. Hal Griffin; '77 PhD (PA); Assoc. Prof.; Florida State Univ., Dept. of Public Adm, Tallahassee, FL 32306, 904 644-3848; r. 525 W. Cloverhurst Ave., Athens, GA 30606.
RAINONE, Robert Louis; '79 BSBA; 7068 Andover Dr., Mentor, OH 44060, 216 942-5199.
RAINS, John William; '79 BSBA; Corporate Risk Mgr.; Johnston Coca-Cola Bottling Gp, 5100 Duck Creek Rd, Cincinnati, OH 45227, 513 527-6600; r. 2347 Madison Rd. #236, Cincinnati, OH 45208, 513 871-7262.
RAIRDON, Harold E.; '53 BSBA; Staff; Kenworth Truck Co., 65 Kenworth Dr., Chillicothe, OH 45601, 614 774-5111; r. 497 Clinton Rd, Chillicothe, OH 45601, 614 775-1462.
RAIRDON, Phyllis '50 (See Wilce, Mrs. Phyllis Rairdon).
RAISON, Louis Brian; '86 BSBA; Dir.; City of Chillicothe, the Economic Devel. Dept., 35 S. Paint St., Chillicothe, OH 45601, 614 773-8032; r. 216 W. Water, Chillicothe, OH 45601, 614 773-6385.
RAITA, Deborah Ruth; '80 MPA; Computer Spec.; Def Log Agcy. Systs. Auto Ctr., 3990 E. Broad St., Columbus, OH 43215; r. 528 Arden Rd., Columbus, OH 43214, 614 262-7061.
RAJ, Mark Jonathan; '88 MBA; 49 E. Henderson, Apt. B, Columbus, OH 43214, 614 262-5971.
RAK, Richard R.; '52 BSBA; Dir. of Distribu; Cutter Labs, 4th & Parker, Berkeley, CA 94710; r. 972 Camino Diestro, Tucson, AZ 85704, 415 376-1379.
RAKA, Cherachit; '88 MLHR; 809 United Nations Plz., New York, NY 10017.
RAKE, Cecil Frederick; '81 BSBA; VP Mktg.; Lentz Inc., 6300 Clementine Dr., Clemmons, NC 27012, 919 766-9151; r. 6007 Deerhunter Ln., Lexington, NC 27292, 919 764-4828.
RAKE, Forrest E.; '56 BSBA; Asst. VP; San Jacinto S&L Ass, 597 Orleans St., Beaumont, TX 77701; r. 6035 Suzanne Ct., Beaumont, TX 77706, 409 866-4421.
RAKESTRAW, Jane Kuchnicki; '82 BSBA; 1144 Horizon Dr., Ventura, CA 93003, 805 658-8567.
RAKESTRAW, Julie Anne; '80 BSBA; 1415 Grove Rd, Charlottesville, VA 22901.
RAKESTRAW, Kevin Duane; '79 BSBA; 11123 Aqua Vista, Apt. 107, N. Hollywood, CA 91602, 818 980-4554.
RAKESTRAW, Nanci Neale; '71 BSBA; 672 Scott Cir., Decatur, GA 30033, 404 636-7912.
RAKICH, Duke Michael, DDS; '81 BSBA; Dent.; Gen. Practice, 7215 Sawmill Rd., Ste. #210, Dublin, OH 43017, 614 761-3853; r. 2489 Abbotsford Way, Dublin, OH 43017, 614 766-2808.
RAKOCY, Joseph William; '50 BSBA; 3840 Rivercrest Dr. N., Keizer, OR 97303.
RALEIGH, Mary T. '76 (See Van Luling, Mary Theresa).
RALEY, COL Theodore M., USAF; '61 MBA; 1928 Logan Dr., Norman, OK 73069.
RALLS, Vernon; '72 BSBA; Mktg. Mgr.; Ross Labs, 625 Cleveland Ave., Columbus, OH 43216; r. 1883 Richtree Rd., Columbus, OH 43219, 614 476-5127.
RALPH, Alice K. '36 (See Houdeshell, Alice K.).
RALPH, George Robert; '67 BSBA; Logistics Dir.; Bass Pro Shops, 1935 S. Campbell, Springfield, MO 65807, 417 877-0528; r. 1234 E. Knob Hill, Springfield, MO 65807, 417 883-7101.
RALPH, Kathy Klepser; '81 BSBA; 1620 Worcester Rd. #635-B, Framingham, MA 01701.
RALPH, William James; '74 BSBA; 5007 Denver St., Tampa, FL 33619, 813 248-5934.
RALSTON, Jeffrey Alan; '81 BSBA; Staff Acct.; Columbia Cement, 61 Channingway Blvd., Columbus, OH 43227; r. 1065 Discovery Rd., Worthington, OH 43085, 614 846-6589.
RALSTON, Marcia Lynne; '84 BSBA; Referral Cnslt.; Mt. Vernon Real Estate, 1430 Spring Hill Rd., Ste. 104, Mc Lean, VA 22102, 703 448-8400; r. 2814 Lee Oaks Pl., #303, Falls Church, VA 22046, 703 573-0381.
RALSTON, Trent Haas; '63; 6 Harwood Dr., Harwood, MD 20776, 301 261-5373.
RALSTON, Walter R.; '50 BSBA; Mgr./Community Relations; United Telephone of Ohio, 207 N. Vine St., Orrville, OH 44667; r. 1873 Brookwood Ct., Orrville, OH 44667, 216 684-2221.
RAM, Irving M.; '43 BSBA; Retired; r. 2132 NW 57th St., Boca Raton, FL 33496.
RAMAGE, Robert M.; '49 BSBA; Retired Asst. VP-Com Rel; Bank One; r. 1680 Pin Oak Dr., Columbus, OH 43229, 614 846-0985.
RAMER, Harry W.; '69; 171 Wind Row Court, Gahanna, OH 43230, 614 471-3987.
RAMER, John Mc Donald; '71 BSBA; 8830 N. Crestview Ct., Piqua, OH 45356.

ALPHABETICAL LISTINGS RAUH 227

RAMER, Richard Brooks; '71 BSBA; Plant Mgr.; Industry Prods. Co. Inc., 500 Statler Rd., Piqua, OH 45356, 513 778-0585; r. 1506 Madison Ave., Piqua, OH 45356, 513 773-7808.
RAMEY, Allen Franklin; '88 BSBA; Rte. 6 Box 45, Marion, IL 62959, 513 863-0240.
RAMEY, Emmett W.; '42 BSBA; Retired; r. 315 Melbourne Pl., Worthington, OH 43085, 614 885-3322.
RAMEY, Randall Everett; '74 BSBA; Activities Therapist; Mental Health & Retardation De, State of Ohio, 3333 Vine, Cincinnati, OH 45220; r. 7288 Berwood Dr., Madeira, OH 45243, 513 561-9441.
RAMEY, Terri Mellott; '82 BSBA; Acct.; Sealed Air Corp., POB 98, Patterson, NC 28661; r. 23 Dover Dr. SE, Rome, GA 30161.
RAMEY, Terry Alan; '82 BSBA; Principal Designer; GE Co., POB 2188, Hickory, NC 28601; r. 23 Dover Dr. SE, Rome, GA 30161.
RAMGE, John David; '74 BSBA; Mgr.; Texas Eastern Corp., POB 2521, Houston, TX 77252; r. 11926 Stillwater Dr., Houston, TX 77070, 713 370-8375.
RAMICONE, Dan; '49 BSBA; 1542 Norwich, Thousand Oaks, CA 91360, 805 495-2963.
RAMIREZ, Frank Arthur; '86 BSBA; Mktg. Rep.; Ohio Bell Telephone, An Ameritech Company, 150 E. Gay St., Columbus, OH 43215, 614 223-5108; r. 595 Simbury St., Columbus, OH 43228, 614 878-8600.
RAMLET, Ellen Ann; '79 MBA; Mkts. Dvlpmt Assoc.; Nationwide Ins. Co., Financial Services, One Nationwide Plz., Columbus, OH 43216; r. 552 City Park, Columbus, OH 43215, 614 221-5107.
RAMLI, Norini; '81 BSBA; 66 Jalan Kurau, Chai Leng Park Prai, Penang, Malaysia.
RAMMEL, Edward Alan; '75 BSBA; Asst. Credit Mgr.; Dayton Walther Corp., 2800 E. River Rd, Dayton, OH 45439; r. 6736 Gillen Ln., Miamisburg, OH 45342.
RAMOS, Alfredo Sotomayor; '81 MBA, '82 MACC; Mgr.; Ernst & Whinney, 1000 Plz. Scotiabank, 273 Ponce de Leon Ave., Hato Rey, Puerto Rico 00917, 809 759-8212; r. Urb. Borinquen, Calle 8 F-15, Cabo Rojo, Puerto Rico 00623, 809 851-3342.
RAMOS, Dorkasnelia C.; '81 BSBA; Sales Rep.; Hewlett-Packard, 15885 Sprague Rd., Strongsville, OH 44136, 216 243-7300; r. 1228 Canyonview Dr., Sagamore Hls., OH 44067, 216 467-8941.
RAMP, William R., Jr.; '50 BSBA; Field Rep.; Social Security Admin., 1214 Griswold St., Detroit, MI 48226; r. 2434 106th St., Toledo, OH 43611, 419 729-2276.
RAMSAY, Clyde M., Jr.; '65 BSBA; Branch Mgr.; Chrysler Credit Corp., 1585 Kapiolani Blvd., Ste. 1440, Honolulu, HI 96814, 808 943-1189; r. 930 Kaheka St., Apt. 3101, Honolulu, HI 96814, 808 941-0688.
RAMSAY, Lynn Denise; '88 BSBA; Sales Mgr.; Macys of Atlanta, Peachtree St., Atlanta, GA 30304; r. 7943 Shelldale Way, Cincinnati, OH 45242, 513 891-5082.
RAMSAY, Thomas John; '85 BSBA; 7943 Shelldale Way, Cincinnati, OH 45242, 513 891-5082.
RAMSER, Mark Russell; '75 BSBA; Pres.; Ohio Cumberland Gas Co., 20718 Danville-Amity Rd., Mt. Vernon, OH 43050, 614 392-2941; r. 17783 Apple Valley Rd., Howard, OH 43028, 614 599-6816.
RAMSER, Ms. Susan Elizabeth; '83 MBA; VP; Cumberland Gas Mkt., 20718 Danville Amity Rd., Mt. Vernon, OH 43050, 614 392-2941; r. 21369 Wooster Rd., Danville, OH 43014, 614 599-6248.
RAMSEUR, Duane Haralson; '76 BSBA; Staff; r. 5490 143 St., Savage, MN 55378.
RAMSEY, Bud Morgan; '69 BSBA; Pastor; r. 1140 Bernhard Rd., Columbus, OH 43227, 614 237-5615.
RAMSEY, Cindi S. '82 (See Holland, Cindi Sue).
RAMSEY, Daniel Joseph; '80 BSBA; 633 Rombach Ave., Wilmington, OH 45177, 513 382-7320.
RAMSEY, Donald Rohrer; '67 BSBA; Tchr.; Lorain Catholic HS, 760 Twr. Blvd., Lorain, OH 44052; r. 602 Sunrise Dr., Amherst, OH 44001, 216 988-9049.
RAMSEY, Ella Lou; '76 MBA; Mgr. Strategic Analysis; Honeywell Inc., Honeywell Plz., Minneapolis, MN 55408, 612 870-6693; r. 5361 Beachside Dr., Minnetonka, MN 55343, 612 938-5552.
RAMSEY, Jerry Dean; '86 BSBA; 798 Park Rd., Westerville, OH 43081.
RAMSEY, Julie Marie; '87 BSBA; Prod. Spec.; Dpec Inc., 1679 Old Henderson Rd., Columbus, OH 43220, 614 457-0577; r. 4825 Kingshill Dr., #304, Columbus, OH 43229, 614 846-9458.
RAMSEY, Leland S., Jr.; '32 BSBA; Retired; Crucible Steel Co. of America, Midland Ave., Midland, PA 15059; r. 749 Manor Ln., E. Liverpool, OH 43920, 216 385-0511.
RAMSEY, Raymond John; '73 BSBA; Regional Mgr.; Vita-Stat Med. Svcs., 6951 Hillsdale Ct., Indianapolis, IN 46250, 614 889-7606; r. 8706 Ripton Dr., Powell, OH 43065, 614 761-8706.
RAMSEY, Robert Bruce; '79 BSBA; Sr. Programmer; Nationwide Ins. Co., One Nationwide Plz., Columbus, OH 43216; r. 121 D Georgetown Dr., Columbus, OH 43214, 614 431-9707.
RAMSEY, Thomas Blair; '86 BSBA; 2422 Orchard Rd., Toledo, OH 43606.
RAMSEY, Van C.; '50 BSBA; Retired; r. 813 S. Cassingham Rd, Columbus, OH 43209, 614 235-4412.
RAMSOWER, Ty Allen; '87 BSBA; 7291 Ch 2 Box 5, Mc Cutchenville, OH 44844, 419 981-2705.
RANBARGER, John W.; '51 BSBA; Retired; r. 1378 Gumwood Dr., Columbus, OH 43229, 614 885-1182.
RANCE, John E.; '51 BSBA, '52 MBA; Employee Relations; Summitville Tiles Inc., POB 73, Summitville, OH 43962, 216 223-1511; r. 1230 E. 9th St., Salem, OH 44460, 216 332-5559.
RANCHEL, Gary Dean; '87 BSBA; 5119 Pheasant Dr., Elida, OH 45807, 419 339-8234.
RANCK, Robert Wendell; '49 MBA; Retired; r. 250 Sunset Dr., Westerville, OH 43081, 614 882-6175.
RAND, Thomas E.; '47 BSBA; Broker/Dealer-Securities; Rand & Assocs., Inc., 4577 Morgate Cir., NW, Canton, OH 44708, 216 478-0318; r. Same, 216 478-5509.
RAND, William Edward; '80 MBA; Controller; Ross Labs, 700 W. Lafayette, Sturgis, MI 49091; r. 181 Monroe Ln., Westerville, OH 43081.
RANDAL, Kip York; '80 MBA; Mgr.-Rsch.; Borden Inc., 180 E. Broad St., Columbus, OH 43215; r. 5400 Flintrock Ct., Westerville, OH 43081.
RANDALL, David James; '86 MPA; 377 W. Hubbard Ave., Columbus, OH 43215.
RANDALL, David Michael; '82 BSBA; Dir.; City of Wilmington, Risk Management & Emp Benefits, 800 French St., Wilmington, DE 19801, 302 571-4280; r. 507 W. 35th St., Wilmington, DE 19802, 302 764-0748.
RANDALL, Edwin Emory; '83 BSBA; Sales Rep.; Bosch Corp., 6190 Regency Business Park, Norcross, GA 30071, 404 242-1253; r. 1463 Wood Thrush Way, Marietta, GA 30062, 404 565-7876.
RANDALL, Mark John; '85 MBA; Financial Planner; IDS Financial Svcs., 1500 Lake Shore Dr., 3rd Fl., Columbus, OH 43204, 614 488-9727; r. 6100 Sedgwick Rd., Worthington, OH 43085, 614 885-0532.
RANDALL, Munsell; '86 BSBA; 401 NE 20th St., Boca Raton, FL 33431.
RANDALL, Patricia Mc Corkle; '83 BSBA; Spec.; Natl. Computer Systs., Disaster Recovery Dept., 400 Northridge, Dunwoody, GA 30338, 404 242-3007; r. 1463 Wood Thrush Way, Marietta, GA 30062, 404 565-7876.
RANDALL, Russell Scott; '81 BSBA; Sales & Mktg. Mgr.; K-Tec Electronics, 2213 W. Braker Ln., Austin, TX 78758, 512 834-1900; r. 9215 Great Hills Tr., #102, Austin, TX 78759, 512 345-3494.
RANDALL, Steven R.; '84 BSBA; Staff Acct.; Price Waterhouse & Co., 180 E. Broad St., Columbus, OH 43215; r. 411 E. Dominion, Columbus, OH 43214, 614 262-7390.
RANDAZZO, Rosanne; '85 MPA; Systs. Admin.; Ohio Industrial Commission, 106 N. High St., Columbus, OH 43215, 614 644-6258; r. 991 Manor Ln., Apt. G, Columbus, OH 43221, 614 442-1270.
RANDLES, Lawrence Paul; '73 BSBA; Gen. Mgr.; West Jefferson Concrete Corp., 50 Burnham POB 12, W. Jefferson, OH 43162, 614 879-9116; r. 880 London Rd., W. Jefferson, OH 43162, 614 879-8503.
RANDLES, Theodore J.; '79 MPA; 726 Medlock Rd., Decatur, GA 30033, 404 633-8832.
RANDMAN, Abe J.; '59 BSBA; Real Estate Dev; Marvin Warner Co., 320 W. Benson St., Cincinnati, OH 45237; r. 1323 Stonemill Ct., Cincinnati, OH 45215, 513 761-5251.
RANDOLPH, Douglas; '78 BSBA; Mktg. Mgr.; Gen. Accident Ins. Co., 150 E. Wilson Bridge Rd., Worthington, OH 43085, 614 436-7100; r. 1018 Havendale Dr., Columbus, OH 43220, 614 451-8329.
RANDOLPH, George F. F.; '49 BSBA; Sales Rep.; LESCO, 21650 W. Eleven Mile Rd., Ste. L3, Southfield, MI 48076, 313 350-9751; r. 15642 Loveland, Livonia, MI 48154, 313 522-7225.
RANDOLPH, Ms. Hilary; '87 BSBA; Transportation Spec.; First Brands Corp., 88 Long Hill St., E. Hartford, CT 06108, 203 728-6167; r. 132 Glastonbury Rd., Portland, CT 06480, 203 342-4512.
RANDOLPH, William F.; '39 BSBA; Retired; r. 2805 Judson Rd., Spring Lake, MI 49456, 616 846-1947.
RANFT, Ida Sue; '83 BSBA; Computer Engr. QA; Western Electric Co., 5151 Paul Blazer Mem Pkwy., Columbus, OH 43227, 614 860-5689; r. 999 Karl St., Columbus, OH 43227, 614 237-2428.
RANFT, Mark Herschel; '80 BSBA; Acctg.; r. 999 Karl St., Columbus, OH 43227, 614 237-2428.
RANGELER, Neil E.; '49 BSBA; Chief Acct.; Ohio Water Devel. Authority, 50 W. Broad St., Rm. 1425, Columbus, OH 43215, 614 466-5822; r. 3840 Smiley Rd., Hilliard, OH 43026, 614 876-6860.
RANKIN, Alan L.; '49 BSBA; Pres.; Alan L Rankin Ins. Inc., POB 2844, Zanesville, OH 43701; r. POB 2844, Zanesville, OH 43701.
RANKIN, Charles B.; '39 BSBA; Retired; r. 910 Convers Ave., Zanesville, OH 43701, 614 452-4631.
RANKIN, Daniel Wayne; '82 BSLHR; 335 Crestview Rd., Columbus, OH 43202, 614 262-3745.
RANKIN, George Weir; '68 BSBA; 21018 SE Bale Ridge Ct., Palm Bch. Gardens, FL 33410.
RANKIN, Lewis A.; '42 BSBA; Atty.; 921 Chatham Ln., Rm. 100, Columbus, OH 43221, 614 457-9910; r. 2340 Edington Rd., Columbus, OH 43221, 614 488-1972.
RANKIN, Robert A.; '52 BSBA; Pres.; Rankin & Rankin Inc., 405 S. Dunkin Ave., Clearwater, FL 34615; r. 623 Royal Dornoch Ct., Tarpon Spgs., FL 34689, 813 937-2053.
RANKIN, Robert C.; '51 BSBA; Builder/Partner; Rankin & Thoman & ..., 1660 NW Profn Plz., Columbus, OH 43220, 614 457-2112; r. 5896 Leven Links Ct. W., Dublin, OH 43017, 614 889-0017.
RANKIN, Sheila Renee; '80 BSBA; 1811 Chimney Ln. #2-D, # 4, Kettering, OH 45440, 513 434-0206.
RANKIN, Thomas; '72 BSBA; Supv./Dispatch; Ashland Chemical, POB 2219, Columbus, OH 43216, 614 889-4332; r. 6432 Reflections Dr., Apt. C, Dublin, OH 43017, 614 761-2496.
RANKIN, Tim Alan; '88 BSBA; 3445 Adaline Dr., Stow, OH 44224, 216 688-4144.
RANKOVIC, Nada '81 (See Sanders, Dr. Nada).
RANNEBARGER, Karyn Paprocki; '78 BSBA; 2205 Hillbrook, Cape Girardeau, MO 63701, 314 335-1891.
RANNEY, Scott Cornelius; '78 BSBA; Retail Store Owner; Progressive Audio, 1764 N. High St., Columbus, OH 43201; r. 10775 Edgewood Dr., Dublin, OH 43017, 614 889-5447.
RANSOM, Allison Michele '84 (See Warner, Allison Michele).
RANSOM, Jane Reavill; '82 BSBA; 12228 Antoinette, Austin, TX 78727, 512 834-0001.
RANSOM, Janet '81 (See Warton, Janet Karen).
RANSOM, John J.; '57 BSBA; VP; Bancohio Corp., 51 N. High St., Columbus, OH 43215; r. 3534 Old 3C Hwy., Galena, OH 43021, 614 965-1902.
RANSOM, Paul Benson; '85 BSBA; Ext. Bldg. Prods Sales; Apco Ind, 777 Michigan Ave., Columbus, OH 43215, 614 224-2345; r. 6946 Macgregor Ct., Worthington, OH 43085, 614 431-0054.
RANSOM, William J.; '79 MBA; Pres.; Ransom & Assocs., 106 E. Pacemont Rd., Columbus, OH 43202, 614 267-7100; r. Same.
RANSOME, Clifford E.; '59 BSBA; POB 417, White Plains, MD 20695, 301 843-8424.
RANSWEILER, James Alan; '69 BSBA; VP; Darling Delaware Inc., Dallas, TX 75221, 313 489-0101; r. 30944 Hitching Post Ct., Farmington Hls., MI 48018, 313 661-4558.
RANTANEN, Robert William; '74 BSBA; Staff; Tenneco Inc., Newport News Shipbuilding, 4101 Washington Ave., Newport News, VA 23607, 804 380-2000; r. 860 Le Cove, Virginia Bch., VA 23464, 804 424-5161.
RANTTILA, Jack William; '72 BSBA; Airport Mgr.; TWA, Lambert Intl. Airport, St. Louis, MO 63134; r. 5235 S. 69 East Ave., Tulsa, OK 74145, 918 664-1767.
RANZ, George R.; '48 BSBA; Cnslt.; Kauffman Lattimer Co., 1200 E. 5th Ave., Columbus, OH 43216, 614 253-2721; r. 3375 Boomer Rd., Cincinnati, OH 45247, 513 661-7868.
RAO, Barbara Pramik, (Barbara A. Pramik); '82 BSBA; Homemaker; r. 2072 Fairmont Dr., Rochester Hls., MI 48064, 313 656-9813.
RAPACZ, Richard Joseph; '67 BSBA; Sr. VP (Commercial Bkg.); Society Natl. Bank, 800 Superior, Cleveland, OH 44114, 216 344-3688; r. 18759 High Pkwy., Rocky River, OH 44116, 216 356-0681.
RAPHAEL, COL Victor G.; '58 BSBA; Retired; r. 6233 Dove Hill Dr., San Antonio, TX 78238.
RAPKIN, David Ellery; '73 BSBA; Salesman; Digital Equip. Corp., 3733 Park E., Cleveland, OH 44122, 216 765-2885; r. 6561 Queensway, Brecksville, OH 44141.
RAPP, Brian Lee; '83 BSBA; Operations Mgr.; Dynacraft Golf Prods., 71 Maholm St., Newark, OH 43055, 614 344-1191; r. 346 N. Pearl St., Granville, OH 43023, 614 587-3823.
RAPP, Bryan Ellis; '76 BSBA; Acct.; Gattner Highfield, et al, 699 S. Front St., Columbus, OH 43206, 614 445-7217; r. 3051 Redding Rd., Columbus, OH 43221, 614 481-0461.
RAPP, Charles G.; '63 BSBA; Investments Broker; Hilliard-Lyons, 600 W. Main, Louisville, KY 40202, 502 588-8400; r. 3609 Cascade Rd., Louisville, KY 40241, 502 425-5121.
RAPP, James F.; '67 BSBA; VP Intl. Sales; Plasti-Kote Co. Inc., 1000 Lake Rd, Medina, OH 44256, 216 725-4511; r. 3551 Trails End Dr., Medina, OH 44256, 216 725-8287.
RAPP, John Christopher; '84 BSBA; 1909 Waldeck, Apt. 3, Columbus, OH 43201.
RAPP, John Richard; '74 BSBA; POB 288, Marion, OH 43302.
RAPP, Kurt A.; '74 BSBA; Gen. Mgr.; Ehmke Columbus Movers Inc., 5178 Fisher Rd., Columbus, OH 43228, 614 870-1100; r. 2211 Gnarled Pine Dr., Dublin, OH 43017, 614 766-4843.
RAPP, Robert M.; '50 BSBA; 13 Macbeth Dr., Old Bridge, NJ 08857, 201 679-4847.
RAPP, William Joseph; '84 BSBA; Tax Acct.; Arthur Andersen & Co., 41 S. High St., Columbus, OH 43215, 614 228-5651; r. 223 Brownsfell Dr., Worthington, OH 43235, 614 436-9855.
RAPPORT, Milton H.; '39 BSBA; Pres.; Milton H Rapport, CPA, PA, 7230 SW 132 St., Miami, FL 33156, 305 255-6538; r. 7230 SW 132nd St., Miami, FL 33156, 305 235-0402.
RAPS, Paul E.; '47 BSBA; Retired; r. 404 First National Bank Bldg., Hamilton, OH 45011, 513 895-9444.
RARDON, Ronald Doyne; '56; Pres.; Airwick Professional Prods., 1005 W. Henderson Rd, Columbus, OH 43220, 614 451-4916; r. 4310 Shelbourne Ln., Columbus, OH 43220, 614 451-2660.
RAREY, John Russell; '52; Contractor-Builder; r. POB 20467, Columbus, OH 43220, 614 459-2444.
RASBERRY, Lawrence E.; '87 BSBA; 2036 Hampstead Dr. N., Columbus, OH 43229.
RASBERRY, Lenora Denise; '83 BSBA; 1840 N. Waterfield Ln., Grain Vly., MO 64029.
RASCHER, Arthur C.; '29 BSBA; Retired; Hobart Mfg. Co., World Headquarters Ave., Troy, OH 45373; r. 9 W. Water St., c/o Weisbrod-Attorney, Troy, OH 45373.
RASEY, Todd David; '85 BSBA; 1494 Orchard Grove Ave., Lakewood, OH 44107.
RASMUSSEN, Renee L. '84 (See Mercer, Mrs. Kevin J.).
RASOR, William A.; '52 BSBA; Mgr. Auxil. Eq; B F Goodrich Co., 500 S. Main St., Akron, OH 44318; r. 251 Hillsdale Cir., Wadsworth, OH 44281, 216 334-1713.
RASSIE, Jeffrey George; '76 BSBA; Sales Rep.; Burroughs Corp., 1400 E. Schaaf Rd, Brooklyn Hts., OH 44131; r. 9216 Brecksville, Cleveland, OH 44141, 216 526-7040.
RAST, Edward; '68 BSBA; Cnslt.-Exec. Search; Edward Rast & Co., 1 California St., Ste. 1550, San Francisco, CA 94111, 415 986-1710; r. 176 Caldecott Ln., Oakland, CA 94618, 415 841-8656.
RAST, Judith Seitz; '69 BSBA; 176 Caldecott Ln., Oakland, CA 94618.
RASTER, Susan '68 (See Crabbe, Susan R.).
RASULIS, Wendy Anne; '87 BSBA; Sales Rep.; Lever Bros. Co. Inc., 30833 Northwestern Hwy. #314, Farmington Hls., MI 48018; r. 1730 Nemoke Tr., Apt. 11, Haslett, MI 48840.
RATCLIFF, John Donald; '40 BSBA; Atty-at-Law; POB 1841 59 W. 2nd St., Chillicothe, OH 45601, 614 775-6944; r. 642 W. 5th St., Chillicothe, OH 45601, 614 774-1403.
RATERMAN, Jane '86 (See Schmitz, Mrs. Jane Raterman).
RATH, Robert E.; '56 BSBA; Steel Sales; Timken Co., 1835 Dueber Ave. SW, Canton, OH 44706, 216 438-4142; r. 421 Summit St. SE, N. Canton, OH 44720, 216 499-4270.
RATHBUN, Dennis Jay; '73 BSBA; Rte. 5, Bryan, OH 43506, 419 636-4905.
RATHE, Anthony G.; '53 BSBA; 67 Lairway Ter., Norwood, NJ 07648.
RATKA, Cynthia '81 (See Whiteman, Ms. Cynthia R.).
RATLEDGE, LTC Billy R., USAF(Ret.); '66 MBA; Martin Marietta, Falcon AFB, Colorado Spgs., CO 80920, 719 380-2076; r. 295 Gaines Ct., Colorado Spgs., CO 80919, 719 593-1597.
RATLEDGE, COL Bobby J.; '67 MBA; Col. Usaf; r. c/o Mrs J F Ratledge, 6811 Friendly Rd, Greensboro, NC 27410, 919 292-4917.
RATLIFF, John Russell; '80 BSBA; 58 Elm St., Shelby, OH 44875, 419 347-6077.
RATLIFF, Roy S.; '49 BSBA; Owner; Central Hardware & Furniture S, 108 S. 2nd St., Ironton, OH 45638; r. 215 Delaware St., Ironton, OH 45638, 614 532-1024.
RATNER, Jack L.; '33; Pres.; Jack L. Ratner, Inc., 17 S. High St., Ste. 1015, Columbus, OH 43215, 614 224-3377; r. Same, 614 252-2020.
RATTERMAN, Edward Robert; '83 MPA; City Admin.; City of N. College Hill, 1646 W. Galbraith Rd, Cincinnati, OH 45239, 513 521-7413; r. 3234 Autumn Ln., Cincinnati, OH 45239, 513 385-5884.
RATZENBERGER, Robin Bradshaw, (Robin Bradshaw); '86 BSBA; 449 Tresham Rd., Gahanna, OH 43230, 614 476-0296.
RAU, Carl Clifton; '37 BSBA; Retired; r. 2940 Pickwick Dr., Columbus, OH 43221, 614 486-0552.
RAUB, Brent Hastings; '72 BSBA; Partner; John Gerlach & Co., 37 W. Broad St., Columbus, OH 43215, 614 224-2164; r. 5275 Brynwood Dr., Columbus, OH 43220, 614 457-7979.
RAUBA, Rimas John; '79 MBA; Proj. Mgr.; BellSouth Svcs., 675 W. Peachtree St. NE, Rm 34T65, Atlanta, GA 30375, 404 529-6131; r. 1079 Colony Cir., Marietta, GA 30068, 404 992-4287.
RAUCH, Dr. Charles Frederick, Jr.; '80 MBA, '81 PhD (BUS); Prof./Admin.; Univ. of Maine, 103 Alumni Hall, Orono, ME 04469, 207 581-1541; r. 102 Stillwater Ave., Orono, ME 04473, 207 866-3296.
RAUCH, Donald E.; '63 BSBA; Gen. Mgr.; Integrated Microcomputer Syst., Dayton, OH 45432, 513 256-4132; r. 2824 Woodmont Dr., Xenia, OH 45385, 513 429-9049.
RAUCH, Joan '49 (See Praver, Joan R.).
RAUCH, Russell Joseph; '67 BSBA, '70 MBA; 1470 Fishinger Rd, Columbus, OH 43221, 614 457-6493.
RAUCH, Stephen Howard; '80 BSBA, '87 MBA; Operations Mgr.; ADB-Alnaco, 977 Gahanna Pkwy., Gahanna, OH 43230, 614 861-1304; r. 6633 Kennington Sq. N., Pickerington, OH 43147, 614 833-1933.
RAUCH, William F.; '63 BSBA; 7736 Pembrook Dr., Reynoldsburg, OH 43068, 614 868-5639.
RAUCH, William Park, II; '85 BSBA; Mgr./Men's Dept.; J C Penney Co. Inc., 5001 Monroe St., Toledo, OH 43623; r. 431 Winthrop Dr. #64, Findlay, OH 45840.
RAUCHENSTEIN, Peter Marc; '76 BSBA; Staff Acct.; Reynolds Metals, Reynolds Rd, Ashville, OH 43103; r. 276 Carpenter Rd., Gahanna, OH 43230, 614 471-7384.
RAUH, Deborah L., (Deborah L. Neth); '82 BSBA; Homemaker; r. 1784 Arbutus Dr., Hudson, OH 44236, 216 656-3864.
RAUH, Douglas Charles; '83 BSBA; Supv.; Northern Ohio Paving Co., 1750 Highland Rd., Twinsburg, OH 44087, 216 425-7861; r. 1784 Arbutus Dr., Hudson, OH 44236, 216 656-3864.

RAULERSON, Suzanne Redman; '58 BSBA; Stewardess; r. 15101 Falkirk Pl., Miami Lakes, FL 33016, 305 822-6208.
RAUSCH, Elaine '82 (See Kinney, Mrs. Elaine M.).
RAUSCH, James David; '83 BSBA; Operations Mgr.; Yellow Freight Syst., 5400 Fisher Rd., Columbus, OH 43228, 614 878-9281; r. 460 Blenheim Rd., Columbus, OH 43214, 614 261-8246.
RAUSCH, Lloyd M.; '39 BSBA; Retired; r. 95 Elmridge Rd., Mansfield, OH 44907, 419 756-2907.
RAUSCH, Sharon '78 (See Hogan, Sharon Rausch).
RAUSCHENBACH, Joanne '78 (See Wissler, Ms. Joanne Rauschenbach).
RAUSCHENBERG, Roy Frederick, Jr.; '86 MPA; 2470 N. High, Columbus, OH 43202, 614 262-7976.
RAUSS, Patricia A., (Patricia A. Neff); '65 BSBA; Designer; Pat Rauss Interiors, 1859 Fairhaven Rd., Columbus, OH 43229, 614 891-1523; r. Same.
RAVER, Mrs. Shirley W., (Shirley Williams); '57 BSBA; Part-time Secy.; Dr. Randall Koepke DDS, Carey, OH 43316; r. 330 E. Findlay, Carey, OH 43316, 419 396-7926.
RAWERS, Myron C.; '48; Retired; r. 2397 Shelterwood Dr., Dayton, OH 45409, 513 299-7725.
RAWLINGS, Donald R.; '57 BSBA; Cnslt.; D. Rawlings & Assocs. Inc., POB 3100, Cody, WY 82414, 307 527-6620; r. Same.
RAWLINS, Charles O'Neal; '82 MACC; POB 9154, St. Thomas, Virgin Islands 00801.
RAWLINS, Roger Lee, Jr.; '88 BSBA; 1712 Ripple Brook Rd, Columbus, OH 43223, 614 875-1891.
RAWSON, Franklin S.; '48 BSBA, '49 MBA; Retired; r. 260 Hyland Rd., Wilton, CT 06897, 203 762-9895.
RAY, Ben T.; '49 BSBA; Retired Pres.; Columbus & Southern OH Elec Co., 215 N. Front St., Columbus, OH 43215; r. 2545 Brixton Rd., Columbus, OH 43221, 614 488-8805.
RAY, David Michael, Jr.; '85 BSBA; 805 Whitaker St., Apt. 9, Savannah, GA 31401.
RAY, Diane Bemis; '83 BSBA; 2388 Fieldstone Cir., Fairborn, OH 45324, 513 429-2010.
RAY, Eric Earl; '87 BSBA; Sr. Financial Analyst; Motorola Communications Inc., 3800 Hathaway Ave., Long Beach, CA 90815, 213 536-0700; r. 18946 Vickie Ave., Apt. 220, Cerritos, CA 90701, 213 498-7700.
RAY, Florence Amy '58 (See Scott, Florence Ray).
RAY, James Alan; '87 BSBA; Rental Agt.; Rollins Leasing Corp., 4060 Perimeter Dr., Columbus, OH 43228, 614 274-8800; r. 1410 Pennsylvania, Columbus, OH 43201, 614 421-2662.
RAY, Jeffrey Johnson; '88 BSBA; 5715 Channel Dr. NW, Canton, OH 44718, 216 494-4461.
RAY, Joseph William, III; '66 BSBA; Pres.; Ray Ins. Agcy. Inc., 921 Chatham Ln., Columbus, OH 43221, 614 459-1122; r. 4700 Bayford Ct., Columbus, OH 43220, 614 457-5104.
RAY, Joseph William, Jr.; '45 BSBA; Partner; Ray Ins. Agcy., 921 Chatham Ln., Columbus, OH 43221, 614 459-1122; r. 5 Canterbury Ln., Columbus, OH 43221, 614 488-4550.
RAY, Mark Allan; '79 BSBA; Cost Acct.; Malish Brush & Specialty Co., 4260 Hamann Pkwy., POB 770, Willoughby, OH 44094, 216 951-5356; r. 380 Manhattan Pkwy., Painesville, OH 44077, 216 357-9103.
RAY, Richard Alan; '76 MBA; VP; Banc Ohio-Ohio Natl. Bank, Plz. Ofc. 155 E. Broad St., Columbus, OH 43215; r. 2216 Tewksbury, Columbus, OH 43221, 614 486-7519.
RAY, Richard P.; '48 BSBA; Retired; r. 5745 Summit St., Sylvania, OH 43560, 419 885-1303.
RAY, Robert A.; '49 BSBA; Retired; r. 493 Cumberland Dr., Columbus, OH 43213, 614 861-8743.
RAY, Robert James; '79 BSBA; Operations Supv.; Convair Div., POB 80847, San Diego, CA 92138; r. 10845 Camino Ruiz #67, San Diego, CA 92126, 619 566-1256.
RAY, Ruth Shape; '52 BSBA; 2287 Knob Hill Dr., Riverside, CA 92506, 714 684-9606.
RAY, Thomas; '83 BSBA; 2723 W. Royal Ln. #1103, Irving, TX 75063, 214 506-8401.
RAY, Thomas Edward; '52 BSBA; Atty.; Thomas E Ray & Assocs., 107 S. Marion St., POB 100, Cardington, OH 43315, 419 864-6016; r. Same.
RAYBUCK, Dennis M.; '74 BSBA; Prog. Controller; United Technologies Corp., 600 Metcalf Rd., Box 49028, San Jose, CA 95161, 408 224-7479; r. 39931 Cedar Blvd. #311, Newark, CA 94560, 415 656-5641.
RAYMER, Ronald Adolph; '70 BSBA; 6797 Prior Pl., Reynoldsburg, OH 43068, 614 866-5775.
RAYMOND, David Allan; '74 BSBA; 2752 Kenwood Dr., Duluth, GA 30136, 404 476-9332.
RAYMOND, Kathryn '49 (See Houghton, Mrs. Kathryn).
RAYMOND, William Marshall; '86 BSBA; 30406 Maple Dr., Bay Village, OH 44140, 216 871-8460.
RAYMONT, Linda L., (Linda L. Seitz); '83 BSBA; Acct.; Roediger Constr., 2618 Carnegie Ave., Cleveland, OH, 216 861-8080; r. 1283 Gladys Ave., Lakewood, OH 44107, 216 226-3564.
RAYMONT, Thomas F.; '83 BSBA; Sales Rep.; Procter & Gamble, 2000 Oxford Dr., Bethel Park, PA 15102, 412 831-1199; r. 1283 Gladys Ave., Lakewood, OH 44107, 216 226-3564.
RAYNAK, James Daniel; '68 BSBA; VP-Personnel; Acceleration Corp., 155 E. Broad St., Columbus, OH 43215; r. 4421 S. Section Line Rd, Delaware, OH 43015, 614 881-4479.
RAYNAK, Larry J.; '62 BSBA; Owner; Billy Buckle Co., 544 Georgia St., Palo Alto, CA 94306; r. 544 Georgia St., Palo Alto, CA 94306, 415 493-7936.
RAYNER, Delle E.; '71 BSBA; Acct.; *, 1155 Zonolite Rd., Atlanta, GA 30329; r. 8379 Eaton Dr., Chagrin Falls, OH 44022.
RAYOT, Gary L.; '60; Retired Engr.; Fisher Body, Columbus, OH 43228; r. 4426 Fremar Rd Rte. 7, Lancaster, OH 43130, 614 862-6526.
RAYPOLE, Kelly Sue; '87 BSBA; Cost Acct.; Adria Labs, 582 W. Goodale Blvd., Columbus, OH 43215, 614 761-6273; r. 4786 Galton Ct., Apt. A, Columbus, OH 43220, 614 457-8938.
RAYVE, Brian Richard; '87 MBA; 2275 Fiesta Dr., Troy, OH 45373, 513 335-7293.
REA, Albert J.; '53 BSBA; VP; Bon Secour Fisheries Inc., Box 115, Bon Secour, AL 36511; r. Box 224, Foley, AL 36536, 205 943-3781.
REA, Michael J.; '88 BSBA; Registered Rep.; Prudential, 8880 Mentor Ave., Mentor, OH 44060, 216 942-6300; r. 8755 Concord Ct., Chagrin Falls, OH 44022, 216 543-9183.
REA, Philip L., Jr.; '50 BSBA; Mktg. Cnslt.; Philip Rea Assocs., 5 Barrington Rd., Belle Mead, NJ 08502, 201 359-6910; r. Same.
REA, Sheila J.; '86 MLHR; 10452 W. Frost Pl., Littleton, CO 80127, 303 979-6323.
READ, George P.; '51 BSBA; Owner; Texas Valve & Fitting Co., 11123 Shady Tr., Dallas, TX 75229, 214 484-9471; r. 4438 Hallmark, Dallas, TX 75229, 214 357-1004.
READ, Phyllis Del Guzzo; '57 BSBA; Ofcr.; Texas Valve & Fitting Co., 11123 Shady Tr., Dallas, TX 75229; r. 4438 Hallmark, Dallas, TX 75229, 214 357-1004.
READ, Robert O.; '37 BSBA; Atty.; 580 S. High St. Ste. 310, Columbus, OH 43215, 614 228-5457; r. 2436 Anson Dr., Columbus, OH 43220, 614 451-5283.
READ, True E.; '46 BSBA; 1524 Cerulean, Creve Coeur, MO 63141, 314 434-8266.
READE, Alan Ira; '68 BSBA; 30 Woodward, Englishtown, NJ 07726, 201 462-0901.
READE, Patrick Reginald; '88 BSBA; Claims Svc. Rep.; Nationwide Ins.; r. 2127 Shawbury Ct. E., Columbus, OH 43229, 614 771-1816.
READING, Herbert E.; '57 BSBA; Pres.; Communication Resources Inc., 8665 S. W. Canyon Rd, Portland, OR 97225; r. 5 Dover Way, Lake Oswego, OR 97034, 503 638-1037.
REAGAN, Thomas John; '86 BSBA; Sr. Underwriter; Nationwide Life Ins., One Nationwide Plz., Columbus, OH 43216, 614 249-6663; r. 1437 Runaway Bay Dr., #1A, Columbus, OH 43204, 614 481-9736.
REAM, Walter Thomas, CPA; '55 BSBA; 1205 W. Crooked Lake Pl., Eustis, FL 32726, 904 483-0895.
REAMES, Pamela Johnson; '75 MBA; Owner/Partner; Moran & Reames CPA, 22281 Las Ramblas, Mission Viejo, CA 92691, 714 841-5091; r. 28021 Festivo, Mission Viejo, CA 92692, 714 768-7663.
REAMS, Connie Ferriman; '82 BSBA; Ins. Fraud Spec.; Aetna Life & Casualty, 4151 Executive Pkwy., Westerville, OH 43081, 614 890-9200; r. 104 Parkview Ave., Circleville, OH 43113, 614 474-5242.
REARDON, Christopher James; '82 BSBA; 348 Park Ave., Mc Donald, OH 44437.
REARDON, James Bradley; '77 BSBA; Systs. Programmer; Columbia Gas Svc. Corp., 1600 Dublin Rd., Columbus, OH 43215, 614 481-1000; r. 1309 Neil Ave., Columbus, OH 43201, 614 421-6821.
REARDON, Louis G.; '50 BSBA; Retired; r. 241 Dartmouth Dr., Canfield, OH 44406, 216 533-3603.
REARDON, Michael Joseph; '84 MPA; Social Worker; Ohio Society for Autistic Sdnt, 751 NW Blvd., Columbus, OH 43212; r. 976 Neil Ave., Columbus, OH 43201, 614 294-6585.
REASON, Charles Oakley, Jr.; '74 BSBA; Plant Mgr.; ITT Engineered Valves, 1110 Bankhead Ave., Amory, MS 38821, 601 256-7185; r. 129 Acorn Dr., Belden, MS 38826.
REASONER, Francis Eugene; '50 BSBA; Retired; r. 142 Court Rd., Waynesboro, VA 22980, 703 949-6074.
REAVER, Donald V.; '55 BSBA; Pilot; r. 240 Lake Valley, RR 3, Hendersonville, TN 37075, 615 824-3035.
REBAK, Lawrence D.; '58 BSBA; Account Exec. VP; Drexel Burnham Lambert Inc., 6 Corporate Park Dr., White Plains, NY 10604, 914 694-2121; r. 6A Weavers' Hill, Greenwich, CT 06831, 203 531-5697.
REBICH, Michael Samuel; '74 BSBA; Owner; Copy Systs., 301 E. Markham, Little Rock, AR 72201, 501 376-2679; r. 13601 St. Charles Blvd., Little Rock, AR 72211, 501 224-3280.
RECCHIUTI, Gregory Allen; '80 BSBA; 17419 Birchwood Land SW #8, Ft. Myers, FL 33908, 813 482-6504.
RECH, Ron R.; '79 BSBA; Supv. Svc. Corp. Acctg.; Columbia Gas Syst. Svc., General Acctg. Dept., 1600 Dublin Rd., Columbus, OH 43215, 614 481-1473; r. 12130 Raintree Ave. NW, Pickerington, OH 43147, 614 861-5983.
RECHSTEINER, Jon Anderson; '83 BSBA; 1956 Bluff Ave., Columbus, OH 43212, 614 486-7993.
RECHT, Barry William; '70 BSBA; Mgr. Transportation; Babcock & Wilcox, 20 S. Van Buren Ave., Barberton, OH 44203, 216 753-4511; r. 6179 Ter. Hills Dr., Clinton, OH 44216, 216 882-5155.
RECK, Lisa M. '85 (See Berk, Lisa Reck).
RECK, William Lester; '53 BSBA; Gen. Mgr.; Argyle Industries, 515 Breeze Ter., Argyle, WI 53504, 608 543-3341; r. POB 245, Argyle, WI 53504, 608 543-3303.
RECKLESS, Walter Washington; '59 BSBA; Atty.; Harkins & Reckless, 33 N. High St., Ste. 702, Columbus, OH 43215, 614 221-4740; r. 6076 Dublin Rd., Dublin, OH 43017, 614 889-9618.
RECKMEYER, Dr. William John; '58 PhD (BUS); Pres.; Intl. Rsch. Inst., 6825 Redmond Dr., Mc Lean, VA 22101; r. 5911 Chesterbrook Rd, Mc Lean, VA 22101, 703 536-4444.
RECKSON, Gary; '73 BSBA; 11 Bayview, Valley Stream, NY 11581, 516 872-9839.
RECTENWALD, Gary Michael; '78 MBA; Exec. Asst.; IBM Corp.; r. 16 White Woods Ln., Westport, CT 06880, 203 454-4251.
RECTOR, Charles D.; '49 BSBA; Retired; r. 1212 Via Viento Suave, Lake San Marcos, CA 92069, 619 744-8157.
RECTOR, Fred E.; '31 BSBA; Supv.; r. 258 Cayuta St., Corning, NY 14830, 607 962-1500.
RECTOR, Robert Maurice; '66 BSBA; Managing Dir.; Griffith Labs Uk Ltd., Cotes Park Farm, Somercotes Derby De 5, England; r. Griffith Laboratories Uk Ltd, Cotes Park Farm, Somercotes Derby De 5, England.
RECTOR, Scott Thomas; '86 BSBA; Acct.; Columbia Gas Systs. Inc., 1600 Dublin Rd., Columbus, OH 43215; r. 6900 Dublin Rd., Dublin, OH 43017, 614 766-2776.
REDA, Lisa Davis; '83 BSBA; Financial Analyst; r. 379 Heritage Box 7513, Canal Fulton, OH 44614.
REDD, G. Joann Bigler; '50 BSBA; 4 Hedgerow, Darien, CT 06820, 203 655-7052.
REDD, Mrs. Leslie Anne, (Leslie Anne Rich); '86 BSBA; Mgr.-Products Div.; OH Ind for The Handicapped, 4795 Evanswood Dr., Ste. 102, Columbus, OH 43229, 614 846-4877; r. 2130 Bentwood Cir., Apt. 2A, Columbus, OH 43235, 614 792-5980.
REDD, Paul Andre; '80 BSBA; Sales; Servco Prods. Inc., 1655 E. 55th, Cleveland, OH 44103, 216 391-0080; r. 3746 Bainbridge Rd., Cleveland Hts., OH 44118, 216 371-0528.
REDD, Richard Lewis; '67 BSBA; 1st Ofcr./Pilot; Delta Airlines, Houston International Airport, Houston, TX 77060; r. 3410 Garden Lake, Kingwood, TX 77339, 713 358-3637.
REDD, Steven Craig; '79 BSBA; Ins. Agt.; Steven C. Redd Ins. Agcy., 635 Park Meadow Rd., Ste. 108, Westerville, OH 43081, 614 890-1155; r. 2078 Brofford Dr., Worthington, OH 43085, 614 889-9717.
REDDEN, James R.; '52 BSBA; Retired; r. 1799 Leway Dr., Fairfield, OH 45014, 513 829-9221.
REDDING, Mrs. Robin B., (Robin B. Butler); '85 BSBA; Analyst; Cincinnati Bell Info. Systs., 6 Evine St., Cincinnati, OH 45202; r. 411 Vienna Woods Dr., Cincinnati, OH 45211, 513 481-6284.
REDDINGTON, William Arthur; '73 BSBA; Atty.; Franklin Cnty. Probate Ct., Hall of Justice, 369 S. High St., Columbus, OH 43215, 614 462-3896; r. 2092 Harwitch Rd., Columbus, OH 43221, 614 488-6787.
REDDY, David Matthew; '84 BSBA; Acct.; Certified Oil Co., 303 S. Front St., Columbus, OH 43215, 614 224-3175; r. 5768 W Pinetree #K, Apt. 102A, Columbus, OH 43229, 614 488-5311.
REDELLA, Robert N.; '73 MBA; VP-Programming & Invstmts; Cox Cable Communications, 1400 Lake Hearn Dr., NE, Atlanta, GA 30319, 404 843-5833; r. 404 Collier Rd NW, Atlanta, GA 30309, 404 352-2507.
REDEYOFF, Leonard George; '74 BSBA; Salesman; Coldwell Banker, 701 Lee Rd., Wayne, PA 19087, 215 251-0820; r. 52 6th Ave., Collegeville, PA 19426, 215 489-1959.
REDFERN, William E.; '48 BSBA; Asst. Vice Presi; r. 12906 Bilmar Ln., Grand Blanc, MI 48439, 313 694-3608.
REDFIELD, Jeffrey J.; '82 MBA; Sr. Mgr.; Price Waterhouse, Mgmt Consulting Svc Dept., 180 E. Broad St., Columbus, OH 43215; r. 2325 Arlington Ave., Columbus, OH 43221, 614 488-5639.
REDICK, Harold E.; '42 BSBA; Retired; r. 9011 Manorford Dr., Parma Hts., OH 44130, 216 884-3850.
REDINBAUGH, Kurt Louis; '73 BSBA; Ind. Engr. Mgr.; J C Penney Catalog Distrib Ctr., Engineering Dept., 11111 Stead Blvd., Reno, NV 89506, 702 972-2408; r. 4145 San Marcos Ln., Reno, NV 89502, 702 825-5195.
REDINGER, Garth Richard; '84 BSBA; Programmer; OSU-Univ. Systs., 1121 Kinnear Rd., Columbus, OH 43210; r. 2073 Ridgeview Rd., Columbus, OH 43221, 614 488-8059.
REDINGTON, Laurel Moor; '82 BSBA; Job Analyst; Chemical Abstracts Svc., 2540 Olentangy River Rd, POB 3012, Columbus, OH 43210; r. 3818 Maize Rd., Columbus, OH 43224.
REDLI, David Joseph; '68 BSBA; Dist. Mgr.; C I T Corp., 600 Park Plz., Cleveland, OH 44114, 216 696-0900; r. 3140 Holly Dr., Brunswick, OH 44212, 216 225-5614.
REDLIN, Roy N.; '32 BSBA; Retired; r. 631 Haven Ave., Hamilton, OH 45013, 513 895-5434.
REDMAN, Edmund C.; '27 BSBA; CPA; 214 E. State St., Columbus, OH 43215, 614 224-7209; r. 3992 Old Poste Rd., Hilliard, OH 43026, 614 876-2548.
REDMAN, LTC John C.; '53 BSBA; Lt. Col.; r. 3143 Kerry Dr., Xenia, OH 45385, 513 426-4418.
REDMAN, Mark Steven; '79 BSBA; Investment Exec.; Shearson Loeb Rhoades, 88 E. Broad St. #1370, Columbus, OH 43215; r. 2881 Chateau Cir., Columbus, OH 43221, 614 481-0362.
REDMAN, Michael Robert; '73 BSBA; Supv.; Landrum News Svc., 2830 Fisher Rd, Columbus, OH 43204; r. 430 Darby Ct., Galloway, OH 43119, 614 878-7049.
REDMANN, Frederick Clark; '74 BSBA; Dir.; Blanchard Landscape, POB 8787, Toledo, OH 43623; r. 2263 Lynn Park Dr., Toledo, OH 43615, 419 536-3515.
REDMOND, Charles D.; '36 BSBA; Atty.; Charles Redmond Atty., 88 E. Broad St. Ste. 1980, Columbus, OH 43215; r. 2857 Charing Rd, Columbus, OH 43221, 614 488-8625.
REDMOND, Paul E.; '48 BSBA; Acct.; Columbus Equip. Co., 50 E. Kingston Ave., Columbus, OH 43207, 614 443-6541; r. 743 S. Eureka Ave., Columbus, OH 43204, 614 279-4082.
REDMOND, Robert Francis, Jr.; '78 BSBA, '80 MBA; Financial Adm; Bank One, Columbus NA, 750 Piedmont, Columbus, OH 43271, 614 248-8561; r. 888 Kenridge Ct., Columbus, OH 43220, 614 459-5136.
REDMOND, Roger Franklin, Jr.; '74 BSBA; 25633 Glenbrook Blvd., Euclid, OH 44117, 216 531-7199.
REDMOND, Thomas Edward; '81 BSBA, '83 MBA; Sr. Loan Ofcr.; Bank One of Columbus, Commercial Lending Dept., 100 E. Broad St., Columbus, OH 43271, 614 248-5540; r. 2835 Wellesley Dr., Columbus, OH 43221, 614 488-3725.
REE, Melvin Clarence, Jr.; '70 BSBA; Controller; Ree & Brezina Gnrl Contractors, 351 S. 30th St., Heath, OH 43056, 614 522-1135; r. 12142 Purity Rd. NE, St. Louisville, OH 43071, 614 745-1176.
REEB, Ellen '79 (See Kothman, Mrs. Ellen Reeb).
REEB, Nancy '87 (See Driggs, Nancy Reeb).
REEB, Robert L.; '47 BSBA; Certified Public Acc; r. 2825 Neil Ave., Apt. 915, Columbus, OH 43202.
REEB, Ronald Jay; '88 BSBA; 19786 Henry Rd., Fairview Park, OH 44126, 216 331-8998.
REEBEL, Paul L.; '65 BSBA; c/o Equitable, 1127 Euclid Ave. #950, Cleveland, OH 44115.
REECE, Johnny Robert; '84 BSBA; Acct.; Nationwide Ins. Co., 1 Nationwide Plz., Columbus, OH 43216; r. 1160 St. Cecelia Dr., Columbus, OH 43204.
REECE, Robert M.; '53 BSBA; Retired; r. 120 Pearlcroft Rd., Cherry Hill, NJ 08034, 609 429-6250.
REED, Alan Michael; '85 BSBA; Programmer; S M S, 51 Valley Stream Pkwy., Frazer, PA 19355, 215 296-6300; r. 1174 Kindsway Rd., Apt. 3, West Chester, PA 19382, 215 692-0756.
REED, Anthony Allen; '84 BSBA; 130 Spring Lake Ave., Hillsboro, OH 45133.
REED, Barry James; '84 BSBA; Account Exec.; WMMS/WHK Radio, Malrite Communication Group, 1200 Statler Ofc. Twr., Cleveland, OH 44115, 216 781-5858; r. 12900 Lake Ave., #425, Cleveland, OH 44107, 216 521-3203.
REED, Bruce Joseph; '80 BSBA; Asst. VP; Loan Ofcr.; Farmers Bank & Savings Co., Box 626, Pomeroy, OH 45769, 614 992-2136; r. 1133 E. Main, Pomeroy, OH 45769, 614 992-6723.
REED, Carl L.; '59 BSBA; Atty./Partner; Lombardi-Reed-Pierce, 2717 Manchester Rd, Akron, OH 44319; r. 872 Hampton Ridge Dr., Akron, OH 44313.
REED, Charles Acril; '39 BSBA; Bus. Educ. Dept. Head; Detroit Bd. of Educ., 5057 Woodward Ave., Detroit, MI 48202; r. 8889 Cloverlawn St., Detroit, MI 48204.
REED, Cynthia Kay; '88 MBA; Asst. Bk Mgr.; r. 2115 Via Da Vinci Ct., Columbus, OH 43229, 614 895-7132.
REED, Dennis Kirk; '66 BSBA; Owner/Pres./Regional Dir.; Uniglobe Travel N.E., Inc., 2 Manor Pkwy., Salem, NH 03079, 603 898-9391; r. POB 124, 8 Pond Rd., E. Derry, NH 03041.
REED, Diane C. '86 (See Faist, Mrs. Diane C.).
REED, Diane Dapsis, (Diane Dapsis); '80 BSBA; Mgr. Account Operations; Victoria's Secret Inc., 2 Limited Pkwy., Gahanna, OH 43230, 614 479-6000; r. 173 Longfellow Ave., Worthington, OH 43085, 614 848-9684.
REED, Don A.; '39 BSBA; VP; r. 684 Fuentes No 10, San Miguel De Allende, Gto Mexico, Mexico.
REED, Earl Wolcott; '33; 203 Croswell Rd, Columbus, OH 43214, 614 263-8761.
REED, Elizabeth Austin; '87 BSBA; Asst. Mgr.; Taco Bell, Subsidiary of Pepsico, 2553 N. High St., Columbus, OH 43202, 614 261-8193; r. 1505 Genessee, Columbus, OH 43211, 614 291-2095.
REED, Glenn Clayton; '51 BSBA; 634 Courtview Dr., Carrollton, OH 44615, 216 627-5869.
REED, Jack Howard; '53 BSBA; Investment Broker; Rauscher Pierce Refsnes Inc., 6607 N. Scottsdale Rd., Scottsdale, AZ 85253, 602 991-0803; r. 8766 Via de Sereno, Scottsdale, AZ 85258, 602 991-6462.
REED, James Arthur; '55 BSBA; Grain Trader; Continental Grain Co., 2 Broadway Rm 2500, New York, NY 10012; r. 757 Hillcrest Rd, Ridgewood, NJ 07450, 201 447-3345.
REED, James C.; '54 BSBA; 1739 Beacon Ave., Apt. 6, Cincinnati, OH 45230.
REED, Jennifer Kimball; '79 BSBA; 564 Beaconsfield, Naperville, IL 60565, 312 961-2762.
REED, John David; '58 BSBA; Retired; r. 226 Fallis Rd., Columbus, OH 43214, 614 262-3425.

REED, John Michael; '78 BSBA; Proj. Construction Mgr.; Gen. Homes Corp., 7322 S. W. Frwy., Houston, TX 77074, 504 254-0913; r. 63 Lewis Dr., Johnstown, OH 43031.

REED, John Thomas; '50 BSBA; Retired; r. 881 Oxley Rd., Columbus, OH 43212, 614 488-4065.

REED, John Thomas, Jr.; '87 BSBA; Transportation Analyst; Kimberly-Clark, 2001 E. Orangethrope Ave., Fullerton, CA 92631, 714 680-7436; r. 650 Tamarack Ave., Apt. 1913, Brea, CA 92621, 714 671-1907.

REED, Jon Norman; '79 BSBA; Staff; Graybar Electric Co., 103 N. E. 44th St., Oklahoma City, OK 73105; r. c/o Graybar Electric Co, 103 N. E. 44th St., Oklahoma City, OK 73105.

REED, Kenneth Franklin; '87 BSBA; 1324 Aberdeen Ave., Columbus, OH 43211, 614 268-2189.

REED, Lyle K.; '49 BSBA; Retired; r. 1200 Bryson Rd., Columbus, OH 43224, 614 263-8087.

REED, Max Joseph; '86 BSBA; Systs. Controller; Muirfield Village Golf Club, 5750 Memorial Dr., Dublin, OH 43017, 614 889-6700; r. 264 Acton Rd., Columbus, OH 43214, 614 263-0561.

REED, Melvin Jerome; '86 BSBA; 3115 Houston Dr., Columbus, OH 43207, 614 497-0046.

REED, Michael Thomas; '84 BSBA; Auditor; Ohio Laborers Fringe Benefits Prog., 7420 Worthington-Galena Rd., Worthington, OH 43085; r. 3360 Shellburne Ave. NW, Canton, OH 44708, 216 832-3408.

REED, Nancy Elizabeth; '84 BSBA; Account Exec.; Great AM Broadcast WKRC AM, 1906 Highland Ave., Cincinnati, OH 45219, 513 763-5500; r. 3535 St. Charles Pl., Cincinnati, OH 45208, 513 321-3536.

REED, Patricia Brauer; '83 BSBA; 7869 Blacks Rd., Pataskala, OH 43062, 614 927-4519.

REED, Randall Harold; '85 BSBA; 19000 Cape Horn Rd., Dexter City, OH 45727, 614 783-4173.

REED, Richard Dean; '77 BSBA; Mgr.; Wendys Intl., 257 W. Broad St., Columbus, OH 43215; r. 334 Cliffside Dr., Columbus, OH 43202.

REED, Robert Jeffrey, CPA; '69 BSBA; 5290 Hollister St., Columbus, OH 43235, 614 457-6842.

REED, Robert Laibe; '47 BSBA; Retired VP; Ohio Bell Telephone Co., Cleveland, OH 44114; r. 1556 Hines Hill Rd., Hudson, OH 44236, 216 653-6366.

REED, Robert Raitze; '49 BSBA; Pres.; Robert R. Reed Co. LPA, 1151 S. High St., Ste. 101, Columbus, OH 43206, 614 443-9401; r. 1385 Brookwood Pl., Columbus, OH 43209, 614 235-6477.

REED, Ronald Alan; '74 BSBA; 113 Lincoln Rd, Marietta, OH 45750, 614 373-2262.

REED, Scott George; '85 MBA; 5815 Broadway, Oakland, CA 94618.

REED, Thomas Patrick; '80 BSBA; VP/Controller; Mid-America Fed., 4181 Arlingate Plz., Columbus, OH 43228, 614 278-3411; r. 173 Longfellow Ave., Worthington, OH 43085, 614 848-9684.

REED, William B.; '37 BSBA; Retired; r. 357 Summer St., Lynnfield, MA 01940.

REED, William Emerson; '50 BSBA; Retired; r. RD 1 Box 52, State Park Rd., Richmond, OH 43944, 614 765-4025.

REED, William Marvin; '47 BSBA; Pres.; W.M. Reed Assoc. Inc., 128 E. Grant St., Lancaster, PA 17603; r. 675 Wyncroft Ln. Apt. 8, Lancaster, PA 17603, 717 295-9442.

REEDER, Dr. Charles B.; '45 BSBA; Pres.; Charles Reeder Assocs., One Commerce Ctr., Ste. 1103, Wilmington, DE 19801, 302 655-6687; r. 6 Rockland Mills, Rockland, DE 19732, 302 652-2955.

REEDER, Mrs. Gayle Williams, (Gayle Williams); '42 BSBA; 2278 N. Carriage Ln., Port Clinton, OH 43452, 419 797-2423.

REEDUS, Susan F. '81 (See Moss, Mrs. Susan F.).

REEDY, 2LT Dana Camp; '71 BSBA; 2nd Lt. Usaf; r. 883 E. Whittier St., Columbus, OH 43206, 614 444-1393.

REEDY, Richard Eugene, Jr.; '66 BSBA; Mktg. Res. & Bus.; Hughes Aircraft, Industrial Electronics Group, Culver City, CA 90230; r. 2275 Hillview Dr., Laguna Bch., CA 92651.

REEG, Earl H., Jr.; '49 BSBA; Personnel Mgr.; Robert Shaw-Fulton Co., Acro Div Box 97, Hillsboro, OH 45133; r. 278 Imperial Dr., Gahanna, OH 43230, 614 471-7405.

REEHIL, John J.; '50 BSBA; CPA; 3325 Hollywood Blvd, Ste. 401, Hollywood, FL 33025; r. 1780 N. E. 159th St., N. Miami Bch., FL 33162.

REEL, Norma Crisp; '60 BSBA; Parts Mgr.; Porter Ford, Milan, OH 44846; r. 1820 Seminary Rd., Milan, OH 44846, 419 499-2449.

REEL, Robert Lewis; '48 BSBA; VP Sales & Mktg.; Adco Prods. Inc., Div. of Nelco Chemical Co., Michigan Ctr., MI 49254, 517 764-0334; r. 1596 Willis Rd., Grass Lake, MI 49240, 517 522-8695.

REEL, William C.; '40 BSBA; Contracting Ofcr.; r. Via Delle Palme 4-6600 Muralto, Casa Fiorentina 102, Locarno, Switzerland.

REEP, Ms. Jennifer Brinkman, (Jennifer Brinkman); '82 BSBA; Asst. Treas.; BBS Ltd., 960 Checkrein Ave., Columbus, OH 43229, 614 888-3100; r. 2712 Landsburn Dr., Columbus, OH 43231, 614 471-8243.

REES, Carol Beardsley; '81 BSBA; 6084 Landsbury Ct., Dublin, OH 43017, 614 761-1075.

REES, Donald P.; '55 BSBA; 7550 E. Beryl Ave., Scottsdale, AZ 85258, 602 998-3479.

REES, James B.; '65 BSBA; Quality Assurance Mgr.; B F Goodrich Co., 250 N. Cleveland-Massillan Rd., Akron, OH 44313, 216 374-3087; r. 1728 Deepwood Dr., Akron, OH 44313, 216 923-5889.

REES, Mrs. Kelly W., (Kelly L. Ware); '86 BSBA; Owner; Rees Computer Ctr., 209 N. Ohio Ave., POB 805, Sidney, OH 45365, 513 498-1766; r. 137 W. Ruth, Sidney, OH 45365, 513 498-4929.

REES, Kenneth J., Jr.; '48 BSBA; Retired; r. 1991 Castleway Ln. NE, Atlanta, GA 30345, 404 325-9334.

REESE, Donald Joseph; '48 BSBA; Chmn. of the Bd.; Reewood Inc., Warren, OH 44484; r. 2909 S. Ocean Blvd., Apt. 3C, Highland Bch., FL 33431, 407 276-8758.

REESE, Donald Robert; '70 BSBA; Div. Collection Mgr.; Sears Roebuck & Co., 3099 28th St. SE, Grand Rapids, MI 49508; r. 5487 Copley Sq., Grand Blanc, MI 48439, 313 694-1536.

REESE, Everett David; '19 BSBA; Retired; r. 6 Sessions Village, Columbus, OH 43209, 614 252-6114.

REESE, Judd; '86 BSBA; Fleet Mgr.; J.B. Hunt, 825 W. Leffel Ln., Springfield, OH 45506, 513 327-6720; r. 180 S. Fostoria Ave., Springfield, OH 45505.

REESE, Judy '76 (See Mitchell, Judy Reese).

REESE, Julie Lynn '82 (See Saunders, Mrs. Julie Lynn).

REESE, Randall Herbert; '79 BSBA; Risk Mgmt.; Borden Inc., 180 E. Broad St., Columbus, OH 43215, 614 225-4490; r. 2940 Neil Ave., 232B, Columbus, OH 43202, 614 263-9541.

REESE, Randolph Jeffery; '81 BSBA; 3915 Wiltshire Rd, Chagrin Falls, OH 44022, 216 247-6689.

REESE, Roger W.; '66 BSBA; VP; Par Microsystems, Manufacturing Operations, Par Technology Park, New Hartford, NY 13413, 315 738-0600; r. 140 W. Linden St., Apt. 6, Rome, NY 13440, 315 337-6537.

REESE, Thomas Delmont; '32 MA; Reese & Co., 1264 Morse Rd., Columbus, OH 43229; r. 93 Bishop Sq., Columbus, OH 43209.

REESE, Timothy Dean; '83 BSBA; Unit Mgr.; Bob Evans Farms Inc., 3776 S. High St., POB 07863, Columbus, OH 43207, 614 882-3254; r. 2262 Summit St., Columbus, OH 43202, 614 263-9251.

REESE, Wayne L.; '51 BSBA; Principal; Dover South Sch., 280 Shafer Ave., Dover, OH 44622, 216 343-7746; r. 512 Wills Ave., Dover, OH 44622, 216 364-4656.

REESER, Glenn Dale; '68 BSBA; Dir.; GM Corp., New Departure Hyatt Div., 2509 Hayes Ave., Sandusky, OH 44870, 419 627-7262; r. 4311 Autumn Ridge Ln., Sandusky, OH 44870, 419 626-8261.

REESER, Paul Anthony; '77 BSBA; Commercial Lines Mgr.; Grange Mutual Casualty Co., 650 S. Front St., Columbus, OH 43215, 614 445-2789; r. 231 Watt St., Circleville, OH 43113, 614 477-1866.

REEVES, Dix O.; '40; Retired; r. 1772 Hill Ave., Albany, OH 45710, 614 698-7204.

REEVES, Frank Edward; '70 BSBA; Sr. Acct. Rep.; US Postal Svc., 850 Twin Rivers Dr., Columbus, OH 43216, 614 469-4279; r. 3079 Aleshire Dr., Dublin, OH 43017, 614 761-2860.

REEVES, Frank I.; '35 BSBA; Retired; r. POB 615, Andover, OH 44003, 216 293-7652.

REEVES, Mrs. Jane Cordery J., (Jane Cordery Judd); '49 BSBA; Retired; r. 557 Woodingham Pl., Columbus, OH 43213, 614 866-9868.

REEVES, John B.; '63 BSBA; Quality Auditor; Baxter Healthcare Corp., Box 490 RLP-30, Round Lake, IL 60073, 312 546-6311; r. 5506 Chasefield Cir., Mc Henry, IL 60050, 815 385-1398.

REEVES, John D.; '32 BSBA; Retired; r. 411 W. Michigan #5, Marshall, MI 49068, 616 781-5680.

REEVES, Keith W.; '79 BSBA; CPA Partner; Skoda Minotti Reeves & Co., 6685 Beta Dr., Mayfield Vlg., OH 44143, 216 442-8642; r. 3885 Boxelder Dr., Cleveland, OH 44141, 216 838-4363.

REEVES, Paul Garrett; '80 BSBA; Mgmt. Analyst; Wells Fargo Credit Corp., 2840 Mt. Wilkinson Pkwy., Ste. 200, Atlanta, GA 30339, 404 333-2322; r. 617 Sunfield Dr., Lilburn, GA 30247, 404 925-2425.

REEVES, Sandra Hope; '85 MPA; Prog. Dir.; Big Bros./Big Sisters, 2104 Tuller St., Columbus, OH 43223, 614 294-4423; r. 168 Garden Rd., Columbus, OH 43214, 614 890-2484.

REFT, John Anthony; '77 BSBA; Staff; Pennsylvania Power Co., Bruce Mansfield Plant, New Castle, PA 15101; r. 3238 Bradbury Dr., Aliquippa, PA 15001, 412 375-0103.

REGAL, Susan Lynn; '87 BSBA; 249 Winston Rd., Akron, OH 44313, 216 864-0971.

REGALY, Elizabeth Marie; '84 BSBA; Asst. Mgr.; Madison's, Columbus, OH 43216; r. 3194 Adirondack Ave., Columbus, OH 43229, 614 451-3055.

REGAN, Howard E.; '56 BSBA; Dir.; Finance & Admin., Urs Data Sciences Company, 155 Bovet Rd, San Mateo, CA 94402; r. 1476 Palisades Dr., Pacific Palisades, CA 90272.

REGAN, Joseph Martin; '82 BSBA; Acct.; Spot Image Corp., 1897 Preston White Dr., Reston, VA 22091; r. 6021 Little Brook Dr., Clifton, VA 22024.

REGAN, Kathleen Grace; '80 BSBA; Area Devel. Coord.; Dayton Power & Light, Courthouse Plz. SW, POB 1247, Dayton, OH 45401, 513 224-6124; r. 4917-C-2 Far Hills Ave., Kettering, OH 45429, 513 434-6990.

REGAN, Kevin Thomas; '70 MBA; Bus. Planner; Ford Motor Co., The American Rd, Dearborn, MI 48121, 313 446-4305; r. 29342 New Bradford Dr., Farmington Hls., MI 48331, 313 553-2097.

REGANO, Dennis James; '73 BSBA; VP, Sales & Mktg.; Professional Housewares Dist., 29309 Clayton Rd., Wickliffe, OH 44092, 216 944-3500; r. 5325 Som Center Rd., Solon, OH 44139, 216 248-5662.

REGAS, Steve G.; '56 MBA; VP-Production; ROC-Corp. Inc., 800 Savannah Ave., NE, Canton, OH 44704, 216 453-8225; r. 8131 Ravenna Ave. NE, Louisville, OH 44641, 216 875-5487.

REGENBOGEN, Mark; '84 BSBA; Student-MBA; Indiana Univ., Rm. 254, Business Bldg., Bloomington, IN 47405; r. 415 E. 11h St., Apt. #7, Bloomington, IN 47401.

REGENSTREICH, Myron J.; '42 BSBA; Atty.; Law Ofc. of Myron J. Regenstreich, 900 Wick Bldg., Fed. Plz. W., Youngstown, OH 44503, 216 746-7627; r. 470 Arbor Cir., Youngstown, OH 44505, 216 759-1563.

REGIDOR, Daniel Alexander; '86 BSBA; 4939 W. Brummel St., Skokie, IL 60077, 312 677-0311.

REGNER, John J.; '29 BSBA; Retired; r. 4374 Broadhurst Dr., Columbus, OH 43213, 614 237-2551.

REGOLI, Steven Philip; '83 MBA; 97 W. North St., Worthington, OH 43085.

REGRUT, Peter David; '82 BSBA; Ins. Broker; Marsh & Mc Lennan, Inc., 175 S. Third St. Ste. 1050, Columbus, OH 43215; r. 2926 Sunbridge Ln., Dublin, OH 43017, 614 889-0539.

REGULA, Ronald F.; '67 BSBA; Pres.; Regula Assocs., 427 Delta Ave., Cincinnati, OH 45226, 513 321-7866; r. 3225 N. Whitetree Cir., Cincinnati, OH 45236, 513 791-0168.

REGULINSKI, Michael Charles; '83 BSBA; Asst. Atty. Gen.; Public Utilities Section, 180 E. Broad St., Columbus, OH 43266, 614 466-4395; r. 99 Broad Meadows Blvd., Columbus, OH 43214.

REHAK, Ruth Anne; '83 MLHR; Labor Relations Rep.; GM Corp., Fisher Body Div, 200 Georgesville Rd., Columbus, OH 43228; r. 568 Arden Rd., Columbus, OH 43214.

REHBECK, William L.; '59; Parts Pricing Analyst; WCI Appliance Grp., 300 Phillippi Rd., Columbus, OH 43228, 614 272-4487; r. 319 Carilla Ln., Columbus, OH 43228, 614 878-2562.

REHL, Mrs. Lesia D., (Lesia M. Darmochwal); '85 BSBA; Financial Analyst; IBM-World Trade, POB 9027, Boulder, CO 80301, 303 924-8554; r. 4145 Sunrise Ct., Boulder, CO 80302, 303 449-4932.

REHL, Mary A. '86 (See Wiswell, Mrs. Mary A.).

REHL, William Michael, III; '81 BSBA; Controller; United Air Specialists, 4440 Creek Rd., Cincinnati, OH 45242, 513 891-0400; r. 7301 Gammwell Dr., Cincinnati, OH 45230, 513 232-3512.

REHLINGER, Christine Mary; '86 BSBA; Product Spec.; Midland Mutual Life Ins. Co., 250 E. Broad St., Columbus, OH 43215, 614 228-2001; r. 4666 Ralston St., Columbus, OH 43214, 614 451-7385.

REHMAR, Marc Joseph; '79 BSBA; Co-owner; People's Rental Car Co., 2222 S. Colorado Blvd., Denver, CO 80227, 303 758-5159; r. 4662 E. Vassar Ave., Denver, CO 80222, 303 753-6540.

REHMAR, Ruth Ellen; '82 MPA; 13996 E. Radcliff Dr., Aurora, CO 80015.

REHMAR, Tamara Lynn; '85 BSBA; Financial Acct.; Victorias Secret; r. 5340 Woodglenn, Columbus, OH 43214.

REHULA, Lad Anthony; '37 BSBA; Partner; Deloitte Haskins & Sells, 1717 E. Ninth St., Cleveland, OH 44114, 216 589-1300; r. 6903 E. Pleasant Valley Rd., Cleveland, OH 44131, 216 524-2059.

REIBER, Susan M. '71 (See Wilson, Mrs. Susan R.).

REICH, Eddie W.; '48 BSBA; Pres.; Wholesale TV Svc. Corp., 231 N. College Ave., Indianapolis, IN 46202; r. 564 W. 72nd St., Indianapolis, IN 46260, 317 253-9730.

REICH, Eleanor F. '46 (See Weinstein, Mrs. Eleanor R.).

REICHEL, Haines V.; '47 BSBA; Account Mgr.; GE Co., Coshocton, OH 43812; r. 15 Waterfall Dr., Grafton, OH 44044.

REICHEL, Richard Gene; '52 BSBA; Atty.; Amerman Burt & Jones Co., 1972 Wales Rd NE, Massillon, OH 44646, 216 837-4666; r. 1133 Stratford NE, Massillon, OH 44646, 216 832-1391.

REICHELDERFER, Donald Eugene; '29 BSBA; Retired Pres.; Armco Corp.; r. 3101 Flemming Rd., Middletown, OH 45042, 513 422-7858.

REICHELDERFER, James A.; '58 BSBA; Indep. Sales Agt.; POB 450472, Atlanta, GA 30345, 404 457-0833; r. Same.

REICHELDERFER, Russell K.; '35 BSBA; Retired; r. 3104 Milton Rd., Middletown, OH 45042, 513 422-4886.

REICHELDORFER, James K.; '45 BSBA; Retired; r. 131 E. Union St., Circleville, OH 43113, 614 474-2768.

REICHENBACH, James E.; '55 BSBA; Retired; r. 13812 Kimmens Rd SW, Massillon, OH 44646, 216 833-5786.

REICHENBACH, Dr. Randall David; '86 PhD (PA); Asst. Prof.; Bethel Clg., Dept. of Bus. & Economics, N. Newton, KS 67117, 316 283-2500; r. POB 279, 2215 N. Main, N. Newton, KS 67117, 316 283-6354.

REICHENSTEIN, Murray L.; '59 BSBA; VP; Ford Motor Co., The American Rd, Dearborn, MI 48121; r. 135 Hanging Hill Ln., Hutton Essex, England.

REICHERS, Karen; '86 MPA; Prog. Coord.; Inst. of Professional Practice, Fitchburg, MA 01420; r. 4 Rumford St. #1, Concord, NH 03301, 603 228-1698.

REICHERT, Carolyn Anne; '85 BSBA; Grad. Student; Penn. State Univ., 609 Q, Business Admin. Bldg., State College, PA 16802, 814 865-2185; r. 1109 W. Beaver Ave., State College, PA 16801, 814 867-7204.

REICHERT, Justin B.; '44 BSBA; Sales Agt.; Montgomery Pigeon Co., 37 S. Detroit St., Xenia, OH 45385, 513 372-7666; r. 2318 Regency Ct., Fairborn, OH 45324, 513 878-5904.

REICHERT, Kurt Douglas; '81 BSBA; Claims Mgr.; Members Ins. Co., POB 660025, Dallas, TX 75266, 214 980-5131; r. 2602 Winterlake, Carrollton, TX 75006, 214 416-3098.

REICHERT, Ronald Michael; '74 MBA; Prod. Bus. Strategy Mgr.; Ford Motor Co., The American Rd., Dearborn, MI 48121, 313 337-8572; r. 5004 Patrick Dr., W. Bloomfield, MI 48322, 313 661-4746.

REICHERT, William Verl; '73 BSBA; 5281 Olentangy River Rd, Delaware, OH 43015, 614 362-0108.

REICHLE, Harlan Edward; '82 BSBA; Real Estate; Zyndorf/Serchuk, 4 Seagate, Toledo, OH 43604, 419 249-7070; r. 11151 Riverbend Ct. W., Perrysburg, OH 43551, 419 874-3756.

REICHLE, Monica Margareth, (Monica M. Pater); '87 BSBA; Matrl Coord./Planner; Mather Seal of Fed. Mogul, 525 Redman Rd., Milan, MI 48160, 313 439-2481; r. 11151 Riverbend West Ct., Perrysburg, OH 43551, 419 874-3756.

REICHMAN, Joe V.; '70 BSBA; Risk Mgr.; St. Anthony Hosp., 1450 Hawthorne Ave., Columbus, OH 43203; r. 8330 Seabright Dr., Powell, OH 43065, 614 889-6616.

REICHTER, Bradley Allen; '85 MBA; CFO; The Eaton Grp., 555 Turnpike St., N. Andover, MA 01845, 508 688-5116; r. 234 Apache Way, Tewksbury, MA 01876, 617 851-4222.

REID, Becky Harbage; '85 BSBA; VP Admin.; The Roberts Grp. Inc., 2646 Alliston Ct., Columbus, OH 43220, 614 486-0497; r. 845 Marland Dr. S., Columbus, OH 43224, 614 261-1548.

REID, Brian Christopher; '85 BSBA; Personal Svcs. Banker; Trustcorp Bank/Ohio, 85 E. Gay St., Columbus, OH 43215, 614 464-0046; r. 7967 Cnty. Brook Ln., Westerville, OH 43081, 614 847-9028.

REID, Christopher John; '80 MBA; Corporate Controller; Leach Corp., 6900 Orangethorpe Ave., Buena Park, CA 90620, 714 739-1150; r. 13032 Eton Pl., Santa Ana, CA 92705, 714 538-6529.

REID, Dennis M.; '60 BSBA; Atty-at-Law; 752 NE Market St., Reidsville, NC 27320, 919 342-5697; r. Same.

REID, CAPT Donald Paige, USA(Ret.); '51 MBA; Retired; r. 303 Riverside Dr., Ashland, VA 23005, 804 798-8761.

REID, J. Frederick; '49 BSBA; Pres. & CEO; Grange Mutual Casualty Co., 650 S. Front St., Columbus, OH 43216, 614 445-2606; r. RR #1, Cherokee Rd., Harpster, OH 43323, 614 496-2762.

REID, Jeffrey R.; '64 BSBA; Div. Mgr.; Bronson & Bratton Inc., 220 Shore Dr., Burr Ridge, IL 60521, 312 986-1815; r. 994 Huntleigh, Naperville, IL 60540, 312 961-3134.

REID, Jerry T.; '56 BSBA; Div. Traffic Coord.; Rockwell Intl., Box 109, Newark, OH 43055, 614 344-1131; r. 110 N. 33rd St., Newark, OH 43055, 614 344-8425.

REID, Richard Alan, PhD; '67 MBA, '70 PhD (BUS); Prof. of Mgmt.; Univ. of New Mexico, Anderson Sch., Albuquerque, NM 87131, 505 277-3011; r. 405 Vassar Dr. NE, Albuquerque, NM 87106, 505 268-6506.

REID, COL Richard George; '68 BSBA; Col. USAF/CDR.; r. F-16 Aseur, APO, New York, NY 09667.

REID, Richard W.; '59 BSBA; Prog. Mgr.; Martin Marietta Energy Systs., Oak Ridge, TN 37831, 615 574-8685; r. 608 Augusta National Way, Knoxville, TN 37922, 615 966-8334.

REID, Ms. Rita D.; '86 BSBA; Hosp.Pharmaceutical Sales; r. 596 E. Second St., Xenia, OH 45385, 513 372-6047.

REID, Dr. Robert Daniel; '87 PhD (BUS); Asst. Prof.; Univ. of New Hampshire, McConnell Hall, Durham, NH 03824, 603 862-3382; r. River Ridge Condos, 2-E Bass St., Newmarket, NH 03857, 603 659-6197.

REID, Scott Brian; '85 BSBA; 172 Greenmeadow Dr., Heath, OH 43056, 614 522-2577.

REID, Stuart Rolland; '46 BSBA; Retired; r. 118 Montvue Rd., Bristol, TN 37620, 615 968-2404.

REID, Susan Fought; '82 BSBA; Staff; Gates Mc Donald & Co., Sub of Nationwide, POB 1944, Columbus, OH 43216; r. 960 Patrick Pl., Wooster, OH 44691, 216 264-5335.

REID, Thomas; '73 BSBA; Account Exec.; American Bell, 280 N. High St., Columbus, OH 43215; r. POB 6985, Columbus, OH 43205.

REID, Thomas Richard; '68 BSBA; Postal Worker; US Postal Svc., 220 4th St. SW, Canton, OH 44702; r. 4975 Trafalgar SW, Canton, OH 44706, 216 478-1504.

REID, Timothy E.; '87 BSBA; 16978 Bearcreek Ln., Strongsville, OH 44136, 216 572-0376.

REID, William S.; '41 BSBA; Retired; r. 2651 Victoria Park Dr., Riverside, CA 92506, 714 788-9991.

REIDENBACH, James Kent; '80 BSBA; Staff; GE, 1 Neumann Way, Cincinnati, OH 45215; r. 2919 Kimberly Dr., Maineville, OH 45039, 513 683-3511.
REIDENBACH, William J.; '53 BSBA; VP/Gen. Counsel/Secy.; Columbus Mutual Life Ins. Co., 303 E. Broad St., Columbus, OH 43215, 614 221-5875; r. 989 Greenridge Rd., Worthington, OH 43085, 614 885-0853.
REIDER, Brent Carleton; '82 BSBA; 2920 N. Star Rd., Columbus, OH 43221, 614 486-4634.
REIDER, Marc Joel; '68 BSBA; VP-Retail Banking; Broadview Savings Bank, Retail Banking Div., 6000 Rockside Woods Blvd., Cleveland, OH 44131, 216 447-1900; r. 2593 Edgerton Rd., Cleveland, OH 44118, 216 932-7344.
REIFEIN, Wilbur W.; '57 BSBA; Asst. Mgr.; AT&T, Payroll & Financial Services, 3000 Skyline Dr., Mesquite, TX 75149, 214 288-2155; r. 11114 Ridgemeadow Dr., Dallas, TX 75218, 214 341-4079.
REIFENBERG, Paul E.; '41 BSBA; Retired; r. 2436 Birchwood Ln., Wilmette, IL 60091, 312 251-6065.
REIFF, Alan Jay; '67 BSBA; Manufacturer's Rep.; Alan Jay Reiff & Assoc., 1315 Constitution Ave., NE, Washington, DC 20002, 202 546-6776; r. Same, 202 546-6157.
REIFF, Bruce Douglas; '87 BSBA; Surety Underwriter; Westfield Cos., 1 Park Cir., Westfield Ctr., OH 44251, 216 887-0541; r. 36 S. Main St., Rittman, OH 44270, 216 927-4211.
REIFF, Ted Curtis; '69 BSBA; Gen. Partner; Creative Business Strategies, 10055 Barnes Canyon Rd., A, San Diego, CA 92121, 619 457-2773; r. 2805 Camino Del Mar, Del Mar, CA 92014, 619 481-2978.
REIGHLEY, Fenton J.; '34 BSBA; Retired; Firestone T&R Co., 1200 Firestone Pkwy., Akron, OH 44317; r. 300 Woodhaven Apt.-4403, Hilton Head Island, SC 29928, 803 681-9408.
REIGHLEY, James A.; '81 BSBA; Acct.; Crossroads Inc., *, Scottsdale, AZ 85251; r. 1351 E. Chilton Dr., Tempe, AZ 85283, 602 838-1421.
REIHER, Peter L.; '67 BSBA; VP/Gen. Mgr.; Natl. Fire Hose Corp., 1881 E. 25th Ave., Columbus, OH 43229, 614 294-5522; r. 6558 Emco Pl., Worthington, OH 43085.
REIK, Edward Anthony; '78 BSBA; Controller; Chemical Mortgage Co., 101 E. Town St., Columbus, OH 43215; r. 6359 Rockland Dr., Dublin, OH 43017, 614 766-0340.
REIK, Timothy G.; '81 BSBA; Field Mktg. Rep.; Shelby Ins. Co., 175 Mansfield Ave., Ste. 101, Shelby, OH 44875, 419 347-1880; r. 3591 Inverary Dr., Columbus, OH 43228, 614 275-4726.
REIL, Timothy Charles; '85 BSBA; CPA/Realtor; Holzer Wollam, 1515 Bethel Rd., Columbus, OH 43220; r. 6023 Meadows Glen Dr., Dublin, OH 43017, 614 766-9813.
REILLY, Hon. Archer E.; '41 BSBA; Judge Crt of Appeals; 10Th Dist. Franklin Co., Courthouse, Columbus, OH 43215; r. 2671 Wexford Rd., Columbus, OH 43221, 614 488-3631.
REILLY, Corinne Dryer; '74 BSBA; 1153 Fairview Ave., Columbus, OH 43212, 614 488-5417.
REILLY, Garrett Anthony, Sr.; '53 BSBA; Staff; GE Co., 3135 Easton Tpk., Fairfield, CT 06431; r. 199 Deer Run Rd, Wilton, CT 06897, 203 762-7956.
REILLY, Michael J.; '72; Sales Rep.; Huttig Sash & Door Co., 1791 Kenny Rd, Columbus, OH 43212, 614 486-4367; r. 3255 Fishinger Rd., Hilliard, OH 43026, 614 876-6475.
REILLY, Michael James; '70 BSBA; Buyer; Big Bear Stores Co., 770 W. Goodale Blvd., Columbus, OH 43212; r. 1153 Fairview Ave., Columbus, OH 43212, 614 488-5417.
REILY, Robert Faris, III; '86 BSBA; Financial Coord.; Trusthouse Forte, 1973 Friendship Dr., El Cajon, CA 92020, 619 448-1884; r. 7873 Avenida Novidad, Apt. 270, San Diego, CA 92122, 619 535-9413.
REIMAN, Marilyn Guilliams; '61 BSBA; Tchr.; r. 1339 Stewart Ln., Coshocton, OH 43812, 614 622-6042.
REIMINK, Mrs. Lauri Marie; '84 BSBA; Homemaker; r. 2024 Bamboo Dr., Lexington, KY 40513, 606 223-4505.
REIMSNYDER, Kimberly '86 (See Leahy, Ms. Kimberly Sue).
REIN, Gerald Richard; '76 BSBA; Computer Programer; Tominy Corp., 4152 Crossgate, Cincinnati, OH 45236; r. 4761 Alpine Ave., Cincinnati, OH 45242, 513 891-2810.
REINBERG, Richard D.; '55 BSBA; Pres.; Equity Plng. Corp., 2035 Chagrin, Cleveland, OH 44122, 216 561-8600; r. 2747 Belgrave Rd, Cleveland, OH 44124, 216 831-5082.
REINCHELD, Victor Joseph; '82 BSBA; Dir. of Operations; Russ Berrie & Co. Inc., 6929 Americana Pkwy., Reynoldsburg, OH 43068, 614 864-7877; r. 364 Heil Dr., Gahanna, OH 43230, 614 475-0179.
REINE, Arthur Frederick; '83 MBA; Div. Controller; Spectra Physics, Laser Analytics Div., 25 Wiggins Ave., Bedford, MA 01730, 617 275-2650; r. 8 Brattle Dr., Apt. #9, Arlington, MA 02174, 617 643-0721.
REINECK, Robert Joseph; '69 BSBA; Mfg. Rep.; G.B. Stumpp Assocs., Inc., 204 E. Joppa Rd., Towson, MD 21204, 419 882-1672; r. 5050 Larkhaven Dr., Toledo, OH 43623, 419 882-1672.
REINEHR, Kay Linn; '82 BSBA; Grad. Student - Bus. Adm.; Bowling Green State Univ., Bowling Green, OH 43402; r. 203 E. Clay, Mt. Blanchard, OH 45867, 419 694-3312.
REINEKE, Douglas Gene; '70 BSBA; Gramlich Rd., Rte. 1 Box 1F, Lavale, MD 21502, 301 724-3232.
REINER, Frederick W.; '51 BSBA; Supv. of Audits; City of Columbus, 140 Marconi Blvd., Columbus, OH 43215, 614 222-7646; r. 2785 Scottwood Rd, Columbus, OH 43209, 614 237-2204.
REINER, Robert William; '79 BSBA; Sr. Mgr.; Peat Marwick Main & Co., 220 Market Ave. S., Ste. 740, Canton, OH 44702, 216 453-6464; r. 2834 Waterbury St., NW, N. Canton, OH 44720, 216 497-7344.
REINER, Walter G.; '66 BSBA; Staff; Reiner Realty, 5030 Westerville, Westerville, OH 43081; r. 3210 Indianola, Columbus, OH 43202, 614 263-9091.
REINES, Dan; '39 BSBA; Exec. VP; Sternand Mann Co.; r. 33 Auburn Ave. SE, N. Canton, OH 44709, 216 497-9457.
REINHARD, Dean G.; '62 BSBA; Atty./Partner; Reinhard Sunbury Shay & Hilt, 576 S. 3rd St., Columbus, OH 43215; r. 576 S. 3rd St., Columbus, OH 43215, 614 461-1207.
REINHARD, James Allen; '76 BSBA; 7757 Big Creek Pkwy., Middleburg, OH 44130.
REINHARDT, Christopher; '74 BSBA; Comm Account Mgr.; The Wilson Floor Co., 3950 Indianola Ave., Columbus, OH 43214; r. 2388 Swansea Rd., Columbus, OH 43221, 614 459-4161.
REINHARDT, J. Alec; '79 MBA; VP-(Fin)/CFO/Dir.; Cooper Tire & Rubber Co., Lima & Western Ave., Findlay, OH 45840, 419 424-4320; r. 135 Orchard Ln., Findlay, OH 45840, 419 424-0267.
REINHARDT, Richard Edwin; '70 BSBA; Staff; Pan Am, Pan Am Bldg., 200 Park Ave., New York, NY 10166; r. Rte. 2 Box 81, Ozark, AL 36360, 205 774-6628.
REINHART, Bryan James; '86 BSBA; 354 Coe St., Tiffin, OH 44883, 419 447-3971.
REINHART, Richard Leo; '51 MBA; Retired VP; Human Res.; r. 2 Edgemoor Ln., Pittsburgh, PA 15238, 412 963-1430.
REINHART, Thomas Harold; '69 BSBA; Box 869, Wellfleet, MA 02667.
REINHART, Veronica Zender; '84 BSBA; Cost Analyst; Natl. Electrical Carbon Corp., 200 N. Town St., Fostoria, OH 44830, 419 436-5901; r. 144 S. State Rte. 587, Fostoria, OH 44830, 419 435-1108.
REINHOLD, Thomas J.; '82 BSBA; Credit Analyst; Xxovest Inc., 130 Tri Cnty. Pkwy., Cincinnati, OH 45246, 513 772-4444; r. 7795 Jolain Dr., Cincinnati, OH 45249, 513 791-8962.
REINIGER, Janet Elaine; '87 MBA; Product Mgr.; Banc One Svcs. Corp., Mktg. & Prod. Devel., 350 S. Cleveland Ave., Columbus, OH 43271, 614 248-4773; r. 331 Longbranch Dr., Dublin, OH 43017, 614 889-9052.
REINKE, Ronald Franklin; '71 BSBA; Pres.; Wen-Den, Inc., POB 2935, Denton, TX 76202, 817 383-0998; r. 1428 Ridgecrest Cir., Denton, TX 76205, 817 382-3999.
REINMANN, Joseph P.; '86 BSBA; 3310 Fairhill Dr., Cleveland, OH 44116, 216 331-0428.
REINMANN, Karen Marie; '88 BSBA; 3310 Fairhill Dr., Rocky River, OH 44116, 216 331-0428.
REISCH, Laura '85 (See Dop, Laura Reisch).
REISER, Albert W., Jr.; '56 BSBA; Staff; US Dept. of Labor, Wage Hour Division, Lima, OH 45805; r. 1555 Richelieu Dr., Lima, OH 45805.
REISER, Genevieve Marie; '87 BSBA; Beauty Cnslt.; Mary Kay Cosmetics Inc., 135 W. Longview Ave., Columbus, OH 43202; r. 135 W. Longview Ave., Columbus, OH 43202, 614 267-0757.
REISER, George R.; '51 BSBA; Sr. Partner; Reiser & Zraik, 1001 First Federal Plz., Toledo, OH 43624, 419 242-9501; r. 5635 Dianne Ct., Toledo, OH 43623, 419 475-6570.
REISER, John A.; '56 BSBA; Staff; Boise Cascade, 183 S. Coit St., Florence, SC 29503, 803 669-7825; r. 77 Gold Creek Dr, Hickory, NC 28601, 919 738-1571.
REISER, Ralph J., Jr.; '59 BSBA; Dir.-Intl. Sales; Lof Glass/Libby-Owens-Ford Co., Automotive Glass Replacement, POB 799, 811 Madison Ave., Toledo, OH 43695, 419 247-4896; r. 5650 Swan Creek Dr., Toledo, OH 43614, 419 866-1203.
REISHUS, Paul A.; '77 BSBA; Broker; Bear Stearns, Madison St., Chicago, IL 60606, 312 580-6846; r. 504 Meadow Rd., Winnetka, IL 60093, 312 441-5842.
REISS, Barry A.; '58 BSBA; Atty.; 1421 E. Thomas Rd., Phoenix, AZ 85014, 602 266-3077; r. 5825 N. 12th St. #11, Phoenix, AZ 85014.
REISS, Gary Richard; '80 BSBA; Underwriter; Motorists Mutual Ins. Co., 471 E. Broad St., Columbus, OH 43215; r. 2019 Andover Rd, Columbus, OH 43212, 614 481-8269.
REISSIG, Merle Harris; '50 BSBA; Retired; r. 2495 Canterbury Rd., Columbus, OH 43221, 614 488-9930.
REITELBACH, Frank B.; '51 BSBA; Sales-Commercial; B&B Printing Co., 491 N. Front St., Columbus, OH 43215, 614 224-5375; r. 403 S. Harding Rd., Columbus, OH 43209, 614 235-9733.
REITMAN, Jeffrey B.; '66 BSBA; Asst. Gen. Counsel; Chemical Bank, Legal Division, 380 Madison Ave., New York, NY 10017, 212 309-4060; r. 127 Truxton Rd., Dix Hills, NY 11746, 516 586-4772.
REITMAN, Rita '54 (See Rosenkrantz, Mrs. Rita Reitman).
REITTER, Frederick Joseph; '74 BSBA, '86 MBA; Partner; Reitter Stucco Inc., 1100 King Ave., Columbus, OH 43212, 614 291-2212; r. 6893 Ravine Cir., Worthington, OH 43085, 614 885-1004.
REITZ, Anne Jeannette; '88 BSBA; 1551-A5 Presidential Dr., Columbus, OH 43212, 614 487-0160.
REITZ, John Fredrick; '68 BSBA; VP-Comm Loan Ofc.; California State Bk., 123 S. Chapel Ave., Alhambra, CA 91801, 818 289-9254; r. 1545 Western Ave., Glendale, CA 91201, 818 243-8353.
REITZEL, 1LT James Richard, USAF; '86 BSBA; ESD/TCNX, Hancom AFB, Bedford, MA 01731, 617 271-8514; r. 13 Hickman Ln., Bedford, MA 01730, 617 274-8005.
REKART, Richard Todd; '75 BSBA; 9445 Concourse Dr., Apt. 164, Houston, TX 77036.
REKER, James William; '71 BSBA; VP/Mgr.; Society Natl. Bank, Regional Banking Division, 800 Superior Ave., Akron, OH 44308, 216 379-1403; r. 6809 Kingsway, Hudson, OH 44236, 216 656-4180.
RELINE, Bruce L.; '66 BSBA; Duquesne Slag Prods. Co., Allegheny Blvd., Pittsburgh, PA 15230; r. 1700 Patrick Pl., Library, PA 15129, 412 835-2687.
RELYEA, Lawrence W.; '54 BSBA; Supt.; Marcelletti & Son, 25 W. Monroe, Bedford, OH 44146; r. 17530 Haskins Rd., Chagrin Falls, OH 44022, 216 543-9685.
RELYEA, Richard Ross; '83 BSLHR; 2119 Chesterfield Pl., Chesterfield, MO 63017.
RELYEA, William Thomas; '48 BSBA; 416 La Abra, Green Vly., AZ 85614, 419 985-2464.
REMENSNYDER, Gary Steven; '86 MBA; Financial Spec.; N C R Corp., 134 Technology Park, Norcross, GA 30092, 404 441-8460; r. 202 Belcourt Pkwy., Roswell, GA 30076, 404 998-5867.
REMICK, John E.; '67 BSBA; 401 Jackson St., Dayton, OH 45410, 513 461-1566.
REMKE, Richard Edwin; '68 MBA; 14176 Feather Sound Dr., Clearwater, FL 34622, 513 844-2107.
REMLEY, Dan Allen; '77 MBA; Acct. Mgr.; Travelers Ins. Co., 150 E. Campusview Blvd., Columbus, OH 43212, 614 433-2027; r. 498 Piedmont, Columbus, OH 43214, 614 261-8622.
REMLINGER, Ann '55 (See Kribs, Ann Remlinger).
REMLINGER, Roger A.; '64 BSBA; CPA; 275 E. State St., Columbus, OH 43215, 614 461-6082; r. 2990 Whitebark Pl., Columbus, OH 43026, 614 771-8678.
REMLINGER, William Theodore; '76 BSBA; Pharmaceutical Rep.; Glaxo Inc., Five Moore Dr., Research Triangle Pk., NC 27709, 800 325-5229; r. 645 Aberfelda Dr., Springfield, OH 45504, 513 325-8605.
REMNANT, James Alan; '81 MBA; Sr. Financial Analyst; Andahl Corp., 1250 E. Arquez, Sunnyvale, CA 94088; r. 3451 Tracy Dr., Santa Clara, CA 95051, 408 241-3046.
REMPE, Kimberly Ann; '80 BSBA; Financial Analyst; NCR Corp., 1700 S. Patterson Blvd., Dayton, OH 45479; r. 444 W. Fullerton Pkwy., Apt. 1907, Chicago, IL 60614.
REMPEL, Gene Ferdinand; '50; Store Mgr.; Glicks Furniture Co., 3551 Cleveland Ave., Columbus, OH 43224, 614 263-2885; r. 1587 Morton Ct., Galloway, OH 43119, 614 878-6290.
REMSON, Mary Louise; '83 MBA; Administrative Asst.; AT&T Network Systs., 6200 E. Broad St., Columbus, OH 43213, 614 860-5212; r. 1031 Camden Ave., Columbus, OH 43201, 614 291-6653.
REMSTER, Timothy Michael; '80 BSBA; 3393 Paxton Ct., Hilliard, OH 43026, 614 876-9125.
REMYN, Franklin Delano; '77 MBA; Principal; American Mgmt. Systs., 2 Rector St., New York, NY 10006, 212 618-0454; r. 210 Hawthorne St., Scotch Plains, NJ 07076, 201 889-8912.
REMYNSE, Michelle Marie; '88 BSBA; 3727 Marvindale, Toledo, OH 43606, 419 536-2216.
RENARD, Elizabeth Pickering; '45 BSBA; Retired Acct.; r. 29532 Mark Ln., Livonia, MI 48152, 313 427-4615.
RENARD, James F.; '63 BSBA; Staff; US Postal Svc., 850 Twin Rivers Dr., Columbus, OH 43216; r. Box 20, Columbus, OH 43216, 614 471-7340.
RENDA, Dominic Phillip; '38 BSBA; Chmn. of Bd. Emeritus; r. 10106 Empyrean Way, Le Parc-Century City, Los Angeles, CA 90067.
RENFROE, Pamela '85 (See Kern, Pamela Renfroe).
RENGEL, Patrick R.; '88 BSBA; Editor & Owner; The Merchant & The Peddler, Columbus, OH 43235, 614 459-0755; r. 5911 Shadow Lake Cir., Columbus, OH 43235, 614 459-0755.
RENGERS, Joseph H.; '49 BSBA; Pres.; J H Rengers Inc., 33 Sawmill Rd., Dayton, OH 45409, 513 433-2400; r. 925 W. Alexandersville, Bellbrook, Dayton, OH 45459.
RENGERT, Ann Christine; '88 MPA; 3082 Townhouse Dr., Grove City, OH 43123, 614 871-0157.
RENGO, Amy Lynn; '84 MPA; Dir. of Quality Assur.; Mason Cnty. CMH, 609 E. Ludington, Ludington, MI 49431, 616 845-0317; r. 14226 Hagelberg Rd., Kaleva, MI 49645, 616 362-3170.
RENGO, Rebecca Ann; '82 MA, '82 MSW; Rsch. Instr.; Washington Univ., Box 8111, 660 S. Euclid, St. Louis, MO 63110, 314 362-3218; r. 2515 S. Park Ln., Florissant, MO 63031, 314 838-1392.
RENICKER, Joann Fay; '83 BSBA; Grp. Mgr.; Shilito Rikes Dept. Store, 2nd & Main, Dayton, OH 45402; r. 5918 Culzean Dr., Apt. 521, Dayton, OH 45426, 513 837-7954.
RENIE, Elizabeth Ann; '88 BSBA; Columbus, OH 43224.
RENINGER, Normand W.; '62 MA; Retired Elec. Engr.; Rockwell Intl., 2230 E. Imperial Hwy., El Segundo, CA 90245; r. 775 River Oaks Ln., Merritt Island, FL 32952, 407 452-5192.
RENNEBAUM, Raymond George, Jr.; '74 BSBA; Dir. of Purchasing; Methodist Hosp., 506 6th St., Brooklyn, NY 11215; r. 572 Atlantic Ave., Brooklyn, NY 11217, 718 875-4766.
RENNEKAMP, Drusilla '36 (See Goll, Drusilla Rennekamp).
RENNEKER, Robert C.; '53 BSBA; Retired; r. 1877 Knollridge Ct., Columbus, OH 43229, 614 891-6481.
RENNER, Charles E.; '49 BSBA; Special Agt.; Northwestern Mutual Life Ins. Co., 1612 Ohio Edison Bldg., Akron, OH 44308; r. 2038 Wyndham Rd., Akron, OH 44313, 216 864-3416.
RENNER, Christine J. '78 (See Masheter, Mrs. Christine J.).
RENNER, Diane; '83 BSBA; Systs. Analyst; Champion Intl., Knightsbridge, Hamilton, OH 45020, 513 868-4883; r. 44 Providence Dr. #82, Fairfield, OH 45014, 513 874-8959.
RENNER, Lee Owen; '82 BSBA; 19679 S. R 161, Irwin, OH 43029.
RENNER, Leo Edwin; '82 BSBA; 130 4th St. SW, New Philadelphia, OH 44663, 216 339-1534.
RENNER, Mary L.; '87 BSBA; Tax Staff Asst.; Deloitte Haskins & Sells, 155 E. Broad St., Columbus, OH 43215; r. 1271 Belle Meade Pl., Westerville, OH 43081, 614 890-7762.
RENNIE, Dr. Henry George; '63 BSBA, '65 MABA, '73 PhD; Prof.; Univ. of Toledo, Economics Dept., Toledo, OH 43606, 419 537-4132; r. 1036 St. Andrews Rd., Toledo, OH 43607, 419 531-8713.
RENNINGER, Vernon L.; '47 BSBA; Retired Acct.; The Weatherhead Co., 300 E. 131st St., Cleveland, OH 44108; r. 2206 Mourning Dove Ln., Signal Mtn., TN 37377, 615 886-6965.
RENO, Douglas Alan; '78 BSBA; Agt.; Reno Ins. Agcy. Inc., 320 Linwood St., Dayton, OH 45405, 513 223-5235; r. 318 Pleasant Hill Dr., Dayton, OH 45459, 513 434-6662.
RENON, Yves Olivier; '86 MA; c/o Bernard R Renon, 49 Rue Du Docteur Pareur, Le Havre, France.
RENSCH, Walter C.; '34 BSBA; Staff; Ohio State Univ., Stadium 404 W. 17th Ave., Columbus, OH 43210; r. 891 Meeklyn Dr., Worthington, OH 43085.
RENSHAW, Merle E.; '53 BSBA; Retired; r. 16 Falcon Ct., Wilmington, DE 19808, 302 239-5622.
RENSHAW, Timothy Scott; '86 BSBA; Credit Analyst; Huntington Natl. Bank, 17 S. High St., Columbus, OH 43215; r. 5041 Open Meadows, Columbus, OH 43228, 614 878-3682.
RENTON, Richard Carl; '86 BSBA; 1244 Lake Clay Dr., Lake Placid, FL 33852.
RENTSCH, Wayne D.; '82 BSBA; Owner; WDR Enterprises, 619 W. 13th, Dover, OH 44622, 216 343-0488; r. Same.
RENTSCHLER, Carl G.; '31 BSBA; VP/Secy./Treas.; Beyster Inc., 2905 Beaufait, Detroit, MI 48207, 313 921-3029; r. 773 Whittier Rd., Grosse Pte. Park, MI 48230, 313 823-0102.
RENTZ, Richard Kenworthy; '70 MBA; Credit Mgr.-Perf. Prod.; Exxon Chemical Co., 13509 Katy Frwy., Houston, TX 77509, 713 870-6327; r. 16206 Shrewsbury Cir., Spring, TX 77379, 713 370-3273.
RENWICK, Donald D.; '50 BSBA, '51 MBA; Retired; r. 208 Balboa Ave., Brownsville, TX 78520, 512 350-5541.
RENWICK, William L.; '51 BSBA; 75 Morse Rd, Columbus, OH 43214, 614 261-7751.
RENZI, Mrs. Diane C., (Diane E. Cunningham); '87 BSBA; Sales Rep.; Procter & Gamble Co., 24650 Ctr. Ridge Rd., Ste. 450, Westlake, OH 44145; r. 32107A Hamilton Ct., Apt. 4, Solon, OH 44139, 216 349-0641.
REPIC, Patricia De Blass; '56 BSBA; Owner/Pres.; Anaheim Key to Travel, Inc., 514 S. State Clg. Blvd., Anaheim, CA 92806, 714 520-0682; r. 2229 Nyon Ave., Anaheim, CA 92806, 714 956-1927.
REPKE, John Lahr; '80 BSBA; 445 S. Sleight St., Naperville, IL 60540, 312 369-8746.
REPUZYNSKY, Charles Roger; '75 BSBA; Acctg. Mgr.; The Ohio Historical Society, 1985 Velma Ave., Columbus, OH 43211, 614 297-2400; r. 272 Lambourne Ave., Worthington, OH 43085, 614 888-9546.
RESCH, Arthur A.; '48 BSBA; 1816 Norton Pl., Steubenville, OH 43952, 614 282-7845.
RESCH, Frank J.; '55 BSBA; Owner; Resch Bakery, 4061 E. Livingston Ave., Columbus, OH 43227, 614 237-7421; r. 1516 Striebel Rd, Columbus, OH 43227, 614 231-8733.
RESER, Jeffrey Lee; '76 BSBA; Owner; Lee's Shoes, 333 W. Bridge, Dublin, OH 43017, 614 889-6529; r. 381 W. Hubbard Ave., Columbus, OH 43215, 614 291-8374.
RESH, Maurice E.; '36 BSBA; Retired; r. 2707 Grove St., Sarasota, FL 34239, 813 955-8629.
RESKE, Frederick Michael; '71 BSBA; Systs. Engr.; Hercules Aerospace Div., Bacchus Works, POB 98, Magna, UT 84044; r. 5451 S. 20th E., #38, Ogden, UT 84405.
RESLER, David Charles; '80 BSBA; Account Rep.; E I Du Pont De Nemours Co. Inc., Market St., Wilmington, DE 19850, 302 774-1000; r. 28 Denison St., Newark, DE 19711, 302 737-4884.

RESLER, John B.; '54 BSBA; CPA; John B. Resler CPA Inc., 88 E. Broad St., Columbus, OH 43215, 614 221-3900; r. 6417 Linworth Rd., Worthington, OH 43085, 614 885-9661.
RESLER, Michael Robert; '83 BSBA; 307 E. Farriss Ave., High Point, NC 27262.
RESLEY, John David, CLU; '69 BSBA; Owner & Pres.; JD Resley, Assocs. & F.R.S., Inc., 8900 Keystone Crossing, Ste. #700, Indianapolis, IN 46240, 317 844-6251; r. 12946 Regent Cir., Carmel, IN 46032, 317 844-0802.
RESNICK, Michael Jay; '82 BSBA; Dist. Mgr.; The Limited Inc., One Limited Pkwy., POB 16528, Columbus, OH 43216, 614 475-4000; r. 7232 Hopewell St., Dublin, OH 43017, 614 792-9917.
RESNICK, Robert William; '80 BSBA; Mgr.; Deloitte Haskins & Sells, 100 Peachtree St., Atlanta, GA 30303, 404 980-2820; r. 2922 Cobb St., Marietta, GA 30067, 404 977-9556.
RESPARC, Philip Michael; '77 BSBA; Dist. Mgr.; Dover Elevator Co., 2128 Clay St., Indianapolis, IN 46205, 317 546-1125; r. 3845 E. 78th St., Indianapolis, IN 46240, 317 841-9171.
RESS, James M.; '45; Retired Salesman; The Timken Co., 1835 Dueber Ave. SW, Canton, OH 44706; r. 1127 N. Wooster Ave., Dover, OH 44622, 216 343-1845.
RETIG, Barbara J. '84 (See Peterson, Mrs. Barbara J.).
RETKWA, Christine E.; '85 BSBA; Claims Examiner; Prudential Ins., 23 Main St., Holmdel, NJ 07733, 201 946-0707; r. 68 Meredith Rd., Colonia, NJ 07067, 201 388-0981.
RETTEMNIER, Richard Terrence; '78 BSBA; 3036 Breed Dr., Reynoldsburg, OH 43068, 614 864-0587.
RETTERER, G. Kent; '78 BSBA; Staff; The Christopher Inn, 300 E. Broad St., Columbus, OH 43215, 614 224-0693; r. 534 S. Third, Columbus, OH 43215.
RETTERER, Mrs. Robyn Lee, (Robyn Lee Stephenson); '86 BSBA; Employment Mgr.; Owens-Illinois, 711 Southwood Ave., Columbus, OH 43207, 614 443-6551; r. 1390 Orchard Park Dr., Columbus, OH 43232, 614 755-4784.
RETTINGER, Raymond Louis, Jr.; '68 BSBA; Dist. Sales Mgr.; Harris Corp., Computer Div., 370 S. Northlake Blvd., Altamonte, FL 32701, 407 767-2422; r. 1433 Shadwell Cir., Heathrow, FL 32746, 407 333-2345.
RETTOS, Socrates John; '82 BSBA; 4920 Day Rd., Cincinnati, OH 45247.
RETTSTATT, Douglas William; '88 BSBA; 7899 E. 161, New Albany, OH 45054, 614 855-1883.
REUSCHE, Mary Westbrook, (Mary L. Westbrook); '50 BSBA; Homemaker; r. 1279 W. Inverlieth Rd., Lake Forest, IL 60045, 312 234-9349.
REUSCHE, Robert F.; '49 BSBA; Vice Chmn.; The Northern Trust Co., 50 S. Lasalle St., Chicago, IL 60675, 312 630-6000; r. 1279 W. Inverlieth Rd., Lake Forest, IL 60045, 312 234-9349.
REUSCHER, William Earl; '68 BSBA; VP; First Natl. Bank, Commercial Banking, One First National Plz., Massillon, OH 44646, 216 832-9801; r. 1016 Citadel NW, Massillon, OH 44646, 216 832-6845.
REUSSER, Dean F.; '67 BSBA; Pres.; Bazwell Inc., 2644 Gilchrist, Akron, OH 44305, 216 798-9660; r. 2785 Wayne St., Orrville, OH 44667, 216 682-1368.
REUTER, Teresa Lynn; '87 BSBA; 2200 Fairfax, St. Charles, IL 60174, 614 899-1790.
REVAK, Gregory Michael; '86 BSBA; 8 Amosland Rd, Apt. C11, Springfield, PA 19064.
REVELOS, Michael; '55 BSBA; Computer Systs. Analyst; Defense Systs. Automation Ctr., POB 1605, Columbus, OH 43216; r. POB 6116, APO, New York, NY 09633.
REVENAUGH, Gerald K.; '61 BSBA; 1612 N. E. Rosewood Dr., Kansas City, MO 64118, 816 436-6976.
REVES, Randal M.; '83 BSBA; 5795 Foster Ave., Worthington, OH 43085, 614 888-8177.
REWEY, Robert L.; '61 BSBA, '63 MBA; VP Sales Opers.; Ford Motor Co., 17101 Rotunda Dr At Southfield, Box 1522-A, Dearborn, MI 48121, 313 390-4000; r. 401 Lone Pine Ct., Bloomfield Hls., MI 48013, 313 642-5867.
REX, Robert M., Jr.; '67 BSBA; Investment Advisor; Cambridge Financial Grp., 2130 Arlington Ave., Columbus, OH 43221, 614 488-2344; r. 1865 Baldridge Rd., Columbus, OH 43221, 614 488-5515.
REXING, Deborah De Wald, (Deborah De Wald); '83 BSBA; Homemaker; r. 3262 Socialville Foster Rd., Maineville, OH 45039, 513 398-6656.
REYES, Sarita Susanne; '88 BSBA; 195 W. California, Columbus, OH 43202, 614 267-9111.
REYMANN, M. Lynn, (M. Lynn Noll); '86 BSBA; Account Exec.; Litel Corp., 200 Old Wilson Bridge, Worthington, OH 43085, 614 433-9200; r. 5864 Garden Grove Blvd., Dublin, OH 43017, 614 792-8263.
REYNARD, Geoffrey Eric; '79 BSBA; c/o Kenneth E. Reynard, 3000 Dublin-Granville Rd., Columbus, OH 43229.
REYNARD, Kenneth Edward; '55 BSBA; Retired; r. 8700 E. Mountain View Rd., Unit 2050, Scottsdale, AZ 85258, 602 951-1720.
REYNOLDS, Baiba Folkmanis; '64 BSBA; 918 Mc Clain Rd, Columbus, OH 43212, 614 486-6014.
REYNOLDS, Dana Farnum, III; '76 BSBA; Mgr.; Ritchey & Assocs. CPA's, 1277 Maple Ave., Zanesville, OH 43701, 614 453-0621; r. 3860 Pert Hill Rd., Hopewell, OH 43746, 614 787-2657.
REYNOLDS, Daryl Dean, CPA; '75 BSBA; CPA; Daryl Dean Reynolds CPA, 15 E. Kossuth St., Columbus, OH 43206, 614 443-0745; r. 7701 Jefferson Dr., Canal Winchester, OH 43110, 614 837-9282.
REYNOLDS, Diane Elizabeth; '85 BSBA; Lawyer; Vedder Price Kaufman & Kammholtz, 222 N. La Salle St., Chicago, IL 60603, 312 609-7500; r. 850 N. State St., Apt. 16C, Chicago, IL 60610, 312 951-7341.
REYNOLDS, James Morris; '78 BSBA; Sales Rep.; Tandem Computers, St. Louis, MO 63166, 314 997-2450; r. 15324 Country Ridge Dr., Chesterfield, MO 63017, 314 532-3724.
REYNOLDS, Jerry '58 (See Freeland, Mrs. Jerry).
REYNOLDS, John Charles; '81 BSBA; Mgr.; Rockwell Intl., 2600 Westminster Blvd., Seal Bch., CA 90740, 213 797-3287; r. 129 Briarglen, Irvine, CA 92714, 714 733-3208.
REYNOLDS, June Kaiser; '79 MBA; Grp. Mgr.; Procter & Gamble, 2 Procter & Gamble Plz., Cincinnati, OH 45202, 513 983-0774; r. 7599 Fairwayglen Dr., Cincinnati, OH 45248, 513 941-8903.
REYNOLDS, Katharine A. '84 (See Presutti, Katharine A.).
REYNOLDS, Lynda Lee '82 (See Weiss, Lynda Lee).
REYNOLDS, Merilee Valentine; '82 BSBA; Cert Public Acct.; r. 7 Cunningham Dr., Derry, NH 03038, 603 434-1606.
REYNOLDS, Michael Brad; '80 MPA; Sr. Benefits Analyst; American Electric Power, 1 Riverside Plz., Columbus, OH 43215, 614 223-2417; r. 99 Blenheim Rd., Columbus, OH 43214, 614 267-8201.
REYNOLDS, Nancy '78 (See Gwin, Nancy Reynolds).
REYNOLDS, Norman Paul; '86 BSBA; Acct.; Marathon Oil Co., 539 S. Main St., Findlay, OH 45849; r. 4874 Mermill Rd., Wayne, OH 43466, 419 288-2645.
REYNOLDS, Randolph Roye; '69 BSBA; Staff; Fed. Job Corps, 3173 Kerry St., San Bernardino, CA 92357; r. POB 6875, Crestline, CA 92325.
REYNOLDS, Richard Floyd; '56 BSBA; Chmn. of Bd. & CEO; Ben Griffin Tractor Co., 5220 Harry Hines Blvd., Dallas, TX 75235, 214 631-8160; r. 3011 Sagebrush Dr., Flower Mound, TX 75028, 214 539-7337.
REYNOLDS, Roger Eugene; '67 BSBA; USAF, Logistics Command, Wright-Patterson AFB, OH 45433; r. 3877 S. Greenbrier, Fairborn, OH 45324.
REYNOLDS, Steven Robert; '87 BSBA; 918 Mc Clain Rd., Columbus, OH 43212, 614 486-6014.
REYNOLDS, Susan J.; '85 BSBA; Hosp. Admin.; Childrens Hosp.-Pittsburgh, 3705 5th Ave., Pittsburgh, PA 15206, 412 647-8540; r. 342 S. Highland, #13B, Pittsburgh, PA 15206, 412 363-7111.
REYNOLDS, Susan Pitcher; '62 BSBA; 3904 Diamond Loch W., N. Richland Hills, TX 76180.
REYNOLDS, Thomas Edward; '72 BSBA; CPA/Treas.; Natl. Petroleum Corp., 801 Kingsmill Pkwy., Columbus, OH 43229; r. 7907 Sarahurst, Dublin, OH 43017, 614 889-2234.
REYNOLDS, William Aloysius; '40 BSBA; Pres.; Johnny-On-The-Spot, 555 Woodrow Ave., Columbus, OH 43207; r. 295 Westview Ave., Columbus, OH 43214, 614 888-0562.
REYNOLDS, William J.; '47 BSBA; Retired; r. 2868 Neil Ave. Apt. 581-B, Columbus, OH 43202, 614 268-6982.
REZNOR, Jeffrey Lee; '69 BSBA; Real Estate Broker; Reznor Realty Co., 5318 N. High St., #142, Columbus, OH 43214, 614 846-3328; r. 505 Broadmeadows, Apt. #104, Columbus, OH 43214, 614 846-6132.
RHEE, Dr. Sangghon; '78 PhD (BUS); Prof. of Finance/Dir.; Univ. of RI-Ctr. for Pacific Basin Capital Mkts. Rsch., Clg. of Bus. Admin., Kingston, RI 02881, 401 792-4324; r. 174 Edaville Ct., Warwick, RI 02886, 401 739-4277.
RHEES, Jan '78 (See Johnson, Jan Rhees).
RHEIN, Albert C.; '53 BSBA; Staff Mgr. for Purchasing; Cincinnati Bell, 201 E. 4th St., Cincinnati, OH 45201, 513 397-7214; r. 6803 Menz Ln., Cincinnati, OH 45233, 513 941-2020.
RHEIN, Gary Philip; '72 BSBA; 200 E. 30th St., New York, NY 10016, 212 683-4591.
RHENISH, John Matthew; '87 BSBA; 3298 Covert Ct., Columbus, OH 43231, 614 899-6053.
RHIEU, Sang Yup; '79 MBA; 3630 Shallowford Rd. #E3, Doraville, GA 30340.
RHIND, Constance Acheson, (Constance Acheson); '79 BSBA; Audit Mgr.; Johnston Leach McDonough & Eddy, 914 Market St., Ste. 301, Parkersburg, WV 26101, 304 428-8091; r. 125 Brandy Dr., Marietta, OH 45750, 614 373-3149.
RHINE, Julie Anne; '82 BSBA; 269 Bradford Dr., Canfield, OH 44406, 216 533-5361.
RHINE, Michael James; '87 BSBA; Relationship Banker; Huntington Natl. Bank, 17 S. High St., Columbus, OH 43215; r. 2206 Parkville Ct., Apt. B1, Columbus, OH 43229, 614 899-7427.
RHINEHART, Dagmar Odvarka, (Dagmar Odvarka); '86 BSBA; Commercial Lending Assoc.; Fifth/Third Bank of Columbus, 180 E. Broad St., Worthington, OH 43215, 614 223-3932; r. 364-A Quailhaven Dr., Worthington, OH 43085, 614 848-8153.
RHINEHART, Gregory Lee; '85 BSBA; Regional Mrktng Rep.; Thermal Industries, 1 Thermal Way, Pittsburgh, PA 15221, 800 245-1540; r. 4875 Kingshill Dr., #115, Columbus, OH 43229.
RHINEHART, Mrs. Mary Mc Dowell, (Mary McDowell); '47 BSBA; Homemaker; r. 4807 White Oaks Dr., Steubenville, OH 43952, 614 264-0321.
RHOADES, C. Charles; '54 BSBA; Life Ins. Agt.; Lafayette Life Ins. Co., POB 20313, Columbus, OH 43220, 614 431-4334; r. 4190 Greensview Dr., Columbus, OH 43220, 614 451-5533.
RHOADES, Ronald R.; '62 BSBA; Managing Dir.; Fbg-Trident Ltd., Temple Cloud, Bristol BS18 5BY, England; r. 14 Marlborough Buildings, Bath BA1 2LX, England.
RHOADS, I. Charles; '47 BSBA; Atty./CPA; 5727-G Tamarack Blvd., Columbus, OH 43229, 614 431-0007; r. Same.
RHODE, Lila Miller, (Lila Miller); '53 BSBA; Real Estate Sales; John Halter Inc., Huron, OH 44839; r. 402 Shawnee Pl., Huron, OH 44839, 419 433-5773.
RHODES, Bruce Kenneth; '81 BSBA; Asst. VP; Barclays American Commercial, 10401 Linn Station Rd., Louisville, KY 40223, 502 423-1535; r. 9315 Sue Helen Dr., Louisville, KY 40299, 502 267-4057.
RHODES, C. Jeffery; '82 BSBA; Dist. Mgr.; Du Bois Chemicals, Du Bois Twr., Cincinnati, OH 45217, 800 438-2647; r. 3850 Westchase Village Ln., #A, Norcross, GA 30092, 404 263-9871.
RHODES, E. Douglas; '87 BSBA; Territory Sales Mgr.; Beier & Co., Dixon, IL 61021; r. 1050 S. Weybridge, Apt. C, Columbus, OH 43220, 614 451-3047.
RHODES, Gerald Lee; '71 BSBA; Sales Mgr.; Mailers Equip. Co., 600 Shoemaker Ave., Unit #5, Columbus, OH 43201, 614 299-6211; r. 1268 Pegwood Ct., Columbus, OH 43229, 614 885-9534.
RHODES, James A.; '36; Rsch., Design & Dev.; James A Rhodes & Assocs., 42 E. Gay St., Ste. 1300, Columbus, OH 43215; r. 2375 Tremont Rd., Columbus, OH 43221, 614 221-1300.
RHODES, Jeanne Spore; '40 BSBA; Retired; r. 10E Wiggins Farm Dr., Simsbury, CT 06070, 203 651-0785.
RHODES, Patrick; '71 BSBA; VP; Property Grp. One, 2727 Tuller Pkwy., Dublin, OH 43017, 614 761-1010; r. 7609 Norham Rd., Worthington, OH 43085, 614 431-0531.
RHODES, Robert R.; '47 BSBA; Staff; Powell Electronics, 133 Flanders Rd., Box 1159, Westboro, MA 01581, 508 366-6100; r. 100 Martins Ln., Hingham, MA 02043, 617 749-3578.
RHODES, William W.; '48 BSBA; For. Svc. Ofcr.; Dept. of State, Washington, DC 20520, 202 647-3725; r. 7816 Aberdeen Rd., Bethesda, MD 20814, 301 652-2678.
RHOTEN, Mrs. Linda, (Linda Myers); '60 BSBA; Ofc. Mgr. Acct.; Carson Motors Inc., 3710 14th St., W., Bradenton, FL 34205, 813 748-4633; r. POB 1683, Anna Maria, FL 34216, 813 778-7136.
RHOTON, Kenneth D.; '43 BSBA; Retired; r. 2201 Hawthorne, Elkhart, IN 46517, 219 293-0475.
RHYNEHARDT, Deborah Faye; '86 MBA; Production Planner; GM Div., Fisher-Guide Division, 200 Georgesville Rd., Columbus, OH 43228, 614 275-5226; r. 1609 Demorest Rd., Columbus, OH 43228, 614 871-8298.
RIBELIN, Charles A.; '53 BSBA; Pres.; Ribelin Dist. Inc., POB 461673, Dallas, TX 75046, 214 272-1594; r. 5208 Tanbark Rd, Dallas, TX 75229, 214 368-5772.
RIBET, Mrs. Beatrice F., (Beatrice J. Foster); '45 BSBA; c/o M L Phillips, 2907 Klondike Rd., Delaware, OH 43015.
RIBLET, Jeffrey Alan; '85 BSBA; Whse Oper Supv.; Owens Corning Fiberglas, 7000 Mc Clarin Rd., Fairburn, GA 30213; r. 104 Lonesome Pine Ln., Atlanta, GA 30339, 404 432-5449.
RICART, Rhett Calvin; '78 BSBA; Staff; Ricart Ford Inc., POB 27130, Groveport, OH 43125; r. 1661 Windway Ct., Blacklick, OH 43004.
RICAUD, Anne Therese; '85 MA; Sales Engr.; Agena, 28 Bd Guist'hav, 44007, Nantes, France, 40357786; r. c/o Madeleine Ricaud, 10 Chemin Des Noisetiers, Orvault 44700, France, 40692194.
RICCI, Michael Anthony; '85 BSBA; 5140 Clinton St., Erie, PA 16509, 814 866-9495.
RICE, Andrew Franklin; '78 BSBA; Personnel Mgr.; Beatrice Cos. Inc., 601 McArthur St., Archbold, OH 43502, 419 445-9015; r. 603 S. Defiance St., Archbold, OH 43502, 419 445-3720.
RICE, Bruce Daniel; '88 BSBA; 16709 St. Rte. 613, Bloomdale, OH 44817, 419 454-3300.
RICE, Cathi Jane; '83 BSBA; Sales Rep.; The Upjohn Co.; r. 1706 Stone Creek Ln., Twinsburg, OH 44087, 216 425-9067.
RICE, Clark Hammond, Sr.; '54 BSBA; Sr. VP; Ohio Natl. Life Ins. Co., 237 William Howard Taft Rd, Cincinnati, OH 45219, 513 861-3600; r. 6643 Hitchingpost Rd., Cincinnati, OH 45230, 513 231-6055.
RICE, Clyde Linwood; '52 BSBA; CPA; 3240 Seneca Dr., Portsmouth, OH 45662, 614 354-6588; r. Same.
RICE, Donald Elmer; '57 BSBA; VP; Natl. Cash Reg Cp, 1700 S. Patterson Blvd., Dayton, OH 45479; r. 530 Greenglade Ave., Worthington, OH 43085, 614 846-3141.
RICE, Earl John; '77 MBA; Atty.; Hatcher, Diller, Rice & Beebe, 209 S. Washington St., Van Wert, OH 45891, 419 238-6621; r. RR 5, Box 226, Van Wert, OH 45891, 419 238-3632.
RICE, Harold S., Jr.; '54 BSBA; Salesman; Emoff's Furniture Co., 4805 Salem Ave., Dayton, OH 45416, 513 278-7906; r. 3001 Forest Grove Ave., Dayton, OH 45406, 513 275-6438.
RICE, Mrs. Jo Ellen Ford, (Jodi Ford); '85 MPA; Coord. of Student Svcs.; Ohio State Univ. Clg. of Social Work, 104 Stillman Hall, 1947 College Rd., Columbus, OH 43210, 614 292-7684; r. 1111 Middleport Dr., Columbus, OH 43220, 614 459-2609.
RICE, John Timothy; '87 BSBA; 7851 Pinemeadow, Cincinnati, OH 45224, 513 522-0652.
RICE, Larry Gordon, CPA; '67 BSBA; Registered Rep.; Aetna Life Ins. Co., 100 E. Campusview Blvd., Ste. 150, Worthington, OH 43085, 614 431-5026; r. 7635 Blacks Rd., Pataskala, OH 43062, 614 927-1411.
RICE, Mrs. Linda O., (Linda O. Sloniker); '79 BSBA; Acct.; r. 497 Mid Dr., Worthington, OH 43085, 614 846-1405.
RICE, Maurice Avron; '38 BSBA; 246 Kirner Rd., #B, Sequim, WA 98382.
RICE, Melanie Annette; '81 BSBA; 100 Bubbling Springs, St. Clairsville, OH 43950, 614 695-1220.
RICE, Richard H.; '38 BSBA; Retired; r. 1226 Summit Ave., Lakewood, OH 44107, 216 521-4938.
RICE, Richard J.; '50 BSBA; 7070 Branch Rd, Medina, OH 44256, 216 723-4987.
RICE, Robert Hancel; '68 BSBA; VP; Litel Telecommunications Corp., 200 Old Wilson Bridge Rd., Worthington, OH 43085, 614 433-9215; r. 404 Pittsfield Dr., Worthington, OH 43085, 614 846-4860.
RICE, Sam B., II; '60 BSBA; Owner; Birch Rice Home Furnishings, 139 W. Court St., Washington Ct. House, OH 43160, 614 338-0840; r. 725 Fairway, Washington Ct. House, OH 43160, 614 335-4477.
RICE, Thomas Wesley; '81 MPA, '84 MLHR; Maj.-Personnel Dept.; OH State Hwy. Patrol, 660 E. Main St., Columbus, OH 43205, 614 466-4570; r. 1777 Old Shay Ct., Columbus, OH 43229, 614 899-6965.
RICE, Mrs. Virginia Bee, (M. Virginia Bee); '35 BSBA; Retired; r. 11436 84th Ave. N., Seminole, FL 34642, 813 392-8057.
RICE, William E.; '52 BSBA, '53 MBA; Ch Internal Auditor; Wheeling Pittsburgh Steel Corp., Wheeling, WV 26003; r. 100 Bubbling Springs Rd, St. Clairsville, OH 43950, 614 695-1220.
RICH, Andrew Louis; '76 BSBA; Dir. of Sales; Express Package Syst., 280 Lafayette St., New York, NY 10012, 212 431-0688; r. 844 Regent Dr., Westbury, NY 11590, 516 334-1556.
RICH, Barbara A. '80 (See Johnson, Barbara R.).
RICH, Gregory Guy; '86 BSBA; 1954 Fountainview Ct., Columbus, OH 43227.
RICH, Lawrence J.; '63 BSBA; Atty.; Zashin Rich Sutula Monastra Co., 250 Standard Bldg., Cleveland, OH 44113, 216 696-4441; r. 28149 Fairmount Blvd., Cleveland, OH 44124, 216 831-3397.
RICH, Leslie Anne '86 (See Redd, Mrs. Leslie Anne).
RICH, Malcolm Corby; '76 BSBA; Atty./Exec. Dir.; Chicago Council of Lawyers, 220 S. State, Chicago, IL 60604, 312 427-0710; r. 2923 W. Birchwood, Chicago, IL 60645, 312 743-0373.
RICH, Patrick Daniel; '87 BSBA; 732 Palmer Ave., Youngstown, OH 44502, 216 782-9425.
RICH, Stuart M.; '52 MBA; Prof.; Univ. of Wisconsin-Whitewater, Dept. of Economics, Whitewater, WI 53190, 414 472-1361; r. 178 N. Franklin St., Whitewater, WI 53190, 414 473-2973.
RICHARD, Bryce Elwood; '72 BSBA; Mgr./Quality Control; Carrier Corp., 7310 W. Morris St., Indianapolis, IN 46213, 317 240-5230; r. 10233 Lake Shore Dr. E., Carmel, IN 46032, 317 846-4472.
RICHARD, Paul F.; '88 MBA; 2777 Indianola Ave., Columbus, OH 43202, 614 267-2365.
RICHARDS, Bernard George; '66 MBA; 3 Townsend Ave., Constantia Cape-7800, South Africa.
RICHARDS, Betsy Ann '69 (See Braun, Mrs. Betsy Anne).
RICHARDS, Charles L.; '50; Pres.-Ch Exec. Ofcr.; r. Annapolis Fed Sav & Loan Assn, Main & Francis Sts., Annapolis, MD 21401, 301 757-3733.
RICHARDS, David M.; '83 BSBA; Acct. Supv.; Physicians Ins. Co. of OH, POB 281 Bates Dr., Pickerington, OH 43147; r. 7821 Grandley Ct., Reynoldsburg, OH 43068, 614 864-6712.
RICHARDS, David Wayne; '80 MACC; VP/Controller; Linc Resources Inc., 4820 Indianola Ave., Columbus, OH 43214, 614 885-5599; r. 3279 Braidwood Dr., Columbus, OH 43026, 614 876-7924.
RICHARDS, Deborah Lee; '83 MPA; Prog. Dir.; Catholic Social Svcs., Senior Care Division, 197 E. Gay St., Columbus, OH 43215; r. POB 84, Orient, OH 43146.
RICHARDS, Dorothy '43 (See Lones, Dorothy Richards).
RICHARDS, Dr. Emory Hunt; '71 PhD (BUS); Retired; Mercer Univ., Sch. of Business & Economics, Macon, GA 31207; r. 1761 N. Edgewood St., Flagstaff, AZ 86004.
RICHARDS, Gregory Thomas; '86 BSBA; Sales Rep.; Lawson Prods.; r. 7945 Cnty. Brook Ln., Westerville, OH 43081, 614 885-1923.
RICHARDS, Guy Alan; '79 BSBA; 32684 Admirals Way, Avon Lake, OH 44012, 615 870-1278.
RICHARDS, Mrs. Helen Eagle; '32 BSBA; Retired; r. 2815 River Park Dr., Columbus, OH 43220, 614 451-2330.

RICHARDS, John Elmer; '50 BSBA; Program Admin.; IBM Corp., POB 2150, Atlanta, GA 30301; r. 8080 Winged Foot Dr., Atlanta, GA 30350, 404 394-1672.
RICHARDS, John Thomas, Jr.; '53 BSBA; Partner; Richards & Kelly, 900 Law-Finance Bldg., Pittsburgh, PA 15219, 412 261-2620; r. 4193 Rothschild Ct., Allison Park, PA 15101, 412 487-8482.
RICHARDS, Mrs. M. Joan C., (M. Joan Chapman); '51 BSBA; Exec. Secy.; First City, Texas Northchase, POB 90380, Houston, TX 77290, 713 583-7580; r. 17136 Beaver Springs, Houston, TX 77090, 713 893-7683.
RICHARDS, Mark A.; '84 BSBA; Stockbroker; Capital Securities Grp. Inc., 9025 E. Kenyon Ave., Ste. 303, Denver, CO 80237, 303 889-5966; r. 17083 E. Dorado Dr., Aurora, CO 80015, 303 693-1833.
RICHARDS, Nancy Bil '78 (See Leslie, Nancy Bil Richards).
RICHARDS, Paul Smith; '71 BSBA; Regional Mgr.; The Home Ins. Co., Claims Dept., Boston, MA 02109, 617 570-8920; r. 116 Lawrence St., Pepperell, MA 01463, 508 433-8555.
RICHARDS, Peter J.; '85 BSBA; Owner; Metzger Ins., 113 N. Main St., POB 191, New Lexington, OH 43764, 614 342-1954; r. Same.
RICHARDS, Robert J.; '60; VP; Loeb Electric, 915 Williams Ave., Columbus, OH 43212; r. 1338 Windham Rd, Columbus, OH 43220, 614 457-6562.
RICHARDS, Rodney Ralph; '70 BSBA; 8281 Stoney Brook, Chagrin Falls, OH 44022, 216 543-5936.
RICHARDS, Stephen M.; '56 BSBA; Pres.; Alec Zanders Ltd., 2400 Grand Concourse, Bronx, NY 10458, 212 367-2074; r. 3 Fir Ct., Nanuet, NY 10954, 914 623-8165.
RICHARDS, Terrance Lee; '83 BSBA; Mgr./Corp Recruiter; CBS Employment Svcs., Tech Dept., One First National Plz., Dayton, OH 45402, 513 222-2525; r. 37542 Euclid Ave., Willoughby, OH 44094, 513 436-2582.
RICHARDS, Virginia Krohn; '47 BSBA; Staff; Columbus Bd. of Educ., Columbus City Sch. District, 270 E. State St., Columbus, OH 43215; r. 148 E. Como Ave., Columbus, OH 43202, 614 268-9289.
RICHARDS, William Evan; '30 BSBA; Retired; r. 3156 Mount Holyoke Rd., Columbus, OH 43221, 614 457-4472.
RICHARDSON, Arthur Marvin; '48 BSBA; Pres.; Richardson Capitol Corp., 44 Greylock Ridge, Pittsford, NY 14534, 716 271-4920; r. Same, 716 381-6195.
RICHARDSON, 2LT Daniel L., USAF; '86 BSBA; Navigator B-52; Mather AFB, CA 95855; r. 9750 Old Placerville Rd., #199, Sacramento, CA 95827, 916 369-1264.
RICHARDSON, Diana C.; '85 BSBA; 4268 Brendan Ln., N. Olmsted, OH 44070, 216 734-1324.
RICHARDSON, Earle Wesley; '80 BSBA, '82 MBA; 2179 Browning Ave., Salt Lake City, UT 84108, 801 581-1435.
RICHARDSON, Edrick Joseph; '82 BSBA; Acctg.; Public Utilities Commission of Ohio, 180 E. Broad St., Columbus, OH 43215; r. 1256 Berwick Arms Pl., #C, Columbus, OH 43227, 614 236-8881.
RICHARDSON, Ellen Wagner; '53 BSBA; 89 Buffalo St., Hamburg, NY 14075, 716 649-8220.
RICHARDSON, Kelly Jo; '88 BSBA; R #4 Box 57, Wapakoneta, OH 45895, 419 657-6647.
RICHARDSON, Laurence D.; '75 BSBA; Property Claims Spec.; Nationwide Ins. Co., One Nationwide Plz., Columbus, OH 43216, 513 563-6900; r. 11576 Framingham Dr., Cincinnati, OH 45240, 513 742-1133.
RICHARDSON, Lloyd D.; '55 MBA; Retired; Foreign Tech Div., Air Force Systs Cmd, Wright Patterson AFB, OH 45433; r. 3569 Jonathan Dr., Xenia, OH 45385, 513 426-2741.
RICHARDSON, Michael Lee; '75 BSBA; Toolmaker; CPC Arlington-GM Corp., Arlington, TX 76010; r. 314 Williams St., Cedar Hill, TX 75104, 214 291-8580.
RICHARDSON, Nanette Kay; '82 BSBA; 2269 Antigua Dr., #2C, Columbus, OH 43220, 614 442-1651.
RICHARDSON, Ralph Roy; '47 BSBA; Retired; r. 317 36th St. NW, Canton, OH 44709, 216 492-4169.
RICHARDSON, Robert Mayor; '87 BSBA; Internal Auditor; Sherwin-Williams Co., POB 6027, Cleveland, OH 44101; r. 26241 Lakeshore Blvd., #1771, Euclid, OH 44132.
RICHARDSON, Thomas C.; '83 BSBA; 5636 Clover Lear Ct., Grove City, OH 43123, 614 871-4968.
RICHARDSON, Vernon Alfred; '48 BSBA; Retired; r. 1500 Ironwood Dr., Columbus, OH 43229, 614 885-3885.
RICHARDSON, William Henry, Jr.; '41 BSBA; Retired; r. 2208 Inwood Dr., Huntington, WV 25701, 304 523-2746.
RICHARDSON, William Martin; '67 MACC; 117 Whitman Dr., Winston-Salem, NC 27104, 919 765-4786.
RICHER, Joe Orville; '69 BSBA; Pres.; Exec. Travelers, 8110 SR 108, I-80/90, Wauseon, OH 43567, 419 337-1570; r. 2311 Evergreen, Toledo, OH 43606, 419 536-2106.
RICHEY, Jimmie Dale; '74 BSBA; Income Tax Preparer; r. 24444 St. Rte. 136, Winchester, OH 45697, 513 695-0118.
RICHEY, Lois '48 (See Krebs, Mrs. Lois R.).
RICHEY, Ruth G., (Ruth Goodwin); '44 BSBA; 12 Cable Ln., Athens, OH 45701, 614 593-3931.
RICHISON, James Douglas; '79 BSBA; Mktg. Rep.; S.E.A. Inc., 7349 Worthington-Galena Rd., Worthington, OH 43085, 614 888-4160; r. 1440 Ardwick Rd., Columbus, OH 43220, 614 442-1445.
RICHLEY, Edward C.; '23 BSBA; Retired; r. 6780 Friars Rd Apt. 253, San Diego, CA 92108, 619 296-4170.
RICHMAN, Bruce L.; '80 MACC; Principal; Laventhol & Horwath, Real Estate Advisory Services, 300 S. Riverside Plz., Chicago, IL 60606, 312 648-4725; r. 781 Essington Ln., Buffalo Grove, IL 60089, 312 459-0106.
RICHMAN, Jill S. '80 (See Masters, Mrs. Jill S.).
RICHMAN, Michael Elliot; '78 BSBA; Mgr.; Cleveland Twist Drill Co., 1242 E. 49th, Cleveland, OH 44101, 216 431-3120; r. 2188 Barrington St., Cleveland, OH 44118, 216 932-1505.
RICHMAN-ROLAND, Susan Lynn; '82 MLHR; Proj Mgr/Cnslt-Personnel; Mercer Meidinger Hansen, Ste. 1100, 400 Renaissance Twr., Detroit, MI 48243, 313 259-1000; r. 22655 Cranbrooke Dr., Novi, MI 48050.
RICHMOND, Bates Carleton; '72 BSBA; Staff; r. 16118 Parish Hall Dr., Spring, TX 77379, 713 251-3951.
RICHMOND, Bonnie J. '86 (See Burckel, 1LT Bonnie R., USAF).
RICHMOND, Ms. Dale Philippa; '88 BSBA; Mktg. Rep.; Columbia Gas of Ohio, Inc., 7080 Fry Rd., Middleburg Hts., OH 44130, 216 243-1000; r. 15410 Sprague F69, Middleburg Hts., OH 44130, 216 243-0623.
RICHMOND, Scott Patrick; '87 BSBA; 1942 Iuka, Columbus, OH 43201.
RICHMOND, Tullie T., CPA; '50 BSBA; Retired; r. 5955 Litchfield Rd., Worthington, OH 43235, 614 888-5296.
RICHTER, George William, Jr., OD; '81 BSBA; Optometrist; 450 E. Main St., Canfield, OH 44406, 216 533-5333; r. 251 Bradford Dr., Canfield, OH 44406, 216 533-4984.
RICHTER, Mark Allen; '82 BSBA; Real Estate Broker; West Shell Inc., 2900 Atrium Two, 221 E. 4th St., Cincinnati, OH 45202, 513 721-4200; r. 3699 Section Rd., Cincinnati, OH 45237, 513 745-0080.
RICHTER, Michael Paul; '87 BSBA; Student; r. 1386 1/2 Neil Ave., Columbus, OH 43201, 614 297-1800.
RICHWINE, Katherine C. '31 (See Ryan, Mrs. Katherine R.).
RICHWINE, Robert W.; '47 BSBA; Retired; r. 8623 140th Way N., Seminole, FL 34646, 813 596-3159.
RICHWINE, Sara '35 (See Ross, Sara Richwine).
RICKABAUGH, Rodney Allan; '78 BSBA; Auditor; Ohio Transportation Dept., 25 S. Front St., Columbus, OH 43215; r. 1634 Wayndotte Rd., Columbus, OH 43212, 614 488-9427.
RICKARDS, Dorothy Patricia; '70 BSBA; Compliance Coord.; Nationwide Ins. Co., One Nationwide Plz., Columbus, OH 43216; r. 518 E. Moler St., Columbus, OH 43207.
RICKEL, John C.; '82 BSBA, '84 MBA; Supv. Cost Analysis; Ford Motor Co., 17000 Oakwood Blvd., Dearborn, MI 48124, 313 337-2726; r. 4193 Kingston Dr., Milan, MI 48160, 313 434-5610.
RICKENBACHER, Gary L.; '82 BSBA; Staff Auditor; E.I. du Pont, Humber Bldg., Rm. 3006, POB 2197, Houston, TX 77252, 713 293-4309; r. 16011 Rustic Sands, Houston, TX 77084, 713 855-9106.
RICKENBACHER, Mark Alan; '84 BSBA; Assoc. Programmer; Marathon Oil Co., Refining & Marketing Dept., 539 S. Main St., Findlay, OH 45840; r. 14878 State Rte. 37, Forest, OH 45843, 419 273-2461.
RICKER, John Andrew; '86 BSBA; Staff Acct.; Neoprobe, 855 W. 5th Ave., Columbus, OH 43212; r. 66 King Ave., Columbus, OH 43201, 614 297-1541.
RICKERT, Wayne Werner; '68 BSBA; Pres.; IRI Mgmt., Inc., 855 S. Wall St., Columbus, OH 43206, 614 443-6144; r. 4760 Hayden Run Rd., Hilliard, OH 43026, 614 889-2619.
RICKET, Susan '82 (See Nethers, Susan Marie).
RICKETTS, Alfred R.; '49 BSBA; Chief, Self Audit Team; Martin Marietta Aerospace, POB 628007, Orlando, FL 32862, 407 356-1367; r. 14707 Spyglass St., Orlando, FL 32826, 407 282-6785.
RICKETTS, David W.; '62 BSBA; 1249 Kenilworth Ave., Coshocton, OH 43812, 614 622-0998.
RICKETTS, Douglas Meade; '79 BSBA; 118 Ravenna Way, Cary, NC 27511.
RICKETTS, Elizabeth Madachy; '78 BSBA; 118 Ravenna Way, Cary, NC 27511.
RICKETTS, James Francis; '69 BSBA, '73 MBA; VP/Treas.; Ford New Holland, Inc., 500 Diller Ave., New Holland, PA 17557, 717 354-3751; r. 247 N. Shippen St., Apt. #311A, Lancaster, PA 17602.
RICKETTS, John Wyatt; '85 BSBA; Salesman; Thompson Co., Computer/Copier, 685 Grandview Ave., Columbus, OH 43215; r. 784 Timberman Rd., Columbus, OH 43212, 614 291-6163.
RICKETTS, Teresa K.; '87 BSBA; 7325 Rene Ct., Grove City, OH 43123.
RICKMAN, Ronald Carl; '69 BSBA; Fleet Mgr.; Tandy Corp., 1800 One Tandy Ctr., Ft. Worth, TX 76102, 817 390-3691; r. 3804 Bayshore Dr., Arlington, TX 76016, 817 483-8600.
RICO, David Wayne; '75 BSBA; Bus. Svcs. Dir.; Central Ohio Med. Grp., 497 E. Town St., Columbus, OH 43215, 614 222-3362; r. 89 N. Haldy Ave., Columbus, OH 43204, 614 272-0829.
RIDDLE, Carl David; '72 BSBA; 98 Sunset Dr., Mc Connelsville, OH 43756, 614 962-5271.
RIDDLE, Eric G.; '88 BSBA; 2775 Oakridge Ct., Columbus, OH 43221, 614 488-0841.
RIDDLE, Joanne M.; '54 BSBA; Tchr.; Finneytown Schs., 7400 Winton Rd., Cincinnati, OH 45224, 513 931-3940; r. 2606 Gatehouse Dr. E., Cincinnati, OH 45215, 513 761-3152.
RIDDLEBAUGH, Christine A., (Christine A. Enis); '80 BSBA; Sales Rep.; Napier Co., 530 Fifth Ave., New York, NY 10036, 800 524-5967; r. 1744 Rocky Pine Loop N., Columbus, OH 43229, 614 888-1706.
RIDDLES, John Michael; '68 BSBA; Asst. Dir.; Health Svcs., 370 W. 9th Ave., Columbus, OH 43210, 614 292-8741; r. 4275 Hanging Rock Ct., Gahanna, OH 43230, 614 475-8999.
RIDENBAUGH, 2LT Rudy Lynn, USAF; '88 BSBA; 12325 Sandusky Dr., Beach City, OH 44608, 216 756-2320.
RIDENOUR, C. Thomas; '51 BSBA; Controller Emeritus; OSU Ofc. of the Controller, 787 Lincoln Twr., 1800 Cannon, Columbus, OH 43210; r. 4512 Zeller Rd., Columbus, OH 43214, 614 268-5967.
RIDENOUR, Carl Edward; '87 BSBA; Commercial Lines Undrwrtr; Shelby Ins. Co., 175 Mansfield Ave., Shelby, OH 44875, 419 347-1880; r. 587 Dogwood Cir. Apt. B, Mansfield, OH 44903, 419 589-8204.
RIDENOUR, Joel; '52 BSBA; 16015 Chickamauga Dr., Baton Rouge, LA 70816, 504 292-1456.
RIDENOUR, Joyce Joiner; '30 BSBA; 8946 Daughliry-Marks Rd., Hamersville, OH 45130, 513 378-6885.
RIDENOUR, Paul Joseph; '83 BSBA; Stockbroker; J C Bradford & Co., 150 E. Broad St., Columbus, OH 43215, 614 221-5815; r. 3008 Sunset Dr., Apt. #32 D, Columbus, OH 43202, 614 262-4177.
RIDENOUR, Randall Dale; '74 BSBA; Regional Mgr.; Atlas Bolt & Screw, 1628 Troy Rd., Ashland, OH 44805, 419 289-6171; r. 629 Edgewood Rd., Mansfield, OH 44907, 419 756-5156.
RIDENOUR, Mrs. Rhonda L., (Rhonda L. Martin); '87 BSBA; Credit Rep.; Wooster Community Hosp., 1761 Beall Ave., Wooster, OH 44691, 216 263-8116; r. 587 Dogwood Cir., Apt. B, Mansfield, OH 44903, 419 589-8204.
RIDENOUR, William E.; '62 BSBA; Owner; Ulrich Sawmill, POB 567, Huntington, IN 46750; r. 3025 Leffel Ln. Apt. E., Springfield, OH 45505.
RIDEOUT, Charles H.; '28 BSBA; Retired; r. 3A Chadwick Ter., Easton, MD 21601, 301 822-2755.
RIDEOUT, Ruth Graf, (Ruth Graf); '30 BSBA; Retired; r. 3A Chadwick Ter., Easton, MD 21601, 301 822-2755.
RIDGE, Bradley Hugh; '76 BSBA; Sr. Mgr./CPA; Holbrook Manter & Rogers, 181 E. Ctr., Marion, OH 43302; r. 2792 Scenic Dr., Marion, OH 43302, 614 389-3325.
RIDGEWAY, Mary Tritschler; '35; 2635 Bexley Park Rd., Columbus, OH 43209, 614 235-0170.
RIDGLEY, Amy Joa; '81 BSBA; Buyer/Mens Update Sprtswr; Younker's, 7th & Walnut Sts., Des Moines, IA 50397, 515 247-7108; r. 2925 Grand Ave., Apt. 10, Des Moines, IA 50312, 515 282-3871.
RIDGWAY, Kyle Bradley; '85 BSBA; Systs. Engr.; IBM Corp., 808 Eldorado Rd.-IBM, Bloomington, IL 61704, 309 663-9658; r. 203 Belview, Normal, IL 61761, 309 454-7026.
RIDGWAY, Scott Allan; '84 BSBA; Ins. & Investment Cnslt.; Ridgway-Bauer & Assocs. Inc., 5929 Darrow Rd., Box 415, Hudson, OH 44236, 216 656-2038; r. 8462 Bobolink Dr., Macedonia, OH 44056, 216 467-6540.
RIDGWAY, Terasa Walker, (Terasa Walker); '86 BSBA; Tax Cnslt.; Price Waterhouse, Savings Center Twr., Peoria, IL 61761, 309 676-8945; r. 203 Belview, Normal, IL 61761, 309 454-7026.
RIDGWAY, William Scott; '81 BSBA; Acct.; US Govt.; r. 35 Nicholson Ct., Dayton, OH 45459, 513 435-4096.
RIEBAU, Richard B.; '47 BSBA; Retired; r. 6240 S. Woodlane Dr., Mayfield Vlg., OH 44143, 216 442-9340.
RIEBEL, David; '59 BSBA; Atty.; r. 204 Chisolm Tr., Prescott, AZ 86301, 602 445-5673.
RIEDINGER, Paul Anthony; '87 BSBA; Sales Rep.; Moen Grp., Stanadyne, Inc., 377 Woodland Ave., Elyria, OH 44036, 614 476-6894; r. 820 McDonnell Dr., Gahanna, OH 43230, 614 476-6806.
RIEFF, Amy Jo; '87 BSBA; 2437 Deming Ave., Columbus, OH 43202, 614 447-1636.
RIEGE, Patricia Eileen; '88 BSBA; 561 Stinchcomb #4, Columbus, OH 43202, 614 268-5069.
RIEGEL, Robyn Lerchbacker; '78 BSBA; Mgmt. Trainee; Bancohio, 155 E. Broad St., Columbus, OH 43265; r. 19251 Preston Rd., #2402, Dallas, TX 75252.
RIEGEL, Stephen Edward; '78 BSBA; Transp. Pricing Mgr.; J. C. Penney Co., 14841 N. Dallas Pkwy., Dallas, TX 75240, 214 591-2519; r. 2417 Powderhorn Dr., Plano, TX 75025, 214 618-0486.
RIEGLER, Carol Anne; '75 BSBA; Div. Coll. Mgr.; Sterling Inc., 1585 Frederick Blvd., Akron, OH 44320, 216 867-1230; r. 1529 Alton Dr., Akron, OH 44313, 216 867-9322.
RIEGLER, Richard Arthur; '72 BSBA; 7161 Mar Vista Ct., Orlando, FL 32811.
RIEHL, Keith Stuart; '77 BSBA; Atty.; 5856 Glenway Ave., Cincinnati, OH 45238, 513 922-3200; r. 6369 Simon Dr., Cincinnati, OH 45233, 513 941-7023.
RIEHL, Lawrence Allan; '76 BSBA; Atty.; Private Practice, 580 S. High St., Columbus, OH 43215; r. 2260 Sandover Rd., Columbus, OH 43220, 614 457-2604.
RIEHL, Mrs. M. Anita, (M. Anita Fogle); '86 BSBA; Production Asst.; Shelly Berman Communicators, 707 Park Meadow Rd., Westerville, OH 43081, 614 891-7070; r. 2626 Wildwood Rd., Columbus, OH 43231, 614 890-4912.
RIEHL, Wayne E.; '61 BSBA; Sales Engr.; Hewlett Packard Co., 15885 Sprague Rd., Strongsville, OH 44136, 216 243-7300; r. 89 Marwyck Dr., Northfield, OH 44067, 216 467-4846.
RIEKER, Steven Harry; '68; Broadcast Engr.; r. 2002 49th Ave. W., Bradenton, FL 34207.
RIEL, Lisa Michelle '85 (See Navin, Lisa Michelle).
RIEMAN, Virgil R.; '67 BSBA; Acct.; Schroeder & Co., 315 E. Main, Ottawa, OH 45875, 419 538-6729; r. 16256 Rd I-14, Ottawa, OH 45875, 419 538-6729.
RIEMENSCHNEIDER, Thomas Albert; '81 BSBA; 425 E. Beechwold Blvd., Columbus, OH 43214, 614 262-7541.
RIES, Jack Leighton, II; '88 BSBA; Sales Rep.; Holophane/Div. of Manville Corp., 214 Oakwood Ave., Newark, OH 43055; r. 289 Sherwood Downs Rd S., Newark, OH 43055, 614 366-5959.
RIES, John C.; '71 BSBA; Credit Mgr.; Schlumberger Well Svcs., 5005 Mitchelldale #280, Houston, TX 77092, 713 682-6551; r. 2323 Greyburn, Houston, TX 77080, 713 984-0695.
RIES, Ralph Wayne, Jr.; '85 BSBA; Broker; Goldmark Securities, 659 Park Meadow Rd., Ste. F, Westerville, OH 43081; r. 563 Mohican Way, Westerville, OH 43081, 614 895-1334.
RIES, Robert C.; '48 BSBA; Asst. Dir./Emeritus; Ohio State Univ. Athletic Dept., St. John Arena/Ticket Sales, 410 Woody Hayes Dr., Columbus, OH 43210, 614 292-2624; r. 264 Westwood Rd., Columbus, OH 43214, 614 268-1983.
RIESENBERGER, Richard A.; '41; Retired; r. 5736 Loch Maree Ct., Dublin, OH 43017, 614 764-1344.
RIESER, Bernard Joe; '88 BSBA; Mgr.; Tommy's Pizza, 1350 West Ln., Columbus, OH 43210, 614 486-2969; r. 4853 Songbird Dr., Columbus, OH 43229, 614 848-8536.
RIESER, Janet '83 (See Jobko, Mrs. Janet Rieser).
RIESTENBERG, Jane Quinn; '81 BSBA; Homemaker; r. 5686 Lake View Dr., Mason, OH 45040, 513 398-3968.
RIESTER, William R., Jr.; '61 BSBA; 2406 Golf Links Cir., Santa Clara, CA 95050.
RIESTERER, Michael James; '70 BSBA; Mgr.; Vacationland Fed. Credit Union, 2911 S. Hayes Ave., Sandusky, OH 44870, 419 625-9025; r. 2106 Fallen Timber Dr., Sandusky, OH 44870, 419 625-6720.
RIETENBACH, Heidi; '88 MBA; 1803 Holton Rd., Grove City, OH 43123, 614 875-5065.
RIETH, Richard Alan; '84 BSBA; Real Estate Appraiser-MAI; Robert Weiler Co., 41 S. High St., Ste. 2200, Columbus, OH 43215, 614 221-4286; r. 211 Orchard Ln., Columbus, OH 43214, 614 262-1404.
RIETHMAN, Robert Bernard; '73 BSBA; Treas. & Corp. Controller; Monarch Machine Tool Co., 615 N. Oak, Sidney, OH 45365, 513 492-4111; r. 9091 Blanke Rd, Anna, OH 45302, 513 693-3170.
RIEVE, Eric Alan; '80 BSBA; Controller; Doctors Hosp., 1087 Dennison Ave., Columbus, OH 43201, 614 297-4000; r. 5228 Chaps Ct., Hilliard, OH 43026, 614 771-8358.
RIEWE, Paul Richard; '85 BSBA; Sr. Cnslt.; Deloitte Haskins & Sells, 155 E. Broad St., Columbus, OH 43215, 614 229-4759; r. 62 King Ave., Columbus, OH 43201, 614 421-6608.
RIFE, Samuel D.; '58 BSBA; Pres.; Rifes Mkt., 1417 W. 5th Ave., Columbus, OH 43212; r. 1757 Elmwood Ave., Columbus, OH 43212, 614 486-0161.
RIFFE, Harold R.; '67 BSBA; Controller; Datacentral, 9393 Springboro Pike, POB 933, Dayton, OH 45401, 513 865-7100; r. 226 Cambria Dr., Dayton, OH 45440, 513 426-7304.
RIFFE, Jerry Lee; '86 BSBA; 2389 Cranford Rd., Columbus, OH 43221, 614 457-3956.
RIFFLARD, Arthur James; '71 BSBA; Taxes & Risk Mgmt. Dir.; Columbia Gas, 200 Civic Center Dr., Columbus, OH 43215, 614 460-4852; r. 3130 Rock Fence Dr., Columbus, OH 43026, 614 876-6455.
RIFFLE, Charles Daniel; '83 BSBA; Certified Mgr.; Southland (7-11), 2513 W. Gore, Lawton, OK 73501; r. 2109 NW Oak, Lawton, OK 73507, 405 248-6457.
RIFFLE, Jennifer Dawn; '88 BSBA; Flight Mgr.; Excutive Jet Aviaton, Port Columbus, Box 19707, Columbus, OH 43219; r. 2228 Parkville Ct., #D-1, Columbus, OH 43229.
RIFFLE, Ronald Alfred; '86 BSBA; Mgr. Data Processing; Emens Hurd Kegler & Ritter LPA, Capitol Sq., 65 E. State St., Columbus, OH 43215, 614 462-5400; r. 2542 Jade Ct., Grove City, OH 43123, 614 871-0778.
RIFKIN, Rita Altman; '46 BSBA; Tchr.; Southfield Bd. of Educ., 24661 Lahser Rd, Southfield, MI 48076; r. 23120 Bittersweet, Southfield, MI 48076, 313 355-3053.
RIGANO, Frank Anthony; '80 BSBA; 2377 Maria St., Winona, MN 55987, 507 452-8632.

RIGANO, Susan Frey; '81 BSBA; Budget Analyst; St. Elizabeth Med. Ctr., 601 Edwin C Moses Blvd., Dayton, OH 45408, 513 229-6594; r. 8786 Wildwood Pl., Springboro, OH 45066.

RIGBY, James Albert; '68 BSBA, '70 MBA; VP Strategic Plng.; Aviall Inc., 4000 N. McEwn, Dallas, TX 75244, 214 956-5459; r. 6919 Kings Hollow, Dallas, TX 75248, 214 239-9904.

RIGBY, James Arthur; '76 BSBA; Auditor; Liberty Mutual Ins. Co., 3 Maryland Farms, Brentwood, TN 37027; r. 139 Hickory Hollow Ter., Antioch, TN 37013, 615 834-9907.

RIGDON, Mark Allan; '78 BSBA; Sr. Cost Analyst; TASC, 2555 University Blvd., Fairborn, OH 45324, 513 426-1040; r. 8209 Pine Cove Ct., Cincinnati, OH 45249, 513 530-5422.

RIGGENBACH, Darryl Lynn; '82 BSBA; Systs. Analyst 2; Ohio Dept. of Transportation, 37 W. Broad St., Columbus, OH 43215; r. 647 Fairholm Rd., Gahanna, OH 43230, 614 471-4306.

RIGGINS, John Kevin; '87 BSBA; 1345 S. Blvd., Apt. 3C, Bronx, NY 10459.

RIGGS, David Scott; '86 BSBA; 3434 Partridge Pl., Apt. 107, Columbus, OH 43229.

RIGGS, John N.; '72 BA; Gen. Mgr.; Gotoh Distribution Svc., 1005 Delaware Ave., Marysville, OH 43031, 513 642-4640; r. 11169 Woodhaven Rd., Johnstown, OH 43031, 614 967-0556.

RIGGS, Jonathan Daniel; '80 BSBA; Salesman; Wkko/Wtod, 3225 Arlington Ave., Toledo, OH 43614, 419 385-2536; r. 800 Ransom St., Maumee, OH 43537, 419 893-4560.

RIGGS, Melody Elaine; '84 BSBA; Acct.; Victoria's Secret, Subs: The Limited, 1681 Morse Rd., Columbus, OH 43229, 614 262-1126; r. 2500 Dogwood Pl, Blacklick, OH 43004, 614 863-1534.

RIGGS, Stephen Charles; '70 BSBA; RR No 1, Box 534, Lucas, OH 44843, 419 892-2317.

RIGLEY, Herman E.; '54 BSBA; Mgmt. Analyst; USAF, ASD-ENSZ, Wright-Patterson AFB, OH 45433, 513 255-3730; r. 5312 Northcutt Pl., Dayton, OH 45414.

RIGO, Thomas Geoffery; '78 BSBA; Field Operations Mgr.; Ohio Environ. Protection Agcy., 1800 Watermark Dr., Columbus, OH 43215, 614 644-2274; r. 5236 Williamsburg Cir., Hilliard, OH 43026, 614 876-9504.

RIGOT, Claire '83 (See Nicholas, Claire Elaine).

RIGOT, Jeannette C. '81 (See Steinbach, Jeannette Cecile).

RIGRISH, James W.; '47 BSBA; Retired; r. 1485 Wade Park Ave., Akron, OH 44310, 216 633-6182.

RIGTERINK, Eleanor Karch; '37 BSBA; Homemaker; r. 2651 Augusta Dr. S., Clearwater, FL 34621, 813 796-5928.

RIKE, Ray Scott; '85 BSBA; Account Exec.; GE Info. Svcs., 888 S. Figueroa St., #700, Los Angeles, CA 90017, 213 236-0200; r. 150 St. Joseph #A, Long Beach, CA 90803, 213 987-0220.

RIKLIS, Meshulam; '66 MBA; Pres./Ch Bd./CEO; Rapid American Corp., 725 5th Ave., New York, NY 10022, 212 735-9500; r. Same.

RILEY, Carl Trent; '67 MBA; 2040 Webber Hills, Wayzata, MN 55391, 612 475-0716.

RILEY, Cynthia Wynd; '83 BSBA; Acct.; Winnower Worldwide, 7461 Worthington Galeda Rd., Worthington, OH 43085, 614 436-5556; r. 53 Hill Rd. S., Pickerington, OH 43147.

RILEY, David Kennedy; '69 BSBA; Sr. Vice Pres.; Citizens Comm Bank & Trust Co., 115-119 S. Main St., Celina, OH 45822, 419 586-5121; r. 2511 Harbor Point Dr., Celina, OH 45822, 419 586-3973.

RILEY, David Theobald; '54 BSBA; Box 57068, Webster, TX 77598, 713 488-2569.

RILEY, Jane '49 (See Hanes, Jane).

RILEY, Karen Jo; '82 BSBA; 236 Collins Ave., Columbus, OH 43215, 614 221-4308.

RILEY, Keith Edward; '82 BSBA; Acct. Supv.; State of Ohio-Workers Co., 246 N. High St., Columbus, OH 43215, 614 466-6153; r. 53 Hill Rd. S., Pickerington, OH 43147.

RILEY, Kelvin Andre; '80 BSBA; 6643 Sampson Ln., Cincinnati, OH 45236, 513 891-4674.

RILEY, Lloyd, III; '74 BSBA; Staff; Discovery Systs., Prod Compact Laser Disc Dept., 7001 Discovery Blvd., Dublin, OH 43017, 614 761-2000; r. 1868 Harwitch Rd., Columbus, OH 43221, 614 486-1734.

RILEY, M. James; '65 BSBA; Couns.; Miami East HS, 3825 N. State Rte. 585, Casstown, OH 45312, 513 335-7070; r. 70 N. Sayers Rd., Troy, OH 45373, 513 335-2332.

RILEY, Mary '84 (See Cinadr, Mary Riley).

RILEY, Michael Grover; '72 BSBA; 1040 Maple Ave., Miamisburg, OH 45342, 513 866-2792.

RILEY, Michael Patrick; '87 BSBA; Mgr. Trainee; Pic Way Shoes, 1334 Mentor Ave., Painesville, OH 44077; r. 145 Chestnut Ln. #6307, Cleveland, OH 44143.

RILEY, O. Shea, Jr.; '66 BSBA; Appraiser/Broker; O. Shea Riley Jr., 700 E. Reelfoot Ave., Union City, TN 38261, 901 885-0500; r. 1909 Meadowlark Dr., Union City, TN 38261, 901 885-5575.

RILEY, Richard Alan; '82 BSBA; 1957 Beverly Rd., Columbus, OH 43221, 614 486-8302.

RILEY, Ronald Keith; '84 BSBA; Food Svc. Dir.; ARA Svcs., Inc., 136 N. 3rd St., Hamilton, OH 45025, 513 867-3747; r. 75 Burley Cir., Cincinnati, OH 45218, 513 851-4103.

RILEY, Thurman A., Jr.; '53 BSBA; Warranty Mgr.; The GE Co., 111 Merchant, Cincinnati, OH 45246, 513 552-2234; r. 8732 Hollyhock, Cincinnati, OH 45231, 513 931-1580.

RILEY, William Edward; '73 BSBA; 6105 Peppermill, Sylvania, OH 43560, 419 882-8285.

RILL, Bruce Hammer; '81 BSBA; 5298 Denise Dr., Dayton, OH 45429, 513 434-3770.

RILO, Joseph John, Jr.; '84 BSBA; Mgr.; The Quaker Oats Co., Distribution Service, 1551 E. Willow St., Kankakee, IL 60901, 815 937-7387; r. 1072 Quail Dr., Bradley, IL 60915.

RIMELSPACH, Mark Philip; '84 BSBA; Acct.; Marathon Oil Co., 539 S. Main St., Findlay, OH 45840, 419 422-2121; r. 911 Washington Ave., Findlay, OH 45840, 419 422-3740.

RINALDI, John Anthony; '68 BSBA; Pres.; Rinaldi Jewelry Inc., 2028 E. Ninth, Cleveland, OH 44115, 216 566-0603; r. 28701 Naylor, Cleveland, OH 44139, 216 248-8884.

RINALDI, Joseph Thaddeus; '86 BSBA; Reg. Budget Coord.; Dow Corning Corp., Midland, MI 48640, 517 496-6014; r. 4403 E. Patrick, Midland, MI 48640, 517 839-9822.

RINARD, Alan V.; '66 BSBA; Engr.; r. 6633 Lisamarie Rd., Columbus, OH 43229, 614 891-4672.

RINDLER, John Leo; '85 BSBA; Bus. Analyst; GE Capital Corp., 260 Long Ridge Rd., Stamford, CT 06902; r. 638 Cove Rd., Stamford, CT 06902.

RINE, Gary David; '85 BSBA; 6803 Welland St., Dublin, OH 43017, 614 761-3573.

RINE, Gary Lee, Jr.; '86 BSBA; Budget Analyst; The Ohio State Univ., 19 Bricker Hall, 190 N. Oval Mall, Columbus, OH 43210, 614 292-9990; r. 3424 Enjole Dr., Columbus, OH 43228, 614 274-0635.

RINE, Thomas Allan; '88 BSBA; 20890 Schenck Creek Rd., Howard, OH 43028, 614 392-4682.

RINEHARDT, Julie Place; '83 BSBA; Finance Ofcr.; Chase Bank of Ohio, 175 S. Third St., Columbus, OH 43215; r. 942 Kramer Ave., Columbus, OH 43212, 614 481-1942.

RINEHARDT, Susan Van Deventer; '54 BSBA; Grp. Mgr.; Richardson/Smith Inc., POB 360, 10350 Olentangy River Rd., Worthington, OH 43085, 614 885-3453; r. 2275 Gnarled Pine Dr., Dublin, OH 43017, 614 761-2935.

RINEHART, Ann West; '71 BSBA; Controller; Corporate Admin. Svcs., 8700 Monrovia Ste. 202, Lenexa, KS 66215, 913 492-3311; r. 15961 Outlook, Stilwell, KS 66085, 913 897-4774.

RINEHART, Mrs. Davidine Thomas; '79 MACC; Asst. Comptroller; Univ. of Dayton, 300 Clg. Park, Dayton, OH 45469, 513 229-2941; r. 609 Aberfelda Dr., Springfield, OH 45504, 513 325-1537.

RINEHART, Dean Bradley; '73 BSBA, '80 MBA; Agt.; Nationwide Ins., 161 W. Mound St., POB 804, Circleville, OH 43113, 614 474-2287; r. 904 Gosfield Gate Ct., Westerville, OH 43081, 614 895-8285.

RINEHART, Fred Jerome; '76 BSBA; VP/Finance; Health Care Facilities,Inc., Finance Dept., 2615 Ft. Amanda Rd., Lima, OH 45804, 419 999-2010; r. 2842 Chapel Hill, Lima, OH 45805.

RINEHART, Jack J.; '70 BSBA; Acctg. Mgr.; Southern Co. Svcs., Plant & Depreciation Dept., 64 Perimeter Ctr. E., Atlanta, GA 30346, 404 668-4572; r. 280 Roswell Commons Cir., Roswell, GA 30075, 404 993-3906.

RINEHART, Joseph Hill, III; '73 BSBA; Dir. of Equity; The Meridian Grp., 570 Lake Cook Rd., Deerfield, IL 60062, 312 940-1200; r. 1770 Birch Rd, Northbrook, IL 60062, 312 205-1770.

RINEHART, Kester Keane; '72 BSBA; Pres.; Rhino Enterprises, 1875 Alpha Rd. #A, Glendale, CA 91208, 213 964-2353; r. Same, 818 507-9802.

RINEHART, Leslie Alan; '73 BSBA; Staff; Natilus Fitness Ctr., Terrence Chapel Rd Div, Charlotte, NC 28228; r. 6819 Valley Haven Dr., Charlotte, NC 28211, 704 364-3472.

RINEHART, Mary Diana, (Mary Diana Green); '80 BSBA; Programmer Analyst; I.S.C. Financial Systs., 1480 W. Lane Ave., Columbus, OH 43221, 614 488-0648; r. 904 Gosfield Gate Ct., Westerville, OH 43081, 614 895-8285.

RINEHART, Nancy Ann; '87 BSBA; Communication Admin.; Whirlpool Corp., 119 Birdseye St., Clyde, OH 43410, 419 547-7711; r. 808C Fredrick Ave., Fremont, OH 43420, 419 334-4571.

RINEHART, Patricia Lynn; '83 BSBA; Production Mgr.; Environ. Advancements, 5671 Maple Canyon, Columbus, OH 43229; r. 3570 Greenwich, Columbus, OH 43224.

RINEHART, Richard Leigh; '77 BSBA, '87 MBA; Proj. Coord.; Newcome Corp., 4684 Indianola Ave., Columbus, OH 43214, 614 268-5605; r. 2830 Exmoor Rd., Columbus, OH 43221, 614 481-0506.

RINEHART, Robert Clyde, Jr.; '68 BSBA, '70 MA; Consumer Rsch. An; O M Scott & Sons, Sub Itt, E. 6th St., Marysville, OH 43040; r. 820 Pinehurst St., Marysville, OH 43040, 513 644-4224.

RINEHART, Stanley R.; '58 BSBA, '59 MBA; 4909 Morton Rd., New Bern, NC 28562.

RING, Glen Allen; '86 BSBA; Financial Acct.; Atlas Industrial Contractors, 400 Dublin Ave., Columbus, OH 43215; r. 261 Marvel, Lancaster, OH 43130.

RING, Sharon Leete; '83 BSLHR; Contract Admin.; Digital Equip. Corp., One Burlington Woods Dr., Burlington, MA; r. POB 688, 45 Surf Ln., Rye, NH 03870, 603 964-8062.

RINGENBERG, Ronald Edward; '80 MBA; Sr. Cnslt.; IMRS, 1600 Summer St., Stamford, CT 06905, 213 353-8333; r. 113 S. Prospect, Wheaton, IL 60187, 312 690-5415.

RINGER, Robert Clinton; '42 BSBA; Retired; r. 4280 Kendale Rd., Columbus, OH 43220, 614 451-3503.

RINGLE, Jarren Scott; '73 BSBA; Mktg. Systs. Supv.; Nationwide Ins. Co., One Nationwide Plz., Columbus, OH 43216; r. 230 Abbot Ave., Worthington, OH 43085.

RINGLER, Lewis J.; '43 BSBA; Retired Atty. of Counsel; Reminger & Reminger Co., LPA; r. 3343 Archwood Dr., Rocky River, OH 44116, 216 331-6950.

RINGS, Donald J.; '58 BSBA; S/Emp Ins. & Investm; 2800 London Groveport Rd, Grove City, OH 43123, 614 871-2272; r. Same.

RINGS, George Brian; '79 BSBA; Flight Ofcr.; United Airlines, POB 66100, Chicago, IL 60666; r. 402 N. Liberty, W. Unity, OH 43570, 419 924-5014.

RINGS, Richard C.; '71 BSBA; Commercial Sales Mgr.; Ohio Valley Flooring, 5555 Murray Ave., Cincinnati, OH 45227, 513 561-3399; r. 5723 Reswin Dr., Fairfield, OH 45014, 513 829-1074.

RINI, Martin V.; '51 BSBA; Investment VP; J.C. Bradford & Co., 1127 Euclid Ave., Ste. 1030, Cleveland, OH 44115, 216 696-0322; r. 17837 Canterbury Rd, Cleveland, OH 44119, 216 481-6744.

RINIER, Alton L.; '45 BSBA; Atty.; 116 Cleveland Ave., Canton, OH 44702, 216 455-3488; r. 5022 Lawndale St. NW, Canton, OH 44708, 216 477-7474.

RINIER, Lorraine Baxter, (Lorraine Baxter); '45 BSBA; Homemaker; r. 5022 Lawndale St. NW, Canton, OH 44708, 216 477-7474.

RININGER, D'Arle Keith; '77 BSBA; 4091 Summit View, Dublin, OH 43017, 614 764-2581.

RINKER, Kent Kagay; '72 MBA; Staff; Meuse Rinker & Chapman, 90 N. High, Columbus, OH 43215; r. 5095 Squirrel Bend, Columbus, OH 43220, 614 457-4624.

RINKER, Sherri Lynn; '88 BSBA; Mgr.; Famous Footwear, 5830 Scarborough Mallway, Columbus, OH 43232, 614 866-9830; r. 5656-L Princess Pl., Columbus, OH 43229, 614 794-3586.

RINKER, Terri Ann '88 (See Brogla, Mrs. Terri Rinker).

RINSMA, Joanne Dunivant; '49 BSBA; 1390 Red Fern Dr., Upper St. Clair, PA 15241, 412 833-7113.

RIPEPI, Fred Gary; '78 BSBA; Sr.Cnslt.in Mfg.; Technology Solutions Co., 205 N. Michigan Ave., Chicago, IL 60601, 312 819-2250; r. 580 Dover Glen Dr., Antioch, TN 37013, 615 360-7380.

RIPOSO, LTJG David Anthony; '86 BSBA; Nav. Flight Ofcr.; USN, Naval Air Sta., Key West, FL 33040; r. Rte. 6, Box 463Y14, Summerland Key, FL 33042.

RIPP, Mason L.; '50 BSBA; Retired Auditor; Northern Natural Gas Co., 2223 Dodge St., Omaha, NE 68102; r. 929 Hillcrest Dr., Omaha, NE 68132, 402 551-3824.

RIPPETH, Danny Chester; '75 BSBA; 1412 Medford Dr., Bedford, TX 76021, 817 354-5020.

RISCH, Stephen Mark; '84 BSBA, '88 MBA; Bus. Cnslt.; Deloitte Haskins & Sells, 155 E. Broad St., Columbus, OH 43215, 614 221-1000; r. 7742 Barkwood Dr., Worthington, OH 43085, 614 848-6324.

RISELING, Jerry L.; '59 BSBA; Atty.; Private Practice, 1 E. Livington, Columbus, OH 43215; r. 2380 Oxford Rd, Columbus, OH 43221, 614 488-3710.

RISER, Gary Alan; '67 MBA; Asst. Treas.; Martin Marietta Energy Systs., POB 2003, Oak Ridge, TN 37831, 615 574-9961; r. 40 Montclair Rd., Oak Ridge, TN 37830, 615 482-2358.

RISH, Michael W.; '78 BSBA; Sales Mgr.; Plastic Suppliers, POB 19867, Columbus, OH 43219, 614 475-8010; r. 50 Ashbrook Rd., Canal Winchester, OH 43110, 614 833-9261.

RISLEY, COL George L.; '49 BSBA; VP; Zale Corp., Risk Mgmt & Loss Prevention, 901 W. Walnut Hill Ln., Irving, TX 75038, 214 580-5197; r. POB 2233, Jena, LA 71342, 214 506-8033.

RISMILLER, David A.; '58 BSBA; Ch of Bd./Dir.; Commerce Bank of Kansas City, 922 Walnut, Kansas City, KS 66109; r. 3415 W. 63rd St., Shawnee Mission, KS 66208, 913 831-3656.

RISNER, H. Kent, Jr.; '76 BSBA; Area Franchisee; Domino's Pizza, 62 E. Main St., Shelby, OH 44827; r. 515 Carlotta Dr., Youngstown, OH 44504, 216 744-0903.

RISNER, Kim Joseph; '79 BSBA; 715 West St., Carey, OH 43316, 419 396-3146.

RISNER, Mrs. Sheryl L., (Sheryl Lynn Shape); '86 BSBA; Volunteer Dir.; Logan Acres, 3023 Cnty. Rd. 91, Bellefontaine, OH 43311, 513 592-2901; r. 800 Brookwood Dr., Bellefontaine, OH 43311, 513 592-1324.

RISSLER, William Everett; '69 BSBA; Salesman; Tel Plus Communications, 3717 Corporate Dr., Columbus, OH 43229, 614 890-0300; r. 708 Mirandy Pl., Reynoldsburg, OH 43068, 614 863-8863.

RISSMEYER, Robert Craig; '87 BSBA; Underwriter; Motorists Mutual Ins. Co., 471 E. Broad St., Columbus, OH 43215, 614 225-8687; r. 1808 Worthington Run Dr., Worthington, OH 43085, 614 761-9186.

RISTEFF, Stephanie; '88 MBA; 1000 Windsor Shores Dr., #23D, Columbia, SC 29229.

RITCHEY, Brian Joseph; '78 BSBA; Corp Mgr.; Health Care & Ret Corp. of Amr, One Seagate, Toledo, OH 43601, 419 227-1837; r. 7035 Dunstans Ln., Toledo, OH 43617, 419 841-8430.

RITCHEY, Charles Robert; '72 BSBA; Controller; Rhode Island Welding Supply Co., Quaker Ln. Industrial Park, Warwick, RI 02818, 401 884-0200; r. 68 Beacon Dr., N. Kingstown, RI 02852, 401 295-2405.

RITCHEY, James; '60 BSBA; Mgr. Quality Control; Unidynamics/Phx, POB 2990, Phoenix, AZ 85043; r. 160 Capilla Cir., Litchfield Park, AZ 85340, 602 935-3051.

RITCHEY, John Garner; '68 BSBA; Sr. VP/Treas.; Mid America Fed., 4181 Arlingate Plz., Columbus, OH 43228, 614 278-3328; r. 182 E N. Broadway, Columbus, OH 43214, 614 267-4434.

RITCHEY, Paul Andrew; '72 BSBA; CPA; Ritchey & Assocs., CPA's Inc., 1277 Maple Ave., Zanesville, OH 43701, 614 453-0621; r. 5135 Wilshire Dr., Zanesville, OH 43701, 614 454-1646.

RITCHIE, Barbara Williams; '88 BSBA; 2053 Stoney Hill Dr., Hudson, OH 44236, 216 656-1363.

RITCHIE, Diana Lynn; '79 BSBA; Mgmt. Cnslt./ Owner; r. 12999 Worthington Rd., Pataskala, OH 43062, 614 898-9484.

RITCHIE, Gale Alan; '72 BSBA; Account Exec.; Fed. Reserve Bank of Cleveland, 965 Kingsmill Pkwy., Columbus, OH 43229, 614 846-7382; r. 2705 Bickel Church Rd., Baltimore, OH 43105, 614 862-4067.

RITCHIE, James Norton; '72 BSBA; Box 53262, Atlanta, GA 30355, 404 237-2568.

RITCHIE, Joseph Paul; '68 BSBA; Staff; Mc Donalds Corp., Mc Donalds Plz., Oak Brook, IL 60521; r. 5167 W. 227th St., Cleveland, OH 44126, 216 734-0988.

RITCHIE, Norman William; '83 MBA; Mkt. Mgr.; Weyerhaeuser Co., Paper Div., 620 Lee Rd. POB 829, Valley Forge, PA 19481, 215 251-9220; r. 77 Pleasant Hill Dr., Glen Mills, PA 19342, 215 358-2777.

RITCHIE, William Paul, Esq.; '68 BSBA; Atty./ Partner; Jones Day Reavis & Pogue, 225 W. Washington St., Chicago, IL 60606, 312 269-4200; r. 55 W. Goethe St., #1252, Chicago, IL 60610.

RITENOUR, Ms. Cynthia Louise; '84 BSBA, '88 MBA; Acctg. Mgr.; Linclay Corp., 2600 Corporate Exchange Dr., Columbus, OH 43229, 614 895-2000; r. 1623 Pierpont Dr., Westerville, OH 43081, 614 436-2680.

RITER, William Ronald; '77 BSBA; Pres.; Axelrod Distributing Co., 10101 Quincy Ave., Cleveland, OH 44106; r. 874 Cranbrook Dr., Highland Hts., OH 44143.

RITLEY, Donald Gerard; '72 BSBA; 347 Trailview Rd., Encinitas, CA 92024, 619 942-3996.

RITTEL, George C.; '65 BSBA; Adjustor; Gen. Adjustment Bur. Inc., 781 NW Blvd., Columbus, OH 43212, 614 457-7765; r. 5950 Sedgwick Rd., Worthington, OH 43085, 614 846-0206.

RITTENHOUSE, Charles E.; '64 BSBA; Cost Mgr.; Catalyst Resources Inc., 2190 N. Loop W., Ste. 400, Houston, TX 77018; r. 10115 Coralstone Rd., Houston, TX 77086, 713 447-8026.

RITTENHOUSE, Charles Russell; '75 MPA; Supv.; State of Ohio, Dept. of Human Svcs., 30 E. Broad St., Columbus, OH 43215, 614 466-1438; r. 2088 Bigby Hollow St., Columbus, OH 43228, 614 279-2853.

RITTER, Frederick R.; '57 BSBA; VP, Underwriting; N. Amer Equitable Life Assurance, 1251 Dublin Rd., Columbus, OH 43215, 614 488-4881; r. 6490 Ponset St., Dublin, OH 43017, 614 764-4819.

RITTER, Glen John; '50 BSBA; Graphic Artist; r. 523 Second St., #30, Marietta, OH 45750.

RITTER, James Joseph; '80 BSBA; Trans Analyst; Conoco Inc., POB 2197, Houston, TX 77001; r. 5909 Ranchester Dr., Apt. 914, Houston, TX 77036.

RITTER, Laverne Warren; '81 BSBA; Asst. Controller; Cellular Comm. Inc., 480 E. Wilson-Bridge Rd., Worthington, OH 43085, 614 436-4331; r. 310 Highland Ave., Worthington, OH 43085, 614 846-1247.

RITTER, Ralph Edward; '71 BSBA; Mktg. Rep.; Quincy Mutual Fire Ins. Co., 57 Washington St., Quincy, MA 02169; r. 7654 Zona Ln., Parma, OH 44130, 216 885-1332.

RITTER, Richard H.; '56 BSBA; Financial Mgr.; Lin-Mar Svcs., 108 Brookhill Ave., Vestal, NY 13850; r. 108 Brookhill Ave., Vestal, NY 13850, 607 757-0458.

RITTER, Sean C.; '82 BSBA; 2435 Mcvey Ct., c/o Marilynn Dodson, Worthington, OH 43085.

RITTER, Steven Frank; '87 BSBA; Dis. Sales Mgr.; Ohio Grain Co., 17700 SR 4 N., Marysville, OH 43040, 419 422-2385; r. 440 Winthrop Dr., Apt. 20, Findlay, OH 45840, 419 422-2385.

RITTGERS, Lawrence Russell; '77 MBA; Staff; Battelle Mem. Inst., 505 King Ave., Columbus, OH 43201; r. 3332 Woods Mill Dr., Hilliard, OH 43026, 614 876-6144.

RITTMAIER, Roderick Lewis; '84 BSBA; Systs. Support Analyst; MMS Intl., 2400 Corporate Exchange Dr., Columbus, OH 43231, 614 895-0738; r. 5407 Kirkland Way, Columbus, OH 43229, 614 794-3052.

RITTS, Ronald Hobart; '74 BSBA; 106 Murnane St., Westerville, OH 43081, 614 891-2061.

RITZENTHALER, Eric Joseph; '85 BSBA; 2280 Nottingham Rd., Columbus, OH 43221, 614 457-0928.

RITZHAUPT, Donald Lee; '69 BSBA; Manufacturing Mgr.; Eaton Corp., P.D.D. Div., Old Tasso Rd., Cleveland, TN 37311, 615 472-3305; r. 3809 Woodbine Cir., Cleveland, TN 37311, 615 472-2708.

RITZLER, Todd J.; '87 BSBA; Commercial Appraiser; First Fed. S&L, 701 First Fed. Plz., Toledo, OH 43624, 419 243-9100; r. 480 Monroe St., Fostoria, OH 44830, 419 435-2911.

RIVELAND, Harold R.; '62 MBA; Retired; Lockheed Missiles & Space Co., 1111 Lockheed Way, Sunnyvale, CA 94086; r. 20363 Miljevich Dr., Saratoga, CA 95070, 408 867-2278.

RIVERA, Jacqueline; '85 BSBA; Proj. Coord.; CNG Energy, Sub/E. Ohio Gas Co., 1201 E. 55th St., Cleveland, OH 44103, 216 432-6859; r. 3235 Rocky River Dr., #9, Cleveland, OH 44111, 216 252-2539.

RIVERS, Michael Lee; '80 BSBA; Salesman; Orange Cnty. ABC Bd., Hwy. 54 W., Carrboro, NC 27510; r. 103 Warren Way, RR 4, Chapel Hill, NC 27514, 804 788-1695.

RIVES, Dominique Michel; '88 MA; 109 C E. Woodruff Ave., Columbus, OH 43201.

RIVIERE, Roger Edward; '69 BSBA; Operations Inspector; Fed. Aviation Admin., 3400 Norman Berry Dr., East Point, GA 30320, 404 763-7773; r. 950 New Bedford Dr., Marietta, GA 30068, 404 642-8935.

RIVLIN, Leslie Myron; '46 BSBA; Retired; r. 3004 Matador Dr. NE, Albuquerque, NM 87111, 505 296-2888.

RIZIKA, Robert N.; '56 BSBA; Pres.; R.N.R. Realty, 1926 Genesee St., Utica, NY 13502, 315 797-4600; r. 47 Woodberry Rd., New Hartford, NY 13413, 315 724-3806.

RIZZI, James W.; '67 MACC; Dir. of Financial Svcs.; SSM Health Care Syst., 1031 Bellevue Ave., St. Louis, MO 63117, 314 768-1600; r. 1937 Rustic Oak Rd, Chesterfield, MO 63017, 314 532-5244.

RIZZO, Rosario Angelo; '69 BSBA, '71 MBA; Sr. Auditor; r. 24 S. Andrew Ln., Schaumburg, IL 60193, 312 893-6182.

RIZZO, Theresa Lynn; '84 BSBA; 3254 Madera Ave., Oakland, CA 94619.

RIZZO, Thomas J.; '57 BSBA; Retired Supr; Gen. Telephone of Ohio, 100 Executive Dr., Marion, OH 43302; r. 1013 Knollwood Ct., Winter Spgs., FL 32708, 407 366-8059.

RIZZUTTI, 2LT Mark T., USAF; '86 MPA; Hosp. Admin.; Air Force Svcs. Med. Corps, Lackland AFB, TX 78236; r. Same.

ROACH, Dr. Bonnie L.; '80 MLHR, '84 PhD (LHR); Asst. Prof.; Ohio Univ., Copeland Hall 403G, Athens, OH 45701, 614 593-2013; r. 11-A Andover Ct., Athens, OH 45701, 614 593-6143.

ROACH, Earl W.; '53 BSBA; Retired; r. 1149 Hazelton Etna Rd. SW, Pataskala, OH 43062, 614 927-4229.

ROACH, Joseph Augustus; '65 BSBA; Mktg. Rsch. Supv.; Celanese Piping Systs., 4330 Cemetery Rd, Hilliard, OH 43026; r. 7401 Bevelheimer, New Albany, OH 43054.

ROACH, Mary Ann; '86 MPA; Asst. Dir. Univ. Fin. Aid; Case Western Reserve Univ., Cleveland, OH 44106, 216 368-4530; r. 120 Ruth Ellen Dr. #426, Richmond Hts., OH 44143.

ROACH, Robert E., Jr.; '61 BSBA; Pres.; Exco, Inc., Columbus, OH 43220, 614 258-8484; r. 5030 Jamestown Rd., Columbus, OH 43220, 614 451-0350.

ROACH, Ronald Lee; '83 BSBA; 507 Meadow Ln., Marion, OH 43302.

ROACH, Scott Carl; '87 BSBA; 151 Mc Elroy Rd., Mansfield, OH 44905, 419 589-2164.

ROADRUCK, Joel Evans; '80 BSBA; New Product Coord.; Kenner Prods., 1014 Vine St., Cincinnati, OH 45202, 513 579-4754; r. 20 Spotswood Common, Batavia, OH 45103, 513 752-6752.

ROADS, Paul C.; '48 BSBA; Atty.; r. 104 E. Baseline Rd, Lafayette, CO 80026, 303 665-5559.

ROARK, Forest E.; '49 BSBA; Retired; r. 1551 Ben Sawyer Blvd. 1-4, Mt. Pleasant, SC 29464, 803 884-2168.

ROARK, Vicky Lynn; '88 BSBA; 6704 Redwing Ct., Orient, OH 43146, 614 877-9762.

ROBA, Ralph Stephen; '80 BSBA; Shareholder; Rolite Plastics, Inc.; r. 253 Colonial Ave. SE, New Philadelphia, OH 44663, 216 339-7357.

ROBB, Craig Weston; '74 MBA; Product Admin.; IBM Corp., 4111 Northside Pkwy., Atlanta, GA 30367, 404 238-4454; r. 1657 Shadow Ct., Dunwoody, GA 30338, 404 391-9532.

ROBB, George M.; '42; 10079 5 Windstream Dr., Columbia, MD 21044, 301 596-5024.

ROBB, John H.; '35 BSBA; Retired-Partner; Coopers & Lybrand; r. 107 Marseille Dr., Naples, FL 33962, 813 774-5553.

ROBB, Kenneth L.; '48 BSBA; Retired; r. 2964 Sutherland Ct., Palm Harbor, FL 34684, 813 785-7832.

ROBB, Michael Stephen; '69 BSBA; Regional Dir.; r. 1211 N. Ridgeland Ave., Oak Park, IL 60302.

ROBB, Richard G.; '58 BSBA; 1200 Wareham Ct., Charlotte, NC 28207, 704 373-0600.

ROBB, Thomas C.; '52 BSBA; Retired; r. 159 Fern Dr., Ponca City, OK 74604, 405 762-6285.

ROBB, Thomas Michael; '80 MBA; 889 Helenhurst Ct., Westerville, OH 43081, 614 895-0633.

ROBBIN, Harry J.; '40 BSBA; Pres. Chmn. & CEO; Stone & Thomas Dept. Store, 1030 Main St., Wheeling, WV 26003; r. 45 Forest Hills, Wheeling, WV 26003.

ROBBINS, Barbara Lynn; '80 BSBA; Acct.; Gen. Telephone of Ohio, 1300 Columbus Sandusky Rd, Marion, OH 42303; r. 2801 Chateau Cir., Columbus, OH 43221, 614 764-2031.

ROBBINS, Linda A. '81 (See Filer, Linda Robbins).

ROBBINS, Mark Zeller; '81 BSBA; Underwriting Mgr.; Vision Svc. Plan, 673 Mohawk St., Columbus, OH 43216, 614 224-7709; r. 1838 Merriweather Dr., Columbus, OH 43221, 614 451-2464.

ROBBINS, Michael Glenn; '85 BSBA; Mktg. Rep.; Tandy Corp. Radio Shack, 8349 Golf Rd., Niles, IL 60648, 312 470-0670; r. 541 W. 73rd St., Downers Grove, IL 60516, 312 852-1602.

ROBBINS, Nelson Lee; '69 BSBA; VP/Cnslt./Broker; Godwins Inc., Group Ins Benefits, 200 Pringle Ave. Ste. 400, Walnut Creek, CA 94596, 415 938-6400; r. 17 Orange Blossom Ct., Danville, CA 94526, 415 837-1876.

ROBBINS, Patricia Mary; '87 BSBA; Sales Asst.; Merril Lynch, 100 E. Broad St., 24th Fl., Columbus, OH 43215, 614 225-3042; r. 4959 Kingshill Dr., Apt. 208, Columbus, OH 43229, 614 848-6590.

ROBBINS, Phyllis '51 (See Lee, Phyllis Robbins).

ROBBINS, Robert M.; '48 BSBA; CPA/Pres.; R M Robbins & Assocs., Inc., 2921 Youngstown Rd., SE, Box 671, Warren, OH 44482, 216 369-2824; r. 376 Wainwood Dr. SE, Warren, OH 44484, 216 395-2960.

ROBBINS, Stephen Allen; '72 BSBA; Regional Dir./ Operations; Sisters of Mercy Health Corp., 2199 Jolly Rd., #130, Okemos, MI 48864, 517 349-0410; r. 2169 Woodfield Dr., Okemos, MI 48864, 517 349-8954.

ROBBINS, Dr. W. David; '53 PhD (BUS); Distinguished Prof.; Univ. of Richmond, Sch of Business Adm, Richmond, VA 23173; r. 206 College Rd., Richmond, VA 23229, 804 282-4492.

ROBBOY, Howard Paul; '75 BSBA; Corporate Recruiter/VP; Consumer Connection, Sales Dept., 400 108th Ave. NE Ste. 600, Bellevue, WA 98004, 206 455-2770; r. 7229 E. Mercer Way, Mercer Island, WA 98040, 206 236-1162.

ROBBOY, Dr. Marc Wayne; '72 BSBA; Sr. Scientist; Bausch & Lomb, 1400 N. Goodman St., Rochester, NY 14692, 716 338-6000; r. 23 Packet Boat Dr., Fairport, NY 14450, 716 377-1540.

ROBE, John W.; '51 BSBA; Retired; r. 572 Home Rd, Delaware, OH 43015, 614 548-5601.

ROBERSON, LTC Clinton B., USMC(Ret.); '49 BSBA; 12908 Colby Dr., Woodbridge, VA 22192, 703 494-4879.

ROBERSON, Gary W.; '62 BSBA; Financial Dir.; L T V Energy Prods. Co., POB 670, Arlington, TX 76010, 817 468-6105; r. 16 Oakmont Ct., Arlington, TX 76013.

ROBERSON, COL John Fredrick, USAF(Ret.); '58 BSBA; 5961 White Sands Rd., Keystone Hts., FL 32656, 904 473-3366.

ROBERSON, Ms. Lisa Anderson, (Lisa Anderson); '85 BSBA; Human Res. Admin.; Abrasive Technology Inc., 8400 Green Meadows Dr., Westerville, OH 43081, 614 548-4100; r. 8371 Springston Ln., Worthington, OH 43235, 614 846-8553.

ROBERT, Robert J.; '58 BSBA; Pres.; Robert J Robert Realtors, 1347 W. Fifth Ave., Columbus, OH 43212, 614 486-7779; r. 1674 Roxbury Rd, Columbus, OH 43212, 614 486-4262.

ROBERTS, Albert Lloyd; '50 BSBA; Retired Mktng Coord.; Beverage Mgmt. Inc., 2400 Corporate Exchange, Columbus, OH 43229; r. 3440 Olentangy River Rd., Apt. 12M, Columbus, OH 43202, 614 261-6400.

ROBERTS, Allen MacDearman; '83 BSBA; Opratns Mgmt. Trainee; Overland Express Inc., Postmaster, Indianapolis, IN 46206; r. Anton Way, RR 1 Box Sw10, New Palestine, IN 46163, 317 861-6056.

ROBERTS, Alvin Loren; '55 BSBA; Estate Planner; CT Gen. Life Ins. C, 37 W. Broad St., Columbus, OH 43215; r. Box 531, Dublin, OH 43017, 614 866-0410.

ROBERTS, Andrew James; '83 BSBA; Mgr.; State Savings Bank, 3800 Main St., Hilliard, OH 43026, 614 876-9938; r. 601 Northridge Rd., Columbus, OH 43214, 614 263-7729.

ROBERTS, Annette Fivaz; '37 BSBA; Retired; r. 158 High St., Sunbury, OH 43074, 614 965-3616.

ROBERTS, Arthur J.; '78 MACC; Controller; Midland Mutual Life Ins., 250 E. Broad St., Columbus, OH 43215, 614 228-2001; r. 7078 Scribner Way, Dublin, OH 43017.

ROBERTS, Bonita Lovella; '84 BSBA; Staff; State Tchrs. Retirement Syst., Real Estate Investment, 275 E. Broad St., Columbus, OH 43215; r. 3015 Woodway Rd., Columbus, OH 43207.

ROBERTS, Bonnie Boeshart, (Bonnie Boeshart); '79 BSBA, '84 MBA; Acquisition Ofcr.; State Tchrs. Retirement Syst., 275 E. Broad St., Columbus, OH 43215, 614 227-2822; r. 5596 Oldwynne Rd., Hilliard, OH 43026, 614 771-8142.

ROBERTS, Chris Allen; '81 BSBA; Production Coor; The Duriron Co. Inc., POB 1145, Dayton, OH 45401; r. 324 Virginia Ave., Centerville, OH 45459, 513 436-9175.

ROBERTS, Dane Bevin; '83 MBA; Sr. Financial Analyst; Spectra-Physics, 3333 N. First St., San Jose, CA 95134, 408 432-3333; r. 455 Brahms Way, Apt. 319, Sunnyvale, CA 94087, 408 730-9168.

ROBERTS, David John; '73 BSBA; Asst. Controller; Roxane Labs Inc., 1809 Wilson Rd., POB 16532, Columbus, OH 43216, 614 276-4000; r. 1573 Trentwood Rd., Columbus, OH 43221, 614 442-1858.

ROBERTS, Debra Lee; '87 BSBA; 2602 Neil Ave., Apt. C, Columbus, OH 43202, 614 261-0377.

ROBERTS, Emily Youmans; '34 BSBA; Retired; r. 18 Seaview, Guilford, CT 06437, 203 453-0202.

ROBERTS, Jack C.; '63 BSBA; Pres.; Roberts Mgmt. Assoc., POB 923, 2 Margin St., Salem, MA 01970, 617 631-9465; r. 27 Rowland St., Marblehead, MA 01945, 617 631-9465.

ROBERTS, James Denton; '78 MPA; Child Welfare Casewo; Franklin Co. Childrens Servs, 1951 Gantz Rd, Grove City, OH 43123; r. 8150 Hickory Ave., Galena, OH 43021.

ROBERTS, James Edward, Jr.; '80 MBA; Owner; Jim Roberts Plastics, POB 9076, Canton, OH 44711; r. 2015 34 St. NW, Canton, OH 44709, 216 492-5597.

ROBERTS, James Evans; '87 BSBA; 1062 Sunny Hill Dr., Columbus, OH 43221, 614 457-1277.

ROBERTS, Dr. James Keith; '81 MPA; Dir., Adult Prog.; Glen Oaks Hosp., POB 1885, 301 E. Division St., Greenville, TX 75401, 214 454-6000; r. 2613 Washington, Commerce, TX 75428, 214 886-7804.

ROBERTS, James Owen; '52 BSBA; Pres.; Mgmt. Plng. Inc., 101 Poor Farm Rd., Princeton, NJ 08542, 609 924-4200; r. 2323 Stillman Rd., Cleveland, OH 44118, 216 932-1417.

ROBERTS, James Russell; '88 MBA; 6359 Harvest St., Springfield, OH 45502, 513 390-0766.

ROBERTS, Mrs. Jane Elizabeth, (Jane E. Barey); '78 BSBA; Account Admin.; IBM, 200 Renaissance Ste. 1900, Detroit, MI 48243; r. 1798 Pembroke, Birmingham, MI 48009, 313 649-0914.

ROBERTS, CAPT Janice Irene; '69 BSBA; Cpt Usa; r. 4258 Greystone Dr., San Antonio, TX 78233, 512 655-3130.

ROBERTS, Jeffrey Michael; '87 BSBA; Staff Acct.; Arthur Andersen & Co., 1717 E. 9th St., Cleveland, OH 44114, 216 781-2140; r. 1766 Liberty Dr., Akron, OH 44313, 216 867-7391.

ROBERTS, John Franklin; '74 BSBA; 1221 Northridge Rd., Columbus, OH 43224, 614 268-7972.

ROBERTS, Joyce Joan, (Joyce Joan Jones); '59 BSBA; Tchr.; Buckeye Valley HS, 901 Coover Rd., Delaware, OH 43015; r. 8874 Norton Waldo Rd, Waldo, OH 43356, 614 726-2724.

ROBERTS, Karen N., (Karen Nordstrom); '81 BSBA; Dir. of Mktg.; West Penn AAA Motor Club, 202 Penn Cir. W., Pittsburgh, PA 15206, 412 362-3300; r. 6386 Monitor St., Pittsburgh, PA 15217, 412 422-1055.

ROBERTS, Kathrin '82 (See Fellows, Kathrin Roberts).

ROBERTS, Mrs. Lois P., (Lois R. Pearson); '65 BSBA; Indep Contractor; 2227 Bellfield Ave., Cleveland, OH 44106; r. Same, 216 791-6191.

ROBERTS, Marjorie Jane; '87 BSBA; 6246 Brighton Dr., N. Olmsted, OH 44070, 216 777-6148.

ROBERTS, Matthew Goodwin, Jr.; '62 BSBA; VP/ Sales; Le Roy Machine Co., 25625 Southfield, Southfield, MI 48075; r. 7396 Deep Run, Birmingham, MI 48010.

ROBERTS, Matthew Goodwin, Sr.; '31 BSBA; Semiretired; r. 2424 Sherwood Rd, Columbus, OH 43209, 614 231-7545.

ROBERTS, Michael Brian; '72 BSBA; Personnel Mgr.; Bucknell Univ., Public Relations Dept., Lewisburg, PA 17837; r. 1903 Madison Ave., Lewisburg, PA 17837, 717 523-0243.

ROBERTS, Paul King, CPA; '57 BSBA; Owner; Robco of Knoxville Inc., 1817 Cumberland Ave., Knoxville, TN 37916, 615 637-5900; r. 936 Ethans Glen Dr., Knoxville, TN 37923.

ROBERTS, Ralph Vincent; '73 BSBA; Exec. VP; Natl. Rolling Mills, Rtes. 29 & 202, Malvern, PA 19355, 215 644-6700; r. 735 Hillview Rd., Malvern, PA 19355, 215 644-2914.

ROBERTS, 1LT Randy D.; '75 BSBA; 1st Lt. Usaf; r. 136 Blakeslee Way, Folsom, CA 95630.

ROBERTS, Ray Everett, Jr.; '66 MBA; Kirkridge, Bangor, PA 18013, 215 863-9152.

ROBERTS, Dr. Richard Stanley; '61 MBA, '66 PhD (ACC); Prof.; The Univ. of Akron, Dept. of Acctg., Akron, OH 44325, 216 375-7467; r. 1381 Wimbledon Cir., Stow, OH 44224, 216 686-1786.

ROBERTS, Robert Edwin; '57 BSBA; Realtor; Roberts Realty, 903 Steubenville Ave., POB 632, Cambridge, OH 43725, 614 439-5522; r. 5576 Skyline Dr., POB 632, Cambridge, OH 43725, 614 439-2451.

ROBERTS, Robert Lawrence, Sr.; '54 BSBA; Gen. Mgr.; Pioneer Rural Elec Co-op Inc., Box 604, 344 W. U S Rte. 36, Piqua, OH 45356, 513 773-2523; r. 305 Ron Aire Dr., Piqua, OH 45356, 513 773-8369.

ROBERTS, Robin Lynn; '88 BSBA; Mktg. Asst.; Bank One, Akron, OH 44320, 216 374-8323; r. 2002 Rosewood Dr., Kent, OH 44240, 216 678-8593.

ROBERTS, CAPT Ronald Bruce; '75 BSBA; Flight Instr.; TAVSC, New River MCAS H, Helicopter (Simulator) Flight, Jacksonville, NC 28545; r. POB 4095 Mcas, Jacksonville, NC 28545.

ROBERTS, LCDR Stephen John; '75 BSBA; LCDR USN; r. 19257 Treadway Rd., Brookeville, MD 20833, 301 774-0669.

ROBERTS, Stephen R.; '87 BSBA; Financial Analyst; Diebold Inc., 511 Milliken Dr., Hebron, OH 43025, 614 928-1010; r. 2379 White Chapel Ct., Columbus, OH 43229, 614 486-2619.

ROBERTS, Steven Randolph; '62 BSBA; Dir.; Ford Motor Co., Supply Policy & Planning, Purchasing & Supply Staff, Dearborn, MI 48121, 313 322-8262; r. 23611 Fordson, Dearborn, MI 48124, 313 562-6909.

ROBERTS, Thomas Allen; '74 MBA; Mktg. Mgr.; IBM Corp., 4 Allegheny Ctr., Pittsburgh, PA 15212; r. 299 Courtney Pl., Wexford, PA 15090, 412 935-3772.

ROBERTS, Thomas G.; '86 BSBA; 900 Blueberry Hill, Canfield, OH 44406, 216 533-6430.

ROBERTS, Thomas John; '70 BSBA; 14915 Derringer Rd, Poway, CA 92064.

ROBERTS, William Andrew; '82 BSBA; Acct.; Ernst Whinney, 2400 Nationwide Plz., Columbus, OH 43216; r. 2830 Andover Rd., Columbus, OH 43221, 614 486-2619.

ROBERTS, William Lee; '77 BSBA; Miriam South Corp., 5031 S. Florida Ave., Lakeland, FL 33813, 813 644-1456; r. 437 Market Sq., Lakeland, FL 33813, 813 644-0182.

ROBERTSON, Barbara '80 (See Coate, Barbara Marie).

ROBERTSON, Dean Edwin; '70 BSBA, '72 MBA; Salesman; Wooster Brush, 604 Madison, Wooster, OH 44619; r. 2482 Townsend Dr., Wooster, OH 44691, 216 345-5649.

ROBERTSON, Garner Mc Connico; '84 BSBA, '86 MBA; Phd Student; Ohio State Univ., 190 N. Oval Mall, Columbus, OH 43210; r. 1497 E. Barnes Dr., Columbus, OH 43229, 614 457-3253.

ROBERTSON, Gerald Lee; '76 BSBA; VP; Broad Street Corp., 37 W. Broad St., Columbus, OH 43215, 614 228-0326; r. 89 Southwind, Gahanna, OH 43230, 614 475-1545.

ROBERTSON, Janet Ligo; '79 BSBA; Sales Repr; Ryerson Steel, 5200 Grays Ave., Philadelphia, PA 19143, 215 724-0700; r. 520 W. Wayne Ave., Wayne, PA 19087, 215 688-4756.

ROBERTSON, John Christian; '79 BSBA; Mgr. Intl. Profit Plng.; Arco Chemical, W. Chester Pike & Rte. 252, Newtown Sq., PA 19066, 215 359-3389; r. 520 W. Wayne Ave., Wayne, PA 19087, 215 688-4756.

ROBERTSON, Michael Wayne; '88 BSBA; Programmer Analyst; NCR, 3131 S. Dixie Dr., Dayton, OH 45439, 513 297-5949; r. 9722 Fairwind Ct., Dayton, OH 45458, 513 885-4849.

ROBERTSON, Paul Kenneth; '68 BSBA; Staff; State Farm Ins. Co., 110 Boggs Ln., Cincinnati, OH 45246, 513 772-1171; r. 12022 Cedar Creek, Cincinnati, OH 45240, 513 825-0720.

ROBERTSON, Russell Shephard; '58 BSBA; Purchasing Asst.; The Ohio State Univ., 840 Lincoln Twr., 1800 Cannon Dr., Columbus, OH 43210, 614 292-2317; r. 1290 Fahlander Dr. N., Columbus, OH 43229, 614 888-0172.

ROBERTSON, Stanley; '50 BSBA; Retired; r. 397 E. Main Rd., Conneaut, OH 44030, 216 593-1801.

ROBERTSON, William M., Jr.; '52 BSBA; 658 Lake Shore Dr. W., Hebron, OH 43025, 614 928-1231.

ROBINE, Robin Andrew; '73 BSBA; 2163 Hedgerow Rd. #B, Columbus, OH 43220, 614 457-5328.

ROBINETT, Ross J.; '83 BSBA; Salesman; C & S Sales, 13200 Estrella, Gardena, CA 90248, 213 538-1219; r. 56 Van Buren, Irvine, CA 92720, 714 651-9860.

ROBINETTE, Douglas Craig; '76 BSBA; Corp. Acctg. Ofcr.; Nationwide Ins. Co., One Nationwide Plz., Columbus, OH 43216, 614 249-6085; r. 272 Hopewell Dr., Powell, OH 43065, 614 433-9658.

ROBINETTE, Kathy Rena; '82 BSBA; Sr. Programmer/Analyst I; Progressive Compaines, 6300 Wilson Mills Rd., Mayfield Vlg., OH 44110, 216 446-4364; r. 4737 Georgette Ave., N. Olmsted, OH 44070, 216 777-4398.

ROBINS, Daniel H.; '65 BSBA; VP/Controller; Charles F Merrill Pub Col, Div of Bell & Howell, 1300 Alum Creek Dr., Columbus, OH 43207; r. 1791 Sawgrass Dr., Reynoldsburg, OH 43068.

ROBINS, Daniel Shore; '87 BSBA; Banker; Bankone, Columbus, NA, 100 E. Broad St., Columbus, OH 43271, 614 248-6004; r. 376 Stewart Ave., Columbus, OH 43206, 614 443-8330.

ROBINS, Geraldine '45 (See Weil, Mrs. Geraldine Robins).

ROBINS, Stanton Joel; '61 BSBA; Pres.; Robins Beverage Grp., 1178 Joyce Ave., Columbus, OH 43219, 614 291-6500; r. 2747 Elm Ave., Columbus, OH 43209, 614 239-1283.

ROBINSON, Andrew Wayne; '87 BSBA; 2000 W. Third Ave., Columbus, OH 43212, 614 488-1712.

ROBINSON, Bryan Keith; '79 BSBA; VP-Finance; Northeast Ohio Natural Gas, 132 E. Main St., Lancaster, OH 43130, 614 687-5588; r. 7883 Pickerington Rd., Canal Winchester, OH 43110, 614 837-2964.

ROBINSON, Clarence Cruse; '35 BSBA; Retired; Equifax Inc., 1600 Peachtree St. NW, Atlanta, GA 30304; r. 232 Antelope Way, Las Vegas, NV 89128, 702 363-1450.

ROBINSON, Darrell Alan; '79 BSBA; Auditor; Natl. City Bank, 1900 E. 9th, Cleveland, OH 44101; r. 16811 Glendale, Cleveland, OH 44128.

ROBINSON, David Andrew; '86 BSBA; 7043 Chama Tr., Enon, OH 45323, 513 864-1049.

ROBINSON, David Clifford; '76 BSBA; Quality Control Engr.; Rockwell Intl., c/o Postmaster, Kenton, OH 43326; r. 15176 County Rd. 200, Ridgeway, OH 43345, 513 363-2554.

ROBINSON, David Eugene; '67 BSBA; Chief Financial Ofcr.; Ganley Management Co., 13215 Detroit, Lakewood, OH 44107, 216 228-8486; r. 21184 Maplewood Ave., Cleveland, OH 44116, 216 331-2583.

ROBINSON, David Keith; '85 BSBA; Security Analyst; R Meeder & Assocs., 6000 Memorial Dr., Dublin, OH 43017, 614 766-7000; r. 3365 Garylane Dr., Dublin, OH 43017, 614 792-5082.

ROBINSON, David Owen; '86 BSBA; Staff Acct.; Rea & Assoc., Inc., POB 547, New Philadelphia, OH 44663, 216 339-6651; r. 1033 Jefferson St. SE, #A, New Philadelphia, OH 44663, 216 339-2188.

ROBINSON, David Whitfield; '84 BSBA; 1338 Kingsgate Rd., Columbus, OH 43221, 614 457-5451.
ROBINSON, E. Glenn; '48 BSBA; Sr. Partner/Atty.; Robinson & McElwee, 600 United Ctr., Charleston, WV 25326, 304 344-5800; r. 507 Superior Ave., S. Charleston, WV 25303, 304 744-2812.
ROBINSON, Estel Eugene; '79 BSBA; Portfolio Mgr.; The Ohio Co., 155 E. Broad St., 12th Fl., Columbus, OH 43215, 614 464-6974; r. 226 Cherrystone Dr. N., Gahanna, OH 43230, 614 476-9300.
ROBINSON, Eugene Paul; '50 BSBA; Retired; r. 2951 Hopkins Rd., N. Tonawanda, NY 14120, 716 688-2071.
ROBINSON, Franklin Everett; '60 BSBA; Engr.; Aluminum Co. of America, 1501 Alcoa Bldg., Pittsburgh, PA 14219; r. 12326 Butternut Cir., Knoxville, TN 37922, 412 831-2734.
ROBINSON, Dr. James A. McNulty; '65 PhD (BUS); Prof. & Dir. Maj. Proj.; Faculty of Mgmt., 2500 University Dr. NW, Calgary, AB, Canada T2N1N4; r. 2308 Uxbridge Dr. NW, Calgary, AB, Canada T2N3Z6.
ROBINSON, James Edward; '78 BSBA; 604 Comfort Ln., Washington Ct. House, OH 43160, 614 335-5358.
ROBINSON, James Rees; '80 BSBA; Sales Rep.; Eastman Kodak Co., One Warren Pl. Ste. 112, 6100 S. Yale Ave., Tulsa, OK 74136, 918 481-3252; r. 10706 S. 88th E. Cir., Tulsa, OK 74133, 918 369-5739.
ROBINSON, Jeffrey Marc; '80 BSBA; 174 E. Woodruff, Columbus, OH 43201.
ROBINSON, John Brinton; '68 MBA; Pres-Home Health Care Div; Mc Kesson Corp., One Post St., San Francisco, CA 94104, 415 983-7013; r. 96 Peacock Dr., San Rafael, CA 94901, 415 456-8432.
ROBINSON, Joseph C.; '33 BSBA; Retired; r. 11080-7th St. E., Treasure Island, FL 33706, 813 360-0283.
ROBINSON, Keith Lee; '76 BSBA; Mktg. Dir.; Quaker Oats Co., 321 N. Clark, Chicago, IL 60610, 312 222-7631; r. 204 S. Vernon, Wheaton, IL 60187, 312 682-1319.
ROBINSON, Kelly Nathaniel; '86 BSBA; Dock Supv.; Roadway Express, 1009 Frank Rd., Columbus, OH 43223, 614 279-6341; r. 69 Cherry St., Ashville, OH 43103, 614 983-4761.
ROBINSON, Ms. Kelly Sue; '80 BSBA; MIS Supv.; Aluminum Co. of America, 5151 Alcoa Ave., Vernon, CA 90058, 213 586-5525; r. 201 11th Street #5, Seal Beach, CA 90740, 213 596-7695.
ROBINSON, Kevin Wayne; '80 BSBA; Gen. Mgr.; Bill Knapp's Restaurant, 6851 N. High St., Worthington, OH 43085, 614 846-4030; r. 3647 Killington Ct., Hilliard, OH 43026, 614 876-7358.
ROBINSON, Kimberly A.; '86 BSBA; Student; Case Western Reserve, Law Sch., University Cir., Cleveland, OH 44106; r. 2051 Murray Hill, Cleveland, OH 44106.
ROBINSON, Kyle Allan; '83 BSBA; Regional Sales Rep.; D.S. Brown Co., POB 158, N. Baltimore, OH 45872, 419 257-3561; r. 1753 Ellenwood Dr., Roswell, GA 30075, 404 998-4511.
ROBINSON, Dr. Larry Merle; '77 PhD (BUS); VP Rsch.; Nationwide Ins., One Nationwide Plz., Columbus, OH 43216; r. 990 Corbin Ct., Westerville, OH 43081, 614 890-0233.
ROBINSON, Leslie Anna; '88 BSBA; Sales Mgr.; Macy's South/Bullock's, 180 Peachtree St., Atlanta, GA; r. 6686 J Peachtree Indus. Blvd., Atlanta, GA 30360, 404 859-9793.
ROBINSON, Lisa Gerette; '83 BSBA; Sales Rep.; Corporate Printers, Inc., 309 Pendley Rd., Cumming, GA 30130, 404 688-6652; r. 1753 Ellenwood Dr., Atlanta, GA 30075, 404 992-2438.
ROBINSON, Louis William; '55 BSBA; Data Processing Cnslt.; Robinson Assocs., 2500 Devine St., Ste. C, Columbia, SC 29205, 803 799-8121; r. 53 Northlake Rd., Columbia, SC 29223, 803 788-9526.
ROBINSON, Milton Lewis; '77 BSBA; Staff; Dow Chemical Co., c/o Postmaster, Columbus, OH 43216; r. 3991 Freedom Ridge Ct., Gahanna, OH 43230, 614 476-9558.
ROBINSON, Philip Roland; '59 BSBA; 1409 Parsons Ct., Campbell, CA 95008.
ROBINSON, Rebecca L. '80 (See St. John, Mrs. Rebecca L.).
ROBINSON, Ronald Michael; '64 BSBA; VP-Finance & C F O; Presbyterian Homes Inc., 1217 Slate Hill Rd., Camp Hill, PA 17011, 717 737-9700; r. 243 S. Hanover St., Carlisle, PA 17013, 717 243-6140.
ROBINSON, Scott Charles; '87 BSBA; Underwriter; State Auto Mutual Ins., 518 E. Broad St., Columbus, OH 43216; r. 439 Chatham Rd., Columbus, OH 43214, 614 268-3111.
ROBINSON, Sharolyn Jean; '85 BSBA; Sales Rep.; Xerox Corp., Diamond Shamrock Bldg., Cleveland, OH 44114; r. 16811 Glendale, Cleveland, OH 44128.
ROBINSON, Stanley Ulrich, Jr.; '39 BSBA; Atty.; 5 E. Long St., Columbus, OH 43215, 614 224-5891; r. 312 E. South St., Worthington, OH 43085, 614 885-5563.
ROBINSON, Terry Lee; '66 BSBA; Sales Rep.; Reb Plastics Inc., 33625 Pin Oak Pkwy., Avon Lake, OH 44012, 216 933-5477; r. 12726 Eastchester Rd. NW, Pickerington, OH 43147, 614 861-7661.
ROBINSON, Theodore, Jr.; '47 BSBA; Retired; r. 2613 S. H 103, Sycamore, OH 44882, 419 927-4282.
ROBINSON, Tim J.; '85 BSBA; Student; Northeastern Univ., Sch. of Law, 400 Huntington Ave., Boston, MA 02115; r. 93 Forest Garden Dr., Boardman, OH 44512.
ROBINSON, Tracey Renee; '85 BSBA; Programmer/Analyst; Huntington Natl. Bank, 1778 Northland Mallway, Columbus, OH 43229, 614 263-5162; r. 3071 N. Star Rd., Columbus, OH 43221, 614 457-4328.
ROBISHAW, Donna J. '76 (See Newburn, Donna R.).
ROBISON, Cynthia L. '80 (See Schneider, Mrs. Cynthia L.).
ROBISON, Darrolyn Jean; '88 BSBA; Programmer Analyst; Nation Wide Ins., 1 Nation Wide Plz., Columbus, OH 43215; r. 6536 Rosedale Ave., Reynoldsburg, OH 43068, 614 755-2515.
ROBISON, Gary T.; '57 BSBA; Atty.; Boehm Rance Pritchett Brantner & Robison, 1720 Zollinger Rd, Columbus, OH 43221, 614 459-5200; r. 3561 Kingsway Dr., Columbus, OH 43026, 614 876-6689.
ROBISON, Jerald Lynn; '73 BSBA; Financial Analyst; Borden Inc., 180 E. Broad St., Columbus, OH 43215; r. 5880 Effingham Rd., Columbus, OH 43213, 614 868-1539.
ROBISON, John William, II; '80 BSBA; CPA; The Ltd., Victorias Secret, 2 Limited Pkwy., Columbus, OH 43216, 614 475-4000; r. 3800 Cypress Creek Dr., Columbus, OH 43228, 614 272-1965.
ROBISON, K. Wayne; '77 MBA; Certified Publ Acct.; 113 Braun Dr., Mc Murray, PA 15317; r. 113 Braun Dr., Mc Murray, PA 15317, 412 941-4182.
ROBISON, Karl Fredrick; '84 BSBA; Acct.; Nationwide Ins. Co., One Nationwide Plz., Columbus, OH 43216, 614 249-4015; r. 2965 Cherylane Blvd., Columbus, OH 43220, 614 761-7564.
ROBISON, Kimberly Wilson, (Kimberly S. Wilson); '84 BSBA; Acct.; Penn-Tide, 6463 Proprietors Rd., Worthington, OH 43085, 614 847-0022; r. 3800 Cypress Creek Dr., Columbus, OH 43228, 614 272-1965.
ROBISON, Richard L.; '60 BSBA; Atty.; Robison Owen & Cook, P. A., POB 895, Casselberry, FL 32707, 407 830-4009; r. 930 Longhaven Dr., Maitland, FL 32751, 407 645-1816.
ROBISON, Ronald Asa; '68 BSBA, '73 MPA; Staff; Natl. Appaloosa Assn., Box 8403, Moscow, ID 83843; r. 5050 Old Pullman Rd., Moscow, ID 83843, 208 883-3032.
ROBISON, Tara Weithman, (Tara E. Weithman); '84 BSBA, '87 MBA; Programmer; Motorists Mutual Ins. Co., 471 E. Broad St., Columbus, OH 43215, 614 225-8542; r. 5868 Thatcher Dr., Dublin, OH 43017, 614 766-4796.
ROBLEE, Philip Reed; '81 MPA; Mktg. Rep.; Pizzuti Realty Inc., 250 E. Broad St., Columbus, OH 43215, 614 461-9030; r. 5476 Satinwood Dr., Columbus, OH 43229, 614 436-2729.
ROBSON, Curtis Lee; '77 BSBA; Sr. Audit Mgr.; Deloitte Haskins & Sells, 155 E. Broad St., Columbus, OH 43215, 614 221-1000; r. 1040 Palmer Rd., Columbus, OH 43212, 614 486-1480.
ROBSON, George Arthur; '48 BSBA; Retired Supv.; Hobart Corp., World Headquarters Ave., Troy, OH 45373; r. 5400 Park St. N., Apt. #512, St. Petersburg, FL 33709, 813 545-8317.
ROBSON, George W.; '86 BSBA; Analyst; Cincinnati Bell Info. Systs., 600 Vine St., Cincinnati, OH 45215, 513 784-5959; r. 2351 Madison Rd., Apt. 204, Cincinnati, OH 45208, 513 533-3025.
ROBSON, Laura '85 (See Sargent, Laura Robson).
ROBSON, Richard George; '68 BSBA; Truck Mgr.; Chrysler Motor Corp., Denver Zone Sales Division, 12225 E. 39th Ave., Denver, CO 80239, 303 373-8803; r. 4230 W. 82nd Ave., Westminster, CO 80030, 303 429-4344.
ROBSON, Sara J. '76 (See Heminger, Sara Jane).
ROBSON, Scott Lee; '86 BSBA; Mfg. Planner; Janitrol Aero/FL Aerospace, 4200 Surface Rd., Columbus, OH 43228, 614 276-3561; r. 929 Lancaster Ave., Reynoldsburg, OH 43068, 614 866-5538.
ROBY, Allan B.; '47 MPA; 1 Harbor Ct., Apt. 19C, Portsmouth, VA 23704, 804 399-2320.
ROBY, John S.; '64 BSBA; Pres.; Roby Krause & Earick, Inc., 44 Sturges Ave., POB 3688, Mansfield, OH 44907, 419 524-8411; r. 555 Forest Hill Rd., Mansfield, OH 44907, 419 756-1745.
ROCCA, Michael Vincent; '85 BSBA; Acctg. Spec.; Nationwide Life Ins. Co., One Nationwide Plz., Columbus, OH 43216, 614 249-5706; r. 1898 Fallgate Ct., Columbus, OH 43235, 614 792-7567.
ROCCO, Robert Alan; '86 BSBA; Acct.; Ernst & Whinney, 1 Cascade Plz., Akron, OH 44308, 216 253-9150; r. 4351 Oakridge Dr., N. Royalton, OH 44133, 216 237-9538.
ROCHE, Deborah Kay; '80 BSBA; Sr. Mgr.; Price Waterhouse, The Huntington Ctr., 41 S. High St., Columbus, OH 43215, 614 365-7037; r. 237 Irving Way, Columbus, OH 43214, 614 263-0022.
ROCHE, Peter Edward; '74 BSBA; Sr Mgr of Acctg & Finance; Honda of America Mfg. Inc., 24000 U S. Rte. 33, Marysville, OH 43040, 513 642-5000; r. 6391 Riverside Dr., Powell, OH 43065, 614 881-5692.
ROCK, Alvin G.; '52 BSBA; Owner; Alvin Rock Constr., 1414 S. Green Rd., Cleveland, OH 44121; r. 2520 Snowberry, Cleveland, OH 44124, 216 461-9175.
ROCK, John Cheney; '52 BSBA; Owner; John Rock Productions, London, England; r. 8601 E. Washington, # 35, Indianapolis, IN 46219.
ROCKAWAY, John D.; '30 BSBA; Retired; r. 124 Moorings Park Dr. Apt. 102, Naples, FL 33942, 813 262-4471.
ROCKEY, Ernest A.; '48 BSBA; Pres.; Gallup & Robinson Inc., 44 Nassau St., Princeton, NJ 08540; r. Pennington-Titusville Rd, RR No 1 Box 57, Pennington, NJ 08534, 609 737-0046.
ROCKEY, Margaret Vogler; '49 BSBA; Pennington-Titusville Rd, RR No 1 Box 57, Pennington, NJ 08534, 609 737-0046.
ROCKEY, Robert Daniel, Jr.; '62 BSBA; Pres.; Levi Strauss & Co., The Jeans Co, 1155 Battery St., San Francisco, CA 94106, 415 544-6503; r. 128 Via Bonita Way, Alamo, CA 94507, 415 820-4277.
ROCKWELL, David Allen; '80 BSBA; Account Mgr.; Keebler Co., 4206 Bayard, S. Euclid, OH 44121, 216 291-3278; r. Same.
ROCKWELL, Elaine, (Elaine Friedland); '80 BSBA; Acct.; Bick Fredman & Co., Cleveland, OH 44101; r. 4206 Bayard, S. Euclid, OH 44121, 216 291-3278.
ROCKWELL, Joseph C.; '71 BSBA; I M Supv.; Wayne Cnty. Dept. of Human Svcs., 2375 Benden Dr., Ste. E, POB 76, Wooster, OH 44691, 216 264-3362; r. 1025 Riffel Rd., Wooster, OH 44691, 216 345-5921.
ROCKWELL, Paul Andrew; '87 BSBA; Acct. Supv.; The Wendys Intl. Inc., POB 256, Dublin, OH 43017, 614 764-3100; r. 1431 Runaway Bay Dr. #1C, Columbus, OH 43204, 614 487-0132.
RODABAUGH, CAPT Thomas Edward, USMC; '82 BSBA; Aviator; r. 1011 Santa Ana, Laguna Bch., CA 92651, 714 499-5665.
RODDY, Michael Allen; '84 BSBA; 6023 Red Bank Rd, Galena, OH 43021.
RODEFER, Pamela Sue; '84 BSBA; Sales Rep.; Johnson & Johnson, POB 10157, Jacksonville, FL 32247, 800 874-5278; r. 2218 Eagle Rd., West Chester, PA 19382, 215 430-3836.
RODEK, Diane Marie; '84 BSBA; Logstcs Plng. Analyst; Fed. Express Corp., POB 727, Memphis, TN 38194, 901 797-6509; r. 3312 Piedmont Cove, Memphis, TN 38115, 901 362-8289.
RODEK, Jeffrey Robert; '76 MBA; VP of Corp.Financial Pl.; Fed. Express Corp., Box 727-Dept.2153, Memphis, TN 38194, 901 395-4650; r. 8646 Heatherly Cove, Germantown, TN 38138, 901 754-7629.
RODELL, Robert G.; '48 BSBA; Retired; r. 277 Longridge Rd., Los Gatos, CA 95032, 408 356-1651.
RODEMAN, Terrence E.; '80 BSBA; Territory Mgr.; Midwest Fire Sprinkler Supply, 3699 Interchange Dr., POB 28227, Columbus, OH 43204, 614 278-6500; r. 1351 Wyandotte Rd., Columbus, OH 43212, 614 488-1351.
RODEMAN, Timothy Warren; '75 BSBA; Bus. Cnslt.; Formaco Inc., 5249 Secor Rd., Unit #1, Toledo, OH 43623, 419 472-0135; r. 1817 Potomac Dr., Toledo, OH 43607, 419 536-1179.
RODEMANN, Philip Dorlon; '81 BSBA; Controller; S H Clausin, Wholesale Jeweler, 40 N. 12th St., Minneapolis, MN 55403, 612 332-6565; r. 7209 W. 114th St., Bloomington, MN 55438, 612 944-9834.
RODEMANN, Will Burgess, Jr.; '79 BSBA; Purchasing Mgr.; Micro Ctr., 1555 W. Lane Ave., Columbus, OH 43221, 614 481-8041; r. 1200 W. 5th Ave., Columbus, OH 43212, 614 486-4259.
RODENBACH, COL William T., USAF(Ret.); '49 BSBA; Wildwood Farm, Bantam, CT 06750, 203 567-5061.
RODENFELS, Richard J.; '64 BSBA; Sales Rep.; Burlington Industries, 1345 Ave. of Americas, New York, NY 10019; r. 2566 Fishinger Rd., Columbus, OH 43221, 614 451-7061.
RODER, Cathy Ann; '86 BSBA; New Bus. Rep.; Dun & Bradstreet, 525 Metro Pl. N., Dublin, OH 43017, 614 766-2626; r. 4730 Leap Ct., Hilliard, OH 43026.
RODERER, Michael William; '86 BSBA; Sr. Staff Auditor; Society Bank, 34 N. Main St., Dayton, OH 45401, 513 229-8077; r. 887 Woodhill Rd., Dayton, OH 45431, 513 254-5485.
RODERICK, Daniel Joseph; '79 BSBA; Product Line Mgr.; Mellon Bank, 1 Mellon Bank Ctr., 151-5020, Pittsburgh, PA 15258, 412 234-3208; r. 8255 Foxridge Rd., Pittsburgh, PA 15237, 412 366-0541.
RODERICK, Mark S.; '83 BSBA; Operations Mgr.; Gestation Period, 1946 N. 4th St., Columbus, OH 43201, 614 299-4659; r. 3525 Parkridge Cir. NW, Canton, OH 44718.
RODGERS, Mrs. Ann Beaudoin; '81 BSBA; Bus. Mgr.; Anesthesia Assocs., P.A., 101 N. State St., Concord, NH 03301, 603 224-4776; r. POB 711, Contoocook, NH 03229, 603 746-3862.
RODGERS, Christopher John; '83 BSBA; Asst. Dir. Automation Ofc; Combat Systs. Test Activity, Attn: STECS-DA, Bldg. 400, Aberdeen Proving Grnd, MD 21005, 301 278-4709; r. 108 Susquehanna Ct., Havre De Grace, MD 21078, 301 939-3031.
RODGERS, COL Felix Austin, USAF; '57 BSBA; 8924 Maurice Ln., Annandale, VA 22003, 703 978-6393.
RODGERS, H. Edward; '32 BSBA; Retired; r. 804 W. Pidgeon Rd., Salem, OH 44460, 216 337-6649.
RODGERS, Joseph T.; '47 BSBA; Retired; r. 215 La Prado Pl., Birmingham, AL 35209, 205 871-8553.
RODGERS, Miles E.; '39 BSBA; Retired; r. 1519B Apache Dr., Chula Vista, CA 92010, 619 421-7628.
RODGERS, Monica A. '84 (See Landis, Monica Rodgers).
RODGERS, William Charles, Jr.; '75 BSBA; Reg. Sales Mgr.; Procter & Gamble, 4843 Columbia Rd, N. Olmsted, OH 44070; r. 149 E. 272nd St., Cleveland, OH 44132.
RODIC, Virginia Mary '73 (See Haney, Virginia Rodic).
RODOCK, Carol Anne Roelle, (Carol D. Roelle); '78 BSBA; Gen. Ofc. Teller; F & R Lazarus, S. High & W. Town Sts., Columbus, OH 43215; r. 155 W. Brighton Rd, Columbus, OH 43202, 614 263-5611.
RODOCK, Richard Robert; '72 BSBA; Staff; Rockwell Intl., 4300 E. 5th, Columbus, OH 43219; r. 99 Shull Ave., Gahanna, OH 43230, 614 471-9363.
RODOCKER, Stephen Edward; '81 MPA; Small Bus Spec.; Defense Constr. Supply Co., 3990 E. Broad St., Columbus, OH 43213, 614 238-3541; r. 483 N. Selby Blvd., Worthington, OH 43085, 614 888-4635.
RODONO, Joe Anthony; '82 BSBA; 28875 Hazel Ave., Wickliffe, OH 44094.
RODONO, Nicholas Joseph; '75 MPA; Dir. of Human Resources; Gold Bond Bldg. Prods., 2001 Rexford Rd, Charlotte, NC 28211, 704 365-7300; r. 8626 Kirchenbaum Dr., Charlotte, NC 28210, 704 553-2505.
RODOSKI, Gregory Allen; '88 BSBA; Acct.; Grote Food Svc., 3003 Lamb Rd., Columbus, OH 43219, 614 476-0288; r. 1558 Mott St., Reynoldsburg, OH 43068, 614 866-1648.
RODRIGUEZ, David Lee; '73 MA; Regional Dir.; Home Box Ofc., 5445 DTC Pkwy., Ste. 700, Englewood, CO 80111, 303 220-2918; r. 8021 S. Yarrow St., Littleton, CO 80210, 303 973-1242.
RODRIGUEZ, Jonathan Talbot; '86 BSBA; Private Clients Ofcr.; Key Bank NA, 60 State St., Albany, NY 12302, 518 434-0633; r. 36 Komar Dr., Charlton, NY 12019, 518 399-4707.
RODRIGUEZ, Joseph Raymond, Jr.; '73 MBA; Pres.; Enterprise Funding Corp., 180 Newport Center Dr., Ste. 260, Newport Beach, CA 92660, 714 759-3100; r. 2198 Ruby Pl., Laguna Bch., CA 92651.
RODRIGUEZ, Marco; '88 BSBA; 5236 W. 150th St., Brook Park, OH 44142, 216 267-0217.
ROE, Kenneth R., II; '88 BSBA; Traffic Analyst; Lowes Cos. Inc., POB 1111, N. Wilkesboro, NC 28659; r. Box 7, Moravian Plz., Wilkesboro, NC 28697.
ROEBUCK, Ellen Jean; '85 BSBA; Regional Automation Coord; Century 21 of Ohio Inc., 2700 E. Dublin-Granville Rd., Ste. #250, Columbus, OH 43231, 614 895-3036; r. 5618 Great Woods Blvd., Columbus, OH 43231, 614 899-0726.
ROECKER, Daniel E.; '49 BSBA; 306 Oak Trails Wt, Belton, TX 76513, 817 780-1967.
ROEDER, Carl Milton; '84 BSBA; Loan Review Ofcr.; Barnett Banks, Inc., 100 Laura St., POB 40789, Jacksonville, FL 32231, 904 791-7768; r. 14839 Feather Cove Ln., Clearwater, FL 34622, 813 573-0515.
ROEDERER, Richard Bruce; '80 BSBA; Pres.; Great Marques Auto Corp., 5336 D. Drumcally Ln., Dublin, OH 43017, 614 766-2886; r. Same.
ROEHLL, Warren Frederick; '48 BSBA; Retired; r. 1230 Norris Dr., Columbus, OH 43224, 614 268-5568.
ROELL, Edward Frank; '79 BSBA; Supv.-Financial Staff; GM Corp., New Departure Hyatt Div., 2509 Hayes Ave., Sandusky, OH 44870, 419 627-7370; r. 3505 Jeanette Dr., Sandusky, OH 44870, 419 626-3750.
ROELLE, Carol D. '78 (See Rodock, Carol Anne Roelle).
ROELLE, Robert Homer; '49 BSBA; Retired; r. 100 W. Como Ave., Columbus, OH 43202, 614 262-3248.
ROELS-TALARICO, Margaret Ann; '78 MPA; 367 Yorkshire Pl., Marlboro, NJ 07751.
ROEMER, John Robert; '70 BSBA; Pres.; New Sports Leisure Health Svc., 2925 N. Reynolds Rd., Toledo, OH 43615, 419 535-0883; r. 2136 Brookdale Rd., Toledo, OH 43606, 419 535-7658.
ROEMER, Wellington F., II; '59; Pres.; Wellington F Roemer Ins. Co., 3912 Sunforest Ct., Toledo, OH 43623, 419 475-5151; r. 11158 Sylvania Metamora Rd., Berkey, OH 43504, 419 829-4561.
ROEPER, Michael; '88 BSBA; Warehouse Mgr.; Best Prods. Co., 4101 Refugee Rd., Columbus, OH 43207; r. 2817 Wyman Ct., #A, Columbus, OH 43232.
ROER, Jennifer Leking; '79 MBA; 9278 Streamveiw Ct., Spring Vly., OH 45370.
ROESCH, Carl F.; '42 BSBA; Retired; r. 219 Cherry Ln., Avon Lake, OH 44012, 216 933-6082.
ROESCH, James Phillip; '67 BSBA; Area Opers. Mgr.; AT&T Communication, 5950 W. Creek Rd., Independence, OH 44131, 216 381-3100; r. 32632 Spinnaker, Avon Lake, OH 44012, 216 933-7255.
ROESCH, James Raymond; '52 BSBA; Dir. of Ins.; OSU Personnel Svcs., 217 Archer House, 2130 Neil Ave., Columbus, OH 43210; r. 510 E. Beaumont Rd, Columbus, OH 43214, 614 268-0513.
ROESCH, Dr. Thomas Anthony; '78 BSBA; Pediatric Residency; r. 4055 S. 650 West, Riverdale, UT 84056, 505 434-5111.
ROESER, Helen Overturf; '40 BSBA; Treas. & Acct.; GP Roeser, Inc., Lahaska, PA 18931; r. Box 92, Lahaska, PA 18931.
ROESER, Mark David; '88 MBA; 5667 Montevideo Rd., Westerville, OH 43081, 614 895-2717.
ROESKE, Mrs. Eleanor T., (Eleanor J. Thiel); '48 BSBA; Material Clerk; Tennessee Valley Authority, 400 W. Summit Hill Dr., Knoxville, TN 37902, 615 632-4891; r. 1313 Forest Brook Rd, Knoxville, TN 37919, 615 584-5221.
ROESMANN, Joseph Matthew; '77 BSBA; Sales Rep.; Cordage of Columbus, 830 Kinnear Rd, Columbus, OH 43212; r. 2166 Sawbury Blvd., Worthington, OH 43085, 614 889-6318.

ROESSLER, John Duffey; '74 BSBA; Pres.; Trimmer Ins. Agcy., 407 E. Main St., POB 278, Lancaster, OH 43130, 614 654-0532; r. 11262 Bridgeview Dr., Pickerington, OH 43147, 614 837-3897.
ROESSLER, John Edward; '78 BSBA; 1951 Collingswood Rd, Columbus, OH 43221, 614 488-6975.
ROETTCHER, Philip; '77 BSBA; Gen. Mgr.; Sequoia Illumination, 11601 Pendleton St., Sun Valley, CA 91352; r. 1421 Greenfield Ave., Los Angeles, CA 90025, 213 479-4807.
ROETTGER, Dennis Marvin; '69 BSBA; Gen. Mgr.; Roettger Hardwoods Inc., Box 102, Kettlersville, OH 45336, 513 693-6811; r. RR No 1, 17030 Kettlersville Rd, Botkins, OH 45306, 513 693-6508.
ROGEL, Kathy '83 (See Iven, Ms. Kathy Rogel).
ROGER, Francois-Xav M.; '85 MA; Internat'L Controllr; Roussel-Uclaf, 35 Bd Des Invalides, Paris 75007, France, 334 081-4929; r. 8 Rue Du Hameau Fleuri, Orvault 44700, France, 334 527-3461.
ROGERS, Alan Dale; '88 MBA; 8051 Priestley Dr., Reynoldsburg, OH 43068, 614 755-4864.
ROGERS, Arthur David; '76 BSBA; Financial Analyst; Rockwell Intl., Bellefontaine Rd, Kenton, OH 43326; r. 602 N. Main St., Kenton, OH 43326, 419 673-0462.
ROGERS, Barbara '61 (See Cochran, Barbara Rogers).
ROGERS, Carol Wendell; '81 BSBA; Territory Sales Mgr.; E J Brach & Sons, POB 802, Chicago, IL 60607; r. 1035 Glenwood, Alliance, OH 44601, 216 821-0611.
ROGERS, Charles E.; '33 BSBA; Retired; r. 5695 Central Ave., Indianapolis, IN 46220, 317 255-5050.
ROGERS, Cindy Lawson; '81 BSBA; Tech. Mgr.; r. 7286 C Maplewood Ct., Willowbrook, IL 60521.
ROGERS, David Lewis; '64 BSBA, '66 MACC; Exec. VP/COO; Bermans Specialty Stores, 7401 Boone Ave. N., Brooklyn Park, MN 55428, 612 424-7260; r. 2208 Huntington Point Rd E, Wayzata, MN 55391, 612 471-0279.
ROGERS, Donald Kevin; '86 BSBA; Law Student; Univ. of Toledo, 2801 Bancroft St. W., Toledo, OH 43606; r. 570 Sun Valley Dr., Akron, OH 44313, 216 864-6492.
ROGERS, Douglas R.; '74 BSBA; Natl. Sales Mgr.; Packaging Plus, 2295 G S. Chambers Rd., Aurora, CO 80014, 303 425-3167; r. 3671 S. Gilbrator Cir., Aurora, CO 80014, 303 693-3553.
ROGERS, James Anthony; '75 BSBA; Gen. Mgr./ Grp. Sales; Paul Revere Ins. Co., 3360 Tremont Rd., Columbus, OH 43221, 614 442-1700; r. 2025 Tremont Rd, Columbus, OH 43221, 614 488-7272.
ROGERS, Ms. Jane Seeds, (Jane Seeds); '42 BSBA; Retired; r. 256 Starfish Ct., Corpus Christi, TX 78418, 512 937-6227.
ROGERS, Jerome Dwight, III; '73 BSBA; Sales Mgr.; Bunzl-Packaging Consultnts Inc., 130 Byassee Dr., Hazelwood, MO 63042, 314 731-2700; r. 558 Mc Bride Pointe Dr., Ellisville, MO 63011, 314 458-3521.
ROGERS, John Frank; '53; Acct. Rep.; Auto Options Inc., 734 Garden Rd., Columbus, OH 43214, 614 268-3500; r. 1704 Ramblewood Ave., Columbus, OH 43235, 614 457-6616.
ROGERS, Lawrence Clayton; '62 BSBA; Admin.; Luper Wolinetz Sheriff Niedenthal, 50 W. Broad St., Columbus, OH 43215; r. 6052 Dublin Rd., Dublin, OH 43017, 614 889-1541.
ROGERS, Lyndall Miller; '27 BSBA; 409 Wilson Ave., Washington, PA 15301, 412 225-1127.
ROGERS, Marilyn '54 (See Becker, Marilyn Rogers).
ROGERS, Mary Ellen; '85 BSBA; Student; Univ. of Arizona, Law Sch., Tucson, AZ 85721; r. 933 N. 6th Ave. #F, Tucson, AZ 85705.
ROGERS, Michael Charles; '81 BSBA; 336 Penhale Ave., Campbell, OH 44405, 216 755-6873.
ROGERS, Michael Douglas; '72 BSBA; Owner; Gray Top Limo, 5761 Linnville Rd., SE, Newark, OH 43055, 614 323-2909; r. 5761 Linniville Rd. SE, Newark, OH 43055, 614 323-1573.
ROGERS, Michael Lee; '78 MBA; VP; Ohio State Bank, 688 High St., Worthington, OH 43085, 614 431-8404; r. 906 Maybelle Way, Westerville, OH 43081, 614 891-0692.
ROGERS, Monica Bracic; '75 BSBA; 74 W. Belmeadow Ln., S. Russell, OH 44022, 216 338-1753.
ROGERS, Peter George; '83 BSBA; Pres.; Hobbs Fencing, 948 E. Hudson, Columbus, OH 43211; r. 7376 San Bonita Dr., Worthington, OH 43085, 614 766-0479.
ROGERS, Dr. Ronald Clifton; '82 MA, '83 PhD (BUS); Prof.; Univ. of South Carolina, Dept. of Finance, Clg. of Business Admin, Columbia, SC 29208, 803 777-5960; r. 102 Southwood Dr., Columbia, SC 29205.
ROGERS, Roy Arthur; '52 BSBA; Public Relations; Mail Boxes Etc. USA, 14241 Woodinville-Duvall Rd., Woodinville, WA 98072, 206 486-6245; r. 10802 N. E. 154th Ct., Bothell, WA 98011, 206 488-3752.
ROGERS, Terry Jack; '77 BSBA; Serviceman; Big Bear Stores, 770 W. Goodale, Columbus, OH 43215; r. 840 Lakefield Dr., Galloway, OH 43119, 614 878-0882.
ROGERS, Todd Mitchell; '83 BSBA; 932 Dayton St., Akron, OH 44310, 216 920-1514.
ROGERS, Twila Verlette; '81 BSBA; 776 Oglethorpe, Washington, DC 20011, 202 439-7559.
ROGERS, Valerie Ann; '87 MSW; Mgmt. Analyst; US Dept. of Justice, 550 11th St. NW, Washington, DC 20530, 202 724-7550; r. 1600 S. Joyce St., #C-806, Arlington, VA 22202, 703 553-3925.
ROGERS, William Daniel; '76 BSBA; CPA; Zerbe Wolf Rogers & Co., 107 W. William St., Delaware, OH 43015, 614 362-9031; r. 519 W. William St., Delaware, OH 43015, 614 363-2295.
ROGERSON, Brooks E.; '25 BSBA; Retired; r. 2890 SE Fairway W., Stuart, FL 34994, 407 283-1342.
ROGGENKAMP, David C.; '54 BSBA; Real Estate; David C. Roggenkamp Co., 170 Whieldon Ln., Worthington, OH 43085, 614 848-6203; r. Same, 614 888-1442.
ROGIER, Daniel Joseph; '87 MBA; Assoc. Elctrcl Engr.; American Electric Power, 1 Riverside Plz., POB 16631, Columbus, OH 43216; r. 1089 Lori Ln., Westerville, OH 43081, 614 882-3608.
ROGL, Alexander Herbert; '81 BSBA; Branch Mgr.; Budget Rent A Truck, 1207 S. Platte River Dr., Denver, CO 80223, 303 722-3942; r. 7521 S. Race St., Littleton, CO 80122, 303 797-7053.
ROGOVIN, Leslie Anne; '87 BSBA; Mgr., Sales Admin.; The Ink Well of America, Inc., 2323 Lake Club Dr., Columbus, OH 43232, 614 864-0252; r. 5730 Concord Hill, Columbus, OH 43213, 614 239-6454.
ROHAN, Howard Joseph; '82 BSBA; Salesman; Big Chief Supply Inc., 5150 Big Chief Dr., Cincinnati, OH 45227, 513 271-0666; r. 107 Coventry Ln., E. Greenbush, NY 12061, 518 479-3729.
ROHLEDER, Richard P.; '53 BSBA; Natl. Mgr. Sales Svc.; Pfizer Inc., 230 Brighton Rd., Clifton, NJ 07012, 201 470-7738; r. 5 Canady Ln., Madison, CT 06443, 203 245-4860.
ROHLEDER, William J.; '64 BSBA; Usaf Retired; r. 405 Candleglo, San Antonio, TX 78239, 512 655-9718.
ROHLETTER, Julie Anne; '85 BSBA; Customer Svc. Rep.; Nationwide Life Ins., One Nationwide Plz., Columbus, OH 43216, 614 249-5109; r. 604 Durbin Rd., Columbus, OH 43213, 614 861-3347.
ROHR, Carl Vincent; '87 BSBA; 3406 Liv-Moor Dr., Columbus, OH 43227, 614 235-3013.
ROHR, Daniel Francis; '73 BSBA; Investment Banker; Meuse, Rinker, Chapman, 90 N. High St., Columbus, OH 43215, 614 221-0722; r. 2767 Lymington Ave., Columbus, OH 43220, 614 442-0895.
ROHR, James Edward; '72 MBA; Pres.; Pittsburgh Natl. Bank, Fifth Ave. & Wood St., Pittsburgh, PA 15222, 412 762-2294; r. 8284 Post Rd., Allison Park, PA 15101.
ROHR, June '47 (See Zangmaster, Mrs. June Rohr).
ROHR, Melvin James; '87 BSBA; Bartender; The Ground Round; r. 1264 Carolwood, Columbus, OH 43227, 614 235-9594.
ROHRER, Ann Marie; '86 BSBA; Sr. Acct.; Borden Inc., 180 E. Broad St., Columbus, OH 43215; r. 4286 Dresden St., #209, Columbus, OH 43224, 614 262-3751.
ROHRER, Clare E.; '47 BSBA; 1944 Wolf Laurel Dr., Sun City Center, FL 33570, 813 634-9669.
ROHRER, Dale I.; '49 BSBA; Partner; Hershey & Rohrer Inc., 173 S. Main St., Rittman, OH 44270, 216 925-1015; r. 77 Warren St., Rittman, OH 44270, 216 925-4771.
ROHRER, Rhett Coning; '81 BSBA; Sales Mgr.; Woodhull Corp., 719 S. Main St., Dayton, OH 45402, 513 461-5734; r. 515 Salem St., Brookville, OH 45309, 513 833-3189.
ROHRER, Thomas Robert, Jr.; '83 BSBA; Production Planner; Kimberly-Clark, c/o Postmaster, Memphis, TN 38101; r. 829 Chesnut St., Coshocton, OH 43812.
ROHRER, William Donald; '78 BSBA; Tax Atty.; Baker & McKenzie, 805 Third Ave., New York, NY 10022, 212 751-5700; r. 1 Lincoln Plz., #29V, New York, NY 10023, 212 724-7686.
ROHRS, LTC Alan Edward; '72 MBA; Dir. of Trng.; USAF, Aircraft Div., 416th Bombardment Wing, Griffiss AFB, NY 13441, 315 330-3501; r. 7981 Brookside Dr., Rome, NY 13440, 315 336-2667.
ROHRS, Gregory Clark; '80 BSBA; 1928 Root St., Columbus, OH 43207.
ROHRS, Hazel Kiser; '76 BSBA; Acct.; Marathon Pipeline Co., c/o Postmaster, Findlay, OH 45840; r. 803 Lincoln Dr., Defiance, OH 43512, 419 782-1637.
ROHRS, Kevin B.; '85 BSBA; Staff Acct.; Peat Marwick Mitchell & Co., Acctg. Dept., Toledo, OH 43601; r. 2063 Wyndhurst, Toledo, OH 43607, 419 536-1780.
ROHWER, Susan Marie; '84 BSBA; Sr. Tax Acct.; Subaru of America Inc., Subaru Plz., POB 6000, Cherry Hill, NJ 08034, 609 488-8698; r. 44A Aspen Hill, Narraticon Apartments, Deptford, NJ 08096, 609 848-4374.
ROJAS, Guillermo(Gil) J.; '70 BSBA; Sr. Devel. Spec.; State of Ohio, Industrial Devel., 77 S. High St. POB 1001, Columbus, OH 43266, 614 466-4551; r. 2533 N. Star Rd., Columbus, OH 43221, 614 486-7686.
ROKES, Dr. Willis P.; '59 PhD (BUS); Prof.; Univ. of Nebraska, Omaha, NE 68182, 402 554-2546; r. 9683 Meadow Dr., Omaha, NE 68114, 402 391-3974.
ROLAND, Glenn P.; '82 MHA; Hosp. Admin.; Macomb Hosp., 11800 E. 12 Mile Rd., Warren, MI 48093, 313 573-5000; r. 22655 Cranbrooke Dr., Novi, MI 48050.
ROLAND, Harvey Paul; '42 BSBA; Purchasing Agt.; Cutting Tools Inc., 121 E. Tutt St., South Bend, IN 46618, 219 234-2200; r. 1725 E. Colfax Ave., South Bend, IN 46617, 219 232-4598.
ROLEY, Richard B.; '39 BSBA; Retired; r. 344 E. Dunedin Rd, Columbus, OH 43214, 614 263-6250.
ROLF, Bradley B.; '83 BSBA; Transportation Supv.; PFS, 3731 I Woodpark Blvd., Charlotte, NC 28206; r. 2740 Von Thuringer Ct., Charlotte, NC 28210, 704 553-8319.
ROLF, Vera Schreck; '78 BSBA; Staff; St. Vincent Charity Hosp., 2222 Central Ave., Cleveland, OH 44115, 216 886-5975; r. 18739 Meadow Ln., Cleveland, OH 44136.
ROLFES, Dale Arnold; '81 BSBA; Staff; Lawrence J O'Brien Jr., CPA, 2950 E. Broad St., Columbus, OH 43209, 614 235-0767; r. 6595 Guinevere Dr., Columbus, OH 43229, 614 898-7820.
ROLFES, Elizabeth M.; '88 BSBA; Mfg. Sales Rep.; Durkee Food Svc. Corp., Indianapolis, IN 46250; r. 6803 Alyssa Ln., Indianapolis, IN 46250, 317 842-6318.
ROLL, Franklin Theodore; '73 BSBA; Col. Usaf Retired; USAF, AFB, Randolph AFB, TX 78150; r. 1729 Goldfinch Ct., Melbourne, FL 32935.
ROLL, John Douglas; '83 BSBA; Med. Sales Rep.; Genesys, 3910 US Hwy. 301 N. Ste. 180, Tampa, FL 33619, 813 620-1592; r. 3119 C 37th Ln. S., St. Petersburg, FL 33711, 813 866-6871.
ROLL, Leonard John; '73 BSBA; Sales Engr.; Memerex, c/o Postmaster, Waltham, MA 02154; r. 101 Gilson Rd., Scituate, MA 02066, 617 545-2119.
ROLL, Marjorie W., (Marjorie Whitaker); '31 BSBA; Retired; r. 18008 N. 3rd Pl., Phoenix, AZ 85022, 602 863-0637.
ROLLE, Charles A.; '81 MBA; Facilities Coord.; Chemical Abstracts Svc., POB 3012, Columbus, OH 43210, 614 447-3600; r. 10465 Riverside Dr., Powell, OH 43065, 614 889-9037.
ROLLER, Cheryl Ann; '78 MPA, '87 MBA; Mgr. Sales & Mktg. Admin.; Warner Cable Communications, 400 Metro Pl. N., Dublin, OH 43017, 614 792-7000; r. 40 W. Schreyer Pl., Columbus, OH 43214, 614 268-7322.
ROLLER, Dwight E.; '23 BSBA; Retired Tchr.; r. 895 Roanoke Rd., Cleveland Hts., OH 44121, 216 381-4006.
ROLLER, Homer J.; '49 BSBA; 543 Sioux Tr., Rossford, OH 43460, 419 666-5990.
ROLLER, John Reid; '38 BSBA, '40 MBA; Prof. Emeritus; Univ. of Washington, Seattle, WA 98195; r. 904 E. Franklin St., #6, Chapel Hill, NC 27514, 919 967-5892.
ROLLER, Mrs. Karen M., (Karen M. Karg); '78 BSBA; Homemaker; r. 24 Oxford Ct., Simsbury, CT 06070, 203 651-4533.
ROLLETTA, Alexander J.; '66 BSBA; Instr.; Central Ohio Technical Clg., Acctg. Dept., University Dr., Newark, OH 43055, 614 366-9298; r. 1006 Woodlawn Ave., Newark, OH 43055, 614 344-8143.
ROLLETTA, Alexander J., III; '82 BSBA; Sr. Acct.; 1006 Woodlawn Ave., Newark, OH 43055, 614 344-8143; r. 900 W. Main St., Newark, OH 43055, 614 344-6424.
ROLLETTA, Bonita Lynn, (Bonita Lynn Thompson); '88 BSBA; Acctg. Tech.; State Farm Ins. Co., 1440 Granville Rd., Newark, OH 43055, 614 344-2161; r. 900 W. Main St., Newark, OH 43055, 614 344-6424.
ROLLI, Lynn '57 (See Peterson, Lynn Rolli).
ROLLINS, Chris John; '86 BSBA; 780 Thurber Dr. W., Columbus, OH 43215, 614 469-1501.
ROLLINS, Daniel Patrick; '83 BSBA; Systs. Mgr.; E I Dupont, 6000 Bridgehead Rd., Antioch, CA 94509; r. 3629 Brookdale Cir., Antioch, CA 94509, 415 779-1534.
ROLLINS, Heidi Kay; '87 BSBA; Walnut St., Liberty Ctr., OH 43532, 419 533-5101.
ROLLINS, Paul Michael; '59 MBA; VP Mktg.; Maremont Corp., 200 E. Randolph, Chicago, IL 60601; r. 944 C. Oak Hill Rd., Barrington, IL 60010, 201 635-7814.
ROLLS, James David; '67 BSBA; VP/Mktg.; Hoyne Industries Inc., Div of Royal Crown Co, 5829 Ogden Ave., Cicero, IL 60650; r. c/o Hoyne Ind, 840 Hwy. 155 S., Mc Donough, GA 30253.
ROLLS, Steven George; '81 MBA; Asst. Treas.; B F Goodrich Co., 500 S. Main St., Akron, OH 44311; r. 374 Ash Tree Pl., Waterloo, ON, Canada N2TLR5.
ROLOSON, C. Brian; '82 BSBA; Investment Broker; Bank One, 100 E. Broad St., Columbus, OH 43271, 614 248-5461; r. 6326 Birkewood St., Columbus, OH 43229, 614 899-9030.
ROLPH, John J.; '82 BSBA; Salesman; DuBois USA, 5 Valley Dr., Ypsilanti, MI 48197, 313 485-0502; r. Same.
ROM, Howard M.; '56 BSBA; Pres.; Tri State Land Co.,Inc., 39th & AVRR, Pittsburgh, PA 15201, 412 682-0583; r. 154 Hartwood Dr., Pittsburgh, PA 15208.
ROMAIN, Harold H.; '30 BSBA; Retired; r. 467 S. Arnaz Dr. Apt. 325, Los Angeles, CA 90048, 213 274-6477.
ROMAN, Dennis N.; '66 BSBA; Atty.; Rose & Siegel, 5900 Sepulveda Blvd., Ste. 300, Van Nuys, CA 91411, 818 994-9977; r. 23600 Spires St., Canoga Park, CA 91304.
ROMAN, Douglas Brian; '86 BSBA; 1407 W. Valentine Cir. NW, Canton, OH 44708, 216 453-4695.
ROMAN, Joseph Peter; '77 BSBA; Pres.; Princeton Cnslts., POB 21183, Cleveland, OH 44121, 216 729-3066; r. 11945 Oakwood Ln., Chesterland, OH 44026, 216 729-1188.
ROMAN, Nicholas George; '70 BSBA; Pres.; Brown Mann & Hinkle, 4030 Fairfax Dr., Columbus, OH 43220; r. 2260 Par Ln. #1120, Willoughby Hls., OH 44094.
ROMAN, Robert D.; '56 BSBA; 110 Wall St., Ste. 1400, New York, NY 10005, 212 509-9273; r. 355 South End Ave., # 6N, New York, NY 10280, 212 912-0049.
ROMANIW, Steven Paul; '80 BSBA; Sanitation Coordntr; Kroger Co., 4450 Poth Rd., Columbus, OH 43213; r. 2482 Dunsworth Dr., Columbus, OH 43085, 614 889-8121.
ROMANO, John Michael; '84 BSBA; Firefighter; Providence Fire Dept., 209 Fountain St., Providence, RI 02903, 401 421-1293; r. POB 281, E. Greenwich, RI 02818, 401 884-9470.
ROMANOFF, Richard Evan; '77 BSBA; Sales Rep.; Mobil Chemical Co., 4507 Woods End Ln., Charlotte, NC 28226, 704 542-6477; r. Same.
ROMANOFF, Rollind W.; '58 BSBA; Atty.; Romanoff & Retske, 5414 Monroe St. Ste. B, Toledo, OH 43623, 419 882-0533; r. 2430 Parliament Sq., Toledo, OH 43617, 419 841-7377.
ROMEO, Carlo; '83 BSBA; 1037 W. 38th St., Lorain, OH 44052, 216 282-8981.
ROMEO, Ronald Carmen; '58 BSBA; Pres. Treas.; Cox Mfg. Co., Box 1208, Hickory, NC 28603, 704 327-4123; r. RR No 10 Box 649, Lake Grove, Hickory, NC 28601, 704 328-3355.
ROMEY, John H., JD; '38 BSBA; Sr. Partner; Romey & Warren, 330 N. Main St./PO #1256, Lima, OH 45805, 419 225-2015; r. 2217 W. Wayne St., Lima, OH 45805, 419 222-8416.
ROMIE, Marcia Ann '87 (See Hugus, Mrs. Marcia Ann).
ROMIG, David P.; '68 BSBA; Pres.; Computer Solution Co., POB 716, Midlothian, VA 23113, 804 794-3491; r. 1981 Castlebridge Rd., Midlothian, VA 23113, 804 794-7377.
ROMIG, Gerald V., Jr.; '66 BSBA; Parts & Serv Repr; r. 466 Teakwood Ter., Williamsville, NY 14221.
ROMINE, John Clarke; '86 BSBA; Staff; Craig Krakoff & Co. Inc., 2323 W. 5th Ave., Columbus, OH 43204; r. 2243 Neil Ave., Columbus, OH 43201.
ROMISHER, Robin Cannon; '83 BSBA; 5412 Blue Bell Rd., Lyndhurst, OH 44124.
ROMITO, Ronald Andrew; '69 BSBA; VP; Laidlaw Corp., Finance Dept., 6625 W. Scottsdale Rd., Scottsdale, AZ 85253, 602 951-0003; r. 2456 E. Hale, Mesa, AZ 85203, 602 962-8861.
ROMWEBER, Kristen D. '84 (See Antkiewicz, Mrs. Kristen D.).
RONCEVICH, Nancy Colleen; '88 MPA; Prog. Planner; Ohio Dept. of Human Svcs., 30 E. Broad 31st Fl., Columbus, OH 43215, 614 466-1538; r. 5315 Portland St. #104, Columbus, OH 43235, 614 442-0923.
RONCONE, Edoardo Paolo Pasquale; '88 BSBA; Intl. Mktg. & Sales; Columbus Industries Inc., POB 257, 2938 State Rte. 752, Ashville, OH 43103, 614 983-2552; r. 144 S. Sylvan Ave., Columbus, OH 43204, 614 274-6151.
RONDINI, Christine Marie; '82 BSBA; 1649 Sunny Brook Ln. B-104, Palm Bay, FL 32905.
RONEMUS, Thor G.; '52 BSBA; Atty.; Ronemus & Heath Co. LPA, 5 E. Columbia St., Springfield, OH 45502, 513 325-2492; r. Same.
RONEN, Dr. David; '80 PhD (BUS); Prof.; Univ. of Missouri, Sch. of Business, St. Louis, MO 63121, 314 553-6126; r. 10316 Sannois, #3, St. Louis, MO 63146, 314 569-1468.
RONEY, James A.; '47 BSBA; Retired; r. 3106 Hampton Pl., Middletown, OH 45042, 513 424-2388.
RONEY, Thomas P.; '86 BSBA; Claims Rep.; Allstate Ins. Co., 8431 Corporate Way, New Port Richey, FL 33552, 813 849-3377; r. 12602 Forest Lane Dr., Apt. #806, Tampa, FL 33624, 813 962-4225.
ROOD, Howard Jay; '85 BSBA; Account Exec.; Abbott Diagnostics, 4770 Duke Dr. Ste. 215, Cincinnati, OH 45040, 800 323-9100; r. 7867 Prairie View Dr., Worthington, OH 43085, 614 888-8551.
ROOD, Ms. Marcy Ann; '87 MPA; Mgmt. Analyst 4; Ohio Dept. of Devel., 30 E. Broad St., POB 1001, Columbus, OH 43216, 614 466-6797; r. 36 Kelso, #252A, Columbus, OH 43202, 614 263-4426.
ROOF, David G.; '54 BSBA; 79 Atterbury Blvd. #206, Hudson, OH 44236.
ROOF, Donald Paul; '84 BSBA; Staff; Bob Evans Farm Restaurant, 443 Morrison Rd., Gahanna, OH 43230; r. 448 Allanby Ct., Gahanna, OH 43230, 614 471-9179.
ROOF, Janet '45 (See Laue, Ms. Janet E.).
ROOF, Nancy Lydens; '53 BSBA; 79 Atterbury Blvd. #206, Hudson, OH 44236.
ROOF, Thomas Darrell; '75 BSBA; 6565 Scarff Rd., New Carlisle, OH 45344, 513 845-9861.
ROOK, James Edward; '81 BSBA, '84 MBA; Assoc.; First Intercontinental Realty, 41 S. High St., Ste. 1675, Columbus, OH 43215, 614 464-1465; r. 2201 Fishinger Rd., Columbus, OH 43221, 614 457-4716.
ROOKARD, Frank Martin; '77 MA; Exec. Asst. to Dir.; Dept. of Natural Resources, Fountain Sq., Columbus, OH 43224; r. 6666 Forrester Way, Reynoldsburg, OH 43068, 614 864-6616.
ROOKER, Ronald H., Jr.; '83 BSBA; Merchandise Mgr.; J C Penney Co. Inc., Findlay, OH 45840; r. 1804 Glenwood, Findlay, OH 45840, 419 424-9525.
ROONEY, Erin Elisabeth; '87 BSBA; Admin.Asst.To Portfolio; Courier Capital Corp., 3401 Enterprise Pkwy., Ste. 207, Beachwood, OH 44122, 216 831-2600; r. 2815 Hampshire, Apt. 2, Cleveland Hts., OH 44118, 216 321-6295.

ALPHABETICAL LISTINGS ROSENTHAL 237

ROONEY, Garry Dale; '76 BSBA; Mgr. Lubricant Sales East; UNOCAL Corp., 1650 E. Golf Rd, Schaumburg, IL 60194, 312 330-5375; r. 1230 Hassell Rd., Hoffman Estates, IL 60195, 312 885-2911.
ROONEY, John J.; '49 BSBA; Retired; r. 2670 Bennett Ridge Rd, Santa Rosa, CA 95404, 707 578-4553.
ROONEY, Philip Lee; '88 BSBA; Customer Accounts Rep.; Bank Ohio, Columbus, OH 43220; r. 5174 Fall Water Ct., Columbus, OH 43220, 614 457-6273.
ROONEY, William Patrick; '86 BSBA; Supv.; Cooper Tire & Rubber Co., Lima & Western Ave., Findlay, OH 45840, 419 423-1321; r. 1013 Fox Run Rd., Findlay, OH 45840, 419 422-6196.
ROOPE, Charles Edward; '64 BSBA; Underwriting Mgr.; Gates Mc Donald & Co., One Nationwide Plz., Columbus, OH 43216, 614 249-7211; r. 3398 Independence St., Grove City, OH 43123, 614 875-4038.
ROOS, David Paul; '77 BSBA; Sr. Mgr.; Arthur Young, 2100 Gas Light Twr., Atlanta, GA 30043, 404 581-1300; r. 819 Drewry St. NE, Atlanta, GA 30306, 404 876-8996.
ROOSE, Lynn Edward, Jr.; '86 BSBA; 3434 Walker Rd., Hilliard, OH 43026, 614 876-5675.
ROOSMA, Don; '53 BSBA; Retired; r. 1640 Nord Ln., San Jose, CA 95125, 408 264-7928.
ROOT, Alan I.; '28 BSBA; Bd. Chmn.; A I Root Co., POB 706, Medina, OH 44258, 216 725-6677; r. 901 Shorewood Dr., Medina, OH 44256, 216 722-7052.
ROOT, Katharine Cobb, (Katharine Cobb); '48 BSBA; Retired; r. 104 Redfern Dr., St. Simons Island, GA 31522, 912 638-4173.
ROOT, Kathleen H., (Kathleen H. Kreusser); '73 BSBA; Programmer Analyst; r. 1083 Melinda Dr., Westerville, OH 43081, 614 891-6143.
ROOT, Kenneth M.; '34 BSBA; Retired Cnslt.; Davis Sando Assocs., 411 Liberty St., Warren, PA 16365; r. 338 California Dr., Erie, PA 16505, 814 455-4915.
ROOT, Lynell Mae; '83 BSBA; Field Sales Rep.; Georgia Pacific Corp., Araningo Ave. & Wheatsheaf Ln., Philadelphia, PA 19137, 215 744-4500; r. 3651 Sharewood Ct., Kettering, OH 45429, 513 299-8279.
ROOT, Peggy Moore; '48 BSBA; Retired; r. 6816 Cranford Dr., Dayton, OH 45459, 513 433-2567.
ROOT, Ralph Harvey, III; '87 BSBA; New Accounts Rep.; Fifth Third Bank of Columbus, 1733 W. 5th Ave., Columbus, OH 43212, 614 481-8503; r. 3510 Redding Rd., Columbus, OH 43221, 614 459-7494.
ROOT, Rebecca R.; '80 BSBA; Assoc. Lawyer; Sebaly Shillito & Dyer, 375 Gem Plz., POB 220, Dayton, OH 45402, 513 222-2500; r. 4232 Barth Ln., Dayton, OH 45429, 513 299-6667.
ROOT, Robert Glen; '88 BSBA; 2414 Granada Ct., Galloway, OH 43119, 614 878-8405.
ROOT, William Keith; '72 MBA; Atty.; Resch & Root, 6400 Riverside Dr., Dublin, OH 43017, 614 889-0990; r. 5968 Macewen Ct., Dublin, OH 43017, 614 889-0958.
ROPER, David Kirk; '88 BSBA; 139N Chittendon, Apt. B, Columbus, OH 43201.
RORAPAUGH, Michael Brooks; '79 BSBA; Staff; Grange Mutual Ins. Co., 650 S. Front St., Columbus, OH 43215, 614 445-2900; r. 2125 Harwitch Rd., Columbus, OH 43221.
RORICK, James Patterson; '74 BSBA; Maint. Admin.; Signal Delivery Svc. Inc., 4275 Westward Ave., Columbus, OH 43228, 614 272-3542; r. 2953 Sawyer Dr., Grove City, OH 43123, 614 871-2484.
ROSA, Susan Michele; '83 BSBA; 7060 Jonathan Dr., Hudson, OH 44236.
ROSARIO, Antonio Manuel; '86 BSBA; 26652 Dayton Ave., #A, Columbus, OH 43302.
ROSATI, Jack L.; '66 BSBA; Gen. Mgr.; CAC Distributing Co., 339 Circle Freeway, Cincinnati, OH 45246, 513 896-3801; r. 2020 Tiara Ct., Dayton, OH 45459, 513 435-9556.
ROSBERG, Carl August; '78 BSBA; VP Finance; Shenandoah Telecommunications, POB 459, Edinburg, VA 22824, 703 984-5222; r. 198 Shenvalee Dr., New Market, VA 22844, 703 740-8377.
ROSBORIL, Judith '76 (See Pavlik, Judith Rosboril).
ROSBOROUGH, Duane N.; '84 BSBA; Rte. 1 Box 485 E., Galion, OH 44833.
ROSCHER, Paul E.; '57 BSBA; Retired; r. 9014 Admiral Vernon Ter., Alexandria, VA 22309, 703 799-4916.
ROSCOE, Barney M.; '57 BSBA; Manufacturers' Rep.; Standiford Assoc. Inc., 5335 N. Tacoma, #6, Indianapolis, IN 46220, 317 257-1368; r. 1485 S. 900 E., Zionsville, IN 46077, 317 769-6501.
ROSCOE, John Whitnall; '55 BSBA; Real Estate Instr.; Bert Rodgers Schs., 2958 De Brocy Way, Winter Park, FL 32792, 407 678-3836; r. Same, 407 678-3836.
ROSE, Carol L. '83 (See Judy, Ms. Carol R.).
ROSE, Cecil K.; '35 BSBA; Retired; r. 276 Beverly Pl., Worthington, OH 43085, 614 431-2393.
ROSE, Christopher Alan; '88 BSBA; 763 Autumn Branch Rd., Westerville, OH 43081, 614 890-4821.
ROSE, Christopher Richard; '78 BS; Pres.; Rose Mgr. Grp. Inc., 5077 Park Ave., Memphis, TN 38117, 901 682-3366; r. 5047 Whitewater Cove, Memphis, TN 38117, 901 767-5816.
ROSE, Hon. Clayton W.; '50 BSBA; Retired; r. 5075 Thornhill Ln., Dublin, OH 43017, 614 889-8724.
ROSE, Clayton W., III; '74 BSBA; Pres.; Beall & Rose, CPA's, 5151 Post Rd., Dublin, OH 43017, 614 889-8725; r. 5177 Ashford Rd., Dublin, OH 43017, 614 764-9315.
ROSE, David Allen; '78 BSBA; Transportation Ofcr.; USA, Ansbach USMCA, Box 113 APO, New York, NY 09177; r. Hainsergasse 4, Bad Windsheim 8532, West Germany, 098415832.
ROSE, David Edward; '66 BSBA; Corporate Counsel; NA-Churs Plant Food Co., c/o Postmaster, Marion, OH 43302; r. 2125 Olde Sawmill Blvd., Dublin, OH 43017, 614 889-6016.
ROSE, Edward Junior; '33 BSBA; Retired; r. 7454 N. Desert Tree Dr., Tucson, AZ 85704, 602 742-3023.
ROSE, Eli Edward; '26 BSBA; Retired; r. 16100 Van Aken Blvd., Apt. 402, Shaker Hts., OH 44120, 216 751-2648.
ROSE, Forest Adrian; '30 BSBA; Retired-CPA; r. 1705 Capps Rd., Harrison, AR 72601, 501 741-2252.
ROSE, Gene Alan; '73 BSBA; Pres.; Cavalier Intl., Inc., Rte. 1 N., Richmond, VA 23227, 804 264-9141; r. 4611 Stonebrook Ct., Glen Allen, VA 23060, 804 747-1668.
ROSE, Gregory E.; '82 BSBA; Commercial Real Estate; Prudential Property Co., Prudential Plz., Ste. 500, 130 E. Randolph, Chicago, IL 60601, 312 861-4438; r. 1101 W. Chestnut, #2F, Chicago, IL 60622, 312 226-0411.
ROSE, Herbert Russell; '37 BSBA; Retired; r. 3601 Winchester Rd, Louisville, KY 40207, 502 895-2124.
ROSE, Holly Reeve; '80 BSBA; 3252 Avalon Rd., Columbus, OH 43221, 614 459-5524.
ROSE, Irwin R.; '49 BSBA; Pres.; Irwin R. Rose & Co., Inc., 9135 N. Meridian St., Ste. A-6, Indianapolis, IN 46260, 317 844-8825; r. 432 Round Hill Rd., Indianapolis, IN 46260, 317 253-1424.
ROSE, Jacqueline L.; '88 BSBA; 330 Maple Ln., Mansfield, OH 44906, 419 529-3098.
ROSE, Dr. James Cooper; '86 PhD (BUS); Systs. Analyst; IBM Corp., 1001 W. T Harris Blvd., Charlotte, NC 28257, 704 595-6259; r. 9464 Lexington Cir., #C, Charlotte, NC 28213, 704 547-9776.
ROSE, James Victor; '57 BSBA; Atty.; 50 W. Broad St. Ste. 1111, Columbus, OH 43215; r. 1269 Falene Pl., Galloway, OH 43119, 614 870-6088.
ROSE, Jeffrey Hamilton; '77 BSBA; Sales Engr.; Fasco Industries, *, Montgomeryville, PA 18936; r. Rte. 113 POB 81, Lederach, PA 19450, 215 256-6992.
ROSE, Jennifer C. '83 (See Safari, Mrs. Jennifer R.).
ROSE, Jennifer Tracy; '88 BSBA; 4530 Logan Way #4, Hubbard, OH 44425, 216 759-1576.
ROSE, Jerry Lee; '66 BSBA; Mgr.; Northwestern Bell Tel Co., 211 E. Howard St., Hibbing, MN 55746; r. 5905 Sun Rd, Edina, MN 55436, 612 920-7272.
ROSE, Lawrence R.; '50 BSBA; Gen. Mgr.; Seneca Mall, 15 Seneca Mall, Buffalo, NY 14224, 716 826-3444; r. 102 Carriage Cir., Williamsville, NY 14221, 716 688-1698.
ROSE, Dr. Michael Lester; '73 MPA; 818 W. Sextant, Roseville, MN 55113.
ROSE, Patrick Lester; '61 BSBA; Telegraph Operator; r. 124 International Dr., Pataskala, OH 43062, 614 927-5803.
ROSE, Penny Sue; '81 BSBA; Controller; Hosp. Choice Health Plan, 119 Dillmont, Worthington, OH 43085, 614 888-2223; r. 827 Woodrow, Marion, OH 43302, 614 382-1658.
ROSE, Pete; '70 BSBA, '71 MBA; Finance Dir.; City of Upper Arlington, 3600 Tremont, Columbus, OH 43221, 614 457-5080; r. 3069 Rainier Ave., Columbus, OH 43231, 614 891-2039.
ROSE, Phillip; '58 BSBA; Administrative Supv.; Alside Inc., Akron, OH 44309; r. 186 Court Dr. Apt. 200, Akron, OH 44313, 216 666-6493.
ROSE, Dr. Randall Lee; '86 PhD (BUS); Asst. Prof.; Univ. of South Carolina, Clg. of Business Admin., Francis Hipp Bldg., Columbia, SC 29208, 803 777-4915; r. 1662 Riverwind Dr., Apt. D, Columbia, SC 29210, 803 798-0334.
ROSE, Richard Alan; '85 BSBA; Acct.; Warner Cable Communications, 400 Metro Pl. N., Dublin, OH 43017, 614 792-7348; r. 3508 Prestwick Ct. S., Columbus, OH 43220, 614 451-4509.
ROSE, Robert Jack; '62 BSBA; Restaurant Owner; Hungry Rye, Willow Grove Park, Willow Grove, PA 19090, 215 657-7730; r. 29 Sunnyside Ln., Yardley, PA 19067, 215 493-6915.
ROSE, Robin L. '84 (See Stiller, Robin L.).
ROSE, Ruth Plaine, (Ruth Plaine); '34 BSBA; Retired; r. 7454 N. Desert Tree Dr., Tucson, AZ 85704, 602 742-3023.
ROSE, Sanford Milton; '51 BSBA; Exec. Recruiter; Sanford Rose & Assocs. Inc., 265 S. Main St., Akron, OH 44308, 216 762-6211; r. 1008 Bunker Rd. #300, Akron, OH 44313, 216 666-3170.
ROSE, Mrs. Sharon Depinet, (Sharon Depinet); '81 BSBA, '82 MACC; Tax Acct.; 12075 Coeur DeVille Ct., Creve Coeur, MO 63141, 314 275-7557; r. Same.
ROSE, Stephanie P. '85 (See Rose-Zuckerman, Mrs. Stephanie P.).
ROSE, Susan Jo; '86 BSBA; Mgr.; Taverne of Richfield, POB 296, Richfield, OH 44286, 216 659-3155; r. 8659 N. Akins, #202, N. Royalton, OH 44133, 216 237-7815.
ROSE, Theodore Frederick; '66 BSBA; 4468 Ammon Rd, S. Euclid, OH 44143.
ROSE, Therese Marie; '87 BSBA; 126 Pheasant Dr., Perrysburg, OH 43551, 419 874-4529.
ROSE, Thomas Duncan, III; '77 MPA; VP-Adm; Dyer Riddle Mills & Precourt, 1505 E. Colonial Dr., Orlando, FL 32803, 407 896-0594; r. 4009 Shady Oak Ct., Lake Mary, FL 32746, 407 333-3097.
ROSE, Thomas Edward, Jr.; '71 BSBA; Air Traffic Control; Air Traffic Dept., Atlanta Control Twr., Atlanta Airport, Atlanta, GA 30304; r. 1234 Brooklawn Rd NE, Atlanta, GA 30319, 404 255-7596.
ROSE, ENS Todd Andrew; '85 BSBA; US Navy; r. Rural Delivery 1, Box 62-B, Hammondsville, OH 43930.
ROSE, William Russell; '40 BSBA; Retired; Inland Container Corp., 151 N. Delaware, Indianapolis, IN 46206; r. 8444 Browning Dr., Apt. E, Indianapolis, IN 46227, 317 881-3243.
ROSE, William Thomas; '73 BSBA; Budget Analyst; Borden Inc., 180 E. Broad St., Columbus, OH 43215, 614 225-4136; r. 1318 Fahlander Dr. N., Columbus, OH 43229, 614 431-0307.
ROSEBERRY, Joann '50 (See Parkinson, Joann Roseberry).
ROSEBERRY, Le Ann; '79 BSBA; Computer Programmer; Defense Logistics Agcy., 3990 E. Broad St., Columbus, OH 43213; r. 4665 Eastway Ct. Apt. D, Columbus, OH 43213, 614 863-0816.
ROSEBERRY, Lee; '49 BSBA; Principal; Roseberry & Roseberry, CPA, 521 N. Mountain Ave. K, Upland, CA 91786, 714 981-6962; r. 1214 Ukiah Way, Upland, CA 91786, 714 982-5949.
ROSELLE, Ronald E.; '65; POB 1480, Altamonte Spgs., FL 32715.
ROSELMAN, Judith Marsha; '71 BSBA; 64 Yaun Ave., Liberty, NY 12754, 914 292-4272.
ROSEMAN, Monroe Lincoln; '46 BSBA; Chmn. of the Bd.; Heights Furniture & Toy Co., 1892 Taylor Rd SE, Cleveland, OH 44118, 216 932-7077; r. 22626 Byron Rd., Cleveland, OH 44122, 216 751-9962.
ROSEN, Albert; '36 BSBA; Retired; Universal Mktg. Co., 50 Mc Naughten Rd, Ste. 108, Columbus, OH 43213; r. 2877 E. Broad St. Apt. B1, Columbus, OH 43209, 614 235-4211.
ROSEN, Arnold; '57 BSBA; Prof.; Nassau Community Clg., Secretarial/Ofc Technology Dpt, Garden City, NY 11530, 516 222-7285; r. 775 Eagle Dr., N. Woodmere, NY 11581, 516 791-9641.
ROSEN, Bertram Harvey; '61 BSBA; Pres.; B H Rosen & Assoc., 13812 Bonsal Ln., Silver Spring, MD 20906, 301 460-0745; r. Same.
ROSEN, Mrs. Estherfay Shapiro, (Estherfay Shapiro); '55 BSBA; Homemaker; r. 775 Eagle Dr., N. Woodmere, NY 11581, 516 791-9641.
ROSEN, Jeffrey Scott; '85 BSBA; 3409 Maryland #205-B, Woodmere, OH 44122.
ROSEN, Mrs. Layne Harper, (Layne H. Harris); '83 BSBA; Mkt. Spec.; Carlson Mktg. Grp., 12755 State Hwy. 55, Minneapolis, MN 55441; r. 4401 Park Glen Rd., #203, Minneapolis, MN 55416, 612 925-4230.
ROSEN, Louis; '33 BSBA; Retired; r. 3936 Rose Hill, Cincinnati, OH 45229, 513 221-4093.
ROSEN, Marvin; '52 BSBA; Retired; r. 2666 Halleck Dr., Columbus, OH 43209, 614 239-8726.
ROSEN, CAPT Paul Mitchell, USAF; '80 BSBA; Policy Div./RPS, APO, New York, NY 09055; r. Same.
ROSEN, Rick Lind; '82 BSBA; Salesman; Economy Coffee; r. 2415 White Rd., Cleveland, OH 44118, 216 381-4674.
ROSEN, Robert Evan; '82 BSBA; Salesman; Noll Machinery Inc., 6200 Harvard Ave., Cleveland, OH 44105; r. 5133 Stansbury, Solon, OH 44139, 216 349-1551.
ROSEN, Mrs. Toby Schneiderman, (Toby Schneiderman); '78 BSBA; Acct.; Chapter 13 Trustee, Ste. #416 Ameritrust Bldg., 116 Cleveland Ave. N., Canton, OH 44702, 216 455-8893; r. 369 Sand Run Rd., Akron, OH 44313, 216 867-5819.
ROSENBAUM, Joseph Richard; '77 BSBA, '82 MBA; Financial Cnslt.; Arthur Andersen & Co., One Market Plz., San Francisco, CA 94105, 415 546-8520; r. 1519 Beach St., San Francisco, CA 94123, 415 346-8420.
ROSENBAUM, Richard R.; '50 BSBA; Cnslt.; 34 Cambra Ct., Danville, CA 94526, 415 820-3729; r. Same.
ROSENBAUM, Tarn Martin; '87 MBA; Mgmt. Cnslt.; Arthur Andersen & Co., 41 S. High St., Ste. 2000, Columbus, OH 43215; r. 1163 Neil Ave., Columbus, OH 43201, 614 291-9667.
ROSENBAUM, William David; '79 BSBA; Pres.; Heron Haberdashery, 2391 Peachtree St., Atlanta, GA 30305; r. 42 Harrison Ave., Swampscott, MA 01907.
ROSENBERG, Jean L.; '46 BSBA; Dir.; Jean Muir London, 818 Madison Ave., New York, NY 10021, 212 794-0844; r. 40 Central Park South, New York, NY 10019, 212 755-3460.
ROSENBERG, Jeannette '32 (See Snyder, Mrs. Jeannette R.).
ROSENBERG, Dr. Larry J.; '67 MBA, '69 PhD (BUS); Sr. Spec. Prog. Devlpmt; Univ. of Massachusetts, Intl Programs Ofcs., Clark Ctr., Amherst, MA 01003, 413 545-2710; r. 19 Plumtree Rd., Sunderland, MA 01375, 413 548-9229.
ROSENBERG, Mark A.; '78 BSBA; Retail Mktg. Mgr.; AGA Gas, Inc., 6225 Oaktree Blvd., POB 94737, Cleveland, OH 44101, 216 642-6600; r. 2208 Cloverdale Ct., Worthington, OH 43085, 614 761-7515.
ROSENBERG, Robert James; '50 BSBA; Sales Mgr.; Transmation Inc., 977 Mount Read Blvd., Rochester, NY 14606, 716 254-9000; r. 5 Dunrovin Ln., Rochester, NY 14618, 716 244-6543.
ROSENBERG, Stephen M.; '66 BSBA; Assoc. VP; Dean Witter Reynolds, 2505 Moody Rd., Warner Robins, GA 31088, 912 922-3300; r. 124 Tallulah Tr., Warner Robins, GA 31088.
ROSENBERG, Susan Helene; '76 BSBA; 2409 Homestead Dr., Silver Spring, MD 20902.
ROSENBERGER, James M.; '79 BSBA; VP Sales; Seegott Inc., 5400 Naiman Pkwy., Solon, OH 44139, 216 248-5400; r. 468 Saddleback Ln., Gates Mills, OH 44040, 216 423-1003.
ROSENBLOOM, Edgar H.; '49 BSBA; Salesman; Quality Glass & Aluminum, 170 Airport Dr., Westminster, MD 21117, 301 876-6866; r. 5 Celadon Rd, Owings Mills, MD 21117, 301 363-3334.
ROSENBLOOM, Manford D.; '49 BSBA; Pres.; MDR Assocs., 19706 E. Lake Dr., Miami, FL 33015, 305 557-7509; r. Same, 607 737-1094.
ROSENBLUM, Alvin Barry; '71 BSBA; 424 Belden Ave., Chicago, IL 60614.
ROSENBLUM, Steven Louis; '85 BSBA; Sales Mgr.; Sears Roebuck & Co., 2 Louis Joliet Mall, Joliet, IL 60435, 815 439-2200; r. 840 Wheatland Ln., Aurora, IL 60504, 312 851-5551.
ROSENFELD, Arthur Aba; '83 BSBA; Mgr.; Rosenfeld Jewelry Inc., 5668 Mayfield Rd., Lyndhurst, OH 44124, 216 321-0099; r. 4154 Bexley, S. Euclid, OH 44121, 216 381-3426.
ROSENFELD, Mayer; '39 BSBA; Retired; r. 85 N. Stanwood Rd, Columbus, OH 43209, 614 235-6100.
ROSENFELD, Susan Ellen; '81 BSBA; 2211 S. Green Rd. Up, Cleveland, OH 44121, 216 291-9982.
ROSENFIELD, Anne P. '85 (See Port, Mrs. Anne R.).
ROSENFIELD, Daniel Lawrence; '73 BSBA, '74 MA; Partner; Rothenberg-Rosenfield Inc., 505 Park Ave., New York, NY 10022, 212 838-0200; r. 58 Butterwood W., Irvington, NY 10533, 914 591-7106.
ROSENFIELD, Jack Michael; '71 BSBA; VP; Rothenberg Rosenfield, Inc., 505 Park Ave., New York, NY 10022, 212 838-0200; r. 135 Willow St., Apt. 509, Brooklyn, NY 11201, 718 625-9437.
ROSENFIELD, Martha Axner, (Martha Axner); '65 BSBA; Advt.; Cleveland Jewish News, 13910 Cedar Rd., University Hts., OH 44118; r. 4362 Acacia Dr., Cleveland, OH 44121, 216 381-8303.
ROSENFIELD, Ronald L.; '65 BSBA; Atty-at-Law/CPA; Spero & Rosenfield Co., CPA, 113 St. Clair Ave., Ste. 500, Cleveland, OH 44114, 216 771-1255; r. 4362 Acacia Dr., Cleveland, OH 44121, 216 381-8303.
ROSENGARD, Philip Marc; '81 BSBA; Sr. Acct.; Stark Metropolitan Housing Authority, 1800 W. Tuscarawas, Canton, OH 44708, 216 454-8051; r. 709 34th St., NE, Canton, OH 44714, 216 492-5087.
ROSENGARTEN, Diane '75 (See Sauer, Diane R.).
ROSENKRANTZ, Mrs. Rita Reitman, (Rita Reitman); '54 BSBA; Domestic Relations Master; Circuit Ct.-Montgomery Cnty., Judicial Ctr., #207, Courthouse Sq., Rockville, MD 20850, 301 217-7110; r. 11315 Empire Ln., Rockville, MD 20852, 301 230-2796.
ROSENMUTTER, Beverly '64 (See Somerman, Beverly Rosenmutter).
ROSENMUTTER, Skip Paul; '70 BSBA; Pres.; Fullerton Automotive Parts Inc., 1900 W. 18th St., Chicago, IL 60608, 312 327-6600; r. 191 Trailwood Ln., Northbrook, IL 60062, 312 291-0967.
ROSENSTEIN, Andrew Lewis; '88 MBA; 4241 Harwood Rd., S. Euclid, OH 44121, 216 381-8639.
ROSENSTEIN, Kevin Dale; '78 BSBA; Pricing Mgr./Actuary; Nationwide Ins., One Nationwide Plz., Columbus, OH 43216, 614 249-5206; r. 1971 Benthill Dr., Marietta, GA 30062.
ROSENSTEIN, Michael Jay; '77 BSBA; CFO; Hallberg Ins. Agcy., 10730 S. Cicero, Oak Lawn, IL 60453, 312 424-4975; r. 2925 Bonnie Brae Creek, Flossmoor, IL 60422, 312 798-2478.
ROSENSTEIN, Stanley A.; '49 BSBA; 4241 Harwood Rd, Cleveland, OH 44121, 216 381-8639.
ROSENSTOCK, Arthur; '56 BSBA; Pres.; Martinat Wine Co., 610 Walnut Ave. SE, Canton, OH 44702, 216 453-5634; r. 227 22nd NW, Canton, OH 44709, 216 453-9734.
ROSENSTOCK, Barbara Leitz, (Bo Leitz); '57 BSBA; Secy.-Treas.; Martinat Wine Co., 610 Walnut Ave., SE, Canton, OH 44702, 216 453-5634; r. 227 22nd NW, Canton, OH 44709, 216 453-9734.
ROSENSTOCK, Jerry Jay; '85 BSBA; Tax Cnslt.; Ernst & Whinney, 1300 Huntington Bldg., Cleveland, OH 44115, 216 861-5000; r. 4601 Logan Ave. NW, Canton, OH 44709, 216 321-5647.
ROSENSTON, Jerald Mark; '88 BSBA; 9104 Fontainbleau, Cincinnati, OH 45231, 513 521-5904.
ROSENSWEIG, Charles M.; '59 BSBA; Sales Cnslt.; Standard Textile Co. Inc., 1 Knollcrest Dr., Cincinnati, OH 45222; r. 3127 Birchtree Ln., Wheaton, MD 20906, 301 460-1305.
ROSENSWEIG, Scott; '80 BSBA; Cnslt.; 430 Oakwood Dr., Hamilton, OH 45013, 513 892-6146; r. Same.
ROSENTHAL, Albert J., Jr.; '67 BSBA; Sales Mgr.; Rosenthals Shoes, 968 Broad St., Augusta, GA 30902; r. 2931 Stratford Dr., Augusta, GA 30904, 404 736-1855.
ROSENTHAL, Donald; '58 BSBA; RE Broker/Investments; Donald Rosenthal & Assoc. Inc., 4350 E. Camelback Rd., Ste. 140E, Phoenix, AZ 85018, 602 952-1355; r. 15636 N. 51st St., Scottsdale, AZ 85254, 602 391-0600.
ROSENTHAL, Edward S.; '56 BSBA; Retired; r. 223 Hilltop Ln., Cincinnati, OH 45215, 513 522-5280.

ROSENTHAL, Marsha Vyner; '68 BSBA; Math Tchr.; r. 186 Schimwood Ct., Getzville, NY 14068, 716 688-0563.
ROSENTHAL, Rabbi Morton M.; '53 BSBA; Dir.; Latin Amer Dept., Anti-Defamation League, 823 United Nations Plz., New York, NY 10017, 212 490-2525; r. 13 Allen Ln., Lawrenceville, NJ 08648, 609 882-7994.
ROSENTHAL, Richard H.; '57 BSBA; Pres. Gen. Mgr. & Dir.; F & W Publishing Corp., 9933 Alliance Rd., Cincinnati, OH 45242; r. 8435 Susann Ln., Cincinnati, OH 45215, 513 821-4933.
ROSENTHAL, Robert Orrin; '84 BSBA; VP; Finch Mgmt., 50 Shopping Plz., Chagrin Falls, OH 44022, 216 247-4232; r. 5722 Spotswood, Lyndhurst, OH 44124, 216 461-3989.
ROSENTHAL, Stanley H.; '57 BSBA; Mgr.; r. 2931 Stratford, Augusta, GA 30909, 404 736-1855.
ROSENWATER, Gerald; '53 BSBA; Account Exec.; Natl. Paper & Packaging, 1240 E. 55th St., Cleveland, OH 44103, 216 391-6000; r. 7 Longmeadow Ln., Cleveland, OH 44122, 216 831-0044.
ROSENZWEIG, Lawrence M.; '77 BSBA; 71 Nassau St., Elmont, NY 11003.
ROSER, Kenneth B.; '60 BSBA; Pres.; Roser Inc., 110 W. Auglaize St., Wapakoneta, OH 45895, 419 738-3617; r. RR #4 Kah Rd., Wapakoneta, OH 45895, 419 738-8860.
ROSE-ZUCKERMAN, Mrs. Stephanie P., (Stephanie P. Rose); '85 BSBA; 917 Columbia Ave., Apt. 224, Lancaster, PA 17603, 717 295-4487.
ROSHON, Robert L.; '83 BSBA; 7823 Flint Rd, Worthington, OH 43085, 614 431-0538.
ROSIER, Timothy Case; '77 BSBA; Ofc. Mgr.; City of Columbus, Fleet Management, 423 Short St., Columbus, OH 43215; r. 494 S. Hamilton Rd., Apt. 35, Columbus, OH 43213, 614 863-3437.
ROSIN, Allen S.; '56 BSBA; COO; Dann Dee Display Fixtures, Inc., 1000 Apparel Ctr., Chicago, IL 60654, 312 527-5820; r. 1190 E. Westleigh Rd., OSU List, Lake Forest, IL 60045, 312 295-4046.
ROSKOPH, Paul H.; '60 BSBA; Atty.; Ream Roskoph & Busselle, 755 Page Mill Rd., B-100, Palo Alto, CA 94304, 415 494-7133; r. 2171 Byron St., Palo Alto, CA 94301, 415 327-2080.
ROSLOVIC, Ms. Nina Frances; '79 BSBA, '82 MA; VP-Major Loan Dept.; First Nationwide Bank, 1040 Crown Pointe Pkwy., Ste. 1050, Atlanta, GA 30338, 404 392-1050; r. 2650 Brentwood Rd., Columbus, OH 43209, 614 237-8791.
ROSNER, Daniel Erwin; '72 BSBA; Contracts Ofcr.; Wright Patterson AFB, Dayton, OH 45433, 513 255-4888; r. 2468 Carmel Ct., Beavercreek, OH 45431, 513 427-1288.
ROSNER, Irving; '75 BSBA; 5489 Harleston Dr., Lyndhurst, OH 44124, 216 449-7176.
ROSNER, Lee Steven; '72 BSBA; Mgr. Trainee; r. 52 E. 14th Ave., Columbus, OH 43201.
ROSNICK, John; '74 BSBA; Personnel Asst.; Consolidation Coal Co., POB 138, Graysville, PA 15337, 412 663-4781; r. 126 Main St., Powhatan Pt., OH 43942, 614 795-4106.
ROSOLOWSKI, Karen Callaghan, CPA, (Karen Callaghan); '82 BSBA; Audit Supv.; Coopers & Lybrand, 400 Renaissance Ctr., Detroit, MI 48243, 313 446-7100; r. 1531 Waltham Dr., Ann Arbor, MI 48103, 313 996-4518.
ROSOLOWSKI, Larry Michael; '80 MACC; MBA Candidate; Univ. of Michigan, Ann Arbor, MI 48109; r. 1531 Waltham Dr., Ann Arbor, MI 48103, 313 996-4518.
ROSOWICZ, Janet Therese; '80 BSBA; CPA; Laventhol & Horwath, 1845 Walnut St., Philadelphia, PA 19103, 215 299-1700; r. 238 Avon Rd., Upper Darby, PA 19082, 215 352-5818.
ROSS, Aaron R.; '47 BSBA; Pres.; Sibley Shoes, Inc., 100 Renaissance Ctr., #2440, Detroit, MI 48243, 313 259-1900; r. Same.
ROSS, Alan Charles; '60 BSBA; Producer/Dir.; Alan C. Ross Productions, 202 Culper Ct., Hermosa Bch., CA 90254, 213 379-2015; r. Same, 213 379-2015.
ROSS, Aralee '52 (See Fitzgerald, Aralee Ross).
ROSS, Boyd Herman; '47 BSBA; Retired; r. POB 302, New Concord, OH 43762.
ROSS, Carl Wayne; '79 MBA; Staff; Ohio Bell Tel Co., E. Gay St., Columbus, OH 43215; r. 60 Nadine Pl. N., Westerville, OH 43081, 614 890-5454.
ROSS, Carolyn '54 (See Atkinson, Carolyn Ross).
ROSS, Cynthia Lynn; '79 BSBA; 335 Nob Hill Dr., Akron, OH 44303.
ROSS, David Clark; '82 BSBA; Computer Cnslt.; Pickerington, OH 43147, 614 866-5206; r. 8925 Winston Rd., Pickerington, OH 43147, 614 866-5206.
ROSS, Dorothy Magdelen; '36 BSBA; Retired; r. 606 Bunty Station Rd., Delaware, OH 43015, 614 362-6162.
ROSS, Douglas Jay; '83 BSBA; Systs. Analyst; GE, Merchant Ave., Cincinnati, OH 45204, 513 552-6122; r. 7830 Village Dr., Apt. D, Cincinnati, OH 45242, 513 530-9432.
ROSS, Frederick Sheldon; '65 BSBA; Regional Sales Manag; Mass & Rhode Island, Four Roses Distillers Co, 40 Harvard, Boston, MA 02142; r. 12 Acorn Ave., Wakefield, MA 01880, 617 246-3458.
ROSS, George Kenneth; '67 MBA; Controller; A Johnson & Co. Inc., 110 E. 59th St., New York, NY 10022; r. 57 Hillcrest Ave., Summit, NJ 07901, 201 277-3428.
ROSS, Gwen Ellen; '80 BSBA; Acctg. Staff Member; Reynolds & Assocs., CPA's, Columbus, OH 43201; r. 230 Acton Rd., Columbus, OH 43214, 614 261-9043.
ROSS, Harry Hurson; '31 BSBA; Retired; r. 401 Santa Clara Ave., Apt. 510, Oakland, CA 94610, 415 834-5007.
ROSS, James Barry; '71 BSBA; Pres.; Miller Ross & Co. Inc., 574 Fifth Ave., New York, NY 10036; r. 500 E. 77th St. #1408, New York, NY 10162, 212 288-7579.
ROSS, James Paul; '57 BSBA; CPA; Hausser & Taylor CPA's, 215 Court St., Elyria, OH 44035, 216 323-3200; r. 235 Southwood Dr., Elyria, OH 44035, 216 458-4315.
ROSS, Janet '47 (See White, Janet R.).
ROSS, Jeffery Allen; '87 BSBA; Ofc. Wrkr/Acct.; Southeastern Equip., POB 536, Cambridge, OH 43725, 614 432-6303; r. 62341 Institute Rd., Lore City, OH 43755, 614 439-2025.
ROSS, Jeffrey Bernard; '80 BSBA; Sr. Analyst/Syst. Pgmr; A O Smith Corp., 531 N. Fourth St., Tipp City, OH 45371, 513 667-2431; r. 549 Poplar Dr., Tipp City, OH 45371, 513 667-4231.
ROSS, Mrs. Jo Ann K., (Jo Ann Kishler); '49 BSBA; Advisor; Univ. of Tennessee, Clg. of Bus. Admin., Undergraduate Bus Programs, Knoxville, TN 37996, 615 974-6105; r. 1840 Maury Cir., Alcoa, TN 37701, 615 982-0401.
ROSS, John Thomas; '68 BSBA; 826 Grants View Ct., Dayton, OH 45459, 513 433-7326.
ROSS, June Marie; '88 BSBA; 6365 Coonpath Rd., Carroll, OH 43112, 614 756-4668.
ROSS, Kyp Lodge; '88 BSBA; 216 Walnut Dr., Marietta, OH 45750, 614 373-3465.
ROSS, Lucia Lenaye; '88 BSBA; Investment Broker; First Investors Corp., 3001 Bethel Rd., Ste. 203, Dublin, OH 43017; r. 1974 Ronald Dr., Columbus, OH 43207, 614 443-7949.
ROSS, Marjean '69 (See Traut, Mrs. Marjean Ross).
ROSS, Mary Eileen; '76 BSBA; Acct.; R T Bundy Assocs., Inc., 417 E. Water St., Urbana, OH 43078, 513 864-2719; r. 1603 Lexington Ave., Springfield, OH 45505, 513 325-6222.
ROSS, Michael Stuart; '84 BSBA; Prog. Mgr.; Ross Constr., POB 190, Westerville, OH 43081, 614 882-4069; r. 8354 Storrow Dr., Westerville, OH 43081, 614 888-8984.
ROSS, Orland W.; '43 BSBA; VP; Berwanger & Overmyer Assoc., 3360 Tremont Rd., Columbus, OH 43221; r. 1383 Haddon Rd., Columbus, OH 43209, 614 237-2141.
ROSS, Ralph Oakley; '34; Retired; r. 5765 E. Blvd. NW, Canton, OH 44718, 216 494-2626.
ROSS, Dr. Ray Lawrence; '61 MBA; Prof. of Acctg.; Youngstown State Univ., Youngstown, OH 44555, 216 742-3083; r. 7755 Tallmadge Rd., Rootstown, OH 44272, 216 325-2408.
ROSS, Richard Arthur; '71 BSBA; Dir./Internal Audit; Ransburg Corp., 3838 W. 56th St., Indianapolis, IN 46208, 317 298-5046; r. 1170 Golfview Dr., Apt. #F, Carmel, IN 46032, 317 846-0786.
ROSS, Richard Vaughn; '70 MACC; Sr. Computer Spec.; Ohio State Univ., University Systs., 1121 Kinnear Rd., Columbus, OH 43212, 614 292-3687; r. 146 Walhalla Dr., Columbus, OH 43202, 614 263-4659.
ROSSE, Robert Nelson; '35 BSBA; Real Estate Broker; r. 2383 Berwick Blvd., Columbus, OH 43209, 614 235-8000.
ROSS, Rodney L.; '68; Staff; Central Ohio Label Co., POB 09547, Columbus, OH 43209; r. 2434 Bryden Rd., Columbus, OH 43209, 614 239-7855.
ROSS, Roland Deem, Sr.; '25 BSBA; Retired; r. 6401 Sundance Tr., Brighton, MI 48116, 313 227-5986.
ROSS, Samuel Byrl, II; '66 BSBA; Pres.; SBR Inc., POB 1646, Parkersburg, WV 26102, 304 428-8261; r. Same.
ROSS, Sara Richwine, (Sara Richwine); '35 BSBA; Homemaker; r. 2383 Berwick Blvd., Columbus, OH 43209, 614 235-8000.
ROSS, Sheryl Ann; '87 BSBA; Coml. Lines Underwriter; Shelby Ins. Co., 175 Mansfield Ave., Shelby, OH 44875, 419 347-1880; r. 5171 Algire Rd., Rte. 2, Bellville, OH 44813, 419 886-3856.
ROSS, Terry Lee; '87 BSBA; Inv. Control Spec.; Johnson & Johnson Hosp. Svc., 1901 Dividend Dr., Columbus, OH 43228; r. 408 E. North St., Prospect, OH 43342, 614 494-2327.
ROSSELET, Richard Anthony; '79 BSBA; Plant Controller; Champion Intl., 2050 Couch Dr., Mc Kinney, TX 75002; r. 800 Leading Ln., Allen, TX 75002, 214 727-2024.
ROSSEN, Richard D.; '60 BSBA; Mgr.; R.D. Rossen Glass Co., 439 W. Market St., Akron, OH 44303, 216 376-3114; r. 1842 Thornhill Dr., Akron, OH 44313, 216 867-1842.
ROSSER, Charles R.; '44; Retired; r. 2593 Johnston Rd., Columbus, OH 43220, 614 457-4282.
ROSSER, Evan D.; '49 BSBA; Retired; r. 11506 Imhoff Ct., Cincinnati, OH 45240, 513 851-1438.
ROSSER, Karen Mitchell; '83 BSBA; Commercial Loan Offr; Bancohio Natl. Bank, 155 E. Broad St., Columbus, OH 43215; r. 1220 Three Forks Dr. S., Westerville, OH 43081, 614 891-5034.
ROSSETTE, Pasquale David; '84 BSBA; 12000 4th St. N., Ste. 75, St. Petersburg, FL 33716, 813 577-0708.
ROSSETTER, Richard L.; '49 BSBA; Retired; r. 1231 Brookridge Dr., Columbus, OH 43235, 614 451-1053.
ROSSI, James; '88 BSBA; Production Mgr.; Ben's Best Pickles, Columbus, OH 43201; r. 2359 Glenmawr, Columbus, OH 43202, 614 262-6354.
ROSSI, Jeffrey Alan; '85 MPA; Special Agt.-in-Charge; Ohio Atty. General's Ofc., 65 S. Front St., Columbus, OH 43215, 614 466-0722; r. 8465 Blue Lake, Galloway, OH 43119, 614 871-3473.
ROSSI, John Fredrick; '81 BSBA; Dir. of Retail; Bike Nashbar Outlet Stores, 4111 Simon Rd., Youngstown, OH 44512, 216 788-8832; r. 1416 Mahoning Ave. NW, Warren, OH 44483, 216 393-5110.
ROSSI, Robert Joseph; '78 BSBA; Photographer; 357 W. 20th St. B, New York, NY 10011, 212 633-8329; r. Same.
ROSSIE-SHIRER, Ms. Linda Michelle; '87 BSBA; Student; The Ohio State Univ., Clg. of Law, Columbus, OH 43210; r. 436 W. Fifth Ave., Columbus, OH 43201, 614 421-7144.
ROSSIN, Alida Ann; '82 BSBA; Sales Rep.; Stuart Pharmaceuticals, Wilmington, DE 19897; r. 10 E. Ontario, Apt. 1412, Chicago, IL 60611, 312 266-6467.
ROSSO, George A.; '55 BSBA; Sales Rep.; r. 2201 Riverside Dr., Columbus, OH 43221, 614 488-3996.
ROSSO, Raymond Thomas; '82 BSBA; 751 Allison Ave., Lorain, OH 44052, 216 244-9124.
ROSSON, Charles C., Jr.; '42 BSBA; Retired; r. 4936 S. W. 19th Dr., Portland, OR 97201, 503 246-5951.
ROST, Elizabeth; '86 BSBA; Systs. Analysis; Bay Bank & Trust, POB 1350, 509 Harrison Ave., Panama City, FL 32402, 904 769-3333; r. 3731 Greentree Pl., Panama City Bch., FL 32405, 904 769-5537.
ROSTAS, Ronald James; '74 BSBA, '75 MBA; 6643 E. Oak St., Scottsdale, AZ 85257.
ROTE, Ms. Janet Rader; '82 BSBA; Oper & Adm Mgr.; The First Boston Corp., 11 Penn Center Plz., 26th Fl., Philadelphia, PA 19103, 215 851-1114; r. 700 Ardmor Ave., 310 Newport Manor, Ardmore, PA 19003, 215 649-5883.
ROTEN, Richard Anthony; '79 BSBA; VP; Kenmore Devel. & Machine, 1395 Kenmore Blvd., Akron, OH 44314, 216 753-2274; r. 4599 Wildflower Dr., N. Canton, OH 44720, 216 896-9731.
ROTERT, Jennifer Lynn; '87 BSBA; Staff Acct.; Wasserstrom Co., 1675 S. High St., Columbus, OH 43207; r. 1385 Doten Ave., Columbus, OH 43212, 614 487-9015.
ROTH, Albert; '52 BSBA; Retired; r. 4194 Wilmington Rd, S. Euclid, OH 44121, 216 382-8699.
ROTH, Dr. Aleda Vender, (Aleda Vender); '86 PhD (BUS); Prof.; Boston Univ. Sch. of Mgmt., Operations Management, 621 Commonwealth Ave., Boston, MA 02215, 617 353-3258; r. 12 Birch Ridge Rd., W. Acton, MA 01720, 508 371-3263.
ROTH, Armin Lawrence; '36 BSBA; CPA; Roth Feller Tuber & Schoenberg, 1103 Mc Kinley Ave. N., Canton, OH 44703; r. 2151 Applegrove N. #10, N. Canton, OH 44720.
ROTH, Dennis Alan; '63 BSBA; Atty.; Roth Noble & Rolf Co. LPA, 600 Bond Court Bldg., Cleveland, OH 44114, 216 621-2321; r. 600 Bond Court Bldg., Cleveland, OH 44114, 216 247-3455.
ROTH, Ernest Harry; '49 BSBA; Retired; Atlantic Richfield Co., 9217 Midwest Ave., Cleveland, OH 44125; r. 5532 Renee Dr., Cleveland, OH 44143.
ROTH, Guy M.; '82 BSBA; VP-Operations; Roth Realty, Inc., 3130 Far Hills Ave., Kettering, OH 45429, 513 298-7471; r. 180 Canterbury Dr., Kettering, OH 45429, 513 299-9148.
ROTH, Henry Joseph; '79 BSBA; Gen. Mgr.-Rate Case; United Telecom, Inc., 665 Lexington Ave., Mansfield, OH 44907; r. 1405 Royal Oak Dr., Mansfield, OH 44906, 913 681-8565.
ROTH, Leland Charles; '29 BSBA; Retired; r. 5679 Monroe St., Sylvania, OH 43560, 419 885-3958.
ROTH, Marilyn Gardner; '46 BSBA; 4 Hampshire Dr., Mendham, NJ 07945, 201 543-4549.
ROTH, Michael David; '87 BSBA; c/o Marlene Tannenbaum, 5280 Parkside Ter., Solon, OH 44139, 216 248-7494.
ROTH, Nathan; '70 BSBA; 30 Stonewood Dr., Chagrin Falls, OH 44022.
ROTH, Ronald Glenn; '86 BSBA; 2094 Jewett Dr., Columbus, OH 43229, 614 890-2813.
ROTH, Ruth Ludwig; '32 BSBA; Retired; r. 1122 Toll Gate Dr., Oxford, OH 45056, 513 523-2024.
ROTH, Sandra Hohenbrink; '84 MPA; Health Plng. Adm; Ohio Bd. of Regents, 3600 State Ofc. Twr., 30 E. Broad St., Columbus, OH 43215; r. 329 Park Blvd., Worthington, OH 43085, 614 447-1058.
ROTH, Steven Jay; '85 BSBA; 4194 Wilmington, S. Euclid, OH 44121.
ROTH, Vicki Lynn; '87 BSBA; c/o Richard L Roth, 6740 W. Farm Acres, Cincinnati, OH 45237, 513 731-3159.
ROTH, Walter John; '68 BSBA; Bus. Ctr. Dir.; Security Pacific, 3030 Rocky Pointe, Ste. 100, Tampa, FL 33607, 813 886-4545; r. 4105 Interlake Dr., Tampa, FL 33624.
ROTH, Wendy Susan; '88 BSBA; 5200 Sampson Dr., Girard, OH 44420, 216 759-0391.
ROTHCHILD, Barry Allan; '87 BSBA; Student; r. 1420 Runaway Bay Dr., #2A, Columbus, OH 43204, 614 481-0902.
ROTHCHILD, Morlee A.; '60 BSBA; Atty.; Kahn Kleinman & Yanowitz, 1300 Bond Court Bldg., Cleveland, OH 44114, 216 696-3311; r. 27799 Belcourt Rd, Pepper Pike, OH 44124, 216 464-8870.
ROTHENBERG, William Mark; '78 BSBA; Reg. Dir.; Cadence Design Systs., 555 River Oaks Pkwy., San Jose, CA 95135; r. 19337 Athos Pl., Saratoga, CA 95070, 408 867-5810.
ROTHENSTEIN, Edward M.; '49 MBA; Exec. VP; Philmore Mfg. Co. Inc., 40 Inip Dr., Inwood, NY 11696; r. 1185 E. Broadway, Apt. 5B, Hewlett, NY 11557, 516 569-3670.
ROTHERMEL, Dr. Mary Anne; '81 PhD (BUS); Prof.; Univ. of Akron, Akron, OH 44313; r. 325 Melbourne, Akron, OH 44313, 216 836-3450.
ROTHERMUND, Gregg Lee; '78 BSBA; Agt.; State Farm Ins., 131 Dillmont Dr., Ste. 103, Worthington, OH 43235, 614 436-9015; r. 5753 Haddington Dr., Dublin, OH 43017, 614 766-5922.
ROTHERMUND, Terri L. '80 (See Copeland, Terri R.).
ROTHFUSS, Robert Allen; '50 BSBA; VP/Casualty; Central Mutual Ins. Co., 800 S. Washington St., Van Wert, OH 45891, 419 238-1010; r. 1126 Rosalie Dr., Van Wert, OH 45891, 419 238-6648.
ROTHGERY, Donald Thomas; '87 BSBA; Profn. Hockey; Knoxville Cherokees, Civic Coliseum, Knoxville, TN 37950; r. 483 Augdon Dr., Elyria, OH 44035, 216 365-4446.
ROTHMAN, Kimberly Blair; '88 BSBA; Mktg. Researcher; Kurikan Puunjalostustehdas, 61300 Kurikka, Finland; r. 33066 Lake Rd., Avon Lake, OH 44012, 216 933-3734.
ROTHMAN, Mary L. '47 (See Falkner, Mary L.).
ROTHMAN, Robert Alan; '63 BSBA; Atty.; Amusement Investment Co., The Game Exchange, POB 09598, Columbus, OH 43209, 614 258-2933; r. 2719 Bexley Park Rd., Columbus, OH 43209, 614 239-9947.
ROTHMAN, Susan Brauman; '71 BSBA; Grp. Product Mgr.; American Home Prods., Whitehall Laboratory Div., 685 Third Ave., New York, NY 10017; r. 75 E. End Ave., Apt. 14E, New York, NY 10028, 212 861-0472.
ROTHMAN, Wayne R.; '67 BSBA; CPA; Charles P. Malitz CPA, 27600 Chagrin Blvd., Woodmere, OH 44122, 216 464-2810; r. 2750 Belgrave Rd., Cleveland, OH 44124, 216 831-0717.
ROTHMUND, Richard Thomas; '78 BSBA; 735 Wakefield Dr., Cincinnati, OH 45226.
ROTHSCHILD, Dean Kahn; '74 MA; Pres.; Rothschild Agcy., Inc., 8979 Broadway, Merrillville, IN 46410, 219 769-6616; r. 1139 Bluebird Dr., Munster, IN 46321, 219 923-1467.
ROTHSCHILD, Edward M.; '47 BSBA; Retired; r. 3615 Harvey Rd., Cleveland, OH 44118, 216 371-4120.
ROTHSCHILD, Gerald H.; '52 BSBA; Certified Public Account.; Rothschold, Meckler & Co., 23200 Chagrin Blvd., Beachwood, OH 44122, 216 831-4343; r. 524-6 Bent Creek Oval, Aurora, OH 44202, 216 562-1816.
ROTHSCHILD, Leonore '49 (See Zusman, Mrs. Leonore Rothschild).
ROTHSTEIN, Shari Dombcik; '83 BSBA; Acct.; Blue Cross & Blue Shield, Cleveland, OH 44015, 216 687-7236; r. 27276 Belgrade, Cleveland, OH 44124, 216 464-4399.
ROTHWEILER, Alan Charles; '76 BSBA; Asst. Auditor; Park Natl. Bank, 50 N. Third St., Newark, OH 43055, 614 349-3733; r. 272 Central Ave., Newark, OH 43055, 614 345-8490.
ROTMAN, S. Lee; '43 BSBA; VP; Sandusky Folding Box, Box 22052, Cleveland, OH 44122, 216 464-6520; r. 27500 Cedar Rd., #708, Cleveland, OH 44122, 216 831-6994.
ROTOLO, Charles A.; '61 BSBA; VP/Sales&Mktg; Acceleration Life Ins. Co., 475 Metro Pl. N., POB 7000, Dublin, OH 43017, 614 764-7000; r. 1690 Merrick Rd., Columbus, OH 43212, 614 488-8114.
ROTOLO, Christopher J.; '87 BSBA; Acct.; St. Anthony Med. Ctr., 1492 E. Broad St., Columbus, OH 43205, 614 251-3693; r. 1445 W. 1st Ave., Columbus, OH 43212, 614 488-0570.
ROTT, Kenneth A.; '79 BSBA; Systs. Analyst; State Automobile Mutual Ins., 518 E. Broad St., Columbus, OH 43215, 614 464-5000; r. 471 Sutterton Dr., Gahanna, OH 43230, 614 927-1926.
ROTTER, Carl James; '72 MBA; 35850 Jennie Ln., Willoughby, OH 44094.
ROTTMAN, Richard R.; '49 BSBA; Retired; r. 929 Tanana Pl., Costa Mesa, CA 92626, 714 546-8222.
ROUAULT, Robert Edward, Jr.; '75 BSBA, '76 MBA, '86 MA; Student; Ohio State Univ., Graduate Sch., Columbus, OH 43210; r. 8803 Greenburg Dr., Powell, OH 43065, 614 889-1299.
ROUB, Bryan Roger; '66 BSBA; Sr. VP; Harris Corp., Finance Dept., 1025 NASA Blvd., Melbourne, FL 32919, 407 727-9129; r. 690 Anderson Ct., Satellite Bch., FL 32937, 407 773-1046.
ROUCH, Dianne Lee; '80 BSBA; Real Estate Appraisr; Waterfield Financial Corp., 150 E. Wilson Bridge Rd., Worthington, OH 43085, 614 846-2266; r. 325 Royal Forest Blvd. E., Columbus, OH 43214, 614 447-0141.
ROUDA, Greer Alyn; '77 BSBA; Pres.; Home Buyers Mortgage Co., 1093 Fishinger Rd., Columbus, OH 43221, 614 459-4720; r. 1227 Southport Dr., Columbus, OH 43220, 614 457-3085.
ROUDA, Harley E.; '53 BSBA; Pres.; H E R Realtors, 4656 Executive Dr., Columbus, OH 43220, 614 459-7400; r. 2375 Lane Rd., Columbus, OH 43220, 614 457-7576.

ALPHABETICAL LISTINGS RUEB 239

ROUDA, Jayne Lee; '85 BSBA; Dist. Mgr.; Borden Inc., 1280 N. Grant Ave., Columbus, OH 43201; r. 2209 Lake Park Dr #V, Smyrna, GA 30080.
ROUDA, Marlese N., (Marlese Ann Neher); '52 BSBA; Volunteer; Twig of Childrens Hosp.; r. 2375 Lane Rd., Columbus, OH 43220, 614 457-7576.
ROUDABUSH, James William; '73 BSBA; Design Spec.; Ohio Dept. of Transportation, 400 E. William St., Delaware, OH 43015; r. 1693 Norma Rd., Columbus, OH 43229, 614 888-7144.
ROUDEBUSH, Bruce L.; '58 BSBA; Flight Capt.; American Airlines Inc., POB 8277, San Francisco Intl. Airport, San Francisco, CA 94128, 415 877-6094; r. 86 Prospect Ave., Sausalito, CA 94965, 415 332-3849.
ROUDEBUSH, Cinda Sidle, (Cinda Sidle); '69 BSBA; Volunteer; r. 1543 Island Ln., Bloomfield Hls., MI 48013, 313 855-0125.
ROUDEBUSH, Elbert P.; '30 BSBA; Retired; r. 415 W. 27th St., Connersville, IN 47331, 317 825-5823.
ROUDEBUSH, H. Rex; '38 BSBA; 2729 Blackfriars Dr. NW, Canton, OH 44708, 216 477-1247.
ROUHIER, Lloyd J.; '53 BSBA; 5222 Mad River Rd, Dayton, OH 45429, 513 433-3648.
ROURKE, Stephen Michael; '83 BSBA; Supv.; Arthur Young & Co., 10 W. Broad St., Columbus, OH 43215, 614 222-3900; r. 7397 Downey Dr., Worthington, OH 43085.
ROUSCULP, Lloyd E.; '32 BSBA; Retired; r. 300 Judith Ann, POB 387, Schertz, TX 78154, 512 658-8724.
ROUSE, John Robert; '80 BSBA; Box 224, Newport, OH 45768, 614 473-6528.
ROUSH, Ann Thompson; '80 BSBA; 3142 Winding Way, Zanesville, OH 43701.
ROUSH, Bruce Eldon; '82 BSBA; Ofcr.; Bank One of Columbus, 770 Brooksedge Plz. Blvd., Westerville, OH 43081, 614 248-8311; r. 5692 Lismore Ct, Dublin, OH 43017, 614 876-2782.
ROUSH, Daniel N.; '67 BSBA; Principal; Eisenhower Elem. Sch., 3170 Spring Valley Rd., Dubuque, IA 52001, 319 588-8316; r. 1888 Carter Rd, Dubuque, IA 52001, 319 582-5073.
ROUSH, David Leo; '88 MBA; Editor; Chemical Abstracts Svc., 2540 Olentangy River Rd., POB 3012, Columbus, OH 43210; r. 3232 Brookview Way, Hilliard, OH 43026, 614 876-8134.
ROUSH, De Lloyd L.; '48 BSBA; Atty.; Crabbe, Brown, Jones, Potts & Schmidt, 2500 One Nationwide Plz., Columbus, OH 43215, 614 228-5510; r. 4290 Clairmont Rd, Columbus, OH 43220, 614 457-0900.
ROUSH, Donald Gregory; '73 BSBA; 1217 Navajo Tr., Ironton, OH 45638, 614 532-0951.
ROUSH, Douglas L. '77 (See Coleman-Roush, Doulgas L.).
ROUSH, Francis Woodrow; '38; Retired; r. 407 Lyndhurst, Sidney, OH 45365, 513 492-2545.
ROUSH, Okey C.; '50 BSBA; Claims Rep.; Prudential Ins., POB 128, Reynoldsburg, OH 43068, 614 927-5413; r. 73 Lakeland Dr., Reynoldsburg, OH 43068.
ROUSH, Thomas David; '69 BSBA; 18801 46th S., Seattle, WA 98188.
ROUSOS, Gregory Temoleon; '85 BSBA; E D P Auditor; Crowe Chizek & Co., 330 E. Jefferson Blvd., South Bend, IN 46624, 219 232-3992; r. 4246 Wimbleton Ct., Apt. D, South Bend, IN 46637, 219 272-7541.
ROUSSEY, Robert C.; '67 MBA; Gen. Bus. Mgr.; Heinz USA, POB 57, Pittsburgh, PA 15230; r. 10200 Country Manor Ln., Wexford, PA 15090, 412 935-4827.
ROUT, Charles F.; '50 BSBA; VP-Telephone Mkt.; Highlights for Children Publis, 2300 W. 5th Ave., Columbus, OH 43212; r. 3157 Halesworth Rd., Columbus, OH 43221, 614 457-8206.
ROUTH, Jay C.; '39 BSBA; Retired; r. 3811 Marquette Pl., Apt. 3R, San Diego, CA 92106, 619 222-5159.
ROUTH, Sanford H.; '49 BSBA; Agt.; New York Life Ins. Co., 7620 Market St., Youngstown, OH 44512; r. 5475 Sampson Dr., Girard, OH 44420, 216 759-1629.
ROUTSON, Thomas L.; '67 BSBA; 1213 York Ln., Troy, OH 45373, 513 335-6613.
ROUTSONG, Charles R.; '26 BSBA; Retired; Univ. of California; r. 3218 Indian Ripple Rd., Dayton, OH 45440, 513 429-5651.
ROVNAK, Mark Andrew; '82 MACC; Mgr.; Arthur Young & Co., One Columbus, 10 W. Broad St., Columbus, OH 43215, 614 222-3942; r. 4890 Clearfork Ln., Westerville, OH 43081, 614 890-6659.
ROW, Deana L.; '87 BSBA; Sales Asst.; Shearson Lehman & Hutton, 200 Old Wilson Rd. Bridge, Worthington, OH; r. 188 Jackson St., Columbus, OH 43210, 614 461-0904.
ROWAN, Bernard M.; '47 BSBA; POB 95-3416, Stuart, FL 34995.
ROWAN, Patrick Sloan; '80 BSBA; Natl. Mktg. Mgr.; Communicolor, 14101 Valleyheart Dr., Ste. 102, Sherman Oaks, CA 91423, 818 789-7971; r. 28418 N. Fig Ct., Saugus, CA 91350, 805 296-4052.
ROWAN, Robert G.; '48 BSBA; Retired Lecturer; Univ. of Wisconsin, Dept. of Bus., Eau Claire, WI 54701; r. 3710 Gold Ridge Rd., Eau Claire, WI 54701, 715 836-7996.
ROWAND, Rex H.; '50 BSBA; 1807 Walnut Ter., Springfield, OH 45504, 513 399-7999.
ROWBOTHAM, Garth Wayne; '81 BSBA; Gen. Clerk; Cash 'N' Karry, 1700 Morse Rd., Columbus, OH 43229; r. 8753 Winnoski Dr., Powell, OH 43065, 614 792-2623.
ROWE, Anthony Charles; '69 MBA; 4790 Teter Ct., Columbus, OH 43220, 614 457-2763.
ROWE, D. Craig; '79 BSLHR; Human Resources Spec.; Rockwell Intl., Semiconductor Products Div., 4311 Jamboree Rd, Newport Bch., CA 92660, 714 833-6881; r. 22156 Caminito Tasquillo, Laguna Hls., CA 92653, 714 583-0921.
ROWE, Mark Steven; '76 BSBA; Regional Admin.; Med. Mgmt. Sciences, 4212 Med. Pkwy., Austin, TX 78756, 512 459-3061; r. 1105 Kinney Ave., Austin, TX 78704, 512 448-4639.
ROWE, William M.; '47 BSBA; Appraiser; r. 12216 Lakeshore N., Auburn, CA 95603.
ROWLAND, Bruce Alden; '80 BSBA; Mgr. Gen. Acctg.; ITT Rayonier, POB 2002, Fernandina Bch., FL 32034, 904 261-3611; r. 1547 Penbrook Dr., Fernandina Bch., FL 32034, 904 261-5348.
ROWLAND, Charles L.; '56 BSBA; Real Estate Appraiser; Charles L Rowland & Assocs., 6676 Walnut Valley Dr., Galena, OH 43021, 614 882-2804; r. Same.
ROWLAND, Charles Lossie, Jr.; '73 BSBA; Realtor Assoc.; SCH Employees Retirement Syst., 45 N. 4th St., Columbus, OH 43215; r. 545 E. Fifth Ave., Lancaster, OH 43130, 614 687-0264.
ROWLAND, Charles Nathan; '86 BSBA; Sr. Staff Acct.; Ernst & Whinney, 2 Shelter Ctr., Ste. 800, Greenville, SC 29615, 803 242-5740; r. 403 Del Norte Rd., Greenville, SC 29615, 803 292-2064.
ROWLAND, Christopher John; '87 BSBA; 1117 Briarmeadow, Worthington, OH 43085, 614 436-6787.
ROWLAND, James H., Jr.; '60 BSBA; Atty.; Rowland & Rowland, 812 N. 17th St., Harrisburg, PA 17103, 717 233-6787; r. 251 Eddington Ave., Harrisburg, PA 17111, 717 564-7681.
ROWLAND, Ronald Dale; '78 BSBA; Cost Analyst; Sims Bros. Inc., 1011 S. Prospect St., POB 1170, Marion, OH 43302, 614 387-9041; r. 2777 Harmony Dr., Marion, OH 43302, 614 382-5032.
ROWLAND, William E.; '59 BSBA; Ret Proj. Engr.; Rockwell Intl., 4300 E. 5th Ave., Columbus, OH 43219; r. 5001 Johnstown Rd., New Albany, OH 43054, 614 855-7029.
ROWLES, John Jay, Jr.; '29 BSBA; Retired; r. 23287 Blue Water Cir., #202-A, Boca Raton, FL 33433, 407 395-8774.
ROWLEY, Alan Boyd; '67 BSBA; Sls Mktg Plnng Mgr-Batts.; GM Corp., Delco Remy Division, 2401 Columbus Ave., Anderson, IN 46016, 317 646-7428; r. 730 Oakdale Dr., Anderson, IN 46011, 317 649-0730.
ROWLEY, Janet Lynn; '84 BSBA; Sales Rep.; Dow Chemical Co., Dow Ctr., Barstow Bldg., Midland, MI 48640; r. 3672 N. Amethyst Ln., Tucson, AZ 85749, 415 682-7768.
ROWLEY, Robert Clyde; '87 BSBA; Analyst; Shell Oil Co., Policies & Procedures Svc Plng, 1 Shell Plz. POB 2463, Houston, TX 77001, 713 241-0272; r. 22803 Dabney Manor, Katy, TX 77449, 713 347-7854.
ROWLEY, Warren J.; '41 BSBA; Retired VP; Clark Schwebel Fiberglas Corp., 5 Corporate Park Dr., White Plains, NY 10604; r. 858 Vernon Hts. Cir., Marion, OH 43302, 614 387-1797.
ROWLINSON, David B.; '84 MBA; Cnsltg. Mgr.; Arthur Andersen & Co., 133 Peachtree St. NE, Atlanta, GA 30303, 404 658-1776; r. 518 Woodlands Dr., Smyrna, GA 30080, 404 434-7893.
ROWND, Charles Berry; '83 BSBA; 426 Eastbury NE, N. Canton, OH 44720.
ROWND, David Berry; '88 BSBA; 426 Eastbury N. E., N. Canton, OH 44720, 216 499-2721.
ROWOLDT, Carl Frederick; '73 BSBA; Distribution Mgr.; Ross Labs, 625 Cleveland Ave., Columbus, OH 43216, 614 438-6027; r. 425 N. Old State Rd, Delaware, OH 43015, 614 369-4974.
ROY, Rex Charles; '88 BSBA; 8710 Chloe Ct., Powell, OH 43065, 614 792-3629.
ROY, Robert Arthur; '77 BSBA; 8115 Deerfield Dr., Cleveland, OH 44129.
ROYER, Gerald H.; '51 BSBA; Mgr.; * Firestone T&R Co., 1200 Firestone Pkwy., Akron, OH 44317; r. 665 Center Rd., Akron, OH 44319, 216 882-5181.
ROYER, Mark Anthony; '86 BSBA; 2043 Edgemont Rd., Columbus, OH 43212, 614 486-0319.
ROYER, Michael Culbertson; '67 MBA; Principal; Hambrecht & Quist, 235 Montgomery St., San Francisco, CA 94104, 415 576-3483; r. POB 856, Moss Bch., CA 94038, 415 728-3993.
ROYER, Richard Louis; '62 BSBA; Pres.; Kohr Royer Griffith, Real Estate Inc., 145 N. High St., Columbus, OH 43215, 614 228-2471; r. 2007 Collingswood Rd., Columbus, OH 43221, 614 486-1515.
ROYER, Thomas N.; '77 BSBA; Mgr., Acctg.; Columbus Mutual Life Ins. Co., 303 E. Broad St., Columbus, OH 43215, 614 221-5875; r. 5935 Lucky Charm Dr., Galloway, OH 43119, 614 878-4121.
ROYON, Arthur Flinn, III; '74 BSBA; Pilot; Smb Stage Line Inc., Dfw Airport, Dallas, TX 75221; r. 401 Elmview Dr., Hurst, TX 76053, 817 282-4599.
ROZANCZYK, Gary Allen; '74 BSBA; Div. VP; Wendys Intl., Inc., 4288 W. Dublin-Granville Rd, Dublin, OH 43017, 602 731-3666; r. 1550 E. Lavieve Ln., Tempe, AZ 85284, 602 831-2204.
ROZHIN, Maria A. '84 (See Golly, Mrs. Maria A.).
ROZIC, Theresa Maureen; '85 BSBA; Gen. Mgr.; The Rodeway Inn, Mansfield, OH 44906, 419 747-1000; r. 791 Woodland Rd., Mansfield, OH 44906, 419 756-1595.
ROZSA, Beverly '83 (See Lemenoger, Beverly Marie).
ROZSA, Susan Claire; '81 BSBA; Staff Supv.; Nationwide Ins. Co., One Nationwide Plz., Columbus, OH 43216, 714 249-4847; r. 7600 Stonelake Dr., Dublin, OH 43017, 614 766-5891.
ROZUM, Elizabeth '53 (See Kienle, Elizabeth Rozum).
RUANGPANYAPOJ, Paiboon; '81 BSBA; 1616 Pierpont Dr., Westerville, OH 43081, 614 890-3455.
RUB, Robert A.; '47 BSBA; Real Estate Broker; Robert A Rub & Assoc., 9595 Wilshire Blvd. Ste. 800, Beverly Hls., CA 90212, 213 556-3237; r. 325 N. Martel Ave., Los Angeles, CA 90036, 213 933-9315.
RUBADUE, David William; '78 BSBA; Sr. Budget Acct.; Columbia Gas Dis, 99 N. Front St., Columbus, OH 43215; r. 87 Belpre Pl. E., Westerville, OH 43081, 614 882-3457.
RUBADUE, Ernest A.; '63 BSBA; Pres.; Atlantic Container Svc., 124 Prosperity Dr., Garden City, GA 31408, 912 964-0933; r. 106 Schooner Dr., Savannah, GA 31410, 912 897-1180.
RUBECK, David C.; '65 BSBA, '67 MBA; Asst. Mgr.; Brown Bros. Harriman & Co., 135 S. La Salle St., Ste. 1560, Chicago, IL 60603, 312 781-7124; r. 3812 W. 213th St., Matteson, IL 60443, 312 481-8995.
RUBEL, George L.; '49 BSBA; Retired; *; r. 1000 Drinnon Dr., Morristown, TN 37814, 615 581-8172.
RUBEN, Donald H.; '54 BSBA; Regional Audit Mgr.; Defense Contract Audit Agcy., 85 Marconi Blvd., Columbus, OH 43215; r. 1739 Halleck Pl., Columbus, OH 43209, 614 239-7666.
RUBEN, Gail Leslie; '87 BSBA; 3274 Edington Rd., Akron, OH 44313, 216 666-3222.
RUBEN, Mark M.; '39 BSBA; Owner; Lima Bargain Ctr., 3700 S. Dixie Hwy., Lima, OH 45806, 419 991-3701; r. 2675 Glen Arbor Ter., Lima, OH 45805, 419 224-2531.
RUBEN, Mollie M., (Mollie Masarsky); '47 BSBA; 518 Butterworth St., Norfolk, VA 23505, 804 489-3516.
RUBEN, Steven; '74 BSBA; Owner/CEO; Ruben Bros. Inc., 7650 Harrison Rd., Cincinnati, OH 45247, 513 353-3377; r. 4442 Boardwalk Ct., Cincinnati, OH 45242, 513 891-6555.
RUBENSTEIN, Lu Ann Wright; '81 BSBA; Int Auditor/Housewfe; r. 20428 Sunbright Ln., Germantown, MD 20874, 301 540-2463.
RUBENSTEIN, Michael B.; '62 BSBA; 147 Sheridan Ave., Longwood, FL 32750, 407 767-0361.
RUBIN, Alice '46 (See Sayre, Alice Rubin).
RUBIN, Daniel; '48 BSBA; Oil & Gas Producer; r. 411 Mckinley Ave., Charleston, WV 25314.
RUBIN, Joseph L.; '59 BSBA; Atty.; 1909 McKee St., San Diego, CA 92110, 619 293-7522; r. 5416 Wellesley St. E., La Mesa, CA 92042, 619 462-3865.
RUBIN, Kevin Alan; '79 BSBA; Stockbroker; Paine Webber, 711 Madison Ave., Toledo, OH 43624, 419 248-3311; r. 4515 Sulgrave, Toledo, OH 43623, 419 475-9443.
RUBIN, Nancy Marie '82 (See Bailey, Mrs. Nancy Rubin).
RUBIN, Richard T.; '63 BSBA; Exec. Dir.; Congregation Bethaynu, 27900 Gates Mills Blvd., Pepper Pike, OH 44124, 216 292-2931; r. 3538 Ingleside Rd., Cleveland, OH 44122, 216 751-2937.
RUBIN, Samuel H.; '48 BSBA; Pres.; Rubin Resources Inc., 1007 C Bridge Rd., Charleston, WV 25314, 304 342-1205; r. 1329 Johnson Rd, Charleston, WV 25314, 304 342-3628.
RUBIN, Steven Paul; '72 BSBA; Pres.; Jeste, POB 254, Old Greenwich, CT 06870; r. 348 Soundbeach Ave., Old Greenwich, CT 06870, 203 637-4622.
RUBINOSKI, Jeffrey John; '86 BSBA; 6300 Busch Blvd., #217, Columbus, OH 43229.
RUBINSTEIN, Alfred M.; '43 BSBA; Psychologist; Psychological Grp. of NJ PA, 28 Beechwood Rd., Summit, NJ 07901, 201 277-1345; r. 46 Ctr. Grove Rd., #U-416, Randolph, NJ 07869, 201 361-6281.
RUBINSTEIN, Curtis Ross; '78 BSBA; Salesman; Cryovac, Div W. R Grace, 811 Euclid 9th Twr., Cleveland, OH 44115; r. 3717 Glencarin, Cleveland, OH 44122.
RUBLE, Sharon Ann; '88 BSBA; 56010 W. 2nd St., Bridgeport, OH 43912, 614 635-4665.
RUBLY, Richard R.; '57 BSBA; Western Zone Sales M; Internation Min & Chemicals, Imc Plz., Libertyville, IL 60048; r. 222 Bryant Ave., Glen Ellyn, IL 60137, 312 858-9345.
RUBRECHT, Lois '48 (See Wright, Ms. Lois Rubrecht).
RUBY, Charles D.; '83 BSBA; Cost Acct.; Himont USA Inc., 1125 Gahanna Pkwy., Gahanna, OH 43230, 614 864-3989; r. 946 Forrest Creek Dr., W., Columbus, OH 43223, 614 274-1995.
RUBY, Dennis C.; '51 BSBA; Retired Coord.; Rockwell Intl., 4300 E. 5th Ave., Columbus, OH 43219; r. 1035 Torry Hill Dr., Columbus, OH 43228, 614 279-7067.
RUBY, Kenneth Gilbert; '69 BSBA; Purchasing Agt.; Motor Wheel Corp., 428 Seiberling St., Akron, OH 44306, 216 794-2325; r. 3432 Cornwall NW, Canton, OH 44708, 216 478-4846.
RUBY, Mark Allen; '85 BSBA; Financial Analyst; Argo-Tech Corp., Euclid Ave., Cleveland, OH 44101, 216 692-5213; r. 104 Atterbury Blvd., Hudson, OH 44236, 216 650-6002.
RUCCIA, Nicola; '88 MBA; 1036 Grandon Ave., Bexley, OH 43209, 614 239-8928.
RUCH, Donna Anne; '88 BSBA; 2887 Crown Ridge Blvd., Columbus, OH 43220.
RUCH, Roger David; '85 BSBA; Auditor; Coopers & Lybrand, 1900 E. 9th St., Cleveland, OH 44114, 216 241-4380; r. 118 Gould Ave., Bedford, OH 44146, 216 232-8290.
RUCK, Robert J.; '65 BSBA; Sr. Programmer; Columbia Gas Syst., 1600 Dublin Rd., Columbus, OH 43215, 614 481-1605; r. 4832 Larwell Dr., Columbus, OH 43220, 614 457-3418.
RUCKER, Mark P.; '67 BSBA; 315 Hepplewhite Dr., Alpharetta, GA 30201, 404 992-9925.
RUCKER, Wilson S.; '39 BSBA; Retired; r. 125 Westwood Rd, Columbus, OH 43214, 614 263-3129.
RUCKMAN, David Elvin, II; '88 BSBA; Pres.; The Renovator, 2067 N. 4th St., Columbus, OH 43201, 614 299-8713; r. Same.
RUCKMAN, Mrs. Karen S., (Karen Sprehe); '87 MBA; Brand Mgr.; Eastman Kodak, 343 State St., Rochester, NY 14640, 716 781-1015; r. 4625 Lamont Dr., Yellow Spgs., OH 45387, 513 767-7153.
RUCKMAN, William James; '87 BSBA; Staff Acct.; Alkon Corp., 3042 McKinley Ave., Columbus, OH 43204, 614 486-2957; r. 6151 Michael Kenny, Dublin, OH 43017, 614 764-9581.
RUDA, Cheryl Gerette; '84 BSBA; Area Fleet Spvr; Pepsi Cola, Rtes. 100 & 35 Ave., MD 850, Somers, NY 10589, 914 767-6876; r. POB 4613, Ithaca, NY 14852.
RUDDER, Miles B.; '79 BSBA; Interior Designer; Lombards Galleries, 2060 Bethel Rd., Columbus, OH 43232, 614 459-2989; r. 861 Enfield, Columbus, OH 43209, 614 237-3083.
RUDDUCK, Dr. Richard Thompson; '54 PhD (BUS); Prof. Emeritus/Cnslt.; Univ. of Toledo, Clg. of Business Admin., 2801 W. Bancroft St., Toledo, OH 43606; r. 2631 Pemberton Dr., Toledo, OH 43606, 419 535-7120.
RUDIN, Walter M.; '35 BSBA; Pres.; The Rudin Co., 205 S. Main St., Mt. Vernon, OH 43050, 614 397-0689; r. 851 Club Dr., Mt. Vernon, OH 43050, 614 392-2716.
RUDINGER, Rodney Kent; '74 BSBA; Staff; Workers Compensaton Bur., State of Ohio, Columbus, OH 43215; r. 5543 Foster Ave., Columbus, OH 43214, 614 885-7851.
RUDISILL, Jerry Lee; '71 BSBA; Exec. VP; Chemical Mortgage Co., Subs/Chemical Banking Corp., 101 E. Town St., Columbus, OH 43215, 614 460-3175; r. 5383 Lanark Ct., Dublin, OH 43017, 614 889-9749.
RUDMOSE, Dana Wilson; '80 BSBA; Sr. Mgr.; Peat Marwick Main & Co., Audit Dept., 2 Nationwide Plz., Columbus, OH 43215, 614 221-3181; r. 5203 Darry Ln., Dublin, OH 43017, 614 889-5026.
RUDNER, Ms. Marcia Sue; '86 BSBA; Personnel Rep.; Columbia Gas Distribution Co., 200 S. Civic Center Dr., Columbus, OH 43215, 614 460-4784; r. 4012 Beechtree Cir., Canton, OH 44709, 216 492-3364.
RUDNER, William S.; '63 BSBA; CPA; Rabe & Rudner-CPA's, 2719 Cleveland Ave. N., Canton, OH 44709, 216 456-0577; r. 4012 Beechtree NW, Canton, OH 44709, 216 492-3364.
RUDOLPH, Frederick John; '85 BSBA; Carpenter; Rudolph/Libbe, 6494 Latcha Rd., Walbridge, OH 43465, 419 246-3671; r. 6486 Latcha Rd., Walbridge, OH 43465, 419 837-5752.
RUDOLPH, Gloria Gean; '79 BSBA; Floor Control Planner; Cleveland Pneumatic Co., 3781 E. 77th St., Cleveland, OH 44105, 216 341-1700; r. 7506 Melrose Ave., Cleveland, OH 44103.
RUDOLPH, Ms. Jacqueline Josephine; '78 BSBA, '82 MBA; Sr. Invstmnt Analyst; State of Ohio, Dept. of Development, Thomas A Edison Partnership Pg, Columbus, OH 43215, 614 466-3887; r. 333 E. Kossuth St., Columbus, OH 43206, 614 444-2827.
RUDOLPH, Ray Harding; '50 BSBA; Retired; r. 262 Tennessee Ave., Valparaiso, FL 32580, 904 678-7478.
RUDOLPH, Victor J.; '50 BSBA; Sr. Acct.; Columbia Gas of Ohio, 101 W. Town St., Columbus, OH 43215; r. 1013 S. Roys Ave., Columbus, OH 43204, 614 279-1827.
RUDOLPH, William David; '86 MBA; Operations Mgr.; Gem Industrial, Commodore Dr., Walbridge, OH 43465, 419 666-6554; r. 3431 Brantford Rd., Toledo, OH 43606, 419 536-9373.
RUDY, Carolyn May '64 (See Jensen, Carolyn Rudy).
RUDY, Ms. Deborah Vogt; '84 BSBA; Nurse Recruiter; Doctors Hosp., 1087 Dennison Ave., Columbus, OH 43201; r. 211 E. Weber Rd., Columbus, OH 43202, 614 261-0429.
RUDY, Jennifer L. '82 (See Ostendorf, Jennifer R.).
RUDY, Jon J.; '85 BSBA; Software Cnslt.; Computerpeople, 50 Northwoods Blvd., Worthington, OH 43085, 614 433-0133; r. 1699 Park Village Dr., Worthington, OH 43085, 614 766-2820.
RUDY, Robert Sale; '28 BSBA; Retired; r. 1492 Guilford Rd., Columbus, OH 43221, 614 488-3545.
RUDY, Ms. Shawn Elizabeth; '78 BSBA; Advt. Account Supv.; Leonard Monahan Saabye Lubars, 127 Dorrance St., Providence, RI 02903, 401 277-9020; r. 338 Beacon St. #3, Boston, MA 02116, 617 536-6689.
RUEB, Mary Vogt; '59; 2985 Halstead Rd, Columbus, OH 43221, 614 486-0175.

RUECKEL, Owen M., Jr.; '64; VP; The Ohio Co., Mezzanine Ofc., 155 E. Broad St. 12th Fl., Columbus, OH 43215, 614 464-6844; r. 311 Fallis, Columbus, OH 43214, 614 262-9989.
RUECKEL, Richard W.; '47 BSBA; Retired Ins. Exec.; r. 1973 Walnut Hill Park Dr., Columbus, OH 43232, 614 866-5381.
RUECKEL, Wallace L.; '65 BSBA; Treas.; Guardian Industries Corp., 43043 W. 9 Mile Rd., Northville, MI 48167, 313 347-0100; r. 6084 Pickwood Ct., W. Bloomfield, MI 48322, 313 626-4178.
RUEDELE, Ronald Walter; '71 BSBA; Staff; US Postal Svcs., 895 Twin Rivers Dr., Columbus, OH 43216; r. Rte. #1 Box 261, Ray, OH 45672.
RUEGER, Dan L.; '48 BSBA; Retired CPA; r. 3901 Old Mill Rd., Springfield, OH 45502, 513 323-2634.
RUEHLE, Mabel '30 (See Lindemuth, Mabel Ruehle).
RUESS, Frederick Leo; '83 BSBA; Asst. VP; Huntington Mortgage Co., 41 S. High St., Columbus, OH 43215, 614 463-4042; r. 5056 Cobblestone, Columbus, OH 43220.
RUESS, Paul Andrew; '86 BSBA; Production Mgr.; John H Harland, 10151 Carver Rd., Cincinnati, OH 45242, 513 793-7045; r. 3781 Fox Run Dr., #807, Cincinnati, OH 45236.
RUETTY, John C.; '50 BSBA; VP Sr. Trust Offr; Bancohio, 155 E. Broad St., Columbus, OH 43265; r. 88 Kimothy Dr., Westerville, OH 43081, 614 882-8645.
RUFENER, Kenneth E.; '47 BSBA; 32010 Royceton Ct., Westlake Vlg., CA 91361, 818 889-0669.
RUFF, Mary Catherine; '29 BSBA, '38 MACC; Retired; r. 6810 Miami Bluff Dr., Cincinnati, OH 45227, 513 271-3750.
RUFF, Warren D.; '43 BSBA; Retired; r. 13891 108th Dr., Sun City, AZ 85351.
RUFFALO, Phillips Timothy; '73 BSBA; 1183 Shady Hill Dr., Columbus, OH 43221, 614 457-2181.
RUFFIN, King Solomon, Jr.; '72 BSBA; 2271 Baltimore, Cincinnati, OH 45225.
RUFFING, Scott John; '87 BSBA; Cash Control Auditor; The Ltd. Stores Inc., 3 Limited Pkwy., POB 16528, Columbus, OH 43216, 614 475-4000; r. 856 Linworth Rd. E., Worthington, OH 43085, 614 888-0011.
RUFFING, William Phillip; '85 BSBA; Internal Auditor; Ernst & Whinney, 2000 National City Ctr., Cleveland, OH 44114, 216 861-5000; r. 45 Townsend Ave., Norwalk, OH 44857, 419 668-6302.
RUFFNER, Frederick G., Jr.; '50 BSBA; Pres.; Omnigraphics, Inc., 2500 Penobscot Bldg., Detroit, MI 48226, 313 961-1340; r. 221 Lewiston Rd., Grosse Pte. Farms, MI 48236, 313 885-5026.
RUFLIN, Larry J.; '65 BSBA; Owner; The Toy Express, 5773 E. LaPalma Ave., Anaheim, CA 92807, 714 779-8697; r. 7596 E. Woodsboro Ave., Anaheim, CA 92807, 714 779-6767.
RUGANI, Karen Marie '87 (See Loy, Mrs. Karen R.).
RUGGERI, Jo Ann Bican, (Jo Ann Bican); '66 BSBA; Clinical Dietitian; St. Luke's Hosp., 11311 Shaker Blvd., Cleveland, OH 44128, 216 321-7890; r. 2627 Kerwick, Cleveland, OH 44118, 216 321-4434.
RUGGLES, Darryl Gene; '81 BSBA; Supv. of Data Processing; Online Library Computer Ctr., 6565 Frantz Rd., Dublin, OH 43017, 614 764-6275; r. 3081 Essington Dr., Dublin, OH 43017, 614 764-1984.
RUHAAK, William Bernard; '87 BSBA; Gen. Mgr.; Midwest American Shelter Systs.-Bellows Industries, 1515 Enterprise Way, Kent, OH 44240, 216 673-4505; r. 1311 Briar Hill Dr., Akron, OH 44313, 216 869-5109.
RUHE, Ann Marie '87 (See Bosse, Mrs. Ann Marie).
RUHE, Eugene Victor; '74 BSBA; Sales Rep.; Diamond Distributing, 1918 Bible Rd., Lima, OH 45801, 419 227-5132; r. POB 121, Ottawa, OH 45875, 419 523-4139.
RUHE, Gary Eugene; '68 BSBA; Staff; Marathon Oil Co., 539 S. Main St., Findlay, OH 45840; r. 8134 Shady Ln., Ottawa, OH 45875, 419 523-4603.
RUHE, John J.; '65 BSBA; Investment Banker; Huntington Natl. Bank, 41 S. High St., Columbus, OH 43215, 614 463-3885; r. 9213 Indian Mound Ct., Pickerington, OH 43147, 614 927-0143.
RUHE, Steven Joseph; '81 MBA; Financial Analyst; Marathon Pipe Line, 231 E. Lincoln St., Findlay, OH 45840, 419 422-2121; r. 2 Hickory Ln., Marietta, OH 45750.
RUHL, Alice Archer, (Alice Archer); '48 BSBA; Retired; r. 123 Homewood Rd., Mansfield, OH 44906, 419 529-3014.
RUHL, Bruce; '77 BSBA; Dir., Public Relations; Worthington Inds Inc., 1205 Dearborn Dr., Columbus, OH 43085; r. 4879 Donegal Cliffs Dr., Dublin, OH 43017, 614 766-0996.
RUHL, Richard R.; '65 BSBA; Gen. Supv.; GM, Div. of CPC, POB 2567, Mansfield, OH 44906, 419 755-5318; r. 95 Yorkshire Rd., Lexington, OH 44904, 419 884-1364.
RUHL, Robert Henry; '28 BSBA; Retired; r. 1717 Homewood Blvd., #487, Delray Bch., FL 33445, 407 272-3857.
RUHL, Tammy K. '84 (See Kahn, Mrs. Tamara K.).
RUHRKRAUT, William Joseph; '82 BSBA; Mgmt.; Marshall Field & Co., 835 N. Michigan Ave., Chicago, IL 60657, 312 781-1234; r. 2828 N. Pine Grove Ave., Apt. 315, Chicago, IL 60657, 312 525-1359.
RUHRMUND, Ray D.; '34 BSBA; Retired; r. 5248 Ann Ct., Fairfield, OH 45014, 513 867-1446.
RUISINGER, Paul L.; '48 BSBA; Certified Public Acc; Paul L Ruisinger Inc., 3701 Kirby Dr. Ste. 818, Houston, TX 77098; r. 3701 Kirby Dr., Ste. 818, Houston, TX 77006, 713 772-4147.
RUKIN, Michael Daniel; '83 BSBA; Mkt. Rsch. Analyst; A C Nielsen, Nielsen Plz., Northbrook, IL 60062, 800 323-4332; r. 28725 Shaker Blvd., Cleveland, OH 44124, 216 292-4880.
RULE, Donald William; '33 BSBA; Retired; r. 1355 Highbridge Rd, Cuyahoga Falls, OH 44223, 216 923-3325.
RULEY, Stanley E.; '55 BSBA; Chief, Contract Pricing; Air Force Flight Test Ctr., AFFTC (PKF), Edwards AFB, Edwards, CA 93523, 805 277-3020; r. 18751 Vintage St., Northridge, CA 91324, 818 349-5174.
RULON, Robert E.; '66 BSBA; Staff VP; Lockheed Corp., Internal Audit Dept., 4500 Park Granada Blvd., Calabasas, CA 91399, 818 712-2150; r. 3036 E. Adirondack Ct., Westlake Vlg., CA 91362, 805 373-5227.
RUMBERGER, Jill, (Jill S. Schumann); '79 BSBA; Industrial Engr.; Capitol Prods., 6034 Carlisle Pike, Mechanicsburg, PA 17055, 717 766-7661; r. 133 Elm St., Carlisle, PA 17013, 717 243-8675.
RUMBERGER, Susan Pansing; '82 MBA; Staff; Accuray Corp., 650 Ackerman Rd., Columbus, OH 43202; r. 7897 Dublin Rd., Dublin, OH 43017, 614 889-8739.
RUMER, Suzanne '40 (See Tate, Suzanne).
RUMERY, Le Roy Clarence; '87 BSBA; 1675 County Rd. 157, Fremont, OH 43420, 419 898-7437.
RUMERY, Paul N.; '57 BSBA; Pres.; ServiceMaster of Muskingum Co., POB 8107, Zanesville, OH 43702, 614 453-5326; r. 375 Skyline Dr., Zanesville, OH 43701, 614 453-8704.
RUMMEL, Frances L. '83 (See Merryman, Mrs. Frances R.).
RUMMINS, Lori Lynne; '86 BSBA; Mgr.-Comp. & Benefits; A L Williams Corp., 3120 Breckenridge Blvd., Duluth, GA 30199, 404 564-6139; r. 512 Arbor Cir., Tucker, GA 30084, 404 621-0014.
RUMORA, James Joseph; '79 BSBA; CPA/Cnslt.; Arthur Andersen Co., 41 S. High St., Columbus, OH 43215, 614 228-5651; r. 759 Tim Tam Ave., Gahanna, OH 43230, 614 855-1807.
RUMSEY, Richard A.; '59 BSBA; Realtor/Mgr.; Realty Executives, 10607 N. Hayden Rd., Scottsdale, AZ 85260, 602 948-9450; r. 7440 E. Camino Santo, Scottsdale, AZ 85260, 602 998-8607.
RUNCK, Marc Cary; '75 BSBA; Tax Agt.; State of Ohio, 30 E. Broad St., Columbus, OH 43215; r. 9819 Merry Lane NW, Pickerington, OH 43147.
RUNDAG, George J., Jr.; '58 BSBA; Staff; N C R Corp., POB 728, Cambridge, OH 43725; r. 2747 Dresden Rd., Zanesville, OH 43701, 614 453-0924.
RUNION, Andre Louis; '87 BSBA; 7400 Bellerive, #1702, Houston, TX 77036.
RUNK, Philip Robert; '76 BSBA; Glazier; Indep. Glass Co., 2930 Banwick Rd., Columbus, OH 43232, 614 231-4657; r. 1207 Bryson, Columbus, OH 43224, 614 261-1914.
RUNK, Robert H.; '49 BSBA; Retired; r. 1437 Matthias Dr., Columbus, OH 43224, 614 262-4867.
RUNKLE, Mark Andrew; '81 MA; Engr.; A.O. Smith Electric Corp., c/o Postmaster, Tipp City, OH 45371; r. 216 Orange Dr., Wapakoneta, OH 45895, 419 738-5743.
RUNSER, George W., Jr.; '58 BSBA; L T V Steel Co., L T V Bldg., POB 6778, Cleveland, OH 44101; r. 1 Stone Point Ln., Signal Mtn., TN 37377, 615 886-6707.
RUNYAN, Douglas Jay; '80 BSBA; 1072 N. Urbana-Lisbon Rd., S. Vienna, OH 45369, 513 568-9527.
RUNYEON, Howard C.; '43 BSBA; Retired; r. 109 St. Julien, Worthington, OH 43085, 614 888-9533.
RUNYON, Christina Faye; '82 BSBA; CPA/Mgr. Audit; Ernst & Whinney, 2400 Nationwide Plz., Columbus, OH 43215; r. 5354 Shannon Ln., Columbus, OH 43235, 614 457-7499.
RUPERT, Alonzo Clifford; '77 BSBA; Agt.; Century 21 Inc., 731 W. North St., Lima, OH 45801; r. 1754 Plainfield, Lima, OH 45805, 419 225-7990.
RUPERT, David Earl; '81 BSBA; Industrial Planner; Rockwell Intl., E. 5th Ave., Columbus, OH 43219, 614 239-3100; r. 614 Markview Rd., Columbus, OH 43214, 614 848-4999.
RUPERT, Donald R.; '37 BSBA; Retired; r. 1421 Marron Cir. NE, Albuquerque, NM 87112, 505 294-3574.
RUPERT, Joyce E. '67 (See Levine, Mrs. Joyce E.).
RUPERT, Sandra Endter, (Sandra Endter); '81 BSBA; Pres.; Software Design Corp., 1148 Baumock Burn Dr., Ste. 300, Worthington, OH 43235, 614 848-7755; r. 614 Markview Rd., Columbus, OH 43214, 614 848-4999.
RUPP, Benjamin Buehrer; '84 BSBA; POB 21353, Columbus, OH 43221, 614 766-6370.
RUPP, David P., Jr.; '62 BSBA; Atty. Partner; Rice-Plassman-Rupp & Hensal, 302 N. Defiance St., Archbold, OH 43502; r. 300 Buckeye St., Archbold, OH 43502, 419 445-9926.
RUPP, Robert E.; '41; Retired; r. RR #5, Oakmeadows, Bryan, OH 43506, 419 636-1875.
RUPP, Robert L.; '41 BSBA; Pres.; Rupp Agcy. Inc., 1357 West Ln. Ave., Columbus, OH 43221, 614 486-5911; r. 1000 Urlin Ave., Apt. 1205, Columbus, OH 43212, 614 486-3217.
RUPP, Robert Richard, II; '83 BSBA; Manufacture Rep.; Rupp-Bookmeier Sales Agcy., 254 Chatham Dr., Aurora, OH 44202; r. 7770 Deercrest, Dublin, OH 43017, 614 766-6456.
RUPP, Roger Ned; '61 BSBA; Pilot; r. 1322 Gold Way, Rohnert Park, CA 94928, 707 585-8883.
RUPP, Thomas Alfred; '73 BSBA; Sr. Merchandiser; J C Penney Co. Inc., W. Belt Mall, Wayne, NJ 07470; r. 5 Byron Pl., Sparta, NJ 07871, 201 729-4316.
RUPPEL, Robert E.; '54 BSBA; Sales Rep.; Hallmark Cards, 25th & Mc Gee Sts., Kansas City, MO 64141; r. 8 Barts Ct., Lutherville, MD 21093, 301 828-8360.
RUPPERT, Terry Eugene; '82 BSBA; Coord.; Huffy Corp., 410 Grand Lake Rd, POB 318, Celina, OH 45822; r. 4915 Dublin Falls, Hilliard, OH 43026.
RUPRECHT, Thomas George; '67 BSBA; Affiliate Owner; Western Med. Svcs., 1855 E. Dublin-Granville Rd., Ste. 111, Columbus, OH 43229, 614 846-8398; r. 789 Autumn Park Ct., Westerville, OH 43081, 614 890-0112.
RUSH, Andrew Raymond; '81 BSBA; Acct.; Prentiss Properties Ltd., 1717 Main St., Dallas, TX 75201, 214 761-5076; r. 6706 Anita, Dallas, TX 75214, 214 826-9283.
RUSH, Danny Gene; '69 BSBA; Mgr. Human Resources; Norfolk Southern Corp., Personnel & Labor Relations, Three Commercial Pl., Norfolk, VA 23510, 804 629-2438; r. 3400 Archer Ct., Virginia Bch., VA 23452, 804 486-2295.
RUSH, Fred Milton; '75 BSBA; Cost Acct./Supv.; Trim Trends Inc., 517 N. Broadway, Spencerville, OH 45887, 419 647-4101; r. 1011 Christopher Cir., Ada, OH 45810, 419 634-1249.
RUSH, Greg W.; '66 BSBA; Pres./Owner; Rush Graphics, Inc., POB 13287, 875 S. Hamilton Rd., Columbus, OH 43213, 614 239-1030; r. 995 Lochness, Worthington, OH 43085, 614 436-4134.
RUSH, James J.; '53 BSBA; Chmn./CEO; Dimco Gray Co., 8200 S. Suburban Dr., Centerville, OH 45458, 513 433-7600; r. 1478 Kensington Dr., Bellbrook, OH 45305, 513 848-2739.
RUSH, Robert Hamilton; '84 MBA; 149 Waverly Dr., Alhambra, CA 91801.
RUSH, Robert William; '76 BSBA, '83 MBA; Sales Rep.; Continental Ins., 1111 E. Broad St., Columbus, OH 43205, 614 251-5000; r. 781 Hedley Pl., Gahanna, OH 43230, 614 476-4758.
RUSH, Roger Ray; '59 BSBA; Controller; Keg & Lobster Restaurants, 3115 Erie, Ft. Worth, TX 76112; r. 7641 Terry Dr., Ft. Worth, TX 76118, 817 281-6775.
RUSH, Ronald G.; '58 BSBA, '59 MBA; Pres.; Rush Lincoln Mercury, 2350 Morse Rd, Columbus, OH 43229, 614 471-9980; r. 887 Meadowview Dr., Columbus, OH 43224, 614 262-6587.
RUSH, Shelley D., (Shelley Furniss); '87 BSBA; Sales Asst.; Sears, 1377 Marion-Waldo Rd., Marion, OH 43302, 614 389-5461; r. 839 Davids St., Marion, OH 43302, 614 382-4759.
RUSH, Stephanie Gaiser, (Stephanie Gaiser); '79 BSBA; Apparel Buyer; The Athlete's Foot Inc., 3735 Atlanta Ind. Pkwy., Atlanta, GA 30331, 404 696-3400; r. 2068 Oakcreek Dr., Lithia Spgs., GA 30057, 404 949-8496.
RUSHAY, Harriet Simerall; '60 BSBA, '62 MA; Adm/Special Prog.; Ohio Bd. of Regents, 30 E. Broad St., Columbus, OH 43215; r. 5700 Old Farm Ct., Columbus, OH 43213, 614 861-2175.
RUSHAY, Samuel William; '61 BSBA; Certified Public Acc; CPA, 6501 E. Livingston Ave., Reynoldsburg, OH 43068; r. 5700 Old Farm Ct., Columbus, OH 43213, 614 861-2175.
RUSHLEY, Harriet Stambolis; '85 BSBA; Bookkeeper; Castle VW/Mazda, 7418 N. Military Hwy., Norfolk, VA 23455; r. 4705 Windshore Dr., Apt. 103, Virginia Bch., VA 23455.
RUSINEK, Mrs. Jennifer, (Jennifer Margolis); '85 BSBA; Sales Rep.; The Future Now, 270 E. Campus View Blvd., Columbus, OH 43235, 614 885-3645; r. 485 Fox Tr. Cir., W., Westerville, OH 43081, 614 895-2197.
RUSLANDER, Robert Steven; '84 BSBA; Mgr.; Resser Mgmt.-Burger King, The Pillsbury Company, 5820 Main St., Williamsville, NY 14221, 716 633-8700; r. 57 Berehaven, N. Tonawanda, NY 14120, 716 691-4997.
RUSS, David Charles; '77 BSBA; 1341 Willetta, Phoenix, AZ 85007, 602 253-5411.
RUSS, Edward Joseph; '67 BSBA; Staff; Computer Sciences Corp., Rte. 1, Prince George, VA 23875; r. 8445 New Carlisle Rd., New Carlisle, OH 45344.
RUSS, Michael W.; '85 BSBA; Purchasing Staff; Honda, 24000 US Rte. 33, Marysville, OH 43040, 513 644-7894; r. 8353 Covered Wagon Ct., Powell, OH 43065, 614 792-8423.
RUSS, Richard Alan; '78 BSBA; Broker; Re/Max Metro Properties, 5350 S. Roslyn, Ste. 150, Englewood, CO 80111, 303 773-3885; r. 6567 N. Surry Pl., Parker, CO 80134, 303 841-6618.
RUSS, Willard L.; '47 BSBA; Retired; Civil Acctg. & Auditing Div., U S. Gen Acctg Ofc., 441 G St. NW, Washington, DC 20001; r. 2610 Avena St., Silver Spring, MD 20902, 301 942-1035.
RUSSAKOFF, Sonia '60 (See Waxler, Mrs. Sonia Russakoff).
RUSSEL, Ms. Alice Lucile; '27 BSBA; Owner-Small Bus. Cnslt.; Alice of the Ozarks, Rte. 2, Box 264, Cassville, MO 65625, 417 847-3870; r. Same.
RUSSEL, Grant Charles; '85 BSBA; Programmer/Analyst; NCR Corp., 2850 N. El Paso St., Colorado Spgs., CO 80907, 719 596-5795; r. 2545 E. Pikes Peak Ave.-H106, Colorado Spgs., CO 80909, 719 634-5775.
RUSSELL, Alvin Martin; '47 BSBA; Atty.; r. 9 Bannock Ct., Suffern, NY 10901, 914 368-2766.
RUSSELL, Beth A., (Beth Boatner); '79 BSBA; VP/Investmnts; Huntington Natl. Bank, 41 S. High St., Columbus, OH 43215, 614 463-4529; r. 6183 Emberwood Rd., Dublin, OH 43017, 614 766-2644.
RUSSELL, Billy Charles; '72 MPA; 1720 Burbank Dr., Dayton, OH 45406, 513 275-4854.
RUSSELL, Bradley B.; '81 BSBA; Opers. Mgr.; AT&T Communications, 10 S. Canal, Chicago, IL 60606, 312 902-8545; r. 6310 Surry Ridge Rd., Lisle, IL 60532, 312 961-3541.
RUSSELL, COL Byron Howard, Jr.; '56 MBA; Col. Usa; r. 108 Dennis Way, Grass Vly., CA 95945, 916 273-1726.
RUSSELL, David A.; '85 BSBA; Sales Rep.; Roadway Express, Inc., Ft. Wayne, IN 46806, 219 493-2561; r. 693 W. Columbia, Pickerington, OH 43147, 614 837-8629.
RUSSELL, Delbert Anderson, Jr.; '74 BSBA; Bank Examiner; Ohio Div. of Banks, Two Nationwide Plz., Columbus, OH 43215, 614 466-2932; r. 5082 Rutherford Rd., Powell, OH 43065, 614 881-5272.
RUSSELL, Diane '71 (See Ballard, Diane L.).
RUSSELL, Donald Wesley, Jr.; '70 BSBA; Tax Admin.; Ohio Bur. of Employment, 145 S. Front St., Columbus, OH 43216, 614 466-2578; r. 5025 Chuckleberry Ln., Westerville, OH 43081, 614 898-9100.
RUSSELL, Dr. Edward Samuel; '57 BSBA; Podiatrist; 316 Med. Art Bldg., 1023 S. 20th St., Birmingham, AL 35205; r. 1717 11th Ave. S. #402, Birmingham, AL 35243, 205 967-0671.
RUSSELL, COL Eugene Neal, USA(Ret.); '61 BSBA; Sr. Systs. Analyst; Betac Corp., 1401 Wilson Blvd., Arlington, VA 22209, 703 522-6942; r. 7304 Adrienne Glen Ave., Springfield, VA 22152, 703 569-2770.
RUSSELL, Holly '82 (See Fusner, Holly Russell).
RUSSELL, Mrs. Jacqulyn Pace, (Jacqulyn S. Pace); '45; Homemaker; r. 4573 Arlingate Dr. W., Columbus, OH 43220, 614 451-1445.
RUSSELL, James J.; '75 BSBA; Materials Supt.; Crisp Automation, Dublin, OH 43017, 614 764-4234; r. 612 Presidential Way, Delaware, OH 43015, 614 369-6668.
RUSSELL, James Mead; '80 BSBA; 1680 Dover Ct, Hoffman Estates, IL 60195.
RUSSELL, James Newcomb; '48 BSBA; Financial Staff Asst.; GM Truck & Bus Div., 5607 New King St., Troy, MI 48098, 313 641-3312; r. 24274 Hill St., Warren, MI 48091, 313 755-7289.
RUSSELL, Janice '58 (See Schmidt, Janice R.).
RUSSELL, Jean James; '48 BSBA; Retired; r. POB 563, La Grange, TX 78945, 409 968-8587.
RUSSELL, John Alister; '66 BSBA, '71 MBA; VP; Bank One of Cols, 100 E. Broad St., Columbus, OH 43215; r. 1085 Ravine Ridge, Worthington, OH 43085, 614 846-8600.
RUSSELL, John Campbell; '55 BSBA; Estimator; Dana B Browning Co., 1660 E. 5th Ave., Columbus, OH 43219; r. 3871 Bolton Ave., Columbus, OH 43227, 614 235-9434.
RUSSELL, John Charles; '79 BSBA; Supv./Control Inspec; Timken Co., 1025 Cleveland Ave., Columbus, OH 43201; r. Columbus, OH 43227.
RUSSELL, John David; '74 BSBA; Mgr.; Kings Mill Golf Course, 2500 Berringer Rd, Waldo, OH 43356; r. 2500 Berringer Rd., Waldo, OH 43356, 614 726-2626.
RUSSELL, John Edwards; '50 BSBA; VP; Columbus Auto Parts Co., 575 E. Hudson St., Columbus, OH 43211; r. 4330 Ingham Ave., Columbus, OH 43214, 614 263-6476.
RUSSELL, John James; '53 BSBA; Ofc. Mgr.; Sandusky Foundry & Machine Co., 615 W. Market St., Sandusky, OH 44870, 419 626-5340; r. 5414 Columbus Ave., Sandusky, OH 44870, 419 625-4871.
RUSSELL, John Joseph; '51 BSBA; Sr. Acct.; Westinghouse Electric, Box 355, Pittsburgh, PA 15230; r. 4091 W. Benden Dr., Murrysville, PA 15668, 412 327-5474.
RUSSELL, Michael Patrick; '88 BSBA; 10615 York Rd, N. Royalton, OH 44133, 216 237-4818.
RUSSELL, Pamela A.; '77 BSBA; Controller; Porcelain Prods. Co., 225 N. Patterson St., Carey, OH 43316, 419 396-7621; r. 6 La Plas Dr., Findlay, OH 45840, 419 424-5664.
RUSSELL, Paul Bert; '26 BSBA; Retired; r. Free Union Rd., POB 5432, Charlottesville, VA 22905, 804 973-6065.
RUSSELL, Robert Christopher; '85 BSBA; 566 Rocky Fork Ct., Gahanna, OH 43230, 614 476-5177.
RUSSELL, Ross Albert; '42 BSBA; Retired; r. 607 Northampton Rd., Seneca, SC 29678, 803 882-0507.
RUSSELL, Stephen W.; '86 BSBA; Asst. Mgr.; Ohio Bell Telephone Co., 111 N. 4th St., Rm. 1150, Columbus, OH 43215, 614 223-7929; r. 2479 Merbrook Rd., Worthington, OH 43085, 614 761-2228.
RUSSELL, Teresa Lee, (Teresa Lee Pitt); '87 BSBA; Programmer/Analyst; Premark Intl., Grant St., N., Troy, OH 45373, 513 332-3073; r. 999 N. Dorsett #B, Troy, OH 45373, 513 339-4442.
RUSSELL, Thomas Roy; '81 BSBA; 695 Mohican Ave., Logan, OH 43138, 614 385-5159.

ALPHABETICAL LISTINGS SAGGIO 241

RUSSELL, Tim; '84 BSBA; Firefighter; City of Virginia Beach, Old Donation Rd., Virginia Bch., VA 23454, 804 481-7028; r. 3702 Meadowglen Rd., Virginia Bch., VA 23456, 804 471-7726.
RUSSELL, Mrs. Tolula Fenney, (Tolula Fenney); '52 BSBA; Retired; r. 3674 Hildana Rd., Shaker Hts., OH 44120, 216 991-7508.
RUSSO, Samuel John; '83 BSBA; 395 Roosevelt Dr., Geneva, OH 44041, 216 466-1401.
RUSTAGI, Ajoy Kumar; '76 MBA; Computer Programmer; Ford Motor Co., The American Rd., Dearborn, MI 48121; r. 12419 Ella Lee, Houston, TX 77077, 713 493-6390.
RUSTIC, Robert Joseph; '83 MBA; Mfg. Dir.; Atlas Crankshaft, Cummins Engine Company, POB 846, Fostoria, OH 44830, 419 435-8531; r. 633 Hillcrest, Findlay, OH 45840, 419 423-4455.
RUTANA, David Michael; '84 BSBA; Account Exec.; Andrews, Bartlett & Assoc., Inc., 1894 Georgetown Rd., Hudson, OH 44236, 216 656-1130; r. 5710 Columbia Dr., Bedford Hts., OH 44146, 216 232-7592.
RUTECKI, James; '59 BSBA; Pres.; Forrest Chemical & Supply Co., 780 Toland, San Francisco, CA 94124, 415 824-1400; r. 271 Raymundo Dr., Woodside, CA 94062, 415 851-0155.
RUTH, Diane Magdalene; '83 BSBA; PC User Support Analyst; Univ. Texas-Med. Branch, Galveston, TX 76528, 409 761-3800; r. 801 E. NASA Rd. 1, #1011, Webster, TX 77598, 713 488-3180.
RUTHENBERG, Robert R.; '52 BSBA; Personnel Mgr.; Bailey Meter Co., 29801 Worden Rd, Wickliffe, OH 44092; r. 339 E. 235th St., Euclid, OH 44123, 216 731-4583.
RUTHERFORD, Elizabeth D.; '78 MPA; Mgmt. Analyst II; Ohio Environmt'L Pro Agcy., 361 E. Broad St., Columbus, OH 43215; r. 617 Sheridan Ave., Bexley, OH 43209, 614 231-8277.
RUTHERFORD, Robert William; '77 BSBA; Sr. Programmer/Analyst; Nationwide Ins., One Nationwide Plz., Columbus, OH 43216, 614 249-8559; r. 5345 Great Oak Dr., Apt. L, Columbus, OH 43213, 614 864-4735.
RUTHMAN, Natalie; '87 BSBA; c/o Jerome E. Ruthman, 11281 Hanover Rd., Cincinnati, OH 45240, 513 851-0130.
RUTHSATZ, Debra Ann '83 (See Myers, Mrs. Dan).
RUTLEDGE, Anne Theresa; '86 BSBA; Staff Acct.; Fleming Brockschmidt & Durkin, 700 Walnut St., Cincinnati, OH 45202, 513 721-7590; r. 4221 Brownway Ave., #5, Cincinnati, OH 45209, 513 533-3533.
RUTLEDGE, William J.; '54 BSBA; VP Corp. Oper. Staff; Reliance Universal Inc., 1930 Bishop Ln., Louisville, KY 40218, 502 459-9110; r. 5900 Brittany Valley Rd., Louisville, KY 40222, 502 425-5261.
RUTMAN, Raymond E.; '49 BSBA; 1465 S. Mary Ave., Sunnyvale, CA 94087, 408 735-9957.
RUTT, Mrs. Frances Nathan; '51 BSBA; Retired; r. 11721 Ambleside Dr., Potomac, MD 20854, 301 279-0151.
RUTTENBERG, Cora Rubin; '46 BSBA; 302 Jefferson Ave., Glen Dale, WV 26038, 304 845-5419.
RUTTER, John F. '68 (See Chambers, John Francis).
RUTTER, Paul Joseph; '86 BSBA; Product Educ. Mgr.; Storage Technology Corp., Louisville, CO 80027, 303 673-5174; r. 235 Powderhorn Tr., Broomfield, CO 80020.
RUTTER, Robert Paul; '75 BSBA; Atty.; Miller & Tolaro, 700 Rockefeller Bldg., Cleveland, OH 44113, 216 771-1030; r. 5844 Monica Ln., Garfield Hts., OH 44125, 216 662-9063.
RUTZ, Fred L.; '63 BSBA; CPA/Pres.; Frederick L. Rutz CPA Inc., 580 S. High St., Columbus, OH 43215, 614 461-5800; r. 1530 Pemberton Dr., Columbus, OH 43221, 614 457-6612.
RUVOLO, Donna Diane; '87 BSBA; Mgr.; Bullock's Dept. Store, 72810 Hwy. 111, Palm Desert, CA 92260, 619 346-9300; r. 74180 Desert Star, Palm Desert, CA 92260, 619 341-0867.
RUWE, Douglas Neal; '85 BSBA; Admin. Analyst; City of Columbus, 2080 Alum Creek Dr., Columbus, OH 43207, 614 222-7620; r. 627 Indian Summer Dr., Columbus, OH 43214, 614 846-3270.
RUWE, Guy M.; '87 BSBA; Packaging Mgr.; Frito-Lay Inc., Div Pepsico Inc, Frito-Lay Twr., Dallas, TX 75235, 717 326-4136; r. 120 Valley Hts. Dr., Williamsport, PA 17701, 717 323-1229.
RUZICH, Stephen; '53 BSBA; Owner & Partner; Spring Lakes Fishing Club, Refugee Rd, Pickerington, OH 43147, 614 837-4063; r. 1409 Lonsdale Rd., Columbus, OH 43227, 614 868-8458.
RUZICKA, Charles Bruce; '82 MBA; Dir. of Corp. Systs.; Progressive Ins., Wilson Mills Rd., Mayfield Vlg., OH 44143, 216 461-5000; r. 15 Kensington Dr., Chagrin Falls, OH 44022, 216 338-3161.
RUZICKA, Mrs. Diane Dillemuth; '77 BSBA; Homemaker; r. 15 Kensington Dr., Chagrin Falls, OH 44022.
RUZICSKA, Steven Dean; '71 BSBA; 2474 Olde Sawmill Blvd., Dublin, OH 43017, 614 792-2875.
RUZINSKY, Robert Edward; '86 BSBA; 117 Adam St., Dayton, OH 45410, 513 228-5041.
RYAN, Douglas Eugene; '87 BSBA; Mgmt.; United Telephone of Ohio, 220 S. Park Ave., Warren, OH 44482; r. 1839 Cranberry Ln. NE, #251, Warren, OH 44483.
RYAN, Edward James, Jr.; '77 BSBA; Sales Dir.; CIGNA Corp., 5800 Lombardo Ctr. Ste. 200, Seven Hls., OH 44131, 216 642-2598; r. 5951 Eastham Way, Hudson, OH 44236, 216 656-3573.
RYAN, Edward Robbins; '50; 4764 Coach Rd, Columbus, OH 43220.
RYAN, Eileen Marie; '82 BSBA; 2055 Northtowne Ct., Columbus, OH 43229.
RYAN, Gary Alfred; '67; Secy.-Treas.; r. 1703 Bryn Mawr Cir., Newark, OH 43055, 614 344-7700.
RYAN, J. David, III; '83 BSBA; Acct.; Lindey's, 169 E. Beck St., Columbus, OH 43206, 614 228-4343; r. 1092 Pennsylvania, Columbus, OH 43201, 614 299-7689.
RYAN, Jill Harshbarger; '82 BSBA; Mgr.; Price Waterhouse, 1801 K St., Washington, DC 20006, 202 785-6454; r. 3818 Vermont Ct., Alexandria, VA 22304, 703 751-8994.
RYAN, John Connors; '59 BSBA; Stockbroker; Merrill Lynch, 100 E. Broad St., Columbus, OH 43215; r. 685 Fairway Blvd., Columbus, OH 43213, 614 861-7402.
RYAN, John Francis; '57 MBA; Retired; r. 29 Nassau Ct., Novato, CA 94949, 415 883-1557.
RYAN, John Joseph; '23 BSBA; 410 Durffee, Marion, OH 43302, 614 387-2408.
RYAN, John Leonard; '60 BSBA; Special Agt.; Fed. Bur. of Investigation, PO Bldg., Cincinnati, OH 45234; r. 6194 Stirrup, Cincinnati, OH 45244.
RYAN, John William; '76 BSBA; Owner; Cut Loose Hair Designs, Etc., 2025 W. Henderson Rd., Columbus, OH 43220, 614 457-1117; r. 130 Price Ave., Columbus, OH 43201, 614 294-1318.
RYAN, Joseph Michael; '80 BSBA; 5131 O'Neall Rd., Waynesville, OH 45068, 513 897-0694.
RYAN, Mrs. Katherine R., (Katherine C. Richwine); '31 BSBA; 56 S. Dawson Ave., Columbus, OH 43209, 614 252-7973.
RYAN, Kevin John; '84 BSBA; Sales Rep.; Stanley Works, 1580 Sunflower Ave., Costa Mesa, CA 92626, 714 957-2800; r. 206 33rd St., Newport Bch., CA 92663.
RYAN, Mark Edward; '78 BSBA; 170 Carriage Sta. Cir., Roswell, GA 30075, 404 642-8194.
RYAN, Maureen R. '81 (See Flores, Mrs. Maureen R.).
RYAN, Michael James, III; '53 BSBA; Real Estate Broker; Spirit Real Estate Inc., 2280 W. Hendersen Rd., Columbus, OH 43220; r. 4411 Woodbridge Rd., Columbus, OH 43220, 614 451-2068.
RYAN, Michael Patrick; '82 BSBA; Mfgrs. Rep.; Goouch & Point Zero, 2600 Catalonia Ln., Acworth, GA 30101, 404 432-6719; r. Same.
RYAN, Patrick John; '74 BSBA; 291 Skylane Dr., Northfield, OH 44067, 216 467-9139.
RYAN, Robert Allen; '48 BSBA; 106 Cheryle Ave., Mingo Jct., OH 43938, 614 283-2060.
RYAN, Ms. Sean E.; '87 BSBA; Mktg. Mgr.; Aloette Cosmetics Inc., 345 Lancaster Ave., Malvern, PA 19355; r. 168 Heritage Ln., Exton, PA 19341, 215 524-8627.
RYAN, Stephen A.; '76 MBA; Gen. Network Plng. Mgr.; United Telephone Co., 665 Lexington Ave., Mansfield, OH 44907; r. 1770 Stoney Ridge Ct., Mansfield, OH 44904, 419 756-9848.
RYAN, Susan C., (Susan A. Callos); '78 BSBA; VP Sales; Callos-Mc Creary Temporaries, 5083 Market St., Youngstown, OH 44512, 216 788-4001; r. 3238 Caprice Dr., Warren, OH 44481, 216 824-3640.
RYAN, Terence J.; '59; Owner; Terence Ryan Financial Svc., 700 Ackerman Pl., Ste. 375, Columbus, OH 43202, 614 267-4950; r. 1281 Camelot Dr., Columbus, OH 43220, 614 451-3545.
RYAN, Thomas Gerard, II; '73 BSBA; 472 Touraine Rd., Grosse Pte. Farms, MI 48236.
RYAN, Thomas Jerome, Jr.; '86 BSBA; Sales Rep.; Hewlett Packard, 675 Brooksedge Blvd., Westerville, OH 43081, 614 891-3344; r. 5585 Cranbrook Ln., Westerville, OH 43081, 614 891-4640.
RYAN, Thomas Patrick; '81 MBA; Dir.; Biomedica Holding BV, Kruisweg 633, 2132 Nb, Hoofddorp, Netherlands, 312 503-1171; r. 939 Le Rose Conrt, Marietta, GA 30067, 404 565-6708.
RYAN, Timothy Lee; '74 BSBA; Reg. Mgr-Land Acquis. Dev; Cardinal Ind. Inc., 2040 S. Hamilton Rd., Columbus, OH 43232, 614 755-6366; r. 347 Cedar St., Granville, OH 43023, 614 587-3565.
RYBA, Kathryn Hoffman, (Kathryn Hoffman); '78 BSBA; Store Mgr.; Evans Inc., 36 S. State St., Chicago, IL 60603, 312 855-2000; r. 5488 87th Ct., Crown Point, IN 46307.
RYBACKI, Steven Ross; '85 MBA; Proj. Leader; Perdue Farms,Inc., POB #1538, Old Ocean City Rd., Salisbury, MD 21801, 301 543-3000; r. 21 Dundee Dr., Salisbury, MD 21801, 301 548-2508.
RYBAK, John Andrew; '79 BSBA; R E O Admin.; Transohio Savings Bank, 1250 Superior Ave. NE, Cleveland, OH 44114, 216 579-7700; r. 40 Beechwood Dr., Northfield, OH 44067, 216 467-8907.
RYBOLT, Clare G.; '30 BSBA; Retired; r. 135 S. Mulberry St., POB 397, Chillicothe, OH 45601, 614 772-5477.
RYDER, Kent Lee; '68 MBA; 482 W. Shore Tr., Sparta, NJ 07871, 201 729-7957.
RYLAND, Ricky Allen; '76 BSBA; Acctg. Mgr.; Metropolitan Cablevision, 1250 Granger Rd., Brooklyn Hts., OH 44131; r. 4609 Broadale Rd., Cleveland, OH 44109, 216 398-8968.
RYPMA, Sjirk L.; '63 MBA; Mgn Dir./Cont Europe; Unbrako Europe, Bromwich W. Midlands, England; r. Penates-Stoneleigh Rd., Blackdown, Leamington Spa, England.
RYUSE, Kirsten Gayle; '85 BSBA; 106 Clinton Rd., Mt. Vernon, OH 43050, 614 397-2838.

S

SAAD, Michael D.; '63 BSBA; Real Estate Atty.; Squire Sanders & Dempsey, 155 E. Broad St., 16th Fl., Columbus, OH 43215, 614 365-2735; r. 2511 Danvers Ct., Columbus, OH 43220, 614 451-0212.
SAAL, Ronald R.; '59 BSBA; Staff; St. Thomas Med. Ctr., 444 N. Main St., Akron, OH 44310; r. 5206 Calico Ct, Virginia Beach, VA 23464.
SAAM, Clair Burnette; '82 MBA; 12 S. Holman Way, Golden, CO 80401, 303 278-7648.
SAAR, Carl E.; '57 BSBA; Sales Mgr.; r. 17 Longridge Ct., POB 601, Buffalo Grove, IL 60090.
SABA, Ronald Byron; '85 BSBA; Rsch. Analyst; The Ohio Co., 155 E. Broad St., Columbus, OH 43215, 614 464-8656; r. 851L Harrison Ave., Columbus, OH 43215, 614 469-4816.
SABADOS, John Edward; '76 BSBA; 2105 20th St., Apt. 3, San Francisco, CA 94107.
SABAT, LT James; '73 BSBA; Lt. Usa; r. 13831 Grove Dr., Garfield Hts., OH 44125, 216 475-5197.
SABATINO, Philip Ronald; '74 BSBA; Pres.; Re/Max One Inc., 450 W. Wilson Bridge Rd., Columbus, OH 43220, 614 436-0001; r. 4857 Green Acres, Columbus, OH 43220, 614 457-0799.
SABATINO, Victor Robert; '74; VP-Operations; Wise Foods, Div. Borden Inc., 2840 Mt. Wilkinson Pkwy., Ste. 300, Atlanta, GA 30339, 404 433-3100; r. 5106 Brooke Farm Dr., Dunwoody, GA 30338, 404 393-8034.
SABAU, Mark Daniel; '74 BSBA; Plant Mgr.; GM Corp., Mfg. Dept., 10737 Gateway W., El Paso, TX 79912, 915 595-6024; r. 625 Alto Penasco, El Paso, TX 79912, 915 581-9320.
SABBACK, Julius N.; '54 BSBA; Tax Practitioner; 125 E. Rensselaer, Bucyrus, OH 44820; r. 851 S. Spring St., Bucyrus, OH 44820, 419 562-5968.
SABETT, Janice Marie; '81 MPA; 2467 Penewit Rd., Spring Vly., OH 45370.
SABHARWAL, Sunil; '88 BSBA; Mktg. Assoc.; GTE Svc. Corp., 11611 N. Meridian St., Ste. 400, Carmel, IN 46032, 317 843-7628; r. 8638 Garonne Ter. Apt. 2-D, Indianapolis, IN 46250, 317 576-0615.
SABINO, Charles M.; '71 BSBA; VP; Citicorp, 1 SE 3rd Ave., Ste. 2700, Miami, FL 33131, 305 373-9665; r. 5477 NW 86th Way, Coral Spgs., FL 33067, 305 344-8863.
SABINO, Theodore Joseph; '84 BSBA; Systs. Programmer; T R W Inc., 1900 Richmond Rd., Cleveland, OH 44124, 216 291-7318; r. 4229 W. 217th, Fairview Park, OH 44126, 216 356-2469.
SABLOWSKY, Jon Scott; '85 BSBA; Corporate Bond Trader; Gruntal & Co. Inc., 14 Wall St., New York, NY 10005, 212 349-7405; r. 500 E. 83rd St., Apt. 15A, New York, NY 10028, 212 535-9037.
SABO, Kerry Steven; '81 BSBA; Technical Rep.; The Lincoln Electric Co., 22801 St. Clair Ave., Cleveland, OH 44117, 205 942-4155; r. 7887 Lakeshore Dr., McCalla, AL 35111, 205 477-9186.
SABO, Maryjo Fullerton; '58 BSBA; 1541 Tredegar Dr., Ft. Myers, FL 33902, 813 481-5080.
SABO, Sandra L.; '80 BSBA; Acct.; Coopers & Lybrand, Ste. 2000 Columbus Ctr., 100 E. Broad St., Columbus, OH 43215; r. 8765 Finlarig Dr., Dublin, OH 43017, 614 761-2517.
SABRANSKY, Ron; '85 BSBA; Pres./Owner; The Spa Works, 19500 Rockside Rd., Bedford, OH 44146, 216 439-0900; r. 12758 Auburn Rd., Chardon, OH 44024, 216 285-3149.
SACCUCCI, Michael Joseph; '81 BSBA; Auditor; Owens Illinois, One Seagate, Toledo, OH 43604; r. 610 Fourth St., #H, Bowling Green, OH 43402.
SACHER, Frank J., Jr.; '49 BSBA; CPA; Frank J. Sacher, CPA, Inc., 38052 Euclid Ave., Willoughby, OH 44094; r. 37620 Park Ave., Willoughby, OH 44094, 216 942-3883.
SACHS, Betty Long; '53 BSBA; 5852 Country Hills Dr., Cincinnati, OH 45233, 513 922-0286.
SACHS, Bryan Daniel; '84 BSBA; Stock Brocker; A E I Grp. Inc., 5151 Reed Rd., Columbus, OH 43216, 614 276-2479; r. 1452 Burnley Sq. S., Columbus, OH 43229, 614 433-0845.
SACHS, Dan H.; '51 BSBA; Pres.; Sachs Mgmt. Corp., 1800 Presidential Dr., Ste. 100, Fairborn, OH 45324, 513 429-1313; r. 4493 Royal Ridge Way, Kettering, OH 45429, 513 298-8855.
SACHS, Daniel Paul; '82 BSBA; Unit Leader/Supv.; Mazda Motor Mfg. USA Corp., 1 Mazda Dr., Flat Rock, MI 48134, 313 782-7800; r. 5040 Jamieson Dr., Apt. Q#1, Toledo, OH 43613, 419 472-1806.
SACHS, Ralph; '34 BSBA; Rep.; 65 Briar Cliff St., Saint Louis Mo 63124; r. 65 Briarcliff, St. Louis, MO 63124, 314 993-5660.
SACHS, William J., Jr.; '53 BSBA; Pres. Garage Door Div.; Clopay Corp., 101 E. Fourth St., Cincinnati, OH 45202, 513 381-4800; r. 5852 Country Hills Dr., Cincinnati, OH 45233, 513 922-0286.
SACK, Carol Berman; '73 BSBA; Securities Salesman; Integrated Reso Equity Corp., 5151 E. Broadway Ste. 790, Tucson, AZ 85711; r. 3278 E. Berkshire Rd, Cleveland Hts., OH 44118, 216 321-6769.
SACKETT, Leslie Charles; '67 MBA; VP & Dir.; ITT Aerospace/Optical Div., Human Resources, POB 3700, Ft. Wayne, IN 46801, 219 487-3041; r. 15331 Powderhorn Rd., Ft. Wayne, IN 46804, 219 672-3198.
SADAUSKAS, Raymond Al; '68 BSBA; Res. & Dev Supv.; Diebold Inc., 1471 Goodale Blvd., Columbus, OH 43212; r. 676 Country Club Rd, Columbus, OH 43213, 614 861-5372.
SADDLER, Mrs. Colleen M., (Colleen M. Price); '86 BSBA; Sales Rep.; Unique Concepts, 1999 Westbelt Dr., Columbus, OH 43228, 614 876-2205; r. 6280 Barnside Dr., Canal Winchester, OH 43110, 614 837-5554.
SADDLER, Willie George; '81 BSBA; Acct.; r. 6230 Polo Dr. W., #E, Columbus, OH 43229, 614 846-3772.
SADIVNYCHY, Daniel; '74 BSBA; Logistics Projects Mgr.; Rockwell Intl., N. American Aircraft, 2825 E. Ave. P, Palmdale, CA 93550, 805 265-4791; r. 43330 Vista Sierra Dr., Lancaster, CA 93536.
SADLER, Douglas Lansing; '77 MPA; 3014 Bellaire Dr., Charlotte, NC 28216, 919 735-4148.
SADLER, Hiram A.; '67 BSBA; Mgr., Materials; Snyder Gen. Corp., 302 Nichols Dr., Hutchins, TX 75141; r. 141 Palmer Cir., Lancaster, TX 75146, 214 227-3638.
SADLER, Vera; '38 BSBA; Retired; Naomi H Chamberlain Assocs Inc., 2100 19th St. NW Ste. 601, Washington, DC 20009; r. 515 W. Grand Ave. Apt. 6D, Dayton, OH 45405, 513 277-6912.
SADOWSKY, Marvin Ray; '72 BSBA; Buyer/Macy'S; r. 5064 Verbena Dr., Acworth, GA 30101.
SADRAI NADJAFI, Dr. Abbas; '72 MPA; 6111 Saturn St., Apt. 2, Los Angeles, CA 90035.
SAEBO, Jan Eystein; '87 BSBA; Grad. Student; Univ. of North Carolina-Chapel Hill; r. 106-4 Pinegate Cir., Chapel Hill, NC 27514, 919 490-1933.
SAEGER, John W.; '61 BSBA; Pres.; Saeger Buick, 400 N. Wilson Rd, Columbus, OH 43204, 614 274-8465; r. 2041 Westover Rd., Columbus, OH 43221, 614 486-4904.
SAEKS, Harlan R., CLU; '48 BSBA; Hank Saeks Agcy. Inc., 1117 Talbott Twr., Dayton, OH 45402, 513 222-1293; r. 529 Heather Dr., Dayton, OH 45405, 513 274-1226.
SAENGER, John Frederick; '35 BSBA; Retired; r. 537 Crestview Rd., Columbus, OH 43202, 614 263-1095.
SAEWITZ, Sidney Spencer; '79 BSBA; Sr. Revenue Agt.; IRS, 550 Main St., Cincinnati, OH 45201, 513 684-2358; r. 4721 Williamsburg Rd. NW, Cincinnati, OH 45215, 513 821-3173.
SAFARI, Mrs. Jennifer R., (Jennifer C. Rose); '83 BSBA; Asst. VP; Smith-Sternau Org. Inc., 1255 23rd St. NW, Ste. 300, Washington, DC 20037, 202 457-6834; r. 2514 Soapstone Dr., Reston, VA 22091, 703 391-9022.
SAFER, Steven Rex; '62 BSBA; Multiple Line Agt.; Commonwealth Life Ins./Kentucky, 2265 Millville Ave., Hamilton, OH 45013; r. 375 W. Galbraith Rd. #38, Cincinnati, OH 45215, 513 821-7979.
SAFFELL, Scott W.; '78 BSBA; Adm Mgr.; IBM Corp., 140 E. Town St., Columbus, OH 43215; r. 2090 Sawbury Blvd., Worthington, OH 43085, 614 764-0585.
SAFFIELD, Brenda Lee; '83 BSBA; POB 264, Beallsville, OH 43716, 614 926-1724.
SAFFLE, LTC David Kenneth, USMC; '72 BSBA; H&HS-18 MACQ-18, 1st MAW, FPO, Seattle, WA 98772; r. Mcas Futenma, Box 453 FPO, Seattle, WA 98772.
SAFFORD, John C.; '65 BSBA; Administrative Asst.; Columbus Bd. of Educ., Columbus City Sch. District, 270 E. State St., Columbus, OH 43215; r. 841 Troon Tr., Worthington, OH 43085, 614 436-0233.
SAFREED, Linda '86 (See Brown, Linda).
SAFT, Michael C., (Michael C. Shtulsaft); '76 MBA; Devel. Mgr.; W.R. Grace & Co., 7379 Rte. 32, Columbia, MD 21044, 301 531-4000; r. 10837 Tuckahoe Way, Gaithersburg, MD 20878, 301 279-2934.
SAGAR, Marvin Edward; '72 BSBA; Mktg. Cnslt.; Professional Rsch. Cnslts., 11326 P St., Omaha, NE 68137, 402 592-5656; r. 10968 Washington St., Omaha, NE 68137, 402 339-7299.
SAGAR, Randy William; '84 BSBA; Sales; Wagoner Machinery Inc., 945 Safin, Columbus, OH 43204, 614 276-6149; r. 3212 Creston Ct., Dublin, OH 43017, 614 764-3653.
SAGE, Dr. Earl Richard; '49 BSBA, '73 PhD (BUS); Assoc. Prof.; Univ. of North Carolina, Hwy. 49, N., Charlotte, NC 28223, 704 547-4417; r. 4414 Barwick Rd., Charlotte, NC 28211, 704 364-7231.
SAGE, Patricia Jeanne; '85 BSBA; Systs. Design Cnslt.; Ohio Bell Communications, 1105 Schrock Rd., Columbus, OH 43229, 614 431-6021; r. 8205 Laramie Pl., Powell, OH 43065, 614 761-2849.
SAGE, Stephen Michael; '84 BSBA; Sales Rep.; George A Hormel & Co., 36 Washington St., Wellesley Hls., MA 02181, 617 237-4330; r. 800 Wakefield St., W. Warwick, RI 02893, 401 828-2923.
SAGE, Webster L.; '42 BSBA; Broker-Salesman; Merrill Lynch Realty, 160 SE 6th Ave., Delray Bch., FL 33483, 407 278-0300; r. 2405A Lowson Blvd., Delray Bch., FL 33445, 407 272-0775.
SAGER, Gerald William; '71 BSBA; Commodity Mgr.; Consolidated Diesel Co., POB 671, Whitakers, NC 27809, 919 473-9386; r. 116 Rum Barrell Cove, Rocky Mount, NC 27801, 919 446-9298.
SAGGIO, Raymond; '76 BSBA; Staff; Nationwide Ins. Co., One Nationwide Plz., Columbus, OH 43216; r. 959 Sunlight Ct., Westerville, OH 43081, 614 882-9322.

SAHR, Gary Allen; '73 BSBA, '78 MBA; Dist. Mgr.; AT&T, 55 Corporate Dr., Bridgewater, NJ 08807, 201 658-6250; r. 25 Hillside Rd., Rte. 4, Chester, NJ 07930, 201 879-6249.

SAILOR, Joseph John; '51 BSBA; Pres.; Sailor Sales Inc., 2430 Grand Ave., Sacramento, CA 95838, 916 920-1230; r. 3631 Chadsworth Way, Sacramento, CA 95821, 916 483-1126.

SAIN, U. Grant; '64 BSBA; Special Agt.; F B I, POB 887, Key West, FL 33040, 305 296-3093; r. POB 887, Key West, FL 33041.

SAINI, Narinder K.; '83 MBA; Sr. Engr.; MSW Syst. Svcs. Inc., POB 61000, New Orleans, LA 70161, 504 569-4755; r. 5112 Jeannette Dr., Metairie, LA 70003, 504 885-1287.

SAINT, Patrick W.; '78 MBA; Section Mgr.; GM Acceptance Corp., 3044 W. Grand Blvd., Detroit, MI 48202; r. 43594 River Bend Dr., Mt. Clemens, MI 48044.

SAITER, Joseph Theodore; '28 BSBA; Retired; r. 79 Faron Cir., Gulf Breeze, FL 32561, 904 932-6708.

SAKADA, Daryll Michael; '64 BSBA; VP/Systs.; Sabre Systs. & Svc., 9111 Springboro Pike, Miamisburg, OH 45342, 513 866-6000; r. 196 W. Stroop Rd., Kettering, OH 45429, 513 298-1252.

SAKAS, Daniel George; '76 BSBA; Staff; Producers Video, 282 E. Sycamore, Columbus, OH 43206; r. 1370 Cambridge Blvd., Columbus, OH 43212, 614 481-0043.

SAKIS, Athanasios Andrew; '84 BSBA; Investment Banking; Huntington Co., 41 S. High St., Columbus, OH 43215, 614 463-3661; r. 2595 Scioto View Ln., Columbus, OH 43221, 614 488-3555.

SAKORNPAN, Ruj; '86 MLHR; 92 Soi The Bpanom,Tiwanon, Nonthapburi, Thailand.

SALADIN, Dr. Brooke Allen; '69 BSBA, '80 PhD (BUS); Assoc. Prof.; Wake Forest Univ., Babcock Graduate Sch. of Mgmt, 7659 Reynolda Sta., Winston-Salem, NC 27109, 919 761-5050; r. 4164 Greenmead Rd., Winston-Salem, NC 27106, 919 724-1419.

SALAMON, Gerald Lang; '71 PhD (ACC); A.L. Prickett Prof.; Indiana Univ., Sch. of Bus., Dept. of Acctg., Bloomington, IN 47405, 812 335-2612; r. 431 Reisner Dr., Bloomington, IN 47401, 812 333-6651.

SALANI, C. R.; '78 MBA; Engrg. Mgr.; Bomag USA, 1210 Canton St., Springfield, OH 45505, 513 325-8733; r. 1224 Apollo Ave., Springfield, OH 45503, 513 390-2369.

SALAY, Amy J., (Amy A. Jackson); '85 BSBA; Asst. Mgr.; Cnty. Savings Bank, Upper Arlington Ofc., 3005 NW Blvd., Columbus, OH 43221, 614 486-7703; r. 1806 NW Blvd., Columbus, OH 43212, 614 486-1071.

SALAY, Mary Jo '78 (See Ketner, Mary Jo Salay).

SALCO, Raymond A.; '66 BSBA; 23549 Concord Dr., Westlake, OH 44145, 216 333-3762.

SALEMI, Joseph Nicholas; '77 BSBA; Pres.; Redi Wash Inc., 845 Greengate Oval, Sagamore Hls., OH 44067; r. 845 Greengate Oval, Sagamore Hls., OH 44067.

SALEMI, Steven L.; '87 BSBA; Internal Auditor; Big Bear Stores Co., 770 W. Goodale Blvd., Columbus, OH 43212, 614 464-6723; r. 2135 Iuka Ave., Apt. C2, Columbus, OH 43201, 614 262-7250.

SALES, Mark Stephen; '82 BSBA; Med. Sales Rep.; Mead Johnson Inc., 14944 Lakewood Hts. Blvd., Lakewood, OH 44107, 216 521-7460; r. Same.

SALIBA, Carl Richard; '72 BSBA; Owner; Carl's Shoe Store, 408 Cumberland St., Caldwell, OH 43724, 614 732-4615; r. 1102 North St., Caldwell, OH 43724, 614 732-2781.

SALIBA, Peter Alexander; '75 BSBA; Terminal Mgr.; Consolidated Freightways, POB 10040, Charleston, WV 25357, 304 344-9572; r. 5304 Kensington Dr., Cross Lanes, WV 25313, 304 776-2744.

SALING, James Alan; '77 BSBA; Instr.; Ohio Dominican Clg., Bus Admin/Economics & Acctng, 1216 Sunbury Rd., Columbus, OH 43219; r. 509 S. Otterbein Ave., #7, Westerville, OH 43081, 614 891-5139.

SALISBURY, Jeffrey A.; '88 BSBA; 1901 Stockdale Rd., Beaver, OH 45613, 614 820-8756.

SALISBURY, Kirk Gordon; '81 BSBA; Sr. Tax Mgr./CPA; Peat Marwick Main & Co., Middle Market Practice, 2 Nationwide Plz., Columbus, OH 43215, 614 249-2300; r. 5261 Brynwood Dr., Columbus, OH 43220, 614 459-4031.

SALISBURY, Mark Alan; '82 BSBA; 453 Salisbury Rd., Beaver, OH 45613.

SALISBURY, Monica Ellen; '83 BSBA; POB 3168, Columbus, OH 43210.

SALLADAY, Jeffrey Hall; '82 BSBA; Network Plng. Software; B. N. R., Research Triangle Pk., NC 27709, 919 991-7580; r. 102 Skyhawk Dr., E., Cary, NC 27511, 919 469-8578.

SALLADAY, John R.; '40 BSBA; Retired; r. 8620 NW 13th 405 Laurel Ln., Gainesville, FL 32606, 904 376-0653.

SALMEN, Robert; '78 BSBA; Asst. Dir.; St. Anthony Hosp., 1492 E. Broad St., Columbus, OH 43205, 614 251-3144; r. 835 Thomas Rd., Columbus, OH 43212, 614 291-7801.

SALMERE, Mitchel Benedict; '72 BSBA; POB 55890, Hayward, CA 94545.

SALMON, Barry George; '78 BSBA; Pres.; Salmon Realty Co., 1140 Bloomfield Ave., W. Caldwell, NJ 07006, 201 227-7248; r. POB 109, Peapack, NJ 07977, 201 781-6269.

SALMONS, Bradley Ward; '87 BSBA; Maj. Acct. Repr; Konica Business Machines, 4150 Tuller Rd. Ste. 212, Dublin, OH 43017, 614 766-7800; r. 1340 Deerlick Dr., Columbus, OH 43228, 614 878-7339.

SALOOM, Joseph T., Jr.; '88 BSBA; 688 Riverview Dr. #29, Columbus, OH 43202, 614 262-2742.

SALOPEK, Steven Michael; '88 MBA; 87 Orton Dr., Akron, OH 44319, 216 644-8548.

SALOWE, Bernard C.; '56 BSBA; Certified Pub Acct.; Wolfe Nadler & Salowe, 68 Essex St., Millburn, NJ 07041; r. 24 Tudor Dr., Clark, NJ 07066, 201 382-2183.

SALSICH, Neil E., Jr.; '50 BSBA; Real Est Cnslt.; r. 1115 Gulf Ave., Midland, TX 79705, 915 682-2415.

SALT, William B.; '46 BSBA; Retired; r. 4712 Ocean Blvd., Siesta Key, Sarasota, FL 34242, 813 349-4722.

SALTZ, John T.; '33 MA; Dir.; American Greetings Corp., 1300 W. 78th St., Cleveland, OH 44102; r. 21191 Stratford Ave., Rocky River, OH 44116, 216 331-4351.

SALTZ, Michael Kevin; '82 BSBA; Staff; Michael K Saltz, 30 E. Broad St., 8th Fl., Columbus, OH 43215; r. 3623 Karikal Dr., Westerville, OH 43081, 614 895-2348.

SALTZMAN, Burton I.; '59 BSBA; Owner-Mgr.; Dave's Super Mkt., 3301 Payne Ave., Cleveland, OH 44114, 216 361-5130; r. 10 Kenwood Ct., Beachwood, OH 44122, 216 765-8262.

SALTZMAN, Daniel Mark; '82 BSBA; Grocer/Owner; Dave's Supermarket, 22600 Shore Center Dr., Euclid, OH 44123; r. 5168 Stansbury, Cleveland, OH 44139, 216 248-4202.

SALTZMAN, James Francis; '73 MACC; Investigator/Acct.; IRS, 200 N. High St., Columbus, OH 43215; r. 237 S. High St., Columbus, OH 43215.

SALTZMAN, Richard J.; '47 BSBA; Realtor; Mad River Realty, Business Ofc., Warren, VT 05674, 802 496-3481; r. RR #1, Box 117A, Warren, VT 05674, 802 496-2486.

SALTZMAN, Steven Alan; '86 BSBA; Mgr.; Dave's Super Mkt., 7422 Harvard Ave., Cleveland, OH 44105, 216 441-0034; r. 10 Kenwood Ct., Beachwood, OH 44122, 216 765-8262.

SALVAGE, Richard Edwin; '70 BSBA; Owner; Central Energy Co., POB 684, Newark, OH 43055, 614 522-2483; r. 73 Berline Ct., Newark, OH 43055, 614 522-2483.

SALVAGGIO, Christopher A.; '85 BSBA; Acct./Cost Analyst; Owens-Corning Fiberglas, 3750 NW Yeon, POB 4017, Roofing Plant, Portland, OR 97208, 503 220-2456; r. 3280 SW 170th St., Apt. 2306, Beaverton, OR 97006, 503 591-1321.

SALVAJ, Philippe C.; '58 BSBA; VP; White Weld & Co, Geneva, Switzerland; r. 36 Ave. William Favre, Geneva, Switzerland.

SALVATERRA, Arnold R.; '48 BSBA; Retired Sr. Engr.; Ins. Svcs. Ofc., 1880 E. Dublin Granville Rd, Columbus, OH 43229; r. 2105 Chardon Rd., Columbus, OH 43220, 614 451-5716.

SALVATORE, Anthony Francis; '78 MPA; VP; Ameritrust, 33 N. 3rd St., Columbus, OH 43215, 614 224-0670; r. 7153 Donnybrook Dr., Dublin, OH 43017, 614 792-1257.

SALVATORE, Gregory N.; '38 BSBA; Retired Collection Ofcr.; Mid-America Fed. S&L Assn.; r. 1707 Stanford Rd., Columbus, OH 43212, 614 488-8301.

SALVATORE, James Daniel; '70 BSBA; Academic Dir.; Franklin Univ., Computer Ctr., 201 S. Grant Ave., Columbus, OH 43215; r. 777 Clubview Blvd., Worthington, OH 43085.

SALVI, Ms. Joanne; '87 MLHR; Assoc. Mgr.; Ohio Bell, 16200 Mandalay, Cleveland, OH 44106, 216 383-9300; r. Highland Hts., OH 44143, 216 442-2157.

SALWITZ, Robbin Lynn '86 (See Hastings, Robbin L.).

SALYER, Lisa De Fourny, (Lisa Inez De Fourny); '84 BSBA; Ofc. Mgr.; Carlisle Hyundai, 8400 US Hwy. 19th N., Pinellas Park, FL 34665, 813 545-5666; r. 4420 2nd Ave. N., St. Petersburg, FL 33713, 813 328-1289.

SALYERS, Jeffrey Allen; '82 BSBA; Mfg. Scheduler; The Nippert Co., 801 Pittsburgh Dr., Delaware, OH 43015, 614 363-1981; r. 571 Belvidere Ave., Columbus, OH 43223, 614 279-4586.

SALZGABER, Ralph E.; '50 BSBA; Retired Treas.; Franklin Fed. Savings&Loan, High & Main Sts., Columbus, OH 43215; r. 1237 Grandview Ave., Columbus, OH 43212, 614 488-8437.

SALZINGER, Daniel Stuart; '83 BSBA; Auditor; Fed. Reserve of Cleveland, 6th & Superior, Cleveland, OH 44301, 216 579-2371; r. 6561 Vallevista Dr., Mayfield Hts., OH 44124, 216 449-1199.

SAMAR, Mark J.; '86 BSBA; Broker; Manufacturers Financial Grp., 1110 Statler Ofc. Twr., Cleveland, OH 44115, 216 443-1700; r. 25561 Bryden Rd., Cleveland, OH 44122, 216 831-5309.

SAMBUCO, Errol Clark; '66 MBA; Mgr.-Coated Products; Wheeling-Pittsburgh Steel Corp., Flat Roll Div., 1001 Main St., Martins Ferry, OH 43935, 304 234-7291; r. 930 Carlisle St., Martins Ferry, OH 43935, 614 633-5310.

SAMIC, 1LT Dennis Ray; '70 BSBA; 1st Lt. Usaf; r. 1014 Mennonite Rd, Apt. 1, Rittman, OH 44270.

SAMLER, Marshall L.; '61 BSBA; c/o Hygrade Food Product Corp, 8400 Executive Ave., Philadelphia, PA 19153.

SAMLOWSKI, Norbert Werner; '82 BSBA; Med. Asst.; Brice Rd Med. Ctr., 1653 Brice Rd, Reynoldsburg, OH 43068; r. 1126 Manfeld Dr., Columbus, OH 43227.

SAMMONS, Joanne Lambert; '80 MLHR; 18 Fayette St., Cambridge, MA 02139, 617 868-5378.

SAMMONS, Robert L.; '49 BSBA; Free-lance Writer; r. 76 W. 82nd St., Apt. 5-E., New York, NY 10024, 212 874-2715.

SAMP, James Philip; '76 BSBA, '77 MBA; Staff; Ernst & Whinney, 2000 National City Ctr., Cleveland, OH 44114; r. 508 Montridge Ln., De Soto, TX 75115.

SAMP, Stephen Neale; '86 BSBA; Staff Acct.; Deloitte Haskins & Sells, Ste. 1000 1st Interstate, Bank Plz., Phoenix, AZ 85003, 602 257-8333; r. 7250 S. Kyrene Rd., Apt. 225, Tempe, AZ 85283, 602 820-4557.

SAMPLE, Paul A.; '48 BSBA; Retired; r. 9610 E. Navajo Pl., Sun Lakes, AZ 85248, 602 895-7285.

SAMPLE, Stephen Michael; '74 BSBA; Mktg. Cnslt.; Ohio Bell Tel Co., 369 W. 1st St., Dayton, OH 45402; r. 3109 Rushland Dr., Kettering, OH 45419, 513 293-2713.

SAMPLES, Wayne G.; '47 BSBA, '48 MBA; Retired; r. 33 Maracay, San Clemente, CA 92672, 714 361-9518.

SAMPSEL, Craig Allen; '80 BSBA; Dist. Sales Mgr.; J M Smucker Co., POB 280, Strawberry Ln., Orrville, OH 44667; r. 12314 W. 54th St., Shawnee, KS 66216, 913 268-3493.

SAMPSEL, Darwin L.; '51 BSBA; 66 Louise Dr., Shelby, OH 44875, 419 342-3661.

SAMPSELLE, John L.; '57 BSBA; Audit Dir.; Dominos Pizza, POB 997, Ann Arbor, MI 48106, 313 668-4000; r. 1230 Bardstown Tr., Ann Arbor, MI 48105, 313 761-1859.

SAMPSON, Albert Edward; '70 BSBA; Pres.; Alberts of Lima dba Drug Castle, 2290 Elida Rd. (Lima Plz.), Lima, OH 45805; r. 3605 S. Amblewood Cir., Lima, OH 45806, 419 999-4281.

SAMPSON, John R.; '51 BSBA; Retired; r. 1601 Chandler Rd., Statesboro, GA 30458, 912 681-4644.

SAMPSON, Rani K.; '86 BSBA; Sales; GTE; r. 13723 NE 28th St., Bellevue, WA 98005, 206 885-6232.

SAMPSON, Rebecca Lynn; '87 MBA; Trust Ofcr.; Citizen's Fed., 2140 Treemont Rd., Columbus, OH 43221, 614 459-2006; r. 3046 Morsetown Ct., Columbus, OH 43224, 614 475-8389.

SAMPSON, Ronald Alexander; '71 MBA; Proj. Leader; Burroughs Corp., 1 Burroughs Pl., Detroit, MI 48232; r. 2602 Athena, Troy, MI 48084.

SAMS, Fred E.; '55 BSBA; Atty.; Schneider Prohaska & Sams, 906 E. Broad St., Columbus, OH 43205, 614 258-5858; r. 1934 Snouffer Rd., Worthington, OH 43085, 614 888-6580.

SAMS, William Edward; '75 MBA; Video Cassette Distr; S S D Video, 97 N. Stygler Rd., Gahanna, OH 43230, 614 476-8600; r. 305 Muskingum Dr., Gahanna, OH 43230, 614 471-4264.

SAMSEL, David Arthur; '68 BSBA; Atty.; 310 Cottage St., Ashland, OH 44805, 419 289-0509; r. 884 Sandusky St., Ashland, OH 44805, 419 289-8745.

SAMSEL, Mark Edward; '77 BSBA; Asst. to VP Plng.; Anheuser Busch, 1 Busch Pl., St. Louis, MO 63118, 314 577-3068; r. #7 E. Beacon Hill, Fairview Hts., IL 62208, 618 398-8353.

SAMSEL, Richard G.; '49 BSBA; Retired; r. 195 Spyglass Alley, Placida, FL 33946, 813 697-1230.

SAMSON, Frank S.; '50 BSBA; Retired; r. 18307 Carriage Ln., Nassau Bay, TX 77058, 713 333-3738.

SAMUEL, Donald E.; '53 BSBA; Pres./Owner; E T Samuel Printers Inc., 1459 Lakeside Ave. NE, Cleveland, OH 44114, 216 771-0707; r. 19620 Edgecliff Dr., Euclid, OH 44119, 216 486-4861.

SAMUEL, Howard E.; '46 BSBA; Retired; r. 5258 Belvedere Dr., Baton Rouge, LA 70808, 504 924-0801.

SAMUEL, Joan, (Joan Campbell); '48 BSBA; Homemaker; r. 5258 Belvedere Dr., Baton Rouge, LA 70808, 504 924-0801.

SAMUEL, Theodore Joseph; '70 BSBA, '72 MA; Pres./Rl Est Invstmnt; T J S Advisory, 6400 Carmel Rd., Charlotte, NC 28226, 704 541-8765; r. 3040 Lauren Glen Rd., Charlotte, NC 28211, 704 542-8132.

SAMUELS, David Scott; '77 BSBA; Pres., CEO; State of The Art, c/o Postmaster, Costa Mesa, CA 92626; r. 18 Bayview, Irvine, CA 92714.

SAMUELS, Gary Lee; '77 BSBA; Staff; Kroger, 4450 Poth Rd., Columbus, OH 43213; r. 1501 Striebel Rd., Columbus, OH 43227.

SAMUELS, Steven Brian; '81 BSBA; Pres.; Samuels & Assocs., 69 Newbury St., 5th Fl., Boston, MA 02116, 617 536-9333; r. 280 Commonwealth Ave., Apt. #204, Boston, MA 02116, 617 536-9333.

SAMUELSON, Arthur Wesley, Jr.; '83 BSBA; Fin Mgmt. Prog. Traine; GE, 1 River Rd., Bldg. 5 6th Fl. W., Schenectady, NY 12345; r. 168 Burnt Plains Rd., Milford, CT 06611.

SANBORN, Jimmy Webb; '80 BSBA; 577 Ponderosa Dr., Melbourne, FL 32904, 407 723-0257.

SANBORN, Ms. Louise V., (Louise Vesco); '84 MBA; Bond Analyst; Allstate Ins. Co., Allstate Plz., Bldg. E, Chicago, IL 60062, 312 402-5481; r. 2102 N. Clifton Ave., Apt. 2, Chicago, IL 60614, 312 348-6525.

SANBURN, F. George, CPA; '56 BSBA; Retired; r. 4467 Drifton Dr., Columbus, OH 43227, 614 861-2852.

SANCHEZ, Julian Paul; '80 MLHR; Personnel Supv.; Sandia Natl. Labs, Organization #3533, POB 5800, Albuquerque, NM 87185, 505 844-3650; r. 4004 Calle Castano NE, Albuquerque, NM 87112, 505 299-0443.

SANCHIRICO, John A.; '80 BSBA; Sales Rep.; Goodyear T&R Co., 1144 E. Market St., Akron, OH 44316; r. 205 Oxford Pl., POB 7725, Louisville, KY 40207, 502 896-6820.

SANDBERG, Eric John; '81 BSBA; Staff; Procter & Gamble Co., 301 E. Sixth St., Cincinnati, OH 45202; r. 4021 Cole Ave. #211, Dallas, TX 75204, 214 521-8345.

SANDBERG, Thomas H., Sr.; '60 BSBA; Regional Mgr.; Jefferson-Pilot Life Ins., 7447 Harwin Dr., Ste. 116, Houston, TX 77036, 713 785-6020; r. 2647 Williams Grant Blvd., Sugar Land, TX 77479, 713 980-3748.

SANDBO, Douglas R.; '57 BSBA; Pres.; O G Sandbo Co., 1000 W. Henderson Rd., POB 20209, Columbus, OH 43220, 614 451-3334; r. 2408 Wimbledon Rd., Columbus, OH 43220, 614 451-1222.

SANDBURG, Jack F.; '40 BSBA; Retired; r. 7414 Hart St., Mentor, OH 44060, 216 255-2010.

SANDERELL, Michael Albert; '72 BSBA; 193 Exeter Rd., Hampton, NH 03842.

SANDERS, Daniel R.; '80 MPA, '82 MBA; Operations Mgr.; Fruehauf Corp., 111 E. Maxtown Rd., POB 6104, Westerville, OH 43081, 614 882-1500; r. 921 Prince William Ln., Westerville, OH 43081, 614 794-3063.

SANDERS, Daryl T.; '63 BSBA; Pastor; Zion Christian Fellowship, NW Career Ctr., 2758 Sawbury Blvd., Worthington, OH 43085, 614 792-2653; r. 6140 Moore Rd., Delaware, OH 43065, 614 881-5240.

SANDERS, Howard; '66 MACC; Pres.; Sanders Finance Mgmt. Inc., 410 Sea Turtle Ter., Ft. Lauderdale, FL 33324; r. 410 Sea Turtle Ter., Ft. Lauderdale, FL 33324, 305 475-9009.

SANDERS, Jeffrey Charles; '86 BSBA; VP; Sanders Sales & Svc., 1582 E St. Rte. 36, Urbana, OH 43078, 513 652-2233; r. 2184 Talbot, Mechanicsburg, OH 43044, 513 834-3601.

SANDERS, John Robert; '78 MBA; VP; Comerica Bank, Middle Market Banking, Detroit, MI 48275; r. 6033 Via De Los Cerros, Pleasanton, CA 94566, 415 426-1587.

SANDERS, Ms. Kathy; '86 BSBA; Profn. Rep.; Merck Sharp & Dohme, 4242 Janitrol Rd., Columbus, OH 43228; r. 28525 Franklin Rd., Southfield, MI 48034.

SANDERS, Leslie Andrews; '62 MBA; VP/Credit Div.; Natl. Bank of Detroit, 611 Woodward Ave., Detroit, MI 48226, 313 225-1000; r. 521 University Pl., Grosse Pte., MI 48230, 313 886-0869.

SANDERS, Dr. Nada, (Nada Rankovic); '81 MBA, '86 PhD (BUS); Asst. Prof.; Wright State Univ., Mgmt. Sci. & Info. Systs., 206 Rike Hall, Dayton, OH 45435, 513 873-2895; r. 5656 Flynn Ct., Dublin, OH 43017.

SANDERS, Mrs. Nancy Hohman; '77 BSBA; Account Mgr.; Goal Systs. Intl., 7965 N. High St., Northwood Complex, Columbus, OH 43215, 614 888-1775; r. 328 Avon Ct., Dublin, OH 43017, 614 764-7879.

SANDERS, Randy L.; '88 BSBA; 15990 State Rte. 207 S. E., Mt. Sterling, OH 43143, 614 869-2384.

SANDERS, Ruth Swickard; '44 BSBA; Retired; r. 46 S. Southampton Ave., Columbus, OH 43204, 614 274-2356.

SANDERS, Stephen Wayne; '85 MA; 12220 Carlsbad Ln., Jacksonville, FL 32223, 904 260-1178.

SANDERS, Waymond, Jr.; '83 MBA; Financial Analyst; Hewlett-Packard, POB 201, Baconton, GA 31716; r. POB 201, Baconton, GA 31716, 912 787-5546.

SANDERSON, Richard L.; '48 BSBA; Retired; r. 110 Paul Revere Dr., Houston, TX 77024, 713 464-6122.

SANDERSON, Robert S., Jr.; '43 BSBA; Farm Mgr.-Trustee; Campbell-McCoy Trustees, 134 1/2 E. Court St., Washington Ct. House, OH 43160, 614 335-2480; r. 667 Comfort Ln., Washington Ct. House, OH 43160, 614 335-0160.

SANDERSON, Mrs. Robin Priest; '81 BSBA; Acct.; RAS Acctg. Svcs., POB 20603, Columbus, OH 43220, 614 771-1869; r. 3820 Ramblehurst Rd., Hilliard, OH 43026, 614 771-1869.

SANDHU, Kanwaljit Singh; '77 BSBA; VP/Systs. Dept.; Interamerica Svcs., 645 5th Ave., New York, NY 10022, 212 888-5888; r. 578 New Hempstead Rd., Spring Vly., NY 10977, 914 362-1269.

SANDHU, Rajbir S.; '82 BSBA; Merchandising Spec.; British Petroleum America, 930 Tennessee Ave., Cincinnati, OH 45229, 513 641-0700; r. 2015 Edgecliff Point #1, Cincinnati, OH 45206, 513 751-2760.

SANDKUHL, Douglas Lee; '83 BSBA; Pension Undrwrtg Mgr.; Nationwide Life Ins. Co., One Nationwide Plz., Columbus, OH 43216, 614 249-2466; r. 4947 Hollow Oak Ct., Hilliard, OH 43026, 614 876-6162.

SANDLER, Jay M.; '43 BSBA; Assoc. Publisher; r. 699 W. 239th St., Riverdale, Bronx, NY 10463.

SANDOR, Kenneth Victor; '72 BSBA; Pres.; Vero Glass & Mirror, 1669 Old Dixie Hwy., Vero Beach, FL 32960, 407 567-3123; r. 1130 39th Ave., Vero Beach, FL 32960, 407 569-6898.

SANDRIDGE, Sheryl Gautschi; '80 BSBA; Sr. Analyst; Ameritech Svcs., 6060 Rockside Woods Blvd., Independence, OH 44131, 216 642-8027; r. 1423 B Timber Tr., Akron, OH 44313, 216 923-4910.

SANDROCK, Douglass Hankison; '78 BSLHR; 18523 E. Layton Pl., Aurora, CO 80015, 303 690-5886.

ALPHABETICAL LISTINGS SAUNDERS 243

SANDRY, James Vincent; '85 BSBA; Acct.; Peat Marwick Main & Co., 245 Peachtree Ctr. Ave. NE, Atlanta, GA 30043, 404 577-3240; r. 506 Windcliff Dr., Marietta, GA 30067, 404 955-0330.

SANDRY, Thomas Michael; '88 BSBA; Asst. Acct.; Peat Marwick, 2 Nationwide Plz., Columbus, OH 43215, 614 249-2300; r. 1579 Park Tr. Dr., Westerville, OH 43018.

SANDS, David Austin; '81 BSBA; Mgmt. Cnslt.; Seidemann & Assocs., 23200 Chagrin Blvd., Cleveland, OH 44122, 216 464-4442; r. 26241 Lake Shore Blvd., #1761, Euclid, OH 44132, 216 289-6483.

SANDS, James Alan; '85 BSBA; Controller; Mid-Ohio Electric Co., 1170 Mc Kinley Ave., Columbus, OH 43222, 614 274-8000; r. 3121 Bremen, Columbus, OH 43224, 614 267-1171.

SANDS, Martha Jeanne; '83 BSBA; Corp Cus Serv Analst; Citicorp Diners Club, 183 Invernes Dr. W., Englewood, CO 80112; r. 7777 E. Yale Ave. #M107, Denver, CO 80231.

SANDS, Richard E.; '52 BSBA; Asst. Purchasing; D L Auld & Co., 5th Ave. & 5th St., Columbus, OH 43201; r. 2667 Kent Rd, Columbus, OH 43221, 614 486-4665.

SANDSTROM, William Leander; '68 BSBA; Programmer Analyst; Painesville, OH 44077, 216 357-2571; r. 819 E. Erie St., Painesville, OH 44077, 216 354-5430.

SANDUSKY, Charles E.; '56 BSBA; 3922 Edenton Ct. NE, Atlanta, GA 30319, 404 451-9237.

SANDVOSS, Norman William; '65 BSBA; Atty.; Sandvoss & Lentz, 228 W. Main, POB 248, Ravenna, OH 44266, 216 297-5718; r. 415 Rellim Dr., Kent, OH 44240, 216 673-6494.

SANDY, Wayne Thomas; '78 BSBA; Loss Control Rep.; Trinity Co., 2000 Ross, Dallas, TX 75201; r. 5049 N. Colony Blvd., The Colony, TX 75056, 214 370-7608.

SANDY, William A.; '58 BSBA; Sr. Analyst; Blue Cross Blue Shield of FL, POB 1798, Jacksonville, FL 32202, 904 730-3251; r. 8996 Mornington Dr., Jacksonville, FL 32257, 904 731-0597.

SANER, Robert H.; '66 BSBA; 6760 Dryer Rd., Georgetown, OH 45121, 513 378-6805.

SANER, Thomas A.; '64 BSBA; Asst. Serv Mgr.; Sears Roebuck Co., 925 S. Homan Ave., Chicago, IL 60624; r. 1098 Augustana Dr., Naperville, IL 60565, 312 369-3474.

SANESE, Charles David; '83 BSBA; Mgr.; Sanese Svcs., 6465 Busch Blvd., Columbus, OH 43229, 614 436-1234; r. 6192 Rockland Dr., Dublin, OH 43017, 614 761-1379.

SANFORD, Alice Brown; '49 BSBA; Homemaker; r. 207 Redwood Rd., Mansfield, OH 44907, 419 756-9884.

SANFORD, Kathleen Jester; '78 BSBA; Sr. Account Rep.; Franklin Financial Svcs., c/o Postmaster, Columbus, OH 43215; r. 7853 Dupler Rd. SE, Sugar Grove, OH 43155, 614 746-9420.

SANFORD, Richard J.; '77 BSBA; VP; Broadcast Video Corp., 1851 S. High St., Columbus, OH 43207; r. 3382 Brendan Dr., Columbus, OH 43026, 614 771-0608.

SANFORD, Robert H.; '86 BSBA; Account Exec.; Curtis Duplication, 2025 Reading Rd., Ste. 130, Cincinnati, OH 45202, 513 621-8895; r. 9221 Hunters Creek Dr., Apt. C, Cincinnati, OH 45242, 513 791-3965.

SANFORD, Sanford B.; '49 BSBA; Pres.; United Broadcast Cos., POB 881, Columbus, OH 43216, 614 445-8800; r. Same, 614 235-7739.

SANFREY, Richard James; '81 BSBA; Materials Mgr.; United Techonologies, Inc., POB 189, New Lexington, OH 43764, 614 342-1983; r. 433 Hillandale Dr. N. E., Newark, OH 43055, 614 763-3011.

SANGALIS, MGEN Dean, USMC(Ret.); '52 BSBA; Owner; Dean Sangalis & Assocs., 99 E. 86th Ave., Ste. G, Merrillville, IN 46410, 219 769-8474; r. 1204 Theresa Dr., Schererville, IN 46375, 219 865-8423.

SANGHVI, Jayantilal D.; '57 MBA; Gen. Sales Mgr.; Richardson Hindustan Ltd., Tiecicon House, Dr. E. Moses Rd, Bombay 11, India; r. 61 Somerset Mansion, Tyabji Park 63 Gwarden Rd, Bombay 26, India.

SANGRIK, Thomas Richard; '79 BSBA; Small Bus. Admin., 1240 E. 9th St., Cleveland, OH 44199; r. 8458 Seaton Pl., Mentor, OH 44060, 216 974-1444.

SANKEY, Douglas W.; '39 BSBA; Retired; r. 2611 E. Avenida De Maria, Tucson, AZ 85718, 602 299-0641.

SANOK, Linda Marie; '86 BSBA; 2126 Honeytree Ct., Columbus, OH 43229, 614 885-1923.

SANSON, Philip M.; '65 BSBA; Exec. VP; Riser Foods Inc., 5300 Richmond Rd., Bedford Hts., OH 44146, 216 292-7000; r. 5846 Briarhill Dr., Solon, OH 44139, 216 248-6927.

SANSONE, Philip E.; '52 BSC; Retired; r. 1463 Knollwood Dr. E., Columbus, OH 43227, 614 861-3231.

SANSONE, Scott Eric; '83 BSBA; Sales Trainer; Merrell Dow, Subsidiary of The Dow Chem Co, 10123 Alliance Rd., Cincinnati, OH 45215; r. 9443 Colgate Way, Hamilton, OH 45011, 513 874-2110.

SANSONE, Thomas Joseph; '85 BSBA; Staff Acct.; Hausser Plus Taylor, 471 E. Broad St., Ste. 1200, Columbus, OH 43215, 614 224-7722; r. 3146 Norwood, Columbus, OH 43224, 614 263-4132.

SANSOTTA, Allan J.; '66 BSBA; Stockbroker-VP; Thomson McKinnon Securities Inc., 5959 Central Ave., St. Petersburg, FL 33710, 813 384-2000; r. 8302 W. Gulf Blvd., Treasure Island, FL 33706, 813 360-5524.

SANTA EMMA, Joseph Philip; '59 MPA; Commissioner; Fed. Mediation/Conciliation Ser, 6600 Busch Blvd., Columbus, OH 43229; r. 2475 Haviland Dr., Columbus, OH 43220, 614 457-8889.

SANT'ANGELO, Lizabeth Ann; '86 BSBA; 1493 Cedarwood Rd., Allentown, PA 18104.

SANTARELLI, Francis O.; '67 BSBA; Mgr.; IBM Corp., 3700 Wilshire Blvd., Los Angeles, CA 90005; r. 8634 Comanche Ave., Canoga Park, CA 91306.

SANTELER, John Richard; '77 MBA; Mktg. Cnslt.; John R Santeler, 1923 Oak Knoll Dr., Belmont, CA 94002, 415 598-1818; r. 2357 Wickliffe, Columbus, OH 43221, 614 457-0546.

SANTIAGO, Cathleen Belanger, (Cathleen Belanger); '80 BSBA; VP Sales; Interamericans Corp., 1250 W. NW Hwy., Mt. Prospect, IL 60056, 312 398-1480; r. 631 S. Arlington Heights Rd., Arlington Hts., IL 60005, 312 259-8448.

SANTILLI, Donna Ostrander; '79 BSBA; Staff; F & R Lazarus, Town & High Sts., Columbus, OH 43215; r. 4569 Hartwell Rd, Columbus, OH 43224.

SANTILLI, Robert L.; '60 BSBA; Div. Sales Trng.; Combined Ins. Co. of America, 400 W. Wilson Bridge Rd., Ste. 100, Worthington, OH 43085, 614 885-1161; r. 8245 Chinook Pl., Apt. 1B, Worthington, OH 43235, 614 888-7182.

SANTILLI, Sherri Lynn; '87 BSBA; 214 Arden Rd., Columbus, OH 43214, 614 261-0579.

SANTISA, Lorraine Geralyn '83 (See Hinebaugh, Lorraine Geralyn).

SANTISI, Donald James, Jr.; '80 BSBA; Supv.; Mahoning Sparkle Mkts., Inc., Victoria Rd., Youngstown, OH 44515, 216 792-1946; r. 1600 Squaw Creek, Girard, OH 44420, 216 545-5953.

SANTISI, John Samuel; '72 BSBA; Mgmt.; Phoenix Supermarkets Inc., POB 4306, Austintown, OH 44515; r. 4000 Logangate, Apt. 8, Youngstown, OH 44505.

SANTON, Lawrence J.; '56 BSBA; Pres.-Cnslt.; Santon & Assocs., 1621 Euclid Ave. # 914, Cleveland, OH 44115, 216 621-1555; r. 724 Tinkers Ln., Sagamore Hls., OH 44067, 216 468-1328.

SANTOS, Clarence B., III; '84 BSBA; Quality Engr.; Navistar Inc., 800 Manor Park Dr., Columbus, OH 48322; r. 180 Riva Ridge, Pataskala, OH 43062, 614 927-9511.

SANTOS, Ms. Michelle C.L.; '83 BSBA; Sr., Cnsltg. Svcs.; Andersen Cnsltg., 41 S. High St., Ste. 2000, Columbus, OH 43215, 614 228-5651; r. 5810 Spring Rock Cir., Bldg. #1, Columbus, OH 43229.

SANTUCCI, Joseph Phillip, Jr.; '87 BSBA; Cnslt./Mgmt. Svcs.; Crowe Chizek & Co., One American Sq., Box 8211 Ste. 3000, Indianapolis, IN 46282, 317 632-8989; r. 10965 Limbach Ct., Indianapolis, IN 46260, 317 257-7861.

SANTUZZI, Paul Anthony; '73 BSBA; Mgr.-Plant Acctg.; Warren Consolidated Ind., 1040 Pine Ave., Warren, OH 44482, 216 841-8312; r. 188 Bentwillow Dr., Niles, OH 44446, 216 544-2430.

SANZ, Juan Carlos; '81 MBA; Intl. Bus. Mgr.; Campbell-Tagart, 6211 Lemon, Dallas, TX 75266, 214 358-9255; r. 5012 Hollow Ridge Rd., Dallas, TX 75227, 214 388-5134.

SAPIA, Guillermo S., Jr.; '87 BSBA; Mgmt. Trainee; Charters, 4519 Kenny Rd., Columbus, OH 43220, 614 459-4759; r. 2293 Adams Ave., Columbus, OH 43202, 614 268-8240.

SAPONARO, Mrs. Karen J., (Karen J. Davis); '82 BSBA; Account Exec.; Nova Sales, 1655 Semoran Blvd., Apopka, FL 32704, 407 886-5995; r. 3486 Arbutus Ln., Winter Park, FL 32792, 407 657-4670.

SAPP, Joseph Patrick; '87 BSBA; 38253 County Rd. 82, Warsaw, OH 43844, 614 824-3043.

SAPP, Julie '83 (See Bowman, Julie M.).

SAPP, Louis R.; '30 BSBA; Retired Comptroller; West Snack Co., Cuyahoga Falls, OH 44222; r. 429 N. Hawkins Ave., Akron, OH 44313, 216 864-5775.

SAPP, Phyllis Miller, (Phyllis Miller); '56 BSBA; Weaver Instr.; City of Lawrence, Lawrence, KS 66044; r. 1021 Avalon Rd, Lawrence, KS 66044, 913 842-0013.

SARACHENE, Lawrence John; '73 BSBA; Supv.; Kentucky Fried Chicken, POB 389, Massillon, OH 44646; r. 8343 Stuhldeher Rd NW, Massillon, OH 44646, 216 832-3706.

SARAFIN, Daniel Edwin; '84 BSBA; Computer Operator; Easton Shoes Inc., Graceland Shopping Ctr., Columbus, OH 43214; r. 3384 Sunnybrook Ct., Hilliard, OH 43026, 614 876-6091.

SARAFIN, Lori Diane; '80 BSBA, '84 MBA; Comm Leasing Ofcr.; Huntington Leasing Co., 37 W. Broad St., Columbus, OH 43215; r. 104 E. Longview Ave., Columbus, OH 43202, 614 263-6024.

SARAFIN, Myra Hartman; '53 BSBA; 1915 Banyan Ln., Mansfield, OH 44907, 419 756-8617.

SARBAUGH, Jerry Gene; '84 BSBA; Sales Rep.; Porpak Inc., 894 Freeway Dr. N., Bldg. 8 Unit E, Columbus, OH 43229, 614 431-2166; r. 723 Moon Rd. #A, Columbus, OH 43224, 614 261-0036.

SARBER, Terri Lynn; '83 BSBA; 266 Monarch Rd., Centerville, OH 45450, 513 433-8689.

SARBIN, Elaine '50 (See Gilberg, Elaine Sarbin).

SARGEANT, James R.; '59 BSBA; Mgmt. Cnslt./Pres.; J R Sargeant Co., 189 Broadway, Batavia, OH 45103; r. 189 Broadway, Batavia, OH 45103, 513 732-0630.

SARGEANT, Sherry L.; '88 BSBA; 2509 Ridgecrest Dr., Augusta, GA 30907.

SARGEL, Mrs. Lisa A.; '82 BSBA; Personnel Mgr.; Taggart Marryott Reardon Co., 4150 Tuller Rd., Dublin, OH 43017; r. 6487 Skywae Dr., Columbus, OH 43229, 614 899-0815.

SARGEL, Scot David; '82 BSBA; Treas.; Provident United Inc., 5597 Sierra Ridge, Columbus, OH 43231, 614 891-9538; r. 6487 Skywae Dr., Columbus, OH 43229, 614 899-0815.

SARGENT, CAPT Brad L., USAF; '82 BSBA; Navigator; 70th Air Refueling Sq., Grissom AFB, IN 46971, 317 689-2195; r. 2734 Sundown Dr., Kokomo, IN 46901, 317 452-6529.

SARGENT, Laura Robson, (Laura Robson); '85 BSBA; Tennis Profn.; Racquet World, 2695 S. Monaco Blvd., Denver, CO 80207, 303 758-7080; r. 10705 E. Powers Dr., Englewood, CO 80111, 303 741-0041.

SARKIS, George; '50 BSBA; Retired; r. 160 Castle Blvd., Akron, OH 44313, 216 864-2750.

SARKIS, Mary Bargides; '58 BSBA; Pres.; The American Women's Club, 95 Piccadilly, London WI, England; r. 11 Alexandra Ct., 171 Queens Gate, London SW7 5HG, England.

SARKKINEN, Eino K.; '48 BSBA; Retired; r. 2072 Larchmont Rd, Akron, OH 44313, 216 864-5040.

SARLE, Alan R.; '58 MBA; 313 Highland Ave., Worthington, OH 43085, 614 885-9940.

SARLSON, Stanford; '51 BSBA; Treas.; Ski-Way Machine Prods. Co., 24460 Lakeland Blvd., Euclid, OH 44132, 216 732-9000; r. 2344 Lalemant Rd., Cleveland, OH 44118, 216 381-2809.

SARNO, Anthony Joseph; '77 BSBA; 561 S. 4th St., Columbus, OH 43206, 614 464-0014.

SARNOFF, Helen Cone; '47 BSBA; 14-19 11th St., Fair Lawn, NJ 07410, 201 797-2725.

SARNOVSKY, Craig Alan; '76 BSBA; Sales Engr.; Diamond Power Specialty Co., Babcock & Wilcox, Stamford, CT 06905, 203 348-4767; r. 811 Grand Ave., N. Bergen, NJ 07047, 201 392-1461.

SARR, Elaine '55 (See Scull, Elaine Sarr).

SARR, Ernest Thomas; '68 BSBA; Buffalo Star Rte. Box 42D, Sheridan, WY 82801, 307 674-4067.

SARREY, Michael Preston; '72 BSBA; Cheif Financial Ofcr.; Wanda Kerr Dunbar Inc., 1250 Chambers Rd., Columbus, OH 43212, 614 486-5396; r. 2604 Weslford Rd., Columbus, OH 43221, 614 488-3993.

SARVER, Daniel John; '84 MBA; 4825 Kinghill Dr., Apt. 307, Columbus, OH 43229, 614 436-3050.

SARVER, Jerry A.; '63; Loan Ofcr.; Atlantic Savings Bank, Village of Wexford, POB 5930, Hilton Head Island, SC 29938, 803 686-9600; r. 22 S. Beach Ln., Hilton Head Island, SC 29928, 803 671-6069.

SARVER, Patrick Raymond; '86 BSBA; Branch Mgr.; Chrysler First, Sub of Chrysler Fdn, POB 5536, Florence, SC 29502, 803 662-2487; r. 654 Warley St., Florence, SC 29501, 803 678-9961.

SARVER, Timothy Laurence; '88 BSBA; 619 E. Milton, Alliance, OH 44601, 216 823-4683.

SARVIS, Kathy Lynn W. '85 (See Brewster, Mrs. Kathy S.).

SARVIS, Suzanne '87 (See Horning, Mrs. Suzanne).

SARVIS, William Edward; '85 BSBA; Art Dir.; Emerald Communications, c/o Postmaster, Willoughby, OH 44094, 216 953-1771; r. 5829 Woodhill Ext., Painesville, OH 44077, 216 352-7711.

SASLAW, Louis Newton; '78 MPA; Real Estate Cnslt.; M/I Schottenstein Cos., 1855 E. Dublin-Granville Rd., Columbus, OH 43229; r. 7832 Maplecreek Ct., Powell, OH 43065, 614 766-4071.

SASS, Martha Mary Fink; '82 MBA; Supvy. Contract Spec.; Defense Constr. Supply Ctr., 3990 E. Broad St., Columbus, OH 43216, 614 238-4124; r. 3065 Spruceview Ct., Columbus, OH 43231, 614 882-4874.

SASSO, Nicholas Rex; '80 BSBA; 1516 King Ave., Apt. 31, Columbus, OH 43212.

SATARINO, Vincent George; '73 BSBA; Bank Examiner; State of Illinois, c/o Postmaster, Chicago, IL 60607; r. 4239 Kedvale Ave., Chicago, IL 60641, 312 777-4595.

SATAVA, Joseph F., Jr.; '67 BSBA; Supv. Finance; Blue Cross Blue Shield of Ohio, 2066 E. 9th, Cleveland, OH 44115; r. 9246 Woodvale Ct., Mentor, OH 44060, 216 255-5649.

SATER, Leanne; '88 BSBA; 9007 Westlawn, Olmsted Falls, OH 44138, 216 243-2018.

SATER, Melanie Jane; '84 BSBA; Programmer/Analyst; Mohawk Systs., 2 Nationwide Plz., Columbus, OH 43216, 614 227-4292; r. c/o Spittler, 6127 Tulane Rd., Cincinnati, OH 45212.

SATERS, Brenda L. '88 (See Kornmiller, Mrs. Brenda L.).

SATHE, Dr. Vijay Vishwanath; '72 MBA, '74 PhD (BUS); Prof.; Claremont Grad. Sch., Harper Hall 130, 150 E. Tenth St., Claremont, CA 91711, 714 621-8028; r. 848 Decatur Cir., Claremont, CA 91711.

SATTERFIELD, Constance Mettler; '55 BSBA; Retired; r. 605 Woodleave Rd, Bryn Mawr, PA 19010, 215 525-5196.

SATTERFIELD, James Emerson; '81 BSBA; 8660 Rocky Trails, Mason, OH 45040, 513 398-0135.

SATTERFIELD, CAPT Sarah Ann; '75 BSBA; Quartermaster; USA, Division Support Commmand, Hq 3rd Infantry, APO, New York, NY 09701; r. 8 Alder Dr., Sparta, NJ 07871.

SATTERWHITE, Alan Barry; '69 BSBA; VP/CFO; Decor Corp., 1519 Alum Creek Dr., S., Columbus, OH 43209, 614 258-2871; r. 4295 Harborough Rd., Columbus, OH 43220, 614 459-2875.

SATTLER, Charles L.; '31 BSBA; Retired Salesman; Tiffin Enterprise Inc., 458 2nd, Tiffin, OH 44883; r. 1033 E. Twp Rd 201, Tiffin, OH 44883, 419 447-4768.

SATTLER, Guy Richard, Jr.; '71 MBA; 6546 3rd Ave. NW, Seattle, WA 98117, 206 784-8885.

SATTLER, Robert S.; '51 BSBA; Retired; r. RR #1, Box 607, Mineral City, OH 44656, 216 859-2155.

SAUBER, David L.; '63 BSBA; Mgr.-Natl. Sales; Dayton Tire/Firestone T&R Co., 1200 Firestone Pkwy., Akron, OH 44317; r. 131 Old Orchard Dr., Hudson, OH 44236, 216 650-4374.

SAUBER, Harold F.; '64 BSBA; Mgr.-Owner; Hurst Co., Fulton St., Wauseon, OH 43567, 419 335-2851; r. 435 Dwight Ave., Wauseon, OH 43567, 419 335-6941.

SAUDER, Felicia Gene; '82 BSBA; Rte. 1 Box 619 Cemtery, Lucas, OH 44843.

SAUDER, Melvin Joseph; '79 BSBA; Gen. Mgr.-VP; Allprints Photo, POB 939, Mansfield, OH 44901; r. 2159 Sprucewood Cir., Mansfield, OH 44903, 419 589-8536.

SAUDER, Roger E.; '50 BSBA; Retired; r. 6036 Echodell Ave. NW, N. Canton, OH 44720.

SAUER, Diane R., (Diane Rosengarten); '75 BSBA; Gen. Mgr./Corp Secy.; Martin Chevrolet Inc., 419 W. Market St., Warren, OH 44481, 216 373-1600; r. 389 Cherry Hill Ln., Cortland, OH 44410, 216 638-7278.

SAUER, James Charles; '68 BSBA; Atty.; Atty. Generals Ofc., State Ofc. Twr., Columbus, OH 43215; r. 1098 Stanhope Dr., Columbus, OH 43221, 614 457-2786.

SAUER, Jennifer Letsche, (Jennifer Letsche); '82 BSBA; Product Line Mgr.; Monarch Marking Systs. Inc., POB 608, Dayton, OH 45401, 513 865-2224; r. 4271 Maricarr Dr., Kettering, OH 45429, 513 294-7650.

SAUER, Michael Timothy; '82 BSBA; Corporate Asst. VP; Citizens Fed. S&L Assn., 110 N. Main St., Dayton, OH 45402, 513 229-8352; r. 4271 Maricarr Dr., Kettering, OH 45429, 513 294-7650.

SAUER, Dr. Paul Lawrence; '68 MBA, '85 PhD (BUS); Asst. Prof.; Univ. at Buffalo (SUNY), 220-C Jacobs Mgmt. Ctr., Buffalo, NY 14260, 716 636-3216; r. 211 S. Union Rd., Apt. 16, Williamsville, NY 14221, 716 632-5036.

SAUERMAN, David Luther; '81 MBA; 705 Parkside, Naperville, IL 60540, 312 983-4648.

SAUL, Amy B. '82 (See Sinkelstein, Amy B.).

SAUL, David Cameron; '77 BSBA; Industrial Spec.; Coldwell Banker Commercial, 65 E. State St., Ste. 1708, Columbus, OH 43215, 614 463-1600; r. 3678 Rochfort Bridge Dr., Hilliard, OH 43026, 614 876-6184.

SAUL, Kenneth L.; '49 BSBA; Retired Sr. VP & CFO; r. 4830 Camino La Brinca, Tucson, AZ 85718, 602 299-0424.

SAULL, Susan E.; '87 BSBA; Columbus, OH 43216.

SAULTERS, James Ralph; '85 BSBA; P & G Natl. WC Coord.; Gates, McDonald & Co., Ivorydale Technical Ctr., 5299 Spring Grove Ave., Cincinnati, OH 45217, 513 627-5492; r. 22 N. Timber Hollow Dr., Apt. 2218 Mail Box #14, Fairfield, OH 45014, 513 829-6681.

SAULTZ, Sherrie Ridenour; '76 BSBA; 9855 SW Vista Pl., Portland, OR 97225, 503 297-7440.

SAUM, Gary Eugene; '66 BSBA; Staff; Harris Instrument Co., 193 Clinton Heights Ave., Columbus, OH 43202, 614 262-6776; r. 374 Coldwell Ct., Gahanna, OH 43230.

SAUM, Gerald E.; '33 BSBA; Retired; The Buckeye Union Ins. Co., 1111 E. Broad St., Columbus, OH 43205; r. 292 Cadbury Dr., Gahanna, OH 43230, 614 475-2361.

SAUNBY, Linda '84 (See Thompson, Mrs. Linda Saunby).

SAUNDERS, Charles, Jr.; '68 BSBA; Assoc. Div. Council Cp; Ashland Chemical Co., POB 2219, Columbus, OH 43216, 614 889-3859; r. 167 Greenglade Ave., Worthington, OH 43085, 614 436-1259.

SAUNDERS, Charles Turner, Jr.; '87 MBA; Supv.; American Electric Power, Internal Fuel & Spcl Audits, 1 Riverside Plz., Columbus, OH 43216, 614 223-1340; r. 2771 Nottingham Rd., Columbus, OH 43221, 614 459-0534.

SAUNDERS, COL Floyd E., USAF(Ret.); '48 BSBA; 5430 Sinclair Rd, Columbus, OH 43229, 614 846-6597.

SAUNDERS, Gregory Scott; '82 BSBA; Collection Rep.; Paccar Financial Corp., 1105 Schrock Rd., Ste. 715, Columbus, OH 43229; r. 305 Arden Rd., Columbus, OH 43214, 614 267-8090.

SAUNDERS, Howard B.; '48 BSBA; Ins.; Howard Baker Saunders Ins. Co., 439 2nd Ave., Gallipolis, OH 45631; r. 609 2nd Ave., Gallipolis, OH 45631, 614 446-1752.

SAUNDERS, Jeffrey Paul; '87 BSBA; Programmer; IBM, Internal 3632, POB 1615, S. Congress Ave., Delray Bch., FL 33445, 407 982-6436; r. 1634 Catherine Dr., Apt. 2, Delray Bch., FL 33445, 407 243-0815.

SAUNDERS, Mrs. Julie Lynn, (Julie Lynn Reese); '82 BSBA; Acct.; Honda of America Mfg. Inc., 24000 U S. Rte. 33, Marysville, OH 43040, 513 642-5000; r. 7214 Flat Rock Dr., Worthington, OH 43085, 614 792-9787.

SAUNDERS, Richard K.; '84 BSBA; Mgr.; Sully's Tool Rental, 575 E. Exchange St., Akron, OH 44306, 216 535-1529; r. 974 Blossom Dr., Akron, OH 44319, 216 645-0033.

SAUNDERS, Roger Allan; '52 BSBA; Certified Public Acc; RA Saunders & Co., 4314 Randmore Rd., Upper Arlington, OH 43220, 614 459-1133; r. Same, 614 459-6777.

SAUNDERS, Ronda H., (Ronda R. Harris); '82 BSBA; Personal Lines Undwrtr; State Farm Ins. Co., 1440 Granville Rd., Newark, OH 43055, 614 349-5466; r. 3400 Lancaster Rd., SW, Granville, OH 43023, 614 587-4074.

SAUNDERS, Steven Crayton; '75 BSBA; 1506 Trentwood, Columbus, OH 43221, 614 459-5826.

SAUNDERS, William P.; '49 BSBA; Publisher; Society of Automotive Engrs., 3001 W. Big Beaver, Troy, MI 48084, 313 647-9500; r. 1345 Oxford, Birmingham, MI 48008, 313 642-8333.

SAUSE, Michael Hyland; '71 BSBA; VP; United Cos. Financial Cor, Commerce Bldg., POB 1591, Baton Rouge, LA 70821; r. 3821 Deerfield Ln., Baton Rouge, LA 70816, 504 292-8761.

SAUTER, John L.; '62 BSBA; VP/Trust Grp.; Bancohio, 155 E. Broad St., Columbus, OH 43215, 614 463-7373; r. 4625 N. Shore Dr., Westerville, OH 43081, 614 965-3570.

SAUTER, Paul E.; '55 BSBA; 3853 Rosecliff Dr., Dayton, OH 45440, 513 426-8172.

SAUTTER, Gerald C.; '74 BSBA; Real Estate Appraiser; Gerald C. Sautter SRA, 866 Kenton Rd., Bellville, OH 44813, 419 886-3130; r. Same.

SAVAGE, Bruce L.; '78 BSBA; Southeastern Sales Mgr.; Technographics Dectone, 541 Industrial Dr., Lexington, SC 29072, 803 359-7111; r. 267 Ripley Station Rd., Columbia, SC 29212, 803 781-4861.

SAVAGE, James Edward; '73 BSBA; VP; Maghie & Savage Inc., 1608 Clara Ave., Columbus, OH 43211, 614 294-5485; r. 325 Blandford, Worthington, OH 43085, 614 846-8383.

SAVAGE, Jeffery John; '84 BSBA; 7015 Pilliod, Holland, OH 43528, 419 865-6059.

SAVAGE, Richard T., Jr.; '61 BSBA; 21 Sandalwood Ct., Racine, WI 53402, 414 681-2337.

SAVAGE, Robert G.; '49 BSBA; Retired; r. 6135 Orchard Hill Ln., Indianapolis, IN 46220, 317 255-2029.

SAVAGE, Scott John; '86 BSBA; VP/Mktg.; Continental Capital Corp., 5580 Monroe St., Ste. 100, Sylvania, OH 43560, 419 885-7525; r. 4535 Charlesgate, Sylvania, OH 43560, 419 885-8365.

SAVAGE, Thomas Charles; '71 BSBA; Div. Mgr.; American Electric Power, One Riverside Plz., Computer Systs. Division, Columbus, OH 43215, 614 223-3650; r. 1195 Three Forks Dr. N., Westerville, OH 43081, 614 898-9689.

SAVAKIS, Angelo Nick; '79 BSBA; Bank Examiner; Fed. Reserve Bank of Cleve, 6th & Superior, Cleveland, OH 44101; r. 4792 State Rte. 5, Cortland, OH 44410.

SAVAN, Dr. Carole Mc Kie; '60 BSBA; Phys./Med. Mgr.; Health Guard, 3428 W. Market St., Akron, OH 44313, 216 869-8000; r. 1474 Whittier St. NE, N. Canton, OH 44721, 216 494-9580.

SAVELAND, Malcolm H.; '39 BSBA; Retired Analyst; US Steel Corp., 600 Grant St., Pittsburgh, PA 15230; r. 2047 Menold Dr., Allison Park, PA 15101, 412 366-2440.

SAVELY, Jodette L. '85 (See Mains, Mrs. Jodette Lynn).

SAVERY, Donald Hoyt; '78 MBA; Sales Engr.; Rogers Corp., SE Region, Rogers, CT 06263; r. 7245 Connan Ln., Charlotte, NC 28211.

SAVIC, George A.; '54 BSBA; Pres.; Taurus North American, 900 Commercial Ave., Oxnard, CA 93030, 805 486-4844; r. 349 Somerset Cir., Thousand Oaks, CA 91360, 805 497-3551.

SAVIC, Pandel; '49 BSBA; Owner; Twyman Templeton Co., 650 Harrison, Columbus, OH 43204, 614 272-5623; r. 8694 Dunsinane Dr., Dublin, OH 43017, 614 766-4300.

SAVIDGE, Marilyn Ruth; '83 BSBA; 4775 Doty-East Rd., Southington, OH 44470, 216 898-7289.

SAVILLE, Charlotte Duffey; '49 BSBA; 95 Sea Marsh Rd., Fernandina Bch., FL 32034, 904 261-6478.

SAVILLE, Edward F.; '48 BSBA; Dir.; Paine Webber Inc., Midwestern Division, Chicago, IL 60607; r. 95 Sea Marsh Rd., Fernandina Bch., FL 32034, 904 261-6478.

SAVING, Robert J.; '49 BSBA; Dir. of Marketin; Doulton & Co. Inc., 400 Paterson Plank Rd, Carlstadt, NJ 07072; r. 44 Hillcrest Dr., Piscataway, NJ 08854, 201 699-0201.

SAVINSKY, Gary Allen; '84 BSBA; Acct.; Health Ohio Inc., 372 E. Center St., Marion, OH 43302, 614 387-6355; r. 4493 Lyons Rd., Caledonia, OH 43314, 419 845-2178.

SAVINSKY, Linda Susan; '85 BSBA; Re-Order Buyer; Revco D.S., Inc., 1925 Enterprise Pkwy., Twinsburg, OH 44087, 216 425-9811; r. 6980 S. Dewey Rd., Amherst, OH 44001, 216 988-2511.

SAVOCA, James Theodore; '79 BSBA; 6621 Glenallen Dr., Solon, OH 44139, 216 248-6854.

SAWALHA, Hanna Sami; '87 BSBA; Premium Auditor; r. 142 Friedley Ave., Bellevue, OH 44811, 312 806-9228.

SAWAN, Donna Lee; '78 BSBA; VP; Advest Inc., One Commercial Plz., 280-Trumbull St., Hartford, CT 06103, 203 241-2010; r. 36 Glenview Dr., Cromwell, CT 06416, 203 635-5236.

SAWAYA, Claire A. '79 (See Hazucha, Ms. Claire Sawaya).

SAWYER, Donald Albert; '58 BSBA; Plant Mgr.; Fasson Prods., 250 Chester St., Painesville, OH 44077; r. 5881 S. Shandle Blvd., Mentor, OH 44060, 216 257-3227.

SAWYER, Douglas Jon; '85 BSBA; Regional Account Mgr.; Mennen Co., Hanover Ave., Morristown, NJ 07960, 201 631-9000; r. 23 Mystic St., Apt. 3, Charlestown, MA 02129.

SAWYERS, Robert John, Jr.; '76 BSBA; Dir.; Cardinal Foods Inc., Out-Bound Distribution Dept., 4700 Fisher Rd., Columbus, OH 43228, 614 878-7171; r. 1780 Hightower Dr., Worthington, OH 43085, 614 766-2063.

SAXBY, Harley Jay; '86 BSBA; Programmer/Analyst; Shared Med. Systs., 51 Valley Stream Pkwy., Malvern, PA 19355; r. 4303 Eland Downe, Rte. #113, Phoenixville, PA 19460, 215 935-3931.

SAXON, Debra '86 (See Marks, Debra Saxon).

SAYED, Douglas Alan; '84 MLHR; Sr. Employment Rep.; Airborne Express Corp., 3101 Western Ave., POB 662, Seattle, WA 98111, 206 281-4813; r. 929 Queen Anne Ave., N., #307, Seattle, WA 98109, 206 283-8905.

SAYERS, Robert M.; '40 BSBA; Investment Exec.; Bishop Rosen & Co., Inc., 111 Broadway, Ste. 2120, New York, NY 10006, 212 602-0690; r. 2500 Johnson Ave., Apt. 16 C, Riverdale, NY 10463, 212 884-6869.

SAYLOR, Dale Robert; '71 MBA; CPA; Dale R Saylor-CPA, 5640 Frantz Rd., Dublin, OH 43017, 614 766-4224; r. 5416 Aryshire Dr., Dublin, OH 43017, 614 764-1690.

SAYLOR, David Lee; '72 BSBA; Mktg. Spec.; AT&T, 6161 Oaktree Blvd., Cleveland, OH 44131, 216 447-3795; r. 16302 Lake Forest Dr., Strongsville, OH 44136, 216 238-3414.

SAYRE, Alice Rubin, (Alice Rubin); '46 BSBA; Pres.; Rissom Inc., 2706 Sulgrave Rd., Cleveland, OH 44122, 216 464-1725; r. Same.

SAYRE, Christopher Malcolm; '87 BSBA; Exec. Recruiter; Computer Systs. Placement Corp., 36 E. 4th St., Ste. 620, Cincinnati, OH 45202, 513 421-4380; r. 2688 Newtown Rd., Cincinnati, OH 45244, 513 231-1013.

SAYRE, Delbert E., Jr.; '54 BSBA; Retired Millwright; r. 2534 44th St. S., St. Petersburg, FL 33711, 813 327-1357.

SAYRE, Floyd C.; '58 BSBA; Retired; r. 2895 Charing Rd., Columbus, OH 43221, 614 487-0610.

SAYRE, Jerome Clarkson, Jr.; '83 MBA; Asst. VP/Product Mgr.; Accel Intl., 475 Metro Pl. N., POB 7000, Dublin, OH 43017, 614 764-7000; r. 4383 Castleton Rd. W., Columbus, OH 43220, 614 457-5152.

SAYRE, John F.; '39; Retired/Dir.-Purchasg; Armtek, 500 Sargent Dr., New Haven, CT 06536; r. 1260 Ridge Rd., N. Haven, CT 06473, 203 248-0850.

SAYRE, Kenneth L.; '58 BSBA; Sales Rep.; Top Cat Concrete Co., 7684 Taylor Rd., SW, Reynoldsburg, OH 43068, 614 861-1115; r. 150 Treehouse Ln., Zanesville, OH 43701, 614 453-4502.

SAYRE, Vickie Diane; '72 BSBA; 3478 Trenton Rd., Columbus, OH 43232, 614 837-1551.

SBERNA, Julie '81 (See Pacetta, Julie Sberna).

SBROCHI, John Michael; '86 BSBA; Internal Auditor; Ohio Dept. of Transportation, 25 S. Front St., Columbus, OH 43215, 614 466-3501; r. 5137 Avalon Ave., Columbus, OH 43229, 614 882-0923.

SBROCHI, Mark; '75 BSBA; VP; Banc One Ohio Corp., 100 E. Broad St., Columbus, OH 43215, 614 248-5657; r. 3122 Rightmire Blvd., Columbus, OH 43221, 614 457-8770.

SBROCHI, Michael J.; '55 BSBA; Staff; Univ. Hosps., 410 W. 10th Ave., Columbus, OH 43210; r. 5137 Avalon, Columbus, OH 43229, 614 882-0923.

SBROCHI, Phillip Joseph; '70 BSBA; VP; Bank One of Columbus, 100 E. Broad St., Installment Loan Division, Columbus, OH 43215; r. 9058 Picardy Ct., Dublin, OH 43017, 614 761-8767.

SBROCKEY, Angela Gallucci; '45 BSBA; Guid. Couns.; Ohio Co. Bd. of Educ., c/o Postmaster, Wheeling, WV 26003; r. RR No 3, 56465 Hospital Rd, Bellaire, OH 43906, 614 676-0902.

SCALES, John R.; '61 BSBA, '62 MBA; Pres.; Vlasic Foods Inc., Div Campbell Soup Co, Campbell Pl., Camden, NJ 08101, 313 851-9400.

SCALIA, Anthony Joseph, III; '88 BSBA; 260 E. 15th Ave. 22, Columbus, OH 43201.

SCANDURRA, Loreen G. '79 (See Brandes, Mrs. Loreen G.).

SCANLON, Daniel Edward; '66 BSBA; Reg. Investment Rep.; PaineWebber, Inc., 1100 Town & Country Rd. #1000, Orange, CA 92668, 800 842-6579; r. 1030 W. MacArthur Blvd., Apt. #62, Santa Ana, CA 92707, 714 557-8850.

SCANLON, James Phillip; '63 BSBA; Capt.; Delta Airlines, AMF Box 22003, Salt Lake City Intl. Airport, Salt Lake City, UT 84122, 801 539-2738; r. 27251 Calle Del Cid, Mission Viejo, CA 92691, 714 582-0866.

SCANNELL, Michael Phillip; '73 BSBA; Commercial Sales Assoc.; Danberry, Reynolds Rd., Toledo, OH 43614, 419 535-1451; r. 2134 Blackthorn, Toledo, OH 43614, 419 389-9349.

SCARBERRY, Dan A.; '42 BSBA; Retired Atty.; r. 6211 Sun Blvd. Apt. 108, St. Petersburg, FL 33715, 813 867-4798.

SCARBOROUGH, Patricia Conway; '83 BSBA; Sales Rep.; Holiday Inns, Inc., 550 C St. SW, Washington, DC 20024; r. 2412 N. 18th St., Arlington, VA 22201.

SCARBROUGH, Carl Fredrick; '34 BSBA; Retired; Owens Corning Fiberglas Corp., Fiberglas Twr., Toledo, OH 43659; r. 114 Rockledge Dr., Perrysburg, OH 43551, 419 874-5498.

SCARBROUGH, Clarence W.; '41 BSBA; Postmaster; Elyria Bd. of Educ., Lagrange, OH 44050; r. 15579 SR 301 N., Lagrange, OH 44050, 216 355-6056.

SCARBROUGH, Don R.; '58 BSBA; Staff Cnslt./Prod. Safety; Nordson Corp., Westlake, OH 44145; r. 550 Randall Rd., Elyria, OH 44035, 216 366-6808.

SCARFF, Joseph Andrew; '88 BSBA; Production Supv.; Mastercraft Inc., 831 Cobb Ave., Kalamazoo, MI 49001, 616 345-2131; r. 7205 Winter Forest, Portage, MI 49081, 616 323-9476.

SCARPELLI, Anthony Francis; '80 BSBA; Ind Engr.; GM Corp., Hydra-Matic Div., 902 E. Hamilton Ave., Plant 84, Flint, MI 48550, 313 236-0176; r. 5288 Kimberly Dr., Grand Blanc, MI 48439, 313 694-8669.

SCARPONE, David John; '84 BSBA; Atty.; Levinson Fisher Brown & Scarpone, 2017 Sunset Blvd., Steubenville, OH 43952, 614 282-1911; r. 2512 Cleveland Ave., Steubenville, OH 43952, 614 264-0967.

SCARRY, Daniel Bailey; '77 BSBA; 1919 Cape Hatteras Way, San Jose, CA 95133, 408 926-5029.

SCARSELLA, Joseph A.; '55 BSBA; 621 Murial, Rockville, MD 20852, 301 770-2185.

SCARTZ, James Carl; '73 BSBA; Realtor/Owner; Re/Max Oakhurst, 7239 Sawmill Rd., #210, Dublin, OH 43017, 614 766-5330; r. 2026 Swansford Dr., Dublin, OH 43017.

SCARTZ, Vince C., Sr.; '59; Mgr.(Part-time); Natl. Newsstands, 4005 E. Broad St., Columbus, OH 43213, 614 236-0048; r. 8584 Woodland Ct., Pickerington, OH 43147, 614 864-2574.

SCELONGE, Fern Nation, (Fern I. Nation); '25 BSBA; 1800 S. Lombard Ave., Berwyn, IL 60402, 312 484-9096.

SCEVA, David Nelson; '79 BSBA; VP; Star Bank, Cincinnati, OH 45201, 513 632-4202; r. 1188 Village Glen Dr., Batavia, OH 45103, 513 753-8652.

SCHAAD, Michael Lewis; '83 BSBA; Acct.; r. 4205 Appain Way W., Gahanna, OH 43230, 614 478-3922.

SCHAAF, Mrs. Betsy J., (Betsy James); '82 BSBA; Sales Mgr.; TNT Mailfast, 1508 Magnolia Dr., Cincinnati, OH 45205, 513 733-8000; r. 6528 Middleshire Ct., West Chester, OH 45069, 513 779-0931.

SCHAAF, Glen J.; '82 BSBA; Sr. Mktg. Rep.; Grid Systs., 8800 Governor's Hill Dr., Cincinnati, OH 45249, 513 677-2530; r. 6528 Middleshire Ct., West Chester, OH 45069, 513 779-0931.

SCHAAL, Dennis Doyne; '87 BSBA; 3124 Jackie Ln., Columbus, OH 43220, 614 766-5111.

SCHAAL, Joseph W.; '34 BSBA; Retired; r. 2950 Oxbridge Dr., Toledo, OH 43614, 419 382-6795.

SCHABEL, Russell Edward; '85 BSBA; Sr. Acct./CPA; Peat Marwick Main & Co., 1600 National City Ctr., Cleveland, OH 44114, 216 696-9100; r. 1306 W. 108th St., Cleveland, OH 44102, 216 281-8914.

SCHACH, Siegfried O. A.; '59 BSBA; RR 2, Ossian, IN 46777, 219 622-4478.

SCHACHNER, Dr. Leopold; '51 BSBA; Prof.; Baruch Clg., City Univ. of New York, 17 Lexington Ave., New York, NY 10010; r. 212-12 73rd Ave., Bayside, NY 11364, 718 468-7941.

SCHACHTER, Robert Alan; '53 BSBA; Retired CPA; r. 8175 N. Shore Blvd., #31, Lakeside, OH 43440, 419 798-5867.

SCHACKNE, Annette Lobb; '54 BSBA; Exec. Dir.; People In Need Inc., 274 N. Sandusky, POB 962, Delaware, OH 43015, 614 363-2824; r. 4981 Veley Rd., Delaware, OH 43015, 614 369-0331.

SCHAD, Marlene '58 (See Price, Mrs. Marlene S.).

SCHADE, Brian Bruce; '84 BSBA; Acct.; Mobil Oil Corp., 3700 W. 190th St., Torrance, CA 90509, 213 328-2550; r. 1714 Stanford Ave., Redondo Bch., CA 90278, 213 318-1696.

SCHAECHTERLE, Gordon Everett, Jr.; '80 MBA; Tax Mgr.; Arthur Andersen Co., 1717 E. Ninth St., Cleveland, OH 44114, 216 781-2140; r. 5135 Edgewater Dr., Sheffield Lake, OH 44054, 216 949-8253.

SCHAEDLICH, Russell Davis; '81 MPA; Econ Developer; Lake Cnty. Plng. Commission, 105 Main St. Box 490, Painesville, OH 44077, 216 357-2740; r. 8200 Westmoor Rd., Mentor, OH 44060, 216 946-1724.

SCHAEFER, Alexander Frederick; '79 BSBA; 1185 Vista Tr., Atlanta, GA 30322, 404 634-6874.

SCHAEFER, Charles D.; '63 BSBA; Mgr.; Commercial Lines Dept., Archer Meek Weiler Agcy Inc, 21 E. State St., Columbus, OH 43215; r. 6146 Olde Orchard Dr., Columbus, OH 43213, 614 866-1697.

SCHAEFER, Edward H.; '60 BSBA; Exec. VP; Bldg. Industry Assoc., 6140 W. Creek Rd., Independence, OH 44131, 216 524-0755; r. 366 Bassett Rd, Bay Village, OH 44140, 216 871-0449.

SCHAEFER, Gene E.; '61 BSBA; Atty.; 1st National Bank Bldg., Middletown, OH 45042, 513 424-1660; r. 6832 Cloister Cliffs, Middletown, OH 45042, 513 424-2761.

SCHAEFER, Louis B., IV; '63 BSBA; Pres.; Schaefer Bros. & HiTemp Inc., 12500 Berea Rd., Cleveland, OH 44111, 216 251-3000; r. 810 Beechwood Dr., Medina, OH 44256, 216 725-7805.

SCHAEFER, Ralph E.; '51 BSBA; Pres.-Ins. Claims; Schaefer Claim Svc., Inc., 5925 E. Evans Ave., Ste. 200C, Denver, CO 80222, 303 758-1590; r. 6870 S. Elizabeth Cir., Littleton, CO 80122, 303 771-2737.

SCHAEFER, Richard Henry; '52 BSBA; Pres.-CEO; Richger Mgmt. Inc., #1 Gulf Gate Mall, Sarasota, FL 33581; r. 551 Harbor Cove Cir., Longboat Key, FL 34228, 813 383-8277.

SCHAEFER, Richard Jay; '86 BSBA; 2435 Plymouth Ave., Columbus, OH 43209, 614 239-6621.

SCHAEFER, Robert Bruce; '85 MBA; 9254 Williamsport Pike, Chillicothe, OH 45601.

SCHAEFER, Ruth '35 (See Day, Ruth Schaefer).

SCHAEFER, Sandra Sue; '84 BSBA; Rental Mgr.; Ryder Truck Rental, 37517 Schoolcraft, Livonia, MI 48150, 313 464-5567; r. 6817 Lakeview Blvd., Westland, MI 48185, 313 326-1523.

SCHAEFER, Steven Douglas; '82 BSBA; 6449 Goldfinch Dr., Westerville, OH 43081, 614 890-3598.

SCHAEFER, William E.; '55 BSBA; Mgr.-Logistics Pwr/Water; Saudia Arabia Parsons Ltd., Yanbu, Saudi Arabia; r. 201 San Clemente Ln., Placentia, CA 92670, 714 961-0236.

SCHAEFFER, Mrs. Carolyn Jeanne, (Carolyn Jeanne Harker); '85 BSBA; Acct.; Transportation Casualty Ins., 221 W. Oakland Park Blvd., 3rd Fl., Ft. Lauderdale, FL 33311, 305 537-5522; r. 1351 NW 124 Ave., Pembroke Pines, FL 33026, 305 431-3637.

SCHAEFFER, COL Herbert S., Jr.; '67 MBA; 6348 S. Wolfe Ct., Littleton, CO 80123, 303 795-6619.

SCHAEFFER, Jacob H.; '32 BSBA; 84 Beaver St., Cooperstown, NY 13326.

SCHAEFFER, Michael Nelson; '72 BSBA; Partner/VP; Kemp Schaeffer & Rowe Co. LPA, 88 W. Mound St., Columbus, OH 43215, 614 224-2678; r. 1591 Blackstone Dr., Worthington, OH 43085, 614 885-0111.

SCHAEFFER, Sandor; '54 BSBA; Staff Member; Andell Packaging Corp., 93-14 Queens Blvd., Flushing, NY 11374; r. 404 E. 66th St., New York, NY 10021, 212 249-5284.

SCHAEPER, Jeffery Alan; '82 BSBA, '87 MBA; Capital Analyst; GM Corp.-Fisher Guide Div., 6600 E. 12 Mile Rd., Warren, MI 48090, 313 578-3000; r. 4581 Regina Dr., Utica, MI 48087, 313 739-0965.

SCHAERFL, Robert A.; '59 BSBA; Dir.; US Employment Svc., US Dept. of Labor, 200 Constitution Ave. N. W., Washington, DC 20210, 202 535-0157; r. 12508 Knightsbridge Ct., Rockville, MD 20850, 301 279-2622.

SCHAEUBLIN, John R.; '47 BSBA; Retired; r. 3314 21st St. NW, Canton, OH 44708, 216 454-6579.

SCHAFER, Charles H.; '61 BSBA; Gen. Mgr.; Uniroyal Plastics Co., Inc., 312 N. Hill St., POB 2000, Mishawaka, IN 46544, 219 256-8741; r. 15714 Durham Way, Granger, IN 46530, 219 277-1438.

SCHAFER, Donn Russell; '85 BSBA; Rte. 1 Box 75, Marietta, OH 45750, 614 373-9626.

SCHAFER, Marjorie A.; '47 BSBA; Buyer; r. 40 N. Kingshighway Blvd., Apt. 9-C, St. Louis, MO 63108, 314 367-2163.

SCHAFER, Nancy '48 (See Jewell, Mrs. Nancy Schafer).

SCHAFER, Nancy Holtzmuller; '77 BSBA; Homemaker; r. 140 Oak Knoll Dr., Dayton, OH 45419, 513 299-7808.

SCHAFER, Richard E.; '67 BSBA; Owner; Richard E Schafer & Co. CPA, 4770 Indianola Ave., Columbus, OH 43214, 614 885-9990; r. 1284 Darcann, Columbus, OH 43220, 614 457-3011.

SCHAFER, COL Robert William; '39 MPA; Part-time Faculty; Sinclair Community Clg., Political Science Dept., 444 W. Third St., Dayton, OH 45402; r. 2721 N. Meridian Pl., Oklahoma City, OK 73127, 405 946-0832.

SCHAFER, Scott Martin; '77 BSBA; Natl. Distribution Mgr.; NCR Corp., 1601 S. Main St., PCD-1, Dayton, OH 45479, 513 445-1745; r. 140 Oak Knoll Dr., Dayton, OH 45419, 513 299-7808.

SCHAFER, William F.; '49 BSBA; Sales Mgr.; Willamette Ind, 875 Pittsburgh Dr., Delaware, OH 43015; r. 2675 Henthorne Rd., Columbus, OH 43221, 614 488-1204.

SCHAFF, Mark Joseph; '79 MLHR; Staff; Ohio State Univ., Ctr. For Human Resources, 1775 College Rd., Columbus, OH 43210; r. 7461 National Rd., Pataskala, OH 43062, 614 927-3059.

SCHAFFER, Arthur C., Jr.; '50 BSBA; Chmn. of Bd.; Shawnee Plastics Inc., Lakeshore Dr., Kuttawa, KY 42055, 818 340-6406; r. 327 Bell Canyon Rd., Bell Canyon, CA 91307.

SCHAFFER, James R.; '52 BSBA; Financial Cnslt.; CIGNA Corp., 23200 Chagrin Blvd., Bldg. #4, Rm. 500, Cleveland, OH 44122, 216 831-0800; r. 2700 Rochester Rd., Cleveland, OH 44122, 216 464-1295.

SCHAFFER, Lawrence D.; '53 BSBA; Pres.; Townhomes Inc., 407 E. Livingston Ave., Columbus, OH 43215, 614 228-3578; r. 160 Thurman Ave., Columbus, OH 43206, 614 444-5766.

SCHAFFER, Raymond W.; '64 BSBA; Hosp. Sales Rep.; Bristol Myers-USPNG, 2404 Pennsylvania, Evansville, IN 47712; r. 235 Heischman Ave., Worthington, OH 43085, 614 888-3843.

SCHAFFER, Rod Forrest; '87 BSBA; Asst. Mgr.; Ames Dept. Store, 2418 Main St., Rocky Hill, CT 06067, 203 563-8234; r. 1791 Bairsford Dr., Columbus, OH 43232, 614 866-5560.

SCHAFFER, Mrs. Valerie J., (Valerie J. Brom); '83 BSBA; Acct. Svcs.; Humana Health Plans, Inc., 9300 Shelbyville Rd., Ste. 700, Louisville, KY 40222, 502 423-1355; r. 4603 Toll House Ln., Louisville, KY 40241, 502 429-8157.

SCHAFFNER, Mrs. Bessie Workman, (Bessie Workman); '27 BSBA; Villa #404, 631 SW 6th St., Pompano Bch., FL 33060, 305 941-3387.

SCHAFFNER, David Jack; '88 BSBA; Computer Programmer; Ctr. for Human Res. Rsch., 650 Ackerman Rd., Columbus, OH 43201, 614 292-7337; r. 2256 Neil Rd., Columbus, OH 43201, 614 421-2287.

SCHAFFNER, John G.; '41 BSBA; Retired Acct.; Lockheed Missiles & Space Co., 4500 Park Granada Blvd., Calabasas, CA 91399; r. 977 Emerald Hill Rd., Redwood City, CA 94061, 415 368-8461.

SCHAFFNER, Richard Carl; '82 MBA; 411 W. Ridge Dr., Fostoria, OH 44830, 419 435-6094.

SCHAFFRANEK, Helfried A.; '63 BSBA; Gen. Foreman; Quality Control Delco Moraine, 1420 Wisconsin Blvd., Dayton, OH 45408; r. 10895 Haber Rd, Union, OH 45322, 513 836-4640.

SCHAFRATH, Richard P.; '59; Owner/Mgr.; Loudonville Canoe Livery, 424 W. Main St., Loudonville, OH 44842; r. 424 W. Main St., Loudonville, OH 44842, 419 994-5124.

SCHAIDER, Kathleen M. '71 (See Burnside, Mrs. Kathleen).

SCHAIN, Robert Lawrence; '80 MBA; 52-21 65th Pl., Maspeth, NY 11378, 718 639-5708.

SCHAKE, Robert Douglas; '86 BSBA; Systs. Support Analyst; Cycon Bus. Systs., Inc., 175 Alpha Park, Highland Hts., OH 44143, 216 449-6044; r. 26700 Loganberry Dr., Apt. E-220, Richmond Hts., OH 44143, 216 261-5933.

SCHALINSKE, Janet Ellen; '84 MBA; Student; Ohio State Univ.; r. 2917 Sherwood Rd., Columbus, OH 43209, 614 237-6228.

SCHALK, Arthur F., Jr.; '34 BSBA, '40 MA; Retired; r. 15100 Interlachen Dr., Apt. 214, Silver Spring, MD 20906, 301 598-0420.

SCHALL, John J.; '40 BSBA; Retired; r. 2194 Ridgecliff Rd., Columbus, OH 43221, 614 451-8492.

SCHALLER, James M., Jr.; '48 BSBA; Atty.; Schaller Hostetter & Campbell, 32 N. Park Pl., Newark, OH 43055, 614 345-2840; r. 960 W. Main St., Newark, OH 43055, 614 349-8505.

SCHALLER, John David; '83 BSBA; 5101 Locke Ln., Virginia Bch., VA 23462.

SCHANTZ, Edward George; '70 BSBA; Mktg. Dir.; Reynolds & Reynolds, 3555 S. Fettering, Dayton, OH 45439, 513 290-7041; r. 6529 Reigate Rd., Dayton, OH 45459, 513 436-2232.

SCHANTZ, Paul S.; '33 BSBA; Member Bd. of Dir.; Schantz Organ Co., S. Walnut St., Orrville, OH 44667; r. 549 Center St., Orrville, OH 44667, 216 682-6816.

SCHARF, Mrs. Bonnie I., (Bonnie I. Zimmer); '82 BSBA; Asst. Mgr.; Black Starr Frost Jewelers, 150 Worth Ave., Palm Bch., FL 33480, 407 659-5377; r. 1850 Homewood Blvd., #1111, Delray Bch., FL 33445, 407 276-0532.

SCHARF, Cynthia Ann; '82 BSBA; Mktg. Asst.; Elyria Savings & Trust Bank, 105 Court St., Elyria, OH 44035, 216 329-3000; r. 132 Warwick Dr., Elyria, OH 44035, 216 322-0520.

SCHARF, Elizabeth Waldron; '79 BSBA; Homemaker; r. 2405 Cramer Rd., Marion, OH 43302, 614 499-3031.

SCHARF, Richard S.; '56 BSBA; Acct.; r. 101 Starmount Rd., Valdosta, GA 31601, 914 242-7861.

SCHARLOW, Troy J.; '87 BSBA; Sales Exec.; Business Business, 348 Waverly Rd., Holland, MI 49423, 616 396-5006; r. 6459 Huntington, Holland, MI 49423, 616 335-9701.

SCHARRINGHAUSEN, Mark Allen; '83 BSLHR; Provisioning Spec.; GE Co., 111 Merchant St., Cincinnati, OH 45246, 513 552-2458; r. 31 Elk Ct., Fairfield, OH 45014, 513 829-4375.

SCHART, Richard Alan; '75 BSBA; Mgr.; J C Penney Co. Inc., Media Distribution/Postal Serv, 14841 Dallas Pkwy., Dallas, TX 75222, 214 591-2524; r. 495 Craig Cir., Highland Vlg., TX 75067, 214 317-1605.

SCHATZ, Monica Ann; '85 BSBA; Acct.; Progressive Ins. Co., 3401 Enterprise Pkwy., Beachwood, OH 44122, 216 831-7929; r. 27400 Chardon #515, Willoughby Hls., OH 44092, 216 944-4653.

SCHAUBLIN, David A.; '58 BSBA; VP; Neely-Schaublin & Co. Inc., POB O, Lima, OH 45802, 419 227-4212; r. 280 S. Pears Ave., Lima, OH 45805, 419 228-4534.

SCHAUER, Thomas A.; '50 BSBA; Pres.; Indep. Ins. Svc. Corp., Carnegie Library Bldg., 236 3rd, SW, Canton, OH 44702, 216 453-7721; r. 1756 Dunbarton Dr. NW, Canton, OH 44708, 216 477-4044.

SCHAVE, Kimberly '81 (See Holmen, Kimberly Schave).

SCHEAR, Blanche Office, (Blanche Office); '30; 1216 Cornell Dr., Dayton, OH 45406, 513 274-9844.

SCHEAR, Eugene C.; '40 BSBA; Chmn.; Schear Grp., 6661 Lyons Rd., Lake Worth, FL 33467, 407 964-2024; r. 6652 Calumet Cir., Lake Worth, FL 33467, 407 439-1449.

SCHECHTER, Irwin Robert; '78 BSBA; Product Mgr.; Progressive Cos., 677 Alpha Park Dr., Highland Hts., OH 44143, 216 446-3839; r. 9109 Lake In The Woods Tr., Chagrin Falls, OH 44022, 216 543-6239.

SCHECHTER, Ms. Jeanne Ellen; '85 BSBA; Student; Loyola Law Sch., Los Angeles, CA 90015, 213 461-3303; r. 1236 Cave St. #3A, La Jolla, CA 92037, 619 454-3703.

SCHECHTMAN, Debbie June; '81 BSBA; Product Mgr.; Ameritrust, 900 Euclid Ave., Cleveland, OH 44115, 216 687-6779; r. 3294 Aberdeen Rd., Shaker Hts., OH 44120, 216 283-4914.

SCHECKELHOFF, Kevin A.; '86 MBA; Pres.; Wendt-Bristol Home Health Care, 1275 Olentangy River Rd., Columbus, OH 43212, 614 291-1516; r. 4253 Hertford Ln., Dublin, OH 43017, 614 764-2813.

SCHECKELHOFF, Terrie Hale, (Terrie L. Dillon); '86 MBA; Dir. of Admiss. & Fin Aid; Columbus Sch. for Girls, Admissions & Financial Aid, 56 S. Columbia Ave., Columbus, OH 43209, 614 252-0781; r. 4253 Hertford Ln., Dublin, OH 43017, 614 764-2813.

SCHECTER, Bert M.; '63 BSBA; VP Ins. & Risk Mgt.; Calfed Inc., 5670 Wilshire Blvd., Los Angeles, CA 90036, 213 930-8700; r. 2354 Stormcroft Ct., Westlake Vlg., CA 91361, 805 497-4688.

SCHEDEL, Robert John; '85 BSBA; Sales Rep.; Newport Steel, 9th & Lowell Sts., Newport, KY 41072, 606 292-6823; r. 2904 Sheldon Dr., Cincinnati, OH 45239, 513 931-8199.

SCHEDEL, William Joseph, Jr.; '78 MBA; Mgr., Govt. Relations; USX, 539 S. Main St., Findlay, OH 45840; r. 1708 S. Main St., Findlay, OH 45840, 419 422-2121.

SCHEEL, George D.; '48 BSBA; Printing Cnslt.; r. 10724 Pagewood, Dallas, TX 75230, 214 369-7681.

SCHEEL, John Chester; '67 BSBA; Sales Rep.; Napco Inc., Rte. 8 At Mc Fann Rd., Valencia, PA 16059, 800 245-1934; r. 3997 Tennyson Ln., N. Olmsted, OH 44070, 216 779-8513.

SCHEEL, Kurt R.; '81 MBA; Commercial Real Estate; MSA Realty Ltd., 5134 N. Central Ave. #204, Phoenix, AZ 85012, 602 230-0300; r. 2540 E. Yucca St., Phoenix, AZ 85028, 602 992-0101.

SCHEELS, Robert Lawrence; '32 BSBA, '33 MA; Retired; r. 675 S. 16th Ave., Naples, FL 33940, 813 262-5649.

SCHEETZ, Michael Allen; '88 BSBA; Store Supv.; Mc Gary, 5021 Chatterton Rd., Columbus, OH 43232; r. 7647 Dalglen Dr., Reynoldsburg, OH 43068, 614 866-6945.

SCHEHR, Margaret Susan; '88 BSBA; 1196 Nantucket Ave., Columbus, OH 43220, 614 451-9593.

SCHEIBACH, Robert P.; '46 BSBA; Retired; r. 65 Ridge Ave., Mill Valley, CA 94941, 415 388-6349.

SCHEIBER, Sara Jane; '81 BSBA; 6480 N. 82 St. #123, Scottsdale, AZ 85253.

SCHEID, Ralph L.; '54 BSBA; Retired; r. 6823 Woodmeadow Dr., Toledo, OH 43617, 419 841-4196.

SCHEIDERER, Carl Walter; '80 BSBA; Controller-CPA; Bituminous Paving Systs., 4984 Scioto Darby Rd., Hilliard, OH 43026, 614 876-9971; r. 2583 Pennbrook Ct., Hilliard, OH 43026, 614 876-6175.

SCHEIDERER, Stephen Charles; '68 BSBA; Merchandiser; Mc Carthy Pharmaceuticals, 112 S. Main, Marysville, OH 43040; r. 111 1/2 E. 5th, Marysville, OH 43040.

SCHEIMAN, Deborah A. '79 (See Joseph, Mrs. Deborah S.).

SCHEIMAN, Edmund Robert; '55 BSBA; Acct.; r. 4825 Delgado Dr., Lilburn, GA 30247, 404 921-0484.

SCHEIMBERG, Dr. H. R.(Kelly); '80 PhD (BUS); Mgr. Req./Tech. Plans; Martin Marietta Corp., POB 179, Denver, CO 80201, 303 971-9118; r. 8001 S. Yarrow, Littleton, CO 80123, 303 979-0167.

SCHEINBACH, Joel Philip; '76 BSBA; Pres.; Irv's Auto Parts Inc., 5675 Main St., Sylvania, OH 43560, 419 885-2581; r. 3808 Fairwood Dr., Sylvania, OH 43560, 419 841-5271.

SCHEINER, Dr. James Howard; '74 MACC, '75 PhD (ACC); Acctg. Prof.; Univ. of Tennessee, 639 S. M C, Knoxville, TN 37996, 615 974-1754; r. 1847 Northwood Dr., Knoxville, TN 37923, 615 693-3150.

SCHEINGOLD, Dr. Stuart A.; '53 BSBA; Prof.; Univ. of Washington, Political Sci. Dept. DO-30, Seattle, WA 98195, 206 543-2377; r. 616 38th Ave., Seattle, WA 98122, 206 322-4997.

SCHELAND, Barry Alan; '75 BSBA; Irs Agt.; US Treasurey Dept., 200 E. Liberty St., Ann Arbor, MI 48107; r. 7917 Steppington Dr., Plano, TX 75023, 214 517-1037.

SCHEMBS, Frank H.; '64 MBA; Owner, Mgr.; Pacific Personnel Inc., dba Adia Personnel Svcs., 220 Blanchard St., Seattle, WA 98121, 206 448-2342; r. 9424 S. E. 52nd St., Mercer Island, WA 98040, 206 232-4953.

SCHENCK, Carol Koch; '79 BSBA; Production Engr.; Chemical Abstracts Svc., 2540 Olentangy River Rd, Columbus, OH 43202; r. 102 E. Beaumont Rd, Columbus, OH 43214, 614 268-0694.

SCHENCK, Donald A.; '57 BSBA; Atty.; Katsanis & Schenck, 5th 3rd Bank Bldg., 4th & Walnut Sts., Cincinnati, OH 45202; r. 2829 Whitehouse Ln., Cincinnati, OH 45244, 513 474-0672.

SCHENDEL, Dr. Dan E.; '59 MBA; Prof. of Mgmt.; Purdue Univ., Krannert Grad Sch. of Mgmt, W. Lafayette, IN 47907, 317 494-4386; r. 1327 N. Grant St., W. Lafayette, IN 47906, 317 463-9846.

SCHENE, Kathryn Lee; '83 BSBA; Mgr. Human Res.; GE Capital Corp., 2323 N. Central Expy., Ste. 300, Richardson, TX 75080, 214 907-4902; r. 1515 Rio Grande #417, Plano, TX 75075, 214 424-4171.

SCHENERLEIN, John G.; '78 BSBA; Controller; Richardson Industries Corp., 6520 Huntley Rd., Columbus, OH 43229; r. 5292 Bittersweet Ct., Columbus, OH 43230.

SCHENK, Deborah Meese; '82 BSBA; Asst. VP; Bank One of Mansfield, 28 Park Ave. W., Mansfield, OH 44902, 419 525-5631; r. 597 Woodland Rd., Mansfield, OH 44906, 419 756-7736.

SCHENK, Gregory Paul; '82 BSBA; Sales Rep.; Coldwell Banker, 65 E. State St., 17th Fl., Columbus, OH 43215, 614 463-1600; r. 2265 Adner Ct., Columbus, OH 43220, 614 457-6821.

SCHENK, Martha S. '56 (See Lindner, Mrs. Martha S.).

SCHENK, Philip Lawrence; '86 BSBA; Acct./Proj. Scheduler; Di Donato Constr. Inc., 434 E. 2nd Ave., N. Wildwood, NJ 08260, 609 729-4565; r. Cumberland Green Apartments, 12-D, Millville, NJ 08332, 609 327-2045.

SCHENK, William J.; '60 BSBA; Retired Industrial Engr.; Owens Illinois, SW Blvd., Vineland, NJ 08360; r. 940 Becker Dr., Vineland, NJ 08360, 609 691-9527.

SCHENKEL, Cynthia L. '83 (See Schenkel-Jupp, Cynthia Lynn).

SCHENKEL-JUPP, Cynthia Lynn, (Cynthia L. Schenkel); '83 BSBA; Staff Acct.; Cardinal Foods Inc., 4700 Fisher Rd., Columbus, OH 43228, 614 878-7171; r. 2443 Sanford Dr., Columbus, OH 43235, 614 889-5877.

SCHENKENBERGER, John Henry; '72 BSBA; Grocery Merchandiser; Peter J. Schmitt Co., 3200 Gilchrist Rd., Mogadore, OH 44305, 216 794-6019; r. 3947 Lakerun Blvd., Stow, OH 44224, 216 688-8354.

SCHENKENBERGER, Miriam J.; '86 MLHR; Dir.; Ohio Labor-Mgmt. Coop. Prog., Dept. of Development, POB 1001, Columbus, OH 43266, 614 644-8758; r. 1051 Elcliff, Westerville, OH 43081, 614 891-0085.

SCHENKING, Fred J.; '59 BSBA; Field Underwriter; New York Life Ins. Co., 333 W. 1st St., Dayton, OH 45402; r. 113 Brookmount Rd, Dayton, OH 45429, 513 434-8289.

SCHENTUR, Raymond E.; '49 BSBA; Atty.; John Hancock Mutl Life Ins. Co., 3705 Lee Rd., Cleveland, OH 44120; r. 7471 Midland Rd., Independence, OH 44131, 216 524-5444.

SCHER, David Alan; '77 MPA; 89 Irongate Ln., Aberdeen Township, NJ 07747, 201 583-1195.

SCHER, Julius; '51 BSBA; POB 2951, Riverside, CA 92516, 714 784-5297.

SCHERER, Gary K.; '76 BSBA; CPA; Snyder Scheffler Scherer & Fast, 112 Watt St., Circleville, OH 43113, 614 474-5210; r. 21530 Beechwood Rd., Circleville, OH 43113, 614 474-8712.

SCHERER, John Douglas; '77 MPA; Staff; The Ohio State Univ., University Health Service, Columbus, OH 43210; r. 112 E. New England Ave., Worthington, OH 43085, 614 888-8240.

SCHERER, Philip M.; '64 BSBA; Staff; Niagara Univ., POB, Niagara, NY 14109; r. 1230 Garrett Ave., Niagara Falls, NY 14305, 716 285-5634.

SCHERER, Thomas Alan; '81 BSBA; Mgr.-Tax Compliance; Nationwide Ins. Co., Individual Life & Hlth.Operatn, 1 Nation Plz., Columbus, OH 43216, 614 249-3053; r. 532 Woodview Ct., Circleville, OH 43113, 614 474-2261.

SCHERL, Archer; '53 BSBA; 450 W. End Ave., New York, NY 10024.

SCHERLER, Alfred G.; '56 BSBA; Purchasing Agt.; Webber Gage Div. of L S Starret, 24500 Detroit Rd., Cleveland, OH 44145; r. 3940 Long Rd, Avon, OH 44011, 216 934-6971.

SCHERMAN, Linda Marie; '87 BSBA; 5664 Hibernia Dr. # A, #D, Columbus, OH 43232, 614 297-1231.

SCHERMAN, Robert James; '87 BSBA; Staff Appraiser; Real Property Analysis, 3366 Riverside Dr., Columbus, OH 43221, 614 459-2500; r. 186 W. Pacemont Ave., Columbus, OH 43202, 614 263-1783.

SCHERMER, Carole Albanese; '80 MBA; Staff; American Chemical Soc., 1155 16th St. NW, Washington, DC 20036, 202 452-2100; r. 6614 Potomac Ave., Unit C-2, Alexandria, VA 22307, 703 660-6019.

SCHERMER, Harry Angus; '64 BSBA; VP Equity Securities; Nationwide Ins., One Nationwide Plz., Columbus, OH 43216; r. 210 N. Delta Dr., Columbus, OH 43214, 614 267-1540.

SCHEROCMAN, James Allan; '71 MBA; Cnsltg. Engr.; Pavement Design & Constr., 11205 Brookbridge Dr., Cincinnati, OH 45249, 513 489-3338; r. Same.

SCHERZ, David Lee; '80 BSBA; Exec. VP; Midway Parts Co., 51 N. Hester St., Norwalk, OH 44857, 419 668-3346; r. 13 Gerard Dr., Norwalk, OH 44857, 419 668-7719.

SCHETTER, Kristine Ann; '88 BSBA; 4212 Cypress Ave., Toledo, OH 43623.

SCHEU, Richard P.; '40 BSBA; Mgr./Retired; GM Corp., Delco Products Division, Benefit Plans, Dayton, OH 45401; r. 281 Burgess Ave., Dayton, OH 45415, 513 274-3552.

SCHEUER, Kenneth D.; '62 BSBA; Supv. Invt Contr; Fasson Prods., 250 Chester, Painesville, OH 44077; r. 1297 Riverside Dr., Painesville, OH 44077, 216 943-2371.

SCHEUERMANN, Martine Jane; '79 BSBA; Human Res. Dir.; Columbus Marriott North, 6500 Doubletree Ave., Columbus, OH 43229, 614 885-1885; r. 1746 G Pinetree S., Columbus, OH 43229.

SCHEY, William F.; '48 BSBA; Contract Sales Mgr.; Russ Bassett Co., Microform Industry, 8189 Byron Rd, Whittier, CA 90606; r. 4111 Pleasant St., Irvine, CA 92714, 714 551-5418.

SCHIAVONE, Mrs. Jeri L., (Jeri L. Weikert); '82 BSBA; Master Scheduler; Diebold Inc., 511 Milliken Rd., Hebron, OH 43025, 614 928-1010; r. 440 Skyline Ln., Pickerington, OH 43147, 614 837-5264.

SCHIBLER, Susan Joan; '82 MPA; Staff Aide; Ofc. of Senator Glenn, 200 N. High St. Ste. 600, Columbus, OH 43215, 614 262-4005; r. 467 Melrose Ave., Columbus, OH 43202, 614 262-4005.

SCHICIANO, Jeffrey L.; '88 BSBA; 1770 Summit 2-A, Columbus, OH 43201.

SCHICK, Eldon G.; '52 BSBA; 736 Kenwick Rd., Columbus, OH 43209, 614 237-4881.

SCHICK, Thomas Edward; '84 BSBA; Supv.; US Postal Svc., Delivery & Collection, Columbus, OH 43210, 614 469-4331; r. 5593 Oldwynne Rd., Hilliard, OH 43026, 614 771-9160.

SCHIEB, Ray K.; '48 BSBA; Ret. Acct. Relations Mgr.; Ford Motor Co., Ford Parts & Svc. Div., 3000 Schaefer Rd., Dearborn, MI 48121, 313 594-2883; r. 1400 Warrington Dr., Ann Arbor, MI 48103, 313 662-6118.

SCHIEBEL, David J.; '52 BSBA; Assoc.; The Mayerson Co., 1900 Clopay Bldg., 105 E. Fourth St., Cincinnati, OH 45202, 513 621-7500; r. 8321 Gwilada Dr., Cincinnati, OH 45236, 513 891-8160.

SCHIEBER, R. Terry; '69 BSBA; Bus. Mgr.; Shell Chemical Co., 1 Shell Plz., POB 2463, Houston, TX 77252, 713 241-6204; r. 45 Sweetleaf Ct., The Woodlands, TX 77381, 713 292-2511.

SCHIEFER, Barbara Jean, (Barbara Kuhn); '82 BSBA; 1530 Imperial Golf Crs Blvd., #323, Naples, FL 33942, 813 597-3684.

SCHIEFER, Donald I.; '64 BSBA; Acct.; r. 1530 Imperial Golf Crs Blvd., #322, Naples, FL 33942, 813 597-3684.

SCHIEFER, Douglas Lee; '80 BSBA; Tech. Rep.; Witco Chemical, 815 Superior Ave., Cleveland, OH 44114, 216 781-3288; r. 3005 Woodridge Ave., NW, Canton, OH 44718, 216 455-5767.

SCHIEFER, Leonard Charles; '70 BSBA; Area Mgr.; Timken Co., Carburzg & Hardeng & Bearng, 1025 Cleveland Ave., Columbus, OH 43201, 614 291-3161; r. 149 Keethler Dr. N., Westerville, OH 43081, 614 882-5901.

SCHIEFER, Mark B.; '83 BSBA; Mktg. Mgr.; Delta Intl., 246 Alpha Dr., Pittsburgh, PA 15238, 412 963-2416; r. 158 Cres. Hills Rd., Pittsburgh, PA 15235, 412 795-6181.

SCHIEFER, Valerie S.; '88 BSBA; Tax Staff Acct.; Arthur Andersen & Co., Huntington Ctr., Ste. 2000, 41 S. High St., Columbus, OH 43215; r. 542 Riverview Dr., Apt. 1-A, Columbus, OH 43202, 614 268-5902.

SCHIEFERSTEIN, Henry S.; '49 BSBA; Retired; r. 6917 Hayhurst St., Worthington, OH 43085, 614 885-1565.

SCHIEFERSTEIN, Robert A.; '66 BSBA; Purchasing Spec.; Ford Motor Co., 17101 Rotunda Rd., POB 1587C, Dearborn, MI 48121; r. 3210 Oakhill Dr., Troy, MI 48084, 313 646-8577.

SCHIELE, David L.; '63 BSBA; VP-Engrg.; Liqui Box Corp., POB 494, Worthington, OH 43085, 614 888-9280; r. 533 Ramblewood Ct., Westerville, OH 43081, 614 882-8761.

SCHIELY, Patricia Marie; '82 BSBA; POB 857, Worthington, OH 43085.

SCHIELY, William James; '81 BSBA; Owner; Natural Landscape & Design Co., 26764 Skyline Dr., Olmsted Township, OH 44138, 216 235-4660; r. Same.

SCHIESER, Stephen James; '74 BSBA; Purchasing Mgr.; Ross Labs, Inc., 1250 W. Maricopa Hwy., Casa Grande, AZ 85222, 602 836-2800; r. 1273 Avenida Fresca, Casa Grande, AZ 85222, 602 836-1158.

SCHIFF, James M.; '60 BSBA; Pres.; Adelco, 819 Factory Rd., Beavercreek, OH 45385, 513 426-6975; r. 1348 Spruce St., Sidney, OH 45365, 513 492-3023.

SCHIFF, Jan S. '69 (See Fleckner, Jan S.).

SCHIFF, Jerome S.; '52 BSBA; Real Estate; r. 7048 Duffy St., Worthington, OH 43085.

SCHIFF, John Jefferson; '38 BSBA; CEO; Cincinnati Financial Corp., Cincinnati Insurance Co, POB 145496, Cincinnati, OH 45250, 513 870-2600; r. 1926 Beech Grove Dr., Cincinnati, OH 45233, 513 922-0973.

SCHIFF, John Jefferson, Jr.; '65 BSBA; Dir. & Chmn.; John J. & Thomas R. Schiff Co., POB 145496, Cincinnati, OH 45214, 513 870-2000; r. 8720 Camargo Rd., Cincinnati, OH 45243, 513 793-3572.

SCHIFF, Leonard M.; '50 BSBA; Stockbroker; Prescott Ball & Turben Inc., 65 E. State St., Ste. 1400, Columbus, OH 43215, 614 224-8128; r. 176 S. Merkle Rd, Columbus, OH 43209, 614 231-2420.

SCHIFF, Richard Weil; '38 BSBA; Retired; r. 50 Maplewood Rd., Newark, OH 43055, 614 344-3223.

SCHIFF, Robert C.; '45 BSBA; Pres. CEO; Schiff Kreider Shell, Central Trust Bldg., Cincinnati, OH 45202, 513 977-3100; r. 9050 Old Indian Hill Rd., Cincinnati, OH 45243, 513 561-7052.

SCHIFFEL, Dennis D.; '65 BSBA; Mgr.-Corp Finance; r. 5 Portland Ter., The Green, Richmond TW91QQ, England.

SCHILDER, James E.; '64 BSBA, '78 MPA; Realtor; Furman Tinon Real Estate, 951 High St., Worthington, OH 43085, 614 888-7325; r. Box 712, 7040 Brennan Pl., Worthington, OH 43085, 614 888-1076.
SCHILL, Dorothy '50 (See Lyons, Dorothy Schill).
SCHILL, Kevin George; '84 MPA; Seminary Assoc.; William Street United Meth. Church, 28 W. William St., Delaware, OH 43015; r. 3081 Columbus Pike #E 4, Delaware, OH 43015.
SCHILLER, Dean Carl; '87 BSBA; Analyst Programmer; Bancohio, 770 W. Broad St., Columbus, OH 43251, 614 463-7203; r. 6395 Cabin Croft Dr., Galloway, OH 43119, 614 870-8482.
SCHILLER, Mrs. Gabrielle A., (Gabrielle A. Zwayer); '84; Exec. Secy.; Bancohio, 1733 Westbelt Dr., Columbus, OH 43228, 614 771-2581; r. 6395 Cabin Croft Dr., Galloway, OH 43119, 614 870-8482.
SCHILLING, Charles Roger; '80 MBA; Staff Acct.; Air Prods. & Chemicals Inc., Allentown, PA 18195, 215 481-8460; r. 4065 Meadow Dr., Orefield, PA 18069, 215 395-4397.
SCHILLING, Donald James; '84 BSBA; Funds Mgmt. Analyst; Society Natl. Bank, 800 Superior Ave., 10th Fl., Cleveland, OH 44114, 216 344-5661; r. 13308 Merl Ave., Cleveland, OH 44107, 216 226-4157.
SCHILLING, Francis J.; '56 MBA; Pres.; SCINTICOR, Inc., 7865 N. 86th St., Milwaukee, WI 53224, 414 357-7140; r. 19220 Tanala Dr., Brookfield, WI 53005, 414 784-0795.
SCHILLING, Lincoln Ross; '81 BSBA; Svc. Mgr.; Natl. Tire Wholesale, 6700 Schrock Ct., Columbus, OH 43229, 614 846-8001; r. 7154 Chadwood Ln., Columbus, OH 43235, 614 766-3766.
SCHILLING, Raymond William; '80 BSBA; Eastern Adv Mgr.; The Advocate, 24 W. 39th St.-Ph, New York, NY 10018, 212 869-9333; r. 414 W. 49th St. #3D, New York, NY 10019, 212 427-0139.
SCHILLING, Terry L.; '70 MBA; Mgr./Bus Dev; Gen. Electric Co., Strategic Systs. Dept., Vly. Forge Space Ctr.,POB 8048, Philadelphia, PA 19101, 215 354-2188; r. 400 Fox Chapel Ln., Radnor, PA 19087, 215 687-6255.
SCHILLING, Theresa Lynn; '83 BSBA; Mrtg Operations Mgr.; House Hold Bank, Sub Household International, 2500 Corporate Exchange Dr., Columbus, OH 43229, 614 898-6775; r. 4918 Majestic E., Columbus, OH 43232, 614 866-7884.
SCHILLING, Timothy Richard; '81 BSBA; VP/Empl. Cnslt.; Patrick C Kirby Assoc., 3720 N. High St., Columbus, OH 43214, 614 263-2271; r. 8210 Laramie Pl., Powell, OH 43065, 614 792-1944.
SCHILLING, Vernon R.; '49 BSBA; Retired; r. 1356 Howell Dr., Newark, OH 43055, 614 344-5979.
SCHIMANSKY, Mark Alan; '73 BSBA; Sr. Cnsltg Systs. Analyst; Zellerbach Paper Co., 3130 Crow Canyon Commons, San Ramon, CA 94583, 415 635-6785; r. 77 Mountain Valley, Oakland, CA 94605, 415 635-6785.
SCHIMING, Dale William; '71 BSBA; Supv. Staff Atty.; Ofc. of Hearings/Appeals, Dept. of Health & Human Serv, 50 W. Broad St., Ste. 712B, Columbus, OH 43215; r. 2073 Cardington Ave., Columbus, OH 43229, 614 882-0935.
SCHIMMOELLER, Jeffrey Thomas; '80 BSBA; Analyst; Aeroquip Cort, Industrial Division, Van Wert, OH 45891; r. 23104-Rd 022, Ft. Jennings, OH 45844, 419 453-3865.
SCHIMMOELLER, Randall H.; '88 MLHR; Job Analyst; The Ohio State Univ., University Hospitals, Columbus, OH 43210; r. 1856 NW Blvd., Columbus, OH 43212, 614 487-0269.
SCHIMPF, Eric Jerome; '87 BSBA; 3861 Mt Carmel Rd., Cincinnati, OH 45244, 513 474-3309.
SCHINDLER, Donald Malcolm; '66 BSBA; Cattle Breeder; Evergreen Farms, 5737 Chapman Rd., Delaware, OH 43015, 614 548-6454; r. Same.
SCHIPPER, John A.; '49 BSBA; Chmn.; Schipper Food Brokerage Co., 5125 N. Dixie Dr. Box 14114, Dayton, OH 45414, 513 277-9346; r. 675 Gulf Blvd., Clearwater, FL 34630, 616 526-9378.
SCHIPPER, Robert Henk; '84 BSBA; Staff; GE Co., 1 Neumann Way, Cincinnati, OH 45249; r. 6901 Pfeiffer Rd., Cincinnati, OH 45242, 513 984-9718.
SCHIPPER, William Jan; '84 BSBA; 9733 Zig Zag Rd., Cincinnati, OH 45242, 513 791-7445.
SCHIRA, John T.; '66 MBA; Civil Engr.; State of Ohio, 30 E. Broad St., Columbus, OH 43215; r. 4344 Reed Rd., Columbus, OH 43220, 614 459-5228.
SCHIRA, Steven Thomas; '78 MBA; Staff; Kroger Co., 1014 Vine St., Cincinnati, OH 45201; r. 911 Manor Ln. Apt. D, Columbus, OH 43221, 614 451-6496.
SCHIRACK, Thomas Anthony; '66 BSBA; Regional Dir.; The Property Systs. Co., 30675 Solon Rd., Solon, OH 44139, 216 349-4806; r. 4465 Sellers Ave., Columbus, OH 43214, 614 268-4886.
SCHIRM, Alfred B.; '38 BSBA; Retired; Central Trust Co., General Delivery, Canal Winchester, OH 43110; r. 5684 Elder Rd, Canal Winchester, OH 43110, 614 837-7935.
SCHIRRIPA, Laura Ann; '86 BSBA; 5681 Riverstyx Rd., Medina, OH 44256, 216 725-0648.
SCHIRRMAN, George J.; '54 BSBA; Real Estate Broker; G. J. Schirrman & Assocs., Inc., 3038 E. Commercial Blvd., Ft. Lauderdale, FL 33308, 305 771-2200; r. 2565 S. Ocean Blvd., #304N, Highland Bch., FL 33487, 407 276-4787.
SCHIRRMAN, Suzanne '57 (See Mc Whorter, Dr. Suzanne Schirrman).
SCHIRTZINGER, Joseph Mark; '74 BSBA; Wholesale Account Rep.; Scioto Vly. Hot Tubs & Spas, Hilliard, OH 43026, 614 876-7755; r. 2239 Yellow Pine, Columbus, OH 43229, 614 882-6392.
SCHIRTZINGER, Robert L.; '62 BSBA; Realtor; 2272 Canterbury Rd., Columbus, OH 43221, 614 486-6448; r. Same, 614 486-7915.
SCHIRTZINGER, Warren R.; '80 MBA; Mktg. Mgr.; Measurex Corp., 1 Results Way, Cupertino, CA 95014, 408 255-1500; r. 20689 Celeste Cir., Cupertino, CA 95014, 408 973-9471.
SCHLACHTER, Timothy Scott; '87 BSBA; Commercial Salesman; The Continental Real-Estate Co., 1070 Forest Rd., Columbus, OH 43229, 614 888-2400; r. 4652 Blairfield Dr., Columbus, OH 43214, 614 451-4202.
SCHLACTER, Dr. John Lathrop; '66 MBA, '69 PhD (BUS); Prof.; Dept. of Mktg., Arizona State University, Tempe, AZ 85287, 602 965-3621; r. 3632 S. Hazelton Ln., Tempe, AZ 85282, 602 838-0883.
SCHLAEGEL, David Rolland; '80 BSBA; Annuity Processing Supv.; Nationwide Ins., One Nationwide Plz., Columbus, OH 43216, 614 249-7777; r. 37 Ridgedale Ct., Powell, OH 43065, 614 548-4907.
SCHLAG, Janet Lynn; '81 BSBA; Controller; Scientific Columbus Inc., 1900 Arlingate Ln., Columbus, OH 43228, 614 274-7160; r. 6376 Busch Blvd. #393, Columbus, OH 43229, 614 436-3229.
SCHLAG, Judith Hodge; '53 BSBA; 1992 Rosewood Dr., Kent, OH 44240, 216 678-9971.
SCHLAGHECK, Joan Severs; '85 MPA; Sr. Financial Analyst; Ohio Dept. of Human Svcs., 30 E. Broad St., 33rd Fl., Columbus, OH 43215, 614 466-9243; r. 216 Brookhill Dr., Apt. 406C, Gahanna, OH 43230, 614 476-4501.
SCHLAIFER, David Allen; '82 BSBA; 1221 N Dearborn #1001N, Chicago, IL 60610, 312 871-5655.
SCHLANK, Nancy Wood; '77 BSBA; 136 S. Main St., Wellington, OH 44090, 216 647-2650.
SCHLANSKY, Ida '31 (See Marks, Ida Schlansky).
SCHLANZ, Michael Joseph; '83 BSBA; 40 E. 37th St., Shadyside, OH 43947, 614 676-3021.
SCHLARB, Kevin K.; '87 BSBA; Dist. Admin. Analyst; Volume Shoe Corp., Payless Shoe Stores, 3231 E. 6th St., Topeka, KS 66601, 913 233-5171; r. 4014 Pkwy. Cir., Lawrence, KS 66046, 913 842-8104.
SCHLATER, Jane Ellen, (Jane E. Graves); '87 BSBA; Customer Svc. Rep. II; Star Bank, 6950 E. Main St., Reynoldsburg, OH 43068, 614 866-2855; r. 1185 Beavercreek Blvd., Columbus, OH 43220, 614 888-5187.
SCHLECHT, Leonard E.; '59 BSBA; 329 Vesta Ct., Ridgewood, NJ 07450, 201 652-7455.
SCHLECHT, Rosemary '83 (See Gellner, Rosemary Schlecht).
SCHLECHTY, Edward James; '75 BSBA; Prog. Assoc.; The Ohio State Univ., Math Dept., 231 W. 18th Ave., Columbus, OH 43210, 614 292-0911; r. 1041 Parkway Dr., Columbus, OH 43212, 614 294-7708.
SCHLEDER, Sarah '76 (See Gudz, Sarah Schleder).
SCHLEGEL, Bruce James; '80 BSBA; Staff; Don Barr Inc., Lexington Ave., Mansfield, OH 44906; r. 953 Linwood Pl., Mansfield, OH 44906, 419 524-9853.
SCHLENDER, Gregory Ray; '81 BSBA; Controller; Universal Frozen Novelty, 319 N. 72 nd st., Omaha, NE 68114; r. 15519 Fieldcrest Cir., Omaha, NE 68144, 402 330-5972.
SCHLENDER, Dr. William Elmer; '55 PhD (BUS); Retired; r. 12685 Flynn Rd., POB 96, Sawyer, MI 49125, 616 426-3934.
SCHLENKER, Walter L.; '47 BSBA; 76 N. Bulkley Ave., Westport, CT 06880, 203 259-0090.
SCHLERETH, Howard J.; '30 BSBA; Retired; r. 6050 La Gorce Dr., Miami Bch., FL 33140, 305 864-2558.
SCHLESINGER, Helen Steinberg; '47 BSBA; Instr.; r. 116 E. Montgomery Ave., Ardmore, PA 19003.
SCHLESINGER, Stanley M.; '48; Manuf Rep.; Schlesinger Assocs. Ltd., 214 Hill House, Huntingdon Vly., PA 19006, 215 947-4835; r. 214 Hill House, Huntingdon Vly., PA 19006, 215 947-6457.
SCHLETER, Joseph Thomas; '74 BSBA; Rte HCR 31, Box 317, Bath, ME 04530.
SCHLEUCHER, Carol Gearig, (Carol Gearig); '79 BSBA; Homemaker; r. 440 Glessner Ave., Findlay, OH 45840, 419 423-4189.
SCHLEUCHER, Douglas Eugene; '80 BSBA; Partner; Knueven Schroeder & Co., 1035 N. Main St., Findlay, OH 45840, 419 422-8111; r. 440 Glessner Ave., Findlay, OH 45840, 419 423-4189.
SCHLEZINGER, Edward; '32 BSBA; Retired Pres.; Schlezinger & Sons Inc.; r. 2713 Bryden Rd., Columbus, OH 43209, 614 231-6636.
SCHLEZINGER, I. Howard; '64 BSBA; Pres.; Unico Alloys Inc., 1555 Joyce Ave., Columbus, OH 43219, 614 299-0545; r. 84 N. Ardmore Rd., Columbus, OH 43209, 614 252-9783.
SCHLEZINGER, Ira H.; '64 BSBA; VP; Hillcrest Medical Ctr., Utica on the Park, Tulsa, OK 74104, 918 584-1351; r. 1336 E. 27th St., Tulsa, OK 74114, 918 743-0650.
SCHLEZINGER, Marvin A.; '49 BSBA; Internal Revenue Agt.; IRS, 34 Civic Center Plz., POB C-12699, Santa Ana, CA 92712, 714 836-2064; r. 10079 Los Caballos Ct., Fountain Vly., CA 92708, 714 962-5143.
SCHLIECKER, Alan P.; '87 BSBA; 1048 Cranbrook Rd., Highland Hts., OH 44143, 216 442-1792.
SCHLIER, Ms. Laura K.; '85 MPA; Revenue Ofcr.; Dept. of Treas., 515 E. North Belt, Ste. 500, Houston, TX 77060, 713 878-5730; r. 12850 Whittington #1104, Houston, TX 77077, 713 556-8239.
SCHLOEMER, Paul George; '55 MBA; Pres./CEO/Dir.; Parker-Hannifin Corp., 17325 Euclid Ave., Cleveland, OH 44112, 216 531-3000; r. 4 Brandywood Dr., Pepper Pike, OH 44124, 216 292-4515.
SCHLOSS, Robert William; '86 BSBA; 5450 Maple Park, #1, Flint, MI 48507.
SCHLOSSER, Jacob A.; '59 BSBA; Atty.; Wilcox Schlosser & Bendig Co., 4937 W. Broad St., Columbus, OH 43228; r. 182 Rustic Pl., Columbus, OH 43214, 614 262-1974.
SCHLOSSER, Joseph Paul, Jr.; '84 MBA; Staff Cnslt.; Arthur Andersen Co., 100 E. Broad St., Columbus, OH 43215; r. 276 Lord Byron Ln., Cockeysville, MD 21030, 301 667-0017.
SCHLUEP, John Kerber; '49 BSBA; Owner/Publisher; Greenfield Daily Times, 315 Jefferson, Greenfield, OH 45123, 513 981-2141; r. 7217 Davis Rd., Hilliard, OH 43026, 614 876-5751.
SCHLUER, David Alan; '68 BSBA, '81 MBA; 2nd VP; Columbus Mutual Life Ins., Box 900, Columbus, OH 43216; r. Columbus Mutual Life Ins, Box 900, Columbus, OH 43216.
SCHLUND, Jayme Ann; '87 BSBA; Sales Exec.; Northcoast Business Systs., 8000 Hub Pkwy., Cleveland, OH 44125, 216 642-7555; r. 5883 Briarhill Dr., Solon, OH 44139, 216 248-5196.
SCHMADER, Kenneth Charles; '70 BSBA; Sr. Contract Admin.; Jet Propulsion Lab, 4800 Oak Grove Dr., Pasadena, CA 91109, 818 354-9039; r. 3726 12th St., SW, Canton, OH 44710, 216 477-3152.
SCHMAEMAN, Gary Warren; '63 BSBA; 509 Liberty St., Conneaut, OH 44030, 216 593-1048.
SCHMAHL, Douglas A.; '64 BSBA; VP Treas.; Holly Park Homes Inc., RR 1, Box 1-B, Shipshewana, IN 46565, 219 768-4131; r. RR No 1, Box 205, Syracuse, IN 46567, 219 457-2701.
SCHMALENBERGER, Larry A.; '61 BSBA; VP; Belleville Area Clg., 2500 Carlyle Rd., Belleville, IL 62220, 618 235-2700; r. 316 E. Harnett St., Mascoutah, IL 62258, 618 566-7766.
SCHMALENBERGER, Nancy Medors '61 (See Lackey, Ms. Nancy).
SCHMALL, Michael Lloyd; '87 MBA; Mktg. Coord.; Nippondenso Sales Inc., 24777 Denso Dr., POB 5133, Southfield, MI 48086, 313 350-7500; r. 8499 Woodcrest Dr. #4, Westland, MI 48185, 313 522-6626.
SCHMALTZ, Lisa '86 (See Tooker, Lisa A.).
SCHMALTZ, Mark Alan; '81 MBA; Mgr. Internal Auditing; LCI Communications, 200 Old Wilson Bridge Rd., Worthington, OH 43085, 614 433-9200; r. 184 E. Lincoln Ave., Columbus, OH 43214, 614 848-5321.
SCHMANDT, Gary Michael; '84 MBA; Proj. Mgr.; Telesis Controls Corp., 20700 US 23, POB 5000, Chillicothe, OH 45601, 614 642-3200; r. 7083 White Butterfly Ln., Reynoldsburg, OH 43068, 614 866-2866.
SCHMECK, Karyn Sue; '87 BSBA; Dist. Mktg. Supv.; Executive Copy, Marlkress Rd., Cherry Hill, NJ 08034, 609 520-8880; r. 1123 Laurel Rd., Edgewater Park, NJ 08010, 609 871-0519.
SCHMELING, Angela J.; '87 BSBA; Sales & Catering Rep.; The Clarion Hotel, 141 W. 6th St., Cincinnati, OH 45202; r. 9221 Sagemeadow Dr., Cincinnati, OH 45239, 513 385-8732.
SCHMELZER, Gerald Edward; '84 BSBA; Realtor; r. 1447 W. Case Rd., Columbus, OH 43235, 614 457-0880.
SCHMERGE, Robert Eugene; '73 BSBA; Staff; Lima Mem. Hosp., c/o Postmaster, Lima, OH 45802; r. 517 S. Wagner, Wapakoneta, OH 45895, 419 738-2255.
SCHMID, Christine Houfek; '74 BSBA; MIS Proj. Mgr.; JM Smucker Co., Strawberry Ln., Orrville, OH 44667; r. 3631 La Mesa Dr., Akron, OH 44313, 216 666-9430.
SCHMID, Laura King; '42 BSBA; 2513 Jarratt Ave., Austin, TX 78703, 512 472-0222.
SCHMID, Paul E.; '63; Mfg. Method & Equip. Engr; Navistar Intl., 6125 Urbana Rd., Springfield, OH 45503, 513 390-4406; r. 4811 Gay St., Springfield, OH 45503, 513 399-6092.
SCHMID, Richard A.; '61 BSBA; 921 D Hoover Village Dr., Indianapolis, IN 46260, 317 259-8195.
SCHMIDT, Donald Warren; '73 BSBA; 4 Old Village Ln., Farmington, CT 06032, 203 673-6788.
SCHMIDT, Edward Christopher; '81 BSBA, '85 MBA; Financial Analyst; Rockwell Intl., 4300 E. 5th Ave., Columbus, OH 43219, 614 239-5277; r. 5876 Connolly Ct., Dublin, OH 43017, 614 761-8735.
SCHMIDT, Elizabeth M. '84 (See McDonald, Mrs. Elizabeth S.).
SCHMIDT, Eric Scott; '88 BSBA; 5703 S. Old 3C Hwy., Westerville, OH 43081, 614 891-2756.
SCHMIDT, Harry Edward, III; '82 MBA; Pres.; W Lyman Case & Co., 55 Nationwide Blvd., Ste. 200, Columbus, OH 43215, 614 228-3700; r. 95 S. Parkview Ave., Columbus, OH 43209, 614 258-4076.
SCHMIDT, James Joseph; '71 BSBA; VP/Real Estate; Red Roof Inns, 4355 Davidson Rd, Hilliard, OH 43026; r. 7984 Tipperary Ct. N., Dublin, OH 43017, 614 766-0678.
SCHMIDT, Janice R., (Janice Russell); '58; Owner; Robin Schmidt Inc., Columbus, OH 43220, 614 451-2998; r. 4340 Langport Rd., Columbus, OH 43220, 614 451-7863.
SCHMIDT, John Eric; '88 MBA; 1210 Chambers Rd., Apt. 308A, Columbus, OH 43212, 614 488-6358.
SCHMIDT, Mara L. '84 (See Cowgill, Mara Schmidt).
SCHMIDT, Mark Alan; '88 BSBA; Financial Analyst; NCR Corp., 1700 S. Patterson Blvd. PCD/2, Dayton, OH 45479, 513 445-4317; r. 7285A Chateauroux Dr., Centerville, OH 45459, 513 436-2358.
SCHMIDT, Mark Andreas; '86 BSBA; 6529 Baywood Ln., Cincinnati, OH 45224.
SCHMIDT, Michael Francis; '75 BSBA; 3902 Morning Dove Dr., #232, Bradenton, FL 34210, 813 756-2700.
SCHMIDT, Michael Matthew; '79 BSBA; Assoc. Atty.; Schottenstein Zox & Dunn Co., Huntington Ctr., 41 S. High St., Columbus, OH 43215; r. 4805 Farber Row, Hilliard, OH 43026, 614 876-2253.
SCHMIDT, Nancy Nowe; '51 BSBA; Homemaker; r. 11 Island Ln., Greenwich, CT 06830, 203 629-2589.
SCHMIDT, Robert Joseph; '74 BSBA; VP Finance & Admin.; Wyandot, Inc., 135 Wyandot Ave., Marion, OH 43302, 614 383-4031; r. 5181 David Rd., Delaware, OH 43015, 614 595-3402.
SCHMIDT, Robert Joseph, Jr.; '72 BSBA; Maint. Mgr.; Kroger Co., 4450 Poth Rd., Columbus, OH 43213, 614 863-2066; r. 6883 Carrousel Dr. S., Reynoldsburg, OH 43068, 614 864-3077.
SCHMIDT, Roger Edson; '50 BSBA; Retired; r. 488 Tresham Rd., Gahanna, OH 43230, 614 471-0967.
SCHMIDT, Susan Jean; '78 BSBA; 7334 Fall Creek Ln., Worthington, OH 43235, 614 766-4345.
SCHMIDT, Todd Anthony; '81 BSBA; Estimator; Travis Constr. Co., 853 N. Pearl St., Columbus, OH 43215, 614 297-7727; r. 220 E. Welch Ave., Columbus, OH 43207, 614 444-4698.
SCHMIDT, Werner Bertold; '62 BSBA; Account Exec.; Dow Chemical Co., 400 Perinton Hills Ofc. Park, Fairport, NY 14450, 716 425-1200; r. 7 Prospect Hill Rd, Pittsford, NY 14534, 716 244-3214.
SCHMIDT, William E.; '49 BSBA; Grp. VP; The Bailey Drug Co., 1000 Linden Ave., Zanesville, OH 43701, 614 453-0591; r. 1448 Blue Ave., Zanesville, OH 43701, 614 453-1481.
SCHMIDT, William Harry; '69 BSBA; Owner; Schmidt Nationalease, 1373 Conant St., Maumee, OH 43537, 419 893-4838; r. 432 Orchard View Dr., Maumee, OH 43537, 419 893-5898.
SCHMIDUTZ, Gene A.; '57 BSBA; 241 S. Monroe St., Tiffin, OH 44883.
SCHMIEDEBUSCH, Mark Alan; '79 BSBA; Agt.; 133 S. Hickory St., Ottawa, OH 45875, 419 523-6261; r. 628 E. 3rd St., Ottawa, OH 45875, 419 523-3359.
SCHMINK, William B.; '28 BSBA; Retired Banker; Natl. Shawmut Bank; r. 29 Nogales Way, Spanish Lakes, Port St. Lucie, FL 34952, 407 878-4378.
SCHMITT, David Gerard; '87 BSBA; Drug GM Mgmt.; The Kroger Co., 150 Tri-Cnty. Pkwy., Cincinnati, OH 45246, 513 829-2000; r. 2405 Bracebridge, Cincinnati, OH 45231, 513 742-1991.
SCHMITT, David William; '79 BSBA; VP-Finance; J. M. Thompson Co., 7101 Hillsborough Rd., Raleigh, NC 27606, 919 851-1611; r. 2024 Thorpshire Dr., Raleigh, NC 27615, 919 848-8261.
SCHMITT, George Frederick, Jr.; '66 MBA; Survivability Mgr.; Air Force Wright Aero Labs, Hardened Materials Branch, AFWAL/MLPJ, Wright Patterson AFB, OH 45433, 513 255-3808; r. 1500 Wardmier Dr., Dayton, OH 45459, 513 434-6167.
SCHMITT, James C.; '81 BSBA; Sales Rep.; MCI Telecommunications, 134 Merchant Ave., 1st Fl., Cincinnati, OH 45246, 513 771-3640; r. 2405 Bracebridge Dr., Cincinnati, OH 45231, 513 742-1991.
SCHMITT, John D.; '64 BSBA; Sales Mgr. Distributer; Climax Mfg. Co., One Penn Plz., #4505, New York, NY 10119, 212 947-2800; r. Tally Home Ln., Chester Spgs., PA 19425, 215 827-7359.
SCHMITT, Karen Edberg; '64; 4512 Loos Cir. W., Columbus, OH 43214, 614 457-9879.
SCHMITT, Karl Fredrick; '68 BSBA; VP; Mercy Info. Systs., 34605 Twelve Mile Rd., Farmington Hls., MI 48331, 313 489-6600; r. 203 Oakwood Ave., Ypsilanti, MI 48197, 313 483-1921.
SCHMITT, Norman W.; '51 BSBA; Retired; State of Ohio, 1030 Frwy. Dr. N., Columbus, OH 43229; r. 1052 Caniff Rd, Columbus, OH 43221, 614 451-1520.
SCHMITT, Robert William; '85 BSBA; Field Sales Engr.; Pioneer Standard Electronics, 60 Crossways Park, W., Woodbury, NY 11797, 516 921-8700; r. 1 Mount Mc Kinley Ave., Farmingville, NY 11738, 516 696-0114.
SCHMITT, Wilbur Allen; '74 BSBA; Pres.; Software Technology Inc., Bainbridge Island, WA 98110; r. 21312 Port Gamble Rd., Suquamish, WA 98392, 206 779-6569.
SCHMITTER, Robert Alan; '83 BSBA; 964 John Glenn Dr., Cleveland, OH 44131, 216 524-8149.
SCHMITTKE, Marc Bernard; '68 BSBA; Sr. VP; S. L. Green Realty, Inc., 70 W. 36th St., New York, NY 10018, 212 594-2700; r. 166 E. 34th St., New York, NY 10016, 212 689-5699.
SCHMITZ, James Arthur; '80 BSBA, '82 MBA; VP Govt. Bonds/Trading; McDonald & Co. Security Inc., 2100 Society Bank Bldg., Cleveland, OH 44114, 216 443-2610; r. 15020 Rosemary Ave., Cleveland, OH 44111, 216 251-9093.
SCHMITZ, James P.; '59 BSBA; Investigator; r. 34770 Schwartz Rd, Avon, OH 44011, 216 937-5436.

ALPHABETICAL LISTINGS SCHORR 247

SCHMITZ, James Thomas; '86 BSBA; Staff; Allstate Ins. Co., Allstate Plz., Northbrook, IL 60062, 614 275-2287; r. 976 Sheridan Ave., Columbus, OH 43209.
SCHMITZ, Mrs. Jane Raterman, (Jane Raterman); '86 BSBA; Account Exec.; Miami Bus. Interior, 64 Walnut St., Dayton, OH 45402, 513 226-0666; r. 24 Kings Chapel Dr., Troy, OH 45373, 513 339-7956.
SCHMITZ, Joanne Frances; '79 BSBA; 6110 Maryhurst Dr., Dublin, OH 43017.
SCHMITZ, Robert K.; '68; Staff; Ohio S&L League, 88 E. Broad St., Columbus, OH 43215; r. 930 Francis Ave., Columbus, OH 43209, 614 237-1974.
SCHMITZ, William Mark; '75 MBA; 31133 W Chelton Dr, Birmingham, MI 48009.
SCHMITZ, William Raymond; '81 BSBA; 5953 Dartshire Blvd., Columbus, OH 43220.
SCHMOLDER, Carl J.; '50 BSBA; Atty.; Texas Bank Bldg., 810 Main St., Dallas, TX 75202; r. Rte. 1 Box 5A, Ferris, TX 75125, 214 544-2894.
SCHMOLL, Karen Lee; '88 BSBA; Intl. Bus.; Kettering, OH 45420; r. 3513 Pobst Dr., Kettering, OH 45420, 513 299-1758.
SCHMUCK, Margaret Duffy; '38 BSBA; 2440 Elmwood, Westlake, OH 44145, 216 871-8598.
SCHMUNK, Walter A.; '29 BSBA; Retired; New York Life Ins. Co., 134 S. La Salle St., Chicago, IL 60603; r. 202 April Ln., N. Aurora, IL 60542, 312 896-2318.
SCHNABEL, Bruce Jay; '69 BSBA; Energy Cnsltg.; r. 220 Barrow Rd., Lexington, KY 40502, 606 266-1469.
SCHNAUFER, Albert A.; '61 BSBA; Rep.; A F S C M E, California District Council 36, 3932 Wilshire Blvd. Ste. 108, Los Angeles, CA 90010; r. 2462 Transit, Anaheim, CA 92804, 714 827-5205.
SCHNAUFER, Sharon Lynn; '85 BSBA; 2315 Brandon Rd., Columbus, OH 43221, 614 486-3869.
SCHNEBLE, James Richard; '77 MBA; Acctg. Mgr.; Bur. of Natl. Affairs, Inc., 1231 25th St., NW, Washington, DC 20037, 202 452-4433; r. 419 Old Stone Rd., Silver Spring, MD 20904, 301 989-9566.
SCHNEIDER, Alan I.; '51 BSBA; Branch Mgr.; Metropolitan Life Ins., 10230 New Hampshire Ave., Silver Spring, MD 20903, 301 434-7110; r. 10120 Greenock Rd, Silver Spring, MD 20901, 301 593-0010.
SCHNEIDER, Andrew P.; '88 BSBA; Mktg. Rep.; Donahue Realtors, 65 E. Wilson Bridge Rd., Worthington, OH 43085, 614 885-8000; r. 1633 Worthington Club Dr., Westerville, OH 43081, 614 846-3384.
SCHNEIDER, Dr. Arnold; '80 MACC, '82 PhD (ACC); Assoc. Prof.-Acctg.; Georgia Inst. of Technolgy, 225 North Ave., Atlanta, GA 30332, 404 894-4907; r. 851 Vistavia Cir., Decatur, GA 30033, 404 633-8504.
SCHNEIDER, Mrs. Cheryl W., (Cheryl Wright); '80 BSBA; Sr. Programmer Analyst; Integrity Life Ins. Co., 200 E. Wilson Bridge Rd., Worthington, OH 43085; r. 1790 NW Ct., Apt. C, Columbus, OH 43212.
SCHNEIDER, Christine Streng, (Christine Streng); '80 BSBA; Sr. Admin. Ofcr.; Columbus Countywide Devel. Corp., 140 Marconi Blvd. 8th Fl., Columbus, OH 43215, 614 222-6171; r. 2639 Teak Ct., Columbus, OH 43229, 614 891-1255.
SCHNEIDER, Mrs. Cynthia L., (Cynthia L. Robison); '80 BSBA; 8585 Towson Blvd., Miamisburg, OH 45342.
SCHNEIDER, David Carl; '61 BSBA; Stf/Berke Comm Ind; r. 145 Euclid St., Bloomingdale, IL 60108, 312 894-2604.
SCHNEIDER, David Steven; '85 BSBA; 3600 Red Lion Rd., 57 E. Hawthorne Ct., Philadelphia, PA 19114.
SCHNEIDER, Donald R.; '48 BSBA; VP; Schneider Hardware, 3143 Banksville Rd., Pittsburgh, PA 15216; r. 2805 Fernwald Rd, Pittsburgh, PA 15217, 412 421-8347.
SCHNEIDER, Ms. Ellen Beth; '84 MBA; Budget Analyst; Midland Mutual Life Ins. Co., 250 E. Broad St., Columbus, OH 43215, 614 228-2001; r. 211 E. Maynard, Columbus, OH 43202, 614 262-7010.
SCHNEIDER, Gary Lee; '74 BSBA; Regional Operations Mgr.; Marriott Corp.-Roy Rogers Div., 1803 Research Blvd., Ste. 502, Rockville, MD 20850, 301 251-6105; r. 20427 Cabana Dr., Germantown, MD 20874, 301 972-9779.
SCHNEIDER, Glenn Keith; '71 BSBA; VP Surety Bonding; Gen. Ins. Agcy., 3360 Tremont Rd., Columbus, OH 43221, 614 451-9602; r. 1384 Marchfield Way, Columbus, OH 43204, 614 276-4891.
SCHNEIDER, Harry Roy S.; '77 BSBA; Dir. of Acquisition/Atty.; The Mayerson Co., Ste. 1900 105 E. 4th St., Cincinnati, OH 45202, 513 621-7500; r. 3012 Kinmont St., Cincinnati, OH 45208, 513 321-4486.
SCHNEIDER, Henry Allan; '49 BSBA; Retired; Radio Corp. of America, 3301 S. Adams St., Marion, IN 46952; r. 506 Berkley Dr., Marion, IN 46952, 317 662-2522.
SCHNEIDER, MAJ Howard Dale, USAF(Ret.); '53 BSBA; 744 Euclaire Ave., Bexley, OH 43209, 614 231-7580.
SCHNEIDER, Jacqueline L.; '87 MPA; Substance Abuse Educ.; r. 61 E. Russell St., Columbus, OH 43215, 614 221-8768.
SCHNEIDER, Jeffrey Lee; '75 BSBA; OEM Sales Mgr.; Linotype AG, Mergenthaler Allee 55-75, 6236 Eschborn, West Germany; r. Konrad-Duden-Weg 3, 6000 Frankfurt 56, West Germany, 069 507-5666.
SCHNEIDER, Jeffrey Lee; '82 BSBA; Sales Rep.; Owens Corning Fiberglas, 5933 Telegraph Rd., Los Angeles, CA 90040, 213 724-5383; r. 3020 Langs Bay, Costa Mesa, CA 92626, 714 662-3878.
SCHNEIDER, Jennifer Lynn; '85 BSBA; Sales Mgr.; Lazarus, Colony Square Mall, Zanesville, OH 43701, 614 455-2480; r. 2832 Spinnaker Loop, Reynoldsburg, OH 43068, 614 864-5124.
SCHNEIDER, John Stanley; '60 BSBA; CEO; Southwest Realty, 7424 Greenville Ave., Dallas, TX 75231, 214 369-1995; r. 3827 S. Versailles Ave., Dallas, TX 75209, 214 559-4488.
SCHNEIDER, Jon William; '64 BSBA; VP Finance; A B Wise, 4544 Muhlhauser Rd., Hamilton, OH 45011, 513 874-9642; r. 10668 Weil Rd., Cincinnati, OH 45249, 513 489-8577.
SCHNEIDER, Judy '81 (See Baker, Mrs. Judy Schneider).
SCHNEIDER, Kenneth Claude; '76 BSBA; 2428 Olde Sawmill Blvd., Dublin, OH 43017, 614 761-0194.
SCHNEIDER, Kevin Louis; '85 BSBA; Sales Rep.; Three Sixty Svcs., 7099 Huntley Rd., Columbus, OH 43229, 614 436-2161; r. 7967 County Brook Ln., Westerville, OH 43081, 614 847-9028.
SCHNEIDER, Mrs. Marcy Newman, (Marcy Newman); '79 BSBA; 851 Vistavia Cir., Decatur, GA 30033, 404 633-8504.
SCHNEIDER, Norman Edward; '50 BSBA; Retired; r. 2592 Kingston Rd., Cleveland, OH 44118, 216 321-1766.
SCHNEIDER, Raymond Joseph; '50 BSBA; Retired Institution Sales; Prudential-Bache Securities; r. 2526 Middlesex Rd., Columbus, OH 43220, 614 451-8162.
SCHNEIDER, Robert J.; '73 BSBA; Controller/CPA; Aspen Enterprises, Ltd., 2757 44th St., SW, Ste. 306, Grand Rapids, MI 49509, 616 531-9100; r. 408 60th St., SE, Kentwood, MI 49508, 616 530-8670.
SCHNEIDER, Roger William; '80 BSBA; Owner; Associated Computer Svcs., 1425 E. Dublin-Granville Rd, Ste. 102, Columbus, OH 43229, 614 846-7922; r. 1830 Willoway Cir. S., Columbus, OH 43220, 614 457-6624.
SCHNEIDER, Roy Daniel; '50 BSBA; Retired; r. 35541 Chicago St. W., Livonia, MI 48150, 313 522-4057.
SCHNEIDER, Samuel; '47 BSBA; Pres.; Sam Schneider Inc.; r. 232 S. Kellner Rd., Columbus, OH 43209, 614 239-0557.
SCHNEIDER, Stanley; '54 BSBA; Pres.; Avest Inc., 30195 Chagrin Blvd., Pepper Pike, OH 44124, 216 464-3737; r. 30100 Bolingbrook Rd., Cleveland, OH 44124, 216 831-1475.
SCHNEIDER, Stephan Allen; '74 BSBA; 4127 Chandler, Columbus, OH 43213, 614 237-8042.
SCHNEIDER, Theodore Ralph; '75 BSBA; S Emp/Cnslt.; r. 10015 Foster Ave., Cleveland, OH 44108, 216 268-1130.
SCHNEIDER, Tina Mascherino; '84 BSBA; Asst. Buyer; Lazarus, S. High & W. Town Sts., Columbus, OH 43215; r. NCSC Qtrs Osprey Ln. #G2, 5348 Crawford Dr., Panama City, FL 32407.
SCHNEIDER, Virginia Westlake; '58 BSBA; 1287 Chautauqua Blvd., Pacific Palisades, CA 90272, 213 459-1907.
SCHNEIDER, Walter Edward; '71 BSBA; Mgr. of Distribution Oper; Ross Labs, 625 Cleveland Ave., Columbus, OH 43216, 614 438-6000; r. 356 Colonial Ave., Worthington, OH 43085, 614 888-4271.
SCHNEIDER, William Stuart; '39 BSBA; Retired; r. 2917 Red Oak Rd, Kettering, OH 45432, 513 253-8376.
SCHNEIDERMAN, Karen R.; '80 BSBA; Exec. Dir.; Wooster Wayne Legal Aid Society, 132 S. Market St., Ste. 205, Wooster, OH 44691, 216 264-9454; r. 119 Manor, Apt. D, Akron, OH 44313, 216 867-1220.
SCHNEIDERMAN, Toby '78 (See Rosen, Mrs. Toby Schneiderman).
SCHNEIER, Craig Eric, PhD; '69 BSBA; Managing Principal; Sibson & Co., Inc., 212 Carnegie Ctr., CN 5323, Princeton, NJ 08543, 609 520-2729; r. 5 Chadwell Ct., Pennington, NJ 08534, 609 737-7887.
SCHNEIER, Jamie Bennett; '85 BSBA; 1770 Rock Hill Ln., Akron, OH 44313.
SCHNEIER, Lance W.; '71 BSBA; Chmn./Pres./CEO; Access Energy Corp., 655 Metro Pl. S., Dublin, OH 43017, 614 792-6000; r. 5455 Muirfield Ct., Dublin, OH 43017, 614 766-6600.
SCHNEIER, Lisa Michelle; '86 BSBA; Food Broker-Mfr. Rep.; Midwest Assocs., 1617 Akron Peninsula Rd., Akron, OH 44313, 216 928-1011; r. 1716-B Treetop Tr., Akron, OH 44313, 216 928-4154.
SCHNELKER, Norman T.; '60 BSBA; Regional Sales Mgr.; Perfection-Cobey Co., Div Harsco, Box 1248, Pacifica, CA 94044; r. 2650 Plymouth Way, San Bruno, CA 94066.
SCHNELL, Carlton W.; '29 BSBA; Retired; r. 131 Hamlet Hills Dr. #61, Chagrin Falls, OH 44022, 216 247-5105.
SCHNELL, Charles W.; '42 BSBA; Retired; r. POB 1678, Lahaina, HI 96767, 808 661-4305.
SCHNELLE, Michelle '65 (See Bauerband, Michelle S.).
SCHNELLE, Richard Arthur; '72 BSBA; Fiscal/Personnel Ofcr.; The Ohio State Univ., Grad. Sch., 247 Univ. Hall, 230 N. Oval Mall, Columbus, OH 43210, 614 292-6031; r. 2120 Statham Ct., Dublin, OH 43017, 614 764-2787.
SCHNELLER, Franklin Gregory; '76 BSBA; Syst. Analyst; Ohio Industrial Commission, Dept. of Rehabilitation, Columbus, OH 43215; r. 2884 Timber Range Ct., Columbus, OH 43231, 614 890-0498.
SCHNIPKE, Kathleen A. '83 (See Cottrill, Kathleen S., CPA).
SCHNIPKE, Nadine Kahle; '86 BSBA; Merchandise Mgr.; J C Penney Co., 2400 Elida Rd., Lima, OH 45805, 419 331-0361; r. POB 178, Kalida, OH 45853, 419 532-2176.
SCHNITTGER, LCDR Paul; '73 BSBA; Lcdr Usn; USN, Uss Inchon Lph-12, Supply Corps, Fpo New York, NY 09529; r. 901 Franklin St., Alexandria, VA 22314, 703 683-4384.
SCHNITZ, Howard Phillip; '79 BSBA; VP & Gen. Mgr.; Key Oldsmobile Co., 5711 Scarborough Blvd., Columbus, OH 43232, 614 864-7500; r. 341 S. Cassingham, Bexley, OH 43209.
SCHNITZ, Susan B., (Susan Ellen Bloomfield); '79 BSBA; Free-lance CPA; r. 341 S. Cassingham Rd., Bexley, OH 43209.
SCHNOERR, David Eric; '76 BSBA; Dist. Mgr.; Hertz Penske Truck Lsg, 55966 County Rd. 15, Elkhart, IN 46516, 219 295-0041; r. 12377 Duxbury Ct., Granger, IN 46530, 219 272-5257.
SCHNOOR, Mary Ann, (Mary Ann Falls); '47 BSBA; Homemaker; r. 4350 Lyon Dr., Columbus, OH 43220, 614 451-2332.
SCHNORF, John S.; '47 BSBA; Retired; r. 102 O. K. Ave., Harahan, LA 70123, 504 737-5203.
SCHOCH, Emily Rose; '84 BSBA; Plng. Analyst; Ashland Chemical Co., 5200 Blazer Memorial Pkwy., Columbus, OH 43216, 614 889-3468; r. 4577 Olentangy River Rd., Columbus, OH 43214.
SCHOCH, Glenn Eric, CPA; '75 BSBA; Supv.; Leighton Carter & Bonovich CPA, 1018 East St., San Rafael, CA 94901, 415 459-1212; r. 157 Koch Rd., Corte Madera, CA 94925, 415 927-7027.
SCHODORF, Joseph Raymond; '79 BSBA; Gen. Mgr.; Schodorf Truck Body & Equip. Co., 885 Harmon Ave., Columbus, OH 43223; r. 2122 Summit View, Powell, OH 43065.
SCHODORF, Otto Louis, Jr.; '54 BSBA; Pres.; Schodorf Truck Body & Equip., 885 Harmon Ave., Columbus, OH 43223, 614 228-6793; r. 1561 Roseview Dr., Columbus, OH 43209, 614 231-4710.
SCHODORF, Thomas E.; '82 BSBA; Account Mktg. Rep.; IBM Corp., 140 E. Town St., Columbus, OH 43215, 614 225-3784; r. 9247 Muirkirk Dr., Dublin, OH 43017, 614 766-5026.
SCHODORF, William Howard; '76 BSBA; Inventory Control Supv.; Cortec, 2351 Kenskill Ave., Washington C.H., OH 43160, 614 335-9400; r. 1977 Drew Ave., Columbus, OH 43220.
SCHOEDINGER, Ferdinand P., Jr.; '51 MBA; Retired; r. 387 N. Drexel Ave., Columbus, OH 43209, 614 258-0119.
SCHOEDINGER, John A.; '64; VP; Schoedinger Funeral Svc., 229 E. State St., Columbus, OH 43215, 614 224-6105; r. 4345 Crown Point Dr., Columbus, OH 43220, 614 451-8282.
SCHOEMER, Ronald A.; '58 BSBA; VP Loans; Columbus Municipal Emp. Fed. CU, 365 4th St., Columbus, OH 43215, 614 224-8890; r. 1845 Elmwood Ave., Columbus, OH 43212, 614 488-7625.
SCHOENBAUM, Alex; '39 BSBA; Founder & Dir.; Shoney's Inc., 5541 Gulf of Mexico Dr., Apt. E, Longboat Key, FL 34228, 813 383-9266; r. Same.
SCHOENBAUM, Leon H.; '44; Restaurateur; Shoneys Inc., 700 Newmarket Sq., Newport News, VA 23605; r. 22 Yardleys Grant, Williamsburg, VA 23185, 804 229-4073.
SCHOENBAUM, Maxine Friedman; '49; 5701 Notre Dame, Columbus, OH 43213, 614 755-2423.
SCHOENBERG, Lester L.; '55 BSBA; VP; New York Life Ins. Co., 51 Madison Ave., New York, NY 10010, 212 576-4977; r. 59 Barnes Rd., Stamford, CT 06902, 203 322-9718.
SCHOENBERG, Sammy S.; '50 BSBA; Retired; r. 4622 Lindenwood NE, Canton, OH 44714, 216 497-1568.
SCHOENBERGER, Gary Paul; '69 BSBA; Dir. Mktg.; Ross Labs, 625 Cleveland Ave., Columbus, OH 43215, 614 227-3230; r. 3708 Pevensey Dr., Upper Arlington, OH 43220, 614 459-1924.
SCHOENBERGER, Timothy M.; '83 BSBA; Sales Rep.; Arrow Electronics Inc., 7461 Worthington Galena Rd, Worthington, OH 43085, 614 436-0928; r. 6793 Connecticut Ave, Columbus, OH 43229, 614 794-3421.
SCHOENBORN, Helen '34 (See Wilson, Mrs. Helen Schoenborn).
SCHOENBRUN, Ruth '48 (See Candeub, Ruth Schoenbrun).
SCHOENER, Jeffrey A.; '78 BSBA; Secy.-Treas.; Schoener Ins. Svc., 1570 First Ave., Columbus, OH 43212, 614 481-8348; r. 3789 McGrath Dr., Dublin, OH 43017, 614 792-0971.
SCHOENLEB, Lutrelle F.; '29 BSBA; Retired; r. 333 Lasley Ave., Pomeroy, OH 45769, 614 992-2074.
SCHOENSTEIN, Joseph Roy; '79 BSBA; Mgr., Gen. Acctg.; Warner Cable Communications, 400 Metro Pl., N., Dublin, OH 43017, 614 792-7321; r. 3754 Darbyshire Dr., Hilliard, OH 43026, 614 876-0620.
SCHOEPF, Paul George; '88 MBA; Nuclear Proj. Engr.; American Electric Power, 1 Riverside Plz., POB 16631, Columbus, OH 43216; r. 1279 Chatham Ridge Rd., Westerville, OH 43081, 614 890-4304.
SCHOEPPLER, Kurt Jay; '79 MBA; 11655 Parkside Rd, Chardon, OH 44024, 216 286-9389.
SCHOEPPLER, Scot Ross; '80 BSBA; 6140 Calle Mariselda #203, San Diego, CA 92124, 619 469-6463.
SCHOFEL, Peter E.; '81 BSBA; Controller; Integrated Resources, 800 2nd Ave., New York, NY 10017, 212 878-9540; r. 157 Castle Ridge Dr., E. Hanover, NJ 07936, 201 386-5875.
SCHOFIELD, Barry Lee; '85 BSBA; VP of Sales; Dan Schufield Lincoln Murcury, 1520 N. Hermitage Rd., Hermitage, PA 16148, 412 962-5733; r. 3000 Lakewood Manor, Apt. 2104, W. Middlesex, PA 16159, 412 346-9409.
SCHOFIELD, H. Carl; '38 BBA; Atty.; Don M Casto Org., 209 E. State St., Columbus, OH 43215, 614 228-5331; r. 2124 Sheringham Rd., Columbus, OH 43220, 614 451-7808.
SCHOFIELD, Larry; '81 BSBA; Systs. Engr.; IBM Corp., 140 E. Town St., Columbus, OH 43215, 614 225-3532; r. 30 Riverdale Rd., Newark, OH 43055, 614 344-2616.
SCHOFIELD, COL Norman M.; '58 BSBA; Retired; r. 2826 Urban Crest, San Antonio, TX 78209, 512 828-1697.
SCHOKATZ, Hans A.; '66 BSBA; Sr. Internal Auditor; Duriron Co. Inc., POB 1145, Dayton, OH 45401, 513 226-4174; r. 1006 Brookwood Ct., Fairborn, OH 45324, 513 878-1189.
SCHOLIK, Larry William; '71 BSBA; 65 E. Main St., POB 42, Alexandria, OH 43001, 614 924-4582.
SCHOLL, Dale Linn; '73 BSBA; Computer Programmer; Borden Inc., 180 E. Broad St., Columbus, OH 43215, 614 225-4638; r. 145 Walcreek Dr. W., Gahanna, OH 43230, 614 476-5569.
SCHOLL, Neil D.; '52 BSBA; Reitred; r. 256 Indian Tr., POB 915, Barnstable, MA 02630, 508 362-9241.
SCHOLL, Robert J., CPA; '66 BSBA; 4900 Blazer Pkwy., Dublin, OH 43017, 614 766-3621; r. 5694 Adventure Dr., Dublin, OH 43017, 614 889-2844.
SCHOLLER, Anita A. '86 (See Baemel, Anita A.).
SCHOLLER, Trent Lee; '81 BSBA; Owner Salesman; M S Distributors, Myer's Fireplaces, 5150 Angola Rd., Toledo, OH 43615; r. 5557 Radcliffe, Sylvania, OH 43560.
SCHOLZ, Stanley R.; '32 BSBA; Atty.; Keep & Scholz Co. LPA, 122 Chalmers St., Lorain, OH 44052; r. Same, 216 246-1913.
SCHONBERG, Theodore F.; '46 BSBA; Acct.; Crain & Assocs., 4590 E. Grant Rd., Tucson, AZ 85712; r. 7219 E. Onda Cir., Tucson, AZ 85715, 602 885-9423.
SCHONDELMEYER, Dr. Stephen W.; '79 MPA; Assoc. Prof. Pharm. Admin; Purdue Univ., Sch. of Pharmacy, Phar.Economics Research Ctr., W. Lafayette, IN 47907, 317 494-1470; r. 3119 Decatur St., W. Lafayette, IN 47906, 317 497-1940.
SCHONEMAN, Ralph Taylor; '80 MPA; Chief; USAF, Manufacture Production Control, Sm/Alc/Manss, Mc Clellan AFB, CA 95652, 916 643-5908; r. 1601 Eastern Ave., Sacramento, CA 95864.
SCHONEMAN, Susan Lowry; '80 MPA; Prod Mgmt. Spec.; USAF, Mc Clellan AFB, Sacramento, CA 95652; r. 1601 Eastern Ave., Sacramento, CA 95864.
SCHONEWETTER, Robin L., (Robin L. Sebastian); '87 BSBA; Advisory Progr. Analyst; Banc One Svc. Corp., 350 McCoy Ctr., Columbus, OH 43271, 614 248-8242; r. 3581 Silverado Dr., Columbus, OH 43228.
SCHONHARDT, Donald James; '74 BSBA; Finance Dir.; City of Upper Arlington, Municipal Bldg., Columbus, OH 43220; r. 2111 Tremont Rd., Columbus, OH 43221.
SCHONHARDT, Robert Anthony; '77 BSBA; Acct. Dir.; Standard Register Co., 900 Lafayette Ste. 607, Santa Clara, CA 95050, 408 249-9751; r. 730 Palo Alto Ave., Mountain View, CA 94040, 415 961-6578.
SCHOOLEY, Thomas R.; '61 BSBA; Account Exec.; Shearson Lehman Hutton, 1803 Kingsdale Ctr., Upper Arlington, OH 43221, 614 457-3005; r. 1251 B Lake Shore Dr., Columbus, OH 43204, 614 488-3212.
SCHOOLS, William K.; '49 BSBA; Retired Grp. VP; Borden Inc. - Dairy Div., 180 E. Broad St., Columbus, OH 43215; r. 124 Lake Point Dr., Chapin, SC 29036, 803 345-1422.
SCHOONOVER, John D.; '57 BSBA, '58 MBA; VP Contr; Alcan Aluminum Corp., 23811 Chagrin Blvd., Cleveland, OH 44122; r. 2712 Belvoir Blvd., Cleveland, OH 44122.
SCHOONOVER, K. John; '58 BSBA; POB 703, Breckenridge, CO 80424.
SCHOONOVER, Suzanne '45 (See Burton, Suzanne Schoonover).
SCHOPFER, Aaron Jones; '70 BSBA; Staff; Gates Mc Donald & Co., Provident Towers, 1 E. 4th St., Cincinnati, OH 45202; r. 693 Cedarhill Dr., Cincinnati, OH 45240, 513 851-9270.
SCHORDOCK, Robert Alan; '68 BSBA; VP Finance & Admin.; Radix Wire Co., 26260 Lakeland Blvd., Cleveland, OH 44132, 216 731-9191; r. 9991 River Oaks Dr., N. Royalton, OH 44133, 216 237-1171.
SCHORLING, Susan Bales; '86 MPA; 299 Reinhard Ave., Columbus, OH 43206, 614 231-1222.
SCHORR, Frederick Stone; '58 BSBA; Pres.; Dry Storage Corp., Warehouse Grp., 1800 S. Wolf Rd., Des Plaines, IL 60018, 312 694-3272; r. 20770 N. Meadow Ln., Barrington, IL 60010, 312 382-3964.
SCHORR, James L.; '64 BSBA; Pres.; Highmark Corp., 860 Ridgelake, Memphis, TN 38119, 901 763-1231; r. 121 Bazemore Rd., Cordova, TN 38018, 901 757-5607.

SCHORR, Ms. Jennifer E.; '84 BSLHR; Supv., Employment; Cleveland Metro-Gen. Hosp., 3395 Scranton Rd., Cleveland, OH 44109, 216 459-5057; r. 2048 Laurel Hill Dr., S. Euclid, OH 44121, 216 382-9918.
SCHORR, Jon Michael; '62 BSBA; Atty.; Heller Ehrman White McAuliffe, 6100 Columbia Ctr., 701 5th Ave., Seattle, WA 98104, 206 447-0900; r. 1615 Bigelow Ave. N., Seattle, WA 98109, 206 284-0267.
SCHORR, Richard Lee, Sr.; '53 BSBA; Retired; r. 5114 Fletcher St., Anderson, IN 46013, 317 642-4749.
SCHORSCH, I. Edward (Jim); '58 BSBA; Sales Assocs./Travel Agt.; Vail Assocs. Inc., Box 7, Vail, CO 81657, 303 949-1515; r. Box 1546, Vail, CO 81657, 303 949-4479.
SCHOSTEK, Lois Ann; '87 MBA; 1797 Hard Rd., Worthington, OH 43085, 614 761-9368.
SCHOTT, Elden E., Sr.; '48 BSBA, '49 MBA; 412 261-5135; r. 179 Main Entrance Dr., Pittsburgh, PA 15228, 412 561-4540.
SCHOTT, Joseph Howard; '86 BSBA; Sales Assoc.; Arrow Electronics Inc., 25 Hub Dr., Melville, NY 11747; r. 4620 Fairhaven NW, Canton, OH 44709, 216 494-9367.
SCHOTT, Joseph Louis; '63 BSBA; CPA; Shonk, Feller, Tuber & Brown, 5566 Dressler NW, N. Canton, OH 44720, 216 499-4412; r. 4620 Fairhaven Ave. N. W., Canton, OH 44709, 216 494-9367.
SCHOTT, Stephen Elliot; '77 BSBA; Sales Engr.; Transelso Div. of Ferro Corp., POB 217, Penn Yan, NY 14527, 315 536-3357; r. 8 Cottonwood Ln., Pittsford, NY 14534.
SCHOTT, Timothy Albert; '70 BSBA; 15 Partridge Ter., Everett, MA 02149, 617 389-6874.
SCHOTTENSTEIN, Alan J.; '49 BSBA, '51 MBA; Chmn. of Bd.; A J Schottenstein Oil & Gas, 8444 Southland Dr., Tyler, TX 75703; r. 301 Shore Rd., Greenwich, CT 06830, 203 869-4508.
SCHOTTENSTEIN, Debra Elaine, (Debra Elaine Linick); '78 MBA; 1541 Brickell Ave. #806, Miami, FL 33129, 305 285-0470.
SCHOTTENSTEIN, Frances Polster; '52; 241 S. Parkview, Columbus, OH 43209, 614 253-4887.
SCHOTTENSTEIN, Gary Lee; '74 BSBA; Pres.; M/I Real Estate Co. Inc., 1855 E. Dublin-Granville Rd, Columbus, OH 43229, 614 436-8900; r. 500 Columbia Pl., Columbus, OH 43209, 614 239-6800.
SCHOTTENSTEIN, Irving; '39 BSBA; CEO; M.I. Schottenstein Homes, 41 S. High St., 24th Fl., Columbus, OH 43215, 614 221-5700; r. 241 S. Parkview, Columbus, OH 43209.
SCHOTTENSTEIN, Jean Rabe; '78 BSBA; 445 N. Parkview Ave., Columbus, OH 43209, 614 252-1350.
SCHOTTENSTEIN, John M.; '78 BSBA; VP; Glimcher Grp., 1 Mellon Bank, 500 Grant St., Pittsburgh, PA 15219, 412 765-3333; r. 126 Oakpark Pl., Pittsburgh, PA 15243, 412 531-8111.
SCHOTTENSTEIN, Leonard; '46; VP; Mgmt., Wyandotte Communities, 5198 E. Main St., Columbus, OH 43213; r. 389 Northview Dr., Columbus, OH 43209, 614 258-7104.
SCHOTTENSTEIN, Melvin L.; '54 BSBA; Pres./ Atty.; Schottenstein Zox & Dunn, The Huntington Ctr., 41 S. High St., Columbus, OH 43215, 614 221-3211; r. 291 N. Drexel Ave., Columbus, OH 43209, 614 253-5531.
SCHOTTENSTEIN, Rochelle Kaplan; '76 BSBA, '77 MBA; Lecturer; The Ohio State Univ., Acctg. Dept., Hagerty Hall, Columbus, OH 43210; r. 295 S. Parkview Ave., Columbus, OH 43209.
SCHRA, Ms. Lisa Lianne; '81 BSLHR; Labor Relations Spec.; Air Force Logistics Cmd., SM/ALC/ DPCEL, Mc Clellan AFB, CA 95652; r. 7900 Charcrest Ct., Fair Oaks, CA 95628, 916 966-6566.
SCHRACK, James Manner, II; '80 BSBA; MBA Student; r. 465 Glenmont Ave., Columbus, OH 43214, 614 262-4050.
SCHRADER, Bettie Coble; '39 MPA; 265 Western Way, Princeton, NJ 08540, 609 924-1344.
SCHRADER, Donald William; '79 BSBA; 2415 Norris Ave., Belpre, OH 45714, 614 423-8580.
SCHRAG, Charles A.; '48 BSBA; Retired; r. 832 East Ave., Park Ridge, IL 60068, 312 825-3891.
SCHRAGE, Michele Susan; '88 BSBA; Sales Rep.; Procter & Gamble Corp., 7811 Brownstone Blvd., #621, Toledo, OH 43614, 419 865-2645; r. Same.
SCHRAGER, Marvin L.; '60 BSBA; Atty.; Salman, Smith, Travis & Schrager, 3200 Red River, Ste. 400, Austin, TX 78765, 512 472-2431; r. 6802 Ladera Norte, Austin, TX 78731, 512 345-7671.
SCHRAM, Bruce E.; '58 BSBA; Proj. Mgmt. Mgr.; AT&T Technologies, 3800 Golf Rd, Rolling Meadows, IL 60008, 312 981-2000; r. 1851 Allen Ln., St. Charles, IL 60174, 312 377-7251.
SCHRAM, Fred Robert; '72 BSBA; Dist. Mgr.; Dow Chemical Co., POB 881, Industry, CA 91747, 818 810-8050; r. 2345 Bonnie Brae Ave., Claremont, CA 91711, 714 624-0834.
SCHRAM, Julie Gaye; '85 MPA; Child Welfare Caseworker; Franklin Cnty. Children's Svcs., 3234 Cleveland Ave., Columbus, OH 43224, 614 267-6351; r. 5375 Ravine Bluff, Columbus, OH 43229, 614 899-2717.
SCHRAM, Robert Ross; '81 BSBA; Tax Processor; Chemical Mortgage Co., 101 E. Town St., Columbus, OH 43215; r. 944 Annagladys Dr., Worthington, OH 43085, 614 885-4230.
SCHRAMEK, Bradley Walter; '88 MLHR; 2069 Revere Rd., Cleveland Hts., OH 44118.
SCHRAMM, Gary Eugene; '72 BSBA; Acct.; Ford Motor Co., Engine Div. - Gen. Ofc., Dearborn, MI 48121, 313 845-5200; r. 8430 Elmhurst, Canton, MI 48170.
SCHRANZ, Frank John; '72 MBA; Dir. of Purchasing; Baxter-Pharmaseal Div., 27200 N. Tourney Rd., Valencia, CA 91355, 805 253-7489; r. 23552 Via Amado, Valencia, CA 91355, 805 255-5465.
SCHRECK, Richard A.; '51 BSBA; Dir.-State & Local Taxes; Cleveland Cliffs, Inc., 1100 Superior Ave., Cleveland, OH 44114, 216 694-4827; r. 3616 Berkeley Rd., Cleveland, OH 44118, 216 932-8344.
SCHREIBER, Bert Z.; '61 BSBA; Pres.; Bert Schreiber Assoc. (Mfg. Rep.), 292 Beach Park Blvd., Foster City, CA 94404, 415 345-5281; r. Same.
SCHREIBER, Jeffrey David; '81 BSBA; Pension Cnslt./Atty.; Nationwide Ins., One Nationwide Plz., 10-T, Columbus, OH 43216, 614 249-4850; r. 5648 Tara Hill Dr., Dublin, OH 43017, 614 766-6914.
SCHREIBER, John Warren; '85 BSBA; Rgnl Logistics Coord.; Frito-Lay Inc., 2299 Perimeter Park, Ste. 100, Atlanta, GA 30341, 404 455-6850; r. 2299 Perimeter Park, #100, Atlanta, GA 30341.
SCHREIBER, Robert H.; '71 MBA; VP; Lowe & Assocs., 2400 Corporate Exchange Dr., Ste. 350, Columbus, OH 43229, 614 895-9990; r. 1078 Farrington Dr., Westerville, OH 43081, 614 891-2019.
SCHREIBER, Thomas Knox; '78 BSBA; Personnel Dir.; r. 11870 Rolling Hills Ct., Wichita, KS 67212, 316 721-4345.
SCHREIBMAN, Michael Steven; '79 BSBA; 3988 Carnino Lindo, San Diego, CA 92122, 619 453-9504.
SCHREICK, Thomas E.; '37 BSBA; Retired; r. 3487 Sciotangy Dr., Columbus, OH 43221, 614 451-4927.
SCHRELLER, Lawrence J.; '50 BSBA; Rte. 2 Box 2179, Lightwood Rd., Hartwell, GA 30643.
SCHRELLER, Richard F.; '50 BSBA; Auditor; US Dept. of Housing & Urban Dev, 200 N. High St., Columbus, OH 43215, 614 469-5746; r. 788 Eu Claire Ave., Columbus, OH 43209, 614 235-1181.
SCHREUR, Paul Edwin; '82 MPA; Mgr. Hosp. Licensure; Ohio Dept. of Mental Health, 30 E. Broad St., Rm. 1155, Columbus, OH 43215, 614 466-2035; r. 863 Puddington Ct., Westerville, OH 43081, 614 882-9203.
SCHRICKEL, Dr. Clyde Calvin; '66 PhD (BUS); Retired Faculty; r. Dayton, OH 45431.
SCHRIESHEIM, Dr. Chester A.; '78 PhD (BUS); Prof.; Univ. of Miami, Sch. of Business, 414 Jenkins Bldg., Coral Gables, FL 33124, 305 284-5846; r. 14865 SW 145th St., Miami, FL 33196, 305 252-4222.
SCHRIESHEIM, Dr. Janet Fulk; '77 MBA, '78 PhD (BUS); 14865 SW 145th St., Miami, FL 33196, 305 238-5929.
SCHRIM, Margery Brown; '82 BSBA; 2675 Kent Rd, Columbus, OH 43221.
SCHRITZ, Kirt Robert; '85 BSBA; VP; CBS Automotive Supply Inc., 401 S. Main St., Celina, OH 45822, 419 586-2361; r. 201 Eastview Dr., Coldwater, OH 45828, 419 678-2583.
SCHROCK, Richard D.; '64 BSBA, '78 MBA; VP-Finance; Bon Secours Health Syst., Inc., 5457 Twin Knolls Rd., Ste. 300, Columbia, MD 21045, 301 992-7330; r. 4500 Hemlock Cone Way, Ellicott City, MD 21043, 301 750-8583.
SCHROCK, Russell Owen; '84 BSBA; Sr. Buyer; Westinghouse Electric Corp., Box 970 Hwy. 58 W., S. Boston, VA 24592, 804 575-7971; r. Rte. 4 Box 806, S. Boston, VA 24592, 804 572-9519.
SCHROECK, Gerard Philip; '71 BSBA; 254 Siesta Dr., Marion, OH 43302, 614 389-2132.
SCHROEDER, Barbara Elaine; '83 BSBA; 987 Manati Ave., St. Augustine, FL 32086, 904 797-4513.
SCHROEDER, Brent Gerald; '85 BSBA; Acct.; Ken Von Sossan, 608 E. Kirocose, Elida, OH 45807, 419 339-1111; r. 10746 Rd I-9, Ottawa, OH 45875, 419 538-6665.
SCHROEDER, Carl M.; '42 BSBA; Retired Sales Mgmt.; GM-Buick Div.; r. 12 Bobolink Rd., Foxfire, Jackson Spgs., NC 27281, 919 673-0050.
SCHROEDER, Charles Lee; '85 BSBA; Programmer; Goodyear Tire & Rubber Co., 1144 E. Market St., Akron, OH 44316, 216 796-1238; r. 26 Craig Dr., Tallmadge, OH 44278, 216 633-2790.
SCHROEDER, Ms. Susan R.; '84 BSBA; Sr. Programmer; Gates McDonald, One Nationwide Plz., Columbus, OH 43216, 614 249-4777; r. 3737 Carnforth Dr., Hilliard, OH 43026, 513 771-8247.
SCHROEDER, Teresa Ann; '86 BSBA; Store Mgr.; Payless Shoesource, Sub: May Dept. Store, Pen Can Mall, Cicero, NY 13039; r. 112 Longdale Dr., Liverpool, NY 13090, 315 451-0744.
SCHROEDER, Thomas Dale; '69 BSBA; Job Start Coord.; State of Vermont, 103 S. Main St., Waterbury, VT 05676, 802 241-2451; r. 7 Woodbine St., S. Burlington, VT 05403, 802 863-4415.
SCHROEDER, Victor C.; '23 BSBA; Retired; r. 3841 W. Michigan Ave., Battle Creek, MI 49017, 616 965-0302.
SCHROEDER, William Howard; '77 BSBA; VP-Part Owner; Coporate Support Inc., 3552 St. Johns Rd., Lima, OH 45805, 419 224-7930; r. 4818 Delong Rd., Lima, OH 45806.
SCHROEPFER, John; '86 BSBA; Audit Stf Acct.; r. 8747 Ripton Dr., Powell, OH 43065, 614 761-8815.
SCHROER, Fred; '49 BSBA; Asst. VP; Munich American Reinsurance, 10 S. Wacker Dr., Chicago, IL 60606, 312 993-7616; r. 358 Hillside St., Elmhurst, IL 60126, 312 279-6658.
SCHROTE, Thomas Alan; '81 BSBA; Auditing Mgr.; Farmers Ins. Grp., POB 1900, 11555 Dublin Canyon Rd., Pleasanton, CA 94566, 415 847-3195; r. 8098 S. Lake Dr., Apt. C, Dublin, CA 94568, 415 828-2743.
SCHROTH, James L.; '56 BSBA; Pres./Dir.; J. L. Schroth Co., 23500 Blackstone, Warren, MI 48089, 313 759-4240; r. 726 S. Renaud Rd., Grosse Pte. Woods, MI 48236, 313 882-7539.
SCHRYVER, Christina Louise; '88 BSBA; Mgmt. Assoc.; Bank One of Columbus NA, 100 E. Broad St., Columbus, OH 43215; r. 801 Brittingham Ct., Columbus, OH 43214.
SCHUBA, Douglas John; '86 MBA; Sr. Staff Auditor; Riggs Natl. Bank, 808 17th St., NW, 7th Fl., Washington, DC 20006, 202 835-4337; r. 4203 Red Maple Ct., Burtonsville, MD 20866, 301 604-4093.
SCHUBERT, Barbara Gulde; '53 BSBA; 173 Brentview, Grafton, OH 44044, 216 458-8785.
SCHUBERT, E. Louise '42 (See Miller, Mrs. Clare G.).
SCHUBERT, James Allen; '78 MACC; Controller/Tax Mgr.; North American Mfg. Co., 4455 E. 71st St., Cleveland, OH 44105, 216 271-6000; r. 4963 Meadow Moss Ln., N. Ridgeville, OH 44039, 216 327-5094.
SCHUCK, Albert L.; '53 BSBA; Investment Advisor; Thompson Mc Kinnon Securities, 2880 Kettering Twr., Dayton, OH 45423, 513 461-5363; r. 5742 Mark Dale Dr., Dayton, OH 45459, 513 433-6133.
SCHUCKMAN, Neal Edward; '74 BSBA; Staff; United Dairy Farmers, 3955 Montgomery Rd., Cincinnati, OH 45212; r. 6226 Englewood, Cincinnati, OH 45237, 513 731-8630.
SCHUDEL, James; '51 BSBA; Sales Engr.; Hordis Bros., Inc., 355 Moross Rd., Grosse Pte. Farms, MI 48236, 313 886-4664; r. Same.
SCHUELER, Joseph Alan; '85 BSBA; Staff Acct.; Deloitte Haskings & Sells, 155 E. Broad St., Columbus, OH 43215; r. 1682 Glenn Ave., Columbus, OH 43212, 614 481-1976.
SCHUETTE, Patricia Ann; '84 BSBA; 7337 Mapleleaf Blvd., Worthington, OH 43085.
SCHUG, LTC Willis E., Jr.; '48 MPA; USA (Ret.); Atty; 29 Ridgeview Dr., Quarryville, PA 17566, 717 786-7013; r. Same.
SCHUHOLZ, Ms. Shauna Lee; '82 BSBA; Materials Mgr.; Cincinnati Microwave, 5200 Fields-Ertel Rd., Cincinnati, OH 45249, 513 247-4441; r. 27 Dorino Pl., Wyoming, OH 45215, 513 821-3325.
SCHULAK, Donald D.; '55 BSBA; Exec. VP; Tri Valley Growers, 1255 Battery St., San Francisco, CA 94111, 415 445-1748; r. 19 Kingston Rd., Kensington, CA 94707, 415 525-0888.
SCHULER, Gregory Charles; '76 MBA; Mgr. Human Resources; Litton Integrated Systs., 7900 Tanners Gate, Florence, KY 41042, 606 334-2821; r. 9250 Cunningham Rd., Cincinnati, OH 45243, 513 248-1050.
SCHULER, Gregory Joseph; '71 BSBA; Supv.; Dept. of Voc. Educ., 225 W. State St., Trenton, NJ 08675; r. 941 Lyndale, Trenton, NJ 08610, 609 695-8826.
SCHULER, Hon. John W.; '48 BSBA; Retired Judge; Holmes Cnty. Common Pleas Court.; r. 7387 Skyview Rd., Millersburg, OH 44654, 216 674-4631.
SCHULER, Thomas Lewis; '48 BSBA; Retired VP; Sorg Paper Co., Purchasing Dept., 901 Manchester Ave., Middletown, OH 45042; r. 4400 Karen Dr., Middletown, OH 45042, 513 423-7938.
SCHULKEN, Eugene Petteway, Jr.; '81 BSBA; Div. Credit Admin.; First Interstate Bk. of California, San Diego Div. Credit Admin., 401 B St., Ste. 2201, San Diego, CA 92101, 619 699-3010; r. 2439 Malibu Way, Del Mar, CA 92014, 619 259-0167.
SCHULLER, Karen Sue; '84 BSBA; Supv.; Fisher Body Div. of GM, First Line Production, 200 Georgesville Rd., Columbus, OH 43228; r. 80 E. Pacemont St., Columbus, OH 43202, 614 268-5477.
SCHULLER, Mary Ann; '71 BSBA; Mgmt. Analyst; Navy Finance Ctr., 1240 E. 9th St., Cleveland, OH 44199; r. 15150 Sprague Rd, Apt. H 33, Cleveland, OH 44130.
SCHULLER, Ronald Lee; '83 BSBA; Fin. Analyst; Columbia Gas Distribution Co., 200 Civic Center Dr., Columbus, OH 43216, 614 460-4830; r. 2153 Pine Knoll Ave., Columbus, OH 43229, 614 895-3129.
SCHULMEYER, Hans C.; '73 BSBA; Pres.; Four Peaks Inc., 12341 E. Cornell Ave., Aurora, CO 80014, 303 695-4334; r. 2833 S. Willow Ct., Denver, CO 80231, 303 752-1334.
SCHULT, John Stephen; '84 BSBA; Staff Acct.; Ernst & Whinney, Toledo Trust Bldg., Toledo, OH 43604; r. 602 Hickory, Perrysburg, OH 43551, 419 874-6667.
SCHULTE, Gary Lee; '72 MBA; V.P of Real Estate; Rax Restaurants, 1266 Dublin Rd., Columbus, OH 43215; r. 1091 Cir.-On-The-Green, Worthington, OH 43085, 614 888-7751.
SCHULTE, Helen '32 (See Maurer, Mrs. Helen S.).
SCHULTE, Henry Ludwig, Jr.; '83 MBA; Staff; r. 455 E. Torrence Rd., Columbus, OH 43214, 614 263-8534.
SCHULTE, Robert Joseph; '82 BSBA; Technical Recruiter; R M Schulte & Assocs., POB 1155, Lima, OH 45802, 419 224-0106; r. 627 W. Wayne St., Delphos, OH 45833, 419 695-4879.
SCHULTE, Russell H.; '38 BSBA; Retired; r. 43 La Salle St., Jamestown, NY 14701, 716 484-1837.
SCHULTHEIS, Gregory Keith; '78 MPA; Semiretired; r. 631 Red Robin Rd., Seffner, FL 33584, 813 654-4873.
SCHULTHEIS, Michael K.; '84 BSBA; 3860 Pinto Ct., Hilliard, OH 43026.
SCHULTZ, Albert F.; '54 BSBA; Gen. Foreman; r. 1229 Joseph Rd, Ambler, PA 19002.
SCHULTZ, Albert L.; '35 BSBA; Retired; r. 300 Sand Hill Cir., Apt. 301, Menlo Park, CA 94025, 415 854-6153.
SCHULTZ, Charles James; '60 BSBA; Pres.; F J Schultz Furniture Co., 35 E. College St., Oberlin, OH 44074, 216 774-4641; r. 633 Beech St., Oberlin, OH 44074, 216 774-8623.
SCHULTZ, Christine Adamcik, (Christine Adamcik); '85 BSBA; Pension Mktg. Rep.; Aetna Life Ins. Co., 1 Prestige Pl., Ste. 920, Miamisburg, OH 45342, 513 434-1173; r. 110 Southlake Dr., Centerville, OH 45459, 513 435-1302.
SCHULTZ, David Michael; '73 BSBA; Financial Cnslt.; F. Lee Bailey, 823 N. Olive Ave., W. Palm Bch., FL 33401, 407 655-6051; r. 215 9th St., W. Palm Bch., FL 33401, 407 659-4893.
SCHULTZ, Donald Jack; '72 BSBA; Treas.; B. W. Rogers Co., 380 Water St., POB 1030, Akron, OH 44309, 216 762-0251; r. 2982 Saybrooke Blvd., Stow, OH 44224, 216 678-2385.
SCHULTZ, Elliott J.; '52 BSBA; Pres.; Elliott Schultz & Assoc. Inc., Paper Plastics Distributing, POB 24524, Cleveland, OH 44124, 216 449-0911; r. 647 Gloucester, Cleveland, OH 44143.
SCHULTZ, Frederick William; '50 BSBA; Supv. of Compli; City Div. of Income Tax, 90 W. Broad St., Columbus, OH 43215; r. 624 Alta View Ct., Worthington, OH 43085, 614 888-5651.
SCHULTZ, John Harley; '83 BSBA; Sales/Contract Engrg.; P D S I, 401 Fame Rd., Dayton, OH 45449; r. 7324 Dabel Ct., Dayton, OH 45459, 513 436-2231.
SCHULTZ, Joseph Howard; '48 BSBA; Retired; r. 7800 Glenbrook Ct., Cincinnati, OH 45224, 513 931-5231.
SCHULTZ, Joseph Vernon; '81 MBA; Owner-Mgr.; Personal Auto Care, 1390 W. Fifth Ave., Columbus, OH 43212, 614 487-1433; r. 261 E. Dunedin Rd., Columbus, OH 43214, 614 267-0282.
SCHULTZ, Karen Lynn; '84 BSBA; 4701 Haverwood #1015, Dallas, TX 75287, 214 248-1058.
SCHULTZ, Melinda M. '81 (See Haas, Mrs. Melinda M.).
SCHULTZ, Michael James; '80 MBA; Portfolio Mgr.; ICH Cos., 4211 Norbourne Blvd., Louisville, KY 40207, 502 897-6242; r. 504 Willowstone Way, Louisville, KY 40223, 502 245-9264.
SCHULTZ, Dr. Randall Lee; '65 BSBA; 7250 Briar Cove, Dallas, TX 75240, 214 239-3352.
SCHULTZ, Robert Alvin; '80 BSBA; Dir. of Acctg.; Olsten Temporary Svcs., 180 E. Broad St., Columbus, OH 43215, 614 228-8114; r. 3431 Helen Pl., Grove City, OH 43123, 614 875-6334.
SCHULTZ, Susan Dee; '84 BSBA; Engr.; Martin Marietta Corp., NTB Division MSN 8100, Falcon AFB, CO 80912, 719 380-2236; r. 2035 Seven Arrow Dr., Colorado Spgs., CO 80915, 719 570-6237.
SCHULTZ, Wayne Carl; '78 MBA; 1719 Ella St., Cincinnati, OH 45223.
SCHULTZ, William Earl; '69 BSBA; 10632 Cardinal Ln., Brecksville, OH 44141, 216 526-7355.
SCHULZ, Dr. Robert A.; '71 PhD (BUS); Prof.; Univ. of Calgary, Faculty of Management, Calgary, AB, Canada T2N1N4, 403 220-6591; r. 24-1815 Varsity Estates Dr. NW, Calgary, AB, Canada T3B3Y7, 403 286-7307.
SCHULZ, Walter K.; '72 MACC; Pres.; PC-Acctg., 756 Tyvola Rd., Ste. 119, Charlotte, NC 28217, 704 525-8844; r. 301 Sardis Rd. N., Charlotte, NC 28226, 704 364-0305.
SCHUMACHER, Andrea L.; '83 BSBA; 1982 Berkshire, Columbus, OH 43221, 614 488-3414.
SCHUMACHER, Dick Leurtis; '38 BSBA; Retired; r. HCO 3 Box 236 E., Marble Falls, TX 78654, 512 598-5487.
SCHUMACHER, Donald Craig; '68 BSBA; Atty.; 113 Thurman Ave., Columbus, OH 43216, 614 445-8308; r. 78 S. Keethler Dr., Westerville, OH 43081, 614 890-4750.
SCHUMACHER, James Gregory; '83 BSBA; Operational Analyst; GE Mortgage Ins. Co., Six Forks Rd., Raleigh, NC 27609, 919 846-4100; r. 5513 Roundhill Ln., Raleigh, NC 27604, 919 878-0467.
SCHUMACHER, Joann Baker; '83 BSBA; Underwriter; Biltmore Mortgage Co., 8601 Six Forks Rd., Raleigh, NC 27615, 919 847-1070; r. 5513 Roundhill Ln., Raleigh, NC 27604, 919 878-0467.
SCHUMACHER, Walter L.; '49 BSBA; Retired; r. 28023 Wolf Rd, Cleveland, OH 44140, 216 871-1968.
SCHUMACHER, William C.; '57 BSBA; MTS; T R W, San Bernardino, CA 92402; r. 562 E. Jackson St., Rialto, CA 92376, 714 875-5680.
SCHUMAKER, David W.; '64 BSBA, '66 MBA; Exec. VP; Mil-Com Electronics Corp., 3503 Crosspoint, San Antonio, TX 78217, 512 646-0347; r. 335 Bluffcrest Dr., San Antonio, TX 78216, 512 496-0928.
SCHUMAKER, Donn Mccoy; '71 BSBA; Venture Grp. Mgr.; 3M Corp., Marketing & Sales Development, 3M Braker Ln., Austin, TX 78710; r. 10713 Keystone Bend, Austin, TX 78750, 512 250-0081.

ALPHABETICAL LISTINGS SCOTT 249

SCHUMAKER, Kimberly Ann; '83 BSBA; Sales Mgr.; Japan Concept Corp., 3-6-2 Shibuya, Shibuya-ku, Tokyo, Japan, 034005811; r. 1-33-9 Haramachi, Meguro-ku, Tokyo, Japan, 037162694.
SCHUMAKER, Mrs. Patricia, (Patricia Heaton); '71 BSBA; Pres Co-Owner/Mgmt Cnslt; Schumaker Co., 900 Victors Way, Ste. 200, Ann Arbor, MI 48108, 313 769-5812; r. 10630 Indianola, Whitmore Lake, MI 48189, 313 231-9298.
SCHUMANN, James N.; '59 BSBA; Plant Mgr.; CVI Inc., 2975 Airway, Costa Mesa, CA 92626, 714 966-0731; r. 21961 Bacalar, Mission Viejo, CA 92691, 714 859-1097.
SCHUMANN, Jill S. '79 (See Rumberger, Jill).
SCHUMANN, Stephen Wayne; '83 BSBA; Grad. Student; Univ. of North Carolina, Sch. of Business, Chapel Hill, NC 27514; r. 3595 N. Mary Lou Ln., Mansfield, OH 44906, 419 529-2730.
SCHUPBACH, Fredrick R.; '66 BSBA, '67 MBA; Cntrler & Matrls Mgr.; L J Smith, Rte. 1, Bowerston, OH 44695, 614 269-2221; r. 906 E. 2nd St., Dover, OH 44622, 216 343-2287.
SCHUPP, Germaine A.; '82 BSBA; Clips Coord.; Nationwide Ins., 5800 Campus Circle Dr., 100B, Irving, TX 75016, 214 580-7250; r. 1451 Everglades Dr., Plano, TX 75023, 214 422-2355.
SCHURECK, Dawn Teresa; '85 BSBA; Staff; Automatic Data Processing, 2660 Corporate Dr., Columbus, OH 43229, 614 228-2552; r. 684 Riverview Dr., Apt. 120, Columbus, OH 43202, 614 263-8074.
SCHURMAN, Christian John; '86 BSBA; Spec. Agt./Secrty Ofcr.; US Dept. of State, 2201 C St. NW, Washington, DC 20520, 703 235-9461; r. 4337 Rockcreek Rd., Alexandria, VA 22302, 703 768-7142.
SCHURMAN, Elefterious Albert, Jr.; '86 BSBA; 824 N. Berson Rd., Fairfield, CT 06430, 203 255-0027.
SCHURMAN, John H.; '66 BSBA; Auditor; W VA State Tax Dept., State Capitol, Charleston, WV 25305; r. 349 Cherokee Tr., Huntington, WV 25705, 304 523-9139.
SCHUSTER, Albert Frank; '88 BSBA; Dist. Mgr.; Congoleum Corp., 4055 Executive Park Dr., Cincinnati, OH 45241, 513 563-4822; r. 6468 Ridge Rd., Parma, OH 44129, 216 842-4958.
SCHUSTER, Dr. Allan Dale; '60 BSBA, '66 MBA, '77 PhD (BUS); 11804 Mustang Chase, Austin, TX 78759, 512 345-0445.
SCHUSTER, Daintria Winsor; '86 BSBA; POB 101, Reisterstown, MD 21136.
SCHUSTER, David Edward; '72 MBA; Owner Mgr.; D E Schuster Inc., 31555 Mound Rd, Warren, MI 48092, 313 264-4888; r. 5345 Chicago Rd., Warren, MI 48092, 313 977-8623.
SCHUSTER, Dr. Louis Howard; '33 BSBA, '37 MBA; Retired/Cnslt.; Louis H Schuster & Assocs., 2504 Gardner Ln., Nashville, TN 37207; r. Same.
SCHUSTER, Marianne Rubadue; '79 BSBA; Spvr Tax Acct.; Columbia Gas of Ohio Inc., 200 Civic Center Dr., Columbus, OH 43215; r. 950 Meeklynn Dr., Worthington, OH 43085, 614 457-7585.
SCHUSTER, Mark Gaetan; '78 MBA; Stockbroker; Merrill Lynch, 155 E. Broad St., Columbus, OH 43215; r. 3125 Aullwood Ct., Dublin, OH 43017, 614 889-2804.
SCHUSTER, Ronald P.; '54 BSBA; Asst. Mgr.; r. Wile-Vera Landing, RR No 4 Box 106-A, Benton, KY 42025, 502 354-6649.
SCHUSTER, Thomas James; '82 BSBA; Salesman; Redpath Apparel, 4757 Frank Luke St., Dallas, TX 75248, 214 931-9855; r. 2525 Players Ct. #813, Dallas, TX 75287, 214 306-8626.
SCHUTH, Robert C.; '50 BSBA; Ret'D Systs. Analys; r. 2400 E. Whipp Rd., Dayton, OH 45440, 513 434-4096.
SCHUTT, Joseph Gregory; '84 BSBA; Account Rep.; Gordon Flesch Co. Inc., 4255 Diplomacy Dr., Columbus, OH 43228; r. 888 Pinewood View, Sagamore Hls., OH 44067, 216 467-1732.
SCHWAB, Jeannine Theresa; '81 MBA; Tchr./Programming; Eastland Computer Ctr., 4465 S. Hamilton Rd, Columbus, OH 43230; r. 27 Richards Rd., Columbus, OH 43214, 614 263-1647.
SCHWAB, Joan Guzzi; '82 BSBA; Cert Pub Acct.; r. 564 Timberlake Dr., Westerville, OH 43081.
SCHWAB, Margaret H.; '53 BSBA; Fiscal Ofcr.; The Ohio State Univ., Div. of Traffic & Parking, 1080 Carmack Rd., Columbus, OH 43210, 614 292-9341; r. 3475 Kirkham Rd., Columbus, OH 43221, 614 457-5841.
SCHWADERER, Donald Eugene; '79 MBA; Sefl-Employed; r. 1338 Wren Ln., RR No 1, Powell, OH 43065, 614 888-7693.
SCHWADERER, Ronald Eugene; '69 BSBA; Controller; Pepsi Cola Bottling Co., 1241 Gibbard Ave., Columbus, OH 43219, 614 253-8771; r. 7750 Lanetta Lane, Westerville, OH 43081, 614 882-1619.
SCHWAIGER, Linda Kay; '86 BSBA; 5649 Mt Olive Ct., Trotwood, OH 45426, 513 837-6907.
SCHWALBACH, Leonard L.; '50 BSBA; Personnel Assoc.; SUNY, Down State Med. Ctr., Brooklyn, NY 11203; r. New York, NY 10038.
SCHWALM, Darcy K., (Darcy K. Wolff); '86 BSBA; Mgr.; r. 719 Arbor Dr., Vandenberg AFB, CA 93437, 805 734-2210.
SCHWALM, Eric Lee, USAF; '86 BSBA; Helicopter Pilot; USAF; r. 719 Arbor Dr., Vandenberg AFB, CA 93437, 805 734-2210.
SCHWALM, James Joseph, Jr.; '74 BSBA; Production Control Mgr.; Osborn Mfg. Corp., 5401 Hamilton Ave., Cleveland, OH 44114, 216 361-1900; r. 26763 Locust Dr., Olmsted Falls, OH 44138, 216 235-9126.
SCHWAMBURGER, William David; '74 BSBA; VP; Banco Natl. Bank, 155 E. Broad St., Columbus, OH 43251, 614 463-7305; r. 6635 Devonhill Rd., Columbus, OH 43229, 614 436-8209.
SCHWARB, Mark John; '69 BSBA; VP Sales; Thomson Co., 2 Ravinia Dr., Ste. 1300, Atlanta, GA 30346, 404 390-7480; r. 3491 Inman Hill, Marietta, GA 30067, 404 953-8010.
SCHWARDT, Dan L.; '58 BSBA; Pres.; Western Sch. Supply Inc., 900 Industry Dr., Seattle, WA 98188, 206 575-4186; r. 9006 Baring Way, Everett, WA 98208, 206 337-6338.
SCHWARTZ, Abraham; '46 BSBA; Manufacturer Rep.; 416 W. Benson St., Cincinnati, OH 45215, 513 761-0383; r. 3220 E. Galbraith Rd., Cincinnati, OH 45236, 513 793-1625.
SCHWARTZ, Arnold Martin; '67 BSBA; Staff; Arnold M Schwartz & Assoc., 1849-C Peeler Rd., Atlanta, GA 30338; r. 1516 Biddle Ct., Dunwoody, GA 30338, 404 394-5283.
SCHWARTZ, Brian; '83 BSBA; 6805 Mayfield Rd # 401, Cleveland, OH 44124.
SCHWARTZ, Charles B.; '51 BSBA; Retired; r. 23025 Maple St., Farmington, MI 48024.
SCHWARTZ, David; '49 BSBA; VP, Investments; Paine Webber, 41 S. High St., Columbus, OH 43215, 614 228-3221; r. 3074 Dale Ave., Columbus, OH 43209, 614 237-3334.
SCHWARTZ, Donald V.; '69 BSBA; Mgr./Central Operatns; Xerox Corp., Mkt Support Operations, 380 S. Northwestern Hwy., Park Ridge, IL 60068, 312 380-3281; r. 1527 Guthrie Dr., Barrington, IL 60010, 312 991-7565.
SCHWARTZ, Frank John, Jr.; '49 BSBA; Retired; r. 2065 Wexford Cir., Wheaton, IL 60187, 312 682-4466.
SCHWARTZ, Frank Louis; '85 BSBA; 7737 E. Rovey, Scottsdale, AZ 85253.
SCHWARTZ, Fred; '51 BSBA; Pres.; Schwartzs Ready to Wear, 1854 Parsons Ave., Columbus, OH 43207; r. 5966 Whitman Rd., Columbus, OH 43213, 614 861-2337.
SCHWARTZ, Garry Brian; '62 BSBA; Atty.; Viscaya Prof. Bldg., 3001 SW 3rd Ave., Miami, FL 33129, 305 858-3484; r. 7540 SW 175th St., Miami, FL 33157, 305 252-0066.
SCHWARTZ, Gerald; '53 BSBA; Cnslt.; 1732 Shady Brook Rd., Charleston, WV 25314, 304 344-2118; r. Same, 304 346-9190.
SCHWARTZ, Gordon Murray; '78 BSBA; Regional VP; A L Williams, 3750 San Jose Pl., Jacksonville, FL 32257, 904 268-4279; r. 826 Ashwood Ct., Orange Park, FL 32065, 904 272-7180.
SCHWARTZ, Janet Marie; '78 BSBA; Asst. VP; State Savings Bank, 20 E. Broad St., Columbus, OH 43215, 614 460-6100; r. 250 W. Poplar St., Columbus, OH 43215.
SCHWARTZ, Mrs. Janice E., (Janice E. Lindner); '80 BSBA; Tax Mgr.; The Stop & Shop Cos., Inc., 1 Bradlees Cir., Braintree, MA 02184; r. 16 Granada Cir., Mansfield, MA 02048, 508 339-6405.
SCHWARTZ, Jeffrey Mark; '82 BSBA; Sales Mgr.; Temco Home Health Care, 125 South St., Passaic, NJ 07055; r. 3290 Dorchester Rd., Cleveland, OH 44120.
SCHWARTZ, John Raymond; '62 BSBA; Grp. Mktg. Mgr.; Dow Chemical USA, 2040 Bldg., Midland, MI 48640, 517 636-3810; r. 5501 Claremont St., Midland, MI 48640, 517 631-6671.
SCHWARTZ, Leslie Gerber; '83 BSBA; Stockbroker; Kidder Peabody & Co. Inc., Chester St., Cleveland, OH; r. 3290 Dorchester Rd., Shaker Hts., OH 44120, 216 991-2651.
SCHWARTZ, Marcia Eppy, (Marcia Eppy); '80 BSBA; Comptroller-Treas.; Eppy's Auto Ctrs. Inc., 730 Market Ave. S., Canton, OH 44702, 216 456-2401; r. 623 48th St. NW, Canton, OH 44709, 216 497-7502.
SCHWARTZ, Michael Samuel; '66 BSBA; Atty.; r. 6680 N. Clippenger Dr., Cincinnati, OH 45243, 513 272-3311.
SCHWARTZ, Norman L.; '57 BSBA; Atty./Tax Partner; Morgan Lewis & Bockius, 1800 M St. N. W., Washington, DC 20036, 202 331-2756; r. 4761 Pine Harrier Dr., Sarasota, FL 34231.
SCHWARTZ, Perry Hannon; '60 BSBA; VP Finance & CFO; Heekin Can Inc., 11310 Cornell Park Dr., Cincinnati, OH 45242, 513 489-3200; r. 9865 Forest Glen Dr., Montgomery, OH 45242, 513 984-0728.
SCHWARTZ, Roger Raymond; '73 BSBA; Grp. Mkt. Mgr.; Dow Chemical USA, 415 Travelers Twr., Southfield, MI 48076, 313 351-5511; r. 4317 Sommerville, W. Bloomfield, MI 48033, 313 681-8299.
SCHWARTZ, Samuel S.; '45 BSBA; CPA; Schwartz, Adelman & Kellerman, CPA's Inc., 33 S. James Rd., Ste. 304, Columbus, OH 43213, 614 237-0545; r. 5700 Bastille Pl., Columbus, OH 43213, 614 866-1233.
SCHWARTZ, Scott P.; '82 BSBA; Branch Rental Mgr.; Ryder Truck Rental, 1350 Kelly Ave., Akron, OH 44306, 216 762-6100; r. 88 Oakhurst Dr., Munroe Falls, OH 44262, 216 686-9688.
SCHWARTZ, Sherri J.; '82 BSBA; Computer Cnslt.; Cincinnati Microcomputers Inc., 3420 Edwards Rd., Cincinnati, OH 45208, 513 871-4747; r. 222 Senator Pl., Apt. 30, Cincinnati, OH 45220, 513 751-4572.
SCHWARTZ, Steven Ben; '72 BSBA; Mgr./Real Estate; Gen. Tire Inc., One General St., Akron, OH 44329; r. 2412 Euclid Hts. Blvd., Apt. 301, Cleveland Hts., OH 44106.
SCHWARTZ, Steven Elliot; '86 BSBA; Sales Rep.; Feldman Securities Corp., 135 S. LaSalle St., Chicago, IL 60603, 312 444-1755; r. 742 W. Schubert, #2R, Chicago, IL 60614, 312 477-4472.
SCHWARTZ, Stuart Michael; '86 BSBA; 22 Wren Dr., Hauppauge, NY 11788, 516 265-9538.
SCHWARTZ, Theodore Parker; '59; Exec. VP; Multipress Inc., 560 Dublin Ave., Columbus, OH 43215, 614 228-0185; r. 3817 Lyon Dr., Columbus, OH 43220, 614 457-3998.
SCHWARTZ, Victoria Stewart; '68 BSBA; Personnel Cnslt/Job Devel; 4247 Ashley Oaks Dr., Williams Meadow, Cincinnati, OH 45227, 513 271-5941; r. Same.
SCHWARTZ, Walter Stanley; '70 BSBA; VP/Mgr.; Merrill Lynch, 30100 Chagrin Blvd., Pepper Pike, OH 44124, 216 292-8054; r. 2723 Rocklyn Rd., Shaker Hts., OH 44122, 216 831-4377.
SCHWARTZ, William F.; '85 MBA; 518 Mohawk St., Columbus, OH 43206.
SCHWARZ, Kurt; '79 BSBA; POB 432, Oak Ridge, NJ 07438.
SCHWARZ, Paul Martin; '87 BSBA; Asst. Mgr.; Chase Manhattan Bank, 96-19 101st Ave., Ozone Park, NY 11416, 718 322-6001; r. 115 Paradise Cir., Havelock, NC 28532, 919 447-8398.
SCHWARZKOPF, Susan '83 (See Wagner, Susan Schwarzkopf).
SCHWEBEL, Barbara Rall; '82 MLHR; Dir. of Publications; Youngstown State Univ., 410 Wick Ave., Youngstown, OH 44555; r. 5773 Lamplighter, Girard, OH 44420, 216 759-3506.
SCHWEBEL, Paul L.; '67 BSBA; VP; Schwebels Bakery, 965 E. Midlothian, Youngstown, OH 44507, 216 783-2860; r. 5734 Logan Arms Dr., Girard, OH 44420, 216 759-2560.
SCHWEDE, Ms. Mary, (Mary Neuman); '84 BSBA; Account Rep.; Marsh & McLennan, Inc., 1375 E. 9th St., Ste. 2500, Cleveland, OH 44114, 216 241-0908; r. 4884 W. Park Dr., Fairview Park, OH 44126, 216 779-0321.
SCHWEIGER, Ronald Roy; '88 BSBA; 1528 Bardwell W. Rd., Williamsburg, OH 45176, 513 724-1145.
SCHWEIGERT, Peter, Jr.; '66 BSBA; Key Industrial Engr.; Uniroyal Goodrich Tire Co., POB 277, Rte. 24, Woodburn, IN 46797, 219 493-8131; r. 6814 Shadowbrook Cove, Ft. Wayne, IN 46835, 219 486-2337.
SCHWEINFURTH, Paul Joseph; '75 BSBA; Farmer; r. 352 Bethlehem Rd W., Prospect, OH 43342, 614 726-2805.
SCHWEITZER, James William; '77 BSBA, '83 MBA; Sr. Rate Engr.; Columbia Gas of Ohio, 200 Civic Center Dr., Columbus, OH 43215, 614 460-5985; r. 5555 Adventure Dr., Dublin, OH 43017, 614 766-4162.
SCHWEITZER, Joseph Vincent; '71 BSBA; Mgr., Distribution Devel.; Procter & Gamble, 2 Procter & Gamble Plz., POB 599, Cincinnati, OH 45201, 513 983-9846; r. 6360 Birchdale Ct., Cincinnati, OH 45230, 513 232-1759.
SCHWENDEMAN, Kim Jerome; '83 BSBA; Punch-Out Man; Bell Properties Inc., c/o Postmaster, Columbus, OH 43215; r. Box 314 5th St., Lowell, OH 45744, 614 896-2559.
SCHWENDENMAN, John Robert; '87 BSBA; Supv; Quik Rede Co., 6225 Huntley Rd., Columbus, OH 43204; r. 3150 Race St., Columbus, OH 43204, 614 279-6806.
SCHWENK, William H.; '51 BSBA; Sales Rep.; Sorg Paper Co., General Ofc., 901 Manchester, Middletown, OH 45042, 312 537-7453; r. 255 Timber Hill, Buffalo Grove, IL 60089, 312 537-7414.
SCHWENKEL, Eric C.; '86 BSBA; Student; Univ. of Houston, Graduate Sch. (MBA), University Park, Houston, TX 77004; r. 5516 Beverly Hill #3, Houston, TX 77056, 713 975-0350.
SCHWENKEL, Kurt Carlson; '78 BSBA; Asst. VP; First Boston Corp., 155 E. 52nd St., New York, NY 10055, 212 909-4898; r. 161 W. 51st St., #3C, New York, NY 10023, 212 333-5372.
SCHWENKER, John D.; '42 BSBA; Atty./Partner; Krumm Schwenker Fisher & Skrobot, 297 S. High St., Columbus, OH 43215, 614 221-6627; r. 4486 Summit Ridge Rd., Columbus, OH 43220, 614 451-9991.
SCHWERS, William Allan; '85 BSBA; Mortgage Lending-Banking; Household Bank F.S.B., 2500 Corporate Exchange Dr., Columbus, OH 43229, 614 898-6886; r. 172 Brandywine Dr., Apt. G, Westerville, OH 43081, 614 895-0844.
SCHWICKERT, Steven James; '79 BSBA; Electronics Tech.; Intern'L Totalizator Systs., 11095 Flintkote Ave., San Diego, CA 92121, 619 931-4102; r. 345 W. El Norte Pkwy. #157, Escondido, CA 92026.
SCHWIENHER, Louis Carl; '73 BSBA; 2238 Banyon Ct., Fairfield, OH 45014, 513 738-5259.
SCHWIETERMAN, Billie Jo '86 (See Smith, Mrs. Billie Jo).
SCHWIETERMAN, Linda Sweeney, (Linda Sweeney); '82 BSBA; Systs. Cnslt.; Analysts Intl. Corp., 471 E. Broad St., Columbus, OH 43215; r. 6808 Pine Bark Ln., Columbus, OH 43235, 614 766-7877.
SCHWIETERMAN, Michael Joseph; '81 BSBA; Area Mgr.; Columbia Gas of Ohio Inc., 115 S. Main St., Fostoria, OH 44830, 419 248-5189; r. 916 Country Club Dr., Fostoria, OH 44830, 419 435-2668.
SCHWIETERMAN, Rick J.; '72 BSBA; CPA; Deloitte Haskins & Sells, 155 E. Broad St., Columbus, OH 43215, 614 221-1000; r. 4825 Donegal Cliffs Dr., Dublin, OH 43017, 614 889-8084.
SCHWIETERMAN, Robert F.; '50 BSBA; Retired; r. 7671 Southview Dr., Columbus, OH 43235, 614 888-7162.
SCHWIETERMAN, Terrance Arthur; '80 BSBA; Controller; Midmark Corp., 60 Vista Dr., Versailles, OH 45380, 513 526-3662; r. 801 Emerald Ave., Coldwater, OH 45828, 419 678-4921.
SCHWIETERMAN, Thomas William; '81 BSBA; Assoc. Mgr.; Bank One, 707 Brooksedge Plaza Dr., Columbus, OH 43271, 614 248-8787; r. 6808 Pine Bark Ln., Columbus, OH 43235, 614 766-7877.
SCHWIMMER, Sanford; '35 BSBA; Retired; IRS; r. 2539 Channing Rd., Cleveland, OH 44118, 216 932-7754.
SCIARINI, Denise Ann; '88 BSBA; 179 W. 9th Ave. #12, Columbus, OH 43201.
SCIDA, Frank Joseph; '81 BSBA, '84 MBA; 4740 NW 28th Way, Boca Raton, FL 33434, 407 994-8056.
SCIORTINO, Philip Joseph; '70 BSBA; Salesm; r. 1604 25th St. NE, Canton, OH 44714, 216 456-4627.
SCITES, Pamela A., (Pamela A. Weidner); '79 BSBA; Travel Agcy. Mgr.; Chapel Hills Travel, 1710 Briargate Blvd., Colorado Spgs., CO 80920, 719 599-5678; r. 8625 Freemantle Dr., Colorado Spgs., CO 80920, 719 531-0258.
SCOCO, James Darryl; '70 BSBA; Owner/Mfg. Rep.; Scoco & Assocs., 1279 Oakwood Ct., Rochester Hls., MI 48063, 313 652-8484; r. Same.
SCODOVA, Bruce Richard; '81 BSBA; Systs. Analyst; Therm-O-Disc,Inc., 1320 S. Main St., Mansfield, OH 44907, 419 525-8480; r. Rd #10, Garver Rd., Mansfield, OH 44903, 419 756-3852.
SCOFEA, Laura Ann; '81 BSBA; 975 Thomas Dr., Ashland, OH 44805, 419 289-3028.
SCOFEA, Mark Robert; '83 BSBA; 975 Thomas Dr., Ashland, OH 44805, 419 289-3028.
SCOFEA, Mary E., (Mary E. Battocletti); '86 BSBA; Mktg. Svc. Coord.; Lake Shore Cryotronics Inc., 64 E. Walnut St., Westerville, OH 43081, 614 891-2243; r. 5442 Flintstone Dr., Westerville, OH 43081, 614 794-2853.
SCOFIELD, Cary Paul; '75 BSBA; Software Engr.; Apollo Computer Inc., Postmaster, Litchfield, NH 03051; r. 9 Amsterdam Cir., Litchfield, NH 03051, 603 880-3551.
SCOGGIN, Lynn; '72 BSBA; Staff; US Postal Svc., 850 Twin Rivers Dr., Columbus, OH 43215; r. 3187 Johnstown-Utica Rd., Johnstown, OH 43031.
SCOHY, Russell Bruce; '75 BSBA; Agt.; Nationwide Ins. Co., 7123 E. Main St., Reynoldsburg, OH 43068, 614 864-8601; r. 2044 Belangee Dr., Blacklick, OH 43004, 614 861-6086.
SCOLES, Franklin D.; '64 MBA; Sr. Systs. Engr.; IBM Corp., 180 Park Ave. W., Mansfield, OH 44902, 419 524-8611; r. Rte. 6, 866 Marion Ave. Rd. N., Mansfield, OH 44903, 419 529-4008.
SCOLES, Stephen Albert; '85 MPA; Deputy Dir. Finance; Ohio E P A, 1800 Watermark Dr., Columbus, OH 43215, 614 644-2344; r. 10345 State Rte. 188 NW, Pleasantville, OH 43148, 614 468-3453.
SCONO, Joseph Anthony; '75 BSBA; Sr. Account Mgr.; Applied Learning Intl., 100 E. Wilson Bridge Rd., Worthington, OH 43085, 614 438-2655; r. 13715 Fancher Rd, Westerville, OH 43081, 614 965-2511.
SCOTFORD, Mrs. Judith, (Judith Busler); '57 BSBA; 7316 Christopher Dr., Poland, OH 44514, 216 757-4840.
SCOTT, Barbara Jones; '51 BSBA; Homemaker; r. 5777 Bounty St., San Diego, CA 92120, 619 287-0796.
SCOTT, Cecil Marine; '49 BSBA; Labor Relations Dir.; N Amer Rockwell Corp., 1700 E. Imperial Hwy., El Segundo, CA 90245; r. 26470 Hempstead Ct., Sun City, CA 92381, 714 679-2712.
SCOTT, David John; '86 BSBA; Pub Afrs Mailng List; r. 2729 Dwight Ave., Dayton, OH 45420, 513 252-9000.
SCOTT, David Michael; '76 BSBA; 1644 Imperial Ln., Findlay, OH 45840, 419 422-4652.
SCOTT, David Thomas; '87 BSBA; 1114 S. Danbury Cir., Medina, OH 44256, 216 725-4397.
SCOTT, Dean Elman; '49 BSBA; Retired Acct.; r. 4726 W. Oraibi, Glendale, AZ 85308, 602 581-8069.
SCOTT, Donald John; '78 BSBA; Acct.; Parker-Hannifin, 17325 Euclid Ave., Cleveland, OH 44112; r. 12990 Kenyon Dr., Chesterland, OH 44026, 216 729-2405.
SCOTT, Edward Michael; '84 BSBA; Asst. Controller; Pipe-Valves Inc., POB 1877, 885 W. 5th Ave., Columbus, OH 43212, 614 294-4971; r. 1510 Bradshire Dr., Columbus, OH 43220, 614 459-7898.
SCOTT, Elizabeth Ann; '87 BSBA; Law Student; Capital Univ., Law Sch., 665 S. High St., Columbus, OH 43215; r. 1373 W. 7th Ave., Apt. B, Columbus, OH 43212.
SCOTT, Florence Ray, (Florence Amy Ray); '58 BSBA; Instructional Asst.; Scottsdale Sch. Syst., 8351 E. Oak St., Scottsdale, AZ 85257; r. 2324 Granite Reef, Scottsdale, AZ 85257, 602 945-6658.
SCOTT, Gayle, Jr.; '58 BSBA; Pres.; Highland Mobile Homes Inc., 7722 E. Main St., Columbus, OH 43068, 614 863-0709; r. 4180 Lyon Dr., Columbus, OH 43220, 614 457-1691.

SCOTT, Gerard Crane; '51 BSBA; VP Sales; Cummins Arizona Diesel Inc., 2239 N. Black Canyon Hwy., Phoenix, AZ 85009; r. 180 E. Bird Ln., Litchfield Park, AZ 85340, 602 935-9275.
SCOTT, LTC Gilbert Theodore, USA; '65 MBA; Col. Usa; Corp. of Engr., 2203 Ave. 'K', Plano, TX 75074, 214 578-7152; r. 2213 Eastwood Dr., Richardson, TX 75080, 214 234-0481.
SCOTT, Harold; '47 BSBA; Retired; r. 6392 Woodhawk Dr., Mayfield Hts., OH 44124.
SCOTT, Dr. Harry Russell, III; '56 BSBA; Dent.; Tremont Fishinger Prof Bldg., 3363 Tremont Rd, Columbus, OH 43221, 614 451-5161; r. 2841 S. Dorchester Rd, Columbus, OH 43221, 614 488-7169.
SCOTT, Howard F.; '65 BSBA; Atty.; Howard F. Scott, PA, 6 Palermo Ave., #100, Coral Gables, FL 33134, 305 445-6016; r. 12505 Palm Rd, N. Miami, FL 33181, 305 895-7217.
SCOTT, Jack Robert; '85 BSBA; 124 Eastwood, Geneva, OH 44041.
SCOTT, James Allen; '87 BSBA; 693 Dennison Ave., #C, Columbus, OH 43215, 614 469-9357.
SCOTT, James Chapman; '69 BSBA; VP; Kennedy Ink Co. Inc., 5230 Wooster Rd., Cincinnati, OH 45226, 513 871-2515; r. 5 1/2 Beechcrest Ln., Cincinnati, OH 45206, 513 221-1434.
SCOTT, James Curtis; '57 BSBA; c/o Mike Stearns, 16 N. 7th Ave., St. Charles, IL 60174.
SCOTT, James F.; '39 BSBA; Retired Supt.; E I Dupont Dn C, Du Pont Nemours&Brandywine Bld, Wilmington, DE 19898; r. Coffee Run, C-1-D, Hockessin, DE 19707, 302 239-6261.
SCOTT, James Lee; '80 BSBA; VP/Corporate Banking; BancOhio Natl. Bank, 155 E. Broad St., Columbus, OH 43251, 614 463-7514; r. 6600 Strathcona Ave., Dublin, OH 43017, 614 889-4713.
SCOTT, Jay Robert; '87 BSBA; Area Sales Mgr.; HI-State Beverage, 871 Michigan Ave., Columbus, OH 43215, 614 294-3555; r. 5881 Natureview Ln., Dublin, OH 43017, 614 889-9905.
SCOTT, Jean Ann; '50 BSBA; Stockbroker; Foster & Marshall, Evergreen Bldg., Renton, WA 98055; r. 231 S. W. 191st St., Seattle, WA 98166, 206 243-7297.
SCOTT, Jeffery Jay; '85 BSBA; Mgr.; State Savings Bank, 3580 N. High St., Columbus, OH 43214, 614 267-6041; r. 6338 Ambleside Dr., Apt. D, Columbus, OH 43229, 614 431-5276.
SCOTT, Jeffrey Kingston; '65; Owner/Operator; Mc Donald's Restaurant, Conroe, TX 77302; r. 26344 Mc Donald, The Woodlands, TX 77380, 713 367-1071.
SCOTT, John William; '49 BSBA; Owner-Real Estate Broker; Scotts Apartment Mgmt., 3930 Oregon Steet, Ste. #230, San Diego, CA 92104, 619 287-6955; r. 5777 Bounty St., San Diego, CA 92120, 619 287-0796.
SCOTT, Kevin E.; '87 BSBA; Acct.; Arthur Andersen & Co., 1717 E. 9th St., Cleveland, OH 44114, 216 781-2140; r. 1585 Orchard Dr., Akron, OH 44313, 216 666-5363.
SCOTT, Larry Joe; '60 BSBA; VP Personal Lines; Westfield Cos., 1 Park Cir., Westfield Ctr., OH 44251, 216 887-0560; r. 8778 Leroy Rd., Box 83, Westfield Ctr., OH 44251, 216 887-5224.
SCOTT, Leisa J.; '81 BSBA; Supv. Joint Venture Acctg; Jacobs Visconsi & Jacobs, 25425 Ctr. Ridge Rd., Cleveland, OH 44145, 216 871-4800; r. 15450 Sprague Rd., Apt. F46, Cleveland, OH 44130, 216 826-0298.
SCOTT, Louis; '83 BSBA; 46 Ridgecrest, Chagrin Falls, OH 44022.
SCOTT, Mark Jeffery; '88 BSBA; Driver; UPS, 5101 Trabue Rd., Columbus, OH 43228, 614 870-4142; r. 1357 Grovewood Dr., Columbus, OH 43207, 614 491-8511.
SCOTT, Martha N., (Martha Nichols); '45 BSBA; Homemaker; r. 22381 Carnoustie Ct., Cupertino, CA 95014, 408 446-9562.
SCOTT, Mary '79 (See Smith, Ms. Mary S.).
SCOTT, Matthew Alan; '84 BSBA; Asst. Dir.; The Ohio State Univ., Transportation Dept., 2578 Kenny Rd., Columbus, OH 43210, 614 292-6122; r. 1019 Atlantic Ave., Apt. 858, Columbus, OH 43229, 614 846-1006.
SCOTT, Michael David; '87 BSBA; Leasing Ofcr.; Banc New England Leasing Grp., Sub of Bank of New England, 28 State St. 24th Fl., Boston, MA 02109, 617 573-9000; r. 1 Madel Ln., Bedford, MA 01730, 617 275-8080.
SCOTT, Michael Douglas; '85 BSBA; 98 Limestone, Chillicothe, OH 45601.
SCOTT, Michael Patrick; '87 BSBA; 1200 Cir. On The Green, Worthington, OH 43085, 614 885-9351.
SCOTT, Patricia Ayn; '76 MPA; 276 N. Pleasant, Oberlin, OH 44074.
SCOTT, Paul Allen; '54 BSBA; Atty.; Paul Scott Co. LPA, 536 S. High St., Columbus, OH 43215, 614 221-1578; r. 4451 Ravine Dr., Westerville, OH 43081, 614 882-5796.
SCOTT, Paul Brian; '84 BSBA; Staff; Goodyear T&R Co., 6161 Busch Blvd., Columbus, OH 43229; r. 2353 Echo Valley Dr., Stow, OH 44224, 216 928-7778.
SCOTT, Peter Alan; '85 BSBA; Assoc. Publisher; Compuserve Inc., H & R Block Inc., 5000 Arlington Ctr. Blvd., Columbus, OH 43220, 614 457-8600; r. 1069 1/2 Harrison Ave., Columbus, OH 43201, 614 294-6534.
SCOTT, Preston L.; '53 BSBA; Sales Mgr.; Maine Oxy-Acetylene, Brewer Industrial Pk., Brewer, ME 04412, 207 989-1467; r. Rte. 1 Box 55, Surry, ME 04684, 207 667-6948.
SCOTT, Dr. Raymond Hyde; '62 PhD (BUS); Prof. Emeritus; Washington State Univ., Pullman, WA 99163; r. Rte. 3, Box 568, Pullman, WA 99163, 509 334-1428.
SCOTT, Robert Louis; '79 BSBA; Mgr.; Ponderosa Inc., 7861 Reynolds Rd., Mentor, OH 44060, 216 946-5310; r. 2260 Par Ln. Apt. 916, Willoughby, OH 44094, 216 585-1438.
SCOTT, Robert Malcolm; '36 BSBA; Staff; Oberlin Clg. Library, @ Postmaster, Oberlin, OH 44074; r. 264 Morgan St., Oberlin, OH 44074, 216 774-2933.
SCOTT, Robert Patrick; '57 BSBA; Owner; R P Scott & Assocs., 17802 Clifton Rd., Lakewood, OH 44107; r. 17802 Lake Rd., Lakewood, OH 44107, 216 228-3475.
SCOTT, Robert Wayne; '49 BSBA; Atty.; r. 700 Oak Knoll Dr., Perrysburg, OH 43551, 419 874-5396.
SCOTT, Rodney Michael; '75 BSBA; Supv.; Borden Inc., 180 E. Broad St., Columbus, OH 43215; r. 6664 Borr Ave., Reynoldsburg, OH 43068, 614 866-0857.
SCOTT, Dr. Stanley Van Aken; '85 MA, '86 PhD (BUS); 3486 S. Brookshore Pl., Boise, ID 83706, 208 345-9948.
SCOTT, Susan Mobley; '76 MPA; Dir. Social Work; Licking Mem. Hosp., 1320 W. Main St., Newark, OH 43055, 614 344-0331; r. 67 N. 31st St., Newark, OH 43055, 614 344-2584.
SCOTT, Terence James; '74 BSBA; Asst. VP; Ameritrust Co. NA, Software Development Dept., 900 Euclid Ave., Cleveland, OH 44114, 216 687-3218; r. 7139 Selworthy Ln., Solon, OH 44139, 216 248-3575.
SCOTT, Willard Baldwin; '27; Retired; r. 3440 Olentangy River Rd., Apt. B-14, Columbus, OH 43202, 614 262-3815.
SCOTT, William John, Jr.; '65 BSBA; Reg. Mgr.; American Telephone & Telegraph, Int'L Support Americas, 99 Jefferson Rd., Parsippany, NJ 07054, 201 581-6317; r. 30 Shepard St., Foxboro, MA 02035, 508 543-6556.
SCOWDEN, Catherine Ann, (Catherine Ann Tillett); '86 BSBA; Internal Control Analyst; Chase Bank of Ohio, 10 W. Broad St., One Columbus Bldg., Columbus, OH 43215, 614 460-7876; r. 1619 Pierpont Dr., Westerville, OH 43081, 614 847-0631.
SCRANAGE, Robert B.; '38 BSBA; Retired; r. 311 16th Ave., Hattiesburg, MS 39401, 601 584-8289.
SCRIBNER, Thomas Robert; '74 BSBA; Dir. MIS; Countrymark, Inc., 4565 Columbus Pike, Delaware, OH 43015, 614 548-8561; r. 214 Blenheim, Columbus, OH 43214, 614 263-4458.
SCRITCHFIELD, Susan Wright; '80 MPA; Med. Social Workr; The Ohio State Univ., University Hospitals, Columbus, OH 43210; r. 5834 Meadowhurst Way, Dublin, OH 43017, 614 761-9872.
SCROGGIE, Jeffrey Alan; '88 BSBA; 30 W. 8th Ave. #F, Columbus, OH 43201.
SCROGGY, Wanda N., (Wanda Nagel); '52; VP/Secy.; Sunshine Mortgage Corp., 1415-B Barclay Cir., Marietta, GA 30060, 404 429-0255; r. 4810 Huntsman Bend, Decatur, GA 30034, 404 981-5803.
SCRUGGS, Dr. Muriel Mitchell; '78 MBA; Mgr.; Ross Labs, Biological Science, 625 Cleveland Ave., Columbus, OH 43216; r. 5168 Merry Oak Ct., Gahanna, OH 43230, 614 895-0934.
SCUDDER, Albert, Jr.; '81 BSBA; Trader; Security Pacific Brokers, Sub of Security Pacific Corp, 155 N. Lake, Pasadena, CA 91101, 800 828-1847; r. 14945 Camden, Chino, CA 91709, 714 597-3617.
SCULL, Elaine Sarr, (Elaine Sarr); '55 BSBA; 4012 Paso De Oro St., Las Vegas, NV 89102, 702 871-0761.
SCULLEN, Eileen; '84 BSLHR; 8427 Glenwood, Boardman, OH 44512, 216 726-8371.
SCULLION, Richard James; '52 MBA; Regional Mgr.; Transcon Lines, 1206 Maple Ave., Los Angeles, CA 90015; r. 1612 Wagon Wheel, Arlington, TX 76013, 817 275-6336.
SCULLY, Mark Daniel; '87 BSBA; Navigator; USAF; r. General Delivery, Mather AFB, CA 95655.
SCULLY, Pamela Joan; '84 BSBA; 27878 Osborn Rd., Bay Village, OH 44140, 216 871-1368.
SCURCI, Anita; '84 BSBA; 24817 Verdant Cir., #308, Farmington Hls., MI 48331.
SCURLOCK, MGEN Robert, USAF(Ret.); '54 BSBA; 3219 Browning St., San Diego, CA 92106.
SCURLOCK, Robert Joseph, Jr.; '72 BSBA; 2813 Ebony Pl., Seffner, FL 33584, 813 685-1608.
SCURRIA, Michael John; '85 BSBA; Acct.-CPA; Coopers & Lybrand, Ste. 2000 Columbus Ctr., 100 E. Broad St., Columbus, OH 43215, 614 221-7471; r. 954 Havendale Dr., Columbus, OH 43220, 614 459-5643.
SCZUBLEWSKI, Lisa Lyn; '82 BSBA; Grad. Student; Univ. of PA-Wharton Business, Philadelphia, PA 19104; r. 4650 Holland-Sylvania Rd., Toledo, OH 43623, 419 882-1060.
SEABOLD, Rev. John Patrick; '82 BSBA; Roman Catholic Priest; Immaculate Heart of Mary, 6700 Lansing Ave., Cleveland, OH 44105, 216 341-2734; r. 15757 Wheeler Rd., Lagrange, OH 44050, 216 355-9020.
SEABRIGHT, Ralph G.; '48 BSBA; Retired; Suburban Motor Freight; r. 20815 Donaldson Ave., Dearborn, MI 48124, 313 562-8641.
SEALSCOTT, Robert Kent; '74 BSBA; Regional Sales Mgr.; Baker Material Handling, Inc., Box 2400, Summerville, SC 29484; r. 467 Concord Ave., Crown Point, IN 46307, 219 663-6552.
SEAMAN, Kathryn '82 (See Fiala, Kathryn Seaman).
SEAMAN, Terry Neil; '82 BSBA; Originator; Columbus, OH 43229; r. 4334 Silsby, University Hts., OH 44118.
SEAQUIST, Kim Lucas; '85 BSBA; 8900 Walton Ln., Powell, OH 43065, 614 764-1528.
SEARCH, David E.; '63 BSBA; Dir. Public Affairs; Ohio Bell Telephone Co., 150 E. Gay St., Rm. 24T, Columbus, OH 43215, 614 223-4521; r. 6438 Quarry Ln., Dublin, OH 43017, 614 764-8969.
SEARFOSS, David L.; '64 BSBA; Gen. Sales Mgr.; Booth American Co., WTOD/WKKO Radio, 3225 Arlington Ave., Toledo, OH 43614, 419 385-2507; r. 720 Wall, Maumee, OH 43537, 419 893-0919.
SEARFOSS, Robert J.; '87 BSBA; Financial Spec.; N C R Corp., 3245 Platt Springs Rd., W. Columbia, SC 29169, 803 739-7763; r. 1006-0 Bent Tree Ln., Columbia, SC 29210, 803 798-3506.
SEARLES, Robert C.; '83 BSBA; Public Acct.; Hausser & Taylor, 199 S. 5th St., Columbus, OH 43215, 614 224-4196; r. 2193 Ransom Oaks Dr., Columbus, OH 43228.
SEARLES, Robert Monroe; '74 BSBA; Public Acct.; Robert M. Searles & Assocs., 25 S. Columbus St., Sunbury, OH 43074, 614 965-1588; r. 197 N. Columbus St., Sunbury, OH 43074, 614 965-1588.
SEARLS, Julie Ann; '86 BSBA; Telemarketing Supv.; Ryder, 775 Schrock Rd., Columbus, OH 43229, 614 846-9480; r. 279 Scott Dr., Lancaster, OH 43130, 614 653-1177.
SEARLS, Warner Delano, Jr.; '77 BSBA; Sales Mgr.; Westerman Cos., 2118 Commerce St., Lancaster, OH 43130, 614 654-4148; r. 8870 Diley Rd. NW, POB 103, Canal Winchester, OH 43110, 614 833-0176.
SEARS, Don W.; '46 BSBA; Prof. of Law; Univ. of Colorado, Campus Box 401, Boulder, CO 80309, 303 492-7200; r. 504 Geneva Ave., Boulder, CO 80302, 303 442-7583.
SEARS, James Nelson; '72 BSBA; VP; Gen. Mgr.; Powell Truss & Door Co., 99 W. Olentangy St., POB 309, Powell, OH 43065, 614 846-6981; r. 2982 Glenshaw Ave., Columbus, OH 43231, 614 471-6453.
SEARS, Patricia '38 (See Hendrix, Patricia S.).
SEAS, Bryan Edgar; '86 BSBA; Auditor; Arthur Young & Co., 2100 First Natl-Southern, Natural Bldg., Birmingham, AL 35203, 205 251-2000; r. 816 Seven Springs Dr., Birmingham, AL 35215, 205 854-0517.
SEASTONE, Elizabeth Ann; '85 BSBA; 928 Pike Dr. RR 11, Mansfield, OH 44903, 419 589-2022.
SEATON, Mark Douglas, (Mark Douglas Zeman); '74 BSBA; Cost Acct./CPA; r. 2906 Fortune Ave., Cleveland, OH 44134, 216 351-3517.
SEBASTIAN, Marsha '61 (See Guthrie, Marsha S.).
SEBASTIAN, Robin L. '87 (See Schonewetter, Robin L.).
SEBASTIAN, Ronnie Lee; '75 BSBA; Secondary Mrktng Mgr.; Fidelity Mortgage Co., 20 S. Limestone, Springfield, OH 45501; r. 14440 London Urbana Rd, London, OH 43140, 614 852-4149.
SEBEK, John Anthony; '79 BSBA; Mgr.; Rockwell Intl., 4300 E. Fifth Ave., Columbus, OH 43219; r. 281 Shore Dr., Suwanee, GA 30174, 614 864-1008.
SEBOLD, David John; '88 MBA; Water Rsch. Analyst; City of Columbus, Division of Water, 910 Dublin Rd., Columbus, OH 43215, 614 222-7691; r. 1450 Slade Ave., Unit 304, Columbus, OH 43235, 614 459-0918.
SEBRIGHT, Melvin Leroy; '58 BSBA; Forms Cnslt.; Superior Business Forms,Inc., 7153D Dayton Rd., Enon, OH 45323, 513 864-1909; r. 762 Basswood Dr., Springfield, OH 45504, 513 323-6530.
SEBRING, Edward Lorentz; '71 MBA; Reporter; Vincennes Sun-Commercial, 702 Main St., Vincennes, IN 47591, 812 886-9955; r. 521 Main St., Vincennes, IN 47591, 812 886-4149.
SEBRING, Frank E.; '29 BSBA; Retired; r. RR # 1, 5514 Cord 30 Rte. 41, Mt. Gilead, OH 43338, 419 946-4541.
SECILIOT, Rudy B.; '55 BSBA; Purchasing Agt.; Shape Form Inc., 727 W. Main, Plain City, OH 43064; r. 1145 Francisco Rd, Columbus, OH 43220, 614 451-4688.
SECK, Lawrence Edward; '70 BSBA; 11 Harrison, S. Walpole, MA 02031, 508 668-2376.
SECKEL, Anna Lee Wiseman; '46 BSBA; Retired Tchr.; Columbus Bd. of Educ., Columbus City Sch. District, 270 E. State St., Columbus, OH 43215; r. 1375 Friar Ln., Columbus, OH 43221, 614 457-3388.
SECKEL, Gale R.; '49 BSBA; Gen. Mgr.; Willamette Industries, Delaware Division Box T, Delaware, OH 43015, 614 436-5333; r. 1418 Park Ridge Dr., Worthington, OH 43085, 614 888-8959.
SECKEL, Gary J.; '53 BSBA, '69 MA; Real Estate Appraiser; The Seckel Co., 88 E. Broad St., Columbus, OH 43215, 614 228-4339; r. 2646 Bexley Park Rd., Columbus, OH 43209, 614 231-5563.
SECKEL, Linda L. '83 (See Mygrant, Linda Seckel).
SECKEL, Ronald Alan; '80 BSBA; Programmer/Analyst; Huntington Natl. Bank, POB 1558, Columbus, OH 43260; r. 55 Butterfield Ln., Powell, OH 43065.
SECKEL, Theodore D., Jr.; '48 BSBA; Asst. Mgr.; The Ohio State Univ., Purchasing Dept., 1800 Cannon Dr. Lincoln Twr., Columbus, OH 43210; r. 1375 Friar, Columbus, OH 43221, 614 457-3388.
SECOR, Thomas Edward; '79 BSBA; Controller; DOD Contracts Inc., 2300 Stelzer Rd., Columbus, OH 43219, 614 475-7703; r. 229 Putman Rd., Pataskala, OH 43062, 614 927-8748.
SECREST, Roy Jay, Jr.; '56; Sales Mgr.; Armin Films Corp., POB 253, Elizabeth, NJ 07206, 201 353-3850; r. 1107 Chatham Ln. E., Delaware, OH 43015, 614 369-5090.
SECRIST, James Richard; '83 BSBA; 145 New Haven Dr., Urbana, OH 43078, 513 653-6500.
SEDAM, John Alan; '86 BSBA; 263 E. Northwood, Columbus, OH 43201.
SEDGWICK, Margaret M., (Margaret McAllister); '48 BSBA; Homemaker; r. 7 Scott Rd, Newport News, VA 23606, 804 595-2196.
SEDGWICK, Robert Clell, Jr.; '68 BSBA; 7220 Almond View, Orangevale, CA 95662, 916 989-2089.
SEDGWICK, W. Stewart, Jr.; '48 BSBA; Retired; r. 7 Scott Rd, Newport News, VA 23606, 804 595-2196.
SEDOR, Michael; '56 MBA; Res. Engr.; Thompson Ramo Wooldridge Inc., 7209 Platt Ave., Cleveland, OH 44104; r. 6852 Glenella Dr., Cleveland, OH 44131, 216 524-8769.
SEDORIS, Craig Robert; '77 BSBA, '81 MBA; Product Mgr.; Midland Mutual Life, 250 E. Broad St., Columbus, OH 43215, 614 228-2001; r. 3824 Aqueduct Ct., Hilliard, OH 43026, 614 771-8253.
SEE, Cherie, (Cherie Wharton); '87 BSBA; Buyer/Traffic Analyst; Dayton Power & Light, 1900 Dryden Rd., POB 1807, Dayton, OH 45401, 513 227-2695; r. 4155 Fowler Rd., Springfield, OH 45502, 513 323-4150.
SEE, Tom David; '69 BSBA; 197 Lawrence Ave., Columbus, OH 43228.
SEEBON, Casey Lee; '86 BSBA; 193 Landover Rd., Gahanna, OH 43230, 614 476-6457.
SEEDS, Ian Stearns, Jr.; '51 BSBA; Mgr.; Battelle Mem. Inst., 505 King Ave., Mgmt. Systs. Dept., Columbus, OH 43201, 614 424-6400; r. 1312 Knollwood Dr. E., Columbus, OH 43232, 614 866-3408.
SEEDS, Jane '42 (See Rogers, Ms. Jane Seeds).
SEEGER, James Howard; '72 BSBA, '76 MACC; Supv. Financial Analyst; Borden Inc., 180 E. Broad St., 25th Fl., Columbus, OH 43215, 614 225-4853; r. 3910 Rhine Ln., Groveport, OH 43125, 614 836-5915.
SEEHAFER, COL Don; '61 MBA; Lt. Col. Usaf; r. 2214 Arburview Dr., Maryland Hts., MO 63043, 314 878-4632.
SEEKELY, Robert Allen, II; '81 BSBA; Mgr.; Arthur Andersen & Co., Small Systs. Cnsltg. Div., 711 Louisiana St., Ste. 1300, Houston, TX 77002, 713 237-2323; r. 8626 Cedarbrake, Houston, TX 77055, 713 461-1843.
SEEKELY, Timothy Nicholas; '86 BSBA; Dist. Spec.; Picker Intl., 595 Miner Rd., Highland Hts., OH 44118, 216 473-3000; r. 12905 Arliss Dr., Lakewood, OH 44107, 216 521-2769.
SEELBINDER, Gustav A.; '65 BSBA; Chmn.; Cooker Restaurant Corp., 5151 Reed Rd., Bldg. A, Columbus, OH 43220, 614 457-8500; r. 231 E. Sycamore, Columbus, OH 43206, 614 444-0141.
SEELENBINDER, Gregory Lee; '78 BSBA, '80 MBA; CEO; Gregory L Seelenbinder & Assoc., 141 E. Town St., Columbus, OH 43215, 614 228-5565; r. 3491 Trenton Rd., Columbus, OH 43232, 614 837-2397.
SEELENBINDER, Ms. Kaylene M.; '87 BSBA; 1st Line Supv.; Frito-Lay Inc., Div Pepsico Inc, POB 580, Wooster, OH 44691, 216 262-1070; r. 1046 Mindy Ln., #4, Wooster, OH 44691, 216 262-9160.
SEELENBINDER, Mrs. Sandra P., (Sandra Paulsgrove); '72 BSEd; Exec. Asst.; McElroy-Minister Co., 141 E. Town St., Columbus, OH 43215, 614 228-5565; r. 3491 Trenton Rd., Columbus, OH 43232, 614 837-2397.
SEELER, Uwe Karl H.; '76 MBA; Managing Partner; Mine Svcs. Co., 1286 W. Lane Ave., Columbus, OH 43221, 614 486-0209; r. 2341 Haviland Rd., Columbus, OH 43220, 614 459-0039.
SEELIG, Dr. John Michael; '76 MPA; Assoc. Prof./Prog. Dir.; Morehead State Univ., Dept. of Social Work Univ., POB 1316, Morehead, KY 40351, 606 783-2452; r. Same, 606 784-7952.
SEELING, Kim A.; '88 BSBA; 162 1/2 W. Northwood, Columbus, OH 43201.
SEELING, Marilyn '51 (See Brown, Mrs. Marilyn).
SEELY, Collin Erik; '86 BSBA; Sr. Securities Analyst; Nationwide Ins., One Nationwide Plz., Columbus, OH 43216, 614 249-7882; r. 3290 Mapleway Ln., Columbus, OH 43204, 614 487-0854.
SEENBERG, Barry James; '85 BSBA; POB 5279, Akron, OH 44313.
SEERIGHT, Charles A.; '83 BSBA; Employment Cnslt.; Patrick C Kirby Assocs., 3720 N. High St., Columbus, OH 43214, 614 263-2271; r. 210 Quail Haven Dr., Columbus, OH 43235, 614 846-9758.
SEET, Choon Seng; '86 BSBA; Clearing House Ofcr.; S'Pore Intl. Monetary Exch., 1 Maritime Sq., #09-39, World Trade Ctr., Singapore 0409, Singapore, 278-6363; r. Blk 233, Ang Mo Kio Ave. 3, #04-1190, Singapore 2056, Singapore, 459-2968.
SEEWER, Natalie Ann; '84 BSBA; Mgr.; United Dairy Farmers, 3955 Montgomery Rd., Cincinnati, OH 45212; r. 174 E. Hudson St., Columbus, OH 43202, 614 268-8190.
SEFCIK, Lynnette Everett, (Lynnette Everett); '78 BSBA; CPA; Financial Cnslt., 9604 Yellowwood Dr., Mentor, OH 44060; r. Same.

ALPHABETICAL LISTINGS SENNE 251

SEFFENS, Alan R.; '79 BSBA; 7863 Maplecreek, #1A, Powell, OH 43065.
SEFTS, Richard D.; '72 MBA; Pres.; RDS & Assocs., 3 W. Main St., Ste. 200, POB 9, Westerville, OH 43081, 614 891-1186; r. 7800 Cubbage Rd., Westerville, OH 43081, 614 882-8195.
SEGAL, Barbara Levitt; '47; Volunteer; Detroit Symphony Orchestra, Hodassah; r. 32080 Olde Franklin Dr., Farmington Hls., MI 48018, 313 626-6344.
SEGAL, 2LT Gary W.; '78 BSBA; 2Lt Usa; r. 4919 Evergreen Dr., Sierra Vista, AZ 85635, 602 459-2124.
SEGAL, Kenneth C.; '58 BSBA; Pres.; Paradrone Square Devel., 1433 E. McMillan St., Cincinnati, OH 45206, 513 861-1000; r. 3482 Holly Ave., Cincinnati, OH 45208, 513 871-3878.
SEGAL, Paul Edward; '68 BSBA; Staff; The Gen. T&R Co., Mexico, Mexico; r. General PO PO, Apdo Postal No 17 700, Mexico 17, Mexico.
SEGALE, Virgil A.; '32 BSBA; Retired; r. 10909 Lake-Thames Dr., Cincinnati, OH 45242, 513 530-0232.
SEGALL, Stanley B.; '64 BSBA; VP; Huntington Trust Co., NA, Trust Institutional Mktg/Sales, 917 Euclid Ave., Cleveland, OH 44115, 216 344-6129; r. 3692 Rolliston Rd., Shaker Hts., OH 44120, 216 561-6311.
SEGBERS, Mrs. Robin I., (Robin I. Friedman); '84 MBA; Product Mgr.; J. M. Smucker Co., Strawberry Ln., Orrville, OH 44667, 216 682-0015; r. 233 Beck Ave., Akron, OH 44302, 216 762-5308.
SEGEL, Bonnie Kay; '81 BSBA; Regional Distributor; The Limited, 3 Limited Pkwy., POB 16528, Columbus, OH 43216, 614 479-2884; r. 140 Antelope Way, Columbus, OH 43235, 614 888-1045.
SEGEL, Patricia Marie; '87 BSBA; Account Exec.; Black & Decker, 1350 E. Touhy Ave., Ste. 240W, Des Plaines, IL 60018, 312 699-9450; r. 9 Pepper Creek Dr., Pepper Pike, OH 44124, 312 369-6158.
SEGGERSON, Edward Daniel; '70 BSBA; Mgr. Mfg. Staff; Ford Motor Co., The American Rd., Dearborn, MI 48121, 313 322-1432; r. 23815 Marshall, Dearborn, MI 48124.
SEGGERSON, Timothy Francis; '75 BSBA; Sales Mgr.; Sanchez Enterprises Inc., Box 1548, Mansfield, OH 44901; r. 1878 Bowman St., Mansfield, OH 44903, 419 747-4118.
SEGHY, Anthony Victor; '85 BSBA; Sales Mgr.; Cleveland Indians, Cleveland Stadium, Cleveland, OH 44114, 216 861-1200; r. 5982 Houston, Parma, OH 44130, 216 267-7649.
SEGNA, Kathleen, (Kathleen Crane); '76 BSBA; 4545 Coach Rd., Columbus, OH 43220, 614 459-4665.
SEGNA, Mark Anthony; '76 BSBA; Salesman; Segna Motors, Inc., 2265 W. Dublin Granville Rd, Columbus, OH 43085, 614 885-6206; r. 4545 Coach Rd., Columbus, OH 43220, 614 459-4665.
SEGRETO, Pamela L.; '82 BSBA; Acct.; Fred Schmid Appliance & TV, 2405 W. 5th Ave., Denver, CO 80204, 303 620-8222; r. 30661-U Sun Creek Dr., Evergreen, CO 80439, 303 270-1782.
SEGUIN, Lorraine '70 (See Zinser, Lorraine Seguin).
SEIBERT, Darrel Lynn; '85 BSBA; 3724 Country Club Dr., Stow, OH 44224, 216 688-7450.
SEIBERT, Gregory Dean; '86 BSBA; 8602 Image Way, Louisville, KY 40299.
SEIBERT, John Charles; '74 BSBA; Owner; Studio 35 Cinema, 3055 Indianola Ave., Columbus, OH 43202, 614 261-1581; r. 955 S. Broadleigh Rd, Columbus, OH 43209, 614 239-6955.
SEIBERT, Kenneth Eugene; '83 BSBA; VP/Controller; The Fifth Third Bank of Western Ohio, 10 W. Auglaize St., Wapakoneta, OH 45895, 419 738-8121; r. 906 Magnolia Dr., Apt. 6, Wapakoneta, OH 45895, 419 738-5122.
SEIBERT, Kimberly Sue; '80 BSBA; Internal Auditor; Battelle Mem. Inst., 505 King Ave., Columbus, OH 43201; r. 5764 Parkbridge Ln., Columbus, OH 43220.
SEIBERT, Todd Frederick; '88 BSBA; Operations Mgr.; Shaw Industries, Old Mill Rd., Cartersville, GA 30120, 404 387-7272; r. 120 Governors Ct., Cartersville, GA 30120, 404 386-5925.
SEIBERT, William H.; '47 BSBA, '49 MBA; Pres.; The Frontier Press Co., POB 1098, Columbus, OH 43216, 614 864-3737; r. 80 Parkshire Ct., Granville, OH 43023, 614 587-0922.
SEICH, John Stephen; '71 BSBA; 45 Parelee Dr., Hudson, OH 44236, 216 656-4364.
SEIDE, Michele S.; '88 BSBA; Sales/Customer Svc. Rep.; Ramsey Labs, 2742 Grand Ave., Cleveland, OH 44104, 216 791-9200; r. 24455 Lakeshore Blvd. #1404, Euclid, OH 44123, 216 731-1505.
SEIDEL, Eric William; '83 BSBA; 804 Penndale Ave., Reading, PA 19606, 215 779-5716.
SEIDEL, Irwin L., Jr.; '60 MBA; Staff; Defense Communications Agcy., 8th & S. Courthouse Rd., Arlington, VA 22204, 703 285-5019; r. 8117 Saxony Dr., Annandale, VA 22003, 703 560-7062.
SEIDEL, Marymae Lesher; '44; Homemaker; r. 2763 Westmont Blvd., Columbus, OH 43221, 614 486-8683.
SEIDELMANN, Don Emil; '71 BSBA; Assoc. Controller; Ohio State Univ., Ofc. of The Controller, 1800 Cannon Dr. Ste. 700, Columbus, OH 43210, 614 292-4156; r. 2322 Buckley Rd., Columbus, OH 43220, 614 457-8721.
SEIDEMANN, Robert S.; '62 MACC; Dir.-Corp.Strategies Grp.; Price Waterhouse, 4 Commerce Park Sq., 23200 Chagrin Blvd., Beechwood, OH 44122, 216 781-3700; r. 3122 Bremerton Rd, Pepper Pike, OH 44124, 216 464-7339.
SEIDEN, Arthur L.; '59 BSBA; 1751 Masaridge Ln., Castle Rock, CO 80104, 303 688-0651.
SEIDLER, Sybil Altenhaus; '48 BSBA; 41 Oakland Ave., Rockaway, NJ 07866.
SEIF, Dale D.; '42 BSBA; Retired; r. 535 Seif Rd., Piketon, OH 45661, 614 289-4444.
SEIF, Raymond M.; '56 BSBA; VP of Corporate Finance; DePaul Health Syst. of Virginia, Norfolk, VA 23505, 804 489-5255; r. 6832 Meadowlawn Dr., Norfolk, VA 23518, 804 853-8097.
SEIFER, Bruce Farrell; '73 BSBA; 347 Laurel Rd, W. Hempstead, NY 11552, 516 489-5353.
SEIFERAS, Benjamin; '42 BSBA; Retired; r. 65 N. Gould Rd., Columbus, OH 43209, 614 235-2907.
SEIFERT, George Herman; '57 BSBA, '69 MBA; VP; Ameritech Publishing, 100 E. Big Beaver, Troy, MI 48084, 313 524-7394; r. 1300 Mead Rd., Rochester, MI 48064, 313 652-1718.
SEIFERT, Jeffrey A.; '86 BSBA; Mktg. Rep.; UNISYS, 6500 Busch Blvd., Columbus, OH 43229, 614 846-7910; r. 612 Jasonway Ave., Columbus, OH 43214, 614 457-7383.
SEIFERT, Kenneth E.; '50 BSBA; Retired; r. 793 Timberline Dr., Akron, OH 44313, 216 666-2587.
SEIFERT, Mitchell Scott; '87 BSBA; Student; 1288 Worthington Hts. Blvd., Columbus, OH 43085, 614 846-9692; r. 4111 Charlton Rd., S. Euclid, OH 44121, 216 381-9525.
SEIFERT, Thomas Joseph; '80 MBA; 5414 Oakes Rd., Cleveland, OH 44141, 216 526-0235.
SEIFLEY, Ronald Edward; '69 BSBA; 3190 Sherman Rd, Mansfield, OH 44903.
SEIFRICK, John Allen; '82 BSBA; Controller; Kitchens of The Oceans, 104 S. E. 5th Ct., Deerfield Bch., FL 33441, 305 421-2192; r. 1108 N. Rio Vista Blvd., Ft. Lauderdale, FL 33301, 305 763-2287.
SEIGNEUR, Judith Lepley; '76 BSBA; Staff; Univ. of Arkansas, POB, Little Rock, AR 72231; r. Box 3251, APO, San Francisco, CA 96519.
SEIKEL, Cynthia Ann; '87 BSBA; Asst. Mgr.; Paul Harris Stores Inc., Rolling Acres Mall, 2400 Romig Rd., Akron, OH 44322, 216 753-2739; r. 259 S. Rose Blvd., Akron, OH 44313, 216 836-8681.
SEIKEL, Edward L.; '54 BSBA; Atty.; r. 93 Castle Blvd., Akron, OH 44313, 216 864-4555.
SEIKEL, Lewis Andrew, III; '81; CPA; Seikel Koly & Co. Inc. CPA's, 1655 W. Market St., Akron, OH 44313; r. 48 Mull Ave., Akron, OH 44313, 216 869-9610.
SEIKEL, Lewis Andrew, Jr.; '58 BSBA; Atty.; Seikel & Seikel, 665 W. Market St., Akron, OH 44303, 216 535-3000; r. 259 S. Rose Blvd., Akron, OH 44313, 216 836-8681.
SEILER, Beth Anne; '81 BSBA; Student; Ohio State Univ., Clg. of Medicine, Meiling Hall, Columbus, OH 43210; r. 396 King Ave., Columbus, OH 43201, 614 421-7617.
SEILER, Charles R.; '50 BSBA; Star Rte. Box 46/C1, Talking Rock, GA 30175.
SEILING, John Youmans; '57 BSBA; VP; Oakridge Realty Co., 2800 Shawnee Rd., Lima, OH 45806, 419 991-2020; r. 8744 John John Ct., Powell, OH 43065, 614 761-0368.
SEILS, Timothy Edward; '80 BSBA; Controller; Atlas Industrial Contractors, 400 Dublin Ave., Columbus, OH 43215, 614 221-3500; r. 3463 Enjoie Dr., Columbus, OH 43228, 614 279-4708.
SEIMER, Brady F.; '77 BSBA; Pres.; Automated Financial Svcs., Ste. 202, 6421 E. Main St., Reynoldsburg, OH 43068, 614 863-3822; r. 6387 Cherroy Dr., Reynoldsburg, OH 43068, 614 864-0024.
SEIPEL, Ferdinand, Jr.; '60 BSBA; Pres. Owner; Seipel Investment Co., Waterville, OH 43566; r. 16488 W. River Rd., Bowling Green, OH 43402.
SEIPEL, J. Scott; '81 BSBA; VP/Stockholder; Village Park Builders, Village Realty, 33 S. Third St., Waterville, OH 43566; r. 16488 W. River Rd, Bowling Green, OH 43402.
SEIPLE, Charles Richard; '50 BSBA; Pres.; Marble Cliff Oil Co., 2057 Dublin Rd., Columbus, OH 43228, 614 488-3434; r. 6880 Harriot, Powell, OH 43065, 614 889-8294.
SEIPLE, Herbert George; '49 BSBA; VP; Marble Cliff Oil Co., Gasoline/Fuel Oil Distribution, 2057 Dublin Rd., Columbus, OH 43228, 614 488-3434; r. 1767 Grace Ln., Columbus, OH 43220, 614 451-4758.
SEIPLE, Scott George; '78 BSBA; Airline Pilot; Flying Tigers, 7401 World Way W., POB 92935, Los Angeles, CA 90009; r. 3268 Rosebury Ct., Dublin, OH 43017.
SEITER, Matthew Gerard; '83 BSBA; Controller; Pray Industries, 152 Warren Ave., E. Providence, RI 02914, 401 438-2040; r. 137 Park Dr., Riverside, RI 02915, 401 433-3037.
SEITER, Dr. Richard Paul; '70 BSBA, '72 MPA, '75 PhD (PA); 300 E. N. Broadway, Columbus, OH 43214.
SEITH, Brenda Jane; '86 MBA; Rte. 2 Box 568, Pittsboro, NC 27312, 919 542-4145.
SEITZ, Cynthia Reeder; '81 BSBA; Acct.; S M Flickinger, 1300 Brentnell, Columbus, OH 43219; r. 6664 Furth Dr., Reynoldsburg, OH 43068, 614 868-8884.
SEITZ, Gretchen '65 (See Detrick, Gretchen Seitz).
SEITZ, John C.; '53 BSBA; Retired; r. 4441 Ackerman Blvd., Kettering, OH 45429, 513 294-0475.
SEITZ, John M.; '57 MBA; Personnel Mgr.; Weatherhead Co., Div of Data Corp, 300 E. 131st, Cleveland, OH 44108; r. 5017 Hickory Ln., Ft. Wayne, IN 46825, 219 637-5463.
SEITZ, Linda L. '83 (See Raymont, Linda L.).
SEITZ, Martin Wayne; '71 BSBA; Mgr.; Wisconsin Power & Light, POB 192, Madison, WI 53701, 608 258-9072; r. 890 Jerico Ln., Sun Prairie, WI 53590, 608 837-6712.
SEITZ, Thomas A.; '62 BSBA; Sales; Seitz & George Ofc. Equipmen, 114 N St. Clair St., Dayton, OH 45402; r. 21 Walnut Ln., Dayton, OH 45419, 513 299-0705.
SEIVERT, Richard Henry, Jr.; '70 MBA; Mgr./Admin. Systs.; Univ. of Akron, 302 E. Buchtel Ave., Akron, OH 44325; r. 173 Kandel Cir. SE, N. Canton, OH 44720, 216 499-4676.
SEIWELL, Richard Joslin; '68 MBA; Partner; Cashman, Farrell & Assoc., 1235 W. Lakes Dr., Berwyn, PA 19312, 215 889-1500; r. 102 Allmond Ave., Wilmington, DE 19803, 302 762-6658.
SEIZINGER, Betty Kleinhenz; '53 BSBA; 5323 Finsbury Pl., Charlotte, NC 28211.
SEKAS, John Nick; '82 BSBA; 7372 Baldwin Crk, Middleburg Hts., OH 44130.
SEKEL, Beth Ann '85 (See Stillwell, Beth Ann).
SEKELY, Richard Joseph; '56 BSBA; VP; Sekely Industrial Tool Inc., Box 148, Salem, OH 44460; r. 661 Heritage Ln., Salem, OH 44460, 216 337-3588.
SEKINGER, James Edward; '83 BSBA; Sales Engr.; GE Co., 1717 Palma Dr., Ventura, CA 93003, 805 644-2246; r. 3834 Orchid Ln., #G, Calabasas, CA 91302, 805 494-1274.
SELADI, Joseph George, Jr.; '73 BSBA; 23811 Cliff Dr., Bay Village, OH 44140, 216 835-3745.
SELANDER, William T.; '49 BSBA; Realtor; HER Inc., 580 S. High St., Ste. 120, Columbus, OH 43215, 614 221-7900; r. 2561 NW Blvd., Columbus, OH 43221, 614 488-9270.
SELBY, Barton Garrett; '78 BSBA; Manuf Engr.; Quantic Industries, 990 Commercial, San Carlos, CA 94070; r. 500 Lambert Way, Mountain View, CA 94043.
SELBY, Frederic L.; '57 BSBA; Bus. Broker; Martin Thompson & Wilkinson, 6435 Fain Rd., Charleston, SC 29418, 803 572-8303; r. 977 Equestrian Dr., Mt. Pleasant, SC 29464, 803 881-4486.
SELBY, Jack Delroy; '52 BSBA; VP; Hartman-Spreng Co., 26 W. 6th St., Mansfield, OH 44902; r. 95 Redwood Rd., Mansfield, OH 44907, 419 756-3502.
SELBY, Richard L.; '52 BSBA; 1886 Cunning Dr., #2, Mansfield, OH 44907, 419 756-5076.
SELBY, William E.; '47 BSBA; Retired; r. 75 Summer East, Williamsburg, VA 23185, 804 565-1612.
SELCER, Anne Leahy; '82 MLHR; Personnel Mgr.; Union Carbide Corp., Chemicals & Plastics Dept., POB 471, Texas City, TX 77590; r. 400 Lakeshore Dr., Seabrook, TX 77586.
SELCER, Lester; '40 BSBA; 2755 Greendale Dr., Sarasota, FL 34232, 813 377-6986.
SELDERS, David Edward, III; '87 BSBA; Sales Rep.; Compuserve Inc., 5000 Arlington Ctr. Blvd., Columbus, OH 43220, 614 457-8600; r. 261 Guilford Blvd., Medina, OH 44256, 216 722-2767.
SELEGUE, Mark Scott; '80 BSBA; 5182 Northcliff Ln., Columbus, OH 43229.
SELES, William Gerard; '76 BSBA; Case Control Reviewer; Ohio Dept. of Human Svcs., One Government Ctr., Rm. 913, Toledo, OH 43604, 419 245-2814; r. 1126 Navarre Ave., Toledo, OH 43605, 419 691-8893.
SELF, Frances Minnich; '83 BSBA; Acct./Partner; Browning, Self & Assoc., 1064 Country Club Rd, Columbus, OH 43227; r. 372 Sarwil Dr. S., Canal Winchester, OH 43110, 614 837-8588.
SELIG, Kenneth R.; '67 BSBA; Product Mktg. Mgr.; Rockwell Telecommunications, Inc., Network Trans Sys. Div., 2626 Warrenville Rd., Downers Grove, IL 60515, 312 985-4180; r. 88 Drendel Ln., Naperville, IL 60565, 312 961-4979.
SELL, Benjamin L.; '58 BSBA; Fleet Mgr.; Diebold Incorporated, Canton, OH 44711; r. 3310 Gable Rd NW, Dellroy, OH 44620, 216 627-5082.
SELL, Charles G., Jr.; '55 BSBA; Pilot; American Airlines, @ Postmaster, Dallas, TX 75260; r. POB 1273, Sarasota, FL 34230.
SELL, LTC Mark Frederick, USA; '68 BSBA; Exec. Ofcr.; 820th Engr. Battalion, 2600 Castro Rd., San Pablo, CA 94806, 415 233-5613; r. POB 1508, Travis AFB, CA 94535, 707 449-0536.
SELL, William C.; '48 BSBA; Owner; Will Sell Chocolates, 735 Copeland at Walnut, Shadyside, Pittsburgh, PA 15232, 412 682-1441; r. 5903 Fifth Ave., Apt. 107B, Pittsburgh, PA 15232, 412 363-6646.
SELLERS, Alvin Martin; '79 MBA; 5872 Leven Links, #G, Dublin, OH 43017, 614 761-2066.
SELLERS, Duane L.; '87 BSBA; 111 E. 3rd St., Perrysville, OH 44864, 419 938-7142.
SELLERS, Elwin L.; '66 BSBA; 236 Colony Park Dr., Pickerington, OH 43147, 614 833-0741.
SELLERS, Harold E.; '48 BSBA; Retired; r. 8120 Marcy Ave., Springfield, VA 22152, 703 451-6086.
SELLERS, James Mark; '85 BSBA; Systs. Analyst; BCBS/Indiana (Disc Software), 1560 Fishinger Rd., Upper Arlington, OH 43221, 614 457-8336; r. 7184 Chadwood Ln., Apt. 3D, Columbus, OH 43235, 614 792-0980.
SELLERS, The Rev. Jan, (M. Janice Bullen); '58; Minister; Unitarian-Universalist Church of Kent, 228 Gougler Ave., Kent, OH 44024, 216 673-4247; r. 2333 Brigadoon Ct., Westlake, OH 44145, 216 871-5724.
SELLERS, John R.; '50 BSBA; Retired-Managing Dir.; Uniroyal Manuli S.P.A., Palazzo Verrocchio Milano 2, 20090 Segrate, Milano, Italy; r. 5900 Lexington Ln., Earlysville, VA 22936, 804 978-4918.
SELLERS, Linda Diane; '84 BSBA; Media Planner; Wyse Advt., 24 Public Sq., Cleveland, OH 44113; r. 1100 Superior Ave., A Young & Co, Cleveland, OH 44114.
SELLERS, Margot Suzanne; '86 BSBA; 806 Clarington Ct., Columbus, OH 43214, 614 459-7851.
SELLERS, Mark Douglas; '86 BSBA; Sales Rep.; Shiley Infusaid; r. 3660 N. Lakeshore Dr., Chicago, IL 60613, 312 883-4617.
SELLERS, Mark Richard; '80 MPA; 265 E. Como Ave., Columbus, OH 43202, 614 268-0103.
SELLERS, Robert C.; '53 BSBA; Credit Mgr.; Donenfeld's Inc., 38 N. Jefferson St., Dayton, OH 45402, 513 224-9841; r. 844 Cascade Dr., Dayton, OH 45431, 513 256-1573.
SELLERS, Steven Lynn; '70 BSBA; Asst. VP; Bank One, Columbus, NA, 100 E. Broad St., Columbus, OH 43271, 614 248-2875; r. 4488 Anglebrook Dr., Grove City, OH 43123, 614 875-2641.
SELLERS, William Buckner, Jr.; '55 BSBA; Active Partner; Arthur Young & Co., 1100 Superior Ave., Cleveland, OH 44114; r. 2333 Brigadoon Ct., Westlake, OH 44145, 216 871-5724.
SELLING, Dr. Thomas Ira; '82 PhD (ACC); Faculty; Dartmouth Clg., Tuck Sch. of Business, Hanover, NH 03755, 603 643-1230; r. Same.
SELLKE, Glenn Wesley; '82 BSBA; Bus. Analyst; Bancohio Natl. Bank, 155 E. Broad St., Columbus, OH 43265, 614 463-7440; r. 6926 Lee Rd., Westerville, OH 43081.
SELLKE, Mary Henkle; '82 BSBA; Secy./Bookkeeper; Industrial Sales Co. Inc., 6722 Cleveland Ave., Columbus, OH 43229, 614 882-1916; r. 5111 Merry Oak Ct., Columbus, OH 43230, 614 895-7519.
SELLS, Dick; '50 BSBA; Ins. Agt.; Nationwide Ins. Co., One Nationwide Plz., Columbus, OH 43216, 513 277-5704; r. 10 Otterbein Ave., Dayton, OH 45406, 513 277-5704.
SELLS, Harold J.; '56 BSBA; VP; Mfg., Dyna Con Packaging Inc, Hamilton, OH 45012; r. 181 Deneen Ave., Monroe, OH 45050, 513 539-8316.
SELLS, Jon D.; '62 BSBA; Customer Svc.; Ludowici Celadon Co., 4757 Tile Plant Rd., New Lexington, OH 43764; r. 3150 Meadowbrook Dr. NE, RR 11, Lancaster, OH 43130, 614 654-1050.
SELNER, Kathleen Marie; '79 BSBA; Controller; The Ashford Grp. Ltd., 666 N. Lake Shore Dr., Ste. 1512, Chicago, IL 60611; r. 904 W. Armitage #1 FL, Chicago, IL 60614, 312 871-5242.
SELOVER, Sherry Regina; '86 BSBA; Prog./Analyst; CBC, 250 E. Town St., Columbus, OH 43215, 614 222-4392; r. 2448 Shillingham Ct., Powell, OH 43065, 614 764-0919.
SELSOR, Guy Banning, Jr.; '75 BSBA; Rep.; John Hancock Ins. Co., 114 E. Town St. Box 56, Columbus, OH 43215; r. 648 Southwood, Columbus, OH 43207.
SEMANS, Thomas B.; '49 BSBA; VP; Phoenix Mechanical, Inc., 1145 W. Fifth Ave., Columbus, OH 43212, 614 294-7711; r. 60 Wilson Dr., Worthington, OH 43085, 614 885-8644.
SEMENIK, Dr. Richard John; '76 PhD (BUS); c/o Richard Semema, Univ Ut Mrkt 15 Bus, Salt Lake City, UT 84112.
SEMERAR, Scott Paul; '87 BSBA; Stockbroker; Robert W Baird & Co., 17 S. High St., Ste. 600, Columbus, OH 43215, 614 221-8537; r. 1312 King Ave., Columbus, OH 43212, 614 487-8630.
SEMINEW, Dale Edward; '74 BSBA; Pres.; Thermal-Lok Corp., 6291 Busch Rd., Columbus, OH 43229, 614 847-1100; r. 1100 Blind Brook Dr., Worthington, OH 43235, 614 847-9094.
SEMMEL, John William, III; '81 BSBA; 614 Sonora, Wyoming, OH 45215, 513 931-5098.
SEMON, David Anthony; '73 BSBA; Cost Analysist; Alcan Aluminum Corp., 390 Griswold NE, Warren, OH 44483; r. 2886 Carlton Dr. NW, Warren, OH 44485, 216 898-1690.
SEMONES, Paul Douglas; '69 BSBA; Sales Mgmt.; Princeton Packaging Inc., 14240 Proton Rd., Dallas, TX 75244, 215 873-8113; r. 9 Blakely Rd., Downingtown, PA 19335, 215 873-8112.
SEMONES, Suzanne Peterkin; '81 BSBA; Acct.; Monsanto Co., Mound Ave., Miamisburg, OH 45342; r. 2092 Ridgebury, Dayton, OH 45440, 513 439-1266.
SENA, MAJ Earl Jeffrey, USAF; '68 BSBA; Chief; Air Crew Preparation &, Certification Branch, Offutt AFB, NE 68113, 402 294-6338; r. 1710 Childs Rd. E., Bellevue, NE 68005, 402 733-9179.
SENERIZ, Anitza A.; '84 BSBA; 221 Maranatha Ct., Florence, KY 41042.
SENERIZ, Cynthia Aleida, (Cynthia Aleida Shoemaker); '87 BSBA; Acct.; Ofc. Automation, 11800 Burleigh St., San Diego, CA 92121, 619 452-9400; r. 10460 Maya Linda Rd., Apt. F205, San Diego, CA 92126, 619 578-6755.
SENFF, Charles R.; '49; Retired; r. 133 141st Pl. NE, Bellevue, WA 98007, 206 747-2199.
SENFTEN, William Ray; '75 BSBA; Cost Mgr.; Harvard Industries Inc., POB 509, Worthington, OH 43085, 614 548-6511; r. 342 Loveman Ave., Worthington, OH 43085, 614 436-7349.
SENI, Elio R.; '85 BSBA; 1579 Worthington Club Dr., Westerville, OH 43081, 614 888-8473.
SENN, John Eldon; '39 BSBA; Retired; r. 3940 Hankinson Rd., Granville, OH 43023, 614 587-0068.
SENNE, Hubert Sherwood, Jr.; '67 BSBA; Atty.; Private Practice, 73 E. Mill, Akron, OH 44308; r. POB 81, Bath, OH 44210, 216 867-9962.

SENNETT, George T.; '51 BSBA; Staff; F.W. Woolworth Co., 233 Broadway, New York, NY 10279; r. 174 Greenwood Dr., Millington, NJ 07946, 201 647-4070.

SENNETT, Sharon Lee; '85 BSBA; Programmer Analyst; P P G Industries Inc., One PPG Pl., Pittsburgh, PA 15272, 412 434-2871; r. 646 Maryland Ave., Apt. 1, Pittsburgh, PA 15232, 412 361-1334.

SENNISH, George W., Jr.; '39 BSBA; Retired; The Richland Trust Co., 3 N. Main St., Mansfield, OH 44902; r. 912 Brookfield Dr., Apt. 4, Mansfield, OH 44907, 419 522-3152.

SENSABAUGH, J. Allen; '85 BSBA; Pharmaceutical Rep.; Merrell Dow Pharmaceuticals, Cincinnati, OH 45242, 513 948-9111; r. 1690 Seabreeze Ct., Centerville, OH 45459, 513 436-3238.

SENSEL, Cindy Lee '84 (See Woodward, Mrs. Cindy S.).

SENSEL, Frank B., Jr.; '62 BSBA; Pres./Owner; Crown Svcs., 1 E. Stewart St., Dayton, OH 45409, 513 223-1010; r. 5016 Marilake Cir., Dayton, OH 45429, 513 435-0897.

SENSENBRENNER, Rev. Edward W.; '54 BSBA, '55 MBA; Sr. Minister; First Presbyterian Church, 20 S. Walnut St., Troy, OH 45373, 513 339-1317; r. 222 W. Franklin St., Troy, OH 45373, 513 339-0628.

SENSENBRENNER, Richard W.; '86 BSBA; Acct.; City of Columbus/Auditor, City Hall/Broad St., Columbus, OH 43215, 614 222-7616; r. 518 Mohawk St., Columbus, OH 43206, 614 621-3717.

SENSKA, Deborah A. '86 (See Archer, Mrs. Deborah A.).

SENTLE, Jesse W., Jr.; '62 BSBA; 29747 Gleneagles Rd, Perrysburg, OH 43551, 419 666-3536.

SENTZ, Gary Shawn; '75 BSBA; Agt.; Berwanger Overmyer & Assoc., 2245 N. Bank Dr., Columbus, OH 43220, 614 457-7000; r. 2267 Starleaf Ln., Worthington, OH 43235, 614 889-8389.

SEONG, Woo-Seok; '87 MBA; Sinbanpo Apt. 20-406, Banpo 2-Dong Gangnam-Gu, Seoul 135-04, Korea.

SERAFY, Darrell C.; '49 BSBA; Auditor; Homer Laughlin China Co., c/o Postmaster, Newell, WV 26050, 304 387-1300; r. 396 Imperial Dr., E. Liverpool, OH 43920, 216 385-4808.

SERBAN, John V.; '51 BSBA; Import Mgr.; r. 90 Cordova Ave., Apt. 910, Islington, ON, Canada.

SERBIN, Daniel S.; '77 MA; Area Industrial Rel Mgr.; Parker Hannifin Corp., 520 Ternes Ave., Elyria, OH 44035; r. 413 Long Pointe Dr., Avon Lake, OH 44012, 216 221-4201.

SEREMETIS, George G.; '53 BSBA; 6573 Westover Cir., Cincinnati, OH 45236, 513 891-0452.

SERGAKIS, Michael Stephen; '79 BSBA; Pres.; Sergakis/Smith Assoc., 4924-C Reed Rd., Columbus, OH 43220, 614 451-2232; r. 5631 Lynx Dr., Columbus, OH 43081, 614 794-2313.

SERGAKIS, Theodore Peter; '82 BSBA; Dist. Mgr.; I T T Financial, 5160 Hinkleville Rd., Paducah, KY 42001, 502 443-5363; r. 2479 Harrods Pointe, Lexington, KY 40514, 502 898-6263.

SERGEANT, William M., Jr.; '46 BSBA; Avda Generalisimo 37, Madrid, Spain.

SERGIO, John M.; '59 BSBA; Sales Exec.; Fine Line Graphics, 1481 W. Goodale Blvd., Columbus, OH 43212, 614 486-0276; r. 1590 Selkirk Rd, Columbus, OH 43227, 614 237-9075.

SERGIO, Michael Angelo, Jr.; '68 BSBA; Regional Sales Mgr.; Dresser Industries Jeffrey Div., 408 Walter Ln., Box 479, Itasca, IL 60143, 312 773-0824; r. Same, 312 773-0798.

SERIF, Cary Michael; '83 BSBA; Mgr., Ofc. Systs.; Huntington Svc. Co., 17 S. High St., MA343, Columbus, OH 43215; r. 6723 Willow Grove Pl. E., Dublin, OH 43017, 614 766-5433.

SERINGER, Joseph Edward; '76 MBA; Financial Analyst; Datapoint Corp., 9725 Datapoint Dr., San Antonio, TX 78284; r. 15210 Seven L Tr., Helotes, TX 78023, 512 695-2807.

SERIO, Madaline A. '87 (See Murad, Mrs. Madaline A.).

SERIO, Richard Robert; '85 BSBA; Auditor; Touche Ross & Co., 1801 E. 9th St., Ste. 800, Cleveland, OH 44114, 216 771-3525; r. 32147 Hamilton Ct., Apt. 203, Solon, OH 44139, 216 349-2475.

SERNAU, Stephanie Anne, Esq., (Stephanie Anne Wiley); '83 BSBA; Counsel; Exxon Corp., 1251 Ave. of the Americas, Ste. 4850, New York, NY 10020, 212 333-6439; r. 155 E. 31st St., Apt. 19 N., New York, NY 10016, 212 951-4335.

SERRA, Ralph J.; '53 BSBA; Owner; Hutchinson Keenan & Sierra Ins., 500 W. Wilson Bridge Rd., Worthington, OH 43085, 614 436-9542; r. 898 Clayton Dr., Worthington, OH 43085, 614 888-0517.

SERRAINO, Dr. William J.; '51 BSBA, '54 MBA, '62 PhD (ACC); Prof.; Miami Univ., Dept. Finance, Oxford, OH 45056; r. 417 Maxine Dr., Oxford, OH 45056, 513 523-5975.

SERRANO, Francisco Jose; '87 BSBA; Database Communicat. Mgr.; Sanford C. Bernstein & Co., Inc., 767 Fifth Ave., New York, NY 10153, 212 486-5875; r. 62 Hamilton Ave., Lodi, NJ 07644, 201 478-5470.

SERVIES, Janis Millar; '34 BSBA; Retired; r. Box 127, Chatfield, OH 44825, 419 988-3104.

SESTAK, John Joseph; '60 BSBA; Partner; McGladrey & Pollen CPA's, 800 Marquette Ave. S., 13th Fl., Minneapolis, MN 55402, 612 332-4300; r. 5516 Warden Ave. S., Edina, MN 55436, 612 929-2035.

SETASH, Frank J.; '57 BSBA; ADP Security Ofcr.; Housing & Urban Devel., 451 7th St. SW, Washington, DC 20410, 202 755-6050; r. 609 Manor Dr., Vienna, VA 22180, 703 938-0034.

SETHI, Inder Jeet; '70 MBA; Owner; Landis Properties, POB 20185, Columbus, OH 43220, 614 451-4005; r. 2475 Billiton Ct., Columbus, OH 43220, 614 451-0655.

SETNAR, Pamela Faith; '83 BSBA; Atty.; Rutan & Tucker, 611 Anton Blvd. Ste. 1400, Costa Mesa, CA 92626; r. 5724 N. 4th Pl., Phoenix, AZ 85012.

SETTERLIN, Robert William, III; '70 BSBA; Secy.-Treas. & Dir.; Setterlin Co., 2000 Kenny Rd., Columbus, OH 43221, 614 486-7108; r. 2028 Rosebery Dr., Columbus, OH 43220, 614 457-8130.

SETTEUR, Raymond G.; '53 BSBA; 6917 Regency Dr., Cleveland, OH 44129, 216 843-6649.

SETTLEMIRE, Michael Dennis; '71 BSBA; Retail Store Mgr.; K-Mart Corp., 6933 Lee Hwy., Chattanooga, TN 37311; r. 6901 Sandy Cove Dr., Harrison, TN 37341, 615 344-7179.

SETTY, William H.; '49 BSBA; Interval Time-Sharin; r. 2462 69th Ave. S., St. Petersburg, FL 33712, 813 867-7356.

SETYADJI, Gunawan; '86 BSBA; 54 Pemuda, Kudus, Indonesia.

SEVER, Mark John; '72 MBA; Staff; Exxon Corp., 200 Park Ave., Florham Park, NJ 07932, 201 765-0100; r. 22 Kimball St., Chatham, NJ 07928, 201 635-3658.

SEVER, Oliver Joseph, Jr.; '79 BSBA; Sr. Financial Analyst; American Electric Power, 1 Riverside Plz., POB 16631, Columbus, OH 43215, 614 223-2853; r. 3762 Kilbride Ct., Hilliard, OH 43026, 614 771-1964.

SEVERANCE, Michael Radford; '76 BSBA; Pres.; Severance & Assocs., 6800 France Ave. S., Ste. 735, Edina, MN 55435, 612 920-0176; r. 2625 Zanzibar Ln., Minneapolis, MN 55447, 612 559-3293.

SEVERINO, Donald A.; '66 BSBA; 5048 Magnolia Blossom Blvd, Gahanna, OH 43230, 614 864-3446.

SEVERNS, Thomas Richard; '68 BSBA, '70 MBA; Dir. of Quality Assurance; Auditor of State, 88 E. Broad St., Columbus, OH 43215, 614 466-4971; r. 148 W. Jeffrey Pl., Columbus, OH 43214, 614 885-5204.

SEVERT, Charles Arthur; '77 BSBA; Mgr.-Indirect Cost; Rockwell Intl., 1800 Satellite Blvd., Duluth, GA 30136, 404 476-6397; r. 1615 Maple Ridge Dr., Suwanee, GA 30174, 404 476-1458.

SEVERT, David Clarence; '85 BSBA; Computer Cnslt.; Crowe Chizek & Co., One Mid America Plz., POB 3697, Oak Brook, IL 60522, 312 954-7400; r. 2616 N. Dayton Apt. 2R, Chicago, IL 60614.

SEVERT, Kevin Charles; '86 BSBA; Mktg. Spec.; E & J Gallo Winery, 600 Yosemite Ave., Modesto, CA 95353; r. 2119 Bentwood Cir., Apt. 2-B, Columbus, OH 43235, 614 792-5658.

SEWALK, David Christopher; '84 BSBA; 2215 Forest Hill Dr., Coshocton, OH 43812, 614 622-7651.

SEWARD, Tonya Stephanie; '79 BSBA; 4671 Dalebridge Rd., Apt. 214, Warrensville Hts., OH 44128, 216 831-3719.

SEWARDS, Diane Jean; '84 BSBA; Gen. Account Acct.; Nationwide Mutual Ins. Co., 1 Nationwide Plz., Columbus, OH 43216, 614 249-4384; r. 140 Antelope Way Apt. 1A, Worthington, OH 43235, 614 846-8621.

SEWELL, Eldon J.; '50 BSBA; Sales Mgr.; Newman Bros. Inc., 5609 Ctr. Hill Ave., Cincinnati, OH 45216; r. 1007 Saratoga St., Newport, KY 41071.

SEXAUER, Robert Joseph; '78 BSBA; Sr. Auditor; Owens Corning Fiberglas, Fiberglas Twr., Toledo, OH 43659, 419 248-8922; r. 5904 Jeffery Ln., Sylvania, OH 43560, 419 882-5516.

SEXTON, Deborah Lee; '78 BSBA; Acct. Trainee; Cols & So Ohio Electric Co., 215 N. Front St., Columbus, OH 43215; r. 3216 Leesville Way, Dublin, OH 43017.

SEXTON, Dr. Donald Lee; '66 MBA, '72 PhD (BUS); Prof./Entrepreneurshp; The Ohio State Univ., Clg. of Business, 1775 College Rd., Columbus, OH 43210, 614 292-5707; r. 5466 Eaglesnest Dr., Westerville, OH 43081, 614 890-4907.

SEXTON, James Marlan; '78 BSBA; Sales Engr.; Toledo Scales, 5502 Harney Rd Box 11966, Tampa, FL 33614; r. 3127 Reseda Ct., Tampa, FL 33618, 813 963-1578.

SEXTON, James R.; '41 BSBA; Retired; r. 2905 Elmo Pl., Middletown, OH 45042, 513 422-1102.

SEXTON, John Thomas; '82 BSBA; Audit Mgr.; Compaq Computer Corp., 20555 FM 149, Houston, TX 77269, 713 374-1752; r. 7614 Sandygate Dr., Houston, TX 77095, 713 859-5378.

SEXTON, Robert E.; '55 BSBA; Atty.; Law Offices, 50 W. Broad St., Columbus, OH 43215, 614 221-4788; r. 424 Glenmont Ave., Columbus, OH 43214, 614 267-1875.

SEXTON, Roy E.; '56 BSBA; Mgr.Employee Benefits Ins; Anixter Bras. Inc., 4711 Golf Rd., Skokie, IL 60076, 312 677-2600; r. 909 N. Stone St., La Grange Park, IL 60525, 312 354-2021.

SEXTON, Susan Stancel; '77 BSBA; CPA-Mgr.; Arthur Young & Co., One Seagate, Toledo, OH 43604; r. 903 Mayfair Blvd., Toledo, OH 43612.

SEXTON, Dr. William P.; '60 BSBA, '64 MBA, '66 PhD (BUS); VP/Pub Relations; Univ. of Notre Dame, Alumni Affairs-Development, Notre Dame, IN 46556; r. 17592 Darden Rd., South Bend, IN 46635, 219 272-4907.

SEYBOLD, Marshall R.; '39 BSBA; 38565 Rhonswood Dr., Northville, MI 48167, 313 478-0184.

SEYMOUR, Kim Kossmann; '81 BSBA; Technical Clerk; Nationwide Ins. Co., Claims Dept., One Nationwide Plz., Columbus, OH 43216; r. 4994 Shannonbrook Dr., Hilliard, OH 43026, 614 876-6976.

SEYMOUR, Ronald Herbert; '81 BSBA; Sales Rep.; Curtis Mathes, 3142 S. Hamilton Rd., Columbus, OH 43227, 614 279-7774; r. 4994 Shannonbrook Dr., Hilliard, OH 43026, 614 876-6976.

SEYMOUR-HICKS, Robin Lynn; '81 MPA; Coord.; Franklin Co. Com Drug Prog., 1515 E. Broad St., Columbus, OH 43205; r. 1099 Acillom Dr., Westerville, OH 43081, 614 882-1374.

SGUTT, Howard E.; '51 BSBA; 220 8th St. S., Fargo, ND 58103, 701 235-6229.

SHABASHELOWITZ, Steven '70 (See Shell, Steven).

SHABLE, James Richard; '66 BSBA, '68 MBA; Pres.; Shable, Sawyer & Pitluk Inc., 2950 N. Loop W., Ste. 840, Houston, TX 77092, 713 956-9660; r. 17418 Ridge Top Dr., Houston, TX 77090, 713 444-8300.

SHACK, Louis; '36 BSBA; Retired; r. 2964 Montgomery Rd., Cleveland, OH 44122, 216 752-3072.

SHACKELFORD, Marilyn '50 (See Griest, Mrs. Marilyn Shackelford).

SHACKELTON, Teri Lynn; '82 BSBA; Bank Mgmt. Trainee; Winters Natl. Bank, Winters Bank Twr., Dayton, OH 45402; r. 2720 Aerial Ave., Kettering, OH 45419, 513 293-3135.

SHACKLETON, Gregory Scott; '87 BSBA; Financial Cnslt.; Magnem Financial Svcs., 5730 Baumhart Rd., Lorain, OH 44053, 216 960-2944; r. 1600 Cedarwood Rd., #226, Westlake, OH 44145, 216 892-3906.

SHACKLETON, Mary Margaret, (Mary M. (Peggy) Murphy); '87 BSBA; Account Exec.; Atek Check Printing, Customer Service, 5000 Tiedeman Rd., Cleveland, OH 44144, 216 433-0700; r. 1600 Cedarwood Dr., #226, Westlake, OH 44145, 216 892-3906.

SHADE, Deborah Warren; '87 MPA; Exec. Dir.; United Way of Marion Cnty., 399 E. Church St., Marion, OH 43202; r. 1126 Clubview Blvd. N., Worthington, OH 43235, 614 436-3646.

SHADE, Mary Saddler; '78 BSBA; 1494 E. Gates, Columbus, OH 43206, 614 443-2090.

SHAEFFER, Robert Lee, Jr.; '83 BSBA; Com Real Estate Agnt; Coldwell Banker, 201 E. Kennedy Blvd. #1121, Tampa, FL 33602; r. 1813 Hills Ave., #1, Tampa, FL 33606, 813 254-4115.

SHAEVITZ, Robert M.; '55 BSBA; Pres.; R M S Properties Corp., 126 W. 2nd St., Waverly, OH 45690, 614 947-7575; r. 65 Baywood Ln., Waverly, OH 45690, 614 947-7123.

SHAFER, MGEN Dale E., USAF(Ret.); '39; Mayor; City of Germantown, City Hall, Germantown, OH 45327, 513 855-6567; r. 826 Dayton Pike, Germantown, OH 45327, 513 855-2275.

SHAFER, Dan L.; '47 BSBA; Sales; r. 9671 Evergreen Dr., Bellevue, WA 98004, 206 454-1824.

SHAFER, Edward Hanson; '42 BSBA; Retired VP; Rush Motor Sales Inc., 2350 Morse Rd, Columbus, OH 43229; r. 1415 Stonegate Ln., Columbus, OH 43221, 614 451-0385.

SHAFER, Gary Robert; '79 BSBA; Mgr.; South Illinois Airport Authority, POB 1086, Carbondale, IL 62901; r. POB 51, Carbondale, IL 62903.

SHAFER, J. Rick; '78 BSBA; Owner; Creative Bus. Concepts, 25231 Paseo de Alicia, Ste. 110 & 112, Laguna Hls., CA 92653, 714 855-9445; r. 85 Greenfield, Irvine, CA 92714, 714 786-9153.

SHAFER, James P.; '55 BSBA; Audit Supv.; Ernst & Ernst, 601 Indiana Bldg., 120 E. Market St., Indianapolis, IN 46204; r. 2559 Pleasant Way W. Dr., Indianapolis, IN 46280, 317 846-5671.

SHAFER, Jeanette '60 (See Mc Donald, Jeanette Shafer).

SHAFER, Karen; '80 MPA; Supv.; Franklin Co. Childrens Svcs., 1393 E. Broad St., Columbus, OH 43205, 614 252-1611; r. Same, 614 459-3805.

SHAFER, Karl F.; '37 BSBA; Retired; r. 4833 Sunray Rd., Kettering, OH 45429, 513 434-1884.

SHAFER, Richard Dennis; '82 BSBA; Mkt. Plng. Mgr.; Coca-Cola Enterprises Inc., 9770 Patuxent Woods Dr., Columbia, MD 21046, 301 290-3075; r. 8905 Oakwood Way, Jessup, MD 20794, 301 490-5142.

SHAFER, Susan Kim; '84 BSBA; 930 Arbor Forest Landing, Marietta, GA 30064.

SHAFFER, Charles Steven; '79 BSBA; Mktg. Mgr.; Kroger Co., 1014 Vine St., Cincinnati, OH 45202; r. 1086 Rain Tree Dr., Milford, OH 45150, 513 831-6373.

SHAFFER, Curtis Lee; '87 BSBA; 3405 Palatas Pl., Dublin, OH 43017.

SHAFFER, Dale Eugene; '56 MA; 437 Jennings Ave., Salem, OH 44460, 216 337-3348.

SHAFFER, David Bruce; '70 BSBA; POB 8137, Westerville, OH 43081.

SHAFFER, Ms. Debora A.; '81 BSBA; Budget Ofcr.; Treasurer of State of Ohio, 30 E. Broad St., 9th Fl., Columbus, OH 43215, 614 466-4520; r. 337 Cheyenne Way, Reynoldsburg, OH 43068, 614 863-2826.

SHAFFER, Deborah '82 (See Hawley, Deborah Shaffer).

SHAFFER, Dennis Gail; '68 BSBA; Hosp. Admin.; St. Elizabeth Hosp. Med. Ctr., 1044 Belmont Aven, Youngstown, OH 44501; r. 708 Chalfonte Pl. NE, Warren, OH 44484, 216 856-1481.

SHAFFER, Donald Gregory; '72 BSBA; Staff; Owens Illinois, 1 Seagate, Toledo, OH 43666, 419 247-2347; r. 131 Dartmouth Dr., Toledo, OH 43614, 419 382-7592.

SHAFFER, Edwin Mitchell; '74 BSBA; Financial Planner; Shaffer & Kessler, 7650 Riversedge Dr. Co, Worthington, OH 43085, 614 888-8133; r. 8399 Netherlands Pl., Worthington, OH 43085, 614 431-2306.

SHAFFER, Fred Morris; '49 BSBA; Pres.; Industrial Traffic Load, Box 148, Grove City, OH 43123; r. 3440 Live Oak Pl., Hilliard, OH 43026, 614 771-9247.

SHAFFER, Gary Martin; '72 BSBA; Dist. Mgr.; Ina Bearing Co. Inc., 261 Regency Ridge, Centerville, OH 45459, 513 433-6404; r. 420 Curry Dr., Springboro, OH 45066, 513 748-0557.

SHAFFER, Jack Gerald; '51 BSBA; 2440 S. Dahlia, Denver, CO 80222, 303 757-0180.

SHAFFER, James Cleveland; '65 BSBA; Financial Planner; Personal Retirement Advisors, 4500 Courter Rd., SW, Pataskala, OH 43062, 614 927-4890; r. Same, 614 927-8317.

SHAFFER, Mark William; '83 BSBA; 8131 Worthington-Galena Rd., Westerville, OH 43081, 614 888-7936.

SHAFFER, Michele Lynn; '86 BSBA; 3650 Blacks Rd., Hebron, OH 43025, 614 928-0311.

SHAFFER, Nancy Snook; '53 BSBA; 15581 Amherst Rd., Birmingham, MI 48009, 313 647-1211.

SHAFFER, Patricia '74 (See English, Mrs. Patricia Shaffer).

SHAFFER, Richard Lee; '79 BSBA; Computer Analyst; LTV Steel, 410 Oberlin Rd, Massillon, OH 44646; r. 8758 Ontario St. NW, Massillon, OH 44646, 216 837-0156.

SHAFFER, Richard Roy; '55 BSBA; Sales Account Mgr.; Rockwell Intl., Suspension Systs. Co, 2135 W. Maple Rd., Troy, MI 48084, 313 435-1306; r. 3145 Evergreen, Royal Oak, MI 48073, 313 435-2463.

SHAFFER, Robert Warren; '84 BSBA; Driver; UPS, Margaret Ave. & Hwy. 46, Terre Haute, IN 47803, 812 877-2548; r. 3380 Haythorne Ave., Apt. 1, Terre Haute, IN 47805, 812 466-6502.

SHAFFER, Sheldon; '49; Exec. Dir.; The Starting Place Inc., 2057 Coolidge St., Hollywood, FL 33020, 305 925-2225; r. 1000 N. Northlake Dr., Hollywood, FL 33019, 305 925-0653.

SHAFFER, Timothy Wayne; '85 BSBA; Administrative Mgr.; N C R Corp., 11455 N. Meridian St., Indianapolis, IN 46032, 317 843-7113; r. 9511 San Miguel Dr., Indianapolis, IN 46250, 317 576-9613.

SHAFFNER, Robert M.; '87 BSBA; Co-Mgr.; Ritzy's, 1535 Bethel Rd., Columbus, OH 43220; r. 5770 C. Roche Dr., Columbus, OH 43229, 614 891-7916.

SHAFRAN, Robert Howard; '60 BSBA, '70 MBA; Pres.; Designed Computer Systs. Co., 2938 E. Broad St., Columbus, OH 43209, 614 231-7777; r. 24 N. Merkle Rd., Columbus, OH 43209, 614 231-5140.

SHAFRON, David Brian; '87 BSBA; 1845 Birch Creek Ln., Columbus, OH 43229, 614 891-5630.

SHAFTS, Andrew T.; '50 BSBA; Master Scheduler; Litho Prod-American Greeting C, 1300 W. 78th St., Cleveland, OH 44102; r. 3959 Eleanor Dr., N. Olmsted, OH 44070, 216 779-8325.

SHAH, Nilesh Y.; '87 BSBA; Systs. Analyst; AA Data Systs., 260 Northland Blvd., Ste. 226, Cincinnati, OH 45246, 513 772-3033; r. 11832 Glenfalls Ct., Cincinnati, OH 45246, 513 825-1911.

SHAHAN, Patrick Robert; '86 BSBA; Acct.; Paulin & Hughs CPA's, 5558 Cheviot Rd., Cincinnati, OH 45211, 513 385-4000; r. 6 S. Timber Hollow Dr., Apt. #11-616, Fairfield, OH 45014, 513 729-2356.

SHAHEEN, Alex George; '79 BSBA; Partner; Universal Wholesale Co., 527 Market Ave. N., Canton, OH 44702; r. 527 Market Ave. N., Canton, OH 44703, 216 492-2386.

SHAHEEN, Jeanne Murison; '84 BSBA; 1054 Clubview N., Worthington, OH 43085, 614 431-0552.

SHAHIN, Dr. Gordon T.; '65 PhD (BUS); 1614 Woodstock Ln., Reston, VA 22094.

SHAHROKHI, Dr. Manuchehr; '85 PhD (BUS); Prof.; California State Univ., Finance & Intl Business Dept., Shaw & Cedar Ave., Fresno, CA 93740, 209 294-4058; r. 445 E. Shelldrake Cir., Fresno, CA 93710, 209 434-4540.

SHAI, George L.; '31 BSBA; Retired; r. c/o Nancy S. Azbell, 2018 Cold Spring Dr., Lancaster, OH 43130.

SHAKER, Mark Simon; '83 BSBA; VP-Operations Dept.; Miami Valley Hosp., One Wyoming St., Dayton, OH 45409, 513 220-2941; r. 901 Acorn Dr., Dayton, OH 45419, 513 298-1151.

SHALL, Richard Bruce; '84 BSBA; 4635 Wickford W., Sylvania, OH 43560, 419 882-8905.

SHALTUNUK, Scott Gene; '84 BSBA; Inventory Analyst; American Electric, POB 100, Southaven, MS 38671, 601 342-1545; r. 3442 Emily Pl., Apt. #2, Memphis, TN 38115, 901 795-9322.

SHALVOY, John Richard; '85 BSBA; 2024 Queensgate Ln., Columbus, OH 43220.

SHAMBAUGH, James E.; '57 BSBA; VP; First Fed. of Michigan, 1001 Woodward Ave., Detroit, MI 48226, 313 965-1400; r. 30551 Club House Ln., Farmington Hls., MI 48018, 313 851-0144.

SHAMBAUGH, Scott Edwin; '85 BSBA; Appraisal Supv.; California Fed. S&L, 25411 Cabot Rd., Ste. 108, Laguna Hls., CA 92643; r. 1001 W. Stevens, #105, Santa Ana, CA 92707.

SHAMBLEN, Jody L., (Jody L. Spangler); '84 BSLHR; Facilities Planner; Wake Forest Univ. Med. Ctr., Facilities Planning Dept., 300 S. Hawthorne Rd., Winston-Salem, NC 27103, 919 777-3095; r. 2135 Dave St., Winston-Salem, NC 27127, 919 785-1238.
SHAMBLIN, Terry Kay; '77 BSBA; Acctg. Mgr.; Sugar Food Corp., 2000 Westbelt Dr., Columbus, OH 43228, 614 876-4777; r. 4329 Olentangy River Rd., Columbus, OH 43214, 614 457-6951.
SHAMIS, Gary Steven; '78 MACC; Managing Partner; Saltz Shamis & Goldfarb, CPA's, 23299 Commerce Park, Beachwood, OH, 216 831-6262; r. 5295 Fairfield Oval, Solon, OH 44139, 216 349-1291.
SHAMIS, Maryann, (Maryann Heinick); '78 BSBA; Exec. Mgr.; Paydata Inc. dba Paytime, 23299 Commerce Park, Beachwood, OH 44122; r. 5295 Fairfield Oval, Solon, OH 44139.
SHAMS, Daria; '82 MPA; Educ. Cnslt.; Ohio Dept. of Educ., 65 S. Front St., Columbus, OH 43215, 614 466-3121; r. 5346 Portland St., Columbus, OH 43235, 614 457-3845.
SHAMS, Hamid; '84 BSBA; Mgr. Trainee; Silverman'S, 1666 Northland Mallway, Columbus, OH 43229, 614 761-2969; r. 3083 N. Star Rd., Columbus, OH 43221, 614 451-7730.
SHANAHAN, Margaret Clare; '80 BSBA; Asst. Buyer; Marshal Field & Co., 111 N. State St., Chicago, IL 60602; r. 1030 Skylark Dr., Palatine, IL 60067.
SHANAHAN, Mary Woerner; '85 MBA; Corp Fin Analyst; Chemlawn Corp., 2700 E. Dublin Granville Rd, Ste. 360, Columbus, OH 43229, 614 888-3572; r. 2798 Brownlee, Columbus, OH 43209, 614 237-5146.
SHANAHAN, Timothy Joseph; '74 BSBA; Rd. 1 East Rd., Toronto, OH 43964.
SHANDY, Jo Anne '51 (See Peterseim, Mrs. Jo Anne Shandy).
SHANE, Donald E.; '59 BSBA; VP; Anchor Hocking Packaging Co., 1765 W. Fair Ave., Lancaster, OH 43130, 614 687-2861; r. 1045 Sycamore Dr., Lancaster, OH 43130, 614 687-1166.
SHANE, James D.; '51 BSBA; 5335 N. Strada De Rubino, Tucson, AZ 85715.
SHANE, Melvin R.; '65 BSBA; Account Mgr.; Natl. Cash Reg, 634 Broadway, Cincinnati, OH 45202; r. 6165 Teagarden Cir., Dayton, OH 45449, 513 435-5909.
SHANE, Priscilla '48 (See Sweeney, Ms. Priscilla Shane).
SHANE, Robert Milton; '72 BSBA; 257 Aultman NW, Canton, OH 44708, 216 477-7038.
SHANEMAN, Stephen C., CM; '71 BSBA; Sr. Supply Mgmt. Analyst; Rockwell AES, POB 4192, 3370 Miraloma Ave., Anaheim, CA 92803, 714 779-3169; r. 25581 Fir Ln., Laguna Bch., CA 92653, 714 837-3993.
SHANER, Charles Lee; '83 BSBA; Warehouse Staff; Kroger Co., 4450 Poth Rd., Columbus, OH 43213; r. 2352 Deerfield Dr., Grove City, OH 43123, 614 871-0025.
SHANER, Linda Sue; '86 MBA; Asst. Treas./Dev; Pickett Cos., 655 Metro Pl., S., Ste. 600, Dublin, OH 43017, 614 889-6500; r. 8575 Frazier Rd., Plain City, OH 43064, 614 873-8145.
SHANESY, Thomas R.; '46 BSBA; Gen. Mgr.; Shaughnessey's TV & Appliances, 116 S. Market, Troy, OH 45373, 513 339-3112; r. 310 W. Franklin St., Troy, OH 45373, 513 339-2225.
SHANEYFELT, Claude B.; '54 BSBA; Comptroller; Circuito 15 De Pintores, Casa No 3 Cd Satelite, Mexico DF, Mexico; r. P De La Reforma No 355, 3Er Piso, Mexico DF, Mexico.
SHANK, Dr. John Kincaid; '69 PhD (ACC); Chmn./Prof.; Dartmouth Clg., POB, Hanover, NH 03755; r. RR 2 Box 226 H Oakridge Rd, W. Lebanon, NH 03784, 603 643-3891.
SHANK, Ms. Marianne C., (Marianne C. Kreidler); '86 MPA; Asst. to the City Mgr.; City of Corvallis, 408 SW Monroe Ave., Corvallis, OR 97333, 503 757-6901; r. 262 NE Powderhorn, Corvallis, OR 97330, 503 752-6822.
SHANK, Mary Alice '50 (See Le Faivre, Mrs. Mary Shank).
SHANKLE, James Allen; '75 BSBA; VP; TransOhio Savings Bank, 1250 Superior St., Cleveland, OH 44114, 216 579-7899; r. 3097 Bay Landing, Westlake, OH 44145, 216 892-3816.
SHANKLIN, Cynthia L., (Cynthia Morley); '82 BSBA; Acct.; Artais Inc., 4660 Kenny Rd., Columbus, OH 43220, 614 451-8388; r. 645 W. 5th St., Marysville, OH 43040, 513 642-1440.
SHANKS, David; '83 BSBA; Supv.; Limited Stores Inc., Columbus, OH 43216, 614 479-2411; r. 1461 Walkath Dr., Columbus, OH 43227, 614 237-8528.
SHANKS, David Alan; '79 BSBA; Acct.; Cellular One, 480 E. Wilson Bridge Rd., Worthington, OH 43085, 614 436-4331; r. 414 Carilla Ln., Columbus, OH 43228, 614 878-0454.
SHANKS, John T.; '48 BSBA; Atty.; POB 20190, 2250 Patterson Rd., E., Dayton, OH 45420, 513 252-2212; r. 6712 Yorkcliff Pl., Dayton, OH 45459, 513 433-1866.
SHANNON, Adrian F.; '56; Investment Advisor; 1107 Cook Tower, 121 W. High St., Lima, OH 45801; r. 2112 Merit Ave., Lima, OH 45805, 419 222-2576.
SHANNON, Brenda Jean; '87 BSBA; Mktg. Rep.; IBM, 140 E. Town St., 6th Fl., Columbus, OH 43215, 614 225-3640; r. 575 S. Everett Ave., Columbus, OH 43213, 614 231-5385.
SHANNON, Eric Bosworth; '75 MBA; Civil Engr.; USA Corps of Engr., 400 W. Bay St., Jacksonville, FL 32202; r. 273 Cedar Run Dr., Orange Park, FL 32073, 904 269-6569.
SHANNON, Mrs. Gaynor Williamson, (Gaynor Williamson); '49 BSBA; Homemaker; r. 6817 Woodwind Dr., Sarasota, FL 34231, 813 922-3855.
SHANNON, James Patrick; '70 BSBA; Publishers Rep.; r. Rte. 1 Box 244, Elkhorn, WI 53121, 414 495-8722.
SHANNON, John F.; '59 BSBA; Mgr. of US Dist. & Transp; Avon Prods., 9 W. 57th St., New York, NY 10019, 212 546-7905; r. 44 High Point Rd., Westport, CT 06880, 203 255-6673.
SHANNON, John Lewis, Sr.; '49 BSBA; Realtor, CRS-CREA-GRI; Edina Realty, 1120 E. Wayzata Blvd., Wayzata, MN 55391, 612 475-2411; r. 315 Inland Ln., Plymouth, MN 55447, 612 473-1582.
SHANNON, Richard F.; '50 MBA; Retired Sr. Staff Member; Owens-Corning Fiberglass Corp.; r. 152 Berwick Dr., Lancaster, OH 43130, 614 653-2191.
SHANNON, Robert W.; '49 BSBA; Retired; r. 718 Chapel Hill E. Dr., Indianapolis, IN 46214, 317 241-2773.
SHANNON, Thomas Scott; '79 BSBA; Gen. Warehouse Spvr; Nissan Motor Corp. In USA, POB 2278, Jacksonville, FL 32203; r. 566 W. Fremont Dr., Littleton, CO 80120.
SHANNON, William J.; '52 BSBA; Acct.; Ternstedt Div., Gmc, 200 Georgesville Rd, Columbus, OH 43228; r. 3417 Woodview Pl., Columbus, OH 43220, 614 451-0332.
SHANTON, Raymond C.; '56 BSBA; Account Mgr.; Natl. Steel Corp., District Sales Ofc., 8300 Clg. Blvd., Overland Park, KS 66210, 913 451-0400; r. 6713 Caenen Lake Rd., Shawnee, KS 66216, 913 631-4941.
SHAPE, Sheryl Lynn '86 (See Risner, Mrs. Sheryl L.).
SHAPERO, Florence '31 (See Stanford, Mrs. Florence).
SHAPERO, Michael I.; '66 BSBA; Atty-at-Law; 5333 Northfield Rd., Bedford Hts., OH 44146, 216 581-2300; r. 2671 Cranlyn Rd., Shaker Hts., OH 44122, 216 464-3331.
SHAPERO, Milton I.; '25 BSBA; Retired; r. 2515 Kemper Rd, Shaker Hts., OH 44120, 216 421-6049.
SHAPIRO, Arnold Samuel; '49 BSBA; Dress Manuf; r. 60 Larch Ln., Massapequa Park, NY 11762, 516 541-7336.
SHAPIRO, Barbara Gross; '65 BSBA; Secy.; Jr. Achievement, 538 D E. Town St., Columbus, OH 43216, 614 469-8266; r. 115 N. Remington Rd., Columbus, OH 43209, 614 239-0412.
SHAPIRO, Bernard Saul; '58 BSBA; Asst. Comptroller; Ametek Inc., Station Square Two, Paoli, PA 19301, 215 647-2121; r. 433 Grove St., Westfield, NJ 07090, 201 232-3712.
SHAPIRO, Mrs. Deborah E.; '83 MBA; Mgmt. Cnslt.; Touche Ross, One Gateway Ctr., Newark, NJ 07102, 201 622-7100; r. 127 Amsterdam Ave., Passaic, NJ 07055, 201 779-0936.
SHAPIRO, Estherfay '55 (See Rosen, Mrs. Estherfay Shapiro).
SHAPIRO, Harvey Conrad; '58 BSBA; New England Sales Mgr.; Intl. Spring Corp., 3100 B Elmhurst Ln., Portsmouth, VA 23701, 800 682-9700; r. 86 Wolcott St., Medford, MA 02155, 617 396-5631.
SHAPIRO, Ilene May, (Ilene May Gross); '84 MPA; Rsch. Asst.; Congressional Rsch. Svc., Library of Congress, 100 Independence Ave., SE, Washington, DC 20540, 202 287-5885; r. 4015 Sparrow House Ln., Burtonsville, MD 20866.
SHAPIRO, Ira Jay; '79 MBA; Auditor; NYS Dept. of Social Svcs., 92-31 Union Hall St., Jamaica, NY 11433, 718 262-4167; r. 82-41 257th St., Floral Park, NY 11004, 718 347-2029.
SHAPIRO, Jamie Dale; '75 BSBA; Restaurant Owner; Brandywines Cafe, 11316 Euclid Ave., Cleveland, OH 44106, 216 229-1077; r. 2539 Warrensville, Cleveland, OH 44118.
SHAPIRO, Mark David; '81 BSBA; Treas.; Blackman-Shapiro Co., 120 Rte. 107, Bethpage, NY 11714, 516 579-2000; r. 3984 Beechwood Pl., Seaford, NY 11783, 516 783-6076.
SHAPIRO, Dr. Mitchell Bennett; '75 MBA, '76 PhD (BUS); Pres.; T-Shirt City, Inc., 4501 W. Mitchell Ave., Cincinnati, OH 45232, 513 542-9500; r. 6680 Elbrook, Cincinnati, OH 45237, 513 531-4598.
SHAPIRO, Norman; '51 BSBA; Owner; Execuprint, Inc., 19559 Parthenia St., Northridge, CA 91324, 818 993-8184; r. 9767 Reseda Blvd., Townhouse No. 97, Northridge, CA 91324, 818 886-9797.
SHAPIRO, Richard Jay; '69 BSBA; Dist. Performance Mgr.; Roadway Express Inc., 10074 Princeton-Glendale Rd, Cincinnati, OH 45246, 513 874-5700; r. 1404 Lake Shore Dr., Apt. B, Columbus, OH 43204, 614 486-1285.
SHAPIRO, Shari Beth; '86 BSBA; Human Resources Spec.; HLS Mgmt. Co., 1215 Superior Ave., Cleveland, OH 44114, 216 241-4200; r. 4070 Washington Blvd., University Hts., OH 44118, 216 932-9131.
SHAPTER, George H., Jr.; '49 BSBA; Retired; Workers Compensation, 246 N. High St., Columbus, OH 43215; r. 1109 E. Buffalo Ave., Santa Ana, CA 92701, 714 541-8601.
SHARAF, Sherien; '87 BSBA; 6481 Sagebrush Ct., Westerville, OH 43081, 614 891-2832.
SHARE, James T.; '65 BSBA, '67 MBA; Mgr. Financial Opers; Rockwell Intl., Missile Systs. Div, 1800 Satellite Blvd., Duluth, GA 30136; r. 5260 Bannergate Dr., Alpharetta, GA 30201.
SHARFF, Earl L.; '47 BSBA; 7262 Villa D'Este Dr., Sarasota, FL 34238, 813 924-7976.
SHARFMAN, Bernard Steven; '79 BSBA; 704 Gist Ave., Silver Spring, MD 20910.
SHARFMAN, Robert S.; '41 BSBA; Plant Mgr.; Hosp. Laundry Svcs., 4141 W. Chicago Ave., Chicago, IL 60651; r. 221 Locust Rd., Wilmette, IL 60091, 312 256-3482.
SHARICK, Edward George, Jr.; '82 BSBA; 2690 Montcalm Rd., Columbus, OH 43221, 614 488-4641.
SHARICK, James Keen; '86 BSBA; 568 Heatherbrooke Way, Westville, OH 43081, 216 847-0937.
SHARICK, Keith Joseph; '86 BSBA; Production Supv.; Abbott Labs-Ross Labs Div., POB 631, US Rte. #29, Altavista, VA 24517, 804 369-3219; r. 503 Village Dr., Lynchburg, VA 24502, 804 237-7993.
SHARICK, Lora Ann; '86 BSBA; Computer Programmer; Dave English Grp., 4500 Mobile Dr., Columbus, OH 43220; r. 2690 Montcalm Rd., Columbus, OH 43221, 614 488-4641.
SHARIF-RAZI, Ali; '84 BSBA; Pres.; ASR Enterprises, POB 26691, Columbus, OH 43229, 614 457-3801; r. 1458 Weybridge Rd., Columbus, OH 43220, 614 457-3801.
SHARIFZADEH, Hamid Reza; '80 BSBA; 17782 San-Leandor Ln., Huntington Bch., CA 92647.
SHARKEY, William Thomas; '66 BSBA; Partner CPA; Spicer & Oppenheim, 11 Greenway Plz., #1100, Houston, TX 77046, 713 961-4900; r. 12107 Queensbury, Houston, TX 77024, 713 468-0173.
SHARMA, Satya Prakash; '84 MBA; 17 Leigh Ct., Randolph, NJ 07869, 201 895-5611.
SHARNSKY, Christina Rich; '82 BSBA; Analyst/Programmer; Columbus, OH 43215; r. 5900 Roche Dr., #343, Columbus, OH 43229.
SHARON, Charles L.; '27 BSBA; Retired; r. 13151 Otsego St., Sherman Oaks, CA 91423, 818 783-0246.
SHARON, Dr. Ed Mordechai; '75 MBA; MTS; AT&T Bell Labs, 1G-438A, Crawfords Corner Rd., Holmdel, NJ 07733, 201 949-3730; r. 79 Wyncrest Rd., Marlboro, NJ 07746, 201 972-0657.
SHARP, Herbert Edward; '52 BSBA; Acct.; Columbus Coated Fabrics, 1280 N. Grant, Columbus, OH 43216, 614 225-6091; r. 13789 Cobblestone Ln., Pickerington, OH 43147, 614 927-0529.
SHARP, Jack Lee; '68 BSBA; Co-owner; Epoch Devel. Corp., 1807 Westminister Dr., Denton, TX 76201, 817 383-2326; r. 324 Lakeland Dr., Lewisville, TX 75067, 214 221-3245.
SHARP, Joan Brocklehurst; '77 MBA; Mgr./Corp Finance; Bancorp Financial Svcs., 3000 Town Ctr., Ste. 3220, Southfield, MI 48075; r. 1533 Surrey Ln., Rochester Hls., MI 48064.
SHARP, Pat Stiles, (Pat Stiles); '76 BSBA; Financial Analyst; Future Finances Inc., 100 Northwoods, Worthington, OH 43235, 614 888-3546; r. 3050 Woodloop Ln., Columbus, OH 43204, 614 274-1659.
SHARP, Patricia '51 (See Brown, Patricia Sharp).
SHARP, LTC Thomas Stephen, USA; '66 BSBA; Financial Mgmt.; Univ., Ft. Riley, KS 66442, 913 239-2426; r. 91-A Schofield Cir., Ft. Riley, KS 66442, 913 784-3968.
SHARP, Mrs. Virginia Parker, (Virginia Parker); '49 BSBA; Labor, Employment & Trng.; State of Florida Dept. of Labor, Regional Ofc., 555 N. Congress Ave. Ste. 202, Boynton Bch., FL 33426, 407 737-0382; r. 8112C Northboro Ct., W. Palm Bch., FL 33406, 407 965-9111.
SHARP, William Cleveland; '40; Retired; r. 81 Eagle Dr., Novato, CA 94949, 415 883-5220.
SHARP, William Elleman; '41 BSBA; Retired; r. 2839 Ridgeway Rd, Portsmouth, OH 45662, 614 353-5595.
SHARROW, Earl J.; '36 BSBA; Retired Dir.; r. 206 N. Superior, Angola, IN 46703, 219 665-3007.
SHARROW, Robert G.; '46 BSBA; Tchr.; r. 504 S. West St., Angola, IN 46703, 219 665-2308.
SHARY, Cara '84 (See Griesemer, Cara S.).
SHARY, John M.; '56 BSBA; VP; O C L C Inc., 6565 Frantz Rd., Dublin, OH 43017; r. 7677 Riverside Dr., Dublin, OH 43017, 614 761-9633.
SHASKY, Steven Lowell; '82 BSBA; 595 Highland Ave., Mansfield, OH 44903, 419 524-9789.
SHATZ, Arden J.; '55 BSBA; Pres.; Lancaster Auto Parts Inc., 500 Lincoln Ave., Lancaster, OH 43130; r. 1558 Abraham Woods Rd., Columbus, OH 43232, 614 755-2192.
SHAUD, Dr. John Albert; '71 PhD (BUS); GEN; Chief of Staff, Shape, APO, New York, NY 09055, 326 544-4005.
SHAUGHNESSY, James R.; '41 BSBA; Retired; r. 7616 St. Andrews Blvd., #B, Brooksville, FL 34601, 904 596-5093.
SHAVER, Bryan Jay; '82 BSBA; Database Analyst; American Electric Power, 1 Riverside Plz., POB 16631, Columbus, OH 43216, 614 223-3672; r. 312 Broadway St., Washington Ct. House, OH 43160, 614 335-2427.
SHAVER, Joseph Balmer; '78 MPA; Asst. Chief; Bur. of Labor Relations, Dept. of Rehab & Correction, 1050 Frwy. Dr. N., Columbus, OH 43229, 614 431-2851; r. 3682 Hunting Ln., Gahanna, OH 43230, 614 882-4487.
SHAVER, Lisa Hendricks; '81 BSBA; Va Med. Ctr., 17273 State Rte. 104, Chillicothe, OH 45601.
SHAVER, Ms. Pamela Jeanne; '87 MPA; Admin.; Cardinal Industries Inc., Cardinal Vlg Div, 4315 Donlyn Ct., Columbus, OH 43232, 614 755-6361; r. 668 Colony Dr., Westerville, OH 43081, 614 882-9433.
SHAVER, Timothy Mark; '84 BSBA; Night Auditor; OSU Fawcett Ctr., 2400 Olentangy River Rd., Columbus, OH 43210; r. 229 W. First Ave., #A, Columbus, OH 43215, 614 262-3197.
SHAW, Daniel Kevin; '88 BSBA; 1850 Chippewa Dr., Circleville, OH 43113, 614 477-2761.
SHAW, Harriet Sites, (Harriet Sites); '30; Retired; r. 136 Elwood Ave., Lancaster, OH 43130, 614 654-1032.
SHAW, James Robert; '49 BSBA; Realtor; James R. Shaw Realtor, 3383 Mann Rd., Blacklick, OH 43004, 614 855-1227; r. Same.
SHAW, James Ross; '59 BSBA; Pres.; Laguna Coast Assoc. Inc., 23501 Ridge Route Dr., #C, Laguna Hls., CA 92653, 714 770-1542; r. 30206 Hillside Ter., San Juan Capistrano, CA 92675, 714 661-0478.
SHAW, Jeffrey A.; '84 BSBA; CPA; r. 2000 Lynn Gay Cir., Powell, OH 43065, 614 761-1849.
SHAW, Jennifer Lynn; '88 BSBA; 1210 Chambers Rd 303C, Columbus, OH 43212, 614 481-0441.
SHAW, John Andrew; '84 BSBA; Sales Rep.; P P G Industries, 760 Pittsburgh Dr., Delaware, OH 43015, 614 363-9610; r. 709 Winter Haven Ct., Antioch, TN 37013, 615 366-4928.
SHAW, Mrs. Karen M., (Karen L. Murphy); '83 BSBA; 2000 Lynn Gay Cir., Powell, OH 43065, 614 761-1849.
SHAW, Kenneth D. J.; '77 BSBA; Sr. Auditor; Community Mutual Blue Cross/Blue Shield, 222 E. Campus View Blvd., Worthington, OH 43232, 614 433-8923; r. 6427 Hilltop Ave., Reynoldsburg, OH 43068, 614 863-5710.
SHAW, Larry Clayton; '66 BSBA; 747 W. Main St., Westerville, OH 43081, 614 890-2818.
SHAW, Mark Steven; '78 BSBA; Staff; r. 11683 Canterbury Ave., Pickerington, OH 43147, 614 868-1223.
SHAW, Melville James, Jr.; '52 BSBA; Atty.; r. 2151 N. E. 51st Ct., Ft. Lauderdale, FL 33308, 305 771-0759.
SHAW, Melville James, Sr.; '25 BSBA; Retired; r. 1990 Elmwood Ave., Columbus, OH 43212, 614 486-8242.
SHAW, Melvyn P.; '63 BSBA; Stockbroker; Dean Witter Reynolds, Cleveland, OH 44101, 216 292-9040; r. 32399 Chestnut Ln., Cleveland, OH 44124, 216 473-0440.
SHAW, Michael Douglas; '82 BSLHR; Sr. Comm. Underwriter; Farmers Ins. Grp., 2400 Farmers Dr., Worthington, OH 43085; r. 3216 Chateau Morse Ct., Columbus, OH 43229, 614 476-3734.
SHAW, Milton Otis; '22 BSBA; Retired; r. 2178 Moreno Dr., Los Angeles, CA 90039, 213 665-0658.
SHAW, Richard Howard; '48 BSBA; Retired; r. POB 311, Grand Marais, MI 49839, 906 494-2556.
SHAW, Dr. Roy Thomas, Jr.; '55 PhD (BUS); Prof. Emeritus; Univ. of Utah, Grad. Sch. of Bujs., Salt Lake City, UT 84112, 801 581-3023; r. 2523 Redondo Ave., Salt Lake City, UT 84108, 801 484-6376.
SHAW, Russell Clyde; '62 BSBA; Atty.; Thompson Hine & Flory, 1100 Natl City Bank Bldg., Cleveland, OH 44114, 216 566-5800; r. 2043 Random Rd, Ste. 205, Cleveland, OH 44106, 216 791-5734.
SHAW, Mrs. Susan Elizabeth; '86 BSBA; Mktng Admin.; Telhio Credit Union Inc., 96 N. 4th St., Columbus, OH 43215; r. 4549 Corner Rd. NW, Alexandria, OH 43001, 614 924-8675.
SHAW, Suzanne Keeley, (Suzanne Keeley); '54 BSBA; Homemaker; r. 2151 N. E. 51st Ct., Ft. Lauderdale, FL 33308, 305 771-0759.
SHAW, Thomas William; '48 BSBA; Retired Owner; Tom Shaw Books, 11 Albright Ave., Albany, NY 12203, 518 456-5905; r. 11 Albright Ave., Albany, NY 12203, 518 456-5905.
SHAW, Wayne Norman; '72 BSBA; Mgmt. Trainee; Bancohio, 51 N. High St., Columbus, OH 43215; r. 800 Grenada Rd, Columbus, OH 43207, 614 890-1090.
SHAW, William E., MBA; '67 BSBA; Entrepreneur; 22401 Shaker Blvd., Shaker Hts., OH 44122, 216 464-2822; r. Same.
SHAW, William Russell; '72 BSBA; General Delivery, Seney, MI 49883.
SHAWBER, Beth C., (Barbara Beth Clark); '76 BSBA; Treas./Controller; Clark Industrial Insulation Co., 1893 E. 55th St., Cleveland, OH 44103, 216 881-2141; r. 4912 Foxlair Tr., Richmond Hts., OH 44143, 216 381-8521.
SHAWBER, Lloyd Oberlin, Jr.; '76 BSBA; VP; Clark Industrial Insulation Co., 1893 E. 55th St., Cleveland, OH 44103, 216 881-2141; r. 4912 Foxlair Tr., Richmond Hts., OH 44143, 216 381-8521.
SHAWD, Cynthia Sue; '84 BSBA; 614 475-4000; r. 171 E. Pacemont Rd., Columbus, OH 43202, 614 262-0306.
SHAWD, Michael James; '77 BSBA; Bank Examiner; State of Ohio, 2 Nationwide Plz., Columbus, OH 43215; r. 59 W. Dominion Blvd., Columbus, OH 43214, 614 447-0351.
SHAWD, William Goddard; '80 BSBA; 9811 Paddock Park Dr., Houston, TX 77065, 713 890-0802.
SHAWKY, Dr. Hany A.; '78 PhD (BUS); Prof. of Finance; SUNY-Albany, Sch. of Business, 1400 Washington Ave., Albany, NY 12222, 518 442-4921; r. 121 Benjamin St., Schenectady, NY 12303, 518 355-9316.

SHAWVER, Joan M. '85 (See Medley, Mrs. Joan M.).
SHAY, Kimberly A. '85 (See Miller, Mrs. Kimberly S.).
SHAY, Ruth A.; '88 BSBA; 5391 Walshire Dr., Columbus, OH 43232, 614 464-2202.
SHEA, Anita M. '86 (See Hinds, Mrs. Anita M.).
SHEA, Daniel Joseph; '88 BSBA; 6359 Tara Hill Dr., Dublin, OH 43017.
SHEA, David B.; '79 MPA; 5201 State Rte. 43, Kent, OH 44240, 216 673-1953.
SHEA, Frank Patrick, Jr.; '65 BSBA; Atty.; Shaeffer & Shea, LPA, 1550 Old Henderson Rd., Ste. N 130, Columbus, OH 43220, 614 457-4113; r. 4533 Carriage Hill Ln., Columbus, OH 43220, 614 457-0946.
SHEA, Gene A.; '61 MACC; Assoc.Acctg./Bus.Law Prof; Olivet Nazarene Univ., Chmn. of Acctg. Dept., Box 6041, Kankakee, IL 60901, 815 939-5277; r. 410 S. Blanchette, Bourbonnais, IL 60914, 815 937-1735.
SHEA, John M.; '50 BSBA; Atty.; John M Shea Atty., 22 N. Front St., Columbus, OH 43215; r. 1360 Dublin Rd., Apt. 12, Columbus, OH 43215, 614 481-8316.
SHEA, Maurice J.; '49 BSBA; 18 E. Second St., Girard, OH 44420, 216 545-5689.
SHEA, Michael Joseph; '79 BSBA; Fin Control Ofcr.; Huntington Bank Shares Inc., 41 S. High St., Columbus, OH 43287, 614 463-3841; r. 2661 Landsburn Dr., Columbus, OH 43231, 614 471-4321.
SHEA, Michael William; '69 BSBA; CPA Mgr.; Sheller Globe Corp., 1505 Jefferson Ave., Toledo, OH 43624; r. 18093 Millstone Rd, Chagrin Falls, OH 44022, 216 543-4425.
SHEA, Robert; '77 BSBA; Gen. Mgr.; United Telephone Co. of Ohio, Business Unit Acctg., 665 Lexington Ave., Mansfield, OH 44907, 419 755-8335; r. 1014 Devonshire Ln., Mansfield, OH 44907, 419 756-5643.
SHEA, Stephen Brian; '82 BSBA; Trust Ofcr.; Huntington Trust Svcs., 17 S. High St., Columbus, OH 43215; r. 2641 Wexford Rd., Columbus, OH 43221, 614 486-2547.
SHEA, William J.; '66 MBA; Area Mgr.; Burroughs Corp., 2644 Banksville Rd, Pittsburgh, PA 15216; r. 5771 Zaring Dr., West Chester, OH 45069, 513 777-0872.
SHEAF, Laurie '80 (See Dunnavant, Laurie Sheaf).
SHEAFFER, Hal Dean; '70 BSBA; VP; First Natl. Bank of Ashland, POB 218, Ashland, OH 44805; r. 2253 Nankin Rd., Ashland, OH 44805, 419 289-6137.
SHEALY, Christopher Allen; '83 BSBA; Audit Mgr.; GE, 1 River Rd. Bldg. 5-5E, Schenectady, NY 12345, 518 385-2135; r. 2438 Berdan Ave., Toledo, OH 43613, 419 474-7631.
SHEALY, David Michael; '78 BSBA; Partner/CPA; Holbrook Manter & Rogers, 181 E. Center, Marion, OH 43302; r. 6016 Annapolis DeKalb, Tiro, OH 44887, 419 562-9305.
SHEALY, James A.; '48 BSBA; Retired Branch Mgr.; Burroughs Corp., 900 Michigan Ave., Columbus, OH 43215; r. 4380 Lyon Dr., Columbus, OH 43220, 614 451-7646.
SHEALY, Mark Douglas; '77 BSBA; 129 Wayne Ave. #2, Bucyrus, OH 44820, 419 562-0309.
SHEALY, Ramon L.; '66; 4250 New Haven Rd, Tiro, OH 44887.
SHEAR, Lloyd J.; '48 BSBA; Pres.; Shears & Assoc., 27900 Euclid Ave., 925 Euclid Ave., Euclid, OH 44132, 216 289-8750; r. 2156 Fenway Dr., Cleveland, OH 44121, 216 382-9071.
SHEAR, Lori Elyse; '87 BSBA; 2156 Fenway Dr., Cleveland, OH 44122, 216 381-2692.
SHEARER, Dr. Ernest F.; '40 BSBA; Osteopathic Phys.; 4191 N. High St., Columbus, OH 43214, 614 262-1308; r. Same.
SHEARER, CAPT Howard Emanuel, III; '74 MPA; Exec. Ofcr/Plng. Analysis; State Hwy. Patrol, 660 E. Main St., Columbus, OH 43205, 614 644-5100; r. 4308 Byers Rd., Delaware, OH 43015, 614 369-4170.
SHEARER, Lizette Lofty; '87 BSBA; Sr. Asst. Mgr.; Household Financial Corp., 174 Wilson Rd., Columbus, OH 43204; r. 7298 Chaparral Rd., Worthington, OH 43085.
SHEARER, Michael Adair; '87 BSBA; Customer Svc. Rep.; CompuServe, 5000 Arlington Centre Blvd., Columbus, OH 43220, 614 457-8600; r. 3419 Dahlgreen, Westerville, OH 43081, 614 882-7197.
SHEARER, Roger E.; '50 BSBA; Pres.; Kosdale Corp., 4045 E. Palm Ln., Phoenix, AZ 85008, 602 273-1243; r. 12025 S. Coconino St., Phoenix, AZ 85044, 602 496-0969.
SHEARER, William Conway; '69 BSBA; Materials Contrl Mgr.; Sherex Chemical Co., 5777 Frantz Rd., POB 646, Dublin, OH 43017, 614 764-6591; r. 7534 Saunderlane Rd., Worthington, OH 43085, 614 766-5513.
SHEARROW, George Frederick; '84 BSBA; Asst. Mgr.; Norwest Financial Co., POB 1385, Stone Mtn., GA 30086, 404 294-8400; r. 5323 Wylstream, Norcross, GA 30093, 404 564-3610.
SHEDD, Jan W.; '57 BSBA; Tchr.; Mt. Healthy Schs., 2046 Adams Rd., Cincinnati, OH 45231; r. 11247 Lockport Ct., Cincinnati, OH 45240, 513 825-9687.
SHEEHAN, Dr. James G.; '55 PhD (BUS); Retired; r. 500 N. E. 102nd St., Miami Shrs., FL 33138, 305 751-8282.
SHEEHAN, James Michael; '76 MPA; 434 S. Chase, Columbus, OH 43204, 614 274-4084.
SHEEHAN, John Francis, Jr.; '85 BSBA; Mgr.; Col Area Chamber of Commerce, Area Membership Dept., 37 N. High St., Columbus, OH 43215, 614 221-1321; r. 2633 Charing Rd., Columbus, OH 43221, 614 486-8858.
SHEEHAN, John J.; '50 BSBA; Acct.; John Sheehan & Assocs., 1132 E. Troy, Indianapolis, IN 46203, 317 783-9109; r. 21 Downing Ct., Greenfield, IN 46140, 317 462-2389.
SHEEHAN, Ms. Julia Ann; '85 BSBA; Med. Sales Rep.; Bristol-Myers, 2428 Old Stone Ct. #4, Toledo, OH 43614, 419 381-1442; r. Same.
SHEEHAN, Julie, (Julie Wanamaker); '80 BSBA; Homemaker; r. 9701 St. Andrews Dr., Fairfax, VA 22030, 703 273-8140.
SHEEHAN, Kathryn Press; '80 MPA; Asst. Dir.; OSU Hosps., Human Resources/Empl Relations, 410 W. 10th Ave., Columbus, OH 43210; r. 5040 Thornhill Ln., Dublin, OH 43017, 614 764-0848.
SHEEHAN, Mary '45 (See Wahlstrom, Mary Sheehan).
SHEEHAN, Michael J.; '67 BSBA; Pres.; Sheehan Ins. Agcy., 8 E. Long St. Ste. 720, Columbus, OH 43215; r. 5040 Thornhill Ln., Dublin, OH 43017, 614 764-0848.
SHEEHAN, Thomas Kevin; '80 BSBA; Loan Analyst; Detroit Bank & Trust Co., 188 N. Woodward, Birmingham, MI 48226; r. 102 N. 22nd St., Battle Creek, MI 49015, 616 962-4694.
SHEEHE, Mrs. Barbara W., (Barbara Weissman); '74 BSBA; Atty.-Advisor; OHHS-OHA, 1150 Statler Ofc. Twr., Cleveland, OH 44115, 216 522-7840; r. 3182 W. 139th St., Cleveland, OH 44111.
SHEEHY, D. Michael; '65 BSBA; Account Exec.; Jones Transfer Co., 28475 Ecorse Rd., Romulus, MI 48174, 313 887-5634; r. 2960 Steeple Hill Dr., Milford, MI 48042, 313 887-5634.
SHEEHY, David J.; '64 BSBA; Pres. & Principle Cnslt.; Sheehy & Assocs., Hlth. Mgmt. Cnsltg., 116 Point Vue Dr., Pittsburgh, PA 15237, 412 366-7361; r. Same.
SHEEHY, LTC James John, Jr.; '75 BSBA; Ltc Usa; r. 821 Watts Dr., Huntsville, AL 35801, 205 539-0923.
SHEELY, Jeffrey Alan; '86 BSBA; Account Exec.; OK Trucking Co., 1929 Lone Eagle St., Columbus, OH 43226, 614 870-7060; r. 5157 Brambury Ct., Columbus, OH 43228, 614 851-0450.
SHEELY, Richard L.; '71 MBA; Principal Cnslt.; Arthur Young & Co., 10 W. Broad St., 22nd Fl., Columbus, OH 43215, 614 222-3993; r. 4088 Longhill Rd., Columbus, OH 43220, 614 457-5212.
SHEERAN, Joseph W., Jr.; '56 BSBA; Sr. Sales/Mktg. Rep.; Cadillac Prods. Inc., 2 Greenwich Plz., Troy, MI 48084, 513 231-9129; r. 8024 Eastdale Dr., Cincinnati, OH 45255, 513 232-2593.
SHEERER, Marsha Mc Michael; '83 BSBA; Ofc. Mgr.; Uhlman's, Postmaster, Marion, OH 43302, 614 389-5405; r. 1274 S. Sandusky Ave., Bucyrus, OH 44820, 419 562-5838.
SHEETS, Mrs. Andrea Helaine, (Andrea Helaine Berkman); '88 BSBA; Asst. Mgr.; May Co. Dept. Stores, El Camino Real, Carlsbad, CA 92008, 619 729-7941; r. 407 Ferrari Ct., #B, Camp Pendleton, CA 92055, 619 430-4452.
SHEETS, David J.; '66 BSBA; Distribution Ctr. Supv.; Cooper Ind.-Belden Wire/Cable, Richmond, IN 47374, 317 983-5520; r. 487 Timothy Dr., Richmond, IN 47374, 317 962-9116.
SHEETS, David Paul; '72 BSBA; Finance, Audit & Analysis; Community Mutual Ins. Co., 6740 N. High St., Worthington, OH 43085; r. 717 Notchbrook Dr., Delaware, OH 43015, 614 548-7970.
SHEETS, 1LT Dennis Todd, USMC; '86 BSBA; Financial Mgmt. Ofcr.; First Force Svc. Support Grp., Headquarters USMC, Camp Pendleton, CA 92055, 619 725-2112; r. 407 Ferrari Ct., #B, Camp Pendleton, CA 92055, 619 430-4452.
SHEETS, Johnetta Linn '83 (See Conard, Johnetta Linn Sheets).
SHEETS, Karl Eugene; '75 BSBA; Natl. Sales Mgr.; Epro Inc., 156 E. Broadway, Westerville, OH 43081, 614 882-6990; r. 4710 Knightsbridge Blvd., Columbus, OH 43214, 614 459-3257.
SHEETS, Lawrence S.; '50 BSBA; 320 E. 23rd St., #9/C, New York, NY 10010.
SHEETS, Tammy Antionette; '81 BSBA; Rte. 2 Box 352 B, Sciotoville, OH 45662.
SHEETS, Tonya Earlene; '86 BSBA; Rte. 2 Box 352-B, Portsmouth, OH 45662.
SHEETZ, Robert Alan; '69 BSBA; Supervisory Contract Spec; Defense Const Supply Ctr., 3990 E. Broad St., Columbus, OH 43215, 614 238-2310; r. 197 W. Fourth Ave., Columbus, OH 43201, 614 294-2083.
SHEFELTON, William E.; '26 BSBA; Retired; r. POB 225, Newnan, GA 30264.
SHEFFER, Brent Alan; '79 BSBA; Mgr.-Financial Plng.; Central Ohio Transit Authority, 1600 McKinley Ave., Columbus, OH 43222, 614 275-5895; r. 2229 Hedgerow Rd., Apt. H, Columbus, OH 43220, 614 451-2483.
SHEFFER, David Eugene; '77 BSBA; 353 Tibet Rd., Columbus, OH 43202.
SHEFFER, Douglas Hughes; '74 BSBA; Mgr. Gen. Acctg.; Kraft, Inc., 1 Pkwy. N., Deerfield, IL 60024, 312 405-8644; r. 217 W. Palatine Rd, Arlington Hts., IL 60004, 312 577-0438.
SHEFFEY, MGEN Fred Clifton, USA(Ret.); '62 MBA; LTV Corp., Dallas, TX 75265, 214 266-7354; r. 1215 Whispering Oaks, De Soto, TX 75115, 214 230-0604.
SHEFFIELD, Tracy Williams; '77 BSBA, '85 MA; Acct. CPA; Greene & Wallace, 1241 Dublin Rd., Columbus, OH 43215, 614 488-3126; r. 5551 Tangarey Ct., Columbus, OH 43235, 614 457-2252.
SHEIBENBERGER, Tom R.; '51 BSBA; Controller; Rich-United Corp., 401 W. 13th St., Sanford, FL 32771, 407 322-3663; r. 401 Sunset Dr., Sanford, FL 32773, 407 322-4706.
SHEIL, Mary E. '46 (See Elsaesser, Mary Sheil).
SHEIN, Richard Allen; '78 MPA; Sr. Cnslt.; Touche Ross & Co., Gateway 1 Bldg., Newark, NJ 07102; r. 11 Scott Ct., Apt. B-3, Ridgefield Park, NJ 07660, 201 641-9333.
SHELBY, LT Steve Allen, USA; '85 BSBA; 269 Reservation Rd., Apt. 102, Marina, CA 93933.
SHELBY, William L., Sr.; '54 BSBA; Owner; Shelby Oil Co., 6853 St. Rte. 32, Seaman, OH 45679; r. 6853 State Rte. 32, Seaman, OH 45679, 513 386-2130.
SHELDON, Randal Paul; '81 BSBA; POB 37, Danville, OH 43014.
SHELDON, Richard L.; '58; 8410 Tibbermore Ct., Dublin, OH 43017, 614 761-3363.
SHELDON, Richard M.; '41 BSBA; Retired; r. 25114 Hazelmere Dr., Cleveland, OH 44122, 216 464-0686.
SHELDON, Robert Franklin; '68 BSBA; Pres.; R W S Enterprises Inc., 5980 Cleveland Ave., Ste. #B, Columbus, OH 43229, 614 882-0252; r. 4199 Haymaker Ln., Dublin, OH 43017, 614 766-9580.
SHELDT, Charmaine Teresa; '81 BSBA; 9022 Foxhunter Ln., Cincinnati, OH 45242.
SHELDT, Gary Michael; '82 BSBA; 9022 Foxhunter Ln., Cincinnati, OH 45242.
SHELL, Jay Lee; '73 BSBA; Asst. Controller-Chem Div; Bordens Inc., 630 Glendale-Milford Rd., Cincinnati, OH 45215; r. 6372 Robert E. Lee, Fairfield, OH 45014, 513 829-7816.
SHELL, Mark Daniel; '87; Sales Engr.; The Trane Co., Washington, DC 20090; r. 6504 Greyswood, Bethesda, MD 20817.
SHELL, Steven, (Steven Shabashelowitz); '70 BSBA; VP, Manufacturer; Glenmore Plastic Industries, 807 Bank St., Brooklyn, NY 11236, 718 649-7800; r. 298 Elton Adelphia Rd, Freehold, NJ 07728, 201 780-4382.
SHELLABARGER, George D.; '30 BSBA; Retired; r. 927 Far Hills Ave., Apt. 3, Dayton, OH 45419, 513 299-5392.
SHELLBERG, Kenneth Lee; '80 MPA; Bus. Mgr.; Ohio State Univ., Dept. of Geology/Mineralogy, 125 S Oval Mall/Mendenhall Lab, Columbus, OH 43210, 614 292-2721; r. 4445 Marland Dr., Columbus, OH 43224, 614 262-4445.
SHELLER, James R.; '33 BSBA; Retired; r. 818 Arbor St., Wooster, OH 44691, 216 264-2563.
SHELLER, Kathy Kallman; '78 BSBA; Mgr.; Arthur Andersen Co., 100 E. Broad St., Columbus, OH 43215; r. 12225 Collins-Arborgast Rd., S. Vienna, OH 45369.
SHELLEY, David L.; '56 BSBA; Asst. Mgr.; Marsh Lumber Co., Inc., Box 507, Dover, OH 44622, 216 343-8854; r. 116 Shamel St., Uhrichsville, OH 44683, 614 922-5454.
SHELLEY, Harold E.; '51 BSBA; 320 Dover Rd, Springfield, OH 45504, 513 399-5031.
SHELLHAAS, Donald D.; '56 BSBA; Owner; Hobart Sales & Svc., 622 Flint Ave., Albany, GA 31701, 912 436-7105; r. 2320 Winchester Rd., Albany, GA 31707, 912 431-0742.
SHELLHAAS, I. Jack; '48 BSBA; Retired; GM, CPC Plant, Mansfield, OH 44903; r. 1790 Stony Ridge Ct., Mansfield, OH 44904, 419 756-7356.
SHELLHORN, Philip Patrick; '74 BSBA; 5494 Parkville, Columbus, OH 43229, 614 965-5766.
SHELLS, Donald Michael; '70 BSBA; 34033 Monica Dr., N. Ridgeville, OH 44039, 216 327-2894.
SHELTON, James E.; '61 BSBA; Supv. Supply/Demand Coord; Unocal Refining & Mktg. Div., 1650 E. Golf Rd., Schaumburg, IL 60196, 312 330-5275; r. 103 Walnut Dr., Streamwood, IL 60107, 312 830-1740.
SHELTON, Thomas A.; '56 BSBA; Treas.; The Klingbeil Co., 42 E. Gay St., Columbus, OH 43215; r. 1935 N. Devon Rd, Columbus, OH 43212, 614 488-9319.
SHELTON, William B.; '59 BSBA; VP-Treas.; Gates Mc Donald Co., One Nationwide Plz., POB 1944, Columbus, OH 43215; r. 6970 Harriot Rd., Powell, OH 43065, 614 889-9063.
SHELTON, William Robert, III; '65 BSBA; Pres.; Sun Brokerage Co., 508 S. High St., West Chester, PA 19380, 215 363-1857; r. 520 Westfield Dr., Exton, PA 19341, 215 363-5314.
SHENK, Joanna '87 (See Leatherman, Mrs. Joanna).
SHEPARD, Arthur E.; '35; Chmn. Emeritus; Turner & Shepard Inc., 17 S. High St., Columbus, OH 43215, 614 228-6115; r. 3531 LaRochelle Dr., Columbus, OH 43221, 614 451-9261.
SHEPARD, David Earl; '86 BSBA; 5916 Requarth Rd., Greenville, OH 45331, 513 548-8368.
SHEPARD, Mrs. Kimberly A., (Kimberly A. Farmer); '85 BSBA; Account Exec.-Sales; North American Broadcasting, WMGG Magic 99.7, 1458 Dublin Rd., Columbus, OH 43215, 614 481-7800; r. 3297 Dunloe Rd., Columbus, OH 43232, 614 837-1808.
SHEPARD, Laura Jean; '88 BSBA; 1215 Highland St., Columbus, OH 43201.
SHEPARD, Mark Allen; '83 BSBA; Manufactures Rep.; Bristol Metal Prods. Inc., 27070 Detroit Ave., Westlake, OH 44145; r. 21887 Eaton Rd., Fairview Park, OH 44126, 216 734-1412.
SHEPARD, Paul C.; '51 BSBA; Sales Mgmt.; OCME Graham, 9423 Meadowbrook Ln., Philadelphia, PA 19118, 215 248-1438; r. Same.
SHEPARD, Paul M., Sr.; '24 BSBA; Retired; r. 2645 Charing Rd, Columbus, OH 43221, 614 486-4303.
SHEPARD, Stephen Allen; '86 BSBA; Account Mgr.; Pepsi-Cola Bottling Co., 1241 Gibbard Ave., Columbus, OH 43219, 614 253-8775; r. 3297 Dunloe Rd., Columbus, OH 43232, 614 837-1808.
SHEPELAK, Madelyne Clements, (Madelyne Clements); '84 BSBA; Volume & Staffing Supv.; Ltd. Credit Svcs., Customer Svc. Dept., 4590 E. Broad St., Columbus, OH 43213, 614 755-3307; r. 4525 Lakeside N., #B, Columbus, OH 43232, 614 866-5335.
SHEPHERD, Denise Brown; '84 BSBA; Staff; US Post Ofc., 850 Twin Rivers Dr., Columbus, OH 43215; r. 4536 Bitter Root Dr., Westerville, OH 43081.
SHEPHERD, Dr. Floyd; '81 MBA; Pres.; Applied Business Devel., 2656 Mitzi Dr., Columbus, OH 43209, 614 236-5935; r. 315 Greenglade Ave., Worthington, OH 43085, 614 846-2297.
SHEPHERD, Jeanine Ann; '85 BSBA; Mktg. Rep.; Citizens & Southern Bank, 2059 Northlake Pkwy., Tucker, GA 30084, 404 491-4244; r. 3609 N. Hill Pkwy., Atlanta, GA 30341, 404 458-3894.
SHEPHERD, John M.; '59 MBA; Chmn.; Shepherd Chemical Co., 4900 Beech St., Cincinnati, OH 45212, 513 731-1110; r. 6 Weebetook Ln., Cincinnati, OH 45208, 513 321-3868.
SHEPHERD, Robert; '82 BSBA; Staff; Buckeye Datsun, 1626 W. 5th Ave., Columbus, OH 43212, 614 488-3172; r. 4356 Bitter Root Dr., Westerville, OH 43081, 614 891-0586.
SHEPHERD, Robert Brandt; '81 MBA; Asst. VP; Prescott Ball & Turben Inc., 1331 Euclid Ave., Cleveland, OH 44115; r. 306 S. Island, Rocky River, OH 44116, 216 333-3253.
SHEPHERD, Sally Blair; '88 MBA; 4797 Gainsboro Ct. C, Columbus, OH 43220.
SHEPHERD, Shirley Ann; '77 MBA; POB 265, Pine Mtn., GA 31822.
SHEPHERD, Stephen Vane; '69 BSBA; Dir., Gen. Svcs.; American Red Cross, 3838 Dewey Ave., Omaha, NE 68105, 402 341-2723; r. 14905 Franklin, Omaha, NE 68154, 402 496-0765.
SHEPHERD, Wayne Leigh; '70 MBA; 349 Sycamore St., Tiffin, OH 44883, 419 448-0886.
SHEPLER, John H.; '52 BSBA; Natl. Sales Mgr.; APB Corp., 8295 Riverbirch Dr., Roswell, GA 30076, 404 594-7203; r. 8295 Riverbirch Dr., Roswell, GA 30076, 404 992-8309.
SHEPPARD, David Michel; '87 BSBA; Budget Acct.; Children's Hosp., Inc., 700 Children's Dr., Columbus, OH 43205, 614 461-2225; r. 1274 Maize Ct., Columbus, OH 43229, 614 847-0642.
SHEPPARD, Jeanne Lauren; '79 BSBA, '82 MBA; Teaching/Rsch. Asst.; Ohio State Univ., Marketing Dept., 1775 College Rd., Columbus, OH 43210, 614 292-2966; r. 280 Glenn Rd., Ashville, OH 43103.
SHEPPARD, Mark Leland; '83 BSBA; Acct.; Hordis Bros. Inc., 265 Cory Rd., Lancaster, OH 43130, 614 653-7101; r. 263 E. 5th Ave., Lancaster, OH 43130, 614 653-2607.
SHEPPARD, Shelly L. '83 (See Myers, Shelly L.).
SHEPPARD, William Hardy; '75 MPA; Mgmt. Cnslt.; r. 16338 Bagley Rd, Cleveland, OH 44130, 216 234-9531.
SHEPPARD, William R.; '56 BSBA; Div. Controller; Jaeger Energy, 560 Dublin Ave., Columbus, OH 43215; r. 5223 Thompson Ln., RR No 3, Delaware, OH 43015, 614 881-5742.
SHEPTER, James D.; '55 BSBA; 81 Park Ave., Hamden, CT 06514.
SHERAW, Harry Franklin; '73 BSBA; Gen. Mgr.; Warner Cable, 784 N. Beal Pkwy., Ft. Walton Bch., FL 32548, 904 862-4142; r. 1308 Windward Cir., Niceville, FL 32578.
SHERBURN, Terry Vincent; '74 MBA; Engr.; r. 213 W. First Ave., Columbus, OH 43206, 614 299-8960.
SHERER, Eugene E.; '51 BSBA; Retired; r. 525 Sweetwood Way, W. Palm Bch., FL 33414, 407 793-5107.
SHERER, Robert E., Jr.; '43 BSBA; Retired; r. 4121 Leonard Pl., Des Moines, IA 50310, 515 277-2590.
SHERIDAN, J. Paul, III; '84 BSBA; Logistics Spec.; Kimberly-Clark, 2100 Winchester Rd., Neenah, WI 54956, 414 721-3599; r. 619 Oak St., Neenah, WI 54956, 414 722-3003.
SHERIDAN, Patrick E.; '65 BSBA; Investment Analyst; Cleveland Trust Co., E. 9th & Euclid Ave., Cleveland, OH 44114; r. 91 E. 200th St., Cleveland, OH 44119, 216 481-0756.
SHERIDAN, Ralph Stephen; '74 MBA; Pres. & CEO; HEC Energy Corp., Russia Wharf E., 286 Congress St., Boston, MA 02210, 617 423-0148; r. 79 Byron Rd., Weston, MA 02193, 617 237-8849.
SHERIDAN, Richard W.; '57 BSBA; 1752 Ctr. Blvd., Springfield, OH 45506, 513 325-6351.
SHERIDAN, Stephen Timm; '75 MBA; VP/Constr.; Bruner Corp., 1371 Sullivant Ave., Columbus, OH 43223, 614 276-5401; r. 5966 Edgewood Cir., Dublin, OH 43017, 614 766-0777.
SHERIDAN, Theresa '79 (See Strombotne, Theresa Lee).

ALPHABETICAL LISTINGS SHOOK 255

SHERMAN, David Leo; '86 BSBA; Mktg. Dir.; Spreadsheet Solutions Co., 600 Old Country Rd., Garden City, NY 11530, 516 222-1429; r. 26 Hickory Hill Rd., Eastchester, NY 10709, 914 779-3226.

SHERMAN, Gregg Alan; '79 MBA; Treas.; Acceleration Corp., 472 Metro Pl. N., Dublin, OH 43017; r. 10050 Hyland Croy Rd., Plain City, OH 43064, 614 873-8705.

SHERMAN, Mrs. Henrietta Kahn, (Henrietta L. Kahn); '55 BSBA; Realtor; Fox & Carskadon, 1550 El Camino Real, Menlo Park, CA 94025, 415 321-8050; r. 438 Chaucer St., Palo Alto, CA 94301, 415 326-3564.

SHERMAN, Jeff David; '82 BSBA; Mgr.; Deloitte Haskins & Sells, 155 E. Broad St., Columbus, OH 43215, 614 221-1000; r. 1109 Sells Ave., Apt. #C, Columbus, OH 43212, 614 488-8406.

SHERMAN, Michael Patrick, CPA; '75 BSBA; Audit Mgr.; Wendys Intl., POB 256, 4288 W. Dublin-Granville Rd, Dublin, OH 43017, 614 764-3227; r. 1249 Three Forks S., Westerville, OH 43081, 614 890-4159.

SHERMAN, Philip Theodore; '38 BSBA; Retired; r. Meeting House Village, Rte. 1, Harwich, MA 02645, 508 255-6022.

SHERMAN, Dr. Ralph Walter; '29 BSBA; Prof. Emeritus; The Ohio State Univ., 103 Agricultural Admin. Bldg., Columbus, OH 43210; r. 89 Wetmore Rd, Columbus, OH 43214, 614 262-8687.

SHERMAN, Ricky David; '80 BSBA; Atty.; 2633 E. Indian Sch. Rd., Ste. 100, Phoenix, AZ 85016, 602 955-0505; r. 1126 E. Palo Verde Dr., Phoenix, AZ 85014, 602 264-0010.

SHERMAN, Robert A.; '49 BSBA; Pres. & CEO; Sherman & Assocs. Inc., 333 Harmon Ave. NW, Warren, OH 44482, 216 394-2575; r. POB 6, N. Bloomfield, OH 44450, 216 685-4625.

SHERMAN, Robin Julianne; '82 BSBA; 205 Walnut, Hamilton, OH 45011, 513 863-6369.

SHERMAN, Roger William; '74 BSBA; Budget Dir.; Childrens Hosp., 561 S. 17th St., Columbus, OH 43205; r. 5929 Shadow Lake Cir., Columbus, OH 43235, 614 442-7972.

SHERMAN, Sheldon; '58 BSBA; 5729 Manton, Woodland Hls., CA 91364, 818 340-1889.

SHERMAN, Thomas Hugo; '81 BSBA; Sr. Systs. Analyst; Aluminum Co. of America, 1501 Alcoa Bldg., Pittsburgh, PA 15219, 412 553-4955; r. 340 S. Highland Ave., Apt. #2B, Pittsburgh, PA 15206, 412 362-2710.

SHERMAN, Timothy James; '83 BSBA; 300 E. 216, Euclid, OH 44123, 216 732-8798.

SHERRARD, Teresa Jean; '77 BSBA; Tax Mgr.; Price Waterhouse, 1410 N. Westshore Blvd., Tampa, FL 33607, 813 287-9000; r. 6809 B 16th St. NE, St. Petersburg, FL 33702, 813 525-1945.

SHERRETS, Elizabeth Watson; '53 BSBA; 25 E. Kossuth St., Columbus, OH 43206.

SHERRIN, Robert J.; '60 BSBA; Gen. Mgr.; Chemical Rubber Co., 2310 Superior Ave., Cleveland, OH 44101; r. 3473 Elm Brook Dr., Cleveland, OH 44147, 216 526-7225.

SHERRY, Blake William; '81 MPA; Mgr./Cnsltg. Div.; Arthur Andersen Co., 41 S. High St., Ste. 2000, Columbus, OH 43215; r. 7071 Wendy Trail Ln., Dublin, OH 43017.

SHERRY, Naomi Ann '87 (See Nisonger, Mrs. Naomi A.).

SHERRY, William L.; '75 MPA; Admin.; Brookhaven Natl. Lab, Budget Ofc. Bldg. 460, Upton, NY 11973; r. POB 446, Oakwood, OH 45873.

SHERTZINGER, Martin Paul; '83 BSBA; Syst. Analyst; Profit Programming, 2514 N. Charles St., Baltimore, MD 21030; r. 3427 Albantowne Way, Edgewood, MD 21040, 301 679-4074.

SHERWAT, Malcolm L.; '58 BSBA; Realtor/Developer/Invest.; Mayerson & Assocs. Realty Co., 225 Talbott Bldg., Dayton, OH 45402, 513 228-2444; r. 7768 McEwen Rd., Centerville, OH 45459, 513 434-8241.

SHERWOOD, David John; '84 BSBA; 153 Locust Dr., Fairborn, OH 45324, 513 878-2836.

SHERWOOD, Jay S.; '53 BSBA; Retired; r. 1029 E. Carson St. Apt. 4, Long Beach, CA 90807, 213 427-0302.

SHERWOOD, Stuart C.; '30 BSBA; Retired; r. 8705 E. Monterosa Ave., Scottsdale, AZ 85251, 602 946-8851.

SHEVLIN, John J.; '87 BSBA; 6042 Georgetown Rd., #C, Indianapolis, IN 46254.

SHEVLIN, Michael F.; '49 BSBA; Retired; r. 1326 Boxwood Dr., Columbus, OH 43229, 614 888-2095.

SHEWALTER, John Thomas; '84 BSBA; 2 Upham St., Malden, MA 02148.

SHIBKO, Richard Michael; '84 BSBA; Buyer; Honda of America, 24000 US Rte. 33, Marysville, OH 43040, 614 644-7863; r. 1919 Barnard Dr., Powell, OH 43065, 614 766-9630.

SHIBLEY, Alan James; '75 BSBA; 141 Timberlake Cir., Scott Depot, WV 25560, 304 757-6829.

SHIBLEY, Glenford M.; '47 BSBA; Box 670, Charlestown, RI 02813, 401 364-3954.

SHIBLEY, Jeanne Hosfield; '46; Gulf & Bay Apt. 103-B, 5780 Midnight Pass Rd., Sarasota, FL 34242, 813 349-8309.

SHIDAKER, Edwin Paul; '72 BSBA; Auditor; W.W. Stribling Assocs., 2901 First Atlanta Twr., Atlanta, GA 30383, 404 658-9012; r. 3880 Three Rivers Dr., Groveport, OH 43125.

SHIDAKER, Ronald Allen; '69 BSBA; Operations Mgr.; Wilmington Savings Assn., 184 N. South St., POB 850, Wilmington, OH 45177, 513 382-1659; r. 1035 Peggy Ln., Wilmington, OH 45177, 513 382-2916.

SHIDE, Charles Frederick; '83 MLHR; Rte. 1 Box 92C, Larimore, ND 58251.

SHIELDS, Douglas Bruce; '83 BSBA; Auditor; US Govt., Washington, DC 20505, 703 351-2106; r. 1305 Ross Dr. SW, Vienna, VA 22180, 703 255-5853.

SHIELDS, Jack William; '81 BSBA; Regional Controller; Metropolitan Life Ins., 14500 S. Outer 40, Chesterfield, MO 63017; r. 18 Timberleigh Ct., Ballwin, MO 63201, 314 225-2672.

SHIELDS, James D.; '42 BSBA; Retired; r. 24798 Vandergriff, S. Bloomingville, OH 43152, 614 332-9031.

SHIELDS, James R.; '55 BSBA; Mgr.; r. 400 N. Surf Rd., Apt. 303, Hollywood, FL 33019, 305 920-1943.

SHIELDS, Dr. Matthew Dale; '87 PhD (BUS), '87 MA; 3745 Olde Willow Dr., Dayton, OH 45431, 513 426-8617.

SHIELDS, Dr. Patricia Mary; '77 PhD (PA); Prof.; Southwest Texas St. Univ., Dept. of Political Science, San Marcos, TX 78666, 512 245-2143; r. 7308 Whispering Winds Dr., Austin, TX 78745, 512 443-9859.

SHIELDS, Paul David; '74 MBA; Assoc. Prof.; Texas A & M Univ., College Sta., TX 77843, 409 845-3275; r. 9205 Riverstone, College Sta., TX 77840, 409 696-1436.

SHIELDS, Richard D.; '63 BSBA; Drug & Alcohol Therapist; r. 24 Wedgewood Dr., Pottstown, PA 19464, 215 469-9773.

SHIELDS, Thomas E.; '54 BSBA; Mgr.; US Dept. of Defense, Ft. Meade, MD 20755; r. 10621 Vista Rd., Columbia, MD 21044, 301 531-6421.

SHIFF, B. Robert; '43 BSBA; Retired; r. 98 Marina Point Dr., Sandusky, OH 44870, 419 625-1195.

SHIFF, Myer; '49 BSBA; Owner; Alexis Auto Parts, 8061 Sylvania Ave., Sylvania, OH 43560, 419 882-7168; r. 5316 Fox Run, Toledo, OH 43623, 419 882-8105.

SHIFFLER, Sharon L.; '87 BSBA; Asst. Mgr.; Bob Evans Restaurant, 4320 Grove Rd., Columbus, OH 43232, 614 861-2626; r. 2266 Sunshine Pl., Columbus, OH 43232, 614 864-1154.

SHIFFLET, Daniel Edwin; '77 BSBA; 4947 Prospect Upper Sandusky, Prospect, OH 43342, 614 528-2648.

SHIFFLETTE, Donald Faudree, Jr.; '57 BSBA; Dist. Sales Manag; r. 3142 Claymore Ln., New Franken, WI 54229, 414 866-9988.

SHIFFLETTE, James F.; '57 BSBA; Contract Adm; r. 1121 Archer Rd, Cleveland, OH 44146, 216 232-2318.

SHIFLET, Michael Robert; '72 BSBA; 5838 Toll Ln., Columbus, OH 43213, 614 868-1147.

SHIFLET, Thomas Nelson; '78 BSBA, '86 MLHR; Asst. Mgr.; Shojens Inc.-Burger King, 1771 Dublin-Granville Rd., Columbus, OH 43229; r. 304 West Ln. Ave., Apt. 4, Columbus, OH 43201, 614 294-7688.

SHIFLEY, Jane Annette; '86 BSBA; 632 N. Columbus St., Galion, OH 44833, 419 462-5994.

SHIFMAN, Morris L., CPA; '57 BSBA; Cnslt. to CPA'S; 2430 St. Paris Pike, Springfield, OH 45504, 513 390-1228; r. Same.

SHIFMAN, Simon C.; '33 BSBA; Retired; r. 6868J Hyde Park Dr., San Diego, CA 92119, 619 460-4553.

SHIFMAN, Thelma '48 (See Borcover, Mrs. Thelma E.).

SHIFRIN, Kenneth Steven; '71 BSBA, '73 MBA; Pres./Chief Oper. Ofcr.; American Physicians Svc. Grp. Inc., 1301 Capital of Texas Hwy., Austin, TX 78746, 512 328-0888; r. 220 Hurst Creek Rd., Austin, TX 78734, 512 261-7097.

SHIGLEY, James N.; '55 MBA; Col Usa Ret, 722 Crossbrook Dr., Moraga, CA 94556, 415 376-5412.

SHILAN, COL Arthur B.; '52 BSBA; Col. Usmc-Ret; r. 5011 Ellenwood Dr., Greensboro, NC 27410.

SHILANDER, Bruce Justin; '80 BSBA; Sales; Sprague Electric Co., 1106 Clayton Ln. 350 W., Austin, TX 78723, 512 458-2514; r. 3418 Buffalo Springs Tr., Georgetown, TX 78628, 512 869-2003.

SHILLING, Robert L.; '55 BSBA; Owner; Meadville Paint Wallpaper Co., Box 385, Saegertown, PA 16433; r. Box 385, Saegertown, PA 16433, 814 763-2266.

SHILT, Timothy Klein; '70 BSBA; Capt./Operations Mgr.; Diamond Shamrock Aviation Co., 9415 Weiss St., Dallas, TX 75235, 214 357-2121; r. 2305 Teakwood Ln., Plano, TX 75075, 214 867-0912.

SHILTS, Perry T.; '47 BSBA; 18 N. Lakeview Dr., Whispering Pines, NC 28327, 919 949-3957.

SHIMMIN, Robert Owen; '78 BSBA; 32911 Electric, Avon Lake, OH 44012.

SHIMMOELLER, Ellen Louise, (Ellen Louise Winterland); '79 BSBA; 9390 Circle Dr. E., Pickerington, OH 43147, 313 626-6600.

SHIMP, William C., CLU; '78 BSBA; Ins. Agt.; Dick DeRoberts & Co., 1453 Grandview Ave., Columbus, OH 43212, 614 486-0203; r. 4495 Westborough Dr., Columbus, OH 43220, 614 457-7067.

SHIN, Charles Moochul; '87 BSBA; Pres.; Charley's Steakery, 1944 N. High St., Columbus, OH 43201, 614 297-7330; r. 1953 Slaton Ct., Worthington, OH 43085, 614 766-6527.

SHIN, Steven J.; '85 BSBA; 2291 Oakland Pkwy., Lima, OH 45805, 419 228-7950.

SHIN, Sung Ho; '88 BSBA; 8010 W. Ridge Dr., Broadview Hts., OH 44147, 216 237-6823.

SHINAMAN, Jeffrey Lee; '88 BSBA; 2072 Bentwood Cir. 2D, Columbus, OH 43085, 614 792-0716.

SHINDLER, James V., Jr.; '61 BSBA; 7553 Bonnie Brook Rd., Sylvania, OH 43560, 419 882-8945.

SHINE, Joyce Arlene; '79 BSBA; Account Exec.; Barnes & Co., 67 Wall St., 18th Fl., New York, NY 10006, 212 785-7435; r. 75 Frontier Way, Tinton Falls, NJ 07753, 201 922-0166.

SHINE, Kenneth Edward; '82 BSBA; Acct.; r. 821 Eastland Ave., Warren, OH 44484, 216 369-5957.

SHIPE, Marilee Stinemetz; '83 BSBA; Homemaker; r. RR 1, Box 476, Trafalgar, IN 46181, 317 878-4047.

SHIPE, Roger D.; '55 BSBA; Underwriter; Nationwide Ins., One Nationwide Plz., Columbus, OH 43216; r. 821 Montrose Ave., Columbus, OH 43209, 614 231-4267.

SHIPE, Shirley '51 (See Ihrer, Shirley Shipe).

SHIPLEY, Ms. Aletha Mae; '86 BSBA; Acctg. Auditor; Touche Ross & Co., 250 E. Broad St., Columbus, OH 43215, 614 224-1119; r. 5765 Tacoma Rd., Apt. #F, Columbus, OH 43229, 614 433-7105.

SHIPLEY, Ben R.; '46 BSBA; VP & Sales; r. Salita Delle Ginestre 10, Lugano 6906, Switzerland.

SHIPMAN, Alvin Dean; '79 BSBA; Mgmt. Trainee; Bancohio Natl. Bank, Bank of Loveland, Loveland, OH 45140; r. 505 Findlay St., Perrysburg, OH 43551.

SHIRD, David Kevin; '78 BSBA; 206 Top O'The Lake Dr., Austin, TX 78734.

SHIRE, Bernard S.; '48 BSBA; Atty.; Shire & Bergstein, 409 Schoonmaker Ave., Monessen, PA 15062, 412 684-3444; r. 1443 Graham Ave., Monessen, PA 15062, 412 684-9653.

SHIRE, Dr. Herbert; '44; Dent.; 531 N. Fourth St., Steubenville, OH 43952, 614 282-1520; r. 115 Woodland Park Estates, Wintersville, OH 43952, 614 264-0635.

SHIRK, Ann Bettina; '83 MBA; 1030 Caneron St., Indianapolis, IN 46203, 317 784-2442.

SHIRK, Philip Anthony; '79 BSBA; Agcy. Oprtns Rep.; Great American Ins., 11353 Reed Hartman Hwy., Cincinnati, OH 45241; r. 5 S. Hall Pl., Fairfield, OH 45014, 513 874-5145.

SHIRK, Stephen Parker; '87 BSBA; Pres.; S P S Communications Inc., 1773 Merriweather Dr., Columbus, OH 43221, 614 459-7745; r. Same, 614 451-7709.

SHISLER, Barbara '78 (See Mac Adam, Barbara).

SHISLER, Roger W.; '60 BSBA; VP/Portfolio Mgr.; BancOhio, 155 E. Broad St., Columbus, OH 43251, 614 463-7363; r. 13025 Harmon Rd. NW, Pickerington, OH 43147, 614 866-5390.

SHITKOVITZ, Iris Schaeffer; '77 BSBA; Staff; Burger King, 1395 E. Dublin-Granville Rd., Columbus, OH 43229; r. 2997 Barclay Sq. #K, Columbus, OH 43209.

SHIVELY, Brian L.; '80 BSBA; Controller; Gelzer Systs. Co., 425 Enterprise Dr., Westerville, OH 43081, 614 888-2344; r. 2062 Nayland Rd., Columbus, OH 43220, 614 451-6887.

SHIVELY, Bruce William; '84 BSBA; Contract Spec.; Defense Constr. Supply Ctr., 3990 E. Broad St., Columbus, OH 43215, 614 238-1298; r. 1179 Abner Ave., Columbus, OH 43224, 614 261-9085.

SHIVELY, James R.; '64 BSBA; 2305 Buckingham St., Birmingham, MI 48008, 313 649-6503.

SHIVELY, Jeffrey Lee; '72 BSBA; Account Exec.; Cnty. Savings Bank, 36 W. Broad St., Columbus, OH 43215; r. 1850 Tewksbury Rd., Columbus, OH 43221, 614 486-0838.

SHIVELY, Ralph D.; '32 BSBA; Retired; Nationwide Devel. Co., Columbus, OH 43215; r. 1284 Epworth Ave., Reynoldsburg, OH 43068, 614 866-6681.

SHIVELY, Robert W.; '74 BSBA; VP; CitFed Mortgage Corp., 1530 Needmore, Dayton, OH 45414, 513 276-7214; r. 401 Chris Dr., Englewood, OH 45322, 513 832-0903.

SHIVELY, Scott Charles; '81 BSBA; Reg. Sales Mgr.; Spalding Sports Worldwide, c/o Postmaster, Dublin, OH 43017, 614 761-0272; r. 7048 Fitzgerald Rd., Dublin, OH 43017, 614 761-2649.

SHIVERS, Carol '74 (See Webb, Carol A.).

SHKOLNIK, Ronald Marc; '80 MBA; Exec. VP/Gen.Mgr.; S O S Productions, Inc., 753 Harmon Ave., Columbus, OH 43223, 614 221-0966; r. 180 Ashbourne Rd., Columbus, OH 43209, 614 252-4397.

SHKOLNIK, Sanford; '61 BSBA; Chmn. of the Bd.; Equity Properties & Devel., 2 N. Riverside, Ste. 600, Chicago, IL 60606, 312 454-1800; r. 503 W. Wellington, Chicago, IL 60657, 312 248-3278.

SHKOLNIK, Steven Jan; '65 BSBA; Advt. Dir.; Majestic Paint, 1920 Leonard Ave., Columbus, OH 43219, 614 253-8511; r. 3164 Plymouth Pl., Columbus, OH 43213, 614 235-5711.

SHKURTI, William John; '74 MPA; Visiting Prof.; The Ohio State Univ., Public Admin., 190 N. Oval Mall, Columbus, OH 43210, 614 292-4533; r. 6329 Bidwell Ln., Columbus, OH 43213, 614 868-5312.

SHLACHTER, Myron S.; '65 BSBA; Atty.; 29125 Chagrin Blvd. #202, Pepper Pike, OH 44122, 216 831-5868; r. 1881 Winchester Rd, Lyndhurst, OH 44124, 216 461-4321.

SHOAF, Lowell Eugene; '81 MPA; 13564 Carriage Ln., Pickerington, OH 43147.

SHOAF, Randy Stuart; '83 MBA; CPA/Audit Sr.; BDO Seidman, 207 Old Kent Bldg., Grand Haven, MI 49417, 616 846-2050; r. 10160 Sunset Dr., Stanwood, MI 49346, 616 972-8237.

SHOCK, Janet M. '81 (See Halsey, LT Janet M., USN).

SHOCK, Richard D.; '67 BSBA; Mgr.; American Electric Power Co., Employee Benefits, 1 Riverside Plz., Columbus, OH 43215, 614 223-2412; r. 416 Partridge Bend, Powell, OH 43065, 614 846-2121.

SHOCKEY, Tod L.; '86 BSBA; 600 Candywood Ln., Vienna, OH 44473.

SHOCKLEY, Fred John; '68 MBA; VP; Investment Counsel Co., Business Ofc., Orlando, FL 32802; r. 446 Stonewood Ln., Maitland, FL 32751, 407 331-3717.

SHOCKLEY, Mark Dwayne; '79 BSBA; Regional Mgr.; Motorola Com & Electronics, 11044 Research Blvd., Bldg. #B Ste. 100, Austin, TX 78759; r. 9301 Topridge, Austin, TX 78750, 512 335-9721.

SHOEMAKER, Charles K.; '71 BS; Supply Ofcr.; USN, POB 107, Naval Air Sta., Cecil Field, FL 32215, 904 778-5503; r. 64 Vanderford Rd. E., Orange Park, FL 32073, 904 269-0251.

SHOEMAKER, Charles William; '74 BSBA; Bus. Mgr.; Montgomery Co. Park Dist., 1375 E. Siebenthaler, Dayton, OH 45414, 513 278-8231; r. 138 Lightner Ln., Union, OH 45322, 513 832-2238.

SHOEMAKER, Cynthia Aleida '87 (See Seneriz, Cynthia Aleida).

SHOEMAKER, James E.; '73 BSBA, '77 BSME; VP; Nelson, Shoemaker & Assocs., Inc., 3500 Lawson Rd., Glenview, IL 60025, 312 498-4511; r. Same, 312 272-9877.

SHOEMAKER, Larry J.; '68 BSBA, '72 MBA; VP & Controller; Zycon Corp., 2981 Copper Rd, Santa Clara, CA 95051, 408 736-2720; r. 1427 Torrington Ct., San Jose, CA 95120, 408 997-3574.

SHOEMAKER, Phillip Wendell; '81 MBA; Lead Programmer Analyst; Nationwide Ins., One Nationwide Plz., Columbus, OH 43216, 614 249-6035; r. 599 Brice Rd., Reynoldsburg, OH 43068, 614 863-9188.

SHOEMAKER, Robert D.; '52 BSBA; Retired; r. 2080 Middlesex Rd., Columbus, OH 43220, 614 457-6119.

SHOFFNER, Barron Dean; '66 BSBA; Owner; Shoffner Enterprises, 2647 San Marcus, Dallas, TX 75228; r. 5840 Spring Valley #212, Dallas, TX 75240, 214 233-3853.

SHOKERY, Leann Arnold, (Leann Arnold); '81 BSBA; Inventory Control Auditor; The Ltd. Stores Inc., Three Limited Pkwy., Columbus, OH 43230, 614 475-4000; r. 254 Maybank Ct., Gahanna, OH 43230, 614 476-2092.

SHOKLER, Morris; '30 BSBA; Retired; r. 549 Heather Dr., Dayton, OH 45405, 513 275-2764.

SHOLDER, Ms. Henda Munter; '66 BSBA; Owner; The Trillium Shoppe, Fox Chapel Plz., Pittsburgh, PA 15238, 412 782-4744; r. Grandview Dr. N., Pittsburgh, PA 15215, 412 781-9614.

SHOLITON, Robert David; '69 BSBA; VP; Homart Devel. Co., Sears Twr., Chicago, IL 60684; r. 1454 Glendale Ave., Dayton, OH 45406, 513 274-3856.

SHOLITON, Scott L.; '87 BSBA; Mktg.; Sholiton Enterprises, Inc., POB 488, 120 N. Keowee St., Dayton, OH 45401, 513 222-3737; r. 788 Plantation Ln., Dayton, OH 45419, 513 878-4545.

SHOLITON, Thelma Federhar; '45 BSBA; 3408 S. Smith Rd, Akron, OH 44313, 216 666-6188.

SHOLLY, Brian Ward; '85 MBA; Financial Analyst; Procter & Gamble, International Treasury, 301 E. Sixth St., Cincinnati, OH 45202; r. 7740 Kennedy Ln., Cincinnati, OH 45242.

SHOLTIS, Daniel J.; '56 BSBA; VP/Finance; American Steel & Wire Corp., 4300 E. 49th St., Cuyahoga Hts., OH 44222, 216 883-3800; r. 2581 Belmont Dr., Cleveland, OH 44131, 216 524-2031.

SHOLTIS, Susan Marie; '88 BSBA; Bank Mgr.; Ameritrust Corp., 900 Euclid Ave., Cleveland, OH 44115; r. 2581 Belmont Dr., Brooklyn Hts., OH 44131, 216 524-2031.

SHOMAKER, Lori Ann; '88 BSBA; 562 N. Washington Box 198, Utica, OH 43080, 614 892-3542.

SHON, Daniel Bruce; '82 BSBA; Real Estate Appraiser; Price Appraisal Svcs., Inc., 14875 Landmark Blvd., Ste. 202, Dallas, TX 75240, 214 960-1606; r. 18081 Midway Rd., Apt. 2735, Dallas, TX 75287, 214 306-3639.

SHONE, Arthur; '55 BSBA; POB 68, Dayton, OH 45405, 513 278-0124.

SHONEBARGER, Dennis James; '73 BSBA, '75 MBA; Pres.; Distribution & Systs. Solution, 124 S. Algonquin Ave., Columbus, OH 43204, 614 279-1623; r. Same.

SHONKWILER, Debra K. '77 (See Garro, Mrs. Debra K.).

SHOOK, John J.; '82 MPA; Exec. Asst.; US Dept. of Justice, Fed. Correctonal Institute, Ray Brook, NY 12977, 518 891-5400; r. 2 Landover Ln., Lake Placid, NY 12946, 518 523-9696.

SHOOK, Mrs. Kelly A., (Kelly A. Truex); '82 BSBA; Pharmaceutical Rep.; Abbott Labs, N. Chicago, IL 60064, 800 342-5228; r. 8111 Sadleback Pl., Maineville, OH 45039, 513 677-1426.

SHOOK, Manson G.; '58 MBA; Logistics Spec.; USAF, Logistics Mgmt, Wright-Patterson AFB, OH 45433; r. 7571 Chambersburg Rd, Dayton, OH 45424.

SHOOK, Patricia Lassiter; '81 BSBA; 1484 Ashdowne Rd., Columbus, OH 43221, 614 481-0077.

SHOOK, Pauline Stinemetz; '52 BSBA; 21350 Hopewell Rd., Gambier, OH 43022, 614 427-3315.

SHOOK, Robert Allen; '82 BSBA; 7862 Fielding Sch. Rd., Westerville, OH 43081, 614 433-0757.

SHOOK, Robert L.; '59 BSBA; Author; 261 S. Columbia Ave., Columbus, OH 43209, 614 258-3030.

SHOOKMAN, David Scott; '78 BSBA; Stockbroker; Merrill Lynch & Co. Inc., 50 S. Main St., Akron, OH 44308, 216 379-4776; r. 498 Vaughn Tr., Akron, OH 44319, 216 645-6575.

SHOOKMAN, Mark Steven; '83 BSBA; Student; De-Pauw Univ., 8430 W. Bryn Mawr Ave., 8th Fl., Chicago, IL 60631, 312 380-5396; r. 324 W. Willow, Apt. 3R, Chicago, IL 60614, 312 951-1174.

SHOOLROY, Ross S.; '39 BSBA; Personal Invester; r. 1702 Arthur Dr., Wooster, OH 44691, 216 262-3636.

SHOOMAN, Mark David; '71 MBA; Pres.; Asbury Assocs., Inc., 1470 Beacon St., Waban, MA 02168, 617 969-1121; r. Same.

SHOOR, Jay Z.; '66 BSBA; Real Estate Cnslt.; The Shoor Co., POB 091183, Columbus, OH 43209, 614 231-7730; r. 2617 Fair Ave., Columbus, OH 43209.

SHOP, Chris Lee; '82 BSBA; Owner; Shop Ins. Agcy., POB 29038, Columbus, OH 43229, 614 882-5815; r. 9177 Johnstown-Alex Rd., Johnstown, OH 43031.

SHOPE, Michael Allen; '69 BSBA, '73 MBA; Treas.; Libbey-Owens-Ford Co., 811 Madison Ave., Toledo, OH 43265, 419 247-3637; r. 80 S. Linwood Ave., Norwalk, OH 44857, 419 668-6768.

SHOPOFF, James Douglas; '81 BSBA; Avp; Citibank, NA, One SE Third Ave., Miami, FL 33131; r. 2740 NE 52nd Ct., Lighthouse Pt., FL 33064, 305 481-2598.

SHORE, Mrs. Kimberly Anne, (Kimberly Anne Kintz); '83 BSBA; Mgr.; Lerner Stores Inc., River Ridge Mall, Lynchburg, VA 24502, 804 237-1616; r. 208 Jefferson Woods Dr., Forest, VA 24551.

SHORE, Sanford M., JD; '53 BSBA; Atty. Partner; Shore & Jacob, 75 Public Sq. #400, Cleveland, OH 44113, 216 241-3880; r. 2744 Kersdale Rd., Pepper Pike, OH 44124, 216 831-0696.

SHORES, Mark Alan; '79 BSLHR; Rte. 2 Box 105, Dover, OH 44622.

SHORR, Brian Stanley; '70 BSBA; Pres.; Harber Inc., 441 High St., Perth Amboy, NJ 08861, 201 826-8855; r. 106 Cannonade Dr., Marlboro, NJ 07746, 201 431-0176.

SHORR, David Charles; '84 BSBA; 1301 Virginia Tr., Youngstown, OH 44505.

SHORT, Andrew Brooke; '87 BSBA; 2000 Williams #10, Norwood, OH 45212.

SHORT, Arthur Jay; '82 BSBA; Lease & Fleet Mgr.; Wauseon Ford, 1299 N. Shoop Ave., Wauseon, OH 43567, 419 337-4510; r. 12891 County Rd. J, Wauseon, OH 43567, 419 337-6660.

SHORT, Darrell Wade; '81 BSBA; Acct. Mktg. Rep.; IBM Corp., 180 Park Ave. W., Mansfield, OH 44907, 419 524-8611; r. 380 Davis Rd., Mansfield, OH 44907, 419 756-2775.

SHORT, Eileen Stroupe; '47 BSBA; 219 Sanbridge Cir., Worthington, OH 43085, 614 885-2933.

SHORT, Frederick E.; '48 BSBA; 1767 El Rey Rd, San Pedro, CA 90732, 213 833-1037.

SHORT, George H., Jr.; '49 BSBA; 426 Lewis Center Rd., Delaware, OH 43015, 614 548-6772.

SHORT, Jackson Jay; '82 BSBA; Agt.; Nationwide Ins., Star Rte. 127, POB 7131, Bryan, OH 43506, 419 636-0330; r. 335 Greenfield, Bryan, OH 43506, 419 636-8714.

SHORT, Nancy J., (Nancy J. Patrick); '77 BSBA; Homemaker; r. 720 Kensington Rd., Neenah, WI 54956, 414 722-1509.

SHORT, CAPT Phillip R., USMC; '83 BSBA; Pilot; MCAS, KHMN 165, Kaneohe, HI 96744; r. 44 174 3 Laha St., Kaneohe, HI 96744, 808 247-0138.

SHORT, Ralph Beach; '38 BSBA; Retired Dist. Dir.; IRS, Portland, OR 97208; r. 32525 Arbor Lake Dr., Wilsonville, OR 97070, 503 694-5962.

SHORT, Raymond Edward; '56 BSBA; Gen. Foreman Prod; Delco-Remy Div., Gmc, 2401 Columbus Ave., Anderson, IN 46016; r. 1821 Whittier Ave., Anderson, IN 46012, 317 643-0747.

SHORT, Timothy Allen; '80 MBA; Product Mgr.; Kimberly-Clark Corp., Household Prod., 2100 Winchester Rd., Neenah, WI 54956, 414 721-6537; r. 720 Kensington Rd., Neenah, WI 54956, 414 722-1509.

SHORTT, Mark William; '86 BSBA; Sales Rep.; Microtime Svcs. Ltd., 1202 Centre St. S., Calgary, AB, Canada T2G5A5, 403 262-5100; r. 3414 Richmond Rd. SW, Calgary, AB, Canada T3E4N6, 403 246-5954.

SHOTT, Michael James; '69 BSBA; Pres.; Integrated Benefits Agcy., Inc., 1250 Chambers Rd., Ste. 150, Columbus, OH 43212, 614 488-4840; r. 1623 Oakwood Ave., Columbus, OH 43207, 614 444-2709.

SHOTWELL, Philip Glenn; '81 BSBA; Loan Ofcr.; Huntington Natl. Bank, POB 1558, Columbus, OH 43216; r. 745 Plant Dr., Worthington, OH 43085.

SHOTZBERGER, Dr. Martin Luther; '60 PhD (BUS); Prof.; Elon Clg., POB, Elon College, NC 27244; r. Elon Clg., Elon College, NC 27244, 919 584-7415.

SHOUGH, David E.; '61 BSBA; Cnslt.; r. 4412 E. Dianthus Pl., Tucson, AZ 85712, 602 326-6166.

SHOUGH, James Andrew; '84 BSBA; Sales Rep.; Family Circle Inc., Subs:New York Times Co, 488 Madison Ave., New York, NY 10022; r. 2317 Adams Ave., Columbus, OH 43202.

SHOUGH, Terrance Allan; '72 BSBA; Dir. of Sales; Intervoice Inc., 704 365-2306; r. 3135 Valencia Ter., Charlotte, NC 28211, 704 364-3139.

SHOUP, Andrew B.; '78 BSBA; Sr. Mgr.; Ernst & Whinney, 999 Third Ave., Ste. 3300, Seattle, WA 98104, 206 621-1800; r. 13112 NE 31st Pl., Bellevue, WA 98005, 206 867-5262.

SHOUP, David L.; '64 BSBA; Acct.; Healthcare Med. Mgmt. Inc., 1400B W. Centerville Rd., Dayton, OH 45459, 513 439-2868; r. R #1 5595 E. Ross Rd., Tipp City, OH 45371, 513 667-2145.

SHOUP, Howard E.; '48 BSBA; V Pres./Dir.; Brown Graves Lumber Co., 191 E. Miller Ave., Akron, OH 44309, 216 434-7111; r. 15488 Hatfield Rd., Rittman, OH 44270, 216 925-4406.

SHOUP, James M.; '62 BSBA; Investment Mgmt.; Shoup Mgmt., 283 S. State St., Westerville, OH 43081, 614 891-9430; r. 436 Liberty Ln., Westerville, OH 43081.

SHOW, Andrew Pershing, Jr.; '75 BSBA; Svc. Mgr. Metro CMH; Emery & Purolator Worldwide, 401 E. Powell Rd., Westerville, OH 43081, 614 436-0489; r. 71 E. Como Ave., Columbus, OH 43202, 614 268-6232.

SHOWALTER, Debra Ann; '81 BSBA; Acct.; American Surgery Ctrs. Corp., 6991 E. Camelback Rd., Scottsdale, AZ 85251, 602 994-0609; r. 1553 E. Drake Dr., Tempe, AZ 85283, 602 820-1106.

SHOWALTER, Thomas Lawrence; '82 BSBA; 442 Colgate Ave., Elyria, OH 44035.

SHOWE, David Michael; '78 BSBA; VP; Showe Builders Inc., 1225 Dublin Rd, Columbus, OH 43215, 614 481-8106; r. 5669 Rothesay Dr., Dublin, OH 43017, 614 792-2047.

SHOWE, H. Burkley; '50 BSBA; Owner; Natl. Housing Corp., 1225 Dublin Rd, Columbus, OH 43215, 614 481-8106; r. 2600 Slate Run, Columbus, OH 43220, 614 459-6929.

SHOWE, Hugh Burkley, Jr.; '75 BSBA; Showe Builders Inc., 1225 Dublin Rd, Columbus, OH 43215; r. 430 Tucker Dr., Worthington, OH 43085, 614 431-0440.

SHOWELL, Dr. Charles H., Jr.; '75 PhD (BUS); Maj. Usaf; r. 2287 Jacavanda Dr., Dayton, OH 45431.

SHOWEN, William Lewis; '75 BSBA; Mktg. Dir.; Lincolnway Intl. Trucks, POB 10270, Ft. Wayne, IN 46851, 219 482-3000; r. 6613 Hillsboro Ln., Ft. Wayne, IN 46835, 219 486-1095.

SHOWERS, Linda Plimpton; '86 MA; Asst. Prof.; Illinois State Univ., Marketing Dept., Williams Hall, Normal, IL 61761, 309 438-7261; r. 2705 Sheffield Dr., Bloomington, IL 61704, 309 663-5473.

SHRADER, Sandra Catherine; '88 BSBA; 9185 Village Green Dr., Cincinnati, OH 45242, 513 984-1571.

SHRADER, Steven Ray; '87 BSBA; 9185 Village Green Dr., Cincinnati, OH 45242, 513 984-1571.

SHRAKE, Donald L.; '57 BSBA; Contract Ofcr.; r. 18108 N. Wind Dr., Fraser, MI 48026, 313 296-3771.

SHRENKEL, Joseph John; '87 BSBA; 14022 Kathleen Dr., Brook Park, OH 44142, 216 676-8843.

SHREWSBERRY, Charles Lynn; '75 BSBA; Tchr.; Zanesville City Sch. Syst., 200 N. 6th St., Zanesville, OH 43701; r. POB 2164, Zanesville, OH 43701, 614 453-9125.

SHRIBER, Ralph Ellis, Jr.; '50 BSBA; Partner; Central Claims Svc., 2522 Hood St., Dallas, TX 75219; r. 325 Meadow Brook, Hollywood Pk, San Antonio, TX 78232, 512 494-3222.

SHRIDER, Ersel Omar, Jr.; '69 BSBA; Mail Handler; US Postal Svc., Lexington, KY 45111, 606 231-6712; r. 1212 Crosby Ct., Lexington, KY 40502, 606 271-4674.

SHRIGLEY, Phillip Harley; '71 BSBA; Regional Mgr.; Clairson Intl., 720 SW 17th St., Ocala, FL 32678; r. 672 Lamoka Ct., Winter Spgs., FL 32708, 407 365-8234.

SHRINER, Charles P.; '50; Partner; Wright-Shriner Ins. Acency, 1810 Mackenzie Dr., Columbus, OH 43220; r. 2570 Farleigh Rd., Columbus, OH 43221, 614 488-2187.

SHRIVER, James Edwin; '66 BSBA; Sales Rep.; Home Curtain, 16878 Hampton Dr., Granger, IN 46530; r. 16878 Hampton Dr., Granger, IN 46530, 219 272-6398.

SHRIVER, Pamela Jean; '80 BSBA; Juvenile Probatn Ofc.; Lorain Cnty. Ct., Lorain Co Courthouse Bldg., 226 Middle Ave., Elyria, OH 44035; r. 924 N. Garfield St., Arlington, VA 22201.

SHROATS, Richard Merrel; '82 BSBA; Letter Carrier; US Postal Svc., Barks Rd., Marion, OH 43302; r. 2375 Owens Rd., W., Prospect, OH 43342, 614 528-2425.

SHROY, John William; '74 BSBA; Prog. Analyst; Big Bear Stores, 770 W. Goodale Blvd., Columbus, OH 43212; r. 574 Park Blvd., Worthington, OH 43085, 614 885-6351.

SHROY, Robert E.; '49 BSBA; Retired; r. 1006 Brookview Ct., Findlay, OH 45840, 419 422-3109.

SHROYER, Gary Smith; '80 BSBA; Atty.; Franklin Cnty., Prosecutor Dept., Columbus, OH 43215; r. 751 S. Pearl St., Columbus, OH 43206, 614 443-9163.

SHROYER, Jeffrey Dalton; '81 BSBA; Financial Mgmt.; GE Co., Evendale Plant-Jet Engine Div, Cincinnati, OH 45231; r. 41 Junefield Ave., Cincinnati, OH 45218, 513 825-6552.

SHRUM, Thomas Granville; '79 BSBA; Cnslt.; Shoaf & Shrum Real Estate, 4140 Hoover Rd., Grove City, OH 43123, 614 875-6306; r. POB 41, Grove City, OH 43123, 614 871-3314.

SHRYOCK, Russell Webster; '43 BSBA; Pres.; Xyovest Inc., 130 Tri-Cnty. Pkwy., Cincinnati, OH 45240; r. 762 Woodfield Dr., Cincinnati, OH 45231, 513 729-5519.

SHTULSAFT, Michael C. '76 (See Saft, Michael C.).

SHUBAILY, Mary Ann M., (Mary McEnery); '79 BSBA; Real Estate Relocation; Brian P. Donahue Realtors, 67 E. Wilson Bridge Rd., Worthington, OH 43085, 614 885-8000; r. 1096 Limberlost Ct., W. Worthington, OH 43235.

SHUBAILY, Tarek A.; '81 BSBA; Staff; Sst, Inc., 37 W. Broad St., Columbus, OH 43215, 614 464-2241; r. Sst Inc, 37 W. Broad St., Columbus, OH 43215.

SHUBICK, Herbert John; '68 MPA; Health Commissioner; Geauga Cnty. Health Dept., 219 Main St., Chardon, OH 44024, 216 285-2222; r. 15850 Leggett Rd., Montville, OH 44064, 216 968-3868.

SHULAK, Kenneth Edward; '70 BSBA; 2423 Wealdstone, Toledo, OH 43617, 419 537-9393.

SHULER, Gordon Pearce; '69 BSBA; Atty.; Shuler & Plank, 33 S. Grant Ave., Columbus, OH 43215, 614 228-4546; r. 5438 Walshire Dr., Columbus, OH 43232, 614 864-6442.

SHULER, Johanna '75 (See Walters, Ms. Johanna Shuler).

SHULER, Steven Christopher; '85 BSBA; 30 Ardsley Ct., E. Brunswick, NJ 08816.

SHULER, Walter William; '79 BSBA; Tournament Dir.; Executive Sports, Inc., 5353 W. Atlantic Ave., Ste. 405, Delray Bch., FL 33484, 407 499-3999; r. 2915 Aftonshire Way, Apt. 3101, Austin, TX 78748, 512 280-2025.

SHULL, Gary John; '88 BSBA; 198 E. 16th Ave. #B1, Columbus, OH 43201.

SHULL, Kenneth Owen; '70 BSBA, '72 MACC; Tchr.; Piedmont Technical Clg., Emerald Rd, Greenwood, SC 29646, 803 223-8357; r. POB 2537/Harris Branch, Greenwood, SC 29646, 803 229-5709.

SHULL, Timothy Alan; '85 BSBA; 272 Maybank Ct., Gahanna, OH 43230, 614 476-5572.

SHULMAN, David Roy; '74 BSBA; Exec. VP; A & B Home Appliances, 1608 Coney Island Ave., Brooklyn, NY 11230; r. 5 Murdock Rd, E. Rockaway, NY 11518, 516 887-3444.

SHULMAN, Lloyd J.; '64 BSBA; Pres.; J.W.Mays Inc., 510 Fulton St., Brooklyn, NY 11201, 718 624-7400; r. Rockridge Farm Rte. 52, Carmel, NY 10512, 914 225-3532.

SHULTERBRANDT, Frank, Jr.; '77 MBA; Actg Post Auditor; Legislature of Virgin Islands, POB 844, St. Thomas, Virgin Islands 00801, 809 774-0739; r. POB 4109, St. Thomas, Virgin Islands 00801, 809 774-3315.

SHULTIS, Richard M.; '88 BSBA; Sale Rep.; r. 502 1/2 S. Main St., Mt. Blanchard, OH 45867, 419 694-8781.

SHULTS, Christopher John; '85 BSBA; 24613 Wimbledon Rd., Beachwood, OH 44122, 216 464-0810.

SHULTS, Donald Eugene; '66 BSBA, '67 MBA; Acct.; GM Corp., Delco Remy Division, 2401 Columbus Ave., Anderson, IN 46013; r. 2017 Lake Dr., Anderson, IN 46012, 317 649-3441.

SHULTS, Thomas C.; '81 BSBA; 260 Farm Track, Roswell, GA 30075.

SHULTZ, Gerald A.; '51 BSBA; Treas.; Hupp & Rohner, Bldg. Contractors, Fairborn, OH 45324; r. 2814 Evergreen, Springfield, OH 45504, 513 325-8866.

SHULTZ, John J.; '57 BSBA; Staff; Fordland Distribution, 12701 Middle Belt, Detroit, MI 48233; r. 22938 Brookforest, Novi, MI 48050, 313 349-6727.

SHULTZ, William E.; '47 BSBA; Retired; r. 6000 Riverside Dr. #B215, Friendship Village, Dublin, OH 43017, 614 766-4094.

SHUMAKER, 1LT Bradley H., USMC; '84 BSBA; Commanding Ofcr.; Alph, A Co., 3rd Lav Battalion, Twentynine Palms, CA 92278, 619 368-7349; r. 3503 Cannon Cir., Twentynine Palms, CA 92278, 619 368-3329.

SHUMAKER, Donald Royce; '75 BSBA; Systs. Coord.; Arapahoe Cnty., 945 W. Kenyon, Englewood, CO 80110, 303 788-1080; r. 4515 S. Braun Ct., Morrison, CO 80465, 303 973-0578.

SHUMAKER, Gregory; '74 BSBA; Investment Counselor; 492 Third St., Laguna Bch., CA 92651, 714 494-1933.

SHUMAKER, Hugh Joseph; '40 BSBA; Retired; r. 27471 Lost Trail Dr., Laguna Hls., CA 92653, 714 643-0673.

SHUMAKER, Larry Edwin; '78 BSBA; Supv.; The Timken Co., Primary Operations-Scheduling, 1835 Dueber Ave. SW, Canton, OH 44706, 216 438-3724; r. 5005 Mildred Cir. SW, Navarre, OH 44662, 216 484-6128.

SHUMAKER, Lewis Edward; '65 BSBA; Col. Relations Spvr; E.I. du Pont de Nemours & Co., Employee Relations Dept., 1007 Market St Nemours 13448-A, Wilmington, DE 19898, 302 774-3275; r. 15 Anderson Ln., Newark, DE 19711, 302 239-6326.

SHUMAKER, Mrs. Mary M., (Mary M. Oberfield); '84 BSBA; Asst. Dir.; Moyles Nursing Home, Yucca Vly., CA 92234, 619 365-7635; r. 3305 Cannon Cir., Twentynine Palms, CA 92278, 619 368-3329.

SHUMAKER, Patrick Allen; '74 MBA; Exec. Dir./COO; Children's Hosp. & Med. Ctr., 4800 Sand Point Way NE, Box C5371, Seattle, WA 98105, 206 526-2004; r. 17521 NE 141st St., Redmond, WA 98052, 206 885-2078.

SHUMAKER, Richard F.; '50; Mfg. Agt.; r. 2674 Fishinger Rd., Columbus, OH 43221, 614 457-4468.

SHUMAR, David Lee; '78 BSBA; Trng. Dept.; Wendys Inter Inc., POB 256, 4288 W. Dublin-Granville Rd, Dublin, OH 43017; r. 6123 Sugar Maple Dr., Westerville, OH 43081, 614 890-6011.

SHUMAY, Alexander John; '78 MBA; Mgr., Financial Analysis; IBM Corp., 5600 Cottle Rd., San Jose, CA 95120, 408 997-4613; r. 6661 Tradition Ct., San Jose, CA 95120, 408 268-2056.

SHUNK, Kimberley Anne; '88 BSBA; 5026 Dierker Rd. #C17, Columbus, OH 43220, 614 443-2347.

SHUPE, William H.; '32 MA; Retired; r. 1206 Hwy. 301 N. Lot 7, Ellenton, FL 34222, 813 729-3646.

SHUPTRINE, Kelly Weber; '79 BSBA; Acct.; r. 2605 Clearview Dr., Endwell, NY 13760.

SHURTLEFF, John J.; '51 BSBA; 5311 S. Hudson Pl., Tulsa, OK 74135, 918 627-7360.

SHURTZ, Earl D.; '56 BSBA; Owner; Shurtz Cos., 1919 Lancaster Rd., POB 477, Granville, OH 43023, 614 221-4259; r. Same, 614 587-0650.

SHUST, Mary Lynn; '79 BSBA; Tchr.; Columbus Bd. of Edu, Barrett Middle Sch., 345 E. Deshler Ave., Columbus, OH 43206; r. 3112 Avalon Rd, Columbus, OH 43221.

SHUSTER, Carrie Lee '83 (See Harrell, Carrie Lee).

SHUSTER, David Lloyd; '66 BSBA; Industrial Engrg. Sp; E.I. du Pont Fibers Dept., Spruance Fibers Plant, POB 27001, Richmond, VA 23261, 804 743-2756; r. 4910 Fordham Rd, Richmond, VA 23236, 804 276-0323.

SHUSTER, Jerome J.; '59 BSBA; Sales; Sand & Ceil of Ohio, 38 Wintergreen Hill, Painesville, OH 44077; r. 4426 Turney Rd., Cleveland, OH 44105, 216 271-5352.

SHUSTER, Michael Thomas; '72 BSBA; Pres.; 20/20 Vision Ctr., 4644 Kenny Rd., Columbus, OH 43220, 614 457-3937; r. 117 Acton Rd., Columbus, OH 43214, 614 263-6228.

SHUSTICK, Rose Rosen; '31 BSBA; 15830 Loch Maree Ln., Delray Bch., FL 33446, 407 495-0162.

SHUTER, Terry Lee; '79 MBA; Fncl Analysis Mgr.; Ross Labs Div. of Abbott Labs, 625 Cleveland Ave., Columbus, OH 43216, 614 227-3514; r. 2109 Harwitch Rd, Columbus, OH 43221, 614 471-7698.

SHUTRUMP, Victor E., Jr.; '63; Retired; r. 1813 Valley Ridge Rd., Norman, OK 73072, 405 364-9559.

SHUTT, Gayle Burkey; '43 BSBA; 134 Wolcott Dr., Youngstown, OH 44512, 216 758-5825.

SHUTT, Harrison E.; '54 BSBA; Pres.; Kewpee Hotel, 111 N. Elizabeth St., Lima, OH 45801; r. 2270 W. Wayne St., Lima, OH 45805, 419 222-7558.

SHUTT, Linda Suzanne; '85 BSBA; 155 Chris Ln., Lima, OH 45806.

SHUTTLEWORTH, David Lee; '84 BSBA; CPA; David L. Shuttleworth, CPA, The Norwich Bldg., 172 E. State St., Ste. 300, Columbus, OH 43215, 614 462-2750; r. 7582 Satterfield Rd., Columbus, OH 43235, 614 764-9671.

SHUTTLEWORTH, Norma '48 (See O'Shea, Norma S.).

SHUTZBERG, Leonard Saul; '82 BSBA; VP; Martin Rothman, Business Management, POB 888503, Dunwoody, GA 30356; r. POB 888503, Dunwoody, GA 30356.

SHYE, Carl Wheeler, Jr.; '77 BSBA; Acct.; r. 3327 Arrow Ave., Cincinnati, OH 45213, 513 396-7858.

SIANG, Yam Beng; '85 BSBA; Managing Dir.; Siang Kok Chai Enterprise Sdn. Bhd., 84A TMN Kota Laksamana, Malacca 75200, Malaysia, 606235663; r. 218 Kampung Lapan Garden, Malacca 75200, Malaysia, 606357728.

SIANG, Yeow Kian; '87 BSBA; 230-C Kampong Lapon, Mglaka 75200, Malaysia.

SIBERT, Carl L.; '51 BSBA; 14220 Brentwood, Livonia, MI 48154, 313 427-9678.

SIBERT, Donald E.; '51 BSBA; Retired; r. 2269 Emily Dr., Indianapolis, IN 46260, 317 875-6933.

SIBILA, Michelle '77 (See Habermann, Mrs. Michelle A.).

SICARAS, Tasso George; '63 BSBA; Retired Investor; r. 22 Glencoe Rd., Columbus, OH 43214, 614 268-3778.

SICHEL, Patricia Beth; '83 BSBA; 1509 Walkath Dr., Columbus, OH 43227, 614 237-1334.

SICKER, Robert L.; '58 BSBA; 3548 U S. 35 SE, Washington Ct. House, OH 43160, 614 335-7603.

SICKER, Roger Allen; '82 BSBA; Staff; Gould Inc., 35129 Curtis Blvd., Eastlake, OH 44094; r. 402 Jackson St., Painesville, OH 44077.

SICKER, Roger C.; '57 BSBA; VP of Operations; Gould Inc., Instrument Systs. Div., 37th & Perkins, Cleveland, OH 44114, 216 361-3315; r. 6405 Bryson Dr., Mentor, OH 44060, 216 257-1027.

SICKER, Ronald Clarence; '83 BSBA; Sales Exec.; Bausch & Lomb Co., Rochester, NY 14692, 800 828-9030; r. 3108 Hayden Rd., Columbus, OH 43220, 614 761-9744.

SICKLES, Clifton Bert, II; '74 BSBA; Dir.-Material; Rockwell Intl., Rocketdyne Division, Canoga Park, CA 91303, 818 700-5822; r. 26915 Calamine Dr., Agoura, CA 91301, 818 706-0159.

SICKLES, Donn K.; '59 BSBA; Legal Attache; US Dept. of Justice, US Embassy, 1776 Lauro Muller, Montevideo, Uruguay, 598 240-6426; r. Legat/Amembassy, APO, Miami, FL 34035, 598 250-5701.

SICKLES, Jack A.; '53 BSBA; Wage Analyst; AT&T Columbus, 6200 E. Broad St., Columbus, OH 43213; r. 1038 Hillsdale Dr., Columbus, OH 43224, 614 267-6680.

SICKMEIER, Ada Bell; '81 MLHR; Grad. Student/Researc; Ohio State Univ., Labor Edu Research Service, Page Hall, Columbus, OH 43210; r. 1311 Yorkland Rd., Columbus, OH 43232.

SICLAIR, Nancy; '78 MPA; Special Asst.; VP for Health Svcs. of Ohio St., Columbus, OH 43210; r. 1310 Cambrian Ct., Columbus, OH 43220.
SICULAN, Nick; '50 BSBA; Atty.; Siculan Title Agcy., 85 E. Gay St., Rm. 811, Columbus, OH 43215, 614 461-1844; r. 2637 Eastcleft Dr., Columbus, OH 43221, 614 457-0598.
SIDDALL, Robert Carl; '74 BSBA; Natl. Bank Examiner; Comptroller of the Currency, 2727 Tuller Pkwy., Ste. 100, Dublin, OH 43017, 614 766-6296; r. 1617 Lafayette Dr., Columbus, OH 43220, 614 442-0954.
SIDLE, Cinda '69 (See Roudebush, Cinda Sidle).
SIDLEY, Kathleen Marie '87 (See Parks, Kathleen Marie).
SIDLO, Martha Dean; '85 BSBA; Salesman; Boise Cascade, 1746 Cole Blvd., Denver, CO 80202; r. 10620 W. 64th Pl., #A, Arvada, CO 80004.
SIDOR, Betsy Mc Clung; '77 MBA; Staff; Bancohio, 155 E. Broad St., Columbus, OH 43265; r. 7625 Oakhurst Ln., Worthington, OH 43085, 614 846-6854.
SIDOR, Dorothy L. '80 (See Mercier, Mrs. Dorothy S.).
SIDORSKY, MAJ Abraham M.; '58 MBA; Maj. Usa; USAF, Wright Patterson AFB, Dayton, OH 45433; r. 4949 Bath Rd., Dayton, OH 45424, 513 237-8234.
SIEBENHAR, Neil George; '73 MBA; Managing Dir.; British Timken, Timken Co., 1835 Dueber Ave. SW, Canton, OH 44706, 216 438-3000; r. Same.
SIEBENTHALER, Robert Jeffrey; '77 BSBA; Pres.; Siebenthaler Co., 3001 Catalpa Dr., Dayton, OH 45405, 513 274-1154; r. 3331 Catalpa Dr., Dayton, OH 45405, 513 274-1154.
SIEBERT, Barbara J.; '79 MPA; Info. Systs. Planner; Ohio Dept. of Human Svcs., 30 E. Broad St., Columbus, OH 43215; r. 3296 Megan Dr., Hilliard, OH 43026, 614 876-4609.
SIEBERT, Henry J.; '60 BSBA; Purchasing Mgr.; P. T. Burks Inc., Louisville, KY 40203; r. 1719 Whittier Dr., Jeffersonville, IN 47130, 812 945-4775.
SIEBERT, Paul D.; '49 BSBA; VP & Trust Ofcr.; r. 201 Warrington Dr., Rochester, NY 14618, 716 473-3043.
SIEBERT, Thomas M.; '49 BSBA; Retired Treas.; Arrow Hart, Inc., 103 Hawthorn St., Hartford, CT 06105; r. 23 Gerthmere Dr., W. Hartford, CT 06110, 203 561-0808.
SIEFERT, James Patrick, Jr.; '82 BSBA; Assoc.; Coldwell Banker, 180 E. Broad St., Columbus, OH 43215, 614 463-1600; r. 4295 Waybourn, Columbus, OH 43220, 614 451-3345.
SIEFERT, CAPT Stephen William; '83 BSBA; Capt. Usaf/Pilot; USAF, Castle AFB, Atwater, CA 95342; r. 774 Citation Ct., Gahanna, OH 43230.
SIEFKER, Thomas Harry; '84 BSBA; Dent.; r. Box 157, Kalida, OH 45853, 419 532-2174.
SIEG, Gary Lee; '83 MA; Mgmt. Analyst; The Ohio Dept. of Health, 131 N. High St., Columbus, OH 43215, 614 644-6205; r. 843 Melrose Ave., Columbus, OH 43224, 614 262-5850.
SIEGEL, Arthur Joel; '66 BSBA; Sr. VP; Republic Natl. Bank of N Y, 452 Fifth Ave. At 40th St., New York, NY 10018, 212 930-6694; r. 205 Warren St., Apt. 1B, Brooklyn, NY 11201, 718 522-6465.
SIEGEL, Frederic E.; '41 BSBA; Owner; Maumee Cleaners & Tailors, 117 W. Wayne, Maumee, OH 43537; r. 3541 Indian Rd, Toledo, OH 43606, 419 536-1435.
SIEGEL, Gilbert D.; '36 BSBA; Retired; r. 198 NW 67th St., #206, Boca Raton, FL 33487, 407 994-8701.
SIEGEL, Hermine '49 (See Wohlstadter, Ms. Hermine Siegel).
SIEGEL, Howard H.; '48 BSBA; VP; Ray Merchant Motors Inc., 55 W. Church St., Newark, OH 43055; r. 66 Wilshire Dr., Hebron, OH 43025, 614 929-3301.
SIEGEL, Richard W.; '59 BSBA; Dist. Mgr.; Ohio Bell Telephone Co., 150 E. Gay St., Rm. 22F, Columbus, OH 43215; r. 186 Patti Dr., Westerville, OH 43081, 614 891-0071.
SIEGEL, Roger P.; '49 BSBA; 23301 S. Woodland Rd, Cleveland, OH 44122, 216 921-6791.
SIEGELMAN, Laura '85 (See Hudock, Mrs. Laura).
SIEGENDORF, Adriane L.; '87 BSBA; Actuarial Analyst; Allstate Life Co., Allstate Plz. S., South Plz.G5C, Northbrook, IL, 312 402-6502; r. 1559 Hunter Dr., Apt. 2C, Wheeling, IL 60090, 312 394-0769.
SIEGFRIED, Carter Evan; '74 MBA; Mgr.; Ingersoll Milling Machine, Project Management, 707 Fulton Ave., Rockford, IL 61103, 815 987-6899; r. 206 Guard St., Rockford, IL 61103, 815 963-2040.
SIEGFRIED, COL Thomas W.; '61 BSBA; Col. Usaf; USAF, Cdr. Dcasma-Denver Region, Hampden Ave., Hampden Ctr., Englewood, CO 80120, 303 762-7300; r. 5947 S. Kenton Way, Englewood, CO 80111, 303 741-0163.
SIEGLER, Lawrence N.; '53 BSBA; Staff; Merrill Lynch, One Cleveland Ctr., 1375 E. 9th St., Cleveland, OH 44114, 216 363-6527; r. 3012 Fairmount Blvd., Cleveland, OH 44118, 216 321-1805.
SIEGRIST, Joseph Francis; '51 BSBA; Retired; US Dept. of Health & Human Svcs.; r. 2751 Chester Rd., Columbus, OH 43221, 614 486-7484.
SIEGWARTH, Henry J.; '22 BSBA; Retired; r. 6275 Faymeadow Ln., Columbus, OH 43229.
SIEKMANN, Robert William; '73 BSBA; Ins. Advisor; Siekmann Co., 5501 Frantz Rd., Dublin, OH 43017, 614 792-5200; r. 10202 Concord Dr., Dublin, OH 43017, 614 889-6035.
SIELATCKI, Phillip Patrick; '88 BSBA; 3730 Magnolia Dr., Brunswick, OH 44212, 216 225-6382.
SIELING, Robert Regis; '72 BSBA; Account Mgr.; HBO & Co., One Ravinia Dr., Ste. 1000, Atlanta, GA 30346, 404 395-4378; r. 10072 Fox Run Cir., Pensacola, FL 32514, 904 477-3943.
SIEMER, Walter J.; '49 BSBA; Atty./Partner; Siemer Leighton & Love, 261 S. Hamilton Rd., Columbus, OH 43213, 614 237-8696; r. 355 Ross Rd, Columbus, OH 43213, 614 235-2835.
SIERS, Howard L.; '48 BSBA; Retired; r. 14295 N. Rusty Gate Tr., Sun City Vistoso, Tucson, AZ 85737.
SIEVERT, Arthur R., Jr.; '50 BSBA; Mgr.-Mktg. Svcs.; Creative Retirement Systs., 801 B W. 8th St., Ste. 120, Cincinnati, OH 45203, 513 621-7585; r. 17 Wild Lake Dr'Ryland Lakes C, Box 8, Covington, KY 41015.
SIFERD, Sue Perrott; '87 MA; Asst. Prof.; Arizona State Univ. Clg. of Bus., PTO Dept., Tempe, AZ 85287, 602 965-6044; r. 4226 E. Ahwatukee Dr., Phoenix, AZ 85044, 614 457-7761.
SIFFORD, Beverly Ann; '84 BSBA; Staff; Buckeye Fed. S&L, 36 E. Gay St., Columbus, OH 43215; r. 2085 Cornell St., Columbus, OH 43219, 614 475-7446.
SIGAFOOS, Karnilla King, (Kamilla King); '74 MPA; Admin.-Profn. Svcs.; Ohio State Univ. Hosps., Rm. 104 Doan Hall, 410 W. 10th Ave., Columbus, OH 43210, 614 293-8197; r. 126 N. High St., Lancaster, OH 43130, 614 653-8382.
SIGEL, Anne '68 (See Skinner, Mrs. Anne Brownson).
SIGEL, Norman H.; '50 BSBA; Manufacturer's Rep.; Sigel & Assoc., Farnsleigh Rd., Shaker Hts., OH 44122; r. 3168 Warrington Rd., Cleveland, OH 44120, 216 752-5843.
SIGET, Joseph Matthew, Jr.; '83 BSBA; CPA; Trigger Law Firm, c/o Postmaster, Beverly Hls., CA 90213; r. Virginia Ter., #2B, Baden, PA 15005.
SIGG, Joseph Ray; '74 MPA; POB 1382, Parker, AZ 85344.
SIGLER, Jack W.; '48 BSBA; Retired; r. 340 Melmore St., Tiffin, OH 44883, 419 447-3628.
SIGMAN, Arthur F.; '49 BSBA; Sales; Toledo, OH 43615; r. 3657 Shamrock Dr., Toledo, OH 43615, 419 841-3152.
SIGMAN, Herman B.; '47 BSBA; 1328 Harbor Rd., Hewlett, NY 11557, 516 374-5191.
SIKON, Francis Joseph; '72 BSBA; 6308 Farnsworth Dr., Cleveland, OH 44129.
SIKORA, Richard P.; '57 BSBA; Exec. VP; H B J Ins. Cos., 6277 Sea Harbor Dr., Orlando, FL 32887, 407 345-2686; r. 7308 Everleigh Ct., Orlando, FL 32819, 407 352-5955.
SIKORA, Stephen W.; '79 MBA; Staff; Worthington Inds, 1205 Dearborn Dr., Worthington, OH 43085; r. 780 Carruthers Dr., Worthington, OH 43085, 614 459-1092.
SILBAUGH, Beth Ann; '87 BSBA; Auto Underwriter; Farmers Ins. Grp., 2400 Farmers Dr., Worthington, OH 43085, 614 764-4157; r. 7379 Cimmaron Station Dr., Worthington, OH 43085, 614 792-7579.
SILBAUGH, Kathleen Sarvis; '79 BSBA; Staff; Commercial Svcs. Inc., 1333 W. 5th Ave., Columbus, OH 43212; r. 9120 Haddington Ct., Dublin, OH 43017.
SILBAUGH, Stephen A.; '65 BSBA; Real Estate Broker; Steve Silbaugh & Co., 1478 Lonsdale Rd., Columbus, OH 43232, 614 866-4555; r. 1478 Lonsdale Rd., Columbus, OH 43232, 614 864-0890.
SILBERMAN, Gerald K.; '54 BSBA; Pres.; Admiral Screw Co., 2240 W. Walnut St., Chicago, IL 60612, 312 733-1235; r. 1410 N. State Pkwy., Chicago, IL 60610, 312 943-6955.
SILBERMAN, Martin Alan; '60 BSBA; Pres./Owner; Phil's Stores Inc., 288 Canton Rd., POB 2091, Wintersville, OH 43952, 614 264-5526; r. 148 Starkdale Rd., Steubenville, OH 43952, 614 264-0327.
SILBERMAN, Max J.; '47 BSBA; Sr. VP; Paine Webber, 25550 Chagrin Blvd., Beachwood, OH 44122, 216 831-3400; r. 2675 Warrensville Ctr. Rd, Apt. 4, Shaker Hts., OH 44122, 216 371-8999.
SILBERMAN, Sanford; '41 BSBA; Semi-Ret'D Salesmn; Ernest Paper Prods. Inc., 2424 E. 26th St., Los Angeles, CA 90058; r. 11051 Missouri Ave., Apt. #1, Los Angeles, CA 90025, 213 477-2841.
SILBERSTEIN, Ruth '40 (See Polster, Ruth Silberstein).
SILBIGER, Gary Richard; '81 BSBA; S.E.S. Inc., 216 650-6620; r. 1326 Weathervane Ln., Apt. 30, Akron, OH 44313, 216 864-4907.
SILCOTT, Paul L.; '58 BSBA; VP; The Travis Grp. Inc., 3910 US Hwy. N., Ste. 180, Tampa, FL 33619; r. 1508 N. Lake Dr., Sun City Center, FL 33570, 813 634-2401.
SILER, David Lance; '87 BSBA; Sales Mgr.; Navistar, 4551 W. 107th St., Overland Park, KS 66207, 913 383-4357; r. 19000 NW Evergreen Pkwy., #198, Hillsboro, OR 97124, 503 629-0246.
SILER, Jeffrey Todd; '68 BSBA; Exec. VP; First Natl. Bank-Dayton, One First National Plz., Dayton, OH 45402, 513 226-2000; r. 170 Laurel Oak Dr., Centerville, OH 45459, 513 433-7732.
SILK, Adam Marshall; '83 BSBA; Owner; Systs. Solutions Inc., Dealer/Savin Copier& Facsimile, 630 W. Liberty Rd., Youngstown, OH 44425, 216 534-5403; r. 2832 Laurel Woods, Stow, OH 44224, 216 678-4773.
SILK, Scott Geoffrey; '79 BSBA; Branch Mgr.; Burroughs Computers, 6820 Snowvillle Rd., Cleveland, OH 44141; r. 4095 Whitebirch Dr., W. Bloomfield, MI 48033.
SILLECK, Don U.; '56 BSBA; Retired; r. 4613 New England Blvd., Youngstown, OH 44512, 216 788-8007.
SILLIMAN, Samuel N.; '48 BSBA; Retired; GE Co., Evendale Plant, Cincinnati, OH 45241; r. 7981 Schoolhouse Ln., Cincinnati, OH 45242, 513 793-7728.
SILLIMAN, William Russell; '81 MPA; Assoc. Dir.; Northwest Counseling Svcs., 1560 Fishinger Rd., Columbus, OH 43221, 614 457-7876; r. 2047 Inchcliff Rd., Columbus, OH 43221, 614 488-8589.
SILLINS, Elizabeth A. '69 (See Fanta, Ms. Elizabeth A.).
SILONE, Edward E.; '50 BSBA; Retired; US Treas. Dept., 205 W. Market St., Lima, OH 45801; r. 415 Runyan Ave., Lima, OH 45801, 419 228-6909.
SILONE, Jeffrey Thomas; '84 BSBA; Mktg. Rep.; Fulfillment Unlimited, Div of Professional Book Dists, 2727 Scioto Pkwy., Hilliard, OH 43026; r. 2535 Lowell Ave., Lima, OH 45805.
SILVER, Eric Michael; '84 BSBA; 3322 Ardmore Rd., Shaker Hts., OH 44120.
SILVER, Harold; '46 BSBA; Owner; r. 54 Harmon Dr., Paramus, NJ 07652.
SILVER, Marci A.; '80 BSBA; Account Rep.; Nida-Eckstein-Ford, 2125 W. 5th Ave., Columbus, OH 43215, 614 486-0418; r. 6590 Steinway Dr., Apt. G, Reynoldsburg, OH 43068, 614 868-1027.
SILVER, Stuart Kalman; '72 BSBA; CPA; Kohn & Silver & Assocs., 1463 Warrensville Center Rd., Cleveland, OH 44121; r. 2480 Brentwood Rd., Cleveland, OH 44122, 216 382-2329.
SILVER, William H.; '38 BSBA; Retired; r. 1246 S. Urbana-Lisbon Rd, S. Vienna, OH 45369, 513 568-4578.
SILVERBERG, Sonia '55 (See Hauser, Sonia Silverberg).
SILVERMAN, Elliott Jay; '71 BSBA; Pres.; Morris Hardwares Co., 3015 Darnell Rd., Philadelphia, PA 19154; r. 3536 Meadowlark Dr., Huntingdon Vly., PA 19006, 215 947-7728.
SILVERMAN, Inez Okun, (Inez S. Okun); '51 BSBA; Real Estate Sales; Danberry Co., 209 N. Reynolds Rd., Toledo, OH 43615, 419 535-1363; r. 3603 Lincolnshire Wood Rd., Toledo, OH 43606, 419 474-5120.
SILVERMAN, Irwin J.; '50 BSBA; Pres.; Flo-Rite Corp., 5034 Breezeway Dr., Toledo, OH 43613, 419 471-1924; r. Same.
SILVERMAN, Jerry B.; '66 BSBA; VP/Real Estate; Walden Books, 201 High Ridge Rd., Stamford, CT 06904, 203 351-1108; r. 9 Arlen Rd., Westport, CT 06880, 203 226-8469.
SILVERMAN, Leon M.; '34; 341 Eastmoor Blvd., Columbus, OH 43209, 614 231-5174.
SILVERMAN, Marion '44 (See Ellis, Marion Silverman).
SILVERS, Kimberley Gail; '78 BSBA; Personnel Mgr.; Payless Cashways, DBA Lumberjack, 8440 Florin Rd., Sacramento, CA 95828, 916 381-8130; r. 7045 Verdure Way, Elk Grove, CA 95758, 916 684-1012.
SILVERWOOD, James Del; '72 BSBA; Mktg./Sales Repr; Bergquist Inc., 7939 W. Central, Toledo, OH 43617; r. 8815 Maumee-Western, Monclova, OH 43542.
SIM, Mong Cheng; '86 BSBA; 206 Wolskel Rd., Singapore 1335, Singapore.
SIM, Peck Sin; '86 BSBA; Administrative Ofcr.; Goodann Devel. PTE Ltd., 122 Upper Bukit Timah Rd., GOH & GOH Bldg., Singapore 2158, Singapore, 468-7092; r. 38 Cashew Ter., Singapore 2367, Singapore.
SIMCOE, James Joseph, Jr.; '80 BSBA; Owner; JS Graphics, 618 S. Yearling Rd., Columbus, OH 43213, 614 237-0843; r. 1938 Fountainview Ct., Columbus, OH 43232, 614 864-8748.
SIMCOX, Donald Leo; '68 BSBA, '74 MBA; Budget Ofcr.; US Secret Svc., 1800 G St. NW, Washington, DC 20223, 202 535-5791; r. 13106 Frog Hollow Ct., Herndon, VA 22071, 703 471-0847.
SIMCOX, Sheri L. '82 (See Harmon, Mrs. Sheri L.).
SIMECEK, Cheryl Ann; '86 BSBA; Transportation Analyst; Nabisco Brands Inc., 6 Campus Dr., Parsippany, NJ 07054, 201 682-6268; r. 376 Claremont Ave., Apt. 6, Montclair, NJ 07042, 201 783-3178.
SIMENS, Susan Victoria; '72 BSBA; 38285 North Ln., Bldg. 4, Unit 104, Willoughby, OH 44094.
SIMEON, George Robert, Sr.; '49 BSBA; Pres.; Simeon Enterprises, Inc., 1989 W. 5th Ave., Columbus, OH 43212, 614 486-9912; r. 2093 Elgin Rd., Columbus, OH 43221, 614 488-9257.
SIMISON, Anne Overacker; '70 BSBA; Tchr.; Warren Cnty. Career Ctr., 3525 N. State Rte. 48, Lebanon, OH 45036, 513 932-5677; r. 1916 Iowa Dr., Xenia, OH 45385, 513 372-0057.
SIMKINS, Robert Dennis; '86 MBA; 4695 Keswick Ct., #H, Columbus, OH 43220, 614 457-1570.
SIMKO, Kenneth Jerry; '82 BSBA; Manufacturers Rep.; Industrialk Motor & Control Co., POB 156, Mentor, OH 44060, 216 951-5703; r. 5547 Grove Ave., Mentor, OH 44060, 216 257-6677.
SIMKO, Mrs. Lisa Graeff, (Lisa B. Graeff); '82 BSBA; Asst. Buyer; r. 5547 Grove Ave., Mentor, OH 44060, 216 257-6677.
SIMKOFF, Joel Stephen; '78 BSBA; Computer Cnslt.; Compucenter, University Hts., OH 44118, 216 371-0905; r. 2556 Saybrook Rd., University Hts., OH 44118.
SIMKOW, Jack R.; '57; Pres.; The Doctor's Bag Inc., 26001 Miles Rd., Warrensville Hts., OH 44128, 216 292-4470; r. 4406 Silsby Rd., Cleveland, OH 44118, 216 291-1836.
SIMLER, James Eric; '83 MBA; Tech. Support Staff; Execucom Systs., 7055 Engle Rd., 1-104, Cleveland, OH 44130, 216 234-0620; r. 17464 Northwood Dr., Lakewood, OH 44107, 216 221-9518.
SIMMERS, Richard M.; '58; Staff; Prescott Ball & Turben, 65 E. State St., Ste. 1400, Columbus, OH 43215; r. 1963 Hythe Rd., Columbus, OH 43220, 614 457-1803.
SIMMONDS, Russell Evret; '71 MBA; Plant Financial Mgr.; Procter & Gamble, POB 1747, Albany, GA 31703, 912 888-8681; r. 109 Mockingbird, Albany, GA 31705, 912 888-5431.
SIMMONS, Dr. Alphonso; '76 MPA; Dept. Chmn.; Columbus Stae Community Clg., 550 E. Spring St., Columbus, OH 43215, 614 227-2597; r. 3895 Macintosh Dr., Columbus, OH 43230, 614 476-3342.
SIMMONS, Constance Louise; '75 MPA, '83 MBA; VP/Mktg.; Grant Hosp., Health Management Services, 340 E. Town St., Columbus, OH 43215, 614 461-3860; r. 525 Bailey Dr., Mansfield, OH 44904, 419 756-4146.
SIMMONS, Daniel Eugene; '82 BSBA; Clerk; Kroger Co., 3417 N. High St., Columbus, OH 43214, 614 263-1766; r. 141 E. Beaumont Rd., Columbus, OH 43214, 614 263-6937.
SIMMONS, David Dorsey; '74 BSBA; 128-A Tarbox Rd, Jericho, VT 05465, 802 899-3240.
SIMMONS, Harry Milton; '87 BSBA; Employment Adviser; Private Ind. Council, 328 S. East St., Galion, OH 44833, 419 468-3007; r. 445 Linda Mel Dr., Marion, OH 43302, 614 387-0426.
SIMMONS, Dr. John Kaul; '67 PhD (ACC); Prof.; Univ. of Florida, Sch. of Acctg., 245 Business Bldg., Gainesville, FL 32611; r. 5242 River Park Villas Dr., St. Augustine, FL 32092, 904 284-0309.
SIMMONS, Kandy '79 (See Murnane, Kandy S.).
SIMMONS, Larry Richard; '75 BSBA; 53 Sheffield Rd, Columbus, OH 43214.
SIMMONS, Mark Keith; '67 BSBA; Dir./Product Mgmt.; N C R Corp., Engrg. & Mfg., Brown & Caldwell Sts., Dayton, OH 45479; r. 610 Laurelann Dr., Kettering, OH 45429, 513 294-7299.
SIMMONS, Richard Allen; '56 BSBA; Retired; r. 428 Santa Cecelia, Solana Bch., CA 92075.
SIMMONS, Robert Mark; '83 BSBA; 5606 Woods, Toledo, OH 43623, 419 473-0570.
SIMMONS, Robert Thomas; '75 MBA; Mgr. Nuc Plant Svc.; Burns & Roe, 800 Kinderkamack Rd., Oradell, NJ 07649, 201 265-2000; r. 12 Patricia Ct., Ridgewood, NJ 07450, 201 444-6599.
SIMMONS, Russell Alan; '88 BSBA; Pres./Owner; Smart Dollar Advt., 5900 Sharon Woods Blvd., Columbus, OH 43229, 614 794-9300; r. 2445 Loggers Run Ct., Worthington, OH 43235, 614 792-2799.
SIMMONS, Stanley William; '36 BSBA; Retired; r. POB 322, Florence, KY 41022.
SIMMONS, Tim Eugene; '79 MBA; Mgr.-Pension Employee Ins; Battelle Mem. Inst., 505 King Ave., Columbus, OH 43201, 614 424-7107; r. 8433 Fairway Dr., Worthington, OH 42325, 614 888-0201.
SIMMONS, William Lewis; '55 BSBA; Retired Principal; Simmons Homestead Farms, 2264 Homer Lock Rd., Box 174, Utica, OH 43080; r. 617 E. Columbus Rd., POB 174, Utica, OH 43080, 614 892-2264.
SIMMS, Brian Edward; '86 MPA; 7779 Hemstead, Westerville, OH 43081, 614 882-7013.
SIMMS, Ms. Catherine Cramer; '67 MBA; Dist. Mgr.; AT&T, 99 Jefferson Rd., Rm. 1C22, Parsippany, NJ 07054, 201 581-5905; r. 26 Friar Rd., Morris Plains, NJ 07950, 201 267-5733.
SIMMS, Michael Alan; '70 BSBA; Exec. VP; Parkwood Iron, 4917 Holyoke, Cleveland, OH 44104, 216 391-9443; r. 2446 Cedarwood Rd., Pepper Pike, OH 44124, 216 473-8888.
SIMMS, Mrs. Ruth Cammerer, (Ruth M. Cammerer); '32 BSBA; Retired; r. 2230 S. Patterson, Apt. 128, Dayton, OH 45409, 513 296-0833.
SIMMS, Stuart Jeffrey; '74 BSBA; Pres./COO; Parkwood Iron & Metal Co., 4917 Holyoke Ave., Cleveland, OH 44104; r. 3989 E. Meadow Ln., Cleveland, OH 44122, 216 464-3004.
SIMOFF, Mark William; '83 BSBA; Operations Mgr.; J C Penney Distribution Ctr., 5555 Scarborough Blvd., Columbus, OH 43227, 614 863-8800; r. 7097 Bartlett Rd., Reynoldsburg, OH 43068, 614 861-1618.
SIMON, Alan Irvin; '70 BSBA; Exec. VP; Allied Sporting Goods, Box 11200, Louisville, KY 40211, 502 778-3321; r. 2905 Falmouth Dr., Louisville, KY 40205, 502 459-1129.
SIMON, Denis Gerard; '69 BSBA; VP; Challenger Gray Christmas Inc., Outplacement Consults To Corps, 5001 LBJ Frwy., Ste. 700, Dallas, TX 75244, 214 788-1816; r. 16714 Loch Maree Ln., Dallas, TX 75248, 214 250-1050.
SIMON, Eleanor Fell; '48 BSBA; RR No 1, 47921 Heck Rd, E. Palestine, OH 44413, 216 457-2564.
SIMON, Harlan M.; '52 BSBA; Atty.; Analex Corp., 21775 Brook Rd., Fairview Park, OH 44126, 216 779-3766; r. 24825 Hilltop Dr., Beachwood, OH 44122, 216 381-9099.

SIMON, Janet Lynn; '79 BSBA; Sportswear Buyer; Manhattan Industries, 15-01 Broadway, Fair Lawn, NJ 07410, 201 797-8660; r. 38 Park St., #5A, Florham Park, NJ 07932, 201 535-8420.
SIMON, Joyce Smith; '44 BSBA; Part Owner; Little Fawn Pottery Co., 715 Highland Ave. NE, Atlanta, GA 30312; r. 1374 W. Wesley Rd NW, Atlanta, GA 30327, 404 355-7100.
SIMON, Judi Esther; '84 BSBA; 1134 Pinhurst Dr., Atlanta, GA 30339, 404 436-8895.
SIMON, Kenneth; '71 BSBA; 2547 Cedarwood, Cleveland, OH 44124, 216 461-4283.
SIMON, Leonard E.; '48 BSBA; Cnslt.-Investments; POB 3493, Poughkeepsie, NY 12603, 914 473-0330; r. Same.
SIMON, Leslie Beth; '84 BSBA; Asst. VP; AFA Financial, 525 Hanna Bldg., Cleveland, OH 44115, 216 861-1050; r. 4597 A Mayfield Rd., S. Euclid, OH 44121, 216 381-9035.
SIMON, Lynne Marie; '83 BSBA; 820 N. Main St., # 2, Glen Ellyn, IL 60137.
SIMON, Mary Beth; '79 BSBA; Compliance Mgr.; Ameritrust, 69th & Euclid, Cleveland, OH 44114, 216 687-5907; r. 1669 Marlowe, Cleveland, OH 44107, 216 226-5263.
SIMON, COL Norbert L.; '58 BSBA; Col. Usaf; r. 10408 Slaughter Creek Dr., Austin, TX 78745, 512 282-6250.
SIMON, Richard Charles; '69 BSBA; 3165 Kirkwell Pl., Herndon, VA 22070, 703 435-3754.
SIMON, Richard Lee; '70 BSBA; Salesman; Vera Linens, @ Postmaster, New York, NY 10001; r. 14031 Netherfield Dr., Midlothian, VA 23113, 804 379-0699.
SIMON, Richard Pierson; '76 BSBA; 775 Chamberlain Apt. 6, Perth Amboy, NJ 08861.
SIMON, Robert Keith; '78 BSBA; 3737 Whistlewood Way, Perry, OH 44081, 216 259-4708.
SIMON, Robert Ralph; '75 BSBA; Field Claims Adjustr; Grange Mutual Casualty Co., 809 S. High St., POB 06353, Columbus, OH 43206, 614 443-0267; r. 5761 Lindenwood Rd., Columbus, OH 43229, 614 846-7467.
SIMON, Ronald G.; '70 BSBA; Dir. of Devel.; Associated Estates Corp., 600 Beta Dr., Mayfield Vlg., OH 44143, 216 473-8716; r. 23770 Hermitage Rd., Beachwood, OH 44122, 216 464-1215.
SIMON, Scott; '73 BSBA; Owner/Op.; Tavern Restaurant, 5100 Mayfield Rd., Lyndhurst, OH 44124, 216 461-8774; r. 2112 Glouchester Rd., Lyndhurst, OH 44124, 216 442-5808.
SIMON, Sidney M.; '46 BSBA; Stockbroker; Baraban Securities, Inc., 6133 Bristol Pkwy., Ste. 155, Culver City, CA 90230, 213 879-1091; r. 305 S. Canon Dr., Beverly Hls., CA 90212, 213 277-7041.
SIMON, Stephen Mark; '79 BSBA; Health Care Affairs Mgr.; Schering-Plough Corp., 23405 Tristin Dr., Valencia, CA 91355, 805 253-1921; r. Same.
SIMON, Steven Edward; '83 BSBA; 3840 Darlington, Canton, OH 44708, 216 477-1915.
SIMONE, Joseph William; '80 BSLHR; Chief-Admin. Svcs. Div.; Defense Contract Admin. Svcs. Reg., 1240 E. 9th St., Cleveland, OH 44199, 216 522-5054; r. 18900 Detroit Ave., Apt. 403, Lakewood, OH 44107, 216 521-5878.
SIMONE, Louis Paul; '79 BSBA; Student; Temple Univ., Philadelphia, PA; r. 85 Ferne Blvd., Apt. 4, Drexel Hill, PA 19026, 215 623-9671.
SIMONETTI, Ms. Christine; '84 BSBA; Logistics Spec.; TRW, 2751 Prosperity Ave. AVA6/865, POB 10400, Fairfax, VA 22031, 703 685-8903; r. 7701 Lafayette Forest Dr., Apt. #12, Annandale, VA 22003, 703 941-2322.
SIMONETTI, Michael Howard; '84 BSBA; Indp Ins. Agt.; Dawson Financial Co., 19111 Detroit Rd., Rocky River, OH 44116, 216 333-9000; r. 2831 North Ave, Cleveland, OH 44134, 216 838-5943.
SIMONETTI, Richard Francis; '88 BSBA; Tax Xnslt.; Deloitte Haskins & Sells, 155 E. Broad St., Columbus, OH 43215, 614 229-4697; r. Columbus, OH 43229, 614 433-7460.
SIMONETTI, Susan Tipp; '85 BSBA; Supv.; Mooney Chemicals Inc., Accounts Payable/Payroll, 2301 Scranton Rd., Cleveland, OH 44113, 216 781-8383; r. 2831 North Ave., Cleveland, OH 44134.
SIMONS, Mrs. Erma K., (Erma K. Klingler); '47 BSBA; Homemaker; r. 2009 Helmsby Rd., Catonsville, MD 21228, 301 744-6998.
SIMONS, Gary Allen; '83 BSBA; Programmer; IBM Corp., Informatin Systs., Glendale Lab, Endicott, NY 13760; r. 8 N. Liberty Ave., Endicott, NY 13760.
SIMONS, James B.; '57 BSBA; Bus. Mgr./Treas.; Jamestown Bd. of Educ., 200 E. Fourth St., Jamestown, NY 14701, 716 483-4422; r. 119 Hall Ave., Jamestown, NY 14701, 716 488-0026.
SIMONS, Richard M.; '52 BSBA; Owner Realtor; R M Simons Realtors, 646 E. Main St., Lancaster, OH 43130, 614 654-1238; r. 451 Sells Rd., Lancaster, OH 43130, 614 687-0555.
SIMONS, William J.; '50 BSBA; Retired; r. 2009 Helmsby Rd., Catonsville, MD 21228, 301 744-6998.
SIMONSKI, Richard Anthony; '72 BSBA; Admin. Mgr. Flint Oper.; Delco Electronics Corp. GM Subsidiary, Subsidiary of GM, Hughes Elec., 1300 N. Dort Hwy., Flint, MI 48556, 313 257-8405; r. 5165 Pine Cone Dr., Lapeer, MI 48446, 313 664-3440.
SIMPSON, Calvin L.; '50 BSBA; Dir.-Auditing; The Timken Co., 1835 Dueber Ave. SW, Canton, OH 44706, 216 438-3910; r. 1407 Brookwood Dr. NW, Canton, OH 44708, 216 477-4603.
SIMPSON, David Wayne; '87 BSBA; Sales Rep.; Hub, Inc., 205 Stagecoach Tr., Greensboro, NC 27407, 919 294-3200; r. 7880 Gildersleeve, Kirtland, OH 44094, 216 256-8525.
SIMPSON, Dennis W., Jr.; '85 BSBA; Ins. Broker; Marsh & McLennan, Inc., 4695 MacArthur Ct., Ste. 550, Newport Bch., CA 92660, 714 253-5800; r. 273 Tarocco, Irvine, CA 92720, 714 552-9036.
SIMPSON, George Nelson; '63 BSBA; Pres.; Ohio Equities Inc., 395 E. Broad St., Columbus, OH 43215, 614 224-2400; r. 258 S. Drexel, Columbus, OH 43209, 614 253-3344.
SIMPSON, Jean '46 (See Bartlett, Mrs. Jean Simpson).
SIMPSON, Larry Leslie; '71 BSBA; Dir./Finance; Miami Paper Corp., 2 S. Smith St., W. Carrollton, OH 45449, 513 865-6070; r. 1709 Lindsey Ave., Miamisburg, OH 45342, 513 866-0228.
SIMPSON, Mary '56 (See Haldeman, Mrs. Mary S.).
SIMPSON, Ora L.; '60 MBA; Mgr.; Monsanto Co., Purchasing Dept., Dayton, OH 45431; r. 3085 Felton Dr., Beavercreek, OH 45431, 513 429-4482.
SIMPSON, Mrs. Penelope A., (Penelope Avren); '62 BSBA; Homemaker; r. 258 S. Drexel, Columbus, OH 43209, 614 253-3344.
SIMPSON, Robert Reid, Jr.; '70 MBA; CPA; Simpson & Osborne, CPA's, 1100 Laidley Twr., Charleston, WV 25301, 304 343-0168; r. 1000 Edgewood Dr., Charleston, WV 25302, 304 346-6916.
SIMPSON, Russell Edward; '73 BSBA; Minister; Laurel Mtn. Grace Brethren Church, RR #2, Boswell, PA 15531, 814 629-5545; r. Same.
SIMPSON, Samuel Morris; '77 MPA; Mgr./Treas.; Health & Social Svcs., FCU, 2227 N. DuPont Hwy., New Castle, DE 19720, 302 429-0404; r. 19 Vassar Dr., Newark, DE 19711, 302 738-7123.
SIMPSON, Steven Shawn; '83 BSBA; Asst. VP; Cnty. Savings Bank, 65 E. State St., 26th Fl., Columbus, OH 43215, 614 462-2821; r. 36 N. Spring Rd., Westerville, OH 43081, 614 898-0896.
SIMPSON, Thomas Jay; '55 BSBA; Field Auditor-Tax Dept.; City of Cleveland, 1701 Lakeside Ave., Cleveland, OH 44114, 216 664-2070; r. 1939 Green Rd., #211, Cleveland, OH 44121, 216 531-1098.
SIMPSON, William Evans; '63 BSBA; Sales Mgr.; Linkon Auto Supply Co., 2720 E. Second St., Centralia, IL 62801, 618 533-1311; r. 830 Apricot, Mt. Vernon, IL 62864, 618 242-4908.
SIMPSON, William Frank; '72 BSBA; Atty.; Schottenstein Zox & Dunn, 41 S. High St., Columbus, OH 43215, 614 221-3211; r. 250 Montrose Way, Columbus, OH 43214, 614 262-3215.
SIMS, Brian D.; '87 BSBA; Sales Mgr.; Ohio Life, Inc., 26250 Euclid Ave., Euclid, OH 44132, 216 289-3545; r. 22050 Byron E., Shaker Hts., OH 44122, 216 921-3305.
SIMS, David E.; '72 BSBA; Programmer; Columbus & Southern Ohio Electric Co., 215 N. Front St., Columbus, OH 43215; r. 1405 Chesterton Sq. S., Columbus, OH 43229, 614 846-6673.
SIMS, David Scott; '83 BSLHR; Asst. Admin. Dir.; Franklin Cnty. Ct.-Domestic Relations, 50 E. Mound St., Columbus, OH 43215, 614 462-3377; r. 197 Rugg Ave., Newark, OH 43055, 614 366-2962.
SIMS, Gary Kevin; '79 BSBA; VP; Sims Bros. Inc., 1011 S. Prospect St., Marion, OH 43302, 614 387-9041; r. 1405 Woodridge Rd., Marion, OH 43302, 614 389-5973.
SIMS, LTC Lewis Parry, USAF(Ret.); '51 BSBA; Ret. Tchr. ROTC Unit; r. 434 Waterbury Dr., Fayetteville, NC 28311, 919 488-2625.
SIMS, Richard Lee; '51 BSBA; Pres. & CEO; Doctors Hosp. Fndn., 1087 Dennison Ave., Columbus, OH 43201, 614 297-4297; r. 1180 Kenbrook Hills Dr., Columbus, OH 43220, 614 459-3051.
SIMS, Robert D.; '83 BSBA; 23757 Curtis Dr., N. Olmsted, OH 44070, 216 777-1996.
SIMS, Robert F.; '59 BSBA; Guard; Pinkerton Guard Svc., 1350 W. 5th Ave., Columbus, OH 43212; r. 5178 Northtowne Blvd., Columbus, OH 43229, 614 882-3310.
SIMS, William Robert; '57 BSBA; Prog. Adm; Arizona Dept. of Econ Security, POB 11980, Phoenix, AZ 85061, 602 264-2644; r. 8040 N. 15th Ave., Phoenix, AZ 85021, 602 944-5754.
SIMSON, Donna, (Donna Stimson); '60 BSBA; Exec. Secy.; Emro Mktg. Co., 2525 N. Limestone St., Springfield, OH 45503, 513 390-1320; r. 4871 Cedar Creek Rd., Urbana, OH 43078, 513 484-3010.
SIMSON, Theodore R.; '39 BSBA; Chmn. of the Bd.; First Investment Co./First Community Bank, 4300 E. Broad St., Columbus, OH 43213, 614 239-4623; r. 289 S. Roosevelt Ave., Bexley, OH 43209, 614 231-3335.
SINACOLA, Michael Sylvester; '85 BSBA; Mgr. Trainee; Nationwise Inc., 3750 Courtright Ct., Columbus, OH 43227; r. 339 Briarwood Dr., Columbus, OH 43213, 614 861-2638.
SINAI, Victor T.; '48 BSBA; Retired; r. 5939 Stillson Pl., Youngstown, OH 44512, 216 758-5567.
SINCLAIR, Edwin M. (Ted), Jr.; '60 BSBA; Dist. Sales Mgr.; Harris Graphics Corp., 3914 Miami Rd., Ste. 313, Cincinnati, OH 45227, 513 561-1200; r. 5753 Kugler Mill Rd., Cincinnati, OH 45236, 513 745-9889.
SINCLAIR, James P.; '51 BSBA; Adm Asst.; r. 3421 Traskwood Cir., Cincinnati, OH 45208, 513 871-3735.
SINCLAIR, Marlyn Sandhaus; '62 BSBA; Reg. Investment Rep.; Interstate/Johnson, Lane, 2301 Dawson Rd, Albany, GA 31707, 912 436-3324; r. 2611 Kenilworth Dr., Albany, GA 31707, 912 888-7173.
SINCLAIR, William Edward, II; '87 BSBA; 4956 Fairforest Dr., Stone Mtn., GA 30088, 404 879-1257.
SINE, Leonard; '41 BSBA; Owner-Principal; Leonard Sine & Assocs., POB 923, Saipan, MP, 96950, Mariana Islands, 670 234-7463; r. POB 923, Saipan, MP, 96950, Mariana Islands, 670 234-6391.
SINGAL, Brij K.; '59 MBA; Mgmt. Cnslt.; Natl. Productivity Council, 9 Syed Amirali Ave., Calcutta 17, India; r. 162-53 Lake Gardens, Calcutta 45, India.
SINGER, Dan Michael; '77 BSBA; CPA Auditor US Govmt; r. 6415 Silverleaf Ave., Reynoldsburg, OH 43068, 614 861-6067.
SINGER, Daniel O'Shea; '86 BSBA; 4085 Clifton Ave., Cincinnati, OH 45220, 513 961-8118.
SINGER, Edwin Z.; '52 BSBA; Chmn. & Treas.; Sandusco Inc., 30400 Bruce Ind. Pkwy., Solon, OH, 216 349-3000; r. 32381 Meadowlark Way, Pepper Pike, OH 44124, 216 831-8242.
SINGER, Elaine Willen; '53; 4600 Logan Ave. NW, Canton, OH 44709, 216 499-1712.
SINGER, Krista G.; '88 BSBA; 158 Parkview Cir., Smithville, OH 44677, 216 669-3594.
SINGER, Lawrence Allen; '66 BSBA; Lawyer; Lawrence A Singer-Atty., 3316 N. High St., Columbus, OH 43202, 614 267-7966; r. 4265 Camborne Rd., Columbus, OH 43220, 614 457-9655.
SINGER, Lisa A. '83 (See O'Neill, Mrs. Lisa A.).
SINGER, Louise B., (Louise Bednardski); '80 BSBA; Acctg. Coord.; In My Home, Columbus, OH 43204; r. 7170 Tomahawk Tr., Reynoldsburg, OH 43068, 614 860-9440.
SINGER, Maria '81 (See Von Ville, Maria).
SINGER, Marvin P.; '49 BSBA; 18 Adanac Rd, Milton, MA 02186.
SINGERMAN, Egon P.; '85 BSBA; Atty.; Wickens, Herzer & Panza, 5800 Lombardo Ctr., Cleveland, OH 44132, 216 447-4418; r. 13593 Cedar Rd., University Hts., OH 44118, 216 321-5647.
SINGH, Ardaman Bhagwant; '80 BSBA; Mktg. Rep.; Armstrong World Ind.Inc., POB 3001, Lancaster, PA 17604; r. Armstrong World Ind Inc, POB 3001, Lancaster, PA 17604.
SINGH, Balaji Bondili; '84 MBA; Staff; Phillips, 1000 Louisana, Houston, TX 77001; r. 727 Heathgate Dr., Houston, TX 77062, 713 486-0516.
SINGHAL, Vikram P.; '83 BSBA; Systs. Analyst; Industrial Commission of Ohio, 246 N. High St., Columbus, OH 43215, 614 466-4741; r. 5144 Merry Oak Ct., Columbus, OH 43230.
SINGLETARY, Gary Scott; '78 MPA; Atty.; Gallagher Sharp Norman Fulton, Bulkley Bldg., 1501 Euclid Ave., Cleveland, OH 44115, 216 241-5310; r. 14923 Edgewater Dr., Lakewood, OH 44107.
SINGLETARY, Sharon Elaine; '87 BSBA; 3454 Cherryhill Dr., Fairfield, OH 45014, 513 874-3407.
SINGLETON, Mrs. Crystal A., (Crystal T. Anderson); '67 BSBA; Funeral Dir.; Anderson Funeral Svc., 300 N. Willow St., Trenton, NJ 08618, 609 393-3254; r. 201 Sandford St., New Brunswick, NJ 08901, 201 545-7312.
SINGLETON, William S.; '50 BSBA; Retired; r. 223 Bay Meadows Dr., Naples, FL 33962, 813 775-6540.
SINK, David Wayne, Jr.; '74 BSBA; Exec. Dir.; Memphis Mechanical Contractrs Assn., 2701 Union Ext., Memphis, TN 38112, 901 454-0726; r. 7201 Skidmore Cove, Memphis, TN 38119, 901 756-6653.
SINKELSTEIN, Amy B., (Amy B. Saul); '82 MLHR; HR Coord.; Cardinal Retirement Village, POB U, Sanford, FL 32772, 407 321-9362; r. 357 Buttonwood Way, Lake Mary, FL 32746, 407 323-2134.
SINKEY, James S.; '49 BSBA; Mgr. of Acctg. Svcs.; Blood Systs. Inc., 6120 N. Oak St., Scottsdale, AZ 85252, 602 946-4201; r. 6545 N. 16th Dr., Phoenix, AZ 85015, 602 242-5735.
SINKEY, William D.; '36 BSBA; Retired; r. 320 Faircross Cir., Sun City Center, FL 33570, 813 634-4747.
SINNO, Muhieddine Musbah; '86 BSBA; c/o Allen Osman, POB 29611, Columbus, OH 43229.
SINSEL, David William; '78 BSBA; Acct.; DeSoto Inc., 2121 New World Dr., Columbus, OH 43207, 614 491-8220; r. 5938 Park Glen Rd., Galloway, OH 43119, 614 870-0735.
SIPARI, Orazio; '41 BSBA; Risk Mgr.; Richmond Heights Gen. Hosp., 27100 Chardon Rd., Richmond Hts., OH 44143, 216 585-6438; r. 1918 Caronia Dr., Lyndhurst, OH 44124, 216 449-1916.
SIPE, John R.; '59 BSBA; Dist. Sales Mgr.; N C R Corp., 60 Catamore Blvd., E. Providence, RI 02914; r. 281 Hemlock Dr., E. Greenwich, RI 02818, 401 885-2889.
SIPE, Miriam, (Miriam Muench); '49 BSBA; Supv.; Oaklawn Psychiatric Ctr., Admissions & Emergency Svcs., 2600 Oakland Ave., Elkhart, IN 46517, 219 294-3551; r. 1506 Birch Dr., Elkhart, IN 46514, 219 264-7340.
SIPE, Ralph M.; '49 BSBA; Retired Supv.; Miles Labs; r. 1506 Birch Dr., Elkhart, IN 46514, 219 264-7340.
SIPE, Stanley Weber; '49 BSBA; VP; Irving Trust Co., 1 Wall St., New York, NY 10005, 212 635-7257; r. 1253 Glenn Ave., Union, NJ 07083, 201 687-0486.
SIPES, David Michael; '83 BSBA; 218 E. 7th Ave., Columbus, OH 43201.
SIPP, James F.; '59 BSBA; Dir. of Real Estate; White Castle Syst. Inc., 555 W. Goodale St., Columbus, OH 43215, 614 228-5781; r. 4010 Newhall Rd., Columbus, OH 43220, 614 457-5469.
SIRB, Patricia Ann; '87 BSBA; Sales Rep.; CompuServe Inc., 5000 Arlington Ctr. Blvd., Columbus, OH 43220, 614 457-8600; r. 1360 Dublin Rd., Apt. #37, Columbus, OH 43215, 614 487-9470.
SIRE, Marie Pascale; '87 MA; 5 Pl. Marechal Foch, St. Etienne, France.
SIRES, Becky '81 (See Caldwell, Becky).
SIRHAL, Ali Asaad; '77 MA; Liaison Mgr.; Mid East Export Import Co., 895 S. High St., Columbus, OH 43202; r. 613 Old Farm Rd, Columbus, OH 43213.
SIRKIN, Diane Mendel, (Diane Mendel); '64 BSBA; Med. Transcriptionist; Lois Johnson MD, 10475 Montgomery Rd., Cincinnati, OH 45242, 513 891-6166; r. 9519 Raven Ln., Cincinnati, OH 45242, 513 891-9519.
SIRN, Robert Alan; '87 BSBA; 613 Tollis Pkwy., Broadview Hts., OH 44147, 216 237-3905.
SISKA, Edward Andrei; '83 BSBA; Sales Assoc.; John H Harland Co., 2939 Miller Rd, Atlanta, GA 30349; r. 1303 Michigan Ave #4, Cincinnati, OH 45208, 513 321-1790.
SISKIND, Roland L.; '48 BSBA; Salesman; r. 1990 N. E. 195th Dr., N. Miami Bch., FL 33179, 305 932-8570.
SISLAK, Elizabeth Louise; '77 BSBA; Acct./Controllr; Dix & Eaton Inc., 1010 Euclid Bldg., Cleveland, OH 44115; r. 2109 Hawkins Rd., Westlake, OH 44145.
SISLAK, Gary Gabor; '73 BSBA; Staff Acct.; Ferro Corp., International Division, One Eireview Plz., Cleveland, OH 44114; r. 9505 Oak Park Dr., Brecksville, OH 44141.
SISSON, Douglas Lee; '84 MBA; Mgmt. Coord.; State Tchrs. Retirement Syst. of Ohio, 275 E. Broad St., Columbus, OH 43215; r. 5446 Rockport St., Columbus, OH 43220, 614 267-6681.
SISSON, Earl B.; '54 BSBA; Real Estate Dev; 250 E. Broad St., Columbus, OH 43215; r. 1000 Urlin Ave., Columbus, OH 43212, 614 488-0473.
SISSON, LTC John D., USAF(Ret.); '60 BSBA; Broker; Sisson Realty, Dam Site Box 242, Mill River, MA 01244, 413 229-6638; r. Same.
SISTEK, Constance L. '82 (See Mangas, Constance Sistek).
SITES, Douglas Eric; '82 BSBA; Sales Mgr.; Royster Co., Hwy. 52, Florence, SC 29501, 803 393-6186; r. 5933 Eaglewood Dr., Sylvania, OH 43560, 419 885-2317.
SITES, Edward; '48 BSBA; Retired; r. 15 Maple Ln., Geneva, OH 44041, 216 466-4146.
SITES, Harriet '30 (See Shaw, Harriet Sites).
SITES, Tamaria Kenton, (Tamaria Kenton); '86 BSBA; Admin. Asst.; Property Dynamics, Inc., POB 29171, Columbus, OH 43229, 614 431-1120; r. 4660-K Charetcole Ln., Columbus, OH 43220, 614 457-3377.
SITLER, Joanne '55 (See Hole, Joanne Sitler).
SITTER, Glenn Allen; '78 BSBA; Systs. Analyst; J.M. Smucker Co., Strawberry Ln., Orrville, OH 44667, 216 232-3892; r. 401 Mortimer Apt. 612, Apt. 613, Cleveland, OH 44146, 216 439-2833.
SITTERLEY, Kermit C.; '31 BSBA; Atty.; Sitterley & VanderVoort, Ste. 211 123 S. Broad St., Lancaster, OH 43130, 614 653-0461; r. 531 Orchard Hill, Lancaster, OH 43130, 614 653-0802.
SIU, Carlton Yun Huang; '79 BSBA; Partner; Chinaka & Siu, 1314 S. King St., Ste. 625, Honolulu, HI 96814, 808 533-6960; r. 1505 Mahiole St., Honolulu, HI 96819, 808 839-2275.
SIU, Joseph P. C. Q.; '55 BSBA; Retired; r. 1505 Mahiole St., Honolulu, HI 96819, 808 839-2275.
SIVASLIAN, Martha '42 (See Barrett, Martha S.).
SIVINSKI, David Michael; '72 BSBA; 1st VP-Chief Invest.Ofcr; First Security Natl. Bank, One First Security Plz., Lexington, KY 40507, 606 231-2973; r. 2133 Antigua Dr., Lexington, KY 40509, 606 299-0068.
SIVINSKI, Douglas James; '75 BSBA; Owner; Doug Sivinski Custom Builder, 4190 Rutherford Rd., Powell, OH 43065, 614 881-5056; r. Same, 614 881-4394.
SIX, Richard Allen; '84 BSBA; Tax Agt.; State of Ohio, Tax Commissioner Ofc., 1030 Frwy. Dr. N., Columbus, OH 43229; r. 6408 Busch Blvd., Apt. 489, Columbus, OH 43229, 614 436-3527.
SJOSTEDT, Richard Otto; '85 BSBA; Sales Rep.; Don Barr Inc., 2666 Lexington Ave., Mansfield, OH 44906, 419 884-2031; r. 145 Hilltop Rd., Mansfield, OH 44906, 419 529-4588.
SKAGGS, Ms. Deborah Ellen; '85 MBA; Acct. Exec.; Mgmt. Recruiters, 4998 W. Broad St., Ste. 202, Columbus, OH 43228, 614 878-0550; r. 2527 Nassau Dr., Columbus, OH 43232, 614 861-0023.
SKALKOS, Kimberly Sullivan, (Kimberly A. Sullivan); '81 BSBA; Commercial Loan Ofcr.; Natl. City Bank, 1900 E. Ninth St., Cleveland, OH 44114, 216 585-3352; r. 6746 Sandalwood Dr., Gates Mills, OH 44040, 216 449-3234.
SKAPIK, Stephen Michael; '70 BSBA; VP; Ciralsky Steel Svc., 1604 Prosperity, Toledo, OH 43612, 419 259-4474; r. 5300 Fairmeadow, Sylvania, OH 43560, 419 885-1732.

SKATZES, Gail Frances Griffith; '59; Case Investigator; Delaware Cnty. Child Support Enforcement Agcy., 20 W. Central Ave., POB 250, Delaware, OH 43015, 614 363-0092; r. 109 Flintwood Dr., Delaware, OH 43015, 614 369-7809.

SKEEN, Joyce '50 (See Lively, Joyce Skeen).

SKEENS, Norman E.; '58 BSBA; Atty.; P. C. Skeens, 5021 N. 66th Ave., Glendale, AZ 85301; r. 5021 N. 66 Ave., Glendale, AZ 85201, 602 846-8416.

SKELTON, Margaret Becker; '84 BSBA; Pres.; Coshocton Memorials Inc., 701 S. 2nd St., Coshocton, OH 43812, 614 622-5474; r. 861 Chestnut St., Coshocton, OH 43812, 614 622-0546.

SKICA, Daniel P.; '50 BSBA; Retired; r. 3342 Fremont Ave., Youngstown, OH 44511, 216 793-8419.

SKIDMORE, James E.; '34 BSBA; Retired; r. 7712 Ahwenasa Ln., Cincinnati, OH 45243, 513 561-9510.

SKIDMORE, Mrs. James E., (Catherine E. Dolby); '34 BSBA; Homemaker; r. 7712 Ahwenasa Ln., Cincinnati, OH 45243, 513 561-9510.

SKIDMORE, John Carroll; '80 BSBA; Mgr.; Carrolls Jewelers, 47 N. Sandusky St., Delaware, OH 43015, 614 363-4349; r. 777 Vernon Hts. Blvd., Marion, OH 43302, 614 383-3024.

SKIDMORE, Samuel Silas; '69 BSBA, '72 MBA; Mgmt. Cnslt./Partner; Peat Marwick Mitchell, 345 Park Ave., New York, NY 10022; r. 232 N. Lincoln St., Hinsdale, IL 60521, 312 986-9099.

SKILKEN, Beverly Stern; '56 BSBA; 6875 Runik Pl. N., #G, Reynoldsburg, OH 43068, 614 863-2703.

SKILKEN, Steven Andrew; '72 BSBA; Owner/Pres.; Joseph Skilken & Co., 383 S. Third St., Columbus, OH 43215, 614 221-4547; r. POB 505, Columbus, OH 43216.

SKINNER, Mrs. Anne Brownson, (Anne Sigel); '68 BSBA; Retired; r. POB 656, 705 Belleview, Crested Butte, CO 81224.

SKINNER, Deborah Kay; '82 BSBA; Grad. Student; Kent State Univ., Clg. of Business, Kent, OH 44242; r. 2174 Woodlawn Cir., Stow, OH 44224, 216 688-3958.

SKINNER, MAJ James M.; '42 BSBA; Maj. Usaf; r. 1190 Water St., Indiana, PA 15701, 412 465-4051.

SKINNER, Jeffrey James; '83 BSBA; Account Rep.; Moore Business Forms, 250 Old Wilson Bridge Rd, Worthington, OH 43085, 614 888-4394; r. 2758 Patrick Ave., Columbus, OH 43229, 614 895-2291.

SKINNER, Jeffrey Shelton; '85 BSBA; Sr. Prog. Cost Analyst; Rockwell Intl., 1800 Satellite Blvd., Duluth, GA 30136, 404 497-5304; r. 105 Whisper Way, Dacula, GA 30211, 404 822-1558.

SKINNER, Philip Wesley; '83 BSBA; Data Processing; OSU Hosp., 320 W. 10th, Columbus, OH 43220, 614 293-3860; r. 5154 Hagan Ct., Dublin, OH 43017, 614 764-4537.

SKINNER, R. Cody; '83 BSBA; Acct.; IBM Corp., Old Orchard Rd, Armonk, NY 10504, 914 431-2410; r. 132 Franklin St. Apt. #3, Poughkeepsie, NY 12601, 914 471-6951.

SKINNER, Robert A.; '57 BSBA; Asst. Cnty. Prosecut; Montgomery Cnty., 41 N. Perry St., Dayton, OH 45402; r. 5600 Overbrooke Rd, Dayton, OH 45440, 513 435-0486.

SKINNER, Robert C.; '51 BSBA; Controller; Nippert Electric Prods. Co., 801 Pittsburgh Dr., Delaware, OH 43015, 614 363-1981; r. 1522 Oakview Dr., Worthington, OH 43085, 614 888-5182.

SKINNER, Robert N.; '58 MBA; Broker; r. 8710 William Shire Dr., Indianapolis, IN 46260, 317 846-4660.

SKINNER, Robert T.; '82 BSBA; Asst. Plant Supv.; Wayne Steel, 1070 W. Liberty Ext., Wooster, OH 44691, 216 264-8416; r. 296 Colonial Dr., #3, Youngstown, OH 44505, 216 345-6848.

SKINNER, Stephen Douglas; '72 BSBA; Asst. VP; Indiana Natl. Bank, Investment Banking Division, One Indiana Sq. Ste. 953, Indianapolis, IN 46266; r. 412 Brendendow Ct., Noblesville, IN 46060, 317 773-7326.

SKINNER, Wayne Edward; '86 BSBA; Distribution Super; Frito-Lay Inc., Div Pepsico Inc, Oak Cliff Plant, Dallas, TX 75235; r. Rt 6 Box H E 28, St. Anne, IL 60964.

SKIPPER, Ned A.; '78 MBA; Sr. Mgmt. Syst. Analyst; Burroughs Corp., Burroughs Pl., Detroit, MI 48232; r. 4637 Heather Ridge Dr., Hilliard, OH 43026, 614 771-9281.

SKIPTON, Edward D.; '49 BSBA; Retired; Public Utilities Comm, 111 N. High St., Columbus, OH 43215; r. 212 Darbyhurst Rd., Columbus, OH 43228, 614 878-4510.

SKIPTON, John A.; '46 BSBA; Ret. Mgr./Public Affairs; Marathon Oil Co., 539 S. Main St., Findlay, OH 45840; r. 943 Breezewood Ct., Findlay, OH 45840.

SKIPTON, Thomas R.; '59 BSBA; Asst. Dir.; Sch. Employees Retirement Syst., 45 N. Fourth St., Columbus, OH 43215, 614 221-5853; r. 5336 Torchwood Loop W., Columbus, OH 43229, 614 882-5945.

SKIRVIN, James Burch, Jr.; '70 BSBA; VP; Richard McClure & Assoc., Inc., Equipment Leasing Co., 3021 E. Dublin Granville Rd., Columbus, OH 43231, 614 895-0000; r. 2761 Kensington Pl. E., Columbus, OH 43202, 614 267-4060.

SKLADANY, Thomas Edward; '77 BSBA; Owner-Skladany Bus. Svcs.; Skladany Enterprises, Inc., American Speedy Printing Ctrs., 6323 Busch Blvd., Columbus, OH 43229, 614 431-1118; r. 322 Tallowood, Westerville, OH 43081, 614 431-1136.

SKLARSKI, Frank Edwin; '72 BSBA; Pres.; Vermeer Sales & Svc. Inc., 2389 Medina Rd., Medina, OH 44256, 216 723-8383; r. 280 Wren Way, Medina, OH 44256, 216 722-1244.

SKLENAR, Cynthia Ann '79 (See Colles, Cynthia Ann).

SKLENAR, Randy William; '81 BSBA; Mgmt. Info. Analyst; AT&T Bell Labs, 6200 E. Broad St., Columbus, OH 43213, 614 860-6127; r. 6229 Olde Orchard Dr., Columbus, OH 43213, 614 866-1137.

SKLENAR, Ricky Alan; '85 BSBA; Asst. Mgr.; Drug Emporium, 8960 Riverview Blvd., St. Louis, MO 63147; r. 2695 Lindsay Ln., Florissant, MO 63031, 314 839-6004.

SKODA, Michael Jay; '86 BSBA; Quality Assurance Spec.; Defense Logistic Agcy., D C A S. R Chicago, O'Hare Intl. Airport, Chicago, IL 60666, 815 987-4345; r. 142 Flirtridge Dr. Apt. 5, Rockford, IL 61107, 815 229-9296.

SKOLL, Mrs. Janet Lea M., (Janet Lea McMahon); '82 BSBA; Sr. Financial Analyst; Fannie Mae, 3900 Wisconsin Ave., Washington, DC 20016, 202 537-7000; r. 14508 Omaha Ct., Gaithersburg, MD 20878, 301 330-8685.

SKOLNICK, Mrs. Debra Robin, (Debra R. Colman); '77 BSBA; Systs. Analyst; Compter Logic; r. 5 Lenate Tr., Branchbury, NJ 08866, 201 685-0430.

SKOLNIK, David Erwin, CPA; '71 BSBA; Fin. Systs. Rsch. Ofcr.; Society Corp., Financial Systs., 2025 Ontario, Cleveland, OH 44115, 216 622-9528; r. 4130 Stonehaven, S. Euclid, OH 44121, 216 381-5603.

SKOMOROWSKI, David Efrem; '85 MBA; Commercial Devel.; 614 463-4384; r. 2770 Helston Rd., Columbus, OH 43220, 614 457-7539.

SKORPEN, Richard Duane; '75 BSBA; Acct. Exec.; Apple Graphics, Inc., 2540 Billingsley, Worthington, OH 43085, 614 889-1999; r. 5209 Springfield Dr., Westerville, OH 43081, 614 882-5903.

SKORUPSKI, Donald Withold; '75 BSBA; Dist. Retail Mgr.; Gen. Foods Corp., 10901 Kenwood Rd, Cincinnati, OH 45242; r. 7079 Duffy St., Worthington, OH 43085.

SKOVE, Jude A.; '86 BSBA; Sales; Ferguson Ent. Inc., 4363 Lymen Dr., Hilliard, OH 43026, 614 876-8555; r. 3441 Smiley, Hilliard, OH 43026, 614 876-2308.

SKOVE, Mrs. Renee Pilliod, (Renee Pilliod); '84 BSBA; 3441 Smiley, Hilliard, OH 43026, 614 876-2308.

SKRUCK, Dr. Gerard Francis; '64 BSBA; Dent.; Private Practice, 657 Chestnut St., Manchester, NH 03104; r. 36 Lexington Ave., Manchester, NH 03104, 603 622-7020.

SKRZYPEK, Daniel David; '78 MPA; Regional Mgr.; Care Choices-Michigan HMO, 34605 Twelve Mile Rd., Farmington Hls., MI 48331, 313 489-6355; r. 2245 Glencoe Hills Dr., Apt. #9, Ann Arbor, MI 48108.

SKUBIK, Stephen J.; '41 BSBA; Retired; r. 306C W. Main St., Tilton, NH 03276.

SKULLER, Edwin J.; '49 BSBA; 101 S. High St., Columbus, OH 43215, 614 224-4850.

SLABAUGH, Annabelle Boyles; '54 BSBA; Retired Acct.; Arthur C Jahn & Co., 209 S. High St., Columbus, OH 43215; r. 3082 Herrick Rd., Columbus, OH 43221, 614 486-8882.

SLABE, Ronald A.; '67 MBA; Plng. Engr.; Davy Inc., 6200 Oak Tree Blvd., Cleveland, OH 44131; r. 8407 Sierra Oval, Cleveland, OH 44130.

SLABODNICK, David Dean; '75 BSBA; VP, Operations; Elyria Mem. Hosp. & Med. Ctr., 630 E. River St., Elyria, OH 44035, 216 329-7503; r. 720 Garford Ave., Elyria, OH 44035, 216 323-7402.

SLABY, Anne; '78 BSBA; Staff; r. 1627 Grovewood Ave., Parma, OH 44134, 216 741-2507.

SLACHTA, Geoffrey Stephen; '80 BSBA; 147 Millbrook St., Worcester, MA 01605, 508 856-0270.

SLACK, Dean A.; '84 BSBA; Mkt. Rsch. Analyst; Glaxo, Inc., Dept. Market Research, 5 Moore Dr., POB 13438, Rsch. Triangle Park, NC 27709, 919 248-2597; r. 6531 Gateridge Dr., Apt. 308, Raleigh, NC 27613, 919 881-9477.

SLACK, Donald G.; '49 BSBA; CPA; Milligan & Waltman, CPA's, 1099 Colony Dr., POB 8200, Zanesville, OH 43702, 614 453-0578; r. POB 8054, Zanesville, OH 43702.

SLACK, Lyman Avery, Jr.; '56 BSBA; Pilot-Flight Engr.; Pan AM Corp., Miami Airport, Miami, FL 33159; r. 6924 Holly Rd, Miami Lakes, FL 33014, 305 558-5278.

SLACK, Scott Charles; '82 BSBA; Mgr./Mkt. & Sales Support; Info. Dimensions Inc., 655 Metro Pl. S., Dublin, OH 43017, 614 761-8083; r. 1990 Shadeview Ct., Dublin, OH 43017, 614 764-1965.

SLACKFORD, Edward T.; '24 BSBA; 7515 Oakhill Ave., Wauwatosa, WI 53213, 414 258-0225.

SLADE, Mark Anderson; '82 BSBA; 3895 Big Run Rd., Grove City, OH 43123, 614 875-4298.

SLADOJE, Douglas Scott, JD; '85 BSBA; Atty.; Ernst & Whinney, 2400 Nationwide Plz., Columbus, OH 43215, 614 224-5678; r. 1332 Ln. On The Lake, Columbus, OH 43235, 614 457-0080.

SLADOJE, George; '65 BSBA; Exec. VP; The Chicago Bd. of Trade, 141 W. Jackson Blvd., Chicago, IL 60604, 312 435-3456; r. 1721 E. Ridgewood Ln., Glenview, IL 60025, 312 998-0019.

SLADOJE, Laura Jane, (Laura Jane Hamm); '84 BSBA; Rsch. Asst.; The Ohio State Univ. Hosp., University Eye Surgeons, 456 W. 10th Ave., Columbus, OH 43210, 614 293-8126; r. 1332 Lane on the Lake, Columbus, OH 43235, 614 457-0080.

SLADOJE, Mark, Jr.; '60 BSBA; 2700 E. Dublin Granville Rd., #200, Columbus, OH 43229, 614 891-0532.

SLAFF, Florence '48 (See Klein, Mrs. Florence S.).

SLAGER, Barbara L., (Barbara Lehman); '53 BSBA; 19213 Racine Ct., Gaithersburg, MD 20879, 301 977-9224.

SLAGLE, James Arthur, Jr.; '56 BSBA; Purchasing Mgr.; Babcock & Wilcox Co., 3315 Old Forest Rd, Lynchburg, VA 24502; r. 4703 Doyle Ter., Lynchburg, VA 24503, 804 384-6676.

SLAGLE, John W.; '78 BSBA, '79 MBA; Asst. Controller; Prudential Real Estate Affiliates, 3200 Park Center Dr., Ste. 1500, Costa Mesa, CA 92626, 714 966-7900; r. 63 Barcelona, Irvine, CA 92714, 714 474-9548.

SLAGLE, LeVernne Ballou; '39 BSBA; Retired; r. 321 Commonwealth Ave. NE, Massillon, OH 44646, 216 832-3586.

SLAGLE, Melanie A. '87 (See Bowen, Mrs. Melanie A.).

SLAGLE, Nelson E.; '60 BSBA; Mgr. Acctg.; Rockwell Intl., POB 2515, Seal Bch., CA 90740, 213 797-2922; r. 15111 Syracuse St., Westminster, CA 92683, 714 894-0783.

SLAMA, James Albert; '82 BSBA; 2705 N. Mildred, Apt. 3 A, Chicago, IL 60614, 312 281-1177.

SLAMAN, Allen I.; '58 BSBA; 5087 Oakhill Ln., #323, Delray Bch., FL 33484, 407 496-1121.

SLANE, Daniel M.; '64 BSBA; Atty.; Grieser Blumenstiel & Slane, 261 W. Johnstown Rd, Gahanna, OH 43230, 614 475-9511; r. 8161 Manitou Dr., Westerville, OH 43081, 614 882-0199.

SLANE, Earnest A.; '57 BSBA; Owner; Regional Devel. Inc., 1600 Schrock Rd., Columbus, OH 43229, 419 891-2042; r. 2535 Pleasant Valley Rd., Mansfield, OH 44903, 419 756-4765.

SLANE, Robert L.; '66 BSBA; Dir.; McKinsey & Co., 600 Grant St. 29th Fl., Pittsburgh, PA 15219, 412 471-1515; r. 417 Pasadena Dr. Ext., Pittsburgh, PA 15215, 412 781-2303.

SLANICKA, Susan Marie; '83 BSBA; 2236 Anders Ct., Columbus, OH 43220.

SLATER, Dr. James Arthur; '65 PhD (BUS); Admin.; US Dept. Interior, International Programs, 18th & C Sts., NW, Washington, DC 20240, 202 343-3955; r. 932 S. 21st St., Arlington, VA 22202, 703 979-5436.

SLATER, James N.; '49 BSBA; Retired; r. 10811 Meadow Tr., Strongsville, OH 44136, 216 238-8293.

SLATER, Jon A.; '59 BSBA; Mgr., Retail Hardware; Slaters Inc., 1141 Memorial Dr., Lancaster, OH 43130, 614 654-2204; r. 305 Overlook Dr., Lancaster, OH 43130, 614 687-0032.

SLATER, Kenneth Mark; '83 BSBA; Rsch. Analyst; The Cedarwood Cos., 1765 Merriman Rd., Akron, OH 44313, 216 836-9971; r. 1522 Idlewood Ave., Akron, OH 44313, 216 867-6575.

SLATER, Laura Ellen; '85 BSBA; 13845 Lancaster-Newark Rd. NE, Millersport, OH 43046, 614 467-2684.

SLATTERY, Dana D.; '49 BSBA; Retired; r. 6601 SE Nantucket Ct., Hobe Sound, FL 33455, 407 546-6841.

SLATTERY, Joseph William, II; '76 BSBA; Comptroller; Frank Paniccia Co's., 2999 Silver Dr., Columbus, OH 43224, 614 267-1211; r. 1534 Simpson Dr., Columbus, OH 43227, 614 864-7601.

SLAUGHTER, David Lance; '80 BSBA; Spec.; Mazda Motor Mfg. USA, 1 Mazda Dr., MS0024, Flat Rock, MI 48134, 313 782-7842; r. 640 Sandralee Dr., Toledo, OH 43612, 419 478-3307.

SLAUGHTER, Donald T.; '83 BSBA; 249 Sharon Rd, Pataskala, OH 43062, 614 927-7477.

SLAUGHTERBECK, Gary David; '86 BSBA; Corporate Acct.; Advanced Drainage Systs. Inc., 3300 Riverside Dr., Columbus, OH 43202, 614 457-3051; r. 3125 Wilce Ave., Columbus, OH 43202, 614 267-6646.

SLAUSON, John Gordon; '63 BSBA; Atty.-Partner; Dinsmore & Shohl, 511 Walnut St., Cincinnati, OH 45202; r. 3755 Earls Ct. View, Cincinnati, OH 45226, 513 871-6591.

SLAUTER, Charles Henry, Jr.; '48 BSBA; VP/Sales Mgr.; Pratt & Lambert Inc., Box 22, Buffalo, NY 14240, 716 873-6000; r. 25 Harbour Pointe, Buffalo, NY 14202, 716 842-6750.

SLAUTER, David Charles; '83 BSBA; Sales Admin. Mgr.; Harris Graphics, 4900 Webster St., Dayton, OH 45414, 513 278-2651; r. 2701 Miami Village Dr., Miamisburg, OH 45342, 513 439-0969.

SLAVEY, James H.; '59 MBA; Supv./Acctng; LeBlond Makino Machine Tool, 2690 Madison Rd., Cincinnati, OH 45208, 513 396-5466; r. 8355 Daly Rd, Cincinnati, OH 45231, 513 522-0093.

SLAVIN, Emanuel J.; '36 BSBA; 947 Aintree Park Dr., Mayfield, OH 44143, 216 473-1455.

SLAVOKSKY, Kathleen Ann; '85 BSBA; Systs. Analyst; J C Penney Co., c/o Postmaster, Westerville, OH 43081; r. 316 Clarendon St., Newark, OH 43055.

SLAYBAUGH, Yvonne Bender; '75 BSBA; Prof. Billing Clerk; Akron City Hosp., 525 E. Market St., Akron, OH 44309, 216 375-3225; r. 863 Camelia St. NW, Hartville, OH 44632, 216 877-1016.

SLEEPER, Dr. David Chesley; '65 PhD (BUS); Prof.; Univ. of South Florida, Fowler Ave., Tampa, FL 33620, 813 974-4201; r. 418 Belle Claire Ave., Temple Terrace, FL 33617, 813 988-6685.

SLEESMAN, Richard Alan; '84 BSBA; Financial Analyst; Ford Motor Co., The American Rd., Dearborn, MI 48121, 313 523-4445; r. 23069 Haynes St., Farmington Hls., MI 48024, 313 478-4879.

SLEETH, David M.; '49 BSBA; Retired; r. 3460 Lake Bayshore Dr., Apt. P503, Bradenton, FL 34205, 813 756-9294.

SLEIGHT, Norman R.; '60; Retired; r. 685 Snowdon Dr., Newark, OH 43055, 614 344-5664.

SLEMMONS, Robert H.; '27 BSBA; Retired; r. 1093 42nd Ave. NE, St. Petersburg, FL 33703, 813 896-9409.

SLENTZ, Robert D.; '66 BSBA; VP/Personnel; Lucas Ledex Inc., 801 Scholz Dr., Vandalia, OH 45377, 513 898-3621; r. 809 Sipos Cir., Englewood, OH 45322, 513 832-1638.

SLEPICKA, Frank W.; '60 MBA; Prog. Mgr.; US Postal Svc.; r. 1724 Dryden Way, Crofton, MD 21114, 301 261-3215.

SLESNICK, Brian D.; '88 BSBA; VP; S. Slesnick Co., 404 5th St. SE, Canton, OH 44702, 216 454-5101; r. 1020 Ellenhurst NE, Canton, OH 44714, 216 499-4063.

SLESNICK, Jeffrey David; '79 BSBA; Secy.-Treas.; Slesnick Iron & Metal, 927 Warner Rd, Canton, OH 44705; r. 4725 Greenbriar NE, Canton, OH 44714, 216 497-7587.

SLESNICK, Robert; '59 BSBA; Pres.; S Slesnick Co., 404 5th St. SE, Canton, OH 44702, 216 454-5101; r. 1020 Ellenhurst NE, Canton, OH 44714, 216 499-4063.

SLESSINGER, Marvin H.; '48 BSBA; Broker; Prudential Bache Securities, National City Ctr., Cleveland, OH 44114, 216 623-3013; r. 22176 Rye Rd, Shaker Hts., OH 44122, 216 751-9348.

SLESSINGER, Mrs. Sondra Trachtenberg; '48 BSBA; 22176 Rye Rd, Cleveland, OH 44122, 216 751-9348.

SLESSMAN, John W.; '57 BSBA; 2752 Acton Rd, Birmingham, AL 35243, 205 967-4669.

SLINGER, Jeffry L.; '86 BSBA; Banker; Bank One, 750 E. Piedmont Rd., Dept. 0591, Columbus, OH 43271, 614 248-2248; r. 3182 Hayden Run Rd., Columbus, OH 43235, 614 766-5110.

SLOAN, Brian Richard; '84 BSBA; Ins. Underwriter; Firemans Fund Ins. Co., 309 Vine St., Cincinnati, OH 45202; r. 8280 Lariat Ct., Powell, OH 43065.

SLOAN, Janie Elizabeth; '83 BSBA; 250 Saxton Rd, Mansfield, OH 44907, 419 756-5308.

SLOANE, Fred O.; '38 BSBA; CPA; CPA, 32150 Lake Rd., Avon Lake, OH 44012, 216 933-3194; r. 32150 Lake Rd., Avon Lake, OH 44012, 216 933-3194.

SLOBIN, Lester H.; '65 BSBA; 12430 Millbanks, Houston, TX 77031, 713 498-3343.

SLOBIN, Sanford J.; '61 BSBA; 12430 Millbanks, Houston, TX 77031, 713 729-4292.

SLOBODZIAN, Jane Ann; '88 BSBA; 123 Tenth St., Port Clinton, OH 43452, 419 732-3958.

SLOCUM, Gladys '50 (See Bubnowicz, Mrs. Gladys S.).

SLOCUM, Harold Edward; '79 BSBA; Co-owner; Candle Shoppe, 6144 Busch Blvd., Columbus, OH 43229; r. 121 St. Julien, Worthington, OH 43085.

SLONAKER, Robert Owen; '75 MBA; Mgr.; Manville Sales Corp., 7500 Dutch Rd, Waterville, OH 43566, 419 878-1209; r. 10362 N. Bramblewood, Perrysburg, OH 43551, 419 874-7050.

SLONE, Paul Berton, Jr.; '77 BSBA; VP; Sun Trust Svc. Corp., Chancellor Dr., Orlando, FL 32809, 407 850-1251; r. 336 N. Crooked Tree Tr., DeLand, FL 32724, 904 738-4570.

SLONIKER, Linda O. '79 (See Rice, Mrs. Linda O.).

SLONIM, Alan I.; '53 BSBA; Prog. Mgr.; Norden Systs., Inc., POB 5300, Norwalk, CT 06856, 203 452-3306; r. 7 Hill Farm Rd., Weston, CT 06883, 203 227-3460.

SLOTER, Ronald C.; '67 BSBA; 615 S. Third St., Columbus, OH 43206, 614 461-0874.

SLOUGH, Ralph Eugene; '49 BSBA; Retired; r. 205 Glendale Ave., Findlay, OH 45840, 419 423-3375.

SLOVIS, Sara N. '60 (See Cohn, Mrs. Sara S.).

SLOWTER, William John; '77 MPA; Dir.-MIS; Carlson Mktg. Grp., 12755 State Hwy. 55, Minneapolis, MN 55441, 612 540-5878; r. 4141 Dynasty Dr., Minnetonka, MN 55345, 612 931-0250.

SLUSHER, Mark Stephen; '84 BSBA; Dist. Sales Mgr.; Natl. Industries Inc., 1410 SW 12th Ave., Ocala, FL 32674, 904 732-8800; r. 3205 Park Ave., Minneapolis, MN 55407, 612 825-2074.

SLUTZKER, Susan Elaine; '84 BSBA; 810 Red Hill Dr., Lorain, OH 44052, 216 282-2938.

SLUTZKER, Thelma Goldenberg; '47 BSBA; 810 Red Hill Dr., Lorain, OH 44052, 216 282-2938.

SLYH, Martha Bailey; '82 BSBA; 755 Campbell Ave., Columbus, OH 43223.

SMAGATZ, Glenn Gerard; '86 BSBA; Systs. Programmer; Allstate Ins. Co., Allstate Plz., Northbrook, IL 60062, 312 291-5000; r. 11 Big Oak Ln., Riverwoods, IL 60015, 312 945-1196.

SMALES, Sam Jeffrey; '87 BSBA; Sales Rep.; Nabisco Brands Inc., 24100 Research Dr., Farmington, MI 48024, 313 478-1400; r. 195 Siesta Dr., Apt. W, Tiffin, OH 44883, 419 447-2966.

SMALL, Heidi Serene; '84 BSBA; 11905 Sandgate Cir., Chesterland, OH 44026, 216 729-9612.

SMALL, Marc Jerrold; '85 BSBA; 343 Imperial, Gahanna, OH 43230, 614 475-2358.

SMALL, Mary Alice; '85 BSBA; Acctg. Mgr.; First Interstate Credit & Leasng, 2461 Perimeter Park Dr., Atlanta, GA 30341, 404 458-9211; r. POB 862062, Marietta, GA 30062.

SMALL, Rusty Lee; '87 BSBA; Sales Rep.; Co-op Tool Co. Inc., 6051 Telegraph Rd., Section 2, Toledo, OH 43612, 419 476-9125; r. 7519 Club Rd., Sylvania, OH 43560, 419 885-1773.

SMALLEY, Holly S., (Holly S. Hamann); '84 BSBA; Sales Mgr.; F & R Lazarus, Northland Mall Store, Columbus, OH 43229, 614 265-1315; r. 7313 Fall Creek Ln., Worthington, OH 43235, 614 766-2496.

SMALLEY, Jeffrey Lynn; '68 BSBA; Natl. Sales Dir.; Shipsystems Ltd., 5500 Oakbrook Pkwy., Norcross, GA 30093, 404 447-4900; r. 3821 Northpoint Dr. NE, Marietta, GA 30062, 404 973-4616.

SMALLEY, Joseph Allen; '81 BSBA; 5589 Elm Hill, Solon, OH 44139, 216 248-7347.

SMALLEY, Kim Alan; '78 BSBA; Personnel Staff; Honda of America, 24000 U S. Rte. 33, Marysville, OH 43040, 614 261-2000; r. 101 Juniper Ave., Westerville, OH 43081, 614 891-3436.

SMALLWOOD, Carl De Mouy; '77 BSBA; Atty.; Vorys Sater Seymour & Pease, 52 E. Gay St., Columbus, OH 43215; r. 983 Lansmere Ln., Columbus, OH 43220.

SMALLWOOD, Charles W.; '66 BSBA; Engr. Mgr.; AT&T Info. Ctr., 400 Woods Mill Rd., Chesterfield, MO 63017, 314 275-1710; r. 664 Golfview Dr., Ballwin, MO 63011, 314 227-7185.

SMALLWOOD, Mrs. Lynne D., (Lynne D. Lobdell); '80 BSBA; Stockbroker; Dean Witter Reynolds, 41 S. High St., Ste. 2700, Columbus, OH 43215, 614 228-0600; r. 3181 Minerva Lake Rd., Columbus, OH 43229, 614 895-0966.

SMALLWOOD, Mark S.; '58 BSBA; Tax Partner; Butzel Long Gust Klein & Vanzile, 32270 Telegraph Rd., Ste. 200, Birmingham, MI 48010, 313 258-1408; r. 828 Westchester Rd., Grosse Pte. Park, MI 48230, 313 823-3176.

SMALLWOOD, Norton W., Jr.; '77 MBA; VP; Spectron Corp., 11025 118 Pl. NE, Kirkland, WA 98033, 206 827-9317; r. 2219 233 Ave. NE, Redmond, WA 98053, 206 868-7207.

SMALLWOOD, Robert Anderson; '72 BSBA; Personnel Analyst; Columbus Bd. of Educ., Columbus City Sch. District, 270 E. State St., Columbus, OH 43215, 614 365-5603; r. 3233 Heysham Dr., Hilliard, OH 43026, 614 876-4504.

SMART, Dr. Charles E.; '70 BSBA; Phys.; Baxter Healthcare Corp., One Baxter Pkwy., Deerfield, IL 60015; r. 284 Upland Ave., Youngstown, OH 44504, 216 746-6878.

SMART, James Wick; '73 BSBA; Proj. Mgr.; United Energy Svcs. Inc., 1640 Powers Ferry Rd., Atlanta, GA 30304; r. 1011 Gadd Rd. #308, Hixson, TN 37343, 615 875-9065.

SMART, Margaret C.; '55 BSBA; Asst. Mgr.; Higbee's Dept. Store, 100 Public Sq., Cleveland, OH 44113; r. 7426 Pinewood Dr., Middleburg Hts., OH 44130, 216 243-7704.

SMART, Michael Walter; '87 BSBA; Supv; Anacomp Micrographics, St. Giles St., Raleigh, NC 27526, 919 787-0227; r. 221 Maple Ln., Fuquay Varina, NC 27526, 919 552-7116.

SMEDLEY, James A.; '78 BSBA; Motor Pricing Analyst; Kellogg Corp., POB 3599, Battle Creek, MI 49016, 616 961-3260; r. 4239 W Dickman Rd #1C, Battle Creek, MI 49015, 616 963-5569.

SMELKER, Elizabeth I.; '46 BSBA; Semiretired CPA; 818 Teresita Blvd., San Francisco, CA 94127, 415 586-6309; r. Same.

SMELTZ, Philip K.; '48 BSBA; Retail; Family Mart Inc., 113th St. & Ulmerton Rd, Largo, FL 33542; r. 12001 Belcher Rd. #A13, Largo, FL 34643.

SMELTZER, Patrick V.; '87 BSBA; Ins. Agt.; Smeltzer Ins. Agcy., POB 100, Frazeysburg, OH 43822, 614 828-2491; r. 4605 Creamery Rd., Nashport, OH 43830, 614 453-8869.

SMELTZER, William O.; '63 BSBA; CPA; 126 First Ave., Gallipolis, OH 45631, 614 446-4471; r. Same, 614 446-9731.

SMELTZER, William Oran, Jr.; '82 BSBA; Acct.; Franklin Cnty., 410 S. High St., Columbus, OH 43215; r. 57 W. 9th Ave., #2, Columbus, OH 43201.

SMERDA, Richard F.; '53 BSBA; Retired; r. 935 Dolphin Dr., Jupiter, FL 33458, 407 747-2912.

SMEREK, Mary Lynn; '83 BSBA; 4617 Williamstown, N. Olmsted, OH 44070, 216 777-4158.

SMERILLO, Jacqueline Sonntag, (Jacqueline Sonntag); '49 BSBA; Social Worker III; Cuyahoga Cnty., 3950 Euclid Ave., Cleveland, OH 44115, 216 431-4500; r. 6382 Schaaf Dr., Brook Park, OH 44142, 216 676-9996.

SMETZER, James Eugene; '75 BSBA; Bus. Devel. Ofcr.; GE Capital Corp., 600 Hart Rd, Barrington, IL 60010, 312 381-6600; r. 506 Asbury Ct., Fox River Grove, IL 60021, 312 639-9231.

SMETZER, Terry Caroll; '78 BSBA; CPA; Deloitte Haskins & Sells, 155 E. Broad St., Columbus, OH 43215, 614 221-1000; r. 1380 Kirkley Rd., Columbus, OH 43221, 614 457-7063.

SMETZER, Todd Norman; '88 BSBA; 10912 Winslow Rd, Whitehouse, OH 43571, 419 877-5692.

SMIGEL, Victor B.; '56 BSBA; Real Estate Develope; V B Smigel & Assoc. Inc., 8802 Briar Ct., Des Plaines, IL 60016; r. POB 715, Huntley, IL 60142.

SMIGELSKY, Gregory P.; '82 BSBA; Ins. Mgr.; Merchants Home Delivery Svc., 2400 Latigo Ave., Oxnard, CA 93030, 805 485-7979; r. 160 N. Steckel Dr., Santa Paula, CA 93060, 805 933-3821.

SMILAN, Judith Ann; '79 MBA; Financial Analyst; GE Co., 3135 Easton Tpk., Fairfield, CT 06431; r. 1819 Pheasant Hills Dr., Loveland, OH 45140, 513 683-7248.

SMILEY, Evelyn '45 (See Horning, Evelyn Smiley).

SMILEY, Mark Andrew; '80 MBA; Dir./Audit Partner; r. 601 Windsor Rd., Glenview, IL 60025.

SMILEY, Ralph Edward; '34 BSBA; 445 Meadow Lark Dr., Sarasota, FL 34236, 813 365-2129.

SMITH, Allen J.; '39 BSBA; Retired; r. 2803 Ridge Valley Dr., Ft. Wayne, IN 46804, 219 432-9815.

SMITH, Andrew Creighton; '76 BSBA; VP; Lepco, 85 Industrial Dr., Brownsville, TX 78521, 512 546-1625; r. 1205 Sandy Hill Dr., Brownsville, TX 78520, 512 350-4639.

SMITH, Anita '38 (See Ward, Anita Smith).

SMITH, Anson Brock; '35 BSBA; Chmn. of the Bd.; The Personal Svc. Ins. Co., Columbus, OH 43216; r. 5683 Godown Rd., Columbus, OH 43235, 614 451-3104.

SMITH, Arlette Grigst; '71 BSBA; Owner/Partner; Mortgage Resources, 15928 Ventura Blvd., Encino, CA 91436; r. 3331 S. Oakhurst Ave., Los Angeles, CA 90034.

SMITH, Arnold William; '44 BSBA; Retired; r. 5713 Linworth Rd., Worthington, OH 43085, 614 885-6080.

SMITH, Barbara Howell; '80 BSBA; Tax Acct.; Motorists Ins. Cos., 471 E. Broad St., Columbus, OH 43215; r. 4780 Harr Ct., Columbus, OH 43231, 614 471-1768.

SMITH, Barry Forrest; '57 BSBA; Longwood, FL 32779.

SMITH, Benjamin Frederick; '56 MBA; Lt Col Usaf, 233 Nottingham, San Antonio, TX 78209, 512 826-4939.

SMITH, Mrs. Billie Jo, (Billie Jo Schwieterman); '86 BSBA; Mgmt. Assoc.; Bank One, Columbus Processing Ctr., 757 Carolyn Ave., Columbus, OH 43224, 614 248-3783; r. 5774 Karenway, Columbus, OH 43232, 614 861-1829.

SMITH, Bonaline Whitley; '51; 1073 Blind Brook Dr., Worthington, OH 43085, 614 846-3549.

SMITH, Brad Lee; '80 BSBA; Dir. of Retail Sales; O G Sandbo Co., 1000 W. Henderson Rd, Columbus, OH 43220, 614 451-3334; r. 1097 Discovery Dr., Worthington, OH 43085, 614 436-9991.

SMITH, Bradley Clair; '75 BSBA; Atty./Partner; Flanagan Lieberman Hoffman & Swaim, 3 E. Second St., Dayton, OH 45402; r. 7455 S. Kimmel Rd., Clayton, OH 45315.

SMITH, Bradley Donald; '79 BSBA; Sales; Monarch Marking Systs., Pitney Bowes, 1125 W. 8th St., Cincinnati, OH 45203; r. 8160 Hopper Rd., Cincinnati, OH 45255, 513 231-9495.

SMITH, Bradley Gaylor; '75 BSBA; Mgr. of Sales; Rmi Co., Central Region, 1000 Warren Ave., Niles, OH 44446; r. 3092 Autumnwood Tr., Poland, OH 44514, 216 757-8702.

SMITH, Bradley Noel; '83 BSBA; Operations Supv.; O H Materials Corp., 16406 US Rte. 224 E., Findlay, OH 45840, 419 423-3526; r. 1221 Park St., Findlay, OH 45840, 419 424-5873.

SMITH, Bradley Robert; '85 BSBA; 239 Florence Ave., Logan, OH 43138, 614 385-5177.

SMITH, Bruce Eugene; '71 BSBA; Loan Review Admin.; Huntington Natl. Bank, 41 S. High St., Columbus, OH 43215, 614 436-4016; r. 553 Llanberis Dr., Granville, OH 43023, 614 587-1965.

SMITH, Bruce Howard; '66 BSBA; Sales Acct. Mgr.; Gen. Binding Corp., 3300 University Blvd. Ste. 165, Winter Park, FL 32792, 800 432-8401; r. 4128 Hanging Moss Ct., Jacksonville, FL 32217, 904 262-9463.

SMITH, Bruce Wayne; '75 BSBA; Acctg. Mgr.; Duracell USA, Div of Dart & Kraft, Forrest Ave., La Grange, GA 30240; r. 313 New Hwy. 64 East, Lexington, NC 27292.

SMITH, Bryan Kendall; '88 BSBA; 7901 Baymeadows 547, Jacksonville, FL 32216, 904 731-8053.

SMITH, Camille Diane; '87 BSBA; 1621 Six Point Ct., Worthington, OH 43085.

SMITH, Carl Harvey; '60 BSBA; Dir./Human Resources; Harris Gov Support Systs., 1401 S. Semoran Blvd., Winter Park, FL 32792, 407 657-0969; r. 5368 Crooked Oak Cir., St. Cloud, FL 32769, 407 897-6677.

SMITH, Carl Lewis; '21 BSBA; Semiretired/Exec. VP; Pierre R Smith & Co., 819 Elyria Savings & Trust, Elyria, OH 44035, 216 323-3251; r. Box 289, Magnolia, OH 44643, 216 866-5586.

SMITH, Carol E. '57 (See Brent, Carol Smith).

SMITH, Cathy A. '78 (See Neuberger, Cathy Smith).

SMITH, Cathy Mc Dowell; '75 BSBA; Controller/CFO; Trider Corp., 12 Corporate Plz., Newport Bch., CA 92660, 714 720-0101; r. 10593 Margarita Ave., Fountain Vly., CA 92708, 714 775-5130.

SMITH, Charles Arthur; '66 BSBA; Pres.; Personal Svc. Ins. Co., 100 E. Gay St., Columbus, OH 43215; r. 10221 Askins Rd, Richwood, OH 43344.

SMITH, Charles G.; '69 BSBA; Staff Engr.; Lockheed Aeronautical Systs., POB 551, B/360 D/78-62 P/B6, Burbank, CA 91520, 818 847-4601; r. 2820 Madler Rd, Acton, CA 93510, 805 269-1786.

SMITH, Charles Michael; '76 BSBA; Pres.; Health Care Leasing Corp., 618 Chestnut Rd., Ste. 103, Myrtle Bch., SC 29577, 803 449-8323; r. 1231 Southwind Dr., Helena, AL 35080, 205 663-2041.

SMITH, Charles Ray; '66 BSBA; Administration; Publix Super Mkts., Inc., POB 407, Lakeland, FL 33802, 813 680-5211; r. 1602 W. Oak Dr., Lakeland, FL 33809, 813 859-2187.

SMITH, Christine Ann; '87 BSBA; Student; The Ohio State Univ., 318 Hagerty Hall, Columbus, OH 43210, 614 292-5026; r. 208 King Ave., Apt. D, Columbus, OH 43201, 614 294-5681.

SMITH, Christine Norris, (Christine Norris); '78 BSBA; Volunteer; Doctors Hosp., Dennison Ave., Columbus, OH 43201, 614 297-4196; r. 2072 Fincastle Ct., Worthington, OH 43085, 614 766-4781.

SMITH, Christopher F.; '84 BSBA; Loan Review Spec.; Bank One of Cleveland, 1255 Euclid Ave., Cleveland, OH 44115, 216 781-2395; r. 17599 Whitney Rd., Apt. 328, Strongsville, OH 44136, 216 243-9013.

SMITH, Clare Leroy; '31 BSBA; Retired; r. 3210 Fulton Dr. NW, Canton, OH 44718, 216 454-7444.

SMITH, Clifford Russel; '60 BSBA; 3701 Honeybrook Ave., Dayton, OH 45415, 513 890-3747.

SMITH, Mrs. Constance N., (Constance J. Norpell); '48 BSBA; 258 N. Parkview Ave., Columbus, OH 43209, 614 258-2827.

SMITH, Csilla Remenyik; '84 BSBA; 22510 Huber Dr., Fairview Park, OH 44126, 216 779-8878.

SMITH, Cynthia Steiner; '81 BSBA; Homemaker; r. 3599 Cypress Creek Dr., Columbus, OH 43228, 614 274-2063.

SMITH, D. Chauncey; '85 BSBA; Sales Rep.; Pitney Bowes, 6480 Doubletree Ave., Columbus, OH 43229, 614 846-5770; r. 353 Tibet Rd., Columbus, OH 43202, 614 262-1764.

SMITH, Dale Stewart; '60 BSBA; Sr. VP Human Resources; Kohl's Dept. Stores, 2315 N. 124th St., Brookfield, WI 53005, 414 527-3400; r. 19870 Killarney Way, Brookfield, WI 53005, 414 797-8668.

SMITH, Dale William; '82 BSBA; Mgr. Fund Acctg.; The Winsbury Co., 33 N. 3rd St., Columbus, OH 43215, 614 461-6347; r. 1960 Greensboro Dr., Columbus, OH 43220, 614 457-8019.

SMITH, Daniel Lee; '65 BSBA; 469 Lark St., Nazareth, PA 18064, 215 759-1503.

SMITH, Daniel William; '86 BSBA; Programmer/Analyst; The Limited, 3 Limited Pkwy., Columbus, OH 43216, 614 479-2232; r. 914 Annagladys Dr., Worthington, OH 43085, 614 431-2295.

SMITH, Daphne Lynn '85 (See Mauer, Mrs. Daphne Smith).

SMITH, Darrell Ostrander; '26 BSBA; Retired; r. 359 Oak Ave., Waverly, OH 45690, 614 947-2056.

SMITH, David Brian; '66 BSBA; Loan Ofcr.; Home Natl. Bank, Arkansas City, KS 67005; r. 1429 Day Creek Ct., Derby, KS 67037, 316 788-2164.

SMITH, 2LT David Douglas; '73 BSBA; 17206 Amity Dr., Rockville, MD 20855, 301 330-6412.

SMITH, David Jay; '81 BSBA; Staff Acct.; Lima Technical Clg., 4240 Campus Dr., Lima, OH 45804, 419 222-8324; r. 2149 Brookhaven Dr., Lima, OH 45805, 419 225-7366.

SMITH, David John; '78 BSBA; 1202 N. Yale, Richardson, TX 75081, 214 644-4060.

SMITH, David Leroy; '54 BSBA; Pres. & Gen. Mgr.; Dave Smith Ford Inc., 11853 E. Broad St., Pataskala, OH 43062; r. 2810 Blacklick Eastern Rd., Baltimore, OH 43105.

SMITH, David Paul; '60 BSBA; Underwriter Superint; Ins. Co. of North America, 750 James St., Syracuse, NY 13203; r. 3890 Bussey Rd., Syracuse, NY 13215, 315 469-4794.

SMITH, David Philip; '59 BSBA; Manufacturer Rep.; Dave Smith Assoc.; r. 225 Farmington Woods Dr., Cary, NC 27511, 919 469-4614.

SMITH, David R.; '67 BSBA, '70 MBA; Staff; Dyserv, Inc., 991 Goodale Blvd., Columbus, OH 43212, 614 221-2716; r. 5051 Dierker Rd., Apt. A4, Columbus, OH 43220, 614 457-9650.

SMITH, David Roy; '69 BSBA; Atty.; IRS, 51 SW 1st Ave., Miami, FL 33130, 305 536-4256; r. 14390 S. W. 73 Ct., Miami, FL 33158, 305 255-6916.

SMITH, Deborah Lynn; '84 BSBA; Mktg. Rep.; Good Samaritan Hosp., 3217 Clifton Ave., Cincinnati, OH 45220, 513 872-2205; r. 86 Eagle View Ln., Ft. Thomas, KY 41075.

SMITH, Dennis Dale; '83 BSBA; 1847 Birchcreek Ln., Bldg. 2, Columbus, OH 43229.

SMITH, Dennis Harold; '81 BSBA; Acct.; Acctg. Firm of D.H. Smith, POB 20474, Columbus, OH 43220, 614 771-1283; r. Same.

SMITH, Derrel Michael; '78 BSBA; Internal Auditor; Nationwide Ins., One Nationwide Plz., Columbus, OH 43216; r. 839 Highview Dr., Worthington, OH 43085, 614 436-4261.

SMITH, Ms. Diane Pavoni; '83 BSLHR; Couns./Cnslt.; Personal Performance Cnslts. Inc., 26711 Northwestern Hwy. #415, Southfield, MI 48034, 313 354-3733; r. 1189 Brookridge Dr., Columbus, OH 43235.

SMITH, Don Richard; '74 BSBA; Mgr.-Internal Audit; Limited, Inc., Two Limited Pkwy., POB 16000, Columbus, OH 43216, 614 479-7000; r. 3509 Ridgewood Dr., Hilliard, OH 43026, 614 876-3683.

SMITH, Don Scot; '65 BSBA; Broker; Scot Smith Realty Co., 3121 Stop Eight Rd., Dayton, OH 45414, 513 898-1409; r. 3446 Garianne Dr., Dayton, OH 45414, 513 890-4733.

SMITH, Donald Brice; '51 BSBA; Exec. VP; Ohio Trucking Assn., 50 W. Broad St.-1111, Columbus, OH 43215, 614 221-5375; r. 1719 Moravian St., Columbus, OH 43220, 614 457-8166.

SMITH, Donald Eugene; '57 BSBA; Dir.-Mgmt. & Devel.; Colorado Dept. of Corrections, POB 230, Canon City, CO 81212, 719 275-4181; r. 3340 Inspiration Dr., Colorado Spgs., CO 80917, 719 596-1127.

SMITH, Donald Joseph; '31 BSBA; Retired Secy.-Treas.; Smith Garage Inc., 794 E. 3rd St., Salem, OH 44460; r. 1269 Pembroooke Dr., Salem, OH 44460, 216 337-6478.

SMITH, Donald Ray; '72 BSBA; Pres.; Sunrise Realty, Inc., 1125 Shawnee Rd, Lima, OH 45805, 419 227-7070; r. 3410 High Ridge Rd., Lima, OH 45805, 419 999-2493.

SMITH, Donald Steven; '73 BSBA, '75 MBA; Natl. Bank Examiner; US Dept. of Treas., Comptroller Ofc. of Currency, Dallas, TX 78224; r. 13703 Bell Dr., San Antonio, TX 78217, 512 599-0046.

SMITH, LCDR Donald Wilson; '76 BSBA; Lcdr/Supply Ofcr.; USN, Pcu Leyte Gulf Cg-55, Pascagoula, MS 39568, 601 769-4813; r. 103 Woodhollow Dr., Marlton, NJ 08053, 609 985-5343.

SMITH, Donna Jean; '82 BSBA; Regnl Trng. Coor; Super X Drug Stores, 4010 Executive Park Dr., Cincinnati, OH 45241, 513 563-5610; r. 6627 Birch Park Way, Galloway, OH 43119.

SMITH, Douglas Alan; '67 BSBA; 36 Charleston Ave., Columbus, OH 43214.

SMITH, Drew Evan; '82 BSBA; 33349 First Pl. S. Apt. A, Federal Way, WA 98003, 215 948-4493.

SMITH, Dudley W.; '48 BSBA; Retired; r. 1269 Weathervane Ln. #3, Akron, OH 44313.

SMITH, Dwight Eric; '78 BSBA, '79 MBA; Branch Mgr.; S A I, Columbus, OH; r. 140 Windrow Ct., Gahanna, OH 43230.

SMITH, Earl Shepherd; '47 BSBA; 5201 Fairmont Ave, Downers Grove, IL 60515, 312 945-3473.

SMITH, Earle Leroy; '49 BSBA; Retired; r. 5827 Breskin Dr., Orlando, FL 32809, 407 351-2350.

SMITH, Edward James; '51 BSBA; Gen. Mgr.; Goodyear-Puerto Rico, POB 29146, Rio Piedras, Puerto Rico 00929, 809 769-6960; r. 73 Limoncillo St., Santa Maria Urbanization, Rio Piedras, Puerto Rico 00927.

SMITH, Elbert Leroy; '49 BSBA; Retired; r. POB 360424, Columbus, OH 43236, 614 471-1921.

SMITH, Elizabeth '44 (See Bozett, Elizabeth Smith).

SMITH, Emery William; '68 BSBA; Staff; Law Dept., Pickand & Mather, Cleveland, OH 44115; r. 6165 Robin Cir., Cleveland, OH 44143, 216 461-5639.

SMITH, Dr. Emmett Daniel; '66 MACC, '74 PhD (ACC); Staff; Univ. of Florida, Dept. of Acctg., Gainesville, FL 32611; r. 2630 NW 27th Ter., Gainesville, FL 32605, 904 375-4162.

SMITH, CAPT Eric Carl, USAF; '78 BSBA; 1235 B Palau Loop, APO, San Francisco, CA 96334, 605 923-1159.

SMITH, Felix E.; '46 MPA; Retired; r. 2100 N. 31st Rd., Hollywood, FL 33021, 305 962-3724.

SMITH, Florence M. '34 (See Mignanelli, Florence Smith).

SMITH, Florence Zechiel; '47; 551 Brevoort Rd, Columbus, OH 43214, 614 268-8781.

SMITH, Foster Leroy; '28 BSBA; 2 Capeshores Dr. N., Apt. G, Cape Canaveral, FL 32920.

SMITH, Frank James; '42 BSBA; Broker & Developer; J W Galbreath & Co., 180 E. Broad St., Columbus, OH 43215, 614 460-4550; r. 4501 Langport Rd., Columbus, OH 43220, 614 451-0300.

SMITH, Frank M., Jr.; '80 BSBA; Quality Mgr.; Toledo Scale Co., POB 4887, Spartanburg, SC 29305, 803 472-2051; r. 4667 Schirra Ct., Spartanburg, SC 29301, 803 576-6362.

SMITH, Fred Byron; '84 BSBA; Personnel Aide; The Ohio State Univ., Personnel Services, Columbus, OH 43210, 614 292-9370; r. 152 Nottingham Rd., Columbus, OH 43214, 614 261-0555.

SMITH, Fred Inman; '50 BSBA; Pres.; Smith Stanley & Co., POB 1651, Darien, CT 06820; r. 90 Brookside Rd., Darien, CT 06820, 203 655-3164.

SMITH, Frederick Miles; '80 BSBA; Customer Svc. Rep.; R R Donnelley & Sons Co., 19681 Pacific Gateway Dr., Torrance, CA 90502, 213 516-3100; r. 3540 Lemon Ave., Long Beach, CA 90807.

SMITH, Gale Butler; '51 BSBA; POB Bch 4391, Box 207, Vero Beach, FL 32964, 407 234-4383.

SMITH, Gary Allen; '79 BSBA; 67 Marion Dr., Poland, OH 44514, 216 757-1915.

SMITH, Gary Allen; '86 BSBA; 7868 Meadowhaven Blvd., Worthington, OH 43085, 614 766-8073.

SMITH, Gary Scott; '77 BSBA; Asst. Dir.; Hyatt Regency Maui, Food & Beverage Dept., Lahaina, HI 96761, 808 661-1234; r. 114 Mehani Pl., Kihei, HI 96753, 808 879-1618.

SMITH, LTC Gary Thomas, USAF; '69 BSBA; Shalimar, FL 32579; r. 130 Lake Lorraine Cir., Shalimar, FL 32579, 904 651-8424.

SMITH, Gaylord Edwin; '80 MBA; Dir./Data Proc. Svcs.; Nationwide Ins., One Nationwide Plz., Columbus, OH 43216, 614 246-6429; r. 1893 Coventry Rd, Columbus, OH 43212, 614 488-2569.

SMITH, George Anthony; '86 BSBA; 7558 Dartmouth, Lambertville, MI 48144.

SMITH, George Arlen; '54 BSBA; Realtor; George A. Smith Realty, 21 Iron Gate Park Dr., Centerville, OH 45459, 513 433-9966; r. 5297 Vernadale Dr., Dayton, OH 45429, 513 434-1914.

SMITH, George Thomas; '69 MBA; Sr. Engr.; AT&T Columbus, 6200 E. Broad St., Columbus, OH 43213; r. 6894 Starfire Dr., Reynoldsburg, OH 43068, 614 864-3163.

SMITH, Gerald Duane; '67 BSBA; Sales Rep.; Bert-Co. Graphics, 1855 Glendale Blvd., Los Angeles, CA 90026, 213 669-5740; r. 10593 Angel Ave., Fountain Vly., CA 92708, 714 962-8522.

SMITH, Gerald E.; '45; Retired Vet. Empl. Rep.; Liking Cnty., State of Ohio; r. 24 N. 27th St., Newark, OH 43055, 614 344-4041.

SMITH, Gerald Frederick, CPA; '78 BSBA; Controller; The Lorain Journal, 1657 Broadway, Lorain, OH 44052, 216 245-6901; r. 333 Bounty Way, Avon Lake, OH 44012, 216 933-7319.

SMITH, Gerald Lawrence; '50 BSBA; Retired; r. 334 Euclid Ave., Delaware, OH 43015, 614 369-4866.

SMITH, Gerald P.; '61 BSBA; Mgr.; Frosty Doughnuts, 4080 Rocky River Dr., Cleveland, OH 44135, 216 251-6666; r. 1625 Alameda, Lakewood, OH 44107, 216 221-8482.

SMITH, Gerald Robert; '59 BSBA; 1245 Overstreet Dr., Prescott, AZ 86301, 602 778-6427.

SMITH, Glenn Edward; '69 BSBA; Brokerage; Taggart Marryott Reardon Co., 4150 Tuller Rd., Dublin, OH 43017, 614 792-2900; r. 6581 Hawksway Ct., Columbus, OH 43229, 614 898-5486.

SMITH, Glenn Richard; '73 BSBA, '74 MBA; Mktg. Dev Staff; IBM Corp., 2M-407 900 King St., Rye Brook, NY 10573; r. 65 Rocky Hill, New Fairfield, CT 06812.

SMITH, Gregg Andrew; '88 BSBA; 56 1/2 E. 8th, Columbus, OH 43201.

SMITH, Gregory Philip; '76 BSBA; 121 E. Williams, Bellefontaine, OH 43311, 513 593-2561.

SMITH, Gregory V.; '73 BSBA; VP; Smith Buick-Pontiac, 1900 Eastern Ave., Gallipolis, OH 45631, 614 446-2282; r. Rte. 2, Box 313C, Bidwell, OH 45614, 614 446-7313.

SMITH, Hamilton Marshall; '35 BSBA; Retired; r. 259 Woodsview Dr., Canal Winchester, OH 43110, 614 837-7537.

SMITH, Harold L.; '51 BSBA; Broker; H L Smith Realty Co., 2287 E. 5th Ave., Columbus, OH 43219; r. 1715 Clifton Ave., Columbus, OH 43203, 614 258-2822.

SMITH, Hilda Breese, (Hilda Breese); '48 BSBA; Cnslt.; Nationwide Income Tax, 14507 W. Warren Ave., Dearborn, MI 48216, 313 584-7640; r. 5551 Northcote, W. Bloomfield, MI 48322, 313 626-6779.

SMITH, Howard De Loss; '62 BSBA; Mgr., Sales Rsch.; The Upjohn Co., 7000 Portage Rd, Kalamazoo, MI 49001, 616 323-6338; r. 5440 Whippoorwill Dr., Kalamazoo, MI 49002, 616 375-9636.

SMITH, Howard Dwight, Jr.; '42; Retired; Howard D Smith Co., 1950 Arlington Ave. NW, Columbus, OH 43212; r. 3909 Ridgewood Dr., Hilliard, OH 43026, 614 876-0074.

SMITH, Howard George; '39 BSBA; Interior Designer; r. POB 2653, Palm Bch., FL 33480, 407 655-1863.

SMITH, Huber Ralph; '49 BSBA; Chmn. & Ch Exec. of; Warner P Simpson Printing Co., 1301 Dublin Rd, Columbus, OH 43215, 614 481-8371; r. 661 Overlook Dr., Columbus, OH 43214, 614 451-4462.

SMITH, Ida '83 (See Basye, Mrs. Ida A.).

SMITH, Isaac Dorsey, Jr.; '83 BSBA; Area Acctg. Supv.; Columbia Gas of Ohio Inc., 101 W. High St., Springfield, OH 45502, 513 324-5775; r. 120 W. Perrin Ave., Springfield, OH 45506, 513 324-5441.

SMITH, Ivan Campbell; '61 MBA; Pres.; Ivan Campbell Smith Inc., 325 E. Chestnut St., Lancaster, OH 43130, 614 653-1554; r. 325 E. Chestnut St., Lancaster, OH 43130, 614 654-3859.

SMITH, J. W.; '60 BSBA; Technology Cnslt.; 274 E. 1st Ave., POB 1879, Columbus, OH 43216, 614 297-3065; r. 2340 Canterbury Rd., Columbus, OH 43221, 614 488-6291.

SMITH, Jack Roger; '56 BSBA; Programmer; r. 337 Wedgewood Dr., Chadds Ford, PA 19317, 215 269-8753.

SMITH, Jak Edward; '80 BSBA; Sales Mgr.; AMG, Industrial Park, Mt. Vernon, OH 43050, 614 397-4044; r. 1301 Westwood Dr., Mt. Vernon, OH 43050, 614 392-3005.

SMITH, James Brian; '87 BSBA; Sr. Customer Svc. Rep.; Bank One, 350 S. Cleveland Ave., Westerville, OH 43081, 614 248-4418; r. 7596 Placid Ave., Worthington, OH 43085, 614 846-0290.

SMITH, James Emerson; '71 MBA; Dir./Plng.-Dev; Clark Equip. Co., Melroe Division, Fargo, ND 58103; r. Rte. 1 Forest River Estates, Fargo, ND 58103, 701 235-5320.

SMITH, James Everett; '51 BSBA; Retired; r. 669 Herman St., Marion, OH 43302, 614 382-3653.

SMITH, James Gregory; '85 BSBA; Acct.; Smith Steel Svcs. Inc., 1211 Hook Rd., Middletown, OH 45042, 513 422-6768; r. 5454 O'Neall Rd., Waynesville, OH 45068, 513 897-9591.

SMITH, James Hartley; '62 BSBA, '68 MACC; VP/ Finance; Anchor Glass Container, One Anchor Pl., 5610 La Salle St., Tampa, FL 33607; r. 1962 Downing Pl., Palm Harbor, FL 34683, 813 784-0706.

SMITH, James Lawrence; '56 BSBA; Intl. Sales; Kent Air Tool Co., 711 Lake St., Hudson, OH 44236; r. 1895 S. Tannery Rd, Hudson, OH 44236, 216 653-9772.

SMITH, James Leonard; '79 BSBA; Acctg. Supv.; Eaton Corp., RR 2, Lincoln, IL 62656; r. 1306 Richland Ave., Lincoln, IL 62656, 217 732-1759.

SMITH, James Lester, Jr.; '82 MBA; Dir.-Trng. & Devel.; J.D.A. Software Co., 1717 E. 9th St. Ste. 1600, Cleveland, OH 44114; r. 4433 E. Nisbet Rd., Phoenix, AZ 85032, 602 971-9164.

SMITH, James Milton; '67 BSBA; Store Mgr.; Pergament Home Ctrs., 101 Marcus Dr., Melville, NY 11747, 516 694-9300; r. 562 Peter Paul Dr., W. Islip, NY 11795, 516 661-8611.

SMITH, James Robert; '83 BSBA; Asset/Liab Analyst; Bank One of Columbus, Investment Dept., 100 E. Broad St., Columbus, OH 43271, 614 248-6883; r. 4590 San Andres Pl., Columbus, OH 43230, 614 476-4250.

SMITH, James Scott; '88 BSBA; 136 1/2 Marietta St., Bremen, OH 43107, 614 569-4695.

SMITH, James Wendell; '82 BSBA; 3452 16th St., #302, San Francisco, CA 94114, 415 824-5101.

SMITH, Jean Annette; '85 BSBA; Ins. Coord.; OB/ GYN Assoc. Inc., 12029 Sheraton Ln., Cincinnati, OH 45246, 513 671-2100; r. 6727 Old Station Dr., West Chester, OH 45069, 513 733-0314.

SMITH, Jeffrey Jay; '87 BSBA; Dir. of Sales; Direct Micro, 1776 Dividend Dr., Columbus, OH 43228, 614 771-8771; r. 6105 O'Sweeney Ln., Dublin, OH 43017, 614 792-8064.

SMITH, Jeffrey John, MIS; '86 BSBA; Controller; Taggart, Marriott & Reardon Co., 4150 Tuller Rd, Dublin, OH 43017, 614 792-2900; r. 2487 Sawbury, Worthington, OH 43235, 614 766-9849.

SMITH, Jeffrey Owen; '72 MBA; 131 Parish Rd., Honeoye Falls, NY 14472, 716 624-3225.

SMITH, Jeffrey Scott; '81 BSBA; 5692 Far Hills Ave., Dayton, OH 45429.

SMITH, Jeffrey Steven; '83 BSBA; Sr. Asst. Mgr.; Greyhound Food Mgmt., 5600 Henry Ford Blvd., Cleveland, OH 44142, 216 676-7018; r. 10 Brandywine Sq., Cleveland, OH 44143, 216 486-9051.

SMITH, Jennifer Y. '85 (See May, Mrs. Jennifer Y.).

SMITH, Jerald Michael; '75 MACC; Staff; Online Computer Library Ctr., 6565 Frantz Rd., Dublin, OH 43017; r. 196 Selby Blvd. E., Worthington, OH 43085, 614 436-1563.

SMITH, Jerry Phillip; '80 BSBA; Audit Ofcr. I; First Alabama Bancshares, POB 19545, Birmingham, AL 35219, 205 326-7092; r. 861 Ridgefield Rd., Birmingham, AL 35215, 205 856-9324.

SMITH, Mrs. Joan A., (Joan A. Dreher); '55 BSBA; Tutor; Columbus Public Sch. Syst., 270 E. State St., Columbus, OH 43215; r. 327 Worman Dr., Gahanna, OH 43230, 614 476-4645.

SMITH, Joanie M.; '86 BSBA; Acct.; Kassoy & Lopez, Attys. at Law, 9665 Wilshire Blvd., Ste. 850, Beverly Hls., CA 90212, 213 858-7788; r. 655 McNaughton Rd., Columbus, OH 43213, 818 781-7864.

SMITH, Joel Murray; '66 BSBA; Sr. VP/CFO; Americold Corp., 1515 SW 5th, Ste. 700, Portland, OR 97201, 503 224-3480; r. 7701 SE 30th, Portland, OR 97202, 503 771-5278.

SMITH, John Albert; '84 BSBA; Sr. Sales Mgr.; Progressive Corp.; r. 722 Chelsea Ave., Bexley, OH 43209, 614 235-6463.

SMITH, John Gilbert; '52 BSBA, '53 MBA; Pres.; Ketchum Distributors Inc., 909 Remsen Ave., Brooklyn, NY 11236; r. c/o Ketchum Distributors Inc, 909 Remsen Ave., Brooklyn, NY 11236.

SMITH, John Mark; '72 BSBA; Pres.; Great Lakes Golf Cars, 495 E. 185th, Euclid, OH 44119; r. 28437 Fairmont Blvd., Cleveland, OH 44124, 216 292-3863.

SMITH, Jon Irvin; '70 BSBA; Owner; The Smith-Chambers Co., POB 149, 1026 S. Penn Ave., Wellston, OH 45692, 614 384-3400; r. POB 108, Wellston, OH 45692, 614 384-6675.

SMITH, LTC Joseph Andrew; '56 BSBA; USAF-Retired; J Andrew Smith Jr. CPA, POB 1524, Goldsboro, NC 27530; r. 520 Foresthill Dr., Goldsboro, NC 27530, 919 736-0840.

SMITH, Joseph J.; '41 BSBA; Retired; McKesson Corp.; r. 3433 Fulton St., Saginaw, MI 48601, 517 754-2656.

SMITH, Joseph Junior; '51 BSBA; 191 W. Beaumont, Columbus, OH 43214, 614 262-7245.

SMITH, Joseph Peter; '68 BSBA; Staff; Natl. Bk. of North Carolina, 5625 E. Independence Ave., Charlotte, NC 28212; r. 5413 Greenough Way, Greensboro, NC 27410, 919 668-9489.

SMITH, Joseph Wilton, IV; '84 BSBA; Acct.; Home City Ice Co., 6521 River Rd., Cincinnati, OH 45233, 513 941-0340; r. 5547 Westwood-Northern Blvd., Apt. 8, Cincinnati, OH 45248, 513 922-7432.

SMITH, Julia Ann; '85 BSBA; 3584 Ridgewood Dr., Hilliard, OH 43026, 614 876-4592.

SMITH, Julie Anne; '87 BSBA; 120 E. 12th St., Dover, OH 44622, 216 343-1282.

SMITH, Julie Marie; '84 BSBA; 13 Hudson Watch, Ossining, NY 10562, 914 941-5224.

SMITH, Kathleen Kaye; '87 BSBA; Internal Auditor; J C Penney Co. Inc., 800 Brooksedge Blvd., Westerville, OH 43081, 614 891-8316; r. 1419 Scenic Club Dr., Westerville, OH 43081, 614 847-0028.

SMITH, Keith James; '79 BSBA; Mgr. of Acctg.; The Ltd. Inc., One Limited Pkwy., POB 16528, Columbus, OH 43216, 614 479-7000; r. 1821 Brimfield, Columbus, OH 43229, 614 846-0798.

SMITH, Keith Layton, Jr.; '76 MBA; Plant Mgr.; Kollmann Div. Emerson Electric, POB 150, Orange, VA 22960, 703 672-5150; r. 2075 Ashmere Dr., Rte. 729, Charlottesville, VA 22901, 804 296-7493.

SMITH, Dr. Keith Van; '61 MBA; Prof. of Mgmt.; Purdue Univ., Sch. of Management, Lafayette, IN 47907; r. 600 Bexley Rd., W. Lafayette, IN 47906, 317 743-5565.

SMITH, MAJ Kenneth Eugene, USMC; '87 MPA; NROTC OSU, 2121 Tuttle Park Pl., Columbus, OH 43210; r. 1236 Colston Dr., Westerville, OH 43081.

SMITH, Kenneth Lee; '57 BSBA; Asst. Secy.; State Savings Co., 1669 Fishinger Rd, Columbus, OH 43221; r. 29B Ross Rd., Saco, ME 04072.

SMITH, Kent Callander; '88 BSBA; Real Est Appraiser; Madison Appraisal & Cnsltg., 63 N. Main St., London, OH 43140, 614 852-4868; r. 2045 Palouse Dr., London, OH 43140, 614 852-3563.

SMITH, Kevin D.; '84 BSBA; Plant Acctg. Mgr.; Baxter Healthcare Corp., Pharmaseal Div., 3333 Durahart St., Riverside, CA 92507, 714 686-8900; r. 955 Promontory Dr. W., Newport Bch., CA 92660, 714 673-6099.

SMITH, Kimberley Sue '84 (See Maney, Mrs. Kimberley Smith).

SMITH, Lamar Earl; '67 BSBA; Sr. VP; Citizens Fed. S&L, 110 N. Main St., Dayton, OH 45402, 513 223-4234; r. 3189 Southfield Dr., Xenia, OH 45385, 513 429-2365.

SMITH, Lana Marie; '81 BSBA; Sales Rep.; Karn Meats Inc., 922 Taylor Ave., Columbus, OH 43219, 614 252-3712; r. 1356 Runaway Bay Dr., Apt. 1A, Columbus, OH 43204, 614 481-7834.

SMITH, Larry Lee; '72 BSBA; VP; United Med. Corp., 1 Duponte Ctr., Ste. 2400, Orlando, FL 32801, 407 423-2200; r. 1001 Dishman Loop, Oviedo, FL 32765, 407 365-1670.

SMITH, Larry William; '66 BSBA; Mgr.; GM Corp., Hydramatic Div., Willow Run Plant, Ypsilanti, MI 48198, 313 481-5335; r. 5350 Ogden Hwy., Adrian, MI 49221, 517 265-2351.

SMITH, Laura Young, (Laura Young); '80 BSBA; Sr. Computer Spec.; The Ohio State Univ., University Systs., 1121 Kinnear Rd., Columbus, OH 43212, 614 292-3687; r. 4579 Avery Rd., POB 263, Hilliard, OH 43026, 614 771-0395.

SMITH, Laurie Parkinson; '78 BSBA; Admin. Secy.; St. Mary Hosp., c/o Postmaster, Port Arthur, TX 77640; r. 2525 Date St., Port Arthur, TX 77642, 409 982-7685.

SMITH, Leonard Russell; '73 BSBA; 1016 St. Rte. 61, Marengo, OH 43334, 419 253-7195.

SMITH, Dr. Lester Frank; '56 BSBA; Assoc. Prof.; Ohio State Univ., 2070 Neil Ave., Columbus, OH 43210, 614 292-0246; r. 3894 Lyon Dr., Columbus, OH 43220, 614 451-4696.

SMITH, Lisa Deanne; '85 BSBA; R8 Box 8696, Manchester, TN 37355, 615 728-4464.

SMITH, Lisa Elaine; '81 BSBA; Administrative Mgr.; Mc Donald's Corp., 28253 Lorain Rd., N. Olmsted, OH 44070, 216 734-4177; r. 1182 Cook Ave., Lakewood, OH 44107, 216 521-2761.

SMITH, Lloyd Phillip; '32 BSBA; Owner Mgr.; Smith Shoe Store, 132 S. Main St., Woodsfield, OH 43793; r. 111 S. Paul St., Woodsfield, OH 43793, 614 472-0273.

SMITH, Lonnie Stagg; '72 MBA; Controller; The Lobe Electric Co., 915 Williams Ave., Columbus, OH 43212; r. 669 Evening St., Worthington, OH 43085, 614 436-3159.

SMITH, Marc Edward; '86 BSBA; 905 Chenango Rd., Rte. 3 Box 186, Wakeman, OH 44889.

SMITH, Dr. Marc Taintor; '84 PhD (BUS); Asst. Prof.; Univ. of Florida, Sch. of Business, Gainesville, FL 32611, 904 392-0157; r. 2229 NW 17th Ave., Gainesville, FL 32606, 904 373-8918.

SMITH, Marcia Lisa; '84 BSBA; Benefit Sales Asst.; Liberty Mutual Ins. Co., 3501 N. Causeway Blvd., Ste. 300, Metairie, LA 70002, 504 837-7000; r. 4404 Lake Vista Dr. #D, Metairie, LA 70006, 504 888-4812.

SMITH, Marianne Detrick; '70 BSBA; 4624 Silverwood Dr., Kettering, OH 45429, 513 294-2854.

SMITH, Marilyn Arthur; '47 BSBA; 137 E. Pacemont Rd., Columbus, OH 43202, 614 268-2967.

SMITH, Mark Douglas; '84 BSBA; Staff; Wasserstrom & Sons, 477 S. Front St., Columbus, OH 43215; r. 7054 Roundelay Rd. N., Reynoldsburg, OH 43068.

SMITH, Mark Edward; '83 BSBA; Gen. Mgr.; Freight Audit Svc., Inc., 114 W. South Boundary St., Perrysburg, OH 43551, 419 874-9374; r. 5962 Matthew Dr., Whitehouse, OH 43571, 419 877-0042.

SMITH, Mark Eugene; '76 BSBA; 737 Crestwood Ave., Wadsworth, OH 44281, 216 336-8649.

SMITH, Mark Stephen; '75 MBA; Stockbroker; r. 161 Redding Rd., Campbell, CA 95008, 408 371-1455.

SMITH, Mark Warren; '82 BSBA; Section Mgr. Corp. Acctg.; J W Didion & Assocs. Inc., 229 Huber Village Blvd., Westerville, OH 43081, 614 890-0070; r. 1608 Rygate Dr., Reynoldsburg, OH 43068, 614 864-0533.

SMITH, Martha '84 (See Kerns, Martha Smith, CPA).

SMITH, Mary A. '85 (See Johnson, Ms. Mary S.).

SMITH, Mary Ellen '48 (See Disher, Mary Ellen).

SMITH, Mary Joan; '83 BSBA; Acct.; Advanced Drainage Systs., 3300 Riverside Dr., Columbus, OH 43221; r. 627 Roth Ave., Columbus, OH 43228.

SMITH, Mary Katherine; '87 BSBA; Personnel Admin.; Ltd. Express, One Limited Pkwy., POB 181000, Columbus, OH 43218, 614 479-4000; r. 773 E. Thurber Dr., Apt. J, Columbus, OH 43215, 614 464-2049.

SMITH, Mary Knobloch; '44 BSBA; Homemaker; r. 3286 Georgian Ct., Erie, PA 16506, 814 833-4244.

SMITH, Ms. Mary S., (Mary Scott); '79 BSBA; Systs. Engr.; IBM, 1300 E. 9th St., Cleveland, OH 44144, 216 664-7221; r. 570 Wilkes Ln., Richmond Hts., OH 44143.

SMITH, Mary Taylor; '46 BSBA; Retired; r. Box 87, Westville, OH 43083, 513 653-6949.

SMITH, Matthew Charles; '86 BSBA; Sales Mgr.; Fashion B Bar, Denver, CO 80222; r. 7995 E. Mississippi Ave., #F8, Denver, CO 80231, 303 322-9106.

SMITH, Matthew Gordon; '85 MBA; Engr.; IBM, 140 E. Town St., Columbus, OH 43215; r. 5268 Hazelwood Rd., Columbus, OH 43229, 614 848-4691.

SMITH, Dr. Maureen Honora; '78 MACC, '79 PhD (ACC); On Leave; Michigan State Univ., @ Postmaster, E. Lansing, MI 48824; r. 2079 Ashland St., Okemos, MI 48864, 517 349-6365.

SMITH, Melvin Owen; '32 BSBA; Minister Lecturer; r. 6 Chichester Ter., Brighton, Sussex, England.

SMITH, Merton H.; '51 BSBA; 1835 Viewcrest Dr., Dallas, TX 75228, 214 328-1285.

SMITH, Michael Allan; '83 BSBA; Carpenter; Ned Roberts Co., 215 S. Cherry, Granville, OH 43023, 614 344-1131; r. 63 Riley St., Newark, OH 43055, 614 344-1853.

SMITH, Michael Duard; '63 BSBA, '67 MBA; Staff; Eaton Corp., 100 Erieview Plz., Cleveland, OH 44114; r. 4667 Carsten Dr., N. Olmsted, OH 44070, 216 777-7570.

SMITH, Michael John; '81 BSBA; Lease Mgr./Sales Rep.; Happy Days Boating Co., 4151 W. Fremont Rd, Port Clinton, OH 43452; r. 1065 Hazel St., Fremont, OH 43420, 419 332-2034.

SMITH, Michael Richard; '76 BSBA; Line Haul Coor; Spector Freight Systs., 1213 W. Mound St., Columbus, OH 43223; r. 6814 Metuchen Pl., Reynoldsburg, OH 43068, 614 864-9258.

SMITH, Michele '66 (See Matto, Rev. Michele Smith).

SMITH, Ms. Michele D., (Michele D. Munk); '86 BSBA; Acct.; Nationwide Ins., One Nationwide Plz., Columbus, OH 43216, 614 249-5671; r. 6789 Thoreau Ln., Baltimore, OH 43105, 614 468-2277.

SMITH, Millard R., Jr.; '76 BSBA; Mgr. of Benefits Admin.; Marathon Oil Co., 539 S. Main St., Findlay, OH 45840; r. 16211 SR 224 E., Findlay, OH 45840, 419 422-0629.

SMITH, Morton Sanford; '47 BSBA; Pres.; Smith-Lustig Paper Box Co., 2165 E. 31st St., Cleveland, OH 44115, 216 621-0453; r. 3249 Bremerton Rd., Cleveland, OH 44124, 216 831-9193.

SMITH, Nancy Carolyn; '87 BSBA; Human Resources; r. 7119 S. Hudson Cir., Littleton, CO 80122, 303 721-1382.

SMITH, Mrs. Nanette R., (Nanette R. Sunday); '78 BSBA; Programmer Analyst; Port Authority of Guam, Cabras Island, Piti, Guam 96925, 617 477-9931; r. 1235B Palau Loop, Anderson AFB, APO, San Francisco, CA 96910, 617 362-4329.

SMITH, Ned Richard; '50 BSBA; Sales Mktg. Cnslt.; Nestle Foods Corp., 1040 Crown Pointe Pkwy., Ste. 270, Atlanta, GA 30338, 404 668-5127; r. 430 Singletree Trace, Alpharetta, GA 30201, 404 751-3839.

SMITH, Nelson Theodore; '83 MPA; Police Sergeant; City of Springfield, Police Division, 130 N. Fountain Ave., Springfield, OH 45502, 513 324-7680; r. 1133 Westmont Dr., Springfield, OH 45503, 513 399-8357.

SMITH, Norman E.; '50 BSBA; Pres.; AWL Syst. Inc., 218 W. Main St., Ste. D, Leola, PA 17540, 717 656-3238; r. 2135 Stonecrest Dr., Lancaster, PA 17601, 717 392-1607.

SMITH, Patricia Balsizer; '75 BSBA; Mgr.; Libbey-Owens-Ford Co., Domestic Money & Banking, 811 Madison Ave., Toledo, OH 43695; r. 412 W. Yeasting St., Gibsonburg, OH 43431.

SMITH, Patricia Edwards; '83 BSBA; Staff; Guardian Life Ins. Co., 6797 N. High St., Worthington, OH 43085, 614 846-2709; r. 225 E. Stanton Ave., Columbus, OH 43214, 614 436-8673.

SMITH, Patrick Allen; '86 BSBA; VP Human Res.; The Columbus Show Case Co., 850 W. Fifth Ave., Columbus, OH 43212, 614 299-3161; r. 1733 Drew Ave., Columbus, OH 43220, 614 459-8821.

SMITH, Paul Albert; '84 BSBA; Retail Prod. Analyst; BancOhio Natl. Bank, 155 E. Broad St., Columbus, OH 43251, 614 463-7232; r. 5218 Fallston Ct., Westerville, OH 43081, 614 891-4612.

SMITH, Paul Ernest; '58 BSBA; Acct.; Columbus Public Schs., 270 E. State St., Columbus, OH 43215, 614 365-6460; r. 2093 Agler Rd, Columbus, OH 43224, 614 471-9605.

SMITH, Paul Frank; '80 BSBA; Real Estate Rep.; Marathon Petroleum Co., 1954 Airport Rd #120, Atlanta, GA 30341, 404 452-8060; r. 3315 Hillside Dr., Snellville, GA 30278, 404 972-9027.

SMITH, Peggy Lou; '88 MPA; 2868 N. High St., Apt. 4, Columbus, OH 43202, 614 268-6632.

SMITH, Philip Eugene; '83 BSBA; Staff; Marion Gen. Hosp., Mc Kinley Park Dr., Marion, OH 43302; r. 551 Annarose Run, Westerville, OH 43081.
SMITH, Phillip Charles; '84 MA; 3000 July St., Apt. 3, Baton Rouge, LA 70808, 504 387-8640.
SMITH, Rachel Michele; '88 BSBA; 1851 Westhill Blvd., Westlake, OH 44145, 216 835-5873.
SMITH, Ralph B.; '40 BSBA; Retired; r. 337 Mariner Dr., Tarpon Spgs., FL 34689.
SMITH, Ralph Everett; '69 BSBA; Dir. of Sch. Bus. Affairs; West Irondequoit Sch. Dist., 370 Cooper Rd., Rochester, NY 14617, 716 342-5500; r. 4690 Thrall Rd., Lockport, NY 14094, 716 434-3659.
SMITH, Ralph Gibson; '31 BSBA; Retired; r. 354 Oakland Park Ave., Columbus, OH 43214, 614 263-0384.
SMITH, Ralph Joseph; '86 BSBA; Banquet Supv.; Holiday Inn, Hudson, OH 44236; r. 264 Cres. Dr., Akron, OH 44301.
SMITH, Ralph Kevin; '88 BSBA; Owner; Sales Enterprises, POB 20550, Columbus, OH 43220, 614 450-2346; r. 6789 Thoreau Ln., Baltimore, OH 43105, 614 468-2277.
SMITH, Randall Charles; '66 BSBA; VP; Crestar Bank, Personnel Admin. Dept., POB 4600, Norfolk, VA 23501, 804 858-3180; r. 1444 Iredell Ct., Virginia Bch., VA 23455, 804 460-3466.
SMITH, Randall K.; '81 MBA; Sr. Dist. Analyst; Digital Equip. Corp., 450 Whitney St., Northboro, MA 01582; r. POB 712, Boylston, MA 01505.
SMITH, Randall Raymond; '80 BSBA; Product Mgr.; NCR, Liberty, SC; r. 85 Goldengate Dr., Dayton, OH 45459, 513 433-3915.
SMITH, Randall Scott; '78 BSBA; Sr. Sales Cnslt.; Baxter Healthcare, 27200 N. Tourney Rd., Valencia, CA 91355; r. 12719 Crystal Ranch Rd., Moorpark, CA 93021, 805 529-2226.
SMITH, Randall Wayne; '72 BSBA; 3502 Autumn Ln., Baytown, TX 77521, 713 427-5980.
SMITH, Ms. Rebecca Sue; '87 BSBA; Regional Transp. Mgr.; The Ltd. Inc., Two Limited Pkwy., Columbus, OH 43230, 614 479-7500; r. 980 King Ave., #8-2, Columbus, OH 43212, 614 297-8424.
SMITH, Renee Donna; '82 BSBA; 3125 Arrowpoint Dr., Zanesville, OH 43701, 614 452-4212.
SMITH, Mrs. Renee Melick; '86 MBA; Port Mgr./Fin. Analyst; Hendley & Co., 822 Adair Ave., Zanesville, OH 43701, 614 452-4523; r. 2710 Deerpath, POB 123, Duncan Falls, OH 43734, 614 674-4707.
SMITH, Mrs. Richard A., (Peggy E. Adametz); '85 BSBA; Acct.; Mesarvey Russell & Co., 1905 W. North St., Springfield, OH 45504, 513 325-4639; r. 1927 W. Mile, Springfield, OH 45503, 513 399-4264.
SMITH, Richard Herman; '30 BSBA, '31 MA; Retired; r. 8400 Vamo Rd. #1240, Sarasota, FL 34231, 813 966-5611.
SMITH, Richard Howard; '42 BSBA; Retired; Columbus Bolt & Forging Co., 291 Marconi Blvd., Columbus, OH 43215; r. 1444 N. Fahlander Dr., Columbus, OH 43229, 614 885-4537.
SMITH, Richard Howe; '66 BSBA; Assoc. Broker; Donald R. Kenney & Co. Realtors, 6077 Frantz Rd., Ste. 103, Dublin, OH 43017, 614 889-6444; r. 4525 Helston Ct., Columbus, OH 43220, 614 451-8880.
SMITH, Richard Keith, Jr.; '67 BSBA; 195 Grogan's Landing, Dunwoody, GA 30338, 404 394-5206.
SMITH, Richard L.; '61; VP/Dir. Mortgage Banking; Buckeye Fed. Savings&Loan, 36 E. Gay St., Columbus, OH 43215, 614 225-2168; r. 5095 Tamarack Blvd., Columbus, OH 43229, 614 885-4883.
SMITH, Richard Leslie; '59 MBA; Mgr. Personnel; US X Engrs. & Cnslts. Inc., 600 Grant St., Pittsburgh, PA 15219, 412 433-6528; r. 150 Lakeview Dr., Mc Murray, PA 15317, 412 941-7930.
SMITH, Richard Preston; '75 BSBA; 5777 Montevideo Dr., Westerville, OH 43081, 614 891-6654.
SMITH, Richard Reynolds; '72 BSBA; Manufacturers Rep.; R.R. Smith Co., Box 248, Wadsworth, OH 44281, 216 334-2518; r. 778 West St., Wadsworth, OH 44281, 216 336-7520.
SMITH, Richard William; '74 MBA; VP; Sales Technology, Inc., 4180 River Cliff Chase, Marietta, GA 30067; r. 4180 River Cliff Chase, Marietta, GA 30067, 404 955-1112.
SMITH, Robert Bixler; '33 BSBA; 12540 Edgewater Dr., Cleveland, OH 44107, 216 226-5049.
SMITH, Robert Burns; '49 BSBA; Editor-in-Chief; Ohio Magazine, Inc., 40 S. Third St., Columbus, OH 43215, 614 461-8853; r. 1456 Sandalwood Pl., Columbus, OH 43229, 614 885-8669.
SMITH, Robert Charles; '53 BSBA; 3802 Country Club Pl., Cincinnati, OH 45208.
SMITH, Robert Davidson, CPA; '61 BSBA; Partner; Smith Payne & Co. CPA's, 171 E. Washington Row, POB 558, Sandusky, OH 44870, 419 627-1248; r. 1125 Laguna Dr., Huron, OH 44839, 419 433-2956.
SMITH, Robert Douglas; '85 BSBA; Library Asst.; The Columbus Dispatch, 34 S. Third St., Columbus, OH 43216, 614 461-5178; r. 243 E. Mithoff St., Columbus, OH 43206, 614 443-1989.
SMITH, Robert Edward; '82 BSBA; Admin.; Kno-Ho-Co., Community Action Agy, Bridge-Nellie, Coshocton, OH 43812; r. 592 S. 12th St., Coshocton, OH 43812, 614 622-2951.
SMITH, Robert Edward; '87 BSBA; 51 Park Ave., Plymouth, OH 44865, 419 687-6531.
SMITH, Robert Evans; '57 BSBA; Tchr.; r. Rte. 2 Box 41, Glouster, OH 45732, 614 767-3994.
SMITH, Robert Everett; '64 BSBA; Pres.; Southwind Villa, 1056 Smith Rd., Columbus, OH 43207, 614 443-3252; r. 562 Hallmark Pl., Worthington, OH 43085, 614 885-1334.
SMITH, Robert Glenn; '49 BSBA; Retired; r. 800 W. Community College Dr., #333, San Jacinto, CA 92383, 714 654-5308.
SMITH, Robert Henry; '67 BSBA; Pilot; B F Goodrich Co., 500 S. Main St., Akron, OH 44311; r. Gibbs Ln., Dover, OH 44622, 216 343-6361.
SMITH, Robert L.; '82 BSBA; Gen. Svc. Mgr.; Merrill Lynch, 4555 Lake Forest Dr., Cincinnati, OH 45242, 513 733-2430; r. 5448 Candy Ln., Milford, OH 45150, 513 248-4243.
SMITH, Robert Lee; '35 BSBA; Retired; r. 333 E. 46th St., Apt. 14B, New York, NY 10017, 212 687-5304.
SMITH, Robert Lee; '53 BSBA; VP Opers.; NWL Control Systs., 2220 Palmer Ave., Kalamazoo, MI 49001, 616 384-3689; r. 1430 Spruce Dr., Kalamazoo, MI 49008, 616 381-9282.
SMITH, Robert Lee, Jr.; '79 BSBA; Agt.; Nationwide Ins., One Nationwide Plz., Columbus, OH 43216; r. 8735 Tayport Dr., Dublin, OH 43017.
SMITH, Robert Leland; '47 BSBA; Agt. Emeritus; Northwestern Mutual Ins., 244 S. 4th St., Richmond, IN 47374, 317 935-1634; r. 405 S. 18th St., Richmond, IN 47374, 317 962-5901.
SMITH, Robert Leslie; '87 BSBA; Trust Admin. (Trainee); Wheeling Dollar Bank, Wheeling, WV 26003, 304 234-2400; r. 2505 Cherry Ave., Steubenville, OH 43952, 614 264-9703.
SMITH, Robert Michael; '70 BSBA; Gen. Acctg. Mgr.; Columbia Gas Co., 200 Civic Center Dr., Columbus, OH 43215, 614 460-5933; r. 3921 Headleys Mill Rd. SW, Pataskala, OH 43062, 614 927-5900.
SMITH, Robert William; '60 BSBA; Atty.; Ohio Contractors, 41 S. High St., Columbus, OH 43215; r. 1544 E. Choctaw Dr., London, OH 43140, 614 852-3836.
SMITH, Robin L. '83 (See Brown, Mrs. Robin L.).
SMITH, CDR Roger Falter, USN(Ret.); '47 MPA; Retired; r. 268 Addy Ln., Roseburg, OR 97470, 503 679-5910.
SMITH, Roger L.; '73 BSBA; VP, Texas Ops.; John W. Galbreath & Co., 3102 Oak Lawn Ave., Lock Box 114, Austin, TX 75219, 214 522-0161; r. 1713 Sutters Mill Rd., Carrollton, TX 75007, 214 242-1622.
SMITH, Ronald Earl; '81 BSBA; Controller; Stone Container Corp., 288 S. Illinois Ave., Mansfield, OH 44905, 419 589-3311; r. 170 State Rte. 4, Marion, OH 43302, 419 985-4601.
SMITH, Ronald Louis; '74 MPA; Stockbroker; Dean Witter, Ste. 2700, 41 S. High St., Columbus, OH 43215, 614 228-0600; r. 2626 Wexford Rd., Columbus, OH 43221, 614 486-5035.
SMITH, Ronald Wark; '59 BSBA; Pres.-Owner; Western Machine, 11 Applegreen Ln., Austin, TX 78738, 512 261-4138; r. Same.
SMITH, Rosanne Packa; '81 BSBA; Lead Data Mgmt. Anlyt; Nationwide Ins., One Nationwide Plz., Columbus, OH 43216; r. 4972 Willow Hollow Ct., Gahanna, OH 43230, 614 891-4173.
SMITH, Ruth Baird; '46 BSBA; Homemaker; r. 8668 Cavalier Dr., Cincinnati, OH 45231, 513 931-5736.
SMITH, Mrs. Sally, (Sally Koepp); '51 BSBA; Legal Asst.; Robison Curphey & O'Connell, 4 Seagate-9th Fl., Toledo, OH 43604, 419 249-7900; r. 3661 Rose Glenn Dr., Toledo, OH 43615, 419 841-3064.
SMITH, Sarah, (Sarah Ann Velman); '57 MACC; Prof.; Univ. of San Diego Sch. of Law, Alcala Park, San Diego, CA 92110, 619 260-4600; r. 11007 Explorer Rd., La Mesa, CA 92041, 619 660-1088.
SMITH, Scott Miles; '48 BSBA; Exec. Recruiter; Scott Smith Assocs., 5551 Northcote, W. Bloomfield, MI 48322, 313 626-6782; r. Same, 313 626-6779.
SMITH, Scott Thomas; '86 MBA; Router/Dispatcher; Leaseway Transportation Corp., 820 Distribution Dr., Columbus, OH 43228, 614 275-4115; r. 524 Woodrow N. W., N. Canton, OH 44720, 216 499-6790.
SMITH, Sheila K. '86 (See Burns, Mrs. Sheila K.).
SMITH, Sherman Sheridan; '57 BSBA; Retired; r. 4495 Willows Rd., Chesapeake Bch., MD 20732, 301 535-5439.
SMITH, Stanley Schreiner; '61 BSBA; Atty.; Stanley S Smith LPA, 3697 Broadway, Grove City, OH 43123, 614 875-9640; r. 5323 Pheasant Dr., Orient, OH 43146, 614 877-9694.
SMITH, Stephen Douglas; '69 BSBA; Natl. Bank Examiner; Comptroller of Currency, One Cleveland Ctr., Cleveland, OH 44114; r. 5378 Roscommon Rd., Dublin, OH 43017, 614 889-1489.
SMITH, Stephen Thomas; '69 BSBA; Pres.; American Voyager Ins. Admin., 5900 Roche Dr., Columbus, OH 43229, 614 888-7758; r. Same, 614 846-7721.
SMITH, Steven Allen; '75 BSBA; Banker/VP; Bancohio, 155 E. Broad St., Columbus, OH 43265, 614 463-7738; r. 5472 Old Pond Dr., Dublin, OH 43017, 614 766-6395.
SMITH, Steven Freeland; '68 BSBA; Corporate Secy.; Sandusky Beef Co., 312 Neilson Ave., Sandusky, OH 44870; r. 3206 Lawrence Ave., Huron, OH 44839, 419 433-5824.
SMITH, Steven Henry; '80 BSBA; Logistics Svc. Coord.; Kelloggs, 1 Kellogg Sq., Battle Creek, MI 49016, 616 961-6553; r. 52 Thorncroft, Battle Creek, MI 49017, 616 968-2209.
SMITH, Steven Mark; '69 BSBA; 3 S. Charles Pike, Jamestown, OH 45335, 513 675-2366.
SMITH, Stewart Aaron; '84 BSBA; CPA; Price Waterhouse & Co., 41 S. High St., Columbus, OH 43215, 614 221-8500; r. 913 Kenwick Rd., Columbus, OH 43209.
SMITH, Stutson; '50 BSBA; Ins. Agt.; Fairborn Ins. Agcy., 12 S. Central Ave., Fairborn, OH 45324; r. 462 Warm Springs Dr., Fairborn, OH 45324, 513 878-9703.
SMITH, Susan C. '86 (See Greer, Mrs. Susan C.).
SMITH, Susan Louise; '82 BSBA; 308 E. Clearview Ave., Worthington, OH 43085, 614 436-3466.
SMITH, Susan M.; '86 BSBA; Dir. Human Resources; Placentia-Linda Comm. Hosp., 1301 Rose Dr., Placentia, CA 92670, 714 993-2000; r. 955 Promontory Dr., W., Newport Bch., CA 92660, 714 673-6099.
SMITH, Susan Snyder; '83 MBA; Dir. Pub. & Leg. Affairs; Chocolate Manufacturers Assn., 7900 Westpark Dr., Ste. A-320, Mc Lean, VA 22102, 703 790-5011; r. 12500 Deoudes Rd., Boyds, MD 20841, 301 540-5362.
SMITH, Suzanne Annette; '87 MLHR; 3301 Braidwood Dr., Hilliard, OH 43026, 614 876-7534.
SMITH, T. Fred; '34 BSBA; Retired; r. 1770 Harwitch Rd, Columbus, OH 43221, 614 488-1546.
SMITH, Tamara Jill; '85 MA; Mkt. Rsch. Analyst; W. B. Doner & Co. Advt., 25900 Northwestern Hwy., Southfield, MI 48075, 313 827-8308; r. 22552 Maywood, Apt. 202, Farmington Hls., MI 48024, 313 478-4910.
SMITH, Teresa H.; '88 BSBA; 8961 State Rte. 736, Plain City, OH 43064, 614 873-3122.
SMITH, Terrence Robert; '75 MPA; Systs. Analyst/Mgr.; The Sherwin Williams Co., 101 Prospect Ave. NW, Cleveland, OH 44115; r. 1270 Roland Rd, Cleveland, OH 44124.
SMITH, Theodis; '78 BSBA; Owner; Theo's Video Productions, 3339 Ulimate Way, Dayton, OH 45449, 513 435-0153; r. 3233 Fantasia Tr., W. Carrollton, OH 45449, 513 435-0153.
SMITH, Theodore Anson; '61 BSBA; Cnslt.; Ted A Smith & Co., 3316 N. High St., Insurance Planning, Columbus, OH 43202; r. 8325 Circleville Rd. NW, Lancaster, OH 43130, 614 654-2984.
SMITH, Theodore Evason; '55 BSBA; Sales Mgr.; Accurate Color, 120 West Dr., Lodi, OH 44254, 216 948-2035; r. 5275 Berrywood Dr., Columbus, OH 43220, 614 451-3509.
SMITH, Thomas Douglas; '71 BSBA; Asst. VP; Ft. Worth Mortgage Corp., 2900 Presidential Dr., Ste. 100, Fairborn, OH 45324, 513 429-0559; r. 8730 Castle Creek Dr., Dayton, OH 45458, 513 434-2009.
SMITH, Thomas Gibson; '61 BSBA; Mgr.-Tax Acctg.; Beatrice, 2 N. La Salle St., Chicago, IL 60602, 312 558-3795; r. 118 Tanglewood Dr., Elk Grove Vlg., IL 60007, 312 439-0351.
SMITH, Thomas Lee; '66 BSBA; 8 Windersall, Baltimore, MD 21234, 301 882-2761.
SMITH, Timothy Allan; '84 BSBA; Pres.; Accountec, 4900 Blazer Pkwy., Dublin, OH 43017, 614 766-3626; r. 6288 Valley Stream Dr., Dublin, OH 43017, 614 766-1352.
SMITH, Timothy Wray; '72 BSBA; Regional Legal Ctr. Mgr.; Payco American Inc., 5626 Frantz Rd., Dublin, OH 43017, 614 766-0803; r. 12340 Kaiser Rd., Marysville, OH 43040, 513 642-0420.
SMITH, Tina Renee; '85 BSBA; 3990 Lukens Rd., Grove City, OH 43123.
SMITH, Todd J.; '88 BSBA; Financial Analyst; MCI Telecommunications Systs., 205 N. Michigan Ave., Chicago, IL 60601; r. 1111 W. Rofcoe, Apt. 2, Chicago, IL 60657, 312 549-7327.
SMITH, Tracy Deborah; '87 BSBA; Staff Acct.; Coopers & Lybrand, 100 E. Broad St., Ste. 2000, Columbus, OH 43224, 614 221-7471; r. 68 Corbins Mill Dr., Dublin, OH 43017, 614 792-5499.
SMITH, Tracy Kara; '88 BSBA; Staff Acct.; Crowe Chizek & Co., c/o Postmaster, Columbus, OH 43216; r. 7225 Riverside Dr., Dublin, OH 43017, 614 889-7771.
SMITH, Tracy Warren; '78 BSBA; Inventory Analyst; Bobbie Brooks Inc., 3830 Kelly Ave., Cleveland, OH 44114; r. 7609 Lucerne Dr. A-33, Middleburg Hts., OH 44130.
SMITH, Vicki Sue; '85 BSBA; 3751 Appian Way #234, Lexington, KY 40502.
SMITH, Vincent Allen; '82 BSBA; Operations Mgr.; Allright Parking, 1221 Baltimore, Rm. 300, Kansas City, MO 64105, 816 471-3289; r. 235 E. 46th St., Apt. 302, Kansas City, MO 64112, 816 531-6142.
SMITH, Vincent Pierre; '78 BSBA; 5628 Adams Ave., Maple Hts., OH 44137, 216 581-4692.
SMITH, Walter Edwin; '49 BSBA; Weighmaster; Marion Steel Corp., Silver & Bartram Ave., Marion, OH 43302, 614 382-0118; r. 384 Blaine Ave., Marion, OH 43302, 614 382-3759.
SMITH, Walter Lyle; '42 BSBA; Retired Acct.; US Steel Corp., Youngstown Dist Works, Youngstown, OH 44501; r. 2463 Rosewae Dr., Youngstown, OH 44511, 216 799-9578.
SMITH, Walter Martin; '52 BSBA, '54 MBA; CPA; 1654 E. Broad St., Columbus, OH 43203, 614 251-6511; r. 2346 Gardendale Dr., Columbus, OH 43219, 614 258-6869.
SMITH, Wasson J.; '52 BSBA; Programmer; US Defense Constr., Supply Ctr., 3990 E. Broad St., Columbus, OH 43213; r. 107 N. Stanwood Rd., Columbus, OH 43209, 614 235-1021.
SMITH, Wayne Matthew; '77 BSBA; Salesman; Paul Stuart, Madison Ave., New York, NY 10001; r. 464 W. 23rd St. Apt. 3F, New York, NY 10011, 212 242-7291.
SMITH, William Anthony; '78 BSBA; Acctng Supv.; Burroughs Corp., 240 E. Radnor, Radnor, PA 19087; r. 109 Briarwood Dr., Downingtown, PA 19335, 215 269-9256.
SMITH, William Avery; '58 BSBA; Production Control Mgr.; Microsemi Corp., 8700 E. Thomas Rd., Scottsdale, AZ 85252, 602 941-6333; r. 13064 N. Surrey Cir., Phoenix, AZ 85029, 602 863-3340.
SMITH, William E.; '66 MBA; Pres./Intl. Trading Co.; Crosstrade, Inc., 13 Riverfield Dr., Westport, CT 06880, 203 226-9927; r. Same, 203 226-6021.
SMITH, William George; '47 BSBA; 290 Washington Ave., Washington Manor Apt. 303A, Elyria, OH 44035, 216 323-6844.
SMITH, William Howard; '49 BSBA; Retired; GM Corp., Fisher Body Division, 200 Georgesville Rd., Columbus, OH 43228; r. 2181 Haviland Rd., Columbus, OH 43220, 614 451-4270.
SMITH, William Kenneth; '54 BSBA; Retired 1st VP; Manufacturers Natl. Bank, 151 W. Ft., Detroit, MI 48226; r. 885 Westchester Rd, Grosse Pte. Park, MI 48230, 313 823-5454.
SMITH, William Mc Nutt; '43 BSBA; Retired; r. 1550 Manchester Rd., Akron, OH 44314, 216 745-1519.
SMITH, William Richard; '53 BSBA; Pres.; TDRC Realty Corp., 1804 Roland Ave., Baltimore, MD 21204, 301 321-9532; r. Same, 301 321-1619.
SMITH, William Roger; '81 BSBA; Sales Rep.; r. 7057 Sandimark Pl., Westerville, OH 43081.
SMITH, William Steven; '86 MA; Asst. Prof.; Univ. of North Texas, Clg. of Business Admin., Dept. of Finance & Ins., Denton, TX 76203, 817 565-3050; r. 2017 N. Lakes Tr., Denton, TX 76201.
SMITHBERGER, Lynn Ann; '82 BSBA; Plng. Analyst; BP America, 200 Public Sq., Cleveland, OH 44114, 216 586-5698; r. 11406 Clifton Blvd., Cleveland, OH 44102, 216 961-5233.
SMITH-DANIELS, Dr. Vicki L., (Vicki L. Daniels); '83 PhD (BUS); Asst. Prof.; Arizona State Univ., Clg. of Business, PTO Dept., Tempe, AZ 85287, 602 965-6044; r. 13417 S. 37th Pl., Phoenix, AZ 85044.
SMITHERMAN, Richard P.; '85 BSBA; Acct. Supv.; Industrial Commission of Ohio, 78 E. Chestnut, Columbus, OH 43215; r. POB 15194, Columbus, OH 43215, 614 299-1376.
SMITHING, William Paul; '68 MBA; VP/Sales; Scholl Inc. (Dr Scholl Footcare), 3030 Jackson Ave., Memphis, TN 38151, 901 320-2686; r. Sch. Incorporated, 3030 Jackson Ave., Memphis, TN 38151.
SMITHSON, Wayne B.; '59 BSBA; Plant Acct.; r. 225 Cherokee Blvd., Elizabethtown, KY 42701, 502 765-6458.
SMITHYMAN, Michael John; '82 BSBA; 838 Sunset Ct., Acworth, GA 30101, 404 924-0249.
SMITLEY, Scott Alan; '81 BSBA; 1333 23rd N. W., Canton, OH 44709.
SMOLEN, Mrs. Lynn A., (Lynn A. Drake); '84 BSBA; Programmer/Systs. Anly.; IBM Corp., POB 950, Poughkeepsie, NY 12602; r. 46 Appletree Dr., Rhinebeck, NY 12572, 914 876-3278.
SMOOT, Roy Warren; '77 BSBA; Asst. VP; Fifth Third Bk. of Cincinnati, Retail Admin.-NE Region, 4651 Lake Forest Dr., Cincinnati, OH 45242, 513 563-0208; r. 7328 Hosbrook, Cincinnati, OH 45243, 513 793-9759.
SMORE, Laura Eifert, (Laura Eifert); '83 BSBA; Sales Mgr.; J C Penney Inc., Financial Services, 2021 Harrodsburg Rd., Lexington, KY 40504, 606 276-4618; r. 3395 Snaffle Rd., Lexington, KY 40513, 606 223-2721.
SMUCKER, Carolyn Sue '88 (See Noah, Mrs. Carolyn Sue).
SMUCKER, F. David; '63 BSBA; Custom Builder; 3820 London-Groveport Rd., Grove City, OH 43123, 614 875-8841; r. Same, 614 875-5450.
SMUCKER, John C.; '56 BSBA; Mgr. Acctg. Dept.; LTV Steel Corp., Special Metals-Canton S. 2201, Harrison Ave., SW, Canton, OH 44706, 216 438-5473; r. Box 612, Zoar, OH 44697, 216 874-2237.
SMUCKER, John K.; '30 BSBA; Retired; r. 1038 Hampton Ridge Dr., Akron, OH 44313, 216 864-4526.
SMUCKER, Ralph Edward; '74 BSBA; Owner/Ins. Agnt; Smucker Ins., 154 N. Chillicothe St., Plain City, OH 43064, 614 873-5342; r. 229 S. Chillicothe, Plain City, OH 43064, 614 873-5296.
SMUCKLER, Denise L. '85 (See Nielsen, Mrs. Denise L.).
SMUDZ, Richard Allen; '75 BSBA; Staff; Corroon & Black of Ohio, Inc., 700 Ackerman Rd, POB 02400, Columbus, OH 43202, 614 267-8500; r. 8671 Bigham Ct. S., Dublin, OH 43017, 614 761-0303.
SMUK, Irvin Roland; '39 BSBA; Pres.; Suncoast Franchising Corp., Hercules Ctr. Ste. 104, 1710 N. Hercules Ave., Clearwater, FL 34625, 813 441-9971; r. 409 Windward Passage, Clearwater, FL 34630, 813 443-4121.
SMURR, James E.; '44; Appraiser; Fed. Housing Admin., 100 E. Broad St., Columbus, OH 43215; r. 1415 Kingsgate Rd, Columbus, OH 43221, 614 457-6500.
SMURR, Mary Susan; '86 BSBA; 3970 Ritamarie Dr., Columbus, OH 43220, 614 451-4246.

SMURR, Michael Thomas; '81 BSBA; Product Mgr.; Columbus Dental/Miles Inc., 1000 Chouteau Ave., POB 620, St. Louis, MO 63188, 314 241-2988; r. 221 Simmons Ave., St. Louis, MO 63119, 314 968-8368.

SMURR, Thomas M.; '52 BSBA; Sales Mgr.; Hanna Chemical Coatings, 1313 Windsor Ave., Columbus, OH 43211, 614 294-3361; r. 3970 Ritamarie Dr., Columbus, OH 43220, 614 451-4246.

SMYLIE, Beth Lynn; '86 BSBA; Regional Sales Mgr.; Hosp. Specialty Co., 7501 Carnegie Ave., Cleveland, OH 44103, 216 361-1230; r. 110 Millhollow Dr., Moreland Hls., OH 44022, 216 247-8361.

SMYLIE, Don Alan; '69 MBA; Facilities Cnslt.; Steinmann, Grayson, Smylie, 6310 San Vicente Blvd., Los Angeles, CA 90048, 213 933-5050; r. 201 S. Vista St., Los Angeles, CA 90036, 213 933-3135.

SMYLIE, Steven Howard; '80 BSBA; 110 Millhollow, Moreland Hls., OH 44022, 216 247-8361.

SMYTHE, Robert C.; '81 MBA; Operations Mgr.; Ford Motor Co./L M Div., 2200 W. Sequoia Ave., POB 4720-P, Anaheim, CA 92803, 714 520-8355; r. 10 Evening Song, Irvine, CA 92715, 714 854-2431.

SNABL, Joseph J., Jr.; '64 BSBA; Fin. & Ins. Cnslt.; Joseph J. Snabl & Assocs., 4635 Sandy Ln., Columbus, OH 43224, 614 268-6089; r. Same.

SNAPP, Timothy Scott; '87 BSBA; 6597 Hillside Ct., Grove City, OH 43123, 614 878-8008.

SNARE, Kay A.; '86 BSBA; Acct.; Clark Schaefer Hackett & Co., 1 E. Campus View Blvd., Ste. 200, Worthington, OH 43235, 614 224-1254; r. 4847 Jennie Wren Ct., N., Apt. A, Columbus, OH 43229, 614 846-8141.

SNARR, Robert Paul, Jr.; '82 BSBA; Proj. Mgr.; Slagle Mechanical Contractors, 877 W. Russel Rd., Sidney, OH 45365, 513 492-4151; r. 1116 Hamilton Ct., Sidney, OH 45365, 513 498-4518.

SNASHALL, Mary '49 (See Eversman, Mrs. Mary Snashall).

SNAVLEY, Jack Kevin; '84 BSBA; Customer Svc. Coord.; Continental Life Ins., 1111 E. Broad St., Columbus, OH 43205; r. 2261 Laurelwood Dr., Columbus, OH 43229.

SNAVLEY, Ronald P.; '74 BSBA; Collections; Atec Assocs., Inc., 5150 E. 65th St., Indianapolis, IN 46220; r. 2107 W. 58th St., Indianapolis, IN 46208, 317 251-4649.

SNAVLEY, Steven Wayne; '74 BSBA; Claim Spec.; Grange Mutual Casualty Co., 650 S. Front St., Columbus, OH 43215, 614 445-2900; r. 130 N. Powell Ave., Columbus, OH 43204, 614 274-9503.

SNEAD, Dr. Kenneth C., Jr.; '74 BSBA; Asst. Prof.; Bowling Green State Univ., Clg. of Bus. Admin., Bowling Green, OH 43403, 419 372-2767; r. 806 Brittany, Bowling Green, OH 43402, 419 353-3549.

SNEDECOR, Donald F.; '50 BSBA; Retired; r. 1643 Crusoe Dr., Worthington, OH 43085, 614 885-8702.

SNEDECOR, Eric Mark; '75 BSBA; Staff; Sandoz Pharmaceuticals, Rte. 10, E. Hanover, NJ 07936; r. 5729 Tara Hill Dr., Dublin, OH 43017, 614 889-7757.

SNEDEGAR, William Clay; '69 BSBA; Pres.; Petroleum Prods. Inc., 628 Keen St., Zanesville, OH 43701, 614 453-7777.

SNEED, Edgar M., Jr.; '67 BSBA; Broker-Dealer; Provident Bank, Government Securities Div, 655 Metro Pl., Dublin, OH 43017; r. 4155 Nottinghill Gate Rd., Columbus, OH 43220, 614 457-2676.

SNEED, Thomas Keith; '81 BSBA; 121 Whispering Dr., Dayton, OH 45426, 513 854-3178.

SNELL, Brian F.; '82 MBA; Production Prog. Analyst; Chemical Abstracts Svc., 2540 Olentangy River Rd., Columbus, OH 43210, 614 447-3600; r. 1240 Mc Coy Rd., Columbus, OH 43220, 614 457-4231.

SNELL, Jeffrey Randall; '86 BSBA; Stockbroker; Shearson Lehman Hutton, 65 E. State St., 20th Fl., Columbus, OH 43215, 614 460-2677; r. 1797 Linkton Dr., Powell, OH 43065, 614 766-9032.

SNELL, Joyce Louise; '82 BSBA; Acct./Auditor; Deloitte Haskins & Sells, 2200 Winters Bank Twr., Dayton, OH 45423; r. 5400 Landau Dr., Apt. 1, Dayton, OH 45429.

SNELL, Peter Withington; '85 MBA; Energy Analyst; American Electric Power, 1 Riverside Plz., Columbus, OH 43216, 614 223-2323; r. 10 Hunt Farm, Waccabuc, NY 10597.

SNELSON, Gregory Clifton; '83 BSBA; Proj. Mgr.; Ameritrust Co., 900 Euclid Ave., Cleveland, OH 44101, 216 687-4377; r. 1989 Cleveland-Massillon Rd., Bath, OH 44210, 216 666-2242.

SNG, Chee Yong; '88 BSBA; 1695 Patterson, Eugene, OR 97401.

SNIDER, Annette Lynn; '87 BSBA; Merchanidse Acct.; Procter & Gamble Co., Mumaugh & Resevoir Rds., Lima, OH 45804, 419 226-5500; r. 2518 Hall Dr., Lima, OH 45806, 419 991-7517.

SNIDER, Jeffrey Dail; '71 BSBA; 10205 Saunders Dr., San Diego, CA 92131, 619 271-1133.

SNIDER, Martha Mullenix, (Martha Mullenix); '48 BSBA; Retired Bookkeeper; Baker & Baker Jewelers Inc., 105 Putnam St., Marietta, OH 45750; r. 140 Riverview Dr., Marietta, OH 45750, 614 373-2884.

SNIDER, Ruth Mannon; '33 BSBA; Retired; r. 94 E. Birdsall, Wilmington, OH 45177, 513 382-5185.

SNIDER, Sarah Pratt; '44 BSBA; 1940 Virginia N. E., Salem, OR 97301, 503 362-8407.

SNIDER, Sophie '50 (See Morrison, Sophie Snider).

SNIDER, Stephen John; '83 BSBA; Cost Analyst; GE, 1 Neumann Way, Cincinnati, OH 45215, 513 583-4229; r. 6536 Hawk Ct., Deerfield Township, OH 45040, 513 398-7708.

SNIDER, Stuart M.; '48 BSBA; Retired; r. 325 Club Dr., Salisbury, NC 28144, 704 636-1983.

SNIDER, Thomas Hern; '88 BSBA; 3303 Tam O Shanter, Grove City, OH 43123, 614 878-2330.

SNIFFEN, Max K.; '32 BSBA; Retired; r. 5626 Newington Ct., Bethesda, MD 20816, 301 320-4722.

SNIJDERS, Emile; '79 MBA; Union Metal Co., POB 9999, Canton, OH 44708; r. 1142 Bernath Pkwy., Toledo, OH 43615.

SNIVELY, Mark R.; '49 BSBA; 2221 Rosemont Blvd., Dayton, OH 45420.

SNIVELY, William Justin; '80 BSBA; Owner; Hardee's, 525 North Ave., Grand Jct., CO 81503, 303 245-2043; r. 2418 Sandridge Ct., Grand Jct., CO 81503, 303 241-9726.

SNOBLE, John Allen; '64 BSBA; Sr. VP, CFO; Freedom Fed. S&L, 2939 Kenny Rd., Columbus, OH 43221, 614 459-6179; r. 2572 Andover Rd., Columbus, OH 43221, 614 488-2004.

SNODDY, Joseph Michael; '84 BSBA; Dist. Mgr.; Wendys Intl. Inc., POB 256, 4288 W. Dublin-Granville Rd, Dublin, OH 43017, 614 764-6815; r. 5066 Strawpocket Ln., Westerville, OH 43081, 614 794-3752.

SNODDY, Michael James; '76 MPA; Staff; Agcy. for Intl. Devel., 320 21st St. N. W., Washington, DC 20523; r. 2952 S. Columbus St., Apt. C2, Arlington, VA 22206, 703 931-9010.

SNODDY, Susan Elaine; '84 BSBA; Underwriter; State Auto Ins. Co., 518 E. Broad St., Columbus, OH 43216, 614 464-5000; r. 4981 Fenwick Ct., Columbus, OH 43220, 615 451-9752.

SNODGRASS, Jane Freeman, (Jane Freeman); '81 BSBA; 5428 Aqua St., Columbus, OH 43229, 614 882-4558.

SNODGRASS, Mark Shane; '80 BSBA; Internal Auditor; Public Employees Retirement, 277 E. Town St., Columbus, OH 43215, 614 466-5984; r. 5428 Aqua St., Columbus, OH 43229, 614 882-4558.

SNODGRASS, Mathew Harry; '71 BSBA; POB 11214, Cincinnati, OH 45211.

SNODGRASS, Pauline Davis, (Pauline G. Davis); '29 BSBA; Homemaker; r. 4299 Colerain Ave., Columbus, OH 43214, 614 262-7326.

SNODGRASS, Roger E.; '50 BSBA; VP; Harsco Corp., Employee Relations Dept., POB 8888, Camp Hill, PA 17011, 717 763-7064; r. 301 Haines Rd., York, PA 17402, 717 757-5817.

SNOOK, Linda '86 (See Jaite, Mrs. Linda S.).

SNOOR, Robert P., Sr.; '51 BSBA; Owner/Pres.; R P Snoor & Assocs. Inc., POB 187, Utica, MI 48087, 313 731-4900; r. 45420 Grant Park, Utica, MI 48087, 313 739-1953.

SNOUFFER, Philip L.; '50; 4350 E. 79th St., Indianapolis, IN 46250, 317 849-2826.

SNOW, Cecil Alan; '80 BSBA; Mgr.; Buxton Inn, 3132 E. Broadway, Granville, OH 43023, 614 587-0001; r. 41 King Rd., Newark, OH 43055, 614 366-1990.

SNOW, Damon Roy; '81 BSBA; POB 684, Toledo, OH 43694, 419 381-1394.

SNOW, Eugene Raymond; '72 BSBA; Claims Adjuster; State Farm Ins., Fire Company, 149 Northland Blvd., Cincinnati, OH 45236; r. 569 Bessinger Dr., Cincinnati, OH 45240, 513 851-5595.

SNOW, Gerald E.; '48 BSBA; Retired; r. 962 Mildred Ave., Lorain, OH 44052, 216 246-2594.

SNOW, Mary Clark; '49 BSBA; 4589 Westmont Blvd., Akron, OH 44321, 216 666-6179.

SNOW, Noble Burdell, III; '68 BSBA; CPA-VP; Wilson Shannon & Snow Inc., 10 W. Locust St., Newark, OH 43055, 614 345-6611; r. POB 433, 1271 Granville Rd., Newark, OH 43055.

SNOWBERGER, Philip G.; '51 MBA; Retired; r. 5646 Olive Tree, Trotwood, OH 45426, 513 837-2530.

SNOWDEN, Gladys Keller; '46 BSBA; 3951 Gulfshore Blvd. N., #1002, Naples, FL 33940.

SNOWHITE, Herbert O.; '40 BSBA; c/o Albert Kessler, 1139 E. Jersey St., Elizabeth, NJ 07201.

SNYDER, Benjamin Harrison, Jr.; '47 BSBA; Treas.; Licking Laundry Co., 76 Jefferson St., Newark, OH 43055; r. 556 Riverview Dr. #A, Columbus, OH 43202, 614 267-8628.

SNYDER, Billy Murray; '48 BSBA; Retired; r. POB 325, Dadeville, AL 36853, 205 825-7279.

SNYDER, Bradley L.; '78 BSBA; Partner-Atty.; Roetzel & Andress, 37 W. Broad St., Columbus, OH 43215, 614 463-9770; r. 833 Mission Hills Ln., Worthington, OH 43085.

SNYDER, Charles R., Jr.; '73 BSBA; VP; Charles R Snyder Inc., 1652 W. Fifth Ave., Columbus, OH 43212, 614 488-3706; r. 3420 Stonehenge Ct., Columbus, OH 43221, 614 457-1695.

SNYDER, Charles Rex; '50 BSBA; 50 N. Vine, Westerville, OH 43081, 614 882-2075.

SNYDER, Cheryl Lynn; '85 BSBA; Atty.; Space & O'Meara, 128 N. Broadway, New Philadelphia, OH 44663, 216 364-5531; r. 6867 Navarre Rd., SW, Massillon, OH 44646, 216 837-1172.

SNYDER, Christopher John, JD; '87 MBA; Atty.; Goodman & Goodman, LPA, 123 E. 4th St., Cincinnati, OH 45202, 513 621-1505; r. 2118 Gilbert Ave., Apt. B, Cincinnati, OH 45206, 513 281-2166.

SNYDER, Clarence William; '27 BSBA; Retired; r. 4049 Ocean Dr., Apt. 506, Vero Beach, FL 32963, 407 231-0730.

SNYDER, David Raymond; '86 BSBA; Financial Analyst; Star Bank, 946 S. Hamilton Rd., Columbus, OH 43213, 614 864-3220; r. 4505 Lakeside, N., Columbus, OH 43232, 614 759-9235.

SNYDER, David William; '79 BSBA; 9180 Black Horse NW, Somerset, OH 43783, 614 743-1993.

SNYDER, Debra Lynn; '87 BSBA; 3629 Richard Ave., Columbus, OH 43123, 614 871-2286.

SNYDER, Dennis L.; '69 BSBA; Tax Mgr.; National Semiconductor, 2900 Semiconductor Dr., MS 15-160, Santa Clara, CA 95051, 408 721-7277; r. 268 W. Sunnyoaks Ave., Campbell, CA 95008, 408 374-4362.

SNYDER, Diane Jungbluth, (Diane L. Jungbluth); '85 BSBA; Underwriter; Central Benefits Mutual, Insurance Company, 255 E. Main St., Columbus, OH 43215, 614 464-5977; r. 7745 Shermont Rd., Dublin, OH 43017, 614 761-2692.

SNYDER, Mrs. Dorothy Hill, (Dorothy L. Hill); '41 BSBA; Homemaker; r. 5629 Hickory Ridge Ln., Cincinnati, OH 45239, 513 741-3648.

SNYDER, Dwight Ray; '83 BSBA; Sr. Programmer/Anlyst; Nationwide Ins. Co., One Nationwide Plz., Columbus, OH 43216, 614 249-2561; r. 1396-H Cross Creek Dr., Columbus, OH 43204, 614 279-7182.

SNYDER, Eric Alan; '85 BSBA; Acctg. Supv.; Ohio Central Credit Union, 6185 Shamrock Ct., Dublin, OH 43017, 614 761-2302; r. 7745 Shermont Rd., Dublin, OH 43017, 614 761-2692.

SNYDER, Francis Joseph; '88 MBA; 2545 Ellis Ave. NE, Canton, OH 44705, 216 454-4542.

SNYDER, Franklin Doud; '40 BSBA; Pres.; F. Shyder Assoc., Modern Tools-NE, 150 New Boston St., Woburn, MA 01801, 617 935-9434; r. 1211 Sheffield Way, Saugus, MA 01906, 617 233-6566.

SNYDER, Fred Lawrence; '38 BSBA; Appraiser M A I; Realty Appraisal Svc. Inc., 1103 9th Ave. W., Bradenton, FL 34205; r. 812 Alderwood Way, Sarasota, FL 34243, 813 355-1231.

SNYDER, Frederick W.; '64 BSBA; Owner; Snyder Packaging Co., 120 Wave St., Laguna Bch., CA 92651, 714 494-1261; r. Same.

SNYDER, Gaetana C., (Gaetana C. Patti); '77 BSBA; Mgmt. Analyst; HQ Defense Reutilization & Mktg. Svc., 74 N. Washington Ave., Battle Creek, MI 49017, 616 961-7223; r. 250 E. Hill Dr., Battle Creek, MI 49017, 616 965-0019.

SNYDER, Gary Edward; '68 BSBA; Atty.; Minkin & Snyder, One Buckhead Plz., 3060 Peachtree Rd. Ste. 1100, Atlanta, GA 30305, 404 261-8000; r. 805 N. Island Dr., Atlanta, GA 30327, 404 256-4264.

SNYDER, Gay Melanie; '86 BSBA; Mgmt. Assoc.; Bank One of Columbus NA, 100 E. Broad St., 2nd Fl., Columbus, OH 43215, 614 248-2151; r. 1180 Chambers Rd., 117 B, Columbus, OH 43212, 614 488-6302.

SNYDER, Gene Richard, Jr.; '83 BSBA; Asst. Mgr.-Prop. Undwrtg.; Interstate Ins. Grp., 55 E. Monroe, Chicago, IL 60603; r. 8 Washington Ct., Streamwood, IL 60103, 312 289-9407.

SNYDER, George Arthur; '41 BSBA; Retired VP; Eastman Kodak Co.; r. 240 Kilbourn Rd., Rochester, NY 14618, 716 381-2568.

SNYDER, Harley Leroy; '64 BSBA; Box 994, Dacca, Bangladesh.

SNYDER, James Floyd; '68 BSBA; Tchr.; Upper Arlington Sch. Dist., Board of Education, 1950 N. Mallway, Columbus, OH 43221; r. 1507 College Hill, Columbus, OH 43221, 614 488-6886.

SNYDER, James Michael; '82 BSBA; Atty.; Skadden, Arps, Slate, Meagher & Flom, 333 W. Wacker Dr., Ste. 2100, Chicago, IL 60606, 312 407-0970; r. 1621 Ambleside Cir., Naperville, IL 60540, 312 717-0681.

SNYDER, Jane Dunham; '84 MPA; Admin. Analyst; Columbus Health Dept., 181 S. Wasington Blvd., Columbus, OH 43215; r. 4246 Sunbury Rd., Galena, OH 43021.

SNYDER, Mrs. Jeannette R., (Jeannette Rosenberg); '32 BSBA; Retired; r. 605 S. Barrington Ave., 5, Los Angeles, CA 90049, 213 472-0974.

SNYDER, Jeffrey Charles; '83 BSBA; CPA; Cummins, Krasik, Hohi, 37 W. Broad, Columbus, OH 43215, 614 224-7880; r. 4441 Langley Ave., Columbus, OH 43213, 614 235-2445.

SNYDER, Jeffrey Dean; '83 BSBA; Computer Operations Mgr.; Clark Metal Prods., 370 Fairground St., Marion, OH 43302, 614 383-5261; r. 856 Woodrow Ave., Marion, OH 43302, 614 383-3702.

SNYDER, Jerry Douglas; '84 BSBA; Programmer/Analyst; Honda of America Mfg., Inc., 24000 US Rte. 33, Marysville, OH 43040, 513 642-5000; r. 8181 Wildflower Ln., Westerville, OH 43081, 614 847-0325.

SNYDER, John B.; '66 MACC; Acctg. Prof.; Mohawk Valley Community Clg., Business Dept., 1101 Sherman Dr., Utica, NY 13501, 315 792-5612; r. 22 Benton Cir., Utica, NY 13501, 315 797-4430.

SNYDER, John Mike; '31 BSBA; Auditor; r. 117 W. Lincoln Ave., Ada, OH 45810, 419 634-9147.

SNYDER, John Wiley; '66 BSBA; Certified Public Acc; Snyder, Scheffler, Scherer & Fast, POB 765, 110 E. Main St., Lancaster, OH 43130, 614 653-7144; r. 1151 Sycamore, Lancaster, OH 43130, 614 653-2506.

SNYDER, Julana Lee; '78 BSBA; Bus. Agt.; Nationwide Ins. Co., 6525 Busch Blvd., Ste. 208, Columbus, OH 43229, 614 885-9562; r. 6251 Emberwood Dr., Dublin, OH 43017, 614 792-5654.

SNYDER, Kelly Sue; '82 BSBA; 2221 Hedgerow Rd., Apt. H, Columbus, OH 43220, 614 451-3513.

SNYDER, Kerry Earl; '82 BSBA; Youth Dir.; High Street United Meth. Church, 1180 W. High St., Lima, OH 45805, 419 223-2881; r. 1107 Russell Ave., Lima, OH 45801, 419 228-9444.

SNYDER, Marvin; '54 BSBA; CPA; Spicer & Oppenheim, 10390 Santa Monica Blvd., Los Angeles, CA 90025, 213 277-0400; r. 323 San Vicente Blvd. Unit #6, Santa Monica, CA 90402, 213 394-6484.

SNYDER, Murray Gustave; '34 BSBA; Retired; r. 1385 Knollwood Dr. E., Columbus, OH 43232, 614 861-5068.

SNYDER, Patricia L.; '88 BSBA; 130 W. Ninth St., Apt. C, Columbus, OH 43201.

SNYDER, Paul Chapman; '26 BSBA; 807 St. Nicholas Ave., Dayton, OH 45410, 513 252-4645.

SNYDER, Pierce Fred; '43 BSBA; VP; Corporate Plng., Kinnear Mfg Co, 2945 Silver Dr., Worthington, OH 43085; r. 3461 Braidwood Dr., Hilliard, OH 43026, 614 876-0158.

SNYDER, Randolph Scott; '80 BSBA, '85 MBA; Mgr.-Constr. Budget; United Telecommunication Inc., 2330 Shawnee Mission Pkwy., Westwood, KS 64112, 913 676-8472; r. 8537 Greenwood Ln., Lenexa, KS 66215, 913 888-6951.

SNYDER, Richard; '61 BSBA; Atty.; 36 E. 4th St. Ste. 1206, Cincinnati, OH 45202, 513 241-7460; r. 3177 S. Farmcrest Dr., Cincinnati, OH 45213, 513 531-4422.

SNYDER, Richard A.; '76 BSBA; Salesman; Hough Supply & Spec., 7500 Hough Ave., Cleveland, OH 44103, 216 431-8111; r. 4087 Ellison, S. Euclid, OH 44121, 216 382-4021.

SNYDER, Richard Harter; '73 BSBA, '75 MBA; Cnslt./Pres.; The Rsch. Spectrum, 182 2nd St., 4th Fl., San Francisco, CA 94105, 415 543-3777; r. 520 Remillard Dr., Hillsborough, CA 94010, 415 348-6844.

SNYDER, Richard M.; '57 BSBA; Pres.; Snyder & Co. Inc., 5451 Broadview Rd., Parma, OH 44134, 216 661-0250; r. 6764 Reid Dr., Parma Hts., OH 44130, 216 845-3652.

SNYDER, Robert Charles; '30 BSBA; Retired; r. 29 Beverly Pl., Dayton, OH 45419, 513 293-8026.

SNYDER, Robert Fredric; '68 BSBA; Sr. Acct.; Delco Moraine Div. of GM Corp., Delco Moraine Division, 1420 Wisconsin Blvd., Dayton, OH 45401, 513 455-6083; r. 408 Lawrence Ave., Miamisburg, OH 45342, 513 866-3276.

SNYDER, Robert R.; '40; Sales Rep.; Calgon Corp., Calgon Ctr. Box 1346, St. Louis, MO; r. 181 Westview Ave., Columbus, OH 43214.

SNYDER, Robert Ray; '83 BSBA; Tax Supv./CPA; Laventhol & Horwath, 65 E. State St., Ste. 902, Columbus, OH 43215, 614 221-9494; r. 7620 Smoketree Ct., Worthington, OH 43085, 614 766-5232.

SNYDER, Robert Raymond; '65 BSBA; Natl. Bank Examiner; US Treas. Dept., One Erieview Plz., Cleveland, OH 44114; r. 5096 Dimson Dr. N., Columbus, OH 43213, 614 868-5370.

SNYDER, Ruth Irwin, (Ruth J. Irwin); '31; 3450 S. Ocean Blvd., Apt. 808, Palm Bch., FL 33480, 407 533-0072.

SNYDER, Scott Allen; '77 BSBA; Comparative Price Analyst; The Home DePot, 12434 N. Cave Creek Rd., Phoenix, AZ 85022, 602 867-3993; r. 3621 W. Oakland St., Chandler, AZ 85226, 602 899-9360.

SNYDER, Dr. Sherwin Lee; '58 MA; Prof. & Chmn.; Ottawa Univ., Economics & Org. Admin. Dept., Ottawa, KS 66067, 913 242-5200; r. POB 822, Ottawa, KS 66067, 913 242-6664.

SNYDER, Stephen Howard; '65 BSBA; Pres.; Steve Snyder Investments, 3001 Bethel Rd., Columbus, OH 43220, 614 451-2495; r. 504 Thackery Ave., Worthington, OH 43085, 614 885-1974.

SNYDER, Stephen Jack; '68 BSBA; Staff; Battelle Mem. Inst., 505 King Ave., Columbus, OH 43201; r. 2742 Tremont Rd, Columbus, OH 43221, 614 486-2376.

SNYDER, Ms. Susan Carol; '87 BSBA; Sales Rep.; Merrell Dow Pharmaceuticals, Subsidiary of The Dow Chem Co, POB 429553, Cincinnati, OH 45242; r. 4712 Windshore Dr., Apt. 201, Virginia Bch., VA 23455.

SNYDER, Thomas Alan; '77 BSBA; Comm Underwriter; Buckeye Union Ins., Subs/Continental Corp, 1111 E. Broad St., Columbus, OH 43205; r. POB 141245, Columbus, OH 43214.

SNYDER, Thomas N.; '41 BSBA; Retired Buyer; Procter & Gamble Co., 301 E. Sixth St., Cincinnati, OH 45202; r. 5629 Hickory Ridge Ln., Cincinnati, OH 45239, 513 741-3648.

SNYDER, William Ray; '60 BSBA; Retired; r. 101 Shell Dr., Shorebird #158, Watsonville, CA 95076, 408 724-5892.

SNYPP, J. Robert; '30; 134 Bentley Ct., Naples, FL 33963, 813 598-9456.

SO, Dr. Yuk-Chow(Jacky); '83 PhD (BUS); Assoc. Prof.; Southern Illinois Univ., POB 1103, Edwardsville, IL 62026, 618 692-2638; r. 1801 Stanford Pl., Edwardsville, IL 62025, 618 656-4268.

SOBCZAK, Mrs. Kathryn Anita, (Kathryn A. Eilert); '87 BSBA; Jr. Auditor; Jefferson Natl. Bk., 120 E. Grace St., Richmond, VA 23241, 804 782-6526; r. 8745 Kilpeck Ct., Richmond, VA 23229, 804 747-7054.

SOBEL, Garry Todd; '86 BSBA; Cnslt.; Peat Marwick Intl., Mgmt. Consulting Dept., 245 Peachtree Ctr. Ave. NW, Atlanta, GA 30043, 404 577-3240; r. 425 Pinhurst Dr., Atlanta, GA 30339, 404 435-5854.

SOBEL, Dr. Irvin; '39 BSBA; Prof.; Florida State Univ., Dept. of Economics, Tallahassee, FL 32306, 904 644-5001; r. 3524 Westford Dr., Tallahassee, FL 32308, 904 893-3409.

SOBERS, Faye C., (Faye C. Kildow Austin); '65 BSBA; Owner; Faye Sobers CPA, 2141 Roan Ct., Livermore, CA 94550, 415 447-4009; r. Same.

SOBERS, Thad; '59 BSBA; Supv.; Copper & Brass Sales, Inc., 1295 67th St., Oakland, CA 94623, 415 658-7212; r. 269 Junction Ave., Apt. #4, Livermore, CA 94550, 415 455-0795.

SOBLE, Scott Evan; '85 BSBA; Salesperson; Ohio Soap Prods. Corp.; r. 4022 Stilmore, S. Euclid, OH 44121, 216 382-3035.

SOBOLEWSKI, Catherine; '87 BSBA; S V C Svcs., 6705 Merwin Rd., Worthington, OH 43085; r. 6705 Merwin Rd., Worthington, OH 43085, 614 889-2333.

SOBOLEWSKI, John Jacob; '70 BSBA; Atty.; 17 Barstow Rd., Great Neck, NY 11021, 516 829-3600; r. 200 Overlook Ave., Great Neck, NY 11021, 516 829-8396.

SOBOTA, Robert Leonard; '68 BSBA; Purchasing Agt.; Rockwell Intl., Truck Axel Division, Marysville, OH 43040; r. 1970 Mccoy Rd., Columbus, OH 43220.

SOBRINO, Jose F.; '63 BSBA; Box 1, San Juan, Puerto Rico 00902.

SOBUL, Irwin M.; '53 BSBA; Maint. Mgr.; Cleveland Bd. of Educ., Transportation Dept., 1380 E. 6th St., Cleveland, OH 44114, 216 432-4616; r. 2554 Edgewood Rd., Beachwood, OH 44122, 216 464-3215.

SOCHA, James Robert; '81 BSBA; CPA; Touche & Ross, 1801 E. 9th St., Ste. 800, Cleveland, OH 44114, 216 771-3525; r. 538 Middle Ridge Rd., Amherst, OH 44001, 216 984-2167.

SOCHA, Jeffrey Alan; '84 BSBA; Programmer/Analyst; Stanadyne Inc./Moen, 377 Woodland Ave., Elyria, OH 44035, 216 323-3341; r. 1021 W. 29th St., Lorain, OH 44052, 216 245-9207.

SOCOLOV, Albert H.; '42 BSBA; Atty.; Albert H Socolov-Atty., 299 Broadway, New York, NY 10007; r. 299 Broadway, New York, NY 10007.

SODDERS, Douglas Allen; '78 BSBA; Inventory Analyst; Gen. Dynamics, 1155 Buckeye Rd, Lima, OH 45806; r. 1636 Pro Dr., Lima, OH 45805, 419 999-1462.

SOELDNER, Rodger Paul; '71 BSBA; VP/C.F.O.; E. H. Wachs Co., 100 Shepard St., Wheeling, IL 60090, 312 537-8800; r. 20855 Pheasant Tr., Barrington, IL 60010, 312 381-2826.

SOH, Boon Swee; '86 BSBA; Exec. Dir.; SRA (Singapore) Pte. Ltd., 9 Penang Rd., #11-08 Supreme House, Singapore 0923, Singapore, 065 337-2888; r. 38 Cashew Ter., Singapore 2367, Singapore.

SOHL, Curtis, Jr.; '48 BSBA; Treas. Vice Presi; Columbus Dental Mfg. Co., 634 Wager St., Columbus, OH 43206; r. 2822 Chateau Cir., Columbus, OH 43221, 614 488-6740.

SOHL, Nannette Millisor; '49; 2822 Chateau Cir., Columbus, OH 43221, 614 488-6740.

SOHNS, Charles A.; '30 BSBA; Retired; r. POB 308, Batavia, NY 14021, 716 343-2030.

SOHOVICH, Gregory Paul; '82 BSBA; Supv.; Big Bear Stores Co., 770 W. Goodale, Acctg. Dept., Columbus, OH 43212; r. 12757 Parliment Dr. N. W., Baltimore, OH 43105.

SOKOL, Michael Scott; '87 BSBA; 1374 Runaway Bay Dr., Columbus, OH 43204, 614 487-0935.

SOKOL, Morton S.; '43 BSBA; Pres.; Berson-Sokol Agcy. Inc., POB 22129, 23200 Chagrin Blvd., Cleveland, OH 44122, 216 464-1542; r. 3376 Kersdale Rd, Cleveland, OH 44124, 216 831-7931.

SOKOL, Randy Jaye; '81 BSBA; Opers. Mgr.; Tee Jaye's Country Pl., 1363 Parsons Ave., Columbus, OH 43206, 614 443-1938; r. 134 Price Ave., Columbus, OH 43201, 614 291-6677.

SOKOL, Simon; '52; Pres.; Banc Ins. Corp., Ohio Indeminity Co., 50 W. Broad St., Columbus, OH 43215, 614 228-2800; r. 2346 Fishinger Rd., Columbus, OH 43221, 614 451-6459.

SOKOLIK, Dr. Stanley Lewis; '55 PhD (BUS); Owner/Mgr.; Connecting Point Support Ctr., 1017 Olive St., St. Louis, MO 63101, 314 231-1994; r. 7943 Delmar Blvd., University City, MO 63130, 314 721-8323.

SOLAMON, Gary Matthew; '81 MBA, '83 MACC; Mgmt. Analyst; Dept. of the Army, HHC, 6th ASG, Box 13, APO, New York, NY 09154; r. 3833 Brisban St., Harrisburg, PA 17111, 717 564-1957.

SOLER, Cynthia Alexander; '77 BSBA; 3654 Skyline Dr., Worthington, OH 43085.

SOLER, David Vincent; '77 BSBA; Sr. Anal Programmer; Accuray Corp., 650 Ackerman Rd., Columbus, OH 43202; r. 3654 Skyline Dr., Worthington, OH 43085.

SOLER, Stephen A.; '65 BSBA; Staff; The Joe Soler Co., 244 W. Norwich, Columbus, OH 43201; r. 7500 Duncans Glen Dr., Westerville, OH 43081, 614 895-7919.

SOLEY, R. Stephen; '69 MBA; Mgr. Int M Mt Intell; Owens Corning Fiberglas, Fiberglas Twr., Toledo, OH 43659; r. 5104 Harvest Ln., Toledo, OH 43623, 419 472-5073.

SOLIDAY, Ronald T.; '55 BSBA; Circuit Minister; Jehovah's Witnesses, 25 Columbia Hts., Brooklyn, NY 11201; r. 3535 Foster Rd., Mc Keesport, PA 15131, 412 673-3984.

SOLIMINE, Joanne; '88 MBA; 75 W. Tulane Rd., Columbus, OH 43202, 614 268-1439.

SOLINGER, Jerard H.; '54 BSBA; Exec. VP; Highlights for Children, 2300 W. 5th Ave., POB 269, Columbus, OH 43216, 614 486-0631; r. 5774 Country House Ln., Dublin, OH 43017, 614 761-3422.

SOLIS, Steven Lee; '67 BSBA; VP; Bates & Co. Ins., Box 1647, 999 W. 6th Ave., Columbus, OH 43212; r. 1660 Cambridge Blvd., Columbus, OH 43212, 614 486-1882.

SOLITARIA, Joseph Glenn Aro; '87 BSBA; Sales Rep.; Knoll Pharmaceuticals, 817 Beech Hill Rd., Mayfield Vlg., OH 44143, 216 449-7947; r. Same.

SOLLARS, Ms. Bridget M., CPA, (Bridget Marie Meredith); '84 BSBA; Sr. Acct.; Borden, Inc., 180 E. Broad St., Columbus, OH 43215, 614 225-7135; r. 2631 Bunker Hill-Glendon SW, Washington Ct. House, OH 43160, 614 335-5506.

SOLLER, George K.; '70; Pres.; Soller Ins. Agcy. Inc., 5150 E. Main St., POB 13142, Columbus, OH 43213, 614 861-8050; r. 244 S. Stanwood, Columbus, OH 43209, 614 237-6097.

SOLLER, Martin Francis; '77 BSBA, '83 MBA; Mktg. Mgr.; Franklin Intl., 2020 Bruck St., Columbus, OH 43207, 614 443-0241; r. 4483 Cassill St., Columbus, OH 43220, 614 459-2636.

SOLLER, Richard E.; '80 BSBA; Grad. Student; Ohio State Univ., Dept. of Communications, Derby Hall, 154 N. Oval Mall, Columbus, OH 43210, 614 292-8844; r. 1790 Willoway Cir. S., Columbus, OH 43220, 614 459-2835.

SOLLER, Robert Alan; '83 BSBA; Utility Analyst; Utility Consumer Counselor, Indianapolis, IN 46204; r. 2609 Cold Springs Ln., Indianapolis, IN 46222, 317 638-1827.

SOLLIE, Robert C.; '64 BSBA; Chief Industrial Eng; Borden Inc., 1625 W. Mound St., Columbus, OH 43215; r. 11892 Woodbridge Ln., Baltimore, OH 43105.

SOLOMON, Alan Gordon; '79 BSBA; Acct.; Alan G Solomon, 9427 Kenwood Rd., Cincinnati, OH 45242, 513 489-4352; r. 4490 Edenton Ln., Cincinnati, OH 45242, 513 984-6442.

SOLOMON, Alvin; '49 BSBA; 22440 Founders, Woodland Hls., CA 91364.

SOLOMON, Arnold Paul; '75 BSBA; Sr. Account Mgr.; Robbins Communications Inc., Carnegie Ofc. Park Dr., Carnegie, PA 15106, 412 279-1700; r. 2348 Wells Dr., Bethel Park, PA 15102, 412 833-6051.

SOLOMON, Barbara '56 (See Loomis, Barbara Solomon).

SOLOMON, Eric John; '87 BSBA; 1227 Littlejohn Dr., Columbus, OH 43227, 614 846-2844.

SOLOMON, Jack L.; '76 BSBA; Mgr.; UNISYS, 2376 Swedesford Rd., Paoli, PA 19301, 215 648-4427; r. 76 Jennifer Dr., Chester Spgs., PA 19425, 215 524-0349.

SOLOMON, Larry King; '76 MPA, '79 MBA; Asst. Mkt. Res. Analyst; Kimberly Clark Corp., Kimberly Clark Bldg. S., Neenah, WI 54956, 414 721-2000; r. c/o Kimberly Clark Corp, Neenah, WI 54903.

SOLOMON, Lynn Anne; '86 BSBA; Sales Rep.; Pitney Bowes, 780 Grant St., Denver, CO 80203, 303 837-8370; r. 540 S. Forest, #1-204, Denver, CO 80222, 303 399-8617.

SOLOMON, Martin G.; '67 BSBA; Pres.; P & S Equities, Inc., 3729 Union St. Box 523, Mineral Ridge, OH 44440, 216 652-2525; r. 2985 Dade Ave., Youngstown, OH 44505, 216 759-9715.

SOLOMON, Melvin S.; '55 BSBA; Catalog Editorial Mgr.; J C Penney Co. Inc., Lincoln Ctr., 5400 LBJ Frwy., Dallas, TX 75240, 214 591-3720; r. 626 Bedford Dr., Richardson, TX 75080, 214 907-8439.

SOLOMONIDES, Drew Christopher; '80 BSBA; Dist. Sales Mgr.; Tombstone Pizza Corp., One Tombstone Plz., Medford, WI 54451, 800 826-2391; r. 4567 Bolon Ave., Hilliard, OH 43026, 614 771-0696.

SOLON, David John; '87 BSBA; 200 Hillside Ave., S. Plainfield, NJ 07080, 201 753-0153.

SOLON, Melvyn M.; '61 BSBA; 23777 Mulholland Hwy., Apt. 25, Calabasas, CA 91302, 818 888-8899.

SOLOVE, Jerome Glenn; '78 BSBA; Real Estate Developer; R. J. Solove & Assocs., 8 E. Broad St., Columbus, OH 43215, 614 221-1191; r. 238 Beech Trail Ct., Powell, OH 43065, 614 764-2044.

SOLOVE, Larry Michael; '69 BSBA; VP, Gen. Counsel; The Barrington Grp., Inc., 88 E. Broad St., Ste. 1400, Columbus, OH 43215, 614 224-1860; r. 1547 Windrush Ct., Blacklick, OH 43004, 614 866-7018.

SOLOVE, Ronald L.; '67 BSBA; Judge; Franklin Cnty. Com. Pleas. Ct., 375 S. High St., Columbus, OH 43215, 614 462-4453; r. 34 E. Gates St., Columbus, OH 43206, 614 444-0424.

SOLSMAN, Scott Donald; '80 MPA; Benefits Adm; Ohio Dept. of Adminstrative Ser, Division of Personnel, 30 E. Broad St. Rm 2952, Columbus, OH 43215; r. 1844 New Market Dr., Grove City, OH 43123, 614 875-4158.

SOLT, Lowell K., CPA; '43 BSBA; Retired; r. 8410 Camden St., Alexandria, VA 22308, 703 780-8442.

SOLT, Michael Edward; '72 BSBA; Prof.; Univ. of Santa Clara, Levy Sch. of Business, Finance Dept., Santa Clara, CA 95053; r. Levy Sch. of Business, University of Santa Clara, Santa Clara, CA 95053, 408 554-4953.

SOLT, Ronald H.; '66 BSBA; Exec. VP Operations; Sears Manufacturing Co., 1718 S. Concord St., POB 3667, Davenport, IA 52808, 319 383-2803; r. 1616 Prospect Pl., Davenport, IA 52803, 319 322-1831.

SOLTESZ, Julie Lynette, (Julie Lynette Wooten); '88 BSBA; Order Spec.; Ross Labs, Busch Blvd., Columbus, OH 43229, 614 438-6657; r. 4765 Kingshill Dr., Columbus, OH 43229, 614 848-9941.

SOLTESZ, Wayne Richard; '85 BSBA; Internal Auditor; Sun Bank N A, 200 S. Orange Ave., POB 2848, Orlando, FL 32801; r. 2 Foxhaven Ct., Westerville, OH 43081.

SOLZE, MAJ James W., Jr.; '62 BSBA; Retired Maj. Usaf; r. 1248 Charnwood Dr., Montgomery, AL 36109, 205 277-3203.

SOLZE, Norman P.; '67 BSBA; Atty.; Scranton & Solze, 204 Justice St., Fremont, OH 43420, 419 334-9723; r. 184 St. Thomas Dr., Fremont, OH 43420, 419 332-5473.

SOMERA, Amy Jo; '88 BSBA; 296 Center Rd., Bedford, OH 44146, 216 232-5919.

SOMERMAN, Beverly Rosenmutter, (Beverly Rosenmutter); '64 BSBA; Broker/Trader; Chicago Bd. Options Exch., Chicago, IL 60606; r. 3150 Lake Shore Dr., Apt. 33C, Chicago, IL 60657, 312 929-4593.

SOMERS, COL Christopher A., USAF; '65 BSBA; Dir.; Manpower Personnel & Training, Integration ASD/ALH, Wright-Patterson AFB, OH 45433, 513 255-9747; r. 4882 W. Enon Rd., Fairborn, OH 45324, 513 878-1406.

SOMERS, Renee Cauley; '86 BSBA; Credit Mgr.; Abbott Foods Inc., POB 44466, Columbus, OH 43204; r. 5376 Davidson Rd., Hilliard, OH 43026, 614 771-1744.

SOMMER, Cheryl L., (Cheryl L. Duko); '87 BSBA; Sales Rep.; Naps Ofc. Supplies Inc., 4477 E. Paris, Grand Rapids, MI 49506, 616 698-7777; r. 3831 Whispering Way SE, Apt. #201, Grand Rapids, MI 49506, 616 957-3522.

SOMMER, Edward G.; '32 BSBA; Retired; r. 8605 Shelbyville Rd., Unit 211, Louisville, KY 40222, 502 426-6620.

SOMMER, Karl W., Jr.; '57 BSBA; Atty.; 10 N. Fifth St., Martins Ferry, OH 43935, 614 633-2954; r. 4 Zane Knoll, Martins Ferry, OH 43935, 614 633-9612.

SOMMER, Robert James; '86 BSBA; Comp. Cnslt.; Crowe, Chizek & Co., 55 Compay Plz., 4th Fl., Grand Rapids, MI 49505, 616 774-0774; r. 3831 Whispering Way, SE, Grand Rapids, MI 49506, 616 957-3522.

SOMMERS, Allison Faye; '87 BSBA; 5663 Natalie Ct. N., Westerville, OH 43081, 614 890-6147.

SOMMERS, Claude Arthur; '71 BSBA; 362 Whittesey Dr., Tallmadge, OH 44278, 216 633-4319.

SOMMERS, Mrs. Sally E., (Sally E. Bogart); '86 BSBA; Administrative Asst.; Solar-Tex, Inc., 5156 Sinclair Rd., Columbus, OH 43229, 614 888-6211; r. 3095 Dorris Ave., Columbus, OH 43202, 614 268-4837.

SOMMERVILLE, Gary Thomas; '85 MBA; Constr. & Maint. Spec.; Columbus Southern Power, 215 N. Front St., Columbus, OH 43215, 614 464-7516; r. 1616 Coronet Dr., Columbus, OH 43224, 614 261-6957.

SOMOGYI, Robert R.; '83 BSBA; 2759 Hampshire Rd., Cleveland, OH 44106, 216 397-0543.

SON, Sungae; '88 BSBA; Mgr.; Charlie's Steakery, 1944 N. High St., Columbus, OH 43210, 614 297-7330; r. 5800 Roche Dr. #D, Columbus, OH 43229, 614 848-9682.

SONCHIK, James Robert; '75 BSBA; Design Mgr.; The Norton Corp., 1811 W. Peoria, Phoenix, AZ 85029; r. 8538 N. 53 Ave., Glendale, AZ 85302, 602 939-2041.

SONG, Dr. Moon Hyun; '86 MA, '87 PhD (BUS); SD ST U/CLG BUS ADM/FIN DPT, San Diego, CA 92182, 614 442-6527.

SONGER, CAPT Hubert D., Jr.; '66 MBA; Capt. Usaf; r. Sacramento Alc Dst, Mc Clellan AFB, CA 95652.

SONKIN, Jeffrey Marc; '88 BSBA; 24705 Meldon Blvd., Beachwood, OH 44122, 216 464-0875.

SONKIN, Ricky David; '84 BSBA; Atty.; Baker & Hostetler, Attys. at Law, 3200 National City Ctr., Cleveland, OH 44114, 216 621-0200; r. 23210 E. Baintree, Beachwood, OH 44122, 216 381-2692.

SONNHALTER, Paul Michael; '78 BSBA; Sales Engr.; Comvac, Inc., 5405 Valley Belt Rd., Independence, OH 44131, 216 398-9220; r. 25867 Byron Dr., N. Olmsted, OH 44070, 216 734-1080.

SONNTAG, Jacqueline '49 (See Smerillo, Jacqueline Sonntag).

SONTAG, Eric Lynn; '64 BSBA; POB 159, Mounds, OK 74047, 918 827-6171.

SOON, Dr. Shih-Chung; '87 PhD (BUS); 2284 Echo Valley Dr., Stow, OH 44224, 216 688-0059.

SOONG, Kian-Fah; '84 BSLHR; 110 Watten Estate Rd., Singapore, Singapore.

SOONG, Siew Yoke; '87 BSBA; 110 Watten Estate Rd., Singapore, Singapore.

SOOY, Ryan Sam; '88 BSBA; 111 W. Hudson 2G, Columbus, OH 43202, 614 263-0864.

SOPER, Richard Paul; '83 BSBA; Salesman; Concrete Sealants Inc., 8917 S. Palmer Rd., New Carlisle, OH 45344, 513 845-8776; r. 6148 A Fireside Dr., Centerville, OH 45459, 513 436-0705.

SOPP, Jeffrey Howard; '80 BSBA; Pres. of Div.; Cnty. Savings Bank, Wholesale Money Division, 65 E. State St., Columbus, OH 43215, 614 462-2800; r. 2448 Kensington Dr., Columbus, OH 43221, 614 486-7677.

SOPPEL, Harold M.; '49 BSBA; Exec. Asst.; Grossman Industries Inc., 1960 S. Fourth St., Columbus, OH 43207; r. 891 Plum Ridge, Columbus, OH 43213, 614 861-2351.

SORDI, Lisa M.; '88 BSBA; 33455 Outley Park Dr., Solon, OH 44139, 216 248-2364.

SORENSEN, Dr. James E.; '65 PhD (ACC); Full Prof.; Univ. of Denver, 2115 University Blvd. S., Denver, CO 80208, 303 871-2000; r. 5483 S. Chester Ct., Englewood, CO 80111, 303 771-8304.

SORENSON, David Lowell; '70 BSBA; Sales Rep. Converse; r. 501 Bittersweet Dr., Findlay, OH 45840, 419 422-8758.

SORENTINO, Sheila Mc Mullen; '84 BSBA; Sr. Systs. Analyst; SMS (Shared Med. Systs.), 51 Valley Stream Pkwy., A5A, Malvern, PA 19355; r. 214-B Laydon Ln., West Chester, PA 19380.

SORG, Dr. James Donald; '78 PhD (PA); Cofounder; Northwest Rsch., 69 Main St., POB 30, Orono, ME 04473; r. 11 Glenwood, Orono, ME 04473, 207 866-7059.

SORG, Joseph Peter; '78 BSBA; Regional Sales Mgr.; Dinner Bell Foods Inc., High St., Defiance, OH 43512; r. 327 Northwood Dr., Defiance, OH 43512, 419 782-3441.

SORG, Mary Ann '83 (See Sorg-Kiser, Mary Ann).

SORG, Richard B.; '50 BSBA; For. Svc.; r. Islamabad Dept. of State, Washington, DC 20521.

SORG-KISER, Mary Ann, (Mary Ann Sorg); '83 BSBA; Branch Mgr.; Household Finance Corp., 212 E. Perkins, Sandusky, OH 44870, 419 626-6711; r. 1311 Tucker Rd., Fremont, OH 43420, 419 334-8127.

SORRELL, Joan Covington, (Joan Covington); '81 BSBA; Asst. VP; Century Bank, 1720 Zollinger Rd., Columbus, OH 43221, 614 457-4242; r. 2268 Abington Rd., Columbus, OH 43221, 614 488-8111.

SORTMAN, Daniel Edward; '77 BSBA; Partner; Sortman Equip. Co., 31 Marco Ln., Centerville, OH 45458, 513 433-0138; r. 8921 Olde Farm Ln., Centerville, OH 45458, 513 435-3126.

SOSENKO, Ronald Dean; '71 BSBA; Dist. Mgr.; American Greeting Corp., 175 W. Orangethrope Ave., Placentia, CA 92670; r. 1737 Bayou Wy, Seal Bch., CA 90740.

SOTHARD, Mark Bradford; '82 BSBA; Controller; Servomation Corp., 333 Richards Rd., Zanesville, OH 43701; r. 3867 Broadway, Grove City, OH 43123, 614 875-4179.

SOUCY, Roland J.; '56 BSBA, '61 MBA; 2822 College Hill Ct., Fairborn, OH 45324, 513 426-6314.

SOUDER, George E.; '56; Dir. of Purchasing; r. 5535 Naiche Rd., Columbus, OH 43213, 614 864-0777.

SOUDERS, Bruce Leroy; '86 BSBA; 303 Leesburg E., Columbus, OH 43228, 614 272-8352.

SOUDERS, Mrs. M. Yvonne; '87 BSBA; Merchandiser Rep.; Kimberly-Clark; r. 1746 Hawthorne Pkwy., Grove City, OH 43123, 614 871-4516.

SOUDERS, Tracy Lynn; '85 BSBA; Admin.; Ohio Dept. of Transportation, 25 S. Front St., Columbus, OH 43214, 614 644-5311; r. 3030 Shadywood Rd., Columbus, OH 43221, 614 459-7168.

SOUKUP, Robert E.; '58 MBA; Pres.; Soukups Hardware Stores Inc., 116 N. York St., Elmhurst, IL 60126; r. 22 W. 315 Lawrence Ave., Medinah, IL 60157, 312 894-9215.

SOULAS, Constantine Alex; '87 BSBA; 5180 Etna Rd., Columbus, OH 43213, 614 864-1043.

SOULE, B. Linn; '63 MBA; Retired Prof.; Oregon State Univ., Dept. of Management, Corvallis, OR 97331; r. 540 NW 9th St., Corvallis, OR 97330, 503 757-7784.

SOULE, Coral Oswalt; '86 BSBA; 6253 Hetzler Rd., Middletown, OH 45042.

SOURS, Roger Allen; '84 BSBA; Real Estate Agt & Apprais; 1102 S. 4th St., Columbus, OH 43206, 614 444-8666; r. Same.

SOURWINE, Jack G.; '52 BSBA; Pres./Real Estate Devel.; Sourwine Co., 50 E. 91st, Indianapolis, IN 46240, 317 844-8871; r. 6826 N. Sherman Dr., Indianapolis, IN 46220.

SOUTH, Stephen Wayne; '68 BSBA, '70 MBA; Sr. Financial Analyst; Eli Lilly & Co., Lilly Corporate Ctr., Indianapolis, IN 46285, 317 276-5782; r. 5935 N. Winthrop, Indianapolis, IN 46220, 317 251-8703.

SOUTHARD, Linda Marie; '86 BSBA; VP Operations; CUC Intl., 831 Greencrest Dr., Westerville, OH 43081, 614 890-2744; r. 2400 Havenwood Dr. N., Columbus, OH 43209, 614 237-7681.

SOUTHWICK, Glenn David; '82 BSBA; Treas.; Century Surety Co., 1889 Fountain Square Ct., Columbus, OH 43224, 614 268-0276; r. 1675 Woodspring Dr., Powell, OH 43065, 614 766-8262.

SOUTHWORTH, Larry Wayne; '67 MBA; Portfolio Mgr.; The Bank of New York, 530 5th Ave., New York, NY 10036, 212 536-4781; r. 86 Midwood Rd, Glen Rock, NJ 07452, 201 447-6526.

SOUTHWORTH, Press Clay, III; '75 BSBA; Partner; Coopers & Lybrand, 100 E. Broad St., Columbus, OH 43215, 614 225-8745; r. 2888 Freedom Tr., Reynoldsburg, OH 43068, 614 864-5398.

SOVA, Andrew Michael; '70 BSBA; Sr. Analyst/Proj. Leader; Bank One, Columbus, NA, Financial Admin., 762 Brooksedge Plz. Bldg. V, Westerville, OH 43081, 614 248-8575; r. 2057 Westover Rd., Columbus, OH 43221, 614 488-7040.

SOVA, Stephen Andrew; '84 BSBA; CPA; Deloitte Haskins & Sells, 155 E. Broad St., Columbus, OH 43215, 614 221-1000; r. 891 Woodhill Dr., Columbus, OH 43212, 614 488-3330.

SOVIK, Raymond William; '72 BSBA; Sales Rep.; Diebold Inc., 1471 W. Goodale Blvd., Columbus, OH 43212; r. 5665 Sheehan Ct., Dublin, OH 43017, 614 764-9537.
SOWA, Robert M.; '87 BSBA; 13985 Walking Stick Way, Strongsville, OH 44136, 216 572-1968.
SOWDER, Jack (Jay) C.; '87 BSBA; Systs. Analyst/Programmer; Ohio Secy of State, 30 E. Broad St., State Ofc. Twr., Columbus, OH 43215, 614 466-8467; r. 4532 Lynwood Ln. #12, Columbus, OH 43228, 614 274-4116.
SOWDER, John Tobin; '80 BSBA; 407 E. Sycamore, Columbus, OH 43206.
SOWDER, Kari Lynn, (Kari Lynn Irvine); '87 BSBA; Internal Auditor; Nationwide Ins. Corp., One Nationwide Plz., Columbus, OH 43216, 614 249-4049; r. 4532 Lynnwood Ln. #12, Columbus, OH 43228, 614 274-4116.
SOWDERS, Gretchen Stroud; '83 BSLHR; 1511 Partridge Ln., Apt. 2, Arlington Hts., IL 60004, 312 577-7615.
SOWLE, Jack M.; '57 MBA; Mgr. Environ. Compliance; Shell Oil Co., POB 100, Deer Park, TX 77536, 713 476-7667; r. 18514 Upper Bay Rd., Houston, TX 77058, 713 333-4986.
SOWLE, Mark Mc Keeth; '78 BSBA; Underwriter; McElroy-Minister Co., 141 E. Town St., Columbus, OH 43215, 614 228-5565; r. 6885 Harlem Rd., Westerville, OH 43081, 614 855-9222.
SPACHNER, Galen Mark; '81 BSBA; Mortgage Broker; r. 5401 Valley Ln. E., Columbus, OH 43229, 614 890-4934.
SPADA, Nancy Ellen; '80 BSBA, '83 MBA; Private Cnslt.; West Chester, PA 19382; r. 1508 Marlboro Rd., West Chester, PA 19382, 215 399-6761.
SPADE, Margaret E. '83 (See Quillin, Margaret E.).
SPADINGER, CAPT Jay J., USAF(Ret.); '64 BSBA; Mgr.; Coldwell Banker McCormack, Honolulu, HI 96814; r. 500 University #PH-1, Honolulu, HI 96826, 808 955-2121.
SPAFFORD, Carroll C.; '55 MBA; Retired; r. 21315 Waubascon Rd., Battle Creek, MI 49017, 616 965-6149.
SPAHL, Angelika Agnes; '85 BSBA; Administrative Asst.; Eastman Kodak Co., Counter Trade Activities, 343 State St., Rochester, NY 14650, 716 724-7089; r. 253 Nicholes St., Rochester, NY 14609, 716 266-8124.
SPAHR, Connie C. '84 (See Magee, Mrs. Connie S.).
SPAHR, Gary William; '64; Retail Acq Mgr.; Shell Oil Co., One Shell Plz., POB 2463, Houston, TX 77001; r. 9353 Knights Way, Brecksville, OH 44141.
SPAHR, LTC Herman Grant, USN(Ret.); '58 BSBA; Retired VP/Personnel; Bank One Lafayette NA; r. 1032 N. 21st St., Lafayette, IN 47904, 317 447-3676.
SPAHR, Patricia Fisher, (Patricia Fisher); '55 BSBA; Acct.; Joel Pomerene Mem. Hosp., 500 Wooster Rd., Millersburg, OH 44654, 216 674-1015; r. 206 N. Washington, Millersburg, OH 44654, 216 674-6543.
SPAID, Matthew David; '85 BSBA; 3878 S. Bank Rd., Millersport, OH 43046, 614 467-3138.
SPAID, Thomas L.; '58 BSBA; Regional Sales Mgr.; Mosler Corp., c/o Postmaster, Dallas, TX 75074; r. 248 Allens Ridge Dr. E., Palm Harbor, FL 34683, 813 787-6302.
SPAIN, Jack Dana; '51 BSBA; Staff; Aero Drapery Co., 977 Burrell, Columbus, OH 43212; r. 305 E. Jeffrey Pl., Columbus, OH 43214, 614 262-7869.
SPAIN, James Richard; '84 BSBA; Retail Clerk; Big Bear Stores Co., Store 19, 1451 W. 5th Ave., Columbus, OH 43212, 614 481-0201; r. 1810 Lafayette Pl., Apt. A2, Columbus, OH 43212, 614 488-7356.
SPAIN, Norman M.; '36 BSBA; Retired; r. 772 Lauraland Dr., Columbus, OH 43214, 614 451-3528.
SPALL, Jeffrey John; '86 BSBA; MIS Mgr.; Parma Intl., N. Royalton, OH 44133; r. 21940 Elizabeth Ave., Fairview Park, OH 44126, 216 777-7950.
SPALLA, Anthony Joseph; '54 BSBA; Owner; Spalla Video Productions, 301 W. 45th St., Ste. 3-L, New York, NY 10036, 212 765-4646; r. 99 Buena Vista Ave., Apt. 2, Yonkers, NY 10701, 914 476-4880.
SPANGLER, Mrs. Janet C., (Janet C. Houston); '50 BSBA; Homemaker; r. 351 Aurora St., Hudson, OH 44236, 216 650-9347.
SPANGLER, Janet K., CPA; '84 BSBA; Acct.; 90 E. Wilson Bridge Rd., Columbus, OH 43085, 614 885-7003; r. 82 Broadmeadows Blvd., Columbus, OH 43214, 614 436-9641.
SPANGLER, Jody L. '84 (See Shamblen, Jody L.).
SPANGLER, John Gregory; '85 BSBA; Account Admin.; Bank 1 Trust Co., NA, 9 E. Long St., Columbus, OH 43215, 614 248-5781; r. 2138 N. 4th, Apt. C, Columbus, OH 43201, 614 294-1476.
SPARGROVE, Jacqueline Elaine; '83 BSBA; Scheduler/Production; Kroger Co., 1014 Vine St., Cincinnati, OH 45201; r. 12717 Fallsburg Rd. N. E., Frazeysburg, OH 43822, 614 828-3802.
SPARKS, John O.; '75 MBA; 4903 134th Pl. S. E., Bellevue, WA 98006, 206 644-2226.
SPARKS, Richard Blaine; '68 BSBA; CFO; Rudolph/Libbe Cos. Inc., 6494 Latcha Rd., Walbridge, OH 43465, 419 241-5000; r. 389 Birchdale Rd., Perrysburg, OH 43551, 419 874-3475.
SPARKS, Robert Earl; '62 BSBA; Regional Mgr.; Broadway Dept. Stores Inc., 3880 N. Mission Rd, Los Angeles, CA 90031; r. 1229 E. Wilson Ave. #103, Glendale, CA 91206.
SPARKS, Rodney Daryl; '85 BSBA; Staff/Owner; Sparks Real Estate, 4185 E. Main St., Columbus, OH 43213, 614 237-0481; r. 890 Ross Rd., Columbus, OH 43213, 614 236-8590.
SPARKS, Susan Ann; '85 BSBA; Staff Auditor; GATX Corp., 120 S. Riverside Plz., Internal Audit, Chicago, IL 60606, 312 621-6574; r. 400 N. Lake Park, Apt. SN9, Hobart, IN 46342, 219 947-1104.
SPARKS, Tammy Mac Laren, (Tammy Mac Laren); '80 BSBA; CPA/Partner; Reeb Mac Laren & Steedman, 216 Bradenton Ave., Dublin, OH 43017, 614 761-0808; r. 1933 Ramblebranch Dr., Columbus, OH 43220, 614 459-4110.
SPARROW, Albert G.; '66 BSBA; Operations Mgr.; L D I Inc., 4311 Patterson Ave. SE, Grand Rapids, MI 49508; r. 2483 Santigo SE, Grand Rapids, MI 49506.
SPARROW, Pamela; '83 BSBA; Staff; Community Mutual Ins. Co., 6740 N. High St., Worthington, OH 43085; r. 498 S. Hague Ave., Columbus, OH 43204, 614 274-7896.
SPARROW, Robert D.; '60 BSBA; VP; Mead Packaging Co., 950 W. Marietta St., Atlanta, GA 30318; r. 2846 Kinnett Dr., Lilburn, GA 30247, 404 498-8788.
SPARROW, W. Dennie; '61 BSBA; Acct.; William D Sparrow CPA, 22659 Collins Rd., Milford Ctr., OH 43045, 513 349-4000; r. Same.
SPATZ, Beth; '80 MBA; Partner; Corporate Affairs, 640 Derby Ct., Sunnyvale, CA 94087, 408 733-7582; r. Same.
SPATZ, Daniel G.; '83 BSBA; Financial Analyst; Huntington Natl. Bank, Financial Analysis Div., 41 S. High St., HC0623, Columbus, OH 43216, 614 463-3627; r. 3614 Astor Ave., Columbus, OH 43227, 614 231-1431.
SPATZ, Edward C.; '47 BSBA; 13 Saddlewood Ln., Cottonwood Sta., Edwardsville, IL 62025, 618 288-7371.
SPATZ, Gregory Lee; '76 BSBA; Pres.; Rockwell Constr. Corp., 1 SW 129th Ave., Ste. 304, Pembroke Pines, FL 33027, 305 431-5000; r. 6650 NW 87th Ave., Parkland, FL 33027, 305 341-9853.
SPATZ, Martin W.; '53 BSBA; Exec.; Star Binding & Trimming Corp., 1109 Grand Ave., N. Bergen, NJ 07047, 201 864-2220; r. 565 Forest Ct., River Vale, NJ 07675, 201 666-7171.
SPAULDING, Scott Alan; '81 BSBA; Staff; US Govt., Defense Dept., Ft. Meade, MD 20755; r. 1031 Marton St., Laurel, MD 20707, 301 776-7672.
SPEAR, Alan Farrish; '82 MACC; Audit Mgr./CPA; Arthur Young & Co., 2859 Paces Ferry Rd., Ste. 1400, Atlanta, GA 30339, 404 431-3345; r. 3814 Fox Hills Dr., Marietta, GA 30067, 404 980-9762.
SPEAR, Christine Ann; '88 BSBA; Credit Analyst; W.C. Industries, 300 Phillipi Rd., Columbus, OH 43218, 614 272-4327; r. 3961 Brelsford Ln., Dublin, OH 43017, 614 792-5249.
SPEAR, John Robert; '69 BSBA; Mgr.; US Dept. of Labor, Occupational Safety & Health, 909 1st Ave., Seattle, WA 98174, 206 442-5930; r. 1738 49th St. NE, Tacoma, WA 98422, 206 927-6782.
SPEAR, Kenneth M.; '51 BSBA; Pres.; Spear & Assoc., 1151 W. Lake Hamilton Dr., Winter Haven, FL 33881, 813 293-0175; r. Same.
SPEARS, Lisa Renee A., (Lisa Renee Adams); '88 BSBA; Acctg. Asst.; Stanley Steamer Intl., Dublin, OH 43017; r. 6789 Welland St., Dublin, OH 43017, 614 792-7693.
SPEARS, COL Thomas R.; '56 BSBA; Col. Usaf; r. 8270 S. Locust Way, Englewood, CO 80112, 303 741-1078.
SPECIALE, Ben Michael; '87 BSBA; 16651 Lynn St., #B, Huntington Bch., CA 92649.
SPECIALE, Gerard James; '77 MBA; Exxon Co. USA, Gilbarco Corporation, Greensboro, NC 27420; r. 4890 Sedgeview Ln., Winston-Salem, NC 27107, 919 788-4180.
SPECKMAN, Craig F.; '74 BSBA; VP; Speckman Automotive Inc., 415 S. Wayne St., St. Marys, OH 45885, 419 394-2345; r. RR 1, Box 305, St. Marys, OH 45885, 419 394-5693.
SPECTOR, Earl M.; '62 BSBA; Exec. VP; Ames Dept. Stores Inc., 2418 Main St., Rocky Hill, CT 06067; r. 12 Merrywood, Simsbury, CT 06070, 203 658-5500.
SPECTOR, Eric Scott; '87 BSBA; Programmer/Analyst; Ashland Chemical Co., 5200 Blazer Pkwy., Dublin, OH 43017; r. 7609 Cutters Edge Ct., Apt. E, Dublin, OH 43017, 614 889-7756.
SPECTOR, Gary M.; '58 BSBA; Atty./Partner; Cooper Spector & Weil Co., 531 Leader Bldg., Cleveland, OH 44114, 216 696-3844; r. 360-1 Hawthorne Dr., Aurora, OH 44202, 216 562-3307.
SPECTOR, Harvey William; '75 MPA; 113 Columbia Hts., Brooklyn, NY 11201, 718 855-2952.
SPECTOR, Susan Beth; '83 MBA; Mktg. Rep.; IBM Corp., 140 E. Ridgewood Ave., Paramus, NJ 07653; r. 15 Interstate St., Suffern, NY 10901.
SPEED, Dennis Charles; '74 BSBA; Dir. Prod. Profit Ability; Healthcare Intl., 9737 Great Hills Tr., Austin, TX 78759, 512 346-4300; r. 6401 Colina Ln., Austin, TX 78759, 512 331-0762.
SPEED, Michael Joseph; '74 BSBA; Systs. Analyst; Warner Amex Cble, Subs Warner Communications Inc, 2000 W. Henderson Rd Ste. 400, Columbus, OH 43220; r. 3130 Walker Rd., Hilliard, OH 43026, 614 771-0834.
SPEED, Rebecca Brokaw; '84 MPA; R J Speed & Assocs., 3130 Walker Rd., Hilliard, OH 43026, 614 771-0834; r. 3130 Walker Rd., Hilliard, OH 43026, 614 771-0834.
SPEELMAN, Ralph John; '71 MBA; Supv; USAF, Windshield System Prog. Ofc., Wright Patterson AFB, Dayton, OH 45433, 513 255-6524; r. 1810 Stonewood Dr., Dayton, OH 45432, 513 429-0885.
SPEELMAN, Steven Harold; '73 BS; Owner; Inkwell Co., 5036 N. High St., Columbus, OH 43214, 614 885-2231; r. 586 Kenbrook Dr., Worthington, OH 43085, 614 436-3009.
SPEER, John Robert; '80 BSBA; Acct.; Vacuform Industries Inc., 875 Dearborn Dr., Worthington, OH 43085; r. 4012 Leather Stocking Tr., Columbus, OH 43230, 614 471-5897.
SPEERT, Sanford G.; '43 BSBA; Atty.; Sandford G Speert Jd, 23611 Chagrin Blvd., Ste. 101, Cleveland, OH 44122; r. 23611 Chagrin Blvd., Ste. 101, Cleveland, OH 44122, 216 464-0820.
SPEERT, Victor A.; '41 BSBA; Atty.; r. 6900 N. Vandyver, San Antonio, TX 78209, 512 826-5150.
SPEES, Bradley Allen; '88 BSBA; 106 E. Floyd Ave., Dayton, OH 45415, 513 274-1781.
SPEICHER, Carl Eugene; '82 BSBA; 946 Bluff Ridge Dr., Worthington, OH 43085, 614 436-4043.
SPEISER, Robert I.; '49 BSBA; Pres. Pollution Contr; Ind On Air Pollution, 15 Park Row, New York, NY 10038; r. 16623 Golfview Dr., Ft. Lauderdale, FL 33326.
SPELL, MAJ Clyde, USAF(Ret.); '69 MBA; Owner; Mirror of the Palm Beaches, Inc., 3567 91st N., Lake Park, FL 33403, 407 622-3605; r. 12374 146th Pl. N., Palm Bch. Gardens, FL 33418, 407 627-4656.
SPELL, Robert William; '63 MBA; 106 Madeira Drive, Tabb, VA 23602.
SPELLACY, Edward J., Jr.; '56 BSBA; Capt.-Boeing 747; Pan Am World Airways, JFK International Airport, Jamaica, NY 11430; r. 36 E. Circle Dr., E. Longmeadow, MA 01028, 413 525-7893.
SPELLMAN, William C.; '63 BSBA; Pres.; R L Spellman Constr. Co., 622 College Way, Urbana, OH 43078, 513 653-3432; r. Box 2, Urbana, OH 43078, 513 653-6462.
SPENCE, Janet Gertrude; '83 MBA; Mktg. Dir.; Hill Haven Corp., 920 Eastwind Dr., Westerville, OH 43081, 614 890-7444; r. 526 Brevoort Rd., Columbus, OH 43214, 614 263-3865.
SPENCE, John Chadwick; '52 BSBA; Dir. of Ins. Operations; Transit Casualty Co. in Receivership, 3700 Wilshire Blvd. Ste. 700, Los Angeles, CA 90010, 213 736-7300; r. 4354 Cartesian Cir., Palos Verdes Pnsla., CA 90274, 213 387-4517.
SPENCE, Patrick Edward; '87 BSBA; Staff Acct.; Hausser & Taylor, 471 E. Broad St., Columbus, OH 43215, 614 224-7722; r. 4105 Stonehenge, Sylvania, OH 43560, 419 882-0848.
SPENCE, Paul Norman; '52; Pres.; Global Sales & Mktg. Inc., 647 Park Meadow Rd., Ste. D, Westerville, OH 43081, 614 895-3030; r. 5191 Colt Ct., Westerville, OH 43081, 614 895-2105.
SPENCE, William Blair; '57 BSBA; VP Reg. Mgr.; World Color Press, Covington, TN 38019, 901 476-0495; r. 2755 Stage Coach, Memphis, TN 38134, 901 382-6027.
SPENCER, Anne '56 (See Irick, Mrs. Anne S.).
SPENCER, Betty Knowles; '50 BSBA, '53 MBA; VP; Dwight Spencer & Assocs., 1290 Grandview Ave., Columbus, OH 43212; r. 2723 Leeds Rd., Columbus, OH 43221, 614 486-1600.
SPENCER, Charles A.; '40 BSBA; Controller; r. Golf Dr., RR No 1, Brookfield, OH 44403.
SPENCER, Colleen Alicia; '78 BSBA; Mgr.; Coopers & Lybrand, 1800 M St., NW, Washington, DC 20036, 202 822-4373; r. 2622 Spencer Rd., Chevy Chase, MD 20815, 301 589-6432.
SPENCER, Eugene Willis, DDS; '56 BSBA; Retired; r. 6313 Cnty. Line Rd., Union, OH 45322, 513 836-1432.
SPENCER, Florence Norene; '85 BSBA; 2465 Mt Herman Rd., Granville, OH 43023, 614 345-9638.
SPENCER, Gary Curwood; '75 BSBA; Staff Usaf; r. 2107 Tretorn Ct., Arlington, TX 76017, 817 467-6606.
SPENCER, Jack Dennis; '66 BSBA; 10068 Settlement House Rd., Spring Vly., OH 45370.
SPENCER, James Hazelton; '59 BSBA; Owner; Aaron-Spencer Agcy., Ins., POB 15682, Phoenix, AZ 85060, 602 955-0223; r. 3509 E. Highland Ave., Phoenix, AZ 85018, 602 955-6167.
SPENCER, Judith Grant; '59 BSBA; 11510 E. Colonial Dr., Orlando, FL 32807.
SPENCER, Mark Curtis; '78 BSBA; Account Rep.; Sutter BioMedical, Inc., 3940 Ruffin Rd., San Diego, CA 92123, 800 999-1611; r. 9515 W. 93rd St., Overland Park, KS 66212, 913 492-0643.
SPENCER, Ralph, Jr.; '48 BSBA; Sr. Mktg. Rep.; Mc Donnell Douglas Corp., One First National Plz., Ste. 830, Dayton, OH 45402, 513 223-7181; r. 1413 Ridgefield Way, Centerville, OH 45459, 513 433-2913.
SPENCER, Rechelle; '83 BSBA; Owner; Genie's Copy Svc., 10645 Euclid Ave., Cleveland, OH 44106, 216 721-5141; r. 1620 Hillcrest Rd., Cleveland, OH 44118, 216 932-5711.
SPENCER, Richard Allan; '68 BSBA; Atty.; Olinger Law Ofc., 31 E. High St., Springfield, OH 45502; r. 1614 Brookhollow Dr., Springfield, OH 45504, 513 399-6241.
SPENCER, Robert Stokes; '47 BSBA; Owner; R S Spencer Inc., 3145 Kerner Blvd., San Rafael, CA 94901; r. 17250 High Rd., Sonoma, CA 95476, 707 938-8165.
SPENCER, Robert William; '72 BSBA; Controller; Cummings Signs, 1825 Joyce Ave., Columbus, OH 43219, 614 294-3521; r. 8189 Longhorn Rd., Powell, OH 43065, 614 766-4670.
SPENCER, Terry Scott; '78 BSBA; VP/Mgr. Strat Plan; Sovran Financial Corp., I Commercial Pl., Norfolk, VA 23510, 804 441-4339; r. 2210 Wolfsnare Rd., Virginia Bch., VA 23454, 804 425-0495.
SPENCLEY, Joseph Thomas, Jr.; '82 MBA; Technical Dir.; DeSoto Inc., 2121 New World Dr., Columbus, OH 43207, 614 497-6560; r. 2011 Wyandotte Rd., Columbus, OH 43212, 614 486-7866.
SPENGLER, Jack E.; '55 BSBA, '56 MBA; VP; Federal Paper Bd. Co. Inc., 75 Chestnut Ridge Rd., Montvale, NJ 07645, 201 391-1776; r. 216 Hempstead Rd., Ridgewood, NJ 07450, 201 444-3075.
SPENGLER, William Frederick; '50 BSBA, '51 MBA; Retired Vice Chmn.; Owens-Illinois; r. 1046 Timber Pass, Harbor Spgs., MI 49470, 616 526-7273.
SPENSIERO, Gregg William; '87 BSBA; Procurement Coord.; McDonnell Douglas, 3880 Kilroy Airport Way, Long Beach, CA 90801, 213 496-6237; r. 8050 Redlands St. #4, Playa Del Rey, CA 90293, 213 578-1992.
SPERO, Gerald; '67 BSBA, '70 MBA; 6641 Meadow Ln., Galena, OH 43021, 614 891-1446.
SPERO, Mindy Sue; '81 BSLHR; 336 Thistle Trail, Mayfield Hts., OH 44124.
SPERRY, Donna Gail; '79 MBA; 4508 Waverley Crossing Ln., Chantilly, VA 22021.
SPERRY, John Phillips; '85 BSBA; Prog. Mgr.; Bank One of Dayton, Kettering Twr., 40 N. Main St., Dayton, OH 45401, 513 449-2180; r. 3054 Bright Bounty Ln., Dayton, OH 45449, 513 435-8640.
SPERRY, Kenneth Richard; '75 BSBA; Estimator/Sales; Building Unlimited Inc., 5000 Scioto-Darby Creek Rd., Hilliard, OH 43026, 614 876-0744; r. 530 Agler Rd., Gahanna, OH 43230, 614 471-1552.
SPERRY, Robert George; '84 BSBA; Med. Student; Univ. of Cincinnati, Mail Location 552, 231 Bethesda Ave., Cincinnati, OH 45267; r. 633 Probasco St., Cincinnati, OH 45220, 513 281-0142.
SPERY, Howard R.; '36 BSBA; 1221 Morningside Dr., Fairmont, WV 26554, 304 366-1659.
SPETALNICK, Jonathan Phillip; '83 BSBA; Tax Atty.; Arthur Andersen & Co., 133 Peachtree St., Atlanta, GA 30303, 404 658-1776; r. 1010 Clementstone Dr. N. E., Atlanta, GA 30342, 404 255-7824.
SPETKA, Hazel M., (Hazel McKinnon); '47 BSBA; Homemaker; r. 211 Lakeview Dr., Butler, PA 16001, 412 287-4528.
SPETNAGEL, George R.; '49 BSBA; Retired; r. 3596 Smiley Rd, Hilliard, OH 43026, 614 876-7754.
SPETRINO, Russell John; '50 BSBA; Exec. VP/Gen. Couns.; Ohio Edison Co., 76 S. Main St., Akron, OH 44308, 216 384-5793; r. 867 Lafayette Dr., Akron, OH 44303, 216 836-8920.
SPETSIOS, Maria Katherine; '85 BSBA; Commercial Loan Rep.; Huntington Natl. Bank, 14600 Detroit Ave., Ste. 1400, Lakewood Ctr. N. Bldg., Lakewood, OH 44107, 216 521-7693; r. 11209 Lake Ave., # 2, Cleveland, OH 44102, 216 961-0305.
SPICER, Dr. Carl Lloyd; '25 BSBA; Retired; r. Kipp Rd. Box 319, Rhinebeck, NY 12572, 914 876-6275.
SPICER, Charles Joseph, Jr.; '84 BSBA; Tax Acct.; r. 6807 Stockston Ln., Columbus, OH 43068, 614 863-9269.
SPICER, Emerson C.; '37 BSBA; Retired; V.A.; r. 133 E. High St., Circleville, OH 43113, 614 474-3654.
SPICER, Gary Arden; '69 BSBA; Trng. Devel. Mgr.; Nationwide Ins., One Nationwide Plz., Columbus, OH 43216, 614 249-6769; r. 1091 Ridge Pl., Gahanna, OH 43230, 614 855-1539.
SPICER, Larry J.; '61 BSBA; 29961 Rock Creek Dr., Southfield, MI 48076, 313 646-3767.
SPICER, Dr. Michael William; '71 BSBA, '72 MPA, '74 PhD (PA); Prof., Assoc. Dean; Cleveland State Univ., Clg. of Urban Affairs, Cleveland, OH 44115, 216 687-2136; r. 23711 Cliff Dr., Bay Village, OH 44140, 216 892-9640.
SPICER, William Harold; '86 MBA; 906 St. Bartholomew, Corpus Christi, TX 78418, 512 939-9355.
SPIDLE, James Lee; '81 BSBA; 810 Stuart St. N. W., Massillon, OH 44646.
SPIEGEL, James E.; '64 BSBA; 220 W. Charles, Bucyrus, OH 44820, 419 562-6699.
SPIEGEL, Reed Stuart, Jr.; '87 MBA; 854 Valley Rd., Lancaster, PA 17601, 717 569-5564.
SPIEGEL, Wayne William; '74 BSBA; Store Mgr.; Kroger Co., 741 Scioto St., Urbana, OH 43078, 513 652-2416; r. 5022 Glady Creek Dr., Urbana, OH 43078, 513 652-3433.
SPIEGLER, Jeffrey Howard; '70 BSBA; 3254 N. Tallow Point, Beverly Hls., FL 32665, 904 746-7526.
SPIELBERG, Mrs. Alice, (Alice Benator); '49 BSBA; Prog. Aide; Kent State Univ., 310 White Hall, Kent, OH 44242, 216 672-2662; r. 728 Ivan Dr., Kent, OH 44240, 216 673-5076.
SPIELBERG, Harold G.; '51 BSBA, '52 MBA; Exec. VP; Univ. Photonix-Design & Sup., 26941 Cabot Rd., Ste. 127, Laguna Hls., CA 92653, 714 582-3612; r. 19101 Beckwith Ter., Irvine, CA 92715, 714 854-0214.

SPIELBERGER, Korby Lee; '80 BSBA; 896 Vernon Rd, Columbus, OH 43209.

SPIELDENNER, Kathryn A. '82 (See Wasserman, Mrs. Kathryn A.).

SPIERS, Thomas Edward; '62 BSBA; Engrg. Supv.; Ford Motor Co., 5401 Baumhart Rd., Lorain, OH 44053, 216 282-0637; r. 1431 Sanford St., Vermilion, OH 44089, 216 967-6644.

SPIES, James C.; '61 BSBA; Staff; Owens Illinois Corp., POB 1035, Toledo, OH 43666; r. 2452 Alby St., Alton, IL 62002, 618 465-9014.

SPIES, Rebecca L., MSW; '87 MPA; Social Worker; The Epilepsy Assn. of Central Ohio, 144 E. State St., Columbus, OH 43215, 614 228-4401; r. 5048 Dierker Rd., Apt. G, Columbus, OH 43220, 614 459-4766.

SPIESS, Richard Arthur; '85 MBA; Financial Mgr.; Hewlett-Packard, 8245 N. Union Blvd., Colorado Spgs., CO 80920, 719 590-5692; r. 6340 Monarch Cir., Colorado Spgs., CO 80919, 719 593-1709.

SPIKER, Mark Anthony; '77 BSBA; VP; Brauer & Assocs., Inc., 5555 Central Ave., St. Petersburg, FL 33710, 813 384-5555; r. 1120 Withlacoochee St., Safety Harbor, FL 34695, 813 726-4129.

SPILKER, Allan John; '60 BSBA; Guid. Couns.; Grove City HS, 4665 Hoover Rd., Grove City, OH 43123; r. 2623 Melane Ave., Grove City, OH 43123, 614 875-7363.

SPILLER, Lynne Louise; '82 BSBA; Asst. VP; Citizens Trust Bank, POB 4485, Atlanta, GA 30302, 404 653-2719; r. 2181 Lake Park Dr., #M, Smyrna, GA 30080, 404 434-4859.

SPILLERS, Randall Robert; '76 BSBA; Quality Engr.; Copeland Corp., Campbell Rd., Sidney, OH 45365; r. 47 N. Paris St., Minster, OH 45865, 419 628-4132.

SPILLERS, Timothy J.; '86 BSBA; Order Planner; P.A.B. Combustion Engrg., 650 Ackerman Rd., Columbus, OH 43202, 614 261-2000; r. 24 E. Longview Ave., Columbus, OH 43202, 614 262-5514.

SPILLMAN, Brian Edward; '83 BSBA; Real Est Appraiser; Lombardo & Assocs., 6482 E. Main St., Ste. A, Reynoldsburg, OH 43068, 614 863-0156; r. 882 Francis Ave., Columbus, OH 43209, 614 231-8256.

SPINALE, David A.; '86 BSBA; Pharmaceutical Sales Rep.; Merck Sharp & Dohme, Division of Merck & Co Inc, 3415 Oakdale Ave., Lorain, OH 44055, 216 246-5344; r. Same.

SPINANGER, Dean; '68 BSBA; Staff; Intl. Economics, Inst of World Economics, Kiel, Germany; r. c/o A Spinanger, 3460 Custer St., Cincinnati, OH 45208, 513 321-1510.

SPINDLER, Donald M.; '35 BSBA; Retired; r. 1115 Rubicon Rd, Dayton, OH 45409, 513 223-9638.

SPINDLER, Jeffrey Alan; '83 BSBA; Employment Svcs. Spec.; Federated Investors Inc., Federated Investors Towers, Pittsburgh, PA 15222, 412 288-8562; r. 863 Towercrest Dr., Pittsburgh, PA 15228, 412 571-0617.

SPINDLER, Mrs. Karen Cherico, (Karen L. Cherico); '82 BSBA; Product Spec.; Redshaw, Inc., Foster Plz. Ten, 580 Andersen Dr., Pittsburgh, PA 15220, 412 937-3661; r. 863 Towercrest Dr., Pittsburgh, PA 15228, 412 571-0617.

SPINDLER, Paul William; '79 MBA; Corporate Controller; Voplex Corp., 1100 Pittsford Victor Rd., Pittsford, NY 14534; r. 36 Heatherwood Rd., Fairport, NY 14450, 716 388-1622.

SPINELLI, Joseph G.; '63 BSBA; Asst. Dean/Assoc. Prof.; Bowling Green State Univ., Clg. of Arts & Sciences, Bowling Green, OH 43403; r. 14330 Georgetown Dr., Bowling Green, OH 43402, 419 352-0722.

SPINO, Michael Angelo; '86 MPA; Budget Analyst; Ohio Dept. of Natural Resources, Fountain Sq. Bldg. D-2, Columbus, OH 43224; r. 388 Piedmont, Columbus, OH 43214, 614 267-4110.

SPIRER, Dr. Janet Ellen; '79 PhD (PA); Assoc. Prof.; Marymount Univ. of Virginia, 2807 N. Glebe Rd., Arlington, VA 22207; r. 5225 Pooks Hill Rd., Apt. #328N, Bethesda, MD 20814, 301 897-5271.

SPIRES, Brian R.; '88 BSBA; 79 Fernhill Ave., Columbus, OH 43228, 614 870-6458.

SPIRES, Garrell C.; '54 BSBA; Retired; r. 4344 Shelbourne Ln., Columbus, OH 43220, 614 451-2686.

SPIRES, John E.; '48 BSBA; Retired; r. 5466 Driftwood Rd, Columbus, OH 43229, 614 885-1535.

SPIRES, Mrs. Kristy L., (Kristy Morris); '85 BSBA; Tax-Fixed Assets Supv.; Wendy's Intl. Inc., 4288 W. Dublin Granville Rd., Dublin, OH 43017, 614 764-3100; r. 3961 Deerlake Way, Columbus, OH 43204, 614 276-0703.

SPIRES, Linda Anne; '84 BSBA; Mgr.; Peat Marwick Main & Co., 1601 Elm St., Ste. 1400, Dallas, TX 75201, 214 754-2000; r. 3100 Jeanetta #1204, Houston, TX 77063, 713 783-5262.

SPIRES, Mrs. Rosemary Grogan, (Rosemary Grogan); '38 BSBA; Retired; r. 221 Eldon Ave., Columbus, OH 43204, 614 274-4296.

SPIRO, Meyer J.; '40 BSBA; Mktg. Rep.; Lawyers Title of LA Inc., 3100 Division St., Metairie, LA 70002, 504 888-2364; r. 730 Emerald St., New Orleans, LA 70124, 504 282-1657.

SPIRO, Stuart; '50 BSBA; Staff; US Dept. of Defense, E. 9th & Lakeside, Fed. Ofc. Bldg., Cleveland, OH 44199, 216 522-5375; r. 2465 Channing Rd., Cleveland, OH 44118, 216 321-7199.

SPIRTOS, Thelma Vouis; '52 BSBA; Grad. Student; Western State Univ., 1111 N. State Clg. Blvd., Fullerton, CA 92631; r. POB 2329, Lk Arrowhead, CA 92352.

SPITLER, Daniel T.; '62 BSBA; Atty.; Spitler, Vogts, Berger & Huffman, 131 E. Court St., Bowling Green, OH 43402, 419 352-2535; r. 61 Back Bay Rd, Bowling Green, OH 43402, 419 823-7652.

SPITLER, Gregory Bruce; '76 BSBA; Registered Rep.; Equitable Financial Cos., 3131 S. Dixie Dr., Ste. 400, Dayton, OH 45439, 513 297-0030; r. 1649 Bledsoe Dr., Bellbrook, OH 45305, 513 848-8222.

SPITTLE, John Roderick; '78 BSBA; Brokerage Mgr.; Physicians Health Plan, 3650 Olentangy River Rd, Columbus, OH 43214, 614 442-7100; r. 6894 Running Deer Pl., Dublin, OH 43017, 614 761-0594.

SPITZ, David Charles; '87 BSBA; Customer Svc. Rep.; Lennox Industries Inc., 1711 Olentangy River Rd., Columbus, OH 43216, 614 421-6050; r. 4619 Winterset Dr., Columbus, OH 43220, 614 457-8954.

SPITZ, Morton; '33 BSBA; Retired; r. Apt. 2027, Coronado #2, 20301 W. Country Club Dr., N. Miami Bch., FL 33180, 305 937-2711.

SPITZ, Paul M.; '32 BSBA; Retired; r. 4174 Bushnell Rd., Cleveland, OH 44118, 216 381-6758.

SPITZER, George L.; '48 BSBA; Retired; r. 704 S. Fenimore St., Covina, CA 91723, 818 339-6498.

SPITZER, John A.; '39 BSBA; Bd. Chmn.; Spitzer Mgmt. Inc., (Spitzer Auto World), 150 E. Bridge St., Elyria, OH 44035, 216 323-4761; r. 2540 W. Royalton Rd., Grafton, OH 44044, 216 748-2019.

SPITZER, Linda J. '73 (See Gavatin, Ms. Linda J.).

SPITZER, Mary L.; '47 BSBA; Human Res. Asst.; State of Washington, Income Assistance Division, Olympia, WA 98504; r. 4301 Montclair Dr. SE, Lacey, WA 98503.

SPITZER, Stewart N.; '43; Dealer; Sidney Motors, 788 Main St., Grafton, OH 44044, 216 926-2311; r. 14 Waterfall Dr., Grafton, OH 44044, 216 458-4349.

SPITZIG, Pamela M. '79 (See Moore, Pamela M.).

SPITZLER, Henry R.; '52 BSBA; 22 Locust Ave., Rockville Centre, NY 11570, 516 764-9152.

SPIVEY, Michael Lewis; '86 BSBA; Programmer; Direct Mkt. Data Systs., 6400 River Ridge Pkwy., Dublin, OH 43017, 614 766-7070; r. 5854 Hallridge Cir., Columbus, OH 43232, 614 863-3993.

SPIVEY, Michele Sedlock; '88 BSBA; 5854 Hallridge Cir., Columbus, OH 43232, 614 863-3993.

SPLETE, Richard William; '73 BSBA; Cnslt.; Richard Splete & Assoc., 99 Kinderkamack Rd., Ste. 103, Westwood, NJ 07675, 201 666-9596; r. 4 Morgan Ct., Montvale, NJ 07645, 201 573-1220.

SPLETZER, Arthur, Jr.; '47 BSBA; Contractor; Arthur W Spletzer & Son, 221 E. Mulberry St., Bryan, OH 43506; r. 502 Belmont, Bryan, OH 43506, 419 636-6879.

SPOHN, Douglas B.; '63 BSBA; Pres./CEO; Hamilton Corp., 4651 Olde Towne Pkwy., Marietta, GA 30068, 404 971-6655; r. 4031 St. Andrews Sq., Duluth, GA 30136, 404 497-8830.

SPOHN, Joan Walsh; '51 BSBA; Treas.; North Royalton Bd. of Educ., 6579 Royalton Rd., N. Royalton, OH 44133, 216 237-8800; r. 6714 Hawthorne Dr., Brecksville, OH 44141, 216 526-3559.

SPOHN, Patrick James; '81 BSBA; Acct.; ITT Lester Industries, 25661 Cannon Rd., Bedford Hts., OH 44146, 216 248-2855; r. 16336 Parklawn Ave., Cleveland, OH 44130, 216 243-8654.

SPOHN, William Duane; '85 MBA; Dir. of Operations; Franklin Intl., 2020 Bruck St., Columbus, OH 43207, 614 443-0241; r. 6606 Maple Park Way, Galloway, OH 43119, 614 870-1123.

SPOHN, William H.; '67 MBA; Quality Assurance; NCR Corp., 1700 S. Patterson Blvd., Dayton, OH 45479, 513 445-2209; r. 8010 Brainard Woods Dr., Centerville, OH 45458, 513 433-6952.

SPONZILLI, William A.; '53 MBA; Rep.; GE Co., 3135 Easton Tpk., Fairfield, CT 06431; r. General Electric (Usa) Asia Co, Ste. 104 Cathay Bldg., Singapore, 9, Singapore.

SPOON, Jeffrey Dean; '85 BSLHR; Recruiter/Trainer; All Star Inns Inc., 2951 28th St., Ste. 3040, Santa Monica, CA 90405, 213 452-7588; r. 1850 Taft Ave., #4, Los Angeles, CA 90028, 213 464-5503.

SPORNHAUER, Tod Powell; '88 BSBA; Acct.; Ernst & Whinney, 2400 Nationwide Plz., Columbus, OH 43215, 614 224-5678; r. 4776 Galton Ct., Columbus, OH 43220, 614 457-2587.

SPOSITO, Thomas Michael; '67 BSBA; Dir. of Purchasing; Universal Health Svcs. Inc., 367 S. Gulph Rd., King Of Prussia, PA 19406, 215 768-3300; r. 455 Garrison Way, Gulph Mills, PA 19428, 215 527-6037.

SPOTT, Gerald L.; '66 BSBA; Mgr.; Industrial Distribution, Midwest Hallowell Distributors, 2630 Payne Ave., Cleveland, OH 44124, 216 348-0000; r. 1741 Gladwin Dr., Cleveland, OH 44124, 216 473-3755.

SPOTTS, Margaret Elizabeth; '80 BSBA; Operator; Nacco, 12800 Shaker Blvd., Data Recorder, Cleveland, OH 44120; r. 845 Colony Dr., Cleveland, OH 44143, 216 442-8693.

SPRACKLEN, David Bruce; '74 BSBA; Stockbroker; Merrill Lynch, 1801 E. 9th St., Cleveland, OH 44101; r. 425 19th St., Palm Harbor, FL 34683.

SPRACKLEN, Mrs. Juanita S., (Juanita S. Gugelchuk); '82 BSBA; Regional Acct.; The Lehndorff USA Grp. of Cos., 88 E. Broad St., Ste. 1290, Columbus, OH 43215, 614 469-0066; r. 7575 Riverside Dr., Powell, OH 43065, 614 881-5000.

SPRACKMAN, Jerome N.; '59 BSBA; VP; Operations Sayvette Ltd., 45 Overlea Blvd., Toronto, ON, Canada; r. 28 Woodlawn Ave. W., Toronto, ON, Canada.

SPRADLIN, Mark Kevin; '83 BSBA; Rte. 1, Franklin Furnace, OH 45629.

SPRAGG, Robert W.; '33 BSBA; Pres. Gen. Mgr.; Columbus Heating & Ventilating, Box 1196, Columbus, OH 43215; r. 2064 Worcester Ct., Columbus, OH 43232, 614 861-3596.

SPRAGUE, Bradford Michael; '76 MPA; Exec. VP; Ehrlich Bober & Co., 100 S. 3rd St., Columbus, OH 43215, 614 221-1231; r. 5549 Ayrshire, Dublin, OH 43017, 614 792-1945.

SPRAGUE, Jeanne Louise, (Jeanne MacMillan); '80 MPA; 5549 Aryshire Dr., Dublin, OH 43017, 614 792-1945.

SPRAGUE, Jeffrey Earl; '86 BSBA; Couns.; Lima Technical Clg., Small Bus. Devel. Ctr., 4240 Campus Dr Galvin Hall 222, Lima, OH 45804, 419 222-8324; r. 2228 Lost Creek Blvd., Lima, OH 45804, 419 228-9847.

SPRAGUE, Martha '54 (See Fullen, Martha Sprague).

SPRALEY, Sondra J. '76 (See Hollenbeck, Sondra J.).

SPRANG, Clark E.; '66 BSBA; Finance Dir.; Compagnie Francaise Goodyear, B P 310, 92506, Rueil-Malmaison, France; r. 2 & 4 Ave. Lily, 78170 La Celle, St. Cloud, France.

SPRANKLE, Frederick Louis; '69 BSBA; Mgr.; Flexible Corp., Manufacturing Division, Pittsburgh Dr., Delaware, OH 43015, 614 362-2775; r. 6959 Candace Pl., Worthington, OH 43085, 614 847-0102.

SPRANKLE, Mischael L.; '86 BSBA; Acct.; Advanced Drainage Systs. Inc., 3300 Riverside Dr., Columbus, OH 43221, 614 457-3051; r. 12987 Springfield Rd., New Springfield, OH 44443, 216 549-2814.

SPRATLEN, Dr. Thaddeus Hayes; '56 BSBA, '57 MA, '62 PhD (BUS); Prof.; Univ. of Washington, Dept. of Marketing, DJ-10, Seattle, WA 98195, 206 543-4778; r. 809 NW 116th St., Seattle, WA 98177, 206 365-0956.

SPRATLEY, Mrs. Mary L., (Mary L. Miller); '43 BSBA; Retired; r. 1065 St. Agnes Ave., Columbus, OH 43204, 614 274-3028.

SPRECHER, John Walker; '86 BSBA; Account Mgr.; MMS Intl., 2400 Corporate Exchange Dr., Columbus, OH 43229, 614 895-0738; r. 6235 Sweetwater Ct., Columbus, OH 43229, 614 898-7662.

SPREEN, Roger Elmore, Jr.; '71 BSBA; VP/Mgr.; Portion Packaging Co., Finance Division, 4 Neshaminy Interplex Ste. 300, Trevose, PA 19047; r. 5 Lookout Ln., Washington Crossing, PA 18977, 215 493-0338.

SPREHE, Karen '87 (See Ruckman, Mrs. Karen S.).

SPRENG, Charles K.; '37 BSBA; POB 548, Mansfield, OH 44901.

SPRENG, Kenneth Robert; '71 BSBA; Acct. Mgr.; Ofc. Pavilion, 1601 Blake St., Denver, CO 80202, 313 571-5211; r. 2033 S. Pennsylvania, Denver, CO 80210, 303 777-5142.

SPRENGER, Kathleen Mary; '85 BSBA; Employment Couns.; Imperial Placement Svc., 320 N. Michigan St., Toledo, OH 43624, 419 243-2222; r. 3442 Kenwood Blvd., Toledo, OH 43606, 419 536-0184.

SPRENGER, Mark Andrew; '73 BSBA; Sale; Westec Security Systs., Troy, MI 48084; r. 2331 Grantwood, Toledo, OH 43613, 419 472-7167.

SPRENKLE, Charles A.; '60 BSBA; Packaging Engr.; E.M.C. Corp., 171 South St., Hopkinton, MA 01748, 508 650-1010; r. 86 Carleton Rd, Marshfield, MA 02050, 617 834-4191.

SPRIGGS, David M.; '55 BSBA; Retired Acct.; Texaco Inc.; r. 19602 Frank Ave., Cerritos, CA 90701, 213 402-2036.

SPRIGGS, Earl Andrew; '86 BSBA, '88 MBA; Acct.; Owens-Corning Fiberglas, Fiberglas Twr., Toledo, OH 43615, 419 248-8000; r. 6555 Dorr St., Apt. T-99, Toledo, OH 43615, 419 866-9218.

SPRIGGS, R. Scott; '77 BSBA; Dir. of Fin Communication; Pickett/Callentine Devel. Co., 655 Metro Pl., S., Ste. 600, Dublin, OH 43017, 614 889-6500; r. 178 Buttles Ave., Columbus, OH 43215, 614 299-0220.

SPRIGGS, William Guy; '74 BSBA; Pres. Gen. Mgr.; Eagle Distributing Co., 2747 Greenup, Ashland, KY 41104, 606 329-9925; r. 2816 Cumberland Ave., Ashland, KY 41101, 606 325-8649.

SPRING, Howard A.; '59 BSBA; Sr. Acct. Mgr.; Gen. Foods Corp., 250 North St., White Plains, NY 10625, 614 891-1911; r. 1806 Red Fern Dr., Columbus, OH 43229.

SPRING, Joseph Michael; '84 BSBA; Scheduler; Newark Air Force Base, Heath Rd., Newark, OH 43055; r. 3018 Knollwood Dr., Newark, OH 43055, 614 745-1173.

SPRING, Phillip Jeffrey; '87 BSBA; 1806 Red Fern Dr., Columbus, OH 43229, 614 891-1911.

SPRING, Robert T.; '47 BSBA; Retired; r. 1627 Stayman Ave. SW, N. Canton, OH 44709, 216 494-9025.

SPRING, Steven Howard; '87 BSBA; Asst. Auditor; Auditor of The State of Ohio, 88 E. Broad St., Fifth Fl., Columbus, OH 43215, 614 774-4257; r. 128 Terry Lee Ct., London, OH 43140, 614 852-5680.

SPRINGER, Gary Joseph; '85 BSBA; 8400 Gallop Dr., Powell, OH 43065.

SPRINGER, Jack V.; '53 BSBA; Dir.; Westinghouse Electric Co., Human Resources Division, 11 Stanwick St., Pittsburgh, PA 15222; r. 19 Telde Cr, Hot Springs Vlg., AR 71909.

SPRINGER, Laurene M. '83 (See Davis, Laurene Springer).

SPRINGER, Ronald E.; '52 BSBA; Semiretired; r. 425 E. Maple, Bryan, OH 43506.

SPRINGER, Stephen Andrew; '86 BSBA; Sr. Acct.; Ernst & Whinney, 2400 Nationwide Plz., Columbus, OH 43215, 614 224-5678; r. 1406 Broadview Ave., Columbus, OH 43212.

SPRINGER, Steven James; '72 BSBA; VP; Pulte Home Corp., Bloomfield Hls., MI 48013, 313 433-4528; r. 1445 Sandy Ridge Dr., Rochester Hls., MI 48064, 313 656-0937.

SPROAT, John Wilson, Sr.; '41 BSBA; Owner; Buckeye Hearing Aid Co., 2628 Welsford Rd., Columbus, OH 43221, 614 486-6906; r. Same.

SPROULE, Robert William; '84 BSBA; 127 E. 16th Ave., Columbus, OH 43201.

SPROULL, Russell William; '70 MBA; Sr. Acctg. Mgr.; Alltel Corp., 100 Executive Pkwy., Hudson, OH 44236, 216 650-7186; r. 176 Devorah Dr., Aurora, OH 44202, 216 562-9005.

SPROUSE, Robert M.; '49 BSBA; VP; The Ohio Co., 155 E. Broad St., Columbus, OH 43215; r. 3829 Patricia Dr., Columbus, OH 43220, 614 451-1515.

SPROUT, William Randall; '76 BSBA; Pres.; Mgmt. Recruiters of Orlando Inc., 222 S. Westmonte Dr., Ste. 104, Altamonte Spgs., FL 32714, 407 869-8800; r. 1190 Rollingwood Tr., Maitland, FL 32751, 407 539-0833.

SPROW, Thomas R.; '67 BSBA; Sales Mgr.; Potter Inc., 820 E. South St., Bryan, OH 43506, 419 636-5624; r. RR 5, Bryan, OH 43506, 419 636-3962.

SPROWLS, Thomas John; '82 BSBA; Svc. Mgr.; Joe Kellys Osyter Dock, 2300 E. Dublin-Granville Rd., Columbus, OH 43229, 614 890-3555; r. 4738 Blairfield Dr., Columbus, OH 43214, 614 457-6423.

SPRUBLE, Susan Ann; '85 BSBA; Controller; Tracy-Wells; r. 7995 Carshan Ct.,, Dublin, OH 43017, 614 761-9830.

SPUNG, Albert H.; '59 BSBA; Sales Rep.; Bennett Holland Assocs., 5143 S. Telegraph Rd., Dearborn Hts., MI 48125, 313 292-6100; r. 1033 Suffield, Birmingham, MI 48009, 313 647-0845.

SPUNG, Gwendolyn Ann; '84 BSBA; Sales Rep.; Southco Graphics Inc., 5201K Indian Tr. Indust. Pkwy., Norcross, GA 30071, 404 448-5800; r. 106 Summerbrook, Dunwoody, GA 30350, 404 594-8314.

SPUNG, Mrs. Sharon E., (Sharon Wysseier); '82 BSBA; Claims Supv.; Safeco Ins. Cos., Safeco Dr., Hermitage, TN 37202, 615 391-1002; r. 5404 Valley Dr., Old Hickory, TN 37138, 615 758-2932.

SPURCK, Fredric Charles; '76 BSBA, '83 MBA; Pres./CEO; Webster Industries Inc., 325 Hall St., Tiffin, OH 44883, 419 447-8232; r. 475 Coe St., Tiffin, OH 44883, 419 447-3707.

SPURLING, Harry; '47 BSBA; Pres.; Your Royal Highness, Plainview Ny 11803; r. 41 Mildred Ct., Plainview, NY 11803, 516 933-0868.

SPURLINO, Joanne Visocan; '85 BSBA; R/T Equip. Corp., Plant City, FL 33566; r. 13504 Palmwood Ln., Tampa, FL 33624, 813 968-2007.

SPURLOCK, Michael; '71 BSBA; Atty./Partner; Beery & Spurlock, 275 E. State St., Columbus, OH 43215, 614 228-8575; r. 3050 Stoney Bridge Ln., Hilliard, OH 43026, 614 876-2408.

SPURRIER, Robert L.; '32 BSBA; Retired; r. 220 Mulberry St., Marysville, OH 43040, 513 644-1630.

SPYKER, Paul H.; '35 BSBA; Retired; r. 690 Vancouver Dr., Westerville, OH 43081, 614 891-3501.

SQUEO, Douglas Guy; '68 BSBA; Exec. VP; John Morton Co., 203 N. LaSalle St., Chicago, IL 60601, 312 726-2010; r. 1989 Wexford Cir., Wheaton, IL 60187, 312 690-9330.

SQUILLACE, Alexander P.; '67 BSBA; Pres./ Investment Advisor; Investment Mgmt. Grp., POB 900, Sioux Falls, SD 57101, 605 331-4550; r. 2009 E. 52nd St., Sioux Falls, SD 57103, 605 334-0011.

SQUILLACE, Maripat '82 (See Kwaczala, Maripat Squillace).

SQUIRE, Dr. Harold Walter; '68 MBA, '72 PhD (BUS); Prof. Emeritus; Capital Univ., Columbus, OH 43209; r. 3839 Woodbridge Rd., Columbus, OH 43220, 614 459-1083.

SQUIRES, Cynthia Marie; '81 BSBA; Sales Assoc.; Fellow Travelers, 1946 N. Fourth St., Greeting Card & Gift Industry, Columbus, OH 43201; r. 5621 Golden Eagle Cir., Palm Bch. Gardens, FL 33418, 407 694-8057.

SQUIRES, Dale Alan; '80 BSBA; Dist. Sales Mgr.; Continental Cable Vison, Broward Cnty., 7067-E. W. Broward Blvd., Plantation, FL 32549, 904 583-1770; r. 136 Summit Ct., Niceville, FL 32578, 904 897-8028.

SQUIRES, Eugene Michael; '83 BSBA; Ofc. Mgr.; Carmac Chemical Co., Div of United Chemical Inc, 605 Garden St., Elyria, OH 44035, 216 323-3208; r. 362 Moon Rd., Avon, OH 44011.

SQUIRES, Karen Smilanich; '84 BSBA; Credit Analyst; Huntington Natl. Bank, 917 Euclid Ave., Cleveland, OH 44115; r. 3449 Delmar Dr., Rocky River, OH 44116, 216 333-1387.

SQUIRES, Willard D.; '33 BSBA; Retired; r. 185 Gordon St., Swissvale, Pittsburgh, PA 15218, 412 731-6529.

SRIDHAR, Balakuntalam Sundareswara, PhD; '83 MBA, '87 PhD (BUS); Asst. Prof.; Univ. of Wisconsin-Oshkosh, 800 Algoma Blvd. CF309, Oshkosh, WI 54901, 414 424-0199; r. 2710 Bowen St., Apt. D, Oshkosh, WI 54901, 414 426-1757.

SRIVASTAVA, Dr. Rajesh; '86 PhD (BUS); Asst. Prof.; Marquette Univ., Clg. of Bus Admin., Dept. of Management, Milwaukee, WI 53233, 414 224-3366; r. 7306 W. Marine Dr., Milwaukee, WI 53223, 414 354-7694.

SROCZYNSKI, Randall Paul; '78 BSBA; Natl. Sales Mgr.; Decision Data, 400 Horshan Rd., Horsham, PA 19044; r. 24 Yellowdale, Fairfield, OH 45014.

ST. CLAIR, Carl Rodney; '81 BSBA; Buyer; Boeing Advanced Systs., Seattle, WA 98146; r. 17039 SE 251st Pl., Kent, WA 98042, 206 630-8515.

ST. CLAIR, Dr. Jeffrey J.; '82 MBA; Dir./Rsch.; Retail Plng. Assocs., 645 S. Grant Ave., Columbus, OH 43206, 614 461-1820; r. 2743 Bellwood Ave., Columbus, OH 43209, 614 252-5197.

ST. CLAIR, Tamala Lynn; '85 BSBA; Mktg. Coord.; Schooley Caldwell Assocs., 969 Crupper Ave., Columbus, OH 43229, 614 431-2312; r. 1597 Waltham Rd., Columbus, OH 43221.

ST. JEAN, Alan Paul; '85 BSBA; 7872 Sudeley Ct., Westerville, OH 43081.

ST. JOHN, Karen Ann; '85 MBA; Regulatory Coord.; American Petroleum Inst., 1220 L St., NW, Washington, DC 20005, 202 682-8314; r. 1330 New Hampshire Ave. NW, Apt. 904, Washington, DC 20036, 202 659-9409.

ST. JOHN, Marilynn M. '59 (See Berry, Mrs. Marilynn St. John).

ST. JOHN, Mrs. Rebecca L., (Rebecca L. Robinson); '80 BSBA; Homemaker; r. 1607 Willow Creek Ln., Columbia, SC 29212, 803 781-6546.

ST. LAURENT, Randall Mark; '83 BSBA; Clinical Mktg. Spec.; Genentech, 460 Pt. San Bruno Blvd., San Francisco, CA 94080, 415 266-5000; r. 202 Trinity Ln., Mandeville, LA 70448, 504 626-4033.

ST. LAURENT, Susan J., (Susan Jaskari); '83 BSBA; Sales Rep.; Lifescan Inc., Division of Johnson & Johnson, 2443 Wyandote, Mountain View, CA 94043, 800 227-8862; r. 202 Trinity Ln., Mandeville, LA 70448, 504 626-4033.

ST. PETER, Carole Lutz; '56 BSBA; 5350 Harper, Solon, OH 44139, 216 248-4049.

ST. PIERRE, Jeanne Louise; '81 BSBA; Trng. Store Mgr.; Talbots, 4725 Wyandotte, Kansas City, MO 64112, 816 531-7210; r. 7641 Aberdeen, Prairie Vlg., KS 66208.

STAATS, Brad Steven; '81 BSBA; 3255 Englewood Dr., Stow, OH 44224.

STAATS, Marty Bret; '85 BSBA; 261 W. Fourth St., Marysville, OH 43040.

STACHOWICZ, Patrice Mikolaj; '82 BSBA; 8815 Brecksville Rd., Brecksville, OH 44141, 216 526-1069.

STACKHOUSE, David Alan; '81 BSBA; 4851 Westchester Dr., Apt. 313D, Youngstown, OH 44515, 216 799-4345.

STACKS, Lisa Noma; '82 BSBA; Tax Supv.; Laventhol & Horwath, National City Ctr., 1900 E. 9th St. 14th Fl., Cleveland, OH 44114, 216 696-4770; r. 1262 Eastwood Ave., Mayfield Hts., OH 44124, 216 449-4671.

STACY, Ronald Allan; '84 BSBA; 4640 Harlem Rd., Galena, OH 43021, 614 965-2363.

STADELBACHER, LTC Richard E.; '60 BSBA; Lt. Col. Usaf; r. 2790 Mc Allister St., Riverside, CA 92508, 714 687-7157.

STADER, Ms. Angela Marie; '87 BSBA; Account Exec.; The Micro Ctr., 1555 West Ln. Ave., Columbus, OH 43221, 614 481-8041; r. 2000 Elmwood Ave., Apt. D, Columbus, OH 43212, 614 487-0556.

STADLER, David C.; '51 BSBA; Ins. Agcy.; 518 E Broad St., Columbus Oh 43215; r. 689 Bernhard Rd., Columbus, OH 43213, 614 237-1303.

STADLER, Frank P., Jr.; '59 BSBA; 8415 20th Ave., Adelphi, MD 20783, 301 434-7997.

STADLER, James R.; '57 BSBA; Financial Cnslt.; J. R. Stadler Co., 2212 Hillsboro Valley Rd., Brentwood, TN 37027, 615 373-1616; r. Same.

STADLER, Robert M.; '51 BSBA; Pres./Owner; State Agcy. Inc., 39 E. Main St., POB 191, Shelby, OH 44875, 419 342-3060; r. 63 Marvin Ave., Shelby, OH 44875, 419 342-6346.

STAFFORD, Ann Jeanne; '86 BSBA; 1417 Copley Meadows, Akron, OH 44321, 216 666-6483.

STAFFORD, Burl Junior; '73 BSBA; Sr. Financial Analyst; Edmont Div. of B/D, 1300 Walnut St., Coshocton, OH 43812, 614 622-4311; r. 44950 Township Rd. 504, Coshocton, OH 43812, 614 622-5181.

STAFFORD, LTC James Barry, USA; '66 BSBA; Staff Ofcr.; DCSLOG Dept. of Army Staff, Pentagon, Washington, DC 20310, 202 697-1311; r. 2111 Jefferson Davis Hwy., Apt. 1017N, Arlington, VA 22202, 703 979-1161.

STAFFORD, Dr. Kathy Lynn; '75 MPA, '82 PhD (PA); VP; Univ. of Akron, Institutional Advancement, 302 E. Buchtel Common, Akron, OH 44325, 216 375-7568; r. 1929 Oakridge Dr., Akron, OH 44313, 216 864-3468.

STAFFORD, Todd A.; '85 BSBA; Sr. Claims Analyst; White Consolidated Industries, 300 Phillipi Rd., Columbus, OH 43228, 614 272-4542; r. 8024 Abbeyshire Ct., Dublin, OH 43017, 614 766-8131.

STAFFORD, William E.; '57 BSBA; Pres.; DisplayTek, Inc., 1355 Holmes Rd., Elgin, IL 60123, 312 931-2111; r. 11 N. 220 Weldwood Dr., Elgin, IL 60123, 312 742-3924.

STAFMAN, David Alan; '79 BSBA; Assoc. Dir.; Bear Stearns Co., Institutional Equity, 3 First National Plz., Chicago, IL 60602, 312 580-4200; r. 1080 Lampton Ln., Deerfield, IL 60015, 312 948-7082.

STAFMAN, Joanne Karen; '83 BSBA; 1620 Federal, #3, Los Angeles, CA 90025.

STAFMAN, Stuart Michael; '78 BSBA; Pres./Owner; Conference Air Svcs. Inc., 1500 King St., Ste. 200, Alexandria, VA 22314; r. Same.

STAGE, John E.; '49 BSBA; Salesman; Sears Roebuck Co., 1445 New Britain Ave., W. Hartford, CT 06110, 203 727-3842; r. 50 Pine St., Newington, CT 06111, 203 666-5948.

STAGGERS, Theodore R.; '49 BSBA; Sales; GE Co., 15135 Hamilton Ave., Lamp Dept., Detroit, MI 48203; r. 811 Tottenham St., Birmingham, MI 48008, 313 646-2365.

STAGNEY, Edward M.; '64 MBA; Dir.-Merchandise Info.; Federated Dept. Stores Inc., 7 W. 7th St., Cincinnati, OH 45202, 513 579-7661; r. 8518 Sturbridge Dr., Cincinnati, OH 45236, 513 791-0872.

STAHL, Frank Leonard; '84 BSBA; 3 Hidden Valley Dr., Apt. 7, Toledo, OH 43615, 419 531-1955.

STAHL, Gary Charles; '74 BSBA; 1216 Belmont, Vallejo, CA 94590.

STAHL, Gregory Robert; '84 BSBA; Powder Coating Spec.; Porter Paint Co., 400 S. 13th St., Louisville, KY 40201, 502 588-9200; r. 3950 Ivygate Pl., Dublin, OH 43017, 614 792-7636.

STAHL, Harold L.; '24 BSBA; Retired; r. 3440 Olentangy River Rd., Apt. 12-F, Columbus, OH 43202, 614 268-0222.

STAHL, Jack M.; '41 BSBA; Sales; r. 44 Oakley St., Corry, PA 16407, 814 665-7431.

STAHL, James A.; '55 BSBA; Sales; r. POB 213St, Paulding, OH 45879, 419 399-5422.

STAHL, James Walter; '85 BSBA; Acct.; Norman Jones Tucker Cochenour & Co., 1418 Brice Rd., Columbus, OH 43068, 614 864-3134; r. 913 Annagladys Dr., Worthington, OH 43085.

STAHL, John A.; '62 BSBA; Product Mgr.; B F Goodrich Chemical Co., 3135 Euclid Ave., Cleveland, OH 44115, 216 398-4400; r. 3905 Laurel Glen Dr., Cleveland, OH 44147, 216 526-6716.

STAHL, Kent Michael; '85 BSBA; 2584 Lantz Rd., Xenia, OH 45385, 513 426-5815.

STAHL, Larry J.; '83 BSBA; Staff Appraiser; Cuyahoga Savings Assoc., 1 Erieview Plz., Cleveland, OH 44101, 216 771-3550; r. 26 Southwick Dr., Bedford, OH 44146, 216 439-5033.

STAHL, Ronald Alan; '85 BSBA; 4455 Melrose, Wooster, OH 44691, 216 345-6105.

STAHL, Stephanie Ann; '81 BSBA; Stockbroker; The Ohio Co., 2475 NW Blvd., Columbus, OH 43221, 614 486-2979; r. 3931 Inverness Cir., Dublin, OH 43017, 614 761-0247.

STAHL, William M.; '29 BSBA; Retired; r. 134 College Ave., Ashland, OH 44805, 419 289-1057.

STAHL, William N.; '37 BSBA; Indep. Adjuster; r. RT 1, Box 39C, Redwood, NY 13679.

STAHLER, David A.; '87 BSBA; Deloitte Haskins & Sells, 1717 E. 9th St., Cleveland, OH 44114, 216 589-1300; r. 200 Chatham Way, Apt. 466, Mayfield Hts., OH 44124, 216 461-1778.

STAHLGREN, Leonard S., Jr.; '66 BSBA; Mgr., AME Cooking Prods.; GE Co., Advance Production Tech Dept., Louisville, KY 40225, 502 452-4057; r. 7100 Peppermill Ln., Louisville, KY 40228, 502 239-6355.

STAHR, LT Michael Allen, USAF; '85 BSBA; Pilot; Eaker AFB, AR 72315; r. 1624-A N. Ctr. Eaker AFB, Blytheville, AR 72315, 501 532-2749.

STAHURA, Alan Michael; '79 BSBA; Plant Mgr.; Norwesco, 3111 Wilson Rd., Lancaster, OH 43130, 614 654-6402; r. 1016 Lori Ln., Westerville, OH 43081, 614 890-7751.

STAHURA, Edward F.; '58 BSBA; Account Mgr.; Universal Copy Systs., 711 E. Ball Rd., Ste. 100, Anaheim, CA 92805, 714 778-6441; r. 10479 Salinas River Cir., Fountain Vly., CA 92708.

STAIGER, Eugene P.; '87 BSBA; Dir. of Mktg. & Sales; Imperial Plastics Inc., Custom Plastics Extrusions, 80 Industrial St., Rittman, OH 44270, 216 927-5065; r. 2307 Berrywood Dr., Akron, OH 44313, 216 666-2497.

STAINBROOK, James Richard; '78 BSBA; Tax Mgr.; Arthur Andersen, 133 Peachtree St., NE, Atlanta, GA 30303, 404 658-1776; r. 4010 Roswell Rd., #4, Atlanta, GA 30342, 404 256-2409.

STAINBROOK, Richard John; '85 BSBA; 7715 Cloister Dr., Worthington, OH 43085, 614 846-3204.

STAKER, Lowell L.; '59 BSBA; Owner; Staker-Hepsworth Assocs., 2822-A Fisher Rd., Columbus, OH 43204; r. 1773 Connors Point, Columbus, OH 43220, 614 459-9374.

STALDER, Beverly K. '79 (See McKee, Ms. Beverly K.).

STALEY, John T.; '65 BSBA; Realtor; Ramsier Real Estate, 5458 Fulton NW, Canton, OH 44718, 216 494-4544; r. 7680 Cranford St. NW, Massillon, OH 44646, 216 837-5222.

STALEY, Keith Patrick; '75 BSBA; Plumbing Contractor; Staley Plumbing, 3763 Army St., San Francisco, CA 94124, 415 826-3728; r. Same.

STALEY, Michael David; '81 BSBA; Auditor/Mgr.; Ernst & Whinney, 901 Western Bldg., Buffalo, NY 14202, 716 854-6112; r. 4465 Chestnut Ridge Rd., Apt. 5, Tonawanda, NY 14150, 716 691-9470.

STALL, Jo Ann; '80 BSBA; Staff; Gould Inc., 18901 Euclid Ave., Cleveland, OH 44117; r. 35922 Skytop, Willoughby, OH 44094.

STALL, Mark Edwin; '82 BSBA; Acct.; Conrad, Kilgore, Stall, CPA's, 23 W. Main St., Shelby, OH 44875; r. POB 5012, Galion, OH 44833, 419 468-1874.

STALLARD, Donald Lee; '76 MBA; Pres.; Office Reserves Group Inc., 20800 Center Ridge Rd. #100, Cleveland, OH 44116, 216 356-0340; r. 27315 Hemlock Dr., Westlake, OH 44145, 216 892-0679.

STALLINGS, Timothy Lohman; '80 BSBA; Gen. Mgr.; Independence Truck Equip. Co., 6315 Aaron Ln., Clinton, MD 20735, 301 868-0540; r. 5923 Seabright Rd., Springfield, VA 22152, 703 644-1073.

STALLKAMP, Leon F.; '55 BSBA; Rte. 1 Shawnee Island, Huntsville, OH 43324, 513 842-5938.

STALLSMITH, Lowell T.; '59 BSBA; Sales Admin. Mgr.; Anchor Hocking Packaging, 1765 W. Fair Ave., POB 2008, Lancaster, OH 43130, 614 687-2095; r. 1788 Rosewood Dr. NE, Lancaster, OH 43130, 614 654-6592.

STALLSMITH, Thomas Jay; '84 BSBA; Sales Rep.; Becton Dickinson Consumer Prods., One Becton Dr., Franklin Lakes, NJ 07417; r. 5502A Gloucester St., Mechanicsburg, PA 17055.

STALLTER, Robert E.; '58 BSBA; Agt.; Med. Protective Co., 4334 W. Central Ave., Ste. 212, Toledo, OH 43615; r. 320 Southwood Dr., Perrysburg, OH 43551, 419 874-7248.

STALTER, Dean Clark; '77 BSBA; Branch Mgr.; McMillin Realty Inc., 9910 Mira Mesa Blvd. Ste. E, San Diego, CA 92131, 619 578-5700; r. 10125 Avenida Magnifica, San Diego, CA 92131, 619 566-5006.

STALTER, Marvin Dale; '85 BSBA; 4765 Grove City Rd., Grove City, OH 43123, 614 792-1486.

STALTER, Richard A.; '56 BSBA; Artist; r. 73 Waller Rd., Gaylordsville, CT 06755, 203 354-2550.

STALZER, Joseph Paul; '69 BSBA; Bus. Cnslt.; r. 10230 Chipmunk Ridge Dr., Concord Township, OH 44077, 216 352-8223.

STAMATIS, Rhonda Mokhiber; '80 BSBA; Owner; Zoe's Marketplace Restaurant, Marketplace Mall, Rochester, NY 14623; r. 29 Sugarmills Cr, Fairport, NY 14450, 716 223-5455.

STAMATIS, Sam Nicholas; '87 BSBA; 2009 W. 38th, Lorain, OH 44053, 216 960-1245.

STAMBAUGH, Robert Neal; '81 BSBA; Data Processing Supv.; The E I Du Pont Co., Circleville, OH 43113, 614 474-0315; r. 7056 Shady Nelms Dr., Dublin, OH 43017, 614 792-2816.

STAMBEK, Mrs. Jennifer A., (Jennifer A. Eichler); '82 BSBA; Sales Rep.; Ethicon/Johnson & Johnson, 905 S. Spencer Pl., Diamond Bar, CA 91765, 714 861-8950; r. Same.

STAMBOR, Helen Miller; '49; Homemaker; r. 2215 W. Wayne St., Lima, OH 45805, 419 223-6636.

STAMETS, James Richard; '86 BSBA; Materials Controller; Toledo Scale, 1150 Dearborn Dr., Worthington, OH 43085, 614 438-4952; r. 3012 Donneylane Blvd., Columbus, OH 43220, 614 792-5178.

STAMETS, Robert Bruce; '80 BSBA; Analyst; Loral Systs. Grp., 1210 Massillon Rd, Manufacturing Division, Akron, OH 44315, 216 796-2150; r. 1743 23rd St., Cuyahoga Falls, OH 44223, 216 929-7504.

STAMEY, Charles Howard, Jr.; '85 MBA; Exec. Recruiter; C H Stamey Assocs., 438 E. Wilson Bridge Rd., Worthington, OH 43085, 614 299-2323; r. 112 Price Ave., Columbus, OH 43201, 614 297-6368.

STAMM, Fred H., Jr.; '43; Retired; r. 725 Lake St., Marblehead, OH 43440, 419 798-8003.

STAMMEN, Joan Marie; '87 BSBA; Acct.; Ernst & Whinney, 2400 Nationwide Plz., Columbus, OH 43216, 614 224-5678; r. 4405D Appian Way E., Gahanna, OH 43230, 614 471-6064.

STAMMEN, Richard Maurice; '85 BSBA; 51 Circle Dr., New Bremen, OH 45869, 419 629-2575.

STAMMLER, Bradley Wright; '77 BSBA; Exec. VP; Gen. Ins. Agcy. Inc., 3360 Tremont Rd., Columbus, OH 43221, 614 451-9602; r. 391 Lytton Way, Gahanna, OH 43230, 614 476-5121.

STAMMLER, Gary Robert; '77 BSBA; Acct./Mgr.; Deloitte Haskins & Sells, 155 E. Broad St., Columbus, OH 43215, 614 221-1000; r. 59 Trine St., Canal Winchester, OH 43110, 614 837-5904.

STAMOS, Michael James; '87 BSBA; Auditor; Deloitte Haskins & Sells, 155 E. Broad St., Columbus, OH 43215, 614 221-1000; r. 5653 Tamarck Blvd., Columbus, OH 43229, 614 846-3291.

STAMPFLI, Dean Rusk; '86 BSBA; Operations Mgr.; W N C O AM & FM, Box 311, Ashland, OH 44805; r. 1475 Township Rd. 388, Greenwich, OH 44837, 419 929-3130.

STAN, Edward M.; '49 BSBA; Pres.; Checkrite of Columbus, 3455 E. Livingston Ave., Columbus, OH 43227, 614 239-8989; r. 144 Eastmoor Blvd., Columbus, OH 43209, 614 235-4392.

STAN, Ms. Lynn B.; '81 BSBA; Owner; Einhorn & Stan, 61 Jefferson, Columbus, OH 43215, 614 461-1166; r. 144 Eastmoor, Columbus, OH 43209, 614 235-4392.

STANCHAK, David William; '83 BSBA; Dispatcher; Best Transport Inc., 3050 Lake Rd., E., POB 672, Ashtabula, OH 44004, 216 992-2102; r. 4028 Lake Ave., Apt. 1, Ashtabula, OH 44004, 216 992-7308.

STANCHFIELD, Donald Alan; '73 BSBA; VP; Ehmke Movers Inc., 9770 Inter Ocean Dr., Cincinnati, OH 45246, 513 874-4800; r. 525 Blackhawk Tr., Loveland, OH 45140, 513 683-1902.

STANDARD, James A.; '38 BSBA; Cnslt.; The Pace Grp. Inc., 151 New Park Ave., Hartford, CT 06106, 203 523-8290; r. 35 Oak Ridge Ln., W. Hartford, CT 06107, 203 521-3596.

STANDEN, Kathleen G., (Kathleen Gilroy); '82 BSBA; Mktg. Rep.; IBM, 21041 Burbank Blvd., Woodland Hls., CA 91364, 818 715-1665; r. 1811 Pelham Ave. #7, W. Los Angeles, CA 90025, 213 470-0273.

STANDEN, William Gerard; '83 BSBA; Abbott Labs, Marketing Research, Los Angeles, CA 90052; r. 1811 Pelham Ave., Apt. 7, Los Angeles, CA 90025, 213 470-0273.

STANDEN, William Harry; '75 BSBA; 33020 Leafy Mill Ln., N. Ridgeville, OH 44039, 216 327-6482.

STANDER, Richard Ramsay, Jr.; '79 MBA; Pres.; Mansfield Asphalt Paving Co., POB 1321, Mansfield, OH 44901, 919 522-2521.

STANDLEY, Jane Maier; '83 BSBA; Acct.; Deloitte Haskins & Sells, 155 E. Broad St., Columbus, OH 43215, 614 885-3453; r. 703 Island Ct., Columbus, OH 43214, 614 459-4995.

STANEART, Jack R.; '51 BSBA; 9080 E. Nassau Ave., Denver, CO 80237.

STANEK, Daniel Gregory; '83 BSBA, '86 MBA; Sr. Cnsltg. Mgr.; Shelly Berman Communicators, Consulting Division, 707 Park Meadow Rd., Westerville, OH 43081, 614 891-7070; r. 1422 W. Second Ave., Columbus, OH 43212, 614 481-7705.

STANFILL, Brian E.; '85 BSBA; Cnty. Admin.; Delaware Cnty., Delaware Cnty. Courthouse, 91 N. Sandusky St., Delaware, OH 43015, 614 369-8761; r. 74 Orchard Hts., Delaware, OH 43015, 614 363-5702.

STANFILL, Nancy H., (Nancy Hall); '83 BSBA; Accountant; Glenwood Range Co., 435 Park Ave., Delaware, OH 43015, 614 363-1381; r. 74 Orchard Hts., Delaware, OH 43015, 614 363-5702.

STANFORD, Mrs. Florence, (Florence Shapero); '31 BSBA; Retired; r. 2646 Endicott Rd., Cleveland, OH 44120, 216 321-2651.

STANFORD, Melissa J. '81 (See Stroup, Melissa J.).

STANFORD, Stephen James; '71 BSBA; Atty.; Fuller & Henry, Box 2088, One Seagate, Toledo, OH 43603, 419 247-2512; r. 790 Oak Knoll Dr., Perrysburg, OH 43551, 419 874-0201.

STANFORTH, James Gaddis; '55 BSBA; Retired; r. 1112 Brainard Rd., Cleveland, OH 44124, 216 461-7668.

STANG, Fred K.; '48 BSBA; Retired Ofc. Mgr.; B F Goodrich Co., 500 S. Main St., Akron, OH 44318; r. 1151 Summit Ave., Troy, OH 45373, 513 335-7239.

STANGE, Jean D. '81 (See Jankord, Mrs. Jean D.).

STANGE, Lynn Ann; '84 BSBA; Systs. Engr.; Electronic Data Systs. Corp., 1775 Research Dr., Troy, MI 48083, 313 528-7783; r. 1303 Kirts Blvd. #77, Troy, MI 48084, 313 362-0944.

STANHOPE, Glenn R.; '49 BSBA; Retired Tchr.; Zane Trace Local Sch. Dist., RR No 4, Chillicothe, OH 45601; r. 247 Church St., Chillicothe, OH 45601, 614 772-1308.

STANHOPE, Harold D.; '41; Retired Gen. Mgr.; Interstate Brand Inc., 105 Spencer St., Syracuse, NY 13201; r. 2463 Brazilia Dr., Apt. 53, Clearwater, FL 34623, 813 799-1735.

STANHOPE, Michael A.; '66 BSBA; VP; Wells Fargo Bank, 65 W. Alisal St., Salinas, CA 93901, 408 754-5068; r. POB 43, Aromas, CA 95004.

STANIC, Sean A.; '88 BSBA; Sales Coord.; Colony Automotive & Truck Grp., Div. of Lancaster Colony, 6205 Frantz Rd., Dublin, OH 43017, 614 761-1646; r. 5205 Falston Ct., Westerville, OH 43081, 614 882-4778.

STANISH, Mark Andrew; '87 BSBA; 215 Clinton St., Columbus, OH 43202, 614 261-7423.

STANISLAV, Charles Joseph; '83 BSBA; Sales Rep.; Owens Corning Fiberglas, 200 Fleet St., Pittsburgh, PA 15220; r. 4644 Rolling Hills Rd., Pittsburgh, PA 15236.

STANISLAW, Steven George; '82 BSBA; VP Sales; Tri State Steel, 931 Summit Ave., Niles, OH 44076, 216 652-1968; r. 1737 Stone Creek Ln., Twinsburg, OH 44078, 216 425-7543.

STANISZEWSKI, Terence Lee; '72 BSBA; 2752 Daleford Dr., Toledo, OH 43614, 419 382-5991.

STANKEY, Kurt R.; '81 BSLHR; 2510 Kenwood Blvd., Toledo, OH 43606, 419 472-9632.

STANKO, Michael P.; '81 BSBA; CPA; 5755 Granger Rd., Ste. 790, Independence, OH 44131, 216 661-1790; r. 5261 W. 45th, Parma, OH 44134, 216 398-6225.

STANLEY, David Edwin; '77 MBA; Controller; Bank One Columbus NA, 762 Brooksedge Plaza Dr., Columbus, OH 43271, 614 248-8563; r. 8321 S. Old State Rd, Westerville, OH 43081, 614 548-4820.

STANLEY, George F., Jr.; '49 BSBA; Pres.; Vagabond Creations, Inc., 2560 Lance Dr., Dayton, OH 45409, 513 298-1124; r. 457 Kramer Rd., Dayton, OH 45419, 513 293-1842.

STANLEY, Jay Carl; '83 BSBA; Realtor; Cecil Routte Realty, 116 Grandville St., Gahanna, OH 43230, 614 475-4900; r. 1654 Dundee Pl., Columbus, OH 43227, 614 238-0659.

STANLEY, John E.; '53 MBA; Retired Partner; Ernst & Whinney, 2000 National City Ctr., Cleveland, OH 44114; r. 620 Yardarm Ln., Longboat Key, FL 34228, 813 383-5343.

STANLEY, Lila '59 (See Haught, Lila S.).

STANLEY, Stephen Mark; '78 MBA; Mgr./Fiscal Operations; John W Galbreath & Co., 180 E. Broad St., Columbus, OH 43215, 614 460-4425; r. 996 Clubview Blvd. S., Worthington, OH 43085, 614 436-0023.
STANNARD, William N.; '74 BSBA; Owner; Wellington Implement Inc., 140 Herrick Ave. E., Wellington, OH 44090, 216 647-3725; r. 227 Sheila Dr., Wellington, OH 44090, 216 647-4887.
STANSEL, David Michael; '86 BSBA; Account Mgr.; N C R Corp., 2120 Newburg Rd., Louisville, KY 40205, 502 456-4500; r. 425 S. Hubbard Ln., Apt. 244, Louisville, KY 40207, 502 893-7992.
STANTON, Charles Allen; '76 BSBA; Supv.; Marathon Oil Co., 539 S. Main St., Findlay, OH 45840, 419 422-2121; r. 1714 Pebblestone Dr., Findlay, OH 45840, 419 422-6711.
STANTON, Charles W.; '50 BSBA; Retired; r. 1590 Eisenhower, Apt. 206, Boulder, CO 80303, 303 440-9573.
STANTON, John David; '86 BSBA; 814 Marion Ave. N. #R, Mansfield, OH 44903, 419 529-3991.
STANTON, John Francis; '51 BSBA; Retired VP of Finance; Ohio Med. Indemnity Inc.; r. 1428 Clydesdale, Columbus, OH 43229, 614 846-5491.
STANTON, John Michael; '82 BSBA; 7503 Blue Fox Ln., Worthington, OH 43085, 614 766-8082.
STANTON, Mary '45 (See Malone, Mary Stanton).
STANTON, Ralph C., Jr.; '48 BSBA; Retired; r. 597 Fair Oaks Blvd., Mansfield, OH 44907, 419 756-2346.
STANTON, Theresa '82 (See Eierman, Mrs. Theresa J.).
STANTON, Wyllys G., Jr.; '51 BSBA, '52 MBA; Retired; r. 1051 Elmwood Ave., Columbus, OH 43212, 614 488-0963.
STAPLEFORD, Stuart H.; '48 BSBA; Pres./Mfg. Rep.; S H Stapleford Inc., 3130 Maple Dr. NE, Atlanta, GA 30305, 404 261-8585; r. 483 E. Wesley Rd., NE, Atlanta, GA 30305, 404 261-4428.
STAPLER, Carl L.; '80 MA; 10082 SW 147th Pl., Miami, FL 33196, 305 382-1559.
STAPLES, Beirn; '70 MBA; Prog. Analyst; Ofc. of Secy. of Defense, Pentagon, Washington, DC 20301; r. 7201 Swansong Way, Bethesda, MD 20817, 301 469-4810.
STAPLETON, Tina M. '85 (See Baldauf, Tina Stapleton).
STARBUCK, Marguerite '39 (See Meckstroth, Marguerite Starbuck).
STARCHER, Robert; '77 BSBA; 887 Bunker Hill, Medina, OH 44256.
STARK, Julia Elizabeth; '88 BSBA; 1605 Dutchess Ave., Kettering, OH 45420, 513 252-6636.
STARK, Maurice Gene; '57 BSBA; VP/Treas.; Battelle Memorial Inst., 505 King Ave., Columbus, OH 43201, 614 424-6424; r. 7662 Cloister Dr., Worthington, OH 43235, 614 885-4680.
STARK, William Edward; '73 BSBA; Reg. Operations Mgmt.; Northern Telecom Finance Corp., One Ravinia Dr., Ste. 300, Atlanta, GA 30346, 404 395-5720; r. 890 Providence Dr., Lawrenceville, GA 30244, 404 985-9500.
STARKAND, Cynthia L. '76 (See Ginsburg, Mrs. Cynthia L.).
STARKE, Dr. Frederick Alan; '74 PhD (BUS); Asst. Prof.; Business Admin., University of Manitoba, Winnipeg, MB, Canada; r. 74 Radcliffe Rd, Winnipeg, MB, Canada.
STARKER, Dorotha '41 (See House, Dorotha Starker).
STARKEY, Debra Lynn; '80 MPA; 2945 Radford Way, Turlock, CA 95380.
STARKEY, Mrs. Edith Kapka, (Edith Kapka); '60 BSBA; Pres.-Owner; E.D. Mktg., 10301 Bren Rd. W., 312-Orange, Minnetonka, MN 55343, 612 936-9664; r. 18040 Berry Ln., Wayzata, MN 55391, 612 473-1781.
STARKEY, Frank J.; '34 BSBA; Atty.; Atty-at-Law, 202 Lawyers Bldg., Mt. Clemens, MI 48043; r. POB 6874, W 0 Jarris, Mobile, AL 36660.
STARKEY, Jerald Lynn; '70 BSBA; Physical Therapist; Peters & Starkey Phys. Therapy Corp., 128 Ascot Dr., Roseville, CA 95661, 916 786-7447; r. 7175 Allen Ln., Penryn, CA 95663, 916 663-3811.
STARKEY, John Raymond; '71 BSBA; Gen. Mgr.; Bar Processing Corp., Windham Rd., POB 280, Newton Falls, OH 44444, 216 872-0914; r. 2694 S. Canal St., Newton Falls, OH 44444, 216 872-5733.
STARKEY, Ralph E.; '50 BSBA; Pres.; Starkey Enterprises, Inc., 701 Oliver Rd., Montgomery, AL 36117, 205 272-3500; r. 4320 Balboa Rd., Montgomery, AL 36109, 205 272-9505.
STARKEY, Robert Lee; '68 BSBA; Mgr.; Roadway Express Inc., 105 Paula Dr., Fremont, OH 43420, 419 332-2671; r. 2148 Roselawn Dr., Fremont, OH 43420, 419 332-1189.
STARKEY, Steven Lee; '81 BSBA; Sr. Loan Ofcr.; Bank 1 Lending Ctr., 727 Market St., Zanesville, OH 43701, 614 455-3647; r. 5295 Dresden Rd., Zanesville, OH 43701, 614 452-6914.
STARKEY, Mrs. Susan A.; '87 BSBA; Transportation Spec.; Franklin Cnty. Bd. MR/DD, 2879 Johnstown Rd., Columbus, OH 43219, 614 475-5910; r. 3762 Ganson Dr., Columbus, OH 43224, 614 267-1412.
STARN, Michael W.; '66 BSBA; Pres.; Starn Sales Co., 941 Mac Gregor, Worthington, OH 43085, 614 888-0701; r. Same.
STARNER, Jody Ann; '84 BSBA; Rte. 6 Box 152, 7265 Cnty. Rte. 203, Millersburg, OH 44654, 614 891-7279.
STARNES, LTC William H., USAF(Ret.); '64 MBA; CPA; 918 State St., Knoxville, TN 37902, 615 546-1944; r. 215 Elkmont Rd., Knoxville, TN 37922, 615 693-9383.
STARR, Donna '82 (See Meade, Donna Starr).
STARR, H. Brent; '82 BSBA; Sales Rep.; Hild Floor Machine Co., Chicago, IL 60601; r. 504 Stacy St., Tecumseh, MI 49286, 517 423-2288.
STARR, Linda K. '81 (See Mc Nicol, Linda K.).
STARR, Philip Brooks; '69 MBA; Syst. Design Spec.; Procter & Gamble, Box 599, Cincinnati, OH 45202, 513 983-3264; r. 8148 Asbury Hills Dr., Cincinnati, OH 45255, 513 232-6738.
STARR, Stanley Joseph; '77 BSBA; Mktg. Staff; Cardinal Constr. Co., 427 S. Grant, Wooster, OH 44691, 216 264-4121; r. 359 Triway Ln., Wooster, OH 44691, 216 264-5412.
STARRETT, Francis William; '58 BSBA; Pres.; Woodland Mfg. Co., 900 N. 19th St., Columbus, OH 43219, 614 252-8555; r. 1817 Milford Ave., Columbus, OH 43224, 614 263-3612.
STARRETT, William James; '69 BSBA; Pres.; Zarex Inc., 705 Harrison Dr., Columbus, OH 43204; r. 681 Maclam Dr., Columbus, OH 43204, 614 274-6110.
STAS, Allen Louis; '72 BSBA; Salesman; Ohio Bell Telephone Co., An Ameritech Company, 150 Gay St., Columbus, OH 43215, 614 223-6911; r. 1791 Fishinger Rd., Columbus, OH 43221, 614 459-2525.
STASIAK, Dennis Richard; '76 BSBA; Acct.; Wright Patterson AFB, Fairborn, OH 45424; r. 8710 Emeraldgate Dr., Dayton, OH 45424, 513 667-4270.
STASIAK, Richard David; '77 BSBA; Constr. Owner; 511 Deer Run Ct., Westerville, OH 43081; r. 205 Grant Dr., Sarasota, FL 34236, 813 388-2567.
STASIEWICZ, Karen Lee; '88 BSBA; Internal Auditor; Buckey Fed. S&L, 36 E. Gay, Columbus, OH 43215, 614 225-2287; r. 2216 Sandston Rd, Columbus, OH 43220, 614 457-1293.
STASSEN, Marjorie Armstrong; '83 MLHR; PhD Candidate; The Ohio State Univ., Management & Human Resources, 356 Hagerty Hall, Columbus, OH 43055, 614 292-4589; r. 245 Upson Downs, Newark, OH 43055, 614 366-4463.
STASTNY, Robert Charles; '82 BSBA; 46 Nottingham, Haines City, FL 33844, 813 422-4269.
STASTNY, Rodney Alan; '86 BSBA; Sales Assoc.; Ronald R Fisher Assocs., 2805 Yellow Creek, Akron, OH 44313, 216 867-7097; r. 754 Dickson Pkwy., Mansfield, OH 44907, 419 756-4014.
STATEN, James Gregory; '84 BSBA; Managing Agt.; Natl. Aviation Underwriters, POB 52241, Raleigh, NC 27612, 919 840-0099; r. 4413 Mill Village Rd., Raleigh, NC 27612, 919 781-7464.
STATHOPOULOS, Athanasios N.; '58 MBA; Prof./Dir.; Athens Sch. Econ & Bus Sci Grad. Prog., 76 Patission St., Athens 10434, Greece; r. 6 D Labraki St., Ekali, Athens 14565, Greece.
STATLER, Carl W.; '48 BSBA; Retired Reg. Mgr.; Union Carbide Corp., 270 Park Ave., New York, NY 10017; r. 3530 Piedmont Rd NE, Apt. 10A, Atlanta, GA 30305.
STATLER, Stephen Woodruff; '75 BSBA; 77 Glen Ave. Apt. 102, Oakland, CA 94611, 415 547-3180.
STATON, Robert Eugene; '79 BSBA; Branch Mgr.; Gates Mc Donald Co., One Nationwide Plz., POB 1944, Columbus, OH 43216; r. 327 Cobb Run Ln., Dayton, OH 45415, 513 890-3797.
STATZER, Stephen James; '85 BSBA; Methods Analyst; The Union Central Life Ins., 1879 Waycross Rd, Cincinnati, OH 45240, 513 595-2689; r. 5413 Bluesky Dr., Apt. 5, Cincinnati, OH 45247, 513 742-3794.
STAUB, Allan Douglas; '79 BSBA; Sales Mgr.; J C Penny Ins. Co., 800 Brooksedge Blvd., Westerville, OH 43081, 614 276-6121; r. 2927 Dynasty Dr., Columbus, OH 43235, 614 766-7720.
STAUB, Jennifer Bassett; '83 BSBA; Applications Analyst; Info. Dimensions, Inc., 655 Metro Pl. S., Dublin, OH 43017, 614 761-8083; r. 1831 Willoway Cir. N., Columbus, OH 43220, 614 457-7801.
STAUB, Jonathan Frederick; '86 MBA; Sr. Cnslt.; Mgmt. Horizons, Div of Price Waterhouse, 570 Metro Pl. N., Dublin, OH 43017, 614 764-9555; r. 2127 Glenmere Rd., Columbus, OH 43220, 614 451-1089.
STAUCH, Betty E. '43 (See Porter, Mrs. Betty E.).
STAUDENMAIER, Beth Buchanan Ann, (Beth A. Buchanan); '86 BSBA; Asst. Mgr. Corp. Credit; First Natl. Bank of Dayton, One First National Plz., Dayton, OH 45402, 513 226-2035; r. 60 Laura Ave., Centerville, OH 45458, 513 433-0613.
STAUDENMAIER, Walter J., III; '86 BSBA; Contracting Spec.; Emery Worldwide, Dayton Intl. Airport, One Emery Plz., Vandalia, OH 45377, 513 454-3575; r. 60 Laura Ave., Centerville, OH 45458, 513 433-0613.
STAUDENMAIER, Walter Joseph; '72 BSBA; Dir. Customer Relations; NCR Corp., Stakeholder Relations Division, 1700 S. Patterson Blvd., Dayton, OH 45479, 513 445-1142; r. 7588 Horizon Hills Dr., Springboro, OH 45066, 513 885-7953.
STAUFFENGER, Elaine Ragazzo, (Elaine Ragazzo); '80 BSBA; Homemaker; r. 463 Vinewood Ave., Tallmadge, OH 44278, 216 630-9734.
STAUFFENGER, Eric John; '85 BSBA; Owner/Operator/Partner; Aid Pest Control, N. Canton, OH 44720, 216 452-5819; r. 2235 Mt Pleasant St. NW, N. Canton, OH 44720, 216 499-6515.
STAUFFENGER, Leonard William; '80 BSBA; Atty.; Stark & Knoll, 1512 Ohio Edison Bldg., 76 S.Main St., Akron, OH 44308, 216 376-3300; r. 463 Vinewood Ave., Tallmadge, OH 44278, 216 630-9734.
STAUFFENGER, Steven Scott; '82 BSBA; 6782 Stone Creek, N. Canton, OH 44721, 216 492-5732.
STAUFFER, Blake E.; '39 BSBA; Retired/Owner; Stauffer's, Inc.; r. 1338 Medinah Dr., Brandywine, Ft. Myers, FL 33919, 813 482-4430.
STAUFFER, Mrs. Darlene M., (Darlene M. Oeschler Stauffer); '66 BSBA; Mgr. Real Estate Ofc.; C-21 Launders & Assoc., 2712 Hubbard Rd., Madison, OH 44057, 216 428-2101; r. 6101 Meadow Wood Dr., Madison, OH 44057, 216 428-6193.
STAUFFER, Earl R.; '34 BSBA; Retired; r. 734 Lauraland Dr., Columbus, OH 43214, 614 451-4346.
STAUFFER, John Gary; '68 BSBA; 13311 24th Ave. E., Spokane, WA 99216, 509 924-3325.
STAUFFER, Robert Lawrence; '77 BSBA; Product Costs Acct.; GM Corp., Delco Electronics Divison, Kokomo, IN 46902; r. 16205 W. Mayflower Dr., New Berlin, WI 53151, 414 786-4574.
STAUFFER, William H.; '66 BSBA; Sr. Planner; TRW Inc., 1 Space Park, Redondo Bch., CA 90278, 213 535-0095; r. 7414 Flight Ave., Los Angeles, CA 90045, 213 670-8854.
STAUNTON, Mrs. Jane M., (Jane M. Laverghetta); '84 BSBA; Homemaker/CPA; r. 102 2nd St. S., Brigantine, NJ 08203, 609 266-3879.
STAUTZENBACH, Edward G.; '61 BSBA; VP; Gen. Finance Corp., 1301 Central St., Evanston, IL 60201; r. 610 E. Fairview, Arlington Hts., IL 60005, 312 392-3496.
STAUTZENBACH, Mark S.; '63 BSBA; Salesman; Scott Paper Co., Scott Plz., Philadelphia, PA 19113; r. 3115 Salem Dr., Rochester Hls., MI 48064, 313 373-6474.
STAVISH, Blair Francis; '83 BSBA; 2334 Turtle Creek Dr., Columbus, OH 43235.
STAVREFF, Michael; '78 BSBA; Supv.; Coopers & Lybrand, Ste. 2000 Columbus Ctr., 100 E. Broad St., Columbus, OH 43215, 614 221-8700; r. 660 Salt Lick Ln., Gahanna, OH 43230, 614 855-3252.
STAYMAN, George D.; '54 BSBA; 1008 Royal St. George, Naperville, IL 60540, 312 357-1042.
STAYTON, Gerald Edward; '66 BSBA; Instr.; Armstrong Clg., 2222 Harold Way, Berkeley, CA 94704, 415 848-2500; r. 27 Trailside Pl., Pleasant Hill, CA 94523, 415 229-3712.
STAYTON, James D.; '50 BSBA; Retired; r. 101 Broadview Ave., Eldorado, OH 45321, 513 273-3321.
STEAD, Michael Lee; '88 BSBA; Med. Records Dir.; Holy Family Hosp., 826 N. 8th St., Estherville, IA 51334, 712 362-2631; r. 106 N. 13th St. Apt. 1, Estherville, IA 51334, 712 362-3647.
STEADMAN, Edward J.; '50 BSBA; Box 45170, Tulsa, OK 74145, 918 664-1080.
STEARNS, David Gordon; '79 BSBA; Acct.; Longanbach Giusti & Assoc. CPA's, 50 W. Broad St., Columbus, OH 43215, 614 461-1752; r. 3127 Howey Rd., Columbus, OH 43224, 614 261-1942.
STEARNS, John Albert; '76 BSBA; Real Estate Agt.; Eastlake Realty, 1607 Market St., Kirkland, WA 98033, 206 828-3511; r. 133 15th Ave., Kirkland, WA 98033, 206 822-9481.
STEARNS, Nancy Littlefield; '44 BSBA; 20830 Edgecliff Dr., Cleveland, OH 44123, 216 531-4435.
STEBBINS, Charles Bert; '36 BSBA; Retired; r. 21420 Maplewood Ave., Rocky River, OH 44116, 216 521-0566.
STEBEL, David Gene; '74 BSBA; Programmer; Compu Svc. Network Inc., 5000 Arlington Ctr. Blvd., Columbus, OH 43220; r. 1701 Marshlyn Ct., Columbus, OH 43220.
STEBEL, Paul Edward; '88 BSBA; Acct.; Arthur Andersen & Co., Courthouse Plz. SW, Dayton, OH 45402; r. 2274 S. Linda Dr., Bellbrook, OH 45305, 513 848-2010.
STEBENS, Lynne '78 (See Phillips, Lynne Stebens).
STEBICK, Joseph L.; '57 BSBA; Asst. Controller; Robertshaw Controls Co., 1701 Byrd Ave., Richmond, VA 23230, 804 281-0734; r. 1613 Denham Rd., Richmond, VA 23229, 804 270-7172.
STECH, Michelle Gilleland; '80 BSBA; Owner; Unique Suspenders, POB 832, Westerville, OH 43081, 614 895-8417; r. 168 E. College Ave., Westerville, OH 43081, 614 895-8417.
STECHLER, Louis Allan; '83 BSBA; Financial Analyst; University Hosps. Cleveland, 2074 Abington Rd., Cleveland, OH 44106, 216 844-3532; r. 4297 Norma Dr., S. Euclid, OH 44121, 216 381-2038.
STECK, Dr. David Barton; '76 BSBA; Dent.; David B Steck DDS, 117 E. Main St., Cardington, OH 43315, 419 864-9050; r. 208 Center St., Cardington, OH 43315, 419 864-6635.
STECKLOW, Larry Charles; '70 BSBA; Supv.; Ohio Bell Telephone Co., Data Processing Div, 100 Erieview Plz., Cleveland, OH 44114; r. 151 Lakeside Blvd., Hopatcong, NJ 07843, 201 398-8053.
STEDMAN, Richard R.; '58 BSBA; Atty.; Vorys Sater Seymour & Pease, 52 E. Gay St., Columbus, OH 43215, 614 464-6224; r. 2665 Lane Rd., Columbus, OH 43220, 614 457-1506.
STEEDMAN, Thomas Louis; '76 BSBA; 787 Franklin Ave., Columbus, OH 43205.
STEEGMAN, Anne Kathryn (Kassie); '83 BSBA, '88 MBA; Sr. Cnslt.; Mgmt. Horizons Inc., 570 Metro Pl. N., Dublin, OH 43017, 614 764-9555; r. 1492 Runaway Bay Dr. #3A, Columbus, OH 43204, 614 486-1174.
STEEGMAN, Dean Edward, II; '82 BSBA; Principal Support Spec.; Metier Mgmt. Systs. Inc., 4000 Town Ctr., Ste. 1260, Southfield, MI 48075, 313 353-4080; r. 24484 Conifer, Apt. #53306, Farmington Hls., MI 48331, 313 471-2086.
STEELE, Glenn Bryan; '82 BSBA; Lancaster, OH 43130.
STEELE, Harriet '34 (See Harbage, Harriet S.).
STEELE, Helen '47 (See Nordstrom, Helen Steele).
STEELE, James Alan; '50 BSBA; Programmer; Borden Inc., 165 N. Washington Ave., Columbus, OH 43215; r. 5804 Glaston Pl., Columbus, OH 43232, 614 861-2385.
STEELE, John Bradley; '79 BSBA; Chief Acct.; Englefield Oil, c/o Postmaster, Newark, OH 43055; r. 13981 North St. NW, Utica, OH 43080, 614 892-2509.
STEELE, John Howard; '66 MBA; Dir. Info. Systs.; The Mead Corp., Chillicothe Div., Box 2500, Chillicothe, OH 45601, 614 772-3578; r. 358 W. Water St., Chillicothe, OH 45601, 614 774-2708.
STEELE, Karen Halischak; '74 BSBA; Mgr.; Banc One Svcs. Corp., 340 S. Cleveland Ave., Westerville, OH 43081; r. 5293 Wolf Run Dr., Columbus, OH 43230.
STEELE, Kenneth Robert; '79 BSBA; Asst. VP; Marian Med. Ctr., Hospital Admin., 1400 E. Church, Santa Maria, CA 93454, 805 922-5821; r. 333 E. Enos, # 241, Santa Maria, CA 93454.
STEELE, Marguerite E. '31 (See Landsittel, Mrs. Marguerite Steele).
STEELE, Nelson Franklin; '86 BSBA; Sales; Natl. City Corp., National City Bank-Cleveland, 1900 E. Ninth, Cleveland, OH 44114, 216 521-7548; r. 7222 Zigler Rd., Sterling, OH 44276, 216 939-3421.
STEELE, Richard Sidney; '67 BSBA; Key Account Dir.; Mattel Toy Inc., 1400 E. Touhy Ave., Ste. G-10, Des Plaines, IL 60018, 312 297-4600; r. 15 W. Appletree Ln., Arlington Hts., IL 60004, 312 398-6779.
STEELE, Robert Carl; '75 BSBA; VP; American Colloid Co., 1500 W. Shure Dr., Arlington Hts., IL 60004, 312 392-4600; r. 2312 Crab Apple Ter., Buffalo Grove, IL 60089, 312 913-8883.
STEELE, Scott Douglas, CPA; '79 BSBA; Sr. Mgr.; Ernst & Whinney, 700 William R Day Bldg., Canton, OH 44702, 216 455-5555; r. 5546 Thunderbird Cir., NW, N. Canton, OH 44720, 216 499-0322.
STEELE, Sheridan Sharp; '69 BSBA; Park Mgr.; r. 1201 S. National, Ft. Scott, KS 66701, 316 223-6953.
STEEN, Michael Ray; '76 BSBA; Pres./CEO; The Marion Bank, 111 S. Main St., Marion, OH 43302, 614 387-2265; r. 1097 E. Church St., Marion, OH 43302, 614 389-5943.
STEEN, Wade Thomas; '84 BSBA; Sr. Acct.; Ernst & Whinney CPA's, 2400 Nationwide Plz., Columbus, OH 43215, 614 224-5678; r. 5042 Cobblestone Dr., Apt. M, Columbus, OH 43220, 614 457-2029.
STEENROD, Martin Dean; '84 BSBA; Acct.; Goodyear Tire & Rubber Co., c/o Postmaster, St. Marys, OH 45885; r. Box 481 Duff Rd., Lakeview, OH 43331, 513 843-3482.
STEENROD, Mitchell Dean; '88 BSBA; 5310-D Tamarack Cir. E., Columbus, OH 43229.
STEES, Brian Lee; '83 BSBA; Auditor; Fed. Express Mgmt., 91 Aquahart Rd., Glen Burnie, MD 21061; r. 3665 Dudley Ave., Baltimore, MD 21213, 301 687-1443.
STEEVES, Wayne I.; '61 BSBA; Cert Public Acct.; r. Rte. 5, Box 576-7, Conover, NC 28613, 704 459-7260.
STEFAN, Alan T.; '59 BSBA; Chief Industrial Engr.; Campbell Plastics, 2900 Campbell Ave., Schenectady, NY 12306; r. 29 Jeffrey Ter., Albany, NY 12203, 518 456-5709.
STEFAN, Frederick M., Jr.; '60 BSBA; Pres.; Mick Stefan & Assocs., 252 Clayton St. Ste. 300, Denver, CO 80206; r. 44 Cook St. #900, c/o Co Agency, Denver, CO 80206.
STEFANELLI, Samuele Pompeo; '74 BSBA; Income Tax Auditor; Col's Income Tax Div., 140 Marconi Blvd., 5th Fl., Columbus, OH 43215, 614 222-8342; r. 3186 Miriam Dr. N., Columbus, OH 43204, 614 279-8293.
STEFANOWSKI, Robert A.; '85 BSBA; POB 12024, Birmingham, MI 48012.
STEFFENS, Steven George; '38 BSBA; Ret. Civilian Prog. Dir.; USA; r. 909 Ingersoll Dr., Kettering, OH 45429, 513 293-4675.
STEFFL, Timothy Robert; '88 BSBA; Account Exec.; Compuserve, 8755 W. Higgins, Chicago, IL 60631, 312 693-0100; r. 2628 N. Wayne, Chicago, IL 60614, 312 975-1200.
STEFFY, David L.; '65 BSBA; Chmn.; Mountain Pacific Equities, 130 Newport Center Dr., Ste. 110, Newport Bch., CA 92660, 714 760-8534; r. 14 Burning Tree Rd., Newport Bch., CA 92660.
STEGER, Alvin B.; '48 BSBA; Retired; r. 931 Millville Ave., Hamilton, OH 45013, 513 867-0100.
STEGER, Claudia Ann; '77 MPA; 1539 Roxbury Rd., Columbus, OH 43212.
STEGER, Patrick James; '76 BSBA; VP; Com Tech Systs. Inc., 1105 Schrock Rd., Ste. 816, Columbus, OH 43229, 614 431-2345; r. 1811 Victorian Ct., Columbus, OH 43220, 614 457-2299.

ALPHABETICAL LISTINGS STEPP 269

STEGINSKY, Andrew Dale; '81 BSBA; VP; Oppenheimer & Co. Inc., World Financial Ctr., New York, NY 10285, 212 667-7836; r. 14 Alexander St., Princeton, NJ 08540, 609 497-0088.
STEGMANN, Philip Andrew; '80 BSBA; Loan Ofcr.; Priority Mortgage Corp., 5701 N. High St., Worthington, OH 43085, 614 431-1141; r. 6002 Markridge Ln., Columbus, OH 43213, 614 895-1067.
STEGNER, Ralph W.; '50 BSBA; Pres. Owner; Stegners Inc., 337 W. Broad St., Fairborn, OH 45324, 513 878-3447; r. 470 Warm Springs, Fairborn, OH 45324, 513 878-9205.
STEHURA, Laura Shoup; '83 MLHR, '83 MPA; Tr Ofcr./Clg. Barg; Ohio Dept. of Admin. Svcs., 16 E. Broad St. 8th Fl., Columbus, OH 43215; r. 204 Richards Rd., Columbus, OH 43214, 614 262-9005.
STEIDINGER, Andrew; '65 BSBA; 727 Capt.; United Airlines, Chicago, IL 60066; r. 8454 Westfield Rd, Seville, OH 44273, 216 887-5228.
STEIGER, Cynthia K., (Cynthia Kolic); '75 BSBA; Financial Planner; Harris Corp., POB 883, Melbourne, FL 32901, 407 729-4532; r. 328 Provincial, Indialantic, FL 32903, 407 777-8026.
STEIGER, Daniel Nathan; '86 MBA; Atty.; Thompson Hine & Flory, 1100 National City Bank Bldg., 629 Euclid Ave., Cleveland, OH 44114, 216 566-5846; r. 19333 Van Aken Blvd., Apt. 304, Shaker Hts., OH 44122.
STEIGER, Daniel Richard; '79 BSBA; Real Estate Investment; Solon, OH 44139, 216 248-1927; r. 33570 Baldwin, Solon, OH 44139.
STEIGER, David Alan; '70 BSBA, '73 MBA; Controller; American Gas Associated Labs, 8501 E. Pleasant Valley, Independence, OH 44131; r. 17900 Bridge Creek Tr., Chagrin Falls, OH 44022, 216 543-7035.
STEIGER, Joseph Thomas; '76 BSBA; Loan Ofcr.; Duvall Fed. S&L, 1353 N. Courtenay Pkwy., Ste. Q., Merritt Island, FL 32953, 407 453-8751; r. 328 Provincial, Indialantic, FL 32903, 407 777-8026.
STEIGER, Michael William; '74 BSBA; Dir. of Clinical Svcs.; Joint Twp. Dist. Mem. Hosp., 200 St. Clair St., St. Marys, OH 45885, 419 394-3335; r. 805 Magnolia St., St. Marys, OH 45885, 419 394-4722.
STEIGER, Sherwin W.; '48 BSBA; Furrier; r. 205 Mckinley Ave., Charleston, WV 25314, 304 342-8259.
STEIGERWALT, Alan Todd; '78 MBA; Audit Mgr.; Coopers & Lybrand, 100 E. Broad St., Columbus, OH 43215; r. 2029 Cambridge Blvd., Columbus, OH 43221, 614 481-0001.
STEIGERWALT, Norma Miller; '78 MPA; 2029 Cambridge Blvd., Columbus, OH 43221, 614 481-0001.
STEIMEL, Richard E.; '47; Retired; r. 221 E. Jackson St., Millersburg, OH 44654, 216 674-3526.
STEIMLE, Daniel Edward; '70 BSBA; Corp. VP, CFO/Treas.; Cipher Data Prods. Inc., 9715 Business Park, San Diego, CA 92038, 619 693-7230; r. 2055 Summit Dr., Escondido, CA 92025, 619 489-8935.
STEIN, Allan James; '60 BSBA; Controller; Brandywine Agcy. Inc., 841 Lincoln Hwy., N. Versailles, PA 15137, 412 823-9200; r. 502 Bevington St., Pittsburgh, PA 15221, 412 243-1936.
STEIN, Barbara Ann; '83 BSBA; Supv.; Hausser & Taylor CPA's, 1000 Eaton Ctr., Cleveland, OH 44114, 216 523-1900; r. 4675-E. Mayfield Rd., S. Euclid, OH 44121, 216 382-3266.
STEIN, Clement, Jr.; '40 BSBA; Mdse Supv.; Sears Roebuck & Co., 925 S. Homan Ave., Chicago, IL 60624; r. 32 Bay Brook Ln., Oak Brook, IL 60521.
STEIN, Diane Louise, (Diane L. Beasecker); '86 BSBA; Computer Programmer; Lerner Div., 1 Limited Pkwy., Columbus, OH 43214, 614 479-7000; r. 699 E. Cooke, Columbus, OH 43214, 614 885-1681.
STEIN, Donald R.; '63 BSBA; 1306 Knollwood Rd., Deerfield, IL 60015, 312 948-0507.
STEIN, Harold M.; '56 BSBA; Partner/CPA; Marcum & Kliegman, 120 Bethpage Rd., Hicksville, NY 11801, 516 937-0600; r. 320 Continental Dr., Manhasset Hls., NY 11040, 516 365-8646.
STEIN, Howard; '42 BSBA; Owner; Stein Abbott & Co., Investment Brokers, Hasbrouck Hts., NJ 07604; r. 188 Boulevard, Hasbrouck Hts., NJ 07604.
STEIN, James Leslie; '51 BSBA; Mgr.; Dayton Hallowell Warehouse Inc., 17 Front St., Dayton, OH 45402; r. 433 Chatham Dr., Kettering, OH 45429, 513 298-7693.
STEIN, Jeffrey Stephen; '73 MBA; Sr. VP-Security Analyst; McDonald & Co., 2100 Society Bldg., Cleveland, OH 44114, 216 443-2337; r. 3289 Havel Dr., Cleveland, OH 44122.
STEIN, Jerrod; '59 BSBA; Acct.; Columbus, OH 43227; r. 4303 Colby Ave., Columbus, OH 43227, 614 235-6255.
STEIN, John William; '48 BSBA; Owner; Namco Southwest, 5611 Warm Spgs., Houston, TX 77035, 713 729-6069; r. Same.
STEIN, Lawrence; '48 BSBA; Staff; Stanadyne of PA, POB 98, Pine Grove, PA 17963; r. 26 Spruce St., Pine Grove, PA 17963, 717 345-8056.
STEIN, BGEN Robert Gestrich, USAFR; '56 BSBA; Dean, Gen. Studies/Logis.; Colorado Technical Clg., 4435 N. Chestnut St., Colorado Spgs., CO 80907, 719 598-0200; r. 5965 Wilson Rd., Colorado Spgs., CO 80907.
STEIN, Thomas Joseph; '57 BSBA; Ins. Agt.; 1172 W. Galbraith Rd., Cincinnati, OH 45231, 513 931-6646; r. 6646 Plantation Way, Cincinnati, OH 45224, 513 522-4735.
STEINBACH, Jeannette Cecile, (Jeannette C. Rigot); '81 BSBA; Missionary; Campus Crusade for Christ Intl., Arrowhead Springs, San Bernardino, CA 92414, 714 886-5224; r. 133 Del Reposo, #C, San Clemente, CA 92672, 714 361-9786.
STEINBAUER, Joseph Michael; '86 BSBA; Sales/Mktg.; Congoleum Corp., POB 581289, 2050 Stemmers Frwy., Dallas, TX 75258, 214 747-1609; r. 3131 Hayes Rd., #1614, Houston, TX 77082, 713 589-2421.
STEINBERG, David Jay; '70 BSBA; Mgr./Assoc. Natl. Bank; r. 1212 Tulane Dr., Walnut Creek, CA 94596, 415 933-1849.
STEINBERG, Michael Scott; '74 BSBA; 42 15 81st St., Elmhurst, NY 11372, 718 672-4822.
STEINBERG, Rochelle Fatt; '79 MA; Supv.; Childrens Hosp., 700 Childrens Dr., Columbus, OH 43205, 614 461-2630; r. 425 E. College St., Granville, OH 43023, 614 587-1351.
STEINBERG, William C.; '50 BSBA; Stockbroker; Bear Stearns & Co., Inc., 245 Park Ave., New York, NY 10167, 212 272-6547; r. 115 E. 92nd St., New York, NY 10128, 212 410-0935.
STEINBOCK, Don R.; '49 BSBA; Retired; r. 10862 Reseda Blvd., Northridge, CA 91326, 818 360-1135.
STEINBOWER, T. Gorton; '38; Retired Acct.; r. 36 Hall Ave., Newark, OH 43055, 614 344-3058.
STEINBRENNER, Heidi Lind; '86 MPA; 2303 Wellesley, Wooster, OH 44691, 216 263-7732.
STEINBRUNNER, Cyril T.; '51 BSBA; Retired; r. 704 W. Main St., Coldwater, OH 45828, 419 678-2415.
STEINER, Eugene E., II; '85 MPA; Mgr.Systs.Oper/Oper Anal.; CIGNA Corp., 2500 Corporate Exchange Dr., Ste. 200, Columbus, OH 43229, 614 890-5531; r. 3243 Heatherstone Ct., Dublin, OH 43017.
STEINER, Franklin J., CPA; '48 BSBA; Retired; r. POB 1578, Buena Vista, CO 81211, 719 395-6458.
STEINER, Jeffrey Stuart; '78 BSBA; Acct.; r. 5503 NW 77 Ter., Coral Spgs., FL 33067, 305 755-5534.
STEINER, Linda A.; '80 BSBA; Asst. Trader; Smith Barney, One Cleveland Ctr., 1375 E. 9th St., 22nd Fl., Cleveland, OH 44114, 216 363-1262; r. 5836 Tiffany Ct., Lyndhurst, OH 44124, 216 461-6662.
STEINER, Richard Stephen; '86 BSBA; 340 Valley View Rd., Doylestown, OH 44230, 216 658-6097.
STEINER, Tal Lin; '86 BSBA; Asst. Delivery Mgr.; Burdine's Inc.-Div. Federated, 7100 NW 32nd Ave., Miami, FL 33147, 813 837-8525; r. 6439 N. Jeffersonville Rd., Jamestown, OH 45335, 513 675-4961.
STEINER, Timothy D.; '78 MPA; Mgr.; State of Ohio, Communications Dept., 30 E. Broad St., Columbus, OH 43215; r. 360 Bailey Pl., Columbus, OH 43235, 614 239-9748.
STEINER, William F.; '48 BSBA; Atty.; Steiner & Stern Co. LPA, 75 Public Sq., Ste. 1400, Cleveland, OH 44113, 216 771-1310; r. 2112 Acacia Park Dr., Apt. 407, Lyndhurst, OH 44124, 216 473-2220.
STEINES, Michael David; '85 BSBA; 5138 N. 16th St., Arlington, VA 22205.
STEINFURTH, Harriet Conner; '39 BSBA; 5739 King St., Dublin, OH 43017, 614 761-2470.
STEINFURTH, Paul Conner; '68 BSBA; Staff; Cardinal Industries, 3250 Mary St., Miami, FL 33133, 305 447-1307; r. 4615 San Amaro Dr., Coral Gables, FL 33134, 305 661-4472.
STEINHARDT, Susan Ida; '80 MPA; Rsch. Analyst; Stony Brook Univ., Dept. of Family Medicine, Stony Brook, NY 11790; r. 48 John St., Port Jefferson Sta., NY 11776.
STEINHAUSER, John William; '49 BSBA; Founder & Pres.; Pearson Energy Corp., Sharon Energy Ltd, 7100 E. Belleview Ste. 201, Englewood, CO 80111, 303 694-4920; r. 4210 S. Dahlia St., Englewood, CO 80110, 303 757-1721.
STEINHOFF, Roy Wendell; '69 BSBA; Sr. Account Exec.; Arkansas Best Freight, 883 Frank Rd, Columbus, OH 43223, 614 276-3551; r. 1581 Holton Rd, Grove City, OH 43123, 614 875-4986.
STEINHOFF, Wayne E.; '78 BSBA; Dist. Sales Mgr.; GTE Prods. Corp., 5480 Creek Rd., Cincinnati, OH 45242, 513 793-6440; r. 8384 Susawoods Ct., Cincinnati, OH 45249, 513 530-5045.
STEINMAN, Andrew F.; '66 BSBA, '68 MBA; Financial Analyst; Jeffrey Mfg. Co., 274 E. 1st Ave., Columbus, OH 43201; r. 645 E. Cooke Rd., Columbus, OH 43214, 614 447-1304.
STEINMAN, Barry Alan; '86 BSBA; Sales Agt.; CT Mutual Life, 700 Ackerman Rd., Ste. 215, Columbus, OH 43202, 614 262-6228; r. 1746 Hightower Dr., W. Worthington, OH 43235, 614 761-9930.
STEINMAN, Charles Fielding; '39 BSBA; Atty.; Shelby Cullom Davis & Co., 17 S. High St., Attorneys At Law, Columbus, OH 43215; r. 2567 Farleigh Rd., Columbus, OH 43221.
STEINMAN, Jerome; '57 BSBA; Pres.; All Amer Adv Specialties Co., 833 Market St., San Francisco, CA 94103; r. 49 Lyford Dr., # 2, Tiburon, CA 94920, 415 435-6869.
STEINMETZ, Eric John; '86 BSBA; 9301 Southchester, Pickerington, OH 43147, 614 866-0574.
STEINMETZ, Gregg Douglas; '86 BSBA; 905 Kiamensi Rd., Wilmington, DE 19804, 302 998-9266.
STEINMETZ, Michael Wayne; '85 BSBA; Acct.; Arthur Young & Co., 10 W. Broad St., Columbus, OH 43215, 614 222-3900; r. 4784 Mc Fadden Roade, Columbus, OH 43229, 614 885-0502.
STEIOFF, Cherry Lynn '60 (See Stroup, Cherry Lynn).
STEISS, Carl W.; '31 BSBA; Retired Treas.; Valley Camp Coal Co.; r. 715 Bentley Dr., Naples, FL 33963, 813 597-6540.
STEITZ, Thomas Loy; '73 BSBA; Dist. Mgr.; Raxlon Inc., 893 High St., Ste. #F, Worthington, OH 43085, 614 888-8515; r. 3721 Green Cook Rd., Johnstown, OH 43031, 614 965-2742.
STELBASKY, James Robert; '73 BSBA; Ind. Rel. Mgr.; Florida Steel Corp., POB 518, Baldwin, FL 32234, 904 266-4261; r. 2256 Laurel Ln., Orange Park, FL 32073, 904 264-5212.
STELZER, David Wayne; '84 MA; Police Mgr.; The Ohio State Univ., Police Dept., 2043 Millikin Rd., Columbus, OH 43210, 614 292-2121; r. 1990 Charmingfare St., Columbus, OH 43228, 614 274-2015.
STELZER, Dennis L.; '76 BSBA; Sales Rep.; Kincaid Furniture Co., Hudson, NC 28638; r. 7856 Chantilly Dr., West Chester, OH 45069, 513 779-0512.
STELZER, Mrs. Dianne M., (Dianne Henestofel); '83 BSBA; Sr. Actuarial Analyst; Community Life Ins. Co., 250 Old Wilson Bridge Rd., Worthington, OH 43085; r. 6500 Centennial Dr., Reynoldsburg, OH 43068, 614 861-8606.
STELZER, Henry E.; '41 BSBA; Retired; r. 9529 Appaloosa Dr., Sun City, AZ 85373, 602 972-4093.
STELZER, John Thomas; '78 BSBA; Atty.; Gallagher, Milliken & Stelzer, 216 S. Lynn, Bryan, OH 43506, 419 636-3166; r. 314 S. Lebanon, Bryan, OH 43506, 419 636-6329.
STELZER-OBERSCHLAKE, Emma P. (Pat), (Pat Price); '49 BSBA; Controller; Schwartz Kelm Warren & Rubenstein, 41 S. High St., Columbus, OH 43215, 614 224-3168; r. 3320 Towers Ct. S., Columbus, OH 43227, 614 231-1089.
STEMBER, Shauna '84 (See Williams, Shauna S.).
STEMBERGER, LTC Victor John; '67 BSBA; Lt. Col. Usa; r. 4522 Waverly Crossing Ln., Chantilly, VA 22021.
STEMEN, Douglas Alan; '77 BSBA, '85 MA; Owner; Stemen Financial Cnsltg., 18069 State Rte. 65, Wapakoneta, OH 45895, 419 568-2006; r. Rte. 6 Box 145, Wapakoneta, OH 45895, 419 568-8355.
STEMEN, Larry C.; '64 BSBA; CPA; Larry C. Stemen CPA & Assocs., 6460 Busch Blvd., Ste. 227, Columbus, OH 43229, 614 888-0955; r. 1160 Scarlet Ct., Westerville, OH 43081, 614 895-7981.
STEMEN, Lloyd F.; '59 BSBA; VP; Huntington Natl. Bank, 41 S. High St., Columbus, OH 43287, 614 463-4708; r. 1315 Firwood Dr., Columbus, OH 43229, 614 885-9156.
STEMEN, Michael Dale; '80 BSBA; Staff; Ernst & Whinney, 2400 Nationwide Plz., Columbus, OH 43216; r. 7091 Wichita Ct, Dublin, OH 43017, 614 764-0612.
STEMEN, Ronald Craig; '77 BSBA; Asst. Investment Ofcr.; Anderson Banking Co., 931 Meridian Plz., Anderson, IN 46016, 317 646-5547; r. 413 W. 11th St., Apt. A-5, Alexandria, IN 46001, 317 724-3123.
STEMM, Melissa Wheeler; '83 BSBA; Mgr. of Incentives; Victoria's Secret Store, Division of The Limited, 3 Limited Pkwy., Columbus, OH 43230, 614 479-5000; r. 1734 Ramblewood, Columbus, OH 43220.
STEMPINSKI, Shelley Lynn; '84 BSBA; Sales Rep.; Chemcentral/Grand Rapids, 2940 Stafford Ave. S. W., Wyoming, MI 49509, 616 245-9111; r. 4125-3 Crooked Tree Rd., Wyoming, MI 49509, 616 534-6437.
STEMPLE, John Richard; '72 BSBA; 6463 Alum Creek Dr., Groveport, OH 43125, 614 491-5969.
STENGEL, George W.; '39 BSBA; 418 N. 14th St., Oxford, MS 38655, 601 234-1346.
STENGER, John Edward; '87 BSBA; Staff Acct.; BlankenBecler & Co., 2242 S. Hamilton Rd., Columbus, OH 43232, 614 866-9944; r. 322 Schrock Rd., Worthington, OH 43085, 614 848-8641.
STENSBY, Dag; '87 BSBA; 2115 Bentwood Cir #D1, W. Worthington, OH 43235.
STENTZ, Gary Michael; '80 BSBA; Portfolio Mgr.; TRW Investment Mgmt. Co., 1900 Richmond Rd., Cleveland, OH 44124, 216 291-7669; r. 444 Walters Rd., Chagrin Falls, OH 44022, 216 247-5554.
STENTZ, Ms. Jean Marie; '86 MBA; Teaching Asst./Acctng; Univ. of Toledo, 2801 W. Bancroft, Toledo, OH 43606; r. 1205 Cass Rd. #5, Maumee, OH 43537.
STENTZ, L. Keith; '60 BSBA; Sr VP Assoc. Creative Dir; Lintas:Campbell Ewald, 30400 Van Dyke, Warren, MI 48094, 313 574-3400; r. 165 Lewiston, Grosse Pte. Farms, MI 48236.
STENTZ, Rex E.; '58 BSBA; Dir. Gas Containers; Amtrol Inc., 1400 Division Rd., W. Warwick, RI 02893, 401 884-6300; r. 420 Stone Ridge Dr., E. Greenwich, RI 02818, 401 884-4489.
STENTZ, Richard Douglas; '78 BSBA; Butler Gas Prods. Co., Nichol Ave., Mc Kees Rocks, PA 15136, 412 771-7660; r. Backbone Rd., RD 3, Sewickley, PA 15143.
STENTZ, Victor Neal; '64; 4005 S. Section Line Rd., Delaware, OH 43015, 614 881-5703.
STEPANEK, James Patrick; '87 BSBA; Sales Rep.; East Jordan Iron Works Inc., 4160 Glenridge Rd., S. Euclid, OH 44121, 216 692-3001; r. 3140 Meadowbrook, Second Fl., Cleveland Hts., OH 44118, 216 321-3178.
STEPHAN, Audrey Rosson; '45; 4200 Marland Dr., Columbus, OH 43224, 614 262-8141.
STEPHAN, John K.; '53 BSBA; VP; Johnson & Higgins, 150 W. Wilson Bridge Rd, Worthington, OH 43085, 614 846-8000; r. 55 N. Drexel Ave., Columbus, OH 43209, 614 258-8495.
STEPHAN, Kristina V.; '88 BSBA; 2006 Fishinger Rd, Columbus, OH 43221, 614 457-7316.
STEPHAN, Richard John; '65 BSBA; Mgr., Customer Admin.; Dialog Info. Systs., Inc., 3460 Hillview Ave., Palo Alto, CA 94304, 415 858-4041; r. 667 Boise Ct., Sunnyvale, CA 94087, 408 737-8266.
STEPHAN, Theodore R.; '50 BSBA; Owner; Mgmt. Assocs., POB 8233, Scottsdale, AZ 85252, 602 947-3586; r. 4015 N. 78th St., Scottsdale, AZ 85251, 602 947-3586.
STEPHEN, Bruce A.; '66 BSBA; Mgr.; Union Carbide Corp., Employee Relations, Hwy. 25, Greenville, SC 29609; r. 101 Sugar Lake Ct., Greer, SC 29651, 803 244-1618.
STEPHENS, Angela; '87 BSBA; 19812 Lomond Blvd., Shaker Hts., OH 44122.
STEPHENS, Bryan Eugene; '84 BSBA; 3911 Lincoln Ave., 1st Fl., Covington, KY 41015, 606 581-9921.
STEPHENS, Christa Deanna; '81 BSBA; 5910 Shakertown Dr. NW, #D-8, Canton, OH 44718, 216 497-2489.
STEPHENS, Henry P., II; '81 BSBA; Sales Rep.; Furrow Machinery Co., 1031 White's Creek Pk., Nashville, TN 37027, 615 226-7800; r. 2797 Asbury Rd., Murfreesboro, TN 37129, 615 896-5088.
STEPHENS, Howard O.; '37; Ret Ofc. Mgr.; King Drilling Co., 38 High St., Seville, OH 44273; r. 427 Highland, Wadsworth, OH 44281, 216 336-7565.
STEPHENS, Keith Wesley; '85 BSBA; Territory Mgr.; Wyeth Labs, 11240 Petal St., Dallas, TX 75238; r. 8215 Meadow Rd., Apt. 2111, Dallas, TX 75231, 214 360-9449.
STEPHENS, Kent Lee; '81 MBA; Mgmt. Cnslt.; 94 N. High, Ste. 350, Dublin, OH 43017, 614 764-4544; r. 6015 Dublin Rd., Dublin, OH 43017, 614 764-4544.
STEPHENS, Larry Patrick; '63 BSBA; Pres.; First Securities Corp., 921 E. Wind Dr., #101, Westerville, OH 43081, 614 882-0333; r. 819 Clayton Dr., Worthington, OH 43085, 614 888-8423.
STEPHENS, Michael Eugene; '85 BSBA; 6512 Springmeyer Dr., Cincinnati, OH 45248, 513 574-7752.
STEPHENS, Robert Lee; '50 BSBA; Retired; r. 28490 Anthony Dr., Logan, OH 43138, 614 385-8946.
STEPHENS, Robert Scott; '64 BSBA; VP; Ccnb Bank NA, Deposit Operations, 331 Bridge St., New Cumberland, PA 17070, 717 774-7000; r. 500 Appalachian Ave., Mechanicsburg, PA 17055, 717 766-3932.
STEPHENS, Steffanie Diane; '83 BSBA; Sales Agt.; USAir, Indianapolis Intl. Airport, Indianapolis, IN 46220, 317 248-1211; r. 6701 N. College Ave., Indianapolis, IN 46220, 317 255-9815.
STEPHENS, Stephen Joseph; '69 MACC; Partner; Ernst & Whinney, 150 S. Wacker, Chicago, IL 60606; r. 11511 Whipser Rock, San Antonio, TX 78230, 512 493-1870.
STEPHENS, Timothy Wayne; '84 BSBA; Sales Rep.; Herff Jones Inc., Indianapolis, IN 46206; r. 35 Suzanne St., Washington, WV 26181, 304 863-9333.
STEPHENS, Walter Ray, III; '69 BSBA; Dir. of Finance & Admin.; Danly Machines, 2100 S. Laramie, Chicago, IL 60650, 312 780-3644; r. 25W 070 Cape Rd., Naperville, IL 60540, 312 717-8559.
STEPHENS, Willard Laird; '60 BSBA; Pres.; Ohio Delivery Inc., 4060 Sullivant Ave., Columbus, OH 43228, 614 274-2100; r. 4858 Sharon Hill Dr., Worthington, OH 43235, 614 451-7369.
STEPHENSON, Carol W. '83 (See Bullock, Carol Stephenson).
STEPHENSON, Hon. Earl E.; '48 BSBA; Judge; Fourth Dist. Ct. of Appeals, 301 Courthouse, Portsmouth, OH 45662; r. 2137 Micklethwaite Rd., Portsmouth, OH 45662, 614 353-2923.
STEPHENSON, George C.; '55 BSBA; Retired/State Dept.; r. 715 Century Ln., Winter Haven, FL 33881, 813 294-8122.
STEPHENSON, Harold L.; '49 BSBA; Acct.; Eimco, Fairmont, WV 26555, 304 363-7000; r. 935 Coleman Ave., Fairmont, WV 26554, 304 363-2924.
STEPHENSON, James L.; '47 BSBA; Retired; r. 1418 Villars St., Dallas, TX 75204, 214 821-3687.
STEPHENSON, Lucy K., (Lucy Keefer); '48 BSBA; 935 Coleman, Fairmont, WV 26554, 304 363-2924.
STEPHENSON, Dr. P. Ronald; '63 MBA, '66 PhD (BUS); Prof.Of Mktg./Assoc.Dean; Indiana Univ., Sch. of Business, Bloomington, IN 47405, 812 885-8796; r. 2214 Rock Creek Dr., Bloomington, IN 47401, 812 339-0994.
STEPHENSON, Robyn Lee '86 (See Retterer, Mrs. Robyn Lee).
STEPHENSON, Sandra Schrier; '80 MA; Exec. Dir.; SE Community Mental Health Ctr., 1455 S. 4th St., Columbus, OH 43207, 614 444-0800; r. 190 W. California Ave., Columbus, OH 43202, 614 262-5359.
STEPHENSON, William B., III; '63 BSBA, '65 MBA; Mktg. Svcs. Coord.; Du Pont Co., 10th & Market Sts., Wilmington, DE 19898, 302 999-3873; r. 1606 Turkey Run Rd, Weldin Farms, Wilmington, DE 19803, 302 762-9790.
STEPHENSON, Wilson A.; '34 BSBA; Retired; r. 2918 Coleridge Rd., Cleveland, OH 44118, 216 371-1006.
STEPP, Gregory; '84 MBA; Pres.-Gen. Mgr.; Velcorp, 200 S. Main St., Urbana, OH 43078, 513 653-7377; r. 5804 Par Four Ct., Lithonia, GA 30038, 404 987-7119.

STEPPE, Brenda Lee; '85 MPA; Coordntr/Trng. Spec.; Virginia Transportation Dept., Educational Programs, 1401 E. Broad St., Richmond, VA 23219, 804 225-4883; r. 104 W. Franklin St. #706, Richmond, VA 23220, 804 783-2922.

STEPS, Sandra L. '83 (See Dougher, Mrs. Sandra L.).

STERBENZ, Kristin Ellen; '85 BSBA; 4161 W. 210, Fairview Park, OH 44126, 216 331-7223.

STERBUTZEL, Sally Lehew, (Sally Lehew); '59 BSBA; Investor/Realtor; r. 8941 Brook Rd, Mc Lean, VA 22102, 703 442-0999.

STERGIOS, Paul J., JD; '53 BSBA; Atty.; Stergios Kurtzman & Stergios, 2859 Aaronwood Ave., NW, Ste. 101, Massillon, OH 44646, 216 832-9878; r. 1241 Burd Ave., NE, Massillon, OH 44646, 216 833-7627.

STERLE, Michael J.; '88 BSBA; 5742 Pinetree W. C, Columbus, OH 43229.

STERLING, Ms. A. Mary, (A. Mary Fackler); '77 MPA; White House Fellow; Ofc. of the Atty. Gen., US Dept. of Justice, 10th & Constitution, NW, Washington, DC 20530, 202 633-3116; r. 633 E. Armour Blvd., Kansas City, MO 64109, 816 931-6565.

STERLING, Judith H., (Judith Hite); '63 BSBA; Buyer/Co-owner; Pasco Specialties & Mfg. Co., 11156 Wright Rd., Lynwood, CA 90262, 213 537-7782; r. 924 Carina Ave., Placentia, CA 92670, 714 996-8489.

STERLING, Robert A.; '57 BSBA; Asst. Prof.; Mt. Union Clg., 1972 Clark Ave., Alliance, OH 44601, 216 821-5320; r. 3096 Athens Rd, Silver Lake, Stow, OH 44224, 216 688-2383.

STERMAN, Alvin J.; '24 BSBA; Retired Fin. Trng. Prog.; GE; r. 2455 Finlandia Ln., Apt. 35, Clearwater, FL 34623, 813 796-2079.

STERN, Anna Foster; '71 BSBA; Auditor; IRS, POB 934, Austin, TX 78767; r. 7300 Whispering Oaks, Austin, TX 78745, 512 443-0307.

STERN, Bruce M.; '51; Exec. VP; Stern Advtg. Inc., 29125 Chagrin Blvd., Pepper Pike, OH 44122, 216 464-4850; r. 22280 S. Woodland Rd., Shaker Hts., OH 44122, 216 752-4499.

STERN, David Mark; '86 BSBA; Acct.; FRF Assoc., 1915 N. 4th St., Columbus, OH 43210, 614 297-1818; r. 111 Edgevale, Columbus, OH 43209, 614 239-6974.

STERN, Ernest; '47 BSBA; Pres.; Continental Ofc. Supply Co., 4848 Evanswood Dr., Columbus, OH 43229, 614 846-5000; r. 5665 Notre Dame Pl., Columbus, OH 43213.

STERN, Howard S.; '50 BSBA; Pres./Atty.; Steiner & Stern Co. L P A, 75 Public Sq., Ste. 1400, Cleveland, OH 44113, 216 771-1310; r. 165 Sterncrest Dr., Chagrin Falls, OH 44022, 216 248-1542.

STERN, Jonathan S.; '86 BSBA; 537 Gumm Pl., Circleville, OH 43113.

STERN, Marc Allan; '84 BSBA; Sales Mgr.; Alside Supply Co., 5655 Opportunity Dr., Ste. 14, Toledo, OH 43612, 419 476-9533; r. 4614 Nantuckett #27, Toledo, OH 43623, 419 882-3789.

STERN, Marc Theodor; '68 BSBA; 189 Duxbury Rd, Purchase, NY 10577, 914 949-5650.

STERN, Mark L.; '47 BSBA; Retired; r. 4815 Long Acres Dr. #D, Cincinnati, OH 45245, 513 528-1827.

STERN, Melvin B.; '41 BSBA; Retired; r. 4050 Bayard Rd., Cleveland, OH 44121, 216 382-6241.

STERN, Michael David; '86 BSBA; 24163 Palm Dr., N. Olmsted, OH 44070, 216 779-4699.

STERN, Robert William; '64 BSBA; Pres.; Short Sizes, Inc., 5385 Warrensville Ctr. Rd, Cleveland, OH 44137, 216 475-2515; r. 907 Spicers Ln., Sagamore Hls., OH 44067, 216 467-7120.

STERN, Roy Dalton; '71 MBA; VP Finance; Seradyn Inc., POB 1210, Indianapolis, IN 46206, 317 266-2000; r. 3620 Waycross Dr., Columbus, IN 47203, 812 376-7854.

STERN, Rudolph M., Jr.; '45; Real Estate Broker; Can Taylor Co., 2338 E. Main St., Columbus, OH 43209, 614 235-2356; r. 2571 Floribunda Dr., Columbus, OH 43209, 614 231-3906.

STERN, Sanford R.; '49 BSBA; Pres.; Friedman-Stern Ins. Agcy., 38 Jefferson Ave., Columbus, OH 43215, 614 221-5471; r. 441 Brookside Dr., Columbus, OH 43209, 614 231-8075.

STERN, Scott Evan; '74 BSBA; 29 W. 88th St., New York, NY 10024.

STERN, Stanley M.; '50 BSBA; Principal; EM Devel., 515 Madison Ave., 35th Fl., New York, NY 10022, 212 688-7710; r. 40 E. 78th St., Apt. 7C, New York, NY 10021, 212 734-4506.

STERN, William James; '68 BSBA; Badillo Compton-POB F, Caperra Hts., Puerto Rico 00922.

STERNAD, Michael Lee; '72 BSBA, '76 MBA; Investor; r. 810 Sixth Ave. N., Jacksonville Bch., FL 32250, 904 247-1514.

STERNAD, Terry Lee; '74 BSBA; 9769 Meadow Wood Dr. NW, Pickerington, OH 43147, 614 868-8523.

STERNBERG, Josef; '48 BSBA; Assoc.; Goudchaux's Inc., 1500 Main St., Baton Rouge, LA 70802; r. Drawer 3478, Baton Rouge, LA 70821, 504 383-5181.

STERNBERG, Leonard; '41 MBA; Owner; Akron Felt & Chenille, 20 N. High St., Akron, OH 44308, 216 253-8610; r. 565 Oneida Ave., Akron, OH 44303, 216 864-5881.

STERNBERGER, S. Michael; '53 BSBA; Ins. Agt./Owner; S Michael Sternberger Ins. Co., 1120 Chester Ave., Cleveland, OH 44114, 216 621-6000; r. 18119 Sherrington Rd., Shaker Hts., OH 44122, 216 991-1614.

STERNER, James Edward; '47 BSBA; Owner; Jim Sterner Inc., 28 W. 5th Ave., Columbus, OH 43201; r. 2726 Chester Rd. N., Columbus, OH 43221, 614 486-4709.

STERNER, James Michael; '72 BSBA; Atty.; Lumpe & Everett, 150 E. Broad St., Rm. 67, Columbus, OH 43215, 614 221-5212; r. 2457 Southway Dr., Columbus, OH 43221, 614 488-9802.

STERNER, Marylou Henly; '48; 2726 Chester Rd. N., Columbus, OH 43221, 614 486-4709.

STERNER, Richard John; '50; Secy.-Treas.; Creative Asset Mgmt. Co., 2622 Billingsley Rd., Worthington, OH 43085, 614 761-0010; r. 5289 Woodrun Blvd., Columbus, OH 43220, 614 457-4247.

STERNWEILER, Debbie Alyse; '87 MA; 24709 Wimbledon Rd., Beachwood, OH 44122.

STERNWEILER, Melissa Anne '83 (See Markowitz, Ms. Melissa Anne).

STERRETT, Matthew Nolan; '84 BSBA; 208 E. Maywood Ave., Raleigh, NC 27603, 919 832-2466.

STERTZER, Donald R.; '54 BSBA; VP; Scholastic Inc., Distribution Division, 2931 Mc Carty St., Jefferson City, MO 65101, 314 636-5271; r. POB 1091, Jefferson City, MO 65102, 314 634-7724.

STETHEM, Gerald Dwayne; '87 BSBA; Acct.; Ernst & Whinney, 2400 Nationwide Plz., Columbus, OH 43215, 614 224-5678; r. 486-C Candlestick, Galloway, OH 43119, 614 878-3832.

STETHEM, Lewis David; '56 BSBA; Pres./Treas.; Stethem Builders Inc., 6222 Lambert Rd., Orient, OH 43146, 614 877-3092; r. Same.

STETHEM, Merle Edward; '83 BSBA; 6099 Howe Rd., Rte. 2, Middletown, OH 45042, 513 988-6643.

STETHEM, Rita J.; '57 BSBA; Bookkeeper; Baesman Printing Corp., POB 23135, 2120 Hardy Pkwy., Columbus, OH 43223, 614 875-9510; r. 6222 Lambert Rd., Orient, OH 43146, 614 877-3092.

STETTNER, Clayton Earl; '49 BSBA; Retired; r. 2682 Beulah Rd., Columbus, OH 43211, 614 268-7787.

STETZELBERGER, Willard P.; '47 BSBA; Retired; r. 1500 Oriole Dr., Evansville, IN 47715, 812 479-3030.

STEUER, Jay Mitchel; '76 BSBA; Technical Sales Rep.; TREMCO, Cleveland, OH 44104; r. 895 Greenville Ave., Cincinnati, OH 45246, 513 771-3946.

STEVELBERG, Richard Michael; '68 BSBA; Pres.; Tevo Industries, Inc., 2170 E. Aurora Rd., POB 14, Twinsburg, OH 44087, 216 425-3505; r. 5149 Stansbury Dr., Solon, OH 44139, 216 248-0810.

STEVENS, Arthur Galen; '48 BSBA; 9639 Springfield Woods Ct., Richmond, VA 23060.

STEVENS, Beth Ann; '82 BSBA; Student; Bowling Green State Univ., Graduate Sch., Bowling Green, OH 43402, 419 424-3811; r. 1411 Morningside Dr., Fostoria, OH 44830, 419 435-3877.

STEVENS, Betty Jo Dean, (Betty Jo Dean); '46 BSBA; Retired Elem. Tchr.; Youngstown Public Sch. Syst.; r. 436 Robert E. Lee Dr., Wilmington, NC 28403, 919 799-3727.

STEVENS, C. William; '54 BSBA; Gen. Sales Mgr.; The Pacific Lumber Co., 100 Shoreline Hwy. Bldg. B#125, Mill Valley, CA 94941, 415 331-8888; r. 18 Eucalyptus Knoll, Mill Valley, CA 94941, 415 381-8078.

STEVENS, Gale Lynn; '78 MPA; Student; Case Western Reserve Universty, Graduate Sch., Cleveland, OH 44106; r. 19007 Chagrin Blvd., Shaker Hts., OH 44122.

STEVENS, Gregory Lee; '83 BSBA; Coord.; Florida State Univ., Student Affairs, 104 Cawthon Hall-Fsu, Tallahassee, FL 32306, 904 644-2860; r. Fsu Box 6752, Tallahassee, FL 32313.

STEVENS, Harold Hobart, Jr.; '49 BSBA; POB 258, Grand Rapids, OH 43522, 419 832-4353.

STEVENS, Harold Robert; '61 BSBA; Pres.; H R Stevens & Assocs. Inc., 334 Ely Rd., Akron, OH 44313; r. 334 Ely Rd., Akron, OH 44313, 216 867-2427.

STEVENS, Herman Daniel; '48 BSBA; Retired VP/Partner; Southern Import Co.; r. 436 Robert E. Lee Dr., Wilmington, NC 28403, 919 799-3727.

STEVENS, James Michael; '75 BSBA; Sales Rep.; La Choy Food Prods., 901 Stryker, Archbold, OH 43502; r. Rte. 3 Box 220, Archbold, OH 43502, 419 446-2481.

STEVENS, John Paul; '58 BSBA; Middle Sch. Tchr.; Hudson ISD, Rte. #5, Box 3420, Lufkin, TX 75901, 409 874-3351; r. Rte. #3 Box 1030, Lufkin, TX 75901, 409 632-1652.

STEVENS, Mark Oliver; '79 MPA; Supt.; Delaware City Schs., 248 N. Washington St., Delaware, OH 43015, 614 363-1188; r. 377 E. Cooke Rd., Columbus, OH 43214, 614 263-7489.

STEVENS, Michael Carl; '85 BSBA; 680 Woodhill Rd., Mansfield, OH 44907, 419 756-4860.

STEVENS, Michael Thomas; '84 BSBA; Retail Clerk; The Kroger Co., 3559 S. High St., Columbus, OH 43207; r. 2666 Maybury Rd., Columbus, OH 43232, 614 864-4007.

STEVENS, Pepper G.; '87 BSBA; Asst. Trust Ofcr.; Richland Trust Co., Subs: Park National Bank, 3 N. Main St., Mansfield, OH 44902, 419 522-4411; r. 613 Gordon Rd., Mansfield, OH 44905, 419 589-7967.

STEVENS, Richard Tulloss; '26 BSBA, '31 MA; Prof. Emeritus; r. 154 W. Brighton Rd, Columbus, OH 43202, 614 262-4882.

STEVENS, LT Robert T., USN; '84 BSBA; C2 Interoperability Ofcr.; Commander in Chief, US Pacific Fleet, Pearl Harbor, HI 96860, 808 471-8651; r. 98-1030 Moanalua Rd. #201, Aiea, HI 96701, 808 486-9332.

STEVENS, Scott Edward; '86 MBA; Financial Analyst; Ford Motor Co., The American Rd., Dearborn, MI 48121, 313 594-3472; r. 17140 Richard St., Southfield, MI 48075, 313 557-3511.

STEVENS, Warren Sherwood; '78 BSBA; Customer Svc. Agt.; Executive Fund Life Ins., Safe Drivers Division, 7915 N. Congress Park Dr., Dayton, OH 45459; r. 641 S. Kenton St., Urbana, OH 43078, 513 653-3439.

STEVENSON, Dr. Ben S.; '59 PhD (BUS); VP; Toledo Trust Co., 245 N. Summit St., Toledo, OH 43604; r. 2829 Pembroke, Toledo, OH 43606, 419 535-3023.

STEVENSON, David James; '85 BSBA; Staff; The Ohio State Univ., Personnel Services Admin, Columbus, OH 43210; r. 5648 C Hibernia Dr., Columbus, OH 43232, 614 422-9370.

STEVENSON, David Lawrence; '82 MPA; Academic Couns.; The Ohio State Univ., 1775 College Rd., 126 Hagert Hall, Columbus, OH 43210; r. 4381 Ingham, Columbus, OH 43214, 614 263-2941.

STEVENSON, Dennis Dale; '63 BSBA; 3621 Chelwood Blvd. NE, Albuquerque, NM 87111.

STEVENSON, James Bennett, II; '60 BSBA; Sr. Account Rep.; Santa Fe Railway Co., Three King James S., 24600 Center Ridge Rd., Cleveland, OH 44145, 216 871-9217; r. 29657 Norfolk Dr., Bay Village, OH 44140, 216 871-6381.

STEVENSON, James Edward; '77 BSBA; 530 E. 266th St., Euclid, OH 44132, 216 261-3733.

STEVENSON, Jeff August; '84 BSBA; 7865 Westwind Ln., Cincinnati, OH 45242, 513 793-2405.

STEVENSON, Karl Franklin; '61 MBA; Proj. Engr.; Unites States Air Force, Eglin Air Base, Eglin AFB, FL 32542, 904 882-4059; r. 952 Pocahontus Dr., Ft. Walton Bch., FL 32548, 904 862-5473.

STEVENSON, Kevin Paul; '86 BSBA; Finance Analyst; Household Bank, 2500 Corporate Exchange Dr., Ste. 150, Columbus, OH 43229, 614 898-6708; r. 2516 Hard Rd., Dublin, OH 43017, 614 766-9172.

STEVENSON, Kimberly Ann; '88 BSBA; Staff Acct.; Arthur Andersen Co., Huntington Ctr., 41 S. High St. Ste. 2000, Columbus, OH 43215; r. 2834 Wyman Ct., Apt. D, Columbus, OH 43232.

STEVENSON, Michael John; '76 BSBA, '78 MACC; Audit Sr. Mgr.; Price Waterhouse, 65 Madison Ave., Morristown, NJ 07960, 201 326-6930; r. 55 Independence Way, Convent Sta., NJ 07961, 201 267-8452.

STEVENSON, Ray; '59 BSBA, '67 MBA; Pres.; Charter Med. Corp., POB 209, Macon, GA 31298; r. 6487C Peachtree Ind. Blvd., Doraville, GA 30360.

STEVENSON, Dr. Willis Clyde; '53 BSBA, '57 MBA; Prof.; Univ. of Wisconsin-Madison, 1155 Observatory Dr., Sch. of Bus., Madison, WI 53706, 608 262-3544; r. 3201 Grandview Blvd., Madison, WI 53713, 608 271-0479.

STEVICK, Tony Joe; '71 BSBA; 226 Cheshire Cir., West Chester, PA 19382.

STEVNING, Daniel Racey; '86 BSBA; Sales/Mktg. Dir.; Landmarke Constr., 2245 Gilbert Ave., Cincinnati, OH 45206, 513 751-4500; r. 318 E. Mulberry St., Lebanon, OH 45036, 513 932-2961.

STEVNING, James Oliver; '81 BSBA; Corporate Acctg. Mgr.; Borden Inc., Corporate Acctg. Dept., 180 E. Broad St., Columbus, OH 43215, 614 225-4000; r. 6077 Beechcroft Rd., Columbus, OH 43229, 614 891-9284.

STEVNING, Mrs. Joan E., (Joan E. Gilby); '86 BS; Mktg. Dir. OB/GYN Svc.; Midtown Regional Hosp., 105 Mcknight Dr., Midtown, OH 43702, 614 420-5170; r. 318 E. Mulberry St., Lebanon, OH 45036, 513 932-2961.

STEVNING, Stephen Doyle; '54 BSBA, '66 MBA; Bus. Instr.; Ohio Univ., Lancaster Branch, Business Mgmt. Dept., Lancaster, OH 43130, 614 654-6711; r. 1715 Red Oak Dr. NE, Lancaster, OH 43130, 614 653-5799.

STEWARD, Daniel Bryan; '84 BSBA; 1448 W. Gage Ave., Fullerton, CA 92633, 714 871-8948.

STEWARD, Robert Denver; '73 BSBA; 1091 Marie Lou Dr., Westerville, OH 43081, 614 899-9169.

STEWARD, Scott D.; '88 MBA; 2404 Merbrook Rd., Worthington, OH 43085, 614 766-6544.

STEWART, Beth Nadine; '84 BSBA; c/o Jeanne W., 327 W. Spring St., Cadiz, OH 43907.

STEWART, Brent P.; '86 BSBA; Student; West Virginia Univ., Clg. of Law, Morgantown, WV 26506; r. 172 E. Cove Ave., Wheeling, WV 26003.

STEWART, Craig M.; '64 BSBA; Atty./Owner; Carlile Patchen Murphy & Allison Law Firm, 366 E. Broad St., Columbus, OH 43215, 614 228-6135; r. 4793 Olentangy Blvd., Columbus, OH 43214, 614 262-3419.

STEWART, Donn William; '87 BSBA; Supv.; Roadway Express, 1009 Frank Rd., Columbus, OH 43223, 614 279-6341; r. 1025 Weybridge Rd., N., Apt. C, Columbus, OH 43220, 614 442-3997.

STEWART, Dwight Alfred; '41 MBA; Commercial Oper Mgr.; r. 132 E. Central, Moorestown, NJ 08057, 609 235-5398.

STEWART, Earl James; '62 BSBA; Product Mgr.; Franklin Glue Co., 2020 Bruck St., Columbus, OH 43207; r. RR # 2, 5178 Lukens Rd, Grove City, OH 43123, 614 878-2886.

STEWART, Greg Eugene; '69 BSBA; VP; The Superior Electric Engrng C, 1025 Dublin Rd., Columbus, OH 43215; r. 8230 Lucas Rd, Plain City, OH 43064.

STEWART, Helen Louise; '83 BSBA; Adm Asst.; Calvary Apostolic Church, 38 W. Greenwood Ave., Columbus, OH 43201, 614 299-4254; r. 2105 Coach Rd. N., Columbus, OH 43220, 614 459-1456.

STEWART, Jack L.; '48 BSBA; Pres.; Stewart Corp., 6610 Busch Blvd., Columbus, OH 43229, 614 888-2820; r. 6590 Plesenton Dr., Worthington, OH 43085, 614 888-2941.

STEWART, James Lee; '58 BSBA; Correction Ofcr.; State of Ohio, Southern OH Correctional Fac., Lucasville, OH 45699; r. 2804 Sunrise Ave., Portsmouth, OH 45662, 614 353-3560.

STEWART, James Thomas; '65; Pres.; F I R E Ltd., POB, Canal Winchester, OH 43110; r. 352 Abion Way, Gahanna, OH 43230.

STEWART, Jesse A.; '59 BSBA; Dir. Labor Relations; Sweet Life Foods, 1120 Harvey Ln., Suffield, CT 06078, 203 623-1681; r. 80 Harvest Ln., Windsor, CT 06095, 203 683-2334.

STEWART, John E.; '58 BSBA; 2029 Clear Falls Ave., La Verne, CA 91750, 714 596-8403.

STEWART, Karen Jo Ann; '86 BSBA; 38 E. 17th Ave. 22, Columbus, OH 43201.

STEWART, Kathy Sue; '86 BSBA; Acct.; Empire Detroit Steel, Bowman St., Mansfield, OH 44902, 419 755-3438; r. 128 Gibson Ave., Mansfield, OH 44907, 419 524-6329.

STEWART, Mark Howard; '79 BSBA; Mgr. of Human Relations; TRW, 2101 W. Main St., Rogersville, TN 37857, 615 272-4262; r. 101 Canongate Rd., Kingsport, TN 37660.

STEWART, Noreen L.; '79 MPA; Admin.; Ohio Ofc. of Budget & Mgmt., State Acctg., 30 E. Broad St., Columbus, OH 43266, 614 466-3602; r. 6658 Dunraven Ct., Columbus, OH 43231, 614 890-8449.

STEWART, Regina Gail; '86 BSBA; 318 Lopax Rd., Apt. D-22, Harrisburg, PA 17112.

STEWART, Richard E.; '40 BSBA; VP & Gen. Mgr.; r. 3 M Co, 2501 Hudson Rd, St. Paul, MN 55119.

STEWART, Richard Wayne; '70 BSBA; Asst. VP; Mid American Natl. Bk. & Trust, 222 S. Main St., Bowling Green, OH 43402; r. 235 West Ct., Apt. E, Bowling Green, OH 43402.

STEWART, Robert Davis; '66 MBA; Engr.; r. 4 Saunders Rd, Lynnfield, MA 01940, 617 334-4026.

STEWART, Robert Hugh; '66 BSBA; VP; Lincoln Natl. Investment Mgmt. Co., 1300 S. Clinton St., Ft. Wayne, IN 46801, 219 427-3458; r. 6803 Belle Plain Cove, Ft. Wayne, IN 46835, 219 485-7356.

STEWART, Scott Andrew; '88 MBA; Pension Invest. Undwrtr.; Nationwide Ins. Co., One Nationwide Plz., Columbus, OH 43216, 614 249-8608; r. 1021 Bridgeway Cir., #B, Columbus, OH 43220, 614 457-3173.

STEWART, William Anderson; '81 BSBA; 5335 Wisteria Way, Livermore, CA 94550, 415 443-4324.

STEWART, William E.; '28 BSBA; Retired; r. POB 602, New Kensington, PA 15068, 412 335-2219.

STEWART, William F.; '65 MBA; Retired; r. 141 Blairwood Dr., Trotwood, OH 45426, 513 837-8355.

STEWART, William Glen; '63 BSBA; Atty./VP; Union Camp Corp., Materials & Distribution, 1600 Valley Rd., Wayne, NJ 07470, 201 628-2661; r. 295 Briarwood Dr., Wyckoff, NJ 07481, 201 891-6816.

STEWART, Hon. William Luke; '41 BSBA; Judge; r. 104 Cypress Point Ct., Aptos, CA 95003, 408 688-4006.

STIBICH, Marvin Anthony; '72 MBA; Aerospace Engr.; Aero Propulsion Lab, USAF, Wright-Patterson AFB, OH 45433; r. 4944 Pepperwood Dr., Dayton, OH 45424, 513 236-0928.

STICH, Lawrence P., JD; '53 BSBA; Counsel; Keckmahin & Cate, 1730 Pennsylvania Ave. Ste 350, Washington, DC 20006, 202 347-7006; r. 8401 Sparger St., Mc Lean, VA 22102, 703 893-4982.

STICK, Dr. COL Henry H., USAF(Ret.); '57 PhD (BUS); Assoc. Dean; Univ. of Dayton, Sch. of Bus., Dayton, OH 45469, 513 229-3732; r. 1515 Ridgeway Rd., Dayton, OH 45419, 513 298-0590.

STICKEL, Arthur G.; '60 BSBA; Treas. & Controller; Homes By Ayers, 355 Bristol St., Ste. A, Costa Mesa, CA 92626, 714 540-6060; r. 21902 Summer Cir., Huntington Bch., CA 92646, 714 962-7326.

STICKEL, Donald Glenn; '77 MBA; 2229 Briarhurst Ln., Columbus, OH 43220, 614 459-8304.

STICKEL, Edwin R.; '30 BSBA; Retired; r. 6501 Willow Hill Ct., Dayton, OH 45459, 513 434-0819.

STICKEL, Kathy Sue; '84 BSBA; Supervising Sr.; Peat Marwick Main & Co., 111 N. Orange Ave., Orlando, FL 32802; r. 548 Cape Cod Ln., Bldg. U108, Altamonte Spgs., FL 32714, 407 869-5920.

STICKEL, Mark Stephen; '73 BSBA; Mgr. Operations Acctg.; Anchor Glass Container Corp., 1100 Anchor St., Tampa, FL 33605, 813 870-6120; r. 15927 Crying Wind Dr., Tampa, FL 33624, 813 963-7880.

STICKEL, Paul Michael; '73 BSBA; Attrny/Title Ofcr.; Automated Closing Svc. Agcy., Subs Ohio Bar Title Ins Co, 341 S. Third St., Columbus, OH 43215, 614 221-1401; r. 13044 Coventry Ave., Pickerington, OH 43147, 614 861-3336.

STICKNEY, Dr. Frank Alexander; '69 PhD (BUS); Prof.; Wright State Univ., Dept. of Management, Colonel Glenn Hwy., Dayton, OH 45435, 513 873-2327; r. 4111 Slipperywood Pl., Dayton, OH 45424, 513 233-9017.

STICKNEY, James Edward; '69 BSBA; Internal Auditor; Mansfield Tire & Rubber Co., 515 Newman, Mansfield, OH 44902; r. 85 Yoha Dr., Mansfield, OH 44907, 419 756-2508.

STICKNEY, Michael Stephen; '82 BSBA; Sr. Auditor; NCR Corp., 1700 S. Patterson Blvd., Dayton, OH 45479, 513 445-1398; r. 10031 Brokenwoods Dr., Miamisburg, OH 45342.

STICKNEY, Philip Michael; '77 MACC; VP-Finance; Clifton Investment Co., 6400 E. El Dorado Cir., Tucson, AZ 85712; r. 4687 W. Kitty Hawk, Chandler, AZ 85226.

STICKNEY, William L.; '57 BSBA; Pres.; Printing Industry of Ohio, 88 Dorchester Sq., Westerville, OH 43081, 614 794-2300; r. 7179 Hollandia Dr., Westerville, OH 43081, 614 882-5928.

STICKRATH, Thomas Johnson; '76 BSBA; Regional Dir. of Prisons; Dept. Rehab. & Corrections, 1050 Frwy. Dr., N., Columbus, OH 43229, 614 431-2763; r. 9291 Robinhood Cir., Westerville, OH 43081.

STICKROD, Howard Olson; '36 BSBA; Inspector Retired; City of Columbus Water Engs, 50 W. Broad St., Construction Division, Columbus, OH 43215; r. 650 Elizabeth Ave., Columbus, OH 43213, 614 237-8739.

STIDD, Becky '76 (See Barrow, Becky L.).

STIENECKER, Cathy Louise; '81 MPA; Commnty Servc Assoc.; Fedn. of Catholic Community Svcs., 1031 Superior Ave. Ste. 400, Cleveland, OH 44114; r. 11811 Lake Ave., #402, Lakewood, OH 44107.

STIENECKER, Shelley Ann; '86 BSBA; Loan Review Spec.; Harris Trust & Savings Bank, 111 W. Monroe St., Chicago, IL 60603, 312 461-5604; r. 537 W. Melrose, Apt. 541, Chicago, IL 60657, 312 871-0927.

STIERS, Robert A.; '51 BSBA; Retired; r. 561 Hammock Ct., Marco Island, FL 33937, 813 394-4704.

STIFFLER, Allen D.; '53 BSBA; VP; Harris Calorific Co., 5501 Cass Ave., Cleveland, OH 44102; r. 611 Debbington Dr., Cleveland, OH 44140, 216 871-4727.

STIGER, Michele Renee; '86 BSBA; 4146 Pleasant Valley, Canfield, OH 44406, 216 793-1992.

STIGLER, Joseph Edward; '74 BSBA; 4932 Twinbrook Ct., Cincinnati, OH 45242, 513 793-9237.

STILES, Dallas Eugene, Jr.; '84 BSBA; Mktg. Mgr.; Weatherchem Corp., 2222 Highland Rd., Twinsburg, OH 44087, 216 425-4206; r. 360 Dorchester Rd., Akron, OH 44320, 216 836-8113.

STILES, John Alan; '78 BSBA; Pres., Owner; Phoenix Computer Svcs., Professional Mgmt. Cnslt. Inc., POB 1524, Lima, OH 45802, 419 224-5707; r. 510 S. Copus, Lima, OH 45805, 419 991-6766.

STILES, Joseph David; '79 BSBA; 5313 Davidson Rd., Hilliard, OH 43026, 614 771-0553.

STILES, Pat '76 (See Sharp, Pat Stiles).

STILES, Robert W.; '40 BSBA; 1122 Brummel St., Evanston, IL 60202.

STILL, Harlan B.; '57 BSBA; Auditor; H E W US Gov, 74 E. Gay St. Ste. 203, Columbus, OH 43215; r. 60 E. Columbus St., Canal Winchester, OH 43110, 614 837-3170.

STILLER, Michael Joseph; '81 BSBA; Gen. Mgr.; Quikey Mfg. Inc., 1500 Industrial Pkwy., Akron, OH 44310, 216 633-8106; r. 3198 Dowling Dr., Akron, OH 44313, 216 666-9416.

STILLER, Robert A.; '48 BSBA; Pres.; Stiller-Perlis Assocs., 200 University Ave., Westwood, MA 02090, 617 329-2080; r. 21 June Ln., Newton Centre, MA 02159, 617 332-7550.

STILLER, Robin L., (Robin L. Rose); '84 BSBA; Freelance Writer; r. 3198 Dowling Dr., Akron, OH 44313, 216 666-9416.

STILLINGS, C. Graham; '49 BSBA; Retired; r. 10526 Monticello Dr., Pinckney, MI 48169, 313 878-5217.

STILLINGS, Lisa Ann; '80 BSBA; Taxation Mgr.; Cardinal Distribution, Inc., 655 Metro Pl. S., Ste. 925, Dublin, OH 43017, 614 761-8700; r. 8353 Cliffthorne Way, Columbus, OH 43235, 614 846-1424.

STILLWAGON, CDR Richard J., USN(Ret.); '65 BSBA; 2522 Pembroke Ct., Woodbridge, VA 22192, 703 491-2347.

STILLWAGON, Richard W.; '41; The Ohio State Univ., Osu Golf Course Pro Shop, 3605 Tremont Rd, Columbus, OH 43221, 614 292-6954; r. 3257 Tremont Rd., Columbus, OH 43221, 614 451-7397.

STILLWELL, Beth Ann, (Beth Ann Sekel); '85 BSBA; 2429 Geneva Dr., Zanesville, OH 43701, 614 455-6138.

STILLWELL, Dennis Steven; '78 BSBA; Asst. VP; State Savings Bank, 6895 N. High St., Worthington, OH 43085; r. 200 Pocono Rd., Worthington, OH 43085.

STILLWELL, Jon Lee; '79 BSBA; 552 Cypress Dr. #C, Laguna Bch., CA 92651, 714 497-1878.

STILSON, Dr. Alden E., Jr.; '49 BSBA; Asst. Prof.; The Ohio State Univ., Clg. of Veterinary Medicine, 1900 Coffey Rd., Columbus, OH 43210, 614 422-2091; r. Braeburn Farm, Box 397, Johnstown, OH 43031, 614 967-5177.

STILSON, Virginia Denning; '48 BSBA; Braeburn Farm, POB 397, Johnstown, OH 43031, 614 967-5177.

STILWELL, Arthur J.; '47 BSBA; Retired; O K Trucking Co., 1929 Lone Eagle St., Columbus, OH 43228; r. 8741 Birgham Ct. S., Dublin, OH 43017, 614 889-2090.

STILWELL, Cynthia; '83 BSBA; POB 286, Hartville, OH 44632, 216 877-3433.

STILWELL, Hon. James Earl; '50 BSBA; Retired; r. 13975 SR 374, Rockbridge, OH 43149, 614 385-5560.

STILWELL, Keith Kelley; '68 BSBA; Athletic Dir.; Logan City Schs., 50 North St., Logan, OH 43138; r. 401 Warner, Logan, OH 43138, 614 385-6087.

STILWELL, Mrs. Lisa J., (Lisa J. Holt); '80 BSBA; Sr. Systs. Analyst; Allied Signal Aerospace Co., Phoenix, AZ.

STIMA, Kathryn Elizabeth; '86 BSBA; 218 Tanglewood Dr, Southern Pines, NC 28373.

STIMAC, Jacob R.; '50 BSBA; Staff; GE Co., Evendale Plant, Cincinnati, OH 45241; r. 3972 Malaer Dr., Cincinnati, OH 45241, 513 769-3777.

STIMLER, Frederick William; '71 MBA; Indep. Consult; Stimler Cnsltg. Svcs. Inc., 301 E. 64th St., Ste. 17-B, New York, NY 10021, 212 570-2723; r. New York, NY 10021.

STIMMEL, David Craig; '85 MBA; Corporte Controller; Siecor Corp., 489 Siecor Park, Hickory, NC 28603, 704 327-5984; r. Rte. 5 Box 1244, Hickory, NC 28601, 704 322-7444.

STIMPERT, Robert Edwin; '70 BSBA; Supt.; Empire Detroit Steel Corp., Melt Division, 913 Bowman St., Mansfield, OH 44878, 419 755-3450; r. RR No 2, Box 195A, Shiloh, OH 44878, 419 895-1861.

STIMSON, Donna '60 (See Simson, Donna).

STIMSON, Dr. Richard Alan; '67 MBA, '71 PhD (BUS); Technical Dir.; Advanced Technology Inc., Subsidiary-Emhart Corp., 12001 Sunrise Valley Dr., Reston, VA 22091, 703 620-8197; r. 7934 Carrleigh Pkwy., Springfield, VA 22152, 703 451-7993.

STIMSON, William J.; '66 BSBA; Account Mgr.-Sales; Xerox Corp., 471 E. Broad St., 15th Fl., Columbus, OH 43215, 614 460-9010; r. 4128 Sequoia Ave., Grove City, OH 43123, 614 871-1666.

STINCIC, George J., Jr.; '61 BSBA; Branch Mgr.; Olde Discount Stockbrokers, 22061 Lorain Rd., Fairview Park, OH 44126, 216 779-1100; r. 4578 Memphis Villas S., Brooklyn, OH 44144.

STINE, Ann L. '75 (See Diveley, Mrs. Ann Long).

STINE, Brent M.; '87 BSBA; R D 1 East Smiley Ave, Shelby, OH 44875, 419 347-5988.

STINE, Mrs. Grace G., (Grace Gillespie); '27 BSBA; Homemaker; r. 2431 Summit St., Columbus, OH 43202, 614 268-3945.

STINE, Linda K. '81 (See Crafton, Mrs. Linda K.).

STINE, Marlene Beth; '86 BSBA; Student; Emory Univ., Clg. of Law, Atlanta, GA 30322; r. 563 Heather Dr. Apt. 1C, Dayton, OH 45405.

STINEBAUGH, Bert Alan; '79 BSBA; Controller; Dominion Terminal Assocs., POB 967 A, Newport News, VA 23607, 804 245-2275; r. 260 James River Dr., Newport News, VA 23601, 804 595-0468.

STING, David G.; '62 BSBA; VP; Fritz & La Rue Co. Inc., Finance Division, 295 Fifth Ave., New York, NY 10016, 212 686-1886; r. 33 Greenwich Ave., Apt. 7J, New York, NY 10014, 212 243-0825.

STINSON, Dr. John Edward; '70 PhD (BUS); Prof. of Mgmt.; Ohio Univ., Dept. of Management, Copeland Hall 212, Athens, OH 45701, 614 593-2073; r. 4240 Baker, Albany, OH 45710, 614 698-6365.

STINSON, John Eldridge; '73 BSBA, '74 MBA; VP/Grp. Mgr.; First Natl. Bank of Dayton, 1 First National Plz., Dayton, OH 45402, 513 226-2051; r. 833 Mc Bee Rd., Bellbrook, OH 45305, 513 426-6960.

STINSON, Richard Alvie; '87 BSBA; Salesman; New Shoreline Fisheries, 235 E. Shoreline Dr., Sandusky, OH 44870, 419 626-2754; r. 265 S. Meachem Grove Rd., Lot 77, Port Clinton, OH 43452, 419 635-2822.

STINSON, Richard B.; '67 BSBA; Rep.; Dayton Power & Light Co., POB 1247, Courthouse Plz. SW, Dayton, OH 45401; r. 1676 Wood Rd. N. E., New Holland, OH 43145, 614 495-5152.

STIPEK, John G.; '52 BSBA; 4298 Rocky River Dr. #207, Cleveland, OH 44135, 216 941-7637.

STIRES, Irwin C., Jr.; '47 BSBA; 8942 Eldora Dr., Cincinnati, OH 45236, 513 791-2363.

STITH, Gary Wayne; '73 MPA; Asst. Devel. Mgr.; Hechinger Co., 4600 Forbes Blvd., Lanham, MD 20706, 301 794-2408; r. 5943 O'Hara Landing, Burke, VA 22015, 703 239-1470.

STITLE, Lynne Kay; '86 BSBA; MBA Candidate; Kent State Univ.; r. 28963 Hartley Rd., Salem, OH 44460, 216 537-3703.

STITT, Douglas Frederick; '75 MBA; Mgr., MIS; Schlumberger CAD/CAM, 4251 Plymouth Rd., Ann Arbor, MI 48105, 313 995-6036; r. 3136 Bolgos Cir., Ann Arbor, MI 48105, 313 995-8978.

STITZLEIN, James D., II; '85 BSBA; Programmer; Huntington Natl. Bank, 17 S. High St., Columbus, OH 43215; r. 14666 State Rte. 520, Glenmont, OH 44628, 216 378-3461.

STITZLEIN, Michael David; '73 BSBA; Dir. Materials Plan; Astro Div. Harsco Corp., 3221 Lincoln Way W., Wooster, OH 44691, 216 264-8639; r. 4876 S. Columbus Rd., Wooster, OH 44691, 216 264-9018.

STIVISON, Suzanne Case; '47 BSBA; 14487 State Rte. 664, Logan, OH 43138, 614 385-7785.

STOBBS, Dwight F.; '57 BSBA; Gen. Branch Mgr.; Rykoff Sexton Inc., 360 S. Van Brunt St., Englewood, NJ 07631, 201 567-8825; r. 225 Engle St., Tenafly, NJ 07670, 201 894-0850.

STOBBS, Hugh S.; '47 BSBA; Technical Cnslt.; Hugh S. Stobbs Assocs., 2709 Northbourne Dr., Springfield, OH 45506, 513 324-2002; r. Same.

STOBER, Thomas L.; '74 BSBA; Visiting Asst. Prof.; Univ. of Chicago, Graduate Sch. of Bus., 1101 E. 58th St., Chicago, IL 60637, 312 702-0807; r. 20704 Sparta Ct., Olympia Fields, IL 60461.

STOCK, David James; '73 BSBA; Mgr., Computer Sec./QA; Amer Elec Power Svc. Corp., One Riverside Plz., Columbus, OH 43216; r. 10426 N. Crosset Hill Dr., Pickerington, OH 43147, 614 868-5064.

STOCK, James J.; '84 BSBA; Terminal Mgr.; Matlack, Inc., Rte. 1, Box 131, Marietta, OH 45750, 614 374-2730; r. 1341 Market St., Parkersburg, WV 26101, 304 485-6311.

STOCK, Dr. James Robert; '75 PhD (BUS); Prof.; Michigan State Univ., Dept. of Mktg. & Transp. Admin, Eppley Ctr., E. Lansing, MI 48824, 517 353-6381; r. 2142 White Owl Way, Okemos, MI 48864, 517 347-0286.

STOCK, Karen Elaine; '85 BSBA; 1548 Beaverbrook, Beavercreek, OH 45432, 513 426-3442.

STOCK, Laura Frances; '88 BSBA; 403 E. 14th Ave., Columbus, OH 43201.

STOCK, Thomas Edward; '77 BSBA; Sales Rep.; Horace Small Apparel Co., 350 28th Ave. N., Nashville, TN 37202, 614 899-9251; r. 1123 Lori Ln., Westerville, OH 43081, 614 899-9251.

STOCK, Timothy Michael; '80 MBA; Sr. Product Mgr.; Diebold Inc., Systs. Product Management, POB 8230, Canton, OH 44711, 216 497-4495; r. 6700 Carriage Ln. N. E., N. Canton, OH 44721, 216 499-5818.

STOCKDALE, Jeffrey Allen; '88 BSBA; 811 Lang St. 51, E. Liverpool, OH 43920, 216 385-1525.

STOCKER, Ashton C.; '65 MBA; Pres.; EMA Assocs., Inc., 1 Pilgrim Dr., Winchester, MA 01090; r. Same, 617 721-2351.

STOCKER, Bryan Allen; '78 BSBA; Asst. Mgr.; Stocker Concrete Co., Box 176, Gnadenhutten, OH 44629, 614 254-4635; r. 150 Delaware Dr., Gnadenhutten, OH 44629, 614 654-9357.

STOCKER, Mrs. Sara P., (Sara J. Purcell); '79 BSBA; Lrg Acct. Underwriter; C N A Ins. Co., 14600 Detroit Ave., Ste. 1200, Lakewood, OH 44107, 216 529-7800; r. 23838 Duffield Rd., Shaker Hts., OH 44122, 216 991-5605.

STOCKING, Robert M.; '49 BSBA; Retired; r. 15707 Ashland Dr., Brook Park, OH 44142, 216 267-9149.

STOCKING, Theodore L.; '47 BSBA; Pres.; Tel-Fax Corp., 14714 Detroit Ave., #202, Lakewood, OH 44107; r. 12550 Lake Ave., Apt. 307, Lakewood, OH 44107, 216 521-1698.

STOCKLEN, Stephen Michael; '79 BSBA; Warehouse Mgr.; Usco Distribution Svcs., 13144 S. Pulaski Rd., Chicago, IL 60658; r. 2909 N. Sheridan Rd., Apt. 1901, Chicago, IL 60657.

STOCKLEN, Thomas M.; '67 BSBA; Pres.; Riverside Canoes, Inc., Rte. 1, Honor, MI 49640, 616 325-5622; r. 4251 Scenic Dr., Rte. 1, Honor, MI 49640, 616 882-4072.

STOCKSTILL, Philip Kent; '70 BSBA; Mgr.; The Magic Pan, 2 Plz. Frontenac, St. Louis, MO 63131; r. 2 Plz. Frontenac, St. Louis, MO 63131.

STOCKTON, Dr. R. Stansbury; '56 PhD (BUS); Prof.; Indiana Univ., Sch. of Business, Bloomington, IN 47405, 812 335-8449; r. 840 Sheridan Dr., Bloomington, IN 47401, 812 332-5280.

STOCKWELL, Lynne Murray; '80 BSBA; Acct.; r. 321 Sheffield Pl., Franklin, TN 37064, 615 791-5605.

STOCKWELL, Marc Edward; '79 BSBA; Dr. of Tax; Arthur Young & Co., 10 W. Broad St., Columbus, OH 43215, 614 222-3900; r. 2530 Sonnington Dr., Dublin, OH 43017, 614 889-0904.

STOCKWELL, Marlin Le Roy; '74 BSBA; Programmer/Analyst; GE Co., 7887 Bryan Dairy Rd, St. Petersburg, FL 33733, 813 541-8564; r. 516 Belmist Ct., Dunedin, FL 34698, 813 733-0788.

STOCKWELL, Michael Alan; '80 BSBA; Mfg. Engr.; Saturn Corp., Spring Hill, TN 37179; r. 321 Sheffield Ct., Franklin, TN 37064, 615 791-5605.

STODGEL, Thomas O.; '48 BSBA; Retired; r. 1069 Crestview Dr., Fullerton, CA 92633, 714 526-1877.

STOECKEL, Michael Riley; '83 BSBA; Mgr. Mktg. Svcs.; Cars & Concepts, Inc., 12501 E. Grand River Ave., Brighton, MI 48116, 313 227-9300; r. 16163 Touraine Dr., Mt. Clemens, MI 48044, 313 286-6826.

STOECKLEIN, George E.; '50 BSBA; Retired; r. 1217 Waverly Rd., Wilson, NC 27893, 919 291-0635.

STOESSNER, Mark Anthony; '74 BSBA; Trainmaster; Metro North Commuter Railroad, 347 Madison Ave., New York, NY 10017; r. A-11 Welcher Ave., Peekskill, NY 10566, 914 737-7050.

STOFA, Frank T.; '72 MBA; Exec. VP & Principal; Aegis Grp., Inc., 2210 William Pitt Way, Pittsburgh, PA 15238, 412 826-3322; r. 107 Smokey Wood Dr., Pittsburgh, PA 15218.

STOFER, James W.; '63 BSBA; Controller; United Transportation Inc., 525 Kennedy Dr., Columbus, OH 43215; r. 1034 Blindbrook Dr., Worthington, OH 43085, 614 436-1398.

STOFF, Carol Zelizer; '75 MPA; Atty.; 2374 Bexley Park, Columbus, OH 43209, 614 231-8680; r. Same.

STOFFER, Kenneth J.; '71 BSBA; Sales; Candie's; r. 8589 Crail Ct., Dublin, OH 43017, 614 766-5190.

STOFFREGEN, Jayne E. '83 (See Byrnes, Mrs. Jayne S.).

STOFFREGEN, John Christian, II; '77 MBA; VP-Sales & Mktg.; The Silent Watchman Corp., 2461 Mc Gaw Rd., Columbus, OH 43207, 614 491-5200; r. 6838 Glengary Ct., Worthington, OH 43085, 614 885-1274.

STOIA, Wayne Douglas; '79 BSBA; Proj. Mgr.; Rockwell Intl., Truck Axle Div., 1000 Rockwell Dr., Fletcher, NC 28732, 704 687-2138; r. 3 Appian Way, Arden, NC 28704, 704 684-5519.

STOIMENOFF, Mark Dennis; '76 BSBA; Financial Planner; The Acacia Grp., 7310 N. 16th St., #285, Phoenix, AZ 85020, 602 371-8300; r. 2738 S. Emerson, Mesa, AZ 85210, 602 831-6169.

STOJAK, Anthony John; '78 BSBA; Programmer/Analyst; The Ohio State Univ., Agric Econ & Rural Soc, Columbus, OH 43210; r. 2121 Steffi Dr., Hilliard, OH 43026, 614 876-0047.

STOKES, David Bruce; '71 BSBA, '72 MPA; Atty.; 15 1/2 W. Church St., Newark, OH 43055, 614 349-7266; r. 30 S. 21st St., Newark, OH 43055, 614 344-9607.

STOKES, George K.; '49 BSBA; Retired; r. 1775 N. Columbus St., Lancaster, OH 43130, 614 653-3185.

STOKES, John Matthew; '87 BSBA; Profn. Golfer; r. 551 E. Semoran Blvd., Apt. J-22, Fern Park, FL 32730, 407 339-3010.

STOKES, Kevin Doyle; '84 BSBA; Software Spec.; Digital Equip. Corp., 7200 Poe Ave., Dayton, OH 45414, 513 898-0920; r. 134 Cambridge Ave., Dayton, OH 45406.

STOKES, Leroy; '71 BSBA; Supv.; AT&T Columbus, 6200 E. Broad St., Columbus, OH 43213; r. 6451 Hurlingham, Reynoldsburg, OH 43068.

STOKES, Ronnie Ray; '85 BSBA; Mortgage Banker; First Investment, 4300 E. Broad St., Columbus, OH 43213; r. 3095 Cheaves Pl., Columbus, OH 43224.

STOKES, Sheila Woods; '79 MPA; Asst. to VP Bus. Afrs.; Arizona State Univ., Admin. Bldg., Rm. 204, Tempe, AZ 85287, 602 965-3201; r. 7615 E. Earll, Scottsdale, AZ 85251, 602 994-4462.

STOKLOSA, Pamela Anne; '86 BSBA; 13988 Wayside Dr., Pickerington, OH 43147, 614 846-6592.

STOLL, Donald F.; '41 BSBA; Retired; r. 532 Ardson Rd, E. Lansing, MI 48823, 517 337-2742.

STOLL, Kathie Nethers; '77 BSBA; Ins. Claims Taker; Grange Akron Br., 910 E. Tallmadge Ave., Akron, OH 44310, 216 633-9431; r. 344 Dunn St., Barberton, OH 44203, 216 745-5635.

STOLL, Omar Weldon; '47 BSBA, '48 MBA; Retired; r. 341 County Rd. S., Zanesfield, OH 43360, 513 593-9485.

STOLL, Robert Clifford; '86 BSBA; Acct.; Litel Telecommunications Inc., 200 Old Wilson Bridge Rd., Worthington, OH 43085, 614 433-9211; r. 3451 Reinbeau Ct., Columbus, OH 43232, 614 837-8572.

STOLLAR, Mrs. Lois K., (Lois Keiger); '49 BSBA; Retired VP; Botany Ctr., Marketing Dept., 6228 Anderson Ave., Knoxville, TN 37919; r. RD 2, Box 113 A, Waterford, OH 45786, 614 984-4070.

STOLLE, David L.; '59 BSBA; Mgr.; Production Dept., Yoder Die Casting Corporation, 727 Kiser St., Dayton, OH 45404; r. 24 Greenmount Blvd., Dayton, OH 45419, 513 293-1713.

STOLLINGS, Anthony Michael; '76 BSBA; Controller; Hunter Savings Assn., 7840 Montgomery Rd., Cincinnati, OH 45236, 513 745-8700; r. 541 Oregano Dr., Cincinnati, OH 45244.

STOLSON, Brett L.; '84 BSBA; Store Mgr.; Sherwin Williams Co., Venice, FL 33287, 305 764-6275; r. 854 Sea Brooke Dr., Englewood, FL 34295, 813 474-5031.

STOLTENBERG, Robert Henry; '78 MACC; CPA; Pan-Med. Enterprises, 2100 Webster St., Ste. 119, San Francisco, CA 94115, 415 923-3195; r. 142 Gold Mine Dr., San Francisco, CA 94131, 415 550-7226.

STOLTENHOFF, Richard W.; '59 BSBA; Owner/Pres.; Dandy Donut Inc., 23 Dandy Dr., Cos Cob, CT 06807, 203 661-9573; r. Same.

STOLTING, Ms. Nancy K., (Nancy K. Zambell); '83 BSBA; VP/Branch Mgr.; Florida Natl. Bank, 7102 Fairway Dr., Palm Bch. Gardens, FL 33418, 407 775-0404; r. 11-F Lexington Ln. E., Palm Bch. Gardens, FL 33418, 407 627-2718.

STOLTZ, Virginia Windnagel; '43; 2170 West Ln. Ave., Columbus, OH 43221, 614 488-8755.

STOLTZNER, Don R.; '83 BSBA; Cost Acctg. Mgr.; Pella Windows & Doors, Inc., 101 Regency Dr., Glendale Hts., IL 60139, 312 894-1000; r. 1605 N. Mitchell, Arlington Hts., IL 60004, 312 259-7194.

STOLZENBURG, LTC William T.; '59 BSBA; Natl. Subcontracting Mgr.; Data Documents Inc., 4205 S. 96th St., Omaha, NE 68127, 402 339-0900; r. 8715 Willow Ct., La Vista, NE 68128, 402 339-3552.

STONE, Andrew Leslie; '88 BSBA; 289 Orchard Hill Dr., W. Carrollton, OH 45449.

STONE, Barbara Ann; '87 BSBA; Loan Review Spec.; Bank One, 100 E. Broad St., Columbus, OH 43271, 614 248-5211; r. 5065 Open Meadows Dr., Columbus, OH 43228, 614 851-0127.

STONE, Betty Lou '47 (See Fanning, Betty Stone).

STONE, Conrad O.; '52 BSBA; Treas.; F.A. Kohler Co., 1320 McKinley Ave., Columbus, OH 43223, 614 276-5137; r. 2250 Atlee Ct., Columbus, OH 43220, 614 451-2924.

STONE, Dana H.; '61; Pres.; Stone Leasing Co., 1215 W. Mound St., Columbus, OH 43223, 614 461-9080; r. 1339 Friar Ln., Columbus, OH 43221, 614 457-6482.
STONE, David Clifton; '76 BSBA; Staff; Ohio Dept. of Taxation, 30 E. Broad St., State Ofc. Twr., Columbus, OH 43215; r. POB 227, Reynoldsburg, OH 43068, 614 868-5235.
STONE, David Lewis; '61 BSBA; Partner; Touche Ross & Co., 1633 Broadway, New York, NY 10019, 212 489-1600; r. Mtn. Greenery Ln., POB 512, Lakeville, CT 06039, 203 435-2911.
STONE, Donald Ray; '81 BSBA; Commercial Lender; Bank One of Columbus N A, 100 E. Broad St., Columbus, OH 43215, 614 248-5730; r. RR 3 Box 110 Youngman Rd, Defiance, OH 43512, 614 873-8402.
STONE, Doren C.; '39 BSBA; Retired; Alleganey Feed & Grain Co., 113 Knox St., Cumberland, MD 21502; r. 3 Shady Ridge Dr., Lavale, MD 21502, 301 729-3071.
STONE, Edwin Dawson; '34 BSBA; Retired Agt.; E D Stone Ins. Agcy., Banc Ohio Plz. Ste. 301, POB 809, Delaware, OH 43015; r. 845 Hard Rd, Worthington, OH 43235, 614 436-1271.
STONE, Elise Heisz; '76 BSBA; 5199 Threshing Ct., Gahanna, OH 43230, 614 891-0652.
STONE, Evelyn Nash; '49 BSBA; 346 Coraopolis Rd, Coraopolis, PA 15108, 412 264-3991.
STONE, George Edward, Jr.; '76 BSBA; Underwriter Spec.; State Farm Ins. Co., 1440 Granville Rd., Newark, OH 43055, 614 349-5461; r. 193 N. Vernon Ave., Newark, OH 43055, 614 366-5766.
STONE, Jack M.; '39 BSBA; Retired; r. 88 S. Roosevelt Ave., Columbus, OH 43209, 614 237-9917.
STONE, James L.; '86 BSBA; VP; MTB Fruit Juice Co., 955 Home Ave., Akron, OH 44310; r. 915 Mull Ave., Apt. PH7, Akron, OH 44313, 216 864-2336.
STONE, Jill '83 (See Morley, Jill).
STONE, Joseph F.; '59 BSBA; POB 132, Eagleville, PA 19408, 215 539-6810.
STONE, Karen '77 (See Asmus, Karen Stone).
STONE, Ms. Karen Ladd, (Karen Ladd); '83 BSBA; Sales Rep.; Allergan Pharmaceuticals, Sub/Smith Kline Corp, 2525 Du Pont Rd., Irvine, CA 92713; r. 24102 Edgehill Dr., Beachwood, OH 44122, 216 291-4769.
STONE, Kathy '82 (See Sweet, Mrs. Kathy D.).
STONE, Kenneth Robert, Jr.; '72 BSBA; Computer Sales; Hewlett-Packard Co., 675 Brooksedge Blvd., Westerville, OH 43081, 614 891-3344; r. 3277 Kirkham Rd., Columbus, OH 43221, 614 459-3186.
STONE, Larry David; '63 BSBA; Owner; Stone Enterprises, 706 Easton NE, N. Canton, OH 44721, 216 497-0802; r. Same.
STONE, Lawrence H.; '40 BSBA; Pres.; L B D Assocs. Ltd., 500 Davis Ctr., Ste. 600, Evanston, IL 60201, 312 869-2324; r. 2103 Pioneer Ln., Wilmette, IL 60091, 312 869-2324.
STONE, Leo Dale, Esq.; '50 MBA; Prof. Emeritus; The Ohio State Univ., 190 N. Oval, Columbus, OH 43210; r. 1563 Misty Plateau Tr., Clearwater, FL 34625, 813 797-9030.
STONE, Leon N., JD; '37 BSBA; Mergers, Acquis. & Disp.; 1401 N. Westshore Blvd., Ste. 100, Tampa, FL 33607, 813 284-0644; r. 3301 Bayshore Blvd., Apt. 1009, Tampa, FL 33629, 813 839-1954.
STONE, Mrs. Lori E., (Lori S. Einzig); '81 BSBA; Account Exec.; Officemates 5, 1900 E. Dublin-Granville Rd., Columbus, OH 43229, 614 794-3200; r. 274 Oakland Park, Columbus, OH 43214, 614 268-5157.
STONE, Marc Hamilton; '81 BSBA; VP of Mrktng; L J Stone & Assocs. Inc., 3645 Warrensville Center Rd., Shaker Hts., OH 44122, 216 283-8080; r. 24102 Edgehill Dr., Beachwood, OH 44122, 216 291-4769.
STONE, Meredith Blake; '69 BSBA; Atty.; M Blake Stone Jd, 231 N. Buckeye St., POB 1011-E., Wooster, OH 44691, 216 264-1051; r. 941 Forest Dr., Wooster, OH 44691, 216 262-9446.
STONE, Michael N.; '81 BSBA; Dist. Account Mgr.; Revlon Inc., New York, NY 10153; r. 105 Roosevelt Ct., Annapolis, MD 21403, 301 268-7453.
STONE, Renee Lee; '80 BSBA; Account Mgr.; Xerox Corp.; r. 5710 Forest Hills Blvd., Columbus, OH 43229.
STONE, Riley Nathaniel, Jr.; '56 BSBA; Sales Mgr.; Lever Bros., Industrial Division, New York, NY 10001; r. 5K Brookside Hts., Conklintown Rd., Wanaque, NJ 07465.
STONE, Robert; '56 BSBA; Exec. Sr. VP Food Svc.; Wasserstrom Co., 477 S. Front St., Columbus, OH 43215, 614 228-6525; r. 231 S. Harding Rd., Columbus, OH 43209, 614 239-0701.
STONE, Dr. Robert Neil; '80 MPA; Prof.; Univ. of Alabama, Clg. of Commerce, Tuscaloosa, AL 35486, 205 348-8946; r. 1907 Manassas Ave. N., Tuscaloosa, AL 35406, 205 345-9655.
STONE, Ronald David; '61 BSBA; Pres.; Ronald D Stone Inc., 3090 Home Rd, Powell, OH 43066, 614 881-5543; r. 8615 Harwick Ct. S., Dublin, OH 43017, 614 766-5209.
STONE, Spencer Decker; '60; Pres.; Stone/Kerl Assocs. Inc., Ste. 300, 3131 Executive Pkwy., Toledo, OH 43606, 419 535-3859; r. 3422 Cedarbrook Ln., Toledo, OH 43615, 419 841-7343.
STONE, Theodore Alan; '56 BSBA; Salesman; Lannis Co., 3624 E. 5th Ave., Columbus, OH 43219, 614 237-7628; r. 94 Marrus Dr., Gahanna, OH 43230, 614 476-0002.
STONE, Thomas Alan; '82 BSBA; Atty.; Arthur Young & Co., 100 E. Broad St., Columbus, OH 43215; r. 4137 Town Crier Ct., Gahanna, OH 43230, 614 471-5734.
STONE, Thomas Victor; '59 BSBA; Asst. Dir.; Thomas V Stone, CPA, Inc., 7760 Olentangy River Rd, Ste. #210, Worthington, OH 43085; r. 5530 Olentangy River Rd., Worthington, OH 43085.
STONE, Vickie Sue; '85 BSBA; Sr. Compensation Analyst; Security Pacific Fncl Svc. Inc., Sub of Security Pacific Corp, 10089 Willow Creek Rd., San Diego, CA 92131, 619 530-9344; r. 8284 Flanders Dr. #61, San Diego, CA 92126, 619 566-6177.
STONE, Walter B.; '36 BSBA; Retired; r. 1 Bratenahl Pl., Apt. 1112, Cleveland, OH 44108, 216 541-5470.
STONE, William Edwin; '79 BSBA; Programmer/Analyst; Capital American Life Ins., Cleveland, OH 44114; r. 1215 Berwick Ln., S. Euclid, OH 44121, 216 381-4506.
STONE, William M.; '29 BSBA; Retired; r. 134 College Ave., Ashland, OH 44805, 419 289-1057.
STONE, William Richard; '57; Pres.; Stone Mgmt. Corp., 2929 Kenny Rd., Columbus, OH 43221, 614 459-0828; r. 1165 Highland Dr., Columbus, OH 43220, 614 451-0762.
STONE, William S.; '45 BSBA; VP; Stone Grill Co., 82 N. Grant Ave., Columbus, OH 43215; r. POB 09681, Columbus, OH 43209.
STONEBRAKER, Charles E.; '41 BSBA; Retired; r. 703 Castle Blvd., Akron, OH 44313, 216 864-3533.
STONEBURNER, Donald W.; '41 BSBA; Retired; r. POB 77, Salesville, OH 43778, 614 679-2894.
STONEBURNER, Dwight T.; '58 BSBA; Pres.; Stoneburner Assocs., 10000 W. 75th St., Shawnee Mission, KS 66204; r. 131 Terrace Tr., W., Lake Quivira, KS 66106.
STONEBURNER, Phyllis Ann; '86 BSBA; Programmer; r. 572 Sycamore Dr., Circleville, OH 43113, 614 474-3517.
STONEMAN, William Loomis; '85 BSBA; 240 Park Rd., Westerville, OH 43081.
STONER, Daniel B.; '60 BSBA, '61 MBA; 106 Rolling Park Dr. N., Massillon, OH 44646, 216 833-0991.
STONER, Debbi L. '85 (See Gilchrist, Mrs. Debbi L.).
STONER, Michael Doyle; '77 BSBA; Audit Mgr.; Price Waterhouse & Co., Belfast, Northern Ireland; r. 94 Old Hollywood Rd., Belfast BT4-2HP, Northern Ireland.
STONER, Ralph W.; '57 BSBA; Pres.; Buckeye Fire Apparatus, 414 Fairview Ave., Box A, Galion, OH 44833, 419 468-5700; r. 414 Fairview Ave., Box A, Galion, OH 44833, 419 468-5700.
STONER, Robert L.; '59 BSBA; VP/Credit Mgr.; MuniciCorp of California, 1888 Century Park E., Ste. 200, Los Angeles, CA 90067, 213 201-9750; r. 223 S. Altura Rd., Arcadia, CA 91006, 818 446-7743.
STONER, Susan '82 (See Ells, Susan Stoner).
STORCH, David H.; '66 BSBA; Supv.; GM Corp., Guide Division, Production Dept., Anderson, IN 46011, 317 641-5358; r. 3598 N. 700 E., Greenfield, IN 46140, 317 785-2550.
STORCH, Dorraine; '86 BSBA; Customer Svc. Spec.; E. F. MacDonald, Dayton, OH 45410; r. 660 St. Nicholas Ave., Dayton, OH 45410, 513 252-6552.
STORER, Constance Thompson; '82 BSBA; Sr. Plan Cnslt.; Midwest Pension Svcs., 4701 Olentangy River Rd., Columbus, OH 43214; r. 8363 Nuthatch Way, Worthington, OH 43085.
STORER, Dean James; '78 BSBA; 1835 Phelpd Pl. NW, Apt. 53, Washington, DC 20008, 202 462-8684.
STORER, Joseph Robert; '83 BSBA; Regional Account Mgr.; Goal Systs. Intl., POB 29481, Columbus, OH 43229, 614 888-1775; r. 6780 Highland Pl., Worthington, OH 43085, 614 433-9951.
STOROZUK, Roger Ray; '75 BSBA; 4900 Sentinel, Brecksville, OH 44141.
STORRIE, Michael Bruce; '77 BSBA; Controller-Area Mgr.; Dana Corp., 4675 Clark Rd, Sarasota, FL 34233, 813 924-1284; r. 4129 Woodview Dr., Sarasota, FL 34232, 813 377-0902.
STORTER, Dr. Barry M.; '51 BSBA; Phys.; r. 2176 Rockridge Dr., Grand Jct., CO 81503.
STORTS, William Eugene; '77 MBA; Partner; Arthur Andersen Co., 41 S. High St., Columbus, OH 43215, 614 228-5651; r. 6033 Hayden Run Rd., Hilliard, OH 43026, 614 771-1453.
STORY, David R.; '60 BSBA; Sales; Story Distributors Inc., 883 Frwy. Dr. N., Columbus, OH 43229; r. 5660 Concord Hill Dr., Columbus, OH 43213, 614 866-3674.
STORY, Roberta Kathryn; '69 BSBA; RR No 2 Box 215, Lowell, OH 45744, 614 374-5026.
STOSE, D. Richard, Jr.; '79 BSBA; Financial Planner; Arlington Financial Svcs., 163 E. Center St., Marion, OH 43302, 614 382-2277; r. 259 S. Seffner, Marion, OH 43302, 614 382-3150.
STOTLAR, Douglas Wade; '83 BSBA; Terminal Mgr.; Con-Way Central Express, 4445 Weaver Ct. N., Hilliard, OH 43026, 614 876-7100; r. 207 Woodedge Cir., Powell, OH 43065, 614 888-4963.
STOTTER, Lawrence Henry; '56 BSBA; Atty.; Stotter, Samuels & Chambers, 1735 Franklin St., San Francisco, CA 94109; r. 2244 Vistazo St. E., Belvedere-Tiburon, CA 94920, 415 435-9923.
STOTTLER, Jeffrey R.; '84 BSBA; Ofc. Mgr.; G C Svcs., 454 S. Anderson Rd., Ste. 211, Rock Hill, SC 29730, 803 329-9636; r. 10700-K Point South Dr., Charlotte, NC 28217, 704 588-5500.
STOTZ, Phillip Wayne; '78 BSBA; Broker/Owner; Phil Stotz Realty, 114 W. Jackson St., W. Unity, OH 43570, 419 924-2377; r. 412 S. Main St., POB 767, W. Unity, OH 43570, 419 924-2803.
STOTZER, Andrew N.; '82 BSBA; Programmer/Analyst; Nissan Motor Acceptance Corp., 990 190th St., Torrance, CA 90502, 213 719-8032; r. 9131 Healey Dr., Garden Grove, CA 92641, 714 534-7273.
STOUGH, Dr. Roger R.; '64 BSBA; Prof.; Indiana Univ., Sch Pub & Env Affairs, 801 W. Michigan St., Indianapolis, IN 46223, 317 274-4616; r. 1227 Selkirk Ln., Indianapolis, IN 46260, 317 844-4911.
STOUGHTON, Donald B.; '51 BSBA; Chmn.; Unicast Co., 6th & Washington Sts., POB 248, Boyertown, PA 19512, 215 367-0155; r. 9 Horseshoe Ln., POB 600, Paoli, PA 19301, 215 644-9389.
STOUP, Charles Lorn, Sr.; '36; Retired Mktg. Dir.; A M P Inc., POB 3608, Harrisburg, PA 17105; r. 2825 Fairview Rd., Camp Hill, PA 17011, 717 737-5965.
STOUT, Carl Frederick; '78 MA; Sr. Assoc.; Compass Enterprises, 6462 Little River Tpk., Ste. E, Alexandria, VA 22312, 703 243-2972; r. 1311 N. Evergreen St., Arlington, VA 22205, 703 527-7786.
STOUT, Craig Williams; '72 BSBA; Product Mgr.; Ethan Allen Inc., Ethan Allen Dr., Danbury, CT 06810; r. 20 Stepney Rd., Redding, CT 06896, 203 938-8869.
STOUT, Harold; '59 BSBA; Pres.; Accurate Glass & Mirror Co., 921 N. 22nd St., Columbus, OH 43219, 614 253-2766; r. 3341 Pebble Beach Rd., Grove City, OH 43123, 614 878-3984.
STOUT, Henry R.; '55 BSBA; 903 Edgehill Dr., Lebanon, TN 37087.
STOUT, Jerry F.; '64 BSBA; Leasing Mgr.; Waters Truck & Tractor, Box 449, Rte. 82 & Plymouth Rd., Columbus, MS 39701, 601 328-1575; r. Rr2 Box 227G, West Point, MS 39773, 601 494-4866.
STOUT, John H.; '54 BSBA; Owner; J. Stout & Assocs., 5000 Jasmine Dr., Rockville, MD 20853, 301 929-1334; r. Same.
STOUT, Lloyd; '46 BSBA; Sales Agt.; Clark's Carpet Connections, 820 Distribution Dr., Columbus, OH 43228, 614 274-6212; r. 2928 Redding Rd., Columbus, OH 43221, 614 481-9641.
STOUT, Robert O., JD; '40 BSBA; Atty.; S. Main St., Marion, OH 43302, 614 387-7013; r. 940 Cambridge Ave., Marion, OH 43302, 614 387-1779.
STOUT, Sandra Grau; '81 BSBA; Engr.; Ariel Corp., 35 Blackjack Rd., Mt. Vernon, OH 43050; r. Rte. 4, 6 Adena Ct., Fredericktown, OH 43019, 614 694-3815.
STOVER, Brent Lee; '78 BSBA; Student; Purdue Univ.-Indianapolis; r. 5949 N. Clg., Indianapolis, IN 46220, 317 257-9467.
STOVER, James Christopher; '82 BSBA; Facilities Plng. Engr.; Martin Marietta Aero & Nav. Systs., 103 Chesapeake Park Plz., Baltimore, MD 21220, 301 682-0397; r. 8474 Meadow Ln., Riviera Bch., MD 21122, 301 437-6327.
STOVER, Samuel C.; '58 BSBA; Retired; r. 4930 Hillard Ave., La Canada-Flintridge, CA 91011, 818 790-3244.
STOVER, Thomas E.; '64 BSBA; Bus. Cnslt.; H C 50 Box 40, Gering, NE 69341, 308 436-2709; r. Same.
STOVSKY, Richard Paul; '80 BSBA; Atty.; Coopers Lybrand, 1375 E. 9th St., Cleveland, OH 44114, 216 241-4380; r. 2569 Milton Rd., University Hts., OH 44118, 216 932-5941.
STOWE, Charles H., Jr.; '47 BSBA; Retired; r. 823 Poplar Dr., Sellersburg, IN 47172, 812 246-2644.
STOWE, Judith Cadot; '55 BSBA; 855 Ketch Dr., Naples, FL 33940.
STOYAK, Stephan J.; '76 BSBA; Sr. Buyer; The Bussman Div. of Cooper Ind, St. Louis, MO 63178, 314 527-1290; r. 7727 Cornell, St. Louis, MO 63130, 314 863-3912.
STOYCHEFF, Johnny A.; '67 BSBA; RR No 2, US 42, Ostrander, OH 43061.
STOYCOS, Alexander V.; '59 BSBA; Pres.; Specialty Prods. &, Insulation Company, 120 N. Shippen St., Lancaster, PA 17603, 717 397-3382; r. 136 N. Charlotte St., Lancaster, PA 17603, 717 393-5925.
STRACHOTA, Thomas Gregory; '76 MBA; Exec. VP; Dairy Land, POB 958, West Bend, WI 53095, 414 338-0163; r. 639 Ridge Rd., West Bend, WI 53095, 414 338-3790.
STRADER, Stephen David; '82 BSBA; 2550 Briston Rd., Columbus, OH 43221, 614 486-4797.
STRADER, Timothy Alan; '78 BSBA; Bank Examiner; Fed. Reserve Bank-Cleveland, Cleveland, OH 44104, 216 579-2186; r. 164 Nantucket Cir., Unit 710, Painesville, OH 44077, 216 354-6102.
STRAHINE, Michael Edward; '80 BSBA; Dir. of Sales; Investment Resources Inc., 855 S. Wall St., Columbus, OH 43206, 614 443-0100; r. 2050 Sanbury Blvd., Worthington, OH 43235, 614 889-1946.
STRAHL, Charles A.; '55 BSBA; Revenue Agt.; Internal Revenue Svc., 65 S. 5th St., Zanesville, OH 43701, 614 454-3310; r. 270 Eastlawn Cir., Zanesville, OH 43701, 614 453-6733.
STRAHLER, Paul J.; '50 BSBA; Retired; r. 3921 W. 96th St., Overland Park, KS 66207, 913 648-3857.
STRAHLER, Susan Walters; '80 BSBA; 547 11th St., Oakmont, PA 15139, 412 828-0966.
STRAHM, Chris Harold; '82 BSBA; Budget Analyst; Warner Amex Cable Comm Inc., 425 Metro Ctr., Dublin, OH 43017, 614 766-2021; r. 333 N. Detroit #2, Kenton, OH 43326, 419 673-0123.
STRAIGHT, G. Claribel '50 (See De Voe, Mrs. G. Claribel S.).
STRAIGHT, Phyllis Pauline; '80 MPA; Mgr.-Educ. & Consultation; Dept. Ins. & Finance, Accident Prevention Div., 21 Labor & Industries Bldg., Salem, OR 97307, 503 378-3272; r. 2838 River Rd. S., Salem, OR 97302, 503 585-8578.
STRAIGHT, Richard Stanley; '72 BSBA; Dir. of Finance; US Chemical & Plastics Inc., 1446 Tuscarawas St., W., Canton, OH 44714, 216 455-4311; r. 161 Vicary Hill Ln. NE, Apt. 3, Canton, OH 44714, 216 493-4620.
STRAIN, Douglas R.; '56 BSBA; Acctg. Cnslt.; 307 N. Henry St., New Carlisle, OH 45344, 513 845-0250; r. Same.
STRAIN, Doyle W.; '45; Retired; r. 634 Convers Ave., Zanesville, OH 43701, 614 454-0088.
STRAINIC, Allen Lee; '69 BSBA; Mgr. Customer Fin Svc.; GE Lighting, Nela Park, Cleveland, OH 44112, 216 266-3141; r. 7738 Ohio St., Mentor, OH 44060, 216 255-3520.
STRAITS, Richard Allen; '87 BSBA; Mgr.; Wendys Intl. Inc., 4288 W. Dublin-Granville Rd, POB 256, Dublin, OH 43017, 614 431-7236; r. 838 Deacon Cir., Columbus, OH 43214, 614 459-8972.
STRAKA, David M.; '84 BSBA; Dock Supv.; Roadway Express, Inc., 2000 Lincoln Hwy., Chicago Hts., IL 60411, 312 758-8000; r. 921 Sherwood Lake Dr., Schererville, IN 46375, 219 865-6074.
STRAKER, Jane Helen; '80 BSBA; Legal Secy.; Jerrold S. Stern Atty., 695 Tarpon Bay Rd., Ste. 2, Sanibel, FL 33957, 813 472-1555; r. 6300-D Sugar Bush Ln. SW, Ft. Myers, FL 33908, 813 489-3511.
STRAM, Lee Howard; '87 BSBA; 3630 Woodley Rd., Toledo, OH 43606, 419 474-6718.
STRANAHAN, Susan '85 (See Parker, Susan Stranahan).
STRAND, Edwin N.; '24 BSBA; Retired; r. 340 W. Baltimore, Larkspur, CA 94939, 415 924-7468.
STRANDBURG, Robert H.; '39 BSBA; Retired; r. 327 Plantation Dr., New Bern, NC 28562, 919 633-1179.
STRANG, Dale Edward; '74 BSBA; Distribution Planner; Gen. Mills Inc., POB A, Fostoria, OH 44830, 419 435-8129; r. 336 S. Second, N. Baltimore, OH 45872, 419 257-2759.
STRANG, John A.; '62 BSBA; Tchr.; Jefferson Cnty. Public Schs., 9651 N. Pierce St., Broomfield, CO 80020, 303 430-1021; r. 7805-D Barbara Ann Dr., Arvada, CO 80004, 303 423-6119.
STRANGE, Peter David; '85 BSBA; 522 Lynnview Dr., Northfield, OH 44067, 216 467-5727.
STRANGFELD, William C., Jr.; '80 MLHR; Atty.; Frost & Jacobs, 2500 Central Trust Ctr., 201 E. 5th St., Cincinnati, OH 45202, 513 651-6833; r. 233 Burns Ave., Cincinnati, OH 45215, 513 948-1071.
STRANNE, Lawrence V.; '67 MBA; Info. Systs. Engrg. Mgr.; AT&T Network Systs., 6200 E. Broad St., Columbus, OH 43213, 614 860-2601; r. 3995 Glenda Pl., Columbus, OH 43220, 614 451-2376.
STRANSKY, Douglas Keith; '80 BSBA; Asst. Auditor in Charge; Auditor of State of Ohio, POB 420, 1655 Tiffin Ave., Ste. A, Findlay, OH 45840, 419 422-3726; r. 1785 Grace Ave., Mansfield, OH 44906, 419 756-7339.
STRANSKY, Edward Stanley, Jr.; '69 BSBA; Systs. Analyst; Ford Motor Co., POB 9849, Cleveland, OH 44142; r. 459 Kar A Bru Dr., Amherst, OH 44001, 216 988-2641.
STRAPP, David Michael; '66 BSBA; Dir.; Ross Labs, Financial Marketing Services, 625 Cleveland Ave., Columbus, OH 43216, 614 227-3818; r. 232 W. Dominion Blvd., Columbus, OH 43214, 614 262-2646.
STRAPP, Gary Patrick; '80 BSBA; Audit Mgr.; Laventhol & Horwath, 65 E. State St., Columbus, OH 43215, 614 221-9494; r. 275 Regents Rd., Gahanna, OH 43230, 614 476-4313.
STRAPP, James Francis; '52 BSBA; Account Rep.; The 3M Corp., 121 Marrus Dr., Gahanna, OH 43230, 614 475-0228; r. Same, 614 475-6699.
STRASBURG, Kevin L.; '77 BSBA; Syst Requirements Analyst; IBM Corp., 10401 Fernwood Rd., Bethesda, MD 20817, 301 571-2159; r. 2904 Vandever St., Brookeville, MD 20833, 301 774-1296.
STRASBURG, Dr. Louis G.; '60 MBA, '62 PhD (BUS); Prof.; California State Univ., Sch. of Business, Hayward, CA 94542, 415 881-3306.
STRASSER, Daniel C.; '77 BSBA; Investment Exec.; Paine Webber, Inc., 41 S. High St., Delaware, OH 43015, 614 228-3221; r. 823 Robbins Way, Worthington, OH 43085, 614 436-8253.
STRASSER, Frederick Thomas; '49 BSBA; Retired; r. 5962 Kirkwall Ct. E., Dublin, OH 43017, 614 761-2735.
STRASSER, Herbert A.; '53 BSBA; Ins. Broker; 1031 E State St., Geneva Il 60134; r. POB 506, Geneva, IL 60134, 312 377-2580.
STRASSER, Thomas Frederick; '77 BSBA; Atty.; Thomas F. Strisser JD, 576 S. 3rd St., Columbus, OH 43215, 614 461-4860; r. POB 16326, Columbus, OH 43216.
STRATHERN, Lynnette Rhodes; '54; 2183 Wesleyan Dr., Columbus, OH 43221, 614 451-1080.
STRATSO, David A.; '62 BSBA; Personnel Mgr.; Owens Illinois Inc., One Seagate 5, Toledo, OH 43666, 419 247-1137; r. 29525 Duxbury, Perrysburg, OH 43551, 419 874-5279.

STRATTON, Brent Clifford; '83 BSBA; Sr. Programmer/Analyst; Riverside Methodist Hosp., 755 S. Thomas Ln., Columbus, OH 43214, 614 447-0747; r. 12785 Monkey Hollow Rd., Sunbury, OH 43074, 614 965-1779.

STRATTON, Don L.; '54 BSBA; Auto Dealer; Stratton Chevrolet Co., 16050 St. Rte. 14, Beloit, OH 44609, 216 537-3151; r. Same, 216 584-1920.

STRATTON, Dorothy Marie; '82 BSBA; 168 Bluejay Dr., Worthington, OH 43085, 614 846-1827.

STRATTON, Richard Brian; '68 BSBA; Mgr., Human Res.; Natco, 4600 National Rd., W., Richmond, IN 47374, 317 962-6511; r. 3325 Northwest C St., Richmond, IN 47374, 317 962-1462.

STRAUB, Janis Lee; '81 BSBA; Contract Programmer; Janis L Straub, 6003-E. Lake Club Ct., Columbus, OH 43232, 614 861-1145; r. 6003-E. Lake Club Ct., Columbus, OH 43232, 614 861-1145.

STRAUB, Nancy Pratt; '78 BSBA; 4820 W. 78th Ter., Prairie Vlg., KS 66208, 913 341-6409.

STRAUB, Ralph Gene; '64; Sales Rep.; Dorsey Rubber & Equip. Co., 1140 River Rd., Charlottesville, VA 22906, 800 368-2233; r. 9425 Farmington Dr., Richmond, VA 23229, 804 740-5799.

STRAUB, Rev. Roy R.; '49 BSBA; Minister; The Wesleyan Church, c/o Postmaster, Beaver Dams, NY 14812, 607 962-3225; r. Rte. 2 Box 42-B, Beaver Dams, NY 14812, 607 962-3225.

STRAUB, Samuel C.; '49 BSBA; Retired; r. 41628 Mule Ridge Rd., Sardis, OH 43946, 614 483-2248.

STRAUS, Robert E.; '49 BSBA; Cert Public Acct.; r. 5261 E. Cornell Ave., Denver, CO 80222, 303 757-5388.

STRAUSBAUGH, Roger D.; '56; Loan Ofcr.; First Natl. Bank, 27 W. Second St., Chillicothe, OH 45601; r. 511 Johnson Rd., Chillicothe, OH 45601, 614 774-1369.

STRAUSBAUGH, Rolland L., JD; '57 BSBA; Assoc. Prof.; Purdue Univ., 509 Krannert Bldg., W. Lafayette, IN 47907, 317 494-4472; r. 2313 Bennett Rd., Lafayette, IN 47905, 317 474-9196.

STRAUSS, Ernest F.; '63 BSBA; Mgr. Financial Systs.; Thomson Consumer Electronics, 600 N. Sherman Dr., POB 1976, Indianapolis, IN 46206, 317 267-6311; r. 8032 Rumford Rd., Indianapolis, IN 46219, 317 898-0692.

STRAUSS, Erwin; '38 BSBA; Retired; r. 4597-B Mayfield Rd., Cleveland, OH 44121, 216 381-2094.

STRAUSS, Martin; '72 BSBA; 6904 Castle Peak Dr., Canoga Park, CA 91307, 818 772-5514.

STRAUSS, Sheldon A.; '66 BSBA; Assoc. Fin Analyst; IBM World Trade Corp., 205 E. 42nd St., New York, NY 10017; r. 54 Curley St., Long Beach, NY 11561.

STRAUTMAN, Richard Vincent; '40 BSBA; Retired; US Forest Svc., POB 23, Big Creek, CA 93605; r. 134 Faydon Way, Orland, CA 95963, 916 865-9620.

STRAVELAKIS, Nicholas K.; '69 BSBA; Chief; Financial Mgmt. Div., Headquarter-Second U S. Army, Bldg. 101 Ft. Gillem, Forest Park, GA 30050, 404 362-7650; r. 672 Royal Abbey Dr., Stone Mtn., GA 30088, 404 879-0680.

STRAWSER, Jerry David; '80 BSBA; Buyer; Hobart Corp., World Headquarters, Troy, OH 45373; r. 2828 Woodway, Dayton, OH 45405, 513 278-2660.

STRAWSER, Lester C.; '48 BSBA; POB 4055, Lake San Marcos, CA 92069.

STRAYER, Daniel Clyde; '83 BSBA; Salesman; Homeowners Mktg. Svc., Sandusky, OH 44870, 419 626-8202; r. 1230 Fifth St., Sandusky, OH 44870, 419 625-1935.

STRAYER, Dr. Daniel Evan; '66 MBA, '74 PhD (BUS); Asst. Proj. Mgr.; T R W Inc., 23555 Euclid Ave., Cleveland, OH 44117; r. 275 Elmwood, Centerville, OH 45459, 513 433-2133.

STRAYER, Frederick Eugene; '69 BSBA; Plant Engr.; Gen. Telephone Co. of Ohio, 824 7th St., Portsmouth, OH 45662, 614 354-0511; r. 1806 Hutchins, Portsmouth, OH 45662, 614 354-2441.

STRAYER, Robert Louis; '68 MBA; Assoc. Prof.; Edison State Community Clg., 1973 Edison Dr., Piqua, OH 45365, 513 778-8600; r. 505 Karen Ave., Sidney, OH 45365, 513 498-9884.

STRAYER, Steven R.; '63 BSBA; VP; Personal Svc. Ins. Co., 100 E. Gay St., Columbus, OH 43126, 614 221-5115; r. Box 83, Sedalia, OH 43151, 614 874-3282.

STRAYER, Terry Joe; '77 BSBA; RR #1, Box 16-J, Topeka, IN 46571, 219 593-2608.

STREACKER, Karen Sue; '85 BSBA; Tax Intern; Ernst & Whinney, Nationwide Plz., Columbus, OH 43201, 614 229-5060; r. 1680 Meadow Lake Dr., Tiffin, OH 44883, 419 447-0854.

STREB, Dr. Joseph Scott; '74 BSBA; Atty.; Crabbe Brown Jones Potts & Schmidt, One Nationwide Plz., 25th Fl., Columbus, OH 43215, 614 228-5511; r. 2201 N. Starr Rd., Columbus, OH 43221, 614 486-0022.

STREB, Thomas P.; '56 BSBA; Pres.; Jones Inc., 313 W. Beltline Hwy., Madison, WI 53713; r. POB 4033, Madison, WI 53711.

STREBLER, Victoria '80 (See Handshy, Victoria Strebler).

STRECK, James H.; '65 BSBA; F110-129 Mfg. Prog. Mgr.; GE, 1 Neumann Way, Mail Drop A47, Cincinnati, OH 45215, 513 243-0350; r. 256 N. Liberty Keuter, Lebanon, OH 45036, 513 932-2210.

STREETS, Daniel Warren; '75 BSBA; Sr. VP/CFO; Landcom Inc., 9250 Baymeadows Rd, Jacksonville, FL 32256, 904 733-3700; r. 2225 Miller Oaks Ct., Jacksonville, FL 32217, 904 731-0313.

STREHLI, Alfred B.; '25 BSBA; Prof. Emeritus; Texas Tech Univ., Dept. of Classical/Romance, Languages, Lubbock, TX 79409; r. 2706 27th St., Lubbock, TX 79410, 806 795-6658.

STREIBIG, Paul Raymond; '78 BSBA, '79 MBA; Mgr.; Andersen Cnsltg., 41 S. High St., Columbus, OH 43215, 614 228-5651; r. 3653 Olentangy Blvd., Columbus, OH 43214, 614 262-7646.

STREIFENDER, Judith Lynn; '81 BSBA; Risk Mgr.; M. A. Hanna Co., 1301 E. 9th St., Ste. 3600, Cleveland, OH 44114, 216 589-4242; r. 3814 Park Dale Rd, Cleveland Hts., OH 44121, 216 382-2698.

STREITENBERGER, David Ray; '76 BSBA; Franchise Cnslt.; Taco Bell, Subsidiary of Pepsico, 1080 Kingsmill Pkwy., Ste.#104, Columbus, OH 43227, 614 431-1677; r. 632 Seminole Rd., Chillicothe, OH 45601, 614 774-4487.

STREITENBERGER, John Robert; '75 BSBA; Supv.; American Electric Power, Acctg. Division, 1 Riverside Plz., Columbus, OH 43215; r. 1299 Fahlander Dr. N., Columbus, OH 43229, 614 436-3957.

STREITENBERGER, Ronald E.; '61 BSBA; 16919 Macleish Dr., Houston, TX 77084, 713 859-8458.

STREJCEK, James Francis; '87 BSBA; 1365 Inglis Ave., Columbus, OH 43212, 614 486-0897.

STRENG, Christine '80 (See Schneider, Christine Streng).

STRENG, John Lee; '82 BSBA; 299 Penny Ln., Gahanna, OH 43230, 614 475-4272.

STRENG, Ralph L.; '67 BSBA; Patrolman; Columbus Police Dept., 120 W. Gay St., Columbus, OH 43215; r. 140 Aster Ct., Pataskala, OH 43062, 614 927-5647.

STRETCH, Dr. Shirley Marie; '77 MBA; Assoc. Prof.; California State Univ., Dept. of Marketing, 5151 S. University Dr., Los Angeles, CA 90032, 213 343-2965; r. 7219 Summitrose St., Tujunga, CA 91042, 818 951-3876.

STRICKER, Robert P.; '58 BSBA; Rating Supv.; Ohio Dept. of Ins., 2100 Stella Ct., Columbus, OH 43215, 614 644-2658; r. 4618 Belfast Dr., Columbus, OH 43227, 614 864-5188.

STRICKLING, Dale Bruce; '76 BSBA; Sales Engr.; Norwest Heating & Air Conditioning, 20101 Fenkell Ave., Detroit, MI 48223, 313 535-4400; r. 1254 Peavy Rd., Howell, MI 48843, 517 546-0375.

STRIEBEL, Robert L.; '52 BSBA; 10232 Old Orchard Dr., Cleveland, OH 44141, 216 526-2925.

STRILEY, Paul D.; '88 BSBA; 950 Broadview Dr., Fairfield, OH 45014, 513 829-0043.

STRINE, Jeffrey Ogden; '80 BSBA; VP; Ameritrust Co., Private Banking Dept., Cincinnati, OH 45202, 513 762-8415; r. 7910 Blair House Dr., Cincinnati, OH 45244, 513 474-5165.

STRINE, Melvin Lynn; '77 BSBA; Dist. Sales Mgr.; Exxon Co. USA, 2000 Trenton Ave., Richmond, VA 23234, 804 743-0147; r. 5515 W. Bay Ct., Midlothian, VA 23113, 804 739-3149.

STRINGER, George B.; '65 BSBA; Proj. Engr.; Delco Remy Div. GMC, POB 2439, Anderson, IN 46018, 317 646-3059; r. 1102 Yellow Brick Rd., Pendleton, IN 46064, 317 778-4092.

STRINGER, Lucille '49 (See Mayne, Lucille Stringer).

STRINGER, William G.; '87 MBA; Civil Engr.; American Electric Power Co., 1 Riverside Plz., Columbus, OH 43216, 614 223-2998; r. 5581 Sierra Ridge Dr., Columbus, OH 43231, 614 899-2171.

STRIPLING, Howard E.; '59 BSBA; Pres.; Cen AL Nursing Svcs., Inc., 1017 Ann St., Montgomery, AL 36107, 205 262-8156; r. 3426 N. Watermill Rd., Montgomery, AL 36116, 205 277-9646.

STRITMATTER, John Andrew, Jr.; '59 BSBA; Mgr.; O M Scott & Sons, Billing & Accounts Receivable, 14111 Scottslawn Rd., Marysville, OH 43041; r. 14010 Southard Rd., Marysville, OH 43040, 513 644-5737.

STRITT, Dorothy Baughman, (Dorothy Baughman); '48 BSBA; 3345 Mc Beth Pl., Grove City, OH 43123, 614 875-5423.

STRIZAK, Steven Michael; '80 BSLHR; 214 4th Ave., Bellaire, OH 43906, 614 676-4711.

STROBEL, Robert N.; '52 BSBA; Chmn.; Prospect Airport Svcs., Inc., 1122 Lee St., Des Plaines, IL, 312 686-7561; r. 421 W. Clarendon, Prospect Hts., IL 60070, 312 255-7410.

STROBLE, Karen Kish; '75 BSBA; Staff; United Airlines, POB 66100, Chicago, IL 60666; r. 4465 Capstan Dr., Hoffman Estates, IL 60195, 312 358-4512.

STROCK, James H.; '64 BSBA; Central Reg. Sales Mgr.; Action Tungsram Inc., 22 Kimberly Rd., E. Brunswick, NJ 08816, 312 355-4985; r. 1143 Whirlaway, Naperville, IL 60540, 312 420-7058.

STRODE, Lester, Jr.; '72 BSBA; Ins. Agt.; Allstate Ins. Co., 1302 SE Everett Mall Way, Everett, WA 98204, 206 353-1499; r. 2603-161st St. SE, Mill Creek, WA 98012, 206 742-1372.

STROH, Paul F.; '67 BSBA; 2618 N. Lexington St., Arlington, VA 22207, 703 534-7610.

STROH, Robert Michael; '84 MBA; Atty.; Consolidated Rail Corp., 1138 Six Penn Center Plz., Philadelphia, PA 19103, 215 977-5028; r. 1850 Woodlawn Ave., Youngstown, OH 44514, 216 757-4348.

STROHL, Melinda Kay, (Melinda Kay Brown); '84 BSBA; Customer Cnslt.; Ohio Bell Communications, 1105 Schrock Rd., Columbus, OH 43229, 614 431-6000; r. 3335 Lan-Kirkersville Rd NW, Lancaster, OH 43130, 614 756-9362.

STROHL, Michele Annette; '83 BSBA; Asst. Buyer; Lazarus Co., POB 16358, Columbus, OH 43216; r. 513 W. Chelsea Cir., Apt. 2, Covington, KY 41017.

STROHL, Raymond A.; '54 BSBA, '65 MACC; Pres.; Broker One Securities Corp., 230 E. Wheeling St., Lancaster, OH 43130, 614 687-1511; r. Same, 614 653-5401.

STROHL, Sue E. '82 (See Mayes, Sue E.).

STROHM, Troy Eugene; '84 BSBA; 175 Grace Ave., Mansfield, OH 44906, 419 747-3094.

STROJNY, Richard J.; '79 BSBA; 1730 Gina Dr., W. Mifflin, PA 15122, 412 469-1129.

STROK, Thomas D.; '65 BSBA; Pres.; TEC Communications, Inc., 530 S. Federal Hwy., Deerfield Bch., FL 33441, 305 427-4444; r. 2740 N. E. 31st Ct., Lighthouse Pt., FL 33064, 305 782-2223.

STROM, Mark Neal; '69 BSBA; Pres.; Mgmt. Advisors Intl., 29 Bank St., Stamford, CT 06905, 203 359-8999; r. 46 Oakdale Rd., Stamford, CT 06906, 203 348-6838.

STROM, COL Roger Charles, USA; '71 MBA; 4th Engr. Brigade, Ft. Belvoir, VA 22060; r. 8 Belvoir Dr., Ft. Belvoir, VA 22060.

STROMBOTNE, Christopher Brent; '76 BSBA; Systs. Analyst; Motorists Mutual Ins. Co., 471 E. Broad St., Columbus, OH 43215, 614 225-8211; r. 7164 Pebble Way Ct., Worthington, OH 43085, 614 764-9902.

STROMBOTNE, Theresa Lee, (Theresa Sheridan); '79 BSBA; Sr. Systs. Analyst; Adria Labs, POB 16529, Columbus, OH 43216, 614 764-8136; r. 7164 Pebble Way Ct., Worthington, OH 43085, 614 764-9902.

STROMINGER, Mark Andrew; '84 BSBA; Owner; Indiana Mulch, 1451 S. West St., Indianapolis, IN 46225, 317 638-8334; r. 3642 Mission Dr., Apt. B, Indianapolis, IN 46224, 317 293-1964.

STRONACH, Robert M.; '53 MBA; VP; r. 96 E. Manning St. Apt. 3A, Providence, RI 02906, 401 751-1561.

STRONG, Stanley W.; '44 BSBA; Dist. Mgr. Retired; The Snapout Forms Co.; r. 3869 Chevington Rd., Columbus, OH 43220, 614 457-5060.

STRONG, Thomas Newton; '84 MBA; 7211 N. Township Rd. 70, Tiffin, OH 44883, 419 986-5563.

STRONG, Valda Marie; '78 BSBA; 9917 N. Blvd., Cleveland, OH 44108.

STROPE, Stewart Kent; '75 BSBA; Rte. 1 2156 Schadel Rd., Cottage Grove, WI 53527, 608 873-4525.

STROPKEY, Grace L. '67 (See Pfeiffer, Grace Stropkey).

STROSCHIN, Robin J.; '87 BSBA; Auditor; First of America Bank Corp., 108 E. Michigan Ave., Kalamazoo, MI 49007, 616 383-9100; r. 1932 S. Westnedge, Apt. 2, Kalamazoo, MI 49008, 616 345-4260.

STROSS, Walter C.; '51 BSBA; Retired; r. 1456 Frebis Ave., Columbus, OH 43206, 614 443-0384.

STROTH, Herbert F., Jr.; '50 BSBA; Industrial Engr.; FMC Corp., 1125 Coleman Ave., San Jose, CA 95110; r. 20835 Scofield Dr., Cupertino, CA 95014.

STROUP, Cherry Lynn, (Cherry Lynn Steioff); '60 BS; Adult Dev. Dir.; Charlotte NE Girl Scout Council, 7001 Idlewild Rd., Charlotte, NC 28212; r. 120 Tall Pines Ct., Lake Wylie, SC 29710, 803 831-2647.

STROUP, Dr. Kerry Michael; '78 MPA; Spec. Projs. Admin.; Ohio Public Utilities Comm., Div. of Performance Analysis, 180 E. Broad St., Columbus, OH 43215, 614 466-7990; r. 1569 Broadview Ter., Columbus, OH 43212, 614 488-7489.

STROUP, Melissa J., (Melissa J. Stanford); '81 MPA; Admin. Policy/Plng. Rsch.; Consumers' Counsel, 77 S. High St., 15th Fl., Columbus, OH 43215, 614 466-1670; r. 1569 Broadview Ter., Columbus, OH 43212, 614 488-7489.

STROUP, Peter K.; '60 BSBA; Cnslt. Fin. & Hospitality; 120 Tall Pines Ct., Lake Wylie, SC 29710, 803 831-2647; r. Same.

STROUSS, Clarence J., Jr.; '40 BSBA; Retired; r. 62 Warner Rd., Hubbard, OH 44425, 216 759-0327.

STROUSS, Margaret Emmons; '40 BSBA; 62 Warner Rd., Hubbard, OH 44425, 216 759-0327.

STROUT, Donna Lee; '88 BSBA; 1875 1/2 Cherry Valley, Newark, OH 43055, 614 522-6113.

STROUT, Robert C.; '50 BSBA; VP; Nielsen Lithographing Co., 3731 Eastern Hills Ln., Cincinnati, OH 45209; r. 1652 Shady Cove Ln., Florence, KY 41042, 606 752-8964.

STRUB, Thomas W.; '46 BSBA; Retired; r. 1017 Denman Ave., Coshocton, OH 43812, 614 622-2913.

STRUBLE, LT Gordon Ray; '76 BSBA; 2nd Lt. Usaf; r. 8556 Benson Rd, Carroll, OH 43112, 614 837-8820.

STRUBLE, Harry D.; '49 BSBA; Retired; r. 1281 Millington Ct., Columbus, OH 43235, 614 457-2967.

STRUNK, Edgar S.; '42 BSBA; Retired; r. 400 N. Aia, Jupiter, FL 33477, 407 746-2288.

STRUP, Ms. Susan Feder, (Susan Feder); '68 BSBA; Pres.; Suma Computer Systs. Inc., 6119 E. Main St., Columbus, OH 43213, 614 866-9119; r. 6582 Roselawn Ave., Reynoldsburg, OH 43068, 614 866-4655.

STRUTNER, John Robert; '77 MPA; Town Mgr.; Town of Pearisburg, Town Hall, Pearisburg, VA 24134; r. 452 Brookhill Dr., Abingdon, VA 24210.

STRUTNER, Raymond J.; '56 BSBA; VP-Operations; Crane Plastics Co., 2141 Fairwood Ave., Columbus, OH 43216, 614 443-4891; r. 1870 Tamarack Ct. N., Columbus, OH 43229, 614 885-1077.

STRUTNER, Scott Andrew; '87 BSBA; Programmer Analyst; Bancohio Natl. Bank, 770 W. Broad St., Columbus, OH 43222; r. 1414 1D Runaway Bay Dr., Columbus, OH 43204.

STUART, Alessia '83 (See Walls, Alessia Esther).

STUART, George F.; '52 BSBA; Retired; r. 356 E. Moss St., Chula Vista, CA 92011, 619 427-6639.

STUART, Martin J.; '60 BSBA; Pilot; American Airlines, POB 619616, DFW Airport, TX 75261, 817 277-0294; r. 2570 Mc Crea Rd., Thousand Oaks, CA 91360.

STUART, Richard Judson; '81 BSBA; 31 Westgate Blvd., Plandome, NY 11030, 516 627-5805.

STUART, Terry Lee; '78 BSBA; Staff Acct.; S C M Glidco Organics, Subs of Hanson Industries Inc, Foot of W. 61st St., Jacksonville, FL 33201, 904 768-5800; r. 536 Vikings Ln., Atlantic Bch., FL 32233, 904 241-0982.

STUBBINS, James B.; '40 BSBA; Atty-at-Law/CPA; Stubbins Phillips & Co. LPA, POB 1229, Zanesville, OH 43702, 614 452-4521; r. 443 Harding Rd., Zanesville, OH 43701, 614 452-7131.

STUBBLEBINE, MAJ Scott David, JD; '71 BSBA; Judge Advocate; USAF, 1 STRAD/JA, Vandenberg AFB, CA 93437, 805 866-5724; r. 240 Peru-Olena Rd., W., Norwalk, OH 44857, 419 668-8408.

STUBBLEFIELD, Lawrence B.; '71 BSBA; VP; Jack Wolfe Ins., 146 Hekili St. #102, Kailua, HI 96734; r. 1022 Mokapu Blvd., Kailua, HI 96734, 808 254-3804.

STUBBS, Gordon C.; '33 BSBA; Retired; 333 S. Hope, Los Angeles, CA 90017; r. 19191 Harvard Ave., #110E, Irvine, CA 92715.

STUBBS, James Russell; '85 BSBA; Mgr.; Freight-A-Ranger, c/o Postmaster, Columbus, OH 43235, 614 497-1700; r. 2200 Hagerman, Columbus, OH 43220, 614 459-1081.

STUBBS, Michele Anita; '88 BSBA; 186 E. 13th Ave., Columbus, OH 43201, 614 421-7967.

STUBER, Douglas Alan; '79 MBA; 27 N. Oakley, Columbus, OH 43204, 614 279-2355.

STUCK, Catherine Mc Fadden; '81 BSBA; 1291 Ridge Rd., Lancaster, OH 43130, 614 687-5469.

STUCKER, James Bernard; '78 MBA; Staff; GTE Supply, 19845 US Hwy. 31 N., Westfield, IN 46074, 317 896-8029; r. 1123 Ridge Rd., Carmel, IN 46032, 317 848-4778.

STUCKER, Ronald E.; '61 BSBA; 15 Knowlton, Kenmore, NY 14217, 716 875-4541.

STUCKERT, Steven Arthur; '69 BSBA; Property Admin.; Lancaster Colony Corp., 37 W. Broad St., Columbus, OH 43215, 614 224-7141; r. 2355 Deerfield Dr., Grove City, OH 43123, 614 875-5737.

STUCKEY, Mrs. Lori Cowden; '80 BSBA; Product Analyst; Great American Ins. Co., 580 Walnut St., Cincinnati, OH 45201; r. 7328 Blue Boar Ct., Cincinnati, OH 45230.

STUCKEY, Michael Stedcke; '84 BSLHR; Couns.; Touchstone Inc., 290 N. Sandusky Ave., Delaware, OH 43201, 614 363-8626; r. 800 Chelsea Ave., Marion, OH 43302, 614 387-1845.

STUCKMAN, Maureen Ann; '83 BSBA; Salesperson; Crawford Nurseries Inc., 1022 Mt Zion Rd., Bucyrus, OH 44820; r. 514 Martin Ave., Bucyrus, OH 44820, 419 562-4029.

STUDD, Susan Rita; '82 MLHR; 6845 SW 158th Ave., Beaverton, OR 97007.

STUDEBAKER, Dana Brent; '84 BSBA; 281 W. Whipp, Dayton, OH 45459, 513 299-0935.

STUDEBAKER, Michael Joe; '75 BSBA; Gen. Sales Mgr.; Nationwide Ins. Co., Deferred Compensation, One Nationwide Plz., Columbus, OH 43216, 614 249-7111; r. 2490 Eastcleft Dr., Columbus, OH 43221, 614 451-9264.

STUDENIC, James J.; '53 BSBA; Realtor; Century 21 Clark & Holm, 423 S. Washington St., Naperville, IL 60540, 312 420-1000; r. 6 S. 464 Bridlespur Dr., Naperville, IL 60540, 312 357-0770.

STUDENY, Dorothy Koogle; '51 BSBA; VP; Ashland Florist & Greenhouses, 633 W. Walnut St., Ashland, OH 44805, 419 289-8481; r. 633 W. Walnut St., Ashland, OH 44805, 419 289-8474.

STUDENY, W. Richard; '51 BSBA; Divisional Mgr.; Master Builders Inc., 4524 N. 86th St., Scottsdale, AZ 85251, 602 941-8520; r. Same, 602 946-2113.

STUDER, Douglas Jacob; '85 BSBA; Acct.; The Turner Constr. Co., 65 E. State St., Columbus, OH 43215, 614 491-0110; r. 4764 Powderhorn Ln., Westerville, OH 43081, 614 882-2843.

STUDER, Eldon W.; '24 BSBA; Retired; r. 4000 Golden Age Dr., Batavia, OH 45103, 513 732-6779.

STUDER, James Edward; '73 BSBA; Staff Lamp Finance 0; GE Co., c/o Postmaster, Cleveland, OH 44112; r. 1712 Homeward, Lima, OH 45805, 419 229-2870.

STUDER, Joan Osendott; '78 BSBA; Salesperson; Lazarus, 4141 W. Broad St., Columbus, OH 43228; r. 4903 Warminster Dr., Columbus, OH 43232, 614 866-4795.

STUDER, Michael Eugene; '86 BSBA; Sr. Acct.; Coopers & Lybrand CPA's, Ste. 2000 Columbus Ctr., 100 E. Broad St., Columbus, OH 43215; r. 8892 Walton Ln., Powell, OH 43065.

STUDER, Thomas Howard; '82 BSBA; 7603 State Rte. 103, Tiro, OH 44887, 419 492-2879.

STUDER, Thomas James; '76 BSBA; 55 Independence Dr., Shelby, OH 44875, 419 347-5679.
STUECHELI, David Ralph; '72 MBA; Chief-Financial Plng.; Martin Marietta, Air Traffic Control Div., 475 School St., NW, Washington, DC 20024, 202 646-5825; r. 7312 S. View Ct., Fairfax Sta., VA 22039, 703 455-9184.
STUEVE, Lynn Marie; '86 BSBA; Sr. Tax Acct.; Arthur Andersen & Co., 41 S. High St., Ste. 2000, Columbus, OH 43215, 614 228-5651; r. 4788-C Weybridge Rd. W., Columbus, OH 43220, 614 442-0038.
STUEVE, Timothy John; '68 MACC; VP; Mosier Industries, 325 Carr Dr., Brookville, OH 45309, 513 833-4033; r. 8226 Boomershine, Germantown, OH 45327, 513 855-4586.
STUKEY, John F.; '50 BSBA; Retired; r. 349 E. Allen St., Lancaster, OH 43130, 614 653-2551.
STULTZ, Dale Alan; '75 BSBA; Mktg. Mgr.; Vorys Bros. Inc., 834 W. 3rd Ave., Columbus, OH 43212; r. 1049 Norway Dr., Columbus, OH 43221.
STULTZ, Douglas Frederick; '84 BSBA; Golf Profn.; Cedarbrook Country Club, POB 475, Elkin, NC 28621, 919 835-2320; r. 177 Collingwood Ave., Columbus, OH 43213, 614 235-6432.
STULTZ, George N.; '65 BSBA; Dir. of Finance & Admin.; First Community Church, 1320 Cambridge Blvd., Columbus, OH 43212, 614 488-0681; r. 1335 Elmwood Ave., Columbus, OH 43212, 614 488-1268.
STULTZ, Ralph W.; '58 BSBA; Lawyer; McCabe & Mack, 63 Washington St., Poughkeepsie, NY 12601, 914 452-2800; r. RD 1, Walsh Rd., Lagrangeville, NY 12540, 914 223-3293.
STUMP, Christine Wilson; '86 BSBA; Auditor; Coopers & Lybrand CPA's, Ste. 2000 Columbus Ctr., 100 E. Broad St., Columbus, OH 43215, 614 221-7471; r. 6569 Mcvey Blvd., Worthington, OH 43085, 614 792-0049.
STUMP, Jack R.; '49 BSBA; 287 Devon Dr., San Rafael, CA 94903.
STUMP, Raymond Leslie; '77 BSBA; Staff; Owens Corning Fiberglas, Fiberglas Twr., Toledo, OH 43659, 419 248-8376; r. 1715 Fanning Dr., Toledo, OH 43614, 419 389-0664.
STUMP, LTC Robert C., USA(Ret.); '39 BSBA; 111 Hampton, De Ridder, LA 70634, 318 463-4841.
STUMP, Ronald L.; '56 BSBA; Gen. Mfg. Mgr.; GM Corp., 1420 Wisconsin Blvd., Dayton, OH 45408, 513 455-6342; r. 312 Deerpark Cir., Kettering, OH 45429, 513 435-7770.
STUMPF, Jennifer '84 (See Clark, Jennifer Stumpf).
STUMPH, Shelli S., (Shelli Kreuzer); '86 BSBA; New Accounts Rep.; Fifth Third Bank, 180 E. Broad St., Columbus, OH 43215; r. 529 Foxtrail Cir., Westerville, OH 43801, 614 899-7596.
STUMPHAUZER, Theodore Joseph; '88 BSBA; Gen. Jr. Accountnt; B P America Inc., 200 Public Sq., Cleveland, OH 44114; r. 3110 Stoney Ridge Rd., Avon, OH 44011, 216 934-4946.
STUPELLI, Mark Hess; '75 BSBA; Two Ridge Rd, Wintersville, OH 43952.
STURBAUM, Roger Louis; '72 BSBA; Supv.; Lorain Ford Assembly Plant, Baumhart Rd., Lorain, OH 44053, 216 282-0358; r. 308 Forest Hills Dr., Huron, OH 44839, 419 433-2945.
STURGEON, George C.; '20 BSBA; Retired; r. Oak Cove 1321, 210 S. Osceola Ave., Clearwater, FL 34616, 813 443-2445.
STURGEON, Stacy Lynn; '83 BSBA; Customer Svc. Rep.; Fifth Third Bank, Tylersville Rd., West Chester, OH 45069, 513 779-1178; r. 7566 Windy Knoll Dr., Cincinnati, OH 45241, 513 777-2114.
STURGES, Catherine Ann; '81 BSBA; Internal Auditor; GE Co., 20600 Sheldon, Cleveland, OH 44142; r. 20 Elrieth Ct., Girard, OH 44420, 216 545-2622.
STURGES, Michael Richard; '75 BSBA, '79 MBA; Investment Banker; The Sturges Co., 655 Metro Pl. S., Ste. 830, Dublin, OH 43017, 614 761-0221; r. 8642 Hawick Ct. S., Dublin, OH 43017, 614 764-2662.
STURGILL, Carmi Q.; '49 BSBA; Retird; r. 12329 Manship Ln., Bowie, MD 20715, 301 464-0397.
STURGIS, Mark Brian; '85 BSBA; Missile Ofcr.; USN, USS Nicholson (DD-982) FPO, Miami, FL 34902; r. 2284 Ashley River Rd., Apt.203, Charleston, SC 29414.
STURGIS, Samuel Elijah; '75 MBA; Acct.; Playtex, Dover, DE 19901, 302 674-6689; r. 103 Lakefront Dr., Dover, DE 19901, 302 697-8199.
STURM, Mrs. Beverly Ann, (Beverly Ann Elder); '77 BSBA; Controller; Koch Engrg.-Knight Div., 171 Kelly Ave., POB 109, Akron, OH 44309, 216 724-1277; r. POB 75, Hartville, OH 44632, 216 877-2850.
STURM, Stephen Michael; '77 MPA; Claims Control Coord.; Ohio Dept. of Human Svcs., 30 E. Broad St., Columbus, OH 43215, 614 466-7936; r. 570 Hills Miller Rd., Delaware, OH 43015, 614 369-7052.
STURMAN, Lee Ian; '78 BSBA; Owner; American Staffing Co., One Hallidie Plz., Ste. 701, San Francisco, CA 94102, 415 986-5530; r. 660 Vermont St., Apt. A, San Francisco, CA 94107, 415 285-9964.
STURMS, David Allan; '82 BSBA; Atty.; Stein Roe & Farnham, 300 W. Adams, Chicago, IL 60606, 312 368-7845; r. 70 W. Huron, Apt. 505, Chicago, IL 60610, 312 943-8123.
STURMS, Doyle Isaac; '76 BSBA; Natl. Accounts Mgr.; Alcatel Network Systs., 2912 Wake Forest Rd., Raleigh, NC 27609, 919 850-5219; r. 8612 Harbor Rd., Raleigh, NC 27615, 919 848-9513.
STURTEVANT, Phillips H.; '38 BSBA; Retired; r. 5763 Bastille Pl., Columbus, OH 43213, 614 868-0810.
STURTZ, Karl L.; '51 BSBA; Exec. VP/Sales Mgr.; Cincinnati Floor Co., 4785 Eastern Ave., Cincinnati, OH 45226, 513 321-1837; r. 3703 Indian View Ave., Cincinnati, OH 45227, 513 271-8566.
STURTZ, Thomas Lee; '80 BSBA; VP; Pioneer Equip. Co., 3401 E. Pike, Zanesville, OH 43701, 614 454-0151; r. 220 Holly Hill Dr., Zanesville, OH 43701, 614 453-7767.
STURWOLD, Robert Norman; '56 MBA; POB 562, Fairborn, OH 45324.
STUTS, George C.; '48 BSBA; Admin.; Seahurst Med. Ctr., 16110 8th Ave. SW, Seattle, WA 98166, 206 242-6094; r. 28105 29th Ave. S., Federal Way, WA 98003.
STUTZ, Darrell J.; '67 BSBA; Pres.; Southern Ohio Tire & Svc. Ctrs., 956 Goshen Pike, SR 28, Milford, OH 45150, 513 831-1721; r. 944 Creek Knoll Dr., Milford, OH 45150.
STUTZ, Karl A.; '59 BSBA; Pres./Owner; Trico Oxygen Co. Inc., 1147 E. Broad, Elyria, OH 44035, 216 366-5580; r. 128 Pinewood, Elyria, OH 44035, 216 322-6928.
STUTZ, Mrs. Peggy Ogden; '79 BSBA; Mgr. Retail Svc. Div.; Bank One Mansfield, PO 1425, Mansfield, OH 44902, 419 525-5515; r. 2285 Smokewood Dr., Mansfield, OH 44903, 419 589-9798.
STUTZMAN, David Leslie; '78 BSBA; Staff; Kraft Inc., 1 Kraft Ct., Glenview, IL 60025; r. 302 E. Hackberry Dr., Arlington Hts., IL 60004.
STUVE, William F.; '63 BSBA; Producer; Regina Ins. Agcy., Inc., 13111 Shaker Sq., Cleveland, OH 44120, 216 283-1211; r. 8774 Carmichael Dr., Chesterland, OH 44026, 216 729-4686.
STUVER, Donald A., Jr.; '65 BSBA; 11470 63rd Ave. N., Seminole, FL 33542.
STUX, Ted D.; '86 BSBA; Controller; Midland Bus. Systs., 201 E. Kensington Rd., Mt. Prospect, IL 60086, 312 577-0045; r. 2450 N. Orchard #3, Chicago, IL 60614, 312 477-0241.
STYER, Gilbert L.; '50; Acct.; C V Perry & Co., 40 W. Gay St., Columbus, OH 43215; r. 3300 Braidwood Dr., Hilliard, OH 43026, 614 876-4186.
STYER, Mary L. '80 (See Keller, Mary L.).
STYER, Sue Ellen, CPA; '82 BSBA; Banking Ofcr.; BancOhio Natl. Bank, Secured Credit Div, 155 E. Broad St., Columbus, OH 43215, 614 463-7427; r. 1443 Runaway Bay Dr., Apt. #1-D, Columbus, OH 43204, 614 486-1016.
SUAREZ, Harry Albert; '46 BSBA; Retired; r. POB 252, Anmoore, WV 26323, 304 623-1353.
SUAREZ, Jose; '80 BSBA; Controller; Glicks Furniture Rental, 1800 E. 5th Ave., Columbus, OH 43219, 614 251-1430; r. 1288 Tranquil Dr., Worthington, OH 43085, 614 888-2627.
SUBEL, Jack Louis; '66 BSBA; Pres.; Plastivax Inc., 7561 Tyler Blvd., Mentor, OH 44060, 216 953-8798; r. 108 Spring Dr., Chagrin Falls, OH 44022, 216 338-8423.
SUBLER, Mrs. Salli A., (Salli A. House); '54 BSBA; Secy.; Porter, Wright, Morris & Arthur, 2100 First National Plz., Dayton, OH 45402, 513 228-2411; r. 209 Old Church Ct., Kettering, OH 45429, 513 298-9492.
SUCH, Frank; '49 BSBA; Asst. Mgr.; r. 5/43 Minami Azabu 3 Chome, Minato-Ku, Tokyo 106, Japan.
SUCH, Wilbur L.; '32; Retired; r. 5993 Wilshire Blvd., Sarasota, FL 34238.
SUCH, William; '50 BSBA; Retired; r. 5380 Hollister St., Columbus, OH 43220, 614 457-9854.
SUCHER, Walter J.; '54 BSBA; Controller; Youngstown Munic. Ct., 26 S. Phelps, Youngstown, OH 44503; r. 21 N. Brockway Ave., Youngstown, OH 44509, 216 799-9234.
SUCHY, Emil; '54 BSBA; Retired; r. POB 206, Bellaire, OH 43906, 614 676-0854.
SUCIU, John, III; '81 MBA; Mgr.; Mead Corp., Product Division, Chillicothe, OH 45601; r. 11503 Brigaddon Ct., Ft. Wayne, IN 46804, 219 672-2419.
SUCKARIEH, Dr. George G.; '76 MBA; Assoc. Prof.; Univ. of Cincinnati, Mail Location 103, Cincinnati, OH 45221, 513 475-6513; r. 6500 Apache Cir., Cincinnati, OH 45243, 513 271-6111.
SUDDES, Melinda Au; '83 MPA; Gao Evaluator; US Gen. Acctg. Ofc., Nat Secur & Internat Aff Div, 441 G St. NW, Washington, DC 20548, 202 695-1713; r. 1410 Sadlers Wells Dr., Herndon, VA 22070.
SUDDES, Paul William; '83 MPA; Presidential Intern; US Govt., Justice Dept., Washington, DC 20530; r. 1410 Sadlers Wells Dr., Herndon, VA 22070, 703 451-2620.
SUDEROW, Gene A.; '50 BSBA; Retired; r. 4610 N. Armenia Ave., #231, Tampa, FL 33603, 813 870-3674.
SUDO, Masami; '73 MPA; Staff; Secretariat Section, Nippon Telegraph & Telephone, 1 1 6 Uchisaiwai Cho Chiyoda, Ku Tokyo, Japan; r. 2 2 14 Numabukuro, Nakano Ku, Japan.
SUDSINA, Michael George; '78 BSBA; VP & Treas.; KB Holding Co., 19111 Detroit Rd., Ste. 306, Rocky River, OH 44116, 216 892-5080; r. 11911 W. Lake Rd., Vermilion, OH 44089, 216 967-2272.
SUE, Gene C.; '54 BSBA; Rte. 4 Box 118, Fairway Dr. Ext., Boone, NC 28607, 704 264-0467.
SUESS, Timothy J.; '87 BSBA; Customer Svc. Rep.; Ohio Box Co., 1228 Castle Dr., Mason, OH 45040, 513 398-5858; r. 717 Eagle View Ct., Mason, OH 45040, 513 398-9466.
SUETTERLIN, Richard E.; '65 MBA; Systs. Analyst; Owens Illinois Corp., POB 1035, Toledo, OH 43666; r. 4823 Oak Glen Dr., Toledo, OH 43613, 419 473-2174.
SUGARMAN, John D.; '56 BSBA; Financial Planner; Compensation Plng. Corp., 565 E. Swedesford Rd., Ste.100, Wayne, PA 19087, 215 254-7500; r. 3767 Lankenau Rd., Philadelphia, PA 19131, 215 877-4744.
SUGARMAN, Robert S.; '53 BSBA; Partnere; Jacobs Burns Sugarman & Orlove, 201 N. Wells St., Chicago, IL 60606, 312 372-1646; r. 458 Jackson, Glencoe, IL 60022, 312 835-3252.
SUGERMAN, Marcia Koshover; '58 BSBA; Secy.-Treas.; Morris Jewelry Inc., 315 High St., Hamilton, OH 45011; r. 114 Bent Wood Ct., Cincinnati, OH 45241, 513 891-0558.
SUGHEIR, Jeffrey Samir; '80 BSBA; Staff; Mellon Bank, Financial Dept., Mellon Sq., Pittsburgh, PA 14230; r. 2618 Secor Rd, Toledo, OH 43606, 419 535-7208.
SUHAY, Gary Thomas; '72 BSBA; Dir. Recruitment; Sanford Rose Assocs., 2650 W. Market St., Akron, OH 44313, 216 867-9412; r. 1777 Smokerise Dr., Akron, OH 44313, 216 928-7530.
SUHAY, James William, Jr.; '71 MBA; Financial Mgr.; Ford Motor Co., The American Rd., Dearborn, MI 48121; r. 740 Fairfax, Birmingham, MI 48009, 313 642-8514.
SUHERMAN, Sugianto; '85 BSBA; 5334 Hollister St., Columbus, OH 43220.
SUID, Oscar C.; '35 BSBA; Retired Pres.; Suid-Wahl Lumber & Roofing Co., 7102 Woodland Ave., Cleveland, OH 44104; r. 2450 N. E. 135th St., Miami, FL 33181, 305 940-1822.
SUID, Richard Merle; '59 BSBA, '70 MBA; Systs. Mgr.; Ross Labs, 625 Cleveland Ave., Columbus, OH 43216; r. 636 Farler Dr., Columbus, OH 43213, 614 863-0766.
SUID, Sheldon Marvin; '55 BSBA; 3556 Nordway Rd., Cleveland, OH 44118.
SUITER, Sheryl Linn; '87 BSBA; Op Mgmt. Traine; J C Penney Co. Inc., 5555 Scarborough Dr., Columbus, OH 43232, 614 863-7107; r. 5900 Chatford Dr., Apt. E, Columbus, OH 43232, 614 868-1348.
SUK, Yongsoon; '84 MA; 5026 Suffield Ct. #3B, Skokie, IL 60077.
SUKENDRO, Dino; '88 BSBA; 1220 Chambers Rd-414A, Columbus, OH 43212, 614 481-3098.
SUKENIK, Bill J.; '53 BSBA; Exec.; Ridge Mgmt. Co., POB 22840, Cleveland, OH 44122, 216 831-6650; r. 18020 S. Woodland, Cleveland, OH 44120, 216 561-4550.
SUKOLA, Jay David; '73 BSBA; Mgr.; Time Technical Svcs., 5077 Olentangy River Rd., Columbus, OH 43214, 614 457-0058; r. 2625 Bethel Rd., Columbus, OH 43220, 614 457-9707.
SULEIMAN, Nageeb Abdallah; '76 BSBA, '77 MBA; Box 305 8440 N. E. Main, Kinsman, OH 44428.
SULLIVAN, A. Gilman; '77 BSBA, '78 MBA; Plng. Analyst; Gen. Mills Inc., POB 1113, Minneapolis, MN 55440; r. 1120 Wisconsin Ave. S., Golden Vly., MN 55426, 612 542-9933.
SULLIVAN, Daniel Jerry; '86 BSBA; 4685 Bayford Ct., Columbus, OH 43220.
SULLIVAN, Edwin Chester; '70 BSBA; Mkt. Rep.; Royal Globe Ins. Co., 150 Williams St., New York, NY 10038; r. 1200 Worthington Hills Dr., Roswell, GA 30075.
SULLIVAN, Ms. Elizabeth Ann; '85 BSBA; Mgr.; Ford Motor Co., Parts & Service Zone, POB 267, Brookfield, WI 53005, 414 785-3178; r. 2575 S. Calhoun Rd., #103, New Berlin, WI 53151, 414 786-3432.
SULLIVAN, Elizabeth Balo; '46 BSBA; 900 W. Gambier St., Mt. Vernon, OH 43050, 614 392-7255.
SULLIVAN, Gregory Warren; '72 BSBA; Salesman; r. Michael Realty Company, 1530 Edison Plz., Toledo, OH 43604, 419 866-0102.
SULLIVAN, James Phillip; '52 BSBA; Mgr.; Ernst & Ernst, 900 Chapel Sq., New Haven, CT 06509; r. 110 Valley Shore Dr., Guilford, CT 06437, 203 453-6349.
SULLIVAN, James Richard; '74 BSBA; Mgr. of Acctg.; Rockwell Intl., Acctg. Dept., York, SC 29745; r. 5092 Mariana Ct., Ft. Mill, SC 29715, 803 548-3943.
SULLIVAN, Joan Elizabeth; '86 MBA; 8331 Sawnlake Ct., Cincinnati, OH 45427, 513 741-0485.
SULLIVAN, Kimberly A. '81 (See Skalkos, Kimberly Sullivan).
SULLIVAN, Kimberly Jordan; '82 BSBA; 222 Huntington Dr., Anderson, SC 29621.
SULLIVAN, Lawrence Joseph; '54 BSBA; VP; Huntington Natl. Bank, 41 S. High St., Columbus, OH 43215, 614 463-3776; r. 1815 Willow Forge Dr., Columbus, OH 43220, 614 451-0956.
SULLIVAN, Marilyn Diblasi; '48 BSBA; Ofc. Mgr.; DCA/Crosstalk Communications, 1000 Holcomb Woods Pkwy., Roswell, GA 30076, 404 998-3998; r. 150 Powers Ferry Manor, Marietta, GA 30067, 404 977-8269.
SULLIVAN, Martha G.; '29; Retired; r. 645 Neil Ave., Apt. 414, Columbus, OH 43215, 614 228-6098.
SULLIVAN, Marybeth '80 (See Howe, Mrs. Marybeth S.).
SULLIVAN, Maurice Joseph, Jr.; '69 MACC; Owner; Don Pancho's Restaurants, 6081 Dressler Rd., NW, N. Canton, OH 44720, 216 497-0744; r. 247 19th St. NW, Canton, OH 44709, 216 453-2539.
SULLIVAN, Michael Francis D.; '64 BSBA; Tchr.; r. 239 Westland Dr.-West Point, Greensburg, PA 15601.
SULLIVAN, Ronald C.; '55 BSBA; Investor; Ronald C Sullivan, 1905 Elmwood Ave., Columbus, OH 43212, 614 488-2974; r. Same.
SULLIVAN, Terry William; '76 BSBA; Real Estate Broker; Coldwell Banker Commercial Grp., 100 Galleria Pkwy., Ste. 500, Atlanta, GA 30339, 404 951-7800; r. 1059 Della St., Marietta, GA 30067, 404 955-7231.
SULLIVAN, Thomas C.; '86 BSBA; 1529 Mt. Eagle Place, Alexandria, VA 22302, 703 931-6179.
SULLIVAN, Thomas Michael; '66 MBA; Ind Rl Est Salesman; Manhattan Co. Inc., 500 Stephenson Hwy., Troy, MI 48083, 313 588-0610; r. 2555 24 Mile Rd., Rochester, MI 48084, 313 651-7457.
SULLIVAN, Timothy Michael; '84 BSBA; Ins. Agt./Registered Rep.; Prudential Ins. Co., 1500 Lake Shore Dr., Ste. 210, Columbus, OH 43204, 614 488-1157; r. 7832 Barkwood Dr., Worthington, OH 43085, 614 847-1217.
SULLIVAN, William J.; '39 BSBA; Retired; r. 419A Pine Ridge Dr., Whispering Pines, NC 28327, 919 949-3667.
SULSER, Sallie A.; '87 BSBA; 227 Fairway, Delaware, OH 43015, 614 475-7973.
SUMICHRAST, Dr. Michael M.; '57 MBA, '62 PhD (BUS); Retired; r. 11527 Le Havre Dr., Potomac, MD 20854, 301 299-4560.
SUMMERS, Ernest; '49 BSBA; 1130 Adobe Norte, Fallbrook, CA 92028, 619 728-1039.
SUMMERS, James C.; '62 BSBA; 16212 Kennedy Rd, Los Gatos, CA 95030, 408 354-9261.
SUMMERS, Dr. James Clair; '72 PhD (BUS); Dir. Ofc. of Evaluation; Univ. of Missouri, University Ext., 818 Clark Hall, Columbia, MO 65211, 314 882-2244; r. 2805 Overhill Rd., Columbia, MO 65203, 314 445-6656.
SUMMERS, Mark John; '79 BSBA; Financial Analyst; Kasco Corp., 1569 Tower Grove Ave., St. Louis, MO 63110, 314 771-1550; r. 1089 Humber Cir., St. Louis, MO 63129, 314 487-9937.
SUMMERS, Thomas S., CPA; '46 BSBA; 3150 Gulf Gate Dr., Sarasota, FL 34231, 813 922-2366.
SUMMIT, Stuart A.; '57 BSBA; Partner/Atty.; Summit Rovins & Feldesman, 445 Park Ave., New York, NY 10022, 212 702-2211; r. 240 Ctr. St., New York, NY 10013, 212 941-7060.
SUMNER, Gregory Scott; '85 BSBA; 418 Mill Pond Rd., Aurora, OH 44202, 216 562-9002.
SUN, Alice S. '75 (See Miller, Alice Sun).
SUN, Kwan; '85 BSBA; POB 3342, Columbus, OH 43210.
SUNDAY, Nanette R. '78 (See Smith, Mrs. Nanette R.).
SUNDERMAN, Karl; '47 BSBA; Retired; r. 4017 28th Ct., New Port Richey, FL 34655, 813 376-1070.
SUNDQUIST, Thomas James; '74 BSBA; Sales Rep.; Nettle Creek Corp., 2200 Peacock Rd., Richmond, IN 47375, 317 962-1555; r. 7021 Rockwoods Pl., Worthington, OH 43085, 614 888-3920.
SUNG, Ling-Yin; '85 MBA; 850 Cricklewood Rd., #114, State College, PA 16803, 814 238-2208.
SUNKLE, Roger L.; '59 BSBA; Dir.-Administration; Arthur Young & Co., 1100 Superior Ave., Ste. 1600, Cleveland, OH 44114, 215 241-2200; r. 4249 Lander Rd., Chagrin Falls, OH 44022, 216 464-6532.
SUNSHINE, David M.; '68 BSBA; Atty/Partner-Gen Law & RE; Law Offices of David M. Sunshine, 3 Bridge St., POB 278, Richmond, VT 05477, 802 434-3796; r. Same, 802 434-3398.
SUNWOO, Agnes Yon; '81 BSBA; 5249 Hollister St., Columbus, OH 43220.
SUPERCZYNSKI, Albert, Jr.; '69 BSBA, '71 MBA; Ret Mkt. Supp Analyst; r. 2041 Zollinger Rd., Columbus, OH 43221.
SUPLICA, Jeanne M. '85 (See Locsey, Mrs. Jeanne M.).
SUPMAN, Mark Ian; '71 BSBA; VP; Smith Barney, One First National Plz., Chicago, IL 60603, 312 621-3677; r. 2440 Lakeview Dr., Chicago, IL 60614, 312 929-5715.
SUPOWIT, Esther Bernstein; '48 BSBA; Retired; r. 2777 Eastminster Rd, Columbus, OH 43209, 614 235-6011.
SURGEN, Sandra Irene; '85 BSBA; Staff; The Ohio State Univ., I & R Computer Ctr., Columbus, OH 43210; r. 3635 Sanford Ave., Stow, OH 44224, 216 686-3094.
SURIANO, Kelly Ann; '85 BSBA; Sales Exec.; Howard Lp TV, 1201 Olentangy St., Columbus, OH 43202, 614 294-8000; r. 1313 N. 6th St., Martins Ferry, OH 43935, 614 633-1237.
SUROWICZ, Deborah Lynn; '79 BSBA; Sr. Credit Analyst; Discover Credit Card, Columbus, OH 43227; r. 3191 Barnett Ct. S., Columbus, OH 43227, 614 237-0857.
SURTMAN, L. Yvonne '57 (See Bauman, Mrs. Lorene Surtman).
SUSI, Anthony P.; '65 BSBA; Territory Representa; Xerox Corp., 1300 Dublin Rd., Columbus, OH 43212; r. 4300 Chaucer Ln., Columbus, OH 43220.
SUSI, Edwin Francis; '67 BSBA; Sales; IBM Corp., 1270 Zollinger Rd, Columbus, OH 43221; r. 6780 Thorne, Worthington, OH 43085, 614 846-9240.

ALPHABETICAL LISTINGS SWEENEY 275

SUSI, Mark Steven; '86 BSBA; Assoc. Acct.; The Ltd. Inc., 3 Limited Pkwy., POB 16528, Columbus, OH 43216, 614 479-2388; r. 6780 Thorne St., Worthington, OH 43085, 614 846-9240.

SUSI, Robert N.; '53 BSBA; Owner; Fontanelle Restaurant, 164 Graceland Blvd., Columbus, OH 43214, 714 888-5012; r. 7708 Indianwood Ct., Worthington, OH 43235, 614 888-0564.

SUSMAN, Ben; '69 MBA; 11 Vouga Estates, St. Louis, MO 63131.

SUSSKIND, George S.; '60 BSBA; Sales Rep.; r. 62 Evergreen Ct., Cincinnati, OH 45215, 513 772-6197.

SUSSMAN, Gary Mark; '76 BSBA; Internal Auditor; Armco Inc., 18650 W. Corporate Dr., Brookfield, WI 53005, 414 792-3069; r. 2500 Stonefield Ct., Waukesha, WI 53188, 414 547-4555.

SUSSMAN, John R.; '49 BSBA; Retired; r. 2660 S. Ocean Blvd., Apt. 201W, Palm Bch., FL 33480, 407 586-5218.

SUSSMAN, Leonard Michael; '83 BSBA; Country Cos. Ins., 11631 N. 30th St., Phoenix, AZ 85028; r. 11631 N. 30th St., Phoenix, AZ 85028, 602 992-7259.

SUSSMAN, Dr. M. Richard; '52 MBA; Prof.-Finance; Central Michigan Univ., 334 Sloan, Mt. Pleasant, MI 48859, 517 774-3362; r. 210 Crapo St., Mt. Pleasant, MI 48858, 517 773-2244.

SUSSMAN, Roberta, (Roberta Weiss); '48 BS; 130 Eagles Cres., Manhasset, NY 11030; r. 2660 S. Ocean Blvd., Apt. 201W, Palm Bch., FL 33480, 407 586-5218.

SUSTERSIC, Michael Allen; '77 BSBA, '79 MBA; Indep. Sales Agt.; Fisher Allied Co., 6500 Miller Rd., Brecksville, OH 44141, 216 526-0703; r. 8401 Settlers Passage, Brecksville, OH 44141, 216 526-7099.

SUSZAN, Michael J.; '47 BSBA; Resident VP; Waddell & Reed Inc., 28400 Southfield Rd., Lathrup Vlg., MI 48076; r. 6812 Vachon Dr., Birmingham, MI 48010, 313 626-6904.

SUTARIYA, Urvi Bakul; '88 BSBA; 1386 E. Dublin-Granville, Columbus, OH 43229, 614 436-0484.

SUTER, David Michael; '63 BSBA; Exec. VP Finance; Continental Heller Corp., 2535 Capitol Oaks Dr., Sacramento, CA 95833, 916 920-9600; r. 3825 Thornwood Dr., Sacramento, CA 95821, 916 488-5566.

SUTER, Robert Sayers; '71 BSBA; Branch Mgr.; Robert Thomas Securities, 2222 Sierra Blvd., Ste. F-38, Sacramento, CA 95825; r. 2600 Laloma Dr., Rancho Cordova, CA 95670, 916 361-2414.

SUTERMASTER, Gerald Edward; '48 BSBA, '49 MBA; Retired; r. 9415 Blind Pass Rd., Apt. #1106, St. Petersburg Bch., FL 33706, 813 360-0228.

SUTERMASTER, Virginia Merrick; '45; Retired; r. 9415 Blind Pass Rd., Apt. #1106, St. Petersburg Bch., FL 33706, 813 360-0228.

SUTHERLAND, Elvin L., Jr.; '60 BSBA; 223 Avis Ave. N. W., Massillon, OH 44646, 216 837-0494.

SUTHERLAND, Jack N.; '60; 5790 Navarre SW, Canton, OH 44706, 216 477-9687.

SUTHERLAND, Mrs. Kathleen A., (Kathleen A. Hanna); '87 BSBA; Supv. Acctg.; Borden Inc., 180 E. Broad St., Columbus, OH 43215, 614 225-4068; r. 3774 Greenbridge Loop, Dublin, OH 43017, 614 792-0875.

SUTHERLAND, Luther Blain; '78 BSBA; Admin.; First Community Vlg., Financial Affairs, 1800 Riverside Dr., Columbus, OH 43212, 614 486-9511; r. 2949 Heatherleaf Way, Columbus, OH 43231, 614 895-7168.

SUTHERLAND, Scott Douglas; '84 BSBA; Salesman; Owens Corning Fiberglas, 4055 S. 700 E. #202, Salt Lake City, UT 84107, 801 266-4214; r. 2086 E. 10180 S., Sandy, UT 84092, 801 943-9204.

SUTORIUS, David Michael; '79 BSBA; Staff; Ohio Bell Telephone Co., 3083 Silver Dr., Columbus, OH 43224, 614 265-3700; r. 754 Beech St., Columbus, OH 43206, 614 444-4300.

SUTPHEN, Dennis R.; '66 BSBA; Corp. Mgr. Employee Rel.; Elkem Metals Co., POB 266, Pittsburgh, PA 15230, 412 778-3740; r. 2539 Glenwood Dr., Franklin Park Borough, Wexford, PA 15090, 412 935-6505.

SUTTER, George Franklin; '48 BSBA, '49 MACC; Retired; Inland Steel Co.; r. 9148 Elmwood Dr., Munster, IN 46321, 219 972-9577.

SUTTERFIELD, Richard A.; '59 BSBA; Retired; r. 317 Scott Dr., Lancaster, OH 43130, 614 654-2638.

SUTTERLEY, Mark Christopher; '72 BSBA, '73 MBA; Logistics Mgr.; Gen. Foods Corp., 250 North St., White Plains, NY 10625; r. 86 Temple St., Harrison, NY 10528, 914 835-4192.

SUTTLE, Betty R. '65 (See Loftus, Betty R., CFP).

SUTTLE, David; '79 BSBA; Network Sales Spec.; CompuServe Inc., 5000 Arlington Ctr., POB 20212, Columbus, OH 43220, 614 457-8600; r. 3501 Kerry Ct., Hilliard, OH 43026.

SUTTLES, Gary Franklin; '74 MPA, '79 MBA; Sales Rep.; Gary F Suttles Computer Equip., 9914 Windriver Dr., Houston, TX 77070; r. 8122 Fernbrook Lane, Houston, TX 77070, 713 469-5021.

SUTTNER, Ms. Joan Case, (Joan Case); '80 BSBA; Mktg. Rep.; IBM, 1 IBM Plz., Chicago, IL 60611, 312 245-5790; r. 2209 Brown Ct., Naperville, IL 60565, 312 416-1070.

SUTTON, Alan James; '78 BSBA; Pres.; Svc.-Tech Corp., 21012 Aurora Rd., Warrensville Hts., OH 44146, 216 663-2600; r. 7599 Linda Ln., Walton Hls., OH 44146, 216 439-6059.

SUTTON, Alva J.; '58 BSBA; Chmn./CEO; The Sutton State Bank, Main & Tiffin St., POB 505, Attica, OH 44807, 419 426-3641; r. 1205 Stoutenberg Dr., Marblehead, OH 43440, 419 798-4207.

SUTTON, Dale R.; '43 BSBA; Retired; r. 1318 SW 28th Ave., Deerfield Bch., FL 33442, 305 427-1446.

SUTTON, David A.; '64 BSBA; Analyst; GM Corp., Fisher Guide Division, 200 Georgesville Rd., Columbus, OH 43228, 614 275-5058; r. 155 W. Main St., Ste.403, Columbus, OH 43215, 614 461-0471.

SUTTON, Dean L.; '47 BSBA; Retired; r. 1801 S. Dixie Hwy., 218 Holiday Vlg., Pompano Bch., FL 33060, 305 786-3043.

SUTTON, Ira F.; '65 BSBA; Natl. Mktg. Dir.; Glabman Paramount Furniture Co., 415 N. LaSalle Dr., Ste. 400, Chicago, IL 60610, 312 527-0300; r. 505 N. Lakeshore Dr., Ste. 4508, Chicago, IL 60611, 312 645-0025.

SUTTON, Jodi Jae; '86 BSBA; Mktg. Mgr.; Clever Home Ctr., 671-673 N. Sandusky, Mt. Vernon, OH 43050, 614 397-8651; r. 1900 Atwood Ter., Coshocton, OH 43812, 614 824-3181.

SUTTON, Mark Bradley; '88 BSBA; Account Devel. Rep.; Litel Telecommunications, 1014 Galliton Ct., Apt. E., Columbus, OH 43220; r. 579 Hickory Pl., Circleville, OH 43113, 614 457-5645.

SUTTON, Matthew William; '87 BSBA; Rte. 2, 52 Westridge Rd., Sherman, TX 75090.

SUTTON, Micheal Keith; '74 BSBA; Mgr. Mkt. Devel.; Owens Corning Fiberglas, 6650 Powers Ferry Rd., Atlanta, GA 30339, 404 956-1465; r. 4258 N. Mountain Rd., Marietta, GA 30066, 404 973-4750.

SUTTON, Paul D.; '67 BSBA; 1176 Carters Corners Rd., Sunbury, OH 43074, 614 965-3919.

SUTTON, Rick Alan; '77 BSBA; Asst. Controller; Sierra Spring Water Co., 16630 Imperial Vly Dr Ste 161, Houston, TX 77060, 713 445-6611; r. 910 Crossfield Dr., Katy, TX 77450, 713 579-6193.

SUTTON, Robert W., Jr.; '67 BSBA; Pres.; Aviation Rsch. Inc., 12013 Fairfax Station Rd., Fairfax Sta., VA 22039, 703 631-9480; r. Same.

SUTTON, Scott Allen; '75 MBA; Treas.; Sutton's Super Valu, 605 N. Main St., Arcanum, OH 45304, 513 692-8463; r. 304 Maple Ln., Arcanum, OH 45304, 513 692-5052.

SUTTON, Todd Alan; '85 BSBA; Systs. Programmer; E I Du Pont, Du Pont Nemours&Brandywine Bld, Wilmington, DE 19898; r. 31 Broadleaf Dr., Newark, DE 19702, 302 834-1771.

SUTY, Frank A.; '55 BSBA; Retired; r. 5573 Donald St., Stevensville, MI 49127.

SUVAR, Mary A. '82 (See Torch, Mary S.).

SUVER, Jeffrey Louis; '76 BSBA; Mgr.; Chicago Title Agcy., 250 Old W. Wilson Bridge Rd., Worthington, OH 43085, 614 848-4442; r. 171 Franklin Ave., Worthington, OH 43085, 614 846-1245.

SUVER, William Linn; '72 BSBA; 7900 Stanburn, Worthington, OH 43085.

SUZUKI, Naoto; '74 MBA; 5 73 Nakamachi, Hekinan Aichi, Japan.

SVAVARSSON, Stefan; '70 BSBA; Asst. Prof.; Univ. of Iceland, Sudurgata, Reykjavik, Iceland, 694540; r. Bodagrandi 14, 107 Reykjavik, Iceland, 17294.

SVENDSEN, Sherene Gardner; '88 MPA; Grad. Student; The Ohio State Univ., Sullivant Hall, Columbus, OH 43210, 614 292-8860; r. 650 Trumbull Ct., Columbus, OH 43210, 614 293-0348.

SVETE, Leo J.; '57 BSBA; Admin.; Lorain Cnty., Engineer's Dept., 247 Hadaway St., Elyria, OH 44035, 216 329-5595; r. 962 Archwood Ave., Lorain, OH 44052, 216 244-9677.

SWABBY, Christopher E.; '88 BSBA; Owner; Food for Thought, Columbus, OH 43220; r. 4297 Mumford Dr., Columbus, OH 43220, 614 451-2373.

SWACK, Bernard J.; '53 BSBA; Pres.; Vlg. Contractors Inc., 260 Ashland Rd., Mansfield, OH 44905; r. 1152 Charwood Rd., Mansfield, OH 44907, 419 756-2751.

SWACK, Elmer; '42 MPA; Retired; r. 880 Taylor St., Zanesville, OH 43701, 614 453-7857.

SWACK, Harvey R.; '48 BSBA; Retired; r. 67 Tudor Rd., Needham, MA 02192, 617 449-4555.

SWAIN, James David; '77 BSBA; Supv.; Nationwide Ins. Co., One Nationwide Plz., Columbus, OH 43216; r. 23546 State Rte. 180, Rockbridge, OH 43149, 614 385-4916.

SWAIN, James Robert; '78 BSBA; Sales Rep.; Valley Vintners Wine Co., 5202 Lovelock St., San Diego, CA 92110, 619 297-4904; r. 1302 Morning View Dr., Apt. 24, Escondido, CA 92026, 619 432-8763.

SWAIN, John E.; '47 BSBA; 219 Meadowbrook Rd, Orchard Park, NY 14127, 716 662-5478.

SWAIN, John Mc Kever; '75 BSBA; VP; Swain Mortgage Co., 157 S. Main St., Mansfield, OH 44903, 419 522-7927; r. 67 Brinkerhoff Ave., Mansfield, OH 44906, 419 522-8316.

SWAIN, Kathleen Marie; '83 BSBA; 830 Pimlico Dr., Dayton, OH 45459.

SWAIN, Robert Topping; '81 BSBA; 521 17th Ave. E., Seattle, WA 98112, 206 328-4110.

SWALES, Donald G.; '50 BSBA; Pres.; Swales Investment Co., Box 1884, Aspen, CO 81612, 303 925-2060; r. Box 1596, Aspen, CO 81612, 303 925-3639.

SWALLEN, James L.; '56 BSBA; Treas.; Swallen's, 5533 Fair Ln., Cincinnati, OH 45227, 513 527-6702; r. 7662 Ginnala Ct., Cincinnati, OH 45243, 513 891-9337.

SWAN, Frederick B.; '65 BSBA; Process Engrg. Supv.; Navistar, 6125 Urbana Rd., Springfield, OH 45501, 513 390-4549; r. 420 Leander Dr., Springfield, OH 45504, 513 322-4890.

SWANEK, Christopher Anthony; '85 BSBA; 184 High St., Chagrin Falls, OH 44022, 216 247-7071.

SWANK, David Brian; '80 BSBA; Audit Mgr.; PepsiCo Inc., Frito-Lay Twr./Ste. 1400, Harry Hines at Mockingbird, Dallas, TX 75235, 214 351-7913; r. 9640 Lynbrook Dr., Dallas, TX 75238, 214 343-3831.

SWANK, Gary Thomas; '76 MBA; Systs. Engr.; IBM Corp., 140 E. Town St., Columbus, OH 43215; r. 14113 Fancher Rd., Johnstown, OH 43031, 614 967-7414.

SWANK, Gregory Arthur; '73 BSBA, '79 MBA; VP; Citizens & Southern Natl. Bank, 34 Broad St., Atlanta, GA 30303, 404 581-3246; r. 1483 Mile Post Dr., Atlanta, GA 30338, 404 395-7508.

SWANK, Larry Kevin; '76 BSBA; Controller; Bank One of Columbus, NA, 750 Piedmont Rd., Columbus, OH 43271, 614 248-2023; r. 32 Meadowview Ct., Powell, OH 43065, 614 548-5163.

SWANK, Richard E.; '66 BSBA; Personnel Rep.; State Farm Ins. Co., 7880 W. 130th St., Middleburg Hts., OH 44130, 216 886-7890; r. 239 Timber Tr., Medina, OH 44256, 216 722-7560.

SWANK, COL Walbrook D., USAF(Ret.); '34; Rte. 2 Box 433, Mineral, VA 23117, 703 872-3007.

SWANSON, Anita Musser; '77 BSBA; CPA Tax Mgr.; Arthur Andersen & Co., 5210 E. Williams Cir., #700, Tucson, AZ 85715, 602 571-1010; r. 7060 Stone Canyon, Tucson, AZ 85715, 602 299-4838.

SWANSON, Carol Joan; '87 BSBA; 3 Forest Glen, Mountain View, CA 94043.

SWANSON, Cynthia Ann; '86 BSBA; Comanager; The Ltd. Inc., 3165 Kingsdale Ctr., Columbus, OH 43221; r. 2737 Clark Dr., Grove City, OH 43123, 614 875-6956.

SWANSON, Deborah '73 (See Gregg, Mrs. Deborah Swanson).

SWANSON, Jeffry David; '78 BSBA; Cert Pub Acct.; r. 2625 Brandon Rd., Columbus, OH 43221, 614 486-1729.

SWANSON, LTC Jon Milton, USAF; '70 BSBA; Operations Officer; USAF, 41 TAS Pope AFB, Pope AFB, NC 28308, 919 394-4204; r. 34 Commando St., Pope AFB, NC 28308, 919 497-4969.

SWANSON, Kenneth E.; '48 BSBA; Retired Procurement Ofcr.; r. 5300 Mayberry Pl., Dayton, OH 45415, 513 278-4996.

SWANSON, Kenneth R.; '61 BSBA; Distribution Systs. Spec.; Ross Labs, 625 Cleveland Ave., Columbus, OH 43216, 614 438-6066; r. 2455 Billiton Ct., Columbus, OH 43220, 614 459-0720.

SWANSON, Richard Douglas; '87 BSBA; Acct.; Arthur Andersen & Co., 133 Peachtree St. NE, Atlanta, GA 30303, 404 658-1776; r. 3194-G Post Woods Dr. NW, Atlanta, GA 30339, 404 988-9154.

SWANSON, Robert E.; '51 BSBA; Retired; r. 17672 Falling Leaves Rd, Strongsville, OH 44136.

SWANSON, Stephen Kenneth; '85 BSBA; Asst. Branch Mgr.; Bank One of Columbus, 100 E. Broad St., Columbus, OH 43215, 614 248-2610; r. 89 E. Henderson Rd., Apt. D, Columbus, OH 43214, 614 267-5602.

SWART, Harold Jay; '60 BSBA; Sr.VP; Fed. Reserve Bank, 717 Grant St., Pittsburgh, PA 15238, 412 261-7806; r. 233 O'Hara Manor Dr., Pittsburgh, PA 15238, 412 963-7058.

SWART, Ronald G.; '62 BSBA; 1111 N. Woodward #101, Birmingham, MI 48009.

SWARTHOUT, Diane '83 (See Galliers, Diane S.).

SWARTS, Robert Brian; '88 MBA; Plng./Landscape Arch.; Bohm-NBBJ Inc., 55 Nationwide Blvd., Columbus, OH 43215, 614 224-7145; r. 94 Thurman Ave., Columbus, OH 43206, 614 443-9030.

SWARTZ, Ann M.; '83 BSBA; 152 Fairfield Ave., Newark, OH 43055.

SWARTZ, Mrs. Barbara Lee, (Barbara Lee Teyber); '86 BSBA; Financial Analyst; N C R Corp., 1700 S. Patterson Blvd., Dayton, OH 45479, 513 445-4482; r. 3217 Delaney St., Kettering, OH 45420, 513 297-3087.

SWARTZ, George J., Jr.; '81 BSBA; Transportation Mgr.; Bill Kraft's Distribution, 3581 Dayton Park Dr., Dayton, OH 45414, 513 233-6502; r. 2211 E. David Rd., Apt. C, Kettering, OH 45440, 513 439-5970.

SWARTZ, Gregory Alan; '81 BSBA; 1556 Aberdeen Ct., Vandalia, OH 45377, 513 435-7337.

SWARTZ, James L.; '59 BSBA; Production Control Supv.; Timken Co., 1 Timken Pl., Iron Sta., NC 28080, 704 735-6551; r. 204 Julia Dr., Lincolnton, NC 28092, 704 735-3149.

SWARTZ, COL John Broomhall; '84 MACC; Retired; r. 1029 Forest Ave., Zanesville, OH 43701, 614 452-1295.

SWARTZ, John Thomas; '82 BSBA; 2585 Westmont Blvd., Columbus, OH 43221.

SWARTZ, Larry A.; '61 BSBA; Airline Mgmt.; United Parcel Svc., 725 Beanblossom, Louisville, KY 40219, 502 363-8800; r. 9808 Melissa Dr., Louisville, KY 40223, 502 426-5900.

SWARTZ, Mrs. Laura J., (Laura J. Bridle); '81 BSBA; VP; Imperial Corp. of America, 9275 Sky Park Ct., San Diego, CA 92123, 619 292-2579; r. 10555 Pepperbrook, San Diego, CA 92131, 619 530-0427.

SWARTZ, Margaret Pienta; '83 BSBA; 2211 E. David Rd, Apt. C, Dayton, OH 45440, 513 439-5970.

SWARTZ, Michael Charles; '68 BSBA; Personnel Co Ordinat; Ohio Dept. of Administrative SC, 30 E. Broad St., Columbus, OH 43215; r. 319 Piedmont Rd., Columbus, OH 43214, 614 263-7103.

SWARTZ, Nancy Lecklider; '69 BSBA; Mktg. Dir.; Pacific Growth Properties, R E. Investment, 8893 La Mesa Blvd., La Mesa, CA 92014; r. 777 Kalamath, Del Mar, CA 92014, 619 259-8220.

SWARTZ, Robert; '51 BSBA; VP; Merrill Lynch, 1700 Lincoln, Denver, CO 80203; r. 8702 E. Mineral Cir., Englewood, CO 80112, 303 779-5832.

SWARTZ, Sam C.; '86 BSBA; Sales Rep.; Crown Controls, Inc., 100 Commerce Rd., Carlstadt, NJ 07072, 201 933-7666; r. 129 Bridle Way, Ft. Lee, NJ 07024, 201 886-2635.

SWARTZ, Dr. Teresa Anne; '81 PhD (BUS); Assoc. Prof.; Arizona State Univ., Marketing Dept., Tempe, AZ 85287, 602 965-3621; r. 2091 E. Golf Ave., Tempe, AZ 85282, 602 831-0187.

SWARTZ, Timothy D.; '86 BSBA; Controller; Bill Kraft's Distribution, 3581 Dayton Park Dr., POB 14270, Dayton, OH 45414, 513 233-6502; r. 4395 Bascule Bridge Rd., Apt. #1301, Dayton, OH 45440, 513 427-0229.

SWARTZ, Vallery Jean; '84 BSBA; POB 41163, Cincinnati, OH 45241.

SWARTZ, Walter L., Jr.; '43 BSBA; CPA-Partner; Arthur C Jahn & Co., 4620 Indianola Ave., Columbus, OH 43214, 614 267-0662; r. 319 Piedmont Rd., Columbus, OH 43214, 614 263-7103.

SWARTZ, Wendy Kay; '85 BSBA; Computer Programmer; Westfield Cos., 1 Park Cir., Westfield Ctr., OH 44251, 216 887-0370; r. 971 Timber Ln., Wooster, OH 44691, 216 345-5299.

SWARTZLANDER, Roland H.; '49 BSBA; Acct.; 714 N. Main St., Akron, OH 44310, 216 434-2117; r. 2319 Woodpark Rd, Akron, OH 44313, 216 836-2193.

SWARTZLANDER, Thomas G.; '51 BSBA; VP Oper.; Surfside Transport Inc., Hinsdale, IL 60521; r. 10-S. 456 Kingery Rd., Hinsdale, IL 60521, 312 325-4871.

SWARTZMILLER, Burniel O.; '49 BSBA; Retired; r. 7265 Rue La Fleur, Rancho Palos Verdes, CA 90274, 213 544-4674.

SWARY, Anthony James; '80 BSBA; Sr. Programmer Analyst; Cooper Industries, POB 9050, Charlottesville, VA 22906, 804 973-4411; r. 2300 Westover Dr., Charlottesville, VA 22901, 804 823-1335.

SWASICK, Albert E.; '54; 1981 Malvern Rd, Columbus, OH 43221.

SWEARINGEN, Douglas James; '83 BSBA; Pitcher; Seattle Mariners, Professional Baseball Team, Bellingham, WA 98225; r. 568 Willow Brook Rd., Martins Ferry, OH 43935, 614 633-1095.

SWEDERSKY, Lisa Ann; '85 BSBA; Restaurant Mgr.; Neighbors Cafe, 1993 Hard Rd., Worthington, OH 43085, 614 764-2233; r. 4660 Charecote Ln., Apt. J, Columbus, OH 43220, 614 459-7084.

SWEDLOW, Gerald H.; '57 BSBA; Atty.; 65 E. State St., Ste. 910, Columbus, OH 43215, 614 461-6092; r. 153 S. Merkle Rd., Columbus, OH 43209, 614 236-8763.

SWEENEY, Charles B., Jr.; '74 MBA; 2974 S. Newark Pl., Aurora, CO 80014, 303 745-7050.

SWEENEY, Dr. Daniel Joseph; '65 BSBA, '71 PhD (BUS); Exec. VP; Mgmt. Horizons Inc., 570 Metro Pl. N., Dublin, OH 43017; r. 1071 Clubview Blvd. N., Worthington, OH 43085, 614 888-2778.

SWEENEY, Fred C.; '62 BSBA; VP-Rsch.; R.M. Childs & Assocs., 3280 Riverside Dr., Ste. 26, Columbus, OH 43221, 614 457-8083; r. 70 Keethler Dr. S., Westerville, OH 43081, 614 891-9855.

SWEENEY, James Patrick; '76 BSBA; Ins. Adjustor; Gen. Adj Bur., 1148 Euclid Ave., Cleveland, OH 44115; r. 17200 Hilliard Rd, Cleveland, OH 44107.

SWEENEY, John J.; '50 BSBA; Property Ofcr.; Fullerton Police Dept., Highland & Commonwealth Sts., Fullerton, CA 92763; r. 502 Morse Ave., Placentia, CA 92670, 714 996-7367.

SWEENEY, Joseph Anthony; '79 BSBA; Territory Mgr.; Redline Med., 160 Glenwood Ave., Minneapolis, MN 55405, 800 328-8111; r. 1548 Cedarwood, Westlake, OH 44145, 216 835-4637.

SWEENEY, Joseph Michael; '88 BSBA; 104 E. 207 St., Euclid, OH 44123, 216 481-4753.

SWEENEY, Linda '82 (See Schwieterman, Linda Sweeney).

SWEENEY, Marion Ridley; '57 BSBA; VP; 3001 Hoover Inc., 743 Argonne Dr., Dayton, OH 45408, 513 263-8600; r. Same.

SWEENEY, Mary L. '54 (See Prohaska, Mary L.).

SWEENEY, Paul John; '82 MLHR; Burgess & Niple, 5085 Reed Rd., Columbus, OH 43220; r. 1747 Eddystone, Columbus, OH 43224, 614 267-8921.

SWEENEY, Ms. Priscilla Shane, (Priscilla Shane); '48 BSBA; Retired; r. 4920 Sentinel Dr. #302, Bethesda, MD 20816, 301 320-3919.

SWEENEY, Randall Walter; '77 MPA; 1057 Wood Glen Rd., Westerville, OH 43081, 614 890-1000.

SWEENEY, Robert William; '69 BSBA; Athletic Dir.; Mingo HS, 110 Steuben St., Mingo Jct., OH 43938, 614 535-0043; r. 153 Grandview Dr., Wintersville, OH 43952, 614 264-6780.

SWEENEY, MAJ Sue L.; '47 BSBA; Adm Asst.-Retired Maj.; r. 5650 Kirkham Ct., Springfield, VA 22151, 703 978-8582.

SWEENEY, William D.; '58 MBA; Mgr.; Jefferson Cnty. Burial Vault, 131 Linduff Ave., Steubenville, OH 43952, 614 264-1113; r. 916 Woodlawn Rd., Steubenville, OH 43952, 614 282-4255.
SWEENEY, William Michael; '86 BSBA; Rental Rep.; Enterprise Rent-A-Car, 6120 Paseo Del Norte, D-1, Carlsbad, CA 92008, 619 931-1111; r. 17329 Grandee Pl., San Diego, CA 92128, 619 487-3089.
SWEENY, James A.; '33; Staff; Owens-Illinois Inc., POB 1035, Toledo, OH 43666; r. 20 Kanasgowa Dr., Brevard, NC 28712, 704 885-2112.
SWEET, Celia Pilar; '84 BSBA; 2430 Thurmont Rd., Akron, OH 44313, 216 864-0713.
SWEET, Dave Norman; '82 BSBA; Mktg. Cnslt.; Ford Motor Co., 341 E. Capitol Ave., PO 4004, Milpitas, CA 95035, 408 945-4041; r. 4845 Highlands Way, Antioch, CA 94509, 415 779-0523.
SWEET, Gregory E.; '86 BSBA; Computer Sci.; r. 1217 Cheshire Ave., Naperville, IL 60540, 312 355-1680.
SWEET, Jennifer Bowser; '83 BSBA; Clerk; Mission Jewlers, 1163 Greenspoint Mall, Houston, TX 77060; r. 710 Loire Ln., Houston, TX 77090.
SWEET, Mrs. Kathy D., (Kathy Stone); '82 BSBA; Homemaker; r. 4845 Highlands Way, Antioch, CA 94509, 415 779-0523.
SWEET, Michael Anthony, Jr.; '83 BSBA; Computer Sci.; r. 1217 Cheshire Ave., Naperville, IL 60540, 312 355-1680.
SWEET, Stanley C.; '50 BSBA; Chief Weathercaster; WVVA-TV, 460 By-Pass, Bluefield, WV 24701, 304 325-5487; r. 6 Drewry, White Sulphur Spgs., WV 24986, 304 536-3384.
SWEETGALL, Paul H.; '77 BSBA; Asst. Athletic Dir.; Missouri Western State Clg., 4525 Downs Dr., St. Joseph, MO 64507, 816 271-4257; r. 30 Caribou Cir., St. Joseph, MO 64506, 816 364-6013.
SWEETMAN, John J.; '61 BSBA; 610 Templeton Dr., Sunnyvale, CA 94087.
SWEHLA, Mrs. Therese Marie, (Theresa Koster); '82 BSBA; Proj. Leader; Ltd., Inc., 1 Limited Pkwy., Columbus, OH 43218, 614 479-7500; r. 64 Groton Dr., Westerville, OH 43081, 614 895-8131.
SWEIGART, Mary Fanale; '81 BSBA; Sales Mgr.; Monroe Systs. for Bus., 1817 Olde Homestead Ln., Lancaster, PA 17601, 717 291-4642; r. 906 Gemstone Dr., Lancaster, PA 17601, 717 285-3641.
SWEIGERT, Ernest Joseph; '86 BSBA; Mgr.; Lubrizol, 29400 Lakeland Blvd., Wickliffe, OH 44092; r. 1110 Eastwood, Mayfield Hts., OH 44124, 216 449-6654.
SWEITZER, Margo Klein, (Margo Klein); '78 BSBA; Controller; Hairr McBurney, 180 W. Michigan Ave., Jackson, MI 49203; r. 1004 S. Wisner, Jackson, MI 49203, 517 784-6359.
SWELBAR, Gaylord Wayne; '58 BSBA; Atty.; Hanft Fride O'Brien-Harries, 1200 Alworth Bldg., Duluth, MN 55802; r. 1420 Morning Side Ave., Duluth, MN 55803, 218 525-7465.
SWENEY, Robert B.; '41 BSBA; Retired; r. 5283 Lincoln Hwy., Bucyrus, OH 44820, 419 562-7023.
SWENSEN, Nina W. '52 (See Preston-Kujawa, Nina Swensen).
SWENSON, Paul Robert; '78 MBA; 2729 Oak Mt Tr., San Angelo, TX 76901.
SWENTZEL, Paul J.; '65 BSBA; Owner/Distributor; S & S Firestone Inc., 1213 Winchester Rd., Lexington, KY 40507, 606 252-5573; r. 811 Lakeshore Dr., Lexington, KY 40502, 606 266-1014.
SWEPSTON, Dwight C.; '49 BSBA; Bd. Chmn.; Atlas Butler Cooling & Heating, 243 N. 5th St., Columbus, OH 43215, 614 228-3257; r. 4360 Dublin Rd., Hilliard, OH 43026, 614 876-4830.
SWEPSTON, Mark Dwight; '76 BSBA; Pres.; Atlas Butler Heating & Cooling, Svc. & Energy Mgmt., 619 Reynolds St., Columbus, OH 43201, 614 294-6800; r. 4825 Brand Rd., Dublin, OH 43017, 614 792-1246.
SWEPSTON, Ms. Mary Ann Coffeen, (Mary Ann Coffeen); '79 MBA; Dir. Cash Mgmt. & Banking; Cardinal Industries, 2040 S. Hamilton Rd, Columbus, OH 43232, 614 755-6211; r. 9084 US Rte. 35, SE, Washington Ct. House, OH 43160, 614 335-0700.
SWERESS, Shelton J.; '59 BSBA; CPA; 7351 Longano Dr., Cleveland, OH 44131, 216 524-4923; r. Same.
SWERLEIN, Julie Ann; '83 BSBA; 1199 Granada Dr., Marion, OH 43302.
SWID, Stephen Claar; '62 BSBA; Chmn. & CEO; S B K Entertainment World, 1290 Ave. of the Americas, New York, NY 10104, 212 752-4050; r. 635 Park Ave., New York, NY 10021, 212 288-0462.
SWIDER, Paula Marie; '79 BSBA; Systs. Analyst; Tandem Computers, 3100 Lake Center Dr., Ste. 100, Santa Ana, CA 92704, 714 751-3777; r. 4201 Via Marina, Apt. 141, Marina Del Rey, CA 90292, 213 301-0817.
SWIFT, Dan William; '81 BSBA; POB 96, Pierpont, OH 44082, 216 577-1509.
SWIFT, James George; '84 BSBA; Acct.; Dollar Bank of Dimes, 43 N. Main, Niles, OH 44446; r. 186 Helen Ave., Niles, OH 44446, 216 652-3293.
SWIFT, Kathleen M.; '83 BSBA; Acctg. Supv.; Mc Donald's Corp., 635 Brooksedge Blvd., Westerville, OH 43081, 614 895-5143; r. 1994 Mackenzie, Columbus, OH 43220.
SWIFT, Wayne Eugene, Jr.; '77 BSBA; 2287 Swansea Rd., Columbus, OH 43221, 614 459-2279.
SWIGART, James A.; '66 BSBA; Atty.; Law Offices-James A. Swigart, 329 E. Main St., Auburn, WA 98002, 206 939-4556; r. 2823 196th Ave. Ct. E., Sumner, WA 98390, 206 862-7114.
SWIGART, James Oliver; '72 BSBA; Tech. Sales Rep.; Ashland Chemical Co., General Polymers Division, 521 Innis Ave., Columbus, OH 43207, 614 445-7258; r. 2581 W. Janes Rd., Port Clinton, OH 43452, 419 734-1382.
SWIGERT, Mrs. Connie, (Connie Larsen); '87 BSBA; Report Asst.; Mac Tools, Inc., 4380 Roberts Rd., Columbus, OH 43026; r. 1649 Rockchester Ln., Columbus, OH 43229, 614 888-8913.
SWIGERT, Gordon D.; '56 MBA; Retired; r. 2972 Chamberlain Rd., Fairlawn, OH 44313, 216 864-5430.
SWIHART, Ricky Lee; '81 BSBA; Asst. Controller; Zaremba Corp., 14600 Detroit Ave., Ste. 1500, Lakewood, OH 44107, 216 221-6600; r. 3436 Grafton Rd., Brunswick, OH 44212, 216 225-7208.
SWILIK, Janet Lee; '88 MBA; 161 W. Maynard #5A, Columbus, OH 43202, 614 294-1290.
SWINDLER, James Irwin; '78 BSBA; Distribution Cnslt.; Stockless Cnslts. Inc., 30561 Crest Forest, Farmington Hls., MI 48018, 313 661-8180; r. Same.
SWINDLER, Scott Alan; '82 BSBA; Sales Rep.; Milgray Electronics, 88 W. Kenworth Rd., Columbus, OH 43214; r. 88 W. Kenworth Rd., Columbus, OH 43214, 614 267-0438.
SWINEFORD, Lisa Jean; '88 BSBA; Rd #1 SR 96, Ashland, OH 44805, 419 895-1671.
SWINEHART, Dixon '87 (See Dixon, Stephanie Swinehart).
SWINEHART, Frank Victor; '72 BSBA; Pres.; Grant Med. Ctr., 111 S. Grant Ave., Columbus, OH 43215; r. 450 Tucker Dr., Worthington, OH 43085, 614 846-1275.
SWINEHART, Howard E.; '50 BSBA; Atty.; Swinehart Princi Co., 322 W. Main St., Troy, OH 45373; r. 9125 Klinger, Covington, OH 45318, 513 473-5570.
SWINEHART, Rev. John David; '69 BSBA; Minister; r. 1303 Hilton, Reynoldsburg, OH 43068, 614 866-2650.
SWINEHART, Peggy Ewart; '69 BSBA; 1303 Hilton, Reynoldsburg, OH 43068, 614 866-2650.
SWING, Barbara Palmer, (Barbara Palmer); '64 BSBA; Account Payable Mgr.; AM Labs Inc., 3434 Swiss Ave., Dallas, TX 75204, 214 827-4970; r. 611 W. Virginia, Mc Kinney, TX 75069, 214 542-5639.
SWINGER, Aaron Lynn; '87 BSBA; 957 Varsity Ave., Columbus, OH 43221, 614 451-4829.
SWINGLE, Michael Emerson; '76 MPA; Exec. Dir.; Kidscope, 2807 Winchester Pike, Columbus, OH 43232, 614 231-5437; r. 498 W. Fourth Ave., Columbus, OH 43201, 614 299-1231.
SWINGLE, Raymond R.; '49 BSBA; Ofc. Svcs. Mgr.; The Hoover Co., 101 E. Maple St., N. Canton, OH 44720; r. 145 Briar Ave. N. E., N. Canton, OH 44720, 216 499-4333.
SWINGLE, Timothy James; '80 BSBA; Examiner; Fed. Home Loan Bank-Cin., Dept. of Examinations, 100 Old W. Wilson Bridge Rd., Worthington, OH 43085, 614 888-2512; r. 4168 Leap Rd., POB 176, Hilliard, OH 43026, 614 876-4379.
SWINK, Charles V.; '51 BSBA; Proj. Leader; Northrop Corp., 3520 E. Ave. M, Palmdale, CA 93550; r. 43756 Secure Pl., Lancaster, CA 93534, 805 948-2941.
SWIRSKY, Steve William; '76 BSBA; Acctg. Mgr.; PBM Ofc. Prods., 7820 E. Pleasant Valley Rd., Independence, OH 44131, 216 447-1200; r. 4485 E. Sprague Rd., Seven Hls., OH 44131.
SWISHER, David William; '65 BSBA; VP; W R Val Dere Co., 3301 E. Corona Ave., Phoenix, AZ 85040, 602 243-6271; r. 5200 S. Lakeshore Dr., #104, Tempe, AZ 85283, 602 897-2493.
SWISHER, Gerald J.; '59 BSBA; Atty.; Cooper Tire & Rubber Co., Lima & Western Ave., Findlay, OH 45840, 419 424-4323; r. 6321 C R 140, Findlay, OH 45840, 419 422-4301.
SWISHER, Glenn R.; '61 BSBA; Retired; r. 2008 Ave. of The Trees, Carlsbad, CA 92008, 619 434-4918.
SWISHER, James B.; '59 BSBA; Manufacturers Rep.; Warner-Swisher Grp., 9052 Broadway, Stoutsville, OH 43154, 614 474-7426; r. 2818 Chateau Cir., Columbus, OH 43221, 614 488-8622.
SWISHER, Lynn Ellis; '69 BSBA; Staff; State of Ohio, Rehabilitation Division, Columbus, OH 43215, 614 252-2794; r. 43 S. Dawson, Bexley, OH 43209, 614 252-2794.
SWISHER, Robert Arwood; '75 BSBA; 5621 Andover Ave., W. Carrollton, OH 45449, 513 299-9099.
SWISHER, Thornton M.; '57 BSBA; Retired; r. 805 E. Westminster, Lake Forest, IL 60045, 312 234-4735.
SWITZER, Brian Carl; '64 MBA; Chmn. & CEO; Switzer Investment Grp. Ltd. Inc., POB 30306, Cleveland, OH 44130, 216 238-2137; r. Same, 216 238-4464.
SWITZER, Kenneth John; '78 BSBA; Mgr. of Tax Servc; I D S Financial Svcs. Inc., Subs of American Express, 2100 Stella Ct., Columbus, OH 43215; r. 2561 Wexford Rd., Columbus, OH 43221, 614 486-2224.
SWITZER, Park G., Jr.; '49 BSBA; 2543 26th St., Cuyahoga Falls, OH 44223, 216 928-9118.
SWOB, Kimberly A. '82 (See Donahue, Mrs. Kimberly S.).
SWOB, Richard L.; '51 BSBA; Pres.; Hobart Corp., Management Division, World Headquarters, Troy, OH 45374, 513 332-2400; r. 1747 Lakeshore Dr., Troy, OH 45373, 513 335-1095.
SWOBODA, Evelyn Marie; '79 BSBA; Budget Coord.; BP America, 200 Public Sq., 20-H-3555, Cleveland, OH 44115, 216 586-5897; r. 1342 Bobby Ln., Westlake, OH 44145, 216 871-6318.
SWONGER, B. J.; '49 BSBA; Chief Exec. Ofcr.; Metropolitan Environ., POB 378, Celina, OH 45822, 419 586-6638; r. POB 609, Celina, OH 45822, 419 394-4071.
SWONGER, Bradley Joe; '79 BSBA; Claims Adjuster; State Farm, 2220 Scioto Tr., Portsmouth, OH 45662, 614 353-4727; r. 53 Virginia Ln., Waverly, OH 45690, 614 947-2842.
SWONGER, James E.; '57 BSBA; Sales Rep.; Wendt Bristol Co., 1159 Dublin Rd, Columbus, OH 43215; r. 2153 Horton Sisters Rd., Oak Hill, OH 45656, 614 286-6684.
SWONGER, Richard Greg; '82 BSBA; 1846 King Rd., Newark, OH 43055.
SWOOPE, Mrs. Lorrita M., (Lorrita M. Butts); '87 BSBA; Personnel Analyst; Civil Svc. City of Columbus, 50 W. Gay St., Columbus, OH 43215, 614 222-8300; r. 1170 Chambers Rd., Apt. 16C, Columbus, OH 43212, 614 488-6528.
SWOOPE, Willie Mason; '78 MBA; Staff; Owens Illinois Corp., POB 1035, Toledo, OH 43666; r. 221 11th Ave. NW, Decatur, AL 35601, 205 355-0329.
SWOPE, Deborah Lynn; '85 BSBA; Acct.; Price Waterhouse Co., 41 S. High St., Ste. #3500, Columbus, OH 43215, 614 221-8500; r. 515 Wildindigo Run, Westerville, OH 43081.
SWOPE, James Robert; '66 BSBA; Acct./Mgr.; Central Benefits Mutual Ins., 255 E. Main St., Columbus, OH 43215, 614 462-4520; r. 6960 Ardelle Dr., Reynoldsburg, OH 43068, 614 864-0484.
SWOPE, Samuel G.; '49 BSBA; Pres.; Sam Swope Pontiac Inc., 4311 Shelbyville Rd, Louisville, KY 40207, 502 896-2121; r. 1305 Navajo Ct., Louisville, KY 40207, 502 897-9636.
SWOPE, William B.; '37 BSBA; Retired; r. POB 826, Welch, WV 24801, 304 732-6250.
SWOPE, William C.; '64 BSBA; Pres.; Swope Constr. Svcs., 460 Plz., Ste. 3-A, Bluefield, WV 24701, 304 325-8146; r. 603 Rockwren Cir., Bluefield, VA 24605, 703 322-4843.
SWORDS, Katherine '81 (See Beretich, Katherine Swords).
SWORDS, Michael Lewis; '72 BSBA; 5633 Oakmont, Columbus, OH 43232.
SWORMSTEDT, Allan L.; '56 BSBA; Partner; 100 Renaissance Ctr. Ste. 3100, Detroit, MI 48243; r. 964 N. Adams Rd. #8, Birmingham, MI 48008.
SWYSGOOD, Matthew Stone; '80 BSBA; Sales; Automatic Data Processing Inc., 3660 Corporate Dr., Columbus, OH 43229, 614 895-7700; r. 5947 Redbank Rd., Galena, OH 43021, 614 898-0540.
SWYSGOOD, Thomas N.; '49 BSBA; Retired; r. 5319 Red Bank Rd., RR #2, Galena, OH 43021, 614 965-1082.
SYBERT, Christine Wren; '81 BSBA; Hhc 1-68 Ar, Frg APO, New York, NY 09026.
SYBERT, LT Robert Marvin; '81 BSBA; Lt. Usa; r. Hhc 1-68 Ar, Frg APO, New York, NY 09026.
SYBERT, Susan Kay '87 (See Williams, Mrs. Susan S.).
SYDNOR, Linda Darnell; '80 MPA; Staff; Royal Ins., 101 Buford Rd., Richmond, VA 23235; r. 62 W. Clopton St., Richmond, VA 23225.
SYDNOR, Marvin Dale; '77 BSBA, '88 MBA; Principal; MDS Cnsltg., 3044 Breed Dr., Reynoldsburg, OH 43068, 614 863-0916; r. Same.
SYDOR, Mrs. Marjorie K., (Marjorie L. Kinnear); '45 BSBA; Retired; r. 5743 Philadelphia Dr., Dayton, OH 45415, 513 277-0236.
SYDORENKO, Paul; '69 BSBA; Staff; Kiefer-Mc Neil Corp., 910 Lake Rd., Medina, OH 44256; r. 778 Eastview Dr., Wadsworth, OH 44281, 216 336-5811.
SYFERT, Michael Burt; '79 BSBA; Customer Svc. Mgr.; Franklin Intl., 2020 Bruck St., Columbus, OH 43207, 614 443-0241; r. 146 E. First, Plain City, OH 43064, 614 873-8954.
SYLVESTER, Paul Weston; '73 BSBA; Cost Acct.; r. 3842 Millsbrae, Cincinnati, OH 45209, 513 351-9016.
SYMS, Joseph John; '86 BSBA; 1354 Bunker Hill Blvd., Columbus, OH 43220, 614 451-4867.
SYNN, Dr. Kyung Hi; '84 PhD (BUS); Pres./CEO; Jaski Inc., 3123 Ridgelake Dr., Metairie, LA 70006, 504 837-7193; r. 4008 Hudson St., Metairie, LA 70006, 504 888-8457.
SYPOLT, D. Sy; '87 BSBA; Gen. Mgr.; Sypolt Chevrolet, 1704 W. Main, Louisville, OH 44641, 216 875-3371; r. 1925 Briarwood, Louisville, OH 44641, 216 875-7215.
SYRING, Paul Francis; '86 BSBA; Law Student; Univ. of Toledo, 2801 W. Bancroft St., Toledo, OH 43606; r. 1818 Parkside Blvd., Toledo, OH 43607, 419 531-1247.
SYSKA, Kenneth John; '87 BSBA; 1330 Ridgeview Ave., Kettering, OH 45409, 513 298-8458.
SYTNIK, Frank William; '74 BSBA; Rd 8 Box 397-A, Union Valley Rd., Mahopac, NY 10541, 914 628-4972.
SZABO, Beth Dopkiss; '80 BSBA; Financial Analyst; Reliance Electric Co., 939 Eastwind Dr., Westerville, OH 43081; r. 7200 School Craft, Dublin, OH 43017.
SZABO, John Anthony; '69 BSBA; Claims Adjudicator; Rehab. Svcs. Commission, Bureau of Disability Determntn, 400 E. Campus View Blvd., Columbus, OH 43235, 614 438-1610; r. 953 S. Hague, Columbus, OH 43204, 614 276-6462.
SZABO, Robert Dennis; '73 BSBA; Mgr.; K-Mart Corp., 926 Happy Valley Rd., Glasgow, KY 42141, 502 651-6763; r. 208 Sandwood Dr., Glasgow, KY 42141, 502 651-3154.
SZABO, Thomas Martin; '79 BSBA; Internal Auditor; Bancohio Natl. Bank, 1709 Westbelt Dr., Columbus, OH 43228; r. 7200 Schoolcraft, Dublin, OH 43017.
SZAMBELAN, Robert John; '81 MBA; Mgr./Cnsltg. Div.; Andersen Cnslt., Arthur Andersen & Co., 5600 First RepublicBank Plz., Dallas, TX 75202, 214 741-8813; r. 3105 Sugarbush Dr., Carrollton, TX 75007, 214 394-9060.
SZAMES, Brian M.; '81 BSBA; Asst. Treas.; Pepperidge Farm Inc., Subsidary of Cambell Soup Co, POB 5500, Norwalk, CT 06856, 203 846-7000; r. 561 Penfield Rd., Fairfield, CT 06430.
SZARONOS, Keith Gerard; '80 BSBA; 1425 Stoney Creek Cir., Carmel, IN 46032, 203 746-7519.
SZARY, Leo Thomas; '75 BSBA; Store Mgr.; Rax Systs. Inc., 1169 Dublin Rd., Columbus, OH 43215; r. 11028 Rock Island Rd., Jacksonville, FL 32223, 904 262-9528.
SZCZEPANIAK, Richard John, Jr.; '73 BSBA; Atty.; Szczepaniak, Hoffer & Kaczala, POB 501, Toledo, OH 43693, 419 242-1001; r. 5211 River Ridge Cir., Sylvania, OH 43560, 419 885-5197.
SZCZEPANSKI, Joseph Eugene; '87 BSBA; 3044 Indianola Ave., Columbus, OH 43202, 614 262-3193.
SZENTE, Daniel Mark; '78 MBA; Staff; State Tchrs. Retirement Sys, 275 E. Broad St., Columbus, OH 43215; r. 77 E. Frankfort St., Columbus, OH 43206, 614 443-7239.
SZETO, William Chaklam; '81 MBA; Mgr.; US Sprint, 9300 Metcalf, Overland Park, KS 66210, 913 967-5034; r. 9511 W. 116th Pl., Overland Park, KS 66210, 913 451-2744.
SZETO, Yim Yee; '87 BSBA; 208 Fuk Wing St. 7Fc, Sham Shui PO, Hong Kong, Hong Kong.
SZOKE, Siegfried B.; '62 BSBA; Trust Invest Ofcr.; Tracy Collins Bank & Trust, 107 S. Main, Salt Lake City, UT 84111, 801 328-3737; r. 3124 S. 2800 E., Salt Lake City, UT 84109, 801 467-1192.
SZORADY, Mrs. Irene V., (Irene M. Vati); '47 BSBA; Retired; r. 2087 Tembletthurst Rd, Cleveland, OH 44121, 216 381-0644.
SZORADY, Julius Paul, Jr.; '76 BSBA; Pres.; Trico Machine Prods., 5081 Corbin Dr., Bedford Hts., OH 44128, 216 662-4194; r. 13765 Equestrian Dr., Burton, OH 44021, 216 834-1508.
SZUBRA, Diane Marie; '80 BSBA; Ofcr./Bus. Analyst; The First Natl. Bank of Chicago, One First National Plz., Ste. 0271, Chicago, IL 60670; r. 1318 S. Finley Rd. 2G, Lombard, IL 60148, 312 629-1871.
SZUCH, John David; '77 BSBA; 107 Howard St., Elida, OH 45807, 419 331-3717.
SZUCH, Leslie Joseph; '69 BSBA; Recycling Coord.; Container Recovery Corp., Anheuser Busch, 1550 Cascade Dr., Marion, OH 43302, 614 383-4987; r. 1019 Adare Rd., Marion, OH 43302, 614 389-4470.

T

TABACCA, Kenneth Joseph; '71 BSBA; Regnl Sales Mgr.; American Automobile Assn., 12816 Brighton Dam Rd, Clarksville, MD 21029, 301 531-2924; r. Same.
TABASHNECK, Bruce Alan; '75 MPA; Dir. Special Projs.; Downriver Guidance Clinic, 2959 Biddle, Ste. 200, Wyandotte, MI 48192, 313 285-6400; r. 10825 Borgman, Huntington Woods, MI 48070, 313 399-5298.
TABATA, David W.; '84 BSBA; Mktg. Coord.; Red Roof Inns Inc., 4355 Davidson Rd., Columbus, OH 43026, 614 876-3200; r. 144 Antelope Way, Columbus, OH 43235, 614 848-4635.
TABBERT, Bradley C.; '62 BSBA; Pres.; Tabbert Financial Cnslts., 7048 Cascade Rd., Concord, OH 44077, 216 352-2945; r. Same, 216 354-5249.
TABELING, Mrs. Linda Turczyk, (Linda M. Turczyk); '79 BSBA; Tax Acct.; Cover & Rossiter; r. 5 Morgan Ln., Wilmington, DE 19808, 302 239-5838.
TABER, Elmer Mark; '71 BSBA; Ins. Broker/Asst. VP; Marsh & Mc Lennan Inc., 1400 Central Trust Ctr., 201 E. 5th St., Cincinnati, OH 45202, 513 721-5557; r. 7833 Kimbee Dr., Cincinnati, OH 45244, 513 232-3618.
TABLACK, George John; '78 BSBA; Cnty. Auditor; Mahoning Cnty., c/o Postmaster, Youngstown, OH 44501; r. 40 The Ledges #2C, Youngstown, OH 44514, 216 746-7622.
TABLER, Izetta '34 (See Knasel, Izetta Tabler).
TABONE, Patricia A. '83 (See Gilinsky, Mrs. Patricia A.).
TABOR, Albert S., Jr.; '61 BSBA; Partner/Atty.; Vinson & Elkins, Attorneys At Law, 3316 First City Twr., Houston, TX 77002, 713 651-2620; r. 3429 Ella Lee Ln., Houston, TX 77027, 713 621-0923.
TABOR, Jonathan R.; '79 BSBA, '81 MBA; Mktg. Rsch. Analyst; Eli Lilly & Co., Lilly Corporate Ctr., Indianapolis, IN 46285, 317 276-2498; r. 2805 N. 600 E., Danville, IN 46122, 317 852-9825.
TABSCOTT, Patricia A. '81 (See Myton, Mrs. Patricia T.).
TACKETT, Dr. James Alan; '83 PhD (ACC); Prof.; Youngstown Univ., 410 Wick Ave., Youngstown, OH 44555; r. 14 S. Union Way, Niles, OH 44446, 216 652-9702.
TACKETT, Michael Roger; '85 BSBA; 2347 Fairgreens Rd., Jackson, OH 45640, 614 286-7403.

ALPHABETICAL LISTINGS TAWIL 277

TACKMAN, Arthur L.; '39 MPA; Co-Publisher; Catron Cnty. Courier, POB 644, Reserve, NM 87830, 505 533-6420; r. Deep Creek Ranch, Glenwood, NM 88039, 505 539-2391.
TACY, Ricky Neal; '88 MBA; 161 E. Norwich Ave., #A-6, Columbus, OH 43201.
TAEUBER, Robert Donald; '74 BSBA; Mechanical Engr.; Fosdick & Hilmer Inc., Fourth & Walnut Bldg., Ste. 320, Cincinnati, OH 45202; r. 3202 Algus Ln., Cincinnati, OH 45248.
TAFLAN, Glenn Lloyd; '81 BSBA; 1086 Timberbank Ln, Westerville, OH 43081.
TAFT, Albert G.; '59 BSBA; Staff; IBM Corp., Data Processing Division, Dayton, OH 45402; r. 5875 Overbrooke Rd., Centerville, OH 45440, 513 434-3152.
TAFT, Janet Burrow; '81 BSBA; 2880 Central Ct., Indianapolis, IN 46280, 317 844-6697.
TAGGART, Glenn Matthew; '68 BSBA; Ch/Planer/Trnsp Engr.; Joint Plng. Commission, Transportation Section, Government Bldg, A-B-E Airport, Allentown, PA 18103, 215 264-4544; r. 2723 Green Acres Dr., Allentown, PA 18103, 215 437-0671.
TAGGART, James Vernon; '85 BSBA; Systs. Engr.; IBM Corp., 4800 Falls of the Neuse Rd., Raleigh, NC 27609, 919 850-7846; r. 823 New Kent Village, Cary, NC 27511, 919 469-9417.
TAGGART, John Yeatman; '54 BSBA; Atty./Partner; Windels Marx Davis & Ives, 156 W. 56th, New York, NY 10019, 212 237-1440; r. 351 E. 84th St., Apt. 22B, New York, NY 10028, 212 861-9683.
TAGGART, Mark Fredrick; '81 BSBA; VP/Secy.; Taggart Marryott Reardon Co., 4150 Tuller Rd. Ste. 236, Dublin, OH 43017, 614 792-2900; r. 895 Manor Ln., Columbus, OH 43221, 614 457-5395.
TAGLIA, Joseph Alfred; '81 MBA; Dir., Intl. Mkt.; Natl. Semiconductor, Datachecker, 800 Central Expy., Santa Clara, CA 95052, 408 982-3316; r. 13755 Calle Tacuba, Saratoga, CA 95070, 408 867-0458.
TAGLIONE, Richard Michael; '83 BSBA; Acctnt/CPA/Auditor; Coopers & Lybrand, 100 E. Broad St., Columbus, OH 43215, 614 221-7471; r. 5540 Glasgow Pl., Columbus, OH 43235, 614 451-7529.
TAGUE, Daniel Joseph; '71 BSBA; Salesman-Dist. Mgr.; Warsaw Chemical Co. Inc., POB 858, Warsaw, IN 46580; r. 38403 Century Dr., Sterling Hts., MI 48310, 313 979-6268.
TAGUE, David Paul; '83 BSBA; Acct.; Certified Benefits Mutual Ins., 255 E. Main St., Columbus, OH 43215, 614 462-4603; r. 1273 Olde Henderson Sq., Columbus, OH 43220, 614 451-8659.
TAGUE, Joyce Presgrave, (Joyce N. Presgrave); '71 BSBA; Volunteer; Girl Scouts; r. 38403 Century Dr., Sterling Hts., MI 48310, 313 979-6268.
TAGUE, Paul, Jr., JD; '43 BSBA, '48 MBA; Deputy Commissioner; Ohio Div. of Securities, 2 Nationwide Plz., Columbus, OH 43215; r. 69 E. Oakland Ave., Columbus, OH 43201, 614 291-3497.
TAHER, Ahmed Fouad; '86 MBA; Mgng Dir./World Bank; r. 1 El Aziz Osman St., Zamalek Cairo, Arab Republic Of Egypt, 341-5667.
TAICH, Harry H.; '68 BSBA; Atty.; 730 Leader Bldg., Cleveland, OH 44114, 216 696-4600; r. 23706 E. Groveland, Beachwood, OH 44122, 216 382-1945.
TAINTOR, Donald B.; '49 BSBA; Owner; Don Taintor & Assocs., 5302 Brainard Dr., Dayton, OH 45440, 513 299-0108; r. 5302 Brainard Dr., Dayton, OH 45440, 513 434-6021.
TAIT, Clifford W.; '61 BSBA; Mgr.; Ford Motor Co., The American Rd., Loan Dept., Dearborn, MI 48121; r. 2716 Knollwood Dr., Boulder, CO 80302.
TAKACH, Thomas R., Sr.; '52 BSBA; Account Rep.; Metropolitan Ins., 9050 Pines Blvd., Ste. 400, Pembroke Pines, FL 33024, 305 435-4200; r. 1915 N. 54th Ave., Hollywood, FL 33021, 305 962-8923.
TAKACS, Rudolph Julius; '49 BSBA; Retired; r. 4611 Pershing Ave., Cleveland, OH 44134, 216 884-8589.
TAKACS, Theodore P.; '50 BSBA; 97 Juniper Dr., Norwood, MA 02062, 617 762-6232.
TALARCZYK, Chester F.; '67 BSBA; VP; Ameritrust Corp., Canton Region, 900 Euclid Ave., Cleveland, OH 44101, 216 489-1815; r. 243 Edgewood Dr., Berea, OH 44017.
TALBOT, Michael Robert; '77 BSBA; Staff; r. 5513 Security Ln., #675, Rockville, MD 20852.
TALBOT, Dr. S. Tom; '50 MBA; Phys.; The Professional Centre, 9000 S. W. 87th Ct., Ste. 108, Miami, FL 33176, 305 595-5455; r. 6320 S. W. 110th St., Miami, FL 33156, 305 666-8896.
TALBOTT, Dr. Charles Robert; '72 BSBA; 10300 S. Liberty, Powell, OH 43065, 614 889-1990.
TALBOTT, Howard A.; '49 BSBA; 2368 Ivyton Ct., Kettering, OH 45440, 513 434-2917.
TALBOTT, CAPT James A.; '59 BSBA; Capt./Staff; Goodyear Aerospace Corp., 1210 Massillon, Akron, OH 44306; r. 142 Fenton Ave., Mogadore, OH 44260, 216 628-3970.
TALBOTT, John W.; '60 BSBA; Exec. Ofcr.; The Arthritis Rsch., Institute of America, 300 S. Duncan, Ste. 240, Clearwater, FL 34615, 813 461-4054; r. 810 Eldorado Ave., Clearwater Bch., FL 34630, 813 441-1418.
TALBOTT, Richard A.; '70 BSBA; Real Estate Developer; Inn Town Homes & Apts., 442 E. Northwood Ave., Columbus, OH 43201, 614 294-2675; r. 4236 Shire Cove Rd., Columbus, OH 43026, 614 771-9212.
TALIS, Betty L., (Betty Lieberman); '44 BSBA; Homemaker; r. 5809 Bastille Pl., Columbus, OH 43213, 614 866-3391.
TALISMAN, Harold L.; '50 BSBA; Atty./Partner; Wright & Talisman, 1050 17th St. N. W., Washington, DC 20036, 202 331-1194; r. 8313 Carderock Dr., Bethesda, MD 20817, 301 469-8410.
TALLEY, Craig B.; '80 BSBA; Mgr. Mfg. Automation; Rohr Industries, POB 878, Chula Vista, CA 92012, 619 691-3015; r. 1262 River Glen Row #18, San Diego, CA 92111, 619 571-0401.
TALLMAN, Mark Allan; '79 BSBA; Mgr. of Internal; K Mart Inc., Cincinnati, OH 45201; r. 3184 Epworth Ave., Cincinnati, OH 45211, 513 662-5033.
TALLMAN, Raymond D., II; '78 MBA; Plant Engr.; Crane Plastics Co., VIPCO, 1441 Universal Rd., POB 498, Columbus, OH 43216, 614 443-4841; r. 1135 Belle Meade Pl., Westerville, OH 43081, 614 890-0836.
TALLMAN, Robert Bradley; '76 BSBA; Staff; UPS, Rathmell Rd., Columbus, OH 43216; r. 2870 Freedom Tr., Reynoldsburg, OH 43068, 614 868-8781.
TALMAGE, George B.; '36 BSBA; Retired; r. 2520 Danvers Ct., Columbus, OH 43220, 614 459-2064.
TALMAGE, Ralph William; '71 BSBA; Pres./Partner; Northwood Energy Corp., 941 Chatham Ln., Ste. 315, Columbus, OH 43221, 614 457-1024; r. 1291 Arlington Ave., Columbus, OH 43212, 614 486-1269.
TALMAGE, Roger Steven; '76 BSBA; Mkt. Info. Coordn; O M Scott & Sons, Subsidiary of Itt, Scotts The Lawn People, Marysville, OH 43040; r. 3153 Brightington Dr., Dublin, OH 43017, 614 766-2670.
TALPAS, Daniel R.; '52 BSBA; 16222 Windsor Dr., Cleveland, OH 44136, 216 238-5719.
TAM, Mun Keung; '87 BSBA; Student; Univ. of Cincinnati, POB, Cincinnati, OH 45221; r. 218 Stetson St., Rm. 3M, Cincinnati, OH 45219.
TAM, Peter F.; '84 BSBA, '87 MBA; Sr. Distribution Spec.; Digital Equip. Corp., 20 Forbes Rd., Northboro, MA 01532, 508 351-4609; r. 16 Bayberry Dr., Worcester, MA 01607.
TAM, Rowena Sui-Fan; '79 BSBA; Sales Exec.; A I A Co. Ltd., Stubbs Rd No 1 Bldg. 7th Fl., Hong Kong, Hong Kong; r. 70 Lee Garden Rd Cswy. Bay, Phoenix Apts 7/7 Blk K, Hong Kong, Hong Kong.
TAM, Thomas A.; '66 BSBA; Med. Salesman; Prods. for Surgery Inc., 1434 W. Belt Dr. N., #140, Houston, TX 77043, 713 465-4045; r. 20110 Kingsland, Katy, TX 77450, 713 492-3417.
TAMBUR, Claudia R. '87 (See McKimmy, Mrs. Claudia R.).
TAME, Gary Alan; '74 MPA; Trng. Mgr.; Cuyahoga Cnty., Div.-Employment in Training, 1501 Euclid Ave., Cleveland, OH 44115, 216 443-5900; r. 16104 Westpark, Cleveland, OH 44111, 216 941-6542.
TAMILIA, Dr. Robert Dominique; '77 PhD (BUS); Assoc. Prof.; Univ. of Quebec at Montreal, DSA-Mktg., POB 8888, Montreal, PQ, Canada H3G3P8, 514 282-3897; r. 550 Goineau, Laval, PQ, Canada H7G3P2, 514 667-8998.
TAMULONIS, James Joseph; '80 BSBA; Mktg. Rep.; Columbus Distributing Co., 4949 Frwy. Dr., Columbus, OH 43229, 614 846-1000; r. 7872 Sarahurst Dr., Dublin, OH 43017, 614 764-8877.
TAN, Betty See; '78 BSBA; 16 Guirayan St., Quezon, Philippines.
TAN, Chay Boon; '87 BSBA; c/o Joseph Djugad, 701 N. Mc Knight Rd., St. Louis, MO 63132.
TAN, Hooi-Min; '87 BSBA; Mktg. Dir.; Mark Pi's Intl., 3950 Lyman Dr., Hilliard, OH 43026; r. 85-B W. Blake Ave., Columbus, OH 43202, 614 447-1212.
TAN, Kar Chin; '84 BSBA; Programmer/Analyst; The Home Depot Inc., 2727 Paces Ferry, Atlanta, GA 30339, 404 433-8211; r. 2515 Desiree Way, Lawrenceville, GA 30244, 404 923-2730.
TAN, Paul W.; '87 BSBA; Mktg. Rep.; CBC Cos., 170 E. Town, Columbus, OH 43215, 614 222-5394; r. 236 Berger Alley, Columbus, OH 43206.
TAN, Siaw Hui; '87 BSBA; 2139 Summit St., #4, Columbus, OH 43201, 614 291-3940.
TAN, Soo Lim; '83 MBA; 626-B Taman Bukit, Melaka Bukit Bruang, Malacca, Malaysia.
TAN, Wah Khoon; '85 BSBA; BK Ofcr.; Malayan Bkg. Berhad, 2 Battery Rd., #01-00, Malayan Bk Chambers, Singapore 0104, Singapore, 535-2266; r. 32 Li Hwan Close, Singapore 1955, Singapore.
TANCK, Rudolf L.; '51 BSBA; Retired; r. 9636 NE 26th, Bellevue, WA 98004, 206 454-2729.
TANCREDI, Ms. Rebecca G.; '83 BSLHR; Mgmt. Trainer; r. 640 Voelker Ave., Euclid, OH 44123, 216 261-1729.
TANDUN, Lisnawati Wiharoja; '77 BSBA; 33 Poole Rd, Singapore 15, Singapore.
TANDUN, Susanto; '77 BSBA; 33 Poole Rd., Singapore 15, Singapore.
TANEFF, Nikolina; '88 BSBA; Staff; The Ohio Co., 155 E. Broad St., 12th Fl., Columbus, OH 43215; r. 8819 Stonehege Dr., Pickerington, OH 43147, 614 927-6185.
TANEFF, Steve Nicola; '86 BSBA; Sales Rep.; r. 8819 Stonehenge Dr., Pickerington, OH 43147, 614 457-7334.
TANEFF, Thomas Nikola, Esq.; '84 BSBA; Gen. Referee; Franklin Cnty. Probate Ct., 369 S. High St., 8th Fl., Columbus, OH 43215, 614 462-3896; r. 8819 Stonehenge Dr., Pickerington, OH 43147, 614 927-6185.
TANENBAUM, Mark; '81 MPA; Mgr./Trng. & Devel.; Marriott Inc./Travel Plz. Div., 1 Marriott Dr., Washington, DC 20058, 301 380-6547.
TANG, Ching-Ching; '82 MPA; Rsch. Asst.; New Jersey State Govt., Dept. of Higher Education, 4 Quakerbridge Plz., Trenton, NJ 08625, 609 588-3284; r. 26 Rolling Rd., Somerset, NJ 08873, 201 873-5655.
TANG, Dahlia; '88 MBA; 59 E. 16th Ave. F, Columbus, OH 43201.
TANG, Yih Pin; '87 BSBA; 330 1/2 North Church, Bowling Green, OH 43402, 419 352-5421.
TANGKEY, John; '87 BSBA; 9070 Huntington Dr. #17, San Gabriel, CA 91775.
TANKOVICH, John Robert, Jr.; '83 BSBA; Registered Rep.; First Investors Corp., 1836 Euclid Ave., Cleveland, OH 44115; r. 7353 Foxmill Rd., Mentor, OH 44060, 216 974-0240.
TANN, Michael Edward; '79 MBA; Dir. of Finance; City of Huron Ohio, 417 Main St., Huron, OH 44839, 419 433-5000; r. 1908 Hull, Sandusky, OH 44870, 419 626-8860.
TANNA, Laxmikant J.; '58 MBA; Dir.; Bhor Insudtries Ltd., 392, Veere Savarkar Marg, Bombay 400 025, 4300109, India; r. Grand Paradi Apts B, August Kranti Marg, Bombay 26, India.
TANNER, Gina Lee, (Gina Lee Marlowe); '86 BSBA; Traffic Secy.; Dorr Oliver, Hazleton, PA 18201; r. RD 1, Box 253A, Drums, PA 18222, 717 788-4326.
TANNER, Gregory Alan; '79 BSBA; Programmer; The Ohio State Univ., 1414 Lincoln Twr., University Systs. Dept., Columbus, OH 43210; r. 692 Riverview Dr., Apt. 73, Columbus, OH 43202, 614 268-1126.
TANNER, James M.; '80 MBA; Financial Svcs.; A.L. Williams, 13409 SW 108th Street Cir., Miami, FL 33186, 305 385-3709; r. Same.
TANNER, Michael Henry; '87 MPA; Engrg. Reliability Mgr.; Rockwell Intl., Heath Rd., Newark, OH 43055; r. 725 Howell Dr., Newark, OH 43055, 614 344-8820.
TANNER, Richard Snow; '82 BSBA; Inventory Control; Caldwell Supply Co., Valmont Ind. Park, Hazleton, PA 18201, 717 455-7511; r. RD 1, Box 253A, Drums, PA 18222, 717 788-4326.
TANNER, Timothy Raymond; '82 BSBA; Dir.-Clubhouse Svcs.; Muirfield Vlg. Golf Club, Dublin, OH 43017, 614 889-6700; r. 5987 MacEwen Ct., Dublin, OH 43017, 614 766-5773.
TANNER, William Evans; '78 BSBA; Controller; Battelle Comm. Operations Grp., 505 King Ave., Columbus, OH 43201; r. 1304 Ironwood Dr., Columbus, OH 43229, 614 885-8350.
TANNER, William R.; '56; 265 Alabama Ave., Sebring, OH 44672, 216 938-9259.
TANNOUS, Robert J.; '84 BSBA; Atty.-Assoc.; Porter Wright Morris & Arthur, 41 S. High St., Columbus, OH 43215, 614 227-1953; r. 5506 Bermuda Bay, Apt. 1C, Columbus, OH 43235, 614 459-3289.
TANOURY, Mark Peter; '77 BSBA; Atty.; Cooley Godward Castro, Huddleson & Tatum, 1 Maritime Plz., San Francisco, CA 94111, 415 981-5252; r. 3 Lost Valley Ct., Orinda, CA 94563.
TANPRASERT, Kesinee Cheecharern; '85 MBA; Mgr.-Sales Promotion; Muang Thai Life Assurance Co., 250 Rachadapisek Rd., Bangkok 10310, Thailand; r. 631 Paholyothin 35, Bangkok 10900, Thailand.
TANSKY, Ms. Judith A., (Judith A. Wilson); '75 MACC; PhD Student; Ohio State Univ., 319 C Hagerty Hall, Columbus, OH 43210, 614 292-4589; r. 379 Meditation Ln., Worthington, OH 43085, 614 888-2422.
TANTARI, Gregory Allen; '87 BSBA; Acct.; Brankamp Vosler & Co., 25 W. New England Ave., Worthington, OH 43085, 614 888-1776; r. 1467 Runaway Bay Dr., Apt. 1D, Columbus, OH 43204, 614 486-3466.
TANYERI, Ms. Aysen Itir; '78 BSBA; Student; Middle East Technical Univ., Economics Dept., Ankara, Turkey; r. Tahran St. 6/6, Kavakhdere, Ankara, Turkey.
TAPPAN, Mildred Lawrence; '46 BSBA; 4051 Gulf Shore Blvd., #1400, Naples, FL 33940, 813 261-0610.
TARANTELLI, Lisa Ann '85 (See Tolbert, Mrs. Lisa Ann).
TARANTELLI, Orlando P.; '53 BSBA; Retired; r. 165 Corlaer Ave., Schenectady, NY 12304, 518 346-5384.
TARANTINO, Kathryn L. '82 (See Hornyak, Mrs. Kathryn L.).
TARBILL, Timothy Michael; '76 BSBA; Box 277, New Holland, OH 43145.
TARCZY, Robert Louis; '68 BSBA; 15779 Edgewood Dr., Dumfries, VA 22026, 703 670-5910.
TARGETT, Thomas O.; '47 BSBA; 3515 Hanawalt Rd, Westerville, OH 43081, 614 882-2645.
TARINI, Mary Jo; '85 BSBA; Probate Acct.; Watkins & Bates, Probate Section, 1200 National Bank Bldg., Toledo, OH 43604, 419 241-2100; r. 2914 Glaston Oaks, Toledo, OH 43617, 419 841-4093.
TARLETON, COL Howard R.; '67 MBA; Col.; USAF, Hq Sac/Xo, Offutt AFB, NE 68113; r. 13006 S. 31st St., Omaha, NE 68123, 402 292-8684.
TARNEY, Scott Dwain; '81 BSBA; Sr. Tax Analyst; Borden, Inc., 180 E. Broad St., 25th Fl., Columbus, OH 43215, 614 225-4479; r. 100 Connors Ln., Delaware, OH 43015, 614 548-7927.
TARNOW, Robert Laurence, Jr.; '79 BSBA; Mgr.; Arthur Andersen & Co., 1 Financial Plz., Hartford, CT 06103, 203 280-0509; r. 6 Lincoln Rd., Waterford, CT 06385, 203 443-5837.
TARPLEY, Stephen Nicholas; '82 BSBA; Staff; IBM Corp., 140 E. Town St., Columbus, OH 43215, 614 225-3600; r. 1615 S. Roosevelt Ave., Columbus, OH 43209, 614 231-6265.
TARR, Frank Randall; '81 BSBA; Staff; Superior Constr., 16047 Hawn Rd., Plain City, OH 43064; r. 3754 Wenwood Dr., Hilliard, OH 43026, 614 876-4648.
TARR, LTC George P., Jr., PhD; '38 BSBA; USAF (RET); Retired Pres.; Pacific Basin Universities; r. 604 Salem Hts. S., Salem, OR 97302, 503 585-4170.
TARR, James Robert; '84 BSBA; Gen. Mgr.; Phoenix Assocs., 16760 E. Park Circle Dr., Chagrin Falls, OH 44022, 216 543-9701; r. 19 E. Belmeador, Chagrin Falls, OH 44022, 216 338-5274.
TARRIER, Kirk A.; '50 BSBA; Bus. Financial Planner; IDS American Express, 20 Northwoods Blvd., Worthington, OH 43085, 614 846-8723; r. 1950 Harrison Rd., Johnstown, OH 43031, 614 927-3958.
TARSCHIS, Harry; '28 BSBA; Retired; r. 1325 Laclede Rd, Toledo, OH 43612, 419 478-8227.
TARVER, Silas; '80 MBA; Mgr.; Sun Refining & Mktg., Maintenance Eng & Systs., POB 920, Toledo, OH 43693; r. 5761 Shellbrook Ln., Toledo, OH 43614, 419 866-9288.
TASNEY, Robert Gordon; '88 BSBA; 2170 Arlington Ave., Columbus, OH 43221, 614 486-2583.
TASSO, Gianpaolo; '85 BSBA; Staff; C T Export Import Ltd., International Trade, POB 21330, Columbus, OH 43221; r. POB 21330, Columbus, OH 43221, 614 486-0042.
TASSO, John; '60 BSBA; Retired Auditor; r. 5713 Troy Villa Blvd., Dayton, OH 45424, 513 237-0843.
TATA, Anthony D.; '52 BSBA; Owner; Collateral Advtg., 70 Hedges St., POB 1387, Mansfield, OH 44901, 419 524-0099; r. 791 Andover Rd., Mansfield, OH 44907, 419 756-2945.
TATA, David Knapp; '85 BSBA; Med. Supply Rep.; Wendt Bristol, 1159 Dublin Rd., Columbus, OH 43215, 614 486-9411; r. 7154 Marlan Cir., Reynoldsburg, OH 43068, 614 863-5027.
TATA, James R.; '80 BSBA; Pres.; Star Packaging Inc., 3660 Parkway Ln., Hilliard, OH 43026, 614 876-2950; r. 7753 Brandonway Dr., Dublin, OH 43017.
TATAR, Paul L.; '48 BSBA; King's Point c/o H Shapiro, 257 Seville, Delray Bch., FL 33344.
TATE, Frank Joseph, Jr.; '72 BSBA, '73 MBA; VP; Worthington Trane Air Cond, 7085 Huntley Rd., Worthington, OH 43085, 614 846-5060; r. 8849 Belisle Ct., Dublin, OH 43017, 614 766-2619.
TATE, Gene Franklin; '87 BSBA; Fast Track Prog.; Wil-Car Enterprises, 1020 7th, Wheelersburg, OH 45694, 614 353-2115; r. 111 Clinton St., Russell, KY 41169, 606 836-8310.
TATE, Michael Lynch; '78 MS; Natl. Account Mgr.; Owens Illinois, One Seagate, Toledo, OH 43666; r. 14532 Pembury Dr., Chesterfield, MO 63017, 314 878-9953.
TATE, Suzanne, (Suzanne Rumer); '40 BSBA; 4615 N. Larkspur Ln., Akron, OH 44313, 216 666-3002.
TATMAN, Charles Elson; '54 BSBA; Staff Acct.; Dept. of Energy US, Box A, Aiken, SC 29801; r. 820 Calhoun Pl. SE, Aiken, SC 29801, 803 649-9678.
TATMAN, Geoffrey S.; '73 BSBA; Packaging Engr.; Barton Branos Ltd., POB 220, Bardstown, KY 40004; r. 231 Rosewood, Bardstown, KY 40004, 502 348-6444.
TATTERSALL, Robert; '71 MBA; Exec. VP/Shareholder; Horgan Tattersall Investment Counsel, 20 Queen St., W., Ste. 1904, Toronto, ON, Canada M5H3R3, 416 979-1818; r. 655 Hillsdale Ave. E., Toronto, ON, Canada M4S1V4, 416 483-7469.
TATTERSON, Katherine Ann; '80 MPA; 6271 Hyland Dr., Dublin, OH 43017, 614 279-3749.
TATUM, Charles A.; '60 MBA; Pres./CEO; Tatum Investment Corp., 12701 S. Ashland Ave., Calumet Park, IL 60643, 312 597-9555; r. 1147 E. Hyde Park Blvd., Chicago, IL 60615, 312 643-4274.
TAUBE, Reid Kinsey; '51 BSBA; Advt. Mgr.; Kimball Intl., 1600 Royal St., Jasper, IN 47546, 812 482-8298; r. 55 Pine Dr., POB 471, Santa Claus, IN 47579, 812 544-2526.
TAUBER, Carol '80 (See Kabel, Mrs. Carol A.).
TAUCHE, Karl Bruce, Jr.; '78 MACC; Acctg. Mgr.; Arcair Co., POB #406, Rte.#33, Lancaster, OH 43130, 614 653-5618; r. 588 Northridge Rd., Columbus, OH 43214, 614 263-9229.
TAULTON, Ronald D.; '83 MBA; Dir. of Visual & Trng.; Systs. Rsch. Labs, 2800 Indian Ripple Rd., Dayton, OH 45440, 513 426-6000; r. 71 Fairfield Pike, Enon, OH 45323, 513 864-1846.
TAVAKOLIAN, Dr. Susan L.; '82 MPA; Rsch. Analyst; State of Ohio, Dept. of Education, 65 S. Front St., Columbus, OH 43215, 614 466-3125; r. 16 Sunset Hill, Granville, OH 43023, 614 587-4525.
TAVENNER, Blair Alan; '77 BSBA; Sr. VP; Eagle Housing Mortgage Grp. Inc., 9870 Plano Rd., Dallas, TX 75238, 214 553-8880; r. 7811 El Pastel Dr., Dallas, TX 75248, 214 386-6253.
TAVENNER, William J., Sr.; '62 BSBA; Pres.; Littleton Securities Co., 4900 Mechanicsburg Rd., Springfield, OH 45502, 513 399-8415; r. Same, 513 390-1864.
TAVENS, Albert L.; '48 BSBA; Pres.; Tavens Industries Inc., 4801 Chaincraft Rd., Cleveland, OH 44125, 216 587-3333; r. 27050 Cedar Rd., # 202-4, Cleveland, OH 44122, 216 831-0565.
TAVENS, Lester; '53 BSBA; VP; Marvel Cnslts. Inc., 3690 Orange Pl., Beachwood, OH 44122, 216 292-2855; r. 5148 Hickory Dr., Lyndhurst, OH 44124, 216 292-2855.
TAWIL, Ms. Linda Phelps; '78 BSLHR; Atty.; r. 10109 Hillcrest Dr., Kirtland, OH 44094, 216 256-8568.

TAWNEY, Regina Lea; '82 BSBA; Treas.; Ross Cnty. Bd. of MR/DD, 11268 Cnty. Rd. 550, Chillicothe, OH 45601, 614 773-8044; r. 636 Pickens Ave., Chillicothe, OH 45601, 614 775-0673.

TAXTER, Joseph David, Jr.; '76 BSBA; 11440 Scott Mill Rd., Jacksonville, FL 32223, 904 268-5463.

TAY, Chin Yee; '87 BSBA; Ofcr.; Arab-Malaysian Finance Berhad, 10th Fl., Bangunan Arab-Malay, Jalan Raja Chulan, Kuala Lumpur, Malaysia, 032382100; r. 175-B Kampung Lapan, Melaka 75200, Malaysia, 06359060.

TAYLOR, Anne Lynn; '83 MPA; Mgmt. Analyst; Dept. of Justice/Civil Div., Ofc Of Planning, Budget & Eval, 550 11th St. NW, Washington, DC 20530; r. 6903 Woodstream Ln., Seabrook, MD 20706, 301 794-9440.

TAYLOR, Barbara Jones; '46 BSBA; Retired; r. 722 Grandview Ave., Lancaster, OH 43130, 614 653-4762.

TAYLOR, Barry Martin; '76 MBA; Admin. Mgr.; Owens Corning Fiberglas, Fiberglas Twr., Toledo, OH 43659, 419 248-6447; r. 4640 Woodland Ln., Sylvania, OH 43560, 419 882-5741.

TAYLOR, Bradley Keith; '81 BSBA; Mgr.; Frito-Lay Inc., Div Pepsi Co, Frito-Lay Twr., Dallas, TX 75235; r. 5581 Carlsbad Ct., Fairfield, OH 45014, 513 829-4340.

TAYLOR, Bradley Robert; '86 BSBA; 5555 Marita Ln., Columbus, OH 43220.

TAYLOR, Brent Merrill; '78 MBA; 39 Treaty Elms Ln., Haddonfield, NJ 08033, 609 354-9123.

TAYLOR, Calvin Kenneth; '81 BSBA; Bus. Rschr.; Cincinnati Bell Telephone, 201 E. Fourth St., Cincinnati, OH 45201, 513 397-7244; r. 2757 Madison Rd., Cincinnati, OH 45209, 513 731-0973.

TAYLOR, Cathy Roth; '75 BSBA; Dir.; Proprieters, Audit Tax & Info Service, Delaware, OH 43015; r. 3 Puerto, Irvine, CA 92720, 714 838-5139.

TAYLOR, Charles B.; '47 BSBA; Retired; r. 1630 N. 183rd, Seattle, WA 98133, 206 542-6980.

TAYLOR, Charles Godfrey, Jr.; '57 BSBA; Pres.; Columbus Washboard Co., 1372 Oxley Rd., Columbus, OH 43212, 614 299-1465; r. 1888 James Rd. SE, Granville, OH 43023, 614 587-3874.

TAYLOR, Charles Louis; '51 BSBA; Comptroller Asst. Tre; Modern Medicine Publications I, 4015 W. 65th St., Minneapolis, MN 55435; r. 2236 Seville Ct., Arlington, TX 76013, 817 261-7440.

TAYLOR, Charles Robert; '48 BSBA; Part-time Bank Courier; Colonial Central Savings Bank, 100 W. 11th St., Anderson, IN 46016, 317 646-1628; r. 1021 Melrose Dr., Anderson, IN 46011, 317 642-7092.

TAYLOR, Cheryl Lynne; '86 MPA; 11714 N. Marlton Ave., Upper Marlboro, MD 20870, 301 627-3764.

TAYLOR, David Bevier; '67 BSBA, '78 MBA; Financial Mgr.; r. 9 Heritage Farm Dr., New Freedom, PA 17349, 717 993-3105.

TAYLOR, David Ernest; '76 MBA; Pres.-Owner; Taylor Agcy. Inc., 2098 Portage Rd., Ste. 300, Wooster, OH 44691, 216 262-2735; r. Same.

TAYLOR, Dr. David Wilson; '75 MPA, '76 PhD (PA); Sr. Info. Scientist; Sci. Applications Intl. Corp., 1710 Goodridge Dr., Mc Lean, VA 22102, 703 734-4003; r. 11420 Links Dr., Reston, VA 22090, 703 437-1213.

TAYLOR, Deborah '80 (See Alsfelder, Deborah T.).

TAYLOR, Dianne Hennessy; '86 BSBA; 1083 W. Sells Ave., Apt. J, Columbus, OH 43212, 614 486-7685.

TAYLOR, Donald Clifton; '80 MPA; Planner; City of Columbus, 50 W. Gay St., Columbus, OH 43215, 614 222-7144; r. 1588 Coburg Rd., Columbus, OH 43227, 614 239-9299.

TAYLOR, Mrs. Donald H., (Alleen Lanthorn); '34 BSBA; Mgr.; Mt. Rainier Natl. Park, Paradise Inn Gift Shop, Mt. Rainier, WA 98398; r. 37-C Sandpiper, Palm Desert, CA 92260, 619 346-0989.

TAYLOR, Dorothy Elizabeth; '88 BSBA; 3140 Wareham Rd, Columbus, OH 43221.

TAYLOR, Ernest Gene; '72 BSBA; 8050 Mckitrick, Plain City, OH 43064, 614 873-3261.

TAYLOR, Floyd Emerson, Jr.; '47 BSBA; Retired Acct.; Rockwell Intl., 4300 E. 5th Ave., Columbus, OH 43219; r. 4400 Marland Dr., Columbus, OH 43224, 614 263-9844.

TAYLOR, Frank Windsor; '59 BSBA; CPA; 3560 Clubhouse Cir. E., Apt. A, Decatur, GA 30032, 404 294-0353; r. Same.

TAYLOR, Frederick G.; '51 BSBA; Retired; r. 2685 Sherwood Rd, Columbus, OH 43209, 614 237-2224.

TAYLOR, Gardner Bruce; '40 BSBA; Retired; Julian & Kokenge Co., 280 S. Front St., Columbus, OH 43215; r. 1950 Cambridge Blvd., Columbus, OH 43212, 614 488-3215.

TAYLOR, Gary Allen; '87 BSBA; 25 Mccollum St., Tiffin, OH 44883, 419 447-9632.

TAYLOR, Gary Emerson; '59 BSBA; Pres.; M.F.T. Leasing, 5016 Post Rd., Dublin, OH 43017, 614 792-0119; r. 309 Lockville Rd., Pickerington, OH 43147, 614 837-2119.

TAYLOR, George Aaron; '77 MBA; Materials Mgr.; Hewlett-Packard, 11311 Chinden Blvd., Boise, ID 83714, 208 323-2343; r. 7396 Glenridge View, Boise, ID 83709, 208 362-0389.

TAYLOR, Henry C.; '50; Retired Gen. Supv; The Timken Co., 1025 Cleveland Ave., Columbus, OH 43201; r. 114 N. Cassingham Rd., Bexley, OH 43209, 614 235-5794.

TAYLOR, Dr. Henry Lee; '72 BSBA; Asst. Prof.; The Ohio State Univ., History Dept., Columbus, OH 43210; r. 37 Highgate, Buffalo, NY 14214.

TAYLOR, J. Patrick; '66 BSBA; Treas.; Royal Aluminum, Inc., POB 885008, Leesburg, FL 32788, 904 787-4000; r. 7435 Fairway Rd, Leesburg, FL 32788, 904 728-4530.

TAYLOR, James Edwin; '86 MBA; VP; Paul Werth Assocs., Inc., 88 E. Broad St., Columbus, OH 43215, 614 224-8114; r. 2780 Lymington Rd., Columbus, OH 43220, 614 451-9559.

TAYLOR, James Kerr, III; '82 BSBA; 8619 Monroe Ave., Apt. 23, Cincinnati, OH 45242.

TAYLOR, James L.; '81 MBA; VP Human Resources; The Christ Hosp., Human Resources Dept., 2139 Auburn Ave., Cincinnati, OH 45219, 513 369-2000; r. 10407 Stone Ct., Cincinnati, OH 45242, 513 793-6739.

TAYLOR, James Oscar, Jr.; '66 BSBA; Section Mgr.; Nationwide Ins. Co., One Nationwide Plz., Systs. & Data Processing, Columbus, OH 43216, 614 249-5341; r. 1751 Francisco Rd., Columbus, OH 43220, 614 459-1465.

TAYLOR, Jeffrey Emmet; '72 BSBA; 5461 Mahoning Ave., Youngstown, OH 44515.

TAYLOR, Jeffrey Scott; '88 BSBA; 2535 Neil Ave., Columbus, OH 43202, 614 267-9486.

TAYLOR, Jerry L.; '58 BSBA; Instr.; NBC Tech Ctr., 1441 N. Cable Rd., Lima, OH 45805, 419 227-3141; r. 1529 Putters Ln., Lima, OH 45805, 419 999-2796.

TAYLOR, Jerry M.; '49 BSBA; Acct.; Dbc Ltd., 347 Sherborne Dr., Columbus, OH 43219; r. 347 Sherborne Dr., Columbus, OH 43219, 614 252-0182.

TAYLOR, Joan R.; '57 BSBA; Tchr.; Bliss Clg., 3770 N. High St., Columbus, OH, 614 267-8355; r. 735 Worthington Forest Pl., Columbus, OH 43229, 614 433-9684.

TAYLOR, Joanne French; '46; Volunteers Dir.; Children's Hosp., 700 Childrens Dr., Columbus, OH 43205; r. 1025 Oberlin Dr., Columbus, OH 43221, 614 459-2511.

TAYLOR, John Albert; '80 MBA; Industry Mkt. Mgr.; Industrial Data Technologies, 173 Heatherdown Dr., Westerville, OH 43081, 614 882-3282; r. 9377 Din Eidyn, Dublin, OH 43017, 614 889-8949.

TAYLOR, John Allan; '87 BSBA; Salesman; Pecks Boats, 3800 Rte. 28, POB 358, Cotuit, MA 02635, 508 428-6956; r. 36 Pondlet Pl., Falmouth, MA 02540, 508 548-5158.

TAYLOR, Hon. John Kemper; '58 BSBA; Retired Judge; r. 417 S. Columbus St., Rte. 2, Somerset, OH 43783, 614 743-2203.

TAYLOR, Joseph K.; '35 BSBA; Retired; r. 2818 Erie St. SE, Washington, DC 20020, 202 581-5979.

TAYLOR, Judith Cunningham; '81 BSBA; 2077 Westover Rd., Columbus, OH 43221, 614 486-8568.

TAYLOR, Karen Fay, (Karen Fay); '76 BSBA; Homemaker; r. 4640 Woodland Ln., Sylvania, OH 43560, 419 882-5741.

TAYLOR, Lafayette; '32 BSBA; Retired; r. 2213 Waller St., Portsmouth, OH 45662, 614 353-7570.

TAYLOR, Leslie Paul; '79 MBA; EDP Audit Mgr.; Coopers & Lybrand, 100 E. Broad St., Columbus, OH 43215, 614 225-8722; r. 20 Brevoort Rd., Columbus, OH 43214.

TAYLOR, Linda Dianne; '74 MPA; Student; Tisch Sch. of Art, NYU Film Div., New York, NY 10001; r. 203 W. 14th St. #2R, New York, NY 10011, 212 463-8137.

TAYLOR, Margaret Bobb, (Margaret Bobb); '31 BSBA; Retired; r. 269 Fairway Blvd., Columbus, OH 43213, 614 861-1065.

TAYLOR, Martha Elizabeth; '84 MPA; Dir of Rsch & Info Mgmt; United Way of Franklin Cnty., 360 S. 3rd St., Columbus, OH 43215, 614 227-2734; r. 1098 Northwest Blvd., Columbus, OH 43212, 614 299-1631.

TAYLOR, Mrs. Mary E., (Mary E. BeVier); '30; Retired; r. 2912 NW Blvd., Columbus, OH 43221, 614 488-1701.

TAYLOR, Michael Allen; '87 BSBA; 2735 Gingertree Dr., Ashtabula, OH 44004, 216 224-0634.

TAYLOR, Michael Arthur; '79 MBA; Owner; at Home...In Aspen, Inc., POB 10144, Aspen, CO 81612, 303 925-6517; r. POB 2301, Aspen, CO 81612, 303 923-4452.

TAYLOR, Michael Paul; '83 BSBA; Asst. Opertns Mgr.; K-Mart Corp., 3100 Hamilton Rd., Columbus, OH 43232, 614 868-0410; r. 5020 Chatterton Rd., #9, Columbus, OH 43232, 614 863-5684.

TAYLOR, N. Emerson; '31 BSBA, '32 MA; Retired; r. 199 Lockville Rd., Pickerington, OH 43147, 614 837-7392.

TAYLOR, Nancy J. '49 (See Cheney, Nancy Taylor).

TAYLOR, Nancy Johnston; '81 BSBA; 1826 San Remo Dr., Columbus, OH 43204.

TAYLOR, Natalie A. '78 (See Bergmann, Ms. Natalie A.).

TAYLOR, Ralph Edward; '71; 434 Beechwood Rd, Columbus, OH 43213, 614 239-8789.

TAYLOR, Raymond W.; '84 BSBA; 366 Ninun Ct., Marion, OH 43302.

TAYLOR, Richard Breckinridge; '52 BSBA; VP; Velcon Filters Inc., Mktg. Dept., 1750 Rogers Ave., San Jose, CA 95112; r. 67 Sunkist, Los Altos, CA 94022, 415 948-2008.

TAYLOR, Richard Wallace; '85 BSBA; Account Mgr. Sales; Fed. Systs. Div., NCR Corp., 3095 Kettering Blvd., Dayton, OH 45439, 513 297-5816; r. 111 Katharine Ter., Dayton, OH 45419, 513 293-1371.

TAYLOR, LTC Robert Allen, USA(Ret.); '52 BSBA; Rte. 12, Box 81, Western Hills Addition, Bedford, IN 47421, 812 275-4893.

TAYLOR, Robert Arthur; '67 BSBA; Staff; Columbus Southern Power Co., 215 N. Front St., Columbus, OH 43215; r. 259 Westmoor Ave., Newark, OH 43055, 614 344-1268.

TAYLOR, Robert Baldwin Lee; '50; Retired; r. 1025 Oberlin Dr., Columbus, OH 43221, 614 459-2511.

TAYLOR, Robert Charles; '78 BSBA; 2775 Goldpoint Way, Sacramento, CA 95827, 916 364-0695.

TAYLOR, Dr. Robert Lewis; '66 MBA; Dean; Univ. of Louisville, Sch. of Business, S. Third St., Louisville, KY 40292, 502 588-6443.

TAYLOR, Robert Morris; '65 BSBA, '65 MBA; Chmn./C O E; The Mariner Grp., Real Estate Development, 13391 McGregor Blvd., Ft. Myers, FL 33919, 813 481-2011; r. 5550 Shaddelee Ln., Ft. Myers, FL 33919, 813 481-8663.

TAYLOR, Robert Paul; '79 BSBA; POB 48, Kingston, OH 45644.

TAYLOR, Ronald Alan, CPA; '79 BSBA; Sr. Staff; Robinson Maynard & Assocs., 7010 Olentangy River Rd., Worthington, OH 43085, 614 885-4950; r. 3893 Blueberry Hollow, Columbus, OH 43230, 614 890-3708.

TAYLOR, Ronald Ray; '82 BSBA; 4639 Lincoln Way W., Wooster, OH 44691, 216 263-6383.

TAYLOR, Rosalie Drake; '48; Retired Secy.; Chief Nav. Personnel, Pentagon, Washington, DC 20066; r. POB 767, 86 E. Cherokee Dr., Powell, OH 43065.

TAYLOR, LCDR Stephen David, USN; '86 MBA; Ofcr. in Charge; Navy Resale Activity, Naval Training Ctr., San Diego, CA 92133, 619 221-1001; r. 4836 Donaldson Dr., Pacific Beach, San Diego, CA 92109, 619 273-1001.

TAYLOR, Stephen Francis; '77 BSBA; 2363 N. High St. Apt. 1, Columbus, OH 43202, 614 291-4707.

TAYLOR, Steven Scott; '86 BSBA; Prod. Support Spec.; Cincom Systs. Inc., 2300 Montana Ave., Cincinnati, OH 45211, 513 782-5777; r. 3417 Apt. 3C Steeplechase Ln., Loveland, OH 45140, 513 677-9003.

TAYLOR, Thomas Allan; '67 BSBA; VP; Commerical Data Corp., 1177 Poplar Ave., Memphis, TN 38105, 901 278-5800; r. 69 Cherokee Dr., Memphis, TN 38111, 901 324-8611.

TAYLOR, Thomas Clinton, III; '76 BSBA; Owner; Top Cat Concrete, 7684 Taylor Rd. S. W., Reynoldsburg, OH 43068, 614 861-1115; r. Same.

TAYLOR, Trisha Leigh; '87 BSBA; Student; Capital Univ., Law Sch., 665 S. High St., Columbus, OH 43215; r. 2077 Westover Rd., Columbus, OH 43221, 614 486-8568.

TAYLOR, Victor Allen; '79 BSBA; Branch Support Mgr.; Compuserve, 5000 Arlington Ctr. Blvd., Columbus, OH 43220, 419 243-2600; r. 2505 Cotswold Rd., Toledo, OH 43617, 419 841-2346.

TAYLOR, LTC Vyrle Jack; '67 MS; 1687 E. Jost Rd., Kaysville, UT 84037, 801 546-1425.

TAYLOR, Walter Russell, Jr.; '70 BSBA; Mgr.; Kristofer's, 5815 Karric Sq., Dublin, OH 43017; r. 5241 Grandon Dr., Hilliard, OH 43026, 614 771-1459.

TAYLOR, Wilbur F.; '49 BSBA; Retired; r. 2277 Nayland Rd, Columbus, OH 43220, 614 451-4027.

TAYLOR, William E., III; '70 BSBA; Pres./Owner; W E T & Assocs. Ltd., 11530 Belleville Rd., Belleville, MI 48111; r. 5657 Mountain Rd., Brighton, MI 48116, 313 229-7362.

TAYLOR, William Howard; '51 MBA; 17356 Lahey St., Granada Hls., CA 91344.

TAYLOR, William Scott; '87 BSBA; 310 E. Columbus St., Columbus, OH 43206, 614 444-7798.

TAYLOR, Hon. William Wiseman, Jr.; '51 BSBA; Admin. Law Judge; Ofc. of Hearings & Appeals, US Courthouse, 255 W. Main St., Charlottesville, VA 22901, 804 977-3456; r. 1319 Hilltop Rd., Charlottesville, VA 22903, 804 293-7715.

TEA, Patricia L.; '87 BSBA; Auditor; Bank One, 100 E. Broad St., Columbus, OH 43215; r. 13744 Stonehenge Cir., Pickerington, OH 43147, 614 927-7776.

TEACH, Herschel M.; '58 BSBA; POB 25, Columbus, OH 43216, 614 262-7251.

TEACH, Dr. Richard Dillon; '61 MBA; Prof.; Georgia Inst. of Technology, Clg. of Management, 225 North Ave., Atlanta, GA 30332, 404 894-4355; r. 1814 Village Mill Rd., Dunwoody, GA 30338, 404 396-5851.

TEACH, Stuart Eugene; '68 BSBA; Sr. Equity Mgr.; Natl. Rural Electric Assn., 1800 Massachusetts Ave. NW, Washington, DC 20036, 202 857-9722; r. 1312 Millfarm Dr., Vienna, VA 22180, 703 759-3834.

TEAGUE, Bige B., Jr.; '37 BSBA; Chiropractor; 2011 N. Main St., Dayton, OH 45405, 513 274-7001; r. 2015 N. Main St., Dayton, OH 45405, 513 274-7001.

TEAGUE, Sherry Lynn; '83 BSBA; Supv.; Bank One of Columbus, Collections Dept., 100 E. Broad St., Columbus, OH 43215; r. 4153 Saylor St., Dayton, OH 45416.

TEARE, Gregory Lawrence; '76 BSBA; Sr. VP; TransOhio Savings Bank, 1100 Superior Ave., Ste. 1300, Cleveland, OH 44114, 216 621-9600; r. 8018 N. Boyden Rd., Sagamore Hls., OH 44067, 216 467-7305.

TEATER, Andrew S.; '86 BSBA; Relocation Spec.; City of Columbus, 140 Marconia Blvd., Columbus, OH 43215, 614 222-6774; r. 3091 Dorris Ave., Columbus, OH 43202, 614 262-4711.

TEBBUTT, Amy Van Bergen; '86 BSBA; Status Controller; Loews Anatole Hotel, Dallas, TX 75207; r. 2333 L Don Dodson, Apt. 254, Bedford, TX 76021, 817 685-7580.

TECKLENBURG, Thomas W.; '86 BSBA; Asst. Controller; R Plus R Direct, 2290 Arbor Blvd., Dayton, OH 45439, 513 299-9066; r. 405 Ridge Ave., Troy, OH 45373, 513 339-1395.

TEDESCHI, Lawrence Michael; '78 BSBA; Security Analyst; Seafirst Bank, POB 3586 (CSC-8), Seattle, WA 98124, 206 358-3260; r. 11621 N. E. 102nd Pl., Kirkland, WA 98033, 206 827-0780.

TEDESCHI, Mark Anthony; '83 BSBA; Acct.; Washington Natural Gas, 815 Mercer St., Seattle, WA 98109, 206 622-6767; r. 14507 NE 40th St., #A102, Bellevue, WA 98007.

TEDESCHI, Thomas Michael; '79 BSBA; Asst. Auditor; r. 1683 Arlingate Dr., N., Columbus, OH 43220, 614 459-0826.

TEDRICK, James B.; '70; Pres.; OMNICO, 5200 NW 33rd Ave., Ft. Lauderdale, FL 33309, 305 485-3731; r. 9921 NW 46th Ct., Sunrise, FL 33351.

TEDROW, James E.; '59 BSBA; Pilot; T W A, Flight Engineer, Kansas City, MO 64108; r. Angsc/Xoc, Mailstop 18, Andrews AFB, MD 20331.

TEDROW, Mary Elizabeth; '87 MBA; Nurse; Dr Brant W Tedrow, Box 187, Groveport, OH 43125; r. POB 187, 6269 Lithopolis, Groveport, OH 43125, 614 836-5221.

TEERATANANON, Maneeporn; '85 BSBA; 1886 Kasemrahd, Bangkok, Thailand.

TEETOR, John Stephen; '74 BSBA; 2594 Kent Rd, Columbus, OH 43221, 614 488-5657.

TEETS, Judith E., (Judith E. Neumann); '86 BSBA; Personnel Admin.; Allied Mineral Prods. Inc., 2700 Scioto Pkwy., Columbus, OH 43026, 614 876-0244; r. 3110 Bethel Rd., Columbus, OH 43220, 614 766-2968.

TEETS, Ricky Leroy; '83 BSBA; Systs. Analyst; Online Computer Library Ctr., 6565 Frantz Rd., Dublin, OH 43017, 614 764-4362; r. 102 E. Sandusky, Mechanicsburg, OH 43044, 513 834-3684.

TEFEND, Kevin Alexander; '82 BSBA; Programmer/Salesman; Digi Scale Systs. Inc., 2235 S. James Rd., Columbus, OH 43232, 614 237-4427; r. 310 Parkwood Ave., Columbus, OH 43147, 614 837-5975.

TEFFT, Brandt; '79 BSBA; Sales; Deluxe Check Printers, Detroit, MI 48210; r. 1331 Chestnut Ln., Rochester Hls., MI 48309, 313 651-0476.

TEFFT, J. Carvel; '46 BSBA; Retired; r. 2567 Onandaga Dr., Columbus, OH 43221, 614 486-1582.

TEGETHOFF, Laura Ann; '88 BSBA; Account Exec.; MPM & Assocs., 2620 Billingsley Rd., Worthington, OH 43085, 614 764-7391; r. 815 N. High St. Apt. 62, Columbus, OH 43215, 614 297-1187.

TEHAN, Robert F.; '57 BSBA; Owner; All Svc. Bus. Forms, POB 713, Springfield, OH 45501, 513 399-0441; r. 715 W. Home Rd., Springfield, OH 45504, 513 390-6123.

TEITELBAUM, Hal Paul; '69 BSBA; VP/Branch Mgr.; Automatic Data Processing, 18 Centerpointe Dr., La Palma, CA 90623, 714 228-0210; r. 9542 Netherway Dr., Huntington Bch., CA 92646, 714 962-3663.

TEITELBAUM, Michael Jay; '84 BSBA; 2201 Campus Rd, Cleveland, OH 44122.

TEITELBAUM, Myron, MD, JD; '51 BSBA; Phys.; 6221 Wilshire Blvd. Ste. 620, Los Angeles, CA 90048, 213 937-3616; r. 137 S. Palm Dr., Apt. 506, Beverly Hls., CA 90212.

TEJADA, Dr. Gustavo Adolfo; '55 BSBA; Aptdo 619 Panama 1, Panama, Panama.

TEKLITZ, Gregory Joseph; '83 BSBA; Master Scheduler; Automatic Sprinkler Corp. of America Div. of Figgie Intl., POB 180, Cleveland, OH 44147, 216 526-9900; r. 836 Lincoln Blvd., Bedford, OH 44146, 216 232-2731.

TELBAN, Mary Kathleen; '76 BSBA; VP; Educational Horizons Inc., 9794 Forest Ln., Ste. 362, Dallas, TX 75243, 214 369-9426; r. 5934 La Vista Dr., Dallas, TX 75206.

TELFAIR, Matthew W.; '52 BSBA; 737 Timber Ln., Wilmington, OH 45177, 513 382-2189.

TELICH, Michael J. P., II; '75 MBA; Controller; Marathon Petroleum Co., Texas Refining Div, POB 1191, Houston, TX 77592, 409 945-2331; r. 2316 Acacia Dr., League City, TX 77573, 713 332-2882.

TELLES, Gregory Lynn; '75 BSBA; Auditor; Ohio State University Hosp., 410 W. 10th Ave., Columbus, OH 43210; r. 2062 Kentwell Rd., Columbus, OH 43221, 614 459-7163.

TELLINGHUISEN, Douglas Lee; '71 BSBA; Furniture Sales Mgr.; r. 5522 E. Albain Rd., Monroe, MI 48161, 313 242-6141.

TELLJOHANN, Willis G.; '61 BSBA; Active Partner; Arthur Young & Co., 1600 Toledo Trust Bldg., One Seagate, Toledo, OH 43604; r. 920 W. Wayne, Maumee, OH 43537, 419 893-2540.

TEMELKOFF, Thomas C.; '83 BSBA; Dist. Mgr.; Warner-Lambert Co., 201 Tabor Rd, Morris Plains, NJ 07950; r. 1826 Poppleton Dr., W. Bloomfield, MI 48033.

TEMPLE, Gary Don; '69 BSBA; Mgr.; Eastman Kodak Co., 343 State St., Rochester, NY 14650, 716 781-9628; r. 132 Eastman Estates, Rochester, NY 14622.

TEMPLE, James C.; '55 BSBA; Maint. Worker; St. Mary Sch., 309 E. Chestnut St., Lancaster, OH 43130, 614 653-3143; r. 208 E. Walnut St., Lancaster, OH 43130, 614 653-9505.

TEMPLE, Lawrence Dale; '76 MPA; Salesman; Alexander & Alexander, 1328 Dublin Rd., Columbus, OH 43215, 614 486-9571; r. 2078 Wendy's Dr. Ste. 2D, Upper Arlington, OH 43220, 614 451-1800.

TEMPLE, Michael Scott; '85 BSBA; 2939 Morewood Rd., Akron, OH 44313, 216 864-2107.

TEMPLETON, Charles Wesley; '87 BSBA; Sales Rep.; Edward Sims Corp., 5525 Chantry Dr., Columbus, OH 43232, 614 864-9965; r. 2972 Essington Dr., Dublin, OH 43017, 614 889-2850.

TENDER, Kenneth N.; '65 BSBA; Dist. Mgr.; Ohio Bell Telephone Co., 2525 State Rd., Cuyahoga Falls, OH 44223, 216 922-2800; r. 355 Druerie Ln., Medina, OH 44256, 216 239-1955.

TENDER, Mark A.; '86 BSBA; Sales Rep.; Triangle Fastener Corp., Columbus, OH 43210; r. 271 S Champion Ave, Columbus, OH 43205, 614 253-3539.

TENNANT, Kirk Lee; '72 BSBA; Lecturer in Acctg.; Southern Meth. Univ., E. L Cox Sch. of Business, Dallas, TX 75275, 214 692-2140; r. 4764 Shands Ave., Mesquite, TX 75150, 214 681-0976.

TENNEY, Harold Freeman; '32 BSBA; Account Exec.; Triad Advt. Agcy., 124 N. Ontario St., Toledo, OH 43624, 419 241-5110; r. 3813 Sulphur Springs Rd., Toledo, OH 43606, 419 536-0442.

TENWALDE, Thomas Wayne; '73 BSBA; Asst. VP; Bank One of Columbus, Branch Admin., 100 E. Broad St., Columbus, OH 43271; r. 235 Longfellow Ave., Worthington, OH 43085, 614 846-1273.

TEPE, Kimberly Kuntz; '85 BSBA; Salesperson; Tepe Nursery, 200 S. Nixon Camp Rd., Oregonia, OH 45054, 513 932-4801; r. 200 S. Nixon Camp Rd., Oregonia, OH 45054, 513 932-3757.

TEPPER, Harry Michael; '79 BSBA; Controller; Mason Structural Steel, Inc., 7500 Northfield Rd., Walton Hills, OH 44146, 216 439-1040; r. 24811 Wimbledon, Cleveland, OH 44122, 216 831-5808.

TERHAR, Jo Ann; '84 MPA; Asst. Planner; Tampa Bay Reg Plng. Council, 9455 Koger Blvd., St. Petersburg, FL 33716, 813 577-5151; r. 9455 Koger Blvd., St. Petersburg, FL 33716.

TERHUNE, Karen Banks, (Karen L. Banks); '79 BSBA; Financial Examiner Supv.; Ohio Dept. of Commerce, Div. of Securities, Two Nationwide Blvd., Columbus, OH 43215, 614 644-7411; r. 4800 Teter Ct., Columbus, OH 43220, 614 459-4076.

TERLECKI, Gary Michael; '79 BSBA; Dist. Sales Mgr.; BMW of North America, Inc., 6606 Owens Dr., Pleasanton, CA 94566, 415 682-3577; r. 1453 Treat Blvd. #311, Walnut Creek, CA 94596, 415 256-7752.

TERMEER, Donald James; '74 BSBA; Staff; Otterbein Clg., N. Grove & Clg., Westerville, OH 43081; r. 2137 Heatherfield, Worthington, OH 43085, 614 891-3546.

TERMEER, Henry A., Jr.; '50 BSBA; 2516 Briarwood Ct., Clearwater, FL 34615, 813 796-9574.

TERMEER, Lynda '85 (See Corrova, Mrs. Lynda Termeer).

TER-MORSHUIZEN, John Derek; '84 MLHR; #10 Leslie Rd., Charlo Port Elizabeth, South Africa.

TERRANO, Cynthia Ammar, (Cynthia Ammar); '81 BSBA; Controller; Meridia Inst., 34055 Solon Rd., Ste. 108, Solon, OH 44139, 216 248-0199; r. 7174 Hollyhock Ln., Solon, OH 44139, 216 248-7172.

TERRANOVA, James Alan; '75 BSBA; Assoc. Dir./ Investments; California Casualty Ins., 1900 Alameda de Las Pulgas, San Mateo, CA 94403, 415 574-4000; r. 2018 Trousdale Dr. #3, Burlingame, CA 94010, 415 692-1884.

TERRELL, David Michael; '83 BSBA; Account Exec.; Carlson Mktg. Grp., 111 Presidential Blvd., Ste. 240, Bala-Cynwyd, PA 19006, 215 664-9970; r. 250 Tanglewood Ln., Ct. At Hen #D2, King Of Prussia, PA 19406, 215 354-9196.

TERRELL, David Orlin; '74 BSBA; Assoc. Dir.; Ohio State University Hosp., 1654 Upham Dr., Columbus, OH 43232; r. 1939 Riverdale Rd., Columbus, OH 43227, 614 864-6840.

TERRERI, Joseph D.; '50 BSBA; Pres.; Daniel A. Terreri & Sons Inc., General Construction, POB 2300, Youngstown, OH 44509, 216 792-1453; r. 3755 Tippecanoe Pl., Canfield, OH 44406, 216 533-4342.

TERRETT, Charles David; '85 MBA; Mgr-Morristown Operations; Morristown Clinic & Pharmacy, 66840 Belmont, Morristown Rd., Belmont, OH 43718, 614 782-1230; r. 648 E. Main St., Barnesville, OH 43713, 614 425-2044.

TERRIBLE, Dan J.; '78 MPA; Asst. to Supt.; Div. of Safety & Hygiene, Ohio Industrial Commission, 246 N. High St., Columbus, OH 43215, 614 466-9801; r. 6086 Holiday Ln., Amlin, OH 43002, 614 764-9962.

TERRILL, Steven Lee; '78 BSBA; Mktg. Dir.; Natl. Cash Register Corp., 1700 S. Patterson Ave., Dayton, OH 45479, 513 445-4492; r. 9486 Meadow Woods Ln., Spring Vly., OH 45370, 513 885-7622.

TERRILL, Susan Irene; '88 BSBA; 8491 S. R 292, Ridgeway, OH 43345, 513 363-3684.

TERRY, David Scott; '80 BSBA; 200 Seminary Dr., %Grace Theol Seminary, Winona Lake, IN 46590.

TERRY, CAPT Michael Jchn; '70 BSBA; 4000 S. Ocean Dr., Hollywood, FL 33019.

TERRY, Paul E.; '59 BSBA; Admin.; Bear Valley Community Hosp. Dist., 42187 Big Bear Blvd., Box 6547, Big Bear Lake, CA 92315, 714 866-7789; r. Box 1417, 630 Kern Ave., Sugarloaf, CA 92386.

TERRY, Ramona Diane; '88 BSBA; 629 Blenheim, Columbus, OH 43214, 614 263-0143.

TERRY, Russell G.; '54 BSBA; Pres.; R. Terry Realty, Inc., 641 49th St. N., St. Petersburg, FL 33710; r. 4086 85th St. N., St. Petersburg, FL 33709, 813 345-8394.

TERRY, Steven Glen; '75 BSBA; Operations Mgr.; J C Penney Co. Ins., 800 Brooksedge, Westerville, OH 43081, 614 891-0193; r. 3444 Dahlgreen Dr., Westerville, OH 43081, 614 882-1605.

TERVEER, Thomas Bernard; '80 BSBA; Atty.; Nationwide Ins. Co., One Nationwide Blvd., Columbus, OH 43216, 614 249-5428; r. 975 Kennington Ave., Columbus, OH 43220, 614 442-6829.

TERVEER, Timothy Joseph; '86 BSBA; Mrkting Rep.; IBM Corp., One IBM Plz.-7/DH6, Chicago, IL 60611, 312 245-2041; r. 3647 N. Marshfield, Chicago, IL 60613, 312 528-4414.

TESCHNER, Elizabeth De Cenzo, (Elizabeth De Cenzo); '81 BSBA; Benefits Analyst; AM Intl., Inc., 333 W. Wacker Dr., Ste. 900, Chicago, IL 60606; r. 226 S. Benton St., Palatine, IL 60067, 312 991-4486.

TESFAI, Ahferom; '70 MBA; Stockbroker; Dean Witter Reynolds Inc., Huntington Ctr., 41 S. High St, Ste. 2700, Columbus, OH 43215, 614 228-0600; r. 221 W. Kenworth Rd., Columbus, OH 43214, 614 268-9736.

TESSNEER, Mark Robin; '75 BSBA; Staff; GM Corp., Chevrolet Motot Division, 2601 W. Stroopróad, Dayton, OH 45439; r. 2859 Homeway Dr., Beavercreek, OH 45385, 513 426-1355.

TESTEMENT, Reginald W.; '34 BSBA; Retired; r. 1740 Pine Valley Dr., Apt. 203, Ft. Myers, FL 33907, 813 482-3916.

TESTER, Steven Douglas; '75 BSBA; Claims Rep.; Transamerica Ins. Grp., 1416 Reynolds Rd., Maumee, OH 43537, 419 893-2700; r. 2256 Robinwood, Toledo, OH 43620, 419 244-0682.

TETLAK, Edward J.; '39 BSBA; Retired; Standard Oil Co.; r. 7454 Briarcliff Pkwy., Middleburg Hts., OH 44130, 216 234-2451.

TETMEYER, COL Donald Conrad, PhD USAF; '70 PhD (BUS); Human Resources Laboratory, Logistics Research Division, Wright Patterson AFB, OH 45433, 513 255-3713; r. 4140 Leafback Pl., Dayton, OH 45424, 513 236-1568.

TEUGH, Richard Robert; '75 MBA; Staff; Georgia Pacific Corp., 133 Peachtree St. NE, Atlanta, GA 30348, 404 521-5775; r. 401 Arbor Ridge Dr., Stone Mtn., GA 30087, 404 469-0268.

TEWART, Bradley Dickenson; '75 BSBA; Pres.; Tewart Landscape Svcs., Inc., 15546 Stoney Fork Dr., Houston, TX 77084, 713 550-4733; r. Same, 713 550-4733.

TEXTORIS, John L.; '39 BSBA; Retired; r. 13354 Trade Winds Dr., Strongsville, OH 44136, 216 238-5923.

TEYBER, Barbara Lee '86 (See Swartz, Mrs. Barbara Lee).

TEYNOR, Timothy Martin; '78 MPA; 199 W. Dominion Blvd., Columbus, OH 43214, 614 261-8920.

THABET, Arthur N.; '57 BSBA; 3702 Hobbs Rd, Greensboro, NC 27410, 919 288-8191.

THABET, Harold James; '54 BSBA; Gen. Partner; T & T Co., POB 288, Statesville, NC 28677, 704 878-6660; r. 4072 Beaverbrook Dr., Clemmons, NC 27012, 919 766-6779.

THACKER, Shawn; '87 BSBA; Logistics Pln Anlyst; Borden Inc., 180 E. Broad St., Columbus, OH 43215, 614 225-4225; r. 861 E. Dublin-Granville Rd., Apt. A, Columbus, OH 43229, 614 888-8936.

THAELER, David Andre; '87 BSBA; Grad. Student; Ohio State Univ.; r. 9432 Beaver Creek Dr., Mentor, OH 44060, 216 255-2210.

THAL, Irwin; '30; Retired; r. 2066 N. Ocean, Boca Raton, FL 33432, 407 395-5580.

THALHEIMER, Timothy Gerald; '83 BSBA; Computer Operator; Cincinnati Milacron, 4701 Marburg Ave., Cincinnati, OH 45209, 513 841-7308; r. 5491 Beechmont Ave. #406, Cincinnati, OH 45230, 513 232-8786.

THALL, Colman; '48 BSBA; Retired; r. 148 N. Broadleigh Rd, Columbus, OH 43209, 614 231-1142.

THALL, Robert Allen; '53; 1607 S. Syracuse St., Denver, CO 80231.

THALL, Ruthie '42 (See Brahm, Ruthie T.).

THAMAN, Mary Ann; '79 BSBA; Underwriting Mgr.; Prudential-LMI Commercial Ins. Co., 4 W. Red Oak Ln., White Plains, NY 10605, 914 694-4040; r. 200 Woodmont Ave., #134, Bridgeport, CT 06606, 203 374-0599.

THARP, Floyd M.; '53 BSBA; Staff; Integrated Resources, 7373 E. Doubletree Ranch Rd., Scottsdale, AZ 85258, 602 951-6960; r. 10117 W. Willowcreek Cir., Sun City, AZ 85373, 602 933-0859.

THARP, Nanci Lynne; '86 BSBA; 5700 Clover Ln., Westerville, OH 43081, 614 891-6465.

THARP, Stephen Porter; '76 BSBA; 5491 Sugar Camp Rd., Milford, OH 45150, 513 831-6691.

THARP, Stephen Whitehouse; '80 BSBA; Sales Rep.; Metropolitan Life Ins., Managing Group Sales Division, 2040 Brice Rd., Reynoldsburg, OH 43068, 614 861-2756; r. 604 Wren Ave., Westerville, OH 43081, 614 890-4717.

THARP, Todd James; '88 BSBA; 5700 Clover Ln., Westerville, OH 43081, 614 891-6465.

THATCHER, James P.; '51 BSBA; Owner; Jim Thatcher Travel Tours, 9 E. Afton Ave., Yardley, PA 19067, 215 493-4031; r. 59 Essex Pl., Newtown, PA 18940, 215 968-9233.

THATCHER, Michael James; '80 BSBA; Owner; Thatcher Limousine Svc., 9 E. Afton Ave., Yardley, PA 19067, 215 968-4044; r. 1854 Midfield Rd., Feasterville, PA 19047, 215 953-0611.

THATCHER, Rita Reinemeyer; '86 BSBA; 826 E. Franklin St., Kenton, OH 43326, 419 674-4437.

THATCHER, Thomas Poyner; '68 BSBA; Real Estate Salesman; Rindfuss Realty, 122 S. Sandusky Ave., Bucyrus, OH 44820, 419 562-6781; r. 4078 Quaintance Rd, Bucyrus, OH 44820, 419 562-2279.

THAYER, Betty Wise; '51 BSBA; Homemaker; r. 1326 Wetsell Ave., Lancaster, OH 43130, 614 653-9615.

THAYER, Lester M.; '38 BSBA; 12126 Clark Rd, Chardon, OH 44024, 216 286-9254.

THAYER, Ralph E., Jr.; '61 BSBA; Pres.; Ralph Thayer VW Mazda Inc., 14975 S. Monroe St., Monroe, MI 48161, 313 242-3900; r. POB 149, Monroe, MI 48161.

THEADO, Clarence J.; '58 BSBA; Salesman; Bob McDorman Chevrolet, Rte. 33 & Gender Rd., Canal Winchester, OH 43110, 614 837-3421; r. 2043 Prince George Dr. #M, Columbus, OH 43209, 614 236-5711.

THEADO, Paul Lewis; '67 BSBA; Staff; Lorenz Equip. Co., 547 W. Ridge, Columbus, OH 43215; r. 7651 Fox Run Ct. S., Pickerington, OH 43147, 614 837-5335.

THEADO, Valerie M.; '48 BSBA; Plng. Assoc.; Ohio Dept. of Health, 246 N. High St., Columbus, OH 43215, 614 466-5364; r. 363 E. Kossuth St., Columbus, OH 43206, 614 444-9627.

THEADO, William Edward; '85 BSBA; Account Rep.; Royal Paper Stock Co. Inc., 3980 Groves Rd., Columbus, OH 43232, 614 861-7326; r. 3449 Merrydawn Dr., Hilliard, OH 43026, 614 876-2667.

THEDOS, Judith Gail; '86 BSBA; Secy.-Treas.; Holdridge Mechanical Inc., 1271 Edgehill Rd., Columbus, OH 43212, 614 299-6299; r. POB 405, 180 W. Granville Rd Apt. E2, New Albany, OH 43054, 614 855-1320.

THEIBERT, Eugene Matthew; '85 BSBA; Electronic Tech.; State of Ohio-Computer Svcs., 30 E. Broad St., Columbus, OH 43215, 614 466-7859; r. 2058 Harwitch Rd., Columbus, OH 43221, 614 487-0763.

THEIBERT, Fergus Andre, Jr.; '70 BSBA; Sr. Exec. Account Mgr.; N C R Corp., 955 Eastwind Dr., Westerville, OH 43081, 614 899-3260; r. 62 S. Ardmore, Columbus, OH 43209, 614 239-9928.

THEIBERT, John Philip; '77 BSBA; Pres.; Fresh'N'Ready, 3063 Fourteenth Ave., Columbus, OH 43219, 614 252-8811; r. 2265 Astor Ave., Columbus, OH 43209, 614 235-9083.

THEIBERT, Ms. Michelle Ann; '83 BSBA; Product Mgr.; Xidex Corp., 5100 Patrick Henry Dr., Santa Clara, CA; r. 1430 Gordon #J, Redwood City, CA 94061.

THEIBERT, Paul Richard; '79 BSBA; Suborgation Dist ClaimMgr; Nationwide Mutual Ins., Box 2655, Harrisburg, PA 17105, 717 657-6908; r. 1118 Floribunda Ln., Mechanicsburg, PA 17055, 717 691-7886.

THEIBERT, Thomas Louis; '73 BSBA; Operations Mgr.; Pilot Air Freight, 4280 E. 17th Ave., Columbus, OH 43219, 614 239-8338; r. 350 Denison Ave., Gahanna, OH 43230, 614 476-1370.

THEILER, Richard James; '87 BSBA; 3753 Edgevale Rd., Toledo, OH 43606, 419 535-5505.

THEISS, David Kevin; '85 BSBA; Production Mgr.; Franklin Intl., 2020 Bruck St., Columbus, OH 43207, 614 443-0241; r. 6266 Arnett Rd., Westerville, OH 43081, 614 890-6154.

THEISS, Julie A. '86 (See Davis, Mrs. Julie A.).

THEISS, Richard Kevin; '82 BSBA; Underwriting Mgr.; J.W. Didion & Assoc., 229 Huber Village Blvd., Westerville, OH 43081, 614 890-0070; r. 6453 Saddle Ln., Westerville, OH 43081.

THELLIAN, William Andrew; '73 BSBA; 15504 Holmes Ave., Cleveland, OH 44110.

THEODORE, Carl T.; '52 BSBA; Chief Engr.; r. 5071 Shattuc Ave., Cincinnati, OH 45226, 513 321-9072.

THEODORE, Graydon M.; '59 BSBA; Partner; Gift Shop, Seventeenth Colony House, Worthington, OH 43085, 614 885-9274; r. 7651 Brock Rd., Plain City, OH 43064, 614 873-3041.

THEODORE, Kathleen Moore; '81 BSBA; Sales Rep.; Motorola Communications & Electronics Inc., 4500 Lake Forest Dr., Ste. 528, Blue Ash, OH 45242, 513 563-2145; r. 6935 Bramble Ave., Cincinnati, OH 45227, 513 561-1242.

THEOHARES, Nicholas James; '84 BSBA; Industrial Engr.; Rockwell Intl., 4300 E. 5th Ave., Columbus, OH 43219; r. POB 5192, Mansfield, OH 44901.

THEOPHANOPOULOS, George; '57 BSBA, '58 MBA; Dir.; Vasmar SA, 9 Ave. Krieg, 1208 Geneva, Switzerland, 47--4000; r. 9 Ave. Krieg, 1208 Geneva, Switzerland, 478302.

THEWES, Lynn '83 (See Green, Lynn).

THEWES, Scott Edward; '85 BSBA; Key Account Mgr.; Pepsi-Cola Co., 1700 Directors Row, Orlando, FL 32809, 407 826-5939; r. 320 Reflections Cir., Apt. 207, Casselberry, FL 32707, 407 679-6501.

THIBAUT, Bradley L.; '82 BSBA; Branch Mgr.; Farm Credit Svcs., 555 Sunbury Rd., Delaware, OH 43015, 614 362-5971; r. 5119 Mt. Olive Green Camp Rd., Marion, OH 43302, 614 528-2474.

THIE, W. Thomas; '83 BSBA; Mgr.; Virginia Baker, 286 Ludlow Ave., Cincinnati, OH 45220, 513 861-0673; r. 7050 Weiss, Cincinnati, OH 45247, 513 385-3469.

THIEL, Barry James; '78 BSBA; Mgr.; Kerr Drug Stores Inc., 4654 N. Blvd., Raleigh, NC 27604; r. 317 Mc Iver, Sanford, NC 27330, 919 776-7102.

THIEL, Eleanor J. '48 (See Roeske, Mrs. Eleanor T.).

THIEL, Richard Anthony; '79 BSBA; Mgr. Radio Shack; r. 105 Shell Ter., Hicksville, OH 43526, 419 542-8568.

THIELMAN, Douglas Mark; '79 BSBA; Syst. Analyst; Compaq Computer Corp., Houston, TX 77070, 713 937-2846; r. 5718 Olympia Fields, Houston, TX 77069, 713 580-1474.

THIEMAN, James Luke; '77 BSBA; Atty.; Blake Faulkner, 126 N. Main Ave., Sidney, OH 45365, 513 492-1271; r. POB 84, 245 Overland Dr., Sidney, OH 45365, 513 492-2342.

THIEMAN, Mark George; '73 BSBA; Owner; Minster Food Distributing, 177 S. Ohio St., Minster, OH 45865; r. 159 S. Stallo, Minster, OH 45865, 419 628-3051.

THIEMANN, Joseph David; '85 BSBA; Pres.; JT Bookkeeping Svc., 862 S. Mollison #9, El Cajon, CA 92020, 619 447-7352; r. Same.

THIERAUF, Dr. Robert J.; '66 PhD (BUS); Prof.; Xavier Univ., Info. & Decision Science, Victory Pkwy., Cincinnati, OH 45207, 513 745-3000; r. 535 Fairway Ln., Cincinnati, OH 45228, 513 231-0431.

THIERMAN, Ernestine Y., (Ernestine Yoho); '38 BSBA; 3260 Mountview Rd, Columbus, OH 43221, 614 457-0395.

THIERMAN, John C.; '39 BSBA; Sales Retired; Triangle Conduit & Cable Co., 1373 Grandview Ave., Columbus, OH 43212; r. 3260 Mountview Rd, Columbus, OH 43221, 614 457-0395.

THIMMES, Silas W.; '61 BSBA; Natl. Account Man; Union Camp Corp., 6099 Riverside Dr., Ste. 108, Dublin, OH 43017, 614 766-4906; r. 4321 Mumford Rd., Columbus, OH 43220, 614 451-7436.

THINGULDSTAD, Eric Charles; '79 BSBA; Computer Cnslt.; Bank One, 350 McCoy Ctr. Dept. 0635, Westerville, OH 43229, 614 248-4632; r. 1779 Staffordshire Rd., Columbus, OH 43229, 614 890-4036.

THIRY, Thomas Albert; '74 BSBA; Div. Controller; Pick-N-Pay Supermarkets, 1700 Rockside Rd., First Nar'L Supermarkets Inc, Maple Hts., OH 44137; r. 7010 Mooncrest, Parma, OH 44129, 216 886-4621.

THISSEN, James Joseph; '83 BSBA; Student; r. 356 Wayne Ave., Newark, OH 43055, 614 345-8907.

THISSEN, William John, III; '58; Claims Adjuster; Bradford Adjustment Svc. Inc., 1380 Dublin Rd., Columbus, OH 43216, 614 488-1117; r. 5461 Marietta Rd, Chillicothe, OH 45601, 614 855-1838.

THOBE, Todd Hugo; '86 BSBA; Examiner/Auditor; Ohio Dept. of Devel., 77 S. High St., POB 1001, Columbus, OH 43216, 614 466-2285; r. 1219 Newbury Dr., Columbus, OH 43229, 614 846-8760.

THODEN, Richard John; '82 MA; Spec. Projects Dir.; Professional Community Svcs., ICF-MR Facilities, 175 New Hampshire Ave., Southern Pines, NC 28387, 919 692-9036; r. 78 Martin Dr. A-1, Whispering Pines, NC 28327, 919 949-3428.

THOGMARTIN, Curtis Keith; '88 BSBA; Syst. Analyst; S.B.S., E. Wilson Bridge Rd., Worthington, OH 43085; r. 4166 Commodore St., Columbus, OH 43224, 614 475-5574.

THOGMARTIN, Val Porschet; '76 BSBA; Staff; Nationwide Ins. Co., One Nationwide Plz., Columbus, OH 43216; r. 234 Scott Dr., Columbus, OH 43228, 614 275-4054.

THOKE, Sue Cornelius, (Sue Cornelius); '40 BSBA; Retired; r. W. Lake Rd, Skaneateles, NY 13152, 315 685-3955.

THOLT, CAPT Gregory, USAF; '69 BSBA; Instr. Pilot C-5; 22 Military Airlift Squadron, Travis AFB, CA 94535; r. 339 Grandview Dr., Vacaville, CA 95688, 707 446-0590.

THOMAN, Harry Louis, Jr.; '52 BSBA; Retired; r. 4020 Ritamarie Dr., Columbus, OH 43220, 614 451-1093.

THOMAS, Alice Dodge; '49; 160 Ceramic Dr., Columbus, OH 43214, 614 268-0266.

THOMAS, Alison Darling; '79 BSBA; Grad. Student; r. POB 15422, Columbus, OH 43215.

THOMAS, Beth Biederman; '83 BSBA; Underwriting Mgr.; Nationwide Ins. Co., One Nationwide Plz., Columbus, OH 43216, 614 249-4466; r. 3183 Alderridge Ct., Dublin, OH 43017, 614 761-2818.

THOMAS, Bradley Everett; '83 BSBA; 4282 Brookglove Dr., Grove City, OH 43123.

THOMAS, Bradley McCollum; '50 BSBA; Retired; r. 3419 Klusner Ave., Parma, OH 44134, 216 843-9991.

THOMAS, Brenda L. Emanuel; '83 MPA; Cnslt.; r. 2533 Schaaf Dr., Columbus, OH 43209.

THOMAS, Brian Rhys; '79 BSBA; Acct.; Park Natl. Bank, 50 N. Third St., Newark, OH 43055; r. 360 Seven Pines Dr., Pickerington, OH 43147, 614 833-0048.

THOMAS, Bruce Lee; '74 MPA, '77 MBA; Dir. Intl. Finance; Mattel Inc., Intl. Mktg. Div., 5150 Rosecrans Ave., Hawthorne, CA 90250, 213 978-7287; r. 4039 Elm Ave., Long Beach, CA 90807, 213 595-0351.

THOMAS, Carl Wilson; '50 BSBA, '53 MBA; Controller Retired; Copco Papers Inc., 226 N. 5th St., Columbus, OH 43215; r. 2500 Jackson Keller Rd., Apt. 1406, San Antonio, TX 78230, 512 344-3460.
THOMAS, Cecil Bryan; '52 BSBA; Mgr.; Eli Lilley & Co., 740 S. Alabama St., Indianapolis, IN 46225; r. 6205 Landborough Dr. S., Indianapolis, IN 46220, 317 849-5069.
THOMAS, Charles Edward; '69 BSBA; 10048 Lakeshore Dr. E., Carmel, IN 46032, 317 843-1754.
THOMAS, Cynthia '83 (See Cook, Cynthia Thomas).
THOMAS, Cynthia Lee; '77 BSBA; Staff; Hallmark Cards, 25th & Mc Gee, Kansas City, MO 64108; r. 2575 Kent Rd., Columbus, OH 43221, 614 488-8461.
THOMAS, Dan Ralph Edward; '70 MBA; 3605 Dempsey Rd, Westerville, OH 43081, 614 882-7694.
THOMAS, Daniel P.; '63 BSBA; Atty.; Delbene La Polla & Thomas, 155 Pine Ave., Warren, OH 44481; r. 2205 Arms Dr. E., Hubbard, OH 44425, 216 759-1779.
THOMAS, Daniel Robert; '80 BSBA; 420 4th St. S., Safety Harbor, FL 34695, 813 726-1917.
THOMAS, David Allen; '68 BSBA; Sr. Financial Mgr.; M C I Telecommunications, 205 N. Michigan Ave., Ste. 2500, Chicago, IL 60601, 312 938-4504; r. 528 E. Farnham Ln., Wheaton, IL 60187, 312 682-9684.
THOMAS, David Eugene; '85 BSBA; Planner/Systs. Analyst; Teleflex, 1265 Industrial Dr., Van Wert, OH 45891, 419 238-0070; r. 125 N. Linn St., Convoy, OH 45832, 419 749-2211.
THOMAS, David Melvin, Jr.; '85 BSBA; 396 Kendall Pl., Columbus, OH 43205.
THOMAS, David Wendell; '77 BSBA; Bank Examiner; State of Ohio Banks Div., 180 E. Broad St., Columbus, OH 43215; r. Rte. 4 Box 68, Gallipolis, OH 45631, 614 446-3545.
THOMAS, Debora Rhiannon; '85 BSBA; Mktg. Rep.; Liebert Corp., 1050 Dearborn Dr., Worthington, OH 43085; r. 3098 Jackielane Dr., Columbus, OH 43220.
THOMAS, Diane Boxwell; '85 BSBA; Human Rsrcs Analyst; Exxon Chemical Americas, Bayway Chemical Plant, POB 23, Linden, NJ 07036; r. 459 Penns Way, Basking Ridge, NJ 07920, 201 604-2247.
THOMAS, Don; '80 BSBA; Atlanta Mgr.; Viking Financial Corp., 4325 Memorial Dr., Ste. L, Decatur, GA 30032, 404 299-6500; r. 173 Elysian Way, Atlanta, GA 30327, 404 351-0418.
THOMAS, Doris Swartzwalder; '48 BSBA; 1235 Belden Rd, Columbus, OH 43229, 614 885-8910.
THOMAS, Duke Winston, Esq.; '59 BSBA; Atty.; Vorys Sater Seymour & Pease, 52 E. Gay St., Columbus, OH 43216, 614 464-6400; r. 2090 Sheringham Rd., Columbus, OH 43220, 614 451-9437.
THOMAS, Earl H.; '38; Dir. Advt.; Foundry Magazine Penton Pub Co., 1213 W. 3rd St., Cleveland, OH 44113; r. 5428 Mills Creek Ln. N., N. Ridgeville, OH 44039, 216 327-7443.
THOMAS, Edgar Lewis; '33; Retired; r. 42 Union St., Box 81, Westfield, NY 14787, 716 326-2692.
THOMAS, Edward Charles; '85 BSBA; Managing Partner/E. Indy; United Skates of America, 5301 N. Shadeland Ave., Indianapolis, IN 46226, 317 546-2457; r. 7757 Carlton Arms Dr., #C, Indianapolis, IN 46256, 317 845-0536.
THOMAS, Edward H.; '64 BSBA; Contracting Ofcr.; Agcy. for Intl. Devel., Washington, DC 20523, 703 875-1059; r. 2014 Franklin Ave., Mc Lean, VA 22101, 703 241-1355.
THOMAS, MAJ Edward James, ANG; '73 BSBA; State Rep.; Ohio House of Representatives, State House, Columbus, OH 43215, 614 466-8130; r. 4866 Rustic Bridge, Columbus, OH 43214, 614 267-7070.
THOMAS, Ms. Elvia B.; '78 MPA; Dir. Family Support Svc.; Montgomery Cnty. Bd. of MR&DD, 2610 Philadelphia Dr., Dayton, OH 45405, 513 276-6844; r. 1526 Philadelphia Dr., Dayton, OH 45406, 513 274-1092.
THOMAS, Eugene Paul; '48 BSBA; Retired; r. 4813 Maryhill Rd., Sylvania, OH 43560, 419 882-3221.
THOMAS, Forest Alan; '83 BSBA; 174 Fourth St. S. E., Carrollton, OH 44615, 216 627-2513.
THOMAS, Frank Earl; '53 BSBA; Pres.; Viking Financial Corp., 484 Lake Park Ave., Box 157, Oakland, CA 94610, 415 465-6933; r. 95 Glen Oaks Dr., Atlanta, GA 30327, 404 252-0055.
THOMAS, Dr. Gary Allen; '78 BSBA; Dent.; 1220 E. Home Rd., Springfield, OH 45503, 513 399-7823; r. 2700 N. Limestone, Springfield, OH 45503, 513 399-8551.
THOMAS, George Adam; '79 BSBA; Asst. Auditor; State of Ohio, Thomas E. Ferguson, State Auditor's Ofc., Columbus, OH 43215, 614 864-3917; r. 7680 Garrison Dr., Worthington, OH 43085, 614 885-9240.
THOMAS, George P.; '49 BSBA; Manufacturers Rep.; George P. Thomas & Assocs., 216 Buchanan, Spring Lake, MI 49456, 616 842-9654; r. Same.
THOMAS, Gerald Edwin; '73 BSBA; Partner-CPA; Hahn Garvey & Thomas, 5330 E. Main St., Ste. 102, Columbus, OH 43213, 614 863-1308; r. 5203 Smothers Rd., Westerville, OH 43081, 614 882-3339.
THOMAS, H. Jerome; '78 BSBA; W'Ern Area Gen. Sales Mgr; Vittel Mineral Water, 4000 MacArthur Blvd., Ste. 6500, Newport Bch., CA 92660, 714 851-3040; r. 44 La Costa Ct., Laguna Bch., CA 92651, 714 497-4957.
THOMAS, Harold J.; '49 BSBA; Public Acct.; r. 1285 E. Cooke Rd., Columbus, OH 43224, 614 263-1489.
THOMAS, Ivan D.; '54 BSBA; Credit Mgr.; Ashland Chemical Co., 5200 Blazer Pkwy., Dublin, OH 43017, 614 889-3240; r. 5813 Abbey Church Rd., Dublin, OH 43017.
THOMAS, James J.; '87 BSBA; 7881 Bentwood Cir., N. Canton, OH 44720, 216 494-2970.
THOMAS, James Michael; '86 BSBA; 266 Jananna Dr., Berea, OH 44017, 216 243-4528.
THOMAS, James Ralph; '81 BSBA; Acct.; r. 225 Montana Ave., #101, Santa Monica, CA 90403, 213 394-7191.
THOMAS, James Russell; '50 BSBA; VP; Firestone Tire & Rubber Co., 1200 Firestone Pkwy., Akron, OH 44317, 216 379-6309; r. 1351 Briar Hill Dr., Akron, OH 44313, 216 666-5516.
THOMAS, James William; '59 BSBA; VP; Maremont Corp., 250 E. Kehoe Blvd., Carol Stream, IL 60188, 312 462-8562; r. 1123 Thunderbird, Naperville, IL 60540, 312 357-0619.
THOMAS, Janet '49 (See La Vergne, Janet Thomas).
THOMAS, Mrs. Janet Olsen; '54; Sales; Lazarus, Kingsdale Ctr., Tremont Rd., Columbus, OH 43221, 614 459-6475; r. 3094 Halesworth Rd., Columbus, OH 43221, 614 457-8962.
THOMAS, Jennings Robert; '50 BSBA; Retired; r. 41 E. 213th St., Cleveland, OH 44123, 216 289-4875.
THOMAS, Jimmy Wayne; '79 BSBA; Sales Mgr.; Alcon Labs Inc., 6201 South Frwy., Ft. Worth, TX 76101, 312 680-0749; r. 104 Augusta Dr., Vernon Hls., IL 60061, 312 680-0735.
THOMAS, Jo Ann L. '50 (See Woltman, Jo Ann L.).
THOMAS, John Frederick; '85 MBA; Plans & Standards Mgr.; GE Nuclear Energy, POB 780, Wilmington, NC 28402, 919 675-5860; r. 519 George Anderson Dr., Wilmington, NC 28403, 919 392-2966.
THOMAS, John L., Jr.; '49 BSBA; Jeweler-Owner; Thomas Jewelers, 409 S. Main St., Findlay, OH 45840, 419 422-3775; r. 411 Orchard Ln., Findlay, OH 45840, 419 422-8358.
THOMAS, John Roy; '78 BSBA; Proj. Leader; GE Co., Noble Rd., Nela Park, E. Cleveland, OH 44112, 216 266-8023; r. 2558 Lee Rd., Cleveland Hts., OH 44118, 216 321-0325.
THOMAS, John Sanford; '83 BSBA; Inventory Auditor; Magic Chef Air Condt & Heating, 851 W. 3rd Ave., Columbus, OH 43212, 614 297-6016; r. 1663 Elmwood Ave., Columbus, OH 43212, 614 481-0386.
THOMAS, Joseph Douglas; '68 BSBA; Constr. Mgr.; Triangle Investment Co., 6099 Frantz Rd, Dublin, OH 43017, 614 764-0036; r. 62 W. Brighton Rd., Columbus, OH 43202, 614 262-9132.
THOMAS, Joseph Trexler; '52 BSBA; Ltc Usa; r. 501 South Shore Dr. BSL, Southport, NC 28461.
THOMAS, Judy Gallo; '77 BSBA; 3900 Quail Hollow Dr., Columbus, OH 43228, 614 274-2549.
THOMAS, Karen Lang; '81 BSBA; Mktg. Cnslt.; Pension Resources Inc., 454 E. Center St., POB 798, Marion, OH 43302; r. 10048 Lakeshore Dr. E., Carmel, IN 46032, 317 843-1754.
THOMAS, Kathleen Mendel; '79 BSBA; 5726 Straphmore Ln., Dublin, OH 43017.
THOMAS, Kathryn '44 (See Messenger, Kathryn Thomas).
THOMAS, Kenneth David; '74 BSBA; 831 Quitman Dr. W., Gahanna, OH 43230, 614 478-3986.
THOMAS, Kevin M.; '86 BSBA; Natl. Bk. Examiner; Comptroller of the Currency, 2727 Tuller Pkwy., Ste. 100, Dublin, OH 43017, 614 766-6296; r. 7601 E. Main St., Reynoldsburg, OH 43068, 614 863-8775.
THOMAS, Lee P.; '51 BSBA; Cnslt.; 120 Beaty St., Canal Winchester, OH 43110, 614 837-1970; r. Same.
THOMAS, Margaret A. '82 (See Metzger, Margaret).
THOMAS, Marina Hartings; '72 BSBA; Owner; Aero Deliveries Contracts Carriers, Grand Rapids, MI 49506, 616 957-3730; r. 1168 Fullerton Ct. NE, Grand Rapids, MI 49505, 616 363-1555.
THOMAS, Matthew Richard; '69 BSBA; Loan Ofcr.; Progressive Mortgage Corp., 1375 E. 9th St., Ste. 2350, Cleveland, OH 44114, 216 861-6300; r. 851 Mentor Ave., Painesville, OH 44077, 216 354-4786.
THOMAS, Michael Glenn; '87 BSBA; Ins. Agt.; American Natl. Ins. Co., 3280 Morse Rd., Columbus, OH 43229, 614 475-0365; r. 4177 Cadillac Ct., Apt. B, Columbus, OH 43232, 614 866-3612.
THOMAS, Michael Wayne; '76 BSBA; Gen. Mgr.; Arbitron Ratings Co., 15476 NW 77th Ct., Ste. 343, Miami Lakes, FL 33016, 305 557-3782; r. 1511 NW 112th Way, Pembroke Pines, FL 33026, 305 437-8687.
THOMAS, Nancy Everett, (Nancy Everett); '80 MA; Social Worker; Robinson Mem. Hosp., 6847 N. Chestnut, Ravenna, OH 44266, 216 297-0811; r. 905 Vine St., Kent, OH 44240, 216 678-5712.
THOMAS, Ms. Nesley Elinda; '87 BSBA; Account Exec.; The Columbus Dispatch, 34 S. 3rd St., Columbus, OH 43215; r. 9527 High Free Pike, W. Jefferson, OH 43162.
THOMAS, Norwood D.; '81 BSBA; Real Estate Sales; Davis S. Ingalls Co. Realtors, 332 E. State St., Columbus, OH 43215, 614 228-0077; r. 595 Lilley Ave., Columbus, OH 43205, 614 252-9443.
THOMAS, Olin Eugene; '22 BSBA, '28 MACC; Retired; Vice President Emeritus, Wayne State University, Detroit, MI 48202; r. 274 Harvest Rd, Moncks Corner, SC 29461.
THOMAS, Paul B.; '49 BSBA; Retired; E I Du Pont Co., 10th & Market Sts., Wilmington, DE 19898; r. 3410 SE 2nd Pl., Cape Coral, FL 33904, 813 549-8808.
THOMAS, Paul Holden; '84 BSBA; 3101 Griggsview Ct., Columbus, OH 43026.
THOMAS, Raymond R., Jr.; '58 BSBA; Asst. Treas.; Columbia Gas Distribution Co., 200 Civic Center Dr., Columbus, OH 43215, 614 460-4278; r. 671 S. 3rd St., Columbus, OH 43206, 614 443-6143.
THOMAS, COL Richard James, USA(Ret.); '53; Tax Examiner; IRS, Englewood, CO 80040; r. 3673 S. Helena Way, Aurora, CO 80013, 303 693-9506.
THOMAS, Richard Lee; '78 BSBA; 7954 Winterberry, Cincinnati, OH 45241, 513 777-6727.
THOMAS, Richard Philip; '58; Gen. Mgr.; HEPA Corp., 3071 E. Cornado St., Anaheim, CA 92806; r. 4431 E. Olive Branch Wy, Anaheim, CA 92807, 714 637-6626.
THOMAS, Robert Bryant; '85 MBA; Mktg. Rep.; IBM Corp., 3407 W. Buffalo, Tampa, FL 33607, 813 872-2863; r. Tampa, FL 33624.
THOMAS, Robert Dean; '77 BSBA; Sr. Bus. Rep.; Dayton Power & Light Co., 6500 Clyo Rd., Centerville, OH 45459, 513 439-6503; r. 5527 Cobblegate Dr., Dayton, OH 45449, 513 435-1992.
THOMAS, Robert Lance; '74 BSBA; Appraiser; Robert L Thomas Realtor, 1066 N. University, Middletown, OH 45042, 513 423-5724; r. 503 Lylburn Rd., Middletown, OH 45044, 513 422-7551.
THOMAS, Robert M.; '49 BSBA; Sr. VP; Becton Dickinson Co., Edmont Division, 1300 Walnut St., Coshocton, OH 43812, 614 622-4311; r. 9 Oak Pointe Dr., Coshocton, OH 43812, 614 622-6694.
THOMAS, Robert Sadler; '46 BSBA; Job Analyst Retired; r. 24065 Ambour Dr., N. Olmsted, OH 44070, 216 777-0084.
THOMAS, Robert Smithfield; '53 BSBA; Retired; r. 1902 Greengage Rd., Baltimore, MD 21207, 301 944-4137.
THOMAS, LTC Roderick Morton, USA(Ret.); '47 BSBA; Retired; r. 2901A Sunset Dr., Carbondale, IL 62901, 618 529-1658.
THOMAS, Rodger F.; '56 BSBA; Purchasing Mgr.; Hartman Electrical Mfg., 175 N. Diamond St., Mansfield, OH 44902; r. 75 Mayfair Rd., Lexington, OH 44904, 419 884-2721.
THOMAS, Rodney E.; '57 BSBA; Mgr. Remanufacturing; Weber USA Inc., POB 548, Sanford, NC 27330, 919 776-4111; r. Rte. 5 Box 1217, Hickory, NC 28601, 704 324-4297.
THOMAS, Ronald Paul; '69 BSBA; 22644 Sunnyhill, Cleveland, OH 44116, 216 356-1261.
THOMAS, Sandra Diane; '84 BSBA; Personnel Rep.; IBM Corp., Bodle Hill Rd., Owego, NY 13827; r. 11925 Escalante Ct., Reston, VA 22091.
THOMAS, Sonya Lynn; '86 BSBA; Sales; Merck Sharp Dohme, 4242 Janitrol Rd., Columbus, OH 43228; r. 28500 Franklin River Dr., Apt. 205, Southfield, MI 48034, 313 352-8347.
THOMAS, Stephen Peter; '80 BSBA; Sales Rep.; NW Transport Svc. Inc., 5348 W. 161st St., Cleveland, OH 44142, 216 676-9300; r. 582 Oakmoor, Bay Village, OH 44140, 216 871-7354.
THOMAS, Tamela Kay; '81 MBA; Med. Svcs. Mgr.; Southwest Health Plan, 3310 Live Oak, Dallas, TX 75204, 214 821-6622; r. 5012 Hollow Ridge Rd., Dallas, TX 75227, 214 388-5134.
THOMAS, Tamera Sutton; '85 BSBA; Acct.; Covert & Yazel, CPA, 1305 Worthington Woods Blvd., Worthington, OH 43085, 614 846-7005; r. 7780 Brock Rd., Plain City, OH 43064, 614 873-5455.
THOMAS, Terry Lee; '76 BSBA; Mgr., Info. & Fin. Svcs.; P P G Industries, Inc., Rte. 2, Shelby, NC 28150, 704 434-2261; r. 305 Windsor Dr., Shelby, NC 28150, 704 484-8611.
THOMAS, Thomas Edward; '77 BSBA; Mkt.; r. 411 Orchard Ln., Findlay, OH 45840, 419 422-8358.
THOMAS, Thomas Lee; '77 BSBA; Materials Mgr.; Sensors & Switches Inc., 147 Plymouth St., Lexington, OH 44904, 419 884-1311; r. 2939 Eckert Rd., Rte. 9, Lexington, OH 44904, 419 884-1792.
THOMAS, Thomas N.; '58 BSBA; 13857 Indian Mound Rd., Pickerington, OH 43147, 614 927-1138.
THOMAS, W. Everett; '61 BSBA; VP; Ohio Co., 2200 Ohio Citizens Bank Bldg., 405 Madison Ave., Toledo, OH 43604, 419 243-2291; r. 4146 Sheraton Rd., Toledo, OH 43606, 419 536-8117.
THOMAS, Willard S.; '64 BSBA; CPA; 205 Green Bay Rd., Hubbard Woods, IL 60093, 312 835-3266; r. Same.
THOMAS, William; '76 MPA; Soc Prog. Coord.; State of Ohio, Ohio Dept. of Human Services, 30 E. Broad St., Columbus, OH 43215; r. 2629 Saugus Cir., Columbus, OH 43224, 614 476-6678.
THOMAS, William A.; '85 BSBA; 5009 Apple Ln., W. Deptford, NJ 08066.
THOMAS, William E.; '69 BSBA; Product Mktg. Dir.; Litel Telecommunications Corp., 200 Old Wilson Bridge Rd., Worthington, OH 43085, 614 433-9200; r. 5311 Pheasant Dr., Orient, OH 43146, 614 877-9082.
THOMAS, Zina Hamilton; '87 BSBA; 2327 Jermain Dr., Columbus, OH 43211, 614 471-8044.
THOMASSON, Donda Foran; '87 MBA; 5925 Homedale, W. Carrollton, OH 45449, 513 435-3758.
THOMPSON, Allyson Joanne; '88 BSBA; 13679 Allis Rd, Albion, NY 14411, 716 589-4003.
THOMPSON, Bonita Lynn '88 (See Rolletta, Bonita Lynn).
THOMPSON, C. Joan '48 (See Imboden, Mrs. Joan Thompson).
THOMPSON, Carol Gilbert; '69 BSBA; Acct.; 3701-3 S. Lake Orlando Pkwy., Orlando, FL 32808; r. Same.
THOMPSON, Charles Edward; '59 BSBA; 235 Linwood Ave. NW, Canton, OH 44708, 216 453-2313.
THOMPSON, Charles W. N.; '56 MBA; Prof.; Northwestern Univ., Industrial Engineering Dept., Mgmt. Sciences Dept., Evanston, IL 60201, 312 491-3667; r. 240 Randolph St., Glencoe, IL 60022, 312 835-2165.
THOMPSON, Cheryl L. '86 (See Kindler, Cheryl L.).
THOMPSON, Cindy Ogle; '88 BSBA; Sr. Commercial Underwrtr.; State Farm Ins. Co., 1440 Granville Rd., Newark, OH 43055, 614 349-5589; r. 209 Tupelo Ln., Newark, OH 43055, 614 745-1313.
THOMPSON, Craig R.; '84 BSBA; West Coast Acct. Exec.; Four Star Intl., 2813 W. Alameda, Burbank, CA 91505, 818 840-7257; r. 302 N. Louise #1, Glendale, CA 91206, 818 545-8923.
THOMPSON, Cynthia L.; '82 BSBA; Account Exec.; County Savings Bank, 65 E. State St., POB 18060, Columbus, OH 43218, 614 462-2841; r. 7395 Pate Ct., Worthington, OH 43085, 614 764-2794.
THOMPSON, David James; '80 BSBA; Staff; Goodyear Tire & Rubber Co., 1144 E. Market St., Akron, OH 44316; r. 4 Slack Tide, Salem, SC 29676.
THOMPSON, Dean L.; '52 BSBA; Personnel Rep.; USAF, Wright Patterson AFB, Dayton, OH 45433; r. 1159 Ironwood Dr., Fairborn, OH 45324, 513 878-2169.
THOMPSON, Dennis Craig; '85 MPA; Adm Deputy to Mayor; City of Whitehall, 360 S. Yearling Rd., Whitehall, OH 43213, 614 237-8611; r. 2750 Eastminster Rd., Columbus, OH 43209, 614 237-7902.
THOMPSON, Diane Sue; '87 BSBA; Public Acct.; Greene & Wallace CPA's, 1241 Dublin Rd., Columbus, OH 43215, 614 488-3126; r. 3361 Garylane Dr., Dublin, OH 43017, 614 792-1058.
THOMPSON, Dwight Frank; '72 MBA; 1909 Losantville Ave. Apt. 1, Cincinnati, OH 45237, 513 531-2062.
THOMPSON, Edwin Eugene; '82 BSBA; 8030 Chillicothe Ln., Amanda, OH 43102, 614 969-4456.
THOMPSON, Edwin Frank, Jr.; '73 BSBA; Adm VP; Red Roofs Inn, 4355 Davidson Rd., Amlin, OH 43002; r. 5288 Aryshie Dr., Dublin, OH 43017, 614 766-2380.
THOMPSON, Eugene B.; '35; Mortician Retired; Thompson Funeral Homes, Postmaster, Montpelier, OH 43543; r. 303 1st St., Box 216, Pioneer, OH 43554, 419 737-2742.
THOMPSON, Eugene Charles; '70 BSBA; Exec. VP; Professional Plng. Cnslts., 700 Ackerman Rd., #400, Columbus, OH 43202, 614 267-2600; r. 1169 Regency Dr., Columbus, OH 43220, 614 451-9494.
THOMPSON, Frank Patrick; '52 BSBA; Advisory Systs. Eng; IBM Corp., 255 Alhambra Cir., Coral Gables, FL 33146; r. 1170 Gulf Stream Way, Riviera Bch., FL 33404, 407 842-8103.
THOMPSON, Frederic P.; '59 BSBA; Computer Programmer; AT&T Columbus, 6200 E. Broad St., Columbus, OH 43213; r. 221 Farmington Dr., Columbus, OH 43213, 614 866-3567.
THOMPSON, Frederick Raymond, III; '74 BSBA; 10414 Butia Pl., Tampa, FL 33618, 813 933-4045.
THOMPSON, Gerald Allen; '64 BSBA; Prod Supv.; GM Corp., Fisher Body Division, 200 Georgesville Rd., Columbus, OH 43228; r. 1589 Oakview Dr., Worthington, OH 43085, 614 885-7330.
THOMPSON, Gerald Keith; '65 MBA; POB 555 Tokoyo, Stamford, CT 06904.
THOMPSON, Gilbert James; '49 BSBA; Retired; r. 37 N. Everett Ave., Columbus, OH 43213, 614 235-6682.
THOMPSON, Glenn W.; '88 BSBA; 96 Hiawatha Ave., Westerville, OH 43081, 614 882-2635.
THOMPSON, Hadley A.; '86 BSBA; 327 Main St., POB 21, Salineville, OH 43945.
THOMPSON, Mrs. Heidi Alexander, (Heidi Alexander); '81 BSBA; Public Relations Ofcr.; BancOhio Natl. Bank', 155 E. Broad St., Columbus, OH 43251, 614 463-8853; r. 2753 Sherwood Rd., Columbus, OH 43209.
THOMPSON, Jack E.; '59 BSBA; Treas./Secy.; Chillicothe Telephone Co., 58 E. Main St., Chillicothe, OH 45601, 614 772-8242; r. 1 Kearsley Pl., Chillicothe, OH 45601, 614 775-2586.
THOMPSON, LTC Jack W.; '67 MBA; Lt. Col. Usaf Ret; r. 1790 Glenwood, Abilene, TX 79605, 915 692-9782.
THOMPSON, James Clement; '82 BSBA; Asst. Mgr.; Big Bite Inc., 2011 Riverside Dr., Columbus, OH 43221; r. 1678 Dollivor Dr., Worthington, OH 43085, 614 846-5283.
THOMPSON, James Eric; '86 BSBA; Systs. Analyst; N C R Corp., 3095 Kettering Blvd., Dayton, OH 45439, 513 297-5853; r. 6352 Appleseed Pl., Dayton, OH 45424, 513 236-5238.
THOMPSON, James G.; '51 BSBA; Treas.; Gen. Felt Industries Inc.; Park 80 Plz. W.-One, Saddle Brook, NJ 07662, 201 843-0900; r. 20 Independence Dr., Whippany, NJ 07981, 201 887-1815.
THOMPSON, James Richard, Jr.; '75 BSBA; Loan Ofcr.; Leader Mortgage Co., 1015 Euclid Ave., Cleveland, OH 44115, 216 696-8000; r. 1399 Wiltshire Rd., Columbus, OH 43223, 614 279-2633.

ALPHABETICAL LISTINGS TILLMAN 281

THOMPSON, James William; '51 BSBA; Retired; r. 198 Turtle Creek Dr., Tequesta, FL 33469, 407 747-2893.

THOMPSON, Jay Frederick; '75 BSBA; Personnel Dir.; Schlegel Tennessee Inc., 1713 Henry G. Lane St., Maryville, TN 37801, 615 984-7600; r. 714 Oxford Hills Dr., Maryville, TN 37801, 615 983-8462.

THOMPSON, Jimmie D.; '51 BSBA; Owner; Thompson Ins. & Real Estate, 102 S. Main St., New Lexington, OH 43764; r. 130 Highland Dr., New Lexington, OH 43764, 614 342-3231.

THOMPSON, Dr. Joel Edward; '76 BSBA; Asst. Prof.; The Ohio State Univ., Acctg. Dept., 1775 College Rd., Columbus, OH 43210; r. 425 E. Arch St., Marquette, MI 49855.

THOMPSON, John Edward; '68 BSBA; 97 Templeton Ter., Lexington, OH 44904.

THOMPSON, John Michael; '71 BSBA; 139 Aldrich, Columbus, OH 43214, 614 261-7024.

THOMPSON, Joseph Wayne; '81 BSBA; 4289 Ewart Rd., Mt. Vernon, OH 43050.

THOMPSON, Judy Anderson; '62 BSBA; Homemaker; r. 4420 Kipling Ln., Columbus, OH 43220, 614 457-1406.

THOMPSON, Julie Ann; '84 BSBA; Ofc. Automation Cnslt.; Nationwide Ins. Co., 1 Nationwide Plz., Columbus, OH 43215, 614 249-2746; r. 6649 David Rd., Dublin, OH 43017, 614 889-4747.

THOMPSON, Kasia Lanette; '86 BSBA; 1465 E. Fulton St., Columbus, OH 43205, 614 253-6856.

THOMPSON, Larry Alan; '73 BSBA; Supv.; State of Ohio, 30 50 E. Broad St., Columbus, OH 43215; r. 4902 E. Everett Dr., Scottsdale, AZ 85254, 602 953-8044.

THOMPSON, Lawrence R.; '59 BSBA; Mgr. Vessel Scheduling; Chevron Shipping Co., 555 Market St., San Francisco, CA 94105, 415 894-3362; r. 423 Deerfield Dr., Moraga, CA 94556, 415 376-2218.

THOMPSON, Leland Dumont; '50 BSBA; Retired; r. 535 Kennedy Dr., Mansfield, OH 44904, 419 756-7634.

THOMPSON, Mrs. Linda C., (Linda L. Chambers Gallogly); '85 MBA; VP; Franciscan Health Syst., 1495 E. Broad St., Columbus, OH 43205, 614 251-3827; r. 3945 Riverview Dr., Hilliard, OH 43026, 614 876-8466.

THOMPSON, Mrs. Linda Saunby, (Linda Saunby); '84 BSBA; Homemaker; r. 3876 Mountview Rd., Columbus, OH 43220, 614 451-2458.

THOMPSON, MAJ Lowell Edward, USAF(Ret.); '56 BSBA; Hosp. Admin.; US Health Corp., 3555 Olentangy River Rd., Columbus, OH 43214, 614 261-4405; r. Box 324 Star Rte., Stout, OH 45684.

THOMPSON, Mrs. Madeline J., (Madeline Fuchs); '81 BSBA; Mkt. Mgr.; Haworth Inc., One Haworth Ctr., Holland, MI 49423; r. 8809 Green Branch Ln., Indianapolis, IN 46256, 317 849-3791.

THOMPSON, Marc R.; '53 BSBA; 5515 Cantara Pl., Apt. #2, Columbus, OH 43232, 614 864-6397.

THOMPSON, Martin, Jr.; '55 BSBA; Ins. Agt.; Thompson-Cunningham Ins., 37 E. Wilson Bridge Rd., Worthington, OH 43085; r. 2030 Northtowne Ct., Columbus, OH 43229, 614 846-4536.

THOMPSON, Mary Fredericks; '76 BSBA; Pension Tech.; Midland Life Ins. Co., 250 E. Broad St., Columbus, OH 43215; r. 3911 Green Cook Rd, Johnstown, OH 43031, 614 965-3382.

THOMPSON, Mary Isabel; '35 BSBA; Retired; r. 322 E. Washington St., Marion, OH 43302, 614 387-0957.

THOMPSON, Melissa Cay; '87 BSBA; Staff Acct.; Dennison Health Systs., 1087 Dennison Ave., Columbus, OH 43201, 614 297-4066; r. 1871 W. 5th Ave., Columbus, OH 43212, 614 488-1468.

THOMPSON, Michael Alan; '84 BSBA; 73891 Joetta Dr., Rayland, OH 43943.

THOMPSON, Michael Le Roy; '75 BSBA; Financial Dir.; Wilson Mem. Hosp., 915 W. Michigan, Sidney, OH 45365, 513 498-2311; r. 1120 Stephens, Sidney, OH 45365, 513 492-3872.

THOMPSON, Pamela; '77 BSBA, '79 MBA; Tchr.; Bishop Watterson HS, Mathematics Dept., 99 E. Cooke Rd., Columbus, OH 43214; r. 427 Wetmore Rd., Columbus, OH 43214, 614 263-4499.

THOMPSON, Patricia Holley; '75 MPA; Deputy Dir.; Ohio Dept. of Youth Svcs., General Support Services, 51 N. High St., Columbus, OH 43215; r. 379 Canford Pl., Gahanna, OH 43230, 614 475-4912.

THOMPSON, Patricia L. '79 (See Vradenburg, Mrs. Patricia L.).

THOMPSON, Patricia Rowe; '82 BSBA; Dir.-Devel.; Opera/Columbus, Le Veque Twr. Mezzanine, 50 W. Broad St., Columbus, OH 43215; r. 2533 Bryden Rd., Columbus, OH 43209, 614 235-5667.

THOMPSON, Mrs. Paul, (Stacy Lynn Wires); '86 BSBA; Asst. Mgr.; State Savings Bank, Graceland Ofc., 5045 N. High St., Columbus, OH 43214, 614 888-6573; r. 5426 Lakota Dr., Westerville, OH 43081, 614 898-3981.

THOMPSON, Raymond Earl; '50 BSBA; Retired; r. 900 Sunset Dr., Glenwood, IL 60425, 312 756-3370.

THOMPSON, Richard E.; '53 BSBA; Retired; r. 338 Chrystan Ct., Montgomery, AL 36109, 205 272-7138.

THOMPSON, Richard Lynn; '72 BSBA; 680 Montcals NE, Lowell, MI 49331.

THOMPSON, Robert W.; '50; Pres.; Thompson & Hamilton Inc., 211 N. 4th St., Columbus, OH 43215; r. POB 862, Dublin, OH 43017, 614 889-1766.

THOMPSON, Scott Richard; '85 BSBA; 591 Prior Park Dr., Cuyahoga Falls, OH 44223, 216 929-1182.

THOMPSON, Scott Sidney; '75 BSBA; Mgr.; Coshocton Recreation, 775 S. 2nd St., Coshocton, OH 43812, 614 622-6332; r. 1252 Kenilworth Ave., Coshocton, OH 43812, 614 622-8341.

THOMPSON, Stephen Walter; '76 BSBA; Supply Ofcr.; USN, USS Nashville Lpd 13, FPO, New York, NY 09579; r. 921 Adelphi Rd., Virginia Bch., VA 22207, 804 424-4518.

THOMPSON, Thomas R.; '87 BSBA; Indep Sales Rep.; Herff Jones Co., c/o Postmaster, Indianapolis, IN 46206; r. 294 Cobblestone Dr., Delaware, OH 43015, 614 369-0037.

THOMPSON, Thomas Wayne; '83 BSBA; 46 Merry Robin Rd., Troy, OH 45373, 513 335-1403.

THOMPSON, Tod Darrin; '88 BSBA; Box 363 Stahl, Jewett, OH 43986, 614 946-5171.

THOMPSON, Todd A.; '82 BSBA; Owner/Broker; Thompson Ins. Agcy., POB 4322, Sidney, OH 45365, 513 498-1874; r. Same.

THOMPSON, Tracy Sue; '87 BSBA; Flight Attendant; American Airlines; r. 1865 Green St., Apt. 3, San Francisco, CA 94123, 415 923-0629.

THOMPSON, Warren; '76 BSBA; Tchr.; Reeb Elem. Sch., 280 E. Reeb Ave., Columbus, OH 43207; r. 1800 Eldorn Dr. E., Columbus, OH 43207, 614 443-5744.

THOMPSON, Wayne Lee; '68 BSBA; POB # 465, Bellefontaine, OH 43311.

THOMPSON, William Joseph; '49 BSBA; Sales; r. 1678 Dollivor Dr., Worthington, OH 43085, 614 846-5283.

THOMPSON, William O.; '50 BSBA; Retired; r. 3500 Tower Rd., Rapid City, SD 57701, 605 343-2409.

THOMPSON-BOLTON, Jacqueline Jean; '83 BSBA; Student; r. 6380 State Rte. 589, Fletcher, OH 45326, 513 368-2526.

THOMSON, Arthur Lang; '75 MPA; Asst. Mgr.; The Ohio State Univ., Comprehensive Cancer Ctr., 410 W. 12th Ave. Ste. 302, Columbus, OH 43210; r. 3299 Kenmore Rd., Shaker Hts., OH 44122.

THOMSON, Hugh Cameron; '50 BSBA; Gen. Agt.; Provident Life & Accident Ins. Co., POB 642, Media, PA 19063, 215 565-6595; r. Foxdale Farms, 1912 Kimberwick Rd, Media, PA 19063, 215 565-0714.

THOMSON, Walter D., II; '61 BSBA; Pres.; Delaware Gazette, 18 E. William St., Delaware, OH 43015, 614 363-1161; r. 55 Hillside Dr., Delaware, OH 43015, 614 363-1426.

THORBURN, Robert D.; '50 BSBA; Retired; r. 6334 W. Shore Dr., Kent, OH 44240, 216 673-0466.

THORKELSON, Curtis Dean; '71 BSBA; Staff; Goodyear Tire & Rubber Co., 1144 E. Market St., Akron, OH 44316; r. 2743 Olentangy Dr., Akron, OH 44313, 216 867-5525.

THORNBLOOM, Dennis Glenn; '80 BSBA; Financial Analyst; Bank One, 762 Brookedge Pl. Dr., Westerville, OH 43081, 614 248-8601; r. 1512 Thurell Rd., Columbus, OH 43229, 614 885-7605.

THORNBOROUGH, Stephen N.; '63 BSBA; Pres.; Good Home Maint. Inc., 4470 Indianola Ave., Columbus, OH 43214, 614 262-1137; r. 1684 Arlingate Dr., S., Columbus, OH 43220, 614 457-3571.

THORNBURG, Paul Joseph; '75 BSBA; Exec. VP; Directions Inc., 15301 Dallas Pkwy., Ste. 400 Lb23, Dallas, TX 75248; r. 3829 Whiffletree Ct., Plano, TX 75023.

THORNBURGH, Jane A.; '77 BSBA; VP; Ameritrust Co. Natl. Assoc., Trust Investment Dept., 900 Euclid Ave. T-23, Box 5937, Cleveland, OH 44101, 216 687-2766; r. 3296 Lansmere Rd., Shaker Hts., OH 44122, 216 991-5821.

THORNBURGH, Jeffrey Jay; '72 BSBA; Production Mgr.; Owens Illinois, POB 798, Warsaw, IN 46580, 219 267-6121; r. Rte. 1 Box 106, Leesburg, IN 46538, 219 453-3090.

THORNBURY, John Mc Gregor; '86 MBA; R E Appraiser; Bishop Appraisal Grp., 1860 Woodmoor Dr., Ste. 200, Monument, CO 80132, 719 488-2211; r. 660-D Autumn Crest Cir., Colorado Spgs., CO 80919, 719 548-1632.

THORNE, Bruce W.; '59 BSBA; Account Mgr.; Caterpillar Inc., Caterpillar Inds Inc., 5960 Heisley Rd., Mentor, OH 44060, 216 357-2248; r. 1371 S. Lyn Cir., Cleveland, OH 44121, 216 382-7394.

THORNE, MAJ Donald Marion, (Ret.); '67 MBA; Ret Maj. Usaf; r. 6496 Meadowridge Dr., Santa Rosa, CA 95409, 707 544-1612.

THORNGATE, Robert Ernest, Jr.; '70 BSBA; Sr. VP; M.F.P. Ins. Agcy., Inc., 42 E. Gay St., Ste. 904, Columbus, OH 43215, 614 221-2398; r. 5099 Grassland Dr., Dublin, OH 43017, 614 766-4347.

THORNSBURY, Golda Wilson, (Golda Wilson); '51 BSBA; Retired; r. 3620 Sylvan Dr., Baltimore, MD 21207, 301 944-6007.

THORNTON, Dr. Fred Arnold, Jr.; '70 PhD (ACC); Assoc. Prof.; Univ. of West Florida, Acctg. Dept., Pensacola, FL 32504; r. 6145 Virwood Rd., Pensacola, FL 32504, 904 477-0873.

THORNTON, Jack F.; '66 BSBA; 7926 E. Galbraith, Cincinnati, OH 45243, 513 891-7738.

THORNTON, Judy Diane; '88 BSBA; Acct.; Crossett Co., 1 Microwave Plz., Cincinnati, OH 45202, 513 421-1155; r. 750 Danbury Rd., Forest Park, OH 45240, 513 825-6076.

THORNTON, Parke R.; '43 BSBA; Gen. Mgr.; Turkeyfoot Lake Golf Links Inc., 294 W. Turkeyfoot Lake Rd, Akron, OH 44319; r. 3996 S. Turkeyfoot Rd, Akron, OH 44319, 216 644-5308.

THORNTON, LTC Patrick Allan, USN; '85 MBA; Supply Ofcr.; USS Wichita, AOR1, FPO, San Francisco, CA 96683, 805 982-5212; r. 2060 Olga St., Oxnard, CA 93030, 805 983-0064.

THORNTON, Richard Clifford; '78 BSBA; 762 Whittier St., Cincinnati, OH 45229, 513 861-4224.

THORNTON, Richard Thomas; '70 BSBA; Elec. Contractor; 193 W. Locust St., Newark, OH 43055, 614 345-3708; r. Same.

THORNTON, Robert Edwin; '86 MPA; Labor Relation Spec.; Ohio Dept. of Rehab. & Correction, Orient Correctional Inst., 11781 State Rte. 762, Orient, OH 43146, 614 877-4367; r. 5952 Lucky Charm Dr., Galloway, OH 43119, 614 878-0663.

THORNTON, Robert F.; '56 BSBA; Atty.; Thornton, Thornton & Harwood, Box 207, Willard, OH 44890, 419 935-0171; r. Same, 419 935-0888.

THORNTON, Sheri Aretha; '82 MPA; Pmip; Goddard Flight Ctr., Postmaster, Greenbelt, MD 20770; r. 6002 Cedarwood Dr., Columbia, MD 21044.

THORNTON, Thomas Patrick; '77 MPA; 125 East Ravenwood Ave., Youngstown, OH 44507.

THORP, Norman Dean; '68 BSBA; Real Estate Broker; Thorp Realty Co., State Rte. 15, Pioneer, OH 43554, 419 737-2371; r. POB 275, Pioneer, OH 43554, 419 485-8111.

THORPE, Thomas Eugene; '59 BSBA, '73 MPA; Deputy Dir.; USAF, Strategic Sys/Aero Sys Div, Program Control, Wright Patterson AFB, OH 45433, 513 255-4211; r. 501 Sheffield Rd., Springfield, OH 45506, 513 324-1473.

THORSON, James M.; '87 BSBA; Law Student; Univ. Dayton; r. 790 Wittelsbach Dr., Apt. J, Kettering, OH 45429, 513 298-1702.

THORSRUD, Per Arne; '84 BSBA; 503 Glynnwood Ln., Bartlesville, OK 74003.

THRALL, Robert Le Roy; '83 BSBA; Supv.; GM Corp., Fisher Body Division, 200 Georgesville Rd., Columbus, OH 43228; r. 218 Heischman Ave., Worthington, OH 43085, 614 888-2947.

THRASHER, David Randolph; '64 BSBA; Pres.; R T Sales Inc., 1739 Miramar Dr., Balboa, CA 92661; r. 7225 Via Mariposa Sur, Bonsall, CA 92003, 619 941-0727.

THRASHER, Marjorie Tait; '53 BSBA; 1260 Linden, Plymouth, MI 48170, 313 453-0437.

THRASHER, Theodore F.; '53 BSBA; 1st VP; Natl. Bank of Detroit, Trust Division, 611 Woodward Ave., Detroit, MI 48226; r. 1260 Linden, Plymouth, MI 48170, 313 453-0437.

THREM, Roxane Renee; '88 BSBA; 3154 Golfside Rd., Athens, OH 45701, 614 594-3127.

THRESS, Charlotte Anne; '82 BSBA; 2 Canary Ct., Edgewood, KY 41018, 606 331-9774.

THROCKMORTON, Phyllis Mc Grew; '77 BSBA; 15943 Hawn Rd., Plain City, OH 43064, 614 873-8776.

THRUSH, Clint W.; '82 BSBA; Quality Spec.; GE Superabasives, 6325 Huntley Rd., Worthington, OH 43085, 614 438-2462; r. 152 Acton Rd., Columbus, OH 43214, 614 263-6623.

THRUSH, Jack M.; '48 BSBA; 5249 Avenida Del Mare, Sarasota, FL 34231, 813 349-6758.

THRUSH, Roland J.; '48 BSBA; Retired; r. Am Elfengrund 32, 6100 Darmstadt 13, West Germany.

THUMA, Ronald D.; '59 BSBA; Agt.; Nationwide Ins. Co., 5850 S. County Rd. 25A, POB 7, Tipp City, OH 45371, 513 667-3965; r. 570 W. Michaels Rd., POB 7, Tipp City, OH 45371.

THURKETTLE, Edward Francis; '73 BSBA; 4928 Rockledge, Tampa, FL 33624, 813 961-2823.

THURKETTLE, Frank Brian, Jr.; '70 BSBA; Pres./CEO; Middle America Oil Co., POB 570, Williamsburg, IA 52361, 319 668-1817; r. 101 W. Penn St., POB 1064, Williamsburg, IA 52361, 319 668-2798.

THURKETTLE, Ronald George; '77 BSBA; Sales Mgr.; Lancaster Electro Plating, Inc., 316 Sylvan Ave., Lancaster, OH 43130, 614 687-5398; r. 6625 Schenk Ave., Reynoldsburg, OH 43068, 614 864-1634.

THURMAN, Kathryn Ann Newland; '85 BSBA; Head Cashier; Big Bear Stores, Eastland Sq., Columbus, OH 43227; r. 2707 Moundcrest St., Columbus, OH 43232, 614 868-8842.

THURN, Amy S. '81 (See O'Donnell, Ms. Amy T.).

THURSTON, Edward A.; '42 BSBA; Retired; r. 1964 Wildwood Hts., Boyne City, MI 49712, 616 582-2619.

THURSTON, Kenneth Paul; '68 BSBA, '72 MBA; VP-Plng.; CSC Industries, Inc., 4000 Mahoning Ave., Warren, OH 44483; r. 505 Sycamore Tr., Cortland, OH 44410.

TIANO, Danos S.; '80 BSBA; Staff; Sun T V & Appliances, 1583 Alum Creek Dr., Columbus, OH 43209; r. 103 Roga Rd., Reynoldsburg, OH 43068.

TIBBALS, Thomas Lea; '68 BSBA; Owner Mgr.; r. 1480 Neil Ave., c/o Holiday House, Columbus, OH 43201, 614 299-2882.

TIBBITTS, Christine K.; '79 BSLHR; 4283 Hart Dr., St. Joseph, MI 49085, 616 428-2517.

TIBBITTS, David Allan; '80 BSBA; Data Control Supv.; Whirlpool Corp., La Vergne Div., 1714 Heil-Quaker Blvd., La Vergne, TN 37086, 615 793-7511; r. 220 Quail Ridge Rd., Smyrna, TN 37167, 615 355-0994.

TIBERI, Dina '81 (See Karshner, Ms. Dina Tiberi).

TIBERI, Richard Anthony; '85 BSBA; Mgr.; Fifth/Third Bkg. Ctr., 38 Fountain Sq. Plz., Cincinnati, OH 45263; r. 11444 Village Brooke Ct, Cincinnati, OH 45249, 513 829-8626.

TIBURZIO, Rudolph J.; '60 BSBA; Real Estate Mgr.; Atlantic Refining & Mktg. Corp., 1016 W. Ninth Ave., POB 1260, King Of Prussia, PA 19398, 215 768-1202; r. 1100 Radley Dr., W. Chester, PA 19382, 215 793-2741.

TICKNOR, William C.; '80 BSBA; Staff; State of Ohio, State Ofc. Twr., Columbus, OH 43215; r. 4383 Kelnor Dr., Grove City, OH 43123, 614 875-8797.

TIDD, Jeri Le Wallick; '81 BSBA; Owner/CPA; Jeri L Tidd CPA, 4175 N. High St., Columbus, OH 43214, 614 262-1106; r. 1828 Parkford Ln. #17, Columbus, OH 43229, 614 899-7823.

TIDRICK, Daniel Ray; '68 BSBA; Partner; Hill Barth & King, 7680 Market St., Youngstown, OH 44512; r. 8366 Four Seasons Tr., Poland, OH 44514, 216 757-8822.

TIDRICK, Dr. Donald Eugene; '76 BSBA; Asst. Prof.; Univ. of Notre Dame, Dept. of Accountancy, Clg. of Business Admin, Notre Dame, IN 46556, 219 239-6268; r. 824 E. Angela Blvd., South Bend, IN 46617, 219 288-5628.

TIDWELL, Albert L.; '59 BSBA; Atty.; Albert L Tidwell Jd, 50 W. Broad St., Ste. 330, Columbus, OH 43215; r. 50 W. Broad St., Ste. 330, Columbus, OH 43215, 614 221-6424.

TIDWELL, Christy Mc Cann; '67 BSBA; 834 Andromeda Ln., Foster City, CA 94404.

TIDWELL, Mrs. Peggy A., (Peggy A. Ward); '79 BSBA; Asst. VP; Huntington Natl. Bank, 41 S. High St., Columbus, OH 43215, 614 463-5201; r. 1127 Shady Hill Dr., Columbus, OH 43221, 614 451-4940.

TIDWELL, Robert Hudson; '69 MBA; VP; Cal Bio, Marketing/Business Devlpmnt, Los Gatos, CA 95030; r. 834 Andromeda Ln., Foster City, CA 94404.

TIEDMAN, COL Allen J., USAF(Ret.); '67 MBA; Assoc. Dir.; Los Alamos Natl. Lab, Los Alamos, NM 87545, 505 667-9390; r. 40 La Cueva, Los Alamos, NM 87544, 505 662-0491.

TIEMAN, Joseph Louis; '86 BSBA; Sales Rep.; TEXO Corp., 2801 Highland Ave., Cincinnati, OH 45212, 513 731-3400; r. 5186 Briarhurst Ct., Columbus, OH 43220, 614 451-5176.

TIEMANN, Willis F., Jr.; '47 BSBA; Retired; r. 1023 Robin Rd, Springfield, OH 45503, 513 399-2375.

TIEMEIER, Barry William; '86 BSBA; Regional VP; Shifrin Jewelers, 3120 Kingsdale Ctr., Columbus, OH 43221, 614 459-0451; r. 5282 Brandy Oaks Ln., Columbus, OH 43220, 614 459-9105.

TIEN, David Alan; '88 BSBA; 8377 Harmon Dr., Macedonia, OH 44056, 216 467-9389.

TIERNEY, J. Robert; '49 BSBA; Dir., Ohio Operations; Ranco Inc., US Rte. 42 N., POB 145, Plain City, OH 43064, 614 876-8022; r. 5018 Mengel Ln., Hilliard, OH 43026, 614 876-6329.

TIERNEY, Martin Patrick; '82 BSBA; Purchasing Agt.; Systecon, 24 Landy Ln., Cincinnati, OH 45215, 513 554-0222; r. 10 Cromwell Rd, Cincinnati, OH 45218, 513 891-7610.

TIERNEY, Michael James; '86 BSBA; Law Clerk; Hamilton Cnty. Prosecutor Off, 1000 Main St., Rm. 420, Cincinnati, OH 45227, 513 632-8499; r. 7026 Britton Ave., Cincinnati, OH 45227, 513 272-3399.

TIETJE, William E.; '51 BSBA; Mgr.; Ameritext Publishing, 767 Beta Dr., Mayfield, OH 44124, 216 473-8810; r. 22375 Berry Dr., Rocky River, OH 44116, 216 333-4591.

TIEU, Van Lay; '82 BSBA; 2948 La Vista Dr., Columbus, OH 43204.

TIFFANY, Mark Alan; '77 BSBA; Cost Estimator; The Boeing Co., POB 3707, Military Airplanes, Seattle, WA 98124, 206 394-4237; r. 12541 SE 70th, Renton, WA 98056, 206 271-5634.

TIGGS, La Marcie Beneth; '85 BSBA; Asst. Store Supv.; Salvation Army, 5005 Euclid Ave., Cleveland, OH 44103, 216 881-2625; r. 3696 Beacon Dr., Beachwood, OH 44122, 216 464-7680.

TIKSON, Ms. Kristine J., (Kristine J. Frey); '82 BSBA; Mgr.; Peat Marwick Main & Co., Two Nationwide Plz., Columbus, OH 43215, 614 249-2300; r. 1185 E. College Ave., Westerville, OH 43081, 614 882-1800.

TIKSON, Mark Eric; '82 BSBA; Mgr. of Investor Rel.; Worthington Industries Inc., 1205 Dearborn Dr., Worthington, OH 43085, 614 438-3133; r. 1185 E. College Ave., Westerville, OH 43081, 614 882-1800.

TILBROOK, Thomas Sharp; '32 BSBA; Retired; r. 1307 Melaleuca Ln., Ft. Myers, FL 33909.

TILLETT, Catherine Ann '86 (See Scowden, Catherine Ann).

TILLEY, David Kevin; '76 BSBA; Dir. Franchise Sales; Dial One Intl. Inc., 175 S. Third St., Ste. 450, Columbus, OH 43215, 614 461-6677; r. 8543 Torwoodlee Ct., Dublin, OH 43017, 614 889-7624.

TILLMAN, Debra Janowiecki, (Debra J. Janowiecki); '84 BSBA; Sr. Acct.; Ohio State Life Ins., 2500 Farmers Dr., Worthington, OH 43085, 614 764-4000; r. 5691 Longford Dr., Dublin, OH 43017, 614 761-3329.

TILLMAN, Mary Pat; '87 BSBA; 2803 Glenbriar St., Columbus, OH 43232, 614 861-4978.

TILLMAN, Scott Allan; '84 BSBA; Mrkt Rep.; Uniwear, Inc., 215 W. Longview Ave., Mansfield, OH 44905, 419 526-1124; r. 5691 Longford Dr., Dublin, OH 43017, 614 761-3329.

TILLY, William George; '72 BSBA; MIS Mgr.; North American Philips, 100 E. 42nd St., New York, NY 10017; r. 459 Brookside Ln., Somerville, NJ 08876, 201 874-4667.

TILSON, Julie Ann; '87 BSBA; 13094 Rustic Dr., Pickerington, OH 43147, 614 861-6198.

TILTON, Alice Mercer; '75 BSBA; 2920 S. Dorchester, Columbus, OH 43221, 614 486-2166.

TILTON, Bradley Alan; '87 MBA; Product Mech. Enginr; Therm-O-Disc Inc., POB 3538, Mansfield, OH 44907, 419 756-5911; r. 1886 Autumn Dr., Apt. 4, Mansfield, OH 44907, 419 756-8376.

TILTON, Earle B.; '23 BSBA; Retired; r. 1796 Ridgecliff Rd., Columbus, OH 43221, 614 451-1178.

TILTON, Gregory Eldridge; '79 BSBA; 2920 S. Dorchester Rd., Columbus, OH 43221, 614 486-2166.

TILTON, James F.; '47 BSBA; Retired; r. 204 E. Main St., St. Paris, OH 43072, 513 663-5166.

TILTON, Jeffrey Scott; '75 BSBA; 2920 S. Dorchester, Columbus, OH 43221, 614 486-2166.

TILTON, Jerry E.; '57 BSBA; Atty.; 1908 Bethel Rd., Columbus, OH 43220, 614 459-4710; r. 1351 Gumwood Dr., Columbus, OH 43229, 614 885-8459.

TILTON, Julie Ann; '81 BSBA; Account Mgr.; Random Access, 2370 S. Trenton Way, Ste. G, Denver, CO 80231, 303 745-9600; r. 556 S. Vine St., Denver, CO 80209, 303 733-5369.

TILTON, Richard L.; '51 BSBA; Mgr.; r. 632 Ensenada Ct., Berea, OH 44017, 216 234-0388.

TIMAR, Jane E. '83 (See Timar-Cheslik, Jane Ellen).

TIMAR-CHESLIK, Jane Ellen, (Jane E. Timar); '83 BSBA; Sales Rep.; Smithkline-Beckman, 9901 Jeronimo Rd., Irvine, CA 92718, 800 348-6554; r. 7760 Warrington Way, Worthington, OH 43087, 614 792-2934.

TIMBERLAKE, Herbert A., Jr.; '62 BSBA; Asst. Mgr.; Sears Roebuck Co., 600 Richland Mall, Mansfield, OH 44906; r. 1664 Helena Dr., Mansfield, OH 44904.

TIMEN, Jeffrey Paul; '87 BSBA; CPA; Peat, Marwick, Main & Co., 1600 National City Ctr., Cleveland, OH 44114; r. 6478 Longridge Rd., Mayfield Hts., OH 44124, 216 449-2763.

TIMEN, Leroy; '55 BSBA; Sales Mgr.; Jay Pontiac Honda, 18200 Rockside Rd., Bedford, OH 44146, 216 439-1846; r. 6478 Longridge Rd, Cleveland, OH 44124, 216 449-2763.

TIMEN, Mark Howard; '83 BSBA; Fleet Mgr.; Jay Pontiac Inc., 565 Broadway Ave., Bedford, OH 44146, 216 232-5000; r. 1693 Roselawn Rd., Mayfield Hts., OH 44124, 216 461-4746.

TIMMEL, Steven L.; '87 BSBA; Property Mgr.; Chelsea Moore, 105 W. Fourth St., Cincinnati, OH 45202, 513 621-1161; r. 2500 Ida, Apt. 14, Cincinnati, OH 45212.

TIMMERMEISTER, William C.; '67 BSBA; Pres./Owner; Lima Cadillac-Pontiac Co., 770 W. North St., Auto Sales, Lima, OH 45801, 419 222-5015; r. 1638 Springhill Dr., Lima, OH 45805, 419 999-2516.

TIMMONS, Jeffrey Clark; '83 MBA; Treas., CFO; Great America Fun Corp., 3656 Paragon Dr., Columbus, OH 43228, 614 771-1544; r. 1461 Runaway Bay Dr., Apt. #1D, Columbus, OH 43204, 614 488-5665.

TIMMONS, Joel Andrew; '84 BSBA; Sales Mgr.; Mid-Continent Intl., 145 W. Johnstown Rd., Gahanna, OH 43230; r. 278 Amfield Ct., Gahanna, OH 43230, 614 792-5745.

TIMMONS, Ned Irwin; '68; Regional VP; McClain Industries, 3696 Rushmore Dr., Columbus, OH 43220, 614 457-7401; r. Same, 614 457-2382.

TIMMONS, Robert A., II; '69 BSBA; Area Pres.; Banc Ohio Natl. Bank, 105 N. Main St., Washington Ct. House, OH 43160, 614 335-6240; r. 1311 Yellowbud Pl., Washington Ct. House, OH 43160, 614 335-5351.

TIMMONS, Ross Alan; '88 BSBA; Acct.; N C R Corp., 1150 Anderson Dr., Liberty, SC 29657, 803 843-1899; r. 217 Franklin Dr., Central, SC 29630, 803 639-6900.

TIMMONS, William D., Jr.; '51 BSBA; VP; Ohio Fabricators Co., 111 N. 14th St., Coshocton, OH 43812; r. 800 Severn Dr., Coshocton, OH 43812, 614 622-3702.

TIMPERMAN, Shannon Marie '87 (See Foster, Mrs. Shannon Marie).

TINDALL, Scott; '81 MBA; Sr. Proj. Mgr.; Fahlgren & Swink Advt., Planning & Info. Service, POB 7159, Dublin, OH 43017; r. Fahlgren & Swink Advertising, POB 7159, Dublin, OH 43017.

TINGLEY, Mrs. Jean McQuilkin, (Jean McQuilkin); '54 BSBA; Tchr.; Columbus Public Schs., 68 E. Second Ave., Columbus, OH 43201, 614 365-5900; r. 834 Lynbrook Rd, Worthington, OH 43235, 614 885-4895.

TINIANOW, Israel; '52 BSBA; CPA; Ernst & Whinney, 787 Seventh Ave., New York, NY 10019, 212 830-6205; r. 1035 Grand Concourse, Bronx, NY 10452, 212 293-7254.

TINKA, Kalman G., III; '67 BSBA; 3666 Meadow Court Dr., Dayton, OH 45431.

TINKOVICZ, Peter J.; '50 BSBA; 415 Fox Run Rd., Powell, OH 43065, 614 888-6076.

TIPKA, Alan William; '69 MBA; Tipko Oil & Gas, Tuscarawas City Rd. 85, Dover, OH 44622, 216 364-4333; r. 1809 Harbour Cir., Canton, OH 44708, 216 456-5501.

TIPNIS, Ajay Prabhakar; '85 BSBA; 8793 Curran Point Ct., Powell, OH 43065, 614 889-8987.

TIPPETT, Charles Allen; '51 BSBA; Cnslt.; Gen. Business Svcs., 801 Brice Rd., Reynoldsburg, OH 43068, 614 759-9427; r. 801 Brice Rd., Reynoldsburg, OH 43068, 614 868-0218.

TIPPETT, David Hal; '87 BSBA; 191 W. 9th Ave., Apt. D-1, Columbus, OH 43201.

TIPPIE, Kenneth William; '78 BSBA; Resident Real Estate Agt.; Marriott, Coldwell Banker, 444 W. Fullerton Pkwy., Chicago, IL 60614, 312 528-7500; r. 4447 N. Greenview, Chicago, IL 60640, 312 769-6863.

TIPPIE, William Douglas; '70 BSBA; Principal Cnslt.; Bentz Whaley Flessner, 1748 Buhl Bldg., Detroit, MI 48226, 313 964-4420; r. 9267 Mayflower Dr., Plymouth, MI 48170, 313 453-6379.

TIPPLE, Ray A.; '28 BSBA; 8816 Grenore St., Dallas, TX 75218, 214 328-2460.

TIPPLE, Terry Wayne; '78 BSBA; Rate Acct.; Col's & So Electric Co., 215 N. Front St., Rate Division, Columbus, OH 43215; r. 6989 Hill Rd., Canal Winchester, OH 43110, 614 837-4508.

TIPTON, John Kenneth; '81 BSBA; Mgr.; UPS, 5101 Trabue Rd., Columbus, OH 43207; r. 5264 Rampart Rd., Columbus, OH 43207, 614 491-8119.

TIPTON, Russell D.; '36 BSBA; Retired; r. 400 Beach Rd., Apt. 804, Tequesta, FL 33469, 407 747-8195.

TIRPACK, Karen D.; '88 BSBA; Programmer; IBM, 1001 W.T. Harris Blvd., Charlotte, NC 28257, 704 594-7327; r. 6312-A Woodbend Dr., Charlotte, NC 28212, 704 563-6800.

TISCHER, Jerry Allen; '67 BSBA; Div. Mgr.; Columbia Gas of Ohio Inc., Columbus Division, 200 S. Civic Ctr. Dr., Columbus, OH 43215, 614 460-2225; r. 488 Deer Run Ct., Westerville, OH 43081, 614 899-9192.

TISCHER, Larry Edwin; '73 MA; 3850 Wicker Rd., Indianapolis, IN 46217, 317 888-9450.

TISCHER, Loren Edward; '72 BSBA; Staff; Metallgesellschaft Tradng Corp., 520 Madison Ave., New York, NY 10022; r. 244 B King St., #244B, Chappaqua, NY 10514.

TISCHER, Sandra J. '56 (See Bonham, Sandra J.).

TISDALE, Warren H.; '64 BSBA; Controller; Obron Corp., 830 E. Erie St., Painesville, OH 44077, 216 354-0400; r. 11390 Butternut Rd., Chardon, OH 44024, 216 564-9136.

TISDALL, William E.; '41 BSBA; Retired; r. 4626 Pebble Bay E., Vero Beach, FL 32903, 407 231-0235.

TISH, Lester Dale; '62 BSBA; 4797 Larwell Dr., Columbus, OH 43220, 614 451-1756.

TISHKIN, Mrs. Pamela A., (Pamela Ann Maddock); '52 BSBA; Admin. Asst.; City of Rocky River, 21012 Hilliard Blvd., Rocky River, OH 44116, 216 331-0600; r. 17317 Franklin Ave., Lakewood, OH 44107, 216 226-7580.

TISHKOFF, Fahn Zelizer, (Fahn D. Zelizer); '66 BSBA; Real Estate Agt.; Wagenbrenner Co., 1620 E. Broad St., Columbus, OH 43205, 614 258-1844; r. 50 N. Drexel Ave., Columbus, OH 43209, 614 252-0595.

TISHKOFF, Stuart Mark; '69 BSBA; VP; Shoe Corp. of America, 2035 Innis Rd., Columbus, OH 43224, 614 265-1912; r. 13902 Indian Mound Rd., Pickerington, OH 43147, 614 927-7176.

TISONE, Mary Callos; '73 BSBA; 13713 Barberry Way, Sykesville, MD 21784.

TISZA, Jeffrey Kalman; '78 BSBA; 1556 Halford Ave. #158, Santa Clara, CA 95051, 408 241-7014.

TITLEBAUM, Ellen R.; '86 BSBA; Mktg. Analyst; State Chemical Mfg., 3100 Hamilton Ave., Cleveland, OH 44114, 216 861-7114; r. 23403 E. Silsby Rd., Beachwood, OH 44122, 216 382-1202.

TITLEBAUM, Jamie Brenda; '83 BSBA; Acct. Exec.; Heritage Sports, 34555 Chagrin, Moreland Hls., OH 44022, 216 247-6500; r. 6811 Mayfield #881, Mayfield Hts., OH 44124, 216 473-2170.

TITLOW, Paul C.; '40; 46460 Shelby Rd., Utica, MI 48087, 313 731-5683.

TITMAS, Robert J.; '63 BSBA; 365 Wagar Rd., Rocky River, OH 44116, 216 333-1221.

TITUS, Anne G., (Anne Greely); '47 BSBA; 417 Wildwood Dr., Springfield, OH 45504, 513 399-8371.

TITUS, Clifford F.; '50 BSBA; 198 NE Cir., Englewood, OH 45322, 513 836-7321.

TITUS, Evelyn Eileen; '79 MBA; OEM Sales Mgr.; Rockwell Intl., 2135 W. Maple Rd., Troy, MI 48084, 313 435-9933; r. 29648 Westbrook Ave., Warren, MI 48092, 313 751-2757.

TITUS, Jeffrey Joe; '81 BSBA; Staff; Rockwell Intl., E. 5th Ave., Columbus, OH 43219; r. 703 Richwill Dr., Salisbury, MD 21801, 301 548-1087.

TITUS, John David; '78 BSBA, '79 MBA; Cnslt.; McCloy Financial Svcs., 921 Chatham Ln., Ste. 300, Columbus, OH 43221, 614 457-6233; r. 889 Puddington Ct., Westerville, OH 43081, 614 890-3087.

TITUS, Paul Edmond; '82 BSBA; 12302 Duxbury Ct., Granger, IN 46530.

TIWARI, Surendra Nath; '81 MBA; Staff; Gen. Public Utilities Nuclear, 100 Interface Pkwy., Parsippany, NJ 07054, 201 316-7433; r. RD 3, Box 12, Hampton Twp., Newton, NJ 07860, 201 579-1565.

TIZZANO, Barbara Ann Kelly; '81 MPA; 285 N. Sandusky St., #7, Delaware, OH 43015, 614 369-5470.

TJIA, Erlina; '85 BSBA; Sales Mgr.; P.T. Andalas Essential Oil, Jalan Talaud #15-15A, Medan 20212, Indonesia, 06129895; r. Jalan Tandean #6, Medan-N. Fumatra, Medan, Indonesia.

TJIA, Erman; '88 BSBA; 1846 Wetherburn Dr., Worthington, OH 43085, 614 792-2874.

TJIA, Erwin; '88 BSBA; 1846 Weatherburn Dr., Worthington, OH 43085, 614 792-2874.

TJUATJA, Kasimin; '88 BSBA; 30S.I.R.H. Guenda 3, Medan, Indonesia.

TKACH, Robert P.; '57 BSBA; RR No 4, 64 Hickory Dr., West Point, MS 39773, 601 494-1346.

TOALSTON, Louise Piper; '50 BSBA; 3523 Marlbrough Way, College Park, MD 20740, 301 935-5832.

TOBEN, David Drew; '80 BSBA; Acctg. Mgr.; City Provisioners, POB 2246, Daytona Bch., FL 32015, 904 673-2443; r. 601 Bill France Blvd., Apt. 1504, Daytona Bch., FL 32014, 904 253-9516.

TOBERGTE, Gregory Joseph; '78 BSBA; Mgr.-Cost Evaluation; GE Co., I-75, Evendale, OH 45234; r. 785 Wyoming Ave., Fairfield, OH 45014, 513 856-7211.

TOBIN, Richard W., Jr.; '61 BSBA; Chmn.; Strategy Rsch. Corp., 100 NW 37th Ave., Miami, FL 33125, 305 649-5477; r. 6601 S. W. 118th St., Miami, FL 33156, 305 665-9658.

TOBIN, Susan Louise; '81 BSBA; Sr. Financial Analyst; Borden Inc., 180 E. Broad St., Columbus, OH 43215, 614 225-4394; r. 229 Richards Rd., Columbus, OH 43214, 614 267-2855.

TOBLER, Ted Joel; '88 BSBA; 28 E. 12th #B, Columbus, OH 43201.

TODD, Charles S.; '35 BSBA; Bg Usmc Ret; r. 3508 Wisteria Dr., San Diego, CA 92106, 619 226-8226.

TODD, Clarence G.; '59 BSBA; Mgr.; Cintas Corp., National Accounts, 11255 Reed Hartman Hwy., Cincinnati, OH 45241, 513 489-4000; r. 4371 Kessler Frederick Rd., W. Milton, OH 45383, 513 698-4645.

TODD, David E.; '40 BSBA; Retired; r. 2405 Vassar Dr., Boulder, CO 80303, 303 494-9047.

TODD, Dennis Ray; '85 BSBA; Ofc. Mgr.; New York Life Ins. Co., 2000 Town Ctr. Ste. 1200, Southfield, MI 48075, 313 352-0620; r. 27555 Franklin Rd., Apt. #305, Southfield, MI 48034, 313 357-2562.

TODD, Donald Bruce; '65 BSBA; Staff; First Fed. Mortgage, 5765 Far Hills Ave., Dayton, OH 45429, 513 434-1254; r. 728 Lindsey, Miamisburg, OH 45342, 513 866-7180.

TODD, Herbert E.; '40 BSBA; Retired; r. 1342 Mark Dr., Lansdale, PA 19446, 215 362-7762.

TODD, Jeffrey E.; '77 MBA; Usaf Res./Oprtns Offc; r. 3077 Avalon Dr., Columbus, OH 43221, 614 488-9356.

TODD, Dr. Jerry Dale; '63 BSBA, '64 MBA; Cheever Prof.; St. Marys Univ. Sch. of Bus & Adm-Risk Mgmt., 1 Camino Santa Maria St., San Antonio, TX 78284, 512 436-3705; r. 10119 Iron Oak, San Antonio, TX 78213, 512 377-1656.

TODD, John F.; '53 BSBA; Acct.; Electrical Refractories, 600 E. Clark St., E. Palestine, OH 44413, 216 426-9433; r. 10219 New Buffalo Rd., Canfield, OH 44406, 216 549-2535.

TODD, Marcelline Thompson; '35 BSBA; 3508 Wisteria Dr., San Diego, CA 92106, 619 226-8226.

TODD, Martin Stewart; '73 BSBA; VP; Kaufman's Dept. Stores, Subs Of The May Dept Stores Co, 400 5th Ave., Pittsburgh, PA 15201; r. 117 Yorktown Rd., Mc Murray, PA 15317, 412 941-1358.

TODD, Richard Eugene; '68 BSBA; R&D Statistician; BF Goodrich Co., POB 122, Moore & Walker Rds., Avon Lake, OH 44012, 216 933-1688; r. 55 Townsend Ave., Wakeman, OH 44889, 216 839-2933.

TODD, Robert F.; '37 BSBA; Retired Bd. Chmn.; Commercial Lovelace Inc., Columbus, OH 43227; r. 331 N. Pearl St., Granville, OH 43023, 614 587-0484.

TODD, Robert Miles; '68 MBA; Engrg. Dir.; AT&T Network Systs., 6200 E. Broad St., Columbus, OH 43213, 614 860-2182; r. 544 Haymore N., Worthington, OH 43085, 614 436-3245.

TODD, Stephan K.; '67 BSBA; Sr. Gen. Atty.; USX Corp., 208 S. Lasalle St., Ste. 1342, Chicago, IL 60604, 312 853-6676; r. 2915 Oaksbury Ct., Rolling Meadows, IL 60008, 312 303-5539.

TODD, Stephen Michael; '70 MACC; Partner-Charge of Audit; Ernst & Whinney, Audit Division, 1300 Huntington Bldg., Cleveland, OH 44115, 216 861-5000; r. 95 Quail Hollow Dr., Moreland Hls., OH 44022, 216 247-2930.

TODD, Teresa Marie '87 (See Baldwin, Mrs. Teresa Marie).

TODHUNTER, John W.; '49 BSBA; 1760 Lake Front Blvd., Ft. Pierce, FL 33482, 407 466-7927.

TODOR, John George; '68 BSBA; Tchr. Coach; Watkins HS, Board of Education, Pataskala, OH 43062; r. 453 Hillgail Cir., Pataskala, OH 43062.

TOH, Su Tian; '88 BSBA; Asst. Mgr.; Pacific Club, 1 E. Campusview Blvd., Worthington, OH 43085, 614 433-9000; r. 164 W. Oakland Ave. Apt. C-1, Columbus, OH 43201, 614 291-4438.

TOKAR, Ms. Barbara J.; '74 BSBA; Mgr. EEO/Employment; Schindler Elevator Corp., 671 Spencer St., Toledo, OH 43609, 419 381-2029; r. 6201 Garden Rd., Condo F89, Maumee, OH 43537, 419 866-5650.

TOKARSKY, Francis Joseph, Jr.; '77 MPA; Community Planner; USAF, 2750 Abw/Deep, Civil Engrg., Wright Patterson AFB, OH 45433, 513 257-8018; r. 144 Forrer Blvd., Dayton, OH 45419, 513 294-0888.

TOLBERT, Angela Amici; '45 BSBA; Owner; The Young World, 42 S. 4th, Martins Ferry, OH 43935, 614 633-2538; r. 1108 Indiana St., Martins Ferry, OH 43935, 614 633-2468.

TOLBERT, Mrs. Lisa Ann, (Lisa Ann Tarantelli); '85 BSBA; Personnel Asst.; Drs. Groover, Christie, Merritt, Bethesda, MD 20814, 301 652-5771; r. 4242 E. W. Hwy., Apt. 1106, Chevy Chase, MD 20815, 301 656-2757.

TOLBERT, Neil Francis; '74 BSBA; 563 Park Blvd., Worthington, OH 43085, 614 436-1894.

TOLBERT, Susan Amici; '73 BSBA; Sr. Acct.; S A Tolbert, 3 S. Fourth St., Martins Ferry, OH 43935, 614 633-9594; r. 1108 Indiana St., POB 337, Martins Ferry, OH 43935, 614 633-2468.

TOLBERT, William Louis; '85 BSBA; Atty.; Security & Exch. Comm., Washington, DC 20090, 202 272-2694; r. 4242 E. W. Hwy., Apt. 1106, Chevy Chase, MD 20815, 301 656-2757.

TOLEN, Randy Jay; '83 BSBA; Account Rep.; UNISYS Corp., 4700 Rockside Rd., Independence, OH 44131, 216 447-0700; r. 1930 Aldersgate Dr., Lyndhurst, OH 44124, 216 442-5650.

TOLERTON, James Terry; '65 BSBA; 2520 Belleflower, Alliance, OH 44601, 216 823-5888.

TOLES, Dorinda Denise; '82 BSBA; Customer Rel Analyst; Aetna Life Ins. Co., 1900 Dublin Granville Rd., Columbus, OH 43229, 614 890-9200; r. POB 2376, Warren, OH 44484.

TOLFORD, George Kay; '62 BSBA; Exec. VP; Webster Industries Inc., 325 Hall St., Tiffin, OH 44883, 419 447-8232; r. 295 E. S. Tr., Tiffin, OH 44883, 419 447-8847.

TOLIN, Jerome L. Tolchinsky; '49 BSBA; Manufacturer Rep.; r. 12046 Mackey, Overland Park, KS 66213, 913 451-3259.

TOLKIN, Douglas Francis; '84 BSBA; Programmer Analyst; Equitable Life Assurance Society of The US, 2 Penn Plz., New York, NY 10121, 212 714-5242; r. 445 E. 14th St., New York, NY 10009, 212 533-6609.

TOLL, COL Robert M., (Ret.); '38 BSBA; Ret'D Col./Ofc. Mgr.; Social Security Admin., Fed. Bldg. 1001 1130 O Sta., Fresno, CA 93721; r. 5710 W. Dakota, Fresno, CA 93722, 209 275-2661.

TOM, Susan Kay; '85 BSBA; 2618 Ft. Farnsworth Rd., Apt. 1D, Alexandria, VA 22303, 703 960-2731.

TOMAK, John Theodore, Jr.; '86 BSBA; Salesman; Regal Metal Prods., 3615 Union Ave., Minerva, OH 44657; r. 1760 Washington Blvd., Louisville, OH 44641, 216 875-8759.

TOMALA, Walter; '51 BSBA; Account Exec.; Copeland Agencies, 555 Metro Pl. N., Ste. 360, Dublin, OH 43017, 216 836-8562; r. 121 Elmdale Ave., Akron, OH 44313.

TOMASEK, Randolph Joseph; '88 BSBA; 676 Riverview Dr. B1, Columbus, OH 43202.

TOMASELLI, Peter Charles; '79 MBA; Financial Analyst; Eastman Kodak Co., Kodak Park, Lake Ave., Rochester, NY 14601, 716 477-3428; r. 3 Country Downs Cir., Fairport, NY 14450, 716 425-3111.

TOMASHOT, Nicholas James; '86 BSBA; 513 445-2536; r. 3660 Blythewood Dr., Dayton, OH 45430, 513 426-0802.

TOMASSI, Fortune Angelo; '87 MBA; 1073 Eastland S. E., Warren, OH 44484.

TOMASZEWSKI, Edward Harold; '75 BSBA; 6836 Lakeside Dr. #300C, West Chester, OH 45069.

TOMASZEWSKI, Michael A.; '74; Sr. Profn.; Bordens Inc., 165 N. Washington Ave., Columbus, OH 43215; r. 8074 Smokey Row Rd, Powell, OH 43065, 614 889-7647.

TOMCHO, Suzanne Elizabeth; '81 BSBA; 1359 Welsh Hill Rd., Granville, OH 43023, 614 587-0735.

TOMCZYK, Ronald Alan; '71 BSBA; Acct.; Ford Motor Co., 10060 Brecksville, Cleveland, OH 44141; r. 4651 E. 71st St., Cleveland, OH 44125, 216 271-1252.

TOMERLIN, John J.; '50 BSBA; Retired; r. 73 Wilson Ave., Niles, OH 44446, 216 652-9115.

TOMHAFE, Bill J.; '50 BSBA; Retired; r. 7201 NE 5th Ave., Miami, FL 33138, 305 758-5377.

TOMKINSON, John J.; '51 BSBA; 165 W. Wilson St., Salem, OH 44460.

TOMKO, Andrew David; '49 BSBA; Pres.; Govt. Contractors Corp., POB 10407, Oklahoma City, OK 73140, 405 769-7197; r. 11900 Springbrook Ln., Choctaw, OK 73020, 405 769-7097.

TOMKO, David John; '86 BSBA; 1750 17th St., Cuyahoga Falls, OH 44223, 216 929-5862.

TOMKO, William Jacob; '80 BSBA; Supv.; Touche Ross & Co., Audit Dept., 250 E. Broad St., Columbus, OH 43215; r. 1213 Tillicum Dr., Worthington, OH 43085, 614 436-3164.

TOMLIN, Leonard Justin; '84 MPA; Dir.-Pharmacy Svcs.; US Health Corp., 3555 Olentangy River Rd., Columbus, OH 43214, 614 261-5908; r. 11699 Eddington Ave. N. W., Pickerington, OH 43147, 614 864-3198.

TOMLINSON, Brad W.; '83 BSBA; Tax Agt.; State of Ohio, Dept. of Taxation, 1880 E. Dublin-Granville, Columbus, OH 43229, 614 895-6290; r. 87 E. Beaumont Rd., Columbus, OH 43214, 614 268-2456.

TOMLINSON, Dennis Ray; '87 BSBA; 350 Helen Dr., Vermilion, OH 44089, 216 967-8189.

TOMLINSON, E. L. Tommy, II; '86 BSBA; Sales Rep.; Sandoz Pharmaceutical Corp., 59 Rte. 10, E. Hanover, NJ 07936; r. 632 Wild Indigo Run, Westerville, OH 43081, 614 846-1916.

TOMLINSON, Jay Kent; '79 MBA; 10078 Alliston Dr. N. W., Pickerington, OH 43147, 614 866-0163.

TOMLINSON, R. Alan; '65 BSBA; Pres./Broker; Team Realty, Inc., 4580 Scott Tr., Ste. 212, Eagan, MN 55122, 612 452-8218; r. 12942 Hamlet Ave., Apple Vly., MN 55124, 612 452-8990.

TOMLINSON, Sally Jean; '85 BSBA; 1908 Centaur Cir., Lafayette, CO 80026, 303 673-9859.

TOMPKINS, James Emmett; '74 BSBA; Staff; Gates Mc Donald & Co., Sub of Nationwide, POB 1944, Columbus, OH 43216; r. 1102 Lori Ln., Westerville, OH 43081, 614 882-2350.

TOMPKINS, Kevin Benjamin; '82 BSBA; 5121 Cedar Springs, # 211, Dallas, TX 75235, 214 559-3310.

TOMS, Bill C.; '52 BSBA; Retired; r. 2103 Ash St., Harbor Point, Celina, OH 45822, 419 586-2233.

TOMS, John Edwin; '67 BSBA; Tchr.; r. 5143 Deerskin Dr., Westerville, OH 43081, 614 891-5485.

TOMSEN, Michael; '72 BSBA; Unpublished Author; r. POB 151018, Columbus, OH 43215, 614 299-4413.

TOMUSKO, John E.; '50 BSBA; Retired; r. 1409 Meister Rd., Lorain, OH 44053, 216 282-5671.

TONELLO, Maria Teresa; '83 BSBA; Wine Cnslt.; Forman Bros., 4235 Sheriff Rd. N. E., Washington, DC 20019, 202 388-1900; r. 10123 Greeley Ave., Silver Spring, MD 20902, 301 593-9239.

TONEY, James R.; '57 BSBA; Manufacturers Rep.; r. 4768 Mc Allister Ave., Columbus, OH 43227, 614 866-4106.

TONEY, Robert M.; '29 BSBA; Retired; r. 4075 Dublin Rd., Hilliard, OH 43026, 614 876-2112.

TONEY, Vallie Emerson, III; '75 BSBA; 2073 W. Mound St., Columbus, OH 43223, 614 279-5528.

TONJES, Ronald G.; '80 MBA; Pres.; ProWrite, 7508 Slate Ridge Blvd., Reynoldsburg, OH 43068, 614 864-2004; r. 8744 Sheffield Ct., Pickerington, OH 43147, 614 864-0682.

TONTY, Rebecca Weinstock; '80 BSBA; Operations Controllr; Ltv Steel Co., Op Control & Customer Svc Dept, 1040 Pine Ave., Warren, OH 44482, 216 841-8556; r. 7745 Brookwood NE, Warren, OH 44484, 216 856-3249.

TOOKER, Lisa A., (Lisa Schmaltz); '86 BSBA; Sr.(In-Charge Acct.); Coopers & Lybrand, Ste. 200 Columbus Ctr., 100 E. Broad St., Columbus, OH 43215, 614 221-7471; r. 12338 Woodsfield Pl. NW, Pickerington, OH 43147, 614 864-3329.

TOOLE, Carol '80 (See Bubsey, Carol T.).

TOOLE, Steven Cary; '86 BSBA; Case Coord.; Nationwide Ins. Co., One Nationwide Plz., Columbus, OH 43216, 614 249-5741; r. 978 Carlisle Ave., Columbus, OH 43224, 614 447-9071.

TOOMAN, Lawrence A.; '76 BSBA; Admin.; Syst. Rsch. Lab, 2800 Indian Ripple Rd., Financial Dept., Dayton, OH 45440; r. Llama Vista #4 820 NC #9, Black Mtn., NC 28711.

TOOMAN, Lee Donald, Jr.; '75 BSBA; Exec. VP; Benicorp Ins. Co., 1259 W. 86th St., Ste. B-23, Indianapolis, IN 46260, 317 253-1205; r. 2105 Pebble Beach Dr., Carmel, IN 46032, 317 848-8929.

TOONEY, Raymond Warner; '32 BSBA; 41 Second Ave., Ilion, NY 13357, 315 894-4402.

TOOTHMAN, Patricia K., (Patricia Krauser); '80 MBA; Homemaker; r. 6981 Celtic Ct., Dublin, OH 43017, 614 764-2556.

TOOTLE, Barbara Oliver; '65 BSBA; Staff; The Ohio State Univ., Ofc. of The President, Columbus, OH 43210; r. 7020 Rockwoods Pl., Worthington, OH 43085, 614 885-2068.

TOOTLE, Dr. Columbus Edwin; '64 PhD (BUS); Prof. Emeritus; Sacramento State Clg., Business Admin. Dept., Sacramento, CA 95819; r. 733 36th St., Sacramento, CA 95816, 916 455-3554.

TOPALIAN, Michael K.; '86 BSBA; Sales Mgr.; Wyeth-Ayerst Pharmaceuticals, 6673 Oregon Pass, West Chester, OH 45069, 513 683-3104; r. Same.

TOPE, Dr. Boyce Mc Brier; '40 BSBA; Retired; r. 19640 Kings Ct., Grosse Pte. Woods, MI 48236, 313 884-1945.

TOPE, David Alan; '75 BSBA; Acct.; Hayslich & Steinberg, POB 2094, Huntington, WV 25701, 304 697-5700; r. 6371 Country Club Dr., Huntington, WV 25705, 304 736-2125.

TOPSON, Myron C.; '38 BSBA; Retired; r. 1322 Millerdale Rd, Columbus, OH 43209, 614 235-2644.

TORBET, Thomas O.; '54 BSBA; Acct.; City of Lima, Utility Div., Lima, OH 45802, 419 228-5462; r. 200 Primrose, Lima, OH 45805, 419 222-9486.

TORCASIO, Ms. Carla K.; '87 BSBA; Programmer; Telxon Corp., 3330 W. Market St., Akron, OH 44313, 216 867-3700; r. 2483 Sheffield NW, N. Canton, OH 44720, 216 494-6056.

TORCH, Mary S., (Mary A. Suvar); '82 BSBA; Corporate Dir.; Mt. Carmel Health, 793 W. State St., Columbus, OH 43222, 614 225-8037; r. 4670 Bridel Path Ln., Dublin, OH 43017, 614 792-7799.

TORCH, Michael Scott; '86 MBA; Cnsltg. Engr.; Connor Weisert & Assoc. Inc., 545 E. Town St., Columbus, OH 43215, 614 224-5226; r. 4670 Bridle Path Ln., Dublin, OH 43017, 614 792-7799.

TORCHIA, Daniel Mark; '81 MBA; 25 W. New England Ave., Columbus, OH 43085.

TORGERSON, Herman T.; '49 BSBA; Acct.; Rockwell Intl., 4300 E. 5th Ave., Columbus, OH 43219; r. 2215 London Groveport Rd, Grove City, OH 43123, 614 875-3577.

TORGERSON, Richard C.; '87 BSBA; Production Scheduling; Parker Hannifin, 30240 Lakeland Blvd., Wickliffe, OH 44092, 216 943-5700; r. 11709 Fordham Rd., Garfield Hts., OH 44125, 216 467-6326.

TORNES, John Joseph; '88 MLHR; Labor Relations Spec.; State of Ohio, 65 E. State St. 16th Fl., Columbus, OH, 614 466-0570; r. 4838 Dierker Rd., Columbus, OH 43220, 614 459-2302.

TORNES, LTCDR Linda Marie, USN; '79 MBA; Supply Ofcr.; Brunswick Naval Air Sta., Brunswick, ME 04011, 201 921-2675; r. POB 321, Topsham, ME 04086, 207 725-6736.

TORNES, Stephen Bertram; '83 MBA; Pres.; The Burwell Nursery Co., 4060 E. Main St., Columbus, OH 43213, 614 231-3632; r. 828 Pleasant Ridge, Bexley, OH 43209, 614 235-9400.

TOROK, John Marshal; '88 BSBA; Youngstown, OH 44501, 216 759-0162.

TORRACO, COL Pasquale, USAF(Ret.); '60 BSBA; Retired; r. 3405 Sequoia Ct. NE, Albuquerque, NM 87111, 505 293-0856.

TORRES, Antonio; '65 BSBA; Audio Spec.; INTERNAV Svcs., 7664 Fullerton Rd.-Bay L, Springfield, VA 22153, 703 455-5100; r. 2232 Pimmit Run Ln., Falls Church, VA 22043, 703 356-3143.

TORSKI, Diane Lynn; '88 BSBA; 232 Overbrook Dr., Columbus, OH 43214, 614 267-8938.

TORTORA, Stephen J.; '87 BSBA; Computer Programmer; Columbus, OH 43214; r. 222 Charleston Ave., Columbus, OH 43214, 614 885-9441.

TORTORELLA, David Mario; '88 BSBA; 432 Lawrence St., Ravenna, OH 44266, 216 296-4717.

TOSCA, Tim L.; '82 BSBA; VP; Will W Fischer Produce Co., 4561 E. 5th Ave., Columbus, OH 43219, 614 237-9036; r. 35 Circleville Ave., Ashville, OH 43103, 614 983-3813.

TOSE, Angeline M., (Angeline Milicia); '50 BSBA; Secy.; US Trotting Assn., 750 Michigan Ave., Columbus, OH 43215, 614 224-2291; r. 1115 Elmwood Ave., Columbus, OH 43212, 614 488-3419.

TOSE, James E.; '55 BSBA; Sales Mgr.; E. L. Anderson, Realtors, 2341 Lytham Rd., Columbus, OH 43220, 614 457-1166; r. 1115 Elmwood Ave., Columbus, OH 43212, 614 488-3419.

TOSI, Fran Maria; '87 BSBA; Student; Case Western Reserve Law Sch., Cleveland, OH; r. 2583 Overlook Dr. Apt. #6, Cleveland Hts., OH 44106, 216 932-3678.

TOSI, Mrs. Greta E., (Greta Ehlerding); '76 BSBA; Tax Mgr./CPA; Schoenadel Marginot & Co., Springfield Corporate Ctr., 6225 Brandon Ave. Ste. 330, Springfield, VA 22150, 703 866-4200; r. 6814 Lynbrook Dr., Springfield, VA 22150, 703 569-2794.

TOSI, Dr. Henry Louis, Jr.; '58 BSBA, '62 MBA, '64 PhD (BUS); 5902 SW 36th Way, Gainesville, FL 32608, 904 373-6818.

TOSKIN, Thomas Donald; '87 BSBA; 777 Sheridan Ave., Columbus, OH 43209, 614 294-3756.

TOSSEY, Thomas Pride; '74 BSBA; Sr. Real Estate Ofcr.; Northwestern Mutual Life Ins., One Park Central Ste. 1445, Denver, CO 80202, 303 893-0111; r. 10120 Yates Ct., Westminster, CO 80030, 303 469-1378.

TOSTENSON, Neal S.; '56 BSBA; Atty.; Central Natl. Bank Bldg., 101 W. 8th St., Cambridge, OH 43725; r. Box 686, Cambridge, OH 43725, 614 439-1220.

TOTANI, Gabriella Antonella; '85 BSBA; 15037 Victory Blvd #208, Van Nuys, CA 91411.

TOTANI, Joanna Gina; '85 BSBA; Examiner; Fed. Home Loan Bank/Cincti, 799 Rockwell Ave., Cleveland, OH 44114, 216 589-1200; r. 1337 Brookline Rd., Apt. 102F, Cleveland Hts., OH 44121, 216 382-2285.

TOTH, Daniel Joseph; '59 BSBA; VP; Owens Illinois, One Sea Gate, Toledo, OH 43666; r. Valhalla Farms, 8416 Prince Valiant Dr., Waxhaw, NC 28173.

TOTH, John Albert, III; '79 BSBA; Sales Engr.; A M P Inc., POB 3608, Harrisburg, PA 17105, 717 564-0100; r. 51800 Purdue Ct., Granger, IN 46530, 219 277-0165.

TOTH, John M.; '81 MBA; VP; Citcorp Real Estate Inc., 1300 E. Ninth St., 18th Fl., Cleveland, OH 44114, 216 443-6730; r. 1115 Homewood Dr., Lakewood, OH 44107, 216 228-6249.

TOTH, Matthew Harold; '82 BSBA; Salesman; Diebold Inc., 1471 W. Goodale Blvd., Columbus, OH 43212; r. 593 Mohawk St., Columbus, OH 43206.

TOTH, Richard Steven; '85 BSBA; 9617 Great Hills Tr., #915, Austin, TX 78741.

TOTINO, Salvatore Anthony; '82 BSBA; Pres./Computer Cnslt.; American Graphical Software, Systs. Inc, 11291 Spruce Dr., Chesterland, OH 44026, 216 729-0018; r. Same, 216 729-3826.

TOTONIS, Harry H.; '80 BSBA, '81 MBA; Mgmt. Cnslt.; Booz Allen & Hamilton, Three First National Plz., Chicago, IL 60602, 312 346-1900; r. 2406 Lawndale Ave., Evanston, IL 60201, 312 328-0787.

TOTTEN, Evan Louis; '76 BSBA; 160 Ambleside Rd., Lightwater GU18 5UW, England.

TOTTERDALE, Dr. Gwendolyn; '74 BSBA, '77 MBA; Asst. Prof.; San Diego State Univ., Acctg. Dept., San Diego, CA 92182, 619 229-2699; r. 953 Adella Ave., Coronado, CA 92118, 619 435-4786.

TOTTERDALE, James Paul; '80 BSBA; Pres.; Totterdale Bros. Supply Co., 226 N. Zane Hwy., POB 216, Martins Ferry, OH 43935, 614 633-0021; r. 52900 Sunnylane Dr., Dillonvale, OH 43917, 614 633-2369.

TOTTERDALE, Richard Alan; '70 BSBA; 11 Prospect Dr., Bridgeport, OH 43912.

TOUKAN, Omar M.; '87 BSBA; Acct.; Toukan, Smith & Co., 3894 N. High St., Columbus, OH 43214; r. 135 E. Longview Ave., Columbus, OH 43202, 614 268-1573.

TOUKAN, Stephen Aref; '79 BSBA; Acct.; Acctg. Svcs., 4367 Indianola Ave., Columbus, OH 43214; r. 345 E. Beaumont Rd., Columbus, OH 43214, 614 267-4096.

TOURNOUX, Mary Ann Keffler; '81 BSBA; Dir. Sales & Mktg.; Hometown Hosp. Health Plan, 876 Amherst Rd., Massillon, OH 44646, 216 837-6880; r. 5300 Oakvale SW, Canton, OH 44706, 216 477-4939.

TOURT, Robert H.; '86 BSBA; Bus. Analyst; Discover Card, 2500 Lake-Cook Rd., Riverwoods, IL 60069, 312 405-3408; r. 4236 Bloomington Ave., Apt. #203, Arlington Hts., IL 60004, 312 506-9528.

TOUSSANT, Kim Koch, (Kim Koch); '79 MPA; Exec. Dir.; Lamaze Childbirth Assn., 2714 Woodstock Rd., Columbus, OH 43221, 614 459-5198; r. Same, 614 457-7964.

TOUSSANT, Thomas Edward; '75 BSBA; Proj. Mgr.; Commercial Filters Div., 415 Indianapolis Ave., Lebanon, IN 46052, 317 482-8348; r. RR 1 Box 255-72, Pittsboro, IN 46167, 317 892-4668.

TOVEY, Jay R.; '80 BSBA; Data Processing Cnslt.; William Price & Assocs., 166 Park Ave. W., Rm. 208, Mansfield, OH 44902, 419 524-3225; r. 1095 Sites Lake Dr., Mansfield, OH 44903, 419 589-3612.

TOWERS, Edward William; '70 BSBA; VP; US Cellular Corp., 79 W. Monroe, Marketing & Planning, Chicago, IL 60603, 312 630-1900; r. 530 Allen Ln., Arlington Hts., IL 60005, 312 870-1082.

TOWERS, George W. H.; '50 BSBA; Sales & Mktg.; George W H Towers, 4607 Lindberg Dr., Arlington, TX 76016, 817 478-0729; r. Same.

TOWLE, Barbara L., (Barbara L. Haas); '82 BSBA; Programmer/Analyst; Flagler Cnty. Sch. Bd., POB 755, Bunnell, FL 32010; r. 41 Sunset Blvd., Ormond Bch., FL 32074, 904 441-2425.

TOWLES, Robert John; '80 MBA; Mgr.; Owens Illinois Inc., Environ. Affairs, One Seagate, Toledo, OH 43666, 419 247-7895; r. 2114 Ragan Woods Dr., Toledo, OH 43614, 419 866-6945.

TOWN, Diane Marie; '82 BSBA; Admin. Assoc.; The Ohio State Univ., Univ. Devel., 2400 Olentangy River Rd., Columbus, OH 43210, 614 292-2155; r. 963 Cross Country Dr. W., Westerville, OH 43081, 614 895-8016.

TOWNLEY, Arthur Charles; '79 BSBA; Inside Salesman; Crucible Specialty Metals, 281 Dunlop Blvd., Madison, AL 35758, 205 772-0201; r. 121 Carnette, Madison, AL 35758.

TOWNSEND, Daniel Hugh; '85 BSBA; Unit Mgr.; Discover Card Svcs. Inc., POB 32915, Columbus, OH 43232, 614 860-1394; r. 897 Brice Rd., Reynoldsburg, OH 43068, 614 863-8794.

TOWNSEND, Richard Eugene, Jr.; '76 BSBA; Sales Rep.; Rodem Inc. of Cincinnati, 5095 Crookshank Rd., Cincinnati, OH 45238, 513 922-6140; r. 7682 Old Fox Ct., Worthington, OH 43235, 614 889-8192.

TOWNSEND, LTC Robert H., USAR(RET.); '40 BSBA; Retired; r. 3636 E. Denton Ln., Paradise Vly., AZ 85253, 602 955-6244.

TOWNSEND, Wendy '59 (See Edwards, Wendy T.).

TOWNSLEY, LTC Gilbert T., USA; '78 BSBA, '79 MBA; Engr.; City of Plano, Sub/Sun Co Inc, POB 2880, Plano, TX 75074; r. 1233 Carroll Dr., Garland, TX 75041.

TOWNSLEY, J. Mikal; '60 BSBA, '62 MBA; VP/Finance; American Municipal Power-Ohio, 601 Dempsey Rd, POB #549, Westerville, OH 43081, 614 895-8564; r. 571 Catawba Ave., Westerville, OH 43081, 614 882-8164.

TOY, Harley L.; '54 BSBA; Mgr.; Battelle Columbus Div., Nuclear Services, 505 King Ave., Columbus, OH 43201, 614 424-6424; r. 3123 Walden Ravines, Hilliard, OH 43026, 614 876-7978.

TOY, Lily; '87 BSBA; Customer Svc. Rep.; Limited Credit Svcs., 4590 E. Broad St., Columbus, OH 43213, 614 755-5000; r. 1533 E. 32nd St., Cleveland, OH 44114, 614 759-0154.

TRABUE, Ted Keller; '83 BSBA; Loan Offcr/Lend Rep.; Bancohio Natl. Bank, Commercial Real Estate Divisn, 155 E. Broad St., Columbus, OH 43251; r. 1523 College Hill Dr., Columbus, OH 43221, 614 488-3943.

TRACE, Patricia '49 (See Barnes, Patricia Trace).

TRACEWELL, William R.; '48 BSBA; Instr.; Wright State Univ., Colonel Glenn Hwy., Dayton, OH 45435; r. 337 Marsh Dr., St. Marys, OH 45885, 419 394-4909.

TRACEY, Michael Patrick; '78 MBA; Staff; Natl. City Bank, POB 5766, Cleveland, OH 44101; r. 5275 Birch St., N. Ridgeville, OH 44039.

TRACEY, Minnie B., PhD; '48 PhD (BUS); Retired; r. 1914 Roosevelt Dr., Ruston, LA 71270, 318 255-4326.

TRACHT, D. Rex; '66 BSBA; Southern Rgnl Mgr.; Libbey-Owens Ford Co., Ste. 112 6525 the Corners, Pkwy., Norcross, GA 30092, 404 242-8860; r. 11170 Bentley Chase Dr., Duluth, GA 30136, 404 442-8187.

TRACY, Bridget Anne; '80 BSBA; Atty./Partner; Tracy & Tracy Attys., 31 E. Central Ave., POB 156, W. Carrollton, OH 45449, 513 859-3628; r. 3211 Fantasia Tr., Dayton, OH 45449, 513 434-1942.

TRACY, Charles O.; '32 BSBA; Chmn. of Bd.; The Tracy-Wells Co., 3568 Indianola Ave., Columbus, OH 43214, 614 261-0331; r. 1428 Jewett Rd., Powell, OH 43065, 614 885-6709.

TRACY, David J.; '48 BSBA; Owner; P.I.P. Postal Instant Press, 4023 Main St., Riverside, CA 92501; r. 6167 Oswego Dr., Riverside, CA 92506, 714 686-9420.

TRACY, Deborah M., (Deborah Mc Clung); '81 MAI; Material Plng. Mgr.; AT&T Network Systs., 6200 E. Broad St., Columbus, OH 43213, 614 860-3603.

TRACY, Harry N.; '34 BSBA; Retired; r. 4225 W. Rivers Edge Cir., Brown Deer, WI 53209, 414 354-0640.

TRACY, James L.; '60 BSBA; Revenue Agt.; IRS, 201 Cleveland Ave., SW, Canton, OH 44702, 216 489-4518; r. 2025 Lake Hts. Rd., NW, Canton, OH 44708, 216 477-6827.

TRACY, James Patrick; '82 MBA; Sr. Engr.; Owens Corning Fiberglas Corp., Rte. 16 POB 415, Granville, OH 43023, 614 587-7197; r. 441 Courtney Dr., Newark, OH 43055, 614 366-6743.

TRACY, John C.; '60 BSBA; 9 West Lady Shoes Sales; Fisher Camuto Co., 9 W. Broad St., Stamford, CT 06902, 601 362-7924; r. 2413 Southwood Rd., Jackson, MS 39211, 601 981-4869.

TRACY, John J. P.; '87 BSBA; Pro Hockey Player; Stockholm, Sweden; r. 2 Roosevelt Ter., Livingston, NJ 07039, 201 994-3367.

TRACY, Paul Joe; '57 BSBA; Pres.; Tracy Financial Svcs. Inc., 4796 State Rd., Cleveland, OH 44109, 216 661-6900; r. 20100 Great Oaks Ln., Cleveland, OH 44136, 216 238-7612.

TRACY, Robert Douglas; '81 MPA; Computer Programmer; Franklin Cnty., Human Services Dept., 80 E. Fulton St., Columbus, OH 43215; r. 64 N. Cassady Rd., Bexley, OH 43209, 614 252-4293.

TRACY, Steven Douglas; '80 BSBA; Portfolio Mgmt. Supv.; Dow Corning Inc., 2200 W. Salzburg Rd., Midland, MI 48640, 517 496-5707; r. 2870 Nold Rd., Midland, MI 48640, 517 832-0729.

TRACY, Thomas A.; '53 BSBA; Partner; Arthur Andersen & Co., 1717 E. Ninth St., Cleveland, OH 44114, 216 781-2140; r. 18580 High Pkwy., Rocky River, OH 44116, 216 333-0323.

TRAETOW, Mrs. Mary C., (Mary E. Coridan); '80 BSBA; Image Cnslt.; Expressions in Colour, 2013 Torreys Pl., Powell, OH 43065, 614 766-2292; r. Same.

TRAFAS, Susan Ann; '81 BSBA; Special Cnslt.; Revlon Inc., 767 5th Ave., New York, NY 10153; r. 1206 Bryson Rd, Columbus, OH 43224.

TRAGER, Larry Allen; '69 BSBA; 1Lt Usa; r. 2200 Fernleaf, Worthington, OH 43085, 614 764-9794.

TRAGER, Ronald Arthur, Jr.; '85 BSBA; Regional Mgr.; Med. Disposables Co., 1165 Hayes Industrial Dr., Marietta, GA 30062, 404 422-3036; r. 1817 Lost Valley Rd., Powell, OH 43065, 614 761-1001.

TRAGESSER, Donald R.; '50 BSBA; Controller; Pension Plng. Co., Inc., 355 Lexington Ave., New York, NY 10017, 212 867-4100; r. 67 Chestnut St., Lynbrook, NY 11563, 516 593-6361.

TRAIKOFF, Mark D.; '86 BSBA; 3117 Lincoln Dr., Ashtabula, OH 44004, 216 993-6116.

TRAIL, David Allan; '83 BSBA; 1720 Oakleaf Ln., Powell, OH 43065, 614 761-1065.

TRAIL, Douglas R.; '51 BSBA; Atty.; Jones Day Reavis & Pogue, 41 S. High St., Columbus, OH 43215, 614 469-3939; r. 839 Ashler Ct., Worthington, OH 43235, 614 885-1291.

TRAIL, Steven Rae; '80 BSBA; Assoc. Scheduler; Rockwell Intl., E. 5th Ave., Production Dept., Columbus, OH 43215; r. 1026 Cross Country Dr., Worthington, OH 43085, 614 885-9638.

TRAINER, Alfonso Thomas; '83 BSBA; Supv.; United Parcel Svcs., Rathmell Rd., Pre-Load Division, Columbus, OH 43207; r. 17308 Crews Rd, Wellsville, OH 43968, 614 497-3275.

TRAINER, James H., Jr.; '57; Staff; Mead Corp., Courthouse Plz., Dayton, OH 45463; r. 1229 Porter Dr., Chillicothe, OH 45601, 614 773-1672.

TRAN, Huong Thuy; '82 BSBA; 2377 Millerton St., Columbus, OH 43232.

TRAN, Quan Phat; '82 BSBA; Contract Spec.; Defense Constr. Supply Ctr., 3990 E. Broad St., Columbus, OH 43213; r. 3042 Doris Ave., Columbus, OH 43202, 614 262-9470.

TRAN, Vanly; '85 BSBA; Programmer Analyst; Chemical Abstract Svcs., Olentangy River Rd., Columbus, OH 43202; r. 3166 Needham Dr., Dublin, OH 43017, 614 764-3722.

TRAN, Vinh Phat; '80 BSBA; Computer Spec.; Veterans Admin., 810 Vermont Ave., NW, Washington, DC 20420, 202 233-3396; r. 8544 Electric Ave., Vienna, VA 22180, 703 573-7859.

TRAPHAGAN, W. Michael; '61 BSBA; Partner; Mangus-Catanzano Inc., Three PPG Pl., Pittsburgh, PA 15229, 412 391-4361; r. 309 Thompson Dr., Pittsburgh, PA 15229, 412 367-3645.

TRAPP, Dorothy '55 (See Kinder, Mrs. Dorothy Trapp).

TRAPP, James Witteman; '78 MPA; Branch Mgr.; The Ohio Co., Bexley Ofc., 2288 E. Main St., Columbus, OH 43209, 614 231-4800; r. 1922 Stanford Rd., Columbus, OH 43212, 614 488-7290.

TRASIN, Paul Jeffrey; '74 BSBA; 2611 Water Well Ln., Austin, TX 78728, 512 251-5210.

TRATTNER, Barry A.; '63 BSBA; Atty.; Northern Ohio Bank Bldg., 1370 Ontario St., Cleveland, OH 44113; r. 1300 Standard Bldg., Cleveland, OH 44113, 216 771-4700.

TRAUNWIESER, Joseph Frederick; '74 BSBA; Staff; Ashland Oil Inc., 5200 Blazer Pkwy., Dublin, OH 43017, 614 889-3333; r. 5103 Cobblestone Dr., Apt. A, Columbus, OH 43220, 614 451-5987.

TRAUT, Mrs. Marjean Ross, (Marjean Ross); '69 BSBA; Homemaker; r. 72105 Palm Haven Cir., Rancho Mirage, CA 92270, 619 346-6711.

TRAUTMAN, Donn Neil; '54 BSBA; VP; Waste Mgmt., Inc., Info. Systs., 3003 Butterfield, Oak Brook, IL 60521; r. 911 N. Glenayre Dr., Glenview, IL 60025, 312 724-0791.
TRAUTMAN, Ralph W., Jr.; '55 BSBA; Inventory Mgr.; The Upjohn Co., Corporate Finance Division, Kalamazoo, MI 49001, 616 323-4000; r. 1522 Highgate, Kalamazoo, MI 49007, 616 345-6494.
TRAUTMAN, Warner L.; '56 BSBA; Pres.; Real Estate Investments Inc., 209 S. High St., Columbus, OH 43215, 614 224-6111; r. 2443 Billiton Ct., Columbus, OH 43220, 614 457-4920.
TRAVAGLIANTI, Alan Robert; '71 BSBA; Dist. Sales Mgr.; Industrial Metal Prods. Corp., 3417 W. Saint Joseph St., Lansing, MI 48901, 517 484-9411; r. 13534 Fairwinds Dr., Strongsville, OH 44136, 216 572-2717.
TRAVERS, John Bernard; '67 BSBA, '68 MA; Gen Mgr/Bearings-SC Dist; The Timken Co., 100 Timken Rd., Gaffney, SC 29342, 803 487-2604; r. 234 Brittany Rd., Gaffney, SC 29340, 803 487-3993.
TRAVIS, Dennis L.; '62 BSBA; Atty./Pres.; Dennis L Travis Co., 40 E. Mill St., Akron, OH 44308; r. 2083 Ridgewood Rd., Akron, OH 44313, 216 864-9334.
TRAVIS, Gene L.; '57 BSBA; St. Charter Cir., Ossining, NY 10562, 914 762-2509.
TRAVIS, Melissa Berwanger, (Melissa Berwanger); '80 BSBA; 1523 Cardiff Rd., Columbus, OH 43221, 614 486-9258.
TRAXLER, Ruth Perdue; '63 BSBA; 991 Woodcreek Dr., Milford, OH 45150, 513 831-7272.
TRBOVICH, Tamara Lynn; '85 BSBA; Field Mgr. (Sales); Good Food & Health Magazine, 17141 Ventura Blvd., Ste. 200A, Encino, CA 91316, 818 501-1295; r. 4715 E. 3rd St., Long Beach, CA 90814, 213 439-0738.
TREADWAY, William Matthew; '76 BSBA; Supv.; Warehouse Beer Systs., 1425 Linden Ave., Dayton, OH 45414; r. 4810 Delba Dr., Dayton, OH 45439, 513 299-0358.
TRECIAK, Mrs. Vicki D., (Vicki D. Cornelius); '87 MLHR; Human Res. Spec.; Ohio Dept. of Commerce, 77 S. High St., Columbus, OH 43215, 614 644-7179; r. 22 Lewis Dr., Johnstown, OH 43031, 614 967-6145.
TREES, John Clinton; '85 BSBA; Programmer; r. 3390 Martin Rd., Dublin, OH 43017, 614 889-1872.
TREESE, Phillip E.; '84 BSBA; Mgr.; F.W. Woolworth Co., Buena Ventura Mall, Ventura, CA 93001, 805 642-0839; r. 162 S. Ann St., Ventura, CA 93001, 805 643-6475.
TREFZ, Gregory Paul; '79 BSBA; Acct.; SCM Allied Egry, POB 125, WC Branch, Dayton, OH 45449, 513 865-8537; r. 434 Shroyer Rd., Dayton, OH 45419, 513 294-7875.
TREFZ, Mrs. Marilyn K., (Marilyn Augenstein); '87 MLHR; Prog. Coord.; Ohio State Univ., Sch. of Public Policy & Mgmt., 1775 College Rd., Columbus, OH 43210, 614 292-3242; r. 115 County Rd., #153, Waldo, OH 43356, 614 726-2579.
TREGO, Lori Annette; '86 MPA; 41 Kirkwood Dr., Delaware, OH 43015, 614 369-5283.
TREGO, Suzanne Trotter; '81 BSBA; Controller; Columbus Industries Inc., State Rte. 752, Ashville, OH 43103; r. 289 E. Main St., Ashville, OH 43103, 614 983-6486.
TREGO, William B.; '52 BSBA; VP; State Auto Mutual Ins., 518 E. Broad St., Acctg. Dept., Columbus, OH 43215; r. 1644 Orchid St., Lady Lake, FL 32659, 904 753-4398.
TREISCH, Brian Lee; '82 BSBA; Account Supv.; Della Femina, McNamee WCRS, 100 Commercial St., Ste. 307, Portland, ME 04101, 207 874-7452; r. L2 Yarmouth Woods, Yarmouth, ME 04096, 207 846-0633.
TREJO, Mrs. Nancy L., (Nancy J. Lin); '84 BSBA; Claims Rep.; Hartford Ins. Grp., 1500 Lakeshore Dr., Columbus, OH 43204, 614 487-0222; r. 364 Fenway Rd., Columbus, OH 43214, 614 846-8652.
TRELEAVEN, John Wilson; '74 BSBA; Sr. Systs. Programmer; Norfolk Southern Corp., N. American Van Lines, 5001 US Hwy. 30 W., Ft. Wayne, IN 46818, 219 429-2511; r. 9204 Seawind Pl., Ft. Wayne, IN 46804, 219 432-5315.
TREMAIN, Arthur Cole; '60 MPA; VP; L T V Steel Co., Industrial Relations Division, Ltv Steel Bldg., Cleveland, OH 44101; r. 160 High St., Chagrin Falls, OH 44022.
TREMAIN, Jo Ann '48 (See Fuller, Jo Ann Tremain).
TREMBACK, Mrs. Lee Ann, (Lee Ann High); '83 MPA; Unit Coord.; St. Mary's Hosp., Hellmann Pavilion, 56 Franklin St., Waterbury, CT 06702, 203 574-6458; r. 7 Wyndwood Rd., Farmington, CT 06032, 203 675-8632.
TREMBLAY, David Bruce; '69 MBA; Div. Chief; r. 200 Woodbury Dr., Dayton, OH 45415, 513 278-2751.
TREMBLY, Lewis R., Jr.; '51 BSBA; Owner; Tri-Village Cleaners, 1448 W. 5th Ave., Columbus, OH 43212, 614 488-2600; r. 1740 N. Star Rd., Apt. 1, Columbus, OH 43212, 614 486-2506.
TREMBLY, Mc Clelland; '50 BSBA; Real Estate Broker; Private Business, 1240 Fountaine Dr., Columbus, OH 43221; r. 1876 Willoway Circle South, Columbus, OH 43220.
TREMOULIS, Louis F.; '40 BSBA; Retired; r. 1493 Lilly Ln., Alliance, OH 44601, 216 821-3094.
TRENARY, Charles R., Jr.; '52 BSBA; Finance Staff; Chrysler Corp., 12000 Chrysler Dr., Detroit, MI 48288, 313 956-4646; r. 2500 Twr. Hill Ln., Rochester Hls., MI 48064, 313 652-1645.
TRENARY, Warren L.; '57 BSBA; Pension Underwriting Spec; Union Central Life, Mill & Waycross, Cincinnati, OH 45240; r. 8627 Mockingbird Ln., Cincinnati, OH 45231, 513 522-2355.
TRENEFF, A. Terrance; '67 BSBA; Atty.; Morrow Gordon Byrd, 33 W. Main St., Newark, OH 43055, 614 345-9611; r. 1689 Naughtingham, Newark, OH 43055, 614 366-4436.
TRENEFF, Rebecca Crane; '85 BSBA; 307 Sumpton Ct., Gahanna, OH 43230, 614 471-8470.
TRENKELBACH, Gale Weltman, (Gale Weltman); '70 BSBA; Acct.; White Oak Inc., 1 S. Old Baltimore Pike, Newark, DE 19702, 302 737-3400; r. 2843 W. Oakland Dr., Brandywine Springs Manor, Wilmington, DE 19808, 302 994-1664.
TRENNEL, Ronald J.; '80 BSBA; Dept. Mgr.; Builders Square, 6235 Wilson Mills Rd., Highland Hts., OH 44143, 216 473-0222; r. 34108 Oak Knoll, Eastlake, OH 44094, 216 942-8232.
TRENT, John Wayne; '87 BSBA; CEO; Heart of Ohio Acctg. & Business Svcs., 266 E. Center St., Marion, OH 43302, 614 383-5910; r. 267 E. Walnut St., Marion, OH 43302, 614 387-4069.
TRENTMAN, David Joseph; '83 BSBA; Mgr.; Shawmut Mortgage Corp., 3232 Newmark, Miamisburg, OH 45342; r. 1787 Cherokee, Apt. #F, Dayton, OH 45449, 513 859-1202.
TRENWITH, Donald A.; '52 BSBA; Retired; r. 4778 Glendon Rd, Columbus, OH 43229, 614 885-3696.
TREON, Marshall E.; '50 BSBA; VP-Sales; Bernard Franklin Co., 4055 Torresdale Ave., Philadelphia, PA 19124, 215 744-9300; r. 360 Upper Gulph Rd, Radnor, PA 19087, 215 525-8719.
TREON, Todd Joseph; '87 BSBA; Mgr. Mens Clothing; May Dept. Stores Co., 158 Euclid Ave., Cleveland, OH 44114, 216 664-6000; r. 26151 Lakeshore Blvd., #224, Euclid, OH 44132, 216 261-0734.
TREPANIER, David J.; '47 BSBA; Retired; r. 7630 Bunker Hill Rd., Middleburg Hts., OH 44130, 216 234-0809.
TREPPLE, John J.; '37; VP; Marzetti Inc., 16 E. Broad St., Columbus, OH 43215; r. 7691 Seddon Dr., Dublin, OH 43017, 614 764-0620.
TRETTER, Steven Scott; '83 BSBA; 6221 Roxburgh Ct., Columbus, OH 43213, 614 861-8354.
TREUDLER, Mrs. Annette Mathilde, (Annette Mathilde Krauss); '85 BSBA; Programmer; Goodyear Tire & Rubber Co., 1144 E. Market St., Akron, OH 44316, 216 796-2121; r. 2909 Priscilla Ave., Parma, OH 44134, 216 842-7415.
TREUHAFT, Bernard S.; '33 BSBA; Retired; r. 2609 Amara Dr., Toledo, OH 43615, 419 531-5344.
TREUHAFT, William R.; '54 BSBA; Sales Designer; Samsen Home Furnishing, 22225 Rte. 51, Genoa, OH 43430, 419 855-8316; r. 3921 Indian Rd, Toledo, OH 43606, 419 536-5491.
TREVARROW, Denise Elaine, (Denise Jones); '85 BSBA; Evans Adhesive Corp., 925 Old Henderson Rd., Columbus, OH 43220, 614 451-2665; r. 8694 Shear Dr., Powell, OH 43065, 614 766-1384.
TREVEY, William Everett; '71 BSBA; Budget Analyst; US Govt., 4300 Goodfellow, St. Louis, MO 63120; r. 4570 Laclede #103, St. Louis, MO 63108, 314 367-4056.
TREY, Julia Kling; '67 BSBA; Mgr. Corporate Personnel; The Duriron Co. Inc., POB 1145, Dayton, OH 45401, 513 226-4333; r. 2400 E. Rusk Rd., Troy, OH 45373, 513 335-7223.
TRIANFO, Dominic A.; '42 BSBA; Atty-at-Law; 1876 Fairhaven Rd., Columbus, OH 43229, 614 891-0519; r. Same.
TRIBBLE, Jon Joseph; '87 BSBA; 7323 Cimmaron Station Dr., Worthington, OH 43085.
TRICARICO, Susan, (Susan Pruyn); '63 BSB; Sales Rep.; Sell Inc., Dublin, OH 43071, 614 889-0440; r. 6106 Ashtree Pl., Columbus, OH 43229, 614 882-9348.
TRICOMI, John Joseph; '73 BSBA; Fee Appraiser; r. 573 N. Rhodes Ave., Niles, OH 44446, 216 652-1580.
TRIEBE, Richard Walter; '83 MPA; Budget Analyst; r. 308 S. Douglas Ave., Springfield, IL 62704, 217 793-2407.
TRIER, Wayne Joseph; '85 BSBA; Rsch. Analyst; r. 2930 Losantiridge Ave., Cincinnati, OH 45213, 513 731-9069.
TRIERWEILER, Sonja Louise; '75 BSBA; CPA/ Controller; r. 1509 E. 79 St., Indianapolis, IN 46240, 317 257-6605.
TRIFELOS, Mrs. Helen P., (Helen Poulos); '60; Homemaker; r. 765 Howell Dr., Newark, OH 43055, 614 344-7180.
TRIFELOS, James Nick; '80 BSBA; Student; Capital Univ., E. Main St., Law Sch., Columbus, OH 43209; r. 724 Howell Dr., Newark, OH 43055.
TRIFFON, Ernest A.; '52 BSBA; Dir. of Sales; John B. Sanfilippo & Son Inc., 2299 Busse Rd., Elk Grove Vlg., IL 60007, 312 593-2300; r. 803 Oak Hill Rd. Pl., Barrington, IL 60010, 312 381-7894.
TRIFILETTI, Mrs. Suzanne M., (Suzanne M. Broglio); '82 BSBA; Prod. Control Supv.; Lorain Prods., Division of Reliance Electric, 1122 F St., Lorain, OH 44052, 216 288-1122; r. 4611 Sycamore Dr., Apt. 202, Lorain, OH 44053, 216 282-7754.
TRIKI, Dr. Mahoud; '73 PhD (BUS); 30 Rue Said Abou Baker, Tunis, Tunisia.
TRIMBACH, Charles F.; '65 BSBA; Overseas Fin. Analyst; GM Corp., Harisson Radiator, 200 Upper Mountain Rd., Lockport, NY 14094, 716 439-2368; r. 445 Willow St., Lockport, NY 14094, 716 434-1333.
TRIMBLE, William P.; '60 BSBA; Acct.; Nationwide Ins. Co., One Nationwide Plz., Columbus, OH 43216; r. 1018 Lornaberry, Columbus, OH 43213, 614 866-2944.
TRIMBUR, Bruce G.; '80 BSBA; Dist. Sales Mgr.; Quaker Oats Co., 6410 Old Church Way, Reynoldsburg, OH 43068, 614 755-4444; r. Same.
TRIMMER, Carol Ussery, (Carol Ussery); '85 BSBA; Cashier Svc. Rep.; Huntington Bank, Columbus, OH 43017; r. 5711 Shannon Pl. Ln., Dublin, OH 43017, 614 792-0572.
TRIMMER, Kenneth D.; '38 BSBA; Retired Pres.; Trimmer Ins. Agcy. Inc., 407 E. Main St., Lancaster, OH 43130; r. 174 Terrace Ct., Lancaster, OH 43130, 614 653-2792.
TRIMMER, Nancy Jo; '79 BSBA; POB 10003, Denver, CO 80210, 303 832-1158.
TRINH, De Cao; '85 BSBA; 3483 Blinkton Dr., Columbus, OH 43229.
TRINZ, Howard J.; '50 BSBA; Pres.; The Hjaytee Corp.; r. 2679 Tigertail Ave., Ste. C, Coconut Grove, FL 33133.
TRIONA, Julie O'Keefe; '81 BSBA; Sales Rep.; Westwood Pharmaceuticals, 2155 Hawthorne Rd., Toledo, OH 43606, 419 531-7189; r. Same.
TRIPICIANO, Patrick Paul; '65 MS; Dist. Mgr.; Eastman Kodak Co., 343 State St., Rochester, NY 14650; r. 819 Bauer Rd, Naperville, IL 60540, 312 369-1075.
TRIPLETT, Royal S.; '54 BSBA; Retired; Mead Corp., c/o Postmaster, Chillicothe, OH 45601; r. 380 Meadow Ln., Chillicothe, OH 45601, 614 773-3267.
TRIPLETT, Thor William; '86 BSBA; Financial Analyst; The Ltd. Inc., One Limited Pkwy., POB 16528, Columbus, OH 43216, 614 475-4000; r. 3019 Avalon Rd., Columbus, OH 43221, 614 459-2577.
TRIPP, Cynthia '86 (See Braun, Cynthia Tripp).
TRIPP, Gerald Lee; '80 BSBA; Sr. Systs. Analyst; Farm Bur. Ins., 130 E. Washington, Indianapolis, IN 46204; r. 9546 Carlyle Dr. #B, Indianapolis, IN 46240.
TRIPP, Jay G.; '47 BSBA; 995 Revere Dr., Marion, OH 43302.
TRIPP, John L.; '82 BSBA; 1252 Wilshire Village Ct., Worthington, OH 43085, 614 433-0976.
TRIPP, John M.; '52 BSBA; Retired; r. 925 Barkston Dr., Cleveland, OH 44143, 216 449-2066.
TRIPP, Marion Lewis; '84 MBA; 1680 Knobb Hill Dr., Coshocton, OH 43812, 614 623-0036.
TRIPP, Mark David, MD; '81 BSBA; 2350 Elmwood Dr., Westlake, OH 44145.
TRISEL, Brooke Alan; '88 MPA; Admin.; Americare, 1135 Atwater Ave., Circleville, OH 43103; r. 4801 Gainsborough Ct. #B, Columbus, OH 43220, 614 474-9536.
TRISHMAN, Martin A.; '61 BSBA; 2701 Colanthe Ave., Las Vegas, NV 89102.
TRITLE, Steven Allan; '71 BSBA; Distribution Mgr.; Harris Graphics Corp., Business Forms Systs. Div, 4900 Webster St., Dayton, OH 45414, 513 278-2651; r. 6275 Country Estates Dr., Tipp City, OH 45371, 513 667-5220.
TRITTEN, John S.; '26 BSBA; Retired; r. 7481 Kimmel Rd., Clayton, OH 45315, 513 836-6304.
TRIVETTE, William George; '74 BSBA; Mfg. Mgr.; Chromatics, Inc., 2558 Mountain Industrial Blvd., Tucker, GA 30084, 404 493-7000; r. 2031 Plantation Rd., Lawrenceville, GA 30244, 404 995-8773.
TRIVISONNO, Joseph John, Jr.; '83 BSBA; Sr. Programmer Analyst; Nationwide Ins., One Nationwide Plz., Columbus, OH 43216; r. 7720 Barkwood Dr., Worthington, OH 43085, 614 436-9318.
TROENDLY, Donald Richard; '66 BSBA; VP/Sales; Thompson Steel, 9470 King St., Franklin Park, IL 60131, 312 678-0400; r. 1126 Stuart Ct., Naperville, IL 60540, 312 983-5668.
TROGUS, Nancy W. '63 (See Glassburn, Mrs. Nancy T.).
TROLL, Louis Parker; '76 MBA; Sr. Auditor; American Electric Power, 1 Riverside Plz., Columbus, OH 43215, 614 223-1344; r. 1659 Essex Rd., Columbus, OH 43221, 614 486-0964.
TROMBETTA, Dr. William L.; '73 PhD (BUS); Rte. 1 Box 419, Pleasant Valley Rd, Titusville, NJ 08560.
TROMBETTI, Albert Ross; '71 BSBA; Exec.; Servicemaster By Trombetti, 8751 East Ave., Mentor, OH 44060, 216 255-3328; r. 8951 Edgehill Rd., Mentor, OH 44060, 216 974-0458.
TRONE, Jill '84 (See Zelle, Jill (J.T.) Trone).
TROPE, Irvin; '39 BSBA; Retired; r. 4238 Wyncote Rd, Cleveland, OH 44121, 216 382-1890.
TROPPMAN, George L.; '47 BSBA; Retired; r. POB 2213, Sedona, AZ 86336, 602 282-6222.
TROTH, Raymond Joseph; '69 BSBA; Staff; Defense Legistics Agcy., 3990 E. Broad St., Columbus, OH 43213; r. 2280 Topaz Dr., Grove City, OH 43123, 614 875-8973.
TROTSKY, Alan Jeffrey; '79 BSBA; Acct.; Ameritech Publishing Inc., 100 E. Big Beaver, Troy, MI 48083, 313 524-7656; r. 30814 Oak Valley Dr., Farmington Hls., MI 48018, 313 661-3699.
TROTT, Teresa Hazelwood; '82 MPA; Trng. Coord.; Unicare Health Facilities, Business Ofc., Milwaukee, WI 53201; r. 731 N. 119 St., Wauwatosa, WI 53226.
TROTTER, David Lloyd; '74 BSBA; Pres. & CEO; Odyssey Press Inc., 2777 Cleveland Ave., Columbus, OH 43227, 614 267-8378.
TROTTER, Elmer Bynum; '33 BSBA; Retired; The Ohio State Univ., Physical Education Dept., Columbus, OH 43210; r. 6000 Riverside Dr., Apt. A404, Dublin, OH 43017, 614 889-7410.
TROTTER, John Alan; '73 BSBA; VP; Great Western Financial Corp., 8484 Wilshire Blvd., Beverly Hls., CA 90211; r. 1742 Flowerdale St., Simi Vly., CA 93063, 805 526-7204.
TROUP, Steven James; '79 BSBA; VP; Troup & Pluto Studios, 3145 W. Tuscarawas St., Portrait Photography, Canton, OH 44708; r. 460 Royal Ave., Akron, OH 44303.
TROUT, Frances Rogers; '48; 345 Starrett Ct., Columbus, OH 43214, 614 268-6314.
TROUT, Mark Allen; '81 BSBA; Staff Acct.; Mc Donalds Corp., 1 Mc Donalds Plz., Oak Brook, IL 60521, 312 887-4373; r. 9 S. 732 Ailsworth, Downers Grove, IL 60516, 312 985-7825.
TROUT, Melanie '86 (See Luckenbach, Melanie Trout).
TROUT, Richard L., Sr.; '50 BSBA; Pres.; Columbus Industries Inc., State Rte. 752, Ashville, OH 43103; r. 345 Starrett Ct., Columbus, OH 43214, 614 268-6314.
TROUTEN, Richard Joseph; '81 BSBA; Systs. Engr.; NCR, 1700 S. Patterson Blvd., Dayton, OH 45479; r. 624 W. Circle Dr., Dayton, OH 45403, 513 253-9312.
TROUTMAN, CAPT Vance G.; '64 BSBA; Capt. Usaf; r. c/o Verne C Troutman, Drawer 830, Saltville, VA 24370, 703 496-4240.
TROUTWINE, Jack Emerson; '76 BSBA; Acct. Ofc. Ma; Jericho, 5727 Webster, Dayton, OH 45414; r. 8115 S. Legend Dr., Franklin, WI 53132.
TROUTWINE, Wray R.; '40 BSBA; Co-owner; Troutwine & Assocs., 1383 B-14 Country Club Dr., Granbury, TX 76048, 817 326-5555; r. Same.
TROVATO, Vincent Gene; '70 BSBA; 88 Southwind Dr., Gahanna, OH 43230, 614 475-1841.
TROWBRIDGE, Ronald I.; '56 BSBA; Corporate Dir.; Armco Inc., Personnel Relations, 300 Interpace Pkwy., Parsippany, NJ 07054, 201 316-5291; r. 11 Glengary Dr., Mendham, NJ 07945, 201 543-6969.
TROXEL, Richard B.; '53 BSBA; Partner; Peat Marwick Mitchell & Co., 1700 Ids Ctr., Minneapolis, MN 55402; r. 1300 N. Lasalle, Unit B, Chicago, IL 60610, 312 787-8622.
TROXIL, William Edward; '75 BSBA; Regional Mgr.; Konica Business Machines USA, 855 N. Bussee Hwy., Bensenville, IL 60106; r. 25 W. 756 White Birch Ct., Wheaton, IL 60187.
TROYAN, Gregory Michael; '88 BSBA; 26910 Elmwood Dr., Westlake, OH 44145, 216 871-0747.
TROYER, David Alan; '69 BSBA; Systs. Analyst; AT&T Communications, 295 N. Maple Ave., Basking Ridge, NJ 07920; r. 3645 Fawn Dr., Canfield, OH 44406.
TROYER, Joan Mauck; '51 BSBA; 1056 Torrey Hill Dr., Columbus, OH 43228, 614 276-0352.
TROYER, Marion Ray; '77 BSBA; Staff; Killbuck Savings Bank Co., c/o Postmaster, Killbuck, OH 44637; r. Rte. 5 Circle Dr., New Philadelphia, OH 44663, 216 339-5755.
TROYER, Maryann; '88 MBA; Systs. Analyst; R R Donnelly & Sons, 1145 Conwell Ave., Willard, OH 44890, 419 935-0111; r. 115 Crestwood Dr., Apt. 14, Willard, OH 44890, 419 935-2941.
TRUBILOWICZ, Ronald Paul; '81 BSBA; Med. Technologist; Riverside Methodist Hosp., 3535 Olentangy River Rd., Columbus, OH 43214; r. 5759 Arborwood Ct., Apt. D, Columbus, OH 43229, 614 486-1973.
TRUCINSKI, Gary Lee; '79 BSBA; Sr. Account Mgr.; Case Datatel, 1100 Jori Blvd., Ste. 314, Oak Brook, IL 60521, 312 990-7288; r. 206 E. Madison Ave., Wheaton, IL 60187, 312 682-3949.
TRUCKLY, Kerry Robin; '87 BSBA; Registered Rep.; Prudential Financial Svcs., 6402 E. Main St., Reynoldsburg, OH 43232, 614 861-3141; r. 586 Keppler Rd., Heath, OH 43055, 614 522-4522.
TRUDEAU, Andre Norbert; '49 BSBA; Ins. Agt./ Ownr; Aries Ins. Agcy., 1920 NW Blvd., Columbus, OH 43212, 614 486-5285; r. 1943 Collingswood Rd., Columbus, OH 43221, 614 486-5598.
TRUDEAU, Charles Campbell; '84 BSBA; Ski Mgr. Alpenglow; r. 1943 Collingswood Rd., Columbus, OH 43221, 614 486-5598.
TRUDEAU, Julie Ann; '82 BSBA; Programmer; Nationwide Ins. Co., Two Nationwide Plz., Columbus, OH 43216, 614 249-5678; r. 3437 Riverside Green Dr., Dublin, OH 43017, 614 792-2326.
TRUDEAU, Laura Louise; '83 BSBA; Sec Chief-Personnel; AT&T, 6200 E. Broad St., Columbus, OH 43213; r. 1943 Collingswood Rd., Columbus, OH 43221, 614 486-5598.
TRUEMAN, Daniel Andrew; '86 BSBA; Mktg. Rep.; Northstar Mktg. Co., 425 Metro Pl. N., Dublin, OH 43017; r. 234 E. 17th Ave., Columbus, OH 43201.
TRUEMAN, Deborah '83 (See Weis, Deborah Trueman).
TRUESDALE, Merlene '79 (See O'Neill, Ms. Merlene K.).
TRUEX, Kelly A. '82 (See Shook, Mrs. Kelly A.).
TRUITT, Steven Julian; '73 BSBA; Account Exec.; The Ohio Co., 155 E. Broad St., Columbus, OH 43215, 614 464-5577; r. 1734 Balsamridge Rd., Columbus, OH 43229, 614 891-6120.

TRUJILLO, Michele Danielle; '87 BSBA; Student; OH State Univ.; r. 792 Dennison Ave., #8, Columbus, OH 43215, 614 297-6711.

TRULASKE, Steven Lee; '82 MBA; Sales Mgr.; True Mfg., 301 Cannonball Ln., O'Fallon, MO 63366, 314 272-2400; r. 4465 W. Pine #16, St. Louis, MO 63108, 314 535-4453.

TRUMAN, Heman N.; '42 BSBA; 3527 St. Andrews NW, Canton, OH 44708, 216 477-1845.

TRUMBLE, Michael Kurtis; '86 BSBA; Sr. Supv.; Kelly Svcs. Inc., One Prestige Pl., Ste. 270, Dayton, OH 45342, 513 439-0070; r. 836 Moon Ct., Miamisburg, OH 45342, 513 866-1110.

TRUMBO, Hon. George W.; '49 BSBA; Judge; Cleveland Municipal Ct., 1200 Ontario, Cleveland, OH 44114, 216 664-4980; r. 13807 Drexmore Rd, Cleveland, OH 44120, 216 991-9122.

TRUMBULL, SGT Allan Richard; '81 BSBA; Usaf Tech. Sgt; USAF, 485Th Tactical Missile Wing, Inventory Section Supervisor, Cleveland, OH 44135; r. 18224 Rockland Ave., Cleveland, OH 44135.

TRUMP, Dr. Ross Myron; '37 BSBA, '38 MBA, '47 PhD (BUS); Retired; r. 12981 Waterford Cir., Ft. Myers, FL 33919, 813 482-4229.

TRUPOVNIEKS, Barbara Astrida; '79 MPA; Administrative Ofcr.; Port Columbus Intl. Airport, 4600 E. 17th Ave., Columbus, OH 43219, 614 239-4000; r. 2058-C Park Run Dr., Columbus, OH 43220, 614 459-5682.

TRUSKOLASKI, Ronald J.; '68 BSBA; Auditor; Bancohio, 155 E. Broad St., Columbus, OH 43215; r. 8735 Ramblewood Ct., Pickerington, OH 43147, 614 837-1013.

TRUSLER, Julie Lin; '87 BSBA; 2631 Pine Lake Tr., Uniontown, OH 44685, 216 699-5706.

TRUSLER, Thomas Jay; '80 BSBA; 2631 Pine Lake Tr., Uniontown, OH 44685, 216 699-5706.

TRUTZA, George Richard; '86 BSBA; Sales Rep.; US Surgical, Columbus, OH 43214; r. 1317 Pyle, South Bend, IN 46615, 219 287-8658.

TRYDA, David Leonard; '70 BSBA, '72 MBA; Pres.; DAMAR Sales Inc., 127 S. Washington St., Naperville, IL 60540, 312 717-8111; r. 1428 Swallow, Naperville, IL 60565, 312 357-7181.

TRZCINSKI, Michael James; '75 BSBA; Rep.; Burroughs Business Machines, 3781 Hillbrook Rd, Cleveland, OH 44118; r. 2567 Fenwick, University Hts., OH 44118.

TSAI, Mrs. Peggy, (Peggy Lee); '83 BSBA; Acctg.; OCLC, Inc., 6565 Frantz Rd., Dublin, OH 43017, 614 761-5000; r. 6982 Spruce Pine Dr., W. Worthington, OH 43235, 614 792-8395.

TSAI, Wei Tei; '88 MA; #13, Ln. 175, Ta-Tung Rd. Section I, Tinan, Taiwan, 060 227-2428.

TSCHANTZ, Norman J.; '28; Agt.; Ohio Natl. Life Ins. Co., Tschantz Agcy, POB 8200, Canton, OH 44711; r. Same, 216 877-3387.

TSCHANTZ, Robert E.; '58 BSBA; Mgr. of Mktg. & Sales; Midwest Airfreight Shipper Assn., 1743 W. Cnty. Rd. C, Roseville, MN 55113, 612 631-8020; r. 10630 Northmark Dr., Eden Prairie, MN 55344, 612 944-2757.

TSCHAPPAT, Dr. Carl J.; '61 BSBA, '62 MBA, '66 PhD (BUS); Pres.; L. D. A., Inc., 180 Allen Rd., NE, Ste. 310 N., Atlanta, GA 30328, 404 256-0690; r. 4602 Tall Pines Dr., NW, Atlanta, GA 30327, 404 255-5609.

TSCHIEGG, Ronald E.; '54 BSBA; Mgr.; Westinghouse Electric Corp., Nuclear Materials Safeguards, Monroeville, PA 15146, 412 374-4646; r. 2293 Forest Dr., Pittsburgh, PA 15235, 412 731-1365.

TSE, Michael King Man; '86 BSBA; Bank Ofcr.; Wing Lung Bank Ltd., 45 Des Voeux Rd. Central, Hong Kong, Hong Kong; r. 8 Seymour Rd., Flat 13-A, Hong Kong, Hong Kong.

TSEN, Alfred Bernard; '79 BSBA; Staff; Phio Dept. of Transportation, 25 W. Broad St., Columbus, OH 43215; r. 7991 Hightree Dr., Westerville, OH 43081, 614 882-3240.

TSENG, Guey-Taur; '86 MA; Sr. Acct.; Collins Co. Ltd., 110 Meadowlands Pkwy., Secaucus, NJ 07094, 201 866-9560; r. 332 Fairmount Rd., Ridgewood, NJ 07094.

TSIRONIS, John Fotis; '82 BSBA; 2340 Saybrook Rd., University Hts., OH 44118, 216 321-6377.

TSIVITSE, Mrs. Barbara A., (Barbara A. Gyevat); '83 BSBA; Mktg. Asst.; Stouffer Restaurant Co., 30050 Chagrin Blvd., Pepper Pike, OH 44124, 216 464-6606; r. 33645 Linden Dr., Solon, OH 44139, 216 349-2083.

TU, Jen-Lin; '81 MBA; 95 Park Ave., Berkeley Hts., NJ 07922.

TUBBS, James Stuart; '57; Dir. Human Res.; Columbia Gas Syst. Svc. Corp., 20 Montchanin Rd., Wilmington, DE 19807, 302 429-5515; r. 2104 Pennsylvania Ave., Ste. 1412, Wilmington, DE 19806, 302 654-4116.

TUBBS, Richard M.; '27 BSBA; Retired; r. 2302 Kenwood Blvd., Toledo, OH 43606, 419 474-3565.

TUCCILLO, Anthony; '56 BSBA; Atty.; Tuccillo Wilson & Slater, 1000 Society Bldg., Akron, OH 44308, 216 253-1900; r. 2385 Covington Rd., Ste. 404, Akron, OH 44313, 216 253-1900.

TUCK, Randall Scott; '72 BSBA; Proj. Engr.; Baxter Health Care, 27200 N. Turney Rd., Valencia, CA 91355, 805 253-1300; r. 26713 Pamela Dr., Canyon Country, CA 91351, 805 252-3092.

TUCKER, Barbara Melaragno, (Barbara Melaragno); '81 BSBA; Personnel Admin.; Nationwide Ins. Co., One Nationwide Plz., Columbus, OH 43215, 614 249-5272; r. 2208 Otter Ln., Dublin, OH 43017, 614 766-0745.

TUCKER, Ms. Beth Ann; '87 BSBA; Buyer; Elberfelds Dept. Store, Box 788, Logan, OH 43138, 614 385-5656; r. 473 N. Spring St., Logan, OH 43138, 614 385-5386.

TUCKER, Carl Millon, III; '69 MBA; Pres.; C M Tucker Lumber Corp., 601 N. Pearl St., Pageland, SC 29728, 803 672-6135; r. Outen St., Pageland, SC 29728, 803 672-6659.

TUCKER, Carroll Max; '50 BSBA; VP; Commercial Mutual Ins., 302 Main St., Catskill, NY 12414, 518 943-2600; r. RD 1, Box 161, Freehold, NY 12431, 518 634-7461.

TUCKER, Deborah Lee; '79 MBA; Staff; Target Stores, Main Ofc. City Ctr., 33 S. 6th St., Minneapolis, MN 55402; r. 2405 Aquila Ave N, Minneapolis, MN 55427.

TUCKER, Dennis J.; '66 BSBA; Gen. Mgr.; Cleveland Police Credit Union, 1300 Ontario, Cleveland, OH 44113, 216 861-3535; r. 6009 Thoreau Dr., Parma, OH 44129, 216 845-7371.

TUCKER, Frances Gaither, PhD; '80 PhD (BUS); Assoc. Prof.; Syracuse Univ., Sch. of Mgmt., Marketing Dept., Syracuse, NY 13244, 315 443-2961.

TUCKER, Helen Huls; '55 BSBA; Secy.; IBM, 140 E. Town St., Columbus, OH 43215; r. 5415 Yorkshire Terrace Dr., W., Apt. A-2, Columbus, OH 43232, 614 864-1650.

TUCKER, COL James R., USAF(Ret.); '58 BSBA, '72 MBA; Retired; r. 17 Country Club Rd., Cocoa Bch., FL 32931, 407 783-5893.

TUCKER, Joy Hailey; '78 BSBA, '83 MBA; Acct.; Arthur Young & Co., One Seagate, Toledo, OH 43604; r. 221 1/2 Locust St., Perrysburg, OH 43551.

TUCKER, Lee David; '70 BSBA; Programmer/ Analyst; The Ohio State Univ., Senior Spon Program Admin, 1802 Rsch Fdn 1314 Kinnear Rd, Columbus, OH 43210, 614 422-7896; r. 3223 Summerdale Ln., Hilliard, OH 43026, 614 876-8192.

TUCKER, Malcolm B.; '63 BSBA; Pres.; Northland Investments Inc., 16775 Addison Rd. Ste. 615, Dallas, TX 75248, 214 248-6495; r. 6545 Dartbrook, Dallas, TX 75240, 214 233-9853.

TUCKER, Mark Alan; '85 BSBA; 503 Forest Hill Rd., Mansfield, OH 44907, 419 756-6094.

TUCKER, Mark Lawrence; '87 BSBA; Liaison Dir.; Wan Show Aluminum Co. Ltd., 296 Chung-San Rd., Kuan-Miao, Taiwan, 065952614; r. 4154 Leap Rd., Hilliard, OH 43026, 614 771-1940.

TUCKER, Ms. Miriam Ann; '88 MPA; 188 E. Frambes, Columbus, OH 43201.

TUCKER, Morton B.; '58 BSBA; Mort-Tucker Photographers, 1600 St. Clair, Cleveland, OH 44114; r. Mayfield Rd., Gates Mills, OH 44040, 216 449-4927.

TUCKER, Richard Eugene; '84 BSBA; Wine Salesman; Matesich Distributing, 1190 E. Main St., Newark, OH 43055, 614 349-8686; r. 1020 Lawnview Ave., Newark, OH 43055, 614 344-3461.

TUCKER, Walter E.; '56 BSBA; Bldg. Maint.; Delaware City Sch. Syst., Hayes HS, Hayes Dr., Delaware, OH 43015; r. 60 Carriage Dr., Delaware, OH 43015, 614 363-6854.

TUCKER, William F.; '64; VP/Dir.; US Cellular, Operations Division, 6701 E. 41st St., Tulsa, OK 74145, 918 665-0101; r. 8700 N. 123rd East Ave., Owasso, OK 74055, 918 272-0272.

TUDOR, George B.; '56 BSBA; Vehicle Fleet Mgr.; USAF, Box 33395, Logistics Command Hdqs, Wright Patterson AFB, OH 45405; r. 625 Pollock Rd., Dayton, OH 45403, 513 252-4455.

TUETING, Robert C.; '46 BSBA; Retired; r. 916 Cheyenne Dr., Ft. Collins, CO 80525, 303 484-0028.

TUFTS, L'Nard E.; '82 BSBA; Staff; Public Utilities Commission, 30 E. Broad St., Columbus, OH 43215; r. 1000 Kings Highland Dr. S., #203, Columbus, OH 43229.

TUGEND, Amy '73 (See Jones, Mrs. Amy Tugend).

TUGEND, Robert Brian; '80 BSBA; 9265 Overly Rd., Fredericktown, OH 43019, 614 694-3157.

TUHACEK, Robert George; '67 BSBA, '72 MBA; 1540 Black Mountain Rd., Hillsborough, CA 94010, 415 348-5245.

TULGA, Jerry M.; '64 BSBA; 5494 Roche Dr., Columbus, OH 43229, 614 885-9576.

TULL, Charles Thomas; '71 BSBA; Dir./Pres.; Western Reserve Capital Mgmt., 2001 Ross Ave., Dallas, TX 75201, 214 979-7770; r. 4005 Adams Cir., Plano, TX 75023, 214 596-7869.

TULLY, James King; '62 BSBA; VP; Integresearch, Worthington, OH 43085, 614 481-4470; r. 282 Blandford Dr., Worthington, OH 43085, 614 885-4553.

TULODZIESKI, Edward, Jr.; '82 BSBA; Staff; Chemlawn Corp., 2700 E. Dublin Granville Rd, Ste. 360, Columbus, OH 43229; r. 7881 Bentwood Cir., N. Canton, OH 44720, 216 494-2970.

TUMBLIN, Stephen Eugene; '72 BSBA; 610 Evening St., Worthington, OH 43085, 614 846-1099.

TUNILA, Eugene F.; '66 BSBA; VP, Mfg.; Volvo GM Heavy Truck Corp., POB 26115, Greensboro, NC 27402, 919 279-2230; r. 8000 Sapp Acres Ln., Oak Ridge, NC 27310, 919 668-4098.

TUNNEY, William Brian; '80 MBA; Asst. VP; Mellon Bank, One Mellon Bank Ctr. Rm. 725, Pittsburgh, PA 15258, 412 234-1367; r. 9 Kingsford Dr., Pittsburgh, PA 15202, 412 734-3109.

TUPES, William Allan; '86 BSBA; Production Mgr.; Werner Co., 716 McKinley Ave., Columbus, OH 43214; r. 16 Nottingham Rd., Columbus, OH 44314, 614 262-4092.

TURA, Jamie Lynn '78 (See Lawler, Jamie L.).

TURA, Kelly Jo; '87 BSBA; Staff Auditor; Arthur Young & Co., Diamond Shamrock Bldg., 1100 Superior Ave. E., Cleveland, OH 44114; r. 31850 S. Woodland, Pepper Pike, OH 44124, 216 292-4932.

TURANCHIK, William J.; '48 BSBA; Asst. Dir. Acct.; Mash & McLennan Cos., 1221 Ave. of The Americas, New York, NY 10020, 212 997-5150; r. 212 Gramercy Pl., Glen Rock, NJ 07452, 201 445-6394.

TURBITT, William James; '82 MBA; Retail Buyer; Gold Circle Stores, Sub/Federated Dept. Stores, 6121 Huntley Rd., Worthington, OH 43085, 614 438-4081; r. 5697 Mc Bride Ct., Dublin, OH 43017, 614 761-1952.

TURCHIK, David G.; '60 BSBA; 541 A Corkhill Rd. #200, Bedford, OH 44146.

TURCZYK, Linda M. '79 (See Tabeling, Mrs. Linda Turczyk).

TUREK, Arthur R.; '65 BSBA; Store Mgr.; Cole Natl. Corp., 124 Serramonte Ctr., Daly City, CA 94015; r. 84 Madrone Ave., Apt. 10, San Anselmo, CA 94960, 415 456-2264.

TURGEON, John Robert; '81 MBA; VP/Controller; First Natl. Bank & Trust Co. of, The Treasure Coast, POB 9012, Stuart, FL 34995, 407 287-4000; r. 2431 NE Pinecrest Lakes Blvd., Jensen Bch., FL 34957, 407 334-2805.

TURK, Leonard H.; '58 BSBA; Stockbroker; Diamond Turk & Co., 86 Trinity Pl., New York, NY 10016, 212 306-1106; r. 83 Rugby Rd, New Rochelle, NY 10804, 914 235-3584.

TURK, Stephen H.; '66 BSBA; Account Exec.; Manhattan Mens West Grp., 1155 Ave. of the Americas, New York, NY 10036, 212 221-7500; r. 265 W. 93rd St., Apt. 2, New York, NY 10025, 212 222-4777.

TURKELSON, COL Morris J.; '56 BSBA; Col.; USAF, US Readiness Command, Mac Dill AFB, FL 33608; r. 108 Long Leaf Ln., Apt. 102, Altamonte Spgs., FL 32714, 407 774-0018.

TURLEY, Charles E.; '51 BSBA; Sr. VP/Finance; John W Galbreath & Co., 180 E. Broad St., Columbus, OH 43215, 614 460-4450; r. 1315 Walshire Dr. N., Columbus, OH 43232, 614 861-1264.

TURLEY, Joseph C., Jr.; '50 BSBA; Labor Commissioner; r. Box 588, Bluefield, WV 24701, 304 327-5805.

TURLO, Douglas Edward; '85 BSBA; Real Estate Dept.; Petersen Publishing Co., 6725 Sunset Blvd., Hollywood, CA 90028, 213 854-2999; r. 1531 N. Detroit St., Apt. 111, Hollywood, CA 90046, 213 969-0480.

TURNAGE, Wayne Matthew; '82 MPA; Policy Analyst; Legislative Audit & Review Com., General Assembly Bldg., 209 9th St., Richmond, VA 23241, 804 786-0000; r. 2112 Bromby St., Richmond, VA 23231, 804 226-7994.

TURNBULL, Gail Allen; '56 BSBA; Rep.; Mundean Mfg. Co., 1270 Edgehill Rd, Columbus, OH 43212; r. Box 246, Grove City, OH 43123, 614 875-4695.

TURNBULL, Gary William; '83 BSBA; POB 246, Grove City, OH 43123, 614 276-1515.

TURNBULL, Greg Allen; '79 BSBA; POB 246, Grove City, OH 43123, 614 792-1876.

TURNBULL, Richard B., CPA; '48 BSBA; Retired; r. 1002 Torole Cir., Vista, CA 92084, 619 726-5820.

TURNER, Anthony Ray; '86 BSBA; Customer Svc. Mgr.; Design Inst. America, 123 Empire St., Montpelier, OH 43543, 419 485-5551; r. 217 N. Monroe, Montpelier, OH 43543, 419 485-5880.

TURNER, Audrey '59 (See Burkes, Audrey Turner).

TURNER, Charles F.; '55 BSBA; Regional Mgr.; Manville Forest Prods. Corp., 71 Franklin Tpk., Waldwick, NJ 07463, 201 652-4700; r. 375 Shadyside Rd, Ramsey, NJ 07446.

TURNER, Charles R. J.; '50 BSBA; 1104 S. W. Vermont St., Portland, OR 97219, 503 244-4629.

TURNER, Cynthia Green; '80 BSLHR; Homemaker; r. 13582 Cedar Rd., University Hts., OH 44118.

TURNER, David Alan; '79 BSBA; Distributn Ctr Mgr.; The Martin-Brower Co., 2159 Lockbourne Rd., Columbus, OH 43207; r. 908 Rosehill Rd., Reynoldsburg, OH 43068, 614 755-4661.

TURNER, David R.; '49 BSBA; Dist. Sales Rep.; Griffith Labs Inc., 6453 Bandini Blvd., Commerce, CA 90040, 213 720-1814; r. 1393 Scotch Cir., Placentia, CA 92670, 714 528-0207.

TURNER, Douglas Alan; '83 BSBA; Dist. Mktg. Mgr.; Mgmt. Computer Svcs., 2790 Fisher Rd., Columbus, OH 43204; r. 2411 Southway Dr., Columbus, OH 43221, 614 486-7522.

TURNER, Edgar W.; '56 BSBA; Supv. Gen. A; The Electric Co., 215 N. Front St., Columbus, OH 43215; r. 232 Westwood Rd, Columbus, OH 43214, 614 268-3000.

TURNER, Fred Warren; '24 BSBA; Pres.; Turner Petroleum Corp., Box 387, Mt. Pleasant, MI 48858; r. 101 N.Washington Ave,Trust Dpt, Saginaw, MI 48607.

TURNER, Frederic Jean Arthur; '81 MBA; Finance Mgr.; Control Data, Harzstrasse 1, Heppenheim 6148, West Germany; r. La Ferme, 78580 Herbeville, Neuilly 92200, France.

TURNER, Gerald L.; '59 BSBA; 4102 Walnut Hills Dr., Corpus Christi, TX 78413, 512 853-5631.

TURNER, Hugh H.; '55 BSBA; Coord.; r. Box 121, Leesburg, OH 45135, 513 780-3633.

TURNER, J. Bruce; '69 BSBA; Staff; R R Donnelly & Sons, Willard Div., Willard, OH 44890, 419 935-0111; r. 601 Kennedy Dr., Willard, OH 44890, 419 935-8379.

TURNER, Jack Thomas; '66 BSBA; Staff Claims Rep.; Ohio Casualty Ins. Co., 1550 W. Old Henderson Rd., Columbus, OH 43220, 614 451-2010; r. 329 E. Weisheimer Rd., Columbus, OH 43214, 614 262-0091.

TURNER, Jeffrey Lee; '81 BSBA; Commerical Underwriter; Beacon/Am. Select Ins. Co., 744 Brooksedge Blvd., Westerville, OH 43081, 614 890-3500; r. 136 Sheffield Rd., Columbus, OH 43214, 614 267-3980.

TURNER, Jill Francis M.; '87 BSBA; 851 Cutlip Dr., Worthington, OH 43085, 614 436-8305.

TURNER, Dr. Joanne Horwood; '76 BSBA; Asst. Prof.; The Ohio State Univ., Acctg. Dept., 1775 Clg. 408 Hagerty Hall, Columbus, OH 43210; r. 1775 Clg. 408 Hagerty Hall, Columbus, OH 43210.

TURNER, John Herbert; '62 MBA; Dir./Devel.; Trio Constr. Svcs. Inc., 949 King Ave., Columbus, OH 43212, 614 294-3733; r. 7059 Faulkner Way, Dublin, OH 43017, 614 889-0111.

TURNER, Joyce Ann; '87 BSBA; Public Acct.; Murray Wells & Wendeln CPA's, 326 Wayne St., Piqua, OH 45356, 513 773-6373; r. 4423 Ft. Loramie-Swanders Rd., Minster, OH 45865, 513 295-2727.

TURNER, Judith Hanby; '81 BSBA; Acct.; Champion Intl., 1 Champion Plz., Stamford, CT 06921; r. 770 Birch Ave., New Milford, NJ 07646.

TURNER, Judy Wetzel; '80 BSBA; Acct.; Chemical Abstracts Svc., International Agreements, 2540 Olentangy River Rd., Columbus, OH 43210; r. 7116 Winding Brook Ct., Columbus, OH 43235.

TURNER, Katherine Haynes, (Katherine Haynes); '61 BSBA; VP; William R Hough & Co., 100 2nd Ave. S., Ste. 800, St. Petersburg, FL 33701, 813 823-8100; r. 825 Capri Blvd., Treasure Island, FL 33706, 813 360-5312.

TURNER, Kenneth Andrew; '87 BSBA; 3646 E. Main St., Lot 6, Columbus, OH 43213, 614 235-5123.

TURNER, Kevin John; '83 BSBA; Software Spec./ Anal; Systs. Automation, c/o Postmaster, Columbus, OH 43216; r. 6601 Brint Rd. Apt. 7, Sylvania, OH 43560, 419 882-0435.

TURNER, Letitia Breese, (Letitia Breese); '41 BSBA; 322 Hyde Park Dr., Hamilton, OH 45013, 513 863-2857.

TURNER, Lisa Dunn, (Lisa Dunn); '81 BSBA; Benefits/Compensation Mgr; The Midland Mutual Life Ins. Co., 250 E. Broad St., Columbus, OH 43215, 614 228-2001; r. 136 Sheffield Rd., Columbus, OH 43214, 614 267-3980.

TURNER, Michael Andrew; '85 BSBA; Acct.; Columbus Mutual Ins. Co., Box 900, Columbus, OH 43216; r. 4996 Palmetto St., Columbus, OH 43228, 614 870-6517.

TURNER, Patrick Allen; '76 BSBA; Audit Mgr.; Arthur Andersen Co., 1717 E. Ninth St., Cleveland, OH 44114, 216 781-2140; r. 25660 Rustic Ln., Westlake, OH 44145, 216 777-1730.

TURNER, Paul E.; '50 BSBA; 2335 Gardendale Dr., Columbus, OH 43219, 614 252-3906.

TURNER, Philip John; '72 BSBA; Inspector; BMY; r. 294 Spencer St., Marion, OH 43302, 614 389-3559.

TURNER, Rebecca Dawn; '78 BSBA; Rte. 1, De Graff, OH 43318, 513 585-4681.

TURNER, Richard H., MD; '59 BSBA; Phys.-Orthopedic Surg.; 3600 Olentangy River Rd., Ste. 480, Columbus, OH 43214, 614 451-1676; r. 4999 Hayden Run Rd., Hilliard, OH 43026, 614 889-8298.

TURNER, LTC Richard Hugh, USAF(Ret.); '53 MBA; Retired; r. 13329 Grider Ave., Hawthorne, CA 90250, 213 643-5818.

TURNER, Robert David; '73 BSBA, '75 MBA; VP; Johnson & Higgins, 500 W. Madison, Chicago, IL 60606; r. 815 Milburn St., Evanston, IL 60201.

TURNER, Robert G.; '35; Retired Public Acct.; Turner Burris & Wolfe; r. 13112 Montgomery Rd., Fredericktown, OH 43019, 614 694-6427.

TURNER, Ronald Claire; '56 BSBA; 13641 Petersburg Rd, Milan, MI 48160, 313 439-2108.

TURNER, Terry Lee; '80 BSBA; Production Controler; Webster Mfg. Co., Hall St., Tiffin, OH 44883, 419 448-8232; r. 8165 SW Shenadoah Way, Tualatin, OR 97062.

TURNER, Thomas F.; '79 BSBA; Exec. Dir.-N'Ern CA CHP.; Arthritis Fndn., 203 Willow St., Ste. 201, San Francisco, CA 94109, 415 673-6882; r. 2340 Pacific St., Apt. 204, San Francisco, CA 94115, 415 923-0904.

TURNER, Wells C., CPA; '48 BSBA; 6189 Laurelhurst Ln., Centerville, OH 45459, 513 434-0060; r. Same, 513 433-1671.

TURNER, William D.; '71 BSBA, '72 MBA; 3410 Lilly Rd, Brookfield, WI 53005, 414 783-7023.

TURNER, William Joseph, CPA; '66 BSBA; Asst. Admin.; Ohio Dept. of Taxation, Tax Analysis Div., 30 E. Broad St., Columbus, OH 43215, 614 466-3960; r. 220 W. Columbus St., Pickerington, OH 43147, 614 837-1518.

TURNEY, Barbara Akey, (Barbara Akey); '65 BSBA; Dist. Mgr.; Ups N Downs Womens Apparel, 107 Phoenix Ave., Enfield, CT 06082, 614 487-0015; r. 7788 Strathmoore Rd., Dublin, OH 43017, 614 889-1116.

TURNEY, Michael Douglas; '82 BSBA; Account Exec.; Carron & Black of Ohio, Inc., 700 Ackerman Rd., Columbus, OH 43202; r. 2637 Minerva Rd., Columbus, OH 43229, 614 888-1506.

TUROCZI, Ms. Katherine J., (Katherine J. McCafferty); '83 BSBA; Rate Analyst Supv.; Commercial Traffic, 12487 Plaza Dr., Parma, OH 44130, 216 267-2000; r. 16600 Valleyview Ave., Cleveland, OH 44135, 216 671-4281.

TUROFF, Daniel C.; '59 BSBA; Atty.; Shapiro, Turoff, Gisser & Belkin, 1200 Standard Bldg., Cleveland, OH 44113, 216 241-8080; r. 3312 Maynard Rd., Shaker Hts., OH 44122, 216 752-8978.

TUROFF, David Allan; '87 BSBA; Territorial Mgr.; State Chemical Mfg., 3100 Hamilton Ave., Cleveland, OH 44114, 216 861-7114; r. 3341 Warrensville Ctr. Rd., Apt. 106, Shaker Hts., OH 44122, 216 751-1747.

TUROFF, Deborah Krantz; '84 BSBA; Account Representatv; Uarco Business Forms Inc., 2242 S. Hamilton Rd., Columbus, OH 43232, 614 864-1040; r. 700 W. Main St., Westerville, OH 43081, 614 882-9446.

TUROFF, Jack Newton, Esq.; '55 BSBA; Atty.; Turoff & Turoff, 420 Natl. City Bank Bldg., 629 Euclid Ave., Cleveland, OH 44114, 216 781-0150; r. 2569 Snowberry Ln., Pepper Pike, OH 44124, 216 442-7878.

TUROFF, Michael Scott; '84 BSBA; Leasing Repr; Skilken Properties Co., 910 E. Broad St., Columbus, OH 43215, 614 253-8654; r. 700 W. Main St., Westerville, OH 43081, 614 882-9446.

TURPIN, William Douglas; '73 MBA; Dir. of Mgmt. Info. Systs; Blue Care Network, 1403 S. Creyts Dr., Lansing, MI 48917; r. 16131 Rosemont, Detroit, MI 48219, 313 532-1323.

TURRIN, Cesare Peter; '80 MBA; Corporate Auditor; Delco Electronics Corp., 700 E. Firmin St., MS-A239, Kokomo, IN 46902, 317 451-2245; r. 710 Greyhound Pass, Carmel, IN 46032, 317 844-2674.

TURRIN, Robert Gerald; '87 BSBA; Mkt. Resrch Analst; Huntington Bancshares, 41 S. High St., Columbus, OH 43215, 614 463-4215; r. 1668 Cobblegate Ln., Reynoldsburg, OH 43068, 614 866-9477.

TURRITTIN, Timothy N.; '85 BSBA; Sales Rep.; Steelcase Inc., 200 Public Sq., Ste. 26-5000, Cleveland, OH 44114, 216 696-5770; r. 2892 Westmoor Rd, Rocky River, OH 44116, 216 333-8052.

TURTON, Judson W.; '51 BSBA; Sales Rep.; Butler Paper Co., Miami, FL 33162; r. 4020 NE 25 Ave., Ft. Lauderdale, FL 33308, 305 563-7159.

TURVY, Charles Emerson; '71 BSBA; Supv.; Ohio Valley Electric Corp., Accounts Payable, POB 468, Piketon, OH 45661, 614 289-2376; r. 1058 Cliffside Dr., Chillicothe, OH 45601, 614 772-5074.

TURVY, Wade E.; '46 BSBA; Acct.; r. 4701 Foxdale Dr., Dayton, OH 45429, 513 433-3325.

TUSCAN, Leo M.; '56 BSBA; Acct.; Accountant, 1412 Jackson St., Ste. 4, Ft. Myers, FL 33901; r. 5617 Coronado Ct., Cape Coral, FL 33904, 813 542-6700.

TUSICK, Raymond Michael; '83 BSBA; Regional Sales Mgr.; Med. Integrated Svcs., 1617 State Rd., Cuyahoga Falls, OH 44223, 216 928-0706; r. 1257 Bonnieview Ave., Lakewood, OH 44107, 216 221-2488.

TUSSEY, Michael Scott; '87 BSBA; 64 Willow Dr., Milan, OH 44846, 419 499-2463.

TUTTLE, Andrew L.; '47 BSBA; 211 E. High St., Defiance, OH 43512, 419 784-1451.

TUTTLE, Barbara Boyer, (Barbara Boyer); '57 BSBA; Coord. Continuing Educ.; IUPUI Columbus, 4601 Central, Columbus, IN 47203, 812 372-8266; r. 3640 Deerfield Park, Columbus, IN 47203, 812 372-5826.

TUTTLE, Brooke E.; '57 BSBA; Pres.; Economic Devel. Bd., 500 Franklin St., Columbus, IN 47201, 812 379-4457; r. 3640 Deerfield Park, Columbus, IN 47203, 812 372-5826.

TUTTLE, Chauncey Wilson, Jr.; '54 BSBA, '58 MBA, '60 JD; Atty.; Treasure Dept. US; r. 1412 Astor, Ann Arbor, MI 48104, 313 668-0321.

TUTTLE, Christopher C.; '72 BSBA, '76 MBA; Financial Ofcr.; USAF, Wright Patterson AFB, Dayton, OH 45433; r. 3190 Danny Dr., Beavercreek, OH 45385, 513 429-2706.

TUTTLE, Edgar E.; '52 BSBA; Staff; Ohio Bur. of Employment Svcs., 145 S. Front St., Columbus, OH 43215; r. 867 W. Main St., Westerville, OH 43081, 614 891-5349.

TUTTLE, Jack Eric; '79 BSBA; 1097 Highland St., Apt. C, Columbus, OH 43201, 614 291-2128.

TUTTLE, Phyllis A. '47 (See Hill, Phyllis Tuttle).

TUTTLE, Scherrie Coldwell; '86 BSBA; 46 Sandy Tr., Willard, OH 44890.

TUTTLE, Virginia Overfield, (Virginia Overfield); '49 BS; Bookkeeper; Cooper-Herrick Ins. Agcy., Mansfield, OH 44901; r. 86 Dawson Ave., Mansfield, OH 44906.

TVERT, Steven Paul; '74 BSBA; Pres.; Thomas-Tvert Advt. Inc., 4041 N. Central Ave., Phoenix, AZ 85012, 602 234-0162; r. 10280 E. Jenan Dr., Scottsdale, AZ 85260.

TWADDELL, Miles E.; '59 BSBA; Retired; r. 1701 Smith Dr., Turlock, CA 95380, 209 634-4367.

TWEARDY, Mrs. Elizabeth J., (Elizabeth A. Johnston); '87 BSBA; Asst. Branch Mgr.; Natl. Bank of Detroit, 900 Tower Dr., Site 600, Troy, MI 48098; r. 21351 Indian Creek Dr., Farmington Hls., MI 48024.

TWEARDY, Robert George; '86 BSBA; Securities Trader; Michigan Natl. Bank, POB 5076, Southfield, MI 48086, 313 350-6329; r. 21351 Indian Creek Dr., Farmington Hls., MI 48024, 313 478-2958.

TWEDDLE, Howard Edgar, Jr.; '72 BSBA; Procurement Mgr.; A M Intl., Multigraphics Division, c/o Postmaster, Mt. Prospect, IL 60056; r. 9124 Concord Dr., Orland Park, IL 60462, 312 349-6474.

TWEEDIE, Ruth '28 (See Chase, Ruth Tweedie).

TWINEM, Ray E.; '57 BSBA, '58 MBA; Prog. Coord.; Rockwell Intl., 4300 E. 5th Ave., Columbus, OH 43219; r. 134 N. West St., Westerville, OH 43081, 614 882-6518.

TWINING, CDR Geraldine F., USN(Ret.); '51 MPA; 1450 Merritt Dr., El Cajon, CA 92020, 619 444-5964.

TWYFORD, Thomas L.; '57 BSBA; Atty.; Twyford & Donahey, 501 S. High St., Columbus, OH 43215; r. 912 Blindbrook Ln., Worthington, OH 43085, 614 885-7048.

TYACK, Charles Andrew; '82 BSBA; 637 S. Hampton Rd., Columbus, OH 43213, 614 236-8877.

TYBOUT, Alice; '70 BSBA, '72 MA; 624 Garrett Pl., Evanston, IL 60201.

TYCHSEN, Charles E.; '56 MBA; Prof.; No Virginia Community Clg., Business Management Dept., 8333 Little River Tpk., Annandale, VA 22003, 703 323-3164; r. 3800 Ivanhoe Ln., Alexandria, VA 22310, 703 960-1436.

TYDE, Stephen John; '69 BSBA; Mktg. Mgr.; Goulds Pumps Inc., Gaso Pumps, 6750 S. 57th W. Ave., Tulsa, OK 74126, 918 446-4551; r. 7012 E. 100th St. S., Tulsa, OK 74133, 918 299-6661.

TYLER, Franklyn Emerson; '78 MPA; Social Worker; Childrens Svcs., 198 S. High St., Columbus, OH 43215; r. 49 S. Remington Rd., Columbus, OH 43209, 614 235-1989.

TYLER, Robert R.; '62 BSBA; Chief Financial Ofcr.; United Skates of America, 1317 E. Broad St., Columbus, OH 43205; r. 111 Campus View Blvd., Worthington, OH 43085, 614 846-8391.

TYLKA, Thomas; '75 BSBA; Acct. Supv.; Consumers Power Co., 212 W. Michigan Ave., Jackson, MI 49201, 517 788-1415; r. 1531 Strathmoor, Jackson, MI 49203, 517 782-1820.

TYMOSZCZUK, Michael William; '88 BSBA; 1454 Hunter, Columbus, OH 43201.

TYNAN, Julianne (Judy) '41 (See Keny, Julianne T.).

TYNDALL, Charles Donald; '71 BSBA; Southgate Volkswagon Honda, 1010 Hebron Rd., Heath, OH 43056, 614 522-1106; r. 159 Brenton Dr., Newark, OH 43055, 614 366-6476.

TYNER, Herbert; '51 BSBA, '52 MBA; Contractor; r. 1241 Ardmoor Rd, Birmingham, MI 48010.

TYO, M. Jane Krieg, (M. Jane Krieg); '53 BSBA; Tchr.; Glendale Union HS Dist., Board of Education, Glendale, AZ 85301; r. 3629 West Ln. Ave., Phoenix, AZ 85051, 602 841-8490.

TYREE, Janet Lynn, PhD; '77 MPA; Dir.; Atlanta Ctr. for Indep. Living, 1201 Glenwood Ave., SE, Atlanta, GA 30316, 404 656-2952; r. 3070 Rebecca Dr. SW, Atlanta, GA 30311.

TYREE, Larry Wayne; '73 BSBA; Account Exec.; Merrill Lynch Pierce Smith Inc., 180 E. Broad St., Columbus, OH 43215; r. 560 Retreat Lane, Powell, OH 43065.

TYRRELL, Brent E.; '64 BSBA; POB 9700, Little Rock, AR 72219.

TYSER, Matthew Charles; '82 BSBA; Internal Auditor; Dart & Kraft Inc., 300 Interstate N., Ste. 510, Atlanta, GA 30339; r. 80 Copperwood, Buffalo Grove, IL 60089, 312 635-3074.

TYSON, David Charles; '71 BSBA; 7241 Millikin Rd., Middletown, OH 45042.

TYSON, Jesse James; '76 MBA; Dist. Mgr.; Exxon Co. USA, 10501 E. Almeda Rd., Houston, TX 77251, 713 797-5410; r. 8211 River Glade Dr., Houston, TX 77095, 713 550-0397.

TYSON, William Henry; '58 BSBA; Staff; Cooper Industries Inc., Two Houston Ctr., Houston, TX 77002; r. RR No 6, 17160 Park Rd., Mt. Vernon, OH 43050, 614 397-5032.

TYUS, Kathryn Yvonne; '85 BSBA; 484 W. 43rd St. #44L, New York, NY 10036.

TZAGOURNIS, George; '57 BSBA; Atty.; George Tzagournis Jd, 1200 Realty Bldg., Youngstown, OH 44503; r. 8485 Crystal Dr., Boardman, OH 44512, 216 758-7403.

TZEMOS, Eriphili; '84 BSBA; 1144 Bernard Rd., Columbus, OH 43221, 614 459-9218.

U

UBBING, Thomas James; '80 BSBA; 359 Elmwood Rd., Cleveland, OH 44140, 216 892-9020.

UBBING, William J.; '88 BSBA; 7840 Bartles Ave., Dublin, OH 43017, 614 761-9491.

UBL, Marlowe E.; '64 BSBA, '69 MBA; Mgr.; IBM Corp., Frederick Pike, Gaithersburg, MD 20897, 301 240-4342; r. 17709 Park Mill Dr., Rockville, MD 20855, 301 330-1581.

UDICK, James E.; '57 BSBA; Pres.; Technical Equip. Co., POB 19050, Charlotte, NC 28219, 704 357-3400; r. 1049 Rawlinson Rd., Rock Hill, SC 29730, 803 328-5778.

UDISKY, Warren Lezar; '61 BSBA; Atty.; Benesch Friedlander, 1100 Citizens Bldg., Cleveland, OH 44114, 216 363-4500; r. 2738 Sulgrave Rd., Shaker Hts., OH 44122, 216 292-6757.

UDOMSAKDI, Yuphada; '87 MBA; 405 Toongmahamek Rd. 7, Yannava, Bangkok, Thailand, 662 286-1477.

UEHLEIN, Richard Scott; '78 BSBA; Mgr.; Hertz Rent A Car, 18301 Brookpark Rd., Cleveland, OH 44142; r. 216 Indiana Ave., Lorain, OH 44052, 216 288-0400.

UELTSCHY, Richard George, CPA; '78 BSBA; Sr. Mgr.; Peat Marwick Main & Co., POB 1027, Albuquerque, NM 87103, 505 247-4281; r. 7349 Ticonderoga N. E., Albuquerque, NM 87109, 505 821-1187.

UENG, Haw-Po; '85 MBA; 155 E. 13th Ave., Columbus, OH 43201.

UFFERMAN, Susan Kay; '84 BSBA, '86 MBA; Portfolio Mgr.-Equities; Sch. Employees Retirement Syst. of Ohio, 45 N. 4th St., Columbus, OH 43215, 614 221-7012; r. 956 Deacon Cir., Columbus, OH 43214, 614 457-7641.

UFFERMAN, William Harold; '59 BSBA; VP; Gulf & Western, 1100 W. Whitcomb, Finance Division, Madison Hts., MI 48071; r. 100 Rock Nest Ct., Morrisville, NC 27560.

UHL, Gary Wayne; '75 MBA; Pres.; Cadimensions, c/o Postmaster, Westerville, OH 43081; r. 632 Woodlake Ct., Westerville, OH 43081, 614 891-4266.

UHL, Raymond H.; '37 BSBA; Retired; r. 1659 Adair Rd., Columbus, OH 43227, 614 237-4664.

UHL, Richard D.; '48 BSBA; Retired; Central Coated Prods. Inc., Alliance, OH 44601; r. 526 Ridgeleigh Dr., Minerva, OH 44657, 216 868-6584.

UHL, Robert Wayland; '68 BSBA, '72 MBA; VP; Cudahy Foods Co., 100 W. Clarendon, Phoenix, AZ 85013; r. 350 N. Oakhurst Dr., Apt. 101, Beverly Hls., CA 90210.

UHLE, Bette Friend; '49 BSBA; Asst. Treas.; Fairview Park Sch., Fairview Park, OH 44126; r. 30211 Ashton Ln. NW, Bay Village, OH 44140, 216 871-1685.

UHLENHAKE, Douglas James; '87 BSBA; Supervision/Mgmt.; r. 847 W. Main St., Newark, OH 43055, 614 344-6463.

UHLIN, Philip Robert; '69 BSBA, '70 MBA; VP; Jeffrey Doppelt & Co., 3659 Green Rd, Beachwood, OH 44122; r. 9931 Regatta Tr., Aurora, OH 44202, 216 562-3496.

UHRICH, Mrs. Karen T., (Karen O. Insley); '72 BSBA; 2815 Whipporwill Dr., Columbus, IN 47203, 812 379-9159.

UHRIG, F. Joseph; '66 BSBA; VP/Gen. Mgr.; Bearing Engrs. Inc., 27 Argonaut, Aliso Viejo, CA 92677, 213 724-9660; r. 26872 Salazar, Mission Viejo, CA 92691, 714 586-6763.

UHRMANN, Carl J.; '54 BSBA, '66 MBA; VP; P.D. West Lighting, 6909 E. Washington Blvd., Los Angeles, CA 90040, 213 728-6878; r. 1225 Porto Grande #3, Diamond Bar, CA 91765, 714 861-5603.

UJEK, William Joseph, Jr.; '74 BSBA; Shop Foreman; Charlotte/Stasky Coal Co., Box 158, Lafferty, OH 43951, 614 968-4513; r. 44130 County Rd. 10, St. Clairsville, OH 43950, 614 968-3093.

ULAND, Margaret Lynn; '83 BSBA; 1874 Ashland Ave., Columbus, OH 43212.

ULBRICH, Mary Russo; '57 BSBA; CPA; 921 Clover Dr., Worthington, OH 43085, 614 457-8828; r. Same.

ULDRICKS, Donald Blythe; '63 BSBA; Treas.; SEA, Inc., 7349 Worthington-Galena Rd., Worthington, OH 43085; r. 1016 Cherryfield Ave., Worthington, OH 43085, 614 885-5569.

ULERY, Brad Lee; '86 BSBA; Contractor/Owner; Beinhower Bros. Well Drilling, 12733 State Rte. 62, Johnstown, OH 43031, 614 967-6286; r. 3110 Derby Rd., Columbus, OH 43221, 614 486-7596.

ULERY, Charles A.; '49 BSBA; Contract Negotiator; r. 1480 Edgehill Rd., Apt. 71, San Bernardino, CA 92405, 714 882-7397.

ULERY, Franklin G.; '58 BSBA; Sr. Sales Represe; Control Data Corp., 4130 Linden St., Dayton, OH 45432; r. 4740 Bokay Dr., Dayton, OH 45440, 513 434-8956.

ULERY, Linda Mc Henry; '81 BSBA; Ofc. Mgr.; Beinhower Bros. Well Drilling, 12733 State Rte. 62, Johnstown, OH 43031, 614 967-6286; r. 3110 Derby Rd., Columbus, OH 43221, 614 486-7596.

ULERY, Michael Dean; '84 BSBA; Staff; Groner Boyle & Quillin, 957 E. Broad St., Columbus, OH 43205; r. 3840 Pennfair St., #B, Columbus, OH 43214.

ULISS, Howard Irwin, CPA; '69 BSBA; CPA/Partner; Kopperman & Wolf Co., 2000 Keith Bldg., 1621 Euclid Ave., Cleveland, OH 44115, 216 696-1730; r. 29180 Hidden Valley Dr., Chagrin Falls, OH 44022, 216 349-3126.

ULLE, Frank John, Jr.; '83 BSBA; Proj. Designer; Galbrath Huff Cos., 100 E. Campus View Blvd., Ste. 100, Columbus, OH 43235, 614 846-4900; r. 2623 Glenmawr Ave., Columbus, OH 43202, 614 262-3337.

ULLERY, Gerald O.; '55 BSBA; Grp. Controller; Miles Labs Inc., POB 2000, Elkhart, IN 46515; r. 16929 Colony Dr., South Bend, IN 46635, 219 272-8137.

ULLIMAN, Paul R.; '61 BSBA; Pres.; Palm Beach Plastics, Inc., 400 Royal Commerce Rd., Royal Palm Bch., FL 33411, 407 798-8378; r. 12764 Guilford Cir., W. Palm Bch., FL 33414, 407 793-2271.

ULLIMAN, Richard F.; '57 BSBA; Sales; Texaco Inc., 580 Phillipi Rd., Columbus, OH 43228; r. 2110 Lytham Rd, Columbus, OH 43220, 614 451-1340.

ULLIMAN, Thomas Raymond; '80 BSBA; Mgr.; B F Goodrich Chemical Co., Transportation, 6100 Oak Tree Blvd., Cleveland, OH 44131, 800 528-0200; r. 6860 Solon Blvd., Solon, OH 44139, 216 248-0460.

ULLIMAN, William A.; '85 BSBA; Staff; Ross Labs, 625 Cleveland Ave., Columbus, OH 43216; r. 1369 Urban Dr., Columbus, OH 43229, 614 433-0911.

ULLMAN, David F.; '48 BSBA; Retired; r. 217 Highland Ave., Orange, NJ 07050, 201 674-0754.

ULLMAN, H. Warren, Jr.; '67 BSBA; Owner; Ullman & Assocs. C P A, 1290 E. Oakland Park Blvd., Ft. Lauderdale, FL 33334, 305 772-8855; r. 2600 NE 27th Way, Ft. Lauderdale, FL 33306, 305 565-1084.

ULLMAN, Patricia Daphne; '82 BSBA; Cnslt.; Laventhol & Horwath CPA's, 3200 N. Central Ave., Phoenix, AZ 85012; r. 16 Spur Cir., Scottsdale, AZ 85251.

ULLMAN, Reginald G., Jr.; '55 MBA; Real Estate Salesman; Century 21, 2570 Blvd. of The Generals, Philadelphia, PA 19104, 215 630-8650; r. 2601 Pkwy., Apt. 1047, Philadelphia, PA 19130, 215 235-5296.

ULLMAN, Richard Kiernan; '87 BSBA; Media Planner; McCaffrey & McCall Inc., 575 Lexington Ave., New York, NY 10022, 212 350-1000; r. 217 Highland Ave., Orange, NJ 07050, 201 674-0754.

ULLMANN, Calvin Victor; '51 BSBA; Retired; r. Rural Delivery 1, Lower Salem, OH 45745, 614 585-2220.

ULLMANN, Homer E.; '40 BSBA; Retired; r. 347 Newburn Dr., Pittsburgh, PA 15216, 412 341-9125.

ULLOM-MORSE, Norman Jay; '75 MA; Atty.; Grieser Schafer Blumenstiel & Slane Co. LPA's, 261 W. Johnstown Rd, Gahanna, OH 43230, 614 475-9511; r. 400 Inglewood Dr., Westerville, OH 43081, 614 891-6674.

ULM, Kimberly Ann; '88 BSBA; 2785 Graham Dr., Lancaster, OH 43130.

ULREY, Dr. Ivon W.; '31 BSBA; Retired Tchr.; r. 4075 Sunridge Rd, Pebble Bch., CA 93953, 408 624-5826.

ULREY, Mark Wayne; '82 BSBA; Restaurant Mgr.; Snapps Restaurant, 700 Georgesville Rd., Columbus, OH 43228, 614 272-0265; r. 1776 N. Star, Apt. B, Columbus, OH 43212, 614 486-4537.

ULRICH, Frederick L.; '61 BSBA; VP/Mgr. of Probate Dept.; Huntington Trust Co., 41 S. High St., Columbus, OH 43215, 614 463-4058; r. 2885 Ashby Rd., Columbus, OH 43209, 614 237-9696.

ULRICH, Jerry Neil; '75 BSBA; VP Finance & Treas.; AST Rsch., Inc., 2121 Alton Ave., Irvine, CA 92714, 714 863-1333; r. 8 Cobblestone Ct., Laguna Niguel, CA 92677, 714 248-9352.

ULRICH, Robert Sumner; '61; 2121 Ridgeview Rd, Columbus, OH 43221, 614 488-0511.

ULRICH, Thomas Richard; '87 BSBA; 55 North St., Columbus, OH 43202, 614 299-7894.

ULRICH, W. Edward; '65 BSBA; Tchr. Chmn.; Bucyrus HS, Business Education Dept., Bucyrus, OH 44820, 419 562-7721; r. 730 W. Warren, Bucyrus, OH 44820, 419 562-2523.

ULRIKSON, Eric S.; '65 BSBA; Asst. Mgr.; Wholesale Club, 3885 Morris Rd., Columbus, OH 43219, 614 471-9747; r. 114 Ponder Pl. S. W., Pataskala, OH 43062, 614 927-0048.

UMBARGER, David James; '86 BSBA; Coord.; Roadway Package Syst., 977 Frank Rd., Columbus, OH 43223, 614 279-0168; r. 421 Marwood Dr., Mansfield, OH 44904, 419 756-4097.

UMBEL, Larry Allen; '71 BSBA; Asst. Controller; West Oaks at Cypress Creek Hosp., c/o Postmaster, Houston, TX 77201, 713 580-0592; r. 21717 Inverness Forest Blvd., Apt. 2004, Houston, TX 77073, 713 821-4020.

UMBSTAETTER, Brenna Ann; '84 BSBA; Financial Analyst/Cnslt.; Cynthia R Wutchiett & Assocs, Tax & Financial Consultants, 2929 Kenny Rd. Ste. 160, Columbus, OH 43221, 614 457-8444; r. 4629 Winterset Dr., Columbus, OH 43220, 614 442-0339.

UMPHRESS, Daniel Howard; '83 BSBA; Underwriter; Midwestern Indemnity, Commercial Lines Division, 1700 Edison Dr., Milford, OH 45150; r. 6125 Doe Ct., Loveland, OH 45140, 513 575-2759.

UMPHRESS, Lowell E.; '57 BSBA; Pres.; Gen. Tire & Rubber Co., Plastic Film Ofc., Jeannette, PA 15644; r. Gtr Plastic Film Ofc., Jeannette, PA 15644.

UMPLEBY, COL Arthur N.; '57 MA; Col. Usaf; r. 831 E. Main St., New Port Richey, FL 34653, 813 884-5626.

UMSTATTD, Gary Dean; '81 BSBA; Dist. Mgr.; Youngs American Carpet Co., Sta. A Box 8308, Columbus, OH 43201, 614 889-6511; r. 1588 NW Blvd., Apt. #1, Columbus, OH 43212, 614 481-4262.

UNAL, Dr. Haluk; '81 MACC, '85 PhD (BUS); Asst. Prof.; Univ. of Maryland Clg. of Bus. & Mgmt., Dept. of Finance, College Park, MD 20742; r. 1555 Eton Way, Crofton, MD 21114.

UNCAPHER, Michelle E.; '82 BSBA; Elem. Tchr.; Hilliard City Schs., 5491 Scioto-Darby Rd, Hilliard, OH 43026; r. 2949 Talbrock Cir., Dublin, OH 43017, 614 792-1021.

UNCKRICH, Ferdinand W.; '38 BSBA; Pres./Gen. Mgr.; The American Steel Grave Vault, 420 E. Church St., POB 387, Galion, OH 44833, 419 468-2462; r. 395 Evans Ave., Galion, OH 44833, 419 468-1234.

UNCLES, Robert William, III; '75 BSBA; 8834 Hornsea Dr., Powell, OH 43065, 614 764-2327.

UNDERHILL, Bruce E.; '65 BSBA; 2132 Stanford, St. Paul, MN 55105, 612 690-3993.

UNDERMAN, Nina Mary; '84 BSBA; Prod Developmt Spec.; Hallmark Cards Inc., 25th & Mc Gee, Kansas City, MO 64108, 816 274-7694; r. 8521 Holmes Rd., Apt. #222, Kansas City, MO 64131, 816 523-4176.

UNDERWOOD, Allen; '58; Pres.; Index Supply Co. Inc., 3133 N. 150 E., La Porte, IN 46350; r. 1105 W. 10th, Apt. 15, La Porte, IN 46350, 219 362-5352.

UNDERWOOD, Charles C.; '57 BSBA; Social Worker; Cleveland VA Hosp., 10701 East Blvd., Cleveland, OH 44106, 216 791-3800; r. 16712 Lomond Blvd., Shaker Hts., OH 44120, 216 295-0769.

ALPHABETICAL LISTINGS VANCE 287

UNDERWOOD, Chris Alan; '87 BSBA; Internal Auditor; Mead Corp., Courthouse Plz. NE, Dayton, OH 45463; r. 6641 Riverdowns Dr. #2A, Centerville, OH 45459.
UNDERWOOD, LTC Donald J., USAF(Ret.); '51 BSBA; Proj. Engr.; Litton Guidance/Control Systs., 5500 Canoga Ave., Woodland Hls., CA 91367, 818 715-2479; r. 31530 Germaine Ln., Westlake Vlg., CA 91361, 818 889-5183.
UNDERWOOD, Hal E.; '38 BSBA; Retired; Goodyear Tire & Rubber, 1144 E. Market St., Akron, OH 44316; r. 440 Zacapa Ave., Bay Indies, Venice, FL 34292, 813 484-9994.
UNDERWOOD, Jody Scott; '87 BSBA; 919 Grant St., Piqua, OH 45356, 614 299-1764.
UNDERWOOD, John R.; '65 BSBA; Merchandise Mgr.; Genesco, Inc., Genesco Park, Nashville, TN 37202, 615 367-8378; r. 5817 Robert E. Lee Dr., Nashville, TN 37215, 615 297-7014.
UNDERWOOD, Joseph Paul; '79 BSBA, '82 MBA; Financial Analyst; Kimberly Clark Corp., 1400 Holcomb Bridge Rd., Roswell, GA 30075; r. 4368 Burnleigh Chase, Roswell, GA 30075.
UNDERWOOD, Karl Rodney; '72 BSBA; Mgr.; State Farm Ins. Co., 1440 Granville Rd, Claims Dept., Newark, OH 43055; r. 1609 Hill St. Apt. 3, Belpre, OH 45714, 614 423-6826.
UNDERWOOD, Kenneth L.; '64 MBA; Staff; Millisor & Noble, 41 S. High St., Ste. 2195, Columbus, OH 43215, 614 224-1010; r. 2023 Collingswood Rd., Columbus, OH 43221, 614 486-0350.
UNDERWOOD, Lea Carlton, Sr.; '27 BSBA; Retired; r. RFD 1, Box 12, Yarnell Rd., Searcy, AR 72143, 501 268-6539.
UNDERWOOD, LTC Maurice R.; '49 BSBA; Lt. Cdr.; r. Rte. 2, Somerset, OH 43783.
UNDERWOOD, Meriel Latham; '32; 1603 Merion Way #42-F, Seal Bch., CA 90740, 213 598-1768.
UNDERWOOD, Richard Harvey; '69 BSBA; Prof.; Univ. of Kentucky, Law Clg., Lexington, KY 40512, 606 257-8648; r. 524 Cromwell Way, Lexington, KY 40503, 606 223-2302.
UNDERWOOD, Robert V.; '49 BSBA; Retired; r. 1568 Calle Lomeda, Fallbrook, CA 92028.
UNDERWOOD, William Mc Auliffe; '65 BSBA; 11203 Rosewood, Leawood, KS 66211, 913 491-0701.
UNDERWOOD, Winston D.; '53 BSBA; Acct.; Winston D Underwood CPA, 243 W. Tiffin St., Fostoria, OH 44830, 419 435-8516; r. 645 Van Buren St., Fostoria, OH 44830, 419 435-7589.
UNGAR, Daniel Howard; '86 BSBA; Exec.Trainee/Asst. Buyer; The May Co., 158-218 Euclid Ave., Cleveland, OH 44114, 216 664-6000; r. 1268 Dorsh Rd., S. Euclid, OH 44121, 216 991-6471.
UNGAR, Herbert L.; '43 BSBA; Pres.; Family Treats Candy Co., 1055 Grant St., Akron, OH 44311, 216 773-1030; r. 694 Cleve-Massillon Rd N., Akron, OH 44313, 216 666-2510.
UNGAR, Mark Stephen; '85 BSBA; Leasing Rep.; Plaza Properties, 3016 Maryland Ave., Columbus, OH 43209, 614 237-3726; r. 5576 Hibernia Dr., Apt. B, Columbus, OH 43232, 614 755-4877.
UNGAR, Michele R.; '82 BSBA; Retail Store Mgr.; The Limited, 154 Exton Sq., Exton, PA 19341, 215 363-9413; r. 4000-507 Presidential Blvd., Philadelphia, PA 19131, 215 477-0547.
UNGER, Frederick Branson; '63 BSBA; Dir.; Eaton Corp., Community Affairs, Eaton Ctr., Cleveland, OH 44114, 216 523-4822; r. 29039 Northfield Rd., Bay Village, OH 44140, 216 871-1982.
UNGER, James David; '81 BSBA; 8666 Morris Rd, Hilliard, OH 43026.
UNGER, Robert Howard; '79 BSBA; 4008 N. Story Rd., #1224A, Irving, TX 75038, 214 570-5887.
UNGER, Steven E.; '79 BSBA; CFO/Controller; R.L. Jarrett (Holdings), Inc., 7557 Rambler Rd., Ste. 650, Dallas, TX 75231, 214 696-4700; r. 4108 Shadow Gables Dr., Dallas, TX 75252, 214 248-3394.
UNITES, Mrs. Joanne M., (Joanne Morabito); '85 BSBA; Gen. Ledger Acct.; Fujitsu Microelectronics, Inc., 3545 N. First St. Bldg. 1, San Jose, CA 95134, 408 922-9027; r. 869 Erie Cir., Milpitas, CA 95035, 408 263-4992.
UNKLE, MAJ John W., USMC; '49 BSBA; 4314 Braeburn Dr., Fairfax, VA 22030, 703 323-0278.
UNLAND, Robert D.; '58 BSBA; Field Acct.; Rural Electrafician Adm, US Government, Washington, DC 20013; r. 416 Garden Pl., Marion, OH 43302.
UNTCH, Anna Sophia; '82 BSBA; Grp. Underwriter; Community Life Ins. Co., 250 Old Wilson Bridge Rd., Worthington, OH 43085, 614 433-8322; r. 1552 Longeaton Dr., Columbus, OH 43220, 614 442-1834.
UNTENER, Laura Marie; '87 BSBA; 335 Asher St., Culpeper, VA 22701, 703 825-4251.
UNTERBRINK, Daniel Thomas; '78 BSBA; 278 Northridge Rd., Columbus, OH 43214, 614 262-5214.
UNTERZUBER, Diana Lynn; '87 BSBA; 64399 Rock Hollow, Bellaire, OH 43906, 614 676-2644.
UNVERZAGT, Mrs. Ellenor A., (Ellenor A. Whitaker); '46 BSBA; Stockbroker; First Natl. Bk., POB 2471, Gainesville, GA 30503, 404 535-5565; r. 3720 Corinth Dr., Gainesville, GA 30506, 404 534-8897.
UNVERZAGT, William Snively; '66 BSBA; Investment Couns.; State of Oregon, State Offices, Salem, OR 97310; r. 6731 Hideaway Ln. S. E., Salem, OR 97301, 503 743-2974.
UOTILA-ROSS, Trina Margarita; '87 BSBA; Estimator; Quality Park Prods., 525 N. Nelson Rd., Columbus, OH 43219, 614 251-7114; r. 5174 Dahltry Ln., Columbus, OH 43220.
UPDIKE, Eleanor Ott, (Eleanor Ott); '47 BSBA; Tchr.; r. 25785 Holly Vista Blvd., San Bernardino, CA 92404, 714 862-0346.
UPPER, Rose Finta; '55 BSBA; Owner/Mgr.; Santa Rosa Travel Lodge, 1815 Santa Rosa Ave., Santa Rosa, CA 95407, 707 542-3472; r. Same.
UPPERMAN, Jeffrey Brian; '87 MBA; Mgr.; Huntington Natl. Bank, Investment Compliance Dept., 17 S. High St., Columbus, OH 43215, 614 463-3814; r. 2280 Shuford Dr., Dublin, OH 43017.
UPPERMAN, William H.; '64 BSBA; Staff; GM Corp., c/o Postmaster, Anderson, IN 46012; r. 1309 Nursery Rd., Anderson, IN 46012, 317 642-2281.
UPTON, William R.; '42 BSBA; Retired; r. 2970 Green Pointe Way, Zanesville, OH 43701, 614 452-9069.
URBAN, Charles H.; '30 BSBA; 6635 Millbrae Rd., Worthington, OH 43085.
URBAN, Mary Catherine; '84 BSBA; Programmer; Marathon Oil Co., 539 S. Main St., Findlay, OH 45840; r. 1591 Loxley Ct, Wheeling, IL 60090, 312 437-4225.
URBAN, Philip H.; '76 MBA; Div. Pres.; Progressive Ins. Co., 1821 Directors Blvd., Austin, TX 78744, 512 441-2000; r. 1707 Bayhill Dr., Austin, TX 78746.
URBANSKI, Jeffrey Thomas; '73 BSBA; Sales Mgr.; B T Snyder Realty Co., Century 21, Spitzer Bldg., Toledo, OH 43604, 419 666-4445; r. 6440 Blossman, Toledo, OH 43617, 419 841-2100.
URBANY, Dr. Joel Edwin; '80 BSBA, '83 MA, '84 PhD (BUS); Asst. Prof.; Univ. of South Carolina, Clg. of Business Admin., Columbia, SC 29208, 803 777-4936; r. 302 S. Waccamaw Ave., Columbia, SC 29205, 803 779-4943.
URBSCHAT, Nancy Long; '83 MBA; Proj. Mgr.; The Super Mkt., Market Research Sales Promo, 1323 Worcester St., Indian Orchard, MA 01151, 413 543-5813; r. 100 Wenonah Rd., Longmeadow, MA 01106, 413 567-5889.
URETSKY, Dr. Myron; '62 MBA, '65 PhD (ACC); Prof.; NYU, 100 Trinity Pl., New York, NY 10006, 212 285-8840; r. 283 Hicks St., Brooklyn, NY 11201, 718 625-1257.
URICH, Bertram Lee; '50 BSBA; Retired; Goodyear Tire & Rubber Co., S. Wayne St., St. Marys, OH 45885, 419 394-3311; r. 920 Williams St., St. Marys, OH 45885, 419 394-2109.
URICK, Dean Milton; '69 BSBA; Staff; Miami's Industries, 9054 N. Miami Co Rd 25A, Piqua, OH 45356; r. 3596 Little York Rd., Dayton, OH 45414, 513 890-0476.
URMSTON, Ms. Jo Ellen; '86 BSBA; Cust. Support Programmer; Coin Financial Systs. Inc., 5555 Oakbrook Pkwy., Bldg. 500, Norcross, GA 30093, 404 447-6103; r. 3121-C Flowers Rd. S., Atlanta, GA 30341, 404 986-0630.
URQUHART, Norma '49 (See Fischer, Mrs. Norma Urquhart).
URQUHART, Robert H.; '59 BSBA; 1464 Archer St., Lehigh Acres, FL 33936, 813 369-9186.
URSE, Michael Francis, JO; '81 BSBA; Tax Mgr.; Price Waterhouse, Tax Dept., 200 Public Sq. 27th Fl., Cleveland, OH 44114, 216 781-3700; r. 3375 Superior Park Dr., Cleveland Hts., OH 44118, 216 932-5794.
URTON, David Leonard; '85 BSBA; 1335 Gambier Rd., Mt. Vernon, OH 43050, 614 397-3988.
URY, Mary Balthaser, (Mary Balthaser); '39 BSBA, '46 MBA; Retired; r. 3007 Brandon Rd., Columbus, OH 43221, 614 488-5220.
USOFF, Catherine Anne; '86 MBA; Instr.; New Mexico State Univ., N. Scenic Dr., POB 477, Alamogordo, NM 88310, 505 434-0765; r. 1210 23rd St., Alamogordo, NM 88310, 505 434-2815.
USSERY, Carol '85 (See Trimmer, Carol Ussery).
UTLEY, George R.; '40 BSBA; Chmn.; Irving Drew Corp., 252 Quarry Rd., Lancaster, OH 43130, 614 653-4271; r. 129 S. High St., Lancaster, OH 43130, 614 653-9554.
UTLEY, Lizabeth Jane; '73 BSBA; 1600 Lamb Ln., Prescott, AZ 86301, 602 778-4407.
UTTERBACK, Marilyn Jump; '48 BSBA; Retired Owner & Pres.; Paulding Lumber & Constr., c/o Postmaster, Paulding, OH 45879; r. 834 N. Cherry St., Paulding, OH 45879, 419 399-2676.
UTTLEY, John William, III; '78 BSBA; Appraiser; Columbus Appraisal & Consultng, 5880 Sawmill Rd., Ste. 101, Dublin, OH 43017, 614 764-4910; r. 3204 Galway Crossing Dr., Hilliard, OH 43026, 614 876-1062.
UTZ, Stanley M.; '50; Part-time Staff; Sears Roebuck & Co., Northland Mall, 1811 Morse Rd, Columbus, OH 43224; r. 7086 Lansdowne St., Worthington, OH 43085, 614 846-0870.
UTZINGER, Don William; '74 BSBA; Syst. Sales Engr.; Pioneer Standard, 4433 Interpoint Blvd., Dayton, OH 45410, 513 236-9900; r. 1035 Sundance Dr., Miamisburg, OH 45342, 513 866-7110.

V

VAAS, Mark Jeavons; '75 BSBA; 1643 Flat Rock Ct., Worthington, OH 43085, 614 764-0378.
VACCA, Arthur Reid; '70 BSBA; Staff; Ohio State Life Ins. Co., 100 E. Broad St., Columbus, OH 43215; r. 6821 S. Old State Rd., Galena, OH 43021, 614 548-5493.
VACCARELLA, Peter William; '86 BSBA; Sales Rep.; Hasbro, Inc., 1027 Newport Ave., Pawtucket, RI 02862; r. 6489 Sagebrush Ct., Westerville, OH 43081, 614 898-9427.
VACCARIELLO, Roger Gilbert; '75 BSBA; Bank Examiner; Fed. Reserve Bank of Clev, 1455 E. 6th, Cleveland, OH 44101; r. 14549 Mayfield, Huntsburg, OH 44046, 216 423-0856.
VACCARO, Matthew William; '82 BSBA; Territory Mgr.; Lennox Industries Inc., 3 Gill St., Woburn, MA 01801, 617 933-8810; r. 8 Laconia Ave., Nashua, NH 03063, 603 889-0681.
VACCARO, Vincent Anthony; '86 MLHR; Mgr.; Anheuser-Busch Inc., Employee Relations Dept., 700 E. Schrock Rd, Columbus, OH 43229, 614 888-6644; r. 1632 Keats Ct., Worthington, OH 43085, 614 846-2814.
VACOLAS, Michele Fracasso; '82 BSBA; Account Exec.; The Dispatch Printing Co., 34 S. Third St., Columbus, OH 43216; r. 1026 Parkway Dr., Columbus, OH 43212.
VADASZ, John Louis; '77 BSBA; Ad Acct. Exec.; The Lorain Journal, 1657 Broadway, Lorain, OH 44052; r. 31370 Detroit Rd., Westlake, OH 44145, 216 871-7349.
VADASZ, Nancy Gambaccini; '76 BSBA; Mktg. Coord.; Manufacturers Financial Svc., 1110 Statler Ofc. Twr., Cleveland, OH 44115; r. 35884 Laurel Cir., N. Ridgeville, OH 44039, 216 327-3829.
VADASZ, Theodore Martin; '76 BSBA; Mgr.; Kaiser Health Plan, District Enrollment, Bond Ct., Cleveland, OH 44115; r. 35884 Laurel Cir., N. Ridgeville, OH 44039, 216 327-3829.
VAGNIER, Jeffrey Charles; '84 BSBA; Financial Analyst; Borden, Inc., 180 E. Broad St., 25th Fl., Columbus, OH 43215, 614 225-4136; r. 1677 St. Albans Ct., Columbus, OH 43220, 614 451-0733.
VAHALA, Edward A.; '57 BSBA; Pres.; Vahala & Co. Inc., 120 N. Elkhart St., Wakarusa, IN 46573; r. 51081 Winding Waters Ln., Elkhart, IN 46514, 219 264-4877.
VAHER, Hillar; '82 BSBA; 2806 Perdue Ave., Columbus, OH 43211, 614 471-6333.
VAIDYA, Ajit J.; '60 MBA; Works Mgr.; Wandleside Natl. Conductors Ltd., Nagar Rd., Poona 14, Maharashtra, India; r. 60 Koregaon Park, Poona 1, Maharashtra, India.
VAIL, Christopher Lee; '79 BSBA; Mgr., Store Operations; Gold Circle Stores, 6121 Huntley Rd, Worthington, OH 43085, 614 438-4441; r. 1635 Evinrude Ave., Columbus, OH 43229, 614 899-1135.
VAINER, Jack R.; '81 MBA; Pres./Co-owner; Impresiones Perfectas, S.A. De C.V., Mexico 10 D F, Mexico, 905 561-8322; r. Fuente De Tehas Apt. 4, Teca Machako, Mexico 10 D F, Mexico.
VAIO, Timothy Michael; '88 BSBA; 234 W. Sixth Ave., Columbus, OH 43201.
VALASSIS, P. Thomas; '52 BSBA; Tchr.; r. 607 West Ave., Elyria, OH 44035, 216 322-7283.
VALENTINE, Brian Lee; '77 BSBA; 12246 Ashville Pk, Ashville, OH 43103, 614 983-3666.
VALENTINE, Charlotte Anne '43 (See Mauger, Charlotte Valentine).
VALENTINE, Germaine '84 (See Hyde, Germaine Valentine).
VALENTINE, Harry Mc Walter, III; '76 BSBA; Prog. Dir.; KFRC Radio, 500 Washington St., San Francisco, CA 94111, 415 986-6100; r. 1444 Drolette Way, Benicia, CA 94510, 707 746-7930.
VALENTINE, Joseph A.; '65 BSBA; VP Info. Systs.; American Electric Power Svcs., One Riverside Plz., Columbus, OH 43215, 614 223-3700; r. 5434 Teakwood Ct., Columbus, OH 43229, 614 882-9702.
VALENTINE, Karen Beth; '87 BSBA; Computer Sales; Micro-Ctr., 155 W. Lane Ave., Columbus, OH; r. 1568 Tulipwoods, Dayton, OH 45459, 513 433-7268.
VALENTINE, Kenneth Martin; '85 BSBA; Syst. Engr. Trainee; Electronic Data Systs., 78 E. Chestnut St., Columbus, OH 43215; r. 288 Storington Rd., Westerville, OH 43081, 614 882-8769.
VALENTINE, Linda Dagnall; '87 BSBA; 288 Storington Rd., Westerville, OH 43081, 614 882-8769.
VALENTINE, Marilyn '49 (See Johnson, Marilyn Valentine).
VALENTINE, CDR Robert F.; '48 BSBA; Retired Cdr. Usn; r. 3303 Country Club Rd., Arlington, TX 76013, 817 469-9618.
VALENTINE, Robert Franklin; '51 BSBA; Retired; r. 3366 Castleton St., Grove City, OH 43123, 614 875-0592.
VALENTINE, Robert L.; '61 BSBA; 6610 Strawberry Ln., Louisville, KY 40214, 502 363-1713.
VALENTINE, Stephen Howard; '68 BSBA; Mgr.; Battelle Mem. Inst., Corporate Auditing Dept., 505 King Ave., Columbus, OH 43201, 614 424-7102; r. 6632 Fallen Timbers Dr., Dublin, OH 43017, 614 889-1646.
VALENTINE, Sue Jefferis; '82 BSBA; Regional Recruiter; Pamco Securities & Ins. Svc., 16030 Ventura Blvd., Ste. 500, Encino, CA 91436, 800 247-2626; r. 898 Buttonwood Dr., Apt. 206, Ft. Myers Bch., FL 33931, 813 765-5469.
VALENTINO, Anthony Louis; '85 BSBA; Dir. of Sales; Valentino & Beverley, Columbus, OH 43220, 614 237-8435; r. 3720 Kenny Brook Bluff, Columbus, OH 43220, 614 451-4170.
VALENTINO, Joseph R.; '56 BSBA; Atty./Sr. Partner; Valentino Dunne & Stein, 211 Rte. #10, Succasunna, NJ 07876, 201 584-8808; r. 24 McGregor Ave., Mt. Arlington, NJ 07856, 201 663-3789.
VALENTOUR, Mary Mc Carnes; '46 BSBA; 1233 Pinewood Dr., Pittsburgh, PA 15216, 412 279-5974.
VALLEE, Michael Stephen; '81 BSBA; Asst. VP-Spec. Industries; Ameritrust Corp., 900 Euclid Ave., Cleveland, OH 44101, 216 687-5811; r. 3416 W. 159th St., Cleveland, OH 44111, 216 251-1526.
VALLEE, Richard E.; '69 BSBA; Acct.; Case Implement Co., Racine, WI 53403; r. POB 4120, Racine, WI 53404.
VALLERY, Harry T.; '40 BSBA; Semiretired Mgr.; Vallery-Ford, Inc., 115 W. Emmitt Ave., Waverly, OH 45690, 614 947-7565; r. 500 SE 21st Ave., Deerfield Bch., FL 33441, 305 428-7299.
VALLETTA, Frank L., III; '82 MLHR; 75 Pebble Hill Rd., Fairport, NY 14450, 716 425-7203.
VALLO, Ann '80 (See Febus, Ann Vallo).
VALLO, Joseph Melvin; '79 BSBA, '81 MBA; Cnsltg. Mgr.; Management Horizons, 570 Metro Pl., N., Dublin, OH 43017, 614 764-9555; r. 3195 Darbyshire Dr., Hilliard, OH 43026, 614 771-0894.
VALLONE, Frank Vincent; '82 BSBA; 4894 Annhurst Rd., Columbus, OH 43228.
VALNET, Frederique; '86 MA; Financial Jr. Exec.; Midland Bank S A, 6 Rue Piccini, Paris 75016, France, 45028216; r. 10 Rue Gramme, 75015 Paris, France, 48425983.
VANADIA, Anthony; '84 BSBA; 974 Liberty Ln. NW, N. Canton, OH 44720, 216 497-1582.
VANADIA, Salvatore; '82 BSBA; Mgr.; Ford Motor Co., 60000 Grand River Hwy., Ford Parts & Svc. Div., Wixom, MI 48024, 313 344-5906; r. 6654 Lawnwood Ave., Parma Hts., OH 44130, 216 886-4808.
VAN ALMSICK, Terry Edward; '86 BSBA; Operations Supv.; Yellow Freight Systs., 161 W. Poplar Ave., Newark, OH 43055, 614 345-5545; r. 8235 Havens Corner Rd., Blacklick, OH 43004, 614 866-9238.
VAN ANTWERP, Bernard A.; '86 BSBA; Territory Sales Mgr.; Allergan Inc., 2525 DuPont Dr., Irvine, CA 92715; r. 21230 Woodland Glen Dr., Apt. #104, Northville, MI 48167, 313 344-1635.
VAN ARSDALL, Eleanor Jane; '83 MACC; 97 E. Wilson Bridge Rd., Worthington, OH 43085, 614 885-6266.
VANATTA, Barbara A. '46 (See Montgomery, Mrs. Barbara A.).
VAN ATTA, Howard W.; '79 BSBA; Sr. Claim Rep.; Aetna Life & Casualty, 11001 Bluegrass Pkwy. 310, Louisville, KY 40299, 502 267-4944; r. 4911 Nottinghamshire Dr., Louisville, KY 40299, 502 499-6236.
VAN BENTHUYSEN, Herbert J.; '57 BSBA; Gen. Mgr.; The Timken Co., 1835 Dueber Ave. SW, Bearing Operations, Canton, OH 44706, 216 438-4491; r. 7735 Angel Dr. NW, N. Canton, OH 44720, 216 494-1399.
VAN BENTHUYSEN, Jami Sue; '85 BSBA; Product Mgr.; Frito-Lay Inc., Production Dept., 1600 Crums Ln., Louisville, KY 40216, 502 366-1454; r. 944 Eastern Pkwy., Louisville, KY 40217, 502 634-3414.
VAN BENTHUYSEN, Sharon M., (Sharon M. Langanke); '84 BSBA; Dist. Mgr.; K G Marx Co., 3662 Karl Rd, Columbus, OH 43224, 614 262-8573; r. 14484 Wilderness Tr., Ostrander, OH 43061, 614 363-1882.
VAN BEUSECUM, Franklin Joseph; '83 BSBA; Salesman; Midwest Vacuflo, 4722 Arlington Ctr. Blvd., Columbus, OH 43220; r. 7058 Militia Hill St. NW, Canton, OH 44718.
VAN BLARICOM, Robert P.; '33; Retired; r. 527 Lodge Ln., Kalamazoo, MI 49009, 616 375-5379.
VAN BLOOM, COL J. Clark; '59 BSBA; Retired; r. 4929 Nassau Ct., Cape Coral, FL 33904.
VAN BREENE, Jenean Louise; '87 BSBA; Owner; Dajen Design, 2233 E. Hedgerow Rd., Columbus, OH 43220, 614 451-3832; r. 2233-E. Hedgerow, Columbus, OH 43220, 614 451-3832.
VAN BREENE, Rori Ann; '83 BSBA; 505 Woodward Ave., Mansfield, OH 44903.
VAN BUREN, Joan Meuser; '49; 2747 Edington Rd, Columbus, OH 43221, 614 488-7676.
VAN BUREN, Dr. Ronald C.; '56 BSBA; Phys.; Beechwold Med. Ctr. Inc., 4808 N. High St., Columbus, OH 43214; r. 872 Lookout Point Dr., Worthington, OH 43085, 614 888-3638.
VAN CAMP, Harrison Dean, Jr.; '80 BSBA; Account Exec & Trng Cnslt; Real-Time Mgmt., 10 Middle St., Bridgeport, CT 06604; r. 21 Linden St., Unit 6, Norwalk, CT 06851, 203 847-2553.
VANCE, Alice '52 (See Lane, Alice Vance).
VANCE, Andrew Todd; '87 MBA; Financial Analyst; Ford Motor Co., Ypsilanti, MI 48121, 313 484-8224; r. 2119 Lakeview, Apt. 9, Ypsilanti, MI 48198, 313 481-1531.
VANCE, Benjamin Wayne; '74 BSBA; Gen. Mgr.; M C L Inc., 2491 E. Dublin-Granville Rd., Columbus, OH 43229, 614 882-4631; r. 421 Florence Dr., Pickerington, OH 43147, 614 837-6847.
VANCE, Daniel Barry; '85 BSBA; Internal Auditor; Huntington Bancshares Inc., 41 S. High St., Columbus, OH 43287, 614 463-4948; r. 1414 Jones Rd., Galloway, OH 43119, 614 878-3475.
VANCE, David Lloyd; '84 BSBA; Dispatcher; Signal Corp., 4275 Westward Ave., Columbus, OH 43228, 614 272-3537; r. POB 21077, Columbus, OH 43221, 614 291-1919.
VANCE, Janet Berry; '78 BSBA; 7600 Cheshire Rd., Galena, OH 43021, 614 965-4907.
VANCE, Jeralyn '84 (See Cohagan, Jeralyn).
VANCE, Karen J. '83 (See Harper, Karen V., PhD).
VANCE, Mary Elizabeth; '85 BSBA; 2056 Tuckaway Ct., Columbus, OH 43228, 614 276-7524.

VANCE, Richard George; '78 MBA; Natl. Mgr.; Gen. Tire Inc., Customer Financial Services, 1 General St., Akron, OH 44329, 216 798-3952; r. 1384-A Timber Tr., Akron, OH 44313, 216 929-9314.
VANCE, William; '87 BSBA; 1435 Worthington St. #2, Columbus, OH 43201.
VAN CLEAVE, Robert W.; '74 BSBA; Lecturer & Faculty Coord.; Univ. of Minnesota, Sch. of Management, 395 Humphrey Ctr., Minneapolis, MN 55455, 612 625-1553; r. 8920 River Ridge Rd., Bloomington, MN 55425, 612 854-1293.
VAN CLEAVE, Walter Genie, Jr.; '71 BSBA; 1444 Hiner Rd., Orient, OH 43146, 614 875-8467.
VAN CULIN, Marianne; '82 BSBA; 7813 Stanburn Rd., Worthington, OH 43085, 614 766-7750.
VAN CUREN, William Trent; '84 BSBA; Proj. Leader; N C R Corp., Systs. Development, 1700 S. Patterson Blvd., Dayton, OH 45479, 513 445-6953; r. 1314 Holly Bend Cir., Kettering, OH 45429, 513 434-8022.
VANDAYBURG, Raymond P.; '57 BSBA; 1118 Clinton Ave. SE, N. Canton, OH 44720, 216 494-1802.
VANDEGRIFF, Karl Alan; '75 BSBA; VP Finance; Community Hosp. of Roanoke Valley, 101 Elm Ave., POB 12946, Roanoke, VA 24029, 703 985-8088; r. 2629 Wycliffe Ave., SW, Roanoke, VA 24014, 703 982-2070.
VAN DE GRIFT, David Lee; '85 BSBA; Sales Rep.; Keith-Nicholas Co. Inc., 6200 Avery Rd., Dublin, OH 43017, 614 761-1234; r. 3029 Cherylane Blvd., Columbus, OH 43235, 614 792-5431.
VAN DE MARK, Herbert G.; '41 BSBA; 965 Eichler Dr., Mountain View, CA 94040.
VAN DE MARK, John Richard; '74 BSBA; Sr. Sales Rep.; Unocal Chemicals, Subs: Unocal Corp, 3431 Yankee Rd., Middletown, OH 45044, 513 422-0176; r. 506 Erin Dr., Jeffersonville, IN 47130, 812 283-3238.
VANDEN EYNDEN, Dennis Anthony; '76 BSBA; Programmer Analyst; State of Ohio, 246 N. High St., Columbus, OH 43215; r. 3653 Heywood Rd., Hilliard, OH 43026, 614 771-9865.
VANDERBILT, William D., III; '62 BSBA; Joint Interests Mgr.; Standard Oil Co., Sohio Pipe Line Co Jt Interest, 200 Public Sq., Cleveland, OH 44114, 216 586-3356; r. 7021 Hilton Rd., Cleveland, OH 44141, 216 526-4140.
VANDERBOEGH, Paul Douglas; '86 BSBA; Admin. Distribution Ctr.; Whirlpool Corp., 2000 US 63 N., Benton Harbor, MI 49022, 616 926-3820; r. 3912 Laukus Ln., St. Joseph, MI 49085, 616 429-4884.
VANDERBRINK, James E.; '67 BSBA; Dir.; De Vlieg Machine Co., Fair St., Human Resources, Royal Oak, MI 48068, 313 280-1100; r. 6666 Whiting Dr., Troy, MI 48098, 313 879-8870.
VANDERHORST, Albert Jan; '71 BSBA; Managerial Acctg.; r. 8388 Cliffthorne Way, Worthington, OH 43235, 614 436-9602.
VANDER HORST, Russell A.; '57 BSBA; Sales; Mersman Furniture, Pittsburgh, PA 15220; r. 209 Foxcroft Rd., Pittsburgh, PA 15220, 412 276-4740.
VANDERMARK, Nancy J. '79 (See Durey, Mrs. Nancy J.).
VANDER MOLEN, Mrs. Nancy Clabaugh; '58 BSBA; Mgr. of Acctg.; Hena Svc. Corp., 8400 Alban Rd., Springfield, VA 22150, 703 569-6464; r. 7116 Wesley Rd., Springfield, VA 22150, 703 866-0308.
VANDERPOHL, Arthur John; '82 BSBA; Operations; Fifth Third Bank, 38 Fountain Sq. Plz., Cincinnati, OH 45263; r. 8179 W. Mill St., #198, Cleves, OH 45002, 513 353-1904.
VANDER VEN, Robin Beth; '87 BSBA; Customer Svc. Rep.; Litel Telecommunications, 6250 N. River Rd. Ste. 5030, Rosemont, IL 60018, 806 686-8844; r. 4540 W. George St. #3, Chicago, IL 60641, 312 286-7627.
VANDERVORT, John Gerald; '81 BSBA; Vehicle Mgmt. Spec.; Army & Air Force Exch. Svc., PO Drawer W-W, Forest Park, GA 30051, 404 363-5733; r. 3019 Treehills Pkwy., Stone Mtn., GA 30088, 404 593-0630.
VAN DER WILDEN, Mary-Louise de Valliere, (Mary-Louise de Valliere); '60 BSBA; Pres.; Le Papillon Inc., 774 River Rd, Fair Haven, NJ 07704, 201 842-6490; r. 970 River Rd., Fair Haven, NJ 07704, 201 842-5119.
VANDER ZANDEN, Bradley T.; '82 BSBA; Mgt Cnslt.; Arthur Andersen Co., 100 E. Broad St., Acctg. Firm, Columbus, OH 43215; r. 1678 Cardiff, Columbus, OH 43221, 614 486-3153.
VANDEVANDER, Ann L. '83 (See Winkler, Ann L.).
VANDEVEER, Mrs. Barbara C., (Barbara Cardarelli); '84 BSBA; Florida Asbestos Admin.; Law Engrs., 7616 Southland Blvd., Ste. 110, Orlando, FL 32809, 407 839-4333; r. 3083 Woolridge Dr., Orlando, FL 32821, 407 859-2446.
VAN DEVELDE, Donald W.; '69; Auxil. Equip. Mgr.; Huntington Natl. Bank, 2361 Morse Rd, Columbus, OH 43229; r. 5992 Paris Blvd. N., Westerville, OH 43081, 614 891-2503.
VANDE WERKEN, Patti Gasperini; '84 MLHR; Dir.; Mt. Carmel Health, 793 W. State St., Columbus, OH 43222, 614 225-8091; r. 1885 Tewksbury Rd., Columbus, OH 43221, 614 488-9228.
VANDIA, Gary Michael; '79 BSBA, '85 MBA; Mgr.; Rms Properties, 1081 Bridgeway Cir., Resident Property, Columbus, OH 43220; r. 6001 Hildenboro Dr., Dublin, OH 43017.
VAN DIEST, Robert Willem; '86 BSBA; 1915 Maple Ave., # 811, Evanston, IL 60201.
VAN DINE, Linda Schmunk; '82 BSBA; 1800 Marquette Ln., Hoffman Estates, IL 60195, 312 884-6997.
VAN DINE, Stephan Wayne; '75 MPA; Chief; OH Dept. of Rehab. & Correction, Bureau of Planning & Research, 1050 Freeway Dr. N., Columbus, OH 43229, 614 431-2724; r. 211 E. Maynard, Columbus, OH 43202, 614 262-7010.
VANDIVIER, Margaret A. '46 (See Cross, Mrs. Margaret A.).
VAN DRESSER, William Frank; '85 BSBA; Admin. Asst.; First Natl. Bk. of Ohio, 106 S. Main St., Akron, OH 44308, 216 384-8000; r. 2300 Amesbury, Akron, OH 44313, 216 867-9566.
VAN DUZER, Bert B.; '49 BSBA; Retired Supv.; Martin Marietta Corp., Bethesda, MD 20034; r. 11300 Hawhill End Rd., Potomac, MD 20854, 301 299-2664.
VANDYCK, Joseph Albert; '68 BSBA; Audit Analyst; Shoe Corp. of America, 35 N. 4th St., Columbus, OH 43215; r. 5019 Arrington Ln., Columbus, OH 43214, 614 433-0367.
VAN DYNE, Catherine R. '82 (See Henretta, Catherine R. Van Dyne, CPA).
VAN ECHO, Thomas (TJ); '85 BSBA; Stockbroker; Dublin Securities, 400 W. Wilson Bridge Rd., Ste. 110, Worthington, OH 43085, 614 436-0440; r. 3126 Francine Ln., Columbus, OH 43220, 614 792-3678.
VANECK, Drew Ralph; '79 BSBA; Real Estate Broker; Westway Realty, 15808 Lorain Ave., Cleveland, OH 44111, 216 941-7600; r. 1870 Reeds Ct. Tr., Cleveland, OH 44145, 216 835-9080.
VAN EMAN, Charles R.; '50 BSBA; Retired Staff Cnslt.; The Continental Ins. Cos., Continental Data Ctr., 3501 State Hwy. 66, Neptune, NJ 07753; r. 6226 Roxburgh Ct., Columbus, OH 43213, 614 861-4372.
VAN EMAN, Rosemary Duffy, (Rosemary Duffy); '46 BSBA; Tchr.; Groveport Madison Schs., Board of Education, Groveport, OH 43125; r. 6226 Roxburgh Ct., Columbus, OH 43213, 614 861-4372.
VAN EVRA, Kyle Edward; '83 BSBA; Distribution Analyst; Panasonic Co., Div of Matsushita Indus. Co., 1 Panasonic Way, #3G8, Secaucus, NJ 07096, 201 392-6648; r. 1/43 27th St., Fair Lawn, NJ 07410, 201 794-6221.
VAN FLEET, Janet '78 (See Nau, Janet).
VAN FOSSEN, Amy '84 (See Newton, Amy Van Fossen).
VAN GORDEN, Ruth Bertsch; '50 BSBA; Mfg. Rep./Owner; The Merten Co., 1515 Central Pkwy., Cincinnati, OH 45214, 513 721-5167; r. RR 1 Box 85 A, California, KY 41007, 606 635-1706.
VAN GUNDY, Charles Bernard; '87 BSBA; 4450 Madeline Dr, Columbus, OH 43232.
VAN HARLINGEN, Robert M.; '39 BSBA; Retired Acct.; r. 3833 Milford Dr., Kettering, OH 45429, 513 293-7749.
VAN HEYDE, George James; '68 BSBA; Supervisory Counsel; OH Ofc./Consumers' Counsel, Utility Rate Division, 137 E. State St., Columbus, OH 43215, 614 466-9549; r. 2574 NW Blvd., Columbus, OH 43221, 614 486-8340.
VAN HEYDE, Renee; '87 BSBA; 761 Highland Dr., Columbus, OH 43214, 614 451-3316.
VAN HORN, Arlene Elizabeth; '86 BSBA; 726 1/2 N. High St., Columbus, OH 43215.
VAN HORN, Brent William; '80 BSBA; 3121 Copperhill Run, Ft. Wayne, IN 46804, 219 436-3551.
VAN HORN, Camille Anne; '86 BSBA; 61 Pearl Dr., Shelby, OH 44875, 419 347-2987.
VAN HORN, Clyde L.; '49 BSBA; Retired; r. 509 Winston NE, N. Canton, OH 44720, 216 494-8597.
VAN HORN, Dale Leon; '76 BSBA; Repairman Craft; Ohio Bell Telephone Co., 3419 Indianola Ave., Columbus, OH 43214; r. 2157 Jade, Grove City, OH 43123, 614 875-2644.
VAN HORN, Douglas Claydon; '68 BSBA; Partner; Front Row Restaurant, c/o Postmaster, E. Rutherford, NJ 07073; r. 99 Spring Valley Rd., Park Ridge, NJ 07656.
VAN HORN, John Harold, Jr.; '55 BSBA; Gen. Plant Superv; Timken Co., 1835 Dueber SW, Canton, OH 44706; r. 621 42nd St. NW, Canton, OH 44709, 216 492-3278.
VANHORN, Lynn Robert; '75 BSBA; VP of Finance; B C Ziegler & Co., 215 Main St., West Bend, WI 53095, 414 334-5521; r. W72 N1001 Harrison Ave., Cedarburg, WI 53012, 414 377-7341.
VAN HORN, Mark Robert; '86 BSBA; Dir. of Purchsng; T A P E Inc., 22038 Fairgrounds Rd., Wellington, OH 44090, 216 647-4316; r. 6945 Private Rd. 480, Loudonville, OH 44842, 419 994-4222.
VAN HORN, Paul E.; '52 MBA; 1202 Lakemont Dr., Pittsburgh, PA 15243, 412 341-2617.
VAN HORN, Richard Ray; '86 BSBA; Staff Acct.; Deloitte Haskins & Sells, 155 E. Broad St., Columbus, OH 43215, 614 229-4682; r. 1561-D Jennifer Ct., Columbus, OH 43232, 614 755-2365.
VAN HORN, William G.; '60 BSBA; Owner/Prtnr/Stk Brkr; Van Horn & Cormack, 235 Montgomery St., Ste. 808, San Francisco, CA 94104, 415 433-6930; r. 954 Vallejo St., San Francisco, CA 94133, 415 775-0059.
VAN HOUTEN, Andrew W.; '49 BSBA; Sales Rep.; Standard Register Co., 700 Bryden Rd, Columbus, OH 43215; r. 3140 Scioto Trace, Columbus, OH 43220.
VAN HOVE, Randall Brown; '88 BSBA; Student; Inst. Mortuary Sci., Forb Ave., Pittsburgh, PA 15232, 412 362-5235; r. 5780 Roche Dr. Apt. B, Columbus, OH 43229, 614 436-4437.
VAN IDERSTYNE, Richard Bennett; '79 BSBA; Pilot; Delta Airlines, Atlanta, GA 30301; r. 1005 Fairfield Dr., Marietta, GA 30068, 404 977-3384.
VANIS, Georgia Welch, (Georgia Welch); '63 BSBA; Computer Systs. Analyst; IRS, 4800 Buford Hwy., Computer Operations Branch, Doraville, GA 30362, 404 455-2501; r. 2945 Pond View Ct., Marietta, GA 30062, 404 977-9443.
VANKE, Brent; '87 BSBA; Columbus, OH 43216.
VANKE, Ronald Albert; '68 BSBA; Treas.; Chesrown Oldsmobile, 4675 Karl Rd., Columbus, OH 43229, 614 846-4331; r. 5094 Longrifle Rd., Westerville, OH 43081, 614 890-0609.
VAN KEULS, Jack T.; '40 BSBA; Retired Atty.; The Sherwin Williams Co., 101 Prospect Ave. N. W., Cleveland, OH 44115; r. 20903 Beaconsfield Blvd., Cleveland, OH 44116, 216 333-4263.
VAN KEULS, John Frederick; '83 BSBA; Programmer; Nationwide Ins. Co., One Nationwide Plz., Columbus, OH 43216, 614 249-7111; r. 5985 Osweeney Ln., Columbus, OH 43220.
VAN KIRK, Fred William, Jr.; '74 BSBA; 1816 N. Clark St., Chicago, IL 60614.
VANKO, Deborah Louise; '85 BSBA; Programmer; Sterling Software, 1651 NW Professional Plz., Columbus, OH 43220, 614 459-7500; r. 1170 Chambers #16A, Columbus, OH 43212, 614 486-4079.
VANKO, Ms. Sandra Lee; '87 BSBA; Microcomputer Programmer; Central Ohio Transit Authority, 1600 McKinley Ave., Columbus, OH 43222, 614 275-5910; r. 1170 Chambers Rd. #16A, Columbus, OH 43212, 614 486-4079.
VAN KUIKEN, Thomas Ralph, III; '77 BSBA; 832 Humboldt Dr. E., Gahanna, OH 43230, 614 475-7945.
VAN KUREN, Mary A.; '88 BSBA; 6016 Hildenboro Dr., Dublin, OH 43017, 614 761-1184.
VANLANDINGHAM, Stanly Phillip; '71 BSBA; Chief Financial Ofcr.; The Fenton Art Glass Co., Caroline Ave., Williamstown, WV 26187, 304 375-6122; r. 616 Third St., Marietta, OH 45750, 614 374-6977.
VAN LULING, Mary Theresa, (Mary T. Raleigh); '76 BSBA; Dir. Human Resources; GTE Spacenet, 1700 Old Meadow Rd., Mc Lean, VA 22102; r. 1289 Stuart Rd., Herndon, VA 22070, 703 481-8514.
VAN MASON, Jerry G.; '65 BSBA; c/o Flour Eastern Inc, POB 2914, Jakarta, Indonesia.
VAN METER, Donald Joe; '80 MLHR; Mgmt. Cnslt.; Van Meter & Assocs., 3101 Brandon Rd., Columbus, OH 43221, 614 486-6349; r. Same, 614 451-7780.
VAN METER, Mary N., (Mary Nash); '81 MACC; Acctg. Instr.; Ohio State Univ., University Dr., Newark, OH 43055, 614 366-3321; r. 446 Llanberis Rd., Granville, OH 43023, 614 587-2457.
VANNATA, Joseph, Jr.; '72 BSBA; Reg. Sales & Mktg. Dir.; Vision Svc. Plan, 400 E. Town St., Columbus, OH 43216, 614 224-7709; r. 1945 Cambridge Blvd., Columbus, OH 43212, 614 486-0018.
VANNICE, Jon L.; '82 BSBA; Investment Ofcr.; First Natl. Bank, 422 Main St., Zanesville, OH 43702, 614 455-7060; r. POB 3013, Zanesville, OH 43702, 614 452-1226.
VANNUKI, Ronald J.; '63 MBA; VP; Cantor Fitzgerald & Co. Inc., One World Trade Ctr., New York, NY 10048; r. 44 Hillandale Dr., Red Bank, NJ 07701.
VANO, Joseph Anthony, Jr.; '76 BSBA; Supv./Customer Svcs.; AT&T Network Systs., Subs A T & T Technologies, 1600 Osgood St., N. Andover, MA 01845; r. Rte. 2-Box 68A, York, ME 03909, 207 363-7911.
VANO, Robin L., (Robin L. Byerley); '85 BSBA; Div. Sales Mgr.; First Investors Corp., 21819 W. 9 Mile, Southfield, MI 48075, 313 356-3940; r. 30250 W. 12 Mile, Apt. 204A, Farmington Hls., MI 48018, 313 737-7128.
VANO, Ronald Robert; '85 BSBA; Private Banking Ofcr.; Comerica Inc., Comerica Bank-Detroit, 211 W. Fort St., Detroit, MI 48226, 313 222-5714; r. 30250 W. 12 Mile, Apt. 204A, Farmington Hls., MI 48018, 313 737-7128.
VAN OOYEN, Kenneth Karel; '79 BSBA; Controller; Ralston Purina Co., 276 Bremen Rd., POB 500, Lancaster, OH 43130, 614 654-8880; r. 1486 Lynn Dr., Lancaster, OH 43130, 614 653-4467.
VAN ORMAN, Lawrence S.; '53 BSBA; Sales Rep.; Wright Line Inc., 6969 E. Livingston Ave., Columbus, OH 43212; r. 13172 Charington Dr., Pickerington, OH 43147, 614 864-1001.
VANOSDALL, Arthur A.; '39 BSBA; Retired; r. 1225 Hillcrest Dr., Ashland, OH 44805, 419 289-3193.
VAN PATTEN, Alan Woodrow, Jr.; '81 BSBA; Asst. Mgr.; Huntington Natl. Bank, 515 Madison Ave., Toledo, OH 43604; r. 2516 Brixton Rd., Columbus, OH 43221, 614 486-4859.
VAN PUTTE, 2LT Michael Allen, USA; '88 BSBA; Ft. Stewart, GA 31314; r. 1064 Torrey Hill, Columbus, OH 43228, 614 274-9627.
VAN PUTTEN, James Martin; '82 BSBA; Sales Rep.; Sherwin Williams, Ft. Lauderdale, FL 33309, 305 971-9667; r. 3331 NW 67th St., Ft. Lauderdale, FL 33309, 305 971-9667.
VAN RAAPHORST, Richard W.; '66 BSBA; Real Estate; 305 Laurel St., San Diego, CA 92101; r. 1526 Hillsmont Dr., El Cajon, CA 92020.
VAN RIPER, James Hartman; '85 BSBA; Buyer; Hoechst Celanese, 8040 Dixie Hwy., Florence, KY 41042, 606 371-0300; r. 291 Ritchie Ave., Cincinnati, OH 45215.
VAN SCHAIK, Patricia Ann; '82 BSBA; Claims Adjuster; Progressive Casualty Ins., 6924 Springvalley Dr.,Ste.130, POB 513, Holland, OH 43528, 419 865-0286; r. 2656 Alisdale, Apt. 201, Toledo, OH 43606, 419 471-0043.
VAN SCHOIK, Milton L.; '52 BSBA; VP; Cincinnati Gas & Electric Co., 139 E. Fourth St., Cincinnati, OH 45201; r. 2942 Ebenezer Rd., Cincinnati, OH 45233, 513 922-5923.
VAN SCOTEN, Max L.; '40 BSBA; 6610 Trailridge Dr., Lakeland, FL 33803, 813 644-8269.
VAN SICKLE, Joseph W.; '55 BSBA; Retired; r. 664 Ocean Rd., Vero Beach, FL 32963, 407 231-2763.
VAN SICKLE, Robert David; '71 BSBA; VP Retired; Vansickle Ofc. Supply Co., 1271 Grandview Ave., Columbus, OH 43212; r. 7981 N. Stokemont Ct., Dublin, OH 43017, 614 889-7945.
VAN SLUYTER, Charles K.; '66 BSBA; Admin.; Sutter Gen. Hosp., 2820 L St., Sacramento, CA 95628; r. 4639 Paula Way, Fair Oaks, CA 95628.
VAN STEYN, Deborah '82 (See McDonnell, Deborah Van Steyn).
VAN STRATEN, Mrs. Karen S., (Karen S. Dean); '83 BSBA; Mktg. Rep.; PENCO, 400 W. Wilson Bridge Rd., Worthington, OH 43085, 614 436-2424; r. 2054 Guildhall Dr., Apt. E, Columbus, OH 43209, 614 236-5106.
VAN SUILICHEM, Karen Lynn; '78 BSBA; Account Exec.; Houston Chronicle, 801 Texas Ave., Advertising Dept., Houston, TX 77002; r. 2400 Yorktown, Apt. 81, Houston, TX 77056.
VAN VOORHIS, Eugene Philip; '72 BSBA; Owner; Waterfront Geographic Svcs., Bowling Green, OH 43402, 419 352-4046; r. 18330 Brim Rd., Lot #321, Bowling Green, OH 43402, 419 352-4046.
VANVOORHIS, Richard L.; '59 BSBA; Chmn. of Bd.; Hytech Fluid Power Inc., 7402 E. 90th St., Indianapolis, IN 46256, 317 849-7007; r. 6361 Creekside Ln., Indianapolis, IN 46220, 317 849-5544.
VAN WINKLE, Charles Edward; '74 BSBA; Product Mgr.; Sears Roebuck Co., Sears Twr., Dept. 609, Chicago, IL 60061, 312 875-3432; r. 425 Gartner Rd., Naperville, IL 60540.
VAN WINKLE, Larry Dale; '74 BSBA; POB 17, Utica, OH 43080, 614 892-3714.
VAN WINKLE, Phil; '49 BSBA; Retired; r. 4211 Pleasant Forest Ct., Arlington, TX 76015, 817 465-3525.
VAN WYE, Jody Lee; '84 BSLHR; Mgr.; Max & Erma'S, 1275 E. Dublin-Granville Rd, Columbus, OH 43229, 614 885-1275; r. 6364 Busch Blvd., Apt. #318, Columbus, OH 43229, 614 846-7652.
VAN ZANTE, Charles Nelson; '76 MBA; 5136 Valentine, Shawnee, KS 66203, 913 631-1261.
VARA, Joseph A.; '48 BSBA; * Bank One/Marion, 111 S. Main St., Marion, OH 43302; r. 11831 Flamingo Dr., Garden Grove, CA 92641.
VARBLE, John Lawrence; '72 BSBA; 6940 Rieber St., Worthington, OH 43085, 614 888-3743.
VARDAG, Ali Khan; '87 BSBA; POB 3418, Columbus, OH 43210, 614 291-6774.
VARE, Allan Jaak; '84 BSBA; Institutional Bond Broker; Clifford Drake & Co., Inc., 116 John St., New York, NY 10038, 212 285-0880; r. 128 Sussex St., #4B, Jersey City, NJ 07302, 201 915-0941.
VARE, Ingrid Marie; '82 BSBA; VP-Mktg./Sales; Lazy Cleats, Inc., 40 Dixon St., Newport, RI 02840, 401 849-7465; r. Same.
VARGA, Bruce Louis; '73 BSBA; Pres.; Certified Pure Water Systs. Inc., 3718 16th St., San Francisco, CA 94114, 415 621-5028; r. Same, 415 621-5777.
VARGA, S. Gary; '68 BSBA; Atty.; 26613 Carmel Center Pl., Ste. 201, Carmel, CA 93923, 408 625-5297; r. 26012 Atherton Dr., Carmel, CA 93923, 408 625-9362.
VARGAS, Dr. Allen H.; '86 PhD (BUS); Asst. Prof.; Univ. of South Dakota, Sch. of Business/Marketing, 414 E. Clark St., Vermillion, SD 57069, 605 677-5455; r. 1419 E. Cherry St., Vermillion, SD 57069, 605 624-5439.
VARGO, George G.; '65 BSBA; Exec. VP; Vargo Assocs. Inc., 3709 Pkwy. Ln., Hilliard, OH 43026, 614 876-1163; r. 2453 Buckley Rd., Columbus, OH 43220, 614 451-5116.
VARGO, James Bradley; '74 BSBA; Mfg. Engrg.; r. 1597 Cohassett Ave., Lakewood, OH 44107, 216 221-6008.
VARGO, John E.; '50 BSBA; Rte. 4 Box 480, Cambridge, OH 43725, 614 432-5001.
VARGO, Michael S.; '49 BSBA; Retired; r. 2020 Concord Rd., Columbus, OH 43212, 614 486-3264.
VARGO, Nancy Arnett; '84 BSBA; Acct.; 55 Northmoor Pl., Columbus, OH 43214, 614 262-1793; r. 55 Northmoor Pl., Columbus, OH 43214, 614 262-1781.
VARI, Tery Albert; '88 BSBA; Sales Dir.; Northwestern Mutual Life, 580 S. High St. Ste. 100, Columbus, OH 43215, 614 221-5287; r. 5000 Kings Highlands Dr. W., #308, Columbus, OH 43229, 614 847-4123.
VARLEY, John Frank; '44 BSBA; Retired; r. 3071 Scott St., Cuyahoga Falls, OH 44223, 216 929-1470.
VARNER, Donna Ruth; '88 MBA; Phd Student; The Ohio State Univ., Clg. of Business, 190 N. Oval Mall, Columbus, OH 43210; r. 318 Jackson St., Columbus, OH 43206, 614 228-8359.
VARNER, Franklin B.; '41 BSBA; Retired VP; US Steel Corp., Transportation & Traffic, 600 Grant St., Pittsburgh, PA 15230; r. POB 5121, Hilton Head Island, SC 29928.

VARNER, Richard M.; '51 BSBA; Staff; Kemper Ins. Co., 26877 Northwestern Hwy., Southfield, MI 48034; r. 9555 Firwood, S. Lyon, MI 48178, 313 437-1376.
VARNER, Stacey Allen; '84 BSBA; Software Engr.; Votek Systs., Inc., 2700 Billingsley Rd., Columbus, OH 43235, 614 761-8688; r. 6843 Springhouse Ln., Columbus, OH 43229, 614 895-0448.
VARNER, Stephen Richard; '71 BSBA; Optician; Lyric Optical Co., 3533 Cardiff, Cincinnati, OH 45209; r. 6604 Wooster Pike, Cincinnati, OH 45227, 513 271-6228.
VARNER, Thomas A.; '61 BSBA; Prof.; J. Sargeant Reynolds Com. Clg., POB 32040, Richmond, VA 23261, 804 371-3356; r. 521 Riverside Ct., Ashland, VA 23005, 804 798-8497.
VARNEY, Dr. Glenn H.; '49 BSBA, '51 MBA; Prof.; Bowling Green State Univ., Sch. of Business, Bowling Green, OH 43403, 419 372-2210; r. 546 Hillcrest Dr., Bowling Green, OH 43402, 419 352-7656.
VARNEY, Scott K.; '84 BSBA; Acct.; Gary B. Fink & Assocs., 312 Hillsdale Cir., Wadsworth, OH 44281; r. 463 W. Park Blvd., Medina, OH 44256, 216 722-7374.
VARNISH, Electa D., (Electa D. Benadum); '85 BSBA; Account Exec.; Bidermann Industries, USA, 575 Fifth Ave., New York, NY 10017, 212 972-2800; r. 143 Gates Ave., Montclair, NJ 07042, 201 509-7758.
VARRASSO, Deborah '85 (See Duffy, Deborah Varrasso).
VARRASSO, Susan K., (Susan K. Moore); '82 BSBA; Acctg. Clerk; Velvet Ice Cream Co., State Rte. 13, Utica, OH 43080, 614 965-1575; r. 4800 Dutch Lane Rd., Johnstown, OH 43031, 614 967-6848.
VASBINDER, Lou Ann; '87 BSBA; 43 E. College St., Fredericktown, OH 43019, 614 694-3961.
VASCEK, David P.; '77 BSBA; Opers. Mgr.; Kaplan Trucking Co., 6600 Bessemer Ave., Cleveland, OH 44127, 216 341-3322; r. 21115 Raymond St., Maple Hts., OH 44137, 216 475-5196.
VASELAKES, Kevin Michael; '85 BSBA; Field Supv.; Quality Controlled Svcs., 7634 Crosswoods Dr., Columbus, OH 43235, 614 436-2025; r. 2511 Abbottsford Way, Dublin, OH 43017.
VASIL, Steve A.; '64 BSBA; 7843 Clairemont Mesa Blvd., San Diego, CA 92111.
VASKO, Janet Strempel; '77 BSBA; Homemaker; r. 1100 Lyndale Dr., Westerville, OH 43081, 614 899-9300.
VASKO, Ronald; '73 BSBA; Sales Mgr.; Clow Corp., S. 6th St., POB 549, Coshocton, OH 43812, 614 622-6651; r. 860 Severn Dr., Coshocton, OH 43812, 614 623-8700.
VASKO, Stephen J.; '77 BSBA; Cnslt.; Professional Practice Mgmt. Inc., 4400 N. High St., Columbus, OH 43214, 614 261-3737; r. 1100 Lyndale Dr., Westerville, OH 43081, 614 899-9300.
VASOS, George A.; '52 BSBA; 1279 Clove Ct., Galloway, OH 43119, 614 870-0646.
VASQUEZ, Gerardo Antonio; '75 MBA; 2824 Montclair, Winston-Salem, NC 27106.
VASQUEZ WEBER, Angelita O.; '88 MPA; 1462 Neil Ave., Columbus, OH 43201.
VASTYAN, Albert A.; '50 BSBA; Retired; r. 4817 Esterbrook Rd., Columbus, OH 43229, 614 431-1119.
VATH, Bradley Clement; '86 MPA; Munic. Mgr.; West Milton, 701 S. Miami St., W. Milton, OH 45383, 513 698-4191; r. 328 N. Miami St., W. Milton, OH 45383, 513 698-3710.
VATI, Irene M. '47 (See Szorady, Mrs. Irene V.).
VATSURES, Christine Charas; '55 BSBA; 170 Hillside Dr., Delaware, OH 43015, 614 369-2954.
VATSURES, Peter Thomas; '53 BSBA; Atty.; Marriott Vatsures & Jeisel, 15 W. Central Ave., Delaware, OH 43015; r. 170 Hillside Dr., Delaware, OH 43015, 614 369-2954.
VATSURES, Thomas Peter; '80 BSBA; 170 Hillside Dr., Delaware, OH 43015, 614 369-2954.
VAUGHAN, Cynthia Veronica; '74 MPA; RR No 2, Box 123A, Ahoskie, NC 27910.
VAUGHAN, Frederick C.; '55 BSBA; Fiscal Ofcr.; Univ. of Maryland, Cooperative Ext. Service, College Park, MD 20742, 301 454-3746; r. 2511 Korvale Ln., Bowie, MD 20715, 301 262-4660.
VAUGHAN, J. Eric; '86 BSBA; Stock Trader; Ohio Co., 155 E. Broad St., 12th Fl., Columbus, OH 43215, 614 464-6901; r. 7562 Saunderlane Rd, Worthington, OH 43085, 614 761-2082.
VAUGHAN, Robert K.; '39; Retired; r. 2089 C25 Wooster Rd., Rocky River, OH 44116, 216 356-0299.
VAUGHAN, Roger Allen, Jr.; '81 MBA; VP; Vaughan Properties, Investment Division, POB 344, Dublin, OH 43017; r. 2074 Yorkshire Rd., Upper Arlington, OH 43221, 614 487-9711.
VAUGHAN, Stuart M.; '40 BSBA; 522 Morningside Dr., Louisville, KY 40206, 502 895-0337.
VAUGHN, Cheryl Ruth '84 (See Whatley, Mrs. Cheryl Ruth Vaughn).
VAUGHN, Joseph Charles; '59 BSBA; Chief Examiner; Oklahoma State Ins. Commission, 1901 N. Walnut, Oklahoma City, OK 73101, 405 521-3966; r. 4213 Old Farm Rd., Oklahoma City, OK 73120, 405 751-9749.
VAUGHN, M. Joan '52 (See Guterba-Beatty, M. Joan Vaughn).
VAUGHN, Dr. Robert V.; '50 BSBA; Info. Broker; AYE-AYE Press Ltd., Box 1122 Christiansted, St. Croix, Virgin Islands 00821, 809 773-1768; r. Box 2513 Frederiksted, St. Croix, Virgin Islands 00841, 809 778-8465.
VAUGHN, Virgil G.; '50 BSBA; Acct.; Goodyear Tire & Rubber Co., 1144 E. Market St., Akron, OH 44316; r. 297 Morningview Ave., Akron, OH 44305, 216 784-8819.
VAUSE, James W., II; '67 BSBA; Mgr. Quality Assurance; Packard Electric Div. GMC MEX, APDO Postal 1642 Suc. D, 32310 Cd. Juarez, Mexico, 915 549-7504; r. 6412 Via Aventura, El Paso, TX 79912, 915 833-3361.
VAVRECK, Teresa Marie; '83 BSBA; 79 N. Otterbein Ave., Westerville, OH 43081, 614 891-5503.
VAVREK, Alvin F.; '55 BSBA; RR No 5, Caldwell, OH 43724.
VAVRUSKA, Gerald John; '73 BSBA; 11826 N. Star Pl., Ft. Wayne, IN 46825, 219 637-7401.
VAWTER, Gary L.; '85 BSBA; Financial Planner; Mutual Benefit Financial Svc., 222 E. Town St., Ste. 150, Columbus, OH 43215, 614 228-2000; r. 1758 Queensbridge Dr., Worthington, OH 43085, 614 766-6540.
VAWTER, Jana R.; '86 BSBA; Law Sch.; Ohio State Univ., Columbus, OH; r. 3520 Hunting Run Rd., Medina, OH 44256, 216 725-4838.
VAWTER, Ms. Lisa D.; '83 BSBA; Zone Mgr.; Bic Corp., 500 Bic Dr., Milford, CT 06460; r. 1758 Queens Bridge Dr., Worthington, OH 43085.
VAWTERS, Howard S., Sr.; '48 BSBA, '49 MBA; Retired; r. 2660 Regina Ave., Columbus, OH 43204, 614 276-9795.
VAZSONYI, Shana Lynne; '88 BSBA; Trng. Asst.; Ltd. Credit Svcs., The Limited Inc, 4590 E. Broad St., Columbus, OH 43213, 614 755-5000; r. 6378 Busch Blvd., Apt. 397, Columbus, OH 43229, 614 847-4465.
VAZZANA, Martha Rigelhaupt; '67 BSBA; 23 Country Ln., Rolling Hls. Estates, CA 90274, 213 377-4922.
VEAZIE, Walter H., Jr.; '62 MBA; Mgr. Administration; Hughes Aircraft Co., El Segundo, CA 90245; r. 13618 E. Edgefield St., Cerritos, CA 90701, 213 860-4982.
VEENSTRA, Albertus Jacobus; '76 BSLHR, '78 MLHR; Sr. Personnel Supv.; Hewlett-Packard, c/o Postmaster, Boise, ID 83705; r. 10781 Long Rifle Dr., Boise, ID 83709, 208 888-7658.
VEFFER, Joe; '81 MA; Admin. Asst.; State of Ohio, Dept. of Taxation, 30 E. Broad St., Columbus, OH 43215, 614 466-8490; r. 475 Amanda Northern Rd. SW, Amanda, OH 43102, 614 969-4341.
VEGH, Charles, Jr.; '72 BSBA; Cost Acct.; Central Natl. Bank, Centran Corp, 800 Superior Ave., Cleveland, OH 44114; r. 870 Georgia Ave., Amherst, OH 44001.
VEINO, Gerald E.; '54 BSBA; Pres. Intl Beverage Opers; Alco Foodservice Co., 2035 Foxfield Dr., Ste. 202, St. Charles, IL 60174, 312 377-5680; r. 3 N. 390 Bonnie Ln., St. Charles, IL 60175, 312 377-0290.
VEIT, Paul E., CPA; '71 BSBA; Acct.; 3262 Noreen Dr., Columbus, OH 43026, 614 876-5173.
VEJLUPEK, Judith Rey; '83 BSBA; Sr. Financial Analyst; TWR, Inc., 1900 Richmond Rd., Cleveland, OH 44124, 216 291-7000; r. 27825 Detroit Rd., Apt. 603, Westlake, OH 44145, 216 835-0939.
VELA, Ronald J.; '83 BSBA; Pharmaceutical Sales Rep.; Stuart Pharmaceuticals, 1247 Weybridge Rd., Columbus, OH 43220, 614 459-7184; r. Same.
VELLANI, John; '63; Bus. Mgr.; The Catholic Times, 197 E. Gay St., Columbus, OH 43215, 614 224-5195; r. 1180 Ambleside Ct., Columbus, OH 43229, 614 885-1767.
VELLKY, Tim Christopher; '88 BSBA; 7610 Sawmill Cmns Ln. #E, Dublin, OH 43017, 614 766-1614.
VELMAN, Sarah Ann '57 (See Smith, Sarah).
VELT, Alfred J.; '56 BSBA; Economist; US Govt., Dept. of Labor, Washington, DC 20210; r. 11836 Clara Way, Fairfax Sta., VA 22039, 703 250-9496.
VELT, Bruce Stephen; '78 BSBA; 834 Chelsea Ave., Bexley, OH 43209.
VENARD, Paul Victor; '84 BSBA; Supv.; The Ohio State Univ., Reprographics, 190 N. Oval Mall, Columbus, OH 43210, 614 292-9901; r. 2120 Bentwood Cir., #2-C, Worthington, OH 43085, 614 889-8420.
VENDELAND, Debra Lynn; '84 BSBA; Tax Exec.; Intl. Mgmt. Grp., One Erieview Plz., Ste. 1300, Cleveland, OH 44114, 216 522-1200; r. 2059 Warrensville Ctr. Rd., Apt. 8, S. Euclid, OH 44121, 216 382-4954.
VENDEMIA, William Guy; '80 BSBA; Instr.; Youngstown State Univ., Acctg. Dept., 410 Wick Ave., Youngstown, OH 44555; r. 3434 Meanderwood Dr., Canfield, OH 44406, 216 533-4424.
VENDER, Aleda '86 (See Roth, Dr. Aleda Vender).
VENETIS, Nicholas Glen; '76 BSBA; VP-Operations/Treas.; Scriptel Corp., 4145 Arlingate Plz., Columbus, OH 43228, 614 276-8402; r. 95 Donerail Dr. SW, Pataskala, OH 43062, 614 927-2524.
VENETTA, Eugene; '61 BSBA; VP; Prudential-Bache Securities, Investments Division, 155 E. Broad St., Columbus, OH 43215; r. 12751 Tollgate Rd., Pickerington, OH 43147.
VENETTA, Larry Will; '87 BSBA; Realtor; Coldwell Banker, 33 E. North St., Worthington, OH 43085, 614 436-7900; r. 308A E. 19th Ave., Columbus, OH 43201, 614 299-0840.
VENKATESH, Dr. Balkrishna; '71 MBA, '72 PhD (BUS); Pres.; The Burke Inst., Marketing Research, 800 Broadway, Cincinnati, OH 45206; r. 8050 Spiritwood Ct., Cincinnati, OH 45242, 513 984-2613.
VENNEMEYER, Suzanne Sabin; '87 BSBA; Asst. Sales Mgr.; Arc Abrasives, 85 Mary Bill Dr., Troy, OH 45373, 513 335-5607; r. 507 S. Main St., Apt. #315, Englewood, OH 45322, 513 836-0009.
VENNING, Jacqueline Ann; '84 BSBA; 19 Woodside Rd., Chagrin Falls, OH 44022, 216 543-6312.
VENTERS, Ms. Barbara Lorraine; '86 MPA; Dir of Plng & Allocations; United Way of Licking Cnty., Plng. & Allocations Dept., 21 S. First St., Newark, OH 43055, 614 345-6685; r. 2614 Bonnie Dr., Cincinnati, OH 45230, 513 231-0778.
VENTERS, Cynthia Brown, (Cynthia Brown); '83 MPA; Tchr.; Denison HS, 1901 S. Mirick, Denison, TX 75020, 214 465-2488; r. 522 W. Walker St., Denison, TX 75020, 214 463-2583.
VENUGOPALA, Sathyamohan; '84 MBA; 16, Officers Flats, Opp., Kadma Tana Inner Circle Rd., Jamshedpur Bihar, India.
VER, Alex Paul; '72 MBA; Plant Mgr.; Ford Motor Co., Batavia Transmission Plant, 1981 Front Wheel Dr., Cincinnati, OH 45103, 513 732-4010; r. 7280 Smokeywoods Ln., Cincinnati, OH 45230, 513 231-8346.
VERB, Frank Nickolas; '68 BSBA; Staff; Manville Corp., c/o Postmaster, Waterville, OH 43566; r. 5190 Boylen Rd., Oak Harbor, OH 43449, 419 898-1291.
VERBA, Joseph; '48 BSBA; Retired; r. 519 N. Kramer Ave., Lombard, IL 60148, 312 620-8379.
VERBOSKY, John E.; '48 BSBA; 3472 E. Hts. SE, Warren, OH 44484, 216 369-1388.
VERCELLINO, Patricia '51 (See Ison, Patricia Vercellino).
VERDOVA, Alex S.; '49 BSBA; Retired; r. 2040 Radcliffe, Westlake, OH 44145, 216 871-3016.
VEREB, Sanford L.; '83 BSBA; Asst. Controller; Banc One Leasing Corp., 713 Brooksedge Plz., Westerville, OH 43081, 614 248-4514; r. 1839 Stanford Rd., Columbus, OH 43212, 614 486-3018.
VERGAMINI, Lisa '85 (See Nussman, Lisa Vergamini).
VERGARA, Dr. Severino B.; '81 MBA; Asst. VP; Land Bank of the Philippines, 6th Fl., Justine Bldg., Buendia Makati, Metro Manila, Philippines; r. 27A Sanpiruaan, Calamba Laguna 4027, Philippines, 545-1568.
VERHOFF, Annette Louise; '84 BSBA; Buyer; Lazarus, 7th & Race Sts., Cincinnati, OH 45202, 513 369-7855; r. 9224 Hunter's Creek Dr., Apt. C, Cincinnati, OH 45242, 513 793-7544.
VERHOFF, John H.; '56 BSBA; Plng. Coord.; r. RR No 2, Meadville, PA 16335, 814 333-8447.
VERHOFF, Robert Arthur; '87 BSBA; Info. Systs. Processor; First Fed. S&L Assn., 225 N. West St., Lima, OH 45801, 419 229-3060; r. 903 Metbliss Ave., Delphos, OH 45833, 419 692-7255.
VERI, Mrs. Donna L., (Donna De Victor); '49 BSBA; Bus. Mgmt.; r. 2281 Walhaven Ct., Columbus, OH 43220, 614 451-4888.
VERITY, Cindy S.; '88 BSBA; 801 Brittingham Ct., Columbus, OH 43214.
VERMAATEN, Melvin Anthony; '74 BSBA; Acct.; Colamco Inc., 1533 Alum Creek Dr., Columbus, OH 43209; r. 75 Bitternut Ln., Westerville, OH 43081, 614 890-3868.
VERMEER, Jana Leigh; '78 BSBA; Warehouse Mgr.; Vermeer Auto Parts Inc., 137 Richardson Rd, Groveport, OH 43125; r. 3956 Bowen Rd., Canal Winchester, OH 43110.
VERMILLION, C. Edward; '76 BSBA; Inventory Analyst; Penske Corp., Detroit Diesel Corp., Detroit, MI 48239, 313 592-5795; r. 22960 Frederick, Farmington, MI 48024, 313 474-2984.
VERMILLION, Rex Ray; '79 BSBA; Mgr.-Prod. & Requir. Plan; White Consolidated Ind. Inc., WCI Major Appliance Group, 300 Phillipi Rd., Columbus, OH 43228, 614 272-4208; r. 6394 Youngland Dr., Columbus, OH 43228, 614 870-7563.
VERNAL, Richard Gary, Jr.; '87 BSBA; Dist. Agt.; Prudential Ins., 875 Kings Hwy., Woodbury, NJ, 609 845-1221; r. 16 Pickwick Pl., Sewell, NJ 08080, 609 589-5193.
VERNE, Julianne Maria; '79 BSBA; Corp Svc. Ofcr.; Huntington Natl. Bank, Corporate Trust Admin., 41 S. High St., Columbus, OH 43215, 614 463-4395; r. 669 Jasonway Ave., Columbus, OH 43214, 614 459-7018.
VERNER, Katherine Lee, (Katherine Lee Lane); '81 BSBA; 5675 N. Camino Espoendora, 6133, Tucson, AZ 85718, 602 299-2987.
VERNON, Brad Scott; '81 BSBA; Lead Bus. Analyst; Nationwide Ins. Co., One Nationwide Plz., Columbus, OH 43215, 614 249-4964; r. 431 N. Sandusky St., Delaware, OH 43015, 614 363-5403.
VERNON, Frederick Richard; '73 BSBA; VP; Huntington Natl. Bank, 631 W. Market St., Lima, OH 45801; r. 2170 Wyandot Dr., Lima, OH 45806, 419 991-7793.
VERNON, Michael David; '75 BSBA; Account Exec.; Angeletti & Assoc. Inc. Advt., 6800 Lauffer Rd., Columbus, OH 43229, 614 890-4404; r. 2804 Brownlee Ave., Columbus, OH 43209, 614 237-5139.
VERWOHLT, H. William, Jr.; '53 BSBA; Sr. Analyst; Nationwide Ins. Co., One Nationwide Plz., Columbus, OH 43216, 614 229-6844; r. 5234 Heritage Ln., Hilliard, OH 43026, 614 876-6660.
VERWOHLT, Harold A.; '37 BSBA; Ret./Mgr.-Salary Admin.; Sperry New Holland, New Holland, PA 17557; r. 1553 Hollywood Dr., Lancaster, PA 17601, 717 397-5495.
VESCO, Louise '84 (See Sanborn, Ms. Louise V.).
VESELENAK, Cynthia Lou; '85 BSBA; 2115 Calais Way #288, Arlington, TX 76006.
VESPA, Richard; '53 BSBA; Sales Rep.; Carpenter Technology Corp., 4901 W. 150th, Cleveland, OH 44135; r. 3857 Bristol Ln., N. Olmsted, OH 44070, 216 777-1623.
VESSELE, Carla A. '86 (See Keitlen, Mrs. Carla Ann).
VESSELS, Edward Charles; '80 MBA; Plant Mgr.; Bendix Heavy Vehicle Grp., 1850 Riverfork Dr., Huntington, IN 46750, 219 356-9720; r. 2228 Hearthstone, Ft. Wayne, IN 46804.
VETEL, Clara '43 (See Bright, Clara Vetel).
VETTER, Frank, Jr.; '28 BS; Retired; r. 1586 Peace Pl., Columbus, OH 43209, 614 231-9598.
VETTER, James Reece; '84 BSBA; Supv.; Victoria's Secret Stores, 3 Limited Pkwy., Columbus, OH 43216; r. 1559 Greenscape Blvd., Westerville, OH 43081.
VETTER, Lawrence E.; '48 BSBA; Retired; r. 14812 Flintstone Ln., Silver Spring, MD 20904, 301 384-5668.
VETTER, Ralph C.; '49 BSBA; Retired; r. 2017 Green Valley Rd., Toledo, OH 43614, 419 381-0136.
VETTER, Richard Miller; '69 BSBA; CPA-Pres.; Franks, Branum & Co., 2100 W. Loop S., #500, Houston, TX 77027, 713 623-4571; r. 706 Redleaf Ln., Houston, TX 77090, 713 444-4812.
VETULA, Edward E.; '48 BSBA; Retired; r. Plantation Walk, 115 Belvedere Ct., Hendersonville, NC 28739, 704 697-0133.
VEVERKA, Edward C.; '51 BSBA; 6319 Harvey Chapel Rd, Logan, OH 43138, 614 385-7892.
VEY, William Charles, Jr.; '73 BSBA; Midwest Regional Mgr.; The Wella Corp., 524 Grand Ave., Englewood, NJ 07631; r. 8181 Longhorn Rd., Powell, OH 43065, 614 764-1184.
VIA, Charles Daniel; '87 MBA; Dir. Customer Svc. Accts.; American Electric Power Svc. Corp., Mktg. & Customer Svcs. Dept., 1 Riverside Plz., Columbus, OH 43215, 614 223-2710; r. 13668 Stonehenge Cir., Pickerington, OH 43147, 614 927-0437.
VIBLE, Mrs. Lisa, (Lisa Gonzales); '82 BSBA; Ins. Agt.; First State Ins. Agcy., 2300 W. Newport Pike, Stanton, Wilmington, DE 19804, 302 995-2298; r. 2 Phelps Ln., Newark, DE 19711, 302 368-8864.
VICIC, Don J.; '57 BSBA; VP-Dir.; Pemberton Securities Inc., Ste. 2400, Park Pl., 666 Burrard St., Vancouver, BC, Canada V6C3C7, 604 661-3112; r. 450 Gordon Ave., W. Vancouver, BC, Canada V7T1P3, 604 922-3100.
VICKERS, Thomas Henry; '58 BSBA; Pres.; VTH, 3805 Cove Rd., Columbus, IN 47203, 812 372-6464; r. Same.
VICKIO, Vaunda Lee; '82 BSBA; Acctg. Ofcr.; South Carolina Natl. Bank, 101 Greystone Blvd., Rm. 250, Columbia, SC 29226; r. 11064 Wandering Oaks, Jacksonville, FL 32223.
VICSTEIN, Alan Bernard; '70 BSBA; 2804 Twickingham, Muncie, IN 47304, 317 282-4751.
VICTOR, Robert Anthony; '80 MPA; Hosp. Administor; Barnesville Hosp., 639 W. Main St., Barnesville, OH 43713; r. 400 Fox Crest Ct., Terre Haute, IN 47803.
VIDIS, Martin S.; '34; Sales; Ranco Inc., 601 W. Fifth Ave., Columbus, OH 43201; r. 1900 Westwood Ave., Columbus, OH 43212, 614 488-3258.
VIDUSSI, Dana; '78 BSBA; Partner; Hagen Palen & Co. CPA's, 10181 Six Mile Cypress Pkwy., Ft. Myers, FL 33912, 813 278-4455; r. POB 1666, Ft. Myers, FL 33902, 813 939-9978.
VIEIRA, Michael Alan; '82 BSBA; Mgr.; Cherokee Hills Golf Course, 4622 Cnty. Rd. 49 N., Bellefontaine, OH 43311, 513 599-3221; r. 651 Canyon Dr., Lima, OH 45804.
VIERTEL, Walter Kurt, Jr.; '63 BSBA; Pilot; Southern Air Transport Inc., POB 524093, Miami, FL 33152; r. 2430 Swiss Ave., SW, Canton, OH 44706, 216 477-6807.
VIETH, Rachael Matthews, (Rachael Matthews); '87 BSBA; Bookkeeper/Acct.; R J Solove & Assocs., 8 E. Broad St., Columbus, OH 43215, 614 221-1191; r. 6483 Longleat Dr., Dublin, OH 43017, 614 889-5058.
VIGIL DE LA PARR, Luis Ricardo; '88 BSBA; 47 E. Frambes #12, Columbus, OH 43201.
VIGNEAU, Gary Joseph; '68 BSBA; Mgr.; Compuserve Inc., Intern'L & Industry Marketing, 5000 Arlington Ctr. Blvd., Columbus, OH 43220, 614 457-8600; r. 956 Colony Way, Worthington, OH 43085, 614 436-1646.
VIGNOLA, Dennis; '76 MPA; 10 Spring St., Staten Island, NY 10304, 212 466-2418.
VIKANDER, Richard A.; '48 BSBA; VP-Admin.; Lapham-Hickey Steel Corp., 5500 W. 73rd St., Chicago, IL 60638, 312 496-6111; r. 2050 Wheeler, Woodridge, IL 60517, 312 963-6014.
VIKRE, Lyle Wayne, Jr.; '79 BSBA; Staff; Consolidated Intl., 2020 Corvair Ave., Columbus, OH 43207; r. 2190 Shadmill Ct., Dublin, OH 43017, 614 764-8583.
VILARDO, Mary Jo; '79 BSBA; Real Estate Broker; MJ Realtors, 3494 S. Hamilton Rd., Ste. 204, Columbus, OH 43232, 614 837-7836; r. 2821 Canterbury Rd., Columbus, OH 43221.
VILARDO, Samuel F.; '52 BSBA; Retired; Sam Vilardo & Co., 1341 S. Hamilton Rd, Columbus, OH 43227; r. 590 Tucker Dr., Worthington, OH 43085, 614 846-3173.

VILARDO, Steve; '79 BSBA; Owner; Samuel, Inc., 5318 N. High St., Property Mgmt., Columbus, OH 43214; r. 2792 E. Powell Rd., Westerville, OH 43081.
VILBRANDT, Jack R.; '52 BSBA; Regional Admin. Ofcr.; State Parks & Recreation, 1333 Camino Del Rio S., Ste. 200, San Diego, CA 92108, 619 237-7961; r. POB 3177, Rancho Santa Fe, CA 92067, 619 756-5343.
VILLACIS, Edgar, Jr.; '86 BSBA; 6537 Mc Vey Blvd., Worthington, OH 43085, 614 764-1042.
VILLELLA, Roy Joseph, III; '85 BSBA; Asst. Buyer; Macy's North East, 131 Market St., Newark, NJ 07011, 201 565-7913; r. 208 Anderson St., Apt. 8A S., Hackensack, NJ 07601, 201 343-4933.
VILLHAUER, Melvin H.; '37 BSBA; Retired Partner; Arthur Young & Co., Toledo, OH 43610; r. Innisbrook PO Drawer 1088, Tarpon Spgs., FL 34688, 813 938-6272.
VINCE, James Richard; '77 MPA; Mgr.; State of Ohio, Administrative Services, Network Operations, Columbus, OH 43215; r. 339 N. Sandusky St., Delaware, OH 43015, 614 369-2463.
VINCENT, Brent Eugene; '80 BSBA; Underwriter; State Auto Mutual Ins., 525 E. Broad St., Columbus, OH 43215, 614 464-5123; r. 5652 Clover Leaf Ct., Grove City, OH 43123, 614 875-8564.
VINCENT, Darrell Alan; '76 BSBA; Flight Ofcr.; Flying Tigers Airlines; r. 14 Lakengren Dr., Eaton, OH 45320, 513 456-1687.
VINCENT, Gay Lynn; '79 BSBA; Principal; Arthur Young & Co., 601 NW Loop 410, Ste. 500, San Antonio, TX 78216, 512 340-1000; r. San Antonio, TX 78216, 512 490-7229.
VINCENT, Jack R., CPA; '56 BSBA; Dir.-CFO; Colorado State Univ., Ofc. of Foundation Services, 510 University Svcs. Ctr., Ft. Collins, CO 80525, 303 491-7135; r. POB 49, Ft. Collins, CO 80522, 303 223-1593.
VINCENT, Mrs. Shona Jo, (Shona Jo Cleaveland); '86 BSBA; Acct.; GM, Hydramatic Div., Ecorse & Wiard Rds., Ypsilanti, MI 48198, 313 996-8697; r. 9024 Oakview, Plymouth, MI 48170, 313 453-1852.
VINCENT, William M.; '59 BSBA; Staff; State Farm Ins., 4811 Wipple Ave. N. W., Canton, OH 44718; r. 703 Harmon SW, N. Canton, OH 44720, 216 499-3566.
VINCI, Michael A.; '72 BSBA; Regional VP; Old Republic Home Protection, 18952 MacArthur, Ste. 420, Irvine, CA 92715, 714 476-7070; r. 18 Segura, Irvine, CA 92715, 714 786-8245.
VINCIGUERRA, Joseph Charles; '88 BSBA; Stockbroker; AEI Grp.; r. 1535 Runaway Bay Dr. #1A, Columbus, OH 43204, 614 488-2367.
VINE, George H.; '49 BSBA; Proj. Mgr.; John W. Galbreath Devel. Corp., POB 189, Kearny, AZ 85237, 602 363-5501; r. POB 704, Kearny, AZ 85237, 602 363-7398.
VINSEL, Lon Andrew; '82 BSBA; Systs. Analyst/Proj. Mgr.; C B C Cos., 170 E. Town St., Columbus, OH 43215, 614 222-5421; r. 3478 Meldrake St., Gahanna, OH 43230, 614 471-4155.
VINSON, Ella Beatrice; '82 BSBA; Claims Examiner; r. 681 Gilbert St., Columbus, OH 43205, 614 258-4066.
VINSON, Kelly A. '86 (See Hamilton, Mrs. Kelly A.).
VIOLA, Mary Kay '80 (See Lonas, Mary Kay).
VIOLAND, Charles Edward; '77 BSBA; Acct.; Alexander Grant & Co., 1776 K St. NW Ste. 300, Washington, DC 20006; r. 4609 Edgefield Rd., Bethesda, MD 20814, 301 897-8167.
VIOLI, Robert Alan; '83 BSBA; 6409 Teapot Ln., Reynoldsburg, OH 43068, 614 863-5772.
VIRAG, John C.; '67 BSBA; VP Mktg.-Sales; Sovran Leasing Corp., 3 Gateway Ctr., Pittsburgh, PA 15222, 412 562-7733; r. 2575 Matterhorn Dr., Wexford, PA 15090, 412 935-1944.
VIRDEN, Robert Eugene; '49 BSBA; Controller; Rockswale Enterprises, 1465 N. Main St., POB 565, Marion, OH 43302, 614 383-6343; r. 506 Vernon Hts. Blvd., Marion, OH 43302, 614 387-1815.
VIRDEN, William Wayne; '52 BSBA; Admin.; Ohio Environ. Protection Agcy., 1800 Watermark Dr., Columbus, OH 43215, 614 644-2798; r. 9774 Shalemar Dr., Pickerington, OH 43147, 614 866-7194.
VIRGILS, Charles E.; '57 BSBA; Food Broker Trainee; Charles Kidney Co., 201 Perry Payne Bldg., Cleveland, OH 44113; r. 21207 Nottingham Dr., Cleveland, OH 44126, 216 734-3197.
VISCOGLOSI, John A., II; '84 BSBA; Sales Commission Adm; GE Co., Computer Services, 2885 Pacific Dr., Norcross, GA 30171, 404 263-5712; r. POB 467366, Atlanta, GA 30346, 404 925-8558.
VISHEY, Joseph John; '88 BSBA; Food Svc.; Gamekeepers Restaurant, Chagrin Falls, OH 44022; r. 579 Coy Ln., Chagrin Falls, OH 44022, 216 247-3433.
VISHNEY, Rene; '61 BSBA; Pres.; Award Software Inc., 130 Knowles Dr., Los Gatos, CA 95030, 408 370-7979; r. 22451 Citation Ct., Los Gatos, CA 95030, 408 353-4414.
VISOCAN-MOORE, Jane Marie; '84 MPA; Assoc. Dir.; Ohio Youth Svcs. Network, 50 W. Broad St., Ste. 2650, Columbus, OH 43215; r. 252 Reinhard Ave., Columbus, OH 43206, 614 443-9802.
VISS, Imants; '73 BSBA; Mgr., Cost Acctg.; Cooper Industries, 1200 Cypress Creek Rd., Cedar Park, TX 78613, 512 331-0411; r. 12704 Shemya Cove, Austin, TX 78729, 512 335-1853.
VISSER, Inka '85 (See Golonka, Inka M.).
VITALE, Anthony Patrick, Jr.; '78 MBA; Dist. Mgr.; W R Grace & Co., c/o Postmaster, Pompano Bch., FL 33060, 201 218-0500; r. 4960 NW 59th Way, Coral Spgs., FL 33067.
VITITOE, Cynthia Girard; '86 BSBA; 614 272-6333; r. 6777 Hayhurst, Worthington, OH 43085, 614 436-3401.
VITO, Albert A.; '42 BSBA; Atty.; Private Practice, Williamson Bldg., 215 Euclid Ave., Cleveland, OH 44114; r. 27373 Westown Blvd., #1307, Westlake, OH 44145.
VITO, Dr. Gennaro Francis; '77 MPA, '78 PhD (PA); Prof.; Univ. of Louisville, Sch of Justice Admin., Louisville, KY 40292, 502 588-6567; r. 9000 Harwich Pl., Louisville, KY 40242, 502 425-1655.
VITTON, Dr. John Joseph, Jr.; '56 MBA; Prof.; Univ. of North Dakota, Management Dept., Grand Forks, ND 58201, 701 777-3229; r. 1527 S. 84th St., Omaha, NE 68124, 402 397-1492.
VITZ, Donald Bradford; '73 MPA; Pres.; Digital Designs Inc., 228 S. Washington St., Alexandria, VA 22314, 703 549-1306; r. 4611 River Rd. NW, Washington, DC 20016, 202 244-3556.
VIVALO, Michael J.; '83 BSBA; Sales Rep.; Universal Rundle Corp., 750 Post Pike, Apt. 308, Apopka, FL 32703, 407 862-9657; r. Same.
VIVIANO, Mrs. Brenda H., (Brenda H. Insinga); '83 BSBA; Cost Acctg.; Kirby Co., 1920 W. 114th, Cleveland, OH 44102, 216 228-2400; r. 32117 Lake Rd., Avon Lake, OH 44012, 216 961-1407.
VIVINO, David Michael; '82 BSBA; Data Process Supervr; Gunton Corp., 26150 Richmond Rd., Bedford Hts., OH 44146, 216 831-1206; r. 4913 B Independence Pl., Stow, OH 44224, 216 673-3131.
VIZI, Arthur R.; '49 BSBA; Retired; r. 1713 Glenwood Dr., Twinsburg, OH 44087, 216 425-4075.
VLADIMIROFF, Irene; '78 BSBA; Mkt. Analyst; Intl. Telephone & Telegraph, 25661 Cannon Rd., Bedford Hts., OH 44146; r. 4495 Monticello, S. Euclid, OH 44143, 216 381-9032.
VLADOVICH, Eros Pete; '74 BSBA; Ave. Costa Rica Edif Padula, Apt. 9 Las Acaciac, Caracas, Venezuela.
VLAHOS, Chris; '85 BSBA; 909 Sharondale, Amherst, OH 44001, 216 988-5569.
VLAHOS, Valerie; '86 BSBA; 909 Sharondale Dr., Amherst, OH 44001, 216 988-5569.
VLASICH, Richard N.; '61; Grp. VP; Beckwith Machinery Co., Rte. 22 E., Pittsburgh, PA 15221, 412 243-0300; r. 116 Berwyn Rd., Pittsburgh, PA 15237, 412 367-1562.
VLASKAMP, Fredrick J.; '63 BSBA; Pres. & Owner; The Fenton Foundry Supply Co., 134 Gilbert Ave., Dayton, OH 45403, 513 253-6104; r. 1815 Sugar Run Rd., Bellbrook, OH 45305, 513 848-4718.
VLCHEK, Carol A. '54 (See Lothian, Carol A.).
VOCKE, John Harmon, IV; '71 BSBA; Treas.; Wacker Silicones Corp., 3301 Sutton Rd., Adrian, MI 49221, 517 263-5711; r. 5224 Kearsdale Rd., Toledo, OH 43623, 419 885-5947.
VOCKE, Michael S.; '66 MBA; Dir.; Digital Equip., Manufacturing Planning, Geneva, Switzerland; r. 36 Rue De Contamines, Geneva, Switzerland.
VOCKE, Randy Henry; '84 BSBA; RR 5 M-063, Napoleon, OH 43545.
VODERBERG, John Collier; '74 BSBA; Inventor; Dynamic Machinery Sales Co., 1800 N. Rockwell, Chicago, IL 60647, 312 486-5210.
VOEGE, Herbert Walter, PhD; '56 BSBA, '61 MBA; Prof. of Acctg. & Finance; Ferris State Univ., Sch. of Bus., Big Rapids, MI 49307, 616 592-2463; r. 12891 Sixteen Mile Rd., Rodney, MI 49342, 616 867-3873.
VOELKER, Dow Trevor; '84 BSBA; Atty.; Voelker & Voelker, 85 E. Gay St., Columbus, OH 43215, 614 224-8295; r. 1091 Lincoln Rd., Columbus, OH 43212, 614 486-6273.
VOELKER, Lou Doris; '82 BSBA; 6203 Marlo Dr., Painesville, OH 44077, 216 354-8684.
VOELKER, Philip Allan; '75 BSBA; VP/CEO; R Meeder & Assocs. Inc., 6000 Memorial Dr., Dublin, OH 43017, 614 766-7000; r. POB 7177, Dublin, OH 43017, 614 487-0525.
VOELLMECKE, Carl H.; '84 MBA; Staff; Monsanto Co., International Marketing, 260 Springside Dr., Akron, OH 44313; r. 2144 Sand Run Knolls Dr., Akron, OH 44313, 313 455-5092.
VOELZ, Raymond Alan; '83 MBA; Mktg. Rep.; IBM Corp., One Copley Pl. 067, Boston, MA 02116, 617 638-1443; r. 68 Tennyson St., W. Roxbury, MA 02132, 617 327-2450.
VOGEL, David Walter; '65 BSBA; Acct. Cnslt.; E I Du Pont Co., Finance Dept., 10th & Market St., Wilmington, DE 19898, 302 774-3548; r. 4 Panorama Dr., Newark, DE 19711, 302 738-7661.
VOGEL, Denise Marie; '86 BSBA; 12533 Eastchester Rd., Pickerington, OH 43147, 614 866-1467.
VOGEL, Elbert J.; '56 BSBA; Maint. Supt.; Kaiser Aluminium & Chemical, 1015 E. 12th St., Forging Div., Erie, PA 16512; r. 2687 Willowood Dr., Erie, PA 16506, 814 833-1738.
VOGEL, Gregory Crooks; '70 BSBA; Controller; Southland Mgmt. Corp., POB 5929, Tuscaloosa, AL 35405, 205 556-5900; r. 32 Lakeview Est., Northport, AL 35476, 205 339-3088.
VOGEL, James Darrell, Jr.; '85 BSBA; Tax Acct.; Arthur Andersen & Co., 133 Peachtree St. NE, Atlanta, GA 30303, 404 447-5656; r. 5775 Wells Circle, Stone Mtn., GA 30087, 404 498-5031.
VOGEL, James William; '68 BSBA; Treas.; Mc Granahan Distributing Co., 1717 Madison Ave., POB 1036, Toledo, OH 43624; r. 5903 Alexa Ln., Sylvania, OH 43560, 419 882-0497.
VOGEL, Jerome W.; '63 BSBA; Pres.; K R V Co., Real Estate Development, 305 S. Andrews Ave., Ft. Lauderdale, FL 33301, 305 467-9125; r. 7433 NE 8th Ter., Boca Raton, FL 33487, 407 997-9213.
VOGEL, Kevin I.; '88 BSBA; Jr. Real Estate Analyst; Nationwide Ins., 1 Nationwide Plz., Columbus, OH 43216, 614 249-4821; r. 7844 Saddle Run, Powell, OH 43065, 614 766-2468.
VOGEL, Robert Alvin; '72 BSBA; VP of Operations; The Delmar Co., 9601 Monroe Rd., POB 220025, Charlotte, NC 28222, 704 847-9801; r. 6112 Glenridge Rd., Charlotte, NC 28211, 704 364-4290.
VOGEL, Robert L.; '63 BSBA; Mgr.; Beatrice Corp., Two N. La Salle St., Chicago, IL 60602; r. 2065 N. Galena Rd., Sunbury, OH 43074, 614 524-5655.
VOGEL, Sam James; '74 BSBA; Asset Mgr.; The Ohio Co., 155 E. Broad St., Columbus, OH 43215; r. 165 E Schreyer Pl, Apt. A, Columbus, OH 43214, 614 488-1760.
VOGELGESANG, William Wallace; '79 BSBA, '81 MBA; Pres.; Colonial Capital Inc., The Colonial Ctr., 3620 Walnut Hills Rd., Cleveland, OH 44122, 216 831-7336; r. 1 Deerfield Dr., Chagrin Falls, OH 44022, 216 543-8408.
VOGELMEIER, Jeffrey Richard; '76 BSBA; Undwrtg. Supv.-Coml. Fire; State Farms Ins. Co., 3333 Hyland Ave., Costa Mesa, CA 92626, 714 241-2632; r. 21466 Pedroso, Mission Viejo, CA 92691, 714 458-2165.
VOGELSANG, Carl Richard; '70 BSBA; VP, Admin. Secy.-Treas.; Bocko Inc., Administrative Dept., 4282 Strausser, NW, N. Canton, OH 44720, 216 499-1400; r. 432 31st St. NW, Canton, OH 44709, 216 492-4126.
VOGT, Alan Wayne; '83 BSBA; Cost Analyst; White Consolidated Industries, Mansfield Products Company, 246 E. 4th, Mansfield, OH 44902, 419 755-6363; r. 3741 Brannon Rd., Crestline, OH 44827, 419 683-4993.
VOGT, Darrell B.; '50 BSBA; Retired; r. 5119 Virtue Arc Dr., Stockton, CA 95207, 209 478-0900.
VOGT, David Arthur; '79 BSBA; Staff; Pickett Hotel Co., 555 Metro Pl. N., Ste. 600, Dublin, OH 43017; r. 355 Charmel Pl., Worthington, OH 43085, 614 846-8657.
VOGT, Earl Alan; '70 BSBA; VP of Sales; Palmer-Donavin Mfg. Co., 750 Twin Rivers Dr., Columbus, OH 43215, 614 228-4356; r. 5565 Preswick Dr., Dublin, OH 43017, 614 766-1957.
VOGT, Gaylord K.; '57 BSBA; Acct.; New Departure, Hyatt Bearing, 2509 Hayes Ave., Sandusky, OH 44870; r. 1015 Jefferson, Port Clinton, OH 43452, 419 734-3080.
VOGT, Kenneth R.; '67 BSBA; 5 Candlewood Ct., Linwood, NJ 08221, 609 653-1085.
VOGT, Lori Alicia; '88 BSBA; 1958 Westwood, Columbus, OH 43212, 614 488-8255.
VOGT, Neal L.; '48 BSBA; Mgr.; United Airlines, Sta. Operations, International Airport, Pittsburgh, PA 15219; r. 1607 Michigan Central Blvd., Roscommon, MI 48653, 517 821-6842.
VOGT, Robert Stephens; '79 BSBA; VP; Kenneth Danter & Co., 40 W. Spruce St., Real Estate & Finance Division, Columbus, OH 43215, 614 221-9096; r. 29 E. First Ave., Columbus, OH 43201, 614 294-0280.
VOGT, Ronald D.; '56 BSBA; Retired; r. 4215 Washington St., Columbus, IN 47203, 812 372-5847.
VOHLERS, A. Joseph; '49 BSBA; Retired; r. 14 Wood Aspen Ln., Palm Coast, FL 32037, 904 445-6249.
VOHLERS, William Edward; '77 BSBA; Dist. Mgr.; Honey Baked Ham Co. of Georgia Inc., 2013 Flightway Dr., Atlanta, GA 30341, 404 457-0242; r. 8805 Terrace Ln., Roswell, GA 30076, 404 451-2540.
VOHSING, William Francis; '79 BSBA; Tax Acct.; State of Ohio, 1880 Dublin-Granville Rd., Columbus, OH 43229; r. 66 Wesleyan Cir. SW, Granville, OH 43023.
VOJTICEK, Barbara Wisler; '76 BSBA; Owner; V-Max, 6216 Brookside Dr., Cleveland, OH 44144, 216 661-9227; r. Same.
VOLKMAR, William; '62 BSBA; Mgr. Mtl. Control & Dist.; Matsushita Industrial Co., 9401 W. Grand Ave., Franklin Park, IL 60131, 312 452-2352; r. 239 Colony Ct., Bloomingdale, IL 60108, 312 893-4206.
VOLL, Robert T.; '63 BSBA; Personnel Mgr.; Ashland Petroleum Co., Div. Ashland Oil Co., POB 391-BL1, Ashland, KY 41114, 606 329-3757; r. POB 321, Ashland, KY 41105, 606 324-0248.
VOLLMER, Joanne Fleming; '45 BSBA; 3715 Eaton Dr., NW, Canton, OH 44708, 216 456-0111.
VOLPE, Eric Randall; '81 BSBA; Property Man; Intl. Allnce Theatrical Stage, 326 W. 48th St., Local 52, New York, NY 10036, 212 399-0980; r. 611 Bloomfield St., Apt. 3R, Hoboken, NJ 07030, 201 714-9376.
VOLPE, James Mark; '77 BSBA; Sr./Mgr.; Price Waterhouse & Co., 200 Public Sq., Cleveland, OH 44144, 216 781-3700; r. 18300 Buccaneer Dr., N. Royalton, OH 44133, 216 237-3606.
VOLPE, Karen Patricia, (Karen P. Coyne); '82 BSBA; Hotel Mgmt.; r. 4571 Linda Dr., Port Clinton, OH 43452, 419 797-9005.
VOLPONE, Raimund H.; '81 BSBA; Computer Programmer Analy; Eds, Dayton, OH 45401; r. 7024 Pineview Dr., Huber Hts., OH 45424, 513 233-0935.
VOLSKY, Mark R.; '78 BSBA; Acct.; Arthur Young & Co., 1100 Superior Ave., Cleveland, OH 44114; r. 14495 Washington Blvd., University Hts., OH 44118, 216 932-8566.
VOLZ, Keith Lionel; '67 BSBA; Product Mgr.; AMP Inc., 219 American Ave., Greensboro, NC 27408, 919 855-2289; r. 601 O'Neill Dr., Jamestown, NC 27282, 919 454-3487.
VON ALLMAN, Carl G.; '65 BSBA; RR No 3, Dover, OH 44622, 216 364-5020.
VON BEHREN, Mrs. Sharon P., (Sharon A. Palermo); '86 BSBA; Analyst; Chrysler Motors, 38111 Van Dyke, Sterling Hts., MI 48077, 313 977-5190; r. 2881 Portage Tr., Rochester, MI 48309, 313 375-0375.
VON BUSCH, Harry, Jr.; '70 BSBA; Planner; McGill Smith Punshon, 11231 Cornell Park Dr., Cincinnati, OH 45242, 513 489-0731; r. 8081 Forest Rd., Cincinnati, OH 45255, 513 474-6763.
VON CLAUSBURG, Catherine '83 (See Faga, Catherine Vonclausburg).
VON CLAUSBURG, Theodore J.; '58 BSBA; Mgr.; AT&T, 6200 E. Broad St., Columbus, OH 43213, 614 860-2789; r. 8770 Blacklick-Eastern Rd., Pickerington, OH 43147, 614 866-3494.
VONDERAHE, Catherine, (Cathe Daniel); '81 BSBA; Homemaker; r. 13436 Winchester Rd., Ashville, OH 43103, 614 983-6247.
VON DERAU, David Alan; '77 BSBA; Account Rep.; Polar, Inc., 124 E. Third St. Ste. 405, Dayton, OH 45402, 513 222-4824; r. 6391 Shadow Lake Tr., Centerville, OH 45459, 513 439-5378.
VON DER EMBSE, Dr. Thomas J.; '68 PhD (BUS); Chr Assoc. Prof.; Wright State Univ., Management Dept., Dayton, OH 45431; r. 1137 Katie Cir., Xenia, OH 45385, 513 429-3377.
VONDRAN, Robert Alan; '77 BSBA; Staff; Philips Ecg, 700 N. Pratt St., Ottawa, OH 45875; r. 1579 Edgewood Dr., Lima, OH 45805, 419 225-7145.
VON GLINOW, Dr. Mary Ann, (Mary Ann Young); '75 MPA, '77 MBA, '78 PhD (BUS); Assoc. Prof.; Univ. of Southern California, Sch. of Bus. Admin., Dept. Mgmt./Organization, Los Angeles, CA 90089, 213 743-5765; r. 5433 Marjan Ave., Los Angeles, CA 90056, 213 670-2579.
VON HAAM, Linda '75 (See Fontana, Linda).
VON HOLTEN, Gwendolyn Comer; '77 BSBA; Financial Mgr.; Battelle, 505 King Ave., Columbus, OH 43201, 614 424-4122; r. 7589 Sharrington Dr., Worthington, OH 43235, 614 764-0996.
VON INS, Donald Charles; '86 BSBA; Programmer Analyst; Grange Mutual Ins. Co., 650 S. Front St., Columbus, OH 43215, 614 445-2652; r. 3508 Dinsmore Castle Dr., Hilliard, OH 43026, 614 771-8418.
VON KAENEL, Harold H.; '32 BSBA; Retired; r. Oakwood Hills, 3150 Landscape Cir. N. W., Canton, OH 44709, 216 492-8213.
VON KENNEL, Timothy Joseph; '80 MPA; Dir. State Affairs; ENSERCH Corp., 300 South St. Paul, Dallas, TX 75201, 214 651-8700; r. 4108 April Dr., Arlington, TX 76016, 817 572-3814.
VON LOHR, Michelle M. '82 (See Bohus, Michelle Marie).
VON LOHR, Morgan Wills, IV; '82 BSBA; Staff; Reeves Bros. Inc., 1819 Walcutt Rd., Columbus, OH 43228, 614 876-8311; r. 7657 Sessis Dr., Worthington, OH 43085, 614 433-7194.
VON LOHR, Stephanie Anne; '87 BSBA; 720 Gordon Ter. W., Apt. 15K, Chicago, IL 60613.
VON SCHRILTZ, Olga; '84 BSBA; Staff; Clinton Oil Co., 4770 Indianola Ave., Columbus, OH 43214, 614 888-9588; r. 18 S. Walnut View, Canal Winchester, OH 43110, 614 837-9854.
VON SCHRILTZ, Steven H.; '84 BSBA; Systs. Analyst; Online Computer Library Ctr., 6565 Frantz Rd., Dublin, OH 43017, 614 764-6000; r. 7449 Bloomfield Pl., Dublin, OH 43017.
VON SPIEGEL, James Robert; '82 BSBA; Mgr.; Bob Evans Restaurant, Macedonia, OH 44056, 216 726-9934; r. 9973 Darrow Park Dr. # 106C, Twinsburg, OH 44087, 216 782-5309.
VON VILLE, Maria, (Maria Singer); '81 BSBA; Acct.; Ohio Housing Finance Agcy., Finance & Admin., 77 S. High St., 26th Fl., Columbus, OH 43215, 614 466-7970; r. 3844 Equestrian Ct., Hilliard, OH 43026, 614 876-4320.
VOONG, Yoon Chin; '87 BSBA; 377 C Bukit Baru, Melaka, Malaysia.
VOORHEES, Richard S.; '49 BSBA; Retired; r. 1168 Airendel Ln., Columbus, OH 43220, 614 451-0911.
VOORHIES, John B.; '88 BSBA; 141 Grandview Dr., Dublin, OH 43017, 614 889-0942.
VOORHIES, William L.; '59 BSBA; 1928 Kendron Ct., Ft. Collins, CO 80524, 303 493-3513.
VOORHIS, John Lawrence; '80 BSBA; Acct.; r. 5454 Woodvale Ct., Westerville, OH 43081, 614 882-6776.
VORIS, D. Thomas; '64 BSBA; Pres.; Kinnear-Harsco Corp., 1191 Fields Ave., Columbus, OH 43016, 614 297-6200; r. 208 Woodedge Cir. W., Powell, OH 43065.
VORIS, Glenn L.; '49 BSBA; Salesman; Geigy Pharmaceuticals, Box 430, Yonkers, NY 10702; r. 76 Richards Rd, Columbus, OH 43214, 614 262-1802.
VORNHOLT, Frances Denninger, (Frances Denninger); '45 BSBA; 438 Executive Dr., Marion, OH 43302, 614 387-1831.

ALPHABETICAL LISTINGS WAHL 291

VORSHECK, John Philip; '69 BSBA; Regional Sales Mgr.; Intl. Paper Co., 4685 Mac Arthur Ct., Ste. 250, Newport Bch., CA 92658, 714 476-0760; r. 24736 Clarington Dr., Laguna Hls., CA 92653, 714 951-0837.
VORST, Ms. Christine D., (Christine D. Balbaugh); '83 BSBA; Production Ctrl Analyst; Lima Engine Plant - Ford Motor, 1155 Bible Rd., Lima, OH 45801, 419 226-7172; r. 109 Tara Ct., Lima, OH 45805, 419 331-0876.
VORST, Norbert Anthony; '78 BSBA; Zone Mgr.; Kohler Co., c/o Postmaster, Kohler, WI 53044, 414 457-4441; r. 76 Danbury Dr., Springfield, IL 62704, 217 546-9460.
VORWERK, Marie E.; '47 BSBA; Tchr.; r. 53 Lewis St., Bristol, CT 06010, 203 583-4423.
VORYS, Frederic Stoneman; '81 MBA; 1100 Reynoldsburg New Albany, Blacklick, OH 43004.
VORYS, George Nichols; '76 MBA; Atty.; 5025 Arlington Ctr. Blvd., Columbus, OH 43220, 614 478-8119; r. 215 Academy Wood Dr., Gahanna, OH 43230.
VOS, Charles T.; '85 BSBA; 955 Mc Clain Rd., Columbus, OH 43212, 614 486-0359.
VOS, Edward Alfred, Jr.; '85 MBA; Lecturer; Univ. of Waikato, Dept. of Management Studies, Hamilton, New Zealand; r. 24 Cooper Pl., Hamilton, New Zealand.
VOSBURGH, Lawrence E.; '27 BSBA; Retired; r. 175 Lake Blvd., Apt. 316, Buffalo Grove, IL 60089, 312 541-3733.
VOSLER, Ellen Kay; '78 BSBA; Mgr.; Vosler Co. CPA's, 500 W. Wilson Bridge Rd., Worthington, OH 43085, 614 847-6060; r. 4753-H Olentangy River Rd., Columbus, OH 43214, 614 451-8184.
VOSLER, Robert J.; '53 BSBA; Owner; Vosler Co. CPA's, 500 W. Wilson Bridge Rd., Worthington, OH 43085, 614 847-6060; r. 163 W. New England Ave., Worthington, OH 43085, 614 436-5013.
VOSS, Ms. Cheryl Anne, (Cheryl Anne Feyh); '83 BSBA; Sr. Progrmmr Analyst; Bard Mfg., c/o Postmaster, Bryan, OH 43506, 419 636-1194; r. Rte. 3 Box 105A, Norlick Pl., Bryan, OH 43506, 419 636-9024.
VOSS, Frederick James; '53 BSBA; Systs. Analyst; American Airlines Corp., 3800 N. Mingo Rd., Tulsa, OK 74151; r. 4711 S. Lakewood Pl., Tulsa, OK 74135.
VOSS, Paul J.; '65 MBA; 2509 Prairie Creek Dr., Richardson, TX 75080, 214 690-0946.
VOTH, Donald J.; '67 BSBA; Regional Sales Mgr.; McLeod Bishop Systs. Inc., 801 Cass Ave., Lombard, IL 60148, 312 691-8200; r. 418 Hillcrest Ln., Lombard, IL 60148, 312 932-1431.
VOURLAS, Emanuel M.; '53 BSBA; Co-owner; The Mkt. Place, 8728 N. US Rte. 68, W. Liberty, OH 43357, 513 465-8728; r. Same, 513 465-8728.
VRABEC, James T.; '83 BSBA; 16933 Clifton Blvd., Lakewood, OH 44107, 216 226-4127.
VRABEL, Patricia '68 (See Long, Patricia Vrabel).
VRABEL, Stephen Charles; '66 BSBA; Buyer; Caterpillar, Caterpillar-Morton Parts, Morton Ave., Morton, IL 61550, 309 266-3661; r. 91 Maple Ridge Dr., Morton, IL 61550, 309 263-8965.
VRADENBURG, Mrs. Patricia L., (Patricia L. Thompson); '79 BSBA; Acct.; Ashland Chemical Co., POB 2219, Columbus, OH 43216, 614 889-3333; r. 6646 Cook Rd., Powell, OH 43065, 614 792-1985.
VRANA, Ralph John, Jr.; '77 BSBA; Controller; Gen. Industrial Supply Co., 4960 State Rd, Briggs, OH 44134; r. 10761 Waterfall Rd., Strongsville, OH 44136, 216 238-2482.
VRETAS, John Keith; '84 BSBA; Profn. Relations Mgr.; Metlife Health Care Network, 5300 W. Cypress St., Tampa, FL 33614, 813 289-8211; r. 9425 Pebble Glen Ave., Tampa, FL 33647, 813 973-3749.
VRONA, Douglas Charles; '83 BSBA; Sr. Analyst; Rockwell Intl., 4300 E. Fifth Ave., Columbus, OH 43215, 614 239-4958; r. 4780 Powderhorn Ln., Westerville, OH 43081, 614 890-5090.
VRONO, Eleanor Rothenberg; '46 BSBA; 105 Grosvenor Pl. NW, Atlanta, GA 30328, 404 256-5848.
VRSANSKY, Toni R. '83 (See Linse, Mrs. Toni R.).
VUCHENICH, Nikola; '77 BSBA; VP; Lapko Enterprises Inc., 2045 W. Pike St., Houston, PA 15342, 412 745-2449; r. 1502 Pershing Ave., Steubenville, OH 43952, 614 283-1270.
VUCHNICH, Walter Emil; '39; 4819 Springbrook, Toledo, OH 43615, 419 841-5367.
VUGRIN, George Michael; '53; Pattern Maker; GM Corp., Chevrolet Division, 300 N. Chevrolet Ave., Flint, MI 45804; r. 1416 Leisure Dr., Flint, MI 48507, 313 238-6805.
VUKELICH, Theodore; '72 BSBA; Merchandising Spec.; Chevron USA, POB 2235, Baltimore, MD 21203, 301 337-5323; r. 31 Alderman Ct., Lutherville, MD 21093.
VULGAMORE, James Martin; '84 BSBA; Social Studies Tchr.; Barnstead Elem. Sch., Maple St., Center Barnstead, NH 03225; r. 27 Ironworks Rd., Concord, NH 03301, 603 225-7325.
VUOTTO, Thomas Joseph; '79 BSBA; Mgmt. Cnslt.; Price Waterhouse, 1900 Central Trust Ctr., Cincinnati, OH 45202; r. 11205 Acrewood Dr., Cincinnati, OH 45249.

W

WABSCHALL, Mark Lynn; '76 BSBA; Mgr.; Arthur Andersen & Co., Audit Division, 300 Convent St., San Antonio, TX 78205, 512 223-6511; r. 15902 Crepe Mertle, San Antonio, TX 78232, 512 496-3074.
WACHA, Elizabeth Anne; '86 BSBA; Mktg. Rep.; Xerox Corp., 201 E. 42nd St., New York, NY 10022; r. 245 Park Ave. S., Apt. 4-F, New York, NY 10010, 212 979-7664.
WACKER, Charles P.; '50 BSBA; Retired; r. 5800 Forest Hills Blvd., C-112, Columbus, OH 43229, 614 891-4274.
WADDELL, Georgann '43 (See Christopher, Mrs. Georgann).
WADDELL, James Bryant; '78 MBA; Asst. VP; Bank One of Columbus, 100 E. Broad St., Columbus, OH 43215; r. 1330 Wyandotte Rd., Columbus, OH 43212, 614 486-2337.
WADDELL, Martha S. '37 (See McAdams, Mrs. Martha W.).
WADE, LTC Austin R., USAF; '67 MBA; Data Processing Mgr.; W Covina Unified Sch. Dist., Data Processing Dept., 1717 W. Merced Ave., W. Covina, CA 91790, 818 338-8411; r. 1109 Sandy Hook St., W. Covina, CA 91790.
WADE, Christopher Allen; '84 BSBA; Marktng Finace Anlyt; Ross Labs, 625 Cleveland Ave., Columbus, OH 43216; r. 4263 Kelnor Dr., Grove City, OH 43123, 614 871-3283.
WADE, David Craig; '79 MBA; Controller; Ruscilli Constr. Co., 2041 Arlingate Ln., Columbus, OH 43228, 614 876-9484; r. 505 Haymore Ave. S., Worthington, OH 43085, 614 885-0114.
WADE, David Shannon; '85 BSBA; Publications Editor; White Consolidated Industries, 300 Phillipi Rd., Columbus, OH 43228; r. 3387 Rudon Ln., Columbus, OH 43204, 614 279-9092.
WADE, Dewey S.; '57 BSBA; Staff; Columbus & So Electric Co., 215 N. Front St., Columbus, OH 43215; r. 2323 Fishinger Rd., Columbus, OH 43221, 614 459-1597.
WADE, E. Roberta, (E. Roberta Holmes); '87 BSBA; Grad. Admin. Assoc.; Ohio State Univ.-Univ. Clg., 154 W. 12th Ave., Columbus, OH 43210, 614 292-9191; r. 649 Brookside Dr., Galion, OH 44833, 419 468-1333.
WADE, Jeffrey Clayton; '88 BSBA; Operations Supv.; Ryder Distribution Res., Cincinnati, OH 45241; r. 3359 Van Zandt Dr., Cincinnati, OH 45211, 513 662-5290.
WADE, Karen Jayne; '84 BSBA; Staff Acct.; Ernst & Whinney, 700 William R Day Bldg., Canton, OH 44702; r. 616 Navaho St., Louisville, OH 44641, 216 875-7305.
WADE, Kathryn P.; '84 BSBA; 6401 Retton Ct., Reynoldsburg, OH 43068, 614 863-4340.
WADE, Kevin D.; '88 BSBA; Purchasing Agt.; Honda of America Mfg., Inc., 24000 State Rte. 33, Marysville, OH 45040, 513 642-5000; r. 12019 State Rte. 4, Milford Ctr., OH 43045, 513 349-5581.
WADE, Lesly P., (Lesly J. Patterson); '80 MPA; Social Worker; Harding Hosp., 445 E. Granville Rd., Worthington, OH 43085, 614 885-5381; r. 505 Haymore Ave. S., Worthington, OH 43085, 614 885-0114.
WADE, Margaret Christiansen; '59; 2323 Fishinger Rd., Columbus, OH 43221, 614 459-1597.
WADE, Nancy Mc Guire; '80 BSBA; Staff Acct.; Price Waterhouse & Co., 180 E. Broad St., Columbus, OH 43215; r. 7456 Gardenview Pl., Dublin, OH 43017, 614 889-8455.
WADE, William W.; '64 BSBA; Area Sales Mgr.; Anchor Hocking, 2727 Madison Rd, Ste. 303, Cincinnati, OH 45209, 513 793-8885; r. 4765 Charing Cross Rd, Sarasota, FL 34241.
WADLINGTON, Terry Lee; '83 BSBA; Trainee; Wendys Intl. Inc., c/o Postmaster, Hilliard, OH 43026; r. 145 Glenn, Ashville, OH 43103, 614 983-2114.
WADSACK, WAC Mary Bachman, USA(Ret.), (Mary Bachman); '41 BSBA; Retired Tchr.; r. 2309 Aster St., Lake Charles, LA 70601, 318 439-5118.
WADSWORTH, Britt Rodger; '82 BSBA; VP; Wadsworth & Assocs. Inc., 662 Phillips Ave., Toledo, OH 43612, 419 476-6661; r. 5935 Alexa Ln., Sylvania, OH 43560, 419 882-4527.
WADSWORTH, Grant Lee; '66 BSBA; Asst. Prosecutor; Montgomery Cnty., Prosecutor's Ofc., Dayton, OH 45402, 513 225-4253; r. 7281 Mountain Tr., Centerville, OH 45459, 513 433-1275.
WADSWORTH, Kim Sloan; '78 BSBA; 5935 Winding Way, Sylvania, OH 43560, 419 882-2745.
WAEFLER, Larry E.; '60 BSBA, '67 MBA; Auditor; State of Alabama, 2500 Fairlane Dr., Medicaid Agcy., Montgomery, AL 36130, 205 277-2710; r. 4439 Mc Campbell Dr., Montgomery, AL 36106, 205 272-5729.
WAGAMON, Wayne Kay; '68 BSBA; Comptroller; Frenchs Inc., Mill St., Andover, OH 44003; r. 118 Hickory Ave., Andover, OH 44003, 216 293-5760.
WAGENBRENNER, Joan Favret, (Joan Favret); '54 BSBA; Homemaker; r. 4497 Kipling Rd., Columbus, OH 43220, 614 451-9551.
WAGENBRENNER, Thomas G.; '61 BSBA; Developer; Wagenbrenner Co., 1289 Grandview Ave., Columbus, OH 43212, 614 488-0671; r. 5646 Naichi Rd, Columbus, OH 43213, 614 866-3572.
WAGENER, Cliff Norman; '83 BSBA, '86 MA; Sr. Financial Analyst; Huntington Bancshares Inc., 41 S. High St., Columbus, OH 43287, 614 463-6316; r. 248 W. 4th Ave., Columbus, OH 43201, 614 294-5845.
WAGENHAUSER, Thomas Kenneth, II; '85 BSBA; Staff Acct.; Arthur Young & Co., 100 E. Broad St., Columbus, OH 43215, 614 224-6258; r. 477 E. Schrock Rd., Westerville, OH 43081, 614 891-2209.
WAGENMAN, Ms. Elissa K.; '82 BSBA; Acturial Admin.; Meeks & Co., 3070 Riverside Dr., Columbus, OH 43221, 614 481-9750; r. 449 Northridge, Columbus, OH 43214, 614 261-1756.
WAGGONER, Barry Lee; '72 BSBA; Constr. Safety; Dept. of Labor, New York, NY 10001; r. 5781 Dalton Dr., Canandaigua, NY 14424, 716 398-3507.
WAGGONER, John Clinton, Jr.; '70 BSBA; Mgr.; Nationwide Ins. Co., Regional Commercial Lines Dept, 1000 Nationwide Dr., Harrisburg, PA 17110, 717 657-6953; r. 144 Woodridge Dr., Harrisburg, PA 17110, 717 545-4055.
WAGGONER, John Clinton, Sr.; '46 BSBA; Retired Sales Mgr.; r. 2683 Vassar Pl., Columbus, OH 43221, 614 488-9266.
WAGGONER, Steven Ray; '82 BSBA; Sales Rep.; W W Granger Inc., 700 S. Graham, Charlotte, NC 28205; r. 1300 Mclaughlin Dr., Charlotte, NC 28212, 704 536-4281.
WAGMAN, Stephen Mark; '82 BSBA; 2502 5th Ave., Youngstown, OH 44505, 216 759-2001.
WAGNER, Albert C.; '54 BSBA; VP; Mutual of Omaha Cos., Mutual of Omaha Plz., 33rd At Dodge St., Omaha, NE 68175, 402 978-5901; r. 11312 Pine Plz., Omaha, NE 68144, 402 334-0461.
WAGNER, Barry Keith; '82 BSBA; Estate Plng., Ins.; Distinctive Financial Svcs., 676 Enterprise Dr., Ste. A, Westerville, OH 43081, 614 847-9103; r. 1693 Woodspring Dr., Powell, OH 43065, 614 766-5126.
WAGNER, Bradley Loren; '85 BSBA; Mgr.; Wagner's I G A, 101 S. Main St., Bloomdale, OH 44817, 419 454-2621; r. 101 1/2 S. Main St., Bloomdale, OH 44817, 419 454-5745.
WAGNER, Charles F., Jr.; '53 BSBA; Owner; C. F. Wagner & Assocs., 8801 Elba Way, Orlando, FL 32810, 407 293-0800; r. Same.
WAGNER, Charles L.; '56 BSBA; Retired; r. 14330 Blackmon Dr., Rockville, MD 20853, 301 460-4541.
WAGNER, Clifford R.; '36 BSBA; Retired Atty.; 117 W. Court St., Urbana, OH 43078; r. 221 Tanglewood Dr., Urbana, OH 43078, 513 653-7749.
WAGNER, David Russell; '57 BSBA; Baked Goods Mgr.; Kroger Co., 12701 Middlebelt Rd, Livonia, MI 45154; r. 16925 Riverside St., Livonia, MI 48154, 313 591-2495.
WAGNER, Dean Edward; '80 BSLHR; Salesman; Hill Distributing, 2555 Harrison, Columbus, OH 43204, 614 276-6533; r. 374 Gosfield Gate Rd., Westerville, OH 43081, 614 898-9493.
WAGNER, Dorothy Mc Guire; '40 BSBA; Retired; r. 3120 Hilly Rd, Bethlehem, PA 18017, 215 867-4352.
WAGNER, Edwin B.; '46 BSBA; Retired; r. 45 E. Areba Ave., Hershey, PA 17033, 717 534-2665.
WAGNER, Frank D.; '28; Retired; r. 1904 Canterbury Ln., Sun City Center, FL 33570, 813 634-3165.
WAGNER, George P.; '57 BSBA; Right of Way Agt.; Ohio Dept. of Highways, 25 S. Front St., Columbus, OH 43215; r. 347 Garfield Ave., Newark, OH 43055, 614 345-9447.
WAGNER, George William; '59 BSBA; 119 Fairhill Dr., Rochester, NY 14618, 716 244-8605.
WAGNER, Harry D.; '54 BSBA; 129 Morehead Dr., Martinez, GA 30907, 404 863-9166.
WAGNER, Jack W.; '52 BSBA; Mgr., Natl. Accounts; Acushnet Co., New Bedford, MA 02742, 508 997-2811; r. 451 E. Schantz Ave., Dayton, OH 45409, 513 293-0631.
WAGNER, James J.; '45; Plant Mgr.; Monsanto Co., Box 232, Washington Ct. House, OH 43160; r. 6532 Waterloo Rd, Washington Ct. House, OH 43160, 614 335-5267.
WAGNER, James Lowell; '88 BSBA; 2330 Neil Ave. A, Columbus, OH 43202, 614 297-8058.
WAGNER, James Michael; '87 BSBA; Staff; N C R Corporatn, 1700 S. Patterson Blvd., Dayton, OH 45479; r. 5824 Millshire Dr., Apt. 1B, Kettering, OH 45440, 513 439-5372.
WAGNER, James Richard; '76 BSBA; Acctg. Mgr.; Appalachian Co., 500 W. Wilson Bridge Rd., Worthington, OH 43085; r. 5407 Roscommon Rd., Dublin, OH 43017.
WAGNER, Jill Marie; '87 BSBA; Retail Mgr.; Ofc. Max, 1545 Golden Gate Blvd., Mayfield Hts., OH 44124; r. 6220 Elmdale Rd., Brook Park, OH 44142, 216 676-0882.
WAGNER, Joan Edna; '77 BSBA; Supv.; Armco Inc., 703 Curtis St., Middletown, OH 45042, 513 425-5032; r. 543 Prytania Ave., Hamilton, OH 45013, 513 894-1394.
WAGNER, John T.; '87 BSBA; Asst. Traffic Mgr.; Mead Paper, POB 2500, Chillicothe, OH 45601, 614 772-3111; r. 1355 Western Ave., Apt. 111, Chillicothe, OH 45601, 614 773-8129.
WAGNER, Jonathan Robert; '82 BSBA; VP Sales; Compensation Mgmt. Inc., 6047 Frantz Rd., Dublin, OH 43017, 614 766-5223; r. 9010 Barassie Pl., Dublin, OH 43017, 614 764-8862.
WAGNER, Laura Lynn; '84 BSBA; Supv. Corp. Acct.; Braniff Airline, 2351 W. NW Hwy., Ste. 3200, Dallas, TX 75220, 214 902-4450; r. 8565 Park Ln., #1216, Dallas, TX 75231, 214 373-0363.
WAGNER, Leslie K., Sr.; '33 BSBA; Semiretired Cnslt.; Wagner & Wagner Atty's, 504 Stewart Towers, Mansfield, OH 44902, 419 522-2551; r. 620 Stewart Ln., Mansfield, OH 44907, 419 756-6203.
WAGNER, Leslie Kermit, Jr.; '64 BSBA; Atty.; Wagner & Wagner Attys., 13 Park Ave. W., Mansfield, OH 44902, 419 756-0877; r. 625 Stewart Ln, Mansfield, OH 44907, 419 756-0877.
WAGNER, Marilyn (Marty); '86 BSBA; Asst. Buyer; Macy's South, 180 Peachtree St. NW, Atlanta, GA 30303, 404 221-7729; r. 2004 Windcliff Dr., Marietta, GA 30067, 404 952-1971.
WAGNER, Mark Anthony; '86 BSBA; 7041 Roy Ave., Cleveland, OH 44104.
WAGNER, Ms. Marlene Elizabeth; '85 BSBA; Acct.; Fashion Concepts, 340 Cramer Creek Ct., Dublin, OH 43017, 614 764-2100; r. 7977 Crosshaven Rd #K, Dublin, OH 43017, 614 766-4637.
WAGNER, Mary '51 (See Williams, Mary Wagner).
WAGNER, Molly Jean; '86 BSBA; 440 Richmond Pk E. #401C, Cleveland, OH 44143, 216 442-9120.
WAGNER, Philip Michael; '72 BSBA; Sr. Systs. Engr.; Natl. City Bank, POB 5766, Cleveland, OH 44101; r. POB 45321, Cleveland, OH 44145.
WAGNER, Richard Lawrence; '78 MPA; Trng. Mgr.; Quantun Chemical Corp., 4900 Este Ave., Cincinnati, OH 45232; r. 5842 Jessup Rd., Cincinnati, OH 45247, 513 741-8569.
WAGNER, Richard Paul; '63 BSBA; Flight Svc. Mgr.; TWA, John F Kennedy Airport, Hanger 12, Jamaica, NY 11430; r. 6 Grandview Ter., San Francisco, CA 94114, 415 864-1284.
WAGNER, Richard S.; '56 BSBA; Atty.; Kropf Wagner & Hohenberger, 100 N. Vine St., POB 67, Orrville, OH 44667, 216 683-5010; r. Box 67, Orrville, OH 44667, 216 682-8691.
WAGNER, Richard Spellman, II; '81 MACC; Acct.; Arthur Young & Co., Ste. 2200 Central Trust Ctr., Cincinnati, OH 45202; r. 1031 Delta Ave., Apt. 15, Cincinnati, OH 45208, 513 321-9647.
WAGNER, Mrs. Rita C., (Rita C. Kalmbach); '81 BSBA; CPA; Kalmbach Feeds, Inc., 7148 SR 199N, POB 38, Upper Sandusky, OH 43351, 419 294-3838; r. 4717 State Rte. 53 N., Upper Sandusky, OH 43351, 419 294-2610.
WAGNER, Robert Dale; '70 BSBA; 10522 Owens St., Broomfield, CO 80020, 303 469-3288.
WAGNER, Robert K.; '60 BSBA; Pres.-CEO; Commercial & Savings Bank Co., 701 S. Market St., POB 50, Danville, OH 43014, 614 599-6206; r. 420 S. Edgewood Rd., Mt. Vernon, OH 43050, 614 397-3169.
WAGNER, Robert Thomas; '85 BSBA; Software Products Devel.; Decision Planning Corp., 3184-A Airway Ave., Costa Mesa, CA 92626, 714 549-4755; r. 231 7th St., Apt. B, Seal Bch., CA 90740, 213 430-0180.
WAGNER, Roger Francis; '86 BSBA; 3330 Willington Dr., Dublin, OH 43017, 614 764-4921.
WAGNER, Ronald Earl; '82 BSBA; Bk. Reconciliation Clerk; Anderson Co., POB 119, Maumee, OH 43537; r. POB 13176, Toledo, OH 43613, 419 474-4392.
WAGNER, Stephen; '72 BSBA, '73 MBA; Controller; Marathon Oil Co., Michigan Refining Division, 1300 S. Fort St., Detroit, MI 48217, 313 843-9100; r. 44561 Louvert Ct., Novi, MI 48050, 313 843-9100.
WAGNER, Stephen Mark; '79 BSBA; Pres. & CEO; CTI Corp., 601 N. Glenville, Ste. 165, Richardson, TX 75081, 214 480-8110; r. Chandlers Landing, 6202 Volunteer Pl., Rockwall, TX 75087, 214 722-0618.
WAGNER, Susan Schwarzkopf, (Susan Schwarzkopf); '83 BSBA; Underwriter; United Guarantee, 355 E. Campus View Blvd., Ste. 165, Columbus, OH 43235, 614 847-9071; r. 374 Gosfield Gate Rd., Westerville, OH 43081, 614 898-9493.
WAGNER, Verlin L.; '55 BSBA; Owner; Wagners IGA Store, 101 Main St., Bloomdale, OH 44817, 419 435-2347; r. 206 Beall Dr., Bloomdale, OH 44817, 419 454-3141.
WAGNER, Dr. William Burdette; '65 MBA, '67 PhD (BUS); Prof.; Univ. of Missouri, Marketing & Logistics Rm 324, Columbia, MO 65211, 314 882-3073; r. 2401 Bluff Blvd., Columbia, MO 65201, 314 874-2025.
WAGONER, Harry R.; '49 BSBA; 3641 Parfore Ct., Cincinnati, OH 45245, 513 752-0569.
WAGONER, Larry Allan; '84 BSBA; 843 S. Hague Ave., Columbus, OH 43204.
WAGSTAFF, James Evan; '81 BSBA; 228 Capistrano Ave., San Francisco, CA 94112.
WAGSTAFF, Roy J., Jr.; '48 BSBA; Supv.; Rockwell Intl., 6633 Canoga Ave., Canoga Park, CA 91303; r. 10411 Des Moines Ave., Northridge, CA 91324, 818 366-4439.
WAHL, Bradley Alan; '87 BSBA; 538 Stibbs St., Wooster, OH 44691, 216 264-2784.
WAHL, Chester K.; '47 BSBA; CPA; 50 W. Broad St., Columbus, OH 43215, 614 221-5764; r. 1851 Merriweather Dr., Columbus, OH 43221, 614 451-6923.
WAHL, David Lynn; '70 BSBA; Controller; Huron Clinton Met Authority, 13000 High Ridge Dr., POB 2001, Brighton, MI 48116, 313 227-2757; r. 25261 Edgemont, Southfield, MI 48034, 313 357-2851.
WAHL, Elmer B., Jr.; '55 BSBA; Atty.; 707 Comerica Bank Hackley Bldg, Muskegon, MI 49443, 616 726-2763; r. 3664 Mc Cracken St., Muskegon, MI 49442, 616 780-2489.
WAHL, Gregory Morrow; '49 BSBA; Retired; r. 617 9th St. #B, Santa Monica, CA 90402, 213 451-4214.
WAHL, Michael A.; '86 BSBA; DP Coord.; Loth, Inc., 120 E. 8th St., Cincinnati, OH 45202, 513 421-2000; r. 2452 Vera Ave., Apt. #3, Cincinnati, OH 45237, 513 351-5720.

WAHLERS, Patrick Michael; '84 BSBA; Operator/ Supv.; Compuserve Inc., Inquiry & Shift Divisions, 5000 Arlington Ctr. Blvd., Columbus, OH 43220; r. 8010 E. Bayshore Rd. U2, Marblehead, OH 43440, 419 734-2110.

WAHLSTROM, Mary Sheehan, (Mary Sheehan); '45 BSBA; Retired Bank Loan Ofcr.; r. 1762 University Dr., Logan, UT 84321, 801 753-1989.

WAIBEL, Helen Ann; '84 BSBA; 1783 Lockbourne Rd., Columbus, OH 43207, 614 444-7188.

WAIBEL, Mary J. '80 (See Diner, CAPT Mary J., USA).

WAIDELICH, Stephen G.; '67 BSBA; VP-Finance; Amerisuites Inc., 313 E. Anderson Ln., #201, Austin, TX 78752, 512 451-5743; r. 13305 Council Bluff Dr., Austin, TX 78727.

WAIKEM, LTC Frederick Urban, USA(Ret.); '56 BSBA; 9306 Northbend, San Antonio, TX 78239, 512 656-9514.

WAIN, John James; '74 BSBA; Asst. Controller; Vesper Corp., 3249 E. 80th, Cleveland, OH 44104, 216 641-2503; r. 8427 Muirland Dr., Cleveland, OH 44147.

WAINA, Dennis Joseph; '80 BSBA; Gen. Mgr.; DeBartolo Corp., 691 Richmond Rd., Richmond Hts., OH 45052; r. 7577 Fairview Ave., Mentor, OH 44060, 216 255-2422.

WAINA, Gregory Daniel; '77 BSBA; CPA; 4230 State Rte. 306, Ste. 110, Willoughby, OH 44094, 216 951-2535; r. 308 E. 208th, Euclid, OH 44123, 216 481-1081.

WAINA, Joseph John; '86 BSBA; Sales Engr.; Computer Aided Solutions, 7519 Mentor Ave., Mentor, OH 44060, 216 946-9722; r. 7665 Fairview Ave., Mentor, OH 44060, 216 255-8668.

WAINA, Mary Elizabeth; '86 BSBA; Acct.; Peat Warwick Main & Co., 1600 National City Ctr., Cleveland, OH 44114; r. 8907A Trotter Ln., Mentor, OH 44060, 216 974-0229.

WAINIO, Alan Jon; '64 BSBA; 505 Bernyce Dr., Lake In The Hls., IL 60102.

WAITE, Johnson Ralph; '67 BSBA; Prog. Mgr.; Digital Equip. Corp., 8400 Corporate Dr., Landover, MD 20785, 301 731-3356; r. 511 Powell Dr., Annapolis, MD 21401, 301 849-2303.

WAITE, Malden David, Jr.; '77 BSBA; VP; Sovran Bank/Maryland, 255 N. Washington St., Rockville, MD 20850, 301 251-3646; r. 4603 Tallahassee Ave., Rockville, MD 20853, 301 946-0737.

WAITE, Steven C.; '84 BSBA; Sales Rep.; KW Electronics, 8514 N. Main St., Dayton, OH 45415, 513 890-2150; r. 2283 Atherton Ct., Powell, OH 43065, 614 766-4961.

WAITE, Theodore J.; '61 BSBA; Assoc.; Landon Knight Stables, 3535 S. Smith Rd., Akron, OH 44313, 216 666-6060; r. 4236 Virginia Dr., Fairview Park, OH 44126, 216 333-6480.

WAITES, Mark Anthony; '81 BSBA, '86 MA; Resilient Materials Mgr.; Parsons Floor & Cabinets, 1641 Harmon Ave., Columbus, OH 43223; r. 1481 Lafayette Dr., Columbus, OH 43220, 614 459-3559.

WAITZMAN, Jay Leslie; '74 BSBA; 102-20 67th Dr. #202, Forest Hills, NY 11375, 718 897-8924.

WAJAHN, Daniel Jacques; '78 BSBA; Secy.-Treas.; Lakeshore Ins. Agcy., 333 Babbitt Rd., Cleveland, OH 44123, 216 289-3939; r. 11879 E. Hill Dr., Chesterland, OH 44026, 216 729-3256.

WAJSMAN, Laurence Michael; '81 BSBA; Asst. Controller; Crest Industries, Inc., 2011 NW 89th Pl., Miami, FL 33172, 305 592-5699; r. 10315 SW 130th Ct., Miami, FL 33186, 305 386-4504.

WAKAI, Calvin; '51 BSBA; VP/Mgr.; Bank of Hawaii, 634 California Ave., Wahiawa, HI 96786; r. 634 California Ave., Wahiawa, HI 96786.

WAKE, James I.; '41 BSBA; 5021 Forest Rd., Lewiston, NY 14092, 716 284-6271.

WAKEFIELD, Linda Diane; '81 MA; Staff; IBM Corp., Bodle Rd., Owego, NY 13827; r. RD 3, Box 260A, Owego, NY 13827, 607 687-3185.

WAKEFIELD, Mark Wright; '82 BSBA; 20 Stonewall, Irvine, CA 92720, 714 651-1677.

WAKEFIELD, Richard C.; '41; Builder; 210 E. South St., Worthington, OH 43085; r. Same.

WAKEFIELD, Richard J.; '46 BSBA, '47 MBA; Retired; r. 3490 Timberview Rd., Dallas, TX 75229, 214 352-6519.

WAKELEY, Robert M.; '84 BSBA; Stockbroker; Graystone Nash, 2101 NW 33rd St., Pompano Bch., FL 33069, 305 978-3100; r. 4069 NW 22nd St., Boca Raton, FL 33066.

WALBRUN, Thomas Michael; '86 BSBA; 11610 Timber Ridge, Apt. 2, Cincinnati, OH 45241, 513 530-5442.

WALCUTT, Charles C.; '41 BSBA; Branch Mgr.; Defense Contract Audit Agcy., 1300 Wilson Blvd., Arlington, VA 22209, 202 696-5380; r. 11408 Carroll Ct., Upper Marlboro, MD 20772, 301 627-4148.

WALCUTT, Charles Coe; '76 MBA; Mgr.-Corp Mktg.; Millard Mfg. Corp., 10602 Olive St., Omaha, NE 68128, 402 331-8010; r. 10317 Polk St., Omaha, NE 68127, 402 331-4970.

WALCUTT, Stephen O.; '64 BSBA; 1901 N. Atlantic Blvd. PH A, Ft. Lauderdale, FL 33305, 305 561-2256.

WALCZAK, Jeffrey J.; '88 BSBA; Coord.; Roadway Package Systs., Loading Operations, Osage Dr., Toledo, OH 43611; r. 6101 Bahiamar, Toledo, OH 43611, 419 729-0882.

WALD, E. Steven; '54 BSBA; Pres.; Metacor Inc., 10 Fairway Dr., Ste. 303, Deerfield Bch., FL 33441, 305 427-6300; r. 7686 Stonehaven Ln., Boca Raton, FL 33496, 407 483-3433.

WALD, Frederick James; '77 BSBA; 53 W. Columbus St., Canal Winchester, OH 43110, 614 837-7066.

WALD, Kimber A.; '57 BSBA; Chief Flood Ins. Oper Div; Fed. Ins. Admin., 500 C St., NW, Washington, DC 20472, 301 982-2120; r. 2949 Duvall Rd., Woodbine, MD 21797, 301 489-4659.

WALD, 1LT Kirk James, USA; '85 BSBA; POB 33605, Ft. Lewis, WA 98433; r. Same, 206 581-0180.

WALDECK, Thomas James; '82 BSBA; Proj. Dir.; N F O Rsch. Inc., Data Processing Division, 2700 Oregon Rd., Toledo, OH 43619, 419 666-8800; r. 351 Hargrave, Toledo, OH 43615, 419 531-0146.

WALDEN, Dr. Esther Long; '59 MBA, '62 PhD (BUS); Retired; r. POB 86, Fostoria, OH 44830, 419 435-7509.

WALDEN, Larry Duke; '85 MBA; Operations Mgr.; Mellon Stuart Co., 118 S. Clinton St. Ste. 350, Chicago, IL 60606, 312 346-9284; r. 1230 N. State Pkwy., Unit 11A, Chicago, IL 60610, 312 337-2820.

WALDER, Ernest D.; '59 BSBA; Sales Rep.; Freedom Fed. S&L, 2939 Kenny Rd., Columbus, OH 43221, 614 459-6100; r. 639 Mohican Way, Westerville, OH 43081, 614 882-7779.

WALDER, Martine E.; '80 BSBA; Asst. Controller; Pepsi Cola-Sacramento, 7550 Reese Rd., POB 28307, Sacramento, CA 95828, 916 423-1000; r. 7611 Lakewood Park Dr., Sacramento, CA 95828, 916 689-2331.

WALDMAN, Dr. Raymond D.; '59 BSBA; Optometrist; 416 W. Lexington Ave., Elkhart, IN 46516, 219 293-4116; r. 1401 Kilbourn St., Elkhart, IN 46514, 219 293-4478.

WALDO, John Robert; '68 BSBA, '73 MA; Pres.; Personnel Diagnostics, 1880 Mac Kenzie Dr., Ste. 102, Columbus, OH 43220; r. 2401 Jackson St., Apt. 5, San Francisco, CA 94115.

WALDOCK, Frederick D.; '51 BSBA; Atty.; Buckingham, Holzapfel, Zeiher, Waldock & Schell Co., LPA, 414 Wayne St., POB 929, Sandusky, OH 44870, 419 627-0414; r. 3925 Hilltop Dr., Huron, OH 44839, 419 433-6712.

WALDOCK, William Louis; '81 BSBA; VP; Waldock Investment, 117 E. Washington Row, POB 1489, Sandusky, OH 44870, 419 626-1979; r. 1711 Willow Dr., Sandusky, OH 44870, 419 627-0761.

WALDORF, John Forest, Jr.; '74 BSBA, '79 MBA; Asst. Treas.; Accuray Corp., Combustion/Engineering Div, Treasury Dept./650 Ackerman Rd, Columbus, OH 43202, 614 261-2000; r. 6840 Carrousel Dr., Reynoldsburg, OH 43068, 614 861-5641.

WALDORF, Kay Darby, (Kay Darby); '84 BSBA; Sr. Auditor/Audit Ofcr.; Natl. City Corp., 155 E. Broad St., Columbus, OH 43265, 614 860-8500; r. 6840 Carrousel Dr., Reynoldsburg, OH 43068, 614 861-5641.

WALDRON, David R.; '86 BSBA; Mgr.; Columbus Check Cashers, 2724 Cleveland Ave., Columbus, OH 43224, 614 262-1766; r. 2321 Graydon Blvd., Columbus, OH 43220, 614 459-4650.

WALDRON, Karen Monique, (Karen Monique Cuarterо); '79 BSBA; Investments Mgr.; r. 16 Forest St., Apt. 44, Cambridge, MA 02140.

WALDSCHMIDT, Lee L.; '46 BSBA; Retired; r. 103 Sprague Dr., Hebron, OH 43025.

WALEN, Laura Elizabeth; '87 BSBA; 4885 Lakeview Dr., Powell, OH 43065, 614 881-4137.

WALERI, David Lee; '76 BSBA; Pres.; Marcris Enterprises, 50 N. Prospect St., Norwalk, OH 44857, 419 668-5981; r. 4295 Marin Blvd. #F, Port Clinton, OH 43452.

WALES, Stephanie Monique; '86 BSBA; 1013 Lakeview Dr., Marblehead, OH 43440, 419 798-5969.

WALGREN, Paul Robert; '46 BSBA; Cnsltg. Arborist; Paul Robert Walgren, 650 Sherman Ave., Hamden, CT 06514; r. Bunker Hill Rd., Woodbridge, CT 06525, 203 397-1353.

WALK, Gunter F.; '60 BSBA; Operations Researche; Chrysler Corp., 1600 Webster St., Dayton, OH 45404; r. 5358 Viewland Ter., Dayton, OH 45431, 513 254-1266.

WALKER, Anabel '52 (See Mauck, Mrs. Anabel W.).

WALKER, Andrew W.; '56 BSBA; Owner; Houston Gen. Equities, Inc., 8866 Gulf Frwy., #225, Houston, TX 77017, 713 943-3877; r. Box 1163, Dickinson, TX 77539, 713 337-1138.

WALKER, Barron Michael; '86 BSBA; Mgmt. Cnslt.; Arthur Andersen Co., 41 S. High St., Columbus, OH 43215, 614 228-5651; r. 950 Hill Rd., Pickerington, OH 43147, 614 759-9252.

WALKER, Mrs. Beatrice A., (Beatrice D. Arnold); '50 BSBA; CPA; 412 W. Wyandot Ave., Upper Sandusky, OH 43351, 419 294-2642; r. Same.

WALKER, Beth Ellen; '86 BSBA; 2205 New Garden Rd #3401, Greensboro, NC 27410.

WALKER, Carol Wickerham; '79 BSBA; 5619 E Tierra Buena, Scottsdale, AZ 85254, 602 867-2711.

WALKER, Charles Wilson; '80 MPA; Assoc. Dir.; Residential Treatment Prog., 28 N. College St., Athens, OH 45701, 614 594-3511; r. 3449 Glazier Inn Rd., Guysville, OH 45735, 614 662-2515.

WALKER, Christine Marie; '86 BSBA; 3930 Grafton, c/o Kathy Walden, Brunswick, OH 44212.

WALKER, Cynthia Jane; '85 BSBA; Staff Auditor; Progressive Ins. Co., 3401 Enterprise Pkwy., Beachwood, OH 44122, 216 464-7900; r. 5556 Broadview Rd., Apt. 3304, Parma, OH 44134, 216 398-6912.

WALKER, Daniel Douglas; '78 MPA; POB 4260, San Luis Obispo, CA 93403.

WALKER, Darrell Leonomous; '73 BSBA; 1604 Florence St., Middletown, OH 45042, 513 423-3823.

WALKER, David Carl; '46 BSBA; Mortgage Broker; B.W. & Assocs./Financial Corp., 459 N. Central Ave., Ontario, CA 91761, 714 983-9565; r. 8420 Hawthorne St., Alta Loma, CA 91701, 714 989-8134.

WALKER, David James; '88 BSBA; Salesman; Columbus Paper & Copy Supply, Columbus, OH 43227, 614 445-7135; r. 1155 Elaine Rd, Columbus, OH 43227, 614 231-9127.

WALKER, Dennis Jon; '84 BSBA; Equip. Operator; UPS (Ups), 4300 E. 68th St., Cleveland, OH 44105; r. 120 Ruth Ellen Dr., Apt. #202, Richmond Hts., OH 44143, 216 731-0755.

WALKER, Edward Allen; '82 BSBA; Asst. VP; Merrill Lynch Pierce Fenner & Smith Inc., 4702 Fm 1960 W. Ste. 180, Houston, TX 77069, 713 586-1709; r. 12102 Marcia Dr., Houston, TX 77065, 713 894-1339.

WALKER, Floyd Dalton, III; '80 BSBA; Cnslt.; Computer People, 317 SW Alder, Ste. 1240, Portland, OR 97204, 503 224-6070; r. 520 NE 97th Ave., Vancouver, WA 98664, 206 254-2408.

WALKER, Floyd E.; '42 BSBA; Owner; Baileys Cafeteria, 410 9th St., Huntington, WV 25701; r. POB 2287, Huntington, WV 25701.

WALKER, Frances Joseph; '38; Homemaker; r. 672 S. Kellner Rd., Columbus, OH 43209, 614 237-1909.

WALKER, George H.; '39 BSBA; Retired; r. 9000 Cook-Yankeetown Rd., Mt. Sterling, OH 43143, 614 869-3110.

WALKER, George M., III; '61 BSBA; VP & CFO; Robbins & Myers Inc., 1400 Kettering Twr., Dayton, OH 45423, 513 225-3326; r. 390 Leander Dr., Springfield, OH 45504, 513 324-1162.

WALKER, George R.; '50 BSBA; Atty.; POB Law, Monterey, CA 93942, 408 649-1100; r. POB 4338, Carmel, CA 93921, 408 624-2037.

WALKER, Gregory William; '82 BSBA; Customer Planner; Accuray Corp., 650 Ackerman Rd., Columbus, OH 43202; r. 4661 Heather Ridge Dr., Hilliard, OH 43026, 614 876-5994.

WALKER, LTC Howard Edward, USAF(Ret.); '56 BSBA; 25618 Orangewood Ln., Hemet, CA 92344, 714 927-1960.

WALKER, James Ray; '77 BSBA; 163 Westwood Rd., Columbus, OH 43214, 614 261-8766.

WALKER, James Thomas, Jr.; '53 BSBA; VP; Nelson Mc Coy Pottery Co., Marketing & Sales Division, Roseville, OH 43777; r. 300 Forest Lake Dr., Warner Robins, GA 31093.

WALKER, Jean Horlacher; '52; 314 849-1432; r. 300 S. Mc Knight Rd, St. Louis, MO 63124.

WALKER, Joe W.; '41 BSBA; VP Retired; N & W Sales Inc., Box 552, Worthington, OH 43085; r. 360 Pinney Dr., Worthington, OH 43085, 614 885-8537.

WALKER, John Clement; '50 BSBA; Tchr.; Bd. of Educ., 1819 Pershing Rd., Chicago, IL 60609; r. 1658 Vermont Dr., Elk Grove Vlg., IL 60007, 312 894-4226.

WALKER, John D.; '36 BSBA; Retired; Norwich-Eaton Pharmaceuticals, Norwich, NY 13815; r. 4 Eric St., Norwich, NY 13815, 607 334-5849.

WALKER, John Michael; '73 BSBA; Dir. of Intl. Taxes; Honeywell Inc., Honeywell Plz., Minneapolis, MN 55408, 612 870-5593; r. 5811 W. 99th St., Minneapolis, MN 55437, 612 831-2342.

WALKER, Larry J.; '59 BS; Act Branch Mgr.; Charles Schwab & Co., 1111 E. Tahquitz Way, Ste. 103, Palm Spgs., CA 92262, 619 322-2000; r. POB 2523, Palm Spgs., CA 92263.

WALKER, Marilyn Kay; '72 BSBA; Social Sci. Analyst; Justice Dept. Antitrust Div., Economic Analysis Group, 555 4th St. NW, Washington, DC 20001, 202 724-7477; r. 1218 N. Lincoln St., Arlington, VA 22201, 703 525-2272.

WALKER, Mrs. Martha Ellis, (Martha Ellis); '41 BSBA; 6825 Avery Rd, Dublin, OH 43017, 614 889-1226.

WALKER, Mrs. Martha I., (Martha I. Mc Donald); '45 BSBA; Revenue Ofcr.; IRS, 1040 Iowa Ave., Riverside, CA 92507, 714 351-6375; r. 8420 Hawthorne St., Alta Loma, CA 91701, 714 989-8134.

WALKER, Orville Charles, Jr.; '65 BSBA, '66 MA; Asst. Prof.; Univ. of Minnesota, Business Admin., Minneapolis, MN 55455; r. 5720 Olinger Rd., Minneapolis, MN 55436.

WALKER, Ralph Benson; '49 BSBA; Atty.; Med. Business Bur. Inc. of Indiana, 333 E. Washington Blvd., Ft. Wayne, IN 46802, 219 426-4381; r. 606 Three Rivers N., Ft. Wayne, IN 46802, 219 426-1407.

WALKER, Ralph O.; '45 BSBA; Retired; r. 1155 Clintshire Dr., Centerville, OH 45459, 513 433-0420.

WALKER, Mrs. Rhea-Jean, (Rhea-Jean Lieb); '68 BSBA; Supv.; NYS Dept. of Labor, State Ofc. Bldg., 107 Broadway, Hornell, NY 14843, 607 324-7210; r. 10181 McNinch Rd., Dansville, NY 14437, 716 335-5312.

WALKER, Richard H.; '63 BSBA; Ambulance Dir.; Aspen Valley Hosp., 0200 Castle Creek Rd., Aspen, CO 81611, 303 925-1120; r. 0304 Prince Dr., Carbondale, CO 81623, 303 963-3017.

WALKER, Robert George; '77 BSBA; Bank Examiner; Fed. Reserve Bank, Kansas City Denver Branch, 1020 16th St., Denver, CO 80217, 303 572-2504; r. 5306 E. Prescott Ave., Castle Rock, CO 80104.

WALKER, Robert Lawrence; '86 BSBA; Investment Ofcr.; Northwestern Mutual/Baird, Point W., Ste. 210, 3077 Kettering Blvd., Dayton, OH 45439, 513 294-3232; r. 51 Grafton Ave., Apt. 308, Dayton, OH 45406, 513 224-1893.

WALKER, Robert Lee; '54 BSBA; Pres.; First Metro Financial, 300 Wilshire, Ste. 8, Anaheim, CA 92801, 714 772-8330; r. 3218 Marywood Dr., Orange, CA 92667, 714 998-0356.

WALKER, Robert Payton, Jr.; '77 MPA; Exec. Dir.; Uni-Bell PVC Pipe Assn., 2655 Villa Creek Dr., Dallas, TX 75234, 214 243-3902; r. 9956 Burnham Dr., Dallas, TX 75243, 214 783-1602.

WALKER, Robert Philip; '70 MBA; Pres.; Phil Walker Shoe Ctr. Inc., 737 E. Main St., Lancaster, OH 43130, 614 654-3166; r. 2900 Marietta Rd., Lancaster, OH 43130, 614 653-7900.

WALKER, Ross William; '64 BSBA, '80 MBA; Sr. VP; Huntington Mortgage Co., Huntington National Bank, 41 S. High St., Columbus, OH 43215, 614 463-3671; r. 5638 Dumfries Ct. W., Dublin, OH 43017.

WALKER, Russell L.; '57 BSBA; Staff; US Gypsum Co., 101 S. Wacker Dr., Chicago, IL 60601; r. 35244 Bobcean, Fraser, MI 48026, 313 792-2908.

WALKER, Scott H.; '48 BSBA; Retired; r. 136 Lassen Cir., Vacaville, CA 95687, 707 449-9113.

WALKER, Sherwood; '47 BSBA; Real Estate Rep.; The Robert Weiler Co. Realtors, 41 S. High St., Ste. 2200, Huntington Ctr., Columbus, OH 43215, 614 221-4286; r. 672 S. Kellner Rd., Columbus, OH 43209, 614 237-1909.

WALKER, Stan Duane; '85 BSBA; New Bus. Rep.; CIT, 7450 Horizan Dr., Columbus, OH 43085, 614 885-0182; r. 2387 Hampstead Dr., Columbus, OH 43229, 614 891-0233.

WALKER, Stephen C.; '70 MBA; Portfolio Mgr.; McKenzie Walker Investment Mgmt., Inc., 60 E. Sir Francis Drake Blvd., Larkspur, CA 94939, 415 461-4171; r. Same.

WALKER, Terasa '86 (See Ridgway, Terasa Walker).

WALKER, Thomas Michael; '82 MBA; VP Fin. & Admin.; Praxis Biologics, Inc., 30 Corporate Woods, Ste. 300, Rochester, NY 14623, 716 272-7000; r. 19 Pond View Dr., Pittsford, NY 14534, 716 383-1464.

WALKER, Vaughn R.; '30 BSBA; Retired; r. Box 320, Watseka, IL 60970, 815 432-3373.

WALKER, Voltaire C.; '76 MPA; POB 19782, Birmingham, AL 35219.

WALKER, William A.; '67 BSBA; Analyst; r. 907 Pepperwood Ln., Brunswick, OH 44212, 216 273-6657.

WALKER, William B.; '87 BSBA; Claims Adjuster; 5300 Strawberry Farms, Columbus, OH 43220, 614 895-8300; r. 6004 Slippery Rock Rd. #9, Columbus, OH 43229, 614 794-3718.

WALKER, William Wade; '77 BSBA; Operations Mgr.; Plaskolite Inc., POB 1497, Columbus, OH 43216, 614 294-3281; r. 1327 Beechlake, Worthington, OH 43085, 614 848-8739.

WALKEY, John Leslie; '68 BSBA; Atty.; Ball, Eggleston, Bumbleburg & McBride, 810 Bank One Bldg., Lafayette, IN 47902, 317 742-9046; r. 2714 Sleepy Hollow, Lafayette, IN 47904, 317 447-0974.

WALKINS, Gerald R.; '58 BSBA; NE Regional Mgr.; Kardex Systs., Inc., 10475 Perry Hwy., Ste. 302, Town Ctr., Wexford, PA 15090, 412 935-2220; r. 2348 Saddle Dr., Allison Park, PA 15101, 412 487-6073.

WALKLET, Thomas B.; '58 BSBA; Cnslt.; 6568 Beachview Dr. #309, Rancho Palos Verdes, CA 90274, 213 544-2105; r. Same.

WALL, Andrew James; '85 BSBA; 580 E. Town St., Columbus, OH 43215, 614 461-1546.

WALL, Bradley Alan; '83 BSBA; 9475 Comeau St., Winter Garden, FL 32787, 407 290-5353.

WALL, Charlene Powell; '79 MBA; Sr. Personnel Admin.; Pratt & Whitney Aircraft Grp., Aircraft Rd., Southington, CT 06002, 203 276-4211; r. 16 Briar Ln., Bloomfield, CT 06002, 203 242-1072.

WALL, Constance '54 (See Holt, Constance Wall).

WALL, Lee Wallace; '72 BSBA; Box 442, Leesburg, VA 22075, 703 777-4774.

WALL, William K.; '43 BSBA; 2708 Mt Holyoke Rd., Columbus, OH 43221, 614 488-9871.

WALLACE, Bert W.; '53 BSBA; CPA; Greene & Wallace, 1241 Dublin Rd., Columbus, OH 43215, 614 488-3126; r. 2721 Alliston Ct., Columbus, OH 43220, 614 451-3223.

WALLACE, Craig Geoffrey; '77 BSBA; VP; Wallace Deist & Schneider, 1250 W. Dorothy Ln., Dayton, OH 45409, 513 299-5515; r. 716 Salt Box Rd., Dayton, OH 45459, 513 434-6531.

WALLACE, Deborah Lynn; '78 BSBA; Bus. Mgr.; Triad Ins. Agcy., 1400A Forbes Rd., Lexington, KY 40505, 606 255-0809; r. 828 Tremont, Lexington, KY 40502, 606 278-8822.

WALLACE, Diane Kay; '72 BSBA; Asst. Prof.; The University of Toledo, 2801 W. Bancroft, Toledo, OH 43606; r. 4330 Tamworth, Sylvania, OH 43560.

WALLACE, Donna Lynne; '77 MPA; 186 Huber Ave., Williamstown, NJ 08094.

WALLACE, Glen D.; '47 BSBA; Retired Dir./Bus. Admin.; Chemical Abstracts Svcs., 2540 Olentangy River Rd, POB 3012, Columbus, OH 43210; r. 1670 Sussex Ct., Columbus, OH 43220, 614 451-3689.

WALLACE, H. Ray; '58 BSBA; VP/Gen. Mgr.; Abbott Labs-Critical Care &, Control Systs., 1212 Terra Bella Ave., Mountain View, CA 94043, 415 961-4380; r. 13523 Toni Ann Pl., Saratoga, CA 95070, 408 741-3413.

WALLACE, James Brent; '84 BSBA; VP; Schuler Marina Inc., Box 308, Russells Pt., OH 43348, 513 843-5193; r. Box 308, Russells Pt., OH 43348, 513 843-2735.

WALLACE, John D.; '59 MBA; Retired; r. 16805 Coriander Ln., Ft. Myers, FL 33908, 813 466-8242.

WALLACE, John Raymond; '86 BSBA; Programmer Analyst; Banc Ohio Natl. Bank, 770 W. Broad St., Columbus, OH 43222, 614 463-7100; r. 1776 Hillandale Ave., Columbus, OH 43229, 614 891-7776.

WALLACE, Leo D.; '59 BSBA; 228 N. Thomas St., Arlington, VA 22212, 703 524-1932.

WALLACE, Lew E.; '38 BSBA; Acct.; Lew E Wallace, 4175 N. High St., Columbus, OH 43214; r. 5300 Brand Rd., Dublin, OH 43017, 614 889-2112.

WALLACE, Lori A.; '88 BSBA; Gen. Partner; Corinthian Trading Co., POB 141131, Columbus, OH 43214, 614 766-2979; r. Same.

WALLACE, Mark Leon; '83 BSBA; UPS, W. Longview, Mansfield, OH 44907; r. 572 Morrison Ave., Mansfield, OH 44904, 419 589-6046.

WALLACE, Michael Dwight; '82 MBA; Mgr. Manufact. Support; The Mead Corp., Courthouse Plz. NE, Dayton, OH 45463, 513 436-5330; r. 2040 Meadowside Ln., Centerville, OH 45458, 513 439-3613.

WALLACE, Richard D.; '59 BSBA; Sr. Comp Analyst; Columbia Gas of Ohio, 99 N. Front St., Columbus, OH 43215; r. 10107 Oxford Dr. N. W., Pickerington, OH 43147, 614 866-3001.

WALLACE, Richard K.; '67 BSBA; Pres.; Versa Corp., 28 Clark St., POB 152, Mt. Sterling, OH 43143, 614 869-2738; r. 6767 Bluebird Dr., Orient, OH 43146.

WALLACE, Robert E.; '66 BSBA; Surplus Lines Broker; Repath Assoc., 100 E. Wilson Bridge Rd., Ste. 231, Worthington, OH 43085, 614 898-3884; r. 1171 Oakwood Ln., Westerville, OH 43081, 614 898-5344.

WALLACE, Shawn Crawford; '86 BSBA; 931 Mount Pleasant, Columbus, OH 43201, 614 294-6825.

WALLACE, Stephen Paul; '79 BSBA; Staff Acct.; Coopers & Lybrandt, Ste. 2000 Columbus Ctr., 100 E. Broad St., Columbus, OH 43215; r. 1179 Crater Lake Ln., Worthington, OH 43085, 614 846-3589.

WALLACE, Sue Nolze, (Sue M. Nolze); '36 BSBA; Retired; r. Rte. 1 Box 79, Cynthiana, IN 47612, 812 845-2540.

WALLACE, Sylvia Effler; '78 BSBA; Assoc. Acct.; Toledo Scale, 1150 Dearborn Dr., Columbus, OH 43229; r. 1179 Crater Lake Ln., Worthington, OH 43085, 614 846-3589.

WALLACE, Tammy Marie; '85 BSBA; Acct.; Dry Creek Gravel, 2097 Mt. Vernon Rd., Newark, OH 43055, 614 366-3333; r. 190 Rocky Ford Dr., NE, Newark, OH 43055, 614 763-4163.

WALLACE, Thomas S.; '74 BSBA; Mgr.; Gold Circle Stores, Merchandising Presentations, 6121 Huntley Rd., Westerville, OH 43081, 614 438-4141; r. 6095 Catawba Dr., Grove City, OH 43123, 614 875-0190.

WALLACE, Vonna S.; '69 BSBA; Purchasing Mgr.; GE Aerospace, POB 8555, Bldg. 100, Rm. U3203, Philadelphia, PA 19101, 215 354-4788; r. 425 Arden Rd., Gulph Mills, PA 19428, 215 254-9338.

WALLACE, LTC William B., USA(Ret.); '51 BSBA; 152 N. Equestrian Way, Prescott, AZ 86303, 602 778-0967.

WALLACH, Bonalynn Cherie; '82 BSBA; Securities Trader; Harris Govt.Securities Inc., 111 W. Monroe St., Chicago, IL 60690, 312 461-6781; r. 100 W. Chestnut #2307, Chicago, IL 60610, 312 943-1160.

WALLACH, Charles D.; '47 BSBA; Retired; r. 25233 Maidstone Ln., Cleveland, OH 44122, 216 464-8272.

WALLENFELSZ, Francis W.; '57 BSBA; VP; Grant Hosp., 309 E. State St., Human Resources Division, Columbus, OH 43215; r. 7070 Rieber St., Worthington, OH 43085, 614 885-5665.

WALLER, David L.; '84 MBA; Asst. VP; CT Bank & Trust, 1 Constitution Plz., Hartford, CT 06115, 203 244-5730; r. 4101 Town Pl., Middletown, CT 06457, 203 632-1950.

WALLER, Janet Marie; '88 BSBA; 340 W. 36th St., Lorain, OH 44052, 216 245-9031.

WALLER, Larry; '67 BSBA; Owner; Waller Financial Plng. Grp. Inc., 921 Chatham Ln., Columbus, OH 43221, 614 457-7026; r. 4955 Chancellor Dr., Grove City, OH 43123, 614 875-1428.

WALLER, Laura A. '86 (See Buxton, Laura A.).

WALLER, Marcia Lynne; '82 BSBA; Stockbroker; Blinder Robinson & Co., 2801 Buford Hwy., Ste. 520, Atlanta, GA 30329, 404 329-9330; r. 2741-10 Bryer Cliff Rd. NE, Atlanta, GA 30329, 404 325-5741.

WALLER, Sanford W.; '41 BSBA; Retired; r. 1 Bratenahl Pl., Cleveland, OH 44108, 216 451-4444.

WALLER, William Howard; '78 BSBA; Sales Engr.; Contech Const. Prods., 3360 Tremont Rd., Columbus, OH 43221, 614 457-7450; r. 473 S. Spring Rd., Westerville, OH 43081, 614 890-6097.

WALLER, William R.; '49 BSBA; Retired Plant Contlr; Rockwell Intl., Standard Division, Newark, OH 43055; r. 258 Bachmann Ave., Newark, OH 43055, 614 366-1801.

WALLICK, Robert Charles; '77 BSBA; Sr. Auditor; W R Grace & Co., 1114 Ave. of The Americas, New York, NY 10036, 212 819-6934; r. 231 Milltown Rd., Springfield, NJ 07081, 201 376-4487.

WALLICK, Ms. Ronda Kay; '88 BSBA; Agt.; New York Life Ins. Co., 140 E. Town St., Ste. 1500, Columbus, OH 43215, 614 224-8203; r. 64 Bobby Ln., Westerville, OH 43081, 614 882-4221.

WALLINGFORD, Joyce A. '48 (See Hickerson, Joyce Wallingford).

WALLINGFORD, Theron; '87 BSBA; 1803 Birchcreek Ln. #4, Columbus, OH 43229.

WALLIS, William Michael; '75 BSBA; Computer Operator; Nationwide Ins. Co., One Nationwide Plz., Columbus, OH 43216; r. 1307 Pump Station Rd., Sugar Grove, OH 43155, 614 746-8056.

WALLISER, Richard Louis; '86 BSBA; 2502 E. Co Rd #16, Tiffin, OH 44883, 419 447-9300.

WALLS, Alessia Esther, (Alessia Stuart); '83 BSBA; Financial Plng. Coord.; Professional Plng. Cnslts., 700 Ackerman Rd., Columbus, OH 43202, 614 267-2600; r. 3055 Jersey Dr., Columbus, OH 43204, 614 276-4133.

WALLS, James Edgar; '80 MBA; 1307 Ctr. Ave., Portsmouth, VA 23704, 804 393-6165.

WALLS, James Jefferson; '62 BSBA; Dir. of Trng.; Metropolitan Ins. Co., 1 Madison Ave., New York, NY 10010; r. 1411 Cottage St., Vienna, VA 22180, 703 573-4565.

WALLS, Ralph G.; '66 BSBA; VP; Harmon-Walls-Aakhus Inc., 760 Northlawn Dr., Columbus, OH 43214, 614 457-3400; r. 1851 Hickory Hill, Columbus, OH 43228, 614 876-1009.

WALLS, Virginia Susan; '81 BSBA; Store Planner; Lazarus, 7th & Race Sts., Cincinnati, OH 45201, 513 369-7454; r. 5 Stillmeadow Dr., Cincinnati, OH 45245, 513 752-2436.

WALLS, Mrs. Wendy D., (Wendy S. Dugan); '86 BSBA; Homemaker; r. 1107 Golf Ln., Wheaton, IL 60187, 312 690-5168.

WALSER, Linda A. '84 (See Mc Carthy, Ms. Linda A.).

WALSER, Thomas Elmer; '79 BSBA; Atty.; Thomas E Walser, POB 510, Thornville, OH 43076; r. POB 510, Thornville, OH 43076, 614 246-4602.

WALSH, Carol Lynn; '86 BSBA; 274 E. 216th St., Euclid, OH 44123.

WALSH, David S.; '65; Sales Mgr.; Worthington Industries, 1085 Dearborn Dr., Worthington, OH 43085; r. 57 Conroy Crescent, #103, Guelph, ON, Canada N1G2V5.

WALSH, Denis H.; '78 MPA; Proj. Mgr.; American Electric Power Co., 1 Riverside Plz., POB 16631, Columbus, OH 43216, 614 223-1000; r. 944 S. Remington Rd., Columbus, OH 43209, 614 231-2607.

WALSH, James Joseph, Jr.; '58 BSBA; Asst. Mgr.; Taxation Sales & Excise, 741 E. Broad St., Columbus, OH 43205; r. 76 Kennebec Pl. E., Westerville, OH 43081, 614 890-5703.

WALSH, John Aloysius; '73 BSBA; Advt. Mgr.; Metal Coatings Intl., 275 Industrial Pkwy., Chardon, OH 44024, 216 946-2064; r. 11684 Chestnutdale Rd., Chardon, OH 44024, 216 286-7393.

WALSH, John Joseph; '83 BSBA; 130 Riding Trail Ln., Pittsburgh, PA 15215.

WALSH, Lyons A.; '57 BSBA; 111 Sundial Rd., Madison, MS 39110, 601 856-6472.

WALSH, Margaret Simpson; '79 MPA; 371 Park Blvd., Worthington, OH 43085, 614 888-6216.

WALSH, Michael Lee; '86 BSBA; Acct.; Leach Microelectronics, 6900 Orangethorpe, Buena Park, CA 90620, 714 739-0770; r. 252 Scenic Way, Brea, CA 92621, 714 990-4129.

WALSH, Richard D.; '50 BSBA; Retired; r. 1543 Heatherleaf Ln., Greenbrier-Woodlands, Toms River, NJ 08753.

WALSH, Richard T., Jr.; '67 BSBA; 1607 Kenilworth Ave., Coshocton, OH 43812, 614 622-4914.

WALSH, Robert Lee; '23 BSBA; Retired; r. 1555 Oak Ave., c/o King Home, Evanston, IL 60201.

WALSH, Thomas Patrick; '69 BSBA; 130 Sunnyside Pl., Springfield, OH 45503, 513 399-4606.

WALTER, Aida Herrarte; '50; Homemaker; r. 24225 Old Country Rd., Moreno Vly., CA 92388, 714 924-8706.

WALTER, Charles A.; '72 BSBA; Dir. of Budgets; Bearings, Inc., 3950 Euclid Ave., Cleveland, OH 44104, 216 881-2838; r. 24652 Meadow Ln., Westlake, OH 44145, 216 777-3593.

WALTER, Dr. Clyde Kenneth, Jr.; '65 MBA, '72 PhD (BUS); Assoc. Prof.; Iowa State Univ., Transp. & Logistics Dept., 300 Carver Hall, Ames, IA 50011, 515 294-3659; r. 132 Broadmoor Cir., Ames, IA 50010, 515 232-8294.

WALTER, Donald C., Jr.; '50 BSBA; Retired; r. 3298 Meadow Run Cir., Venice, FL 34293, 813 497-3298.

WALTER, Gary Keith; '69; 128 Viewland Ct., Westerville, OH 43081, 614 891-1153.

WALTER, Harvey L., Jr.; '50 BSBA; Retired Mgr.; Thrifty Drug Stores Inc., 5051 Rodeo Rd., Los Angeles, CA 90016; r. 24225 Old Country Rd., Moreno Vly., CA 92388, 714 924-8706.

WALTER, Herbert Ferdinand; '81 BSBA; 1709 Middle Bellville Rd., Mansfield, OH 44904, 419 756-5183.

WALTER, Jacqueline Suzanne; '85 BSBA; Sales Mgr.; Superior Spinning & Stamping, 901 Front St., Toledo, OH 43605, 419 693-0608; r. 5057 Hingham Ln., Toledo, OH 43615, 419 841-6097.

WALTER, Michael Hamner; '87 BSBA; 2174 York Hull Ln., Columbus, OH 43229.

WALTER, Robert D.; '49 BSBA; Retired; r. 986 Kennington Ave., Columbus, OH 43220, 614 451-9244.

WALTER, Russell A.; '40 BSBA; Gen. Mgr.; Hull Mfg. Co., 1011 High St. NE, Warren, OH 44483, 216 392-3146; r. 8890 Echo Lake Dr. NE, Warren, OH 44484, 216 856-1125.

WALTER, Susan Eva; '83 BSBA; 1709 Mid Bellville, Mansfield, OH 44904, 419 756-5183.

WALTER, Terry Lee; '79 BSBA; Risk Sharing Mgr.; Maxicare Health Plans Inc., 5200 W. Century Blvd., Los Angeles, CA 90045, 213 568-9000; r. 1065 W. Lomita Blvd., Apt. # 53, Harbor City, CA 90710, 213 530-5854.

WALTERS, Barbara Gesell '78 (See Walters-Hansford, Barbara Gesell).

WALTERS, Charles Eric; '87 BSBA; 2481 Coventry Rd., Columbus, OH 43221, 614 488-0508.

WALTERS, Dale Edwin; '50 BSBA; Ins. Underwriter; Nationwide Ins. Co., 1014 N. Market St., Canton, OH 44702; r. 543 W. Maple St., N. Canton, OH 44720, 216 499-5983.

WALTERS, Dale James; '73 BSBA; Staff; Comshare, 1300 E. 9th St., Site 1702, Cleveland, OH 44114; r. 32582 Schooner Ct., Avon Lake, OH 44012, 216 933-9930.

WALTERS, Mrs. Deborah R.; '87 MPA; Supv.-Income Maint.; Hocking Cnty. Human Svcs., 1221 W. Hunter St., Logan, OH 43138, 614 385-5663; r. 11830 James Dr., Logan, OH 43138, 614 385-8935.

WALTERS, Donald Edward; '70 BSBA; Sr. VP; Huntington Natl. Bank, 41 S. High St., Marketing Dept., Columbus, OH 43215, 614 463-3666; r. 320 Jessing Tr., Worthington, OH 43085, 614 888-4748.

WALTERS, Douglas Richard; '87 BSBA; 118 Chestnut Ridge, Saddle River, NJ 07458, 201 825-2162.

WALTERS, James Leland, Sr.; '63 BSBA; VP Counsel; Wellington Mgmt., 28 State St., 26th Fl., Boston, MA 02109; r. 42 Washington St., Marblehead, MA 01945, 617 631-7413.

WALTERS, Jennifer Jane; '87 BSBA; Millco Properties, 4378 Tuller Rd., Dublin, OH 43017, 614 761-2533; r. 7999-C Leighlin Way, Dublin, OH 43017, 614 766-5853.

WALTERS, Ms. Johanna Shuler, (Johanna Shuler); '75 BSBA; Sr. Admin. Exec. Comp.; GM Corp., Chevrolet-Pontiac-Canada Grp, 30001 Van Dyke, Warren, MI 48090, 313 556-5000; r. 3227 Greenspring Ln., Rochester, MI 48309, 313 370-0074.

WALTERS, Jonathan Paul; '87 BSBA; Asst. Mgr.; K-Mart Apparel, 30 US Bypass E., Ft. Wayne, IN 46805, 219 483-9581; r. 1460 E. 195th St., Euclid, OH 44117, 216 481-1953.

WALTERS, Karl R.; '50 BSBA; Controller; Borden Inc., Viking Engraving, 1432 N. Grant Ave., Columbus, OH 43201, 614 291-4639; r. 882 Chambers Rd., Columbus, OH 43212, 614 486-2265.

WALTERS, Lawrence Medbery; '32 BSBA, '33 MA; Retired; r. 2531 Dorset Rd, Columbus, OH 43221, 614 488-2410.

WALTERS, Leland A.; '36 BSBA; Retired; r. 377 Southshore Dr., Sarasota, FL 34234, 813 351-2951.

WALTERS, Lewis John, Jr.; '74 BSBA; Internal Audit Mgr.; Nutri/Syst. Inc., c/o Postmaster, Jenkintown, PA 19046; r. 141 Sherwood Dr., Churchville, PA 18966, 215 322-4811.

WALTERS, Merton H.; '59 BSBA; Sr. VP; Greater Cleveland Hosp. Assn., 1226 Huron Rd., Cleveland, OH 44115, 216 696-6900; r. 1846 Euston Dr., Cleveland, OH 44124, 216 442-0950.

WALTERS, Michael Glen; '85 BSBA; 1352 Vinewood Dr., Columbus, OH 43229, 614 885-7262.

WALTERS, Paul Thomas; '66 BSBA; Sr. Commercial Ofcr.; US Foreign Commercial Svc., American Consulate General, Hong Kong, Hong Kong; r. 17 Conduit Rd. #5-A, Hong Kong, Hong Kong.

WALTERS, Randall Mitchell; '75 BSBA; VP, Gen. Counsel & Secy.; Environ. Treatment & Technologies Corp., 16406 US Rte. 224E, POB 551, Findlay, OH 45840, 419 424-4969; r. 4137 Clairmont Rd., Columbus, OH 43220, 614 451-4536.

WALTERS, Richard Lee, Jr.; '75 BSBA; Controller-Retail Div.; Schottenstein Stores Corp., 3241 Westerville Rd., Columbus, OH 43224, 614 478-2300; r. 820 Riva Ridge, Gahanna, OH 43230, 614 855-2556.

WALTERS, Richard M.; '58 BSBA; Pres./Ins.; Rinehart-Walters-Danner& Assc, Insurance Agency Incorporated, POB 1504, Mansfield, OH 44906, 419 522-9892; r. 2229 W. Cook Rd., Mansfield, OH 44906, 419 884-0494.

WALTERS, Sharon E.; '87 BSBA; Sales Rep.; Becton-Dickinson Edmont Div., 1300 Walnut St., Coshocton, OH 43812, 614 622-4311; r. 2229 W. Cook Rd., Mansfield, OH 44906, 419 884-0494.

WALTERS, Teresa '86 (See Easter, Teresa W.).

WALTERS, Timothy Russell; '78 MBA; Owner; Walters Ins. Agcy., 3070 W. Market St., POB 5345, Akron, OH 44313, 216 867-2937; r. 940 Traci Ln., Copley, OH 44321, 216 666-6302.

WALTERS, William David; '87 BSBA; 408 1/2 E. Sycamore St., #A, Columbus, OH 43206, 614 469-7637.

WALTERS-HANSFORD, Barbara Gesell, (Barbara Gesell Walters); '78 MPA; Community Activist; r. 1298 Hunter Ave., Columbus, OH 43201, 614 291-0248.

WALTHER, Gary Donald; '76 BSBA; Controller; Gordon Jewelry Corp., 820 Fannin, Houston, TX 77066, 713 222-8080; r. 5307 Dana Leigh, Houston, TX 77066.

WALTHER, Robert W.; '55 BSBA; VP; Prescott Ball & Turben Inc., 24900 Ctr. Ridge Rd., Westlake, OH 44145, 216 835-9250; r. 24311 Knickerbocker, Cleveland, OH 44140, 216 835-3496.

WALTON, Charles De Wayne; '88 MBA; Manuf Engr.; GE Co., 1 Neumann Way, Md/E187, Cincinnati, OH 45215; r. 122 W. N. Broadway, Columbus, OH 43214, 614 447-1225.

WALTON, Gary Donald; '77 BSBA; Rooms Mgr.; Stouffer Dublin Hotel, 600 Metro Pl. N., Reservation Desk, Dublin, OH 43017; r. 143 Birdwood Rd, Akron, OH 44313.

WALTON, Gene A.; '60 BSBA; VP Gen. Mgr.; Gregory Galvanizing & Metal, 4100 13th St., SW, Canton, OH 44708; r. 4733 Meadowview Dr. NW, Canton, OH 44718, 216 494-2347.

WALTON, George J.; '50 BSBA; Bldg. Contractor/RE Agt.; r. 102 Hester Ave., New Smyrna Bch., FL 32069.

WALTON, Jack T.; '50 BSBA; Lab Tech.; GM Corp., Harrison Radiator Div., Dayton, OH 45401, 513 455-4675; r. 3065 Revlon Dr., Dayton, OH 45420, 513 298-8959.

WALTON, James P.; '61 BSBA; Financial Cnslt.; r. 622 Flagstaff Dr., Cincinnati, OH 45215, 513 521-4922.

WALTON, Dr. John Reed; '69 BSBA, '73 MA, '76 PhD (BUS); 222 Country Club Dr., Oxford, OH 45056, 513 523-2016.

WALTON, Larry Leo; '67 BSBA; Mktg. Exec.; Sperry Corp. (Unisys), 6500 Busch Blvd., Columbus, OH 43229, 614 846-7910; r. 13120 Hartford Rd., Sunbury, OH 43074.

WALTON, Roger Llewellyn; '69 BSBA, '71 MBA; VP-Finance; Computer Pathways, 19102 Northcreek Pkwy., Bothell, WA 98011, 206 487-1000; r. 731 204th St. S. E., Bothell, WA 98012, 206 481-6698.

WALTON, Thornton Kingsley; '75 BSBA; Mgr.; 7-Up Bottling Co., Production Division, Athens, OH 45701; r. 6993 Gora Rd., Athens, OH 45701, 614 593-6374.

WALTON, Hon. William Richard; '63 BSBA; Judge; Ct. of Common Pleas, Lawrence Cnty. Ohio Courthouse, 1 Veterans Sq., Ironton, OH 45638, 614 533-4329; r. 504 S. Fifth St., Ironton, OH 45638, 614 533-0584.

WALTZ, Robert G.; '46 BSBA; Cert Public Acct.; Acctg. Svcs., 22972 Maple Ridge, Ste. 107, N. Olmsted, OH 44070; r. 11883 Pearl Rd., #319, Cleveland, OH 44136.

WALVOORD, Wilbur Wayne, Jr.; '71 BSBA; 873 Rhonemus Rd, Sabina, OH 45169, 513 584-2094.

WALWORTH, James Walter; '76 BSBA; Dir. Product Mgmt.; NCR Canada Ltd., E&M Waterloo, 580 Weber St., N., Waterloo, ON, Canada N2J4G5, 519 884-1710; r. 300 Beach Lawn Dr., Waterloo, ON, Canada N2L5W7, 519 885-3623.

WALZ, Charles Roy; '72 BSBA; Data Admin.; Bancohio, 770 W. Broad St., Columbus, OH 43222; r. 11737 Streamside Dr. N. W., Pickerington, OH 43147, 614 837-6187.

WAMBAUGH, Mrs. Annette O., (Annette O. Olson); '50 BSBA; 2606 Lockheed Dr., Midland, TX 79701, 915 682-5591.

WAMBOLD, Edward L.; '48 BSBA; 30 Woodland Rd, Minneapolis, MN 55424, 612 925-3450.

WAMBOLD, John Harrison; '72 BSBA; CPA; Wambold & Co., CPA's, 500 N. York Rd., Hatboro, PA 19040, 215 674-2192; r. 909 Tennis Ave., Ambler, PA 19002, 215 643-3035.

WAMPLER, Raymond R.; '73 BSBA; Area Mgr.; Jiffy Lube, Dayton, OH 45402; r. 490 E. Salem St., Clayton, OH 45315, 513 836-3244.

WANAMAKER, Daniel Kenneth; '85 BSBA; Lumber Broker; Cascade Empire Corp., POB 2770, Portland, OR 97208, 614 486-5301; r. 12616 NW Barnes Rd. #7, Portland, OR 97229, 503 641-3737.

WANAMAKER, Julie '80 (See Sheehan, Julie).

WANDA, Francis E.; '49 BSBA; Materials Mgr.; r. Mc Kean Dr. Grand Beach 160, New Buffalo, MI 49117, 616 469-0850.

WANDEL, Patti '51 (See Murphy, Patti Wandel).

WANDER, Charles M.; '36 BSBA; 6640 Evening St., Worthington, OH 43085, 614 888-2796.

WANDER, Daniel Lyman; '76 BSBA; Acct./Partner; Greene & Wallace, 1241 Dublin Rd., Columbus, OH 43215; r. 43 Brevoort Rd., Columbus, OH 43214, 614 267-1439.

WANDER, James C.; '55 BSBA; Production Mgr.; Keystone Container, 3505 Treecourt Industrial Blvd, St. Louis, MO 63122, 314 225-5172; r. 141 Hollyleaf Dr., Ballwin, MO 63021, 314 227-6176.

WANDER, Roy W.; '50 BSBA; Retired; r. 965 Janet Dr., Columbus, OH 43224, 614 268-4325.

WANDLE, Allen Douglas; '87 BSBA; Acct.; Auditor of State, 88 E. Broad St., 4th Fl. Fiscal, Columbus, OH 43266, 614 466-2468; r. 116 Oakway Dr., Mt. Vernon, OH 43050, 614 397-5917.

WANDREY, David Darryl; '78 BSBA; Asst. VP; The Arizona Bank, 16842 N. 7th St., Phoenix, AZ 85030, 602 863-8430; r. 8809 W. Grovers Ave., Peoria, AZ 85345, 602 977-6935.

WANG, Andrew H.; '84 MBA; Dir., Asian/Pacific Svc.; OCLC Online Computer Library Ctr., 6565 Frantz Rd., Dublin, OH 43017, 614 764-6188; r. 3439 Katie Dr., Hilliard, OH 43026, 614 876-0097.

WANG, Chao-Wen Julia; '88 MPA; 917 Tulip Tree House, Bloomington, IN 47401, 812 332-8165.

WANG, Chun Ming; '88 BSBA; POB 3527, Columbus, OH 43210, 614 291-3229.

WANG, Hwaijiin; '88 MA; Proj. Cnslt.; Interactive Bus Systs. Inc., Cincinnati, OH 45236; r. 632 Ashtabula Ct., Columbus, OH 43210, 614 293-0881.
WANG, Kou-Long; '86 MBA; Asst. Product Mgr.; Cynamid Taiwan Corp., POB 1057, Taipei, Taiwan, 886 500-2536; r. 61 Tai-Yuan Rd., 1st Fl., Taipei, Taiwan, 886 841-1789.
WANG, Mrs. May L.; '78 MACC; Controller; Seal Furniture & Systs., 9725 Scranton Rd., San Diego, CA 92121; r. 3653 Landfair Ct., San Diego, CA 92130.
WANIE, Andrew; '66 BSBA; Chartered Acct.; Wanie & Co., 1183 Finch Ave. W., Ste. 401, Toronto, ON, Canada M3J292, 416 665-8735; r. 22 Wells Hill Ave., Toronto, ON, Canada M5R3A6, 416 536-0666.
WANIEWSKI, Scott Stanley; '86 BSBA; Health Care Mktg.; r. 538 Spring St., Toledo, OH 43608, 419 242-4020.
WANNER, Robert A.; '52 BSBA; Plant Mgr.; 3M Auld, 1209 N. 5th St., Manufacturing Division, Columbus, OH 43201; r. 1415 Fahlander Dr. N., Columbus, OH 43229, 614 888-0991.
WANUCHA, Robert Shawn; '88 BSBA; Sales Rep.; Gallo Wine Co., 841-4 Catamaran, Foster City, CA 94404, 415 573-1045; r. Same.
WARBURTON, Debra Sue; '80 BSBA; Homemaker; r. 113 Riverwood Dr., Hendersonville, TN 37075, 615 822-1642.
WARD, Anita Smith, (Anita Smith); '38 BSBA; Volunteer; r. 2606 Camden Rd., Columbus, OH 43221, 614 488-6606.
WARD, Bruce A.; '54 BSBA; Mgr. Mktg. & Sales; GE Lighting, 21800 Tungsten Rd., Components Marketing Sales Op., Cleveland, OH 44117, 216 266-3553; r. 13060 Stanfield Dr., Chardon, OH 44024, 216 286-4394.
WARD, Carol Miller, (Carol Miller); '70 BSBA; Controller; American Cancer Society, 3340 Peachtree Rd., Atlanta, GA 30026, 404 329-7505; r. 2962 Sumac Dr., Doraville, GA 30360, 404 668-0628.
WARD, Charles Frederick; '72 BSBA; Owner; Wright Foods Svc. & Supply Co., Sheboygan, MI 49721, 616 627-6886; r. 220 E. Shelden, Gaylord, MI 49735, 517 732-3705.
WARD, Cherryl Wurthmann; '84 BSBA; 510 Blueridge, Spring, TX 77381.
WARD, Christopher Camlin; '83 BSBA; 13257 Pauline Ct., Orland Park, IL 60462.
WARD, Daryl Thomas; '78 BSBA; Programmer Analyst; Blue Cross, 255 E. Main St., Columbus, OH 43215; r. 6944 Prior Pl., Reynoldsburg, OH 43068, 614 864-8451.
WARD, David Charles; '88 BSBA; 4563-C Kenny Rd., Columbus, OH 43220.
WARD, Deborah Zelachowski; '76 BSBA; Staff; Sears Roebuck & Co., Sears Twr., Chicago, IL 60684; r. 3647 Tackett Branch Rd., Hurricane, WV 25526, 304 562-9352.
WARD, Deirdre; '85 BSBA; Buyer; F & R Lazarus Co., S. High & W. Town Sts., Columbus, OH 43215; r. 5692 Bixbywoods Ct., Apt. B, Columbus, OH 43232, 614 860-9617.
WARD, Donald Eugene; '80 BSBA; Warehouse Mgr.; Heminway & Bartlett Mfg., 3792 Green Industrial Way, Chamblee, GA 30341, 404 458-3196; r. 5400 Memorial Dr. #23I, Stone Mtn., GA 30083, 404 296-9965.
WARD, Eldon W.; '56 BSBA; Pres.; E E Ward Moving & Storage Co., 1289 E. Main St., Columbus, OH 43205, 614 258-8431; r. 1131 Geers Ave., Columbus, OH 43206, 614 252-1321.
WARD, Gary Lee; '87 BSBA; Financial Analyst; De Santis Grp., 1601 Bethel Rd., Columbus, OH 43220, 614 459-5345; r. 1688 Rocky Pine Loop, Columbus, OH 43229, 614 846-7595.
WARD, George F.; '38 BSBA; Retired Greenhse Mgr.; r. 3793 Hillandale Rd., Toledo, OH 43606, 419 536-4708.
WARD, Herbert H.; '60 BSBA; 111 Rainbow Ave., Sunbury, OH 43074, 614 965-2494.
WARD, James Michael; '80 BSBA; 2977 Talbrock Cir., Dublin, OH 43017, 614 761-3414.
WARD, Jeffrey Ray; '87 BSBA; Tax Cnslt.; Deloitte Haskins & Sells, 155 E. Broad St., Columbus, OH 43215, 614 229-4726; r. 5474 Woodvale Ct., Westerville, OH 43081, 614 899-1430.
WARD, Joe K.; '62 BSBA; Partner; Arthur Young & Co., 1100 Superior Ave., Cleveland, OH 44114; r. 18141 Clifton Rd., Cleveland, OH 44107, 216 221-5581.
WARD, John H.; '88 BSBA; 1454 Inglis Ave., Columbus, OH 43212, 614 486-9196.
WARD, Joseph Patrick; '77 BSBA; Staff; Lakewood Hosp., 14519 Detroit Ave., Cleveland, OH 44107; r. 5150 Landsdowne Ave., Solon, OH 44139, 216 248-5650.
WARD, Kenneth L.; '67 MBA; Owner; Acctg. Firm, 419 Sunrise Blvd., Twin Falls, ID 83301; r. 419 Sunrise Blvd. N., Twin Falls, ID 83301, 208 733-1040.
WARD, Lawrence A.; '57 BSBA; Private Investor; r. 84 Fox Hill Rd., N. Andover, MA 01845, 508 683-6674.
WARD, Lynn Martin; '65 BSBA; Prof.; Bowling Green State Univ., Legal Studies, Bowling Green, OH 43403, 419 372-2378; r. 5488 Woodridge Dr., Toledo, OH 43623, 419 885-4817.
WARD, Marlene Wathen; '81 BSBA; Internal Auditor; Salomon Bros., One New York Plz., New York, NY 10004; r. 332 King Ave., Columbus, OH 43201.
WARD, Michael Elliott; '74 BSBA; Southeastern Printing Co.; r. 76 W. Main St., New Concord, OH 43762.
WARD, Peggy A. '79 (See Tidwell, Mrs. Peggy A.).
WARD, Penny '82 (See Dougan, Penny Jo).
WARD, Richard T.; '48 BSBA; Real Estate Broker; r. 1623 Glenn, Columbus, OH 43212, 614 486-8494.
WARD, Robert D.; '62 BSBA; Atty.; US Justice Dept., Box 36055 450 Golden Gate, San Francisco, CA 94102; r. 29 Bretano Way, Greenbrae, CA 94904.
WARD, LTC Robert James, USAF(Ret.); '49 BSBA; Retired; r. 13366 Chevington Dr., Pickerington, OH 43147, 614 861-6324.
WARD, Roger Earl; '84 BSBA; 1675 Schilling Dr., Columbus, OH 43223, 614 294-2431.
WARD, Stephen Michael; '76 MPA; 2682 Kent Rd., Columbus, OH 43221, 614 488-6169.
WARD, Steven Nicholas; '72 BSBA; Mortgage Svc. Man; Minnesota Fed. Savings, 355 Minnesota St., St. Paul, MN 55101; r. 9635 Polaris Ln., N., Maple Grove, MN 55369, 612 420-5167.
WARD, Tamara Sue '86 (See Beres, Mrs. Tamara Sue).
WARD, Thomas Allen; '62 BSBA; Pres.; T A Ward Constructors Inc., 1405 Mc Laughlin Run Rd, Pittsburgh, PA 15241, 412 221-2222; r. 1703 Hastings Mill Rd., Pittsburgh, PA 15241, 412 833-8422.
WARD, Thomas Allen, II; '88 BSBA; Partner; Ward-Gibeaut Tours Ltd., 1405 Mc Laughlin Run Rd., Pittsburgh, PA 15241, 412 221-2222; r. 1703 Hastings Mill Rd, Pittsburgh, PA 15241, 412 833-8422.
WARD, Tinnie Ann; '85 BSBA; Systs. Analyst; Procter & Gamble Co., POB 599, Cincinnati, OH 45201, 513 983-5057; r. 1210 Myrtle Ave. #2, Apt. C, Cincinnati, OH 45206, 513 281-6653.
WARD, Wayne Wallace; '70 BSBA; 1008 Delwood, Mansfield, OH 44905, 419 589-8429.
WARD, Wendy '79 (See Di Maio, Wendy Ward).
WARD, William August; '61 BSBA; Account Exec.; Paine Webber, 711 Madison Ave., Toledo, OH 43624; r. 2519 Point Pleasant Way, Toledo, OH 43611, 419 729-0820.
WARDEN, Fred Bingham, Jr., CPA; '63 BSBA; Sr. VP/Treas./Dir.; United Republic Reinsurance Co., 5718 Westheimer, Ste. 1310, Houston, TX 77057, 409 634-8277; r. 1903 Mission Creek Cir., Houston, TX 77084, 713 492-2078.
WARDEN, Thomas Michael; '82 BSBA; Sr. Rsch. Assoc.; Allstate Rsch. & Plng. Ctr., 321 Middlefield Rd., Menlo Park, CA 94025, 415 324-2721; r. 1349 Olive St., Apt. A, San Carlos, CA 94070.
WARDLAW, John B., CPA; '57 BSBA; Pres.; Wardlaw, Cunningham & Co. PC, 14200 Gulf Frwy., Ste. 203, Houston, TX 77034, 713 484-4292; r. 13935 Barryknoll Ln., Houston, TX 77079, 713 497-4811.
WARDLE, D. R.; '77 BSBA; Internal Auditor; St. Anthony Med. Ctr., 1492 E. Broad St., Columbus, OH 43205, 614 251-3137; r. 203 W. Dunedin Rd., Columbus, OH 43214, 614 267-5756.
WARDROP, COL Raymond James, USA(Ret.); '51 MPA; Retired; r. 423 Parkwood Ct., Petersburg, VA 23805, 804 733-6243.
WARE, Albert A.; '69 MBA; VP & Controller; Donn Corp., 1000 Crocker Rd., Westlake, OH 44145; r. 3919 Savoy Dr., Fairview Park, OH 44126.
WARE, Kelly L. '86 (See Rees, Mrs. Kelly W.).
WARE, Kevin David; '81 BSBA; Mgr.-DP Finance/Security; Community Mutual Ins. Co., 1351 William Howard Taft Rd., Data Operations: CE1-439, Cincinnati, OH 45206, 513 872-1046; r. 7930 Woodview Ct., Maineville, OH 45039, 513 398-2569.
WARE, Samuel Wilson; '49 BSBA; Retired; r. 1190 Hogan St., Portsmouth, OH 45662, 614 353-3621.
WARE, Stephen Carlton; '83 BSBA; 5081 W. 228 St., Fairview Park, OH 44126, 216 779-1885.
WARE, Steven Brooks; '86 BSBA; Mktg. Mgr.; Westfield Ins. Cos., 213 W. Main Cross St., Findlay, OH 45840, 419 424-5707; r. 734 Third St., Findlay, OH 45840, 419 422-4274.
WARE, Vanessa Elaine; '86 BSBA; Banking/Branch Ofcr.; State Savings Bank, 2810 S. Hamilton Rd., Columbus, OH 43232, 614 864-2159; r. 6850 Cleahrurst Dr., Columbus, OH 43229, 614 794-2551.
WARE, Warren William; '69 MBA; VP of Mktg.; Ridge Tool Co.-Div. Emerson Elec, 400 Clark St., Elyria, OH 44035, 216 329-4424; r. 27546 Hemlock Dr., Westlake, OH 44145, 216 835-5498.
WARFIELD, Cheryl; '80 BSBA; Pres. & Founder; A.D.V.A.N.C.E. Vocal Ensemble, 1435-C W. 3rd Ave., Columbus, OH 43212, 614 486-1697; r. Same.
WARFIELD, Katherine Marie; '83 BSBA; Financial Analyst; EDS/Hydra-Matic Div., Ecorse & Wiard Rds., Ypsilanti, MI 48197, 313 481-6851; r. 10995 N. Territorial Rd., Plymouth, MI 48170, 313 459-1957.
WARFORD, William Barry; '70 BSBA; Real Estate Broker; J B Goodwin Realtors, 124 W. Anderson Ln., Austin, TX 78761; r. 8604 Crestridge, Austin, TX 78750, 512 328-3095.
WARGO, Anthony Robert; '82 BSBA; Acctnt/Justice Dept.; r. 1148 Lee Ave., Port Clinton, OH 43452.
WARGO, James S.; '58 BSBA; Sales; Lime Material Co., 2800 Euclid Ave., Cleveland, OH 44115; r. 4465 W. 214, Fairview Park, OH 44126, 216 333-3109.
WARING, Gerald P.; '45 BSBA; Retired-Pro Baseball; r. 1960 E. 32nd St. #1125, Yuma, AZ 85365, 602 726-6639.
WARING, Geraldine Howald, (Geraldine Howald); '29; Owner; G. H. Waring Cont. Gift Shop, Rte. 195, Storrs, CT 06268, 203 429-2143; r. 71 Separatist Rd., Storrs, CT 06268, 203 429-2725.
WARM, Miriam Faye; '87 BSBA; Account Exec.; CompuServe, Ste. 450 LB 46, 345 E. John Carpenter Frwy., Irving, TX 75602, 214 869-3033; r. 5 Avon Fields Pl., Cincinnati, OH 45229, 513 281-7444.
WARMOLTS, Carrie Dunham, (Carrie Dunham); '83 BSBA; Administrative Ofcr.; Bank One, 2031 W. Henderson Rd., Columbus, OH 43220, 614 248-2500; r. 5086 Godown Rd. #A, Columbus, OH 43220, 614 457-6791.
WARNCKE, Marc F.; '86 BSBA; 652 Holgate Ave., Defiance, OH 43512, 419 784-5192.
WARNE, Dennis Mark; '80 BSBA; Sr. Analyst; Analytics, Inc., 2500 Maryland Rd., Willow Grove, PA 19090, 215 657-4100; r. 173 Hampton Dr., Langhorne, PA 19047, 215 757-8297.
WARNE, Jeanne '69 (See Frontz, Jeanne Warne).
WARNE, Joyce Kay; '83 BSBA; CPA/Sr. Bus. Analyst; Nationwide Ins., 5 PN 1 Nationwide Plz., Columbus, OH 43216, 614 249-8597; r. 4107 Grant, Hilliard, OH 43026, 614 876-0467.
WARNE, Ralph D.; '47 BSBA; CEO; Saw Mill Agcy., POB 21425, Columbus, OH 43221; r. 1287 Darcann Dr., Columbus, OH 43220, 614 457-0524.
WARNECKE, Philip Leander; '71 BSBA; 17650 E. Mason Rd, Sidney, OH 45365, 513 492-3385.
WARNER, Allison Michele, (Allison Michele Ransom); '84 BSBA; Mktg. Rep.; IBM Corp., 2500 Citizens Plz., Louisville, KY 40202, 502 566-9150; r. 4704 Miles Ln., Louisville, KY 40219, 502 964-0524.
WARNER, Anthony Ray; '77 BSBA; Plant Mgr.; Bowles Fluidics Corp., 6625 Dobbin Rd., Columbia, MD 21045, 301 381-0400; r. 9347 Sharp Antler Dr., Columbia, MD 21045, 301 381-9235.
WARNER, David Arthur; '82 BSBA; Regional Sales Rep.; Info. Dimensions, Inc. (Batelle Software Subsid.), 1320 Old Chain Bridge Rd., Ste. 330, Mc Lean, VA 22101, 703 827-5510; r. 13511 Ambassador Dr., Germantown, MD 20874, 301 540-0220.
WARNER, David Ray; '81 BSBA; Staff; Larrimer & Larrimer, 165 N. High St., Columbus, OH 43215; r. 2755 Coventry Rd, Columbus, OH 43221, 614 488-9292.
WARNER, David Scott; '87 MBA; 4940 Folger, Columbus, OH 43227.
WARNER, David William; '68 BSBA; Computer Programmer; Columbia Gas of Ohio, 1600 Dublin Rd., Columbus, OH 43215; r. 12814 Appleton Rd., Croton, OH 43013, 614 893-3535.
WARNER, Eugene J.; '65 BSBA; Gen. Mgr.; De Bold Corp., Wooster Division, Wooster, OH 44691; r. 3304 Croyden Rd. N. W., Canton, OH 44718, 216 493-6032.
WARNER, Jeffrey Louis; '79 BSBA; 2301 Buxton Ave., Norwood, OH 45212, 513 531-8064.
WARNER, Julie Beth; '80 BSBA; Editor; Prentice-Hall Inc., Acctg. Division, Rte. 9 W., Englewood Cliffs, NJ 07632; r. 61 E. Main St. #3, Bogota, NJ 07603, 201 343-4197.
WARNER, Lucille '35 (See Gibbs, H. Lucille).
WARNER, Mark Anthony; '85 BSBA; 79 Whitefriars Dr., Akron, OH 44319, 216 644-6471.
WARNER, Martin John; '83 BSBA; Industrial Engr.; Martin Marietta, Middle River, MD 21220, 301 682-1317; r. 4916 Berryhill Cir., Perry Hall, MD 21128, 301 529-4177.
WARNER, Matthew Kirk; '84 BSBA; Internal Auditor; Marathon Oil Co., Findlay, OH 45817, 419 422-2121; r. 530 Fenway, Lima, OH 45804, 419 227-2123.
WARNER, Mrs. Melanie Mc Clain; '86 BSBA; Claims Adjuster; Motorists Ins. Cos., Claims Dept., 81 E. Wilson Bridge Rd., Worthington, OH 43085, 614 431-1000; r. 4845 Oakway Blvd., Columbus, OH 43228.
WARNER, R. Scott; '78 MA; Atty./Partner; Schottenstein Zox & Dunn, Huntington Ctr., 41 S. High St., Columbus, OH 43215, 614 462-2237; r. 5352 Olentangy River Rd., Worthington, OH 43235, 614 457-3120.
WARNER, Robert C.; '51 BSBA; 720 N. 7th St., Cambridge, OH 43725, 614 432-2583.
WARNER, Scott Alan; '72 BSBA; Plant Mgr.; Slanker Bros., 1960 Troy St., Dayton, OH 45404; r. 520 W. Alkaline Springs Rd., Vandalia, OH 45377.
WARNER, Scott Nicholas; '86 BSBA; Comptroller; Daring Publishing Grp., Canton, OH 44706, 216 454-7519; r. 4723 Cleveland Ave. NW #92, Canton, OH 44709, 216 497-0984.
WARNER, Thomas Peter; '71 BSBA; Pres.; R H Warner Cnsltg. Inc., 6124 Sunbury Rd., Westerville, OH 43081, 614 890-8405; r. 5382 Towncrier Ct., Columbus, OH 43230, 614 471-1079.
WARNER, Valerie Marie; '87 BSBA; 1637 Edmar, Louisville, OH 44641, 216 875-2539.
WARNER, Mrs. Wayne E., (Marty A. Ivens); '58 BSBA; Homemaker; r. San Luis Rey Downs, 5634 Cir. View Dr., Bonsall, CA 92003, 619 758-0097.
WARNKE, Kenneth Carl; '75 BSBA; Owner; Warnke Remodeling, 611 Orleans Ave., Bowling Green, OH 43402; r. 611 Orleans Ave., Bowling Green, OH 43402, 419 352-7231.
WARNOCK, C. Wesley; '48 BSBA; Retired; r. 1040 Salem Ct., Medina, OH 44256, 216 722-0587.
WARNOCK, Harold Henderson, Jr.; '60 BSBA; Technical Svc. Rep.; Terminix Intl., 1301 W. Park Ave., Ocean, NJ 07712, 201 741-3838; r. 43B Harrison Ave., Red Bank, NJ 07701.
WARNOCK, Robert Elmer, Jr.; '73 MPA; Cnty. Ext. Agt.; OSU Co-op Ext. Svc., 11100 Winton Rd., Cincinnati, OH 45218; r. 888 Oberlin Dr., Fairfield, OH 45014, 513 829-8559.
WARNS, Douglas E.; '66 BSBA; 8339 Orange Ct., Alexandria, VA 22309, 703 780-1948.
WARRELL, Geoffrey David; '87 BSBA; 6286 Buffham, Seville, OH 44273, 216 769-3164.
WARREN, Beverly M.; '46 BSBA; Retired; r. 277 Rochelle Park, Tonawanda, NY 14150.
WARREN, Cheryl '77 (See Cartmille, Cheryl Warren).
WARREN, Daniel Robert; '86 BSBA; Apparel Mgr.; KMart, Charleston, WV 25313, 304 925-4914; r. 5400 Big Tyler Rd., Bldg. 6-307, Cross Lanes, WV 25313, 304 776-6192.
WARREN, Eugene F.; '48 BSBA; VP; Cowden Mfg. Co., 300 New Circle Rd. NW, Lexington, KY 40505; r. 1647 Donelwal Dr., Lexington, KY 40511, 606 254-5421.
WARREN, Howard W.; '50 BSBA; Retired; Berndt Ins. Agcy., 709 6th St., Portsmouth, OH 45662; r. 2916 Willowway, Portsmouth, OH 45662, 614 354-1987.
WARREN, Kathleen Cooke; '48 BSBA; Acct.; r. 1647 Donelwal Dr., Lexington, KY 40511, 606 254-5421.
WARREN, Kathryn, (Kathryn Griffith); '83 BSBA; Acct.; First American Metro Corp., 1970 Chain Bridge Rd., Mc Lean, VA 22101; r. 7220 Murray Ln., Annandale, VA 22003.
WARREN, Lawrence Edward, Jr.; '49 BSBA; Maj. Account Rep.; Willamette Industries, Western Kraft Paper Group, Delaware, OH 43015, 614 369-7691; r. 146 Glen Cir., Worthington, OH 43085, 614 846-1982.
WARREN, Millicent Marie; '75 BSBA; 2320 N. Fairview Ln., Rochester, MI 48064, 313 651-8904.
WARREN, Paul Frederick; '71 BSBA; Prog. Mgr.; Riverside Methodist Hosp., Production Operations, 3535 Olentangy River Rd, Columbus, OH 43214; r. 1336 Denbigh Dr., Columbus, OH 43220, 614 457-3292.
WARREN, Richard Vern; '57 BSBA; 254 Hermitage Rd., Gahanna, OH 43230, 614 471-2445.
WARREN, Robert, Jr.; '71 BSBA; Atty./Partner; Hermann Cahn & Schneider, 100 Erieview Twr., Ste. 500, Cleveland, OH 44114, 216 781-5515; r. 4365 Valley Forge Dr., Fairview Park, OH 44126, 216 333-9910.
WARREN, Robert A.; '66 BSBA; VP/Gen. Mgr.; Robbins & Myers Co., Myers Industrial Products, 2221 Olympic Dr., Springfield, OH 45503; r. 1640 Bending Tree Ln., New Carlisle, OH 45344, 513 882-6763.
WARREN, Roberta Molsberry, (Roberta M. Molsberry); '42 BSBA; Pres.; Gen. Automation Mfg. Inc., 1200 E. Maple, POB 966, Troy, MI 48099, 313 689-2800; r. 4298 Chimney Point Dr., Bloomfield Hls., MI 48013, 313 626-4955.
WARREN, Ronald Dwight; '83 BSBA; Warehouse Mgr.; Dist. Mgmt. Corp., 21 Roadway Dr., Carlisle, PA 17013, 717 245-9233; r. 3613 Alberta Ave., Mechanicsburg, PA 17055, 717 732-4394.
WARREN, Timothy Douglas; '84 MBA; Proj. Engr.; Finkbeiner Pettis & Strout Ltd., 4405 Talmadge Rd., Toledo, OH 43623, 419 473-1121; r. 410 Blue Bonnet Dr., Findlay, OH 45840, 419 422-3912.
WARREN, William R., Jr.; '56 BSBA; Regional Supv.; Grange Mutual Ins. Co., 671 S. High St., Columbus, OH 43215, 614 445-2633; r. 1900 Cedar Willow Dr., Columbus, OH 43229, 614 888-9958.
WARREN, Yvonne '50 (See Brown, Yvonne W.).
WARRICK, Glenn Scott; '86 MLHR; Dir.; First Investment Co., Columbus, OH 43213, 614 239-4600; r. 69-B Andover, Heath, OH 43056, 614 522-5658.
WARSAW, Paul G.; '37 BSBA; Retired; r. 1736 Hillview Cir., Portsmouth, OH 45662, 614 353-6601.
WARSAW, Paul Michael; '65 BSBA; Retail Furniture; Lewis Furniture Co., 221 Chillicothe St., Portsmouth, OH 45662, 614 354-2826; r. 3405 Flint Ridge, Portsmouth, OH 45662, 614 353-0978.
WARTH, William John; '69 BSBA; Corporate Controller; Display Corp. of America, 424 Valley Rd., Warrington, PA 18976, 215 343-2020; r. 1121 S. 24th St., Allentown, PA 18103, 215 434-7980.
WARTON, Janet Karen, (Janet Ransom); '81 MBA; Staff; IBM Corp., 400 Columbus Ave., Valhalla, NY 10595, 914 749-3064; r. 8 Indian Hill Ln., New Fairfield, CT 06812, 203 746-0625.
WARZEL, Ronald J.; '55 BSBA; VP; Society Natl. Bank, Society Corp., 800 Superior Ave., Cleveland, OH 44114, 216 622-8427; r. 3815 Meadow Gateway, Broadview Hts., OH 44147.
WASCOVICH, Milan Nicholas; '75 BSBA; 1944 E. 34th, Lorain, OH 44053.
WASER, Edwin B.; '70 BSBA; Acctg. Mgr.; Sterling Software, 1651 NW Professional Plz., Columbus, OH 43220, 614 459-7646; r. 1887 Cedar Willow Dr., Columbus, OH 43229, 614 888-3914.
WASHBURN, Betty '51 (See Graf, Mrs. Betty W.).
WASHBURN, Christine Kay; '87 BSBA; Student; Capital Univ., Sch. of Law, 665 W. High St., Columbus, OH 43206; r. 3619 Morral-Kirkpatrick, Morral, OH 43337, 614 465-4371.
WASHBURN, David C.; '64 BSBA; Cert Pub Acct.; Private Business, 338 S. High St., Columbus, OH 43215; r. 1552 Pemberton Dr., Columbus, OH 43221, 614 451-8768.
WASHBURN, Dwight C.; '67 BSBA; Bus. Analyst; Ashland Chemical Co., M I S Dept., POB 2219, Columbus, OH 43216, 614 889-3629; r. 497 Stevenson Ave., Worthington, OH 43085, 614 885-6675.

ALPHABETICAL LISTINGS WAZGAR 295

WASHBURN, Mark Bruce; '82 BSBA; 3417 Dovecreek Dr., Arlington, TX 76016.
WASHING, C. Craig; '62 BSBA; Dir-Mktg & Communication; Libbey-Owens Ford, 811 Madison Ave., POB 799, Toledo, OH 43695, 419 247-3731; r. 34 Exmoor, Toledo, OH 43615, 419 536-8496.
WASHING, Larry Edward; '80 MLHR; 11625 Appaloosa Run W., Raleigh, NC 27612, 919 848-3096.
WASHINGTON, Gerry Lee; '79 BSBA; 11724 Hanover Rd., Cincinnati, OH 45240, 513 742-3398.
WASHINGTON, Janis Anita; '88 MBA; 686 Riverview Dr., #57, Columbus, OH 43202, 614 262-3402.
WASHINGTON, Philip H., Jr.; '78 MBA; Staff Mgr.; Michigan Bell Telephone, 444 Michigan Ave., Detroit, MI 48226, 313 223-7560; r. 20855 Lahser, Apt. 709, Southfield, MI 48034, 313 352-9111.
WASHKO, James Francis; '82 BSBA; Acct.; The Lubrizol Corp., 155 Freedom Rd., Painesville, OH 44077, 216 943-4200; r. 20891 Lakeshore Blvd., Euclid, OH 44123, 216 486-2045.
WASIELEWSKI, Karen Glenn; '87 BSBA; Staff Acct.; Arthur Andersen & Co., 425 Walnut, Cincinnati, OH 45202; r. 10814 Stockbridge, Cincinnati, OH 45249, 513 489-3217.
WASLEY, J. P. Kenneth; '31 BSBA; Retired; r. 3400 Wooster Rd., #603, Cleveland, OH 44116, 216 333-6146.
WASLEY, Dr. Robert S.; '50 PhD (ACC); Prof. Emeritus of Acctg.; Univ. of Colorado, Clg. of Business, Boulder, CO 80309; r. 801 Gillaspie Dr. #141, Boulder, CO 80303, 303 494-5719.
WASSELL, Douglas Scott; '87 BSBA; Dept. Mgr.; Elder-Beerman Dept. Store, 1530 Covington Ave., Piqua, OH 45356, 513 778-8822; r. 4010 Ranch Dr., Beavercreek, OH 45432, 513 426-4327.
WASSERMAN, David Kai; '83 BSBA; 7200 Stonecliff Dr #12, Raleigh, NC 27615.
WASSERMAN, James Herman; '77 BSBA; 5938 Woodspoint Dr., Milford, OH 45150.
WASSERMAN, Mrs. Kathryn A., (Kathryn A. Spieldenner); '82 BSBA; Homemaker; r. 2358 Hayes Ave., Fremont, OH 43420, 419 334-4625.
WASSERMAN, Michael Elliot; '80 MPA; VP; Pawating Hosp., 31 N. St. Joseph Ave., Niles, MI 49120, 616 683-5510; r. 735 S. Twyckenham Dr., South Bend, IN 46615, 219 288-0114.
WASSERSTROM, Daniel Scott; '86 BSBA; Med. Rep.; Associated Med. Specialties, 2901 Southampton Rd., Philadelphia, PA 19154, 215 677-4486; r. 231 N. Third St., Philadelphia, PA 19106, 215 627-2111.
WASSERSTROM, Harold D.; '45; 188 S. Chesterfield Rd., Columbus, OH 43209, 614 231-2671.
WASSERSTROM, Mrs. Sally Abel, (Sally Abel); '44 BSBA; 2436 Bexley Park Rd., Columbus, OH 43209, 614 231-3925.
WASSINK, Joseph Anthony; '87 BSBA; 316 E. 15th Ave., Apt. B, Columbus, OH 43201, 614 299-9270.
WATANABE, Takao; '78 MBA; Mgr.; Industrial Bank of Japan, 1-3-3 Marnnouch Chiyo Da-Ku, Tokyo 100, Japan; r. 877 Azakraike, Minamisakae Cho, Toyohashi, Japan.
WATERBURY, Irving B., III; '67 BSBA; 5767 Edgepark, Cleveland, OH 44142.
WATERBURY, Lawrence Nagle; '56 BSBA; Prof.; Quinnipiac Clg., Mt Carmel Ave., Acctg. Dept., Hamden, CT 06518; r. 492 Old Newtown Tpk., Weston, CT 06883.
WATERBURY, Robert L.; '53 BSBA; Stockbroker; A.G. Edwards & Sons, Inc., The Huntington Ctr., 41 S. High St.-Gallery, Columbus, OH 43215, 614 221-8371; r. 354 Walhalla Rd., Columbus, OH 43202, 614 263-3922.
WATERFIELD, Willis K.; '28 BSBA; Retired; r. 2430 Beechmont Ave., Cincinnati, OH 45230, 513 232-7436.
WATERHOUSE, George E.; '49 BSBA, '55 MA; 6318 Ft. Maddin, San Antonio, TX 78233, 512 653-2640.
WATERMAN, John Mueller; '38 BSBA; Retired; r. 2118 Evergreen Rd., Toledo, OH 43606, 419 536-7408.
WATERMAN, Joseph; '57 BSBA; Atty.; Waterman Law Firm, POB 09100B, Columbus, OH 43215; r. 5113 Sedalia Dr., Columbus, OH 43227.
WATERS, Barry James; '78 BSBA; Mgr. of Internal Audit; Ryder Truck Rental, Inc., 3600 NW 82nd Ave., POB 020816, Miami, FL 33102, 305 593-3188; r. 1031 NW 93rd Ter., Plantation, FL 33322, 305 476-9718.
WATERS, Edward Robert; '79 BSBA; Acct.; Merit Brass Co., 27600 Lakeland Blvd., Euclid, OH 44132, 216 261-9800; r. 2278 Orchard Way, Beachwood, OH 44122, 216 292-9132.
WATERS, Forest Wayne; '81 BSBA; Buyer; GE Aircraft Engines, Evendale Plant, 1 Neuman Way, Cincinnati, OH 45215, 513 552-4246; r. 6872 Stewart Rd., Cincinnati, OH 45246.
WATERS, Gail Marie; '84 BSBA; Resvrtnl Sales Agt.; Northwest Orient Airlines, Minneapolis/St Paul Int'L Arpt, St. Paul, MN 55111; r. 2135 43rd St SE #M8, Grand Rapids, MI 49508, 614 863-5051.
WATERS, James Jerome; '86 BSBA; Sales Rep.; Westvaco Corp., 299 Park Ave., New York, NY 10171, 800 446-3893; r. 367 Hopmeadow St., POB 185, Weatogue, CT 06089, 203 651-5374.
WATERS, Kimberly May; '86 BSBA; Application Analyst; Pacific Mutual Ins. Co., 700 New Port Center Dr., Newport Bch., CA 92660; r. 1386 Monaco Cir., Placentia, CA 92670.
WATERS, Leonard C.; '28 BSBA; 4412 58th St. W., Bradenton, FL 34205, 813 792-0691.
WATERS, Robert E.; '62 BSBA; Opers Mgr.; Northland Dodge, 1889 Morse Rd., Columbus, OH 43229, 614 261-0051; r. 1819 Willoway Cir., Columbus, OH 43220, 614 457-0744.
WATHEN, Michael Martin; '79 BSBA; Sr. Mgr.; Price Waterhouse & Co., Small Business Division, 3200 NCNB Plz., Charlotte, NC 28280, 704 372-9020; r. 1600 Wendover Rd., Charlotte, NC 28211, 704 364-9243.
WATHEN, Steven Patrick; '81 BSBA; Owner; Equity Concepts, Inc., 367 W. 3rd Ave., Columbus, OH 43201, 614 291-7437; r. 3905 Saturn Rd., Hilliard, OH 43026, 614 876-9762.
WATKEYS, Richard F.; '61 BABS; Owner; Custom Installations, 2660 Pine Lake Rd, W. Bloomfield, MI 48033, 313 681-2376; r. 2660 Pine Lake Rd., W. Bloomfield, MI 48033, 313 681-2376.
WATKINS, COL A. Hal, USAF(Ret.); '58 BSBA; Retired; r. 100 Woodcliff Cir., Signal Mtn., TN 37377, 615 886-5343.
WATKINS, Carl Joseph; '71 MBA; Real Estate Salesman; r. 620 Horn Ln., Eugene, OR 97404, 503 688-2988.
WATKINS, Charlotte M.; '85 BSBA; Programmer; The Ltd. Inc., One Limited Pkwy., POB 16528, Columbus, OH 43216; r. 1104 Riva Ridge Blvd, Gahanna, OH 43230.
WATKINS, Daniel Vance; '86 BSBA; Purchasing Agt.; Liebert Corp., 1050 Dearborn Dr., Columbus, OH 43229, 614 438-5742; r. 3751 Abney Rd., Columbus, OH 43207, 614 491-0657.
WATKINS, David Scott; '82 BSBA; Sales Rep.; Watkins Printing Co., 240 N. 4th St., Columbus, OH 43201, 614 221-3201; r. 1443 Cliff Ct., Columbus, OH 43204, 614 488-5875.
WATKINS, Ms. Elizabeth Mc Kinley; '84 BSBA, '87 JD; Assoc. Atty.; Vorys Sater Seymour & Pease, 52 E. Gay St., POB 1008, Columbus, OH 43215, 614 464-8296; r. 21158 Westlake-Lee Rd., Marysville, OH 43040, 513 642-0173.
WATKINS, Henry B., Jr.; '50; Owner; Naples Beach Hotel & Gulf Club, 851 Gulfshore Blvd., N., Naples, FL 33940, 813 262-5056.
WATKINS, Mrs. Jan A., (Jan E. Alspaugh); '84 BSBA; Mgr.; Ernst & Whinney, 1900 Toledo Trust Bldg., Toledo, OH 43604, 419 241-8800; r. 5665 Parkwood Blvd., Sylvania, OH 43560, 419 882-4695.
WATKINS, John David; '50 BSBA; Staff; Solid State Div., Radio Corp of Amer, Rte. 202, Somerville, NJ 08876; r. 20 Oak Ridge Rd., Bernardsville, NJ 07924, 201 766-0328.
WATKINS, John David; '60; Pres./Owner; Kiddie Korner Stores, 2392 Wood Ave., POB 21009, Columbus, OH 43221, 614 876-7861; r. 4132 Mumford Ct., Columbus, OH 43220, 614 457-4407.
WATKINS, John Kay, II; '85 BSBA; Funeral Dir./Embalmer; Reeb Funeral Home, 5712 Main St., Sylvania, OH 43560, 419 882-2033; r. 5665 Parkwood Blvd., Sylvania, OH 43560, 419 882-4695.
WATKINS, Judith A. '63 (See Young, Ms. Judith A.).
WATKINS, Marvin D.; '58 BSBA; Sr. Buyer; Rockwell Intl., Hebron Rd. Rte. 79, Newark, OH 43055, 614 344-1131; r. 188 Van Tassell Ave., Newark, OH 43055, 614 366-5073.
WATKINS, Michael Thomas; '85 BSBA; 8766 North St., Kettlersville, OH 45336.
WATKINS, Patrick Andrew; '83 BSBA; Staff Acct.; CIGNA Corp., Cigna Dental Health Inc, POB 4650, Miami, FL 33269, 305 620-9922; r. 8311 SW 5th St., Apt. 202, Pembroke Pines, FL 33025, 305 437-1420.
WATKINS, Robert A., Jr.; '56 BSBA; VP; Gen. Wine & Spirits Co., 149 Barclay Dr., National Programing, Stamford, CT 06903; r. 149 Barclay Dr., Stamford, CT 06903, 203 329-0472.
WATKINS, Sharon Rae; '86 MPA; Admin. Spec.; Franklin Cnty. Children Svc., 1951 Gantz Rd., Grove City, OH 43123, 614 275-2751; r. 4394 Dublin Rd., Columbus, OH 43026, 614 876-6591.
WATKINS, Todd Edwin; '74 BSBA; Sr. Dir.; Warner Amex Cable, Financial Planning, 425 Metro Pl. N. Ste. 500, Dublin, OH 43017; r. 3325 Marla Dr., Hilliard, OH 43026, 614 876-1889.
WATKINS, Wayne E.; '56 BSBA; 112 Maple St., Brookville, OH 45309, 513 833-3470.
WATLING, Justin Jay; '76 BSBA; Atty., Shareholder; Motta McCormack Wolgamuth & Watling Co., LPA, 1280 W. 3rd St., Cleveland, OH 44113, 216 574-6230; r. 15109 Fernway Dr., Cleveland, OH 44111.
WATMAN, Richard Donald; '83 MBA; Staff; Coopers & Lybrand, Ste. 2000 Columbus Ctr., 100 E. Broad St., Columbus, OH 43215; r. Coopers & Lybrand Ste. 2000, 100 E. Broad St., Columbus, OH 43215.
WATROUS, Dr. Howard Ralph; '53 BSBA, '69 PhD (BUS); POB 38, Addison, TX 75001.
WATROUS, T. C. (Ted); '59 BSBA; Sales Mgr.; Delta Petroleum Co., POB 39, Commerce City, CO 80037, 303 289-4483; r. 13713-A E. Marina Dr., Aurora, CO 80014, 303 369-5812.
WATROUS, Vandy Mc Mahon, (Vandy Mc Mahon); '82 BSBA; Systs. Analyst; Reynolds & Reynolds, 800 Germantown, Dayton, OH 45407, 513 443-2866; r. 2072 Hewitt Ave., Kettering, OH 45440, 513 433-6471.
WATSON, Anne Bauer; '88 MPA; 855 Chambers Rd. #24, Columbus, OH 43212, 614 299-2033.
WATSON, Avery D.; '86 BSBA; 7211 Dayton-Liberty Rd., Dayton, OH 45418.
WATSON, Ms. Christine Marie; '87 BSBA; Kidder Peabody & Co., Inc., 125 S. Wacker, Chicago, IL 60606, 312 427-2263; r. 512 W. Belden, #1-H, Chicago, IL 60614, 312 871-8498.
WATSON, Christopher Michael; '87 BSBA; 2107 Keltonshire, Columbus, OH 43229, 614 882-4189.
WATSON, David E.; '86 BSBA; Systs. Analyst; N C R Corp., 1700 S. Patterson Blvd., Dayton, OH 45479, 518 445-1108; r. 8460 Tree Top Ct. N., #1023, Miamisburg, OH 45342, 513 859-1853.
WATSON, Dr. David J.H.; '71 MACC, '72 PhD (ACC); Prof.; Queensland Univ., St. Lucia Brisbane, Queensland 4067, Australia, 073773553; r. 36 Greentrees Ave., Kenmore Hills, Queensland 4069, Australia, 073741558.
WATSON, Dolores Painter; '48 BSBA; 3822 Matthes Ave., Sandusky, OH 44870.
WATSON, Edward E.; '38 BSBA; 504 Bay Dr., Vero Beach, FL 32963, 407 231-5749.
WATSON, Elizabeth; '87 MBA; 634 Ardleigh Dr., Akron, OH 44303, 216 836-7787.
WATSON, Eugene; '50 BSBA; 101 Laurie Vallee, Louisville, KY 40223, 502 245-2764.
WATSON, Gary Stephen; '75 BSBA; Atty.; Scioto-Darby Concrete, 1484 Delashmut Ave., Columbus, OH 43212; r. 1400 King Ave., Apt. 23, Columbus, OH 43212, 614 488-2445.
WATSON, Gene Mirek; '78 BSBA; Account Exec.; AT&T, 7250 Poe Ave., Dayton, OH 45414, 513 454-4408; r. 3811 Cordell, Dayton, OH 45439, 513 294-2138.
WATSON, Gerald Edward; '52 BSBA; Financial Svcs./Cnslt.; 2701 Oakmont Dr., San Bruno, CA 94066, 415 583-7830; r. Same.
WATSON, Gregory Alan; '84 BSBA; Account Exec.; Community Mutual Ins. Co., Blue Cross/Blue Shield, 6740 N. High St., Worthington, OH 43085; r. 7881 Schoolside Dr, Westerville, OH 43081, 614 761-8127.
WATSON, Henri J.; '67 BSBA; Atty-at-Law; Law Ofc. of Henri J Watson & Assocs., 2500 Holmes, Kansas City, MO 64108, 816 474-3350; r. 5505 Wornall Rd., Kansas City, MO 64113, 816 361-5788.
WATSON, Jeffrey J.; '83 BSBA; Sales Rep.; Worthington Steel, 3434 Powell Ave., Franklin Park, IL 60131, 312 451-3825; r. 4604 Burnham Dr., Hoffman Estates, IL 60195, 312 991-8421.
WATSON, John R.; '41 BSBA; Retired; r. 4538 N. 109th St., Milwaukee, WI 53225, 414 463-1727.
WATSON, Kathleen Evans; '73 BSBA; CPA/Pres.; Mannheimer Seitz Kate & Freiberg Inc., 6005 Landerhaven, Ste. A, Cleveland, OH 44124, 216 446-0900; r. One Bratenahl Pl., Bratenahl, OH 44108, 216 851-7225.
WATSON, Michael Irven; '84 BSBA; 4238 Alward Rd., Pataskala, OH 43062, 614 927-4931.
WATSON, Pamela Elizabeth; '72 BSBA; Acct.; r. 154 Meadow Ln., Springfield, OH 45505, 513 323-9634.
WATSON, R. Terry; '77 BSBA, '82 MBA; Assoc.; Robert Weiler Co., 41 S. High St., Ste. 2200, Columbus, OH 43215, 614 221-4286; r. 9428 Rockport, Cincinnati, OH 45231, 513 931-4714.
WATSON, Randy Richard; '77 BSBA; Telecommunications Cnslt.; Computer Task Grp. Inc., 800 Delaware Ave., Buffalo, NY 14209, 513 489-6811; r. 3374 Ellen Ave., Hebron, KY 41048, 606 586-8027.
WATSON, Richard David; '49 BSBA; Retired; r. 2344 W. Grecourt, Toledo, OH 43615, 419 536-0667.
WATSON, Roland G.; '54 BSBA; Dir. of Labor Rels.; Anchor Glass Container Corp., 1 Anchor Pl., 1100 Anchor St., Tampa, FL 33607, 813 870-6120; r. 1113 Bramblewood Dr., Safety Harbor, FL 36495, 813 726-1769.
WATSON, Samuel Robert; '70 BSBA; Bus. Analyst; Sonoco Prods. Co., N. Second St., Hartsville, SC 29550, 803 383-7229; r. 26 Botany Woods, Hartsville, SC 29550, 803 332-3783.
WATSON, Shirley Louise; '51 BSBA; Broker; Forest E Olson Inc., 23851 Bridges Rd, El Toro, CA 92630; r. Forest E. Olson Inc., 23851 Bridges Rd., El Toro, CA 92630.
WATSON, Thomas Howard; '80 BSBA; Mgr.; Inter Systs. Inc., Program Group, 4613 Pinecrest Ofc. Pk Dr., Alexandria, VA 22312; r. 7418 Axton St., Springfield, VA 22151, 703 658-9069.
WATSON, Timothy Joseph; '81 BSBA; 138 W. Pacemont, Columbus, OH 43202, 614 262-2128.
WATSON, Warren W.; '33 BSBA; Retired; r. 4233 Barth Ln., Dayton, OH 45429, 513 298-8884.
WATSON, William Lloyd; '64 BSBA; Engrg. Systs. Analyst; WCI Microwave Div., Electrolux, 901 Smith Industrial Blvd., Dalton, GA 30722, 404 259-9751; r. Rte. 1, Sunset Dr., W., Caldwell, OH 43724, 614 732-2121.
WATSON, William M.; '58 BSBA; POB 60897, Las Vegas, NV 89160.
WATT, Craig Leland; '80 BSBA; CPA; Elsea Collins Co., 5880 Cleveland Ave., Columbus, OH 43229, 614 895-3600; r. 4792 Maize Rd., Columbus, OH 43229, 614 846-6963.
WATT, Mrs. Kathy Pitts, (Kathy Pitts); '81 BSBA; Ins. Agt.; Watt Ins. Agcy., Inc., 599A S. State St., Westerville, OH 43081, 614 882-3612; r. 4792 Maize Rd., Columbus, OH 43229, 614 846-6963.
WATT, Kristin Lynn; '86 BSBA; Law Student; OSU; r. 301 Orangewood Rd., Huron, OH 44839, 419 433-3340.
WATTANASARN, Isra; '87 BSBA; 1070 Cir. Green, Worthington, OH 43085, 614 885-5330.
WATTANASARN, Panpilas; '87 BSBA; 1070 Cir. On The Green, Worthington, OH 43085.
WATTERS, Roland Wesley, Jr.; '63 BSBA; Sr. VP, Sales & Mktg.; Howard Johnson, Inc., 710 Rte. 46 E., POB 2746, Fairfield, NJ 07007, 201 882-7625; r. 9201 Country Bay Ct., Orlando, FL 32819, 407 876-5961.
WATTERS, Sheila Renae; '88 MBA; 563 Harley Dr., Apt. 6, Columbus, OH 43202, 614 262-9921.
WATTS, Brian Eugene; '86 BSBA; Auditor; State of Ohio, 88 E. Broad St., Columbus, OH 43201, 816 245-4000; r. 5507 Kennylane, Columbus, OH 43220, 614 766-1217.
WATTS, Cheryl Anne; '80 BSBA; Staff Acct.; R A Mercer & Co. PC, 63 S. Main St., Cattaraugus, NY 14719; r. 1 Jefferson St., POB 447, Ellicottville, NY 14731, 716 699-2642.
WATTS, Dorsen V.; '38 BSBA; Retired; r. 801 Silk Oak Ct., New Smyrna Bch., FL 32069, 904 423-8049.
WATTS, John Arthur; '76 BSBA; Acct.; Arthur Young & Co., 1111 Summer St., Stamford, CT 06905; r. 17 Clemens Ave., Trumbull, CT 06611, 203 268-2507.
WATTS, Kenneth S.; '64 BSBA; Mgr. Human Res. Benefits; The Andrew Jergens Co., 2535 Spring Grove Ave., Cincinnati, OH 45214; r. 2770 Geraldine Dr., Cincinnati, OH 45239, 513 522-6029.
WATTS, Kevin Alan; '84 BSBA; Grp. Mgr.; Macy's, Atlanta, GA 30304, 404 221-7885; r. 4814 Shallow Creek Dr., Kennesaw, GA 30144, 404 924-7909.
WATTS, Mrs. Lori A., (Lori A. Burt); '84 BSBA; Programmer/Analyst; Equifax Svcs., 1600 Peachtree St., Atlanta, GA 30309, 404 885-8646; r. 4814 Shallow Creek Dr., Kennesaw, GA 30144, 404 924-7909.
WATTS, Marden Thomas; '82 BSBA; 364 Spencer St., Marion, OH 43302.
WATTS, Phillip M.; '65 BSBA; Court Commissioner; Santa Cruz Cnty.Municipal Ct., Santa Cruz Cnty. Courthouse, 701 Ocean St., Santa Cruz, CA 95060, 408 425-2067; r. 6 Lyle Way, Santa Cruz, CA 95060, 408 458-1522.
WAUBEN, James Lee; '69 BSBA; Pres.-Telecomm. Firm; James Wauben Co., 201 Great Falls St., Falls Church, VA 22046, 703 237-0300.
WAUBEN, Ms. Peggy Ann; '87 BSBA; Internal Auditor; J C Penney Co. Inc., 800 Brooksedge Blvd., Westerville, OH 43081, 614 891-8593; r. 2848 E. Dublin Granville Rd., Columbus, OH 43231, 614 898-1049.
WAUFORD, Jerry Ronald; '69 BSBA; Owner Video Store; r. 2605 Oakmont Dr., Findlay, OH 45840, 419 422-0440.
WAUGAMAN, Catherine L. '79 (See Koegler, Catherine L.).
WAUGAMAN, H. Byron; '83 MLHR; Proj. & Control Mgr.; Combibloc Inc., 4800 Roberts Rd., Columbus, OH 43208, 614 876-0661; r. 267 Reinhard Ave., Columbus, OH 43206, 614 444-6176.
WAUGH, James Elden; '63 BSBA; Industrial Engr.; r. 3109 Oakridge St., Corsicana, TX 75110.
WAUGH, Mrs. Lori A., (Lori A. Wiseman); '77 BSBA; Bookkeeper; Wiseman Agcy., 451 2nd Ave., Gallipolis, OH 45631, 614 446-3643; r. 316 E. Second St., Wellston, OH 45692, 614 384-3890.
WAUGH, Richard Belden, Jr.; '65 BSBA; Atty.; Northrop Corp., 1800 Century Park E., Century City, Los Angeles, CA 90067; r. 8 Cinch, Canoga Park, CA 91307, 818 716-0713.
WAUGH, Robert Joseph, LUTC; '74 BSBA; Registered Rep.; Prudential Financial Svcs., 37 W. Bridge St., Ste. 203, Dublin, OH 43017, 614 761-2344; r. 1341 Yellowwood Dr., Columbus, OH 43229.
WAXLER, Mrs. Sonia Russakoff, (Sonia Russakoff); '60 BSBA; Computer Prog./Analyst; C B S Inc., 51 W. 52nd St., New York, NY 10019, 212 975-2390; r. 61 Keswick Ln., Plainview, NY 11803, 516 681-0654.
WAY, Jack P.; '51 BSBA; Staff; Booth Fire Equip., 1580 Clara St., Columbus, OH 43211, 614 294-2691; r. 612 E. Dominion Blvd., Columbus, OH 43214, 614 263-6328.
WAYMAN, Charles A., Jr.; '38; Retired; r. 137 Stratford Rd., Des Plaines, IL 60016, 312 824-3607.
WAYMAN, Dr. Wilbur St.Clair, Jr.; '51 BSBA, '73 PhD (BUS); Prof./Chmn.; Georgia State Univ., Dept. of Marketing, Clg. of Business Admin., Atlanta, GA 30303, 404 651-4191; r. 4116 Lakeshore Way NE, Marietta, GA 30067, 404 973-2990.
WAYNE, Donald N.; '42 BSBA; Public Acct.; 16400 Ventura Blvd. Ste. 239, Encino, CA 91436; r. 321 Alta Ave., Santa Monica, CA 90402.
WAYNE, Robert Louis; '83 BSBA; Assoc. VP; Thomson McKinnon Securities, 300 W. Wilson Bridge, Worthington, OH 43085, 614 436-9830; r. 7798 Strathmore Rd., Dublin, OH 43017, 614 766-4667.
WAYT, Christopher Allen; '82 BSBA; Systs. Analyst; Champion Intl. Corp., 101 Knightsbridge Dr., Hamilton, OH 45020, 513 868-4082; r. 5931 Kay Dr., Fairfield, OH 45014, 513 874-6215.
WAZGAR, Robert Edward; '78 BSLHR; 2915 Wellington, Parma, OH 44134, 216 884-2547.

WEADE, Ronald Jay; '74 BSBA; Realtor; F J Weade & Assocs. Inc., 313 East Ct. St., Washington Ct. House, OH 43160; r. 4939 Brannen Dr., Washington Ct. House, OH 43160, 614 335-5703.
WEAKLEY, Cynthia Sue; '83 BSBA; Acct.; Cynthia S Weakley, 854 Deacon Cir., Columbus, OH 43214; r. 854 Deacon Cir., Columbus, OH 43214.
WEAKLEY, Douglas A.; '63; Dir./Public Relations; Ohio Dept. of The, American Legion, 4060 Indianola Ave., Columbus, OH 43214, 614 268-7072; r. 10019 Hyland Croy Rd., Plain City, OH 43064, 614 873-8597.
WEAKLEY, Jerry Thomas; '71 BSBA; Admin.; Cunningham & Bounds, 1601 Dauphin St., Mobile, AL 36660, 205 471-6191; r. 5701 N. Regents Dr., Mobile, AL 36609, 205 460-0015.
WEANER, James K.; '87 BSBA; Supv.; Detroit Plastic Molding, 6600 E. 15 Mile Rd., Sterling Hts., MI 48077, 313 979-5000; r. 725 Broadway, Defiance, OH 43512, 419 782-3331.
WEARS, Lee H.; '35 BSBA; Realtor; Wears Kahn McMenamy, 81 S. Fifth St., Columbus, OH 43215, 614 228-6321; r. 1641 Oak Hill Rd., Columbus, OH 43220, 614 457-6367.
WEASEL, Charles W.; '66 BSBA; Atty.; Weasel & Brimley LPA, 320 S. Main St., Findlay, OH 45840, 419 423-5700; r. 401 Cimarron Ct., Findlay, OH 45840, 419 423-8467.
WEAVER, Christopher Anthony; '78 BSBA; Cost Acct. Mgr.; Natl. Acme Co., 170 E. 131st St., Cleveland, OH 44108; r. 283 E. 197th St., Euclid, OH 44119, 216 531-6234.
WEAVER, Don W.; '40; Retired; r. 1064 Brentford Dr., Columbus, OH 43220, 614 451-4554.
WEAVER, George Arthur; '48 BSBA; Retired; r. 23519 Recreation, St. Clair Shrs., MI 48082, 313 293-2413.
WEAVER, George E.; '47 BSBA; Certified Public Acc; Private Business, 900 Lovett Blvd., Houston, TX 77006; r. 5639 Maywood, Houston, TX 77045.
WEAVER, Gerald Thomas; '69 BSBA; K-Mart, N. Bridge St., Chillicothe, OH 45601; r. Box 3, Kingston, OH 45644, 614 642-3194.
WEAVER, Glenn Allen; '88 MBA; Acct.; Jellinek, Schwartz, Connolly & Freshman Inc., Washington, DC 20006; r. 7105 Hundsford Ln., Springfield, VA 22153, 703 451-4483.
WEAVER, Herbert Nelson, II; '79 BSBA; Pipeliner; Mitchell Excavating, Gas Pipelining, Lisbon, OH 44432; r. 5562 Woodville, Leetonia, OH 44431, 216 482-3859.
WEAVER, James David; '82 BSBA; Tax Sr.; Arthur Young & Co. CPA, 10 W. Broad St., Columbus, OH 43215, 614 222-3956; r. 1577 Lorraine Ave., Columbus, OH 43235, 614 451-9947.
WEAVER, James L., Jr.; '47 BSBA; 132 Arrow Rd NW, Carrollton, OH 44615, 216 627-2759.
WEAVER, James Michael; '85 BSBA; Ins. Broker; North Star Mktg. Corp., Tele Marketing Division, 425 Metro Pl. N. Ste. 450, Dublin, OH 43017; r. 52 E. 14th Ave., Columbus, OH 43201.
WEAVER, James R.; '70 BSBA; Weaver Sheet Metal, 2144 Manchester Rd., Akron, OH 44314, 216 745-3105; r. Same, 216 644-4578.
WEAVER, James Ralph; '88 BSBA; 14098 Wapakoneta Rd, Grand Rapids, OH 43522, 419 832-7814.
WEAVER, Jane Lynn; '85 BSBA; Mgr.; Mc Donalds, 1589 W. Broad St., Columbus, OH 43222; r. 1522 Park Club Dr., Westerville, OH 43081, 614 431-9297.
WEAVER, John Kenneth, Jr.; '55 BSBA; Commercial Mgr.; Morgan & Co., 1001 Navaho Dr., Lower Level, Raleigh, NC 27609, 919 878-0130; r. 2937 Horseshoe Farm Rd., Wake Forest, NC 27587, 919 266-5624.
WEAVER, Joseph Roy; '62 BSBA; CPA; Weaver & Evans, 2375 E. Main St., Columbus, OH 43209, 614 237-7471; r. 892 Vernon Rd, Columbus, OH 43209, 614 237-1684.
WEAVER, Larry Wayne; '78 BSBA; Staff; Ohio House of Representatives, N. High St., Columbus, OH 43215; r. 400 Highmeadows Village Dr., Powell, OH 43065.
WEAVER, Mary '46 (See Byers, Mary Weaver).
WEAVER, Max Correy; '36 BSBA; Retired; r. 5790 Denlinger Rd., #4207, Dayton, OH 45426, 513 854-6410.
WEAVER, Phillip Lynn; '85 BSBA; CPA; Ernst & Whinney, 2400 Nationwide Plz., Columbus, OH 43215, 614 224-5678; r. 1553 Lexdale Ct., Reynoldsburg, OH 43068, 614 861-2776.
WEAVER, Robert Neil; '77 BSBA; Air Traffic Control; Fed. Aviation Admin., 326 E. Lorain St., Oberlin, OH 44074, 216 774-0100; r. 32683 Willowbrook Ln., N. Ridgeville, OH 44039, 216 327-6307.
WEAVER, Scott Douglas; '86 BSBA; Account Mgr.; Coleman Instrument Co., 8180 Corporate Park Dr., Ste. 126, Cincinnati, OH 45242, 513 489-5745; r. 3809 Fox Run Dr. #1103, Cincinnati, OH 45236, 513 891-4274.
WEAVER, Teri Hipolite; '85 BSBA; 1398 Fahlander Dr. N., Columbus, OH 43229.
WEAVER, Thomas Lee; '84 BSBA; 3107 Hackberry, Cincinnati, OH 45207, 513 751-1109.
WEAVER, Thomas Ray; '71 BSBA; Sales Mgr.; Premier Industries, 24225 Hedgewood, Westlake, OH 44145, 216 779-0868; r. Sa, E..
WEAVER, Warren S.; '42; Ind. Engr. Cnslt.; Warren S Weaver, 3513 Oakdale Dr., Bartlesville, OK 74006, 918 333-6573; r. Same.
WEAVER, William L.; '60 BSBA; Agt.; Mony, 1241 Dublin Rd., Columbus, OH 43215; r. 1599 Roxbury Rd., Columbus, OH 43212, 614 488-6523.
WEBB, C. Richard; '56 BSBA; Pres.; Tricoastal Textiles Equip. Co., 1725 S. Rainbow Blvd. #2, Ste. 163, Las Vegas, NV 89102, 702 876-1100; r. 6133 W. Oakey Blvd., Apt. #D, Las Vegas, NV 89102, 702 873-4567.
WEBB, Carol A., (Carol Shivers); '74 BSBA; Systs. Acct.; Defense Logistics Agcy., 3990 E. Broad St., Columbus, OH 43213, 614 238-9564; r. 1182 Oak Bluff Ct., Westerville, OH 43081, 614 895-7214.
WEBB, David Richard; '61 BSBA; VP; Refrigeration Sales Corp., 3405 Perkins Ave., Operations Dept., Cleveland, OH 44114; r. 1502 Mendelssohn Dr., Westlake, OH 44145, 216 835-2146.
WEBB, David Robert; '27 BSBA; Retired; r. 3515 Colgate Ave., Dallas, TX 75225, 214 361-5389.
WEBB, Elaine Taylor; '54 BSBA; 7901 Greenside Ln., Worthington, OH 43085, 614 885-0118.
WEBB, Francis Joseph; '84 MBA; Supv./Engr.; AT&T Bell Labs, Info. System Planning, 6200 E. Broad St. Rm 3T352, Columbus, OH 43213, 614 860-3587; r. 6811 Rieber St., Worthington, OH 43085, 614 885-0915.
WEBB, Ginger V. '87 (See Yost, Ginger V.).
WEBB, Harold V.; '60 BSBA; Controller; The Chapel, 135 Fir Hill, Akron, OH 44304, 216 376-6400; r. 660 Cliffside Dr., Akron, OH 44313, 216 836-5310.
WEBB, Janet Weir; '53; 1347 Oakview Dr., Worthington, OH 43085, 614 885-8328.
WEBB, Kimberly June; '81 BSLHR; 380 Rockfern Ave., Elyria, OH 44035.
WEBB, Larry Thomas; '84 BSBA; Asst. Acct.; Peat Marwick & Mitchell & Co., Two Nationwide Plz., Columbus, OH 43216; r. 6688 Chatsworth Ct., Reynoldsburg, OH 43068, 614 755-4622.
WEBB, Mary Patricia; '80 BSBA; 520 S. Jackson Ave., Green Bay, WI 54301.
WEBB, Rebecca Lynn; '84 BSBA; Acct.; Bob Webb Builders, 30 N. Woods Blvd., Worthington, OH 43085; r. 8107 Running Fox, 2C, Worthington, OH 43235, 614 846-6333.
WEBB, Robert A.; '57 BSBA; Real Estate Broker; Bob Webb Realtors, 6827 N. High St., Worthington, OH 43085; r. 7901 Green Side Ln., Worthington, OH 43085, 614 885-0118.
WEBB, Walter William; '59 BSBA; Asst. Dist. Dir.; State Bur. of Workmen's Compensation, 4895 Dressler, NW, Canton, OH 44718, 216 493-2706; r. 2001 Kimberly Cir. NE, Canton, OH 44705, 216 492-2022.
WEBB, William J.; '52 BSBA; VP; Borden Inc., 165 N. Washington Ave., Nat'L Accts & Trade Relations, Columbus, OH 43215; r. 1347 Oakview Dr., Worthington, OH 43085, 614 885-8328.
WEBBE, Charles F., Jr.; '49 BSBA; Retired; r. 738 Stinson Dr., Columbus, OH 43214, 614 451-0497.
WEBBER, Cynthia Hickey; '77 BSBA; Sr. Loan Review Ofcr.; Bank One of Columbus, 100 E. Broad St., Columbus, OH 43215; r. 83 Chatham Rd., Columbus, OH 43214, 614 261-6283.
WEBBER, Daniel Stewart, III; '50; Sales Mgr.; Snavely Forest Prods. Inc., Pittsburgh, PA, 614 868-5841; r. 1162 Stone Ridge Dr. #C, Columbus, OH 43213, 614 868-9278.
WEBEL, Curtis George; '88 BSBA; Auditor; Commuity Mutual Ins. Co., 222 E. Campusview Blvd., Columbus, OH 43085, 614 433-8945; r. 1957 Summit Ave., Apt. C-3, Columbus, OH 43201, 614 299-7286.
WEBER, Adam B.; '41 BSBA; POB 3609, Harrisburg, PA 17105.
WEBER, Alan Paul; '86 MBA; Admin. Analyst; Shell Oil Co., Budget & Planning, 511 N. Brookhurst, Anaheim, CA 92803, 800 447-4355; r. 2123 W. Ash Ave., Fullerton, CA 92633, 714 738-8571.
WEBER, Anita G. '80 (See Meyer, Mrs. Anita W.).
WEBER, Betty '48 (See Cotter, Mrs. Betty Weber).
WEBER, David F.; '57 BSBA; 1170 Quince St., Denver, CO 80220.
WEBER, David Lowell; '68 BSBA; VP/Operations; Gen. Mills, Inc., Gortons Group, 327 Main St., Gloucester, MA 01930, 508 283-3000; r. POB 409, W. Boxford, MA 01885, 508 352-6601.
WEBER, Frederick E.; '54 BSBA; Pres.; Weber Jewelers Inc., 3 E. Second St., Dayton, OH 43202; r. 333 Oakwood Ave., Apt. A, Dayton, OH 45490, 513 293-8040.
WEBER, Herman Eugene; '54; Mgr. Arlington Realtor; Donahue Better Homes & Garden, 2000 Bethel Rd., Ste. F, Columbus, OH 43220, 614 459-4111; r. 4285 Mumford Rd., Columbus, OH 43220, 614 457-8232.
WEBER, James B.; '47 BSBA; Reg. Mgr. Retired; Interstate Commerce Comm, 1252 W Peachtree St Nw Rm 300, Atlanta, GA 30309; r. 3830 Doroco Dr., Atlanta, GA 30340, 404 491-7143.
WEBER, James Gregory; '74 BSBA; Account Exec.; Time Electronics, 4445 W. 77th St., Ste. 216, Edina, MN 55435, 612 835-1250; r. 5236 Black Friars Ln., Minnetonka, MN 55345, 612 470-9145.
WEBER, James J.; '64 BSBA; Staff; Buckeye Fed. S&L, 6100 Channingway, Columbus, OH 43215; r. 3978 Karl Rd., Apt. 53, Columbus, OH 43224, 614 261-0459.
WEBER, Jeannine Sue; '82 BSBA; Purchasing Agt.; Swan Cleaners, 247 S. High St., Columbus, OH 43215, 614 224-7178; r. 1939 Solera Dr., Columbus, OH 43229, 614 898-9392.
WEBER, Jeffrey L.; '74 BSBA, '84 MBA; Exec. VP; Boschert-Weber, Capitol Management Corp, 1940 E 6Th St 7Th Fl Baker Bdg, Cleveland, OH 44114; r. 6919 Cabernet Dr., Indianapolis, IN 46278, 317 876-0906.
WEBER, John Brian; '86 MBA; Loan Ofcr.; Bancohio Natl. Bank, Metro-Ohio Div, 155 E. Broad St., 3rd Fl., Columbus, OH 43215, 614 463-6658; r. 3216 Heatherside Dr., Dublin, OH 43017.
WEBER, Justin Charles, Jr.; '72 BSBA; Foundry Foreman; Batesville Prods. Inc., 434 Margret St., Lawrenceburg, IN 47025, 812 537-2275; r. 1767 Sentinel Point, Ft. Wright, KY 41011, 606 331-7570.
WEBER, Kevin Ray; '80 BSBA; Programmer; Blue Shield Ins. of Ohio, 6740 N. High St., Worthington, OH 43085; r. 4928 Fairway Ct., Columbus, OH 43214, 614 846-1277.
WEBER, Lawrence J.; '64 BSBA; Credit Mgr.; USG Corp., USG Interiors Fl. Division, 786 Elkridge Landing Rd., Linthicum Hts., MD 21090, 301 850-5504; r. 1200 Vance Ct., Bel Air, MD 21014, 301 879-0871.
WEBER, Loretta Jaffe; '56; 333 Oakwood Ave., Apt. 2A, Dayton, OH 45409, 513 293-8040.
WEBER, Madelyn Michelle; '75 MPA; Coord.; State of Ohio, Planning & Review Dept., Columbus, OH 43215; r. 1165 Colony Dr. #314, Westerville, OH 43081, 614 882-3224.
WEBER, Michael Eric; '75 BSBA; Sales Mgr.; Enoxy Coal Co., 8790 Governor's Hill Dr., Cincinnati, OH 45249; r. 11970 Nathanshill Ln., Cincinnati, OH 45249, 513 677-1202.
WEBER, Mrs. Patricia Call, (Patricia Call); '49; Realtor; Donahue Better Homes & Garden, 2000 Bethel Rd., Ste. F, Columbus, OH 43220, 614 459-4111; r. 4285 Mumford Rd., Columbus, OH 43220, 614 457-8232.
WEBER, Patrick; '77 BSBA; 9555 Venus, Chardon, OH 44024, 216 286-4874.
WEBER, Richard N.; '51 BSBA; Mgr.; Materials Dept., Nelson Stud Welding Co, E. 28th St. & Toledo Ave., Lorain, OH 44055; r. 1606 W. 41st St., Lorain, OH 44053, 216 282-6023.
WEBER, Robert Cuyler; '81 BSBA; Mktg. Rep.; Pfizer Labs, 255 S. Cassady Rd., Bexley, OH 43209, 614 231-4556; r. Same.
WEBER, Robert Lee; '63 BSBA; Owner; Mailbox Money, Inc., 3280 Morse Rd., Ste. 211, Columbus, OH 43231, 614 476-1100; r. 352 Worman Dr., Gahanna, OH 43230, 614 475-0550.
WEBER, Robert Patrick; '85 BSBA; Computer Programer; Ohio State Tchrs. Retirement Syst., 275 E. Broad St., Columbus, OH 43215, 614 227-4090; r. 480 Lexington Ave., Apt. A, Newark, OH 43057, 614 345-4333.
WEBER, Roger M.; '60 BSBA; Admin. Ofc.; Death Valley Natl. Monument, National Park Service, Death Vly., CA 92328, 619 786-2331; r. POB 356, Death Vly., CA 92328, 619 786-2308.
WEBER, Sue Ellen; '83 BSBA; Financial Analyst; N C R Corp., 16550 W. Bernardo Dr., San Diego, CA 92127, 619 485-3305; r. 2227 Summerhill Dr., Encinitas, CA 92024, 619 942-2427.
WEBER, Thomas Francis; '79 BSBA; Asst. VP; First Fed. S&L, 601 Clinton St., Defiance, OH 43512, 419 782-5015; r. POB 52, Defiance, OH 43512, 419 395-1548.
WEBER, William Wesley; '73 BSBA; Audit Supv.; Diamond Shamrock Refining & Mktg., POB 696000, San Antonio, TX 78269, 512 641-6800; r. 14307 Rowe Dr., San Antonio, TX 78247, 512 494-5290.
WEBSTER, LTC Charles B., USMC(Ret.); '51 BSBA; Pres., Owner; Packings & Gaskets, POB 359, Chagrin Falls, OH 44022, 216 543-8108; r. Same, 216 338-3309.
WEBSTER, Donald R.; '61 BSBA; Owner; Donald R Webster & Assocs., POB 40263, Bay Village, OH 44140, 216 696-6100; r. 26924 Wolf Rd, Bay Village, OH 44140, 216 871-6578.
WEBSTER, Edward M., Jr.; '76 MBA; 30 Maplewood Rd., Worcester, MA 01601, 508 791-3074.
WEBSTER, James Harold; '73 BSBA; Pres.; James H Webster & Assocs., 701 Devonshire Dr., #C-25, Champaign, IL 61820, 217 351-0973; r. 1616 Harrington Dr., Champaign, IL 61821, 217 351-2145.
WEBSTER, John R.; '56; Owner; Naples Legal Rsch. Svcs., POB 1341, Naples, FL 33939, 813 649-5614; r. Same.
WEBSTER, Julia Eileen; '86 BSBA; Staff Acct.; Borden Inc., 180 E. Broad St., Columbus, OH 43215, 614 225-4736; r. 8180 Roseberry Run, Westerville, OH 43081, 614 888-5962.
WEBSTER, Dr. Thomas Charles; '76 PhD (PA); Dir.; Long Island Univ./CW Post Campus, Ctr. for Mgmt. Analysis, Dept. Public Admin., Brookville, NY 11548, 516 299-2750; r. 24 Winoka Dr., Huntington Sta., NY 11746, 516 427-3652.
WECHSLER, Dr. Barton J.; '85 PhD (PA); Prof.; Florida State Univ., Tallahassee, FL 32301, 904 644-3525; r. 1212 Cherokee Dr., Tallahassee, FL 32301, 904 656-3035.
WECHSLER, Fred M.; '49 BSBA; Retired Coord.; Eastman Kodak Co., Rochester, NY 14608; r. 34 Yarkerdale Dr., Rochester, NY 14615, 716 621-1552.
WECHSLER, Howard A.; '54 BSBA; Real Estate Broker; Wells Real Estate, Rte. 7, POB 747, Manchester, VT 05254, 802 362-1109; r. POB 1621, Manchester, VT 05255, 802 362-4318.
WECHTER, Carl Richard; '86 MA; Analyst; Standard Oil Co. of Ohio, Corporate Control Grp., Cleveland, OH 44115, 216 586-6882; r. 2512 Canterbury Rd., Cleveland Hts., OH 44118, 216 321-9425.
WEDEL, Bruce Owen; '68 BSBA; Asst. Bank Exami; Fed. Reserve Bank of Clevel, 1455 E. 6th, Cleveland, OH 44101; r. 8538 Homestead Dr., Cleveland, OH 44138, 216 235-5129.
WEDEMEYER, Daniel Alan; '81 BSBA; Acct.; State of Ohio, 246 N. High St., Workers Compensation, Columbus, OH 43215; r. 1412 Cottonwood Dr., Columbus, OH 43229, 614 885-1436.
WEDGE, Steven Gordon; '85 BSBA; Pres.; Cheerleaders of America, 6992 Dublin Rd., Dublin, OH 43017, 614 871-6150; r. Same, 614 792-1848.
WEDLUND, Gary La Vern; '88 MBA; 2429 Chambers Ave., Columbus, OH 43223, 614 222-7710.
WEED, Jean Russell; '33 BSBA; 563 Virginia Cir. W., Columbus, OH 43213, 614 231-6204.
WEED, John T.; '41 BSBA; Retired Auditor; The Borden Co., 165 N. Washington Ave., Columbus, OH 43215; r. 7710 Riverside Dr., Dublin, OH 43017, 614 889-1476.
WEED, Lisa Anne; '87 BSBA; Acct.; Peat Marwick Main & Co., 245 Peachtree Center Ave. NE, Ste. 1900, Atlanta, GA 30043, 404 577-3240; r. 535 Scenic View Dr., Atlanta, GA 30339, 404 432-8072.
WEED, Teresa Marie; '87 BSBA; Financial Analyst; Baxter Healthcare Inc., 1450 Waukegan Rd., Bldg. N., Mc Gaw Park, IL 60099, 312 473-0400; r. 6007 N. Sheridan Ave., #20K, Chicago, IL 60660.
WEEDA, Thomas Dewey; '70 BSBA; Dir. of Finance/Admin.; Presto-America's Favorite Food, POB 127-1522 Manchester Rd., Dayton, OH 45449, 513 294-6969; r. 4833 James Hill Rd., Dayton, OH 43429, 513 434-8570.
WEEDY, Rebekah Ruth; '82 BSBA; 6504 Balsam Dr., Reynoldsburg, OH 43068, 614 863-0571.
WEEKLEY, Jeffrey Ross; '80 BSBA; Acct./Controller; Tube Form Inc., 25840 Miles Rd., Bedford Hts., OH 44146, 216 464-9464; r. 8344 Broadview Rd., Broadview Hts., OH 44147, 216 838-5570.
WEEKS, David Alan; '77 BSBA; Sales; CMI Food Brokerage, 72 Dorchester Sq., Westerville, OH 43069, 614 882-1300; r. 330 Thornbury Ln., Powell, OH 43065, 614 847-4260.
WEEKS, Harriet Campbell; '86 BSBA; Sales Rep.; Mktg.-Edison Bros. Stores, 2110 E. Galbraith Rd., St. Louis, MO 63178; r. 2263 Derby Way, St. Louis, MO 63131, 314 991-2519.
WEEMHOFF, Christine Howard, (Christine Howard); '81 BSBA; Finance-Grad. Student; Michigan State Univ.; r. POB 208, 214 Crum St., Laingsburg, MI 48848, 517 651-5266.
WEEMS, James M.; '57 BSBA; Rep.; The Weems Assocs. Inc., 411 First Ave. S. E., Cedar Rapids, IA 52401; r. 379 Parkland Dr. SE, Cedar Rapids, IA 52403, 319 366-3317.
WEEMS, Marilyn Vlaskamp; '56; 379 Parkland Dr. SE, Cedar Rapids, IA 52403, 319 366-3317.
WEERSING, Carl Edward; '84 BSBA; 3 Estate Dorothea #C, St. Thomas, Virgin Islands 00802.
WEGLAGE, Paul Allen; '75 BSBA; Underwriting Mgr.; Hedges Gallery of Ins., POB 147, 46 N. Broadway, Lebanon, OH 45036, 513 932-6914; r. 1040 S. Linden Ave., Miamisburg, OH 45342, 513 866-8832.
WEHENKEL, Walter Carl, Jr.; '76 MPA; Dir.; Regional Plng. Commission, 315 Madison St., Rm. 208, Port Clinton, OH 43452; r. 320 W. Fourth St., Port Clinton, OH 43452, 419 734-2937.
WEHNER, Dr. Raymond Henry; '49 BSBA; Asst. Prof.; The Ohio State Univ., Theatre Communications, University Dr., Newark, OH 43055, 614 366-3321; r. 211 Irving Way, Columbus, OH 43214, 614 267-2919.
WEHR, William W., Jr.; '80 BSBA; Controller; Dollar Savings Assn., 32 N. Mill St., New Castle, PA 16103, 412 652-7741; r. 104 Nesbitt Rd. #8, New Castle, PA 16105, 412 652-7434.
WEHRLY, Gordon H.; '35 BSBA; Retired; r. 35175 Drakeshire Pl., Apt. 104, Farmington, MI 48024.
WEHRMAN, Gerald Robert; '88 BSBA; 4380 St. Rte. 705, Ft. Loramie, OH 45845, 513 295-3011.
WEIBEL, Mark Leonard; '84 BSBA; Collection Mgr.; Cincinnati Milacron, 4701 Marburg Ave., Cincinnati, OH 45209, 513 841-7023; r. 312 Tusculum Ave., Cincinnati, OH 45226.
WEIBLING, Donald Merril; '36; 33 Bed Ford Dr., Palm Coast, FL 32037, 904 445-1232.
WEICH, Garry Randall; '83 BSBA; Mktg. Rep.; Ohio Edison Co., 384 Midway Blvd., Elyria, OH 44035, 216 324-5431; r. 3032 Meister Rd., Lorain, OH 44053, 216 282-5410.
WEICHMANN, Michael Craig; '71 BSBA; Section Supv.; State of Ohio, POB 530, Dept. of Taxation, Columbus, OH 43216; r. 12327 Woodsfield Cirle Wnw, Pickerington, OH 43147.
WEICHT, Ralph H.; '52 BSBA; Retired; r. 129 French Rd., Rochester, NY 14618, 716 586-2267.
WEIDAW, James B.; '85 MLHR; Dir.; Palskolite Inc., Employee Relations Dept., 1770 Joyce Ave., Columbus, OH 43216; r. 608 Queens Dr., Newark, OH 43055.
WEIDEMAN, Anne Therese; '85 BSBA; Computer Clerk; Riverside Methodist Hosp., Surgery Dept., 3535 Olentangy River Rd., Columbus, OH 43214; r. 4879 Roberts Rd., Columbus, OH 43228.

ALPHABETICAL LISTINGS WEISS 297

WEIDER, James N.; '66 BSBA, '67 MBA; Mgr. Finance & Acctg.; Tektronix Inc., Customer Svcs. Group, POB 500 MS 53-056, Beaverton, OR 97077, 503 642-8717; r. 2665 Glen Eagles Rd., Lake Oswego, OR 97034, 503 636-0394.

WEIDER, Mark David; '85 BSBA; 1687 Lakeshore Dr., Troy, OH 45373, 513 339-5162.

WEIDINGER, Timothy Matthew; '76 BSBA; Staff; Millipore Corp., c/o Postmaster, Bedford, MA 01730, 800 225-3384; r. 5592 Tangarey Ct., Columbus, OH 43235, 614 459-8118.

WEIDLE, Thomas L.; '65 BSBA; Grp. Mgr.; Nationwide Communications Inc., Columbus, OH 43216; r. 4500 Shady Oak Way, Fair Oaks, CA 95628, 916 962-0544.

WEIDLER, Walter Clark; '49 BSBA, '50 MBA; Retired; r. 6962 Tall Timber Tr., Enon, OH 45323, 513 864-7912.

WEIDMAN, Conrad; '52; VP; Huntington Natl. Bank, 127 W. 5th St., Marysville, OH 43040, 513 644-8125; r. 916 Sherwood Ave., Marysville, OH 43040, 513 644-1845.

WEIDNER, Jonna Marie; '85 BSBA; Coord.; Online Computer Library Ctr., Accounts Receivable Dept., 6565 Frantz Rd., Dublin, OH 43017, 614 764-6000; r. 1628 King Ave., Columbus, OH 43212, 614 481-9583.

WEIDNER, Pamela A. '79 (See Scites, Pamela A.).

WEIDNER, Suzanne E.; '87 BSBA; 6405 Fisher Rd., Lancaster, OH 43105.

WEIGEL, Alwin W.; '38 BSBA; Retired; r. 3129 Lake Rd., Horseheads, NY 14845, 607 734-3411.

WEIGEL, John J.; '35 BSBA; RR 2, Muscoda, WI 53573, 608 739-3650.

WEIGMAN, Carol E. '86 (See Willard, Carol E.).

WEIHER, Don Paul; '76 BSBA; Partner; The Michael Realty Co., 1530 Edison Plz., Toledo, OH 43604; r. 4630 Queensberry Ct., Toledo, OH 43623, 419 882-1584.

WEIHMILLER, Frederick Scott; '76 BSBA; Asst. VP-Corporate Bnkg.; First American Bank of Maryland, 1801 McCormick Dr., Ste. #420, Landover, MD 20785, 301 650-1104; r. 10012 Garrett St., Vienna, VA 22180.

WEIK, Douglas Karl; '80 MPA; Mgmt. Analyst; Environ. Protection Agcy., 1921 Jefferson Davis Hwy., Arlington, VA 22202, 703 557-2926; r. 4064 N. 22nd St., Arlington, VA 22207, 703 522-6543.

WEIKERT, Jeri L. '82 (See Schiavone, Mrs. Jeri L.).

WEIKERT, Nicholas Todd; '86 BSBA; Acct.; Turner Constr. Co., 55 W. Monroe St., Chicago, IL 60603; r. 1529 N. Mohawk, Chicago, IL 60610.

WEIKERT, Roy J.; '48 BSBA; Chmn.; Gen. Films Inc., 645 S. High St., Covington, OH 45318, 513 473-2051; r. 1915 E. Simpson Ave., Ste. 1, Fresno, CA 93703, 209 222-1982.

WEIL, Mrs. Geraldine Robins, (Geraldine Robins); '45 BSBA; Retired; r. 2625 Fair Ave., Columbus, OH 43209, 614 231-7366.

WEIL, Jennifer Caroline; '84 BSBA; Sales Rep.; Natl. Cash Register Corp., 335 Fleet, Pittsburgh, PA 15220; r. 3430 Shaw, #3, Cincinnati, OH 45208, 412 344-0129.

WEIL, Norman; '58 MBA; 8252 Lochinver Ln., Potomac, MD 20854, 301 983-8157.

WEILAND, Caroline Martin; '83 BSBA; Territory Rep.; Geigy Pharmaceuticals, Summit, NJ 07901; r. 2281 Mt. Hope Rd., Okemos, MI 48864, 517 349-8849.

WEILAND, Lisa Patrizi; '83 BSBA; Account Analyst; Travelers Ins. Co., One Tower Sq., Hartford, CT 06115; r. 1604 Dusty Rose Ln., Brandon, FL 33511, 813 685-8835.

WEILAND, Paul M.; '50 BSBA; Owner; Weiland Business Machines, 1620 E. Main, Lancaster, OH 43130, 614 653-2086; r. Same, 614 654-3661.

WEILER, Dr. Robert Jerry; '64 MA, '68 PhD (BUS); Chmn.; Robert Weiler Realtor Co., 41 S. High St., Ste. 2200, Columbus, OH 43215, 614 221-4286; r. 601 S. Kellner Rd., Columbus, OH 43209, 614 231-2886.

WEILL, Stefan L.; '58 BSBA; Ins. Broker; Weill Small Assocs., 488 Madison Ave., New York, NY 10022, 212 838-0700; r. 185 E. 85th St., Apt. 8C, New York, NY 10028, 212 348-7710.

WEILNAU, Mary Sharpe; '67 BSBA; 3812 St. Rte. 113 E., Milan, OH 44846, 419 499-2459.

WEIMAN, Ms. Beverly Zahn, (Beverly J. Zahn); '72 BSBA, '74 MA; Exec. VP; Survey Sampling Inc., One Post Rd., Fairfield, CT 06430; r. 26 High Point Rd., Westport, CT 06880, 203 259-0880.

WEIMAR, Gary Michael; '82 BSBA; Deputy Treas.; Franklin Cnty. Treasurer, 410 S. High St., Delinquent Tax Div., Columbus, OH 43215, 614 462-3431; r. 1731 Durbridge Rd., Columbus, OH 43229, 614 891-2330.

WEIMAR, Glenn David; '82 BSBA; Acctg. Supv.; Nationwide Ins. Co., One Nationwide Plz., Columbus, OH 43216, 614 249-7001; r. 6350 Sharon Woods, Columbus, OH 43229, 614 890-4418.

WEIMER, Ralph William, Jr.; '69 MBA; Pres./Owner/CEO; William Tower Pharmacy, 303 S. E. 17th St., Ft. Lauderdale, FL 33316, 305 525-5107; r. 3200 Port Royale Dr. N., Apt.#409, Ft. Lauderdale, FL 33308, 305 938-9355.

WEIMERSKIRCH, James Eric; '86 BSBA; 344 Chapel Hill Ct., Columbus, OH 43228, 614 279-5983.

WEIMERT, Theresa Marie; '83 BSBA; Acct.; The Ohio State Univ., Business Management, 1800 Cannon Dr 930 Lincln Twr, Columbus, OH 43210, 614 292-9019; r. 686 Riverview Dr., Apt. 35, Columbus, OH 43202, 614 267-7422.

WEINBERG, Jack; '64 BSBA, '66 MBA; VP Opers. Plng. & Control; Northrop Corp., 8900 E. Washington Blvd., Pico Rivera, CA 90660, 213 948-9512; r. 525 Scout Tr., Anaheim Hls., CA 92807.

WEINBERG, Morton R., CPA; '50 BSBA; CPA Partner; Jacobs Siegel & Co., 2401 Morris Ave., Union, NJ 07083, 201 688-7320; r. 35 S. Derby Rd, Springfield, NJ 07081, 201 467-2095.

WEINBERG, Saul Eric; '84 BSBA; 100 Millhollow Dr., Moreland Hls., OH 44022.

WEINBERG, Stephen J.; '65 BSBA; Pres. & CEO; Prescott Asset Mgmt., 1331 Euclid Ave., Cleveland, OH 44115, 216 574-7344; r. 145 Woodburn Dr., Moreland Hls., OH 44022, 216 247-5350.

WEINBERGER, David; '40 BSBA; Pres.; The Danna Co., 286 Hollywood Ave., Akron, OH 44313, 216 864-1865; r. Same.

WEINBERGER, Robert M.; '66 BSBA; Atty.; Cohen Shearer Cohen & Silverman, 712 US Hwy. 1, N. Palm Bch., FL 33408, 614 459-4140; r. 11061 Thyme Dr., Palm Bch. Gardens, FL 33418, 407 844-3600.

WEINER, Dan David; '82 BSBA; Log Mgt. Spec.; Wright Patterson AFB, AFLC ILC/GBAC, Dayton, OH 45433, 513 257-1186; r. 4848 Marshall Rd., Kettering, OH 45429, 513 434-0033.

WEINER, Jeffrey S.; '78 MBA; Branch Sales Mgr.; Texas Instruments Inc., 33737 W. 12 Mile Rd., Farmington Hls., MI 48331, 313 553-1624; r. 22345 Metamora Dr., Birmingham, MI 48010, 313 644-3722.

WEINER, Murray S.; '54 BSBA; Pres.; Monarch Steel Specialists, 333 W. 1st St., Dayton, OH 45402, 513 223-3433; r. 6624 Morry Ct., Englewood, OH 45322, 513 836-5112.

WEINER, Paul L., JD; '70 BSBA; Atty. & CPA; 2121 S. Green Rd., Cleveland, OH 44121, 216 382-0322; r. 2081 Temblethurst Blvd., Cleveland, OH 44121, 216 382-2263.

WEINER, Sidney F.; '40 BSBA; Partner; Scott Rand Co., 1 Prestige Pl., Ste. 565, Miamisburg, OH 45342, 513 433-4001; r. 404 Hidden Woods Ln., Dayton, OH 45406, 513 275-6404.

WEINER, Stephen Jay; '74 BSBA; Info. Systs. Mgr.; Ohio Bell Telephone Co., Brecksville, OH 44141; r. 19905 Cottonwood Tr., Strongsville, OH 44136, 216 238-5919.

WEINHART, Amber Renna; '81 BSBA; 59 Lake Front Dr., Akron, OH 44319, 216 644-4853.

WEININGER, Susan Rauch; '84 BSBA; Customer Serv Rep.; Triad Systs., 4611 Streetsbourough St., Richfield, OH 44286; r. 287 Kent Cir. NE, New Philadelphia, OH 44663.

WEININGER, Tim Lewis; '87 BSBA; 6212 T H 11, Sycamore, OH 44882, 419 981-6310.

WEINKAUF, David Allan; '80 BSBA; 29 Chase Ave., Leominster, MA 01453, 617 343-8902.

WEINLAND, Jeffrey Carlton; '78 BSBA; Inventory Mgr.; Oscar Mayer Foods Inc., 3301 E. Vernon Ave., Los Angeles, CA 90058, 213 586-3411; r. 436 Charmingdale Rd., Diamond Bar, CA 91765.

WEINRIB, Linda Sue; '85 BSBA; Portfolio Asst.; Morgan Stanley & Co., 440 S. La Salle, Chicago, IL 60605, 312 765-6269; r. 5200 Galitz #103, Skokie, IL 60077, 312 676-2789.

WEINRICH, Mark Edward; '77 BSBA, '81 MBA; 632 Valley Forge, Westerville, OH 43081, 614 890-2419.

WEINRICH, Michel Glower; '77 BSBA, '79 MBA; Analyst; City Natl. Bank, Item Processing Dept., Columbus, OH 43215; r. 632 Valley Forge, Westerville, OH 43081, 614 890-2419.

WEINSTEIN, Donald Jeffrey; '83 BSBA; Sr. Acct.; Coopers & Lybrand, 2800 National City Ctr., Cleveland, OH 44114; r. 18726 Lomond, Cleveland, OH 44122.

WEINSTEIN, Mrs. Eleanor R., (Eleanor F. Reich); '46 BSBA; Homemaker; r. 8311 Michael Rd, Richmond, VA 23229, 804 285-3055.

WEINSTEIN, Herman Seigfried; '38 BSBA; Retired; r. 6299 Silvermoon Ln., Lake Worth, FL 33463, 407 433-0954.

WEINSTEIN, Howard J.; '49 BSBA; Owner; Howard's for Men & Boys, 125 Lincoln Way W., Massillon, OH 44646; r. 4728 E. Palo Verde Dr., Phoenix, AZ 85018.

WEINSTEIN, Richard Arthur; '78 BSBA; Pres.; Seth-Bradley Corp., 1790 Enterprise Pkwy., Twinsburg, OH 44087, 216 425-0933; r. 4038 Stilmore Rd., S. Euclid, OH 44121, 216 382-3020.

WEINSTOCK, Daniel L.; '74 BSBA; Acct.; Rite-Rug Carpet Co., 1018 Proprietors Rd., Columbus, OH 43229; r. 7892 Stanburn Rd., Worthington, OH 43085, 614 764-8901.

WEINSTOCK, James W.; '48 BSBA; 3565 Old 41 Hwy., Blue Springs Apt. A4, Kennesaw, GA 30144.

WEINTRAUB, Douglas Lee; '82 BSBA; Sr. Partner/CPA; Brunswick Cos., 2857 Riviera Dr., Akron, OH 44313, 216 864-8800; r. 396 Sun Valley Dr., Akron, OH 44313, 216 836-4894.

WEINTRAUB, Ms. Elyse Michelle; '87 BSBA; Account Coord.; Frankel & Co., 111 E. Wacker Dr., Chicago, IL 60601, 312 938-1900; r. 1600 N. LaSalle, Apt. #803, Chicago, IL 60614, 312 988-9607.

WEINTRAUB, H. Larry; '39 BSBA; Pres.; Mantua Mfg. Co., 7055 Krick Rd, Bedford, OH 44146; r. 35750 S. Woodland Rd, Chagrin Falls, OH 44022, 216 247-3041.

WEINTRAUB, Jodi '81 (See Cohen, Jodi W.).

WEIR, Dale Andrew; '85 BSBA; Air Traffic Controlr; F A A, Cleveland Ctr., Rte. 10, Oberlin, OH 44074; r. 974 Smith Rd., Ashland, OH 44805.

WEIR, Gary A.; '86 BSBA; Programmer Analyst; Grant Med. Hosp., 211 S. Grant, Columbus, OH 43210; r. 640D E. Fairground St., Marion, OH 43302, 614 382-4039.

WEIR, Joseph H.; '43 BSBA; Atty.; Weir Weir & Maldonado, 207-211 Masonic, Lima, OH 45801, 419 222-2966; r. 1901 Lorain Dr., Lima, OH 45805, 419 999-1650.

WEIR, Susan J. '86 (See Gueli, Susan Jean).

WEIRICH, Mrs. Jacci L., (Jacci L. Notman); '79 BSBA; Cost. & Inventory Supv.; Central States Can Co., Div of Van Dorn, 700-16th St. SE, Massillon, OH 44646, 216 833-1011; r. 1707 Milton NE, Massillon, OH 44646, 216 833-1985.

WEIRICH, Richard Martin; '87 MLHR; Trng. Mgr.; Cardinal Industries Inc., Apt. Mgmt. Grp., 4293 Donlyn Ct., Columbus, OH 43232, 614 755-6314; r. 6213 Rockland Dr., Dublin, OH 43017, 614 889-8166.

WEIRICK, Keith E.; '74 BSBA; Computer Programmer; Berea Bd. of Educ., Berea, OH 44017, 216 243-6000; r. 3896 W. 20th St., Cleveland, OH 44109, 216 398-8418.

WEIS, Deborah Trueman, (Deborah Trueman); '83 BSBA; Transportation Analyst; H J Heinz USA, Progress St., Pittsburgh, PA 15212, 412 237-5260; r. 811 Vermont Ave., Pittsburgh, PA 15234, 412 531-5341.

WEIS, John August; '73 BSBA; Proj. Mgmt. Systs.; Battelle Mem. Inst., 505 King Ave., Columbus, OH 43201; r. 1367 Middleburg Rd., Naperville, IL 60540, 312 369-1267.

WEIS, Larry Edward; '74 BSBA; Production Mgr.; Rite Rug, 2165 Morse Rd, Columbus, OH 43224; r. 75 Apollo Ct., Pataskala, OH 43062, 614 927-0206.

WEIS, Paul Ranley; '49 BSBA; POB 677, Seven Lakes, West End, NC 27376, 919 673-0595.

WEIS, William Michael; '87 BSBA; Consumer Relations Cnslt.; White Consolidated Industries, 300 Phillipi Rd., Columbus, OH 43218, 614 272-4431; r. 5165 Briarhurst Ct., Columbus, OH 43220, 614 451-3197.

WEISBARTH, David Alan; '80 BSBA; Operational/Fin. Analyst; BP America Inc., Marine Transportation Dept., 200 Public Sq., Cleveland, OH 44114, 216 586-5595; r. 28138 Sherwood Dr., Westlake, OH 44145, 216 835-8228.

WEISBERG, Harold S.; '47 BSBA; Retired; r. 8248 Waterline Dr., Boynton Bch., FL 33437, 407 736-4532.

WEISBRODT, Robert Lee; '85 BSBA; Acctg. Supv.; F C A, 205 W. Center St., Marion, OH 43302, 614 383-5231; r. 2605 Curren Dr., Marion, OH 43302, 614 382-2280.

WEISENBACH, James Paul; '74 BSBA; Real Estate Appraiser; r. 452 Morning Canyon Rd., Corona Del Mar, CA 92625, 714 760-9703.

WEISENBACH, Nancy '81 (See Coldren, Nancy Weisenbach, CPA).

WEISENBACH, Thomas Joseph; '69 BSBA; Pres., Michigan Area; Mead Corp., Zellerbach, 14451 W. Chicago Ave., Detroit, MI 48228, 313 931-1200; r. 3216 Charlwood Dr., Rochester Hls., MI 48064, 313 373-2521.

WEISENBERGER, Paul E.; '51 BSBA; Retired; r. 151 E. Granville Rd, Worthington, OH 43085, 614 885-1178.

WEISENBERGER, Scott Eric; '85 BSBA; 4090 Maryanne Pl., #C, Grove City, OH 43123, 614 871-9135.

WEISENBORN, Scot Eric; '81 BSBA; Inside Sales Mgr.; Worthington Industries, POB 467, Franklin Park, IL 60131, 312 451-3800; r. 4633 Sherwood, Downers Grove, IL 60517, 312 963-1264.

WEISENSTEIN, Steven Joseph; '79 BSBA; Asst. Mgr.; K-Mart, 1284 Brice Rd., Reynoldsburg, OH 43068, 614 864-4714; r. 88 N. Lowell, Columbus, OH 43209, 614 239-0350.

WEISENT, William A.; '52 BSBA; Regional Deputy Dir.; US Govt., Admin. On Aging, Overland Park, KS 66202, 816 426-2955; r. 6811 W. 65th Ter., Overland Park, KS 66202, 913 362-2870.

WEISER, Herbert E.; '51 BSBA; Systs. Analyst; Legal Info., National Labor Relations Board, 1717 Pennsylvania Ave. NW, Washington, DC 20006; r. 10705 Woodsdale Dr., Silver Spg., MD 20901, 301 593-6612.

WEISER, Larry Alan; '68 BSBA; Atty.; Private Practice, 1750 Standard Bldg., Cleveland, OH 44113, 216 861-8888; r. 5513 Kilbourne Dr., Lyndhurst, OH 44124, 216 473-1221.

WEISER, Michael Alan; '68 BSBA; Principal; Tauber & Balser PC CPA, 359 E. Paces Ferry Rd., Ste. 300, Atlanta, GA 30305, 404 261-7200; r. 595 Coldstream Ct., Atlanta, GA 30328, 404 255-2123.

WEISER, Rick Charles; '87 MPA; Claims Rep.; Social Security Admin., 3089 Maple Ave., Zanesville, OH 43701, 614 452-7537; r. POB 4057, Zanesville, OH 43701, 614 453-8036.

WEISER, Sherwood M.; '52 BSBA; Chmn.; Continental Cos., 3250 Mary St., Miami, FL 33133, 305 445-4220; r. 240 Arvida Pkwy., Coral Gables, FL 33156.

WEISGAL, Solomon Aaron; '48 BSBA; Pres.; Solomon A Weisgal Ltd., 120 S. Riverside Plz., Chicago, IL 60606, 312 454-0140; r. 1033 Hibbard Rd., Wilmette, IL 60091, 312 256-3332.

WEISGARBER, Laura Lee; '86 BSBA; Financial Analyst; Diebold Inc., POB 8230, N. Canton, OH 44720, 216 497-5711; r. 6660 Casper Ave. NW, Canton, OH 44718, 216 494-3073.

WEISGARBER, Patrick Lee; '88 BSBA; 4790 Gainsborough Ct., Columbus, OH 43220, 614 459-5240.

WEISGERBER, Richard L.; '57 BSBA; Richard L. Weisgerber, Inc., 250 Primrose Pl., Lima, OH 45805, 419 228-3146; r. Same.

WEISGERBER, William Brian; '86 BSBA; 250 Primrose Pl., Lima, OH 45805, 419 228-3146.

WEISHAAR, Douglas Allen; '87 BSBA; Account Rep.; Maple Roll Leaf Co. Inc., 960 Old Henderson Rd., Columbus, OH 43220, 614 451-0334; r. 1945 Dina Ct., Powell, OH 43065, 614 766-0577.

WEISHEIMER, Craig Alvin; '78 BSBA; 760 King Ave., Columbus, OH 43212, 614 421-2920.

WEISHEIMER, Kimberly S. '81 (See Cline, Ms. Kimberly S.).

WEISHEIMER, Kurt Alan; '87 BSBA; 6748 Merchant Rd., Delaware, OH 43015, 614 881-4343.

WEISKOPF, Ralph H.; '65 BSBA; Sales; Natico, Inc., 6700 S. Leclaire Ave., Chicago, IL 60638, 312 767-2900; r. 920 Park Dr., Flossmoor, IL 60422, 312 798-6227.

WEISLER, Susan Deborah; '87 BSBA; Acct.; Price Waterhouse, B P America Bldg. 27th Fl., 200 Public Sq., Cleveland, OH 44114, 216 781-3700; r. 1826 Aldersgate Dr., Lyndhurst, OH 44124, 216 449-6433.

WEISMAN, Arthur Aaron; '80 BSBA; Sr. Mgr.; Peat Marwick Main & Co., Middle Market Practice, 1600 National City Ctr., Cleveland, OH 44114, 216 522-9015; r. 19015 Van Aken Blvd. #306, Shaker Hts., OH 44122, 216 752-0755.

WEISMAN, Daniel E.; '53 BSBA; Personal Mgr.; 2341 Zorada Ct., Los Angeles, CA 90046, 213 876-5824; r. Same.

WEISMAN, Hubert B.; '43 BSBA; Retired; r. 35 Meadow St., Newburgh, NY 12550, 914 562-4152.

WEISMAN, Jeffrey Scott; '87 BSBA; 4666 Blairfield, Columbus, OH 43214, 614 299-3648.

WEISMAN, Karen Marx; '80 BSBA; Co-owner; Window & Door Superstore, 1604 W. Sylvania Ave., Toledo, OH 43612, 419 476-3676; r. 3713 Cherry Wood Ln., Toledo, OH 43615, 419 841-5639.

WEISMAN, Scott Alan; '85 BSBA; Gen. Contractor; 8986 Fairmount Rd., Novelty, OH 44072, 216 338-5524; r. Same.

WEISS, Alan Herbert; '66 BSBA; VP; Citibank, 70-00 Austin St., Forest Hills, NY 11375, 718 520-4230; r. 435 Beach 139th St., Belle Harbor, NY 11694, 718 318-0376.

WEISS, Ben G.; '29 BSBA; Retired; r. 475 Park Ave. Apt. 14A, New York, NY 10022, 212 751-6243.

WEISS, David Bryan; '88 BSBA; 370 Olentngy Forst, Columbus, OH 43214, 614 888-7384.

WEISS, David I.; '65 BSBA, '66 MBA; Sr. VP Grp. Dir.; McCann-Erickson, 750 3rd Ave., New York, NY 10017, 212 984-3348; r. 4 Larch Dr., Great Neck, NY 11021, 516 482-7926.

WEISS, Earl L.; '65 BSBA; 12659 Rockhaven, Chesterland, OH 44026, 216 286-3332.

WEISS, Edward H.; '23 BSBA; Retired; r. 780 Boylston St., Boston, MA 02199, 617 262-0081.

WEISS, Gary; '74 BSBA; 4082 Stonehaven, Cleveland, OH 44121.

WEISS, Gregory Carl; '70 BSBA; Builder / Owner; Gregory C Weiss, 543 W. 83rd Pl., Indianapolis, IN 46260; r. 543 W. 83rd Pl., Indianapolis, IN 46260, 317 255-3356.

WEISS, Howard Dale; '67 BSBA; Owner & Partner; Weiss Guys Car Wash, 6149 N. 7th St., Phoenix, AZ 85014; r. 208 W. Echo Ln., Phoenix, AZ 85021, 602 997-5160.

WEISS, Jay Sandford; '71 BSBA; Pres.; Digney York Co., 1952 Gallows Rd., Vienna, VA 22180, 703 790-5281; r. 7813 Horseshoe Ln., Potomac, MD 20854, 301 983-3399.

WEISS, John F.; '49 BSBA; Sales Rep.; Allied Carbon & Ribbon Corp., 165 Duane St., New York, NY 10013; r. 47 Northmoor Pl., Columbus, OH 43214, 614 268-3818.

WEISS, John Jeffrey; '67 BSBA; Exec. Recruiter; Retail Recruiters, 24 Perimeter Ctr. E., Atlanta, GA 30346, 404 396-9114; r. 5116 Hidden Branches Cir., Dunwoody, GA 30338, 404 391-9680.

WEISS, Lauren Elizabeth; '88 BSBA; Grad. Student; r. 2200 Cedarview, Beachwood, OH 44122, 216 291-1895.

WEISS, Lawrence Richard; '50 BSBA; Pres.; Randolph Distributing Corp., 10801 Broadway Ave., Cleveland, OH 44125, 216 883-0360; r. 31399 Fairmount Blvd., Cleveland, OH 44124, 216 473-0110.

WEISS, Lynda Lee, (Lynda Lee Reynolds); '82 BSBA; Homemaker; r. 3165 Brightington Dr., Dublin, OH 43017, 614 766-4022.

WEISS, Marianne French; '47 BSBA; 47 Northmoor Pl., Columbus, OH 43214, 614 268-3818.

WEISS, Mark; '54 BSBA; Owner/Broker; Mark Weiss Ins., 81 Two Bridges Rd., Fairfield, NJ 07006, 201 227-7226; r. 45 Beechtree Rd., W. Caldwell, NJ 07006, 201 575-8919.

WEISS, Martin Alan; '79 MBA; Production Line Mgr.; Western Union Corp., One Lake St., Upper Saddle River, NJ 07458, 201 825-5709; r. 15 Lenox Ter., W. Orange, NJ 07052, 201 736-5499.

WEISS, Reinhard George; '83 BSBA; Systs. Analyst; GE Co., Evendale Plant, Info. Systs. Dept., Cincinnati, OH 45201, 513 552-4238; r. 6 Tuckahoe Ct. #11, Fairfield, OH 45014, 513 874-7125.

WEISS, Richard G.; '86 BSBA; Store Mgr.; Radio Shack, 5146 Wilson Mills Rd., Richmond Hts., OH 44143, 216 461-2344; r. 4158 Stilmore, S. Euclid, OH 44121, 216 382-6320.

WEISS, Robert N.; '48 BSBA; Retired; r. 975 Willow Ave., Glendale, OH 45246, 513 771-1481.

WEISS, Roberta '48 (See Sussman, Roberta).

WEISS, Sidney; '60 BSBA; CPA; Sidney Weiss, Inc., 6351 Owensmouth Ave., #203, Woodland Hls., CA 91367, 818 888-2800; r. 21535 Erwin, Apt. 129, Woodland Hls., CA 91367, 818 703-7123.

WEISS, Stephen G.; '70 BSBA; Network Mktg.; 24494 Tunbridge, Cleveland, OH 44122, 216 831-0640; r. Same.

WEISS, Steven Henry; '83 BSBA; Food Broker; Food Brokerage Co., 297 Sharts Rd., Springboro, OH 45066; r. 6456 Quintessa Ct., Dayton, OH 45449, 513 433-7810.

WEISS, Steven Philip; '80 BSBA; Audit Mgr.; Arthur Young & Co., 10 W. Broad St., Columbus, OH 43215, 614 222-3912; r. 3165 Brightington Dr., Dublin, OH 43017, 614 766-4022.

WEISSBERG, Susan Beth; '88 BSBA; Acctng Mgmt. Assoc.; US Steel (U S X Corporation), 1807 E. 28th St., Lorain, OH 44055; r. 4113 Stonehaven Rd., S. Euclid, OH 44121, 216 291-3478.

WEISSFELD, Bradford Lee; '72 BSBA; Mktg. Mgr.; Laventhol-Horwath CPA, 1845 Walnut, Philadelphia, PA 19103, 215 299-1592; r. 517 Weadley, King Of Prussia, PA 19406, 215 971-9178.

WEISSMAN, Barbara '74 (See Sheehe, Mrs. Barbara W.).

WEISSMANN, Julie A. '85 (See Amann, Mrs. Julie A.).

WEISZ, Bradley Eugene; '88 BSBA; 676 Everwood Olentangy Commons, Columbus, OH 43214, 614 766-6771.

WEITH, Timothy William; '81 BSBA; Sr. Bus. Syst. Analyst; Bank One Trust Co., 100 E. Broad St., Columbus, OH 43271, 614 248-5635; r. 115 W. Ticonderoga Dr., Apt. #C, Westerville, OH 43081, 614 890-5849.

WEITHMAN, Tara E. '84 (See Robison, Tara Weithman).

WEITHMAN, Timothy C.; '87 BSBA; Auditor; Ernst & Whinney, 2400 Nationwide Plz., Columbus, OH 43216; r. 363 Saint Andrews Dr., Dublin, OH 43017.

WEITZ, Kellie Jo; '88 BSBA; 4440 Lemarie Ct., Columbus, OH 43224.

WEITZEL, John (Pat); '40 BSBA; Retired Ofc. Mgr.; Countrymark Inc.; r. 952-A Chatham Ln., Columbus, OH 43221, 614 459-9199.

WEITZEL, John A.; '67 BSBA; Exec. VP; Milwaukee Ins., POB 621, Milwaukee, WI 53201, 414 271-0525; r. 3325 W. Picardy Ct., Mequon, WI 53092, 414 242-9480.

WEITZEL, Mark Andrew; '88 MBA; Loan Analyst; Natl. Bank of Detroit, POB 330116, Detroit, MI 48232; r. 22645 Fairmont Dr., Farmington Hls., MI 48024.

WEITZEL, Paul J.; '61 BSBA; Treas.; United Telephone Co. of Ohio, 665 Lexington Ave., Mansfield, OH 44907, 419 755-8516; r. 132 Betzstone Dr., Mansfield, OH 44907, 419 756-5102.

WEITZEL, Stephen Christopher; '73 BSBA; Asst. Mgr.; Coca Cola USA, 3793 Browns Mill Rd., Transportation Dept., Atlanta, GA 30354, 404 676-8541; r. 9153 Fairhaven Pl., Jonesboro, GA 30236, 404 471-9064.

WEIXEL, John Joseph; '86 BSBA; 3400 Tivoli Ct., Gahanna, OH 43230.

WELCH, Bradford James; '82 BSBA; Acct.; Ernst & Whinney, 1300 Huntington Bldg., Cleveland, OH 44115, 216 861-5000; r. 19225 Winslow Rd., Shaker Hts., OH 44122, 216 752-6165.

WELCH, Charles E.; '50 BSBA; Chmn. of Bd.; Mary Campbell Ctr. for The, Multihandicapped, 4641 Weldin Rd., Wilmington, DE 19803; r. 17 Wellington Rd., Wilmington, DE 19803, 302 764-9057.

WELCH, Christopher Stewart; '88 BSBA; 111 W. Stanton Ave., Worthington, OH 43085, 614 846-1481.

WELCH, Craig J.; '63 BSBA; VP; The Ohio Co., 155 E. Broad St., Columbus, OH 43215, 614 548-5556; r. 5981 Dublin Rd, Delaware, OH 43015, 614 881-5551.

WELCH, Debra Rena; '88 MPA; RR 2 Box 2, Convoy, OH 45832, 419 749-2038.

WELCH, Georgia '63 (See Vanis, Georgia Welch).

WELCH, James R., Sr.; '55 BSBA; Mgr.; GE Co., Compensation & Employment Dept, Appliance Park, Louisville, KY 40225, 502 452-5167; r. 6409 Regal Rd., Louisville, KY 40222, 502 423-7532.

WELCH, Jeffrey Brian; '81 BSBA; Sr. Distrct Sales Mgr.; Automatic Data Processing, 7007 E. Pleasant Valley Rd., Cleveland, OH 44131; r. 4397 Point Comfort Dr., Akron, OH 44319, 216 644-0818.

WELCH, Jennifer E. Sabo; '84 BSBA; Sr. Acct.; Motorists Life Ins. Co., 471 E. Broad St., Columbus, OH 43215, 614 225-8279; r. 1658 Wilson Ave., Columbus, OH 43207, 614 443-2956.

WELCH, John Douglas; '66 BSBA; Owner; Results Realtors Inc., 3380 Tremont Rd., Columbus, OH 43221, 614 451-4444; r. 4342 Randmore Rd., Columbus, OH 43220, 614 457-5600.

WELCH, John F.; '58 BSBA; Staff; Owens-Illinois Glass Co., 901 N. Shabbana, Streator, IL 61364; r. 215 S. Colorado Ave., Streator, IL 61364, 815 672-4712.

WELCH, John R.; '47 BSBA; Retired Atty.;Counsel; Ohio State Bar Assn., 33 W. Eleventh Ave., Columbus, OH 43201, 614 421-2121; r. 1030 Birchmont Rd., Columbus, OH 43220, 614 451-2859.

WELCH, John W.; '56; Corp Gen. Auditor; S C O A Industries Inc., 155 E. Broad St., Columbus, OH 43215; r. 3863 Lakeview Dr., Galena, OH 43021, 614 965-1568.

WELCH, Lawrence A.; '66 BSBA; Hosp. Administrar; Volusia Cnty. Hosp., c/o Postmaster, DeLand, FL 32720; r. 2080 Pennsylvania Dr., DeLand, FL 32720, 904 734-8965.

WELCH, Lynn Michele; '86 BSBA; Systs. Engr.; C T G, 700 Ackerman Rd, Columbus, OH 43202, 614 268-8883; r. 2220 Orinda Ct., Powell, OH 43065, 614 889-4763.

WELCH, Nancy Ellen; '88 BSBA; 1454 Hunter Ave., Columbus, OH 43201.

WELCH, Patricia '79 (See Domeier, Patricia Welch).

WELCH, Richard E.; '60 BSBA; Contracting Ofcr.; Defense Const Supply Ctr., 3990 E. Broad St., Columbus, OH 43213; r. 588 Ross Rd, Columbus, OH 43213.

WELCH, Robert L.; '50 BSBA; 1920 Queenswood, Apt. B, Findlay, OH 45840, 419 424-1700.

WELCH, Robert P.; '49 BSBA; Retired; r. 1687 Orchid St., Lady Lake, FL 32659, 904 753-5988.

WELDISHOFER, James Roy; '51 BSBA; Retired; r. 818 Eagle Ln., Apollo Bch., FL 33570, 813 645-5352.

WELDON, Stephen Mark; '78 BSBA; Purchasing Mgr.; Worthington Cylinder Corp., 1085 Dearborn Dr., Columbus, OH 43018; r. 1860 Knollridge Ct., Columbus, OH 43229, 614 895-0919.

WELDON, Victoria Thomas; '78 BSBA; Homemaker; r. 1860 Knollridge Ct., Columbus, OH 43229, 614 895-0919.

WELDON, William F.; '49 BSBA; Staff; Battelle Mem. Inst., 505 King Ave., Columbus, OH 43201; r. 2070 Kentwell Rd, Columbus, OH 43221, 614 457-0841.

WELDON, William Thomas; '82 BSBA; Systs. Analyst; Ohio Co., Operational Review & Dev, 155 E. Broad St., Columbus, OH 43215, 614 464-6932; r. 1946 Guilford Rd., Columbus, OH 43221, 614 486-9023.

WELKER, Eric Robert; '83 BSBA; Account Exec.; Metro Media Mktg., Inc., 899 Downs St., Defiance, OH 43512, 419 782-6468; r. Same, 419 782-4993.

WELKER, Mrs. Kimberly S., (Kimberly S. Hiles); '83 BSBA; Systs. Application Coord.; Waste Mgmt. Inc., Oak Brook, IL 60521; r. 535 Ripple Brook Ct., Lake Zurich, IL 60047, 312 438-4166.

WELKER, Michael Paul; '83 BSBA; Account Mgr.; Ecolab-Klenzade Div., 2010 Meadowview Dr., Garland, TX 75043; r. Same.

WELKER, Susan Jane; '82 BSBA; Systs. Analyst; Citizens & Southern Bank, 222 Mitchell St. S. W., Atlanta, GA 30303, 404 581-2314; r. 4010-B Hawthorne Cir., Smyrna, GA 30080, 404 434-5645.

WELKER, Susanna; '55 BSBA; Tchr.; Columbus Public Schs., Columbus, OH 43229; r. 2050 Willowick Dr., Columbus, OH 43229, 614 882-4352.

WELLBAUM, Robert W., Jr.; '66 BSBA; Atty.; Wellbaum & Mc Lennon PA, 350 S. Indiana Ave., Englewood, FL 34223, 813 474-3241; r. 1150 Larchmont Dr., Englewood, FL 34223, 813 474-4826.

WELLER, Lawrence Henry, Jr.; '73 BSBA; VP; Barnett Bank, 12425 28th St. N., Third Fl., St. Petersburg, FL 33716, 813 892-1563; r. 111 Harborwoods Cir., Safety Harbor, FL 34695, 813 726-1604.

WELLER, Paul Louis; '38 MBA; Retired; r. 32 Island Dr., Savannah, GA 31406, 912 354-4865.

WELLER, Wilma Hamilton; '43 BSBA; Acct./Partner; Weller & Weller, 6959 Promway Ave. NW, N. Canton, OH 44720, 216 497-7142; r. 522 Hartman St., SE, N. Canton, OH 44720, 216 499-7134.

WELLINGHOFF, Thomas Anthony; '71 BSBA; Ofc. Mgr.; The Carlisle & Finch Co., 4562 W. Mitchell Ave., Cincinnati, OH 45232, 513 681-6080; r. 7176 Juniperview Ln., Madeira, OH 45243, 513 984-2322.

WELLINGTON, Myeong O.; '87 BSBA; 1569 Brenthaven Ln., Florissant, MO 63031, 614 299-8067.

WELLIVER, MAJ George H., Jr.; '64 BSBA; Owner; Welliver Mktg., 6713 Biscount, El Paso, TX 79925, 915 779-3257; r. 10711 Fury Ln., El Paso, TX 79935, 915 598-7652.

WELLMAN, Charles A.; '60 BSBA; 5233 Clausen Ave., Western Spgs., IL 60558, 312 246-6892.

WELLMAN, Ned Allen; '74 BSBA; Dir.; Blue Cross Blue Shield, Corporate Performance & Analys, 6740 N. High St., Worthington, OH 43085; r. 5333 Lakeview Dr., Powell, OH 43065.

WELLMAN, Randy Joe; '85 BSBA; Dir. of Clinical Svcs.; Southern Clg. of Optometry, 1245 Madison Ave., Memphis, TN 38104, 901 722-3260; r. 1826 Cour de Bienville #2, Germantown, TN 38138, 901 757-1005.

WELLMAN, Sofia Ann; '82 BSBA; 25 Norwick Dr., Youngstown, OH 44505.

WELLMERLING, Sondra Lee; '82 BSBA; Coord.; Mobil Chemical Co., Distribution Division, Rochester, NY 14692; r. 61 Rowley St., Rochester, NY 14607, 716 244-4657.

WELLS, Albert R.; '50 BSBA; Pres./Foundry Owner; Industrial Aluminum Casting Co., 820 Walnut St., Elyria, OH 44035, 216 323-4688; r. 4831 Grafton Rd., Brunswick Hls., OH 44212, 216 273-4167.

WELLS, Bruce E.; '67 BSBA; Industrial Engr.; Nibco Inc., c/o Postmaster, Elkhart, IN 46515; r. 59122 Malibar Ct., Elkhart, IN 46517, 219 875-8468.

WELLS, Dana Pershing, (Dana Pershing); '82 BSBA; Programmer/Analyst; Ross Labs, 625 Cleveland Ave., Columbus, OH 43216, 614 898-5726; r. 752 Timberlake Dr., Westerville, OH 43081, 614 794-3765.

WELLS, Douglas Dwight; '71 BSBA; 4095 Applewood Ln., Rockford, IL 61111, 815 633-5103.

WELLS, Douglas Everett; '77 BSBA; Account VP; Paine Webber, 171 S. Main St., Akron, OH 44308, 216 434-1621; r. 136 Silver Valley Blvd., Munroe Falls, OH 44262.

WELLS, George E.; '35 BSBA; Secy. & Treas.; Perma Flex Mold Co., 1919 E. Livingston Ave., Columbus, OH 43209; r. 3700 Olentangy Blvd., Columbus, OH 43214, 614 263-9974.

WELLS, James Wesley; '78 BSBA; Supv.; Harris Corp., Fostoria Rd., Findlay, OH 45840, 419 423-0321; r. 164 Orchard Ln., Findlay, OH 45840, 419 424-0226.

WELLS, Jeffrey Alan; '83 BSBA; Adjuster II; Bank One of Columbus NA, 769 Brooksedge Blvd., Westerville, OH 43081, 614 248-8059; r. 6969 Endsleigh Dr., Reynoldsburg, OH 43068, 614 861-1134.

WELLS, Jerry W.; '67 BSBA; Mgr.; Sears Roebuck & Co., Acctg. Ctr., 29500 W. Seven Mile Rd., Livonia, MI 48152, 313 477-5523; r. 46226 Forestwood Dr., Plymouth, MI 48170, 313 455-8059.

WELLS, John Glenn; '86 BSBA; 336 Lovers Ln., Steubenville, OH 43952, 614 264-6955.

WELLS, John Robert; '87 BSBA; Assoc.; Trend I Realty, 5029 Cemetery Rd., Hilliard, OH 43026, 614 876-8088; r. 1251 Bunker Hill Blvd., Apt. #D, Columbus, OH 43220, 614 459-7852.

WELLS, Judson Roby; '79 BSBA; Grocery Buyer; The Kroger Co., 4111 Executive Pkwy., Westerville, OH 43081, 614 898-3291; r. 3700 Monahan Ln., Dublin, OH 43017, 614 761-0071.

WELLS, Leland Kenneth; '85 MBA; Software Spec.; Digital Equip. Corp., 6400 E. Broad St., Columbus, OH 43213, 614 868-1900; r. 175 W. Cooke Rd., Columbus, OH 43214, 614 267-1038.

WELLS, Max W.; '55 BSBA; Chmn. of Bd.; The Oaks Bank & Trust Co., 4849 Greenville Ave. At Univ, Dallas, TX 75206; r. 14008 Brookcrest Dr., Dallas, TX 75240.

WELLS, Patricia Suzanne; '87 MPA; 8650 Temple Rd., Philadelphia, PA 19150.

WELLS, Peter John, CPA; '72 MBA; Partner; Hochman, Wells & Greenberg, 6151 Wilson Mills, Highland Hts., OH 44143, 216 449-2140; r. 24191 Halberton, Beachwood, OH 44122, 216 765-8264.

WELLS, Phillip Lawrence; '86 BSBA; Computer Systs. Mgr.; Tenneco Oil, 7301 Northwest Expy., Oklahoma City, OK 73125, 405 720-4473; r. 15802 Walden Ave., Cleveland, OH 44128, 216 991-8698.

WELLS, Raymond I.; '45 BSBA; VP/Gen. Mgr.; I.H. Schlezinger, Inc., Sub Worthington Industries, 1041 Joyce Ave., Columbus, OH 43203, 614 252-1188; r. 5746 Bastille Pl., Columbus, OH 43213, 614 863-4634.

WELLS, Rodney Coy; '72 BSBA; Engr.; Rockwell Intl., 400 Collins Rd. NE, M/S. 153-100, Cedar Rapids, IA 52402, 319 395-8213; r. 1704 Brookdale Ln. NE, Cedar Rapids, IA 52402, 319 395-7447.

WELLS, Ruth Yoakam; '56 BSBA; 321 Rocky Fork Dr., Gahanna, OH 43230, 614 471-8785.

WELLS, Sherry J.; '81 BSBA, '88 MBA; Vertical Mkts. Mgr.; LiTel Telecommunications Corp., 200 Old Wilson Bridge Rd., Worthington, OH 43085, 614 433-9200; r. 307 E. Whittier St., Columbus, OH 43206, 614 444-3341.

WELLS, Stephen Gillilan; '77 BSBA; Acct.; P P G Industries, Inc., 848 Southern Ave., Chillicothe, OH 45601, 614 774-7604; r. 15 Shawnee Dr., Chillicothe, OH 45601, 614 775-6240.

WELLS, Mrs. Viola D., (Viola Deubel); '37 BSBA; Retired; r. 3810 West St., #2, Mariemont, OH 45227, 513 271-4817.

WELLS, Wayne L.; '48 BSBA; Retired; r. 1829 Senate St., Columbia, SC 29201, 803 254-0987.

WELS, Muriel E. '48 (See Fingerhut, Mrs. Muriel).

WELSH, Arthur M., Jr.; '57 BSBA; Tchr.; Toledo Public Schs., Toledo, OH 43612; r. 4730 Overland Pkwy., Apt. 102, Toledo, OH 43612, 419 476-2242.

WELSH, Bruce F.; '55 BSBA; CPA; 789 Sherman St., Denver, CO 80203, 303 839-9847; r. 665 Washington St., Denver, CO 80203, 303 832-7394.

WELSH, Deborah K. '83 (See Zimmerman, Mrs. Deborah K.).

WELSH, Mrs. Dorothy Alice, (Dorothy Alice Gallagher); '84 BSBA; Mgmt. Recruiter; Tigre, Inc., 24200 Chagrin Blvd., Ste. 236, Beachwood, OH 44122, 216 591-0234; r. 6805 Mayfield Rd., Ste.923, Mayfield Hts., OH 44124, 216 449-6441.

WELSH, Gerald Duane; '82 MPA; Atty.; Homewood Corp., 6079 Northgate Rd, Columbus, OH 43229; r. 7971 Fairway Dr., Worthington, OH 43085, 614 885-8140.

WELSH, Mark A.; '78 BSBA; VP, Operations; USA Vending Svcs., POB 988, Powell, OH 43065, 614 848-5300; r. 5573 Fescue Dr., Columbus, OH 43026, 614 771-0693.

WELSH, William J.; '40 BSBA; Controller; Thompson Ramo Wooldridge Inc., 23555 Euclid Ave., Cleveland, OH 44117; r. 1851 King James, Apt. 108, Cleveland, OH 44145, 216 871-6477.

WELSHANS, Richard M.; '63 BSBA; 916 Meadow Lawn Dr., Mentor, OH 44060.

WELT, William Arthur; '83 BSBA; Sr. Financial Analyst; United Jersey Bank, 25 E. Salem St., Hackensack, NJ 07601, 201 646-5696; r. 172 Parkview Dr., Union, NJ 07083, 201 686-2348.

WELTMAN, Eric Jay; '86 BSBA; 5083 Cheswick Dr., Solon, OH 44139, 216 248-7922.

WELTMAN, Gale '70 (See Trenkelbach, Gale Weltman).

WELTMAN, Robert B.; '59 BSBA; Atty.; Weltman Weinberg & Assocs., 33 Public Sq. Bldg., Cleveland, OH 44113, 216 363-4040; r. 19500 Shelburne Rd., Cleveland, OH 44118, 216 321-3367.

WELTON, 2LT Jon R.; '67 BSBA; 2nd Lt. Usaf; r. Standpipe Rd., Damariscotta, ME 04543.

WELTY, Dr. John P.; '38 BSBA; Retired; r. 7752 Davis Dr., Clayton, MO 63105, 314 721-1015.

WELTY, Robert J.; '63 BSBA; Acct. Exec.; The Tracy-Wells Co., 3568 Indianola Ave., Columbus, OH 43214, 614 261-0331; r. 38 Blenheim Rd., Columbus, OH 43214, 614 262-9241.

WELTZHEIMER, Paul; '32; Bd. Chmn. Retired; Utility Coal Sales; r. 170 Northridge Rd., Columbus, OH 43214, 614 263-8432.

WEMER, Michael W.; '64 BSBA; Staff; IBM Corp., 140 E. Town St., Columbus, OH 43215, 614 225-3963; r. 982 Kenway Ct., Columbus, OH 43220, 614 457-0627.

WEMLINGER, Charles Richard; '76 BSBA; Staff; The Coca Cola Co., 2455 Watkins Rd., Columbus, OH 43207; r. 540 Harlan Dr., Columbus, OH 43207, 614 491-0389.

WENDELL, John Joseph; '82 BSBA; 727 Guilford Blvd., Medina, OH 44256, 216 725-6747.

WENDELL, Steven Carl; '69 BSBA; Pres.; Midwest Leasing Concepts, 7373 Beechmont Ave., Ste. 200, Cincinnati, OH 45230, 513 232-7744; r. 7479 Mountfort Ct., Cincinnati, OH 45244, 513 231-1413.

WENDLER, Peter W.; '58 BSBA; Sales Rep.; North Harbor Marina, 6010 N. Summit, Toledo, OH 45606, 419 726-2607; r. 231 W. Broadway, Maumee, OH 43537, 419 893-8189.

WENDLING, Larry Robert; '85 BSBA; Acct.; Arthur Andersen Co., 41 S. High St., Columbus, OH 43215, 614 228-5651; r. 240 Pingree Ct., Worthington, OH 43085, 614 888-7944.

WENDLING, Thomas Allen; '70 BSBA; Sales Rep.; J P Knight Co., 105 W. 4th St., Cincinnati, OH 45202; r. 8588 Concord Hill Cir., Cincinnati, OH 45243, 513 891-4353.

WENDORFF, William Thomas; '80 MBA; Asst. Dir.; The Ohio State Univ., Veterinary Hospital, 1935 Coffey Rd., Columbus, OH 43210; r. 79024 Verandah Ct., Powell, OH 43065, 614 459-0696.

WENDT, John Franklin; '86 MBA; Mgr.-7000 Micro Systs.; Combustion Engrg. Inc., 650 Ackerman Rd., Columbus, OH 43202, 614 261-2233; r. 2418 Edgevale Rd., Columbus, OH 43221, 614 457-2455.

WENDT, Richard Eric; '85 BSBA; Field Auditor; Goodyear Tire & Rubber Co.; r. 2423 Sheringham Rd., Columbus, OH 43220.

WENGER, Dick H.; '51 BSBA; 447 W. 104th, Apt. B, Kansas City, MO 64114, 816 942-6790.

WENGER, Evalyn '47 (See Dexter, Evalyn Wenger).

WENGER, Fred Griggs; '48 BSBA; Retired; r. 10 Timberlea Ln., Cape May Court House, NJ 08210, 609 465-3032.

WENGER, Gail E. '76 (See Wirtanen, Gail Wenger).

WENGERD, Debra L., (Debra L. Garrett); '86 BSBA; Sr. Rate Analyst; Columbia Gas of Ohio, 200 S. Civic Center Dr., Columbus, OH 43215, 614 460-5988; r. 5528 Longrifle Rd., Westerville, OH 43081, 614 899-7524.

WENGLER, Karen A., (Karen A. Hauser); '75 BSBA; 3703 Starboard Ln., Stuart, FL 34997, 813 283-9587.

WENNER, Phillip Melvin; '81 BSBA; Production Coordinat; Paper Calmenson & Co., 1460 Auto Ave., Bucyrus, OH 44820; r. 144 Heritage Cir., Bucyrus, OH 44820.

WENNER, Mrs. Virginia F., (Virginia F. Dorland); '40 BSBA; Retired; r. 86 Clifton St., New London, OH 44851.

WENNERSTROM, Dale Elton; '59 MBA; 8733 Lake Forest Tr., Chagrin Falls, OH 44022, 216 543-9383.

WENRICK, Marilyn P.; '56 BSBA; VP; The Ohio Co., 155 E. Broad St., Columbus, OH 43215, 614 464-6944; r. 1000 Urlin Ave., Apt. 2021, Columbus, OH 43212, 614 488-0438.

WENTLING, David James; '81 BSBA; James River Corp., 3001 W. Big Beaver Rd., Troy, MI 48084; r. 835 S. Gary Pl., Tulsa, OK 74104, 918 587-1917.

WENTZ, Dr. Arthur George; '69 PhD (BUS); Chmn. Dept. of Finance; Univ. of Akron, Clg. of Business Admin, 302 E. Buchtel St., Akron, OH 44325, 216 375-7302; r. 148 Florence Blvd., Munroe Falls, OH 44262, 216 688-7203.

ALPHABETICAL LISTINGS WEXLER 299

WENTZ, Francis W.; '66 MBA; Bus. Analyst; Battelle Northwest, Battelle Blvd., Richland, WA 99352, 509 375-2858; r. 4908 W. 27th, Kennewick, WA 99337, 509 783-5696.

WENTZ, Tena L., (Tena Loudenback); '78 BSBA; Design Mgr.; Banc One Svcs. Corp., c/o JC Penney, 800 Brooksedge Blvd., Columbus, OH 43271, 614 248-8876; r. 3687 Settlers Rd., Dublin, OH 43017, 614 889-6902.

WENTZ, Thomas Kaye; '65 MBA; Pres.; Corporate Performance Systs., 5001 Pine Creek Dr., Westerville, OH 43081, 614 890-2799; r. 11850 Overbrook Ln., Galena, OH 43021, 614 965-4700.

WENTZ, Wayne E.; '49 BSBA; Retired; Aamco Transmission Ctr., 311 W. Perkins Ave., Sandusky, OH 44870; r. 814 Mohawk Dr., Huron, OH 44839, 419 433-2173.

WENTZ, William Arthur; '63 MBA; Pres.; Columbus-Worthington Air Contr., 7580 Huntley Rd., Columbus, OH 43229; r. 6480 Plesenton Dr., Worthington, OH 43085, 614 846-7045.

WENTZEL, Glenn Edward; '77 BSBA; Analyst; Consumers Power Co., 1945 W. Parnall Rd, Jackson, MI 49201; r. 180 W. Flint, Lake Orion, MI 48035.

WENTZEL, Philip Joseph; '64 BSBA; Regional Grp. Manag; Nationwide Ins. Co., 1313 E. Kemper Rd, Cincinnati, OH 45246; r. 3969 Sharonview Dr., Cincinnati, OH 45241, 513 563-9676.

WENZEL, Robert Louis; '82 MBA; Commodity Futures Broker; G. H. Miller, 24 N. Blvd. of Presidents, Sarasota, FL 34231, 813 388-5071; r. 1133 Crescent St., Sarasota, FL 34242, 813 349-2592.

WENZELL, James Robert; '77 BSBA; Investment Exec.; McDonald & Co. Securities, 37 W. Broad St., Columbus, OH 43215, 614 228-6292; r. 664 Glastonbury Ct., Westerville, OH 43081, 614 882-2086.

WENZKE, Edward Thomas; '74 BSBA; 26 Tartan Ln., Williamsville, NY 14221, 716 689-0874.

WEPRIN, Barton Winston; '70 BSBA; Pres.; Main Auto Parts, 817 N. Main St., Dayton, OH 45402, 513 222-0682; r. 1701 Ladera Tr., Dayton, OH 45459, 513 434-0381.

WEPRIN, Charles W.; '45; Owner; The Main Auto Parts, 864 N. Main St., Dayton, OH 45405; r. 3900 Valleybrook, Englewood, OH 45322, 513 836-1793.

WEPRIN, James I.; '64 BSBA; Atty.; Cohen, Gregg & Laurito, 100 W. Second St., Dayton, OH 45402, 513 223-4332; r. 7240 Colleen St., Dayton, OH 45415, 513 836-6007.

WEPRIN, Michael W.; '76 BSBA; Pres.; Muffler Bros. Inc., 1221 W. Wayne St., Lima, OH 45805; r. 3813 Seiber Ave., Dayton, OH 45405, 513 275-8373.

WEPRIN, William Stuart; '67 BSBA; Pres.; Beerman Realty Co., 11 W. Monument Bldg., Dayton, OH 45402, 513 222-1285; r. 78 Park Rd., Dayton, OH 45419.

WERBEACH, Larry A.; '80 BSBA; Exec. Purchasing Agt.; Lazarus Dept. Stores, 7th & Race Sts., Cincinnati, OH 45202, 513 369-6755; r. 3206 Manning Ave., Cincinnati, OH 45211, 513 662-3361.

WERBEL, James Phillip; '70 MBA; VP Mgmt. Supv/Cltserv; Marc Advt., 4 Sta. Sq., Ste. 500, Pittsburgh, PA 15205; r. 3259 Eastmont Ave., Pittsburgh, PA 15216, 412 561-1912.

WERDEN, John Charles; '83 BSBA; Configuration Mgmt.; GE Co., 1 Neuman Way, Cincinnati, OH 45215, 513 243-2177; r. 92 Silverwood Cir., Cincinnati, OH 45246, 513 671-6081.

WERKMAN, Steven Gary; '75 BSBA, '76 MBA; Owner-Pres.; Modern Equip. Co., POB 20494, 416 Washington St. W., Charleston, WV 25302, 304 343-0101; r. Rte. 4 Box 123, Charleston, WV 25312, 304 776-2405.

WERLEY, William John, Jr.; '74 BSBA; Acct./Control Mgr.; Reynolds Metals Co., 6601 W. Broad St., Richmond, VA 23261, 804 281-4667; r. 1300 Kings Cross Rd., Midlothian, VA 23113, 804 379-1332.

WERLING, Joanne Jean; '86 BSBA; 2240 E. State, Fremont, OH 43420, 419 334-7352.

WERMELSKIRCHEN, Robert J.; '84 BSBA; 31606 N. Marginal Rd. Unit E, Willoughby, OH 44094, 216 585-0153.

WERNECKE, Thomas Lee; '71 BSBA; Graphic Arts-Supv.; Universal Lithographers, 3212 Wilgus Rd., Sheboygan, WI 53081; r. 1617 Superior Ave., Sheboygan, WI 53081, 414 452-2296.

WERNER, Amy '83 (See Chronis, Amy L.).

WERNER, John E., Jr.; '49 BSBA; Pres.; Werner Co., 1221 McKinley Ave., Columbus, OH 43222, 614 276-6686; r. 6690 Hayhurst St., Worthington, OH 43085, 614 885-2908.

WERNER, Michael Robert; '87 BSBA; Zone Mgr.; Ford Motor Co., Customer Service, 1122 Milledge Dr., East Point, GA 30344, 404 763-6435; r. 1327 Wood Hollow Ln., Marietta, GA 30067, 404 980-9999.

WERNER, Robert Allen; '68 BSBA; VP of Finance; Countrymark Inc., 4565 Columbus Pike, POB 479, Delaware, OH 43065, 614 548-8238; r. 7591 Heatherwood Dr., Canal Winchester, OH 43110, 614 837-0848.

WERNER, William E.; '55 BSBA; Pres.; Motors Trading Corp., 3044 W. Grand Blvd. #4-243, Detroit, MI 48202, 313 556-1160; r. 10 Chalmers Dr., Grosse Pines, Rochester Hls., MI 48309, 313 652-3004.

WERNICK, Alan Stone; '74 BSBA; Atty.; Roetzel & Andress, 37 W. Broad St., Ste. 800, Columbus, OH 43215, 614 463-1400; r. 2980 Fair Ave., Columbus, OH 43209, 614 231-6423.

WERNZ, John R.; '53 BSBA; Svc. Mgr.; Dun & Bradstreet, 527 S. High St., Columbus, OH 43215; r. 5707 Dublin Rd., Dublin, OH 43017, 614 764-4535.

WERST, Mrs. Anna C., (A. Catherine Oldham); '39 BSBA; Retired; r. 786 Westchester Park, Springfield, OH 45504, 513 390-3896.

WERSTIUK, Barry Dean; '82 BSBA; 990 Winchester Rd., Galion, OH 44833, 419 468-2291.

WERSTIUK, Steven Dale; '81 BSBA; Staff Auditor; Bancohio, 155 E. Broad St., Columbus, OH 43265; r. 990 Winchester Rd., Galion, OH 44833, 419 468-2291.

WERTH, Harley L.; '25 BSBA; Retired; r. 1100 Eagle Nest Ct., #4, Dayton, OH 45449, 513 859-3494.

WERTHEIM, John T.; '66 MBA; Pres./CEO; First Business Bank of Arizona, 2828 N. Central Ave., Phoenix, AZ 85004, 602 266-2600; r. 131 W. El Caminito Dr., Phoenix, AZ 85021, 602 944-5340.

WERTZ, Ann Elizabeth; '88 BSBA; 1816 Cleveland Rd W., Huron, OH 44839, 419 433-2986.

WERTZ, Charles R.; '52 BSBA; Real Estate Broker; Wertz Realty Inc., 101 E. Stroop Rd, Kettering, OH 45429, 513 298-2412; r. RR #1 POB 100, Clayton, OH 45315, 513 836-4178.

WERTZ, Charles Robert, Jr.; '85 BSBA; RR 1, Westler Rd., Clayton, OH 45315, 513 836-4178.

WERTZ, Charles Willard, Sr.; '29 BSBA; Retired; r. 439 Bella Costa #439, 220 Santa Maria St., Venice, FL 34285, 813 484-5196.

WERTZ, Daniel Whistler; '76 BSBA; Bus. Agcy. Mgr.; Nationwide Ins. Co., 6302 Far Hills Ave., Dayton, OH 45459, 513 435-4564; r. 401 Deauville Dr., Dayton, OH 45429, 513 435-3383.

WERTZ, George P., Jr.; '50 BSBA; Mrkt/Mfg. Rep.; Wertz Assocs. Co., 5921 N. High St., Columbus, OH 43214, 614 885-9951; r. 2965 Rockford Dr., Hilliard, OH 43026, 614 876-4927.

WERTZ, Mrs. Judith H., (Judith L. Herzog); '81 BSBA; Mgr.-Gen. Acctg.; Reynolds & Reynolds, 800 Germantown St., Dayton, OH 45407, 513 443-2000; r. 401 Deauville Dr., Dayton, OH 45429, 513 435-3383.

WERTZ, Kitty Cline; '51 BSBA; Pres.; Le Sport Ltd., 5921 N. High St., Columbus, OH 43214; r. 2965 Rockford Dr., Hilliard, OH 43026, 614 876-4927.

WERTZ, Robert W., Jr.; '63 BSBA; Cost Analyst; Owens Illinois Corp., POB 1035, Toledo, OH 43666; r. 8528 Magnolia, St. John, IN 46373.

WESEL, David Thomas; '83 BSBA; Operations Mgr.; Marietta Automotive Warehouse, Tennis Center Dr., Marietta, OH 45750, 614 373-8151; r. 114 Del Ray Dr., Marietta, OH 45750, 614 373-0940.

WESEL, Mrs. Julie E., (Julie E. Handelman); '86 BSBA; Staff Acct.; Forrest City Interprises, 44114 Terminal Twr., Cleveland, OH 44135, 216 621-6060; r. 1200 O'Malley #203, Parma, OH 44134, 216 459-2039.

WESEL, Michael; '87 BSBA; Student; Case Western Reserve Univ.; r. 1200 O'Malley #203, Parma, OH 44134, 216 459-2039.

WESNER, James Edward; '70 BSBA; Mgr.; Ashland Chemical Co., Petrochemical Division, Customer Service & Supply, Columbus, OH 43216; r. 2631 Sonnington Dr., Dublin, OH 43017, 614 889-9715.

WESNEY, Dennis Wayne; '69 BSBA; Financial Mgr.; E & J Gallo Winery, POB 1130, Modesto, CA 95353, 209 579-3030; r. 2761 E. Marshall St., Turlock, CA 95380, 209 634-1959.

WESSEL, LTC John A.; '63 MA; Lt. Col.; r. 542 Patricia St., San Antonio, TX 78216, 512 342-7969.

WESSEL, Sue Cailor; '51 BSBA; Import-Wholesale; Cailor S A, 3250 Judith Ln., Lafayette, CA 94549, 415 284-1707; r. Same.

WESSEL-MOORE, Lisa Lynn; '85 BSBA; 3561 Gordon Ave., St. Louis, MO 63114.

WESSELS, David John; '80 BSBA; Programmer Analyst; r. 9549 Linfield Dr., Cincinnati, OH 45242, 619 576-8333.

WESSINGER, Michele L. '85 (See Doran, Michele Wessinger).

WESSON, Delois; '85 MPA; Bus. Tax Auditor; Prince William Cnty., 1 Cnty. Complex Ct., Prince William, VA 22192, 703 335-7467; r. 9072 Reynold Pl., Manassas, VA 22110, 703 361-3317.

WEST, Bradley Allan; '86 MBA; Sr. Cnslt.; Arthur Andersen Co., Huntington Ctr. Ste. 2000, 41 S. High St., Columbus, OH 43215, 614 228-5651; r. 1523 Runaway Bay Dr., Apt. 3D, Columbus, OH 43204, 614 481-7533.

WEST, Carol Hertenstein, (Carol Hertenstein); '81 BSBA; M.B.A. Student; Duquesne Univ., Pittsburgh, PA 15222; r. 87 Bartley Rd., Pittsburgh, PA 15241, 412 831-5257.

WEST, Cynthia Kalinoff; '81 BSBA; 2728 Alta West Rd., RR 6, Mansfield, OH 44903, 419 529-2059.

WEST, D. Jayne '84 (See Mann, Mrs. D. Jayne).

WEST, Darlene Sue; '85 BSBA; Proj. Mgr.; Gold Circle Stores, Sub/Federated Dept. Stores, 6121 Huntley Rd., Worthington, OH 43085, 614 438-7080; r. 4289 Bitter Root Dr., Westerville, OH 43081, 614 895-7763.

WEST, Derek Raymond; '86 MBA; Sr. Proj. Engr.; Ranco North America, 8115 US Rte. 42, Plain City, OH 43064, 614 876-8022; r. 3335 Stephanie Dr., Bucyrus, OH 44820, 419 562-2669.

WEST, Donald Francis, Jr.; '67 BSBA; Treas.; NA Churs Plant Food Co., 421 Leader St., Marion, OH 43302; r. 988 Richland Ter., Marion, OH 43302, 614 389-1455.

WEST, Donna Jean; '79 BSBA; 3747 Anioton Ct., Cincinnati, OH 45227, 513 631-3549.

WEST, Gerald B.; '57 BSBA; Pres.; Lydall, Inc., Composite Materials Division, One Colonial Dr., Manchester, CT 06040, 203 646-1233; r. 5 Ox Yoke Dr., Simsbury, CT 06070, 203 658-6066.

WEST, Gregory L.; '72 BSBA; Sales Mgr.; Mastic Corp., 131 S. Taylor St., POB 65, South Bend, IN 46624, 219 288-4621; r. 2193 Fernleaf Ln., Worthington, OH 43085, 614 889-5067.

WEST, Hon. James Randolph; '68 BSBA; Judge; Pima Cnty. Justice Courts, 115 N. Church, Tucson, AZ 85701; r. 255 N Granada Dr #2008, Tucson, AZ 85705, 602 623-5045.

WEST, James Robert; '71 BSBA; Asst. Gen. Foreman Prod.; L T V Steel Corp., 2633 8th St. NE, Canton, OH 44701, 216 438-5687; r. 502 Hartman SE, N. Canton, OH 44720, 216 494-7133.

WEST, John Marshall, Jr.; '77 BSBA, '78 MA; M/S Mgr.; Package Corp. of America, POB 316, Manistee, MI 49660; r. 9905 Kay Ray Rd., Williamsburg, MI 49690, 616 938-1400.

WEST, Judith E. '84 (See Babcock, Judith Ellen).

WEST, Mary Kathryn; '80 MPA; Asst. Planner; Good Samaritan Hosp., 2222 Philadelphia Dr., Dayton, OH 45415; r. 2009 Springmeadow Dr., Dayton, OH 45426, 513 854-2823.

WEST, Michael Alan; '74 BSBA; RR No 1, New Vienna, OH 45159.

WEST, Michael Joseph; '81 BSBA; Student; r. 433 E. Town St., Apt. 206, Columbus, OH 43215, 614 228-5015.

WEST, Roy Allan; '54 BSBA; Atty.; 212 Middle Ave., Elyria, OH 44035, 216 323-7510; r. 30541 Atlanta Ln., Westlake, OH 44145, 216 871-0209.

WEST, Stanton Archie; '86 BSBA; Coml Real Est. Appraiser; Laventhol & Horwath, 65 E. State St., Ste. 902, Columbus, OH 43215, 614 221-9494; r. 1143 Weybridge Rd., Apt. C, Columbus, OH 43220, 614 451-8953.

WEST, Susan Folz; '86 BSBA; 2360 Foxhill Dr., Miamisburg, OH 45342.

WEST, Terry Lee; '81 BSBA; Operations Analyst; ChemLawn Svcs. Corp., 8275 N. High St., Columbus, OH 43085, 614 847-4732; r. 2633 Teak Ct., Columbus, OH 43231, 614 895-7461.

WEST, Todd Blake; '82 BSBA; Ins. Agt.; Hartford Ins., 115 Calle De Industrias, Ste. #210, San Clemente, CA 92672, 714 492-7007; r. 1052 Calle Del Cerro, Apt. #701, San Clemente, CA 92672, 714 498-8942.

WESTBROOK, Christopher Donald; '85 BSBA; Cnslt.; Comtech Systs. Inc., 1105 Schrock Rd., Ste. 816, Columbus, OH 43229; r. 76 E. Lakeview Ave., Columbus, OH 43202, 614 263-7562.

WESTBROOK, Grant Allen; '88 MBA; Lead Prog. Analyst; Nationwide Ins. Co., One Nationwide Plz., Columbus, OH 43216; r. 218 Richards Rd., Columbus, OH 43214, 614 262-5364.

WESTBROOK, Mary L. '50 (See Reusche, Mary Westbrook).

WESTENBARGER, David J.; '57 BSBA; Sr. Auditor; Blue Cross/Blue Shield, 3360 10th Ave. S., Great Falls, MT 59405, 406 791-4151; r. 3012 6th Ave., N., Great Falls, MT 59401, 406 761-1244.

WESTERBECK, Daniel J.; '67 BSBA; VP & Tax Counsel; Santa Fe Southern Pacific, 224 S. Michigan Ave., Chicago, IL 60604, 312 786-6901; r. 1106 NW St., Wheaton, IL 60187, 312 682-0452.

WESTERFIELD, Robert Douglas; '80 BSBA; Agt.; Prudential Ins. Co., 1470A Government Sq., Miamisburg, OH 45342; r. 6109 Snow Hill Dr., Hamilton, OH 45011, 513 863-2697.

WESTERMAN, Barbara Eloise; '85 BSBA; 6733 Hayhurst, Worthington, OH 43085, 614 846-0354.

WESTERMAN, Richard A.; '68 MBA; Pres./Computer Syst Cnslt; Westerman & Assocs., 4615 SW Frwy., Ste. 700, Houston, TX 77027, 713 623-6506; r. 4955 Valkeith Dr., Houston, TX 77096, 713 723-4955.

WESTERMAN, Steven Douglas; '85 BSBA; 4900 Pear Ridge, #1405, Dallas, TX 75252.

WESTERVELT, Douglas J.; '47 BSBA; Retired; r. 3076 Brandon Rd., Columbus, OH 43221, 614 457-6053.

WESTFALL, LTC Frederick W., USAF; '87 MA, '87 PhD (BUS); Asst. Prof.Logistics Mgmt; Wright-Patterson AFB, OH 45433, 513 255-4149; r. 4178 Leafback Pl., Dayton, OH 45424, 513 236-4476.

WESTFALL, Gary M.; '81 BSBA; Real Estate Investor; 2478 S. Arlington Rd., Akron, OH 44319, 216 644-0036; r. 3070 N. Turkeyfoot Rd., Akron, OH 44319, 216 644-2298.

WESTFALL, James Herman; '73 MPA; Acct.; State of Ohio, Mental Retard & Developmental, Disabilities, Columbus, OH 43215; r. POB 45, St. Louisville, OH 43071.

WESTFALL, Kevin Patrick; '82 BSBA; Pres.; Central Ohio Investment Grp. & World Automotive Imports, 3919 Pkwy. Ln., Hilliard, OH 43026; r. 5534 Ashford Rd., Dublin, OH 43017, 614 766-8368.

WESTFALL, Patricia Wetzel, (Patricia Wetzel); '48 BSBA; Homemaker; r. 1376 Ft. Jefferson Rd, Greenville, OH 45331, 513 548-5482.

WESTINGHOUSE, Richard G.; '57 BSBA; Property Investments; Westinghouse Enterprises, 1484 Devonhurst Dr., Columbus, OH 43232, 614 866-2009; r. Same.

WESTINGHOUSE, Sheryl '81 (See Couch, Sheryl Westinghouse).

WESTLAKE, C. Arnold; '40 BSBA; Retired; r. 1169 Baxter, Glendora, CA 91740, 818 335-5856.

WESTLAKE, David James; '86 BSBA; Production Tech.; Trentel Graphics, Inc., 1020 Huron Rd., Ste. 729, Cleveland, OH 44115, 216 522-2944; r. 1539 Marlowe Ave., Lakewood, OH 44107, 216 221-4059.

WESTLAKE, James Allen; '81 BSBA; Fiscal Ofcr.; Ohio Supreme Ct., Ct. of Claims, 65 E. State St., Ste. 1100, Columbus, OH 43215; r. 1049 Conant Dr., Columbus, OH 43229, 614 436-8237.

WESTLAKE, James B., II; '81 BSBA; Mgr. of Property Acctg.; Warner Cable Communications, 400 Metro N., Dublin, OH 43017, 614 792-7232; r. 1337 Silvertree Dr., Galloway, OH 43119, 614 878-4425.

WESTLAKE, MAJ James Jay, USAF; '76 BSBA; Student; Air Cmd. & Staff Clg., Maxwell AFB, AL 36112, 205 293-6794; r. 6719 Volz Ct., Montgomery, AL 36116, 205 279-9769.

WESTLAKE, James M.; '59 BSBA; Staff; The Glidden Co., 1 Canterbury Rd., Westlake, OH 44145; r. 1539 Marlowe Ave., Lakewood, OH 44107, 216 221-4059.

WESTLING, Carl W.; '33 BSBA; Retired Asst. Mgr.; Hollenden House, 610 Superior Ave. NE, Cleveland, OH 44114; r. 1066 S. Prospect St., Hartville, OH 44632, 216 877-3381.

WESTON, Daniel Joseph; '76 BSBA; Farmer; r. 5245 Morral-Kirkpatrick Rd., Morral, OH 43337, 614 465-4461.

WESTON, Steven Marc; '82 BSBA; Student; Ohio State Univ., Acctg. Dept., Columbus, OH 43210; r. 1533 145th Pl. SE Apt. J15, Bellevue, WA 98007.

WESTOVER, Donald Jeffrey; '78 BSBA; Mgr.; Sunbury Component Industries, Admin. & Production, 707 W. Cherry, Sunbury, OH 43074, 614 965-1133; r. 5480 Roseland Dr., Galena, OH 43021, 614 548-4924.

WESTOVER, Heidi Amstutz, (Heidi Amstutz); '85 BSLHR; Homemaker; r. 5480 Roseland Dr., Galena, OH 43021, 614 548-4924.

WESTRICH, Greg Lawrence; '83 BSBA; 9981 Zig Zag Rd., Cincinnati, OH 45242, 513 791-3391.

WETHERBEE, Richard; '50 BSBA; Owner; Wetherbee & Co., 941 Chatham Ln., Ste. 304, Columbus, OH 43221; r. 4110 Sunbury Rd., Galena, OH 43021, 614 965-1881.

WETJA, Harriet M.; '45 BSBA; Atty.; Private Practice, 26 N. Main St., Germantown, OH 45327; r. 26 N. Main St., Germantown, OH 45327.

WETMORE, Calvin B.; '33 BSBA; CPA; Wetmore & Co., Inc., 5233 Stoneham Rd., N. Canton, OH 44720, 216 499-8575; r. 215 N. Circle Dr., SW, N. Canton, OH 44709, 216 497-1544.

WETMORE, David Charles; '71 MBA; Pres.; Goal Systs. Intl., 7965 N. High St., Columbus, OH 43235, 614 888-1775; r. 1952 Chatfield Rd., Columbus, OH 43221, 614 486-4723.

WETMORE, Linda Lee; '84 BSBA; Sales Rep.; Prentice-Hall Inc., Clg. Sales & Marketing, Prentice Hall Bldg., Englewood Cliffs, NJ 07632, 201 592-2210; r. 918 Castle Point Ter., Hoboken, NJ 07030, 201 659-5235.

WETMORE, Perry M.; '61 BSBA; Mgr. Mkt. Analysis; GM Corp., Delco-Remy Division, 2401 Columbus Ave., Anderson, IN 46018, 317 646-3211; r. 4306 Lindbergh Rd., Anderson, IN 46012, 317 649-1582.

WETMORE, William Jess; '64 BSBA; CPA; POB 1607, Palatine, IL 60078, 312 705-1585; r. 2124 Williamsburg Dr., Palatine, IL 60074, 312 934-4659.

WETTA, William Andrew; '88 BSBA; 6151 Darby Ln., Columbus, OH 43229, 614 891-7566.

WETTERMAN, Craig Alan; '83 BSBA; Dir. of Mktg.; Franke's Wood Prods. Inc., 14310 Hinton Mill Rd., Marysville, OH 43040, 513 642-0706; r. 2237 Antigua Dr., Apt. #2B, Columbus, OH 43220, 614 459-2568.

WETTERSTROEM, Barbara Lee; '79 BSBA; Proj. Leader; Perkins Family Restaurants, 6075 Poplar Ave., Ste. 800, Memphis, TN 38119, 901 766-6470; r. 6757 Keystone Dr., Memphis, TN 38115, 901 362-8672.

WETTLING, Robert Jonathan; '78 BSBA; Proj. Mgr.; Motorist Mutual Ins., 471 E. Broad St., Columbus, OH 43215, 614 225-8360; r. 2074 Scottingham Dr., Dublin, OH 43017, 614 889-5189.

WETZEL, Daniel Gray; '80 BSLHR; 3847 E. River Dr., Ft. Myers, FL 33916, 813 694-2522.

WETZEL, Patricia '48 (See Westfall, Patricia Wetzel).

WETZEL, William Robert, Jr.; '80 BSBA; Mktg. Analyst; Colt Industries, Holley Carburetor Div, 11955 E. 9 Mile Rd, Warren, MI 48008, 313 497-4322; r. 1619 Cole St., Birmingham, MI 48008, 313 258-6254.

WEVURSKI, Stephanie Kay; '86 BSBA; Financial Analyst; Electronic Data Systs., 13600 EDS Dr., Herndon, VA 22071, 703 742-1877; r. 33 Bickel Ct., Sterling, VA 22170, 703 444-9358.

WEXLER, Mrs. Eveline Donner, (Eveline Donner); '83 BSBA; Cash Mgmt. Supv.; BP America, Inc., 200 Public Sq., 12C2456, Cleveland, OH 44114, 216 586-5387; r. 2122 Campus Dr., Cleveland, OH 44121, 216 382-8527.

WEXLER, Ilan; '76 BSBA; Atty.; 21 N. Wickliffe Cir., Youngstown, OH 44515, 216 792-6033; r. 2122 Campus Dr., Cleveland, OH 44121, 216 382-8527.

WEXLER, Lawrence Howard; '85 BSBA; 210 Early St., Savannah, GA 31405, 912 355-3755.

WEXLER, Mark Robert; '74 BSBA; VP Mktg.; Grp. Records, Inc., 555 W. 57th St., Ste. 1228, New York, NY 10019, 212 245-7033; r. 140 Allen St., Hackensack, NJ 07601, 201 646-1541.
WEXLER, Mrs. Orna H., (Orna Hod); '78 BSBA; 2073 Old Colony Ln. #C, Columbus, OH 43209, 614 231-5777.
WEXNER, Leslie Herbert; '59 BSBA; Pres./Chmn. of the Bd.; The Ltd. Inc., Two Limited Pkwy., POB 16000, Columbus, OH 43216, 614 479-7000.
WEYERS, Rita Loretta, (Rita Kuehne); '82 BSBA; Financial Analyst; Wendys Intl. Inc., 4288 W. Dublin-Granville Rd, POB 256, Dublin, OH 43017, 614 764-3100; r. 6717 Merwin Rd., Worthington, OH 43235, 614 792-0678.
WEYGANT, Cynthia Andersen; '50 BSBA; 6208 Deep Creek, Prospect, KY 40059.
WEYRICH, Orville R.; '53 MBA; Pres.; A Bee Line Moving&Storage Inc., 140 Gale St., Dayton, OH 45408, 513 461-5220; r. 11206 Butler Rd., Hillsboro, OH 45133, 513 466-2483.
WHALEN, James M.; '84 BSBA; Acct. Rep.; Metropolitan Life, 4878 Blazer Memorial Pkwy., POB 1510, Dublin, OH 43017, 614 766-1446; r. 174 Hillcrest Rd., Marysville, OH 43040, 513 644-8738.
WHALEN, Karen Christine; '80 BSBA; Dir.; Oregon Comm for The Blind, Business Enterprise, 535 SE 12th, Portland, OR 97214, 503 238-8375; r. 1261 Ln. On The Lake, Columbus, OH 43235, 503 244-3397.
WHALEN, Kathleen Erin; '79 MPA; 662 Rebecca Way, Apt. 1, San Jose, CA 95117.
WHALEN, Robert A.; '48 BSBA; Retired; r. 1005 S. Remington Rd., Columbus, OH 43209, 614 235-3275.
WHALEN, Susan Little; '77; Editor Bookkeeper; Special Press, 122 W. Second Ave., Columbus, OH 43201; r. 7827 Sable Ct., Dublin, OH 43017, 614 792-0626.
WHALEN, Timothy Thomas; '75 MBA; 3194 N. Farmcrest, Cincinnati, OH 45213, 513 351-3760.
WHALEN, William Howard, Sr.; '70 BSBA; Safety&Loss Control Engr.; Cincinnati Ins. Co., POB 145496, Cincinnati, OH 45214, 513 870-2400; r. 7401 Wooster Ct., Mentor, OH 44060, 216 951-3082.
WHALEY, David Kevin; '77 BSBA; Acct.; Smith Coolsby Artis Reams CPA, 1330 Carter Ave., Ashland, KY 41101; r. 1531 Karin St., Ironton, OH 45638, 614 533-3678.
WHALEY, Ellis B., Jr.; '48 BSBA; Pres. & Chmn.; Fanaco Inc., 11256 Cornell Park Dr., Cincinnati, OH 45243, 513 489-1741; r. 2650 Gulfshore Blvd., N., Naples, FL 33940, 813 261-4610.
WHALEY, Elsie F. '56 (See Carpenter, Mrs. Elsie F.).
WHALEY, James Lee; '84 BSBA; Asst. Auditor; Auditor of State, 4480 Refugee Rd., Ste. 310, Columbus, OH 43232, 614 864-3917; r. 5205 Wagonwheel Ln., Gahanna, OH 43230, 614 476-2560.
WHALEY, Kathleen Detty, (Kathleen Detty); '86; Homemaker; r. 2894 Wildwood Dr., Clearwater, FL 34621, 813 791-4191.
WHALEY, Mary Winstel; '84 BSBA; Mktg. Analyst; American Electric Power Co., 180 E. Broad St., Columbus, OH 43215, 614 223-1389; r. 3785 Hunting Ln., Columbus, OH 43230, 614 882-9480.
WHALEY, Rodger Lee; '70 BSBA; Fiscal Admin.; State of Ohio, Taxation Dept., 30 E. Broad St., Columbus, OH 43215, 614 466-7150; r. 1505 Buckpoint Ln., Worthington, OH 43085, 614 436-9063.
WHALEY, Terry E., Jr.; '85 BSBA; Fire Controlman 3; USN; r. 1332 E. Allen St., Lancaster, OH 43130, 614 687-0507.
WHALEY, Terry E., Sr.; '64 BSBA; Real Estate Developer; 2894 Wildwood Dr., Clearwater, FL 34621, 813 791-4191; r. Same.
WHALEY, Tony Allen; '84 BSBA; Internal Auditor; Ohio Materials Co., 16406 Rte. 224 E., Findlay, OH 45840; r. 244 Main St., Leipsic, OH 45856.
WHARTON, Cherie '87 (See See, Cherie).
WHARTON, Frank A.; '52 BSBA; Estimator; Naples Printing Co., 5 12th St. N., Naples, FL 33940, 813 262-6531; r. 5690 Cypress Hollow Way, Naples, FL 33942, 813 598-3977.
WHARTON, James C., III; '83 BSBA; Sales Rep.; Honeywell, 720 Gracern Rd. Ste. 107, POB 210309, Columbia, SC 29221, 803 798-4477; r. 308 Castle Vale Rd., Irmo, SC 29063, 803 749-0228.
WHARTON, Richard E.; '52 BSBA; Asst. Dean; Ohio State Univ., Clg. of Engrg., 2070 Neil Ave., Columbus, OH 43210, 614 292-4765; r. 2396 Middlesex Rd, Columbus, OH 43220, 614 451-1544.
WHARTON, Sharon '79 (See Lamantia, Mrs. Sharon).
WHATLEY, Mrs. Cheryl Ruth Vaughn, (Cheryl Ruth Vaughn); '84 BSBA; Programmer/Analyst-Lead; The Ohio State Univ., University Syst., 1121 Kinnear Rd., Columbus, OH 43210, 614 292-3687; r. 3243 Valleywood Dr., Columbus, OH 43223, 614 871-9027.
WHATLEY, Robert L.; '42 MPA; Contracting Ofcr.; r. 848 W. Riverview Ter., Apt. 106, Dayton, OH 45407, 513 222-7335.
WHAY, Sherry I. '84 (See Bieganski, Mrs. Sherry W.).
WHEAT, Ralph D.; '51 BSBA; Atty.; POB 14389, Columbus, OH 43214, 614 261-9092; r. Same, 614 262-9670.
WHEATLEY, Vicki Lou; '87 BSBA; Asst. Supv.; Strategic Rsch. & Cnsltg., 1690 Woodlands Dr., Maumee, OH 43537, 419 893-0642; r. 307 W. Lincoln St., Lindsey, OH 43442, 419 665-2163.
WHEATON, Edward Alan; '79 BSBA; VP; American Agcy. Inc., Box 21997, Columbus, OH 43221, 614 442-1400; r. 6151 Rockland Dr., Dublin, OH 43017, 614 764-3715.
WHEATON, Terence E.; '62 BSBA; Dir., Human Resources; Eastman Kodak Co., 3100 Research Blvd., Dayton, OH 45420, 513 259-3112; r. 680 Renolda Woods Ct., Kettering, OH 45429, 513 294-6085.
WHEELER, Arthur Mitchel; '68 BSBA; Chief Admin. Ofcr.; Childrens Hosp., Pediatric Academic Assn Inc, Rm. B 314, Columbus, OH 43205, 614 461-2090; r. 2570 Redrock Blvd., Grove City, OH 43123, 614 875-7726.
WHEELER, Charles Taylor; '43 BSBA; Retired; r. 1868 Riverside Dr., Apt. 30, Columbus, OH 43212, 614 486-3313.
WHEELER, Curtis Scott; '78 BSBA; Tax Acct.; Laventhol & Horwath, 88 E. Broad St., Columbus, OH 43215; r. 32 E. N. Broadway St., Columbus, OH 43214, 614 261-0359.
WHEELER, Dennis John; '74 BSBA; 271 Canterbury Tr., Winston-Salem, NC 27104.
WHEELER, George Alexander; '56 BSBA; Supv. in Acctg.; Americon Inc., 3333 Copley Rd., Accounts Payable Division, Copley, OH 44321, 216 666-8841; r. 1623 Alcorn Dr., Barberton, OH 44203, 216 825-3166.
WHEELER, James Kent; '86 BSBA; Sales Rep.; Arrow Electronics, 25 Upton Dr., Wilmington, MA 01887, 508 658-0900; r. 54 Blossom St., Waltham, MA 02154, 617 894-4914.
WHEELER, James Randall; '76 BSBA; Field Sales Mgr. W.; Venture Tape Corp., 2464 Talmadge Rd., Toledo, OH 43606, 419 535-6245; r. 2464 Talmadge Rd., Toledo, OH 43606, 419 536-5493.
WHEELER, Jane M., (Jane Murschel); '38 BSBA; Retired; r. 5416 Landau Dr., Dayton, OH 45429, 513 434-0714.
WHEELER, Jill Lynn '79 (See Hatch, Jill Lynn).
WHEELER, Joan Elizabeth; '77 BSBA; Staff Atty.; Bank One of Dayton, Kettering Twr., Dayton, OH 45401; r. 2925 Zehring Rd., Farmersville, OH 45325.
WHEELER, John David, II; '78 BSBA; Merchant; Sears Roebuck Catalog, 518 West St., Caldwell, OH 43724; r. 116 S. Sandusky, Bucyrus, OH 44820.
WHEELER, Kimberly '83 (See Letcher, Kimberly Wheeler).
WHEELER, Mila Jayne; '78 BSBA; 614 261-2097; r. 4842 Birmingham Ct., Columbus, OH 43214, 614 459-9321.
WHEELER, Patti Jean; '85 BSBA; Account Rep.; Eastman Kodak Co., 45 East Ave., 2nd Fl., Rochester, NY 14604, 716 238-8450; r. 521 Oxford St. #3, Rochester, NY 14607, 716 271-5817.
WHEELER, MAJ Richard J., USAF(Ret.); '56 BSBA; Chmn. of the Bd.; Tyndall Fed. Credit Union, Panama City, FL 32401; r. 1447 Parkway Dr., Panama City, FL 32401, 904 871-4546.
WHEELER, Robert M.; '49 BSBA; Retired; r. 1526 Menlough Ave. NW, Canton, OH 44708, 216 477-7715.
WHEELER, Scott Paul; '73 BSBA; Mgr., Mfg.; Hershey Chocolate USA, 19 E. Chocolate Ave., Hershey, PA 17033, 717 534-4277; r. 209 Water St., Royalton, PA 17057, 717 944-3881.
WHEELER, Thomas Edgar; '68 BSBA; Chairman., CEO; NuCable Resources Corp., 3050 K St., NW, Ste. 370, Washington, DC 20007, 202 944-4110; r. 1650 30th St., NW, Washington, DC 20007.
WHEELER, Virginia Johnson, (Virginia Johnson); '63 BSBA; 7438 Canterbury Rd., Sciotoville, Portsmouth, OH 45662, 614 574-6830.
WHEELOCK, Roger W.; '87 MBA; Proj. Mgr.; O.H. Materials Corp., POB 551, Findlay, OH 45839, 419 423-3526; r. 222 Washington St., Findlay, OH 45840, 419 422-3957.
WHELAN, Matthew Christopher; '87 BSBA; Personnel Supv.; US Gypsum Co., 5500 Quarantine Rd., Baltimore, MD 21226, 301 355-6600; r. 2031 Bear Ridge Rd., Apt. 1, Baltimore, MD 21222, 301 388-0597.
WHERRY, Robert A.; '39 BSBA; Atty.; Wherry & Wherry PC, 425 S. Cherry, Denver, CO 80222, 303 322-3225; r. 211 S. Cherry St., Denver, CO 80222, 303 377-5515.
WHETSTONE, Robert Eugene; '56 BSBA; Material Hndlg Supv.; Ford Motor Co., 3121 Tiffin Ave., Sandusky, OH 44870, 419 627-3603; r. 2714 Monticello Ln., Sandusky, OH 44870, 419 625-3905.
WHIMS, Dale Leroy; '80 BSBA; Agt.; Nationwide Ins. Cos., 109 Hill Rd. N., Pickerington, OH 43147, 614 833-0559; r. 390 Lorraine Dr., Pickerington, OH 43147, 614 837-7893.
WHIPPLE, Charles A., Jr.; '49 BSBA; Retired Mgr.; Nationwide Ins. Co., One Nationwide Plz., Group Microfilm Project, Columbus, OH 43216; r. 1554A Grandview Ave., Columbus, OH 43212, 614 486-1425.
WHIPPLE, Quentin P.; '42 BSBA; Retired; r. 975 Kenway Ct., Columbus, OH 43220, 614 451-6996.
WHIPPLE, Robert Christopher; '86 BSBA; 4360 Schirtzinger, Hilliard, OH 43026, 614 876-1253.
WHIPPLE, Stephen Allen; '84 BSBA; Meat Cutter; Whipple's Little Giant, Box 191, Ashley, OH 43003; r. 249 Homestead Ln., Delaware, OH 43015, 614 369-5533.
WHISLER, Carl D.; '65 MBA; Mktg. Mgr.; Kentube, 4150 Elwood, Tulsa, OK 74157, 918 446-4561; r. 6455 S. 221 E. Ave., Broken Arrow, OK 74014, 918 355-5430.
WHISLER, Mark Scott; '86 BSBA; Production Coord.; Harris Graphics, 4900 Webster St., Dayton, OH 45414, 513 278-2651; r. 6000 Leyden, Huber Hts., OH 45424, 513 237-8683.
WHISTON, Deborah Anne; '83 BSBA, '85 MBA; Sr Institutional Sls Rep; Bristol-Myers USPNG, 2400 W. Pennsylvania St., Evansville, IN 47712, 800 537-7243; r. 8761 Donovan Ct., Cincinnati, OH 45249, 513 629-9707.
WHITACRE, Bruce Eric; '84 BSBA; Sr. Assoc. Programmer; IBM, 9500 Godwin Dr., Manassas, VA 22110, 703 367-4349; r. 8977 Milroy Ct., Manassas, VA 22110, 703 361-6349.
WHITACRE, David Victor; '80 MACC; Asst. Controller; Geupel Constr. Co., Inc., 1661 Old Henderson Rd., POB 20911, Columbus, OH 43220, 614 459-2400; r. 4904 Heath Trails Dr., Hilliard, OH 43026, 614 771-1870.
WHITACRE, Perry L.; '50 BSBA; Ins. Agt.; Allstate, 268 S. Broadway, Salem, OH 44460, 216 337-9312; r. 33502 Winona Rd., Salem, OH 44460, 216 222-1341.
WHITACRE, Roger L.; '62 MBA; Purchasing Supv.; Washington Public Power Syst., 3000 George Washington Way, Richland, WA 99352, 509 377-8408; r. 1992 Greenbrook Blvd., Richland, WA 99352, 509 627-5114.
WHITACRE, Shirley Noran; '50 BSBA; RR No 3, Salem, OH 44460, 216 337-9312.
WHITAKER, Ellenor A. '46 (See Unverzagt, Mrs. Ellenor A.).
WHITAKER, Marjorie '31 (See Roll, Marjorie W.).
WHITAKER, Thomas Ralph; '56 BSBA; Sales Rep.; Hodell Corp., 1826 Eight Mile, Cincinnati, OH 45255, 513 474-1637; r. Same.
WHITBECK, Diane Sue; '79 MPA; Res. Hall Dir.; The Ohio State Univ., Lincoln Twr., 1800 Cannon Dr., Columbus, OH 43210; r. 5305 Shiloh Sta., Columbus, OH 43220.
WHITBY, Raenada; '82 BSBA; Rsch. Asst.; Bancohio, 155 E. Broad St., Columbus, OH 43265; r. 3659 Curtis St., Mogadore, OH 44260, 216 628-5174.
WHITBY, Rano Raymond; '84 BSBA; 3659 Curtis St., Mogadore, OH 44260, 216 628-5174.
WHITCOMB, Edward Lewis; '48 BSBA; Certified Publ Acct.; Edward L Whitcomb, 43 W. Main, Ashland, OH 44805; r. 1605 Center Ln. Dr., Ashland, OH 44805, 419 289-2745.
WHITCOMB, James Allen; '71 BSBA; Systs. Mgr.; Dow Corning Wright, 5677 Airline Rd., Arlington, TN 38002, 901 867-9971; r. 6892 Amberly Grove Cove, Cordova, TN 38018, 901 386-2995.
WHITCOMB, Linda Ann; '86 MBA; Purchasing Agt.; The Ltd., Inc., Two Limited Pkwy., Columbus, OH 43230, 614 479-7000; r. 641 N. High St. #5, Columbus, OH 43215, 614 469-1467.
WHITCOMBE, David W.; '57 MBA; Prog. Mgr.; Hughes Aircraft, El Segundo, CA 90245; r. 2904 Via Alvarado, Palos Verdes Estates, CA 90274, 213 377-5684.
WHITCUM, Robert E.; '51 BSBA; Retired; Wolverine Ins. Co., Box 372, Fremont, OH 43420; r. 2001 Hayes Ave. #4, Fremont, OH 43420.
WHITE, Mrs. Amy M., (Amy M. Gratawol); '87 BSBA; Computer Programmer; Periodical Publishers Svc. Bur. Inc., 1 N. Superior St., Sandusky, OH 44870, 419 626-0623; r. 811 Bardshar Rd., Apt. #5, Sandusky, OH 44870, 419 626-6527.
WHITE, Amy Marie; '86 BSBA; Computer Sales/Support; Specialized Retail Systs., 7591 Saw Mill Common Ln., Dublin, OH 43017, 614 766-1234; r. 5839 Shannon Pl. Ln., Dublin, OH 43017, 614 889-8473.
WHITE, Mrs. Audrey Roberts; '84 BSBA; Account Exec.; Leo Burnett Mexico, Bosque de Duraznos 65-8, Bosque de Las Lomas C.P. 11700, Mexico D.F., Mexico, 596-6188; r. Schiller 524-4, Col. Polanco C.P. 11560, Mexico, D.F., Mexico, 312 348-8143.
WHITE, Bradley Kim; '77 BSBA; Owner; Perfecto Enterprises, 6198 Messana Ter., Lake Worth, FL 33463, 407 967-2382; r. Same.
WHITE, Brendan Matthew; '87 BSBA; Financial Analyst; Ohio Casualty Grp., 136 N. 3rd St., Hamilton, OH 45025, 513 867-6362; r. 3690 Saybrook Ave., Cincinnati, OH 45208, 513 829-2659.
WHITE, Brian Richard; '87 BSBA; Mgr.; Raleigh Bicycles, 2982 Hayden Run Rd., Dublin, OH 43235, 614 764-4610; r. 1414 Som Center Rd. 120, Mayfield Hts., OH 44124, 216 449-3936.
WHITE, Bruce Mage; '80 BSBA; Atty.; Ziskind Greene & Assocs., 8912 Burton Way, Beverly Hls., CA 90211; r. 5757 Wilshire Blvd., Ste. 447, Los Angeles, CA 90036.
WHITE, Byron Keith; '84 BSBA; Field Sales Rep.; r. 892 W. 10th Ave., Columbus, OH 43212, 614 486-2637.
WHITE, Carolyn Elizabeth; '82 BSBA; Acct.; Mt. Carmel Med. Ctr., 793 W. State St., Columbus, OH 43222; r. 3335 Burr Oak Dr., Grove City, OH 43123, 614 875-3377.
WHITE, Charles E.; '53 BSBA; Owner; Ice Cream Shop, 51 Church Hill Rd., Newtown, CT 06470, 203 426-0076; r. Same.
WHITE, Cheri Yvonne; '86 MLHR, '86 MPA; Prog. Auditor/Evaluator; US General Accounting Ofc., 101 Marietta Twr., Ste. 2000, Atlanta, GA 30323, 404 331-6900; r. 2240 Fairburn Rd., Atlanta, GA 30331, 404 344-6482.
WHITE, 2LT Craig Robert; '85 BSBA; 2nd Lt.; USAF, 63 Maw/Lgx, Norton AFB, CA 92409, 714 382-5457; r. POB 4779, Norton AFB, CA 92409, 714 882-9775.
WHITE, Dana Neal; '81 BSBA; 1240 Nelson Dr., Chillicothe, OH 45601, 614 775-0126.
WHITE, Daniel B.; '87 BSBA; 288 Larrimer Ave., Worthington, OH 43085, 614 888-2069.
WHITE, COL David Benjamin, USAF(Ret.); '60 BSBA; Retired; r. 5554 Worcester Dr., Columbus, OH 43232, 614 866-3514.
WHITE, David D.; '24; Atty.; 705 E. Long St., Columbus, OH 43215, 614 461-5859; r. 1174 Byron Ave., Columbus, OH 43227, 614 235-2638.
WHITE, Donald A.; '62 BSBA; Regional VP; Spacewall Intl., 530A Lakeview Plz. Blvd., Worthington, OH 43085, 614 847-1497; r. 1010 Notchbrook Dr., Delaware, OH 43015, 614 548-7407.
WHITE, Donald B.; '55 BSBA; Retired; Ohio Bell Telephone Co.; r. 1378 Oakbourne Dr., Worthington, OH 43235, 614 885-4000.
WHITE, Douglas Robert; '80 BSBA; Staff; Midwestern Indemnity, 1700 Edison Dr., Milford, OH 45150; r. 5762 Doerger Ln., Cincinnati, OH 45212, 513 351-6065.
WHITE, Douglass Eugene; '80 MPA; Dir.; Operation Feed-Food Bank, 1827 E. 25th Ave., Columbus, OH 43219; r. 2766 Fairwood Ave., Columbus, OH 43207, 614 497-2763.
WHITE, Edward Leroy; '61 MBA; Owner; The White Ranch & Investment, POB 759, Fredericksburg, TX 78624, 512 997-8860; r. Same.
WHITE, Eugene M.; '54 BSBA; Retired; r. 131 Mohican Rd., Findlay, OH 45840, 419 423-8794.
WHITE, Evelyn Mc Elhaney, (Evelyn Mc Elhaney); '83 BSBA; Technical Analyst; American Electric Power Co., 1 Riverside Plz., Columbus, OH 43215, 614 223-3728; r. 1344 Hamlin Pl., Columbus, OH 43227, 614 237-6483.
WHITE, Frederick Smith; '69 BSBA; VP Sales; Morgan, Stanley & Cos.; r. 1430 N. Aster, Chicago, IL 60610, 312 944-4799.
WHITE, Gail; '71 BSBA; Auditor; Reznick Fedder & Silverman, 4520 E. W. Hwy., Bethesda, MD 20814, 301 652-9100; r. 609 Hudson Ave., Apt. 127, Takoma Park, MD 20912, 301 588-7486.
WHITE, Harry G., Jr.; '49 BSBA; Dist. Mgr.; Latrobe Steel Co., 2919 S. Tanager Ave., Los Angeles, CA 90040, 213 723-7123; r. 14237 Eastridge Dr., Whittier, CA 90602, 213 696-5568.
WHITE, Homer M.; '31 BSBA; Retired; r. 6000 Riverside Dr., Friendship Vlg., Dublin, OH 43017.
WHITE, Israel R.; '60 BSBA; 1767 Jason Dr., Columbus, OH 43227, 614 866-9461.
WHITE, J. Austin; '34 BSBA; Retired; r. 6805 Cheviot Rd. Apt. 27, Cincinnati, OH 45247, 513 385-1888.
WHITE, James Edward; '72 MBA; Mgr., Systs. Engrg.; Northrop Corp., Ventura Unit, 1515 Rancho Conejo, POB 2500, Newbury Park, CA 91320, 805 373-2570; r. 603 Hollyburne Ln., Thousand Oaks, CA 91360, 805 373-0589.
WHITE, Janet R., (Janet Ross); '47 BSBA; Homemaker; r. 7176 Worthington Rd., Westerville, OH 43081, 614 882-4290.
WHITE, John Calvin; '81 BSBA; Plant Supt.; Westbrook Mfg., 600 N. Irwin St., Dayton, OH 45403, 513 254-2004; r. 10070 Brokenwoods Dr., Miamisburg, OH 45342, 513 439-1112.
WHITE, CAPT John L.; '56 BSBA; Pilot; Pan Am Airways, JFK Internat Airport, Jamaica, NY 11430; r. 3 Long Meadow Hill Rd., Brookfield Ctr., CT 06805, 203 775-3916.
WHITE, John Mitchell; '76 BSBA; Tech.; Library of Congress, James Madison Bldg. LM221, Capitol Hill, Washington, DC 20013, 202 707-8925; r. 2704 Elsmore St., Fairfax, VA 22031, 703 280-1129.
WHITE, John Paul; '71 BSBA; Ins. Agt.; State Farm Ins. Co., 75 S. High St., Dublin, OH 43017, 614 889-2778; r. 7765 Amberfalls Ct., Dublin, OH 43017, 614 766-4361.
WHITE, John Vincent; '88 BSBA; 125 W. Dodridge 303, Columbus, OH 43202, 614 291-5011.
WHITE, Joseph Bennet; '82 BSBA; 109 E. 12th Ave., Columbus, OH 43201.
WHITE, Joseph E.; '40 BSBA; Retired; r. 1673 US Rte. 35 NW, Washington Ct. House, OH 43160, 614 335-6535.
WHITE, Joseph Larue; '65 MPA; Retired; r. 325 S. Broadleigh Rd., Columbus, OH 43209, 614 231-9204.
WHITE, Keith W.; '77 BSBA; Wage/Salary Analyst; American Electric Power Svc. Corp., 1 Riverside Plz., Columbus, OH 43216; r. 3096 Dewbourne Dr., Reynoldsburg, OH 43068, 614 863-0779.
WHITE, Kenneth Eugene; '77 BSBA; Army Res. Spec. 4; r. 596 Fairwood Ave., Columbus, OH 43205.
WHITE, Lisa J., (Lisa M. Jayson); '82 BSBA; Asst. Bus. Ofc. Mgr.; HCA New Port Richey Hosp., 205 High St., New Port Richey, FL 34656, 813 845-9108; r. 3007 Longbrooke Way, Clearwater, FL 34620, 813 536-6740.
WHITE, Mrs. Lisa M., (Lisa M. Hill); '85 BSBA; Asst. Mgr.; The Acorn, 2701 Erie Ave., Cincinnati, OH 45208, 513 871-3450; r. 8437 Brandon Hill Ct., Cincinnati, OH 45244, 513 474-6112.
WHITE, Mark Andrew; '77 BSBA; Systs. Analyst; Nationwide Ins. Co., One Nationwide Plz., Columbus, OH 43216; r. 879 S. Spring Rd., Westerville, OH 43081, 614 890-2167.

ALPHABETICAL LISTINGS WIEGING 301

WHITE, Martin Earl; '77 BSBA; 3500 Tremaine Rd., Columbus, OH 43232, 614 837-3474.
WHITE, Mary Anne Bowman, (Mary Anne Bowman); '57 BSBA; Customer Info. Rep.; KPL Gas Svc., 323 N. Parker, Olathe, KS 66061, 913 764-3500; r. 815 Lake Forest, Bonner Spgs., KS 66012, 913 441-3796.
WHITE, Michael Reed; '74 MPA; State Senator; Ohio Senate, State House, Columbus, OH 43215, 614 466-4857; r. 1057 E. Blvd., Cleveland, OH 44108, 216 541-6353.
WHITE, Nancy '62 (See Knoop, Nancy White).
WHITE, Nicolette Miller, (Nicolette Miller); '76 BSBA; Labor Relations Asst.; US Postal Svc., 850 Twin Rivers Dr., Columbus, OH 43216, 614 469-4366; r. 2587 Sonata, Columbus, OH 43209, 614 239-9428.
WHITE, Robert B., Jr.; '57 BSBA; Owner/Pres.; R B White, Inc., 2105 Inverrary Ct., Raleigh, NC 27615, 919 872-5759.
WHITE, Robert Edward; '63 BSBA; Inventory Mgmt. Spec..; DLA-DCSC; r. 491 Whitson Dr., Gahanna, OH 43230, 614 476-6719.
WHITE, Robert Edward; '57 BSBA; Rep.; Greeley Gas Co., 130 N. Nettleton, Bonner Spgs., KS 66012, 913 441-2123; r. 815 Lake Forest, Bonner Spgs., KS 66012, 913 441-3796.
WHITE, Robert Francis, Jr.; '41 BSBA; Retired; r. 5266 Bigelow Dr., Hilliard, OH 43026, 614 876-6619.
WHITE, Rose M., (Rose Hanish); '31 BSBA; Retired; r. 6000 Riverside Dr., Friendship Vlg., Dublin, OH 43017, 614 486-6432.
WHITE, Russell Andrew; '73 BSBA; Lot 11 Scioto Estates, Ashville, OH 43103, 614 983-6374.
WHITE, Sharon Kimberly; '80 BSBA; Grants Coord.; State of Ohio, Dept. of Transportation, 25 S. Front St., Columbus, OH 43215, 614 466-8955; r. 24 W. Tulane Rd., Apt. #C, Columbus, OH 43202, 614 268-2459.
WHITE, Sherrie Lynn; '83 BSBA; Auditor; Dept. of Health, 181 Washington Blvd., Columbus, OH 43215; r. 6967 Canlish Dr., Reynoldsburg, OH 43068.
WHITE, Sherry Lynn; '87 BSBA; Ofc. Clerk; Big Bear, 4665 Mrose Ctr., Columbus, OH 43229; r. 728 Fallside Ln., Westerville, OH 43081.
WHITE, Stanley Ray; '73 BSBA; Linebacker; Baltimore Colts, Executive Plz. Iii, Hunt Valley, MD 21031; r. 10716 Pot Springs, Cockeysville, MD 21030.
WHITE, Susan Hill; '73 BSBA; Controller; Courtaulds Fibers Inc., POB 2648, Hwy. 43, Mobile, AL 36652, 205 675-1710; r. 2408 Huffman Dr. W., Mobile, AL 36693, 205 666-7143.
WHITE, Terese Jean; '83 BSBA; Writer; Donovan Data Systs., 115 W. 18th St., Publications Dept., New York, NY 10011, 212 633-8100; r. 98 N. Sixth, Brooklyn, NY 11211, 718 384-3225.
WHITE, Terri D.; '85 BSBA; Sr. Acct.; Arthur Young & Co., 1611 Devonshire Dr., Columbia, SC 29202, 803 254-4700; r. 1131 Gladden St., Columbia, SC 29205, 803 256-3126.
WHITE, Thomas Alan; '80 BSBA; Real Estate Analyst; Sch. Employees Retirement Syst., 45 N. Fourth St., Columbus, OH 43215, 614 221-7012; r. 4735 Widner Ct., Columbus, OH 43220, 614 457-2492.
WHITE, Dr. Thomas Robert; '62 BSBA; Prof. of Clg. Educ.; Ohio State Univ., Columbus, OH 43210; r. 4238 Olentangy Blvd., Columbus, OH 43214, 614 267-4994.
WHITE, Todd Randall; '84 BSBA; Sr. Acct.; Price Waterhouse & Co., 1900 Central Trust Ctr., Cincinnati, OH 45202, 513 621-1900; r. 8437 Brandon Hill Ct., Cincinnati, OH 45244, 513 474-6112.
WHITE, Traci Ann; '87 BSBA; Internal Auditor; Banc One Corp., Columbus, OH 43229; r. 8027 #G Leighlinbridge Way, Dublin, OH 43017.
WHITE, Warren Allen; '70 BSBA; Dir. of Policy Plans; DLA Sys. Automation Ctr., 3990 E. Broad St., Columbus, OH 43213, 614 238-5838; r. 7180 Wendy Trail Ln., Dublin, OH 43017, 614 766-1691.
WHITE, Wilfred W., Jr.; '62 BSBA; VP; United Brands Co., Corporate Audit Dept., 1 E. 4th St., Cincinnati, OH 45201, 513 579-7619; r. 7 Carpenter's Run, Cincinnati, OH 45241, 513 791-5487.
WHITE, William Allen; '45 BSBA; Owner; William Allen White Ins. Agcy., 1207 N. Plum St., Springfield, OH 45504, 513 399-0050; r. 255 Brighton Rd., Springfield, OH 45504, 513 399-7363.
WHITE, William Bayard; '48 BSBA; Retired; r. 109 E. Selby Blvd., Worthington, OH 43085, 614 847-0874.
WHITE, William Burval; '50 BSBA; Private Investor; r. 8 Mount Holyoke Dr., c/o The Springs, Rancho Mirage, CA 92270.
WHITE, William Lee; '52 BSBA; Pres.; Family Counseling & Crittendon Svcs., 185 S. Fifth St., Columbus, OH 43215, 614 221-7608; r. 113 Bellefield Ave., Westerville, OH 43081, 614 891-1292.
WHITEFIELD, Pamela '81 (See Firich, Pamela Whitefield).
WHITEFORD, Peter; '54 BSBA; Chmn.; Global Petro-Chem. Svc. Inc., 7676 Woodway Dr., Ste. 270, Houston, TX 77063, 713 977-2537; r. 6131 Lynnbrook Dr., Houston, TX 77057, 713 461-2576.
WHITEHEAD, Bernice W. '36 (See Lane, Mrs. Bernice Whitehead).
WHITEHEAD, Jack A.; '55 BSBA; Supv.; Ford Motor Co., The American Rd., Inventory Analysis Div, Dearborn, MI 48121; r. 435 S. Waverly, Dearborn, MI 48124.
WHITEHEAD, James P., Jr.; '76 MBA; Asst. Publisher; Ohio Valley Publishing Co., 825 Third Ave., Gallipolis, OH 45631; r. 814 2nd Ave., Gallipolis, OH 45631, 614 446-6706.
WHITEHEAD, Kenneth; '81 BSBA; 1842 Indianola Ave., Columbus, OH 43201.
WHITEHEAD, Michael T.; '67 BSBA; Area Mgr.; Timken Co., 1025 Cleveland Ave., Columbus, OH 43201; r. 5307 Lemonwood St., Columbus, OH 43229, 614 882-9753.
WHITEHOUSE, Ralph L.; '25; Retired; r. 10444 Deanne Dr., Sun City, AZ 85351, 602 972-8358.
WHITEHURST, James L.; '53 BSBA, '54 MBA; 494 Garden Rd, Columbus, OH 43214, 614 262-5733.
WHITEHURST, John Robert; '47 BSBA; Asst. Prof.; Miami Univ., Sch. of Business Admin., Oxford, OH 45056, 513 424-4444; r. 520 Curryer Rd., Middletown, OH 45042, 513 423-3562.
WHITEMAN, Mrs. Ann P., (Ann M. Paskell); '81 BSBA; Controller; Colonial Fireplaces, 449 Powell Rd., Powell, OH 43065, 614 764-0320; r. 345 Monterey, Dublin, OH 43017, 614 766-4216.
WHITEMAN, Bruce David; '73 BSBA; Ins. Agt.; W A Wallace Ins. Co., 33 W. Main St., Newark, OH 43055, 614 345-9601; r. 84 Ramona Ave., Newark, OH 43055, 614 522-6515.
WHITEMAN, Carl C.; '49 BSBA; Pres.; Colonial Fireplaces Inc., 449 Powell Rd., St. Rte. 750, Powell, OH 43065, 614 764-0320; r. 2635 Camden Rd., Columbus, OH 43221, 614 488-6100.
WHITEMAN, Ms. Cynthia R., (Cynthia Ratka); '81 MBA; Asst. VP; First Natl. Bank of Atlanta, 2400 Piedmont Rd., Atlanta, GA 30324, 404 841-7503; r. 10920 Spotted Pony Tr., Alpharetta, GA 30201, 404 751-1956.
WHITEMAN, Mrs. Nanci M., (Nanci M. Nixon); '71 BSBA; Tchr.; Columbus Public Schs., 2960 Cranston Dr., Dublin, OH 43017, 614 365-5325; r. 7890 Sethwick Rd, Dublin, OH 43017, 614 764-1679.
WHITENACK, Scott Ronald; '82 BSBA; 1942 Iuka, Columbus, OH 43201.
WHITEUS, Jeffrey Scott; '80 BSBA; 28 Eastwood Rd., Danbury, CT 06811, 203 790-1628.
WHITFIELD, Alice Canada; '51 BSBA; 839 Northill Ln., Cincinnati, OH 45224.
WHITING, Clifford Carpenter, III; '69 BSBA; Pilot; Gannett-USA Today, 600 W. Service Rd., Ste. 300, POB 17408, Washington, DC 20041; r. 21764 Pinewood Ct., Sterling, VA 22170, 703 444-0920.
WHITING, Ronald K.; '64 BSBA; Sales Rep.; Metropolitan Life Ins., 28090 Chardon Rd., Ste. 200, Wickliffe, OH 44092, 216 944-2222; r. 7990 B Colonial Dr., Mentor, OH 44060, 216 974-1782.
WHITIS, Stephanie Jane; '81 BSLHR; Dir. of Personnel; Atty. Gen. State of Ohio, 30 E. Broad St., Columbus, OH 43215, 614 466-8240; r. 1056 Mulford Rd., Grandview Hts., OH 43212, 614 299-8464.
WHITLATCH, Harold E.; '33 BSBA; Retired; r. 4253 Bay Beach Ln. #E-1, Ft. Myers Bch., FL 33931, 813 463-1573.
WHITLINGER, Warren W.; '40 MBA; 810 Hewitt, Neenah, WI 54956, 414 722-5900.
WHITLOCK, Howard D.; '47 BSBA; Retired; r. 201 N. Riverside Dr., Apt. 303, Pompano Bch., FL 33062, 305 941-9265.
WHITMAN, John C.; '62 BSBA; Systs. Analyst; Northrop Corp., DSD Div., 600 S. Hicks Rd., Rolling Meadows, IL 60008; r. 525 Russell St., Wheeling, IL 60090, 312 537-8070.
WHITMAN, Robert Gene; '67 BSBA; Realtor; Jean Tate Real Estate, 1756 Willamette, Eugene, OR 97401, 503 484-2022; r. 3025 Neslo Ln., Eugene, OR 97405, 503 687-1280.
WHITMER, Charles D.; '67 BSBA; Pres.; The Whitmer Co., 3311 Brookpark Rd. POB 347210, Cleveland, OH 44134, 216 749-4350; r. 31768 Bayview Dr., Avon Lake, OH 44012, 216 933-8185.
WHITMER, James Calvin; '71 BSBA; 2944 Furneaux Ln., Carrollton, TX 75007, 214 492-2005.
WHITMER, James R.; '53 BSBA; Dir.-Industrial Relations; Alumax Fabricated Prods., 1495 Columbia Ave., Riverside, CA 92517, 714 682-8500; r. 15727 Caracol Dr., Hacienda Hts., CA 91745, 818 333-3696.
WHITMER, Robert H.; '49 BSBA; Retired; r. 1531 Barnes Dr. E., Columbus, OH 43229, 614 431-9864.
WHITMER, Susan Pontious; '72 BSBA; 2944 Furneaux Ln., Carrollton, TX 75007, 214 492-2005.
WHITMORE, Ms. Jeanne Marie, (Jeanne Marie Crook); '85 BSBA; Inventory Control Coord.; Kimberly-Clark, 249 N. Lake St., Neenah, WI 54956, 414 721-3678; r. 310 Tyler Ct. #6, Menasha, WI 54952, 414 722-6830.
WHITMORE, Max E.; '58 BSBA; 5371 Deerbook Ln., Columbus, OH 43213, 614 861-7354.
WHITNEY, Charles C.; '56 BSBA; Field Investigator; US Dept. of Health Welfare & E, 219 W. Ash St., Piqua, OH 45356; r. 407 Brentwood Ave., Piqua, OH 45356, 513 773-2583.
WHITNEY, Craig William; '77 BSBA; Audit Mgr.; Grant Thornton, 131 S. Main St., Fond Du Lac, WI 54935, 414 922-0970; r. 503 Ashbury Dr., Fond Du Lac, WI 54935, 414 923-0330.
WHITNEY, Deborah Marie; '87 BSBA; Commercial Lending; Park Natl. Bank, 150 E. Broad St., Ste.#810, Columbus, OH 43215, 614 228-0063; r. 107 Oak Hill Ave., Delaware, OH 43015, 614 369-8216.
WHITNEY, Patrick Greene; '87 BSBA; Investment Banker; Meuse Rinker Chapman Endres & Brooks Inc., 90 N. High St., Columbus, OH 43215, 614 221-0722; r. POB 21092, Columbus, OH 43221, 614 451-0146.
WHITNEY, Richard Thornton; '56 BSBA; Manufacturer's Rep.; Whitney & Co., POB 5216, Toledo, OH 43611, 419 726-3735; r. 2915 Northshore Dr., Toledo, OH 43611, 419 726-1087.
WHITSON, David Scott; '87 BSBA; 513 576-3900; r. 5982 Woodridge Dr., Milford, OH 45150, 513 831-9111.
WHITT, Patrick H.; '63 BSBA; 617 Harrow Ct., Gahanna, OH 43230, 614 475-8673.
WHITT, Rodney K.; '54 BSBA; 2056 Lakeview Dr., Akron, OH 44313, 216 666-6243.
WHITTAKER, Diane Corcoran; '83 MBA; Pres./CEO; Whitt-Cor Enterprises, 4741 Olentangy Blvd., Columbus, OH 43214, 614 261-6348; r. Same.
WHITTAKER, Donna M.; '76 MBA; 855 Mission Hills, Worthington, OH 43085, 614 888-0944.
WHITTAKER, Janis E., (Janis E. Peters); '63; POB 97, 813 Plymouth Rd., Gwynedd Vly., PA 19437, 215 699-5048.
WHITTAKER, Mark Robert; '84 BSBA; Regional Logistic Mgr.; Frito-Lay Inc., Traffic Division, 1720 E. 38th St., Lubbock, TX 79404, 806 747-4459; r. 5806 80th St., Lubbock, TX 79424, 806 794-0239.
WHITTAKER, Stuart Allyn; '83 MBA; Dir.; Nationwide Ins. Co., One Nationwide Plz., Financial Analysis, Columbus, OH 43216; r. 4741 Olentangy Blvd., Columbus, OH 43214, 614 261-6348.
WHITTEMORE, Russell H.; '64 BSBA; Intl. Ofcr.; Mellon Bank, One Mellon Bank Ctr., Pittsburgh, PA 15258; r. 336 Lorlita Ln., Pittsburgh, PA 15241, 412 941-7269.
WHITTEN, Thomas Edmund; '83 MBA; 6346 Rugosa Ave., Reynoldsburg, OH 43068, 614 863-4678.
WHITTIER, Jody Eileen; '83 BSBA; Acct.; Columbus Coated Fabics, 1280 N. Grant Ave., Columbus, OH 43216, 614 297-6177; r. 1360 Presidental Dr., Columbus, OH 43212, 614 487-8765.
WHITTINGTON, Jerry Scott; '67 BSBA; VP; Huntington Natl. Bank, 17 S. High St., Columbus, OH 43215; r. 310 Dennison Dr., Granville, OH 43023, 614 587-4127.
WHITTLE, Alan N.; '67 BSBA; Procurement Ofcr.; Contract Negotiator, US Airforce, Afit RR, Wright Patterson AFB, OH 45433; r. 609 E. Xenia Dr., Fairborn, OH 45324.
WHITTLE, John Arthur; '69 BSBA; Golf Official; r. 948 Alton Darby Creek, Galloway, OH 43119, 614 878-8810.
WHITTLESEY, Mrs. Susan P., CPA, (Susan L. Primus); '78 BSBA; Breeder-Exotic Animals; High Wire Ranch, 28800 Routt County Rd. #43, Steamboat Spgs., CO 80487, 303 879-3987; r. Same.
WHITTMAN, Adair Schaffer; '78 MBA; Prof.; Ohio Dominican Clg., 1216 Sunbury Rd., Columbus, OH 43219; r. 5084 Pebble Ln., Columbus, OH 43220.
WHITWORTH, Laurence Barry; '72 BSBA; Asst. Mgr.; Amwest Surety Ins. Co., 6320 Canoga Ave., Woodland Hls., CA 91365, 818 704-1111; r. 24 S. Wendy Dr., Newbury Park, CA 91320, 805 498-4682.
WHOLF, Rebecca Marie; '86 BSBA; 340 Sandy Knoll Dr, Doylestown, PA 18901.
WHYBREW, Jonathan Charles; '87 BSBA; 3097 Griggsview Ct., Hilliard, OH 43026, 614 457-8453.
WIATER, Jeffrey Allan; '87 BSBA; Constr. Estimtr; M A C I Inc., 6460 W. Broad St., Columbus, OH 43228, 614 870-6565; r. 915 Reily Rd., Cincinnati, OH 45215, 513 821-7855.
WIBLE, Calvin D.; '49 BSBA, '50 MBA; Automobile Dealer; Cal Wible Inc., 3205 Medina Rd., Medina, OH 44256, 216 723-3291; r. 4019 Weymouth Rd., Medina, OH 44256, 216 725-1103.
WICHMAN, Kenneth George; '88 BSBA; 1483 Pennsyvania Ave. #A, Columbus, OH 43201, 614 487-0747.
WICHOUSKI, Richard; '72 BSBA; Sales Rep.; Schwans Sales Corp., 115 W. College Dr., Marshall, MN 56258; r. 1187 Mayfair Dr., Mansfield, OH 44905, 419 589-6433.
WICHTERMAN, James A.; '61 BSBA; Sr. VP; Natl. Health Enhancement Systs., 3200 N. Central Ave. #1750, Phoenix, AZ 85012, 602 230-7575; r. 2626 E. Arizona Biltmore Cir., #31, Phoenix, AZ 85016, 602 957-9578.
WICK, Elbridge A., Jr.; '36 BSBA; Sales Rep.; Rhiel Supply Co., 3735 Oakwood Ave., POB 2463, Youngstown, OH 44509, 216 799-9749; r. 641 Ravine Dr., Youngstown, OH 44505, 216 759-1193.
WICK, Robert D.; '41 BSBA; Retired; r. POB 463, Palm Coast, FL 32035, 904 445-1917.
WICKARD, Walter L.; '25 BSBA; Retired; r. 1215 Hulton Rd., Oakmont, PA 15139, 412 826-6112.
WICKE, Werner R.; '59 BSBA; Pres.; Com West Intl. Inc., 31524 Railroad Canyon Rd., Canyon Lake, CA 92380, 714 244-8824; r. POB 6021, Canyon Lake, CA 92380.
WICKEMEIER, Benjamin David; '74 BSBA; Mgr.; Delaware Recycling Ctr., 315 N. Cherry St., POB 844, Delaware, OH 43015, 614 363-1119; r. 1256 State Rte. 257 S., Delaware, OH 43015, 614 369-7959.
WICKER, Charles Stephen; '69 BSBA; Owner; Charles S Wicker, 6920 Rex Ln., Sarasota, FL 34243; r. 6920 Rex Ln., Sarasota, FL 34243, 813 756-1255.
WICKERHAM, Douglas Edwin; '83 BSBA; Mgr.; Ernst & Whinney Accountants, Management Consulting Dept., 2400 Nationwide Plz., Columbus, OH 43215, 614 224-5678; r. 5299 Lemonwood St., Columbus, OH 43229, 614 895-7915.
WICKERHAM, Kelly Corbett, (Kelly Corbett); '82 BSBA; Educational Cnslt.; Discovery Toys, 1961 Malvern Rd., Columbus, OH 43221, 614 488-0889; r. Same.
WICKERHAM, Monty Paul; '88 BSBA; Operations Mgr.; J C Penney Distribution, 5555 Scarborough Blvd., Columbus, OH 43232; r. 1542 Grandview Ave. B, Columbus, OH 43212, 614 486-5831.
WICKERT, Charles Arthur; '76 BSBA; Dir.; Midland Mutual Ins. Co., 250 E. Broad St., Marketing Admin., Columbus, OH 43215; r. 1229 Smiley Ct., Westerville, OH 43081, 614 882-3685.
WICKESBERG, Dr. Albert Klumb; '55 PhD (BUS); Prof. Emeritus; Univ. of Minnesota, Carlson Sch. of Mgmt.; r. 4501 Roanoke Rd., Golden Vly., MN 55422, 612 377-3037.
WICKETT, Robert Peter; '86 MBA; 1819 Laguna St. #2-J, Concord, CA 94520.
WICKHAM, James F.; '66 BSBA; 6100 Dakar Rd. E., Westerville, OH 43081, 614 891-0496.
WICKHAM, William R.; '60 BSBA; Lawyers Title Ins. Corp., 55 Park Pl., Ste. 345, Atlanta, GA 30303; r. 59 The Prado NE, Atlanta, GA 30309, 404 872-5114.
WICKISER, Cherie Benjamin; '79 BSBA; Homemaker; r. 2128 Ransom Oaks Dr., Columbus, OH 43228, 614 272-0429.
WICKLAND, Robert Lee; '77 BSBA; Proj. Leader; Nordyne, Inc., 10820 Sunset Ofc. Dr., St. Louis, MO 63127, 314 822-9600; r. 1107 Biddle St., St. Louis, MO 63106, 314 241-0694.
WICKLIFF, Edward Lynn; '50 BSBA; 420 La Peer, Davison, MI 48423, 313 653-2891.
WICKLIFF, Robert G.; '47 BSBA; 505 Springs Dr., Columbus, OH 43214, 614 263-3694.
WICKLINE, Bruce Edward; '87 BSBA; 18162 Dog Leg Rd., Marysville, OH 43040, 513 644-8566.
WICKS, Joanna; '87 BSBA; Product Mgr.; First Natl. Bank of Chicago, One First National Plz., Chicago, IL 60670; r. 345 Fullerton Pkwy., #405, Chicago, IL 60614.
WICKSTROM, Robert Carl; '74 BSBA; Rte. 2 Greenwood Dr., Bright, IN 47025.
WIDDIS, Clark Stanley; '30; Retired; r. 708 S. Remington Rd., Columbus, OH 43209, 614 231-5753.
WIDDOES, Elizabeth Kiely; '82 MBA; Financial Planner; St. Anthony Med. Ctr., 1492 E. Broad St., Columbus, OH 43203, 614 251-3142; r. 6594 Fusilier Ave., Reynoldsburg, OH 43068, 614 755-2566.
WIDDOES, Robert Dean; '80 BSBA; Mkt. Coord.; A C Nielson Co., Nielsen Plz., Northbrook, IL 60062; r. 6424 Tamar Ct., Reynoldsburg, OH 43068, 614 863-9788.
WIDDOES, William Richard; '83 BSBA; Acct.; St. Anthony Med. Ctr., 1492 E. Broad St., Columbus, OH 43203, 614 251-3142; r. 6594 Fusilier Ave., Reynoldsburg, OH 43068, 614 755-2566.
WIDER, David; '49 BSBA; Retired; r. 2586 Stanbery Dr., POB 09651, Columbus, OH 43209, 614 252-6411.
WIDER, Henry; '51 BSBA; Retired; r. 8730 La Sala Del Sur NE, Albuquerque, NM 87111, 505 299-7838.
WIDING, Christopher Gunnar; '70 BSBA, '79 MBA; Pres.; Widing's China, Inc., 1629 W. Lane Ave., Columbus, OH 43221, 614 481-8333; r. 2625 Wexford Rd., Columbus, OH 43221, 614 488-1272.
WIDING, Dr. Robert Emerson, II; '79 MBA, '86 PhD (BUS); Asst. Prof.; Case Western Reserve Univ., Weatherhead Sch. of Mgmt., University Cir., Cleveland, OH 44106, 216 368-2117; r. 18312 Lomond Blvd., Shaker Hts., OH 44122, 216 561-7312.
WIDJAJA, Anna; '84 BSBA; Jl Ir H Jaunda Ii/26 Q, Medan, Indonesia.
WIDMAIER-FOX, Mrs. Lillian W., CPA, (Lillian Wolford); '41 MACC; Owner; L.W. Widmaier, CPA, 1307 Parsons Ave., Columbus, OH 43206, 614 444-3170; r. Same.
WIDMAN, Paul; '78 MBA; Mgr. Proposal Costing; Westinghouse, 18901 Euclid Ave., Cleveland, OH 44117, 216 486-8300; r. 3833 Grenville Rd, University Hts., OH 44118, 216 932-1563.
WIDNEY, Thomas Charles; '85 BSBA; Asst. Admin.; Arlington Nursing Home, Inc., 98 S. 30th St., Newark, OH 43055, 614 344-0303; r. 424 E. Como Ave., Columbus, OH 43202, 614 262-9785.
WIEBER, Leon John; '70 BSBA; VP; Society Natl. Bk., 140 Jackson St., Sandusky, OH 44870, 419 625-2822; r. 3018 Pleasant Ave., Sandusky, OH 44870, 419 626-6613.
WIEDEMAN, Harold W.; '43 BSBA; Retired; r. 4455 Cannington Dr., San Diego, CA 92117, 619 277-9309.
WIEDER, Daniel E.; '65 BSBA; Branch Mgr.; IBM, 21011 Warner Ctr. Ln., Woodland Hls., CA 91367, 818 594-7809; r. 22560 Jameson Dr., Woodland Hls., CA 91364, 818 884-3999.
WIEGANDT, Eric John; '88 MBA; 6463 Cranston Way, Dublin, OH 43017, 614 889-7526.
WIEGANDT, Karen Ann, (Karen Ann Macklin); '86 BSBA; Banker; Huntington Natl. Bank, 41 S. High St., Columbus, OH 43215; r. 1924 Baldridge, Columbus, OH 43221, 614 487-9638.
WIEGEL, Milton E., Jr.; '48 BSBA; Retired; r. 5516 S. Wayne Ave., Ft. Wayne, IN 46807, 219 745-1270.
WIEGERT, Mrs. Susan T., (Susan T. Allen); '83 BSBA; Legal Secy.; Frost & Jacobs, 400 First National Bank Bldg., Middletown, OH 45042, 513 422-2001; r. 2316 Erie Ave., Middletown, OH 45042, 513 423-2568.
WIEGING, Theodore Franklin; '80 BSBA; 2280 E. Elm, Lima, OH 45804.

WIEHE, Craig William; '85 BSBA; Cash Mgmt. Coordinatr; Meritor Savings Bank F S B, 2111 Wilson Blvd., Rosslyn, VA 22201; r. 1148 E. River St., Elyria, OH 44035.

WIEHN, Mark Raguso; '84 BSBA; 24150 Fairmount, Shaker Hts., OH 44122, 216 292-3505.

WIELAND, Robert Michael; '75 BSBA; Financial Analyst; Columbia Gas of Ohio, Finance Dept., POB 117, Columbus, OH 43216, 614 460-4809; r. 2039 Stokeswood Ct., Dublin, OH 43017, 614 889-1471.

WIELINSKI, Lawrence A., Jr.; '77 BSBA; VP; ECLC Inc., 1305 US Hwy. 19, S., Ste. 305, Clearwater, FL 34624, 813 530-0203; r. 184 Mayfair Cir., W., Palm Harbor, FL 34683, 813 785-6653.

WIEMELS, Bernard; '49 BSBA; Sales Rep.; Ohio Counting Scale Inc., 1787 E. 24th St., Cleveland, OH 44114; r. 331 Charleston Ave., Columbus, OH 43214, 614 888-1313.

WIENER, Ms. Marti Block; '56 BSBA; Real Est. Sales/Appraisal; Wiener Realty, 5710 Paradise Dr., #2, Corte Madera, CA 94925, 415 924-7800; r. 148 Richardson Dr., Mill Valley, CA 94941, 415 383-6107.

WIENS, Linda Jo, (Linda Jo Williamson); '83 BSBA; Customer Svc. Rep.; Society Bank, 88 E. Broad St., Columbus, OH 43229; r. 1661 Gypsy Ln., Columbus, OH 43229, 614 891-4900.

WIENS, Michael James; '79 BSBA; Design Engr.; Dial One Custom Air Conditioning/Heating, Columbus, OH 43213; r. 1661 Gypsy Ln., Columbus, OH 43229, 614 891-4900.

WIER, Keith Edward; '72 MBA; 4456 Pembroke Gardens, Boulder, CO 80301, 303 530-5661.

WIERENGA, Lance Bradford; '87 BSBA; Systs. Analyst; Household Intl., 2700 Sanders Rd., Prospect Hts., IL 60070, 312 564-6952; r. 2122 Williamsburg Dr., Palatine, IL 60074, 312 705-8242.

WIERENGA, Susan Darron, (Susan Darron); '87 BSBA; Personnel Admin.; Carson Pirie Scott, Human Resources, One S. State St., Chicago, IL 60603; r. 2122 Williamsburg Dr., Palatine, IL 60674, 312 705-8242.

WIERMAN, Frank S.; '66 MBA; VP; Marine Bank N A, 111 E. Washington Ave., Milwaukee, WI 53201; r. 5036 W. Woodland Dr., Milwaukee, WI 53223, 414 354-3036.

WIERTS, William L.; '74 BSBA; 1816 D Ashbrough Dr., Marietta, GA 30060, 404 428-1791.

WIESENMAYER, Robert C.; '62 BSBA; Atty.; Wiesenmayer Law Ofc., 6 E. Main St., Wapakoneta, OH 45895, 419 738-8165; r. 908 Neil Armstrong Dr., Wapakoneta, OH 45895, 419 738-2006.

WIESER, Charles Edward; '51 BSBA, '54 MBA; CPA/Sr. VP; Johnston Industries Inc., 30 Rockefeller Plz., #3226, New York, NY 10020, 212 247-5460; r. 24525 Emerson St., Dearborn, MI 48124.

WIESER, Scott Allen; '84 BSBA; Area Mgr.; Triton Container Intl. Inc., 55 Green St., Ste. 500, San Francisco, CA 94111, 415 956-6311; r. 550 Shannon Way, Apt. 6308, Redwood City, CA 94065, 415 592-5120.

WIESER, Thomas Richard; '48 BSBA; VP, Treas. Secy.; Olsonite Corp., Finance & Admin., 8801 Conant Ave., Detroit, MI 48211, 313 875-5831; r. 18249 Saxon Dr., Birmingham, MI 48009, 313 644-5874.

WIESKE, Thomas Phillip; '78 MBA; 3303 Lynn Oaks Dr., San Jose, CA 95117, 408 985-0397.

WIEWALL, Leo E.; '59 BSBA; Retired; r. 250 E. N. Broadway, Columbus, OH 43214, 614 268-7782.

WIGGENHOON, Marilyn '73 (See Greenberg, Marilyn W.).

WIGGINS, Albert M., Jr.; '57 BSBA; Atty.; Wiggins/Garfield Assocs., Ste. 1617 The Bigelow, Pittsburgh, PA 15219, 412 281-8800; r. Chancery Ct., RD #4, POB 55, Ligonier, PA 15658, 412 238-6474.

WIGGINS, Cheryl Diane; '88 MBA; Ofc. Mgr.; Boise Cascade Ofc. Prods., 1634 Westbelt Dr., Columbus, OH 43228, 614 876-7774; r. 2188 Hedgerow Rd., Apt. C, Columbus, OH 43220, 614 451-1528.

WIGGINS, James E., Jr.; '50 BSBA; Pres.; Columbus Bookkeeping, 3400 N. High St., Columbus, OH 43202, 614 267-8331; r. 2288 Hoxton Ct., Columbus, OH 43220, 614 459-0590.

WIGGINS, James Patrick; '87 BSBA; Routing Analyst; Svc. Merchandise, 245 Great Circle Rd., Nashville, TN 37228; r. 809 Players Ct., Nashville, TN 37211.

WIGGINS, James R., Jr.; '55 BSBA; CPA; Gerson Preston & Co., PA, 661 71st St., Miami Bch., FL 33141, 305 868-3600; r. 14500 S. W. 84th Ave., Miami, FL 33158, 305 253-3443.

WIGGINS, Lawrence W.; '26 BSBA; Retired; r. Porter Hills Presbyterian Vill, 3600 Fulton St. E., Grand Rapids, MI 49506, 616 949-0669.

WIGHT, Allan C.; '47 BSBA; 7995 North St., Rte. 48, Waynesville, OH 45068.

WIGHT, COL Carroll H., USAF(Ret.); '56 BSBA; Retired; r. 7434 Golfcrest Dr., San Diego, CA 92119, 619 460-8743.

WIGHT, Durward P.; '48 BSBA; Retired; r. 11155 Riverbend West Ct., Perrysburg, OH 43551, 419 874-1703.

WIGHT, Richard E.; '50 BSBA; Pres.; Ohio Butcher Supply Inc., 28349 Main St., Millbury, OH 43447, 419 855-7736; r. 215 University Blvd., Toledo, OH 43614, 419 382-2055.

WIGOR, Robert L.; '49 BSBA; Real Estate Investments; 1525 S. Fiske Blvd., Rockledge, FL 32955; r. 3554 Lantern Bay, Jupiter, FL 33477, 407 744-4887.

WIGTON, Daniel Scott; '79 BSBA; Investment Banker; Prescott Ball & Turben, 125 Executive Dr., Ste. 101, Marion, OH 43302, 614 387-7416; r. 610 Marseille Cir., Marion, OH 43302, 614 389-3085.

WILBER, Harold Dumont, Jr.; '60 BSBA; Agt.; Prudential Ins., 3 Duncan Ct., Medford, NJ 08055, 609 953-1288; r. Same.

WILBER, Philip I.; '49 BSBA; Chmn./CEO; Drug Emporium Inc., 7760 Olentangy River Rd., Worthington, OH 43235, 614 846-2511; r. 1035 Clubview Blvd. N., Worthington, OH 43235, 614 846-5212.

WILBERS, Jeff John; '83 BSBA; Asst. Gen. Mgr.; Marriott Corp., 5757 Rte. 4, Middletown, OH 45044, 513 539-9933; r. 9 Sawmill Cir., Lebanon, OH 45036, 513 932-8409.

WILBURN, Charles W.; '57 BSBA; Atty.; Weldon & Wilburn, 210 S. Court St., Circleville, OH 43113; r. 1491 Ridgeview, Columbus, OH 43221, 614 488-8350.

WILBURN, George S.; '50 BSBA; 525 Wetmore Rd., Columbus, OH 43214, 614 267-1293.

WILBURN, Harold C.; '40 BSBA; Investment Builder; 17076 Bay St., Jupiter, FL 33477, 407 747-2865; r. Same.

WILBURN, Thomas Blane; '49 BSBA; Retired Acct.; Delmarva Power, POB 231, Wilmington, DE 19899; r. Rte. 1 Box 35, Hebron, MD 21830, 301 742-2676.

WILCE, James M.; '49 BSBA; Retired; r. 554 Martin Way, Claremont, CA 91711, 714 624-2624.

WILCE, Mrs. Phyllis Rairdon, (Phyllis Rairdon); '50 BSBA; Homemaker; r. 554 Martin Way, Claremont, CA 91711, 714 624-2624.

WILCHER, Steven Douglas; '79 BSBA; 201 Arbor Glen Dr., Palm Harbor, FL 34683, 813 786-5612.

WILCOX, LTC C. Raymond, USAF(Ret.); '63 BSBA; 91 Nash St., Sumter, SC 29150, 803 775-6559.

WILCOX, Charles E.; '86 BSBA; Wholesale Mortgage Broker; Numerica Financial Svcs., 601 Cleveland St., Ste. 900, Clearwater, FL 34615, 813 461-2244; r. 455 Alt 19, N., Apt. 191, Palm Harbor, FL 34683, 813 784-9670.

WILCOX, Diana Gay; '88 BSBA; 4211 County Rd. 24, Mt. Gilead, OH 43338, 419 946-4962.

WILCOX, Glenn R.; '52 BSBA; Sr. Area Mktg. Dir.; Uniroyal Goodrich Co., 3350 E. Birch Ste. 202, Brea, CA 92621, 714 961-6926; r. 717 Larchwood Dr., Brea, CA 92621, 714 990-0959.

WILCOX, James H.; '53 BSBA; Sr. Acct.; Xerox Corp., 800 Philips Rd., Webster, NY 14580, 716 422-7496; r. 10 Chipping Ridge, Fairport, NY 14450, 716 223-1909.

WILCOX, John C., III; '85 BSBA; Acct.; Babcock & Wilcox Constr., 1990 N. California Blvd., Ste. 400, Walnut Creek, CA 94596, 415 977-1880; r. 3325 Arbolado Dr., Walnut Creek, CA 94598, 415 944-0600.

WILCOX, Kathryn Jean; '88 BSBA; 148 Jerrol Ct., Elyria, OH 44035, 216 458-5669.

WILCOX, Margaret E. '34 (See Pettegrew, Mrs. Margaret E.).

WILCOX, Peggy J.; '78 BSBA; Staff; Y M C A, 193 E. Church, Marion, OH 43302; r. 12426 Co Rd, 216, Findlay, OH 45840.

WILCOX, Philip R.; '63 BSBA; Control Mgmt.; Intl. Harvester, 2021 E. Dublin Granville Rd, Columbus, OH 43229; r. 2133 Fairfax Rd., Columbus, OH 43221, 614 486-8115.

WILCOX, Philip Winchester; '75 BSBA; Toolmaker; AT&T Network Systs., 6200 E. Broad St., Columbus, OH 43213, 614 860-3107; r. 5861 Riverton Rd., Columbus, OH 43232, 614 866-1531.

WILCOX, Richard H.; '53 BSBA; Retired; r. 9119 Leith Dr., Dublin, OH 43017, 614 766-8233.

WILCOX, Todd Michael; '87 BSBA; Computer Cnslt.; Ticor Title Ins., 175 S. 3rd St., Ste. 270, Columbus, OH 43215, 614 221-2100; r. 1412 Sharon Green Dr., Columbus, OH 43229, 614 433-0853.

WILCOXON, James H., Jr.; '73 BSBA; Owner; Johnson's Real Ice Cream Co., 2728 E. Main St., Columbus, OH 43209, 614 231-0014; r. 7617 Palmer Rd, Reynoldsburg, OH 43068, 614 868-1714.

WILCOXSON, Arthur Fred, Jr.; '70 BSBA; Capt.; Continental Airlines Corp., Subs of Texas Air Corp, Newark Intl. Airport, Newark, NJ 07114, 201 961-1818; r. 6 Page St., Madison, NJ 07940, 201 377-3856.

WILD, D. L. Shelly '85 (See Huss, Mrs. C. Eric).

WILD, Gregory Winston; '86 BSBA; Operation Mgr.; NCR Corp., 1700 S. Patterson Blvd., Dayton, OH 45479, 513 445-3006; r. 3330 Hemlock Ln., Apt. 642, Miamisburg, OH 45342, 513 859-1262.

WILDEN, Kenneth Thomas; '71 BSBA; Commercial Broker; Lee & Assocs., 23622 Rockfield Ave., Ste. 200, El Toro, CA 92630, 714 951-7000; r. 25611 Hazelnut Ln., El Toro, CA 92630, 714 581-0434.

WILDER, Deborah Cherrie; '77 MPA; Field Prog. Spec.; American Society for Trng. & Devel., 1630 Duke St., Alexandria, VA 22313, 703 683-8100; r. 11226 Kettering Pl., Upper Marlboro, MD 20772, 301 350-6345.

WILDER, Lori Ann; '87 BSBA; Asst. Mgr.; r. 458 Waterbury Dr., Berea, OH 44017, 216 234-0601.

WILDER, Mark Alan; '84 BSLHR; Transportation Analyst; Borden Inc., 180 E. Broad St., Columbus, OH 43215, 614 225-4439; r. 3819 Queen Anne Pl., Grove City, OH 43123, 614 871-4898.

WILDERMUTH, Leon C.; '59 BSBA; Retired; r. 1045 Berkshire Rd, Dayton, OH 45419, 513 294-0195.

WILDERMUTH, Stephen M.; '86 BSBA; Student; The Univ. of Toledo Sch. of Law; r. 3283 Cremean, Elida, OH 45807, 419 339-6106.

WILDMAN, Ronald J.; '65 MBA; Pres.; Amarillo Hardware Co., Box 1891, Amarillo, TX 79172, 806 376-4722; r. 12 Channel View Rd., Cape Elizabeth, ME 04107, 207 799-1144.

WILE, Robert Bruce; '77 BSBA; VP; Clark, Coyle, Beeler, Wile, Inc., 185 N. Brookwood Ave., Hamilton, OH 45013, 513 893-6164; r. 35 Lora Ln., Hamilton, OH 45013, 513 868-6481.

WILE, Rosemary '47 (See King, Rosemary Wile).

WILEMAN, Abigail; '72 BS; Mgr.; Brooks Publishing Co., 39 Camino Del Senador, Tijeras, NM 87059, 505 281-6375.

WILEMAN, Douglas Brian; '81 BSBA; VP; Orion Grp., 300 N. Michigan Ave., S. Bend, IN 46601, 219 233-3401; r. 19330 Strawberry Hill, South Bend, IN 46614, 219 291-7464.

WILENSKY, Albert; '53 BSBA; Atty.; Albert Wilensky Jd, 300 Biscayne Blvd. Way, Miami, FL 33131; r. 8625 Biscayne Blvd., Miami, FL 33131.

WILES, Clifford C.; '49 BSBA; Retired; r. 3809 Adamsville Rd., Zanesville, OH 43701, 614 452-5611.

WILES, Daniel George; '63 BSBA; Atty.; Wiles Doucher Tressler Martin&, 37 W. Broad St. Rm 640, Columbus, OH 43215; r. 7939 Sully Pl., Dublin, OH 43017, 614 889-5603.

WILES, Peggy '80 (See Wulff, Margaret Wiles).

WILEY, Donna M. '82 (See Anstine, Mrs. Donna W.).

WILEY, Ellen '34 (See Mc Murray, Ellen Wiley).

WILEY, Mrs. Florence Lyford; '34 BSBA; Retired; r. 8171 Boca Grande Ave., North Port, FL 34287, 813 426-1491.

WILEY, John Charles; '84 BSBA; Buyer; Toledo Hosp., N. Cove Blvd., Toledo, OH 43606, 419 471-4372; r. 1951 Richmond Dr., Toledo, OH 43607, 419 535-0998.

WILEY, Ronald Leroy; '63 BSBA; VP/Controller; IBP, Inc., IBP Ave., Dakota City, NE 68731, 402 241-2400; r. 8 Red Fox Run, Sioux City, IA 51104, 712 239-4698.

WILEY, Stephanie Anne '83 (See Sernau, Stephanie Anne, Esq.).

WILEY, William J.; '60 BSBA; VP Res. Dir.; Home S&L Assoc., 4900 Rivergrade Rd., Irwindale, CA 91706; r. 4225 Via Arbolada, Los Angeles, CA 90042.

WILGUS, Herbert D., Jr.; '49 BSBA; Pres. Wholesale Lumber; Wilgus & Co., 318 Lincoln Ave., Cadiz, OH 43907, 614 942-2121; r. 602 Kerr Ave., Cadiz, OH 43907, 614 942-3700.

WILGUS, Karen Sue '81 (See Pavlovicz, Karen Sue).

WILGUS, Michael Robert; '87 BSBA; Acct.; Ashland Chemical Co., 5200 Blazer Pkwy., Dublin, OH 43182, 614 889-3213; r. 810 S. Roys, Columbus, OH 43204, 614 274-1684.

WILHELM, Christine M. '79 (See Blass, Mrs. Christine Marie).

WILHELM, Daniel L.; '67 BSBA; Mgr. Mktg. Operations; Cooper Tire & Rubber Co., Market Planning Dept., Lima & Western Ave., Findlay, OH 45840, 419 424-4249; r. 2510 N. Ridge Rd., Findlay, OH 45840, 419 424-1390.

WILHELM, David Joseph; '75 MBA; Engr.; BNR, 35 Davis Dr., Research Triangle Pk., NC 27709, 919 991-7418; r. 8721 Mourning Dove Rd., Raleigh, NC 27615, 919 847-3936.

WILHELM, Frances Arant, (Frances Arant); '45 BSBA; Real Estate Broker; 20005 Frazier Dr., Rocky River, OH 44116, 216 331-3937; r. 202 71st St., Holmes Bch., FL 34217, 813 778-2509.

WILHELM, Gary Lee; '69 BSBA, '71 MBA; Sr. VP; Huntington Natl. Bank, 4th & Race Sts., Cincinnati, OH 45215, 513 721-5521; r. 8030 Elbrecht Dr., Cincinnati, OH 45242, 513 891-3201.

WILHELM, Harold L.; '41 BSBA; Broker; r. 714 June Dr., Fairborn, OH 45324, 513 878-6453.

WILHELM, Henry J.; '49 BSBA; 144 Spindrift Trail, Elizabeth, NC 27909.

WILHELM, Jack Fisher; '57 BSBA; Pres.; Wilhelm Enterprises, 323 S. Marion St., Cardington, OH 43315, 419 864-2781; r. Same.

WILHELM, Thomas Richard; '76 BSBA; Cnslt.; Inovated Cnsltg. Svcs., 1180 Starbuck Ct., Westerville, OH 43081; r. 1180 Starbuck Ct., Westerville, OH 43081, 614 890-1306.

WILHELMY, Albert R., III; '71; Florist/Owner/Mgr.; Al Wilhelmy Flowers, Inc., 17456 Lorain Ave., Cleveland, OH 44111, 216 333-2050; r. 20837 Endsley, Rocky River, OH 44116, 216 356-0948.

WILHITE, Irvin J.; '46 BSBA; Oil Producer; r. 901 N. Washington, Bismarck, ND 58501, 701 223-4087.

WILHITE, James B.; '51 BSBA; Pres.; Wilhite Painting Co., 466 Reimer Rd, Wadsworth, OH 44281, 216 335-2528; r. POB 216, Wadsworth, OH 44281, 216 334-1463.

WILHOITE, Ned H.; '49 BSBA; Assoc. Realtor; HER Realtors Inc., 63 Westerville Plz., Westerville, OH 43081, 614 890-7400; r. 4758 Smoketalk Ln., Westerville, OH 43081, 614 891-2648.

WILK, Michael Joseph; '74 BSBA; VP/Sr. Investment Ofc.; Manufacturers Natl. Bank of Detroit, 400 Jefferson E., Renaissance Ctr., Detroit, MI 48243, 313 222-9760; r. 45400 Margate Dr., Mt. Clemens, MI 48044, 313 263-4032.

WILKE, Mark Edward; '88 BSBA; Financial Mgr.; Goodyear Tire & Rubber Co., 1144 E. Market St., Akron, OH 44316; r. 915 Mull Ave., Apt. Ph 11, Akron, OH 44313.

WILKE, Michael David; '84 BSBA; Acct.; Ashland Chemical Co., 12001 Topfer Rd., Warren, MI 48089, 313 755-1100; r. 4842 Augustus Ct., Hilliard, OH 43026.

WILKE, Michael Dennis; '76 MBA; Pres.; Wilke/Thornton & Assocs, Inc., 200 Old Wilson Bridge Rd, Ste. 205, Worthington, OH 43085, 614 885-3508; r. 9138 Haddington Ct., Dublin, OH 43017.

WILKE, Robert N.; '88 BSBA; 4115 Winfield Rd, Columbus, OH 43220, 614 424-9040.

WILKENFELD, David Nissan; '79 BSBA; Managing Dir.; J. Bloch Pty. Ltd., 13 Tilford St. Zetland, New S. Wales, 2017, Australia, 612 698-3444; r. 109 Dover Rd., Rose Bay NSW, New S. Wales 2029, Australia, 612 371-6942.

WILKENS, Dr. Paul Lawrence; '68 MBA, '71 PhD (BUS); Prof.; Florida State Univ., Dept. of Management, Tallahassee, FL 32306, 904 644-5505; r. 2328 Limerick Dr., Tallahassee, FL 32308, 904 893-0878.

WILKENS, Theodore E.; '55 BSBA; Cnslt.; r. 1013 Trevitt Cir., Cleveland, OH 44143, 216 531-2846.

WILKER, Joseph; '43 BSBA; 11169 Boca Woods Ln., Boca Raton, FL 33428, 407 482-3479.

WILKERSON, Everette R.; '37 BSBA; Retired; r. 2827 Cypress St., Portsmouth, OH 45662, 614 354-1843.

WILKERSON, John Powell, Jr.; '76 BSBA; New Supv. 6; Ford Motor Co., The American Rd., Dearborn, MI 48121; r. 4651 Mapleview, Vermilion, OH 44089, 216 967-3886.

WILKES, 1LT Michael, USMC; '84 BSBA; 9 Patrick St., Mcas New River, Jacksonville, NC 28540, 919 455-1309.

WILKIN, Paul Lance; '86 MBA; Forecast Analyst; N C R Corp., 1700 S. Patterson Blvd., Dayton, OH 45479, 513 445-1917; r. 4126 Caudell Dr., Bellbrook, OH 45305, 513 848-4637.

WILKINS, Lynn Ann; '85 MBA; Owner; Wilkins Equip. Corp., 534 Sylvania Ave., Toledo, OH 43612, 419 478-7043; r. 3946 Willys Pkwy., Toledo, OH 43612, 419 475-2320.

WILKINS, Mark Darnell; '77 BSBA; Programmer; Federated Dept. Stores, 222 W. 7th St., Cincinnati, OH 45208; r. 4016 Cypress Ln., Hamilton, OH 45014.

WILKINS, Randall Lee; '87 BSBA; Sales Rep.; Moore Business Forms, 3119 W. Elm St., Lima, OH 45805, 419 999-1425; r. 3942 St. John's, Lima, OH 45806, 419 224-5677.

WILKINS, Sandra J.; '83 MLHR; Ofc. Mgr.; T. H. Elsass Co. LPA, 400 E. Mound St., Columbus, OH 43215, 614 464-1220; r. 6404 Busch Blvd., Apt. 458, Columbus, OH 43229, 614 433-7062.

WILKINS, Vincent Robert; '87 BSBA; Sales Rep.; Congolian, 5801 Eubank Ave., Albuquerque, NM 87111; r. Same, 505 821-9256.

WILKINS, William W.; '67 BSBA; Pres.; Grant Med. Ctr., 300 E. Town St., 14th Fl., Columbus, OH 43215, 614 461-3577; r. 324 E. N. Broadway, Columbus, OH 43214, 614 268-6266.

WILKINSON, Betty Peppard; '30 BSBA; Retired; r. POB 2148, Carefree, AZ 85377.

WILKINSON, George Hart, Jr.; '57 BSBA; VP; Bender & Loudon Motor Freight, 1100 Jenkins Blvd., Traffic Division, Akron, OH 44306, 216 773-8921; r. 20 Bradley Ct., Medina, OH 44256, 216 725-5017.

WILKINSON, John W.; '38 BSBA; Retired Dir.of Purchasing; Armstrong World Industries, Lancaster, PA 17604; r. 873 Corvair Rd., Lancaster, PA 17601, 717 898-0847.

WILKINSON, Kathleen Tolbert; '67 MBA; 4981 Old Mill Rd, Springfield, OH 45502.

WILKINSON, Lynne Elizabeth; '87 BSBA; Franchise Mktg. Coord.; Hameroff Milenthal Spence, 1266 Dublin Rd., Columbus, OH 43215, 614 486-3669; r. 656 Thurber Dr. W., #B6, Columbus, OH 43215, 614 221-5697.

WILKINSON, Stephen Matthew; '80 BSBA; 148 June Dr., Cocoa Bch., FL 32931.

WILKINSON, Thomas Paul; '83 BSBA; Inside Salesman; Philpott Rubber Co., 2077 E. 30th St., Cleveland, OH 44115, 216 432-1100; r. 573 S. Broadway St., Medina, OH 44256, 216 722-1794.

WILKINSON, William W.; '48 BSBA; Retired; r. 814 Victoria Dr., Bucyrus, OH 44820, 419 562-6939.

WILKOF, Darwin B.; '45; Pres./Chmn. of Bd.; Wilkof Morris Steel Corp., 1525 Waynesburg Rd. S. E., POB 8259, Canton, OH 44711; r. 350 Lakecrest NW, Canton, OH 44709, 216 492-2236.

WILKOFF, Hyman D.; '38 BSBA; Pres.; S Wilkoff & Sons Co., 2700 E. 47th St., Cleveland, OH 44104, 216 391-6600; r. 18975 Van Aken Blvd., Cleveland, OH 44122, 216 921-6657.

WILKS, Michael Thomas; '86 BSBA; Operations Supv.; Central Transport, 425 Harmon St., Portsmouth, OH 45662, 614 354-1794; r. 1648 5th St., Portsmouth, OH 45662, 614 353-1394.

WILKS, William C.; '53 BSBA; Owner; Wilks Ins. Agcy., POB 295, 319 N. 2nd St., Hamilton, OH 45012, 513 894-4779; r. 678 Emerson Ave., Hamilton, OH 45013, 513 868-9177.

WILL, Donald E.; '48 BSBA; Gen. Acct.; Ird Mechanalysis Inc., 6150 Huntley Rd., Columbus, OH 43229; r. 88 Rockwell Way, Worthington, OH 43085, 614 888-4857.

ALPHABETICAL LISTINGS WILLIAMS 303

WILL, Donald L.; '54 BSBA; Secy.-Treas.; Kellam & Assocs., Inc., 612 N. Park St., Columbus, OH 43215, 614 463-1900; r. 155 Waterford Dr., Dublin, OH 43017, 614 889-1966.
WILL, Elizabeth Moore; '47 BSBA; 88 Rockwell Way, Worthington, OH 43085, 614 888-4857.
WILL, Frank A.; '56 BSBA; Retired; r. 223 Woodedge Cir. W., Powell, OH 43065, 614 847-1031.
WILL, Jacob L.; '50 BSBA; Pres.; J L Will & Co., 2614 Eddington Rd., Columbus, OH 43221, 614 488-1680; r. Same, 614 486-8649.
WILL, John A.; '54 BSBA; 7286 Ipswich Dr., Cincinnati, OH 45224, 513 821-5153.
WILL, Nicholas Elmer; '75 BSBA; Sales Rep.; Hewlett Packard, 675 Brooksedge Blvd., Westerville, OH 43081; r. 534 Thackery Ave., Worthington, OH 43085, 614 846-3036.
WILL, Thomas Dunlap; '79 BSBA; Banker; First Bremen Bank, 521 E. Main St., Lancaster, OH 43130, 614 654-8400; r. 2710 Valleyview Rd. NE, Lancaster, OH 43130, 614 687-3380.
WILLARD, Carol E., (Carol E. Weigman); '86 BSBA; Logistics Engr.; Ross Labs, 625 Cleveland Ave., Columbus, OH 43216, 614 438-6126; r. 1321 Broadview Ave., Columbus, OH 43212, 614 481-3059.
WILLARD, George Thomas; '53 BSBA; VP/Food Broker; The Pfeister Co., 6264 Sunbury Rd., Westerville, OH 43081, 614 899-1331; r. 2413 Cambridge Blvd., Columbus, OH 43221, 614 486-5178.
WILLARD, James Richard; '84 BSBA; Sr. Cnslt.; Deloitte Haskins & Sells, CPA, 1717 E. 9th St., Cleveland, OH 44114, 216 589-1405; r. 1496 Westford Cir. #305, Westlake, OH 44145, 216 892-8916.
WILLARD, Ms. Tina M., (Tina M. Colter); '86 BSBA; Med. Sales Rep.; Mead Johnson Pharmaceuticals, 2400 W. Pennsylvania St., Evansville, IN 47712, 614 899-2729; r. 5396 Flintstone Dr., Westerville, OH 43081, 614 899-2729.
WILLBERG, Paul W.; '50 BSBA; Retired Mgr./Corp Ins.; Goodyear Tire & Rubber Co.; r. 3793 Englewood Dr., Stow, OH 44224, 216 688-3491.
WILLDMAN, Amy Beth; '87 BSBA; 2498 Worthington Rd., Akron, OH 44313.
WILLER, David Charles; '81 BSBA; Rte. 9 Box 90B, Vann Rd., Valdosta, GA 31601.
WILLER, James Richard; '78 BSBA; 11171 W. 17th Ave., Apt. #1-108, Lakewood, CO 80215.
WILLER, Kelly J.; '87 BSBA; 2944 Northern Woods Ln., Columbus, OH 43229, 614 890-5392.
WILLETT, Bradley M.; '87 BSBA; 2101 Pinebrook Rd., Columbus, OH 43220, 614 451-0286.
WILLETT, J. Dwight, Jr.; '49 BSBA; Retired; r. 220 E. Kanawha Ave., Columbus, OH 43214, 614 888-0730.
WILLETT, Lori Ann; '83 BSBA; Account Exec.; Germain Monteil/Revlon, 412-C N. New Jersey St., Indianapolis, IN 46204, 317 634-9672; r. Same.
WILLEY, Merlin H.; '35 BSBA; Reg. Fin Exec.; Internat Div. Ford Motor Co., The American Rd, Dearborn, MI 48120; r. c/o Ford Motor Co Casilla 696C, Buenos Aires, Argentina.
WILLEY, Robert W.; '60 BSBA; Engr./Supv.; AT&T, 6200 E. Broad St., Columbus, OH 43213; r. 1548 Berkshire Rd, Columbus, OH 43221, 614 486-3832.
WILLEY, Stephen Lowell; '82 BSBA; Gen. Acct.; Lennox Industries, Inc., 1711 Olentangy River Rd, Columbus, OH 43212, 614 421-6271; r. 3239 Mapleway Ct., Columbus, OH 43204.
WILLHITE, Lyle O.; '37 MBA; Retired; r. 304 Liberty St., Bowling Green, OH 43402, 419 354-0338.
WILLIAMS, Alan O.; '30; Retired; r. 155 E. Broad St. c/o Bancohio, 5th Fl., Columbus, OH 43251.
WILLIAMS, Andrew Robert; '81 BSBA; Dir. of Mktg.; SIS Corp., 30400 Detroit Rd., Westlake, OH 45145; r. 19000 Lake Rd., #8708 The Westlake, Rocky River, OH 44116.
WILLIAMS, Anita Gail; '86 BSBA; Info. Syst. Mgmt. Prog.; GE, One Neumann Way, Cincinnati, OH 45215, 513 786-1263; r. 7 S. Timber Hollow #721, Fairfield, OH 45014, 513 829-7833.
WILLIAMS, Ann '76 (See Buchanan, Ms. Ann Williams).
WILLIAMS, Antoinette Tepe; '78 MPA; 326 Tennessee Ave., Mill Valley, CA 94941.
WILLIAMS, Audrey Torok; '82 BSBA, '84 MBA; 1107 Mansell Dr., Youngstown, OH 44505, 216 759-7645.
WILLIAMS, Barbara Joan; '81 BSBA; Account Exec.; Sterling Software, 1651 NW Professional Plz., Columbus, OH 43220, 614 459-7634; r. 273 N. Lowell, Columbus, OH 43209, 614 231-7282.
WILLIAMS, Benjamin K.; '34 BSBA; Retired; r. 2922 Mountview Rd, Columbus, OH 43221, 614 488-5523.
WILLIAMS, Beryl B.; '56 BSBA; 1979 Staunton Rd, Cleveland Hts., OH 44118.
WILLIAMS, Bonnie Jean; '80 BSBA; Mktg. Dir.; Longaberger Baskets, Longaberger Marketing, 2503 Maple Ave., Zanesville, OH 43701, 614 455-3175; r. 3285 Licking Ln., Zanesville, OH 43701, 614 455-3208.
WILLIAMS, Brad Lee; '85 BSBA; Sales Engr.; Trane Natl. Accounts, 816A Greencrest Dr., Westerville, OH 43081, 614 882-8913; r. 1340 Mulford Rd., Columbus, OH 43212, 614 486-7841.
WILLIAMS, Bradford Kent; '85 BSBA; Sales Rep.; Roadway Express Inc., 4939 S. Sixth St., Milwaukee, WI 53221, 414 481-5800; r. 1531 E. Sommers Dr., Oak Creek, WI 53154, 414 764-5162.
WILLIAMS, Brian Clifford; '80 BSBA; Staff; Huntington Natl. Bank, Investment Operations, 17 S. High St., Columbus, OH 43215; r. 199 Chapelfield Rd., Gahanna, OH 43230, 614 475-3989.
WILLIAMS, Cameron Lee; '69 BSBA; Marathon Oil Co., 539 S. Main St., Findlay, OH 45840; r. 4041 W. Crooked Ln., Greenwood, IN 46142, 317 881-7516.
WILLIAMS, Carl L.; '48 BSBA; Retired; r. 41869 Borealis Dr., Temecula, CA 92390, 714 676-2197.
WILLIAMS, Charles E.; '72 BSBA; Acct.; 38 S. Main St., Johnstown, OH 43031, 614 927-2200; r. 143 W. Coshocton St., Johnstown, OH 43031, 614 967-2566.
WILLIAMS, Charles E.; '87 BSBA; 157 Arlington Ave., Dayton, OH 45417, 513 268-4666.
WILLIAMS, Mrs. Cheryl A., (Cheryl Bell); '81 BSBA; Ofc. Mgr./Acct.; James R. Cloyes CPA Inc., 4308 E. Main St., Columbus, OH 43213, 614 236-1628; r. 475 Robinwood Ave., Columbus, OH 43213, 614 236-5018.
WILLIAMS, Cheryl Ann; '82 BSBA; Contract Negotiator; US Agcy. for Intl. Devel., Ofc. of Procurement, Washington, DC 20523, 703 875-1122; r. 2200 Columbia Pike Apt. 201, Arlington, VA 22204.
WILLIAMS, Cornelius, Jr.; '76 MPA; Supv.; Central Psychiatric Hosp., 1960 W. Broad St., Social Service & Workers, Columbus, OH 43223; r. 4212 Bluebonnet Ct., Westerville, OH 43081, 614 882-4472.
WILLIAMS, David Fulton; '49 BSBA; Chmn./Pres.; W W Williams Co., 835 W. Goodale Blvd., Columbus, OH 43212, 614 228-5000; r. 3750 Hillview Dr., Columbus, OH 43220, 614 457-3000.
WILLIAMS, David Huston; '78 BSBA; Proj. Coord.; r. 6233 Rushingbrook Dr., Raleigh, NC 27612, 919 847-2816.
WILLIAMS, David M.; '82 BSBA; Account Mktg. Rep.; IBM, 180 Park Ave., W., Mansfield, OH 44878, 419 524-8611; r. 4740 Mansfield-Adario Rd., Shiloh, OH 44878, 419 895-1836.
WILLIAMS, COL David M., USAF(Ret.); '55 BSBA; Property Mgr.; Guardian Preferred Properties, 3756 Tibbetts St., Riverside, CA 92506, 714 683-6170; r. 2410 Shadow Hill Dr., Riverside, CA 92506, 714 686-0578.
WILLIAMS, LTJG David Paul; '83 BSBA; Lt. Jg/Usn; USN, HS-15 Naval Air Sta., FPO, Miami, FL 34099, 904 623-0354; r. US Navy, HS-15 Naval Air Sta. FPO, Miami, FL 34099.
WILLIAMS, David Woodard; '34 BSBA; Retired; r. 23310 Belmont Dr., Cleveland, OH 44145, 216 331-2789.
WILLIAMS, Deborah Annette; '87 BSBA; Jr. Copywriter; Publishers Clearing House, 382 Channel Dr., Port Washington, NY 10050, 516 883-5432; r. 168 San Juan Ave., Albertson, NY 11507, 516 742-5754.
WILLIAMS, Deborah La Vet; '77 BSBA, '79 MBA; 3691 Tampa Tr. SW, Atlanta, GA 30331, 404 349-1265.
WILLIAMS, Don Alfred; '80 BSBA; Staff; Cyclops Corp., 913 Bowman St., Mansfield, OH 44901; r. 1090 Charwood Rd., Mansfield, OH 44907, 419 756-1221.
WILLIAMS, Dr. Donald Ervin; '68 PhD (BUS); Asst. Prof.; Georgia State Clg., Management Dept., Atlanta, GA 30303; r. 2452 Hyde Manor Dr., Atlanta, GA 30327, 404 351-0344.
WILLIAMS, Donald Joe; '74 BSBA; Plant Mgr.; Energy Div. of Zurn Industries, 1422 East Ave., Erie, PA 16505, 814 870-7488; r. 6409 Arborwood Ln., Erie, PA 16505, 814 833-3683.
WILLIAMS, Donald N.; '71 BSBA; Acctg. Supv.; The Hoover Co., 101 E. Maple St., N. Canton, OH 44720, 216 499-9200; r. 1410 38th St., NW, Canton, OH 44709, 216 492-6113.
WILLIAMS, Donald Roy; '80 BSBA; Branch Mgr.; P P G Industries Inc., 400 Windsor St., POB 1018, Hartford, CT 06143; r. Same.
WILLIAMS, Dorothy Jones; '47 BSBA; Dir. of Home Owner Prgms.; Kentucky Housing Corp., 1231 Louisville Rd., Frankfort, KY 40601, 502 564-7630; r. 421 Andover Dr., Lexington, KY 40502, 606 266-6551.
WILLIAMS, LTC Douglas L., USAF(Ret.); '51 BSBA; Staff Auditor; Ofc. of the Auditor Gen., 660 J St., Ste. 300, Sacramento, CA 95814, 916 445-0255; r. 6996 Lincoln Creek Cir., Carmichael, CA 95608, 916 944-3032.
WILLIAMS, Drucilla, (Drucilla Johns); '52 BSBA; Retired; r. 1300 Medford Rd., Columbus, OH 43209, 614 235-6529.
WILLIAMS, Earl Frederick; '32 BSBA; Supv.-Retired; Mullins Mfg. Corp., Timekeeping & Payroll Dept., Warren, OH 44483; r. 4272 Victoria Ter., Warren, OH 44484, 216 856-3080.
WILLIAMS, Edna H., (Edna H. Hamilton); '62 BSBA; Owner; Hamilton-Williams Antiques, 758 Medina Rd., Medina, OH 44256, 216 239-2615; r. 617 Pebble Beach Dr., Akron, OH 44313, 216 867-2582.
WILLIAMS, Edward James; '57 BSBA; Sr. VP; Mellon Bank, Rm. 153-0468, Pittsburgh, PA 15259; r. 294 Hays Rd., Upper St. Clair, PA 15241, 412 941-5381.
WILLIAMS, COL Edward L., Jr., USAF; '66 BSBA; Dir.; Environ. Protection Defense Reutilization & Mktg. Svc., Defense Logistics Agency, The Fed. Ctr., Battle Creek, MI 49017, 616 961-5867; r. 2521 Gethings Rd., Battle Creek, MI 49017, 616 968-4060.
WILLIAMS, Edwin James, Sr.; '38 BSBA; Public Acct.; Edwin J Williams, 16616 Biltmore Ave., Cleveland, OH 44128, 216 921-5566; r. 16616 Biltmore Ave., Cleveland, OH 44128, 216 921-5566.
WILLIAMS, Ellen Louise; '82 BSBA; Area Mgr. Fin. Svcs.; GE Co., 2747 S. Malt Ave., Los Angeles, CA 90040, 213 725-2677; r. 4126 Theresa St., Long Beach, CA 90814, 213 438-0238.
WILLIAMS, Emilia B.; '86 BSBA; 4133 Beanblossom Rd., Greenville, OH 45331, 513 547-0381.
WILLIAMS, Eric Alan; '85 BSBA; Cashier; Big Bear Stores, 1781 Kingsdale Ctr., W. Jefferson, OH 43162; r. 2198 Country Corners Dr #D, Columbus, OH 43220.
WILLIAMS, Evan John; '80 MPA; Planner; City of Tuscaloosa, Planning & Development, Tuscaloosa, AL 35401; r. 1918 8th St., Tuscaloosa, AL 35401, 205 349-5131.
WILLIAMS, COL Frank Savage, USA(Ret.); '51 MBA; Retired; r. 7625 Midday Ln., Alexandria, VA 22306, 703 765-2290.
WILLIAMS, Gary Norman; '81 BSBA; Actor; r. POB 202, San Dimas, CA 91773, 714 599-5699.
WILLIAMS, Gayle '42 (See Reeder, Mrs. Gayle Williams).
WILLIAMS, Georgia Wood; '81; 261B Shrewsberry Rd., Columbus, OH 43221.
WILLIAMS, Gerald R., Jr.; '60 BSBA; Pres.; Mattara Svcs., Inc., 11511 Katy Frwy., Ste. 353, Houston, TX 77079, 713 558-1081; r. 323 Duncaster, Houston, TX 77079, 713 464-8086.
WILLIAMS, Glenda Ann; '82 BSBA; Mgmt. Trainee; Abercrombie & Fitch, 1990 Post Oak, 3 Post Oak Central, Houston, TX 77201; r. 13218 Vista Oro Dr., Houston, TX 77041, 713 466-4568.
WILLIAMS, Glenn R.; '53 BSBA; VP Retired; The Goodyear Bank, 1177 E. Market St., Akron, OH 44305; r. 109 N. Alling Rd, Tallmadge, OH 44278, 216 633-8317.
WILLIAMS, James Curtis; '77 MPA; Dist. Coord.; Ohio Dept. of Mental Health, 30 E. Broad St., Rm. 1160, Columbus, OH 43215, 614 466-1701; r. 406 Thurber Dr. W., Apt. 11, Columbus, OH 43215, 614 469-7681.
WILLIAMS, James Robert, JD; '68 BSBA; Atty.; 105 Broadway, Suttons Bay, MI 49682, 616 271-3254; r. Rte. 2 Box 173, Suttons Bay, MI 49682, 616 271-3005.
WILLIAMS, Jeffrey John; '84 BSBA; 1330 Presidential Dr., Apt. 204, Columbus, OH 43212.
WILLIAMS, Jeffrey Paul; '85 BSBA; Claims Adjuster; Nationwide Ins., 111 E. Clinton, Box 267, Napoleon, OH 43545, 419 599-9065; r. 721 Haley Ave., Napoleon, OH 43545, 419 599-1757.
WILLIAMS, Jeffrey Watt; '79 BSBA; Sales Rep.; L T V Steel Co., Tubular Division, POB 1000, Youngstown, OH 44505, 216 742-6000; r. 668 Rolling Rock Dr., Bloomfield Hls., MI 48013, 313 332-1831.
WILLIAMS, Jeremy Allen; '87 MPA; Student; The Ohio State Univ., Main Library Circulation Dept., Neil Ave. Mall, Columbus, OH 43210; r. 4343 Luxury Ln., #B2, Columbus, OH 43224, 614 447-9130.
WILLIAMS, Jerry K.; '65 BSBA; Salesman; Ciralsky Steel, 1604 Prosperity Rd., Toledo, OH 43612, 419 259-4444; r. 3223 Orchard Trail Dr., Toledo, OH 43606, 419 531-5639.
WILLIAMS, Jill M. '85 (See Goran, Ms. Jill M.).
WILLIAMS, Jimmy B.; '86 MBA; Asst. Prof.; UP at Los Banos Clg., Lagana, Philippines, 3241; r. 236 Bangkal St., Los Banos Lagana, Philippines.
WILLIAMS, Mrs. Joan Molloy, (Joan Molloy); '69 BSBA; Acct.; r. 6280 Square Lake Dr., Flushing, MI 48433, 313 659-7858.
WILLIAMS, Joel Richard; '68 BSBA; 4495 Boulder Ridge Dr., Apt. 305, Dayton, OH 45440, 513 429-4717.
WILLIAMS, John, Jr.; '60 BSBA; Budget Analyst; Defense Constr. Supply CT, E. Broad St., Columbus, OH 43213; r. 5753 Hallridge Cir., Columbus, OH 43232, 614 863-6610.
WILLIAMS, John Allan; '67 BSBA; Staff; Scottsdale Control Systs., 35585 Curtis Blvd., Unit H, Eastlake, OH 44094, 216 946-4844; r. c/o Mrs. Rena B. Williams, 6480 Mardon Dr., Painesville, OH 44077, 216 352-6337.
WILLIAMS, John Crosby, Jr.; '69 MBA; Sr. VP; Mellon Bank Corp., One Mellon Bank Ctr., Pittsburgh, PA 15258, 412 234-5000; r. 1686 Swanson Ln., Pittsburgh, PA 15241, 412 854-5596.
WILLIAMS, John David; '85 BSBA; Usaf Pilot; r. 1107 Mansell Dr., Youngstown, OH 44505, 216 759-7645.
WILLIAMS, John Garfield; '46 BSBA; Retired; r. 9335 W. Hollywood, Long Beach, Oak Harbor, OH 43449, 419 898-6031.
WILLIAMS, John Homer; '59 BSBA; Compliance Ofcr.; Nationwide Life Ins. Co., Planning & Compliance, One Nationwide Plz., Columbus, OH 43216, 614 249-8226; r. 120 Ormsbee Ave., Westerville, OH 43081, 614 890-1541.
WILLIAMS, John Roger, Jr.; '41 BSBA; Retired; r. 3602 Highland View Dr., Austin, TX 78731, 512 453-7411.
WILLIAMS, John Wesley; '53 BSBA; VP; Graf & Sons, 1145 W. Goodale Blvd., Columbus, OH 43212, 614 221-1335; r. 1170 Shady Hill Dr., Columbus, OH 43221, 614 457-5043.
WILLIAMS, Joseph Warren; '48 BSBA; Retired; r. 3121 Creek Rd., Kingsville, OH 44048, 216 224-2558.
WILLIAMS, Julia M.; '86 BSBA; 200 W Mason #E, Santa Barbara, CA 93101, 916 275-6504.
WILLIAMS, Kathy L.; '83 BSBA; Contract Spec./Buyer; Defense Logistics Agcy., 3990 E. Broad St., Columbus, OH 43216, 614 238-1167; r. 6261 Century City N., Reynoldsburg, OH 43068, 614 861-6127.
WILLIAMS, A1C Kenneth Jay; '84 BSBA; Airman 1st Class; USAF, Lackland AFB, San Antonio, TX 78236; r. 609 E. Longview, Columbus, OH 43202, 614 267-7634.
WILLIAMS, Kent R.; '61 BSBA; Mgr.; Pitney Bowes Inc., Monarch Marketing Division, Byers Rd., Miamisburg, OH 45342; r. 3191 Vivian Dr., Loveland, OH 45140, 513 683-9728.
WILLIAMS, Kim D. '85 (See Bumb, Mrs. Kim D.).
WILLIAMS, Kristofer Kyler; '87 BSBA; Acct.; Navistar Intl., 800 Manor Park Dr., POB 28183, Columbus, OH 43228, 614 870-5036; r. 600 Lynnwood Ln. W. #10, Columbus, OH 43228, 614 275-4190.
WILLIAMS, Larry J.; '78 BSBA; Sr. Acct.; Berry & Berry-Law Firm; r. 367 Macamthum Blvd., Oakland, CA 94610, 415 652-3397.
WILLIAMS, Leigh-Ann; '83 MBA; Mkt. Analyst; Upjohn, 7000 Portage Rd., Kalamazoo, MI 49001, 616 323-4846; r. 2217 Quail Run, Kalamazoo, MI 49009, 616 375-9249.
WILLIAMS, Lisa '84 (See Peters, Lisa Williams).
WILLIAMS, Lynn Edward; '76 BSBA; Dir. of Agencies; First Colony Life Ins. Co., POB 1280, Lynchburg, VA 24505, 804 845-0911; r. 202 Ivy West Ct., Forest, VA 24551, 804 525-5624.
WILLIAMS, Lynne Eyre, (Lynne Rae Eyre); '78 BSBA; Mgr. & Franchise Owner; Jazzercise, Inc., 4390 Tuller Rd., Dublin, OH 43017, 614 792-9800; r. Same, 614 792-0196.
WILLIAMS, Lynne Marie; '78 BSBA; CPA/Supv.; Greene & Wallace CPA's, 1241 Dublin Rd., Columbus, OH 43215, 614 488-3126; r. 5753 Longrifle Rd., Westerville, OH 43081, 614 882-0067.
WILLIAMS, Mabel Balbach, (Mabel Balbach); '34 BSBA; Retired; r. 111 N. Main St., De Graff, OH 43318, 513 585-4001.
WILLIAMS, Manuel Lee; '87 MBA; Rte. 1, Box 43, Meherrin, VA 23954, 804 292-4298.
WILLIAMS, Margaret Denise; '79 MPA; Social Worker; Cumberland Cty. Mental Health Ctr., POB 2068, Fayetteville, NC 28302, 919 323-0601; r. 608 Mc Alphin Dr., Fayetteville, NC 28301, 919 488-4174.
WILLIAMS, Marjorie K.; '83 BSBA; Contract Negotiator; USAF, Wright Patterson AFB, Dayton, OH 45433, 513 255-9337; r. 2238 E. David Rd., Apt. D, Kettering, OH 45440, 513 433-7967.
WILLIAMS, Mark Andrus; '84 BSBA; Acct.; Meridian Oil Co., 801 Cherry St., Ft. Worth, TX 76102; r. 103 Harness Tr., N. Richland Hls., TX 76180.
WILLIAMS, Mark Clyde; '81 BSBA; Manufacturer's Rep.; 166 Lakeview Ln., Chagrin Falls, OH 44022, 216 338-3732; r. Same, 216 338-4139.
WILLIAMS, Mark Dwyn; '82 BSBA; Corp. Auditor-TCA V; State of Ohio, Dept. of Taxation, 1030 Freeway Dr., Columbus, OH 43229, 614 433-7632; r. 4313 E. Goldengate Sq., N., Apt. H, Columbus, OH 43224, 614 476-3297.
WILLIAMS, Mark Edward; '81 BSBA; Mgr.; Wendy's Intl., POB 256, 4288 W. Dublin-Granville Rd, Dublin, OH 43017; r. 5667 Flynn Ct., Dublin, OH 43017, 614 889-2935.
WILLIAMS, Mark Frederic; '77 BSBA; 5129 Old Haverhill Rd., Grand Blanc, MI 48439, 313 694-7291.
WILLIAMS, Mary C.; '38 BSBA; Retired Asst. VP; Mellon Bank N A, Pittsburgh, PA 15230; r. 5115 E. Lake Rd., Apt. 513, Sheffield Lake, OH 44054, 216 949-8558.
WILLIAMS, Mary Jo '44 (See Neville, Mrs. Mary Jo Williams).
WILLIAMS, Mary Wagner, (Mary Wagner); '51 BSBA; 123 S. Cassady Ave., Columbus, OH 43209, 614 237-5523.
WILLIAMS, Melvin J.; '60 BSBA; 347 S. Charles, Elida, OH 45805, 419 228-0487.
WILLIAMS, Michael Paul; '81 BSBA; Mgr.; Lyndol Enterprises Inc., c/o Postmaster, Lafayette, LA 70501; r. POB 158, Raccoon, KY 41557.
WILLIAMS, Michael Ray; '87 MPA; Prof.; North Central Tech Clg., Behaviorial Science Dept., 4800 Freewood Cir., Mansfield, OH 44901; r. 523 E. Liberty, Ashland, OH 44805, 419 281-0827.
WILLIAMS, Michelle R. '87 (See Freisthler, Mrs. Michelle R.).
WILLIAMS, Murray J.; '40 BSBA; Retired; r. 3420 Ave. C, Ft. Worth, TX 76105, 817 534-1338.
WILLIAMS, Nancy Ann; '75 BSBA; Atty.; State Teacher's Retirement, 275 E. Broad St., Columbus, OH 43215; r. 239 St. Pierre, Worthington, OH 43085, 614 885-0011.
WILLIAMS, Nancy Miller; '83 BSBA; Ofc. Supv.; Nissan Motor Corp. USA, 1683 Sunflower Ave., Costa Mesa, CA 92626, 714 549-1277; r. 250 E. Park St., Westerville, OH 43081, 614 898-3818.
WILLIAMS, Patricia D.; '80 MPA; 523 Madison Ave., Paterson, NJ 07514, 201 881-0640.
WILLIAMS, Paul Andrew; '75 MACC; Acct.; r. 125 Withers Dr., Youngstown, OH 44512, 216 726-8247.
WILLIAMS, Paul Francis, Jr.; '76 BSBA; Regional Sales Mgr.; B M I Inc., 1945 E. 28th St., Lorain, OH 44055; r. 5711 St. Rte. 60, Wakeman, OH 44889.
WILLIAMS, Paul L.; '52 BSBA; Dir., Financial Svcs.; Firestone Tire & Rubber Co., 1200 Firestone Pkwy., Akron, OH 44317, 216 379-4468; r. 3239 Calderwood Dr., Fairlawn, OH 44313, 216 666-3157.

WILLIAMS, Mrs. Phyllis M., (Phyllis M. Esselburn); '53 BSBA; Spec.; Rockwell Intl., Functional System Development, 4300 E. Fifth Ave., Columbus, OH 43219, 614 239-5409; r. 5753 Hallridge Cir., Columbus, OH 43232, 614 863-6610.

WILLIAMS, R. Don; '57; Retired; r. 2650 Wessex Rd., Winston-Salem, NC 27106, 919 922-1702.

WILLIAMS, R. Mark; '85 BSBA; Real Estate Cnslt.; Peat Marwick Main & Co., 725 S. Figueroa St., Los Angeles, CA 90017, 213 972-4000; r. 134 5th St. #2-D, Seal Bch., CA 90740, 213 596-3550.

WILLIAMS, Randy Allen; '77 BSBA; Asst. VP; First Bremen Bank, 119 Main St., Bremen, OH 43107, 614 569-4168; r. 801 Harding Ave., Lancaster, OH 43130, 614 654-7978.

WILLIAMS, Richard, Jr.; '81 BSBA; 14033 Chestnut Ct, Laurel, MD 20707, 301 445-4676.

WILLIAMS, Richard E.; '81 BSBA; Purchasing Supv.; Aeroquip Corp., 1225 W. Main St., Van Wert, OH 45891, 419 238-1190; r. Rte. 1, Box 21, Clearview Dr., Delphos, OH 45833, 419 695-8170.

WILLIAMS, Richard L.; '66 BSBA; Staff; Buckeye Union Ins., Subs/Continental Corp, 1111 E. Broad St., Columbus, OH 43205; r. 5223 Cleveland Ave., Columbus, OH 43229, 614 882-8304.

WILLIAMS, Richard Scott; '81 BSBA; Asst. Acct.; Armco Inc., 703 Curtis St., Middletown, OH 45043; r. 102 Lea Dr., Butler, PA 16001.

WILLIAMS, Robert C.; '48 BSBA; Retired Exec. Engr.; r. 5056 Wavewood, Milford, MI 48042, 313 684-8503.

WILLIAMS, Robert D.; '76 BSBA; Mgr. Human Res.; Mgmt. Horizons, 570 Metro Pl. N., Dublin, OH 43017, 614 767-9555; r. 7629 Tamarisk Ct., Dublin, OH 43017, 614 792-0196.

WILLIAMS, Robert Edward; '56 BSBA; Dir. Human Res.-Chem.; PPG Industries Chemicals Grp., 1 PPG Pl., Pittsburgh, PA 15272, 412 434-2065; r. 617 Audubon Ave., Pittsburgh, PA 15228, 412 343-8040.

WILLIAMS, Robert Haskins; '53; Mgr.; Engrg. Graphics, POB 37, Columbus, OH 43216, 614 235-8841; r. 544 Bimini Dr., Sandusky, OH 44870, 419 626-8194.

WILLIAMS, Robert Hysell; '69 BSBA; Sales Repr; Mobay Corp., Mobay Rd., Pittsburgh, PA 15205, 303 791-8375; r. 417 E. Ridgeglen Way, Highlands Rnch., CO 80126, 303 791-8374.

WILLIAMS, Robert Keck; '41 MACC; CPA; Kansas City, MO 64106; r. 426 Lathrop Bldg., 1005 Grand Ave., Kansas City, MO 64106, 816 523-2077.

WILLIAMS, Robert Keith; '37 BSBA; Retired; r. 70 Colony Dr., Hudson, OH 44236, 216 653-6542.

WILLIAMS, Robert S.; '78 BSBA; Owner; Wax King Inc., 132 N. Federal Hwy., Lake Worth, FL 33460, 407 588-6649; r. 7529 Canal Dr., Lake Worth, FL 33467, 407 967-1458.

WILLIAMS, Robert Scott; '86 BSBA; Sales Mgr.; Sears, Roebuck & Co., 300 E. Kemper Rd., Springdale, OH 45246, 513 346-2386; r. 7132 Walnutwood Dr., Cincinnati, OH 45241, 513 777-9178.

WILLIAMS, Robert Thomas; '51 BSBA; 1262 Newport Ave. %Dan William, Grover City, CA 93433.

WILLIAMS, Robert Thomas; '78 BSBA; Adv Tax Analyst; Marathon Oil Co., 539 S. Main St., Findlay, OH 45840, 419 422-2121; r. 1811 Camelot Ln., Findlay, OH 45840, 419 424-9516.

WILLIAMS, Roger E., II; '52 BSBA; Retired; r. Columbus, OH.

WILLIAMS, Roger H.; '48 BSBA; Retired; r. 8573 Donna Ln., Cincinnati, OH 45236, 513 791-2090.

WILLIAMS, Ronald Dalton; '33 BSBA; Ins. Solicitor; r. 1352 Glenn Ave., Columbus, OH 43212, 614 488-7109.

WILLIAMS, Ronald Lee; '69 BSBA; Strategic Plng. Mgr.; UNISYS, 2 Oak Way, Berkeley Hts., NJ 07922, 201 771-5397; r. 34 Rustic Tr., Flemington, NJ 08822, 201 788-2752.

WILLIAMS, Ronald Stephen, II; '84 MPA; Supv. of Mgmt. Auditing; Public Utilities Comm. of Ohio, Columbus, OH 43215, 614 644-7685; r. 36 Spring Creek Dr., Westerville, OH 43081, 614 891-0594.

WILLIAMS, Roy E.; '63 BSBA; Cost Acctg. Mgr.; Fairmont Homes Inc., POB 27, Nappanee, IN 46550, 219 773-7941; r. RR 1 Box 5B, Nappanee, IN 46550, 219 773-7463.

WILLIAMS, Shauna S., (Shauna Stember); '84 BSBA; Financial Analyst; Digital Equip. Corp., 200 Fair Forest Dr., Greenville, SC 29607, 803 297-7619; r. 103 Harness Tr., Simpsonville, SC 29681, 803 297-0379.

WILLIAMS, Shirley '57 (See Raver, Mrs. Shirley W.).

WILLIAMS, Shirley I. '84 (See Haeckel, Shirley).

WILLIAMS, Sidney David, Jr.; '59 BSBA; Acct.; Private Business, 60 Fremont, Boston, MA 02126; r. 60 Fremont, Boston, MA 02126, 617 298-3192.

WILLIAMS, Stephen Allen; '76 MBA; Commercial Realtor; Adams/Cates, Peachtree Ctr. S., Ste. 500, Atlanta, GA 30301, 404 521-6444; r. 467 Lee's Trace, Marietta, GA 30064, 404 424-0384.

WILLIAMS, Steven Jerome; '81 BSBA; Air Traffic Controlr; Fed. Aviation Administratn, Cleveland Ctr., 326 E. Lorain St., Oberlin, OH 44074, 216 774-0236; r. 2863 Derbyshire, Cleveland Hts., OH 44118, 216 321-9335.

WILLIAMS, Steven Kirk; '88 BSBA; 223 E. Kelso Rd, Columbus, OH 43202, 614 262-9210.

WILLIAMS, Ms. Susan Elizabeth; '85 MPA; Clinical Social Wrkr; Tri-Cnty. Grp. Home, POB 157, Charlotte Hall, MD 20621, 301 884-4718; r. POB 186, Charlotte Hall, MD 20622, 301 884-4792.

WILLIAMS, Mrs. Susan S., (Susan Kay Sybert); '87 BSBA; Tax Acct.; Cummins Engine Co. Inc., POB 3005 Mailcode 60113, Columbus, IN 47202, 812 377-3399; r. 3911 Villa Dr., Columbus, IN 47203, 812 379-1110.

WILLIAMS, Ted Rodes; '76 BSBA; VP; 70-37 Corp., POB 238, Hebron, OH 43025; r. 11886 Flint Ridge Rd., Newark, OH 43056, 614 323-4206.

WILLIAMS, Terry Robert; '74 BSBA; 9143 Saddlewood Pl., Mason, OH 45040.

WILLIAMS, Thomas D.; '53 BSBA; Owner; Fruit Distributor Inc., 129 S. Central, Lima, OH 45801, 419 223-4075; r. 1649 Patton Ave., Lima, OH 45805, 419 225-7220.

WILLIAMS, Thomas Hale; '86 BSBA; Tax Acct.; David B. Wills & Assocs., 210 Northtowne Ct., Ste. 21, Newark, OH 43055, 614 366-6666; r. 29 Determine Ln., Pataskala, OH 43062, 614 927-1427.

WILLIAMS, Timothy Dan; '86 BSBA; Domestic Traffic Mgr.; Svc. Merchandise Co., 1600 Vaden Blvd., Brentwood, TN 37027, 615 377-7207; r. 509 Brentwood Pl., Nashville, TN 37211, 615 832-8220.

WILLIAMS, Timothy Martin; '83 BSBA; Account Systs. Engr.; IBM Corp., 33 W. 1st St., Dayton, OH 45402, 513 225-7101; r. 814 Santa Cruz Ave., Dayton, OH 45410, 513 256-6439.

WILLIAMS, Vicky Faye; '78 BSBA; 1271 Chippewa Ave., Akron, OH 44305.

WILLIAMS, Victor John; '78 BSBA; 5885 St. Rte. 37 W., Ostrander, OH 43061, 614 363-2584.

WILLIAMS, Wallace Peter; '52; Sr. VP; The Chicago Corp., 100 E. Broad St., Ste. 1208, Columbus, OH 43215, 614 224-2212; r. 269 Ashbourne Pl., Columbus, OH 43209, 614 258-3832.

WILLIAMS, Walter Joseph; '40 BSBA; Pres., Semi-Ret. Atty.; Walter J Williams PC, 3644 Darcy Dr., Birmingham, MI 48010, 313 647-5127; r. Same.

WILLIAMS, Warren W.; '29; Staff; Williams Drug Store, 110 W. Madison St., Gibsonburg, OH 43431; r. 324 N. Main St., Gibsonburg, OH 43431, 419 637-2575.

WILLIAMS, William Alan; '80 BSBA; Life Spec.; Aetna Life & Casualty, 525 Vine St., Ste. 1000, Cincinnati, OH 45201, 513 579-3380; r. 7652 Wethersfield Dr., W. Chester, OH 45069.

WILLIAMS, William Charles; '70 BSBA; Mgr.; Potter Builders Inc., 7035 Worthington Galena Rd., Commerical Construction, Worthington, OH 43085; r. 857 Babbington Ct., Westerville, OH 43081, 614 890-0965.

WILLIAMS, William Edward; '75 BSBA; Mgr of Operation Analysis; Natl. Intergroup Inc., 20 Stanwix, Pittsburgh, PA 15222, 412 394-4100; r. 9622 Emnora, Houston, TX 77080, 713 464-8283.

WILLIAMS, William Mark; '85 BSBA; Hotel Mgr.; Sheraton Hotels, 60 State St., Boston, MA 02109, 203 328-2000; r. 505 St. Andrews Dr., Akron, OH 44303, 216 864-9603.

WILLIAMS, William S.; '81 MBA; VP, Finance; The W W Williams Co., 835 W. Goodale Blvd., Columbus, OH 43212, 614 228-5000; r. 3694 Romnay Rd., Columbus, OH 43220, 614 451-5444.

WILLIAMSON, Allen L.; '43 BSBA; Staff; Papermint Co., 2100 Tremont Ctr., Columbus, OH 43221; r. POB 176, Piketon, OH 45661, 614 289-4475.

WILLIAMSON, Darby Myers; '79 MPA; Data Processor Coord.; City of Columbus, 90 W. Broad St., Columbus, OH 43215, 614 222-6207; r. 1789 Bierstad Dr., Powell, OH 43065, 614 889-0608.

WILLIAMSON, David Stanley; '83 BSBA; Computor Operator; Online Computer Library Ctr., 6565 Frantz Rd., Dublin, OH 43017; r. 500 Harding Ln., Delaware, OH 43015, 614 369-1740.

WILLIAMSON, Dennis Paul; '79 BSBA, '82 MBA; CPA/Sr. Acct. Mangr; Deloitte Haskins & Sells, 155 E. Broad St., Ste. 1800, Columbus, OH 43215, 614 221-1000; r. 3569 Enjoie Dr., Columbus, OH 43228, 614 272-0796.

WILLIAMSON, Gaynor '49 (See Shannon, Mrs. Gaynor Williamson).

WILLIAMSON, Jerry Bruce; '70 BSBA; 20 Coonpath Rte. 7, Lancaster, OH 43130.

WILLIAMSON, John Lionel; '69 MBA; 128 Nottingham Dr., Bolingbrook, IL 60439, 312 759-7660.

WILLIAMSON, John Ralph; '71 MBA; Afml Prog. Mgr.; Aeronautical Systs. Div., Wright Patterson AFB, OH 45433; r. 1432 Devoe Dr., Xenia, OH 45385, 513 426-2798.

WILLIAMSON, Linda Jo '83 (See Wiens, Linda Jo).

WILLIAMSON, Patrick Joseph; '71 BSBA; Asst. Controller; Mercy Hosp., 565 Abbott Rd, Buffalo, NY 14220; r. 295 Norwalk Ave., Buffalo, NY 14216.

WILLIAMSON, Philip Ray; '66 BSBA; Staff; Uniglobe Travel South Texas Louisana, 6750 W. Loop S. Ste. 840, Bellaire, TX 77401, 713 667-8900; r. 5623 Benning Dr., Houston, TX 77096, 713 723-9849.

WILLIAMSON, Phillip M.; '55 BSBA; Owner; Wiltech Co., 8925 Brecksville Rd., Cleveland, OH 44141; r. 17988 S. Meadow Park, Walton Hls., OH 44146, 216 439-8198.

WILLIAMSON, Robert P.; '73 BSBA; Atty.; Carney Stephenson, 701 5th Ave. Ste. 2300, Seattle, WA 98104, 206 622-8020; r. 4344 N. E. 57th St., Seattle, WA 98105, 206 524-3508.

WILLIAMSON, Samuel Douglas; '75 BSBA; Law Partner; Clayman & Williamson, 11 W. Monument, Ste. 402, Dayton, OH 45402, 513 224-1461; r. 7220 Meeker Rd., Dayton, OH 45414, 513 898-6916.

WILLIAMSON, Timothy K.; '88 BSBA; GE, 1 Neumann Way, Cincinnati, OH 45251, 513 552-4541; r. 12170 Birchhill Dr., Cincinnati, OH 45259, 513 825-2158.

WILLIG, Mrs. Adriane A., (Adriane Marie Adomaitis); '82 BSBA; Hosp. Sales Rep.; Stuart Pharmaceuticals, Div of I C I Americas Inc, Wilmington, DE 19897; r. 2456 Kingsley Dr., Naperville, IL 60565, 312 983-8029.

WILLINGHAM, Dr. John J.; '63 PhD (ACC); Partner-Acct.; Peat Marwick Main & Co., 3 Chestnut Ridge Rd., Montvale, NJ 07645, 201 307-7604; r. 22 Rising Ridge Rd., Upper Saddle River, NJ 07458, 201 934-1064.

WILLIS, Cheryl Mencer; '73 BSBA; Chief Deputy Auditor; Coshocton Cnty., Cnty. Annex Bldg., 349 Main St., Coshocton, OH 43812, 614 622-1243; r. 1243 Denman Ave., Coshocton, OH 43812, 614 622-0913.

WILLIS, Douglas Keith; '83 BSBA; Branch Mgr.; American Gen. Financial Svcs., 5825 Emporium Sq., Columbus, OH 43229, 614 890-1637; r. 3187 Palomar Ave., Columbus, OH 43231, 614 890-6196.

WILLIS, Harold F.; '57 BSBA, '60 MBA; Retired; Financial Cnslt.; Premark Intl.; r. 1208 Ridgewood Dr., Troy, OH 45373, 513 335-6650.

WILLIS, James Ellsworth; '49 BSBA; Retired; r. 8019 Lemonwood Dr. N., Ellenton, FL 34222, 813 723-1362.

WILLIS, James H.; '65 BSBA; Realtor; James H Willis Inc., Real Estate, 55 S. High St., Columbus, OH 43215; r. 6125 Karrer Pl., Dublin, OH 43017, 614 889-9785.

WILLIS, Jill Adams; '78 BSBA; Stockbroker; Blunt Ellis & Loewi, 111 W. Monroe, 17th Fl., Chicago, IL 60603, 312 346-9000; r. 904 W. Armitage, Chicago, IL 60614, 312 880-5211.

WILLIS, John Wightman, Jr.; '62 MA; Retired; r. 189 Laurel Oak Dr., Centerville, OH 45459, 513 433-2310.

WILLIS, Pamela Sue; '88 BSBA; 9595 Sharron Dr., Canal Winchester, OH 43110, 614 837-2798.

WILLIS, Richard H.; '31 BSBA; Retired; r. 2220 S. Ocean Blvd., Apt. 401, Delray Bch., FL 33483, 407 272-7366.

WILLIS, Scott Marshall; '83 BSBA; Systs. Analyst; Shell Oil Co., Data Processing Dept., 1500 Old Spanish Tr., Houston, TX 77025, 713 493-8817; r. 7927 Braesdale Ln., Houston, TX 77071, 713 995-1536.

WILLIS, William Henry; '73 BSBA; Exec. VP; Ogden Allied Svcs. Corp., Industrial Services, 2 Penn Plz., New York, NY 10121, 212 868-6066; r. 400 Lost District Dr., New Canaan, CT 06840, 203 966-5285.

WILLIS, William Karnet, Jr.; '80 MPA; Supv.; State of Ohio, Dept. of Development, Training & Technical Assistnce, Columbus, OH 43215; r. 1715 Franklin Park S., Columbus, OH 43205, 614 252-4493.

WILLISON, Richard Randolph; '87 BSBA; 680 Mellwood Dr., New Lexington, OH 43764, 614 342-3469.

WILLIT, James C.; '58 BSBA; Underwriter; Liberty Mutual Ins. Co., 2501 Wilmington Rd., New Castle, PA 16105; r. 101 N. Market St., New Wilmington, PA 16142, 412 946-3179.

WILLITS, Michael Ellis; '63; 1045 Hardesty Pl. E., Columbus, OH 43204, 614 274-9907.

WILLMAN, Gary Eugene; '68 MBA; Production Superviso; AT&T Columbus, 6200 E. Broad St., Columbus, OH 43213; r. 206 N. Henry St., New Carlisle, OH 45344.

WILLMAN, Nancy '77 (See Grogan, Nancy Willman).

WILLNER, Arthur J.; '58 BSBA; Retired; r. 338 Avenida Nogales, San Jose, CA 95123, 408 227-2049.

WILLOUGHBY, Gregory Patrick; '83 BSBA; Mgr.; Beneficial, 1531 Broad River Rd., Columbia, SC 29210, 803 798-6050; r. 111 Two Oak Ct., Columbia, SC 29212, 803 781-3851.

WILLOUGHBY, Lisa Anne; '80 BSBA; 1016 N. Bent Tree Ln., Columbia, SC 29210.

WILLOUR, Paul; '31 BSBA; Retired; r. 1328 N. Bever St., Wooster, OH 44691, 216 264-8904.

WILLS, Deborah Ann '84 (See Finn, Mrs. Deborah Ann).

WILLS, Donald M.; '55 MBA; VP/Gen. Mgr.; Sundstrand Heat Transfer Inc., 415 E. Prairie Ronde, Dowagiac, MI 49047, 616 782-2141; r. 52160 Fieldstone Ln., Granger, IN 46530, 219 277-3643.

WILLS, Frederick Austin; '77 BSBA; CPA; Frederick A Wills Co., 13721 SW 90th Ave., Apt. P110, Miami, FL 33186; r. 8281 SW 107 Ave., #C, Miami, FL 33176.

WILLS, Jacqueline L.; '83 BSBA; Human Resources Mgr.; O'Neil's, 3265 W. Market St., Akron, OH 44313, 216 867-8888; r. 2599 Romig Rd., Apt. 28, Akron, OH 44320, 216 745-5160.

WILLS, Patrick Owen; '80 BSBA; Mgr Treasury Opers Europe; Ingersoll-Rand Co., 200 Chestnut Ridge Rd., Woodcliff Lake, NJ 07675, 201 573-3297; r. 410 Fairview Ave., Apt. 2-J, Ft. Lee, NJ 07024, 201 585-8429.

WILLS, Stephen Douglas; '85 BSBA; Sales Coord.; Sherwin-Williams, 840 Goodale, Columbus, OH 43212, 614 221-5020; r. 8175 Colonial Meadows, Westerville, OH 43081.

WILLSEY, Mrs. Angela L., (Angela L. Enrione); '83 BSBA; Sr. Credit Analyst; First Natl. Bank of Clearwater, 400 Cleveland St., Clearwater, FL 34615, 813 462-1317; r. 1630 Golf View Dr., Belleair, FL 34616, 813 585-3228.

WILLSEY, Barbara R. '83 (See Haupt, Barbara Willsey).

WILLSEY, Gregory Alan; '80 BSBA; Financial Cnslt.; Merrill Lynch, 201 N. Franklin St., Ste. 32, Tampa, FL 33602, 813 273-8500; r. 1630 Golf View Dr., Belleair, FL 34616, 813 585-3228.

WILLSON, Charles Anthony; '64 MBA; Pres.; Furniture Manufacturers of Louisiana, Inc., POB 80285, Baton Rouge, LA 70898, 504 346-1541; r. 16654 S. Fulwar Skipwith Rd, Baton Rouge, LA 70810, 504 291-6832.

WILLSON, Earl C.; '25 BSBA; Estimator Retired; West Side Carpet Cleaning Co., 4005 Bridge Ave., Cleveland, OH 44113; r. 1159 Plainfield Rd, S. Euclid, OH 44121, 216 381-1418.

WILLSON, James Douglas; '37 BSBA, '38 MBA; Retired; r. 1715 Chevy Chase Dr., Beverly Hls., CA 90210, 213 271-0442.

WILLSON, Michelle Marie; '83 BSBA; 1239 Lakeshore Dr. #A, Columbus, OH 43204.

WILLSON, Zack E.; '57 BSBA; Sales Mgr.; Fed. Glass Co., Institutional Division, Columbus, OH 43207; r. 786 Hyatts Rd., Delaware, OH 43015, 614 548-7044.

WILNER, Dr. Neil A.; '78 MACC, '80 PhD (ACC); Prof.; Univ. of Pittsburgh, Business Admin. Dept., Pittsburgh, PA 15260; r. 1504 River Birch Dr, Flower Mound, TX 75028.

WILSDON, John F.; '28 BSBA; Retired; r. 79 Hillcrest Ave., Hamilton, ON, Canada L8O2X1.

WILSON, Ann Kirwan; '79 BSBA; Staff Cnslt.; Arthur Anderson & Co., 100 E. Broad St., Administrative Services Div, Columbus, OH 43215; r. 21132 NE 42nd, Redmond, WA 98053, 206 868-7047.

WILSON, Brian Gregory; '87 MA; Student; Kent State Univ., Kent, OH 44240; r. 2137 Meloy Rd., Brimfield, OH 44240, 216 678-1042.

WILSON, Brian Mark; '87 MLHR; Couns./Fundraiser; Contact Ministries, 401 E. Was, Springfield, IL 62701, 217 753-3939; r. 2313 W. Iles, Springfield, IL 62704, 217 787-1971.

WILSON, Bruce Douglas; '81 MBA; CPA, Mgr.; Ernst & Whinney, 1300 Huntington Bldg., Cleveland, OH 44115, 216 861-5000; r. 7924 Preston Hill Ct., Mentor, OH 44060, 216 255-5191.

WILSON, Bruce Edward; '79 BSBA, '82 MBA; 1452 Byrd, Columbus, OH 43219.

WILSON, Ms. Carol Hoffer; '75 BSBA; Mgr.; Keithley Instruments, 28775 Aurora Rd., Market Research, Cleveland, OH 44139; r. 1052 Fresno Dr., Westlake, OH 44145, 216 356-9292.

WILSON, Carol Kohn; '54 BSBA; 8147 Post, Allison Park, PA 15101, 412 364-0272.

WILSON, Charles A.; '75 MBA; Corporate Cash Mgr.; AON Corp., 123 N. Wacker Dr., Chicago, IL 60606, 312 701-3617; r. 541 W. Brompton, Apt. #3N, Chicago, IL 60657, 312 477-7191.

WILSON, Charles Robert; '48 BSBA; David St., Lee, MA 01238, 413 243-2682.

WILSON, Charles Wayland; '80 BSBA; Dist. Sales Mgr.; Altos Computer Syst., 4700 Ashwood Ct., Ste. 112, Cincinnati, OH 45241, 513 530-0372; r. 6359 Pawnee Ridge, Loveland, OH 45140, 513 677-9773.

WILSON, Christina Lynne; '85 BSBA; Salesperson; Bankers Life & Casualty Co., 1080 Kingsmill Pkwy., Ste. 200, Columbus, OH 43229, 614 888-3414; r. 4290 Indianola % E.A. Inc., Columbus, OH 43214, 614 761-1725.

WILSON, Christine Ellen '69 (See Wilson-Strom, Mrs. Christine Ellen).

WILSON, Christopher Dean; '75 BSBA, '77 MBA; Dir., Mktg. Rsch.; Coca-Cola Enterprises, Inc., 2800 Bissonnet St., Houston, TX 77005, 713 669-3017; r. 17523 Sandy Cliffs Dr., Houston, TX 77090, 713 583-4652.

WILSON, Curtis Lamar; '88 BSBA; 3027 Stadium Dr. 6, Columbus, OH 43202, 614 262-5899.

WILSON, Dr. Cyrus Clarke; '64 MBA, '67 PhD (BUS); Chmn.; Price Waterhouse, Mgmt. Horizons Div., 570 Metro Pl. N., Dublin, OH 43017, 614 764-9555; r. 2275 Onandaga Dr., Columbus, OH 43221, 614 486-0779.

WILSON, Daniel A.; '65 MBA; Engr.; Anheuser-Busch Co. Inc., 1 Busch Pl., St. Louis, MO 63118, 314 577-7321; r. 748 Overlook Circle Dr., Manchester, MO 63021, 314 225-2069.

WILSON, Daniel Thomas; '77 BSBA; 3510 Bowdale Ave. N. W., Canton, OH 44708, 216 477-6612.

WILSON, David Alan; '88 MPA; Police Capt.; Columbus Police Dept., 120 W. Gay St., Columbus, OH 43215, 614 222-4846; r. 608 Churchill Dr., Gahanna, OH 43230, 614 855-2642.

WILSON, Deborah Kay; '85 BSBA; 181 E. Wilson Bridge Rd., Worthington, OH 43085, 614 885-1679.

WILSON, Debra Ann; '87 BSBA; Asst. Dispatcher; Riverside Methodist Hosp., 3535 Olentangy River Rd., Columbus, OH 43214; r. 1790 Shawnee Rd., Lima, OH 45805, 419 227-2545.

WILSON, Dexter Derr; '73 BSBA; Internal Auditor; Columbus Public Schs., 270 E. State St., Columbus, OH 43210, 614 365-6472; r. 3385 Hilliard Cemetery Rd., Hilliard, OH 43026, 614 876-2713.

ALPHABETICAL LISTINGS WINEBERG 305

WILSON, Donald Gregory; '86 BSBA; 445 Baywood Pl., Gahanna, OH 43230, 614 471-1633.
WILSON, E. Lee; '65 BSBA; Asst. to Dean Clg. of Bus; Univ. of Akron, Akron, OH 44325, 216 375-6112; r. 160 Stauffer Dr., Wadsworth, OH 44281, 216 335-0273.
WILSON, Edson Hay; '77 BSBA; Asst. VP, Sales; The Ohio Co., 751 Bethel Rd., Columbus, OH 43214, 614 459-9681; r. 9132 Haddington Ct., Dublin, OH 43017, 614 764-8822.
WILSON, Edward Albert; '70 BSBA, '74 MBA; Dir. Customer Svc.; Western Union, One Lake St., Upper Saddle River, NJ 07458, 201 825-5117; r. 8 Twin Lakes Dr., Monsey, NY 10952, 914 352-9371.
WILSON, Edwin C.; '40; Retired; r. 3023 Sudbury Rd, Columbus, OH 43221, 614 488-9104.
WILSON, F. Leon; '83 BSBA; Sr. Mktg. Mgr.; Ashton-Tate, c/o Postmaster, Columbus, OH 43224, 614 476-3582; r. POB 24187, Columbus, OH 43224.
WILSON, Franklin E.; '33 BSBA; Retired; r. 2227 Mayfair Rd., Dayton, OH 45405, 513 277-9095.
WILSON, COL Fred E., USA(Ret.); '29 BSBA; 6000 Riverside Dr. #B171, Dublin, OH 43017, 614 761-8060.
WILSON, George Anderson; '87 BSBA; 459 E. North St., Worthington, OH 43085, 614 888-1680.
WILSON, George Roger; '58 BSBA; Sales Profn.; r. 19563 Argyle Oval, Rocky River, OH 44116, 216 333-5947.
WILSON, Gerald R.; '60 BSBA; 74 Hawkins, Danielson, CT 06239, 215 666-1385.
WILSON, Golda '51 (See Thornsbury, Golda Wilson).
WILSON, Gregg Alan; '84 BSBA; Operations Mgr.; Columbus Unlimited, Columbus, OH 43220; r. 13325 Heimberger Rd., Baltimore, OH 43105, 614 862-4289.
WILSON, Gregory D.; '64 BSBA; Atty.; Gregory D Wilson Jd, POB 327, 101 N. Front St., St. Marys, OH 45885, 419 394-2323; r. Same, 419 394-3544.
WILSON, Gregory Preston; '79 BSBA; Staff; Standard Oil Co., Midland Bldg., Cleveland, OH 44115; r. 28037 Sherwood, Westlake, OH 44145, 216 835-4929.
WILSON, Harold Allan; '70 BSBA; VP-Distrbtn; Neiman-Marcus, 2727 Realty Rd, Carrollton, TX 75006, 214 416-0824; r. 3905 Salem Ct., Plano, TX 75023, 214 985-7919.
WILSON, Mrs. Helen Schoenborn, (Helen Schoenborn); '34 BSBA; 1216 Kenbrook Hills Dr., Columbus, OH 43220, 614 451-5655.
WILSON, Henry Hamilton, Jr.; '82 BSBA; Marketer; Technical Data Corp., 330 Congress St., Boston, MA 02210, 617 482-3341; r. 6 Patriot Ln., Westford, MA 01886, 508 692-3267.
WILSON, Hubert Frederick; '50 BSBA; Retired Ofc. Mgr.; Buckeye Youth Ctr., Baltimore, OH 43105; r. 4430 Stemen Rd. N. W., Baltimore, OH 43105, 614 862-4727.
WILSON, Jack Edward; '70 BSBA; Coord.; * Ford Motor Co., The American Rd., Dearborn, MI 48121; r. 38240 N. Jean Ct., Westland, MI 48185, 313 722-0748.
WILSON, James Alan; '79 BSLHR; Admin.; Valley View Nursing Home, 721 Hickory St., Akron, OH 44303, 216 762-6486; r. 7701 Sagamore Hills Blvd., Sagamore Hls., OH 44067, 216 467-7970.
WILSON, James Earl; '77 BSBA; 7840 Spirowood St., Dublin, OH 43017, 614 889-6606.
WILSON, James Joseph; '35 BSBA; 5109 Hallmark St., Riverside, CA 92505, 714 688-6704.
WILSON, James Markley; '36 BSBA; VP Retired; Westinghouse Credit Corp., One Oxford Ctr., Pittsburgh, PA 15219; r. 115 Village Ct., Pittsburgh, PA 15241, 412 835-2828.
WILSON, Jean Baine, (Jean Baine); '55 BSBA; Permissions Editor; Appleton & Lange, Div. Simon & Schuster, 25 Van Zant St., E. Norwalk, CT 06855, 203 838-4400; r. 160 Fairfield Wood Rd. #29, Fairfield, CT 06430.
WILSON, Jeffery Leigh; '82 BSBA; Lead Programmer/Analyst; Stouffer Corp., 5750 Harper Rd., Solon, OH 44139, 216 248-3600; r. 13995 W. Willard, Novelty, OH 44072, 216 338-1489.
WILSON, Jeffrey Alan; '86 BSBA; Ofc. Mgr.; New York Life Ins. Co., 300 Trust Bldg., 40 Pearl St. NW, Grand Rapids, MI 49503, 616 242-5350; r. 597 Forest Hill SE, Grand Rapids, MI 49506, 616 942-9863.
WILSON, Jo Anne Fadely, (Jo Anne Fadely); '47 BSBA; 520 NE 161st St., N. Miami Bch., FL 33162, 305 949-6083.
WILSON, John David; '70 BSBA; Cert. Public Acct./Owner; 1146 Antique Ln. N., Northbrook, IL 60062, 614 261-7414; r. 312 480-8968.
WILSON, John Robert; '71 BSBA; Dir. Mktg.; WCI Dishwasher, Connersville, IN 47331, 317 825-3181; r. 1572 Capri Ln., Richmond, IN 47374.
WILSON, John Samuel; '83 BSBA; Plng. Supv.; Campbell Soup Co. (Texas) Inc., POB 116, Paris, TX 75460, 214 784-3341; r. 3465 Reno Dr., Paris, TX 75460, 214 784-6128.
WILSON, Jon Christopher, Sr.; '72 BSBA; Regional Liability Claims; Natl. Car Rental, 7700 France Ave., S., Minneapolis, MN 55345, 612 830-2679; r. 8019 Cheyenne Spur, Chanhassen, MN 55317, 612 934-3976.
WILSON, Joseph D.; '86 BSBA; Asst. Retail Banking Ofc.; Ameritrust Co. Natl. Assn., 3370 Warrensville Ctr. Rd., Shaker Hts., OH 44122, 216 687-4440; r. 1401 Clearaire Rd., Cleveland, OH 44110, 216 481-6539.
WILSON, Judith A. '75 (See Tansky, Ms. Judith A.).
WILSON, Juliana; '85 BSBA; Gascolgne Bluff Plantation, Bluffton, SC 29910, 803 757-3661.
WILSON, Julie Dawn; '82 BSBA; Staff; Advance Robotics Corp., 777 Manor Park Dr., Columbus, OH 43228; r. 1627 Westwood Apt. B, Columbus, OH 43212, 614 488-8096.
WILSON, Kathleen; '41 BSBA; Retired; r. 3274 Kenyon Rd, Upper Arlington, OH 43221, 614 457-0992.
WILSON, Keith; '76 BSNR, '79 MACC; Controller; Baxter Healthcare Corp., Northglenn, CO 80233, 303 457-2400; r. 5239 S. Joliet Way, Englewood, CO 80111, 303 220-5076.
WILSON, Kelly Lynn; '88 BSBA; 1381 Beechlake Dr., Worthington, OH 43085, 614 888-7678.
WILSON, Kenneth Bruce; '80 BSBA; Teller; Bank One, 1115 S. Main St., Akron, OH 44301, 216 375-5220; r. 1242 Honodle Ave., Akron, OH 44305, 216 784-4671.
WILSON, Kenneth E.; '49 BSBA; Retired; r. POB 2751, Gainesville, GA 30503, 404 536-2898.
WILSON, Kenneth Edward; '81 BSBA; 208 Westminsler Hill Rd., Fitchburg, MA 01420, 508 345-7924.
WILSON, Kenneth K.; '66 BSBA; Mgr.-Financial Plng.; Westinghouse Electric Corp., 1310 Beulah Rd., Pittsburgh, PA 15235, 412 374-4608; r. 233 Sunridge Rd., Pittsburgh, PA 15238, 412 828-5407.
WILSON, Kevin Robert; '85 BSBA; Student; Univ. of Texas, Arlington, TX; r. 720 Polk Dr., Apt. 152, Arlington, TX 76011, 817 275-0319.
WILSON, Kimberly S. '84 (See Robison, Kimberly Wilson).
WILSON, Larry B.; '63 BSBA; Systs. Auditor; Goodyear Tire & Rubber Co., S. Wayne St., St. Marys, OH 45885, 419 394-3311; r. 421 W. Spring St., St. Marys, OH 45885, 419 394-5625.
WILSON, Linda Olsen; '77 BSBA; Acctg. Mgr.; r. 5239 S. Joliet Way, Englewood, CO 80111, 303 220-5076.
WILSON, Mrs. Lynn A., (Lynn A. Pfeffer); '82 BSBA; State Examiner; State Auditor's Ofc., 88 E. Broad St., Columbus, OH 43215; r. 5280 Ripley Dayhill Rd., Ripley, OH 45167, 513 392-1400.
WILSON, Lynn Ellen; '82 BSBA; 10362 N. Bramblewood, Perrysburg, OH 43551.
WILSON, LTC Mac F., USAF(Ret.); '53 BSBA; 226 Wellington Dr., Santa Maria, CA 93455, 805 934-1655.
WILSON, Mark Richard; '86 BSBA; Sales Rep.; Mid-States Container Corp., 200 S. Boggs St., POB 339, De Graff, OH 43318, 513 585-5361; r. 111 E. Bennett St., Sidney, OH 45365, 513 498-2177.
WILSON, Mary Louise; '86 BSBA; 29 Hidden Valley, Rocky River, OH 44116, 216 331-5016.
WILSON, Marylou Eads; '85 BSBA; Ofc. Mgr.; Mt. Vernon Chiropractic Ctr., Professional Ctr., Mt. Vernon, OH 43050, 614 397-1212; r. 10859 Bryant Rd., Mt. Vernon, OH 43050, 614 397-0134.
WILSON, Melvin C.; '39 BSBA; Retired; r. 4205 Asher St., Apt. 4, San Diego, CA 92110, 619 276-1657.
WILSON, Michael A.; '70 BSBA; VP; Wilson Seat Co., Inc., 199 Foundry Ave., Batavia, OH 45103, 513 732-2460; r. 637 Brandy Way, Cincinnati, OH 45244, 513 831-1452.
WILSON, Michael David; '68 BSBA; Mgr.; Wilson Real Estate; r. 180 Haight St., San Francisco, CA 94102, 415 431-4179.
WILSON, Michael Gregory; '81 BSBA; 2605 Lake Forest Dr., Winston-Salem, NC 27106.
WILSON, Michael Mc Adams; '87 BSBA; Adjuster; Star Financial Svcs., Clearwater Bch., FL 34630; r. 881 Bruce Ave., Clearwater Bch., FL 34630, 813 449-1095.
WILSON, Mitchell Allen; '80 BSBA; Dir.; The Ohio Ins. Inst., Public Info., 172 E. State St., Columbus, OH 43216, 614 228-1593; r. 13039 Coventry Ave. NW, Pickerington, OH 43147, 614 868-0575.
WILSON, Nicholas Brown; '72 MBA; Atty-at-Law; 720 S. High St., Columbus, OH 43206, 614 443-6548; r. 2054 Wickford, Columbus, OH 43221, 614 486-6427.
WILSON, Patricia Wright; '82 MBA; Portfolio Mgr.; Allstate Ins. Co., Investments Div, Allstate Plz. N. E.-2, Northbrook, IL 60062, 312 402-7633; r. 1146 Antique Ln. N., Northbrook, IL 60062, 312 480-8968.
WILSON, Patti Lynn; '86 BSBA; Account Exec.; Automatic Data Processing, 3660 Corporate Dr., Columbus, OH 43231, 614 898-0226; r. 2693 Folkstone Rd., Columbus, OH 43220, 614 457-1353.
WILSON, Randolph; '76 MPA; 1605 Frebis Ave., Columbus, OH 43206, 614 443-1624.
WILSON, Raymond E.; '47 BSBA; Retired; r. 5735 Pepperridge Pl., Concord, CA 94521, 415 672-6358.
WILSON, Richard Henry, II; '56 BSBA, '60 MBA; Retired; r. 1501 NE 28th Dr., Ft. Lauderdale, FL 33334, 305 564-3639.
WILSON, COL Robert Benjamin; '70 MBA; Resident Member; Rivers & Harbors, Board of Engineers, Kingman Bldg., Ft. Belvoir, VA 22060, 202 355-3114; r. 18 Governors Harbor, Hilton Head Island, SC 29928.
WILSON, Robert Lloyd; '46 BSBA; Retired; r. 6460 S. Steele St., Littleton, CO 80121, 303 795-8312.
WILSON, Robert Raymond; '58 BSBA; Owner; Cleveland Business Forms Co., 2331 Abbey Ave., Cleveland, OH 44113; r. 29 Hidden Valley, Rocky River, OH 44116, 216 331-5016.
WILSON, LTC Robert Root; '54 BSBA; Retired; r. 2465 Pretty Bayou Dr., Panama City, FL 32405, 904 785-9356.
WILSON, Robert T., Jr.; '68 BSBA; Pres.; Hinds Co.-South Inc., 14710 Boxwood Dr., Palm Bch. Gardens, FL 33418, 407 694-3043; r. Same.
WILSON, Roger L.; '55 BSBA; Field Rep.; ISO Commercial Risk Svcs., 7450 Horizon Dr., Columbus, OH 43235, 614 846-5656; r. 853 Prince William Ln., Westerville, OH 43081, 614 882-5382.
WILSON, Rose Moore, (Rose Moore); '66 BSBA; Homemaker; r. 233 Sunridge Rd., Pittsburgh, PA 15238, 412 828-5407.
WILSON, Ms. Stacy Allynne; '87 MBA; Bus. Analyst; Capital Holding Corp., POB 32830, Louisville, KY 40232, 502 560-2000; r. Rte. 2 Box 76, Brandenburg, KY 40108, 502 422-2363.
WILSON, Stephen Lee; '76 BSBA; Procurement Mgr.; MCI Telecommunications, 400 International Pkwy., Richardson, TX 75081, 214 380-4508; r. 1333 Heidi Dr., Plano, TX 75025, 214 517-5343.
WILSON, Stephen Lee; '85 BSBA; Asst. Mgr. Opers.; Gen. Cinema Corp., 4265 Shoppers Ln., Columbus, OH 43228, 614 279-7377; r. 264 S. Westgate, Columbus, OH 43204, 614 274-6955.
WILSON, Steven Alexander; '83 BSBA; Clinical Data Analyst; Lederle Labs, Middletown Rd., Pearl River, NY 10965, 914 732-3853; r. Normandy Village, Bldg. 44 Apt. 18, Nanuet, NY 10954, 914 627-3227.
WILSON, Steven D.; '84 BSBA; Sales Rep.; Genuine Parts Co., 3144 Hayden Rd., Columbus, OH 43220, 614 889-8901; r. Same.
WILSON, Steven E.; '70 BSBA; EVP & CFO; United Bankshares, Inc., 514 Market St., Parkersburg, WV 26101, 304 420-1400; r. #28 Scenic Hills Dr., Parkersburg, WV 26101, 304 428-2707.
WILSON, Steven L.; '74 BSBA; Auditor/Examiner; State of Washington, Olympia, WA 98501; r. 22505 92nd Ave. W., Edmonds, WA 98020, 206 775-0484.
WILSON, Steven Scott; '81 BSBA; Natl. Accounts Exec.; Intl. Computers Ltd., 5150 E. Main St., Ste. 103, Columbus, OH 43213, 614 863-1696; r. 439 Foxwood Dr., Gahanna, OH 43230, 614 475-7250.
WILSON, Susan Ann; '84 BSBA; Sr. Acct.; Borden Inc., 180 E. Broad St., POB 310, Columbus, OH 43215, 614 225-3341; r. 202 Leland, Columbus, OH 43214, 614 888-6354.
WILSON, Mrs. Susan R., (Susan M. Reiber); '71 BSBA; Homemaker; r. 512 Oak Branch Rd., Louisville, KY 40223, 502 244-6876.
WILSON, Sylvan Les; '79 BSBA; Proj. Leader; White's Info. Systs., 584 Payne Ave., Cleveland, OH 44114; r. 2971 Berwick, Columbus, OH 43209, 614 237-4732.
WILSON, T. Page; '76 MPA; 2557 Bristol Rd., Columbus, OH 43221, 614 457-8338.
WILSON, Thomas Alden; '73 BSBA, '75 MBA; Sr. Mktg. Spec.; Exxon Co. USA, POB 2180, Houston, TX 77252, 713 656-3892; r. 17706 Terrawren Ln., Spring, TX 77379, 713 370-7512.
WILSON, Thomas Edward; '82 BSBA; 5311 Warren, Apt. 1, Cincinnati, OH 45212, 513 631-8779.
WILSON, Thomas Edward; '82 BSBA; CPA/Financl Analyst; Coaxial Communications, 3770 E. Livingston Ave., Columbus, OH 43227, 614 236-1292; r. 7850 Burrwood St., Dublin, OH 43017, 614 761-8959.
WILSON, Vickie L. '85 (See Calland, Mrs. Vickie L.).
WILSON, Walter Stanley; '70 BSBA; Mgr. of Materials; Tushiba Intl. Corp., 13131 W. Little York Rd., Houston, TX 77041, 713 466-0277; r. 5822 Ft. Sumtar, Houston, TX 77084, 713 859-9101.
WILSON, Warner R.; '48 BSBA; Retired Procurement; Dept. of Defense, Wright Patterson AFB, OH 45420; r. 2909 Locust Dr., Springfield, OH 45504, 513 322-6829.
WILSON, William E.; '58; Pres.; Incentives Firm, 1028 Shady Lane Rd., Columbus, OH 43227; r. 11614 Post Rd. NE, Washington Ct. House, OH 43160.
WILSON, William Hassell; '50 BSBA; Retired Prog. Admin.; Rockwell Intl., Columbus, OH 43227; r. 4753 Robinhood Park, Columbus, OH 43227, 614 866-9825.
WILSON, William Reese; '70 BSBA; VP; Park Natl. Bank, 50 N. Third St., Newark, OH 43055, 614 349-8451; r. 234 Gregory Dr., Newark, OH 43055, 614 366-2168.
WILSON, Dr. Woodrow; '37 BSBA; Retired; r. 1737 Atrium Dr., Sun City Center, FL 33570.
WILSON-STROM, Mrs. Christine Ellen, (Christine Ellen Wilson); '69 BSBA; Dir./Human Resources; PHH Homequity, 249 Danbury Rd, Wilton, CT 06897, 203 834-8588; r. 46 Oakdale Rd., Stamford, CT 06906, 203 348-6838.
WILT, Carroll Lee; '72 BSBA; VP; Maven Corp., 3700 Corporate Dr., Columbus, OH 43231, 614 891-6275; r. 5497 Hazelwood Rd., Columbus, OH 43229, 614 885-2372.
WILT, Martin Wayne; '87 MBA; 320 Tappan St., Columbus, OH 43201, 614 299-3342.
WILTBERGER, James B.; '49 BSBA; Owner; Wiltberger & Assocs. Inc., POB 20362, 1630 NW Prof. Plz., Columbus, OH 43220, 614 451-6401; r. 2645 Haverford Rd, Columbus, OH 43220, 614 451-4936.
WILTBERGER, Jean '84 (See Drake, Jean Wiltberger).
WILTBERGER, Mrs. Reva Hoskinson; '47 BSBA; Retired; r. 2401 Gulf Shore Blvd., N., Apt. 12, Naples, FL 33940, 813 261-2243.
WILTSHIRE, Richard Leroy; '70 BSBA; 269 Annette Dr., Centerville, OH 45459.
WILVER, Mrs. Kim C., (Kim Creager); '81 BSBA; Bus. Sales Rep.; Liberty Mutual Ins. Co., 18 Sentry Park W., Ste.#200, Blue Bell, PA 19422, 215 641-0400; r. 312 Parke Hollow Ln., West Chester, PA 19380, 215 692-5682.
WILVER, Peter Marshall; '81 BSBA; Financial Analyst; GE, Aero Space Div, King Of Prussia, PA 19406, 215 354-5140; r. 312 Parke Hollow Ln., West Chester, PA 19380, 215 692-5682.
WIMER, Gary Lee; '85 BSBA; Acct.; Licking Mem. Hosp., 1320 W. Main St., Newark, OH 43055, 614 344-0331; r. 7511 Ballou, Newark, OH 43055, 614 323-2442.
WIMER, Jon Jay; '82 BSBA; 703 N. 18th St., Cambridge, OH 43725, 614 432-7253.
WIMMERS, Steven Harry; '73 BSBA; CPA; 4870 Santa Monica Ave., #2B, San Diego, CA 92107, 619 222-5239; r. 1542 Guizot St., San Diego, CA 92107.
WINBUSH, Truman; '53 BSBA; 1893 Gault St., Columbus, OH 43205, 614 253-8979.
WINCH, John Jeffrey; '88 MBA; Staff Cnslt.; Arthur Andersen Co., 41 S. High St., Ste. 2000, Columbus, OH 43215; r. 264 E. Kossuth St., Columbus, OH 43206, 614 444-6513.
WINCHESTER, Wilber A.; '32 BSBA; Retired; r. 2530 Brice Rd, Akron, OH 44313, 305 482-6842.
WINDECKER, Louis R.; '52 BSBA; Rsch. & Analysis; Ford Motor Co., The American Rd., Dearborn, MI 48121; r. 36729 Ladywood St., Livonia, MI 48154, 313 464-8293.
WINDELER, John Robert; '68 MBA; CEO; Irving Trust Intl. Ltd., 10 Mayfair Pl., London SWI, England; r. 18 Margaretta Ter., London SW3, England.
WINDGASSEN, Dean Lee; '62 MBA; Comptroller; Procter & Gamble Co.; r. 5598 Breezewood Dr., Cincinnati, OH 45211, 513 922-2128.
WINDHAM, PFC Parris; '83 BSBA; Pfc Usa; r. 824 N. Woodcrest Dr., Mansfield, OH 44905.
WINDHOLTZ, Timothy Frederick; '80 BSBA; Sr. Tax Spec.; Mead, Courthouse Plz. NE, Dayton, OH 45463, 513 222-6323; r. 4633 Ridgebury Dr., Kettering, OH 45440, 513 433-8849.
WINDISCH, Sue Ann; '83 BSBA; Analyst; Centerior Svcs. Co., POB 94661, Cleveland, OH 44101; r. 1745 Moore St., Apt. 10, Fremont, OH 43420, 419 334-7226.
WINDLE, Daniel Leroy; '79 BSBA; Sr. Account Rep.; Dunn & Bradstreet, 525 Metro Pl. N., Dublin, OH 43017, 614 621-7411; r. 2030 Stratford Ct., Loveland, OH 45140.
WINDLE, Paula Helene; '88 BSBA; 620 E. Whittier, Columbus, OH 43206, 614 443-5564.
WINDLE, Richard L.; '53 BSBA; Industrial Engr.; Rockwell Intl., 4300 E. 5th Ave., Columbus, OH 43219; r. 5151 E. Walnut St., Westerville, OH 43081, 614 882-1187.
WINDLE, Robert L.; '61 BSBA; Dist. Mgr.; Ohio Bell Telephone Co., 6889 Snowville Rd., Rm. 211A03, Cleveland, OH 44141, 216 838-2775; r. 16830 Holbrook Rd., Cleveland, OH 44120, 216 921-8768.
WINDLE, Robert William; '87 MLHR; Mgmt. Cnslt.; Alberty & Assocs., Inc., 193 E. Whittier St., Columbus, OH 43206, 614 445-6164; r. 4537 Zeller Rd., Columbus, OH 43214, 614 263-6843.
WINDMILLER, Roland C.; '67 BSBA; Bindery Supv.; R. R. Donnelley & Sons Co., 1400 Kratzer Rd., Harrisonburg, VA 22801, 703 434-8833; r. Rte. 11 Box 214, Harrisonburg, VA 22801, 703 433-8758.
WINDNAGLE, Dana Roeper; '80 MACC; Homemaker; r. 9400 N. 109th Pl., Scottsdale, AZ 85259.
WINDNAGLE, Daniel Thomas; '77 BSBA, '78 MBA, '79 MACC; CPA; American Continental Corp., 2735 E. Camelback Rd., Phoenix, AZ 85016; r. 9400 N. 109th Pl., Scottsdale, AZ 85259.
WINDOM, Jeffrey Alan; '77 MLHR; 337 Oakcliff Ave., Richmond, VA 23235.
WINDSOR, Cynthia, (Cynthia Haering); '81 BSLHR; Branch Mgr.; Citizens Fed., 3592 Indianola Ave., Columbus, OH 43214, 614 261-0211; r. 2373 N. Fourth, Columbus, OH 43202, 614 263-5261.
WINDSOR, Michael D., (Michael D. Phelps); '85 BSBA; Sr. Merchandise Mgr.; J.C. Penney Co., Inc., 101 Graceland Blvd., Columbus, OH 43214, 614 888-7561; r. 7028 Lemert Ln., Reynoldsburg, OH 43068, 614 861-0163.
WINE, Cherie '66 (See Prasuhn, Cherie).
WINE, David Gerard; '81 BSBA; Staff; Economic Labs, c/o Postmaster, Woodbridge, NJ 07095; r. 7 Hawaii Rd., Jackson, NJ 08527, 201 370-3237.
WINE, Jeannine M.; '78 BSBA; Bus. Systs. Analyst; Wendys Intl. Inc., POB 256, 4288 W. Dublin-Granville Rd, Dublin, OH 43017, 614 764-3199; r. 8334 Davington Dr., Dublin, OH 43017.
WINE, Kenneth H.; '85 BSBA; Student; Ohio State Univ. Clg. of Law, Columbus, OH 43210; r. 661 Mohawk St., Columbus, OH 43206, 614 444-7140.
WINEBERG, Robert E.; '47 BSBA; Sales Rep.; Parke-Davis & Co., 201 Tabor Rd, Morris Plains, NJ 07950, 800 233-0188; r. 439 Zeller Dr., Springfield, OH 45503, 513 399-7208.

WINEGARDNER, Diana Kay; '82 BSBA; 11378 Bruno Rd. N. W., Thornville, OH 43076, 614 246-6492.
WINER, David Larry; '50 BSBA; Prog. Administrtr; IBM Corp., 99 Church St., White Plains, NY 10601; r. 5917 B Sunswept Ln., Boynton Bch., FL 33437, 914 357-5320.
WINER, Robert L.; '55 BSBA; Captain, Pilot; American Airlines Inc., John F. Kennedy Intl. Airport, Jamaica, NY 11431; r. Box 187 Painter Hill Rd., Roxbury, CT 06783, 203 355-1640.
WINER, Scott David, CPA; '86 BSBA; Tax Acct.; Arthur Andersen & Co., 911 Wilshire Blvd., Los Angeles, CA 90017, 213 614-6221; r. 264 S. Doheny Dr., Apt. #5, Beverly Hls., CA 90211, 213 278-2577.
WINES, Denise Dawn; '83 BSBA; Acct.; Scioto Valley Health Foundatn, 1727-27th St., Portsmouth, OH 45694, 614 354-7911; r. POB 101, Wheelersburg, OH 45694, 614 574-5076.
WINFREY, Karen Davette; '84 MBA; 9808 Marriottsville, Randallstown, MD 21133.
WING, Altheus O., Jr.; '50 BSBA; Pres.; A O Wing Agcy. Inc., 2212 S. Hamilton Rd., Columbus, OH 43232, 614 868-9607; r. 469 Lake Shore Dr. W., Hebron, OH 43025, 614 929-3370.
WING, Gail A. '85 (See Puccetti, Mrs. Gail A.).
WING, Stephen Donnelly; '79 BSBA; RFD 3, London, OH 43140.
WINGARD, Robert William; '38 BSBA; Retired VP; Scott Fetzer Co., 1100 Napoleon St., Fremont, OH 43420; r. 740 3rd Ave., Fremont, OH 43420, 419 332-4331.
WINGATE, Steven Craig; '73 BSBA; Real Estate Salesman; Bob Webb Realtors, 30 N. Woods Blvd., Worthington, OH 43085, 614 888-2018; r. 8866 Cruden Bay Ct., Dublin, OH 43017, 614 889-2626.
WINGEARD, Douglas Keith; '88 MBA; 426 Stanley Ave., Columbus, OH 43206, 614 443-3165.
WINGELETH, Donald E.; '57 BSBA; Mgr. Mfg. Products; EIMCO, 669 W. 2nd S., Salt Lake City, UT 84101, 801 526-2048; r. 4716 Mile High Dr., Salt Lake City, UT 84124, 801 277-8545.
WINGENBACH, Edward Charles, III; '63 BSBA; Sales Mgr.; Wabash Alloys Div., Connell Ltd. Partnership, US Hwy. 21, W., Wabash, IN 46992, 219 563-7461; r. 930 Center Rd., Hinckley, OH 44233, 216 278-3848.
WINGERTER, Harold J.; '51 BSBA; Supv.; The Continental Corp., Underwriters Adjusting Co, POB 13590, Sacramento, CA 95853; r. 5040 Jackson St., Sp 61, N. Highlands, CA 95660.
WINGFIELD, Robert E.; '75 BSBA; Owner; Wingfield Ins. Svc., 10113 Rd 110, Rushsylvania, OH 43347, 513 468-2041; r. Same.
WINGFIELD, Thomas Alan; '78 BSBA; Broker; Wingfield Realty, 15725 Tr. 240, Ridgeway, OH 43345, 513 366-3814; r. Box 22, Ridgeway, OH 43345, 513 363-3814.
WINIASZ, Jerome Roy; '68 BSBA; 4331 Hickory Hill, Lorain, OH 44052, 216 282-2313.
WINICK, Bernard S.; '55 BSBA; Assoc. Prof.; Univ. of Akron, 302 E. Buchtel Ave., Finance Dept., Akron, OH 44325, 216 375-7040; r. 55 Fir Hill #8B5, Akron, OH 44304, 216 762-3651.
WINIGMAN, Michael August; '78 BSBA; 4151 Willow Hollow Dr., Gahanna, OH 43230, 614 891-3873.
WINKEL, Robert A.; '66 BSBA; CPA; Breen Winkel & Co., 3752 N. High St., Columbus, OH 43214, 614 261-1494; r. 1828 Meander Dr., Columbus, OH 43229, 614 891-0797.
WINKHART, Jerry Lynn; '69 BSBA; 89 Ohio St., Navarre, OH 44662, 216 879-5826.
WINKLE, Eric Lee; '84 BSBA; CPA; Davy L Winkle, CPA, 7550 Pingue Dr., Worthington, OH 43085, 614 436-6342; r. 5760 Firwood Pl., Columbus, OH 43229.
WINKLER, Ann L., (Ann L. Vandevander); '83 BSBA; Cash Mgt. Sales Ofcr.; Bank One, Columbus, NA, Cash Management Dept. 0201, 100 E. Broad St., Columbus, OH 43271, 614 248-5947; r. 5606 Dumfries Ct. W., Dublin, OH 43017, 614 761-9170.
WINKLER, Dr. John Herbert, Jr.; '54 BSBA; Orthodontist; Winkler & Skinner DDS Inc., 1855 E. Dublin Granville Rd, Columbus, OH 43229; r. 400 Medick Way, Worthington, OH 43085, 614 888-0179.
WINKLER, Wesley P.; '41 BSBA; Retired; r. 3107 Cypress Point Dr., Missouri City, TX 77459, 713 437-6985.
WINLAND, Betty Kerrigan; '81 BSBA; Mktg. Educ. Tchr.; Columbus Public Schs., NE Career Ctr., Stelzer Rd., Columbus, OH 43215, 216 476-0120; r. 3576 Blackbottom Ct., Hilliard, OH 43026, 614 876-7664.
WINN, Scott Phillip; '80; 1051 Jobar Ct., Westerville, OH 43081, 614 890-5019.
WINNAGLE, Homer Lee; '39 BSBA; Realtor; Winnagle Realty Brokers, 1886 Kalakaua Ave., Honolulu, HI 96815; r. 3027 Pualei Cir., Honolulu, HI 96815, 808 923-9475.
WINNER, Carl Isaac; '38 BSBA, '39 MPA; Retired; r. 5 Cogswell's Grant, Fairfield, OH 45014, 513 874-4584.
WINNESTAFFER, John Allan; '58 BSBA; Manufacturer's Rep.; Don McKrell & Assocs., 2341 Darby Creek Dr., Galloway, OH 43119, 614 878-4634; r. Same.
WINNING, Thomas Edward; '71 BSBA; Asst. VP; Bank One of Dayton, Kettering Twr., Dayton, OH 45401; r. 602 W. Market St., Germantown, OH 45327, 513 855-3474.
WINNINGHAM, Robert C.; '52 BSBA; Atty.; 50 W. Broad St., Ste. 1800, Columbus, OH 43215, 614 224-6163; r. 4242 Clairmont Rd, Columbus, OH 43220, 614 457-2439.
WINOLD, Wilbert C.; '54; Mgr./Admin.; North American Refractories Co., 500 Halle Bldg., Cleveland, OH 44115, 216 621-5200; r. 21451 Eaton Rd, Fairview Park, OH 44126, 216 734-2508.
WINSEN, Dr. Joseph Kazimierz; '73 MACC, '73 PhD (ACC); Prof.; Univ. of New Castle, Acctg. Dept., New S. Wales, Australia; r. University of New Castle, New S. Wales, Australia.
WINSKI, Joseph Marion; '65 BSBA; Tchr.; r. 621 Park Ave., Oak Park, IL 60305, 312 366-1498.
WINSLEY, Joy Ann; '83 BSBA, '88 MBA; Asst. VP; Central Trust Co., 195 Union St., Newark, OH 43055, 614 349-0374; r. 97 Canal Rd., Frazeysburg, OH 43822, 614 828-3195.
WINSLOW, Barry Nelson; '72 MBA; Pres.; Tcf-Illinois Bkg. & Savings, c/o Postmaster, Wheaton, IL 60187; r. 301 Apple River Dr., Naperville, IL 60565.
WINSLOW, Christopher Lee; '84 BSBA; Account Exec.; Compuserve Corp., 5000 Arlington Ctr. Blvd., Columbus, OH 43220; r. 749 Westwood Dr. #1W, St. Louis, MO 63105, 314 862-5804.
WINSLOW, Grace W. '84 (See Newell, Grace).
WINSLOW, Susan Michelle; '88 BSBA; Catalog Supv.; Sears Roebuck & Co., Northland Mall, 1811 Morse Rd., Columbus, OH 43224; r. 2357 Park Green Pl., Columbus, OH 43229, 614 895-1637.
WINSTON, Evelyn M. '78 (See Dadzie, Evelyn Winston).
WINSTON, Mervin Daniel; '66 BSBA, '68 MACC; Pres.; Metropolitan Economic Dev Assn., 2021 E. Hennepin, Ste. 370, Minneapolis, MN 54413; r. 2205 Holly Ln., Plymouth, MN 55447, 612 473-0119.
WINSTON, Michael George; '76 BSBA; VP; Ace Univ. Drive It Corp., 801 Cherry Ave. NE, Canton, OH 44702; r. 801 Cherry Ave. N. E., Canton, OH 44702, 216 494-9784.
WINTER, Dr. Bruce Alan; '80 BSBA; Dent.; 75 Marietta St., NW, Atlanta, GA 30303, 404 873-3775; r. 1224 Ashley Lake Dr., Marietta, GA 30062.
WINTER, Jean Thompson; '48 BSBA; POB 16268, Plantation, FL 33318, 305 581-7637.
WINTER, Kenneth H.; '38 BSBA; Retired; r. 8291 Riverview Rd, Brecksville, OH 44141, 216 526-7770.
WINTERHALTER, James Kurt; '73 BSBA, '75 MBA; Staff; N C R Corp., 1700 S. Patterson Blvd., Dayton, OH 45479; r. 8297 Rhine Way, Centerville, OH 45458, 513 435-7388.
WINTERHALTER, Paul B.; '54 MBA; Staff; Honeywell Inc., Marketing Division, Honeywell Plz., Minneapolis, MN 55408; r. 1860 Oak Park Dr., Clearwater, FL 34616, 813 531-3836.
WINTERING, David Matthew; '85 BSBA; 22585 Bard Ave., Fairview Park, OH 44126, 216 734-5793.
WINTERING, Lori J.; '84 BSBA; Enrollment Mgr.; Employer Communication Specialists, 1429 King Ave., Columbus, OH 43212, 614 486-0694; r. 7389 Golden Springs Dr., Worthington, OH 43235, 614 766-5979.
WINTERKAMP, Matilda '54 (See Fischer, Mrs. Matilda Winterkamp).
WINTERLAND, Ellen Louise '79 (See Shimmoeller, Ellen Louise).
WINTERLAND, Vincent Paul; '76 MPA; Mgmt. Cnslt.; Winterland Assoc., 136 Belle Valley Dr., Nashville, TN 37209, 615 352-6971; r. Same.
WINTERS, Chacona '78 (See Johnson, Chacona Winters).
WINTERS, David Allen; '66 BSBA, '67 MACC; Chmn.; Restec Syst. Inc., 1317 E. Broad St., Columbus, OH 43205, 614 258-3191; r. 18180 Pine Ln., Marysville, OH 43040, 513 642-4423.
WINTERS, John Harrison; '78 BSBA; Plant Supt.; Green Bay Packaging Inc., 2323 Commerce Dr., Fremont, OH 43420, 419 332-5593; r. 332 E. Wayne St., Maumee, OH 43537, 419 874-9397.
WINTERS, Michael Howard; '82 BSBA; Retail Grocer; Kroger, Columbus, OH 43216; r. 9444 Busey Rd. NW, Canal Winchester, OH 43110, 614 833-0966.
WINTERS, Richard Dale; '75 BSBA; Real Estate Broker; S D Stanson Co., Real Estate Investment, 156 S. Main St., Akron, OH 44308, 216 376-2181; r. Rt 2 904 State Rt 61 S, Monroeville, OH 44847, 419 289-2120.
WINTERS, Steven Richard; '78 BSBA; VP/Operations; Drug Emporium, 9301 Santa Fe, Overland, KS 66212; r. 7880 Fairwind, Worthington, OH 43085, 614 761-3524.
WINTON, John C.; '64 BSBA; VP; Martin Brower Co., 4800 S. Austin St., Chicago, IL 60638, 312 581-4100; r. 601 Parkside, Elmhurst, IL 60126, 312 530-4667.
WINTRUB, Warren George; '54 BSBA; Partner/CPA; Coopers & Lybrand, 1251 Ave. of The Americas, New York, NY 10020; r. 43 Ridgecrest Rd., Stamford, CT 06903, 203 322-6091.
WINZELER, Daniel M.; '55; VP; Winzeler Stamping Co., 129 Wabash, Montpelier, OH 43543, 419 485-3147; r. 1226 Westminster Rd., High Point, NC 27271, 919 887-8176.
WINZELER, Mrs. Patricia A., (Patricia A. Lather); '79 BSBA; Librarian; Montpelier Public Library, 216 E. Main St., Montpelier, OH 43543, 419 485-3287; r. Bormerl-Oaks Farm, RR3, Box 129, Fremont, IN 46737, 219 495-2823.
WIPER, Donald Williams, Jr.; '54 BSBA; Atty.; Squire Sanders & Dempsey, 155 E. Broad St., Columbus, OH 43215, 614 365-2700; r. 4670 Granview Rd. S. W., Granville, OH 43023, 614 587-3934.
WIRES, Stacy Lynn '86 (See Thompson, Mrs. Paul).
WIRICK, Dale Patrick; '84 BSBA; 372 Gentlewind Dr., Westerville, OH 43081, 614 898-9787.
WIRICK, David W.; '77 MPA; Assoc. Dir.; OSU NTL Regulatory Res. Inst., 1080 Carmack Rd., Columbus, OH 43210, 614 292-9404; r. 1760 Waltham Rd., Columbus, OH 43221, 614 486-5775.
WIRT, Wilbur L., Jr.; '47 BSBA; Retired; r. 111 Rhodes Ave., N. Baltimore, OH 45872, 419 257-3497.
WIRTANEN, Donald William; '77 BSBA; Sales Mgr.; Can-Tex Industries, 505 Lincoln Ave., Mineral Wells, TX 76067, 817 325-3344; r. 104 Lake Forest Ct., Weatherford, TX 76087, 817 594-1844.
WIRTANEN, Gail Wenger, (Gail E. Wenger); '76 BSBA; Homemaker; r. 104 Lake Forest Ct., Weatherford, TX 76087, 817 594-1844.
WIRTH, Robert William; '74 BSBA; VP; Moorman Wirth Lowe & Co. Inc., 12058 Montgomery Rd., Cincinnati, OH 45249; r. 2922 Courtrope Ln., Cincinnati, OH 45244, 513 231-5025.
WIRTHLIN, Richard Edward; '84 BSBA; Corp Banking Ofcr.; Central Trust Co., 5th & Main Sts., Cincinnati, OH 45202, 513 651-8681; r. 2341 Madison Rd. #326, Cincinnati, OH 45208, 513 871-1203.
WIRTZ, Hubert; '82 MBA; Exec. Dir.; Ohio Council of Community, Mental Health Agencies, 35 E. Gay St. Ste. 401, Columbus, OH 43215, 614 228-0747; r. 1054 Farrington Dr., Westerville, OH 43081, 614 890-0715.
WISBITH, Judith Lynn; '88 BSBA; 150 W. Maynard Ave. Apt. 3-D, Columbus, OH 43202, 614 262-2795.
WISCHMEYER, Thomas A., Jr.; '85 BSBA; Sr. Staff Acct.; Hausser & Taylor CPA, 1000 Eaton Ctr., Cleveland, OH 44114, 216 523-1900; r. 1189-D Brookline, Willoughby, OH 44094.
WISE, Alfred B.; '48 BSBA; Pres.; Delaware Cnty. Bank, POB 351, Delaware, OH 43015; r. 55 Georgetowne Dr., Delaware, OH 43015, 614 363-7561.
WISE, Anthony; '42 BSBA; POB 896, Hayward, WI 54843, 715 634-2332.
WISE, Bernard J.; '50 BSBA; Sales; Columbia Industries Inc., 34 Merz Blvd., Akron, OH 44313, 216 864-6621; r. 2525 San Moritz Cir., Akron, OH 44313, 216 867-3652.
WISE, Carl E.; '69 BSBA; Exec. VP; Pathfinder Intl. Corp., 533 Stevens St., Jacksonville, FL 32205, 904 786-1826; r. 4312 Fern Creek Dr., Jacksonville, FL 32211, 904 744-3012.
WISE, Cynthia J. '83 (See Kirkpatrick, Mrs. Cynthia J.).
WISE, Dean W.; '47 BSBA; Retired; r. 2458 Johnston Rd., Columbus, OH 43220, 614 451-0804.
WISE, Eric Alan; '82 MPA; Dir.; Mt. Carmel Med. Ctr., 793 W. State St., Extracorporeal Services, Columbus, OH 43222, 614 225-5916; r. 1028 Anthony Dr., Columbus, OH 43204, 614 279-7907.
WISE, George Grove; '50 BSBA; Personnel Cnslt.; Advancement Concepts, Gwinnett Park, 4487 F. Park Dr., Norcross, GA 30093, 404 925-8570; r. 5450 Dunwoody Knoll Ct., Dunwoody, GA 30338, 404 393-9292.
WISE, Howard Francis; '84 MPA; Mgr.; Ohio Dept. of Devel., Ofc. of Ind Development, 30 E. Broad St., Columbus, OH 43216, 614 466-4551; r. 202 Winthrop Rd., Columbus, OH 43214, 614 447-0299.
WISE, James Dallas; '69 BSBA, '82 MBA; Dir./Human Resources; Hagglunds Denison Corp., Corporate Human Resources, 1220 Dublin Rd, Columbus, OH 43216, 614 481-7300; r. 7670 Worsley Pl., Dublin, OH 43017.
WISE, James E.; '33 BSBA; Funeral Dir.; Wm Wise & Sons Inc., 129 W. Warren St., Bucyrus, OH 44820, 419 562-6811; r. 129 Allen Ave., Bucyrus, OH 44820, 419 562-7852.
WISE, Jeanne Elizabeth, (Jeanne Elizabeth Barnett); '85 BSBA; Homemaker; r. 12350 Park Rd., Orient, OH 43146, 614 877-3143.
WISE, Jeffrey Allen; '82 BSBA; Operations Asst.; First Natl. Bank, POB 537, Galion, OH 44833; r. 9555 Marswilles Galion Rd E., Caledonia, OH 43314, 419 845-2624.
WISE, John C.; '78 MBA; VP; Banc One Mortgage Corp., 333 N. Pennsylvania St., Indianapolis, IN 46227, 317 639-8418; r. 8128 Tanager Ct., Indianapolis, IN 46256, 317 849-8581.
WISE, Karl Edward, Jr.; '58; Owner; Nosology Svcs., POB 2497, Kill Devil Hls., NC 27948; r. 36 Fox Grape Ln., Southern Shores, Kitty Hawk, NC 27949, 919 261-2372.
WISE, Loyd S.; '32 BSBA; Retired; r. 1225 N. W. 21st St., Apt. 1706, Stuart, FL 34994, 407 692-0822.
WISE, Michael Anthony; '80 BSBA; Asst. Mgr.; I G A Food Store, 20 7th St., Midland, PA 15059, 216 385-4353; r. 16423 Pkwy., E. Liverpool, OH 43920, 216 385-2529.
WISE, Richard Dean; '86 BSBA; Staff Acct.; Coopers & Lybrand, Ste. 2000 Columbus Ctr., 100 E. Broad St., Columbus, OH 43215, 614 221-7471; r. 908 Deacon Cir., Columbus, OH 43214, 614 457-4363.
WISE, Robert A.; '28 BSBA; Retired; r. 1933 Lowell Ave., Louisville, KY 40205, 502 452-9634.
WISE, Robert George; '71 BSBA; 645 Seabury Dr., Worthington, OH 43085, 614 846-3414.
WISE, Robert Lawrence; '70 BSBA; Manufacturers Repres; Safelite Corp., Wichita, KS 67202; r. 1933 Lowell Ave., Louisville, KY 40205, 502 452-9634.
WISE, Stephen Charles; '80 BSBA; Admin.; Winchester Place Nursing Home, 36 Lehman Dr., Canal Winchester, OH 43110, 614 837-9666; r. 5491 State Rte. 752, Ashville, OH 43103, 614 983-4473.
WISE, Virginia Marie; '82 BSBA; Acct.; Best Western Hotel, c/o Postmaster, Dillon, CO 80435; r. POB 218, Dillon, CO 80435.
WISECARVER, Dana Lynn; '80 BSBA; Sales Mgr.; Lazarus Co., Fine Jewelry Dept., S. High & W. Town Sts., Columbus, OH 43215; r. 1330 W. 6th Ave., Apt. D, Columbus, OH 43212, 614 488-9510.
WISECUP, David Earl; '83 BSBA; Syst. Customer Rep.; IBM Corp., 140 E. Town St., Columbus, OH 43215; r. 444 Amesbury, Gahanna, OH 43230, 614 471-2534.
WISECUP, Kelli Lynn; '85 BSBA; 415 East Ct. St., Washington Ct. House, OH 43160, 614 335-2590.
WISELEY, David Alan; '88 BSBA; Supv.-Neil Co-Pez; Co-Pez, 1664 Neil Ave., Columbus, OH 43201, 614 292-4576; r. 5095 Mengel Ln., Hilliard, OH 43026, 614 876-6890.
WISELEY, Paul J.; '43 BSBA; Atty.; 13645 Fox Den E., Novelty, OH 44072, 216 338-3392; r. Same.
WISEMAN, Donovan Walter; '58 BSBA; 3784 Sunnyfield Dr., Copley, OH 44321, 216 666-5631.
WISEMAN, Jack P.; '49 BSBA; Retired; r. 2566 Wexford Rd, Columbus, OH 43221, 614 488-8586.
WISEMAN, John Adam; '85 BSBA; 35325 Drakeshire Pl., Apt. 102, Farmington, MI 48024, 313 477-3122.
WISEMAN, John Stephen; '72 BSBA; VP/Sr. Regional Mgr.; Mortgage Guaranty Ins. Corp., 40 S. Third St., Ste. 340, Columbus, OH 43215, 614 464-2941; r. 2917 Halstead Rd., Columbus, OH 43221, 614 488-2469.
WISEMAN, Lori A. '77 (See Waugh, Mrs. Lori A.).
WISEMAN, Mark Alan; '87 BSBA; Systs. Maint. Supv.; Owens Corning Fiberglass, Newark, OH 43055, 614 349-3423; r. 935 Adams Ave., Newark, OH 43055, 614 366-6252.
WISEMAN, Mark Nathan; '88 BSBA; Jr. Mktg. Analyst; Penton Publishing, 1100 Superior Ave., Cleveland, OH 44114, 216 696-7000; r. 14342 Cedar Rd. #204, University Hts., OH 44118, 216 291-1513.
WISEMAN, Thomas R.; '56 BSBA; Pres.-Gen. Mgr.; Braeburn Alloy Steel Div. CCX, River Rd., Lower Burrell, PA 15168, 412 224-6900; r. 2575 A Grouse Ridge, Wexford, PA 15090, 412 935-0013.
WISEMAN, Todd Nelson; '86 BSBA; Warehouse Supv.; Lincoln Village Foods, 5008 Taunton Way, Columbus, OH 43228, 614 870-7040; r. 4470 Hickory Wood Dr., Columbus, OH 43228, 614 275-4057.
WISEMAN-GANTNER, Amie E.; '86 BSBA; Mgt Trainee; Ralston-Purina Co., Customer Service, POB 500, Lancaster, OH 43130, 614 837-1150; r. 6588 Olde Mill Run, Reynoldsburg, OH 43068, 614 755-4765.
WISEMILLER, James Patrick; '69 BSBA; Systs. Cnslt.; Fluor Daniel, 3333 Michelson Dr., Mail Code CNE, Irvine, CA 92730, 714 975-5306; r. 9014 La Crescenta, Fountain Vly., CA 92708, 714 963-9588.
WISH, John Reed; '62 MBA; Owner; Mktg. Focus, 1625 NW Aspen St., Portland, OR 97210, 503 245-7724; r. Same, 503 274-2881.
WISLER, Edward A.; '54 BSBA; Owner; Wisler Ins. Svc., 619 Center St., Galion, OH 44833, 419 468-1284; r. Same, 419 468-4921.
WISLER, Gwen Colleen; '81 BSBA; Audit Mgr.; Price Waterhouse Co., 3700 First Atlanta Twr., Atlanta, GA 30383, 404 658-1800; r. Price Waterhouse Company, 3700 First Atlanta Twr., Atlanta, GA 30383.
WISLER, Mary Margaret; '79 BSBA; Sales Rep.; Beaver Ofc. Prods., 111 N. Poplar St., Bucyrus, OH 44820; r. 518 N. Columbus St., Galion, OH 44833.
WISLER, William D.; '54 BSBA; Gen. Agt.; Midland Mutual Ins., 777 E. Center St., POB 530, Marion, OH 43302, 614 382-3101; r. 1051 Chateau Dr., Marion, OH 43302, 614 389-3489.
WISMAN, Jack Alan; '87 BSBA; 5376 Stock Rd., Columbus, OH 43229, 614 899-2336.
WISS, Margaret Cook; '46 BSBA; 3316 Brookdale Dr., Pittsburgh, PA 15241, 412 835-6374.
WISSINGER, Mark Steven; '84 BSBA; Buyer; Westinghouse, The Quadrangle MC 260, 4400 Alafaya Tr., Orlando, FL 32826, 407 281-2624; r. 1043 Dishman Loop, Oviedo, FL 32765, 407 365-8241.
WISSLER, Ms. Joanne Rauschenbach, (Joanne Rauschenbach); '78 MPA; 61 Oakland Park Ave., Columbus, OH 43214, 614 263-8091.
WISSLER, Richard Thomas; '79 MPA; Asst. Dir.; Ohio Public Employees Deferred Compensation Bd., 172 E. State St., Columbus, OH 43215, 614 466-7245; r. 61 Oakland Park Ave., Columbus, OH 43214, 614 263-8091.
WISWELL, Mrs. Mary A., (Mary A. Rehl); '86 BSBA; Commercial Ins. Rater; Beacon Ins. Co. of America, 774 Parkmeadow Dr., Westerville, OH 43081; r. 601 Morse Rd., Columbus, OH 43214, 614 262-3957.
WITCHER, Kenneth Uron; '79 MBA; Rte. 2 Box 346E, Axton, VA 24054.
WITCHEY, Mark Allen; '82 BSBA; 5062 Grassland Dr., Dublin, OH 43017, 614 889-7813.
WITHERS, James Howard; '75 BSBA; Acct. Rep.; Kraft Inc., 11325 Reed Hartman Hwy., Cincinnati, OH 45241; r. 4956 Dunkerrin Ct., Dublin, OH 43017.

ALPHABETICAL LISTINGS WOLFORD 307

WITHERSPOON, James Douglas; '74 BSBA; Claims Mgr.; Westfield Cos., POB 6218, Lakeland, FL 33807; r. 5035 Fairfax E., Lakeland, FL 33813.

WITHERSPOON, John C.; '48 BSBA; Area Sales Mgr.; Dillard's, Tucson Mall, 4500 N. Oracle Rd., Tucson, AZ 85705, 602 293-4550; r. 5457 E. 10th St., Tucson, AZ 85711, 602 745-2132.

WITHERSPOON, Virginia A. '75 (See Losey, Virginia A.).

WITHEY, David Andrew; '78 MBA; Personnel Rep.; Eli Lilly, Indianapolis, IN 46225; r. 802 Collingwood Dr., Indianapolis, IN 46208, 317 255-2970.

WITHEY, Dr. John James; '73 PhD (BUS); Prof.; Indiana Univ. S. Bend, POB 7111, S. Bend, IN 46634, 219 237-4310; r. 53205 Towhee Ln., South Bend, IN 46637, 219 277-5186.

WITHEY, Pamela S. Rinearson; '78 MBA; 802 Collingwood Dr., Indianapolis, IN 46208, 317 255-2970.

WITHINGTON, Richard F.; '56 BSBA; Ofc. Mgr.; Westinghouse Electric Corp., Box 1897, Glen Burnie, MD 21061; r. 3306 Sharp Rd, Glenwood, MD 21738, 301 442-2408.

WITKOWSKI, Donald Paul; '84 MPA; Bus. Admin.; Illinois Bur. of The Budget, McFarland MHC, 901 Southwind Rd., Springfield, IL 62703; r. 2963 Normandy Rd. #4, Springfield, IL 62703, 217 529-0843.

WITSCHY, Gary Kenton; '65 BSBA; Sr. Finance Mgr.; Wang Labs Inc., 900 Ashwood Pkwy., Atlanta, GA 30338, 404 392-5890; r. 4087 Chadds Crossing, Marietta, GA 30062, 404 977-9027.

WITT, Todd Lothar; '78 BSBA; 2411 Salutaris, Apt. #D-2, Cincinnati, OH 45206, 513 731-4561.

WITTE, Andrew P.; '86 BSBA; Traffic Spec.; G.E. Co. (AEBG), 1 Neumann Way, Cincinnati, OH 45215, 513 243-5923; r. 3634 Donegal Dr., Cincinnati, OH 45236, 513 891-1757.

WITTEBORT, Nancy Lashley, (Nancy Lashley); '53 BSBA; Homemaker/Volunteer; r. 2620 Andover Rd, Columbus, OH 43221, 614 488-7359.

WITTEBORT, Roy L.; '55 BSBA; VP; The Ohio Co., 155 E. Broad St., Columbus, OH 43215, 614 464-6811; r. 2620 Andover Rd, Columbus, OH 43221, 614 488-7359.

WITTEN, Carol F.; '65 BSBA; Box 263, Beverly, OH 45715, 614 984-2674.

WITTENBERG, David M.; '58 BSBA; Atty.; Wittenberg & Dougherty Ltd., 201 N. Wells St., #1901, Chicago, IL 60606, 312 782-1808; r. 1225 Asbury Ave., Winnetka, IL 60093, 312 441-6632.

WITTENMEIER, Charles G.; '62 BSBA; Systs. Analyst; Eastman Kodak Co., 7261 Engle Rd., Plz. S. Ii, Cleveland, OH 44130; r. 7261 Engle Rd., Plz. S. Ii, Cleveland, OH 44130.

WITTER, James L.; '58 BSBA; Customer Svc. Rep.; VAW of America Inc., 200 Riveria Blvd., St. Augustine, FL 32085, 904 794-1500; r. 455 Domenico Cir., St. Augustine, FL 32086, 904 797-1873.

WITTERS, William Everett, Jr.; '77 BSBA; Treas.; Cad Cam Inc., 2844 E. River Rd., Dayton, OH 45439, 513 293-3381; r. 2332 Oakbark St., Miamisburg, OH 45342, 513 865-5921.

WITTICH, Marjorie Young; '54 BSBA; 256 E. Main St., Mt. Sterling, OH 43143, 614 869-2449.

WITTKOPP, Albert Ernes Theodore, II; '86 BSBA; 1720 Willowpark Ct., Powell, OH 43065.

WITTMAN, Steven Harry; '81 BSBA; Acctg. Mgr.; First Community Village, 1800 Riverside Dr., Columbus, OH 43212, 614 486-9511; r. 743 Ross Rd., Columbus, OH 43213, 614 231-6273.

WITTMER, Kathleen Barr; '83 BSBA; 628 Andover Rd., Mansfield, OH 44907, 419 756-4564.

WITTOESCH, Jon Mark; '82 BSBA; 4417 Shady Crest, Apt. D, Kettering, OH 45429, 513 298-5476.

WITTWER, BGEN Wallace K., USA(Ret.); '57 MBA; Retired; r. 451 S. Walnut, Boise, ID 83712, 208 343-5673.

WITWER, Douglas Lowell; '80 MBA; Quality Control Mgr.; Lennox Industries Inc., 1711 Olentangy River Rd., Columbus, OH 43212; r. 2568 Camden Rd., Columbus, OH 43221, 614 486-6621.

WITWER, Stephen Herbert; '70 BSBA; Mgr. of Plng. & Analysis; Thomson Consumer Electronics, 600 N. Sherman Dr., Indianapolis, IN 46206, 317 267-6536; r. 8101 Tanager Ln., Indianapolis, IN 46256, 317 577-8140.

WITZEL, John Charles; '68 BSBA; Controller; The Dispatch Printing Co., 34 S. Third St., Columbus, OH 43215, 614 461-5295; r. 2800 Chateau Cir., Columbus, OH 43221, 614 481-9273.

WITZKY, Bruce Touby; '79 BSBA; 5551 Shady Tr., Old Hickory, TN 37138, 615 853-6326.

WITZMAN, Robert Anthony; '88 MBA; Mgr.; Lennox Industries Inc., Manufacturing Engineering, 1711 Olentangy River Rd., Columbus, OH 43212, 614 421-6000; r. 2368 Turtle Creek Dr., Worthington, OH 43085, 614 792-3416.

WIZE, Sheryl Odell; '77 BSBA; Parts Merchandiser; Ford Tractor Co., 2500 E. Maple Rd., Dearborn, MI 48121; r. 623 20th Ave., Middletown, OH 45042.

WLOSOWICZ, Mark Alfred; '71 BSBA; Budget Analyst; City of Cleveland, 1925 St. Clair Ave., Cleveland, OH 44114, 216 664-2324; r. 6890 York Rd., Parma Hts., OH 44130, 216 885-0112.

WNEK, Brian Lee; '83 BSBA; Asst. VP Financial Admin.; Bank One, Steubenville, NA, 401 Market St., Steubenville, OH 43952, 614 537-6033; r. 69109 Rustic Dr., Apt. 62, St. Clairsville, OH 43950, 614 695-4763.

WODICKA, Ralph R., Jr.; '49 BSBA; 7210 Sputh Octavia, Bridgeview, IL 60455, 312 458-5464.

WOEHRLE, Harold Milbourn; '30 BSBA; Retired; r. 215 Windsor Ln., Unit B, Willowbrook, IL 60514, 312 655-0601.

WOELFLE, Thomas E.; '48 BSBA; Retired Asst. VP; La Salle Natl. Bank, 135 S. La Salle St., Chicago, IL 60603; r. 2633 B Hawthorne Ln., Flossmoor, IL 60422, 312 957-1679.

WOERNER, Mrs. Eleanor A., (Eleanor A. Neal); '62; Retired; r. 13250 Rutherford Ave. NW, Pickerington, OH 43147.

WOERNER, Lawrence R.; '54 BSBA; Food Broker; The Pfeister Co., 6264 Sunbury Rd., Westerville, OH 43081, 614 899-1331; r. 200 Hillcrest Dr., Westerville, OH 43081, 614 895-7446.

WOERNER, Michael J.; '87 MBA; Dist. Analyst; The Clorox Co., 1221 Broadway, Oakland, CA 94612; r. 105 Harlan St., San Leandro, CA 94577, 415 352-0541.

WOESSNER, Donald Stephen; '70 MBA; Systs. Engr.; Atlantic Richfield Co., Anatec Division, Dublin, OH 43017; r. 1853 Tewksbury Rd, Columbus, OH 43221, 614 221-5107.

WOESTE, David Paul; '80 BSBA; Acct.; Mar's Inc., 5710 Harvey Wilson Dr., Houston, TX 77020, 713 670-2268; r. 16202 Singapore, Houston, TX 77040, 713 896-8747.

WOESTE, Frank Bernard; '71 BSBA; Loan Ofcr.; St. Henry Bank, 231 E. Main, St. Henry, OH 45883, 419 678-2358; r. 482 Park St., St. Henry, OH 45883, 419 678-4327.

WOESTE, Kathleen Mary; '85 BSBA; Acct.; Bank One of Columbus, 100 E. Broad St., Columbus, OH 43215; r. 2292 Sedgebrook Ct., Dublin, OH 43017.

WOGAMAN, James Martin; '88 BSBA; 491 Garden Dr., Worthington, OH 43085, 614 885-5396.

WOGAMAN, Jimmy R.; '60 BSBA; 491 Garden Dr., Worthington, OH 43085, 614 885-5396.

WOHL, Irving J.; '48 BSBA; Retired Cnslt.; r. 44 Mc Clellan Ave., Amsterdam, NY 12010, 518 843-1748.

WOHL, Martin T.; '61 BSBA; Control; Spectrum Mfg., 140 E. Hintz, Wheeling, IL 60090, 312 520-1550; r. 4018 Miller Dr., Glenview, IL 60025, 312 498-0760.

WOHL, Michael Stephen; '82 BSBA; Mgr. Nat. Sales Programs; Residence Inn By Marriott, 1 Marriott Dr., Dept. 851.93, Washington, DC 20058, 301 380-4561; r. 20005 Galesburg Way, Montgomery Vlg., MD 20879, 301 977-4375.

WOHL, Richard Lawrence; '83 MBA; Clg. Textbook Editor; West Publishing Co., 454 Central Ave., Highland Park, IL 60035, 312 433-2271; r. 114 E. Woodland Rd., Lake Bluff, IL 60044, 312 295-6223.

WOHL, Ms. Rita Murstein, (Rita Murstein); '52 BSBA; Broker; Dudley D Doernberg Real Estate, 13 Spencer Pl., Scarsdale, NY 10583, 914 723-3340; r. 123 Dorchester Rd., Scarsdale, NY 10583, 914 472-2719.

WOHLGAMUTH, Richard Scott; '87 BSBA; 6825 Cedarbrook Glen, New Albany, OH 43054, 614 855-9991.

WOHLSTADTER, Ms. Hermine Siegel, (Hermine Siegel); '49 BSBA; 14400 Addison St. #205, Sherman Oaks, CA 91423, 818 788-6949.

WOHLSTEIN, Timothy Lee; '85 BSBA; Supv.; UPS, 2450 Rathmill Rd., Obetz, OH 43216, 614 497-6096; r. 1088 Bronwyn Ave., Columbus, OH 43204, 614 274-0874.

WOJCIK, Frank; '74 BSBA; Mgr. Pension Investments; Borden Co., Columbus, OH 43215; r. 2858 Scotch Pine Ct., Columbus, OH 43229, 614 891-1083.

WOJCIK, Richard Stephen; '82 MBA; 283 Overlook Park Dr., Cleveland, OH 44110, 216 486-8811.

WOLAVER, Donald E.; '50 BSBA; Br Sales Mgr.; Data Processing Supplies, 6406 Stump Rd, Cleveland, OH 44130; r. 6206 Alber Ave., Cleveland, OH 44129, 216 885-3612.

WOLDAR, Mrs. Patricia M.; '85 MPA; Asst. Provost; Univ. of the Arts, Broad & Pine Sts., Philadelphia, PA 19102, 215 875-4824; r. 275 Bryn Mawr Ave., Apt. K-28, Bryn Mawr, PA 19010, 215 525-7713.

WOLDORF, Terrence C.; '82 BSBA; Sales Mgr.; EG&G Alutech, 132 Sykes Rd., Fall River, MA 02720, 508 672 2212; r. 144 Mouse Mill Rd., Westport, MA 02790.

WOLERY, Thomas A.; '74 BSBA; Asst. Sec/Treas. Assoc.; Alcon Aluminum Corp., 124 Mt Auburn St., Cambridge, MA 02138, 617 576-2233; r. 7 Archer Ln., Lynnfield, MA 01940, 617 334-9989.

WOLESLAGEL, Thomas James; '84 BSBA; Gen. Mgr.; Woleslagel Moving Co., 301 S. Clover, Fremont, OH 43420, 419 332-3111; r. 1511 Birchard Ave., Fremont, OH 43420, 419 332-0414.

WOLF, Alan I.; '54 BSBA; Pres.; Crown Decorative Prods. Corp., POB 2428, Huntington Park, CA 90255, 213 231-4315; r. 5706 Colbath Ave., Van Nuys, CA 91401, 818 782-6682.

WOLF, Carl Richards; '48 BSBA; Retired; r. 2105 W. 120th Ter., Shawnee Mission, KS 66209.

WOLF, Jane '38 (See Woolman, Jane Wolf).

WOLF, Mary S. '87 (See Plumley, Mary W.).

WOLF, Michael A.; '68 BSBA; Dir.-Materials; Akron Brass Co.-Div. Prem., Spruce St., Wooster, OH 44691, 216 264-5678; r. 1763 Morgan, Wooster, OH 44691, 216 262-7444.

WOLF, Ora Edwert; '74 BSBA; Mgr.; Mc Crory Corp., 32 Westerville Sq., Westerville, OH 43081, 614 882-4613; r. 3425 Fox Run Rd., Westerville, OH 43081, 614 890-9812.

WOLF, Philip David; '85 BSBA; Sales Rep.; Kraft Inc., 3689 Corporate Dr., Columbus, OH 43229, 614 890-1171; r. 1090 Colonial Ave., Marion, OH 43302, 614 383-1748.

WOLF, Randall Perry; '87 BSBA; 10185 Lochcrest Dr., Cincinnati, OH 45231, 513 771-3499.

WOLF, Richard Adrian; '75 BSBA; Purchasing Agt.; Ohio Transformer Corp., POB 191, Louisville, OH 44641; r. 6205 Portage, N. Canton, OH 44720, 216 452-1589.

WOLF, Richard Louis; '84 BSBA; Dist. Mgr.; Ashland Chemical Co., 3701 River Rd., Buffalo, NY 14150, 716 873-2446.

WOLF, Robert Paul; '60 BSBA; Owner; Wolf & Assocs., 647 Cougar Loop NE, Albuquerque, NM 87122, 505 292-6314; r. Same, 505 292-7199.

WOLF, Roger J.; '63 BSBA; Exec. VP; Gainesway Mgmt. Corp., 3750 Paris Pike, Lexington, KY 40511, 606 293-2676; r. 3573 Antilles Dr., Lexington, KY 40509, 606 299-8296.

WOLF, Stephanie Dudley, (Stephanie Dudley); '85 BSBA; Mktg. Asst.; Ohio Ready Mixed Concrete Assn., 1900 E. Dublin-Granville Rd., Columbus, OH 43229, 614 891-0210; r. 7871 Kiowa Way, Worthington, OH 43085, 614 436-5593.

WOLF, Stephen Lee; '69 BSBA; Dist. Mgr.; Children's Palace, 8081 Kingston Pike, Knoxville, TN 37923; r. 2505 Chippendale, Belleville, IL 62221.

WOLF, Steven Allan; '70 BSBA; CPA Tax Partner; Price Waterhouse Co., 1400 First City Ctr., Dallas, TX 75240, 214 754-7957; r. 6104 Shadycliff, Dallas, TX 75240, 214 404-0556.

WOLF, Theodore Michael; '75 BSBA; VP/Controller; Cardinal Lodging Grp., 2255 Kimberly Pkwy. E., Columbus, OH 43232, 614 755-6215; r. 186 Delane Rd, Groveport, OH 43125, 614 836-3814.

WOLF, Timothy Joseph; '75 BSBA; 4700 Old Salem Rd., Englewood, OH 45322, 513 836-1494.

WOLFARD, Charles W.; '38 BSBA; Retired; r. 8730 Midnight Pass Rd., Unit 200A Tortuga, Sarasota, FL 34242, 813 349-1559.

WOLFARTH, Dennis Lee; '75 BSBA; Partner; Arthur Andersen & Co., 133 Peachtree St. N. E., Atlanta, GA 30303, 404 658-1776; r. 215 Riverwood Ct., Atlanta, GA 30328, 404 252-1271.

WOLFARTH, Ronald Lynn; '76 MBA; Staff; Eaton Corp., 35099 Curtis Bl, Eastlake, OH 44094; r. RR 1 Box 28, Reed, KY 42451.

WOLFE, Brian L.; '85 MBA; Pres.; Innocom Corp., POB 173, Dublin, OH 43017, 614 766-2020; r. 5395 Ashford Rd., Dublin, OH 43017, 614 766-2426.

WOLFE, Burton F.; '56 BSBA; 124 Carmel Woods, Ellisville, MO 63021, 314 394-8097.

WOLFE, Charles Floyd; '31 BSBA, '32 MA; Retired Adms Asstst; Equitable Fed. S&L, 123 S. Broad St., Lancaster, OH 43130; r. 788 Lanreco Blvd., Lancaster, OH 43130, 614 654-1770.

WOLFE, Christopher Thomas; '81 BSBA; Deputy Auditor; Columbiana Cnty., Cnty. Courthouse, Lisbon, OH 44432; r. 200 Tally Dr., #219, Pittsburgh, PA 15237.

WOLFE, Cristina Arrieta; '84 BSBA; Acct.; IRS, 200 N. High St., Columbus, OH 43215; r. 5900 St. Fillans Ct., Dublin, OH 43017, 614 889-9034.

WOLFE, David Kenneth; '88 BSBA; 5043 Patricia Dr., Akron, OH 44319, 216 644-9286.

WOLFE, David Lewis; '68 BSBA; Mgr.; Deloitte Haskins & Sells, 155 E. Broad St., Columbus, OH 43215; r. 5900 St. Fillans Ct., Dublin, OH 43017, 614 889-9034.

WOLFE, David Michael; '74 MBA; Asst. VP; Mellon Bank Corp., One Mellon Bank Ctr., Rm. 1020, Pittsburgh, PA 15258, 412 234-9704; r. 1581 Garvin Rd., Evans City, PA 16033, 412 538-3802.

WOLFE, David Ray; '79 BSBA; VP CFO; Wendy's Mgmt. Grp., POB 2069, Zanesville, OH 43702, 614 454-2569; r. 807 St. Louis Ave., Zanesville, OH 43701, 614 454-8900.

WOLFE, CAPT Dwight Eldon; '79 BSBA; Bombardier/Capt.; USAF, Blytheville AFB, Blytheville, AR 72315; r. 406 N. Hollywood St., Blytheville, AR 72315, 501 763-9338.

WOLFE, Edgar W.; '30 BSBA; Ret Dir/Rural Relatnshps.; Boy Scouts of America; r. 403 Russell Ave., Gaithersburg, MD 20877, 301 869-1160.

WOLFE, Erin Fay; '84 BSBA; Telecommun. Analyst; IBM Corp., 1311 Mamaroneck Ave., White Plains, NY 10605, 914 684-4485; r. 190F Kearsing Pkwy., Monsey, NY 10952, 914 426-0933.

WOLFE, Gail Jay; '50 BSBA; Owner/Operator; Dry Creek Gravel Co., 2097 Mt Vernon, Newark, OH 43055; r. 1842 Cardiff Rd., Newark, OH 43055, 614 344-9527.

WOLFE, George Clifford; '77 BSBA; Assoc. Engr.; Northrop Corp., World Wide Aircraft Services, 21 N. W. 44th St., Lawton, OK 73502; r. 2021 W. Randolph, Enid, OK 73703, 405 233-7960.

WOLFE, Jack Baldwin; '74 BSBA; Munic. Underwritr; Boettcher & Co. Inc., 828 17th St., Rm. 303, Denver, CO 80202, 303 628-8335; r. 12460 E. Harvard Dr., Aurora, CO 80014, 303 751-2425.

WOLFE, Jesse Richard, Jr.; '79 BSBA; VP; Century Chemical Co., Inc., 7455 Blacklick Eastern Rd., NW, Pickerington, OH 43147, 614 837-7035; r. 65 W. Columbus St., Pickerington, OH 43147, 614 837-7870.

WOLFE, Mrs. Karen K., (Karen A. Kemerer); '82 BSBA; Cnslt.-Mgr.; Price Waterhouse, 200 E. Randolph Dr., Chicago, IL 60601, 312 565-1500; r. 1754 Windchime Ct., Kennesaw, GA 30144, 404 653-6478.

WOLFE, Kenneth C.; '65 BSBA; Atty.; 420 S. Howes St., Ste. 200, Ft. Collins, CO 80521, 303 493-8787; r. 2612 Brookwood Dr., Ft. Collins, CO 80525, 303 223-6003.

WOLFE, Lanny L.; '66 MA; Dean Sch. of Music; Jackson Clg. of Ministries, 1555 Beasley Rd., Jackson, MS 39206, 601 981-1615; r. 1654 McClure Rd., Jackson, MS 39212, 601 373-4997.

WOLFE, Leslie R. '78 (See Flesch, Leslie Wolfe).

WOLFE, Lester E.; '50; Retired; r. 7355 Macbeth Dr., Dublin, OH 43017, 614 889-2317.

WOLFE, Lori; '79 BSBA; Mgr.; Peat Marwick Main & Co., 1800 108th Ave. NE, Bellevue, WA 98004, 206 455-0111; r. 1611 SW 325th Pl., Federal Way, WA 98023, 206 874-4753.

WOLFE, Ms. Marilyn Bosler; '66 BSBA; Contract Admin.; M C I Communications Corp., 8283 Greensboro Dr., Mc Lean, VA 22102, 703 442-6309; r. 9931 Capperton Dr., Oakton, VA 22124, 703 938-7437.

WOLFE, Nancy '59 (See Montag, Nancy).

WOLFE, Norman E.; '54 BSBA; Sales; Columbus Builders Supply Inc., 807 W. Third Ave., Columbus, OH 43212, 614 294-4991; r. Ravine Ridge Dr., Lot 8, Delaware, OH 43015, 614 369-1574.

WOLFE, Paul E.; '64 BSBA; Data Processor Mgr.; Summit Cnty. Juvenile Ct., 650 Dan St., Akron, OH 44310, 216 379-2922; r. 430 Marquardt, N. Canton, OH 44720, 216 494-4259.

WOLFE, COL Richard Harry; '54 BSBA; Dayton Reg. Mgr.; Short Bros. US A Inc., 5200 Springfield Pike, Ste. 114, Dayton, OH 45431; r. 2052 Crystal Marie Dr., Dayton, OH 45431, 513 426-4298.

WOLFE, Russell Haynes; '48 BSBA; Retired; r. 6898 D Easy St., Ocala, FL 32672, 904 624-1065.

WOLFE, Steven Allen; '76 BSBA; Dir. of Mgmt. Acctg.; Midland Mutual Life Ins., 250 E. Broad St., Columbus, OH 43215, 614 228-2001; r. 4366 Kendale Rd., Columbus, OH 43220, 614 451-9875.

WOLFE, Steven Matthew; '88 BSBA; 1591 Presidential Dr. A-2, Columbus, OH 43212, 614 488-4185.

WOLFE, Sue Ann; '86 MPA; Labor Rel. Spec.; Ohio Dept. of Health, 246 N. High St., Columbus, OH 43216, 614 466-2434; r. 4125 Ongaro Dr., Columbus, OH 43204, 614 276-9713.

WOLFE, William Wilson; '66 BSBA; Dir. Investment Products; Cardinal Industries, 55 Pheasantview Ct., POB 32999, Columbus, OH 43232, 614 755-6556; r. 7027 Coffman Rd., Dublin, OH 43017, 614 792-0910.

WOLFF, Anna '84 (See Barger, Anna (Trina) Wolff).

WOLFF, Christopher T.; '83 BSBA; Programmer Analyst; Mead Corp., Courthouse Plz., Dayton, OH 45463; r. 69 Bunkley Ln., Springboro, OH 45066, 513 748-0801.

WOLFF, Darcy K. '86 (See Schwalm, Darcy K.).

WOLFF, Frederic Paul; '88 MBA; Cost/Price Analyst; USAF, Asd/Pmfa, Wright-Patterson AFB, OH 45433; r. 1219 Georgetown Ct., Fairborn, OH 45324, 513 878-8938.

WOLFF, George Herman; '75 BSBA; Purchasing Agt.; Wolff Bros. Electrical Supply, 6078 Wolff Rd, Medina, OH 44256; r. 235 E. Friendship, Medina, OH 44256, 216 722-5974.

WOLFF, Jeffrey Jay; '77 BSBA; Credit Mgr.; Wolff Bros. Supply, Inc., 6078 Wolff Rd., Medina, OH 44256, 216 725-3451; r. 8110 Spieth Rd., Litchfield, OH 44253, 216 722-1647.

WOLFF, Dr. Robert Michael; '75 MBA; Assoc. Prof./Coord. Parks; Florida Intl. Univ., Clg. of Educ., SA245, University Park, Miami, FL 33199, 305 554-2450; r. 10323 SW 116 St., Miami, FL 33176, 305 232-5468.

WOLFF, William Marvin; '87 BSBA; Commercial Underwriter; The Buckeye Union Co., 1111 E. Broad St., Columbus, OH 43204, 614 251-5000; r. 981 Atlantic Ave., #701, Columbus, OH 43229, 614 848-6083.

WOLFFRUM, Charles Ray; '72 BSBA; Acct./Comptroller; Rosecroft Raceway, 6336 Rosecroft Dr., Ft. Washington, MD 20744, 301 567-4000; r. 6201 Gabriel St., Bowie, MD 20715, 301 390-6243.

WOLFINGER, Gerald Edward; '59; Pres./Operating Ofcr.; dba Care Auto Radiator & Electric, 633 Oakland Park Ave., Columbus, OH 43214, 614 268-2130; r. 5055 Tamarack Blvd., Columbus, OH 43229, 614 888-1722.

WOLFINGER, James Alex; '81 BSBA; Sales Mgr.; US West Cellular Inc., 1620 W. Fonutainhead Pkwy., #450, Tempe, AZ 85261, 602 784-2126; r. POB 5335, Scottsdale, AZ 85261, 602 998-1881.

WOLFINGER, Tony Ronald; '84 BSBA; Data Base Spec.; Sverdrup Technologies Inc., 16528 Commerce Ct., Middleburg Hts., OH 44130; r. 1468 S. Carpenter Rd., Apt. 145, Brunswick, OH 44212, 216 273-4407.

WOLFORD, David Mark; '73 BSBA; Pres.; Basic Railroad Svcs. Inc., POB 505, Westerville, OH 43081; r. 8391 Cheshire Rd., Sunbury, OH 43074, 614 965-5258.

WOLFORD, Jesse Thomas; '82 BSBA; Commercial Loan Ofcr.; BancOhio Natl. Bank, Commercial Loan Dept., 148 W. Main St., Lancaster, OH 43130, 614 687-1880; r. 578 Deanna Stroll, Heath, OH 43056, 614 687-1880.
WOLFORD, Kenneth Eugene; '83 BSBA; Admin. Mgr.; Integrity Life Ins. Co., 200 E. Wilson Bridge Rd., Worthington, OH 43085, 614 438-1000; r. 339 Tibet Rd., Columbus, OH 43202, 614 263-7167.
WOLFORD, Lillian '41 (See Widmaier-Fox, Mrs. Lillian W., CPA).
WOLFORD, Russell Allen; '69 BSBA; Ofcr.; State Dept./Aio, Foreign Service Contract, U S. Aio/Somalia, Washington, DC 20520, 703 235-9077; r. Vasio/Somcia State Dept., Washington, DC 20521.
WOLFSON, Lyn Marie; '76 BSBA; c/o Ketchum Adv, 615 Chestnut St., Philadelphia, PA 19106.
WOLFSON, William M.; '48 BSBA; Pres.; Halle & Stieglitz Inc., 630 Fifth Ave., New York, NY 10020; r. 140 E. 72nd St., New York, NY 10021, 212 249-4341.
WOLIN, Edward Greg; '84 BSBA; Tennis Pro; r. 10993 Bluffside Dr., Apt. 2313, Studio City, CA 91604, 818 763-2648.
WOLIN, Robert Mark; '81 MBA; Atty.; Wood Lucksinger & Epstein, 1221 Lamar, Ste. 1400, Houston, TX 77010, 713 951-2417; r. 5131 Grape, Houston, TX 77096, 713 664-9575.
WOLIN, Roger Mark; '78 BSBA; Systs. Programmer; Santa Barbara Rsch. Ctr., 75 Coromar Dr., Goleta, CA 93117, 805 562-7518; r. 241 Calle Serrento, Goleta, CA 93117, 805 685-8107.
WOLINSKY, Martin O.; '69 BSBA; Pres.; John G. Martin Co./Div. Heublein, 16 Munson Rd., Farmington, CT 06034, 203 678-6792; r. 106 Avonridge, Avon, CT 06001, 203 673-8669.
WOLK, Bruce L.; '56 BSBA; CPA; Martin Rosen & Co., 757 Third Ave., New York, NY 10017, 212 303-1815; r. 20 Garden Pl., Jericho, NY 11753, 516 433-3890.
WOLL, John Frederick; '82 BSBA; Audit Mgr.; Arthur Andersen Co., 18500 Von Karman Ave., Ste. 1100, Irvine, CA 92715, 714 757-3503; r. 28243 Paseo El Siena, Laguna Niguel, CA 92677, 714 364-9437.
WOLLAM, Timothy Ray; '70 BSBA; Branch Mgr.; Burroughs Corp., 100 E. Wilson Bridge Rd., Worthington, OH 43085; r. 274 Antoinette Dr., Rochester Hls., MI 48509.
WOLLENBERG, Roger Dale; '78 BSBA; Mgr. Fin. Reporting; Borden Inc., 180 E. Broad St., Columbus, OH 43215; r. 5155 Ivyhurst Dr., Columbus, OH 43232, 614 861-2303.
WOLLINS, Fred B.; '53 BSBA; Jeweler; H L Art Jeweler, 20 N. Park Pl., Newark, OH 43055, 614 345-9791; r. 1821 Briarwood Ln., Newark, OH 43055, 614 366-5119.
WOLPERT, Donald J.; '40 BSBA; Retired; *; r. 15420 NW Perimeter Dr., Beaverton, OR 97006, 503 645-4030.
WOLPERT, Larry Lee; '78 BSBA; Grange Mutual Ins. Co., 650 S. Front St., Columbus, OH 43215; r. 4157 Avery Rd, Hilliard, OH 43026, 614 876-4165.
WOLSKE, Gregory Scott; '81 BSBA; Pres.; Lasso Productions, 706 S. 9th St., Columbus, OH 43206, 614 221-6969; r. 2088 Fairfax Rd., Columbus, OH 43220.
WOLSKE, Walter J., Jr.; '54 BSBA; Atty.; Wolske & Blue, 580 S. High St., Columbus, OH 43215, 614 228-6969; r. 3675 Waldo Pl., Columbus, OH 43220, 614 451-2031.
WOLSKY, Ellen Marla; '81 BSBA; Grad. Student-Social Work; UCLA, Los Angeles, CA 90055; r. 4501 Cedros #306, Sherman Oaks, CA 91403, 818 907-8644.
WOLTER, Robert B.; '54 BSBA; Pres.; Robert B Wolter Inc., 3-A Sconset Sq., POB 589, Westport, CT 06881, 203 222-9524; r. 83 Kings Hwy. N., Westport, CT 06881, 203 454-2713.
WOLTMAN, Jo Ann L., (Jo Ann L. Thomas); '50 BSBA; Tchr. Aide; Ohio Sch. the Deaf, Columbus, OH 43221; r. 2139 Honey Tree Ct., Columbus, OH 43229, 614 899-2560.
WOLTMAN, 2LT Michael Joseph, USAF; '84 BSBA; 2139 Honey Tree Ct., 5282 Arrowood Loop E., Columbus, OH 43229, 614 899-2560.
WOLTZ, Harry J. P.; '42 BSBA; CPA; 805 Elyria Savings & Trust Bld, 105 Court St., Elyria, OH 44035, 216 322-5620; r. 322 Hamilton Cir., Elyria, OH 44035, 216 322-1860.
WOLVERTON, Mary Brown; '82 MBA; Financial Analyst; Teledyne McCormick Selph, 3601 Union Rd., Hollister, CA 95024; r. 1313 Bay Tree Dr., Gilroy, CA 95020, 415 776-5973.
WOLZ, Donald P.; '44; Retired; r. 30 Wood Hill Rd., Pittsford, NY 14534, 716 381-0656.
WONDERLY, Michael Paul; '71 BSBA; Real Estate Mgr.; Coldwell Banker, 555 Capitol Mall Ste. 100, Sacramento, CA 95814, 916 446-8241; r. 11228 Skagit River Ct., Rancho Cordova, CA 95670.
WONDERLY, Thomas John; '76 BSBA; Mgr. Mgmt. Devel.; Hammermill Papers, 1540 E. Lake Rd., Erie, PA 16533, 814 870-5000; r. 476 Dale Dr., Erie, PA 16511, 814 899-4769.
WONDERLY, William Frank; '62 BSBA; Divisional VP; Kohl's Dept. Stores, 12200 Wirth Ave., Wauwatosa, WI 53226, 414 527-3400; r. 1029 N. Jackson #1401, Milwaukee, WI 53202, 414 271-8828.
WONDERS, William K.; '67 BSBA; Real Estate Investor; The Real Estate Store, 944 W. Prince Rd., Tucson, AZ 85705, 602 888-5964; r. 2941 Plz. Encantada, Tucson, AZ 85718, 602 299-9655.
WONG, Alan Tze Cheung; '77 BSBA; 12602 Grace Max St., Rte. 5308, Rockville, MD 20853.
WONG, Amy Lap-Kwan; '81 BSBA; 137 Meadowland St. #C, College Sta., TX 77840.
WONG, Derek Tsz-Ming; '87 BSBA; 30 A Yee Shing Ct., Tai PO Plz. Tai PO, N.T., Hong Kong.
WONG, Guy Lim; '85 BSBA; 194 Brownsfell Dr., Worthington, OH 43085, 614 436-9484.
WONG, Dr. James John; '68 PhD (BUS); Pres.; FiberSaw Intl. Inc., 400 Chesterfield Ctr., Ste. 400, Chesterfield, MO 63017, 314 537-7824; r. 2019 Schoettler Valley Dr., Chesterfield, MO 63017, 314 532-4059.
WONG, Raymond Siu Lun; '78 MBA; 19B Yu Chau St. 5/F, Kowloon, Hong Kong.
WONG, Mrs. Sau Ling; '84 BSBA; Data Syst. Coord.; Supreme Ct. of Ohio, 30 E. Broad St. 3/F, Columbus, OH 43215, 614 466-5224; r. 1735 Ardwick Rd., Columbus, OH 43220, 614 457-5435.
WONG, Mrs. Vicki, (Vicki Lynn Parker); '67 BSBA; Ofc. Mgr.; Schnuck Mkts., Bridgeton, MO 63043; r. 2019 Schoettler Valley Dr., Chesterfield, MO 63017, 314 532-4059.
WONG, Yuk Dan; '74 MBA; 6193 Cherokee Dr., Cincinnati, OH 45243, 513 381-7255.
WONNELL, Harold E., JD; '50 BSBA; Atty.; Harold E. Wonnell Law Ofc., 326 S. High St., Ste. 400, Columbus, OH 43215, 614 224-7291; r. 324 Jackson St., Columbus, OH 43206, 614 221-9381.
WONUS, Kent Alan; '81 BSBA; 7536 Lee Rd., Westerville, OH 43081.
WONUS, Mark William; '81 BSBA; 3114 Raines St., Pensacola, FL 32514, 904 479-4639.
WOO, Jeffrey Dwight; '82 BSBA; Account Rep.; Boehm Stamp & Printing, 2050 Hardy Pkwy., POB 23401, Columbus, OH 43223, 614 875-9010; r. 5509 Kenneylane Blvd., Columbus, OH 43235, 614 764-8746.
WOOD, Allan J.; '67 BSBA; Ins. Adjustor; Gen. Adjustment Bur., 123 William, New York, NY 10038; r. 546 Birchard Dr., Delaware, OH 43015, 614 363-6264.
WOOD, Anita Wooten; '66; 112 E. Water St., Williamsport, OH 43164.
WOOD, Arthur T.; '42 BSBA; Retired Atty./Secy.; Woodley Constr. Co. Inc., Dayton, OH 45409; r. 201 Jenny Ln., Dayton, OH 45459, 513 434-3559.
WOOD, Charles Micheal; '87 BSBA; 2247 Pemberton, Toledo, OH 43606, 419 531-1347.
WOOD, Christopher John; '81 BSBA; Acct.; r. 761 Bracken Ct., Worthington, OH 43085, 614 846-3109.
WOOD, Connie J. '84 (See Gargani, Mrs. Connie J.).
WOOD, Daniel Scott; '80 BSBA; Sr. Contract Admin.; Systs. Mgmt. American, 254 Monticello Ave., Norfolk, VA 23510, 804 627-9331; r. 4509 Colonial Ave., Norfolk, VA 23508, 804 625-6041.
WOOD, David Charles; '76 BSBA; 10310 Virginia Pine Ln., Alpharetta, GA 30201, 404 442-5878.
WOOD, David Lane; '85 BSBA; Mgr.; Wendys Intl., 2020 N. High, Columbus, OH 43201; r. 3667 Inverary Dr., Columbus, OH 43228, 614 274-8556.
WOOD, David Reames; '65 BSBA; Atty./Tax Mgr.; Pullman Leasing Co., 200 S. Michigan Ave., Chicago, IL 60604, 312 322-7059; r. 1107 Whitfield Rd., Northbrook, IL 60062, 312 272-4977.
WOOD, Donald Eugene; '74 BSBA, '75 MBA; 4437 Wright Ave., Columbus, OH 43213.
WOOD, Donald Gale; '35 BSBA; Retired; Anchor Hocking Corp., Container Div., Lancaster, OH 43130; r. 1151 Parkview Dr., Lancaster, OH 43130, 614 653-8282.
WOOD, Donald Jack; '68 MBA; Retired; Air Force In Japan, PSC Box 2305, APO, San Francisco, CA 96525; r. 224 Little John Tr., Hot Springs Natl. Pk., AR 71913, 501 525-1569.
WOOD, E. Ireta M., (E. Ireta Mulkin); '52 BSBA; Retired; r. 7273 Perry Rd., Delaware, OH 43015, 614 548-4975.
WOOD, George P.; '51 BSBA; Staff; Lancaster Colony Corp., 280 Cramer Creek Ct., Dublin, OH 43017, 614 792-9774; r. 5718 Satinwood Dr., Columbus, OH 43229, 614 888-0670.
WOOD, Harold S.; '33 MA; Retired VP-Treas.; Beloit Clg., c/o Postmaster, Beloit, WI 53511; r. 6035 S. Verde Tr., Apt. J-105, Boca Raton, FL 33433, 407 487-5281.
WOOD, Howard Perry; '87 BSBA; Planner; Ohio Dept. of Transportation, 25 S. Front St., Rm. 716, Columbus, OH 43215, 614 466-8981; r. 1361 W. 7th Ave., Columbus, OH 43212.
WOOD, James Curtis; '53 BSBA; Staff; Red Fox Stable, 1342 Hwy. 50, Milford, OH 45150, 513 831-5010; r. 317 Baum St., Cincinnati, OH 45202, 513 721-8621.
WOOD, James Joseph; '86 BSBA; Sales Rep.; Safepro, 3865 W. 150th St., Cleveland, OH 44111, 513 948-8699; r. 3306 York Ln., Cincinnati, OH 45215, 513 948-9062.
WOOD, James R.; '35 BSBA; Retired Mfg. Rep.; r. 24621 Hilliard Blvd., Cleveland, OH 44145, 216 871-0107.
WOOD, Jean Karlson; '86 MPA; Prog. Assoc.; Natl. Assn. of State Units On Aging, 2033 K St. NW Ste. 304, Washington, DC 20006, 202 785-0707; r. 21 Kennebec Ct., Bordentown, NJ 08505, 609 298-8709.
WOOD, Jeanette L., (Jeanette Burck); '80 BSBA; Mktg. Rep.; IBM Corp., 140 E. Town St., Columbus, OH 43215, 614 225-3600; r. 2716 Welsford Rd., Columbus, OH 43221, 614 488-7342.
WOOD, John Alexander; '75 MPA; 3234 Stephen Dr. S., Columbus, OH 43204, 614 279-6951.
WOOD, John K.; '84 BSBA; 4125 E. 61st St., Indianapolis, IN 46220, 317 251-0892.
WOOD, Joseph Fickling, III; '84 BSBA; Advt. Rep.; F & W Publishing, 5207 Dana Ave., Cincinnati, OH 45207; r. 5217 Derby Ct., Cincinnati, OH 45040, 513 398-8665.
WOOD, Judith Kaczynski, (Judith Kaczynski); '80 BSBA; Supv., Material Handling; Ford Motor Co., Norfolk Assembly, 2424 Springfield Rd., Norfolk, VA 23523, 804 494-2129; r. 4509 Colonial Ave., Norfolk, VA 23508, 804 625-6041.
WOOD, Kelly Day; '85 BSBA; Computr Systm Anlyst; Delta Gamma Fraternity, 3250 Riverside Dr., Columbus, OH 43221, 614 481-8169; r. 984-B Chatham Ln., Columbus, OH 43221, 614 457-4013.
WOOD, Lorie A. '83 (See Brown, Mrs. Lorie A.).
WOOD, Margaret Elizabeth; '40 BSBA; 746 N. E. 16th Ter., Ft. Lauderdale, FL 33304, 305 462-3960.
WOOD, Michael F.; '87 BSBA; 2114 Sunnyside, Aparmtent A6, Kalamazoo, MI 49001.
WOOD, Michael William; '86 BSBA; 213 Marilyn Ave., N. Syracuse, NY 13212, 315 457-8384.
WOOD, Nancy Joan; '74 BSBA; 715 Ivanhoe St., Denver, CO 80220, 303 333-2853.
WOOD, Philip J., Jr.; '37 BSBA; VP; Zenith Distributing Corporatio, 800 Mariposa St., San Francisco, CA 94107; r. 15065 Tierra Alta, Del Mar, CA 92014, 619 259-0163.
WOOD, Philip M.; '65 BSBA; Monitor; Natl. Guard Technician, First National Twr., Mansfield, OH 44901; r. 442 Zahn Dr., Akron, OH 44313, 216 867-9136.
WOOD, Richard Dwight, Jr.; '73 BSBA; Asst. VP; Haughn & Assocs. Ins. Agcy., 3518 Riverside Dr., Columbus, OH 43221, 614 457-1300; r. 2006 Tewksbury Rd., Columbus, OH 43221, 614 488-0866.
WOOD, Robert Anthony; '87 BSBA; Acct.; Soper & Soper CPA's, 35 E. 7th St. Ste. 505, Cincinnati, OH 45202, 513 241-5417; r. 4202 Williamsburg Rd., Cincinnati, OH 45215, 513 821-3404.
WOOD, Robert K.; '39; Retired Asst. Div. Mgr.; Armour & Co., 1981 S. High St., Columbus, OH 43207; r. 2351 Fishinger Rd., Columbus, OH 43221, 614 451-7005.
WOOD, Robert N.; '52 BSBA; Retired; r. 6516 Country Pl., Sylvania, OH 43560, 419 882-7783.
WOOD, Robert Saxton; '71 MPA; Sr. Financial Analyst; US Nuclear Regulatory Commission, Ofc. of Nuclear Reactor Reg., MS 12-E-4, Washington, DC 20555, 301 492-1280; r. 3117 Brooklawn Ter., Chevy Chase, MD 20815, 301 654-2935.
WOOD, Sally '81 (See McCarly, Mrs. Sally W.).
WOOD, Mrs. Selma F., (Selma L. Fraas); '31 BSBA; Retired; r. 1520 Marigold Way, Apt. 608, South Bend, IN 46617, 219 233-1445.
WOOD, Stephen P.; '66 BSBA; Sales & Mktg. Mgr.; Cardinal Industries, 10 Plumosa Ave., Casselberry, FL 32707, 407 831-5676; r. 2012 Woodcrest Dr., Winter Park, FL 32792, 407 644-5011.
WOOD, Steven T.; '83 BSBA; Sales Rep.; Process Packing & Seal, Inc., 2915 Glendale-Milford Rd., Cincinnati, OH 45241, 513 733-3373; r. 1309 Tallberry Dr., Cincinnati, OH 45230, 513 232-8671.
WOOD, Thomas J.; '87 BSBA; 1569 Denise Dr., Akron, OH 44321, 216 666-4510.
WOOD, William David; '74 MBA; Engr.; State of Ohio, Public Transporation Division, 25 S. Front St., Columbus, OH 43215; r. 1238 W. 1st Ave., Columbus, OH 43212, 614 488-5797.
WOOD, William Lee; '83 BSBA; Sales Demo; F & R Lazarus Co., S. High & W. Town Sts., Columbus, OH 43215; r. 6558 Rocky Den Rd., Reynoldsburg, OH 43068, 614 866-6653.
WOODALL, Alvin John, Jr.; '85 BSBA; Mktg. Rep.; UNISYS Corp., 6500 Bush Blvd. #105, Columbus, OH 43229, 614 846-7910; r. 851 Kenwick Rd. #B, Columbus, OH 43209, 614 239-8666.
WOODALL, Rochelle '86 (See Dillard, Rochelle Woodall).
WOODARD, Gerald Walter; '59 BSBA; VP & Treas.; Nationwide Ins. Cos., One Nationwide Plz., Columbus, OH 43216, 614 249-6950; r. 520 Braumiller Rd., Delaware, OH 43015, 614 369-3987.
WOODARD, John L.; '38 BSBA; Atty.; Woodard & Bohse, 121 W. Third St., Dover, OH 44622, 216 343-8848; r. 327 E. 12th St., Dover, OH 44622, 216 343-4022.
WOODARD, Laura Palmer; '78 MBA; Dealer Sales Assoc.; Exxon Co., 3600 E. W. Hwy., Hyattsville, MD 20782; r. 840 Arbor Downs Dr., Plano, TX 75023, 214 881-1918.
WOODARD, Robert Peter; '78 MBA; Assoc. Product Mgr.; Frito-Lay Inc., Div Pepsico Inc, Legacy Dr., Plano, TX 75023, 214 353-3801; r. 840 Arbor Downs Dr., Plano, TX 75023, 214 881-1918.
WOODCOCK, Harold C.; '37 BSBA; 100 Lynn Ct., Weirton, WV 26062, 304 723-1399.
WOODDELL, Allen C.; '56 BSBA; 8001 N. Green Hills Rd, Kansas City, MO 64151.
WOODDELL, Wayne Verr; '87 BSBA; Acct.; Borden, Inc., 180 E. Broad St., 25th Fl., Gen. Controllers Ofc, Columbus, OH 43215, 614 225-4689; r. 423 North St., Utica, OH 43080, 614 892-4788.
WOODFORD, Amie Preston; '86 BSBA; Acct.; Peat Marwick Main & Co., 111 S. Calvert, Baltimore, MD 21202, 301 783-8300; r. 8079 Budding Branch, Apt. 24, Glen Burnie, MD 21061, 301 969-6498.
WOODFORD, David Dwight; '76 BSBA; 403 Marian Lake, Cuyahoga Falls, OH 44223, 216 923-9706.
WOODFORD, Larry Nelson; '71 BSBA; Distribution Supv.; Rich/Baker Prods., Warehouse Traffic, 4600 NW Pkwy., Hilliard, OH 43026, 614 771-1117; r. 3084 Downhill Dr., Hilliard, OH 43026, 614 876-6768.
WOODFORD, Melvin J.; '50 BSBA; Atty.; Atkinson & Woodford, 610 Union Savings & Trust Bldg, Warren, OH 44481; r. 461 N. Cleveland, Niles, OH 44446, 216 652-9313.
WOODFORD, Osbon; '74 BSBA; 3663 Milton Ave., Columbus, OH 43214, 614 262-4723.
WOODLEY, COL Gerald A. B.; '29 BSBA; Retired; r. 566 Yaronia Dr., Columbus, OH 43214, 614 262-4922.
WOODMAN, Charles W.; '48 BSBA; Ins. Agt./Owner; Woodman Ins. Agcy. Inc., 4610 Market St., Youngstown, OH 44512, 216 782-8068; r. 8189 Pine Hill Dr., Youngstown, OH 44514, 216 757-9469.
WOODROW, John H.; '66 MBA; Ret. Dean of Adult Trng.; Durham Clg.; r. 337 Simcoe St. N., Apt. 205, Oshawa, ON, Canada L1G4T2, 416 725-8244.
WOODROW, Samuel Gordon; '70 BSBA; 94 Academy Dr., Aliquippa, PA 15001, 412 375-6817.
WOODRUFF, Clarice '49 (See Clemens, Mrs. Clarice).
WOODRUFF, Michael Ray; '83 BSBA; Acct./Cnslt.; Grimes Div. of FL Aerospace Corp., 550 Rte. 55 POB 247, Urbana, OH 43078, 513 652-1431; r. 521 S. Walnut, Urbana, OH 43078, 513 653-8759.
WOODRUFF, Robert Roy; '44 BSBA; Pres.; Wolf Machinery Co., 1035 La Mesa Dr., Fullerton, CA 92633, 714 525-6746; r. Same.
WOODRUM, Karen Denise; '84 BSBA; 162 W. Northwood Ave., Columbus, OH 43201, 614 291-1254.
WOODS, A. Victor; '53 BSBA; VP-Partner; Thomas-Fenner-Woods Agcy., Inc., 3010 Hayden Rd., Columbus, OH 43235, 614 764-8999; r. 2326 Brixton Rd., Columbus, OH 43221, 614 488-2233.
WOODS, Christopher J.; '82 BSBA; 8713 Tanager Woods, Cincinnati, OH 45242, 513 489-3268.
WOODS, Dolly Elaine; '85 BSBA; Asst. Mgr.; AnnTaylor, 100 Erieview-Galleria, 1301 E. 9th St., Ste. G 104, Cleveland, OH 44114, 216 241-6622; r. 3316 Aberdeen Rd., Shaker Hts., OH 44120, 216 991-0504.
WOODS, Donald P.; '56; Real Estate/Mktg.; 476 E. Rich St., Columbus, OH 43215, 614 221-0111; r. Same.
WOODS, John Wesley, Jr.; '33 BSBA; Retired; r. POB 306, Venice, FL 34284.
WOODS, Ken (Woody); '60 BSBA; Financial Broker; Southern California Financial, 2190 Towne Ctr., Anaheim, CA 92806, 714 937-0900; r. 27601 Avenida Larga, San Juan Capistrano, CA 92675, 714 496-6575.
WOODS, Larry R.; '62 BSBA; Sales Rep.; Norwich Eaton Pharmaceuticals; r. 1343 Walshire Dr. N., Columbus, OH 43232, 614 866-6583.
WOODS, Mrs. Mary C., (Mary J. Cooper); '47 BSBA; Homemaker; r. 5111 Gaviota Ave., Encino, CA 91436, 818 788-1820.
WOODS, Matilda; '85 MLHR; 44672 Township Rte. 28, Coshocton, OH 43812, 614 824-3453.
WOODS, Silas Wendell; '83 BSBA; Check Processor; Fed. Reserve Bank, 965 Kingsmill, Columbus, OH 43229; r. 497 Beaverbrook Dr., Gahanna, OH 43230.
WOODS, Terry Steven; '73 BSBA; 3894 Meadowlark Ln., Cincinnati, OH 45227, 513 271-5691.
WOODS, Thomas Gene; '73 BSBA; VP; The Midwest Bank & Trust Co., 1132 Euclid Ave., Cleveland, OH 44115; r. 3778 W. Surrey Ct., Cleveland, OH 44116.
WOODS, Thomas John; '88 BSBA; 50 Kinnan Way, Basking Ridge, NJ 07920, 201 221-9336.
WOODS, William Louis; '80 BSBA; 4343 Gapsch Ln., St. Louis, MO 63125.
WOODSIDE, William C.; '50 BSBA; Acct.; City of Akron, Finance Dept., Akron, OH 44301; r. 168 E. Ralston Ave., Akron, OH 44301, 216 773-4424.
WOODSON, Nancy Carol; '76 BSBA; 10187 Crestview Dr., Morrison, CO 80465, 303 697-1767.
WOODWARD, Mrs. Cindy S., (Cindy Lee Sensel); '84 BSBA; Salesperson; Early Express Mail Svcs. Inc., 1333 E. 2nd St., Dayton, OH 43403, 513 223-5801; r. 120 Wetherburn Dr., Dayton, OH 45459, 513 436-2091.
WOODWARD, Edgar E.; '32 BSBA; 1615 Sunken Rd, Fredericksburg, VA 22401, 703 373-6081.
WOODWARD, Evan J.; '62 BSBA; Engr.; AT&T Columbus, 6200 E. Broad St., Columbus, OH 43213; r. 6664 Merwin Rd, Worthington, OH 43085, 614 889-1741.
WOODWARD, James Allen; '69 BSBA; Personnel Dir.; Fiesta Mart Inc., 2300 N. Shepherd Dr., Houston, TX 77008, 713 869-5060; r. 1818 Round Springs Dr., Kingwood, TX 77339, 713 358-2365.
WOODWARD, Janet K., (Janet Kemp); '53 BSBA; Homemaker; r. 30207 Crestview Dr., Bay Village, OH 44140, 216 871-4652.
WOODWARD, Dr. Melvin L.; '57 MBA, '64 PhD (BUS); Prof.; Bloomburg State Clg., c/o Postmaster, Bloomsburg, PA 17815; r. 207 S. 16th St., Lewisburg, PA 17837, 717 524-9384.
WOODWARD, Patricia Nancy; '83 BSBA; 25 Highland Shore Dr., Danville, IL 61832, 217 431-8260.

WOODWARD, Theresa Palmieri; '81 BSBA; Student; Ohio State Univ., Graduate Sch., Columbus, OH 43210; r. 2359 N. Fourth St., Columbus, OH 43202, 614 262-2884.
WOODWARD, Thomas Cook; '68 BSBA; Pres.; P & P Supply Inc., 420 South Ct., Medina, OH 44256, 216 722-1700; r. 836 Wildwood Ct., Medina, OH 44256, 216 725-7479.
WOODWARD, Tracey Anne; '88 BSBA; 909 Bluff Ridge, Worthington, OH 43085, 614 888-0343.
WOODWARD, William N.; '40 BSBA; Retired; r. 45 Tanager Cir., Greer, SC 29651, 803 268-0593.
WOODWORTH, Mary Kay '86 (See Dressman, Mrs. Mary Kay).
WOODYARD, Jerry A.; '56 BSBA; Retired Agt.; IRS; r. 4082 E. Livingston Ave., Columbus, OH 43227, 614 237-5553.
WOODYARD, John Vincent; '59 BSBA; Auction Mgr.; GE Capital Auto Auctions Inc., 29900 Auction Way, Hayward, CA 94544, 415 786-4500; r. 22504 Sixth St., Hayward, CA 94541, 415 537-1778.
WOOF, Reynold Ridgeway, Jr.; '78 BSBA; VP; Reitenbach Assocs. Ltd., 1205 Market St., Lemoyne, PA 17043, 717 761-6666; r. 1354 Simpson-Ferry Rd, New Cumberland, PA 17070, 717 774-1791.
WOOFTER, Sharon Gilmore, (Sharon Gilmore); '80 BSLHR; Publications Editor; Loral Defense Systs.-Akron, 1210 Massillon Rd., Akron, OH 44315, 216 796-8569; r. 131 Hunt Club Dr., Apt. 2B, Copley, OH 44321, 216 666-5012.
WOOLARY, Frederick B.; '47 BSBA; Retired; r. 1330 Lakeside Dr., Venice, FL 34293, 813 493-5278.
WOOLDRIDGE, Suzanne '85 (See Kesling, Mrs. Suzanne).
WOOLEVER, Karen Jo '85 (See Hovis, Karen Jo Woolever).
WOOLF, Ms. S. Jamie; '76 BSBA; Audit Mgr.; Aetna Life Ins. Co., 151 Farmington Ave., MB14, Corporate Audit Dept., Hartford, CT 06156, 203 636-3307; r. 2223 Cromwell Hills Dr., Cromwell, CT 06416, 203 635-0240.
WOOLFE, Daniel Roger; '79 BSBA; Contractor/Owner; Woolfe's Home Improvement, 4815 Arabian Dr., Fairborn, OH 45324, 513 879-0120; r. Same.
WOOLLUM, James N., Jr.; '51 BSBA; Installer; AT&T Western Electric Co., 3750 W. Indian Sch. Rd., Phoenix, AZ 85019; r. 2329 E. Squaw Peak Dr., Phoenix, AZ 85016, 602 955-6224.
WOOLMAN, Jane Wolf, (Jane Wolf); '38 BSBA; Fundraising Coord.; Re'uth Womens Social Svc., 240 W. 98th St., New York, NY 10025; r. 275 Central Park W., Apt. 2A, New York, NY 10024, 212 874-6482.
WOOLSON, William A.; '53 BSBA, '56 MBA; Real Estate Broker; Journey's End Realty, 727 Foothill Blvd., La Canada-Flintridge, CA 91011, 818 790-5567; r. 1004 White Deer Dr., La Canada-Flintridge, CA 91011, 818 790-0468.
WOO-LUN, Marlene Ann; '83 MBA; Pres.; Linworth Publishing, Inc., 5701 N. High St., Ste. One, Worthington, OH 43085, 614 436-7107; r. 1944 N. Howe #D, Chicago, IL 60614, 312 915-5943.
WOOMER, Matthew T.; '84 MBA; 63 Elmwood Pl., Athens, OH 45701, 614 592-3654.
WOON, Kwan Kee; '85 BSBA; 24 Namly Cres., Singapore 1026, Singapore.
WOOSLEY, Tim Dennison; '77 BSBA; Staff; James L Sellers & Assoc., 6420 E. Main St., Reynoldsburg, OH 43068; r. 1366 Briarcliff Rd., Apt. 45, Reynoldsburg, OH 43068.
WOOSTER, Ruth M. '43 (See Combs, Mrs. Ruth M.).
WOOTEN, Julie Lynette '88 (See Soltesz, Julie Lynette).
WOOTEN, Robert J.; '50 BSBA; Dir. of Finance; r. 7597 Lakeshore Blvd., N. Madison, OH 44057, 216 428-4579.
WOOTTON, Carolyn S. '69 (See Griffith, Mrs. Carolyn S.).
WOOTTON, James Bryon; '76 BSBA; Pres.; Wootton Real Estate, 595 E. Broad St., Columbus, OH 43215, 614 464-1255; r. 4378 Plymouth Rock Ct., Gahanna, OH 43230, 614 478-8585.
WOOTTON, Janet M. '66 (See Jacob, Mrs. Janet M.).
WOPRICE, David Joseph; '84 BSBA; Sales Rep.; Oscar Mayer Corp.; r. 2910-8 Ontario Ln., Bismarck, ND 58501, 701 223-8102.
WORCESTER, Hon. Benjamin D.; '33; US Admin. Law Judge (Ret); r. 828-103 Pavillion Club Dr., Naples, FL 33963.
WORCESTER, Penny Wyman; '80 MPA; Aide; Ohio State Legislature, Senator Cook, Columbus, OH 43215; r. 8529 Preston Mill Ct., Dublin, OH 43017, 614 761-8969.
WORDEMAN, Paul Joseph; '75 BSBA; VP of Sales/Mktg.; Software Clearing House, 3 Centennial Plz., 895 Central Ave., Cincinnati, OH 45202, 513 579-0455; r. 8801 Lyncris Dr., Cincinnati, OH 45242, 513 793-6474.
WORK, Mary Ann '46 (See Jenkins, Mary Ann Work).
WORK, Robert C.; '42 BSBA; Retired; r. 12301 124th St. E., Apt. 25, Puyallup, WA 98374, 206 848-0822.
WORKMAN, Bessie '27 (See Schaffner, Mrs. Bessie Workman).
WORKMAN, Cheryl Marie; '86 BSBA; Grad. Student; Kent State Univ., 3693 Fishcreek Rd., Stow, OH 44224, 216 678-7255; r. 375 Pres Vannes Dr., Dalton, OH 44618, 216 683-1937.
WORKMAN, David E.; '67 MBA; Product Scheduling Mgr.; Marathon Petroleum Co., 539 S. Main St., Findlay, OH 45840, 419 422-2121; r. 313 Hillcrest Ave., Findlay, OH 45840, 419 423-8559.
WORKMAN, Durland L.; '50 BSBA; VP; Frank Gates Svc. Co., 175 S. 3rd St., Columbus, OH 43215, 614 221-5327; r. 3911 Ravenwood Dr., Hilliard, OH 43026, 614 876-4154.
WORKMAN, Jerry Kent; '84 BSBA; Mgr.; Ohio Dept. of Transportation, Transportation Projects, 25 S. Front St., Columbus, OH 43215; r. 405 Kossuth, Columbus, OH 43206.
WORKMAN, John J.; '63 BSBA; Staff; Desoto Inc. F T Lewis, 1700 S. Mt Prospect Rd, Des Plaines, IL 60018; r. 1700 S. Mt Prospect Rd, Des Plaines, IL 60018.
WORKMAN, Michael Todd; '87 BSBA; Sales Rep.; Adam Jay Co. Inc., Southway St., Canton, OH 44706, 216 478-2163; r. 7740 Deerfield Ave., Marshallville, OH 44645, 216 854-2098.
WORKMAN, Owen S.; '51 BSBA; Pres./CEO; Natl. City Bank, Norwalk, 7 E. Main St., Norwalk, OH 44857, 419 668-3361; r. 118 Norwood Ave., Norwalk, OH 44857, 419 668-1136.
WORKMAN, Ralph W.; '40 BSBA; Retired Agt.; Equitable Life Assurance Co., 1285 Ave. of The Americas, New York, NY 10019; r. 143 W. Sandusky St., Fredericktown, OH 43019, 614 694-5831.
WORKMAN, Robert J.; '48 BSBA; Retired; r. 241 Westmoreland Ave., Wilmington, DE 19804, 302 994-4761.
WORKMAN, Thomas Eldon, JD; '66 BSBA; Atty./Partner; Bricker & Eckler, 100 S. Third St., Columbus, OH 43215, 614 227-2331; r. 134 Ashbourne Rd., Columbus, OH 43209, 614 252-9961.
WORKMAN, Willard Bradford; '75 BSBA; Belleview Hts., Bellaire, OH 43906, 614 676-2341.
WORKMASTER, Paul Alan; '72 BSBA; Spec. Agt. Registered Rep; Prudential Ins. Co. & Financial Svcs., 1500 Lake Shore Dr. #210, Columbus, OH 43204, 614 488-1157; r. 8160 Priestley Dr., Reynoldsburg, OH 43068, 614 866-1188.
WORLEY, C. Thomas; '78 MPA; Admin.; Mediation Bur., 65 E. State St., 12th Fl., Columbus, OH 43215, 614 644-8573; r. 2338 Hardesty Ct., Columbus, OH 43204, 614 274-7984.
WORLEY, Cheryl Louise; '87 MPA; 328 Fenway Rd., Apt. C, Columbus, OH 43214, 614 846-7516.
WORLEY, Jerry Williamson; '80 MBA; Dir.; Nationwide Ins. Co., One Nationwide Plz., Analysis Western Development, Columbus, OH 43216; r. 270 E. Franklin Ave., Worthington, OH 43085, 614 846-1184.
WORLEY, Sarita Heenan; '25 BSBA; 46 Grasspond Rd., Levittown, PA 19057.
WORMAN, Charles Scott; '80 BSBA; Sales Mgmt.; Te-Amo Geryl, Inc., 207 Moonachie Rd., Moonachie, NJ 07074, 800 526-3188; r. 560 Clinton Hts., Columbus, OH 43202, 614 262-6770.
WORMAN, Steven Lee; '70 BSBA; Audit Mgr.; Arthur Andersen & Co., 500 Morgan Bldg., Portland, OR 97205, 402 348-0123; r. 4 Touchstone Dr., Apt. 98, Lake Oswego, OR 97035, 503 636-9890.
WORRALL, Anthony Stephen; '85 BSBA; 1219 Bernhard Rd., Columbus, OH 43227.
WORRILOW, Kevin Edward; '77 BSBA, '78 MBA; Mktg. Rep.; IBM Corp., Spec Edu Support Programs, Old Orchard Rd., Armonk, NY 10504; r. 1551 Wynnburne Dr., Cincinnati, OH 45238, 513 922-8184.
WORSHIL, David N.; '57 BSBA; Owner; Dave Worshil Auto Parts, 1936 Baldwin Ave. N. E., Canton, OH 44705; r. 236 Santa Clara NW, Canton, OH 44709.
WORSTALL, Robert H.; '47 BSBA; Sales; 2510 SE 28th St., Cape Coral, FL 33904, 813 574-1546; r. 871 Shullo Dr., Akron, OH 44313, 216 864-7401.
WORSTER, Linda Jacunski; '84 BSBA; Store Mgr.; Wendy's Intl., Management Division, 4288 W. Dublin-Granville Rd., Dublin, OH 43017; r. 5666 Balkan Pl., Columbus, OH 43229.
WORTH, Brian Edward; '88 BSBA; Personnel Dir.; Seidel Delivery, 2475 Scioto Harper Dr., Columbus, OH 43204, 614 276-6000; r. 1343 Forsythe Ave., Columbus, OH 43201, 614 297-1946.
WORTH, Daniel P.; '60 BSBA; Labor Relations Repr; Rockwell Intl., 4300 E. 5th Ave., Columbus, OH 43219; r. 1405 Cardwell Sq. S., Columbus, OH 43229, 614 888-1966.
WORTHAM, Judy Marie; '88 MPA; 2844 College Hill Ct., Fairborn, OH 45324, 513 429-2355.
WORTHEN, Patricia Ann; '76 MPA; Cnslt.; r. 9144 Bartee Ave., Arleta, CA 91331, 818 768-0496.
WORTMAN, Russell Joseph; '83 BSBA; 4708 Keswick Ct., Apt. C, Columbus, OH 43220, 614 459-1550.
WOTSCHAK, William Gregory; '65 BSBA, '70 MBA; Mgr. of Manufactu; Marathon Electric Co., Van Camp Rd, Bowling Green, OH 43402; r. 910 N. Main St., Bowling Green, OH 43402, 419 352-1016.
WOURMS, William Francis; '71 BSBA; 1630 Lincoln Ave., Alameda, CA 94501.
WOYAR, Mark Nelson; '78 BSLHR, '79 MLHR; Atty.; Ross & Hardies, 150 N. Michigan Ave., Chicago, IL 60601; r. 1116 W. Lill Ave., Chicago, IL 60614, 312 477-2720.
WOYTOWICH, Michael Alfred; '85 MBA; Rate Analyst; American Electric Power, 180 E. Broad St., Columbus, OH 43215, 614 223-2759; r. 115 S. Brooksvale Rd., Cheshire, CT 06410, 614 771-1039.
WOZNAK, George B.; '71 BSBA; Sr Mgr. Mgmt. Cnsltg Svcs; Price Waterhouse, B.T. America Bldg., 200 Public Sq., Cleveland, OH 44114, 216 781-3700; r. 8661 Dunbar Ln., Brecksville, OH 44141, 216 526-6169.
WOZNIAK, Joseph John; '60 BSBA; Pres.; Rad-Woz, 15404 20th Ave. S. W., Seattle, WA 98166, 206 242-3009; r. Same.
WOZNICKI, Paul William; '86 BSBA; 5154 W. 7th St., Cleveland, OH 44131, 216 237-7968.
WRAY, Danny E., Jr.; '87 BSBA; 18 Plum Ave., Shelby, OH 44875, 419 347-2336.
WRAY, Diane '67 (See Lenz, Diane Wray).
WRAY, Joseph Anthony; '70 MBA; Mgr. Bus. Devel. Tech.; Battelle, Materials Design & Devel., 505 King Ave., Columbus, OH 43201, 614 424-5576; r. 1841 Lane Rd., Columbus, OH 43220, 614 457-8793.
WRIGHT, Ms. Barbara Ellen K., (Barbara Ellen Knapp); '49 BSBA; Ticket Admin.; North Star at Tahoe, POB 129, Truckee, CA 95734; r. 10075 Martis Valley Dr., Truckee, CA 95734, 916 587-1009.
WRIGHT, Mrs. Barbara L., (Barbara L. Mc Vey); '50 BSBA; Homemaker; r. 5162 Bayberry Dr., Cincinnati, OH 45242, 513 793-9144.
WRIGHT, Brent William; '80 BSBA; Software Developer; Goal Systs. Corp., POB 29481, Columbus, OH 43229; r. 3719 Harborough Dr., Columbus, OH 43230, 614 899-9226.
WRIGHT, Charles F.; '63 BSBA; Pres.; Geo T Wright & Assocs. Inc., Box 16446, Cleveland, OH 44116, 216 331-8656; r. 16131 Lake Ave., Lakewood, OH 44107, 216 228-3879.
WRIGHT, Charles Willie; '73 BSBA; 72 Delaware Dr., Delaware, OH 43015, 614 369-5563.
WRIGHT, Cheryl '80 (See Schneider, Mrs. Cheryl W.).
WRIGHT, Christine Bowman; '80 BSBA; Staff; Buckeye Fed. S&L, 36 E. Gay St., Columbus, OH 43215; r. 206 Lansdowne, Gahanna, OH 43230, 614 475-1406.
WRIGHT, Connor Hall, III; '84 BSBA; 285 East Ln. Ave., Columbus, OH 43201.
WRIGHT, Craig Ashley; '86 BSBA; Acctg. Mgr.; Barnett Bank, POB 2767, Vero Beach, FL 32961; r. 650 Ninth Ct., Vero Beach, FL 32962.
WRIGHT, Craig J.; '77 BSBA; Systs. Analyst II; Online Computer Library Ctr., New Systs. Implementation Div, 6565 Frantz Rd., Dublin, OH 43017, 614 764-6114; r. 7634 Whitneyway Dr., Worthington, OH 43085, 614 885-9419.
WRIGHT, David Lee; '69 BSBA; Controller; Pyramid Plastics, Inc., 9202 Reno Ave., Cleveland, OH 44105, 216 641-5904; r. 9337 Gettysburg Dr., Twinsburg, OH 44087, 216 425-9469.
WRIGHT, David William; '67 BSBA; Financial Cnslt.; Alexander & Alexander Inc., 1328 Dublin Rd., Columbus, OH 43215, 614 486-9571; r. 3725 Waldo Pl., Columbus, OH 43220, 614 442-1131.
WRIGHT, Debora; '88 MBA; Cnslt.; Arthur Andersen & Co., 41 S. High St. Huntington Bldg, Columbus, OH 43230, 614 228-5651; r. 2112 Sunshine Pl., Columbus, OH 43232, 614 759-8445.
WRIGHT, Donald Edward; '74 BSBA; Secy.-Treas.; Carl Wright Distribution Ctr., POB 817, Lima, OH 45802; r. 109 Primrose Pl., Lima, OH 45805, 419 227-2331.
WRIGHT, Donald W.; '53; 137 Ashford Dr., Bridgeport, WV 26330.
WRIGHT, LCDR Edward, USN; '84 BSBA; Defense Electronic Supply Ctr., 1507 Wilmington Pike, Dayton, OH 45444, 513 296-5687; r. 4938 Silverton Dr., Columbus, OH 43227.
WRIGHT, F. John; '49 BSBA; Atty.; 1770 N. High St., Columbus, OH 43201; r. 15 Indianola Ct., Columbus, OH 43201, 614 294-3001.
WRIGHT, Francis Ware; '38 BSBA; Retired; r. 121 Chapel Hill Dr., Fairfield, OH 45014, 513 874-1024.
WRIGHT, Frank Edward; '72 BSBA; Rd.; r. 7573 Pontiac Lk Rd, Pontiac, MI 48054.
WRIGHT, G. Marvin; '26 BSBA; Retired; r. 6015 S. Verde Tr., Apt. L304, Boca Raton, FL 33433, 407 487-3047.
WRIGHT, Gregory Alan; '71 BSBA; Dir.-Corp. Relations; Valero Energy Corp., McCullough Ave., San Antonio, TX 78215, 512 246-2444; r. 403 Arch Bluff, San Antonio, TX 78216, 512 490-3493.
WRIGHT, Jack L.; '51 BSBA; Retired; r. 1021 Iris Ave., Sunnyvale, CA 94086, 408 738-0537.
WRIGHT, James Bryan; '66; Mktg.; AT&T, 5151 Blazer Pkwy., Dublin, OH 43017, 614 764-5192; r. 8136 Kennedy Rd, Blacklick, OH 43004, 614 864-5386.
WRIGHT, Janet '84 (See Mc Millin, Janet Wright).
WRIGHT, Jessie Ann; '84 BSBA; Mc Donald's Corp., c/o Postmaster, Columbus, OH 43216; r. 11185 Midland Oil Rd. S. E., Glenford, OH 43739.
WRIGHT, John A.; '50 BSBA; Proj. Safety Dir.; Cleveland Public Power, 2490 W. 41st St., Cleveland, OH 44113, 216 664-4200; r. 39074 Parsons Rd, Grafton, OH 44044, 216 926-3608.
WRIGHT, John J.; '58 BSBA; 4328 61st St., Sacramento, CA 95820, 916 736-1738.
WRIGHT, John Lee, Jr.; '76 MPA; Marathon Oil Co., 539 S. Main St., Findlay, OH 45840; r. 1348 Farber Ave., Columbus, OH 43207.
WRIGHT, Dr. John Sherman; '54 PhD (BUS); Prof.; Georgia State Univ., Marketing Dept., Atlanta, GA 30303, 404 651-2740; r. 1410 Winston Pl., Decatur, GA 30033, 404 634-9614.
WRIGHT, Julie A. '86 (See Cooper, Mrs. Julie W.).
WRIGHT, Kenneth Allen, CPA; '79 BSBA; Acctg. Mgr.; Cummins West Inc., 1515 Aurora Dr., San Leandro, CA 94577, 415 351-6101; r. 1846 9th Ave., San Francisco, CA 94122, 415 665-3629.
WRIGHT, Kenneth F., Jr.; '57 BSBA; Owner; The Wright Co., 22 E. Gay St., Columbus, OH 43215, 614 228-1662; r. 2066 Lane Rd., Columbus, OH 43220, 614 442-0455.
WRIGHT, Laura Busby, (Laura Busby); '82 BSLHR; Homemaker; r. 5945 King Sch. Rd., Bethel Park, PA 15102, 412 854-5553.
WRIGHT, Lawrence, Jr.; '83 BSBA; 5798 Peppercourt Dr., Galloway, OH 43119, 614 870-9781.
WRIGHT, Lisa '81 (See Jenkins, Lisa Wright).
WRIGHT, Lisa Ann; '87 BSBA; 2200 High St #756, Cuyahoga Falls, OH 44221, 216 434-1704.
WRIGHT, Lloyd George; '43 BSBA; Chmn./CEO; Motorists Mutual Ins. Co., 471 E. Broad St., Columbus, OH 43215, 614 225-8582; r. 775 Chaffin Ridge, Columbus, OH 43214, 614 451-4381.
WRIGHT, Ms. Lois Rubrecht, (Lois Rubrecht); '48 BSBA; Retired; r. 743 110th Ave. N., Naples, FL 33963, 813 597-3546.
WRIGHT, Dr. Lucille Johnson; '47 BSBA; Tchr. Educator; Cleveland State Univ., Clg. of Education, E. 24th St. & Euclid Ave., Cleveland, OH 44115; r. 5947 Bear Creek Dr., Bedford Hts., OH 44146.
WRIGHT, Mark E.; '41 BSBA; Retired; r. 31480 Sleepy Hollow Ln., Birmingham, MI 48010, 313 646-2269.
WRIGHT, Martha Berlin; '38 BSBA; Community Affairs Worker; r. 214 Dogwood Ln., Russellville, AR 72801, 501 968-7354.
WRIGHT, Nathan Earl; '88 BSBA; 67 Highland Ave., St. Louisville, OH 43071, 614 745-2450.
WRIGHT, Paul Richard; '65 MBA; Ret Telecomm Analyst; Amoco Corp.; r. 319 Merton, Glen Ellyn, IL 60137, 312 858-4165.
WRIGHT, Regina L., (Regina L. Perry); '80 BSBA; Trust Admin. Ofc.; Banc One Corp., Columbus, OH 43215; r. 2485 Merbrook Rd., Worthington, OH 43235, 614 761-2783.
WRIGHT, Richard Russell; '63 BSBA; Dir. Editg, Design & Prod; Richard D. Irwin Inc., 1818 Ridge Rd., Homewood, IL 60430, 312 206-2275; r. 1137 Mistwood Pl., Downers Grove, IL 60515, 312 960-5225.
WRIGHT, Rick L.; '80 BSBA; Driver; UPS Inc., Newark, OH 43055; r. 4755 Ritler Rd., Bellville, OH 44813, 419 886-3682.
WRIGHT, Rick Lynn; '80 BSBA; Truck Driver; UPS, 875 W. Longview, Mansfield, OH 44906, 419 747-4543; r. RR 2 Ritter Rd., Bellville, OH 44813, 419 886-3682.
WRIGHT, Robert O., Sr.; '47; Partner; Wright-Shriner Ins. Agcy., 3070 Riverside Dr., Columbus, OH 43221, 614 486-7151; r. 3314 Abbey Rd., Columbus, OH 43221, 614 457-6798.
WRIGHT, Robert T.; '37 BSBA; Retired Sales Mgr.; Bethlehem Steel Corp.; r. 1804 Homestead Ave., Bethlehem, PA 18018, 215 865-6929.
WRIGHT, Roscoe U.; '48 BSBA; VP; Texas Assoc. Realty Inc., 3624 Oak Lawn Ave., Dallas, TX 75219, 214 290-6092; r. 1806 Hampshire Dr., Grand Prairie, TX 75050, 214 262-3490.
WRIGHT, Russell Wayne; '71 BSBA; Dir.; Tonka Corp., 6000 Clearwater Dr., Minnetonka, MN 55343; r. 3936 Chowen Ave. S., Minneapolis, MN 55410, 612 925-4907.
WRIGHT, Thomas Gillespie; '76 BSBA; 7653 Starmont Ct., Dublin, OH 43017, 614 764-3953.
WRIGHT, Thomas Hardin; '60 BSBA; Manufacturer's Rep.; George T Wright & Assocs, Box 16446, Rocky River, OH 44116, 216 331-8656; r. 20536 Erie Rd., Cleveland, OH 44116, 216 331-8065.
WRIGHT, Thomas Richard; '53 BSBA; Staff; McMullen Real Estate Inc., 55 N. Sandusky St., Delaware, OH 43015, 614 369-1555; r. 109 N. Liberty St., Delaware, OH 43015, 614 362-3421.
WRIGHT, Thomas Robert; '86 BSBA; 8066 Monterey Dr., Kirtland, OH 44026, 216 256-8515.
WRIGHT, Timothy Alan; '86 BSBA; 1013 Buckeye Ave., Newark, OH 43055, 614 344-1621.
WRIGHT, Timothy Allen; '84 BSBA; Programmer; Marathon Oil Co., Houston, TX 77038, 713 629-6600; r. 519 East St., Findlay, OH 45840, 419 422-7660.
WRIGHT, Timothy Ray; '81 BSBA; Prod. Mgr.; Du-Pont Pharmaceuticals, Corner Rte. 48 & 141, Barley Mill Plz., Bldg. 26, Wilmington, DE 19898, 302 992-4419; r. 310 Walden Rd., Wilmington, DE 19803, 302 652-3836.
WRIGHT, Tom Cameron; '62 BSBA, '63 MBA; Asst. to Gen.; N Wasserstrom & Sons Inc., 2300 Lockbourne Rd, Columbus, OH 43207; r. 33 W. Hinman Ave., Columbus, OH 43207, 614 882-2793.
WRIGHT, Trent Dee; '73 BSBA; 754 Johahn Dr., Westminster, MD 21157.
WRIGHT, William M.; '51 BSBA; 614 927-1712; r. 9889 Hollow Rd., Pataskala, OH 43062, 614 927-1708.
WRIGHTSMAN, Tracy Erin; '72 BSBA; POB 163, Paradise, MT 59856.
WRIGLEY, Ann D.; '66 BSBA; Couns.; The Ohio State Univ., Clg. of Arts & Sciences, 64 W. 17th Ave., Columbus, OH 43210; r. 4751C Blairfield Dr., Columbus, OH 43214, 614 457-4725.

WRIGLEY, Jeffrey Allen; '78 MPA; Personnel Ofcr.; Bur. of Prisons/US Dept.-Justice, Fed Corrections Institution, Rte. 37, Danbury, CT 06811, 203 746-1163; r. 202 E. Pembroke Rd., Danbury, CT 06811, 203 791-1207.
WRIGLEY, John Timothy; '77 BSBA; Sales Rep.; Eaton Corp.-Axle & Brake Div., POB 4008, 13100 E. Michigan, Kalamazoo, MI 49003, 616 342-3021; r. 5231 Hitching Post Rd., Kalamazoo, MI 49002, 616 375-3810.
WRISTEN, Edward Lewis; '80 MBA; Exec. VP COO; Addiction Recovery Corp., 411 Waverley Oaks Rd., Waltham, MA 02754, 617 893-0602; r. 11 Oakwood Rd., Acton, MA 01720, 617 263-4388.
WRONA, Jeffrey Allen; '87 BSBA; Buyer; Micro Ctr., 1555 West Lane Ave., Columbus, OH 43221, 614 481-8041; r. 5583 Brush Creek Dr., Westerville, OH 43081, 614 898-0947.
WU, Maybeth Yeng; '59 MACC; 2490 Cowper St., Palo Alto, CA 94301.
WU, Melien; '83 MPA; 150 Hsin-Chen Rd., Yang Mei 326, Taiwan.
WU, Monlin Martin; '78 MBA; Staff; Nationwide Ins. Co., One Nationwide Plz., Columbus, OH 43216; r. 7101 Stilson Ct., W. Worthington, OH 43235, 614 766-1248.
WU, Sandra Jones; '88 MBA; Lab Technologist; Childrens Hosp., 700 Childrens Dr., Columbus, OH 43205; r. 520 Dendra Ln., Worthington, OH 43085, 614 885-7512.
WU, Steven Karl; '81 BSBA; Ins. Underwriter; Hartford Ins. Grp., 5001 L B J Frwy., Dallas, TX 75244, 214 239-1800; r. 1702 Hancock Dr., Mesquite, TX 75149, 214 285-8783.
WU, Yue-Lie Julie; '85 MBA; Corporate Acct.; Sumitomo Corp. of America, Scoa San Francisco Ofc., One California St., San Francisco, CA 94111; r. 1392 N. Capitol Ave., San Jose, CA 95132.
WUEBKER, Richard Joseph; '69 BSBA, '81 MBA; Natl. Sales Mgr.; Midmark Corp., Hospital Products, Vista Dr., Versailles, OH 45380, 513 526-3662; r. 8757 Stratford Pl., Versailles, OH 45380, 513 526-5031.
WUERTZ, Pauline; '33 BSBA; Retired; r. 4189 Tuttle Rd., Dublin, OH 43017.
WUICHET, John Weller; '34 BSBA; Sr. Rsch. Rep.; Greenwich Assocs., Greenwich Ofc. Park #8, Greenwich, CT 06830; r. 3482 La Rochelle Dr., Columbus, OH 43221, 614 457-8386.
WUICHET, Tom Pierce; '48 MBA; Retired Adminstrator; Whetstone Convalescent Ctr., 3700 Olentangy River Rd., Columbus, OH 43214; r. 2000 N. Parkton Dr., Deltona, FL 32725, 904 789-2166.
WULF, James Vincent; '84 BSBA; Law Student; The Ohio State Univ., 1659 N. High St., Columbus, OH 43210; r. 4617 Orwell Dr., Columbus, OH 43220, 614 459-9102.
WULFF, Margaret Wiles, (Peggy Wiles); '80 BSBA; CPA; 15023 N. 48th Way, Scottsdale, AZ 85254, 602 953-2733; r. Same.
WUNDER, George C.; '39; Retired; r. 939 N. 33rd St., Allentown, PA 18104, 215 398-1660.
WUNDER, John F.; '61 BSBA; 3828 Quadiant Dr., North Bend, OH 45052, 513 941-7733.
WUNDERLICH, Susannah Brubaker; '51 BSBA; Susannah B Wunderlich, 103 Wunderwood Dr., Tipp City, OH 45371; r. 300 Linden Ave., New Carlisle, OH 45344, 513 845-1683.
WUNDERLIN, David Gerald; '81 MBA; Analyst; Natl. Cash Register Co., 1700 S. Patterson Blvd., Financial Planning, Dayton, OH 45479; r. 1100 W. 31st St. #130, Downers Grove, IL 60515.
WUNDERLIN, Kenneth James; '81 BSBA; 5405 66th Ave. SE #B, Lacey, WA 98503, 503 386-6747.
WUORI, Kauno P.; '57 BSBA; Mfg. Engrg. Supv.; The Boeing Co., Seattle, WA 98026, 206 655-0303; r. 10509 S. E. 232nd St., Kent, WA 98031, 206 852-0998.
WUORINEN, Margaret '83 (See Koerner, Mrs. Margaret W.).
WUORINEN, Ms. Susan E.; '86 BSBA; Student; The Ohio State Univ., Clg. of Law, Columbus, OH 43210, 614 299-6436; r. 325 W. Broadway, Granville, OH 43023, 614 587-2979.
WURST, John Charles; '69 BSBA; 93 S. Westgate, Columbus, OH 43204, 614 272-7149.
WURSTER, CDR Walter A., USN(Ret.); '36 BSBA; Retired; r. 2449 Indian Mound Ave., Cincinnati, OH 45212, 513 631-5774.
WURZELBACHER, Richard David; '88 BSBA; 4759 Stonecastle Dr., Columbus, OH 43202, 614 888-8376.
WUTCHIETT, Cynthia Rose; '74 BSBA; Pres.; C R Wutchiett & Assoc., Inc., 2929 Kenny Rd., Ste. 160, Columbus, OH 43221, 614 457-8444; r. 1228 Langland Dr., Columbus, OH 43220, 614 457-5456.
WYANT, Cheryl Lynn '84 (See Perry, Cheryl Lynn).
WYANT, David Kent; '81 MBA; Rsch. Asst. & PhD.Student; Univ. of Minnesota, Health Svcs. Rsch. Dept., Minneapolis, MN 55455; r. 1823 Portland Ave. #9, St. Paul, MN 55104, 612 642-1085.
WYATT, Cheryl Lynn; '88 BSBA; 4496 Lauraland Dr. E., Columbus, OH 43214, 614 457-4030.
WYATT, Jack Douglas, JD; '68 BSBA; Asst. Gen. Counsel; Nestle Enterprises Inc., 2 Harrison St., San Francisco, CA 94120, 415 546-4697; r. 61 Greg Ct., Danville, CA 94526, 415 831-9681.
WYCKOFF, Lee Francis; '79 BSBA; 2340 Howey Rd., Columbus, OH 43211, 614 262-3615.
WYCKOFF, Scott Anthony; '87 BSBA; Technical Warehouse Supv.; Ecolab Inc., 255 Blair Rd., Avenel, NJ 07001, 201 636-2100; r. 1319 Cheryl Dr., Iselin, NJ 08830, 201 855-1507.
WYCOFF, Gretchen L. '87 (See Feldmeyer, Mrs. Gretchen Lynne).
WYCOFF, Thomas Albert; '86 BSBA; Bond Chemicals, Inc., Cleveland, OH 44109; r. 2345 Cobb Pkwy., Apt. M3, Smyrna, GA 30080.
WYDLER, Hans U.; '44 BSBA; Atty.; 945 5th Ave., New York, NY 10021, 212 249-6671; r. Same.
WYER, Douglas Michael; '73 BSBA; Sr. Buyer; B F Goodrich Chemical Co., W. Emerling Ave., POB 2170, Akron, OH 44309; r. 123 Sandy Hill Rd., Northfield, OH 44067, 216 467-5264.
WYLAND, James Howard; '73 BSBA; Pres.; Professional Plng. Cnslts., 700 Ackerman Rd, Columbus, OH 43202, 614 267-2600; r. 8639 Gavinton Ct., Dublin, OH 43017, 614 761-1818.
WYLER, Elden, Jr.; '50 BSBA; Retired Admin. Mgr.; Crucible Steel Casting Co., 8401 Almira Ave., Cleveland, OH 44102; r. 1505 Kingsway, Westlake, OH 44145, 216 871-7656.
WYLER, Scott David; '83 BSBA; MBA Student; Univ. of Michigan, 429 Hamilton Pl., Ann Arbor, MI 48104, 313 769-6353; r. 3795 Colony Rd., S. Euclid, OH 44118, 216 371-5897.
WYLIE, Susan Oswald, (Susan Oswald); '83 BSBA; Customer Svc. Mgr.; Compuserve Inc., Subs H & R Block Inc, 5000 Arlington Ctr. Blvd., Columbus, OH 43220, 614 457-8600; r. 656 Amy-Lu Ct., Westerville, OH 43081, 614 891-5623.
WYLLY, Jonathan Randolph; '87 MPA; Budget Analyst; Ohio Dept. Natural Res., Fountain Sq. D-2, 1930 Belcher Dr., Columbus, OH 43224, 614 265-6860; r. 5618 Selby Ct., Worthington, OH 43085, 614 436-8535.
WYMAN, Mrs. Heather K., (Heather K. McIntosh); '78 BSBA; Dir.-Corporate Acctg.; Braniff, Inc., 2351 W. Northwest Hwy., POB 7035, Dallas, TX 75209, 214 902-4451; r. 3821 Furneaux Ln., Carrollton, TX 75007, 214 394-6935.
WYMER, John Dow; '72 BSBA; Asst. Gen. Mgr.; Walnut Hills Mgmt. Co., Columbus, OH 43216; r. 12850 Milnor Rd NW, Pickerington, OH 43147.
WYMER, Karen '82 (See Crossin, Karen Lynne).
WYMOND, Philip C., Jr.; '48 BSBA; Retired Estimator; Cols & So Electric Co., 215 N. Front St., Columbus, OH 43215; r. 5156 Doral Ave., Columbus, OH 43213, 614 866-7497.
WYNBRANDT, Dennis Keith; '74 BSBA; 1962 Iuka, Columbus, OH 43201.
WYNN, Barbara Wilburn; '47 BSBA; 805 Eastover Cir., DeLand, FL 32724, 904 734-1555.
WYNNE, Peter M.; '88 BSBA; 2235 NW Blvd., Columbus, OH 43221, 614 488-6290.
WYNOCKER, Larry; '69 BSBA; Pres.; American Electric Equip. Co., 24266 Lorain Rd., N. Olmsted, OH 44070, 216 777-7070; r. 31207 Roxbury Park Dr., Bay Village, OH 44140, 216 871-3887.
WYSE, Dr. Rodney Ellis; '72 PhD (BUS); Prof.; Central State Univ., Management Dept., Wilberforce, OH 45384, 513 376-6433; r. 38 Regency Dr., Cedarville, OH 45314, 513 766-5339.
WYSMIERSKI, Edward Louis; '87 BSBA; Human Res. Asst.; Nordson Corp., 555 Jackson St., POB 151, Amherst, OH 44001, 216 988-9411; r. 1338 W. 6th St., Lorain, OH 44052, 216 244-5064.
WYSOCKI, Pamela J.; '87 BSBA; Staff Acct.; Arthur Young & Co., 1100 Superior Ave., Cleveland, OH 44114, 216 241-2200; r. 7858 Normandie Blvd., Apt. M-11, Cleveland, OH 44130, 216 234-4517.
WYSS, Michael Aloysius; '68 BSBA; VP/Treas.; Funtime Inc., 19070 Depot Rd., Aurora, OH 44202, 216 562-4400; r. 3085 Ardon Way, Silver Lake, OH 44224, 216 688-8044.
WYSSEIER, Sharon '82 (See Spung, Mrs. Sharon E.).

X

XIDAS, Anthony James; '83 BSBA; Sales Cnslt.; Micros Control Systs. Inc., 1701 Triangle Park Dr., Cincinnati, OH 45246, 513 772-9494; r. 1544 Casilla Ct., Miamisburg, OH 45342, 513 866-8502.

Y

YAAKUP-OMAR, Nazliah; '85 BSBA; Staff; Mara, Kuala Lumpur, Malaysia; r. 14 A Lrg Liku Bakak Bata, Alor Setar, Kedah, Malaysia.
YABLONSKI, Donald Joseph, Jr.; '81 BSBA; Mgr./Customer Svc.; Columbia Gas of PA Inc., 212 Locust St. Ste. 204, Harrisburg, PA 17101, 717 232-0714; r. 1329 Scenery Dr., Mechanicsburg, PA 17055, 717 691-1071.
YACHER, Susan C. '77 (See Maloney, Mrs. Susan Y.).
YACSO, David Joseph; '66 BSBA; 24819 Wildwood Dr., Cleveland, OH 44145, 216 777-0231.
YAEGER, Denise Y. '83 (See Koesterman, Mrs. Denise Y.).
YAEGER, Hugh D.; '48 BSBA; Bus. Mgmt./Sales Cnslt.; r. 4994 Gettysburg Rd., Columbus, OH 43220, 614 451-8373.
YAFFE, Wallace; '49 BSBA; Pres.; Wallace Yaffe Real Estate Co., One Wells Ave., Newton, MA 02158, 617 965-8860; r. 39 Beethoven Ave., Waban, MA 02168, 617 332-1029.
YAGER, Mrs. Alta Imler; '43 BSBA; 2775 Indian Mound Rd., Birmingham, MI 48010, 313 642-0353.
YAGER, Mitchell Allen; '82 BSBA; 5616 Archmere Up, Cleveland, OH 44144, 216 398-7593.
YAGER, Paul Descartes; '43 BSBA, '49 LAW; CEO; MFO Mgmt. Co., 1802 Genesee Towers, Flint, MI 48502, 313 767-0136; r. 2775 Indian Mound Rd., Birmingham, MI 48010, 313 642-0353.
YAHN, Wilbert H.; '28; Retired; r. 3169 Kingstree Ct., Dublin, OH 43017, 614 889-8285.
YAKE, Timothy Joseph; '81 BSBA; Sr. Warehouseman; Credit Life Ins. Co., 1 S. Limestone St., Springfield, OH 45503; r. 4528 Ridgewood Rd. E., Springfield, OH 45503, 513 390-1708.
YAKLEVICH, Donna Peters; '51 BSBA; 2256 Canterbury Rd, Columbus, OH 43221, 614 486-5426.
YALAWAR, Dr. Yalaguradapp B.; '77 MBA, '79 PhD (BUS); Gen. Mgr.; Karnapaka State Financial Corp., 25, MG Rd., Bangalore, 56001, India.
YALE, Anita '67 (See Donnelly, Anita Y.).
YALE, Donald Gene; '54 BSBA; 15100 Interlachen Dr., #1009, Silver Spring, MD 20906.
YALE, Miriam Clayman; '59; 15100 Interlachen Dr., #1009, Silver Spring, MD 20906.
YALMAN, Maurice L.; '42 BSBA; Certified Public Acc; Pannell Kerr Foster, 1221 Brickell Ave., Miami, FL 33131, 305 536-1800; r. 11 Island Ave., Apt. 504, Miami Bch., FL 33139, 305 538-9685.
YAMADA, William H.; '52 MACC; 716 High Glen, San Jose, CA 95133, 408 258-7843.
YAMAGUCHI, Ken Ichi; '64 MBA; Pres.; Yamaken Ltd., 8-3 Chome Mirami Kyutaromachi, Higashi-ku, Osaka, Japan, 062518141; r. 986 Sahogawa Higashi Machi, Horen Cho #630, Nara, Japan, 074 222-2445.
YAMASAKI, Lance Brian; '69 BSBA; Investment Broker; Fuller Commercial Brokerage Co., 1990 Post Oak Blvd., Ste. 2100, Houston, TX 77056, 713 850-8400; r. 4722 W. Alabama St., Houston, TX 77027, 713 623-6824.
YAMASHITA, Alison Leslie; '83 BSBA; Master Scheduler; Menasco Aerospace Ltd., 1400 S. Servic Rd. W., Oakville, ON, Canada L6L5Y7, 416 827-7777; r. 250 Rambler Ct., Oakville, ON, Canada L6H3A6, 416 842-5413.
YAMNER, Morris; '59 BSBA; Atty.; Cole Geaney Yamner & Byrne, 100 Hamilton Plz., POB D, Paterson, NJ 07509, 201 278-0500; r. 330 Dwas Line Rd., Clifton, NJ 07012, 201 471-0064.
YAMOUT, Fouad Khaled; '82 BSBA, '84 MBA; Mktg. Dir.; United Intertrade Corp., 9630 Clarewood, Ste. D6, POB 821192, Houston, TX 77282, 713 772-0022; r. POB 420546, Houston, TX 77242, 713 558-1069.
YAN, Felix Wai-Lap; '87 BSBA; Computer Programmer; Hopewell Holdings Ltd., 20/F, Hopewell Ctr., 183 Queen's Rd. E., Wanchai, Hong Kong, 529-1929; r. A7 Tempo Ct. 4 Braemarhill Rd, N. Point, Hong Kong, Hong Kong.
YANAI, Ronald G.; '57 BSBA; VP/Treas.; Physicians Health Plan Corp., 3650 Olentangy River Rd., Columbus, OH 43214, 614 442-7104; r. 6620 Kennerdown St., Columbus, OH 43229, 614 891-7762.
YANDALA, Mrs. Ralph J., (Edith K. Baker); '47 BSBA; Retired; r. 8707 Singlefoot Tr., Kirtland, OH 44094, 216 256-3526.
YANDALA, Ralph J., CPA; '47 BSBA; Retired; r. 8707 Singlefoot Tr., Kirtland, OH 44094, 216 256-3526.
YANEY, Mary Ketcham; '53; 753 Concord, Barrington, IL 60010, 312 381-4130.
YANG, Lydia Tang; '75 MBA; 24 Halstead St., Verona, NJ 07044, 201 239-3965.
YANG, Rocky Tai-Thin; '81 BSBA; 313 Appletree Ave., Camarillo, CA 93010.
YANG-TENG, Nancy Cho-Chi; '80 MACC; 29 Dunelm Rd., Bedford, MA 01730, 617 275-4724.
YANIK, Janine M. '84 (See Brooks, Mrs. Janine M.).
YANKEE, John Harrison, Jr.; '42 BSBA; Cnslt.; Personal Financial Svcs., 51 Locust Ave., Ste. 304, New Canaan, CT 06840, 203 966-1254; r. 135 Comstock Hill Rd., New Canaan, CT 06840, 203 966-3860.
YANKOVICH, Michael Scott; '82 BSBA; Production Mgr.; All Metal Fabricators, 3179 W. 33rd, Cleveland, OH 44109; r. 3615 Chelsea, Brunswick, OH 44212, 216 225-0495.
YANKOVICH, Wayne R.; '76 BSBA; Asst. Mgr.; Flying Tigers, Rickenbacker AFB, Columbus, OH 43217; r. 7630 N. Oakbrook Dr., Reynoldsburg, OH 43068, 614 759-0256.
YANNEY, Louis E.; '63 BSBA; Exec. VP; Ohio Citizens Bank, 405 Madison Ave., Toledo, OH 43603, 419 259-6616; r. 660 Oak Knoll Dr., Perrysburg, OH 43551, 419 874-7890.
YANNIAS, Constantine Steve; '79 BSBA, '81 MBA; Pres.; Boker Investment Mgt Inc., 333 W. Wacker Dr., Chicago, IL 60606, 312 782-0001; r. 2020 Lincoln Park W., Apt. 27F, Chicago, IL 60614, 312 472-5502.
YANNUCCI, Stephen Emil; '74 MBA; Sr. Proj. Mgr.; McDevitt & Street Co., Ste. 200, 18310 Montgomery Village Ave., Gaithersburg, MD 20879, 301 840-0500; r. 9302 Olivia Pl., Burke, VA 22015, 703 978-3221.
YANT, Stephen Richard; '83 BSBA; Dist. Sales Mgr.; Ashland Chemical Co., Div of Ashland Oil Inc, 2025 Lincoln Hwy., Ste. 232, Edison, NJ 08817, 201 287-3344; r. 202 Salem Ct. #12, Princeton, NJ 08540, 609 452-2229.
YAPLE, Wendell E.; '35 BSBA; Acct. Retired; Lybrand Ross Bros. & Montgomery, 33 N. High St., Columbus, OH 43215; r. 156 Webster Park Ave., Columbus, OH 43214, 614 263-9096.
YAPPEL, James Allen; '70 BSBA; Staff; Gould Inc., 10 Gould Ctr., Rolling Meadows, IL 60008; r. POB 1103, Novato, CA 94948.
YARBOROUGH, Richard Allen; '84 BSBA; Chem Loss Prevention; Industrial Risk Insurers, 1630 Hanna Bldg., 1422 Euclid Ave., Cleveland, OH 44115, 216 621-9088; r. 114 Lakefront Dr., Akron, OH 44319, 216 645-6354.
YARBROUGH, LTC John F., USAF(Ret.); '67 MBA; Retired; r. Rte. 1, Box 36A, Council Hill, OK 74428, 918 474-3329.
YARDLEY, Charles B.; '34 BSBA; Retired; r. 1073 Irongate Ln., Apt. B, Columbus, OH 43213, 614 861-3618.
YARK, Donald James, Jr.; '73 BSBA; Pres.; Yark Oldsmobile Inc., 6019 W. Central Ave., Toledo, OH 43615, 419 841-7771; r. 4400 Brookside, Toledo, OH 43615, 419 536-8555.
YARK, John Webster; '79 BSBA; Gen. Mgr.; Yark Oldsmobile Jeep Eagle, 6019 W. Central, Toledo, OH 43615, 419 841-7771; r. 4412 Merriweather, Toledo, OH 43623, 419 885-1032.
YARLING, Mrs. Judith M., (Judith I. Merrill); '45 BSBA; Retired; r. 20 Woodoaks Dr., San Rafael, CA 94903, 415 472-4144.
YARNELL, James David; '56 BSBA; Resident Mgr.; Lacy Diversified Industries, U S Corrugated Division, One Indiana Sq., Indianapolis, IN 46204; r. 4207 Brixton Rd., Chesterfield, VA 23832.
YARNELL, Dr. Kenneth A.; '61 BSBA; Dent.; 333 W. Mifflin, Madison, WI 53703, 608 257-8633; r. 7350 Old Saok Rd., Madison, WI 53717, 608 831-6077.
YAROSS, Alan D.; '43 BSBA, '59 MBA; Retired; r. 310 Burgess Ave., Dayton, OH 45415, 513 274-1632.
YARRINGTON, Beth Olga; '86 BSBA; Acct. Clerk; Record & Tape Outlet, 5156 Sinclair Rd, Columbus, OH 43229; r. 2333 Adams Ave., Columbus, OH 43202.
YARRINGTON, Kimberly '87 (See Byrd, Ms. Kimberly Gail).
YASH, George C.; '41 BSBA; Retired; r. 6184 Michelle Way, Apt. 137, Ft. Myers, FL 33919, 813 482-8954.
YASHKO, Michael Stephen; '84 BSBA; Atty.; Thompson Hine & Flory, 100 E. Broad St., Columbus, OH 43215, 614 469-7221; r. 478 Wyandotte Ave., Columbus, OH 43202, 614 447-0394.
YASSENOFF, Solly Leo; '72 BSBA; Pres.; Rainbow Devel. Corp., 865 King Ave., Columbus, OH 43212, 614 291-3133; r. 2475 Sherwin Rd., Columbus, OH 43221, 614 486-4703.
YATES, Gretchen Lynn; '88 MBA; 169 E. Sycamore St., Columbus, OH 43206, 614 444-2543.
YATES, Robert E.; '59 BSBA; Property Mgr.; Brokers & Assocs., 1770 N. High St., Columbus, OH 43212, 614 294-3111; r. 986 NW Blvd., Columbus, OH 43212, 614 299-5819.
YATES, Ronnie Donnell; '74 BSBA; Acct.; Marathon Oil Co., 539 S. Main St., Findlay, OH 45840; r. 3330 Hidden Creek Dr., Sugar Land, TX 77479, 713 980-1810.
YATES, Thomas J.; '51 BSBA; Reg. Dir. of Appeals; IRS, Rm. 5404, Fed. Ofc. Bldg., 550 Main St., Cincinnati, OH 45202, 513 684-2241; r. 8520 Kentland Ct., Cincinnati, OH 45236, 513 984-6021.
YATES, Thomas L. B.; '57 BSBA; 2181 Jervis Rd, Columbus, OH 43221, 614 488-3457.
YATSKO, Dr. James Joseph; '78 MPA; Staff; US Dept. of Justice, 10th & Constitution Ave. NW, Rm. 1309, Washington, DC 20530; r. 556 Squirrel Hill, Youngstown, OH 44512, 216 758-7089.
YATSKO, Marjorie Pearce; '82 BSBA; Agt.; Allstate Insurance Co., 2765 S. Hamilton Rd, Columbus, OH 43232, 614 868-7087; r. 1506 Park Club Dr., Westerville, OH 43081, 614 885-0010.
YATSKO, Thomas Kelly; '81 BSLHR; Asst. Mgr./Used Cars; Chrysler Plymouth East, 465 S. Hamilton Rd, Columbus, OH 43230, 614 235-9999; r. 1506 Park Club Dr., Westerville, OH 43081, 614 885-0010.
YAU, Tak-Wei; '78 MBA; Supply Mgr.; Atlas Copco Taiwan Ltd., PO 89 Nankang Taipei, Taipei, Taiwan, 027839555; r. 28 Ln. 131 Yang Teh Blvd Sec 2, Yank Ming Shan Taipei, Taipei, Taiwan, 028313760.
YAUFMAN, Michael John; '85 BSBA; Staff Auditor; Society Corp., 127 Public Sq., Cleveland, OH 44113, 614 433-8396; r. 1639 Shanley Dr., Apt. 1, Columbus, OH 43224, 614 267-6699.
YAUSSY, Laura Beatrice; '77 BSBA; Law Student; r. 4151 SW Frwy. 135, Houston, TX 77027.
YAUSSY, Randall Paul; '79 BSBA; Programmer/Analyst; Bucyrus Blades Inc., 260 E. Beal Ave., Bucyrus, OH 44820, 419 562-6015; r. 1022 Southland Dr., Bucyrus, OH 44820, 419 562-3858.
YAUSSY, Stephen James; '72 BSBA; Staff Asst.; GM Acceptance Corp., Detroit, MI 48202; r. 19116 Bedford, Birmingham, MI 48009.
YAVITCH, Bernard Z.; '66 BSBA; Atty-at-Law; 592 S. 3rd St., Columbus, OH 43215, 614 224-1979; r. 7088 Roundelay Rd N., Reynoldsburg, OH 43068, 614 861-4356.
YAVORSKY, Michael Thomas; '73 BSBA; Salesman; 513 932-4672; r. 25696 Brittany Rd, Perrysburg, OH 43551, 419 874-0857.
YAZDIPOUR, Dr. Rassoul; '87 PhD (BUS); Assoc. Prof.; California State Univ., Dept. of Fin. & Bus. Law, Clg. of Business, Fresno, CA 93740; r. 598 E. Shelldrake Cir., Fresno, CA 93710.

YAZEL, Ms. Kathryn Kay; '82 BSBA; Partner; Covert & Yazel, 1305 Worthington Woods Blvd., Worthington, OH 43085, 614 846-7005; r. 5484 Worthington Forest Pl., Columbus, OH 43229, 614 848-3750.

YEACK, Cheryl A., (Cheryl Elliott); '84 BSBA, '87 MBA; Coord. Academic Advt.; The Ohio State Univ., Dept. of Comp & Info Science, 2036 Neil Ave., Columbus, OH 43210, 614 292-1900; r. 3817 Heatherglen Dr., Hilliard, OH 43026, 614 771-8726.

YEACK, Christina S. '78 (See Linnenkohl, Mrs. Christina Y.).

YEACK, William Robert, Jr.; '80 BSBA, '81 MBA; Mgr.; Arthur Andersen & Co., MICD-N'ssei Akasaka Daini Bld, 7-1-16 Akasaka M'nato-ku, Tokyo 107, Japan, 813 470-9172; r. 2-10-43 Mita, Mesuro-ku, Tokyo 153, Japan.

YEAGER, Amy F., (Amy Ferguson); '84 BSBA; Auditor- Tax Dept.; The Ltd. Express, 1 Limited Pkwy., Columbus, OH 43320, 614 479-4000; r. 4914 Heath Tr. Ct., Hilliard, OH 43026, 614 890-5130.

YEAGER, Brian; '73 MBA; 3927 Shawnee St., Uniontown, OH 44685, 216 699-4824.

YEAGER, David Leroy; '85 BSBA; Mktg. Spec.; American Capital, 2800 Post Oak Blvd., Houston, TX 77056, 713 993-0500; r. 6632 Verde Ridge Rd., Palos Verdes Est., CA 90274, 213 541-2186.

YEAGER, Hans Eric; '86 MBA; Account Mgr.; N C R Corp., 1940 Century Park E., Los Angeles, CA 90067, 213 556-5209; r. 7236 W. 90th St., Westchester, CA 90045, 213 670-2410.

YEAGER, Michele Lee; '82 BSBA; LSA Analyst; ILC Dover Inc., POB 266, Frederica, DE 19946, 302 335-3911; r. 1300 S. Farm View Dr., Woodmill Apt. C32, Dover, DE 19901, 302 678-3951.

YEAGER, Pamela Sue; '83 BSBA; Account Exec.; MCI Telecommunications, 205 N. Michigan Ave., 26th Fl., Chicago, IL 60601, 312 938-5501; r. 511 Forest View Dr., Geneva, IL 60134, 312 208-1072.

YEAGER, Robert R.; '48 BSBA; Acct.; Lustroware Housewares Inc., 1625 W. Mound St., Columbus, OH 43223; r. 1620 Kirkley Rd., Columbus, OH 43221, 614 457-6089.

YEAMANS, John H.; '64 BSBA; Cnslt.; Yeamans & Assocs., 5704 Price Hill Pl., Dayton, OH 45459, 513 434-8610; r. 5704 Price Hill Pl., Dayton, OH 45459, 513 434-9480.

YEARICK, Dale R.; '49 BSBA; Retired Acct.; Overmyer-Ball Motor Co., 221 W. Main, Bellevue, OH 44811; r. 111 Arlington Dr., Bellevue, OH 44811, 419 483-7450.

YEARSLEY, Raymond L.; '65 BSBA; Field Credit Mgr.; Dowell Schlumberger, 1155 N. Dairy Ashford, Ste. 600, Houston, TX 77079, 713 556-7797; r. 3806 Crestgate, Midland, TX 79707, 915 697-6687.

YEARY, Lauren '84 (See Helbling, Lauren Yeary).

YEATER, Daniel L.; '81 MBA; Supt. Maint. Profn.; Fisher Guide, 200 Georgesville, Columbus, OH 43228, 614 275-5150; r. 8221 Opossum Run Rd., London, OH 43140, 614 877-3582.

YEATON, COL Carl G., USAF(Ret.); '58 BSBA; RFD No 1 Box 18, Belgrade, ME 04917, 207 495-3597.

YECKLEY, Daniel Jerome; '72 BSBA; Corporate Controller; RB&W Corp., 8341 Tyler Blvd., Mentor, OH 44060, 216 255-6511; r. 829 Bayridge Blvd., Willowick, OH 44094, 216 943-3154.

YEE, Danny; '82 BSBA; Financial Cnslt.; Merrill Lynch Pierce Fenner & Smith, 100 E. Broad St., 24th Fl., Columbus, OH 43215, 614 225-3003; r. 36 Brunson Ave., Columbus, OH 43203, 614 253-1401.

YEE, Dick F.; '85 BSBA; Mktg. Rep.; IBM Corp., 1201 W. Peachtree St., 7th Fl., Atlanta, GA 30367, 404 877-7693; r. 3176 Paces Sta. Ridge, Atlanta, GA 30339.

YEE, Jon F.; '82 BSBA; Acct.; r. POB 566, Wickliffe, OH 44092.

YEE, Mrs. Karen E., (Karen L. Eisenbach); '83 BSBA; Asst. VP; BancOhio Natl. Bank, Investment Division, 155 E. Broad St., Columbus, OH 43215, 614 463-8141; r. 36 Brunson Ave., Columbus, OH 43203, 614 253-1401.

YEE, Kenneth; '79 BSBA; Tax Acct.; ASK Computer Systs., 2440 W. El Camino Real, Mountain View, CA 94039, 415 969-4442; r. 160 E. Remington Dr., #C255, Sunnyvale, CA 94087, 408 738-6976.

YEE, Kenneth; '80 BSBA; Mgr.; Wing's Restaurant, 2801 E. Main St., Columbus, OH 43209, 614 236-8261; r. 407 Westland Ave., Columbus, OH 43209, 614 252-9708.

YEE, Ping Chiu; '84 MBA; 6420 Pearsdale Dr., Columbus, OH 43229, 614 882-8468.

YEE, Ping K.; '62 BSBA; Pres.; Pro-Med, 700 Larkspur Landing Cir., Ste. 199, Larkspur, CA 94939, 415 381-7746; r. 664 Hancock St., Novato, CA 94945, 415 897-1476.

YEE, Tommy W.; '81 BSBA; Gen. Mgr.; The Sharper Edge Inc., 6404 Andsley Dr., Raleigh, NC 27609, 919 850-9092; r. 1503 Edgeside Ct., Raleigh, NC 27609, 919 872-6047.

YEE, Wah; '81 BSBA; 1569 N. High St., Columbus, OH 43201.

YEE, Wai King; '86 BSBA; 4343 E. Fulton St., Columbus, OH 43227, 614 237-2809.

YEH, Chih Joy; '82 BSBA; 8700 Cardiff Rd., Richmond, VA 23236.

YELEY, Russell C.; '80 BSBA; Data Systs. Mgr.; Clark Co. Mental Health Bd., 1101 E. High St., Springfield, OH 45503, 513 322-0648; r. 5146 Mechanicsburg/Catawba, Mechanicsburg, OH 43044.

YELIN, Fabian S.; '48 BSBA; Atty./Secy.; Alside Incorporatedinc, Sub of US Steel, 3773 Akron Cleveland Blvd., Akron, OH 44309; r. 4584 Stage Coach Tr., Akron, OH 44321, 216 666-3204.

YELIN, Maria Faith; '85 BSBA; 4584 Stagecoach Tr., Copley, OH 44321, 216 666-3204.

YELLIN, Lawrence Scott; '79 BSBA; 265 Main St., Ridgefield Park, NJ 07660, 201 440-6294.

YEN, Ben Yen; '87 MA; Mgmt. Info. Cntt.; Arthur Anderson & Co., 41 S. High St., Huntington Ctr. 2000, Columbus, OH 43215, 614 228-5651; r. 241 W. 11th Ave. 10, Columbus, OH 43201, 614 421-1551.

YEN, Simon H.; '87 MA; Economics Researcher; Industrial Technology Rsch. Inst., Taipei, Taiwan; r. 2060 N. High St., #305, Columbus, OH 43201, 614 297-1389.

YEO, Lay Kuan; '88 BSBA; 364 W. Lane Ave. #P-4, Columbus, OH 43201.

YEO, Mei Geok Gloria; '85 BSBA; Loan Processor; Real Estate Co., 205 S. San Gabriel Blvd., San Gabriel, CA 91776; r. 816 S. Stoneman, Apt. #B, Alhambra, CA 91801.

YEOH, Stacy; '87 BSBA; 854 Bricker Blvd., Columbus, OH 43221, 614 457-1253.

YEOMAN, Robert Irvin; '63 BSBA, '65 MBA; Pres.; Automotive Distributors, 2981 Morse Rd, Columbus, OH 43229, 614 476-1315; r. 225 St. Pierre, Worthington, OH 43085, 614 431-9022.

YEOMANS, Myers Leslie; '87 BSBA; Indep. Contractor; Coldwell Banker, 9469 Kenwood Rd., Cincinnati, OH 45242, 513 891-9770; r. 7059 Dawson Rd. Lot #88, Madeira, OH 45243, 513 791-4160.

YERGES, Nancy '49 (See Corey, Mrs. Nancy Y.).

YERIAN, Edward Carl; '66 BSBA; Mgr. Plng. & Control; Navistar, 1301 W. 22nd St., Broadview, IL 60153, 312 865-6831; r. 14824 S. Hawthorne Ct., Lockport, IL 60441, 815 838-2824.

YERIAN, Wayne K.; '78 BSBA; Staff; Benatec & Assoc., 3045 Olentangy River Rd., Columbus, OH 43214; r. 1180 Abner, Columbus, OH 43224, 614 261-0888.

YERINA, Earl David; '81 BSBA; Mgr.; Price Waterhouse, 555 California St., San Francisco, CA 94104, 415 393-8500; r. 355 Euclid, Apt. 304, San Francisco, CA 94118, 415 387-0503.

YERINA, Mary Kay; '87 BSBA; Provider Relations Coord.; The Prudential Ins. Co. of America, 100 E. Campus View Blvd., Ste. 350, Columbus, OH 43235, 614 431-5601; r. 247 Illinois Ave., Westerville, OH 43081, 614 882-1684.

YERINA, Nancy Pendery; '55 BSBA; Pres./Gen. Mgr.; Tri-State Bandag, 7650 Production Dr., Cincinnati, OH 45237; r. 29 Rolling Hills Ct., Cincinnati, OH 45215, 513 771-3195.

YERKE, Robert M.; '59; Pres.; Marvin C Yerke & Assocs Inc., 145 E. Rich St., Columbus, OH 43215, 614 221-6724; r. 1390 Picard Ct., Powell, OH 43065, 614 431-3505.

YERT, Donald Ralph; '64 BSBA; Pres.-Sales; DRY Ins. Agcy. Inc., 8442 Mayfield Rd., Chesterland, OH 44026, 216 729-1996; r. 8834 N. Shiloh Dr., Chesterland, OH 44026.

YERTY, Arthur Wayne, Jr.; '70 BSBA; 19616 Kish Waukee Valley Rd., Marengo, IL 60152, 815 923-2550.

YESSENOW, Irving Israel; '38 BSBA; VP; Lima Iron & Metal Co., POB 157, Lima, OH 45802; r. 2412 Merit Ave., Lima, OH 45805, 419 223-6421.

YETTS, Nathan Jerome; '83 BSBA; Staff; Pitney Bowes Inc., 6480 Doubletree Ave., Columbus, OH 43229; r. 1170 Norman Dr., Columbus, OH 43227.

YIN, Paul T.; '67 BSBA; Pres.; Block A 17/F Kong Nam Ind Bldg., 603-609 Castle Peak Rd., Tsuen Wan N. T, Kowloon, Hong Kong; r. G PO 994, Hong Kong, Hong Kong.

YIP, Benjamin; '87 BSBA; Assoc. Mktg. Rep.; Wang Labs, 101 Market St., San Francisco, CA 94105, 415 995-7388; r. 2701 Prince #4, Berkeley, CA 94705, 415 653-2297.

YOAKEM, Richard D.; '69 BSBA; VP; Ameritrust Co. Natl. Assoc., Natl. Div., 900 Euclid Ave., Cleveland, OH 44101, 216 356-4863; r. 1099 E. Smith Rd., Medina, OH 44256, 216 722-2833.

YOAKUM, Joani Sue; '84 BSBA; Systs. Analyst; The Ohio State Univ., 376 W. 10th Ave., Columbus, OH 43210; r. 424 Caldy Ct., Dublin, OH 43017, 614 459-4342.

YOAKUM, Molly Ann; '88 BSBA; 277 E. Cooke Rd, Columbus, OH 43214, 614 263-8531.

YOAKUM, Paul E.; '47; Retired Prod Mgr.; W B N S-TV, 770 Twin Rivers Dr., Columbus, OH 43215; r. 6457 Dublin Rd, Delaware, OH 43015, 614 881-4492.

YOCOM, Robert M.; '53 BSBA; Safety Cnslt.; State of Ohio, 2323 W. 5th, Columbus, OH 43215, 614 644-2631; r. 3003 Crescent Dr., Columbus, OH 43204, 614 274-8853.

YOCUM, Gerald Wayne; '85 BSBA; Account Exec.; AT&T, 300 W. Wilson Bridge Rd., Columbus, OH 43085, 614 431-7692; r. 5416 Flintstone Dr., Westerville, OH 43081, 614 898-1042.

YODER, Colleen Kay; '77 BSLHR; 244 Wilbur, Columbus, OH 43215.

YODER, Dwight Jay; '67 BSBA, '69 MACC; VP of Fin.; Del Taco Naugles, 345 Baker St., Costa Mesa, CA 92626, 714 540-8914; r. 6550 Verde Ridge Rd., Rancho Palos Verdes, CA 90274, 213 541-8529.

YODER, Jerry L.; '67 BSBA; 12561 Leeper-Perkins Rd., Marysville, OH 43040, 513 644-6242.

YODER, Michael L.; '83 BSBA; Real Estate Acct.; The Ltd. Stores Inc., 1 Limited Pkwy., Gahanna, OH 43230; r. 2029 Sawbury Blvd., Worthington, OH 43085.

YODER, Peggy Hoelscher; '75 BSBA; 859 Country Club Ln., Ashland, OH 44805, 419 281-3536.

YODER, Robert A.; '61 BSBA; Advisory Financial Plannr; IBM, POB 12195, Research Triangle Pk., NC 27709, 919 254-2883; r. 7905 Kingsland Dr., Raleigh, NC 27613, 919 787-1157.

YODER, Thomas Neil; '84 BSBA; Mkt. Mgr.; Barefoot Grass Lawn Svc., 22-I Commerce Rd., Fairfield, NJ 07006, 201 575-7495; r. 289 Mt. Hope Ave., K21, Dover, NJ 07801, 201 366-6386.

YOERGER, Robert B.; '50 BSBA; Retired; r. 3702 Luxair Dr., Hilliard, OH 43026, 614 876-6678.

YOERGER, William Fess; '83 BSBA; Pension Sales Rep.; CIGNA Corp., 150 N. Miller Rd., Ste. 100, Akron, OH 44313, 216 867-8090; r. 2039 Stabler, Akron, OH 44313, 216 836-7701.

YOHO, Douglas Kirk; '82 BSBA; Co-owner/Mgr.; Music Tracks, 114 S. Main St., Woodsfield, OH 43793, 614 472-0651; r. 320 Guilford Ave., Woodsfield, OH 43793, 614 472-5410.

YOHO, Ernestine '38 (See Thierman, Ernestine Y.).

YOHO, Franklin Hess; '88 MBA; 2305 Fairfax Rd., S. Charleston, WV 25303, 304 342-0744.

YOHO, John Roger; '82 BSBA; Syst. Analyst; State of Ohio, 30 E. Broad St., Rm. 4060, Columbus, OH 43215, 614 644-8344; r. 3175 Lewis Rd., Columbus, OH 43207, 614 497-0419.

YOHO, Robin Lynn; '86 BSBA; Tax Cnslt./Acct.; Ernst & Whinney, 2400 Nationwide Plz., Columbus, OH 43215, 614 224-5678; r. 5422 Bermuda Bay Dr., Apt. 3-C, Columbus, OH 43235, 614 442-5931.

YOKUM, Walter J.; '47 BSBA; Rte. 2 Box 701-L, Broomfield, CO 80020, 303 466-2241.

YON, COL Verus Amatus, USAF(Ret.); '59 BSBA; 615 Woodbrook Way, Melbourne, FL 32935, 407 259-4508.

YONK, Joseph L.; '61 BSBA; Systs. Analyst; Defense Systs. Automation Ctr., 3990 E. Broad St., Columbus, OH 43213, 614 238-9778; r. 3759 Dehner Dr., Columbus, OH 43227, 614 231-2650.

YONKER, Kenneth Eugene, CPA; '74 BSBA; Sr. Auditor; Community Mutual Ins. Co., 222 E. Campus View Blvd., Worthington, OH 43235, 614 433-8933; r. 1730 Ginder Rd. N. W., Lancaster, OH 43130, 614 756-4630.

YONTZ, Dorothy Keller, (Dorothy Keller); '49 BSBA; Volunteer; r. 2827 S. Dorchester Rd., Columbus, OH 43221, 614 488-8087.

YONTZ, Lawrence Charles; '82 BSBA; For. Svc. Ofcr.; US Dept. of State, Washington, DC 20520; r. 300 Clinton Heights Ave., Columbus, OH 43202, 614 262-2630.

YONTZ, Ms. Sharon L.; '79 MBA; Mgr.; Ameritech Svcs., 10 S. Wacker, Fl. 22, Chicago, IL 60606, 312 558-1877; r. 2013 Charter Point Dr., Arlington Hts., IL 60004, 312 392-7417.

YOO, Pau Fong; '87 BSBA; 55 E. Norwich Ave. B2, Columbus, OH 43201, 614 299-3881.

YOON, Dr. Heon Deok; '86 PhD (BUS); Prof.; Soongjun Univ., Seoul, Korea; r. 3-503 Hansin Seorae Apt., BANPO2-DONG 539 Seocho-Ku, Seoul, Korea.

YORK, Dale W.; '53; Showroom Designer; Mersman Waldron Corp., 500 W. Wayne St., Celina, OH 45822, 419 586-2351; r. 638 N. Main St., Celina, OH 45822, 419 586-4776.

YORK, Oressa Bailey, (Oressa M. Bailey); '53; Homemaker; r. 638 N. Main St., Celina, OH 45822, 419 586-4776.

YORK, Peter Bruce; '87 BSBA; Acct./Bond Spec.; BancOhio Natl. Bank, Corporate Trust-5th Fl., 155 E. Broad St., Columbus, OH 43251, 614 463-8145; r. 2814 Spinnaker Loop, Reynoldsburg, OH 43068, 614 860-9874.

YORK, Robert James; '80 BSBA; Programmer/ Analyst; Wendys Intl. Inc., POB 256, 4288 W. Dublin-Granville Rd, Dublin, OH 43017; r. 3243 Atlin Ave., Dublin, OH 43017, 614 766-0858.

YORK, Robert William, Jr.; '82 BSBA; Sales Rep.; Mc Donnell Douglas Corp., Network Systs. Communication, Westlake, OH 44145, 216 835-7258; r. 415 Canterbury Rd., Bay Village, OH 44140, 216 835-1853.

YOSOWITZ, Sanford; '61 BSBA; VP/Gen. Cous./ Secy.; Alcan Aluminum Corp., 100 Erieview Plz., Cleveland, OH 44114, 216 523-6915; r. 2585 Larchmont Dr., Beachwood, OH 44122, 216 464-0043.

YOSS, Charles Ralph; '83 BSBA; Branch Mgr.; Transohio Savings Bank, 3195 Harrison, Cincinnati, OH 45211; r. 18 N. Timber Hollow, #13-1817, Fairfield, OH 45014, 513 829-6962.

YOSS, Richard Albert; '65 BSBA; Partner/Atty.; Yoss & Starr, 122 N. Main St., Woodsfield, OH 43793, 614 472-0707; r. 38821 Briar Ridge Rd., Woodsfield, OH 43793, 614 472-0912.

YOST, David William; '64 BSBA; Pres.; Metropolitan Armored Car Inc., 40 S. 3rd St., Columbus, OH 43215; r. 9340 Hawthorn Point, Westerville, OH 43081.

YOST, Douglas Christian; '88 MBA; 71 E. Maynard, Columbus, OH 43202, 614 268-5997.

YOST, Dr. Edward Bruce; '87 PhD (BUS); Assoc. Prof.; Ohio Univ., Clg. of Bus., Athens, OH 45701, 614 593-2085; r. 7760 Clarks Chapel Ln., Athens, OH 45701, 614 592-4713.

YOST, Mrs. Geraldine M., (Geraldine M. Fitzgterald); '56 BSBA; Buyer; Middletown Regional Hosp., 105 Mc Knight Dr., Middletown, OH 45044, 513 420-5202; r. 15 Aberdeen Dr., Middletown, OH 45042, 513 424-3894.

YOST, Ginger V., (Ginger V. Webb); '87 BSBA; Acct.; Coopers & Lybrand, 100 E. Broad St., Columbus, OH 43215, 614 225-8700; r. 4428 Okell Rd., Columbus, OH 43224, 614 263-4666.

YOST, H. Thomas, II; '69 BSBA; Salesman; Mason Supply Co., 985 Joyce Ave., Columbus, OH 43203, 614 253-8607; r. 4428 Okell Rd., Columbus, OH 43224, 614 263-4666.

YOST, Michael B.; '74 BSBA; Landman; r. 10508 N. W. 16th, Yukon, OK 73099, 405 354-6430.

YOUMANS, David H.; '47 BSBA; Retired Sales Mgr.; TWA, 357 W. Bridge St., Dublin, OH 43017; r. 1735 W. First Ave., Columbus, OH 43212, 614 488-3068.

YOUMANS, Michael Lee; '82 BSBA; Programmer Analyst; Fifth Third Bank, Fountain Sq. Plz., Cincinnati, OH 45201; r. 26780 Skyline Dr., Cleveland, OH 44138.

YOUNG, Barbara Gibson; '61 BSBA; Secy.; Makefield Elem. Sch., Makefield Rd., Yardley, PA 19067; r. 1530 Makefield Rd., Yardley, PA 19067, 215 295-7065.

YOUNG, Barbara Lynn '83 (See Byrnes, Mrs. Barbara Young).

YOUNG, Beman D.; '49 BSBA; Semiretired/PT Sales; Pride Complete Vending Svc., 5005 W. Raymond St., Indianapolis, IN 46241, 317 244-5040; r. 3960 E. 58th St., Indianapolis, IN 46220, 317 253-3596.

YOUNG, Carl F.; '49 BSBA; Retired; r. 4 Norwood Ct., Savannah, GA 31406, 912 356-1220.

YOUNG, Chester E., Sr.; '61 BSBA; Bus. Analysts; Kemper Ins. Grp., 10950 Grandview Dr., Overland Park, KS 66021, 913 451-2500; r. 15614 W. 128th St., Olathe, KS 66062, 913 782-8417.

YOUNG, Christine Ann; '86 BSBA; Asst. Controller; Taggart-Marryott-Reardon Co., 4150 Tuller Rd., Ste. 236, Dublin, OH 43017, 614 792-2900; r. 3111 Dublin Arbor Ln., Dublin, OH 43017, 216 666-8036.

YOUNG, Christine Luce; '88 BSBA; 1776-E. Kings Ct., Columbus, OH 43212, 614 488-5172.

YOUNG, Christopher Robert; '82 BSBA; 7952 Trellage Ct., Powell, OH 43065, 614 889-1451.

YOUNG, Clifford A.; '65 BSBA; Pres.; Fhp Mfg. Corp., 610 N. W. 65th Ct., Ft. Lauderdale, FL 33309; r. 9503 N. W. 37th Ct., Coral Spgs., FL 33065, 305 752-8403.

YOUNG, Clyde L.; '71 MBA; VP-Engrg.; Allied Signal Inc., Allied Aftermarket Div., 105 Pawtucket Ave., E. Providence, RI 02916, 401 431-3317; r. 21 Bagy Wrinkle Cove, Warren, RI 02885, 401 245-6181.

YOUNG, Colleen Elizabeth; '80 MBA; 3361 Governor's Tr., Dayton, OH 45409.

YOUNG, Craig Ernest; '85 MBA; Cnslt.; Young & Assocs., 3805 Habitat Dr., Columbus, OH 43228, 614 876-0439; r. Same.

YOUNG, Darrell Alan; '71 BSBA; Pres.; Howard Corp., 24025 Commerce Park Rd., Beachwood, OH 44122, 216 831-6900; r. 5587 Lansbury Ln., Lyndhurst, OH 44124, 216 461-0770.

YOUNG, David Alan; '79 BSBA; 5629 Keating Dr., Dublin, OH 43017.

YOUNG, Donald Bradley; '51 BSBA; Retired; r. 18221 Meadowood Ave., Lathrup Vlg., MI 48076, 313 559-3833.

YOUNG, Donald George; '79 BSBA; Supv.; Intl. Harvester, Lagonda Ave., Springfield, OH 45502; r. 705 E. Schreyer Pl., Columbus, OH 43214, 614 263-8957.

YOUNG, Doran Michael; '79 BSBA; 1st VP for Investments; Shearson Lehman Hutton Inc., One Montgomery St., 24th Fl., San Francisco, CA 94104, 415 955-9437; r. 1487 Greenwich St., #22, San Francisco, CA 94109, 415 441-3282.

YOUNG, Douglas Earl; '71 BSBA; VP, CFO; Copperweld Corp., Four Gateway Ctr., Ste. 2200, Pittsburgh, PA 15222, 412 263-3095; r. 1304 Manor Dr., Upper St. Clair, PA 15241, 412 854-5973.

YOUNG, Douglas John; '83 BSBA; 87 Aldrich Rd., Columbus, OH 43214, 614 268-2166.

YOUNG, Edward H.; '51 BSBA; Labor Relations Supv; r. 2452 N. High St. #9, Columbus, OH 43202.

YOUNG, Ernest M.; '47 BSBA; CPA; Marinan Young Goodman PC, 425 Northern Blvd., Great Neck, NY 11021, 516 482-4930; r. POB 1039, Ridgefield, CT 06877, 718 979-3030.

YOUNG, Francisco Rolando; '46 BSBA, '48 MBA; 614 236-6616; r. 800 Pimlico Dr., Gahanna, OH 43230, 614 855-9225.

YOUNG, George Allen; '78 BSBA; Acctg. Mgr.; Bailey Controls Co., 29801 Euclid Ave., Wickliffe, OH 44092, 216 585-6641; r. 21 Edgewater Sq., Lakewood, OH 44107, 216 226-8656.

YOUNG, Gerald M.; '57 MBA; Cnslt.; Nekoosa Packaging Co., Toledo, OH 43666; r. Rte. 4, Box 138, Taylorsville, NC 28681, 704 632-8847.

YOUNG, H. Scott; '48 BSBA; 740 Country Club Dr., Howard, OH 43028.

YOUNG, Henry A.; '33 BSBA; Retired; r. 11 Richmond Ave., London, OH 43140, 614 852-2510.

YOUNG, Howard L.; '50 BSBA; 103 Powhatan, Columbus, OH 43204.

YOUNG, Howard Wilson; '68 BSBA; 1665 Clark Rd, La Rue, OH 43332, 614 499-3681.

YOUNG, Hunter D.; '33 BSBA; Retired Dept. Mgr.; Higbee Co., Midway Mall, Furniture Dept., Elyria, OH 44035; r. 1118 E. River St., Elyria, OH 44035, 216 322-7853.

YOUNG, Ivor Hughes; '55 BSBA; Atty. Cnslt.; Real Estate Investments, Muirfield Village, 6100 Memorial Dr., Dublin, OH 43017; r. 5697 Strathmore Ln., Dublin, OH 43017, 614 889-7511.
YOUNG, Dr. James Douglas; '63 BSBA; Dean; Troy State Univ., Special Programs Clg., Bibb-Graves Hall, Troy, AL 36082, 205 566-3000; r. 2533 Winchester Rd., Montgomery, AL 36106, 205 271-5486.
YOUNG, James G.; '57 BSBA; VP; Sonnenblick Goldman Corp., 1901 Ave. of The Stars, Los Angeles, CA 90067; r. 30616 Vista Sierra Dr., Malibu, CA 90265.
YOUNG, James Lawrence; '83 BSBA; 4614 Fifth Ave., Apt. 905, Pittsburgh, PA 15213.
YOUNG, Jay Louis; '81 MBA; 2954 Welsford Rd., Columbus, OH 43221, 614 488-6549.
YOUNG, Jayne Metka; '78 BSBA; Loan Interviewer; Wright Patterson Credit Union, POB 286, Fairborn, OH 45324, 513 429-3340; r. 110 Green Valley Dr., Enon, OH 45323, 513 864-2012.
YOUNG, John Andrew; '48 MBA; Asst. Mgr.; Mkt. Devel., St. Joe Minerals Corporation, Monaca, PA 15061; r. St. Joe Minerals Corp, Monaca, PA 15061, 412 375-4539.
YOUNG, John David; '57 BSBA; Pres./Owner; Youngs American Carpet Co., POB 393, 6324 Irelan Pl., Dublin, OH 43017, 614 889-6511; r. 1343 Windham Rd, Columbus, OH 43220, 614 457-2367.
YOUNG, John Douglas; '86 BSBA; Public Acct.; Ernst & Whinney, 2400 Nationwide Plz., Columbus, OH 43216; r. 1974 Berkshire Rd., Columbus, OH 43221, 614 488-9693.
YOUNG, John Mc Mahon; '65 BSBA; Atty.; Richland Cnty. Courthouse, Columbia, SC 29201; r. Box 192, Columbia, SC 29202, 803 781-0738.
YOUNG, Joseph Albert; '75 BSBA; 5155 Sleepy Hollow Rd., Apt. 1, Valley City, OH 44280, 216 273-1187.
YOUNG, Judith '81 (See Hatfield, Ms. Judith Young).
YOUNG, Judith A.; '63 BSBA; Sr. Analyst; Natl. Economic Rsch. Assoc., Inc., Subdiv. Marsh & McLennan Cos., 1800 M St., Washington, DC 20036, 202 466-3510; r. Hamilton House Apt. 525, 1255 New Hampshire Ave. NW, Washington, DC 20036, 202 223-5674.
YOUNG, Ms. Judith A., (Judith A. Watkins); '63 BSBA; Mktg. Dir.; Professional Realty Org., 7113 Three Chopt Rd., Richmond, VA 23226, 804 741-5050; r. 5302 New Kent Rd, Richmond, VA 23225, 804 230-0624.
YOUNG, Karen Sue; '87 BSBA; Sr. Pricing Analyst; The Flexible Corp., 970 Pittsburgh Dr., Delaware, OH 43015, 614 362-2917; r. 180 W. Brighton Rd., Columbus, OH 43202, 614 267-0564.
YOUNG, Kathryn Elaine; '77 BSBA; Bookkeeper; Heinzerling Found, 1800 Heinzerling Dr., Columbus, OH 43223, 614 272-8888; r. 4645 Emslie Dr., Apt. B, Columbus, OH 43224, 614 263-9388.
YOUNG, Kenneth L.; '39 BSBA; Retired; r. 614 E. Perry St., Port Clinton, OH 43452, 419 734-3402.
YOUNG, Laura '80 (See Smith, Laura Young).
YOUNG, Leamon Dennis; '82 BSBA; 4114 Morse Creek, Apt. D, Columbus, OH 43224, 614 475-1306.
YOUNG, Leslie Jeanne; '87 BSBA; 2617 Eastcleft Dr., Columbus, OH 43221, 614 486-1664.
YOUNG, Lillian Aiken; '23 BSBA; Bookkeeper; Loulda Farms, Mineral Ridge, OH 44440; r. 8424 Austintown-Warren Rd, Mineral Ridge, OH 44440.
YOUNG, Loretta Lorraine; '77 MPA; 940 Front St., Coatesville, PA 19320, 215 384-5329.
YOUNG, Lowell E.; '33 BSBA; Retired; r. 2504 5th Ave., Youngstown, OH 44505, 216 759-0698.
YOUNG, Margery Polster; '51 BSBA; Acct.; Stanley Frankel & Co. Inc., Beachwood, OH 44122, 216 752-7070; r. 24601 Hawthorne Dr., Cleveland, OH 44122, 216 831-6811.
YOUNG, Mark William; '88 BSBA; 4661 Baker Woods Ln., Decatur, IL 62521, 614 299-4046.
YOUNG, Martin; '49 BSBA; Retired; r. 8150 W. Mc Nab Rd. #203, Tamarac, FL 33321, 305 726-4365.
YOUNG, Martin Douglas; '54 BSBA; CPA; 160 N. Crescent Dr., Beverly Hls., CA 90210, 213 271-0060; r. Same.
YOUNG, Mary Ann '75 (See Von Glinow, Dr. Mary Ann).
YOUNG, Mary Lou Fife, (Mary Lou Fife); '83 BSBA; Supercomputing Opers. Mgr; Univ. of Illinois, National Ctr. For Super, Computing, Urbana, IL 61801; r. 2504 S. Anderson St., Urbana, IL 61801, 217 328-2531.
YOUNG, Ms. Michelle L., (Michelle L. Bast); '87 BSBA; Sr. Programmer; Nationwide Ins., One Nationwide Plz., 4PN-Group Systs., Columbus, OH 43216, 614 249-2776; r. 3842 Maidens Larne Dr., Hilliard, OH 43026, 614 771-0462.
YOUNG, Miriam '80 (See Clingman, Miriam Young).
YOUNG, Nancy Humphreys, (Nancy Humphreys); '54 BSBA; Retired; r. 226 Grove St., Bluffton, OH 45817, 419 358-6081.
YOUNG, Patricia Vlaskamp; '47 BSBA; POB 603, West End, NC 27376.
YOUNG, Patrick Terry; '69 BSBA; VP-Sales & Marketg; Grossman's Inc., 955 Industrial Rd., San Carlos, CA 94070, 415 592-9250; r. 40 La Barthe Ln., San Carlos, CA 94070, 415 368-5847.
YOUNG, Peter Letts; '80 BSBA; Assoc.; Edison Biotechnology Ctr., 11000 Cedar Ave., Cleveland, OH 44106, 216 229-0400; r. 19425 Van Aken Blvd., #212, Shaker Hts., OH 44122, 216 751-4677.
YOUNG, Ralph Stephen; '75 BSBA; Sr. Mgt. Syst. Specialist; Hughes Aircraft Co., Bldg. 1, MS A146, POB 902, El Segundo, CA 90245, 213 414-5829; r. 306 S. Ave. 57, Apt. 1, Los Angeles, CA 90042, 213 256-0316.
YOUNG, Regina Marie; '29 BSBA; Retired Intl. Economist; US Treas. Dept.; r. 8617 Hempstead Ave., Bethesda, MD 20817, 301 530-4723.
YOUNG, Dr. Richard Anthony; '84 PhD (ACC); Staff; r. 1005 Denbigh Dr., Iowa City, IA 52240, 319 338-2955.
YOUNG, Richard E.; '74 BSBA; Auditor; Ohio Dept. of Taxation, 30 E. Broad St., Columbus, OH 43216, 614 433-7613; r. 5327 Lemonwood St., Columbus, OH 43229, 614 882-9413.
YOUNG, Richard Scott; '72 BSBA; Materials Dir.; Black Box, Mayview At Park, Pittsburgh, PA 15241; r. 2457 Maryland Dr., Pittsburgh, PA 15241, 412 833-1914.
YOUNG, Robert Evans; '64; Bus. Devel. Dir.; The United Way, 360 S. Third St., Columbus, OH 43215, 614 227-2710; r. 3596 Chowning Ct., Columbus, OH 43220, 614 442-1344.
YOUNG, Robert Franklin; '77 BSBA; Staff; Software Projects, POB 1261, Chillicothe, OH 45601; r. 179 Gerber Ave., Chillicothe, OH 45601.
YOUNG, Rev. Robert L.; '71 BSBA; Pastor; 135 W. Main, Box 162, Waldo, OH 43356, 614 726-2770; r. 155 W. Main, Box 162, Waldo, OH 43356, 614 726-2648.
YOUNG, Ronald S.; '63 BSBA; Dir.; Interstate Commerce Commission, Bureau of Accounts, 12th & Constitution, Washington, DC 20066, 202 275-7565; r. 1325 E. Capitol St. SE, Washington, DC 20003.
YOUNG, Russell N.; '49 BSBA; Retired; r. 162 Northridge Rd., Columbus, OH 43214, 614 262-0158.
YOUNG, Setrena Nadine; '80 BSBA; 19518 Longbrook Rd., Warrensville Hts., OH 44128.
YOUNG, Steven E.; '77 BSBA; Proj. Spec.; Motorola Communications & Electronics Inc., 12955 Snow Rd., Parma, OH 44130, 216 267-2210; r. 4525 Grayton Rd., Cleveland, OH 44315, 216 267-1566.
YOUNG, Steven Shane; '84 BSBA; Contract Negotiator; Dept. of Defense, SA-ALC/PNZSA, Kelly AFB, San Antonio, TX 78241, 512 925-8978; r. 7207 Snowden, #605, San Antonio, TX 78240, 512 691-8911.
YOUNG, Thomas Andrew; '69 BSBA; Atty.; Porter Wright Morris & Arthur, 37 W. Broad St., Attorneys At Law, Columbus, OH 43215; r. 2249 Sedgwick Dr., Columbus, OH 43220.
YOUNG, LTC Thomas Robert, USAR; '67 BSBA; VP; Bozell Jacobs Kenyon Eckhardt, 12121 Wilshire Blvd., Los Angeles, CA 90025, 213 442-2518; r. 12127 Gothic Ave., Granada Hls., CA 91344, 818 366-5015.
YOUNG, Virgil E.; '50 BSBA; Retired; r. 716 Red Lion Way, Bridgewater, NJ 08807, 201 722-7994.
YOUNG, Walter L.; '57 BSBA; Asst. Controller; Smith & Nephew Med., 1875 Harsh Ave. SE, Massillon, OH 44646, 216 833-2811; r. 1140 Westbury Cir. NW, Massillon, OH 44646, 216 832-0037.
YOUNG, Willard C.; '30; Retired; r. 3596 Chowning Ct., Columbus, OH 43220, 614 442-1344.
YOUNG, Woodrow Cyrus; '68 BSBA; Pres.; California Clock Co.; r. 10893 San Paco Cir., Fountain Vly., CA 92708, 714 962-8611.
YOUNGEN, William F.; '51 BSBA; Owner; Tax & Bookkeeping Svc., 1736 W. 40th, Tulsa, OK 74107; r. 2110 E. 61 Apt. A, Tulsa, OK 74136.
YOUNGER, Craig Alan; '85 BSBA; Coord. of Accounts Recv.; First Community Village, 1800 Riverside Dr., Columbus, OH 43212, 614 486-9511; r. 5712 Forest Willow Ln., Columbus, OH 43229, 614 848-4508.
YOUNGER, Donn Richard; '67; Personnel Mgr.; Eli Lilly & Co., 307 E. Mc Carty St., Indianapolis, IN 46285; r. 1701 Waltham Rd., Columbus, OH 43221, 614 488-8187.
YOUNGER, Norval Clyde; '26; 1701 Waltham Rd., Columbus, OH 43221, 614 488-8187.
YOUNGER, Robert N.; '58 BSBA; Asst. Controller; Magnavox Govt. Ind Electronics, 1313 Production Rd., Ft. Wayne, IN 46808, 219 429-6488; r. 2230 August Dr., Ft. Wayne, IN 46818, 219 489-3255.
YOUNGQUIST, Allan R.; '37 BSBA; Retired; r. 2157 Walter Rd., Westlake, OH 44145, 216 777-2935.
YOUNGQUIST, William C.; '49 BSBA; Atty. & CPA; W.C. Youngquist, PC, 3070 Mercer University Dr., Atlanta, GA 30341, 404 458-1062.
YOUNGSTON, John William; '76 BSBA; Account Exec.; Cullinet Software Inc., 2900 N. Loop W., Ste. 500, Houston, TX 77092, 713 688-7210; r. 5227 Ashmere Ln., Spring, TX 77379, 713 251-8389.
YOUNKER, Daniel Edward; '64 BSBA; Ins. Agt.; Younker Grp., 921 Chatham Ln., Ste. 301, Columbus, OH 43221, 614 442-0440; r. 6489 Strathaven Ct. N., Worthington, OH 43085, 614 846-0433.
YOUNKER, Harry L., Jr.; '48 BSBA; 115 N. Granville Blvd., Fremont, OH 43420, 419 332-7046.
YOUNKER, Jonathan Scott; '69 BSBA; Pres.; Secure Svc., 120 W. Stevenson St., Gibsonburg, OH 43431; r. 120 1/2 W. Stevenson St., Gibsonburg, OH 43431, 419 637-7540.
YOUNKIN, Ronald P.; '59; Pres.; Greenlawn Mobile Home Sales, 555 Greenlawn Ave., Sales Division, Columbus, OH 43223, 614 443-7421; r. 5595 Tangarey Ct., Columbus, OH 43220, 614 459-1642.
YOUNKMAN, Richard L.; '67 BSBA; Svc. Spec.; Nationwide Ins. Co., One Nationwide Plz., Columbus, OH 43216; r. 5884 Connolly Ct., Dublin, OH 43017.
YOUNT, William Fred, III; '72 BSBA; Customer Svc. Engr.; Ohio Bell Telephone Co., An Ameritech Company, 75 Erieview, Rm. 232, Cleveland, OH 44114, 216 822-6020; r. 4490 St. Petersburg Dr., Cleveland, OH 44134, 216 888-1404.
YOUSSEF, Dr. Mohsen A. M.; '84 PhD (LHR); Cnslt.; The World Bank, Educ. & Manpower Spec., 1818 H St. NW, Washington, DC 20433; r. 489 N. Pickett St., Alexandria, VA 22304, 703 751-0984.
YOUTZ, James R., CPA; '48 BSBA; Retired; r. 26 Wyndehurst Dr., Madison, NJ 07940, 201 377-6404.
YOVAN, Alexander T.; '50 BSBA; 6631 Oakman Blvd., Dearborn, MI 48126, 313 846-6132.
YOVICHIN, Jeffrey Daniel; '86 BSBA; Bank Examiner; Fed. Home Loan Bank, 799 Rockwell Ave., Cleveland, OH 44114, 216 589-9490; r. 328 Parkway Dr., Eastlake, OH 44094, 216 946-3268.
YOWELL, Gail Smith; '39 BSBA; RR No 1, Box 211A, Milford, NJ 08848.
YU, Byung-Uk; '85 MPA; 47-33 Gooeui-Dong, Sungdong-Ku, Seoul 133, Korea.
YU, John S., OD; '84 BSBA; Optometrist; Topeka VAMC, 2200 Gage Blvd., 112A, Topeka, KS 66622, 913 272-3111; r. 2715-1/2 Indiana Ave., Topeka, KS 66605, 913 232-8763.
YU, Dr. Joseph Feng-Shing; '85 MBA; Rsch. Assoc./Proj. Mgr.; PPG Industries Inc., POB 2844, Pittsburgh, PA 15230, 412 967-2047; r. POB 697, Ingomar, PA 15127, 412 935-7468.
YUAN, Si-Hung; '82 MACC; 901 Callahan Ln., Placentia, CA 92670, 714 579-0390.
YUAN, Terence Tsu-Yung; '82 BSBA; Eastern Zone Mgr.; Binney & Smith Inc., Division of Hallmark Cards, 1100 Church Ln. POB 431, Easton, PA 18044, 215 253-6271; r. 310 Michael Ter., Sewell, NJ 08080, 609 232-8339.
YUEN, Michael Kam-Wai; '80 MACC; Tax Mgr.; Arthur Young & Co., 3000 K St., NW, Washington, DC 20007, 202 956-6305; r. 3330 Monarch Ln., Annandale, VA 22003, 703 560-8138.
YUENGER, Thomas Patrick; '83 MBA; Adm Mgr./Controller; Cardinal Industries Inc., 2040 S. Hamilton Rd., Columbus, OH 43232; r. 2826 Zollinger Rd., Columbus, OH 43221, 614 442-1241.
YUHAS, James Edward; '86 MBA; Auditor; American Electric Power Co., 1 Riverside Plz., 26th Fl., Columbus, OH 43216, 614 223-2626; r. 1008 Deacon Cir., Columbus, OH 43214, 614 451-8868.
YULE, Edward F.; '59 BSBA; Dir. of Corp. Audit; Dataproducts Corp., 6200 Canoga Ave., Woodland Hls., CA 91365, 818 887-8000; r. 222 Ewing Ter., San Francisco, CA 94118, 415 346-6081.
YUN, Gai Soo; '76 BSBA; 1518 Harvard St. Apt. 5, Santa Monica, CA 90404.
YUN, Nancy Kunsuk '84 (See Chin, Mrs. Nancy Y.).
YUN, Dr. Young-Sup; '83 PhD (BUS); Faculty; Korea Univ., Clg. of Business, 1, T-Ka Anam-Dong Sungbuk-Ku, Seoul, Korea; r. 1, 5-Ka Anam-Dong, Sungbuk-Ku, Seoul, Korea.
YUND, Jeffrey Dean; '82 BSBA; Acct.-Cash Appl.; White Consolidated Inc., Div of White Consol Inds, 300 Phillipi, Columbus, OH 43228, 614 272-4570; r. 372 Springboro Ln., Worthington, OH 43085.
YUND, Michael Edwin; '83 BSBA; Programmer/Analyst; Aga Gas Inc., c/o Postmaster, Cleveland, OH 44101, 216 642-6628; r. 5676 Broadview Rd., Apt. 615, Parma, OH 44134, 216 661-2518.
YUNG, John Kim; '80 BSBA; Asst. Auditor; Thomas E. Ferguson Auditor of State, 615 W. Superior Ave., 12th Fl., Cleveland, OH 44113, 216 622-3665; r. 5418 B Cascade Ct., Willoughby, OH 44094, 216 946-1622.
YUNKER, Eileen Marie; '80 BSBA; 367 N. Columbus St., Galion, OH 44833, 419 468-6885.
YURASEK, James Joseph; '79 BSBA; Transp/Exch. Rep.; Columbia Gas Transmission Corp., Transportation & Exchange Dept, 1700 Mac Corkle Ave. SE, Charleston, WV 25325, 304 357-2731; r. 4112 Noyes Ave., Charleston, WV 25304, 304 925-4141.
YURASEK, Joseph J.; '50 BSBA; Auditor; E I Evans & Co., 17 S. High St., Columbus, OH 43215; r. 1415 Studer Ave., Columbus, OH 43206, 614 443-2745.
YURASEK, Joseph J., Jr.; '72 BSBA; VP, Secy.-Treas.; Northland Mktg. Inc., POB 865, Southfield, MI 48037, 313 353-0222; r. 24723 Westmoreland, Farmington Hls., MI 48018, 313 478-5720.
YURASEK, Stephen Joseph; '74 BSBA; Atty./Partner; Allen Howard & Yurasek, POB 391, 233 W. 5th St., Marysville, OH 43040, 513 642-4070; r. 15150 Wildwood Ln., Marysville, OH 43040, 513 642-9614.
YURJEVIC, Daisy '35 (See Hedrick, Daisy Yurjevic).
YURMAN, James Daniel; '62; Ins/Tax Shelters Salesman; James D. Yurman & Assocs., Inc., 6700 Beta Dr., Ste. 310, Cleveland, OH 44143, 216 461-1060; r. 6946 Cranbrook Dr., Brecksville, OH 44141, 216 526-5050.
YUROSKO, Thomas Robert; '66 BSBA; 611 Kevin Dr., Sandusky, OH 44870, 419 626-4013.
YUTZY, Julana Irene; '82 BSBA; Clerk; Christian Armory, 2250 Morse Rd., Columbus, OH 43229; r. 8740 Plain City Georgesville, Plain City, OH 43064, 614 873-4144.

Z

ZABEL, George C.; '66 BSBA; Commer. Underwriting Supv; State Farm Ins. Co., 1440 Granville Rd., Newark, OH 43055, 614 349-5575; r. 1335 Krebs Dr, Newark, OH 43055, 614 366-4590.
ZABELL, Jennifer Ralph; '78 BSBA; 24730 Penshurst Dr., Beachwood, OH 44122.
ZABILSKI, John; '86 MBA; Technical Sales Rep.; Chemical Abstracts Svc., 2540 Olentangy River Rd, POB 3012, Columbus, OH 43210, 614 421-3600; r. 2564 Indianola Ave., Columbus, OH 43202, 614 263-9361.
ZABINSKI, Walter; '64 BSBA; Agt.; IRS, 19th & Stout Sts., Denver, CO 80201; r. 7972 S. Vine Ct., Littleton, CO 80122, 303 795-5183.
ZABOR, Elaine M.; '78 MPA; Chief-Ofc of Support Svc; Ohio Dept. of Mental Health, 3201 Alberta St., Columbus, OH 43204, 614 274-5505; r. 1884 W. Lane Ave., Columbus, OH 43221, 614 486-7843.
ZABORSZKI, Antal A.; '67 BSBA; Product Mktg. Dir.; CE-Tyler, 3200 Bessemer City Rd., POB 8900, Gastonia, NC 28053, 704 868-3374; r. Rte. 3, Box 727, Kings Mtn., NC 28086, 704 482-6650.
ZABRYCKI, Edward Andrew; '71 MBA; 16 Orange Blossom Ct., Danville, CA 94526, 415 820-7499.
ZACCAGNINI, Bruce Alan; '83 BSBA; Atty.; Armstrong Gordon Mitchell & Damiani, 118 St. Clair Ave. Ste. 900, Cleveland, OH 44114, 216 566-0064; r. 16464 Georgetown Ct., Strongsville, OH 44136, 216 238-7815.
ZACCAGNINI, Mario J.; '57 BSBA; 18212 Howe Rd., Strongsville, OH 44136.
ZACHARIAS, Bernard Louis; '72 MPA; 1112 Hymettus, Leucadia, CA 92024, 619 436-0718.
ZACK, Raymond P.; '81 BSBA; Liaison Ofcr.; Society of St. Vincent De Paul, 9235 San Leandro St., Oakland, CA 94603, 415 638-7600; r. 35128 Lucia St., Fremont, CA 94536, 415 791-5880.
ZACK, Robert Thomas; '74 BSBA; 496L Lunar Driveenue, Columbus, OH 43214.
ZACKS, Arnold O.; '56 BSBA; Atty.; Arnold O. Zacks Co., LPA, 50 W. Broad St., Ste. 1910, Columbus, OH 43215, 614 224-1717; r. 2825 Elm Ave., Columbus, OH 43209, 614 237-6087.
ZACKS, Gordon B.; '55 BSBA; Bd. Chmn./CEO; R. G. Barry Corp., 13405 Yarmouth Rd. N. W., Pickerington, OH 43147, 614 864-6400.
ZADKOVICH, Robert J.; '88 BSBA; 25176 Edgemont Dr., Richmond Hts., OH 44143, 216 486-1670.
ZADZI, Deborah Gavlik; '86 MPA; 521 Maize Ct. #1, Circleville, OH 43113, 614 474-3966.
ZAENGLEIN, Cletus M.; '25 BSBA; Rep.; Equitable Life Assurance Co., Box 1099, Shreveport, LA 71101; r. 505 Janie Ln., Shreveport, LA 71106, 318 868-6832.
ZAGAR, Richard Gerard; '80 BSBA; Tool Room/Purchasing; Metal Seal & Prods., 4323 Hamann Pkwy., Willoughby, OH 44094, 216 946-8500; r. 294 E. 194th St., Euclid, OH 44119, 216 531-3899.
ZAGARINSKY, Charlene Ann; '82 BSBA, '85 MBA; Commercial Loan Ofcr.; Natl. Bank of Detroit, 1116 W. Long Lake Rd., Bloomfield Hls., MI 48013, 313 645-6600; r. 21021 Green Hill Rd., Apt. #355, Farmington Hls., MI 48024, 313 478-5652.
ZAGLANIS, Dean James; '74 BSBA; VP; Z Produce Co. Inc., 720 Harmon Ave., Columbus, OH 43223, 614 224-4373; r. 3567 Rochfort Bridge Dr., Hilliard, OH 43026, 614 876-0335.
ZAHLER, Gerald E.; '49 BSBA; Real Estate Broker; Zahler Realty, 20990 Libby Rd., Cleveland, OH 44137, 216 663-3850; r. 2853 Fairmount Blvd., Cleveland, OH 44118, 216 321-0611.
ZAHLER, Michael Jerome; '87 BSBA; Syst. Scheduler; Banc Ohio Natl. Bank, 770 W. Broad St., Columbus, OH 43265, 614 463-7703; r. 216 Chatham Rd., Columbus, OH 43214, 614 262-7574.
ZAHLER, Michelle Shay; '83 BSBA; Fed. Tax Acct.; Hillenbrand Industries Inc., Hwy. 46, Batesville, IN 47006; r. 4356 Belcher Ct., Columbus, OH 43224.
ZAHN, Beverly J. '72 (See Weiman, Ms. Beverly Zahn).
ZAHN, John M.; '50 BSBA; Retired; r. 54 N. Ardmore Rd., Columbus, OH 43209, 614 258-3676.
ZAHN, Lenore Stroman; '50 BSBA; 3406 Shoreside Dr., Crosby, TX 77532, 713 328-6990.
ZAHN, Richard Thomas; '86 BSBA; Logistics Supv.; Frito-Lay Inc., Div Pepsico Inc, 2810 Kennedy Dr., Beloit, WI 53511, 608 365-7112; r. 829 Gardner St., S. Beloit, IL 61080, 815 389-3036.
ZAHNISER, Terry Lee; '86 BSBA; 2759 Lutz Ave., Mansfield, OH 44903, 419 589-5266.
ZAIKO, Dennis Walter; '72 BSBA; Distribution Mgr.; Sun Microsystems, 2550 Garcia Ave., Mountain View, CA 94043, 408 922-4909; r. 4 Ashford Ct., Alamo, CA 94507, 415 743-0322.
ZAJACK, Ronald E.; '67 BSBA; Exec. VP; Freedom S&L Assn., 750 S. Orlando Ave., Winter Park, FL 32789; r. PO Box 724687, Atlanta, GA 30339.
ZAK, Annette Yvonne; '80 BSBA; 1160 Stanwick Dr., Dayton, OH 45430.
ZAK, Kenneth Allen; '84 BSBA; Atty.; Barger & Wolen, 701 B St., Ste. 740, San Diego, CA 92101, 619 232-2800; r. 7405 Charmant, #2410, San Diego, CA 92122, 619 457-4674.
ZAK, Randall James; '85 BSBA; Programmer/Analyst; Sverdrup Technology, 30650 Commerce Ct., Middleburg Hts., OH 44130, 216 826-6646; r. 9911 Sunrise Cove, N. Royalton, OH 44133, 216 237-6066.

ZAK, Stanley J.; '66 BSBA; Republic Steel Corp., c/o Postmaster, Massillon, OH 44646; r. 1537 Isler Cir., Canton, OH 44708, 216 478-1962.

ZAKRAJSEK, Gregory Thomas; '88 BSBA; Asst. Mgr Golf Operations; Deen Lake Golf Course, 6300 Lake Rd. W., Geneva, OH 44041, 216 466-8450; r. 7578 Webster Rd, Middleburg Hts., OH 44130, 216 234-7564.

ZALAC, Charles Ross; '83 MPA; Soc. Prog. Developer; Ohio Dept. of Human Svcs., Bureau of Medicaid Preventive, Health, Columbus, OH 43266, 614 466-4966; r. 256 Montrose Way, Columbus, OH 43214, 614 263-3407.

ZALAR, Cheryl Lynn; '87 BSBA; 2112 Helmsdale Dr., Euclid, OH 44143, 216 481-8347.

ZALAR, Frank William; '68 MBA; Fin Ofc. & Treas.; Reuter-Stokes Inc., 18530 S. Miles Rd., Nuclear Radiation Detectors, Cleveland, OH 44101; r. 10080 Pine Crest, Painesville, OH 44077, 216 357-1852.

ZALETEL, Wendy Alice; '87 BSBA; Mktg. Asst.; Tecmar Inc., 6225 Cochran Rd., Solon, OH 44139, 216 349-0600; r. 601 B Lee Rd., Apt. #1119, Bedford, OH 44146, 216 729-1151.

ZALLANTA, Denise Marie; '84 BSBA; 889 Notchbrook Dr., Delaware, OH 43015, 614 548-6927.

ZAMBELL, Nancy K. '83 (See Stolting, Ms. Nancy K.).

ZAMBOLDI, Robert Joseph; '67 MBA; VP of Sales; Air Prods. & Chemicals, Industrial Gas Division, POB 538, Allentown, PA 18105, 215 481-5875; r. 2843 Birchwood Cir., Emmaus, PA 18049, 215 967-2746.

ZAMBON, Susan Louise; '79 BSBA; Sales Rpresentative; Sweeney Distributing, 3300 Mc Colloch St., Wheeling, WV 26003; r. POB 547 Smithfield, Dillonvale, OH 43917.

ZAMMATARO, Philip A., Jr.; '77 BSBA; Mgr.; Eisner & Lubin CPA's, 250 Park Ave., New York, NY 10177, 212 370-9000; r. 90 Grand Ave., Apt. E2, Hackensack, NJ 07601, 201 343-3989.

ZAMORA, Lynda Deana; '87 MPA; Budget Analyst; City of Dallas, Budget & Research Dept., City Hall, Dallas, TX 75201, 214 670-3679; r. 8547 Southwestern, #2196, Dallas, TX 75206, 214 368-8347.

ZANDER, Carl Alfred; '65 BSBA; Pres.; Man Machine Interface Inc., 26911 Ctr. Ridge Rd., Ste. 2, Westlake, OH 44145, 216 871-6496; r. 24419 Hilliard Blvd., Westlake, OH 44145, 216 871-6475.

ZANDER, Zoltan Frank; '70 BSBA; Staff; Supplemental Savings, 1236 Weathervane Ln., Akron, OH 44313; r. 2533 Weatherwyck Ct., Toledo, OH 43614.

ZANDO, Mark Wilkerson; '85 BSBA, '87 MBA; 1491 Burr Oak Dr., Cincinnati, OH 45230, 614 299-5274.

ZANDO, William Gary; '84 BSBA; 1491 Burr Oak Dr., Cincinnati, OH 45230.

ZANE, Christopher Steven; '84 BSBA; Sales Rep.; David Hobbs Bmw, 866 W. Broad St., Columbus, OH 43222, 614 221-1234; r. 3106 Griggsview Ct., Hilliard, OH 43026, 614 771-7920.

ZANE, Jeffrey David; '76 BS; Dir. of Mktg.-Online Div.; Info. Access Co., 362 Lakeside Dr., Foster City, CA 94404, 415 378-5000; r. 537 Montecillo Rd., San Rafael, CA 94903, 415 492-9255.

ZANES, Robert G.; '58 BSBA; Cnsltg. Actuary; Property-Casualty Ins., 3716 Stoney Creek Rd., Ft. Worth, TX 76116, 817 738-6756; r. Same.

ZANG, David Ernest; '77 MBA; Fin Mkt. Mgr.; Beckwith Machinery, Rte. 22, E. Pittsburgh, PA 15221; r. 5101 Hardt Rd., Gibsonia, PA 15044, 412 443-8788.

ZANGARO, Tony Guy; '85 BSBA; US Navy Ofcr.; USN, Uss Truett (Ff-1095), FPO, New York, NY 09588; r. Uss Truett (Ff-1095), FPO, New York, NY 09588.

ZANGMASTER, Mrs. June Rohr, (June Rohr); '47 BSBA; Instr.; Waukesha Cnty. Technical Clg., 800 Main St., Pewaukee, WI 53072, 414 554-8702; r. 2435 Graylog Ln., New Berlin, WI 53151, 414 782-8485.

ZANGMASTER, Ralph E.; '47 BSBA; Retired; r. 2435 Graylog Ln., New Berlin, WI 53151, 414 782-8485.

ZANGRI, Robert Stephen; '73 BSBA; Treas.; Leland Electrosystems, Inc., 740 E. National Rd., Vandalia, OH 45377, 513 898-5881; r. 1038 Fernshire Dr., Centerville, OH 45459, 513 434-6420.

ZANI, David Ralph; '85 BSBA; Volunteer Worker; r. 932 11th St. #1, Santa Monica, CA 90403.

ZANKO, Philip M.; '81 BSBA; Dir. Finance Mgr.; Wendy's Intl. Inc., 5295 Greenwich Rd. Ste. 103, Virginia Bch., VA 23462, 804 497-8969; r. 2549 Townfield Ln., Virginia Bch., VA 23454, 804 721-3510.

ZANNELLA, Robert Joseph; '79 BSBA; Sales Mgr.; CNC Distributors, 1202 Jefferson Blvd., Warwick, RI 02886, 401 739-0640; r. 290 Laurel Ln., W. Kingston, RI 02892, 401 783-8739.

ZANON, Raymond C.; '57 BSBA; 101 Morse Rd., Columbus, OH 43214.

ZANON, Raymond Edward; '87 BSBA; Mktg. Rep.; Ohio Edison, 111 E. High, Springfield, OH 44130, 800 445-5608; r. 195 Garfield Ave., London, OH 43140, 614 852-5789.

ZANTOPULOS, Diana Kay; '85 BSBA; Acct.; Ernst & Whinney, 700 William R Day Bldg., Canton, OH 44702, 216 455-5555; r. 1936 Red Coach Rd. N. W., N. Canton, OH 44720, 216 494-1937.

ZAPANTA, Ruben O. (Ben); '84 BSBA; Financial Analyst; American Med. Intl., 1719 E. 19th, Denver, CO 80218, 303 839-6744; r. 481 S. Lima Cir., Aurora, CO 80012, 303 363-9175.

ZAPF, Frederick N.; '66 MBA; 7191 Parry St., Richmond, BC, Canada V7C4K4.

ZAPPE, LTC John A., (Ret.); '51 BSBA; Lt. Col. Usaf Retired; r. 5912 E. Wethersfield Rd., Scottsdale, AZ 85254, 602 991-0583.

ZARIN, Kenneth T.; '70 BSBA; Owner; Zarin Enterprises, 3338 Harvest Way, Marietta, GA 30062, 404 565-3294; r. 2740 Harvest Way, Marietta, GA 30062.

ZARLEY, Steven Allen; '75 BSBA; 1140 Jones, Bettendorf, IA 52722, 319 355-4991.

ZARTMAN, John C.; '47 BSBA; Retired; r. 18007 129th Dr., Sun City West, AZ 85375.

ZARTMAN, Joseph Edward; '75 BSBA; Human Resources Mgr.; Providence Hosp., 2446 Kipling Ave., Cincinnati, OH 45239, 513 853-5759; r. 1359 Amesbury Dr., Cincinnati, OH 45231, 513 851-3368.

ZASLAVSKY, Harry L.; '52 BSBA; 7803 Hudson Ave., N. Bergen, NJ 07047, 201 868-8186.

ZASULY, Richard L.; '50 BSBA; 1101 Linda Ln., Plano, TX 75075, 214 596-3944.

ZATEZALO, Michael Scott; '80 BSBA; Distribution Mgr.; Borden Chemical, 180 E. Broad St., Columbus, OH 43215, 614 225-4925; r. 7876 Leaview Dr., Worthington, OH 43235, 614 888-5323.

ZATROCH, John, Sr.; '47 BSBA; Retired Sales Rep.; r. 15825 Norway Ave., Cleveland, OH 44111, 216 941-2290.

ZAVAKOS, Julia; '84 MACC; Supv. Treasurer's Dept.; The New York Times Co., 229 W. 43rd St., New York, NY 10036, 212 556-1713; r. 329 E. 75th St., Apt. 2C, New York, NY 10021, 212 861-3946.

ZAVATSKY, Ms. Catherine A.; '84 BSBA; Admin. Asst.; Sentara Health Syst., 830 Kempsville Rd., Norfolk, VA 23502, 804 466-6601; r. 120 Runaway Bay Dr. Apt. 203, Virginia Bch., VA 23452, 804 431-2181.

ZAVATSKY, George Andrew; '85 BSBA; Pres.; Andrew & Assocs., 7532 Stone Lake Dr., Dublin, OH 43017, 614 792-3010; r. Same.

ZAVELSON, Lester Sanford; '37 BSBA; Pres.; Reed Road, Inc., 210 W. Longview Ave., POB 1562, Mansfield, OH 44901, 419 526-4471; r. 666 W. Andover Rd., Mansfield, OH 44907, 419 756-7436.

ZAVODNY, Roger Michael; '84 BSBA; Account Rep.; Block & Co. Inc., 1111 S. Wheeling Rd., Wheeling, IL 60090, 800 323-7556; r. 22690 Maple Dr., Fairview Park, OH 44126, 216 779-5231.

ZAVOTKA, Rev. Wayne Alan; '69 BSBA; Pastor; Hosanna Lutheran Church, 7714 Hazelton-Etna Rd., Pataskala, OH 43062; r. 152 Laurel Dr. S. W., Pataskala, OH 43062, 614 927-8747.

ZAWACKY, Ralph J.; '50 BSBA; 7610 Fire Tree Ln., Charlotte, NC 28212.

ZAWADIWSKYI, Michael D.; '88 BSBA; 1953 NW Blvd., Columbus, OH 43212, 614 486-9263.

ZAWATSKY, Joni Lynn; '85 BSBA; 207 W. 8th Ave., Columbus, OH 43201.

ZAWITZ, Marianne Wise; '72 MPA; Statistician; US Justice Dept., Bureau of Justice Statistics, Washington, DC 20537; r. 11929 Triple Crown Rd., Reston, VA 22091, 703 476-0439.

ZAWITZ, Stephen M.; '72 MBA; Pres.; Zawitz Investment Mgmt. Co., 11490 Commerce Park Dr., Ste. #360, Reston, VA 22091, 703 860-5837; r. 11929 Triple Crown Rd., Reston, VA 22091, 703 476-0439.

ZAYTOUN, Katherine Lynne; '87 BSBA; Mgmt. Analyst; USAF, HQ AFLC/DAXP, Wright-Patterson AFB, OH 45433; r. 3124 Bonnie Villa Ln., Beavercreek, OH 45431, 513 426-5813.

ZBIERAJEWSKI, Marcia '77 (See Martin, Marcia Z.).

ZBIERAJEWSKI, Michael John; '76 BSBA; 7069 Applecreek, Sylvania, OH 43560, 419 882-5158.

ZEBERKO, Francis James; '76 BSBA; American High Reach, 26781 Cannon Rd., Bedford Hts., OH 44146; r. 6864 Hughes Rd Apt. 6, Ravenna, OH 44266, 216 296-5019.

ZECHER, Joseph Richard; '63 BA, '69 PhD; Pres.; Chase Investors, 1211 6th Ave., New York, NY 10036; r. 7 Vinton Rd., Madison, NJ 07940, 201 377-2330.

ZECHES, Carlene L.; '85 BSBA; Wire Transfer Supv.; BancOhio Natl. Bank, 770 W. Broad St., Columbus, OH 43251; r. 2980 Fox Chapel Dr., Columbus, OH 43232, 614 863-2866.

ZECKHAUSER, J. Milton; '32 BSBA; VP; Prudential Bache, 300 Pearl St., Buffalo, NY 14202, 716 849-8303; r. 780 Lafayette Ave., Buffalo, NY 14222, 716 882-6780.

ZEDEKER, Richard Louis; '74 BSBA; Staff; Natl. Cash Register Corp., 1700 S. Patterson Blvd., Dayton, OH 45479; r. 2870 Westminster Way, Springboro, OH 45066, 513 748-2719.

ZEDEKER, Robert L., II; '70; Ins. Agt.; State Farm Ins. Co., 910 Bethel Rd, Columbus, OH 43214; r. 7707 Aldridge Pl., Dublin, OH 43017, 614 889-2978.

ZEEFE, Roger S.; '66 BSBA; Pres.; Mechanics Warehouse Inc., 5100 St. Clair Ave., Cleveland, OH 44103; r. 25125 Shaker Blvd., Beachwood, OH 44122.

ZEEK, Scott Eric; '77 BSBA; Asst. Mgr.; Peoples Bank, 914 Wheeling Ave., Cambridge, OH 43725, 614 432-2361; r. 1611 Stewart Ave., Cambridge, OH 43725, 614 432-5146.

ZEHENTBAUER, James Jeffrey, CPA; '84 BSBA; Sr. Acct.; Arthur Andersen & Co., 711 Louisana St., Ste. 1300, Houston, TX 77002, 713 237-2323; r. 9107 S. Pass Ln., Houston, TX 77064, 713 894-7880.

ZEHENTBAUER, Tamara B., CPA, (Tamara Bumpus); '83 BSBA; Mgr.; Arthur Andersen & Co., 711 Louisiana St., Ste. 1300, Houston, TX 77002, 713 237-2323; r. 9107 S. Pass Ln., Houston, TX 77064, 713 894-7880.

ZEHNAL, Neil J.; '58 BSBA; Regnl Sales Mgr.; Fireplace Mfg's Inc., 2701 S. Harris Blvd., Santa Ana, CA 92704, 714 549-7782; r. 20702 El Toro Rd., #476, El Toro, CA 92630.

ZEHNAL, Scott Daniel; '88 BSBA; 7591 Pickett Ln., Worthington, OH 43235, 614 761-8376.

ZEHNDER, Charles B.; '66 MBA; Pres.; Charles B. Zehnder Co. CPA's, 5212 W. Broad St., Columbus, OH 43228, 614 878-7661; r. 1548 Cardiff Rd, Columbus, OH 43221, 614 486-7661.

ZEHRUNG, Mary E. '57 (See Pflaumer, Mary Zehrung).

ZEID, Todd Allan; '87 BSBA; Student; John Carroll Univ., Cleveland, OH 44118; r. 4024 Charlton Rd., S. Euclid, OH 44121, 216 382-4916.

ZEIGER, John E.; '37 BSBA; Retired; r. 2331 E. Market St., Apt. 109, Akron, OH 44312, 216 794-0635.

ZEIGER, John Wolcott; '69 BSBA; Litigation Partner; Jones Day Reavis & Pogue, 1900 Huntington Ctr., 41 S. High St., Columbus, OH 43215, 614 469-3939; r. 437 Jessing Tr., Worthington, OH 43235, 614 885-4371.

ZEIGLER, Andrew Jay; '75 BSBA; Pres.; Waterline Technology, 2084 Tulipwood Dr., Mansfield, OH 44906, 419 529-3949; r. Same, 419 529-2972.

ZEIGLER, Charles David; '83 BSBA; Law Clerk; Zeigler & Fourtney, Attorneys At Law, Van Wert, OH 45891; r. 364 W. Crawford, Van Wert, OH 45891, 419 238-4335.

ZEIGLER, Diane Kay; '87 BSBA; 510 Ohio Ave., Troy, OH 45373, 513 335-6865.

ZEIGLER, Edgar D.; '23 BSBA; Retired; r. 1320 S. E. 14th Ct., Deerfield Bch., FL 33441, 305 427-6739.

ZEIGLER, COL Howard Norvin, Jr.; '38 BSBA; Assoc. Broker; Robbins of Battle Creek Inc., 2510 Capital Ave., Battle Creek, MI 49015, 616 962-5504; r. 504 S. Moorland St., Battle Creek, MI 49015, 616 965-6757.

ZEIGLER, Michael C.; '67 BSBA; Acct.; Ernst & Whinney, 99 Washington Ave., Albany, NY 12210; r. 21 B Waters Rd., E. Greenbush, NY 12061, 518 477-7638.

ZEINEDDIN, Mona S., (Mona S. Ayish); '84 BSBA; CPA; Arthur Andersen & Co., Audit Div., 711 Louisiana, Ste. 1300, Houston, TX 77002, 713 237-2323; r. 985 Monterrey Dr., Beaumont, TX 77706, 409 866-1312.

ZEIS, Paul Lockwood; '84 BSBA; Mgr.; Cross Country Inn, 4875 Sinclair Rd., Columbus, OH 43229, 614 431-3670; r. 4770 B Cressingham Ct., Columbus, OH 43214, 614 459-9368.

ZEISLER, Jack F., CPA; '43 BSBA; Trustee/CPA; POB 7728, Newport Bch., CA 92658, 714 854-1202; r. 43 Rocky Knoll, Irvine, CA 92715, 714 854-7461.

ZEISLER, Jeffrey D.; '86 BSBA; Corporate Banking Ofcr.; Wachovia Bank & Trust, POB 1767, Greenville, NC 27835, 919 757-7143; r. 320 Lori Dr., Greenville, NC 27858, 919 752-5331.

ZEISLER, Kenneth A.; '61 BSBA; Partner; Zeisler Morgan Properties, 29525 Chagrin Blvd., Cleveland, OH 44122, 216 464-5255; r. 19001 N. Park Blvd., Cleveland, OH 44122, 216 321-6655.

ZEISLER, Mira Newell; '86 BSBA; 320 Lori Dr., Greenville, NC 27858.

ZEISLER, Robert David; '69 BSBA; Mgr.; Stratas Computer Inc., 4665 Cornell Rd., Cincinnati, OH 45241; r. 155 N. Harbor Dr., Apt. 2010, Chicago, IL 60601.

ZEISS, George H., Jr., PhD; '54 PhD (BUS); Prof. Emeritus; Southern Methodist Univ.; r. 109 Seton Way, Santa Cruz, CA 95060, 408 427-3236.

ZEITERS, Dirk E.; '63 BSBA, '66 MBA; Regional Gen. Mgr.; Automatic Data Processing Inc., Dealers Services, 5680 New Northside Dr. N. W., Atlanta, GA 30339; r. 1753 Kellogg Springs Dr., Dunwoody, GA 30338.

ZEITHAML, Donald Paul; '52 BSBA; Product Mgr.; Miller Fluid Power, 800 N. York Rd., Bensenville, IL 60106, 312 766-3400; r. 17 W. 704 Butterfield Rd., Oakbrook Terrace, IL 60181, 312 916-0468.

ZEITHAML, Richard Henry; '56 BSBA; Mgr.; Ohio Bell Telephone Co., 50 W. Bowery St., Rm. 140, Akron, OH 44308, 216 384-3206; r. 2110 Ridgewood Rd, Akron, OH 44313, 216 867-8672.

ZELACHOWSKI, Kenneth Stanley; '78 BSBA; Territory Mgr.; Walker Mfg., 1201 Michigan Blvd., Racine, WI 53402, 414 632-8871; r. 8006 Castlerock Ln., West Chester, OH 45069, 513 777-9365.

ZELDIN, Solomon David; '49 BSBA; Owner; Capital Auto Parts, 517 E. Livingston Ave., Columbus, OH 43215, 614 228-5887; r. 650 Brenton Pl., Columbus, OH 43213, 614 864-3486.

ZELEIN, G. Michael; '78 MBA; Sales Mgr.; Newark Electro Plating Inc., 30-32 E. Harrison St., Newark, OH 43055, 614 349-8369; r. 1623 Krebs Ct., Newark, OH 43055.

ZELEIN, James Chris; '70 BSBA; Plant Mgr.; Newark Electro Plating Inc., 30-32 E. Harrison St., Newark, OH 43055, 614 349-8369; r. 356 Deertrail Dr., Thornville, OH 43076, 614 323-1850.

ZELENKA, Gerald Thomas; '69 BSBA; Merchandise Mgr.; Professional Housewares Dist., 29309 Clayton Ave., Wickliffe, OH 44194, 216 944-3500; r. 2236 Augustine Dr., Cleveland, OH 44134, 216 886-6540.

ZELEZNIK, Michael Joseph, CPA; '83 BSBA; CPA/Tax Supv.; Coopers & Lybrand, 1500 One Cleveland Ctr., 1375 E. 9th St., Cleveland, OH 44114, 216 241-4380; r. 11222 Wilson Mills, Chardon, OH 44024, 216 248-9125.

ZELEZNIK, Susan Angela; '85 BSBA; CPA; Arthur Andersen & Co., 711 Louisiana, Ste. 1300, Houston, TX 77002, 713 237-2323; r. 420 N. Post Oak Ln., Houston, TX 77024, 713 682-8133.

ZELINSKI, Michael P.; '84 BSBA; Sales Rep.-Desktop Publg.; Micro Ctr., 1555 W. Lane Ave., Columbus, OH 43221, 614 481-4406; r. 5685 Tacoma Rd., Apt. A, Columbus, OH 43229, 614 846-3883.

ZELIZER, Fahn D. '66 (See Tishkoff, Fahn Zelizer).

ZELIZER, Gary Marvin; '69 BSBA; Dir.; State of Tennessee, Dept. of Health & Environment, 100 9th Ave., N., Nashville, TN 37219, 615 741-7366; r. 813 Highland Crest, Nashville, TN 37205, 615 356-7811.

ZELKOWITZ, Donna Rikin; '61; 2401 Fair Ave., Columbus, OH 43209.

ZELL, Elden Edward; '62 BSBA; Operations Dir.; Mt. Vernon Devel. Ctr., POB 762, Mt. Vernon, OH 43050, 614 397-1010; r. 926 E. High St., Mt. Vernon, OH 43050, 614 393-3993.

ZELL, Michael David; '81 BSBA; Stockbroker; E F Hutton Grp. Inc., 100 Old W. Wilson Bridge Rd., Worthington, OH 43085; r. 1267 Ln. On The Lake, Columbus, OH 43220.

ZELLE, D.A.; '82 BSBA; Sr. Systs. Analyst; Riverside Methodist Hosp., 3535 Olentangy River Rd., Info. Systs., Columbus, OH 43214, 614 447-0747; r. 8698 Laconia Dr., Powell, OH 43065, 614 766-1611.

ZELLE, Jill (J.T.) Trone, (Jill Trone); '84 BSBA; Asst to Dir-Med Affairs; Grant Med. Ctr., 111 S. Grant Ave., Columbus, OH 43215, 614 461-3403; r. 8698 Laconia Dr., Powell, OH 43065, 614 766-1611.

ZELLE, Lynn Marie; '85 BSBA; Programmer-Analyst; Nationwide Ins. Co., 1 Nationwide Blvd., Columbus, OH 43216, 614 249-8882; r. 1856 Wythe St., Worthington, OH 43085, 614 889-6305.

ZELLE, Michael Alan; '86 BSBA; Gen. Mgr. Cleveland; Locker Moving & Storage Inc., Div Atlas Van Lines, 5101 Naiman Pkwy., Cleveland, OH 44139, 216 248-1400; r. 9973 Darrow Park Dr., 133C, Twinsburg, OH 44087, 216 487-0246.

ZELLER, Richard Lynn; '78 BSBA; Sr. Grp. Underwriter; Lafayette Life Ins. Co., 1905 Teal Rd, Lafayette, IN 47905, 317 477-7411; r. 100 Foxwood Ct., Lafayette, IN 47905, 317 448-4492.

ZELLER, Robert Lee; '83 BSBA; Acctg. Mgr.; Zimmerman Public Relations Inc., 929 Harrison Ave., Ste. 305, Columbus, OH 43215, 614 294-8881; r. Zimmerman Public Relations Inc, 929 Harrison Ave. Ste. 305, Columbus, OH 43215.

ZELLERS, Susan Kay; '81 BSBA; Promotion Dir.; Capital-Gazette Newspapers, 2000 Capital Dr., Annapolis, MD 21401, 301 268-5000; r. 7428 Bluff Ln., C3, Annapolis, MD 21403, 301 268-2940.

ZELLNER, Arthur M.; '64 BSBA; Acct.; Svc. America Corp., 1999 Longwood Ave., Grove City, OH 43123, 614 875-9991; r. 5410 Carjan Way, Hilliard, OH 43026, 614 876-5166.

ZELMAN, David Scott; '84 BSBA; Institutional Equity Sale; McDonald & Co. Securities Inc., 1 Evertrust, New York, NY 10005, 800 542-1166; r. 124 60th Apt. 16K, New York, NY 10023, 212 586-8510.

ZELMAN, Lawrence Elliot; '71 BSBA; Owner; Marbeau, E. 73rd St. Apt. 1D, New York, NY 10021, 212 472-1664; r. Same.

ZELVIN, Samuel; '47 BSBA; Postal Celrk; US Post Ofc., 805 I St., Sacramento, CA 95818; r. 1740 Santa Ynez Way, Sacramento, CA 95816.

ZELVY, Jeffrey A.; '70 BSBA; Sales Mgr.; Cutting Tools Inc., 121 E. Tutt St., South Bend, IN 46618, 219 234-2200; r. 15635 Robin Ln., Mishawaka, IN 46545, 219 256-2550.

ZEMAN, Gerald Charles; '63 BSBA, '68 MBA; Asst. Sec/VP Rl Estat; Firestone Tire & Rubber Co., Sales & Service Group, 1200 Firestone Pkwy., Akron, OH 44317; r. 9988 Covewood Ct., Brecksville, OH 44141.

ZEMAN, Mark Douglas '74 (See Seaton, Mark Douglas).

ZEMAN, Robert Stephen; '85 MPA; Casework Supv.; Franklin Co. Children Svcs., 3234 Cleveland Ave., Columbus, OH 43224, 614 267-6351; r. 1802-C Kings Ct., Columbus, OH 43212, 614 486-8085.

ZEMAN, Walter; '41 BSBA; N J State Auditor; r. 7 Wildwood Ave., E. Hanover, NJ 07936, 201 386-9259.

ZEMANEK, Dennis Mark; '86 BSBA; Mktg. Svcs. Rep.; The Work Wear Corp. Inc., 1765 E. 25th St., Cleveland, OH 44114, 216 771-4040; r. 1000 W. 37th St., Lorain, OH 44052, 216 282-9625.

ZEMER, Jack; '48 BSBA; Sales Mgr.; Citizen Watch Co., 8506 Osage Ave., Los Angeles, CA 90045, 213 215-9660; r. 1850 Stonehouse Rd, Arcadia, CA 91006, 818 355-1187.

ZENAROLLA, Mauro; '72 BSBA; Corporate Controller; Farm Fresh Inc., 1151 Azalea Garden Rd., Norfolk, VA 23502, 804 858-6190; r. 2120 Kendall Cir. W., Virginia Bch., VA 23451, 804 481-9493.

ZENGEL, Thomas Charles; '86 BSBA; Customer Svc. Rep.; Florida Power & Light Co., 819 US 301 Blvd., W., Bradenton, FL 34205, 813 748-4300; r. 3358 Cross Creek Dr., Sarasota, FL 34231, 813 923-3248.
ZENK, Richard Joseph; '82 BSBA; 3330 E. Woodmont Ave., Cincinnati, OH 45213.
ZENNI, Mark Francis; '79 BSBA; 961 Paradrome, Cincinnati, OH 45202.
ZENO, LTC Gregory Jay, USAF; '73 BSBA; Pilot; Pentagon, Washington, DC 20318; r. 12003 Willowood Dr., Woodbridge, VA 22192, 703 490-5133.
ZEPPERNICK, Ronald R.; '88 BSBA; 3902 Washington Blvd., Cleveland, OH 44118, 216 932-3532.
ZERBST, Dr. Robert Howard; '73 MBA, '74 PhD (BUS); Pres.; Piedmont Realty Advisors, 650 California St., 22nd Fl., San Francisco, CA 94108, 415 433-4100; r. 117 Requa Rd., Piedmont, CA 94611, 415 652-7290.
ZERVAS, James Chris; '83 BSBA; Travel Couns.; Towne Travel Agcy. Inc., 144 N. Park Ave., Warren, OH 44481, 216 399-2222; r. 400 Adelaide N. E., Warren, OH 44483, 216 372-2343.
ZETTLER, John J.; '62 BSBA; Pres.; Zettler Tru Value Hardware, 4141 E. Broad St., Columbus, OH 43213, 614 237-3765; r. 2456 Fair Ave., Columbus, OH 43209, 614 235-9864.
ZETTLER, Nicholas S.; '61 BSBA; Part Owner; Zettler Hardware Co., 1765 Kingsdale Ctr., Retail Hardware, Columbus, OH 43221, 614 263-1846; r. 3097 Elbern, Columbus, OH 43209, 614 235-9040.
ZETTLER, R. Jeffrey; '69 BSBA; Pres.; Zettler Hardware Co., 101 E. Main St., Columbus, OH 43215, 614 237-3765; r. 309 Welsh Hills Rd., Granville, OH 43023, 614 587-0351.
ZIARKO, Michael E.; '64 BSBA; Pres./Owner; Sanford Rose Assocs., 1206 N. Main St., Ste. 112, N. Canton, OH 44720, 216 494-5584; r. 515 Marquardt, NE, N. Canton, OH 44720, 216 499-5811.
ZIATS, Linda Kathleen; '83 BSBA; Mgr.; Ross Labs, Info. Systs., 625 Cleveland Ave., Columbus, OH 43216, 614 227-3721; r. 1679 Hyatts Rd., Delaware, OH 43015, 614 363-8986.
ZIATS, Paul John, CLU; '70 BSBA; VP/Sales; Ohio State Life Ins. Co., 2500 Farmers Dr., Worthington, OH 43085, 614 764-4048; r. 1679 Hyatts Rd., Delaware, OH 43015, 614 363-8986.
ZICHT, Austin L.; '58 BSBA; Prog. Mgr.; Tracor Inc., Ste. 600, 3 Crystal Park, 2231 Crystal Dr., Arlington, VA 22202, 703 553-1510; r. 8955 Miller Ln., Vienna, VA 22180, 703 281-4563.
ZICKAFOOSE, Larry J.; '57 BSBA; Pres.; Mastercase Showcase Co., 4149 Silverod Ln., Columbus, OH 43230, 614 891-0888; r. Same.
ZID, Michael Conrad; '83 BSBA; Investment Exec.; Paine Webber Grp. Inc., 41 S. High St., Columbus, OH 43215, 614 228-3221.
ZIDJUNAS, Richard George; '68 BSBA; Dir.; Textron Incoporation, 2672 Henry St., Industrial Relations, Muskegon, MI 49441; r. 6405 Encantado Ct., Rockford, MI 49341, 616 874-6429.
ZIDONIS, Frank James; '82 BSBA; 4261 Valley Qual N., Westerville, OH 43081, 614 882-8719.
ZIEG, Harold F.; '32 BSBA; Realtor; Zieg Realty Co., 2201 Riverside Dr., Columbus, OH 43221; r. 2255 Onandaga Dr., Columbus, OH 43221, 614 488-2287.
ZIEG, John M.; '37 BSBA; Retired; r. 665 Fountainhead Way, Naples, FL 33940, 813 261-3255.
ZIEGEL, Arnold Jay; '67 BSBA; VP; Citibank N A, 153 E. 53rd St., New York, NY 10043; r. 25 Whitson Rd., Briarcliff Manor, NY 10510, 914 941-2168.
ZIEGLER, Herbert; '32 BSBA; CEO; Ziegler Steel Svc. Corp., 7000 Bandini Blvd., POB 7002, Los Angeles, CA 90040, 213 726-7000; r. 9255 Doheny Rd. #1504, Los Angeles, CA 90069, 213 278-1000.
ZIEGLER, John Frank; '74 BSBA; Dir./VP/Treas.; Strongsville Savings Bank, 14092 Pearl Rd., Strongsville, OH 44136, 216 238-7311; r. 3882 Magnolia Dr., Brunswick, OH 44212, 216 225-1565.
ZIEGLER, John H.; '40 MBA; Retired; r. 6800 Leetsdale Dr., Denver, CO 80224, 303 321-1819.
ZIEGLER, Susan Kay; '83 BSBA; Acctg. Asst.; The Adirondack Corp., 4333 Chesford Rd., Columbus, OH 43224, 614 476-1571; r. 345 W. 2nd Ave., Columbus, OH 43201, 614 291-8155.
ZIEGLER, Teresa Jayne; '88 MBA; 1750 Arlington Ave., Columbus, OH 43212, 614 486-8196.
ZIEGLER, William Charles; '70 BSBA; Owner; Ziegler Tire & Supply Co., 836 Cleveland NW, Canton, OH 44702, 216 477-2747; r. 5703 Foxboro Ave. NW, Canton, OH 44718, 216 494-5425.
ZIELINSKI, James Dennis; '72 BSBA; VP/Reg. Mgr.; Bankers Trust Co., 3600 Georgia-Pacific Ctr., 133 Peachtree St., NE, Atlanta, GA 30303, 404 521-7850; r. 300 Seamarsh Ct., Atlanta, GA 30328, 404 257-1821.
ZIEMBA, Richard Stanley; '77 BSBA; Claims Examiner; Gates-Mc Conald Co., One Nationwide Plz., Columbus, OH 43216; r. 969 Faculty, Columbus, OH 43221, 614 459-9280.
ZIEMIANSKI, Martin Joseph; '84 BSBA; Sr. Acct.; Invacare, 899 Cleveland St., POB 4028, Elyria, OH 44036, 216 329-6365; r. 22121 River Oaks Dr. E.-1, Cleveland, OH 44116, 216 356-6147.
ZIENTEK, Brian Paul; '83 BSBA; Tax Sr.; Brell, Holt & Co., Inc., 1330 Ohio Citizens, 405 Madison, Toledo, OH 43604, 419 243-0218; r. 222 W. John, Maumee, OH 43537, 419 893-8726.
ZIENTEK, Gretchen Brell, (Gretchen Brell); '83 BSBA; Acctg. Mgr./CPA; Hickory Farms, Inc., 1505 Holland Rd., Maumee, OH 43537, 419 893-7611; r. 222 W. John, Maumee, OH 43537, 419 893-8726.
ZIERMAIER, Klaus Michael; '67 BSBA; Atty.; Federated Dept. Stores, 700 W. 7th St., Cincinnati, OH 45202; r. 1085 Fox Run Rd, Milford, OH 45150, 513 831-0934.
ZIETLOW, John Timothy; '78 BSBA, '79 MBA; Asst. Prof. - Finance; Ohio Univ., Copeland Hall #404-D, Athens, OH 45701, 614 593-2084; r. 288 Beechwood Dr., Athens, OH 45701, 614 592-4773.
ZIETLOW, Mark Howard; '80 MPA; Atty.; Ealman, Murphy, Didol, Bouwens, 321 Settlers Rd., Holland, MI 49423, 616 392-1821; r. 941 Shadybrook Dr., Holland, MI 49424, 616 399-5451.
ZIFF, Barry; '41 BSBA; Builder; Ziff & Jones, 14827 Ventura Blvd., Sherman Oaks, CA 91403, 818 788-5233; r. 4069 Hayvenhurst Dr., Encino, CA 91436, 818 784-0896.
ZIGANTI, Dean; '78 BSBA; Prod Control Asst.; Wilson Sporting Goods, 217 N. Liberty St., Ada, OH 45810; r. 2301 Harding Hwy., Lima, OH 45804, 419 224-5009.
ZIGLI, Joseph; '42 BSBA; Treas. Retired; The J S Maclean Co., 470 S. Front St., Columbus, OH 43215; r. 130 Howard Ave., Worthington, OH 43085.
ZIGLI, Larry E.; '64 BSBA; 2635 Chandalar Cir, Pelham, AL 35124.
ZIKLO, John B.; '57 BSBA; Store Mgr.; J C Penney Co., 405 N. Main St., Piqua, OH 45356; r. Rd 1, Amsterdam, OH 43903, 614 543-3676.
ZILICH, George Joseph; '79 BSBA; Treas.; LeeMar Steel Co., Inc., 3190 E. 65th St., Cleveland, OH 44127, 216 341-1000; r. 9409 S. Highland, Garfield Hts., OH 44125, 216 663-1706.
ZIM, Michael W.; '79 MBA; IE Mgr.; Rockwell Intl., POB 109, Hebron Rd., Newark, OH 43055, 614 344-1131; r. 1249 Addison Dr., Reynoldsburg, OH 43068, 614 864-7837.
ZIMERLE, John Kenneth; '87 BSBA; 2375 Amy Dr., Elida, OH 45807, 419 339-1510.
ZIMMER, LTC Bolko Guenther, USA; '70 BSBA; Instr.; Academy of Health Sciences, Ft. Sam Houston, San Antonio, TX 78234; r. 1114 Summit Crest, San Antonio, TX 78258, 512 497-8714.
ZIMMER, Bonnie I. '82 (See Scharf, Mrs. Bonnie I.).
ZIMMER, Christine Marie; '86 BSBA; Prog. Asst.; The Ohio State Univ., Community/Visitor Relations, 1739 N. High St., Columbus, OH 43210, 614 292-4070; r. 1269 Clydesdale Ct., Columbus, OH 43229, 614 846-5531.
ZIMMER, David Alan; '83 MBA; Actuarial Asst.; Nationwide Ins. Co., One Nationwide Plz., Columbus, OH 43216, 614 249-4978; r. 7374 Ter. View Ct., Reynoldsburg, OH 43068, 614 863-1137.
ZIMMER, David W.; '61 BSBA; Assoc.; Burgess & Niple, 46 S. Summit St., Akron, OH 44308, 216 376-5778; r. 568 Winslow Ave., Akron, OH 44313, 216 836-0276.
ZIMMER, Frederick C.; '55 BSBA; Atty.; Meermans Zimmer & Cauffield, The First Pl.-Ste. 100, 159 E. Market St., Warren, OH 44481, 216 392-2505; r. 8587 Forest Hill Dr. NE, Warren, OH 44484, 216 856-3255.
ZIMMER, Harold J.; '61 BSBA; Sr. Estimator; Rockwell Intl., Contract Dept., Columbus, OH 43219, 614 431-0078; r. POB 142009, Columbus, OH 43214, 614 653-3663.
ZIMMER, John Paul; '87 BSBA; Staff Acct.; Deloitte, Haskins & Sells, 155 E. Broad St., Columbus, OH 43215, 614 221-1000; r. 1269 Clydesdale Ct., Columbus, OH 43229, 614 846-5531.
ZIMMER, Patricia Malley; '48 BSBA; 331 E. Elm St., Granville, OH 43023, 614 587-2666.
ZIMMER, Ralph M.; '73 BSBA; Manufacturer's Rep.; Quorum III, 7427 Parkcrest Ct., Salt Lake City, UT 84121, 801 943-9227; r. Same, 801 943-7441.
ZIMMER, Richard M.; '50 BSBA; Dist. Mgr.; Natl. Cash Register Co., 3411 W. Tharpe St., Tallahassee, FL 32303, 904 576-0113; r. 5256 Pimlico Dr., Tallahassee, FL 32308, 904 893-5852.
ZIMMER, Dr. Robert Keith; '64 PhD (ACC); Prof.; Univ. of Denver, 2115 University Blvd. S., Denver, CO 80210, 303 871-3337; r. 8636 W. Prentice Ave., Littleton, CO 80123, 303 979-8284.
ZIMMER, Robert O.; '49 BSBA; Retired; r. 331 E. Elm St., Granville, OH 43023, 614 587-2666.
ZIMMER, Robert Urban; '86 BSBA; Production Supv.; Vanitco, 2319 American Ave., Hayward, CA 94545, 415 887-4175; r. 2500 Medallion Dr., Apt. #154, Union City, CA 94587, 415 471-4460.
ZIMMER, William H.; '52 BSBA; Vice Chmn.; Cincinnati Financial Corp., POB 145496, Cincinnati, OH 45214, 513 870-2000; r. 5883 Country Hills Dr., Cincinnati, OH 45233, 513 922-2213.
ZIMMERMAN, Cheryl Eileen '72 (See Heberger, Mrs. Cheryl Eileen).
ZIMMERMAN, Clark E.; '39 MBA; Pres.; Clark Zimmerman & Assocs., Inc., Statler Ofc. Twr., Cleveland, OH 44115, 216 696-4081; r. 3666 Lynnfield Rd., Cleveland, OH 44122, 216 991-0278.
ZIMMERMAN, Mrs. Deborah K., (Deborah K. Welsh); '83 BSBA; Bookkeeper; H & B Equip., Rte. #1 Box 127, Dennison, OH 44621, 614 922-5513; r. Rte. #7 Box 7176, New Philadelphia, OH 44663, 216 339-6390.
ZIMMERMAN, Dennis James; '68 BSBA; Staff; American Standard Inc., 40 W. 40th St., New York, NY 10018; r. 2416 E. Stone Dr., Apt. 1000J, Kingsport, TN 37660.
ZIMMERMAN, Donald Eugene; '52 BSBA; Dir. of Contracts; Crown Mgmt. Svcs., Inc., 1501 Guillemard St., Pensacola, FL 32501, 904 438-7578; r. 3196 Rains Ct., Pensacola, FL 31514, 904 484-2793.
ZIMMERMAN, Donald G.; '50 BSBA; Sales Svc. Mgr.; Industrial Prods. Sales Inc., 1301 Home Ave., Akron, OH 44310; r. 2226 Liberty Rd., Stow, OH 44224, 216 688-0809.
ZIMMERMAN, Douglas Kent; '65 BSBA; 236 Franklin St., Harrisonburg, VA 22801, 703 434-1481.
ZIMMERMAN, Douglas Milton; '73 BSBA; Constr.; 325 1/2 W. Walnut St., Ashland, OH 44805, 419 289-8289; r. Same.
ZIMMERMAN, John C.; '49 BSBA; Retired; r. 10971 Fairlawn Dr., Parma, OH 44130, 216 884-1566.
ZIMMERMAN, John Walter; '86 MPA; Edu Grp. Coord.; Columbus Recreation & Parks, 1777 E. Broad St., Columbus, OH 43203; r. 1531 Perry St. #2, Columbus, OH 43201.
ZIMMERMAN, Kenneth Ray; '66 BSBA; Bus. Mgr. Svc. SBU; Packard Electric Div. GMC, Dana St., Warren, OH 44484, 216 373-5826; r. 1150 Eastland Ave. SE, Warren, OH 44484, 216 369-6902.
ZIMMERMAN, Kim Sidney; '74 BSBA; Sr. Programmer; Marathon Oil Co., 539 S. Main St., Findlay, OH 45840, 419 422-2121; r. 1105 Woodworth Dr., Findlay, OH 45840, 419 424-0492.
ZIMMERMAN, Larry Allyn; '81 MBA; Mgr. Devel. Prog.; Gould Inc., 3631 Perkins Ave., 6150 Huntley Rd., Cleveland, OH 44114, 216 361-3315; r. 2405 Sandover Rd., Columbus, OH 43220, 614 457-3701.
ZIMMERMAN, Larry Frederick; '72 BSBA, '73 MS; Cnslt.; Steelcase, Inc., 901 44th St. SE, Grand Rapids, MI 49508, 616 247-3408; r. 2584 Buttrick Ave. SE, Ada, MI 49301, 616 676-3277.
ZIMMERMAN, Lewis Lozene; '53 BSBA; Secy.-Treas.; Plaza News, Inc., 2560 E. Colonial Dr., 16 Colonial Plz. Mall, Orlando, FL 32803, 407 894-0701; r. 1935 S. Conway Rd., Apt. A-7, Orlando, FL 32812, 407 277-1729.
ZIMMERMAN, Linda '79 (See Crable, Mrs. Linda M.).
ZIMMERMAN, Linda '83 (See Laughlin, Linda M.).
ZIMMERMAN, M. Reed; '39 BSBA; Retired; r. 501 Short Elm St., Fostoria, OH 44830, 419 435-5349.
ZIMMERMAN, Mark Andrew; '85 BSBA; Ofc. Mgr.; Capital Banc Co., 2626 Broadway, Lorain, OH 44052; r. 632 Stimchomb Dr. #7, Columbus, OH 43202, 614 447-9037.
ZIMMERMAN, Mark Robert; '87 MBA; 1315 Overland Ave., N. Canton, OH 44720, 216 499-4414.
ZIMMERMAN, Milton E.; '42 BSBA; Bldg. Contractor; M.E. Zimmerman Co., POB 98, Bellevue, OH 44811, 419 483-6755; r. Same.
ZIMMERMAN, Paul E., CPA; '59 BSBA; Partner/VP; Marshall & Assocs. Ltd., 2202 S. Brentwood Blvd., St. Louis, MO 63144, 314 961-0044; r. 12881 Whitehorse Ln., St. Louis, MO 63131, 314 822-3266.
ZIMMERMAN, Peter W.; '78 BSBA; B-727 1st Ofcr.; Delta Air Lines, Inc., O'Hare International Airport, Chicago, IL 60660; r. 11 Robin Hill Dr., Naperville, IL 60540, 312 369-5071.
ZIMMERMAN, Philip Charles; '81 BSBA; United Banks of Colorado, 1700 Broadway, Denver, CO 80274; r. 3356 E. Cornell Ave., Denver, CO 80210.
ZIMMERMAN, Richard C.; '49 BSBA; Retired; r. 6227 E. Joshua Tree Ln., Paradise Vly., AZ 85253, 602 948-4160.
ZIMMERMAN, Richard S., Sr.; '46 BSBA; Pres.; Zimmerman Enterprises, 3736 N. High St., Columbus, OH 43214, 614 267-7517; r. 674 W. Henderson Rd., Columbus, OH 43214, 614 451-1570.
ZIMMERMAN, Robert Carl; '71 BSBA; Retail Mgr.; Univ. Jewelers, 1960 N. High St., Columbus, OH 43201, 614 299-7536; r. 6653 Lisa Marie Rd, Columbus, OH 43229, 614 890-6673.
ZIMMERMAN, Robert O.; '40 BSBA; Retired; r. 4732 Dierker Rd., Columbus, OH 43220, 614 451-0011.
ZIMMERMAN, Steven Mark; '82 BSBA; VP/Sales; Tuffy Mfg. Industries, 360 Massillon Rd, Akron, OH 44312, 216 784-7541; r. 1429 Neil Evan Dr., Akron, OH 44313, 216 836-2083.
ZIMMERMAN, Thomas Eugene; '79 BSBA; c/o Welded Ring Products Co, 2180 W. 114th St., Cleveland, OH 44101, 216 529-9773.
ZIMMERMAN, William Arthur, Jr.; '52 BSBA; Operations Mgr.; Malone & Hyde Inc., 3400 NW 74th Ave., Miami, FL 33122, 305 591-8970; r. 661 SW 54th Ave., Plantation, FL 33317, 305 583-9135.
ZIMOMRA, Judith Ann; '82 MPA; Dir.; City of Worthington, Public Svc., 380 Highland Ave., Worthington, OH 43085, 614 431-2425; r. 6381 Proprietors Rd., Worthington, OH 43085, 614 846-2554.
ZIMPFER, Jerry L.; '59 BSBA; Retired VP Finance; Marathon Petroleum UK Ltd., 547 Sugarbush Cir., Fairfield Glade, TN 38555, 615 456-0434; r. Same.
ZIMPFER, June M. '47 (See Kristof, Mrs. June M.).
ZIMPFER, Victor Charles; '40 BSBA; Retired; r. 1779 N. E. 11th St., Ocala, FL 32670, 904 622-3343.
ZINGALE, James Anthony; '70 BSBA; Dir.; Public Property, City of Cleveland, Cleveland, OH 44101; r. 32334 Lake Rd., Avon Lake, OH 44012, 216 933-5524.
ZINK, Alan E.; '60 BSBA; Pres.; American Ins. Administrators, 1095 Dublin Rd., POB 12449, Columbus, OH 43212, 614 486-5388; r. 1400 Hickory Ridge Ln., Worthington, OH 43085.
ZINK, Dale E.; '87 BSBA; Sales Rep.; Micro Ctr., 1555 W. Lane Ave., Columbus, OH 43221, 614 481-4409; r. 1028 Highland St., Columbus, OH 43201, 614 291-3634.
ZINK, Edward L.; '63 BSBA; Sales Rep.; r. 1871 Settlers Reserve Way, Westlake, OH 44145, 216 871-5298.
ZINK, John A., Jr.; '84 BSBA; 20985 Oakville, El Toro, CA 92630, 714 768-6318.
ZINK, John L.; '50 BSBA; Retired Supv.; Western Electric Co., 2525 Shadeland Ave., Indianapolis, IN 46219; r. 7590 E. 52nd St., Lawrence, IN 46226, 317 546-2507.
ZINN, James Michael; '75 BSBA; CPA/Partner; Ernst & Whinney, Exchange Pl., Boston, MA 02109, 617 742-8600; r. 43 Mann Hill Rd., Scituate, MA 02066, 617 545-7472.
ZINSER, Gregory Richard; '76 BSBA; Sr. VP/Fiscal Svc.; Vista Hill Fndn., 3420 Camino Del Rio N., Ste. 100, San Diego, CA 92107, 619 563-1770; r. 3385 Willard St., San Diego, CA 92122, 619 453-7119.
ZINSER, James Jason; '79 BSBA; Grp. Acct. Exec.; New York Life, 1900 W. Garvey Ave., S., Ste. 395, W. Covina, CA 91790, 818 960-2781; r. 19201 Highland View Ln., Trabuco Canyon, CA 92679, 714 858-1845.
ZINSER, Lorraine Seguin, (Lorraine Seguin); '70; Supv.; State of Ohio, Administrative Services, 30 E. Broad St., Columbus, OH 43215, 614 644-8916; r. 177 N. Main St., London, OH 43140, 614 852-1388.
ZINSER, Robert E.; '64 BS; Managing Partner; Sander, Shifman & Brannick, CPA, 821 N. Limestone St., Springfield, OH 45501, 513 322-4934; r. 540 Rensselaer Dr., Springfield, OH 45503, 513 399-8451.
ZINSMASTER, John L.; '31 BSBA; Retired; r. 15 E. Wooster, Navarre, OH 44662, 216 879-5694.
ZINSMASTER, John Nolan; '69 BSBA, '73 MBA; VP Finance/Secy./Treas.; Mc Culloch Corp., 6000 S. McCulloch Dr., Tucson, AZ 85706, 602 574-1311.
ZINSZER, Dr. Paul Harvey; '71 MBA, '77 PhD (BUS); Civil Engr.; r. 4819 Candy Ln., Manlius, NY 13104, 315 682-9245.
ZIPES, Steven Randolph; '86 BSBA; Internal Auditor; K-Mart, 3100 W. Big Beaver Rd., Internal Audit, Troy, MI 48084; r. Same.
ZIPFEL, Darrel H.; '54 BSBA; Staff; Xerox Corp., 022 Xerox Sq., Rochester, NY 14644; r. 11 Charter Oaks Dr., Pittsford, NY 14534, 716 381-9170.
ZIPPERER, Randall James; '76 BSBA; 116 Broadway, Kissimmee, FL 32741, 407 847-7380.
ZIRGER, Mrs. Lisa A., (Lisa A. Norris); '82 BSBA; Store Operations Spec.; Kroger Co., 4111 Executive Pkwy., Westerville, OH 43081, 614 898-3362; r. 831 Pine Way Dr., Worthington, OH 43085.
ZIRKLE, Sheila Elizabeth; '84 MPA; Asst. Dir.; The Ohio State Univ., Biotechnology Ctr., Rightmire Hall 1060 Carmack Rd, Columbus, OH 43210, 614 292-5670; r. 3915 Tweedsmuir Dr., Hilliard, OH 43026, 614 771-8868.
ZISKA, David Scott; '86 BS; Rsch. Tech.; Showa Univ. Rsch. Inst., 10900 Roosevelt Blvd., St. Petersburg, FL 33702, 813 576-6675; r. 1400 Cove Cay Dr., Unit 6C, Clearwater, FL 34620, 813 536-3654.
ZISKA, Richard Francis, Jr.; '79 BSBA; VP; Myron Cornish Co. of Columbus, 2800 Fisher Rd., Columbus, OH 43204, 614 272-5444; r. 5239 Bandon Ct., Dublin, OH 43017, 614 766-5239.
ZISKA, Susan Elaine, (Susan Elaine Kayser); '87 BSBA; Auditor; Florida Fed. S&L, 360 Central Ave., St. Petersburg, FL 33731, 813 893-1635; r. 2800 Cove Cay Dr., Unit 6C, Clearwater, FL 34620, 813 536-3654.
ZISKIE, David Leonerd; '72 MPA; Cnslt.; Price Waterhouse, 1801 K. St., NW, Washington, DC 20006, 202 296-0800; r. 3216 Woodbine, Chevy Chase, MD 20815, 301 986-9640.
ZISKIN, Ms. Anita F.; '65 BS; Pres.; A.L.Z. Ltd., 990 Ave. of The Americas, Ste. 12P, New York, NY 10018, 212 947-3130; r. 8 Ash St., Monsey, NY 10952, 914 354-0124.
ZISKIN, Linda; '87 BSBA; 2020 Burroughs Dr., Dayton, OH 45406, 513 278-3158.
ZISSERSON, Jerome; '88 MBA; Benefits & Compens Coord.; r. 221 Congressional Ln., Rockville, MD 20852, 301 984-0364.
ZITO, Lisa Angela; '87 BSBA; 6456 Tanglewood Ln., Seven Hls., OH 44131, 216 524-1414.
ZITSMAN, James A.; '82 BSBA; Financial Cnslt.; Shearson Lehman Hutton, 3773 N. Cherry Creek Dr., Denver, CO 80209, 303 321-4848; r. 12895 W. 23rd Ave., Golden, CO 80401, 303 233-8925.
ZITSMAN, Robert Dale; '77 BSBA; VP-Plng. & Mktg.; SSM Rehab. Inst., 8000 Bonhomme Ave., Ste. 310, St. Louis, MO 63105, 314 862-9162; r. 5802 Dogwood Ln., Godfrey, IL 62035, 618 466-2708.
ZITTEL, Donald Edward; '69 BSBA; Asst. Mgr.; Suffolk Cnty. Fed. Savings, Rocky Point, NY 11778; r. 35 Wilson St., Port Jefferson Sta., NY 11776, 516 928-0583.
ZOBRIST, David Matthew; '87 BSBA; Salesman; Bell Optical Lab Inc., POB 1347, Dayton, OH 45401, 800 762-4814; r. 578 Hyde Park Dr., Dayton, OH 45429, 513 434-5929.
ZOELLER, Sandra Gail; '85 BSBA; 6534 Akins, N. Royalton, OH 44133.

ALPHABETICAL LISTINGS

ZOFKIE, John Quin; '81 BSBA; Sr. Material Systs. Spec.; Copeland Corp., Campbell Rd., Sidney, OH 45365, 513 498-3661; r. 618 W. Pearl, Wapakoneta, OH 45895, 419 738-3014.

ZOHOURI, Irene; '79 BSBA; 132 E. Wyandot Ave., Upper Sandusky, OH 43351, 419 294-2469.

ZOLA, George Edward; '76 BSBA; Atty.; Robins, Preston, & Beckett LPA, 1328 Dublin Rd, Columbus, OH 43215; r. 8062 Inistork Dr., Dublin, OH 43017, 614 764-9462.

ZOLDAN, Joseph; '56 BSBA; VP Treas.; Zoldan Iron & Metal Co., 402 Valley St., Minerva, OH 44657; r. 3526 Norman Ave. NW, Canton, OH 44709, 216 493-9987.

ZOLDAN, Michael Alan; '86 BSBA; 117 Walnut Ave., Canton, OH 44702, 614 457-2794.

ZOLDAN, Mickey Del; '77 BSBA; 12539 Woodside Dr., Chesterland, OH 44026, 216 729-0285.

ZOLDAN, Sandor; '68 BSBA; 4193 Stonehaven Rd, Cleveland, OH 44121.

ZOLLAR, Alice Kelm; '32 BSBA; Homemaker; r. 1451 Estate Ln., Glenview, IL 60025, 312 724-2773.

ZOLLAR, Norman C.; '39 BSBA; Ret., Gen. Traffic Mgr.; Lincoln Elec. Co.; r. 350 Putter Point Dr., Naples, FL 33940, 813 261-6253.

ZOLLER, Arthur E.; '74 BSBA; Controller; HI-Lex Corp., 5200 Wayne St., Battle Creek, MI 49015, 616 968-0781; r. 225 S. 21st St., Battle Creek, MI 49015, 616 964-6121.

ZOLLINGER, Lois Breyley; '46 BSBA; Tchr.; r. RR No 1, Old House Ln., Coopersburg, PA 18036, 215 346-7553.

ZOLNAY, Elizabeth Versenyi; '63 BSBA; 23 Mitchell Grant Way, Bedford, MA 01730.

ZOLTAN, Frank Attila; '87 BSBA; Account Representatv; The Quaker Oats Co., 101 Sunnyview #8, Marietta, OH 45750, 614 373-3554; r. 101 Sunnyview W Dr., Apt 8, Marietta, OH 45750, 216 277-5345.

ZONE, Christine L. '73 (See McClure, Mrs. Christine L.)

ZONER, Eric S.; '87 BSBA; Shipping Supv.; Quaker Oats, Railroad Ave., Shiremanstown, PA 17011, 717 737-8601; r. 126 S. 16th St., Camp Hill, PA 17011, 717 731-9692.

ZONTEK, Mary Jean; '82 BSBA; Sr. Support Engr.; Hewlett Packard Co., 3300 Scott Blvd., Santa Clara, CA 95054, 617 270-7000; r. 3330 Country Dr., #27, Fremont, CA 94536.

ZOOG, Arthur S.; '56 BSBA; Natl. Account Mgr.; AT&T Technologies, 5401 College Blvd., Ste. 110, Leawood, KS 66211, 913 491-9844; r. 3016 W. 84th Pl., Leawood, KS 66206, 913 642-4244.

ZOOG, Stephen Richard; '71 BSBA; Pres.; Fortune Properties, 11 Calle Del Pinos, Stinson Bch., CA 94970, 415 868-1934; r. POB 373, Worthington, OH 43085.

ZOPPEL, Dr. Richard R.; '42 BSBA; Minister/Dir.; Adult & Child Counseling Ctr., 1400 Easton Dr., Ste. 136 A, Bakersfield, CA 93304, 805 322-0996; r. 2909 Delburn St., Bakersfield, CA 93304, 805 834-7215.

ZORICH, Joseph Alton; '76 MBA; Microbiologist; State of Ohio, Perry St., Columbus, OH 43201; r. 1283 Hilton Dr., Reynoldsburg, OH 43068, 614 861-5287.

ZORKO, Mark Anthony; '76 BSBA; Grp. Controller; Zenith Electronics Corp., Computer Group, Hilltop Rd., St. Joseph, MI 49085, 616 982-5611; r. 3389 W. Valley View Dr., St. Joseph, MI 49085, 616 429-6217.

ZORKO, Mary Margaret '80 (See May, Mrs. Mary Margaret)

ZOSS, Howard Allen; '75 BSBA; 1035 Wakefield, Birmingham, MI 48009, 313 433-1222.

ZOVACK, Linda '82 (See Kennedy, Linda Zovack).

ZREBIEC, Ms. Virginia; '86 BSBA; Floral Dept. Supv.; Baker's Supermarkets, 8420 W. Dodge Rd., Omaha, NE 68114, 402 333-0876; r. 5904 S. 100th Plz., 1 B, Omaha, NE 68127, 402 593-7642.

ZSOLDOS, Stephen; '65 BSBA; Acct.; Pritchett Dlusky Assocs., 620 E. Broad St., Columbus, OH 43215; r. 2757 Howey Rd., Columbus, OH 43211, 614 262-5978.

ZUBAL, Victoria '86 (See Nann, Victoria R.).

ZUBER, Robert Dale; '80 BSBA; Salesman; Neale-Phypers Corp., 815 Superior Ave., Ste. 1325, Cleveland, OH 44114, 216 771-7000; r. 6626 Timberlane Dr., Independence, OH 44131, 216 524-3456.

ZUBER, Terry Endicott, (Terry Endicott); '76 BSBA; Homemaker; r. 7756 Pembrook Dr., Reynoldsburg, OH 43068, 614 866-3087.

ZUCCARELLI, Michelle Fix, (Michelle Fix); '85 BSBA; Technical Writer; Cole-Layer-Trumble Co., 3199 Klepinger Rd., Dayton, OH 45406; r. 816 Hunters Ridge Dr., Fairborn, OH 45324, 513 879-1483.

ZUCKER, Henry J.; '48 BSBA; Mgr.; American Direct Mktg., 2461 Claver Rd., University Hts., OH 44118, 216 382-0512; r. Same.

ZUCKER, Ira C.; '49 BSBA; Staff; State of Ohio, Bureau of Worker's Compensation, Columbus, OH 43215, 614 644-5063; r. 2139 Trent Rd, Columbus, OH 43229, 614 471-5990.

ZUCKER, Jeffrey Stuart; '77 BSBA; POB 839, Cathedral City, CA 92234.

ZUCKERMAN, Harriette Swartz; '41; 13063 Cedilla Pl., San Diego, CA 92128, 619 485-8760.

ZUCKERMAN, Howard Alex; '72 BSBA; Pres.; The Seville Cos., 1355 Terrell Mill Rd., Bldg. 1476 Ste. 200, Atlanta, GA 30067, 404 952-8970; r. 3186 Hunterdon Ct., Marietta, GA 30067, 404 955-2382.

ZUCKETT, Richard Monteque, Jr.; '86 BSBA; 4220 Americana Dr. #304, Cuyahoga Falls, OH 44224, 216 923-0138.

ZUERCHER, Delmar J.; '50 BSBA; 17557 Vacri Ln., Livonia, MI 48152, 313 261-5521.

ZUERCHER, Gregory C.; '73 BSBA; Account Supv.; Earle Palmer Brown Advt., 6620 W. Broad St. Ste. 412, Richmond, VA 23230, 804 288-7961; r. 13917 N. Pointe Rd., Midlothian, VA 23112, 804 739-1170.

ZUERN, Michael David; '82 BSBA; Programmer; IBM Corp., 11400 Burnet Rd., Austin, TX 78758; r. 826 Russet Valley Dr., Cedar Park, TX 78613, 512 331-8785.

ZUKERBERG, Ronald Steven; '74 BSBA; 81 Valley View Dr., Rockaway, NJ 07866, 201 627-4620.

ZUKOR, Winnie Trolin; '69 BSBA; 6903 Conservation Dr., Springfield, VA 22153, 703 455-4689.

ZULAUF, Harry Leighton; '72 BSBA; Asst. Controller; Virginia Commonwealth Univ., 327 W. Main St., Richmond, VA 23219, 804 786-4451; r. 3415 Seven Oaks Rd., Midlothian, VA 23113, 804 744-2614.

ZULAUF, Robert L.; '43 BSBA; Retired; r. 1295 Bellflower Ave., Columbus, OH 43204, 614 274-6509.

ZULLO, Michael V.; '60 BSBA; 23 International Blvd., Rancho Mirage, CA 92270, 619 324-3402.

ZUMPONE, Richard Joseph; '86 MBA; Mktg. Rsch.; r. 3804 Mountview Rd., Columbus, OH 43220, 614 457-7134.

ZUNICH, Mitchell, CPA; '50 BSBA; Retired; r. 823 Lincoln St., Amherst, OH 44001, 216 988-2053.

ZUNICH, Robert Gregory, CPA; '83 BSBA; Partner; Mitchell Zunich & Co., 43075 N. Ridge Rd, Elyria, OH 44035, 216 233-7709; r. 1500 Hunters Chase Dr., Apt. 1-D, Westlake, OH 44145, 216 892-0849.

ZUNK, Ronald L.; '81 BSLHR; Personnel Mgr.; De Sota Inc., 300 State, Chicago, IL 60604; r. 277 Torpoint Gate, Longwood, FL 32779, 407 774-5911.

ZUPPAS, John Nicholas; '88 BSBA; 478 Farr Ave., Wadsworth, OH 44281, 216 336-6465.

ZURCHER, David Mark; '83 BSBA; Staff; Gen. Dynamics, POB 1881, Warren, MI 48092; r. 23013 Lincoln, St. Clair Shrs., MI 43082, 313 294-5606.

ZURCHER, Donald Lee; '87 BSBA; 4846 Birmingham Ct., Columbus, OH 43214, 614 451-5878.

ZURCHER, Terry Lynn; '78 BSBA; Rte. 1 Box 58, Wilmot, OH 44689.

ZURCHER, William C.; '48 BSBA; Pres.; Zurcher & Assocs., 21733 Carol Ave., Sauk Vlg., IL 60411; r. 19043 Jonathon Ln., Homewood, IL 60430, 312 957-0597.

ZUREICK, Leo Joseph; '75 BSBA; Retired; r. 2005 Oliver Ave., San Diego, CA 92109, 619 274-9203.

ZUROWSKI, Jerome Theodore; '69 BSBA; 3301 Chadbourne Rd., Cleveland, OH 44120, 216 751-5550.

ZUSMAN, Lawrence L.; '43 BSBA; Owner/R.E. Developer; Zusman Devel., 1 First National Plz., Ste. 1708, Dayton, OH 45402, 513 461-9461; r. 6439 Woodacre Ct., Englewood, OH 45322, 513 836-1715.

ZUSMAN, Mrs. Leonore Rothschild, (Leonore Rothschild); '49 BSBA; Homemaker; r. 6439 Woodacre Ct., Englewood, OH 45322, 513 836-1715.

ZUSTOVICH, Alfred B.; '64 MBA; Exec.; Exxon Co. USA, POB 2180, Houston, TX 77252, 713 656-4933; r. 13422 Tosca Ln., Houston, TX 77079, 713 468-8446.

ZVIRBLIS, Anne Marie; '82 BSLHR; Instr.; Miami Univ., 307 Laws Hall, Oxford, OH 45056; r. 14109 SE 177th St., Apt. K 201, Renton, WA 98058.

ZVOSECZ, Joseph R., Jr.; '76 BSBA; Inspector; US Steel Corp., 1875 E. 28th St., Lorain, OH 44055; r. 2105 W. Erie Ave., Lorain, OH 44052.

ZWALD, John A., Jr.; '60 BSBA; Sr. VP; Gen. Mgr.; Merrill Lynch, 33 W. Monroe, 22nd Fl., Chicago, IL 60603, 312 269-4410; r. 221 E. Walton, Chicago, IL 60611, 312 440-1127.

ZWAYER, Gabrielle A. '84 (See Schiller, Mrs. Gabrielle A.).

ZWAYER, Joseph Theodore; '73 BSBA; City Atty.; City of Whitehall, 360 S. Yearling Rd., Columbus, OH 43213, 614 237-8611; r. 979 Pierce Ave., Columbus, OH 43227, 614 231-5164.

ZWEIER, Dr. Paul; '68 PhD (BUS); Retired; r. 102 Hartshorn Dr., Short Hills, NJ 07078, 201 379-5747.

ZWEIG, Steven William; '84 BSBA; Territory Mgr.; P P G Industries Inc., 11300 NE 39th St., Ste. A, Vancouver, WA 98662, 206 256-1926; r. 1790 Cal Young Rd., Apt. 1710, Eugene, OR 97401, 503 485-6604.

ZWELLING, Joel R.; '62 BSBA; Manufacturers Rep.; Joel Zwelling Sales Inc., 777 NW 72nd Ave., Ste. 2AA20, Miami, FL 33126, 305 262-0180; r. 10300 SW 88th Ave., Miami, FL 33176.

ZWELLING, Stephen Neal; '69 BSBA; Acct.; r. 10114 Oxford Dr. N. W., Pickerington, OH 43147, 614 864-7395.

ZWICK, Coleman D., JD; '48 BSBA; CPA; 1414 S. Green Rd., Cleveland, OH 44121, 216 381-1120; r. 1792 Beaconwood Ave., Cleveland, OH 44121, 216 382-7666.

ZWIEBEL, Timothy Roland; '76 MBA; Computer Spec.; USAF, Quality Assurance, SDFD, Wright Patterson AFB, OH 45433, 513 255-4872; r. RR 1, Box 296, Wapakoneta, OH 45895, 419 738-6950.

CLASS YEAR LISTINGS

1917
Lockett, Frances Barker

1919
Reese, Everett David

1920
Gould, Edward J.
Greenberger, Solomon H.
Grener, August F.
Jettinghoff, Rudolph H.
Sturgeon, George C.

1921
Archer, Earl P.
Bell, Frederick James
Hardin, Clyde J.
Kegerreis, Leland A.
Livingston, Willard P.
Miller, Luke E.
Smith, Carl Lewis

1922
Brobst, Charles L.
Cott, Richard S.
Dearth, Earl S.
Dille, Dr. Ellwood O.
Donnally, Hon. Fred L.
Hawk, Howard E.
Hawk, Julian A.
Lindmiller, Robert P.
Miller, Marie Hurlebaus
Paxson, Leslie J.
Shaw, Milton Otis
Siegwarth, Henry J.
Thomas, Olin Eugene

1923
Badger, W. W.
Bergen, William J.
Blessing, Richard A.
Bloom, Thomas B.
Broscoe, Andrew
Doig, Hal F., Sr.
Earl, Donald W.
Fergus, Morris F.
Gaughran, Joseph T.
Gerlach, John G.
Gilliland, Gordon B.
Hatfield, Glenn Wilson, Sr.
Hiskey, Ralph E.
Hornberger, Donald J.
Koo, Yee Chun
Kunning, Richard A.
Ledman, Kenneth Bridge, Sr.
Mc Mahill, James R.
Melton, Samuel M.
Merlin, Joseph R.
Messinger, Ferdinand R.
Montag, Harold Anthony
Pugh, Dr. Jesse J.
Richley, Edward C.
Roller, Dwight E.
Ryan, John Joseph
Schroeder, Victor C.
Tilton, Earle B.
Walsh, Robert Lee
Weiss, Edward H.
Young, Lillian Aiken
Zeigler, Edgar D.

1924
Baumgardner, F. Leo
Bryan, Harold H.
Connell, Frank G.
English, Dr. Walter
Everett, George E.
Gardner, Harold L.
Greene, Arthur Frederick, Sr.
Grossman, Elmer C.
Hartshorne, James D.
Husband, Dr. William H.
Jones, Robert Stamm
Katz, Herman M.
Kyle, C. Donald
Metters, Henry H.
Mills, Donald Lewis
Moore, Kenneth Parlette
Neunherz, Herbert W.
Palmer, Gerald S.
Shepard, Paul M., Sr.
Slackford, Edward T.
Stahl, Harold L.
Sterman, Alvin J.
Strand, Edwin N.
Studer, Eldon W.
Turner, Fred Warren
White, David D.

1925
Bernard, E. Ellsworth
Bixler, Harold R.
Brown, Earl Francis
Corwin, Emmett L.
Dachsteiner, Raymond W.
Dermott, Neil K.
Erlen, Herman
Friedman, D. Arthur
Grossman, Jerome E.
Hall, Linn Vandervort
Hudson, John Wesley
Leis, Roy D.
Leupold, Carnot H.
Lewis, Thelma Ramler
Lue, Merald F.
Mc Cloud, S. Newton
Nation, Fern I.
North, Harold L.
Packard, Paul C.
Parker, S. Dwight
Pearce, Samuel W.
Rogerson, Brooks E.
Ross, Roland Deem, Sr.
Shapero, Milton I.
Shaw, Melville James, Sr.
Spicer, Dr. Carl Lloyd
Strehli, Alfred B.
Werth, Harley L.
Whitehouse, Ralph L.
Wickard, Walter L.
Willson, Earl C.
Worley, Sarita Heenan
Zaenglein, Cletus M.

1926
Altfater, Joseph H.
Barrick, S. James
Beard, Walter H.
Beckwith, Kenneth L.
Bobb, J. Morton, Jr.
Braunstein, Dr. Baruch
Chandler, Robert E.
Cooney, Edward J.
Cox, Eulalia
Cunningham, Harold B.
Dempsey, Benton A.
Donson, George J.
Evans, Russell R.
Fisher, Ralph E.
Ganger, Robert M.
Gehres, Maxine
Gilsdorf, Norman W.
Heer, Hyman M.
Johnston, Emogene
Kerr, Robert R.
King, Clifford A.
King, Gifford Elton
Kinnel, Russel George
Klein, Alan Reiter
Love, Robert W.
Meck, Milton H.
Miller, Lewis Emerson
Newcomer, Ervin H.
North, Ardis
Ogier, Ben S.
Rose, Eli Edward
Routsong, Charles R.
Russell, Paul Bert
Shefelton, William E.
Smith, Darrell Ostrander
Snyder, Paul Chapman
Stevens, Richard Tulloss
Tritten, John S.
Wiggins, Lawrence W.
Wright, G. Marvin
Younger, Norval Clyde

1927
Adams, Martha Matilda
Aitken, Margaret Wilder
Beck, Herbert H.
Beck, Marye Zelma
Broh, Adolph D.
Buckenmyer, Albert J.
Cohen, Robert Warren
Crumley, J. Foster
Disher, John O.
Dobson, Vernon J.
Downey, William P.
Flora, Joseph B.
Fogerty, Thomas F.
Francis, Henry A.
Gillespie, Grace
Gisler, Walter D.
Gordon, William Liles
Gutmann, Edward F.
Hambleton, Thomas F.
Hearn, John C.
Hunt, William Paul, Sr.
Hyde, Laurence M.
Irvine, Robert Fulton
Jacob, John R.
Johnson, Earle Randolph
Johnston, Charles Edward
Koch, John F.
Langel, Everett Adam
Lear, Eugene H.
Levy, Annette Klein
Levy, Herbert S.
Lewis, Robert Bonsall
Lindquist, COL Albert A., USA(Ret.)
Mackay, Frances Tromble
Mac Kay, John Howard
Mericle, Russell A.
Nichols, John Howard
Powell, Donald L.
Price, Charles C.
Redman, Edmund C.
Rogers, Lyndall Miller
Russel, Ms. Alice Lucile
Scott, Willard Baldwin
Sharon, Charles L.
Slemmons, Robert H.
Snyder, Clarence William
Tubbs, Richard M.
Underwood, Lea Carlton, Sr.
Vosburgh, Lawrence E.
Webb, David Robert
Workman, Bessie

1928
Abbott, Mildred
Alspaugh, Dr. Harold Paul
Backus, Katherine
Becker, Leonard Sidney
Beeler, Elmer Lee
Britton, Fred S.
Brown, Dwight Mc Keyes
Brown, Reuben W.
Brumbach, Henry B.
Darby, John F.
Davis, Harold Alman
Davis, Roy G.
Detrick, David Ellsworth
Dever, Lowell E.
Dudley, Cecil O.
Eigensee, Harold H.
Emmerling, Walter
Farber, Donavin
Fiser, Rollin H.
Frank, Benjamin Franklin, Jr.
Frank, Marc Julius
Gammel, Otto
Gesell, Clarence
Goldstein, Helene
Goodman, William Larry
Grim, Fred H.
Hall, Eugene Winston
Harrod, M. Merle
Hebble, Charles M.
Hill, Carlos Eugene
Hunt, MAJ Harry Albert, USA(Ret.)
John, Richard C.
Jones, Geraldine Owston
Kem, Myron S.
Lilley, John Ralph
Lindenberg, Charles H.
Loeb, Alvin M.
Loker, Ralph L.
Lorber, Theodore
Louden, J. Keith
Margolin, Ms. Fannie L.
Mc Murray, Mrs. Bernice Holt
Meyer, Theodore Roosevelt
Mitchell, Frances High
Moore, Franklin Given, PhD
Morlang, Theodore Dixon
Morris, Floyd Oland
Neubauer, Curtis F.
Obenchain, Lurie Grimm
Ondrey, Emil F.
Petry, C. Ward
Quackenbush, Howard M.
Rideout, Charles H.
Root, Alan I.
Rudy, Robert Sale
Ruhl, Robert Henry
Saiter, Joseph Theodore
Schmink, William B.
Smith, Foster Leroy
Stewart, William E.
Tarschis, Harry
Tipple, Ray A.
Tschantz, Norman J.
Tweedie, Ruth
Vetter, Frank, Jr.
Wagner, Frank D.
Waterfield, Willis K.
Waters, Leonard C.
Wilsdon, John F.
Wise, Robert A.
Yahn, Wilbert H.

1929
Ackley, Stanford G.
Alber, George H.
Ashman, Ward
Bacon, M. Carle
Bigler, Kathryn I.
Boyd, Charles C.
Cadwallader, C. Huston
Call, Robert N.
Carr, Paul D.
Carr, Van L.
Close, Dean Purdy
Corbett, Cletus J.
Cox, Joseph Edward
Crawford, J. Kenneth
Crawford, Robert John
Davidson, Joseph F.
Davis, Pauline G.
Gleason, Richard W.
Good, Howard Ritter
Hendrix, George W.
Herrold, Robert B.
Hiscox, Raymond G.
Horvitz, Harry R.
Howald, Geraldine
Irwin, Clayton J.
Jahn, Arthur C.
Jenne, Charles L.
Johnson, Richard Edward
Kahn, Allan W.
Kaufman, Frank G.
Kimmel, Roy Everett
Klotz, Dorothy E.
Krause, George W.
Lane, Alfred William
Lippe, Al A.
Lucas, John Wayne
Lyman, Luke Hudson
Mathews, Robert Green
Mc Clanahan, Herbert H.
Mc Dowell, Allen E.
Miller, Edwin Wallace
Miller, Marshall Lyle
Mills, Alvin R.
Neipp, Morton J.
Neustadt, David E.
Northrup, Lowell G.
Peters, Howard Oscar
Plummer, Carl Kerr
Potts, Thomas J.
Radebaugh, William Edward
Rascher, Arthur C.
Regner, John J.
Reichelderfer, Donald Eugene
Roth, Leland Charles
Rowles, John Jay, Jr.
Ruff, Mary Catherine
Schmunk, Walter A.
Schnell, Carlton W.
Schoenleb, Lutrelle F.
Sebring, Frank E.
Sherman, Dr. Ralph Walter
Stahl, William M.
Stone, William M.
Sullivan, Martha G.
Toney, Robert M.
Weiss, Ben G.
Wertz, Charles Willard, Sr.
Williams, Warren W.
Wilson, COL Fred E., USA(Ret.)
Woodley, COL Gerald A. B.
Young, Regina Marie

1930
Alten, Frances Holtzman
Aydelott, Marjorie Dum
Barrett, J. Robert
BeVier, Mary E.
Bidlack, Phil M.
Blaha, COL Joseph, USA
Borel, Richard A.
Brewer, Ralph R.
Burley, Orin E., PhD
Cape, Hays A.
Cline, H. Michael
Corey, Hibbert
Davis, John C.
Didelius, William E.
Elberfeld, Martin
Evans, Jack Griffith
Fisher, Max Martin
Frye, Charles J.
Fuller, Richard L.
Gallen, Margaret L.
Geckler, Edward F.
Ginter, L. Paul
Glasser, Chester F.
Graf, Ruth
Hamm, Mrs. Winona M.
Hand, D. Russell
Hart, Theodore Emil
Harvey, Francis K.
Heinlen, Calvin X.
Hendrix, Hubert L.
Hess, Albert F.
Higgins, Richard Cannon
Hiner, Arthur D.
Howard, Heber Lawrence
Insley, Walter C.
Irwin, Robert W.
Jackson, Charles G.
Jennings, Margaret
Kidd, Walter L.
Knox, Howard A.
Kuipers, William P.
La Moreaux, Ira M.
Leviton, Reva Barrar
Linek, Emil J.
Lovell, C. Edwin
Matson, Leonore Weiss
Mc Elroy, COL Arvine W.
Moats, Hon. Ellsworth A.
Montgomery, James J.
Morrison, Douglas Putnam, Jr.
Nixon, W. Ethelyn
Nungesser, MAJ William C., USA(Ret.)
Office, Blanche
Parr, Kathleen Evans
Potter, Joseph C.
Richards, William Evan
Ridenour, Joyce Joiner
Rockaway, John D.
Romain, Harold H.
Rose, Forest Adrian
Roudebush, Elbert P.
Ruehle, Mabel
Rybolt, Clare G.
Sapp, Louis R.
Schlereth, Howard J.
Shellabarger, George D.
Sherwood, Stuart C.
Shokler, Morris
Sites, Harriet
Smith, Richard Herman
Smucker, John K.
Snyder, Robert Charles
Snypp, J. Robert
Sohns, Charles A.
Stickel, Edwin R.
Thal, Irwin
Urban, Charles H.
Walker, Vaughn R.
Widdis, Clark Stanley
Wilkinson, Betty Peppard
Williams, Alan O.
Woehrle, Harold Milbourn
Wolfe, Edgar W.
Young, Willard C.

1931
Allen, Alice Russell
Anderson, LTC Robert Frew, USAF(Ret.)
Andrew, Margaret J.
Arn, Frank D.
Ater, Clement T.
Atkinson, John T.
Barcroft, John L.
Begland, LTC Rob Roy
Blanquart, Gilbert V.
Bloom, Yale A.
Bobb, Margaret
Bond, H. Franklin
Caldwell, Lucy
Cochran, Fred E.
Cronin, Cecille
Curtis, Constance C.
Damon, Forrest L.
De Joy, Nicholas
Del Valle, Gilbert L.
Dempsey, Mary Hubbell
Dickman, Milford Nathan
Dozer, Charles William
Drill, Gladys
Duncan, CDR Harold O., USN(Ret.)
Durstine, Warren E., Jr.
Dyer, Sylvia C.
Eyerman, Royce F., CPA
Farnham, Dorothy Russell
Faunce, James F.
Fellman, Joe
Fesler, Wesley E.
Fraas, Selma L.
Fried, Julius Edward
Fulton, Virgil R.
Gephart, Wilbur L., CPA
Goldman, Harold S.
Greer, George Arthur
Grey, John C.
Hanish, Rose
Harroun, Harold D.
Henderson, Jack M.
Henning, George Frederick
Henrie, Homer Hudson
Holbrook, Edward W.
Hoover, Merwin Leroy
Horch, Verna
Houk, Robert C.
Irwin, Ruth J.
John, Winona Sharkey
Johnson, Andrew C.
Johnson, William Henry
Jones, John Robert
Kepple, Donald F.
Keslar, Carl B.
Kilbourne, Elizabeth
Kimball, Charles M.
Kohler, Hon. Foy David
Kurson, Charles J.
Landsittel, Lee S.
Lawrence, Ramon Eugene
Lessam, Sam
Long, John Herman
Longanbach, Lewis Henry
Luft, Charles F.
Martin, Edwin Smith
Mautz, William H.
Mays, Lee N.
Mc Carley, Ella A.
Mc Kinley, Martha Poffenberger
Metzger, LTC William H., USAF(Ret.)
Michalak, Thomas B., Sr.
Minnich, Mary
Moorhead, Lois Fenton
Morris, Kenneth G.
Mumma, Charles Arthur
Nelson, Dr. James Cecil
Nelson, Robert Miller
Owen, John P.
Pabst, Nelson C.
Parcher, Frederic C.
Parsons, Le Roy
Petersilge, Albert Frank
Peterson, Lee Berton, Jr.
Post, Warren A.
Radebaugh, William H.
Rector, Fred E.
Rentschler, Carl G.
Richwine, Katherine C.
Roberts, Matthew Goodwin, Sr.
Ross, Harry Hurson
Sattler, Charles L.
Schlansky, Ida
Shai, George L.
Shapero, Florence
Shustick, Rose Rosen
Sitterley, Kermit C.
Smith, Clare Leroy
Smith, Donald Joseph
Smith, Ralph Gibson
Snyder, John Mike
Steele, Marguerite E.
Steiss, Carl W.
Taylor, N. Emerson
Ulrey, Dr. Ivon W.
Wasley, J. P. Kenneth
Whitaker, Marjorie
White, Homer M.
Willis, Richard H.
Willour, Paul
Wolfe, Charles Floyd
Zinsmaster, John L.

1932
Alban, Harry Elroy
Argo, J. Richard
Arner, L. Frank
Babione, Dr. Francis A.
Barnett, Alvin L.
Batten, Dr. William Milfred
Bauer, Roland Henry
Bell, Doyt E.
Benson, Richard B.
Berlien, Frank A.
Betz, Seyford L.
Bobrof, Sadye M.
Bowlus, H. Theodore
Braun, Dorothy
Broughton, Carl L.
Burk, Carl J.
Calhoun, Robert B.
Cammerer, Ruth M.
Cannon, Thomas Omer
Carroll, COL George Herbert, USAF(Ret.)

CLASS YEAR LISTINGS CLASS OF 1937 317

1932 (Cont'd)
Cassil, Robert William
Clapsaddle, Robert R.
Cordell, Vernon Earl
Corsatea, Ovid G.
Coultrap, Helen Wolgamot
Cowgill, Wilmer D.
Davis, LTC Charles E., USA(Ret.)
Durbin, Gilbert H.
Emmons, Howard A.
English, Edwin C.
Fidler, Wendall B.
Flick, Wayne K.
Ford, Andrew Douglas
Franke, Norman F.
Friedlinghaus, John O.
Galehouse, John S.
Gehring, Mary L.
Goddard, E. Louis
Gonter, Clarence A.
Gottemoeller, Charles August
Groppe, Mary Alice Neal
Hanna, Martin L.
Harrigan, Joseph E.
Harris, Seymour K.
Headley, Herschel K.
Heddleston, Russell A.
Henderson, Howard N.
Henry, Waldo Garner
Horton, George W.
Howell, Paul J.
Huffman, Harold J.
Iams, Alvin Lewis
Jones, Thomas Martin
Kaplan, Carl J.
Kazdin, Nathan L.
Keen, Bernard Spencer
Kerlin, Thomas C.
Klenk, Lester J.
Kline, Matilda
Krebs, Dale F.
Kreglow, Lew Coffman
Laffey, John J.
Larson, Harry Eugene
Loomis, Harold W.
Lutmerding, LTC Medard R., USAF(Ret.)
Mahaffey, Martha
Mahaffey, Dr. Theodore
Maidlow, Virginia Denbrock
Martin, William Russell
Maull, Charles C., Jr.
McIntire, Robert H.
McPheron, Alferd P.
Mercer, John L.
Middleton, Kathryn Williams
Miller, Ralph Edward
Molnar, Louis E.
Montgomery, Reid John
Moore, Edward Roe
Mossman, Ruth Sparks
Murray, Allen W.
Musson, Robert D., Sr.
Nolan, Richard L.
Papier, William Bernard
Paynter, John W.
Pearlman, Sidney
Poston, Florence
Potts, Iry N.
Probst, Stella Bowen
Rabenstein, Howard P.
Radebaugh, Marian Watjen
Ramsey, Leland S., Jr.
Redlin, Roy N.
Reese, Thomas Delmont
Reeves, John D.
Richards, Mrs. Helen Eagle
Rodgers, H. Edward
Rosenberg, Jeannette
Roth, Ruth Ludwig
Rousculp, Lloyd E.
Schaeffer, Jacob H.
Scheels, Robert Lawrence
Schlezinger, Edward
Scholz, Stanley R.
Schulte, Helen
Segale, Virgil A.
Shively, Ralph D.
Shupe, William H.
Smith, Lloyd Phillip
Smith, Melvin Owen
Sniffen, Max K.
Sommer, Edward G.
Spitz, Paul M.
Spurrier, Robert L.
Such, Wilbur L.
Taylor, Lafayette
Tenney, Harold Freeman
Tilbrook, Thomas Sharp
Tooney, Raymond Warner
Tracy, Charles O.
Underwood, Meriel Latham
Von Kaenel, Harold H.
Walters, Lawrence Medbery
Weltzheimer, Paul
Williams, Earl Frederick
Winchester, Wilber A.
Wise, Loyd S.
Woodward, Edgar E.
Zeckhauser, J. Milton
Zieg, Harold F.
Ziegler, Herbert
Zollar, Alice Kelm

1933
Allen, Robert Mc Queen
Allman, John R.
Aronson, Gerald R.
Austin, Clarence P.
Babbs, Henry P.
Bachman, Ralph W.
Baker, Paul E.
Baldwin, Louis B.
Barnes, Lewis Vaughan
Beaman, Robert M.
Berwald, Samuel B.
Bogart, Lloyd W.
Boring, Herbert S.
Bowsher, John M.
Burke, T. Bernard
Cattey, Bernard Joseph
Chalfie, Samuel L.
Chase, Vaughn R.
Clarke, Norman A.
Conner, James M.
Cook, Evalyn Natross
Crone, Charles E.
Crowley, Alan D.
Davies, John H.
Davis, Evelyn
Didelius, Frederick R.
Dumenil, Lois
Elberfeld, Robert
Emswiler, Ernest E.
Evans, COL Albert B., USA
Ewart, Burt H.
Eyerman, Dolores Theado
Farmer, J. Edwin
Ferrall, Junius B.
Fisher, Evelyn Mc Donald
Fitting, Jane Harris
Fleming, Carrie
Fraze, Charles C.
Gebike, Harold L.
Gilsdorf, Albert G.
Goldsmith, Lois E.
Green, Arthur George
Grice, Fred R.
Griffith, Oliver Clark
Hahn, Frank J.
Herron, J. Abbott
Holzemer, Franklin M.
House, Aileen Charters
Hummel, John F.
Jones, Channing Edgar, Jr.
Jones, Thomas F.
Juergens, Arthur W.
Kane, M. Earl
Karam, Ernest
Ketner, Frances
Klinedinst, Thorald S.
Kraft, Howard W.
Krueger, Louis R.
Lear, James Cole
Leisk, Arthur J.
Le Sar, Margaret
Lewis, Cyrus
Lively, John Robert
Lowrie, Don M.
Mac Cracken, George L., Jr.
Mahaffey, William W.
Mattern, Albert J.
Mattison, Howard W.
Mayner, Joseph R.
McCormick, John B.
Mc Cormick, John H.
McFarland, Carl R.
Messerly, John R.
Middleton, John L.S.
Miller, Douglas Omer
Mowerson, Edward A.
Nerny, Thomas J.
Neunherz, Neil E.
Norris, Elmer Russell
O'Brien, Donald Jay
Peoples, Claude F.
Pontius, Gerald Wendell
Pretekin, Maurice M.
Ratner, Jack L.
Reed, Earl Wolcott
Robinson, Joseph C.
Rogers, Charles E.
Rose, Edward Junior
Rosen, Louis
Rule, Donald William
Saltz, John T.
Saum, Gerald E.
Schantz, Paul S.
Schuster, Dr. Louis Howard
Sheller, James R.
Shifman, Simon C.
Smith, Robert Bixler
Snider, Ruth Mannon
Spitz, Morton
Spragg, Robert W.
Squires, Willard D.
Stubbs, Gordon C.
Sweeny, James A.
Thomas, Edgar Lewis
Treuhaft, Bernard S.
Trotter, Elmer Bynum
Van Blaricom, Robert P.
Wagner, Leslie K., Sr.
Watson, Warren W.
Weed, Jean Russell
Westling, Carl W.
Wetmore, Calvin B.
Whitlatch, Harold E.
Williams, Ronald Dalton
Wilson, Franklin E.
Wise, James E.
Wood, Harold S.
Woods, John Wesley, Jr.
Worcester, Hon. Benjamin D.
Wuertz, Pauline
Young, Henry A.
Young, Hunter D.
Young, Lowell E.

1934
Armstrong, Jane
Axelson, Harry E.
Baesman, Robert G.
Balbach, Mabel
Bash, Wade Delno
Bauer, Robert F.
Beck, Frederick Henry
Bell, Vance
Blair, William M.
Blue, Robert L.
Bond, William A.
Bowsher, Mrs. Eleanor Laughlin
Branson, Edwin A.
Brawer, Felix E.
Brindle, Ted M.
Browder, Thomas Worch
Brownlee, Herbert V.
Brumley, Floride Hyatt
Buttitta, George W.
Byall, Mac C.
Cameron, Harold E.
Carpenter, Charles T.
Chaney, Roger L.
Clark, Homer G.
Coy, Orville A.
Crofts, Genevieve Sloan
Cron, Robert D.
Danford, Edward Coyle
Davis, W. Rex
Denune, John R.
Dolby, Catherine E.
Dolch, Walter M.
Drakulich, Samuel Sebastian
Dye, Howard William
Evans, John Robert
Fela, Andrew A.
Fish, Lawrence K.
Fitting, Robert A.
Fultz, Clair Ervin
Gaal, Alexander H.
Galbreath, George R.
Gardner, Cletus Edward
Gardner, John K.
Harig, Edith
Hindall, George C.
Hogue, Day B.
Howe, Harold W.
Jones, Carl Allen
Kelling, Gilbert V.
Knibloe, Ralph L.
Kramer, Guy Wilbur
Laird, Kenneth Earl
Lanthorn, Alleen
Le Blanc, Henry Robert
Levi, Sara Seff
Lewin, Dolph P.
Lightburn, James B.
Lint, Robert F.
Long, Marden
Lotz, Ruth E.
Magnuson, Carl A.
Mark, William Meade
Mastriana, Fred P.
Mc Coy, James Ray
Mc Cready, Robert E.
Mc Lean, Dwight E.
Miller, Jack W.
Moody, Gilbert
Myers, Wayne Harvey
Newman, Dennis A.
Nutt, Charles W.
Pagels, GEN Edward A., USAR(RET.)
Paschal, James H.
Pierman, Corwin W.
Plaine, Ruth
Pontius, Howard W.
Probasco, Kenneth Newton
Reighley, Fenton J.
Rensch, Walter C.
Roberts, Emily Youmans
Root, Kenneth M.
Ross, Ralph Oakley
Ruhrmund, Ray D.
Sachs, Ralph
Scarbrough, Carl Fredrick
Schaal, Joseph W.
Schalk, Arthur F., Jr.
Schoenborn, Helen
Servies, Janis Millar
Silverman, Leon M.
Skidmore, James E.
Smiley, Ralph Edward
Smith, Florence M.
Smith, T. Fred
Snyder, Murray Gustave
Starkey, Frank J.
Stauffer, Earl R.
Steele, Harriet
Stephenson, Wilson A.
Stone, Edwin Dawson
Swank, COL Walbrook D., USAF(Ret.)
Tabler, Izetta
Testement, Reginald W.
Tracy, Harry N.
Vidis, Martin S.
White, J. Austin
Wilcox, Margaret E.
Wiley, Ellen
Wiley, Mrs. Florence Lyford
Williams, Benjamin K.
Williams, David Woodard
Wuichet, John Weller
Yardley, Charles B.

1935
Adams, James M.
Addison, Adam Wilson
Anderson, Richard E.
Arnold, George Francis
Baker, Mary Burgess
Bartels, Dr. Robert
Bayer, COL Ralph R., USAF(Ret.)
Becker, Thelma Jane
Bee, M. Virginia
Bell, Rhoane Thomas, Jr.
Belt, Mary Jane Ruth
Benjamin, Robert M.
Benson, Charles E.
Bigley, Frank H.
Borchers, William C.
Boyd, Gordon Y.
Brehme, Walter O.
Brown, Virginia Ann
Brunson, William Rudolph
Burkett, Harry D.
Burkholder, Kenneth W.
Calder, William Joseph
Carlson, Lloyd Orrin
Chambers, William M.
Clapp, Roger H.
Clark, Glenn Lester, Sr.
Clark, L. Frederick
Clifford, Jack M.
Cochran, Paul A.
Conaway, Robert S.
Cortell, Ralph H.
Cox, Fern Pfaltzgraf
Cozad, Lyman Howard
Curfman, Pauline Paterson
Davis, Mary Helen Harris
Day, Hon. Jack Grant
Day, Lewis I.
Day, Robert Lee, Sr.
Delfs, Hugh A.
Dittoe, William E.
Doan, Nelson B.
Downing, Richard A.
Dundon, Robert T.
Elsea, Scott
Evans, John Robert
Eyerman, Isabel Penn
Ezzo, COL O. George, USA(Ret.)
Fenstermacher, Leon W.
Finley, Robert B.
Fishbein, Alex J.
Fogle, Lawrence E.
Foley, Martin E.
Folk, Ronald S.
Folsom, Dean L.
Gardiner, Murray Star, Jr.
Garrett, Paul J.
Gooden, Rhoda
Goslee, James Robert, Jr.
Guelde, Edward A.
Gutermuth, Enid Stamets
Hagaman, F. Homer
Hahn, Forrest W.
Harrison, John F.
Harroff, Homer Hugh, Sr.
Harsha, Charles M.
Harwood, Frederic R.
Haun, Jeannette
Hedrick, Earl J.
Herndon, James C.
Hess, Wilbur Otto
Hilliker, Don M.
Horr, Arthur N.
Houts, Kenneth G.
Ives, Robert W.
Jelenko, Jesse F., Jr.
Johnson, Robert Carol
Jones, Roland R.
Jones, Simon W.
Kabealo, George
Kable, John R.
Kale, Cornelia
Karr, Max Armstrong
Katz, Nathan
Keener, Geraldine Williams
Keller, J. Robert
Kendis, Leroy D.
Langdon, Paul R.
Lasichak, Nicholas
Laufer, Carl L.
Le Fevre, Frederick C.
Leventhal, Wilma Goldberg
Lewis, Leon Eugene
Logan, Mary
Lustig, LTC J. Merwin, USA(Ret.)
Mackan, Alfred J.
Markel, David
Marks, Bertram W.
May, James B.
Mc Elwee, Darwin E.
Mc Kenney, John P.
Miller, Robert John
Morgan, Howard Arthur
Neal, George V.
Needham, E. Jane
Noelp, Nettie I.
Nudd, Harold B.
O'Shaughnessy, Jack P.
Paugh, Richard Curtis
Peterson, Russell L.
Philbin, Aileen M.
Poor, Louis S.
Reeves, Frank I.
Reichelderfer, Russell K.
Richwine, Sara
Ridgeway, Mary Tritschler
Robb, John H.
Robinson, Clarence Cruse
Rose, Cecil K.
Ross, Robert Nelson
Rudin, Walter M.
Saenger, John Frederick
Schaefer, Ruth
Schultz, Albert L.
Schwimmer, Sanford
Shepard, Arthur E.
Smith, Anson Brock
Smith, Hamilton Marshall
Smith, Robert Lee
Spindler, Donald M.
Spyker, Paul H.
Suid, Oscar C.
Taylor, Joseph K.
Thompson, Eugene B.
Thompson, Mary Isabel
Todd, Charles S.
Todd, Marcelline Thompson
Turner, Robert G.
Warner, Lucille
Wears, Lee H.
Wehrly, Gordon H.
Weigel, John J.
Wells, George E.
Willey, Merlin H.
Wilson, James Joseph
Wood, Donald Gale
Wood, James R.
Yaple, Wendell E.
Yurjevic, Daisy

1936
Adams, Robert M.
Alspach, Haver Eugene
Bailey, David Keener
Bates, Marjorie Lawrence
Baumann, Lester H.
Beardsley, COL Ford M.
Benadum, Jean
Berlet, Walter H.
Bernard, Elizabeth Fox
Bishop, Leroy Adrian
Bone, Russell M.
Brandman, Peter
Branson, Jack H.
Bull, LCDR Wilbur R., USNR
Carmine, Dale E.
Carpenter, Charles D.
Chadwick, Betty Ziegenfelder
Clymer, William Lawrence
Coe, Robert I.
Cohen, Herbert B.
Conley, Robert Edmund
Cook, Lester Davis
Copeland, Charles J.
Cox, John Edward
Dehner, Dr. Albert H.
Dille, Lloyd A.
Doane, Robert E.
Drennen, Hon. William Miller
Duffus, Parmelee W.
Dunn, COL James S., USA(Ret.)
Edwards, Gwendolyn Elizabeth
Eldridge, Dayton A.
Evans, Rodger Kessler
Evans, William Francis
Everett, Ira Glenn
Finke, Eugene E.
Fischer, Leo Francis
Fogle, Virgil M.
Fogt, Eugene R.
Fornof, Lillian K.
Fraher, James Nate
Ganter, Robert L.
Garner, Elizabeth N.
Gehring, Eileen Payne
Gillie, Janet F.
Goedeking, Melvin A.
Goldberg, Regina Rosenfeld
Graneto, Frank P.
Graves, Floyd W.
Grundstein, Dr. Nathan David
Grundstein, Richard H.
Hagerty, Loraine
Hallarn, Dorothy
Harman, Donald W.
Hartley, Bryan F.
Herndon, Richard G., Esq.
Hershey, Herbert C., Jr.
Hess, John Frederick
Hobart, Marian R.
Hoffman, Kenneth Clarence
Hughes, Robert W.
Jameson, Mrs. Mary Chakeres
Jeckell, Betty Smith
Johnston, CDR Thomas Marsh, Jr.
Kerr, Mildred Ritt
Leff, Philip B.
Lloyd, Stanley E.
Long, Clarence Elmer, Jr.
Mc Clelland, Leland S.
McCoy, Ellen
Mc Hugh, Richard George
Meyer, Robert Vincent
Miller, Ralph Charles, Jr.
Moore, John Raymond
Myers, Richard D.
Nolze, Sue M.
O'Grady, James J.
Oliver, Florence Montgomery
Pausch, John L.
Perks, Ben W.
Perlmuter, Ernest A.
Peters, Frederick William
Plum, Charles Walden
Poe, William B.
Powell, Mary Murray
Price, James R.
Ralph, Alice K.
Redmond, Charles D.
Rennekamp, Drusilla
Resh, Maurice E.
Rhodes, James A.
Rosen, Albert
Ross, Dorothy Magdelen
Roth, Armin Lawrence
Scott, Robert Malcolm
Shack, Louis
Sharrow, Earl J.
Siegel, Gilbert D.
Simmons, Stanley William
Sinkey, William D.
Slavin, Emanuel J.
Spain, Norman M.
Spery, Howard R.
Stebbins, Charles Bert
Stickrod, Howard Olson
Stone, Walter B.
Stoup, Charles Lorn, Sr.
Talmage, George B.
Tipton, Russell D.
Wagner, Clifford R.
Walker, John D.
Walters, Leland A.
Wander, Charles M.
Weaver, Max Correy
Weibling, Donald Merril
Whitehead, Bernice W.
Wick, Elbridge A., Jr.
Wilson, James Markley
Wurster, CDR Walter A., USN(Ret.)

1937
Adkins, H. Parker
Aldrich, Dorothy Lindquist
Anderson, Joseph Frank
Antenucci, Frank Lewis
Archer, Frank E., Jr.
Aschinger, Carl J., Sr.
Auerbach, Sol L.
Averill, Frank E.
Aydelott, Margery A.
Barnett, Lawrence R.
Bates, Albert Dominic
Behlen, Robert A.
Bell, Robert Gavin
Belock, Bernard W.
Bingham, Margaret Brockett
Boeshaar, John C.
Bosart, E. Halsey, Jr.
Bowlus, James Marcus
Brightman, William H.

318 CLASS OF 1937 OSU COLLEGE OF BUSINESS

1937 (Cont'd)
Brown, Martha
Cameron, Jane Rodgers
Clark, Carl Snowden
Clifford, John M.
Connar, Albert Wade
Cornett, Albee Mc Kee
Cramer, Marion A.
Daniell, Robert R.
D'Aurora, Anthony C.
Davis, Dr. James M.
Davis, Richard Culbertson
Deubel, Viola
Devine, Samuel L.
Dickason, Margaret Steiner
Duffy, Bernard J.
Edwards, David S.
Ellis, George E.
Ellis, Robert Hollman
Faught, Harry E.
Federman, Alfred P.
Feldman, Arthur L.
Ferris, John H., Jr.
Fisher, Hubert B.
Frech, Robert G.
Gardner, Jeannette
Garvey, William H.
Getz, Wilma
Gingrich, Richard P.
Glick, Robert A.
Goldman, Byron R.
Golub, Seymour L.
Graessle, William T.
Grant, Jack E.
Green, Dale Hamilton
Gregg, James R., OD
Griffith, Robert Wilson
Guy, Margaret Bartley
Guy, Dr. Marjorie Poston
Haag, Leonard Hoffman
Hart, James Francis
Henceroth, Stanley W.
Hepburn, Richie T.
Hetzel, Horace D.
Hoff, Donald V.
Hollingsworth, Robert W.
Holzemer, Robert L.
Horwitz, Sam S.
Husted, Robert F.
Iams, Paul F.
Innis, Lyman H., Jr.
Jelliffe, Charles Gordon
Jones, Willard A.
Kahn, Joseph H.
Kent, Ralph Edwin
Kerr, Hester Reighley
Kidney, Adrian W.
Kienzle, Katherine Klingbeil
King, Joseph A.
Kline, Woodrow W.
Knipfer, Clyde B.
Kuhn, Robert S.
Lambert, Frederick A.
Lamont, Mrs. Myrna Ingram
Lawrence, Charles Z.
Leavitt, Sanford
Lehmann, Robert J.
Levy, Joseph Henry
Lieberman, Samuel David
Lightburn, Robert A.
Linehan, Charles T.
Lucas, Joseph Garnett
Manhart, Dr. Robert C.
Mc Kay, CDR Frank W., USN(Ret.)
Meyer, Walter Erick, Jr.
Miller, David S.
Millikin, Howard A.
Mills, Thomas Moore
Muskoff, John Robert
Nolen, Herman Christian
Ogram, Melvin F.
Oldham, Virginia M.
Paulus, Frank W.
Pettigrew, Robert S.
Pisel, Malcolm K.
Pisor, Charles T.
Preston, Mrs. Betty Holt
Pugh, CAPT Harry M., USN(Ret.)
Rau, Carl Clifton
Read, Robert O.
Reed, William B.
Rehula, Lad Anthony
Rigterink, Eleanor Karch
Roberts, Annette Fivaz
Rose, Herbert Russell
Rupert, Donald R.
Schreick, Thomas E.
Shafer, Karl F.
Spicer, Emerson C.
Spreng, Charles K.
Stahl, William N.
Stephens, Howard O.
Stone, Leon N., JD
Swope, William B.
Teague, Bige B., Jr.
Todd, Robert F.
Trepple, John J.
Trump, Dr. Ross Myron
Uhl, Raymond H.
Verwohlt, Harold A.
Villhauer, Melvin H.
Waddell, Martha S.
Warsaw, Paul G.
Wilkerson, Everette R.
Willhite, Lyle O.
Williams, Robert Keith
Willson, James Douglas
Wilson, Dr. Woodrow
Wood, Philip J., Jr.
Woodcock, Harold C.
Wright, Robert T.
Youngquist, Allan R.
Zavelson, Lester Sanford
Zeiger, John E.
Zieg, John M.

1938
Alban, Paul Edward
Albertson, William B.
Amos, Nancy C.
Anderson, James Joseph Orr
Archer, William R.
Armagost, Ruth Overholt
Atzenhofer, Hershel S.
Avren, Frank E.
Baas, Jacob Charles, Sr.
Baker, Carlyle Muff
Ballou, Charles Brown
Bell, Jack Edward
Benner, Paul E.
Bird, Dr. Dillard E.
Blair, William A.
Bloomer, Dorothy Todd
Boley, Paul A.
Borland, James H.
Borrelli, Michael James, Sr.
Borton, Dr. William Monroe
Bowser, Richard V.
Bray, Jack J.
Bricker, Eleanor
Brown, George P.
Bruce, Robert A.
Bush, Joseph E.
Cahn, Harold A.
Cardi, Dr. Miriam Whitsett
Cassmer, John
Catcott, Dr. Earl J.
Cessna, Philip M.
Chizzick, Burton B.
Chrissinger, Warren O.
Cochran, Douglas L.
Colclough, Jack D.
Collins, Joseph F., Jr.
Conover, Donald P.
Conrad, David Lee
Converse, Irving M.
Cook, Donald D.
Corbett, John W., Jr.
Cornell, Maurice V.
Cree, Douglas T.
Deetz, S. William
Denune, Wilbur Lowell
Dickey, Robert A.
Dombrosky, Edward W.
Dundon, Lois Meeker
Dunning, Clarence F.
Earhart, Harriet Jane
Elliott, Clarence W.
Epstein, Morton I.
Fenstermaker, Richard P.
Finzer, Garrison F.
Fitez, Paul Robert, Sr.
Flack, Elizabeth
Fore, Carolyn
Fry, Charles E.
Fry, Harold S.
Fuller, Richard H.
Fullerton, Charles William
Gaines, Irwin L.
Gingrich, M. Virginia Furniss
Gold, Bernard W.
Goodrich, Walter L.
Greenfield, Edward T.
Griesinger, Frank Kern
Grinstead, Carter Hall
Grogan, Rosemary
Gump, Don M.
Gustafson, David C.
Gustafson, Philip Edward
Haines, Arthur C.
Hansberger, Dorothy
Hardy, Edwin Jay
Hargreaves, William B.
Hartsough, William H., III
Hayhurst, Cuthbert N.
Heagen, John R.
Heffron, Vernon James
Hendrix, William Arthur, Jr.
Hill, Leonarda Brickman
Hoffman, William Martin
Hopkins, Leonard L.
Horwitz, Joseph M.
Jackson, Rev. Richard Lewis
Johnson, Evadna A.
Jones, Helen
Jones, William Brownlee
Kelsik, Elmer K.
King, Donald R.
Kloss, Robert A.
Kurtz, Elizabeth Davidson
Law, Charles Herbert, Sr.
Lee, Hugh Bertram, Jr.
Leshy, John
Loewy, Mrs. Janet Nussbaum
Long, William Carl, Jr.
Matesich, George J.
Mc Cann, John P.
Mc George, Robert T., CPA
Mc Kenzie, Robert P.
Mehrling, Robert F.
Mellman, David B.
Miles, Robert C.
Miller, Frederick H.
Miller, Helen May
Miller, James Richard
Mindling, Arthur N.
Monahan, Thomas M.
Moyer, Dr. Frederick Weaver, Jr.
Mullholand, Sidney B.
Murschel, Jane
Myers, James Richard
Nassau, Saul E.
Newlon, Edgar W.
Nihof, Helen Zimmerman
O'Brien, J. Edmund
Oglesby, Edwin R.
Olszewski, Harry
Patterson, John Wright
Pearson, Philip D.
Pfeiffer, Robert G.
Pike, Albert Raymond
Pohl, Stanley H.
Potter, J. Willard, Jr.
Renda, Dominic Phillip
Rice, Maurice Avron
Rice, Richard H.
Roller, John Reid
Romey, John H., JD
Roudebush, H. Rex
Roush, Francis Woodrow
Sadler, Vera
Salvatore, Gregory N.
Schiff, John Jefferson
Schiff, Richard Weil
Schirm, Alfred B.
Schmuck, Margaret Duffy
Schofield, H. Carl
Schulte, Russell H.
Schumacher, Dick Leurtis
Scranage, Robert B.
Sears, Patricia
Sherman, Philip Theodore
Short, Ralph Beach
Silver, William H.
Sloane, Fred O.
Smith, Anita
Snyder, Fred Lawrence
Standard, James A.
Steffens, Steven George
Steinbower, T. Gorton
Strauss, Erwin
Sturtevant, Phillips H.
Tarr, LTC George P., Jr., PhD
Thayer, Lester M.
Thomas, Earl H.
Toll, COL Robert M., (Ret.)
Topson, Myron C.
Trimmer, Kenneth D.
Unckrich, Ferdinand W.
Underwood, Hal E.
Walker, Frances Joseph
Wallace, Lew E.
Ward, George F.
Waterman, John Mueller
Watson, Edward E.
Watts, Dorsen V.
Wayman, Charles A., Jr.
Weigel, Alwin W.
Weinstein, Herman Seigfried
Weller, Paul Louis
Welty, Dr. John P.
Wilkinson, John W.
Wilkoff, Hyman D.
Williams, Edwin James, Sr.
Williams, Mary C.
Wingard, Robert William
Winner, Carl Isaac
Winter, Kenneth H.
Wolf, Jane
Wolfard, Charles W.
Woodard, John L.
Wright, Francis Ware
Wright, Martha Berlin
Yessenow, Irving Israel
Yoho, Ernestine
Zeigler, COL Howard Norvin, Jr.

1939
Adrean, LTC Ray Edward, USA(Ret.)
Allen, Kenneth H.
Baird, Joseph William
Baker, Richard Thomas
Balthaser, Mary
Baratt, Rhea Preis
Barr, Shirley
Bash, Earl M.
Battiste, Charles E.
Baughman, William T.
Baum, Raymond J.
Becker, Kennard William
Beim, Yetta B.
Berger, Paul F.
Bernard, Fred E.
Blanton, Jane Ebersol
Bliss, Keith H.
Boehme, Donald W.
Boesel, Hon. Jacob James
Bone, James W.
Boose, Robert I., Sr.
Borel, George M.
Boughner, Richard J.
Bowen, Kenneth E.
Boyce, Ralph J., Jr.
Brasseux, COL Emmett L.
Bussey, Frank J., Jr.
Campbell, Estelle E.
Carroll, James Vincent
Chubb, Richard K.
Coffman, Clifford B., Jr.
Cook, Gordon Harley
Corcoran, Leah Carlstein
Corl, Stanley M.
Cotter, William J.
Crandall, James L.
Crook, George W.
Cusick, Jay H.
Davidson, Wilbur F.
Earl, George J.
Eaton, Edward Hough
Evans, Thomas Clifford, Jr.
Farrell, Joseph Edward
Fellows, G. Robert
Fite, Alan C.
Flick, Suzanne
Flohr, Paul E.
Fluke, Norris William
Ford, William Henry
Freedman, Arthur H.
Friedman, Jerome J., JD
Gableman, George M.
Gaines, Betty Burnett
Gall, COL William Overton, USA(Ret.)
Gay, Lucy
Gerstein, Dave
Gest, William B.
Giesser, Robert Raymond
Golomb, Samuel Jacob
Goodman, William W.
Gottier, Richard Chalmers
Greider, MAJ Harry David, USAF(Ret.)
Gribble, Paul E.
Grimes, Thomas Hugh
Hague, Robert W.
Hahn, Stephen P.
Hamilton, Robert Worthington
Hammitt, C. Clark, Jr.
Hanic, Emil P.
Hardesty, Robert M.
Heffelfinger, William H.
Herman, Milton L.
Herrmann, Robert W.
Hershberger, Mary E.
Hicks, Ernest Lee
Hildebrand, Shepard A.
Hill, Robert Guthrie
Hindes, Donald W.
Hissong, Loren Burdell
Hites, Elmer Russell
Hoffhines, John W.
Hoffman, Joe Arden
Hoge, Robert A.
Holman, Alan M.
Holmes, Albert Glock
Hostettler, Otto K.
Howick, Charles M.
Huber, Robert W.
Huff, Robert A.
Immel, Albert Erwin
Isaac, Clarence Albert, Jr.
Jenkins, Waldo Clinton
Jenks, Beatrice
Kaithern, Reginald G.
Kallmerten, Robert L.
Kelemen, Charles
Keller, Mary E.
Kent, Betty Kilbury
Kohn, Arthur
Koren, Juliette
Kovacicek, John L.
Kreinberg, Jerome J.
Lancione, John
Langley, MAJ John Lowry, USAF(Ret.)
Lebensburger, Kenneth E.
Leventhal, Harry E.
Lewis, Sam H.
Lortz, Carrie Johnson
Lyons, Raymond T.
Mack, A. Clarke, Jr.
Mauk, Charles E.
Maule, Charles L.
Mc Carthy, Robert M.
Mc Closkey, Richard H.
Mc Clure, John J., Jr.
Mc Grath, John W.
Mc Quigg, William G.
McRae, Kelly B.
Mc Vay, Clarke T.
Mechir, George X.
Meckstroth, Kenneth W.
Mellman, Myer W.
Mellott, John Max
Mendenhall, Thomas A.
Merrick, Donald W.
Millisor, Robert Edward
Mintz, Leo K.
Monaghan, William I.
Morgan, Donaldine Carolyn
Morgan, George Edward
Morgan, Walter Thomas, Sr.
Musser, Arthur Blaine, Jr.
Neff, Robert Hudson
Negelspach, Mary Coffman
Newcome, Harold W.
Obenour, Robert W.
Oldham, A. Catherine
Packer, Don S.
Parks, Henry G., Jr.
Parrish, John B.
Patterson, Charles Carroll
Patterson, James Allan
Pendleton, Claude W.
Perez Pubillones, Antonio E.
Pfeiffer, Richard C.
Poulton, Donald Semler
Presgrave, Carl L.
Prince, Eleanor Karch
Rabe, Adolph
Randolph, William F.
Rankin, Charles B.
Rapport, Milton H.
Rausch, Lloyd M.
Reed, Charles Acril
Reed, Don A.
Reines, Dan
Robinson, Stanley Ulrich, Jr.
Rodgers, Miles E.
Roley, Richard B.
Rosenfeld, Mayer
Routh, Jay C.
Ruben, Mark M.
Rucker, Wilson S.
Sankey, Douglas W.
Saveland, Malcolm H.
Sayre, John F.
Schafer, COL Robert William
Schneider, William Stuart
Schoenbaum, Alex
Schottenstein, Irving
Schrader, Bettie Coble
Scott, James F.
Senn, John Eldon
Sennish, George W., Jr.
Seybold, Marshall R.
Shafer, MGEN Dale E., USAF(Ret.)
Shoolroy, Ross S.
Simson, Theodore R.
Slagle, LeVernne Ballou
Smith, Allen J.
Smith, Howard George
Smuk, Irvin Roland
Sobel, Dr. Irvin
Spitzer, John A.
Starbuck, Marguerite
Stauffer, Blake E.
Steinfurth, Harriet Conner
Steinman, Charles Fielding
Stengel, George W.
Stone, Doren C.
Stone, Jack M.
Strandburg, Robert H.
Stump, LTC Robert C., USA(Ret.)
Sullivan, William J.
Tackman, Arthur L.
Tetlak, Edward J.
Textoris, John L.
Thierman, John C.
Trope, Irvin
Van Harlingen, Robert M.
Vanosdall, Arthur A.
Vaughan, Robert K.
Vuchnich, Walter Emil
Walker, George H.
Weintraub, H. Larry
Wherry, Robert A.
Wilson, Melvin C.
Winnagle, Homer Lee
Wood, Robert K.
Wunder, George C.
Young, Kenneth L.
Yowell, Gail Smith
Zimmerman, Clark E.
Zimmerman, M. Reed
Zollar, Norman C.

1940
Adams, Francis X.
Alexander, William D.
Andrews, John L.
Armitage, Eloise
Ash, COL William O., USAF
Bader, Morton W.
Balas, Jerome I.
Ball, Herbert Spencer
Barry, Julius
Bartschy, Ross D.
Baughman, Dale W.
Bear, Robert C.
Beck, Clifford E.
Bedell, Robert N.
Berman, Robert D.
Bernon, Richard H.
Block, S. Robert, EA
Blumenschein, Carl T.
Bowers, G. Richard
Boylan, James C.
Bradford, Ruth G.
Brescia, Anthony J.
Brewer, Robert James
Brindle, James L.
Brinkman, Harry H.
Broadway, Arthur H.
Brown, R. Carl
Bullock, Howard N.
Cameron, Donald E.
Carl, Charles T.
Carter, Russell Luther
Chesler, Earl R.
Christy, Starling
Clager, Francis J.
Clevenger, Richard C.
Cohagen, Paul E.
Colbert, Lloyd I.
Conover, Reeve S.
Cornelius, Sue
Cornell, Errol S.
Cosgrove, Robert C.
Crabbe, Donald E.
Crist, Stanley D.
Cull, Robert T.
Cupp, Robert C.
Dailey, Rev. Charles M.
Danenhower, John H., Jr.
Daulton, James H.
David, J. Philip
Davis, Dr. James Henry
De France, William E.
Dick, Richard Edward, Sr.
Donenfeld, Ralph Julian
Dorland, Virginia F.
Doty, Everett A.
Drake, Guthery W.
Duckworth, William F.
Dudley, Milton L.
Ekleberry, Richard E.
Elsas, Robert E.
Exline, Frederick A.
Faigin, Howard B.
Fein, Alvin A.
Fenstermaker, John Joseph, Sr.
Finneran, George D.
Fishel, Leonard M.
Fisher, Dr. Albert Benjamin, Jr.
Flower, Richard H.
Foss, Gene K.
Franklin, Sidney
Friedman, Murray
Friend, Donald N.
Garcia, Nellie
George, Leo M.
George, Myron Owen
Gilliland, Donivan C.
Goldberger, Melvin T.
Grappo, Michael A.
Gross, Victor Saul
Grubb, Richard E.
Hagerty, Lawrence V.
Hanthorn, COL Jack E., USMC(Ret.)
Harper, Robert William
Hart, Wesley Milo
Hawisher, Henry A., Jr.
Henderson, James Leo
Hepplewhite, John L.
Herndon, Edward H.
Herwald, Paul
Hoffman, Myron
Holmes, John W. A., Jr.
Holzapfel, George J.
Hoover, Joan Zimmerman
Hoskinson, Arthur M.
Howells, John Andrew
Humphreyville, Theresa Ruth
Huprich, Carl A.
Hylan, S. Robert
Jackson, Gene Edwin
Jacques, Joseph R.
Jelliff, Edwin H.
Johnson, Mary L.
Jones, Charles Hayden
Julian, Brooks Patton
Kabealo, Michael T.
Kaplan, Irving L.
Kautz, Leslie A.
Kayne, Harold G.

CLASS YEAR LISTINGS CLASS OF 1943 319

1940 (Cont'd)
Kearns, Maribelle Wallick
Kinkopf, Sigfrid G.
Knable, Sidney
Knapel, Ronald E.
Knecht, Robert A.
Knies, Paul H.
Komminsk, Betty Greene
Kotecki, Edward E., Jr.
Krause, Robert L.
Kuhn, Delbert L.
Kuhnee, Charles R.
Kundtz, Joseph M.
Lang, Marian
Lawrence, Ned M.
Lerner, Clyde L.
Lewis, Rita
Lisle, Herbert Allen
Lisle, William S.
Lloyd, John R.
Loeb, William E.
Lovejoy, Howard C.
Lucas, Robert Gordan
Mac Donald, William Estes, Jr.
Madro, Joseph C.
Magaziner, Marvin
Marsh, Dr. Glyde Arthur
Martin, Forde Stephens
Mathless, Norman
Mc Cartney, Donald S.
Mc Connell, Dwight C.
Mc Cormick, Archibald B., Jr.
Mc Cormick, Mary Vaffis
Mc Namara, John S., Jr.
Medley, Joseph F.
Meehan, Paul F., Jr.
Mereness, Arthur L.
Metcalf, COL Robert L., USA(Ret.)
Miller, Dr. Frederick Byers
Miller, George Carpenter
Miller, Raymond Francis, CPA
Mindel, Irvin J.
Mirolo, Amelita
Moore, David Wilson
Moranz, Marvin
Murphy, Doris
Murray, Phillip Dent
Muth, Gilbert A.
Myers, Dr. Herbert L., Jr.
Nevius, Frank L.
Newlon, Jay O.
Nichols, Robert Leslie
Noble, Edward S.
Nocito, Alfred A.
Oberlin, Jerry V.
Olmstead, Allen M.
Overmyer, Wayne S.
Palmer, Dean W.
Patnik, Albert S.
Payne, Donald N.
Phillips, John Edward
Quigley, Richard H.
Rahall, Sam G.
Ratcliff, John Donald
Reel, William C.
Reeves, Dix O.
Reynolds, William Aloysius
Rhodes, Jeanne Spore
Robbin, Harry J.
Roeser, Helen Overturf
Rose, William Russell
Rumer, Suzanne
Salladay, John R.
Sandburg, Jack F.
Sayers, Robert M.
Schall, John J.
Schear, Eugene C.
Scheu, Richard P.
Selcer, Lester
Sharp, William Cleveland
Shearer, Dr. Ernest F.
Shumaker, Hugh Joseph
Silberstein, Ruth
Smith, Ralph B.
Snowhite, Herbert O.
Snyder, Franklin Doud
Snyder, Robert R.
Spencer, Charles A.
Spiro, Meyer J.
Stein, Clement, Jr.
Stewart, Richard E.
Stiles, Robert W.
Stone, Lawrence H.
Stout, Robert O., JD
Strautman, Richard Vincent
Strouss, Clarence J., Jr.
Strouss, Margaret Emmons
Stubbins, James B.
Taylor, Gardner Bruce
Titlow, Paul C.
Todd, David E.
Todd, Herbert E.
Tope, Dr. Boyce Mc Brier
Townsend, LTC Robert H., USAR(RET.)
Tremoulis, Louis F.
Troutwine, Wray R.
Ullmann, Homer E.
Utley, George R.
Vallery, Harry T.
Van Keuls, Jack T.
Van Scoten, Max L.
Vaughan, Stuart M.
Wagner, Dorothy Mc Guire
Walter, Russell A.
Weaver, Don W.
Weinberger, David
Weiner, Sidney F.
Weitzel, John (Pat)
Welsh, William J.
Westlake, C. Arnold
White, Joseph E.
Whitlinger, Warren W.
Wilburn, Harold C.
Williams, Murray J.
Williams, Walter Joseph
Wilson, Edwin C.
Wolpert, Donald J.
Wood, Margaret Elizabeth
Woodward, William N.
Workman, Ralph W.
Ziegler, John H.
Zimmerman, Robert O.
Zimpfer, Victor Charles

1941
Aaron, Paul
Abbott, Ralph B.
Adams, Dan Boyd
Adcock, Ralph P.
Addison, Lawrence Irwin, Sr.
Alban, Robert Stanley
Alexander, John E.
Allen, William H., Sr.
Ammer, Hon. William
Bachman, Mary
Barnett, Julian B.
Bastiani, Lawrence
Bauman, Edward A.
Becher, Robert S.
Berndsen, Ebert W.
Bialosky, Joseph I.
Bland, Irvin G.
Bohannan, Robert C., Jr.
Borchers, John A.
Bradford, Otis L.
Brandon, Grant G.
Breese, Letitia
Brodt, B. Stanley
Brown, Robert Weaver, Sr.
Brown, W. Jerome
Caryer, Emerson Lee
Christman, Warren L.
Christopher, Byron G.
Christy, F. Leonard, Jr.
Clark, James Charles
Clark, Robert Wallace
Cohen, Mitchel D.
Conkle, Allan J.
Corotis, Robert E.
Cotabish, Matthew I.
Crawford, Arthur Bert
Dabney, Selma A.
Dailey, Matthew J.
Darby, Marian Pflaum
Dawson, Mary
Deems, Ralph E.
De Lloyd, Robert H.
Dietrich, Paul William
DiPietro, Dario Edmond
Doan, Harold H.
Doty, Donald C.
Drackett, Bolton
Duffus, William W.
Dulapa, Martin M.
Dumitre, Thomas C.
Durrant, William Eugene, Sr.
Eckard, Carl N.
Ellis, Martha
Ewing, Brooks E.
Ferguson, Robert Earl
Fisher, Robert Edward
Fittipaldi, Joseph T.
Flint, John C.
Florio, Joseph A.
Ford, COL Harry Emerson, USA(Ret.)
Franko, Frank R.
Freeman, Dorothy Goldberg
Galloway, Gerald Robert
Garber, Dean L.
Garner, Dewey E.
Gaumer, John R.
George, John Ralph
George, William S.
Gilcher, Robert Henry
Goldberg, Albert A.
Goodfriend, David
Grossman, George August
Gulick, George William, Sr.
Gunsett, Harry M.
Gustafson, Dr. Donald P.
Hamilton, Robert Clyde
Hanley, John D.
Harper, Jane Good
Hartman, Wayne G.
Heinzman, Edward R.
Henderson, Dr. Robert Dean
Henry, Lawrence Joseph
Hermann, Robert B.
Hill, Dorothy L.
Hixenbaugh, Walter A.
Homrighouse, Edward F.
Howell, Lawton
Hull, Addis Emmet, III
Hunter, Glenna M.
Hutson, John Robert
Jenefsky, Jack
Jenyk, Paul J.
Johnson, Glen Roy, Jr.
Johnson, Dr. Herbert Webster
Johnson, Robert O.
Jutkowitz, Bernice Epstein
Kahn, Robert Joseph
Kellerman, Edward J.
Kennedy, LTC Francis S., USAF(Ret.)
Kennedy, Jack C.
Kent, Charles H.
Kiefer, Albert Francis
Kitchton, George G.
Kless, Harry
Knepper, John A.
Koenig, Ruth
Kohn, Harold M.
Kramer, William C.
Kurtz, James F.
Lacey, Cloyd Eugene
Lackritz, Mrs. Dorothy Krakoff
Laks, Ernest A.
Lambert, Robert Booth
Landthorn, Ernest F.
Laurie, Charles R.
Levitt, Herman W.
Linden, Harold Sanford
Loomis, COL Barton A., USAR(RET.)
Maag, Charles J.
Maloney, John Paul, Jr.
Mason, Jack Raymond
Mason, Raymond Edward, Jr.
Mattock, Simeon R.
Mauser, William C.
Mc Cormick, Robert Hipp
Mc Guire, Robert F.
McKeever, Robert James
Moloney, Robert P.
Moore, Charles A.
Moore, Jason Hurd
Moore, Marion Greegor
Morgan, Moyne Giffen
Morgan, Richard H.
Moses, Franklin Maxwell
Nairn, Frank Richard
Neeley, Fred E.
Neubig, Nelson Rodger
Nichols, Frances
Nichols, Robert Lowell
Nimocks, Jesse A.
Odebrecht, Louis Andre
Ogg, John R.
Ozer, Irving E.
Packard, Richard A.
Paisley, Marian L.
Palmer, Morris William
Peterson, John Gilbert
Phelps, Doris
Phillips, Frank W.
Pope, Christ D.
Post, Abram
Reid, William S.
Reifenberg, Paul E.
Reilly, Hon. Archer E.
Richardson, William Henry, Jr.
Riesenberger, Richard A.
Rowley, Warren J.
Rupp, Robert E.
Rupp, Robert L.
Scarbrough, Clarence W.
Schaffner, John G.
Sexton, James R.
Sharfman, Robert S.
Sharp, William Elleman
Shaughnessy, James R.
Sheldon, Richard M.
Siegel, Frederic E.
Silberman, Sanford
Sine, Leonard
Sipari, Orazio
Skubik, Stephen J.
Smith, Joseph J.
Snyder, George Arthur
Snyder, Thomas N.
Speert, Victor A.
Sproat, John Wilson, Sr.
Stahl, Jack M.
Stanhope, Harold D.
Starker, Dorotha
Stelzer, Henry E.
Stern, Melvin B.
Sternberg, Leonard
Stewart, Dwight Alfred
Stewart, Hon. William Luke
Stillwagon, Richard W.
Stoll, Donald F.
Stonebraker, Charles E.
Stoneburner, Donald W.
Sweney, Robert B.
Tisdall, William E.
Tynan, Julianne (Judy)
Van De Mark, Herbert G.
Varner, Franklin B.
Wake, James I.
Wakefield, Richard C.
Walcutt, Charles C.
Walker, Joe W.
Waller, Sanford W.
Watson, John R.
Weber, Adam B.
Weed, John T.
White, Robert Francis, Jr.
Wick, Robert D.
Wilhelm, Harold L.
Williams, John Roger, Jr.
Williams, Robert Keck
Wilson, Kathleen
Winkler, Wesley P.
Wolford, Lillian
Wright, Mark E.
Yash, George C.
Zeman, Walter
Ziff, Barry
Zuckerman, Harriette Swartz

1942
Allen, Lewis B.
Anderson, Elinor R.
Aumend, Clark L.
Azallion, James D.
Baker, Benson H.
Ball, I. Douglas
Bauman, Madeileen Beers
Becker, Elsie Alice
Beegan, Ben J.
Beem, Chester Donald
Bement, Clinton E.
Benham, Frank L., Jr.
Berger, Jean Katz
Blum, Harry
Bobson, Edward M.
Bomeli, Dr. Edwin Clarence
Boone, Jeanette Spangler
Botti, John N.
Boulton, James G.
Bratten, Robert Powell
Brooks, Julius
Brown, Wilmore
Bugajewski, Leonard S.
Burkey, Margaret
Carlin, Earl V.
Carnahan, John B.
Case, Sterling B.
Chojnicki, Edmund J.
Clifford, William J., Sr.
Coate, Benjamin D.
Cook, Leonard V.
Cox, Charles Q.
Cruey, Ray Etherage
Dailey, Daniell Leonard
David, Michael D.
Dawson, John W., Jr.
Deckard, George W.
Deinhardt, John B.
De Munbrun, Harreld
Deverse, Robert L.
Dickson, Alvin Kenneth
Dill, Don C.
Dixon, Dean A.
Dodge, Ruth
Douglass, Howard A.
Douglass, Mary Edler
Ede, Robert B.
Elleman, Paul H., Jr.
Elvove, Carl X.
Ensminger, Luther Glenn
Essig, Robert R.
Evans, Harry Evan
Farra, Howard L.
Ferrell, Walter E.
Flower, Edwin Graham, Jr.
Gay, Hobart H.
Gilmore, COL John R., USAF(Ret.)
Glas, Milton G.
Gore, Arthur E.
Goscin, Edmund J.
Graf, Jack Richard
Graves, Elizabeth Hogue
Greenwald, Andrew
Grieser, Charles Richard
Hall, Donald M.
Hamilton, William Howard
Harper, Ralph Sterling
Harrison, COL Donald L., USA(Ret.)
Hartnig, Ralph
Hershberger, J. Peter
Higgins, Hugh Richard
Hill, Chester Robert, Jr.
Himmel, Leonard R.
Hobbs, Robert H.
Holloway, Harry Harrison, Jr.
Holt, Howard L.
Hromy, M. Albert
Hudson, Edward E.
Islas, Odette Black
Janssen, Harold Henry
Jay, Jack G.
Johnston, John N.
Jones, George Albert
Jones, John Irvin, Jr.
Josephson, Herbert H., CPA
Kelly, Richard A.
Kendle, Earl, Jr.
Kennedy, Richard J.
Kingsbury, Marland J.
Knox, Robert E.
Kovac, Frank John
Kowalsky, Leonard M.
Kuhn, Richard I.
Lane, Charles Logan
Lasure, Edna L.
Lee, Frank Harley
Leitnaker, Ellen Z.
Levi, Bernard N.
Levine, Kenneth Harold
Lieberman, Martin L.
Lisko, Irene
Locke, William Mead
Lynch, Mary Carroll
Lynn, Robert John
Mader, Richard Otis
Marzano, Albert E.
Mauger, Richard W.
Mc Cullour, Walter A.
Mc George, Ernest W.
Mc Millen, Chester K.
Meyer, Charles Henry
Michael, COL George Richard, USA(Ret.)
Miller, Clare G.
Molar, George
Molsberry, Roberta M.
Montgomery, LTC Harold C., USMC(Ret.)
Moore, Robert Lee
Morris, Ruth E.
Morrow, Marian
Mulbarger, Virginia Cly
Novelli, Angelo E.
Nutis, Frank R.
Orlove, Frank F.
Paisley, Janice E.
Pardee, Russell James
Paryzek, John F.
Pelling, Wesley R.
Pepper, Joseph D.
Peters, Thomas Carl
Pierce, Norman O.
Pike, Charles A.
Pohto, Mrs. Donna Evans
Powell, Albert John
Prior, Robert A.
Ramey, Emmett W.
Rankin, Lewis A.
Redick, Harold E.
Regenstreich, Myron J.
Ringer, Robert Clinton
Robb, George M.
Roesch, Carl F.
Roland, Harvey Paul
Rosson, Charles C., Jr.
Russell, Ross Albert
Sage, Webster L.
Scarberry, Dan A.
Schmid, Laura King
Schnell, Charles W.
Schroeder, Carl M.
Schubert, E. Louise
Schwenker, John D.
Seeds, Jane
Seif, Dale D.
Seiferas, Benjamin
Shafer, Edward Hanson
Shields, James D.
Sivaslian, Martha
Skinner, MAJ James M.
Smith, Frank James
Smith, Howard Dwight, Jr.
Smith, Richard Howard
Smith, Walter Lyle
Socolov, Albert H.
Stein, Howard
Strunk, Edgar S.
Swack, Elmer
Thall, Ruthie
Thurston, Edward A.
Trianfo, Dominic A.
Truman, Heman N.
Upton, William R.
Vito, Albert A.
Walker, Floyd E.
Wayne, Donald N.
Weaver, Warren S.
Whatley, Robert L.
Whipple, Quentin P.
Williams, Gayle
Wise, Anthony
Woltz, Harry J. P.
Wood, Arthur T.
Work, Robert C.
Yalman, Maurice L.
Yankee, John Harrison, Jr.
Zigli, Joseph
Zimmerman, Milton E.
Zoppel, Dr. Richard R.

1943
Adler, Milton M.
Allen, Barbara
Almy, Merwin F.
Anglim, Jeremiah Joseph, III
Antonucci, John R.
Ashbrook, William A., Jr.
Bachrach, Horty
Baxter, Emma Morgan
Bazler, Jean Dixon
Bentz, Ernest J.
Bersin, Leonard
Boehk, M. Carmela Agapite
Bonifield, John Willard
Bonner, Dr. John T., Jr.
Bradford, Dr. Robert H.
Brosmer, Thomas N.
Burke, Betty Kerr
Cable, Janet Dearth
Cable, Lawrence W.
Casner, James W.
Cassidy, George H.
Chaney, Loyal Floyd
Chilcoat, Marguerite Greene
Coffman, Robert J., JD
Collar, Marcia Myers
Custenborder, Jean Sharp
Davidson, Leonard Joseph
Davis, Gerald Beverly
Dell, Elaine Pekarek
Dempsey, Frank L., Jr.
Dodd, Edwin Dillon
Dorsey, George William
Drew, Warren M.
Duke, Amedeo J.
Ealy, Marguerite Bucher
Ealy, William Rohm
Eberle, John C.
Echenrode, Mary
Egnew, Robert W.
English, Philip H.
English, Wayne Gordon
Evans, Kenneth Charles
Ewing, Philip M.
Faehnle, Carl J.
Feder, Jay D.
Follansbee, Rev. Mark A., Jr.
Franz, Howard C.
Gibsen, Robert M.
Glikes, Richard J.
Goldenfeld, Ernest A.
Goldman, Charles B.
Goldstein, Leonard M.
Grubb, Donald E.
Gygi, Helen Regina
Haines, Robert Eugene, Sr.
Hatcher, Donald L.
Hegele, David A.
Heimann, Raymond A.
Herron, William E.
Hudock, Thomas Peter
Humphreys, John Cheney
Jacobs, Ted Jack
Jacobson, Henry
Johnson, William P.
Kaye, Harvey A.
Kegerreis, Dr. Robert James
Kelley, William A., Jr.
Kelly, Jeanne W.
Kenny, Thomas H.
Kivowitz, Haskell
Klein, Allan M.
Kleinhans, Charles J.
Knappe, Amy Van Sickle
Knappe, Carl L., Jr.
Krisko, John G.
Kronenberger, Donald R.
Kuhn, Paul
Labash, Alexander J.
Lampert, Rosalie Rosenfeld
Lattimer, Curtis C.
Lawson, George T., Jr.
Leasure, June Schmidt
Lee, Vance Ogan
Lesher, Carl E.
Levine, Irvin
Lewis, Wayne L.
Liston, Wayne R.
Lohrke, Henry R.
Lovett, Wells T.
Marmon, Edwin A.
May, Ada I.
Mayer, Carl Frederick, Jr.
Mc Anall, Richard W.
Mc Clelland, W. Reed
Mc Cluskey, Walter B.
Mc Cracken, H. Richard
McDonald, LTC William Allan, USAF(Ret.)
Mc Lane, Mary Jane Benson
Mereness, Mrs. Virginia M.
Merritt, John Charles
Mickler, Jeanne

1943 (Cont'd)
Miller, Freddie Scovell
Miller, Mary L.
Miller, Theodore Philbrick
Miskill, Robert D.
Moulthrop, John M.
Mural, William
Nixon, John Francis, Jr.
Oldfield, John F., Jr.
Oliver, John C., Jr.
Painter, George A.
Parker, Thomas Lee
Pritchard, Betty Jefferis
Purviance, CAPT Raymond E., Jr.
Raab, Nancy Mc Namara
Ram, Irving M.
Rhoton, Kenneth D.
Richards, Dorothy
Ringler, Lewis J.
Ross, Orland W.
Rotman, S. Lee
Rubinstein, Alfred M.
Ruff, Warren D.
Runyeon, Howard C.
Sanderson, Robert S., Jr.
Sandler, Jay M.
Sherer, Robert E., Jr.
Shiff, B. Robert
Shryock, Russell Webster
Shutt, Gayle Burkey
Smith, William Mc Nutt
Snyder, Pierce Fred
Sokol, Morton S.
Solt, Lowell K., CPA
Speert, Sanford G.
Spitzer, Stewart N.
Stamm, Fred H., Jr.
Stauch, Betty E.
Stoltz, Virginia Windnagel
Sutton, Dale R.
Swartz, Walter L., Jr.
Tague, Paul, Jr., JD
Thornton, Parke R.
Ungar, Herbert L.
Valentine, Charlotte Anne
Vetel, Clara
Waddell, Georgann
Wall, William K.
Weir, Joseph H.
Weisman, Hubert B.
Weller, Wilma Hamilton
Wheeler, Charles Taylor
Wiedeman, Harold W.
Wilker, Joseph
Williamson, Allen L.
Wiseley, Paul J.
Wooster, Ruth M.
Wright, Lloyd George
Yager, Mrs. Alta Imler
Yager, Paul Descartes
Yaross, Alan D.
Zeisler, Jack F., CPA
Zulauf, Robert L.
Zusman, Lawrence L.

1944
Abel, Sally
Allan, Mary Moore
Allyn, William Henry
Amdur, Dorothy L.
Babalis, Constantine S.
Black, Suzanne J.
Blumstein, Doris Slutsky
Boals, Robert W.
Boudeman, Dorothy Jones
Bovit, Edith
Brauer, Dorothy Ramage
Bronner, Max G.
Burtch, James Michael, Jr.
Caldwell, Lorena
Coffman, Kathleen Kepner
Cohen, Bert
Cohen, Sylvia Meizlish
Colner, Henry
Conrad, John L.
Corroto, Thomas L., Jr.
Cox, Thomas Foster
Davis, Spencer H.
Dickerson, Owen H.
Dixon, Russell H.
Duffy, John Duncan, Jr.
Engholm, Marguerite Rowe
Epstein, Morton E.
Fenstermaker, Norman K.
Fernald, Charles A.
Fireoved, Robert L.
Fleck, Aaron Henry
Foster, Lewis Jack
Frankeberger, John S.
Frye, A. Leroy
Gockenbach, Harold Conrad
Goodwin, Ruth
Gottlieb, Harold
Griffin, Helen Patton
Griswold, LGEN Francis H., USAF(Ret.)
Hartley, Joan
Hertel, Dorothy Becher
Hilborn, I. Pauline
Janson, Ernest C., Jr.
Johnson, Charles Russell, Sr.
Jones, Joanne
Kamm, Warren E., Jr.
Klamer, Reuben B.
Laderman, Samuel
Lewis, James Joseph
Lewis, Rosemary Adams
Lieberman, Betty
Lightburn, Belle Keys
Lindsey, Mary Hughey
Lyman, Webster S., Jr.
Maas, Preston E.
Macy, Jack Edwin
Meder, John C.
Mitchell, Ellen Mae Wilgus
Mitchell, Jane M.
Ohlemacher, Elinor Dixon
Pool, Robert M.
Quick, Fred M.
Reichert, Justin B.
Rosser, Charles R.
Sanders, Ruth Swickard
Schoenbaum, Leon H.
Seidel, Marymae Lesher
Shire, Dr. Herbert
Silverman, Marion
Simon, Joyce Smith
Smith, Arnold William
Smith, Elizabeth
Smith, Mary Knobloch
Smurr, James E.
Snider, Sarah Pratt
Stearns, Nancy Littlefield
Strong, Stanley W.
Thomas, Kathryn
Varley, John Frank
Williams, Mary Jo
Wolz, Donald P.
Woodruff, Robert Roy
Wydler, Hans U.

1945
Adrian, Howard Emerson
Arant, Frances
Asher, Joe F.
Ballinger, John Thomas
Barnett, Channing Redwine
Bassett, Eileen Mahoney
Bast, John R.
Baxter, Lorraine
Booher, Nonnie Beach
Bretschneider, Carol J.
Brooks, Louise Bristow
Brown, John Donohue
Burns, Robert Charles
Chapman, Loretta Venerable
Chatlain, Helen Hartman
Cleaton, Betty
Conklin, H. Kelly
Cook, William Campbell, II
Covert, Donald Smith
Davis, Eileen
Denninger, Frances
De Vinny, Frances Heath
Doucher, Thomas A.
Douglas, Joseph
Emory, Jean Langhoff
Fantle, Sheldon W.
Farnsworth, Carter R.
Fields, Helen Krohngold
Foster, Beatrice J.
Gilbert, Frances
Glassman, Marvin L.
Glenn, Arnold B.
Gottlieb, Helen Schwartz
Hamilton, Howard Wilson
Harris, Virginia
Haynes, Douglas M.
Hays, Betty Lamm
Heldman, George L.
Hoerger, Richard L.
Horn, Lester K.
Hurlburt, Robert A.
Kinnear, Marjorie L.
Kinney, Louise Walker
Kneisly, Virginia
Knouff, Paul E.
Koffman, Milton A.
Lavin, David J.
Levine, Harvey Gordon
Lewis, Mary
Lichty, John F.
Lockshin, Bertram A.
Marks, Marvin M.
Masser, Robert A.
Mc Cune, William Thomas
Mc Donald, Martha I.
Mc Kinley, Marjorie J.
Mead, Gordon S.
Meckes, John Joseph
Merrill, Judith I.
Messner, Betty De Huff
Miller, Minnie Sole
Minnick, Virginia D.
Miser, Jane Hooffstetter
Mitchell, Kathleen
Monus, Nathan H.
Moser, Flora Hassel
Naughton, Rita
Newton, Carol Goodman
Nichols, Martha
Norris, Marian
Pace, Jacqulyn S.
Pailet, David M.
Paletti, Betty Preece
Palmer, Jane
Phillips, Mary Jo Smith
Preis, Mateel
Prindle, Theodore H.
Pryor, James W.
Race, Margaret Stephens
Ray, Joseph William, Jr.
Reeder, Dr. Charles B.
Reicheldorfer, James K.
Renard, Elizabeth Pickering
Ress, James M.
Rinier, Alton L.
Robins, Geraldine
Roof, Janet
Sbrockey, Angela Gallucci
Schiff, Robert C.
Schoonover, Suzanne
Schwartz, Samuel S.
Sheehan, Mary
Sholiton, Thelma Federhar
Smiley, Evelyn
Smith, Gerald E.
Stanton, Mary
Stephan, Audrey Rosson
Stern, Rudolph M., Jr.
Stone, William S.
Strain, Doyle W.
Sutermaster, Virginia Merrick
Tolbert, Angela Amici
Vollmer, Joanne Fleming
Wagner, James J.
Walker, Ralph O.
Waring, Gerald P.
Wasserstrom, Harold D.
Wells, Raymond I.
Weprin, Charles W.
Wetja, Harriet M.
White, William Allen
Wilkof, Darwin B.

1946
Abbott, Mary
Adams, Paul Eugene
Aikens, Howard G.
Allen, Richard F.
Anderson, Jeanne Varney
Arnold, Paul M.
Atchison, William Alfred
Atkinson, Marilyn Soliday
Baron, Charles D.
Baskin, Lloyd B.
Baum, Seymour
Baumoel, Kermit J.
Beck, Lloyd E.
Best, Roselyn Welton
Blair, James F.
Blatt, Sidney I.
Bree, Corinne M.
Brooks, Charles L.
Brooks, Wayne, Jr.
Brunner, Dr. James A.
Bryan, Carolyn
Buckley, Virginia Boehm
Buel, Marguerite
Butler, Edward Aloysius
Caris, Nina G.
Carstensen, Ann
Carter, Julius Harland
Childers, John A., JD
Cohen, Eileen Auerbach
Cohen, Ike
Collins, Arthur W.
Connor, Robert J.
Corte, Betty Tracy
Cox, Jennie Heston
Crane, Robert Sellers, Jr.
Dean, Betty Jo
Deardurff, Carl M., Jr.
Demsey, Leo
Denig, Paul H.
Dolle, John J.
Donaldson, Dorothy Stewart
Du Bov, Herman H.
Duffy, Rosemary
Elder, Eleanor
Elliott, A. Lovell
Emory, Dr. C. William
Engelbret, Gordon L.
Evans, Richard Allan
Ewing, Jane M.
Flicker, Abraham
Floyd, Eleanor
Frank, Marvin Henry
Frankel, Morton Sedley
Fuller, Marjorie Kattau
Fust, Raymond J., Jr.
Gammon, Isabel Forsythe
Garfield, M. Robert
Gee, William Lybrand
Germano, Anthony J.
Getsin, Thelma
Ghaster, Richard G.
Gifford, Mrs. Gretchen Mundhenk
Giovannazzo, Dominic J.
Goodman, Howard I.
Goodman, Loretta
Goss, Keith W.
Griffith, Converse
Gross, Howard Edward
Gulker, Virgil G.
Gump, Dorothy Dean
Haas, Robert D.
Hamaker, Lyman S.
Hardesty, Jane
Harper, Nancy Bottman
Harris, Louise Reeder
Hartley, Beatrice
Hayhurst, Wallace I.
Heiskell, Harry R.
Hightower, James Clifford
Hill, Kathryn Firstenberge
Hobson, Gordon G. (Ted), Sr.
Hoch, William Henry
Hull, Rosemary Kline
Hutchison, William C.
James, Delber Lutz
Jerome, Marvin J.
Jobi, Gloria M.
Johnson, Marian C.
Johnson, Phyllis Chard
Jones, June Foster
Jones, Wilbur W.
Jordan, Ralph Wilbur
Karch, Lloyd E.
Kaven, William H.
Keller, N. Teresa
Keller, Ruth
Keltner, John Robert
Kennedy, Jack W., CPA
Kluger, Esther Abrams
Kneisley, Winifred
Koogle, Jean A.
Kuhnheim, Earl James
Lazar, Louise Kahn
Lewis, Dorothy M.
Link, Richard J.
Lorey, Paul R.
Lowther, LTC Dale Raymond, USAF(Ret.)
Maffe, Richard J.
Mahoney, Alice
Marks, Ruth Flamberg
Marks, Ruth Neustadt
Marshalls, Doris
Matthews, Benjamin F.
Maurer, Harriet Demorest
May, Richard J.
McDonough, Martha A.
McGiverin, Donald Scott
Meacham, Louis William
Meistedt, Robert L.
Merritt, June Eschenbrenne
Miller, Robert Channing
Miller, Samuel Huston
Mistak, Leo J.
Moss, Michael A.
Narotsky, Albert H.
Nordstrom, Paul J.
O'Bryan, Joanne Kinnear
O'Hara, William H., Jr.
Olin, Jerry
O'Neil, Daniel A., Jr.
Opper, Millard B.
Pastor, Jerome, CPA
Patterson, Carl A.(Patt), CFP
Pettit, Hon. Brown W.
Peyton, Richard J.
Poling, Richard C.
Pollock, Mary
Pollowitz, S. Morton
Pracht, Julia Brand
Protsman, George Earl
Purdum, Jack N.
Putnam, David H.
Read, True E.
Reich, Eleanor F.
Reid, Stuart Rolland
Rifkin, Rita Altman
Rivlin, Leslie Myron
Roseman, Monroe Lincoln
Rosenberg, Jean L.
Roth, Marilyn Gardner
Rubin, Alice
Ruttenberg, Cora Rubin
Salt, William B.
Samuel, Howard E.
Scheibach, Robert P.
Schonberg, Theodore F.
Schottenstein, Leonard
Schwartz, Abraham
Sears, Don W.
Seckel, Anna Lee Wiseman
Sergeant, William M., Jr.
Shanesy, Thomas R.
Sharrow, Robert G.
Sheil, Mary E.
Shibley, Jeanne Hosfield
Shipley, Ben R.
Silver, Harold
Simon, Sidney M.
Simpson, Jean
Skipton, John A.
Smelker, Elizabeth I.
Smith, Felix E.
Smith, Mary Taylor
Smith, Ruth Baird
Snowden, Gladys Keller
Stout, Lloyd
Strub, Thomas W.
Suarez, Harry Albert
Sullivan, Elizabeth Balo
Summers, Thomas S., CPA
Tappan, Mildred Lawrence
Taylor, Barbara Jones
Taylor, Joanne French
Tefft, J. Carvel
Thomas, Robert Sadler
Tueting, Robert C.
Turvy, Wade E.
Valentour, Mary Mc Carnes
VanAtta, Barbara A.
Vandivier, Margaret A.
Vrono, Eleanor Rothenberg
Waggoner, John Clinton, Sr.
Wagner, Edwin B.
Wakefield, Richard J.
Waldschmidt, Lee L.
Walgren, Paul Robert
Walker, David Carl
Waltz, Robert G.
Warren, Beverly M.
Weaver, Mary
Whitaker, Ellenor A.
Wilhite, Irvin J.
Williams, John Garfield
Wilson, Robert Lloyd
Wiss, Margaret Cook
Work, Mary Ann
Young, Francisco Rolando
Zimmerman, Richard S., Sr.
Zollinger, Lois Breyley

1947
Aho, John Donald
Allerding, Paul E.
Altman, Robert L.
Annis, Warren C.
Argo, William A.
Armstrong, Gerald S.
Arnoff, Bernard
Arnold, Josephine Hamburger
Austin, Ansel D.
Aveni, Vincent T.
Bachmann, William E., Jr.
Bagley, Edward R.
Bair, Donald G.
Bakalik, Joseph E.
Baker, Edith K.
Balmert, Albert E.
Barclay, Norman J.
Barnhart, William R.
Barrar, Robert Ivan, Sr.
Bartha, Ernest
Bartholomew, Irene Kuhlman
Bartholomew, Marion S.
Bascom, Reynolds R.
Basford, Robert Mark
Baughman, Lewis Edwin
Baughn, Jack Austin
Bayer, Irvin S.
Baze, COL Grant S.
Bazler, Patricia G.
Beatley, Charles Earle, Jr.
Bechtel, Donald K.
Becker, Lois Kinnamon
Becker, Robert Lee
Beerbower, Martha
Belknap, David J.
Bender, John R.
Best, Robert Mulvane
Beyer, Harmon W.
Blashek, Robert D.
Blitz, Robert G.
Block, Macy Thomas
Bloker, Raymond E., Jr.
Blosser, Theodore J., Sr.
Bowen, Willard Gene
Bowers, Barbara Wolf
Brenan, Edward B.
Bressler, Sidney
Brickey, Robert H.
Brinkman, William J.
Brison, Peggy
Broadbent, Dorothy Blamer
Bronson, Ira C.
Bronson, Jack A.
Brooks, Donald Richard
Brooks, Robert B.
Brovitz, Norwin D.
Brown, Theodore A.
Budge, LTC William C., USAF(Ret.)
Bulen, Robert A.
Burghard, Jacques M.
Calbeck, Joe W.
Callender, Robert Lee
Cameron, Robert V.
Campbell, William Spencer, Jr.
Capretta, Joseph N.
Cardwell, Evelyn C.
Carlson, Fred M.
Castor, Thomas A.
Chamberlin, John W.
Chambers, Robert Wallace
Chamow, Robert D.
Chaney, James L.
Cheney, James Briggs
Chilcote, Adelaide
Christakos, Theodore T.
Chucales, Gus H.
Cleary, Edward William
Cleveland, Maurice R.
Cline, Virgle W.
Cochran, James Allison, Jr.
Cole, Hon. Richard Thomas
Collins, Thomas Joseph
Combs, Donald O.
Condon, William A.
Connor, Thomas W.
Cook, COL Walter V., USAF(Ret.)
Coolidge, Alexander G.
Cooper, Mary J.
Cope, Robinson E.
Copley, William A.
Cornell, Alexander H.
Cottrill, Ralph L.
Couchie, Wilbur E.
Counihan, Wanda Mc Cullough
Crane, Jameson
Crawford, Harry Arthur
Crumley, Charles C.
Curry, Gilbert G.
Dane, A. Edward
Davidson, Charles William, Jr.
Davis, Harold E.
Davis, Robert Franklin
Davis, Robert Nation
Davis, Robert Newell
Detmer, Donald A.
De Victor, Robert L.
Dillon, Warren B.
Donnet, Victor
Donovan, James J.
Doran, H. Glenn
Drexel, William A.
Dupler, Dale Dan, Jr.
Eckstein, Myron S.
Eichner, James L.
Eisel, Dayton E., Jr.
Ellenwood, Wendell William
Elling, Virginia Fahey
Erdman, Grace Thomas
Erickson, Arthur J.
Eschmeyer, Alberta
Eubank, William R.
Ewing, Kenneth S.
Fadely, Jo Anne
Fairweather, Corinne Coble
Falls, Mary Ann
Farnbacher, Kurt Siegfried
Favret, James L., Sr.
Fechko, Ruth M.
Feinman, Irving M.
Feldman, Devera
Felman, H. Marvin
Finnerty, George A., Jr.
Fischer, Herman Ralph
Fisgus, Fred C.
Fisher, Donald Wiener
Fitzgerald, John H.
Flowers, John F.
Flynn, Jerome R.
Forbes, Stanley H.
Fox, Will Raymond
Frank, Oren Leslie
Frazee, Mrs. Gwenndolyn E.
Freundlich, Edward L.
Gall, Elmer R.
Gallagher, Robert E.
Gambs, Jane Krigbaum
Gantz, Richard Owen
Garner, Richard N.
Garrett, Samuel W., Jr.
Gast, John Arnold
Geohagan, James M., Jr.
Giannini, Jack F.
Gifford, William R.
Gillespie, William Howard, Jr.
Gillette, John B.
Gingery, Jeanette
Goldberg, Leonard
Goldberg, Louis I.
Goldman, Alan B.
Goldman, Bruce D.
Golin, Charles
Goodwin, John W.
Gordon, Burton
Gordon, Ruth
Graeser, Gertrude
Graham, Howard Eugene
Grassbaugh, Wilbur Dean
Grayson, Elliott S.
Greely, Anne
Griffin, Mrs. Carol Rewey

CLASS YEAR LISTINGS CLASS OF 1948 321

1947 (Cont'd)
Grisier, Richard F.
Gross, Louis Newton
Gross, William A.
Gustafson, Ashley Mack
Haemmerlein, Donald V.
Hales, Ruth Fowler
Hallabrin, John D.
Hameroff, Eugene J.
Hamilton, Betty Shultz
Hamilton, John Garnand
Hammock, Barney C., Jr.
Hammond, Francis Joseph
Hammond, John Edgar, Jr.
Hancock, William Frederic
Harbrecht, Robert F.
Harmony, William A.
Harris, Edwin K.
Harrod, Kenneth C.
Haudenshield, Allen A.
Hawk, Betty J.
Hayes, Bernard W.
Hayes, George Harris
Heaton, LTC Wilford H.
Heck, Charlotte Sebald
Heffner, James E.
Heim, Harry L.
Heller, Charles
Helser, Lester R.
Hemstead, Arthur E., Jr.
Hendricks, James W., JD
Hendricks, William Richard
Henry, Donald Max
Henry, Glenn Alexander
Henry, Walter Martin, Jr.
Herbst, Abner H.
Herl, Richard E.
Heussner, Ralph C.
Hilbert, John A.
Hildebrand, Paul H.
Hill, Richard Kolter
Hill, Robert Earl
Hilyard, David C.
Hobert, Rev. Theodore K.
Holderman, Robert E.
Hoover, Nancy Dunham
Hopkins, Kenneth L.
Houghton, Paul D.
House, Dr. Forest W.
Hufford, Arthur C.
Hughes, Samuel R.
Hull, Shirley Kreakbaum
Hulme, Edward J.
Hunter, Patricia
Hurd, Suzanne Johnson
Huston, Paul F.
Hutson, Miriam Esterly
Hyde, Hugh M.
Imler, Erna
James, John William
Jenkins, Palmer Lee
Johnson, Erwin Henry
Johnson, Russell Harry
Johnson, Thomas Rogers
Johnston, Flora
Jones, Edwin Wallace
Jones, Howard Robert
Jones, Justin Ralph
Jones, Mary Whisner
Juster, Stanley C.
Kahn, Jerome H.
Kahn, Leonard B.
Kamm, Robert E.
Karcher, Arthur E.
Kayne, Sanford A.
Kenen, Reynold Lewis
Kenny, Arthur J.
Kenyon, William A.
Kern, Robert F.
Kesselring, Bruce E.
Kessler, Hon. Carl D.
Keysor, Donald E.
Khourie, Michael N.
Kilbury, William M.
Kilcullen, Elizabeth Bentley
Kinnune, Arthur J.
Kirk, Janet
Kirk, Marian Clodfelter
Klein, Daniel L.
Klingler, Erma K.
Knowlton, Charles H., Jr.
Koetz, James R.
Kohr, Paul T.
Kontras, Gus N.
Kose, Paul H.
Kuebler, Erwin G.
Kuhns, W. Dain
Kulerman, Daniel
Langdon, Fred S.
Lanka, George J.
Lebovitz, David H.
Lefferdink, Morgan D.
Lehman, Dr. Robert Hayes
Levin, Melvin B.
Levine, George Milton
Levy, Elliot
Levy, Robert D.
Lewis, Vivian
Lichtenstein, Jean S.
Lick, Robert J.
Louden, Charles H., Jr.
Loyd, Dr. David P.
Lucas, Kenneth C.
Lupinske, Thomas E.
Lynch, James M., Jr.
Mahoney, Raymond A.
Mallory, Charles M.
Malone, Robert H.
Maltzman, David J.
Malvutch, Joseph J.
Manburg, Edwin
Mandler, Seymour
Manley, Dean W.
Marion, Elwood J., Jr.
Markey, Wanda Christensen
Marshall, Judson E.
Masarsky, Mollie
Massey, George W.
May, Francis V.
Maynard, Robert M.
Mc Cloy, COL Edward
McCorkle, William R., Jr.
McCoy, Scott D.
McCutcheon, Thelma
McDonald, Julie
McDowell, Mary
Mc Ghee, Richard M.
Mc Grath, Miriam
McKee, William H.
McKinnon, Hazel
Mc Whorter, Dr. Paul, JD
Medsker, Mary Bush
Melton, Martin P.
Melzer, Robert D.
Merrill, Joseph A.
Merritt, James Harmer
Metz, Harvey V.
Meyer, Wilbert Harold
Michaels, Betty Le Sueur
Miller, John Morris
Miller, Richard Lee
Miller, Robert Merlin
Miser, Jack
Moore, Earl F., Jr.
Morgan, Frank C.
Moses, James G.
Moss, Maxwell J.
Mourton, Helen Henderson
Munro, William D.
Naiditch, Sanford M.
Nathan, Marian Rose
Navy, Melvin
Neal, Robert J.
Neff, Nelson S.
Ness, Shirley Vogelsong
Neville, Maynard E.
Newman, David
Norling, William A.
North, Kathryn Brandts
Northrup, Richard V.
Nugent, Geraldine Graver
Nunn, John Allen
Nutter, Thomas A.
Oatey, Alan R.
Oberg, Dr. R. Winston
O'Connor, Donald H.
Olsen, James H.
Olson, Dale D.
O'Neill, Richard W.
Orr, James H.
Ott, Eleanor
Overmyer, Richard W.
Paffenbarger, Tom Link
Pasz, Myron J.
Patrick, Stephen
Patterson, William Sherman
Paul, James T.
Pechter, Morton
Penz, Anton Jacob, PhD
Perkins, Delbert E.
Perrin, Eileen Pfeiffer
Petty, Arlene Shea
Pezor, Laurence J.
Pfeifer, Jean L.
Pifer, Marjorie M.
Pollens, Harold S.
Postle, B. Dow
Poulton, Kenneth V.
Preston, Virginia D.
Pritchard, Alvin C.
Prushing, Robert Dana
Quere, David A.
Rabinowitz, Herbert J.
Radow, Richard F.
Rafert, James A.
Rand, Thomas E.
Raps, Paul E.
Reeb, Robert L.
Reed, Robert Laibe
Reed, William Marvin
Reichel, Haines V.
Renninger, Vernon L.
Reynolds, William J.
Rhoads, I. Charles
Rhodes, Robert R.
Richards, Virginia Krohn
Richardson, Ralph Roy
Richwine, Robert W.
Riebau, Richard B.
Rigrish, James W.
Robinson, Theodore, Jr.
Roby, Allan B.
Rodgers, Joseph T.
Rohr, June
Rohrer, Clare E.
Roney, James A.
Ross, Aaron R.
Ross, Boyd Herman
Ross, Janet
Rothman, Mary L.
Rothschild, Edward M.
Rowan, Bernard M.
Rowe, William M.
Rub, Robert A.
Rueckel, Richard W.
Rufener, Kenneth E.
Russ, Willard L.
Russell, Alvin Martin
Saltzman, Richard J.
Samples, Wayne G.
Sarnoff, Helen Cone
Schaeublin, John R.
Schafer, Marjorie A.
Schlenker, Walter L.
Schlesinger, Helen Steinberg
Schneider, Samuel
Schnorf, John S.
Scott, Harold
Segal, Barbara Levitt
Seibert, William H.
Selby, William E.
Shafer, Dan L.
Sharff, Earl L.
Shibley, Glenford M.
Shilts, Perry T.
Short, Eileen Stroupe
Shultz, William E.
Sigman, Herman B.
Silberman, Max J.
Slutzker, Thelma Goldenberg
Smith, Earl Shepherd
Smith, Florence Zechiel
Smith, Marilyn Arthur
Smith, Morton Sanford
Smith, Robert Leland
Smith, CDR Roger Falter, USN(Ret.)
Smith, William George
Snyder, Benjamin Harrison, Jr.
Spatz, Edward C.
Spencer, Robert Stokes
Spitzer, Mary L.
Spletzer, Arthur, Jr.
Spring, Robert T.
Spurling, Harry
Steele, Helen
Steimel, Richard E.
Stephenson, James L.
Stern, Ernest
Stern, Mark L.
Sterner, James Edward
Stetzelberger, Willard P.
Stilwell, Arthur J.
Stires, Irwin C., Jr.
Stivison, Suzanne Case
Stobbs, Hugh S.
Stocking, Theodore L.
Stoll, Omar Weldon
Stone, Betty Lou
Stowe, Charles H., Jr.
Sunderman, Karl
Suszan, Michael J.
Sutton, Dean L.
Swain, John E.
Sweeney, MAJ Sue L.
Targett, Thomas O.
Taylor, Charles B.
Taylor, Floyd Emerson, Jr.
Thomas, LTC Roderick Morton, USA(Ret.)
Tiemann, Willis F., Jr.
Tilton, James F.
Trepanier, David J.
Tripp, Jay G.
Troppman, George L.
Tuttle, Andrew L.
Tuttle, Phyllis A.
Vati, Irene M.
Vorwerk, Marie E.
Wahl, Chester K.
Walker, Sherwood
Wallace, Glen D.
Wallach, Charles D.
Warne, Ralph D.
Weaver, George E.
Weaver, James L., Jr.
Weber, James B.
Weisberg, Harold S.
Weiss, Marianne French
Welch, John R.
Wenger, Evalyn
Westervelt, Douglas J.
Whitehurst, John Robert
Whitlock, Howard D.
Wickliff, Robert G.
Wight, Allan C.
Wile, Rosemary
Will, Elizabeth Moore
Williams, Dorothy Jones
Wilson, Raymond E.
Wiltberger, Mrs. Reva Hoskinson
Wineberg, Robert E.
Wirt, Wilbur L., Jr.
Wise, Dean W.
Woolary, Frederick B.
Worstall, Robert H.
Wright, Dr. Lucille Johnson
Wright, Robert O., Sr.
Wynn, Barbara Wilburn
Yandala, Ralph J., CPA
Yoakum, Paul E.
Yokum, Walter J.
Youmans, David H.
Young, Ernest M.
Young, Patricia Vlaskamp
Zangmaster, Ralph E.
Zartman, John C.
Zatroch, John, Sr.
Zelvin, Samuel
Zimpfer, June M.

1948
Adam, George Thomas
Adams, Robert O.
Adams, Walter De Wayne
Adler, Marvin D.
Albanese, Peter Nicholas
Albrecht, Harold L.
Allison, Harold R., Jr.
Alpern, Edward
Alspaugh, Ned Jonathan
Amdur, Charlotte
Angelo, Marylouise
Antonelli, George A.
Arata, Constance
Archer, Alice
Ash, Arthur Gene
Astolfi, Eva Berube
Auer, Charles A., Sr.
Aukeman, Roger C.
Avison, Walter I.
Bachtel, Raymond E.
Backus, David N.
Baer, Frederick E.
Baff, Martin Alvin
Baker, Charlotte
Baker, Richard Thomas
Balthaser, David V.
Banks, Shirley Warren
Barnhisel, Winifred
Barr, Charles R., Sr.
Barrow, Donna Thompson
Barson, Richard A.
Baughman, Dorothy
Beck, Wilber Ernest
Beck, Wilma Dibert
Beeler, Lois Hoelke
Beetham, Thomas D.
Bellard, Ernest H., Jr.
Belt, Richard L.
Benawit, William F., Jr.
Bengston, Richard J.
Bennett, John Donald
Bennett, John W.
Benson, Leonard H.
Berg, George R.
Berkley, H. William
Bertie, James L., Jr.
Beuter, Robert V.
Beynon, Robert C.
Bigler, Floyd M.
Billingsley, Jack F.
Blackwell, COL George C., USA(Ret.)
Blair, Daniel B., CPA
Blake, Robert Scott
Block, Maxwell W.
Blocker, BGEN Jack S., USA
Boatwright, Donald B.
Boc, Myron C.
Bolen, William W.
Bonfini, Emilio M.
Bonsecour, Richard A.
Borghese, Richard Victor
Botkin, Wenner A., Jr.
Boucher, Bert
Bowers, Laura
Brahm, John M.
Brakeman, Robert G.
Bratt, James E.
Breese, Hilda
Brehm, Dr. Gill Wayne
Brehmer, Donald J.
Bricker, Paul M.
Brickner, Donald T.
Brill, Kenneth C.
Briscoe, I. Lee
Brisley, Edward C., Jr.
Brokaw, Paul R.
Brooke, CDR Ralph L., USNR(RET.)
Brooks, Robert Earl
Brown, Marynell B.
Browne, James Richard
Brownfield, David C.
Brubaker, Allen R.
Brunner, William A.
Buchanan, Robert Paul
Buchanan, Thomas A.
Buckey, Frederick L.
Budd, Harley A.
Bulkeley, Laura
Burdette, Richard E.
Burgher, Russell L.
Burhans, Willis E.
Bursiek, Marilyn
Bushell, David O.
Busta, Milan Gordon
Butterfield, Otis L.
Buzard, William F.
Byer, Richard Irving
Cadden, Bernard E.
Calmas, Wilfred Earl, PhD
Campbell, Joan
Campbell, Robert Grant
Campbell, Theodore Daniel
Canter, John
Carlip, Allen R.
Carlson, Reed E.
Carlson, Robert W.
Carpenter, Dale O.
Carper, Robert L.
Carr, George Eldon, Jr.
Carter, William Kobin
Case, Ralph R.
Cavanaugh, Margaret
Cecil, John W.
Chabek, Jack A.
Champion, William A.
Chapin, George Arthur
Chapman, Wayne A.
Chelnick, Morton Edward
Chickerella, Joseph A.
Chilcote, Jack W.
Chitiea, Andrew J.
Christian, Robert H.
Christianson, Nellie Hespenheide
Clark, William Edgar
Claypoole, Ralph O., Jr.
Clemmer, Orie M.
Clevenger, William R.
Clifford, Robert R.
Close, Robert K.
Cobb, Katharine
Codding, James R.
Coffey, Donald F.
Cohen, James A.
Combs, Leslie H.
Confer, Robert J.
Conn, William C., Jr.
Connery, Robert I.
Cook, Margaret Bernheisel
Cooke, Robert Blaine
Coons, Nelson E.
Cooperrider, Barbara
Coplon, Joseph C.
Corey, Philip A.
Cowin, Richard P.
Cowperthwaite, Raymond A.
Crabbe, James T.
Crafts, Louise
Crawford, William John
Crooks, J. Robert
Crossley, Marjorie Foreman
Crusey, Jack L.
Cruz, Jose Rene
Culbertson, William E.
Cummins, Helene Goodman
Cummins, Roy E.
Cunningham, George J.
Cunningham, Samuel E.
Currier, Jack W.
Currier, Mary Llewellyn
Curry, Eugene L.
Curtin, Robert E.
Damschroder, Robert E.
Darcell, Ronald C.
David, Benjamin E.
Davies, Spencer T.
Davis, Harlan M.
Davis, Hon. Richard Lee
Davis, Spencer L.
Dawson, Nathan
Dennard, Robert E.
Dennis, Wilson H.
Denton, Lionel Arthur
De Santo, P. Frank
Deutschle, Joseph S., Jr.
DeVorn, Robert L.
Dewese, Robert A.
Dews, COL Robert W., USA(Ret.)
Dicken, Charles E.
Dickerson, Dale M.
Diehl, Leslie L., Jr.
Dieli, Robert J.
Dissinger, Virginia
Dittelman, Martin I.
Dodge, Robert M.
Dodson, William M.
Domino, Frank A.
Dorin, David
Dorsey, Clayton L.
Douthitt, Rosemary Cooke
Doyle, Patrick W.
Driscoll, Philip T.
Du Bois, Joseph E.
Du Bois, Laurence R.
Dunevant, Robert S.
Dunham, Don F.
Eastlake, Charles Nelson
Eberhart, Dr. George Jefferson
Eberts, Joseph W.
Edwards, Nancy Davis
Ellerbrock, Edward J.
Elshoff, Frances Fletcher
Enburg, Rev. Raymond C.
Engel, Clarence E.
England, Dale R.
Erf, Louis A.
Ervin, COL Davis F., Jr., USAF
Ervin, Jane
Essex, Helen Holcomb
Evans, Jack Charles
Evans, Kathryn Monahan
Evans, Lee Eldon
Eviston, Thomas P.
Farnsworth, Charles E.
Federer, John W.
Feldman, Terry
Fenner, Paul E.
Fenton, John L.
Ferris, James H.
Fick, Paul L.
Fiebert, Elyse Evans
Fields, Donald F.
Finefrock, Roy S.
Fink, Thomas J.
Fish, COL Robert W.
Fisher, Carl Russell
Fisher, Herbert L.
Fisher, John Earl
Fisher, Lloyd Edison, Jr.
Fitzgerald, James J.
Fitzsimons, Robert Todd
Fleming, Joseph L.
Flesher, John S.
Flint, Robert J.
Flippo, Dr. Edwin Bly
Flynn, John J., Jr.
Ford, Albert William
Ford, Mildred Boerger
Forrest, James W.
Forsythe, Frank A.
Foster, Edwin Calmon
Foster, Howard E.
Foureman, Roy Williams
Franey, Joseph E., Jr.
Frank, Sherman I.
Franke, Edward L.
Frantz, Donald E., Sr.
Franz, George E.
Frattini, Tony J.
Fuller, Claude Estle
Fuller, Sheldon C.
Furber, John H.
Gaal, Alex John
Galbraith, James C.
Galloway, Joseph William, Jr.
Ganz, Suzanne Singer
Garst, Daniel M.
Gatsch, Barbara Norris
Gatti, Raymond J.
Geary, Eugene Jennings
Gehres, Joseph Martin
Gernert, GEN William E., USAF(Ret.)
Gerrety, John O.
Gibson, Lawrence David
Gibson, Dr. Robert Carlton
Gidding, James G.
Gilchrist, Charles W., Jr.
Gilchrist, Sylvia Wilson
Gilleland, Max C.
Ginty, James Robert
Glandon, John C.
Glass, James Richard
Gomer, Frederick L.
Goodballet, Robert F.
Goodman, Miriam Carlstein
Goodwin, Wilfred
Gottlieb, Allyne M.
Goubeaux, Thomas J.
Grabill, Rex W.
Graeff, William G.
Graham, Joseph Gregory
Greenup, Nadine Hose
Groover, William R., Jr.
Gross, Miriam Rader
Guckert, Dr. John Cecil
Gwilym, James Barrington
Haase, Waldemar
Haayen, Richard Jan
Hall, George Louis
Hall, Richard Forest
Hall, Warren William
Halloran, Lawrence J., Jr.
Hammett, Jack
Hammock, William M.

1948 (Cont'd)
Hampton, Dr. Joseph E.
Hampton, Lawrence G.
Hannan, Mary Crites
Hansford, Richard N.
Hardinger, John W.
Harlow, Raymon W.
Harmon, William H.
Harper, Harold R.
Harpster, Wallace J.
Harrah, William O.
Harris, Frederick George
Harris, Dr. William Henry, Jr.
Hart, David William
Harte, William G.
Hassen, Helen R.
Hastings, William H.
Haverly, Clarence A., Jr.
Heald, James L.
Heath, William T.
Heffner, Tom L.
Heft, Jean Wallace
Heim, Sybil Duffy
Heintz, John E.
Heintzelman, Ross G.
Henderson, Curtis G.
Henry, Charles Russell
Hermsen, Howard J.
Hewitt, Rosemary
Higdon, Joanne
Hileman, John N.
Hill, John Burton
Hill, Hon. John W.
Hill, Leslie Guy
Hirsch, Stanley
Hirz, Stephen R.
Hobson, COL Thomas Blair, Jr., USAF
Hoffman, William A.
Holcomb, Carolyn
Holden, John R.
Holley, Byron J.
Holmes, Uri Tracy, Jr.
Holscher, John Noble
Holzmer, William J.
Homan, Ralph P.
Hood, James G., Jr.
Hood, John A.
Hopkins, Rollo J., Jr.
Horst, James R.
Hoskins, Herman B.
Hoskins, Robert W.
Howard, Paul Leroy
Howe, Elton W., Jr.
Hoyt, Robert B.
Hudson, COL John S.
Huffman, James Freman
Huffman, Thomas L.
Huffman, William West
Hughes, Lawrence Edward
Hume, Joseph H.
Hummel, Joyce Gillen
Hunger, Ann
Hunker, Robert J.
Hunt, Mary Gilbert
Huntzinger, LCDR Robert E., USN(Ret.)
Hupp, Ellis E., Jr.
Hurley, Francis E., Jr.
Hussey, Donald M.
Hutchins, Ralph G.
Iaconis, Joseph D.
Imboden, John C.
Imhoff, Richard E.
Ison, Donald E.
Jackson, Charles Rosco
Jackson, Philip G.
Jacobs, Lillian
Janes, Charles L.
Janik, Frank Joseph, Jr.
Jiuliante, Joyce
Jobe, Charles L.
Johnson, Loren Gale
Johnson, Robert Earl
Johnson, Wesley Robert
Jones, George Rowland
Jones, Harold Ray
Jones, John Olson
Jordan, Bissell H.
Joseph, Donald A.
Kanter, Nathan
Kaparos, George N.
Karozos, Gus A.
Kasle, Richard L.
Kassian, W. Richard
Katz, Donald W.
Kauffman, Stanley C.
Kay, Jerome M.
Keefer, Lucy
Kemp, Zail H., Jr.
Kennedy, Hon. Richard D.
Keppler, Mary
Kern, Richard J.
Kerns, Robert J., Jr.
Kessler, Irving L.
Kessler, Morton L.
Kidd, David L.
Kiefer, William C.
Killinger, Ronald B.
King, John Lane
King, Lionel T.
Kinkley, Mark Wayne
Kirk, Brenton S., Jr.
Kisabeth, Clair E.
Kitson, Francis L.
Klein, Stanley B.
Klinger, Roy J.
Klonowski, Bernard P.
Knapp, Hon. Charles Freeman
Knapp, Glenn H.
Knapp, Jean
Knox, Norman E.
Komessar, Saul
Kondik, Robert L.
Koren, Cyril L.
Kotora, Frank E.
Krauter, Dean E.
Kravitz, Julius P.
Kreager, Robert L.
Krebs, Donald E.
Krill, Vivian R.
Kroeger, Raymond J.
Ladd, Harlow Brookner
Lamoreux, Alice
Landers, Murray L.
Landes, Harvey I.
Landis, Herbert G.
Lane, Albert Edwin
Lang, Kenneth E.
Langendorf, LTC William H., USA(Ret.)
Lantz, Judith Coburn
La Plante, Isabelle A.
Lawless, David E.
Leahy, John T.
Leggett, Ernest W.
Leid, James L., Jr.
Leister, Robert W.
Le Master, Rudolph C.
Leon, Jack
Leppert, Frank K.
LeRoy, Victor H.
Levi, Edward S.
Levine, Shirley Douglas
Liebenrood, David D.
Lindsey, Barbara Dodd
Link, James A.
Link, Raymond D.
Link, Roy E.
Lippman, John N.
Lisson, Gerald H.
Little, Lewin L.
Lloyd, Howard L.
Lloyd, Wendell Eugene
Lockhart, Louis V.
Lockshin, James D.
Lockspeiser, Sanford E.
Loeb, Joyce
Lombardi, Mondo F., CPA
Long, Harry Harrison, Jr.
Long, Howard Franklin
Lotshaw, Dr. Elmer P.
Lowenstein, Ann
Lowery, Robert Charles
Luken, Frank L.
Lunka, Victor W.
Lutz, William Herbert, Jr.
Lyle, Dr. Harry C.
Lyman, Thomas E.
Lyons, Rita
Mackroth, John R.
Madden, Louis C.
Maddex, Edwin C.
Mader, David R.
Main, Robert A., Sr.
Mann, Joseph E.
Marken, Howard A.
Marks, Harold M.
Marsh, Joseph I.
Marshall, Joanne Fox, CPA
Martin, Barbara Bishop
Mathews, Karolyn
Mattison, Lee H.
May, COL Britt Stanaland
Mayers, Edward G.
McAllister, Margaret
McCann, Louella
Mc Clelland, William T.
Mc Clure, Ross O.
Mc Combs, RADM Charles E.
Mc Connell, Kenner, Jr.
McCracken, Charles H.
Mc Cullough, Donald J., CPA
Mc Elree, Robert L.
McGeorge, Sherman B.
Mc Guire, John J.
Mc Henry, Winston E.
Mc Intosh, Kyle I., Jr.
Mc Lain, John M.
Mc Mahon, Thomas D.
Mc Neal, Charles A.
Mc Nulty, Frank Raymond, Jr.
Mc Veigh, James L.
Meek, Lowell E.
Meeks, Betty Lu Bartley
Melick, Mary E.
Mellman, Bernard A., RPA
Meloeny, Roy John
Messmer, Donald Davis, Jr.
Meyers, Charles C.
Milburn, Carl L.
Miller, Erwin J.
Miller, George Arthur
Miller, John S., Jr.
Miller, Marjorie
Miller, William Rudolph
Milligan, Charles Herbert
Milner, Robert C.
Milos, Charles John
Mindlin, Sidney I.
Minke, John E.
Minutilli, Benjamin
Mitchell, Lawrence R.
Morehead, Jane L.
Morgan, Benjamin
Morgan, Raymond Joseph
Morris, COL Jack, USAF(Ret.)
Morrison, Donald Colin
Mosley, John Edwin
Mourton, Paul S.
Mullenix, Martha
Mulligan, Charles H.
Mulloney, Dalton H., Jr.
Munsell, Hobart Monroe
Mustaine, W. Max
Myers, Albert Ray
Naddy, John F., III
Natoli, Charles A.
Nau, Bennett E.
Neilson, Robert
Nelson, Ames M.
Nelson, John Edward
Nelson, Lawrence Webb, Jr.
Nelson, Wilma Barnitz
Nettleton, Kathryn Wilson
Neubig, Dr. Robert D.
Newman, Charles Lester
Nissley, Jerry E.
Norpell, Constance J.
Notman, Jack
O'Brien, Donald K.
Ohlemacher, Robert Lewis
Oliver, Vennetta D.
Olson, Robert Wesley
O'Ryan, Albert L., Jr.
Ossing, Frank L.
Otteson, Dr. Schuyler Franklin
Owens, Robert C.
Pachuta, John G.
Palcich, John E.
Palestrant, Mrs. Betty S.
Palmer, Charles Lovett, Jr.
Palmer, James Edward
Parets, Herbert L.
Parrott, Nan Pirsig
Patterson, Calvin Francis
Patton, LTC William E., USAF(Ret.)
Paugh, Alice Young
Pekarek, Robert C.
Perkins, Winston G.
Perry, Jack Robert
Peterman, Milton
Petersen, Margaret Schubert
Pettit, Robert C.
Pfeifer, Frank R.
Pfening, Fred D., Jr.
Phillips, Donald Ray
Phillips, Eugene Edwin
Piacentini, John F.
Pickett, Richard C.
Pitzer, Woodrow W.
Plaut, Bernard C.
Plechaty, Bernard L.
Pohlman, Robert F.
Pollitt, William C.
Pollock, Joseph H.
Pontones, Ramon E.
Popio, Anthony John, Jr.
Porter, Joe Harmel
Porter, Robert Wayne
Pranke, Robert Bolling
Pratt, Orval Donald
Pressie, Eunice Young
Price, Charles R.
Pringle, Rosemary G.
Proietti, Nello, Jr.
Puntenney, Frank, Jr.
Queen, Earnest D.
Quinlan, Dennis J.
Raileanu, Jordan D.
Ranz, George R.
Rawers, Myron C.
Rawson, Franklin S.
Ray, Richard P.
Redfern, William E.
Redmond, Paul E.
Reel, Robert Lewis
Rees, Kenneth J., Jr.
Reese, Donald Joseph
Reich, Eddie W.
Relyea, William Thomas
Resch, Arthur A.
Rhodes, William W.
Richardson, Arthur Marvin
Richardson, Vernon Alfred
Richey, Lois
Ries, Robert C.
Roads, Paul C.
Robb, Kenneth L.
Robbins, Robert M.
Robinson, E. Glenn
Robson, George Arthur
Rockey, Ernest A.
Rodell, Robert G.
Roehll, Warren Frederick
Root, Peggy Moore
Roush, De Lloyd L.
Rowan, Robert G.
Rubin, Daniel
Rubin, Samuel H.
Rubrecht, Lois
Rueger, Dan L.
Ruisinger, Paul L.
Russell, James Newcomb
Russell, Jean James
Ryan, Robert Allen
Saeks, Harlan R., CLU
Salvaterra, Arnold R.
Sample, Paul A.
Sanderson, Richard L.
Sarkkinen, Eino K.
Saunders, COL Floyd E., USAF(Ret.)
Saunders, Howard B.
Saville, Edward F.
Schafer, Nancy
Schaller, James M., Jr.
Scheel, George D.
Schey, William F.
Schieb, Ray K.
Schlesinger, Stanley M.
Schneider, Donald R.
Schoenbrun, Ruth
Schott, Elden E., Sr.
Schrag, Charles A.
Schug, LTC Willis E., Jr.
Schuler, Hon. John W.
Schuler, Thomas Lewis
Schultz, Joseph Howard
Seabright, Ralph G.
Seckel, Theodore D., Jr.
Sedgwick, W. Stewart, Jr.
Seidler, Sybil Altenhaus
Sell, William C.
Sellers, Harold E.
Shane, Priscilla
Shanks, John T.
Shaw, Richard Howard
Shaw, Thomas William
Shealy, James A.
Shear, Lloyd J.
Shellhaas, I. Jack
Shifman, Thelma
Shire, Bernard S.
Short, Frederick E.
Shoup, Howard E.
Shuttleworth, Norma
Siegel, Howard H.
Siers, Howard L.
Sigler, Jack W.
Silliman, Samuel N.
Simon, Eleanor Fell
Simon, Leonard E.
Sinai, Victor T.
Siskind, Roland L.
Sites, Edward
Slaff, Florence
Slauter, Charles Henry, Jr.
Slessinger, Marvin H.
Slessinger, Mrs. Sondra Trachtenberg
Smeltz, Philip K.
Smith, Dudley W.
Smith, Mary Ellen
Smith, Scott Miles
Snider, Stuart M.
Snow, Gerald E.
Snyder, Billy Murray
Sohl, Curtis, Jr.
Spencer, Ralph, Jr.
Spires, John E.
Spitzer, George L.
Stang, Fred K.
Stanton, Ralph C., Jr.
Stapleford, Stuart H.
Statler, Carl W.
Steger, Alvin B.
Steiger, Sherwin W.
Stein, John William
Stein, Lawrence
Steiner, Franklin J., CPA
Steiner, William F.
Stephenson, Hon. Earl E.
Sternberg, Josef
Sterner, Marylou Henly
Stevens, Arthur Galen
Stevens, Herman Daniel
Stewart, Jack L.
Stiller, Robert A.
Stilson, Virginia Denning
Stodgel, Thomas O.
Strawser, Lester C.
Stuts, George C.
Sullivan, Marilyn Diblasi
Supowit, Esther Bernstein
Sutermaster, Gerald Edward
Sutter, George Franklin
Swack, Harvey R.
Swanson, Kenneth E.
Tatar, Paul L.
Tavens, Albert L.
Taylor, Charles Robert
Taylor, Rosalie Drake
Thall, Colman
Theado, Valerie M.
Thiel, Eleanor J.
Thomas, Doris Swartzwalder
Thomas, Eugene Paul
Thompson, C. Joan
Thrush, Jack M.
Thrush, Roland J.
Tracewell, William R.
Tracey, Minnie B., PhD
Tracy, David J.
Tremain, Jo Ann
Trout, Frances Rogers
Turanchik, William J.
Turnbull, Richard B., CPA
Turner, Wells C., CPA
Uhl, Richard D.
Ullman, David F.
Utterback, Marilyn Jump
Valentine, CDR Robert F.
Vara, Joseph A.
Vawters, Howard S., Sr.
Verba, Joseph
Verbosky, John E.
Vetter, Lawrence E.
Vetula, Edward E.
Vikander, Richard A.
Vogt, Neal L.
Wagstaff, Roy J., Jr.
Walker, Scott H.
Wallingford, Joyce A.
Wambold, Edward L.
Ward, Richard T.
Warnock, C. Wesley
Warren, Eugene F.
Warren, Kathleen Cooke
Watson, Dolores Painter
Weaver, George Arthur
Weber, Betty
Weikert, Roy J.
Weinstock, James W.
Weisgal, Solomon Aaron
Weiss, Robert N.
Weiss, Roberta
Wells, Wayne L.
Wels, Muriel E.
Wenger, Fred Griggs
Wetzel, Patricia
Whalen, Robert A.
Whaley, Ellis B., Jr.
Whitcomb, Edward Lewis
White, William Bayard
Wiegel, Milton E., Jr.
Wieser, Thomas Richard
Wight, Durward P.
Wilkinson, William W.
Will, Donald E.
Williams, Carl L.
Williams, Joseph Warren
Williams, Robert C.
Williams, Roger H.
Wilson, Charles Robert
Wilson, Warner R.
Winter, Jean Thompson
Wise, Alfred B.
Witherspoon, John C.
Woelfle, Thomas E.
Wohl, Irving J.
Wolf, Carl Richards
Wolfe, Russell Haynes
Wolfson, William M.
Woodman, Charles W.
Workman, Robert J.
Wright, Roscoe U.
Wuichet, Tom Pierce
Wymond, Philip C., Jr.
Yaeger, Hugh D.
Yeager, Robert R.
Yelin, Fabian S.
Young, H. Scott
Young, John Andrew
Younker, Harry L., Jr.
Youtz, James R., CPA
Zemer, Jack
Zimmer, Patricia Malley
Zucker, Henry J.
Zurcher, William C.
Zwick, Coleman D., JD

1949
Abernethy, Charles E.
Abrams, Ione Gluck
Adair, Dolores Merritt
Ades, Gerald Cyrus
Adrian, Charles Leroy
Aleshire, Richard B.
Alexander, Lois Springer
Alexander, William Allison
Allen, Oren E.
Allietta, William B.
Alpern, Robert L.
Altfeld, Leon S.
Altomare, John
Amspoker, Samuel R.
Anastos, George F.
Anderson, Howard Vincent
Applegate, James A.
Archer, Richard E.
Archer, William F.
Armstrong, Robert Howard
Armstrong, William Delbert
Ash, Roy
Ashby, Donald Wayne, Jr.
Asiano, Joseph Frank
Asiano, William Edward
Atkinson, Herschel C., Jr.
Atkinson, COL Paul G., USAF(Ret.)
Augenstein, Matthew K.
Aumiller, Richard B.
Ayers, Gerald E.
Ayle, Donald Roy
Azallion, Harold T.
Azen, Howard M.
Bacon, Clyde S.
Bacon, John L.
Bain, Hervey A.
Baker, Donald Adam
Baker, Edgar E., III
Baker, Howard Gould
Baker, Ralph Frank
Baker, Robert Lee
Baker, William Richard
Ball, Nelson T.
Ball, Raymond A.
Ballou, Stanley R., Jr.
Barnes, William Keith
Barnewall, Dr. Gordon Gouverneur
Barnhart, F. Neil
Barson, Dan T.
Barton, Ralph W.
Bartz, Herman E.
Bates, G. Del
Bauer, Jack Lavon
Baun, C. Edward
Baynton, Robert L.
Beam, Dr. Loudin J.
Beard, Donald E.
Bechtel, Albert E.
Beddingfield, George E.
Beddingfield, W. Robert, CLU
Bedell, John P.
Beerbower, Robert Edwin
Behm, Roger E.
Bell, Alfred Henry
Bell, Jack Gerrard
Bell, Mary A.
Bell, Robert Ashley
Belz, Edward E.
Benator, Alice
Bennett, Richard Charles
Berard, William Burnet
Berman, Donald
Berry, David Allen
Biegler, Lynn P.
Biernacki, Edward
Binder, Edward C., Jr.
Bingham, Joseph G., Jr.
Bird, Robert P., Jr.
Birkmeyer, Patricia Keplar
Bishop, COL John H., USA(Ret.)
Black, John Pickett
Black, Robert Mc Cleery
Blackledge, Ethel Hale
Blaine, Arnold
Blancett, Donald Ernest
Blanchard, Ronald E.
Blanton, Cole P.
Bloom, COL Waller C.
Boger, William H., Jr.
Boice, John N.
Bolender, Carroll Herdus
Bolon, Robert C.
Bolser, Wesley J.
Borchers, CAPT Alyn Louis, USN(Ret.)
Boring, Ruthmary
Borzi, Andrew W.
Boston, Lawrence R.
Bowman, B. Mc Guffey
Bowman, Frank A.
Boyer, George D., Jr.
Boylan, Richard D.
Bradford, Thomas W.
Brady, Barbara Kenney
Breese, Lois Soukup
Brennan, William J.
Bridgman, Roberta
Bridwell, Ernal W.
Brill, Robert Earl
Bringardner, Thomas A.
Britsch, James A.
Brockenbrough, Benjamin W., Jr.
Brockington, Ned E.
Brookhart, Jack D.

CLASS YEAR LISTINGS CLASS OF 1949 323

1949 (Cont'd)
Brooks, Paul Richard
Brooks, Robert Allen
Brotherton, Earl E.
Brown, Bayard R.
Brown, Charles Edwin
Brown, Frank Alphius, Jr.
Brown, COL Preston, USAF(Ret.)
Browne, Charles F.
Brubaker, Joseph L.
Brugler, Carl R., Jr.
Brumfield, Joseph E.
Brunst, Theodore C., Jr.
Buchanan, Margretta
Bugno, Raymond S.
Bullen, Thomas E.
Burcaw, Richard E.
Burggraf, Donald R.
Burt, Donald Dean
Burton, Marion E.
Busch, Donald T.
Butler, Edward Waldo
Butler, Janet E.
Butler, Richard Gordon
Buxser, Evelyn
Byer, Allan G.
Byer, Howard K.
Calhoun, Howard L.
Call, Patricia
Callif, Neal
Campbell, Donald Elder
Campbell, James Arthur
Cardin, COL Philip G., USAF(Ret.)
Carlisle, Robert E.
Carney, Edmund J.
Carpenter, Jeane Blanton
Carter, Raymond Burchett
Carter, Robert Leroy
Case, Donald Joseph
Cavanaugh, William D., Jr.
Cavener, Sherman S.
Chadeayne, COL Robert F., USAF(Ret.)
Cheney, Harry Allen
Christin, John J.
Cinadr, Martin James, Jr.
Clair, Robert A.
Clark, Benjamin Lewis, Jr.
Clark, Robert J.
Clark, William Albert, Jr.
Clayton, Dwight S.
Clear, Joseph F.
Cleveland, Charles W., Jr.
Clifford, Carl W.
Clifton, Harry J.
Cline, COL Thomas G., USAF(Ret.)
Clymer, Patricia Bailie
Coblitz, Lawrence S.
Cochran, Jack Edward
Cockell, William Arthur, Sr.
Cohen, Harold Hilliard
Cohen, Phyllis Oppenheimer
Collaros, Jack P.
Connors, John A.
Conrad, Wilfred E.
Cook, Blenn F.
Cook, David S.
Coon, David Fulton
Cooper, Harold Murphy
Copenhaver, Charles Lee
Cortese, Joseph R.
Cotter, Donald W.
Cotter, Robert M.
Coughlin, Loretta Morris
Cowan, Robert D.
Cox, Raymond Harold
Cozad, Marjorie Wilson
Creed, Leland K.
Crosby, Donn R.
Crow, Gordon Allen
Cullins, David R.
Curtin, Forrest J.
Curtis, Clifford L.
Dailey, Alan W.
Dailey, George H.
Danner, John J.
D'Anniballe, Arthur J.
Daubenmire, Patty Sells
Daugherty, Harry A., Jr.
Dave, Robert O.
Davis, Edward G.
Davis, Eleanor
Davis, Hayden David, Jr.
Davis, Jack H.
Davis, Robert Jay, Jr.
Davis, Thomas E., III
Davis, Thomas M., Sr.
Davis, Thomas Warren
Dawley, Dr. Cloyd E.
Day, CAPT Edward R., Jr.
Dean, H. William
Deaton, Robert N.
De Bacco, Victor L.
Debacher, Marjorie C.
Defenbaugh, Robert L.
Deferro, Geno C.
Dehnbostel, Howard L.
Deitle, Dr. Charles M.
DeLeone, James F.
De Nardo, John L.
Dendiu, Troian
Denner, Emil
Denney, Richard L.
Dennison, Joseph L.
Denyes, Jack R.
Deubner, Paul E.
De Victor, Donna
DeVictor, John A., Jr.
De Vito, Vincent J.
Dickman, Vernon K.
Diehl, Bernard E.
Dierker, Richard C.
Digan, Thomas J.
Dlott, Herman
Dodd, Chester C., Jr.
Donaldson, Richard J.
Dooley, Patricia R.
Doone, Edmond
Dorfmeier, Dr. William D.
Doty, Rose Mary Ward
Doudna, Mark E., PhD
Drake, Warren Edward
Drayer, Joseph Harry, Jr.
Dresback, William H.
Duffy, John David
Dugan, Charles E.
Dugas, C. Clayton
Dunivant, William E.
Dunn, John L.
Dunn, Joseph McElroy
Dunn, Ned T.
Durand, Homer A.
Early, Chester H., Jr.
Early, David N.
Eckerle, William P.
Edelson, Rita Jacobs
Edgemon, Stanley Dean
Edington, Guy Ellis
Edlis, Amelia
Edwards, L. Dale
Egger, Charles G., Jr.
Elbon, Durward D.
Elder, Richard D.
Elek, Frank J.
Ell, Dale D.
Ellenberger, Kenneth R.
Ellis, Barbara
Ellison, Herman I.
Eltzroth, Donald F.
Ermlich, Kennett F., Jr.
Ernst, William D., CPA
Esselstein, Clarence L.
Essex, Charles K.
Esterkin, Jerome B.
Evans, Donald Arthur
Evans, George Godfrey
Evans, Robert Deeloss
Fahrbach, Roger H.
Farr, Robert
Favret, William E.
Fearnow, Frederick R., Sr.
Feasel, Ernest R.
Feldner, Charles E.
Ferguson, Ralph Kenneth
Fetherston, John M.
Fiir, Z. Alfred
Finan, James E., Sr.
Finch, Daniel N.
Finkbone, Richard W.
Finkelstein, Irvin C.
Finneran, Therese Stanton
Fiorini, Daniel E.
Fischer, John Anton
Fisher, Carl Frederick
Fisher, Richard Wallace
Fleming, Brooks, Jr.
Flint, G. Ross
Flynn, John W.
Folk, Paul B.
Foote, Kenneth Harvey
Ford, Robert A.
Forney, BGEN Leslie R., Jr.
Forsythe, Thomas Moody, Jr.
Franks, Lawrence E.
Frazee, Willis H., Jr.
Frazier, James Hamilton
Frazier, Robert Lee
French, Wendell S.
Freshour, David F., Sr.
Friedman, Herbert
Friel, Carl S.
Fritts, Elmer D.
Frost, George S.
Fulmer, William P.
Gabay, Stephen J., Jr.
Gabriel, James A.
Gaede, David L.
Gaitten, Donald J.
Gall, Mary
Gallagher, Martin J.
Gamble, Richard T.
Ganz, Alberto M.
Garber, Joseph Max
Garber, Mary C.
Gardner, Howard Bertram
Gardner, Robert D.
Gatterdam, Paul J.
Gell, George Frank
Gibbens, William Robert
Gibson, LTC John S., USA(Ret.)
Gibson, Mary J.
Gilmore, Ray S.
Ginsler, John Radway
Girod, Harriet Maddox
Glickman, Morton V.
Goddard, LTC Ernest D., USAF(Ret.)
Goelz, William Franklin
Golden, Marilyn A.
Golden, William F.
Goldman, Louis S.
Goldman, Morrey
Gondek, Walter
Gordon, Charles Edward
Gorman, James Carvill
Gottfried, Ronald M.
Gouldsberry, Elmer E.
Graham, Edward F.
Graham, Robert Clark
Grandle, Frank H.
Grandon, Leo Franklin
Grandstaff, James R.
Graper, Frank B.
Gray, Edward A.
Gray, Patsy
Green, Donald Curtis
Greenbaum, Lionel P.
Greene, Harry Daniel, Jr.
Greene, Richard Martin
Griffith, COL Donald Quay, USAF(Ret.)
Griffith, Jack Dexter
Grigsby, Glenn L.
Gross, George W.
Grossman, Morton
Groza, Louis Roy
Guard, J. Conner
Gump, Robert C.
Guren, Homer E.
Haft, Lawrence G.
Hagerty, Richard J.
Hagman, Robert E.
Hahn, Waldo H.
Hales, Jack E.
Hall, Helen Santo
Hall, John William
Hall, Philip J.
Hall, Raymond Lyle
Hall, Richard M.
Hall, Robert Woodward
Halsey, Eugene V.
Halvis, John
Halvorson, E. Mark
Hamilton, Forrest R.
Hamler, Thomas B.
Hamlin, COL Jack I., USA(Ret.)
Hammerstein, John E.
Hammond, Dana Johnson
Hanby, Donald W.
Hanley, John M.
Hannah, Hubert H., Sr.
Hannum, Richard T.
Harder, Arthur J.
Harder, Helen
Harmon, Paul C.
Harper, Olie Raymond
Harris, John Dinwiddie
Harrison, Robert D.
Hartley, William H., Jr.
Hatch, Shirley Arthur
Hausman, Henry R.
Havens, John Franklin
Hawkins, John E.
Hawthorne, Frank C.
Hay, Karl Sherer
Hay, William T.
Hayman, James R.
Haynam, Clifford W.
Hearing, Harold P.
Heck, Thomas F.
Heckelman, William T.
Hedges, George E.
Hefner, William A.
Heim, William G.
Heiskell, Thomas R.
Heiskell, William D.
Heller, Ralph H.
Henderson, Paul R.
Hennessey, John Edward
Henry, Joseph P.
Henschen, Paul A.
Herbel, Vaughn E.
Hergesell, Russell E.
Herr, LCDR Gordon M.
Hershberger, Glenn E.
Hildebrand, Jeanne Baker
Hirz, Martin T.
Hochscheid, Vernon E.
Hoenie, James R.
Hoermle, John Albert, Jr.
Hoffman, Dr. Marvin
Hofsteter, Roy
Hogue, Forrest J.
Hoisington, Richard M.
Holkko, John E.
Holligan, Kenneth
Holloway, Thomas A.
Homan, Robert W.
Honrath, Henry D.
Horne, Janice
Horst, Dr. Oscar H.
Houghn, Barbara
Houghton, James F.
Howard, Paul Allan
Howell, Ellis V.
Hrenko, Paul
Huckleberry, Clifford E.
Huffman, Daniel A.
Huffman, Robert G.
Hughes, William K.
Hummell, Robert K.
Hurak, Anthony J.
Hutchison, Watt L.
Hyland, Arthur Wesley
Ide, David B.
Imel, Harry H.
Indoe, Alberta A.
Inscho, Clyde S., Jr.
Irwin, Albert L.
Irwin, Karl H.
Jackson, James H.
Jacobs, Clarence Lester
Janezic, Louis A.
Jewell, Arthur L.
Johnson, Vernon Dale
Johnston, LTC Kingsley M., USAF(Ret.)
Johnston, Nancy
Jones, John Paul
Jones, Robert Dale, Sr.
Jones, Robert Wells
Jorgensen, Charles B.
Joseph, William E.
Judd, Jane Cordery
Kaiser, Bernard W.
Kalies, Louise
Kalinos, Theodore V.
Kallin, Walter K.
Kallstrom, David H.
Karns, Arthur D.
Katz, Jerome L.
Katz, Joseph
Kaufman, George S.
Kaufman, William Edward
Kauvar, Herbert S.
Keenan, Richard Dean
Keiger, Lois
Keller, Dorothy
Keller, John Guy
Kelley, John F.
Kelley, Mary Christine
Kellner, James W.
Kender, Edward C.
Kennelly, James E.
Kennett, Roy L.
Kerester, Charles John
Kin, Daniel Carl
Kincaid, John W.
King, Carl C.
King, David H.
King, John W.
King, Kenneth E.
King, Paul Ellsworth
Kirby, Joseph T.
Kirk, James R.
Kirwin, Richard A.
Kishler, Jo Ann
Klein, Josef Jay
Kloss, Robert E.
Knapp, Barbara Ellen
Knight, Glenn R.
Knight, Jerome C.
Knilans, Michael Jerome
Knilans, Richard S.
Knipe, Wilson, III
Knofsky, Howard
Knoll, Milton
Knoll, S. Nancy
Knost, William E.
Knowles, George Wallace
Kobelt, Donald J.
Koby, Frank S.
Koetz, John T.
Kollus, Barbara
Komp, Charles E.
Koontz, Carl E.
Koshiba, Samuel Shigeru
Kostanden, Andy G.
Krauthamer, Dr. Sigmund
Kreager, James Scott
Kreid, David E.
Kreinbihl, Robert O.
Kreitler, Carolyn
Kuntz, Harry L.
Kutnik, Edward R.
Kuznia, John L., Jr.
Landowne, Harold D.
Lang, Dave W.
Lano, C. Jack
Laravie, Robert H.
La Rue, Stephen S.
Law, Clyde T.
Lawler, Malcolm McGregor
Leach, Roger Mc Clellan, Jr.
Lease, Daniel Halter
Lee, Robert Wolford
Legg, James B.
Legge, Lowell N.
Lehrer, Stanley I.
Lemke, Robert P.
Lemmon, Gordon L.
Leshy, Albert
Lesko, Steve
Levine, Bert Ivan
LeVine, Irving
Libby, Harold L.
Lichten, Alexander
Liermann, August, Jr.
Liggett, Robert A.
Lindsey, Keefe E.
Line, Norman Charles
Link, Willis K., Jr.
Little, Jackson R.
Little, COL Robert W., USMC
Lockhart, Edward L.
Lockshin, David W.
Lodge, MAJ William W., USAF(Ret.)
Lombardi, Tony C.
Long, Anne Sefcik
Longworth, Charles M.
Loop, Floyd F.
Lopina, Edward Frederick
Lorence, John
Lowe, Virginia
Lowry, William Ralph
Lucak, John
Lunka, Tony L.
Lust, Carl R., Jr.
Lust, Norman E.
Lyday, Jack Clovis
Mac Blane, Donald Robert
MacIntosh, Henry C., Jr.
Mack, Simeon J.
Mack, William L.
Mackey, Robert F.
Magley, Theodore R.
Magruder, Sara Friedrichs
Maher, Frances A.
Maistros, George A.
Mann, Charles
Mantel, Brice C.
Marcie, Julius F.
Marinelli, Eugene
Mark, Philip Edward
Markanton, Chris G.
Markey, Donald E.
Markley, Howard J.
Markovich, William J.
Maroush, John J.
Marshall, John N.
Marson, Earl W.
Martin, Richard Foster
Mason, David Marvin
Mason, Robert Gordon
Matey, John E.
Mathless, Gene H.
Mathless, Joan
Mattey, George J.
Maturo, Raymond A.
Maurath, Dr. Robert Eugene
Mavromates, Stanley Peter
Mayne, Robert W.
Mc Allister, Alan W.
Mc Call, Lynn E.
Mc Cann, Gregory L.
Mc Cann, T. Joseph
Mc Clelland, Mary Haag
Mc Clenahan, Donald C.
Mc Collum, Albert E.
Mc Cord, Denver P.
Mc Cort, Ralph W.
Mc Coy, Frank Peter
McGinty, Marjorie F.
McIlvaine, Wayne W.
Mc Kay, James B.
Mc Kenney, Richard W.
McKinley, Leroy T. (Mac)
McKinster, Ray
Mc Kown, Raymond S.
Mc Lean, John Robert
Mc Morrow, Audbert L.
Mc Neal, Herbert H.
Mc Nulty, Margaret Lohnes
Mc Quade, David L.
Mc Vey, Thomas M., Jr.
Means, Russel Garrett
Meeks, Richard D.
Meier, Walter T.
Meizlish, Arthur J.
Mellman, Carl B.
Melziva, Marvin L.
Menyhert, Coleman R.
Metzger, Eugene F.
Metzger, Richard H.
Meyers, Carl E.
Miesse, Gabriel R., Jr.
Miller, Albert Donovan
Miller, Arthur H.
Miller, Betty
Miller, Daniel Wayne
Miller, Laura Washburn
Miller, Leonard Leroy
Miller, Nickolas
Miller, Richard Alban
Miller, Richard Thomas
Miller, Russell W.
Miller, Victor Allan
Mills, James Myron, DDS
Minshall, Betty J.
Mitchell, John Edward
Mitchell, Wilbur O.
Mixer, Joseph R., PhD
Mobley, Robert L.
Mogensen, Orville Loyd
Moles, Richard D.
Montanari, William R.
Moore, Howard Benford
Moore, Janice H.
Morningstar, Thomas H.
Morris, Dorothy Smith
Moser, George F.
Motz, William K.
Mouch, Robert L.
Mouery, Howard D.
Mougianis, Nick A.
Moyer, William S.
Muench, Miriam
Muessig, Eckehard J.
Mullen, William J.
Mundew, Millard E.
Murphy, Jack G.
Murphy, Jean
Murray, William H.
Mutchler, Budd F.
Myers, George R.
Nagy, Iris Noble
Nathanson, Arnold N.
Negin, William S.
Nekervis, Rhoderick Bruce
Nettleton, James C.
Newman, Bernard
Nicholas, Edward I.
Nichols, Wallace Vance
Nicolls, David S.
Nicolls, Donald J.
Nigro, William S.
Nixon, William David
Noble, Dr. Paul Le Moyne
Nolan, John L.
Norris, John W.
Nourse, John H.
Nyerges, Glenn L.
O'Brien, Charles Frederick
O'Brien, Lawrence Joseph, Jr.
Ogram, James E.
O'Keefe, Bernard M.
Okita, Frank Toshio
O'Meara, John J.
Orewiler, Darl C.
Osborne, Harold L.
O'Shea, John E.
Ostrov, Saul A.
Overfield, Virginia
Owen, Lewis W.
Pachoud, Lawrence E., Jr.
Palmer, Kenneth Cameron, Jr.
Park, Ernest T.
Parker, John Robert
Parker, Virginia
Parker, Wayne Leroy
Paschal, R. Bruce
Pasic, Benjamin
Pass, Myron B.
Patch, Betty Salzgaber
Patterson, Donald Ellsworth
Paulsen, Louis L.
Payne, Carl R.
Payne, Daniel Pearl
Pearson, Joan Snoddy
Pemberton, Val R.
Penn, Lewis
Petrie, COL Glen E.
Pettit, Clifford C.
Pettit, Imogene Caskey
Pfahl, John K., PhD
Pfeiffer, Paul L.
Pfister, James A.
Philbin, Philip A., Jr.
Phillips, Alberta
Phillips, Richard Lawrence
Phillips, William
Pickard, Robert Louis
Pieratt, Richard E.
Pierce, Howard P.
Pike, Granville E.
Pines, Allan A.
Pirie, Suzanne Volmer
Plesia, John, Jr.
Plymale, Jack H.
Poffenbaugh, Robert C.
Poling, Thomas R.
Polster, Charles A.
Polster, Eugene A.
Poorman, Ray Don
Popp, Robert L.
Pordan, Joseph, Jr.

1949 (Cont'd)
Porter, Ritchey T.
Porter, Robert E.
Potischman, Bernard
Potter, Thomas T.
Praver, Edwin
Pressie, Aaron L.
Price, Jo Ann Fishbaugh
Price, Pat
Prugh, Robert B.
Pruyn, Charles R.
Pugh, Robert J.
Puhalla, Leonard M.
Pulsinelli, Frank P.
Pymer, Florence
Quillin, George W., Jr.
Radi, William G.
Ramage, Robert M.
Ramicone, Dan
Ranck, Robert Wendell
Randolph, George F. F.
Rangeler, Neil E.
Rankin, Alan L.
Ratliff, Roy S.
Rauch, Joan
Ray, Ben T.
Ray, Robert A.
Raymond, Kathryn
Rector, Charles D.
Reed, Lyle K.
Reed, Robert Raitze
Reeg, Earl H., Jr.
Reid, J. Frederick
Rengers, Joseph H.
Renner, Charles E.
Reusche, Robert F.
Ricketts, Alfred R.
Riley, Jane
Rinsma, Joanne Dunivant
Risley, COL George L.
Roark, Forest E.
Roberson, LTC Clinton B., USMC(Ret.)
Rockey, Margaret Vogler
Rodenbach, COL William T., USAF(Ret.)
Roecker, Daniel E.
Roelle, Robert Homer
Rohrer, Dale I.
Roller, Homer J.
Rooney, John J.
Rose, Irwin R.
Roseberry, Lee
Rosenbloom, Edgar H.
Rosenbloom, Manford D.
Rosenstein, Stanley A.
Rosser, Evan D.
Rossetter, Richard L.
Roth, Ernest Harry
Rothenstein, Edward M.
Rothschild, Leonore
Rottman, Richard R.
Routh, Sanford H.
Rubel, George L.
Runk, Robert H.
Rutman, Raymond E.
Sacher, Frank J., Jr.
Sage, Dr. Earl Richard
Sammons, Robert L.
Samsel, Richard G.
Sanford, Alice Brown
Sanford, Sanford B.
Saul, Kenneth L.
Saunders, William P.
Savage, Robert G.
Savic, Pandel
Saville, Charlotte Duffey
Saving, Robert J.
Schafer, William F.
Schentur, Raymond E.
Schieferstein, Henry S.
Schilling, Vernon R.
Schipper, John A.
Schlezinger, Marvin A.
Schluep, John Kerber
Schmidt, William E.
Schneider, Henry Allan
Schoenbaum, Maxine Friedman
Schools, William K.
Schottenstein, Alan J.
Schroer, Fred
Schumacher, Walter L.
Schwartz, David
Schwartz, Frank John, Jr.
Scott, Cecil Marine
Scott, Dean Elman
Scott, John William
Scott, Robert Wayne
Seckel, Gale R.
Seiple, Herbert George
Selander, William T.
Semans, Thomas B.
Senff, Charles R.
Serafy, Darrell C.
Setty, William H.
Shaffer, Fred Morris
Shaffer, Sheldon
Shannon, John Lewis, Sr.
Shannon, Robert W.
Shapiro, Arnold Samuel
Shapter, George H., Jr.
Shaw, James Robert
Shea, Maurice J.
Sherman, Robert A.
Shevlin, Michael F.
Shiff, Myer
Short, George H., Jr.
Shroy, Robert E.
Siebert, Paul D.
Siebert, Thomas M.
Siegel, Hermine
Siegel, Roger P.
Siemer, Walter J.
Sigman, Arthur F.
Simeon, George Robert, Sr.
Singer, Marvin P.
Sinkey, James S.
Sipe, Ralph M.
Sipe, Stanley Weber
Skipton, Edward D.
Skuller, Edwin J.
Slack, Donald G.
Slater, James N.
Slattery, Dana D.
Sleeth, David M.
Slough, Ralph Eugene
Smith, Earle Leroy
Smith, Elbert Leroy
Smith, Huber Ralph
Smith, Robert Burns
Smith, Robert Glenn
Smith, Walter Edwin
Smith, William Howard
Snashall, Mary
Snively, Mark R.
Snow, Mary Clark
Sohl, Nannette Millisor
Solomon, Alvin
Sonntag, Jacqueline
Soppel, Harold M.
Speiser, Robert I.
Spetnagel, George R.
Sprouse, Robert M.
Stage, John E.
Staggers, Theodore R.
Stambor, Helen Miller
Stan, Edward M.
Stanhope, Glenn R.
Stanley, George F., Jr.
Steinbock, Don R.
Steinhauser, John William
Stephenson, Harold L.
Stern, Sanford R.
Stettner, Clayton Earl
Stevens, Harold Hobart, Jr.
Stillings, C. Graham
Stilson, Dr. Alden E., Jr.
Stocking, Robert M.
Stokes, George K.
Stone, Evelyn Nash
Strasser, Frederick Thomas
Straub, Rev. Roy R.
Straub, Samuel C.
Straus, Robert E.
Stringer, Lucille
Struble, Harry D.
Stump, Jack R.
Sturgill, Carmi Q.
Such, Frank
Summers, Ernest
Sussman, John R.
Swartzlander, Roland H.
Swartzmiller, Burniel O.
Swepston, Dwight C.
Swingle, Raymond R.
Switzer, Park G., Jr.
Swonger, B. J.
Swope, Samuel G.
Swysgood, Thomas N.
Taintor, Donald B.
Takacs, Rudolph Julius
Talbott, Howard A.
Taylor, Jerry M.
Taylor, Nancy J.
Taylor, Wilbur F.
Thomas, Alice Dodge
Thomas, George P.
Thomas, Harold J.
Thomas, Janet
Thomas, John L., Jr.
Thomas, Paul B.
Thomas, Robert M.
Thompson, Gilbert James
Thompson, William Joseph
Tierney, J. Robert
Todhunter, John W.
Tolin, Jerome L. Tolchinsky
Tomko, Andrew David
Torgerson, Herman T.
Trace, Patricia
Trudeau, Andre Norbert
Trumbo, Hon. George W.
Turner, David R.
Uhle, Bette Friend
Ulery, Charles A.
Underwood, LTC Maurice R.
Underwood, Robert V.
Unkle, MAJ John W., USMC
Urquhart, Norma
Valentine, Marilyn
Van Buren, Joan Meuser
Van Duzer, Bert B.
Van Horn, Clyde L.
Van Houten, Andrew W.
Van Winkle, Phil
Vargo, Michael S.
Varney, Dr. Glenn H.
Verdova, Alex S.
Vetter, Ralph C.
Vine, George H.
Virden, Robert Eugene
Vizi, Arthur R.
Vohlers, A. Joseph
Voorhees, Richard S.
Voris, Glenn L.
Wagoner, Harry R.
Wahl, Gregory Morrow
Walker, Ralph Benson
Waller, William R.
Walter, Robert D.
Wanda, Francis E.
Ward, LTC Robert James, USAF(Ret.)
Ware, Samuel Wilson
Warren, Lawrence Edward, Jr.
Waterhouse, George E.
Watson, Richard David
Webbe, Charles F., Jr.
Wechsler, Fred M.
Wehner, Dr. Raymond Henry
Weidler, Walter Clark
Weinstein, Howard J.
Weis, Paul Ranley
Weiss, John F.
Welch, Robert P.
Weldon, William F.
Wentz, Wayne E.
Werner, John E., Jr.
Wheeler, Robert M.
Whipple, Charles A., Jr.
White, Harry G., Jr.
Whiteman, Carl C.
Whitmer, Robert H.
Wible, Calvin D.
Wider, David
Wiemels, Bernard
Wigor, Robert L.
Wilber, Philip I.
Wilburn, Thomas Blane
Wilce, James M.
Wiles, Clifford C.
Wilgus, Herbert D., Jr.
Wilhelm, Henry J.
Wilhoite, Ned H.
Willett, J. Dwight, Jr.
Williams, David Fulton
Williamson, Gaynor
Willis, James Ellsworth
Wilson, Kenneth E.
Wiltberger, James B.
Wiseman, Jack P.
Wodicka, Ralph R., Jr.
Woodruff, Clarice
Wright, F. John
Yaffe, Wallace
Yearick, Dale R.
Yerges, Nancy
Young, Beman D.
Young, Carl F.
Young, Martin
Young, Russell N.
Youngquist, William C.
Zahler, Gerald E.
Zeldin, Solomon David
Zimmer, Robert O.
Zimmerman, John C.
Zimmerman, Richard C.
Zucker, Ira C.

1950
Abbott, Betty Keller
Abelson, Jerrold M.
Acton, William B.
Adams, Leonard F.
Adams, Mary Fox
Adams, Thomas Joseph
Ahmann, Frank B., Jr.
Akers, James G.
Akin, Todd S.
Alban, Jack W.
Alban, John Calvin
Alferio, Joseph
Allardice, William Keith, Jr.
Ames, Harvey M.
Amrine, Kenneth H.
Anderson, Bruce Francis
Anderson, George Albert
Anderson, Willis W.
Andrews, George William
Arndt, Clifford J.
Arnold, Beatrice D.
Arnold, Richard Alan
Arnson, Gerald I.
Arthur, William E.
Aungst, Harry W.
Austin, Robert Lee
Baeder, Dr. Robert W.
Bainbridge, Harold M.
Bajzik, Joseph
Baker, Carl J.
Baker, Lorenzo P., Jr.
Baker, Shirley M.
Baltes, Mark E.
Banyas, Louis J.
Barber, Glenn Allen, Jr.
Barnheiser, Philip G.
Bartels, Robert E.
Barthelmas, Ned Kelton
Bartlett, Mary Ellen
Barton, Margaret Dorr
Basehart, Robert A.
Basham, Carl E.
Bass, Stanley J.
Bassett, Charles J.
Bayless, Norris L.
Beadle, Harold, PhD
Beck, Gordon Reeves
Beckman, Marilyn A.
Bedford, Dr. Norton Moore
Beeman, Ruth E.
Beer, Donald R.
Beery, Paul Ray
Beifuss, Richard C.
Beightler, COL Robert S., USA(Ret.)
Berkowitz, Robert Milton, CPA
Bernabei, Vincent J.
Bernard, Paul G.
Berry, Morton
Biggio, Frank C.
Binder, Theodore A.
Bitzer, Rosemary
Blackburn, Richard Stanhope
Blacker, Lawrence N.
Blue, Warren Grant
Bolenbaugh, Lawrence E.
Booher, Leon C.
Book, Betty Zitke
Booth, Robert A.
Boresh, Jack G.
Boring, David B.
Borman, Burton B.
Boston, O. Ernest
Boswell, Thomas P.
Botnick, Martin
Bott, Lawrence J.
Bowman, Donald F.
Bowshier, Harry L.
Boyd, Roy F.
Boyle, Robert L.
Bretland, CAPT Robert B., USN(Ret.)
Brewer, Ralph G.
Bridge, Hon. Barbara Jeanne
Brightbill, Concetta Milicia
Brigode, T. Dale
Brown, Dr. Harry Wilbur
Brown, Margaret
Brown, Willard Hull
Brune, Herbert H., Jr.
Buchholz, James C.
Buck, John P., Jr.
Buckingham, Thomas S.
Burgess, James Henry
Burke, Michael J.
Bush, Charles H.
Bushman, Jim
Bussard, Robert W.
Butte, Giles R.
Buya, Wallace J.
Byrd, Charles Daniell
Calhoun, John Collier, Esq.
Camin, Paul R.
Campbell, Kenneth, Esq.
Campbell, Robert John
Capossela, S. James
Carney, James W.
Carroll, Charles W.
Carter, Charles Milton
Cavendish, John F.
Chawner, Jack L.
Chick, Stephen C.
Chmara, Simon
Ciarrone, Dominick J.
Clark, Joseph Oliver
Clark, Susan
Classon, Theodore A.
Clayton, Thomas H.
Clement, Gwendolyn Adams
Cloud, Robert L.
Clyde, George
Coburn, Richard W.
Coen, William Robert
Coffman, Dean
Cohen, Irvin
Cole, Hon. Jesse, Jr.
Cole, Robert Barnes
Collier, LTC Charles W., USMC
Colson, Frank John
Cone, Dr. Paul R.
Conley, Robert R.
Connor, James W.
Cooper, Rev. Donald Leroy
Cooper, Ned
Cooper, Richard Lee
Cooper, Roger S.
Corbin, Mrs. Betty Buck
Corcoran, Charles Kenneth
Corogin, Thomas L.
Corotis, William Maxwell
Coss, William T.
Craig, Robert G.
Craven, Donald E.
Creager, Paul, Jr.
Cressor, Ann Fulton
Cressor, Philip A.
Criss, John E., Jr.
Crist, Rodney D.
Croley, Thomas E.
Cropper, Jean Schwerdtfege
Cropper, Marshall E.
Crosley, F. Stewart, Jr.
Crowe, Jack R.
Crowe, Norbert Andrew
Crowther, James B.
Crumley, Constance C.
Cullinan, John J.
Cullinan, Thomas S.
Cummings, John F.
Curtis, Betty Poole
Darner, Jack H.
Davies, John David
Davis, Harold Herman
Davis, COL Robert John, USA(Ret.)
Davis, Vern E.
Dawson, James Ernest
De Fiore, Peter M.
Dehnbostel, Ralph L.
De Long, Robert E., CPA
Demarest, George M.
Deremo, Harry L.
Dershem, Byron E., Sr.
Detrick, Paul H.
Deunk, Dr. Norman H., Jr.
De Vendra, Albert P.
Deyo, Franklin E.
Dibert, Charles W.
Dicken, K. Lee
Dickey, Harold E.
Dickson, Ralph D., CPA
Dill, Virginia Hetrick
Dillon, Harry M.
Dixon, William C., Jr.
Doelker, Joseph R.
Dolch, Charles H.
Doolittle, Robert William
Dorn, William H.
Dougherty, Clarence G.
Drake, David W.
Durishin, Mary Young
Durling, Roger G.
Eberle, Edward M.
Ebright, James Newton
Echard, Homer W.
Eckelberry, George Wendell, Jr.
Eckenrode, Thomas J.
Eckfeld, Frederick John
Edelstein, Myron B.
Ehlert, Herma Dumenil
Eib, Warren B.
Eichner, Richard C.
Eigner, Stanley S.
Eisnaugle, Herbert D.
Ellis, William Graham, Jr.
Elmlinger, Robert Joseph
Ennis, William C.
Eschmeyer, Paul H.
Eshelman, Martin T.
Esposito, Marion
Essex, Robert E.
Evans, Betty Lou
Evans, Thomas Lang, Jr.
Evans, William Arthur
Everhart, Jacques R.
Fadeley, Kermit E.
Falter, Paul Richard
Farrell, Henry L., Jr.
Faulkner, Nicolo P.
Feeback, Harold
Fein, Alfreda Jensen
Feldman, Julian
Ferguson, James Dudley
Ferguson, Thomas Edward
Fischer, Roland Cole
Fisher, Donald Wayne
Fisher, George Vance
Fisher, Richard William
Fissel, Raymond R.
Floan, Neil J.
Flynn, Donald P., Sr.
Fograscher, Walter George
Foley, Joseph F.
Folger, Robert J.
Foltz, Charles A.
Foose, Alphonse Maurice, II, PhD
Forbes, James R.
Foster, Paul Marvel
Foster, Robert R.
Foster, William Omer, Jr.
Fout, James E.
Fowkes, Herbert S., Jr.
Fowler, Hon. Paul E.
Fox, Robert Bruce
France, David Y.
Frank, Myron L.
Frankel, Lloyd R.
Freda, Robert Ray
Frederick, Loren Foster
Frederick, Patricia
Fredericks, William T.
Fredman, M. David
Fresch, Eugene C.
Fresch, Jean Waggoner
Friedman, Benno S.
Fries, Charles W.
Frost, Jack S.
Frybarger, Gerald C.
Fulford, Allison S., Sr.
Fuller, Orville, Jr.
Fuller, William J.
Gallagher, Morgan P.
Galloway, John G.
Gammage, Ruth A.
Garfinkle, Myron L.
Garrison, Francis E.
Garwood, LTC David E., USAF(Ret.)
Garwood, William M.
Gary, Andrew C.
Geller, Carl S.
George, Frederick Charles
Georgeff, Robert W.
Gerstner, Mary E.
Gertz, John B.
Gessaman, David G.
Gibbs, John A.
Gilberg, Robert
Gilbert, Paul Stephen
Gillette, COL Shelby L., USA(Ret.)
Gilliland, Roy J.
Gilmore, Robert J.
Gindlesberger, Thomas D.
Goddard, Howard Randall
Goertemiller, Elizabeth Waddle
Goertemiller, Richard H.
Goins, Clayton O.
Golin, Myron
Goncher, Bernard A.
Goodwin, Lewis P.
Graf, Norma Henson
Grafmiller, Donald L.
Graham, James Francis
Graham, Thomas Carl
Graul, Joseph W.
Graves, Edmond A.
Gray, Theodore Milton
Greenslade, Victor F., Jr.
Gregg, Tom R.
Grooms, Thomas Van
Grover, Edgar Truman
Gualtieri, Guy C.
Guenther, Ernest H.
Guinther, Melvin I.
Gustaferro, William R.
Gutches, Robert F.
Gyorkey, Frank L.
Haagen, Joseph O.
Hackman, Martin
Haddox, Kate Petroschka
Hadler, Dorothea Nance
Hadley, William A.
Hadnett, John Richard
Haire, Arthur R.
Hall, Charles Claybourne
Hall, Richard Alan
Hamm, William F.
Hancock, Edward C.
Hancock, Edward P., Sr.
Harman, Frederick Roland
Harmon, F. John
Harriman, William D.
Harris, Herbert Allan
Hart, Elvin Vernon, Jr.
Hart, John Thornley
Hartzell, Thomas Herrman
Hartzell, William H.
Haslup, W. Lee
Hathaway, Gene L.
Hatton, Eugene F.
Hauenstein, Robert C.
Hawk, W. Foster
Hawthorne, Herbert G.
Hayes, Elizabeth Kosman
Hays, Robert Davies
Heatwole, COL James W., USA(Ret.)
Heckler, Eugene C.
Hedland, Robert W.
Hefner, Ronald G.
Heinzeroth, Charles W.
Helms, William R.
Hendershot, Richard H.
Henderson, Hon. John Workman
Hendricks, Robert D.
Henley, James Stanton
Hepner, John J.
Herrel, F. Michael
Herrman, Mary Taylor

CLASS YEAR LISTINGS CLASS OF 1951 325

1950 (Cont'd)
Hess, Richard Rosenau
Heston, Kenneth D.
Heyman, Robert N.
High, Robert D.
Hile, Robert H.
Hill, Frederick Brackette, III
Hiller, Gerald L.
Hillyer, Hudson, JD
Hilscher, Frank J., III
Hiner, Charles N.
Hingst, Carl F.
Hinig, Floyd J.
Hoelscher, Elody M., CPA
Hohl, R. Bruce
Hoicowitz, Morton
Hollingsworth, Ross B., Jr.
Hollington, Richard P.
Holt, Yale J.
Holton, Carol Brooks
Horch, Richard M.
Hossman, Frank E.
Houston, Janet C.
Howard, Robert F., Sr.
Howell, Brian Lee
Howells, Richard Alan
Hubbard, J. Rex
Hudson, CDR Richard S.
Huff, COL William Stinnie, USA(Ret.)
Hughes, Wilbert A., Jr.
Huntington, Francis Ropes
Hura, Richard B.
Hursey, Robert E.
Hurt, Le Roy
Huston, James A.
Hylton, Chester R.
Hyser, Warren W.
Ianni, Joseph P.
Irion, Frank M.
Irwin, James D.
Isaacson, Howard B.
Isaly, Earl W.
Iventash, Robert E.
Jackson, James Allen
Jacoby, Byron H.
Jaeger, William C.
Jaffe, Alvin E.
James, Phyllis Arnold
Janes, Clair Willet
Jeffers, Aldo K.
Jelett, James T.
Jenkins, Hon. Bruce
Jenkins, Thomas Alan
Jenness, Bartlett D.
Jennings, Harry A.
Johnson, Kay
Jolliffe, John D.
Jones, Burris Delmar
Jones, Carl Dewitt, Jr.
Jones, Richard Mc Clelland
Jones, Robert Eugene
Judis, Donald C.
Justice, James C.
Kaiser, Richard W.
Kalinowski, Thomas R.
Kalish, Myron R.
Kalman, Elmer G.
Kaminsky, Paul M.
Kane, Frank E.
Kanik, James R.
Kaplin, Thomas L., Jr.
Karnosh, Robert C.
Kartsimas, William J.
Katynski, William L.
Kauffman, Kenneth L.
Kavanagh, Lloyd R.
Kelly, William J.
Kennedy, Rev. John L.
Kent, Guy E.
Kepple, Philip E.
Kerber, Dr. James Edward
Kerns, Howard D.
Kessel, Craig Kenneth
Khourie, William N.
Kiefer, William E.
Killebrew, Thomas E.
Kimball, COL Morton W.
Kimmel, COL Robert E., USAF(Ret.)
King, Eldon J.
King, Wallace E.
Kingsbury, Daniel J.
Kinskey, Charles R.
Kleiman, Ansel
Klie, Douglas
Kline, LTC Doil Franklin, USAR
Kline, Richard E.
Klosterman, Walter W.
Knechtl, Robert E.
Knerr, George R., Jr.
Koby, Z. William
Koch, Carl H.
Koerber, Gerald T.
Kohn, Burton S.
Koleff, Ted
Kortkamp, Phillip A.
Kozan, Norman R.
Krastel, Norman W.
Krieger, George A.
Kruczynski, Robert Louis
Kull, Louis Jacob, Jr.
Laack, Ronald Harry
La Force, William R.
Lamphere, Joseph E.
Landefeld, Otto J., Jr.
Landon, Charles B.
Lantz, Harry W.
Lanum, Gordon V.
Lapp, Dr. Charles Leon
Laube, Norbert Joseph
Lautsbaugh, Jack S.
Lawhun, James H., Jr.
Lawler, John P.
Lawler, Thomas V.
Lawless, William R.
Lee, Richard English
Lee, Robert John
Leifeld, John G.
Lenhart, LTC Paul E., USA(Ret.)
Le Roy, George R.
Leslie, Ralph C.
Lettich, Jane
Levert, Daniel T.
Levy, Irving
Lewin Epstein, Max S.
Lewis, Harold Eugene
Lewis, Mary Anne
Lewis, William Felton
Libster, Neal N.
Liller, Clarence, Jr.
Limbert, John Warren
Limbird, Richard S., CPA
Lisbona, Frank J.
Lishawa, William Charles
Littlefield, Dr. Cleatice L.
Lockshin, Jerrold L.
Lofland, Dale E.
Logan, Howard C.
Long, James K.
Long, William Edward
Longenecker, Justin G., PhD
Lorenz, Daniel Joseph
Love, James L.
Lowe, Frederick W., Jr.
Lowery, Donald E.
Luedy, Robert B.
Lushina, Louis N.
Lutz, Robert S.
Lynn, Margaret C.
Lyons, John L.
Mac Kenzie, George C.
Mackey, Dwight E.
Madonik, Paul
Mahatzke, James E.
Mahoy, James O.
Malling, Jack F.
Maloney, Robert W.
Mannino, Frank P.
Manno, Vincent F.
Markling, James A., Jr.
Marks, Gerald M.
Marksberry, Miles R.
Markus, Alan L.
Marody, John
Marshall, Robert Elwood
Martin, Charles Irvin
Martin, Hilda Hofer
Martin, Jack Wilbur
Martin, Ruth
Marzolf, Ellen
Masheter, Richard L.
Matheny, Philip R.
Mathews, Charles A., Jr.
Mc Cabe, Don R.
Mc Cann, Helen
Mc Clain, William D.
Mc Clave, Elmer W., Jr.
Mc Cready, Marvin R.
Mc Daniel, Carl H.
McDonald, Harry B.
Mc Donald, James Earl
Mc Donald, COL James Robert
Mc Elhiney, Ardath
Mc Farland, Allan B.
Mc Gillivray, Leslie C.
Mc Gory, Hon. Arthur Michael, Jr.
Mc Keever, COL Bernard E., USA(Ret.)
Mc Kim, M. Lee
Mc Kitrick, Robert Lee
Mc Laren, Lyle C., Jr.
Mc Lean, William H.
Mc Lennan, COL Donald G., USA(Ret.)
Mc Loughlin, George L.
Mc Manus, James W.
Mc Michael, Robert W.
Mc Neir, Andrew D.
Mc Nulty, Joseph D.
Mc Owen, William H.
Mc Vey, Barbara L.
Means, Johnston H.
Meena, Thomas E., Jr.
Meier, Robert R.
Mercer, Thomas R.
Mettler, Richard E.
Metzger, Rev. John L.
Meyers, Thomas B.
Miles, James Rooker
Miles, Robert T.
Milicia, Angeline
Miller, Dr. Clair R.
Miller, Curtis E.
Miller, Harold Lloyd
Miller, Harry Clay
Miller, James William
Miller, John Rine
Miller, Leroy Clarence
Miller, Myron Clyde
Mills, William Myers
Minnear, Robert Earle, CPA
Minor, Charles Daniel
Mitchell, Leo J.
Mitchell, William Adolph
Mitchonie, Edward G.
Mitten, Florence
Moehle, John F.
Mogan, John H.
Mone, Henry A.
Monroe, John D.
Montei, Tom Ross
Moore, Richard Roth
Morrow, James W., CPA
Mosley, Farnham E.
Moysey, Glenn G., Jr.
Mueller, Martin Geuder
Mueller, William W.
Muff, David M.
Mullally, Robert J.
Mullin, Thomas E.
Munk, Richard G.
Munsell, John G.
Myers, Albert Warren
Myers, William Paul
Naughton, John D.
Neil, William D.
Neuger, Charles J.
Newman, Carl Eugene
Nixon, Richard D.
Nixon, COL William George, Jr.
Noda, Henry T.
Nolin, Wayne T.
Norman, Seth P.
Northrup, John W.
Nourse, Thomas R.
Nowak, Ted J.
O'Connor, Francis E.
Odebrecht, A. Richard
O'Donnell, William Ward
Ohler, C.G.
Okun, Donald T.
Olds, John G.
Olinger, Alfred J.
Oliver, Harold E.
Oliver, Suzanne
Olson, Annette O.
Onstott, Frank C.
Opre, Raymond E.
Ott, Howard F.
Pack, Dorothy Culbertson
Palmer, Ervin Slater
Parker, James Austin
Payton, Gene R.
Peaks, Hezekiah R.
Pealer, Arlo P.
Pence, Richard P.
Perry, Charles Leo
Peterseim, Walter F.
Peterson, Jack Edward
Petric, John D.
Pettit, Richard C.
Pflieger, Horace E.
Pheneger, Jack Corbin
Phillips, Donald Raymond
Phillips, Richard Lee
Phillips, Walter
Pierce, Clem R.
Pirko, Paul
Pollard, Nancy J.
Polley, Lowell E.
Popa, Daniel J.
Porter, Arthur Earl
Porter, Paul Robert
Powell, John Churchill
Power, Richard M.
Preston, Daniel W.
Price, James L.
Printz, Leonard
Pryor, W. Frank
Puckett, Frederick D.
Purnell, Norman
Puskac, Stephen Joseph
Quelette, William A., Sr.
Ragland, Richard N.
Rairdon, Phyllis
Rakocy, Joseph William
Ralston, Walter R.
Ramp, William R., Jr.
Ramsey, Van C.
Rapp, Robert M.
Rea, Philip L., Jr.
Reardon, Louis G.
Reasoner, Francis Eugene
Redd, G. Joann Bigler
Reed, John Thomas
Reed, William Emerson
Reehil, John J.
Reissig, Merle Harris
Rempel, Gene Ferdinand
Renwick, Donald D.
Rice, Richard J.
Richards, Charles L.
Richards, John Elmer
Richmond, Tullie T., CPA
Ripp, Mason L.
Ritter, Glen John
Roberts, Albert Lloyd
Robertson, Stanley
Robinson, Eugene Paul
Rose, Hon. Clayton W.
Rose, Lawrence R.
Roseberry, Joann
Rosenbaum, Richard R.
Rosenberg, Robert James
Rothfuss, Robert Allen
Roush, Okey C.
Rout, Charles F.
Rowand, Rex H.
Rudolph, Ray Harding
Rudolph, Victor J.
Ruetty, John C.
Ruffner, Frederick G., Jr.
Russell, John Edwards
Ryan, Edward Robbins
Salsich, Neil E., Jr.
Salzgaber, Ralph E.
Samson, Frank S.
Sarbin, Elaine
Sarkis, George
Sauder, Roger E.
Schaffer, Arthur C., Jr.
Schauer, Thomas A.
Schiff, Leonard M.
Schill, Dorothy
Schmidt, Roger Edson
Schmolder, Carl J.
Schneider, Norman Edward
Schneider, Raymond Joseph
Schneider, Roy Daniel
Schoenberg, Sammy S.
Schreller, Lawrence J.
Schreller, Richard F.
Schultz, Frederick William
Schuth, Robert C.
Schwalbach, Leonard L.
Schwieterman, Robert F.
Scott, Jean Ann
Seifert, Kenneth E.
Seiler, Charles R.
Seiple, Charles Richard
Sellers, John R.
Sells, Dick
Sewell, Eldon J.
Shackelford, Marilyn
Shafts, Andrew T.
Shank, Mary Alice
Shannon, Richard F.
Shea, John M.
Shearer, Roger E.
Sheehan, John J.
Sheets, Lawrence S.
Showe, H. Burkley
Shriber, Ralph Ellis, Jr.
Shriner, Charles P.
Shumaker, Richard F.
Siculan, Nick
Sievert, Arthur R., Jr.
Sigel, Norman H.
Silone, Edward E.
Silverman, Irwin J.
Simons, William J.
Simpson, Calvin L.
Singleton, William S.
Skeen, Joyce
Skica, Daniel P.
Slocum, Gladys
Smith, Fred Inman
Smith, Gerald Lawrence
Smith, Ned Richard
Smith, Norman E.
Smith, Stutson
Snedecor, Donald F.
Snider, Sophie
Snodgrass, Roger E.
Snouffer, Philip L.
Snyder, Charles Rex
Sorg, Richard B.
Spencer, Betty Knowles
Spengler, William Frederick
Spetrino, Russell John
Spiro, Stuart
Stanton, Charles W.
Starkey, Ralph E.
Stayton, James D.
Steadman, Edward J.
Steele, James Alan
Stegner, Ralph W.
Steinberg, William C.
Stephan, Theodore R.
Stephens, Robert Lee
Stern, Howard S.
Stern, Stanley M.
Sterner, Richard John
Stilwell, Hon. James Earl
Stimac, Jacob R.
Stoecklein, George E.
Stone, Leo Dale, Esq.
Strahler, Paul J.
Straight, G. Claribel
Stroth, Herbert F., Jr.
Strout, Robert C.
Stukey, John F.
Styer, Gilbert L.
Such, William
Suderow, Gene A.
Swales, Donald G.
Sweeney, John J.
Sweet, Stanley C.
Swinehart, Howard E.
Takacs, Theodore P.
Talbot, Dr. S. Tom
Talisman, Harold L.
Tarrier, Kirk A.
Taylor, Henry C.
Taylor, Robert Baldwin Lee
Termeer, Henry A., Jr.
Terreri, Joseph D.
Thomas, Bradley McCollum
Thomas, Carl Wilson
Thomas, James Russell
Thomas, Jennings Robert
Thomas, Jo Ann L.
Thompson, Leland Dumont
Thompson, Raymond Earl
Thompson, Robert W.
Thompson, William O.
Thomson, Hugh Cameron
Thorburn, Robert D.
Tinkovicz, Peter J.
Titus, Clifford F.
Toalston, Louise Piper
Tomerlin, John J.
Tomhafe, Bill J.
Tomusko, John E.
Towers, George W. H.
Tragesser, Donald R.
Trembly, Mc Clelland
Treon, Marshall E.
Trinz, Howard J.
Trout, Richard L., Sr.
Tucker, Carroll Max
Turley, Joseph C., Jr.
Turner, Charles R. J.
Turner, Paul E.
Urich, Bertram Lee
Utz, Stanley M.
Van Eman, Charles R.
Van Gorden, Ruth Bertsch
Vargo, John E.
Vastyan, Albert A.
Vaughn, Dr. Robert V.
Vaughn, Virgil G.
Vogt, Darrell B.
Wacker, Charles P.
Walker, George R.
Walker, John Clement
Walsh, Richard D.
Walter, Aida Herrarte
Walter, Donald C., Jr.
Walter, Harvey L., Jr.
Walters, Dale Edwin
Walters, Karl R.
Walton, George J.
Walton, Jack T.
Wander, Roy W.
Warren, Howard W.
Warren, Yvonne
Wasley, Dr. Robert S.
Watkins, Henry B., Jr.
Watkins, John David
Watson, Eugene
Webber, Daniel Stewart, III
Weiland, Paul M.
Weinberg, Morton R., CPA
Weiss, Lawrence Richard
Welch, Charles E.
Welch, Robert L.
Wells, Albert R.
Wertz, George P., Jr.
Westbrook, Mary L.
Wetherbee, Richard
Weygant, Cynthia Andersen
Whitacre, Perry L.
Whitacre, Shirley Noran
White, William Burval
Wickliff, Edward Lynn
Wiggins, James E., Jr.
Wight, Richard E.
Wilburn, George S.
Will, Jacob L.
Willberg, Paul W.
Wilson, Hubert Frederick
Wilson, William Hassell
Winer, David Larry
Wing, Altheus O., Jr.
Wise, Bernard J.
Wise, George Grove
Wolaver, Donald E.
Wolfe, Gail Jay
Wolfe, Lester E.
Wonnell, Harold E., JD
Woodford, Melvin J.
Woodside, William C.
Wooten, Robert J.
Workman, Durland L.
Wright, John A.
Wyler, Elden, Jr.
Yoerger, Robert B.
Young, Howard L.
Young, Virgil E.
Yovan, Alexander T.
Yurasek, Joseph J.
Zahn, John M.
Zahn, Lenore Stroman
Zasuly, Richard L.
Zawacky, Ralph J.
Zimmer, Richard M.
Zimmerman, Donald G.
Zink, John L.
Zuercher, Delmar J.
Zunich, Mitchell, CPA

1951
Abramson, Thelma Press
Addison, James Robert, Jr.
Almond, Dr. George L.
Altmaier, Robert David
Altmeyer, Rod H.
Antalis, LTC Stephen J.
Applegate, Robert G.
Arnold, Dorsey L.
Arnot, Jane E.
Arrowitz, Arnold Benjamin
Ashman, Suzanne
Atkinson, Don M.
Auer, Robert E.
Auer, William J.
Avery, Calvin
Baer, Arthur B.
Baer, Robert William
Bailey, Frank Gilson
Bailey, Lawrence Allen
Baker, Robert Allen
Ballentine, Charles R.
Barrick, William J.
Basham, Richard O.
Bates, Helen B.
Baumgardner, Loren L.
Bazler, Frank E.
Beatty, Dr. Bernard L.
Beaver, Jack H.
Becker, Willard A.
Beckett, Carl T.
Beckwith, Gordon E.
Beerman, John L.
Belcher, Bryan
Bender, Robert A.
Bennett, Donald Wayne
Bennett, James E.
Bernstecker, Harlan A.
Best, Raymond E.
Bevan, Dan, Jr.
Biddle, Clark E.
Bierer, Ralph M.
Blake, William L.
Bolt, Stanley E.
Borror, Caywood J.
Bothe, Robert Z.
Bouman, Fred G.
Boyd, Dan E.
Boyer, Milton Edward
Braxton, COL Joseph Council, USA(Ret.)
Brooks, Phillip Ronald
Brooks, William E.
Brown, Dwight
Brown, William Francis
Brown, William Thomas
Brownfield, Isaac H.
Bruder, Edward
Bryan, Robert E.
Buchanan, John F.
Burdette, Neal W.
Burke, Robert L.
Burnette, James M., Jr.
Buyer, Robert L.
Campbell, Carolyn
Campbell, Fred McRoberts
Caparon, Michael G.
Capretta, Louis J.
Carlin, Richard B.
Carpenter, Dr. William S.
Carr, Sheridan G.
Carson, Don L.
Cary, David E.
Cavendish, Thomas E.
Chadwick, Richard P.
Chapman, M. Joan
Chapman, Paul D., Jr.
Chappell, Thomas Alley
Character, Carl J.
Charlesworth, BG Stuart Mac Rae
Christ, Samuel, Jr.
Christy, Samuel C.
Clarke, Lloyd A.
Clegg, Glenn D.
Cleland, George A.

1951 (Cont'd)
Clement, Wendell E.
Coleman, Lawrence
Conn, Barbara Bernheisel
Cook, Clyde Jack, Jr.
Cook, Mayford Lloyd, Sr.
Coon, George R.
Copeland, Charles M.
Corey, Robert A.
Corroto, Robert E.
Coughlin, Margaret Snyder
Cox, Ronald Chapsky
Craine, William J.
Crew, Robert S.
Cross, Donald Lee(Gus)
Crum, Paul A.
Crusie, Emily Giles
Cullman, Dr. W. Arthur
Culp, George E., Jr.
Daley, Clayton Carl, Sr.
Daumler, Harold J., Jr.
Davey, Jack P., Jr.
Davidson, Dr. William R.
Davis, Calvin Eugene
Davis, Don Wayne
Davis, Fremont
Davis, James Howard
Davis, Richard Stillwell
Davis, Robert George
Davis, William Harry
De Cessna, Hon. Donald A.
Decker, John Brooks
Deeslie, Robert W.
Denwicz, Chester M.
Destocki, Albert E.
Diehl, Lowell E.
Dill, Everett C.
Dittrick, Burton J.
Dodge, Dr. H. Robert
Donovan, John L.
Dorset, Joseph S.
Dorward, Harold L.
Doyle, Richard T.
Drabek, Anthony S.
Drury, COL John W., USMC(Ret.)
Dunning, Duncan
Durbin, Eugene C.
Edwards, Elbert L.
Edwards, John Thomas, Jr.
Ehlert, James D.
Eisnaugle, Jack J.
Ekelberry, James E.
Ekus, Sally Miller
Ellwood, Richard P.
Elmers, Kirwan M.
Elmlinger, Joseph E.
Emrich, Vivian E. Muench
Ernst, CAPT Clayton W., USN(Ret.)
Farrell, COL Thomas Shoup
Feder, Sandy L.
Feeger, Paul A.
Finlaw, Harry L.
Finney, Donald E.
Finney, James W.
Firestone, Daniel L.
Florance, John R., CLU
Foderaro, George E.
Folpe, Norman E.
Fortunato, Stephen M.
Fouty, Robert R., Jr.
Fox, Dr. William Elmer
Frame, James R.
Frasch, William Edward, Jr.
Friend, Teresa Huth
Frix, Robert L.
Garnand, Bruce F.
Gary, Eugene L.
Gehrke, COL Edward F., USAF(Ret.)
Gerard, Richard C.
Gibson, Glenford Lee
Gilbert, Zelda Muldavin
Giles, Herman C., Jr.
Gill, John S.
Glikes, George, Jr.
Goebel, Albert J.
Goldberg, Gerald H.
Goldstein, Robert B.
Goodburn, George L.
Gottfried, Larry R.
Graf, Edward J.
Gragnon, Bette A.
Green, Jo Anne
Green, CDR Robert Earl, USN(Ret.)
Greenberg, Maxine Weisman
Greenfield, Joe
Grieco, Joseph H.
Grieser, George M.
Grogan, Lloyd C.
Grumley, Robert L.
Hafner, Frank H.
Haidet, Leo B.
Hall, Bill Lee
Hamblet, COL Julia Estelle, USMC(Ret.)
Hanak, Robert L.
Hanson, Walter Z.
Hardin, Jack Edward
Hartman, Donald Eugene
Hartman, Ercil Eugene
Hasson, Joseph H.
Hatfield, Richard L.
Hathaway, Bruce Ray
Hawk, Thomas L.
Hay, George W.
Heath, Eugene R.
Heckman, George C.
Hedges, Jack V.
Heimsch, Ruth
Heintz, William W.
Henderson, G. William
Henderson, Ralph Alonzo, Jr.
Henderson, Dr. William L.
Henry, William Droxler
Hentz, John T.
Heselov, Lawrence Joseph
Hess, Wendell H.
Hickman, Charles W.
Hildebrant, Donald V.
Hinton, Robert T.
Hitchcock, John H.
Hoag, Robert S.
Hoffman, Clifford Allen
Horchler, Charles C.
Hoskins, Howard H.
Howard, Paul Herbert
Hrabak, William H.
Hubbell, Mary Taggart
Huff, Stuart N.
Huffman, John Albert, Sr.
Hyer, David C.
Immelt, Joseph F.
Irwin, James E.
Isaly, Robert H.
Isham, Duane L.
James, William Richard
Janovitz, Alvin B.
Jenkins, Harold Gene
Jennings, Jack W.
Julien, Dennis M.
Justice, William F., Jr.
Kabelka, Kenneth J.
Kane, Donne F.
Kappus, David N.
Karas, Milan R., PhD
Katz, Suzanne
Kaumeyer, William H.
Kelley, Frank R., Jr.
Kellough, Stephen
Kennedy, Gordon J.
Kerester, Thomas Paul
Kessler, John R.
Kick, CDR David L., USN(Ret.)
Kidwell, Dorothy
Kincaid, Marvin D.
Kindinger, Lowell F.
Kindred, Robert G.
King, Dale E.
King, James R.
Knell, Richard H.
Knobel, Harry Spencer
Koch, Gerald Howard, Jr.
Koepp, Sally
Koesters, George R.
Koetz, Theodore
Kolesar, Ralph A.
Koons, George C.
Korhan, Robert E.
Kozar, Mike, Jr.
Kraft, Richard N.
Krieger, Philip S.
Krnich, Milfert E.
Kubic, James Joseph
Kuhnheim, Richard F.
Kull, Walter R.
Kurtz, Arthur H.
Kuster, Sally
Lackens, COL Edwin B., USAF(Ret.)
Lambert, Kenneth E.
Landefeld, Emil Ernest
La Place, William Burnell
Laurenson, Charles Philip
Leahy, George L.
Lefkowich, Norman S.
Lehman, Robert Glenn
Lemley, Lewis J.
Lertzman, Alan
Levy, Robert Kaichen, Jr.
Lewis, Paul Gad
Lewis, Robert DeWitt
Lewis, Robert Prince
Linn, Gordon L.
Linville, Malcolm E.
Livezey, Jane
Livezey, Robert E.
Loeffler, Edgar L.
Lopez, Richard D.
Lotz, Gilbert M.
Lowther, Dorothy Hankey
Lubow, Howard
Lucart, Benjamin R.
Lukens, Robert Edwin
Lupfer, William B.
Lydic, Frederick J.
Lyle, James Winston
Mac Rae, Murdock N.
Madden, George Vincent
Magnuson, Theodore R.
Mahaffey, Gerald T., Jr.
Malkoff, Stanley A.
Malone, Raymond M.
Malpiedi, Remo R.
Marcus, Marvin J.
Marra, H. Joseph
Marsh, Hon. William James
Marshall, Jack M.
Mauger, Robert S.
May, CDR Porter E., USN(Ret.)
Mayer, Charles D., Sr.
Mayerson, Jerald
Mc Clintock, Eugene A., USN(Ret.)
McCormick, Marjorie
Mc Donald, Alexander Francis
Mc Donald, Thomas C.
Mc Guire, Dwight M., Jr.
McMullen, Carl G.
Mc Quigg, John Heston
Mc Quilkin, John R.
Mehallis, Emanuel G.
Melaragno, Felix J.
Mellman, Edwin M.
Mercer, LCDR Dean S., USN(Ret.)
Merrick, William C.
Miller, James Bowman
Miller, John Arthur
Miller, Margaret Wilson
Miller, Mary A.
Miller, Morris Edmond
Miller, COL Nelson Leroy
Miller, Robert Sterling
Milliken, Frank H., Jr.
Minor, William J., Jr.
Mobarry, Joan Adams
Modic, Robert
Moore, Emmett Richard
Moore, Walter Graham, Jr.
Moore, William L.
Morgan, Jack Lemoyne
Morris, Joel A., Jr.
Morris, Roy Lewis
Mortensen, James R.
Moseley, Philip H.
Muehsam, Audrey Kalish
Mueller, Laura M.
Murphy, James Moreland
Musgrave, Thomas W.
Myers, Arthur James
Neiman, Mrs. Lillian Sass
Neiman, Maurice P.
Nelson, Margaret Meiklejohn
Nespeca, Anthony J.
Neustadt, Richard E.
Newell, Robert E.
Newman, John Alfred
Nielsen, Frederick A.
Nixon, Ned D.
Novick, Leonard W.
Nyland, David
Oana, John, Jr.
Oates, Marilyn Mumm
O'Brien, David Hugh
Odwarka, Gordon E.
Okita, William S.
Okun, Inez S.
Oliver, Charles E.
Oliver, Lockwood, Jr.
O'Neil, Charles Richard
Oscar, Leonard
Osterbrock, Jack B.
Overbeck, Donald E.
Palay, Gerald
Palombo, Felix A.
Papaliodis, John
Paprocki, Carole Crumley
Parks, Robert B.
Pasternak, Stanley Taylor
Paul, Richard T.
Paxton, T. Jay
Pearson, Hon. James A.
Peres, David B.
Perry, Roger C.
Peterson, Albert Wright
Peterson, Marvin H.
Phillippi, Frederick R.
Pidock, Wayne L.
Pobst, LTC Gene L., USAF(Ret.)
Poland, Frank Herbert, Jr.
Polito, Dominic R.
Porchetti, Mario Phillip
Pordan, George W.
Porter, Robert Jackson
Powell, CAPT Edgar Samuel, Jr., USN
Powers, Richard T.
Preston, Marcia Byrd
Ptaszek, Chester L.
Purdin, Clifford R.
Quattrone, Edward R.
Quenby, Jacqueline
Ranbarger, John W.
Rance, John E.
Rankin, Robert C.
Read, George P.
Reed, Glenn Clayton
Reese, Wayne L.
Reid, CAPT Donald Paige, USA(Ret.)
Reiner, Frederick W.
Reinhart, Richard Leo
Reiser, George R.
Reitelbach, Frank B.
Renwick, William L.
Ridenour, C. Thomas
Rini, Martin V.
Robbins, Phyllis
Robe, John W.
Rose, Sanford Milton
Royer, Gerald H.
Ruby, Dennis C.
Russell, John Joseph
Rutt, Mrs. Frances Nathan
Sachs, Dan H.
Sailor, Joseph John
Sampsel, Darwin L.
Sampson, John R.
Sarlson, Stanford
Sattler, Robert S.
Schachner, Dr. Leopold
Schaefer, Ralph E.
Scher, Julius
Schmidt, Nancy Nowe
Schmitt, Norman W.
Schneider, Alan I.
Schoedinger, Ferdinand P., Jr.
Schreck, Richard A.
Schudel, James
Schwartz, Charles B.
Schwartz, Fred
Schwenk, William H.
Scott, Barbara Jones
Scott, Gerard Crane
Seeds, Ian Stearns, Jr.
Seeling, Marilyn
Sennett, George T.
Serban, John V.
Serraino, Dr. William J.
Sgutt, Howard E.
Shaffer, Jack Gerald
Shandy, Jo Anne
Shane, James D.
Shapiro, Norman
Sharp, Patricia
Sheibenberger, Tom R.
Shelley, Harold E.
Shepard, Paul C.
Sherer, Eugene E.
Shipe, Shirley
Shultz, Gerald A.
Shurtleff, John J.
Sibert, Carl L.
Sibert, Donald E.
Siegrist, Joseph Francis
Sims, LTC Lewis Parry, USAF(Ret.)
Sims, Richard Lee
Sinclair, James P.
Skinner, Robert C.
Smith, Bonaline Whitley
Smith, Donald Brice
Smith, Edward James
Smith, Gale Butler
Smith, Harold L.
Smith, James Everett
Smith, Joseph Junior
Smith, Merton H.
Snoor, Robert P., Sr.
Snowberger, Philip G.
Spain, Jack Dana
Spear, Kenneth M.
Spielberg, Harold G.
Spohn, Joan Walsh
Stadler, David C.
Stadler, Robert M.
Staneart, Jack R.
Stanton, John Francis
Stanton, Wyllys G., Jr.
Stein, James Leslie
Steinbrunner, Cyril T.
Stern, Bruce M.
Stiers, Robert A.
Storter, Dr. Barry M.
Stoughton, Donald B.
Stross, Walter C.
Studeny, Dorothy Koogle
Studeny, W. Richard
Sturtz, Karl L.
Swanson, Robert E.
Swartz, Robert
Swartzlander, Thomas G.
Swink, Charles V.
Swob, Richard L.
Tanck, Rudolf L.
Taube, Reid Kinsey
Taylor, Charles Louis
Taylor, Frederick G.
Taylor, William Howard
Taylor, Hon. William Wiseman, Jr.
Teitelbaum, Myron, MD, JD
Thatcher, James P.
Thayer, Betty Wise
Thomas, Lee P.
Thompson, James G.
Thompson, James William
Thompson, Jimmie D.
Tietje, William E.
Tilton, Richard L.
Timmons, William D., Jr.
Tippett, Charles Allen
Tomala, Walter
Tomkinson, John J.
Trail, Douglas R.
Trembly, Lewis R., Jr.
Troyer, Joan Mauck
Turley, Charles E.
Turton, Judson W.
Twining, CDR Geraldine F., USN(Ret.)
Tyner, Herbert
Ullmann, Calvin Victor
Underwood, LTC Donald J., USAF(Ret.)
Valentine, Robert Franklin
Varner, Richard M.
Vercellino, Patricia
Veverka, Edward C.
Wagner, Mary
Wakai, Calvin
Waldock, Frederick D.
Wallace, LTC William B., USA(Ret.)
Wandel, Patti
Wardrop, COL Raymond James, USA(Ret.)
Warner, Robert C.
Washburn, Betty
Watson, Shirley Louise
Way, Jack P.
Wayman, Dr. Wilbur St.Clair, Jr.
Weber, Richard N.
Webster, LTC Charles B., USMC(Ret.)
Weisenberger, Paul E.
Weiser, Herbert E.
Weldishofer, James Roy
Wenger, Dick H.
Wertz, Kitty Cline
Wessel, Sue Cailor
Wheat, Ralph D.
Whitcum, Robert E.
Whitfield, Alice Canada
Wider, Henry
Wieser, Charles Edward
Wilhite, James B.
Williams, LTC Douglas L., USAF(Ret.)
Williams, COL Frank Savage, USA(Ret.)
Williams, Robert Thomas
Wilson, Golda
Wingerter, Harold J.
Wood, George P.
Woollum, James N., Jr.
Workman, Owen S.
Wright, Jack L.
Wright, William M.
Wunderlich, Susannah Brubaker
Yaklevich, Donna Peters
Yates, Thomas J.
Young, Donald Bradley
Young, Edward H.
Young, Margery Polster
Youngen, William F.
Zappe, LTC John A., (Ret.)

1952
Abrams, Norman A.
Abs, George Elias
Adams, Shirley
Adler, Dr. Philip, Jr.
Ahl, Doris
Albanese, Dr. Robert
Albaugh, Robert S.
Alexander, William Glenn
Alibrando, Joyce Jones
Allen, Bruce Martin, Jr.
Alter, John Ritner, Jr.
Anders, Thomas E.
Andrews, David F.
Andrews, Jack Eugene
Anguish, Donald Drake
Arend, Robert Godfrey
Auch, Stephen E., JD
Auer, John J.
Auker, Lester D.
Ault, Kenneth C.
Baker, Dr. Alton Wesley
Baker, Lawrence Melvin
Baker, Richard Vernon, Jr.
Ball, Theodore C.
Barck, Alan N.
Barcroft, Alice
Barger, Isaac H.
Barnhart, Mrs. Joann Ogg
Baron, Robert D.
Barrientos, Manuel V.
Bartling, John B.
Barton, Charles W.
Bauman, Richard J.
Beck, George J., Jr.
Beckdahl, Dr. Walter A.
Begis, Donald B.
Beickelman, Frank E.
Belote, Dr. Arthur F.
Berlinger, Ervin
Bernsdorf, Nancy Hetsch
Bernsdorf, Richard A.
Bethel, Juanita Hutch
Biddinger, Paul M.
Bilger, Donald C.
Bitzer, Robert A.
Blackburn, Paul Earl
Blackwell, James L.
Blaire, Edward Guy, II
Boggs, Robert E.
Booker, William J.
Booth, Richard Lee
Boughton, Donald S., Jr.
Bowen, A. Grant
Boyd, Robert K.
Boyer, Marvin D.
Brannock, Keith W., Jr.
Briggs, Richard E.
Brooker, John Keith
Brophy, John Francis
Broughman, Daniel G.
Brown, James Craig
Brown, Parker W.
Brown, Roger Dean
Buker, Morris H.
Buller, Allan Ray
Burks, William S.
Burney, Donald M.
Campbell, Alfred Arthur
Campbell, Charles R.
Cape, John T.
Chamberjian, Robert G.
Chester, David A.
Chucales, George T.
Clark, Robert Elden
Clawson, Harold F., Jr.
Clay, John A.
Cline, Ralph W.
Cocanour, Robert G.
Cohen, Marvin A.
Collins, Charles H.
Conn, Kenneth L.
Conrad, Joseph E.
Coonrod, Nancy Pohlman
Corlette, Dustin H.
Cosgray, Carl R.
Cox, T.J. Ted
Cronin, Timothy Cornelius, III
Crouser, Richard Louis
Custer, Donald A.
Dailey, Ms. Jeanne L.
Dailey, John William, Jr.
Dalbey, Earle G.
Daughters, Charles M.
Davidson, John Thomas, Jr.
Davis, Dr. Keith
Davis, Sherwood Hartzler
De Haan, Johannis Dirk
Denius, George R.
Dickey, Byron R.
Dimmett, Virginia
Dines, Charlotte Weiss
Di Siena, Alfred C.
Di Stefano, Mary G.
Dobbin, Bennett R.
Doll, Jack A.
Doran, Richard F.
Droescher, Charles A.
Dugan, Earl C.
Dunkel, John A.
Du Rivage, Donald Jay
Durkin, Helen Fawcett
Eastman, Fred Evans
Egan, Charles F.
Egger, Theodore P., Jr.
Eifert, Ralph D.
Elleman, James R.
Ellis, Stanley B.
Enright, Thomas J.
Evans, Walter Francis
Falcone, John P.
Falke, Lee Charles
Falleur, Jack D.
Fenney, Tolula
Fertig, Dr. Paul E.
Finch, Joseph M.
Fitzgerald, Jeremiah P.
Flora, Talbert T.
Flox, Harold
Foley, Daniel Edward, Jr.
Ford, Donald R.
Foster, Ray Oliver, Jr.
Foster, Ronald Samuel, PhD
Fox, Charles Borris
Fox, Patricia
Frisa, Charlotte A. Redman
Fullen, Richard W.
Futhey, Dr. Dale E.
Gable, Paul E., Jr.
Gall, John L.
Galyk, Walter M.

CLASS YEAR LISTINGS CLASS OF 1953 327

1952 (Cont'd)
Gardner, Richard S.
Gatton, William C.
Gerhart, Nancy
Gillaugh, Raymond Dale
Gilsdorf, Norman G.
Gittleman, Melvin
Glover, Frank D.
Gold, Martin H.
Goldberg, Martin S.
Goldman, Joseph William
Goldston, Jay J.
Goodwin, Richard H.
Gordon, Merle H.
Gotshall, Raymond E.
Graham, Alton K.
Grandstaff, Richard L.
Graves, Robert L.
Gray, Clarence Edgar
Gray, Kenneth Conner
Greenzalis, William Thomas
Greiner, Dorothy Mamula
Gribben, John F.
Grossman, Melvin Jay
Grossnickle, Edwin E., PhD
Grude, Michael
Hadsell, Robert O.
Halas, Henry Robert
Hamblin, Dr. Edward L.
Hamel, Sherman J.
Hamilton, Robert Sherman
Hannahs, Harold D.
Hardesty, Martha Hale
Harding, Raymond A., Jr.
Harding, Thomas R.
Hardy, Mary L.
Haring, Joseph E.
Harkrader, George H.
Harsh, Robert Samuel
Hartt, Shirley May
Havasy, Dr. Edward Stephen
Havener, George S.
Hein, E. Stewart
Helman, Charles W.
Henney, Margery Huff
Henry, M. Louise
Hensel, Robert E.
Herbert, Robert L.
Herbst, James L.
Hertzer, Donald H.
Hileman, Carl M.
Hill, Lewis Henry
Hillinger, Sam
Hines, Walter E., Jr.
Hoenecke, Jane
Holcomb, James O.
Hood, Duane V.
Hopper, William Thomas
Horn, Charles G.
Horn, Lawrence E.
Howard, William L.
Huber, Mary Ann
Hubler, Myron J., Jr.
Hudnall, Ken L.
Hughes, Donald Lee
Hughes, Ward Neil
Hull, Marvin L.
Hulse, Howard O.
Hurd, Lorna Crawford
Hutchison, Rev. Frank Warren
Hutchison, Robert M.
Hyatt, Charles S.
Jacob, Seymour M.
Janowicz, Victor F.
Jaynes, Donald K.
Jeffers, James K.
Jennison, Dr. Marshall R.
Johns, Drucilla
Johnston, Charles Frederick, Jr.
Jolovitz, Herbert A.
Jones, Anne Pierce
Jones, John Edward
Julien, David W.
Karl, Robert E.
Katz, Marvin A.
Keightley, Waldo Wallace
Kelble, Dean R.
Kelley, Dr. Richard E.
Kelly, Edward F.
Kempthorne, Roy M.
Keusch, Dr. R.B.
Keyes, Robert I.
Khoury, Joseph Thomas, Sr.
Kief, Herbert W.
Kirkpatrick, Harold D.
Klepinger, John R.
Klepinger, William O.
Klevay, Walter S., Sr.
Klosek, Edmond E.
Knofsky, Joyce Weiner
Knoll, Joan Clark
Kontras, James N., CPA
Koontz, LTC Charles W., USAF(Ret.)
Koppes, Earl D.
Kordes, Henry E., III
Koster, Lynne
Kral, John David
Kramer, Nancy Sheedy
Krantz, Alan J.
Krebs, Donald A.
Krum, Bernard L.
Kusy, Ernest J.
Landis, Helen Brady
Larabee, B. Keith
Larimer, Joseph M.
Lawler, John V.
Lefebvre, George Alfred
Lefton, Earle S.
Lehman, Dennis Paul
Leonard, Robert James
Le Page, COL Julien Harvey, USA(Ret.)
Lepley, Lorin
Lester, Earl J.
Lewis, Judson Taylor
Lewis, William Edward
Little, Ashley J.
Loha, Sylvester
Long, Gerald Hiram
Lowry, Dona
Lowry, Dr. James R.
Ludwig, Joanne
Mackey, Edward T.
Maddock, Pamela Ann
Maddocks, Dr. Robert Frederick
Mallare, Joseph F.
Mann, Ronald Clinton
Marconnet, Lois
Markel, Roy A., II
Marowitz, Howard
Marsh, William N.
Mason, Ronald William
Mattis, Tina
Maxwell, H. Richard
Mayer, Susan Dodson
Mc Cartney, James E.
McClung, Robert William
McCray, Robert D.
Mc Dermott, Joan Ceraso
Mc Farland, John T.
Mc Gohan, William L., CHA
Mc Intyre, Hugh A.
Mc Millen, Don B.
Meckler, Avery M.
Melvin, William J.
Merrell, Robert Eugene
Merrill, Charter B.
Merwin, Miles P.
Meyers, Frederick David
Michael, Robert E.
Midlick, Ralph L.
Ming, King Y.
Mitchell, James Claude
Mitchell, Robert Joseph
Mohr, Patricia
Morrison, Fred (Curly) L.
Morse, William M.
Mourning, LTC Charles F.
Mulfeld, Frederick H.
Mulkin, E. Ireta
Mull, Donald P.
Murphy, Mary Elizabeth
Murphy, Nancy Branscome
Murphy, Robert James
Murphy, Thomas Williamson
Murstein, Rita
Myer, Rosemary Chanek
Myers, Ronald R.
Myers, William Herbert
Nagel, Wanda
Neago, Steve E.
Neher, Marlese Ann
Neiger, D. Fred
Nelson, Roger D.
Newman, Gary G.
Nolan, Allen L.
Norling, Richard E.
Norton, Dr. Philip H.
Oates, Edward J., Jr.
Oatman, Arthur D.
O'Brien, Charles Albert
Oertle, John C.
Ohlinger, Russell E.
O'Leary, Daniel G.
Orth, Howard Samuel, Jr.
Ostberg, Dr. Henry D.
Palmer, Shirley A.
Patridge, Robert T.
Patton, Louis E.
Pearce, Kenneth E.
Perry, Lynn Rathburn
Petrick, Charles Donald
Phillips, Rev. John W.
Phillips, Dr. Wilbur E.
Pieper, Paul T.
Porter, Caryl James
Post, Donald Elmer
Potter, CDR David W.
Prendergast, Richard T.
Pretzman, Allen B.
Price, William Hartwell, II
Prince, Marvin
Pryne, Gilbert A., Jr.
Pulakos, Joy Pappas
Rak, Richard R.
Rankin, Robert A.
Rarey, John Russell
Rasor, William A.
Ray, Ruth Shape
Ray, Thomas Edward
Redden, James R.
Reichel, Richard Gene
Rice, Clyde Linwood
Rice, William E.
Rich, Stuart M.
Ridenour, Joel
Robb, Thomas C.
Roberts, James Owen
Robertson, William M., Jr.
Rock, Alvin G.
Rock, John Cheney
Roesch, James Raymond
Rogers, Roy Arthur
Ronemus, Thor G.
Rosen, Marvin
Ross, Aralee
Roth, Albert
Rothschild, Gerald H.
Ruthenberg, Robert R.
Sands, Richard E.
Sangalis, MGEN Dean, USMC(Ret.)
Sansone, Philip E.
Saunders, Roger Allan
Schaefer, Richard Henry
Schaffer, James R.
Schick, Eldon G.
Schiebel, David J.
Schiff, Jerome S.
Scholl, Neil D.
Schottenstein, Frances Polster
Schultz, Elliott J.
Scullion, Richard James
Selby, Jack Delroy
Selby, Richard L.
Shannon, William J.
Sharp, Herbert Edward
Shaw, Melville James, Jr.
Shepler, John H.
Shilan, COL Arthur B.
Shoemaker, Robert D.
Shook, Pauline Stinemetz
Simon, Harlan M.
Simons, Richard M.
Singer, Edwin Z.
Smith, John Gilbert
Smith, Walter Martin
Smith, Wasson J.
Smurr, Thomas M.
Sokol, Simon
Sourwine, Jack G.
Spence, John Chadwick
Spence, Paul Norman
Spirtos, Thelma Vouis
Spitzler, Henry R.
Springer, Ronald E.
Stipek, John G.
Stone, Conrad O.
Strapp, James Francis
Striebel, Robert L.
Strobel, Robert N.
Stuart, George F.
Sullivan, James Phillip
Sussman, Dr. M. Richard
Swensen, Nina W.
Takach, Thomas R., Sr.
Talpas, Daniel R.
Tata, Anthony D.
Taylor, Richard Breckinridge
Taylor, LTC Robert Allen, USA(Ret.)
Telfair, Matthew W.
Theodore, Carl T.
Thoman, Harry Louis, Jr.
Thomas, Cecil Bryan
Thomas, Joseph Trexler
Thompson, Dean L.
Thompson, Frank Patrick
Tinianow, Israel
Toms, Bill C.
Trego, William B.
Trenary, Charles R., Jr.
Trenwith, Donald A.
Triffon, Ernest A.
Tripp, John M.
Tuttle, Edgar E.
Valassis, P. Thomas
Vance, Alice
Van Horn, Paul E.
Van Schoik, Milton L.
Vasos, George A.
Vaughn, M. Joan
Vilardo, Samuel F.
Vilbrandt, Jack R.
Virden, William Wayne
Wagner, Jack W.
Walker, Anabel
Walker, Jean Horlacher
Wanner, Robert A.
Watson, Gerald Edward
Webb, William J.
Weicht, Ralph H.
Weidman, Conrad
Weisent, William A.
Weiser, Sherwood M.
Wertz, Charles R.
Wharton, Frank A.
Wharton, Richard E.
White, William Lee
Wilcox, Glenn R.
Williams, Paul L.
Williams, Roger E., II
Williams, Wallace Peter
Windecker, Louis R.
Winningham, Robert C.
Wood, Robert N.
Yamada, William H.
Zaslavsky, Harry L.
Zeithaml, Donald Paul
Zimmer, William H.
Zimmerman, Donald Eugene
Zimmerman, William Arthur, Jr.

1953
Adell, Allan Irwin
Ahrendt, Richard Karl
Albert, Robert Hamilton
Allen, William A.
Anderson, John Thomas
Andrews, James Wesley
Ansley, Ruth E.
Arnold, Charles R.
Ashworth, Charles E.
Auer, John F.
Ault, Nancy Westlake
Aurelio, Frederick E.
Bader, Harold D.
Bailey, Oressa M.
Banister, George T.
Bargmann, Carl F.
Bartholomew, Milton S.
Bauer, Lois Gittlen
Bauer, Nathaniel S.
Beatty, Donald E.
Beck, John Edward
Becker, H. Russell, Jr.
Beebe, Harold F.
Berliner, Donald L.
Bianco, Albert V.
Black, Donald Eugene
Bodager, Ben F.
Bogen, John Arthur
Bolon, Dr. Donald Sinclair
Borsa, Edward J.
Bostic, Raymond F.
Boyle, Nancy S.
Braidech, Joan Granstedt
Brennan, David Leo
Bricker, Melvin E.
Brill, Frederick W.
Bringardner, William D.
Brobeck, MAJ Irvin, Jr.
Brown, Dr. Ray Lee
Brown, Walter David
Bruggeman, Carl Victor
Brumbaugh, Robert R.
Burr, Ordwell P., Jr.
Busch, Patricia Burr
Cadwell, Frank J.
Campbell, Doug Craig
Campbell, Thomas O.
Cannata, Frank R.
Cantrall, Richard G.
Carey, Harold L.
Carpenter, William Henry
Case, Carl L.
Case, William Francis
Cashdollar, John E.
Cashner, James Mc Crea
Chapman, James E.
Cheffy, Frederick H.
Cherry, Don Thomas
Clark, John Richard
Coady, Richard J.
Coben, Lawrence F.
Coley, Glen L.
Collins, Charles Thomas
Collins, John James
Comish, Dr. Newel W.
Connor, Donald A., Sr.
Conrad, Robert L.
Copperman, Norman S.
Corn, CAPT James R., USN(Ret.)
Cosentino, Paul M.
Cosetti, Hon. Joseph L.
Covert, Donald M.
Crawford, Richard W.
Crichton, Arthur C.
Cronenwett, Robert A.
Cunningham, William A.
Dabbagh, Salim S.
Dallas, Toula J.
Daniels, George W.
David, Alfred G.
Day, Dr. William Henry
Dean, Evan C.
Demorest, James A.
Dempsey, Thomas
De Paso, Richard C.
De Roode, David P.
Deuber, Frederick J.
De Voe, Dean A.
Devore, Thomas C.
Dick, Robert G.
Dillon, Richard S.
Dixon, Norwin L.
Donaldson, Wayne E.
Dooley, Francis M.
Doonan, Mary Moor
Downey, James Laybourne
Dreyer, Elmer E.
Dunn, Michael W.
Dye, Ralph Dean, Jr.
Eddowes, Dr. Elizabeth Evans
Eikost, Robert C., Jr.
Eisenberg, Hyman
Elliott, Harold H.
Elliott, Joann Matechek
Ellman, Edwin M.
Emrich, Dr. Richard Earl
Enochs, Mary Baremore
Erb, Harry E.
Erkkila, Barbara Burr
Esselburn, Phyllis M.
Evenchik, Bernard C.
Fall, Judith Hirsch
Favret, Joseph A.
Feldman, Bruce S.
Feldman, DeNeal J.
Field, Edward A.
Fingerhut, Lloyd J.
Fischer, Louis Charles
Flickinger, LTC Gus A., Jr., USAF
Fowler, Richard R.
Fox, Roland
Fraser, Darrell D.
Frazier, Larry G.
Fredericks, James E.
Freedman, Burton E.
Friel, Mary E.
Fulk, Dr. Richard Harold
Galbraith, Ms. Aarolyn Barbara
Galbreath, Daniel Mauck
Gannon, John James
Garber, Earl S.
Garlock, James W.
Garritt, Herbert L.
Gatterdam, James E.
Gatton, James E.
Gentile, Raymond V., Jr.
Gerdts, Robert B.
Gillespie, Leona Stineman
Gingery, Nancy
Goelz, Robert L.
Goodsite, Thomas M.
Gordon, Kenneth Neal
Gouyd, Charles E.
Graeter, Richard A.
Granzow, Susane
Gravius, William R.
Green, Eugene Terry
Green, Richard Earl
Greenberg, David Brower
Greenwald, Merle A., CPA
Greeson, Robert A.
Grimes, Robert Lee
Halpert, Sanford A.
Hamel, Cyrillus J.
Hanschmidt, William G., Jr.
Hansel, John E.
Hanslee, Joseph
Harmount, Hewitt
Harrison, Julia Forsythe
Harrison, Dr. Lincoln Jay
Hasson, Dale J.
Hatfield, Merrill C.
Hawkins, Roger K.
Hayne, James W.
Helper, Fred W.
Herchek, Robert A.
Herschede, Mary
Hickman, Richard L.
Hixenbaugh, Donna M.
Hockenberry, George E.
Hodson, Harold Charles, Jr.
Hoeffel, Lois Bond
Hohenbrink, Richard L.
Holan, Gerald Roy
Holmes, Robert Denzler
Holmes, Robert M.
Holwadel, Earl D.
Homolak, John E.
Hoover, Rachel
Howitz, Phillip F.
Hoyt, Paul I.
Huffman, Robert Lee
Hurrel, Nancy Ann
Huston, William C.
Hymon, Janice
Imbroscio, Richard J.
Ivens, Mary
Jacobs, James Wilbur
James, David Lorey
Jennison, Carolyn Ludwig
John, James W.
Johnson, Charles Hamilton
Johnson, Edwin Charles
Johnson, John V.
Johnson, Richard Lemoyne
Johnson, Roger Emerson
Jones, Glenn
Judy, William K.
Kaplansky, Arthur H.
Karch, Jack R.
Kates, Robert D.
Kaufman, Donald Leroy
Kelley, James Robert
Kelly, MAJ Robert John, USAF(Ret.)
Kelner, Marvin I., JD
Kemp, Janet
Kennedy, Martha Dibert
Kennedy, Robert Harry, Jr.
Kiehl, Dennis E.
Kimerer, COL Perry E., USAF(Ret.)
Kirwin, John F.
Klasson, Dr. Charles R.
Klasson, Mildred Hergatt
Kloss, William D.
Koepnick, Robert E.
Koontz, Luther V.
Kornye, George W.
Krause, Jack Morton
Krichman, Alan R.
Krieg, M. Jane
Krieger, Robert J.
Kutscher, Paul F.
Kyman, Michael R.
Lapov, Daniel
Lashley, Nancy
Laufersweiler, Thomas J.
Lawson, Lloyd A.
Leavitt, Alan J.
Le Cras, Carol Schneider
Lehman, Barbara
Lehmann, Albert F.
Lehmkuhl, Earl V.
Leonhard, David William
Leslie, Beverley Tennenbaum
Lewis, Wilbur H.
Lilley, William F., Jr.
Linzell, Mary Kay
Lippman, Edgar T.
Lisska, David N.
Litwack, Jerry
Loftis, Homer J., Jr.
Long, Lois Waters
Longbrake, Clarence W.
Loughridge, Mary Uehling
Lowe, Howard P.
Lutz, Richard A.
Lytton, Robert E.
Maass, William R.
Mac Ewan, Robert J.
Mac Farland, Kenneth E.
Mack, Richard William
Mahoney, Constance Webster
Mains, Donald J.
Manfre, Victor
Mapes, John S.
Marenberg, Phyllis M.
Marr, Phillip W.
Maser, Henry
Maurer, John M.
McClelland, Mary Lynn
McClerg, Mary
McColloch, Jerry L.
Mc Connell, Eugene E., Jr.
Mc Gee, Alice Schwerdtfege
Mc Lean, Frederick Hutchins
Mc Millan, Carolyn
Mc Millen, George A.
Mc Millen, Robert J.
McQuaid, John P.
Meck, James A.
Melick, Robert L.
Mercer, Carroll E.
Merkle, William J., III
Merrick, Raymond E., Jr.
Merrill, Nicholas C.
Metea, George P.
Miller, Gordon Thomas
Miller, Lila
Miller, Sheldon E.
Mills, Ivan Forrest
Misick, Gretchen Schaefer
Molodet, George L.
Morris, Donald Lewis
Morrow, Robert I.
Morton, James Bernard
Murray, Joseph A.
Myer, Kenneth M., CPA
Nader, Joseph A.
Nakagawa, Samuel M.
Nead, Glenn C.
Nelson, Dr. Ted
Northcraft, Julian O., Esq.
Ogilvie, James W.
Olds, Keith
Ozan, Gerald M.
Pachuta, Paul A.
Paisley, D. Duane
Palmer, Richard Glenn
Palumbo, Albert J.
Pappano, Joseph A.
Park, Glen A.
Parks, Robert C.

1953 (Cont'd)
Parr, William R.
Paul, Donald G.
Paulus, Lloyd D.
Pepper, Frank C.
Peterseim, M. Lee
Petropoulos, James, Jr.
Poe, Roger F.
Pratt, Basil P.
Pretz, Paula
Pritchard, Robert J.
Quinn, Hugh E.
Rabe, Joseph
Rairdon, Harold E.
Rathe, Anthony G.
Rea, Albert J.
Reck, William Lester
Redman, LTC John C.
Reece, Robert M.
Reed, Jack Howard
Reidenbach, William J.
Reilly, Garrett Anthony, Sr.
Renneker, Robert C.
Renshaw, Merle E.
Rhein, Albert C.
Ribelin, Charles A.
Richards, John Thomas, Jr.
Richardson, Ellen Wagner
Riley, Thurman A., Jr.
Roach, Earl W.
Robbins, Dr. W. David
Rogers, John Frank
Rohleder, Richard P.
Roof, Nancy Lydens
Roosma, Don
Rosenthal, Rabbi Morton M.
Rosenwater, Gerald
Rouda, Harley E.
Rouhier, Lloyd J.
Rozum, Elizabeth
Rush, James J.
Russell, John James
Ruzich, Stephen
Ryan, Michael James, III
Sachs, Betty Long
Sachs, William J., Jr.
Samuel, Donald E.
Sarafin, Myra Hartman
Schachter, Robert Alan
Schaffer, Lawrence D.
Scheingold, Dr. Stuart A.
Scherl, Archer
Schlag, Judith Hodge
Schneider, MAJ Howard Dale, USAF(Ret.)
Schorr, Richard Lee, Sr.
Schubert, Barbara Gulde
Schuck, Albert L.
Schwab, Margaret H.
Schwartz, Gerald
Scott, Preston L.
Seckel, Gary J.
Seitz, John C.
Seizinger, Betty Kleinhenz
Sellers, Robert C.
Seremetis, George G.
Serra, Ralph J.
Setteur, Raymond G.
Shaffer, Nancy Snook
Sherrets, Elizabeth Watson
Sherwood, Jay S.
Shore, Sanford M., JD
Sickles, Jack A.
Siegler, Lawrence N.
Singer, Elaine Willen
Slonim, Alan I.
Smerda, Richard F.
Smith, Robert Charles
Smith, Robert Lee
Smith, William Richard
Sobul, Irwin M.
Spatz, Martin W.
Sponzilli, William A.
Springer, Jack V.
Stanley, John E.
Stephan, John K.
Stergios, Paul J., JD
Sternberger, S. Michael
Stevenson, Dr. Willis Clyde
Stich, Lawrence P., JD
Stiffler, Allen D.
Strasser, Herbert A.
Stronach, Robert M.
Studenic, James J.
Sugarman, Robert S.
Sukenik, Bill J.
Susi, Robert N.
Swack, Bernard J.
Tarantelli, Orlando P.
Tavens, Lester
Thall, Robert Allen
Tharp, Floyd M.
Thomas, Frank Earl
Thomas, COL Richard James, USA(Ret.)
Thomas, Robert Smithfield
Thompson, Marc R.
Thompson, Richard E.
Thrasher, Marjorie Tait
Thrasher, Theodore F.
Todd, John F.
Tracy, Thomas A.
Troxel, Richard B.
Turner, LTC Richard Hugh, USAF(Ret.)
Underwood, Winston D.
Van Orman, Lawrence S.
Vatsures, Peter Thomas
Verwohlt, H. William, Jr.
Vespa, Richard
Vosler, Robert J.
Voss, Frederick James
Vourlas, Emanuel M.
Vugrin, George Michael
Wagner, Charles F., Jr.
Walker, James Thomas, Jr.
Wallace, Bert W.
Waterbury, Robert L.
Watrous, Dr. Howard Ralph
Webb, Janet Weir
Weisman, Daniel E.
Wernz, John R.
Weyrich, Orville R.
White, Charles E.
Whitehurst, James L.
Whitmer, James R.
Wilcox, James H.
Wilcox, Richard H.
Wilensky, Albert
Wilks, William C.
Willard, George Thomas
Williams, Glenn R.
Williams, John Wesley
Williams, Robert Haskins
Williams, Thomas D.
Wilson, LTC Mac F., USAF(Ret.)
Winbush, Truman
Windle, Richard L.
Wollins, Fred B.
Wood, James Curtis
Woods, A. Victor
Woolson, William A.
Wright, Donald W.
Wright, Thomas Richard
Yaney, Mary Ketcham
Yocom, Robert M.
York, Dale W.
Zimmerman, Lewis Lozene

1954
Adelman, Jack Morton
Altman, Dr. Jerold Henry
Altschuler, David
Amstutz, Hon. Daniel G.
Anderson, Jan
Ankney, George William, Jr.
Apple, Ellen Wolinsky
Apple, Walter Eugene
Arnovitz, Theodore M.
Ashburn, James J.
Auerbach, Philip G.
Augustine, James F.
Bach, Harold Henry
Baechle, James Joseph
Baker, Kenneth L.
Banche, Emily Parsons
Barnaj, Nicholas
Barr, Dee Ann Beeson
Barrick, Donald P.
Basye, William E.
Bauer, Mark D.
Beals, Betty Jane
Beaver, Roger E.
Beck, Kenneth D.
Beery, Paul Frederick
Begien, Nolan A.
Belding, Sherman C.
Bennett, Jack William
Berg, Alan D.
Berke, Carl, Jr.
Berkowitz, Marshall Lewis
Bero, W. Burke
Bertoch, Carl A.
Bindelglass, Fern Kristeller
Bitzer, Clarkson B., Jr.
Black, James Everett
Blackburn, James M.
Blakeney, Carolyn B.
Bleznak, Donald A.
Blicke, Judy A.
Bloch, Ronald A.
Blume, George B.
Borroway, Frank M.
Bostwick, James M.
Botsch, Richard C.
Bowman, Dr. Edward H.
Bowyer, Thomas S.
Bradford, Wilson E., Jr.
Briggs, Margery Beeman
Buchan, Bruce C.
Buchan, Donna J.
Burgess, Robert S.
Burkill, Betty
Bush, Lewis Clark
Busic, Stanley Warner, Jr.
Bykoski, Dr. Louis Marion
Caine, John F.
Caldwell, Maurice A.
Call, Lawrence E.
Calmes, Betty
Carpenter, Herbert O.
Cartwright, Hon. Herman G.
Caruso, Marcia Misamore
Chandler, William J.
Chapman, John B.
Charbonneau, Linda Whitney
Chute, Adelbert F.
Clapp, Frederick S.
Clark, Robert Roger
Clutter, Dorsey
Collier, Jean Ann Shepard
Collins, Wilbur L.
Conger, Marjorie
Conie, Jack J., Jr.
Cornell, CAPT Kenneth Eugene
Cotsamire, Harold E.
Cowgill, Paul R.
Crain, Frank D.
Creachbaum, Beverly
Creighton, John W., Jr.
Cummins, Dorothy Rigney
Dalton, Richard M.
Daugherty, Clifton D., Jr.
Davidson, Jack H.
Dawdy, Donald A.
De Courcey, Harold S., Jr.
Deibel, Stephen A.
Denker, Irv
De Roberts, Richard A.
Devine, Thomas B., Jr.
De Weese, James L.
Diamond, Normand M.
Dietz, Eugene D.
Di Rosario, Lewis J.
Divney, Margaret
Doane, James F., Jr.
Donnellon, John E.
Doughty, James A.
Doyle, Lawrence
Drescher, Carl Henry
Driscoll, Robert A.
Durosko, Philip J.
Ebert, Keith H.
Eckhart, Henry W.
Eckstine, William C.
Edwards, John James
Eichler, Burton L.
Elliott, Margaret Slough
Emerman, Morton Jay
Emrich, Mary Tope
Epple, John H.
Ervin, Wallace C.
Evans, Norman Edward
Evers, Cloyd E.
Faehnle, Donald A.
Farrar, Allan M.
Favret, Joan
Fawcett, Stanley P.
Fazio, Vincent S.
Feldan, Albert
Fenstermaker, Charles S.
Findley, James B.
Fisher, Frederick Fritz
Fitzgerald, Robert Joseph
Fleming, Thomas C.
Forman, Sandra
Forster, Carol Haskins
Forster, David C.
Fosnaugh, Jannine
Fox, Dr. William Mc Nair
Frambes, G. Stark
Frankenfeld, George Arthur
Frankhouser, Richard D.
Frazier, James P.
Fredericks, Richard Arthur
Fuhr, Norman D.
Gale, Alene
Gallagher, Peter C.
Gambs, Richard W.
Gerlach, John B., Sr.
Gerzina, COL Anthony W.
Gibbs, Richard A.
Gill, Gerald W.
Gingery, Katherine Ellison
Ginsburg, BG Gordon A.
Glander, Roger L.
Glasgall, Franklin
Glenn, Carolyn
Golden, LTC Maurice F., USAF(Ret.)
Goldsmith, Claude Orville
Goldstein, Jack M.
Golub, Jerome
Good, James Richerd
Goodhart, Goodwyn Kaley
Goodman, Tom Samuel
Gotschall, John W.
Gottsegen, Stanley D.
Graham, Richard Wayne
Green, Alice
Green, Dr. William English
Gregory, John A.
Gribben, Sally A.
Grigg, Larry M.
Grossman, Ronald L.
Guarasci, Frank F.
Gudgel, Juanita
Guiher, Hon. Virgil L.
Gylov, Palle R.
Haas, Frank W.
Haddad, Richard E.
Hague, Thomas R.
Haimes, Alan
Haimes, Marshall K.
Hall, Elwood B.
Hall, John Waller
Halpern, Mrs. Elizabeth Brown
Hamilton, Richard Parker
Hammond, John Roger
Hammons, Thomas L.
Hapner, Anita Thomas
Harchol, Richard A.
Harris, Donald Parker
Hart, Donald Joel
Hawk, Dr. David N.
Hay, Dr. Robert Dean
Hayes, Albert Halliday
Hayes, Glen P.
Hebden, Edward, Jr.
Heiman, Leonard L.
Heinzerling, Dr. Robert A.
Helling, Victor J., JD
Helmer, John B.
Henry, Leland William
Herbert, John D.
Herbert, John F.
Hilty, Clinton C.
Hively, John Thurman, Jr.
Hoagland, Dr. John H.
Hoeffel, Thomas R.
Hogue, George N.
Hollingsead, Richard E.
House, Salli A.
Howland, Martha Hickman
Hribar, Richard J.
Hudson, Robert J.
Huffman, Donald P.
Hull, Cannis Williams
Hummel, Philip C.
Humphreys, Nancy
Hunt, Charles Norman
Hurlburt, Patricia Pulskamp
Huston, Fred Ray
Inscore, Larry L.
Irwin, James J.
Jackson, Hon. Sewall Farrell
Jacoby, George R.
Jentgen, James J.
Jester, Joseph P.
John, William S.
Johnson, Albert Culver
Johnson, David Alan
Johnson, Karl Campbell
Johnson, Merlyn K.
Jolliffe, Robert H.
Jones, Charles Howard, Jr.
Jones, Herbert Julius
Kania, Joseph
Kania, Walter
Kanter, Bernard E.
Keeley, Suzanne
Keightley, Ruth Hathaway
Kendrick, Barbara Farrell
Kent, Robert W.
Kerr, William L.
Kichler, Ross R.
Kiefhaber, Edward L.
Kimball, Thomas S.
Kisker, Ellen Hudson
Klages, Lorna
Klamet, John J., Jr.
Klein, Jay R.
Klein, Norma Kaufman
Kresser, Anthony J.
Krill, MAJ James F., USAF(Ret.)
Kruse, Robert T.
Kupperman, Mark D.
Laird, Robert F.
Larkin, Edward S., Jr.
Lavin, Charles
Lawhun, Gerald L.
Lawson, Edward N.
Lax, Ronald H.
Leppert, Harold N.
Levine, Allan Theodore
Leyerle, Albert H.
Light, Richard Gerald
Lindsey, Hugh M.
Lineberger, Mary Stanfield
Lobdell, Harry E.
Logan, James F.
Long, John Winslow
Loudin, Donald R.
Lucas, Dr. Stephen Rodney
Mac Aulay, James D.
Mac Donald, Dean A.
Maddux, Theodore W.
Maier, Al J.
Maier, Ted, Jr.
Maloney, Donald J.
Manning, Barbara Startzman
Marcellus, James H.
Marshall, Gordon T.
Martin, Charles Wayne
Martin, Mary Priest
Mattinson, William E.
Mayer, Earl Edwin, Jr.
Mazur, Jacob Leonard
Mc Conoughey, Charles E.
Mc Daniel, Laurence G.
Mc Gann, Richard T.
Mc Gory, James G.
Mc Guire, Joseph A.
Mc Intosh, Emmett P.
Mc Millan, James G.
Mc Millen, Albert H.
McNulty, COL Edward J.
McQuilkin, Jean
Miller, Carl Keith
Miller, Norman Francis
Miller, Ralph Paul
Miller, COL Richard Wagner
Millisor, James R., Jr.
Minter, Charles E.
Minton, Robert Lee
Mischler, Harland L.
Moench, Lester K., Jr.
Mohney, John F.
Molyneaux, MAJ William W.
Montgomery, Dorothy
Moody, Hon. Tom
Morrison, Joyce B.
Morton, Marshall Wayne
Moss, Gene B.
Murnane, Donald T.
Murray, Charles D.
Myers, Robert Demming, PhD
Nafzger, Alva D.
Navin, Paul J.
Nelson, Alice
Nelson, Robert G.
Nelson, Robert Martin
Neumeister, Robert E.
Nolf, Robert W.
Noll, James Joseph
Noll, Robert J.
Nutt, Edward A.
Oberholtzer, Richard G.
Oliver, Joanne Lickendorf
Olsen, Norman P., Jr.
O'Neil, William Joseph
Owen, Phyllis Allen
Owen, Thomas Walke
Paoliello, J. Richard, Sr.
Pardi, Frank J.
Parker, Robert V.
Parkinson, Thomas T.
Patterson, William Michael
Patton, MAJ Thomas R.
Paul, Clifford W.
Paulson, Paul Joseph
Pearlman, Melvin
Peralme, Austin
Perelman, Lawrence D.
Pezzutti, Dino G.
Pfeffer, Clarence F.
Pittenger, Glen W.
Poe, Lawrence Joe
Polak, Dr. George
Pore, Jack Alan
Poston, Herbert F., Jr.
Pretorius, Marycarol Fabian
Purpura, Anthony E.
Rado, Donald S.
Reed, James C.
Reitman, Rita
Relyea, Lawrence W.
Resler, John B.
Rhoades, C. Charles
Rice, Clark Hammond, Sr.
Rice, Harold S., Jr.
Riddle, Joanne M.
Rigley, Herman E.
Riley, David Theobald
Rinehardt, Susan Van Deventer
Roberts, Robert Lawrence, Sr.
Rogers, Marilyn
Roggenkamp, David C.
Roof, David G.
Ross, Carolyn
Ruben, Donald H.
Rudduck, Dr. Richard Thompson
Ruppel, Robert E.
Rutledge, William J.
Sabback, Julius N.
Savic, George A.
Sayre, Delbert E., Jr.
Schackne, Annette Lobb
Schaeffer, Sandor
Scheid, Ralph L.
Schirrman, George J.
Schneider, Stanley
Schodorf, Otto Louis, Jr.
Schottenstein, Melvin L.
Schultz, Albert F.
Schuster, Ronald P.
Scott, Paul Allen
Scurlock, MGEN Robert, USAF(Ret.)
Seikel, Edward L.
Sensenbrenner, Rev. Edward W.
Shaneyfelt, Claude B.
Shelby, William L., Sr.
Shields, Thomas E.
Shutt, Harrison E.
Silberman, Gerald K.
Sisson, Earl B.
Slabaugh, Annabelle Boyles
Smith, David Leroy
Smith, George Arlen
Smith, William Kenneth
Snyder, Marvin
Solinger, Jerard H.
Spalla, Anthony Joseph
Spires, Garrell C.
Sprague, Martha
Stayman, George D.
Stertzer, Donald R.
Stevens, C. William
Stevning, Stephen Doyle
Stout, John H.
Strathern, Lynnette Rhodes
Stratton, Don L.
Strohl, Raymond A.
Sucher, Walter J.
Suchy, Emil
Sue, Gene C.
Sullivan, Lawrence Joseph
Swasick, Albert E.
Sweeney, Mary L.
Taggart, John Yeatman
Tatman, Charles Elson
Terry, Russell G.
Thabet, Harold James
Thomas, Ivan D.
Thomas, Mrs. Janet Olsen
Torbet, Thomas O.
Toy, Harley L.
Trautman, Donn Neil
Treuhaft, William R.
Triplett, Royal S.
Tschiegg, Ronald E.
Tuttle, Chauncey Wilson, Jr.
Uhrmann, Carl J.
Veino, Gerald E.
Vlchek, Carol A.
Wagner, Albert C.
Wagner, Harry D.
Wald, E. Steven
Walker, Robert Lee
Wall, Constance
Ward, Bruce A.
Watson, Roland G.
Webb, Elaine Taylor
Weber, Frederick E.
Weber, Herman Eugene
Wechsler, Howard A.
Weiner, Murray S.
Weiss, Mark
West, Roy Allan
White, Eugene M.
Whiteford, Peter
Whitt, Rodney K.
Will, Donald L.
Will, John A.
Wilson, Carol Kohn
Wilson, LTC Robert Root
Winkler, Dr. John Herbert, Jr.
Winold, Wilbert C.
Winterhalter, Paul B.
Winterkamp, Matilda
Wintrub, Warren George
Wiper, Donald Williams, Jr.
Wisler, Edward A.
Wisler, William D.
Wittich, Marjorie Young
Woerner, Lawrence R.
Wolf, Alan I.
Wolfe, Norman E.
Wolfe, COL Richard Harry
Wolske, Walter J., Jr.
Wolter, Robert B.
Wright, Dr. John Sherman
Yale, Donald Gene
Young, Martin Douglas
Zeiss, George H., Jr., PhD
Zipfel, Darrel H.

1955
Adams, Ronald N.
Ahern, William Joseph
Alban, David R.
Aler, Earl Albert, Jr.
Allen, Richard H.
Apel, Betty Russell
Ashbrook, Robert W.
Badger, Robert C.
Baine, Jean
Ballantyne, David A.
Batterson, CAPT R. E., USN(Ret.)
Bauer, Ronald L.
Bauer, Thomas Robert
Baumal, Sandra Schultz
Bay, MAJ Homer T., USAF(Ret.)
Beal, James H.
Beaver, George Harold, Jr.
Beck, William F.
Beckler, Howard E.
Beebe, Dr. Richard James

CLASS YEAR LISTINGS CLASS OF 1956 329

1955 (Cont'd)
Belden, Park A.
Bell, Hugh S.
Benson, Frank J.
Berg, Lawrence E.
Bernon, Ronald
Betz, Charles W., Jr.
Bichimer, Nancy Doersam
Biliuris, James G.
Blacker, Lloyd H., Jr.
Blayney, Richard I.
Bobst, Jack E.
Bock, Lowren Alvin
Bogarad, Joan Silverman
Bolton, James Joseph
Bond, George A., III
Boone, Don W.
Borton, John R.
Botsch, Patricia Miller
Boyer, Richard F.
Brady, Ralph W.
Bricker, Dale E.
Brown, Frank Joseph
Burdick, Bruce L.
Burget, Eugene F.
Butsch, Helen Sleeth
Campbell, J. R.
Carozzi, Frank
Carr, William Sutherland
Cassady, Richard J.
Cherry, James B.
Ciminello, Joseph V.
Claypool, Leon A.
Cline, William George
Cochran, James C.
Cohen, Eugene
Cohen, Ronald S.
Cohen, William Blanchard
Conlon, Eleanor Studer
Cook, Dean Edward
Cooney, George E.
Cooper, Jeremy Allen
Cooperider, Robert J.
Copeland, Lowell C.
Cornell, Richard R.
Crangle, CAPT Eugene V., USN(Ret.)
Crook, James P.
Dale, Audrienne
Damsky, Michael D., CLU
Dantzker, COL Morris M., USA(Ret.)
Davis, John Jeffrey
Davis, Thomas Edward
Davisson, James R.
Davy, Ray I.
Decker, James R.
Dellenbach, George B., Jr.
Demidovich, Dr. John William
Denney, Dorothy
Dennis, Charles Downs, CPA
Deutschle, James John
Devlin, James F.
Di Cerbo, Michael R.
Dickerman, Norman
Dickerson, Benjamin W.
Diehl, William D.
Dietzel, Neville C.
Dimond, Richard L.
D'Ippolito, Guido L.
Di Rosario, MAJ John P.
Donovan, Ian E.M.
Dormer, LTC James J., USAF(Ret.)
Dornsife, Ronald E.
Douglas, Dr. John
Dowley, James E.
Doyle, Lawrence J.
Doyle, Mary Doyle
Dreher, Joan A.
Dugger, Bette De Beck
Dugger, Dean A.
Dunn, James F.
Edwards, Peter Holmes
Edwards, Robert M.
Eisnaugle, John B.
Emch, Shirley
Emery, Edwin W., Jr.
English, Sharon
Erlen, Marcia
Farha, Sidney A.
Farrington, COL Raymond Francis, USAF(Ret.)
Fath, Susan Dye
Fisher, Patricia
Fisher, Robert Stuart
Flickinger, Allan L.
Flynn, Thomas M.
Folden, Janice
Ford, James W.
Foster, Thomas Gordon
Frere, Clarence
Friedman, David D.
Fuhr, Douglas B.
Galloway, John Edward, Jr.
Gardner, William D.
Gates, Robert L.
Giovagnoli, Angelo
Glaskin, George V., Jr.
Gleich, William H.
Gorman, Robert Thomas
Gotherman, John E.
Gottshall, Donald E.
Grape, Dr. Eugene F.
Greene, William E., Jr.
Greenspan, Sheldon Y.
Guarasci, Theodore A.
Gurney, Lee A.
Guy, Rolland B.
Hach, Theodore R.
Haddox, Jerome Bliss
Hagans, James R.
Hambleton, Scott E., Jr.
Handel, Larry L.
Hanken, Charles
Harley, Robert Elden
Harper, Larry Wayne
Harris, Murray P.
Harris, William Kress
Hartman, Richard Carl
Hartman, Robert Carl
Hatton, Edwin E.
Hawkins, James Marland
Hensge, William Y.
Herold, Alfred S.
Hider, Richard W.
Highman, Robert E.
Hill, James Robert
Hinger, Carl E.
Hoffman, Norman Nathan
Hohenshil, Jay N.
Holdrieth, Philip D.
Holforty, Jack E.
Holub, Robert C.
Hoover, Richard Lee
Horlick, Douglas T.
Houck, Fred C., Jr.
Howland, Donald Stewart, Jr.
Hubbard, Harry C.
Huber, Dorothea
Huggins, Ralph L.
Hummel, G. Bradley
Hundley, Virgil L.
Huston, George Russell
Hutchings, Jean Meredith
Imes, Roland H.
Ingler, COL William J., Jr.
Jaffe, Burton H.
Jeffrey, Peter
Jenkinson, Thomas M.
Jenkinson, Thomas R.
Jenney, John H.
Jones, Stanton A.
Joseph, Emmett F.
Kahn, Henrietta L.
Kallin, Etha Ludwig
Kanter, Joel Edmund
Katz, David Allan
Kaufman, Harvey D.
Kindinger, Donald E.
Kindler, Jack W.
King, Gene P.
Klein, Alan D.
Klein, Dr. Leon R.
Klekamp, Robert C.
Knecht, Gilbert Morris
Knolls-Walker, Harriet Laven
Kuechenmeister, Janice R.
Landes, Earl J.
Lane, Alfred Joseph
Lang, Honora Gwirtzman
Larcomb, Thomas M.
Lawrence, Phillip Allen
Layman, Robert P.
Leary, Roy L.
Lee, Rod Paul
Lees, Thomas P.
Leggett, CAPT William D., Jr., USAF
Leithe, Ronald E.
Lemponen, John L.
Lesnick, Leonard M.
Leupold, Richard Carnot
Le Viseur, Kurt G., Jr.
Lewis, Thomas Haines
Lieblich, Milton B.
Liggett, Marie Buchert
Liggett, Robert C.
Lilley, Joseph H.
Linscott, Richard E.
Litten, Edward F.
Logan, P. Barclay
Lombardi, Anthony P.
Long, Howard Arthur
Longbrake, Stanley E.
Lothian, David R., Sr.
Ludwig, Paul L.
Ludwig, Robert C.
Lunsford, James F.
Lyle, James Wesley
Mahan, Kenneth M.
Maney, Jerry B.
Manicho, Joseph M.
Manning, John Bernard
Margaretes, George
Margolin, Marvin H.
Marsh, COL Robert Allen, USAF(Ret.)
Martin, Janice Morgan
Mason, Thomas James
Mathews, CAPT Richard L., USN(Ret.)
Mattinson, Richard A.
Mauger, Donn M.
Mayer, Joan Krejci
Mc Clellan, Kay Brubaker
Mc Donald, Joseph O.
Mc Entee, COL Jervis W.
McKean, Donald D.
Mc Millan, Dr. Claude, Jr.
Mechling, Dolores E.
Meehan, Robert J.
Metters, Henry A.
Mettler, Thomas M.
Milem, Norman R.
Miles, George Winfield
Miller, Bob L.
Miller, Jack
Miller, James Joseph
Miller, Paul William
Mills, Elizabeth A.
Mills, Terry Dale
Milsom, Lois
Mitchell, Nanette
Modes, Irving M.
Moore, Donald Newton
Morgan, MAJ Joseph Porter, USA
Morris, Jack Eugene
Mundie, Dr. John D.
Muroff, Stanley
Murray, Richard Earl, Jr.
Nagle, Robert F.
Nelson, John Graham
Newman, Neil Gottfried
Nicola, Theodore W.
Noecker, John S.
Nusbaum, Melvin G.
Okun, Fred
Olwine, Nancy
Page, James R.
Palmer, Arthur George, Jr.
Park, Jonathan
Patrick, Larry Richard
Patricof, Alan J.
Pavlu, Lawrence K.
Payne, John B., CPA
Pearlman, Gerald J.
Pennell, Gerard B.
Pfeifer, Frederick W., Jr.
Phillips, Roland L.
Pierce, Arthur Kenneth, Jr.
Pitcher, Carter L.
Pope, Norman Ward
Porter, Merle Dempsey
Prada, Joseph M.
Premer, Harold B.
Price, William Brooks
Rabenstein, James W.
Radman, Donald
Ream, Walter Thomas, CPA
Reaver, Donald V.
Reed, James Arthur
Rees, Donald P.
Reichenbach, James E.
Reinberg, Richard D.
Remlinger, Ann
Resch, Frank J.
Revelos, Michael
Reynard, Kenneth Edward
Richardson, Lloyd D.
Roberts, Alvin Loren
Robinson, Louis William
Roscoe, John Whitnall
Rosso, George A.
Ruley, Stanley E.
Russell, John Campbell
Sams, Fred E.
Sarr, Elaine
Satterfield, Constance Mettler
Sauter, Paul E.
Sbrochi, Michael J.
Scarsella, Joseph A.
Schaefer, William E.
Scheiman, Edmund Robert
Schlender, Dr. William Elmer
Schloemer, Paul George
Schoenberg, Lester L.
Schulak, Donald D.
Seciliot, Rudy B.
Sell, Charles G., Jr.
Sellers, William Buckner, Jr.
Sexton, Robert E.
Shaevitz, Robert M.
Shafer, James P.
Shaffer, Richard Roy
Shapiro, Estherfay
Shatz, Arden J.
Shaw, Dr. Roy Thomas, Jr.
Sheehan, Dr. James G.
Shepter, James D.
Shields, James R.
Shigley, James N.
Shilling, Robert L.
Shipe, Roger D.
Shone, Arthur
Silverberg, Sonia
Simmons, William Lewis
Simpson, Thomas Jay
Sitler, Joanne
Siu, Joseph P. C. Q.
Smart, Margaret C.
Smith, Theodore Evason
Sokolik, Dr. Stanley Lewis
Soliday, Ronald T.
Solomon, Melvin S.
Spafford, Carroll C.
Spengler, Jack E.
Spriggs, David M.
Stahl, James A.
Stallkamp, Leon F.
Stanforth, James Gaddis
Stephenson, George C.
Stout, Henry R.
Stowe, Judith Cadot
Strahl, Charles A.
Suid, Sheldon Marvin
Sullivan, Ronald C.
Suty, Frank A.
Tejada, Dr. Gustavo Adolfo
Temple, James C.
Thompson, Martin, Jr.
Timen, Leroy
Tose, James E.
Trapp, Dorothy
Trautman, Ralph W., Jr.
Tucker, Helen Huls
Turner, Charles F.
Turner, Hugh H.
Turoff, Jack Newton, Esq.
Ullery, Gerald O.
Ullman, Reginald G., Jr.
Upper, Rose Finta
Van Horn, John Harold, Jr.
Van Sickle, Joseph W.
Vatsures, Christine Charas
Vaughan, Frederick C.
Vavrek, Alvin F.
Wagner, Verlin L.
Wahl, Elmer B., Jr.
Walther, Robert W.
Wander, James C.
Warzel, Ronald J.
Weaver, John Kenneth, Jr.
Welch, James R., Sr.
Welker, Susanna
Wells, Max W.
Welsh, Bruce F.
Werner, William E.
White, Donald B.
Whitehead, Jack A.
Wickesberg, Dr. Albert Klumb
Wiggins, James R., Jr.
Wilkens, Theodore E.
Williams, COL David M., USAF(Ret.)
Williamson, Phillip M.
Wills, Donald M.
Wilson, Roger L.
Winer, Robert L.
Winick, Bernard S.
Winzeler, Daniel M.
Wittebort, Roy L.
Yerina, Nancy Pendery
Young, Ivor Hughes
Zacks, Gordon B.
Zimmer, Frederick C.

1956
Adams, Robert Gregg
Alexander, Richard Joseph
Allen, Joseph E.
Allen, Talmadge E.
Allison, George L., Jr.
Alton, Dr. Aaron J.
Anderson, LTC Dana R., USAF
Angle, Don R.
Anthony, J. Robert
Archer, James Byron
Arnsbarger, Charles Jerry
Ashley, Russell G.
Bagley, James D.
Balyeat, William B.
Balzer, Charles A.
Bame, Jerome M.
Barnhart, Leland
Barr, Laurin B.
Barrett, Barbara Poague
Barrett, Robert Earl
Bartholic, Harry A.
Baughman, Tom K.
Baumgardner, Alan W.
Baumiller, George Nicholas
Beaver, Donald E.
Becker, LTC Marvin J., USAF(Ret.)
Begien, Donald C.
Belden, Wade Alexander, Jr.
Benjamin, Donald C.
Bibbee, William O.
Bichimer, Raymond A.
Bigler, David B.
Black, Richard Oliver
Blackburn, Richard Shaw
Blake, Sylvester Joseph
Blattner, James S.
Blitz, Sheldon
Blosser, John T.
Bolling, Vincent, Jr.
Borden, Nolan R.
Boyer, Martin G.
Boyer, Mary Black
Bradfield, Charles J.
Brauner, John E.
Braver, David A.
Brewer, Robert A.
Brightwell, Jack H.
Brooks, Nancy Ann
Brown, COL John Wesley, Jr.
Brown, Richard Dell
Brown, Thomas C.
Brubaker, Donald E.
Bryant, Wayne F.
Buchfirer, Alan Howard
Buel, Roger C.
Burns, Harlan Allen
Burrell, Donald L.
Busby, Jerry B.
Bushong, Robert E.
Cairns, John A.
Call, Dean R.
Cameron, Richard K.
Cannon, Ms. Paula Dorothea
Cardi, Francis R.
Caronis, James J.
Carpenter, Russell C.
Cass, Martin J.
Cassidy, Paul D.
Caylor, Howard R., Jr.
Chittock, D. Bruce
Clayman, Raymond
Cliffe, Charles M., MHA
Cochran, Robert Powell
Cohen, Ronald Bert
Coldren, Robert H.
Colvin, John P.
Cook, Dr. Jay Deardorff, Jr.
Cooley, Roger M.
Craig, Fred C.
Craig, Patricia Hill
Crist, Jerry O.
Cummings, Frederick L.
Davidson, William E.
Davis, Don R.
Davis, Harvey
Davis, Harvey Milton
Davis, James Robert
Davis, Jean Ardell
De Camp, Harold A.
De Maria, James E.
Demmer, Frank X., Jr.
Dennee, John M.
Dennis, James A.
Dersom, Charles Ray
Devine, Thomas J.
Diamond, Dr. William M., Jr.
Dick, Carolyn S.
Dickman, James L., JD
Dilenschneider, Martha
Divita, Salvatore F.
Doherty, Donald G.
Dolfi, Sam
Dorsey, James J.
Dozer, Charles A.
Drayer, Robert E.
Dunfee, Emaleen
Dunlap, Michael Becker
Dworken, David M.
Earnest, Dr. Robert C.
Eckardt, Robert C.
Eidson, Richard I.
Ellis, Harold Watson
Ellis, Robert Gerald
Ely, Ralph G.
Emish, John S.
Evangelista, James R.
Evans, Barbara Schroer
Evans, John O., Jr.
Evans, Mark Barton
Evans, William David
Everhart, Robert J.
Eyler, Rev. Marvin Lee
Farquhar, Robert R., Jr.
Farry, LTC Edward T., Sr. USAF
Ferrell, Richard C.
Fischer, William E.
Fisher, Donald Max
Fitzgterald, Geraldine M.
Flanagan, Harry P.
Flegle, Marvin A.
Fletcher, LTC Don S., USA(Ret.)
Foley, Richard J.
Foster, Kenneth Robert
France, Clarence A.
Frank, Lawrence James
Franklin, Lou Campbell
Franzmann, Elizabeth
Frasher, Clifton F.
Frey, Donald E.
Friedman, Harold Edward
Fronk, Robert A.
Gage, Fred F.
Gaines, Norman J.
Gale, Marvin J.
Ganis, David R.
Garver, F. Eugene
Gaydos, Harry G.
Georges, Robert E.
Gerlach, James M.
Gersman, Allan D.
Gibbs, Barbara
Gibson, James Walter
Gill, Thomas C.
Gluntz, Charles Alan
Gombar, Joseph R.
Gorton, COL Kenneth B., Sr.
Gray, Donald Wayne
Green, James A., Jr.
Greenberg, Lawrence C.
Greenwood, William R.
Griffith, William Ted
Grimes, David L.
Grimstad, Dr. Clayton Roald
Gross, Arlie Eugene
Gross, Leon
Gruber, O. Ross
Guba, Eleanor
Guier, Thomas Joseph
Gunn, George B.
Gunther, Douglas Kent
Gutridge, Delbert R.
Habegger, Dr. James H.
Haber, Harry L.
Hager, William W.
Hall, Rev. Harry L.
Hall, Robert Albro
Hallam, Wilbur C., Jr.
Handel, Beverly Munz
Hanf, Charles M.
Harkrader, Jerry T.
Harp, Robert E.
Harper, Eugene Becker
Hauck, Donn K.
Hayes, Richard Allen
Heath, Frederick A.
Heberling, Hon. Martin M.
Heffner, Donald E.
Heimlich, Richard A.
Heintz, Neal L.
Hengy, Willis M.
Herpy, Albert R.
Herrington, John David, III
Heyman, Miles B.
Hiatt, William Douglas
Hirsch, Howard I.
Hirth, Charles W.
Hiscox, Rolland E.
Hogan, Horace C., Jr.
Holbrook, William S.
Holland, Wes
Holmberg, Carl Eric
Hopkins, Jack M.
Hopkins, Stephen J.
Hord, Ronald E.
Hsieh, Raymond H.
Humes, Richard A.
Irick, Carl Merwin
Johnson, Alan Douglas
Johnson, Don E.
Johnson, Kenneth A.
Johnston, Fred B.
Jones, D. Donald
Jones, Kenneth Frederick
Jusek, Barbara Hurley
Kaiser, Helene
Kalman, Sanford R.
Karshner, Phillip W.
Katz, Jerome L.
Katz, William
Kayati, Stephen, CPA
Keatts, John H.
Kehl, Thurman L.
Keller, John P.
Kelly, Robert Joseph
Kemp, Thomas A.
Kenestrick, Frank K.
Kiger, Eugene C., Jr.
Klinginsmith, COL Russell Ellis, USAF(Ret.)
Knell, George H.
Knight, George M.
Knoff, John F.
Kohls, Corwin J.
Kondik, Stephen
Krause, Edward W., Jr.
Krichbaum, Dean C.
Kromalic, Joseph W.
Kronenfeld, Herbert Allan
Lack, Edward I.
Landen, James Paul
Lanigan, Richard Davis
Lanphere, Charles A.
Lantz, Gene P.
Larsen, James L.
Laughlin, William Raymond
Launstein, Dr. Howard Cleveland
Lawrence, Leslie Mason
Lazer, Dr. William

1956 (Cont'd)
Leeman, Donald D.
Lefko, Jordan R.
Leonard, John Franklin
Levy, Joel
Lockwood, COL Harold K., USA
Lockwood, LTC Robert F.
Logan, Donald E.
Loomis, Don
Lucas, Frank R.
Luongo, Richard C.
Lyons, Edith L.
Machinsky, Francis C.
Macomber, William B., Jr.
Maloney, Robert M.
Mann, Ivan Jack
Margolis, Burton A.
Marshall, John Kingston, Jr.
Martin, Harold Preston
Martin, Virgil Benjamin, Jr.
Masuga, James J.
Matusoff, Martin Louis
Mc Dowell, Donald L.
Mc Farland, James Bruce
McFerren, William J.
Mc Grath, James J.
Mc Kay, Ralph Hall
Mc Keon, Gordon J.
Mendel, Max, III
Mendlovits, Rita
Meredith, Richard Eugene, JD
Metzger, Larry L., DDS
Michak, COL Alex, Jr.
Middleton, H. Warren, Jr.
Mielke, James A.
Mihalco, James A.
Miille, Dale R.
Milford, James
Miller, Charles David
Miller, Harley M.
Miller, Phyllis
Miller, W. Harold
Milliken, MAJ Donald J., USAF(Ret.)
Millikin, William A.
Minton, Harvey S., JD
Mitchell, Carl
Mizik, John E.
Mollman, Anthony D.
Moody, David C.
Morris, Kyle A.
Morris, Philip G.
Moskonas, Peter
Mossbarger, Charles E.
Mottice, Dr. H. Jay
Mouk, Richard C.
Mueller, Dr. Fred Jack
Mulford, Jack R.
Munch, Arthur R.
Muse, Frank R.
Mustafa, Dr. Husain M.
Myers, John Edward
Neal, Orville Thomas
Neilsen, Ralph H.
Neutzie, William Andre
Nicholson, Harriette Harris
Nist, Don
Nolan, Robert L.
Norris, Dwight Lee
Nugen, Beverly
O'Brien, Dennis M.
Ogier, John B.
Orlando, Norma M.
Ozan, Paul H.
Parman, LTC Henry O., Jr.
Parsons, Jack K.
Patterson, W. James
Perrini, John J.
Peskin, Harvey
Peters, Robert D.
Pickens, Ferd M., II
Piercy, Donald A.
Plankell, Thomas R.
Plant, Elbert W.
Porter, Carl, Jr.
Porter, H. Joseph
Powell, Christopher William
Preble, Robert W.
Preston, Robert C.
Price, Edward Walter
Price, Lionel Gene
Pritchett, Z. Franklin
Purkey, David K.
Rake, Forrest E.
Rardon, Ronald Doyne
Rath, Robert E.
Regan, Howard E.
Regas, Steve G.
Reid, Jerry T.
Reiser, Albert W., Jr.
Reiser, John A.
Repic, Patricia De Blass
Reynolds, Richard Floyd
Richards, Stephen M.
Ritter, Richard H.
Rizika, Robert N.
Rom, Howard M.
Roman, Robert D.
Rosenstock, Arthur
Rosenthal, Edward S.
Rosin, Allen S.
Rowland, Charles L.
Russell, COL Byron Howard, Jr.
Salowe, Bernard C.
Sanburn, F. George, CPA
Sandusky, Charles E.
Santon, Lawrence J.
Scharf, Richard S.
Schenk, Martha S.
Scherler, Alfred G.
Schilling, Francis J.
Schroth, James L.
Scott, Dr. Harry Russell, III
Secrest, Roy Jay, Jr.
Sedor, Michael
Seif, Raymond M.
Sekely, Richard Joseph
Sells, Harold J.
Sexton, Roy E.
Shaffer, Dale Eugene
Shannon, Adrian F.
Shanton, Raymond C.
Shary, John M.
Sheeran, Joseph W., Jr.
Shelley, David L.
Shellhaas, Donald D.
Shelton, Thomas A.
Sheppard, William R.
Sholtis, Daniel J.
Short, Raymond Edward
Shurtz, Earl D.
Silleck, Don U.
Simmons, Richard Allen
Simpson, Mary
Skilken, Beverly Stern
Slack, Lyman Avery, Jr.
Slagle, James Arthur, Jr.
Smigel, Victor B.
Smith, Benjamin Frederick
Smith, Jack Roger
Smith, James Lawrence
Smith, LTC Joseph Andrew
Smith, Dr. Lester Frank
Smucker, John C.
Solomon, Barbara
Soucy, Roland J.
Souder, George E.
Spears, COL Thomas R.
Spellacy, Edward J., Jr.
Spencer, Anne
Spencer, Eugene Willis, DDS
Spratlen, Dr. Thaddeus Hayes
St. Peter, Carole Lutz
Stalter, Richard A.
Stein, Harold M.
Stein, BGEN Robert Gestrich, USAFR
Stethem, Lewis David
Stockton, Dr. R. Stansbury
Stone, Riley Nathaniel, Jr.
Stone, Robert
Stone, Theodore Alan
Stotter, Lawrence Henry
Strain, Douglas R.
Strausbaugh, Roger D.
Streb, Thomas P.
Strutner, Raymond J.
Stump, Ronald L.
Sturwold, Robert Norman
Sugarman, John D.
Swallen, James L.
Swigert, Gordon D.
Swormstedt, Allan L.
Tanner, William R.
Thomas, Rodger F.
Thompson, Charles W. N.
Thompson, MAJ Lowell Edward, USAF(Ret.)
Thornton, Robert F.
Tischer, Sandra J.
Tostenson, Neal S.
Trautman, Warner L.
Trowbridge, Ronald I.
Tuccillo, Anthony
Tucker, Walter E.
Tudor, George B.
Turkelson, COL Morris J.
Turnbull, Gail Allen
Turner, Edgar W.
Turner, Ronald Claire
Tuscan, Leo M.
Tychsen, Charles E.
Valentino, Joseph R.
Van Buren, Dr. Ronald C.
Velt, Alfred J.
Verhoff, John H.
Vincent, Jack R., CPA
Vitton, Dr. John Joseph, Jr.
Voege, Herbert Walter, PhD
Vogel, Elbert J.
Vogt, Ronald D.
Wagner, Charles L.
Wagner, Richard S.
Waikem, LTC Frederick Urban, USA(Ret.)
Walker, Andrew W.
Walker, LTC Howard Edward, USAF(Ret.)
Ward, Eldon W.
Warren, William R., Jr.
Waterbury, Lawrence Nagle
Watkins, Robert A., Jr.
Watkins, Wayne E.
Webb, C. Richard
Weber, Loretta Jaffe
Webster, John R.
Weems, Marilyn Vlaskamp
Welch, John W.
Wells, Ruth Yoakam
Wenrick, Marilyn P.
Whaley, Elsie F.
Wheeler, George Alexander
Wheeler, MAJ Richard J., USAF(Ret.)
Whetstone, Robert Eugene
Whitaker, Thomas Ralph
White, CAPT John L.
Whitney, Charles C.
Whitney, Richard Thornton
Wiener, Ms. Marti Block
Wight, COL Carroll H., USAF(Ret.)
Will, Frank A.
Williams, Beryl B.
Williams, Robert Edward
Wilson, Richard Henry, II
Wiseman, Thomas R.
Withington, Richard F.
Wolfe, Burton F.
Wolk, Bruce L.
Wooddell, Allen C.
Woods, Donald P.
Woodyard, Jerry A.
Yarnell, James David
Zacks, Arnold O.
Zeithaml, Richard Henry
Zoldan, Joseph
Zoog, Arthur S.

1957
Acles, James D.
Adams, Carl R.
Alexander, Charles R.
Alexander, Donald G.
Allen, Alvin
Andrews, Robert George
Angeletti, Charles R.
Armour, Betsy Kraemer
Armstrong, Martha D.
Arnold, Wesley Eldon
Arris, George E.
Austin, Curtis F.
Babinec, LTC Albert S.
Badger, Hon. Thomas Duncan
Baer, Sheldon L.
Bahan, Thomas E.
Bailey, Kenneth Lee
Ballard, Jack
Ballinger, Thomas W.
Barasch, George
Barnett, Paul A.
Barrett, Lawrence William
Basinger, Ken D.
Bauman, Ronald L.
Baxla, Norman Beryl
Bay, Robert Lee
Beach, Mary Thompson
Bell, Francis William
Bell, William D.
Bennett, Charles Richard
Bennett, Mary Joy
Berlin, Larry Everett
Berry, Jan Nixon
Bettcher, William L.
Bevacqua, Bill J.
Bichsel, James L.
Birkhold, Larry C.
Black, Edwin Sheridan
Black, COL Elmer Ellsworth, USAF(Ret.)
Blaizgis, Frank J.
Bloom, Martin L.
Bodenhamer, William E.
Bond, Barbara
Bond, Dale E.
Bonebrake, Robert A.
Bower, George N.
Bowers, John Furman
Bowers, Richard Jay
Bowman, Mary Anne
Boyd, Ray W.
Boyer, Barbara
Brewer, Jack L.
Bringardner, David F.
Brown, Larry Raymond
Brumm, Louis E.
Buddelmeyer, Delbert H.
Bulford, Jerry Tyler, DDS
Burley, James R.
Busler, Judith
Butche, Robert W.
Buzzell, Dr. Robert Dow
Calhoun, Ronald R.
Campbell, Bruce J.
Campbell, COL Duane Denver
Campbell, John Stuart
Canty, John J.
Carvey, James K.
Chafin, Harry Lee
Chaudrue, COL Robert G.
Chick, Polly Henke
Chrissan, Peter A.
Cincione, Judi Core
Cohen, Myron J.
Cole, Richard Douglas, CPA
Colter, COL David, USA(Ret.)
Compton, Charles E.
Cone, Charles Leonard
Connelley, Charles P.
Connors, Leo D.
Core, Frank E.
Corner, David N.
Cowing, Albert B., Jr.
Cox, Don Ellis
Cox, Fred Joseph
Craig, Joanne Walton
Craig, Ralph L.
Craine, Irwin A.
Cronenberger, Kenneth D.
Crouse, Hugh (Skip) W., II
Cryder, William R.
Cummings, William C.
Curtis, Marilyn
Cusick, John R.
Daiber, Hilda Buchmann
Daum, Jack
Davis, Merton E.
DeGood, James M.
Deitz, James R., CPA
Demas, James C.
Denman, Richard J.
Dennis, John R.
Dennis, Richard I.
De Palma, Anthony J.
Dickerson, Ronald K.
Dillahunt, David L.
Dillon, Beatrice
Dodson, Frederick D.
Dontas, Louis J.
Doody, Dr. Alton F., Jr.
Downes, James E.
Duchac, Lawrence A., CPM
Dudley, Joann Scheuerman
Dunlope, Kenneth H.
Dussault, Lawrence O.
Eaton, John M.
Ebel, John D.
Eckle, Hugh A.
Eckstein, Richard K.
Edmondson, Jay Fredric
Edmondson, John E.
Elliott, Douglass W.
Elliott, COL Philip L., USA
Ellsesser, Sidney Ann
Emmons, Larry R.
English, Pauline
Erie, Dan R.
Erml, Victor F.
Escola, James T.
Faherty, Timothy J.
Fawcett, Thomas A., Jr.
Feibel, Donald T.
Ferguson, James Paul
Fesmire, Dr. Walker E.
Fiantaco, John P.
Fields, Richard E.
Fisher, Robert Walter
Fitzsimmonds, Thomas Edward
Flack, William H.
Forrest, Jean Halberg
Forslind, David A.
Foundoulis, James
Fox, Ina Weiner
Fox, John Martin
Fox, Thomas J.
Francisco, John J., Jr.
Frank, Donald Joseph
Fraza, Mary
Friedly, Dale M.
Fritz, Robert H.
Fryburger, Don E.
Fukuzawa, Harutoshi
Fulmer, Gary C.
Gaiser, Erich J.
Galan, Irwin E.
Gatton, David F.
Geiser, Leo A.
Gettinger, David W.
Gevert, Theodoro A.
Gibbons, Charles D.
Glore, Aubrey G.
Glunt, Guy Garrett, Jr.
Goetchius, Arnold W.
Goldston, Sanford
Goodman, Kenneth L.
Grace, Charles R.
Granger, Richard L.
Greenup, Howard William
Greenwald, Stanley Alan, CLU, CHFC
Greer, Thomas Vernon
Gregg, Charles Richard
Griffith, Michael Barton
Griley, Theodore Dillon
Grossman, Dr. Ronald S.
Groves, Ray John
Gurwin, Preston D.
Guthrie, Charles Raymond
Guy, Richard Stuart
Guyton, Harold David
Hagen, Thomas B.
Haggipavlou, Pavlos P.
Haldeman, Harry L.
Hamblin, William H.
Handel, Willis J., Jr.
Haney, Harry J., Jr.
Hartley, James E.
Hasenstab, Ferdinand F.
Hauser, James A.
Heber, Robert A.
Heckenhauer, John Frederick
Hepp, Carl W.
Hergenrader, Wilmer J.
Herling, Herbert S.
Hertlein, Donald A.
Hilgert, Mary Hess
Hill, Frank Rudolph
Hilty, Hugh C.
Hirschfeld, Stanley E.
Hitchcock, Richard B.
Hlavac, Martha Hopkins
Hoerner, Allen F.
Holliday, James P.
Holmes, William Conard
Hoop, Charles C.
Hooper, Dr. Donald Bruce
Hooper, James J.
Hopkins, John O., Sr.
Horn, Donald R.
Horn, Herbert A.
Horne, Stuart W.
Horrisberger, Theodore
Howard, John William
Huffman, Dan H.
Hughes, Paul Clayton
Huntley, John E.
Hurd, Dwight I.
Hutchison, Richard I.
Igel, Robert A., CPA
Immell, Marlin L.
Jacoby, Charles A.
Jacoby, Thomas H.
Janz, Donald H.
Jenkins, LTC Willard Dolphos, USAF(Ret.)
Jensen, Robert B., CLU, CHFC
Johnson, Carl Mc Clellan, Jr.
Johnson, Frederick G.
Johnson, Richard Wayne
Johnston, Richard Park
Jones, Dennis C.
Jones, Robert Eugene
Jordan, Carl L.
Kahn, Irwin
Kakara, Ms. Marjorie Schradski
Kanavel, Shirley
Karshner, Patricia Garey
Katzenberger, James D.
Kegarise, Ann Shuttleworth
Kelly, Michael J.
Kent, Thomas R.
Kibler, Vincent W.
Koch, Barbara B.
Koch, Matthew J.
Koch, Ronald E.
Koch, Wayne F.
Koenig, Arnold
Koenig, John D.
Konze, Hilja
Kordt, Donald Fredrick
Krall, Leonard S.
Kucera, Lee M.
Kuechler, Jack (Keek) H.
Kuhns, Thomas M.
Landis, Dean C.
Langford, Carole Blake
Langford, James G.
Larger, Richard L.
Latham, John William
Laube, F. Jerome
Leedy, David W.
Leeper, Murray A.
Le Fevre, John Edgar
Lehman, Ronald Louis
Lehner, Robert D.
Leitz, Bo
Levine, Robert Michael
Lewis, William Henry
Lichtcsien, Isadore
Lilienthal, Robert H.
Lindblom, Tom H.
Lindsay, William R.
Linsley, Edward R.
Loeffler, Thomas D.
Longo, Kenneth J.
Lucas, Robert Shaffer, SRPA CAE
Lupe, Stephen F.
Mackenbach, William Jacob
Mahaney, Philip R.
Maier, Manfred
Malina, Paul D.
Martin, Phillip A.
Marx, Alan S.
Masdea, John F.
Massenberg, Dr. Samuel Edwin
Masters, Dwight E.
Matchneer, George H.
Maurer, Earl H.
Mazor, LTC Walter S., USAF(Ret.)
Mazuzan, George P.
Mc Cauley, Richard G.
Mc Cormick, Donald Blair
Mc Donnell, Thomas M.
Mc Ginnis, Thomas E.
Mc Naughton, Frank
Mc Vicker, Dwight W.
Mc Whorter, David J.
Meade, William Y.
Meinhart, Gordon E., Jr.
Mercer, Richard A.
Merrill, James B.
Merrill, Joan Rader
Michael, Paul W.
Milburn, Shirley A.
Miller, Carl Edward
Milligan, C. Joanne Waddell
Millman, Gerald
Mischler, James J., Jr.
Mitchell, H. William
Moellenberg, John M.
Moloney, James Paul
Monieson, Dr. David D.
Monnig, Donald J.
Monroe, Sally Longstreth
Moore, Shirley
Morris, William R., Jr.
Mortley, Loyal Hess
Morton, Claude Frederick, Jr.
Moser, Doris
Mosher, Donna Fledderjohan
Moss, Robert Michael
Mote, Robert M.
Mulligan, Thomas J.
Myers, Charles Hall
Nacht, Stephen I.
Nesbitt, Willey E.
Newkirk, COL Mahlon M., USAF(Ret.)
Nicholson, James P.
Nicolozakes, William G.
Nightingale, Ellie
Nisonger, William R.
Noel, Norman W.
Oatney, F. Earl
Odwarka, Kenneth L.
Oker, Kaye Strunk
Olinger, Max Brown
Olt, Donald M.
O'Neill, Donald L.
Oswalt, David H.
Paden, Charles N.
Page, John Nicholas
Patterson, James William
Peitzke, James E., PA
Pepper, Richard D.
Peter, Henry J.
Petrych, William
Peyton, Robert S.
Phillips, Stanley S.
Pigman, Donald E.
Pilat, George J.
Pitts, John C.
Plumly, Evan O.
Popp, Albert L.
Porterfield, William B.
Poulos, John George
Prestwich, Dr. Leonard W.
Proeschel, LTC Donald L., USA(Ret.)
Pummill, Carol Pencheff
Quirk, Frank E.
Ransom, John J.
Rawlings, Donald R.
Read, Phyllis Del Guzzo
Reading, Herbert E.
Reifein, Wilbur W.
Rice, Donald Elmer
Ritter, Frederick R.
Rizzo, Thomas J.
Roberts, Paul King, CPA
Roberts, Robert Edwin
Robison, Gary T.
Rodgers, COL Felix Austin, USAF
Rolli, Lynn
Roscher, Paul E.
Roscoe, Barney M.
Rose, James Victor
Rosen, Arnold
Rosenthal, Richard H.
Rosenthal, Stanley H.
Ross, James Paul
Rubly, Richard R.
Rumery, Paul N.
Russell, Dr. Edward Samuel
Ryan, John Francis
Saar, Carl E.
Sampselle, John L.
Sandbo, Douglas R.
Sanghvi, Jayantilal D.

CLASS YEAR LISTINGS CLASS OF 1959 331

1957 (Cont'd)
Schenck, Donald A.
Schirrman, Suzanne
Schmidutz, Gene A.
Schoonover, John D.
Schumacher, William C.
Schwartz, Norman L.
Scott, James Curtis
Scott, Robert Patrick
Seifert, George Herman
Seiling, John Youmans
Seitz, John M.
Selby, Frederic L.
Setash, Frank J.
Shambaugh, James E.
Shedd, Jan W.
Sheridan, Richard W.
Shifflette, Donald Faudree, Jr.
Shifflette, James F.
Shifman, Morris L., CPA
Shrake, Donald L.
Shultz, John J.
Sicker, Roger C.
Sikora, Richard P.
Simkow, Jack R.
Simons, James B.
Sims, William Robert
Skinner, Robert A.
Slane, Earnest A.
Slessman, John W.
Smith, Barry Forrest
Smith, Carol E.
Smith, Donald Eugene
Smith, Kenneth Lee
Smith, Robert Evans
Smith, Sherman Sheridan
Snyder, Richard M.
Sommer, Karl W., Jr.
Sowle, Jack M.
Spence, William Blair
Stadler, James R.
Stafford, William E.
Stark, Maurice Gene
Stebick, Joseph L.
Stein, Thomas Joseph
Steinman, Jerome
Sterling, Robert A.
Stethem, Rita J.
Stick, Dr. COL Henry H., USAF(Ret.)
Stickney, William L.
Still, Harlan B.
Stobbs, Dwight F.
Stone, William Richard
Stoner, Ralph W.
Strausbaugh, Rolland L., JD
Sumichrast, Dr. Michael M.
Summit, Stuart A.
Surtman, L. Yvonne
Svete, Leo J.
Swedlow, Gerald H.
Sweeney, Marion Ridley
Swisher, Thornton M.
Swonger, James E.
Taylor, Charles Godfrey, Jr.
Taylor, Joan R.
Tehan, Robert F.
Thabet, Arthur N.
Theophanopoulos, George
Thomas, Rodney E.
Tilton, Jerry E.
Tkach, Robert P.
Toney, James R.
Tracy, Paul Joe
Trainer, James H., Jr.
Travis, Gene L.
Trenary, Warren L.
Tubbs, James Stuart
Tuttle, Brooke E.
Twinem, Ray E.
Twyford, Thomas L.
Tzagournis, George
Udick, James E.
Ulbrich, Mary Russo
Ulliman, Richard F.
Umphress, Lowell E.
Umpleby, COL Arthur N.
Underwood, Charles C.
Vahala, Edward A.
Van Benthuysen, Herbert J.
Vandayburg, Raymond P.
Vander Horst, Russell A.
Velman, Sarah Ann
Vicic, Don J.
Virgils, Charles E.
Vogt, Gaylord K.
Wade, Dewey S.
Wagner, David Russell
Wagner, George P.
Wald, Kimber A.
Walker, Russell L.
Wallenfelsz, Francis W.
Walsh, Lyons A.
Ward, Lawrence A.
Wardlaw, John B., CPA
Warren, Richard Vern
Waterman, Joseph
Webb, Robert A.
Weber, David F.
Weems, James M.
Weisgerber, Richard L.
Welsh, Arthur M., Jr.
West, Gerald B.
Westenbarger, David J.
Westinghouse, Richard G.
Whitcombe, David W.
White, Robert B., Jr.
White, Robert Edward
Wiggins, Albert M., Jr.
Wilburn, Charles W.
Wilhelm, Jack Fisher
Wilkinson, George Hart, Jr.
Williams, Edward James
Williams, R. Don
Williams, Shirley
Willis, Harold F.
Willson, Zack E.
Wingeleth, Donald E.
Wittwer, BGEN Wallace K., USA(Ret.)
Woodward, Dr. Melvin L.
Worshil, David N.
Wright, Kenneth F., Jr.
Wuori, Kauno P.
Yanai, Ronald G.
Yates, Thomas L. B.
Young, Gerald M.
Young, James G.
Young, John David
Young, Walter L.
Zaccagnini, Mario J.
Zanon, Raymond C.
Zehrung, Mary E.
Zickafoose, Larry J.
Ziklo, John B.

1958
Adelstein, Ronald Dennis
Adkins, Charles Phillips, Jr.
Adler, Michael Frederic, JD
Alexander, Nicholas Z.
Andres, Joseph E.
Anstaett, Robert E.
Antonoff, Helen
Applegate, D. Terrence
Arcolino, John
Asher, Clifford R.
Augenstein, John Ernest
Aurslanian, Richard N.
Austin, Thomas M.
Avery, James F.
Avril, Frederick L.
Bach, William S.
Baggott, Horace Worman, Jr.
Ballou, William A.
Balluck, Jerome A.
Barghausen, Wade L.
Barnett, Jim J.
Barnhill, Paul A.
Barr, Eugene S.
Barr, Laurence James
Barthel, Frederick Ernest
Basler, Ronald F.
Beaton, Dr. William R.
Bellisari, Victor J., Jr.
Benjamin, Ronald A.
Bennett, Richard P.
Bennington, Don B.
Benton, Charles K.
Bergman, Raymond L.
Berns, Sheldon I.
Bethel, Richard W.
Beutler, William B.
Bigelow, Richard A.
Blanchard, William James
Blaschak, James L.
Bloom, Alan K.
Blumenschein, Ned A.
Boerger, Richard L.
Bohnert, COL Edward A., Jr.
Boisvert, Joseph E.
Bonham, William Samuel
Boorman, William J.
Bowes, Gene S.
Breece, Judith Niuman
Brenner, Arthur K.
Briner, Harry E.
Brooks, Alphonse J., III
Brown, Douglas Wayne
Brown, R. Dale
Bruggeman, Robert L.
Bullen, M. Janice
Burt, Thomas H.
Burton, Charles Carroll
Busch, Carl E.
Butler, David P.
Calzone, Frank A.
Carpenter, James Willis
Carroll, James P., Jr.
Casar, John R.
Chapman, Derry L.
Chapman, Edward E.
Chase, William D.
Chirakos, Frank A.
Clark, Terry Granville
Clucus, James Clinton
Cochran, Robert Wilson
Cohen, Lester
Cole, Morris Edward
Collett, William Bennett, Sr.
Collins, Daisy Gray, JD
Columbro, COL Joseph J., USAF(Ret.)
Compton, Dr. Arthur J.
Conlon, James J., Jr.
Cook, COL William Leonard, USAF(Ret.)
Cooper, Alfred J.
Cowdery, Max B.
Cox, Ramon Dale
Crawford, Cecil Edward
Crawford, Thomas Elwyn
Crouch, Joy
Damm, Carl E.
Dauterman, Frederick E., Jr.
Davis, Charles, Jr.
Davis, Dr. Charles Stanley
De Shetler, Richard L.
Dettelbach, Thomas L.
Diehm, Andrew E.
Digby, Dr. Kenneth E.
Di Rosario, Robert Paul
Dodson, Adrian G.
Doss, Charles B.
Doty, Irwin Thomas, Jr.
Dreissiger, Armin C.
Dunham, COL William H., USA(Ret.)
Dunn, William Francis
Dunning, Dr. David
Dye, Bruce W.
Ebner, Raymond Joseph, Jr.
Eighmy, Ford O.
Eisenberg, Gilbert
Elliott, David Ashley
Ellis, William Glenn
Ellison, John H.
Elshoff, Kenneth R.
Emery, Dane L.
Evans, Edward Jesse
Evans, Richard Harrison, Jr.
Evans, Dr. Robert Lewis
Faulkner, Phillip Gordon
Feldman, Walter
Feller, Robert Eugene
Fenstermaker, Allan
Fenton, Edwin G.
Fessler, Paul A.
Finfrock, Carl Eugene
Forbes, Thomas A.
Ford, Jerry Dale
Fouse, Edwin Duane
Fox, John Frederick
Fox, Hon. Kenneth Paul, Jr.
Freda, Donald C.
Fronk, Daniel A.
Gaskin, Herbert H.
George, Charles Douglas
Gibbs, R. Cliffton
Gill, George Bruce, CPA
Gillen, Richard D.
Gingery, Jay Allen
Gleibs, Edward J., Jr.
Goldstein, Louis S.
Good, Donald S.
Goodman, Dwight Dale
Gormley, Nicholas J.
Green, Richard Allen
Green, Stephen Edwin
Grier, Jerry
Grinstead, Gerald L.
Grove, Edward O., Jr.
Groves, Charles D.
Gutmann, Roy K.
Gyure, Daniel J.
Hadden, E. Bruce
Hadden, LTC Perry W.
Haddow, Howard J.
Halleck, Jack M.
Hambor, Edward J., Sr.
Hardigree, Edward R.
Harrop, CDR Robert D., USN(Ret.)
Hart, Max L.
Harvey, Douglas B.
Hauenstein, RADM William H., USN
Hauser, John P.
Haver, Francis E.
Hedrick, Robert N.
Heimel, John D.
Heiney, Joseph
Heltzel, Roger W.
Henderson, William Herb
Henriques, Richard L.
Henry, Jay Francis
Henry, Nancy Mayne
Henry, Richard Lee
Herrmann, Klaus A.
Heyer, Howard C.
Hilkert, Max L.
Himelick, CAPT Ronald V., USN(Ret.)
Holden, John T.
Hollander, Donna Crispen
Holmquist, David K.
Horcher, Ronald R.
Hosfeld, Earl A.
Hovis, George Neil, Sr. Esq.
Howman, Richard C.
Hudspeth, LTC Edwin George
Huneck, James J.
Igoe, Thomas D.
Ivens, Marty A.
Jacober, Donald
Jancosek, Jan A.
Jesson, William C.
Johnson, Paul Francis
Johnson, Roger Lee
Jones, LTC David Alfred, USAF(Ret.)
Jordan, Tom M., Jr.
Kalinich, Estella M.
Kanfer, Jack B.
Karow, Robert J.
Kauffman, Ronald P.
Kaufman, Irving Russell
Kehn, Jack P.
Keister, Orville Russell
Kelly, Donald J.
Kennan, Richard C., Jr.
Kessler, John Whitaker
Ketzel, Joyce Crotinger
Keynes, William W.
Kicinski, John M.
Kilbane, James V., JD
Kleinhenz, Andrew N.
Klippert, Rolf V. R.
Klontz, Loren Russell
Knepper, Charles D., Jr.
Kodish, Joseph S.
Koontz, Gary C.
Kravitz, Mark S.
Kunzman, Thomas D.
La Grassa, Joseph E.
Lang, Stanford L.
Laske, LTC Ernest L., USAF(Ret.)
Laskey, LTC Marvin D.
Leach, Ronald G.
Lee, Jerry D.
Lesheim, Hans J.
Lewis, Robert Harry
Liebenthal, Bruce A.
Lindsey, John R.
Lipp, Robert Anthony
Lloyd, Jay C.
Lukovics, Robert M.
Lyle, Oscar L.
Lynn, Richard K.
Mach, Robert T.
MacLaren, Kenneth A.
Maenpaa, Richard L.
Malcom, Dr. Robert E.
Manes, Marvin G.
Marmon, Earl F.
Marshall, Edward Lyle
Martasin, COL William N.
Martin, Roy Francis
Marting, William L.
Marvar, Ronald J.
Masser, Jack I.
Mathias, Earl E., Jr.
Matz, Rudolph W.
Mc Cafferty, John E.
Mc Clain, John E.
Mc Conaughy, Dr. David H.
Mc Cormick, Harold Eugene
Mc Cullough, John D.
Mc Gath, Floretta Trimble
Mc Manis, Billy C.
Mc Millen, James C.
Mc Nutt, William F.
Mc Peek, Roy D.
Mehling, Wilfred L.
Menkel, Charles F.
Mennetti, Emmett T.
Metcalf, Richard G.
Meyers, Samuel
Miller, John Jacob
Mills, Elizabeth
Minton, Don L.
Mitchell, Ronald K.
Mollenkopf, David E.
Monteleone, Anthony J.
Moody, Dwight L.
Moritz, Michael E.
Morrison, Harvey Stuart
Moser, H. Michael, III
Mowry, David D.
Moyer, Robert Eugene
Mueller, John Ernest
Mullin, John Patrick
Murphy, Paul Joseph
Musser, Edward R., III
Nagy, Alex E.
Neff, Dennis
Neff, Robert L.
Neiner, John J.
Newby, James E.
Nielsen, Howard N.
Nixon, Robert W.
Noble, Larry G.
Nocera, Joseph A., CPA
Noice, William V.
Nosky, Richard E.
Oberfield, John E.
Obermyer, William Neal
Olesen, Robert B.
Oliver, William G.
O'Loughlin, Thomas J.
Oltmanns, Glen Allan
Oyler, William Dale
Pabst, Dr. Donald F.
Palenick, Robert R.
Park, John W.
Parks, MAJ Charles E., (Ret.)
Parson, Lloyd P., Jr.
Paul, La Vina Souslin
Payant, Peter
Pearson, Richard David
Pelleriti, Richard L.
Peters, Daniel Edmund
Petitti, Joseph J., CLU
Phillips, Daniel Miller
Pinkerton, James E.
Pinkus, David E.
Pinkus, Fredric
Popper, Edwin D.
Posey, William E.
Pratt, William E.
Prince, Harry M.
Pringle, Clark Robert
Proppe, Edward J.
Queen, Donald R.
Queen, Nancy Ramsey
Quillin, Dr. Alston M.
Raabe, Everett J.
Rader, William M.
Raphael, COL Victor G.
Raulerson, Suzanne Redman
Ray, Florence Amy
Rebak, Lawrence D.
Reckmeyer, Dr. William John
Reed, John David
Reichelderfer, James A.
Reiss, Barry A.
Reynolds, Jerry
Rife, Samuel D.
Rinehart, Stanley R.
Rings, Donald J.
Rismiller, David A.
Robb, Richard G.
Roberson, COL John Fredrick, USAF(Ret.)
Robert, Robert J.
Robertson, Russell Shephard
Romanoff, Rollind W.
Romeo, Ronald Carmen
Rose, Phillip
Rosenthal, Donald
Roudebush, Bruce L.
Rundag, George J., Jr.
Runser, George W., Jr.
Rush, Ronald G.
Russell, Janice
Sabo, Maryjo Fullerton
Salvaj, Philippe C.
Sandy, William A.
Sarkis, Mary Bargides
Sarle, Alan R.
Sawyer, Donald Albert
Sayre, Floyd C.
Sayre, Kenneth L.
Scarbrough, Don R.
Schad, Marlene
Schaublin, David A.
Schneider, Virginia Westlake
Schoemer, Ronald A.
Schofield, COL Norman M.
Schoonover, K. John
Schorr, Frederick Stone
Schorsch, I. Edward (Jim)
Schram, Bruce E.
Schwardt, Dan L.
Scott, Gayle, Jr.
Sebright, Melvin Leroy
Segal, Kenneth C.
Seikel, Lewis Andrew, Jr.
Sell, Benjamin L.
Shapiro, Bernard Saul
Shapiro, Harvey Conrad
Sheldon, Richard L.
Sherman, Sheldon
Sherwat, Malcolm L.
Shook, Manson G.
Sicker, Robert L.
Sidorsky, MAJ Abraham M.
Silcott, Paul L.
Simmers, Richard M.
Simon, COL Norbert L.
Skeens, Norman E.
Skinner, Robert N.
Slaman, Allen I.
Smallwood, Mark S.
Smith, Paul Ernest
Smith, William Avery
Snyder, Dr. Sherwin Lee
Soukup, Robert E.
Spahr, LTC Herman Grant, USN(Ret.)
Spaid, Thomas L.
Spector, Gary M.
Stahura, Edward F.
Stallter, Robert E.
Starrett, Francis William
Stathopoulos, Athanasios N.
Stedman, Richard R.
Stentz, Rex E.
Stevens, John Paul
Stewart, James Lee
Stewart, John E.
Stoneburner, Dwight T.
Stover, Samuel C.
Stricker, Robert P.
Stultz, Ralph W.
Sugerman, Marcia Koshover
Sutton, Alva J.
Sweeney, William D.
Swelbar, Gaylord Wayne
Tanna, Laxmikant J.
Taylor, Jerry L.
Taylor, Hon. John Kemper
Teach, Herschel M.
Theado, Clarence J.
Thissen, William John, III
Thomas, Raymond R., Jr.
Thomas, Richard Philip
Thomas, Thomas N.
Tosi, Dr. Henry Louis, Jr.
Tschantz, Robert E.
Tucker, COL James R., USAF(Ret.)
Tucker, Morton B.
Turk, Leonard H.
Tyson, William Henry
Ulery, Franklin G.
Underwood, Allen
Unland, Robert D.
Vander Molen, Mrs. Nancy Clabaugh
Vickers, Thomas Henry
Von Clausburg, Theodore J.
Walkins, Gerald R.
Walklet, Thomas B.
Wallace, H. Ray
Walsh, James Joseph, Jr.
Walters, Richard M.
Wargo, James S.
Watkins, COL A. Hal, USAF(Ret.)
Watkins, Marvin D.
Watson, William M.
Weil, Norman
Weill, Stefan L.
Welch, John F.
Wendler, Peter W.
Whitmore, Max E.
Willit, James C.
Willner, Arthur J.
Wilson, George Roger
Wilson, Robert Raymond
Wilson, William E.
Winnestaffer, John Allan
Wise, Karl Edward, Jr.
Wiseman, Donovan Walter
Wittenberg, David M.
Witter, James L.
Wright, John J.
Yeaton, COL Carl G., USAF(Ret.)
Younger, Robert N.
Zanes, Robert G.
Zehnal, Neil J.
Zicht, Austin L.

1959
Acebo, Jose E.
Acebo, Patricia Scofield
Adams, Donald Edward
Adams, Wilson O.
Adkins, Earl Franklin
Allemeier, Paul G.
Amick, Kenneth R.
Andrews, John De Marr
Applegate, E. Timothy
Arends, Alan E.
Art, Robert L.
Atkeson, Dennis J., CPA
Austin, John Heston
Bailey, Ralph
Baker, Louis Alvin
Bannister, Richard J.
Batcheck, John R.
Baumann, Hilbert W.
Beazley, William D.
Beckett, Garry A.
Bergholt, James C.
Berman, Alan E.
Bernard, John A.
Bertini, Charles D.
Bessey, John Price
Bewley, Gregory C.
Bininger, John R.
Bishop, Dr. Luther Doyle
Blesi, Frederick J.
Blond, Lawrence E.
Bobb, Richard Allen
Bodell, Robert E.
Boehm, George E.
Borman, John W.
Bovie, Steve C.

332 CLASS OF 1959 OSU COLLEGE OF BUSINESS

1959 (Cont'd)
Bowen, John Jacob
Bowman, Robert A.
Boyer, Robert W.
Brake, Larry G.
Brillhart, B. Robert
Brown, Norbert J.
Brown, Roger Willis
Buchanan, John G.
Buckingham, William L.
Buckley, Donald L., Jr.
Bull, Jack O.
Bumgarner, David S.
Burges, Ralph C., Jr.
Burley, Charles Frederick
Burnside, Peter W.
Burriss, James D.
Byron, Charles Donald
Campbell, Charles Hubert
Campbell, John William
Carey, Phillip B.
Carlisle, Thomas L.
Carlton, Dr. Ernest Lee
Carroll, Robert Stanley
Cass, Edward J.
Causa, LTC Raymond
Cermak, Richard J.
Chapin, Herbert A.
Chatfield, Robert L.
Chawner, Joseph E.
Cichon, Steven E.
Cipriano, Frank Joseph
Cistone, Pete L.
Claffey, James E.
Cline, Jerome A.
Clous, Dr. Carl Edward
Cohn, Bernard (Bud) L.
Coleman, Frank Preston
Colman, Thomas E.
Conard, Richard Keith
Conte, Anthony H.
Cook, George R.
Copp, James E.
Corwin, Glenn A.
Coski, Barbara
Crawford, Richard C.
Cribbs, Glenn E.
Crouse, John O.
Crum, Thomas H.
Curtiss, Dean E.
Danklef, David L.
Dash, Joel M.
Davidson, Dr. John Robert
Davis, Rodney Gene
Davis, Ronald Evan
Day, Charles L.
Deibel, Richard L.
Demidovich, William F., Sr.
des Lauriers, Bradley C.
De Spelder, Dr. Bruce Erwin
Dickson, George A., Jr.
Ditter, Bernard R.
Docis, Charles R.
Dombcik, Gerald H.
Donahue, Brian P.
Dooley, Larry Bruce
Dorrian, Hugh J.
Downing, Joseph Ronald
Downs, Marshall C.
Dressel, W. Edward
Duffy, James Clement
Durbin, Robert Francis
Durfey, Eleanor Hodges
Dworken, Marvin P.
Dye, Nicholas M.
Eis, Arlene J.
Eisenberg, Roland M.
Ellis, Robert Lee
Engelhart, Carl A., Jr.
English, Ronald J.
Epstein, Laurence Bernard, PhD
Ernsberger, John L., Jr.
Estroff, Simon
Evans, Richard Eugene
Farina, Julio A.
Fawcett, J. Scott
Ferber, Gary A.
Ferguson, Julia Kebe
Ferguson, Roosevelt
Ferryman, Peter R.
Fitzsimons, COL John F., USA(Ret.)
Flegm, Eugene H.
Flinn, Dr. William A.
Flohre, Carl J., Jr.
Fochtman, Edmund Leo, Jr.
Foltz, William R.
Foster, Joseph Paul
Fowler, James F.
Fox, Gordon L.
Fox, James Mc Lean
Fracasso, Guy D., Jr.
Frankart, James M.
Frary, John E.
Fredrix, Peter I.
Freese, Ronald E.
Frey, Wallace Frederick
Friedman, Marvin C.
Fullerton, Noel J.
Gabriel, Jane Mossbarger
Gage, Ralph G.
Gair, Stuart B., Jr.
Galbreath, Robert G.
Gamble, Linda
Gamel, Larry L.
Garvin, John R.
Gaulke, Ray E.
Gease, Robert I.
Geckler, Eugene F.
Genteline, Thomas E.
Gerard, John H.
Gilles, Jerry
Gillespie, Robert E.
Girard, COL William C., USAF(Ret.)
Glander, C. Benson
Gluntz, David B.
Gordon, Roger Burnham
Goubeaux, Roger William
Gould, James B.
Graft, Donald E.
Grant, John A., Jr.
Gray, Archibald C., Jr.
Gray, Donald Riley
Gray, Thomas Lee
Greene, Charles Nelson, PhD
Greenlee, James W.
Greenwood, Robert L.
Grizzell, James Orin, Jr.
Groves, David F.
Gruber, Elmer Alfred
Gup, Mark K.
Habowski, Robert J.
Haerr, David E.
Halberg, William S.
Hall, Francis Earl
Handley, Donald Lawrence
Hankins, David M.
Hanneman, William F.
Harding, Mary Jane
Harris, John Howard, Jr.
Harris, Kenneth C.
Harrold, Dr. Roger Davis
Hartstein, William
Hathaway, Bruce A.
Haught, Hobart Kent
Hayes, Dan M., Jr.
Hayman, Paul K., Jr.
Hazelbaker, Ralph E.
Hefzallah, Mona Ghaleb
Heineman, Donald Russell
Heister, Carl Crist
Heitzman, Samuel H., Jr.
Helal, Edward M.
Henry, Donald Lewis
Herman, Richard L.
Hermes, Russell J.
Herrick, Dr. Theodore P., Jr.
Herring, Geraldine Shkolnik
Herring, Jack L.
Hight, Neil C.
Hinterschied, Eugene C.
Holcomb, Howard T.
Hollander, Kenneth A.
Honchul, Delbert
Hook, James L.
Houchard, John E., II
Hughes, Donald O.
Hummel, Robert W.
Hunt, Douglas Edgar
Jack, Thomas Craig
Jaeger, Donald C.
Jaeger, John W., Jr.
Jameson, John W.
Jared, Isaac Eugene
Jeanguenat, Jerry L.
Jennings, William C.
John, Tedd M.
Johnson, Byrdelle Ardis
Johnson, Robert L.
Jones, Frank Thomas
Jones, Joyce Joan
Jordan, David E.
Kaiser, Kenneth J.
Keasling, John F.
Keethler, William W.
Kelley, Donald W.
Kenefake, Jerry E.
Kennedy, Jan L.
Kennedy, Dr. John Joseph
Kennedy, Timothy Jones
Kermode, Lawrence G.
King, Herdic W., Jr.
King, William Gene
Kleckner, Robert Anthony
Klosky, CDR Lowell H., USN(Ret.)
Knell, Dr. Leonard G.
Knerr, Cecil E., Jr.
Knox, Judson M.
Kolesar, Richard R.
Kolodny, Victor M.
Kowalski, James M.
Kramer, Edward Albert
Krieger, COL Thomas Bert
Kuhn, Dr. Gerald Wade
Kunert, David W.
Kunkel, Richard Kenneth
Kutrosky, Elaine Mc Kenzie
Langdon, Larry R.
Langwasser, Richard H.
La Polla, Thomas A.
Larrimer, Gavin R.
Lasko, Edward J.
Laughlin, Duanne C.
Laughlin, Gerald Lee
Leedy, William B.
Lehew, Sally
Lehman, David Thomas
Lehmann, Dr. Timothy, III
Lemmon, William J.
Lengyel, Michael
Leonard, COL Charles Francis, USAF(Ret.)
Leppert, Gary L.
Lewis, James Edward
Lieb, Don S.
Lieser, David A.
Liggitt, Robert A., Jr.
Loedding, Donald R.
Longanbach, Neal L.
Loomis, Dr. Vernon L.
Lottes, James C.
Ludwig, James C.
Lynne, Donald M.
Mac Nab, Dr. Bruce E.
Madden, Jack L.
Mainey, James H.
Malitz, Charles P.
Mannix, John Robert, Jr.
Marrah, Dr. John A.
Martello, Gilbert Anthony, Jr.
Martin, Jack Wesley
Marusin, Joseph J.
Mason, Robert Lee
Matthew, Edward R.
Mattix, Frederick F.
Maurer, Gerald R.
Mayer, Jerry Lee
Mc Adams, James E.
Mc Caffrey, William F.
Mc Call, James P.
McCann, James L., Jr.
Mc Clelland, Frank B., Jr.
Mc Combs, Donald E.
Mc Kenney, John B.
Mc Neal, Donald L.
Mc Neil, Lowell H.
Mc Queen, Marcus Lee
Mc Vey, Larry Spangler
Melvin, Ronald L.
Mendelsohn, Norman
Mercer, Robert A.
Miller, Gary A.
Miller, Phillip Alan
Miller, Richard Henry
Mills, John L.
Mischke, COL Richard M., USAF(Ret.)
Mitchell, Marvin Harry
Mlinarcik, Robert L.
Monroe, Robert Franklin
Moodespaugh, Charles A.
Moore, James Lee, Jr.
Morgan, John Pierpont, Jr.
Morgan, Robert Glenn
Morrison, William C.
Morrow, Robert M.
Mosser, George E.
Mount, Oren B.
Musser, James G.
Myers, Jacob Alfred
Navrides, Chrysoula
Nelson, Robert B.
Noble, Elaine
Noble, Robert H.
Nutt, Joseph E.
O'Donnell, John P.
Onachilla, Michael S.
Orr, Alan B.
Orr, Thomas D.
Orton, COL Robert B.
Osborn, James A.
Owczarzak, Stanley T.
Oxley, Allan R.
Paese, William Paul
Palmer, Harold Leroy
Parkinson, Charles D.
Parrish, W. David
Peoples, Robert A.
Peterman, Russell J.
Peters, George Thomas
Peters, Richard Earl
Peters, Walter William, Jr.
Pethia, Dr. Robert F.
Pettit, Thomas E.
Pfeiffer, William A.
Pfouts, Barry D.
Phillips, Russell Edward
Phipps, Monzell J.
Pierce, F. Howard, Jr.
Piper, Gerald L.
Polen, Howard R.
Polley, Thomas E.
Pollock, Jerry C.
Pontones, Elias T.
Porterfield, Lanning P.
Potter, Thomas W.
Priest, Walter J.
Probst, Eugene A.
Pruden, James W.
Purcell, Margaret Willis
Purcell, Roderick N., Jr.
Rager, Nancy Smith
Randman, Abe J.
Ransome, Clifford E.
Reckless, Walter Washington
Reed, Carl L.
Rehbeck, William L.
Reichenstein, Murray L.
Reid, Richard W.
Reiser, Ralph J., Jr.
Riebel, David
Riseling, Jerry L.
Robinson, Philip Roland
Roemer, Wellington F., II
Rokes, Dr. Willis P.
Rollins, Paul Michael
Rosensweig, Charles M.
Rowland, William E.
Rubin, Joseph L.
Rueb, Mary Vogt
Rumsey, Richard A.
Rush, Roger Ray
Rutecki, James
Ryan, John Connors
Ryan, Terence J.
Saal, Ronald R.
Saltzman, Burton I.
Santa Emma, Joseph Philip
Sargeant, James R.
Scartz, Vince C., Sr.
Schach, Siegfried O. A.
Schaerfl, Robert A.
Schafrath, Richard P.
Schendel, Dr. Dan E.
Schenking, Fred J.
Schlecht, Leonard E.
Schlosser, Jacob A.
Schmitz, James P.
Schumann, James N.
Schwartz, Theodore Parker
Seiden, Arthur L.
Sergio, John M.
Shane, Donald E.
Shannon, John F.
Shaw, James Ross
Shelton, William B.
Shepherd, John M.
Shook, Robert L.
Shuster, Jerome J.
Sickles, Donn K.
Siegel, Richard W.
Sims, Robert F.
Singal, Brij K.
Sipe, John R.
Sipp, James F.
Skatzes, Gail Frances Griffith
Skipton, Thomas R.
Slater, Jon A.
Slavey, James H.
Slesnick, Robert
Smith, David Philip
Smith, Gerald Robert
Smith, Richard Leslie
Smith, Ronald Wark
Smithson, Wayne B.
Sobers, Thad
Spencer, James Hazelton
Spencer, Judith Grant
Sprackman, Jerome N.
Spring, Howard A.
Spung, Albert H.
St. John, Marilynn M.
Stadler, Frank P., Jr.
Staker, Lowell L.
Stallsmith, Lowell T.
Stanley, Lila
Stefan, Alan T.
Stein, Jerrod
Stemen, Lloyd F.
Stevenson, Dr. Ben S.
Stevenson, Ray
Stewart, Jesse A.
Stolle, David L.
Stoltenhoff, Richard W.
Stolzenburg, LTC William T.
Stone, Joseph F.
Stone, Thomas Victor
Stoner, Robert L.
Stout, Harold
Stoycos, Alexander V.
Stripling, Howard E.
Stritmatter, John Andrew, Jr.
Stutz, Karl A.
Suid, Richard Merle
Sunkle, Roger L.
Sutterfield, Richard A.
Swartz, James L.
Sweress, Shelton J.
Swisher, Gerald J.
Swisher, James B.
Taft, Albert G.
Talbott, CAPT James A.
Taylor, Frank Windsor
Taylor, Gary Emerson
Tedrow, James E.
Terry, Paul E.
Theodore, Graydon M.
Thomas, Duke Winston, Esq.
Thomas, James William
Thompson, Charles Edward
Thompson, Frederic P.
Thompson, Jack E.
Thompson, Lawrence R.
Thorne, Bruce W.
Thorpe, Thomas Eugene
Thuma, Ronald D.
Tidwell, Albert L.
Todd, Clarence G.
Toth, Daniel Joseph
Townsend, Wendy
Turner, Audrey
Turner, Gerald L.
Turner, Richard H., MD
Turoff, Daniel C.
Twaddell, Miles E.
Ufferman, William Harold
Urquhart, Robert H.
Van Bloom, COL J. Clark
Vanvoorhis, Richard L.
Vaughn, Joseph Charles
Vincent, William M.
Voorhies, William L.
Wade, Margaret Christiansen
Wagner, George William
Walden, Dr. Esther Long
Walder, Ernest D.
Waldman, Dr. Raymond D.
Walker, Larry J.
Wallace, John D.
Wallace, Leo D.
Wallace, Richard D.
Walters, Merton H.
Watrous, T. C. (Ted)
Webb, Walter William
Weltman, Robert B.
Wennerstrom, Dale Elton
Westlake, James M.
Wexner, Leslie Herbert
Wicke, Werner R.
Wiewall, Leo E.
Wildermuth, Leon C.
Williams, John Homer
Williams, Sidney David, Jr.
Wolfe, Nancy
Wolfinger, Gerald Edward
Woodard, Gerald Walter
Woodyard, John Vincent
Wu, Maybeth Yeng
Yale, Miriam Clayman
Yamner, Morris
Yates, Robert E.
Yerke, Robert M.
Yon, COL Verus Amatus, USAF(Ret.)
Younkin, Ronald P.
Yule, Edward F.
Zimmerman, Paul E., CPA
Zimpfer, Jerry L.

1960
Adelsperger, David Leon
Adulewicz, Casimir T.
Ahlman, Richard J.
Ailing, Richard L.
Albanese, Michael Andrew
Alexander, Robert John, Sr.
Allen, Ralph E., Jr.
Alspach, Phillip P.
Ardrey, Jerry K.
Arnold, Rucker D.
Asherman, Ira G.
Azar, Renmarie
Baker, Wilbur F.
Barber, Terry A.
Barnett, Richard C.
Barthelemy, Richard E.
Basye, Doyne S.
Baughman, Robert Patrick
Baughman, Roger A.
Becker, Martin M.
Beckman, John F.
Bennett, Robert Thomas
Bentoff, Fred J.
Berger, Charles L.
Bickham, Arthur W.
Birch, James E.
Birk, George E.
Birt, James E.
Bittick, COL Emmett Kelly, USA(Ret.)
Blake, Jerry A.
Bobb, Ronald Craig
Bobbitt, Dr. H. Randolph, Jr.
Bodge, June Jo
Boehm, Robert R.
Bosen, Herbert A.
Bowen, Charles E., Jr.
Bowles, Paul R.
Brady, Dr. Ronald W.
Bricker, David E.
Brown, Nelson Ray
Brown, William Tom
Brungs, Lee In Sook
Burge, Bruce Maurice
Burke, William Robert
Burley, Edward B.
Buschur, Gregory E.
Butler, Richard M.
Buyer, Charles J.
Byler, Beverlee
Cain, E. Robert, Sr.
Calhoun, John Michael
Campbell, Bruce Allen
Canfield, H. Neil
Capretta, Celeste Donald
Chalfant, Lynn B.
Chinni, Andy, Jr.
Clark, Donald Eugene
Clark, Thomas Charles
Clifford, Robert N.
Coffey, William Richard
Cole, Robert William
Cook, Alexander B.
Cook, Bradford Kendel
Cookston, David R.
Coughenour, Richard L.
Cox, Paul Jefferson
Crawford, Emily
Creamer, David S.
Creighton, John D.
Crites, Daniel D.
Crout, Norman Ted, JD
Culbertson, Jerry A.
Culp, Donald G.
Cunnings, COL John Claude, USAF(Ret.)
D'Agostino, Charles M.
Dales, Ronald P.
Day, Robert Allen
Dellinger, LCDR Donald B., USN(Ret.)
Dennis, Thomas E.
de Valliere, Mary-Louise
Diamond, James E.
Diamond, Wright W.
Dickey, Donald G.
Dodsworth, John C.
Dodsworth, Letty Neff
Doss, John R.
Doty, James E.
Dreese, Dr. George Richard
Dulin, Lewis C., Jr.
Duncan, Donald W.
Dunham, Ernest H.
Easton, C. John
Elliott, Melvin Jay
Engel, Brady D.
Evans, Robert Daniel, Jr.
Fair, Kenneth R.
Faistl, Frank R.
Fawcett, Raymond L.
Fender, Donald E., Jr.
Finta, Thomas R.
Fisher, Alfred Edgar
Fitzpatrick, Jon D.
Fleck, J. Larry
Fleischer, David H.
Florea, James W.
Fogg, Dana T.
Ford, Billie Ray
Ford, David Earl
Frysinger, John L.
Furry, Richard L.
Furukawa, Ronald F.
Gabriel, Lynford E.
Gage, Robert M.
Gaiser, Walter P.
Gallucci, John J.
Garber, Kenneth E.
Garvin, James R.
Gary, Ronald L.
Geib, Darrell E.
Geller, Eugene L.
Gersman, Donald L.
Gherlein, Gerald L., JD
Giannarelli, LTC Flourenz L.
Goebel, Tim H.
Goeller, Eugene C.
Goldberg, James R.
Goodell, William Dudley
Gralton, Paul M.
Grant, Donald Stephen
Gratz, Ronald E.
Green, COL Donald J., USAF(Ret.)
Greene, LTC William Edward, USA(Ret.)
Guarnieri, William T.
Guess, Curtis M.
Gustafson, James L.
Guthrie, Patricia Stilwell
Haas, Jacqueline
Haines, Richard J.
Hall, Robert Alfred
Hammett, Jerry Woodland
Hammond, Robert Lloyd, Jr.
Hampshire, Dale C.
Hanschmidt, John Robert
Haraway, Charles M.

CLASS YEAR LISTINGS CLASS OF 1961 333

1960 (Cont'd)
Haussmann, Edgar B.
Havens, Robert Eugene
Haverkamp, Gary J.
Hazelton, Jon G.
Heisey, Huffman R.
Henry, John Francis
Hillman, Stuart Harvey
Holliday, James B.
Holstein, Charles J.
Hotchkiss, James D.
Houston, Dr. John Leonard
Howard, Dr. Cecil Gerald
Huey, John H., Jr.
Huhta, Charles S.
Hulbert, James H.
Humphreys, Richard F.
Jesensky, Alex, Jr.
Johanni, Walter V.
Johnson, Tom Weaver
Johnston, Donald Charles
Johnston, L. Philip
Jonas, Edward M.
Jones, Clyde Jacob
Jones, David Orrin
Jones, Gary Lee
Joranko, Ronald J.
Jorasch, Ronald E.
Jordan, Matthew S.
Kahler, LCDR Robert C., USN(Ret.)
Kapka, Edith
Karle, Ronald J.
Katila, Ronald H.
Keenan, Kenneth Bruce
Kehler, COL William Arthur
Kelley, William T.
Kelsik, Kim E.
Kennedy, Thomas D.
Kepner, Dr. Karl Wilfred
Killgallon, William C.
King, Dr. Martin L.
Kinkaid, David R.
Kirby, Edwin Schneider
Kiser, Douglas R.
Klunk, James D.
Knipp, Ronald B.
Koehler, T. James
Koerner, Donald S.
Koretzky, Joseph
Kozel, William W., Jr.
Kramer, LTC Terrence L., USAF(Ret.)
Krass, Stephen J.
Lackritz, Michael J.
Ladd, Richard F.
Larkins, Richard T.
Laser, LTC Thomas A., USAF
Lehman, James David
Lehmkuhl, Richard T.
Le Mar, Patricia L.
Leonard, Margaret Tobin
Levenson, Donald Harvey
Levin, Martin Allen
Lewitt, Leon
Light, Walter L.
Lilly, Michael J.
Lioce, Nicholas, Jr.
Lipovsky, Leonard S.
Loar, Robert
Long, Don C.
Long, Larry Max
Long, Lawrence Edward
Long, Sherwyn G.
Looby, Thomas T.
Losoncy, William A.
Lowe, Richard K.
Lutz, Russell E.
Mac Donald, Robert L.
Mac Kay, Gordon D.
Magee, Lowell W.
Mahlmeister, Marilyn
Malhotra, Pran Nath
Marder, Eugene
Marston, Larry G.
Martin, Dennis Patrick
Marzluff, Paul J.
Masdea, Bruno
Mast, Dr. Kenneth E.
Matthews, Frederick Fritz R.
Mayo, Wanda Arbogast
Mc Callister, Robert L.
Mc Cartney, Clyde E.
Mc Clenathan, Donald E.
McFee, Raymond A.
Mc Gaughy, Robert Harry
Mc Gowan, John B.
McKee, Richard Edwin
Mc Manigell, Kenneth D.
Mc Millan, Merle C.
Mc Nair, COL Thomas E.
Metzgar, Robert J.
Miller, Donald Phillip
Miller, John Adam
Miller, Hon. Stephen Michael
Mitrovich, Paul H.
Montanaro, LT Joseph A.
Moore, Robert Joe
Moore, William Patrick
Moorehead, Robert W.
Murphy, Donald Byers
Myers, Linda
Myers, Dr. Phillip Fenton
Nay, Alan Rex
Nebergall, David A.
Niehaus, James Edward
Noblitt, LTC Richard C., Jr.
Noon, Ann Mc Ginnis
Nudelman, Sidney
Obert, James Hall
Olderman, David J.
Osborne, Richard E.
Paden, David Lee
Pappas, James R.
Parkinson, Ronald E.
Patenaude, LTC Robert L., USMC(Ret.)
Patterson, Richard Leroy
Paul, John Rhodes
Payne, David A.
Pearce, Robert H.
Penick, Lawrence
Penn, Judith
Pliskin, Marvin Robert
Pohl, David H.
Porter, Joseph Edward, II
Poulos, Helen
Preston, Fred Gifford
Presutti, Salvatore Alfred
Price, John Edwin
Prior, John Alan, Jr.
Probert, Edwin P.
Quaintance, Carl L.
Quinn, John Paul
Radack, William J., Jr.
Rayot, Gary L.
Reel, Norma Crisp
Reid, Dennis M.
Rice, Sam B., II
Richards, Robert J.
Ritchey, James
Robinson, Franklin Everett
Robison, Richard L.
Roser, Kenneth B.
Roskoph, Paul H.
Ross, Alan Charles
Rossen, Richard D.
Rothchild, Morlee A.
Rowland, James H., Jr.
Rushay, Harriet Simerall
Russakoff, Sonia
Ryan, John Leonard
Sandberg, Thomas H., Sr.
Santilli, Robert L.
Savan, Dr. Carole Mc Kie
Schaefer, Edward H.
Schenk, William J.
Schiff, James M.
Schneider, John Stanley
Schnelker, Norman T.
Schrager, Marvin L.
Schultz, Charles James
Schuster, Dr. Allan Dale
Schwartz, Perry Hannon
Scott, Larry Joe
Seidel, Irwin L., Jr.
Seipel, Ferdinand, Jr.
Sestak, John Joseph
Sexton, Dr. William P.
Shafer, Jeanette
Shafran, Robert Howard
Sherrin, Robert J.
Shisler, Roger W.
Shotzberger, Dr. Martin Luther
Siebert, Henry J.
Silberman, Martin Alan
Simpson, Ora L.
Sinclair, Edwin M. (Ted), Jr.
Sisson, LTC John D., USAF(Ret.)
Sladoje, Mark, Jr.
Slagle, Nelson E.
Sleight, Norman R.
Slepicka, Frank W.
Slovis, Sara N.
Smith, Carl Harvey
Smith, Clifford Russel
Smith, Dale Stewart
Smith, David Paul
Smith, J. W.
Smith, Robert William
Snyder, William Ray
Sparrow, Robert D.
Spilker, Allan John
Sprenkle, Charles A.
Stadelbacher, LTC Richard E.
Stefan, Frederick M., Jr.
Stein, Allan James
Steioff, Cherry Lynn
Stentz, L. Keith
Stephens, Willard Laird
Stevenson, James Bennett, II
Stickel, Arthur G.
Stimson, Donna
Stone, Spencer Decker
Stoner, Daniel B.
Story, David R.
Strasburg, Dr. Louis G.
Stroup, Peter K.
Stuart, Martin J.
Susskind, George S.
Sutherland, Elvin L., Jr.
Sutherland, Jack N.
Swart, Harold Jay
Talbott, John W.
Tasso, John
Tatum, Charles A.
Tiburzio, Rudolph J.
Torraco, COL Pasquale, USAF(Ret.)
Townsley, J. Mikal
Tracy, James L.
Tracy, John C.
Tremain, Arthur Cole
Trimble, William P.
Turchik, David G.
Vaidya, Ajit J.
Van Horn, William G.
Waefler, Larry E.
Wagner, Robert K.
Walk, Gunter F.
Walton, Gene A.
Ward, Herbert H.
Warnock, Harold Henderson, Jr.
Watkins, John David
Weaver, William L.
Webb, Harold V.
Weber, Roger M.
Weiss, Sidney
Welch, Richard E.
Wellman, Charles A.
White, COL David Benjamin, USAF(Ret.)
White, Israel R.
Wickham, William R.
Wilber, Harold Dumont, Jr.
Wiley, William J.
Willey, Robert W.
Williams, Gerald R., Jr.
Williams, John, Jr.
Williams, Melvin J.
Wilson, Gerald R.
Wogaman, Jimmy R.
Wolf, Robert Paul
Woods, Ken (Woody)
Worth, Daniel P.
Wozniak, Joseph John
Wright, Thomas Hardin
Zink, Alan E.
Zullo, Michael V.
Zwald, John A., Jr.

1961
Ackerman, Robert A., Jr.
Adams, Billy R.
Alban, Frederick James
Amos, Robert S.
Andrews, Harold Joseph
Ardman, Martin
Argue, Howard W.
Armstrong, David Byron
Auzenbergs, Aivars
Badertscher, Kenneth R.
Barker, Charles Wesley
Baron, Robert A.
Barry, George Raymond
Barton, Douglas R.
Baughman, George Washington, III
Beaver, Ronald L.
Beitz, Dr. Charles A., Jr.
Bender, James B.
Benis, Michael K.
Bernard, Robert C.
Beyerly, Rev. W. Jackson
Bieber, Donald Lee
Blatt, John Ward
Bloch, Michael D.
Blue, Jason A., JD
Bock, William Richard, Jr.
Bolyard, Robert D., Sr.
Bonnoront, Catherine Binkley
Borglin, William K.
Boring, Philip L.
Bourne, Jack D.
Braun, William H.
Bremer, Noel P.
Brenneman, John R.
Brooke, Donald J.
Brooks, David Alan
Brotzman, Phillip Woodworth
Brown, Kem Arthur
Brown, Dr. Ronald Gene
Brown, William Landis
Bruggeman, Thomas J.
Brumbach, Ralph H., Jr.
Bryant, William E.
Buchholz, Marvin T.
Bugala, Ronald J.
Burkey, Dr. Roy Eugene
Burks, Paul E.
Butler, Daniel Richard
Byers, Rev. Donald C.
Campbell, David Robert
Cannon, David W.
Carle, James D.
Carnes, Philip H.
Carr, Frank B.
Carroll, Donald D.
Carter, Beverly Hartman
Case, Alan Lee
Catchpool, James H.
Caudill, Glenn M.
Chasin, Gary A.
Cherryholmes, Roger G.
Ciralsky, William
Clarke, Victoria Cohen
Clifford, John Spiker
Cobb, David S.
Cobb, William M.
Cochran, Thomas A.
Cohen, Arlene
Connor, Daniel D.
Couch, Thomas E.
Cox, Carol
Cubbage, Jerry B.
Cummins, Otis Marion, III
Danner, COL James E., USAF(Ret.)
Davidson, John Herbert
Davidson, William B.
Davies, Richard Tudor
Davis, Lawrence Patrick
Day, Dr. David R.
Deagle, James L.
Deemer, Virgil L.
Deerhake, Roger D.
De Fosset, Richard A.
De Matteis, Ernest Butch
Demidovich, Stephen F.
Devault, Gerald L.
Diamond, Marvin A.
Dimberio, Donald J.
Dispennette, Larry E.
Doty, Richard K.
Dougherty, Gene E.
Dragics, Nicholas George
Drozdowski, Stanley Michael
Dues, Leon George
Duigon, COL Theodore M., Jr., USAF
Durell, George Britton, II
Dye, David C.
Easterling, William J.
Eisenberg, Arnold J.
Ensminger, Marshall L.
Esko, Miles M.
Esky, Jerry Lee
Estep, Gary L.
Evans, Joy M.
Everson, James William, Sr.
Fair, Norman L.
Farst, James E.
Faught, COL William F., USA(Ret.)
Ferbrache, Edgar L.
Fields, William A.
Fink, James T.
Fire, Gerald John
Fisher, Earl Emmert
Fitting, David Harris
Foos, Richard D.
Fox, John Robert
Freshwater, Roger D.
Fullerton, Robert C.
Garrigan, Dr. Richard Thomas
Gehlbach, Donald R.
Geneva, Louis L.
German, William
Gilbert, Roger Martin
Gilsdorf, William J.
Gipe, Donald E.
Glanz, Delbert E.
Goldberg, Nathan A.
Goldberg, Robert
Gompf, Thomas E.
Gould, Merlin Lee
Gourley, MAJ Edwin P., USAF(Ret.)
Grady, James Allen
Grassan, Earl E.
Green, Diana L.
Greene, Dr. Jay Robert
Griffith, Robert John
Grillot, George A.
Gross, James Eldon
Grove, David A.
Grutt, Richard J.
Haas, P. David, Jr.
Hackett, Dr. John Thomas
Haddad, Richard A.
Hain, Charles O.
Hale, Patricia A.
Hall, Dr. Anna Huntt
Hallam, Alfred P.
Hammerman, Edward L.
Hanes, James H.
Hardtle, John C.
Harris, Mark Yale
Hartley, Millard C., USAF(Ret.)
Hartney, Alan H.
Haynes, Katherine
Hecht, Edward B.
Hedland, Victor A.
Helber, MAJ Kent Lee
Henderson, James Eugene
Hensley, Philip W.
Hoff, Arthur M.
Hoyt, Richard H.
Huff, Carroll W.
Huffer, Danny L.
Huffman, Dr. Howard Burdett
Hull, Darel R.
Hutchison, Joel A.
Ingram, William H.
Irion, William K.
Israel, Gerald Joseph
Jennings, Herschel Todd
Johnson, Dale E.
Johnson, Dr. George Allan
Jones, Alan Lee, Jr.
Juskalian, Berge A.
Kaczmarek, David V.
Kahler, William G., II
Kalivoda, LTC George F., USAF(Ret.)
Kaplan, William
Katayama, Masatoshi
Kaufman, Elliot M.
Keaney, William R.
Kell, Merle Wagner
Kelley, David C.
Kemper, Donald H., Jr.
Kennedy, Ronald R.
Kerns, Richard E.
Keyes, Gerald E.
Kienle, William J.
Kilmer, Willis G.
Kirchhofer, William E.
Kirchner, Ronald M.
Kirwin, Michael Joseph
Kleespie, Dr. Dee L.
Klenk, Raymond L.
Knapp, Kenneth D.
Kolin, Barry R.
Kopelman, David W.
Krasnosky, Robert E.
Kreiling, Paul M.
Kresheck, Neal E.
Kuehn, Frederick Curtis
Landenberger, Charles B.
Laugesen, Edgar N.
Leonard, David Allen
Leonard, Dr. Myron Jack
Lieb, Dennis A.
Love, Robert R.
Lucks, John Emil, Jr.
Ludwig, Cora Riber
Maish, Tom O.
Maroscher, Udo W.
Marto, Richard James
Mason, Jo Ann
Maxwell, James Donald
Maxwell, James Lee
May, Dennis D.
Mayer, Morris Lehman, PhD
Mc Afee, Frank J.
McArdle, Donald P.
Mc Carty, Patrick J.
Mc Caslin, Dr. Roy J.
Mc Clure, David L.
McCormick, William Bernard
Mc Daniel, Sue
Mc David, William R.
Mc Elroy, Andrew Milton
Mc Gee, Alden M.
Mc Grew, Joyce
Mc Ham, Ronald H.
Meechan, Robert L.
Mehallis, Stephen G.
Melsher, Gary William
Merriman, Edwin D.
Meyer, William Leroy
Miller, Ivan W., Sr.
Miller, MAJ Roger Don, Sr.
Miller, Ronald Keith
Miller, Timothy Hart
Milliken, Gary S.
Mitchell, Daniel Ray
Moats, Edward A.
Moffitt, Charles M., Jr.
Molnar, LTC Alexander A., USAF(Ret.)
Montgomery, Everett Leonard
Moore, James Franklin
Motes, Marvin E.
Moyer, John C., CPA
Murney, James F.
Naum, Dr. Byron Albert
Neely, Ted L.
Nelkin, Gary A.
Nemes, Arthur J., Jr.
Newman, Herbert
Nicklaus, Jack William
Niermeyer, John L.
Nixon, Galen W.
Nobile, Louis A., Jr.
Ocasek, Thomas J.
Oman, Richard Allan
Omohundro, Richard C.
Orr, Charles Emory, Jr.
Owen, Ronald E.
Paul, Roger L.
Pavey, Jonathan R.
Pearlman, Louis R.
Penner, Stephen M.
Peppe, James Joseph
Pepper, Ronald Paul
Pfeifer, James E., CPA, CLU
Polisner, Jeffrey Donald
Ponti, Robert
Porter, Carl Gene
Prentice, William H.
Quillin, Ronald F.
Quinn, Joseph W., Jr.
Raley, COL Theodore M., USAF
Reiman, Marilyn Guilliams
Revenaugh, Gerald K.
Rewey, Robert L.
Riehl, Wayne E.
Riester, William R., Jr.
Roach, Robert E., Jr.
Roberts, Dr. Richard Stanley
Robins, Stanton Joel
Rogers, Barbara
Rose, Patrick Lester
Rosen, Bertram Harvey
Ross, Dr. Ray Lawrence
Rotolo, Charles A.
Rupp, Roger Ned
Rushay, Samuel William
Russell, COL Eugene Neal, USA(Ret.)
Saeger, John W.
Samler, Marshall L.
Savage, Richard T., Jr.
Scales, John R.
Schaefer, Gene E.
Schafer, Charles H.
Schmalenberger, Larry A.
Schmalenberger, Nancy Medors
Schmid, Richard A.
Schnaufer, Albert A.
Schneider, David Carl
Schooley, Thomas R.
Schreiber, Bert Z.
Sebastian, Marsha
Seehafer, COL Don
Shea, Gene A.
Shelton, James E.
Shindler, James V., Jr.
Shkolnik, Sanford
Shough, David E.
Siegfried, COL Thomas W.
Slobin, Sanford J.
Smith, Gerald P.
Smith, Ivan Campbell
Smith, Dr. Keith Van
Smith, Richard L.
Smith, Robert Davidson, CPA
Smith, Stanley Schreiner
Smith, Theodore Anson
Smith, Thomas Gibson
Snyder, Richard
Solon, Melvyn M.
Sparrow, W. Dennie
Spicer, Larry J.
Spies, James C.
Stautzenbach, Edward G.
Steeves, Wayne I.
Stevens, Harold Robert
Stevenson, Karl Franklin
Stincic, George J., Jr.
Stone, Dana H.
Stone, David Lewis
Stone, Ronald David
Streitenberger, Ronald E.
Stucker, Ronald E.
Swanson, Kenneth R.
Swartz, Larry A.
Sweetman, John J.
Swisher, Glenn R.
Tabor, Albert S., Jr.
Tait, Clifford W.
Teach, Dr. Richard Dillon
Telljohann, Willis G.
Thayer, Ralph E., Jr.
Thimmes, Silas W.
Thomas, W. Everett
Thomson, Walter D., II
Tobin, Richard W., Jr.
Traphagan, W. Michael
Trishman, Martin A.
Tschappat, Dr. Carl J.
Udisky, Warren Lezar
Ulliman, Paul R.
Ulrich, Frederick L.
Ulrich, Robert Sumner
Valentine, Robert L.
Varner, Thomas A.
Venetta, Eugene
Vishney, Rene
Vlasich, Richard N.
Wagenbrenner, Thomas G.
Waite, Theodore J.
Walker, George M., III
Walton, James P.
Ward, William August
Watkeys, Richard F.
Webb, David Richard

334 CLASS OF 1961 OSU COLLEGE OF BUSINESS

1961 (Cont'd)
Webster, Donald R.
Weitzel, Paul J.
Wetmore, Perry M.
White, Edward Leroy
Wichterman, James A.
Williams, Kent R.
Windle, Robert L.
Wohl, Martin T.
Wunder, John F.
Yarnell, Dr. Kenneth A.
Yoder, Robert A.
Yonk, Joseph L.
Yosowitz, Sanford
Young, Barbara Gibson
Young, Chester E., Sr.
Zeisler, Kenneth A.
Zelkowitz, Donna Rikin
Zettler, Nicholas S.
Zimmer, David W.
Zimmer, Harold J.

1962
Acklin, William C.
Adelman, Lawrence Gene
Akerberg, Alice L.
Aldridge, Robert Bruce
Allen, Jerry C.
Allison, James F.
Anderson, Raymond Ivan
Armentrout, Jack Dwight
Austin, John D.
Avren, Penelope
Babbitt, John L.
Bailey, Don T., Jr.
Baird, John A.
Ball, Ronald W.
Barone, Dr. Frank Joseph
Bates, Donald G.
Baur, Donald A.
Beier, Dr. Frederick John
Bender, Ronald C.
Benson, Verne Howard
Berg, Paul B.
Bettendorf, Robert J.
Bianco, Don D.
Bitler, George E.
Blackwell, Robert J.
Bland, Thomas W.
Blind, Willard Clarence
Blumberger, David Jeffrey
Bolton, Richard W.
Boyce, John H.
Breese, William R.
Brinkman, Wesley H.
Brooks, Dr. James Edward Eugene
Brovont, Glen P.
Brown, Larry Warren
Browning, Alan D.
Bunting, Dr. David C.
Burkhart, John E.
Burney, Michael E.
Butler, John Patrick, Jr.
Callard, James Hall
Cardi, Eugene A.
Carle, John R.
Cary, Gerald E.
Casdorph, Benton D.
Cassell, Rev. Daniel M.
Chamberlain, Robert C.
Cherry, Robert Eugene
Clagg, Therll W.
Clark, Charles J.
Clark, Robert Frederick
Clark, Stuart Michael
Cleland, Dr. David I.
Clemens, Stephen J.
Collins, Laurence W.
Connole, Dr. Robert J.
Conway, Leo John
Corrigan, David T.
Costello, Dr. Daniel E.
Cott, William M.
Craine, John K.
Crary, Dr. David Truman
Croll, CDR Larry Richard, USN(Ret.)
Crow, Richard G.
Cvitkovich, Edward G.
Dalessandro, Eugene J.
Dameron, Robert W.
Davidson, Arthur L.
Davis, Robert Richard
DeFrain, Patricia Louise
Delman, Roger Stephan
De Mastry, Lee H.
Dembowski, Gerald J.
Denk, William J.
De Santis, Raymond J.
Dickas, Richard D.
Dickerson, Dwight L., Jr.
Dix, Gary A.
Dontchos, Taso E.
Dotson, James Howard
Dowds, David G.
Downey, William F.
Draeger, Dennis M.
Dunkle, Jerry L.
Du Vernay, Jay Brian
Eager, Dale E.
Ebersold, Theodore E.
Eby, John Taylor
Eddy, Gene M.
Faris, Thomas W.
Ferenc, Edward J.
Ferensen, Daniel E.
Fette, David V., Jr.
Finneran, James J.
Fischer, Alex Edward
Fleshman, George Joseph
Fodor, Dr. James N.
Forrester, Alan M.
Foster, John
Frank, John Morton
Fritz, Judy
Fulner, Thomas C.
Galvin, Daniel S.
Garner, Donald E.
Garver, Paul A.
Garza, Judy Elick
Gearhart, Gary L.
Gehring, William M.
Geist, Norman J.
George, Dr. Norman
Gerren, Richard L.
Giggi, LTC Alphonse, USA(Ret.)
Gillett, Dr. Peter L.
Gilligan, James T.
Gluchow, Ms. Diane Liebenthal
Goldberg, Gerald
Goldsmith, Harvey S.
Gordon, Marc D.
Goss, Donald L.
Goudy, David W.
Gramlich, Jay Raymond
Green, Judith Lucile
Greetham, Jerry M.
Griffith, Donald Collier
Grumbach, Frederick Steven
Gunn, Lawrence Anthony
Gunther, Charles R.
Guthrie, Stephen T.
Haddad, Royce C.
Haley, Robert R.
Hall, Sidney Winslow
Hamilton, Edna H.
Hamilton, Harry N.
Hamilton, Neal Wesley
Hamilton, Stephen Gail
Handel, David Howard
Hanna, Barstow L., Jr.
Harris, Seth Bennett
Harris, Stephen A., CPA
Harrison, Joseph K.
Hartman, Gabriel C.
Hathhorn, Thomas G.
Hausknecht, Ernest E.
Hawkins, Edward Campbell
Hay, Don J.
Hempy, Richard Lee
Heron, John J.
Herrera Espinosa, Guillermo
Hertzer, John P.
Hickmott, Warren T.
Hickok, Howard N., III
Hill, Robert Fredrick, II
Hill, Suzanne
Hite, Judson C.
Hochstetter, Gregory
Hoff, James J.
Hoffman, Charles Edward
Hollifield, Alfred J.
Howell, Jack H.
Hudson, Alastair G.
Humphreys, John R.
Hunt, Dr. Ronald John
Jameson, J. Ross, II
Jander, Thomas Richard
Jeffers, Carolyn Angell
Jeffrey, Joseph Andrew, Jr.
Jenkins, John Blaine
Jennings, Richard Louis
Johanning, Thomas L.
Johnson, Donald Rodman
Johnson, Richard Darrell
Johnston, Dr. Kenneth Stanton
Jones, Kenneth Hector
Jones, Larry Wilson
Kamimura, Akira
Karshner, John Noble
Kasson, Michael C.
Kasun, Donald Lee
Katz, Lawrence D.
Kennedy, Herbert L., Jr.
Kenney, William J.
Kessler, Wendell R.
Khoury, William W.
Kiemle, Frederick William
Kline, Jerry H.
Klovanich, John P.
Klug, Dr. Raymond H.
Knutson, CAPT Albert Eugene, USN(Ret.)
Konstans, Dr. Constantine
Kowalski, Daniel S.
Krill, Philip P.
Kulick, Paul E.
Lawson, Dr. Donald F.
Lawton, CAPT Lawrence Wells, USN
Lax, Bruce B.
Leach, Ross V.
Lepage, Charles F.
Levine, Edward Gary
Lewis, Roger Lee
Liff, Howard S.
Light, David N.
Lowry, Jon D.
Lowy, Louis P.
Luby, Donald K.
Lucas, Jerry Ray
Lucke, Ronald W.
Ludwin, Fred A.
Maggiore, David S.
Malamud, Harvey B.
Marling, Richard A.
Martin, William Gamble
Martin, William Tracy
Martinelli, Dr. Patrick Andrew
Mc Clelland, LTC David H., USAF(Ret.)
Mc Daniel, Richard A.
Mc Devid, Dr. John Edwin, Jr.
Mc Gavran, Francis Johnston, II
Mc Kay, Donald W.
McKinstry, Thomas B., Jr.
Mc Menamy, William C., Jr.
Meckler, Stephen G.
Merrick, Barry I.
Meyers, Jerome Gilbert
Miljus, Donald
Miller, Charles William
Miller, Fred Bodimer
Miller, Howard L.
Miller, Nelson Keith
Miller, William Henry
Millholland, Emmett W., Jr.
Minkin, Herbert Evan
Moffitt, Hulda Simonson
Moore, Thomas Edward
Morrill, Edward F., III
Morris, David Michael
Morrison, Robert Clarke
Mosser, Joel E.
Muench, Frederic William, Jr.
Murphy, James Thomas
Myers, Gerald N.
Myers, Larry Felix
Nagel, John Wesley
Nahan, Joseph F.
Neal, Eleanor A.
Neff, Walter Loren
Neuman, Alan W.
Newman, Scott David
Nezbeth, Donald J.
Nickels, Dr. William George
Nicodemus, Raymond E.
Norton, Dennis O.
Novak, Ira H.
Orr, Robert M.
Pagura, Robert Michael
Park, Jack L., CPA
Parsons, Dr. Jerry William
Patrick, William B.
Pausch, Robert Eddy
Pavord, Dr. William C.
Phipps, James G.
Pilkey, William B., III
Pinney, Hubert Russell
Pittenger, Wayne A.
Pollard, Theodore S.
Proicou, Chris Nick
Py, Phillip W.
Quinn, Richard L.
Raynak, Larry J.
Reinhard, Dean G.
Reninger, Normand W.
Reynolds, Susan Pitcher
Rhoades, Ronald R.
Ricketts, David W.
Ridenour, William E.
Riveland, Harold R.
Roberson, Gary W.
Roberts, Matthew Goodwin, Jr.
Roberts, Steven Randolph
Rockey, Robert Daniel, Jr.
Rogers, Lawrence Clayton
Rose, Robert Jack
Royer, Richard Louis
Rubenstein, Michael B.
Rupp, David P., Jr.
Safer, Steven Rex
Sanders, Leslie Andrews
Sauter, John L.
Scheuer, Kenneth D.
Schirtzinger, Robert L.
Schmidt, Werner Bertold
Schorr, Jon Michael
Schwartz, Garry Brian
Schwartz, John Raymond
Scott, Dr. Raymond Hyde
Seidemann, Robert S.
Seitz, Thomas A.
Sells, Jon D.
Sensel, Frank B., Jr.
Sentle, Jesse W., Jr.
Shaw, Russell Clyde
Sheffey, MGEN Fred Clifton, USA(Ret.)
Shoup, James M.
Sinclair, Marlyn Sandhaus
Smith, Howard De Loss
Smith, James Hartley
Solze, MAJ James W., Jr.
Sparks, Robert Earl
Spector, Earl M.
Spiers, Thomas Edward
Spitler, Daniel T.
Stahl, John A.
Stewart, Earl James
Sting, David G.
Strang, John A.
Stratso, David A.
Summers, James C.
Swart, Ronald G.
Sweeney, Fred C.
Swid, Stephen Claar
Szoke, Siegfried B.
Tabbert, Bradley C.
Tavenner, William J., Sr.
Thompson, Judy Anderson
Timberlake, Herbert A., Jr.
Tish, Lester Dale
Tolford, George Kay
Travis, Dennis L.
Tully, James King
Turner, John Herbert
Tyler, Robert R.
Uretsky, Dr. Myron
Vanderbilt, William D., III
Veazie, Walter H., Jr.
Volkmar, William
Walls, James Jefferson
Ward, Joe K.
Ward, Robert D.
Ward, Thomas Allen
Washing, C. Craig
Waters, Robert E.
Weaver, Joseph Roy
Wheaton, Terence E.
Whitacre, Roger L.
White, Donald A.
White, Nancy
White, Dr. Thomas Robert
White, Wilfred W., Jr.
Whitman, John C.
Wiesenmayer, Robert C.
Willis, John Wightman, Jr.
Windgassen, Dean Lee
Wish, John Reed
Wittenmeier, Charles G.
Wonderly, William Frank
Woods, Larry R.
Woodward, Evan J.
Wright, Tom Cameron
Yee, Ping K.
Yurman, James Daniel
Zell, Elden Edward
Zettler, John J.
Zwelling, Joel R.

1963
Abel, Fred Harman
Abulela, Dr. Mohammad T.
Agee, Jon W.
Alban, Reese E.
Albright, Charles T.
Allen, H. Keith
Anderson, Robert Edward
Anderson, Windsor Lynn
Andres, Edward A., Jr.
Appel, Mrs. M. Joyce Shull
Archibald, Mary J.
Archinal, Bruce L.
Ash, Fred M.
Austin, Stephen J.
Ayres, Richard Stone
Aziz, Mohammad T.
Baker, Keith Donald
Baker, Wayne Carl
Ballenger, James P.
Balling, Joseph S., Jr.
Ballou, Dr. Ronald Herman
Barrett, COL Richard Allen, USA
Barry, Warren L.
Becker, James Arthur
Bernstein, Jack W.
Betz, Robert C.
Big, John J.
Blake, Rodney R., Jr.
Blue, Allan M.
Boerger, Jerry Allan
Boone, Rea E.
Bownas, William T.
Bradley, Mrs. M. J.
Brissenden, James L.
Brofsky, Jarrett B.
Bronsdon, Paul R.
Broughton, Steven C.
Brown, Barry Landis
Brown, Harry Edward
Brown, John Clair
Brown, Kathleen A.
Brown, Robert Mc Laughlin
Brunner, Charles F.
Bryan, Thomas A.
Burge, Barry G.
Burriss, Bruce David
Byers, Frank M., Jr.
Carter, George Rex, Jr.
Chambon, Harry A., III
Chelikowsky, Wayne F.
Choy, Eugene
Churchman, Larry K.
Ciagne, Arthur M., Jr.
Clouse, Paul G.
Coleburn, Joseph W., III
Coletta, Jerry A.
Cook, Philip Oke
Coon, Dale Roger
Cooper, Graham Percy
Cooper, Jo Ann Lichtensteig
Coppo, Valentine T.
Cotter, Joseph F.
Cowgill, Ann
Creagan, Thomas Edward
Creamer, John W.
Crist, William C.
Crockett, Rex J.
Cross, Roger L.
Cummings, COL William Joseph, USA(Ret.)
Cutter, David L.
Davies, Richard Mark
Davis, Stanley Allen
DeLong, Barbara J.
Denzel, F. William
Deters, James Raymond
Di Mare, Anthony J.
Distelhorst, Neil B.
Doak, Robert Joseph
Dodds, Larry Earl
Dogangun, Burhan Cahit, CDP
Dougherty, Gary G.
Downes, Roger S.
Duffy, Charles
Edwards, Howell Evan
Ellinger, Richard L.
Ellis, John Day
Elmer, David L.
Emmons, Ronald Z.
Englehart, Michael F.
Enroth, LTC John E. M., Jr., USAF
Eppich, Kenneth Louis
Fairchild, Wayne E.
Falvey, William M.
Farst, Richard L.
Featheringham, Robert P.
Fellows, Robert D.
Ferguson, John Irving
Ferree, Robert G.
Field, Richard B.
Fiori, Frank A.
Fishman, Martin A.
Flaherty, David B.
Flask, Edward A.
Flock, Richard William
Foft, Michael Jon
Fogle, Larry G.
Ford, Joseph Bruce
Fox, Donald Lawrence
Fox, James Bernard
Fox, Richard Pedigo
Frank, Wendy L.
Franklin, COL Robert Beall, Jr., USA
Franzen, George Joseph, Jr.
Frasier, Dr. James E.
Friedman, Alfred
Frutig, Charles R.
Gardner, Robert William
Gaston, David A.
Gayton, Charles W.
Gear, Alexander M.
George, Mary Havens
Gibbons, Donald E.
Gibson, Susan R.
Glaser, Michael D.
Goldberg, Larry
Goldman, William A.
Goldstein, Jerrold L.
Goles, Geraldine
Good, Donald William
Gottlieb, Robert H.
Gray, Dr. John Charles
Gray, John Christopher
Green, Donald K.
Griesen, Dr. James Victor
Griffin, Thane
Griffis, Richard W.
Griffith, Gary Reese
Gue, William P.
Gunderson, Fred G.
Gurev, Jerome B.
Hackworth, Donald E.
Hadden, E. Kenneth
Hamill, John F.
Hamill, Paul G., Jr.
Hammer, Thomas E.
Haney, David G.
Harmon, Frank H.
Harris, Lawrence Morton
Hastings, Dr. Robert E.
Hawkins, William Taylor
Hazelton, Dr. Philip M.
Hazelton, Roger L.
Headley, Philip Alan
Headrick, Joann Bahn
Hebble, David H.
Henden, Arnold Ira
Hendler, Harvey R.
Henley, Richard D.
Hicks, Dr. Robert Elden
Hite, Judith
Hochman, Hon. James B.
Hockman, Dennis G.
Holzemer, Michael W.
Hopper, David A.
Hurn, George E., II
Huth, Joseph L.
Hyre, Dr. James G.
Ihrig, Weldon E.
Irwin, Robert Clayton
Isaly, Lynn Delbert
Jacobs, Dr. Laurence W.
Jarvis, Michael Mountain
Jeffery, Morton L.
Jeffries, Jack B.
Johnson, Charles M.
Johnson, LTC Milton Lee, USAF(Ret.)
Johnson, Virginia
Johnston, Robert William
Johnstone, James M.
Jones, Robert Lee
Juergens, Robert S.
Kahn, Michael B.
Kalinoski, Kenneth S.
Kantner, Perry Michael
Kayser, C. Scott
Kinsella, Gary R.
Kirsch-Taylor, Ms. Mary
Kisling, James Albert
Knudsen, Kenneth Martin
Kress, Evan B.
Krstolic, Raymond C.
Kucera, Daniel A.
Kuenning, Carol
Kyle, James E.
Lambert, Howard L.
Lamm, Lanny E.
Lancione, Richard Lee
Landefeld, C. William
Lanning, James W.
Lapper, Margaret Edgar
Larrimer, Brant A.
Leach, Michael J.
Lehr, Frederic E.
Lewis, Edward William, Jr.
Lieser, John T.
Liffiton, Jack D.
Lingo, Edward J.
Long, Thomas Charles
Long, Wayne Edwin
Lowman, J. Philip
Magee, Neal Hall, II
Mahoney, Brian Richard
Mains, John B.
Malinverni, COL Albert, USAF(Ret.)
Marhover, Robert H.
Marsh, MAJ Ben Franklin
Marshall, Ronald Mark, PhD
Marshall, Wayne Eugene
Mathews, Dr. H. Lee
Matsumoto, COL Glenn K.
Matto, Edward A.
Maxwell, David Evan
May, John Clark
Mc Alister, Dr. Edgar R.
Mc Comb, Roger E.
McCord, James W.
Mc Daniel, Roger W.
Mc Donnel, Harold A.
Mc Entee, Melinda L.
McGlone, Omer M.
Mc Laughlin, William M.
Mc Master, Leonard Royal
Medlock, Owen Leroy
Mercer, David Cameron
Merrill, Bruce B.
Michael, Terry A.
Mielke, William L.
Miller, Alan Bratton
Miller, Clyde Allen
Miller, Joe M.
Miller, Robert Andrew
Milligan, George C.
Minton, James A.
Moldovan, George John
Monnett, Kenneth Eugene
Montesano, Joseph J.
Montgomery, John Ruffner
Montgomery, Robert William, Jr.
Moon, David D.
Mooney, David D.
Moore, Sue Ellen
Morganstern, Stanley

CLASS YEAR LISTINGS CLASS OF 1965 335

1963 (Cont'd)
Morris, Dr. Russell Dale
Mueller, Donald Joseph
Mulligan, COL Thomas C.
Myers, Julie Price
Neely, Don H.
Nemo, Edward Stanley
Neuhart, Monte L.
Neuman, Jack L.
Newland, Robert L.
Nicholson, Dr. Edward Allen, Jr.
Nitschke, Paul Andrew
Noble, John L.
Noe, Nicholas N.
Nordstrom, Orrin Bruce
O'Brien, Michael C.
Ockington, William J.
Ohlson, CDR Bruce H., USNR(RET.)
Okun, Larry S.
Olnhausen, Van
Orlando, George Ralph
Osborn, Robert H.
Park, MAJ Peter R., USA(Ret.)
Parkinson, James H.
Parrott, James T.
Patterson, Kenneth G., Jr.
Pearson, David E.
Peck, William H.
Pedigo, Howard K.
Perry, Paul Edwin
Peters, Janis E.
Pierce, Samuel Laverne
Pimsner, Robert A.
Polt, William A.
Porthouse, J. David
Presutti, Jack C.
Prior, Robert L.
Probasco, John F.
Pruyn, Susan
Quartullo, Orpheus F., Jr.
Rackow, William Norman
Ralston, Trent Haas
Rapp, Charles G.
Rauch, Donald E.
Rauch, William F.
Reeves, John B.
Renard, James F.
Rennie, Dr. Henry George
Rich, Lawrence J.
Roberts, Jack C.
Roth, Dennis Alan
Rothman, Robert Alan
Rubadue, Ernest A.
Rubin, Richard T.
Rudner, William S.
Rutz, Fred L.
Rypma, Sjirk L.
Saad, Michael D.
Sanders, Daryl T.
Sarver, Jerry A.
Sauber, David L.
Scanlon, James Phillip
Schaefer, Charles D.
Schaefer, Louis B., IV
Schaffranek, Helfried A.
Schecter, Bert M.
Schiele, David L.
Schmaeman, Gary Warren
Schmid, Paul E.
Schott, Joseph Louis
Search, David E.
Shaw, Melvyn P.
Shields, Richard D.
Shutrump, Victor E., Jr.
Sicaras, Tasso George
Simpson, George Nelson
Simpson, William Evans
Slauson, John Gordon
Smeltzer, William O.
Smith, Michael Duard
Smucker, F. David
Sobrino, Jose F.
Soule, B. Linn
Spell, Robert William
Spellman, William C.
Spinelli, Joseph G.
Spohn, Douglas B.
Stautzenbach, Mark S.
Stein, Donald R.
Stephens, Larry Patrick
Stephenson, Dr. P. Ronald
Stephenson, William B., III
Stevenson, Dennis Dale
Stewart, William Glen
Stofer, James W.
Stone, Larry David
Strauss, Ernest F.
Strayer, Steven R.
Stuve, William F.
Suter, David Michael
Thomas, Daniel P.
Thornborough, Stephen N.
Titmas, Robert J.
Todd, Dr. Jerry Dale
Trattner, Barry A.
Traxler, Ruth Perdue
Trogus, Nancy W.
Tucker, Malcolm B.
Uldricks, Donald Blythe
Unger, Frederick Branson
Vannuki, Ronald J.
Vellani, John
Viertel, Walter Kurt, Jr.
Vlaskamp, Fredrick J.
Vogel, Jerome W.
Vogel, Robert L.
Voll, Robert T.
Wagner, Richard Paul
Walker, Richard H.
Walters, James Leland, Sr.
Walton, Hon. William Richard
Warden, Fred Bingham, Jr., CPA
Watkins, Judith A.
Watters, Roland Wesley, Jr.
Waugh, James Elden
Weakley, Douglas A.
Weber, Robert Lee
Welch, Craig J.
Welch, Georgia
Welshans, Richard M.
Welty, Robert J.
Wentz, William Arthur
Wertz, Robert W., Jr.
Wessel, LTC John A.
White, Robert Edward
Whitt, Patrick H.
Wilcox, LTC C. Raymond, USAF(Ret.)
Wilcox, Philip R.
Wiles, Daniel George
Wiley, Ronald Leroy
Williams, Roy E.
Willingham, Dr. John J.
Willits, Michael Ellis
Wilson, Larry B.
Wingenbach, Edward Charles, III
Wolf, Roger J.
Workman, John J.
Wright, Charles F.
Wright, Richard Russell
Yanney, Louis E.
Yeoman, Robert Irvin
Young, Dr. James Douglas
Young, Judith A.
Young, Ronald S.
Zecher, Joseph Richard
Zeiters, Dirk E.
Zeman, Gerald Charles
Zink, Edward L.
Zolnay, Elizabeth Versenyi

1964
Abraham, Harold V.
Abramovitz, Leslie B.
Abruzzi, Richard A.
Adams, Leland D., Jr.
Alfonso, David C.
Amiet, Hon. Ralph David
Andreas, William S.
Apple, Leslie H.
Argust, Ward Clayton
Arnold, George John
Baehr, Paul T.
Baehr, Philip M.
Bahr, Richard M.
Baldwin, Robert James
Ball, Dwight C.
Balme, Kennard P., Jr.
Barber, LTC John E., USAF
Barkhurst, Richard L.
Barnes, John Roger
Baskin, Mary L.
Bass, Robert L.
Batross, Martin Earl
Baum, Edwin J.
Bavetz, Richard A.
Bechtel, Robert A.
Belhorn, Paul C.
Bembenek, Ted J., Jr.
Berk, Fred W.
Berndt, Sue Ellen
Berry, Leonard E.
Bertelsbeck, Robert W.
Biddle, James E.
Bilger, Boyd F.
Binder, COL Edwin M., USAF(Ret.)
Bippus, William F.
Black, Roland Lyman, Jr.
Blasko, Robert
Blocker, Cecil Arlo, Jr.
Blum, John Eric
Boone, Jerry R.
Boos, Robert D.
Borel, Richard W.
Bosen, John R.
Bowman, Dr. John Hemphill
Boyd, Bruce D.
Braner, Dr. Henry M.
Branson, Charles W.
Brewer, John D.
Brittigan, Robert Lee
Brown, Gilbert A.
Brown, Keith L.
Brown, Patrick N.
Brown, R. Thomas
Brunner, Dr. G. Allen
Brunswick, Paul Leo
Buchsbaum, Maurice Randolph
Burk, Melvyn I.
Burkey, James T.
Burton, Donald W.
Bush, Bailey W.
Buttress, Stephen M.
Callif, George L., II, CLU
Canfield, Howard T.
Carson, Donald
Carter, Dennis Allan
Casteel, Ronald Ray
Cattey, David J.
Cecil, Stephen R.
Ceppos, Jeffrey H.
Chapman, MAJ Wilbur E., USAF(Ret.)
Chernett, Stanford A.
Chinnici, Joseph A., Jr.
Clark, Ronald James, JD
Clifford, L. Aaron
Clouse, Grace Yoxsimer
Clouse, James M.
Coate, Charles R.
Coffey, Lee R.
Cohen, Sanford David
Collins, George A., Jr.
Combs, Thomas B.
Conger, Thomas Y.
Cooper, R. Jack
Costanzo, Orlando F.
Criss, Harry P., Jr.
Croft, James D.
Cross, Ronald R.
Curran, Bonnie
Curry, Douglas L.
Dahmen, David S.
Danylyk, John T.
Davis, Dennis G.
Davis, Paul Gordon
De Good, Gerald L.
DeHays, Dr. Daniel Wesley, Jr.
Dierker, Edward F.
Dimmick, Neill Tison
Distel, Jerome P.
Dobler, Gordon John
Dobrin, Diane Feldinger
Dodez, Richard Dale
Doerr, William H.
Doersam, James O.
Doner, Norma Landry
Driskell, Thomas D.
Du Covna, Herbert S.
Duncan, Lennis M.
Dundas, CAPT Wallace Darrel, USAF
Dunkle, Kathleen E.
Eisenberg, Stuart A.
Eisler, Benjamin D.
Elwell, Robert R.
Ely, Donald Edwin
Emley, Fred W.
Emptage, Warren K.
Evans, David William
Evans, Rev. George Morey
Ezzell, Dr. John Russell
Farsht, Jack L.
Fenstermaker, Richard C.
Ferris, Boyd B., Esq.
Foote, Mark D.
Ford, James Robert
Frankel, Paul D.
Frasher, Rev. Granville J.
French, John C.
Friel, Edward A.
Frohlin, Gary R.
Fuller, Robert Louis
Galle, Steven T.
Ganim, Alan J.
Gardner, Joseph T.
Garvin, Eleanor June
Gates, James E.
Gerard, John Michael
Gerbino, Louis A.
German, Dennis L.
Gilmore, Daniel M.
Glessner, Robert F., Jr.
Goldman, Benjamin A.
Goodman, Alan I.
Gordon, Dr. Agnes Marshall
Gordon, Hy Sheldon
Goslee, James Robert, III
Grissom, Robert W.
Groh, Howard S.
Gross, Richard Charles
Gudis, Malcolm J.
Guffey, Lawrence E.
Gusty, CAPT James
Haban, Matthew A.
Hall, Thomas William
Haney, Gerald E.
Hansberger, Thomas D.
Hardcastle, Paul E.
Hardy, Max B., Jr.
Harman, James H.
Harmon, Bruce D.
Hatcher, Stephen R.
Hauser, Donald Gene
Headington, Cary Ross
Heikkila, Neil D.
Hemmert, William F.
Henricks, CAPT Ralph K., USAF(Ret.)
Hess, William Wesley
Hidy, James E.
Hill, Frederick William
Hill, James Scott
Hinshaw, William R.
Hoge, Ned W.
Holden, Jeffrey L.
Hollender, John Edward
Holtshouse, James F., Jr.
House, Raymond E.
Howard, Dr. Richard Hayden
Howe, David Arthur
Howe, James M.
Hutchinson, David F.
Hydell, Martin H.
Hyman, Wallace R.
Ireland, Kenneth D.
Isaly, Richard A., Jr.
Jablonski, John J., CPA
Jackson, Larry Allen
James, Langley Bruce
Jones, Charles Haddon, Jr.
Jones, Charles Robert
Justice, John R.
Kaplan, Richard O.
Kastner, Maurice H.
Kelly, Kent Rogers
Kern, Christopher R.
Kilgore, MAJ William P., USAF(Ret.)
King, David Clark
Kinsey, William Paul
Kirkbride, Robert G.
Kisor, Lee N.
Kissh, John A., Jr.
Klink, Bodo B.
Knappenberger, Jerry L.
Knight, Aldis M.
Knoop, Charles L.
Kobulnicky, Henry G.
Korb, Charles E.
Korb, Donald L.
Kormos, Michael J.
Kraus, Kenneth M.
Krieger, Harry Lange, Jr.
Krulich, Ronald F.
Kruse, Doris M.
Kuhn, Helen Roberts
Kyff, John L., Jr.
Kyle, William Richards
Lacey, Thomas Williams
Landor, Walter E.
Lanford, Dr. Horace W., Jr.
La Porte, Ralph M., Jr.
Lee, Carl Hopkins
Leedom, Marvin Lee
Leighton, Charles T.
Leventhal, Aaron Jay
Line, Ronald N.
Lorey, Daniel R.
Lowry, John A.
Lubeach, Ronald Z.
Lyons, James D.
Madden, Hugh Frederick
Maggied, Dr. Hal S.
Mamula, Charles
Maniker, Howard B.
Manuel, Thomas E.
Marinelli, Anthony
Markey, Robert P.
Markle, Roy
Martin, Paul Frederick
Marzluff, Sondra Clapp
Massie, Thomas D.
Matik, Ronald Joseph
Maxwell, David Ray
Mc Cormick, John Robert
Mc Crabb, Jeffrey Allen
Mendel, Diane
Mereness, Daniel R.
Merullo, Victor D.
Meyer, Stephen Foster
Meyer, Vincent Edward
Meyers, Carl A.
Middlebrook, Billy J.
Mikusa, John, Jr.
Miley, Larry H.
Miller, B. Keith
Miller, Michael Theodore
Miller, R. Ted
Miller, William Arthur
Millikin, Robert Tavenner
Miner, Lawrence S., Jr.
Minton, W. Stewart
Mitchell, Kenneth Paul
Mitchell, Raymond L.
Mitchell, Richard William
Mitsakos, Peter L.
Mock, Dr. Edward J.
Monnett, COL James F.
Montgomery, Leroy Noble
Moore, Brian Harold, CPA
Moore, Herff Leo, Jr.
Moore, Maurice Jerry
Moore, Richard Hall
Morgan, Harold Stanley
Morton, Alan
Muir, Thomas P.
Mukoyama, Jorge S.
Mull, William Q., II
Musci, Peter J.
Myers, Stanley L.
Najjar, Dr. Adnan
Narbut, CAPT Joseph, Jr.
Natherson, Russell S.
Neal, Robert A.
Neal, William T.
Nelson, Gene Erick
Neuhart, James R.
Newbrey, James A.
Newhart, Paul L.
Nichols, Larry Allen
Nicholson, John E.
Nichter, CAPT James W., USAF(Ret.)
Niehaus, Thomas A.
Niermeyer, Diane Dombey
Noecker, Nancy Kelley
Norris, Richard Allen
O'Keefe, David M.
Olin, John H.
Ollendorff, Franklin G.
O'Neill, John Capistran
Osborn, Glenn A.
Osborne, James F., II
Palmer, Barbara
Pappas, Panayotis F.
Parsch, Ilona
Parsons, Stuart Nelson
Partridge, Robert W.
Patterson, Ronald E.
Patton, MAJ Jerry V.
Pearson, James F.
Pelton, John D.
Perlman, Joseph N.
Perlmuter, Carol
Piccioni, Joseph C.
Piech, CAPT Leonard G.
Pillar, Philip M.
Pitcock, Thomas C.
Polisner, Dennis M.
Polster, Howard
Poole, Donald E.
Poole, John Ryder, II
Poore, Hughbert D., Jr.
Potter, Paul D.
Previts, Gary John
Price, Douglas L.
Price, Richard Alan
Reid, Jeffrey R.
Remlinger, Roger A.
Reynolds, Baiba Folkmanis
Rittenhouse, Charles E.
Robinson, Ronald Michael
Roby, John S.
Rodenfels, Richard J.
Rogers, David Lewis
Rohleder, William J.
Roope, Charles Edward
Rosenmutter, Beverly
Rudy, Carolyn May
Rueckel, Owen M., Jr.
Sain, U. Grant
Sakada, Daryll Michael
Saner, Thomas A.
Sauber, Harold F.
Schaffer, Raymond W.
Schembs, Frank H.
Scherer, Philip M.
Schermer, Harry Angus
Schiefer, Donald I.
Schilder, James E.
Schlezinger, I. Howard
Schlezinger, Ira H.
Schmahl, Douglas A.
Schmitt, John D.
Schmitt, Karen Edberg
Schneider, Jon William
Schoedinger, John A.
Schorr, James L.
Schrock, Richard D.
Schumaker, David W.
Scoles, Franklin D.
Searfoss, David L.
Segall, Stanley B.
Sheehy, David J.
Shively, James R.
Shoup, David L.
Shulman, Lloyd J.
Skruck, Dr. Gerard Francis
Slane, Daniel M.
Smith, Robert Everett
Snabl, Joseph J., Jr.
Snoble, John Allen
Snyder, Frederick W.
Snyder, Harley Leroy
Sollie, Robert C.
Sontag, Eric Lynn
Spadinger, CAPT Jay J., USAF(Ret.)
Spahr, Gary William
Spiegel, James E.
Stagney, Edward M.
Starnes, LTC William H., USAF(Ret.)
Stemen, Larry C.
Stentz, Victor Neal
Stephens, Robert Scott
Stern, Robert William
Stewart, Craig M.
Stough, Dr. Roger R.
Stout, Jerry F.
Stover, Thomas E.
Straub, Ralph Gene
Strock, James H.
Sullivan, Michael Francis D.
Sutton, David A.
Switzer, Brian Carl
Swope, William C.
Thomas, Edward H.
Thomas, Willard S.
Thompson, Gerald Allen
Thrasher, David Randolph
Tisdale, Warren H.
Tootle, Dr. Columbus Edwin
Troutman, CAPT Vance G.
Tucker, William F.
Tulga, Jerry M.
Tyrrell, Brent E.
Ubl, Marlowe E.
Underwood, Kenneth L.
Upperman, William H.
Vasil, Steve A.
Voris, D. Thomas
Wade, William W.
Wagner, Leslie Kermit, Jr.
Wainio, Alan Jon
Walcutt, Stephen O.
Walker, Ross William
Washburn, David C.
Watson, William Lloyd
Watts, Kenneth S.
Weber, James J.
Weber, Lawrence J.
Weiler, Dr. Robert Jerry
Weinberg, Jack
Welliver, MAJ George H., Jr.
Wemer, Michael W.
Wentzel, Philip Joseph
Weprin, James I.
Wetmore, William Jess
Whaley, Terry E., Sr.
Whiting, Ronald K.
Whittemore, Russell H.
Willson, Charles Anthony
Wilson, Dr. Cyrus Clarke
Wilson, Gregory D.
Winton, John C.
Wolfe, Paul E.
Yamaguchi, Ken Ichi
Yeamans, John H.
Yert, Donald Ralph
Yost, David William
Young, Robert Evans
Younker, Daniel Edward
Zabinski, Walter
Zellner, Arthur M.
Ziarko, Michael E.
Zigli, Larry E.
Zimmer, Dr. Robert Keith
Zinser, Robert E.
Zustovich, Alfred B.

1965
Adams, William Michael
Akey, Barbara
Altman, Charles R.
Anderson, Thomas L.
Andrews, David Lynn
Asebrook, Robert L.
Aten, John C.
Axner, Martha
Bagley, Robert R.
Baker, Lawrence Wayne
Baker, Dr. William Gary
Barnes, Carlos Eduardo
Barrett, Phillip Heston
Baxter, Gary L.
Becker, Arnold A., Jr.
Bender, Jack J.
Bennett, Ralph A.
Bentz, Dr. William Frederick
Berk, Robert Jerome
Berkowitz, Stuart M.
Berry, Clark O.
Biehl, John Charles, Esq.
Bigelow, Perry J.
Bigelow, William B.
Bilsing, Robert M.
Bishop, Paul Robert
Bleich, Donald Lawrence
Bob, Thomas H.
Boiston, Bernard G.
Boling, Brian O.
Bornstein, Bill
Bowen, John E.

336 CLASS OF 1965 OSU COLLEGE OF BUSINESS

1965 (Cont'd)
Bowersock, Nancy Howell
Boyles, Barry Gilchrist
Bradt, LCDR Douglas J., USN
Brandon, Leslie L.
Breitenbach, Dr. Robert B.
Brinkman, Donald H.
Brophy, Dr. David J.
Brown, Joel Adams
Brown, Linda Raye
Brown, Michael Timothy
Buckley, William James
Burcham, David E.
Burke, Jerry Lee
Burkhardt, Robert K.
Burns, Michael Dennis
Burns, William Bruce
Buttress, John P.
Buxbaum, Richard W.
Cain, Milford M.
Carr, Gene M.
Carriger, Henry N.
Carro, Daniel J.
Carroll, James L.
Chapman, William D.
Chase, Nina Ross
Chilcote, David L.
Clager, Frank J.
Clutter, Vaughn D.
Clymer, William Latham
Coady, Nicholas P.
Cobb, Phillip E.
Cockerill, Philip J.
Coffee, Charles R.
Cohen, Martin R.
Cohen, Victor George
Coleman, Kenneth Louis
Conard, Bruce A.
Conley, Richard D.
Conner, Richard Lee
Contos, Frank D., Jr.
Cooley, Quentin
Corbett, Daryl W.
Cordiano, Anthony
Coticchia, Joseph L.
Cotterman, Jerry D.
Cotton, Thomas R.
Court, Gary Richard
Cox, William White, Jr.
Crawford, Hon. Dale Anthony
Crawford, Thomas Earl
Csizmadia, James S.
Curtis, Michael Alan
Cybulski, Robert C.
Dalbey, Stephen I.
Day, Robert Alan
Dean, Dr. Robert A.
Deidrick, Gene D.
Desich, Richard
Deutsch, David M.
De Villing, Christopher H.
De Vos, Dana W.
Di Paolo, Paul M.
Distelhorst, Richard N.
Dobras, Darryl B.
Doerfler, Philip A.
Dolinger, Ronald Michael
Dorsey, John T.
Dreffer, Stephan D.
Dreitzler, Kenneth W.
Drenik, Douglas Jay
Dunn, Gael Hallahan
Dye, Douglas D.
Eberhart, Douglas T.
Edwards, D. David
Edwards, MAJ George L.
Elsea, Carole Elder
Enlow, Fred Clark
Estorge, Erie
Evans, Jerry Curtis
Ewing, William W.
Fahrmeier, Raymond L.
Fair, Robert F., Jr.
Falkenberg, John M., Jr.
Fate, Gary Alan
Federle, Thomas W.
Filbrun, Richard L.
Fine, Anita L.
Finney, Roger B.
Fix, James H.
Fletcher, Thomas Edward
Florio, Dr. Charles Bernard
Flynn, Richard W.
Flynn, Thomas G.
Ford, Lawrence Royden
Fordyce, James T.
Forrester, William R.
Foster, Richard Walters
Foster, Robert Michael
Fouss, G. William
Fox, Jay Louis
Fravel, Jack H.
Fridley, Sondra
Fugita, Dr. Stephen S.
Fullen, Larry B.
Gall, Gary S.
Ganger, Roger N.
Gardner, Robert Lynn
Garlikov, Donald E.
Garlikov, Mark B.
Getzendiner, Charles A.
Gianakopoulos, Aristides G.
Gieser, Gary A.
Glass, Gary A.
Glotzbecker, David E.
Goldberg, Alan R.
Goosmann, Clifford Joseph
Gordon, 2LT Charles L.
Gotlieb, Lawrence D.
Gould, Michael G.
Greenfield, David A.
Gress, Larry A.
Griffith, Walter C.
Grismer, Gale Phillip
Guss, Dr. Leonard M.
Hackett, Peter J.
Hagler, Karen West
Hainen, Jerry L.
Hall, William Floyd
Halterman, Richard D.
Hamilton, James Sheridan
Hammond, David A.
Hanf, Richard J.
Hanline, Dr. Manning H.
Hannon, Charles W., Jr.
Harrington, Ronald G.
Hartley, Richard B.
Hartman, Anthony Joseph
Hassell, George E., JD
Head, Robert Depew
Heikel, Harvey A.
Henley, Keith Francis
Heschel, Michael Shane
Hetzler, Linda Ross
Higgins, Robert Lewis
Hilliker, Donald James
Hitt, Franklin J.
Holden, Michael D.
Hollman, Kenneth W., Jr.
Hollmeyer, Louis R.
Hornung, George J.
Horsfall, Richard H.
Hotrakitya, Ampol
Houser, Douglas R.
Howell, Thomas R.
Howells, John E., III
Hull, Charles O., Jr.
Humbert, LTC Charles K., USAF(Ret.)
Hurley, Charles T.
Hyest, Robert A.
Hynes, Patrick E.
Hysell, Wallace S.
Igelman, Robert P.
Irons, John B., Jr.
Jackson, John R.
Jameson, Richard Crane
Jechura, Ralph C.
Jenkins, Gary Martin
Jenkins, Thomas Gary
Johnson, Dr. Herbert J.
Jones, Gordon, Jr.
Jones, Michael Alban
Kahler, David M.
Kahn, Colman H.
Kasch, William M.
Kass, Franklin E.
Kauffman, David M.
Kavanagh, Ned D.
Keeler, David M.
Keenan, Dr. John Michael
Kegler, Charles John
Kelly, Joyce Foutty
Kennelly, Daniel C.
Kestner, Carl R.
Kidwell, Harold W.
Kiehfuss, Thomas C.
Kildow Austin, Faye C.
Kingsley, John K.
Kirk, Jackson A., Jr.
Kline, George I.
Kline, James H., Jr.
Knedler, John G.
Knight, David P.
Knouff, Robert E.
Kohls, Donald J.
Konnyu, Hon. Ernest L.
Kourlas, Chris P.
Kovalchek, Thomas J.
Kroos, Gerald Leonard
Krull, George W., Jr.
Kucera, James D.
Kuntzman, John C.
Label, Stanley R.
Lafkas, Robert C.
Lambert, John F.
Landefeld, John R.
Lang, Robert Eugene
Lazar, Walter J.
Lazur, Edward G.
Ledman, Dale Edward
Lee, John D.
Lester, Lawrence J.
Linville, Fred Edwin
Lipson, Stephen H.
Lloyd, Terry L.
Lowe, C. Max
Lucas, Elizabeth
Luckerman, Richard P.
Luczak, Arthur F.
Luh, Dr. Feng Shyang
Lurie, Leonard N.
Lusk, Ralph William
Lyle, Dr. Thomas Charles
Lynch, John C.
Lytle, Harry Edward
Maguire, John J., III
Mains, Thomas L.
Mangano, William Basil
Manley, Michael E.
Mart, Dennis A.
Martin, Gary Lee
Martin, Terry E.
Masony, Brian Lee
Mathias, Dwight D.
Mc Allister, Christopher Patrick
Mc Cue, William Hall, Jr.
Mc Daniel, Louis A., Jr.
Mc Grath, Timothy John
Mc Kinley, J. William, II
Mc Millen, James D.
Mc Nabnay, CAPT James Richard, SC USN
Mc Nair, Robert Malcolm
Mc Nally, Harry Donald
Merrell, Edwin N.
Mertie, Robert B., CPA
Messerly, William A., Jr.
Michaels, Richard Stretton
Miller, Dr. James Marion
Miller, Michael Francis
Miller, Nicholas E.
Mills, John Michael
Mintzer, Barry Randolph
Mitchell, James Kenneth
Mohn, LTC John R., USA(Ret.)
Moinpour, Dr. Reza
Moloney, John M.
Montgomery, Margaret
Moore, Mary Gordon
Moore, Roger Lyle
Moore, Timothy G.
Morris, Jeffrey
Mossbarger, James W.
Mulheim, Joseph I.
Mundy, Donald L.
Munsey, William I., Jr.
Murchie, James B.
Murr, James Lowell
Naft, Leonard J.
Natkins, Sheryl F.
Neal, Jerry Eugene
Needles, Jack B.
Neff, Patricia A.
Nemethy, Laszlo G.
Newman, F. Robert
Nichols, Jerry Frank, CLU, CHFC
Nichols, John Francis
Noble, Robert T.
Noble, CAPT Thomas L.
O'Hara, Patrick E.
O'Herin, Richard Daniel
Osborn, John Everett
Panek, Donald A.
Panzer, John William
Parish, Richard A.
Patton, Gary M.
Pearson, Lois R.
Peck, Jacob R.
Penn, Robert F.
Perdue, Thomas H.
Perkins, Judson W., Jr.
Perry, Mary Conley
Peters, Douglas Scott
Phillips, James Howard
Phillips, John Edward, Jr.
Pittman, Kenneth L.
Pitts, David R.
Polish, Sheldon S.
Pollack, Sanford Miles
Pradhan, Biswambher M. S.
Pry, C. Nicholas
Quimby, Harry A.
Radvansky, Robert Andrew
Ramsay, Clyde M., Jr.
Reebel, Paul L.
Rees, James B.
Riley, M. James
Rittel, George C.
Roach, Joseph Augustus
Robins, Daniel H.
Robinson, Dr. James A. McNulty
Roselle, Ronald E.
Rosenfield, Ronald L.
Ross, Frederick Sheldon
Rubeck, David C.
Ruck, Robert J.
Rueckel, Wallace L.
Ruflin, Larry J.
Ruhe, John J.
Ruhl, Richard R.
Safford, John C.
Sandvoss, Norman William
Sanson, Philip M.
Schiff, John Jefferson, Jr.
Schiffel, Dennis D.
Schnelle, Michelle
Schultz, Dr. Randall Lee
Scott, LTC Gilbert Theodore, USA
Scott, Howard F.
Scott, Jeffrey Kingston
Scott, William John, Jr.
Seelbinder, Gustav A.
Seitz, Gretchen
Shaffer, James Cleveland
Shahin, Dr. Gordon T.
Shane, Melvin R.
Shapiro, Barbara Gross
Share, James T.
Shea, Frank Patrick, Jr.
Sheehy, D. Michael
Shelton, William Robert, III
Sheridan, Patrick E.
Shkolnik, Steven Jan
Shlachter, Myron S.
Shumaker, Lewis Edward
Silbaugh, Stephen A.
Sladoje, George
Slater, Dr. James Arthur
Sleeper, Dr. David Chesley
Slobin, Lester H.
Smith, Daniel Lee
Smith, Don Scot
Snyder, Robert Raymond
Snyder, Stephen Howard
Soler, Stephen A.
Somers, COL Christopher A., USAF
Sorensen, Dr. James E.
Staley, John T.
Steffy, David L.
Steidinger, Andrew
Stephan, Richard John
Stewart, James Thomas
Stewart, William F.
Stillwagon, CDR Richard J., USN(Ret.)
Stocker, Ashton C.
Streck, James H.
Stringer, George B.
Strok, Thomas D.
Stultz, George N.
Stuver, Donald A., Jr.
Suetterlin, Richard E.
Susi, Anthony P.
Suttle, Betty R.
Sutton, Ira F.
Swan, Frederick B.
Sweeney, Dr. Daniel Joseph
Swentzel, Paul J.
Swisher, David William
Taylor, Robert Morris
Tender, Kenneth N.
Thompson, Gerald Kelth
Todd, Donald Bruce
Tolerton, James Terry
Tomlinson, R. Alan
Tootle, Barbara Oliver
Torres, Antonio
Trimbach, Charles F.
Tripiciano, Patrick Paul
Turek, Arthur R.
Ulrich, W. Edward
Ulrikson, Eric S.
Underhill, Bruce E.
Underwood, John R.
Underwood, William Mc Auliffe
Valentine, Joseph A.
Van Mason, Jerry G.
Vargo, George G.
Vogel, David Walter
Von Allman, Carl G.
Voss, Paul J.
Wagner, Dr. William Burdette
Walker, Orville Charles, Jr.
Walsh, David S.
Walter, Dr. Clyde Kenneth, Jr.
Ward, Lynn Martin
Warner, Eugene J.
Warsaw, Paul Michael
Watts, Phillip M.
Waugh, Richard Belden, Jr.
Weidle, Thomas L.
Weinberg, Stephen J.
Weiskopf, Ralph H.
Weiss, David I.
Weiss, Earl L.
Wentz, Thomas Kaye
Whisler, Carl D.
White, Joseph Larue
Wieder, Daniel E.
Wildman, Ronald J.
Williams, Jerry K.
Willis, James H.
Wilson, Daniel A.
Wilson, E. Lee
Wilson, Juliana
Winski, Joseph Marion
Witschy, Gary Kenton
Witten, Carol F.
Wolfe, Kenneth C.
Wood, David Reames
Wood, Philip M.
Wotschak, William Gregory
Wright, Paul Richard
Yearsley, Raymond L.
Yoss, Richard Albert
Young, Clifford A.
Young, John Mc Mahon
Zander, Carl Alfred
Zimmerman, Douglas Kent
Ziskin, Ms. Anita F.
Zsoldos, Stephen

1966
Abel, MAJ Robert Paul, II, USAR
Agnew, Robert L.
Alvarado, Raymond A.
Alwood, Gary Len
Anderson, William Oliver
Anderson, William Xavier
Andrew, Roger F.
Andrews, Dr. John Joseph
Andrews, Robert A.
Andrick, Theodore K.
Apple, Jerome E.
Arganbright, John R.
Armel, Daniel Edward
Aylesworth, Randall D.
Baker, Glenn Richard
Barabe, Dr. David Jess
Barbu, Barbara Joan
Barefield, Dr. Russell M.
Barker, Dale J.
Barkley, James Edgar
Barrow, Robert
Bates, Samuel D.
Baxter, Robert Eugene
Beamer, David Lee
Bear, Lawrence Kauffman, Jr.
Beaver, David H.
Becker, Robert C.
Beebe, William L.
Begalke, Kenneth A.
Bender, John T.
Bender, Richard A.
Bendure, Bradley J.
Benn, Michael Andrew
Bennett, Joseph Edmund
Berk, Gerald A., Esq.
Berman, Robert A.
Bertin, Thomas A.
Beutler, Robert A., Jr.
Bican, Jo Ann
Biddle, Paul L.
Biggs, J. Allen, Jr.
Blackburn, Thomas Dexter
Blair, LTC John R., USAFR
Blank, Gary Lee
Blatter, Terry G.
Boehm, Edward Charles, Jr.
Bonar, Alan Randall
Bonar, John Edward
Boone, Daniel Lee
Borchers, Jean Paul
Borland, James Sherwood
Bowman, Robert G., Jr.
Boyer, Jack L.
Bramlett, James D.
Brandstetter, Edward G.
Braun, James A.
Braun, Thomas W.
Brewer, Ann Nardin
Brewer, Chester E., Jr.
Briner, Jerome A.
Brooks, Raymond Robert
Brown, Jay Wright
Browne, James S.
Brubaker, William L.
Brunner, Stephen Cahall
Brunton, Frederick V.
Bruton, Robert M.
Buchbinder, Harvey K.
Bugel, Thomas E.
Bullock, Robert F.
Burke, Anne Rogers
Burke, George Bernard
Bussom, Dr. Robert S.
Butcher, Thomas Edward
Butler, Dr. Tod Jordan
Byrne, Millard B.
Cain, James Matthew
Calvert, George B., Jr.
Campbell, Floyd Patrick
Campbell, Roderick Carlisle
Card, Harold P.
Cash, Barbara Corn
Caskey, Mearl Eugene, Jr.
Casterline, Robert L.
Chadwick, Donald R.
Chambers, Robert L.
Chambless, LTC Rubyen M.
Channell, Dale Olin
Christman, LTC Donald O.
Clark, Ronald Thomas
Cogswell, John R.
Coleman, Don O.
Coleman, COL Steven Laurence, USAF
Coltrin, Charles Lawren
Conard, Dennis E.
Conley, Carl Andrew
Connell, C. Jeffrey
Cooper, William R.
Corthell, LTC Jeffrey Lynn, USA(Ret.)
Covel, Jeffrey Archer
Covert, Thomas M.
Cowan, Karen
Cowen, James K.
Coyner, Douglas C.
Cruz, LTC David R., USAF(Ret.)
Curnow, William J., Jr.
Curran, Francis J., Jr.
Danielsen, MAJ Leland J., USAF
Danielson, David A.
Daron, Ronald L.
Darre, Beatrice Fry
Davidson, James Carl
Davidson, Norris
Davis, Richard B.
Dawley, William L.
Dawson, John William, III
Dech, MAJ Jack L.
Decker, Timothy G.
Dennis, Robert Edwin
De Santis, Albert Joseph
Deyling, Gary L.
Dickhaut, Dr. John Wilson, Jr.
Dicks, LTC Gary R., USAF(Ret.)
DiCresce, Edward A.
Dillon, Janice
Dinan, Donald J.
Di Rosario, Anthony R.
Dittrich, Dr. Norman E.
Dombroviak, Robert S.
Donaldson, John B., Jr.
Donavon, Harry L.
Donham, William R.
Dotter, Edward J., Jr.
Douglas, Donald Eugene
Dove, Robert Leo, Jr.
Dovell, William J., Jr.
Downey, Walter E.
Doyle, Joanne Fischer
Doyle, Raymond E., Jr.
Dozer, Caroline
Drabick, Rudolph
Du Bois, Jeffrey B.
Dunn, Delbert C.
Dunton, Robert A.
Dusterberg, Robert B.
Easterman, David A.
Edwards, COL Harry Melvin, USAF
Edwards, William Glen
Ellison, Carolyn J.
Emmelheintz, Ann L.
England, Jerry J.
English, Leonard Michael
Epstein, Dr. Mark Howard
Erb, John Edward
Eschleman, Stephen L.
Essary, Ronald E.
Evans, Richard Joel
Fahrenbach, David J.
Farkas, Joel Jesse
Fiala, Anthony J.
Finkle, Lawrence Joel
Finney, Joseph D.
Fisher, Richard Ivan
Fisher, Robert Lynn
Fishman, Lawrence Rice
Fjelsted, MAJ Lyle G., USAF(Ret.)
Flocke, LTC Alfred E., USAF(Ret.)
Flynn, Thomas R.
Foley, Stephen Ray
Franchino, Neil Anthony
Frankel, Russell E.
Franklin, Gary A.
Freeman, Marc A.
Frey, Duane Alan
Fultz, Dale Arthur
Gagel, Michael E., CPA
Gailitis, Martin
Galan, Michael Howard
Gallagher, Ralph W.
Gallon, LTC Robert W.
Garber, COL Meyer
Gardiner, Claudia E.
Garner, Michael J.
Garrett, Ronald E.
Garrison, Donald E.
Garrus, James T., Jr.
Garson, Barry P.
Garson, Brian K.
Geckeler, Paul A.
Geer, Charles W.
Gelbach, John W.
Gelbaugh, David L.
George, Terry E.
Geuss, John E.
Giaber, Mahmoud T.
Gojdics, David J.
Gonda, Douglas A.
Gonzales, Dr. Conrad Charles
Goss, Linda Stong
Graham, David Leroy
Graham, Robert Joe
Greenberg, Michael Allen

CLASS YEAR LISTINGS CLASS OF 1967 337

1966 (Cont'd)
Greenberger, Janice Bohnen
Gregory, Robert Louis
Grenier, Daniel R.
Grimme, James F.
Groeniger, Thomas S.
Grubenhoff, V. John, Jr.
Guinn, David F.
Gurin, James J.
Haemmerle, John Martin
Hall, Sherwood E., III
Hammersmith, Robert K., Jr.
Hammond, James Eugene
Hanf, H. William
Hanje, James F.
Harman, Kenneth C.
Harrington, Charles A.
Harris, Frederick Louis
Harris, James William
Hatch, Ralph D.
Hauser, Herman F.
Hawthorne, Bruce G.
Heckman, Larry L.
Heil, Lew Townsend
Heinrich, James Rodney
Heitger, Dr. Lester E.
Heizer, Russell L.
Henderson, Mautz L., Jr.
Hepkema, C. Philip
Herchler, John Curtis
Hill, Lawrence William
Hitchcock, Nelson D.
Hoffmann, J. Terrence, CPA
Hoge, Robert Michael
Hornberger, John W.
Hughes, James H.
Hunger, Dr. J. David
Hurley, Thomas J.
Hurwitz, Stuart Mark
Hutt, Roger Willard
Inman, James E.
Ionno, John M.
Isoma, George John
Jacobs, Terry R.
James, Sue J.
Janatowski, Thomas Joseph
Jeffries, Patrick M.
Jennings, David R.
Johns, Thomas George
Johnson, Ernest Eugene
Johnston, Joseph Gifford
Jones, John Kenneth
Jones, Ronald Leo
Joseph, Kenneth A.
Junk, Keith N.
Kagel, Daniel J.
Kane, Michael David
Kauffman, George B.
Keegan, Bertrand J.
Keevert, James L.
Keller, Carl Ralph
Kelley, Dwight A.
Kellogg, James Nicholas
Kenney, Stephen Craig
Kerns, William D.
Khemakhem, Dr. Abdellatif
Kilgore, Jack E.
Kimmel, Harvey
King, Dr. Algin Braddy
King, Norman C., Jr.
Kirkpatrick, Myron E.
Kjellman, Kirk H.
Kleman, Wayne J.
Klym, Norman J.
Koeberer, Elizabeth Wilson
Kohler, Albert E., Jr.
Kohls, Thomas J.
Kolt, Jeffrey Arnold
Konecny, Joseph A.
Konrad, Joyce Serafini
Kosempa, James L.
Koser, Victor Jere
Kosmo, Richard
Kovacs, Alex D., Jr.
Krock, Kenneth Wayne
Kroeker, Ronald Wayne
Kudika, Frank Louis, Jr.
Kukul, Ms. Marcy Evans
Kundla, Gerald Stephen
Lamb, Neil W., Jr.
Lambert, David J.
Latshaw, George William
Lauer, Robert F., Jr.
La Velle, Philip R.
Lawnhurst, Richard, III
Lefkovitz, Tom
Lehman, Frank Thomas
Lemmon, Roger A.
Lenart, Kay
Lescovitz, Hollis D.
Leslie, Kenneth H.
Levey, Robert Edward
Lindsay, James Leo
Littell, Lanny L.
Livingston, Brian W.
Love, Robert D.
Lyman, Wells Byon
Lynch, Robert G.
Lyons, Lawrence H., II
Macklin, James H., CPA
Mader, David C.
Maggio, Dr. Ralph A.
Mahan, Allen V.
Mahanna, David E.
Marker, Thomas M.
Marshall, Bruce Edwin
Marshall, James Leon
Martin, Roger L.
Massa, Robert C.
Matthews, Robert B.
Maurer, Jane Adkins
Maurice, COL Timothy P., USA
Mayer, Lynn David
Mayhue, Dr. Richard L.
Mazza, Theodore John
Mc Bee, C. William
Mc Carron, Mary C.
Mc Cauley, Michael K.
Mc Daniel, William A.
Mc Gaughy, Thomas B.
Mc George, James Donald
McKenna, Robert E.
Mc Kinney, John Cooper
Mc Neeley, Patrick Joseph
Medill, George F.
Meredith, Richard B.
Meszaros, Alex J., Jr.
Meterko, Raymond A.
Meyer, Philip Ernest
Miley, James R.
Miller, James Clinton
Miller, Michael Joseph
Miller, Rodger Kinnear
Miller, Stephen Lane
Miller, William Kelso
Millet, Paul L.
Milliken, Robert E.
Milliron, Samuel E.
Minister, Michael E.
Mirick, LTC Steven Chester, USAF
Mitchell, Glen Laverne
Mlicki, Ronald Paul
Montecalvo, Richard Leonard
Montgomery, Dennis Eugene
Moore, Gerald Allen
Moore, James L.
Moore, Rose
Moore, Roy Lee
Mordarski, Richard A.
Moroney, Sr. Marie V.
Morrill, Michael B.
Morris, Robert Cashmore
Morton, Reed Laird
Moser, Charles Nicholas, Jr.
Moser, Maynard R.(Rudy
Mowery, Gary L.
Murphy, Daniel Reilly, Jr.
Mushinko, Peter R.
Myers, Roger Dale
Myers, Sandra Shoup
Nangle, Patricia J.
Nechemias, Stephen Murray
Neidermeyer, Adolph A.
Nethers, Jerry S.
Nicol, Lloyd C.
Niehaus, Hon. David J.
Norvell, Bruce A.
Novasel, Barry H.
Nuzum, James Bailey
Oates, James G.
O'Brien, Jean Elizabeth
Oeschler Stauffer, Darlene M.
Olander, Thomas J.
Olekson, Thomas M.
Oliva, Carmine T.
O'Neill, John Patrick
O'Neill, Michael Foy
Opatrny, James, Jr.
O'Reilly, Patrick J.
Pahler, Arnold J.
Parker, James William
Parmelee, Luther H.
Pate, Denson C., Jr.
Pearon, Paul James, Sr.
Pepple, David R.
Peskin, Arnold I.
Pettit, Ronald M.
Petty, John D.
Phillips, James Verdon
Piazza, Robert Anthony
Pierson, Ronald Eugene
Piner, Augustine T., Jr.
Plummer, MAJ Orel L., USAF(Ret.)
Poplstein, D. Anthony
Portner, Fredrick Elmer
Powers, James Mark
Pressman, Martin
Previty, MAJ Anthony P.
Prieto, Ronald A.
Rachel, Dr. Allen K.
Ratledge, LTC Billy R., USAF(Ret.)
Ray, Joseph William, III
Rector, Robert Maurice
Reed, Dennis Kirk
Reedy, Richard Eugene, Jr.
Reese, Roger W.
Reiner, Walter G.
Reitman, Jeffrey B.
Reline, Bruce L.
Richards, Bernard George
Riklis, Meshulam
Riley, O. Shea, Jr.
Rinard, Alan V.
Roberts, Ray Everett, Jr.
Robinson, Terry Lee
Rolletta, Alexander J.
Roman, Dennis N.
Romig, Gerald V., Jr.
Rosati, Jack L.
Rose, David Edward
Rose, Jerry Lee
Rose, Theodore Frederick
Rosenberg, Stephen M.
Ross, Samuel Byrl, II
Roub, Bryan Roger
Rulon, Robert E.
Rush, Greg W.
Russell, John Alister
Salco, Raymond A.
Sambuco, Errol Clark
Sanders, Howard
Saner, Robert H.
Sansotta, Allan J.
Saum, Gary Eugene
Scanlon, Daniel Edward
Schieferstein, Robert A.
Schindler, Donald Malcolm
Schira, John T.
Schirack, Thomas Anthony
Schlacter, Dr. John Lathrop
Schmitt, George Frederick, Jr.
Schokatz, Hans A.
Scholl, Robert J., CPA
Schrickel, Dr. Clyde Calvin
Schupbach, Fredrick R.
Schurman, John H.
Schwartz, Michael Samuel
Schweigert, Peter, Jr.
Sellers, Elwin L.
Severino, Donald A.
Sexton, Dr. Donald Lee
Shable, James Richard
Shapero, Michael I.
Sharkey, William Thomas
Sharp, LTC Thomas Stephen, USA
Shaw, Larry Clayton
Shea, William J.
Shealy, Ramon L.
Sheets, David J.
Shoffner, Barron Dean
Sholder, Ms. Henda Munter
Shoor, Jay Z.
Shriver, James Edwin
Shults, Donald Eugene
Shuster, David Lloyd
Siegel, Arthur Joel
Silverman, Jerry B.
Singer, Lawrence Allen
Slane, Robert L.
Slentz, Robert D.
Smallwood, Charles W.
Smith, Bruce Howard
Smith, Charles Arthur
Smith, Charles Ray
Smith, David Brian
Smith, Dr. Emmett Daniel
Smith, Joel Murray
Smith, Larry William
Smith, Michele
Smith, Randall Charles
Smith, Richard Howe
Smith, Thomas Lee
Smith, William E.
Snyder, John B.
Snyder, John Wiley
Solt, Ronald H.
Songer, CAPT Hubert D., Jr.
Sparrow, Albert G.
Spencer, Jack Dennis
Spott, Gerald L.
Sprang, Clark E.
Stafford, LTC James Barry, USA
Stahlgren, Leonard S., Jr.
Stanhope, Michael A.
Starn, Michael W.
Stauffer, William H.
Stayton, Gerald Edward
Steele, John Howard
Steinman, Andrew F.
Stephen, Bruce A.
Stewart, Robert Davis
Stewart, Robert Hugh
Stimson, William J.
Storch, David H.
Strapp, David Michael
Strauss, Sheldon A.
Strayer, Dr. Daniel Evan
Subel, Jack Louis
Sullivan, Thomas Michael
Sutphen, Dennis R.
Swank, Richard E.
Swigart, James A.
Swope, James Robert
Tam, Thomas A.
Taylor, J. Patrick
Taylor, James Oscar, Jr.
Taylor, Dr. Robert Lewis
Thierauf, Dr. Robert J.
Thornton, Jack F.
Tracht, D. Rex
Troendly, Donald Richard
Tucker, Dennis J.
Tunila, Eugene F.
Turk, Stephen H.
Turner, Jack Thomas
Turner, William Joseph, CPA
Uhrig, F. Joseph
Unverzagt, William Snively
Van Raaphorst, Richard W.
Van Sluyter, Charles K.
Vocke, Michael S.
Vrabel, Stephen Charles
Wadsworth, Grant Lee
Wallace, Robert E.
Walls, Ralph G.
Walters, Paul Thomas
Wanie, Andrew
Warns, Douglas E.
Warren, Robert A.
Weasel, Charles W.
Weider, James N.
Weinberger, Robert M.
Weiss, Alan Herbert
Welch, John Douglas
Welch, Lawrence A.
Wellbaum, Robert W., Jr.
Wentz, Francis W.
Wertheim, John T.
Wickham, James F.
Wierman, Frank S.
Williams, COL Edward L., Jr., USAF
Williams, Richard L.
Williamson, Philip Ray
Wilson, Kenneth K.
Wine, Cherie
Winkel, Robert A.
Winston, Mervin Daniel
Winters, David Allen
Wolfe, Lanny L.
Wolfe, Ms. Marilyn Bosler
Wolfe, William Wilson
Wood, Anita Wooten
Wood, Stephen P.
Woodrow, John H.
Wootton, Janet M.
Workman, Thomas Eldon, JD
Wright, James Bryan
Wrigley, Ann D.
Yacso, David Joseph
Yavitch, Bernard Z.
Yerian, Edward Carl
Yurosko, Thomas Robert
Zabel, George C.
Zak, Stanley J.
Zapf, Frederick N.
Zeefe, Roger S.
Zehnder, Charles B.
Zelizer, Fahn D.
Zimmerman, Kenneth Ray

1967
Abolins, John A.
Adam, Charles John
Afton, Robert J.
Ahijevych, Anatol
Albanese, Donald Thomas
Alexander, John G.
Allgire, William D.
Alvarez, Frank A.
Alvarez, Ronald
Anderson, Crystal T.
Angelas, Gus M.
Ansley, Joseph C.
Ansley, Robert Charles
Anthony, Dr. William Philip
Appleman, Mark D.
Arthurs, Lee J.
Aufdenberg, CAPT Edward R., II
Auten, Neil Eugene
Ayers, Scott N.
Babcock, LTC William Joseph
Bachelor, LTC James T.
Bachman, LTC Kenneth J., USAF(Ret.)
Bair, Noel C.
Baker, Richard Shoemaker
Baker, William George, CMA, CIA
Baldwin, James Richard
Ballou, Charles H.
Barkhurst, Dwight David
Barndt, Dr. Stephen E.
Barnhart, Nicholas J.
Barrington, George T.
Bartels, Howard Jeffery
Batha, Vera L.
Bauman, Lawrence C.
Bear, Candace Mc Clure
Beattie, James Stephen
Beeghly, Joel Hall
Beiriger, Gerald Alan
Bell, Walter R.
Benson, George S.
Berg, Dr. Robert M.
Berger, James P.
Berke, Arnold Michael
Bernhart, Robert L., Jr.
Bigony, Edward Alan
Binkley, Donald John
Birtler, Heinz W.
Black, Robert Charles
Blanchard, Brian D.
Blanchard, Charles W.
Blank, Dennis Ray
Bloom, Stephen I.
Boggess, William Edward
Bohmer, William Allen
Bond, John William
Borchardt, Gary I.
Bowman, LTC Robert Lee
Brady, John Edward
Brady, John Michael
Brandt, William Kettler
Branham, CAPT Jacky D.
Braverman, Stanley Mitchell
Brokaw, David T.
Brombacher, George Edward, III
Brooks, Richard Paul
Brown, George Theodore
Brown, Dr. Gerald Crawford
Brown, Thomas Allen
Bukey, Daniel G.
Bulger, Charles R., Jr.
Burns, Michael James, Jr.
Burns, Robert Kissinger
Burnside, Barry L.
Byrne, Geraldine
Cabaniss, Ronald Edmund
Cain, Joseph L.
Calabrese, Theodore A.
Capoccia, LTC Anthony P., Jr., USAF
Carbaugh, Daniel William
Carlin, Timothy L.
Carlson, Laurence Dale
Carlson, Stanley W.
Carnahan, Dr. George Richard
Carrico, Donald J.
Carroll, Richard Keaton
Carse, John R.
Caswell, James H.
Cataland, James R.
Chalecki, Gregg Frederick
Chalfant, R. Peterson
Chapman, Gary A.
Cheng, William P.
Chesney, Dr. Michael Thomas
Chinni, Benjamin T.
Cisar, Stephen E.
Clark, Edward Jay
Clark, Glenn Lester, Jr.
Clark, James Roger
Clark, William Thomas
Cleaves, Steven V.
Clegg, Robert Franklin
Clem, Luther Louis, Jr.
Cleverley, William O.
Clifford, William Joseph, Jr.
Cohen, William Elliot
Colburn, George D.
Cook, COL Robert S., USAF
Cooper, Ronald John
Copeland, Dennis Harold
Copeland, Jackie Lee
Copp, Rick
Cordiano, Joseph D.
Cormier, Karen Robinson
Councill, COL James W., USAF(Ret.)
Cox, Marian E.
Crider, MAJ Don R., USA
Crooks, Russell W., Jr.
Cross, Fenton E.
Cross, Joyce Esbenshade
Crouch, BGEN James L., USAF(Ret.)
Croucher, Samuel L.
Curnow, George Alexander
Curran, Harry J.
Davies, Howard E., Jr.
Dawson, Paul A.
Day, Robert Lee, Jr.
De Bow, Richard E.
Deitzer, Dr. Bernard A.
De Lony, Sandra Gordon
De Micco, Louis A.
Devan, James M.
Dickerson, Orville E.
Di Sabato, Josephine Ann
Doss, Kenneth W.
Drake, Thomas Paul
Dudas, MAJ Richard L.
Dunham, Paula
Dustin, Kerry C.
Duy, Walter Frederick
Ebenhack, George Thomas
Edge, Mrs. Rita Ann
Edman, Richard E.
Edwards, Dr. Adrian Charles
Edwards, Edwin Earl, III
Eller, John E.
Ellis, Brian Richard
Emerson, Daniel L.
English, Jack M.
Epler, Donald F.
Epstein, Barry W.
Erbaugh, Michael E.
Ervin, James L., Jr.
Esselburn, John A.
Etzel, James D.
Everard, David Francis
Fankhauser, David G. E.
Farb, Samuel L., Sr.
Farley, John W., III
Faurer, COL Judson C., USAF
Fawcett, Barry C.
Fein, Robert A.
Ferriday, Robert, III
Fetters, Michael L.
Fibus, Barry M.
Finke, Philip Steven
First, Robert Earl, Jr.
Fishman, Leslie S.
Fite, Margaret Ann Cullman
Flanagan, Richard Joseph
Fogwell, Merritt L.
Follrod, LTC John Stephen, USAF
Fontana, David Carley
Forster, Kent B.
Fortman, Daniel Joseph
Foscardo, George D.
Foster, Robert Hayes
Fournier, MAJ Robert L., USAF(Ret.)
Fowler, Carl
Frank, Larry L.
Fribley, Michael Lapp
Fry, Kenneth Calvin
Gaboury, Richard E.
Gainer, Marion C.
Gallitz, Cinda Teeple
Galvin, Robert M.
Gamble, Lynden M.
Garnett, Forrest Roger
Garratt, John W.
Garvin, Robert L.
Gastineau, Plez M., Jr.
Gephart, Richard A.
Gerlacher, Tom
Gibson, Ralph Curtis
Gill, Charles F., Jr.
Gilmore, Steven Mc Kenzie
Gindin, Nancy Lee
Glaros, Ronald J.
Gledhill, Robert S., Jr.
Goble, Harry Virgil
Goebel, Jerry
Goodman, Robert Leroy
Gortler, LTC Gordon Dickie, USAF
Goss, Daniel R.
Gottfried, Robert Richard
Goulet, Dr. Peter Gregory
Graetz, James William
Graham, Eugene Moores
Gray, Michael James
Gray, Thomas Dale
Graydon, COL Michael T., USAF
Greene, A. Nelson
Greene, Dr. C. Scott
Greene, Jay Robert
Greenidge, Dr. Charles D.
Gregg, Robert R.
Gregory, Anthony W.
Grieshop, David B.
Grimes, Glenn Martin
Groeber, William T., CPA
Groseclose, Michael D.
Grossman, Paul G.
Grotsky, Charles Kenneth
Gummer, George A.
Gunderson, Robert P.
Haecherl, Madeline A.
Hagedorn, George L.
Haggerty, James A.
Hahn, Dr. Chan Ki
Hall, David William
Halsey, James D.
Ham, COL Ronald L., USAF(Ret.)
Hamel, LTC Raymond F., USAF(Ret.)
Hamilton, Thomas Addison
Hammond, Carol Ann Smith
Hampton, Dr. Gerald Marshall
Hand, Patrick O.
Hanf, William F.
Hannaford, Dr. William John
Harris, Harold Ball, Jr.
Harrison, Joseph F., Jr.
Hart, Stephen James
Hasbrouck, COL Lawrence, III, USAF
Hastie, Andrew Brooking
Hawk, Kenneth L.
Hawkins, Walter George, Jr.
Hawryliw, William
Hay, Jerry Edwin
Haynes, Dr. Joel B.

1967 (Cont'd)
Hazlett, Thomas Jerry, CPA
Heitkamp, Dennis M.
Henderson, Steven S.
Henney, Scott K.
Henry, Lawrence Charles
Henry, Robert Francis
Hensal, James Earl
Herrnstein, James L.
Hill, Douglas A.
Hinklin, Robert E.
Hinnebusch, COL Michael L., USAF(Ret.)
Hitt, LTC M. Bill, USAF(Ret.)
Hivnor, Gary L.
Hoffmann, Paul Francis
Hogue, Elmer Joseph
Holloway, Mark Wilbert
Hoover, Terry Lee
Hopkins, William A., Jr.
Horch, Richard Elliott
Hougham, Stephen Synnott
Hovey, Vaughn W., Jr.
Huffman, David Cochrane
Huffman, LTC James Wesley
Hutson, James L.
Iwig, David K.
Janusz, David L.
Jarzen, Thomas M.
Jenkins, John Jay
Jensen, Daniel R.
Jeram, George Joseph
Johannes, William Charles
Johns, Lawrence L.
Johnson, David
Jones, COL Troy H., Jr.
Jones, William Henry
Kaenzig, Joseph G. (Gary), Jr.
Kash, Arthur G.
Kaucher, Paul R.
Keefer, Edward W., Jr.
Keel, Robert L.
Keller, Robert Paul
Kelly, James E.
Kern, Rev. Benson Lowell
Kerscher, Daniel Joseph
Khosrowshahi, Khalil
Kimble, Derrick L.
King, Dr. Alan Lee
King, Hamlin Caldwell, Jr.
King, Terry L.
Kinkade, LTC Harold H., USAF(Ret.)
Kirkpatrick, Dr. Thomas Owen
Kitsmiller, Gary Roger
Knapp, Donald Joseph
Knapp, COL William Andrew, USAFR
Knepper, G. Jeffrey
Knight, CAPT James E., USAF
Knight, LTC John Robert, USA
Knox, LTC William D., USAF(Ret.)
Kodish, Marvin S.
Koontz, Ralph Harold
Kopelson, Edward A.
Korn, Charles R.
Koslen, Mark M.
Kotch, Walter E.
Kramer, Thomas D., Sr.
Kroenke, COL Leon J., USAF(Ret.)
Kropf, Holly Nutter
Kruser, Herbert William
Kuehl, Dr. Philip George
Kuhn, Edwin P.
Laakso, William K.
Lacks, Samuel L., Jr.
Laks, Brian A.
Lamb, COL Henry A.
La Musga, Dennis John
Lance, William B.
Lape, Jerome Edward, II
Le Bay, James Gilbert
Lee, Dr. Jae Chang
Lee, Jerald H., SPHR
Lehner, Lorenz Karl, Jr.
Leiken, Robert S.
Leland, Gerald W.
Levin, Richard Allen
Levine, Marc Samuel
Lewis, Edward John
Lewis, Richard John Anthony, FACHE
Lipp, David Alan
Lisk, Harry Ralph
Lloyd, Thomas E.
Long, Raymond N.
Long, Richard Leland
Love, Jerry E.
Lowrie, Robert David
Lowther, Robert D.
Lubbers, Michael Jay
Lump, John R.
Lundquist, Richard D.
Luring, Gregory B.
Lusk, Stephen Wilson
Lykes, Robert L., Jr.
Mabert, Dr. Vincent Anthony
Mac Cartey, Homer G.
Macklin, Timothy F.
Mahoney, Michael Patrick
Main, Roger L.
Maloney, Albert Thomas, Jr.
Mandator, Charles Anthony
Mann, Jerald Eugene, CPA
Mann, Maurice Murl
Marks, Irving B.
Marshall, Robert Clark
Martin, Glenn Arthur
Martin, Lowell David
Martin, Paris Leveret
Martin, Richard John
Martin, Ward Robert
Matzkin, Giora
May, Jeffrey Scott
Mayer, Robert Charles
Mc Call, Richard W.
Mc Clintic, Michael B.
Mc Daniel, John William
Mc Donald, Orville Eugene
Mc Elhaney, Floyd E., Jr.
Mc Lean, Dr. James Hannis
McNealy, Jolynn
Meacham, David C.
Meier, James R.
Meinerding, Wesley Charles, Jr.
Meinig, Joseph L.
Meiselman, Mark Philip
Merfeld, Homer J.
Metz, Richard L.
Meyer, Carol Lutz
Miller, Gary Richard
Miller, Michael Edward
Miller, Philip Evans
Miller, Samuel Leroy
Miller, William Richard
Milliken, Robert F.
Mitchell, Charles Allan
Monaghan, Terence E.
Moon, COL Lloyd Binford, USAF(Ret.)
Mosser, Kurtis D.
Mount, Richard Lee
Munder, Lee P.
Muraco, Frank Vincent
Mutchler, Thomas E.
Nachman, David Charles
Nagelson, Russell Charles
Nangle, William Terrance
Nathan, Michael J.
Neal, William Lucas
Nein, James Russell
Nelson, Carl Andrew, Jr.
Nelson, Richard John
Nelson, Stephen G.
Neville, John A.
Newhouse, Larry G.
Nixon, Keith E.
Nordholt, James S., Jr.
Norris, John Keller
North, Stephen C.
Norwood, LTC William B., USAF
Nye, Jeffrey D.
Oaks, LGEN Robert C., USAF
Oberdick, Rev. Jan Gilbert
Odell, Ronald F.
Odenweller, Gary M.
O'Leary, William T.
O'Neil, William John
O'Neill, James E.
Oranski, Ronald A.
O'Reilly, Timothy Patrick
Palisin, David L.
Pallagi, Robert G.
Parker, Philip Charles
Parker, Vicki Lynn
Parmley, Robert Frederick
Pegel, William John
Peirsol, Frank E.
Penick, Alan W.
Penwell, LTC Gary William, USAF(Ret.)
Perring, A. Michael
Perry, Dulin B.
Peterfy, Frank A.
Pettit, LTC Edwin E.
Pfeiffer, Roger Lavern
Phelan, Robin Eric
Phelps, CAPT Larry L.
Phillips, Darrel K.
Pinkerton, William Albert
Podracky, Mary J.
Pohl, Richard Mark
Pohlen, Dr. Michael F.
Polasky, William M.
Poling, Terry L.
Polivka, John Ernest
Polley, Jean
Pollov, Harold J.
Polster, Richard M.
Poole, Jere E.
Porter, William C.
Poskocil, James J.
Potter, Stephen L.
Poulton, Donna Lee
Pound, Jeffrey J.
Powell, Stephen H.
Power, T. Michael
Price, Carl Franklin
Puppel, Dennis D.
Ralph, George Robert
Ramsey, Donald Rohrer
Rapacz, Richard Joseph
Rapp, James F.
Ratledge, COL Bobby J.
Rauch, Russell Joseph
Redd, Richard Lewis
Regula, Ronald F.
Reid, Richard Alan, PhD
Reiff, Alan Jay
Reiher, Peter L.
Remick, John E.
Reusser, Dean F.
Rex, Robert M., Jr.
Reynolds, Roger Eugene
Rice, Larry Gordon, CPA
Richardson, William Martin
Rieman, Virgil R.
Riffe, Harold R.
Riley, Carl Trent
Riser, Gary Alan
Rizzi, James W.
Robinson, David Eugene
Roesch, James Phillip
Rolls, James David
Rosenberg, Dr. Larry J.
Rosenthal, Albert J., Jr.
Ross, George Kenneth
Rothman, Wayne R.
Roush, Daniel N.
Roussey, Robert C.
Routson, Thomas L.
Rowley, Alan Boyd
Royer, Michael Culbertson
Rucker, Mark P.
Rupert, Joyce E.
Ruprecht, Thomas George
Russ, Edward Joseph
Ryan, Gary Alfred
Sackett, Leslie Charles
Sadler, Hiram A.
Santarelli, Francis O.
Satava, Joseph F., Jr.
Schaeffer, COL Herbert S., Jr.
Schafer, Richard E.
Scheel, John Chester
Schwartz, Arnold Martin
Schwebel, Paul L.
Selig, Kenneth R.
Senne, Hubert Sherwood, Jr.
Shaw, William E., MBA
Sheehan, Michael J.
Shock, Richard D.
Simmons, Dr. John Kaul
Simmons, Mark Keith
Simms, Ms. Catherine Cramer
Slabe, Ronald A.
Sloter, Ronald C.
Smith, David R.
Smith, Douglas Alan
Smith, Gerald Duane
Smith, James Milton
Smith, Lamar Earl
Smith, Richard Keith, Jr.
Smith, Robert Henry
Sneed, Edgar M., Jr.
Solis, Steven Lee
Solomon, Martin G.
Solove, Ronald L.
Solze, Norman P.
Southworth, Larry Wayne
Spero, Gerald
Spohn, William H.
Sposito, Thomas Michael
Sprow, Thomas R.
Squillace, Alexander P.
Steele, Richard Sidney
Stemberger, LTC Victor John
Stimson, Dr. Richard Alan
Stinson, Richard B.
Stocklen, Thomas M.
Stoycheff, Johnny A.
Stranne, Lawrence V.
Streng, Ralph L.
Stroh, Paul F.
Stropkey, Grace L.
Stutz, Darrell J.
Susi, Edwin Francis
Sutton, Paul D.
Sutton, Robert W., Jr.
Talarczyk, Chester F.
Tarleton, COL Howard R.
Taylor, David Bevier
Taylor, Robert Arthur
Taylor, Thomas Allan
Taylor, LTC Vyrle Jack
Theado, Paul Lewis
Thompson, LTC Jack W.
Thorne, MAJ Donald Marion, (Ret.)
Tidwell, Christy Mc Cann
Tiedman, COL Allen J., USAF(Ret.)
Timmermeister, William C.
Tinka, Kalman G., III
Tischer, Jerry Allen
Todd, Stephan K.
Toms, John Edwin
Travers, John Bernard
Treneff, A. Terrance
Trey, Julia Kling
Tuhacek, Robert George
Ullman, H. Warren, Jr.
Vanderbrink, James E.
Vause, James W., II
Vazzana, Martha Rigelhaupt
Virag, John C.
Vogt, Kenneth R.
Volz, Keith Lionel
Voth, Donald J.
Wade, LTC Austin R., USAF
Waidelich, Stephen G.
Waite, Johnson Ralph
Walker, William A.
Wallace, Richard K.
Waller, Larry
Walsh, Richard T., Jr.
Walton, Larry Leo
Ward, Kenneth L.
Washburn, Dwight C.
Waterbury, Irving B., III
Watson, Henri J.
Weilnau, Mary Sharpe
Weiss, Howard Dale
Weiss, John Jeffrey
Weitzel, John A.
Wells, Bruce E.
Wells, Jerry W.
Welton, 2LT Jon R.
Weprin, William Stuart
West, Donald Francis, Jr.
Westerbeck, Daniel J.
Whitehead, Michael T.
Whitman, Robert Gene
Whitmer, Charles D.
Whittington, Jerry Scott
Whittle, Alan N.
Wilhelm, Daniel L.
Wilkins, William W.
Wilkinson, Kathleen Tolbert
Williams, John Allan
Windmiller, Roland C.
Wonders, William K.
Wood, Allan J.
Workman, David E.
Wray, Diane
Wright, David William
Yale, Anita
Yarbrough, LTC John F., USAF(Ret.)
Yin, Paul T.
Yoder, Dwight Jay
Yoder, Jerry L.
Young, LTC Thomas Robert, USAR
Younger, Donn Richard
Younkman, Richard L.
Zaborszki, Antal A.
Zajack, Ronald E.
Zamboldi, Robert Joseph
Zeigler, Michael C.
Ziegel, Arnold Jay
Ziermaier, Klaus Michael

1968
Abrams, Richard Charles
Ackard, Arlynn Bogar
Aher, Donna
Albert, Jeffrey Paul
Althauser, Timothy Patrick
Arent, Edward John
Arnett, Thomas Lee
Asmus, Robert L.
August, John Michael
Axline, P. Richard
Babin, Stuart Stephen
Badger, Larry Ray
Baesman, William Ray
Baiman, Stanley, PhD
Baker, Robert Shannon, Jr.
Baker, Wesley Edward, III
Baldini, David Guy
Ballard, Richard James
Bangs, Richard Alan
Banks, James Gibson
Barnett, Robert Paul
Barr, Wendell Glenn, Jr.
Barrett, Shelia
Bartlett, John Daniel
Basso, Arthur Benjamin
Bauman, Raymond James
Beal, Thomas Lee
Beam, John Dann
Bear, Daniel C.
Beckwith, Constance Louise
Bendau, James Michael
Bensinger, Dennis Delbert
Berg, Linda A.
Bergman, Raymond Anthony
Bevan, Daniel L.
Biesecker, John Carleton
Bing, William Thomas
Black, Daniel Carter
Blackburn, William Kenneth, Jr.
Blair, David Alan
Blair, James Philip, II
Blayney, Robert Earl
Blue, Phillip Edwin
Bockhorn, Terry Lee
Boeder, David Wilson
Boggs, Richard Warren
Bohnlein, James Frank
Bolte, Jeffrey William
Boreman, Robert Boyd
Boring, David Graham
Borland, Ronald Allan
Bowman, Ernest Clyde
Boynton, Jane Forsythe
Bradford, Dr. William Donald
Brandstetter, Charles William
Brandt, Philip Arden
Brandt, Richard Holl
Brannigan, Richard Joseph
Brewster, John Paul
Brigden, Richard Thompson
Brose, Gregory William
Brown, Denny Lee
Brown, Harold Lee
Brunswick, David Howard
Bryan, Thomas William
Bubanich, John Edward
Buchsieb, Mark
Buckholz, Bruce David
Buckingham, Gary Lee
Bull, Lawrence Elliot
Burger, William Joseph
Burgin, A. Lad, PhD
Burkitt, Ray Vernon
Burns, Robert Elsworth
Bush, Keith Belvin
Busse, Michael Alvin
Butt, William Thomas, Jr.
Callinan, Stephen Joseph
Cameron, Heather Grier
Camp, David Wesley
Campbell, Joel Roderick
Campbell, MAJ Rodney Louis
Campbell, Warren Alexander, III
Canning, John Jerome
Caplin, Bernard Harris
Carey, Sue Ann
Carmean, Michael Lynn
Carraway, Jerry Lynn
Carrick, Frank Leslie
Carter, Lloyd Leroy
Carver, Paul Lloyd
Casagrande, Charles Vincent
Casper, Donald Leroy
Chamberlain, Thomas Maxwell
Chambers, Nancy Kirkland
Chase, Brian Edward
Chernikoff, Lawrence Robert
Chrissinger, Keith Allen
Christman, Joel Thomas
Christman, Thomas Rees
Christopher, James Theodore
Clark, David Lee
Clark, Gerald D.
Clark, Richard Thomas
Clement, Robert Burns
Clement, Starlett Scheiderer
Cline, Phillip Eugene
Clinger, William Edward
Cohen, Allen Harris
Cohen, Peter Anthony
Cohen, Sharon L.
Collins, Jane Kroener
Conrad, Richard Lee
Conte, Anthony Carl
Coon, Jerrold J.
Crabb, Robert
Crane, Gregory Louis
Creamer, Thomas Edward
Cribbs, Robert Eugene, Jr.
Cronin, Thomas Leonard, Jr.
Dann, Theodore E.
Davis, Dennis M.
Davis, Raymond R.
Davis, LTC Robert Edward, USAF(Ret.)
Davis, Roger Fisher
Dawson, Ronald Dean
Dawson, Terrence Marshall
Dean, Douglas Harry
De Hayes, Nancy Bonsell
Deislinger, John Robert
Delahunt, James Fraser, Jr.
De Long, James George
Deming, Alan Bruce
Denk, Dianne Coughlin
De Witt, Kenneth Michael
Diamond, Michael Joseph
Dickinson, Robert Peet, III
Dickson, Michael H.
Diehl, David Lee
Dilley, Robert Charles
Dillon, LaVerne E.
Di Paolo, Richard Paul, Jr.
Dishnica, Richard James
Doane, Michael Ensign
Domis, Gerald John
Domm, Dr. Donald Richard
Donahue, James Ray, II
Dooley, David Matthew
Doppelt, Jeffrey Jonathon
Drass, Francis Bernard, Jr.
Duchene, Francoise Helen
Duckwall, Carl Henry
Du Mont, Stephen Renee
Dunham, Douglas Lynn
Dunlap, Dan Dean
Dusablon, Joseph Jude
Dwyer, Donald William
Eachus, William Ned
Earick, Charles Roland
Egelhoff, Stephen Mark
El Ansary, Dr. Adel Ibrahim
Elling, Stephen Richard
Elliott, Rita Nelson
Elrod, MAJ Robert Taylor
Elsass, Daniel Lee
Ertel, George E.
Esper, Thomas Laman
Essig, Roger Carr
Etchell, William James
Evans, Ralph Gregory
Fair, Charles Robert
Faurot, Jon Leonard
Feder, Jeffrey Stephan, Esq.
Feder, Susan
Fedor, John Joseph
Feltman, Douglas Jay
Fetsko, Joseph Robert, Jr.
Findlay, Bruce Douglas
Fink, Frank Michael
Fister, Kent David
Flament, James Robert
Flood, Jon Patrick
Flood, Michael Edward
Foley, Charles R.
Ford, Robert Paul
Forrest, Richard E., Jr.
Forsty, George Ernest
Foster, Randolph Baxter, III
Fox, George Wallace, III
Frankel, Larry Charles
Freda, Michael Monroe
Frederick, Austin
Frederick, Robert Harry
Freeman, John Lawrence
Freidenberg, Charles Corey
French, Russell Alvin
Fried, Dean Wilson
Friedman, Mark Allan
Friess, Gregory John
Fritz, Dr. Thomas Richard
Frolin, Dennis Peter
Fry, Robert Eugene, Jr.
Fry, Sue Mc Innis
Fulton, Merle Douglas
Gallagher, Dennis Morton
Gardner, Weston Linwood, Jr.
Garner, Dewey Arthur
Gaskin, Dr. Timothy Allen
Geese, Ronald Lee
Gentile, Roger Louis
George, August Allen
George, LTC William Michael, USAF
Georgiton, John Pete
Gerhard, Carl William
Gerko, David N.
Getz, Thomas Alan
Giering, John Louis
Giesy, John Edward, CDP
Gill, Dr. Lynn Edward
Glassford, Fredrick L.
Goar, COL Larry Jay
Goff, Larry Dale
Goldenberg, David Lee
Goodell, 2LT Robert Lane, USAF
Goodman, Fredric S.
Goodman, Howard Russell
Goodman, LTC Jack Lee, Jr.
Gosiorowski, Linda Bruner
Gossman, Ronald Gordon
Graham, Robert Michael
Gray, Hugh Elmer
Greene, Frederick Otis
Greenleaf, Alan Roy
Griffith, Mary Lucretia
Grodin, James Allan
Groomes, Daniel Timothy
Grosskopf, James L.
Guild, John William
Gump, Robert Kinsley
Hagerty, Timothy Joseph
Hagiantoniou, Irene
Hall, David M.
Hall, James A.
Hamner, Donald Carlos, Jr.
Harris, Robert H.
Harte, Richard Stephen
Hartings, Frederick Norbert
Hartman, Barry Norman
Hartzell, David Edward
Hazle, Donald Allen
Heckman, John Raymond
Heine, Bruce Viel

CLASS YEAR LISTINGS
CLASS OF 1969 339

1968 (Cont'd)
Heineman, CAPT Joseph William, USN
Heiniger, John Jay
Hemmerly, James Lee
Herrick, Thomas Russell
Herstig, Barbara Gendler
Hertsch, MAJ James Waldron, USA
Herzeg, Ladd Keith
Hinaman, Sheila
Hines, Thomas Michael
Hoch, Gerald F., II
Hoffman, David Remy
Hoffman, Richard Harold
Holden, John Donaldson
Holdstein, Russell S.
Holt, COL E. Eric, USAF(Ret.)
Hoover, CAPT Larry Eugene
Hosket, Bill
Hoskinson, Charles Richard
Howard, Donald Earl
Howlett, Robert Thomas, Jr.
Huber, J. David
Hudak, Thomas Francis
Hugo, Dale Phillip
Hurst, John Michael
Ibatuan, P., Jr.
Incorvia, Anthony Edward
Irvin, William Timothy
Irwin, John William
Isaly, Thomas George
Izzie, John Stephen
Jacobs, Melvin Martin
James, Charles Dee
Jeren, John Anthony, Jr.
Jester, Jack David
Johns, Gary Dennis
Johnson, Dale Eugene
Johnson, Gerald Truett
Johnson, Robert Theodore
Johnson, Warren Paul
Johnston, C. Ned
Jones, Eric Lynn
Jones, John Merrill
Jones, Richard Lee
Jordan, Mc Kenna Shelton, Jr.
Jordan, Richard William
Joseph, Peter Charles
Jusak, James Allan
Kaemming, Jon Louis
Kahn, Larry Allan
Kaine, Gary Howard
Kappeler, James Ernest
Karpinski, MAJ William John
Karsch, O. Arthur
Kaser, Wayne Milton
Kaufman, Gerald Arthur
Kauhl, John Mervyn
Kavka, Gerald Louis
Kayser, Phillip William
Keller, Steven
Kelley, Edward J.
Kelly, William Gerald
Kennedy, CDR John Joseph, Jr., USN
Keplar, Terry Tripp
Keple, Kirk Harold
Kessler, Alan Steven
Kiebler, Paul Edgar
Kiep, Philip Martin
Kindle, Melvin Lamont
King, LTC Arthur Henry
King, Billy Jo
Kirklin, Robert Boyd
Klingelhafer, David Paul
Kodger, Kenneth Edward
Koontz, LTC Bert William, USAF
Krakowski, James Allan
Kramer, Ronald Alvin
Krasnoff, Michael Scott
Krause, Roy Gustav
Krupp, Daniel William
Kuhns, Christopher H.
Kurit, Bernerd Franklin
Kurita, Iaso
Labovitz, Dr. George Harold
Lakkides, Theodore
Lambert, Bill George
Lance, Stephen Edwin
Lang, Charles Pierce, Jr.
Larsen, Eric Charles
Lashbrook, James Donald
Latham, Raymond R., Jr.
Lauer, Dale Ellis
Lauer, Robert Allan
Laurich, Dennis George
Laut, MAJ Thomas J., USANG
Lawrence, LTC Robert M., USAF
Leasure, Roy Edgar, Jr.
Lee, William Anthony
Lehring, Larry L.
Leshy, George Valeren
Lesko, Michael John
Leste, James Henretty, CPA
Levin, Harold Lee
Liberman, Stephen Victor
Lieb, Rhea-Jean
Lieberman, Ronald David
Linden, Richard John
Lindsley, Benjamin Kent
Livorno, John Foster
Logan, LTC Theodore John
Longstreth, Timothy Raymond
Lopez, Maria Cecilia C.
Lopresti, James Anthony
Lough, Robert L., Sr.
Lowe, Gerald Walker
Ludwig, Gary Leroy
Ludwig, Thomas Allen
Lukianowicz, John Joseph
Lumannick, Allan G.
Lynch, Thomas Francis, Jr.
Mac Ewen, William Earl, III
Mahrer, Douglas Lloyd
Malishenko, COL Timothy P., USAF
Mangum, Joseph Bryant
Mann, Gerald Francis
Mann, Harry H.
Marapoti, LTC James Anthony
Marchal, Glenn Ray
Mares, Lawrence R.
Marlow, LTC Robert Terry, USAF
Marsh, Jay Dale
Marshall, William Dale
Martin, Dix Edward
Marusa, Andrew Joseph
Maslyk, William Vincent
Masters, Russell Milan, Jr.
Matasich, Ronald Robert
Maxwell, Thomas V.
May, William Glenn
Maynard, Thomas Jeffrey
McCarty, Thomas Edward
Mc Collum, John Ralph
Mc Cray, Richard Charles
Mc Donald, Jack Allen
Mc Donough, John Francis, III
McIlrath, Scott Robert
Mc Kee, David Lee
Mc Kinney, Karl Morton
Mc Laughlin, Michael Paul
Mc Namara, John Merrell
Mc Nutt, James Eugene
McReynolds, Linda J.
Mearan, Michael Hugh
Meginnis, Brian Keith
Meister, Raymond Albert
Mellman, Jeffrey Joel
Menefee, LTC Clayton Lee
Mengistu, Mebrate
Meredith, David Edward
Meyer, William L.
Miley, Steven Lee
Miller, David Alan
Miller, James Michael
Miller, John Raymond
Miller, John Roy
Miller, Joseph Howard
Miller, Lawrence
Miller, Robert M.
Miller, Dr. Thomas Roger
Miller, Wendell Corley
Minch, Thomas H.
Mitchell, Kathy
Monda, Keith David
Monett, Gayle Merves
Monroe, Kenneth Ellsworth
Moore, Virginia
Morris, Olinda Edna
Morrisey, Edward Lee
Morvai, Donald Charles
Motil, Michael Francis
Mott, William Harold, Jr.
Mucha, Ronald Arthur
Mueller, John Edward
Munjas, M. Leslie
Murgatroyd, Keith Thomas
Myers, Thomas Alden
Nance, Richard Edward
Nasri, Ishac Dib
Naughton, Patrick F.
Nelson, Dr. Barrant Wyatt
Nelson, Sidney Gene
Nelson, Stephen Manion
Newcomb, Charles Truman, Jr.
Noga, Ronald Benjamin, JD
Norris, Richard Frederick
Norris, William Raymond, Jr.
Ockerman, Donald L., PhD
Odenweller, John Alex
Oglevee, Jeffrey Maxwell
Ohnsman, Roger Elmer
Olimpio, Charles Joseph, Jr.
O'Neil, John W.
Orders, Kendra J.
Orf, Daniel Joseph
Ortlieb, Charles Eugene
Overmier, Thomas Eugene
Packard, John William, Jr.
Paige, Kenneth Charles
Palcanis, Gregory Frank
Palenschat, Roy William
Parry, Dr. Richard Livingston, PhD
Patterson, William Thomas
Paulson, Gary Alexander
Pender, Jack Edward
Pepple, Gregory Lynn
Perk, Ralph Joseph, Jr.
Perrin, Frank Louis
Perry, Thad R.
Pesavento, Kenneth Anthony
Pevzner, Michael David
Phisitvanich, Suphachai
Pierce, Norman Robert
Pike, Roy Walter
Pirro, Douglas Ladd
Piyanksuwan, Sanguansri V.
Platt, Kenneth S., Jr.
Plum, Larry Richard
Pockmire, James Gorden
Polivka, Georgiana Salco
Post, Irving Harvey
Price, Edward John
Price, William Merriman, IV
Prigozen, Elliot Van
Pritchard, Donald William
Probst, William Allen
Pulley, Jerry Lee
Pulliam, William Harrold
Py, John Douglas
Racek, Richard Gary
Raffeld, Dale Ivor
Rankin, George Weir
Rast, Edward
Raster, Susan
Raynak, James Daniel
Reade, Alan Ira
Redli, David Joseph
Reeser, Glenn Dale
Reid, COL Richard George
Reid, Thomas Richard
Reider, Marc Joel
Reitz, John Fredrick
Remke, Richard Edwin
Rettinger, Raymond Louis, Jr.
Reuscher, William Earl
Rice, Robert Hancel
Rickert, Wayne Werner
Riddles, John Michael
Rieker, Steven Harry
Rigby, James Albert
Rinaldi, John Anthony
Rinehart, Robert Clyde, Jr.
Ritchey, John Garner
Ritchie, Joseph Paul
Ritchie, William Paul, Esq.
Robertson, Paul Kenneth
Robinson, John Brinton
Robison, Ronald Asa
Robson, Richard George
Romig, David P.
Rosenthal, Marsha Vyner
Ross, John Thomas
Ross, Rodney L.
Roth, Walter John
Ruhe, Gary Eugene
Rutter, John F.
Ryder, Kent Lee
Sadauskas, Raymond Al
Samsel, David Arthur
Sandstrom, William Leander
Sarr, Ernest Thomas
Sauer, James Charles
Sauer, Dr. Paul Lawrence
Saunders, Charles, Jr.
Scheiderer, Stephen Charles
Schluer, David Alan
Schmitt, Karl Fredrick
Schmittke, Marc Bernard
Schmitz, Robert K.
Schordock, Robert Alan
Schumacher, Donald Craig
Schwartz, Victoria Stewart
Sedgwick, Robert Clell, Jr.
Segal, Paul Edward
Seiwell, Richard Joslin
Sell, LTC Mark Frederick, USA
Sena, MAJ Earl Jeffrey, USAF
Sergio, Michael Angelo, Jr.
Severns, Thomas Richard
Shaffer, Dennis Gail
Sharp, Jack Lee
Sheldon, Robert Franklin
Shockley, Fred John
Shoemaker, Larry J.
Shubick, Herbert John
Sigel, Anne
Siler, Jeffrey Todd
Simcox, Donald Leo
Smalley, Jeffrey Lynn
Smith, Emery William
Smith, Joseph Peter
Smith, Steven Freeland
Smithing, William Paul
Snow, Noble Burdell, III
Snyder, Gary Edward
Snyder, James Floyd
Snyder, Robert Fredric
Snyder, Stephen Jack
Sobota, Robert Leonard
South, Stephen Wayne
Sparks, Richard Blaine
Spencer, Richard Allan
Spinanger, Dean
Squeo, Douglas Guy
Squire, Dr. Harold Walter
Starkey, Robert Lee
Stauffer, John Gary
Steinfurth, Paul Conner
Stern, Marc Theodor
Stern, William James
Stevelberg, Richard Michael
Stilwell, Keith Kelley
Stratton, Richard Brian
Strayer, Robert Louis
Stueve, Timothy John
Sunshine, David M.
Swartz, Michael Charles
Taggart, Glenn Matthew
Taich, Harry H.
Tarczy, Robert Louis
Teach, Stuart Eugene
Thatcher, Thomas Poyner
Thomas, David Allen
Thomas, Joseph Douglas
Thompson, John Edward
Thompson, Wayne Lee
Thorp, Norman Dean
Thurston, Kenneth Paul
Tibbals, Thomas Lea
Tidrick, Daniel Ray
Timmons, Ned Irwin
Todd, Richard Eugene
Todd, Robert Miles
Todor, John George
Truskolaski, Ronald J.
Uhl, Robert Wayland
Valentine, Stephen Howard
Vandyck, Joseph Albert
Van Heyde, George James
Van Horn, Douglas Claydon
Vanke, Ronald Albert
Varga, S. Gary
Verb, Frank Nickolas
Vigneau, Gary Joseph
Vogel, James William
Von Der Embse, Dr. Thomas J.
Vrabel, Patricia
Wagamon, Wayne Kay
Waldo, John Robert
Walkey, John Leslie
Warner, David William
Weber, David Lowell
Wedel, Bruce Owen
Weiser, Larry Alan
Weiser, Michael Alan
Werner, Robert Allen
West, Hon. James Randolph
Westerman, Richard A.
Wheeler, Arthur Mitchel
Wheeler, Thomas Edgar
Wilkens, Dr. Paul Lawrence
Williams, Dr. Donald Ervin
Williams, James Robert, JD
Williams, Joel Richard
Willman, Gary Eugene
Wilson, Michael David
Wilson, Robert T., Jr.
Windeler, John Robert
Winiasz, Jerome Roy
Witzel, John Charles
Wolf, Michael A.
Wolfe, David Lewis
Wong, Dr. James John
Wood, Donald Jack
Woodward, Thomas Cook
Wyatt, Jack Douglas, JD
Wyss, Michael Aloysius
Young, Howard Wilson
Young, Woodrow Cyrus
Zalar, Frank William
Zidjunas, Richard George
Zimmerman, Dennis James
Zoldan, Sandor
Zweier, Dr. Paul

1969
Ables, Thomas Atchison
Accettura, Raymond Vito
Adelman, Bryan
Agin, Bernard Irwin
Allen, Gary Michael
Andalora, Michael J.
Anderson, Harry Thomas
Andreas, Betty Jean
Andrews, David Stanley
Appel, Gerald M.
Archer, CDR Raymond Aubrey, USN
Armstrong, Scott Louis
Artz, Gary Robert
Atkinson, Thomas Richard
Auld, Stephen Alan
Ault, Edward K.
Aylard, William R.
Babb, Charles Nichols
Bailey, Dennis Delbert
Bailey, Michael Dale
Baker, Bruce Allen
Baker, Lloyd David
Baldwin, Thomas Michael
Ball, Frederick Stanton
Balser, David Wayne
Bandman, Albert Martin
Barbara, Henry Felix
Barbee, Michael A.
Barcus, Charles Richard
Barcza, Donald Charles
Barker, Floyd Lee
Barnard, Stephen Clair
Bartels, Brent Alvin
Bass, Dr. Stephen J.
Bauman, Lynn A.
Bazan, Stanley A., Jr.
Beard, Steven Randall
Beetham, Rupert Nelms
Beever, David Clarence
Belda, David Tuite
Bender, Gary Neal
Benjamin, Richard Allen
Bernius, Craig Odell
Bernstein, Jerry Lee
Bickert, Robert Barnett
Biehl, George Clark
Bigelow, Peter Knox
Bigelson, Alec Paul
Biles, Dr. George Emery
Bischoff, LTC Keith Melvin, USAF(Ret.)
Bishop, David Leslie
Bishop, Gary Edward
Biszantz, Dennis Lloyd
Blake, Leonard Joseph
Blakemore, Edward Michael
Blank, Edward Charles
Blanken, Dennis Bruce
Blecke, James C.
Block, Cal Robert
Blouch, Gerald Brian
Blumental, Joshua Bertram
Blust, John Fredrick
Bobo, Gary Eldon
Boeckman, Michael Lawrence
Bolton, Francis Alan, III
Bowden, Dwight Harden
Bozick, Frank George
Brady, W. Michael
Brailey, Peter H.
Braun, Earl Alan
Braun, Edgar D.
Brazier, LTC Thomas Eugene, (Ret.)
Breth, Carl Joseph
Brister, Richard E.
Brokstein, William B.
Broomall, CAPT Vernon Harlan, Jr.
Browand, Thomas David
Brown, Allen Parnell
Brown, Dr. Herbert Eugene
Brown, Milton Wolford
Brundrett, James Cronin
Buchholz, Stephen Paul
Buck, Michael Francis
Buck, Thomas Edward
Buckley, Robert F.
Bullett, Steven George
Burke, John Michael
Burke, Michael Jay
Burnett, Howard William
Burrows, Lonnie Le Roy
Busack, A. Daniel
Busch, Leslie Arnold
Buss, Walter Thomas
Byers, Clifford Eugene
Caito, Harry Joseph
Caldwell, Larry Robert
Callison, Richard Glenn
Campbell, Geoffrey C.
Capers, Joseph Alexander
Carlin, Clair Myron
Carpenter, Terence Lee
Carroll, Steven Douglas
Case, John Eugene
Casey, Raymond Richard
Casey, Thomas James
Cassady, Michael Howard
Caune, Norman Earl
Cebular, Phillip Edward
Chaffin, Richard H.
Chapman, Jack
Charnas, Mannie Michael
Chave, Austin Saunders
Choat, James Ernest
Christeson, LTC Gerald F.
Cieply, Joseph Paul
Cipkala, John Richard
Ciuni, Charles Michael
Clapsaddle, William Charles
Clark, Bette Keyser
Clark, James Robert
Clark, Mark Wesley
Clark, Marsha Reynolds
Clark, Thomas Lee
Clemons, David E.
Cline, Roger Garland
Clingaman, Jeffrey David
Clingerman, Dean Hathaway
Close, Gary Alan
Cochran, Gary Roger
Coder, John Jay
Coggins, CAPT Robert J., USAF(Ret.)
Cohen, David Michael
Cohn, Mark Barry
Colby, Robert William
Cole, M. Dean
Coleman, Robert Ralph
Collins, James Mickey
Colvin, Richard Paul
Conger, Don Charles
Connelly, John Paul
Conner, Daniel Laurence
Conroy, Joseph Patrick, Jr.
Conway, Michael D.
Cook, Charles Ray
Cooke, Donald Arthur
Coombs, Corydon Cates
Cooper, Philip Harvey
Corwin, Dr. Stephen Jay
Cotter, Jack Boyd
Cotterman, Daniel E.
Coyne, Donna Lancaster
Crago, MAJ Dennis L., USAFR
Cramer, Michael Joe
Crawford, Thomas Foy
Creech, Johnny
Crist, Rodney Lee
Crist, Stephen F.
Crook, Ray Alvin, Jr.
Crooks, Daniel Allen
Crosswhite, Wendell Lee
Croswell, Michael Joseph
Crothers, John William
Crouse, William Eugene
Cudd, Dr. Kermit George
Cunningham, Stephen Earl
Dailey, Lynn Paul
D'Andrea, Robert Christopher
Dardinger, R. Eric
Deal, John Charles
Dearth, Gary Curtis
Deas, William Gourlay
De Cosky, Richard Leonard, Jr.
Deeds, Gary William
De Hayes, David Page
Dengrove, Jeffrey Stuart
Denmead, Craig
Dick, MAJ David Russell
DiLauro, Stephen F.
Dilley, David Donald
Dilworth, George Rankin
Dixon, Paul A., Jr.
Dodge, David Roy
Donel, Jason
Dorl, Richard Elliot, Esq.
Downing, 2LT John P., USAF
Doyle, James N.
Drees, MAJ Kenneth Oscar, USAF
Drouhard, Lawrence Anthony, II
Duffy, James Thomas
Earman, Larry Joseph
Ebelberger, Theodore George
Eklund, Leonard Oscar
Elliott, Mark P.
Ellis, H. Roger
Emerine, Dr. Richard John, II
English, J. Brent
Erwin, Robert Bruce
Eschbacher, Kenneth H.
Evans, Donald E.
Evers, Brian Lee
Ewers, George Michael
Ewing, John Brooks
Fabian, Robert Louis
Failla, Joseph P.
Failor, MAJ Dean Forest, USAF
Falk, John Corbett, Sr.
Farber, Elizabeth
Fellows, Ray Erwin
Fenstermacher, CAPT Bruce Theodore
Fenton, S. Mark
Fields, John Brian
Fields, Lawrence Michael
Finn, James Patrick
Finnell, David McDonald
Fisher, Jerry Petty
Fisher, Mark Edward
Fitting, Daniel Arthur
Fixler, James
Fleischer, Izzy
Florence, Brian Nevin
Ford, Randy Alan
Friel, Sandra L.
Fulford, Diane
Gable, Thomas Edward
Gabriel, Patricia Egan
Gaddis, Bruce B.
Gainey, James Lee
Gallant, Joseph Howard
Gallogly, Myron William
Garber, Dennis Dwight
Garrity, Thomas Joseph, Jr.
Gary, Richard Ray, CLU
Gates, Joseph Dennis

340 CLASS OF 1969 OSU COLLEGE OF BUSINESS

1969 (Cont'd)
Gayley, James R.
Gearhart, Kenton Paul
George, Nancy S.
Gerko, James Gregory
Giacometti, Robert J.
Gibson, Ruth Heindenreich
Gifford, Donald Alan
Glasgow, George Edward
Glass, Gregory John
Glazer, William George
Goldberg, Mrs. Linda Weinstein
Goldman, Stuart Mattis
Golub, Roger Leslie
Gongaware, Robert Watson
Goodrich, James Robert, Jr.
Goodyear, Edward Dean
Gosnell, Edward Francis, Jr.
Gratz, Ronald G.
Gray, Ronald Stewart
Greenfield, Philip Bernard
Grieves, Robin
Griffin, John Michael
Griffith, David R.
Grimm, Charles Robert
Grote, David Lawrence
Grove, Molly E.
Grubic, George
Gudenkauf, Jeffrey Bernard
Gummer, Charles Lee
Gumz, Gary Eric
Gutter, Dr. Marvin Gerald
Haller, William Clifford
Hamilton, Henry Crist, III
Hamilton, Thomas Jerome
Hammersmith, Glenn A.
Hample, Joseph Macy
Hanna, Lee Eugene
Harlamert, Dean L.
Harman, Kenneth Eugene
Harrison, William Holmes
Hartzler, Steven K.
Haulot, Pierre Leon
Hawes, Dr. Douglass Kenneth
Hawkins, Richard William
Headley, Randall Parker
Healy, Dr. Denis Francis
Heinlen, Stephen Henry
Held, Daniel John
Hennigan, Thomas Edward
Herrmann, Theodore William
Hewitt, Dennis Michael
Hicks, Ronald Lee
Higgins, Randall Roger
Hill, Ray Edward
Hill, Thomas Richard
Hillis, Lee Edward, Jr.
Hivnor, Harvey Lee
Hochstetter, Randolph S.
Hoffmann, Thomas Carl
Hoh, George Jack
Holland, Orlando Martin
Holmes, Lyle David
Hood, Donald John
Hoop, Louie B., Jr.
Hoover, Earl Neil
Horgan, Michael John
Hornberger, Deborah Lee
Howard, Dr. Donald Gene
Howell, John David
Howell, John Steven
Huddle, Richard Fredrick
Hunt, Ronald Raymond
Hunter, Richard Eugene, Jr.
Hurwitz, Howard William
Hyle, Thomas Paul
Ille, Richard Alan
Ingold, Randall Carl
Ingraham, Edgar Grey
Irvin, Kenneth Lee
Isner, Thomas Jefferson
Isoma, Irene Elizabeth
Jackson, Robert Gerald
James, Leno Benjamin
Jeffries, Ronald Charles
Jemison, David Blair
Jenkins, Dennis Mark
Jesano, Garva Gene
Johnson, Allen Le Roy
Johnson, Robbin Andrew
Jokiniemi, Thomas Allan
Jones, Gary Allen
Jones, Thomas Richard
Jones, Timothy Alan
Joseph, Dr. Robert Daniel
Jurjans, Peteris
Kahn, Toby J.
Kamer, Edward Paul
Karam, Gregory Lee
Kasper, Larry John
Kathrein, Michael Henry
Keller, Gerald Stuart
Keller, Stephen Curtis
Kelley, Thomas John
Kennard, William A., CPCU, CLU
Kimball, Everett Skaryd
Kimmet, Edward Eugene
Kinney, Timothy J.
Kirk, Michael Lin
Kirtz, Richard Allen
Klatskin, Andrew Steven
Klein, Mark Ira
Kline, Richard Jeffrey
Knapp, L. Joseph
Kohout, John Joseph
Kolarik, CAPT Francis Leo, Jr., USAF
Konnerth, Jim Paul
Korhn, Stephen Franklin
Kovacs, William Richard
Krebs, Charles Edward
Kron, Dan Elliot
Kronewitter, Craig Lee
Kruger, Thomas Allen
Kubin, William E.
Kuck, Ronald Martin
Kuhn, James Herman
Kumin, Robert Alan
Lam, T.L.
Lamneck, MAJ Philip William, Jr., USA
Lampus, Robert William
Lang, Thomas
Larson, Robert Linden
Lashutka, Kenneth
Lathan, Barry Robert
Lathrop, Robert Elmer, III
Laubie, Fred William
Lauffer, Michael John
La Vance, George Edward, Jr.
Leach, Robert Paul
Leard, Larry Richard
Leas, James Scott
Lee, Robert Edward
Leffel, Kenneth Eugene
Lehman, Gary James
Lencheski, Terry A.
Leuthold, Kenneth Reuben
Lewis, Richard Philip
Lias, Robert Preston
Liber, David Alan
Lillich, Glenn Davis
Lloyd, B. Michl, CPA
Lloyd, Kenneth Rolland
Loeber, William G., III
Logue, Dr. Stephen Stuart
Long, Frederick E.
Loveless, David Roger
Lowe, Carolyn Lilley
Lubitz, Dr. Lester Marc
Lugar, John Timothy
Maag, Theodore Joseph
Madsen, LTC James Kendall
Mailender, Kenneth M.
Majewski, Vincent Earl
Malesh, Thaddeus Howard, Jr.
Marks, Jeffrey Neal
Markworth, Lawrence
Martin, Dr. Albert Joseph, Jr.
Martin, Danny Nolan
Martin, John Carl
Martina, Norma Nance
Masek, James Edward
Mastin, John Joseph
Matson, Joseph Richard
Matyas, Louis Anthony
Maul, David J.
Mawhorr, Jack Roger
Maxton, David Keith
Maxwell, Richard Noel
Mayle, David E.
Mc Carthy, James W.
Mc Coy, Bernard E.
Mc Culloch, Charles Lewis
Mc Daniel, Larry Lee
Mc Gowen, Thomas Glendon
Mc Intosh, John Patrick
Mc Intyre, Craig Alan
Mc Junkin, John Clark
Mc Lean, John Leslie
Mc Munn, Gregg
Mc Neil, Joseph Robert
Meadors, Dennis Dean
Meadows, Edward Lee
Medland, William I.
Mellott, COL Jerre Kent, USAF(Ret.)
Merker, Russell Edward
Mesley, Henri Edouard
Meyers, Geoffrey Groman
Miksch, Harold Joseph
Milarcik, Michael Allen
Milisits, Joseph John
Miller, Alan Gregory
Miller, Clifford N.
Miller, Gary Irwin
Miller, Gary Marshall
Miller, Robert Stevenson
Miller, Terry M.
Mills, Frederick E.
Minnehan, Patrick Mario
Mittleman, Steve R.
Mizanoski, Edward Alfred, Jr.
Mizer, Richard Charles
Mock, Roger Charles
Mohr, John Robert
Moline, Dale Edward
Molloy, Joan
Monaco, Frank Marion
Monaghan, Sharon
Monjot, James Alan
Moore, Dennis Robert
Moore, Jean Staudt
Morgan, Charles Robert
Morley, Bradford Charles
Morrison, Paul Stanley
Morrissey, William Raymond
Morton, Robert Charles
Moses, Jackson Fitzgerald, II
Mowery, Richard Leroy
Moxley, Edward James
Moyes, John Andrew
Mudd, Robert Joseph
Mulock, Kenneth A.
Murphy, Robert Warren, Jr.
Murray, Douglas Rutherford
Mushrush, Stephen Rees
Myers, Norman Ray
Neal, Gregory James
Neptune, David Earl
Nesz, Richard Henry
Newton, Harry Davis
Ney, William Henry
Nichols, Rev. James R.
Niemeyer, David Norbert
Nieminen, LTC Norman Allen
Noe, David Marian
Nolan, Stephen Joseph
Norris, James Eugene
Nussbaum, Robert Stanley
Oakley, Dr. Robert Alan
Obendorf, Dennis Alan
O'Bryan, Michael William
O'Connell, John D.
Oland, Peter Jay
Oligee, Howard Lee
Olsson, COL Carl Walter
Orf, Gary Lee
Orvis, John Edgar
Osborne, Charles Ernest, Jr.
Osmon, Lance Dana
Outcalt, Catherine Leighty
Overholser, James Nelson
Overholt, David L.
Oxley, Edmund Harrison, III
Palenshus, Robert W.
Palmer, David Youmans
Palmer, Richard Dennis
Pampush, Robert Charles
Parker, Gary Lee
Parker, Tod Michael
Parsons, David Hollick
Pasco, David Charles
Passman, Martin A.
Paxton, Robert Anthony, Jr.
Pepple, Lon J.
Perkins, LTC Larry Farnum
Petzler, Linda Ann
Pfeffer, Michael Stephen
Pingry, Dr. Jack Richard
Pittner, Brian Paul
Pocrass, Alan Leonard
Polis, Joseph John
Polkovitch, William Joseph
Pollock, Lawrence Ira
Pomerantz, Fred Wayne
Porter, Barbara
Powell, William Price
Powers, Edward Allen
Prasher, Gary Conrad
Preis, Peter
Preusse, Robert E.
Quirie, Jerry Edward
Radabaugh, Timothy Samuel
Rae, Gary Afton
Ramer, Harry W.
Ramsey, Bud Morgan
Ransweiler, James Alan
Rast, Judith Seitz
Reed, Robert Jeffrey, CPA
Reiff, Ted Curtis
Reineck, Robert Joseph
Reinhart, Thomas Harold
Resley, John David, CLU
Reynolds, Randolph Roye
Reznor, Jeffrey Lee
Richards, Betsy Ann
Richer, Joe Orville
Ricketts, James Francis
Rickman, Ronald Carl
Riley, David Kennedy
Rissler, William Everett
Ritzhaupt, Donald Lee
Riviere, Roger Edward
Rizzo, Rosario Angelo
Robb, Michael Stephen
Robbins, Nelson Lee
Roberts, CAPT Janice Irene
Roettger, Dennis Marvin
Romito, Ronald Andrew
Ross, Marjean
Roush, Thomas David
Rowe, Anthony Charles
Ruby, Kenneth Gilbert
Rush, Danny Gene
Saladin, Dr. Brooke Allen
Satterwhite, Alan Barry
Schieber, R. Terry
Schiff, Jan S.
Schmidt, William Harry
Schnabel, Bruce Jay
Schneier, Craig Eric, PhD
Schoenberger, Gary Paul
Schroeder, Thomas Dale
Schultz, William Earl
Schwaderer, Ronald Eugene
Schwarb, Mark John
Schwartz, Donald V.
Scott, James Chapman
See, Tom David
Seifley, Ronald Edward
Semones, Paul Douglas
Shank, Dr. John Kincaid
Shapiro, Richard Jay
Shea, Michael William
Shearer, William Conway
Sheetz, Robert Alan
Shepherd, Stephen Vane
Shidaker, Ronald Allen
Sholiton, Robert David
Shope, Michael Allen
Shott, Michael James
Shrider, Ersel Omar, Jr.
Shuler, Gordon Pearce
Sidle, Cinda
Sillins, Elizabeth A.
Simon, Denis Gerard
Simon, Richard Charles
Skidmore, Samuel Silas
Smith, Charles G.
Smith, David Roy
Smith, LTC Gary Thomas, USAF
Smith, George Thomas
Smith, Glenn Edward
Smith, Ralph Everett
Smith, Stephen Douglas
Smith, Stephen Thomas
Smith, Steven Mark
Smylie, Don Alan
Snedegar, William Clay
Snyder, Dennis L.
Soley, R. Stephen
Solove, Larry Michael
Spear, John Robert
Spell, MAJ Clyde, USAF(Ret.)
Spicer, Gary Arden
Sprankle, Frederick Louis
Stalzer, Joseph Paul
Starr, Philip Brooks
Starrett, William James
Steele, Sheridan Sharp
Steinhoff, Roy Wendell
Stephens, Stephen Joseph
Stephens, Walter Ray, III
Stewart, Greg Eugene
Stickney, Dr. Frank Alexander
Stickney, James Edward
Stone, Meredith Blake
Story, Roberta Kathryn
Strainic, Allen Lee
Stransky, Edward Stanley, Jr.
Stravelakis, Nicholas K.
Strayer, Frederick Eugene
Strom, Mark Neal
Stuckert, Steven Arthur
Sullivan, Maurice Joseph, Jr.
Superczynski, Albert, Jr.
Susman, Ben
Swartz, Nancy Lecklider
Sweeney, Robert William
Swinehart, Rev. John David
Swinehart, Peggy Ewart
Swisher, Lynn Ellis
Sydorenko, Paul
Szabo, John Anthony
Szuch, Leslie Joseph
Teitelbaum, Hal Paul
Temple, Gary Don
Tholt, CAPT Gregory, USAF
Thomas, Charles Edward
Thomas, Matthew Richard
Thomas, Ronald Paul
Thomas, William E.
Thompson, Carol Gilbert
Tidwell, Robert Hudson
Timmons, Robert A., II
Tipka, Alan William
Tishkoff, Stuart Mark
Trager, Larry Allen
Tremblay, David Bruce
Troth, Raymond Joseph
Troyer, David Alan
Tucker, Carl Millon, III
Turner, J. Bruce
Tyde, Stephen John
Uhlin, Philip Robert
Uliss, Howard Irwin, CPA
Underwood, Richard Harvey
Urick, Dean Milton
Vallee, Richard E.
Van Develde, Donald W.
Vetter, Richard Miller
Vorsheck, John Philip
Wallace, Vonna S.
Walsh, Thomas Patrick
Walter, Gary Keith
Walton, Dr. John Reed
Walton, Roger Llewellyn
Ware, Albert A.
Ware, Warren William
Warne, Jeanne
Warth, William John
Wauben, James Lee
Wauford, Jerry Ronald
Weaver, Gerald Thomas
Weimer, Ralph William, Jr.
Weisenbach, Thomas Joseph
Wendell, Steven Carl
Wentz, Dr. Arthur George
Wesney, Dennis Wayne
White, Frederick Smith
Whiting, Clifford Carpenter, III
Whittle, John Arthur
Wicker, Charles Stephen
Wilhelm, Gary Lee
Williams, Cameron Lee
Williams, John Crosby, Jr.
Williams, Robert Hysell
Williams, Ronald Lee
Williamson, John Lionel
Wilson, Christine Ellen
Winkhart, Jerry Lynn
Wise, Carl E.
Wise, James Dallas
Wisemiller, James Patrick
Wolf, Stephen Lee
Wolford, Russell Allen
Wolinsky, Martin O.
Woodward, James Allen
Wootton, Carolyn S.
Wright, David Lee
Wuebker, Richard Joseph
Wurst, John Charles
Wynocker, Larry
Yamasaki, Lance Brian
Yoakem, Richard D.
Yost, H. Thomas, II
Young, Patrick Terry
Young, Thomas Andrew
Younker, Jonathan Scott
Zavotka, Rev. Wayne Alan
Zeiger, John Wolcott
Zeisler, Robert David
Zelenka, Gerald Thomas
Zelizer, Gary Marvin
Zettler, R. Jeffrey
Zinsmaster, John Nolan
Zittel, Donald Edward
Zukor, Winnie Trolin
Zurowski, Jerome Theodore
Zwelling, Stephen Neal

1970
Abbott, Lawrence C.
Ables, William Hamilton, Jr.
Adams, Timothy Michael
Adelman, Terry Joseph
Albrecht, David R.
Albrink, John Bernard, III
Allensworth, Charles L.
Allison, Stephen Philip
Anderson, Leonard Irvin
Anderson, William James
Andrews, Peter John
Androne, Robert P.
Applegate, Randall Glenn
Arnett, Joseph Michael
Ault, Edward Eugene
Ault, Guy Gregory
Babich, Michael Alan
Backhus, Thomas Anthony
Backner, Barry Edward
Baird, John Roderick
Balbaugh, George M.
Ballan, Gerald Howard
Ballard, Roger K.
Bandy, James Patrick
Banig, Ronald Allen
Barcic, Joseph, Jr.
Barclay, Craig Douglas
Barkin, Elliott Stanley
Baron, Thomas Jeffrey
Barr, Donald L.
Barthel, Edgar James
Basil, Dr. Jay Reed
Bauer, Walter Burkhard
Beam, John Cresap
Beatson, David Ian
Beck, Richard Alan
Becker, Steven Robert
Becker, Steven Robert
Beckert, Jane
Beckwith, Joseph M.
Bednar, John Thomas
Bender, Richard
Bender, Ted Thomas
Benson, Leonard Le Roy
Berger, Gary Evan
Bevens, William Wray
Beyene, COL Solomon
Bidek, Charles Timothy
Biegel, Stephen Gates
Bishop, Stephen Rupert
Bitler, John Keith
Bittner, Dean Stephen
Blair, Landen Ray
Bless, Kenneth Leslie
Boger, Stephen Edward
Bohlman, Paul William
Bohm, Arthur, CPA
Bonasera, Thomas John
Botts, Mark Geoffrey
Boyers, Scott William
Brady, John Allen
Bragg, James R.
Brantner, Jean Ulle
Brantner, Jeffrey William
Brelsford, Jan Wayne
Brenner, Jack Russell
Brimner, John Harold
Britt, James Chester, Jr.
Brooks, Bennie Homer
Brooks, Keith Howard
Brotkin, Linda M.
Brown, Dennis Morgan
Brown, John Franklin, Jr.
Brown, Dr. Percy Bismarck
Brown, MAJ Ralph Richard, USAF
Bruntz, Ervin James
Buchanan, David Rea
Bucher, Ricky Allen
Buchman, Daniel Victor
Bugos, Keith Richard
Burgett, Bruce Alan
Burnside, Harlan Eugene
Butler, Kenneth William, Jr.
Buttermore, Larry P.
Byers, Roger Clarence
Byrum, John Edward
Cabot, Jeffery Alan
Campbell, William Michael
Canfield, Bruce Arthur
Carberry, Dr. Pauline Ross
Carnegie, Richard Norman
Carroll, David William T., II
Carroll, James Dwight
Carroll, John Michael
Carson, Jack E.
Carter, David Maxon
Case, Steven Walton
Chang, Seipoong T.
Chapman, LTC Brent Elwood, USAF
Chase, Douglas C.
Chrisman, David J.
Christman, John Lewis
Christy, Lawrence Robert
Cisek, Edward L.
Clark, Bruce Gilbert
Clary, Dennis Lee
Clauss, Carl David
Claussen, Robert Bruce
Cobb, William C.
Coffield, Herbert Lee
Cohn, Howard Allen
Conti, Henry Albert
Cook, George (Barney)
Cooper, Michael Dale
Cooper, Peter Trowbridge
Corea, Robert A.
Coss, Richard Eugene, Esq.
Cotter, Paul Edwin, Jr.
Cottier, Geoffrey Allan
Coughlin, Michael Eugene
Cox, Dr. Howard Brownell
Coyne, Donald David
Crawford, LTC Brian Edward, USA
Crocetti, Robert James
Croft, Thomas David
Cunningham, Dr. Gary Mac
Cupp, Larry Wayne
Curtin, Robert Edward, Jr.
Cutlip, David Patrick
Cutrell, Gary Millard
Dabrowski, Douglas Alan
Dameron, Richard
Davis, Dr. Joseph Melvin
Dean, Edward Joseph
Dennison, Edward Bruce
DeRuiz, Pablo
Desterhaft, John Keith
Dew, Richard Aaron
D'Huyvetter, Lieven Louis
Dietz, James K.
Dillard, Ronald Thomas
Distl, Ronald A.
Ditwiler, Robert Richard
Doherty, Ms. Susan Merrill
Donaldson, Alan Craig
Dorr, John Hugh
Duber, Michael Joseph
Dunbar, James T.
Dundon, Brian Robert
Dwyer, Ronald Allen
Edel, Jack
Effinger, Peter James
Eichenauer, George Shanly
Eichman, William Lehman, Jr.
Eiler, Barbara Connelly

CLASS YEAR LISTINGS
CLASS OF 1971 341

1970 (Cont'd)
Eisenberg, Jack
Elder, Timothy John
Elliott, Dr. Clifford John
Emerick, John Michael
Emmett, Robert Gerard
Ennis, David Wayne
Erickson, Richard John
Evans, David Benjamin
Eversman, Robert Benjamin, Jr.
Faehnle, Carl Joseph, Jr.
Farmer, James D.
Fazio, David Lee
Feerer, Bette Weiss
Felix, Dr. William Leroy, Jr.
Ferber, David Alan
Ferryman, Leo John
Fetter, Alan Robert
Firlik, Lee Howard
First, Gary Wayne
Fischenich, Joseph Raymond
Fish, Duane Leroy
Fisher, Glenn Duane
Flegm, Stanley Eugene
Fleming, Phillip James
Flynn, Michael Allan
Foight, Lloyd Stanley
Folk, Mark Alan
Fong, Jerry Chell
Frank, CDR Dennis M., USN
Frank, Michael John
Freeman, Gary
French, Larry John
Fretz, Donald Richard
Frey, Joseph Lawrence
Friedberg, Timothy Dick
Friedlander, Howard Leonard
Friedman, Edward Arthur
Friedman, James Russell
Frush, Michael Allen
Frylinck, George Robert
Fulmer, Richard Thomas, Jr.
Gainar, Eugene John
Gander, Larry H.
Gardner, Phillip James
Garvic, Michael Paul
Gaylord, Gordon Lee, Jr.
Giannantonio, Michael A.
Gideon, James Francis
Giessler, Dr. Frederick William
Giles, John Richard, Jr.
Gille, Robert Harry
Gimlin, M. Gregg
Gockenbach, Philip Andrew
Godbout, Paul Emile
Goddard, Mark Randolph
Goldman, Steven Mark
Goldsmith, Deborah
Gopp, Donald Lynn
Gorchoff, Mark E.
Gordon, Susan Cynthia
Gorman, Dr. Ronald Hugh
Graham, Parker Lee, Sr.
Grano, James Nicholas
Graumlich, Stephen Leonard
Graves, Herbert E.
Gray, Barbara Jo Grosskopf
Green, Lawrence H.
Griffing, William David
Grigsby, Maceo, Jr.
Grimaldi, Michael Dominick
Gross, Allen Jeffrey
Grumblatt, Michael Walter
Grundstein, Ronald Craig
Gunsorek, Lawrence F.
Gurvis, Dr. David Elliott
Gustin, Michael J.
Hackmann, Jack Anthony
Haines, James Lynn
Haines, Robert Merrill
Hambor, Paul Bernard
Hamilton, Freeman, Jr.
Handlir, David Y., Jr.
Hankins, Philip Elmer
Hann, Charles Peter
Harmon, Thomas Edwin
Harriman, James
Hawthorne, Robert Edward
Hegarty, John P.
Held, Gregory
Helman, Lawrence Edward
Hendrickson, William Wilson
Henley, Patricia Murphy
Hennen, Ronald Crawford
Hennenberg, Michael Chaim, Esq.
Henricks, Ronald Warren
Heretta, Thomas Andrew
Herron, Rolin W., Jr.
Hess, N. Theodore
Hiatt, Robert Linn
Hiland, Michael Howard
Hilditch, Lawrence O.
Hill, Willard Gerald, II
Hilliker, Thomas Ray
Hinson, Mrs. Carolyn Jo Johnson
Hite, Gailen Lee, PhD
Hively, Michael Lee
Hogan, Patrick Joseph
Hohler, Dale Anthony
Holcomb, John Charles
Holman, Alan Richard
Holschuh, William Dennison
Hooker, Bryce Haven
Hoover, Douglas Eivind
Hopkins, Leonard Lima, Jr.
Hoskinson, Mrs. Maryann Rhoad
Hostenske, CAPT Charles W., USAF(Ret.)
Houdeshell, Monty Alan
Houlette, Phillip Clifford
House, William Walter
Howick, Charles Harvey
Hoyt, William Gordon
Hubbard, Van R.
Huber, Michael William
Huelsman, Dennis Xavier
Hughes, Frederick Joseph
Hummer, Daniel Martin
Hunter, Stephen Charles
Hunter, Thomas Michael
Hylant, Patrick Richard
Ijose, Dr. Abiodun
Ingalls, David Sharp
Ireland, John Howard
Irwin, Lawrence Burton
Irwin, Robert Arthur
Ives, Thomas John
Jack, Alan Rocco
James, Donald W.
Jennings, MAJ Larry Gene
Jensen, Dr. Daniel Lyle
Jewett, James Michael
Johnson, Brent Ernest
Johnson, John Allison
Jones, Anne Meier
Juterbock, Ms. A. Krista
Kahler, Michael Stephen
Kamen, William Patterson
Karlak, Gerald
Karst, Julius Lee
Kasica, Walter Stephen
Kauffman, Daniel Gene
Keckan, William David
Keckler, James Allen, CPA
Kehrer, Robert David
Kelsey, Thomas Miller
Kelting, John Albert
Kendall, Howard Joachim
King, Peter James, Jr.
Kirkland, John Reppart
Klaus, Frank Makovec
Klingenberger, Mark Douglas
Knorr, Carol Dinapoli
Kohls, Robert Bernard
Komerofsky, Marvin Lester
Konkel, Kenneth John
Korthals, John L.
Kovacs, Gabor Joseph
Krawetzki, Robert Dean
Krieger, Burton Charles
Krohn, Edmund Louis
Kurz, George Frank
Laird, Stephen Earle
Lamont, LTC Frederick Carlton, USAFR
Lange, Robert Elmer, Jr.
Langell, James Floyd
Lantz, Ronald Lee
Last, Gary Arnold
Latch, John Anthony
Launer, Robert Barry
Laurila, John Charles
Lebaroff, Ronald D.
Lee, William Edward
Lefkowitz, James Edward
Le Gros, Robert Richard
Legue, Gerald Wayne
Lehmann, Ronald David
Leinberger, James William
Leopold, Carl Thomas
Lesch, James Edward
Levicki, John Sullivan
Lewis, Jack David
Lockwood, John Hadley
Long, Clayton Hugh
Lowry, Bill Lee
Lucas, Michael Madison
Lucci, Albert Richard, Jr.
Lugger, John Frederick
Mac Dowell, John Russell, Jr.
Machson, Jeffrey Lee
Madden, Daniel Lee
Maglott, Donald Lee
Maiorano, John Frank
Maldinger, James Dale
Mall, Russell Lee
Malone, Joseph Robert
Manley, Judith L.
Manofsky, Carl Matthew
Manoukian, Richard Vahan
March, Ronald Anthony
Markis, Carolyn Diehlmann
Markworth, Thomas
Marshall, Jeffrey Del
Marshman, William A.
Martin, John Francis
Mason, John Walter
Maykowski, Kenneth P.
Mc Brearty, Robert Lawrence
Mc Clain, Paul Harding
Mc Clelland, Stephen Alan
McConaughy, Steven C.
Mc Cormick, Robert Alan
Mc Daniel, Gregory Alan
Mc Daniel, Richard Keith
Mc Dermott, Lee Alfred
Mc Gannon, Thomas Joseph
Mc Girr, Dale Lynn
McIntire, Larry Cecil
Mc Kee, Charles James
Mc Kinley, Dave
McMahon, Patrick James
Mealy, Chris A.
Mears, Edward Frank
Meese, William James
Mehall, John David
Mehall, Martin Joseph
Mehta, Himanshu Indravadan
Meier, Dr. Guenter Friedrich
Melaragno, Olin Patrick
Mendelsohn, Robert Allan
Meo, Eugene Joseph
Merritt, Roger Lee
Meyer, Richard Ives
Middlesworth, Duane E.
Miller, Carol
Miller, Hal V.
Miller, Paul Martin
Miller, Thomas F.
Milli, Alex
Millsaps, Bartley Geter, Jr.
Minnich, Thomas Charles
Minnis, Kirk Nevin
Mitchell, Stephen Arthur
Moriarity, Shane Robert
Morris, Eric Stephen
Morris, Robert Lee
Morrison, Terry W.
Moses, Robert Lee
Mosser, Jan Charles
Mueller, Lawrence Edward
Mullenix, Charles D.
Mundy, Patrick Richard
Murchie, Gates S.
Murdock, Dr. Richard James
Murnane, Thomas Michael
Murray, Ronald L.
Musheno, William Scott
Mustaine, John Charles
Myers, James Lee
Nastoff, Thomas Anthony
Nathan, Jerry E.
Nathans, Gary Alan
Neibler, Jefferie Harmon
Nelle, William Grant, Jr.
Neroda, Dennis Samuel
Netzley, Allen Leon
Nichols, Richard Dean
Nicholson, Scott John
Nicolosi, Richard Joseph
Niebel, Steven Ross
Novak, Howard Jay
Novotny, Robert Michael
Nowak, William Jerome
Oates, Robert Kurt
Obert, Beverly Ann
O'Brien, Kevin John
O'Connell, Richard Dennis
Olsen, Lawrence Byron
Overholt, Gary Lee
Owens, Terry Lynn
Owens, Theodore Lee
Oxender, Richard Alan
Paddock, Harold De Wolf, JD
Page, Wayne Edward
Painter, William Ernest
Parish, Dennis Frank
Parr, 2LT William Johnstone
Parrett, Gary Lee
Pawuk, Wayne Steven
Pearch, Michael Robert
Pennington, Ronald Douglas
Penzone, Tony Michael
Pepple, Stephen Alan
Perez, Agustin Aguirre
Peters, George Elliott
Peterson, Frank Robert
Pettibone, Dr. John Mahlon
Pierce, John Bradley
Piersall, Craig Bruce
Pilgrim, Gregory Flinn
Pinckard, James Dennis
Pittman, Earl William
Platnick, Barry Howard
Pollack, Richard Louis
Porter, Scott Jacob
Postle, Richard C.
Potts, Ricky Lee
Powers, Philip Hanger
Praser, Kenneth Joseph
Price, David Emerson
Price, R. Wayne
Price, Ralph Earl
Printz, Loudell
Puckett, Gary Lynn
Pucky, Timothy John
Quilter, Thomas Matthew
Radebaugh, Jerald Stephen
Radtke, Michael
Raymer, Ronald Adolph
Recht, Barry William
Ree, Melvin Clarence, Jr.
Reese, Donald Robert
Reeves, Frank Edward
Regan, Kevin Thomas
Reichman, Joe V.
Reilly, Michael James
Reineke, Douglas Gene
Reinhardt, Richard Edwin
Rentz, Richard Kenworthy
Richards, Rodney Ralph
Rickards, Dorothy Patricia
Riesterer, Michael James
Riggs, Stephen Charles
Rinehart, Jack J.
Roberts, Thomas John
Robertson, Dean Edwin
Roemer, John Robert
Rojas, Guillermo(Gil) J.
Roman, Nicholas George
Rose, Pete
Rosenmutter, Skip Paul
Ross, Richard Vaughn
Roth, Nathan
Russell, Donald Wesley, Jr.
Salvage, Richard Edwin
Salvatore, James Daniel
Samic, 1LT Dennis Ray
Sampson, Albert Edward
Samuel, Theodore Joseph
Sbrochi, Phillip Joseph
Schantz, Edward George
Schiefer, Leonard Charles
Schilling, Terry L.
Schmader, Kenneth Charles
Schopfer, Aaron Jones
Schott, Timothy Albert
Schwartz, Walter Stanley
Sciortino, Philip Joseph
Scoco, James Darryl
Seck, Lawrence Edward
Seggerson, Edward Daniel
Seguin, Lorraine
Seiter, Dr. Richard Paul
Seivert, Richard Henry, Jr.
Sellers, Steven Lynn
Sethi, Inder Jeet
Setterlin, Robert William, III
Shabashelowitz, Steven
Shaffer, David Bruce
Shannon, James Patrick
Sheaffer, Hal Dean
Shells, Donald Michael
Shepherd, Wayne Leigh
Shilt, Timothy Klein
Shorr, Brian Stanley
Shulak, Kenneth Edward
Shull, Kenneth Owen
Simison, Anne Overacker
Simms, Michael Alan
Simon, Alan Irvin
Simon, Richard Lee
Simon, Ronald G.
Simpson, Robert Reid, Jr.
Skapik, Stephen Michael
Skirvin, James Burch, Jr.
Smart, Dr. Charles E.
Smith, Jon Irvin
Smith, Marianne Detrick
Smith, Robert Michael
Sobolewski, John Jacob
Soller, George K.
Sorenson, David Lowell
Sova, Andrew Michael
Spiegler, Jeffrey Howard
Sproull, Russell William
Staples, Beirn
Starkey, Jerald Lynn
Stecklow, Larry Charles
Steiger, David Alan
Steimle, Daniel Edward
Steinberg, David Jay
Stewart, Richard Wayne
Stimpert, Robert Edwin
Stinson, Dr. John Edward
Stockstill, Philip Kent
Sullivan, Edwin Chester
Svavarsson, Stefan
Swanson, LTC Jon Milton, USAF
Talbott, Richard A.
Taylor, Walter Russell, Jr.
Taylor, William E., III
Tedrick, James B.
Terry, CAPT Michael John
Tesfai, Ahferom
Tetmeyer, COL Donald Conrad, PhD USAF
Theibert, Fergus Andre, Jr.
Thomas, Dan Ralph Edward
Thompson, Eugene Charles
Thorngate, Robert Ernest, Jr.
Thornton, Dr. Fred Arnold, Jr.
Thornton, Richard Thomas
Thurkettle, Frank Brian, Jr.
Tippie, William Douglas
Todd, Stephen Michael
Totterdale, Richard Alan
Towers, Edward William
Trovato, Vincent Gene
Tryda, David Leonard
Tucker, Lee David
Tybout, Alice
Vacca, Arthur Reid
Vicstein, Alan Bernard
Vogel, Gregory Crooks
Vogelsang, Carl Richard
Vogt, Earl Alan
Von Busch, Harry, Jr.
Waggoner, John Clinton, Jr.
Wagner, Robert Dale
Wahl, David Lynn
Walker, Robert Philip
Walker, Stephen C.
Walters, Donald Edward
Ward, Wayne Wallace
Warford, William Barry
Waser, Edwin B.
Watson, Samuel Robert
Weaver, James R.
Weeda, Thomas Dewey
Weiner, Paul L., JD
Weiss, Gregory Carl
Weiss, Stephen G.
Weltman, Gale
Wendling, Thomas Allen
Weprin, Barton Winston
Werbel, James Phillip
Wesner, James Edward
Whalen, William Howard, Sr.
Whaley, Rodger Lee
White, Warren Allen
Widing, Christopher Gunnar
Wieber, Leon John
Wilcoxson, Arthur Fred, Jr.
Williams, William Charles
Williamson, Jerry Bruce
Wilson, Edward Albert
Wilson, Harold Allan
Wilson, Jack Edward
Wilson, John David
Wilson, Michael A.
Wilson, COL Robert Benjamin
Wilson, Steven E.
Wilson, Walter Stanley
Wilson, William Reese
Wiltshire, Richard Leroy
Wise, Robert Lawrence
Witwer, Stephen Herbert
Woessner, Donald Stephen
Wolf, Steven Allan
Wollam, Timothy Ray
Woodrow, Samuel Gordon
Worman, Steven Lee
Wray, Joseph Anthony
Yappel, James Allen
Yerty, Arthur Wayne, Jr.
Zander, Zoltan Frank
Zarin, Kenneth T.
Zedeker, Robert L., II
Zelein, James Chris
Zelvy, Jeffrey A.
Ziats, Paul John, CLU
Ziegler, William Charles
Zimmer, LTC Bolko Guenther, USA
Zingale, James Anthony

1971
Abramson, Jay Donald
Ackerman, William Carl
Adamescu, John Stephen
Adams, LTC David Walter, USA(Ret.)
Adams, Norman Ellis
Ade, Stephen Frederic
Adelson, Steven Mark
Alberson, Julius Dalton
Allen, Dr. Chris Thomas
Allen, David Christian
Allen, Guy Zavodny
Anderson, John William, Sr.
Androne, Raymond V.
Armstrong, Gary L.
Arnholt, Stephen Charles
Arthur, Jack Lamarr
Ary, Richard Earl
Askerberg, Erick James, Jr.
Athey, Russell John
Avallone, Leopold Anthony
Bach, William Lee
Bailey, Dr. Andrew D., Jr.
Bainter, Larry Jay
Baker, Bob James
Balthaser, Robert Steven
Barnett, Garrett Siegler
Barnett, Robert Brainard, Jr.
Barry, David A.
Bassett, Nancy
Bater, Mark James
Bates, James Alan
Batterson, William Gilday
Bauman, Jeffrey Payne
Baxter, La Marr Kenneth
Beach, Paul Robert
Becker, Ivan
Bell, Harvey E.
Bellino, Frank C., Jr.
Belt, Donald C.
Bennett, Jon W.
Bennett, Randy Lowe
Bentz, Joel David
Biasella, Edward Dominic
Bigelow, Ann Vollrath
Bigelow, Roger Lee
Billiet, Gary Leon
Billman, Roger John
Binion, Roy Michael
Binns, Robert William
Blabey, Thomas Joseph, Jr.
Black, Thomas Jay
Blackenberry, Richard Steward
Blaine, Gregory William
Blair, Randall Jay
Blanks, Mark Steven
Blazar, Lawrence Allan
Bleiweiss, Michael David
Bocock, Robert Dean
Boetticher, Myron Paul
Bonburg, Thomas Jean
Booze, Gordon B.
Borisenko, Henry
Boso, Frank Coleman, Jr.
Bottorff, John William
Bourne, Harry P.
Bowen, Thomas Keith
Boyle, David L.
Bradley, Michael B.
Brado, James Frank
Brannock, Thomas Carey
Bratush, Joanne Rose
Braunagel, David Dade
Braund, Robert Alan
Breese, Kenneth Harold, CPA
Breinich, Larry Arthur
Britton, James Chandler
Brosch, Mark Laurent
Brown, Linda Friedman
Bruggeman, John William
Brundrett, Lawrence Bartch
Buck, Winthrop Lawrence
Buckley, Bruce Alan
Buckley, William Francis
Burchfield, Gary Warren
Burkhart, Daniel Thomas
Burns, Kevin James
Burton, George Billy
Buskirk, James Melvin
Butz, Michael Lee
Cameron, William J.
Capwell, Charles F., Jr.
Carpenter, MAJ David Warden, USAF
Carr, Michael David
Carter, Roger Dean
Carvalho, Ronald
Cavazzi, Arthur Charles
Certner, Robert Bruce
Cervi, Gene Frederick
Chadwick, John W.
Chance, John Kennedy
Chandra, Dr. Gyan
Chapman, Douglas K.
Cheney, David Alan
Ciminello, Michael L.
Claggett, Edward Ray
Coggins, John T., Jr.
Cohagan, Owen Brannon
Cohen, David Barry
Cohen, Gary Arthur
Coleman, Robert Graham
Collins, John Paul
Condo, Anthony Michael, Jr.
Condo, Phillip J.
Condon, Maurice Joseph
Conkle, John Allan
Conry, Martin Joseph
Conway, Michael Joseph
Cook, David Michael
Cook, Richard Stephen
Cooper, Gary Allen
Corotis, Robert Maxwell
Corson, Christopher R.
Cotsamire, Dennis Charles
Cotton, David Lee
County, Donald Everett
Courts, Gordon Bruce
Craig, Dr. Charles Samuel
Creager, CDR Hugh Gunder
Csaszar, James John
Culbertson, Robert William, Jr.
Cummings, James Richard, Jr.
Curle, Charles Alan, Sr.
Dague, Roland G., Jr.
Darling, James Walter
Darling, Mark William
Davis, Everett Paul, Jr.
Davis, Frederick
Davis, James A.

342 CLASS OF 1971 OSU COLLEGE OF BUSINESS

1971 (Cont'd)
Dawley, Richard L.
Dawson, Jeffrey Wayne
Daye, Thomas Richard
Dean, Ronald Emery
Deardurff, Robert Joseph
Delacruz, Joe M.
De Matteis, Denny
Dembsky, Maurice Avrum
Demchuk, Daniel William
DeMond, Brent Lee
Deutchman, James L.
De Vore, Paul E.
Di Blasi, Paul Dominic
Dickey, John Procter
Difloe, Larry Alan
Digman, Sion William
Dill, Gerald Edward
Dilland, John Orton
Di Lorenzo, Richard Anthony
Dittman, Dr. David Arthur
Dockus, Thomas William
Dodge, Donaldson
Dodson, Robert Michael
Dole, Thomas Edward
Donley, Thomas James
Donovan, John Paul
Donselman, Edward Herman
Dove, William Leslie
Drake, Thomas Buchanan
Drennen, Richard Urban, Jr.
Driscoll, Dennis Kevin
Dukes, John Robert
Dunagan, Jack Douglas
Duncan, Kenneth Eugene
Dunn, Donald Lee
Dunstan, Daniel George
Durbrow, Dr. Brian Richard
Durrett, Walter J.
Dwors, Robert Frank
Edelman, Samuel Richard
Edgell, Gary Wayne
Edwards, Ronald Keith
Eidelman, Sylvan Lee
Eisnaugle, Preston Leroy, III
Ekerovich, Christine Calamari
Elder, John Joseph
Elling, Robert William
Elliott, Lon C., II
Emerson, Constance Peterson
Emerson, Richard Lee
Erler, Gary W.
Essak, Jeffrey Eric
Evans, John Frederick
Ewing, Charlotte Bomar
Faehnle, James Christopher
Fatuzzo, Joseph A.
Federer, William Francis
Fedor, Larry Thomas
Fenton, Stuart William
Fiely, William Henry
Fish, Robert Beeman, II
Fisher, Cindy
Fisher, Herbert William
Fisher, John Richard
Fletcher, Philip Edward
Floreani, Marino David
Forshey, Eddie D., CPA
Fountas, Samuel John
Frank, James Stephen
Franklin, James Leo
Friedman, Richard Paul
Fritz, Melvin Charles
Fu, Marilyn Y.C.
Fuhrman, Bruce Edgar
Gable, Michael Jerome
Gammill, Robert Andrew
Garber, Douglas Lee
Gates, Michael A.
Geddes, James Lee
Geis, A. John
Geissbuhler, George Elmer
Gelb, Stuart Allen
Georgenson, Philip Michael
Gerrick, William Martin, III
Gilbreath, John S.
Gilchrist, David Albert
Ginsburg, David Irl
Glaser, Richard Mayer
Gorczyca, LTC John Anthony, USAF
Graham, Alan Thomas
Graul, William Ray
Gray, Marvin Leander
Green, John Ronald
Green, William Arthur, III
Griffith, Walter J.
Griggs, Ralph Edward
Gritton, James Alan
Groff, John Walter
Gross, Paul Raymond
Groves, Donald Kirk
Guenther, Richard Paul
Guiler, Robert C.
Haas, Daniel Stephen
Haas, Darryl
Hajjar, John Edward
Hall, Allen Carl
Hallarn, Michael H.
Hamblin, Dennis Clarence
Hamill, S. Eric
Hample, Dale Jay
Hance, Robert M.
Hanks, Douglas Richard
Hansley, LTC John Robert, USAF
Happ, David Richard
Harbour, Douglas Merle
Harker, Allan William
Harpster, Richard B.
Harris, John Langdon, Jr.
Harshbarger, Harold Allen
Hartman, CDR Douglas Martin, USN
Haskins, Thomas Blaine
Hayek, John Anthony
Hayward, William Michael
Heaton, Patricia
Heimann, Dr. Stephen Raymond
Heiss, David William
Heitz, Gordon Douglas
Henderson, Robert Wilson, II
Herbst, Dennis Joseph
Herr, Michael Craig
Hersch, Stephen Howard
Heslep, Robert Dewey
Heston, Darilee
Hill, Samuel Jay
Hilt, James Scott
Hing, Kenneth William
Hobe, Thomas Matthew
Hocevar, David Frank
Hochman, David B.
Hoffman, Adonica Jeanne
Hoffman, Deborah L.
Hogue, Charles Terrence
Holbert, Laurence Michael
Holton, Douglas David
Honeyman, Benjamin Foster
Horn, Robert Burkey
Hoy, Carl David
Hoy, William Lawrence
Hoying, John Sylvester
Hozier, George Chambers, Jr.
Huber, Dr. Charles Courtland, Jr.
Huenke, Gary (Hink) S.
Hupp, Forest Ray, Jr.
Huston, Stephan Arthur
Hykes, Deborah
Hykes, John Elmer
Hyrmer, Frank Charles
Isaacs, Paul Douglas
Jablonski, Gary John
Jacques, Robert John
Jahn, David Ralph
James, Robert Charles
James, Wilbur Gene
James, William Ross
Jansen, Lance Kim
Jayne, Patrick Henry
Joherl, Dennis Richard
Johnson, Gary Lee
Johnson, Gary Ronald
Johnson, Jeffrey Laylin
Johnson, Rikard Severin
Johnson, Stephen James
Jones, Alan S.
Jones, David Emlyn
Joseph, Roger R.
Judson, Robert Allen
Jun, Lawrence J.
Kabealo, John Geoffrey
Kaiser, David Joseph
Kale, William Leonard
Kalman, Stephen
Kander, Mark Leslie
Kaspar, Joseph Michael
Katz, Roger Alan
Kaye, Samuel Kornhendler
Kaylor, Richard Wayne
Keadey, Douglas Bruce
Keegan, Kevin Michael
Keeling, John William
Keene, Richard Daniel
Keith, David W.
Kelly, David Alan
Kelly, John Wayne
Kershaw, Andrew J.
Kershaw, David Alan
Kerze, Allan R.
Kessler, David Herman
Kessler, Hal Ross
Ketchum, Ronald Lee
Keyser, Jerome D.
King, Gerald Lee
Kirkham, Kent Norman
Klein, Peter Merrill
Klug, Thomas L.
Knisely, Douglas Charles
Knox, Ms. Susan Unkefer
Koch, Kenneth Allen
Kohler, Kerry Lee
Kohn, Arnold Michael
Kolesar, Richard Lee
Koliander, Raymond Edward
Korn, Sara Jane
Kraemer, Morton Dennis
Kraft, Joseph William, Jr.
Krauss, Bruce Alan
Krauss, David
Kruzer, Richard Anthony
Kubicina, James Ronald
Kuhn, Amy Katherine
Kuhn, Dennis R.
Kuhr, Michael Stuart
Kulow, Rene S.
Kuss, John Albert
La Jevic, Donald William
Lampinen, Richard James
Lancioni, Dr. Richard Anthony
Landau, Joel M.
Landeck, Albert William
Landes, Norman Eugene
Landreman, Lawrence Charles
La Pens, Thomas Robert
Larkin, Robert Richard
Larsson, Kent Arne Willy
Lawless, Joseph Edward
Laybourne, Stanley
Lazar, Mac Edward
Lee, LTC Larry Lawrence, USAF(Ret.)
Leggett, Daniel K.
Lehto, William Richard
Leininger, Dwayne Eugene
Leonard, 2LT James Franklin, USAF
Lerch, Patrick Shane
Levy, Kenneth James
Lewis, Thomas Jay
Lichtkoppler, Richard John
Lighthiser, Richard D.
Limbert, George Victor
Linehan, Donald Gene
Lipps, Woodson David
Long, Wayne R.
Lorincz, MAJ Thomas Edward
Losego, Michael Allyn
Louis, CPT Geoffrey Rickards
Luber, Richard Alan
Lucas, William Carl, Jr.
Lux, Frank Edward
Luzi, Andrew Dennis
Lynch, Robert Stephen
Mace, Delmer Floyd
Maciejowski, Ronald Joseph
Mackensen, William Harold
Maddox, Dr. Raymond Neil
Mahaffee, Charles Lawrence
Main, Larry Lynn
Majors, David Wayne
Malkoff, Alan Richard
Malone, Terry Wayne
Maloy, Robert James
Manogg, Philip Martin
Marinko, Ronald P.
Marker, David Allen
Markham, John Edward
Marks, Bruce William
Martin, Eric Lance
Massie, James Steven
Mathews, Robert Eugene, Jr.
Mathewson, George Otis
Maurer, Edward John
Maxson, Nicholas Dean
May, Lawrence Evan
Mc Ardle, Lyn Patrick
Mc Ashan, Karen Klimaski
McConnell, Thomas David
McGrath, Lester Howard
Mc Henry, MAJ Roger William, USA
Mc Kee, Michael Allen
Mc Laughlin, Wayne Clayton
Mc Neil, Leo Edward, Jr.
Mc Vay, Larry Jay
Mees, Bruce Lightle
Melocik, 2LT Gary Lawrence
Mens, Robert W.
Metzler, Philip Vaughn
Meyer, James Eugene
Meyer, Robert Lynn
Meyer, Robert Paul, Jr.
Miceli, Jack Anthony
Miglore, Joseph James
Mihalick, Charles Rautze, Jr.
Miller, Chuck
Miller, Daniel Kirwan
Miller, Duncan Holliday
Miller, Thomas
Milligan, Rick
Minichbauer, 2LT Richard George
Minichbauer, Robert Kenneth
Minoff, Barry Jay
Misener, Kenneth Taylor
Misrac, Simon Benjamin
Mizell, CDR Larry Linton, USCG
Monahan, Stephen Francis
Montagno, Anthony Joseph
Montgomery, Richard Lee
Moody, Robert E.
Mooney, Gary Michael
Moore, Terry Lee
Moorman, Charles Lester
Morin, Gary Edward
Morris, Robert Lee
Morris, Todd Robert
Motil, Joseph Michael
Mowers, Jeffrey A.
Mozola, John Michael
Mueller, Kurt Lawrence
Muenz, Donald Paul
Muler, Leon K.
Mullins, Mrs. Cynthia Cook
Murphy, Charles Louis
Murray, Brian Martin
Nash, Thomas Michael
Naughton, Richard Leroy
Nelson, LTC George Russell
Newman, Craig Olin
Nicely, William Darrell
Nicholson, James Terence
Niese, Melvin Amos
Nixon, Nanci M.
Noble, Hayden Scott
Norris, Jeffrey A.
Nutini, Fredrick Raymond
Obenauf, Dennis Richard
O'Connell, Patrick Armstrong
Oliver, L. Lee, III
Oliver, Timothy Allen
Oller, Jack Richard
Olt, John Herman
Ondick, Larry Wayland
O'Neal, Michael James
O'Neil, Penelope Felton
Orzes, John J.
Osborn, Myron Wallace, III
Osborne, Don Christopher
Padilla, Mario Rene
Parker, Gary Lloyd
Parker, William Edward
Parrot, Roger Gene
Pashuck, Eugene Thomas
Patterson, John Thomas
Penix, LTCDR Larry Ellis
Perry, Rev. Eddie Lee
Peterman, Gary Albert
Petrasek, Lawrence Edward
Pflum, Charles Wesley
Phelps, LTJG Norman John
Philbin, Philip Arthur
Phillips, Henry Theodore, III
Pinkston, Charles Manning
Pinter, Richard Moresi
Plavcan, Michael John
Ploetz, Francis Patrick
Pohlabel, Charles Thomas
Pokrandt, Dean Alan
Poplar, William
Posner, Louis Edward
Potter, Holly Thomas
Potts, Nicki Mott
Powers, Thomas Allen
Presgrave, Joyce N.
Price, Gary Lee
Rader, Thomas Allen
Rae, Andrea Post
Rakestraw, Nanci Neale
Ramer, John Mc Donald
Ramer, Richard Brooks
Rayner, Delle E.
Reedy, 2LT Dana Camp
Reiber, Susan M.
Reinke, Ronald Franklin
Reker, James William
Reske, Frederick Michael
Rhodes, Gerald Lee
Rhodes, Patrick
Richards, Dr. Emory Hunt
Richards, Paul Smith
Ries, John C.
Rifflard, Arthur James
Rinehart, Ann West
Rings, Richard C.
Ritter, Ralph Edward
Rockwell, Joseph C.
Rose, Thomas Edward, Jr.
Roselman, Judith Marsha
Rosenblum, Alvin Barry
Rosenfield, Jack Michael
Ross, James Barry
Ross, Richard Arthur
Rothman, Susan Brauman
Rudisill, Jerry Lee
Ruedele, Ronald Walter
Russell, Diane
Ruzicska, Steven Dean
Sabino, Charles M.
Sager, Gerald William
Salamon, Gerald Lang
Sampson, Ronald Alexander
Sattler, Guy Richard, Jr.
Sause, Michael Hyland
Savage, Thomas Charles
Saylor, Dale Robert
Schaider, Kathleen M.
Scherocman, James Allan
Schiming, Dale William
Schmidt, James Joseph
Schneider, Glenn Keith
Schneider, Walter Edward
Schneier, Lance W.
Scholik, Larry William
Schreiber, Robert H.
Schroeck, Gerard Philip
Schuler, Gregory Joseph
Schuller, Mary Ann
Schulz, Dr. Robert A.
Schumaker, Donn Mccoy
Schweitzer, Joseph Vincent
Sebring, Edward Lorentz
Seich, John Stephen
Seidelmann, Don Emil
Seitz, Martin Wayne
Settlemire, Michael Dennis
Shaneman, Stephen C., CM
Shaud, Dr. John Albert
Sheely, Richard L.
Shifrin, Kenneth Steven
Shoemaker, Charles K.
Shooman, Mark David
Shrigley, Phillip Harley
Silverman, Elliott Jay
Simmonds, Russell Evret
Simon, Kenneth
Simpson, Larry Leslie
Skolnik, David Erwin, CPA
Smith, Arlette Grigst
Smith, Bruce Eugene
Smith, James Emerson
Smith, Thomas Douglas
Snider, Jeffrey Dail
Snodgrass, Mathew Harry
Soeldner, Rodger Paul
Sommers, Claude Arthur
Sosenko, Ronald Dean
Speelman, Ralph John
Spicer, Dr. Michael William
Spreen, Roger Elmore, Jr.
Spreng, Kenneth Robert
Spurlock, Michael
Stanford, Stephen James
Starkey, John Raymond
Stern, Anna Foster
Stern, Roy Dalton
Stevick, Tony Joe
Stimler, Frederick William
Stoffer, Kenneth J.
Stokes, David Bruce
Stokes, Leroy
Strom, COL Roger Charles, USA
Stubblebine, MAJ Scott David, JD
Stubblefield, Lawrence B.
Suhay, James William, Jr.
Supman, Mark Ian
Suter, Robert Sayers
Tabacca, Kenneth Joseph
Taber, Elmer Mark
Tague, Daniel Joseph
Talmage, Ralph William
Tattersall, Robert
Taylor, Ralph Edward
Tellinghuisen, Douglas Lee
Thompson, John Michael
Thorkelson, Curtis Dean
Tomczyk, Ronald Alan
Travaglianti, Alan Robert
Trevey, William Everett
Tritle, Steven Allan
Trombetti, Albert Ross
Tull, Charles Thomas
Turner, William D.
Turvy, Charles Emerson
Tyndall, Charles Donald
Tyson, David Charles
Umbel, Larry Allen
Van Cleave, Walter Genie, Jr.
Vanderhorst, Albert Jan
Vanlandingham, Stanly Phillip
Van Sickle, Robert David
Varner, Stephen Richard
Veit, Paul E., CPA
Venkatesh, Dr. Balkrishna
Vocke, John Harmon, IV
Walvoord, Wilbur Wayne, Jr.
Warnecke, Philip Leander
Warner, Thomas Peter
Warren, Paul Frederick
Warren, Robert, Jr.
Watkins, Carl Joseph
Watson, Dr. David J.H.
Weakley, Jerry Thomas
Weaver, Thomas Ray
Weichmann, Michael Craig
Weiss, Jay Sandford
Wellinghoff, Thomas Anthony
Wells, Douglas Dwight
Wernecke, Thomas Lee
West, James Robert
Wetmore, David Charles
Whitcomb, James Allen
White, Gail
White, John Paul
Whitmer, James Calvin
Wilden, Kenneth Thomas
Wilhelmy, Albert R., III
Williams, Donald N.
Williamson, John Ralph
Williamson, Patrick Joseph
Wilson, John Robert
Winning, Thomas Edward
Wise, Robert George
Wlosowicz, Mark Alfred
Woeste, Frank Bernard
Wonderly, Michael Paul
Wood, Robert Saxton
Woodford, Larry Nelson
Wourms, William Francis
Woznak, George B.
Wright, Gregory Alan
Wright, Russell Wayne
Young, Clyde L.
Young, Darrell Alan
Young, Douglas Earl
Young, Rev. Robert L.
Zabrycki, Edward Andrew
Zelman, Lawrence Elliot
Zimmerman, Robert Carl
Zinszer, Dr. Paul Harvey
Zoog, Stephen Richard

1972
Abshier, David Lee
Agrawal, Yogesh Krishna
Ahrendt, Carl Fredrick
Allen, Jeffrey Philip
Allison, Michael
Amli, Marcia
Amos, R. Clark
Amsel, Michael Howard
Anderson, David Cecil
Anderson, Gerald Michael
Anderson, Robert Paul
Andrews, Mark Warren
Andrews, Robert Joseph, Jr.
Applebaum, Robert J.
Archer, Daniel John
Arena, Michael John, Jr.
Arnold, Mark Peter
Arnold, Norman Scott
Arps, David William
Aschman, Richard P.
Asmus, Wayne Francis
Atkins, James Wade
Avery, Charles St. John
Axelrod, Joel David
Badgley, Gary H.
Baehren, James William
Baird, Gary Edward
Baker, John Robert
Baltes, Terry Earl
Baluk, George Michael
Baney, J. Randall
Barber, Roy Mac Bride, Jr.
Barnes, James Lewis
Barr, Dean David
Barrett, Michael Lee
Barta, John, Jr.
Bauer, Vallie Russell
Baughman, John Lee
Baumann, Paul Craig
Bay, Ole Daniel
Bedo, Paul Allen
Beetham, Thomas Mark
Bellino, Joseph Paul
Bendig, Charles Herman
Bennett, Bradley B.
Bennion, Marcus Lindsay, Jr.
Berger, Robert Earl
Berliner, Howard K.
Beyland, Mark Owen
Beyoglides, Harry George, Jr.
Bhandari, Anil
Bialy, Richard James
Bickel, Blair Myron
Bickley, Donald Eldon, II
Biddle, Robert Woodall
Bierdeman, Philip Earl
Bjerke, Mark
Blankenship, Victor Raymond
Blasiman, Kenneth Lee
Boder, Thomas Edward
Boggs, James Lee
Borin, Gerald Wayne
Bottger, William Edward
Bova, Arthur V., Jr., Esq.
Bowers, Dr. Ronald Kent
Bowlin, Donald Britton
Brady, John Peter
Brantley, David Alan
Breech, John Paul
Brennan, Leo William
Brooks, Bryan Lee
Brooks, LTC Randall Ernest, USAF
Brown, Dennis Alden
Brown, Don Louis, Jr., CPA
Brown, Jeffrey Charles
Brown, Robert Leslie
Brown, Thomas Jay, Jr.
Buhrlage, Gary John
Bukovec, Robert Lewis
Buntz, Dr. Charles Gregory
Burgess, David Charles
Burns, Thomas Royden
Burrell, Stephen Douglas
Burrey, Bruce A.
Burton, George Wilson
Burton, Herbert Henry
Byrd, Robert Virlyn

CLASS YEAR LISTINGS CLASS OF 1972 343

1972 (Cont'd)
Cada, Gregory Alan
Cady, William Allen
Cain, William Scott
Caldwell, Jerry Thomas
Callaghan, Michael William
Callif, David Mark
Carlisle, Robert Mc Kenzie
Carol, Dennis James
Carpenter, Edward Carl, Jr.
Carroll, Jeffry Allen
Carroll, Michael Wesley
Carron, Marcia Judin
Casey, Terry Lee
Caskey, Timothy Robert
Casparro, Daniel
Catt, Gail William
Caw, Terry Leigh
Chasar, Frank J.
Chesley, Dr. George Richard
Chynoweth, John Frederick
Cichowicz, John Neeley
Ciprian, Gary Michael
Clancy, Michael James
Clark, William J.
Cline, James Warren
Conaway, Stephan Wayne
Cooke, Larry James
Cooper, James Allen
Coppinger, Thomas Ray
Corban, William Van
Corbett, Edward Charles
Corbett, Edward E.
Corse, Phillip Hamlin
Cosgrove, Timothy A.
Cowles, Richard William
Cox, Ralph Minor, Jr.
Cribbs, James Michael
Crichfield, Timothy Ryan
Croker, Robert James
Culp, Joseph M.
Cumming, David Bruce
Cummins, Bert Paine, II
Curtis, Donald L.
Cutlip, Lawrence Blair
Daker, Charles Conant, Jr.
D'Amico, Daniel Joseph
Danyi, Richard J.
Dascenzo, Thomas Frank
Daum, John Allen
Davis, Alfred Ray
Davis, Frederick E., Jr.
Davis, John Herbert
Davis, Robert Mac
Davis, Stephen Joseph
Dean, Kenneth Michael
De Bartolo, Richard Charles
De Brosse, Thomas Eugene
Decker, Thomas Ladd
De Guiseppi, John Francis
Deibig, MAJ Peter Andrew, USAF
Dembski, Mark Alan
Derewecki, Donald Joseph
De Salvo, Vincent Russell
Detrick, Gary William
Deutchman, William Dean, CPA
Dibert, Kathleen Gunsett
Di Blasi, Anthony Eugene
Dill, Edward Trent
Dillon, David J.
Dipple, David Lee
Dixon, Dale Dee
Donofrio, Michael Peter
Dorrance, James Louis
Downes, Robert Eugene, Jr.
Drainville, Richard Joseph
Drake, Gary David
Draudt, Bruce M.
Du Bois, Michael Gene
Duemey, James Elias
Dunlap, Douglas Leon
Dunlap, Margaret E.
Dupaski, Theodore John
Durica, Daniel
Dusenbery, Lawrence Edward
Duspiva, Dale F.
Dyer, Leroy B.
Edgerton, David George
Edington, Eric Curtis
Edwards, Donald Norman
Ehlerding, Daniel Earl
Ehlers, James H.
Ehrhart, Lon L.
Eickholt, David George
Eisenberg, Steven Mark
Eisenman, Jeffrey Paul
Ellis, Elwood Addison, III
Engelland, William Richard
English, Charles Peterson, III
Enz, Gary Lee
Epstein, Peter
Erickson, Warren Lee
Ernst, Ronald Leroy
Essinger, Lyle Ray
Esterheld, John Thomas
Evans, Rodney Keith
Ewing, Charles William
Fagan, Patrick C.
Falck, Kalevi Runo
Falter, James Louis
Farmer, Geoffrey Lynn
Farris, Mrs. Carol Barcus
Feamster, R. Rader, Jr.
Feldmann, Kenneth William
Felman, Jeffrey Alan
Ferencz, Geza Louis
Ferrick, Mark Edward
Filipski, Thomas Allen
Fisher, Michael Paul
Fitz, Richard Alan
Fix, Vernon H.
Fletcher, Jerry Curtis
Flournoy, James Spencer
Ford, Jack Douglas
Ford, William Benjamin
Foreman, James Tucker
Fortman, James K.
Foster, David Burt
Fox, Chester Mathew Allen
Frayer, Kenneth Raymond
Freshour, David F., Jr., CPA
Friedland, Richard Stewart
Fritschle, Milton Dolan, Jr.
Fritts, Charles Jeff
Fruehan, Alan Douglas
Fry, Robin Lee
Fulford, John H., III
Gable, James Michael
Gahr, LTC William Fred, Jr.
Garber, Alan Stanley
Gardner, William Richard
Garruto, James Russell
Gatz, Nick, PhD
Gearhart, Mary P.
Geer, Edwin Arthur
Geib, David Leonard
George, James Edmund
Georgeson, Angelo John, Jr.
Gerard, Darrel S.
Gesler, James Le Roy
Gieling, Lawrence William
Gilbert, W.
Giles, Rolla Philip
Gilliland, Gerald Cly
Gingerich, William Keith
Gladman, Terry Lynn
Glass, Steven Eugene
Goff, Edward Leone
Goggin, Paul Edward
Goldshmid, Ingrid Gottlieb
Goldstine, Sheldon R.
Golko, Dennis Lynn
Goodrich, Paul Franklin
Gorrell, Daniel Allan
Gowe, James Cameron
Gozoski, Edward Thomas
Greene, Mark Alan
Groth, Edward Elmar
Grunstad, Dr. Norman Lee
Gutmore, Abraham Mark
Guy, Charles David
Hale, John Charles
Hallahan, Robert Andrew
Halsey, David Alan
Hammond, Larry Lee
Handley, Roger Patrick
Harbrecht, Robert M.
Harpst, Gary Michael
Harrigan, David Frederick
Harris, David Lee
Harris, Michael Elliott
Harrison, Joseph Patrick
Harrison, Timothy Dale
Hartsook, David Barrett
Hartzell, Gary L.
Harvey, Joseph H.
Harvey, William George
Haubert, Harry Lee
Hauenstein, Dennis Blake
Hawkins, Kenneth Edward
Hazelbaker, Thomas Dean
Hegler, John Joseph, Jr.
Hellyer, CAPT James Arthur, USA
Henderson, Thomas Blake
Hendrix, Stephen C.
Herrmann, Thomas W.
Herron, Richard Albert
Heximer, Wendell Lloyd
Hicks, Steven L.
Higdon, Richard D.
Higgins, Daniel Edward
Hilliker, Richard Orrin
Hilton, Danny Benjamin
Himrich, 2LT Rick Lynn
Hinaman, Gary Allen
Hinterschied, John Herbert
Hite, Daniel Charles
Hodges, H. Roy
Hoffheimer, Craig R.
Hoffmann, Daniel George
Hogan, Dennis Arthur
Hogue, William H.
Hohenbrink, Albert Cornelius
Holcomb, Fred Blanc, IV
Holliman, Paul Herbert
Hollinger, W. Dan
Holser, Michael Stephen
Holt, Robert Louis
Homrighouse, Mark Edward
Hoobler, Dennis Scott
Hood, MAJ John Wilbur, USA(Ret.)
Hopper, Ronald Douglas
Horowski, Joe, Jr.
Hothem, Donald James
Howard, Craig Douglas
Howard, L. Michael
Hoyle, Charles Edd
Hoyt, Lawrence Paul
Huber, Dale O.
Hughes, Stanley F.
Huitt, Jimmie Lee, Jr.
Hurley, Daniel Raymond
Idzkowski, Gary Michael
Insley, Karen O.
Jamison, William Hardin
Jelenic, Frank Odon, Jr.
Jende, Maris
Jermann, James Jude
Jewell, Stanley Robert
Johnson, Gregory Bradford
Jones, Kenneth Allan
Jones, Richard Lynn
Joublanc, Charles Scott
Kanno, MAJ Stanley Satoshi, USAF
Kaplan, Rodney Michael
Kara, Alan Roger
Karam, Frederick Anthony
Karns, Mark Harry
Kearns, William Frank
Keinath, Paul Charles
Keip, William D.
Keller, Gary Wayne
Kelly, COL John Joseph, USAF(Ret.)
Kienle, Peter Jerome
Kimball, David Michael
Kindl, Dale Vincent
King, Stephen Michael
Kinsky, Richard David
Klang, Ronald I.
Klepchak, Steven Douglas
Knapp, Harry Conrad
Knight, Hon. Charles Howard
Knowles, Robert Otis
Kobe, Kenneth Vernon
Koch, William Joseph
Koenig, Joseph Ladislas
Kohler, Charles Walter
Kohn, James Jay
Konner, Jeffrey Ira
Kraft, Lawrence Howard
Kramer, David George
Kravitz, Martin Paul
Krebs, George Albert, III
Kreutzfeld, Raymond Edward
Kriger, Richard Carl
Kroon, Peter J.
Kroviak, James
Krupka, Thomas Lee
Kubin, Stephen Jay
Laman, Darrel Lee
Lamka, Donald
Lane, William, Jr.
Langley, Richard Allen
Lanning, Robert L., III
Lapish, Thomas Phillip
Lawhun, James Nelson
Lawrence, Steven Dale
Lawson, Donald Richard
Lazarus, Leonard Allen
Leatherman, Michael Arthur
Leggett, Robert Michael
Leith, John Mason
Lemire, Leonard Paul
Lemons, David Michael
Lenart, Nancy
Lennon, John Thomas
Leonard, William John
Lepley, Robert Francis
Lerg, Kenneth William
Levine, Kathy Harriet
Levine, Mark Fredrick
Lewis, Edward Dewey
Light, Kenneth J.
Linn, Jonnie Sue
Litwiller, Stephen H.
Lloyd, Jeffrey Jamieson
Lockshin, Eric Steven
Looker, Randall Carl
Loose, Linda Louise
Lord, Alan Tunis
Lorenz, Robert Joseph
Lowien, Louis W.
Lownie, Harold William, Jr.
Lyons, Robert E., III
Mabry, Steven Craig
Mac Donald, John Andrew
Mack, Gregory Paul
Mackey, Robert Lee
Macklin, Jeffrey Randall
Madden, Catherine Herl
Mallett, Charles Edgar
Malm, Wade Ely, Jr.
Mann, Ronald Clovis
Marks, David Alan
Marsh, Glyde Arthur, Jr.
Marshall, William Brandt, III
Martin, MAJ David Franklin, USA
Martin, Shawn Alan
Mc Andrew, John Patrick
Mc Bride, William Charles
McCann, Karen
Mc Cleave, Jeffrey Michael
Mc Closkey, Dennis Lee
Mc Crate, Gregory Alan
Mc Farland, Harold Ray
McFarlane, William R.
Mc Kibben, John Michael
Mc Kinley, James Patrick
Mc Millan, Dr. James Richard
Mc Millin, Allen Ray, Jr.
Mc Namara, Timothy Dale
Mc Nelly, Duaine Brent
Mc Vicker, Robert A.
Meade, Larry Allen
Mealer, William Michael
Meara, Richard Carl
Meeks, John Thomas, Sr.
Melella, Greg
Melnik, Frank F.
Melton, Edward Wayne
Merrill, Willard N.
Messner, Larry Stephen
Meszaros, Gary Vernon
Metzger, James Edward
Mikolanis, Aloysius Leonard
Milby, James Dean
Miller, Douglas W.
Miller, John David
Miller, John Eugene
Miller, Dr. Kenneth Ernest
Miller, Richard J.
Miller, Robert Byron
Miller, Ronald Lee
Milo, Paul Richard
Mitterholzer, Michael Rudolph
Molengraft, Richard Paul
Mollencopf, John E.
Molnar, John Lawrence
Monday, Wayne Heiby
Moninger, Thomas Ross
Mooney, Dennis Paul
Moore, Richard William
Moorehead, John Clifford
Moriarty, James Patrick
Morlan, John Edwin
Morris, Steven Edward
Morrison, Richard Sherman
Morrison, Robert David
Moss, John Joseph
Motley, Jeanne Patrice
Mounts, James Bruce
Murphy, Michael William
Musser, Harvey Harold
Mytro, Irene Lakatos
Nachman, Jeffrey Neil
Neale, Denison, Jr.
Neaman, Mark Robert
Nielsen, Dennis Eugene
Nightingale, William Gordon
Niner, Rodney Lawrence
Noggle, William Earl
Nolf, Craig Stephen
Norcross, Kevin Reid
Norris, James Richard
O'Brien, Frank B.
O'Donnell, Chris Dunlap
Offutt, Dr. Nancy Elizabeth
O'Halloran, Dr. Desmond Hubert
Olkes, Sidney Alan
O'Neill, Patrick Martin
Orehek, Edward Rudolph
Ossmer, William Thomas, III
O'Sullivan, Patrick Felix
Painter, Michael L.
Palestrant, Bruce Jeffrey
Panek, Gary William
Parsons, John Willard
Parzinger, Thomas Michael
Passell, Lee Alan
Paul, David Uri
Paulsgrove, Sandra
Pavlik, John M.
Payne, Douglas Melville
Payne, Francis Michael, III
Pease, Dr. Laurel E.
Peelle, William Edward
Pegram, Theodore Arthur
Pernal, Edward Anthony, Jr.
Perrigo, Gregory Robert
Pesek, Donald Arthur
Peselnick, Charles Stuart
Peters, Frederick Alan
Pickrell, Jeffrey Paul
Pierson, David William
Pillivant, Dennis Charles
Pinkney, Bruce Reed
Pixa, Rand Redd
Plank, Thomas Walter
Poll, Charles Henry
Porter, Francis Sidney
Posner, Barry Zane
Powell, James Robert
Powrie, Cynthia Ritchie
Pryor, George Mc Clellan, Jr.
Pustay, Nicholas J.
Rackow, Lawrence A.
Rader, David Charles
Ralls, Vernon
Rankin, Thomas
Ranttila, Jack William
Raub, Brent Hastings
Reilly, Michael J.
Reynolds, Thomas Edward
Rhein, Gary Philip
Richard, Bryce Elwood
Richmond, Bates Carleton
Riddle, Carl David
Riegler, Richard Arthur
Riggs, John N.
Riley, Michael Grover
Rinehart, Kester Keane
Rinker, Kent Kagay
Ritchey, Charles Robert
Ritchey, Paul Andrew
Ritchie, Gale Alan
Ritchie, James Norton
Ritley, Donald Gerard
Robbins, Stephen Allen
Robboy, Dr. Marc Wayne
Roberts, Michael Brian
Rodock, Richard Robert
Rogers, Michael Douglas
Rohr, James Edward
Rohrs, LTC Alan Edward
Root, William Keith
Rosner, Daniel Erwin
Rosner, Lee Steven
Rotter, Carl James
Rubin, Steven Paul
Ruffin, King Solomon, Jr.
Russell, Billy Charles
Sadowsky, Marvin Ray
Sadrai Nadjafi, Dr. Abbas
Saffle, LTC David Kenneth, USMC
Sagar, Marvin Edward
Saliba, Carl Richard
Salmere, Mitchel Benedict
Sanderell, Michael Albert
Sandor, Kenneth Victor
Santisi, John Samuel
Sarrey, Michael Preston
Sathe, Dr. Vijay Vishwanath
Saylor, David Lee
Sayre, Vickie Diane
Schaeffer, Michael Nelson
Schenkenberger, John Henry
Schmidt, Robert Joseph, Jr.
Schnelle, Richard Arthur
Schram, Fred Robert
Schramm, Gary Eugene
Schranz, Frank John
Schulte, Gary Lee
Schultz, Donald Jack
Schulz, Walter K.
Schuster, David Edward
Schwartz, Steven Ben
Schwieterman, Rick J.
Scoggin, Lynn
Scurlock, Robert Joseph, Jr.
Sears, James Nelson
Seeger, James Howard
Sefts, Richard D.
Sever, Mark John
Shaffer, Donald Gregory
Shaffer, Gary Martin
Shane, Robert Milton
Shaw, Wayne Norman
Shaw, William Russell
Sheets, David Paul
Shidaker, Edwin Paul
Shiflet, Michael Robert
Shively, Jeffrey Lee
Shough, Terrance Allan
Shuster, Michael Thomas
Sieling, Robert Regis
Sikon, Francis Joseph
Silver, Stuart Kalman
Silverwood, James Del
Simens, Susan Victoria
Simonski, Richard Anthony
Simpson, William Frank
Sims, David E.
Sivinski, David Michael
Skilken, Steven Andrew
Skinner, Stephen Douglas
Sklarski, Frank Edwin
Smallwood, Robert Anderson
Smith, Donald Ray
Smith, Jeffrey Owen
Smith, John Mark
Smith, Larry Lee
Smith, Lonnie Stagg
Smith, Randall Wayne
Smith, Richard Reynolds
Smith, Timothy Wray
Snow, Eugene Raymond
Solt, Michael Edward
Sovik, Raymond William
Spencer, Robert William
Springer, Steven James
Staniszewski, Terence Lee
Stas, Allen Louis
Staudenmaier, Walter Joseph
Stemple, John Richard
Sternad, Michael Lee
Sterner, James Michael
Stibich, Marvin Anthony
Stofa, Frank T.
Stone, Kenneth Robert, Jr.
Stout, Craig Williams
Straight, Richard Stanley
Strauss, Martin
Strode, Lester, Jr.
Stuecheli, David Ralph
Sturbaum, Roger Louis
Suhay, Gary Thomas
Sullivan, Gregory Warren
Summers, Dr. James Clair
Sutterley, Mark Christopher
Suver, William Linn
Swigart, James Oliver
Swinehart, Frank Victor
Swords, Michael Lewis
Talbott, Dr. Charles Robert
Tate, Frank Joseph, Jr.
Taylor, Ernest Gene
Taylor, Dr. Henry Lee
Taylor, Jeffrey Emmet
Tennant, Kirk Lee
Thomas, Marina Hartings
Thompson, Dwight Frank
Thompson, Richard Lynn
Thornburgh, Jeffrey Jay
Tilly, William George
Tischer, Loren Edward
Tomsen, Michael
Tuck, Randall Scott
Tumblin, Stephen Eugene
Turner, Philip John
Tuttle, Christopher C.
Tweddle, Howard Edgar, Jr.
Underwood, Karl Rodney
Vannata, Joseph, Jr.
Van Voorhis, Eugene Philip
Varble, John Lawrence
Vegh, Charles, Jr.
Ver, Alex Paul
Vinci, Michael A.
Vogel, Robert Alvin
Vukelich, Theodore
Waggoner, Barry Lee
Wagner, Philip Michael
Wagner, Stephen
Walker, Marilyn Kay
Wall, Lee Wallace
Wallace, Diane Kay
Walter, Charles A.
Walz, Charles Roy
Wambold, John Harrison
Ward, Charles Frederick
Ward, Steven Nicholas
Warner, Scott Alan
Watson, Pamela Elizabeth
Weber, Justin Charles, Jr.
Weissfeld, Bradford Lee
Wells, Peter John, CPA
Wells, Rodney Coy
West, Gregory L.
White, James Edward
Whitmer, Susan Pontious
Whitworth, Laurence Barry
Wichouski, Richard
Wier, Keith Edward
Wileman, Abigail
Williams, Charles E.
Wilson, Jon Christopher, Sr.
Wilson, Nicholas Brown
Wilt, Carroll Lee
Winslow, Barry Nelson
Wiseman, John Stephen
Wolffrum, Charles Ray
Workmaster, Paul Alan
Wright, Frank Edward
Wrightsman, Tracy Erin
Wymer, John Dow
Wyse, Dr. Rodney Ellis
Yassenoff, Solly Leo
Yaussy, Stephen James
Yeckley, Daniel Jerome
Young, Richard Scott
Yount, William Fred, III
Yurasek, Joseph J., Jr.
Zacharias, Bernard Louis
Zahn, Beverly J.
Zaiko, Dennis Walter
Zawitz, Marianne Wise
Zawitz, Stephen M.
Zenarolla, Mauro
Zielinski, James Dennis
Zimmerman, Cheryl Eileen
Zimmerman, Larry Frederick
Ziskie, David Leonerd
Zuckerman, Howard Alex
Zulauf, Harry Leighton

344 CLASS OF 1973 OSU COLLEGE OF BUSINESS

1973
Abick, George Gregory
Adelman, Barry Jay
Albaugh, Thomas Andrew
Albrecht, Jeffrey Paul
Alecusan, Emil Robert
Aleshire, Richard Alan
Allen, Ira Stanford
Allman, William Dean
Allshouse, Kenneth Richard
Ambrogne, John Richard
Ambroza, Barry Russell
Anderson, Donald Clark
Andrisani, Dr. Paul J.
Ansinelli, Dr. Richard Allen
Antal, James Joseph
Appelbaum, Ronald Gary
Armstrong, Larry Jack
Atkins, Earnest Charles
Atkins, Mary A.
Auker, Karl Randall
Austin, Dr. Kenneth Roy
Bagi, Michael Allen
Bahnsen, Dennis D.
Banasik, Dr. Robert Casmer
Barber, Jesse Carl
Barker, Joseph Fred
Barkley, Jan Charles
Barracato, Charles Ignatius
Bateman, Vaughn Edward
Baumer, Richard Anthony, Jr.
Bayer, Michael Joseph
Bayha, Betsy Eileen
Beam, Daniel Charles
Beat, MAJ Anthony Michael
Beckel, Ronald L.
Bednarchik, William Paul
Beech, Richard Allan
Beecroft, Charles Michael
Belcher, David Paul, II
Belt, Corwin Evert
Berger, Ralph Francis
Bergrun, Clark Robert
Bernkopf, Erich J.
Bessey, Edward Paul
Beyer, Douglas Edward
Bingle, Frederick John
Bishara, Magdi Farid
Blank, John Francis
Blome, John Robert
Bodner, Marjorie L.
Bolus, Gary Lewis
Bombard, Danny Joe
Bond, Bruce John
Boone, Timothy J., Esq.
Bosh, Gerald Lee
Bowen, M. Mauricio
Boyer, Joanne Buckley
Brandt, John Michael
Braun, Conrad Joseph
Broehl, John Hans
Brotherton, Terrance Ray
Brown, Daniel Paul
Brown, David Bruce
Brown, Donald Dean
Brown, James Rickey, Jr.
Brown, Jeffrey Lynn
Brown, John Palmer
Brown, Thomas Palmer
Brown, Timothy Lee
Brownstein, Stewart I.
Brubaker, Matthew S.
Brulport, Joy Klauminzer
Brulport, Thomas Gregory
Brulport, Timothy Douglas
Bryan, Robert Miles
Buchart, Martin Alan
Buckmaster, Carl Edward
Budde, Louise Rathbun
Bugeda, Michael Dennis
Bullock, Clifford Ralph, Jr.
Bumgardner, Thomas Alan
Burden, James Alan
Burk, Richard Riley
Burlin, Gary Marshall
Burrer, John Dillen
Burrows, Susan C.
Burt, John Garfield, PhD
Busey, Willis Burgess
Busic, Garnett Thomas
Butler, David M.
Butler, Donald Bruce
Buxton, Richard Franklin
Byer, Norman Ellis
Byrd, Alan P.
Cahill, James Michael, Jr.
Cahill, Martin Paul
Cahn, Rodger Neil
Cammock, Charles John, III
Canning, Steven Roy
Caplan, William L.
Cardinal, Lawrence Michael, Jr.
Carlier, George Alexander, III
Carmell, Donald F., Jr.
Carpenter, Leroy Neal
Carroll, Greg Richard
Carskadden, Dan Le Marr
Case, Andrew Lee
Cermak, Joseph Edward
Cerven, James Francis
Chambers, Michael Scott
Chandler, Margaret Melinda
Chapman, LCDR Ronald Lee
Chapple, Murray Kingsley
Cheatham, LTC Calvin W., Jr.
Chiazza, John Charles
Chmielewski, Donald Henry
Chmielowicz, James
Christenson, Glenn Clark
Cicatiello, Anthony Samuel
Claggett, Charles William
Clark, C. Timothy
Clark, Gary Joseph
Clark, Michael Jeffrey
Clark, Scott Parker
Clegg, Robert D.
Cline, Marcia Mc Quaide
Cluggish, William Gordon
Code, Dr. Phillip
Coghlan, Ross Owen
Coldwell, Richard Wayne
Collins, Edward Lynn
Coneybeer, Jack Arthur
Confino, Irving
Conklin, Robert Lee
Conn, Terry Lynn
Conway, Harry James
Cook, Richard Gerard
Cooley, Dr. Philip Leonard
Cooper, Richard Allen
Cooper, Terry Lee
Cornely, William George
Cox, Nelson H., III
Coy, LCDR John Howard
Craig, Roger William
Cross, Daniel Waid
Crossley, Craig Alan
Croteau, William Arthur, Jr.
Cruz, John Spencer
Cseplo, William Paul
Cullen, Richard Thomas
Cummins, Ms. Phyllis A.
Cunningham, Fred Paul
Cunningham, Terry Stephen
Dame, Gary Carlyle
Damman, Joseph William
Danitz, Jeffery John
D'Aurora, Barbara Jo
Davison, Edward Carson, Jr.
Deal, Lowell Kevin
De Blasis, Alphonse Ray
De Filippo, Leonard Charles
Del Bel, Dominic Francis
Dellatorre, Thomas Lee
De Luca, Charles Alban
Dennis, Duane William
Di Blasi, William James
Dlouhy, Robert Paul
Dodson, Daniel Scott
Donovan, Charles Patrick
Dorrington, Terrance Paul
Dorsheimer, Dan Gregg
Douglas, Glenn S.
Drake, Danny Leigh
Driscoll, Lawrence Thomas
Drummond, Roger Dean
Druseikis, Ray L.
Dudchenko, Peter
Dulin, Lyman Louis, Jr.
Dumas, LT Daniel Ray, USN
Durbin, Douglas Eugene
Dury, Michael Francis
Dury, Ronald Emmett
Eddleblute, Wayne Charles
Edgar, William Joseph, Jr.
Edwards, Donald Eugene
Eggers, Philip E.
Eier, Jeffery A.
Eisen, Mark David
Elbert, Michael Joseph
Ellis, Ronald Browne
Elsea, Steve Dean
Emmelhainz, MAJ Larry William, PhD, USAF
Eschenauer, Robert Allen
Evans, James Butler
Ewing, David Alan
Eyen, Robert Jeffrey
Fabanish, John Francis
Faist, Kurt Douglas
Fakeris, Edward George
Fankhauser, Gail Victor
Faulds, William Charles
Fazio, Charles Joseph
Federer, Michael Gene
Federico, Frank James
Feduchak, John
Ferratt, Thomas William, PhD
Ferris, Dr. Kenneth Robert
Findley, Frank Alan
Fisch, Ronald Elliot
Fischlin, Joseph Martin
Flaherty, Kevin James
Fleming, Ronald Ray
Flick, Michael Warren
Fogt, Jerry Lee
Foley, Kenneth James
Ford, Dr. Jeffrey Duane
Forsthoffer, David Lee
Fox, Denis Carmen
Fox, Gary Raymond
Francis, Robert Arthur
Frank, Roger Thomas
Frederick, John Maurice
Friedman, Herman Harold
Fritzky, Joseph T.
Fry, Gary Richard
Futrell, Steven Craig
Gale, Donald Arthur, Jr.
Gallam, Donald Joseph
Gamble, Kirk Donald
Garber, Michael Beeghley
Gartin, Pamela Parker
Garverick, Thomas Lowell
Garvin, LTC Richard F., USA(Ret.)
Gaston, Charles William
Gebhardt, J. David
George, Anne
George, Edward William
George, Steven Scott
Georgia, Gregory Alan
Gera, Paul Walter
Gilcher, Thomas Lee
Gile, COL Greg L., USA
Gill, LCDR James Thomas, USNR
Girard, Donald Alan
Glassman, Jeff Robert
Glatfelter, Francis Edward, Jr.
Gleadell, Rick, Jr.
Glenn, David Wilford
Goldberg, Donald Ray
Gonya, Ronald Paul
Gooding, Dr. Arthur Eric
Goodrich, Robert Steven
Gordon, Ronald Wayne
Goresh, David Theodore
Gossett, Charles Allan
Gotherman, Colleen Woods
Gowen, Dr. Charles Rollin, III
Grablowsky, Dr. Bernie Jacob
Grace, John Wayne
Graham, Edwin Lee
Graham, Samuel John, III
Grandstaff, Richard Lance
Greata, Russell Martin
Greer, Michael Reed
Greninger, Richard Woodburn
Grether, Lance Blake
Grieves, Jack Wilson
Griffin, Kathleen Clark
Griffin, Dr. Paul Alexis
Grimes, David Leo
Grimsley, John W.
Groom, Joseph Patrick, Jr.
Grossman, Robert Allen
Gruber, Dennis James
Guerra, Michael Joseph
Guzdanski, John Walter
Guzman, Frances Blastervold
Haight, Edward Allen, Jr.
Halter, Michael Paul, MPH
Hamilton, Gerald Leo
Hamilton, Kaye Don
Handel, Dr. Christopher J.
Handke, David Paul, Jr.
Hanigosky, Donald R.
Hann, William Douglas
Haring, David A.
Harned, Douglas Alan
Harnicher, David John
Harp, Joseph Moody, Jr.
Harrison, Thomas Charles
Hart, Rita Anne
Hartenstein, Daniel Keith
Haslup, Stephen Lee
Hasman, Robert James
Hastings, Jack Edward
Hauenstein, Charles Judd
Hawking, James Anthony
Hawley, Timothy Eugene
Hay, Wayne Moore
Haynam, Frank Leland
Heffner, Joseph Walter
Heitmeyer, Daniel Lee
Hemmelgarn, James Leonard
Henderson, Gregory Harold
Henderson, Jeffrey Robert
Henert, Robert Howard
Herzog, Alan Bruce
Hess, Dennis Joseph
Heston, David Douglas
Hickman, Nancy Miller
Hinshaw, Steven A.
Hlay, James Thomas
Hobbs, Michael Barnard
Hoffer, MAJ Nicholas Joseph, USMC
Hogan, Michael F.
Holden, Scott Elliott
Holland, Gary Leon
Hopkins, MAJ John L.
Hopkins, Steven Mark
Horn, Thomas A.
Hosea, Richard Morris
Houmes, Dale Maurice, Jr.
Houser, Robert Edison
Howell, Paul Roger
Hoydilla, Anthony
Huff, Duane R.
Huffman, Randall Eugene
Hughes, Gregory Charles
Hughes, James Richard
Huisman, Nancy
Hummer, Jeffery Lynn
Hunsucker, Terry Lee
Ike, Larry Marten
Immordino, Howard William
Indermill, Albert E.
Inskeep, Daniel C., II
Irvine, Robert James, Jr.
Jagodnik, MAJ Warren Lee, USAF
Johansen, Robert Charles
Johnson, Douglas N.
Johnson, Leon George
Johnson, CAPT Margaret Betley, USAF
Johnson, Michael Wayne
Johnson, Richard Joseph
Johnson, Dr. William Bruce
Jokiniemi, Gary Lee
Jolliff, Donald Dean
Jones, Bruce Ervin
Jones, Harry Lloyd, Jr.
Jones, Keith Lamar
Jones, Richard Proctor
Jones, Roger Dwight
Jones, Royal Arthur, III
Joseph, Carol Beatrice
Joublanc, Jonathan M.
Jurkoshek, Albert Frederick
Kaczmarek, Jeffrey B.
Kagy, Dale Edward
Kagy, Roger Lee
Kahl, Jeffrey Norman
Kainrad, Alan
Kane, James Michael
Kane, Kenneth Victor
Kannen, Madelynn Warren
Kant, Steven William
Karaffa, Raymond Andrew
Karr, Samuel Ray
Katz, Dale Scott
Kaylor, Larry L.
Keenan, Michael James
Keidan, Robert Stuart
Keir, Joan Price
Kellerman, Robert Jay
Kelley, Jerry Lee
Kelly, Timothy Michael
Kemerer, William John
Kemp, Roger Barry
Kennard, Danny Neal
Kenneally, Robert John, Jr.
Kennedy, James Lehr
Kensler, Thomas Cranston, III
Keough, Douglas Allan
Kephart, Bruce Manning
Kern, MAJ Jon Reeves, USAF
Kerns, 2LT Bruce Roye, USA
Kerns, Ms. Nancy Duecaster
Kesselring, Becky
Kienle, Joseph John
King, Owen Henry
King, Randall Howard, PhD
Kirby, Thomas James
Kleifgen, Paul Robert
Klein, Roger Julius
Kleinman, George
Klinger, Louis Barry
Klinker, Boyd Edwin, Jr.
Knapp, Howard Henry
Knost, James Richard
Knowles, Philip George
Koachway, Charles John
Koblentz, Steven Brian
Konopka, Edmund Martin
Koons, Ronald Ray
Kowalak, Janice H.
Kreusser, Kathleen H.
Kristoff, James Walter
Kruskamp, Jack Lee
Kryk, Gary Stanley
Kuenzli, William Leo
Kuhr, Donald Byrle
Kuhr, Gordon Neil
Kunkel, James Gregory
Kuzila, Lawrence Andrew
Kweder, Lynne Moore
La Barre, Dennis Anthony
La Barre, Roger Allan
Laird, Jeffrey E.
Lambourne, Kenneth J. L.
La Monica, John Anthony, Jr.
Lane, Lester Eugene
Langford, W. Franklin
Lannan, Terrence Edward
Lax, Michael Andrew
Leatherberry, James D.
Lennon, CDR Gerard Thomas, USN(Ret.)
Lennox, Thomas Wayne
Leonard, Roy William
Lestock, William John
Levy, Jeffrey David
Likover, Jeffrey Lee
Link, Paul Martin
Little, James Joseph
Logan, Terence
Long, Eric Dane
Long, James Herbert
Looney, Craig Allen
Lowe, John Bruce
Lower, H. Rex
Lucki, Martin J.
Luebbe, Mary Lou
Lundy, Charles James, Jr.
Lutz, Robert Julius
Lyday, James Marvin, Jr.
Lyons, Francis William
Mahfouz, Jeanne V.
Mahoney, Charles A., Jr.
Majewski, James Edward
Manley, John Raymond
Mansfield, Mark Douglas
Margot, Gary Lynn
Marker, George David
Marotta, Joseph W.
Martin, Joseph Gregory
Mason, John Otis
Mathews, Terry Lee
Matthews, Alan Virgil
Mawhinney, John Richard
May, James Gerard
Mayer, William Francis
Mc Combs, Walter L.
Mc Dermott, Dr. Dennis R.
Mc Dermott, Nancy Merritt
Mc Gee, M. Gynell
Mc Gruder, Dr. John Lancer
McIntyre, Charles S.
Mc Kinney, William Crawford
Mc Mullen, Noel Sean
Mc Neil, Richard Michael
Meier, Matthew Joseph
Melrose, Donald Graham
Messner, James Arthur
Meszaros, Paul Eugene
Methe, Robert David
Michael, David Richard
Miller, Craig E.
Miller, Jerry Lee
Miller, Mark Evans
Miller, Dr. Norman Gene
Miller, R. Greg
Miller, Robert G., Jr.
Miller, Robert John
Miller, Russell Allen
Millikan, James Richard
Mills, David S.
Mills, John Michael
Milward, Dr. H. Brinton
Miner, Jerry Paul
Mitchell, Christine Everett
Mitchell, Michael James
Mlasofsky, Richard Fredrick
Modzelewski, Gregory Stanley
Moloney, Robert Brian
Molt, Rick Lee
Monnette, Ms. Nancy Sue
Montelone, Randall Joseph
Morgan, James Samuel
Morrison, Roger Kent
Moser, Joseph Alfred
Muesegaes, Robert John
Munch, William R.
Mundy, Joseph William
Murphy, Michael Stephen
Murray, Michael Bond
Murrer, Andrew Joseph
Myers, Phillip Eugene
Mysliwiec, Gregg
Napier, Guy Edward
Nedell, Vera Rudolph
Neff, Derek A.
Neff, Pamela Joy
Neff, W. Randall
Nelson, David Fritz
Nelson, Joseph G.
Nemer, Samuel Souhail
Nenni, Robert Henry
Nerenberg, Jonathon O.
Nichols, James Lee
Niese, Lyle Gregory
Nims, Ronald Karl
Nolan, Thomas Patrick
Noon, Thomas Joseph
Null, John Russell
Numbers, Michael Alan
Oates, Randy Paul
Obenauf, Brad Alan
Oldani, Peter Michael
Oliver, William Eugene
Olson, John Edward
Olszewski, Joseph E.
Ontrop, William Cyril
Orr, Paul T.
Osbun, Kennon Lynn
Osterman, Christine Louise
Otis, James L.
Ott, Richard Frederick
Owen, John Martin
Palmer, Donald Owen
Pankuch, Richard Gary
Paro, Wayne Franklin
Paschyn, Oleh Roman
Passero, Vincent John
Patane, Frank Carl
Patterson, Charles Benjamin
Patterson, David Lodge
Paul, Frank Joseph
Payne, James William
Pearce, J. Matthews
Pectol, William Donaldson
Pennington, Dr. John Byron
Penrod, Daniel Lee
Pentecost, James Miller, II
Penzone, David Christopher
Perry, Donald Theodore
Pesek, Michael Raymond
Pestel, Mrs. Helen Chenot
Peterson, Dennis Eric
Peterson, Leslie Howard
Petticrew, James Eric
Phillips, James Robert
Pierce, Ms. Cathy Jane
Pierce, Erik Richard
Pitzer, James Russell
Poirier, Donald A.
Polivka, Gerald George
Pope, Robert Harold
Popovich, Stephen Michael
Porter, Allen Wayne
Porterfield, Larry R.
Post, John Walter
Powell, Charles Randall, PhD
Prechtel, Stephen Charles
Presson, Geoffrey Franklin
Preston, Diane M.
Price, Gary Charles
Price, Geoffrey Baker
Proctor, LTC Frank Tolbert, Jr., USA
Prout, Andrew Walter, III
Pryor, Hal K.
Puffenbarger, Dennis L., Sr.
Purcell, Maurice Albert, Jr.
Rabatin, Thomas William
Radulovich, Steven Alan
Raimo, Nicholas Paul
Ramsey, Raymond John
Randles, Lawrence Paul
Rapkin, David Ellery
Rathbun, Dennis Jay
Reckson, Gary
Reddington, William Arthur
Redella, Robert N.
Redinbaugh, Kurt Louis
Redman, Michael Robert
Regano, Dennis James
Reichert, William Verl
Reid, Thomas
Riethman, Robert Bernard
Riley, William Edward
Rinehart, Dean Bradley
Rinehart, Joseph Hill, III
Rinehart, Leslie Alan
Ringle, Jarren Scott
Roberts, David John
Roberts, Ralph Vincent
Robine, Robin Andrew
Robison, Jerald Lynn
Rodic, Virginia Mary
Rodriguez, David Lee
Rodriguez, Joseph Raymond, Jr.
Rogers, Jerome Dwight, III
Rohr, Daniel Francis
Roll, Franklin Theodore
Roll, Leonard John
Rose, Gene Alan
Rose, Dr. Michael Lester
Rose, William Thomas
Rosenfield, Daniel Lawrence
Roudabush, James William
Roush, Donald Gregory
Rowland, Charles Lossie, Jr.
Rowoldt, Carl Frederick
Ruffalo, Phillips Timothy
Rupp, Thomas Alfred
Ryan, Thomas Gerard, II
Sabat, LT James
Sack, Carol Berman
Sahr, Gary Allen
Saltzman, James Francis
Santuzzi, Paul Anthony
Sarachene, Lawrence John
Satarino, Vincent George
Savage, James Edward
Scannell, Michael Phillip
Scartz, James Carl
Schimansky, Mark Alan
Schmerge, Robert Eugene
Schmidt, Donald Warren
Schneider, Robert J.
Schnittger, LCDR Paul
Scholl, Dale Linn
Schulmeyer, Hans C.
Schultz, David Michael
Schwartz, Roger Raymond

CLASS YEAR LISTINGS CLASS OF 1974 345

1973 (Cont'd)
Schwienher, Louis Carl
Seifer, Bruce Farrell
Seladi, Joseph George, Jr.
Semon, David Anthony
Shell, Jay Lee
Sheraw, Harry Franklin
Shoemaker, James E.
Shonebarger, Dennis James
Siebenhar, Neil George
Siekmann, Robert William
Simon, Scott
Simpson, Russell Edward
Sislak, Gary Gabor
Smart, James Wick
Smith, 2LT David Douglas
Smith, Donald Steven
Smith, Glenn Richard
Smith, Gregory V.
Smith, Leonard Russell
Smith, Roger L.
Snyder, Charles R., Jr.
Snyder, Richard Harter
Speelman, Steven Harold
Spitzer, Linda J.
Splete, Richard William
Sprenger, Mark Andrew
Stafford, Burl Junior
Stanchfield, Donald Alan
Stark, William Edward
Stein, Jeffrey Stephen
Steitz, Thomas Loy
Stelbasky, James Robert
Steward, Robert Denver
Stickel, Mark Stephen
Stickel, Paul Michael
Stinson, John Eldridge
Stith, Gary Wayne
Stitzlein, Michael David
Stock, David James
Studer, James Edward
Sudo, Masami
Sukola, Jay David
Swank, Gregory Arthur
Swanson, Deborah
Sylvester, Paul Weston
Szabo, Robert Dennis
Szczepaniak, Richard John, Jr.
Tatman, Geoffrey S.
Tenwalde, Thomas Wayne
Theibert, Thomas Louis
Thellian, William Andrew
Thieman, Mark George
Thomas, MAJ Edward James, ANG
Thomas, Gerald Edwin
Thompson, Edwin Frank, Jr.
Thompson, Larry Alan
Thurkettle, Edward Francis
Tischer, Larry Edwin
Tisone, Mary Callos
Todd, Martin Stewart
Tolbert, Susan Amici
Tricomi, John Joseph
Triki, Dr. Mahoud
Trombetta, Dr. William L.
Trotter, John Alan
Truitt, Steven Julian
Tugend, Amy
Turner, Robert David
Turpin, William Douglas
Tyree, Larry Wayne
Urbanski, Jeffrey Thomas
Utley, Lizabeth Jane
Varga, Bruce Louis
Vasko, Ronald
Vavruska, Gerald John
Vernon, Frederick Richard
Vey, William Charles, Jr.
Viss, Imants
Vitz, Donald Bradford
Walker, Darrell Leonomous
Walker, John Michael
Walsh, John Aloysius
Walters, Dale James
Wampler, Raymond R.
Warnock, Robert Elmer, Jr.
Watson, Kathleen Evans
Weber, William Wesley
Webster, James Harold
Weis, John August
Weitzel, Stephen Christopher
Weller, Lawrence Henry, Jr.
Westfall, James Herman
Wheeler, Scott Paul
White, Russell Andrew
White, Stanley Ray
White, Susan Hill
Whiteman, Bruce David
Wiggenhoon, Marilyn
Wilcoxon, James H., Jr.
Williamson, Robert P.
Willis, Cheryl Mencer
Willis, William Henry
Wilson, Dexter Derr
Wilson, Thomas Alden
Wimmers, Steven Harry
Wingate, Steven Craig
Winsen, Dr. Joseph Kazimierz
Winterhalter, James Kurt
Withey, Dr. John James
Wolford, David Mark
Wood, Richard Dwight, Jr.
Woods, Terry Steven
Woods, Thomas Gene
Wright, Charles Willie
Wright, Trent Dee
Wyer, Douglas Michael
Wyland, James Howard
Yark, Donald James, Jr.
Yavorsky, Michael Thomas
Yeager, Brian
Zangri, Robert Stephen
Zeno, LTC Gregory Jay, USAF
Zerbst, Dr. Robert Howard
Zimmer, Ralph M.
Zimmerman, Douglas Milton
Zone, Christine L.
Zuercher, Gregory C.
Zwayer, Joseph Theodore

1974
Abbott, Gregory Dale
Abbott, Robert Barnes
Achenbach, Brian Bernard
Ackerman, Martin Neal
Adam, Dennis William
Adams, Mark Bartholomew
Adelman, Barry Mark
Albert, Larry R.
Allen, Susan Marie
Allison, Fred Richard
Allworth, Mary Richmond
Almendinger, Kim Alan
Anderson, Michael Harry
Anderson, Thomas Francis
Anderson, Timothy David
Andreas, David A.
Apathy, Dezso David, Jr.
Armstrong, Steven Robert
Art, Kenneth Eugene
Ault, Donald Wayne
Axelrood, Scott Alan
Ayers, Randall Duane
Babich, Richard S.
Bachman, Robert Charles
Badenhop, Bruce Alan
Badley, Theodore Edward
Bahorek, Stanley John
Bailey, John Paul
Baker, Jeffrey John Andrew
Baker, Michael Charles
Baldwin, Charles Leslie
Ball, David William
Barentine, CAPT Gregory Burl, USAF
Barnett, Kim Charles
Barone, Craig H.
Bartunek, Robert Richard
Bassett, R. Michael
Bates, Michael Loring, CPA
Bauer, Gregory Joseph
Bauer, Robert Edward, Jr.
Baumann, Donald J.
Baumberger, Stan
Baxa, Thomas Lee
Beach, Robert E.
Beebe, Robert Richard
Bellman, Larry Joseph
Belloni, LT Marion
Bennett, Bruce Edward
Bentz, Charles Raymond
Berkulis, Arnis Guntis
Bessey, Carol Sue
Beyer, Bruce Stephen
Beyer, J. Randall
Biddle, Gary Clark
Birckbichler, James Arthur
Bishop, John Russell
Bitting, Mitchell Edward
Blackmore, David Parmly
Blake, Lance Edward
Blake, Marilyn Kay
Blanton, Leonard Franklin
Bleicher, Kevin James
Bloomstrom, John Carl
Bohlmann, Mark Philip
Bonaventura, Mark Gabriel
Bonifas, Paul Joseph
Bonneau, Le Roy Russell, Jr.
Borths, Earl Albert
Bouve, Robert William
Bovenizer, MAJ John Craig, USAF
Bowen, Robert Barry
Bowen, William Lee
Bowers, Lowell Thomas
Bowman, Garry Michael
Bowman, Howard Eotho, Jr.
Boytim, Teresa Bavetz
Brantley, Betty Holland
Brasher, Glen Yukon
Braski, Robert John
Braunbeck, LCDR Michael Carl, USN
Brenner, John Thomas
Brewer, John Harvey, II
Brown, David Allen
Brown, Eric Saul
Brown, Gary Lee
Brown, John Arden
Brown, Kenneth Stanley
Brownfield, Thomas John
Brucker, Jack Edward
Brunty, David Estille
Brutto, Mark Michael
Bryden, Robert George
Bryson, Dan Moore
Bubis, Peggy Demers
Buddelmeyer, James Eugene
Bukowski, Joseph Paul
Bura, Peter H.
Burden, Frederick Dean
Burke, Michael Roy
Burke, Thomas Michael
Burkhardt, Paul Richard
Burkholder, Andrew Jay
Burkholder, Vernon E.
Burris, Michael Eugene
Butler, James David
Byrom, Robert George
Cadotte, Dr. Ernest Richard
Callahan, Thomas Joseph
Callahan, William Harold
Calvert, Donald Eugene
Camp, Mary Jo
Carmichael, Donald F.
Carter, William Harding
Chalfant, Gregory Dale
Chambers, Amy Purgert
Chambers, George Thomas
Chapin, Steven Wayne
Chapman, Steven Elva
Cheney, Thomas Kenneth
Cherubini, Roger Owen
Chiazza, Philip Angelo
Childs, Robert, Jr.
Chiles, Steven Donn
Christman, Mark David
Christopher, Anthony Michael
Cindric, Robert Charles
Clarke, Craig Allen
Clingman, Carol Amacher
Cloern, John Edward
Cloyes, James R.
Cole, Gregory Allen
Cole, James Gregorie
Cole, Raymond J.
Condit, Rebecca Chase
Connelly, Ronald Lee
Corbett, Michael James
Cores, Daniel Alan
Corlett, Charles Bert
Corpier, Don Phillipe
Corry, Joseph Christopher
Cox, Allan Whitfield, Jr.
Cox, Timothy W.
Coy, Scott Alan
Coyle, Thomas Michael
Craig, Robert Joseph
Crall, Robert Jack
Crawford, Anne Hildebrand
Crawford, Nancy Ellen
Cremeans, Theodore Wayne
Crites, Paul Richard
Cullman, Edward J.
Cunningham, Thomas Franklin
Curran, James Frederick
Curro, Michael Joseph
Dadas, Alexander Paul
Daily, Stephen Craig
Dales, Gary Dean
Daley, Clayton Carl, Jr.
Dannhauser, Alfred S.
Daugherty, Rosalee Smith
Davey, Robert Michael
Davidson, Jeffray Alan
Davis, Carl Howard
Dean, Donald Dwight, Jr.
De John, Gary Lee
De Ment, Jeffrey Lynn
Denman, James Chapley, Jr.
De Noble, Ray Lee
De Victor, Samuel Joseph
De Vore, Jeffrey Scott
De Vore, Paul John
Deye, Terrence Alan
Diamond, Patrick Morris
Dibble, Leonard Joseph
Diller, Michael Edward
Dmytrewycz, Bohdan
Do Broka, Charles Andrew
Dodsworth, Richard Mc Clain
Donaugh, Jerel Lynn
Donnellon, James William
Draffen, Billy Harper
Dragics, David Lee
Drefahl, Steven Paul
Drennen, Michael Francis
Driscoll, Stephen Eric
Driscoll, Thomas Edward
Dunn, David Hayes
Dunn, Kenneth Bradford
Dunnigan, Keith Alan
Durham, LTC Orin Andrew, Jr., USA
Dutton, Stephan Evans
Ebinger, Keith Alan
Edelman, Jerry Zail
Edison, David Mark
Eesley, Michael Ernest
Eisert, Thomas Ray
Elliott, Terry Lee
Ellison, Jack Lee, II
Elwood, James F.
Elwood, Linda A.
Enghauser, William Arthur
England, Michael Eugene
English, Jeffrey Stuart
Engstrom, Marjorie
Eppler, Marc Ivan
Erickson, Albert W., III
Essell, Randolph James
Evans, Gary Lee
Evans, Glenn Robert
Eyler, Sheila Weikel
Fairbanks, Robert Jessie
Falotico, Thomas George
Faris, James Parker
Faulkner, Michael Dean
Feick, Barbara
Feldhaus, James Frank
Feth, James Douglas
Fierle, David Michael
Finton, Thomas S.
Fisher, David Hillman
Fishman, Richard Alan
Flacks, Robert David
Fontaine, Richard Anthony
Ford, James Berry
Fortenbacher, Scott Reese
Foster, Steve Preston
Foust, David Gary
Franga, Lowell Douglas
Frank, David Kerwin
Frankeberger, Kim Earl
Frankiewicz, Daniel Joel
Fuhrman, Stephen Mark
Fuller, Larry Douglas
Furman, Benjamin Arthur
Gabor, Randy Allan
Gade, Michael Joseph
Gagnon, Francis Alfred
Gala, James Chester
Galbreath, David Keith, Jr.
Gates, Daryl Ray
Geaman, Gregory Nicholas
Germano, Richard
Gertz, Marc Preston, JD
Gesler, Paul Gene
Ghiloni, Christopher D.
Gibbs, John David
Gieb, Donald Edward
Gifford, David William
Gill, Melissa Ulrey
Gindraw, Donald Edward
Ginsberg, Michael Israel
Givens, David Michael
Gladieux, Sheila M.
Glavan, Donald Charles
Glick, Harvey Lewis
Goare, Douglas Maynard
Gold, Gary Harvey
Goldmeier, David A.
Goldsmith, John Douglas
Goldsten, Dr. Joseph
Goller, John Michael
Gordon, Alan Earl
Gordon, Edwin Jason
Gordon, Phillip Ray
Gorman, Max
Gorman, Michael Joseph
Governal, Joseph J.
Graf, Lawrence William
Green, David Charles
Greenberg, Michael Alan
Greenfield, Hymle Randy
Gregory, Clifford Jay
Grimm, Robert Don
Groseclose, Jack Gregory
Grubb, Richard Neal
Grumney, Richard George
Guldig, John Fredrick
Gurr, Ronald Bernard
Ha, Dr. Chester C.
Hallarn, Stephen Paul
Haller, Steven Wayne
Hamblin, Jeri Anne
Hammer, John Leroy
Haney, Delbert
Hardin, David Wayne
Harding, Michael Lynn
Harms, Dr. Craig Gerald
Harris, Bruce Eugene
Harris, Don G.
Harris, Gregory Philip
Harsnett, Monica Hoppe
Harsnett, Richard
Hart, John Dennis
Hartings, Robert Lee
Harvey, G. Richard, CPA
Harvey, Richard G.
Hatcher, John Richard
Hawker, Stephen Emerson
Hayes, Harvey Philip
Hayes, Katherine
Heatwolfe, Robert
Hedge, Michael James
Heiser, Steven Lawrence
Helber, Douglas D.
Hellman, Neil Jerry
Helterbrant, Donna
Hendrickson, Charles Dana
Hendrickson, Nancy Louise
Henshaw, George Edward
Heppert, Richard Harold
Herr, Scott Robert
Herron, Loraine Gibb
Herron, Roger Dennis
Heskett, Gene H.
Hess, Mark Alan
Hickman, Mark Hill
Hicks, Thomas Edward Deam
High, William A.
Hill, David Charles
Hill, Donald Arthur
Hively, Stephen Richard
Hoey, Roger Allan
Hofmeister, George Scott
Hogan, Thomas J.
Holbert, Bard Harrison
Holdsworth, Michael Paul
Hollis, Jeffrey Paul
Holt, Charlene Kay
Holtzleiter, Michael Edward
Homrighouse, Randy Lee
Hoon, MAJ Craig G.
Horan, Thomas Joseph, Jr.
Horner, Jack Allan
Hsu, Helen Wu
Hughes, Meredith Jay
Hultzman, William Joseph
Humes, Fred Wister
Hunter, David Clark
Hunter, Dennis Edward
Hussey, Timothy Lee
Hutchison, Eric John
Hutmacher, JoAnn K.
Ickert, Heinz Erhard
Imam, Jelili Tele
Izumi, Dr. Marleen Meiko
Jacoby, George William
Janzen, Jay Milton
Jawa, Abdul Rahman Amin
Jaykel, Daniel Paul
Jeffrey, Dwight Alan
Jeffries, Samuel Jacob
Jenkins, Richard Wayne
Jipping, Douglas James
Johns, Gary Ray
Johns, Richard Eugene
Johnson, David Charles
Johnson, Jack Cornelius
Johnson, Michael Francis
Johnson, Richard Irvin
Johnson, Willard Ray, Jr.
Jones, Evan Haydn
Juba, David A.
Juliussen, Jay Charles
Kadunc, Dr. Donald Albert
Kaercher, Kathy
Kaplow, Stuart Harvey
Kardish, Mark Stanley
Karol, Raymond Mark
Kasberg, Joseph R.
Kay, Gary Wayne
Kees, George Christian
Kelley, Steven Carl
Kelly, Edward Arthur
Kendall, Darin Gene, Esq.
Kettle, Keith Clayton
Kiddie, John Curtis
Kiel, Stephen John
Kiener, John Patrick
Killinger, Richard John
King, Douglas Warren
King, Gregory Lee
King, Kamilla
King, Rolland Dean
King, Timothy Allen, JD
Kiser, Daniel Ray
Klevay, Walter Stephen, Jr.
Kneessi, Michael Charles
Knicely, A. Lee
Knox, Robert Stanley
Kohlhepp, Dr. Daniel Bruce
Kohn, Ms. Idelle
Kolbe, Robert Joseph
Koniowsky, John William
Kozlowski, Edward Alan
Kraker, Jeffrey Louis
Kraly, Edward James
Kreiser, John Edward
Krumm, Daniel Edward
Kubic, Gary Thomas
Kunst, Kyle Albert
Kurmally, Dr. Mohammed Y.
La Fave, Richard Arthur
Lai, Dr. Andrew Wen Yuh
Lambright, Mary Joanne
Lamneck, David Arthur
Lane, John Robert
Lane, Lonnie Lloyd
Langdon, Warren Elmore
Lange, Richard Edmund
Lascola, Christine Bednarski
Lau, Blane Lee
Lauer, Donn Lee
Lauterhahn, Larry Bartlett
Lawrence, Alan Philip
Lawrence, Jerald Alan
Lawrence, Robert Lee
Leahy, Stephen James
Lease, Daniel Wahl
Ledel, Jeffrey Louis
Lee, Priscilla Elaine
Leftwich, Jimmie D.
Lekas, William Charles
Leslie, Laura
Lettes, Mark Allen
Levin, Robert Earl
Levine, Deborah Deutchman
Lightle, Robert Dorsey
Link, Michael D.
Litton, Charles Henry
Lobas, Jeffrey George
Locker, Raymond Mark
Loewer, MAJ David Charles, USAF
Longauer, George Peter
Lorentz, Phyllis A.
Loretta, Ralph G.
Lovell, Daniel Alan
Luck, LCDR Charles William, USN
Mack, Delbert Joseph
Mackay, John Robert
Mackenbach, Steven Paul
Mahany, Thomas Kent
Maher, John Joseph
Mahoney, Joseph Edward
Malatesta, Stanley Alan
Malinowski, James Michael
Malkowski, Michael Frederick
Mallett, Roger Evan
Malley, Ms. Dolores Jean
Manning, Thomas Kent
Margolis, Linda Susan
Marks, David Nelson
Marksberry, Terry Louis
Marsh, Jeffrey Stuart
Martin, Gerre Lee
Martin, Larry Allen
Marusiak, Paul Michael
Mason, John G.
Mason, Marsha Dianne
Mason, Raymond Edward, III
Mast, Randall Glenn
Mathews, Joseph Craig
May, Holly Young
Mayton, Lilly Shahravan
Mc Afee, LTC Lawrence S., USA
Mc Cabe, Timothy Patrick
McCarley, Dennis Michael
Mc Carthy, Stephen Joseph
Mc Clain, Paul Michael
Mc Clellan, Warren Louis
Mc Cormic, George Edward
McCoy, Peter Christian
Mc Culloch, Thomas G.
Mc Cummings, Betty Hall
Mc Curdy, Terrance Michael
McGath, Christopher John
Mc Ginn, Charles Robert
McGuckin, David William
McIntyre, Curtis Edward
Mc Intyre, Robert S.
Mc Kee, Daniel Joseph
Mc Lead, Patrick Jay
Mc Loughlin, Patrick K.
Mc Mullen, Martin Michael
Mc Vey, Scott Taylor
Mechlin, John Roy, Jr.
Meder, John Jeffrey
Meeker, George Nelson
Meister, Thomas Alfred
Melaragno, Robert Vincent
Melaszus, John A.
Mennell, Roger Elliot
Mercer, Joel Richard
Metz, Howard Alan
Michaels, Dennis Edward
Mihalek, Barbara Griffin
Mihalek, CAPT Michael G., USAF
Miley, Terry Duane
Miller, David W.
Miller, Harold Wesley, Jr.
Miller, William H.
Miree, Daniel Anderson
Mitchell, William Stephen
Mokodean, Michael Dan
Mokros, Richard Allen
Molnar, Ronald Eugene
Monaco, Anna Catherine
Monaco, Stanley C.
Montgomery, Edna
Moore, Daniel David
Moore, David Elwood
Moore, Gordon Fairle, II
Moore, Robert Scott
Moore, Steven Alan

1974 (Cont'd)
Moreland, Gregory Dean
Moscowitz, Irvin H.
Moser, Gary Alan
Myers, Bradley Eugene
Mytro, Nicholas Alan
Nedolast, Roger Allan
Nelms, Brett W.
Nemiroff, Steven James
Neuerman, Donald Bruce
Neville, John Patrick
Nicholson, Joseph Riley
Nickles, Marcus William
Niemeyer, Douglas J.
Nord, Charles Lynn
Norris, Michael James
Norstrom, David Mark
Novak, Mildred M.
O'Connor, Michael Joseph
Ogg, Maris Falken
Oljaca, Stewart Stoya
Osten, Howard Jeffry
Owens, David Scott
Palmer, Jack Harold
Palumbo, Salvatore Anthony
Panke, Carl Harold
Parke, Christopher Robert
Parker, Roy Eugene
Parrin, Gary Edward
Patterson, Ray Pope
Paulin, Patricia A.
Pavelzik, Robert E., Jr.
Peck, Rev. Russell Edward
Perdue, Steven Ralph
Perry, Bruce Cameron
Peters, Robert Allen, Jr.
Peterson, Charles Edward
Peterson, Richard Henry
Phillips, John Frederic
Pittenger, Wayne Ray
Pittman, Michael E.
Plautz, William Russell
Plazak, Michael John
Poeppelman, Melvin George
Poisson, Joseph
Polatty, James Marion, Jr.
Polischuck, Christopher
Pollick, Dr. Philip John
Polny, Robert Douglas
Pope, Daniel Robert
Porter, Charles Raymond, Jr.
Price, Armin Mark
Price, Carl Scott
Price, Dennis Andrew
Prorock, Gregory Jonathan
Pulley, Roger Allen
Purnell, David Robert
Purtell, Richard Dale
Pyle, Douglas Hildreth
Quick, Gary L.
Quinn, Terry Jay
Rader, Timothy Lee
Ralph, William James
Ramey, Randall Everett
Ramge, John David
Rantanen, Robert William
Rapp, John Richard
Rapp, Kurt A.
Raybuck, Dennis M.
Raymond, David Allan
Reason, Charles Oakley, Jr.
Rebich, Michael Samuel
Redeyoff, Leonard George
Redmann, Frederick Clark
Redmond, Roger Franklin, Jr.
Reed, Ronald Alan
Reichert, Ronald Michael
Reilly, Corinne Dryer
Reinhardt, Christopher
Reitter, Frederick Joseph
Rennebaum, Raymond George, Jr.
Richey, Jimmie Dale
Ridenour, Randall Dale
Riley, Lloyd, III
Ritts, Ronald Hobart
Robb, Craig Weston
Roberts, John Franklin
Roberts, Thomas Allen
Roche, Peter Edward
Roessler, John Duffey
Rogers, Douglas R.
Rorick, James Patterson
Rose, Clayton W., III
Rosnick, John
Rostas, Ronald James
Rothschild, Dean Kahn
Royon, Arthur Flinn, III
Rozanczyk, Gary Allen
Ruben, Steven
Rudinger, Rodney Kent
Ruhe, Eugene Victor
Russell, Delbert Anderson, Jr.
Russell, John David
Ryan, Patrick John
Ryan, Timothy Lee
Sabatino, Philip Ronald
Sabatino, Victor Robert
Sabau, Mark Daniel
Sadivnychy, Daniel
Sample, Stephen Michael
Sautter, Gerald C.
Scheiner, Dr. James Howard
Schieser, Stephen James
Schirtzinger, Joseph Mark
Schleter, Joseph Thomas
Schmid, Christine Houfek
Schmidt, Robert Joseph
Schmitt, Wilbur Allen
Schneider, Gary Lee
Schneider, Stephan Allen
Schonhardt, Donald James
Schottenstein, Gary Lee
Schuckman, Neal Edward
Schwalm, James Joseph, Jr.
Schwamburger, William David
Scott, Terence James
Scribner, Thomas Robert
Sealscott, Robert Kent
Searles, Robert Monroe
Seibert, John Charles
Seminew, Dale Edward
Shaffer, Edwin Mitchell
Shaffer, Patricia
Shanahan, Timothy Joseph
Shearer, CAPT Howard Emanuel, III
Sheffer, Douglas Hughes
Shellhorn, Philip Patrick
Sherburn, Terry Vincent
Sheridan, Ralph Stephen
Sherman, Roger William
Shields, Paul David
Shively, Robert W.
Shivers, Carol
Shkurti, William John
Shoemaker, Charles William
Shroy, John William
Shulman, David Roy
Shumaker, Gregory
Shumaker, Patrick Allen
Sickles, Clifton Bert, II
Siddall, Robert Carl
Siegfried, Carter Evan
Sigg, Joseph Ray
Simmons, David Dorsey
Simms, Stuart Jeffrey
Sink, David Wayne, Jr.
Smith, Don Richard
Smith, Richard William
Smith, Ronald Louis
Smucker, Ralph Edward
Snavley, Ronald P.
Snavley, Steven Wayne
Snead, Dr. Kenneth C., Jr.
Speckman, Craig F.
Speed, Dennis Charles
Speed, Michael Joseph
Spiegel, Wayne William
Spracklen, David Bruce
Spriggs, William Guy
Stahl, Gary Charles
Stannard, William N.
Starke, Dr. Frederick Alan
Stebel, David Gene
Steele, Karen Halischak
Stefanelli, Samuele Pompeo
Steiger, Michael William
Steinberg, Michael Scott
Stern, Scott Evan
Sternad, Terry Lee
Stigler, Joseph Edward
Stober, Thomas L.
Stockwell, Marlin Le Roy
Stoessner, Mark Anthony
Strang, Dale Edward
Streb, Dr. Joseph Scott
Sullivan, James Richard
Sundquist, Thomas James
Suttles, Gary Franklin
Sutton, Micheal Keith
Suzuki, Naoto
Sweeney, Charles B., Jr.
Sytnik, Frank William
Taeuber, Robert Donald
Tame, Gary Alan
Taylor, Linda Dianne
Teetor, John Stephen
Termeer, Donald James
Terrell, David Orlin
Thiry, Thomas Albert
Thomas, Bruce Lee
Thomas, Kenneth David
Thomas, Robert Lance
Thompson, Frederick Raymond, III
Tokar, Ms. Barbara J.
Tolbert, Neil Francis
Tomaszewski, Michael A.
Tompkins, James Emmett
Tossey, Thomas Pride
Totterdale, Dr. Gwendolyn
Trasin, Paul Jeffrey
Traunwieser, Joseph Frederick
Treleaven, John Wilson
Trivette, William George
Trotter, David Lloyd
Tvert, Steven Paul
Ujek, William Joseph, Jr.
Utzinger, Don William
Vance, Benjamin Wayne
Van Cleave, Robert W.
Van De Mark, John Richard
Van Kirk, Fred William, Jr.
Van Winkle, Charles Edward
Van Winkle, Larry Dale
Vargo, James Bradley
Vaughan, Cynthia Veronica
Vermaaten, Melvin Anthony
Vladovich, Eros Pete
Voderberg, John Collier
Vogel, Sam James
Wain, John James
Waitzman, Jay Leslie
Waldorf, John Forest, Jr.
Wallace, Thomas S.
Walters, Lewis John, Jr.
Ward, Michael Elliott
Watkins, Todd Edwin
Waugh, Robert Joseph, LUTC
Weade, Ronald Jay
Weber, James Gregory
Weber, Jeffrey L.
Weiner, Stephen Jay
Weinstock, Daniel L.
Weirick, Keith E.
Weis, Larry Edward
Weisenbach, James Paul
Weiss, Gary
Weissman, Barbara
Wellman, Ned Allen
Wenzke, Edward Thomas
Werley, William John, Jr.
Wernick, Alan Stone
West, Michael Alan
Wexler, Mark Robert
Wheeler, Dennis John
White, Michael Reed
Wickemeier, Benjamin David
Wickstrom, Robert Carl
Wierts, William L.
Wilk, Michael Joseph
Williams, Donald Joe
Williams, Terry Robert
Wilson, Steven L.
Wirth, Robert William
Witherspoon, James Douglas
Wojcik, Frank
Wolery, Thomas A.
Wolf, Ora Edwert
Wolfe, David Michael
Wolfe, Jack Baldwin
Wong, Yuk Dan
Wood, Donald Eugene
Wood, Nancy Joan
Wood, William David
Woodford, Osbon
Wright, Donald Edward
Wutchiett, Cynthia Rose
Wynbrandt, Dennis Keith
Yannucci, Stephen Emil
Yates, Ronnie Donnell
Yonker, Kenneth Eugene, CPA
Yost, Michael B.
Young, Richard E.
Yurasek, Stephen Joseph
Zack, Robert Thomas
Zaglanis, Dean James
Zedeker, Richard Louis
Zeman, Mark Douglas
Ziegler, John Frank
Zimmerman, Kim Sidney
Zoller, Arthur E.
Zukerberg, Ronald Steven

1975
Abood, Dr. Norman Anthony
Abrams, Jules Arthur
Adams, Stephen Robert
Adkins, Wesley Leroy
Albright, Gerald Alan
Alexander, Judith
Alexander, William Donald
Alexander, William Nicholas
Allen, Douglas Brian
Alpart, Barry Lee
Altenburg, Ted Lynn
Amos, John Carter, Jr.
Anderson, CAPT James Joseph
Andrews, Charles Scott
Andrews, John Miles
Angel, Robert Lee
Ansel, Roger Nelson, Jr.
Anthony, Steven John
Appleton, Allan Daly
Arbogast, Donald Parker
Armstrong, Sharron
Arndts, James Philip
Arnett, David Denver
Arquilla, Ricky Lynn
Astry, Philip David, Jr.
Ault, Richard Stanley
Avellone, Gregory Fox
Bacon, Robert Nelson
Baehr, Kenneth Ray
Baer, Stephen Carr
Bailey, Bradford William
Bailey, F. Keith
Bakalus, Sandra Jo
Baker, Keith Martin
Baker, Ronald Francis
Balkun, Stephen John
Ballard, Gary Lynn
Ballard, Richard Gregory
Ballard, William Hedges
Ballenger, Robert George
Bangs, Lawrence Tyrrell
Barnes, Stephen Paul
Barry, Michael Jay
Bartlo, Paul Adam
Barton, Charles H.
Bashaw, Rickey Dean
Bavishi, Dr. Vinod Bapalal
Baxter, George Montgomery
Bay, John Alan
Bayer, Ronald Carl
Beach, James David
Beach, Jon Richard
Beal, Duane Richard
Beattie, Rob Newport
Beinecke, Charles Robert, Jr.
Bennett, Paul Dana
Benney, James H.
Bentley, Richard F.
Benz, Christine Finkes
Benz, Steven Paul
Berger, Alan Wesley
Bergkessel, Ernest John
Berkowitz, Dr. Susan Gore
Bernard, Victor Lewis
Berry, Jane Elzoro
Bevan, Daniel, III
Beyke, William John
Bills, James Owen
Bin-Mahfooz, Abdelelah Salim
Birkemeier, Robert Donald
Bishop, Dale Eugene
Black, Robert Lee
Blaine, William E., Jr.
Blanchard, Douglas Lloyd, CPA
Blumberg, Bruce Karl
Boblit, Darlena Marie
Bockmiller, Neal Joseph
Boe, George William, IV
Bolte, Gary Dennis
Bond, David Fredrick
Bonfante, John Robert
Bonfield, Gordon B., III
Booher, Stephen Lee
Borror, Thomas E.
Bostick, Gary Brent
Botchlett, David James
Bouton, Charles Berka
Bowers, John Evans
Bowersock, William Lee
Bowman, Michael Jasper
Bowshier, Terrence Lee
Boyer, John Edward
Boyer, Velda
Boyers, Stephen James
Boyle, William Frederick
Bragg, Daniel Jay, PhD
Braun, Benjamin M.
Brenner, Carol Lee
Bretschneider, Dr. Stuart I.
Bright, George Roads, Jr.
Briscoe, J. Robert
Britting, Francis Edward, Jr.
Broadstone, Daniel Lee
Broidy, Michael Albert
Brooks, Jacqueline Nusbaum
Brown, Charles Arlington
Brown, Debra
Brown, MAJ Eric Brenton
Brown, James David
Brown, Jeffrey Allen
Brown, Paul Bradley
Brown, Robert Lawrence
Brown, Terry Lynn
Brubaker, Marcus James
Bruce, Nancy
Bryant, Steven Hugh
Buckley, John Peter
Buckner, Finis Randy
Buckner, Michael Edward
Budd, Gary Preston
Budde, Joseph Edward, Sr.
Buehler, James Fredrick
Bullock, Anthony Donald
Bunch, Nicholas Edward
Bunkley, William
Burch, Thomas Alan
Bushman, David Joel, CPA
Byrd, Judson Kirk
Byrnes, Donald Kenneth
Cahill, Michael P.
Calderone, Steven A.
Callahan, Raymond Scott
Cannon, David M.
Cardwell, Gerald Leonard
Carl, David R.
Carlson, Dr. Eric Walfred
Carrigan, John D.
Carter, Dr. William John
Cash, Jeffrey Lee
Cavalli, Thomas Michael
Cecil, Earl Leo, Jr.
Chan, Joseph Chungchak
Charville, Richard Karl
Chrzanowski, Richard
Cirincione, John Sam, SRA
Clark, MAJ Lloyd Neil, USAF
Coe, Stephen Lester
Cohen, Richard Jay
Colak, Anthony Joseph
Collingwood, Richard John
Combs, Mark Meridith
Comer, Lewis Thomas
Conant, Donald Richard
Conard, Keith Lawrence
Conley, John Russell
Cordell, Thomas Alan
Cornish, Darlene A.
Corotis, Steven Edward
Corum, Dwight Lee
Cramer, Dennis William
Crawford, Dwight Evan
Creager, Michael James
Cress, Sally Biddle
Criner, Candis Louise
Cripps, Ralph Thomas
Crislip, Jeanne B.
Crook, David Scott
Crossman, Kim Robert
Crymes, LT James, Jr., USAF
Curran, John Thomas
Curtis, Jack R.
Cutler, Jay Lee
Davidek, William Joseph
Davis, Charles Michael
Davis, Donal Kirk
Davis, Michael Dale
Davis, Paul Richard
Deafenbaugh, John T.
De Benedditto, Umberto Antonio
Deerhake, James Ray
Demorest, John William
Dempster, Andrew Morton
DePew, Lloyd George, Jr.
Depoy, Lex Charles
Desmond, Earl Kellar
Diamond, Kathleen Terry
Dicke, David Thomas
Dietsch, David Lee
Dietz, Ernest Walter
Dillion, Robert Lee
Diltz, Charles Ross, Jr.
Dingus, Donna Gillen
Di Pietro, Emilio John
Di Pietro, Mel J.
Doeringer, Robert Henry
Dohme, Steven Henry
Dominique, Stephen Michael
Doran, Eric Richard
Dorsey, Emma Marie
Dougherty, Russell Lee
Downie, Ted Howard
Downs, Harry Elliott, Jr.
Drossman, Lois Bayliss
Dudgeon, Michael Bruce
Duffy, John William
Dundon, Mark Thomas
Durban, Lee Edward
Duvall, Alan Craig
Dworkin, Kalman Yale
Early, Creighton Kim
Eaton, John W. (Bill)
Eberle, William Brewster
Eckerman, Robert Dale
Eckholt, Michael Allan
Edelman, Lynn Nathan
Edgington, Paul Wendell, Jr.
Edwards, Carol
Edwards, John William, III
Eft, David Paul
Eingle, Charles D.
Eisenbach, George William
Elgin, Patrick Joseph
Elliot, Clark Allen
Ellis, Ned Preston
Elsea, Patricia Pitts
Emerson, John Waldo
Emptage, Dennis Lee
Erb, Richard Thomas
Erwin, LT John William, USN
Essman, James K.
Eubanks, Robert Alfanso
Evans, Dennis Paul
Falasca, Don Alfred
Fantin, John Joseph
Farber, Kenneth James
Federer, John Steven
Federspiel, John Charles
Federspiel, John Francis
Finch, Lisa Lynnette
Fink, Z. Alan
Firestone, Eric Albert
Fischvogt, James Edward
Fisher, Christopher J.
Fisher, Roger William
Fitch, David Alan
Flaherty, Michael Francis
Fliehman, Steven Jerome
Fogel, Dr. Richard Lawrence
Foust, Kenneth Warren
Foust, Robert Lee
Frank, William Harry
Frederick, David Clarence
Freese, Thomas L.
Freytag, James W.
Friedemann, Paul John
Friedman, Richard Alan
Frissora, Dominic
Fudge, Marcia Louise
Gaglio, MAJ Joseph Phillip, USAF
Gaines, Tony Allen
Garapic, Gary John
Garbig, Phillip Raphael
Gard, Harry Kendrick, Jr.
Gardner, Ernest Edward
Garrett, Paul Alan
Garrett, Robert Alan
Gaskins, Steven James
Gates, Jeffrey Lynn
Gauche, Eugene Paul
Gaumer, George M.
Geiser, Daniel W.
Geist, John William, MSCS
Geswein, Gary Michael
Gibson, John Edward, IV
Gifford, Jeffrey Allan
Glasgo, Dr. Philip William
Gluck, Jerry
Goerlitz, Richard E.
Goodwin, John Vincent
Gorden, Denise Richards
Gossman, Barbara Ann
Green, Ronald Ivan
Greenberg, Alan Jeffrey
Greenwood, Edith Rantoul
Griebling, Alan Lynn
Grogan, Thomas William
Groom, Donald Joseph
Grossman, Gary Alan
Grossman, Robert Evans
Guest, Dr. James Douglas
Gutekunst, Bart Christopher
Haakonsen, Ronald R.
Haddad, Theodore Christopher, Jr.
Hadley, Stephen Frederick
Haemmerle, Mark Thomas
Hagen, Arthur Curtis
Hall, Dr. Leda Mc Intyre
Hall, Richard Michael
Hall, Robert Lester
Halpern, David Lewis
Hanek, John Nicholas
Hanley, David Gerard
Hannon, Stephen Joseph
Harrison, James Thomas
Hartman, John Lloyd
Hartman, LT Raymond Allan
Hatten, Steven Alan
Hauser, Karen A.
Havanec, Mark William
Hawthorne, Ronald James
Hayes, Barbara Ann
Hayes, Dan B.
Hays, Stephen Clarke
Hayward, Charles Edward
Heard, Clarence David, Jr.
Hearlihy, Patrick Edward
Hefty, Judy Polter
Hegreness, Steven Eric
Henderson, Jon Thomas
Henricks, John Herbert
Henry, Robert Louis, Jr.
Herd, MAJ Gary D., USAF
Hickman, Charles William, III
Himes, Steven George
Hipolite, Alan Duane
Hobbie, Dr. Richard Alan
Hochradel, Brent Alan
Hock, Seth Allen
Hoefs, Bruce William
Hofmeister, Jesse Deuhrelle, Jr.
Holderman, Dr. Ronald Dale
Hole, William Jeffrey
Holtschulte, Michael James
Hoobler, James Robert
Hood, Stephen Louis
Hooker, Dennis Charles
Horn, Cynthia Lee
Hough, John Christopher
Houser, John Leroy
Howard, David Wayne
Howard, Nathan James
Howes, Ralph Lewis
Howington, Julia Ingram
Huddleston, David Milton
Hueston, Harry Raymond, II
Hug, Thomas Richard
Hukkanen, Robert Larry
Hunlock, Barry Eugene
Hunt, John Roger
Hybiak, Richard Eugene
Inskeep, William M., Jr.
Isenstein, William David
Jackson, Ms. Denise L.
Jackson, Ules Preston

CLASS YEAR LISTINGS CLASS OF 1976 347

1975 (Cont'd)
Jacomet, Joseph Allen
Janson, Douglas Richard
Jasinski, P. Thomas
Jeffers, Carolyn L.
Jermier, Dr. John Michael
Jessie, William Joe
Jinkens, Jeffrey Rutledge
Johnson, James Le Land
Johnson, Dr. James Mark
Johnston, Kirkland Mark
Jominy, Walter E.
Jones, Gary Timothy
Jones, Kenneth Earl
Jones, Larry Michael
Jones, Robert Harlan
Jordan, Jerry Merlyn
Justus, Robert Lynn
Kaczmarek, George F.
Kaercher, Dennis Eugene
Kahrl, Robert Conley
Kallmerten, Robert Barth
Karakouzian, Dr. Moses
Karayannakos, Anna Benetatos
Karu, Michael Howard
Keene, William Aldy
Kehler, MAJ John Thomas, USAF
Keith, Kathy
Kelly, MAJ David Samuel
Kemp, Geoffrey Merlin
Kendall, Edward P., Jr.
Kennedy, William Stephen
Kerski, Michael D.
Kerstetter, Henry Charles
Kessen, Paul J.
Keyes, Joe Grady
Kidd, K. Richard, Jr.
Kiene, Alan Scott
Kilbane, Gerald Alan
Kilgore, John Garis, Jr.
Kimball, Merritt Alvin
King, David Albert
King, Patricia Levy
Kinnison, Richard Lee
Kirchner, Eileen Marie
Klingshirn, James Paul
Knauff, James Irvin
Knipe, Darlene Carr
Koch, Dennis Dale
Koebbe, MAJ Terrence Allan, USAF
Koegler, Ronald Paul
Koehl, Dr. Dorothy Steward
Koenig, Charles Anthony
Koenig, Kim Frazier
Koenig, Randy Neal
Kohl, Edwin J.
Kolic, Cynthia
Kotheimer, Carl John
Kovacs, John Stephen
Kowalski, Richard John
Kozar, Susan Flinn
Krabill, Jeffrey Neath
Krajewsky, Robert W.
Kramer, Horace John
Kramer, Thomas Wesley
Kreider, James Nicholas
Krieger, G. Douglas
Kriner, Robert Gayle
Krueger, John Albert
Krumlauf, Bruce Edward
Kuehne, C. Karl, III
Kugelman, Neil Henry
Lachman, David M.
Lafferty, Dennis William
Lake, Ronald Neil
Lambert, Dr. Douglas M.
Langdon, Robert Clark
Lange, William Dennis
Larkin, Marian Luce
Larson, Steven Anders
Lascola, Frank Michael
Latousakis, Frances
Lauterhahn, Catherine Bowsher
La Voy, Mark Edward
Laymon, David Brent
Leachman, Kenneth Bain
Lee, Robert David
Leggett, James Randolph
Lenerz, David Edward
Lenhart, Joseph Leroy
Lenhart, Michael William
Lentz, Deborah Hentzen
Leonard, George Carl
Leonhardt, Sally
Leoshko, Alex Elliott
Leung, Eric L.
Leuthold, Jonathan Edward
Lieberman, Gary Lance
Limes, Jeffrey Stockwell
Lin, Thomas Wen Shyoung, PhD
Link, Jeffrey Alan
Liscano, Robert Lee
Liston, Martin Lynn
Littlejohn, John Paul
Livingston, Randy Thomas
Lopresti, Thomas Gabriel
Ludwick, Thomas Andrew
Luedemann, Bert Charles
Lumpkin, COL Phillip Ray
Lyons, Daniel William
Mack, Gary Edward
Macke, Guy J.
Macklin, Robert Michael
Macy, Dr. Barry A.
Mager, Jack B.
Markhoff, Charles Edward, Jr.
Markovs, Vija Danilaus
Marksohn, Steven Bruce
Marlow, David William
Marshall, Franklin H.
Marshall, Paul Devereaux
Martel, Jeffrey Allan
Martell, Kenneth Ralph
Martin, LCDR William E., II, USNR
Masi, James Damien, Jr.
Mathieu, Denis Francois
Mattern, Randall M.
Matuszkiewicz, John M.
Maximo, Rodolfo Tan
Mc Afee, Terry Kyle
Mc Carthy, Neil William, Jr.
McClain, John (Jay) R.
Mc Clelland, Richard Charles
Mc Collough, William Elzy
Mc Connell, Robert Ted
Mc Dowell, Walker Burnette
Mc Fadden, Robert J., Jr.
McGhee, Maurice L., Jr.
McKinley, Kenneth Carey
Mc Namara, Maureen Therese
Medwid, Michael Andrew
Mehall, Thomas Stephen
Mehallis, Gus E.
Mehok, Timothy Lee
Meiring, Robert William
Melosh, Charles Lewis
Mendlowitz, Bruce
Merrill, Daniel Gene
Merritt, John Charles, Jr.
Merry, Melody
Messer, Anthony David
Metzler, Bradford Carl
Meyer, Donald Eugene
Michaelides, Thomas G.
Milam, Ms. Carol Sue
Miller, Bruce Dalton
Miller, Daniel Paul
Miller, Daniel Wayne
Miller, Douglas A.
Miller, Douglas Lee
Miller, LCDR Edward M., USN
Miller, Floyd Joseph
Miller, Orville Christian, Jr.
Miller, Robert Edward, Jr.
Miller, Ronnald Lou
Miller, Sue Anne
Mitchell, Jeffrey Craig
Mitchell, Jerome Martin
Mizer, Douglas Kermit
Modecki, Gerard Edward
Mohr, Robert Thomas
Monk, John Thomas
Moore, Michael Dennis
Moorman, Steven Earl
Moreno, Maria Victoria
Morman, David John
Morone, John Joseph
Morris, Gregory Dean
Morris, John David
Morris, Peter R.
Morrison, Steven Alan
Moss, Judith D., JD
Moss, Kenneth Andrew
Motter, James Michael
Mountain, Richard C.
Mox, Michael Eugene
Moy, Robert Sing
Munsch, Michael J.
Murphy, David Arthur
Murphy, MAJ Greg Steven, USAF
Murphy, Jacquelyn Joan
Murray, Thomas Joseph
Murtha, Matthew Michael
Myers, Carol S.
Myers, Rodney Lynn
Napier, Mark Wayne
Natkins, Charles Evan
Navratil, David Joseph
Naymick, John Joseph, Jr.
Neely, William Michael
Nemmers, Charles Joseph
Nesbitt, David Jacob
Nesterenko, Dmytro James
Niehaus, John H.
Noffke, LCDR Mark L., USN
Nordstrom, Janet
Norman, James Daniel
Northrop, Lynn Veronica
Novak, Ronald David
Nowak, David Allen
Numata, Shigeru
Nutini, Robert Alan
O'Connor, Henry
Oddou, Michael Joseph
O'Flynn, Mark Patrick
O'Loughlin, Martha Mc Coy
Ong, Kwok Tow
Orazen, Michael Carl
Oria, Maria Elisa
Orloff, Louis Stanley
Ostroske, Mark
Owen, William Ray
Palmer, James Michael
Pancoast, James Robert
Paolucci, Charles L.
Parimi, Narayan Uday
Parker, Michael James
Parkinson, Larry David
Patton, Michael George
Paulette, Richard Gordon
Pavia, Anthony Prospie, Jr.
Pearson, Ulysses, Jr.
Peck, Jeffrey Wakefield
Pellington, Thomas F.
Penny, Jeffrey Lee
Pepin, William R.
Peplaw, Russell Baugh
Percy, Grant Earl
Perry, Jane Emerick
Peterson, Russell Eric
Petree, Doretta
Pfirrman, Bradford Edwin
Phillips, Gary Lee
Picciano, Timothy Edward
Pielsticker, Robert Francis
Pierce, Harold Michael
Pipinos, Mario T.
Plank, Donald Thomas
Ploetz, Michael William
Poje, Kenneth John
Pollet, Joseph Daniel
Popadich, William Milan
Posner, Marc Harold
Potts, Edward Lee
Powell, Dennis Jay
Presto, Joseph
Proctor, Terry Leslie
Pruchnicki, Joseph John
Pumphrey, Daniel Byron
Quist, John Blomgren
Ragias, Argirios Pete
Rammel, Edward Alan
Ramser, Mark Russell
Reames, Pamela Johnson
Rekart, Richard Todd
Repuzynsky, Charles Roger
Reynolds, Daryl Dean, CPA
Richardson, Laurence D.
Richardson, Michael Lee
Rico, David Wayne
Riegler, Carol Anne
Rippeth, Danny Chester
Rittenhouse, Charles Russell
Robboy, Howard Paul
Roberts, 1LT Randy D.
Roberts, CAPT Ronald Bruce
Roberts, LCDR Stephen John
Rodeman, Timothy Warren
Rodgers, William Charles, Jr.
Rodono, Nicholas Joseph
Rogers, James Anthony
Rogers, Monica Bracic
Roof, Thomas Darrell
Rosengarten, Diane
Rosner, Irving
Rouault, Robert Edward, Jr.
Runck, Marc Cary
Rush, Fred Milton
Russell, James J.
Rutter, Robert Paul
Saliba, Peter Alexander
Sams, William Edward
Satterfield, CAPT Sarah Ann
Saunders, Steven Crayton
Sbrochi, Mark
Schart, Richard Alan
Scheland, Barry Alan
Schlechty, Edward James
Schmidt, Michael Francis
Schmitz, William Mark
Schneider, Jeffrey Lee
Schneider, Theodore Ralph
Schoch, Glenn Eric, CPA
Schweinfurth, Paul Joseph
Scofield, Cary Paul
Scohy, Russell Bruce
Scono, Joseph Anthony
Scott, Rodney Michael
Sebastian, Ronnie Lee
Seggerson, Timothy Francis
Selsor, Guy Banning, Jr.
Senften, William Ray
Sentz, Gary Shawn
Shankle, James Allen
Shannon, Eric Bosworth
Shapiro, Jamie Dale
Shapiro, Dr. Mitchell Bennett
Sharon, Dr. Ed Mordechai
Sheehy, LTC James John, Jr.
Sheets, Karl Eugene
Sheppard, William Hardy
Sheridan, Stephen Timm
Sherman, Michael Patrick, CPA
Sherry, William L.
Shibley, Alan James
Show, Andrew Pershing, Jr.
Showe, Hugh Burkley, Jr.
Showell, Dr. Charles H., Jr.
Showen, William Lewis
Shrewsberry, Charles Lynn
Shuler, Johanna
Shumaker, Donald Royce
Simmons, Constance Louise
Simmons, Larry Richard
Simmons, Robert Thomas
Simon, Robert Ralph
Sivinski, Douglas James
Skorpen, Richard Duane
Skorupski, Donald Withold
Slabodnick, David Dean
Slaybaugh, Yvonne Bender
Slonaker, Robert Owen
Smetzer, James Eugene
Smith, Bradley Clair
Smith, Bradley Gaylor
Smith, Bruce Wayne
Smith, Cathy Mc Dowell
Smith, Jerald Michael
Smith, Mark Stephen
Smith, Patricia Balsizer
Smith, Richard Preston
Smith, Steven Allen
Smith, Terrence Robert
Smudz, Richard Allen
Snedecor, Eric Mark
Solomon, Arnold Paul
Sonchik, James Robert
Southworth, Press Clay, III
Sparks, John O.
Spector, Harvey William
Spencer, Gary Curwood
Sperry, Kenneth Richard
Stafford, Dr. Kathy Lynn
Staley, Keith Patrick
Standen, William Harry
Statler, Stephen Woodruff
Steele, Robert Carl
Stevens, James Michael
Stine, Ann L.
Stitt, Douglas Frederick
Stock, Dr. James Robert
Stoff, Carol Zelizer
Storozuk, Roger Ray
Streets, Daniel Warren
Streitenberger, John Robert
Stroble, Karen Kish
Strope, Stewart Kent
Studebaker, Michael Joe
Stultz, Dale Alan
Stupelli, Mark Hess
Sturges, Michael Richard
Sturgis, Samuel Elijah
Sun, Alice S.
Sutton, Scott Allen
Swain, John Mc Kever
Swisher, Robert Arwood
Szary, Leo Thomas
Tabashneck, Bruce Alan
Taylor, Cathy Roth
Taylor, Dr. David Wilson
Telich, Michael J. P., II
Telles, Gregory Lynn
Terranova, James Alan
Terry, Steven Glen
Tessneer, Mark Robin
Tester, Steven Douglas
Teugh, Richard Robert
Tewart, Bradley Dickenson
Thompson, James Richard, Jr.
Thompson, Jay Frederick
Thompson, Michael Le Roy
Thompson, Patricia Holley
Thompson, Scott Sidney
Thomson, Arthur Lang
Thornburg, Paul Joseph
Tilton, Alice Mercer
Tilton, Jeffrey Scott
Tomaszewski, Edward Harold
Toney, Vallie Emerson, III
Tooman, Lee Donald, Jr.
Tope, David Alan
Toussant, Thomas Edward
Trierweiler, Sonja Louise
Troxil, William Edward
Trzcinski, Michael James
Tylka, Thomas
Uhl, Gary Wayne
Ullom-Morse, Norman Jay
Ulrich, Jerry Neil
Uncles, Robert William, III
Vaas, Mark Jeavons
Vaccariello, Roger Gilbert
Vandegriff, Karl Alan
Van Dine, Stephan Wayne
VanHorn, Lynn Robert
Vasquez, Gerardo Antonio
Vernon, Michael David
Voelker, Philip Allan
Von Haam, Linda
Wallis, William Michael
Walters, Randall Mitchell
Walters, Richard Lee, Jr.
Walton, Thornton Kingsley
Warnke, Kenneth Carl
Warren, Millicent Marie
Wascovich, Milan Nicholas
Watson, Gary Stephen
Weber, Madelyn Michelle
Weber, Michael Eric
Weglage, Paul Allen
Werkman, Steven Gary
Whalen, Timothy Thomas
Wieland, Robert Michael
Wilcox, Philip Winchester
Wilhelm, David Joseph
Will, Nicholas Elmer
Williams, Nancy Ann
Williams, Paul Andrew
Williams, William Edward
Williamson, Samuel Douglas
Wilson, Ms. Carol Hoffer
Wilson, Charles A.
Wilson, Christopher Dean
Wilson, Judith A.
Wingfield, Robert E.
Winters, Richard Dale
Withers, James Howard
Witherspoon, Virginia A.
Wolf, Richard Adrian
Wolf, Theodore Michael
Wolf, Timothy Joseph
Wolfarth, Dennis Lee
Wolff, George Herman
Wolff, Dr. Robert Michael
Wood, John Alexander
Wordeman, Paul Joseph
Workman, Willard Bradford
Yang, Lydia Tang
Yoder, Peggy Hoelscher
Young, Joseph Albert
Young, Mary Ann
Young, Ralph Stephen
Zarley, Steven Allen
Zartman, Joseph Edward
Zeigler, Andrew Jay
Zinn, James Michael
Zoss, Howard Allen
Zureick, Leo Joseph

1976
Abromowitz, Joyce
Acomb, William Keith
Adams, John Curtis
Adams, Mark Randall
Adams, Rebecca
Adamson, David Dwayne
Aines, Ms. Linda D.
Alexander, Gregory D.
Alford, Cheryl Lynn, CPA
Allen, Dennis Michael
Allietta, Gary William
Altzner, James Fred, Jr.
Anderson, Doris Clark
Anderson, George William, II
Andrews, Edward Eugene
Anthony, Michael Bryant
Arbaugh, Jeffrey Lloyd
Argus, Pamela Sue
Armstrong, Douglas Joseph
Arnold, Jeffrey Lee
Arnold, William Harry
Aston, John Edward
Atkinson, David Charles
Atkinson, James R.
Aucoin, Paul Martin
Aufderhaar, Conrad Wesley
Augenstein, Gary Matthew
Ault, Richard Henry
Auluck, Vijay
Austin, Andre La Rue
Averill, Gregory Frank
Azaroff, Gary Alan
Bachelder, James Wallace
Baker, William Burdette
Baldridge, Stephen Charles
Ballmer, Stephen Gregory
Bame, Lawrence Alan
Bangs, Ralph Louis
Barbour, David Charles
Barger, Debra Kaiser
Barkan, Frank Carl
Barnett, Paula Renee
Barney, Tara England
Barry, Timothy Joseph
Bartoszek, Michael Joseph
Baschnagel, Brian D.
Bass, John Allen
Bast, Gary Richard
Batty, Bruce J.
Bauchmire, Bruce Allen
Baum, Barry David
Baumeister, Susan Carol
Bearss, Bruce Burton
Bechtol, David Ernest
Bell, Jeffrey David
Belnap, Thomas Michael
Beltich, Anthony Paul
Bence, Randolph Parke
Benge, Guy William, CPA
Berger, Robert Louis
Berkowitz, Dr. Eric Neal
Bernstein, Howard Charles
Bernstein, Lee K.
Betleski, Clinton Adrian
Beyers, Andrew Michael
Bialek, Timothy John
Bianconi, David Chester
Biasella, Edmund, Jr.
Bigler, Deborah Lynne
Bikis, Gregory John
Binau, Carol
Bing, Aleta Helen
Bishop, James Allen
Bisutti, Michael Anthony
Bizzarri, Linda
Black, Barton Bruce
Blackburn, Douglas Richard
Blau, Robert Mark
Blazek, Mark Robert
Bleckner, Steven Scott
Blum, Richard Jay
Bogart, Stephen Ira
Bogner, John Eric
Bolds, Kevin Wayne
Bonvechio, Sue E.
Bookwalter, Maria Fontana
Borton, MAJ Alden Daniel, USAF
Bostic, Barry James
Bostwick, Curtis Lee
Boulware, David Arnold
Bowden, Hollis A.
Bowman, James Allen
Bowser, Paul Lawrence
Bowsher, Julie Beckwith
Boyles, Diane V.
Bracco, Robert Armando, Esq.
Bradley, Robert Edward
Brattain, CAPT James Arthur, USA
Braun, Robert Allen
Brennen, Steven Russell
Brewer, Mark James
Brierley, Gary Michael
Brockman, Robert William
Brooks, Lawrence J.
Brown, Bradley Allyn
Brown, Mary
Brown, Richard
Brubaker, Claudia Hacker
Brubaker, Eric William
Bruchs, James Michael
Brunst, Theodore Carl, III
Bruskotter, Donald S.
Bryant, Scott Alan
Burkhart, Charles Michael
Bussmann, Sheila M.
Campagna, Frank Joseph
Campbell, Craig Nolan
Campbell, James W.
Campbell, Randall R.
Campbell, Ronald Louis
Canarios, Elizabeth P.
Carey, Richard S.
Carmin, Ronald H.
Carr, Thomas Jeffrey
Carver, Howard Thomas
Chairoongruang, Supen
Champion, James Newton
Chatwood, Craig Edward
Chiazza, Angelo Joseph
Chickerella, Samuel Allan, Jr.
Chinchar, Kenneth James
Chinnici, James Anthony
Christopher, Michael Albert
Christopher, Robert Earl
Chuprinko, John Andrew
Cinadr, Martin James, III
Cisler, Harold Brent
Clark, Barbara Beth
Clark, Ronald Mc Kee
Cleland, Douglas Stewart
Clemson, Holly
Coccia, Michael Anthony
Cochenour, Thomas L.
Cochran, Raymond Eugene
Coe, Theodore A.
Cohen, Stuart
Colli, Josephine
Collins, Don Edward
Comisford, William Davis, Jr.
Conry, Terrence Charles
Cook, Gerry Douglas
Coon, Robert A.
Cooper, James William
Copeland, Curtis Bryan, Esq.
Copeland, Mark Don
Corcoran, Ben Leslie
Corey, James Robert
Courtright, Gary Blaine
Cowee, Robert Edward
Cox, Barry Wayne
Crane, Kathleen
Creasap, Martin Ross
Cross, John Williams
Crossley, James Richard
Crunelle, Michael James
Culberson, Katherine Kelly
Czinkota, Dr. Michael R.

1976 (Cont'd)
Dahler, Michael Carl
Daley, Robert Emmett
Dalton, Adrian Burnett
Darah, Brian Joseph
Darah, Mark Alan
David, Gary Alan
Davie, Brian John
Davis, Dianne A.
Davis, Keith Allan
Dawe, Dennis John
Dean, Michael Allan
Decker, Jeanine Eilers
Decker, Lance Lindworth
Decker, Roberta Lee
De Grand, Donna Clare
Deibel, Richard William
De Long, Mark Alan
Delson, Lawrence Joseph
De Rosa, Joseph Charles
Desch, Damian Anthony
Devine, Ronald Denis
Dewey, David Morgan
Didlick, Jene Valetta
Dietrick, Monica O'Breza
Dietrick, Philip Anthony
Dillon, Richard Coeur, II, CPA
Dillon, Whitney Mathew
Ditty, William Morgan, Jr.
Dominique, Martin Patrick
Donofrio, Eric Anthony
Drake, Joyce E.
Dudinsky, Lee D.
Dudley, Albert Le Roy
Duff, Richard Emery
Dulin, Joyce Ann
Dunbar, Gary T.
Dunlap, Robert Darryl
Dunphy, John Patrick
Duran, William David
Dutro, Victor Eugene
Dziewisz, Michael S.
Eason, La Verne Jones
Ebert, Roger Allen
Echelberry, James Leonard
Eckstrand, Clifford George
Eddy, James Byron
Ede, Margaret Lindenberg
Eden, Dr. Charles Kornelius
Edgar, Stephen Leigh
Edwards, Steve J.
Ehlerding, Greta
Ehlers, Jerry Raymond
Ehlert, Douglas Jay
Eidson, MAJ James Paul, USAF
Eith, Arthur William
Elia, Bruce L.
Elling, Patricia
Elsass, Tobias Harold
Emmelhainz, Richard Neil
Endicott, Terry
Erickson, Mark Edwin
Esch, William Zachary
Eschleman, William Nicholas, Jr.
Eshler, David Lee
Farel, William Lee
Farkas, Steve
Farley, Glen David
Farmer, William Arthur
Favret, William Edward, Jr.
Fay, Karen
Fearn, Jack Bradley
Fein, Thomas Paul
Feldkircher, Carl Anthony
Fiala, Jerry
Fillmore, William Douglas
Finamore, John
Fino, Stephen Michael
Fisher, Archie Carlisle
Fisher, Christopher Paul
Fisher, David Charles
Fogle, Barry Lynn
Folk, Donald George
Foltz, Bruce Byron
Foote, Michele Hotz
Ford, David Keith
Ford, Larry Kent
Fortin, Thomas Joseph
Foster, Cheryl Bryant
Fralick, William Clifford
France, Richard Cooper, Jr.
Francus, David William
Frase, John Mark
Frayne, Anne Marie
Frazier, Kim Patricia
Fredericka, Frank L.
Freeh, David S.
Freitag, Gregory Morley
Frey, Steven Walter
Friend, Stanley Mark
Fries, Anna Kosorotoff
Froehlich, Daniel Ray
Fry, Cherilyn Ann
Gabriel, James Edward
Gagliardo, Lori
Gale, David George, Jr.
Gallardo, Roberto Joaquin
Garcia-Abascal, Ada
Gardner, Jeffrey Mark
Garner, Thom A.
Gates, Barbara Ann
Gaumer, Jeffrey Len
Gauron, John David
Gearhart, LTC Fred Zurmehly, USAF(Ret.)
Geary, Shawn Michael
Geewax, Darryl
Geis, Robert W., III
Geller, Ervan Reed, II
Gerhart, Douglas Dean
Gerlach, John Bernard, Jr.
Geyer, Margot Freeman
Giebel, James Allen
Gillespie, Troy Stephen
Girard, Gary Victor
Goelman, Michael Harvey
Goodwin, Dana Warner
Gorenflo, Daryl Lee
Gottwald, Anne E.
Gowdy, Robert Edwin, Jr., CPA
Graffagnino, Robert D.
Graham, John Henry
Gramlich, Christopher
Gramlich, Thomas Joseph
Grammer, Cathryn Louise
Greenlee, Robert H.
Greer, James R., CPA
Gressel, Daniel Larry
Griffeth, David Eugene
Griffin, Archie Mason
Grimes, David Mark
Groom, William Roland
Groves, Paul Wilson
Grutzmacher, Dennis James
Gurgle, John, III
Haakinson, William Allen
Hadsell, Gary Eugene
Haegel, Charles Joseph
Haeuptle, James Howard
Hallberg, Gregory Lynn
Hallberg, Ruth Moeller
Halsey, Roy Robert
Hamilton, Gary Edward
Handley, Frederick Vincent
Hanf, William Clifford
Hanners, Kathleen Moore
Harris, Catherine Anne
Hart, Marc Douglas
Hartsell, Robbie Kent
Haskins, John Gee
Hauseman, Jon Richard
Hauser, Stephen John
Hayes, Patricia Sue
Hayslip, Jerl Richard
Hazlinger, Paul Michael
Hegde, Dr. Krishna Ganapa
Heidenescher, Richard Lee
Heinmiller, John Charles
Hellard, David Virgil
Hemmerich, Julie Brossman
Henkel, Otto Frederick, Jr.
Herman, Mark Alan
Hess, James Anthony
Hess, Lou Ann Hughes
Hibbard, Leonard J.
Hickey, Timothy Emmett
Hickman, Steven Douglas
Higgins, N. Suzanne
High, Lloyd William
Hill, James Duane
Hiller, Michael L.
Hillow, George A., Jr.
Himebaugh, Marc Stephen
Hirsch, John Edward
Hiteman, Richard Lee
Hoersten, Douglas Eugene
Hoffman, John Clyde
Holm, Calvin Douglas
Holmberg, Martha Jean
Homer, John William
Hoover, Richard Larry
Hopkins, Richard Allen
Horn, Patrick Armor
Horstman, Paul Bernard
Horton, William Thomas
Houseberg, Charlotte Cassaday
Houze, Ricky Ray
Howard, Michael John
Hoyle, Thomas Ford
Huber, Richard Anthony, Jr.
Humbert, Ernest Edward
Hunt, Ann Moyer
Huver, Maryann
Iafelice, Christine Anne
Ihde, MAJ Gregory Jack, USAF
Imfeld, Daniel Thomas
Insley, Susan Kelly
Israel, John Kenneth
Jackson, David Albert
Jacobs, Dr. F. Robert
Jacobs, Richard E.
Janotka, Peter John
Javens, Ralph Leroy, Jr.
Jay, David Edward, Esq.
Jeffries, Patrick James
Jenkins, Dr. Roger Lane
Johnson, Jeffrey Guy
Johnson, Lawrence A.
Johnson, Theodore Wesley, CPA
Johnson, Wayne Earl
Johnston, William L.
Jolley, David Andrew
Jones, Catherine Kosydar
Jones, Garry Edward
Jones, Harry, CPA
Jones, Robert Alexander, Jr.
Jones, Terry Lee
Jones, William Leo, Jr.
Joseph, Robert O.
Joyce, John Frederick
Judd, Marilyn
Kachinske, Stephanie Vey
Kacmar, Diana Barvainas
Kallman, Matthew Hanley
Kalu, Kalu Omoji
Katz, Randolph Stewart
Kaufman, Richard Lee
Kayser, Walter George, Jr.
Keenan, Michael Harry
Keller, Michael Rex
Kelly, Lynn Menoher
Kennedy, William Landers
Kent, Thomas Edward
Kessler, John William, Jr.
Kidd, Gregory Adolphus
Kiel, Michael
Kientz, William Deshler, II
Kilburn, Charles Michael
Kiliany, Jeffrey Thomas
Kill, Timothy W.
Kim, Dr. Chong Woong
Kington, Robert Alan
Kirk, William Rex
Klaban, Thomas Max
Klaus, Larry Leroy
Klausner, Gregory Joseph
Klay, George Henry
Klayman, John Lloyd
Kleshinski, David
Kleven, William P.
Kluender, Bruce Allen
Klunk, Richard Edward
Knoef, Brian Dustman
Knouff, Mark Steven
Knowlton, Dave
Kohler, Paul D.
Kornman, James Edward
Korting, John Spencer
Kosko, Dennis Michael
Kostoff, Susan
Kovach, Robert D.
Kozup, John Alexander
Krieg, Scott Michael
Kuch, David William
Kukla, Anne Mason
Kurdziel, Donald Michael
Kutsch, Lawrence Steven
Laipply, James Edwin
Laird, Mary
Lally, Patrick James
Lang, Edward Henry, III
La Rocco, Dennis David
Larrick, Ms. Carla Jeanne
Larson, Stephen Dodd
Laser, Douglas William
Lash, Clifford Charles
Latham, Kevin Dean
Laughlin, Craig Brian
Lawless, Phillip Lynn
Layfield, Ronald D.
Lebowitz, Edward Alan
Lee, Emery Robert
Lee, Larry Emerson
Leggett, Susan Shuttleworth
Lehmkuhl, John Craig
Lehrner, Mark
Leinasars, Edward Adolf
Lentz, Robert Allen
Leonard, Joseph Roehm
Leopold, John Clifford
Lestock, Richard Philip
Leupp, Elizabeth Anne
Leveskas, LCDR Michael Joe, USN
Lewis, Anthony Nyles
Lewis, Brian Clarke
Lewis, Gary Alan
Lewis, Robert Allen
Licause, Michael Louis
Liebes, Richard Martin
Lincoln, Robert Eugene
Linstedt, John Edward
Lipari, Mark Salvatore
Little, Douglas William, JD
Little, Kim Edward
Lizanich, Gregory Charles
Lloyd, John Evan
Loehrke, Craig Allen
Loesch, J. Rodney
Long, Theodore Robert, Jr.
Lo Presti, William Michael
Lorenz, Linda L.
Losey, Karen
Louie, Norman
Lowman, Ms. Andrea Beth
Lucki, Bruce Lyn
Lutz, Randall Lee
Lutz, William Johnson
Mackin, John Joseph, Jr.
Mahoney, Timothy John
Malinak, Joyce
Mallory, Joseph Allen
Malone, Ms. Jennifer Bain
Manofsky, Charles J.
Manson, John Marvin
Mantle, Jeanne Mahoney
Marsh, Kenneth Robert, CPA
Marshall, Dr. Jon Elden
Marshall, Ms. Linda Lee
Marteney, Albert James
Martin, Carol
Martin, Michael
Martin, Tennyson Charles
Martinez, Raymond Don
Martinson, Timothy Edward
Mason, Ms. Barbara Ann
Massa, Don Joseph, Jr.
Massaro, Michael Alan
Massey, Charles Steven
Mastrangelo, Mark Evan
Mathews, Roger K.
Mault, Richard Lee
Maupin, David Charles
Maxwell, William James
Mazor, Dana Matthew
McAdoo, Ms. Lois Ann
Mc Cain, John William
Mc Cann, Terrence Joseph
Mc Caw, Michael Earl
McClure, Charles S.
Mc Clurg, Mark A.
Mc Coy, Brian Edgar
Mc Cullough, Mark Steven
Mc David, Scott Collins
Mc Grane, Michael Dennis
McKeag, COL Charles Marshall, USAF(Ret.)
Mc Kendry, Brian Wallace
Mc Kie, Richard Herbert
McLane, Stephen Thomas
Mc Nabb, David Robert
Mc Querrey, Larry R.
Mc Quown, Dean Allen
Mehalko, Kim
Meyer, Francis Xavier, III
Michael, Timothy Arthur
Middelberg, Ted Martin
Miles, Jerry Mack
Miley, Richard L.
Millar, Roland G.
Miller, Charles Samuel, Jr.
Miller, Daniel Lee
Miller, David Randall
Miller, Ms. Denise Lorraine
Miller, Dr. George Alfred
Miller, George Paul, Jr.
Miller, MAJ Mark Andrew, USAF
Miller, Michael Jon
Miller, Nicolette
Mintz, Gary Lee
Misra, Prabhakar
Mizer, Daniel Lee
Moberly, Gary Allen
Moennich, John E.
Molner, Gregory Joseph
Mooney, Maryanne Esping
Moore, Mark Edward
Morantz, Mardi J.
Morris, R. Michael
Mounts, Joel Eckles
Mowery, Jeffrey Eric
Muhlbach, Alberta Kostoff
Muhlbach, James Brent
Mulberry, Carl Aubrey
Mullen, Joseph Brian
Mumma, Donald Charles
Murman, Diane Caputo
Murphy, Thomas Edward
Musche, Andrew Paul
Mustard, Stephen Mark
Nalodka, Ms. Katherine Ann
Nelson, Susan Ramsey
Niswander, Bruce Alan, JD
Nogle, Stephen A.
Noonan, Jane Ann
Norris, Lynne Millberg
Northrup, John Wesley
Nusbaum, Edward Elmer
O'Brien, Daniel M.
O'Brien, James John
Ocano, Don Armando
Ochi, Nobuo
O'Connell, Patrick James
Odegaard, Sally Hardin
Omura, Dr. Glenn Seito
Opelt, Vivian Lee
Opper, Jan Charles
Orlik, Henry John
Osterhage, Keith Edward
Ostrowski, Edward Joseph, Jr.
Padmarajan, Dr. Nelliyank A.
Page, Kenneth C.
Page, Dr. Thomas Johnson, Jr.
Parks, Ms. Evalyn Conwell
Parsons, Ms. Purna Lynn
Paullin, Craig Lee
Paxton, Joseph Mark
Pearch, Daniel Lowell
Pearl, Sanford Kenneth
Peay, Elbert Orman, Jr.
Penn, Marilyn
Penrod, John Mark
Petitto, Joseph Michael
Phillips, Mark Edward
Pickenpaugh, Merel E., Jr.
Pittinger, David Alex
Pittman, John Curtis
Popio, Loren Anthony
Porter, Kenneth Wayne
Post, Murray Lewis
Poston, Jacquelyn Siebold
Potter, Theresa Evangeline
Pride, William Blair
Priest, Douglas William, CPA
Proctor, Michael Stanley
Proctor, William Raymond
Pruden, Cheryl Anne
Quarando, Elizabeth
Quinby, Ira, V
Quist, David Robert
Racher, Daniel F.
Radigan, James Thomas
Ragas, Dr. Wade Ronald
Raleigh, Mary T.
Ramseur, Duane Haralson
Ramsey, Ella Lou
Rapp, Bryan Ellis
Rassie, Jeffrey George
Rauchenstein, Peter Marc
Ray, Richard Alan
Reese, Judy
Rein, Gerald Richard
Reinhard, James Allen
Remlinger, William Theodore
Reser, Jeffrey Lee
Reynolds, Dana Farnum, III
Rich, Andrew Louis
Rich, Malcolm Corby
Ridge, Bradley Hugh
Riehl, Lawrence Allan
Rigby, James Arthur
Rinehart, Fred Jerome
Risner, H. Kent, Jr.
Robertson, Gerald Lee
Robinette, Douglas Craig
Robinson, David Clifford
Robinson, Keith Lee
Robishaw, Donna J.
Robson, Sara J.
Rodek, Jeffrey Robert
Rogers, Arthur David
Rogers, William Daniel
Rohrs, Hazel Kiser
Rooney, Garry Dale
Rosboril, Judith
Rosenberg, Susan Helene
Ross, Mary Eileen
Rothweiler, Alan Charles
Rowe, Mark Steven
Runk, Philip Robert
Rush, Robert William
Rustagi, Ajoy Kumar
Ryan, John William
Ryan, Stephen A.
Ryland, Ricky Allen
Sabados, John Edward
Saggio, Raymond
Sakas, Daniel George
Samp, James Philip
Sarnovsky, Craig Alan
Saultz, Sherrie Ridenour
Sawyers, Robert John, Jr.
Scheinbach, Joel Philip
Scherer, Gary K.
Schleder, Sarah
Schneider, Kenneth Claude
Schneller, Franklin Gregory
Schnoerr, David Eric
Schodorf, William Howard
Schottenstein, Rochelle Kaplan
Schuler, Gregory Charles
Scott, David Michael
Scott, Patricia Ayn
Scott, Susan Mobley
Seeler, Uwe Karl H.
Seelig, Dr. John Michael
Segna, Mark Anthony
Seigneur, Judith Lepley
Seles, William Gerard
Semenik, Dr. Richard John
Seringer, Joseph Edward
Severance, Michael Radford
Shawber, Lloyd Oberlin, Jr.
Sheehan, James Michael
Shtulsaft, Michael C.
Simmons, Dr. Alphonso
Simon, Richard Pierson
Slattery, Joseph William, II
Smith, Andrew Creighton
Smith, Charles Michael
Smith, LCDR Donald Wilson
Smith, Gregory Philip
Smith, Keith Layton, Jr.
Smith, Mark Eugene
Smith, Michael Richard
Smith, Millard R., Jr.
Snoddy, Michael James
Snyder, Richard A.
Solomon, Jack L.
Solomon, Larry King
Spatz, Gregory Lee
Spillers, Randall Robert
Spitler, Gregory Bruce
Sprague, Bradford Michael
Spraley, Sondra J.
Sprout, William Randall
Spurck, Fredric Charles
Stallard, Donald Lee
Stanton, Charles Allen
Starkand, Cynthia L.
Stasiak, Dennis Richard
Stearns, John Albert
Steck, Dr. David Barton
Steedman, Thomas Louis
Steen, Michael Ray
Steger, Patrick James
Steiger, Joseph Thomas
Stelzer, Dennis L.
Steuer, Jay Mitchel
Stevenson, Michael John
Stickrath, Thomas Johnson
Stidd, Becky
Stiles, Pat
Stoimenoff, Mark Dennis
Stollings, Anthony Michael
Stone, David Clifton
Stone, Elise Heisz
Stone, George Edward, Jr.
Stoyak, Stephan J.
Strachota, Thomas Gregory
Streitenberger, David Ray
Strickling, Dale Bruce
Strombotne, Christopher Brent
Struble, LT Gordon Ray
Studer, Thomas James
Sturms, Doyle Isaac
Suckarieh, Dr. George G.
Suleiman, Nageeb Abdallah
Sullivan, Terry William
Sussman, Gary Mark
Suver, Jeffrey Louis
Swank, Gary Thomas
Swank, Larry Kevin
Sweeney, James Patrick
Swepston, Mark Dwight
Swingle, Michael Emerson
Swirsky, Steve William
Szorady, Julius Paul, Jr.
Tallman, Robert Bradley
Talmage, Roger Steven
Tarbill, Timothy Michael
Taxter, Joseph David, Jr.
Taylor, Barry Martin
Taylor, David Ernest
Taylor, Thomas Clinton, III
Teare, Gregory Lawrence
Telban, Mary Kathleen
Temple, Lawrence Dale
Tharp, Stephen Porter
Thogmartin, Val Porschet
Thomas, Michael Wayne
Thomas, Terry Lee
Thomas, William
Thompson, Dr. Joel Edward
Thompson, Mary Fredericks
Thompson, Stephen Walter
Thompson, Warren
Tidrick, Dr. Donald Eugene
Tilley, David Kevin
Tooman, Lawrence A.
Totten, Evan Louis
Townsend, Richard Eugene, Jr.
Treadway, William Matthew
Troll, Louis Parker
Troutwine, Jack Emerson
Turner, Dr. Joanne Horwood
Turner, Patrick Allen
Tyson, Jesse James
Urban, Philip H.
Vadasz, Nancy Gambaccini
Vadasz, Theodore Martin
Valentine, Harry Mc Walter, III
Vanden Eynden, Dennis Anthony
Van Horn, Dale Leon
Vano, Joseph Anthony, Jr.
Van Zante, Charles Nelson
Veenstra, Albertus Jacobus
Venetis, Nicholas Glen
Vermillion, C. Edward
Vignola, Dennis
Vincent, Darrell Alan
Vogelmeier, Jeffrey Richard
Vojticek, Barbara Wisler
Vorys, George Nichols
Wabschall, Mark Lynn
Wagner, James Richard
Walcutt, Charles Coe
Waleri, David Lee
Walker, Voltaire C.

CLASS YEAR LISTINGS CLASS OF 1977 349

1976 (Cont'd)
Walther, Gary Donald
Walworth, James Walter
Wander, Daniel Lyman
Ward, Deborah Zelachowski
Ward, Stephen Michael
Watling, Justin Jay
Watts, John Arthur
Webster, Edward M., Jr.
Webster, Dr. Thomas Charles
Wehenkel, Walter Carl, Jr.
Weidinger, Timothy Matthew
Weiher, Don Paul
Weihmiller, Frederick Scott
Wemlinger, Charles Richard
Wenger, Gail E.
Weprin, Michael W.
Wertz, Daniel Whistler
Westlake, MAJ James Jay, USAF
Weston, Daniel Joseph
Wexler, Ilan
Wheeler, James Randall
White, John Mitchell
Whitehead, James P., Jr.
Whittaker, Donna M.
Wickert, Charles Arthur
Wilhelm, Thomas Richard
Wilke, Michael Dennis
Wilkerson, John Powell, Jr.
Williams, Ann
Williams, Cornelius, Jr.
Williams, Lynn Edward
Williams, Paul Francis, Jr.
Williams, Robert D.
Williams, Stephen Allen
Williams, Ted Rodes
Wilson, Keith
Wilson, Randolph
Wilson, Stephen Lee
Wilson, T. Page
Winston, Michael George
Winterland, Vincent Paul
Wolfarth, Ronald Lynn
Wolfe, Steven Allen
Wolfson, Lyn Marie
Wonderly, Thomas John
Wood, David Charles
Woodford, David Dwight
Woodson, Nancy Carol
Woolf, Ms. S. Jamie
Wootton, James Bryon
Worthen, Patricia Ann
Wright, John Lee, Jr.
Wright, Thomas Gillespie
Yankovich, Wayne R.
Youngston, John William
Yun, Gai Soo
Zane, Jeffrey David
Zbierajewski, Michael John
Zeberko, Francis James
Zinser, Gregory Richard
Zipperer, Randall James
Zola, George Edward
Zorich, Joseph Alton
Zorko, Mark Anthony
Zvosecz, Joseph R., Jr.
Zwiebel, Timothy Roland

1977
Abramowitz, Paul
Abromowitz, Judith Stone
Acles, Marcia
Acosta, Dr. Dulce Arenas De
Adams, Steven Leslie
Adams, Susan
Adelsperger, Mark Jay
Adkins, Jane Stuart
Ahola, Jeffrey Brian
Albert, John Curtis
Albert, Joseph Patrick
Alford, William Donald
Allen, Steven P.
Altenburg, Frederick C.
Altomare, Cynthia Barton
Aluise, Francis Augustus
Alzouman, Saleh F.
Amrine, David Leigh
Amrine, Ralph Porter
Amstutz, Jill L.
Anderson, Walter Willis
Andrews, Elizabeth Rulis
Andrioff, Jeff K., Jr.
Ankowski, James John
Anthony, Barry Eugene
Antol, Lewis Raymond
Antolino, Ralph, Jr.
Applegate, David Raymond
Armanini, Joseph Stephen
Armstrong, Bradley Charles
Arnold, Gordon Allen
Arnold, Joanne Gilbert
Arnold, Terrence B.
Arnstine, Richard Scott
Arter, Richard Melvin
Arthrell, Kent James
Babcox, M. R. Becky
Bagwell, Charles Barnum
Bailey, Richard Douglas
Baker, Dan William
Baker, Jeffrey William
Baker, Robert Kent
Baker, Stephen Everett
Ball, Marsha L.
Balvin, Norman E.
Bammerlin, Jay Richard
Bandeen, James Lee
Bandy, David Curtis
Banerjee, Dr. Avijit
Baney, Richard Eugene
Bang, Thomas Donald
Bankes, Philip Gordon
Barkeloo, John Douglas
Barnhart, G. Michael
Barr, SGT Daniel Robert, USA
Barson, Daniel Charles
Bates, Mark Alfred
Bates, Willie Randolph, Jr.
Battles, Greco Roinell
Bauer, Jeffrey Patrick
Baumer, Polly Strong
Baxter, Earle George, Jr.
Beale, Patricia C.
Bean, Gary L.
Bean, Melissa Hayest
Beattie, Terry Lee
Bebb, William Douglas
Becker, Laurie Diane
Belczak, Richard John
Belden, Randall John
Bellar, Fred James, III
Bellman, Carl Edward
Benedict, Donna J.
Benn, Ingrid Ileana
Bergman, James Lee
Bernard, Kathleen Ann
Bethea, Sudie Mae
Bhatt, Arvind Kantilal
Biddle, Douglas Charles
Black, Thomas Dean
Blair, Richard Eric
Blakely, Agnes Tulk
Bland, Reginald Eric
Bland, Rodney Gail
Blewitt, Robert Lavelle
Bobry, Harold Leon
Bohlin, Peggy Schweinfurth
Boller, James Stanley
Booker, Terri
Borden, Paul Francis
Borensztein, Sam Hershel
Borman, Nikki Jo
Borowicz, Carol A.
Botti, John Joseph
Bowden, John Russell, Jr.
Bowens, James Patrick
Bowers, Melissa
Boyd, Diane Marie
Boylan, John Lester
Brahm, Clifford Scott
Brandel, William Michael
Braun, Michael Otto
Brevoort, William Dale
Brewer, Elbridge Harmon
Bridges, William Michael
Brinkerhoff, Robert Brent
Bronstein, Joel Alan
Brooks, Todd Aaron
Brown, Donald Ray
Brown, Douglas Alan
Brown, Jeffrey Paul
Brown, Keith Francis
Brown, Marilyn Patricia
Brown, Wesley Earl
Brudzinski, Robert Louis
Brunner, Rick Louis
Bruzda, Steve John
Bryan, Harvey Lewis
Bucci, Barbara A.
Buettin, Daniel Pace
Buggs, Orzil Stanley
Burnes, John Allen
Burns, Karen Marie
Bush, Howard Francis
Butcher, Donnalee Atkinson
Butdorf, Michael W.
Byrne, William Thomas
Byrnes, Peter Matthew
Campbell, Gerald T.
Campbell, James Russell
Campbell, Margaret Kane
Canning, Mary
Cannon, W. Reginald
Caplan, Jo Anne
Carawan, Thomas B.
Carlson, Steven Richard
Carpenter, Vickie Seitz
Carper, John Ray, Jr.
Carr, Dana Edward
Carter, Terrence Lee
Catley, Ronald Duane
Caulfield, Neville
Cecere, Michael Anthony, Jr.
Chambers, William Daniel
Chandler, Jeffrey Lynn
Chapman, Michael Thomas
Chevapravatdumrong, Suwannee Soongswang
Chiazza, Sue Bergfeld
Christopher, Bonnie
Christopher, Kevin Scott
Cinadr, David Robert
Clark, Gary Lynn
Clark, James Perry
Clark, Phillip Hobson
Clark, Timothy Orean
Clarke, Timothy Lewis
Clawson, Randolph Price
Cleary, Timothy Martin
Clutter, Paul Joseph
Coggins, Michael Ray
Colley, Mark Christopher
Collins, Carolyn
Collins, Raymond Thomas
Colman, Debra R.
Columber, Carl Frederick
Combs, Ms. Kathleen Clare
Conard, Jack Lee
Conklin, Joseph Elwood
Conn, Richard Eugene, Jr.
Connor, Mary S.
Conroy, Michael John
Cosgriff, Michael Lloyd
Coupland, G. Alan
Cousino, David Brian
Cowgill, Douglas Eugene
Crabill, Stephen Hugh
Craig, Douglass Brent
Crawford, David Arthur
Crawford, Jan David
Crawford, Melvin
Crepeau, Daniel Paul
Croley, Jody E.
Cross, James Bamberger
Cross, Jeffrey Ward
Croyle, Philip Jerry
Crum, Daniel Allen
Cubalchini, Roger John
Cymbal, Kenneth Michael
Cypher, James Thomas
Dadzie, Dr. Kofi Q.
Dahlberg, Eric George
Dapper, Carol
Daugherty, Mike Ray
Davies, David Steffen
Davis, John Paul
Dean, Thomas Craig
DeBoer, Russell Edward
Decker, Carol Ann
De Fazio, James
De Franco, Ralph Charles
De Leon, Lawrence Walter
De Marsh, Stephen Eugene
Demis, Louis William
Demyan, Randall Jon
Dent, Michael Paul
Deslandes, Howard David
Detzel, Michael George
Devery, Sandra Heslop
De Vore, Jeffrey Reed
Dickson, Gary Lee
Dickson, Michael Ray
Dilley, Donna Virginia
Dillon, Roderick Hadley, Jr.
Ditmars, James Allen
Divine, Robert John
Dixon, Davis Reed
Dobina, Joseph Kent
Dodson, B. Sue
Dodson, LTC Jonathon Boyd, USA
Doeble, James Bruce
Donlon, James Patrick
Dortmund, William Jeffrey
Doster, Daniel H.
Drushal, Bonnie Casper
Duffin, Terrence Francis
Duggan, Dawn Nash
Dulaney, Michael Leon
Dull, Kenneth Lynn
Duncan, Lawrence Lee
Dupler, David Craig
Dutton, Debra Stipes
Eckhardt, Thomas Eugene
Edelman, Barry David
Eden, Barbara Anne
Ehlers, Allen Rae
Elder, Beverly Ann
Ellis, Deborah Fox
Ellis, Mary Moor
Ellis, Steven Robert
Elmore, Kenneth Wayne
Emmerling, Jeffrey Paul
Ensign, Dennis James
Eramo, Nazzareno
Eskridge, Dr. Chris W.
Everly, Robert Eugene
Ewing, Charles Walter, Jr.
Fackler, A. Mary
Falkner, Kerry Alan
Farkas, Arthur Joseph, Jr.
Feasel, James W.
Feinstein, Sandra Simmons
Feldman, Jody Benjamin
Fell, Robert Bruce, Jr.
Fenton, Steven Curtis
Ferraro, Eugene Nicholas
Ferrelli, Jeffrey Patrick
Fertig, Douglas Ross
Fillenwarth, Albert Floyd
Fingerhut, Eric B.
Finn, James E.
Fiorucci, Richard Bruno
Fitzgerald, Peter Ross
Fladen, Sharon Vogel
Foreman, James Patrick
Forman, Barry Sheldon
Fortini-Campbell, Alan Craig
Foust, Douglas Charles
Foust, Larry Craig
Fouts, Lynn Roth
Francescon, John Thomas
Franks, Gerald Henry
Freund, George Randall
Frith, James Ralph
Frumkin, Steven Edward
Frydryk, Michael John
Funk, Charles Joseph
Furuichi, Clifford T.
Gaborick, Mark Raymond
Gallant, Richard Bertram, Jr.
Gallina, Joseph Mark
Galter, Rory John
Garcia, Michael Anthony
Gardner, Thomas Edwin
Garrelts, Craig Alfred
Gassin, Gary Edgar
Gates, Nancy
Gawronski, Richard Paul
Geib, Douglas Grant, II
Geist, Mark Eldon
Geitgey, James Orrin
George, Douglas Matthew
George, John Cary
Gerard, Jeffrey B.
Gerken, Brent Carl
Gething, Lynne Ellen
Gibboney, James Joseph, Jr.
Gibbs, Kathleen
Gibson, Steven G.
Gilbert, Albert Crofton, III
Gleich, Donald Lee, Jr.
Gold, Kenneth Bruce
Goldwasser, Robert A.
Goodson, Dann Parrott
Gordon, Michael M.
Grabiak, Lavonne Marie
Grant, David Abram
Grant, Timothy
Graves, Gaile Mc Cargo
Green, David Keith
Green, Phillip Ray
Greenwood, Gary Dale
Gregory, Dexter Irwin
Greiner, William Todd
Grenier, John William
Griffith, R. Scott
Grimm, Susan Elizabeth
Grimsley, LCDR Elizabeth Boardman, USNR
Grunewald, Gregory Scott
Grywalsky, Andrew Bryan
Gstalder, Theodore F.
Gula, David Loren
Gulker, Bonetha Hertz
Gundolf, Scott Arthur
Gunn, Dr. Sanford Charles
Gustin, Thomas Robert
Guy, Susan Davies
Gwynn, Garth Eric
Hadjipavlou, Panayiotis
Hahn, Richard Thobe
Haidet, Gregory Alan
Hairston, James Garnett, Jr.
Hakumba Bey, Basheerah
Hall, Laurie Converse
Hamilton, Mark Andrew
Hanson, Richard Allen
Hanyok, Joseph Edward
Harmon, Clarence Ellis
Harrington, George Whitting
Harrison, Eileen
Harrison, Wayne Paul
Hartig, John Johann
Hatch, Colin K.
Hattery, Michael Robert
Haueisen, Dr. William David
Hayat, Kazem Johar
Haynes, Alison Gott
Heaton, Terry Lynn
Hedge, Stephen Andrew
Heffken, Mark Raphael
Hein, John Edward
Heiner, Theresa
Hempstead, Thomas Robert
Henry, Jeffery David
Herman, Roger Eliot
Hernandez, Rafael Gabino
Herr, Douglas Kim
Heydinger, Mark Charles
Hidy, John David
Hill, Jeffrey Robert
Hill, Kevin Lynn
Hilton, Dr. Ronald Walter
Himes, Caroline Dee
Hinkel, Jean Richardson
Hippensteel, Kim Curtis
Hockenbery, Barbara Gutzman
Hocking, Richard
Hoffman, Mark Edward
Hoffman, Randolph Charles
Hogle, Robert Lee
Holley, Michael Lee
Holmes, Jo Ann Becker
Holmes, Paul Brian
Holycross, Donald E., Jr.
Holzworth, Bradley Glen
Hopkins, Timothy Allen
Horchler, John Scott
Horowitz, John
Horvath, Charles John, CPA
Hoskinson, Robert Kevin
Housley, Mary Jo Van Heyde
Howell, Dale Lynn
Howell, Robb Fitch
Howes, MAJ Kenneth P., USAF
Hrabak, William Henry, Jr.
Huffman, Richard L.
Hughes, Steven Riter
Hune, Elizabeth E.
Hunt, Gary Alan
Hunt, Robert James, Jr.
Hurst, Gary Lloyd
Huss, Dr. William R.
Hutchison, Karen Schumaker
Hutton, Mark Harry
Iacovetta, Eugene Richard
Isaacs, Madelyn Cheron
Isaacs, Terrence Lynn
Jacobs, James Keith
James, David Russell
Jamison, Jack Dean
Jason, Nolan C.
Jaspers, Thomas M.
Jaswa, Rhonda L.
Jenkins, Martin David
Jenkins, William W.
Jennings, Mark David
Jiambalvo, Dr. James Joseph
Johnson, Barbaree
Johnson, Daniel C.
Johnson, Douglas A.
Jones, Carl S.
Jones, Gary David
Jones, Rosemary
Jones, Thomas Reid
Jonuska, Lynne M.
Jordan, Jeffrey Allan
Joseph, Dr. W. Benoy
Josephson, Scott Iver
Jurey, Gail Theresa
Karlin, David Ronald
Kate, Drew Keith
Keipper, Paul Eugene
Keith, Harlow John
Keller, Dr. Dorothy Birge
Keller, Timothy James
Kelley, John Alan
Kelliher, Daniel Joseph
Kelly, Jeffrey David
Kendall, Gordon Andrew
Kepple, Dennis Allen
Kern, Jack David
Kerr, Jerry W.
Kerski, Benjamin Michael
Kiesling, Charles Mark
Kill, Jerry A.
King, David Lee
King, Gus Neil
Kingery, Eric Russell
Kirchner, Robert Lee
Kisil, Robert Steven
Kitchen, Michael Lee
Klausing, Richard Eugene
Klein, Bruce Michael
Kline, Jeffrey D.
Knox, Timothy John
Koch, Dr. Bruce Stuart
Koch, John Phillip, Jr.
Koch, Sharney James
Koehler, G. Paul
Koe Krompecher, Pedro
Koller, Jean E.
Kontras, Nicholas James
Koon, Samuel Denton
Kowalski, Helen June
Kozak, John W.
Kraft, Dennis Patrick
Kreager, John David
Krendl, Lee Joseph
Krieger, Keith Edwin
Krivo, Randy Michael
Krone, Bruce Andrew
Kruder, George Thomas
Kruse, Frederick Richard
Krysiak, Michael Pat
Kubilius, Jerry Vincent
Kuhns, John Bradley
Kukla, Michael Francis
Kullman, Deborah S.
Kunderer, Jo Ann
Kuntz, Thomas Beatty, Jr.
Kurkcu, Cengiz Seref
Laks, Robert Barry
Lambert, Robert Edgar
Landers, Timothy Carlos
Lassel, Carl Dave
Latessa, Dr. Edward James
Lathrop, William James
Lavelle, James Edward, Jr.
Lawn, Gary A.
Lawrence, Linda
Laws, Steven Robert
Lawson, Thomas Carl
Lay, Carolyn Stewart
Leachman, Dale Edwin
Lee, Patrick Brendan
Lefevre, Frederick Jay
Leffler, David Hering, Jr.
Leonardelli, Paul William
Lepley, Allan Watt
Leupt, John Russell
Levitz, Michael David
Levy, Steven
Lewis, Stanley Andrew
Little, Donna Lynn
Little, Thomas Charles
Livsey, Roberta
Locke, William Michael
Lockhart, Paula Jewett
Loeffler, Douglas Lee
Loflin, James Clifford
Lokey, Larry Hugh
Lombardo, Louis
Long, Roberta
Louder, Paul Dean
Luman, Gregory Davis
Lustig, Gregg Robert
Luth, Ronald Alan
Lynch, Gary William
Lynch, Robin Shawn
Lyons, Anthony James
Mach, Paul Phillip
Mackey, Rodney Eugene
Mac Means, Donna Lutz
Mahaffey, John Howard
Maholm, Susan Downey
Mahoney, Thomas M.
Maitland, Douglas Scott
Malinak, James Edward
Mandish, Keith Ian
Manring, Charles Alan
Marsteller, Dr. William F., III
Martin, Charles Wayne
Martin, Donald William
Martin, Mary Robinson
Martin, Stephen Roscoe
Martini, Thomas Patrick
Mast, John Bernard, III
Masterson, Charles Henry
Matesich, James Mark
Mathews, Gary Miles
Mattozzi, Joanna
Maxwell, Jay Sidney
Mc Cahan, John Dale
Mc Call, Alan Howard
Mc Carrick, Jack William
Mc Clain, Brigid Maureen
Mc Cormick, Christine Murnane
Mc Coy, Wayne Irvin
Mc Daniel, Kevin Lee
McDevitt, Patrick T.
Mc Donald, CAPT Jerry R., USN
Mc Elroy, David J.
Mc Guire, Margaret Raab
Mc Hugh, Jeffrey Michael
Mc Intosh, Barbara Maxine
Mc Intyre, Jeffrey Bernard
McKendry, Patrick A.
Mc Kinley, Richard Paul
Mc Kinnell, Thomas Bruce
McKinney, John Richard
Mc Loughlin, Christopher A.
Mc Nichols, David Joseph
Mc Quillen, Peter Edward
Mealer, James Lee
Medley, Carol Hidy
Meeth, James Michael
Meister, Rebecca Pearce
Melaragno, Michael S.
Mellman, Dr. Mark David
Mendel, Thomas Richard
Mercer, Larry Tilmon
Meredith, Lawrence C., III
Messenger, Philip Brent
Metcalf, Allan Lee
Metnes, Dr. Don Carl
Metz, Mary Jeanne Forgue
Metzker, Martin Scott
Mick, Thomas Harold
Miller, Alan Jeffrey
Miller, David Eugene
Miller, Deborah A.
Miller, Douglas Carl
Miller, Gary Wayne
Miller, Michael James
Miller, Randy Earl
Miller, Robert Frank

350 CLASS OF 1977 OSU COLLEGE OF BUSINESS

1977 (Cont'd)
Miller, Thomas Carroll
Millier, Ms. M. Kay
Millsap, Phyllis E.
Mitchell, Roy A.
Moe, Richard William
Moeller, Ronald Lee
Molli, Kenneth C.
Monahan, Michael Joseph
Moore, Charles La Verne, Jr.
Morgan, James Emery
Moroney, James Vincent
Morris, Robert Lee
Morrison, Charles W., II
Morrison, William T.
Mulgrew-Seitz, Jo Anne
Mulle, Kenneth Ronald
Mundt, Phillip Eugene
Murry, Harold Hudson
Murry, Suzanne Hockley
Murton, William Norman, II
Musick, Kelvin Lee
Myers, Paul Taylor
Nelson, Steven Keith
Neumeyer, Robert Dennis
Newman, James William
Nicholls, Harry Holt
Niebuhr, Dr. Robert Edward
Noonan, James Allen
Norris, Ronald James, Jr.
North, David Tod
Novicky, Lawrence M.
Nowicki, Anita T.
Nowicki, John Daniel
Nugent, Kristy Anne
Odenwalder, Thomas John
O'Donnell, Patrick Michael
Ogren, Lawrence Sheldon
Okosun, Gregory I.
Olson, Charles Alfred
O'Malley, Robert Alan
O'Neal, Mark W.
Osborn, Roderick T.
Ossege, Greg Edward
Osterheld, Mark
Overly, Joanne Grant
Overmyer, LTC Richard Eli, Jr., USA
Owings, Thomas Wendell
Pace, Carolyn Berry
Page, Michael Alan
Pagura, Michele
Painter, Mark Emery
Palmer, Cheryl
Palmer, Davis Currier
Palmer, Randall Brendt
Panek, Bruce Caldwell
Panepucci, Jon Dino
Pantelides, Fran Efrosyni
Pargeon, Mrs. Macel Kennedy
Parnes, Gail
Parsons, Harry Voyt
Paskell, Timothy J.
Patrick, Nancy J.
Patterson, Darrell Gene
Patti, Gaetana C.
Pautsch, Richard Allen
Pence, James Allen
Pengov, Ruann F.
Pepple, Michael Wayne
Perry, Dominic Vincent
Perry, Maurice Lee, Jr.
Petefish, Michael Dennis
Peterfy, Robin Dale
Peters, Candace Chadwick
Peters, Jay Philip
Petrides, Constandino
Petro, Brett Anthony
Pettiford, Karen Wall
Pflum, Jeffrey Paul
Phillips, Albert John
Phillips, George William
Phillips, Ruth
Phipps, Mary Wiggenhorn
Pickering, D. Lee
Pike, Robert William
Pitstick, Anthony William
Plasko, Mark Robert
Polley, Mark Raymond
Poonia, Gajendra Singh
Porter, David T.
Porteus, Charles Russell
Posani, Joseph Gene
Postyn, Jon Lawrence
Pottinger, LCDR Jeffrey Lee, USN
Potts, Terrence Charles
Prasher, Todd William
Pray, Charles Craig
Price, John Michael
Protz, John Robert
Purnhagen, Karen Kilkenny
Putman, Timothy Joseph
Quincel, Steven Blake
Quinn, Michael David
Radkoski, Donald James
Rahe, Bart W.
Rainey, Dr. Hal Griffin
Reardon, James Bradley
Reed, Richard Dean
Reeser, Paul Anthony
Reft, John Anthony
Reishus, Paul A.
Remley, Dan Allen
Remyn, Franklin Delano
Resparc, Philip Michael
Rice, Earl John
Riehl, Keith Stuart
Rinehart, Richard Leigh
Rininger, D'Arle Keith
Riter, William Ronald
Rittgers, Lawrence Russell
Roberts, William Lee
Robinson, Dr. Larry Merle
Robinson, Milton Lewis
Robison, K. Wayne
Robson, Curtis Lee
Roesmann, Joseph Matthew
Roettcher, Philip
Rogers, Terry Jack
Roman, Joseph Peter
Romanoff, Richard Evan
Rookard, Frank Martin
Roos, David Paul
Rose, Jeffrey Hamilton
Rose, Thomas Duncan, III
Rosenbaum, Joseph Richard
Rosenstein, Michael Jay
Rosenzweig, Lawrence M.
Rosier, Timothy Case
Rouda, Greer Alyn
Roush, Douglas L.
Roy, Robert Arthur
Royer, Thomas N.
Ruhl, Bruce
Rupert, Alonzo Clifford
Russ, David Charles
Russell, Pamela A.
Rutherford, Robert William
Ruzicka, Mrs. Diane Dillemuth
Ryan, Edward James, Jr.
Sadler, Douglas Lansing
Salemi, Joseph Nicholas
Saling, James Alan
Samsel, Mark Edward
Samuels, David Scott
Samuels, Gary Lee
Sanders, Mrs. Nancy Hohman
Sandhu, Kanwaljit Singh
Sanford, Richard J.
Santeler, John Richard
Sarno, Anthony Joseph
Saul, David Cameron
Scarry, Daniel Bailey
Schafer, Nancy Holtzmuller
Schafer, Scott Martin
Scher, David Alan
Scherer, John Douglas
Schlank, Nancy Wood
Schneble, James Richard
Schneider, Harry Roy S.
Schonhardt, Robert Anthony
Schott, Stephen Elliot
Schriesheim, Dr. Janet Fulk
Schroeder, William Howard
Schweitzer, James William
Searls, Warner Delano, Jr.
Sedoris, Craig Robert
Seimer, Brady F.
Serbin, Daniel S.
Severt, Charles Arthur
Sexton, Susan Stancel
Shamblin, Terry Kay
Sharp, Joan Brocklehurst
Shaw, Kenneth D. J.
Shawd, Michael James
Shea, Robert
Shealy, Mark Douglas
Sheffer, David Eugene
Sheffield, Tracy Williams
Shepherd, Shirley Ann
Sherrard, Teresa Jean
Shields, Dr. Patricia Mary
Shifflet, Daniel Edwin
Shitkovitz, Iris Schaeffer
Shonkwiler, Debra K.
Shulterbrandt, Frank, Jr.
Shye, Carl Wheeler, Jr.
Sibila, Michelle
Sidor, Betsy Mc Clung
Siebenthaler, Robert Jeffrey
Simpson, Samuel Morris
Singer, Dan Michael
Sirhal, Ali Asaad
Sislak, Elizabeth Louise
Skladany, Thomas Edward
Slone, Paul Berton, Jr.
Slowter, William John
Smallwood, Carl De Mouy
Smallwood, Norton W., Jr.
Smith, Gary Scott
Smith, Wayne Matthew
Smoot, Roy Warren
Snyder, Scott Allen
Snyder, Thomas Alan
Soler, Cynthia Alexander
Soler, David Vincent
Soller, Martin Francis
Sortman, Daniel Edward
Speciale, Gerard James
Spiker, Mark Anthony
Spriggs, R. Scott
Stalter, Dean Clark
Stammler, Bradley Wright
Stammler, Gary Robert
Stanley, David Edwin
Starcher, Robert
Starr, Stanley Joseph
Stasiak, Richard David
Stauffer, Robert Lawrence
Steger, Claudia Ann
Stemen, Douglas Alan
Stemen, Ronald Craig
Stevenson, James Edward
Stickel, Donald Glenn
Stickney, Philip Michael
Stock, Thomas Edward
Stoffregen, John Christian, II
Stoll, Kathie Nethers
Stone, Karen
Stoner, Michael Doyle
Storrie, Michael Bruce
Storts, William Eugene
Strasburg, Kevin L.
Strasser, Daniel C.
Strasser, Thomas Frederick
Strayer, Terry Joe
Stretch, Dr. Shirley Marie
Strine, Melvin Lynn
Strutner, John Robert
Stump, Raymond Leslie
Sturm, Stephen Michael
Sullivan, A. Gilman
Sustersic, Michael Allen
Sutton, Rick Alan
Swain, James David
Swanson, Anita Musser
Sweeney, Randall Walter
Sweetgall, Paul H.
Swift, Wayne Eugene, Jr.
Sydnor, Marvin Dale
Szuch, John David
Talbot, Michael Robert
Tamilia, Dr. Robert Dominique
Tandun, Lisnawati Wiharoja
Tandun, Susanto
Tanoury, Mark Peter
Tavenner, Blair Alan
Taylor, George Aaron
Taylor, Stephen Francis
Theibert, John Philip
Thieman, James Luke
Thomas, Cynthia Lee
Thomas, David Wendell
Thomas, Judy Gallo
Thomas, Robert Dean
Thomas, Thomas Edward
Thomas, Thomas Lee
Thompson, Pamela
Thornburgh, Jane A.
Thornton, Thomas Patrick
Throckmorton, Phyllis Mc Grew
Thurkettle, Ronald George
Tiffany, Mark Alan
Todd, Jeffrey E.
Tokarsky, Francis Joseph, Jr.
Troyer, Marion Ray
Tyree, Janet Lynn, PhD
Vadasz, John Louis
Valentine, Brian Lee
Van Kuiken, Thomas Ralph, III
Vascek, David P.
Vasko, Janet Strempel
Vasko, Stephen J.
Vince, James Richard
Violand, Charles Edward
Vito, Dr. Gennaro Francis
Vohlers, William Edward
Volpe, James Mark
Von Derau, David Alan
Vondran, Robert Alan
Von Holten, Gwendolyn Comer
Vrana, Ralph John, Jr.
Vuchenich, Nikola
Wagner, Joan Edna
Waina, Gregory Daniel
Waite, Malden David, Jr.
Wald, Frederick James
Walker, James Ray
Walker, Robert George
Walker, Robert Payton, Jr.
Walker, William Wade
Wallace, Craig Geoffrey
Wallace, Donna Lynne
Wallick, Robert Charles
Walton, Gary Donald
Ward, Joseph Patrick
Wardle, D. R.
Warner, Anthony Ray
Warren, Cheryl
Wasserman, James Herman
Watson, R. Terry
Watson, Randy Richard
Weaver, Robert Neil
Webber, Cynthia Hickey
Weber, Patrick
Weeks, David Alan
Weinrich, Mark Edward
Weinrich, Michel Glower
Wells, Douglas Everett
Wells, Stephen Gillilan
Wentzel, Glenn Edward
Wenzell, James Robert
West, John Marshall, Jr.
Whalen, Susan Little
Whaley, David Kevin
Wheeler, Joan Elizabeth
White, Bradley Kim
White, Keith W.
White, Kenneth Eugene
White, Mark Andrew
White, Martin Earl
Whitney, Craig William
Wickland, Robert Lee
Wielinski, Lawrence A., Jr.
Wilder, Deborah Cherrie
Wile, Robert Bruce
Wilkins, Mark Darnell
Williams, Deborah La Vet
Williams, James Curtis
Williams, Mark Frederic
Williams, Randy Allen
Willman, Nancy
Wills, Frederick Austin
Wilson, Daniel Thomas
Wilson, Edson Hay
Wilson, James Earl
Wilson, Linda Olsen
Windnagle, Daniel Thomas
Windom, Jeffrey Alan
Wirick, David W.
Wirtanen, Donald William
Wiseman, Lori A.
Witters, William Everett, Jr.
Wize, Sheryl Odell
Wolfe, George Clifford
Wolff, Jeffrey Jay
Wong, Alan Tze Cheung
Woosley, Tim Dennison
Worrilow, Kevin Edward
Wright, Craig J.
Wrigley, John Timothy
Yacher, Susan C.
Yalawar, Dr. Yalaguradapp B.
Yaussy, Laura Beatrice
Yoder, Colleen Kay
Young, Kathryn Elaine
Young, Loretta Lorraine
Young, Robert Franklin
Young, Steven E.
Zammataro, Philip A., Jr.
Zang, David Ernest
Zbierajewski, Marcia
Zeek, Scott Eric
Ziemba, Richard Stanley
Zitsman, Robert Dale
Zoldan, Mickey Del
Zucker, Jeffrey Stuart

1978
Adair, Wayne Carl
Adams, ENS William Royston
Adkins, James Marrion, Jr.
Adzema, John Richard
Ahnmark, David George
Aivaliotis, Chris George
Albert, David R.
Albertson, Gregory
Alexander, Loralea
Alexander, Dr. Priscilla Ham
Allen, Mark Douglas
Altick, Sherman Leroy
Altvater, Harry William
Anderson, Lauri Ann
Anderson, Leonard William, Jr.
Anderson, Randall Adrian
Andrews, John Patrick
Armstrong, Phillip M.
Arnold, James Richard
Asch, Terri Ann
Ashley, Mark Richard
Baar, John William
Baby, Brett L.
Bacher, Patricia Hatfield
Bahen, Kathleen
Bahr, Bradley Donald
Bainter, Carolyn Sue
Baker, Charles Marion, Jr.
Baker, Richard Lee
Baldridge, Craig Allan
Ballinger, David William
Balmer, Mark Richard
Barey, Jane E.
Barnett, Richard Alan
Barry, Barbara A.
Bartlett, Lisa Diane
Basch, Kenneth Alan
Basista, Thomas Michael
Batthauer, Steven Eugene
Bechtos, Therese Marie
Beck, Dale Lynn
Beck, Daniel James
Becker, Lori Carpenter
Becker, Robert Charles
Beder, Barbara Hertz
Beery, CAPT Edward Neal, USAF
Behlen, Robert Edward, III
Beller, Walter I.
Beltram, Ms. Sharon Ann
Bendick, Patricia Stalzer
Bendure, R. Scott
Bennett, Amy Troxell
Bernstein, Larry R.
Berry, Jeanine Ziegler
Berry, Marie L.
Berson, Craig B.
Berwanger, Robert Michael
Bibler, Robert Mark
Biggs, Kathleen Hittle
Binder, Jeffrey Douglas
Birmingham, Alan Todd
Bishop, Richard Neil, Jr.
Black, Jeffrey
Black, Steven Glenn
Black, Thomas Joseph
Blackledge, Robert John
Blackstone, Charles Frederick
Blume, Thurl Kevin
Bolt, James Laurencel
Bolzenius, Daniel Joseph
Bond, P. Scott
Bonfini, Peter Allan
Boos, Patricia Mulcahy
Borrelli, Keith Chris
Bowen, CAPT Kevin Bruce, USAF
Bowen, Paula M.
Bowlus, Thomas Bichan
Boyadjis, George, CPA
Bradley, Kevin Gerard
Bransztet, Leo Walter
Brinker, Cynthia Lee
Brown, Christine
Brown, Cindy Meiring
Brown, Cynthia
Brown, Mark Edwin
Brown, Peter George
Brown, Ronald Richard
Brown, Victor Carl
Brown, William Richard
Brumbaugh, Kent Arthur
Bruns, Michael Lee
Bryan, George Edward
Bryan, Steven Douglas
Bryant, John Milton
Burch, Jill Joanne
Butler, Charles David
Butler, Donald Eugene
Buttrom, Beverly Pillow
Butz, William Boyd
Byrnes, John Clarke
Cadden, John Francis
Cade, Corran John
Cade, Joseph Frank
Caffo, Ronald L.
Cahill, Donna M.
Cahill, James John
Caldwell, Roderick William
Callan, Kevin Nathan
Callos, Susan A.
Campbell, Jeffrey Paul
Cancila, Timothy Martin
Cantlin, Michael Dean
Carothers, Dr. Charles Richard
Carrington, Robert P.
Carroll, Thomas Frederick, Jr.
Carter, Mrs. Susan Mc Gonagle
Cary, Carl Robert
Casagrande, Joseph Frank
Case, Dana Alan
Casey, Daniel Kerry
Casey, Karen S.
Castagnola, John Anthony
Casto, Lovenia Maddox
Catron, Thelma Bondurant
Chaney, Brenda Marie
Chang, Dr. Donald Heng
Chapman, Jeffrey Stewart
Chapman, Karen L.
Charles, James Gregory
Chauhan, Dr. Satya Pal Singh
Chen, Dr. Kuang-Chung
Cheney, Brooke Adams
Chievitz, James Poul
Chodosh, Louis Jay
Chow, Vicky Ching Lan Yi
Christman, Jan L.
Christoff, Bruce E.
Chupka, Melodee Jean
Churchill, Dwight De Ward
Ciotola, Antonia
Clark, Jerry L.
Clark, John Paul
Clark, Philip Victor
Clarke, David Alan
Clipper, Michael Vincent
Clonch, Alan Barton
Clyse, Robert A.
Cochran, Philip Robert
Colasurd, Michael Douglas
Collier, Dr. David Alan
Collins, John M., V
Collinson, Nancy Anne
Colson, Dr. Robert H.
Comstock, George Jeffrey
Conley, David Richard
Connolly, Joan A.
Conrad, Richard Lee
Conry, Edward Bart
Cook, Anthony P.
Cook, Thomas Scott
Coridan, James Hobart
Corres, Patricia Pennington
Cosgriff, Thomas John
Costakos, Charles Nicholas
Costello, Anne Elizabeth
Cotterman, Clarence Devon
Coull, Robert
Covington, William Burrel
Crable, Lowell E., Jr.
Crane, Tanny Bullard
Crater, Edward R.
Cribbet, Gregory Travis
Critser, Stephen A.
Cronin, Michael David
Crosby, Dr. Michael Alan
Croswell, Deborah Bender
Croteau, Bruce R.
Crouse, J. Mark
Cummings, Katherine Postle
Cunix, Jeffrey Alan
Cunningham, Danny Lynn
Curto, Thomas Victor
Dahlhausen, Thomas James
Daniels, Jeffrey Mead
Danley, LCDR Mark Stewart, USN
D'Arcy, Michael J.
Davidson, Charles M.
Davis, Gerald B.
Davis, James Lowell
Davis, Johnny Eugene
Davis, Leonard Goodman
Davis, William Stewart, III
Deak, Robert J.
Dean, Kimberly Brown
Dean, Michael John
Deppen, James Howard
D'Huyvetter, Pamela Beaver
Diamond, CAPT John Joseph, Jr., USAF
Diebert, Donald Lee
Dillon, Corinne
Dimond, Charles Rene
Dimond, Thomas Dale
Doan, Gregory William
Dobkins, Charles Leslie
Dodge, Marja K.
Donahue, Steven Henry
Donelson, James Edward
Dotson, Charles Acie
Draulis, Karlis Janis
Dreffer, Larry Alan
Dreyer, Hans Daniel
Drozdowicz, LT Ben Scott
Duesing, Carol J.
Duff, James E.
Dulaney, Janice Dill
Dunleavy, Daniel Steven
Dunson, Stephen David
Duran, Luis Thomas
Duvall, Charles Thomas
Duwe, Douglas David
Eastman, Scott Allen
Ebert, Larry Stephen
Eckart, Joe
Edwards, Eddie Gene
Edwards, Nancy Ann
Edwards, William Janus
Eesley, Jonathon Scott
Egan, Patrick Joseph
Egert, Stephen M.
Egon, George Dean
Eisner, Craig George
Eltzroth, John Mark
Elzey, Kimberlee
Epperly, John Burt
Erdman, Wayne C.
Everett, Lynnette
Eye, Karen Fulker
Eyre, Lynne Rae
Eyster, Brad James
Fackler, Curtis Lee
Fallon, Wil E.
Farrand, Douglas Alan
Farrar, Randy George
Farrell, Charles A.
Federer, John Leo, Jr.
Fedor, Richard Allen
Ferrell, Darrell Edward
Ferritto, Janet R.
Ferry, Nicholas Michael, III
Fessel, Thomas Alton
Field, Marian E.
Filo, Gregory John
Finch, Kurtis Brent
Finkes, George M.
Fino, Julie Irwin
Fischer, Gerald Lee
Fisher, Gary Alan
Fisher, Robert Wendell
Fishman, Mark Alan

CLASS YEAR LISTINGS CLASS OF 1978 351

1978 (Cont'd)
Fitzer, Stephen Henry
Flautt, Mary Y.
Fogarty, Dennis Wayne
Foltz, Allan John
Folz, Mary Janet
Ford, Anne
Foreman, Eric Hugh
Forman, Mark Houston
Forsblom, Robert W.
Foster, Scot Allan
Foster, Ty Lee
Fowler, Harry Lee
Fox, Larry J.
Fox, Timothy Lewis
Freshwater, Michael Loren
Friedman, Joseph Gary
Fritz, Joseph Michael
Fritz, Mark Alan
Frohnaple, David George
Fronczak, Wayne Bernard
Fronzaglia, Stanley Nicholas
Fry, Dr. Louis Westmoreland
Frye, James Curtis
Fudge, Pamela Ann
Fultz, Daniel G.
Gaal, Perry Joseph
Gabriel, Robert Mansfield
Gannon, Alison Ann
Garcia, Abelardo A.
Gastel, George Louis
Gaston, Robert James
Gavin, Patrick Kevin
Gehring, Charles William
Geiger, Jeffrey Michael
Geiser, Jeffrey Lee
Geren, Michael James
Gibson, Bruce Dudley
Gieseke, Jo Ann
Giesige, Charles Robert
Gifford, Frank, Jr.
Gill, John Franklin
Gillaugh, Michael Edward
Gilliland, Jerry Alan
Gilliland, Larry Hall
Gillman, Charles Andrew
Gioffre, John
Gioffre, Joseph Vincent, Jr.
Giovanello, William Anthony
Girard, John J.
Giroux, Dennis E.
Gladys, Patty L.
Glatter, Paul Richard
Gloeckler, Donald C.
Gloger, Mark Stephen
Glover, Frederick Steven
Goare, Jeffrey Randall
Goedde, Joseph Alfred
Golay, John Earl
Goldberg, Mark Isaac
Golden, David Franklin
Golden, Roger Steven
Gonzalez, Susan Lewis
Good, Steven K.
Gordon, James Leslie
Gordon, Robert Perkins
Gorman, John Curtis
Graham, Randal Eugene
Graham, Thomas Joseph
Gramlich, Gerald Wayne
Grandon, Jon Dorsey
Greenberg, Elise
Greenberger, Robert Alan
Griffin, Mark Allen
Grimes, Ronald Dale
Grimm, Jeffrey Wayne
Gritton, B. Douglas
Groom, Jeffrey Michael
Groom, Kenneth
Grote, Dennis Paul
Guarasci, Ralph Leo
Gudowicz, Raymond Benjamin
Gunnell, Charles Allen
Gusich, Anthony Frank
Gustafson, Richard
Guy, Gerald D.
Gwin, Jon O.
Haber, Irwin Gary
Hackbarth, James Robert
Hackman, Michael D.
Hadeler, John Exelby
Hagan, Peter Bosch
Haidle, Betsy Jean
Haigh, Marsha J.
Hajdin, Paul Ernest
Haladay, Timothy Jude
Halcomb, Bruce Alan
Hale, LT Robert Edward
Hall, Ms. Cynthia Brotzki
Hall, David Thomas
Hall, Theodore Gregory
Haller, Stephen Alan
Halley, Philip John
Hanna, Kathy S.
Hanshaw, Ernest
Hardesty, Jeffrey Lynn
Harr, Jeffrey Allan
Harrell, Arletta Jean
Harris, Bruno N., Jr.
Hartshorne, James Robert
Haskins, Curtis Lee
Havill, Nicholas Reser
Hawk, Fred Clifton
Hawkins, Samuel James
Hawn, John Edward
Hedges, Paul Richard
Heinick, Maryann
Heintel, Arthur Charles
Heintschel, James Paul, II
Heintz, Ms. Diane Lynn
Heiser, Leonard Sherman
Held, Carl Bryan
Hendershot, Paul Andrew
Henderson, Craig A.
Hensel, Douglas Gene
Henshaw, James Mc Neill
Herring, Anita Louise
Herron, James Lawrence
Herzog, Craig Alexander
Hill, Craig Tuttle
Hill, Debra
Hill, CAPT James Jay, Jr., USMC
Hill, Jeffrey Lee
Hill, Rick
Hilsheimer, Lawrence Allen
Hilyard, Jeffrey Earl
Histed, Bradley John
Hittle, Jeffrey E.
Hlavac, David Allen
Hod, Orna
Hoffman, Kathryn
Hoffmann, David George
Hollander, Harry Tobias
Holloway, Mary Lyons
Holmen, Edward Allen
Holmer, Leanna L.
Holzapfel, George Steven
Hom, Terry
Hook, Joseph Francis
Hoopes, David Gordon
Hostettler, Christopher Earl
Houchins, Daniel Thomas
Houck, Susan
Hovanec, Albert George
Howard, Donald Edward
Howard, Dr. Robert Lee
Hoyle, Michele Montavon
Hudson, Richard Lorrell
Huegel, Brian Carr
Huelsman, David Louis
Huey, Kevin Michael
Hughes, William Herbert
Hummel, Paul Andrew
Hunt, Richard Myron
Hunter, Daniel James
Hutch, Thomas Edward, Jr.
Hutcheson, Mary Frances
Ige, Adewole Ajibola
Ihnat, William Lee
Irvine, J. Martin
Irving, John E.
Irwin, Dale Alan
Irwin, Dana Lewis
Ismail, Omar Bin
Ismaily, Nasir I.
Ison, Mrs. Barbara Jean
Ivec, Jonathan C.
Ivory, Wilbert
Jacobs, Jeffrey P.
Jacobsen, Robert Gill
Jacobson, Kenneth Allan
Jados, Andrew Stephen, Jr.
James, George London
Jamieson, Gregory Alexander
Jandorek, Richard Harold
Jannazo, Louis Anthony
Janovitz, Lee Bradford
Jarboe, Jeffrey Ross
Jencson, David Michael
Jenkins, Harold Eugene
Jenkins, Henry Lee, Jr.
Jesko, Howard E., Jr.
Jindra, Todd Robert
Jirles, Jeffrey
Johnson, Carlton Don, Jr.
Johnson, Cynthia Gillette
Johnson, Thomas Gordon
Johnson, Vernon Dale
Jones, Herbert Arnold
Jones, Jeffrey Douglas
Jones, Terrence Lee
Jordan, Mark Ray
Jue, Richard
Justice, Randall Uel
Kalamas, David Joseph
Kaplan, Barbara Ann
Kaptein, Edmond Forrest
Karg, Karen M.
Karnap, Paul
Katko, Steven Mark
Kays, Gary Steven
Kazmerzak, Lynda Marie
Keaney, William R., Jr.
Kegerreis, Melissa Ann
Kelch, James Franklin, Jr.
Keller, Paul Eugene
Kelley, Michele Anne
Kelly, Thomas Patrick
Kempert, Kathleen
Kennedy, David John
Keyes, Thomas Wesley
Kididis, Denise
Kimmick, CAPT Timothy Edward, USA
Kingman, Jon Allyn
Kinnell, Bradley Eugene
Kirchner, Mary Guadalupe
Klein, Kathleen Uland
Klein, Margo
Kletter, Samuel Jay
Knapp, Charles Edward
Knecht, Kirk Edward
Knoef, Kevin Dean
Kottenstette, Thomas R.
Krallman, Charles William
Kramer, Charles David
Kraschinsky, John Theodore
Krasney, Sherry Ellen
Kraszewski, David Andrew
Krause, Frank Bernard, IV
Kreinbihl, Charles David
Krul, Robert Louis
Kuehn, Jeffrey Martin
Kuhn, Janet Louise
Kuhn, John Timothy
Kuntzman, Thomas Alan
Kunze, Gary Allen
Kupper, Bruce Philip
Lach, Alfred Alexander
Lafone, Barry S.
La Hue, Thomas Jay
Laird, Kathy Saturday
Lambrinides, Dr. Alexander C.
Lampert, Mark Alan
Lankamer, Victor Frank
La Rocco, Michael Edward
Lasduk, Frank S.
Laubach, Frederick Horn, IV
Lauback, Joan B.
Lauer, Christopher Hall
Laughlin, Robert George
Lawson, Jeffrey Alan
Lawson, Michael Ray
Lazor, Andrew Edward
Leber, Douglas William
Lee, Grace Ping
Lehmann, Kathy
Lein, Michael Owen
Lemmon, James Walter
Lemons, William Robert, Jr.
Leonard, Wesley Mark
Leone, Joseph William
Leow, Michael C.
Leroy, William Edward
Levin, Kenneth Michael
Levinstein, Richard Frank
Lewis, Dr. Craig Meredith
Lewis, Maceo R., III
Lewis, Woodrow, Jr.
Liming, Linda Lou
Linder, Lori Jean
Lindon, Warren Paul
Linebaugh, Allen Ray
Linick, Debra Elaine
Link, John Robert
Linnenkohl, David H.
Linton, Harry Carl
Little, Richard Patton
Litzinger, James F., CPA
Lively, Michael John
Lloyd, James N.
Locke, Thomas Philip
Lodico, Mrs. Stacy Jamison
Loeffert, John Daniel
Long, Paul Walker, III
Long, Robert Stanton
Loudenback, Tena
Luce, William Whitsett, III
Luckenbill, Gregory Alan
Luckhaupt, Bradley Joseph
Lykins, Irene Chmielewski
Lyon, Jeffrey Vernon
Mackall, George Randy
MacKay, Andrew Neil
Macurak, Michael Joseph
Maggiore, A. David
Mahoney, Debra M.
Mahoney, Michael John
Maier, Frank Mark
Maillard, Sherril R.
Malinowski, Thomas Edward
Mantyla, Scott Henry
Maricevich, Matthew James
Marinik, Mark Steven
Marino, David Anthony
Marker, Rick A.
Marlowe, Jeffrey Norman
Marnecheck, Philip Alan
Marquardt, Jack William
Martin, Calvin Dean
Martin, Edward Philip
Martin, William Voress
Marushin, John Edward
Marvin, Janet Pierce
Mason, Todd Alan
Massa, Monica Marie
Mastro, Michael Albert
Mattimoe, Robert Andrews
Mautz, Michael Alan
May, Johnny Edward
Mayer, Barbara Ann
Mayer, David Anthony, CPA
Mayer, Gary Lee
Mc Bride, Walter James
Mc Cann, Mrs. Cheryl Stewart
Mc Cann, Craig Allen
Mc Carter, Herbert
Mc Crery, Michael Joseph
Mc Cue, George Robert
Mc Cullough, Howell D.(Mac), III
Mc Daid, Kristine
Mc Elrath, Larry
Mc Elrath, Rose Ann Lewis
Mc Fall, Donald Wayne, Jr.
Mc Farland, Scott Allan
Mc Grath, John W.
Mc Guire, Jeffrey Dwain
Mc Guire, Terry Joseph
McIntosh, Heather K.
Mc Kee, William Anders
Mc Kinney, Leroy Andrew
Mc Kitrick, Mura L.
Mc Laughlin, Suzanne Trewhitt
Mc Neal, Kathleen Keller
Mc Nett, Mark Allen
Mc Shane, Kimberly Mc Cluskey
Mc Vay, David Ronald
Means, Thomas Frederick
Medich, Richard G.
Meek, Gregory Len
Mehall, Philip Scott
Mehill, Mark Paul
Melton, Richard Dean
Merecicky, Paul Louis
Mesaros, Kenneth Edward
Meves, Dianne M. Klisuric
Meyers, Chuck Evan
Meyers, Richard Alan
Michel, Aaron Edmund
Midlam, Max William
Might, Marcia Lynn
Miller, Diane Marie
Miller, Earl L.
Miller, Ernest Leroy
Miller, Jerrold Dee
Miller, Nancy Duffy
Miller, Patrick Steven
Miller, Richard Barry
Miller, Ronald David
Miller, Susan Annette
Miller, Theodore A.
Ming, Gary
Mise, Jeffrey Kemp
Misihowsky, Robert Walter
Mitchell, Gwendolyn
Mitchell, Ronald
Miyamura, Hiroko
Modic, Brian Lee
Moffett, JoAnn Ziemann
Mojzisik, Allan William
Momah, Dr. Reginald C.
Monks, Paul Thomas
Montevideo, Michael Angelo
Moody, Richard James
Moore, Timothy John
Morris, Denise Paugh
Morrisey, Edward W.
Morton, Deborah D.
Moser, Thomas Alan
Munsell, Mark Richard
Murray, Wendell
Mussio, Raymond John
Mustard, Larry Eugene
Mustine, Charles David
Mutzig, Allen Jay
Myers, John W., Jr.
Mygrant, Steve J.
Nachtigall, John Alfred
Nagel, Mark E.
Nalezienski, John Paul
Needles, Richard Carl
Nelson, Robert Dehn
Nerderman, Mark Anthony
Nersinger, Robert Alan
Newborg, Gerald G.
Nofzinger, Douglas Edward
Norris, Christine
Norris, Robert Keith, Jr.
Nunez, Ralph Anthony
O'Brien, David Alan
O'Brien, Dolores Mary
O'Brien, Mary Tolerton
O'Connell, Daniel Edward
O'Connell, Michael Keene
Oeters, Robert Earl
O'Neill, Jeffrey Lee
Opper, Gregg A.
Orisek, Paula Renee
Orizondo, Alan Pedro
Orlando, Anthony M.
Oxley, Joanne
Packo, John George, III
Palavin, James Michael
Palmer, Pamela Sue
Palmisano, James Joseph
Pargeon, MAJ John Isaac, Jr. USAF
Parker, Andrew M.
Parker, James Lawrence
Parks, Benjamin Franklin
Paschall, Anne Miller
Pearlman, Bruce Michael
Peeples, Chris Alan
Peoples, Bernice
Pervin, Heidi Joy
Petersilge, David A.
Petit, Norman Joseph
Petitto, Karen A.
Petti, Michael Sherman
Pettler, Steven M.
Pfaltzgraf, Edward Martin
Philips, Vol Keeney, Jr.
Phillips, Thomas Edward
Phipps, James Michael
Phipps, Robert Patrick
Picone, Richard Michael
Pinter, Dr. Robert Anthony
Pirko, Richard Edward
Podrasky, Sally Schwesinger
Pope, Paul T., II
Portman, Toby Mirkin
Pospichel, Bradley Lee
Postle, Stuart Aylesworth
Powe, Michael Lee
Powell, Claudia Denlinger
Powell, John E.
Pownall, Kevin Ian
Poyar, George Theodore, Jr.
Prentice, Thomas Christopher
Price, Joseph Richard
Primus, Susan L.
Pringle, Larry Allen
Quick, Patricia Carr
Quincel, Sandra
Radford, Carol Robinson
Radigan, Martin Paul
Randolph, Douglas
Rannebarger, Karyn Paprocki
Ranney, Scott Cornelius
Rausch, Sharon
Rauschenbach, Joanne
Rectenwald, Gary Michael
Redmond, Robert Francis, Jr.
Reed, John Michael
Reik, Edward Anthony
Renner, Christine J.
Reno, Douglas Alan
Rettemnier, Richard Terrence
Retterer, G. Kent
Reynolds, James Morris
Reynolds, Nancy
Rhee, Dr. Sangghon
Rhees, Jan
Ricart, Rhett Calvin
Rice, Andrew Franklin
Richards, Nancy Bil
Richman, Michael Elliot
Rickabaugh, Rodney Allan
Ricketts, Elizabeth Madachy
Riegel, Robyn Lerchbacker
Riegel, Stephen Edward
Rigdon, Mark Allan
Rigo, Thomas Geoffery
Ripepi, Fred Gary
Rish, Michael W.
Ritchey, Brian Joseph
Roberts, Arthur J.
Roberts, James Denton
Robinson, James Edward
Roelle, Carol D.
Roels-Talarico, Margaret Ann
Roesch, Dr. Thomas Anthony
Roessler, John Edward
Rogers, Michael Lee
Rohrer, William Donald
Rolf, Vera Schreck
Roller, Cheryl Ann
Rosberg, Carl August
Rose, Christopher Richard
Rose, David Allen
Rosenberg, Mark A.
Rosenstein, Kevin Dale
Rossi, Robert Joseph
Rothenberg, William Mark
Rothermund, Gregg Lee
Rothmund, Richard Thomas
Rowland, Ronald Dale
Rubadue, David William
Rubinstein, Curtis Ross
Rudolph, Ms. Jacqueline Josephine
Rudy, Ms. Shawn Elizabeth
Russ, Richard Alan
Rutherford, Elizabeth D.
Ryan, Mark Edward
Saffell, Scott W.
Saint, Patrick W.
Salani, C. R.
Salay, Mary Jo
Salmen, Robert
Salmon, Barry George
Salvatore, Anthony Francis
Sanders, John Robert
Sandrock, Douglass Hankison
Sandy, Wayne Thomas
Sanford, Kathleen Jester
Saslaw, Louis Newton
Savage, Bruce L.
Savery, Donald Hoyt
Sawan, Donna Lee
Schechter, Irwin Robert
Schedel, William Joseph, Jr.
Schenerlein, John G.
Schira, Steven Thomas
Schmidt, Susan Jean
Schneiderman, Toby
Schoener, Jeffrey A.
Schottenstein, Jean Rabe
Schottenstein, John M.
Schreiber, Thomas Knox
Schriesheim, Dr. Chester A.
Schubert, James Allen
Schultheis, Gregory Keith
Schultz, Wayne Carl
Schuster, Mark Gaetan
Schwartz, Gordon Murray
Schwartz, Janet Marie
Schwenkel, Kurt Carlson
Scott, Donald John
Scruggs, Dr. Muriel Mitchell
Seelenbinder, Gregory Lee
Segal, 2LT Gary W.
Seiple, Scott George
Selby, Barton Garrett
Sexauer, Robert Joseph
Sexton, Deborah Lee
Sexton, James Marlan
Shade, Mary Saddler
Shafer, J. Rick
Shamis, Gary Steven
Shaver, Joseph Balmer
Shaw, Mark Steven
Shawky, Dr. Hany A.
Shealy, David Michael
Shein, Richard Allen
Sheller, Kathy Kallman
Shiflet, Thomas Nelson
Shimmin, Robert Owen
Shimp, William C., CLU
Shird, David Kevin
Shisler, Barbara
Shookman, David Scott
Shoup, Andrew B.
Showe, David Michael
Shumaker, Larry Edwin
Shumar, David Lee
Shumay, Alexander John
Siclair, Nancy
Silvers, Kimberley Gail
Simkoff, Joel Stephen
Simon, Robert Keith
Singletary, Gary Scott
Sinsel, David William
Sitter, Glenn Allen
Skipper, Ned A.
Skrzypek, Daniel David
Slaby, Anne
Slagle, John W.
Smalley, Kim Alan
Smedley, James A.
Smetzer, Terry Caroll
Smith, Cathy A.
Smith, David John
Smith, Derrel Michael
Smith, Dwight Eric
Smith, CAPT Eric Carl, USAF
Smith, Gerald Frederick, CPA
Smith, Laurie Parkinson
Smith, Dr. Maureen Honora
Smith, Randall Scott
Smith, Theodis
Smith, Tracy Warren
Smith, Vincent Pierre
Smith, William Anthony
Snyder, Bradley L.
Snyder, Julana Lee
Sodders, Douglas Allen
Solove, Jerome Glenn
Sonnhalter, Paul Michael
Sorg, Dr. James Donald
Sorg, Joseph Peter
Sowle, Mark Mc Keeth
Spencer, Colleen Alicia
Spencer, Mark Curtis
Spencer, Terry Scott
Spittle, John Roderick
Sroczynski, Randall Paul
Stafman, Stuart Michael
Stainbrook, James Richard
Stanley, Stephen Mark
Stavreff, Michael
Stebens, Lynne
Steigerwalt, Alan Todd
Steigerwalt, Norma Miller
Steiner, Jeffrey Stuart
Steiner, Timothy D.
Steinhoff, Wayne E.
Stelzer, John Thomas

352 CLASS OF 1978 OSU COLLEGE OF BUSINESS

1978 (Cont'd)
Stentz, Richard Douglas
Stevens, Gale Lynn
Stevens, Warren Sherwood
Stiles, John Alan
Stillwell, Dennis Steven
Stocker, Bryan Allen
Stojak, Anthony John
Stoltenberg, Robert Henry
Storer, Dean James
Stotz, Phillip Wayne
Stout, Carl Frederick
Stover, Brent Lee
Strader, Timothy Alan
Straub, Nancy Pratt
Streibig, Paul Raymond
Strong, Valda Marie
Stroup, Dr. Kerry Michael
Stuart, Terry Lee
Stucker, James Bernard
Studer, Joan Osendott
Sturman, Lee Ian
Stutzman, David Leslie
Sudsina, Michael George
Sunday, Nanette R.
Sutherland, Luther Blain
Sutton, Alan James
Swain, James Robert
Swanson, Jeffry David
Swenson, Paul Robert
Swindler, James Irwin
Switzer, Kenneth John
Swoope, Willie Mason
Szente, Daniel Mark
Tablack, George John
Tallman, Raymond D., II
Tan, Betty See
Tanner, William Evans
Tanyeri, Ms. Aysen Itir
Tate, Michael Lynch
Tauche, Karl Bruce, Jr.
Tawil, Ms. Linda Phelps
Taylor, Brent Merrill
Taylor, Natalie A.
Taylor, Robert Charles
Tedeschi, Lawrence Michael
Terrible, Dan J.
Terrill, Steven Lee
Teynor, Timothy Martin
Thiel, Barry James
Thomas, Ms. Elvia B.
Thomas, Dr. Gary Allen
Thomas, H. Jerome
Thomas, John Roy
Thomas, Richard Lee
Thornton, Richard Clifford
Tippie, Kenneth William
Tipple, Terry Wayne
Tisza, Jeffrey Kalman
Titus, John David
Tobergte, Gregory Joseph
Townsley, LTC Gilbert T., USA
Tracey, Michael Patrick
Trapp, James Witteman
Tucker, Joy Hailey
Tura, Jamie Lynn
Turner, Rebecca Dawn
Tyler, Franklyn Emerson
Uehlein, Richard Scott
Ueltschy, Richard George, CPA
Unterbrink, Daniel Thomas
Uttley, John William, III
Vance, Janet Berry
Vance, Richard George
Van Fleet, Janet
Van Suilichem, Karen Lynn
Velt, Bruce Stephen
Vermeer, Jana Leigh
Vidussi, Dana
Vitale, Anthony Patrick, Jr.
Vladimiroff, Irene
Volsky, Mark R.
Vorst, Norbert Anthony
Vosler, Ellen Kay
Waddell, James Bryant
Wadsworth, Kim Sloan
Wagner, Richard Lawrence
Wajahn, Daniel Jacques
Walker, Daniel Douglas
Wallace, Deborah Lynn
Wallace, Sylvia Effler
Waller, William Howard
Walsh, Denis H.
Walters, Barbara Gesell
Walters, Timothy Russell
Wandrey, David Darryl
Wang, Mrs. May L.
Ward, Daryl Thomas
Warner, R. Scott
Washington, Philip H., Jr.
Watanabe, Takao
Waters, Barry James
Watson, Gene Mirek
Wazgar, Robert Edward
Weaver, Christopher Anthony
Weaver, Larry Wayne
Weiner, Jeffrey S.
Weinland, Jeffrey Carlton
Weinstein, Richard Arthur
Weisheimer, Craig Alvin
Weldon, Stephen Mark
Weldon, Victoria Thomas
Wells, James Wesley
Welsh, Mark A.
Westover, Donald Jeffrey
Wettling, Robert Jonathan
Wheeler, Curtis Scott
Wheeler, John David, II
Wheeler, Mila Jayne
Whittman, Adair Schaffer
Widman, Paul
Wieske, Thomas Phillip
Wilcox, Peggy J.
Willer, James Richard
Williams, Antoinette Tepe
Williams, David Huston
Williams, Larry J.
Williams, Lynne Marie
Williams, Robert S.
Williams, Robert Thomas
Williams, Vicky Faye
Williams, Victor John
Willis, Jill Adams
Wilner, Dr. Neil A.
Wine, Jeannine M.
Wingfield, Thomas Alan
Winigman, Michael August
Winston, Evelyn M.
Winters, Chacona
Winters, John Harrison
Winters, Steven Richard
Wise, John C.
Withey, David Andrew
Withey, Pamela S. Rinearson
Witt, Todd Lothar
Wolfe, Leslie R.
Wolin, Roger Mark
Wollenberg, Roger Dale
Wolpert, Larry Lee
Wong, Raymond Siu Lun
Woodard, Laura Palmer
Woodard, Robert Peter
Woof, Reynold Ridgeway, Jr.
Worley, C. Thomas
Woyar, Mark Nelson
Wrigley, Jeffrey Allen
Wu, Monlin Martin
Yatsko, Dr. James Joseph
Yau, Tak-Wei
Yeack, Christina S.
Yerian, Wayne K.
Young, George Allen
Young, Jayne Metka
Zabell, Jennifer Ralph
Zabor, Elaine M.
Zelachowski, Kenneth Stanley
Zelein, G. Michael
Zeller, Richard Lynn
Zietlow, John Timothy
Ziganti, Dean
Zimmerman, Peter W.
Zurcher, Terry Lynn

1979
Abdalian, Carl Michael
Abreo, Peter Alexander
Acheson, Constance
Ackerman, David Richard
Acomb, Dan Thomas
Adair, David B.
Adell, Mitchell Allen
Agbede, Rowland Omodele
Albano, Philip
Allen, Brenda Kay
Allen, Douglas Edward
Anderson, Paul William
App, Carol Marlene
Arce, Louisa
Armitage, Douglas Richard
Arnett, Robert Reese
Astorino, Linda
Atkeson, Mark R.
Avery, Robert Scott
Axelrood, Cynthia Schroeder
Azallion, Patricia Ann
Bacak, Shay J.
Backofen, Joseph Edward, Jr.
Baer, Christopher James
Baer, Mark Stuart
Bainbridge, Glenna Link
Baker, George Anthony
Baker, Jeffrey Joe
Baldridge, Paul Raymond
Ball, Dr. Karlheinz O. W.
Ballantyne, Steven Anderson
Ballard, Harlow George
Ballinger, Edward Phillip
Ballinger, Edward Phillip, Jr.
Balmert, Mark Patrick
Balson, William Markward, Jr.
Banaski, Joseph Scott
Banks, Dale E.
Banks, Karen L.
Barbe, Leonard Walter
Barbee, CAPT Philip J., USAF
Barber, Raymond Loren
Barborak, Susan
Baritell, Fred Wesley, Jr.
Barnett, Charles Lanier, Jr.
Barnett, Michael Glenn
Baron, Kevin Patrick
Barrat, Elliott Samuel
Barsnack, Maureen A.
Bartal, James Michael
Bartholomew, William James
Barton, Donna Chapple
Bashor, Randall Scott
Bates, Jennifer Lynn
Bates, Thomas R., CLU, CHFC
Bauder, Michael W.
Bauer, Daniel M.
Bauer, Faith Elizabeth
Baumgardner, Charles John
Baumgartner, David Alan
Bayer, Thomas Allen
Beathard, William H.
Beaver, Bradley Jay
Beck, John Alan
Beeson, Kevin Ridgeway
Bell, Brian Leslie
Bell, Frank Stanton
Bellino, Dominick Anthony
Benedick, Ronald William
Bennett, Kevin J.
Bennett, Kimberly Spicer
Benson, Stuart Jay, Jr.
Benz, Roger William
Bergman, Neil M.
Berkley, Blair Jeffrey
Bernard, Susan
Bianchi, Frank Leo, Jr.
Biely, 2LT Debra Marie
Bilyk, Gregory Paul
Binkley, Larry Edward
Blair, James Gregory
Bland, Charles Richard
Blankenbeckler, Dr. Jeffrey Alan
Block, Lisa Jo Beck
Bloomfield, Susan Ellen
Blough, Frank Winger, III
Blunt, Dennis Keith
Boatner, Beth
Bockoven, William Frank
Bodnyk, Anthony James
Boening, Richard Ulrich
Boeshart, Bonnie
Bonifant, Tod Jeffrey
Bonnette, Edward Charles
Boock, Kenneth Richard
Bornhauser, William Ford
Boswell, Walter George
Bosworth, Adrienne
Bovey, David Allan
Bowen, Stephen Grant
Bower, Paul Wesley
Bowers, Allan Dale
Bowles, Michael Allen
Boyd, 2LT Gregory Dale
Boyd, Janet Bosen
Boyd, Spring
Boyle, Marian Louise
Bracken, Carol
Bradfield, Margaret Cortellesi
Brady, Michael C.
Brainerd, Douglas Kent
Brake, Linda Sue
Brauner, Christopher Eugene
Brehm, David Edward
Brigden, Katherine I.
Brill, Brett Cameron
Bringardner, Michael Scott
Brody, Debra Dunlap
Brohard, Jodelle Soon
Brown, Don Calvin, Jr.
Brown, Gregg H.
Brown, Timothy David
Brue, Michael Louis
Brugger, Philip Edward
Bruner, LT Michael Charles
Bryan, Lisa Marie
Bucher, Brian Henry
Buck, James Bernard
Buck, Wayne William
Buckeye, Thomas Michael
Buckingham, Mark H.
Budde, Casper Edward
Buerkle, Fred Joseph
Buhr, Ann Ruth
Buhr, Kenneth Edward, III
Buller, Janice Diane
Bumgarner, Mrs. Leslie Guy
Burney, Donald B.
Burrell, Jane Briggs
Burrell, Richard Lee, II
Bursik, Peter David
Buss, Jon Michael
Bussiere, Cheryl
Butler, Bernardine Lewis
Butler, Charles Ralph
Byers, Thomas Joe, Jr.
Caldwell, James Robert
Calhoun, Paul Frederick
Callif, Janet Charlene
Callis, Kathleen
Campbell, Dr. Edward J., Jr.
Campbell, Richard W.
Carey, Kevin Patrick
Carey, William Corby
Cargile, Paul Laquenze
Carr, Elizabeth Watts
Carrick, Richard Vernon
Carroll, Hiroko N.
Carskadon, Thomas William, III
Carstens, David John
Cartee, William Franklin, III
Carter, Dan Lee
Carter, Jacqueline Denise
Cartwright, Cheryl Ortman
Case, Denise Berger
Chambers, Joanna Williamson
Charles, Jerome Baker
Chase, Jon Melvin
Chastain, Denise K.
Cheyney, Thomas W.
Chilicki, Wayne Constant
Chmura, Susan Gregory
Chodosh, Sheila Resnick
Cipkala, Clarence Stephen
Clare, Cynthia Susan
Clark, David Alan
Clark, Denise Arlene
Clarke, Pamela Sue
Clement, Robin Paula
Clifton, Ronald Carl
Cline, Diana L.
Cline, Michael Dean
Clinger, Ronald E.
Cloran, Stephen Allen
Clutter, Charles David
Coady, Michael Francis
Cochran, John Paul
Cochran, Mark Samuel
Coffeen, Mary Ann
Cohen, Matthew David
Cohn, Robert Gabriel
Cole, Edward Alan
Cole, James Bernard
Collis, Harry Herbert
Colner, Gregory Henry
Colwell, Michael Edward
Connor, Patrick Allen
Constantine, Elizabeth Wolford
Cook, Joseph Frederick, Jr.
Cook, Mark Shelton
Cooper, Douglas Drake
Cooper, Mark Ashley
Cooper, William Joseph, Jr.
Coopersmith, Jeffrey Alan
Corbett, James J.
Coughlin, Michael Joseph
Covarrubias, Ricardo
Cowee, Thomas J.
Coy, Chris Alan
Crabb, Barry Lee
Crabtree, Valleri Jayne
Craven, Thomas Wayne
Crimmins, Brian Michael
Crock(Mason), Sadie
Cross, John Raymond
Cross, Paul Kevin
Crum, Marilyn Grannan
Cuartero, Karen Monique
Culler, Glenn Wilford
Cummans, James Scott
Cummings, Mikel Brent
Dallman, Steven Frank
Dallmer, Robert Allen
Dana, Dr. Robert Clark
Daniels, Deborah Thies
Daniels, Mark Joseph
Dantzer, Ms. Cheryl M.
Dardinger, Rexford James
Dattilio, Terry Lee
Daum, Darlene M.
Davidoff, Amy Curtiss
Davidson, Carolyn A.
Davies, Jill Leslie
Davis, Brian Hunter
Davis, Therese Monett
Dawson, Thomas Scott
De Gasperin, Toni Lynn
Delker, Connie Louise
Dellavilla, Joseph Paul
Dempsey, Daniel
Dempsey, Joyce Ann
Dennis, David Michael
De Roberts, James R.
De Roy, William John
Derubertis, David C.
De Woody, Bruce Allison
Dickey, Glenn M.
Dickson, Lawrence Charles
Di Cola, Thomas Vincent
Di Maio, Sam Charles
Dixey, Jamie Sue
Dixon, Thomas Allen
Dodd, James Joseph
Dodson, Kenny Alan
Doege, John Paul
Dombrowski, Angela Marie
Donato, John Joseph
Doone, Francis Patrick
Douglas, John Edward
Douville, Steven Alan
Dowd, Barbara Jean
Downs, Kenneth Edward
Drerup, Jeffrey Charles
Duble, Frederick Geyer
Du Bois, Linda
Duffey, Leslie Peralta
Dulaney, Randi Kirksey
Durbin, Patricia
Dusseau, Mark Richard
Duval, Patrick Francis
Dye, Linda Vallen
Dynes, Dr. Patrick Swan
Eakins, Mark Allen
Eberly, John Joseph
Eberts, Cynthia
Ecos, Christopher G.
Eddy, William Patrick
Edgar, John Kenneth
Edlund, Eric Daniel
Edwards, Muhammed Hanief
Elliott, Douglas Reed, Jr.
Ellis, Ronnie Ray
Endres, William Francis
Engel, Robyn S.
Engel, Steven Robert
Engel, Stuart E.
Enouen, Robert John
Entler, Stephen Richard
Erlitz, Mark Stephen
Esselstein, Richard Lee
Esswein, Larry Andrew
Evans, David John
Everhart, James Robert
Exner, Gregory John
Faber, Gregory J.
Fagan, James
Fallert, David Bryan
Farmer, C. Guy
Farrell, Kerry Clementine
Farrell, Richard Thomas
Febus, Kirk Lee
Feehan, Robert Edward
Feinauer, Dr. Dale Michael
Feldman, Paul J.
Felkner, Joseph George
Feltz, John F.
Fernald, Mary Roberts
Fernald, Willard Tompkins
Fields, Curtis Grey, Jr.
Fife, Karen V.
Finney, Mitchell Addison
Fishel, Paul Richard, Jr.
Fisher, Jeffrey Allen
Fisher, Kenneth John
Fisher, Ronald Allen
Fisher, Russell William
Flath, James R.
Flavell, Thomas Joseph
Flavin, Patricia Kistner
Flick, John Frederick
Flickinger, Michael H.
Fliehman, Thomas Lee
Flower, James Sefton
Forman, Fredric Shaw
Forquer, Joseph W.
Fowler, Ann Groves
Fox, Lisa Anne
Franko, David J.
Friedman, Laura S.
Froehlich, Michael Allen
Frost, Randall Lee
Fugitt, Pamela Sue
Gage, Allen Dale
Gage, Cathy
Gagen, Dr. Mary G.
Gaiser, Stephanie
Gallenstein, L. Cathy
Gallina, Victor Paul
Galloway, Priscilla Ann
Gamble, Paul Raymond
Gandee, Steven Ray
Gardner, James Thomas
Garner, Ruth Georgian
Garringer, David Louis
Garrison, Dr. Carole Gozansky
Garson, Glenn Alan
Gaughan, Lisa Lyn
Gaunt, Terry James
Gearig, Carol
Gelb, Lorie Ellen
Gemienhardt, Rick Anthony
Genteline, CAPT Carl David, USA
Gentil, Richard William
Gerber, Richard Scott, JD
Gerlach, David Pollitt
German, Michael R.
Ghazanfari, Gholam Hossein
Giehl, Charles Joseph
Giffi, Craig Alan
Gillen, Bryan Kirk
Ginsberg, Marc J.
Glickman, Joseph Leonard
Glowacky, Kenneth Edward
Gluntz, Timothy John
Glynn, Dr. Joseph Graham
Goebel, Kimbirly D.
Goedeking, Edward David
Goerke, Sheryl Leigh
Gonot, Fred P., II
Gonzalez, Pedro Arnaldo
Gould, Dwaine Earl
Graessle, Frederick James
Graham, Maureen
Gregory, Michael James
Gribble, James Michael
Gridley, Donna Lee
Griebel, Glen Lyle, Jr.
Griggs, Jeffrey W.
Grigsby, Cynthia Elaine
Grillo, Newton Robert
Gross, Kelle
Grossberger, Alan Robert
Grossman, Robert L.
Gruebmeyer, Ned Edgar
Guisinger, Ronald J.
Gum, Kevin Eugene
Guth, Peter William
Gutmann, Jeffrey Mark
Haag, Jane Trench
Haan, Perry Charles
Hacker, Philip Meryl
Hadley, Margaret Anne
Hageman, Mark Alvin
Hageman, Robert Lee
Haidet, Bradley Christopher
Haidet, Jeffrey Lin
Haidet, Ruth Ellerbrock
Haley, Lynne Gartman
Hall, Rosanne Vaughn
Halpin, Michael Phillip
Hanley, Ms. Megan Bridget
Hannah, Michael Scott
Harbage, Robin A.
Harcha, Howard Henry, III
Harden, Thomas Frost
Harding, David Lloyd
Haring, James Woerner, Jr.
Harkins, Ronald Joseph
Harlan, Leslie Anne
Harman, Mary Harbrecht
Harris, Ricardo Jose
Harshbarger, William Ronald
Hartig, Jeanne Lindauer
Hartung, Lee Roy
Hartz, Mary Beth
Harvey, Thomas Daniel
Hatch, Brent Evin
Hatcher, Jonathan Valno
Haueisen, Jack David
Havener, Charles Richard
Haviland, Sally Ann
Havlovic, Dr. Stephen Joseph
Hawkins, Dennis Ray
Haynes, Douglas E.
Haywood, Glenn Gene
Hebert, Christopher Peter
Hecht, David Louis
Hedgepeth, James Edward
Heinzman, Patrick Lee
Heisel, Stephen Richard
Heller, Michael Grant
Helm, Kathleen S.
Hemry, Richard Myron, Jr.
Henry, Barbara Estella
Henry, Barbara Turnbo
Henry, George Willis, Jr.
Hensel, Dennis Michael
Hensley, Jill A.
Herman, Michael Paul
Herringshaw, Jacquilynn Attwood
Hersch, Robert Mark
Hess, Jimmie Dale
Heter, Leonard Dean
Heydinger, Gus G.
Hibinger, Gary Charles
Hicks, Brenda Denise
Higinbotham, Mark Alan
Hildebrand, Timothy David
Hill, Joseph B.
Hill, Richard Emerson
Hilligoss, Mark Allan
Hinde, Edward J., IV
Hinderer, John Frederick
Hinz, Neal Warren
Histed, Janet Morrison
Hite, Margaret Dempsey
Hnat, Joann Marie
Hoard, Anita Elaine
Holland, David Earl
Holland, Evelyn Jacula
Holt, Jeffrey Warren
Homleid, Gordon Mark
Honaker, Randy Allen
Hood, Jeffrey David
Hoover, Ms. Delana F.
Hopkins, Barbara Bowers
Hornsby, Michael Carl
Horst, Dirk Lawson
Hosansky, Stuart Neil
Houck, Stephen Edward
Houfek, Sandra L.
Howison, Stephen William
Huelskamp, Ronald Larry
Hughes, Cynthia
Hughes, David Richard

CLASS YEAR LISTINGS CLASS OF 1979 353

1979 (Cont'd)
Hughes, M. Lynn Wolfe
Huling, James Alan
Hulse, Sidney Drewel
Humphrey, Perry Richard
Hurley, Mary Stupnik
Iacobelli, Dr. Mark A.
Irwin, Barry Thomas
Ivory, Gwendolyn Pollard
Jackson, CAPT Henry Clay, II, USMC
Jackson, Lois Elaine
Jackson, Timothy Gordon
Jacob, Frederick Merlin
Jacobs, Jodine
Jacobs, Judy Ann
Jacoby, Matthew Gerald
Jenkins, Craig Alan
Jenkins, Matthew Richard
Jerew, Jim Bryon
Johnson, Carla J.
Johnson, Devoe Ellington
Johnson, Jeffrey Reed
Johnson, Joseph Henry, III
Johnson, Quinten Theodore
Johnson, Terry Ann
Johnson, Vicki Denise
Johnston, James Joel
Jokerst, Michael Jay
Jones, Douglas Michael
Jones, Gregory William
Jones, Marna B.
Jones, Paul Staton
Joseph, Diane Lynne
Juhas, Dr. Andrew Mark
Jurica, Cynthia Beany
Kaliney, Richard Edward
Kannapel, Keith David
Karvelis, Katherine Ann
Karvois, Roseann
Katagi, Yoshihiro
Kattelman, Jeri Tyrrell
Kauffman, Douglas Lee
Kaufhold, Paul F., CPA
Kazes, Michael Dimitrios
Keener, John Brady
Kehoe, Robert James
Keitz, Ms. Judy L.
Kelly, Daniel Gregory
Kelly, Ernest Willie
Kelly, John Freeman
Kennedy, James Blakely
Kennedy, Thelma Darlene
Keny, Timothy Charles
Kessler, James Arthur
Kibler, Gordon F.
Kight, Linda Marie
Kin, Thomas N.
King, David Randall
King, Penelope Anne
Kinman, Gary Willard
Kirby, Dale James
Kirking, Dr. Duane M.
Kirsch, James Francis
Kirwin, Thomas Gregory
Kissos, Dean G.
Kitzmiller, Judith
Klebacha, George Paul
Klein, Bradley N.
Klein, Russell Bernard
Kleinschmidt, Steven Alen
Kline, Gerald Edwin
Knoble, Paul Joseph
Knoke, William Kenneth
Kobacker, John Sheppard
Kobel, Larry James
Koch, Kim
Koebel, Suzanne Marie
Koehler, Rebecca Devine
Kohn, Barry Clarke
Komives, Shirley A.
Kotula, Karl R.
Kourie, Dolores Lee
Kramer, Kevin Lee
Krawczyk, Thomas James
Kreider, Ellen R.
Kremer, Timothy Gordon
Krent, Laurie E.
Krieger, Michael Avery
Kronenberger, George Kaspar
Krumwiede, James Arthur
Kuemmel, Dana H.
Kuess, Judy A.
Kuhlman, Kenneth Lee
Kulchar, David Michael
Lacko, Alan Joseph
La Fontaine, Kenneth Ronald
Laird, James Francis, Jr.
LaMarche, Daniel L., JD
Lambert, Patricia
Lambert, Terry Hess
Lane, Norman Thomas
Lang, Eugene Saylor, Jr.
Lather, Patricia A.
Laufersweiler, John Hoglund
Lawrence, Dr. Clark Baker
Lawrence, Kathy S.
Lawrence, Ms. Melanie S.
Lawson, Deborah L.
Lazar, Richard Alan
Leber, Elizabeth G.
Lehman, Clifford Ray
Leigh, Carolyn Harper
Lelli, Marjorie Lee
Leonard, Gregory Michael
Leonard, Thomas John
Leventry, Robert Bruce
Lewis, Gary Michael
Lewis, John Kevin
Lewis, Kim
Liebrecht, Donald Bernard
Light, Debra Faye
Lin, Jui J.
Lin, Julie Yi-Ching
Linden, Dennis Alan
Lindley, Patricia Suzanne
Lingo, Darcy Ellen
Lipaj, Cy Mark
Lipaj, Cynthia Englefield
Lisowski, John Raymond
Loehr, Bernard Kenneth
Lohmuller, Brian Keith
Long, Gregory Lee
Long, Roger Brian
Long, Sue Ann
Long, Thomas Patrick
Lopilo, Nancy Lee
Lott, Warren James
Love, Duane Stuart, Jr.
Lucarell, Linda M.
Lucas, Jay Douglas
Lucas, Jeffrey Robert
Ludwig, Daniel Carl
Lundell, Michael Gunnar
Lurie, Samuel Lee
Luse, Barry Francis
Lutch, Sheldon
Lutz, Leslie Hamrick
Mabry, Ronald Dean
Mac Kay, ENS Peter Donald
Mackin, Marcia Ann
Mackin, Patrick Joseph
Maddox, Mark Allen
Madigan, Rebecca Lynne
Maggi, Floyd Paul
Magill, Mrs. Elizabeth Lowe
Magoto, Timothy Louis
Mahlie, John Timothy
Mahy, Carolyn Brauner
Malcolm, Douglas C.
Malpiedi, Ronald Everett
Mangiameli, Dr. Paul Michael
Manser, Richard Louis
Marg, Kenneth Douglas
Margles, Daniel Scott
Margolis, Gary Edward
Marketch, Betty June
Marks, Norman Richard
Marks, Ronald James
Marsh, Karen
Martindale, Allen Russell
Marzella, Richard Anthony
Mascio, Mary
Matheke, Ronald Marlin
Matheny, Mark R.
Mathews, David Martin
Mattinson, David William
Mc Alister, David Carl
Mc Bride, David Myers, Jr.
Mc Bride, Frederick Allison
Mc Bride, Rebecca Balthaser
Mc Carthy, Suzanne Lishka
McCaskey, Dr. Donald W., Jr.
Mc Chesney, Roger Alan
Mc Collough, Mary Gavula
Mc Coy, Roger Joseph
McDougall, James P.
McDowell, Alan David
McEnery, Mary
Mc Gaughey, Blair Lin
Mc Gory, Mark James
Mc Gory, Patrick John
Mc Guire, Jon Mark
McHugh, Douglas Charles
Mc Keown, John Clifton, Jr.
Mc Kinley, William Hubert
Mc Kinney, James Edward
Mc Manamon, Tracy Brian
Mc Millan, Kathleen Ann
Mc Millin, Claudia Craft
McMillin, James Robert, Jr.
Mc Namee, Sally Leggett
Mc Pherson, Philip Andrew
Mc Vey, Thomas Elgin
Mead, Joanie Renee
Meadows, Charles Winston
Meienberg, Charles Curtis
Mellin, Judith Arolyn
Meno, Frederick John, IV
Mercer, Ron A.
Mercier, Mrs. Jacqueline Lea
Merkle, Jill Friend
Merz, David Erwin, Jr.
Merz, Harold Eugene
Meszaros, Douglas J.
Metzger, Vickie Alison
Meyer, Peter Charles
Meyer, Russell J.
Meyers, Allan Robert
Meyers, Clay P.
Middlebrook, William Cecil
Miller, Brian Ray
Miller, Carol Regina
Miller, Colleen Ryan
Miller, Dana Allyn
Miller, Deborah Jean
Miller, Donald Thomas
Miller, Kristine Ann
Miller, Lawrence Clay
Miller, Lee Hoagland
Miller, Mary C.
Miller, Paula Fugitt
Miller, Richard Scott
Miller, Robert Carl
Miller, Robin Schweibel
Miller, Terry P.
Miller, William Leonard
Milligan, Jana Kable
Millisor, Kenneth Clyde
Miskimens, Marjorie Dunfee
Mitchell, John Thomas
Mitchusson, Thomas Joseph, CPA
Modiano, R. Brian
Moehrman, Robert Louis, Jr.
Mohanan, Parathazathel
Mohrman, Michael Gerard
Montague, Robert Cameron
Monter Durban, Kathleen Marie
Moore, Catherine J.
Moore, Jeffery Lynn
Moore, Robert I.
Moravick, Mary Ann
Morgan, Steven Dayton
Morley, Harold Clarkson
Morman, John Michael
Morris, Angela Louise
Morris, Kevin Jack
Morrow, Robert Myron
Mosholder, Thomas Edmund
Mraz, Mark Joseph
Mukadam, Amina B.
Muladore, Nils Christian
Mundew, Leslie Susan
Munson, Carol Susan
Munto, Mark P.
Mural, Robert William
Murdock, Jeffrey Eugene
Murman, Maureen Renee
Murphey, Mark H.
Murphy, Thomas Joseph
Murrer, Martin C.
Musgrove, James Alan
Myers, Earl Lee
Myers, John Allen
Myers, Paul Edward
Mygrant, Jeffery Scott
Myser, Robert Benton
Nagel, William Lee
Naleskienski, Kimberley Leslie
Nance, Frank Thomas
Neary, Kevin Michael
Neeley, Lynn Adrienne
Neff, Mark Jerome
Neighbor, Marlin Henry
Neill, Rondal Eugene
Nelson, Thomas Harvey
Nerderman, Stanley Jay
Neuberger, Thomas Randall
Neuhardt, David John
Newman, Marcy
Nichols, Ronald Vincent, Jr.
Niederle, James R.
Niedzielski-Eichner, Phillip A.
Niemeyer, William Busse, Jr.
Nime, Edward John
Noble, Danny Alan
Noble, Leyland Archibald
Noland, Max Randall
Nordrum, James F.
Notestine, Robert John, III
Notman, Jacci L.
Nye, Chris James
Nylin, Michael Edward
Oberlin, Derl David
O'Brien, Mara L.
Oddi, James E.
Oelgoetz, Joseph F., III
Ofrenzo, Carol Patricia
Ogg, Norris Lealand, Jr.
Ogilbee, Steven Clark
Okeafor, Dr. Uche S.
Olinger, Michael Brian
Olson, Joseph William
O'Neill, Judith Oprandi
Orshan, Michael S.
Orwig, Dora Hill
Osbun, Cynthia A.
Osterholt, Gregory Ellis
Ott, Barbara
Ovadia, Robert Howard
Overfield, John Benjamin
Pagura, Frederick Stephen
Painter, Barbara Ann
Palm, Doris Thirsk
Palm, Douglas M.
Panek, Thomas Richard
Pardi, Charles Joseph
Park, Dr. Hun Young
Parks, Danny Ray
Partch, Jenifer Janet
Passero, Thomas Joseph
Patel, Kiran Bhavan
Patrick, Jane Austin
Patronik, Frank Charles
Patterson, Cynthia Wolfinger
Paulus, Patricia
Pecinovsky, Keith James
Pekarek, Laura Marie
Peretz, Andrea Lizbeth
Perone, Dr. Julie A.
Perry, Frank Christopher
Perry, Dr. James Paul
Petrosky, Philip Allan
Pfarr, Toni A.
Phillips, Geoffrey Alan
Pickett, Michael Edwin
Pimsner, David Allen
Pollack, Gary Jay
Polomsky, P.
Poncin, Mark Robert
Popadych, William D.
Porter, Richard Gregory
Posival, Thomas Edward
Pottinger, Kirk Alan
Potts, Mark Edward
Prabhu, George Solomon
Prenger, James Alfred
Proctor, James Coleman
Proud, Timothy H.
Przybyla, Thomas Walter
Pugh, Della Victoria
Pultz, John F.
Purcell, Sara J.
Quattrocchi, Salvatore Sam
Rabal, Dr. Bradley Stephen
Rabold, Randall G.
Racher, Paul Francis
Rackoff, Susan Mona
Radjenovich, Nenad
Ragsdale, James David
Rainone, Robert Louis
Rains, John William
Rakestraw, Kevin Duane
Ramlet, Ellen Ann
Ramsey, Robert Bruce
Randles, Theodore J.
Ransom, William J.
Rauba, Rimas John
Ray, Mark Allan
Ray, Robert James
Rech, Ron R.
Redd, Steven Craig
Redman, Mark Steven
Reeb, Ellen
Reed, Jennifer Kimball
Reed, Jon Norman
Reese, Randall Herbert
Reeves, Keith W.
Rehmar, Marc Joseph
Reiner, Robert William
Reinhardt, J. Alec
Reynard, Geoffrey Eric
Reynolds, June Kaiser
Rhieu, Sang Yup
Richards, Guy Alan
Richison, James Douglas
Ricketts, Douglas Meade
Rinehart, Mrs. Davidine Thomas
Rings, George Brian
Risner, Kim Joseph
Ritchie, Diana Lynn
Robertson, Janet Ligo
Robertson, John Christian
Robinson, Bryan Keith
Robinson, Darrell Alan
Robinson, Estel Eugene
Rodemann, Will Burgess, Jr.
Roderick, Daniel Joseph
Roell, Edward Frank
Roer, Jennifer Leking
Rorapaugh, Michael Brooks
Roseberry, Le Ann
Rosenbaum, William David
Rosenberger, James M.
Roslovic, Ms. Nina Frances
Ross, Carl Wayne
Ross, Cynthia Lynn
Rosselet, Richard Anthony
Roten, Richard Anthony
Roth, Henry Joseph
Rott, Kenneth A.
Rowe, D. Craig
Rubin, Kevin Alan
Rudder, Miles B.
Rudolph, Gloria Gean
Rumora, James Joseph
Russell, John Charles
Rybak, John Andrew
Saewitz, Sidney Spencer
Sangrik, Thomas Richard
Santilli, Donna Ostrander
Sauder, Melvin Joseph
Savakis, Angelo Nick
Savoca, James Theodore
Sawaya, Claire A.
Scandurra, Loreen G.
Sceva, David Nelson
Schaefer, Alexander Frederick
Schaff, Mark Joseph
Scharf, Elizabeth Waldron
Scheiman, Deborah A.
Schenck, Carol Koch
Scheuermann, Martine Jane
Schmidt, Michael Matthew
Schmiedebusch, Mark Alan
Schmitt, David William
Schmitz, Joanne Frances
Schnitz, Howard Phillip
Schodorf, Joseph Raymond
Schoenstein, Joseph Roy
Schoeppler, Kurt Jay
Schondelmeyer, Dr. Stephen W.
Schrader, Donald William
Schreibman, Michael Steven
Schumann, Jill S.
Schuster, Marianne Rubadue
Schwaderer, Donald Eugene
Schwarz, Kurt
Schwickert, Steven James
Scott, Mary
Scott, Robert Louis
Sebek, John Anthony
Secor, Thomas Edward
Seffens, Alan R.
Sellers, Alvin Martin
Selner, Kathleen Marie
Sergakis, Michael Stephen
Sever, Oliver Joseph, Jr.
Seward, Tonya Stephanie
Shafer, Gary Robert
Shaffer, Charles Steven
Shaffer, Richard Lee
Shaheen, Alex George
Shanks, David Alan
Shannon, Thomas Scott
Shapiro, Ira Jay
Sharfman, Bernard Steven
Shea, David B.
Shea, Michael Joseph
Sheffer, Brent Alan
Sheppard, Jeanne Lauren
Sheridan, Theresa
Sherman, Gregg Alan
Shine, Joyce Arlene
Shipman, Alvin Dean
Shirk, Philip Anthony
Shockley, Mark Dwayne
Shores, Mark Alan
Shrum, Thomas Granville
Shuler, Walter William
Shuptrine, Kelly Weber
Shust, Mary Lynn
Shuter, Terry Lee
Siebert, Barbara J.
Sikora, Stephen W.
Silbaugh, Kathleen Sarvis
Silk, Scott Geoffrey
Simmons, Kandy
Simmons, Tim Eugene
Simon, Janet Lynn
Simon, Mary Beth
Simon, Stephen Mark
Simone, Louis Paul
Sims, Gary Kevin
Siu, Carlton Yun Huang
Sklenar, Cynthia Ann
Slesnick, Jeffrey David
Slocum, Harold Edward
Sloniker, Linda O.
Smilan, Judith Ann
Smith, Bradley Donald
Smith, Gary Allen
Smith, James Leonard
Smith, Keith James
Smith, Robert Lee, Jr.
Snijders, Emile
Snyder, David William
Solomon, Alan Gordon
Sperry, Donna Gail
Spindler, Paul William
Spirer, Dr. Janet Ellen
Spitzig, Pamela M.
Stafman, David Alan
Stahura, Alan Michael
Stalder, Beverly K.
Stander, Richard Ramsay, Jr.
Staton, Robert Eugene
Staub, Allan Douglas
Stearns, David Gordon
Steele, John Bradley
Steele, Kenneth Robert
Steele, Scott Douglas, CPA
Steiger, Daniel Richard
Steinberg, Rochelle Fatt
Stevens, Mark Oliver
Stewart, Mark Howard
Stewart, Noreen L.
Stiles, Joseph David
Stillwell, Jon Lee
Stinebaugh, Bert Alan
Stocklen, Stephen Michael
Stockwell, Marc Edward
Stoia, Wayne Douglas
Stokes, Sheila Woods
Stone, William Edwin
Stose, D. Richard, Jr.
Strojny, Richard J.
Stuber, Douglas Alan
Stutz, Mrs. Peggy Ogden
Summers, Mark John
Surowicz, Deborah Lynn
Sutorius, David Michael
Suttle, David
Sweeney, Joseph Anthony
Swider, Paula Marie
Swoboda, Evelyn Marie
Swonger, Bradley Joe
Syfert, Michael Burt
Szabo, Thomas Martin
Tabor, Jonathan R.
Tallman, Mark Allan
Tam, Rowena Sui-Fan
Tann, Michael Edward
Tanner, Gregory Alan
Tarnow, Robert Laurence, Jr.
Taylor, Leslie Paul
Taylor, Michael Arthur
Taylor, Robert Paul
Taylor, Ronald Alan, CPA
Taylor, Victor Allen
Tedeschi, Thomas Michael
Tefft, Brandt
Tepper, Harry Michael
Terlecki, Gary Michael
Thaman, Mary Ann
Theibert, Paul Richard
Thiel, Richard Anthony
Thielman, Douglas Mark
Thinguldstad, Eric Charles
Thomas, Alison Darling
Thomas, Brian Rhys
Thomas, George Adam
Thomas, Jimmy Wayne
Thomas, Kathleen Mendel
Thompson, Patricia L.
Tibbitts, Christine K.
Tilton, Gregory Eldridge
Titus, Evelyn Eileen
Tomaselli, Peter Charles
Tomlinson, Jay Kent
Tornes, LTCDR Linda Marie, USN
Toth, John Albert, III
Toukan, Stephen Aref
Townley, Arthur Charles
Trefz, Gregory Paul
Trimmer, Nancy Jo
Trotsky, Alan Jeffrey
Troup, Steven James
Trucinski, Gary Lee
Truesdale, Merlene
Trupovnieks, Barbara Astrida
Tsen, Alfred Bernard
Tucker, Deborah Lee
Turczyk, Linda M.
Turnbull, Greg Allen
Turner, David Alan
Turner, Thomas F.
Tuttle, Jack Eric
Underwood, Joseph Paul
Unger, Robert Howard
Unger, Steven E.
Vail, Christopher Lee
Vallo, Joseph Melvin
Van Atta, Howard W.
Vandermark, Nancy J.
Vandia, Gary Michael
Vaneck, Drew Ralph
Van Iderstyne, Richard Bennett
Van Ooyen, Kenneth Karel
Vermillion, Rex Ray
Verne, Julianne Maria
Vikre, Lyle Wayne, Jr.
Vilardo, Mary Jo
Vilardo, Steve
Vincent, Gay Lynn
Vogelgesang, William Wallace
Vogt, David Arthur
Vogt, Robert Stephens
Vohsing, William Francis
Vuotto, Thomas Joseph
Wade, David Craig
Wagner, Stephen Mark
Walker, Carol Wickerham
Wall, Charlene Powell
Wallace, Stephen Paul
Walser, Thomas Elmer
Walsh, Margaret Simpson
Walter, Terry Lee
Ward, Peggy A.
Ward, Wendy
Warner, Jeffrey Louis
Washington, Gerry Lee
Waters, Edward Robert
Wathen, Michael Martin
Waugaman, Catherine L.
Weaver, Herbert Nelson, II
Weber, Thomas Francis
Weidner, Pamela A.

1979 (Cont'd)
Weisenstein, Steven Joseph
Weiss, Martin Alan
Welch, Patricia
Wells, Judson Roby
West, Donna Jean
Wetterstroem, Barbara Lee
Whalen, Kathleen Erin
Wharton, Sharon
Wheaton, Edward Alan
Wheeler, Jill Lynn
Whitbeck, Diane Sue
Wickiser, Cherie Benjamin
Widing, Dr. Robert Emerson, II
Wiens, Michael James
Wigton, Daniel Scott
Wilcher, Steven Douglas
Wilhelm, Christine M.
Wilkenfeld, David Nissan
Will, Thomas Dunlap
Williams, Jeffrey Watt
Williams, Margaret Denise
Williamson, Darby Myers
Williamson, Dennis Paul
Wilson, Ann Kirwan
Wilson, Bruce Edward
Wilson, Gregory Preston
Wilson, James Alan
Wilson, Sylvan Les
Windle, Daniel Leroy
Wing, Stephen Donnelly
Winterland, Ellen Louise
Wisler, Mary Margaret
Wissler, Richard Thomas
Witcher, Kenneth Uron
Witzky, Bruce Touby
Wolfe, David Ray
Wolfe, CAPT Dwight Eldon
Wolfe, Jesse Richard, Jr.
Wolfe, Lori
Woolfe, Daniel Roger
Wright, Kenneth Allen, CPA
Wyckoff, Lee Francis
Yannias, Constantine Steve
Yark, John Webster
Yaussy, Randall Paul
Yee, Kenneth
Yellin, Lawrence Scott
Yontz, Ms. Sharon L.
Young, David Alan
Young, Donald George
Young, Doran Michael
Yurasek, James Joseph
Zambon, Susan Louise
Zannella, Robert Joseph
Zenni, Mark Francis
Zilich, George Joseph
Zim, Michael W.
Zimmerman, Linda
Zimmerman, Thomas Eugene
Zinser, James Jason
Ziska, Richard Francis, Jr.
Zohouri, Irene

1980
Abarbanel, Judith Edna
Aberegg, William Dale
Adams, Olan Genene
Adamson, Robert Grant, II
Aghimien, Dr. Peter Aitemine
Ahrns, James Richard, Jr.
Aiken, Clifford David, III
Alali, Seraj
Albert, Timothy David
Aldag, James Charles
Alexander, Susan Feld
Allen, Bradley Eugene
Allen, Lawrence James
Allen, Richard William
Al-Shubaily, Samir Abdulrahman
Alsip, Daniel Stuart
Ament, Michael Alan
Aminzadeh, Hossein G.
Aminzadeh, Parvaneh Ansari
Ampofo, Kwame Nana
Anderson, Andrea
Andrews, Deborah Faulks
Anelick, Vicki J.
Angel, James Earl
Angelo, Cheryl Zellner
Antonick, William Fredrick
Applegett, Mark William
Arnold, John Schuyler, III
Arthur, James Ronald
Aschman, Daniel Robert
Ash, William Richard, III
Atwood, Dr. April Marie
Au, Rita Moats
Aukeman, Neil Roger
Aukerman, Michael Dana
Austin, John Randall, Jr.
Axelrod, Ms. Lorraine
Bachouros, Donald Steven
Bahl, Dr. Harish Chander
Bailey, Novella
Bair, Joseph Kevin
Baker, Kevin Lee
Baker, Raymond James
Ballantine, Diane Jackson
Ballard, James Mark
Ballou, Gary Wayne
Balzer, Jane Marie
Bamber, Dr. Edward Michael
Bandi, Thomas Joseph
Bankert, Paul Scott
Barga, Charles Francis, CPA
Barlow, Toni
Barr, George Ross
Barr, Ruth Ellen
Barrett, Donald Francis
Barthelmas, B. Ann
Bartholomew, Carol Dier
Bartlett, Philip Bruce
Battter, Kimberly Ann
Basch, Jeffrey Wayne
Bashaw, Stephen Thomas
Baston, William Burton
Basye, Kimberly Rae
Bates, Thomas Dwight
Baughman, Thomas C.
Bavaria, Celeste J.
Baxter, Thomas John
Beard, Mylinda
Beavers, Henry Chester
Bechtel, Denise Ann
Beck, Perry James
Becker, Connie Louise
Becker, Linda S.
Bednar, S. Ronald
Bednardski, Louise
Beggs, Ivan V.
Belanger, Cathleen
Bell, David Arthur
Bellinger, Debra
Belot, Suzanne, Esq.
Benjamin, Timothy Ray
Benke, Donald Paul
Bennett, Stephen R.
Berecz, Stephen Louis
Berndt, Gary Lee
Bernetich, William Rowan
Bertini, Charles D.
Berwanger, Melissa
Beshara, Marc Edward
Betz, Joseph Patrick
Beveridge, Kenneth Howard
Bickar, Thomas Frank
Bieltz, John Howard
Bierbaum, Bonnie Kay
Biler, Timothy Joel
Birnbrich, Alexander B.
Bischoff, Carol
Bishel, Arnold Charles
Bivins, Cheryl A.
Black, Brian Steven
Blankemeier, Elaine Louise
Blankenship, Jeffrey Alan
Blazquez, Debby Dunlap
Blischak, Thomas Michael
Bliss, Scott Edward
Blum, Kenneth Edward
Bodner, Joan Elizabeth
Boes, Pamela Stegman
Boggs, Susan Partlow
Boh, Marko
Bohachek, Clay Cameron
Boitse, Cynthia Anne
Booher, Stephen Dwight
Boone, Steven James
Booth, Oreta M.
Bost, Joseph Travis
Bott, Dr. Kevin Neal
Bottiggi, Susan Mary
Bourdess, Timothy Allen
Boveington, Leslie Hanson
Bower, Clarence Walter, II
Bowman, Daniel Burton
Bowsher, Sandra Dawn
Boyle, Frederick James
Bradford, John Walter, PhD
Brand, Dr. Richard Riese
Brant, Nancy Kesselring
Breckenridge, David Allen
Brems, Jerry J.
Brenneman, Danny Lee
Breslin, Judy Ann
Brett, Michael Francis
Brigden, William L.
Britt, Michael Lynn
Britt, Warren William
Brittenham, Julia Lee
Brogan, Lawrence John
Brookes, George Sheldon
Brooks, J. Timothy
Brown, Anthony Bernard
Brown, Dr. Glendon William
Brown, Joseph Tuck, Jr.
Brown, Larke Ummel
Brown, Louis Gerald
Brumfield, Deborah Walter
Bruno, John
Bryant, Richard Allen
Bryars, Mitchell James
Bucci, Richard Vito
Buchanan, Floyd David
Buck, Stanley John
Buckeye, Jill Biales
Buckley, Mary Feuker
Buckley, William
Buckner, Jack David
Buemi, Charles Samuel
Bunstine, Carol Puskar
Burck, Jeanette
Burget, David Gail
Burk, Susan Marie
Burke, Richard William
Burke, Ronald Eugene
Burns, Michael Dennis
Butler, James Patrick
Butterworth, Mark Jeffery
Bylinski, Dr. Joseph Henry
Cadwallader, Patricia Skuse
Cain, Gregory Eugene
Cain, Randall Phillip
Call, James Bradley
Callahan, Patricia Louise
Callahan, Stacey Clarke
Calvelage, John Anthony
Camarata, Peter Joseph
Camp, Mitchell Alan
Cappel, Kendra Thwaits
Cardinal, Anne Marie
Carey, Thomas Edward, Jr.
Carl, Hal Eugene
Carmichael, CAPT Ray Lewis, USAFR
Carr, Christopher C.
Carrier, Max Scott
Carroll, Bruce Allan
Carroll, Paul Cole
Carroll, Thomas Charles
Carson, Robert Anderson
Carter, Janet
Cartnal, J. Scott
Cartwright, Ellen
Case, Collier W.
Case, Joan
Castignola, Gregory Alan
Chait, Dr. Arnon
Chan, Shu Jen Susan
Chandler, Julie Lynn
Charville, Barbara Ann
Chedekel, Dr. Esther Davis
Chen, Kuang-Ping
Chessler, Diane Mc Donald
Chihil, Gary Edward
Chitty, Claudia Sheftel
Chitwood, Dr. John Carroll
Chonko, Arnold Thomas
Christman, Lyndon Jay
Chu, Patrick Ming
Chung, Dr. Douglas K.
Cicirello, Joanne Mary
Clark, Brian Patrick
Clark, Eric C.
Cleary, Michael Bernard
Clement, Allen L.
Clinger, William John
Clymer, Gay Lynn Mc Curdy
Coady, Brian Edward
Coate, Ronald Dean
Cohan, Ellen Harriet
Cohen, Steven Alan
Coit, Philip W.
Colberg, Maribeth Shreves
Cole, D. Stephen
Coleman, Aaron Thomas
Colombo, David Steven
Contrera, Kenneth Joseph
Cooper, Ann Cianflona
Cooper, CAPT Daniel E., Jr., USAF
Cooper, Richard James
Cooper, Wayne Roger
Coridan, Mary E.
Coronado, Maria Theresa
Corwin, Susan E.
Cosgriff, Mary Pat
Court, Rev. Steven D.
Covelli, Nicholas E.
Cox, Amelia Ann
Cox, Cheryl A.
Crabtree, Steven Alan
Craigo, Jeffrey Warren
Craigo, John Alan
Craycraft, Robert Dean
Cready, Dr. William Montgomery
Cressor, Paul Bartholomew, III
Cron, Michael Allen
Crossen, David Thomas
Cruz, David
Cullen, Donald Lee
Cullinan, James Edward
Culp, Susan Lenore
Cummins, Mark Charles
Cupp, Kirk James
Cuppett, Sharon Dee
Curphey, James Dodds
Currie, Michael Wall
Currie, Tanya C.
Cyphers, Mark Arthur
Dahlen, Ernest Leroy, III
Daines, Robert Arnold
Dalton, David William
Dambac, Jeffrey E.
Damore, Lisa Jayne
Danekas, Craig Alan
Dankowski, James Eugene
Dann, Louis Mark
D'Anniballe, Michael Rocco
Dapsis, Diane
Dastoli, Theodore Edward
Daugherty, Kevin Bradley
Daulton, Jeffrey Michael
Davidian, Steven
Davidson, John Eugene
Davis, Cynthia Gee
Davis, G. Garrett, II
Davis, Linda Kathryn
Davis, Timothy Eric
Delany, Christopher John
De Marco, Ralph Joseph
Dengler, Richard Allen
Dern, David Wayne
Derosa, Dr. Michael David
Derrow, Andrew Bruce
De Santis, Thomas John
De Temple, Louis B., CPA
Detrick, Paul R.
Detty, Kathy Denise
Deutchman, Charles Scott
Dew, Rodney Wayne
Dickinson, John Mark
Dierker, David Frederick
Dike, Roger Donavon
Dillon, William Christopher
Dinquart, Gregory George
Dise, Russell Wyckoff
Distad, Jody
Ditota, Christopher Frank
Divine, Sheri
Dolen, Timothy James
Dooper, Michael Edward
Dorff, Christy Lynn
Dorinsky, Thomas
Dorsey, Molly Jane
Douthitt, Craig Richard
Downie, David Scott
Drapp, Michael Randall
Dreussi, Annette Beatrice
Drexler, Robert Joseph, Jr.
Drouin, Ms. Maureen Theresa
Drtina, Dr. Ralph Edward
Drukker, Paul Philip
Drum, Rosalind
Ducey, Ernest David, Esq.
Dumpis, Andrejs Paul
Duncan, Steven Yates
Dunnavant, Gregory R.
Durbin, Ms. Jean M.
Durbin, Robert Timothy
Dutton, Jeffrey Lynn
Duvick, Timothy James
Eakin, Judith E.
Eastman, John Thomas
Eberwein, Russell R., Jr.
Eckel, Patrick William
Edwards, Cathy Cowee
Egger, Shelley Blass
Eidenier, Duane A.
Elder, David Byron
Eley, Gay Wessells
Elkin, Tom Curtiss
Elkins, Stephen Cornell
Elliott, Robert George
Ellison, Richard B.
Elston, David Wayne
Enis, Christine A.
Entinger, James Michael
Eppy, Marcia
Ersing, Stephen Todd
Ertel, Dorinda Kay
Etter, James Atkins
Eubanks, Russell Stephen
Evans, Charles Richard
Everett, Nancy
Ewing, Cynthia Mathes
Faehnle, Catherine Ann
Fairgrieve, Thomas Richard
Farwig, Patricia Anne
Fasone, Mary C.
Federer, Jerrold Lee
Feldman, Barry Steven
Fergus, Jill Allison Semon
Ferguson, Gloria Ann
Ferneding, John Ryan
Fick, William Everett
Filer, Robert Ewing
Finister, Glynda Ann
Finlaw, Fred H., II
Finley, Gregory Jess
Finn, Richard Donald, III
Firich, Lee Alexander
Fischer, Paul G.
Fischer, William Mark
Fisher, Dr. Jeffrey Douglas
Fisher, Richard William, Jr.
Fitzmartin, James Edward
Fitzmire, Angela Campo
Flach, Joseph P.
Flash, Kevin Michael
Fletcher, Judith
Fletcher, Robert Allen
Flynn, Mary K.
Fogarty, Canice Joseph, Jr.
Fogle, Gregory Leon
Folk, Deborah
Ford, Alan R.
Forkin, Timothy P.
Foster, Jeffrey William
Fox, Ernest Lewis
Fox, John Charles
France, Melanie Jane
Frankland, Paul Richard
Franz, Craig Lee
Frazier, James Arthur
Frazier, John Martin
Freeborn, Robert Ross
Freeman, Karen Mc Mullen
French, James M.
Freriks, Timothy Franklin
Frey, Kristine Sue
Friday, Judith Favret
Friedland, Elaine
Friedman, Harlan Scott
Friedman, Lawrence Steven
Friedman, Lee Bryan
Fries, James Richard, Jr.
Fritz, William R.
Fugazzi, Andrew Edward
Fukuda, Kay L.
Fulk, Kenneth Stephen
Fuller, James M.
Gaglio, Salvatore Frank
Gaines, James Roland
Gaitanos, Christopher
Gallaer, Valerie Ann
Gallagher, Lawrence E.
Gallagher, Thomas Stephen
Gallaher, Scott William
Gallick, Michael Joseph
Gallo, Jeffrey Edward
Gansser, Shirley B.
Garcia, Carlos L.
Garr, David Francis
Garvey, Byron John
Gasson, Cletus Albert
Gatton, Dean Mathew
Gavala, Daniel Edward
Gerber, D. Scott
Gerhardt, Roger Lee
Giammarella, John
Giannobile, Joel Paul
Gibbins, Wilson K.
Gibbons, Ronald Dale
Gibbs, Donald Alan
Gibson, Donald, Jr.
Gibson, Kenneth M.
Gibson, Thomas Allen
Gicale, Gregory Joseph
Gilbert, Cynthia Sallee
Gilmore, Sharon
Glatz, Robert R.
Glenn-Katzakis, Joan Catherine
Glodek, Diane Skebo
Gloeckl, Susan Mary
Gockel, Robert Karl
Goedde, Mary Joan
Goetze, Martin Frederick
Goldfarb, Lewis H.
Goldstone, Lynn Beth
Gonser, Ruth Gant
Goodburn, Stan Robert
Goodman, Thomas Alan
Goodwill-Sulliva, Amy Lee
Goodwin, Diann L.
Gordon, Charles Edward
Gordon, Robert David, Jr.
Gould, Robert A.
Graham, David Thomas
Grant, James, II
Grants, Harijs Juris
Gray, Jane Karen
Green, Amanda M.
Green, Mary Diana
Green, Melissa L.
Green, Stephen Anthony
Greenberg, Dr. Penelope Sue
Greenberg, Russell A.
Greene, 2LT Jeffrey Alan
Gregg, Barry Alan
Griffin, Mark H.
Griffin, Sharon R.
Griffith, Robert Martin
Grimm, Beverly Eurlynne
Grow, Sharon L.
Grunewald, Bradley Kent
Guagenti, George Gregory
Gudowicz, Donna Marie
Guidos, Stephen
Guinta, Terrence Brian
Gulliver, John Michael
Gumbert, George Henninger
Gutierrez, LT Daniel Michael, USN
Gutter, Marc Stuart
Guzzo, David Buckner
Haberkamp, Dean Eldon
Hagedorn, Roland Shawn
Hagy, Kathryn Ann
Hailstorks, Alvin Clifford
Hall, Connie Lynn
Hall, Glen Darrell
Halliday, James William, Jr.
Halsey, Pamela Sue
Halter, Linda
Halvordson, LT Mark Bennett
Hamill, John Neil
Hammond, Jeffrey Dale
Handley, Deborah
Hanley, Kathleen M.
Hannon, Michael J.
Hanover, Mary Beth
Haring, Jeffrey S.
Harris, Phyllis Noll
Harris, Stephen Richard
Harrison, Brian Patrick
Hart, James Edward
Hartley, Loman H.
Hartshorn, Steven Donald
Hatten, Kevin Bernard
Hausrath, Judy L.
Haycook, Richard Eugene
Hayes, Mary S.
Heartstedt, Edmund Everett
Heckel, Laurie Ann
Heilbrun, Jeffrey M.
Heilman, David Alan
Heilman, Robert Guthrie
Heine, Michael F.
Heini, John
Heischman, Ms. Mary Lou
Heller, Thomas Joseph
Hellwege, Linda Louise
Helmer, Marsha Lynn
Hendrickson, Pamela Poffenbarger
Henretta, Stephan Barclay
Hensley, James Maxwell
Herold, Alfred Francis
Herrnstein, John Mark
Hershey, Steven Devere
Heskett, Gregory Paul
Hess, David J.
Heyman, Catherine Marie
Hiler, Michael Alan
Hill, Lu An
Hill, Tonya Rae
Hillard, Fred Brian
Hirsch, Michael Steven
Hirsh, Lawrence Mark
Hoffer, David Brian
Hoffmann, John Richard
Hohenbrink, Daniel Lee
Holbrook, Keith Argus
Holden, Thomas Albert
Holland, Elizabeth Ann
Holland, Mary Grace
Hollifield, Debra
Holmes, Scott Michael
Holt, Barbara Rufo
Holt, Lisa J.
Holton, James Earl
Holton, Jeffrey Robert
Hood, Stephanie Kay
Hopta, Lisa Vogt
Hotz, Ann Muire
Hough, Nancy
Howard, Kathleen Frank
Howard, Oma Sue
Hoyt, Ms. Pamela S.
Hoyt, Thomas Arthur
Hsia, Angie
Hubach, Ms. Lynn Louise
Huber, Warren Edward
Hughes, Dr. Abby Lizabeth
Huiss, 2LT Charles Benjamin
Humphrey, Mrs. Barbara Martin
Humphrey, Robert Alan
Hunter, John David
Hurd, Alan Jay
Hurlbut, Peter Raymond
Hurley, Bruce C.
Hurwitch, Michael Steven
Hutchings, John Hiram
Hutchinson, Charles
Hutton, Gregory Morris
Hyde, John Mark
Hyson, James Erie
Ickes, Robert Dale
Ilhardt, Kent J.
Inkrott, Martin R.
Innenberg, Louis Jay
Irwin, Christopher John
Irwin, Steven Wayne
Isakoff, Louis Alan
Ison, David Alan
Jackson, George Charter, PhD
Jackson, Mark Alan
Jackson, 2LT Michael Jene
Jackson, Robert Irwin
James, Doris Jean
Jamie, Kenneth David
Jamis, David Franklin
Jarboe, Terry Elizabeth
Jenkins, Julie Anne
Jennings, Jeffrey Douglas
Jennison, William Clayton
Jesse, David D.
Jirec, Michael Josef
Johnson, Charles R.

CLASS YEAR LISTINGS CLASS OF 1980 355

1980 (Cont'd)
Johnson, Elizabeth
Johnson, Mark Alan
Johnson, Robert L.
Johnson, Sharon Marie
Johnston, Richard Scott
Jones, Brett Ellison
Jones, Cynthia Lou
Jones, Judy Lynn
Jones, Stephen Lewis
Jones, Valerie Nyalda
Jonke, Eric Rudolf
Jordan, George Terrell
Jordan, James Lan
Josephson, Gary Alan
Josey, William Cobb
Jump, Marilyn (Mitzi) Miller
Justice, Judith Lyn
Kabelka, Karen
Kaczynski, Judith
Kalb, David Lawrence
Kalman, Thomas John
Karnehm, Donavon Paul
Karrenbauer, Dr. Jeffrey Joseph
Kasper, David Peter
Katz, Brian Stuart
Kauffman, Dean Kyle
Kauffman, Rita Marlene
Keegan, Linda Joan
Keenan, Timothy Patrick
Kehl, David L.
Keller, Clarence William, Jr.
Keller, Gary N.
Keller, Holly Susann
Kennedy, Michael Edward
Kennedy, Walter David
Kenney, Judy Lynne
Kerekes, Laura Turner
Kessinger, William C.
Kibler, Ann Verna
Kill, Karl Craig
Kilpatrick, Stephen Keith
Kim, Ho B.
King, Carole Higgins
King, Cynthia L.
King, Diane Lavonne
Kingseed, Wyatt Andrew
Kinsey, Marilyn Hobart
Kirillow, Eduardo
Kirk, Guinette Marie
Kirsch, Charles Randall
Kirwin, Meg M.
Kitsonas, Nicholas Theodore
Klayman, Don Allan
Klosterman, Roger Lee
Knapp, Donna Lynne
Knechtges, Judith
Knoch, James Michael
Koder, Timothy Jon
Koenig, Bruce Edward
Koenig, Robert Gervase, Jr.
Koett, Kurt William
Kohler, Kurt Louis
Kokot, Sharon Ruswinkle
Koleszar, Ilona Elizabeth
Kolich, Kathy J.
Konold, Robert A.
Kordic, Bradford John
Kosanovich, Nicholas Kenneth
Kowalski, Martin
Krause, Louis John
Krauser, Patricia
Kritzler, Robert Matthew
Krohn, Mary Trunick
Krozser, Linda Jo
Krygier, James Edward
Krzystek, Peter James
Kuebler, Stephen Paul
Kuhn, David Alan
Kuhn, Keith Alan
Kuhr, Joel Martin
Kulka, Anthony Lee
Kunkler, Michael Andrew
Kurz, Richard Allen
Kwak, Chung Kil
Lalwaney, Aruna Narian
Lamagna, Kirk Richard
Landers, Doreen Tecora
Lane, Gerald Patrick
Langhorn, Billie J
La Penna, Anthony
La Rocco, Ms. Marianne Ellen
Larschied, Harry Lee
Larson, Dr. Mark Dennis
Latimer, Bryan Ray
Laughlin, James David
Lavine, Judith Jackson
Law, CAPT Stacy Forbes, USAF
Laymon, 1LT Thomas Richard, USAF
Leavell, David Marion
Lee, Brian Edward
Leppert, Steven Craig
Letson, Daniel John
Levatter, Sandra Caudill
Levin, Donald Lee
Levine, Gregg Alan
Levine, Richard Jay
Levison, Scott Perry
Levy, Barth Alan
Lewis, Melissa
Lietz, Steven Alan
Likes, Carmen
Lindner, Janice E.
Linn, Kimberly Bruegman
Liotta, William A.
Litvak, Evan Marshall
Litvak, Marc Jay
Livingston, Toby Petticrew
Lobdell, Lynne D.
Lochner, John Raymond
Lockard, Sarah Louise
Loftus, Leonard Thomas, III
Long, Sheryl Corns
Long, Ms. Sydney Crossland
Losey, Ronald Arthur
Lotozo, William Anthony
Love, Siew Hoon
Lowrie, David Richard
Lowry, Paula Jo
Lucas, Roy Raymond
Luffy, Thomas George
Luikart, Robert Blair
Lundregan, Stephen Michael
Lurie, Jack Martin
Lust, Dennis Aaron
Lynd, Rodney M.
Lytle, Lindsey Carla
Macali, Palmer Joseph, Jr.
Mackey, Patricia Ann
Mac Laren, Tammy
MacMillan, Jeanne
Madras, Linda J.
Maiberger, Mark A.
Main, William Allen
Malcolm, Douglas Raymond
Mann, Benjamin H.
Manning, Steven Bruce
Manuel, James Carlton, Jr.
Mar, Jimmy
Margolis, Loren Jonathan
Marin, James Martin
Marshack, James Harold
Marshall, Billy Davis
Marshall, Carlile Babcock
Marshall, John Rene
Martin, Craig Stephen
Martin, Yvonne
Massey, Michael Hall
Matarese, Lorraine Heichemer
Matheny, Mark Hummell
Matoszkia, James Vincent
Mauger, Jud R.
Maxwell, Nan Lynne
May, Douglas Floyd
May, Robert Allan
Mayo, Michael Anthony
Mazer, Jeffrey M.
Mc Auley, Irwin Lee
Mc Bride, Grace Maria
Mc Callister, John Willard
Mc Cann, Richard Paul
Mc Cartney, David
Mc Clarren, Craig Coulter
Mc Claskie, Ms. Deborah Lynn
Mc Collough, Michael Ashton
McConnell, Teresa R.
McCrorie, Catherine
Mc Daniel, Jenny Sue
Mc Daniel, Richard Franklin
Mc Donald, Regina Renee
McElhaney, David Anthony
Mc Gillivray, Carl Michael
Mc Intosh, John William Van Vloten
Mc Kee, David Lewis, Jr.
Mc Kinley, Thomas Richard
Mc Lane, Terese Ann
Mc Mahon, Patrick Thomas
Mc Nicol, Cristopher Edward
Mc Pherson, Scott Allen
Mead, Mark Kevin
Meadows, Donald Ray, Jr.
Meder, Emily Chin
Meek, Robert Jay
Mehallis, James E.
Meinert, Patricia Ann
Meister, Linda Marie
Melick, James Mc Coy, Jr.
Mellett, David George
Mellman, Judith Schwartz
Melnyk, Andrew
Menart, Rudolph John
Mencer, Ms. Jetta Lynn
Mendenhall, Kim
Mercer, Kyle Robert
Mercier, Murry J.
Mercier, Murry James, III
Meredith, Thomas Brian
Mershad, Richard Michael
Metzger, Gregory Alan
Metzger, Jeffrey Joseph
Meyer, Eric Benjamin, CPA
Meyer, Janis
Meyer, Mark D.
Meyers, David William
Meyers, Marcia Justine
Meyers, Mark Edward
Meyers, Thomas Allan
Mikusa, Robert
Mileti, Raymond Timothy
Millberg, Charles Thomas
Miller, David Paul, CPA
Miller, Debra S.
Miller, Hope E.
Miller, James Christopher
Miller, Jaye Claire
Miller, Jerry Wayne
Miller, Michael Dee
Miller, Steven Russell
Mills, Tyler Gordon
Milne, Dr. David Robert
Minor, Janet Helen
Mirgon, Thomas Lee
Miskinis, Lisa Maria
Mitchell, David Bryant, II
Mitchell, Deborah Jean
Moberger, Steven M.
Moeller, Patrick Gerard
Moffett, Chrisdon Matthew
Mogavero, Julianne
Mokhtari, Masoumeh
Mong, Susan Leigh
Monro, John Lee
Monsarrat, Mark Peters
Montague, Nancy Duncan
Montgomery, Timothy Scott
Moore, Timothy Grant
Morgan, Joseph Porter, Jr.
Morganski, Paul William
Morris, Robert Alan
Morris-Wagner, Robin, MSW
Mueller, Kristin Krueger
Mulholland, Daniel B.
Mullen, Mary Anne
Mullet, James Robert
Mundell, Robert Eugene
Murph, Yolonda D.
Murphy, Gilbert Byron
Murphy, Katherine Nett
Murphy, Thomas Walter
Murray, Charles C.
Murray, Richard William
Musilli, Dale Michael
Muskal, Jerry
Mustaine, James Edward
Myers, Richard Watkins
Myers, Robert A.
Myles, Debora Renee
Nair, Venugopalan P.
Nash, George Raymond
Nash, Patrick Joseph
Nauman, Michael David
Near, Mark Harrison
Neilands, Ms. Rachelle A.
Nelson, Carol Louise
Nelson, Tina Wojchowski
Newman, Mrs. Marianne Etowski
Newman, Shawn Timothy
Newmeyer, Terri Lynn
Nicholson, William John
Nobile, Wendy
Nolan, Theresa Ann
Noonan, Philip Gerard
Norris, Ronald LaMarr
Nowak, Monica Mary
Nowosad, Irene
Nugent, George William
Nunamaker, Lawrence Edward
Nutter, Kim
Oakes, Annette Riess
O'Brien, Cynthia A.
Ocheske, Dale Lee
O'Connor, Kathleen Marie
Oda, Alan Christopher
Oeters, William Donald
O'Hara, Mark Shafer
Ohle, Frederick William
Ohlweiler, James A.
Ojibe, Mbanefo Brian
Olinger, Debra L.
Oliver, Daniel Brent
Olivieri, Nicholas Michael
Olnhausen, Eric
Orban, John William
Orosz, William Julius
Orr, Ronnie Eugene
Ortega, Angelo Anthony
Osterholtz, Jan Louise
O'Sullivan, Michael D., MSW
Ott, Michael Miller
Overdorff, Gary Paul
Owen, Charles Bishop
Owen, Margaret Joyce
Owens, John Albert
Pachan, Michael Steven
Paden, Ms. Nanette Lynn
Page, R. Scott
Palay, Stephen William
Paquelet, Clare Marie
Pardee, Mary E.
Parke, Mark Bryant
Parkhill, Don R.
Parkhill, Kevin Keith
Parsons, Dean Kent
Pasholk, Andrew Valentine
Pasholk, Mary Louise
Patterson, Lesly J.
Patton, Shawn Knapp
Paul, Eric Braden
Paul, Ronald Howard
Pavia, Michael Andrew
Paxson, James Russell
Payne, Douglas Lee
Peebles, Nancy Laverne
Pelletier, Robert Adelard
Penner, Mark L.
Perkins, Susan Lynn
Perks, Lisa Guest
Pernotto, Michael Andrew
Perry, David Benjamin
Perry, Regina L.
Perz, Edward Joseph
Petry, Mark Alan
Petsche, Daniel John
Petukauskas, Michael G.
Phillips, Steven Scott
Piciacchio, Joel Anthony
Pierce, Joel Edward
Pizzola, Jeff
Plank, William Martin
Platau, Steven Mark
Plummer, Mary Hord
Poling, Randy Jay
Polinori, Jeffrey Louis
Pollack, Seth Ellis
Poole, Annette Bassett
Porter, Lana Garner
Pottinger, LT Scott Michael, USNR
Povenmire, Christina Maria
Powell, Gay Elizabeth
Powers, Dennis Hal
Priaulx, Johanna Jaggard
Pridemore, Veronica Camp
Protenic, John Joseph
Pruitt, Dr. Stephen W.
Purvis, Frances J.
Queen, Russell William
Quinn, David Alan
Quinn, Robert Collins
Rader, Linda Kay
Ragazzo, Elaine
Ragias, Paul Pete
Raita, Deborah Ruth
Rakestraw, Julie Anne
Ramsey, Daniel Joseph
Rand, William Edward
Randal, Kip York
Ranft, Mark Herschel
Rankin, Sheila Renee
Ratliff, John Russell
Rauch, Dr. Charles Frederick, Jr.
Rauch, Stephen Howard
Recchiuti, Gregory Allen
Redd, Paul Andre
Reed, Bruce Joseph
Reed, Thomas Patrick
Reeves, Paul Garrett
Regan, Kathleen Grace
Reid, Christopher John
Reidenbach, James Kent
Reiss, Gary Richard
Rempe, Kimberly Ann
Remster, Timothy Michael
Repke, John Lahr
Resler, David Charles
Resnick, Robert William
Reynolds, Michael Brad
Rich, Barbara A.
Richards, David Wayne
Richardson, Earle Wesley
Richman, Bruce L.
Richman, Jill S.
Rieve, Eric Alan
Rigano, Frank Anthony
Riggs, Jonathan Daniel
Riley, Kelvin Andre
Ringenberg, Ronald Edward
Ritter, James Joseph
Rivers, Michael Lee
Roach, Dr. Bonnie L.
Roadruck, Joel Evans
Roba, Ralph Stephen
Robb, Thomas Michael
Robbins, Barbara Lynn
Roberts, James Edward, Jr.
Robertson, Barbara
Robinson, James Rees
Robinson, Jeffrey Marc
Robinson, Ms. Kelly Sue
Robinson, Kevin Wayne
Robinson, Rebecca L.
Robison, Cynthia L.
Robison, John William, II
Roche, Deborah Kay
Rockwell, David Allen
Rodeman, Terrence E.
Roederer, Richard Bruce
Rohrs, Gregory Clark
Romaniw, Steven Paul
Ronen, Dr. David
Root, Rebecca R.
Rose, Holly Reeve
Rosen, CAPT Paul Mitchell, USAF
Rosensweig, Scott
Rosolowski, Larry Michael
Rosowicz, Janet Therese
Ross, Gwen Ellen
Ross, Jeffrey Bernard
Rothermund, Terri L.
Rouch, Dianne Lee
Rouse, John Robert
Roush, Ann Thompson
Rowan, Patrick Sloan
Rowland, Bruce Alden
Rudmose, Dana Wilson
Runyan, Douglas Jay
Russell, James Mead
Ryan, Joseph Michael
Sabo, Sandra L.
Sammons, Joanne Lambert
Sampsel, Craig Allen
Sanborn, Jimmy Webb
Sanchez, Julian Paul
Sanchirico, John A.
Sanders, Daniel R.
Sandridge, Sheryl Gautschi
Santisi, Donald James, Jr.
Sarafin, Lori Diane
Sasso, Nicholas Rex
Scarpelli, Anthony Francis
Schaechterle, Gordon Everett, Jr.
Schain, Robert Lawrence
Scheiderer, Carl Walter
Scheimberg, Dr. H. R.(Kelly)
Schermer, Carole Albanese
Scherz, David Lee
Schiefer, Douglas Lee
Schilling, Charles Roger
Schilling, Raymond William
Schimmoeller, Jeffrey Thomas
Schirtzinger, Warren R.
Schlaegel, David Rolland
Schlegel, Bruce James
Schleucher, Douglas Eugene
Schmitz, James Arthur
Schneider, Dr. Arnold
Schneider, Roger William
Schneiderman, Karen R.
Schoeppler, Scot Ross
Schoneman, Ralph Taylor
Schoneman, Susan Lowry
Schrack, James Manner, II
Schultz, Michael James
Schultz, Robert Alvin
Schwieterman, Terrance Arthur
Scott, James Lee
Scritchfield, Susan Wright
Seckel, Ronald Alan
Seibert, Kimberly Sue
Seifert, Thomas Joseph
Seils, Timothy Edward
Selegue, Mark Scott
Sellers, Mark Richard
Shafer, Karen
Shanahan, Margaret Clare
Sharifzadeh, Hamid Reza
Shawd, William Goddard
Sheaf, Laurie
Sheehan, Kathryn Press
Sheehan, Thomas Kevin
Shellberg, Kenneth Lee
Sherman, Ricky David
Shilander, Bruce Justin
Shively, Brian L.
Shkolnik, Ronald Marc
Short, Timothy Allen
Shriver, Pamela Jean
Shroyer, Gary Smith
Sidor, Dorothy L.
Silver, Marci A.
Simcoe, James Joseph, Jr.
Simone, Joseph William
Singh, Ardaman Bhagwant
Skidmore, John Carroll
Slachta, Geoffrey Stephen
Slaughter, David Lance
Smiley, Mark Andrew
Smith, Barbara Howell
Smith, Brad Lee
Smith, Frank M., Jr.
Smith, Frederick Miles
Smith, Gaylord Edwin
Smith, Jak Edward
Smith, Jerry Phillip
Smith, Paul Frank
Smith, Randall Raymond
Smith, Steven Henry
Smylie, Steven Howard
Snively, William Justin
Snodgrass, Mark Shane
Snow, Cecil Alan
Snyder, Randolph Scott
Soller, Richard E.
Solomonides, Drew Christopher
Solsman, Scott Donald
Sopp, Jeffrey Howard
Sowder, John Tobin
Spada, Nancy Ellen
Spatz, Beth
Speer, John Robert
Spielberger, Korby Lee
Spotts, Margaret Elizabeth
Squires, Dale Alan
Stall, Jo Ann
Stallings, Timothy Lohman
Stamatis, Rhonda Mokhiber
Stamets, Robert Bruce
Stapler, Carl L.
Starkey, Debra Lynn
Stauffenger, Leonard William
Stech, Michelle Gilleland
Stegmann, Philip Andrew
Steiner, Linda A.
Steinhardt, Susan Ida
Stemen, Michael Dale
Stentz, Gary Michael
Stephenson, Sandra Schrier
Stillings, Lisa Ann
Stock, Timothy Michael
Stockwell, Lynne Murray
Stockwell, Michael Alan
Stone, Renee Lee
Stone, Dr. Robert Neil
Stovsky, Richard Paul
Strahine, Michael Edward
Strahler, Susan Walters
Straight, Phyllis Pauline
Straker, Jane Helen
Strangfeld, William C., Jr.
Stransky, Douglas Keith
Strapp, Gary Patrick
Strawser, Jerry David
Strebler, Victoria
Streng, Christine
Strine, Jeffrey Ogden
Strizak, Steven Michael
Stuckey, Mrs. Lori Cowden
Sturtz, Thomas Lee
Styer, Mary L.
Suarez, Jose
Sugheir, Jeffrey Samir
Sullivan, Marybeth
Swank, David Brian
Swary, Anthony James
Swingle, Timothy James
Swysgood, Matthew Stone
Sydnor, Linda Darnell
Szabo, Beth Dopkiss
Szaronos, Keith Gerard
Szubra, Diane Marie
Talley, Craig B.
Tamulonis, James Joseph
Tanner, James M.
Tarver, Silas
Tata, James R.
Tatterson, Katherine Ann
Tauber, Carol
Taylor, Deborah
Taylor, Donald Clifton
Taylor, John Albert
Terry, David Scott
Terveer, Thomas Bernard
Tharp, Stephen Whitehouse
Thatcher, Michael James
Thomas, Daniel Robert
Thomas, Don
Thomas, Stephen Peter
Thompson, David James
Thornbloom, Dennis Glenn
Tiano, Danos S.
Tibbitts, David Allan
Ticknor, William C.
Toben, David Drew
Tomko, William Jacob
Tonjes, Ronald G.
Tonty, Rebecca Weinstock
Toole, Carol
Totonis, Harry H.
Totterdale, James Paul
Tovey, Jay R.
Towles, Robert John
Tracy, Bridget Anne
Tracy, Steven Douglas
Trail, Steven Rae
Tran, Vinh Phat
Trennel, Ronald J.
Trifelos, James Nick
Trimbur, Bruce G.
Tripp, Gerald Lee
Trusler, Thomas Jay
Tucker, Frances Gaither, PhD
Tugend, Robert Brian
Tunney, William Brian
Turner, Cynthia Green
Turner, Judy Wetzel
Turner, Terry Lee
Turrin, Cesare Peter
Ubbing, Thomas James
Ulliman, Thomas Raymond
Urbany, Dr. Joel Edwin
Vallo, Ann
Van Camp, Harrison Dean, Jr.
Van Horn, Brent William
Van Meter, Donald Joe
Vatsures, Thomas Peter
Vendemia, William Guy

1980 (Cont'd)
Vessels, Edward Charles
Victor, Robert Anthony
Vincent, Brent Eugene
Viola, Mary Kay
Von Kennel, Timothy Joseph
Voorhis, John Lawrence
Wade, Nancy Mc Guire
Wagner, Dean Edward
Waibel, Mary J.
Waina, Dennis Joseph
Walder, Martine E.
Walker, Charles Wilson
Walker, Floyd Dalton, III
Walls, James Edgar
Wanamaker, Julie
Warburton, Debra Sue
Ward, Donald Eugene
Ward, James Michael
Warfield, Cheryl
Warne, Dennis Mark
Warner, Julie Beth
Washing, Larry Edward
Wasserman, Michael Elliot
Watson, Thomas Howard
Watt, Craig Leland
Watts, Cheryl Anne
Webb, Mary Patricia
Weber, Anita G.
Weber, Kevin Ray
Weekley, Jeffrey Ross
Wehr, William W., Jr.
Weik, Douglas Karl
Weinkauf, David Allan
Weisbarth, David Alan
Weisman, Arthur Aaron
Weisman, Karen Marx
Weiss, Steven Philip
Wendorff, William Thomas
Werbeach, Larry A.
Wessels, David John
West, Mary Kathryn
Westerfield, Robert Douglas
Wetzel, Daniel Gray
Wetzel, William Robert, Jr.
Whalen, Karen Christine
Whims, Dale Leroy
Whitacre, David Victor
White, Bruce Mage
White, Douglas Robert
White, Douglass Eugene
White, Sharon Kimberly
White, Thomas Alan
Whiteus, Jeffrey Scott
Widdoes, Robert Dean
Wieging, Theodore Franklin
Wiles, Peggy
Wilkinson, Stephen Matthew
Williams, Bonnie Jean
Williams, Brian Clifford
Williams, Don Alfred
Williams, Donald Roy
Williams, Evan John
Williams, Patricia D.
Williams, William Alan
Willis, William Karnet, Jr.
Willoughby, Lisa Anne
Wills, Patrick Owen
Willsey, Gregory Alan
Wilson, Charles Wayland
Wilson, Kenneth Bruce
Wilson, Mitchell Allen
Windholtz, Timothy Frederick
Windnagle, Dana Roeper
Winn, Scott Phillip
Winter, Dr. Bruce Alan
Wise, Michael Anthony
Wise, Stephen Charles
Wisecarver, Dana Lynn
Witwer, Douglas Lowell
Woeste, David Paul
Wood, Daniel Scott
Woods, William Louis
Worcester, Penny Wyman
Worley, Jerry Williamson
Worman, Charles Scott
Wright, Brent William
Wright, Cheryl
Wright, Christine Bowman
Wright, Rick L.
Wright, Rick Lynn
Wristen, Edward Lewis
Yang-Teng, Nancy Cho-Chi
Yeack, William Robert, Jr.
Yee, Kenneth
Yeley, Russell C.
York, Robert James
Young, Colleen Elizabeth
Young, Laura
Young, Miriam
Young, Peter Letts
Young, Setrena Nadine
Yuen, Michael Kam-Wai
Yung, John Kim
Yunker, Eileen Marie
Zagar, Richard Gerard
Zak, Annette Yvonne
Zatezalo, Michael Scott
Zietlow, Mark Howard
Zorko, Mary Margaret
Zuber, Robert Dale

1981
Aaron, Jeffrey Seth
Abney, Mary Lou
Ackley, Cindy
Acuto, David William
Adkins, Susan Raney
Ahrendts, Polly Ann
Ai, Li Lien Li-In
Aiello, Michael Joseph
Albaugh, Ronald James
Albright, Marlyn
Aldrich, Kenneth Robert
Alessio, Gary Lewis
Alevizopoulos, Demetrios
Alexander, Daniel Ralph
Alexander, Heidi
Al-Fayez, Roxane Stoik
Allen, Dianne Johnson
Allen, James Reid
Allen, Kimberly Jo
Allen, Mary
Allen, Regina Marie
Alspach, David Donn
Ammar, Cynthia
Anderson, Jeffrey W.
Anderson, Steven S.
Andrews, Robert
Andrioff, James Joseph
Apel, Janice Elizabeth
Apfel, Raymond Allan
Apolonio, Domingo Jose
Applegate, Joyce Elizabeth
Ark, Joyce Ellen
Armeni, Joseph Robert
Armitage, Laura Faith
Arndt, Charles H.
Arnold, Leann
Arnold, Lori S.
Arruda, Robert Joseph S.
Aschenbach, Douglas Lee
Ashcraft, Barbara Ann
Avritt, Michelle
Axelrod, Barry Craig
Bachert, Amy Bell
Bachert, Michael Mc Quiston
Bagnoli, Assunta
Bailys, Brian Daniel
Baizel, Daniel Lester
Baker, Bruce Edward
Baker, Donald Sherman, Jr.
Baker, Douglas Allen
Baker, Judith L.
Baker, Karen Lorraine
Baker, Robert Dean
Baker, Scott Lawrence, Esq.
Baldauf, Paul Alan
Baldwin, CAPT Duane Clark, USA
Baldyga, Christopher J.
Ball, David Harold
Ball, Robert Christopher
Ballard, Michael C.
Ballenger, Mark Jay
Ballinger, Barbara
Balogh, Kenneth Scott
Balser, Kurt Douglas
Banwart, Geoffrey Douglas
Barbee, David Eugene
Barber, Christopher James
Barden, Kenneth L.
Barnes, Lyle Scott
Barnes, Quay Yvonne Howell
Barnhart, Mark Stanton
Barry, Kevin Gerard
Bartelmay, Randall Roy
Bassak, Ronald Richard
Bath, Charles S.
Bauer, Ms. Jane Michele
Bauer, Ruth Obermeyer
Bauer, Susan
Baughman, Holly Ann
Baum, Scott Edward
Bauman, Daniel Abner, Jr.
Beaver, Benson Scott
Bechtel, Larry Frank
Beck, James Edward
Beckett, Mark Allen
Beckley, Paula Tussing
Beebe, CAPT William David, USAF
Beery, Ronald Lee
Bell, Cheryl
Bell, James Christopher
Bell, Leslie
Bell, Susan Elizabeth
Belot, Carla J.
Benis, Cynthia Sue
Benjamin, Susan Davis
Bennett, Charles Edward
Bergen, Suzanne Marie
Berger, Edward, III
Bergfeld, Charles Anthony
Bergman, Cari Edelstein
Bernard, Melissa Mary
Berry, Trudie Kristine
Best, Ralph E.
Bevacqua, James Michael
Biddinger, David Mark
Biederman, Rex Alan
Bigley, Kenneth Alan
Bill, Frank Leo
Biltz, SGT John Alan
Binmahfooz, Sami Ahmed
Bizzarro, David Joseph
Black, Larry David
Blackstone, Kathy Crawford
Blair, Michael Leland
Blanchard, Van, II
Blazewicz, Frank Xavier
Bloomfield, Kevin Lawrence
Bochnak, Steven Lloyd
Boffo, Joseph Vincent
Boger, Jacalyn Kay
Bogle, Toni
Bogner, Scott Thomas
Bonfante, James Robert
Booker, Ronald G., Jr.
Boss, Tom
Bosway, Michael Edward
Botti, Joseph Nicholas
Bouchard, Robert Marcel
Boughner, James Robert
Boutros, Samia Farid
Bowman, Kay Nan
Boyer, J. Paul
Boykin, Lisa Lewis
Bradford, John Auman
Brandt, John Truman
Braun, Peter D.
Brehm, Joanne Marie
Breig, Daniel R.
Brennan, James Michael
Brickley, Amanda
Brickley, Steven Richard
Bride, Karen Anne
Bridle, Laura J.
Brod, James Robert
Brodegard, William Connelly
Brokaw, Pamela S.
Brookbank, John Brearton
Brooks, Charles Allen
Brooks, Gregory Richard
Brooks, Joseph Edward
Brovitz, Stacy Alan
Brown, Michael J.
Brown, Paul Jonathan
Brown, Peter Michael
Brown, Sherrod Campbell
Brown, Thomas Andrew
Brown, Walter Henderson, Jr.
Brown, 1LT Zane Eric
Brozovich, Thomas Nicholas
Brubaker, Amy Shepherd
Buchs, Jay Douglas
Buck, Dorothy Snyder
Buck, Joel Scott
Buckingham, Ricky Scott
Buehler, Dixon Allan
Buehler, Gary Robert
Buehler, Scott Charles
Buenger, Robert L.
Bugge, Dianne Streitel
Bull, Joseph Orwin
Buller, Eric Michael
Burcham, Stephen Dale, CPA
Burdorf, Michael Christopher
Burge, LTJG John Kenneth, USN
Burk, James Edward
Burk, Joan Elizabeth
Burke, Bobby Joe
Burkley, Pamela A.
Burks, Karen Louise
Burns, Mary Lou
Burrows, Anette Marie
Busch, Eric Karl
Butler, Michael Clark
Byrum, William Scott
Call, Richard Charles
Calland, Kevin David
Calori, Kevin Kinsey
Cameron, John Edwin
Campbell, Barbara Ellen
Canestraro, Judith Wallace
Caplin, Joseph Edward, II
Capoziello, Michael Anthony
Capuano-Sutphen, Rita Judith
Carey, Kenneth Edward
Carlisle, Robert Paul
Carlson, Barbara Helene
Carmean, Ginger L.
Carnes, Marianna Margaret
Carpenter, Betsy
Carr, Robert John
Carter, J. Chett
Carter, James Charles
Casagrande, Chester Guy
Cashmere, Drew Allen
Cass, Joyce Konst
Cassanos, Peter George
Cassidy, Susan Fried
Casto, Cinthia S.
Castroverde, Eloy A.
Cavanaugh, Nancy Wack
Chadima, Judith
Chambers, Jerry Dean
Chandler, Carl Stephen
Chandler, Lois
Chaplin, L. James
Chapman, Helen
Chilcote, John Nicholas
Chow, Kai Ming
Christiansen, Robert H., Jr.
Christo, Christopher B.
Cieslak, Michael Robert
Circenis, Peter Eriks
Cisco, Galen Bernard, Jr.
Claggett, Eric Richard
Clark, Anne Howell
Clark, Donald M.
Clark, Michael James
Clark, Steven Glen
Clement, Timothy Karl
Cline, Julie Lynn
Cloern, Alan Jeffery
Clough, Randy Michael
Clover, James L.
Coady, Kevin Patrick
Cochran, Layne Edward
Cochrane, Nancy Cook
Cohen, H. Dennis
Cohen, Howard Kruger
Cohen, Rick L.
Cole, Rex Stacey
Coleman, Mrs. La Dessa
Colflesh, Paul Raymond
Collier, Nadine Geiger
Coltman, Valerie Tancredi
Colvin, Karen Aukeman
Condon, James Brian
Conley, Harold Dean
Conley, Mary E.
Connare, Joseph Patrick
Constantine, Marie Ann
Contini, Richard Joseph
Conway, Mark James
Cook, Brian C.
Cook, David Alan
Cooper, Daniel David
Cooper, Joel Charles
Cope, Dr. Glen Hahn
Cordetti, Ralph Dominic
Coridan, John Henry
Corll, Cynthia L.
Corral, Jayn Louise
Corsiglia, Anne
Couch, Douglas Edward
Covert, Jeffrey W., CPA
Covert, Stephen Lowell
Covington, Joan
Cowgill, John Alan
Cox, William Randall
Coyne, Kevin Todd
Cramer, Charles Lambert, Jr.
Crawford, Michael
Creager, Kim
Creps, Linda Jane
Crews, Cristie
Crippen, Dr. Danny Lee
Cronin, Dr. J. Joseph, Jr.
Crooks, Robert William
Crowner, Susan L.
Crum, Brian D.
Crusey, William Campbell
Cruz, Maria Elena
Csetri, Nora
Culberson, Andrew W.
Cullinan, Robert J.
Cummings, Richard J.
Cummins, Michael John
Currell, Joseph Christopher
Curren, Matthew Richard
Curtis, Franklin James, II
Custenborder, Steven Lee
Cypher, Gretchen Rauch
Cyphert, Stacey Todd
Daering, Scott Franklin T.
Dagil, Alan John
Daniel, Cathe
Dankworth, Charles Henry
Darr, Richard Paul
Daugherty, Dr. John William
Daum, Robert Thomas, II
Davidson, William Allen
Davies, Jeffrey Scott
Davis, Barbara
Davis, Brent William
Davis, Dennis Michael
Davis, Glen R.
Davis, Laura Marie
Davis, Timothy Lee
Day, Julie Marie
Day, Patrick W.
Deal, Douglas Scott
Dean, Michael William
Decaminada, Caroline Fata
De Capite, Joseph Edward
De Cenzo, Elizabeth
De Clerck, Robert Camiel, Jr.
Deem, Mark Anthony
Defrank, David John
Delaney, Mark Richard
De Liz, Denis
Della Flora, Thomas Joseph
Demartini, Regina M.
De Paul, Raymond Joseph
Depew, Dixie Anne
Depinet, Sharon
De Roberts, Rochelle De Victor
Detmer, David Hugh
Dettorre, Gregory Thomas
Deutschle, Andrew Vincent
De Vore, Crista Cooper
De Witt, Peter John, Sr.
Diaz, Donald David
Di Domenico, Michael Gene
Diebel, Robert Kent
Dierkers, Ms. Marcia Joan
Di Franco, Paul Joseph
Dill, Craig H.
Dimarco, Alvin Alfred
Dinan, Margaret Mary
Diniz, Philip Anthony
Di Pangrazio, John
D'Ippolito, Michael A.
Dobbs, Debbie Lenox
Dodd, John A., Jr.
Dodson, William Alfred, Jr.
D'Oench, Nancy Worrell
Donahue, Michael Terrence
Doseck, Michael John
Dowley, James Charles
Doyle, John Michael
Draper, JoAnne
Dreyer, Michael Paul
Driver, David E.
D'Souza, Dr. Patricia Veasey
Du Bois, Raymond D.
Dudley, David Allen
Duellman, Anthony Bernard, III
Duffy, Thomas Joseph
Dunn, Lisa
Durr, Deborah Jean
Dye, Mark Alan
Dye, Richard W.
Dyett, Sharyn Ann
Eagle-Beard, Linda Lee
Eaton, Philip Alan
Eberst, Michael Lee
Eblin, Marlaina Fisher
Eckles, Lawrence Guy
Economou, Alexandra
Edelstein, Jeff Alan
Ednie, Lawrence R.
Edsinger, Roger Charles
Ehren, Mark David
Einzig, Lori S.
Elam, Mark Alexander
Elbrand, Marcy B.
El-Kazaz, Dr. Hussein Mohamed
Emery, David Allan
Endsley, Mark Alan
Endter, Sandra
Engram, Vicki Lynn
Eramo, Anthony Joseph
Esber, Brett Michael
Escaja, Mark Paul
Esler, Pamela D.
Estepp, Randall Scott
Esterline, Thomas L.
Everman, Bret Allen
Ewart, Edward Lynn
Ewing, Daniel Edward
Ezzo, Gilbert Michael
Fagin, Marc K.
Fahrenholz, David Bruce
Fahrney, Kimberly Noel
Fair, Roland Nicholas
Fairchild, Joseph Richard
Fairweather, James Alfred
Fallon, Timothy Joseph
Fanning, Carolyn Ann
Farwig, Karl Herman
Favor, Stephen Marshall
Fellenstein, Karen A.
Felmet, Grant William
Feron, Brian Thomas
Ferree, Grant Russell, Jr.
Fetter, William Leonard
Fetty, Joseph Charles
Fields, Brian Alden
Fields, Thomas William
Figurski, CAPT George Andrew, USA
Finch, Vicky Hensley
Finckel, Gary Lyn
Finney, Angela G.
Fiorelli, Patrick Joseph
Fiorita, Dr. Vincent Louis
Fisher, Diane Marie
Fisher, Joel Charles
Fisher, Shelley Eckstein
Fisher, William Eric
Fletcher, Mark Edward
Foley, Joseph Edwin
Ford, David Russell
Ford, John Meyer
Ford, Steven M.
Forman, Janet Ann
Forrest, James Randolph
Forsythe, Scott Alan
Fox, Mark Robert
Fralick, John E.
Francisco, Gordon Michael
Fratianne, Kathleen Ptacek
Frazier, Michael Joe
Fredman, Robert Samuel
Freeman, Jane
Freireich, Stephen Robert
French, Sandra Rae
Friedman, Jeffrey Scott
Frisbee, Wayne Thomas
Fritch, Ronald Leigh
Fruth, Karen Ann
Fuchs, Madeline
Fugazzi, Lisa Halpert
Fuhlbrigge, Peter M.
Funchess, Gwendolyn Denise
Gable, Jeffrey R.
Gaertner, Christopher John
Gaitanos, Mario, Esq.
Gallucci, Joseph S.
Gallup, Janet E.
Galpin, Kathryn Jane
Gambrel, David Rex
Gangl, Kirk Peter
Gannon, Ellen Pfefferle
Ganoom, Omar
Gardner, John Griffith
Gardner, Robert James
Garver, Gregory Robert
Garvin, Karen Ann
Gary, Violet M.
Gassaway, Jeffrey Allen
Gast, Richard John
Gaughran, Tim Richard
Gawronski, James
Gayler, Charles Eckhart, II
Gayler, Robert Carlton
Genninger, Leslie Ann
George, Gale William
Gerber, Dennis Stephen
Gerber, Diane
Gettman, Lucy Carroll
Ghansah, James Andrew
Gibb, David James
Gibbs, Dana Richard
Gilbert, Clyde Abraham, II
Gilbert, Gary Martin
Gilet, Lawrence Peter
Giller, Thomas W.
Gillespie, Robby Dean
Gillock, Dave Patrick
Gilman, Paul Gregory
Gilroy, Merri C.
Gins, Theresa A.
Glasstetter, Eydie Gartrell
Glatz, Randy Wayne
Goddard, Kevin Herald
Godshall, Carl Gilbert, Jr.
Goepfert, Thomas Joseph
Goldberg-Rugalev, Anthony Edwin
Golden, Marcie Ann
Goldthwaite, David L.
Gomez, Phillip Joseph
Goodman, James Joseph
Goodman, Leslie Scott
Gordon, Richard Perry
Gorske, John Pittman
Goudy, Wesley Eugene
Grabiel, Joseph Gordon
Graham, Karen Marie
Green, Debra Joan
Green, LT Fredrick, USN
Green, Timothy Johnson
Greenberg, Dr. Ralph Howard
Gregory, James A.
Gregory, Timothy Alan
Griffin, Daniel Paul
Gripshover, Gregory Joseph
Groedel, Alan Jay
Grote, Ronda Lea
Groves, Russell William
Gulick, Matthew Philip
Gutheil, Thomas Dane
Guthrie, Jeloy Mavis
Gutierrez, Susan Allen
Haas, Joan Gorman
Habash, Matthew David
Habuda, Joseph P., III
Haering, Cynthia
Haghighi, Joann Appel
Hague, Dan M.
Hahn, James Edward, II
Hall, Gregory Lee
Hall, Stephen Earl
Haller, Hazel Giffen
Halpern, David Leon
Hamberg, Tracy A.
Hannaford, Thomas Edward
Hannah, Frank Burdette
Hardy, John Lance
Hardy, Robert Allen
Harloe, Alan Jay
Harold, Michael William
Harper, William Patrick
Hart, Scott Michael
Harwood, James Neil
Haslam, Scot Herman

CLASS YEAR LISTINGS CLASS OF 1981 357

1981 (Cont'd)
Hatton, David Scott
Hatton, Rick J.
Hay, Mark Christopher
Hay, Melissa Walker
Heath, Carolyn Denise
Hedges, David Brian
Hedges, Mark Vawter
Heft, Mary Ann
Heiberger, Irene A.
Heisel, Dwight Richard, II
Heksch, Robert Andrew
Hentz, Stephen Thomas
Herd, Mark Duane
Herman, Daniel Marc
Herro, Ms. Lynn Marie
Hershberger, Margo Louise
Hershey, Charles Peter
Hertenstein, Carol
Hertlein, Lori Ann
Herzog, Judith L.
Hesseling, Susan Elaine
Hewitt, Therese Elizabeth
Hiatt, Michael K.
Hickman, Mark Alan
Hilditch, James Edward
Hinterschied, Michael Joseph
Hixson, Stephen Allan
Hoch, Steven James
Hoehne, George Karl
Hoelzer, Joel Lee
Hoffman, Jerry Wilhelm
Hoffman, Kenneth Douglas, DBA
Hohler, Richard Jon
Holcomb, Kenneth James
Holland, Dr. Rodger Gene
Hollenbeck, David B.
Holliday, Ms. Terri Anne
Hollis, Steven Alan
Holman, Peggy Fain
Hom, Raymond M.
Homan, Debra M.
Hoopingarner, Joseph Charles
Hopson, Ronald Eugene
Horbaly, Barbara
Horn, Michael Joseph
Hornyak, Edward John
Horrigan, Mark Charles
Horvath, Candace
Hoskins, Estil Lewis, Jr.
Hover, Kenneth William
Howard, Christine
Howard, Susan
Howell, Victoria Lynn
Hoying, Teresa Ann
Hubbard, Stephen Frederick
Huber, William Richard
Hufford, Douglas Carl
Hulls, Bradley Webster
Humphrey, Patricia Ann
Hunsinger, David Noel
Hunter, Mark Richard
Hunter, Rachel L.
Hurley, Frank James
Huron, Earl Joseph
Huston, George Richard
Huston, Susan B.
Hutchison, Jeffrey Watt
Hyland, Brenda
Iannarino, Mark Joseph
Iezzi, Frank Joseph, Jr.
Igoe, Cleve Ross
Ingram, Lizbeth
Inman, Robert Jesse
Inscore, Michael Lee
Inveiss, Andris Erik, Esq.
Irwin, Todd Edward
Jackson, Donna Lynn
Jackson, Wiley Hilliard
Jacobs, Thor Michael
James, Sandra
Janer, Mark A.
Janick, Ms. Colleen Irene
Jay, Ben C.
Jayasimha, Vikram B.(Vic)
Jender, Patricia Turner
Jenkins, Coreen Meunier
Jenks, Brian Keith
Jette, Maribeth Brennan
Jobes, Edward Alan
Johann, Stephen M.
Johnson, Aimee Patrice
Johnson, Janet
Johnson, John Wilford, Jr.
Johnson, La Vern Lloyd, Jr.
Johnson, Laurie J., CPA
Johnson, Linda Schlesinger
Johnson, Mark Russell
Johnson, Mark Steven
Johnson, Matthew C.
Johnson, Michael Fredric
Johnson, Raymond Taylor
Johnson, Robert Gaylord
Johnson, Stanley Edwin
Jones, David Anthony
Jones, Donald Kevin
Jones, James Philip, Jr.
Jones, CAPT Matthew Kendall, USAF
Jones, Rosa Marie
Jones, Stanley Russell
Jordan, Barbara Gibas
Jordan, Keith Brent, CPA
Jordan, Thomas Mims, III
Jorgensen, Michael Keith
Jornd, Rita Moore
Jung, Gerhard Jakob
Kading, Daniel Jefferson
Kahrl, Clyde C.
Kaitsa, George, Jr.
Kalmbach, Rita C.
Kalski, Steven Frank
Kan, Michael Eugene
Kapoor, Raj Kumar
Karamalakis, Mark Laird
Karp, Michael David
Karp, Stanley Louis, III
Karpathakis, George
Kates, Frank Alex
Katz, Michael Scott
Katz, Steven Michael
Kauffman, Michael Lynn
Kaufman, Benjamin H.
Kaufman, Michael Scott
Keating, Lawrence Aloys
Keefe, Alice Dudgeon
Keenan, William Francis, III
Kehres, Rebecca Dye
Keidan, Paul A.
Keller, Harold D.
Kelley, John Michael
Kelly, Diane Compton
Kelly, Kenneth Vincent
Kelly, Thomas Joseph
Kelso, Cristin Lee
Kennedy, James Joseph
Keough, John Anthony
Keppler, Christopher R.
Kerns, Kathleen Ann
Kerr, Jack Darnall
Kershaw, LT Kent Baldwin, USN
Ketter, Mark Wayne
Keung, Fanny Wai-Han
Khourie, Cristie Lu
Kibler, Kevin Keith
Kier, Patrice Lynne
Kilgore, Brian Harry
Killian, Kevin Mark
Kimble, Dianna Kay
King, David Thomas
King, Martin Clarence
King, Richard Joseph
King, Rodney Alan
King, Stuart Allen
King, Sue Ellen
Kinneer, CAPT John Patrick, USAF
Kinney, John Edward
Kinnison, CAPT Timothy Lee, USAF
Kirkland, John David
Kiss, Joseph Robert
Kitsmiller, Paula G.
Klein, Steven Joseph
Kline, Chris Osborn
Kloboves, Edward Howard
Klohe, Paul J.
Klose, Michael Karl
Klukovich, Kimberly
Knabe, Brian Frederick
Knechtly, Rex Earl
Kneen, Robert Scott
Knight, Stephen Richard
Koehler, Charles Theodore
Kohls, John Joseph
Koppelman, Scott Alan
Korb, Thomas Alan
Kordic, James Francis
Kotapish, Susan Bly
Kraft, Steven Arthur
Kramer, Denise Du Pont
Krasney, Donna Beth
Kratzer, Joel Brent
Kravitz, Mrs. Janet Eileen
Krebs, Bart Douglas
Kress, Katherine
Krieger, James William
Krisher, Kurt Otto
Krivak, Donna Jean
Krizo, Thomas Edward
Kuhn, James W.
Kukis, Kathy Jo
Kunkleman, Kenneth Joseph
Kwaczala, Emil Carl
Lachey, David Frank
Laessle, Tina A.
Lambrinides, Theodore Christie
Lambrou, Nicholas J.
Lamparter, Jeffrey Alan
Landry, John Brett
Lane, Katherine Lee
Lantz, Steven Paul
Larsen, Lawrence James, Jr.
La Rue, David Marshall
Lash, Catherine Ann
Latsa, Charles John
Laver, Christian E.
Lawn, William Alan
Lawson, Thomas James
Layman, Frank Melvin
Layo, Anna Marie
Layton, Robert James
Lazar, William V.
Lee, Cynthia
Lee, Dana Floyd
Lee, Hooran
Leech, Donald Eugene
Leeman, Lori B.
Lees, Gary R.
Leggett, Thomas Steven
Lehman, Robert Richard
Leiser, Randy Stuart, CPA
Leist, Gary Alan
Leonhardt, Cathy S.
Letcher, Jean Marie
Leung, Dr. Yuk-Hi Patrick
Levine, Marilyn Brenner
Levy, Bobbi S.
Lewis, Donald Bauer
Lewis, Pamela Sue
Leyrer, Charles Earl
Lichtcsien, Keith Michael
Liening, Roger Henry
Liepack, Marc Steven
Lillie, Stephen R.
Linder, Mary Elizabeth
Link, James Louis
Linke, Jane Hack
Lisle, William Stanley
Litts, Timothy Joseph
Litzinger, Paul William
Livingston, Brad E.
Livingston, Scott Gordon
Lockman, Paul Martin
Logsdon, Jeff James
Lojo, Frederick Manuel
Longmire, Laurette Ione
Lorence, John Raymond
Lowe, Sabra Ann
Lowrie, Scott Robert
Lucas, David Michael
Ludwig, Christopher William
Ludwig, Jeffrey Joseph
Lukens, Edwin Jefferson
Lusk, William Joseph
Lynch, Elizabeth Louise
MacEwan, Roxann V.
Macgregor, Dustin Jane
Mac Kay, Scott Timothy
Macke, Wade Francis
Mackie, Teresa Gay
Macklin, Carole, PhD
Madden, Marcella Danklef
Magee, Therese Jean
Mahaffey, William Thomas, II
Maire, Michael Maurice
Maisenbacher, Gregory Charles
Majoy, Christopher Ora
Makhamreh, Dr. Muhsen Abdallah
Maleski, Mark Allen
Malloy, Toni
Mansour, John Charles
Maple, Margaret Mercer
Maravich, Sam, Jr.
Marchant, Jayne Marie
Marhevka, Donna Marie
Markovitz, Kirk Arnold
Marrinan, William Charles
Marshall, Deborah Brown
Martin, Gregory Douglas
Martin, John Edwin
Martin, Robert Dirkson
Martin, Stephen Christopher
Mascolino, Sharon Ussery
Mason, Joseph Gordon, III
Massar, Gary Louis
Mathias, Brad M.
Matson, Ms. Carol K.
Matter, Robert A.
Mattes, Robert Charles
Maurer, Michael L.
Maust, Terry Alan
May, Peter John
Mazey, Thomas Robert
Mc Adams, Richard Brian
Mc Cann, Joseph Stephen
Mc Cauley, Meredith Anne
Mc Caw, Jeffrey Robert
Mc Clain, Kim R.
McClain, Mark A.
Mc Clung, Deborah
McCurry, Douglas Ray
Mc Daniel, John W., Jr.
Mc Donald, Joni Lynn
Mc Donald, Ms. Patricia Jill
Mc Donough, Thomas Patrick
Mc Farren, Lorraine Faye
McGinty, Peter Bruce
Mc Graw, Brian David
McGraw, Richard W.
Mc Guinn, Kevin Kelly
Mc Hugh, Dr. Peter Michael
McKinney, Mark Alan
Mc Laughlin, Jeffrey Wade
Mc Leer, Thomas Joseph, Jr.
McMillan, Gayle
Mc Nichols, Thomas James
McNichols, Timothy Joseph
Mc Pherson, Thomas Daniel
Mc Queen, Rodney James
Mc Vey, Stephen Neal
Mechling, Betty Louise
Meckstroth, Karen
Meder, Thomas Joseph
Mehler, Michele J.
Meilinger, Joseph Richard, Jr.
Meinzen, Joyce A.
Melaragno, Barbara
Mellert, Thomas Arthur
Mellor, Steven Charles
Meyer, Lauri Liptak
Michel, Ronald Joel
Middaugh, Dr. Jack Kendall, II
Midkiff, Jack Barrett
Migliore, Beth Keitch
Mikanovich, Sheri
Miles, Steven Arthur
Millar, Mark K.
Miller, Bret Douglas
Miller, Christina
Miller, Dawn Lynn
Miller, Gregory Dean
Miller, Karen La Marr
Miller, Mabry Batson, PhD
Miller, Richard James
Miller, Rodney Allen
Miller, Sandra Lynn
Miller, Sheryl Ann
Mills, Jeffrey Donald
Milner, Susan Fields
Milnes, Ellen Palmgren
Minkin, Jay Frederick
Minnich, Stephen Garrett
Minton, Theresa Mc Donald
Miracle, Ms. Jana Rose
Miskimen, Marcia Jean
Mitchell, Alice Hellstrom
Mitchell, Paul Joseph
Mitterholzer, Douglas Otto
Mix, Carl Martin
Mixer, Robert Caley
Mizera, Mrs. Janet L.
Mocker, John Anthony, Jr.
Monda, Jack Anthony
Monda, Joseph Clement
Monett, Suzanne
Monsour, Mary Louise
Monter, Michael George
Montevideo, Richard Gary
Moor, Amanda Jane
Moore, Bradley Dean
Moore, Jane Neptune
Moore, Kimberly
Moore, Paul Warren
Moore, William Bascom
Morehead, Lisa
Morris, Tim S.
Morrison, John Carl
Morrow, Dorene M.
Morse, Kermit Nelson, III
Mosier, Laura Lynn
Moskos, Patrick Jeffery
Moskow, Laura Susan
Mossbarger, Jerome Frederick
Moye, Andrew John
Mui, Miranda Miu-Fong
Mularski, Raymond J.
Mulford, Wendell Curtis
Mull, David Scott
Muncie, Marvin Edgar, Jr.
Murphy, Jeanne
Murphy, Michael Wright
Murphy, Timothy James
Myhal, Mark
Myton, Dean Leroy
Nader, Jay A.
Nagle, Steve Andrew
Nash, Mary
Needham, Lori Sarkis
Needler, Michael Alan
Nelson, Carrie Ruehl
Nelson, David Paul
Nelson, Patrick Ward
Newcombe, Robert Diehm
Newman, Tamra L.
Newton, John William
Nichols, John Albert
Nickell, Donald Kyle
Niese, James Scott
Nishimura, Julie Ann
Noel, Dr. James Carl
Nolder, Jerome Barton, Jr.
Nordstrom, Karen
Novotny, Janet Marie
Oberlin, Mark Allen
O'Brien, John Howard
Ochs, Mark Allen
O'Connell, Gerald Francis, Jr.
O'Connor, David Paul
O'Halla, Deborah Highlander
Ohel, Cheryl Rae
Ohsner, Ronald Stanley
O'Keefe, Anne Marie
Oliveti, Frank Mario
Olnhausen, Fritz
Oltean, Richard Dan
O'Neil, Pamela Joy
Oneson, Marvin D.
Onyejekwe, Rosemary Egondu
Orlady, Linda Monroe
Orosz, Janet E. Foley
Orr, Jonathan Fisher
Orr, R. Michael
Ortlieb, James Patrick
Osigweh, Dr. Chimezie A. B.
Oswalt, Mark Alan
Overly, Michael Clark
Oyster, Dennis Paul
Pack, E. Wayne
Pack, Nancy Lou
Paganini, Guillermo F.
Paganini, Sharon Kaminski
Pagliaro, Fulvio Alex
Paglioni, Saverio N.
Palay, Jeffrey Allen
Pappas, George Zane
Pargeon, John Thomas
Parker, Janet Kay
Parker, Patricia Jean
Parkhill, Molly Gates
Parr, Melinda Salmans
Parrott, Jeffrey Allen
Paskell, Ann M.
Payne, Beverly
Payne, Thomas James
Payton, Joel Kenneth
Peltomaa, Roy Alan
Penn, Douglas Dean
Pennington, Richard James
Pennybaker, William O'Conner
Perez, Jose L.
Perfect, Gary Neal
Petrick, Stephen
Petroc, Barbara Joan
Petrusky, Donald Andrew
Petti, Carol Ann
Petti, Diane Lynn
Pfeiffer, Donald Kevin
Phelps, Edwin Coy
Phillip, Michael John
Phillips, Brenda Mc Gonagle
Phillips, William John, Jr.
Piacentino, George Anthony
Piegza, Michael Edward
Pierce, Danny Allen
Pirtle, Timothy Alan
Pitts, Kathy
Pla, Jorge L.
Platt, William Edward
Polk, Jennifer Morrison
Pope, William Carlyle
Port, Gregory Darwin
Porter, Carol Marsh
Potter, Linda Sue
Potts, Richard Lance
Powell, Jeffrey Ralph
Powell, Ronald James, Jr.
Poyar, Kenneth Lewis
Prather, Michael Lee
Preston, Burton L.
Price, Jack Walter
Pridemore, Robert Luke
Prosek, Susan Dee
Prunty, Sandra Kim
Purdin, Dale Philip
Pursifull, Gregory Jon
Pyykko, Linda Bowers
Quicksall, Jennifer Deeds
Radcliff, Michael David
Radler, Robert William
Radon, William R.
Raghuraman, Paula Davis
Raica, Lauree
Railsback, Paul Warner
Rake, Cecil Frederick
Rakich, Duke Michael, DDS
Ralph, Kathy Klepser
Ralston, Jeffrey Alan
Ramli, Norini
Ramos, Alfredo Sotomayor
Ramos, Dorkasnelia C.
Randall, Russell Scott
Rankovic, Nada
Ransom, Janet
Ratka, Cynthia
Redmond, Thomas Edward
Reedus, Susan F.
Rees, Carol Beardsley
Reese, Randolph Jeffery
Rehl, William Michael, III
Reichert, Kurt Douglas
Reighley, James A.
Reik, Timothy G.
Remnant, James Alan
Reynolds, John Charles
Rhodes, Bruce Kenneth
Rice, Melanie Annette
Rice, Thomas Wesley
Richter, George William, Jr., OD
Ridgley, Amy Joa
Ridgway, William Scott
Riemenschneider, Thomas Albert
Riestenberg, Jane Quinn
Rigano, Susan Frey
Rigot, Jeannette C.
Rill, Bruce Hammer
Ritter, Laverne Warren
Robbins, Linda A.
Robbins, Mark Zeller
Roberts, Chris Allen
Roberts, Dr. James Keith
Roblee, Philip Reed
Rodemann, Philip Dorlon
Rodgers, Mrs. Ann Beaudoin
Rodocker, Stephen Edward
Rogers, Carol Wendell
Rogers, Cindy Lawson
Rogers, Michael Charles
Rogers, Twila Verlette
Rogl, Alexander Herbert
Rohrer, Rhett Coning
Rolfes, Dale Arnold
Rolle, Charles A.
Rolls, Steven George
Rook, James Edward
Rose, Penny Sue
Rosenfeld, Susan Ellen
Rosengard, Philip Marc
Rossi, John Fredrick
Rothermel, Dr. Mary Anne
Rowbotham, Garth Wayne
Rozsa, Susan Claire
Ruangpanyapoj, Paiboon
Rubenstein, Lu Ann Wright
Ruggles, Darryl Gene
Ruhe, Steven Joseph
Runkle, Mark Andrew
Rupert, David Earl
Rush, Andrew Raymond
Russell, Bradley B.
Russell, Thomas Roy
Ryan, Maureen R.
Ryan, Thomas Patrick
Sabett, Janice Marie
Sabo, Kerry Steven
Saccucci, Michael Joseph
Saddler, Willie George
Salisbury, Kirk Gordon
Samuels, Steven Brian
Sandberg, Eric John
Sanderson, Mrs. Robin Priest
Sands, David Austin
Sanfrey, Richard James
Sanz, Juan Carlos
Satterfield, James Emerson
Sauerman, David Luther
Sberna, Julie
Schaedlich, Russell Davis
Schave, Kimberly
Schechtman, Debbie June
Scheel, Kurt R.
Scheiber, Sara Jane
Scherer, Thomas Alan
Schiely, William James
Schilling, Lincoln Ross
Schilling, Timothy Richard
Schlag, Janet Lynn
Schlender, Gregory Ray
Schmaltz, Mark Alan
Schmidt, Edward Christopher
Schmidt, Todd Anthony
Schmitt, James C.
Schmitz, William Raymond
Schneider, Judy
Schofel, Peter E.
Schofield, Larry
Scholler, Trent Lee
Schra, Ms. Lisa Lianne
Schram, Robert Ross
Schreiber, Jeffrey David
Schrote, Thomas Alan
Schulken, Eugene Petteway, Jr.
Schultz, Joseph Vernon
Schultz, Melinda M.
Schwab, Jeannine Theresa
Schwieterman, Michael Joseph
Schwieterman, Thomas William
Scida, Frank Joseph
Scodova, Bruce Richard
Scofea, Laura Ann
Scott, Leisa J.
Scudder, Albert, Jr.
Seekely, Robert Allen, II
Segel, Bonnie Kay
Seikel, Lewis Andrew, III
Seiler, Beth Anne
Seipel, J. Scott
Seitz, Cynthia Reeder
Semmel, John William, III
Semones, Suzanne Peterkin
Seymour, Kim Kossmann
Seymour, Ronald Herbert
Seymour-Hicks, Robin Lynn
Shaffer, Ms. Debora A.
Shapiro, Mark David
Shaver, Lisa Hendricks
Sheets, Tammy Antionette
Sheldon, Randal Paul
Sheldt, Charmaine Teresa

358 CLASS OF 1981 OSU COLLEGE OF BUSINESS

1981 (Cont'd)
Shepherd, Dr. Floyd
Shepherd, Robert Brandt
Sherman, Thomas Hugo
Sherry, Blake William
Shields, Jack William
Shively, Scott Charles
Shoaf, Lowell Eugene
Shock, Janet M.
Shoemaker, Phillip Wendell
Shook, Patricia Lassiter
Shopoff, James Douglas
Short, Darrell Wade
Shotwell, Philip Glenn
Showalter, Debra Ann
Shroyer, Jeffrey Dalton
Shubaily, Tarek A.
Shults, Thomas C.
Sickmeier, Ada Bell
Silbiger, Gary Richard
Silliman, William Russell
Singer, Maria
Sires, Becky
Sklenar, Randy William
Smalley, Joseph Allen
Smith, Cynthia Steiner
Smith, David Jay
Smith, Dennis Harold
Smith, Jeffrey Scott
Smith, Lana Marie
Smith, Lisa Elaine
Smith, Michael John
Smith, Randall K.
Smith, Ronald Earl
Smith, Rosanne Packa
Smith, William Roger
Smitley, Scott Alan
Smurr, Michael Thomas
Smythe, Robert C.
Sneed, Thomas Keith
Snow, Damon Roy
Socha, James Robert
Sokol, Randy Jaye
Solamon, Gary Matthew
Spachner, Galen Mark
Spaulding, Scott Alan
Spero, Mindy Sue
Spidle, James Lee
Spohn, Patrick James
Squires, Cynthia Marie
St. Clair, Carl Rodney
St. Pierre, Jeanne Louise
Staats, Brad Steven
Stackhouse, David Alan
Stahl, Stephanie Ann
Staley, Michael David
Stambaugh, Robert Neal
Stan, Ms. Lynn B.
Stanford, Melissa J.
Stange, Jean D.
Stankey, Kurt R.
Stanko, Michael P.
Starkey, Steven Lee
Starr, Linda K.
Steginsky, Andrew Dale
Stephens, Christa Deanna
Stephens, Henry P., II
Stephens, Kent Lee
Stevning, James Oliver
Stewart, William Anderson
Stienecker, Cathy Louise
Stiller, Michael Joseph
Stine, Linda K.
Stone, Donald Ray
Stone, Marc Hamilton
Stone, Michael N.
Stout, Sandra Grau
Straub, Janis Lee
Streifender, Judith Lynn
Stuart, Richard Judson
Stuck, Catherine Mc Fadden
Sturges, Catherine Ann
Suciu, John, III
Sullivan, Kimberly A.
Sunwoo, Agnes Yon
Swain, Robert Topping
Swartz, George J., Jr.
Swartz, Gregory Alan
Swartz, Dr. Teresa Anne
Sweigart, Mary Fanale
Swift, Dan William
Swihart, Ricky Lee
Swords, Katherine
Sybert, Christine Wren
Sybert, LT Robert Marvin
Szambelan, Robert John
Szames, Brian M.
Szeto, William Chaklam
Tabscott, Patricia A.
Taflan, Glenn Lloyd
Taft, Janet Burrow
Taggart, Mark Fredrick
Taglia, Joseph Alfred
Tanenbaum, Mark
Tarney, Scott Dwain
Tarr, Frank Randall
Taylor, Bradley Keith
Taylor, Calvin Kenneth
Taylor, James L.
Taylor, Judith Cunningham
Taylor, Nancy Johnston
Theodore, Kathleen Moore
Thomas, James Ralph
Thomas, Karen Lang
Thomas, Norwood D.
Thomas, Tamela Kay
Thompson, Joseph Wayne
Thurn, Amy S.
Tiberi, Dina
Tidd, Jeri Le Wallick
Tilton, Julie Ann
Tindall, Scott
Tipton, John Kenneth
Titus, Jeffrey Joe
Tiwari, Surendra Nath
Tizzano, Barbara Ann Kelly
Tobin, Susan Louise
Tomcho, Suzanne Elizabeth
Torchia, Daniel Mark
Toth, John M.
Tournoux, Mary Ann Keffler
Tracy, Robert Douglas
Trafas, Susan Ann
Trego, Suzanne Trotter
Triona, Julie O'Keefe
Tripp, Mark David, MD
Trout, Mark Allen
Trouten, Richard Joseph
Trubilowicz, Ronald Paul
Trumbull, SGT Allan Richard
Tu, Jen-Lin
Turgeon, John Robert
Turner, Frederic Jean Arthur
Turner, Jeffrey Lee
Turner, Judith Hanby
Ulery, Linda Mc Henry
Umstattd, Gary Dean
Unal, Dr. Haluk
Unger, James David
Urse, Michael Francis, JO
Vainer, Jack R.
Vallee, Michael Stephen
Vandervort, John Gerald
Van Patten, Alan Woodrow, Jr.
Vaughan, Roger Allen, Jr.
Veffer, Joe
Vergara, Dr. Severino B.
Vernon, Brad Scott
Volpe, Eric Randall
Volpone, Raimund H.
Vorys, Frederic Stoneman
Wagner, Richard Spellman, II
Wagstaff, James Evan
Waites, Mark Anthony
Wajsman, Laurence Michael
Wakefield, Linda Diane
Waldock, William Louis
Walls, Virginia Susan
Walter, Herbert Ferdinand
Ward, Marlene Wathen
Ware, Kevin David
Warner, David Ray
Waters, Forest Wayne
Wathen, Steven Patrick
Watson, Timothy Joseph
Webb, Kimberly June
Weber, Robert Cuyler
Wedemeyer, Daniel Alan
Weinhart, Amber Renna
Weintraub, Jodi
Weisenbach, Nancy
Weisenborn, Scot Eric
Weisheimer, Kimberly S.
Weith, Timothy William
Welch, Jeffrey Brian
Wells, Sherry J.
Wenner, Phillip Melvin
Wentling, David James
Werstiuk, Steven Dale
West, Cynthia Kalinoff
West, Michael Joseph
West, Terry Lee
Westfall, Gary M.
Westinghouse, Sheryl
Westlake, James Allen
Westlake, James B., II
White, Dana Neal
White, John Calvin
Whitefield, Pamela
Whitehead, Kenneth
Whitis, Stephanie Jane
Wileman, Douglas Brian
Wilgus, Karen Sue
Willer, David Charles
Williams, Andrew Robert
Williams, Barbara Joan
Williams, Gary Norman
Williams, Georgia Wood
Williams, Mark Clyde
Williams, Mark Edward
Williams, Michael Paul
Williams, Richard, Jr.
Williams, Richard E.
Williams, Richard Scott
Williams, Steven Jerome
Williams, William S.
Wilson, Bruce Douglas
Wilson, Kenneth Edward
Wilson, Michael Gregory
Wilson, Steven Scott
Wilver, Peter Marshall
Wine, David Gerard
Winland, Betty Kerrigan
Wisler, Gwen Colleen
Wittman, Steven Harry
Wolfe, Christopher Thomas
Wolfinger, James Alex
Wolin, Robert Mark
Wolske, Gregory Scott
Wolsky, Ellen Marla
Wong, Amy Lap-Kwan
Wonus, Kent Alan
Wonus, Mark William
Wood, Christopher John
Wood, Sally
Woodward, Theresa Palmieri
Wright, Lisa
Wright, Timothy Ray
Wu, Steven Karl
Wunderlin, David Gerald
Wunderlin, Kenneth James
Wyant, David Kent
Yablonski, Donald Joseph, Jr.
Yake, Timothy Joseph
Yang, Rocky Tai-Thin
Yatsko, Thomas Kelly
Yeater, Daniel L.
Yee, Tommy W.
Yee, Wah
Yerina, Earl David
Young, Jay Louis
Young, Judith
Zack, Raymond P.
Zanko, Philip M.
Zell, Michael David
Zellers, Susan Kay
Zimmerman, Larry Allyn
Zimmerman, Philip Charles
Zofkie, John Quin
Zunk, Ronald L.

1982
Abbott, Douglas J.
Ackley, Rodney Eugene
Adams, Michael Brian
Adams, Dr. Paul David
Addison, Gary Wayne
Adelstein, Cindy Lou
Adigun, Layiwola Anthony
Adomaitis, Adriane Marie
Ahlers, Richard Herman
Ahlers, Walter Hartley
Ahrns, Ronald R.
Albert, Chuck R.
Albert, Janet Good
Alecusan, George Scott
Alecusan, Melanie Manring
Allen, Clinton Anthony
Allen, Edith Gaylord
Allen, James Randy
Allen, Rob Lee
Allen, Sarah Jane
Allen, William Clair
Aller, Gary Anthony
Allman, Scott A.
Ambrosia, John Anthony
Amico, Karen Ann
Ammons, Karen Lynn
Amragy, Afkar Mohammed
Anderson, Robert Paul
Anderson, Ronda J.
Anderson, Suzanne Jean
Andes, Edward C.
Andes, Gregory Ellis
Andolino, Vincent John
Andow, Robert Scott
Andrews, James Richard
Andrews, Ronald Eugene
Angelo, Kevin Lee
Angerer, Thomas Lee
Anstine, Larry Alan
Antonopoulos, Mrs. Margaret A.
Apostolos, George John
Appaya, Deepak Nervnanda
Arbuckle, Charles Hoover
Armstrong, Thomas Lee
Arockiaswamy, Hirudayaraj
Aronowitz, Jay David
Ater, Kerry Annette
Atwell, Brian Thomas
Auble, Kenneth Alan
Augenstein, E. Fred
Ault, John William
Austin, Thomas Patrick
Axelrod, Mark Stuart
Ayers, Craig Michael
Babson, Stacey Beth
Bach, Penelope Palmer
Bachmann, Mark Edwin
Backstrom, Ellen
Backus, Kevin Michael
Baer, Erick Eugene
Baird, Laura Lee
Baker, John Glenn
Baker, William Jeffrey
Baldwin, Shelley Mai
Balkun, Susan Elaine
Ball, Gail Ann
Ball, Jean Glaser
Banaski, Tina Talarico
Banjoko, Dr. Simbo Adenuga
Barbier, Douglas Michael
Bard, Scott Richard
Barker, Thomas Joseph
Baron, Elaine Carol
Barr, Bradley Joseph
Barrett, Robert Todd
Barry, Ms. Karen Elaine
Batman, Michelle Rene
Battaglia, James R.
Baun, Kevin Charles
Bavetz, Annette
Bayer, Nicholas Edward
Beatty, Jeffrey Gene
Beatty, William Ross
Bebout, John Jay
Beck, Jeffrey Scott
Beck, William G.
Beckholt, Jerry Dwane
Beckman, Lori Sue
Beeghley, Mark Edward
Beery, James Dean
Beggin, Brad Eugene
Begue, Eugene F., Jr.
Begun, Jeffrey Scott
Beighley, Jo
Belkin, Michael Lawrence
Bell, Ms. Rita Louise
Bellett, Bridget Mary
Benge, Mrs. Elizabeth Kilsheimer
Bengert, Sandra M.
Bennett, David Fredrick
Benson, Sara L.
Berger, Ms. Donna Marie
Berk, Bruce Charles
Berlin, L. Craig
Berman, Mitchell Eric
Bernardin, Robert Gerard
Bernet, Lisa Marie
Bernstein, Frederic Arthur
Bersnak, Rick Paul
Bertsch, John Robert
Besecker, Randy L.
Bhat, Radhika
Biarsky, Gary Joel
Bibbo, Kimberly R.
Bigham, James Troy
Bigham, Terry Dean
Bigley, Paul Russell
Bigley, Terri Kim
Bilik, Dr. Erdogan
Birkimer, Anne
Bisker, Jeffrey Wayne
Blackburn, Laura Ivins
Blanton, Daniel Lee
Blazek, Beverly Diane
Blazek, Robert Joseph
Blumberg, Thomas David
Blumenthal, Mark Allen
Bobry, Michael
Boehm, Jeffrey Lynn
Boh, Boris
Bohn, Paula M.
Bonecutter, Brent Robert
Bonham, William T.
Booth, Charles Linn
Borker, Dr. David
Bosch, Alison Lea
Bosoty, David Wayne
Bour, Timothy G.
Bowman, Kenneth Walter
Bowman, Robert Joseph
Bramlage, Chuck J.
Brandt, Douglas Robert
Brennan, Robert V., Jr.
Brenner, Anita Kay
Brenner, Lewis David
Brickner, Gary Robert
Brieck, Donald Joseph
Brinkman, Jennifer
Bristol, David John
Brofford, Jeffrey Craig
Broglio, Suzanne M.
Brooks, Eric Bradley
Brown, Julie Slaughterbec
Brown, Michael Lee
Brown, Mitch Warren
Brown, Patricia Louise
Brubaker, Julie Stafford
Brubeck, Eileen
Brudzinski, Susan Marie
Brumback, Timothy Lewis
Brumbaugh, Walter Carl
Brunn, Mark Frederick
Bryer, Robin Drew
Bucher, Ms. Mary Elizabeth
Buchholz, Craig Mahnert
Buckley, Mark Allen
Bucknor, Linda Remley
Budde, Oscar Ariel
Burke, 2LT Daniel Thomas
Burkett, Matthew Alan
Burnell, Cynthia Sue
Burnett, Carl Warnock, Jr.
Burnett, Rodney Allan
Burns, David Evan
Burrows, Richard Joseph
Busby, Laura
Bush, Daniel John
Bush, Jennifer
Bush, Mark Allen
Byrne, Matthew Thomas
Cabrera, Deborah Ross
Callaghan, Karen
Callibarri, James R.
Calloway, David Curtis
Cantrell, Dirk Mason
Capella, Frank Joseph
Carmack, Martha Hildebrand
Carney, Mark Richard
Caron, Michael Joseph
Carpenter, Susan A.
Carraher, Karen Stevenson
Carraher, Steven John
Carrel, Deborah Ann
Carwile, Richard Allen
Case, John Preston
Castelli, Neal Anthony
Casuccio, Michael Alexander
Cavlovic, Frederick S.
Chabucos, Jay Herbert
Chadwell, Tammy Jill
Chambers, Mark Randall
Chan, Wing Kin
Chapman, Anthony Wayne
Cherico, Karen L.
Cherry, Rhonda Jean
Cheshire, Sandra Kay
Childers, Dena Kay
Chin, Ms. Cynthia Gay
Chorpenning, Ms. Betsy Jayne
Christensen, David Lewis
Christensen, Philip Mark
Christy, Madonna Stalter
Chung, Dr. Chen Hua
Clark, CAPT Gregory Chase, USAF
Clark, Gregory Scott
Clark, James Christopher
Clark, James Kenneth
Clark, James Russell
Clark, John Nelson
Clark, Jonathan Drew
Clark, Kenneth Michael
Clark, Lisa
Clavijo, Carlos Abel
Clayton, Richard R.
Clem, Allen L.
Clement, Joseph Michael
Clemons, Lori Ann
Cleveland, Kelly William
Cloran, Shawn David
Close, Michael Louis
Cluckey, Edward Dale
Coberly, Matthew Allan
Cochrell-Ellis, Darice Jacqueta
Coco, David Lenn
Cohen, Dr. Debra Jo
Cohen, Marcy Plasco
Cole, Nancy A.
Cole, Randall Scott
Cole, Terri Toennisson
Cole, Velma
Coleman, Craig F.
Coleman, John Willard
Collins, Mark Lewis
Conley, Leslie J.
Conley, Michael Alan
Connolly, Chris P.
Conrad, Thomas James
Conwell, Lee Jonathan
Coogan, Janet Elizabeth
Cook, Cathy
Cook, Charles Rhodes
Cook, Don P., Jr.
Cook, Patricia Ann
Cooke, Thresa Mers
Cooney, William Daniel
Cooper, Cheryl Ann
Cooper, Diane Lynn
Cooper, Douglas James
Cooper, Dr. Martha C.
Corbett, Kelly
Corner, Thomas James
Correll, Sharon Mc Allister
Corroto, Mark Thomas
Corry, Melissa
Cothern, Jeffrey Leland
Cottone, Ms. Andrea M.
Coughlin, Kevin J.
Courtney, Steven L.
Coury, Suzanne Collins
Cousin, Arthur Darnell
Cowgill, Aimee Diane
Coyne, Karen P.
Crabtree, Warden Cravens, Jr.
Cramer, Joseph Charles
Crank, Jeffrey Brian
Crawford, Dwight Wayne
Crawford, Ralph Christopher
Creech, Tommy Allen
Crews, Thomas M.
Cross, Raymond Ralph
Crowell, Rebecca Barringer
Crowl, John David
Crowley, Sheryl Madlinger
Crum, Edward James
Crum, Jeannette
Cugini, Paolo A.
Cummings, Shelly Dunlevy
Curren, Cristi
Curtis, Clifford Ashbrook
Curtis, John Edwin
Custenborder, Kelli
Dahl, Jeffrey Allen
Daley, Charles Thomas
Damron, Jeffrey D.
Damron, Walter Drew
D'Andrea, Lisa Bowden
D'Andrea, Vincent Frank
Daneman, Marcie Behle
Darner, David Earl
Darr, Ann Catherine
Darst, Steven Dale
Dattilo, Robert Alan
Davidson, Dr. Wallace Norman, III
Davis, James Howard, Jr.
Davis, Karen J.
Davis, Lorraine Vencel
Davis, Marilyn Zangardi
Davis, Todd Neumann
Davis, Dr. Vivian Witkind
Day, Timothy Brian
Dearth, Kevin L.
Decatur, William Royer
Dechow, John Philip
Deckelman, Robert John
De Fazio, Robert Gerard
De Fiebre, Pamela M.
De Jeu, Mark D.
De John, Mary Katherine
Delaney, Rick A.
Demuth, James Richard
Dennis, James Patrick
Dennison, Mark Allen
Derrow, Philip Ross
De Shon, Michael Joseph
De Shon, Susan Morris
Dettra, Samuel Ray
Devine, Timothy Joseph
De Vol, Mark Alan
De Wood, Robert Joseph
Diamond, John Richard
Diaz, Luis A.
Dibert, Stephanie
Dickstein, Janet E.
Diener, Harold Daniel
Dierker, Daniel Gerhard
Dietrich, Ray Scott
Diewald, Gary Michael
Di George, Allyson
Dillon, Peter Leigh
Dinco, Diane Louise
Di Salvo, Michael Gerard
Distelhorst, Dan F.
Divelbiss, Alan L.
Dober, Karen M.
Docter, Eric Edward
Dodd, Stephen H.
Dodds, Ronald R.
Dolezal, Alan Edward
Dollings, Bruce Lynn
Dona, Lillian Yee
Donahue, Michael Thomas
Donaldson, Larry Henry
Donnelly, Cathy
Dorchak, Diane
Dorrian, Ms. Anne Mary
Dorsch, David M.
Doshi, Pankaj Arun
Dosky, Lois Eileen
Dowdy, William Stuart
Downey, James Wayne
Downie, James Scott
Dozer, Charles Herbert
Drakulich, Michael Lee
Dressel, Madalyn Piar
Driggs, Vicki Linn
Drukenbrod, Todd Alan
Duhl, Daniel L.
Duke, Janet M.
Dulinski, David Alan
Dumbaugh, Mark Allen
Dunlap, Thomas Murphy
Dunn, Ronald Gene
Durbak, Michael W.
Durco, Dennis Raymond
Durell, Eric B.
Durket, Steven Lorne
Dutt, Michael Rae
Dye, Thomas William
Eakin, Barbara Ann
Eaton, James Patrick
Eaton, Sarah Ann
Ebel, John Philip
Eckes, Steve Robert
Edwards, Gregory Dean
Edwards, Lee Don
Efland, Nancy M.

CLASS YEAR LISTINGS CLASS OF 1982 359

1982 (Cont'd)
Eggspuehler, Jay B.
Eichler, Jennifer A.
Eisenberg, Steven E.
Elefritz, James Victor, Jr.
Ellenwood, Milton G.
Elliott, Deanna Steele
Elliott, Mary L.
Ely, Michael Lane
Emoff, Todd R.
Emrick, Nicholas R.
Engelman, Eileen Beth
English, Philip John
Epitropoulos, Chris
Epp, Janet
Eppy, Joseph F.
Erdos, Robert Louis, Jr.
Ervin, Thomas Wray
Espenschied, Dane Harold
Evancho, Timothy Ray
Evans, Margaret Jane
Evans, Penny J.
Evans, William Mark
Everett, Pamela G.
Everett, Tad Marshall
Eyers, Robert George
Eyestone, David Michael
Faeges, Rose Ellen
Fairchild, Elizabeth Shreve
Fallon, Terry Patrick
Faragher, Douglas Scott
Farmer, Robert Madison, Jr.
Farmer, Dr. Timothy Alan
Fazio, Christopher Gary
Feddern, James Robert
Feike, Lisa Ann
Fein, Stephen Lee
Fennen, Matthew William
Fennen, Shelly Thomas
Fenton, Connie
Ferry, Patrick H.
Fett, Patrick Dean
Fetter, Richard John
Feyko, James
Fick, Jonathan Eric
Fickel, Howard Duane
Finch, Andrew J.
Firth, Gaye Bosley
Fischer, Laurence Scott
Fisher, Anthony Scott
Fisher, Cathy Lynn
Fisher, Eric D.
Fisher, Stephen Joseph
Fisi, Luanne D.
Flaherty, Kevin James
Fleming, Kim Darcel
Fletcher, Brien Hugh
Flinta, William Alan
Florence-Akers, Barbara Ann
Fochtman, Frederick E.
Ford, Robert Allan
Foreman, Todd Lester
Forker, John Alter, II
Forker, Penelope Goggin
Forman, Howard Sherman
Forster, Frank Andrew
Forster, Patricia Anne
Fortney, Ruth A.
Forward, Jay Denman
Fosnaugh, CAPT Carl John, USMC
Foster, Adam Henry
Foster, Jennifer
Fountas, Paul Peter
Fox, Mark Anthony
Fralicciardi, Frank Nicholas
France, Bessie Lynn
Frate, Patricia L.
Freeman, Abagail
Freiberger, Tracy Alan
French, Mark Leo
Frey, Kristine J.
Friebel, LaMont James
Friedman, Brett David
Friedman, Cynthia H.
Friedman, Larry David
Friedman, Rodd Alan
Friedman, Todd Eric
Fries, Thomas John
Fujimura, Elaine Harue
Fuller, Kathryn Staples
Funk, Karen Jo
Fyffe, Margaret Josephine
Gainor, John Joseph
Gallick, Edward Joseph
Gallimore, Carolyn Loretta
Gallina, John Edward, CPA
Galloway, Brian Douglas
Galloway, LaNell R.
Gamertsfelder, Jon Douglas
Gandolf, Stewart A., Jr.
Garber, Kenneth Edward, II
Gardner, Brent Allen
Gardner, Kevin Adrian
Garman, Richard Kent, Jr.
Garrison, David Alan
Gary, Karen L.
Gasbarro, Gina Sue
Gaslin, Kathleen Lee
Gast, Dana
Gates, Terry Lee
Gates, Timothy M.
Gatewood, Keith De Witt
Gatoff, Howard Michael
Geesey, Emily S.
Geiger, David Alan
Gelliarth, Karen Anne, RN
Gerberick, Jeffrey Owen
Gerdeman, Patricia Pfeiffer
Gersman, Terri L.
Geyer, Christopher D.
Ghidotti, Marc Edward
Ghosh, Dr. Soumen
Giangola, Gerald R.
Giesy, Mitchell Ryan
Gilboy, Brian Joseph
Gillespie, Kim L.
Gillfillan, Marvin Paul
Gilroy, Kathleen
Girard, Virginia Hardison
Glaser, James Paul, III
Glassford, Dan L.
Goldstein, David Bruce
Golis, Matthew J., PhD
Gontero, Virginia Ann
Gonzales, Lisa
Goodrich, Steven Ray
Gorby, Larisa Lynn
Gorby, Marianne
Gordon, Ryan James
Gore, Mrs. Helen Deloris
Gorius, Michael Earl
Gossard, Tina Marie
Gouttiere, David Michael
Gower, David E.
Graeff, Lisa B.
Gramlich, Dennis Wendell
Grauer, David W.
Gray, Jack Rexford, Jr.
Gray, James Charles
Gray, Tracy Jerome
Greathouse, John William
Green, Randall Jay
Greenawalt, CAPT Patrick Louis, USAF
Greenberg, Tammy Sue
Greene, Charles Clayton, Jr.
Greene, Vickie Joy
Greenzalis, Michael William
Gregory, James Andrew
Griffith, Terry Allan
Griggs, Eric Noel
Grill, Michele M.
Grimes, Gregg Lee
Gross, Susan
Grunenwald, Richard William
Gruszecki, Helen I.
Gugelchuk, Juanita S.
Gulick, James Anthony
Gurwin, David Allen
Gutheil, Yvonne Mary
Guttman, Tim Gerard
Guy, Katherine Rose
Haag, Robert G.
Haas, Barbara L.
Haas, Julie
Haas, Paul J., Jr.
Hafenbrack, Brian Vern
Hafner, Edward Alan
Haidle, Cynthia Lou
Haines, Christopher S.
Haines, Susan
Hajjar, Cynthia
Halim, Satiadi
Halpern, Susan Rae
Hamann, Marcy Jane
Hamilton, Barbara Joan
Hand, M. Elizabeth
Hanna, Keith Albert
Hanson, Scott Edward
Harbrecht, Sandra Werth
Hardin, William Leroy
Harkins, Walter Doerrer
Harp, Lisa
Harper, Carol A.
Harper, Robert William
Harre, Patricia Caruso
Harrelson, Mrs. Linda Sue
Harris, Jennifer Ann
Harris, John Maxwell
Harris, Robin M.
Harris, Ronda R.
Hart, Debi
Hartwell, Sally J.
Hartzmark, Bruce Alan
Hatner, Steven Hayden
Hattery, Gary Russell
Hauck, Clayton Wayne
Hauser, Lawrence Paul
Havens, Sara Byrd
Hawk, Sherrie Riley
Hayes, Gregory William
Hayes, Robert Thomas
Hayes, Timothy Wray
Heath, Nancy Jane Sprecher
Hebert, Lisa Marie
Heckman, Robert Alan
Heidkamp, Janet Rose
Heinl, John Michael
Helmer, William Bradley
Hendershot, Robert I.
Henry, Margaret Enid
Hensel, Sheila Marie
Hentze, Joni A.
Herald, Robert Merl
Herb, Steven Mark
Herbert, John Frank, Jr.
Herman, Kurt Royal
Herold, Christopher Stanley
Herold, Fred C.
Hicks, Kimberly Doupnik
Hicks, Randall Lee
Hill, Diane Kay Horst
Hindenlang, Jane Ann
Hoehn, Miles Frederick
Hoffer, CAPT Jeffrey Allen, USAF
Hogan, David Joseph
Hohl, Doreen Whittaker
Holbrook, David John
Holcomb, Steven Clyde
Holcombe, Dr. F. Douglas
Holder, Llewellyn Charles
Holderman, Robert Lee, II
Holgate, Christopher Steven
Hollinger, Kurt John
Hollinger, Mark Reinhold
Holmes, Cora Jill
Holt, Loretta M.
Holub, Jeffrey Alan
Homan, Carol Ann
Homier, Kathleen G.
Hooker, Cheri Lynn
Horn, Michael Mount
Hornick, Steven Andrew
Hornig, Mary Parnell
Horvath, Lawrence John
Horwitz, Stuart Mark
Hosack, Kaye Cavlovic
Hosler, Bette Jane
Hosler, Robert James
Houck, Brent Allen
Houk, Jeffrey Raymond
Houston, James Edward, Jr.
Howard, Ms. Jeannette Wilson
Howarth, Kristen Anne
Howells, Deborah J.
Howells, Henry Coggeshall, IV
Hrivnak, Robert Gerald
Huelsman, Kurt William
Huettel, Kathy Anne
Huffman, Greggory Randall
Huffman, Jeanne
Hughes, Timothy Scott
Hulls, Bradley Robert
Humphrey, Michael John
Huneck, John Robert
Huntley, Debbie Lynn
Hur, Dr. Chang-Soo
Hurt, Mary Ellen
Hutchins, Kenneth Lee
Iddings, Sherrie Lee
Irsak, John Merritt
Irwin, Dennis Michael
Irwin, Robert D.
Isaacs, David Paul
Jablinski, Coleen Marie
Jablons, Daniel Andrew
Jackson, Daniel E., Esq.
Jackson, Donald Shane
Jackson, James Theodore
Jacob, John Eric
Jacober, Todd Jeffrey
Jacobs, Frank Steve
Jacobs, Stephen Joseph
Jacobson, Joyce Ann
James, Betsy
James, Kevin Paul
James, Richard Lee
James, Teri Compton
Jarvis, David Eric
Jaynes, Mark Steven
Jayson, Lisa M.
Jazbec, Laurie Ann
Jekich, John
Jender, Robert Walter, Jr.
Jenkins, Daniel Robert
Jenks, Peggy Stratman
Jensen, Peggy Lou
Johnson, Cynthia Gest
Johnson, Marvin R.
Johnson, Stuart Van
Johnson, W. Scott
Johnston, David Wesley
Johnston, Jeffrey Allen
Jonard, Brian Richard
Jones, Carol Lynn
Jones, E. Douglas
Jones, Karl Maurice
Jones, Mark Owen
Jones, Theresa Lynn
Jones, Timothy Edward
Jordan, William James
Jusek, Gerald Joseph
Jusko, Richard Victor
Kagan-Moore, Lori
Kahle, Ms. Constance Louise
Kaiser, Daniel Scott
Kaiser, Paul A.
Kaldor, Rosemarie
Kaleel, Kenneth Michael
Kalkstein, Joseph Henry
Kallos, Deborah
Kambury, Stuart A.
Kamenar, Joseph David
Kaminski, Susan Marie
Kane, James Patrick
Kantzer, John Robin
Karam, J. David, II
Karpinski, Terry Lee
Katz, Jody Teresa
Kaufman, Jeffry Lee
Kavanaugh, Erin
Keck, Christopher Brucken
Keefer, William Carl, CPA
Keipper, James Mark
Keleher, Michael Heyward
Keller, Klaude Leo
Kelley, Patrick Joseph
Kelly, Paul
Kemerer, Karen A.
Kemp, Carol Lynn
Kennedy, Brad Douglas
Kennedy, Kyle Richard
Kennedy, Louis Paul
Kerns, Ms. Linda Sue
Kersell, Susan C.
Kier, Karen
Kimble, Donald R., Jr.
King, Barrie Heiliger
King, Daniel Lyle
King, Kelley Adams
Kinney, Michelle Marie
Kipp, Kaye Marie
Kirkley, David Allen
Kirsch, Martha Joan
Kitajima, Toshio
Kittle, Donna Saul
Klassman, Richard Soloman
Klatskin, Neil Martin
Klaus, William Richard
Klein, Audrey Helene
Klein, Helga Christine
Klein, Richard Michael
Klein, Virginia Susan
Kleinguetl, Edward
Kleven, Kathleen Siddall
Kluska, J. Michael, III
Kmiotek, Steve
Knox, Peter Joseph
Knyszek, Steven Edward
Koch, Jeffrey William
Kocher, Lynn Marie
Kochheiser, John Stewart
Kodish, Marcia D.
Kohls, James David
Koncar, Janet Marie
Kontos, Nicholas George
Kontras, N. Gregory
Koob, Steven Francis
Kopyar, Matthew Eugene
Korb, Steve P.
Koren, Christopher
Kormanik, Martin Basil
Korn, Bryan David
Koschny, Mark Alan
Kosco, Michael Andrew
Koster, Theresa
Kotten, Kenneth Michael
Kottenstette, Robert Frederick
Kovach, Donna
Krahenbuhl, Richard Louis, Jr.
Kresse, Kathryn Henderson
Kristie, Joseph Edward
Kroener, Robin Lynn
Krotz, Charles Thomas
Krouse, Thomas Reynolds
Kruse, Janel Marie
Kuehne, Rita
Kuhn, Barbara
Kuhn, Dana Thomas
Kuhn, Keith Brian
Kujanek, Kenneth Michael
Kulas, Theodore Joseph
Kuo, Yu-Yun Tristan
Kurtz, Adore Flynn
Kurtz, Mary Frances
Kusma, Stacy Craig
LaBorde, Douglas Paul
Lacy, Jeffrey Lee
La Gesse, Dr. Enid J.
Laliberte, Therese S.
Lampe, Erica L.
Lamping, S. Gregor
Langley, Ted L.
Lapworth, Mary E.
Larger, Marvin Ivo
Latimer, John Stratford, Jr.
Laurie, W. Randall
Lause, Patrick Joseph
Lautenschlager, Karin
Lautzenheiser, Dennis R.
Laux, Laura D.
Layne, Victor Anthony
Leach, Cheryl Ann
Leach, Cynthia Finke
Leach, Jeffrey Dean
Lear, Juliane Pizzino
Leatherow, Chris Eugene
Le Barron, Phillip Bradford
Lee, Byungnam
Lee, Heon Woo
Lee, Jack B.
Leedy, Ralph Andrew
Leggett, Jody
Lemons, R. Alan
Leon, Emile Joseph, III
Leppert, Karen Curren
Leppert, Matthew Raymond
Leroy, Michael Eugene
Letsche, Jennifer
Levinson, Ms. Sarah A.
Le Vora, Jeffrey Scott
Levy, Richard Aloys
Lewandowski, Michael David
Lewis, Jeffrey Alan
Lewis, John William
Lewis, Linda Marie
Lewis, Matthew Dale
Lex, Laurie
Li, Miao-Ling
Lieb, Anthony Blair
Liggett, Richard Keith
Lilly, Stephen Dewitt
Little, Robin Kindy
Lohn, Susan Curley
Long, Ms. Nancy E.
Long, Robert Allen
Long, Todd Alan
Looper, Mark Edwin
Losey, Gary Steven
Lossman, Susan
Lovell, Randy William
Low, Gregory A.
Lowe, Lora Anne
Lucas, Andrew Taso
Lucas, Craig S.
Ludwig, Daniel Anthony
Lupo, CAPT Vincent C., USAF
Lutz, CAPT Joseph Edgar, USAF
Luu, Annie Mak
Lynch, Sharon
Lyons, Raymond Grady
Lyter, John B.
Mabry, Rick Lee
Macek, Robert Otto
Mackey, Stephen J.
Macynski, Susan Jane
Magoto, Robert Douglas
Mahlie, Joseph Michael
Maholm, William Lehr
Maiberger, David Anthony
Maier, Steven Gregg
Mairs, Robert Martin
Maliszewski, Roy Michael
Malizia, Daniel Thomas
Maloney, Kevin M.
Maloof, Michael F.
Mangas, Stephen John
Manley, Gerald P.
Manning, Robert Alan
Mapes, Jerry Wayne
Marazza, John Anthony
Marchese, Thomas John
Marcus, Yair Jack
Margeson, Dean Paul
Mariana, Henry David
Markey, David John
Marks, Phyllis R.
Marks, Robert Gerard
Marks, Wallace William
Marque, Suzanne Eileen
Martin, Rev. Billy Wilson, Jr.
Martin, Cheryl Lynne
Martin, David Craig
Martin, David Robert
Martin, John Phillip
Martin, Kathleen Dolores
Martin, Masayo Tsubota
Martin, Monica Lynne
Martin, Sean Edward
Martin, Stephen D. L.
Martin, Theresa Brulport
Martinez, Luis R.
Martin-Long, Laurie Lynn
Marx, Jay Leslie
Massie, Kevin David
Mathews, David Ralph
Mathys, Leonard Mark
Matthews, Keith Allen
Matthews, Michael S.
Maurer, Rita Ann
Mauter, Mark Allan
Mc Adoo, Robert A.
Mc Ardle, Dale Robert
Mc Beth, Mary Uhl
Mc Callister, Ernest Brian
Mc Cauley, Christopher James
Mc Causland, Patrick Michael
Mc Clanahan, Joy Lynn
McCloy, William A.
McColgan, Daniel Brian
McDavid, Winona G.
Mc Donnell, Brian F.
McDonough, Mark J.
McFadden, Jeffrey Raymond
Mc Fadden, Timothy Patrick
McGarvey, John Douglas
McGeary, Hunter Alvin, Jr.
McHugh, James Kenneth
Mc Kay, Monica Elizabeth
Mc Laren, Barbara Doss
Mc Laughlin, Jerri Eisnaugle
Mc Laughlin, Richard J.
Mc Mackin, Thomas Kennedy
McMahon, Janet Lea
Mc Mahon, Vandy
Mc Mains, Greg Kris
Mc Murray, Lesa D.
Mc Nary, Michael William
Mc Naul, Jeffrey Allan
McQuillin, Mary Ann
Mc Vay, Susan Elliotte
Mc Vicker, Marian Young
Meade, Marcia Lynn
Meadema, William Carey
Meager, Timothy James
Medich, Lewis Samuel
Medley, Robert E.
Meena, Jeffrey Paul
Melser, Ronald Bruce
Mendicino, Marcia
Mendicino, Margery
Mercer, Susan L.
Mercure, Anthony Lawrence
Merklin, Christopher Alan
Merriman, Douglas G.
Mershad, Edward Anthony
Messina, Joan
Meyers, Randal Joseph
Michael, Charles Frederick, Jr.
Michael, Marlys
Michaels, William Alfred
Milenkovski, Marina
Miller, Bruce Lyndon
Miller, Cathy Jo
Miller, Gary Dean
Miller, Jeffrey Stuart
Miller, Paul R.
Miller, William Charles, IV
Mills, Janet Leah
Minutilli, Daniel Philip
Mishey, Barbra A.
Misitigh, Matthew Michael
Mittelman, Eric David
Miyahara, Colleen Michiko
Moberger, Linda Lee
Molnar, Jennifer Young
Montavon, Harry Fredrick
Montello, Thomas C.
Mooney, Christopher Patrick
Mooney, Michael Franklin
Moore, Susan K.
Moorhead, Daniel Otis
Moran, Margaret Petersen
Moravick, Doris Jean
Morgan, Frank William
Morgan, Victoria Marie
Morley, Cynthia
Morrill, John M.
Morris, Cynthia Pinkston
Morse, Steven Kenneth
Moslow, David Wayne
Mottayaw, Craig A.
Mount, Geoffrey William
Muccino, Donald Joseph
Muehlheim-Falb, Jill Anne
Mueller, James Eugene
Mueller, Karl Heinz
Muenchen, Michael Donald
Murdock, Gary Allen
Murphy, John Andrew
Murphy, Noreen Joan
Murray, John Michael
Murray, Michael Richard
Muth, Thomas Charles
Muzilla, Thomas Anthony
Naberhaus, Mark Allen
Nader, Dean Joseph
Nagel, David Fred
Nann, Michael James
Nascone, Nicholas James
Needles, Devin Scott
Nelson, Dr. R. Ryan
Nemeth, Edith Theresa
Neth, Deborah L.
Newman, Edwin Ellsworth, Jr.
Newman, Leonard Martin
Newsome, Timothy Lee
Nguyen, Thai Thuan
Nickerson, Alfred Angus
Niehaus, Katherine A.
Niese, Marie Elaine
Nolan, Emily
Noonan, Patricia A.
Noreen, Scott Allan
Norka, George John
Norris, Dale B.
Norris, Lisa A.
Nowak, Michael Joseph

1982 (Cont'd)
Nuzum, Elizabeth Ann
Oakley, Terry Lee
Oban, Marcia E.
Oberlander, Robert Jay
Obert, Carl Ricci, CPA
O'Brien, Carol Helen
O'Brien, James Patrick
O'Brien, Thomas Robert, II
O'Connell, Thomas Joseph
O'Daniel, Kathleen O.
O'Dwyer, William Michael
Okun, Sam Scott
Olmstead, David Charles
Olmsted, Douglas R.
Olszewski, Jeffery M.
Opena, Dr. Camilo Lalap
Opremcak, Matthew Steven
Orkis, John Stanley
Orr, Karin Lopper
Ortega, Ida P.
Ortiz, Donna Knopf
Ortt, Charles R.
Orvets, Daniel F.
Osis, Peteris Ludis
Osterheld, Kurt
Ostrander, Tonia Lynn
Ostrowski, Edward L., Jr.
Oswald, Mary Katherine
Oswalt, James Wilson
O'Toole, John Francis
Ott, Fred Lyle
Ouellette, Aurel J.
Owens, Carol Hall
Owens, Ms. Deborah K.
Owers, Dr. James Edwin
Oxley, Thomas Geoffrey
Pachniuk, Walter
Padvorac, Carol Marie
Pagel, Daniel James
Paidousis, Georgia
Palagyi, Susan Elizabeth
Palmer, Paul Allen
Paolucci, Michael Eugene
Pape, Catherine Ann
Pargeon, Robert Lloyd
Parham, Christopher B.
Parks, Reuben, Jr.
Parr, Eric Michael
Pasternak, Martin Jay
Patton, Kevin Ray
Patton, Timothy Dale, CPA
Paulmann, LT Russell Dwight
Paumier, Terri J.
Payter, Ellen Cecile
Pearson, Debra
Peebles, Steven Craig
Pence, Gary L.
Penelton, Teresa Eileen
Pergins, Peter Theodore
Perruzzi, Patrick Michael
Perry, Valorie Linette
Perry, William Earl
Pershing, Dana
Pesch, Michael Joseph
Peters, Richard A.
Petruska, Audrey Ann
Petty, Scott Shea
Peugh, W.M.
Pfeffer, Lynn A.
Phelps, Sharon Jean
Philips, Craig William
Picklap, Nancy J.
Pickup, Joann
Pierce, Barbara Sean
Pierson, Carol Truske
Pierson, David Alan
Pleis, Debra Jean
Pocock, Deborah Lynne
Poeppelman, Mark Wilbert
Pohlabel, James Gerard
Polack, Ms. Lisa Carin
Poppovich, B. Louis
Porter, David Allen
Postle, Dr. H. Herb, III, DDS
Poston, Helen Melinda
Potts, James Robert
Powell, Larry Steven
Powell, Robert Allen
Pramik, Barbara A.
Presson, Charles Wesley, Jr.
Priddy, Diane Mary
Priest, Ms. Colleen J.
Priestas, Linda
Pritchard, Jeffrey F.
Prunte, Dominic W.
Pryor, James Lee
Puccetti, Thomas A.
Pusecker, Debra L.
Quay, Leslie Arthur
Queen, Paulanne Kelly
Queen, Randall Alan
Quill, Bruce Fred
Quinlan, Charles Evans
Quinlan, Mark Warren
Rabb, Howard S.
Rader, Gary Ray
Rafeld, Dean Max
Rakestraw, Jane Kuchnicki
Ramey, Terri Mellott
Ramey, Terry Alan
Ramsey, Cindi S.
Randall, David Michael
Rankin, Daniel Wayne
Ransom, Jane Reavill
Rausch, Elaine
Rawlins, Charles O'Neal
Reams, Connie Ferriman
Reardon, Christopher James
Redfield, Jeffrey J.
Redington, Laurel Moor
Reese, Julie Lynn
Regan, Joseph Martin
Regrut, Peter David
Rehmar, Ruth Ellen
Reichle, Harlan Edward
Reid, Susan Fought
Reider, Brent Carleton
Reincheld, Victor Joseph
Reinehr, Kay Linn
Reinhold, Thomas J.
Rengo, Rebecca Ann
Renner, Lee Owen
Renner, Leo Edwin
Rentsch, Wayne D.
Resnick, Michael Jay
Rettos, Socrates John
Reynolds, Lynda Lee
Reynolds, Merilee Valentine
Rhine, Julie Anne
Rhodes, C. Jeffery
Richardson, Edrick Joseph
Richardson, Nanette Kay
Richman-Roland, Susan Lynn
Richter, Mark Allen
Rickel, John C.
Rickenbacher, Gary L.
Ricket, Susan
Riggenbach, Darryl Lynn
Riley, Karen Jo
Riley, Keith Edward
Riley, Richard Alan
Ritter, Sean C.
Roberts, Kathrin
Roberts, William Andrew
Robinette, Kathy Rena
Rodabaugh, CAPT Thomas Edward, USMC
Rodono, Joe Anthony
Rogers, Dr. Ronald Clifton
Rohan, Howard Joseph
Roland, Glenn P.
Rolletta, Alexander J., III
Roloson, C. Brian
Rolph, John J.
Rondini, Christine Marie
Rose, Gregory E.
Rosen, Rick Lind
Rosen, Robert Evan
Ross, David Clark
Rossin, Alida Ann
Rosso, Raymond Thomas
Rote, Ms. Janet Rader
Roth, Guy M.
Roush, Bruce Eldon
Rovnak, Mark Andrew
Rubin, Nancy Marie
Rudy, Jennifer L.
Ruhrkraut, William Joseph
Rumberger, Susan Pansing
Runyon, Christina Faye
Ruppert, Terry Eugene
Russell, Holly
Ruzicka, Charles Bruce
Ryan, Eileen Marie
Ryan, Jill Harshbarger
Ryan, Michael Patrick
Saam, Clair Burnette
Sachs, Daniel Paul
Sales, Mark Stephen
Salisbury, Mark Alan
Salladay, Jeffrey Hall
Saltz, Michael Kevin
Saltzman, Daniel Mark
Salyers, Jeffrey Allen
Samlowski, Norbert Werner
Sandhu, Rajbir S.
Sargel, Mrs. Lisa A.
Sargel, Scot David
Sargent, CAPT Brad L., USAF
Sass, Martha Mary Fink
Sauder, Felicia Gene
Sauer, Michael Timothy
Saul, Amy B.
Saunders, Gregory Scott
Schaaf, Glen J.
Schaefer, Steven Douglas
Schaeper, Jeffery Alan
Schaffner, Richard Carl
Scharf, Cynthia Ann
Schenk, Deborah Meese
Schenk, Gregory Paul
Schibler, Susan Joan
Schiely, Patricia Marie
Schlaifer, David Allen
Schmidt, Harry Edward, III
Schneider, Jeffrey Lee
Schodorf, Thomas E.
Schreur, Paul Edwin
Schrim, Margery Brown
Schuholz, Ms. Shauna Lee
Schulte, Robert Joseph
Schupp, Germaine A.
Schuster, Thomas James
Schwab, Joan Guzzi
Schwartz, Jeffrey Mark
Schwartz, Scott P.
Schwartz, Sherri J.
Schwebel, Barbara Rall
Sczublewski, Lisa Lyn
Seabold, Rev. John Patrick
Seaman, Kathryn
Seaman, Terry Neil
Segreto, Pamela L.
Seifrick, John Allen
Sekas, John Nick
Selcer, Anne Leahy
Selling, Dr. Thomas Ira
Sellke, Glenn Wesley
Sellke, Mary Henkle
Sergakis, Theodore Peter
Sexton, John Thomas
Shackelton, Teri Lynn
Shafer, Richard Dennis
Shaffer, Deborah
Shams, Daria
Sharick, Edward George, Jr.
Sharnsky, Christina Rich
Shasky, Steven Lowell
Shaver, Bryan Jay
Shaw, Michael Douglas
Shea, Stephen Brian
Sheldt, Gary Michael
Shepherd, Robert
Sherman, Jeff David
Sherman, Robin Julianne
Shine, Kenneth Edward
Shon, Daniel Bruce
Shook, John J.
Shook, Robert Allen
Shop, Chris Lee
Short, Arthur Jay
Short, Jackson Jay
Showalter, Thomas Lawrence
Shroats, Richard Merrel
Shutzberg, Leonard Saul
Sicker, Roger Allen
Siefert, James Patrick, Jr.
Simcox, Sheri L.
Simko, Kenneth Jerry
Simmons, Daniel Eugene
Sistek, Constance L.
Sites, Douglas Eric
Skinner, Deborah Kay
Skinner, Robert T.
Slack, Scott Charles
Slade, Mark Anderson
Slama, James Albert
Slyh, Martha Bailey
Smeltzer, William Oran, Jr.
Smigelsky, Gregory P.
Smith, Dale William
Smith, Donna Jean
Smith, Drew Evan
Smith, James Lester, Jr.
Smith, James Wendell
Smith, Mark Warren
Smith, Renee Donna
Smith, Robert Edward
Smith, Robert L.
Smith, Susan Louise
Smith, Vincent Allen
Smithberger, Lynn Ann
Smithyman, Michael John
Snarr, Robert Paul, Jr.
Snell, Brian F.
Snell, Joyce Louise
Snyder, James Michael
Snyder, Kelly Sue
Snyder, Kerry Earl
Sohovich, Gregory Paul
Sothard, Mark Bradford
Southwick, Glenn David
Spear, Alan Farrish
Speicher, Carl Eugene
Spencley, Joseph Thomas, Jr.
Spieldenner, Kathryn A.
Spiller, Lynne Louise
Sprowls, Thomas John
Squillace, Maripat
St. Clair, Dr. Jeffrey J.
Stachowicz, Patrice Mikolaj
Stacks, Lisa Noma
Stall, Mark Edwin
Stanislaw, Steven George
Stanton, John Michael
Stanton, Theresa
Starr, Donna
Starr, H. Brent
Stastny, Robert Charles
Stauffenger, Steven Scott
Steegman, Dean Edward, II
Steele, Glenn Bryan
Stevens, Beth Ann
Stevenson, David Lawrence
Stickney, Michael Stephen
Stone, Kathy
Stone, Thomas Alan
Stoner, Susan
Storer, Constance Thompson
Stotzer, Andrew N.
Stover, James Christopher
Strader, Stephen David
Strahm, Chris Harold
Stratton, Dorothy Marie
Streng, John Lee
Strohl, Sue E.
Studd, Susan Rita
Studer, Thomas Howard
Sturms, David Allan
Styer, Sue Ellen, CPA
Sullivan, Kimberly Jordan
Suvar, Mary A.
Swartz, John Thomas
Sweeney, Linda
Sweeney, Paul John
Sweet, Dave Norman
Swindler, Scott Alan
Swob, Kimberly A.
Swonger, Richard Greg
Tang, Ching-Ching
Tanner, Richard Snow
Tanner, Timothy Raymond
Tarantino, Kathryn L.
Tarpley, Stephen Nicholas
Tavakolian, Dr. Susan L.
Tawney, Regina Lea
Taylor, James Kerr, III
Taylor, Ronald Ray
Tefend, Kevin Alexander
Theiss, Richard Kevin
Thibaut, Bradley L.
Thoden, Richard John
Thomas, Margaret A.
Thompson, Cynthia L.
Thompson, Edwin Eugene
Thompson, James Clement
Thompson, Patricia Rowe
Thompson, Todd A.
Thornton, Sheri Aretha
Thress, Charlotte Anne
Thrush, Clint W.
Tierney, Martin Patrick
Tieu, Van Lay
Tikson, Mark Eric
Titus, Paul Edmond
Toles, Dorinda Denise
Tompkins, Kevin Benjamin
Tosca, Tim L.
Toth, Matthew Harold
Totino, Salvatore Anthony
Town, Diane Marie
Tracy, James Patrick
Tran, Huong Thuy
Tran, Quan Phat
Treisch, Brian Lee
Tripp, John L.
Trott, Teresa Hazelwood
Trudeau, Julie Ann
Truex, Kelly A.
Trulaske, Steven Lee
Tsironis, John Fotis
Tufts, L'Nard E.
Tulodzieski, Edward, Jr.
Turbitt, William James
Turnage, Wayne Matthew
Turney, Michael Douglas
Tyack, Charles Andrew
Tyser, Matthew Charles
Ullman, Patricia Daphne
Ulrey, Mark Wayne
Uncapher, Michelle E.
Ungar, Michele R.
Untch, Anna Sophia
Vaccaro, Matthew William
Vacolas, Michele Fracasso
Vaher, Hillar
Valentine, Sue Jefferis
Valletta, Frank L., III
Vallone, Frank Vincent
Vanadia, Salvatore
Van Culin, Marianne
Vanderpohl, Arthur John
Vander Zanden, Bradley T.
Van Dine, Linda Schmunk
Van Dyne, Catherine R.
Vannice, Jon L.
Van Putten, James Martin
Van Schaik, Patricia Ann
Van Steyn, Deborah
Vare, Ingrid Marie
Vickio, Vaunda Lee
Vieira, Michael Alan
Vinsel, Lon Andrew
Vinson, Ella Beatrice
Vivino, David Michael
Voelker, Lou Doris
Von Lohr, Michelle M.
Von Lohr, Morgan Wills, IV
Von Spiegel, James Robert
Wadsworth, Britt Rodger
Wagenman, Ms. Elissa K.
Waggoner, Steven Ray
Wagman, Stephen Mark
Wagner, Barry Keith
Wagner, Jonathan Robert
Wagner, Ronald Earl
Wakefield, Mark Wright
Waldeck, Thomas James
Walker, Edward Allen
Walker, Gregory William
Walker, Thomas Michael
Wallace, Michael Dwight
Wallach, Bonalynn Cherie
Waller, Marcia Lynne
Ward, Penny
Warden, Thomas Michael
Wargo, Anthony Robert
Warner, David Arthur
Washburn, Mark Bruce
Washko, James Francis
Watkins, David Scott
Watts, Marden Thomas
Wayt, Christopher Allen
Weaver, James David
Weber, Jeannine Sue
Weedy, Rebekah Ruth
Weikert, Jeri L.
Weimar, Gary Michael
Weimar, Glenn David
Weiner, Dan David
Weintraub, Douglas Lee
Welch, Bradford James
Weldon, William Thomas
Welker, Susan Jane
Wellman, Sofia Ann
Wellmerling, Sondra Lee
Welsh, Gerald Duane
Wendell, John Joseph
Wenzel, Robert Louis
Werstiuk, Barry Dean
West, Todd Blake
Westfall, Kevin Patrick
Weston, Steven Marc
Whitby, Raenada
White, Carolyn Elizabeth
White, Joseph Bennet
Whitenack, Scott Ronald
Widdoes, Elizabeth Kiely
Wiley, Donna M.
Willey, Stephen Lowell
Williams, Audrey Torok
Williams, Cheryl Ann
Williams, David M.
Williams, Ellen Louise
Williams, Glenda Ann
Williams, Mark Dwyn
Wilson, Henry Hamilton, Jr.
Wilson, Jeffery Leigh
Wilson, Julie Dawn
Wilson, Lynn Ellen
Wilson, Patricia Wright
Wilson, Thomas Edward
Wilson, Thomas Edward
Wimer, Jon Jay
Winegardner, Diana Kay
Winters, Michael Howard
Wirtz, Hubert
Wise, Eric Alan
Wise, Jeffrey Allen
Wise, Virginia Marie
Witchey, Mark Allen
Wittoesch, Jon Mark
Wohl, Michael Stephen
Wojcik, Richard Stephen
Woldorf, Terrence C.
Wolford, Jesse Thomas
Woll, John Frederick
Wolverton, Mary Brown
Woo, Jeffrey Dwight
Woods, Christopher J.
Wymer, Karen
Wysseier, Sharon
Yager, Mitchell Allen
Yamout, Fouad Khaled
Yankovich, Michael Scott
Yatsko, Marjorie Pearce
Yazel, Ms. Kathryn Kay
Yeager, Michele Lee
Yee, Danny
Yee, Jon F.
Yeh, Chih Joy
Yoho, Douglas Kirk
Yoho, John Roger
Yontz, Lawrence Charles
York, Robert William, Jr.
Youmans, Michael Lee
Young, Christopher Robert
Young, Leamon Dennis
Yuan, Si-Hung
Yuan, Terence Tsu-Yung
Yund, Jeffrey Dean
Yutzy, Julana Irene
Zagarinsky, Charlene Ann
Zelle, D.A.
Zenk, Richard Joseph
Zidonis, Frank James
Zimmer, Bonnie I.
Zimmerman, Steven Mark
Zimomra, Judith Ann
Zitsman, James A.
Zontek, Mary Jean
Zovack, Linda
Zuern, Michael David
Zvirblis, Anne Marie

1983
Abbruzzese, R. Tyler
Abel, Mark Carl
Ackerman, Ms. Christina K.
Ackerman, Richard Dana
Ackerman, Scott Darrell
Addis, Deanna
Adelson, Karen Lynne
Adkins, Dempsey Reno, Jr.
Agrawal, Sangeeta
Ahlgren, Anita Jean
Ailes, Joel Millard
Akrouche, Desiree
Alderdice, Gregory James
Aldrich, Sheila
Alecusan, Gary Mitchell
Allen, Susan T.
Allison, Kemper C.
Allison, Tina Rose
Alltop, Harley Keith
Allyn, Carl Edward
Alston, Gregory Earl
Amelung, 1LT Brett Steven
Amerine, David Brian
Amorosso, Theresa Marie
Anderson, Darrell Brooks
Anderson, Richard Merrell
Anderson, Rory M.
Andu, Osenat Diuyemisi
Angle, Mark Robert
Anon, Jeffery A.
Antes, Thomas Edward
Anthony, H. Thomas, Jr.
Anzuini, Karen Elizabeth
Appaya, Digvijay N.
Appelbaum, Dennis Evan
Archer, Mark Edwin
Arnold, Jacqueline Heacox
Arnold, Michael Aloysius
Arthur, Gregory Lee
Artino, William Anthony
Artz, Judith A.
Asencio, Mary
Atha, Robert Hunter
Atkins, Lisa Ann
Ator, Steven Douglas
Augustine, 2LT Paul Kevin
Austin, Stephen James
Averesch, Gregory Louis
Ayers, Julie Ann
Azzolina, David S.
Babeaux, Joseph Michael
Bacak, Joann Elaine
Badgeley, Robert Benjamin
Bailey, Michelle Renee
Baker, Cheryl Lee
Baker, David L.
Baker, Della Fay
Baker, Eugene Thomas
Baker, Mark A.
Baker, Michael Gregory
Baker, Thomas Nelson
Balachandran, Mrs. Kalyani
Balbaugh, Christine D.
Baldridge, David Lee
Baldwin, Elizabeth C.
Baldwin, Robert George
Baldwin, Wanda Howard
Ballew, Elizabeth Ann
Ballinger, James Cassel
Balzano, Linda A.
Baratta, Dennis Cline
Barber, Patrick Cahill
Bard, Michelle
Barelka, Raymond
Barker, Timothy John
Barkley, Robert Todd
Barlow, Sallie
Barnes, Bryan P.
Bar-Niv, Dr. Ran
Barnwell, Carol Sue
Barrett, Joyce
Barthel, Michael E.
Baruch, Steven Jay
Bastaki, Ahmed Mohammed A.
Batchelder, John David
Bates, Brian Paul
Bauchmoyer, James Ray
Baudo, Joseph Pete
Bauer, Stephen John
Bazelak, Mark Andrew
Beam, Tammy Kay
Bechtold, Joseph Aloysius
Becker, Thomas John
Beelman, Constance Elaine
Beery, Susan
Beitel, Mary Ruwette
Bell, Anne E.
Bell, David John
Bell, Marla
Bellamy, Frank Thomas
Bell-Gombita, Marla
Benaglio, Bruce Joseph

CLASS YEAR LISTINGS CLASS OF 1983 361

1983 (Cont'd)
Benalcazar, Benton Arnulfo
Benedum, David Franklin
Bennett, Harlan Reppart, II
Bennett, Mark Steven
Bennett, Matthew Lee
Bennett, Robin Lynn
Berger, Gene Mark
Berk, Peter L., CPA
Berlin, Curtis Hager
Berlin, T. John
Bern, Cynthia K.
Bernard, John Anthony, II
Bernecker, Sandra Marie
Berry, Brian Lee
Berry, Kenneth Robert
Bertke, Douglas Jerald
Berzon, Steven B.
Best, Carl R.
Best, Jeffrey Gale
Bethel, Garin Jon
Beyoglides, John C.
Biarsky, Alan Scott
Bickmire, Robert Lee
Bieber, Gerald Jay
Bigelow, Debra
Bilbrey, Robert Leonard
Birdwell, Kenneth Dale
Bittoni, Giorgio Carmelo
Black, Robert David
Black, Tyrone Keith
Blaeser, Timothy Paul
Blair, Timothy Alan
Blake, Janet Elizabeth
Blankenbeckler, John G.
Blauser, Randy Roy
Blazer, Frances Elizabeth
Block, Cheryl A.
Blonchek, William Stephen
Blowers, Tamara Mitchell
Bodas, Masha
Bode, Ripley Norman
Bogdue, Cynthia Haugse
Bogen, Jennifer
Bolzenius, June M.
Bomas, Harriet Sonya
Bond, John B.
Bone, Robert Thomas
Bonfini, Michael James
Borgman, Duane Anthony
Borths, Robert Xavier
Bostic, Bric David
Bowman, Scott Lee
Bozeka, Paula Jane
Bradbury, Brent Burdell
Bradhurst, Daniel Vane
Bradley, Scott Barnes
Bradley, Thomas Irwin
Bradshaw, Jeffery
Brake, Richard Lance
Bramlage, Venetia Argeros
Brannick, Jeffery Alan
Branson, Gary Dale
Branson, Jackie Lynne
Bregman, Robert Louis
Brell, Gretchen
Brennan, James Michael
Brennan, Karen A.
Brenneman, Kimberly Jo
Brewer, Neil Craig
Bricker, James Kenneth
Bridges, George Henry
Brinkman, Rebecca Dee
Britt, Michael Lawrence
Broadbelt, Bruce Donald
Brockett, Lisa Ann
Brom, Valerie J.
Brooks, Craig William
Brooks, Lucinda Hegel
Brough, Douglas John
Brougher, Charles William
Brown, Alan James
Brown, Cathleen Ann
Brown, Cynthia
Brown, Kathy
Brown, Kimberly Sue
Brown, Marsha Waters
Brown, Michael Lee
Brown-Smith, Jocelyn Michelle
Brunow, Melinda Lee, JD
Bruns, John Carl
Brunst, John Eric
Bryan, Christopher Allen
Buck, LT Michael Adam
Buckeye, Alen Daniel
Buckingham, R. Michael
Bugenstein, Paul Richard
Bules, Christopher Alan
Bullock, Blaine Alan
Bullock, Craig Alan
Bumpus, Tamara
Bundu, Abu Bakarr
Burakoff, David
Burga, Terence William
Burke, Kevin James
Burkey, Brett Alan
Burkhart, Todd David
Burns, Scott Charles
Burris, Gary Allen
Burwell, Louis William
Butler, Bryan Otis
Butler, Michael John
Butts, Bruce Edward
Byerley, Beth Ann
Cabi, Mustafa Abidin
Cahill, Thomas Robert, Jr.
Callahan, Brian Patrick
Calpin, James Timothy
Calvelage, Larry Joseph
Cameron, Pamela
Campbell, Carol Elizabeth
Campbell, Christopher John
Campbell, John Edwin
Campbell, John Wallace
Campbell, Lucile
Campbell, Milton Angus
Canizalez, Juana De America
Cannon, David Gregory
Cannon, Lisa Marie
Capulong, Emerito Baisa
Carlson, Bruce Gilbert
Carlson, Steven R.
Carnahan, Kerry Gene
Carpenter, Jeffrey Lee
Carpenter, Stephen Wayne
Carrocce, Mark Allan
Carson, Janet Grine
Carter, Kenneth Gregory
Carter, Steven Max
Caruso, Steven Frank
Casey, Brian John
Cash, Richard E.
Caslow, Janine Belt
Cavallaro, R. J.
Cencula, Paul Christopher
Chabot, Craig Andrew
Chalfant, Marydee W.
Chan, Yew-Onn
Chandler, Lesta A.
Cheffy, Louis Worthington
Chema, Stephen Anthony
Chesnut, Diane M.
Chow, Wen-Shian
Christo, Ms. Penelope B.
Church, Samuel Dean
Cicchetti, James John, Jr.
Ciotti, David Charles
Clark, Kent William
Clark, Thomas Warren
Clemens, Stephen Michael
Clinton, John Everett
Coate, Perry Lee
Cobe, Carmon Edwin, Jr.
Colby, Robyn Baird
Cole, Rory Owen
Coleman, Ina Fay
Collins, Julie Blower
Combs, Ms. Margo Jean
Comparato, Charles John
Condon, Frederick Joseph, Jr.
Conkle, Thomas Jessen
Conklin, Lisa Gaye
Conroy, Craig Alan
Conroy, Martin Howard
Contrera, Joseph James
Convertine, Michelle Ann
Cook, Barbara
Cook, David E.
Corbin, Susan Maria
Cordea, Steven James
Corson, Bryan A.
Coulter, Richard Lewis
Courtright, James Edward
Courtright, Jeffrey Edward
Cousins, John Bertram
Cowin, Joseph Patrick
Cox, David James
Coz, Paul S.
Craft, James Richard
Craig, James Scott
Crawford, Juan Hamilton
Crawford, Kevin Paul
Crawford, Richard D.
Crayton, Marcella Jones
Creager, Lisa
Criswell, Steven James
Crowley, Kevin Patrick
Cucci, Paul Michael
Cully, Thomas Arthur
Cunningham, Donald Frank, PhD
Curran, John Dennis
Cvengros, Laura L.
Cyrus, Ms. Carol S.
D'Agostino, Susan Lynn
Dalton, Marie Elaine
Damante, Joel Angelo
D'Amico, Douglas Paul
D'Amico, Ronald A., CPA
Daniels, Vicki L.
Danis, Peter Anthony
Dansby, Eric Lamont
Darrah, Jeffrey Keene
Daughters, David Hamilton
Davis, Betty Eul
Davis, Bruce Kevin
Davis, James Louis
Davis, Robert Jefferson
Davis, Timothy J.
Dawe, Daniel Alan
Dawson, Frederick
Day, Richard Thomas
Deacon, Thomas Edward
Dean, Karen S.
de Brier, Eric Peter
Deem, Sharon Leigh
Deibel, Jeffrey Richard
DeJulio, Michael William
De Lauro, John A.
De Long, Ralph Eugene, Jr.
DeMarco, Carol
Demidovich, William Frank, Jr.
Dennison, Douglas Allen
Denton, Jeanetta Rene
Denzer, Charles William
De Palma, Robert Michael
De Pauw, Philip James
Desatnik, Sheri Lynn
Desch, David J.
Dessent, William Thomas
De Wald, Deborah
Diaz, Timothy Augustus
Dickerson, Stephanie Popoff
Diehl, Clinton Edwin
Distelhorst, Kevin Michael
Docken, Charles Allan
Dommin, James Francis
Donatini, Jeffrey Allen
Donner, Eveline
Dotson, Keith Ray
Dottermusch, Andrew D.
Doty, Bryan Michael
Dougherty, Mary Kathryn
Dowdell, Darren McGowen
Dowell, Willie James
Dubois, Karen Patricia
Duff, Brian Earl
Duffy, Daniel Joseph
Duko, Sharon A.
Duly, Gregory Neil
Dumbauld, Elizabeth Ann
Dunbar, Kathleen Merie
Dunham, Carrie
Durban, Phillip Gerard
Dutchman, Susan
Dyckes, David Alan
Earley, Robert Eugene
Eaton, Adrienne Eleanor
Eberhart, R. Dean
Eblin, Sally Kovach
Eby, Michael Robert
Eckel, Danny Lee
Eckert, Margaret Rose
Edelstein, Amy Jo
Edgerton, Mark Allen
Edwards, Douglas C.
Edwards, John David
Eft, Roy Douglas, CPA
Ehle, Jay Sutton
Ehrsam, Cathy L.
Eichert, David Brian
Eier, Kay Ann
Eifert, Laura
Eilerman, Michael W.
Eischen, Michael P.
Eisenbach, Karen L.
Elam, Sam F.
Eley, Patrick Edward
Elfrink, Patrick Joseph
Elk, Scott Allen
Elliott, Steven Earl
Ellison, Joanna Lynn
Emerson, Robert Charles
Engle, Scott Michael
Enrione, Angela L.
Erb, Renee C.
Ernsberger, James Alan
Essuman-Ocran, Siisi
Esther, Timothy Gerard
Etemad, Niloofar
Etter, Jesse M., Jr.
Evans, Jeffrey William
Evans, Raymond Francis, Jr.
Evans, Stephen M.
Eyssen, Timothy Don
Fairchild, Kevin D.
Farley, Harvey Arthur
Farmwald, Wayne Ellis, Jr.
Farrell, Kelly Ann
Farthing, James Hugh
Farwick, Scott Joseph
Fasold, John Arthur
Fast, Douglas Charles
Fay, Paul Steven
Federman, Stuart Alan
Feeley, Robert Joseph
Fegan, Michael Arthur
Feigelson, Daniel Jay
Feinberg, Russell Stuart
Fenlon, Kevin Thomas
Fenn, Reginald R.
Ferguson, Polly T.
Ferguson, Thomas Walter
Ferrazza, Carl Michael
Ferro, Richard C.
Feyh, Cheryl Anne
Fields, Lareatha Vanessa
Fife, Mary Lou
Filson, Mark Alan
Fink, Ellen Hostal
Fink, Jane Elizabeth
First, Larry Joseph
Fischer, Mrs. Trudy Lynn Conley
Fisher, Stephen Austin
Fishman, David Richard
Fitzgerald, Robert Thomas
Flaherty, Thomas Kehoe
Fleck, Kathleen Ann
Flegge, Mark Thomas
Fleming, Debra Parker
Fleming, Kelly Stanford
Flexer, James Richard
Flood, Stephen Leonard
Florin, Terri
Flowers, James Russell
Foley, Margaret Lynn
Forcino, Toni Bibb
Forsythe, Sandra Cooperrider
Foskuhl, Susan Ann
Foster, Roland Swaim
Foster, Stephen Scott
Foust, Annette Marie
Foust, Michael David
Fouts, Michael Allan
Fowler, Paul David
Fox, Ann Michele
Fox, Brian John
Fox, James Edwin
Franke, Christopher Scott
Fraser, Dana Hammond
Fraser, John Dee
Frena, Anita Hempfling
Friley, Brooks James
Frisbee, Jerry Lee
Fritz, Henry Theodore, III
Fruth, Charles Patrick
Fruth, Jane Mykrantz
Frydryk, Kevin Paul
Frydryk, Susanna Ford
Fujita, Robert Henry
Fuller, Jon Becker
Funk, Michael John, CPA
Furry, Michael Edward
Gaal, Gary Ray
Gaines, Dwight O'Brien
Gallagher, Mark William
Gallagher, Robert G.
Gallagher, William Kenneth
Gallucci, James Robert
Gallup, James Leslie
Ganzfried, David Samuel
Gardier, Christopher Hampston
Gardner, Jodie L.
Garrison, John Robert
Gartrell, Stuart Joel
Garver, Gary Donald
Garver, Russell Richard, II
Garvy, Karen
Gates, 1LT Alison Denise
Gee, Steve Craig
Geise, Steven J.
Gerber, Lori Ann
Geregach-Arnold, Denise Marie
Geremski, Terrence E.
Germann, Marcele
Germond, Annette Marie
Gerzema, John Thomas
Ghumrawi, Amer Khalil
Giampapa, Joseph Amiel
Gibbins, Diane Kay
Gibbons, Scott Allan
Gibson, Camille Maria
Gibson, Mark
Gilbride, James Patrick
Giles, George T., III
Gill, Beth Watts
Gillham, Randall Robert
Gilliland, J. Jay
Gisondi, Donna
Glasser, Ms. Jody Ann
Glassner, David Alan
Gleason, Kelley D.
Glesser, Philip Robert
Glinn, Elizabeth
Godes, Cynthia Kay
Godfred, Brent Paul
Gogol, Neal Alan
Gombita, CAPT Gary Joseph, USAF
Goodfriend, Steven Howard
Goodman, Martha Katherine
Gore, Dr. Catherine Ann
Gore, Vinaya
Gorman, Curtis Scott
Gottko, Dr. John Joseph, Jr.
Gottlieb, Jeremy David
Gottron, Jeffery Arthur
Gouldsberry, Pamela Louise
Govindarajan, Kirthi
Grady, James David
Graff, John Ralph
Graham, Gregory Lee
Gram, Paul Thomas
Grant, Michael Davis
Grapes, Diana L.
Grathwol, Robin Jon
Gray, David Alan
Gray, Wendy Howard
Green, Gregory William
Green, Lawrence Eugene
Greene, Brian Joseph
Greenham, Deborah Jeanne
Greenzalis, Melinda Kannel
Grena-Hewitt, Lucille
Griffith, Kathryn
Grimes, Leo Steven
Groeger, Patricia Howard
Groseclose, Jeffrey Lawrence
Grotenrath, Joseph Albert, II
Grow, Thomas Whitney, Jr.
Gud, Keith Allen
Gurley, Richard Thomas
Gurtz, Steven Carl
Gyevat, Barbara A.
Haas, Arnold Roger
Hafer, Cynthia Ann
Hagood, Jeffery Robert
Hague, James Bertram
Hair, Alan Dale
Halas, James Michael
Hale, Leslie Wilson
Hall, Bruce David
Hall, James Clark
Hall, Jerry Nestor
Hall, John Stephen
Hall, Nancy
Hallock, Alan Bruce
Halman, David Rockne
Halpin, Cynthia L.
Halsey, William G.
Hamann, Duane Anthony
Hamill, W. Stuart, III
Hamilton, John Edward
Hammer, Jan Marie
Hammer, Ronald J.
Hammond, MSGT David Glenn, USAF
Hanak, Mark Alan
Handloser, Sally Ann
Hannon, Ms. Kimberly J.
Hardison, Lucie
Hare, Douglas Clay
Harmon, Michael A.
Harper, Eric James
Harpster, John Russell
Harrelson, Jordan Kenneth
Harris, Layne H.
Harris, Terry S.
Harris-Heath, Janice Elaine
Hartley, Joseph Alan
Hartman, Craig Robert
Hartman, David Anthony
Hartman, Kristen Kay
Hartnett, James D.
Hastreiter, Timothy Alan
Haubert, Paul V.
Hauck, Brian Kelly
Haughey, Sally
Haupt, Douglas James
Havranek, Joseph Edward
Hawks, Howard Earl
Hawley, James Kemper
Hay, Kenneth Allan
Hayden, James William
Hayes, Donald E.
Haynes, Brenda Self
Hazelton, Keith Harding
Heaphy, Jeffrey John, LNHA
Heard, CAPT Wanda F., USAF
Heasley, Robert Daniel
Heatwole, Lynn
Heckman, Eric Thomas
Heckman, Richard William
Heft, Deborah Ellen
Heichel, Douglas Eugene
Heinmuller, Jeanne Hall
Heller, Christopher Tod
Heminger, David Lewis
Hemmelgarn, Joseph C.
Hemsath, David John
Henderson, Lisa H.
Henderson, Richard Harold
Henderson, Robert Kent
Hendrix, James Norwood
Henestofel, Dianne
Hensel, Monika H.
Hernandez, Raul Alberto
Herriott, Jeffrey Lee
Hess, Bradley D.
Heyman, John Gibson
Hickman, Daniel Allen
High, Lee Ann
Hiles, Kimberly S.
Hill, Lorraine M.
Hillick, Joyce
Hillow, Regis
Hinckley, Marilyn Manske
Hinga, William Thomas, Jr.
Hintz, Cheryl Marie
Hite, Marianne Z.
Hoegler, Victoria Ann
Hoelzel, Diane Hunt
Hoess, Mary
Hoffman, Craig Lee
Hoffman, Don Charles
Hoffman, Geralyn Engler
Hoffmann, David Neal
Hofmann, Randall Arnold
Hohenbrink, Anthony Mark
Holjevac, Peter John
Hollingsworth, Richard L.
Holman, Steven Eheren
Honert, Teresa Lynn
Hoogerhyde, George Patrick
Hoover, Diane L.
Hoover, Kevin Joseph
Hopson, Lilli Langley
Horstman, Mark Thomas
Horton, Janet A.
Horvath, Alan August A.
Horvath, Michael Keith
Houghton, Brian Van
Houk, Annette E.
Houle, Mark Michael
Houmes, CAPT Darrell Wayne, USAF
Houston, Cathy Davies
Howard, Phillip Terence
Howard, Robert Joseph
Howden, Richard Andrew
Hrehov, Greg J.
Hudak, Matthew Joseph
Hudgins, Robert Mercel, Jr.
Hudgins, Sheri Thomas
Hudson, James Douglas
Huff, Nancy Lynne
Hughes-Shroyer, Nancy Jo
Hugill, Stephen William
Hukill, Patrick Alan
Hunkins, Blaine B., Jr.
Hunsicker, Julie Ann
Hunt, David S.
Hunt, Jeffrey Lee
Hurley, 2LT Gregory David
Hurley, Patrick Neal
Hurni, Patricia Jean
Hyland, Kathleen
Hyre, Barbara Yeager
Iacobelli, Paul Joseph
Iandimarino, Salvatore J.
Iannarino, Michael Joseph
Imlay, Robert J., III
Immel, Charles Louis
Inman, Patricia Lynn
Insinga, Brenda H.
Isabel, Karen Leigh
Ismail, Sahar
Iz, Dr. Peri H.
Jackson, Daniel Allen
Jackson, Nina Lucille
Jacobs, William Edward
Janowiecki, John
Jansen, Gregory V.
Jaskari, Susan
Jenkinson, Laura L.
Jenks, Jeffrey Allen
Jennings, Sue Ann Schwab
Jensen, Patrick Lee
Jewell, Steven Gary, PE
Jividen, Todd Alan
Johanni, Katherine M.
Johnson, Carletta Yvonne
Johnson, Juanita Beatrice
Johnson, Kent Edward
Johnson, Linda Goodwin
Johnson, Nathan Paul
Johnson, Rita Faye
Johnson, William B., Jr.
Jones, Judith Ann
Jones, Karen Denise
Jones, Kenneth Perry
Jones, Lawrence William
Jones, Tami L.
Jorgensen, William Harold
Joseph, Paul Andrew
Judge, Michael Ward
Kabealo, Kenneth Raymond
Kademenos, George Peter
Kahle, David Bruce
Kaiser, Charles Dennis
Kane, Edward Dean
Kann, Karen Cyril
Karabinos, Edward F.
Karam, Suzanne Marie
Karling, Scott Arthur
Kastelic, Michael Jay
Kasubinski, James Gerard
Katz, Sharon L.
Katzmeyer, David Bruce
Kaufman, Eric Jon
Kaufman, Gale Eugene
Kays, William Alan
Kazmerzak, Ronald Lee
Kegelmeyer, James Anthony
Kelch, Mark William
Keller, Craig Weldon
Keller, Julie Anne
Kelley, Terrence Patrick
Kelly, Ms. MaryEllen
Kemz, Carey Stanley

1983 (Cont'd)
Kendall, Gregory Alan
Kennedy, Daniel Edward
Kennedy, Randal E.
Kensinger, Dr. John William
Kent, Betsy
Kent, Lynne A.
Kent, Robert Joseph
Kent, Robert Nathan, Jr.
Kerpsack, Robert William, Jr.
Kerrison, Diana Lynn
Kessel, Lisa L.
Kessler, Joseph Michael
Keuchler, Lamar James
Keyes, Robert Coleman
Keys, Erin Kay
Kiefer, Richard Lee
Kiessling, Mark Joseph
Killings, Bolin Howard
King, Carrie
King, Kenneth James, Jr.
King, Michael Paul
Kinkopf, Kenneth M.
Kinney, Douglas Perry
Kinney, Jane M.
Kinney, Marcia
Kintz, Kimberly Anne
Kiphen, Linda
Kirchner, Clifford Steven
Kisor, Stephen Joseph
Kissel, Michael Lee
Kitay, Laura A.
Klamert, Ronald Alan
Klann, Kathy Jean
Klein, Ms. Hallee Dianne
Klein, Stephen G.
Klice, Lisa Marie
Kline, Cynthia
Kline, Dennis P.
Klobuchar, Anthony F.
Knape, Kevin Dennis
Knecht, Brad A.
Knecht, Mary K.
Knoch, Eric Scott
Koch, Thomas Edward
Koehler, Herman Joseph, Jr.
Koerner, Edward Lee
Koestner, Rosemarie Kathrin
Koksal, Cevdet Gerald (Jeff)
Komar, Monica D.
Konkler-Blake, Linda Kay
Konstan, Dr. Louis William
Koon, Susan
Koontz, Warren N., Jr.
Kopan, Michael Eric
Korecko, Henry Clifford
Koren, Barbara
Korhan, Michael Gerard
Kornegay, Benjamin F., Jr.
Kornmiller, Robert Lee, Jr.
Kosanovic, David Alan
Kosich, Charles Michael, III
Koth, Leslie A.
Kovachick, Charles Joseph
Krakoff, Steven Paul
Kramer, Kevin Bernard
Krantz, Howard Jeff
Kraus, Edward Harlan
Kuehl, Karl Dean
Kuhlman, Teri
Kuhn, Paula A.
Kujanek, Andrea Pukita
Kukral, Kenneth Edward
Kulik, Raymond Alexander
Kulkley, Karen
Kuntz, Frederick James
Kurilic, George A., Jr.
Kurtis, Sevil
Kurucz, Barbara
Kvitko, Michael Scott
Labosky, Nick Andrew
Ladd, Karen
Laios, Takis
Laird, Patrick Emmett
Lamm, David Boyd
Lammers, William I., Jr.
Landers, Douglas Earl
Landholt, Thomas Fulton
Lanesey, Julie Murray
Lang, Judith Ann
Lang, Robert Kurtz
Langshaw, Joni L.
Lant, Wolfgang A.
Lanum, Douglas G.
Larkin, Christopher William
Larrick, David Lynn
Larson, Jerry Thomas
Laughlin, Christopher Lee
Lause, Darrin Philip
Lavric, Bonnie Jeanne
Law, Eva
Lawrence, Charles Thompson
Layer, Derrick Steven
Leach, Gregory Dale
Le Blanc, Peter Vernon
Lebold, Stephen John
Leckemby, Joseph H., Jr.
Ledford, Eddie L., Jr.
Lee, Donna D.
Lee, Peggy
Le Fever, Susan
Lehr, Brian David
Leidy, Charles Dean
Leis, Blake William
Leslie, John Marvin
Levine, Mitchell Douglas
Levins, Harry Joseph
Lewis, Donald Anthony
Lewis, Mark Douglas
Lightfoot, Danny Jerome
Lightle, Edward Eugene
Lincoln, Paul Skoff
Lind, Samuel Lee
Lindsey, Keefe Edward, Jr.
Lipetz, Robert Eugene
Little, Dr. John Andrew
Littlejohn, CAPT Kevin Lee, USAF
Locke, Charles Thomas, Jr.
Logsdon, Christopher Alan
Lohmeyer, Cynthia K.
Lovit, Andrew Mark
Lowder, James Robert
Lowery, Frank R., Jr.
Lozier, Laura Murray
Lubaski, Clark Eugene
Lucas, Stuart Dean
Ludwig, Keri Morgan
Lukac, Daniel Coleman, Jr.
Lunde, James Arthur
Lurie, Kathryn Alane
Lurty, Alan Scott
Luteran, Diane
Luteran, John
Lutz, Daniel Joseph
Lyles, Kevin Dean
Mac Arthur, David Michael
Machock, Kenneth Alan
Macke, Todd Christopher
Mackin, Thomas Joseph
Mac Means, Charles Richard
Madden, Kevin Eugene
Madsen, Neil Patrick, CPA
Mager, Harold Keddie
Maghes, Suzette Ann
Maginn, Sheila D.
Magnacca, Michael Anthony
Magnuson, Patricia Kaiser
Maiberger, Philip Andrew
Majka, Martin Paul
Maloney, Teresa Fitz
Maloof, Leila
Maltbia, Terrence Earl
Mandel, Lloyd J.
Mandl, Joseph P.
Manna, Anthony Scot
Mannarino, Thomas Albert
Manning, Donald Lee
Mansour, Mohammed Ibrahim
Mantell, Thomas Edward
Mantyla, David Wesley
Maragos, Paul Nicholas
Marcarello, John Thomas
Marett, LT Michael Jay
Markel, Gregory Alan
Marks, Ms. Sharon B.
Marowitz, Daniel Saul
Martin, John David
Martin, Kevin Lee
Martin, Mark Stephen
Martin, Regina
Martin, Thomas Booker
Martinez, Manuel J., Jr.
Martz, James Michael
Marulli, John Fitzgerald
Marvin, John J.
Marx, Anne M.
Marzen, William Joseph
Mason, Scott Eugene
Massarella, Mark T.
Matiscik, Michael John
Matzules, Edward Peter
Mawhorr, Carol Lee
Maxim, Matthew Randall
Maxwell, Ms. Lynne E.
Mayo, Alvin H., Jr.
Mazzolini, Joan Marie
Mc Allister, Tracey Lorene
McAtee, Glenn Frederick
Mc Bride, Cynthia Ellen
McBride, John Charles
McCafferty, Katherine J.
Mc Callum, Edward Donald, III
McCauley, Sean A.
Mc Causlin, David Wayne
Mc Cleese, Anita Ruth
McClure, Stephen C.
Mc Cord, Timothy Stauffer
Mc Cormick, Gregg J., Sr.
McCoy, Kirk J.
Mc Coy, Sonya
Mc Creight, Deborah Ann
McCroskey, Matthew Mark
Mc Curry, William Lloyd
Mc Cutcheon, Clarence David
Mc Danels, Gregory Michael
McDaniel, Mary L.
Mc Daniel, Roger Gilbert, Jr.
Mc Donald, Paul Jerome, III
Mc Donald, Thomas Douglas
Mc Elhaney, Evelyn
McEwan, John Peter
Mc Farland, Randy Louis
McFarland, CDR William C., III, USN
Mc Gann, Jennifer Ann
Mc Gee, Martha Jane
McGinnis, Cynthia Eve
Mc Ginnis, Michael Kern
Mc Glade, R. David
Mc Guinness, James Robert, Jr.
Mc Guire, Thaddeus Michael
Mc Inerney, Dr. Marjorie Lynn
Mc Intire, Robert Alan
Mc Intosh, Christopher K.
Mc Junkin, Michael Jay
Mc Kinney, Suzanne Marie
Mc Mahon, Kenneth Karl
Mc Mahon, Paul Philip
Mc Namee, Dennis Patrick
Mc Neil, Brenda Diane
Mc Nichols, Patricia Marie
McNulty, Charles Joseph
Mc Pherson, Gregory Lynn
Meade, Cheryl Janine
Medar, Melissa
Meeker, Michele M. Nemes
Meigs, Douglas Arthur
Meiresonne, Joseph August
Meiser, Robert L.
Meklus, Pamela Jean
Mellor, John Michael
Melton, Angela Renea
Menghini, Ms. Paula Jean
Meredith, Robert James, Esq.
Meredith, William Robinson
Merkle, David Arthur
Merola, David J.
Merritt, Edgar Littleton
Merritt, Thomas Bret
Merullo, Pasquale Anthony, Jr.
Messuri, Joseph Archie
Metzger, Carl Anthony, Jr.
Metzger, Marcia Ann
Mickshaw, Jeffrey Jay
Mihm, Nancy Ann
Miko, William Alfred
Miller, Annice Evon
Miller, Eva Ann
Miller, John Edward
Miller, Judith Smits
Miller, Mark A.
Miller, Mark William
Miller, Paul Michael
Miller, Peter T.
Millon, Alain Michel
Mills, Jerrilyn Lee
Miltko, Mark Eugene
Minahan, Norman James
Minium, Stacey Joy
Mitchell, Jacqueline
Mitchell, Randy Leon
Mitter, Matthew Jay
Monsour, Darcey Lynn
Moore, Norman Craig
Moore, 1LT Robert George, Jr.
Moore, Robert Kenneth
Moore, Thomas Davis
Moran, Kurtis Lee
Morando, Rocco J.
Morelli, Peter Joseph, II
Morgan, Amy Jean
Morgan, Robin Denise
Morman, John Victor
Morris, Ronald Lee, Jr.
Morrison, Lisa Jane
Morrison, Richard E.
Morrow, Kenneth Edward
Morton, David Ray
Moser, Joan Patricia
Mosholder, Michele Elaine
Motes, Julia Ann
Moyer, Gordon James
Moyer, Wendy A.
Mucciarone, Lou Ann
Muir, Jeffrey R.
Mukherjee, Mita
Mulhern, Steven Robert
Mulholland, Thomas C.
Mull, Leann
Munch, John Charles
Munoz Rosada, Florentina
Murphy, Karen L.
Murray, Michael Casey
Musille, Lucinda Ann
Musilli, Ronald
Musselman, Rory Larston
Musser, Alan Lee
Myers, Gregory N.
Myers, Leonora Marie, CPA
Myers, Raymond Paul
Myrvold, Michael Laren
Napoli, James Edward
Narang, Manoj Kumar
Nartker, Joseph Daniel
Naruenartwanich, Pornsartid
Nathans, Sari Roda
Neal, April Dawn
Neal, Gilbert Wilson
Neal, Perry Steven
Neal, Terence Lee
Nee, Ellen
Neely, LT Thomas Elliott, USN
Neff, Frank Raymond
Nelkin, Jodi Lynn
Nelson, David Hugh
Nesselroad, David Hilton
Nestor, Michael Edward
Newman, Bruce Lee
Newman, Jane E.
Newman, Patricia Anne
Neyer, Timothy Jerome
Nichols, D. Keith
Nickle, Marlene Ann
Niekamp, Ronald Roger
Niemeier, Letitia Gay
Niles, Dan Kevin
Nobil, Andrea Ellen
Noble, Richard William
Noe, Kathy
Norton, Kellyann
Norval, Nancy Beth
Novack, Kellie Kilbarger
Nowell, Sherry
Nussbaumer, Mark Edward
Nwachukwu, Madge Lenora
Oakes, Peter Hendrik
Obermiller, Dr. Carl
Obert, Carolyn Ann
O'Brien, Mary Elizabeth
O'Connor, Michael Thomas
O'Donnell, Susan Hughes
Oklok, Mari L.
Olin, Thomas F., Jr.
Olson, Jo Ann
O'Neill, Brian Michael
Ono, Tracy Beard
Ooten, Richard James
Ortiz, Daniel Joseph
Osborn, Richard Forrest
Oswald, Susan
Otway, Robert David
Owens, Lisa Murphy
Pack, Robert Craig
Padgett, Shari Gray
Pagels, Craig Alan
Paisley, Donald Lee
Palmer, Elizabeth Sutherland
Palmer, Randall Scott
Pandolfo, Frances A.
Pappadakes, Peter J.
Pardee, John Peter
Park, Dr. Chung P.
Parker, Anne
Parker, Elizabeth Glidden
Parker, Linda Sue
Parks, Hayden M., Jr.
Parras, Elaine Diane
Parson, Timothy David
Pasanovic, Halid
Pastor, Lina
Patterson, Janine Keye
Patterson, Jeffrey Dale
Patti, Stella Elizabeth
Payne, Ms. Eugenia C.
Pearson, Mark William
Peelle, Douglas William
Penton, Timothy James
Perkins, Robert Louis, Jr.
Perotti, Dr. James L.
Perrino, Christina Marie
Perry, James Leonard
Perry, Kristine Elizabeth
Peters, LT Mark Thomas
Peterson, Kristin Nan
Phelan, Ms. Joy A.
Phillips, James David
Phipps, L. Craig
Pickard, James Edward
Pidock, Gary Steven
Pierce, Robert Mark
Pierce, Robert Thomas
Pietzsch, Kevin Alan
Pinney, Teresa Jane
Pisciotta, Mary Ann
Pitts, Janet Dutkin
Plasko, Phillip Emil
Plummer, Karen Lynn
Plungis, Mark Paul
Plute, Thomas Mark
Pochon, Susan F.
Poe, Robert Ernest
Pogos, Ellen
Polanski, Peter John
Poling, Michael Alan
Polletta, Ralph Victor
Popich, William Joseph
Popper, Jonathan B.
Porea, James J.
Poston, Glen W.
Poulson, Robert Byron
Powell, Kent Raymond
Powell, Linda Faye
Powers, Billy Wayne
Powers, Jeffrey Paul
Pozderac, Paul M.
Pranger, Donna Jean
Premec, Richard John, Jr.
Presbaugh, Suzanne Kay
Presosky, Sandra Lyn
Price, Benjamin Brooks
Price, Eric Charles
Price, Gary
Price, Kenneth David
Pritt, Thomas Alexander
Prokes, Tracey Anne
Promen, Stephen Michael
Prugh, Bradley Brian
Prunier, Charles Richard
Pryor, Timothy Michael
Puderbaugh, Randall Scott
Pulse, CAPT Paul Flavius, III, USAF
Pultz, Michael Edward
Purdum, Karen Kay
Purtell, Shirley Jeanne
Pusey, Glenn Alan
Pusti, Joy Elizabeth
Puterbaugh, Alan
Putzke, Denise Saunders
Pyle, Robert E., Jr.
Quigley, LT Thomas Timothy
Quinn, James Edward
Quinn, Patrick Joseph
Quo, Marcia Ann
Raab, Robert Steven
Race, Connie Sue
Racher, Timothy Francis
Radziwon, Kenneth John
Raimer, Darryl John
Ramser, Ms. Susan Elizabeth
Randall, Edwin Emory
Randall, Patricia Mc Corkle
Ranft, Ida Sue
Rapp, Brian Lee
Rasberry, Lenora Denise
Ratterman, Edward Robert
Rauh, Douglas Charles
Rausch, James David
Ray, Diane Bemis
Ray, Thomas
Raymont, Thomas F.
Rechsteiner, Jon Anderson
Reda, Lisa Davis
Reed, Patricia Brauer
Reese, Timothy Dean
Regoli, Steven Philip
Regulinski, Michael Charles
Rehak, Ruth Anne
Reine, Arthur Frederick
Relyea, Richard Ross
Remson, Mary Louise
Renicker, Joann Fay
Renner, Diane
Resler, Michael Robert
Reves, Randal M.
Rice, Cathi Jane
Richards, David M.
Richards, Deborah Lee
Richards, Terrance Lee
Richardson, Thomas C.
Ridenour, Paul Joseph
Rieser, Janet
Riffle, Charles Daniel
Rigot, Claire
Riley, Cynthia Wynd
Rinehardt, Julie Place
Rinehart, Patricia Lynn
Ring, Sharon Leete
Ritchie, Norman William
Roach, Ronald Lee
Roberts, Allen MacDearman
Roberts, Andrew James
Roberts, Dane Bevin
Robinett, Ross J.
Robinson, Kyle Allan
Robinson, Lisa Gerette
Roderick, Mark S.
Rodgers, Christopher John
Rogel, Kathy
Rogers, Peter George
Rogers, Todd Mitchell
Rohrer, Thomas Robert, Jr.
Rolf, Bradley B.
Roll, John Douglas
Rollins, Daniel Patrick
Romeo, Carlo
Romisher, Robin Cannon
Rooker, Ronald H., Jr.
Root, Lynell Mae
Rosa, Susan Michele
Rose, Carol L.
Rose, Jennifer C.
Rosenfeld, Arthur Aba
Roshon, Robert L.
Ross, Douglas Jay
Rosser, Karen Mitchell
Rothstein, Shari Dombcik
Rourke, Stephen Michael
Rownd, Charles Berry
Rozsa, Beverly
Ruby, Charles D.
Ruess, Frederick Leo
Rukin, Michael Daniel
Rummel, Frances L.
Rupp, Robert Richard, II
Russo, Samuel John
Rustic, Robert Joseph
Ruth, Diane Magdalene
Ruthsatz, Debra Ann
Ryan, J. David, III
Saffield, Brenda Lee
Saini, Narinder K.
Salisbury, Monica Ellen
Salzinger, Daniel Stuart
Samuelson, Arthur Wesley, Jr.
Sanders, Waymond, Jr.
Sandkuhl, Douglas Lee
Sands, Martha Jeanne
Sanese, Charles David
Sansone, Scott Eric
Santisa, Lorraine Geralyn
Santos, Ms. Michelle C.L.
Sapp, Julie
Sarber, Terri Lynn
Savidge, Marilyn Ruth
Sayre, Jerome Clarkson, Jr.
Scarborough, Patricia Conway
Schaad, Michael Lewis
Schaller, John David
Scharringhausen, Mark Allen
Schene, Kathryn Lee
Schenkel, Cynthia L.
Schiefer, Mark B.
Schilling, Theresa Lynn
Schlanz, Michael Joseph
Schlecht, Rosemary
Schmitter, Robert Alan
Schnipke, Kathleen A.
Schoenberger, Timothy M.
Schroeder, Barbara Elaine
Schuller, Ronald Lee
Schulte, Henry Ludwig, Jr.
Schultz, John Harley
Schumacher, Andrea L.
Schumacher, James Gregory
Schumacher, Joann Baker
Schumaker, Kimberly Ann
Schumann, Stephen Wayne
Schwartz, Brian
Schwartz, Leslie Gerber
Schwarzkopf, Susan
Schwendeman, Kim Jerome
Scofea, Mark Robert
Scott, Louis
Searles, Robert C.
Seckel, Linda L.
Secrist, James Richard
Seeright, Charles A.
Seibert, Kenneth Eugene
Seidel, Eric William
Seiter, Matthew Gerard
Seitz, Linda L.
Sekinger, James Edward
Self, Frances Minnich
Serif, Cary Michael
Setnar, Pamela Faith
Shaeffer, Robert Lee, Jr.
Shaffer, Mark William
Shaker, Mark Simon
Shaner, Charles Lee
Shanks, David
Shapiro, Mrs. Deborah E.
Shealy, Christopher Allen
Sheerer, Marsha Mc Michael
Sheets, Johnetta Linn
Shepard, Mark Allen
Sheppard, Mark Leland
Sheppard, Shelly L.
Sherman, Timothy James
Shertzinger, Martin Paul
Shide, Charles Frederick
Shields, Douglas Bruce
Shipe, Marilee Stinemetz
Shirk, Ann Bettina
Shoaf, Randy Stuart
Shookman, Mark Steven
Short, CAPT Phillip R., USMC
Shuster, Carrie Lee
Sichel, Patricia Beth
Sicker, Ronald Clarence
Siefert, CAPT Stephen William
Sieg, Gary Lee
Siget, Joseph Matthew, Jr.
Silk, Adam Marshall
Simler, James Eric
Simmons, Robert Mark
Simoff, Mark William
Simon, Lynne Marie
Simon, Steven Edward
Simons, Gary Allen
Simpson, Steven Shawn
Sims, David Scott
Sims, Robert D.
Singer, Lisa A.
Singhal, Vikram P.
Sipes, David Michael
Siska, Edward Andrei
Skinner, Jeffrey James

CLASS YEAR LISTINGS CLASS OF 1984 363

1983 (Cont'd)
Skinner, Philip Wesley
Skinner, R. Cody
Slanicka, Susan Marie
Slater, Kenneth Mark
Slaughter, Donald T.
Slauter, David Charles
Sloan, Janie Elizabeth
Smerek, Mary Lynn
Smith, Bradley Noel
Smith, Dennis Dale
Smith, Ms. Diane Pavoni
Smith, Ida
Smith, Isaac Dorsey, Jr.
Smith, James Robert
Smith, Jeffrey Steven
Smith, Mark Edward
Smith, Mary Joan
Smith, Michael Allan
Smith, Nelson Theodore
Smith, Patricia Edwards
Smith, Philip Eugene
Smith, Robin L.
Smith, Susan Snyder
Snelson, Gregory Clifton
Snider, Stephen John
Snyder, Dwight Ray
Snyder, Gene Richard, Jr.
Snyder, Jeffrey Charles
Snyder, Jeffrey Dean
Snyder, Robert Ray
So, Dr. Yuk-Chow(Jacky)
Soller, Robert Alan
Somogyi, Robert R.
Soper, Richard Paul
Sorg, Mary Ann
Sowders, Gretchen Stroud
Spade, Margaret E.
Spargrove, Jacqueline Elaine
Sparrow, Pamela
Spatz, Daniel G.
Spector, Susan Beth
Spence, Janet Gertrude
Spencer, Rechelle
Spetalnick, Jonathan Phillip
Spillman, Brian Edward
Spindler, Jeffrey Alan
Spradlin, Mark Kevin
Springer, Laurene M.
Squires, Eugene Michael
Sridhar, Balakuntalam Sundareswara, PhD
St. Laurent, Randall Mark
Stafman, Joanne Karen
Stahl, Larry J.
Stanchak, David William
Standen, William Gerard
Standley, Jane Maier
Stanek, Daniel Gregory
Stanislav, Charles Joseph
Stanley, Jay Carl
Stassen, Marjorie Armstrong
Staub, Jennifer Bassett
Stavish, Blair Francis
Stechler, Louis Allan
Steegman, Anne Kathryn (Kassie)
Stees, Brian Lee
Stehura, Laura Shoup
Stein, Barbara Ann
Stemm, Melissa Wheeler
Stephens, Steffanie Diane
Stephenson, Carol W.
Steps, Sandra L.
Sternweiler, Melissa Anne
Stethem, Merle Edward
Stevens, Gregory Lee
Stewart, Helen Louise
Stilwell, Cynthia
Stoeckel, Michael Riley
Stoffregen, Jayne E.
Stoltzner, Don R.
Stone, Jill
Storer, Joseph Robert
Stotlar, Douglas Wade
Stratton, Brent Clifford
Strayer, Daniel Clyde
Strohl, Michele Annette
Stuart, Alessia
Stuckman, Maureen Ann
Sturgeon, Stacy Lynn
Suddes, Melinda Au
Suddes, Paul William
Sussman, Leonard Michael
Swain, Kathleen Marie
Swarthout, Diane
Swartz, Ann M.
Swartz, Margaret Pienta
Swearingen, Douglas James
Sweet, Jennifer Bowser
Sweet, Michael Anthony, Jr.
Swerlein, Julie Ann
Swift, Kathleen M.
Tabone, Patricia A.
Tackett, Dr. James Alan
Taglione, Richard Michael
Tague, David Paul
Tan, Soo Lim
Tancredi, Ms. Rebecca G.
Tankovich, John Robert, Jr.
Taulton, Ronald D.
Taylor, Anne Lynn
Taylor, Michael Paul
Teague, Sherry Lynn
Tedeschi, Mark Anthony
Teets, Ricky Leroy
Teklitz, Gregory Joseph
Temelkoff, Thomas C.
Terrell, David Michael
Thalheimer, Timothy Gerald
Theibert, Ms. Michelle Ann
Thewes, Lynn
Thie, W. Thomas
Thissen, James Joseph
Thomas, Beth Biederman
Thomas, Bradley Everett
Thomas, Brenda L. Emanuel
Thomas, Cynthia
Thomas, Forest Alan
Thomas, John Sanford
Thompson, Thomas Wayne
Thompson-Bolton, Jacqueline Jean
Thrall, Robert Le Roy
Timar, Jane E.
Timen, Mark Howard
Timmons, Jeffrey Clark
Titlebaum, Jamie Brenda
Tolen, Randy Jay
Tomlinson, Brad W.
Tonello, Maria Teresa
Tornes, Stephen Bertram
Trabue, Ted Keller
Trail, David Allan
Trainer, Alfonso Thomas
Trentman, David Joseph
Tretter, Steven Scott
Triebe, Richard Walter
Trivisonno, Joseph John, Jr.
Trudeau, Laura Louise
Trueman, Deborah
Turnbull, Gary William
Turner, Douglas Alan
Turner, Kevin John
Tusick, Raymond Michael
Uland, Margaret Lynn
Ulle, Frank John, Jr.
Umphress, Daniel Howard
Urbschat, Nancy Long
Van Arsdall, Eleanor Jane
Van Beusecum, Franklin Joseph
Van Breene, Rori Ann
Vance, Karen J.
Vandevander, Ann L.
Van Evra, Kyle Edward
Van Keuls, John Frederick
Vavreck, Teresa Marie
Vawter, Ms. Lisa D.
Vejlupek, Judith Rey
Vela, Ronald J.
Vereb, Sanford L.
Violi, Robert Alan
Vivalo, Michael J.
Voelz, Raymond Alan
Vogt, Alan Wayne
Von Clausburg, Catherine
Vrabec, James T.
Vrona, Douglas Charles
Vrsansky, Toni R.
Wadlington, Terry Lee
Wagener, Cliff Norman
Wall, Bradley Alan
Wallace, Mark Leon
Walsh, John Joseph
Walter, Susan Eva
Ward, Christopher Camlin
Ware, Stephen Carlton
Warfield, Katherine Marie
Warne, Joyce Kay
Warner, Martin John
Warren, Ronald Dwight
Wasserman, David Kai
Watkins, Patrick Andrew
Watman, Richard Donald
Watson, Jeffrey J.
Waugaman, H. Byron
Wayne, Robert Louis
Weakley, Cynthia Sue
Weber, Sue Ellen
Weich, Garry Randall
Weiland, Caroline Martin
Weiland, Lisa Patrizi
Weimert, Theresa Marie
Weinstein, Donald Jeffrey
Weiss, Reinhard George
Weiss, Steven Henry
Welker, Eric Robert
Welker, Michael Paul
Wells, Jeffrey Alan
Welsh, Deborah K.
Welt, William Arthur
Werden, John Charles
Werner, Amy
Wesel, David Thomas
Westrich, Greg Lawrence
Wetterman, Craig Alan
Wharton, James C., III
Wheeler, Kimberly
Whiston, Deborah Anne
White, Sherrie Lynn
White, Terese Jean
Whittaker, Diane Corcoran
Whittaker, Stuart Allyn
Whitten, Thomas Edmund
Whittier, Jody Eileen
Wickerham, Douglas Edwin
Widdoes, William Richard
Wilbers, Jeff John
Wiley, Stephanie Anne
Wilkins, Sandra J.
Wilkinson, Thomas Paul
Willett, Lori Ann
Williams, LTJG David Paul
Williams, Kathy L.
Williams, Leigh-Ann
Williams, Marjorie K.
Williams, Nancy Miller
Williams, Timothy Martin
Williamson, David Stanley
Williamson, Linda Jo
Willis, Douglas Keith
Willis, Scott Marshall
Willoughby, Gregory Patrick
Wills, Jacqueline L.
Willsey, Barbara R.
Willson, Michelle Marie
Wilson, F. Leon
Wilson, John Samuel
Wilson, Steven Alexander
Windham, PFC Parris
Windisch, Sue Ann
Wines, Denise Dawn
Winsley, Joy Ann
Wise, Cynthia J.
Wisecup, David Earl
Wittmer, Kathleen Barr
Wnek, Brian Lee
Wohl, Richard Lawrence
Wolff, Christopher T.
Wolford, Kenneth Eugene
Wood, Lorie A.
Wood, Steven T.
Wood, William Lee
Woodruff, Michael Ray
Woods, Silas Wendell
Woodward, Patricia Nancy
Woo-Lun, Marlene Ann
Wortman, Russell Joseph
Wright, Lawrence, Jr.
Wu, Melien
Wuorinen, Margaret
Wyler, Scott David
Xidas, Anthony James
Yaeger, Denise Y.
Yamashita, Alison Leslie
Yant, Stephen Richard
Yeager, Pamela Sue
Yetts, Nathan Jerome
Yoder, Michael L.
Yoerger, William Fess
Yoss, Charles Ralph
Young, Barbara Lynn
Young, Douglas John
Young, James Lawrence
Yuenger, Thomas Patrick
Yun, Dr. Young-Sup
Yund, Michael Edwin
Zaccagnini, Bruce Alan
Zahler, Michelle Shay
Zalac, Charles Ross
Zambell, Nancy K.
Zeigler, Charles David
Zeleznik, Michael Joseph, CPA
Zeller, Robert Lee
Zervas, James Chris
Ziats, Linda Kathleen
Zid, Michael Conrad
Ziegler, Susan Kay
Zientek, Brian Paul
Zimmer, David Alan
Zimmerman, Linda
Zunich, Robert Gregory, CPA
Zurcher, David Mark

1984
Adams, Patrick Stephen
Adelstein, Terri Susan
Adkins, Devin Lee
Adrian, Linda K.
Albers, James Richard
Albert, Lyle Eric
Allen, James Wayne
Allen, Susan Elizabeth
Alspaugh, Jan E.
Althauser, Margaret
Ambro, Andrew Richard
Amon, Michael Richard
Anderson, Gregory Paul
Anderson, Jay Scott
Anderson, Timothy Scott
Andes, Michelle Marie
Andrews, Scott David
Andy, 1LT Joseph A., USMC
Ankrum, Gerald Scott
Annable, Kenneth Lloyd
Annibaldi, Richard Francis
Anthony, Dr. Joseph Harry
Appelbaum, Todd Jeffrey
Appell, Brenda S.
Arbuckle, Douglas Stuart
Archinal, Jo Anne Troolin
Armstrong, Kathleen T.
Armstrong, Robert H.
Art, Robert Karl
Arzel, Pierre-Yves T.
Ashland, Peter Frederick
Atlagovich, Rita Marie
Attwood, John Jay
Au, Roger C.
Aurand, Jennifer R. M.
Austin, Thomas E.
Avdellas, Neil Gregory
Avradopoulos, Valarie V.
Ayers, Ms. Tammy L.
Ayish, Mona S.
Azok, Franklin Ethan
Backus, Clark Raymond
Bair, Lynette Marie
Baker, Bruce M.
Baker, David Jonathan
Baker, Edwin Glenn
Baker, Richard E.
Baldauf, Mary
Baldwin, Mariane
Ballinger, Paul Alan
Bandstra, Ms. Anna Marie
Bankert, Mark William
Bare, Catherine Anne
Barennes, Gilles M.
Barger, Curtis L.
Barnes, Belinda Sue
Barnes, Robert Ray
Barr, Michael R.
Barrie, Paul K.
Barry, Donald Joseph
Bartlett, Deborah Ruth
Basford, Sandra Wolleson
Batchelor, Catherine M.
Bates, David Clinton
Battocletti, Joseph E.
Bauer, Brent William
Baughman, Charles Dale
Bauman, Joan Kay
Baumann, David Michael
Bawa, Ibrahim Yahaya
Beaver, Kathy Lynn
Beck, Bradley B.
Becker, Michael Christian
Becker, Shelia Vey
Beckett, Christian Edwin
Beeman, Christopher Weiler
Beer, Marvin Jay
Beery, Dr. Ralph Hiram, Jr.
Behan, Donald James, Jr.
Beisel, Robert Claiborne
Beisner, John David, II
Bell, Andrew G.
Bell, Betsey A.
Bellis, Daniel Clark
Belot, Jamie E.
Benedetto, Anthony Albert
Benge, Jeffrey Andrew
Bennett, Keith Amedee
Bennett, Rose Marie
Benton, Katherine B.
Bergen, Kevin Robert
Berger, Robert Howard
Bergh, Douglas Roger
Bergmann, Carol Voelker
Bergstrom, Peggy Jo
Berinato, Diane Marie
Bernard, Suzanne Margaret
Bethel, Elizabeth Ann
Beveridge, Laurie Ellen
Bevilacqua, Lou
Bien, Pamela Marie
Bienko, Philip J.
Bir, Satpal Singh
Bishop, Denise Anne
Bishop, Glenn Alan
Bishop, Laura A.
Bixler, Kevin R.
Black, Amy Elizabeth
Black, Joseph Edgar
Black, Steven Lynn
Blackman, Ms. Susan G.
Blair, David Scott
Blanchette, Gary Paul
Blanchfield, Gregg Alan
Blaney, Michael Anthony
Blank, Phyllis Newburger
Blanke, Dianne Elizabeth
Blazek, Bruce Ray
Bloom, Nancy P.
Boersma, Cornelius, IV
Boggs, LT Sharon R., USN
Bohler, Ronald Keith
Bolander, Patricia
Bolin, Patricia Jean
Bollinger, Robert Jeffrey
Bolzenius, James Charles
Borchers, Blaise C.
Boston, 1LT David B., USMC
Boveine, Lisa Lynn
Bowers, Christine M.
Bowers, John Furman, III
Bowes, Cheryl Ann
Bowman, Jeffrey Todd
Boyd, Jennifer Ann
Boyer, Steven Wayne
Brachok, James Julius
Brackenhoff, Laura Thomas
Brady, Edward Louis
Brady, Tammy M.
Bragg, Robert Joudon, Jr.
Brand, Elizabeth Marconi
Brand, William Richard
Braun, Terry Douglas
Brewer, Sandra L.
Breyfogle, Jon Lewis
Bridges, Ronald Guy
Brigel, James Dale, Jr.
Brogan, Dr. Marianne
Brokamp, Terry Edward
Broughton, Ronald
Brown, Harriett Jones
Brown, Jeffory Lyn
Brown, Luke William
Brown, Melinda Kay
Brown, Robert Eugene
Bruce, Cynthia
Bruce, Kevin Patrick
Bruce, Paula J.
Bruening, Daniel Edward
Brumback, David La Doyt, IV
Brunetto, Craig Joseph
Buckholz, Patricia C.
Buescher, Robert Joseph
Burke, Ms. Suzanne Aleine
Burkholder, Barbara Jarosick
Burt, Lori A.
Busch, Barbara
Bush, Charles Joseph, Jr.
Bussey-Eisnaugle, Amy Lea
Butcher, Mark D.
Butkiewicz, Jane
Byers, Lanny Duane
Byrne, Christopher C.
Byrnes, Michael Martin
Caine, Brian T.
Calder, Davis R.
Calder, James A.
Camma, Anthony Philip
Campbell, Linda Sue
Campbell, Rhonda Sue
Campbell, Sharon Hinton
Camstra, Margaret Kader
Canute, Brian Lee
Cap, Michael Anthony
Cardarelli, Barbara
Carleton, Claire F.
Carman, Dennis Peter
Carney, William Patrick
Carothers, David Owen
Carson, Edward W.
Carson, Elaine Karras
Carter, Paul Erwin
Caruso, Daniel Robert
Carwile, Jane Ellen
Casey, James Daniel
Cash, Charles Paul
Castro, Matthew Edward
Catalfano, Joseph Paul
Cater, Brian Keith
Cattabiani, Martha Jean
Caughey, Ms. Sarah Josephine
Centa, Thomas Michael
Chan, Ava Ho Yin
Chandler, Lori Lynne
Chang, Shao-Chun
Chappell, William Vincent
Charbonneau, David Gordon, CPA
Chen, Shu-Ru Chiang
Cheong, Weng Hong
Cheslik, Kenneth James
Chickerella, Mark Steven
Chin, Meng Lee
Chipps, Dennis Eugene
Chrisman, William Scott
Christian, Mary Blankemeier
Chronis, John Gregory
Clark, David Thomas
Clark, William Robert
Clarke, Kyle David
Clawson, Jeffrey Allen
Clegg, Stephen Robert
Clements, Madelyne
Cline, Brent David
Cloern, Roger Dale
Cobb, Robert Earl, III
Cochran, Allen Michael
Cole, Claudia Ann
Coleman, Estella Elores
Coles, Carl E.
Comstock, Tyler James
Conley, James Patrick
Connor, Colleen
Connor, James Paul, II
Conroy, Nona Ann
Conry, Colleen Ann
Cook, Ann Taylor
Coon, Jeffery Dennis
Cooper, Thomas G.
Corbacioglu, Janet
Corletzi, Edward Carl
Cornelius, Steven William
Costantino, Shirley J.
Cotta, Alex Basim
Coultrip, Robert William
Coumes, Pierre
Courtad, David Alan
Covucci, Frank W.
Cox, Stephen Michael
Cox, Wayne Alan
Coyne, Kevin Thomas
Crandall, Steven Paul
Crea, Stephen Nicholas
Creamer, John Drew
Criner, Delores E.
Crofoot, Penny Kay
Cronin, Lisa Stanga
Crook, David Mason
Crowder, Dorrine
Croy, John Marshall
Crum, Timothy Taylor
Cullinan, Timothy G.
Cunningham, Kevin Paul
Cunningham, Sallie D.
Cunningham, 1LT William Ralph, USAF
Currie, L. Ellen
Curtner, Mary Katherine
Cusack, Kelly T.
Cusi, Ma-Pilar Pobre
Cutter, Randal Jon
Czyzynski, Jacquelyn Gibbons
Czyzynski, Richard F.
Dailey, Paul David
D'Andrea, Daniel Joseph
Darby, Kay
Daugherty, Kevin Stuart
Davey, Sandra Jo
Davis, John Myron
Davis, Leesa K.
Dawes, David A.
Dean, Jack Alan
Dearing, Shari
De Bruin, Anne Morrell
Decker, Donna Jean
De Fourny, Lisa Inez
De Franco, Elizabeth Anne
De Gennaro, Dr. Ramon Paul
Deibel, Karen Lynn
Deibel, Susan Elizabeth
Delaney, Lance Xavier
Delaney, Leland Keenan
De Leon, Alfred
DeNiro, John Michael
Denninger, Joseph Ferdinand
Dennis, Dominick Sabino
Dennis, William Gene
Denny, William Leonard
Derouin, Stephane Valery
De Socio, Robert James, Jr.
Devore, Rory Alan
Dewan, Madhusudan Amrit
Deye, Margaret S.
Deyling, Laurie Ann
Dible, John Joseph
Dickson, Bonnie Sue
Di Domenico, Kevin Michael
Digby, Robert Bruce
Di Grazia, Gino G.
Dillinger, Pamela Sue
Dimitroff, Daniel N.
Di Napoli, Paul Joseph
Dirosario, Gregory T.
Ditty, Mary
Dolan, William Joseph
Dolloff, Susan Marie
Donnelly, John Fitzgerald
Donner, Nancy B.
Donovan, Melodie Spitler
Doran, Michael Patrick
Dotson, Lewis Kerry
Doucher, Sondra Anderkin
Dougherty, Daniel Paul
Dowling, Thomas William
Doyle, Karen Eileen
Drake, Benjamin Lloyd
Drake, 1LT Jeffrey Michael, USAF
Drake, Lynn A.
Duco, Michael Patrick
Dugan, John Herman
Dugan, Karen Alane
Dugan, Susan Johnson
Dunlap, Robert Lee
Dunlap, Scott Charles
Dunn, Lori Jo
Durant, Jon Anthony
Durborow, Dana Jane
Duston, Jon Christopher
Dygert, Sally Ann
Eaton, Joan Carolyn
Eberflus, Christel Marie
Ecklar, Frank Ross
Edgell, Robert William
Edginton, Pamela Leach
Edwards, Karl Alan
Edwards, Laura Ruth

1984 (Cont'd)
Edwards, Regina B.
Eggert, John E.
Eldridge, Ms. Frances A.
Elekes, Gary Wayne
Elliott, Cheryl
Elliott, Cynthia Ann
Elliott, Todd Christopher
Ellwood, Susan A.
Elman, Jeffrey Philip
Elmlinger, Victoria Ann
Elson, David R.
Engle, Julie K. Weider
Englehardt, John Theodore
Eppley, David Allen
Erdman, Brian Curtis
Erten, Rezzan Kurtis
Erwin, Joseph E.
Esposito, Kimberly Senseman
Essenhigh, Anne K.
Estadt, Anna M.
Etzweiler, Thomas E.
Evans, Charles Wayne
Evans, Janine Albert
Evans, Nancy Jane
Ewart, Kathleen Kimber
Eyster, Douglas Edward
Ezanidis, Haralambos
Fadel, Lorraine M.
Fagan, Brian Barnett
Fagin, Bruce
Fallidas, Tom B.
Fallon, James Patrick
Farnsworth, Angela Githens
Farquhar, Robert Candor
Fastnacht, Robert Frank
Fatzinger, Barbara S.
Faulk, Ronald Eric
Fedchenko, Walter
Fedyszyn, Karen Blair
Fee, Deanne Denise
Felton, Mark Anthony
Ferguson, Amy
Fernandez Mejias, Alberto G.
Fernando, Christopher Capili
Ferraro, Maria
Fields, Dr. Ernest Louis
Findley, Jeffrey Alexander
Finissi, William Joseph, II
Finneran, Ketti Irene
Fischer, Joseph Anthony
Fischley, James Duncan
Fitch, Danton Le Van
Fitzgerald, Lindy
Fletcher, Richard Scott
Flinta, Robert Eric
Fogal, Kevin Scott
Fogt, Virginia Lynn
Forsyth, Lynn Rice
Fox, Eileen M.
Fox, Sharon Marie
Francis, Diane Lee
Frank, Melanie Ann
Frank, William Edward, Jr.
Fredericks, Janet Lynn
Freer, Neil O'Neil
Friedman, Gary Evan
Friedman, Robin I.
Friedman, Mrs. Shari Dozoretz
Frissora, Gino Michael
Fronius, Dawn
Fry, Sherri A.
Frye, Mark Stephen
Fudale, William Joseph
Fullen, Ramon L.
Fullenkamp, Dana Lewis
Fulton, Debra Lynn
Funk, James Mitchell, Jr.
Funk, Steven J.
Gaffney, Jayne Cummiskey
Gallagher, Dorothy Alice
Gallagher, Jeanette S.
Gallas, Mary Ann Therese
Galm, David Michael
Gannon, Timothy John
Gardner, Joseph Charles
Garner, Tamela Jo
Gartman, Richard Robert
Gase, Laurel
Gatterdam, Dawn Denise
Gatterdam, Kurt Edward
Gauthier, Jerome Andrew
Gentil, Jamie L.
Gentry, Virginia Louise
Georg, Teresa Jean
George, Janice Bailey
George, Mary Elizabeth
George, Paul James
Gerberick, Clayton Reed
Gerberry, Jeffrey John
Gerbs, Sheryl Paula
Gerke, David Carl
Giangardella, Daniel Joseph
Gibson, Michael Allan
Gilbert, Jeffrey Charles
Gillett, Pamela N.
Girard, Edward Neil
Gisondi, Lora Ann
Glenner, Ms. Amanda J.
Glor, Scott Maynard
Goedde, James Christopher
Golamb, Michael John
Goldberg, Mark Jay
Golden, Cynthia Boeye
Goldin, Marc Stuart
Golding, Neal Robert
Gomez, Tony
Goodnight, Susan E.
Goodwin, Wayne Wilfred
Gordin, Ms. Jana Lynn
Gordon, Geoffrey Scott
Goshen, Shoshana
Gradisek, Elaine Marie
Graham, Chuck W.
Graham, Mrs. Delia Hazel
Gramza, Jeffrey Scott
Granger, Kelly Andrew
Graves, Lisa Hodil
Graw, Jerry D.
Green, Kelly Foote
Greenlee-Berkowitz, Ronda Lee
Grega, James Edward
Gregory, Douglas James
Grezmak, Ronald Joseph
Griebel, Gene Mark
Griffith, Lorraine
Grimme, Joseph Charles
Grizzle, Dirk Colin, CPA
Gross, Ilene May
Grove, Steven Edward
Grover, Dr. Richard Anderson
Groza, Louis Judson
Grubbs, Claudia Pearl
Gruber, David Joseph
Grubich, Lisa Christine
Gruneisen, 2LT James Jay
Guerra, Gabriela Marie
Gunter, Jeffrey Gavin
Guseman, John Frederick
Gute, Leland Richard
Guzzetta, Robert Franklin
Gwin, Frederick Nelson
Haas, William Mitchener
Habegger, Beth Susan
Hafer, Jeffrey Allen
Hafner, Robert Mott
Hagerty, Patrick James
Haines, Ms. B. Kyle
Halas, Marie Ann
Hall, David Lewis
Hall, Esther S.
Hall, Terri Lynn
Halsey, Linda K.
Hamann, Holly S.
Hamilton, Edward Christopher
Hamm, Laura Jane
Hamman, Juanita P.
Hammond, Lorene Westerman
Hampel, Jeffrey Martin
Hamrick, Craig Allen
Hanes, Roger Allen
Hannum, Douglas Ford
Hansen, Jeffrey Scott
Hansley, Scott Michael
Hanson, Daniel Michael
Happe, Richard Thomas
Hardin, Julie Lynn
Harlow, Kenneth James
Harman, Michael Robert
Harman, Steve Robert
Harmanis, George M.
Harrington, Brad Eugene
Harrington, Michael Edward
Harrington, Patrick J.
Harrison, Thomas Leslie
Harsar, Albert Stephan
Hartley, Cheryl Renee
Hartley, Linda Kay
Hauck, Ronald Clayton
Hauser, David Lincoln
Havens, Mark Richard
Hawkins, Gregory Ellis
Haynes, Amy Bettina
Hays, Robert James
Haywood, Linda Ruthardt
Hazners, Lisa Lidia
Heath, William John
Heeg, John Jude
Heffner, Susan M.
Heidtman, Bonnie Susan
Heil, Russell Alexus
Heil, Sally J.
Heilman, Catherine J.
Heitmeyer, Norman C.
Heller, John Franklin, III
Hendershot, Brian Eric
Hendershot, Jeffrey Kevin
Henderson, Christina Bauer
Hendricks, Robert Flory
Henry, Brett J.
Hensel, David Dean
Hensley, Richard Arthur
Herbert, William B., Jr.
Herman, David Scott
Herman, James Howard
Herold, Beth
Herold, Robert Lee, Jr.
Hersko, Debbie Jones
Hertzer, Martha Nedeff
Hessenauer, Michael Ray
Heuschneider, James Edward
Hidalgo, Joseph Anthony
Higgins, Michael Kevin
Hilberg, Susan Katheryn
Hilgert, Sarah Jane
Hilkert, Albert Andrew
Hill, Anne Connelly
Hill, Kendall Lyle
Hillis, Robert Lewis
Himmelreich, Ms. Nancy A.
Hindman, Hugh David
Hinterschied, James L.
Hirvela, Nora Aberegg
Hiss, Robert Anthony
Hoban, William Edward
Hocevar, James Charles
Hoes, Ms. Jane E.
Hofer, Mary Agnes
Hoffer, Debra Jean
Hogue, Warren Ellet
Holcomb, Bruce Wiese
Holland, Michael Francis
Hollon, Mary Beth
Holmes, Fred Randall
Holmes, Monica Elaine
Holowecky, Carole Rickey
Holowienko, John Henry
Holt, Timothy Arthur
Hoover, Mitchell D.
Hopkins, Daniel J.
Hopkins, Jeffery Alan
Hornaday, Fred Eugene, III
Horst, Darren Lowe
Hosaka, Pamela
Houdeshell, Renee Lee
Houk, Gary Robert
Housel, Gregory Charles
Housel, Jacqueline Ann
Houser, David Wilson
Howard, Sherry
Howe, Karen Thomas
Howerton, Kurtis Wilhelm
Hrabcak, Gregory John
Huckleberry, Paul Alan
Hugh, Karen Jean
Hughes, Kenneth Stark
Hughes, Paul Francis
Hughes, Philip Lee
Humason, Robert Neal
Hunady, Terence William
Hunley, John Kirk
Hunt, Daniel Edgar
Huntley, Jill Ann
Hurd, Ms. Pamela Ann
Hurtubise, Christine Richey
Hurtubise, Lawrence Cooper
Hutchins, Ernest Eugene
Hutras, William M.
Ignac, Donna Gaye
Ilan, Mrs. Edie Solomon
Illert, Thomas Michael
Imbody, Denyse Maureen
Irwin, David Joseph
Israel, Michael Alan
Issleib, Steve Andrew
Jablonsky, Lisa Sheri
Jackson, Jack Jay
Jackson, Jeffrey J.
Jacobs, David Clark
Jacobs, LTJG John Frederick, USN
Jacobs, Kimberly Suanne
Jacobs, Mark Ira
Jacobson, Laurie Ann
Jacobstein, Robert Howard
James, Thomasine
Janes, Stasia Anne
Janowiecki, Debra J.
Jaquay, Janet
Jaquith, Kent William
Jaros, Scott James
Jarvis, Lauretta
Jaworski, Diane
Jefferis, Heidi Ann
Jesse, Dennis Paul
Jinn, Mee K.
John, Johnny Allen
Johnson, Bruce Allen
Johnson, Mark Jeffery
Johnson, Richard Darren
Johnson, Steven Lugh
Johnston, Jodi Ann
Johnston, Scott Robert
Jones, Donna
Jones, Kathleen Serek
Jones, Mark Alan
Jones, Richard James
Jones, Robert W.
Jordan, David Scott
Jordan, Gregory Scott
Joy, David Michael
Kachurchak, Lisa Jo
Kackley, Jerry Lee
Kahle, Kenneth Dean
Kahoun, Leslie Catherine
Kalinowski, Diane Marie
Kanazawa, Toshihiro
Kane, Mary Beth
Kane, Michael Harry
Kane, Stephen Anthony
Kantzer, Joseph Christopher
Karpac, Karen Marie
Kasler, Timothy Ray
Kasson, 2LT Gregory Michael
Kastan, Stacey Kaye
Katzenberger, James Edward
Kauppila, Todd Martin
Keferl, David Russell
Kehrmann, Ron
Keighley, Krista Susan
Keirstead, Betty Jo
Keller, Judy Ann
Keller, Sandra Leigh
Kelley, James Todd
Kelly, Kevin Thomas
Kennedy, Scott Michael
Kernan, Jeffrey Francis
Kerr, Mohamed A.
Kessler, Thomas L.
Keyes, John Michael
Kilgore, James Clarkson, Jr.
Kim, Dr. Sangphill
Kimble, Edward Lincoln
King, Jeffrey Charles
King, Michael Anthony
Kirwen, Lawrence Raymond
Klein, Lawrence Ray
Klein, Susan Melanie
Kleiner, Mark Louis
Kleman, Terry N.
Kleshinski, Mark
Klopfstein, Melissa N.
Kloss, Matthew James
Klug, Matthew David
Knable, D. Douglas
Knerr, Richard Alan, Sr.
Knight, Douglas Allan
Knollman, Kirk William
Koch, Clifford James
Kohoot, Mark Allen
Konuch, Timothy G.
Kopf, Christopher Donald
Koppert, Bruce Jeffrey
Kopyar, Victoria Clare
Koroscik, Daniel Thomas
Kotala, Ms. Lorianne
Kovach, Richard Louis
Kovach, Steven Victor
Kovach, Susan Ann
Kowalski, John Robert
Kramer, Deborah Zimmerman
Kramer, J.
Kramer, Karl Richard
Kramp, Kenneth David
Krause, Laura Jo Ann
Krebs, David Paul
Kreitman, Janet Bernstein
Krell, Wayne Scott
Krippel, Mary Elizabeth
Krivos, Paul Richard
Krueger-Lewis, Ms. Kimberly Jean
Krupp, Michael Lee
Kruse, Eric Dale
Kruszewski, Jeffrey Allen
Krystofik, Stephen Edward
Kubiak, Phyllis J.
Kuharik, Gregory George
Kuhn, John David
Kungl, David Bryan
Kurcsak, Ann Marie Michelle
Kuryla, Joyce Slavkovsky
Kusma, David Michael
Kuzmyn, John Peter
Lafferty, Jeffrey D.
Laitman-Ashley, Nancy Michele
Laliberte, Dennis Gerard
Lalwaney, Ms. Kiran Narain
Lambert, Mark Dwayne
Lamosek, Russell Alan
Lander, Sharon Phyllis
Lang, Ms. Julie Ann
Langanke, Sharon M.
Lannan, Carol Jane
Larkin, Deborah Morley
Larkin, Karen Renee
La Rue, Martha Anne
Later, Mark A.
Latsa, Jeffrey James
Laubenthal, Renee M.
Lauber, Rebecca Katherine
Laverghetta, Jane M.
Lawhead, James Norman
Lawrence, James Michael
Layden, Kenneth Eugene, Jr.
Leak, Lisa Michelle
Learmonth, David Alan
Lechner, Steven Allen
Lee, Evelyn Barkman
Lee, Minha Kim
Lee, Philip Gregory
Leeper, Rebecca Jane
Lennon, Jeanne Marie
Leonard, Donald James
Leonoff, Richard Scott
Lepley, Carol Hutchison
Levy, Todd Sidney
Lewis, J. Jay
Lewis, Roger Lee
Lewis, Theodore W.
Licata, Jane W.
Lichtcsien, Steven Bryan
Likes, Katherine E.
Lilko, Ms. Cheryl Ann
Lilley, Christopher Allen
Lin, Nancy J.
Lindeman, Amy Dee
Lipkin, Timothy Leland
Lipschitz, Howard Joseph
Liston, Scott Andrew
Litkovitz, Walter Steven
Litts, Ann Farinacci
Livingston, Cheryl Lynn
Loar, Stephen Paras
Lockwood, William Thomas
Lococo, Anthony Craig
Loewendick, Michael Lynn
Logan, Whitney Todd
Long, Janice A.
Longaberger, Tamala L.
Longfellow, Lisa Kensler
Lonsway, William E.
Loomis, Patricia Allen
Loper, Susan Laraine
Lorms, Molly A.
Lotthammer, Alfred Michael
Lovell, Glenn Allen
Lowe, Deborah Diane
Lowe, Gregory Alan
Lowe, John Andrew
Lu, Janny Mann-Jing
Lucas, Marc Randall
Lucas, Scott Alan
Lucht, Karen Ann
Ludwig, David Paul
Lui, Danis Pui Chi
Lupidi, Joseph Alphonso
Lussier, Steven Joseph
Lustbader, Mark Adam
Lybarger, Jerri Lynn
Lynch, John Howard
Lyon, Douglas Jon
Maccora, Jeff Bernard
Mac Donald, G. Clark
Mac Donald, Steven Roderick
Mace, Joyce Elaine
Machovina, Gregory James
Mackey, David John
Mackin, Ms. Ellen M.
Magnacca, David Alan, CPA
Male, Danny Donald
Malley-Snider, Elaine Ann
Maloney, Tracy Ann
Malster, Lynda Sue
Manger, Douglas
Manring, Bradley Andrew
Mansour, Elizabeth Ann
March, Daniel Nathan
Margeson, Gary John
Marik, David Nathan
Market, William Charles, IV
Marquardt, Carol Jean
Marquardt, Lisa Marie
Marque, David Hartley
Marshall, Charles John
Marshall, Steven David
Marsico, David James
Martin, David D.
Martin, CAPT John B., USAF
Martin, Kelley D.
Martin, Rena Eunice
Martz, Michael Walter
Mason, Chauncey Mortz
Masor, John Donald
Mathewson, David Lee
Matsanoff, Yordan Boris
Mattey, Thomas Mark
Matthews, Esther Rivera
Mattox, James A., Jr.
Maurer, Scott Alan
Mauric, Stephen F.
May, Steven Clarke
McAlpine, Laura A.
Mc Brayer, Michael Curtis
Mc Cabe, David Elbert
Mc Cabe, Jeannie A.
Mc Cabe, Michael Kelly
Mc Cabe, Michael Vincent
Mc Cafferty, Vicki Marie
Mc Carthy, Jeffrey Michael
McCarthy, Stephanie M.
McCarty, John J.
Mc Clain, Brian Neil
Mc Cleary, Barbara Ann
Mc Clellan, Lori Elaine
Mc Cloy, Helen Emily
McConnell, Ms. Diane
Mc Cormick, Kelly Lynn, CPA
Mc Coy, Denise Ehrler
McDannold, Ms. Kathleen A.
McFadyen, Mrs. Debra K.
Mc Farland, Keith Leonard
Mc Ginley, Deborah Louise
McGlone, Lisa G.
Mc Glothin, Yvette Sarah
Mc Govern, Michael John
Mc Kee, Kenneth Allen
McKinley, Jeffrey Todd
McKnight, Kevin Richard
Mc Lane, Michael James
Mc Laren, Walter Jack
Mc Laughlin, John Thomas
Mc Mahon, David Edward
Mc Namara, Robert
McQuerrey, James Ronald
McVay, Ellen Vance
McVean, Cynthia
Meade, H. Christopher
Medich, Robert Nick
Medley, Larry Jay
Megla, Philip Joseph
Meizlish, Steven Rand
Melanson, Edward Louis, Jr.
Meloy, Carol
Menze, Michelle
Mercer, Theresa Marie
Mercurio, John Joseph, Jr.
Meredith, Bridget Marie
Mersnik, Joseph Edward
Metcalf, Virginia Ruth
Meyers, Jason J.
Michael, Bradd Lee
Michener, Eric Andrew
Middleton, Jeffrey Scott
Miklis, Ellen Harriet
Miles, Nathan Russell
Miley, Mark Joseph
Millard, Kelly Kristine
Millard, Pamela
Millem, Rickey Dale
Miller, Amy Joanne
Miller, Charles Robert
Miller, David Charles
Miller, David E.
Miller, Jeffrey David
Miller, Kevin William
Miller, Marilyn Sue
Miller, Mark Scott
Miller, Maureen Rose
Miller, Michael Charles
Miller, Orlan Ralph
Miller, Scott Louis
Miller, Sharon Ann
Miller, Terry L.
Milner, Gary L.
Milum, Ms. Barbara J.
Miner, Susan Allison
Minko, David James
Minnich, Brian K.
Minning, Daniel Joseph
Mino, Edward Bryan
Mion, Janis Ann
Mischkulnig, Scott Justin
Mischler, David Wendell
Mittas, William Gust
Mitten, Carol Jeanne
Mizer, Bret David
Moberger, Robert Carl
Moberly, Keith James
Mobley, Jeffrey Robert
Modlich, Linus William
Mokas, John P.
Mollica, Joseph Robert
Montgomery, Brian
Montrose, Barry P.
Moon, Matthew Allan
Moore, Cheryl Lyn
Moore, Dana Eugene
Moore, Jay Paul
Moore, Maura Louise
Moore, Steven Patrick
Moore, Teresa De Long
Moreno-Caamano, Carlos
Morman, Brett
Morris, Barry Jay
Morrison, John Lloyd
Morrison, Vernon Lee
Moskalik, William Frederick
Moss, Joseph Robert
Mossing, Alan Arthur
Mowery, William David
Moyer, Steven J.
Moziejko, Randy John
Mueller, Kevin Paul
Muladore, Eric Robert
Mullins, Barbara Sue
Mumford, William Dean
Munk, Jens
Murakami, Jeffery Thomas
Murdock, Larry Lee
Murphy, Chester Warren, III
Murphy, James Eugene
Murphy, Linda Marie
Murphy, Mark A.
Murphy, Mark Alan
Murray, Anita Muellner
Myers, Barry Logan
Myers, Howard Steven
Myers, Jan Arthur

1984 (Cont'd)
Mysona, Jennifer Anne
Nader, Thomas Christian
Nagel, Christopher Lewis
Naherny, Dennis Theodore
Nakahashi, Masashi
Nance, John Richard
Napier, Robyn Sue
Natter, Gloria Jean
Neary, Christopher Gregory
Neff, Valerie Gross
Neides, Robert J.
Neidhard, James Edward
Neily, Eric James
Nelsen, David John
Nemetz, Randolph Richard
Neuman, Mary
Newkold, Ulrike K.
Newman, Greg Edwin
Niemeyer, Dennis Allen
Niemeyer, Stephen James
Niesel, Beth Angela
Nikolovski, Steve Alexander
Noble, John Lindsay
Noe, Joan Walter
Nolan, Martin Gilbert
Norval, Patrick Alan
Novish, Christopher Paul
Nowicki, 1LT Anthony William
OBenour, Stasha Jean
Oberfield, Mary M.
O'Brien, Patrick John
O'Donnell, Kevin John
O'Grady, Richard K.
Oktavec, Joseph Arthur
Oldham, April Ann
Oliver, Amy Lu
Olix, Susan Pisaris
O'Loughlin, Joseph William, Jr.
Olson, Richard Sulo, Jr.
Olson, 1LT Russell Frank
O'Mery, Robert Glenn
Ometer, Gary David
O'Neil, Timothy Allan
O'Neill, Polly J.
O'Reilly, John Joseph
Organ, James John
Orhan, Christine Marie
Orians, Jeffrey Donald
Orlov, Bruce Martin
Ornstein, Dr. Suzyn Leslie
Orosz, Bob Dale
Orozco, Anthony Raymond
Orr, Gregory Michael
Orr, James Kevin
Osborn, John Edward
Oswald, David F.
Oswalt, Constance
Oswalt, Sterling Mark
Owens, Sheree Olive
Oyakawa, Cynthia Lynn
Pan, Yung-Tang
Panasik, Paul Andrew
Pape, Scott David
Parker, Kelly E.
Parks, Douglas Evan
Parks, James Timothy
Pashke, Nial Michael
Passias, John James, II
Patnik, Albert M.
Patrick, Dwight David
Patrick, Mary Ann
Patterson, Daniel William
Patterson, Jon Douglas
Patterson, Kim Verna
Payne, Debra Adele
Pearl, Pamela Kaye
Peckham, George Crane
Pellecchia, Suzanne
Pellegrino, Jo Ann
Perkins, Mark Burton
Perry, Debora Anne
Persinski, Donald John
Peters, Douglas L.
Peters, Mark Edwin
Petricola, Mario Joseph
Petrou, Peter
Petrovic, Kristina
Phelps, Joseph Dwight
Phillabaum, Volitta Cheryl
Phillip, David M.
Phillips, David Havre
Phillips, Robert Dale
Pietrusik, Joseph Mark
Pilliod, Renee
Plassman, Jeffrey Richard
Plum, David A., Jr.
Plumadore, Theresa Marie
Podobnikar, Ivo Louis
Polentz, Richard Jay
Pollak, Charles Mitchel
Pollen, Janean Renee
Pon, Anthony Mark
Pooley, Paul Robert
Pooley, Perry Scott
Pope, Bradley Nolan
Pope, Rebecca Ann
Porter, Andrew William
Porter, Barbara Jo
Porter, Gerald Edward
Porterfield, Brad Daniel
Portmann, Linda Lisa
Potokar, Edward Joseph
Potts, Gary Lee
Powers, Matthew Alan
Presley, Karen Jane
Presutti, Rocco Salvatore
Pribonic, Melinda Roshon
Price, Catherine Ludwig
Price, Karen Lynn
Price, Thomas Anthony
Pritchard, Michele Ann
Probst, David Lee
Profusek, Richard Charles
Pruden, Karen Ann
Prulhiere, Dale Herbert
Puckett, Charles William
Pusecker, Beth Ann
Putman, H. Alan
Pyles, Rodney V., Jr.
Raasch, Gerald F., Jr.
Rabold, Robert Arthur
Radigan, Matthew Brian
Ralston, Marcia Lynne
Randall, Steven R.
Ransom, Allison Michele
Rapp, John Christopher
Rapp, William Joseph
Rasmussen, Renee L.
Reardon, Michael Joseph
Reddy, David Matthew
Redinger, Garth Richard
Reece, Johnny Robert
Reed, Anthony Allen
Reed, Barry James
Reed, Michael Thomas
Reed, Nancy Elizabeth
Regaly, Elizabeth Marie
Regenbogen, Mark
Reimink, Mrs. Lauri Marie
Reinhart, Veronica Zender
Rengo, Amy Lynn
Retig, Barbara J.
Reynolds, Katharine A.
Richards, Mark A.
Rickenbacher, Mark Alan
Ridgway, Scott Allan
Rieth, Richard Alan
Riggs, Melody Elaine
Riley, Mary
Riley, Ronald Keith
Rilo, Joseph John, Jr.
Rimelspach, Mark Philip
Risch, Stephen Mark
Ritenour, Ms. Cynthia Louise
Rittmaier, Roderick Lewis
Rizzo, Theresa Lynn
Roberts, Bonita Lovella
Robertson, Garner Mc Connico
Robinson, David Whitfield
Robison, Karl Fredrick
Roddy, Michael Allen
Rodefer, Pamela Sue
Rodek, Diane Marie
Rodgers, Monica A.
Roeder, Carl Milton
Rohwer, Susan Marie
Romano, John Michael
Romweber, Kristen D.
Roof, Donald Paul
Rosborough, Duane N.
Rose, Robin L.
Rosenthal, Robert Orrin
Ross, Michael Stuart
Rossette, Pasquale David
Roth, Sandra Hohenbrink
Rowley, Janet Lynn
Rowlinson, David B.
Rozhin, Maria A.
Ruda, Cheryl Gerette
Rudy, Ms. Deborah Vogt
Ruhl, Tammy K.
Rupp, Benjamin Buehrer
Rush, Robert Hamilton
Ruslander, Robert Steven
Russell, Tim
Rutana, David Michael
Ryan, Kevin John
Sabino, Theodore Joseph
Sachs, Bryan Daniel
Sagar, Randy William
Sage, Stephen Michael
Sakis, Athanasios Andrew
Santos, Clarence B., III
Sarafin, Daniel Edwin
Sarbaugh, Jerry Gene
Sarver, Daniel John
Sater, Melanie Jane
Saunby, Linda
Saunders, Richard K.
Savage, Jeffery John
Savinsky, Gary Allen
Sayed, Douglas Alan
Scarpone, David John
Schade, Brian Bruce
Schaefer, Sandra Sue
Schalinske, Janet Ellen
Schick, Thomas Edward
Schill, Kevin George
Schilling, Donald James
Schipper, Robert Henk
Schipper, William Jan
Schlosser, Joseph Paul, Jr.
Schmandt, Gary Michael
Schmelzer, Gerald Edward
Schmidt, Elizabeth M.
Schmidt, Mara L.
Schneider, Ms. Ellen Beth
Schneider, Tina Mascherino
Schoch, Emily Rose
Schorr, Ms. Jennifer E.
Schrock, Russell Owen
Schroeder, Ms. Susan R.
Schuette, Patricia Ann
Schuller, Karen Sue
Schult, John Stephen
Schultheis, Michael K.
Schultz, Karen Lynn
Schultz, Susan Dee
Schutt, Joseph Gregory
Scott, Edward Michael
Scott, Matthew Alan
Scott, Paul Brian
Scullen, Eileen
Scully, Pamela Joan
Scurci, Anita
Seewer, Natalie Ann
Sellers, Linda Diane
Seneriz, Anitza A.
Sensel, Cindy Lee
Sewalk, David Christopher
Sewards, Diane Jean
Shafer, Susan Kim
Shaffer, Robert Warren
Shaheen, Jeanne Murison
Shall, Richard Bruce
Shaltunuk, Scott Gene
Shams, Hamid
Sharif-Razi, Ali
Sharma, Satya Prakash
Shary, Cara
Shaver, Timothy Mark
Shaw, Jeffrey A.
Shaw, John Andrew
Shawd, Cynthia Sue
Shearrow, George Frederick
Shepherd, Denise Brown
Sheridan, J. Paul, III
Sherwood, David John
Shewalter, John Thomas
Shibko, Richard Michael
Shively, Bruce William
Shorr, David Charles
Shough, James Andrew
Shumaker, 1LT Bradley H., USMC
Shuttleworth, David Lee
Siefker, Thomas Harry
Sifford, Beverly Ann
Silone, Jeffrey Thomas
Silver, Eric Michael
Simon, Judi Esther
Simon, Leslie Beth
Simonetti, Ms. Christine
Simonetti, Michael Howard
Singh, Balaji Bondili
Sisson, Douglas Lee
Six, Richard Allen
Skelton, Margaret Becker
Slack, Dean A.
Sleesman, Richard Alan
Sloan, Brian Richard
Slusher, Mark Stephen
Slutzker, Susan Elaine
Small, Heidi Serene
Smith, Christopher F.
Smith, Csilla Remenyik
Smith, Deborah Lynn
Smith, Fred Byron
Smith, John Albert
Smith, Joseph Wilton, IV
Smith, Julie Marie
Smith, Kevin D.
Smith, Kimberley Sue
Smith, Dr. Marc Taintor
Smith, Marcia Lisa
Smith, Mark Douglas
Smith, Martha
Smith, Paul Albert
Smith, Phillip Charles
Smith, Stewart Aaron
Smith, Timothy Allan
Snavley, Jack Kevin
Snoddy, Joseph Michael
Snoddy, Susan Elaine
Snyder, Jane Dunham
Snyder, Jerry Douglas
Socha, Jeffrey Alan
Sonkin, Ricky David
Soong, Kian-Fah
Sorentino, Sheila Mc Mullen
Sours, Roger Allen
Sova, Stephen Andrew
Spahr, Connie C.
Spain, James Richard
Spangler, Janet K., CPA
Spangler, Jody L.
Speed, Rebecca Brokaw
Sperry, Robert George
Spicer, Charles Joseph, Jr.
Spires, Linda Anne
Spring, Joseph Michael
Sproule, Robert William
Spung, Gwendolyn Ann
Squires, Karen Smilanich
Stacy, Ronald Allan
Stahl, Frank Leonard
Stahl, Gregory Robert
Stallsmith, Thomas Jay
Stange, Lynn Ann
Starner, Jody Ann
Staten, James Gregory
Steen, Wade Thomas
Steenrod, Martin Dean
Stelzer, David Wayne
Stember, Shauna
Stempinski, Shelley Lynn
Stephens, Bryan Eugene
Stephens, Timothy Wayne
Stepp, Gregory
Stern, Marc Allan
Sterrett, Matthew Nolan
Stevens, Michael Thomas
Stevens, LT Robert T., USN
Stevenson, Jeff August
Steward, Daniel Bryan
Stewart, Beth Nadine
Stickel, Kathy Sue
Stiles, Dallas Eugene, Jr.
Stock, James J.
Stokes, Kevin Doyle
Stolson, Brett L.
Stottler, Jeffrey R.
Straka, David M.
Stroh, Robert Michael
Strohm, Troy Eugene
Strominger, Mark Andrew
Strong, Thomas Newton
Stuckey, Michael Stedcke
Studebaker, Dana Brent
Stultz, Douglas Frederick
Stumpf, Jennifer
Suk, Yongsoon
Sullivan, Timothy Michael
Sutherland, Scott Douglas
Swartz, COL John Broomhall
Swartz, Vallery Jean
Sweet, Celia Pilar
Swift, James George
Synn, Dr. Kyung Hi
Tabata, David W.
Tam, Peter F.
Tan, Kar Chin
Taneff, Thomas Nikola, Esq.
Tannous, Robert J.
Tarr, James Robert
Taylor, Martha Elizabeth
Taylor, Raymond W.
Teitelbaum, Michael Jay
Terhar, Jo Ann
Ter-Morshuizen, John Derek
Theohares, Nicholas James
Thomas, Paul Holden
Thomas, Sandra Diane
Thompson, Craig R.
Thompson, Julie Ann
Thompson, Michael Alan
Thorsrud, Per Arne
Tillman, Scott Allan
Timmons, Joel Andrew
Tolkin, Douglas Francis
Tomlin, Leonard Justin
Treese, Phillip E.
Tripp, Marion Lewis
Trone, Jill
Trudeau, Charles Campbell
Tucker, Richard Eugene
Turoff, Deborah Krantz
Turoff, Michael Scott
Tzemos, Eriphili
Ufferman, Susan Kay
Ulery, Michael Dean
Umbstaetter, Brenna Ann
Underman, Nina Mary
Urban, Mary Catherine
Vagnier, Jeffrey Charles
Valentine, Germaine
Vanadia, Anthony
Vance, David Lloyd
Vance, Jeralyn
Van Curen, William Trent
Vande Werken, Patti Gasperini
Van Fossen, Amy
Van Wye, Jody Lee
Vare, Allan Jaak
Vargo, Nancy Arnett
Varner, Stacey Allen
Varney, Scott K.
Vaughn, Cheryl Ruth
Venard, Paul Victor
Vendeland, Debra Lynn
Venning, Jacqueline Ann
Venugopala, Sathyamohan
Verhoff, Annette Louise
Vesco, Louise
Vetter, James Reece
Viscoglosi, John A., II
Visocan-Moore, Jane Marie
Vocke, Randy Henry
Voelker, Dow Trevor
Voellmecke, Carl H.
Von Schriltz, Olga
Von Schriltz, Steven H.
Vretas, John Keith
Vulgamore, James Martin
Wade, Christopher Allen
Wade, Karen Jayne
Wade, Kathryn P.
Wagner, Laura Lynn
Wagoner, Larry Allan
Wahlers, Patrick Michael
Waibel, Helen Ann
Waite, Steven C.
Wakeley, Robert M.
Walker, Dennis Jon
Wallace, James Brent
Waller, David L.
Walser, Linda A.
Wang, Andrew H.
Ward, Cherryl Wurthmann
Ward, Roger Earl
Warner, Matthew Kirk
Warren, Timothy Douglas
Waters, Gail Marie
Watkins, Ms. Elizabeth Mc Kinley
Watson, Gregory Alan
Watson, Michael Irven
Watts, Kevin Alan
Weaver, Thomas Lee
Webb, Francis Joseph
Webb, Larry Thomas
Webb, Rebecca Lynn
Weersing, Carl Edward
Weibel, Mark Leonard
Weil, Jennifer Caroline
Weinberg, Saul Eric
Weininger, Susan Rauch
Weithman, Tara E.
Welch, Jennifer E. Sabo
Wermelskirchen, Robert J.
West, D. Jayne
West, Judith E.
Wetmore, Linda Lee
Whalen, James M.
Whaley, James Lee
Whaley, Mary Winstel
Whaley, Tony Allen
Whay, Sherry I.
Whipple, Stephen Allen
Whitacre, Bruce Eric
Whitby, Rano Raymond
White, Mrs. Audrey Roberts
White, Byron Keith
White, Todd Randall
Whittaker, Mark Robert
Widjaja, Anna
Wiehn, Mark Raguso
Wieser, Scott Allen
Wilder, Mark Alan
Wiley, John Charles
Wilke, Michael David
Wilkes, 1LT Michael, USMC
Willard, James Richard
Williams, Jeffrey John
Williams, A1C Kenneth Jay
Williams, Lisa
Williams, Mark Andrus
Williams, Ronald Stephen, II
Williams, Shirley I.
Wills, Deborah Ann
Wilson, Gregg Alan
Wilson, Kimberly S.
Wilson, Steven D.
Wilson, Susan Ann
Wiltberger, Jean
Winfrey, Karen Davette
Winkle, Eric Lee
Winslow, Christopher Lee
Winslow, Grace W.
Wintering, Lori J.
Wirick, Dale Patrick
Wirthlin, Richard Edward
Wise, Howard Francis
Wissinger, Mark Steven
Witkowski, Donald Paul
Woleslagel, Thomas James
Wolf, Richard Louis
Wolfe, Cristina Arrieta
Wolfe, Erin Fay
Wolff, Anna
Wolfinger, Tony Ronald
Wolin, Edward Greg
Woltman, 2LT Michael Joseph, USAF
Wong, Mrs. Sau Ling
Wood, Connie J.
Wood, John K.
Wood, Joseph Fickling, III
Woodrum, Karen Denise
Woomer, Matthew T.
Woprice, David Joseph
Workman, Jerry Kent
Worster, Linda Jacunski
Wright, Connor Hall, III
Wright, LCDR Edward, USN
Wright, Janet
Wright, Jessie Ann
Wright, Timothy Allen
Wulf, James Vincent
Wyant, Cheryl Lynn
Yanik, Janine M.
Yarborough, Richard Allen
Yashko, Michael Stephen
Yeary, Lauren
Yee, Ping Chiu
Yoakum, Joani Sue
Yoder, Thomas Neil
Young, Dr. Richard Anthony
Young, Steven Shane
Youssef, Dr. Mohsen A. M.
Yu, John S., OD
Yun, Nancy Kunsuk
Zak, Kenneth Allen
Zallanta, Denise Marie
Zando, William Gary
Zane, Christopher Steven
Zapanta, Ruben O. (Ben)
Zavakos, Julia
Zavatsky, Ms. Catherine A.
Zavodny, Roger Michael
Zehentbauer, James Jeffrey, CPA
Zeis, Paul Lockwood
Zelinski, Michael P.
Zelman, David Scott
Ziemianski, Martin Joseph
Zink, John A., Jr.
Zirkle, Sheila Elizabeth
Zwayer, Gabrielle A.
Zweig, Steven William

1985
Abbati, Mark Conrad
Abbott, Paul Bradford
Abele, Ms. Jane Mc Gorum
Acree, Rick H.
Adamcik, Christine
Adametz, Peggy E.
Adams, Bruce Allen
Adams, Christine
Adams, Gerald Anthony, Sr.
Adams, Kristy Lynn
Adams, Pamela Hancock
Adams, Timothy Harold
Adkins, Judith Ann
Adkins, Kelly Lee
Agabalogun, Rafiat O.
Ahearn, Carey Ann
Alford, Alan Dawson
Allaire, Michael Francis
Allen, Bradley Jay, CPA
Allen, Cynthia
Allen, Douglas Eugene
Allen, J. Roger
Alspach, Deborah Baltes
Altenau, Michael J.
Altiere, James N., III
Altmiller, Jeffrey Allan
Aman, John Albert, Jr.
Amato, Erik Paul
Ameen, Mahmudul
Amstutz, Heidi
Anaba, Margaret N.
Anderson, Carla Marie
Anderson, Charles Michael
Anderson, Crystal Diann
Anderson, Glenn Corey
Anderson, Jennifer K.
Anderson, John Henry
Anderson, Judy Lynn
Anderson, Lisa
Anderson, Robert Craig
Andracki, James Matthew
Ang, Khai Meng
Arceri, Ms. Louisa Ann
Archer, David Madison
Armbrust, Sharon
Arnold, Keith W.
Arrasmith, David James
Asare, Nicholas Kwaku
Atkinson, Coralie Stouse
Atkinson, John Barton
Augustine, John E.
Augustus, Carla Marie
Auletta, Carl Anthony
Ault, Bruce Scott
Ault, Linda J.
Aziz, Nor Hashimah Abdul
Babcock, Christopher G.
Baccellieri, Paul Joseph, III
Baggs, Barbara E.
Bahorski, John Bosco
Baikerman, Susan P.
Bailey, Cynthia Jeanne
Bainter, William Edward
Baird, Ms. Pud D.
Bakan, Thomas John
Baker, Barbara C.
Baldauf, Jeffrey Alan
Baldwin, Marc Robert
Ball, Lori Lee

1985 (Cont'd)
Ball, Roger Q.
Ball, Steven A.
Bamber, Linda Carol
Bame, Douglas Eldon
Banks, Kimberly Schurr
Barklage, Christine L.
Barkley, Thomas William
Barnes, Marshall Hayes, II
Barnett, Jeanne Elizabeth
Barnett, 2LT Steven Bolner, USAF
Barnhart, Christopher Tod
Barnhart, Mark Allen
Barth, Ms. Dorothy Marie
Bartha, Lora Yeamans
Barthel, Julie Lynn
Bartholomew, Ms. Lynn Marie
Bartlome, Brent Allan
Basinger, Aaron Matthew
Baucom, Joni Lynn
Bauer, Robert Michael
Baugh, Dena J.
Baxley, Frank Orion
Beard, Jamie Belle
Beaver, Aaron Albert
Bechtol, Robert Alan
Beckett, Thomas Brian
Bednarchik, Suzanne
Beever, Marianne L.
Behrends, James Robert
Belcher, Cynthia Renee
Belinske, Joseph, IV
Bellar, Jeffrey Alan
Beltrondo, John Jeffrey
Benadum, Electa D.
Benedetto, Douglas Bryson
Benedict, David Alan
Benedict, Jay Douglas
Benjamin, Kathleen
Bennett, Kathleen M.
Benson, Debra A.
Benzing, David John
Berggrun, Adam Jay
Berk, Daniel J.
Berlin, Michael David
Bernard, Victoria
Besancon, Michael Joseph
Beshara, John Michael
Betsch, Mary Saladin
Bevacqua, Linda A.
Bevier, Richard James
Bialosky, Richard G.
Bianchi, Suzanne Renne
Biarsky, Paul Bradley
Bienenfeld, Ms. Lisa Faye
Bierly, 1LT Sherman Lewis
Birchfield, Gary Dale
Bischof, Julie Marie
Bisesi, Robert John
Bishop, James Des Portes
Blaeser, Vincent Alan
Blair, Ms. Brenda L.
Blakely, Kathryn Lynn
Blanchard, Larry Darnell
Blankemeier, Daniel A.
Blaushild, Marc D.
Blesch, Christopher John
Bletzacker, Joan Marie
Bloomstein, Marc Jeffrey
Blount, Richard Hamilton
Bly, Jack A.
Bobbitt, Amy
Bock, Carl P., CPA
Boden, Steven Craig
Bodey, Robert Stephen
Bodnar, Debora Lynn
Boehm, Horst Geunther
Boehm, Robert Anthony
Boes, Lawrence Joeseph
Boger, Todd Emerson
Bogner, Philip Allan
Bonaminio, Lori Maria
Bong, Khiong Sin
Bonham, John P.
Bonner, Marvin Eugene
Boo, Pang Huai
Bookheimer, Brian D.
Bootes, Joyce Mc Keown
Bopp, Brian Joseph
Borden, Heidi
Bornstein, Michael David
Boroff, Coy L.
Bostic, Amy Lynn
Boudinot, Ann Marie
Bowen, Michael Eugene
Boyle, Justin Joseph
Boyle, Mary Ellen
Brahm, Angela Lee
Brake, Teresa Lynn
Brandes, William Harry, Jr.
Brannon, John C.
Brantley, W. Kenneth
Bray, M. Craig
Brayshaw, Bruce William
Breitstadt, Charles Philip
Brentlinger, Reed E.
Bretz, John M.
Bright, Dana E.
Brininger, Tracy Anthony
Brinker, Bernard J.
Broderick, Mike
Brogan, Todd Allan
Brooks, Danette Marie
Brooks, Kathleen Marie
Brooks, William Alan
Brown, Billy Lee
Brown, Dean Thomas
Brown, Gregory W.
Brown, Kenneth Karl
Brown, Mark Edward
Brown, Robin
Browne, Robyn Lee
Brownley, Dorothy Robohm
Broz, Roberta Shelley
Brumfield, Elizabeth Erste
Bruns, Kathleen Monett
Bruns, Matthew Joseph
Brys-Bowen, Dawn Marie
Bubnis, William Amateis
Buddelmeyer, Mark Stephen
Buerkle, Brian Michael
Buhrlage, Kimberly Focht
Bull, Laura Adrienne
Burford, Cheryl Lynn
Burg, 2LT Claude Joseph
Burger, Corrine M.
Burkey, Scott D.
Burneson, Lucia A.
Burns, Deborah Jean Turpin
Burns, William John
Burnside, Stephen William
Bury, Randall Martin
Bush, David Joseph
Buster-Brassfiel, Angela Keli
Butler, Robin B.
Byerley, Robin L.
Cairo, Anthony Albert, Jr.
Calvert, William Patrick, II
Campbell, Deborah Ann
Campbell, Lisa Beth
Campbell, Lucinda
Campbell, Susan Winland
Capalino, Marco Steven
Carandang, Eileen
Carcaterra, Tina Louise
Carnicom, Steven G.
Carpenter, Deborah Jane
Carson, James Alan
Carter, Christopher Eric
Carter, David Lee
Case, Robert Raymond
Cash, Daniel John
Castillo, Richard Luis
Casto, Michael Avery
Castrataro, Joseph D.
Castro, Robin Rena
Caudill, Steven D.
Cavendish, Ms. Jill M.
Cencula, Richard Michael
Chace, William Allan
Chadbourne, Jeffrey D.
Chai, King Tiong
Chambers, David Orville
Chambers Gallogly, Linda L.
Champa, Tamara Hope
Chance, Brett D.
Chandler, David Pierce
Chapin, Harry G., III
Chappano, Rene Ann
Chee, Che Ngee
Cheslik, Jeffrey Brian
Chin, Sherman Grant
Chiou, Patchareepor
Christian, Catherine Lynne
Cinadr, John William
Ciotola, Francesco
Cipriano, Caryn E.
Cirata, John Richard
Clark, Barbara Sue
Clark, Jeffrey B.
Clarke, Jane
Claypool, Craig E.
Cleary, Phyllis Anne
Cleminshaw, John David
Clifford, Susan Elizabeth
Cline, Kevin M.
Cobb, Brett Alexander
Coccia, Jerry Joseph
Coggins, J. Michael, Jr.
Cohen, David Alan
Colbert, Geraldine A.
Coldwell, Schellie Renee
Cole, Kenneth Edward
Collins, Douglas Leroy
Collins, James T.
Colton, Richard Stanley
Comfort, Gregory Bigham
Comito, Frank Nunzio
Cones, Douglas Frederick
Conlin, Raymond Mario, Jr.
Connelly, David Anthony
Conner, David A.
Conway, Scott A.
Cook, David Rodger, Jr.
Cook, Patricia Jeanyne
Cool, Gary Paul
Coombs, Lori Ann
Coon, Christine Elaine
Copp, Brian Scott
Corbett, Julia Ann
Corbin, Andrew Carl
Costello, John Charles
Cotton, Annetta Augusta
Coultrip, Ann Catherine
Coville, Kelly Brown
Cowgill, Jeffrey William
Cowman, Craig Phillip
Coyne, Kara A.
Crabbs, Laura J.
Crawfis, Cynthia Marie
Crawford, 2LT David Michael
Crites, Jennifer Judith
Cronenwett, Brian Dean
Crook, Jeanne Marie
Crumrine, Michael James
Cullers, Tracy A.
Cullion, Christopher F.
Culp, John Merritt
Cummings, Jill
Cummings, Philip Richard, Esq.
Cummings, Robert Leo
Cunningham, Kimberlyn Chris
Cunningham, Timothy Joseph
Curp, Sharon Ann
Curry, Michael Lynn
Custis, Catherine Mary
Cutright, Martha L.
Dalessandro, Rebecca Sue
Dalton, George Thomas
Damiani, Paul Carlo
Damico, Leonard G.
Daniels, Cassandra
Darmochwal, Lesia M.
Darnell, Candace Suzanne
Darrow, David Edward
Daschner, Richard Thomas
Davenport, Stephanie R.
Davidson, James Christopher
Davis, Ms. Cynthia Ann
Davis, James Clarke
Davis, Karyn Denise
Davis, Patricia
Davis, Russell Paul
Davis, Sharon L.
Davis, Vicki Ann
Day, Daniel Lee
De Angelis, Charles Anthony
De Angelis, Stephen Robert
Deardorff, Eric David
Dearing, Steven Lee
Dearth, Miles Brent
De Brosse, Jeffrey L.
Deeter, Gretchen F.
Degan, Mark David
De Long, Lisa Anne
Delphia, Brian Lewis
De Marco, Chris Joseph
Denig, James Scott
Denman, Ronald Ira
Denney, Diann Elizabeth
De Prisco, David Thomas
De Rosier, Julia Renee
Desai, Nilesh Haribhai
De Vilbiss, Gregory John
Dew, Brian Joseph
De Witt, Richard Lynn
Diallo, Dr. Alahassane Issah
Dickason, Amanda Ann
Dickerson, Caryn Sue
Diebolt, Timothy David
Dietrich, John Michael
Dietrich, Joy Elaine
Dietz, Diane Lynn
Diguangco, David A.
Dildine, Dennis Alan
Dilgard, Jodie D.
Di Lillo, Theresa
Dillahunt, David Michael
Dillmore, William Thomas
Dillon, David Douglas
Dillon, Lisa Ann
Dillon, Lisa Dawn
Dinan, Stephane Dawn
Dinan, Steven Douglas
Dindal, John Joseph
Di Sanza, Anthony Mauro
Disbrow, Colleen Lynn
Dixon, Bret Allen
Doerfler, Stephen Gustave
Dokmanovich, Michael
Dolan, Jessica M.
Dolance, Jack Christopher
Dolce, Laura Lynne
Dombroski, Karen Lynn
Donahue, Kerry Michael
Donnelly, Richard David
Doran, Walter Curtis, Jr.
Dorazio, Frank Louis
Dorcas, Cedric Foster
Dorsey, Diane Susan
Dorsten, Michael J.
Dorton, Vanessa A.
Dougan, John Edward
Douglas, James R.
Dowell, Gregory Charles
Downey, James Edward
Doyle, Charles Clifton
Doza, Jan M.
Dragoo, John Buchanan, Jr.
Draime, Scott Norman
Drake, Christine L.
Drake, LTJG David Allen, USN
Drake, Thomas Martin
Draper, Wendy Marie
Driscoll, David A.
Drumm, Jeffrey Allen
Drzyzga, Carol J.
Dubenion, Carolyn Ann
Duchak, LCDR George Demetrius, USN
Duchak, Sonya M.
Duda, Michael E.
Dudley, Stephanie
Duermit, Jeffrey Allen
Duffett, Benton S., III
Duko, Scott Stephen
Dumbola, John Martin
Dunlavey, R. Michael
Dunn, Thomas Edward
Dunson, Richard White
Dupas, Helene M.
Dwyer, Thomas Patrick
Earnest, Amy Lyn
Earnest, Robin Lynn
Ebert, Jeffrey Keith
Ebner, Mrs. Laure Morgan
Eckert, Wayne E.
Eckhart, Jay Vincent, Jr.
Edwards, Micheal Paul
Ehlers, Robert S.
Eichman, Barbara Clare
Eisenman, Karen
Eiting, Polly S.
Elbert, Louis J.
Elchert, Ronald Joseph
Elliott, Ronald Patrick
Ellzey, Debora Lee
Elson, James Riggs
Emich, Richele Paula
Emrich, Kimberly Stacy
Emswiler, Leanne
Engelberg, David
Engels, Shelley M.
Engle, Holly Sue
English, 2LT Brian John, USAF
Enrione, Bianca Grace
Entsminger, David Brian
Entsminger, Verna Jean
Enz, Dr. Cathy Ann
Eppley, Daniel Paul
Esmont, Fred C.
Essex, Daneta Leigh
Etzkorn, Karen Hamrick
Evans, David Carlyle
Ewald, Kathleen M.
Faist, Craig Donald
Faler, Randy Lee
Fallert, Mark Allen
Fares, Nicole Antoinette
Farina, Steven Charles
Farley, Stephen Douglas
Farmer, Kimberly A.
Faster, William Allen
Faulhaber, Donald Paul
Faulk, Karen Lucille
Favata, David J.
Federspiel, Rebecca A.
Fedrick, Kenneth Lewis
Fee, Margaret Diane
Fehn, Jeffrey Martin
Fein, Robert Dale
Ferguson, James Claude, Jr.
Ferguson, Marie Diane
Ferguson, Mary Gwen
Ferguson, Robert Hugh
Ferrell, Margaret Bushway
Fettman, Betsey Michelle
Fidak, Sheila Marie
Fierman, Melissa Stern
Filipkowski, Gregory Alan
Finch, Douglas Robert
Finch, Dr. James Earl
Finn, Diane Leona
Fisher, Jacqueline
Fisher, Dr. Joseph Gerald
Fisher, Karen Sue
Fisher, Lori Lynn
Fisher, Mark Steven
Fitzgerald, K. Shane
Fix, Michelle
Fleshman, LuAnn
Fletcher, Gregory William
Flinn, Amy
Florio, Michelle C.
Fluhrer, Jacquelyn Lee
Flynn, Margaret M.
Folk, Todd Charles
Followay, Bradly James
Foo, Bee Chyn
Ford, 2LT Christopher Dean, USAF
Ford, Jodi
Ford, Martha Mary
Foster, Benjamin Bryan
Foster, David Paul
Foster, Frederick L.
Foster, Todd Winton
Foti, Anthony Luciano
Fowler, Stephen Dale
Fox, David J.
Fox, Edward Joseph
Fox, Jeffery James
France, Frank Eric
Frank, Richard Anthony
Frankel, Donald Jay
Free, Mitchell Dean
Friedman, Lisa Beth
Friedman, Lynne Ivy
Friess, James Christopher
Friess, Molly Zahn
Frooman, James Charles
Fuller, Ginger Ann
Gabriel, Michael Sowards
Gaffer, Kevin John
Galang, Michael Cirilo
Gallagher, Colleen Marie
Gallanis, David Wayne
Gallisa, Ricardo
Garber, Richard Jerome
Garcia, Carlos Jesus
Gardner, Thomas Patrick
Garrett, John Wayne
Garwood, Lori Beth
Gastaldo, Julie Gossard
Gaunt, Katherine Perry
Gaus, Michael E.
Gebe, Sheri Ann
Geiger, S. Kay
Geiser, Jodi M.
Geldhof, Adam R.
George, Frank Leroy
George, Kevin Lawrence
Gephart, Sonja Kay
Gerstenslager, Penny Renee
Ghatak, Mitali
Gibson, Mark Joseph
Gibson, Martin Dale
Giet, Elaine
Gilbert, Stephen Potter
Gilchrist, Iain Wilson
Giles, Bonnie Hubbard
Gillen, James Kevin
Gillespie, Steven C.
Gilmartin, Joan Therese
Gilmore, Douglas Scott
Ginnan, Robert Mark
Gipp, Chris
Gissinger, Caroline Jean
Gitson, LT David M., USAF
Glaser, Gail Ilene
Glatter, Bruce Kahn
Gledhill, Lauretta A.
Glinn, John Boyd, III
Gloeckler, Monika Ann
Gluk, Maureen Ann
Glynn, John Patrick
Goad, Norman Robert, Jr.
Godorhazy, Jeffrey Paul
Goetz, Timothy Max
Goldberg, Cindy
Goldenbagen, Gregg Karl
Goldin, Rachel Faythe
Golis, Karen Beth
Golonka, Christopher Jude
Gonzalez, Francisco B.
Goodie, Greg Robert
Gootee, Maureen J.
Gordon, Carol Suzanne
Gordon, Donald Edward, Jr.
Gore, Jeffery Todd
Gorringe, Jo Long
Goss, Arthur Burnett, II
Gould, Kyle Andrew
Gradford, Valorie Michelle
Graham, Elizabeth Louise
Grannan, Patricia Ann
Gray, Sheri Somers
Green, Jeffrey Stewart
Green, Laurie Suzanne
Green, Robert Marshall
Greer, Howard Stewart
Gretchen, Michael Paul
Grier, Joi Lynn
Grieshop, David Lee
Griffin, Daniel Patrick
Griffin, Eric James
Griffith, Lillian Carole
Grogan, Rebecca Kathleen
Gronbach, Jill Therese
Gross, David Brian
Gross, Kelly H.
Grosz, Sandra
Grover, Kimberly K.
Gruaz, Bruno Michel
Grube, Michelle
Guagenti, Jeffrey Philip
Guillen, Joseph M.
Guirlinger, Michael E.
Gussler, Ms. Suzanna D.
Guthrie, Emmerentia Marie
Gutman, Richard
Ha, Meesung
Haffner, Jay William
Hafler, David Ralph
Hager, Michele K.
Hague, Clyde Paul
Hajjar, Robert
Halabis, James Edward
Hall, Mickey Joe
Hallam, Steven Todd
Hallisy, Margaret Anne
Halse, Eilene Marie
Halter, Gregory Scott
Hambor, Bonita Dickie
Hampshire, Todd Christopher
Haney, Harry Joseph, III
Hanselman, Carole L. Mc Intosh
Hapke, David Bartel
Happe, Elizabeth Anne
Harbold, Ms. Beth A.
Harbour, Gerald Vance
Harding, Cheryl Spriggs
Haren, Lawrence P.
Haring, Michael John
Harker, Carolyn Jeanne
Harmon, Wilbur S.
Harper, Felicia West
Harrington, Vincent R.
Harris, James A.
Harris, Mary Beth
Harris, Yvette L.
Harrison, Michael S.
Harrison, Stephen
Harryhill, Joseph Norman
Hartranft, Carol Sue
Hartshorn, Diana Kay
Harty, Diane Sue
Hartzell, Dean Howard
Harwood, David Warren
Haskell, Catherine Joan
Hasselbring, Timothy Strieter
Hastings, James Robert
Hastings, Joseph Lee
Hatfield, David Keith
Hattersley, Robert Brent
Hauser, Charles D.
Hauser, Ted Lawrence
Havens, Jana Deanna
Hawk, Michael John
Hayes, Jon Patrick
Hayes, Ms. Maureen R.
Hayes-Roth, Jodi Lee
Hazen, Jackie Ann
Heath, Michael James
Hecht, Craig A.
Hecht, Linda Elizabeth
Heckman, Sandra Kay
Hein, Michael Robert, II
Heine, Walter F., III
Helber, David Kent
Heller, Max Paul
Hemery, Philippe Christian
Hemleben, Thomas Nicholas
Henderson, Brian Steven
Hendricks, Beth A.
Henner, Janice Lee
Henninger, Ms. Mary Beth
Henry, Elizabeth Postle
Henry, Grace Marie
Henson, Janice
Herbik, Charles Robert
Herdman, Bradley A.
Herforth, Maureen Anne
Herman, Richard Alan
Herring, Dennis James
Herro, Leslee Kaye
Herron, Scott Michael
Herzog, Francis J. R., Jr.
Hesche, Douglas Matthew
Hessler, Norman Daniel
Hickey, Lucy Catherine
Hicks, William T.
Higginbotham, Gerlinde
Hilderbrand, Vicki Lynn
Hildreth, John Edward
Hill, Christopher Scott
Hill, Kevin A.
Hill, Lisa M.
Hill, Ted Alan
Hiller, Shawn Michael
Hitzelberger, Dr. William Ronald
Hitzeman, Cheryl Lynn
Hixson, Todd Allen
Ho, Chee Chiang
Hochwarth, Karen A.
Hoenie, Brian K.
Hoge, Jack Robert
Hohenshil, Linda Louise
Holehouse, William Gerard
Holland, Roy Morgan
Holliday, Gail Susan
Hollinger, Kent Vaughn
Holycross, Ms. Lora Anne
Hom, Edward Lee
Honeck, Timothy Brian
Hood, Terrence Martin
Hooi, Ms. Choy Wan
Hoover, Kathy Annette

CLASS YEAR LISTINGS CLASS OF 1985 367

1985 (Cont'd)
Hoover, Thomas Ted E., Jr.
Horch, Jeffrey Warren
Hord, Ronald Eugene, Jr.
Horton, Veronica Clare
Horvath, Pamela Rene
Hosler, Polly Anna
Houghton, Gary Lee
Houp, Michael Ray
Hourigan, Lizabeth O'Connell
Howard, Dr. Daniel James
Howard, Ms. Gianna Maria
Howard, Lisa K.
Hower, 1LT Michael Jon
Hsu, Grace Rosanna, CPA
Huber, Lori Ann
Hughes, Dana Sue
Hughes, Laurie Lyn
Huiet, Joan H.
Hunn, Robert Sherman, Jr.
Hunter, Julie Lynn
Hunter, Val William
Hussey, Joy
Huth, Donald P.
Huttenhower, William J.
Hyser, Kevin M.
Ianni, John Dante
Illian, Stuart H.
Imboden, John Kevin
Imboden, Mark James
Innes, James Alexander
Ioannou, Demos Christ
Irick, Brett Douglas
Irvin, Dudley Ross
Irwin, Gary Wayne
Isaacson, Corey Scott
Itauma, Dr. Udoh Charles
Jack, Julie Criss
Jackson, Amy A.
Jackson, Brent Michael
Jackson, Brian David
Jackson, Edward Lee
Jackson, Evan Boyd
Jackson, Janice Iola
Jackson, Olivia A.
Jaeger, Sharon A.
James, David Richard
Jandasek, David Stephen
Jansen, Susan Marie
Jarasek, Paul Andrew
Jarrett, Sheila R.
Jay, Arthur Hale
Jeffries, Jack Gary
Jenkins, Kelly Ann
Jiovanazzo, Mary Beth
Joffe, Ms. Andrea Ellen
Johns, Catherine Marie
Johnson, Mrs. Celeste Jane
Johnson, Elaine Pierce
Johnson, James E.
Jones, Bradley Edward
Jones, Danny Edmond
Jones, David John
Jones, David William
Jones, Denise
Jones, Donna Beth
Jones, Karen Lynn
Jones, Lisa Diane
Jones, Maria R.
Jones, Randy Eugene
Jones, Richard Anthony S.
Jordan, David Robert
Jordan, Sara Jane
Joublanc, Kathryn Ann
Jude, Ellen Isabel
Judy, Timothy Gary
Jungbluth, Diane L.
Jurcenko, Scott Jeffrey, CPA
Kaler, Ms. Nancy Ellen
Kalis, John Steven
Kallman, Ms. Susan Marie
Kankey, Dr. Roland D.
Kann, Lori
Karchefsky, Chester Anthony, Jr.
Kasubinski, Robert Gerard
Kasych, Kathryn M.
Katschka, Brenda Bom
Keenan, Nancy Jane
Kehres, Carl Joseph
Kelley, Kathleen Marie
Kellis, Tambera Marie
Kelly, James Edward
Kelly, Jana Sue
Kelman, Jeffrey Scott
Kendall, Julie Lynn
Kent, David Steven
Keplar, James Andrew
Keplinger, Keith Bradley
Kern, Daniel Adam
Kern, Dave James
Kern, Jacqueline Claire
Kern, Kerry Conway
Kerns, Gregg Allan
Kerns, Kenneth Alan
Kerwood, Janet Lynn
Keslar, Carol Lynn
Kidman, Tod R.
Kidner, Marsha Arlene
Killinger, Jeffrey Todd
Kim, Dr. Deug Koo
Kim, Peter
King, James Alan Fitch
King, R. Brian
Kinnen, Andrew Underwood
Kirchner, John Francis, III
Kirshenbaum, Kenneth Jay
Kiser, Philip James
Kister, Kimberly Frances
Kitchen, Douglas Edward
Klamfoth, Douglas Hartley
Klaus, Margaret Blanche
Kleine, Cody Richard
Kleinschmidt, Andrew J.
Klempay, John F.
Kleshinski, Barbara Lockett
Klingel, Kevin J.
Klingler, Denise Ellen
Klodnick, Kent D.
Klonowski, Gary Francis
Klopfstein, David Norris
Klute, Scott Paul
Klyce, Lauranne Elisabeth
Knapp, Kimberly Kay
Knierim, Carol Anne
Ko, Dr. Wansuck Matthew
Koch, Tyson Frederick
Koerner, James Lovell
Koh, Dr. Victor A. T.
Kohler, Kenneth Edward
Kohrmann, Gerard Michael
Kolman, Helen Theresa
Koprowski, Sheri Lynn
Kotas, Kevin W.
Kovesdy, Arthur Zoltan
Kramer, Douglas Edward
Kramer, Joseph Anthony
Kramer, Paul Patrick
Krause, Elizabeth Levy
Krauss, Annette Mathilde
Kravitz, Kevin Jeffrey
Kreinbrink, Joanne Marie
Krill, Scott Douglas
Krosin, Bryan Howard
Krutko, John Edward
Kuch, Douglas Paul
Kuhlman, Timothy Gerard
Kumpf, Sharon Joyce
Kundert, Gregory David
Kunkler, Ms. Patricia Evelyn
Kurkcu, Metin Behzat
Labbe, Thomas John
Lachey, James Michael
Laface, Larry James
Lai, Kok-Chieu
Lakocy, Thomas Andrew
Lalonde, Anna Marie
La Londe, Bruce Gary
Lambiotte, Brent Ashley
Lamp, Thomas Charles
Landschulz, Ms. Ann D.
Lang, Patrick Anthony
Larger, Ernest Alfred
La Rue, David Ellis
La Rue, Wendy Davidson
Lash, Jeffrey Fred
Latz, Joan Louise
Laux, Matthew Thomas
Lavelle, Mary Elizabeth
Law, Shawn Eric
Lawell, Thomas Paul
Laxson, Bradley Evan
Leatherwood, Mark Alan
Lechlak, Scott Alan
Lee, Brian Jay
Lee, James Bryan
Lee, Kweon Sang
Lee, Richard Wesly
Lee, Youngjin
Leeson, Robert Stephen
Leffler, Karla
Legeza, Paul Arpad
Lehman, Rick Martin
Leimbach, Gary Lynn
Leiter, Robert Steven
Lemieux, Carmen Marie
Le Rose, Frank Joseph
Lesinski, Nadine Marie
Le Suer, Jennifer Margaret
Leung, Ms. Susan Y.
Lewis, Todd Michael
Li, Ms. Amy Y.
Li, Phoebe Tsai-Hong
Li, Sandra Jean
Lickovitch, David Carl
Lie, Jan Khong
Lieberman, Tom Edward
Lilly, Bryan Scott
Lim, Chun Yow
Lincoln, Jenai Ann
Lines, Rebecca Anne
Link, Ms. Vicki Lynn
Lloyd, George Dylan
Lococo, Beth Andrea
Loewe, Douglas Mark
Loh, Esther Chung-Sian
Long, Dwight Earl
Long, Kevin Deuane
Lopez, Mary Elizabeth
Lorenz, Daniel E.
Lorenz, Joseph Frank
Loria, Christopher Joseph
Los, Ms. Sally A.
Losekamp, Bernard Mark
Lott, LCDR Daryl Ray, USN
Love, Paul Kenneth
Lowd, Jonathan E.
Lowe, Gerald Master, Jr.
Lowe, Matthew Dean
Lowery, Mark Eric
Lu, Terence D.
Lucas, Beth Ann
Luciow-Fay, Beverly Ann
Luecken, John Joseph, Jr.
Lumet, Pascale Dominique
Lundbohm, Eric Paul
Lupinetti, Stephen Thomas
Luther, Timothy Victor
Lutton, Steven H.
Lyon, Eric Lee
Lyon, Richard Howard, Jr.
Lyons, Jill Diane
Maccora, Deborah Clark
Mack, Amy Deborah
Mack, Dana Charles
Maddox, Theresa Ann
Madsen, Karin
Maginnis, Kelly Lynn
Mahaffee, Rebecca Ellen
Malich, Christopher M.
Malone, Clancy J.
Malone, Michael Earle
Maloney, Thuc Tracy
Mandel, Howard
Mandel, Jeffrey Irving
Mann, Julia Marie
Mann, Mark Frank
Mannarino, Sheri Swanson
Manning, Michael Lawrence
Margolis, Jennifer
Marlowe, Phillip Arnold
Marquardt, Lisa Carroll
Marque, Kathryn Ann
Martin, Eliana Grimaldi De
Martin, Holly Lynn
Martin, Ms. Jacqualyn Lou
Martin, James Michael
Martin, Richard John
Martin, Robert Hazen
Martino, Patricia Ann
Masand, Deepak Shyam
Maskas, John Thomas
Mason, Krisree Kandler
Massa, Ray John
Masudal, Julius Edmund
Mat Hassan, Fauziah
Matthews, Faye Marie
Matuszak, Edward Robert
Mauck, Linda Kay
Mauk, Robert Allan
Mayers, Mark C.
Mayle, Crystal Lynn
Maynard, Craig W.
Mc Cance, Diane L.
Mc Cann, Christine Marie
Mc Court, Donald Cowan
Mc Croskey, Kristy Lee
Mc Cummins, Caroline Susan
Mc Donald, Douglas Clay
McDonough, Mark Edward
Mc Entie, Marvin Sanders, Jr.
McFarland, Julia Ann
Mc Gillivray, Michael J.
Mc Gory, Blake Stephen
Mc Guinea, Deborah Ann
McGuire, Melisa D.
Mc Intire, Matthew Dean
Mc Kinnery, Jeffrey Alan
McLaughlin, Jill Anne
Mc Mahon, Paige James
Mc Namara, James A.
Mc Namara, Keith Peter
Mc Namara, Wendy Jennings
Mc Nary, Nicolette Lowe
Mc Neeley, Dr. Brian J.
Mc Quiston, Dr. Daniel Houston
Mc Roy, Kenneth Philip
Mc Shane, John Patrick
Mc Sheffery, Mary Megan
Mead, Nancy Lynn
Meeks, John Neal, II
Mellman, Karen Lynn
Merrick, Melody Heather
Merth, Joseph James, III
Metersky, 2LT Michael Roy, USANG
Metz, Scott Allen
Meyer, Phillip J.
Michael, Mary Margaret
Michaels, Linda Ann
Michalos, Fanny
Midkiff, Keith A.
Midkiff, Robert Emerson
Midolo, Mary-Ellen
Miehls, James Arthur
Miles, Margaret Kimberly
Miles, Shari Lynn
Miljus, Robben Chris
Milkie, Marc David
Milleman, Nancy Beattie
Miller, Anthony Eugene, JD
Miller, Denise Sue
Miller, Kurt Stephen
Miller, Neal Le Moyne
Miller, Stuart John
Miller, Thomas Franklyn
Miller, Tracy Kairis
Milligan, Donna Louise
Milligan, Stephen Dwight
Milstead, Joan Kruse
Minch, John Anthony
Mitchell, Marcia Ann
Mixter, Thomas Keith
Mohler, Christopher Paul
Moldenhauer, Donna Sue
Monaco, Lisa
Mondlak, Michael Alan
Monnin, Michael Joseph
Montague, John
Montie, Jeffrey William
Mooers, Jonathan Kevin
Moore, Ann C.
Moore, Ann L.
Moore, Dawn Anita
Moore, Scott Lewis
Moore, Vicki Fisher
Morabito, Joanne
Morales, Michael Angelo
Morar, Melanie S.
Moreau, John A.
Morgan, 1LT Christopher Evan, USAF
Morgan, Stuart Donald
Morgan, William Geoffrey
Morris, Kristy
Morris, Robert Stuart
Morris, William Gerard
Morrow, John David
Morrow, Winifred Kay
Moskerintz, Michael William
Motsinger, Stuart Thomas
Mounts, Marilyn Eileen
Mullins, Stephen Goodson
Munch, Michael Thomas
Murdick, Laurie Ellen
Murgul, Tammy Ann
Murley, Charles Francis
Murphy, Mark Peterson
Murphy, Sharon Joy
Murray, Patricia Coughlin
Music, Mark Christopher
Musick, Douglas Edward
Musselman, David Scott
Myer, Karl Dunsmore
Myers, Dorothy Held
Myers, Kevin Leonard
Nader, Abby Jo
Nafziger, Mrs. Stella Jordan
Nagy, Sherri Ellen
Narang, Rachna
Navratil, Julie Ann
Neff, Michael K.
Nelkin, Randi Sue
Nelsen, Jeffrey Alan
Nelson, Jeanette Nicole
Nesmith, Timothy Eric
Nespor, Joseph Lawrence
Nester, Thomas Joseph
Nestman, Kenneth John
Netting, Frances Ann
Newbold, Pamela Henning
Newbold, Thomas Joseph
Newman, Karen Pell
Newman, Laura Ruth
Newman, Victor Fredrick
Ng, Swee Fatt
Nguyen, Chi Phuong
Nichols, Patrick Alan
Nickell, Gregory Roy
Nickerson, Maria K.
Nickerson, Richard C.
Niemeyer, Stephanie A.
Nobile, Frank Daniel, Jr.
Noll, Dan Frederick
Nonelle, Richard, Jr.
Norpoth, Philip Leonard
Nutter, S. Diane
Oakley, Mark Alan
Ober, Susan Elaine
Oberfield, David Michael
Oberting, Joseph Brian
O'Brien, David Thomas
O'Brien, Maureen Barry
O'Bryan, Deborah A.
O'Connor, James Joseph
O'Connor, John M.
Officer, Edward W.
O'Grady, James Kenneth
Oldfield, William Hamilton
Olexio, Jan Rae
O'Neill, Kevin J.
O'Reilly, Deborah Ann
Orinski, James Robert
Orsborn, Brigette Kirwin
Osso, David Nicholas
Othman, Suraya
Ott, Jonathan Edward
Otter, Thomas Gerard
Otto, Ms. Julia Kay
Overs, Robert Craig
Owen, Mark Robert
Paat, Antonio Belmonte, Jr.
Pace, Mark David
Pacella, Keith Joseph
Pagan, Jacqueline Marie
Pahl, Douglas William
Pakes, Thomas Kennedy
Palmer, Donald Brent
Palmer-Foltz, Merri Dawn
Pantano, Robert James
Papas, Christine H.
Parker, Howard Ellis
Parris, Robert L., Jr.
Parsley, Robert Martin
Parwani, Kishore M.
Paskell, Andrew Joseph
Patrella, Tanya Lynn
Pattyn, Tara Ann
Paul, Todd Christopher
Pauley, Scott Alan
Paulmann, Michele Marie
Paxton, Judith Karen
Pelfrey, Ronald Dale
Pequignot, Rhonda Lee
Perian, Ronald Charles, II
Persiani, Vincent Lee, CPA
Peterson, Mark Albert
Petrohilos, David Harry
Petrulis, Robert Charles
Petryszyn, John Daniel
Pfaff, Eric John
Pham, Kim-Thuy
Phelps, Michael D.
Phillips, Edward Asher
Phillips, Kenneth B.
Phillips, Patrick Joseph
Phipps, John C.
Pierce, Thomas Joseph
Pilkington, Jennifer Jepson
Piloseno, Cynthia Lee
Pistler, Susan Louise
Pitts, Kevin Ray
Pizzola, Paul Joseph
Platania, Lorenzo
Pleta, Jeffrey David
Pletcher, Joan Aileen
Plouck, Stephen P.
Ponzani, Timothy Joel
Popolin, John Scott
Popp, Kathleen L.
Pordan, Jay Joseph
Porter, Cynthia Ann
Potocsnak, Jeffrey
Poulos, Athena
Powell, Carrie Jane
Powell, Donald Walter, Jr.
Powell, Lori Ann
Powers, Robert Gerard
Powers, William Gilmore
Prager, Adam Jed
Prager, Lesli Joyce
Prascsak, Carol Diane
Predmore, Joyce Linn
Preston, Karen Wiita
Price, Pamela Jean
Price, Susan I.
Prince, Waneda P.
Probasco, Susan Lynn
Puccetti, Gary A.
Putnam, Christine Davrian
Radel, Dwight A.
Radenbaugh, Mary L.
Radis, David William
Radler, Tracy Alan
Ragan, William Andrew, Jr.
Raggio, Janet A.
Ramsay, Thomas John
Randall, Mark John
Randazzo, Rosanne
Ransom, Paul Benson
Rasey, Todd David
Rauch, William Park, II
Ray, David Michael, Jr.
Reck, Lisa M.
Reed, Alan Michael
Reed, Randall Harold
Reed, Scott George
Reeves, Sandra Hope
Rehmar, Tamara Lynn
Reichert, Carolyn Anne
Reichter, Bradley Allen
Reid, Becky Harbage
Reid, Brian Christopher
Reid, Scott Brian
Reil, Timothy Charles
Reisch, Laura
Renfroe, Pamela
Retkwa, Christine E.
Reynolds, Diane Elizabeth
Reynolds, Susan J.
Rhinehart, Gregory Lee
Riblet, Jeffrey Alan
Ricaud, Anne Therese
Ricci, Michael Anthony
Richards, Peter J.
Richardson, Diana C.
Ricketts, John Wyatt
Ridgway, Kyle Bradley
Riel, Lisa Michelle
Ries, Ralph Wayne, Jr.
Riewe, Paul Richard
Rike, Ray Scott
Rindler, John Leo
Rine, Gary David
Ritzenthaler, Eric Joseph
Rivera, Jacqueline
Robbins, Michael Glenn
Robinson, David Keith
Robinson, Sharolyn Jean
Robinson, Tim J.
Robinson, Tracey Renee
Robson, Laura
Rocca, Michael Vincent
Roebuck, Ellen Jean
Roger, Francois-Xav M.
Rogers, Mary Ellen
Rohletter, Julie Anne
Rohrs, Kevin B.
Rood, Howard Jay
Rose, Richard Alan
Rose, Stephanie P.
Rose, ENS Todd Andrew
Rosen, Jeffrey Scott
Rosenblum, Steven Louis
Rosenfield, Anne P.
Rosenstock, Jerry Jay
Rossi, Jeffrey Alan
Roth, Steven Jay
Rouda, Jayne Lee
Rousos, Gregory Temoleon
Rozic, Theresa Maureen
Ruby, Mark Allen
Ruch, Roger David
Rudolph, Frederick John
Rudy, Jon J.
Ruffing, William Phillip
Rushley, Harriet Stambolis
Russ, Michael W.
Russel, Grant Charles
Russell, David A.
Russell, Robert Christopher
Ruwe, Douglas Neal
Rybacki, Steven Ross
Ryuse, Kirsten Gayle
Saba, Ronald Byron
Sablowsky, Jon Scott
Sabransky, Ron
Sage, Patricia Jeanne
Salvaggio, Christopher A.
Sanders, Stephen Wayne
Sandry, James Vincent
Sands, James Alan
Sansone, Thomas Joseph
Sarvis, Kathy Lynn W.
Sarvis, William Edward
Saulters, James Ralph
Savely, Jodette L.
Savinsky, Linda Susan
Sawyer, Douglas Jon
Schabel, Russell Edward
Schaefer, Robert Bruce
Schafer, Donn Russell
Schatz, Monica Ann
Schechter, Ms. Jeanne Ellen
Schedel, Robert John
Schlagheck, Joan Severs
Schlier, Ms. Laura K.
Schmitt, Robert William
Schnaufer, Sharon Lynn
Schneider, David Steven
Schneider, Jennifer Lynn
Schneider, Kevin Louis
Schneier, Jamie Bennett
Schofield, Barry Lee
Schram, Julie Gaye
Schreiber, John Warren
Schritz, Kirt Robert
Schroeder, Brent Gerald
Schroeder, Charles Lee
Schueler, Joseph Alan
Schureck, Dawn Teresa
Schwartz, Frank Louis
Schwartz, William F.
Schwers, William Allan
Scoles, Stephen Albert
Scott, Jack Robert
Scott, Jeffery Jay
Scott, Michael Douglas
Scott, Peter Alan
Scott, Dr. Stanley Van Aken
Scurria, Michael John
Seaquist, Kim Lucas
Seastone, Elizabeth Ann
Seenberg, Barry James
Seghy, Anthony Victor
Seibert, Darrel Lynn
Sekel, Beth Ann
Sellers, James Mark
Seni, Elio R.
Sennett, Sharon Lee

368 CLASS OF 1985 OSU COLLEGE OF BUSINESS

1985 (Cont'd)
Sensabaugh, J. Allen
Serio, Richard Robert
Severt, David Clarence
Shaffer, Timothy Wayne
Shahrokhi, Dr. Manuchehr
Shalvoy, John Richard
Shambaugh, Scott Edwin
Shanahan, Mary Woerner
Shawver, Joan M.
Shay, Kimberly A.
Sheehan, John Francis, Jr.
Sheehan, Ms. Julia Ann
Shelby, LT Steve Allen, USA
Shepherd, Jeanine Ann
Shin, Steven J.
Sholly, Brian Ward
Shuler, Steven Christopher
Shull, Timothy Alan
Shults, Christopher John
Shutt, Linda Suzanne
Siang, Yam Beng
Sidlo, Martha Dean
Siegelman, Laura
Simonetti, Susan Tipp
Simpson, Dennis W., Jr.
Sinacola, Michael Sylvester
Singerman, Egon P.
Sjostedt, Richard Otto
Skaggs, Ms. Deborah Ellen
Skinner, Jeffrey Shelton
Sklenar, Ricky Alan
Skomorowski, David Efrem
Sladoje, Douglas Scott, JD
Slater, Laura Ellen
Slavoksky, Kathleen Ann
Small, Marc Jerrold
Small, Mary Alice
Smith, Bradley Robert
Smith, D. Chauncey
Smith, Daphne Lynn
Smith, James Gregory
Smith, Jean Annette
Smith, Jennifer Y.
Smith, Julia Ann
Smith, Lisa Deanne
Smith, Mary A.
Smith, Matthew Gordon
Smith, Robert Douglas
Smith, Tamara Jill
Smith, Tina Renee
Smith, Vicki Sue
Smitherman, Richard P.
Smuckler, Denise L.
Snell, Peter Withington
Snyder, Cheryl Lynn
Snyder, Eric Alan
Soble, Scott Evan
Soltesz, Wayne Richard
Sommerville, Gary Thomas
Souders, Tracy Lynn
Spahl, Angelika Agnes
Spaid, Matthew David
Spangler, John Gregory
Sparks, Rodney Daryl
Sparks, Susan Ann
Spencer, Florence Norene
Sperry, John Phillips
Spetsios, Maria Katherine
Spiess, Richard Arthur
Spohn, William Duane
Spoon, Jeffrey Dean
Sprenger, Kathleen Mary
Springer, Gary Joseph
Spruble, Susan Ann
Spurlino, Joanne Visocan
St. Clair, Tamala Lynn
St. Jean, Alan Paul
St. John, Karen Ann
Staats, Marty Bret
Stafford, Todd A.
Stahl, James Walter
Stahl, Kent Michael
Stahl, Ronald Alan
Stahr, LT Michael Allen, USAF
Stainbrook, Richard John
Stalter, Marvin Dale
Stamey, Charles Howard, Jr.
Stammen, Richard Maurice
Stanfill, Brian E.
Stapleton, Tina M.
Statzer, Stephen James
Stauffenger, Eric John
Stefanowski, Robert A.
Steiner, Eugene E., II
Steines, Michael David
Steinmetz, Michael Wayne
Stephens, Keith Wesley
Stephens, Michael Eugene
Steppe, Brenda Lee
Sterbenz, Kristin Ellen
Stevens, Michael Carl
Stevenson, David James
Stimmel, David Craig
Stitzlein, James D., II
Stock, Karen Elaine
Stokes, Ronnie Ray
Stone, Vickie Sue
Stoneman, William Loomis
Stoner, Debbi L.
Stranahan, Susan
Strange, Peter David
Streacker, Karen Sue
Stubbs, James Russell
Studer, Douglas Jacob
Sturgis, Mark Brian
Suherman, Sugianto
Sullivan, Ms. Elizabeth Ann
Sumner, Gregory Scott
Sun, Kwan
Sung, Ling-Yin
Suplica, Jeanne M.
Surgen, Sandra Irene
Suriano, Kelly Ann
Sutton, Todd Alan
Swanek, Christopher Anthony
Swanson, Stephen Kenneth
Swartz, Wendy Kay
Swedersky, Lisa Ann
Swope, Deborah Lynn
Tackett, Michael Roger
Taggart, James Vernon
Tan, Wah Khoon
Tanprasert, Kesinee Cheecharern
Tarantelli, Lisa Ann
Tarini, Mary Jo
Tasso, Gianpaolo
Tata, David Knapp
Taylor, Richard Wallace
Teeratananon, Maneeporn
Temple, Michael Scott
Tepe, Kimberly Kuntz
Termeer, Lynda
Terrett, Charles David
Theado, William Edward
Theibert, Eugene Matthew
Theiss, David Kevin
Thewes, Scott Edward
Thiemann, Joseph David
Thomas, David Eugene
Thomas, David Melvin, Jr.
Thomas, Debora Rhiannon
Thomas, Diane Boxwell
Thomas, Edward Charles
Thomas, John Frederick
Thomas, Robert Bryant
Thomas, Tamera Sutton
Thomas, William A.
Thompson, Dennis Craig
Thompson, Scott Richard
Thornton, LTC Patrick Allan, USN
Thurman, Kathryn Ann Newland
Tiberi, Richard Anthony
Tiggs, La Marcie Beneth
Tipnis, Ajay Prabhakar
Tjia, Erlina
Todd, Dennis Ray
Tolbert, William Louis
Tom, Susan Kay
Tomlinson, Sally Jean
Totani, Gabriella Antonella
Totani, Joanna Gina
Toth, Richard Steven
Townsend, Daniel Hugh
Trager, Ronald Arthur, Jr.
Tran, Vanly
Trbovich, Tamara Lynn
Trees, John Clinton
Treneff, Rebecca Crane
Trier, Wayne Joseph
Trinh, De Cao
Tucker, Mark Alan
Turlo, Douglas Edward
Turner, Michael Andrew
Turrittin, Timothy N.
Tyus, Kathryn Yvonne
Ueng, Haw-Po
Ulliman, William A.
Ungar, Mark Stephen
Urton, David Leonard
Ussery, Carol
Valentine, Kenneth Martin
Valentino, Anthony Louis
Van Benthuysen, Jami Sue
Vance, Daniel Barry
Vance, Mary Elizabeth
Van De Grift, David Lee
Van Dresser, William Frank
Van Echo, Thomas (TJ)
Vanko, Deborah Louise
Vano, Ronald Robert
Van Riper, James Hartman
Varrasso, Deborah
Vaselakes, Kevin Michael
Vawter, Gary L.
Vergamini, Lisa
Veselenak, Cynthia Lou
Villella, Roy Joseph, III
Visser, Inka
Vlahos, Chris
Vogel, James Darrell, Jr.
Vos, Charles T.
Vos, Edward Alfred, Jr.
Wade, David Shannon
Wagenhauser, Thomas Kenneth, II
Wagner, Bradley Loren
Wagner, Ms. Marlene Elizabeth
Wagner, Robert Thomas
Wald, 1LT Kirk James, USA
Walden, Larry Duke
Walker, Cynthia Jane
Walker, Stan Duane
Wall, Andrew James
Wallace, Tammy Marie
Walter, Jacqueline Suzanne
Walters, Michael Glen
Wanamaker, Daniel Kenneth
Ward, Deirdre
Ward, Tinnie Ann
Warner, Mark Anthony
Watkins, Charlotte M.
Watkins, John Kay, II
Watkins, Michael Thomas
Weaver, James Michael
Weaver, Jane Lynn
Weaver, Phillip Lynn
Weaver, Teri Hipolite
Weber, Robert Patrick
Wechsler, Dr. Barton J.
Wedge, Steven Gordon
Weidaw, James B.
Weideman, Anne Therese
Weider, Mark David
Weidner, Jonna Marie
Weinrib, Linda Sue
Weir, Dale Andrew
Weisbrodt, Robert Lee
Weisenberger, Scott Eric
Weisman, Scott Alan
Weissmann, Julie A.
Wellman, Randy Joe
Wells, Leland Kenneth
Wendling, Larry Robert
Wendt, Richard Eric
Wertz, Charles Robert, Jr.
Wessel-Moore, Lisa Lynn
Wessinger, Michele L.
Wesson, Delois
West, Darlene Sue
Westbrook, Christopher Donald
Westerman, Barbara Eloise
Westerman, Steven Douglas
Wexler, Lawrence Howard
Whaley, Terry E., Jr.
Wheeler, Patti Jean
White, 2LT Craig Robert
White, Terri D.
Widney, Thomas Charles
Wiehe, Craig William
Wilcox, John C., III
Wild, D. L. Shelly
Wilkins, Lynn Ann
Williams, Brad Lee
Williams, Bradford Kent
Williams, Eric Alan
Williams, Jeffrey Paul
Williams, Jill M.
Williams, John David
Williams, Kim D.
Williams, R. Mark
Williams, Ms. Susan Elizabeth
Williams, William Mark
Wills, Stephen Douglas
Wilson, Christina Lynne
Wilson, Deborah Kay
Wilson, Kevin Robert
Wilson, Marylou Eads
Wilson, Stephen Lee
Wilson, Vickie L.
Wimer, Gary Lee
Wine, Kenneth H.
Wing, Gail A.
Wintering, David Matthew
Wischmeyer, Thomas A., Jr.
Wisecup, Kelli Lynn
Wiseman, John Adam
Woeste, Kathleen Mary
Wohlstein, Timothy Lee
Woldar, Mrs. Patricia M.
Wolf, Philip David
Wolfe, Brian L.
Wong, Guy Lim
Wood, David Lane
Wood, Kelly Day
Woodall, Alvin John, Jr.
Woods, Dolly Elaine
Woods, Matilda
Wooldridge, Suzanne
Woolever, Karen Jo
Woon, Kwan Kee
Worrall, Anthony Stephen
Woytowich, Michael Alfred
Wu, Yue-Lie Julie
Yaakup-Omar, Nazliah
Yaufman, Michael John
Yeager, David Leroy
Yee, Dick F.
Yelin, Maria Faith
Yeo, Mei Geok Gloria
Yocum, Gerald Wayne
Young, Craig Ernest
Younger, Craig Alan
Yu, Byung-Uk
Yu, Dr. Joseph Feng-Shing
Zak, Randall James
Zando, Mark Wilkerson
Zangaro, Tony Guy
Zani, David Ralph
Zantopulos, Diana Kay
Zavatsky, George Andrew
Zawatsky, Joni Lynn
Zeches, Carlene L.
Zeleznik, Susan Angela
Zelle, Lynn Marie
Zeman, Robert Stephen
Zimmerman, Mark Andrew
Zoeller, Sandra Gail

1986
Abbruzzese, Jeffery Scott
Abel, Michael James
Abernethy, Jennifer Lynn
Abraham, Denise R.
Achevich, John Peter
Achtner, Esther Mary
Ackerman, Gregory Eugene
Adams, Joni L.
Adams, Nancy Lee
Adams, Warren Keith
Adelsperger, Kelli J.
Adiutori, Joseph Eugene
Adkins, Christopher Alan
Adkins, Stuart Andrew
Agarwal, Dr. Sanjeev
Ahern, Shawn Thomas
Ahmad, Azilah
Ahmad, Azlina Binti
Ahn, Dongguiu
Ahroni, Gil
Ahting, Linda K.
Aitken, Paul Martin
Albee, James Campbell
Albert, Thomas M.
Alders, Gary Douglas
Alexander, William John
Allen, Daniel Joseph
Allen, De Ann Rene
Allen, John Hunter
Allen, Margaret C.
Allen, Mary K., PhD
Allison, Carla K.
Almond, Elizabeth Wells
Althouse, Christopher Adam
Altman, Richard David
Alves, Keith
Ambrose, Lance Charles
Amer, Beverly Elrod
Anderson, Darryl Lee
Anderson, Frederick P.
Anderson, Ms. Lori Sue
Anderson, William Charles
Andrews, Robert Frank
Annis, Mark William
Apotsos, Joanna
Arat, Nese
Arbaugh, Gwendolyn Curtiss
Argobright, Victor William
Armstrong, Laurie
Arndt, Harold H.
Arndt, Richard Maynard
Arnholt, Timothy Matthew
Arnoff, Craig Michael
Arnold, Daniel Emmitt
Arrasmith, Douglas B.
Artman, Bret Thomas
Artz, Robert David
Ashbrook, Dean Edward
Audet, John Spencer
Auerbach, Sean William
Augenstein, Kathleen Marie
Augi, Anthony
Ault, Deborah A.
Autret, Annie
Ayish, Sami N.
Babbitt, Cheryl Anne
Bachman, Ronald Jerome
Bachorski, Daniel James
Bade, Scott A.
Bahner, Craig Steven
Bailey, Andrew Harold
Bailey, Joe Bernan, III
Bailey, Mark Duane, CPA
Baird, Dianne Louise
Baker, Barbara Wilcox
Baker, David B.
Baker, Dennis E.
Baker, Mark A.
Balaloski, Daniel K.
Ballinger, Susan Filer
Balzer, Janet Ann
Bannerman, Robert Charles
Barker, Brian Charles
Barnes, Ines C.
Barnes, Michelle Anne
Baron, Mitchel B.
Barrett, Brett Aaron
Barth, Irving R.
Barth, Larry D.
Bartolovich, Ms. Anna Marie
Barton, James B.
Bates, Jonathan Wayne
Batten, Jana Lynne
Battle, Darrell Louis
Battocletti, Mary E.
Baughman, Elizabeth Clare
Beadle, David D.
Beard, Lisa Ann Chapan
Beasecker, Diane L.
Beatty, 1LT Vernon Lee, Jr.
Beerbower, Daniel Edwin
Begashaw, Seifu A.
Begley, John Patrick
Bell, Rebecca Susan
Bell, Thomas D.
Bellinger, Scott Paul
Benfer, Sally Elizabeth
Benjamin, Susan Marie
Benkel, Jeffrey H.
Bennett, Mrs. Laura F.
Bentley, Michelle Marie
Benya, Michael Dan
Beondo, Sally B.
Berardi, Joseph Anthony
Bergman, Marilyn Gail
Beringer, Walter Joseph
Bernardini, Ms. Felicia
Berry, Daniel J.
Bertke, Lisa A.
Bhe, Scott Alan
Bibb, Deborah Lynn
Bibbo, Jeffrey R.
Biedenharn, Gerald John
Bihary, Terry Alan
Billiter, Nancy
Bishop, Steven Robert
Blackburn, Kyle R.
Blakeman, Kimberlie Marie
Blickle, Gordon Harold
Bloom, Michael Scott
Bocinec, Frank C.
Boden, Scott Randall
Bogart, Sally E.
Boisseau, Stephen Arthur
Boles, Bettina Shepler
Boles, Kathy Ann
Bond, Douglas Craig
Bone, Todd Alan
Booth, Timothy James
Borcherding, Timothy John
Borden, Bruce E.
Borden, James Howard, Jr.
Bork, Christopher Alan
Borokhovich, Kenneth Aubrey
Boron, Anne Wellner
Boss, William Charles, II
Bouhall, Martin Dennis
Bower, Elizabeth M.
Bowling, Elizabeth Anne
Bowling, Laura Ann
Bowman, Michael Lawrence
Boyer, John Michael
Bradshaw, Robin
Brady, James Michael
Bragg, Robert Michael
Brake, Jeffrey Lee
Brandt, David John
Brandts, Gretchen Kay
Brannigan, Bonne
Brennan, Elaine A.
Briggs, Robert Farrell
Brisker, Norman Dean
Broome, J. Scott
Brough, Dennis Edward
Brown, Andrew Wardell
Brown, Bruce Alan
Brown, David Michael
Brown, Ms. Deidre A.
Brown, Donald Eugene
Brown, Linda M.
Brown, Pamela Jean
Brown, Philip E.
Brown, Russell Scott
Brown, Shawn Tyler
Brown, Steven Garrett
Brown, Thomas Joseph
Brown, Wennona Ann
Browning, Lori Beth
Brownson, Julie Ellen
Brownson, William Hedley
Brubaker, Barbara Lucille
Bruggeman, Dale Gerard
Bruns, Stephen Walter
Buchanan, Beth A.
Buchanan, Harold Gene, II
Buchanan, Stephen Edward
Buchenroth, 2LT Steven Lee
Bucher, Mark Edward
Buckley, Joseph Patrick F.
Buehler, John Gerard
Bumb, Ronald Anthony
Bumbledare, Joseph Larry
Bundy, Tricia Ann
Burger, Joseph Valentine
Burkhart, Tal Douglas
Burnett, Mark Allen
Burns, Anne Elizabeth
Burridge, Robert George, Jr.
Burton, Diane Ropke
Burton, Susan E.
Busby, Bradley Alan
Busch, Laura Elaine
Bushman, Joyce Roberson
Busse, Melissa Ann
Butler, Angela Boyle
Butler, Dana Mark
Butler, Ms. Martha Lou
Butler, Mary Ellen
Butts, Steven Dana
Butz, Stephen L.
Buxton, Joseph Gary
Byg, Sunita Suzanne
Byorth, Douglas John
Byrne, Ms. Elizabeth A.
Byrne, Kelley A.
Cain, Beth A.
Callahan, Martin Allen
Callison, Darletta Jane
Camp, Robert W.
Campbell, Christopher Duncan
Campbell, Robert George
Canada, Nancy T.
Caporaletti, Louis Eugene
Capoziello, John Ralph
Caprio, Maria Colette
Cardinal, John Raymond
Carmody, Martin Louis
Carpenter, Allen L.
Carpenter, George Lester
Carpenter, Thomas E.
Carr, John J.
Carrier, Danielle Kim
Carskadden, Thomas (Rick)
Carter, Christine Lynn
Carter, Edward Steven
Carter, Joan Ellen
Carter, Mike Leonard
Carter, Teresa Ursina
Carter, Terri Lee
Casey, Sean Patrick
Cashdollar, Ronn Edward
Casino, Elaine Marie
Cassidy, Julia A.
Casteel, Laurie Beckett
Catalano, Raymond Joseph
Ceneskie, Joseph Michael
Chabon, Ellen Beth
Chakraborty, Nivedita
Chan, Helen Winnie
Charme, Jeffrey Steven
Chen, Ray-Fen
Cheong, Connie Mei Ling
Cherubini, Kathleen
Chiong, Francisco
Chisman, James Harley, II
Chlosta, Wanda R.
Chmara, Steven Michael
Chong, Ann Fei
Christo, Elena Basil
Chung, Choy Fong
Churilla, Joseph Louis, Jr.
Ciccone, Dana Landis
Cieply, Paul Raymond
Cinadr, Brian David
Cindrich, ENS John M., USN
Cinti, Renzo G.
Cira, Christopher T.
Ciricillo, Nadine Lee
Clark, Carol Dee
Clark, Jeffrey Alan
Clark, Robert F., Jr.
Cleaveland, Shona Jo
Clegg, Jeff L.
Clement, Bruce Gregory
Clemons, Ms. Terri Dell
Clifford, Colleen Anne
Cline, Alicia Kay
Coady, Timothy Martin
Coatney, Yolanda Kay
Cogan, Maureen Helen
Cohen, Debra Renee
Cohen, Heidi Hope
Cohen, Natalie Ellen
Cole, Carolyn J.
Coleman, Paul R.
Collins, Richard J.
Collins, Robert Lee
Colter, Tina M.
Colton, Ms. Kim Kathleen
Colvin, Timothy Allen
Colyer, Joel Leonard
Comisford, Tracy Scott
Compton, Barry C.
Conlon, Deborah Lynne
Connaughton, Ms. Elsbeth M.
Conroy, Mary Ellen
Converse, Jeffery Blair
Cook, Kenneth William
Coon, Steven Frederic
Cooper, Ross Craig
Corbett, Colleen Marie
Corbin, John L., Jr.
Cordero, James Wilson
Cordial, Larry Bruce
Cornell, Susan C.
Coss, Ted Gerard
Cotleur, Kevin Martin
Cotter, Timothy John
Cowan, David Edward, III

CLASS YEAR LISTINGS CLASS OF 1986 369

1986 (Cont'd)
Cozza, Craig James
Crawford, Marcia Elaine
Creeger, Jeffery Scott
Creps, Darrel E., III
Croft, James Francis
Crofut, Julie
Crowner, John David
Cruea, Mark Douglas
Crum, Kevin Karl
Crum, Michael L.
Cunningham, Russell Neil
Curran, Thomas L.
Curtis, David James
Cushing, Stephen Craig
Czako, Jodene Kim
Czerniec, Melissa Ricketts
Czuchra, Michael Robert
Czwakiel, Deborah Jean
Daher, Najy Moussa
Dani, Mark Peter
Daniel, Jana Lynn
Daniels, Donnie Ferrell
Danner, Richard E., Jr.
Danson, Forrest Melville, III
Danter, Kenneth Jeffrey
Davidson, Debbie Lathrop
Davidson, Heather Lyn
Davidson, Stuart Alan
Davis, Dwight H.
Davis, Eric Joseph
Davis, Freddy Travis
Davis, Gregory Michael
Davis, James Alan
Davis, James Bryan
Davis, John Paul
Davis, Laura Pearson
Davis, Mark Lundon
Davis, Ms. Tamara Lee
Davison, Richard Curry
Dawson, Terry L.
Deam, John Emerson
Dean, Martin Robert
Dedula, Thomas George
DefeLippi, Brian A.
De Francisco, Tina Marie
DeGraw, Michael William
Dehlendorf, Michael Benjamin
Delagrange, Denise R.
Delaney, Richard Kevin
Demarchi, Judith A.
DeMarco, Dominic J. (Nick)
Dempsey, William J.
Deniz, Tamer
Dennis, Susan Colleen
Dent, Susan Karalewitz
De Pompei, Benjamin A.
Destocki, Walter Andrew, Jr.
Dete, Joseph Louis, Jr.
Detty, Kathleen
Dickerson, Ms. Ava E.
Dickes, Timothy C.
Dietsch, Gregory Franklin
Dietz, Glenn Charles
Dietz, Janet Carol
Di Giandomenico, Elizabeth Ann
Dillon, Terrie L.
Divic, Joann
Dixon, Brian Lee
Do, Lan Linh
Dobos, Susan Mary
Doersam, Christine
Doherty, Jenifer Lyn
Donley, Troy Alan
Donovan, Patricia Lynn
Doody, Joseph Patrick
Dorsten, Peggy Ann
Douce, De Ann Irene
Dougherty, ENS Thomas Vincent
Dover, Kyle Richard
Dowell, Richard David
Dowling, Ms. Debra Lynn
Downing, Carolyn Albridge
Downing, ENS Craig Allen, USNR
Drake, Philip David, PhD
Drake, William Francis, Jr.
Drechsler, David Leroy
Dreese, Elizabeth Mary
Drumm, Sheryl Kaye
Drury, Ann Martha
Duffy, Mary Kay
Dugan, Wendy S.
Duncan, Carl Michael
Dunn, Rebecca Ann
Durham, John Randall
Durst, Kevin Allen
Duwve, John W.
Dye, Harry Morgan, III
Dyer, Gregory Thomas
Dzurko, Michael Andrew
Easton, Kevin Lee
Eberlin, Ms. Deborah Ann
Eckstein, Judy Lynn
Ederer, Todd William
Edheimer, Roger Louis
Edwards, Dale Alan
Edwards, Ruth Ann
Edwards, Shelby Blish
Edwards, William Glen
Effron, Michael Scott
Eidenmiller, Karen Marie
Elbrand, Ms. Robin Dawn
Elking, Laura Ann
Ellerbrock, Timothy Lee
Elliott, Jerry Eugene
Ellison, Gary Lonnell
Ellwood, Thaddeus Jay
Elwing, Sharon Sue
Ely, Elizabeth Anne
Embaugh, John David
Emich, Richard P., II
England, Lisa M.
England, M. Daniel
Engle, Scott Norman
Erkins, Velma Delphine
Everett, Sherman Bradley
Ewing, John Thomas
Ewing, Thomas Franklin
Fadorsen, 2LT Robert Jeffery
Fagin, Stuart Alan
Farey, Scott Michael
Farmer, Bradley Arthur
Farr, Louis V.
Farr, Sheryl Lynn
Farris, Charles L., II
Fasone, James Merrill
Fatica, Lawrence Martin
Fay, Genny Marie
Fedor, Edward William
Feinberg, Michael Jai
Feldmeyer, Ben Howard
Ferdi, Linda Louise
Ferrell, Jay D.
Fidler, Chris D.
Fiedler, Timothy J.
Fierman, Mark Jay
Filardi, Susan Joyce
Finn, Thomas Andrew
Finnell, Elicia L.
Firestone, Jill Rosenbloom
Firment, Paul Raymond
Firstenberger, Elizabeth L.
Fish, Michael H.
Fisher, Sylvia
Fitz, Stephen John
Fitzpatrick, Andrew Barton
Flacche, Angela Maria
Flaherty, Karen Jacobson
Flaherty, Patrick Shawn
Flay, Douglas Alan
Fleming, Cynthia Ryals
Fleming, Kerry Phillip
Fletcher, Gregory
Flint, Beth Hahn
Flowers, Rebecca Sue
Floyd, Gregory Allan
Fobes, Gary Lewis
Fogle, M. Anita
Folds, W. S. Skip
Foley, Daniel Joseph
Fondy, Timothy Lewis
Foor, Paul Dennis
Ford, David Jeffrey
Forrester, Laura K.
Forsythe, Kent Charles
Fortier, James K.
Foster, Daniel P.
Foster, Donald Edwin
Foster, James Frederick
Foster, Jennifer Kling
Founds, Marvin L.
Fowler, Ronald Rae
Fox, William R.
Frabotta, John Anthony
Francis, Jerry E.
Frank, Allan Lee
Frank, Edward Louis, Jr.
Frank, Mrs. Ellen S.
Frank, Kimberley Ann
Franz, Richard Thomas, Jr.
Freberg, Kent Donald
Frederick, Laura Sue
Freedman, Holly Lynn
Friebel, John Thomas
Friend, Kristen Margaret
Frink, Richard D., Jr.
Fronista, Lilly A.
Frost, Scott K.
Fry, Susan Jean
Fuller, Christine
Furry, David Wilson
Gabbert, Randy C.
Gabel, Randall Mark
Gagliardi, Claudio, Jr.
Gahan, Michael L.
Gallo, Kathleen E.
Gamary, Glenn Edward
Gantz, Carla Wolfinger
Garberich, Steven Jon
Gardner, Gloria Hartung
Gargan, John Joseph
Garlock, Martin Thomas
Garman, Ann T.
Garrett, Debra L.
Garrigan, Paul Louis
Garrison, Gregory Jay
Gatewood, Maureen Leigh
Gault, Delbert Leroy
Gebolys, Gene J.
Geddes, Darren Duane
Geib, William Michael
Geiger, Gary Jon
Geissler, Eric Matthew
Gennett, Robert Guy, Jr.
George, Lewis Chris
Gershel, Deborah Sara
Gerstner, Eric Leo
Ghegan, James Thomas, Jr.
Gherlein, David Gerald
Giammaria, Mary Maureen
Gibbons, Thomas Daniel
Gilbert, Julie Elizabeth
Gilbert, William Dale
Gilby, Joan E.
Gildee, John Joseph, IV
Gill, Arden Leo
Gilliam, ENS Jeffrey Randall
Gilmore, James Thomas
Gingery, Michael Ellison
Girton, Cynthia Ann
Girves, Ms. Catherine Ann
Glaser, Lisa Beth
Glenn, David Lyle
Goddard, Stephen Anthony
Godfrey, Kimberly Ann
Godles, Michael Joseph
Goel, Dinesh Kumar
Goettler, Donna Lynne
Gojdics, Robert R.
Gold, Jeffrey Scott
Gold, Steven Yale
Goldstein, David Philip
Goldsworthy, Kathryn J.
Gomersall, Mark Robert
Good, Gary Mitchell
Goode, John J.
Goodell, Mark Peyton
Gordon, Christine M.
Gorman, William Harold
Gorsuch, Jeffery Alan
Goss, Robert Joseph
Gould, Richard Eric
Grant, Mary Ellen
Gratz, Scott Bradley
Graves, William Joseph
Gray, Thomas Prescott
Grden, Gary Paul
Green, Gary Denton
Green, Marcy Beth
Green, Mary Joan Conte
Green, Stacee Herschelle
Greene, Alita Brown
Greenland, Joyce Aileen
Greenwald, Martin D.
Gregory, Cary Gabriel
Gregory, Helen Elaine
Greve, Gregory Joseph
Gries, David P.
Griesmer, Rosemary Carol
Griffith, Eric Vonn
Grillot, Michael Lee
Grindle, William H.
Grissom, David Scott
Groeber, John Andrew
Grogan, William Michael
Grubenhoff, Steven Gerard
Gruenwald, Regina Mary
Gruetter, Steve Eric
Grunkemeyer, Robert Samuel
Grutsch, Lisa Stemen
Gutmann, John Kenneth
Gwinn, R. Curtis
Haas, David M.
Hajjar, George Phillip
Hale, Barry Kent
Hall, Danny Lee
Hall, Jeffrey Bryan
Haller, Mary A.
Halley, Bruce Robert
Hamilton, Stephanie Annette
Hammer, Ms. Dawn Marie
Handelman, Julie E.
Hanna, James Joseph
Hansel, Laura Briggs
Hapner, Barbara A.
Harbaugh, Charles Fitzgerald
Harbour, Janice Collene
Harden, Kimberly Renee
Harlow, Matthew T.
Harman, Todd Allen
Harmon, Karen Kay
Harnett, Gregory W.
Harp, Michael T.
Harrington, James Paul
Harrison, Karen Susan
Harsh, Catherine V.
Hart, Donald Michael
Hart, Ernest Eric
Hart, Randy Jay
Hartman, Jeffrey Paul
Hartman, Mark Allen
Hartman, Thomas Michael
Hartmann, Edward Paul
Hartsock, Joann Louise
Hattenbach, Martin James
Hattey, Donald Raymond
Hausser, Kris S.
Havern, J. Greig, Jr.
Hawk, Bryan Leo
Hayashi, Tomoyuki
Hayes, Sophia Simone
Hayslett, Maureen Mc Cabe
Healey, Ms. Kimberly Beth
Heaphey, Thomas Cullen
Heck, Laura Marie
Heid, Charles Frank
Heidlebaugh, Scott Allen
Heimlich, Charles Matthew
Heinle, Cynthia Anne
Heitmeyer, Thomas Gerald
Helal, Philip Michael
Helf, Valerie Lee
Helmick, Daniel Robert
Hendershot, Elizabeth Ann
Hendricks, Dawn
Hennessey, Patrick Sheeran
Henson, Randolph Lee
Herman, Seth S.
Hersch, Mark A.
Hesson, Bradley G.
Hetrick, Thomas Paul
Heyink, Karen M.
Heylman, Bruce Dillon
Hibler, John Timothy
Hice, Kristen Mitten
Hicks, Richard Charles
Hile, John Burton
Hill, Duane W.
Hill, Timothy Braun
Hillery, Brian P.
Hites, Michelle Louise
Hixson, Jeffrey Robert
Hoersten, Carol Jane
Hoffman, Lori Ann
Hoffman, Susan Jean
Hoffmann, Alan Frederick
Hohl, Bruce Wendell
Holbrook, Patricia Ann
Holden, Lisa Sue
Holloway, Lonna Marie
Holmes, Jeffrey Martin
Holz, Robert Karl
Hone, Curtis John
Hood, Brian Wesley
Hopkins, Craig R.
Hoppel, James Henry, Jr.
Horning, Charles W.
Hou, Eddie Hsiao-Wen
Houghton, John Paul
Houk, Moira Ann
Houston, Robin Christine
Howison, Clifton Raymond
Howlett, Rita Marie
Hrusovsky, John Joseph, II
Hsia, Melissa
Hsiao, Chen-Wu
Huber, James Augustine
Hudock, Anthony Joseph
Huffman, Jodine A.
Hufgard, William John
Hughes, James Andrew
Hugus, Philip Lee
Hulka, Mark Allen
Humpert, Art J.
Hunady, Thomas William
Hunt, J. Bradford
Hunter, Kevin
Hutchinson, David Ray
Huth, Thomas Martin
Inskeep, Barbara Anne
Iqbal, Tahir
Ireson, D. Robert
Ishiyama, Howard Jiro
Italiano, 1LT Christopher Stevens, USA
Ius, Lori Jo
Jackson, Jae Kevin
Jackson, James P., CPA
Jackson, Jeffrey Alan
Jacobs, Thomas Edward
Jacoby, David Allen
Jakob, E. Martina
Janes, Kimberly Lynn
Janko, Marie T.
Januzzi, Paul Ettore
Jaw, Dr. Yi-Long
Jenkins, Keith Bernard
Jenkins, Kenneth Alan
Jenkins, Mark Douglas
Jensen, Stephen D.
Jeon, Un Ki
Jeswald, Jon Christopher
Jockisch, Holly Lynn
Johannes, Steven B.
Johns, Stuart F.
Johnson, Cheryl L.
Johnson, Freddie Lee
Johnson, James M.
Johnson, Kelli Kay
Johnson, Kevin William
Johnson, Mark David
Johnson, Patrick William
Johnson, Scott William
Johnson, William Taulby
Johnston, 2LT Martin Lee
Jones, David L.
Jones, Douglas E.
Jones, Kevin Charles
Jones, Lorraine Meeks
Jones, Steven Richard
Jones, Tina Marie
Jones, William Lee
Jopko, Susan Elaine
Josivoski, Patricia
Judy, Jacqueline Sue
Jupp, Kenneth Robert
Jursek, Elizabeth Anne
Kajander, Francine
Kalle, Lee Martin
Kalnasy, Mark Allen
Kamnikar, David Louis
Kannel, Ms. Stephanie Lynne
Kapp, Judy
Karras, Alex Louis
Karrick, Ann Gail
Katsaounis, William Vasilios
Kaucher, Michael Joe
Kaufman, Dr. Daniel J., Jr.
Kaufman, David Lee
Kavanagh, John Fitzgerald
Keinath, John David
Kelemen, Mona Lisa
Kelly, Kathleen Anne
Kelly, Michael Patrick
Kemp, Scott David
Kempe, Robert Heller
Kemper, Eric Aaron
Kemz, Kraig Eesley
Kennard, Alan Lee
Kennedy, Karen Cathleen
Kent, Christine Ann
Kenton, Tamaria
Kern, Scott William
Kerner, Ms. Cynthia Marie
Kerr, Ronald S.
Kessler, David Michael
Kessler, Joseph W.
Kesterson, Lance W.
Kielkopf, Andrew John
Kilbane, Edward F.
Kildow, Kelly L.
Kilsheimer, Jacqueline C.
Kim, Jun-Kyung
Kim, Dr. Yong-Cheol
Kimball, Thomas Alan
Kimmel, James Richard
Kindler, Kenneth Jon
Kiplinger, Kevin Phillip
Kirchner, James Francis
Kirk, Peggy
Kirkland, Jeffery Alan
Kirlik, Kathleen
Kirst, Ms. Lorrie Elvira
Kirwan, Margaret Mary
Kisgeropoulos, Savvas A.
Klein, Curt James
Kleinke, Jon Dana
Klinebriel, Amy Lynne
Kling, Michael Irvin, IV
Kling, Robert Michael
Klingler, Keith W.
Klodnick, Kurt Daniel
Klopp, Constance Lee
Knickerbocker, Thomas Lee
Knolls, Adam Matthew
Knoske, George Robert
Knowles, Brooke Ellen
Kobbeman, Kevin James
Koch, Leo John, Jr.
Kochheiser, Sharon June
Koenigsberg, Tami Claire
Koerbel, Michael Edward
Koett, Kristin Kay
Kofman, Tatyana Margaret
Kolbe, Nancy Leigh
Kolda, Brian Joseph
Kolodey, John Robert
Konves, Jeffrey Alan
Kool, Ms. Andrea Klara
Kopf, Laurie Jean Arnold
Korte, Peter Barrett
Koutras, James Chris
Kovach, Sandra Maria
Kramer, James Markee
Krasner, James David
Krautsak, Robert Francis
Kravec, Taras Marion
Kravitz, Edward Daniel
Kreager, Jefferson Stuart
Kreidler, Marianne C.
Kreinbrink, Ann Cecelia
Kremer, Sharon Ann
Kreuzer, Shelli
Krisher, Allison
Krishnan, Prakash
Krivanek, Timothy Gerard
Kroh, Kimberly Joan
Kubiak, Robert Bruce
Kulda, Oto
Kull, Louis Jacob, III
Kung, Shuyi Wu
Kunkle, Lauren Jayne
Kuskowski, Carla Ann
La Bier, Kimberly Kay
Ladd, Lindsey Leslie
Lafferty, Ms. Sheila Gay
Lai, Hsueh-Ying
Laidly, William Clifton, Jr.
Lake, Linda Louise
Lamb, David Patrick
La Monte, Mark Joseph
Lamprinakos, Sharon Vasko
Landholt, Gerald Fox, Jr.
Lang, Nicholas R.
Langermeier, Gregory Ellis
Lapointe, Lillian Jane
Laster, Anita
Laughlin, Kathy Ann
Laux, Kathleen
Lawhun, Bruce Edgar, II
Lawrie, Kevin Michael
Lawson, Anthony Randolph
Leasure, David Lee
Lee, Kenneth John
Lee, Taehoon
Lee, Teng Kiat
Lee, Valerie
Leed, Marilyn
Leggett, Amy Irene
Lehmkuhl, Steven Lester
Lenhart, Michael E.
Leonard, Robert William
Lepard, Sunday Dawn
Lesher, Andrew Charles
Leslie, Joel David
Lesueur, Richard Henri
Leung, Cheuk Hang
Levine, Leigh Irwin
Levitsky, Michael Anthony
Levy, Howard Samuel
Lew, Jian-Ming
Lewis, Dane D., Jr.
Lewis, Ellen Wilcox
Lewis, Gregg Richard
Lewis, Mark Edwin
Lewis, Michael George
Lewis, Sandra L.
Lewis, William Evan
Lewis, William Hamilton
Lias, William George
Light, Keith Erwin
Lim, Mun Wuan
Lim, Ms. Penney H.
Limekiller, Michael Louis
Lindeman, William Scott
Lindner, Philip Earl
Linn, David Paul
Linz, Marty Jo
Linzinmeir, John Douglas
Lipinski, David Roger
Lippert, David Carl
Litteral, Jon David
Little, John Keith
Little, Michael David
Lively, Marc Richard
Loar, Timothy Edward
Loh, Sow Wan
Loh, Yok Yeong
Lonadier, James Dalton
London, Nancy Joyce
Long, Stephen Joseph
Lonsway, David Michael
Loos, Jeffrey L.
Love, Daniel James
Lovely, Cheryl Lynn
Low, Pauline A.
Lowy, Martin Edward
Lu, Tu V.
Lucas, Barbara Ann
Luckenbach, Robert John
Ludwig, Bradley Eugene
Ludwig, Donald Paul
Luecken, Linda Jean
Lundberg, Leiv Erik
Lundstedt, Peter Sanford
Lustgarten, Jodi Robin
Lux, Scott Alan
Lydic, Roy M., Jr.
Lykins, Angela Maria
Lyon, William Frank
Lyons, Lionel Dale
Lyons, Michael Joseph
Mac Arthur, Daniel Francis
Mack, David Christopher
Mack, Robert Marvin, Jr.
Mackanos, Gregory Scott
Mackie, Jon K.
Mackin, William Joseph
Macklin, Karen Ann
Macynski, David A.
Madden, Edward D.
Mager, Paul S., III
Mahle, Mary Martha
Maines, Tracy Ann
Mak, Chiew Chooi
Malagon, R. Leonardo
Malina, George Kenneth
Malone, Kristine A.
Mampieri, Anthony R.

1986 (Cont'd)
Mance, Terrence Alan
Mancy, Gus John
Mandell, Ernest P.
Mangia, Michael Joseph
Manifold, Beth Ann
Mansperger, Lyn
Marcinick, Gary John
Margulies, James Warren
Marietti, James Robert
Marks, Andrew Steven
Marks, Kevin Lee
Marling, Lisa K.
Marlowe, Gina Lee
Marmie, Craig William
Marsh, Christi Lynne
Marsh, Ms. Kimberle Dianne
Marshall, Corey Steven
Marshall, Ronald Elsworth
Martenet, Michael Lawrence
Martin, Doreen
Martin, 2LT Mary Jane
Martin, Sue Ann
Martin, Thomas Francis
Martinez, Robert Steven
Marxen, Lee A.
Mason, Gregory S.
Massie, Michael E.
Matherly, Greg Alan
Matthias, Cynthia Ann
Mauk, Timothy William
Maxwell, Sheryl
May, Barbara Furniss
May, Kenneth Albert
Mayes, Donald Manuel
Mays, Douglas F.
Mazik, Timothy Randall
McBrayer, Deborah Kay
Mc Cabe, Jon David
Mc Cabe, Steven Thomas
Mc Cain, Mace Marlin
Mc Cann, Vicki Ashley
McClure, Gregory J.
Mc Corkle, Diane Elizabeth
Mc Cullough, Stacy J.
Mc Curry, Jeffrey Alan
Mc Donald, Timothy Paul
Mc Dougle, Gregory Lynn
Mc Ewan, Paul William
McFadyen, Margaret A.
McGuire, Jeffrey Scott
Mc Guire, Mark William
Mc Hugh, Michael James
Mc Kinley, Arthur Lynn
Mc Kinley, Julie Ann
Mc Lain, Jeffrey Todd
Mc Laughlin, David Edward
Mc Laughlin, George J.
Mc Laughlin, Robert Joseph
Mc Levey, Patricia Emish
Mc Mahon, Kelly Edward
Mc Masters, Christopher J.
Mc Neil, Donald Michael
McVean, Scott Duncan
Md Khalid, Noor Khalidah
Mead, William Taylor
Meadows, Clara Ilene
Mecklenborg, Mark Joseph
Meder, John David
Medley, Robert Howard
Mehlberth, Jeffrey Alan
Meirson, Ms. Judy Lynn
Meisenhelder, John F.
Melchiorre, Albert Domenic
Menden, Suzanne Ellen
Mendicino, Kerrigan Smith
Mercer, Molly Alice
Mercer, Raymond L., Jr.
Mercer, Susan Ann
Mercurio, Michael Anthony
Meredith, Paul Murray
Merkle, Steven Ray
Merritt, Laura Beth
Mertz, Mary Beth
Messenger, Debra Lynn
Mevs, Daniel
Meyer, Bruce E.
Meyer, Kristen Van Patten
Meyer, Thomas Otto
Meyers, Kevin Patrick
Miles, Ms. Cynthia Ann
Miller, Beth Ann
Miller, Bruce Michael
Miller, Dean Alan
Miller, Debra
Miller, Gregory D.
Miller, Lawrence David
Miller, Michael Andrew
Miller, Priscilla E.
Miller, Raymund Eric
Miller, Sieanna
Miller, Stephen Ralph
Miller, Timothy M.
Miller, Tracy J.
Miller, William B.
Milligan, Julie Lynn
Millman, Amy L.
Mills, Erik John
Mills, Steven Richard
Min, Dr. Hokey
Mincy, John Charles
Minke, Scott Patrick
Mischler, Thomas O'Connor
Miskel, Glenn Anthony
Miskinis, Mark E.
Mitchell, David Andrew
Mitchell, Leisa Beatrice
Mittlesteadt, Daniel Joseph
Mohr, Joan Helen
Moller, David Max
Molloy, Daniel Anthony
Mongold, Mary B.
Monroe, Tracie Elizabeth
Moon, Bryan Larry
Moore, Ms. Beth Elaine
Moore, Kevin M.
Moore, Shawn Paul
Moore, Terry Lee
Morales, Egdilio J.
Morgan, Daniel Douglas, II
Morgan, Richard Matthew
Morgan, Stanley Kyle
Moriarty, James Tighe
Morris, Barry Ira
Morris, Ken T.
Morris, Kevin Kaldenbach
Morris, Mary Ellen
Morris, Robert James
Morrison, Marc B.
Morse, Terry Steven
Moser, Michael Lee
Motwani, Bhagwan N.
Motwani, Sara Turben
Mowat, John Bates
Mower, Marilyn Eileen
Mullen, John David
Mullins, Tani Weiland
Mumaw, Vivian I.
Mumma, Malia Warnock
Mummey, Daryl John
Munk, Michele D.
Murphy, Mark Edward
Murphy, Michael John
Murphy, 2LT Richard Michael, USAF
Murphy, Sean Michael
Murray, Douglas Hayes
Murray, Thomas James
Music, Robert Dwayne
Mutter, Brian L.
Myer, Kenneth James
Myers, Melanie Faye
Myers, Michael Stephen
Nagarajan, Vaidyanathan
Nann, Bernhard
Napierala, Robert Eugene, II
Napoleone, Edward James
Navin, Richard Patrick
Neal, Brenda Marie
Nedrick, Edna Cecille
Nees, Susanne Marie
Neesham, Bonnie Lynn
Nehr, Joan
Neilands, Natalie A.
Neligan, Sheila Catherine
Nelson, Ann Marie
Nelson, Daniel Lee
Nemeth, Louis, III
Neuman, Jason Eric
Neumann, Judith E.
Newbold, Janet Denese
Newell, Kathleen P.
Newlon, Shaun Timothy
Newton, Steven A.
Nguyen, Hien Thi
Nguyen, Mien
Nichol, John Leland
Nickles, Kimberly Sue
Niese, Betty Jo
Nixon, Dana Lee
Noble, Kimberlee Kyle
Noel, John Charles
Noll, M. Lynn
Norris, Barbara Jeanne
Norris, Jeffery R.
Noss, Daryl Edwin
Null, John Allen
Nutt, Ms. Suzanne Marie
Obeng, Richard Yaw
Obergfell, Joseph Vincent
O'Brien, Michael James
O'Connell, Suzanne C.
O'Day, Stan David
Oden, Sallie Elizabeth
O'Donnell, Michael S.
O'Donovan, Thomas Michael
Odvarka, Dagmar
O'Farrell, Sean T.
Oglevee, Daniel De Ford
Ogrinic, Amy M.
O'Guinn, Timothy Edward
Ohlemacher, Bradley Robert
Olson, Brian D.
Olson, Leif Helton, III
Oravec, Brian M.
O'Reilly, Thomas W.
Orinski, Judy D. Holmes
Orloff, David Michael
O'Rourke, Patrick Edward
Orr, Thomas Matthew
O'Ryan, Michael John
O'Ryan, Thomas J.
Ostmeier, Hanns
O'Toole, Shannon Theresa
Owens, James Andrew
Owens, Tami Angela
Pabich, Deborah L.
Palay, Andrea Rose
Palazzo, John Charles
Palermo, Sharon A.
Palevsky, Keith Alan
Paltani, Beth Ann
Pannebaker, Jeffrey Boyd
Pantano, Daniel F.
Papner, Paige Allison
Parker, Christopher Evan
Parker, Keith Edward
Parker, Keith Warren
Parker, Susan Lynn
Parsons, Deborah Lynn
Paskell, Thad Joseph
Patrick, S. Lewis
Patterson, Ms. Linda Lou
Patterson, Patrick W.
Patterson, Shaun D.
Patterson, Susan
Patton, Penny Lou
Paul, Michael Louis
Pawlecki, Michael Dennis
Paxton, Deborah Jean
Paxton, Jennifer Anne
Payne, John Lockwood
Peake, Carrie Lynn
Penter, Laura Lee
Pepper, Gordon Kenneth
Peterson, Dr. Anne Allyn Rosher
Peterson, Karen Elizabeth
Petrelli, Joseph Lawrence
Petride, Cheri
Petro, William H.
Petrucci, Mark Charles
Petsef, Rhonda D'Jalili
Pettit, David Alan
Pettys, Jeffrey Charles
Pfahl, Douglas Stannard
Pfoff, Cynthia Sue
Phelps, Devon Neil
Phillips, Deborah J.
Phillips, Lisa Anne
Pianalto, James Anthony
Pickard, Mark Anthony
Pico, Peggy A.
Pierre, Tracy R.
Pierson, Kirk Berner
Pishkur, Walter J.
Pitt, Susan Cathrine
Plank, John William
Plesich, David Michael
Plieninger, Rick William
Poffenberger, Douglas Allen
Pohl, Keith Alan
Pompey, Francis A., Jr.
Popadych, Ms. Heidi Renee
Popovich, Jacob John
Pordan, Michael Joseph
Port, Michael Harry
Porter, Mary Carolyn
Posey, Kimberly Ann
Potts, David Brent
Powell, Amy Lynn
Powell, Barbara Jean
Powell, Brian Patrick
Preist, Michael Allen
Prellwitz, Thomas H.
Prendergast, Ann Marie
Preston, Brian Lawrence
Price, Carrington Dwayne
Price, Colleen M.
Price, David Brian
Price, Gregory Jay
Price, Robert Winfield
Provost, Michelle Strimple
Punpipat, Siripong
Purman, James Jackson, IV
Putsock, Robert Lee
Puzzuoli, Renee Sue
Quester, Pascale Genevieve
Rabenold, Keith Marlyn
Rack, Francis Collins
Rae, Laura Leeann
Raison, Louis Brian
Ramirez, Frank Arthur
Ramsey, Jerry Dean
Ramsey, Thomas Blair
Randall, David James
Randall, Munsell
Raterman, Jane
Rauschenberg, Roy Frederick, Jr.
Raymond, William Marshall
Rea, Sheila J.
Reagan, Thomas John
Rector, Scott Thomas
Reed, Diane C.
Reed, Max Joseph
Reed, Melvin Jerome
Reese, Judd
Regidor, Daniel Alexander
Rehl, Mary A.
Rehlinger, Christine Mary
Reichenbach, Dr. Randall David
Reichers, Karen
Reid, Ms. Rita D.
Reily, Robert Faris, III
Reimsnyder, Kimberly
Reinhart, Bryan James
Reinmann, Joseph P.
Reitzel, 1LT James Richard, USAF
Remensnyder, Gary Steven
Renon, Yves Olivier
Renshaw, Timothy Scott
Renton, Richard Carl
Revak, Gregory Michael
Reynolds, Norman Paul
Rhynehardt, Deborah Faye
Rich, Gregory Guy
Rich, Leslie Anne
Richards, Gregory Thomas
Richardson, 2LT Daniel L., USAF
Richmond, Bonnie J.
Ricker, John Andrew
Riffe, Jerry Lee
Riffle, Ronald Alfred
Riggs, David Scott
Rinaldi, Joseph Thaddeus
Rine, Gary Lee, Jr.
Ring, Glen Allen
Riposo, LTJG David Anthony
Rizzutti, 2LT Mark T., USAF
Roach, Mary Ann
Roberts, Thomas G.
Robinson, David Andrew
Robinson, David Owen
Robinson, Kelly Nathaniel
Robinson, Kimberly A.
Robson, George W.
Robson, Scott Lee
Rocco, Robert Alan
Roder, Cathy Ann
Roderer, Michael William
Rodriguez, Jonathan Talbot
Rogers, Donald Kevin
Rohrer, Ann Marie
Rollins, Chris John
Roman, Douglas Brian
Romine, John Clarke
Roney, Thomas P.
Rooney, William Patrick
Roose, Lynn Edward, Jr.
Rosario, Antonio Manuel
Rose, Dr. James Cooper
Rose, Dr. Randall Lee
Rose, Susan Jo
Rost, Elizabeth
Roth, Ronald Glenn
Rowland, Charles Nathan
Royer, Mark Anthony
Rubinoski, Jeffrey John
Rudner, Ms. Marcia Sue
Rudolph, William David
Ruess, Paul Andrew
Rummins, Lori Lynne
Russell, Stephen W.
Rutledge, Anne Theresa
Rutter, Paul Joseph
Ruzinsky, Robert Edward
Ryan, Thomas Jerome, Jr.
Safreed, Linda
Sakornpan, Ruj
Saltzman, Steven Alan
Salwitz, Robbin Lynn
Samar, Mark J.
Samp, Stephen Neale
Sampson, Rani K.
Sanders, Jeffrey Charles
Sanders, Ms. Kathy
Sanford, Robert H.
Sanok, Linda Marie
Sant'Angelo, Lizabeth Ann
Sarver, Patrick Raymond
Savage, Scott John
Saxby, Harley Jay
Saxon, Debra
Sbrochi, John Michael
Schaefer, Richard Jay
Schake, Robert Douglas
Scheckelhoff, Kevin A.
Schenk, Philip Lawrence
Schenkenberger, Miriam J.
Schirripa, Laura Ann
Schloss, Robert William
Schmaltz, Lisa
Schmidt, Mark Andreas
Schmitz, James Thomas
Schneier, Lisa Michelle
Schnipke, Nadine Kahle
Scholler, Anita A.
Schorling, Susan Bales
Schott, Joseph Howard
Schroeder, Teresa Ann
Schroepfer, John
Schuba, Douglas John
Schurman, Christian John
Schurman, Elefterious Albert, Jr.
Schuster, Daintria Winsor
Schwaiger, Linda Kay
Schwalm, Eric Lee, USAF
Schwartz, Steven Elliot
Schwartz, Stuart Michael
Schwenkel, Eric C.
Schwieterman, Billie Jo
Scott, David John
Searls, Julie Ann
Seas, Bryan Edgar
Sedam, John Alan
Seebon, Casey Lee
Seekely, Timothy Nicholas
Seely, Collin Erik
Seet, Choon Seng
Seibert, Gregory Dean
Seifert, Jeffrey A.
Seith, Brenda Jane
Sellers, Margot Suzanne
Sellers, Mark Douglas
Selover, Sherry Regina
Sensenbrenner, Richard W.
Senska, Deborah A.
Setyadji, Gunawan
Severt, Kevin Charles
Shaffer, Michele Lynn
Shahan, Patrick Robert
Shaner, Linda Sue
Shape, Sheryl Lynn
Shapiro, Shari Beth
Sharick, James Keen
Sharick, Keith Joseph
Sharick, Lora Ann
Shaw, Mrs. Susan Elizabeth
Shea, Anita M.
Sheely, Jeffrey Alan
Sheets, 1LT Dennis Todd, USMC
Sheets, Tonya Earlene
Shepard, David Earl
Shepard, Stephen Allen
Sherman, David Leo
Shifley, Jane Annette
Shipley, Ms. Aletha Mae
Shockey, Tod L.
Shortt, Mark William
Showers, Linda Plimpton
Sim, Mong Cheng
Sim, Peck Sin
Simecek, Cheryl Ann
Simkins, Robert Dennis
Simms, Brian Edward
Singer, Daniel O'Shea
Sinno, Muhieddine Musbah
Skinner, Wayne Edward
Skoda, Michael Jay
Skove, Jude A.
Slaughterbeck, Gary David
Slinger, Jeffry L.
Smagatz, Glenn Gerard
Smith, Daniel William
Smith, Gary Allen
Smith, George Anthony
Smith, Jeffrey John, MIS
Smith, Joanie M.
Smith, Marc Edward
Smith, Matthew Charles
Smith, Patrick Allen
Smith, Ralph Joseph
Smith, Mrs. Renee Melick
Smith, Scott Thomas
Smith, Sheila K.
Smith, Susan C.
Smith, Susan M.
Smith, William Steven
Smurr, Mary Susan
Smylie, Beth Lynn
Snare, Kay A.
Snell, Jeffrey Randall
Snook, Linda
Snyder, David Raymond
Snyder, Gay Melanie
Sobel, Garry Todd
Soh, Boon Swee
Solomon, Lynn Anne
Somers, Renee Cauley
Sommer, Robert James
Song, Dr. Moon Hyun
Souders, Bruce Leroy
Soule, Coral Oswalt
Southard, Linda Marie
Spall, Jeffrey John
Spicer, William Harold
Spillers, Timothy J.
Spinale, David A.
Spino, Michael Angelo
Spivey, Michael Lewis
Sprague, Jeffrey Earl
Sprankle, Mischael L.
Sprecher, John Walker
Spriggs, Earl Andrew
Springer, Stephen Andrew
Srivastava, Dr. Rajesh
Stafford, Ann Jeanne
Stamets, James Richard
Stampfli, Dean Rusk
Stansel, David Michael
Stanton, John David
Stastny, Rodney Alan
Staub, Jonathan Frederick
Staudenmaier, Walter J., III
Steele, Nelson Franklin
Steiger, Daniel Nathan
Steinbauer, Joseph Michael
Steinbrenner, Heidi Lind
Steiner, Richard Stephen
Steiner, Tal Lin
Steinman, Barry Alan
Steinmetz, Eric John
Steinmetz, Gregg Douglas
Stentz, Ms. Jean Marie
Stephenson, Robyn Lee
Stern, David Mark
Stern, Jonathan S.
Stern, Michael David
Stevens, Scott Edward
Stevenson, Kevin Paul
Stevning, Daniel Racey
Stewart, Brent P.
Stewart, Karen Jo Ann
Stewart, Kathy Sue
Stewart, Regina Gail
Stienecker, Shelley Ann
Stiger, Michele Renee
Stima, Kathryn Elizabeth
Stine, Marlene Beth
Stitle, Lynne Kay
Stoklosa, Pamela Anne
Stoll, Robert Clifford
Stone, James L.
Stoneburner, Phyllis Ann
Storch, Dorraine
Studer, Michael Eugene
Stueve, Lynn Marie
Stump, Christine Wilson
Stux, Ted D.
Sullivan, Daniel Jerry
Sullivan, Joan Elizabeth
Sullivan, Thomas C.
Susi, Mark Steven
Sutton, Jodi Jae
Swanson, Cynthia Ann
Swartz, Sam C.
Swartz, Timothy D.
Sweeney, William Michael
Sweet, Gregory E.
Sweigert, Ernest Joseph
Syms, Joseph John
Syring, Paul Francis
Taher, Ahmed Fouad
Taneff, Steve Nicola
Taylor, Bradley Robert
Taylor, Cheryl Lynne
Taylor, Dianne Hennessy
Taylor, James Edwin
Taylor, LCDR Stephen David, USN
Taylor, Steven Scott
Teater, Andrew S.
Tebbutt, Amy Van Bergen
Tecklenburg, Thomas W.
Tender, Mark A.
Terveer, Timothy Joseph
Teyber, Barbara Lee
Tharp, Nanci Lynne
Thatcher, Rita Reinemeyer
Thedos, Judith Gail
Theiss, Julie A.
Thobe, Todd Hugo
Thomas, James Michael
Thomas, Kevin M.
Thomas, Sonya Lynn
Thompson, Cheryl L.
Thompson, Hadley A.
Thompson, James Eric
Thompson, Kasia Lanette
Thornbury, John Mc Gregor
Thornton, Robert Edwin
Tieman, Joseph Louis
Tiemeier, Barry William
Tierney, Michael James
Tillett, Catherine Ann
Titlebaum, Ellen R.
Tomak, John Theodore, Jr.
Tomashot, Nicholas James
Tomko, David John
Tomlinson, E. L. Tommy, II
Toole, Steven Cary
Topalian, Michael K.
Torch, Michael Scott
Tourt, Robert H.
Traikoff, Mark D.
Trego, Lori Annette
Triplett, Thor William
Tripp, Cynthia
Trout, Melanie
Trueman, Daniel Andrew
Trumble, Michael Kurtis
Trutza, George Richard
Tse, Michael King Man
Tseng, Guey-Taur
Tupes, William Allan
Turner, Anthony Ray
Tuttle, Scherrie Coldwell
Tweardy, Robert George
Ulery, Brad Lee
Umbarger, David James

CLASS YEAR LISTINGS CLASS OF 1987 371

1986 (Cont'd)
Ungar, Daniel Howard
Urmston, Ms. Jo Ellen
Usoff, Catherine Anne
Vaccarella, Peter William
Vaccaro, Vincent Anthony
Valnet, Frederique
Van Almsick, Terry Edward
Van Antwerp, Bernard A.
Vanderboegh, Paul Douglas
Van Diest, Robert Willem
Van Horn, Arlene Elizabeth
Van Horn, Camille Anne
Van Horn, Mark Robert
Van Horn, Richard Ray
Vargas, Dr. Allen H.
Vath, Bradley Clement
Vaughan, J. Eric
Vawter, Jana R.
Vender, Aleda
Venters, Ms. Barbara Lorraine
Vessele, Carla A.
Villacis, Edgar, Jr.
Vinson, Kelly A.
Vititoe, Cynthia Girard
Vlahos, Valerie
Vogel, Denise Marie
Von Ins, Donald Charles
Wacha, Elizabeth Anne
Wagner, Marilyn (Marty)
Wagner, Mark Anthony
Wagner, Molly Jean
Wagner, Roger Francis
Wahl, Michael A.
Waina, Joseph John
Waina, Mary Elizabeth
Walbrun, Thomas Michael
Waldron, David R.
Wales, Stephanie Monique
Walker, Barron Michael
Walker, Beth Ellen
Walker, Christine Marie
Walker, Robert Lawrence
Walker, Terasa
Wallace, John Raymond
Wallace, Shawn Crawford
Waller, Laura A.
Walliser, Richard Louis
Walsh, Carol Lynn
Walsh, Michael Lee
Walters, Teresa
Wang, Kou-Long
Waniewski, Scott Stanley
Ward, Tamara Sue
Ware, Kelly L.
Ware, Steven Brooks
Ware, Vanessa Elaine
Warncke, Marc F.
Warner, Mrs. Melanie Mc Clain
Warner, Scott Nicholas
Warren, Daniel Robert
Warrick, Glenn Scott
Wasserstrom, Daniel Scott
Waters, James Jerome
Waters, Kimberly May
Watkins, Daniel Vance
Watkins, Sharon Rae
Watson, Avery D.
Watson, David E.
Watt, Kristin Lynn
Watts, Brian Eugene
Weaver, Scott Douglas
Weber, Alan Paul
Weber, John Brian
Webster, Julia Eileen
Wechter, Carl Richard
Weeks, Harriet Campbell
Weigman, Carol E.
Weikert, Nicholas Todd
Weimerskirch, James Eric
Weir, Gary A.
Weir, Susan J.
Weisgarber, Laura Lee
Weisgerber, William Brian
Weiss, Richard G.
Weixel, John Joseph
Welch, Lynn Michele
Wells, John Glenn
Wells, Phillip Lawrence
Weltman, Eric Jay
Wendt, John Franklin
Werling, Joanne Jean
West, Bradley Allan
West, Derek Raymond
West, Stanton Archie
West, Susan Folz
Westlake, David James
Wevurski, Stephanie Kay
Wheeler, James Kent
Whipple, Robert Christopher
Whisler, Mark Scott
Whitcomb, Linda Ann
White, Amy Marie
White, Cheri Yvonne
Wholf, Rebecca Marie
Wickett, Robert Peter
Wilcox, Charles E.
Wild, Gregory Winston
Wildermuth, Stephen M.
Wilkin, Paul Lance
Wilks, Michael Thomas
Williams, Anita Gail
Williams, Emilia B.
Williams, Jimmy B.
Williams, Julia M.
Williams, Robert Scott
Williams, Thomas Hale
Williams, Timothy Dan
Wilson, Donald Gregory
Wilson, Jeffrey Alan
Wilson, Joseph D.
Wilson, Mark Richard
Wilson, Mary Louise
Wilson, Patti Lynn
Winer, Scott David, CPA
Wires, Stacy Lynn
Wise, Richard Dean
Wiseman, Todd Nelson
Wiseman-Gantner, Amie E.
Witte, Andrew P.
Wittkopp, Albert Ernes Theodore, II
Wolfe, Sue Ann
Wolff, Darcy K.
Wood, James Joseph
Wood, Jean Karlson
Wood, Michael William
Woodall, Rochelle
Woodford, Amie Preston
Woodworth, Mary Kay
Workman, Cheryl Marie
Woznicki, Paul William
Wright, Craig Ashley
Wright, Julie A.
Wright, Thomas Robert
Wright, Timothy Alan
Wuorinen, Ms. Susan E.
Wycoff, Thomas Albert
Yarrington, Beth Olga
Yeager, Hans Eric
Yee, Wai King
Yoho, Robin Lynn
Yoon, Dr. Heon Deok
Young, Christine Ann
Young, John Douglas
Yovichin, Jeffrey Daniel
Yuhas, James Edward
Zabilski, John
Zadzi, Deborah Gavlik
Zahn, Richard Thomas
Zahniser, Terry Lee
Zeisler, Jeffrey D.
Zeisler, Mira Newell
Zelle, Michael Alan
Zemanek, Dennis Mark
Zengel, Thomas Charles
Zimmer, Christine Marie
Zimmer, Robert Urban
Zimmerman, John Walter
Zipes, Steven Randolph
Ziska, David Scott
Zoldan, Michael Alan
Zrebiec, Ms. Virginia
Zubal, Victoria
Zuckett, Richard Monteque, Jr.
Zumpone, Richard Joseph

1987
Abramson, Neal Arthur
Acquista, Robert Joseph
Adair, Monique Yvette
Adams, Brian Gregory
Adams, Julie Kay
Adkins, Tyrus W.
Adler, Drew James
Adler, Richard Elliott, Jr.
Agin, Frank James
Akarri, Hassan Ahmad
Alaudini, Nadia
Alberson, Demitrice Gizelle
Albriton, James Warren
Alexander, Holly Renee
Alger, David H.
Alger, James Makoto
Allamanno, Stephen Andrew
Allen, Christine Marie
Allen, Craig E.
Allen, Edward Francis
Allen, John Randal
Allmann, Heike
Alltop, Michael Allen
Alter, Ms. Anne M.
Amico, Anne Marie
Amling, Hilary M.
Ammons, Howard Lee
Anaya Diaz, Elkin Adolfo
Anderson, Adam Foster
Anderson, Douglas C.
Anderson, Jeffrey Allen
Anderson, Karna Ingeborg
Anderson, Leon Robert, III
Anderson, Marilyn Louise
Anderson, Ms. Regina M.
Andrews, Thomas Brown, VI
Angles, Christopher Layne
Anspach, Daniel John
Antonelli, Michele M.
Antoun, Salim Nasr
Archer, Donald R.
Argento, Donald Allen
Argeroplos, Soterios Theodore
Armstrong, Susan Faye
Asefa, Mulualem B.
Ashcraft, Kathleen Ann
Ashcroft, Robert Michael
Ashe, David Nixon
Asmo, Randall John
Auer, Kimberly Louise
Augenstein, Marilyn
Austin, Bryan Joe
Austin, Linda Kaye
Ayers, James
Bachinski, Gary James
Bachman, Deborah Anne
Badgley, Robert C.
Bagby, Joel Robert
Bahr, Eric John
Bailar, Jackie Lorraine
Bailey, Andrew
Bailey, C. Todd
Bailey, Krista Kay
Bair, Robert Thomas
Baird, Michael Alan
Bak, Edmund Bernard
Baker, Ms. Jill Suzanne
Baker, Jolie Christine
Balaun, William Michael
Baldwin, Dr. Richard Eugene
Ballenger, Lucinda Ann
Balog, Kenneth Edward
Bame, Beth Anne
Bandi, Brian Paul
Bannister, Catherine Ann
Barkes, Erin Maria
Barnett, James M.
Barnett, Melissa
Barrett, Scott V.
Barrick, Leon H.
Barringer, Laura Ann
Bartee, Ira Allen
Bartels, David James
Bartels, Richard Campbell
Bartolf, Kent Wesley
Basinger, Scott Lemond
Basista, Andrew J.
Bast, Michelle L.
Batsch, Kim M.
Baumgardner, Brent Richard
Bayer, Jonathan Lewis
Beardsley, Ms. Bethany Suzanne
Beauregard, Renee Louise
Beaver, Kelly Allen
Bebinger, Warren Alfred
Beckett, Kelli Lyn
Beem, Christopher C.
Beeman, Jonathan
Beery, Kyndall Judith
Bellisari, Michael Joseph
Bellomo, Dana Marie
Benjamin, Robert Jon
Bennett, Barry P.
Bennett, Geoffrey B.
Bergman, Brian Thomas
Berkley, Mrs. Carolyn Denise
Berkulis, Nora Rita
Berlin, Robert M.
Bernard, Paul Charles
Bernstein, Steven Phillip
Best, Daniel Edward
Bettac, Gary Lee
Betts, Donald William
Biersack, ENS Gregory Andrew, USN
Bilotta, Mary Karen
Biswas, Arun Kumar
Bjorn, Elizabeth Anne
Black, Jennifer Lynn
Blamble, James R.
Blaugrund, Steve M.
Blaushild, Scott David
Blessing, Karl Norbert
Blosser, Ms. Suzette Renea
Blozis, Ms. Nancy Marie, CPA
Blumenthal, Eric R.
Blumenthal, Scott B.
Boecker, Jeffery Bruce
Boeckley, Karen Lynn
Boettcher, Stephan Arthur
Boicheff, Nicholas Michael
Bojansky, Trent Thomas
Bolender, Ms. Julie Ann
Bonfiglio, Amy Terese
Bonner, Ralph H.
Bores, Jackie
Borghese, Robert Christopher
Born, Michael J.
Boros, Robert Joseph
Bourquin, Brett George
Bovie, Kyle Stephen
Bowen, Janine Louise
Bowers, Walter Eugene, Jr.
Bowley, Bela Rani
Bowling, Jeff A.
Boy, Jill Lynne
Boylan, Scott James
Bozeman, Catherine D.
Braathen, Jan Gunnar
Brainard, Betsy A.
Brainard, Susan Judith
Brandal, Kelly Anne
Branham, James, Jr.
Braun, William Raymond
Brausch, Jon D.
Bresnahan, Timothy Michael
Bressler, Melissa Ann
Brewer, Franklin Delano, II
Bricker, Annette Marie
Bricker, Jill Marie
Brieck, Mary Rita
Brigner, Brian Andrew
Brinksneader, Jodi Lynn
Britton, Thomas Patrick
Brodzinski, Joseph F., Jr.
Brogla, Timothy Joseph
Brogno, Suzanne
Brooke, Karen S.
Brookover, Thomas W., II
Brooks, John W.
Brown, Beritt Mylene
Brown, Brian Keith
Brown, Gregory Alan
Brown, Kathleen
Brown, William J.
Brubaker, Alan Pierce
Brucchieri, Todd William
Bruder, Bryan Karl
Bryan, Cynthia Louise
Bryant, Eduardo Savoryral
Budoi, Gregg Raymond
Buehler, David Gregory
Buettner, Lisa Marie
Burden, Bill G., Jr.
Burges, Raleigh Cathryn
Burks, Timothy R.
Burns, Melvin Clevelend, II
Buroker, Jeffrey S.
Bush, Floyd Eric
Bush, Kathleen Ann
Busken, Daniel Gerard
Butler, Brenda L.
Butler, Monica Eileen
Butts, Lorrita M.
Byrd, Leanne Marie
Calaway, Robert Keith
Calich, Kristin Ann
Callahan, Kevin Thomas
Callam, Walter Donald
Campagni, Anthony Paul
Campbell, F. Patrick, III
Campbell, Joan E.
Cannon, Judy Ann
Cannon, Tracey Katherine
Canterucci, James M.
Cappell, Richard Andrew
Capretta, Scott Edward
Capuano, G. Thomas Joseph, Jr.
Cardenas Alvarez, Juan Diego
Carducci, Jeffrey Michael
Carle, Keith William
Carn, Steven Russell
Carney, 2LT Lisa Ann, USAF
Caron, Daniel Leon
Carpenter, LT Todd A., USAF
Carr, Teresa Lynne
Carroll, Antonia Margaret
Carson, Christopher Todd
Carter, Maurice Duryea
Case, Linda L.
Cash, James Franklin, II
Cash, Patricia A.
Caudill, Deborah Mullins
Cefalu, Thomas Wayne
Cerny, Diane
Chadbunchachai, Yaowaluk
Chamberlain, Henry William
Champness, Michael Derek
Chan, Chui-Ping
Chang, Grace Unchu
Chapman, Carmen Brewster
Chapman, Ronald Matthew
Chapman, Scott B.
Chappel, William Oresti, II
Charleston, Ms. Kim Ruark
Cheam, Yueh Leng
Chekanoff, Michael Alexander
Chen, Dr. Eva T.
Cheng, Conlee
Chesneau, Emmanuel Guy
Cheuvront, Michele Ann
Christ, Ms. Jacqueline Ann
Chua, Kee Hin
Ciehanski, Christopher John
Cilona, Frank, Jr.
Clark, Cevin Brent
Clark, Jody F.
Clark, Julie
Clark, Ms. Kimberly
Cleary, John Christopher
Clegg, William Douglas
Cliffel, Albert Paul, III
Clifford, Donald Paul
Clinton, Nancy Ann
Cochrun, Maureen J.
Coesfeld, Lynne Marie
Cohen, Robert Brian
Colangelo, Gary David
Cole, Brian Paul
Coleman, Tyron Drew
Collins, Mark Stephen
Collins, Sharon Ann
Collins, Tracey Lynne
Coman, Amy Diane
Combs, Jeffrey Jay
Comer, Kevin Douglas
Conard, Mark Timothy
Cones, Jane Haas
Confer, Robert Eric
Conkel, Stephen R.
Conley, Christine Ann
Conley, Maureen Rita
Conn, Nicholas Clark
Conner, Vincent M.
Conone, Randolph R.
Conover, Shaun M.
Cooper, Tara Marie
Cooper, William Allen
Copeland, Rhonda Leigh
Corapci, Semhan Ahmet
Cornelius, Vicki D.
Corns, Paul Randal
Cory, Robert B.
Costello, Timothy Charles
Cott, Ms. Cheryl Lynn
Coughlin, Kathleen M.
Courtley, Elissa Suzanne
Cox, Kevin Dean
Cox, Ronald Jay
Crafter, Gregory Bernard
Crawford, Daniel J.
Crawford, Ms. De Etta Jean
Crawford, Kathleen Rita
Crevonis, Helena B.
Cristea, Carrie
Crowley, David Michael
Crowner, David Brent
Crumbley, Mathew John
Cruz, Julio Cesar, Jr.
Cuilwik, Barbara Krajchir
Cull, Connie Lee
Culver, Ms. Roberta Stevenson
Cunningham, Brian Keith
Cunningham, Diane E.
Cunningham, Donald Jeffrey
Curran, Celeste Cour
Curran, Christina Marie
Currin, Teresa Lynn
Curtis, Russell Warren
Czako, Alan James
D'Agostino, Albert C.
Dague, Kimberly Marie
Daher, Sami Aref
Daily, Cynthia Jones
Dales, Herbert J., Jr.
Dallas, Gregory Paul
D'Amico, Jennifer
Danes, Paul David
Daniel, Michael Allen, II
Darbyshire, Susan Helms
Darr, James Patrick
Darron, Susan
Dartoux, Laurent Pascal
Das, Andre Peter
Daubenmire, Tyler David
Daugherty, Jeffrey Allen
Daugherty, Michael Patrick
Davidovitch, Yael
Davidson, Douglas Edward
Davidson, Ross E., Jr.
Davis, Barton W.
Davis, Bryan Joseph
Davis, Darci D.
Davis, 2LT Gregory Scott
Davis, John Stevenson
Davis, Kenneth Ranoal
Davis, Michael Stuart
Davis, Sharon Joan
Davis, Thomas Alan
Davis, Thomas Scott
Davis, William Probert
Dayton, Edward Arthur
Dean, Cammie LaVerne
Dean, Lori Marie
DeCocker, Jeffrey Michael
Deerhake, Michael D.
De Graw, Greg Rayne Arnold
Deidesheimer, Charles Anthony
De Laage, Emmanuel
De Lay, Rose Ann
De Leo, Christopher Charles
Del Monte, Anthony Camillo
De Luca, Anthony Michael
De Moss, David L.
Dennis, David Gene
Dennison, Scott
Denton, W. Russell
De Respiris, Lisa Jane
Derringer, Debra A.
De Santis, Carolyn Marie
Detzel, John Michael
Dewey, Ronald Steven
Diamond, Ms. Jill Bonnie
Diaz-Ramirez, Raquel
Diefenthaler, Lisa N.
Dieker, John Kenneth
Dirr, Dianna Grace
Dixon, Bryan Keith
D'Mello, Lawrence Stephen
Dobie, Mark Robert
Dodel, Bertha L.
Dodge, Brenda
Dodge, Sharon Kay
Doerfler, Matthew Henry
Doheny, Michele Therese
Doherty, Kathleen Joan
Doherty, Rebecca Cai
Dolin, Ms. Robin Beth
Donatelli, Julie A.
Donohue, Christopher Edward
Doran, David William
Downey, Ann Elizabeth
Downs, Michael P.
Doyle, Richard Edward
Doyle, William Patrick
Drushal, Marsha Jean
Dubnicka, Daniel James
Dubros, Brad John
Dubyk, Nicolas Stephan
Duck, Jeanine Lynn
Duco, Lisa Weaver
Duko, Cheryl L.
Dun, William Earl
Duncan, Gregory A.
Duncan, Robert James
Dunlevy, Karen Elizabeth
Duros, John Deno
Dutch, Emily M.
Duzs, John Paul
Dworkin, Ms. Jennifer
Dye, Jeffrey E.
Dyrdek, Ted Joseph, Jr.
Eakins, Scott P.
Earnheart, Barbara Lea
Easterday, Amy Ginger
Eastwood, Steven Peter
Ebin, Daniel Robert
Eckstein, Tina Louise
Eddleman, Dorothy Esther
Edgar, Sandra Jean
Edwards, Dennis C., Jr.
Eger, Rebecca Ann
Eger, Shelley Jean
Eggspuehler, Pete R.
Eichner, Michael L.
Eilert, Kathryn A.
Eischen, Robin Marie
Eiser, Sharon B.
Eldridge, Steven Craig
Ellinger, Denis Wayne
Elliott, Ronald Eugene
Ellis, Ms. Jeanine Faye
Ellis, Robert Kim
Elston, Holly Ann
Emery, Nancy Lee
Emig, Trent Alan
Emrock, Joseph Walter
England, Douglas Matthew
English, Alfred Ray
Enis, Vic C.
Ennis, Katherine A.
Erhart, Joseph L.
Erwin, Joseph Vern
Evans, Sharon Bramel
Evans, Susan L.
Ewing, Ms. Teresa Jean
Ey, E. Andrew
Fain, Steven
Fairchild, Kuniko
Faldowski, Bernard Fredrick, Jr.
Fallidas, Thomas George
Farnsworth, William Karl
Farrington, Helen
Farwick, Thomas M.
Fasick, Donald Joseph
Fasone, Ms. Julia Cecilia
Faust, Jonathan Douglas
Fazekas, Janice Marie
Fazio, Bradley Joseph
Fear, James Ray
Fehlan, Brian Lee
Feorene, Vincent Carman
Ferencz, John Jeffrey
Ferguson, Ellen Marie
Ferrall, Helen Beth
Ferris, Richard Thomas
Ferry, Karen L.
Fetters, Robert Lloyd, Jr.
Fidak, Michelle R.
Fields, Dwayne Lewis
Fields, Jodie L.
Fierro, Lucia Maria
Figurella, Ronald Alexander
Fike, Joseph Merlin
Filippini, Edwin Thomas, Jr.
Fillinger, Gwen Patrice
Finkelstein, David J.
Finkhousen, Leslie Joan
Finnegan, Mark Allen
Firestone, Kay
Fischer, Mark Andrew

372 CLASS OF 1987 OSU COLLEGE OF BUSINESS

1987 (Cont'd)
Fisher, Kevin Gerard
Fisher, Philip Dale
Fisher, Richard Bradley
Fisher, Sherry Lynn
Fitz, Karen Ann
Fitzgerald, John Kennedy
Fitzmartin, John Michael
Fitzpatrick, Mary Elizabeth
Flaherty, Ms. Kelly Christine
Flais, Robert Louis
Flanigan, Michael Patrick
Flitcraft, John Eric
Flowe, Brian Keith
Flowers, Martin Joseph
Fogarty, David Roger
Folman, Keith J.
Forsythe, 2LT Scott Allan
Foster, Don B.
Foster, Thomas Charles
Fountas, Christopher Nicholas
Foust, Elaine Jo
Fowler, Charles Frederick
Fox, Kathleen L.
Francetic, Donna Louise
Francik, James Stephen
Frankenberg, Richard Brooke
Franz, Stephen James
Frazier, Dale Eric
Frederick, Molly Lee
Freeman, Dave W.
Freimark, Ryan K.
French, Todd Adams
Friedman, Bruce Howard
Friedman, Daniel Howard
Frost, Brian D.
Fugett, Kimberly Ann
Fulscher, Thomas Eugene
Fulton, William Joseph
Fumi, David Darrin
Fung, Tin Yue
Funk, Michael Eugene
Furniss, Shelley
Gabel, Theresa Lynn
Gacek, Charles Joseph
Galida, Lynn Frances
Galik, Sharon Lynne
Gallagher, John F.
Gallagher, Nora Elizabeth
Gallina, Mary A.
Ganim, Douglas J.
Garber, John Eric
Garber, Joseph Frank
Garland, Matthew Allan
Garner, David Richard
Garrison, Douglas Kevin
Gary, Scott Allen
Gasior, Joel Christopher
Gates, Brian Reid
Gauch, Richard Michael
Gaul, John Michael
Gebbie, Michael B.
Geier, Lisa Ann
Geiger, Vicki Lynn
Georgas, Connie
George, Scott Donald
Gerardi, Christopher James
Gerber, Richard Alan
Gerdeman, Pamela J.
Geregach, Michael James
Gerhart, James Robert
Gervais, Robert Steven
Gerwin, Joseph Massey
Gesouras, George K.
Gesting, Daniel Charles
Gibeaut, James Douglas
Gift, Joseph Arthur
Gilbert, Lisa Cori
Gilkey, John Robert
Gingerich, Earl Leland
Girard, Scott Douglas
Gischel, Jennifer Elaine
Given, Robert James
Glaser, Kathryn
Glass, Kristin Alayne
Glick, Lisa Beth
Godard, Blake White
Goldstein, Daniel F.
Goodman, James Joseph
Goodman, Lee Jay
Gordon, Frank Howard
Gordon, Vernon Marc
Gorka, Eric Earl
Goulding, Margaret Lee
Gozdiff, Daniel
Grabnar, Joan
Grace, Jill Alison
Graeser, Douglas Richard
Graf, Allison L.
Graham, James Robert
Graham, John W.
Graham, Kenneth David
Granger, Robert Christopher
Gratawol, Amy M.
Graves, Jane E.
Gray, Joseph W., IV
Grbevska, Snezana
Green, Donald J.
Green, Lorinda Ann
Greenberg, Richard D.
Greer, Susan G.
Greffin, Judith Pepple
Greschner, Angela
Griffin, Scott R.
Griffith, Gregory Alan
Grigsby, Cheryl
Grigsby, Deirdre
Grillot, Michelle A.
Gripshover, John Paul
Grisemer, Beth Nichols
Grosh, Jane Suzanne
Grossman, Lillian Yvonne
Guagenti, John Anthony
Guest, Cynthia Jean
Guggenheimer, Joel
Gulick, Amelia Ellen
Gulu, Sundy Palioyras
Guzzo, Joseph Vincent
Haap, Patricia Lynn
Haas, Renee Ann
Haase, William Thomas
Haddow, John Andrew
Hageman, Linda S.
Haigh, Deborah E.
Hall, Allan S.
Haller, Tim James
Halpern, Karen Foxall
Hamdy, Tarek Y.
Hamill, Joan M.
Hamilton, Laura Schaack
Hammett, Terry A.
Hanna, Kathleen A.
Harden, Julia Ann, JD
Hardin, Stephen Rexford
Harlan, Todd A.
Harmon, Constance Caldwell
Harms, Michael Charles
Harrington, Dennis Cameron
Harris, Christopher George
Harris, Orlando Ethan
Harris, Steven Clark
Harrop, Todd Andrew
Hart, Brent Stuart
Hart, Timothy Patrick
Hartman, Gregory Paul
Hartstein, Steven Charles
Harvey, David Wayne
Harvey, Kathryn Ellen
Hasbrook, Jerome Robert
Hasler, Steven James
Hatcher, Mark D.
Hatfield, Cristina
Hatfield, Daniel Ray
Haugen, Denise Elaine
Hauritz, Tyrone Dean
Hawk-Holliman, Debra
Hayes, Laurie Lee
Haynes, Stephan Thomas
Hays, Jayne
Hayzlett, Robert Oen
Hazelton, Ms. Anne Burrough
Hazlett, Scott Alan
Hedges, Diane Elizabeth
Hedrick, 2LT William Wayne
Heffley, Lorie Ann
Heidkamp, Philip Charles
Heines, Michael Alan
Heise, Robert W.
Helf, Marianne R.
Helfer, William F.
Henehan, William Todd
Henn, Kathleen E.
Henner, Linda Kay
Henning, Harry L., III
Henry, Brian Jay
Hepperle, John W.
Hergenrather, Glen M.
Hermansen, Tom A.B.
Herold, Jeffrey Alan
Herold, John F.
Herren, Rosie Marie
Hertel, Mark E.
Heskett, Kathleen R.
Hetterscheidt, Francis Kenneth
Heyman, Brian Lee
Hickman, Gregory Allen
Hicks, Brian Keith
Hicks, Rodney James
Hill, Sandra Ann
Hillmuth, Edward Alexander
Hilsmier, Larry Duane, Jr.
Hines, Richard Allen
Hinshaw, Wade B.
Hinson, Alan Dean
Hissong, Thomas H.
Hitzemann, Gary Todd
Ho, Jaqueline Wei-Yen
Hoertt, Patrick E.
Hoffman, Paul A.
Hoffman, Theodore Michael
Hoffmanner, Mark Richard
Hohenshil, David Noel
Hohlbein, Ms. Bonnie Regina
Hohman, Joseph Michael
Hollenack, Donald Ray
Hollister, Robert Thomas
Holmes, E. Roberta
Holmes, Eric Robert
Holt, Burgess Lloyd
Holt, Christopher James
Hom, Richard Lee
Homsi, Samir M.
Honnold, Robin Sue
Hoorman, James John
Hoover, Matthew P.
Horner, Gregory Eldon
Horton, Ms. Fiona J.
Horwath, Thomas Clement
Hoser, Russell Robert
Housel, Ms. Susan Lynn
Housler, Alicia Kay
Hoyer, Patricia Lynne
Hritsko, David Douglas
Hritz, John David
Hsu, Doreen M.
Huang, Jing-Dan
Hubman, Christopher John
Huckleberry, Richard Ray
Hudson, David Cary
Hughes, James M.
Hundley, Ms. Angela Renee
Hundley, Melvin S., II
Hundsrucker, Jane Ann
Hunley, James Aaron
Hunt, ENS Frederick E., III
Hunter, K. Annette Lowe
Hunter, Varley Carin
Hurst, Mitchell Kent
Hymiak, Janet Joyce
Hyslop, Gayle C.
Idell, Ms. Mary Beth
Iden, Todd Porter
Ignasiak, Stephen Anthony
Igram, Omar Kalid
Ijose, Olumide Adebola
Innes, Thomas Gordon
Ireton, John Francis
Irvine, Kari Lynn
Isern, Clara I.
Iyer, Vijaya
Jackel, Joan Alicia
Jakeway, Ms. Mary Pollock
Jameson, Christine Renee
Jamison, Donna
Jander, Donald Edgar
Jarvis, Ms. Susan Mary
Jeffcoat, James William
Jefferis, Melanie Joy
Jeffers, Gregory Alan
Jenkins, Scott Andrew
Jensen, Susan W.
Jewell, James Edward
Jimison, Bret Edward
Johnson, Karen Lynn
Johnson, Kelly Gene
Johnston, Bryan Lee
Johnston, Elizabeth A.
Johntony, Regina Marie
Jolliff, Beth Ann
Jones, Colleen Marie
Jones, De Ettra Reeves (D.D.)
Jones, James Wallace, Jr.
Jones, Kimberly Paige
Jones, Michael
Jones, Richard Bayly
Jones, Samuel Henry
Jones, Scott A.
Jones, William Paul
Jordan, Scott E.
Joseph, Steven Charles
Jung, Quentin
Jung, Sharon Elaine
Kaiser, Mark Andrew
Kalapodis, John Gust
Kale, Jeffrey S.
Kampsen, David J.
Kane, Dennis Michael
Kanne, Yvonne Marie
Kanoski, John Eric
Karras, George Pete
Kaser, Jeffrey William
Kastner, David Gerard
Kaszar, Ms. Suzanne C.
Katz, Jordan Soloway
Katz, Robert Mark
Kaufman, Bruce F.
Kaufman, Scott Alan
Kayser, Ms. Diane E.
Kayser, Susan Elaine
Kazinec, Wendy Michele
Keegan, Jeff A.
Keim, Kenneth M.
Keitlen, Matthew N.
Kell, James Mason
Kellar, Robert E., Jr.
Keller, Christopher Thomas
Keller, Robert Ransom
Kelley, Daniel John
Kelley, Robert Arthur, Jr.
Kelly, Martin J.
Kelly, Sarah Norwood
Kemery, Nancy Ellen
Kemper, Brenda Sue
Kendrick, John Micheal
Kenley, Robert Lee, Jr.
Kennedy, Ms. Anne Marie
Kennedy, William R.
Kent, Kenneth Robert
Kent, Philip Edward
Kern, Jennifer Lynn
Kershner, Steven Jerome
Kesselring, Gerald Wayne
Kessler, Karl J.
Ketcham, Timothy S.
Kevdzija, Peter David
Kheire, Yusuf Abdi
Kiehl, Barbara Jo
Kieninger, Charles Ronald, Jr.
Kiesling, Andrea Rae
Kilbane, Terrence Thomas
Kiley, Steven Martin
Kim, Do-Soon
Kim, Heesoo
Kim, Kum O.
Kim, Seow Ling
King, Dan Joseph
King, James Alan
Kingsland, Nancy Alta
Kirby, Richard A.
Kirchdorfer, Nicolaus Alexander D.
Kirk, Adam Michael
Kirk, Ms. Luella
Kirkey, Jeffrey Scott
Kirkland, De Anne Terri
Kisel, Jeffrey M.
Kleosakul, Uran
Kleshinski, Paula
Klim, Richard David
Klingel, Melanie Diane
Klotz, Karla L.
Klug, Thomas Joseph
Knazek, Lisa Yvonne
Knodel, Eric Jonathan
Knox, Connie Ruth
Knox, David Brian
Kocjan, Lesa-Rae
Koflowitch, Susan Kay
Kohl, Anthony W.
Kohler, Keith P.
Kolda, Jeffrey Thomas
Koler, Michael Allen
Kope, 2LT John Frederick, USA
Korn, Robert C.
Kotnik, Ms. Connie L.
Kovach, Kathleen Anne
Kowit, Bradley T.
Kozerski, James John
Kramer, Christine Renee
Krammes, Larry Alan
Kraus, Steven Conrad
Krendl, Kristina Sue
Krishnan, Jagannathan
Kristosik, Lisa Antoinette
Kroeger, Ms. Jacqueline Ann
Kruger, 2LT Scot David, USAF
Kubayanda, Aurelia Debpuur
Kuhn, Randie Marie
Kukura, Denise Marie
Kunce, Paul Brian
Kuneepun, Srikanchana
Kurfees, Donald Bryson, Jr.
Kwak, Hyon Kun
Kwasny, Mrs. Barbara Elizabeth
Kwasny, Joseph Louis
Labardee, Mark J.
Lackritz, Stephanie Ann
Lam, Song Wei
Landwehr, John Michael
Lane, Dennis Andrew
Lane, Michael Brian
Lang, Keith Trevor
Lange, Michele Lee
Langenbahn, John Douglas
Langford, Karen Lea
Langwasser, Michael David
Lape, Robert Andrew
La Polla, Thomas Anthony G., II
Larsen, Connie
Lash, Rochelle Lavonne
Lather, Thomas Dean
Lauletta, Lynette R.
Lauritzen, Christopher John
Layton, John Wesley
Lecky, Kristen Marie
Lee, Amy Yi-Chih
Lee, Brian David
Lee, Lanton Lawrence
Lee, Shirley S.
Lee, Steven Michael
Leemhuis, William Phillips
Lefton, Richard Allen
Lehr, Thomas P.
Lencke, Steven Howard
Lenhardt, Cindy Kay
Lenox, Brian Michael
Leong, Sing Loong
Leonhardt, Joseph Earl
Levine, Robin Joy
Lewis, Kevin Michael
Libby, James Andrew
Lim, Ah Leng
Lim, Gwen Ming-Kuan
Lim, John C.
Lim, Shirley L.
Lim, Siew Choo
Lim, Tian Hong
Limbers, Lori Ann
Liming, Brent B.
Liming, Ms. Mindi Dee
Lindsay, Kristine Louise
Lint, Milan D.
Lionetti, Jill Marie
Lippiatt, Suzanne Kaye
Lippy, Jeffrey Steele
Lishewski, Richard Edward
Little, Bradford R.
Liu, Alexander
Locke, Stephanie Anne
Loe, Brian Thomas
Long, Dana Lee
Long, Rissa Lynn-Patrick
Long, Scott Alan
Lonsinger, Robert Allen
Lorubbio, Frank Victor
Lotz, Gregory A.
Loukoumis, George A.
Love, Andrew Ira
Love, Susan F.
Lovelace, Stacy Michelle
Loveless, James Matthew
Lowry, Brian
Lucke, Denise Laura
Luehrmann, Rachel Mary
Luellen, Teresa Marie
Luft, Ms. Laurie Doersam
Lurie, Kevin D.
Lusa, Julie Elaine
Lust, Julie Ann
Luu, Yen Kim
Lyles, Reynaldo Jeffrey
Lynch, John F.
Lyon, Randolph Scott
Lyons, Marcus William
Mac Gowan, Gregory Wade
Mackay, Sharon
Mackey, Ms. Kelley S.
Mac Lean, Douglas Todd
Mader, John Thomas
Maginn, William E.
Maginnis, Robert Charles
Magoto, Ms. Clara Ellen
Mahmud, Shahid Uddin
Malchus, Budd Elliot, Jr.
Malone, William Thomas, III
Maloney, Robert James
Malueg, Rebecca Ann
Mamula, Melissa Lee
Manderson, Mary Ellen
Mangie, Edward D.
Mangrum-Jeffries, Landria Kim
Manhart, Mark A.
Mann, Leigh Ellen
Mann, Timothy Shane
Manrodt, Susan M.
Manwaring, Richard
Mara, Matthew Joseph
Marsh, Brian N.
Marsh, Todd Alan
Marshall, David Thomas
Martija, Michael F.
Martin, Joseph P.
Martin, Randall Jay
Martin, Rhonda L.
Martin, Scott Vance
Martin, Stephen Earl
Martin, Steven Arthur, JD, CPA
Martin, William Robert
Martino, John Andrew
Martt, Laurie E.
Marusin, James Anthony
Mascazine, Paul J.
Maso De Moya, Lianne Gail
Mason, Thomas James
Master, Michele L.
Matalon, Eli
Mathias, Sanford Tucker
Mathur, Lynette Louise
Matiscik, John David
Matson, Mark Alan
Matthews, Rachael
Matushoneck, Patricia Marie
Matzenbach, David C.
Mauntler, John Edward
Maust, Daniel Robert
Maxwell, Lisa K.
Mayberry, Yvonne
Mayers, Michael Stephen
Mayse, Ernest Dwight
Mazer, Richard Michael
Mazzone, Frank Patrick
McAllister, Gregory Laurence
Mc Allister, Joseph Frederick
Mc Bride, Lisa Lynn
Mc Cain, Timothy Edwin
Mc Clellan, Stephen John
McConnell, Christine M.
McCoy, Michael Charles
Mc Crate, Sean Patrick
Mc Creary, Peter H.
Mc Daniel, Ronald Louis
McDonald, Todd Jeffery
Mc Farlane, Darryl Kenyatta
McGonigal, Ronald Edward
Mc Govern, Lisa Rose
McKenzie, Heather Carole
Mc Millan, Douglas Earl
Mc Murray, Robert Paul, II
Mc Naughton, Jeffrey Scott
McPherson, Mary K.
Mc Pherson, Todd Yancey
Mc Vicker, Robert Gregg, IV
Mc Williams, Tracy Lyn
Meddock, Lisa Mamula
Medors, Michael Keith
Mees, Monte N.
Melbourne, Ronald S.
Menager, Hugues Marie
Menges, Mark Alan
Mercer, Ms. Tracy Lynn
Merdick, Kurt Michael
Merola, Leslie Ann
Merriam, Lori Ann
Merrilees, Mark Hamer
Meshanko, Celia M.
Meshanko, Paul Bernard
Metro, Cheryle Jean
Metz, David Edward
Metzger, Christine
Metzger, Edward Joseph
Metzger, Robert Lynn
Meyer, Michele Ann
Meyer, Theresa Lillian
Miceli, Michael Joseph
Michalak, Michael Paul
Miggo, Steven H.
Mihalek, James Adam
Milbrandt, Elizabeth Ann
Miles, Jodie C.
Miljus, Tara Marie
Miller, Adam V.
Miller, Duane D., II
Miller, Fred B., II
Miller, John Christopher
Miller, Ms. Julie Anne
Miller, Linda M.
Miller, Lisa Rose
Miller, Robin L.
Millman, Steven Markell
Mills, Patricia Louise
Mills, Thomas C.
Min, Elijah K.
Minelli, Timothy Lee
Minor, Paul Vincent
Minton, Robert Scott
Miralia, Lisa Ann
Miralia, Mark David
Mitchell, Richard Dale, Jr.
Mitiska, Eric James
Mlachak, Gerald Anthony
Moacdieh, Frederick Emile
Mock, Joan Dascenzo
Modd, Christopher James
Moffat, Daniel John
Mohre, Mark D.
Mollica, Angela Marie
Montalbine, Christopher John
Montgomery, Michael Joseph
Moon, Sung-Ho
Moore, Bailey Kevin
Moore, Dianna R.
Moore, Natalie Kiyoko
Moore, Pamela S.
Moore, Dr. Willie M.
Moran, Ms. Christina Marie
Morlock, Cynthia Mc Elroy
Morris, Mrs. Bonnie E.
Morris, Steven Bradley
Morrison, Andrew Scott
Morrison, Mary E.
Morrow, Kevin P.
Mortensen, James Paul
Moser, Steven M.
Moses, Scott Alan
Moss, Douglas Tyrone
Motta, Carol J.
Mozina, Michael Edward
Mramor, Michael John
Mroczkowski, Ms. Robin Marie
Mugrage, Eugene Girden, II
Murch, Richard Leslie
Murnane, Lawrence Thomas
Murphy, Kimberly Kay
Murphy, Mary M. (Peggy)
Murphy, Mia
Murphy, Rhonda Jane
Murray, Donald Ferguson, Jr.
Murray, Kimberly Sue
Nagorski, David Lee
Nally, Susan Jean
Nan, Matthew Alan
Napoli, Lisa A.
Narasimhan, Dr. Sridhar
Nathan, Jennifer Cormany
Neff, Charles R.
Neikirk, John Pennell
Nemes, Marie Ann
Nemeth, William Alex, Jr.
Nestor, Kevin Paul

CLASS YEAR LISTINGS CLASS OF 1987 373

1987 (Cont'd)
Neuhart, John Michael
New, Debra Kaye
Newman, Pamela Beth
Newsom, Kimberly C.
Newton, Beth Ann
Ng, Teak Siang
Nguyen, Nam Thanh
Nguyen, Nhan Huu
Niehoff, Gregory Phillip
Niemi, Stephen Matthew
Niese, Douglas James
Noordewier, Adrienne T. Meves
Novak, Scott T.
Null, Ms. Brenda Lee
Nussbaum, John Mark
Oakes, Merrill Lloyd
Oakley, Patrick S.
O'Brien, Brian Cajetan
O'Brien, Susan Marie
O'Dell, Mark W.
O'Hara, Joanne Marie
O'Hare, Gregory James
O'Keefe, Paul Robert
O'Keefe, Timothy M.
Olson, James David, Jr.
Olson, William Matthew
Olverson, Ms. Gene Moneque
O'Neill, John F.
Opitz, Marnie A.
Opperman, Steven James
Orr, David Alan
Orvos, Kathy Lynne
Osif, Thomas Patrick
Osman-Gani, A. Ahad M.
Otani, Matthew M.
Otto, Jay Douglas
Ours, Michelle C.
Owen, Alicon Eileen
Owen, Dr. Crystal Lorraine
Owens, Richard A.
Owens, Ms. Tawana M.
Owens, Thomas Cecil
Oyster, Jeffery Allan
Pabst, Thomas Gregory
Pacheco, Elizabeth Martinez
Pachuta, Teresa Bernadette
Pack, Tama Lynn
Padilla, 2LT Robert Francis, Jr., USMC
Paelicke, Ronny Michael
Paesano, Julianne Maria
Paghis, Stacy Diane
Paillaud, Bernadette Monique
Painter, Dr. Dorothy Sue
Painter, William M.
Pak, Sookeun
Palko, Laura Ann
Pallante, Lori Ann
Palmer, Michael Keith
Palmer, Susan K.
Palmieri, Patricia L.
Palmieri, Robert Dennis
Palte, Jean
Parente, Giuseppe
Park, Jun Bum
Parker, Penny Beth
Pasden, J. Gregory
Patchen, Deborah Annette
Pater, Monica M.
Patton, Tammy Lyn
Paxton, Michelle J.
Pearson, Kevin E.
Penton, Ingrid Birgitte
Peoples, William Anthony
Perani, Paul Joseph
Perez, Michael Joseph
Perkins, Patty Lynn
Perrine, Amy Elizabeth
Perry, Deborah Ann
Peters, Lee A.
Peters, Philip David
Petersen, ENS Douglas Kevin, USN
Petre, Lynn Electa
Petruccio, Debra
Pfannenschmidt, Keith Robert
Pfeffer, Troy Anthony
Pfeiffer, Timothy Warren
Pfenning, Anthony Michael
Pflaum, Robert Andrew
Ph, Dr. Slamet
Phillips, Boyd L.
Phillips, Charles Wesley, III
Phipps, Jeffrey J.
Pickens, James Leo
Piefke, Robert Mc Duffie
Pierson, Edward G., III
Pippin, Mark Douglas
Pisciotta, Thomas Sansone
Pishner, Nancy Jo
Pishotti, Thomas P.
Pitt, Teresa Lee
Pittenger, Ms. Kristin W.
Pittman, Paige
Plasko, Stephen Paul
Plimpton, Judy Marguerite
Plotnick, David Andrew
Polen, Victor Alan
Pond, Kathy L.
Porterfield, Scott Lanning
Potts, Douglas Robert
Pound, Beth Ann
Pozsonyi, Deborah Ann
Prater, Teresa Nadine
Premer, David Christopher
Prescott, Robert Michael
Price, Christina Jane
Price, David Glen
Price, J. Todd
Prieto, Manuel Artagnan, II
Pritchett, 2LT Ellen Margaret, USAF
Protsman, Marc Alan
Provident, Lori Ann
Psyhogios, William George
Puchala, Damian
Pugh, Vincent Thomas
Pullins, Melanie Howell
Purcell, Gary Arlin
Purcell, 2LT Howard P., Jr., USAF
Purnell, Alicia Marie
Quandt, Lawrence Robert
Queen, Douglas Christopher
Racher, James Francis
Radcliffe, Blake N.
Rader, Carol W.
Radisek, Mary Ann
Ramsey, Julie Marie
Ramsower, Ty Allen
Ranchel, Gary Dean
Randolph, Ms. Hilary
Rasberry, Lawrence E.
Rasulis, Wendy Anne
Ray, Eric Earl
Ray, James Alan
Raypole, Kelly Sue
Rayve, Brian Richard
Reeb, Nancy
Reed, Elizabeth Austin
Reed, John Thomas, Jr.
Reed, Kenneth Franklin
Regal, Susan Lynn
Reid, Dr. Robert Daniel
Reid, Timothy E.
Reiff, Bruce Douglas
Reiniger, Janet Elaine
Reiser, Genevieve Marie
Renner, Mary L.
Reuter, Teresa Lynn
Reynolds, Steven Robert
Rhenish, John Matthew
Rhine, Michael James
Rhodes, E. Douglas
Rice, John Timothy
Rich, Patrick Daniel
Richardson, Robert Mayor
Richmond, Scott Patrick
Richter, Michael Paul
Ricketts, Teresa K.
Ridenour, Carl Edward
Riedinger, Paul Anthony
Rieff, Amy Jo
Riggins, John Kevin
Riley, Michael Patrick
Rinehart, Nancy Ann
Rissmeyer, Robert Craig
Ritter, Steven Frank
Ritzler, Todd J.
Roach, Scott Carl
Robbins, Patricia Mary
Roberts, Debra Lee
Roberts, James Evans
Roberts, Jeffrey Michael
Roberts, Marjorie Jane
Roberts, Stephen R.
Robins, Daniel Shore
Robinson, Andrew Wayne
Robinson, Scott Charles
Rockwell, Paul Andrew
Rogers, Valerie Ann
Rogier, Daniel Joseph
Rogovin, Leslie Anne
Rohr, Carl Vincent
Rohr, Melvin James
Rollins, Heidi Kay
Romie, Marcia Ann
Rood, Ms. Marcy Ann
Rooney, Erin Elisabeth
Root, Ralph Harvey, III
Rose, Therese Marie
Rosenbaum, Tarn Martin
Ross, Jeffery Allen
Ross, Sheryl Ann
Ross, Terry Lee
Rossie-Shirer, Ms. Linda Michelle
Rotert, Jennifer Lynn
Roth, Michael David
Roth, Vicki Lynn
Rothchild, Barry Allan
Rothgery, Donald Thomas
Rotolo, Christopher J.
Row, Deana L.
Rowland, Christopher John
Rowley, Robert Clyde
Ruben, Gail Leslie
Ruckman, William James
Ruffing, Scott John
Rugani, Karen Marie
Ruhaak, William Bernard
Ruhe, Ann Marie
Rumery, Le Roy Clarence
Runion, Andre Louis
Ruthman, Natalie
Ruvolo, Donna Diane
Ruwe, Guy M.
Ryan, Douglas Eugene
Ryan, Ms. Sean E.
Saebo, Jan Eystein
Salemi, Steven L.
Salmons, Bradley Ward
Salvi, Ms. Joanne
Sampson, Rebecca Lynn
Santilli, Sherri Lynn
Santucci, Joseph Phillip, Jr.
Sapia, Guillermo S., Jr.
Sapp, Joseph Patrick
Sarvis, Suzanne
Saull, Susan E.
Saunders, Charles Turner, Jr.
Saunders, Jeffrey Paul
Sawalha, Hanna Sami
Sayre, Christopher Malcolm
Schaal, Dennis Doyne
Schaffer, Rod Forrest
Scharlow, Troy J.
Scherman, Linda Marie
Scherman, Robert James
Schiller, Dean Carl
Schimpf, Eric Jerome
Schlachter, Timothy Scott
Schlarb, Kevin K.
Schliecker, Alan P.
Schlund, Jayme Ann
Schmall, Michael Lloyd
Schmeck, Karyn Sue
Schmeling, Angela J.
Schmitt, David Gerard
Schneider, Jacqueline L.
Schostek, Lois Ann
Schwarz, Paul Martin
Schwendenman, John Robert
Scott, David Thomas
Scott, Elizabeth Ann
Scott, James Allen
Scott, Jay Robert
Scott, Kevin E.
Scott, Michael David
Scott, Michael Patrick
Scully, Mark Daniel
Searfoss, Robert J.
Sebastian, Robin L.
Seelenbinder, Ms. Kaylene M.
Segel, Patricia Marie
Seifert, Mitchell Scott
Seikel, Cynthia Ann
Selders, David Edward, III
Sellers, Duane L.
Semerar, Scott Paul
Seong, Woo-Seok
Serio, Madaline A.
Serrano, Francisco Jose
Shackleton, Gregory Scott
Shade, Deborah Warren
Shaffer, Curtis Lee
Shaffner, Robert M.
Shafron, David Brian
Shah, Nilesh Y.
Shannon, Brenda Jean
Sharaf, Sherien
Shaver, Ms. Pamela Jeanne
Shear, Lori Elyse
Shearer, Lizette Lofty
Shearer, Michael Adair
Shell, Mark Daniel
Shenk, Joanna
Sheppard, David Michel
Sherry, Naomi Ann
Shevlin, John J.
Shields, Dr. Matthew Dale
Shiffler, Sharon L.
Shin, Charles Moochul
Shirk, Stephen Parker
Shoemaker, Cynthia Aleida
Sholiton, Scott L.
Short, Andrew Brooke
Shrader, Steven Ray
Shrenkel, Joseph John
Siang, Yeow Kian
Sidley, Kathleen Marie
Siegendorf, Adriane L.
Siferd, Sue Perrott
Silbaugh, Beth Ann
Siler, David Lance
Simmons, Harry Milton
Simpson, David Wayne
Sims, Brian D.
Sinclair, William Edward, II
Singletary, Sharon Elaine
Sirb, Patricia Ann
Sire, Marie Pascale
Sirn, Robert Alan
Slagle, Melanie A.
Smales, Sam Jeffrey
Small, Rusty Lee
Smart, Michael Walter
Smeltzer, Patrick V.
Smith, Camille Diane
Smith, Christine Ann
Smith, James Brian
Smith, Jeffrey Jay
Smith, Julie Anne
Smith, Kathleen Kaye
Smith, MAJ Kenneth Eugene, USMC
Smith, Mary Katherine
Smith, Nancy Carolyn
Smith, Ms. Rebecca Sue
Smith, Robert Edward
Smith, Robert Leslie
Smith, Suzanne Annette
Smith, Tracy Deborah
Snapp, Timothy Scott
Snider, Annette Lynn
Snyder, Christopher John, JD
Snyder, Debra Lynn
Snyder, Ms. Susan Carol
Sobolewski, Catherine
Sokol, Michael Scott
Solitaria, Joseph Glenn Aro
Solomon, Eric John
Solon, David John
Sommers, Allison Faye
Soon, Dr. Shih-Chung
Soong, Siew Yoke
Souders, Mrs. M. Yvonne
Soulas, Constantine Alex
Sowa, Robert M.
Sowder, Jack (Jay) C.
Speciale, Ben Michael
Spector, Eric Scott
Spence, Patrick Edward
Spensiero, Gregg William
Spiegel, Reed Stuart, Jr.
Spies, Rebecca L., MSW
Spitz, David Charles
Sprehe, Karen
Spring, Phillip Jeffrey
Spring, Steven Howard
Stader, Ms. Angela Marie
Stahler, David A.
Staiger, Eugene P.
Stamatis, Sam Nicholas
Stammen, Joan Marie
Stamos, Michael James
Stanish, Mark Andrew
Starkey, Mrs. Susan A.
Stenger, John Edward
Stensby, Dag
Stepanek, James Patrick
Stephens, Angela
Sternweiler, Debbie Alyse
Stethem, Gerald Dwayne
Stevens, Pepper G.
Stewart, Donn William
Stine, Brent M.
Stinson, Richard Alvie
Stokes, John Matthew
Stone, Barbara Ann
Straits, Richard Allen
Stram, Lee Howard
Strejcek, James Francis
Stringer, William G.
Stroschin, Robin J.
Strutner, Scott Andrew
Suess, Timothy J.
Suiter, Sheryl Linn
Sulser, Sallie A.
Sutton, Matthew William
Swanson, Carol Joan
Swanson, Richard Douglas
Swinehart, Dixon
Swinger, Aaron Lynn
Sybert, Susan Kay
Sypolt, D. Sy
Syska, Kenneth John
Szczepanski, Joseph Eugene
Szeto, Yim Yee
Tam, Mun Keung
Tambur, Claudia R.
Tan, Chay Boon
Tan, Hooi-Min
Tan, Paul W.
Tan, Siaw Hui
Tang, Yih Pin
Tangkey, John
Tanner, Michael Henry
Tantari, Gregory Allen
Tate, Gene Franklin
Tay, Chin Yee
Taylor, Gary Allen
Taylor, John Allan
Taylor, Michael Allen
Taylor, Trisha Leigh
Taylor, William Scott
Tea, Patricia L.
Tedrow, Mary Elizabeth
Templeton, Charles Wesley
Thacker, Shawn
Thaeler, David Andre
Theiler, Richard James
Thomas, James J.
Thomas, Michael Glenn
Thomas, Ms. Nesley Elinda
Thomas, Zina Hamilton
Thomasson, Donda Foran
Thompson, Diane Sue
Thompson, Melissa Cay
Thompson, Thomas R.
Thompson, Tracy Sue
Thorson, James M.
Tillman, Mary Pat
Tilson, Julie Ann
Tilton, Bradley Alan
Timen, Jeffrey Paul
Timmel, Steven L.
Timperman, Shannon Marie
Tippett, David Hal
Todd, Teresa Marie
Tomassi, Fortune Angelo
Tomlinson, Dennis Ray
Torcasio, Ms. Carla K.
Torgerson, Richard C.
Tortora, Stephen J.
Tosi, Fran Maria
Toskin, Thomas Donald
Toukan, Omar M.
Toy, Lily
Tracy, John J. P.
Trent, John Wayne
Treon, Todd Joseph
Tribble, Jon Joseph
Truckly, Kerry Robin
Trujillo, Michele Danielle
Trusler, Julie Lin
Tucker, Ms. Beth Ann
Tucker, Mark Lawrence
Tura, Kelly Jo
Turner, Jill Francis M.
Turner, Joyce Ann
Turner, Kenneth Andrew
Turoff, David Allan
Turrin, Robert Gerald
Tussey, Michael Scott
Udomsakdi, Yuphada
Uhlenhake, Douglas James
Ullman, Richard Kiernan
Ulrich, Thomas Richard
Underwood, Chris Alan
Underwood, Jody Scott
Untener, Laura Marie
Unterzuber, Diana Lynn
Uotila-Ross, Trina Margarita
Upperman, Jeffrey Brian
Valentine, Karen Beth
Valentine, Linda Dagnall
Van Breene, Jenean Louise
Vance, Andrew Todd
Vance, William
Vander Ven, Robin Beth
Van Gundy, Charles Bernard
Van Heyde, Renee
Vanke, Brent
Vanko, Ms. Sandra Lee
Vardag, Ali Khan
Vasbinder, Lou Ann
Venetta, Larry Will
Vennemeyer, Suzanne Sabin
Verhoff, Robert Arthur
Vernal, Richard Gary, Jr.
Via, Charles Daniel
Von Lohr, Stephanie Anne
Voong, Yoon Chin
Wagner, James Michael
Wagner, Jill Marie
Wagner, John T.
Wahl, Bradley Alan
Walen, Laura Elizabeth
Walker, William B.
Wallingford, Theron
Walter, Michael Hamner
Walters, Charles Eric
Walters, Mrs. Deborah R.
Walters, Douglas Richard
Walters, Jennifer Jane
Walters, Jonathan Paul
Walters, Sharon E.
Walters, William David
Wandle, Allen Douglas
Ward, Gary Lee
Ward, Jeffrey Ray
Warm, Miriam Faye
Warner, David Scott
Warner, Valerie Marie
Warrell, Geoffrey David
Washburn, Christine Kay
Wasielewski, Karen Glenn
Wassell, Douglas Scott
Wassink, Joseph Anthony
Watson, Ms. Christine Marie
Watson, Christopher Michael
Watson, Elizabeth
Wattanasarn, Isra
Wattanasarn, Panpilas
Wauben, Ms. Peggy Ann
Weaner, James K.
Webb, Ginger V.
Weed, Lisa Anne
Weed, Teresa Marie
Weidner, Suzanne E.
Weininger, Tim Lewis
Weintraub, Ms. Elyse Michelle
Weirich, Richard Martin
Weis, William Michael
Weiser, Rick Charles
Weishaar, Douglas Allen
Weisheimer, Kurt Alan
Weisler, Susan Deborah
Weisman, Jeffrey Scott
Weithman, Timothy C.
Wellington, Myeong O.
Wells, John Robert
Wells, Patricia Suzanne
Werner, Michael Robert
Wesel, Michael
Westfall, LTC Frederick W., USAF
Wharton, Cherie
Wheatley, Vicki Lou
Wheelock, Roger W.
Whelan, Matthew Christopher
White, Brendan Matthew
White, Brian Richard
White, Daniel B.
White, Sherry Lynn
White, Traci Ann
Whitney, Deborah Marie
Whitney, Patrick Greene
Whitson, David Scott
Whybrew, Jonathan Charles
Wiater, Jeffrey Allan
Wickline, Bruce Edward
Wicks, Joanna
Wierenga, Lance Bradford
Wiggins, James Patrick
Wilcox, Todd Michael
Wilder, Lori Ann
Wilgus, Michael Robert
Wilkins, Randall Lee
Wilkins, Vincent Robert
Wilkinson, Lynne Elizabeth
Willdman, Amy Beth
Willer, Kelly J.
Willett, Bradley M.
Williams, Charles E.
Williams, Deborah Annette
Williams, Jeremy Allen
Williams, Kristofer Kyler
Williams, Manuel Lee
Williams, Michael Ray
Williams, Michelle R.
Willison, Richard Randolph
Wilson, Brian Gregory
Wilson, Brian Mark
Wilson, Debra Ann
Wilson, George Anderson
Wilson, Michael Mc Adams
Wilson, Ms. Stacy Allynne
Wilt, Martin Wayne
Windle, Robert William
Wiseman, Mark Alan
Wisman, Jack Alan
Woerner, Michael J.
Wohlgamuth, Richard Scott
Wolf, Mary S.
Wolf, Randall Perry
Wolff, William Marvin
Wong, Derek Tsz-Ming
Wood, Charles Micheal
Wood, Howard Perry
Wood, Michael F.
Wood, Robert Anthony
Wood, Thomas J.
Wooddell, Wayne Verr
Workman, Michael Todd
Worley, Cheryl Louise
Wray, Danny E., Jr.
Wright, Lisa Ann
Wrona, Jeffrey Allen
Wyckoff, Scott Anthony
Wycoff, Gretchen L.
Wylly, Jonathan Randolph
Wysmierski, Edward Louis
Wysocki, Pamela J.
Yan, Felix Wai-Lap
Yarrington, Kimberly
Yazdipour, Dr. Rassoul
Yen, Ben Yen
Yen, Simon H.
Yeoh, Stacy
Yeomans, Myers Leslie
Yerina, Mary Kay
Yip, Benjamin
Yoo, Pau Fong
York, Peter Bruce
Yost, Dr. Edward Bruce
Young, Karen Sue
Young, Leslie Jeanne
Zahler, Michael Jerome
Zalar, Cheryl Lynn
Zaletel, Wendy Alice
Zamora, Lynda Deana
Zanon, Raymond Edward
Zaytoun, Katherine Lynne
Zeid, Todd Allan
Zeigler, Diane Kay
Zimerle, John Kenneth
Zimmer, John Paul
Zimmerman, Mark Robert
Zink, Dale E.

1987 (Cont'd)
Ziskin, Linda
Zito, Lisa Angela
Zobrist, David Matthew
Zoltan, Frank Attila
Zoner, Eric S.
Zurcher, Donald Lee

1988
Abraham, Brian Terry
Adams, Lisa Renee
Adams, Paul Michael
Adams, Tim Alan
Adiutori, Michael John
Agdinaoay, Marcelle Grace
Akbari, Dr. Hamid
Alban, Glenn Fredrick
Aldridge, Cassandra Marzetta
Alesiano, Pamela J.
Alexander, David Reed
Alexander, Jeffery Dean
Alexander, Jeffrey A.
Alexich, Natalie Anne
Alspach, Jeffrey Paul
Al-Sultan, Tamalisa Leot
Altman, Robert Loren
Amiri, Ali
Anderson, Brent Eugene
Anderson, James Alan
Anderson, Mark Richard
Anderson, Matthew Douglas
Andrzejewski, Rafal
Arber, Maureen Elizabeth
Arnott, Gregory James
Aron, David
Arsham, Kevin Lee
Arthurs, Richard Alan
Ash, Carrie Elizabeth
Ash, James Matthew
Attia, James Ebrahim
Atwood, Mark Plumb
August, Jeffrey Paul
Ault, Timothy Wayne
Bach, Daniel Jude
Baddar, Mohammad F.
Bailey, Pamela Joy
Bainter, Patricia A.
Ball, Joy Michelle
Ball, Kelly Sue
Ball, Wendell Allen
Ballard, Jeffery L.
Ballou, Brian John
Banbury, Douglas Jay
Barlow, John Patrick
Barnett, 2LT Daniel R., USA
Bartholomew, Kelly L.
Basham, George Alexander
Bashore, Mark Charles
Batross, Michael Alan
Bauer, Melanie Sue
Baumer, John F.
Bawa, Sanjay
Beach, Albert Keith
Beatty, David Thomas
Becker, Julie A.
Becker, Lisa Maureen
Begun, Armand Gary
Behnfeldt, John Lee
Belt, Donald Wendell
Belt, Karen Sue
Bender, Charles B.
Bennett, Jeffrey E.
Bennett, Joan Marine
Bennett, Mark David
Benson, Brian David
Benson, Lisa Marie
Benton, Nancy Anne
Bergmann, Christopher John
Berkes, Jeffrey A.
Berkman, Andrea Helaine
Berrie, Julie Marie
Bertino, M. Catherine
Beshuk, David Robert
Bettinger, Joseph William
Beyer, Melissa Sue
Bhatt, Chirag H.
Biafore, Nikki L.
Biddle-Riccio, Cathy Ann
Bidwell, Karen Lois
Bird, Alison Carol
Black, Eric David
Blackledge, Kevin John
Blackstone, Michael David
Blue, Suzanne Elaine
Bocetti, Dean Allen
Boes, Barbara J.
Bogdan, Thomas John, Jr.
Boggan, Lisa Ann
Bogolis, Christ B.
Bond, Jocelyn E.
Bond, Turner Dixon
Bonnell, Gregory Allen
Booker, Andrew W.
Borden, Jodi Ellen
Bornheim, Patricia Jones
Bosl, Rebecca Joy
Bowen, Linda Lee
Bowling, Thomas William
Bowman, Michael Erwin
Boyd, Steven Paul
Boyer, Nadine Luce
Boyer, Scott William, USN
Braidech, Lisa Ann
Brailer, Patrick Alan
Brandt, Stacey Lynn
Breakfield, Gary Lee
Bregel, Cheril Loudermilk
Brennan, Kelly Lynne
Brett, Mary Josephine
Brewer, Ric Allen
Bricker, Casey Jay
Bringardner, Lisa D.
Brinsley, Thomas E.
Brodsky, Diane S.
Brooks, Stacey Neal
Brooks, William James
Brothers, Jaci Lane
Brown, Charles George, III
Brown, Lynda Diane
Brown, Timothy John
Bruck, Donald Philip
Bruns, Anthony Joseph
Buckley, Genann Esterline
Budiman, Karlono
Buelsing, Mark Benton
Bugg, Milton Thomas, Jr.
Burdin, Todd W.
Burger, William Todd
Burget, Bradley Eugene
Burke, William Scott
Burkhart, John C.
Burkholder, Paula Jo
Burns, Douglas E.
Burns, Jeffrey Scott
Burns, Timothy Allen
Burton, Margaret Aldrich
Butcher, Jeffrey Keith
Butrey, Paul Andrew
Butryn, Andrea Lyn
Byrd, Maria Lynn
Calabrese, Victoria Ann
Cale, Thomas Robert
Callicotte, John Todd
Camp, Anne Marie
Campanella, John Carmen
Campanelli, Michael A.
Canter, Julie Ann
Caplinger, Alison Kay
Cardaman, Donna Marie
Carle, Edward Vincent
Carlozzi, Louis Joseph
Carpenter, Paul Roy
Carpenter, Timothy James
Carroll, Maria Andrea
Carter, Linda M.
Cassese, David A.
Caulley, Wendell Alan
Cavanaugh, Brennan John
Chaidir, Fellicia
Chang, Chihyuan
Chang, David W.
Charles, Marlon R.
Chaudhuri, Shabbir Ahmed
Cheney, Jennica Anne
Chiacchiari, Claudia Angela
Chiang, Ms. Yuan-Chin
Childress, Sherry Lois
Chisolm, Jerard Ricardo
Chiu, Tin-Lap Jack
Chong, Edward J.
Chooi, Yuen Theng
Choong, Yew Leong
Christian, Michael S.
Chu, Adam
Chuchinprakarn, Nuchai
Chucko, ENS Jeremy Mark
Clagg, Denise Alaine
Clark, William John
Clayton, Deborah Lorraine
Clem, Elizabeth Anne
Clemens, Reece Thomas, Jr.
Clemente, Larenzo De Leon
Cloud, Cynthia Ann
Cloys, Rebecca Lynn
Cochran, Lisa Joanne
Coleman, David Harold
Coleman, Lawrence
Coleman, Rosemary Lucille
Collins, Mark Patrick
Comprix, Johann Joseph
Comstock, Kerri Marie
Conaway, Raymond Patrick
Conley, Kevin Patrick
Conley, Robert Michael
Connelly, William Michael, Jr.
Conrad, Charles Caveroc
Contini, Thomas Robert
Conway, Kathryn Mary
Cook, Greg Alan
Cook, Philip Remington
Cooper, David
Corson, Craig Steven
Corwin, Melinda Kay
Cosgray, Bruce Ward
Costa, Stephen Michael
Cottrell, Gregory Lee
Coughlin, Thomas Leo
Craig, Lisa Anne
Crawford, Colin Gregory
Crespy, Mary Elizabeth
Cress, Rodman Scott
Cretcher, David Alan
Crites, Kelley Christine
Cronley, John Joseph
Culbertson, David Scott
Culler, Robin Andrew
Cullinane, Thomas Anthony
Culp, Timothy James
Cunningham, Todd Alan
Curtis, Jeffrey Ray
Cuthbert, James Brian
Cvetkovski, John Ilija
Dakoske, John George
Dale, Jennifer Jo
Daly, James H.
Damo, Elaine Elizabeth
Dapper, Corinne Leigh
Darling, Keith Allen
Darwin, Karen Lynn
Datz, Jerome Thomas
Daughenbaugh, Timothy Robert
Davidson, Craig Hillburn
Davis, Andrew H.
Davis, Gary Lee
Day, Liesl Michele
Decker, Rick R.
Deitle, Carmen M.
De Lacio, Anne Louise
Deluca, Anthony Louis
De Pinet, Rodney Joseph
De Prisco, Daniel S.
Detwiler, Mary Ann K.
Devine, Patricia Anne
Diamond, Lisa H.
Di Cesare, Mario
Dickey, Jill Mary
Dickey, Kelly Ann
Dieker, Jane A.
Diel, Joseph William
Dierna, Diane Marie
Dietsch, Michelle M.
Dill, Lori Grace
Dillon, Renee Diane
Dilworth, Patrice Ellen
Dittmar, Denise Michelle
Do, Vinh D.
Doctor, Khozema Shabbir
Dodson, Shane M.
Dolan, Lawrence Arthur
Dolin, Kenneth Marc
Donahey, ENS Therese, USN
Donaldson, Mary E.
Dooley, Gina Marie
Dorsey, David M.
Doty, Jeanie L.
Dowiatt, Jan M.
Doza, Douglas Kenneth
Dozier, Dr. Janelle Brinker
Dressler, Susan Marie
Dubin, Lawrence David
Duckworth, Mary Margaret
Duffey, Mark Allen
Duhon, Mark Steven
Dulaney, Brian Nelson
Dunlop, Richard Gordon
Dutt, Michael Shawn
Dygert, David Donald
Eakins, Glen Alan
Earl, Deborah E.
Early, Lloyd Sanderson, III
Eberhart, John Earl
Ebin, Morgan Douglas
Ebner, Cynthia Lynn
Eckert, Stefan
Eikleberry, Scott Layton
Elefteriou, 2LT George George, USAF
Eppert, Mark F.
Epps, Leslie Jeanne
Ervin, Lynn Ann
Evans, Brenda Kay
Evans, Lisa Lynne
Eviston, Robert Anthony
Ewy, Diana Rauch
Fallona, Steven Anthony
Farah, Barry Scott
Farone, Ross Phillip
Fashempour, Laura Ann
Fasone, Dominic S.
Faulconer, Laura Jean
Faulkner, Steven Lawrence
Fechko, Judy Ann
Feldman, Ruth Ann
Fell, Robert James, Jr.
Felter, Andrew James
Fenner, Eric Scott
Fenves, Laura R.
Ferguson, David Michael
Fernandez, Alfred Douglas
Fernandez, Jorge Ivan
Fernandez, Timothy Joe
Ferrand, Christophe Claude
Ferris, Jeffrey Joseph
Fetter, Gary Martin
Fetting, Amy Kay
Fickle, Ms. Denise
Fields, Deloras J.
Fink, Pamela Lynn
Finneran, Daniel James
Fiorenza, Andrew Frank
Fiorucci, Gary Gene
Fisch, John Raymond
Fish, Jeffrey David
Fisher, Robert Edward
Fitzgerald, Monica Lyn
Flinn, Michele Marie
Folkerth, Mark C.
Fontaine, John David
Ford, Paul Glenn, Jr.
Fortkamp, Kathleen Rose
Fosselman, Susan M.
Foster, Craig Ward
Foster, Jack L.
Fouch, Vanessa Kaye
Frank, John Robert
Fravel, William Richard
Frederick, Kellie Ann
Freed, Todd Eugene
Freeman, Michael Darin
Frericks, John Michael
Frisby, Anthony Jay
Fritz, Molly Irene
Froebel, Marc Michael
Furlong, Mark Anthony
Gaffigan, Patricia Ann
Gagliardi, John
Gaines, Carolyn Marie
Gale, Casey Colleen
Galehouse, Lisbeth L.
Gall, Eric Richard
Gallagher, James Patrick
Gallaher, Marianne Theresa
Gandhi, Pradeep Kantilal
Gargrave, Robert Norman
Garn, Steven Paul
Garrison, Kelly Denise
Gaston, Bruce Allen
Gazich, Jeffrey Paul
Gedeon, Ronald John
George, Daniel V.
George, Melinda Jo
George, Michelle Louise
Getz, Ms. Heidi K.
Geyer, Michele Yvette
Gillett, Paul Clark
Givens, Craig Sherwin
Gladyszewski, Thomas
Glass, Jon M.
Glover, Jonathan Charles
Goble, Sandra Kaye
Goecke, Kevin Douglas
Goetz, Curt D.
Goff, Cheryl Renee
Golub, Lisa Anne
Gordon, Linda Lee
Grani, Christine Mary
Grant, Jeffrey Allen
Grathwol, Jill Marie
Green, Robert David
Greenwald, Sandra Louise
Greenwald, Steven Ira
Greenwood, Debra Ann
Gregory, Daniel L.
Gregory, Dawn Dianne
Griggs, Robin
Grim, Mark Robert
Grinstead, Daniel Wesley
Grubb, John Brent
Guanciale, Cara Marie
Gueli, Christopher Gino
Gulertekin, Veysel Erdal
Gundic, Matthew J.
Gupta, Atul
Gurke, Doris Ann
Guzik, Alan D.
Gyamerah, Danso Kwame
Hager, Robert William
Haggin, Ronald Glenn
Hall, Glenn David
Halsey, Jennifer Elaine
Hamilton, Curtis Scott
Hammond, Craig Allen
Hammond, James Jay
Hammond, Michelle R.
Hardesty, Lee A.
Hargrove, James Joseph
Harner, Gary Graham
Harper, Lee Orva
Harris, Richard Michael, Jr.
Harrison, Anita Lynn
Harrison, Stacy Anne
Harrod, Leslie Dawn
Harryhill, Martin Albert
Hart, Jeffrey Daniel
Hartig, Craig Alan
Harwood, Susan Lynn
Hassel, Craig Adam
Havens, Jeffrey Franklin
Haver, Gregg William
Hayden, Randy Alan
Hayes, Catherine Mary
Heath, Charles Perry
Hebert, David G.
Heilman, Michael Lavern
Heksch, Heidi Elisabeth
Helfrich, Linda Ann
Helias, Pierre
Heller, Paul Gerard
Helman, John Norris
Henry, Brian Keith
Henry, Michael Lee
Herilla, Beth Ann
Hernandez, Arturo Gerardo
Herron, Richard A.
Herzberger, Cindy Brown
Hess, Thomas Michael
Hilz, James Brian
Hinkle, Kevin Cedric
Hirsch, Robert A.
Hitchcock, Richard Lyle
Hobbs, Erick Allan
Hobe, Tanya Elizabeth
Hoess, Joseph Christopher
Hogue, Nancy Irene
Hohl, Paul Francis
Hohman, Derek Matthew
Holcomb, Douglas Peter
Holiday, Dale
Holland, Brett R.
Hollern, Jan Reed
Hollifield, Steve E.
Hollon, Michelle Anne
Holz, Douglas A.
Homan, Mary J.
Honken, Sandra Jean
Hopkins, Rebecca Jean
Horne, Kristi L.
Hosket, Wilmer Edward
Hottovy, Troy Gerard
House, Darla Eileen
Houston, Joseph James
Howard, Donald L.
Hu, Hungye Wilbur
Huang, Imeng
Hudson, Scott B.
Huelsman, Janel Marie
Hunn, Michael Steven
Hunnicutt, William Lord
Hunt, Andrew Lewis
Hunter, Tamala Ann
Hutman, Tammy Sue
Hwang, Seung Hyeon
Iacobelli, John Adam
Ingram, Todd Alan
Inskeep, Michael E.
Ishee, Margaret R.
Ito, Christopher Allen
Ito, David Takashi
Jacob, Brenda Lynn
Jacob, Natalie Ann
Jacobus, Julie L.
Jacques, Randall Scott
Jakubisin, Nancy Joann
Jamison, Mark Edward
Janakievski, Vancho
Januska, Laurie Ann
Jardine, Robert Scott
Jarvi, Aaron Lee
Jaynes, Beth Ann
Jeannin, Isabelle Josette
Jeffire, Thomas William
Jenkins, Julianne
Jensen, Scott Byron
Jizhar, Daniel
Johansen, Robert Edward
Johnson, Francine Kay
Johnson, Leonard Jay
Johnson, Lisa M.
Johnson, Naomi Denise
Johnson, Richard Edward
Johnson, Rochelle Marie
Joly, Jody Steven
Jones, Jennifer L.
Jones, Mark W.
Jones, Ms. Paula R.
Jones, Renee Lynn
Judoprasetijo, Agoes Hermanto
Juhasz, Elizabeth Marie
Just, William D.
Kabbara, Fawzi Monzer
Kalle, Laurie M.
Kallinicou, Nicolas Loizou
Kaminski, Scott John
Kammerer, Joanne
Kang, Jane Eunha
Kao, Ming-Tse James
Kaplan, Joseph M.
Kase, David Warren
Kasper, Jeffrey Daniel
Kau, Ing Chuan
Kazdin, Brian Louis
Keene, Janice Anne
Kelley, Brian S.
Kelley, Crystal Dawn
Kelly, Timothy Arthur
Kerzman, John Miles
Keysor, Keith Brian
Khol, Kathleen Lee
Kiko, Theresa M.
Killian, Dorothy A.
Kilrain, Patrick S.
Kim, Kwan-Bo
Kimerline, Ruth Janeen
Kindy, Christopher James
King, Daniel P.
King, Janel Renee
King, Todd Allan
Kinley, Karen L.
Kint, Robert William
Kirwin, William Joseph
Kitchen, Bruce Everitt
Kitchen, John Harold
Kleinknecht, Steven D.
Knabe, Scott A.
Knauber, Cheryl Lynn
Knott, Kirstin J.
Knouse, Todd Louis
Ko, Brian L.
Ko, Guo-Hwa
Kobyra, James Anthony
Kohn, Michael Douglas
Kok, Pick Cheang
Kondoleon, Nicholas Louis
Koper, James Francis
Koppes, Jeffery Allen
Kostelac, Michael Thomas
Kozich, Suzanne Catherine
Kramer, Robert Donald
Kraus, Douglas Alan
Krause, Deanna L.
Krawczeski, Richard Anthony
Kristofic, Eric Francis
Kroplin, Kelly Renee
Krug, Joseph A.
Kruglinski, Thomas Philip
Krumel, David Frederick
Krumesc, Susan Lee
Krzys, Deborah Ann
Kuhlman, Keith Francis Mari
Kuhr, Jeffrey Allen
Kurtz, Kyra Ann
Kuzarevski, Dijana
Kyle, Barbara Jean
Lahmon, Kimberly Lynn
Lambert, Jill Ann
Lambeth, Stephen F.
La Motte, John Edward, Jr.
Landever, Michelle Toby
Lane, William Ronald
Langguth, Brian James
Langhals, Peter Carl
Latta, William C., II
Lattimer, David John
Lawrence, Holly Louise
Leach, Terrence Gregory
Ledford, Becky Cathy Lynn
Lee, Angela
Lee, Judy
Lee, Mark Daniel
Lehmann, Edward Nearing
Leonard, John Jeffrey
Leonard, Ray E.
Lester, B. Keith
Levasseur, James Alan
Lewis, John Randall
Liakos, Gregory J.
Liftis, Alexander M.
Liggins, Timothy Eugene
Likens, Anita Marie
Lin, Hsien-Jen
Lindquist, Joni Kay
Links, Gretchen Kay
Linn, Laura Jane
Linville, Anne E.
Lipkin-Hart, Susan Marlene
Lis, Timothy Matthew
Liu, Paul Zhi Cheng
Liu, Waikit
Livingston, Cherie Lynn
Loh, Chai Sheong
Lohmeyer, Jeffery R.
Lohr, Kevin Ross
Lojek, Michelle Lynn
Lombardi, Mark Antony
Londot, Kevin Todd
Long, Larry Leland
Looney, James Andrew
Lord, Dr. Kenneth Richard
Louwers, Robert Joseph
Lucas, Robert Lee
Lucrezi, Piero Domenico
Lugo Juan, Marisol Del Rosario
Luke, Troy Luther
Lustgarten, Glenn Barry
Lutz, Dale Michael
Macali, Robert Samuel
Machen, Martha Ann
Madanski, Joseph John
Maerker, Michele Elaine
Magnacca, Anthony Joseph
Mahaffey, Mikele Elaine
Majeska, Brian John
Majumdar, Chandra S.
Makruski, Edward Dennis, II
Malcolm, Stephen Clark
Malhotra, Manoj Kumar
Malloy, Michael W.
Manev, Biljana

CLASS YEAR LISTINGS — CLASS OF 1988

1988 (Cont'd)

Manning, Jim Craig
Mansaray-Dura, Agnes Adama
Margard, Werner Le Roy, III
Marik, James Rudolph
Marino, Christopher James
Markey, Matthew Robert
Marshall, Dennis Oliver
Martin, Jeffrey Scott
Martin, Patrick John
Martin, Richard Joseph
Martin, Wayne Donald
Mason, Daniel Scott
Mathews, Robin Renee
Matney, Douglas Clayton
Mattson, Linda Ruth
Maxey, Richard Melvin
Mazor, John Arthur
McBean, Shelley Lynn
Mc Beth, Steven James
Mc Cabe, Frank Ralston, III
Mc Cann, Gregory John
Mc Carthy, Brian Michael
Mc Carty, Betsy Kerr
Mc Cord, Cynthia Lynne
Mc Cuen, Jeffrey Scott
Mc Cullough, Mark Cooper
Mc Daniel, Ronald L.
Mc Donald, Timothy S.
Mc Dowell, Karla Renee
Mc Farland, Cheryl Lynn
Mc Garry, Timothy Lawrence
Mc Ginnis, Terry Michael
Mc Ginty, Thomas Patrick
Mc Kelvey, Stephen James
Mc Laughlin, Mark William
Mc Manus, Joseph M.
Megyesi, Jeffry Allen
Mekus, Scott Alan
Mellum, Steven Dale
Melton, Jody Lynn
Meng, R. Christopher
Meyer, Philip Bernard
Michaels, Cindy Hershberger
Michota, Laura Lizbeth
Mihnovets, Peter Alex
Mikolajczyk, Julia Marie
Miller, Christopher James
Miller, Mark Stephen
Miller, Steven R.
Milligan, Joseph Andrew
Milsom, Paul, II
Minnery, James Andrew
Minnich, Sharon Marie
Miskinis, Patricia Cecilia
Mitchell, Richard Flannery
Modlich, Heide Sue
Moll, Braden Kent
Mong, Julie Anne
Montello, Lisa Marie
Mooney, Kathleen J.
Moore, David Russell
Moore, Michael Roger
Moore, Paul Thomas
Moore, Scott Lawrence
Morgione, Nicholas Gerard
Moskovitz, Rex Alex
Moss, Jeffrey T.
Mulford, Molly Ann
Mulhollan, John Steven
Mullan, Steve Michael
Munshi, Perseus Boman
Murphy, Margaret Mary
Musarra, Anthony Todd
Muzechuk, Tracey Lynn
Myer, Mark William
Myers, Carol Marie
Myers, Jonathan Kent
Myers, Robert Steven
Naegele, Darci A.
Napier, Rodney Ellis
Nebbergall, Mark A.
Nedved, Susan Ann
Neidengard, Gayla Rae
Nespor, Andrea K.
Newcomer, David Alan
Newcomer, Thomas Richard

Newman, Angela Dawn
Newman, David Michael
Newman, Douglas Allen
Newman, Lisa Ann
Newman, Teri Ellen
Ng, Kim Hoe
Nguyen, Thanh-Lan Thi
Nickell, Jodi Lynn
Niedzwiedz, Edward Robert
Niermeyer, John Erik
Niitsu, Nobuo
Nikolai, Theodore Aloys
Nissimov, Talli
Norris, Jeffrey A.
Nowak, Dennis Jay
Obojski, Debra Lynn
Ochenkowski, Danuta
O'Connell, James Patrick
O'Grady, Kerry Lee
Ogrinc, Susan Rose
O'Leary, Thomas Martin
Oliver, Steven Matthew
Oliver, William Alan
Olney, Christopher Allen
Ondich, Jeffrey Joseph
Oppenheimer, Jill S.
Oravetz, Michael Scott
Ostermeyer, Donald Paul
Ostrander, Kenneth Alan
Paat, James Christopher
Pak, Chong Man
Palm, Bobbie Lyne
Paltani, Richard Peter, Jr.
Palte, Bernadette Mary
Parfitt, Todd Temple
Parikh, Ashi Sarvabhaum
Parke, Julie Ann
Parker, Bill F.
Parsons, Cynthia Lee
Passen, Ronald John, Jr.
Patel, Lisa B.
Patton, David Allen
Paul, Stephen Moro
Pauly, Thomas Howard
Pavloff, John Michael
Pawluk, Lew Jaroslaw
Pellegrini, Michele Marie
Penkal, Dave Scott
Pennella, Mauro Luigi
Pentz, Paul E.
Pepe, Thomas F.
Perrico, Michael Albert
Pestich, Susan Lee
Petersen, Kenneth John
Petrofski, Donna
Petruska, Richard James
Pettenski, Robert Joseph
Pfeiffer, John Henry
Pfeiffer, Mark Edward
Phillips, Jay Evan
Phipps, April Lee
Picault, Herve Marie
Pinkelman, Colleen Marie
Pinnix, Tracy Sue
Pinzone, Vincent John
Pitstick, Si Alan
Pitts, Kevin M.
Pitts, Terry L.
Plant, Lisa Jane
Poderys, Andrew Stephen
Pogany, Andrew Nicholaus
Pollock, Kathleen Elaine
Pollock, Steve Whitting
Pompili, Teresa M.
Poole, Ms. Christine Marie
Porter, Galt Mertin
Porter, Ray L.
Prass, Mark Allen
Prendergast, Joseph Patrick
Pribanic, Deborah Ann
Price, Edward Matthew
Price, Gary Benjamin, Jr.
Price, Jeffrey Scott
Proper, Leonard John
Prosser, Erica M.
Protopapas, Mira Lynn

Pruss, David Joseph
Pryor, J. William, Jr.
Pugh, David Alan
Puppel, Darin Daines
Puthoff, Kent Ryan
Queen, Michael Andrew
Quilling, Christine Carol
Race, Adam Thomas
Rady, Stephen George, III
Rager, Aaron Scott
Rahman, Nurur
Raj, Mark Jonathan
Raka, Cherachit
Ramey, Allen Franklin
Ramsay, Lynn Denise
Rankin, Tim Alan
Rawlins, Roger Lee, Jr.
Ray, Jeffrey Johnson
Rea, Michael J.
Reade, Patrick Reginald
Reeb, Ronald Jay
Reed, Cynthia Kay
Reinmann, Karen Marie
Reitz, Anne Jeannette
Remynse, Michelle Marie
Rengel, Patrick R.
Rengert, Ann Christine
Renie, Elizabeth Ann
Rettstatt, Douglas William
Reyes, Sarita Susanne
Rice, Bruce Daniel
Richard, Paul F.
Richardson, Kelly Jo
Richmond, Ms. Dale Philippa
Riddle, Eric G.
Ridenbaugh, 2LT Rudy Lynn, USAF
Riege, Patricia Eileen
Ries, Jack Leighton, II
Rieser, Bernard Joe
Rietenbach, Heidi
Riffle, Jennifer Dawn
Rine, Thomas Allan
Rinker, Sherri Lynn
Rinker, Terri Ann
Ristefft, Stephanie
Ritchie, Barbara Williams
Rives, Dominique Michel
Roark, Vicky Lynn
Roberts, James Russell
Roberts, Robin Lynn
Robertson, Michael Wayne
Robinson, Leslie Anna
Robison, Darrolyn Jean
Rodoski, Gregory Allen
Rodriguez, Marco
Roe, Kenneth R., II
Roeper, Michael
Roeser, Mark David
Rogers, Alan Dale
Rolfes, Elizabeth M.
Roncevich, Nancy Colleen
Roncone, Edoardo Paolo Pasquale
Rooney, Philip Lee
Root, Robert Glen
Roper, David Kirk
Rose, Christopher Alan
Rose, Jacqueline L.
Rose, Jennifer Tracy
Rosenstein, Andrew Lewis
Rosenston, Jerald Mark
Ross, June Marie
Ross, Kyp Lodge
Ross, Lucia Lenaye
Rossi, James
Roth, Wendy Susan
Rothman, Kimberly Blair
Roush, David Leo
Rownd, David Berry
Roy, Rex Charles
Ruble, Sharon Ann
Ruccia, Nicola
Ruch, Donna Anne
Ruckman, David Elvin, II
Russell, Michael Patrick
Sabharwal, Sunil

Salisbury, Jeffrey A.
Saloom, Joseph T., Jr.
Salopek, Steven Michael
Sanders, Randy L.
Sandry, Thomas Michael
Sargeant, Sherry L.
Sarver, Timothy Laurence
Sater, Leanne
Saters, Brenda L.
Scalia, Anthony Joseph, III
Scarff, Joseph Andrew
Schaffner, David Jack
Scheetz, Michael Allen
Schehr, Margaret Susan
Schetter, Kristine Ann
Schiciano, Jeffrey L.
Schiefer, Valerie S.
Schimmoeller, Randall H.
Schmidt, Eric Scott
Schmidt, John Eric
Schmidt, Mark Alan
Schmoll, Karen Lee
Schneider, Andrew P.
Schoepf, Paul George
Schrage, Michele Susan
Schramek, Bradley Walter
Schryver, Christina Louise
Schuster, Albert Frank
Schweiger, Ronald Roy
Sciarini, Denise Ann
Scott, Mark Jeffery
Scroggie, Jeffrey Alan
Sebold, David John
Seeling, Kim A.
Seibert, Todd Frederick
Seide, Michele S.
Shaw, Daniel Kevin
Shaw, Jennifer Lynn
Shay, Ruth A.
Shea, Daniel Joseph
Shepard, Laura Jean
Shepherd, Sally Blair
Shin, Sung Ho
Shinaman, Jeffrey Lee
Sholtis, Susan Marie
Shomaker, Lori Ann
Shrader, Sandra Catherine
Shull, Gary John
Shultis, Richard M.
Shunk, Kimberley Anne
Sielatcki, Phillip Patrick
Simmons, Russell Alan
Simonetti, Richard Francis
Singer, Krista G.
Slesnick, Brian D.
Slobodzian, Jane Ann
Smetzer, Todd Norman
Smith, Bryan Kendall
Smith, Gregg Andrew
Smith, James Scott
Smith, Kent Callander
Smith, Peggy Lou
Smith, Rachel Michele
Smith, Ralph Kevin
Smith, Teresa H.
Smith, Todd J.
Smith, Tracy Kara
Smucker, Carolyn Sue
Sng, Chee Yong
Snider, Thomas Hern
Snyder, Francis Joseph
Snyder, Patricia L.
Solimine, Joanne
Somera, Amy Jo
Son, Sungae
Sonkin, Jeffrey Marc
Sooy, Ryan Sam
Sordi, Lisa M.
Spear, Christine Ann
Spees, Bradley Allen
Spires, Brian R.
Spivey, Michele Sedlock
Spornhauer, Tod Powell
Stanic, Sean A.
Stark, Julia Elizabeth
Stasiewicz, Karen Lee

Stead, Michael Lee
Stebel, Paul Edward
Steenrod, Mitchell Dean
Steffl, Timothy Robert
Stephan, Kristina V.
Sterle, Michael J.
Stevenson, Kimberly Ann
Steward, Scott D.
Stewart, Scott Andrew
Stock, Laura Frances
Stockdale, Jeffrey Allen
Stone, Andrew Leslie
Striley, Paul D.
Strout, Donna Lee
Stubbs, Michele Anita
Stumphauzer, Theodore Joseph
Sukendro, Dino
Sutariya, Urvi Bakul
Sutton, Mark Bradley
Svendsen, Sherene Gardner
Swabby, Christopher E.
Swarts, Robert Brian
Sweeney, Joseph Michael
Swilik, Janet Lee
Swineford, Lisa Jean
Tacy, Ricky Neal
Taneff, Nikolina
Tang, Dahlia
Tasney, Robert Gordon
Taylor, Dorothy Elizabeth
Taylor, Jeffrey Scott
Tegethoff, Laura Ann
Terrill, Susan Irene
Terry, Ramona Diane
Tharp, Todd James
Thogmartin, Curtis Keith
Thompson, Allyson Joanne
Thompson, Bonita Lynn
Thompson, Cindy Ogle
Thompson, Glenn W.
Thompson, Tod Darrin
Thornton, Judy Diane
Threm, Roxane Renee
Tien, David Alan
Timmons, Ross Alan
Tirpack, Karen D.
Tjia, Erman
Tjia, Erwin
Tjuatja, Kasimin
Tobler, Ted Joel
Toh, Su Tian
Tomasek, Randolph Joseph
Tornes, John Joseph
Torok, John Marshal
Torski, Diane Lynn
Tortorella, David Mario
Trisel, Brooke Alan
Troyan, Gregory Michael
Troyer, Maryann
Tsai, Wei Tei
Tucker, Ms. Miriam Ann
Tymoszczuk, Michael William
Ubbing, William J.
Ulm, Kimberly Ann
Vaio, Timothy Michael
Van Hove, Randall Brown
Van Kuren, Mary A.
Van Putte, 2LT Michael Allen, USA
Vari, Tery Albert
Varner, Donna Ruth
Vasquez Weber, Angelita O.
Vazsonyi, Shana Lynne
Vellky, Tim Christopher
Verity, Cindy S.
Vigil De La Parr, Luis Ricardo
Vinciguerra, Joseph Charles
Vishey, Joseph John
Vogel, Kevin I.
Vogt, Lori Alicia
Voorhies, John B.
Wade, Jeffrey Clayton
Wade, Kevin D.
Wagner, James Lowell
Walczak, Jeffrey J.
Walker, David James

Wallace, Lori A.
Waller, Janet Marie
Wallick, Ms. Ronda Kay
Walton, Charles De Wayne
Wang, Chao-Wen Julia
Wang, Chun Ming
Wang, Hwaijiin
Wanucha, Robert Shawn
Ward, David Charles
Ward, John H.
Ward, Thomas Allen, II
Washington, Janis Anita
Watson, Anne Bauer
Watters, Sheila Renae
Weaver, Glenn Allen
Weaver, James Ralph
Webel, Curtis George
Wedlund, Gary La Vern
Wehrman, Gerald Robert
Weisgarber, Patrick Lee
Weiss, David Bryan
Weiss, Lauren Elizabeth
Weissberg, Susan Beth
Weisz, Bradley Eugene
Weitz, Kellie Jo
Weitzel, Mark Andrew
Welch, Christopher Stewart
Welch, Debra Rena
Welch, Nancy Ellen
Wertz, Ann Elizabeth
Westbrook, Grant Allen
Wetta, William Andrew
White, John Vincent
Wichman, Kenneth George
Wickerham, Monty Paul
Wiegandt, Eric John
Wiggins, Cheryl Diane
Wilcox, Diana Gay
Wilcox, Kathryn Jean
Wilke, Mark Edward
Wilke, Robert N.
Williams, Steven Kirk
Williamson, Timothy K.
Willis, Pamela Sue
Wilson, Curtis Lamar
Wilson, David Alan
Wilson, Kelly Lynn
Winch, John Jeffrey
Windle, Paula Helene
Wingeard, Douglas Keith
Winslow, Susan Michelle
Wisbith, Judith Lynn
Wiseley, David Alan
Wiseman, Mark Nathan
Witzman, Robert Anthony
Wogaman, James Martin
Wolfe, David Kenneth
Wolfe, Steven Matthew
Wolff, Frederic Paul
Woods, Thomas John
Woodward, Tracey Anne
Wooten, Julie Lynette
Worth, Brian Edward
Wortham, Judy Marie
Wright, Debora
Wright, Nathan Earl
Wu, Sandra Jones
Wurzelbacher, Richard David
Wyatt, Cheryl Lynn
Wynne, Peter M.
Yates, Gretchen Lynn
Yeo, Lay Kuan
Yoakum, Molly Ann
Yoho, Franklin Hess
Yost, Douglas Christian
Young, Christine Luce
Young, Mark William
Zadkovich, Robert J.
Zakrajsek, Gregory Thomas
Zawadiwskyi, Michael D.
Zehnal, Scott Daniel
Zeppernick, Ronald R.
Ziegler, Teresa Jayne
Zisserson, Jerome
Zuppas, John Nicholas

GEOGRAPHICAL (Residence) LISTINGS

ALABAMA

ALEXANDER CITY
Layman, Robert P., '55

ANNISTON
Jarzen, Thomas M., '67
Polatty, James Marion, Jr., '74

AUBURN
Niebuhr, Dr. Robert Edward, '77

BIRMINGHAM
Bammerlin, Jay Richard, '77
Beard, Walter H., '26
Bertsch, John Robert, '82
Byron, Charles Donald, '59
Eddowes, Dr. Elizabeth Evans, '53
Fisher, John Earl, '48
Friedman, Richard Alan, '75
Graham, Eugene Moores, '67
Hatten, Kevin Bernard, '80
Haver, Francis E., '58
Knight, CAPT James E., USAF, '67
Mazzolini, Joan Marie, '83
Mehallis, Gus E., '75
Nebergall, David A., '60
Perry, Lynn Rathburn, '52
Pitzer, Woodrow W., '48
Rodgers, Joseph T., '47
Russell, Dr. Edward Samuel, '57
Seas, Bryan Edgar, '86
Slessman, John W., '57
Smith, Jerry Phillip, '80
Walker, Voltaire C., '76

CRANE HILL
Baldwin, Louis B., '33

DADEVILLE
Snyder, Billy Murray, '48

DEATSVILLE
Brooks, LTC Randall Ernest, USAF, '72

DECATUR
Swoope, Willie Mason, '78

DOTHAN
Forster, Kent B., '67
Lloyd, Kenneth Rolland, '69

FOLEY
Rea, Albert J., '53

FORT PAYNE
Carrick, Frank Leslie, '68

GUNTER AFB
Cunningham, 1LT William Ralph, USAF, '84

HATCHECHUBBEE
Lauer, Dale Ellis, '68

HELENA
Smith, Charles Michael, '76

HUNTSVILLE
Brightwell, Jack H., '56
Carstens, David John, '79
Cregar, Evelyn Buxser, '49
Givens, Donna Lynn, '81
Lioce, Nicholas, Jr., '60
Miller, Mabry Batson, PhD, '81
Oliver, Harold E., '50
Sheehy, LTC James John, Jr., '75

MADISON
Townley, Arthur Charles, '79

MCCALLA
Sabo, Kerry Steven, '81

MOBILE
Boughton, Donald S., Jr., '52
Finch, Joseph M., '52
Henry, Donald Max, '47
Kennedy, Thelma Darlene, '79
Kern, Richard J., '48
Starkey, Frank J., '34
Weakley, Jerry Thomas, '71
White, Susan Hill, '73

MONTGOMERY
Barbara, Henry Felix, '69
Burley, James R., '57
Hudspeth, LTC Edwin George, '58
Kelly, Kent Rogers, '64
Krieger, COL Thomas Bert, '59
Mullins, Barbara Sue, '84
Solze, MAJ James W., Jr., '62
Starkey, Ralph E., '50
Stripling, Howard E., '59
Thompson, Richard E., '53
Waefler, Larry E., '60
Westlake, MAJ James Jay, USAF, '76
Young, Dr. James Douglas, '63

MOUNTAIN BROOK
Dickinson, Robert Peet, III, '68

NORTHPORT
Austin, Dr. Kenneth Roy, '73
Vogel, Gregory Crooks, '70

OZARK
Birkmeyer, Patricia Keplar, '49
Reinhardt, Richard Edwin, '70

PELHAM
Zigli, Larry E., '64

PRATTVILLE
Bachelor, LTC James T., '67
Bock, Lowren Alvin, '55
Cannon, David W., '61
Perkins, LTC Larry Farnum, '69

ROBERTSDALE
Huprich, Carl A., '40

SPANISH FORT
Hinger, Carl E., '55

SYLACAUGA
Ferrick, Mark Edward, '72

TUSCALOOSA
Mayer, Morris Lehman, PhD, '61
Penz, Anton Jacob, PhD, '47
Stone, Dr. Robert Neil, '80
Williams, Evan John, '80

WEAVER
Linscott, Richard E., '55

ALASKA

ANCHORAGE
Baker, John Glenn, '82
Bernhart, Robert L., Jr., '67
Fitzgerald, Peter Ross, '77
Gorton, COL Kenneth B., Sr., '56
Malinverni, COL Albert, USAF(Ret.), '63
Minnery, James Andrew, '88
Pfeifer, James E., CPA, CLU, '61

CHUGIAK
Haines, Robert Merrill, '70

EAGLE RIVER
Fullenkamp, Dana Lewis, '84
Moser, Thomas Alan, '78

GIRDWOOD
Preis, Peter, '69

WASILLA
Gantz, Richard Owen, '47

ARIZONA

AHWATUKEE
Davies, John David, '50

CAREFREE
Carpenter, Jeane Blanton, '49
Wilkinson, Betty Peppard, '30

CASA GRANDE
Forker, Penelope Goggin, '82
Garza, Judy Elick, '62
Schieser, Stephen James, '74

CHANDLER
Hiteman, Richard Lee, '76
Snyder, Scott Allen, '77
Stickney, Philip Michael, '77

COOLIDGE
Dixon, Norwin L., '53

FLAGSTAFF
Grape, Dr. Eugene F., '55
Price, R. Wayne, '70
Richards, Dr. Emory Hunt, '71

FORT HUACHUCA
Crawford, LTC Brian Edward, USA, '70

GILBERT
Carrico, Donald J., '67
Leslie, John Marvin, '83

GLENDALE
Burnett, Rodney Allan, '82
Compton, Charles E., '57
Kryk, Gary Stanley, '73
Lindeman, William Scott, '86
Logsdon, Mrs. Delores E., '84
Lustig, Gregg Robert, '77
Maier, Ted, Jr., '54
Marcum, Mrs. Jodine A., '86
McCracken, Charles H., '48
Scott, Dean Elman, '49
Skeens, Norman E., '58
Sonchik, James Robert, '75

GLOBE
Carpenter, Edward Carl, Jr., '72

GREEN VALLEY
Daley, Clayton Carl, Sr., '51
Flower, Richard H., '40
Lightburn, Belle Keys, '44
Lisle, Herbert Allen, '40
Myers, Wayne Harvey, '34
Relyea, William Thomas, '48

KEARNY
Vine, George H., '49

LAKE HAVASU CITY
Ferguson, Ralph Kenneth, '49
Gaumer, John R., '41

LITCHFIELD PARK
Guest, Dr. James Douglas, '75
Ritchey, James, '60
Scott, Gerard Crane, '51

MESA
Attias, Cindy Joy, '85
Carlisle, Robert Mc Kenzie, '72
Chaney, Loyal Floyd, '43
Davison, Richard Curry, '86
Dunn, COL James S., USA(Ret.), '36
Hancock, William Frederic, '47
Haskins, Curtis Lee, '78
Hutt, Roger Willard, '66
Karaffa, Raymond Andrew, '73
Klepinger, John R., '52
Kruger, 2LT Scot David, USAF, '87
Lax, Ronald H., '54
Linder, Lori Jean, '78
Mac Ewen, William Earl, III, '68
Mach, Paul Phillip, '77
Neill, Rondal Eugene, '79
North, Kathryn Brandts, '47
Opperman, Steven James, '87
Patton, Gary M., '65
Price, James R., '36
Purcell, 2LT Howard P., Jr., USAF, '87
Purcell, Mrs. Kathleen D., '87
Romito, Ronald Andrew, '69
Stoimenoff, Mark Dennis, '76

NOGALES
Kenyon, William A., '47

ORO VALLEY
Hershberger, J. Peter, '42

PARADISE VALLEY
Allen, Richard H., '55
Austin, Stephen J., '63
Bohannan, Robert C., Jr., '41
Brotherton, Earl E., '49
Burdette, Richard E., '48
Carroll, David William T., II, '70
Nosky, Richard E., '58
Townsend, LTC Robert H., USAR(RET.), '40
Zimmerman, Richard C., '49

PARKER
Sigg, Joseph Ray, '74

PAYSON
Adams, Dan Boyd, '41

PEORIA
Cox, T.J. Ted, '52
Moore, 1LT Robert George, Jr., '83
Wandrey, David Darryl, '78

PHOENIX
Albaugh, Robert S., '52
Alexander, Donald G., '57
Benaglio, Bruce Joseph, '83
Blair, David Alan, '68
Braun, Thomas W., '66
Brodegard, William Connelly, '81
Burger, Corrine M., '85
Burger, Joseph Valentine, '86
Cain, William Scott, '72
Catalfano, Joseph Paul, '84
Ciminello, Michael L., '71
Cirata, John Richard, '85
Crafton, Mrs. Linda K., '81
Craine, William J., '51
Croyle, Philip Jerry, '77
Cummings, Mikel Brent, '79
Davies, Howard E., Jr., '67
Decker, Jeanine Eilers, '76
Decker, Lance Lindworth, '76
Dimmick, Neill Tison, '64
Drozdowski, Stanley Michael, '61
Duffy, Mary Kay, '86
Etemad, Niloofar, '83
Evans, Stephen M., '83
Evers, Brian Lee, '69
Fisch, John Raymond, '88
Fochtman, Edmund Leo, Jr., '59
Forbes, James R., '50
Gibson, Thomas Allen, '80
Gombar, Joseph R., '56
Gorchoff, Mark E., '70
Gordon, Mrs. Martha Mahaffey, '32
Gould, James B., '59
Graham, Alan Thomas, '71
Greenberg, Michael Alan, '74
Greene, Dr. Jay Robert, '61
Grunstad, Dr. Norman Lee, '72
Hambor, Paul Bernard, '70
Haney, Delbert, '74
Haney, Virginia Rodic, '73
Herbert, John D., '54
Hess, Jimmie Dale, '79
Hohenbrink, Anthony Mark, '83
Houghton, Mrs. Kathryn, '49
Houghton, Paul D., '47
Jaynes, Mark Steven, '82
Jorgensen, Michael Keith, '81
Jorgensen, Susan Bauer, '81
Karpinski, MAJ William John, '68
Kaufman, Gale Eugene, '83
Kline, LTC Doil Franklin, USAR, '50
Kluger, Esther Abrams, '46
Landis, Dean C., '57
Lauback, Joan B., '78
Lewis, Sam H., '39
Livsey, Roberta, '77
Lizanich, Gregory Charles, '76
Locker, Raymond Mark, '74
Lucart, Benjamin R., '51
MacIntosh, Henry C., Jr., '49
Macurak, Michael Joseph, '78
Mc Donald, Thomas C., '51
Mc Kinney, Karl Morton, '68
Mollman, Anthony D., '56
Neuerman, Donald Bruce, '74
Noonan, Philip Gerard, '80
Norling, Richard E., '52
O'Connor, Francis E., '50
Oertle, John C., '52
Olds, John G., '50
Parrott, James T., '63
Payant, Peter, '58
Pielsticker, Robert Francis, '75
Reiss, Barry A., '58
Roll, Marjorie W., '31
Russ, David Charles, '77
Scheel, Kurt R., '81
Setnar, Pamela Faith, '83
Shearer, Roger E., '50
Sherman, Ricky David, '80
Siferd, Sue Perrott, '87
Sims, William Robert, '57
Sinkey, James S., '49
Smith, James Lester, Jr., '82
Smith, William Avery, '58
Smith-Daniels, Dr. Vicki L., '83
Spencer, James Hazelton, '59
Stilwell, Mrs. Lisa J., '80
Sussman, Leonard Michael, '83
Tyo, M. Jane Krieg, '53
Weinstein, Howard J., '49
Weiss, Howard Dale, '67
Wertheim, John T., '66
Wichterman, James A., '61
Woollum, James N., Jr., '51

PRESCOTT
Franke, Norman F., '32
Riebel, David, '59
Smith, Gerald Robert, '59
Utley, Lizabeth Jane, '73
Wallace, LTC William B., USA(Ret.), '51

RIO VERDE
Liller, Clarence, Jr., '50

SCOTTSDALE
Adams, Wilson O., '59
Albert, Timothy David, '80
Allen, Robert Mc Queen, '33
Altmaier, Robert David, '51
Ballinger, Edward Phillip, Jr., '79
Brindle, James L., '40
Callahan, Raymond Scott, '75
Cannata, Frank R., '53
Cartee, William Franklin, III, '79
Chase, Jon Melvin, '79
Cochran, Douglas L., '38
Cole, Claudia Ann, '84
Corbett, Julia Ann, '85
Corrigan, David T., '62
Danitz, Jeffery John, '73
Dean, H. William, '49
De Long, James George, '68
Di Cerbo, Michael R., '55
Dorsey, James J., '56
Ertel, George E., '68
Fetter, Alan Robert, '70
Giller, Thomas W., '81
Gordon, Michael M., '77
Haines, Christopher S., '82
Henry, Glenn Alexander, '47
Hoskins, Herman B., '48
Juergens, Robert S., '63
Keller, John Guy, '49
Kermode, Lawrence G., '59
Langford, W. Franklin, '73
Lawrence, Ms. Melanie S., '79
Laybourne, Stanley, '71
Lustig, LTC J. Merwin, USA(Ret.), '35
Martin, Dix Edward, '68
Mehalko, Kim, '76
Mettler, Richard E., '50
Miller, Dr. Frederick Byers, '40
Mohney, John F., '54
Orf, Gary Lee, '69
Orr, Charles Emory, Jr., '61
Patterson, Calvin Francis, '48
Poje, Kenneth John, '75
Porter, Carol Marsh, '81
Powell, CAPT Edgar Samuel, Jr., USN, '51
Reed, Jack Howard, '53
Rees, Donald P., '55
Reynard, Kenneth Edward, '55
Rosenthal, Donald, '58
Rostas, Ronald James, '74
Rumsey, Richard A., '59
Scheiber, Sara Jane, '81
Schwartz, Frank Louis, '85
Scott, Florence Ray, '58
Sherwood, Stuart C., '30
Stephan, Theodore R., '50
Stokes, Sheila Woods, '79
Studeny, W. Richard, '51
Thompson, Larry Alan, '73
Tvert, Steven Paul, '74
Ullman, Patricia Daphne, '82
Walker, Carol Wickerham, '79
Windnagle, Dana Roeper, '80
Windnagle, Daniel Thomas, '77
Wolfinger, James Alex, '81
Wulff, Margaret Wiles, '80
Zappe, LTC John A., (Ret.), '51

SEDONA
Hill, Chester Robert, Jr., '42
Hubbard, J. Rex, '50
Troppman, George L., '47

SIERRA VISTA
De Vol, Mark Alan, '82
Segal, 2LT Gary W., '78

SUN CITY
Boone, Jeanette Spangler, '42
Cape, Hays A., '30
Davies, Spencer T., '48
Houdeshell, Alice K., '36
Jelliff, Edwin H., '40
Juergens, Arthur W., '33
Kyle, C. Donald, '24
Purcell, Roderick N., Jr., '59
Ruff, Warren D., '43
Stelzer, Henry E., '41
Tharp, Floyd M., '53
Whitehouse, Ralph L., '25

SUN CITY WEST
Beck, John Edward, '53
Borchers, John A., '41
Bouve, Robert William, '74
Crain, Frank D., '54
Dailey, Daniell Leonard, '42
David, Michael D., '42
Gonter, Clarence A., '32
Iams, Paul F., '37
Mauk, Charles E., '39
Nudd, Harold B., '35
Zartman, John C., '47

SUN LAKES
Mc George, Ernest W., '42
McGeorge, Sherman B., '48
Sample, Paul A., '48

TEMPE
Benkel, Jeffrey H., '86
Bobbitt, Amy, '85
Boehm, Edward Charles, Jr., '66
Collins, Julie Blower, '83
Coogan, Janet Elizabeth, '82
Davis, Dr. Keith, '52
Harris, Dr. William Henry, Jr., '48
Kilgore, MAJ William P., USAF(Ret.), '64
Partch, Jenifer Janet, '79
Reighley, James A., '81
Rozanczyk, Gary Allen, '74
Samp, Stephen Neale, '86
Schlacter, Dr. John Lathrop, '66
Showalter, Debra Ann, '81
Swartz, Dr. Teresa Anne, '81
Swisher, David William, '65

TUCSON
Adams, Mrs. Louise Crafts, '48
Allerding, Paul E., '47
Andreas, David A., '74
Badertscher, Kenneth R., '61
Barefield, Dr. Russell M., '66
Berg, Lawrence E., '55
Berkley, H. William, '48
Best, Raymond E., '51
Beyer, Bruce Stephen, '74
Bird, Dr. Dillard E., '38
Bussey, Frank J., Jr., '39
Byers, Donna Aher, '68
Carlson, Dr. Eric Walfred, '75
Cohen, Sylvia Meizlish, '44
Conn, William C., Jr., '48
Crocetti, Robert James, '70
Crooks, J. Robert, '48
Cvitkovich, Edward G., '62
Di Cicco, Mrs. Cecille, '31
Dobras, Darryl B., '65
Earl, Donald W., '23
Evenchik, Bernard C., '53
Felix, Dr. William Leroy, Jr., '70
Flippo, Dr. Edwin Bly, '48
George, Gale William, '81
Goldman, Stuart Mattis, '69
Gralton, Paul M., '60
Grice, Fred R., '33
Griest, Mrs. Marilyn Shackelford, '50
Hayes, George Harris, '47
Henceroth, Stanley W., '37
Hill, Leslie Guy, '48
Hoying, Pamela Millard, '84
Hueston, Harry Raymond, II, '75
Hurley, Thomas J., '66
Hutchison, Robert M., '52
Iaconis, Mrs. Lori L., '81
Irwin, Clayton J., '29
Kemp, Zail H., Jr., '48
Kendis, Leroy D., '35
Kleespie, Dr. Dee L., '61
Kurtz, Elizabeth Davidson, '38
Lambert, Robert Booth, '41
Le Vora, Jeffrey Scott, '82
Lewis, Wilbur H., '53
Ludwig, Christopher William, '81
Lynch, Mary Carroll, '42
McDougall, James P., '79
Messner, Betty De Huff, '45
Mills, William Myers, '50
Milward, Dr. H. Brinton, '73
Moranz, Marvin, '40
Ness, Shirley Vogelsong, '47
Nicola, Theodore W., '55
Nutt, Joseph E., '59
Odell, Ronald F., '67
Patterson, William Sherman, '47
Plummer, Carl Kerr, '29
Porter, Robert E., '49
Rak, Richard R., '52
Rogers, Mary Ellen, '85
Rose, Edward Junior, '33
Rose, Ruth Plaine, '34
Rowley, Janet Lynn, '84
Sankey, Douglas W., '39
Saul, Kenneth L., '49
Schonberg, Theodore F., '46
Shane, James D., '51
Shough, David E., '61
Siers, Howard L., '48
Swanson, Anita Musser, '77
Verner, Katherine Lee, '81
West, Hon. James Randolph, '68
Witherspoon, John C., '48
Wonders, William K., '67
Zinsmaster, John Nolan, '69

YUMA
Byall, Mac C., '34
Meklus, Pamela Jean, '83
Waring, Gerald P., '45

ARKANSAS

BATESVILLE
Krichbaum, Dean C., '56

BLYTHEVILLE
Miller, Scott Louis, '84
Stahr, LT Michael Allen, USAF, '85
Wolfe, CAPT Dwight Eldon, '79

CONWAY
Brownfield, Isaac H., '51

EL DORADO
Elliott, Joann Matechek, '53

EUREKA SPRINGS
Allen, Bradley Eugene, '80

FAYETTEVILLE
Hay, Dr. Robert Dean, '54

HARRISON
Rose, Forest Adrian, '30

HOT SPRINGS NATIONAL PARK
Newby, James E., '58
Wood, Donald Jack, '68

HOT SPRINGS VILLAGE
Castor, Thomas A., '47
Hamel, Cyrillus J., '53
Klamet, John J., Jr., '54
Melick, Robert L., '53
Springer, Jack V., '53

JASPER
Lucas, Joseph Garnett, '37

LITTLE ROCK
Devine, Thomas B., Jr., '54
Goetz, Timothy Max, '85
Lawrence, Dr. Clark Baker, '79
Nagelson, Russell Charles, '67
Neunherz, Neil E., '33
Pinkerton, James E., '58
Rebich, Michael Samuel, '74
Tyrrell, Brent E., '64

NORTH LITTLE ROCK
Ford, Joseph Bruce, '63
Jenkins, LTC Willard Dolphos, USAF(Ret.), '57
Moorehead, John Clifford, '72

ROGERS
Jones, Thomas Richard, '69
Pepple, Lon J., '69

RUSSELLVILLE
Brandt, John Truman, '81
Wright, Martha Berlin, '38

SEARCY
Underwood, Lea Carlton, Sr., '27

STUTTGART
Evans, Richard Harrison, Jr., '58

CALIFORNIA

ACTON
Smith, Charles G., '69

AGOURA
Brutto, Mark Michael, '74
Howard, Craig Douglas, '72
Phillabaum, Volitta Cheryl, '84
Sickles, Clifton Bert, II, '74

AGOURA HILLS
Fidler, Mrs. Melanie Sue, '85

AGUA DULCE
Murrer, Andrew Joseph, '73

ALAMEDA
Galyk, Walter M., '52
Grappo, Michael A., '40
Haegel, Charles Joseph, '76
Lind, Samuel Lee, '83
Madro, Joseph C., '40
Wourms, William Francis, '71

ALAMO
Jenkins, Mary Ann Work, '46
Jenkins, Palmer Lee, '47
Rockey, Robert Daniel, Jr., '62
Zaiko, Dennis Walter, '72

ALBANY
Mears, Edward Frank, '70

ALHAMBRA
Bopp, Mrs. Mary Margaret, '85
Byrnes, Donald Kenneth, '75
Locke, William Mead, '42
Rush, Robert Hamilton, '84
Yeo, Mei Geok Gloria, '85

ALPINE
Nichols, Larry Allen, '64

ALTADENA
Callan, Kevin Nathan, '78
Oddou, Michael Joseph, '75

ALTA LOMA
Lutz, Richard A., '53
Walker, David Carl, '46
Walker, Mrs. Martha I., '45

ANAHEIM
Clark, Mary Hershberger, '39
Erkkila, Barbara Burr, '53
Evans, Richard Allan, '46
Gregg, James R., OD, '37
Hardesty, Jeffrey Lynn, '78
Lano, C. Jack, '49
Lee, William Anthony, '68
Martin, Janice Morgan, '55
Meyer, Jean Murphy, '49
Montecalvo, Richard Leonard, '66
Pierce, Joel Edward, '80
Pritchard, Alvin C., '47
Repic, Patricia De Blass, '56
Ruflin, Larry J., '65
Schnaufer, Albert A., '61
Thomas, Richard Philip, '58

ANAHEIM HILLS
Weinberg, Jack, '64

ANTIOCH
Arnett, David Denver, '75
Metcalf, Allan Lee, '77
Rollins, Daniel Patrick, '83
Sweet, Dave Norman, '82
Sweet, Mrs. Kathy D., '82

APPLE VALLEY
Hoskinson, Arthur M., '40
Mc Cormick, Donald Blair, '57

APTOS
Deetz, S. William, '38
Stewart, Hon. William Luke, '41

ARCADIA
Bentz, Ernest J., '43
Karch, Lloyd E., '46
Macklin, James H., CPA, '66
Napoli, James Edward, '83
Page, Wayne Edward, '70
Stoner, Robert L., '59
Zemer, Jack, '48

ARLETA
Worthen, Patricia Ann, '76

AROMAS
Stanhope, Michael A., '66

ARTESIA
Kuo, Yu-Yun Tristan, '82

ATHERTON
Mac Blane, Mrs. Carolyn Holcomb, '48
Mac Blane, Donald Robert, '49

AUBURN
Rowe, William M., '47

BAKERSFIELD
Beam, John Cresap, '70
Cobb, Robert Earl, III, '84
Detrick, Gary William, '72
Zoppel, Dr. Richard R., '42

BALBOA
Dobie, Mark Robert, '87
Goodman, Lee Jay, '87

BANNING
Ohlemacher, Elinor Dixon, '44

BARSTOW
Cheatham, LTC Calvin W., Jr., '73

BEALE AFB
Beebe, CAPT William David, USAF, '81

BELL CANYON
Gross, Leon, '56
Schaffer, Arthur C., Jr., '50

BELMONT
Barnes, Michelle Anne, '86
Bianco, Don D., '62
Biddle, Paul L., '66
Gay, Hobart H., '42
Haidle, Betsy Jean, '78
Illian, Stuart H., '85

BELVEDERE-TIBURON
Asiano, William Edward, '49
Stotter, Lawrence Henry, '56

BENICIA
Kerekes, Laura Turner, '80
Valentine, Harry Mc Walter, III, '76

BERKELEY
Brady, Dr. Ronald W., '60
Brandstetter, Edward G., '66
Braunstein, Dr. Baruch, '26
Broscoe, Andrew, '23
Cooper, Ross Craig, '86
Dishnica, Richard James, '68
Hagerty, Lawrence V., '40
Long, William Carl, Jr., '38
Mixer, Joseph R., PhD, '49
Yip, Benjamin, '87

BEVERLY HILLS
Abney, Mary Lou, '81
Aminzadeh, Hossein G., '80
Aminzadeh, Parvaneh Ansari, '80
Barry, Michael Jay, '75
Beckler, Howard E., '55
Fishbein, Alex J., '35
Fries, Charles W., '50
Gandolf, Stewart A., Jr., '82
Gould, Edward J., '20
Hackman, Michael D., '78
Lurie, Devera Feldman, '47
Phillips, William John, Jr., '81
Simon, Sidney M., '46
Teitelbaum, Myron, MD, JD, '51
Uhl, Robert Wayland, '68
Willson, James Douglas, '37
Winer, Scott David, CPA, '86
Young, Martin Douglas, '54

BLYTHE
Ong, Kwok Tow, '75

BONITA
Hiatt, William Douglas, '56

BONSALL
Thrasher, David Randolph, '64
Warner, Mrs. Wayne E., '58

BOULDER CREEK
Oldfield, John F., Jr., '43

BREA
Close, Robert K., '48
Havern, J. Greig, Jr., '86
James, William Richard, '51
Reed, John Thomas, Jr., '87
Walsh, Michael Lee, '86
Wilcox, Glenn R., '52

BUENA PARK
Bender, Ronald C., '62
Lockhart, Edward L., '49
Lockhart, Louis V., '48

BURBANK
Donovan, John Paul, '71
Foust, Kenneth Warren, '75
Gaines, Irwin L., '38

BURLINGAME
Holzemer, Franklin M., '33
Mc Cune, William Thomas, '45
Terranova, James Alan, '75

BYRON
Lugar, John Timothy, '69

CALABASAS
Sekinger, James Edward, '83
Solon, Melvyn M., '61

CAMARILLO
Nguyen, Thanh-Lan Thi, '88
Yang, Rocky Tai-Thin, '81

CAMPBELL
Chamberjian, Robert G., '52
Griffeth, David Eugene, '76
Langley, MAJ John Lowry, USAF(Ret.), '39
Mc Bride, David Myers, Jr., '79
Mc Bride, Rebecca Balthaser, '79
Robinson, Philip Roland, '59
Smith, Mark Stephen, '75
Snyder, Dennis L., '69

CAMP PENDLETON
Sheets, Mrs. Andrea Helaine, '88
Sheets, 1LT Dennis Todd, USMC, '86

CANOGA PARK
Brent, Carol Smith, '57
Brooks, Julius, '42
Koesters, George R., '51
Mabry, Steven Craig, '72
Roman, Dennis N., '66
Santarelli, Francis O., '67
Strauss, Martin, '72
Waugh, Richard Belden, Jr., '65

CANYON COUNTRY
Hanson, Mrs. Linda A., '74
Mihalco, James A., '56
Tuck, Randall Scott, '72

CANYON LAKE
Brucker, Jack Edward, '74
Wicke, Werner R., '59

CARDIFF-BY-THE-SEA
Krahenbuhl, Richard Louis, Jr., '82

CARLSBAD
Bahorski, John Bosco, '85
Corbett, Colleen Marie, '86
Egan, Patrick Joseph, '78
Haubert, Harry Lee, '72
Kennan, Richard C., Jr., '58
Swisher, Glenn R., '61

CARMEL
Kaiser, Richard W., '50
Varga, S. Gary, '68
Walker, George R., '50

CARMEL VALLEY
Hall, Sherwood E., III, '66

CARMICHAEL
Carroll, James Vincent, '39
Davis, Richard Stillwell, '51
Evleth, Mrs. Jane H., '46
Hallerman, Ellen Marzolf, '50
Leopold, Mrs. Jill A., '79
Mullins, Mrs. Cynthia Cook, '71
Williams, LTC Douglas L., USAF(Ret.), '51

CARSON
Protenic, John Joseph, '80

CASTRO VALLEY
Ives, Robert W., '35

CATHEDRAL CITY
Lovejoy, Howard C., '40
Zucker, Jeffrey Stuart, '77

CERRITOS
Kim, Mrs. Mee K., '84
Kim, Peter, '85
Ray, Eric Earl, '87
Spriggs, David M., '55
Veazie, Walter H., Jr., '62

CHATSWORTH
Marshall, Edward Lyle, '58

CHICO
O'Neill, Michael Foy, '66
Poor, Louis S., '35

CHINO
Holowienko, John Henry, '84
Scudder, Albert, Jr., '81

CHINO HILLS
Brayshaw, Bruce William, '85
Kucera, James D., '65
Melnyk, Andrew, '80

CHULA VISTA
Gillespie-Best, Kim Leslie, '82
Rodgers, Miles E., '39
Stuart, George F., '52

CITRUS HEIGHTS
Beery, CAPT Edward Neal, USAF, '78
Edwards, John William, III, '75
Foft, Michael Jon, '63
Huffman, Greggory Randall, '82
Mc Kee, Michael Allen, '71
Patterson, Ray Pope, '74
Patton, MAJ Thomas R., '54
Penwell, LTC Gary William, USAF(Ret.), '67

CLAREMONT
Beal, Thomas Lee, '68
Dunn, Michael W., '53
Fox, Dr. William Elmer, '51
Henrie, Homer Hudson, '31
Mann, Maurice Murl, '67
Niemeyer, David Norbert, '69
Sathe, Dr. Vijay Vishwanath, '72
Schram, Fred Robert, '72
Wilce, James M., '49
Wilce, Mrs. Phyllis Rairdon, '50

CLAYTON
Mitchell, William Stephen, '74

COLTON
Brown, Mrs. Robin L., '83
Prentice, Thomas Christopher, '78

CONCORD
Buckingham, Ricky Scott, '81
Fowler, Harry Lee, '78
Hartman, Robert Carl, '55
Katz, Sharon L., '83
Wickett, Robert Peter, '86
Wilson, Raymond E., '47

CORONA
Burton, George Wilson, '72
Fisher, Richard Ivan, '66

CORONA DEL MAR
Marrinan, William Charles, '81
Miskinis, Lisa Maria, '80
Weisenbach, James Paul, '74

CORONADO
Creager, CDR Hugh Gunder, '71
Davis, COL Robert John, USA(Ret.), '50
Gammon, Isabel Forsythe, '46
Klein, Daniel L., '47
Mc Kay, CDR Frank W., USN(Ret.), '37
Totterdale, Dr. Gwendolyn, '74

CORTE MADERA
Holdstein, Russell S., '68
Schoch, Glenn Eric, CPA, '75

COSTA MESA
Burkhart, John E., '62
Fay, Genny Marie, '86
Gustafson, David C., '38
Jarboe, Terry Elizabeth, '80
Johansen, Robert Charles, '73
Jusek, Gerald Joseph, '82
Lowrie, David Richard, '80
Rottman, Richard R., '49
Schneider, Jeffrey Lee, '82

COTO DE CAZA
Grimes, Thomas Hugh, '39

COVINA
Goodballet, Robert F., '48
Moser, Flora Hassel, '45
Spitzer, George L., '48

CRESTLINE
Reynolds, Randolph Roye, '69

CULVER CITY
Apfel, Raymond Allan, '81
Johnson, Merlyn K., '54

CUPERTINO
Anderson, Donna G., '83
Buel, Roger C., '56
Lopez, Ms. Julie Ellen, '86
Messenger, Kathryn Thomas, '44
Schirtzinger, Warren R., '80
Scott, Martha N., '45
Stroth, Herbert F., Jr., '50

CYPRESS
Mc Cann, Christine Marie, '85

DALY CITY
Carter, Julius Harland, '46

DANA POINT
Brody, Debra Dunlap, '79
Homleid, Gordon Mark, '79
Mattimoe, Robert Andrews, '78

DANVILLE
Bang, Thomas Donald, '77
Burton, Mrs. Ann L., '66
Carr, Frank B., '61
Robbins, Nelson Lee, '69
Rosenbaum, Richard R., '50
Wyatt, Jack Douglas, JD, '68
Zabrycki, Edward Andrew, '71

DAVIS
Mackey, Stephen J., '82

DEATH VALLEY
Weber, Roger M., '60

DELANO
Jones, Kenneth Frederick, '56

DEL MAR
Canning, Steven Roy, '73
Kaine, Gary Howard, '68
Newman, Dennis A., '34
Reiff, Ted Curtis, '69
Schulken, Eugene Petteway, Jr., '81
Swartz, Nancy Lecklider, '69
Wood, Philip J., Jr., '37

DIAMOND BAR
D'Souza, Dr. Patricia Veasey, '81
Gibson, Bruce Dudley, '78
Stambek, Mrs. Jennifer A., '82
Uhrmann, Carl J., '54
Weinland, Jeffrey Carlton, '78

DOWNEY
Greene, Frederick Otis, '68
Pak, Chong Man, '88

DUARTE
Brillhart, B. Robert, '59

DUBLIN
Schrote, Thomas Alan, '81

EL CAJON
Archer, CDR Raymond Aubrey, USN, '69
Brown, Lynne Ellen, '84
Gregg, Barry Alan, '80
Langendorf, LTC William H., USA(Ret.), '48
Lucas, Frank R., '56
Thiemann, Joseph David, '85
Twining, CDR Geraldine F., USN(Ret.), '51
Van Raaphorst, Richard W., '66

EL CERRITO
Egger, Shelley Blass, '80

ELK GROVE
Silvers, Kimberley Gail, '78

EL SEGUNDO
Campbell, John Stuart, '57

EL TORO
Condit, Rebecca Chase, '74
Daily, Cynthia Jones, '87
Early, Creighton Kim, '75
Grammer, Cathryn Louise, '76
Hyle, Thomas Paul, '69
Kohler, Kerry Lee, '71
Majewski, James Edward, '73
Mc Manamon, Tracy Brian, '79
Watson, Shirley Louise, '51
Wilden, Kenneth Thomas, '71
Zehnal, Neil J., '58
Zink, John A., Jr., '84

ENCINITAS
Brown, Mrs. Anne, '83
Georgeson, Angelo John, Jr., '72
Inskeep, Daniel C., II, '73
Olnhausen, Eric, '80
Ritley, Donald Gerard, '72
Weber, Sue Ellen, '83

ENCINO
Berg, Paul B., '62
Dorin, David, '48
Martin, Charles Wayne, '77
Martin, Marcia Z., '77
McCord, James W., '63
Woods, Mrs. Mary C., '47
Ziff, Barry, '41

ESCONDIDO
Burke, Robert L., '51
Craine, Irwin A., '57
Harmon, William H., '48
Krichman, Alan R., '53
Pike, Granville E., '49
Schwickert, Steven James, '79
Steimle, Daniel Edward, '70
Swain, James Robert, '78

EUREKA
Hackmann, Jack Anthony, '70
Lawson, Dr. Donald F., '62

FAIR OAKS
Hoeffel, Lois Bond, '53
Hoeffel, Thomas R., '54
Kardish, Mark Stanley, '74
Kinsey, William Paul, '64
Loftus, Betty R., CFP, '65
Mc Guire, Dwight M., Jr., '51
O'Neill, James E., '67
Schra, Ms. Lisa Lianne, '81
Van Sluyter, Charles K., '66
Weidle, Thomas L., '65

FALLBROOK
Chick, Stephen C., '50
Kreglow, Lew Coffman, '32
Summers, Ernest, '49
Underwood, Robert V., '49

FELTON
Hickok, Howard N., III, '62

FOLSOM
Hilscher, Frank J., III, '50
Holkko, John E., '49
Norris, Dwight Lee, '56
Roberts, 1LT Randy D., '75

FORT BRAGG
Fulk, Dr. Richard Harold, '53

FORT ORD
Monagan, Mrs. Carla Kitt, '86

FOSTER CITY
Cullen, Richard Thomas, '73
Price, Ralph Earl, '70
Schreiber, Bert Z., '61
Tidwell, Christy Mc Cann, '67
Tidwell, Robert Hudson, '69
Wanucha, Robert Shawn, '88

FOUNTAIN VALLEY
Beaver, Donald E., '56
De Shon, Susan Morris, '82
Donovan, John L., '51
Fawcett, J. Scott, '59
Horvath, Charles John, CPA, '77
John, Tedd M., '59
Keple, Kirk Harold, '68
Mc Millen, James C., '58
Schlezinger, Marvin A., '49
Smith, Cathy Mc Dowell, '75
Smith, Gerald Duane, '67
Stahura, Edward F., '58
Wisemiller, James Patrick, '69
Young, Woodrow Cyrus, '68

FREMONT
Bergrun, Clark Robert, '73
Zack, Raymond P., '81
Zontek, Mary Jean, '82

FRESNO
Adams, Paul Eugene, '46
Azzolina, David S., '83
Baker, Edgar E., III, '49
Burgess, James Henry, '50
Chen, Dr. Kuang-Chung, '78
Defrank, David John, '81
Gold, Bernard W., '38
Heberger, Mrs. Cheryl Eileen, '72
Main, William Allen, '80
Muth, Gilbert A., '40
Pratt, Basil P., '53
Shahrokhi, Dr. Manuchehr, '85
Toll, COL Robert M., (Ret.), '38

378 CALIFORNIA Fresno OSU COLLEGE OF BUSINESS

Fresno (Cont'd)
Weikert, Roy J., '48
Yazdipour, Dr. Rassoul, '87

FULLERTON
Fellows, Robert D., '63
Garlock, James W., '53
Hildebrand, Jeanne Baker, '49
Hilty, Clinton C., '54
Johnston, John N., '42
Keitlen, Mrs. Carla Ann, '86
Keitlen, Matthew N., '87
Mains, Donald J., '53
McCormick, John B., '33
Mc Donnel, Harold A., '63
Nixon, Robert W., '58
Oltmanns, Glen Allan, '58
Peck, Jeffrey Wakefield, '75
Pekarek, Robert C., '48
Poncin, Mark Robert, '79
Steward, Daniel Bryan, '84
Stodgel, Thomas O., '48
Weber, Alan Paul, '86
Woodruff, Robert Roy, '44

GARDEN GROVE
Buyer, Charles J., '60
Milford, James, '56
Stotzer, Andrew N., '82
Vara, Joseph A., '48

GILROY
Ailes, Joel Millard, '83
Wolverton, Mary Brown, '82

GLENDALE
Chema, Stephen Anthony, '83
Connery, Robert I., '48
Doane, Robert E., '36
Evans, David John, '79
Frank, Benjamin Franklin, Jr., '28
Kempthorne, Roy M., '52
Klotz, Dorothy E., '29
Kunkel, James Gregory, '73
Levison, Scott Perry, '80
Longmire, Laurette Ione, '81
Reitz, John Fredrick, '68
Rinehart, Kester Keane, '72
Sparks, Robert Earl, '62
Thompson, Craig R., '84

GLENDORA
Hannon, Charles W., Jr., '65
Westlake, C. Arnold, '40

GOLETA
Wolin, Roger Mark, '78

GRANADA HILLS
Duchac, Lawrence A., CPM, '57
Esselstein, Clarence L., '49
Friedman, Mark Allan, '68
Goldberg, Mark Isaac, '78
Martin, Shawn Alan, '72
Queen, Donald R., '58
Taylor, William Howard, '51
Young, LTC Thomas Robert, USAR, '67

GRASS VALLEY
Minke, John E., '48
Russell, COL Byron Howard, Jr., '56

GREENBRAE
Brooks, Nancy Ann, '56
Henderson, Jon Thomas, '75
Ward, Robert D., '62

GROVER CITY
Williams, Robert Thomas, '51

GUATAY
Alexander, Charles R., '57

HACIENDA HEIGHTS
Kirklin, Robert Boyd, '68
Knight, George M., '56
Lin, Thomas Wen Shyoung, PhD, '75
Whitmer, James R., '53

HANFORD
Clem, Luther Louis, Jr., '67

HARBOR CITY
Walter, Terry Lee, '79

HAWTHORNE
Campbell, COL Duane Denver, '57
Turner, LTC Richard Hugh, USAF(Ret.), '53

HAYWARD
Canfield, Howard T., '64
Chabek, Jack A., '48
Chubb, Richard K., '39
Long, Anne Sefcik, '49
Maxwell, Nan Lynne, '80
Salmere, Mitchel Benedict, '72
Strasburg, Dr. Louis G., '60
Woodyard, John Vincent, '59

HEMET
Carlson, Lloyd Orrin, '35
Walker, LTC Howard Edward, USAF(Ret.), '56

HERCULES
Colak, Anthony Joseph, '75
Ragias, Denise K., '78

HERMOSA BEACH
Baker, Eugene Thomas, '83
Baker, William Jeffrey, '82
Beatty, William Ross, '82
Briscoe, I. Lee, '48
Lawrence, Alan Philip, '74
Marushin, John Edward, '78
Ross, Alan Charles, '60

HIDDEN HILLS
Myers, Dr. Phillip Fenton, '60

HIGHLAND
Koh, Dr. Victor A. T., '85
La Gambina, Mrs. Kathy S., '79

HILLSBOROUGH
Brooks, David Alan, '61
Byer, Allan G., '49
Eisler, Benjamin D., '64
Grandle, Frank H., '49
Greene, A. Nelson, '67
Snyder, Richard Harter, '73
Tuhacek, Robert George, '67

HILMAR
Conrad, John L., '44

HOLLYWOOD
Turlo, Douglas Edward, '85

HUNTINGTON BEACH
Allen, Gary Michael, '69
Augenstein, Kathleen Marie, '86
Bame, Jerome M., '56
Branson, Gary Dale, '83
Brogan, Todd Allan, '85
Curry, Gilbert G., '47
Duston, Jon Christopher, '84
Ebner, Mrs. Laure Morgan, '85
Ewart, Kathleen Kimber, '84
Fernandez, Timothy Joe, '88
Gump, Robert Kinsley, '68
Heintz, William W., '51
Hoover, Matthew P., '87
Hsieh, Raymond H., '56
Kloboves, Edward Howard, '81
Leonard, COL Charles Francis, USAF(Ret.), '59
Martin, James Michael, '85
McCroskey, Matthew Mark, '83
Mc Daniel, Jenny Sue, '80
Murphy, Timothy James, '81
Pfeifer, Frank R., '48
Sharifzadeh, Hamid Reza, '80
Speciale, Ben Michael, '87
Stickel, Arthur G., '60
Teitelbaum, Hal Paul, '69

INDIAN WELLS
Baker, William George, CMA, CIA, '67
Paschal, R. Bruce, '49

INDIO
Mc Kinley, Martha Poffenberger, '31

INGLEWOOD
Marhover, Robert H., '63

IRVINE
Anderson, Richard Merrell, '83
Bagwell, Charles Barnum, '77
Bender, Gary Neal, '69
Campbell, Bruce J., '57
Caughey, Ms. Sarah Josephine, '84
Di Siena, Alfred C., '52
Edmondson, Jay Fredric, '57
Fellman, Joe, '31
Green, Debra Joan, '81
Groom, William Roland, '76
Grossman, Dr. Ronald S., '57
Haghighi, Joann Appel, '81
Haidet, Jeffrey Lin, '79
Harchol, Richard A., '54
Kehrer, Robert David, '70
Latham, Ms. Kathleen B., '63
Mannino, Frank P., '50
Marting, William L., '58
Mowers, Jeffrey A., '71
Mueller, Martin Geuder, '50
Newton, Amy Van Fossen, '84
O'Donnell, Chris Dunlap, '72
Pantano, Daniel F., '86
Quilligan, Betty Cleaton, '45
Reynolds, John Charles, '81
Robinett, Ross J., '83
Samuels, David Scott, '77
Schey, William F., '48
Shafer, J. Rick, '78
Simpson, Dennis W., Jr., '85
Slagle, John W., '78
Smythe, Robert C., '81
Spielberg, Harold G., '51
Stubbs, Gordon C., '33
Taylor, Cathy Roth, '75
Vinci, Michael A., '72
Wakefield, Mark Wright, '82
Zeisler, Jack F., CPA, '43

JAMUL
Biddle, James E., '64
Parish, Richard A., '65

KELSEYVILLE
Jensen, Patrick Lee, '83
Obenour, Robert W., '39

KENSINGTON
Eastman, Scott Allen, '78
Schulak, Donald D., '55

LA CANADA-FLINTRIDGE
Beddingfield, George E., '49
Evans, Dr. Robert Lewis, '58
Hatfield, Richard L., '51
Huston, William C., '53
Stover, Samuel C., '58
Woolson, William A., '53

LA COSTA
Hartman, LT Raymond Allan, '75
Mackey, Ms. Kelley S., '87

LA CRESCENTA
Buyer, Mrs. Mary Louise Hardy, '52
Buyer, Robert L., '51
Case, William Francis, '53

LAFAYETTE
Farrell, Henry L., Jr., '50
Haas, William Mitchener, '84
Hebble, David H., '63
Irons, John B., Jr., '65
Perry, Jack Robert, '48
Polisner, Jeffrey Donald, '61
Wessel, Sue Cailor, '51

LAGUNA BEACH
Clark, Michael Jeffrey, '73
Esko, Miles M., '61
Hagerty, Richard J., '49
Klosterman, Walter W., '50
Mac Rae, Murdock N., '51
Reedy, Richard Eugene, Jr., '66
Rodabaugh, CAPT Thomas Edward, USMC, '82
Rodriguez, Joseph Raymond, Jr., '73
Shaneman, Stephen C., CM, '71
Shumaker, Gregory, '74
Snyder, Frederick W., '64
Stillwell, Jon Lee, '79
Thomas, H. Jerome, '78

LAGUNA HILLS
Brown, W. Jerome, '41
Browning, Lori Beth, '86
Crawford, 2LT David Michael, '85
Enroth, LTC John E. M., Jr., USAF, '63
Erlen, Herman, '25
Fesler, Wesley E., '31
Griswold, LGEN Francis H., USAF(Ret.), '44
Hill, Douglas A., '67
Houdeshell, Monty Alan, '70
Kolesar, Richard R., '59
Korhan, Michael Gerard, '83
Lekas, William Charles, '74
Mandler, Seymour, '47
Mc Bride, Walter James, '78
Rowe, D. Craig, '79
Shumaker, Hugh Joseph, '40
Vorsheck, John Philip, '69

LAGUNA NIGUEL
Ballantyne, David A., '55
Clark, Ms. Pamela D., '81
Cooper, Ann Cianflona, '80
Davidson, Wilbur F., '39
Denman, Martha Armstrong, '57
Denman, Richard J., '57
Drass, Francis Bernard, Jr., '68
Fretz, Donald Richard, '70
Kelley, David C., '61
Kelly, Michael J., '57
Lencheski, Terry A., '69
Mueller, James Eugene, '82
Neely, Don H., '63
O'Shea, John E., '49
O'Shea, Norma S., '48
Ulrich, Jerry Neil, '75
Woll, John Frederick, '82

LAGUNITAS
Baker, Wayne Carl, '63

LA JOLLA
Adams, Thomas Joseph, '50
Anderson, David Cecil, '72
Birchfield, Gary Dale, '85
Burdick, Bruce L., '55
Chan, Joseph Chungchak, '75
Henry, M. Louise, '52
Hurwitz, Stuart Mark, '66
Jones, Thomas F., '33
Prior, John Alan, Jr., '60
Schechter, Ms. Jeanne Ellen, '85

LAKE ARROWHEAD
Spirtos, Thelma Vouis, '52

LAKE FOREST
Jenkins, Daniel Robert, '82
Jenkins, Lisa Wright, '81

LAKE SAN MARCOS
Brindle, Ted M., '34
Rector, Charles D., '49
Strawser, Lester C., '48

LAKEWOOD
Bilotta, Mary Karen, '87
Campbell, Robert Grant, '48
Elliott, Mrs. Constance A., '84
Elliott, Todd Christopher, '84

LA MESA
Chandler, Margaret Melinda, '73
Clark, Homer G., '34
Hunt, Mary Gilbert, '48
Lyman, Wells Byon, '66
Rubin, Joseph L., '59
Smith, Sarah, '57

LA MIRADA
Brauner, John E., '56
Hall, John William, '49
Ludwig, Thomas Allen, '68

LANCASTER
Sadivnychy, Daniel, '74
Swink, Charles V., '51

LA PALMA
Lopez, Richard D., '51

LARKSPUR
Gilberg, Robert, '50
Strand, Edwin N., '24
Walker, Stephen C., '70

LA VERNE
Cozad, Lyman Howard, '35
Stewart, John E., '58

LAWNDALE
Radigan, Matthew Brian, '84

LEUCADIA
Osborn, Myron Wallace, III, '71
Zacharias, Bernard Louis, '72

LITTLEROCK
Marshall, William Dale, '68

LIVERMORE
Goncher, Bernard A., '50
Sobers, Faye C., '65
Sobers, Thad, '59
Stewart, William Anderson, '81

LODI
Ismail, Sahar, '83

LOMPOC
Mc Peek, Roy D., '58

LONG BEACH
Boy, Jill Lynne, '87
Clark, John Nelson, '82
Coughlin-Ray, Mrs. Kathleen M., '87
Cruz, LTC David R., USAF(Ret.), '66
Dann, Theodore E., '68
Davis, Harvey Milton, '56
Davis, Timothy Lee, '81
Deardurff, Robert Joseph, '71
Draulis, Karlis Janis, '78
Durborow, Dana Jane, '84
Elliott, Ronald Patrick, '85
Fitzmartin, James Edward, '80
Fogle, Gregory Leon, '80
Jones, Mrs. Amy Lynne, '86
Kamer, Edward Paul, '69
Kuhn, Janet Louise, '78
Livingston, Mrs. Terri P., '82
Matik, Ronald Joseph, '64
Mayhue, Dr. Richard L., '66
Rike, Ray Scott, '85
Sherwood, Jay S., '53
Smith, Frederick Miles, '80
Thomas, Bruce Lee, '74
Trbovich, Tamara Lynn, '85
Williams, Ellen Louise, '82

LOS ALAMITOS
Bingham, Joseph G., Jr., '49
Birk, George E., '60
Davis, Linda Kathryn, '80
Delker, Connie Louise, '79
Poyar, Kenneth Lewis, '81

LOS ALTOS
Coleman, Kenneth Louis, '65
Essary, Ronald E., '66
Fuller, Mrs. Dolores M., '55
Grossman, George August, '41
Hunt, MAJ Harry Albert, USA(Ret.), '28
Kordt, Donald Fredrick, '57
Lertzman, Alan, '51
Taylor, Richard Breckinridge, '52

LOS ALTOS HILLS
Davey, Jack P., Jr., '51
Jorasch, Ronald E., '60

LOS ANGELES
Alberson, Julius Dalton, '71
Apathy, Dezso David, Jr., '74
Aschenbach, Douglas Lee, '81
Baker, Scott Lawrence, Esq., '81
Bilsing, Robert M., '65
Black, Suzanne J., '44
Bodey, Robert Stephen, '85
Borton, Dr. William Monroe, '38
Carlip, Allen R., '48
Casey, Daniel Kerry, '78
Cassidy, Julia A., '86
Chandler, Lesta A., '83
Chmara, Steven Michael, '86
Choy, Eugene, '63
Chu, Patrick Ming, '80
Coffey, Lee R., '64
Crabb, Mary Beth, '80
Day, Mrs. Winona G., '82
De Marco, Ralph Joseph, '80
Drexler, Robert Joseph, Jr., '80
Dynes, Dr. Patrick Swan, '79
Emmons, Ronald Z., '63
Engel, Brady D., '60
Fernando, Christopher Capili, '84
Firestone, Jill Rosenbloom, '86
Foster, James Frederick, '86
Fuller, Richard H., '38
Goldenfeld, Ernest A., '43
Goubeaux, Roger William, '59
Gribble, James Michael, '79
Holman, Alan Richard, '70
Holmen, Edward Allen, '78
Isoma, George John, '66
Johns, Gary Dennis, '68
Jones, Donald Kevin, '81
Jurkoshek, Albert Frederick, '73
Keegan, Linda Joan, '80
Kress, Evan B., '63
Kritzler, Robert Matthew, '80
Kulerman, Daniel, '47
Kwak, Chung Kil, '80
Lanka, George J., '47
Lee, Richard English, '50
Levy, Robert D., '47
Lewis, Paul Gad, '51
Lewis, Richard Philip, '69
Liberman, Stephen Victor, '68
Lindsay, Kristine Louise, '87
Malizia, Daniel Thomas, '82
Marks, Kevin Lee, '86
Marshall, Corey Steven, '86
May, Peter John, '81
Mercer, Robert A., '59
Okun, Sam Scott, '82
Page, James R., '55
Pastor, Jerome, CPA, '46
Praver, Edwin, '49
Praver, Joan R., '49
Price, Carrington Dwayne, '86
Renda, Dominic Phillip, '38
Roettcher, Philip, '77
Romain, Harold H., '30
Rub, Robert A., '47
Sadrai Nadjafi, Dr. Abbas, '72
Shaw, Milton Otis, '22
Silberman, Sanford, '41
Smith, Arlette Grigst, '71
Smylie, Don Alan, '69
Snyder, Mrs. Jeannette R., '32
Spoon, Jeffrey Dean, '85
Stafman, Joanne Karen, '83
Standen, William Gerard, '83
Stauffer, William H., '66
Von Glinow, Dr. Mary Ann, '75
Weisman, Daniel E., '53
White, Bruce Mage, '80
Wiley, William J., '60
Young, Ralph Stephen, '75
Ziegler, Herbert, '32

LOS GATOS
Beamer, David Lee, '66
Cicirello, Joanne Mary, '80
Lassettre, Pauline English, '57
Lingo, Edward J., '63
Paul, David Uri, '72
Pittenger, Wayne A., '62
Rodell, Robert G., '48
Summers, James C., '62
Vishney, Rene, '61

MALIBU
Borman, Burton B., '50
Diamond, Marvin A., '61
Doran, David William, '87
Young, James G., '57

MANHATTAN BEACH
Bjorn, Elizabeth Anne, '87
Faber, Gregory J., '79
Mc Kee, David Lewis, Jr., '80

MARINA
Duchak, LCDR George Demetrius, USN, '85
Duchak, Sonya M., '85
Shelby, LT Steve Allen, USA, '85

MARINA DEL REY
De Vore, Paul E., '71
Swider, Paula Marie, '79

MARTINEZ
Allman, William Dean, '73
Blass, Mrs. Christine Marie, '79
Carter, Dr. William John, '75
Marrinan, Mrs. Cynthia L., '84

MARYSVILLE
Heard, CAPT Wanda F., USAF, '83

MATHER AFB
Buchenroth, 2LT Steven Lee, '86
Scully, Mark Daniel, '87

MC CLELLAN AFB
Songer, CAPT Hubert D., Jr., '66

MENLO PARK
Baker, Richard Thomas, '48
Brown, COL Preston, USAF(Ret.), '49
Clarke, Lloyd A., '51
Ernst, Dr. Ruann F., '77
Handel, Dr. Christopher J., '73
Handel, Nancy, '73
Langdon, Larry R., '59
Poling, Thomas R., '49
Schultz, Albert L., '35

MERCED
Hohenbrink, Richard L., '53

MIDWAY CITY
Pantano, Mrs. Susan Faye, '87

MILLBRAE
Chickerella, Joseph A., '48
Kamm, Warren E., Jr., '44

MILL VALLEY
Black, Jeffrey, '78
Bronson, Ira C., '47
Combs, Thomas B., '64
Crichfield, Timothy Ryan, '72
Filbrun, Richard L., '65
Homsy, Susan Adams, '77
Kenney, Stephen Craig, '66
Masek, James Edward, '69
Miller, Chuck, '71
Scheibach, Robert P., '46
Stevens, C. William, '54
Wiener, Ms. Marti Block, '56
Williams, Antoinette Tepe, '78

MILPITAS
Heckman, George C., '51
Hoop, Charles C., '57
Jones, David John, '85
Lorber, Theodore, '28
Unites, Mrs. Joanne M., '85

MISSION HILLS
Austin, Thomas M., '58
Edge, Mrs. Rita Ann, '67
Maximo, Rodolfo Tan, '75

MISSION VIEJO
Bowen, M. Mauricio, '73
Fiantaco, John P., '57
Fox, George Wallace, III, '68
Fox, John Robert, '61
Gray, Ronald Stewart, '69
Hein, E. Stewart, '52
Herr, Scott Robert, '74
Lajoie, Dorsey Clutter, '54
Mihalick, Charles Rautze, Jr., '71
Porterfield, Brad Daniel, '84
Reames, Pamela Johnson, '75
Scanlon, James Phillip, '63
Schumann, James N., '59
Uhrig, F. Joseph, '66
Vogelmeier, Jeffrey Richard, '76

MODESTO
Belt, Richard L., '48
Lloyd, James N., '78

MONROVIA
Boyer, George D., Jr., '49
Fabanish, John Francis, '73
Fritch, Ronald Leigh, '81
Orosz, Bob Dale, '84

MONTARA
Feinberg, Michael Jai, '86

MONTEBELLO
DeFrain, Patricia Louise, '62

MONTEREY
Proctor, LTC Frank Tolbert, Jr., USA, '73

MONTE SERENO
Coffman, Ms. Sue Ellen, '64

MOORPARK
Knoch, James Michael, '80
Olkes, Sidney Alan, '72
Smith, Randall Scott, '78

MORAGA
Grisier, Richard F., '47
Meehan, Robert J., '55
Shigley, James N., '55

GEOGRAPHICAL LISTINGS San Francisco CALIFORNIA 379

Moraga (Cont'd)
Thompson, Lawrence R., '59

MORENO VALLEY
Kegerreis, Leland A., '21
Walter, Aida Herrarte, '50
Walter, Harvey L., Jr., '50

MORGAN HILL
Brenneman, Danny Lee, '80
Garnett, Forrest Roger, '67

MOSS BEACH
Royer, Michael Culbertson, '67

MOUNTAIN VIEW
Arcolino, John, '58
Cape, John T., '52
Labosky, Nick Andrew, '83
Lewis, Mary Anne, '50
Schonhardt, Robert Anthony, '77
Selby, Barton Garrett, '78
Swanson, Carol Joan, '87
Van De Mark, Herbert G., '41

MUIR BEACH
Buttress, John P., '65

NEWARK
Gall, Gary S., '65
Langdon, Paul R., '35
Monro, John Lee, '80
Raybuck, Dennis M., '74

NEWBURY PARK
Whitworth, Laurence Barry, '72

NEWHALL
Matiscik, Michael John, '83
Miller, Charles William, '62

NEWPORT BEACH
Austin, Ansel D., '47
Barrett, Brett Aaron, '86
Baumgardner, Loren L., '51
Blaine, Arnold, '49
Crawford, William John, '48
Dorsey, Clayton L., '48
Freeland, Mrs. Jerry, '58
Marks, David Nelson, '74
Mc Daniel, Richard A., '62
Meadows, Edward Lee, '69
Miskinis, Mark E., '86
Ryan, Kevin John, '84
Smith, Kevin D., '84
Smith, Susan M., '86
Steffy, David L., '65

NIPOMO
Lucas, Robert Gordan, '40

NORTH HIGHLANDS
Wingerter, Harold J., '51

NORTH HOLLYWOOD
Bonvechio-Mock, Mrs. Sue E., '76
Brown, Michael Timothy, '65
Cohn, Bernard (Bud) L., '59
Davis, Paul Gordon, '64
Dengrove, Jeffrey Stuart, '69
Elbrand, Marcy B., '81
Johnson, Sharon Marie, '80
Kutrosky, Elaine Mc Kenzie, '59
Rakestraw, Kevin Duane, '79

NORTHRIDGE
Annis, Warren C., '47
Aungst, Harry W., '50
Barnes, Patricia Trace, '49
Dankowski, James Eugene, '80
Fitz, Stephen John, '86
Ha, Dr. Chester C., '74
Muler, Leon K., '71
Pollack, Gary Jay, '79
Pollack, Sanford Miles, '65
Ruley, Stanley E., '55
Shapiro, Norman, '51
Steinbock, Don R., '49
Wagstaff, Roy J., Jr., '48

NORTON AFB
White, 2LT Craig Robert, '85

NOVATO
Bugeda, Michael Dennis, '73
Connor, James W., '50
Krotz, Charles Thomas, '82
Pfeffer, Clarence F., '54
Ryan, John Francis, '57
Sharp, William Cleveland, '40
Yappel, James Allen, '70
Yee, Ping K., '62

OAKLAND
Aurelio, Frederick E., '53
Beightler, COL Robert S., USA(Ret.), '50
Gilbert, Albert Crofton, III, '77
Kaylor, Larry L., '73
Lee, Carl Hopkins, '64
Rast, Edward, '68
Rast, Judith Seitz, '69
Reed, Scott George, '85
Rizzo, Theresa Lynn, '84
Ross, Harry Hurson, '31
Schimansky, Mark Alan, '73
Statler, Stephen Woodruff, '75
Williams, Larry J., '78

OCEANSIDE
Camstra, Margaret Kader, '84
Colner, Henry, '44
Gore, Arthur E., '42
Hower, 1LT Michael Jon, '85
Howick, Charles M., '39
Molnar, Ronald Eugene, '74

OJAI
Niehaus, Thomas A., '64

ONTARIO
Brahm, Ruthie T., '42
Mathews, Robert Eugene, Jr., '71

ORANGE
Barnhart, G. Michael, '77
Brudzinski, Robert Louis, '77
Dye, Linda Vallen, '79
Gage, Allen Dale, '79
Gottlieb, Robert H., '63
Mc Querrey, Larry R., '76
Musgrave, Thomas W., '51
Orzes, John J., '71
Parrish, W. David, '59
Walker, Robert Lee, '54

ORANGEVALE
Sedgwick, Robert Clell, Jr., '68

ORINDA
Foltz, William R., '59
Hornung, George J., '65
Hughes, Robert W., '36
Lewis, Robert Bonsall, '27
Tanoury, Mark Peter, '77

ORLAND
Strautman, Richard Vincent, '40

OXNARD
Hylan, S. Robert, '40
Korb, Thomas Alan, '81
Thornton, LTC Patrick Allan, USN, '85

PACIFICA
Bakan, Thomas John, '85
McKee, Ms. Beverly K., '79

PACIFIC GROVE
Ault-Warne, Mrs. Deborah Ann, '86
Hay, Wayne Moore, '73

PACIFIC PALISADES
Applegate, E. Timothy, '59
Burgin, A. Lad, PhD, '68
Ewing, Philip M., '43
Gooding, Dr. Arthur Eric, '73
Klamer, Reuben B., '44
Morrison, Fred (Curly) L., '52
Morrison, Sophie Snider, '50
O'Neill, Richard W., '47
Regan, Howard E., '56
Schneider, Virginia Westlake, '58

PALMDALE
Kibler, Vincent W., '57
Mohanan, Parathazathel, '79

PALM DESERT
Beadle, Harold, PhD, '50
Bond, H. Franklin, '31
Denwicz, Chester M., '51
Gerlach, James M., '56
Geyer, Christopher D., '82
Olmstead, Allen M., '40
Ruvolo, Donna Diane, '87
Taylor, Mrs. Donald H., '34

PALM SPRINGS
Cameron, Heather Grier, '68
Walker, Larry J., '59

PALO ALTO
Arnold, Josephine Hamburger, '47
Campbell, Dr. Edward J., Jr., '79
Finfrock, Carl Eugene, '58
Goodman, William W., '39
Johnston, Robert William, '63
Lesnick, Leonard M., '55
North, Harold L., '25
Raynak, Larry J., '62
Roskoph, Paul H., '60
Sherman, Mrs. Henrietta Kahn, '55
Wu, Maybeth Yeng, '59

PALOS VERDES ESTATES
Ferryman, Peter R., '59
Fresch, Eugene C., '50
Fresch, Jean Waggoner, '50
Gill, Dr. Lynn Edward, '68
Hancock, Edward C., '50
Palmer, Ervin Slater, '50
Pollowitz, S. Morton, '46
Whitcombe, David W., '57
Yeager, David Leroy, '85

PALOS VERDES PENINSULA
Cressor, Ann Fulton, '50
Cressor, Philip A., '50
Fukuzawa, Harutoshi, '57
Spence, John Chadwick, '52

PASADENA
Armel, Daniel Edward, '66
Bland, Reginald Eric, '77
Carpenter, Charles D., '36
Cross, Fenton E., '67
Cross, Joyce Esbenshade, '67
Dave, Robert O., '49
Denzel, F. William, '63
Erickson, Arthur J., '47
Fulford, John H., III, '72
Goldsmith, Claude Orville, '54
Goldsmith, Shirley Moore, '57
Haines, Arthur C., '38
Haring, Joseph E., '52
James, David Lorey, '53
Konrad, Joyce Serafini, '66
Lautzenheiser, Dennis R., '82
Mc Croskey, Kristy Lee, '85
Mc Keon, Gordon J., '56
Patrick, William B., '62
Pollock, Joseph H., '48
Pontius, Gerald Wendell, '33

PAUMA VALLEY
Neal, Orville Thomas, '56

PEBBLE BEACH
Blanton, Jane Ebersol, '39
Garrett, Samuel W., Jr., '47
Ulrey, Dr. Ivon W., '31

PENRYN
Starkey, Jerald Lynn, '70

PETALUMA
Gessaman, David G., '50

PIEDMONT
Garber, Alan Stanley, '72
Zerbst, Dr. Robert Howard, '73

PLACENTIA
Feeger, Paul A., '51
Gast, John Arnold, '47
Hart, John Thornley, '50
Moss, Mrs. Susan F., '81
Schaefer, William E., '55
Sterling, Judith H., '63
Sweeney, John J., '50
Turner, David R., '49
Waters, Kimberly May, '86
Yuan, Si-Hung, '82

PLAYA DEL REY
Kidd, K. Richard, Jr., '75
Spensiero, Gregg William, '87

PLEASANT HILL
Guy, Katherine Rose, '82
Herdman, Bradley A., '85
Stayton, Gerald Edward, '66

PLEASANTON
Griffith, Walter C., '65
Husted, Robert F., '37
Mac Nab, Dr. Bruce E., '59
Sanders, John Robert, '78

POMONA
Chiazza, Philip Angelo, '74
Chiazza, Sue Bergfeld, '77
Mc Namara, John S., Jr., '40

PORT HUENEME
Bader, Morton W., '40
Bialosky, Joseph I., '41

PORTOLA VALLEY
Brown, Patricia Sharp, '51
Eckstein, Richard K., '57
Moses, Franklin Maxwell, '41

POWAY
Bernsdorf, Nancy Hetsch, '52
Bernsdorf, Richard A., '52
Culbertson, Robert William, Jr., '71
Fisher, Robert Walter, '57
Hopkins, Jack M., '56
Juskalian, Berge A., '61
Matz, Rudolph W., '58
Roberts, Thomas John, '70

QUINCY
Noon, Ann Mc Ginnis, '60

RANCHO CORDOVA
Suter, Robert Sayers, '71
Wonderly, Michael Paul, '71

RANCHO CUCAMONGA
Innes, James Alexander, '85

RANCHO MIRAGE
Guy, Margaret Bartley, '37
Hall, Linn Vandervort, '25
Landefeld, Emil Ernest, '51
Lavin, David J., '45
Meena, Thomas E., Jr., '50
Traut, Mrs. Marjean Ross, '69
White, William Burval, '50
Zullo, Michael V., '60

RANCHO PALOS VERDES
Daiber, Hilda Buchmann, '57
Ellis, Harold Watson, '56
Fire, Gerald John, '61
Johnston, Donald Charles, '60
Knable, Sidney, '40
Matherly, Greg Alan, '86
Matherly, L. Kay, '87
Moss, John Joseph, '72
Neal, Jerry Eugene, '65
Swartzmiller, Burniel O., '49
Walklet, Thomas B., '58
Yoder, Dwight Jay, '67

RANCHO SANTA FE
Baze, COL Grant S., '47
Chitiea, Andrew J., '48
Glanz, Delbert E., '61
Vilbrandt, Jack R., '52

RANCHO SANTA MARGARITA
Jindra, Todd Robert, '78

REDLANDS
Astry, Philip David, Jr., '75
Christman, LTC Donald O., '66
Danielsen, MAJ Leland J., USAF, '66
Erie, Dan R., '57
Greenawalt, CAPT Patrick Louis, USAF, '82

REDONDO BEACH
Bowman, Robert Joseph, '82
Daum, Darlene M., '79
Ebenhack, George Thomas, '67
Fasick, Donald Joseph, '87
Galang, Michael Cirilo, '85
Henderson, Paul R., '49
Irwin, James D., '50
Kakara, Ms. Marjorie Schradski, '57
Kern, Christopher R., '64
Lingnau, Mrs. Theresa Marie, '84
Mosteller, Mrs. Leslie V., '81
Schade, Brian Bruce, '84

REDWOOD CITY
Forster, Carol Haskins, '54
Forster, David C., '54
Miller, Duncan Holliday, '71
Paganini, Guillermo F., '81
Paganini, Sharon Kaminski, '81
Schaffner, John G., '41
Theibert, Ms. Michelle Ann, '83
Wieser, Scott Allen, '84

REEDLEY
Denune, John R., '34

RIALTO
Borror, Caywood J., '51
Schumacher, William C., '57

RICHMOND
Bartz, Herman E., '49
La Force, William R., '50

RIVERSIDE
Baumoel, Kermit J., '46
Ehlert, James D., '51
Gylov, Mrs. Nancy Gingery, '53
Gylov, Palle R., '54
Haudenshield, Allen A., '47
Heckman, Larry L., '66
Kennedy, LTC Francis S., USAF(Ret.), '41
Kimmel, COL Robert E., USAF(Ret.), '50
Lafone, Barry S., '78
Morgan, Robert Glenn, '59
Morrison, Donald Colin, '48
Mulligan, COL Thomas C., '63
Ray, Ruth Shape, '52
Reid, William S., '41
Scher, Julius, '51
Stadelbacher, LTC Richard E., '60
Tracy, David J., '48
Williams, COL David M., USAF(Ret.), '55
Wilson, James Joseph, '35

ROCKLIN
Kaufman, Bruce F., '87
Northrop, Lynn Veronica, '75

ROHNERT PARK
Bell, Harvey E., '71
Rupp, Roger Ned, '61

ROLLING HILLS ESTATES
Browning, Alan D., '62
Lefkowich, Norman S., '51
Martin, Richard John, '67
Mc Conaughy, Dr. David H., '58
Vazzana, Martha Rigelhaupt, '67

ROSEVILLE
Bushong, Robert E., '56
Goddard, Mark Randolph, '70
Miller, Gary Irwin, '69
Quinn, Robert Collins, '80

ROWLAND HEIGHTS
Arnold, Wesley Eldon, '57
Garner, Richard N., '47
Girard, Donald Alan, '73

SACRAMENTO
Alexander, Dr. Priscilla Ham, '78
Brown, Dr. Ray Lee, '53
Daugherty, Harry A., Jr., '49
Eden, Dr. Charles Kornelius, '76
Eggert, John E., '84
Fackler, Curtis Lee, '78
Houghton, James F., '49
Johnson, Robbin Andrew, '69
Knoke, William Kenneth, '79
Massie, Kevin David, '82
Mc Grane, Michael Dennis, '76
Monsour, Mary Louise, '81
Pulliam, William Harrold, '68
Richardson, 2LT Daniel L., USAF, '86
Sailor, Joseph John, '51
Schoneman, Ralph Taylor, '80
Schoneman, Susan Lowry, '80
Suter, David Michael, '63
Taylor, Robert Charles, '78
Tootle, Dr. Columbus Edwin, '64
Walder, Martine E., '80
Wright, John J., '58
Zelvin, Samuel, '47

SALINAS
Butz, William Boyd, '78
Gala, James Chester, '74
McCray, Robert D., '52
Pennington, Richard James, '81
Popovich, Jacob John, '86

SAN ANSELMO
Turek, Arthur R., '65

SAN BERNARDINO
Ulery, Charles A., '49
Updike, Eleanor Ott, '47

SAN BRUNO
Duspiva, Dale F., '72
Landholt, Gerald Fox, Jr., '86
Schnelker, Norman T., '60
Watson, Gerald Edward, '52

SAN CARLOS
Benke, Donald Paul, '80
Harrelson, Mrs. Linda Sue, '82
Higinbotham, Mark Alan, '79
Jones, Donna, '84
Karp, Stanley Louis, III, '81
Marsden, Mary Pollock, '46
Warden, Thomas Michael, '82
Young, Patrick Terry, '69

SAN CLEMENTE
Bonifield, John Willard, '43
Bouman, Fred G., '51
Meacham, Louis William, '46
Parsons, Harry Voyt, '77
Parsons, Ronda Anderson, '82
Samples, Wayne G., '47
Steinbach, Jeannette Cecile, '81
West, Todd Blake, '82

SAN DIEGO
Allen, Steven P., '77
Anderson, Frederick P., '86
Andy, 1LT Joseph A., USMC, '84
Armitage, Laura Faith, '81
Barcroft, John L., '31
Bauer, Brent William, '84
Beam, Dr. Loudin J., '49
Belding, Sherman C., '54
Bush, Charles Joseph, Jr., '84
Carl, Charles T., '40
Cheng, William P., '67
Cockell, William Arthur, Sr., '49
Colley, Mark Christopher, '77
Cott, William M., '62
Crews, Thomas M., '82
Crouse, J. Mark, '78
Cusick, John R., '57
Dagil, Alan John, '81
Davis, Dr. James M., '37
DefeLippi, Brian A., '86
Dengler, Richard Allen, '80
Dickerson, Orville E., '67
Doody, Joseph Patrick, '86
Dop, Laura Reisch, '85
Dumpis, Andrejs Paul, '80
Faris, James Parker, '74
Fluhrer, Jacquelyn Lee, '85
Ford, Lawrence Royden, '65
Glassner, David Alan, '83
Glatz, Randy Wayne, '81
Gordon, Edwin Jason, '74
Happ, David Richard, '71
Hart, Theodore Emil, '30
Hasenstab, Ferdinand F., '57
Heidtman, Bonnie Susan, '84
Holland, Roy Morgan, '85
Howells, John E., III, '65
Inveiss, Andris Erik, Esq., '81
Jennings, Richard Louis, '62
Johnson, Don E., '56
Johnston, Dr. Kenneth Stanton, '62
Klein, Norma Kaufman, '54
Kluska, J. Michael, III, '82
Koch, Jeffrey William, '82
Krawczyk, Thomas James, '79
Kroviak, James, '72
LaMarche, Daniel L., JD, '79
Landschulz, Ms. Ann D., '85
Laurie, W. Randall, '82
Lones, Dorothy Richards, '43
Loomis, Barbara Solomon, '56
Lopresti, James Anthony, '68
Lusk, Stephen Wilson, '67
Mahaffee, Charles Lawrence, '71
Mc Cort, Ralph W., '49
Meara, Richard Carl, '72
Merkle, David Arthur, '83
Messmer, Donald Davis, Jr., '48
Miller, Freddie Scovell, '43
Milliken, Robert F., '67
Montag, Harold Anthony, '23
Morrison, John Carl, '81
Murphy, Thomas Walter, '80
Nasri, Ishac Dib, '68
Neal, William T., '64
Neuhart, John Michael, '87
Nolan, Richard L., '32
Norris, John Keller, '67
Norvell, Bruce A., '66
Nussbaum, Robert Stanley, '69
Opper, Gregg A., '78
O'Sullivan, Michael D., MSW, '80
Papaliodis, John, '51
Parks, Benjamin Franklin, '78
Parks, Robert C., '53
Petersen, ENS Douglas Kevin, USN, '87
Petersen, Mrs. Jean Marie, '87
Platt, Kenneth S., Jr., '68
Pohl, David H., '60
Poll, Mrs. Cindy Lou, '82
Rachel, Dr. Allen K., '66
Ray, Robert James, '79
Reily, Robert Faris, III, '86
Richley, Edward C., '23
Routh, Jay C., '39
Schoeppler, Scot Ross, '80
Schreibman, Michael Steven, '79
Scott, Barbara Jones, '51
Scott, John William, '49
Scurlock, MGEN Robert, USAF(Ret.), '54
Seneriz, Cynthia Aleida, '87
Shifman, Simon C., '33
Snider, Jeffrey Dail, '71
Song, Dr. Moon Hyun, '86
Stalter, Dean Clark, '77
Stone, Vickie Sue, '85
Swartz, Mrs. Laura J., '81
Sweeney, William Michael, '86
Talley, Craig B., '80
Taylor, LCDR Stephen David, USN, '86
Todd, Charles S., '35
Todd, Marcelline Thompson, '35
Vasil, Steve A., '64
Wang, Mrs. May L., '78
Wiedeman, Harold W., '43
Wight, COL Carroll H., USAF(Ret.), '56
Wilson, Melvin C., '39
Wimmers, Steven Harry, '73
Zak, Kenneth Allen, '84
Zinser, Gregory Richard, '76
Zuckerman, Harriette Swartz, '41
Zureick, Leo Joseph, '75

SAN DIMAS
Hagy, Kathryn Ann, '80
Williams, Gary Norman, '81

SAN FRANCISCO
Ackerman, Ms. Christina K., '83
Barkhurst, Richard L., '64
Blattner, James S., '56
Bobb, Richard Allen, '59
Bogner, John Eric, '76
Bradford, Dr. Robert H., '43
Bradt, LCDR Douglas J., USN, '65
Brumfield, Elizabeth Erste, '85
Bullock, Anthony Donald, '75
Camp, Mary Jo, '74
Caune, Norman Earl, '69
Chen, Shu-Ru Chiang, '84
Cockerill, Philip J., '65
Compton, Dr. Arthur J., '58
Coombs, Lori Ann, '85
Cybulski, Robert C., '65
Dantzker, COL Morris M., USA(Ret.), '55
Davies, David Steffen, '77
Diamond, CAPT John Joseph, Jr., USAF, '78
Dittoe, William E., '35
Downing, ENS Craig Allen, USNR, '86
Eggers, Philip E., '73
Eisenberg, Gilbert, '58
Figurski, CAPT George Andrew, USA, '81
Foley, Martin E., '35

380 CALIFORNIA San Francisco OSU COLLEGE OF BUSINESS

San Francisco (Cont'd)
Forsythe, 2LT Scott Allan, '87
Foscardo, George D., '67
Franz, Richard Thomas, Jr., '86
Friedman, Mrs. Shari Dozoretz, '84
Gallisa, Ricardo, '85
Gieb, Donald Edward, '74
Gilberg, Elaine Sarbin, '50
Gray, Barbara Jo Grosskopf, '70
Hadeler, John Exelby, '78
Hamilton, Barbara Joan, '82
Hampton, Dr. Gerald Marshall, '67
Hornberger, Deborah Lee, '69
Hothem, Donald James, '72
Humbert, LTC Charles K., USAF(Ret.), '65
Italiano, 1LT Christopher Stevens, USA, '86
Jones, Channing Edgar, Jr., '33
Koshiba, Samuel Shigeru, '49
Kronenberger, George Kaspar, '79
Lawrence, Leslie Mason, '56
Leeson, Robert Stephen, '85
Lim, Ms. Penney H., '86
Liscano, Robert Lee, '75
Lynn, Richard K., '58
Malamud, Harvey B., '62
Manifold, Beth Ann, '86
Mar, Jimmy, '80
Martin, Kathleen Dolores, '82
Martin, William Voress, '78
Mayer, David Anthony, CPA, '78
McCarty, Thomas Edward, '68
Ming, King Y., '52
Monsarrat, Mark Peters, '80
Nelle, William Grant, Jr., '70
Nelson, Robert G., '54
Neroda, Dennis Samuel, '70
Pervin, Heidi Joy, '78
Pixa, Rand Redd, '72
Radford, Carol Robinson, '78
Rosenbaum, Joseph Richard, '77
Sabados, John Edward, '76
Seigneur, Judith Lepley, '76
Smelker, Elizabeth I., '46
Smith, CAPT Eric Carl, USAF, '78
Smith, James Wendell, '82
Smith, Mrs. Nanette R., '78
Staley, Keith Patrick, '75
Stoltenberg, Robert Henry, '78
Sturman, Lee Ian, '78
Thompson, Tracy Sue, '87
Turner, Thomas F., '79
Van Horn, William G., '60
Varga, Bruce Louis, '73
Wagner, Richard Paul, '63
Wagstaff, James Evan, '81
Waldo, John Robert, '68
Wilson, Michael David, '68
Wright, Kenneth Allen, CPA, '79
Yerina, Earl David, '81
Young, Doran Michael, '79
Yule, Edward F., '59

SAN GABRIEL
O'Herin, Richard Daniel, '65
Tangkey, John, '87

SAN JACINTO
Brill, Kenneth C., '48
Smith, Robert Glenn, '49

SAN JOSE
Alfonso, David C., '64
Banyas, Louis J., '50
Bayha, Betsy Eileen, '73
Borchardt, Gary I., '67
Bryant, William E., '61
Cribbs, Glenn E., '59
Daugherty, Mike Ray, '77
Ditter, Bernard R., '59
Duncan, Lennis M., '64
Fitting, David Harris, '61
Fowler, Carl, '67
Garcia, Michael Anthony, '77
Hauser, David Lincoln, '84
Hermsen, Howard J., '48
Hultzman, William Joseph, '74
Janes, Clair Willet, '50
Keysor, Donald E., '47
Koehler, Rebecca Devine, '79
Kraschinsky, John Theodore, '78
Kuhn, Helen Roberts, '64
Leinberger, James William, '70
Lovell, Daniel Alan, '74
Messerly, William A., Jr., '65
Milligan, Stephen Dwight, '85
Odenwalder, Thomas John, '77
Pleis, Debra Jean, '82
Poole, Donald E., '64
Roosma, Don, '53
Scarry, Daniel Bailey, '77
Shoemaker, Larry J., '68
Shumay, Alexander John, '78
Whalen, Kathleen Erin, '79
Wieske, Thomas Phillip, '78
Willner, Arthur J., '58
Wu, Yue-Lie Julie, '85
Yamada, William H., '52

SAN JUAN CAPISTRANO
Ferrell, Walter E., '42
Montevideo, Michael Angelo, '78
Montevideo, Richard Gary, '81
Shaw, James Ross, '59
Woods, Ken (Woody), '60

SAN LEANDRO
Woerner, Michael J., '87

SAN LUIS OBISPO
Ellerbrock, Dr. Geraldine Byrne, '67
Gaskin, Dr. Timothy Allen, '68
Hovis, George Neil, Sr. Esq., '58
Maule, Charles L., '39
Walker, Daniel Douglas, '78

SAN MARCOS
Knoff, John F., '56

SAN MARINO
Gaal, Alexander H., '34
Kanazawa, Toshihiro, '84
Lloyd, Terry L., '65

SAN MATEO
Goodell, William Dudley, '60
Grant, Donald Stephen, '60
Knapel, Ronald E., '40
Long, Theodore Robert, Jr., '76
Newkold, Ulrike K., '84
Ohlson, CDR Bruce H., USNR(RET.), '63
Prior, Robert A., '42

SAN PEDRO
Carpenter, Mrs. Laura L., '83
Haas, Jacqueline, '60
Krammes, Larry Alan, '87
Short, Frederick E., '48

SAN RAFAEL
Adkins, Earl Franklin, '59
Asiano, Joseph Frank, '49
De Vinny, Frances Heath, '45
Kozlowski, Edward Alan, '74
Robinson, John Brinton, '68
Stump, Jack R., '49
Yarling, Mrs. Judith M., '45
Zane, Jeffrey David, '76

SAN RAMON
Auker, Karl Randall, '73
Cunningham, Terry Stephen, '73
Klein, Stanley B., '48
Kordic, Bradford John, '80
Laut, MAJ Thomas J., USANG, '68
Parker, Michael James, '75

SANTA ANA
Brudzinski, Susan Marie, '82
Corwin, Glenn A., '59
Greene, Dr. C. Scott, '67
Gregg, Tom R., '50
Hoogerhyde, George Patrick, '83
Mc Lain, John M., '48
Miller, William Richard, '67
Reid, Christopher John, '80
Scanlon, Daniel Edward, '66
Shambaugh, Scott Edwin, '85
Shapter, George H., Jr., '49

SANTA BARBARA
Catcott, Dr. Earl J., '38
Eigner, Stanley S., '50
Geis, Robert W., III, '76
Greenup, Nadine Hose, '48
Honrath, Henry D., '49
Lint, Robert F., '34
Miles, George Winfield, '55
Nimocks, Jesse A., '41
Williams, Julia M., '86

SANTA CLARA
Baker, William Burdette, '76
Buttitta, George W., '34
Driggs, Vicki Linn, '82
Hambleton, Scott E., Jr., '55
Karlak, Gerald, '70
Posner, Barry Zane, '72
Remnant, James Alan, '81
Riester, William R., Jr., '61
Solt, Michael Edward, '72
Tisza, Jeffrey Kalman, '78

SANTA CRUZ
Watts, Phillip M., '65
Zeiss, George H., Jr., PhD, '54

SANTA MARIA
Kroenke, COL Leon J., USAF(Ret.), '67
Steele, Kenneth Robert, '79
Wilson, LTC Mac F., USAF(Ret.), '53

SANTA MONICA
Conkle, John Allan, '71
Davis, Leonard Goodman, '78
Friedman, Jerome J., JD, '39
Isaacs, Paula Dunham, '67
Jones, David L., '86
Klein, Josef Jay, '49
Murphy, Thomas Williamson, '52
Padilla, Mario Rene, '71
Snyder, Marvin, '54
Thomas, James Ralph, '81
Wahl, Gregory Morrow, '49
Wayne, Donald N., '42
Yun, Gai Soo, '76
Zani, David Ralph, '85

SANTA PAULA
Smigelsky, Gregory P., '82

SANTA ROSA
Hill, Beatrice Jenks, '39
Laskey, LTC Marvin D., '58
Rooney, John J., '49
Thorne, MAJ Donald Marion, (Ret.), '67
Upper, Rose Finta, '55

SANTEE
Buck, Michael Francis, '69

SARATOGA
Gill, Charles F., Jr., '67
Holzmer, William J., '48
Humphreys, John R., '62
Isaacs, Madelyn Cheron, '77
Kinkaid, David R., '60
Konnyu, Hon. Ernest L., '65
Mount, Richard Lee, '67
Mueller, Kristin Krueger, '80
Pahler, Arnold J., '66
Phillips, John Edward, Jr., '65
Riveland, Harold R., '62
Rothenberg, William Mark, '78
Taglia, Joseph Alfred, '81
Wallace, H. Ray, '58

SAUGUS
Graham, Richard Wayne, '54
Hughes, Jackie Ann, '85
Meister, Linda Marie, '80
Rowan, Patrick Sloan, '80

SAUSALITO
Conard, Bruce A., '65
Heikel, Harvey A., '65
Roudebush, Bruce L., '58

SEAL BEACH
Mathias, Sanford Tucker, '87
Robinson, Ms. Kelly Sue, '80
Sosenko, Ronald Dean, '71
Underwood, Meriel Latham, '32
Wagner, Robert Thomas, '85
Williams, R. Mark, '85

SEPULVEDA
Avellone, Gregory Fox, '75
Hoerger, Richard L., '45
Kupperman, Mark D., '54
Patterson, David Lodge, '73

SHERMAN OAKS
Fields, Curtis Grey, Jr., '79
Hart, Scott Michael, '81
Herman, Seth S., '86
Pocrass, Alan Leonard, '69
Polster, Charles A., '49
Sharon, Charles L., '27
Wohlstadter, Ms. Hermine Siegel, '49
Wolsky, Ellen Marla, '81

SIERRA MADRE
Pavlu, Lawrence K., '55

SIGNAL HILL
Apolonio, Domingo Jose, '81

SIMI VALLEY
Eckles, Lawrence Guy, '81
Halas, James Michael, '83
Naberhaus, Mark Allen, '82
Trotter, John Alan, '73

SOLANA BEACH
Arnoff, Craig Michael, '86
Haecherl, Madeline A., '67
Kelting, John Albert, '70
Simmons, Richard Allen, '56

SOMIS
Ash, Roy, '49

SONOMA
Carter, Mrs. Rachel H., CPA, '53
Evans, COL Albert B., USA, '33
Mittleman, Steve R., '69
Spencer, Robert Stokes, '47

SOUTH LAGUNA
Dorr, John Hugh, '70

SOUTH PASADENA
Byrne, Kelley A., '86
Coleman-Roush, Douglas L., '77
Ebright, James Newton, '50

SOUTH SAN FRANCISCO
Knecht, Gilbert Morris, '55
Pantelides, Fran Efrosyni, '77

SPRING VALLEY
Isaacson, Corey Scott, '85
La Sogga, Shirley Barr, '39
Lefebvre, George Alfred, '52

STANTON
Hartung, Lee Roy, '79

STOCKTON
Bartlett, John Daniel, '68
Buntz, Dr. Charles Gregory, '72
Golden, William F., '49
Johnson, Carl Mc Clellan, Jr., '57
Masand, Deepak Shyam, '85
Mattey, Thomas Mark, '84
O'Brien, David Alan, '78
Vogt, Darrell B., '50

STUDIO CITY
Carr, Van L., '29
Elbrand, Ms. Robin Dawn, '86
Hanna, Mrs. Kelly Parker, '84
Lapper, Margaret Edgar, '63
Palay, Jeffrey Allen, '81
Wolin, Edward Greg, '84

SUGARLOAF
Terry, Paul E., '59

SUISUN CITY
Cummings, John F., '50

SUN CITY
Scott, Cecil Marine, '49

SUNLAND
Dockus, Thomas William, '71

SUNNYVALE
Bour, Timothy G., '82
Brown, Harold Lee, '68
Chan, Ava Ho Yin, '84
Dattilo, Robert Alan, '82
Hahn, Richard Thobe, '77
Hall, David William, '67
Johnson, Robert L., '59
Kelley, William A., Jr., '43
Killebrew, Thomas E., '50
Lucas, Beth Ann, '85
Petsche, Daniel John, '80
Piercy, Donald A., '56
Roberts, Dane Bevin, '83
Rutman, Raymond E., '49
Spatz, Beth, '80
Stephan, Richard John, '65
Sweetman, John J., '61
Wright, Jack L., '51
Yee, Kenneth, '79

TARZANA
Bender, Richard A., '66
Esterkin, Jerome B., '49
Fingerhut, Mrs. Muriel, '48
Gluchow, Ms. Diane Liebenthal, '62
La Hue, Thomas Jay, '78
Lewitt, Leon, '60
Pfaltzgraf, Edward Martin, '78

TEMECULA
Mellman, Carl B., '49
Williams, Carl L., '48

THOUSAND OAKS
Ehlers, James H., '72
Hecht, Edward B., '61
Hoffman, Mrs. Wendy L., '63
Mossbarger, Jerome Frederick, '81
Pierce, Clem R., '50
Ramicone, Dan, '49
Savic, George A., '54
Stuart, Martin J., '60
White, James Edward, '72

TIBURON
Brightbill, Concetta Milicia, '50
Fenstermaker, John Joseph, Sr., '40
Fenstermaker, Mrs. Lucy Gay, '39
Gade, Michael Joseph, '74
Khourie, Michael N., '47
Orvis, John Edgar, '69
Pasternak, Stanley Taylor, '51
Steinman, Jerome, '57

TORRANCE
Brubaker, Claudia Hacker, '76
Brubaker, Matthew S., '73
Crawford, Richard D., '83
De Gasperin, Toni Lynn, '79
Green, Laurie Suzanne, '85
Henry, Robert Francis, '67
Hintz, Cheryl Marie, '83
Miller, Nickolas, '49

TRABUCO CANYON
Burris, Gary Allen, '83
Zinser, James Jason, '79

TRAVIS AFB
Sell, LTC Mark Frederick, USA, '68

TRUCKEE
Green, COL Donald J., USAF(Ret.), '60
Wright, Ms. Barbara Ellen K., '49

TUJUNGA
Stretch, Dr. Shirley Marie, '77

TURLOCK
Garner, Donald E., '62
Starkey, Debra Lynn, '80
Twaddell, Miles E., '59
Wesney, Dennis Wayne, '69

TUSTIN
Antkiewicz, Mrs. Kristen D., '84
Bryant, Wayne F., '56
Lundbohm, Eric Paul, '85
May, Dennis D., '61
Owen, Ronald E., '61

TWENTYNINE PALMS
Shumaker, 1LT Bradley H., USMC, '84
Shumaker, Mrs. Mary M., '84

UKIAH
Barrick, S. James, '26

UNION CITY
Niese, Melvin Amos, '71
Zimmer, Robert Urban, '86

UPLAND
Dunton, Robert A., '66
Haidet, Leo B., '51
Patterson, Carl A.(Patt), CFP, '46
Raffeld, Dale Ivor, '68
Roseberry, Lee, '49

VACAVILLE
Carwile, Richard Allen, '82
Esky, Jerry Lee, '61
Kinneer, CAPT John Patrick, USAF, '81
Tholt, CAPT Gregory, USAF, '69
Walker, Scott H., '48

VALENCIA
Parker, James Austin, '50
Schranz, Frank John, '72
Simon, Stephen Mark, '79

VALLEJO
Green, Richard Earl, '53
Hanf, Richard J., '65
Stahl, Gary Charles, '74

VANDENBERG AFB
Gortler, LTC Gordon Dickie, USAF, '67
Graydon, COL Michael T., USAF, '67
Schwalm, Darcy K., '86
Schwalm, Eric Lee, USAF, '86

VAN NUYS
Burns, William John, '85
Clark, Lisa, '82
Goelman, Michael Harvey, '76
Graham, Alton K., '52
Katz, Steven Michael, '81
Kravitz, Julius P., '48
Mokhtari, Masoumeh, '80
Morris, Joel A., Jr., '51
Olszewski, Harry, '38
Totani, Gabriella Antonella, '85
Wolf, Alan I., '54

VENTURA
Brose, Gregory William, '68
Farr, Robert, '49
Mobley, Robert L., '49
Rakestraw, Jane Kuchnicki, '82
Treese, Phillip E., '84

VERNON
Lalwaney, Aruna Narian, '80

VICTORVILLE
Hartman, Ercil Eugene, '51

VISALIA
Cotter, Joseph F., '63
Onstott, Frank C., '50

VISTA
Brightman, William H., '37
Chambers, Robert Wallace, '47
Hanthorn, COL Jack E., USMC(Ret.), '40
Orton, COL Robert B., '59
Turnbull, Richard B., CPA, '48

WALNUT
Hardy, Mrs. Barbaree J., '77

WALNUT CREEK
Bond, David Fredrick, '75
Braner, Dr. Henry M., '64
Cahill, Donna M., '78
Calbeck, Joe W., '47
Clark, Charles J., '62
Domeier, Patricia Welch, '79
Fletcher, LTC Don S., USA(Ret.), '56
Goelz, William Franklin, '49
Hensel, Robert E., '52
Hertzer, John P., '62
Hiner, Charles N., '50
Hinshaw, William R., '64
Lowry, Jon D., '62
Martina, Cathy Donnelly, '82
Miller, Edwin Wallace, '29
Ohlweiler, James A., '80
Pomerantz, Fred Wayne, '69
Steinberg, David Jay, '70
Terlecki, Gary Michael, '79
Wilcox, John C., III, '85

WATSONVILLE
Snyder, William Ray, '60

WEAVERVILLE
Childers, John A., JD, '46

WESTCHESTER
Yeager, Hans Eric, '86

WEST COVINA
Wade, LTC Austin R., USAF, '67

WEST HILLS
Payne, Marjorie M., '51
Porter, David T., '77
Prohaska, Mary L., '54

WEST HOLLYWOOD
Bostic, Barry James, '76

WESTLAKE VILLAGE
Alwood, Gary Len, '66
Bless, Kenneth Leslie, '70
Carraway, Jerry Lynn, '68
Cefalu, Thomas Wayne, '87
Eshelman, Martin T., '50
Rufener, Kenneth E., '47
Rulon, Robert E., '66
Schecter, Bert M., '63
Underwood, LTC Donald J., USAF(Ret.), '51

WEST LOS ANGELES
Conway, Scott A., '85
Standen, Kathleen G., '82

WESTMINSTER
Aurand, Jennifer R. M., '84
Brewer, Robert James, '40
Eberst, Michael Lee, '81
Grassbaugh, Wilbur Dean, '47
Lewis, J. Jay, '84
Neuberger, Cathy Smith, '78
Neuberger, Thomas Randall, '79
Slagle, Nelson E., '60

WEST PITTSBURG
Friedmann, Mrs. Karen Fellenstein, '81

WHITTIER
Benner, Paul E., '38
Elchert, Ronald Joseph, '85
Glunt, Guy Garrett, Jr., '57
Nekervis, Rhoderick Bruce, '49
White, Harry G., Jr., '49

WINTERS
Griffin, Dr. Paul Alexis, '73

WOODLAND HILLS
Blake, Sharon English, '55
Corum, Dwight Lee, '75
Gatton, David F., '57
Geewax, Darryl, '76
Grossman, Paul G., '67
Gutmann, Jeffrey Mark, '79
Leste, James Henretty, CPA, '68
Mc Neir, Andrew D., '50
Miller, Nicholas E., '65
Minor, Mrs. Ruth L., '34
Sherman, Sheldon, '58
Solomon, Alvin, '49
Weiss, Sidney, '60
Wieder, Daniel E., '65

WOODSIDE
Bartlo, Paul Adam, '75
Brown, Dr. Ronald Gene, '61
Rutecki, James, '59

YORBA LINDA
Bubsey, Carol T., '80
Essinger, Lyle Ray, '72
Herron, Scott Michael, '85

COLORADO

ARVADA
Brinkman, Donald H., '65
Brotzman, Phillip Woodworth, '61
Clemens, Stephen J., '62
Cullman, Edward J., '74
Dobbs, Debbie Lenox, '81
Gates, Joseph Dennis, '69
Massa, Don Joseph, Jr., '76
Mortensen, James Paul, '87
Sidlo, Martha Dean, '85
Strang, John A., '62

ASPEN
Braun, Peter D., '81
Doyle, Richard T., '51
Swales, Donald G., '50
Taylor, Michael Arthur, '79

AURORA
Allison, Stephen Philip, '70
Anderson, LTC Dana R., USAF, '56

GEOGRAPHICAL LISTINGS Portland CONNECTICUT 381

Aurora (Cont'd)
Arnett, Joseph Michael, '70
Babich, Richard S., '74
Baker, Mark A., '83
Banks, Dale E., '79
Bender, Robert A., '51
Brewer, Franklin Delano, II, '87
Bruskotter, Donald S., '76
Buchart, Martin Alan, '73
Cucci, Paul Michael, '83
Donahue, James Ray, II, '68
Ernsberger, James Alan, '83
Ernsberger, Ms. Kathleen H., '82
Fisgus, Fred C., '47
Grimstad, Dr. Clayton Roald, '56
Harlow, Raymon W., '48
Hemmelgarn, Joseph C., '83
Hoover, Mitchell D., '84
Klatskin, Andrew Steven, '69
Knox, LTC William D., USAF(Ret.), '67
Martin, Ward Robert, '67
Mayer, Gary Lee, '78
Mosser, Joel E., '62
Niesel, Beth Angela, '84
Quicksall, Jennifer Deeds, '81
Rehmar, Ruth Ellen, '82
Richards, Mark A., '84
Rogers, Douglas R., '74
Sandrock, Douglass Hankison, '78
Sweeney, Charles B., Jr., '74
Thomas, COL Richard James, USA(Ret.), '53
Watrous, T. C. (Ted), '59
Wolfe, Jack Baldwin, '74
Zapanta, Ruben O. (Ben), '84

AVON
Backhus, Thomas Anthony, '70
Chaplin, L. James, '81
English, Philip H., '43

BOULDER
Biggs, J. Allen, Jr., '66
Brand, Dr. Richard Riese, '80
Faurer, COL Judson C., USAF, '67
Faurot, Jon Leonard, '68
Fries, Thomas John, '82
Jancosek, Jan A., '58
Johnson, Bruce Allen, '84
Kahn, Colman H., '65
Kauvar, Herbert S., '49
Leupold, Carnot H., '25
Leupold, Richard Carnot, '55
Mackay, John Robert, '74
Mc Millan, Dr. Claude, Jr., '55
Meshanko, Paul Bernard, '87
Rehl, Mrs. Lesia D., '85
Sears, Don W., '46
Stanton, Charles W., '50
Tait, Clifford W., '61
Todd, David E., '40
Wasley, Dr. Robert S., '50
Wier, Keith Edward, '72

BRECKENRIDGE
Schoonover, K. John, '58

BRIGHTON
Campbell, Margaret Kane, '77

BROOMFIELD
Rutter, Paul Joseph, '86
Wagner, Robert Dale, '70
Yokum, Walter J., '47

BUENA VISTA
Steiner, Franklin J., CPA, '48

CANON CITY
Baughman, Dale W., '40

CARBONDALE
Walker, Richard H., '63

CASTLE ROCK
Hill, Craig Tuttle, '78
Seiden, Arthur L., '59
Walker, Robert George, '77

COLORADO SPRINGS
Alexander, Daniel Ralph, '81
Baker, Barbara Wilcox, '86
Binder, COL Edwin M., USAF(Ret.), '64
Brant, Lisa Morehead, '81
Brooks, Mrs. Nina G., '46
Conley, John Russell, '75
Dech, MAJ Jack L., '66
Dorl, Richard Elliot, Esq., '69
Farry, LTC Edward T., Sr. USAF, '56
Flavell, CAPT Paula B., USAF, '82
Friedman, Marvin C., '59
Gernert, GEN William E., USAF(Ret.), '48
Gleason, Richard W., '29
Harrison, COL Donald L., USA(Ret.), '42
Hebert, David G., '88
Kuehn, Frederick Curtis, '61
Leggett, CAPT William D., Jr., USAF, '55
Mc Afee, Terry Kyle, '75
Mc Donald, Douglas Clay, '85
Mitchell, Richard Flannery, '88
Murray, John Michael, '82
Palcanis, Gregory Frank, '68
Park, MAJ Peter R., USA(Ret.), '63
Pfoff, Cynthia Sue, '86
Ratledge, LTC Billy R., USAF(Ret.), '66
Russel, Grant Charles, '85
Schultz, Susan Dee, '84
Scites, Pamela A., '79
Smith, Donald Eugene, '57
Spiess, Richard Arthur, '85
Stein, BGEN Robert Gestrich, USAFR, '56
Thornbury, John Mc Gregor, '86

CRESTED BUTTE
Skinner, Mrs. Anne Brownson, '68

DENVER
Abarbanel, Judith Edna, '80
Alexander, John E., '41
Arend, Ms. Marsha H., '78
Beckholt, Jerry Dwane, '82
Bell, Walter R., '67
Blaney, Michael Anthony, '84
Braski, Robert John, '74
Butkiewicz, Jane, '84
Carey, William Corby, '79
Chandler, Jeffrey Lynn, '77
Cole, Morris Edward, '58
Contrera, Joseph James, '83
Daugherty, Michael Patrick, '87
De Ment, Jeffrey Lynn, '74
Dixon, Paul A., Jr., '69
Dorsey, George William, '43
Duval, Patrick Francis, '79
Edwards, Micheal Paul, '85
Ellis, Stanley B., '52
Fasone, James Merrill, '86
Flournoy, James Spencer, '72
Foster, Stephen Scott, '83
Foster, Ty Lee, '78
Gleadell, Rick, Jr., '73
Goodnight, Susan E., '84
Gordon, William Liles, '27
Harper, Larry Wayne, '55
Herron, Roger Dennis, '74
Ho, Kai Ming, '81
Johnson, Mrs. R. Edgar, '62
Kaufhold, Paul F., CPA, '79
Kayser, C. Scott, '63
Kribs, Ann Remlinger, '55
Lantz, Steven Paul, '81
Laurila, John Charles, '70
Laws, Jeanne M., '81
Lear, Juliane Pizzino, '82
Leung, Dr. Yuk-Hi Patrick, '81
Lichtkoppler, Richard John, '71
Loomis, Dr. Vernon L., '59
Lucht, Karen Ann, '84
Martin, Rev. Billy Wilson, Jr., '82
McClain, John (Jay) R., '75
Mc Cormick, Kelly Lynn, CPA, '84
Mohrman, Michael Gerard, '79
Morrison, Douglas Putnam, Jr., '30
Mourning, LTC Charles F., '52
Norton, Dr. Philip H., '52
Pumphrey, Daniel Byron, '75
Rehmar, Marc Joseph, '79
Sands, Martha Jeanne, '83
Schulmeyer, Hans C., '73
Shaffer, Jack Gerald, '51
Smith, Matthew Charles, '86
Solomon, Lynn Anne, '86
Spreng, Kenneth Robert, '71
Staneart, Jack R., '51
Stefan, Frederick M., Jr., '60
Straus, Robert E., '49
Thall, Robert Allen, '53
Tilton, Julie Ann, '81
Trimmer, Nancy Jo, '79
Weber, David F., '57
Welsh, Bruce F., '55
Wherry, Robert A., '39
Wood, Nancy Joan, '74
Ziegler, John H., '40
Zimmerman, Philip Charles, '81

DILLON
Wise, Virginia Marie, '82

DURANGO
Elder, Richard D., '49
Halse, Eilene Marie, '85
Logan, P. Barclay, '55

EAGLE
Powell, William Price, '69

ELBERT
Hopkins, MAJ John L., '73

ENGLEWOOD
Armstrong, Robert H., '84
Babich, Michael Alan, '70
Bliss, Scott Edward, '80
Christman, Joel Thomas, '68
Contos, Frank D., Jr., '65
Dallman, Steven Frank, '79
Frank, James Stephen, '71
Garrus, James T., Jr., '66
Gieling, Lawrence William, '72
Gowdy, Robert Edwin, Jr., CPA, '76
Gros, Mrs. Barbara B., '78
Knapp, COL William Andrew, USAFR, '67
Lettes, Mark Allen, '74
Matson, Mark Alan, '87
Mayner, Joseph R., '33
Oberlin, Jerry V., '40
Parker, James William, '66
Sargent, Laura Robson, '85
Siegfried, COL Thomas W., '61
Sorensen, Dr. James E., '65
Spears, COL Thomas R., '56
Steinhauser, John William, '49
Swartz, Robert, '51
Wilson, Keith, '76
Wilson, Linda Olsen, '77

EVERGREEN
Barnewall, Dr. Gordon Gouverneur, '49
Breitenbach, Dr. Robert B., '65
Greenidge, Dr. Charles D., '67
Hite, Marianne Z., '83
Segreto, Pamela L., '82

FORT COLLINS
Tueting, Robert C., '46
Vincent, Jack R., CPA, '56
Voorhies, William L., '59
Wolfe, Kenneth C., '65

GLENWOOD SPRINGS
Fischer, Mrs. Matilda Winterkamp, '54
Fischer, Roland Cole, '50
McIntyre, Charles S., '73

GOLDEN
Carroll, Greg Richard, '73
Coben, Lawrence F., '53
Ellison, Richard B., '80
McFarlane, William R., '72
Monett, Gayle Merves, '68
Morrison, Robert Clarke, '62
Radow, Richard F., '47
Saam, Clair Burnette, '82
Zitsman, James A., '82

GRAND JUNCTION
Beck, Frederick Henry, '34
Bigler, Deborah Lynne, '76
Snively, William Justin, '80
Storter, Dr. Barry M., '51

HIGHLANDS RANCH
Davies, Richard Mark, '63
Klepinger, William O., '52
Williams, Robert Hysell, '69

LAFAYETTE
Lutton, Steven H., '85
Roads, Paul C., '48
Tomlinson, Sally Jean, '85

LAKEWOOD
Bowles, Michael Allen, '79
Burrey, Bruce A., '72
Dallmer, Robert Allen, '79
Fox, Jay Louis, '65
Howman, Richard C., '58
Knecht, Robert A., '40
Kusube, Mrs. Ada G., '76
Myers, Charles Hall, '57
Willer, James Richard, '78

LARKSPUR
Cable, Janet Dearth, '43
Cable, Lawrence W., '43

LITTLETON
Anderson, Steven S., '81
Baar, John William, '78
Baesman, William Ray, '68
Beckwith, Joseph M., '70
Clark, Mrs. Mary-Ellen Bartlett, '50
Dimond, Charles Rene, '78
Dontchos, Taso E., '62
Feldhaus, James Frank, '74
Fodor, Dr. James N., '62
Friel, Edward A., '64
Ganger, Roger N., '65
Griffin, Helen Patton, '44
Gualtieri, Guy C., '50
Guthrie, Stephen T., '62
Herrmann, Thomas W., '72
Hollern, Mrs. Susan P., '85
Hoskins, Howard H., '51
Jones, Gail Parnes, '77
Jones, Terrence Lee, '78
Lange, Robert Elmer, Jr., '70
Leeper, Murray A., '57
Lehrner, Mark, '76
Loeber, William G., III, '69
Lundregan, Deborah Jane, '80
Lundregan, Stephen Michael, '80
Martin, Hilda Hofer, '50
May, Jeffrey Scott, '67
Milligan, Thelma M., '47
Patton, LTC William E., USAF(Ret.), '48
Prendergast, Richard T., '52
Rea, Sheila J., '86
Rodriguez, David Lee, '73
Rogl, Alexander Herbert, '81
Schaefer, Ralph E., '51
Schaeffer, COL Herbert S., Jr., '67
Scheimberg, Dr. H. R.(Kelly), '80
Shannon, Thomas Scott, '79
Smith, Nancy Carolyn, '87
Wilson, Robert Lloyd, '46
Zabinski, Walter, '64
Zimmer, Dr. Robert Keith, '64

LONGMONT
Bonnette, Edward Charles, '79
Boyle, Robert L., '50
Fritz, Dr. Thomas Richard, '68

LOVELAND
Gleich, Donald Lee, Jr., '77
Hendricks, Robert D., '50
Mattock, Simeon R., '41
Payne, Thomas James, '81

MONUMENT
Gramlich, Jay Raymond, '62
Holman, Peggy Fain, '81
Lipp, Robert Anthony, '58

MORRISON
Balvin, Norman E., '77
Dennis, James A., '56
Harrison, Robert D., '49
Shumaker, Donald Royce, '75
Woodson, Nancy Carol, '76

PAGOSA SPRINGS
Frere, Clarence, '55

PARKER
Burrell, Donald L., '56
Hanschmidt, William G., Jr., '53
Kayser, Phillip William, '68
Russ, Richard Alan, '78

PINECLIFFE
Eye, Karen Fulker, '78

PUEBLO
Lance, Stephen Edwin, '68
Pigman, Donald E., '57

SNOWMASS VILLAGE
Barnes, Bryan P., '83

STEAMBOAT SPRINGS
Oatman, Arthur D., '52
Whittlesey, Mrs. Susan P., CPA, '78

TELLURIDE
Ackard, Arlynn Bogar, '68

VAIL
High, William A., '74
Hutras, William M., '84
Schorsch, I. Edward (Jim), '58

WESTMINSTER
Clark, Jody F., '87
Kleinschmidt, Andrew J., '85
Kleinschmidt, Mrs. Susan P., '85
Maxwell, David Ray, '64
Olmsted, Douglas R., '82
Robson, Richard George, '68
Tossey, Thomas Pride, '74

CONNECTICUT

AVON
Dues, Leon George, '61
Fisher, Richard William, '50
Wolinsky, Martin O., '69

BANTAM
Rodenbach, COL William T., USAF(Ret.), '49

BETHEL
Krill, Philip P., '62

BLOOMFIELD
Marquardt, Jack William, '78
Wall, Charlene Powell, '79

BRIDGEPORT
Dumitre, Thomas C., '41
Hanken, Charles, '55
Keenan, William Francis, III, '81
Thaman, Mary Ann, '79

BRISTOL
Vorwerk, Marie E., '47

BROOKFIELD CENTER
White, CAPT John L., '56

BURLINGTON
Eickholt, David George, '72

CANTON
Kukla, Anne Mason, '76
Kukla, Michael Francis, '77

CHESHIRE
Homer, John William, '76
Jette, Maribeth Brennan, '81
Mayes, Sue E., '82
Woytowich, Michael Alfred, '85

CHESTER
Pearson, Joan Snoddy, '49

COLLINSVILLE
Hubbard, Van R., '70

COS COB
Austin, Robert Lee, '50
Price, Jack Walter, '81
Stoltenhoff, Richard W., '59

CROMWELL
Sawan, Donna Lee, '78
Woolf, Ms. S. Jamie, '76

DANBURY
Boatwright, Donald B., '48
Dines, Charlotte Weiss, '52
Whiteus, Jeffrey Scott, '80
Wrigley, Jeffrey Allen, '78

DANIELSON
Wilson, Gerald R., '60

DARIEN
Batha, Vera L., '67
Creamer, John W., '63
Darling, Mark William, '71
Flowers, John F., '47
Gaglio, Salvatore Frank, '80
Holland, Brett R., '88
Minnis, Kirk Nevin, '70
Nicholson, John E., '64
Ogren, Lawrence Sheldon, '77
Peters, Walter William, Jr., '59
Redd, G. Joann Bigler, '50
Smith, Fred Inman, '50

EAST HADDAM
Cormier, Karen Robinson, '67

EAST HAMPTON
Jones, Gordon, Jr., '65

EAST NORWALK
Franzen, George Joseph, Jr., '63
Leonard, David Allen, '61

EASTON
Loesch, J. Rodney, '76

ELLINGTON
Basford, Sandra Wolleson, '84
Dodson, Daniel Scott, '73
Kane, James Michael, '73

FAIRFIELD
Baeder, Dr. Robert W., '50
Cindric, Robert Charles, '74
Cunningham, Stephen Earl, '69
Hochhauser, Mrs. Rebecca A., '85
Jeffrey, Peter, '55
Latham, Raymond R., Jr., '68
Nobil, Andrea Ellen, '83
Schurman, Elefterious Albert, Jr., '86
Szames, Brian M., '81
Wilson, Jean Baine, '55

FARMINGTON
Schmidt, Donald Warren, '73
Tremback, Mrs. Lee Ann, '83

GALES FERRY
Colberg, Maribeth Shreves, '80

GAYLORDSVILLE
Stalter, Richard A., '56

GLASTONBURY
Graf, Lawrence William, '74

GRANBY
Mc Clain, Paul Harding, '70

GREENWICH
Blashek, Robert D., '47
Davidson, Douglas Edward, '87
Lee, Jerry D., '58
Lee, John D., '65
Paulson, Paul Joseph, '54
Rebak, Lawrence D., '58
Schmidt, Nancy Nowe, '51
Schottenstein, Alan J., '49

GROTON
Potter, Thomas W., '59

GUILFORD
Allen, Oren E., '49
Roberts, Emily Youmans, '34
Sullivan, James Phillip, '52

HAMDEN
Gurr, Ronald Bernard, '74
Shepter, James D., '55

HARTFORD
Frankland, Cindy Ackley, '81
Frankland, Paul Richard, '80
Haskell, Catherine Joan, '85
Williams, Donald Roy, '80

LAKEVILLE
Stone, David Lewis, '61

LEDYARD
Grimsley, LCDR Elizabeth Boardman, USNR, '77

LYME
Friday, Judith Favret, '80

MADISON
Bailey, Cindy Fischer, '71
Durosko, Philip J., '54
Morrison, Richard Sherman, '72
Rohleder, Richard P., '53

MANCHESTER
Haugen, Denise Elaine, '87

MANSFIELD CENTER
Hamblin, Dr. Edward L., '52

MERIDEN
Hoydilla, Anthony, '73

MIDDLEBURY
Hill, Carlos Eugene, '28

MIDDLETOWN
Danielson, David A., '66
Jusek, Barbara Hurley, '56
Lockhart, Valerie Lee, '86
Waller, David L., '84

MILFORD
Fisher, Stephen Joseph, '82
Osbun, Cynthia A., '79
Samuelson, Arthur Wesley, Jr., '83

MORRIS
Crow, Richard G., '62

NAUGATUCK
Keough, John Anthony, '81

NEW CANAAN
Boyer, Joanne Buckley, '73
Ceppos, Jeffrey H., '64
Fletcher, Gregory William, '85
Groves, Ray John, '57
Mc Hugh, Richard George, '36
Willis, William Henry, '73
Yankee, John Harrison, Jr., '42

NEW FAIRFIELD
Chave, Austin Saunders, '69
Giacometti, Robert J., '69
Kahler, William G., II, '61
Powell, Jeffrey Ralph, '81
Smith, Glenn Richard, '73
Warton, Janet Karen, '81

NEW HAVEN
Ganoom, Omar, '81
Metnes, Dr. Don Carl, '77

NEWINGTON
Meyer, Brenda D., '87
Stage, John E., '49

NEWTOWN
Knibloe, Ralph L., '34
White, Charles E., '53

NIANTIC
Mc Cloy, COL Edward, '47

NORFOLK
Corwin, Dr. Stephen Jay, '69
Dooley, Francis M., '53

NORTH BRANFORD
Bernet, Lisa Marie, '82

NORTH HAVEN
Sayre, John F., '39

NORTH STONINGTON
Noonan, James Allen, '77

NORWALK
Axelrod, Mark Stuart, '82
Ballou, Brian John, '88
Cox, Amelia Ann, '80
Farrington, Helen, '87
Francis, Henry A., '27
Gilinsky, Mrs. Patricia A., '83
King, Peter James, Jr., '70
Lue, Merald F., '25
Van Camp, Harrison Dean, Jr., '80

NORWICH
Babbitt, Cheryl Anne, '86
Begis, Donald B., '52
Nelson, Dr. Barrant Wyatt, '68

OLD GREENWICH
Miller, Frederick H., '38
Rubin, Steven Paul, '72

OLD LYME
La Rue, Stephen S., '49

OLD SAYBROOK
Kubin, William E., '69

ORANGE
Benjamin, Donald C., '56

PORTLAND
Foley, Richard J., '56
Randolph, Ms. Hilary, '87

382 CONNECTICUT Redding OSU COLLEGE OF BUSINESS

REDDING
Marx, Jay Leslie, '82
Stout, Craig Williams, '72

RIDGEFIELD
Dunn, William Francis, '58
Frank, Michael John, '70
Young, Ernest M., '47

RIVERSIDE
Gruber, O. Ross, '56

ROCKY HILL
Harris, Catherine Anne, '76

ROWAYTON
Canning, John Jerome, '68
McCoy, Scott D., '47

ROXBURY
Winer, Robert L., '55

SHELTON
Bergen, Kevin Robert, '84
Brown, Philip E., '86
Leonard, Wesley Mark, '78

SHERMAN
Feltman, Douglas Jay, '68

SIMSBURY
Abbott, Robert Barnes, '74
Goebel, Tim H., '60
Johnston, Richard Scott, '80
Rhodes, Jeanne Spore, '40
Roller, Mrs. Karen M., '78
Spector, Earl M., '62
West, Gerald B., '57

SOUTHBURY
Cooper, William R., '66
Quinn, Michael David, '77

SOUTHINGTON
Brennan, Leo William, '72
Pfeifer, Frederick W., Jr., '55

SOUTHPORT
McIlvaine, Wayne W., '49

SOUTH WINDSOR
Gundrum, Mrs. Carol S., '75

STAMFORD
Bushell, David O., '48
Bushell, Lillian Jacobs, '48
Deems, Ralph E., '41
Funk, Charles Joseph, '77
Helf, Marianne R., '87
Jandorek, Richard Harold, '78
Kiefhaber, Edward L., '54
Kirwin, Thomas Gregory, '79
Kline, Jeffrey D., '77
Kukul, Ms. Marcy Evans, '66
Lehrer, Mrs. Holly Lescovitz, '66
Morrow, Robert M., '59
Mumma, Donald Charles, '76
Perkins, Judson W., Jr., '65
Pfefferle, Marcia M., '82
Pritchard, Robert J., '53
Rindler, John Leo, '85
Schoenberg, Lester L., '55
Strom, Mark Neal, '69
Thompson, Gerald Keith, '65
Watkins, Robert A., Jr., '56
Wilson-Strom, Mrs. Christine Ellen, '69
Wintrub, Warren George, '54

STORRS
Waring, Geraldine Howald, '29

STRATFORD
Heitzman, Samuel H., Jr., '59

THOMASTON
Davison, Edward Carson, Jr., '73

TORRINGTON
Berinato, Diane Marie, '84

TRUMBULL
Cummings, Richard J., '81
Kindinger, Lowell F., '51
Larson, Harry Eugene, '32
Watts, John Arthur, '76

VERNON
Neville, John Patrick, '74

WALLINGFORD
Kunning, Richard A., '23

WATERBURY
Baker, Keith Martin, '75

WATERFORD
Tarnow, Robert Laurence, Jr., '79

WEATOGUE
Waters, James Jerome, '86

WEST HARTFORD
Fenton, Stuart William, '71
Hornaday, Fred Eugene, III, '84
Parsons, David Hollick, '69
Pettigrew, Robert S., '37
Siebert, Thomas M., '49
Standard, James A., '38

WEST HAVEN
Boynton, Jane Forsythe, '68
Peterson, Dennis Eric, '73

WESTON
Chase, Vaughn R., '33
Grismer, Gale Phillip, '65
Nunn, Flora Johnston, '47
Nunn, John Allen, '47
Slonim, Alan I., '53
Waterbury, Lawrence Nagle, '56

WESTPORT
Blair, James F., '46
Blasko, Robert, '64
Fiala, Anthony J., '66
Heller, Charles, '47
Kanter, Joel Edmund, '55
Mac Cartey, Homer G., '67
Rectenwald, Gary Michael, '78
Schlenker, Walter L., '47
Shannon, John F., '59
Silverman, Jerry B., '66
Smith, William E., '66
Weiman, Ms. Beverly Zahn, '72
Wolter, Robert B., '54

WEST SIMSBURY
Brooke, Donald J., '61

WILTON
Gilbert, Stephen Potter, '85
Knicely, A. Lee, '74
Leon, Jack, '48
Murray, Douglas Rutherford, '69
Rawson, Franklin S., '48
Reilly, Garrett Anthony, Sr., '53

WINDSOR
Stewart, Jesse A., '59

WINSTED
Logan, Terence, '73

WOODBRIDGE
Walgren, Paul Robert, '46

DELAWARE

BEAR
Miller, Kelli J., '86

DOVER
Lynch, Robert Stephen, '71
Miller, William H., '74
Nemmers, Charles Joseph, '75
Sturgis, Samuel Elijah, '75
Yeager, Michele Lee, '82

HOCKESSIN
Arnold, John Schuyler, III, '80
Cotter, Jack Boyd, '69
Scott, James F., '39

NEWARK
Bucy, Sieanna Miller, '86
Butz, Michael Lee, '71
Cory, Robert B., '87
Franz, Stephen James, '87
Jackson, John R., '65
Moore, Roger Lyle, '65
Resler, David Charles, '80
Shumaker, Lewis Edward, '65
Simpson, Samuel Morris, '77
Sutton, Todd Alan, '85
Vible, Mrs. Lisa, '82
Vogel, David Walter, '65

NEW CASTLE
Hansen, Jeffrey Scott, '84
Newman, Craig Olin, '71

ROCKLAND
Reeder, Dr. Charles B., '45

WILMINGTON
Acton, William B., '50
Bainter, Larry Jay, '71
Baughman, Elizabeth Clare, '86
Bennett, Mary Joy, '57
Biegler, Lynn P., '49
Brooks, Richard Paul, '67
Chapman, Gary A., '67
Cohen, Howard Kruger, '81
Croft, Thomas David, '70
Dailey, Lynn Paul, '69
Dierker, Daniel Gerhard, '82
Doyle, Lawrence J., '55
Edelson, Rita Jacobs, '49
Fields, John Brian, '69
Golin, Myron, '50
Gordon, Richard Perry, '81
Gordon, Roger Burnham, '59
Hayward, Charles Edward, '75
Henry, Walter Martin, Jr., '47
Hidy, James E., '64
Hood, Stephanie Kay, '80
Kauffman, Stanley C., '48
Low, Gregory A., '82
Meier, Dr. Guenter Friedrich, '70
Meier, Robert R., '50
Mercer, Thomas R., '50
Neff, Derek A., '73
Newhart, Paul L., '64
Newlon, Jay O., '40
Patterson, Jon Douglas, '84
Pearce, Robert H., '60
Pohlen, Dr. Michael F., '67
Radebaugh, William H., '31
Randall, David Michael, '82
Renshaw, Merle E., '53
Seiwell, Richard Joslin, '68
Steinmetz, Gregg Douglas, '86
Stephenson, William B., III, '63
Tabeling, Mrs. Linda Turczyk, '79
Trenkelbach, Gale Weltman, '70
Tubbs, James Stuart, '57
Welch, Charles E., '50
Workman, Robert J., '48
Wright, Timothy Ray, '81

YORKLYN
Gamble, Paul Raymond, '79

DISTRICT OF COLUMBIA

WASHINGTON
Adelman, Jack Morton, '54
Ball, David William, '74
Beatty, Donald E., '53
Berg, Alan D., '54
Berke, Arnold Michael, '67
Buller, Janice Diane, '79
Caine, Brian T., '84
Cleary, John Christopher, '87
Clemons, Lori Ann, '82
Clemons, Ms. Terri Dell, '86
Coss, Richard Eugene, Esq., '70
Crippen, Dr. Danny Lee, '81
De Lony, Sandra Gordon, '67
Dews, COL Robert W., USA(Ret.), '48
Diaz, Timothy Augustus, '83
El Ansary, Dr. Adel Ibrahim, '68
Elshoff, Frances Fletcher, '48
English, Wayne Gordon, '43
Erb, Richard Thomas, '75
Fantle, Sheldon W., '45
Garvin, Eleanor June, '64
Gaston, Bruce Allen, '88
Gaul, John Michael, '87
Gerrety, John O., '48
Godes, Cynthia Kay, '83
Good, Donald S., '58
Gorman, Dr. Ronald Hugh, '70
Grant, Jack E., '37
Hailstorks, Alvin Clifford, '80
Hampton, Dr. Joseph E., '48
Heiney, Joseph, '58
Helmer, William Bradley, '82
Herndon, Edward H., '40
Hill, CAPT James Jay, Jr., USMC, '78
Husband, Dr. William H., '24
Jackson, Jeffrey Alan, '86
Johnston, James Joel, '79
Karns, Mark Harry, '72
Kovach, Robert D., '76
Krupp, Michael Lee, '84
Mazur, Jacob Leonard, '54
Mc Bride, Grace Maria, '80
Mc Cormick, John H., '33
Minelli, Timothy Lee, '87
Mitten, Carol Jeanne, '84
Montague, Nancy Duncan, '80
Mosley, Farnham E., '50
Paul, Frank Joseph, '73
Phillips, James Howard, '65
Reiff, Alan Jay, '67
Rogers, Twila Verlette, '81
Sorg, Richard B., '50
St. John, Karen Ann, '85
Storer, Dean James, '78
Tanenbaum, Mark, '81
Taylor, Joseph K., '35
Vitz, Donald Bradford, '73
Wheeler, Thomas Edgar, '68
Wolford, Russell Allen, '69
Young, Judith A., '63
Young, Ronald S., '63

FLORIDA

ALTAMONTE SPRINGS
Avery, Robert Scott, '79
Ballou, Charles Brown, '38
Cooper, Jeremy Allen, '55
Fankhauser, David G. E., '67
Fankhauser, Janet Gillie, '36
Gillett, Dr. Peter L., '62
Jacobs, Stephen Joseph, '82
Kerr, Mildred Ritt, '36
Purkey, David K., '56
Roselle, Ronald E., '65
Stickel, Kathy Sue, '84
Turkelson, COL Morris J., '56

ANNA MARIA
Hutchison, Rev. Frank Warren, '52
Rhoten, Mrs. Linda, '60

APOLLO BEACH
Martin, John Carl, '69
Miller, Michael Edward, '67
Weldishofer, James Roy, '51

APOPKA
Butler, Michael John, '83
Codding, James R., '48
Lamantia, Mrs. Sharon, '79
Vivalo, Michael J., '83

ATLANTIC BEACH
Caskey, Timothy Robert, '72
Pardee, Russell James, '42
Stuart, Terry Lee, '78

ATLANTIS
Greenbaum, Lionel P., '49

BAYONET POINT
Mazer, Jeffrey M., '80
Ondrey, Emil F., '28

BELLEAIR
Gardner, Robert D., '49
Kepple, Donald F., '31
Willsey, Mrs. Angela L., '83
Willsey, Gregory Alan, '80

BELLEAIR BEACH
Billingsley, Jack F., '48
Conger, Don Charles, '69

BELLEAIR BLUFFS
Miller, Marshall Lyle, '29

BELLEVIEW
Neuhardt, David John, '79

BEVERLY HILLS
Kallin, Walter K., '49
Spiegler, Jeffrey Howard, '70

BIG PINE KEY
Baney, Richard Eugene, '77

BOCA RATON
Abramson, Neal Arthur, '87
Arrowitz, Arnold Benjamin, '51
Bader, Harold D., '53
Bloom, Stephen I., '67
Brooks, Alphonse J., III, '58
Buchsbaum, Maurice Randolph, '64
Cecere, Michael Anthony, Jr., '77
Collins, John Paul, '71
Cone, Dr. Paul R., '50
Craig, Patricia Hill, '56
Dempsey, Frank L., Jr., '43
Elk, Scott Allen, '83
Fisher, Lori Lynn, '85
Frysinger, John L., '60
Garver, F. Eugene, '56
Gill, John S., '51
Goldberger, Melvin T., '40
Goldman, Charlotte, '48
Goldstein, Louis S., '58
Gottsegen, Stanley D., '54
Graham, Howard Eugene, '47
Grossman, Morton, '49
Hackman, Martin, '50
Hayhurst, Wallace I., '46
Hernandez, Rafael Gabino, '77
Hopkins, John O., Sr., '57
Horwitz, Sam S., '37
Howard, Paul Leroy, '48
Jenne, Charles L., '29
Johnston, C. Ned, '68
Kaleel, Kenneth Michael, '82
Kanfer, Jack B., '58
Kazdin, Nathan L., '32
Kemerer, William John, '73
Knofsky, Howard, '49
Knofsky, Joyce Weiner, '52
Koretzky, Joseph, '60
Lanphere, Charles A., '56
Lazer, Dr. William, '56
Lear, Eugene H., '27
Lenhart, Joseph Leroy, '75
Levi, Bernard N., '42
Levine, Allan Theodore, '54
Lococo, Anthony Craig, '84
Loeffler, Douglas Lee, '77
Martinez, Manuel J., Jr., '83
Masor, John Donald, '84
McPheron, Alferd P., '32
Miller, William Henry, '62
Mischler, Harland L., '54
Murray, Thomas Joseph, '75
Naiditch, Sanford M., '47
Northcraft, Julian O., Esq., '53
O'Brien, Mary Tolerton, '78
Prager, Lesli Joyce, '85
Printz, Leonard, '50
Ram, Irving M., '43
Randall, Munsell, '86
Rowles, John Jay, Jr., '29
Scida, Frank Joseph, '81
Siegel, Gilbert D., '36
Thal, Irwin, '30
Vogel, Jerome W., '63
Wakeley, Robert M., '84
Wald, E. Steven, '54
Wilker, Joseph, '43
Wood, Harold S., '33
Wright, G. Marvin, '26

BONITA SPRINGS
Clapsaddle, Robert R., '32
Clark, Carl Snowden, '37
Deutschle, Joseph S., Jr., '48
Edwards, David S., '37
Musser, Edward R., III, '58

BOYNTON BEACH
Eubank, William R., '47
Heft, Jean Wallace, '48
Jarvis, Michael Mountain, '63
Kinkopf, Kenneth M., '83
Newton, Carol Goodman, '45
Olderman, David J., '60
Powell, Brian Patrick, '86
Weisberg, Harold S., '47
Winer, David Larry, '50

BRADENTON
Adams, Julie Kay, '87
Berger, Charles L., '60
Bothe, Robert Z., '51
Crossley, Marjorie Foreman, '48
Emmons, Howard A., '32
Gettinger, David W., '57
Hendrix, Hubert L., '30
Hines, Walter E., Jr., '52
Howard, Heber Lawrence, '30
Munsell, John G., '50
Pugh, CAPT Harry M., USN(Ret.), '37
Rieker, Steven Harry, '68
Schmidt, Michael Francis, '75
Sleeth, David M., '49
Waters, Leonard C., '28

BRANDON
Coull, Robert, '78
Kilsheimer, Jacqueline C., '86
Mellman, Dr. Mark David, '77
Poffenbaugh, Robert C., '49
Weiland, Lisa Patrizi, '83

BROOKSVILLE
Dyer, Leroy B., '72
Mills, Donald Lewis, '24
Shaughnessy, James R., '41

CAPE CANAVERAL
Herold, Jeffrey Alan, '87
Smith, Foster Leroy, '28

CAPE CORAL
Adams, Robert O., '48
Applegate, Robert G., '51
Baker, Paul E., '33
Borchers, Jean Paul, '66
Dean, Thomas Craig, '77
Dennison, Joseph L., '49
Dorn, Barbara Cooperrider, '48
Elekes, Gary Wayne, '84
Elliott, Lon C., II, '71
Fisher, Earl Emmert, '61
Flick, John Frederick, '79
Habuda, Joseph P., III, '81
Harvey, Thomas Daniel, '79
Hitchings, Mrs. Nancy Bassett, '71
Lewis, Thelma Ramler, '25
Loker, Ralph L., '28
Murnane, Donald T., '54
Plummer, Karen Lynn, '83
Quirie, Jerry Edward, '69
Thomas, Paul B., '49
Tuscan, Leo M., '56
Van Bloom, COL J. Clark, '59

CAROL CITY
Murray, William H., '49

CASSELBERRY
Betz, Seyford L., '32
Boehme, Donald W., '39
Brelsford, Jan Wayne, '70
Brown, Robert Leslie, '72
Page, R. Scott, '80
Thewes, Scott Edward, '85

CECIL FIELD NAS
Gutierrez, LT Daniel Michael, USN, '80

CEDAR KEY
Hindall, George C., '34

CHIEFLAND
Bennett, James E., '51

CLEARWATER
Anderson, Bruce Francis, '50
Badger, Robert C., '55
Blume, George B., '54
Boos, Robert D., '64
Branson, Edwin A., '34
Brobst, Charles L., '22
Burley, Charles Frederick, '59
Cairns, John A., '56
Calhoun, John Michael, '60
Carpenter, James Willis, '58
Cass, Joyce Konst, '81
Cassanos, Peter George, '81
Chilcote, David L., '65
Coy, Orville A., '34
Dame, Gary Carlyle, '73
Dever, Lowell E., '28
Evans, James Butler, '73
Everett, George E., '24
Ford, Jerry Dale, '58
Fox, Roland, '53
Fulton, Virgil R., '31
George, Charles Douglas, '58
Girard, Scott Douglas, '87
Hartley, Linda Kay, '84
Hively, John Thurman, Jr., '54
Innis, Lyman H., Jr., '37
Jonas, Edward M., '60
Kale, William Leonard, '71
Luckhaupt, Bradley Joseph, '78
Marshall, John Kingston, Jr., '56
Mengelson, Mrs. Katherine Kelly, '76
Miskewich, Mrs. Patricia A., '82
Mitchell, Jeffrey Craig, '75
Mitchell, Judy Reese, '76
Molyneaux, MAJ William W., '54
Nelson, John Edward, '48
Overmyer, Richard W., '47
Pauley, Scott Alan, '85
Perlman, Joseph N., '64
Porter, Robert Wayne, '48
Poston, Herbert F., Jr., '54
Pugh, Dr. Jesse J., '23
Remke, Richard Edwin, '68
Rigterink, Eleanor Karch, '37
Roeder, Carl Milton, '84
Schipper, John A., '49
Smuk, Irvin Roland, '39
Stanhope, Harold D., '41
Sterman, Alvin J., '24
Stone, Leo Dale, Esq., '50
Sturgeon, George C., '20
Termeer, Henry A., Jr., '50
Whaley, Kathleen Detty, '86
Whaley, Terry E., Sr., '64
White, Lisa J., '82
Winterhalter, Paul B., '54
Ziska, David Scott, '86
Ziska, Susan Elaine, '87

CLEARWATER BEACH
Dormer, LTC James J., USAF(Ret.), '55
Talbott, John W., '60
Wilson, Michael Mc Adams, '87

COCOA BEACH
Gourley, MAJ Edwin P., USAF(Ret.), '61
Tucker, COL James R., USAF(Ret.), '58
Wilkinson, Stephen Matthew, '80

COCONUT CREEK
Eldridge, Dayton A., '36
Garr, David Francis, '80
Johnson, Jan Rhees, '78
Perez, Michael Joseph, '87

COCONUT GROVE
Grossman, Robert L., '79
Trinz, Howard J., '50

COOPER CITY
Flinta, William Alan, '82
Gillen, Bryan Kirk, '79
Gillen, James Kevin, '85
Matthews, Alan Virgil, '73

CORAL GABLES
Crout, Norman Ted, JD, '60
Folk, Donald George, '76
Held, Carl Bryan, '78
Lutz, William Herbert, Jr., '48
Steinfurth, Paul Conner, '68
Weiser, Sherwood M., '52

CORAL SPRINGS
Decker, Roberta Lee, '76
Distel, Jerome P., '64
Dunleavy, Daniel Steven, '78
Finkelstein, Irvin C., '49
Gorman, Michael Joseph, '74
Hotchkiss, James D., '60
Jokiniemi, Thomas Allan, '69
Jominy, Walter E., '75
Jones, Larry Wilson, '62
Koerner, Donald S., '60
Korthals, John L., '70
Kuipers, William P., '30
McIntyre, Curtis Edward, '74
Michaels, Dennis Edward, '74
Nelson, Mrs. Bianca E., '85
Niebel, Steven Ross, '70
Ohel, Cheryl Rae, '81
Osberger, Edith Harig, '34
Osinski, Ms. Ilona Parsch, '64
Sabino, Charles M., '71
Steiner, Jeffrey Stuart, '78
Vitale, Anthony Patrick, Jr., '78

GEOGRAPHICAL LISTINGS Miami FLORIDA 383

Coral Springs (Cont'd)
Young, Clifford A., '65

CORTEZ
Krakowski, James Allan, '68

CRYSTAL RIVER
Bertoch, Carl A., '54
Clemmer, Orie M., '48
Hudson, COL John S., '48

DANIA
Eaton, Philip Alan, '81
Penner, Mark L., '80

DAVIE
Boger, Todd Emerson, '85
Etter, James Atkins, '80
Heckman, John Raymond, '68

DAYTONA BEACH
Chang, David W., '88
Fields, Lareatha Vanessa, '83
Gerdts, Robert B., '53
Griffith, Betty Burkill, '54
Guy, Dr. Marjorie Poston, '37
Portmann, Linda Lisa, '84
Toben, David Drew, '80

DEERFIELD BEACH
Brown, Linda M., '86
Jones, Harold Ray, '48
Knechtl, Robert E., '50
Mc Cabe, David Elbert, '84
Metzger, Eugene F., '49
Pack, Robert Craig, '83
Sutton, Dale R., '43
Vallery, Harry T., '40
Zeigler, Edgar D., '23

DELAND
Dachsteiner, Raymond W., '25
Fair, Norman L., '61
Hughes, James Richard, '73
O'Brien, James John, '76
Slone, Paul Berton, Jr., '77
Welch, Lawrence A., '66
Wynn, Barbara Wilburn, '47

DELRAY BEACH
Card, Mrs. Louise Kalies, '49
Chizzick, Burton B., '38
Chmara, Simon, '50
Cross, Donald Lee(Gus), '51
Davis, Dr. Vivian Witkind, '82
Delfs, Hugh A., '35
Fellows, G. Robert, '39
Ferris, John H., Jr., '37
Goddard, E. Louis, '32
Grayson, Elliott S., '47
Gross, Victor Saul, '40
Helser, Lester R., '47
Mason, John G., '74
May, Richard J., '46
Neff, Robert Hudson, '39
Nolen, Herman Christian, '37
Pearlman, Sidney, '32
Perlmutter, Ernest A., '36
Ruhl, Robert Henry, '28
Sage, Webster L., '42
Saunders, Jeffrey Paul, '87
Scharf, Mrs. Bonnie I., '82
Shustick, Rose Rosen, '31
Slaman, Allen I., '58
Tatar, Paul L., '48
Willis, Richard H., '31

DELTONA
Bechtol, Robert Alan, '85
Wuichet, Tom Pierce, '48

DESTIN
Holligan, Kenneth, '49

DUCK KEY
Docis, Charles R., '59

DUNEDIN
Butsch, Helen Sleeth, '55
Denzer, Charles William, '83
Stockwell, Marlin Le Roy, '74

EDGEWATER
Bitting, Mitchell Edward, '74

ELLENTON
Little, Lewin L., '48
Nelson, Margaret Meiklejohn, '51
Palmer, Morris William, '41
Shupe, William H., '32
Willis, James Ellsworth, '49

ENGLEWOOD
Boeshaar, John C., '37
Stolson, Brett L., '84
Wellbaum, Robert W., Jr., '66

EUSTIS
Arner, L. Frank, '32
Presson, Geoffrey Franklin, '73
Ream, Walter Thomas, CPA, '55

FERNANDINA BEACH
Caffo, Ronald L., '78
Rowland, Bruce Alden, '80
Saville, Charlotte Duffey, '49
Saville, Edward F., '48

FERN PARK
Finkle, Lawrence Joel, '66
Stokes, John Matthew, '87

FLORAL CITY
Mach, Robert T., '58

FORT LAUDERDALE
Agee, Jon W., '63
Andrews, Jack Eugene, '52
Apple, Walter Eugene, '54
Belock, Bernard W., '37
Bernstein, Frederic Arthur, '82
Bolt, James Laurencel, '78
Book, Betty Zitke, '50
Bridge, Hon. Barbara Jeanne, '50
Brooks, Raymond Robert, '66
Brumley, Floride Hyatt, '34
Bull, LCDR Wilbur R., USNR, '36
Chadwick, John W., '71
Clark, Phillip Hobson, '77
Coons, Nelson E., '48
D'Agostino, Charles M., '60
Deinhardt, John B., '42
Doane, James F., Jr., '54
Doig, Hal F., Sr., '23
Dorsey, Mrs. Carla B., CPA, '81
Dwors, Robert Frank, '71
Firestone, Daniel L., '51
Fountas, Paul Peter, '82
Gallimore, Carolyn Loretta, '82
Goebel, Kimbirly D., '79
Gregory, John A., '54
Hyland, Kathleen, '83
Ide, David B., '49
Jones, Richard Anthony S., '85
Kalapodis, John Gust, '87
Kennedy, Timothy Jones, '59
Koch, Dr. Bruce Stuart, '77
Kreager, James Scott, '49
Landers, Douglas Earl, '83
Malcolm, Douglas C., '79
Maurer, Mrs. Helen S., '32
Mavromates, Stanley Peter, '49
Mc Clure, Ross O., '48
Mehallis, Stephen G., '61
Meyer, Eric Benjamin, CPA, '80
Meyer, Francis Xavier, III, '76
Mogan, John H., '50
Neustadt, David E., '29
Oban, Marcia E., '82
Oxley, Thomas Geoffrey, '82
Postle, B. Dow, '47
Preble, Robert W., '56
Ragland, Richard N., '50
Sanders, Howard, '66
Seifrick, John Allen, '82
Shaw, Melville James, Jr., '52
Shaw, Suzanne Keeley, '54
Speiser, Robert I., '49
Turton, Judson W., '51
Ullman, H. Warren, Jr., '67
Van Putten, James Martin, '82
Walcutt, Stephen O., '64
Weimer, Ralph William, Jr., '69
Wilson, Richard Henry, II, '56
Wood, Margaret Elizabeth, '40

FORT MYERS
Andrews, Charles Scott, '75
Beard, Donald E., '49
Carr, Paul D., '29
Cohen, Herbert B., '36
Covert, Donald Smith, '45
Curto, Thomas Victor, '78
Drexel, William A., '47
Eisenberg, Roland M., '59
Ernst, CAPT Clayton W., USN(Ret.), '51
Gerstner, Eric Leo, '86
Hannan, Mary Crites, '48
Henderson, James Leo, '40
Hicks, Randall Lee, '82
Hilliker, Richard Orrin, '72
Holt, Howard L., '42
Huff, Nancy Lenart, '72
Johnston, CDR Thomas Marsh, Jr., '36
Kerlin, Thomas C., '32
Keung, Fanny Wai-Han, '81
Kull, Walter R., '51
Lenart, Kay, '66
Macke, Todd Christopher, '83
Mc Intyre, Craig Alan, '69
Messerly, John R., '33
Moore, Mark Edward, '76
Neuman, Alan W., '62
Patton, Penny Lou, '86
Pausch, John L., '36
Puffenbarger, Dennis L., Sr., '73
Recchiuti, Gregory Allen, '80
Sabo, Maryjo Fullerton, '58
Stauffer, Blake E., '39
Straker, Jane Helen, '80
Taylor, Robert Morris, '65
Testement, Reginald W., '34
Tilbrook, Thomas Sharp, '32
Trump, Dr. Ross Myron, '37
Vidussi, Dana, '78
Wallace, John D., '59
Wetzel, Daniel Gray, '80
Yash, George C., '41

FORT MYERS BEACH
Bush, Lewis Clark, '54
Hussey, Donald M., '48
Lurie, Samuel Lee, '79
Miles, Robert C., '38
Valentine, Sue Jefferis, '82
Whitlatch, Harold E., '33

FORT PIERCE
Amrine, Kenneth H., '50
Brown, Willard Hull, '50
Lucci, Albert Richard, Jr., '70
Nixon, John Francis, Jr., '43
Plymale, Jack H., '49
Todhunter, John W., '49

FORT WALTON BEACH
Black, COL Elmer Ellsworth, USAF(Ret.), '57
Stevenson, Karl Franklin, '61

FRUITLAND PARK
Guy, Charles David, '72
Huffman, John Albert, Sr., '51
Meyer, Walter Erick, Jr., '37

GAINESVILLE
Ahmann, Frank B., Jr., '50
Bamber, Dr. Edward Michael, '80
Bamber, Dr. Linda, '83
Fox, Dr. William Mc Nair, '54
Glikes, Richard J., '43
Hildebrand, Paul H., '47
Hilton, Dr. Ronald Walter, '77
Hultz, Erna Imler, '47
Kepner, Dr. Karl Wilfred, '60
Lawhun, James H., Jr., '50
Lawhun, James Nelson, '72
Nash, George Raymond, '80
Outcalt, Catherine Leighty, '69
Salladay, John R., '40
Smith, Dr. Emmett Daniel, '66
Smith, Dr. Marc Taintor, '84
Tosi, Dr. Henry Louis, Jr., '58

GOLDENROD
Daher, Najy Moussa, '86

GULF BREEZE
Hanline, Dr. Manning H., '65
Huenke, Gary (Hink) S., '71
Saiter, Joseph Theodore, '28

GULFPORT
Mc Murray, Ellen Wiley, '34

GULF STREAM
Baker, Richard Thomas, '39
Brown-Baker, Martha, '37
Ganger, Robert M., '26
Leslie, Ralph C., '50

HAINES CITY
Stastny, Robert Charles, '82

HEATHROW
Rettinger, Raymond Louis, Jr., '68

HIGHLAND BEACH
Kron, Dan Elliot, '69
Loewy, Mrs. Janet Nussbaum, '38
Reese, Donald Joseph, '48
Schirrman, George J., '54

HOBE SOUND
Gallagher, Peter C., '54
Slattery, Dana D., '49

HOLIDAY
Cullins, David R., '49
O'Neill, Donald L., '57

HOLLY HILL
Merklin, Christopher Alan, '82

HOLLYWOOD
Aronson, Gerald R., '33
Baer, Sheldon L., '57
Barr, Dee Ann Beeson, '54
Bricker, David E., '60
Feder, Sandy L., '51
Fierman, Mark Jay, '86
Fierman, Melissa Stern, '85
Greenfield, Hymle Randy, '74
Haimes, Alan, '54
Hoffman, Norman Nathan, '55
Liff, Howard S., '62
Meyer, Karen Cowan, '66
Myers, Mrs. Marilyn A., '50
Newman, Bernard, '49
Shaffer, Sheldon, '49
Shields, James R., '55
Smith, Felix E., '46
Takach, Thomas R., Sr., '52
Terry, CAPT Michael John, '70

HOLMES BEACH
Wilhelm, Frances Arant, '45

HOMESTEAD
Barrientos, Manuel V., '52

INDIALANTIC
Steiger, Cynthia K., '75
Steiger, Joseph Thomas, '76

INDIAN HARBOR BEACH
Harrigan, David Frederick, '72
Pontones, Ramon E., '48
Purcell, Margaret Willis, '59

INDIAN ROCKS BEACH
Frankiewicz, Daniel Joel, '74

JACKSONVILLE
Andrews, David F., '52
Baker, Robert Allen, '51
Bickmire, Robert Lee, '83
Birmingham, Alan Todd, '78
Blake, Lance Edward, '74
Braund, Robert Alan, '71
Casper, Donald Leroy, '68
Davies, Jill Leslie, '79
Downs, Harry Elliott, Jr., '75
Fisher, Richard William, Jr., '80
Fritschle, Milton Dolan, Jr., '72
Fullerton, Robert C., '61
Giovagnoli, Angelo, '55
Girard, COL William C., USAF(Ret.), '59
Griggs, Eric Noel, '82
Harper, Harold R., '48
Hooper, Dr. Donald Bruce, '57
Isern, Clara I., '87
Jackson, Jeffrey J., '84
Kahn, Jerome H., '47
Ketzel, Joyce Crotinger, '58
Kirby, Joseph T., '49
Lipp, David Alan, '67
Lowe, Frances J., '80
Mackroth, John R., '48
Madonik, Paul, '50
Massar, Gary Louis, '81
Meyer, Charles Henry, '42
Ohler, C.G., '50
Pennybaker, William O'Conner, '81
Perani, Paul Joseph, '87
Poole, Annette Bassett, '80
Sanders, Stephen Wayne, '85
Sandy, William A., '58
Smith, Bruce Howard, '66
Smith, Bryan Kendall, '88
Streets, Daniel Warren, '75
Szary, Leo Thomas, '75
Taxter, Joseph David, Jr., '76
Vickio, Vaunda Lee, '82
Wise, Carl E., '69

JACKSONVILLE BEACH
Folk, Ronald S., '35
Sternad, Michael Lee, '72

JENSEN BEACH
Knowles, George Wallace, '49
Morrison, Charles W., II, '77
Patterson, John Wright, '38
Turgeon, John Robert, '81

JUNO BEACH
Henderson, Jack M., '31
Kohler, Hon. Foy David, '31

JUPITER
Barker, Thomas Joseph, '82
Bone, Robert Thomas, '83
Call, Dean R., '56
Freese, Ronald E., '59
Getz, Thomas Alan, '68
Gorenflo, Daryl Lee, '76
Krueger-Lewis, Ms. Kimberly Jean, '84
McIntire, Robert H., '32
Smerda, Richard F., '53
Strunk, Edgar S., '42
Wigor, Robert L., '49
Wilburn, Harold C., '40

KENNETH CITY
Hogle, Robert Lee, '77

KEY BISCAYNE
Cornell, Errol S., '40
Hamill, John Neil, '80

KEY LARGO
Hendricks, James W., JD, '47
Lackey, Ms. Nancy, '61
Miller, Clare G., '42
Miller, Mrs. Clare G., '42

KEYSTONE HEIGHTS
Roberson, COL John Fredrick, USAF(Ret.), '58

KEY WEST
Sain, U. Grant, '64

KISSIMMEE
Zipperer, Randall James, '76

LADY LAKE
Trego, William B., '52
Welch, Robert P., '49

LAKE CITY
Jones, Carl Dewitt, Jr., '50

LAKE CLARKE SHORES
Lewis, Sandra L., '86

LAKELAND
Arn, Frank D., '31
Baehr, Philip M., '64
Bowes, Gene S., '58
Durket, Steven Lorne, '82
Halvordson, LT Mark Bennett, '80
Hulse, Howard O., '52
Middleton, John L.S., '33
Middleton, Kathryn Williams, '32
Purcell, Gary Arlin, '87
Roberts, William Lee, '77
Smith, Charles Ray, '66
Van Scoten, Max L., '40
Witherspoon, James Douglas, '74

LAKE MARY
Parker, Tod Michael, '69
Rose, Thomas Duncan, III, '77
Sinkelstein, Amy B., '82

LAKE PARK
Mainey, James H., '59

LAKE PLACID
Dye, Howard William, '34
Renton, Richard Carl, '86

LAKE WORTH
Gall, John L., '52
Lawrence, Ramon Eugene, '31
Maturo, Raymond A., '49
Mauser, William C., '41
Schear, Eugene C., '40
Weinstein, Herman Seigfried, '38
White, Bradley Kim, '77
Williams, Robert S., '78

LANTANA
Preston, Karen Wiita, '85

LARGO
Bishop, Leroy Adrian, '36
Blair, James Philip, II, '68
Clifford, Carl W., '49
Crum, Kevin Karl, '86
Culbertson, Jerry A., '60
Cunnings, COL John Claude, USAF(Ret.), '60
Dawson, James Ernest, '50
Diehl, David Lee, '68
Dunlap, Michael Becker, '56
Erdman, Grace Thomas, '47
Hall, Warren William, '48
Harper, Eugene Becker, '56
Hites, Elmer Russell, '39
Maholm, Susan Downey, '77
Maholm, William Lehr, '82
Marvin, Janet Pierce, '78
O'Brien, Donald Jay, '33
Smeltz, Philip K., '48

LAUDERDALE LAKES
Beltrondo, John Jeffrey, '85
Berlin, Michael David, '85

LAUDERHILL
Blumenthal, Scott B., '87
Brown, Linda Raye, '65
Chitwood, Dr. John Carroll, '80
Cohen, Bert, '44
Forman, Barry Sheldon, '77
Hoffman, Myron, '40
Landers, Murray L., '48
Maggied, Dr. Hal S., '64

LEESBURG
Boyd, Charles C., '29
Cunningham, Harold B., '26
Johnson, Robert O., '41
Purdum, Jack N., '46
Purdum, Mrs. Rosemary Pringle, '48
Taylor, J. Patrick, '66

LEHIGH ACRES
Bain, Hervey A., '49
Hay, George W., '51
Urquhart, Robert H., '59

LIGHTHOUSE POINT
Alexander, Robert John, Sr., '60
Ballinger, John Thomas, '45
Bright, Clara Vetel, '43
Isaly, Robert H., '51
Kennedy, Herbert L., Jr., '62
Shopoff, James Douglas, '81
Strok, Thomas D., '65

LONGBOAT KEY
Anderson, Willis W., '50
Baratt, Rhea Preis, '39
Friedman, D. Arthur, '25
Hammons, Thomas L., '54
Kent, Betty Kilbury, '39
Kent, Ralph Edwin, '37
Schaefer, Richard Henry, '52
Schoenbaum, Alex, '39
Stanley, John E., '53

LONG KEY
Johnson, Charles Hamilton, '53

LONGWOOD
Abramson, Jay Donald, '71
Ater, Clement T., '31
Averill, Frank E., '37
Cabaniss, Ronald Edmund, '67
Davis, Gerald B., '78
De Shetler, Richard L., '58
Drtina, Dr. Ralph Edward, '80
George, Mary Havens, '63
Green, Eugene Terry, '53
Harding, Michael Lynn, '74
Kay, Jerome M., '48
Lyons, Francis William, '73
McDonough, Mark Edward, '85
Miller, Michael Francis, '65
Ohnsman, Roger Elmer, '68
Peters, Frederick Alan, '72
Rubenstein, Michael B., '62
Smith, Barry Forrest, '57
Zunk, Ronald L., '81

MADEIRA BEACH
Clark, Thomas Warren, '83
Kinder, Mrs. Dorothy Trapp, '55

MAITLAND
Hicks, Dr. Robert Elden, '63
Hitt, Franklin J., '65
Holforty, Jack E., '55
Robison, Richard L., '60
Shockley, Fred John, '68
Sprout, William Randall, '76

MARATHON
Dodge, Robert M., '48

MARCO
Laufer, Carl L., '35

MARCO ISLAND
Berke, Carl, Jr., '54
Day, CAPT Edward R., Jr., '49
Ihrer, Shirley Shipe, '51
Stiers, Robert A., '51

MELBOURNE
Conklin, Joseph Elwood, '77
Daum, Robert Thomas, II, '81
De Marco, Chris Joseph, '85
Follrod, LTC John Stephen, USAF, '67
Foster, Roland Swaim, '83
Hempstead, Thomas Robert, '77
Marker, George David, '73
Roll, Franklin Theodore, '73
Sanborn, Jimmy Webb, '80
Yon, COL Verus Amatus, USAF(Ret.), '59

MELBOURNE BEACH
Glenn-Katzakis, Joan Catherine, '80
Greene, Jay Robert, '67
Pobst, LTC Gene L., USAF(Ret.), '51

MERRITT ISLAND
Bricker, Paul M., '48
Hodges, Karin A., '82
Hoisington, Richard M., '49
Lamphere, Joseph E., '50
Pilat, George J., '57
Reninger, Normand W., '62

MIAMI
Anguish, Donald Drake, '52
Anguish, Mrs. Doris, '52
Bauer, Roland Henry, '32
Beaton, Dr. William R., '58
Blackburn, James M., '54
Blecke, James C., '69
Bradford, John Walter, PhD, '80
Brooks, Phillip Ronald, '51
Brown, Terry Lynn, '75
Bruder, Bryan Karl, '87
Brunswick, David Howard, '68
Byrd, Alan P., '73
Calvert, George B., Jr., '66
Chilcoat, Marguerite Greene, '43
Cleland, George A., '51
Coplon, Joseph C., '48
Daum, John Allen, '72
David, Benjamin E., '48
Davis, Harvey, '56
Du Bois, Raymond D., '81
Etzel, James D., '67
Fairchild, Elizabeth Shreve, '82
Fairchild, Joseph Richard, '81
Fountas, Christopher Nicholas, '87
Fountas, Samuel John, '71
Gilbert, Roger Martin, '61
Gompf, Thomas E., '61
Hageman, Robert Lee, '79
Hannum, Richard T., '49
Hollman, Kenneth W., Jr., '65
Hummel, Alice, '52
Jesson, William C., '58
Johnson, Vicki Denise, '79
Katz, Brian Stuart, '80
Koenig, John D., '57
Lindquist, COL Albert A., USA(Ret.), '27
Lockshin, Bertram A., '45
Lumpkin, COL Phillip Ray, '75

Miami (Cont'd)
Mahoney, Joseph Edward, '74
Manhart, Mark A., '87
Muraco, Frank Vincent, '67
Nelson, Carrie Ruehl, '81
Noble, Dr. Paul Le Moyne, '49
Nolin, Wayne T., '50
Nowosad, Irene, '80
Okun, Larry S., '63
Pearl, Pamela Kaye, '84
Rapport, Milton H., '39
Rosenbloom, Manford D., '49
Schottenstein, Debra Elaine, '78
Schriesheim, Dr. Chester A., '78
Schriesheim, Dr. Janet Fulk, '77
Schwartz, Garry Brian, '62
Sickles, Donn K., '59
Smith, David Roy, '69
Stapler, Carl L., '80
Suid, Oscar C., '35
Talbot, Dr. S. Tom, '50
Tanner, James M., '80
Tobin, Richard W., Jr., '61
Tomhafe, Bill J., '50
Wajsman, Laurence Michael, '81
Wiggins, James R., Jr., '55
Wilensky, Albert, '53
Williams, LTJG David Paul, '83
Wills, Frederick Austin, '77
Wolff, Dr. Robert Michael, '75
Zwelling, Joel R., '62

MIAMI BEACH
Courtley, Elissa Suzanne, '87
Klein, Susan Melanie, '84
Olin, Jerry, '46
Schlereth, Howard J., '30
Yalman, Maurice L., '42

MIAMI LAKES
Davidson, Stuart Alan, '86
Kurkcu, Metin Behzat, '85
Raulerson, Suzanne Redman, '58
Slack, Lyman Avery, Jr., '56

MIAMI SHORES
Blue, Robert L., '34
Forney, BGEN Leslie R., Jr., '49
Ink, Mrs. Gloria Jobi, '46
Sheehan, Dr. James G., '55

MIAMI SPRINGS
Jackson, Philip G., '48
Petticrew, James Eric, '73

MILTON
Kovachick, Charles Joseph, '83
Moore, Paul Warren, '81

MOUNT DORA
Chase, Ruth Tweedie, '28

NAPLES
Addison, Adam Wilson, '35
Adiutori, Joseph Eugene, '86
Basye, Doyne S., '60
Bauman, Richard J., '52
Bayer, COL Ralph R., USAF(Ret.), '35
Blanquart, Gilbert V., '31
Bogen, Margaret Le Sar, '33
Borel, Richard A., '30
Carver, Howard Thomas, '76
Davis, Timothy Eric, '80
Devine, Samuel L., '37
Doeble, James Bruce, '77
Drackett, Bolton, '41
Finch, Daniel N., '49
Fisher, Jerry Petty, '69
Fogle, Virgil M., '36
Franz, Howard C., '43
Galbreath, George R., '34
Gamel, Larry L., '59
Gockenbach, Harold Conrad, '44
Goll, Drusilla Rennekamp, '36
Gray, Clarence Edgar, '52
Hafenbrack, Brian Vern, '82
Hall, Eugene Winston, '28
Hamilton, Richard Parker, '54
Housler, Alicia Kay, '87
Jacob, John R., '27
Jelliffe, Charles Gordon, '37
Kronenberger, Donald R., '43
Kuhns, W. Dain, '47
Lange, William Dennis, '75
Larcomb, Thomas M., '55
Leff, Philip B., '36
Mc Michael, Robert W., '50
Miller, Mrs. Carol, '45
Miller, John Morris, '47
Monroe, John D., '50
Nichols, Jerry Frank, CLU, CHFC, '65
Oates, Edward J., Jr., '52
Oates, Marilyn Mumm, '51
Robb, John H., '35
Rockaway, John D., '30
Scheels, Robert Lawrence, '32
Schiefer, Barbara Jean, '82
Schiefer, Donald I., '64
Singleton, William S., '50
Snowden, Gladys Keller, '46
Snypp, J. Robert, '30
Steiss, Carl W., '31
Stowe, Judith Cadot, '55
Tappan, Mildred Lawrence, '46
Watkins, Henry B., Jr., '50
Webster, John R., '56
Whaley, Ellis B., Jr., '48
Wharton, Frank A., '52
Wiltberger, Mrs. Reva Hoskinson, '47
Worcester, Hon. Benjamin D., '33
Wright, Ms. Lois Rubrecht, '48
Zieg, John M., '37
Zollar, Norman C., '39

NEPTUNE BEACH
Harms, Dr. Craig Gerald, '74

NEW PORT RICHEY
Davis, John C., '30
Hager, Mrs. Virginia L., '49
Lane, Lester Eugene, '73
Lohrke, Henry R., '43
Sunderman, Karl, '47
Umpleby, COL Arthur N., '57

NEW SMYRNA BEACH
Carpenter, Charles T., '34
Crumley, J. Foster, '27
Walton, George J., '50
Watts, Dorsen V., '38

NICEVILLE
Jagodnik, MAJ Warren Lee, USAF, '73
Newhouse, Larry G., '67
Sheraw, Harry Franklin, '73
Squires, Dale Alan, '80

NOKOMIS
De Marsh, Stephen Eugene, '77
Keyes, Gerald E., '61

NORTH FORT MYERS
Cropper, Marshall E., '50
Jones, Justin Ralph, '47
Law, Clyde T., '49
Martin, Donald William, '77
Murray, Phillip Dent, '40

NORTH KEY LARGO
Baker, Carlyle Muff, '38

NORTH LAUDERDALE
Biarsky, Alan Scott, '83

NORTH MIAMI
Bach, William Lee, '71
Hight, Neil C., '59
Scott, Howard F., '65

NORTH MIAMI BEACH
Armstrong, William Delbert, '49
Brandon, Grant G., '41
Brooks, Bryan Lee, '72
Feldman, Walter, '58
Gotlieb, Lawrence D., '65
Katz, Herman M., '24
Lichten, Alexander, '49
Marks, Jeffrey Neal, '69
Peterson, Lee Berton, Jr., '31
Raileanu, Jordan D., '48
Reehil, John J., '50
Siskind, Roland L., '48
Spitz, Morton, '33
Wilson, Jo Anne Fadely, '47

NORTH PALM BEACH
Brown, Frank Alphius, Jr., '49
Cox, Timothy W., '74
Danford, Edward Coyle, '34
Dennard, Robert E., '48
Immell, Marlin L., '57
Katz, William, '56
McQuaid, John P., '53
Nicklaus, Jack William, '61
Paugh, Richard Curtis, '35

NORTH PORT
Wiley, Mrs. Florence Lyford, '34

OCALA
Egnew, Robert W., '43
Heiskell, Thomas R., '49
Hugo, Dale Phillip, '68
Luken, Frank L., '48
Wolfe, Russell Haynes, '48
Zimpfer, Victor Charles, '40

ODESSA
Gates, Jeffrey Lynn, '75
Leow, Michael C., '78

OLDSMAR
Cook, Blenn F., '49
Hays, Betty Lamm, '45

ORANGE CITY
Evans, Josephine Colli, '76

ORANGE PARK
Boos, Patricia Mulcahy, '78
De Vore, Jeffrey Scott, '74
Dotson, Charles Acie, '78
Fry, Gary Richard, '73
Grumbach, Frederick Steven, '62
Halsey, LT Janet M., USN, '81
King, David Albert, '75
Kutsch, Lawrence Steven, '76
Morgan, Victoria Marie, '82
Owen, Dr. Crystal Lorraine, '87
Schwartz, Gordon Murray, '78
Shannon, Eric Bosworth, '75
Shoemaker, Charles K., '71
Stelbasky, James Robert, '73

ORLANDO
Alessio, Gary Lewis, '81
Augustine, James F., '54
Campbell, Doug Craig, '53
Campbell, John William, '59
Comish, Dr. Newel W., '53
Cooke, Thresa Mers, '82
Crable, Mrs. Linda M., '79
Davis, Thomas Edward, '55
De Angelis, Stephen Robert, '85
De Fazio, Robert Gerard, '82
Douville, Steven Alan, '79
Edwards, Nancy Ann, '78
Gerstenslager, Penny Renee, '85
Grady, James Allen, '61
Grubb, Richard Neal, '74
Halterman, Richard D., '65
Harrison, Brian Patrick, '80
Hayne, James W., '53
Hutton, Mark Harry, '77
Jensen, Stephen D., '86
Johnston, LTC Kingsley M., USAF(Ret.), '49
Leetch, Kimberly M., '81
McDonough, Mark J., '82
Mc Graw, Brian David, '81
Mc Keever, COL Bernard E., USA(Ret.), '50
Mc Murray, Lesa D., '82
Miller, Jerry Lee, '73
Miller, Marilyn Sue, '84
Morris, John David, '75
Mosser, Kurtis D., '67
Oliver, Steven Matthew, '88
Ondick, Larry Wayland, '71
Owens, Theodore Lee, '70
Patterson, Jeffrey Dale, '83
Powell, Ronald James, Jr., '81
Ricketts, Alfred R., '49
Riegler, Richard Arthur, '72
Sikora, Richard P., '57
Smith, Earle Leroy, '49
Spencer, Judith Grant, '59
Thompson, Carol Gilbert, '69
Vandeveer, Mrs. Barbara C., '84
Wagner, Charles F., Jr., '53
Watters, Roland Wesley, Jr., '63
Zimmerman, Lewis Lozene, '53

ORMOND BEACH
Councill, COL James W., USAF(Ret.), '67
Fatuzzo, Joseph A., '71
Harpster, Wallace J., '48
Locke, Charles Thomas, Jr., '83
Locke, Paula Bruce, '84
Long, William Edward, '50
Porter, Ritchey T., '49
Towle, Barbara L., '82

OSPREY
Buchholz, James C., '50

OVIEDO
Hinterschied, James L., '84
Jones, COL Troy H., Jr., '67
Mac Dowell, John Russell, Jr., '70
Smith, Larry Lee, '72
Wissinger, Mark Steven, '84

PALM BAY
Baker, Bob James, '71
Rondini, Christine Marie, '82

PALM BEACH
Bowman, Robert A., '59
Ford, Donald R., '52
Gardner, Harold L., '24
Mettler, Thomas M., '55
Smith, Howard George, '39
Snyder, Ruth Irwin, '31
Sussman, John R., '49
Sussman, Roberta, '48

PALM BEACH GARDENS
Avdellas, Neil Gregory, '84
Baldini, David Guy, '68
Baldyga, Christopher J., '81
Ballard, Jack, '57
Blazek, Robert Joseph, '82
Bone, Todd Alan, '86
Cairo, Anthony Albert, Jr., '85
Clapp, Roger H., '35
Cook, Charles Rhodes, '82
Cornell, Alexander H., '47
Gaulke, Ray E., '59
Gerard, John H., '59
Hosack, Kaye Cavlovic, '82
Leavitt, Sanford, '37
Mc Mullen, Martin Michael, '74
Rankin, George Weir, '68
Spell, MAJ Clyde, USAF(Ret.), '69
Squires, Cynthia Marie, '81
Stolting, Ms. Nancy K., '83
Weinberger, Robert M., '66
Wilson, Robert T., Jr., '68

PALM BEACH SHORES
Raab, Nancy Mc Namara, '43

PALM CITY
Allison, Harold R., Jr., '48
Blair, William M., '34
Casar, John R., '58
Lucas, Robert Shaffer, SRPA CAE, '57

PALM COAST
Beaver, Ronald L., '61
Blazek, Mark Robert, '76
Vohlers, A. Joseph, '49
Weibling, Donald Merril, '36
Wick, Robert D., '41

PALMETTO
Brown, Don Calvin, Jr., '79

PALM HARBOR
Andrews, David Stanley, '69
Bodner, Marjorie L., '73
Breig, Daniel R., '81
Brooker, John Keith, '52
Copeland, Charles J., '36
Dastoli, Theodore Edward, '80
Evans, Kathryn Monahan, '48
Evans, Walter Francis, '52
Houck, Brent Allen, '82
Hurak, Anthony J., '49
Jung, Gerhard Jakob, '81
Prindle, Theodore H., '45
Robb, Kenneth L., '48
Smith, James Hartley, '62
Spaid, Thomas L., '58
Spracklen, David Bruce, '74
Wielinski, Lawrence A., Jr., '77
Wilcher, Steven Douglas, '79
Wilcox, Charles E., '86

PALM SPRINGS
Lane, Alfred William, '29

PANAMA CITY
Harmony, William A., '47
Linz, Marty Jo, '86
Menefee, LTC Clayton Lee, '68
Schneider, Tina Mascherino, '84
Wheeler, MAJ Richard J., USAF(Ret.), '56
Wilson, LTC Robert Root, '54

PANAMA CITY BEACH
Morris, Tim S., '81
Nelson, Daniel Lee, '86
Rost, Elizabeth, '86

PARKLAND
Lack, Edward I., '56
Spatz, Gregory Lee, '76

PATRICK AFB
Carpenter, MAJ David Warden, USAF, '71

PEMBROKE PINES
Abbott, Gregory Dale, '74
Downey, William F., '62
Elliott, Cynthia Ann, '84
Gonzalez, Francisco B., '85
Kohn, James Jay, '72
Lieberman, Ronald David, '68
Masters, Mrs. Jill S., '80
Schaeffer, Mrs. Carolyn Jeanne, '85
Thomas, Michael Wayne, '76
Watkins, Patrick Andrew, '83

PENSACOLA
Allen-Warner, Susan Elizabeth, '84
Berry, Mrs. Nettie I. J., '35
Biersack, ENS Gregory Andrew, USN, '87
Cindrich, ENS John M., USN, '86
Coy, LCDR John Howard, '73
Jeffries, Patrick James, '76
Josey, William Cobb, '80
Keplar, Terry Tripp, '68
Kershaw, LT Kent Baldwin, USN, '81
Myers, James Richard, '38
Phillips, Rev. John W., '52
Sieling, Robert Regis, '72
Thornton, Dr. Fred Arnold, Jr., '70
Wonus, Mark William, '81
Zimmerman, Donald Eugene, '52

PLACIDA
Samsel, Richard G., '49

PLANTATION
Ardman, Martin, '61
Ballan, Gerald Howard, '70
Barker, Timothy John, '83
Brooks, Robert B., '47
Chesler, Earl R., '40
English, Jack M., '67
Ernst, William D., CPA, '49
Frith, James Ralph, '77
Gordon, Hy Sheldon, '64
Herman, David Scott, '84
Kosempa, James L., '66
Nichols, Rev. James R., '69
Polish, Sheldon S., '65
Potts, Thomas J., '29
Pryor, James W., '45
Waters, Barry James, '78
Winter, Jean Thompson, '48
Zimmerman, William Arthur, Jr., '52

PLANT CITY
Clayton, Thomas H., '50
Fuller, Claude Estle, '48

POMPANO BEACH
Blackwell, James L., '52
Calhoun, John Collier, Esq., '50
Canute, Brian Lee, '84
Dearth, Earl S., '22
Dusenbery, Lawrence Edward, '72
Foss, Gene K., '40
Freda, Robert Ray, '50
Grim, Fred H., '28
Hoover, CAPT Larry Eugene, '68
Katz, Nathan, '35
Kronenfeld, Herbert Allan, '56
Lieberman, Tom Edward, '85
Mattern, Albert J., '33
Mays, Lee N., '31
Moss, Joseph Robert, '84
Oliver, Lockwood, Jr., '51
Oliver, Patsy Gray, '49
O'Ryan, Albert L., Jr., '48
Peralme, Austin, '54
Schaffner, Mrs. Bessie Workman, '27
Sutton, Dean L., '47
Whitlock, Howard D., '47

PONCE INLET
Murphy, Mark A., '84

PONTE VEDRA BEACH
Bellard, Ernest H., Jr., '48
Berwanger, Robert Michael, '78
Morris, Donald Lewis, '53
Peterson, Russell L., '35

PORT CHARLOTTE
Ashman, Ward, '29
Fuller, Marjorie Kattau, '46
Gassaway, Jeffrey Allen, '81
Hylton, Chester R., '50
Montgomery, Richard Lee, '71
Orr, James H., '47

PORT ORANGE
Bishop, Stephen Rupert, '70
Mann, Joseph E., '48

PORT RICHEY
Launstein, Dr. Howard Cleveland, '56
Mills, Thomas Moore, '37

PORT SAINT LUCIE
Griffith, Lorraine, '84
Mattison, Howard W., '33
Mc Mahon, Paul Philip, '83
Preston, Mrs. Betty Holt, '37
Schmink, William B., '28

PUNTA GORDA
Dombrosky, Edward W., '38
Federer, William Francis, '71
Mc Elwee, Darwin E., '35
Patrick, Larry Richard, '55

REDINGTON BEACH
Heagey, Mrs. Mary C., '49

REDINGTON SHORES
Brakeman, Robert G., '48
Houts, Kenneth G., '35

RIVIERA BEACH
Barnhart, F. Neil, '49
Barnhart, Mrs. Joann Ogg, '52
Chadwick, Betty Ziegenfelder, '36
Dillon, Whitney Mathew, '76
Thompson, Frank Patrick, '52

ROCKLEDGE
Habegger, Dr. James H., '56
Hixenbaugh, Walter A., '41

ROTONDA WEST
Heer, Hyman M., '26

SAFETY HARBOR
Burks, Paul E., '61
Ellis, Marion Silverman, '44
Kuechler, Jack (Keek) H., '57
Pearch, Daniel Lowell, '76
Spiker, Mark Anthony, '77
Thomas, Daniel Robert, '80
Watson, Roland G., '54
Weller, Lawrence Henry, Jr., '73

SAINT AUGUSTINE
Butler, Charles Ralph, '79
Ossmer, William Thomas, III, '72
Schroeder, Barbara Elaine, '83
Simmons, Dr. John Kaul, '67
Witter, James L., '58

SAINT CLOUD
Field, Richard B., '63
Smith, Carl Harvey, '60

SAINT JAMES CITY
Lurie, Jack Martin, '80

SAINT PETERSBURG
Atzenhofer, Hershel S., '38
Avril, Frederick L., '58
Banister, George T., '53
Bergen, Suzanne Marie, '81
Branson, Jack H., '36
Brubaker, Allen R., '48
Bursik, Peter David, '79
Carey, Sue Ann, '68
Cook, Thomas Scott, '78
Dell, Elaine Pekarek, '43
Ditwiler, Robert Richard, '70
Doty, Donald C., '41
Douglas, Lynne Koster, '52
Easterman, David A., '66
Eaton, John M., '57
Finkbone, Richard W., '49
Freeman, Dorothy Goldberg, '41
Frey, Donald E., '56
Friedemann, Paul John, '75
Gable, Paul E., Jr., '52
Gardner, Robert James, '81
Hagedorn, Roland Shawn, '80
Hanslee, Joseph, '53
Havranek, Joseph Edward, '83
Heintz, Neal L., '56
Heller, Christopher Tod, '83
Hendrix, Patricia S., '38
Hoover, Merwin Leroy, '31
Houmes, CAPT Darrell Wayne, USAF, '83
Keller, Paul Eugene, '78
Koepnick, Robert E., '53
Mahan, Allen V., '66
McRae, Kelly B., '39
Mohn, LTC John R., USA(Ret.), '65
Olt, John Herman, '71
Paletti, Betty Preece, '45
Parker, Gary Lloyd, '71
Pettegrew, Mrs. Margaret E., '34
Pevzner, Michael David, '68
Rahall, Sam G., '40
Robson, George Arthur, '48
Roll, John Douglas, '83
Rossette, Pasquale David, '84
Salyer, Lisa De Fourny, '84
Sayre, Delbert E., Jr., '54
Scarberry, Dan A., '42
Setty, William H., '49
Sherrard, Teresa Jean, '77
Slemmons, Robert H., '27
Terhar, Jo Ann, '84
Terry, Russell G., '54

SAINT PETERSBURG BEACH
Hall, Mary Dawson, '41
Klingler, Denise Ellen, '85
Leviton, Reva Barrar, '30
Sutermaster, Gerald Edward, '48
Sutermaster, Virginia Merrick, '45

SANFORD
Might, Marcia Lynn, '78
Sheibenberger, Tom R., '51

SANIBEL
Ford, Albert William, '48
Ford, Mildred Boerger, '48
Oatey, Alan R., '47

SARASOTA
Anderson, Elinor R., '42
Anderson, Joseph Frank, '37
Bader, Mrs. Betty Miller, '49
Bagley, James D., '56
Botts, Mark Geoffrey, '70
Bridwell, Ernal W., '49
Chorpenning, Ms. Betsy Jayne, '82
Cichon, Steven E., '59
Clarkson, Mrs. Evelyn Davis, '33
Cochran, Paul A., '35
Cohen, Harold Hilliard, '49
Cullinan, John J., '50
Doerr, William H., '64
Eckholt, Michael Allan, '75
Fleck, Aaron Henry, '44
Fox, John Martin, '57
Fox, William R., '86
Gannon, John James, '53
Goodfriend, Steven Howard, '83
Greenwald, Merle A., CPA, '53
Hanneman, William F., '59
Hart, David William, '48
Heatwolfe, Robert, '74
Hedrick, Daisy Yurjevic, '35
Hedrick, Earl J., '35
Hoelscher, Elody M., CPA, '50
Hohl, Paul Francis, '88

Sarasota (Cont'd)
Isaly, Earl W., '50
Kessler, David Herman, '71
Kimball, Thomas S., '54
Kusy, Ernest J., '52
Ladd, Harlow Brookner, '48
Laue, Ms. Janet E., '45
Lax, Mrs. Laura A., '83
Levi, Edward S., '48
Light, Walter L., '60
Link, Willis K., Jr., '49
Lockett, Frances Barker, '17
Long, Clarence Elmer, Jr., '36
Lucas, Kenneth C., '47
Mac Kay, John Howard, '27
Marinelli, Eugene, '49
Martin, Jack Wilbur, '50
Matson, Leonore Weiss, '30
Mautz, William H., '31
Midlick, Ralph L., '52
Myer, Kenneth M., CPA, '53
Natherson, Russell S., '64
Nichols, Robert Leslie, '40
Pabst, Nelson C., '31
Parker, S. Dwight, '25
Peoples, Claude F., '33
Pritchard, Betty Jefferis, '43
Quigley, Richard H., '40
Resh, Maurice E., '36
Salt, William B., '46
Schwartz, Norman L., '57
Selcer, Lester, '40
Sell, Charles G., Jr., '55
Shannon, Mrs. Gaynor Williamson, '49
Sharff, Earl L., '47
Shibley, Jeanne Hosfield, '46
Smiley, Ralph Edward, '34
Smith, Richard Herman, '30
Snyder, Fred Lawrence, '38
Stasiak, Richard David, '77
Storrie, Michael Bruce, '77
Such, Wilbur L., '32
Summers, Thomas S., CPA, '46
Thrush, Jack M., '48
Wade, William W., '64
Walters, Leland A., '36
Wenzel, Robert Louis, '82
Wicker, Charles Stephen, '69
Wolfard, Charles W., '38
Zengel, Thomas Charles, '86

SATELLITE BEACH
Coggins, CAPT Robert J., USAF(Ret.), '69
Garber, COL Meyer, '66
Roub, Bryan Roger, '66

SEBASTIAN
Augenstein, E. Fred, '82
Lloyd, Stanley E., '36

SEBRING
Bachman, LTC Kenneth J., USAF(Ret.), '67

SEFFNER
Di Grazia, Gino G., '84
Peters, Jay Philip, '77
Schultheis, Gregory Keith, '78
Scurlock, Robert Joseph, Jr., '72

SEMINOLE
Conard, Keith Lawrence, '75
Ford, Jack Douglas, '72
Fraser, Darrell D., '53
Hartzell, David Edward, '68
Katz, Joseph, '49
Lockwood, LTC Robert F., '56
Mahy, Carolyn Brauner, '79
Rice, Mrs. Virginia Bee, '35
Richwine, Robert W., '47
Stuver, Donald A., Jr., '65

SHALIMAR
Gossman, Ronald Gordon, '68
Smith, LTC Gary Thomas, USAF, '69

SIESTA KEY
Hamill, John F., '63

SINGER ISLAND
Krallman, Charles William, '78

SOUTH DAYTONA
Bainbridge, Harold M., '50
Le Cras, Carol Schneider, '53

SOUTH MIAMI
Buchbinder, Harvey K., '66
Jackson, Olivia A., '85

SOUTH PASADENA
Degan, Mark David, '85

SPRING HILL
Munro, Vivian Lewis, '47
Munro, William D., '47

STUART
Bell, Rhoane Thomas, Jr., '35
Ginsler, John Radway, '49
Mc Mahon, Paige James, '85
Musson, Robert D., Sr., '32
Rogerson, Brooks E., '25
Rowan, Bernard M., '47
Wengler, Karen A., '75
Wise, Loyd S., '32

SUGAR LOAF SHORES
Elliott, COL Philip L., USA, '57
La Vance, George Edward, Jr., '69

SUMMERFIELD
Durand, Homer A., '49

SUMMERLAND KEY
Riposo, LTJG David Anthony, '86

SUN CITY CENTER
Fischer, John Anton, '49
Fischer, Mrs. Norma Urquhart, '49
Frederick, John Maurice, '73
Hayes, Dan B., '75
Lewis, Leon Eugene, '35
Medley, Joseph F., '40
Merrick, Donald W., '39
Moyer, Dr. Frederick Weaver, Jr., '38
Moyer, Mary Keller, '39
Palmer, James Edward, '48
Rohrer, Clare E., '47
Silcott, Paul L., '58
Sinkey, William D., '36
Wagner, Frank D., '28
Wilson, Dr. Woodrow, '37

SUNRISE
Bellino, Dominick Anthony, '79
Brown, David Allen, '74
Tedrick, James B., '70

SURFSIDE
Berkowitz, Marshall Lewis, '54
Cline, H. Michael, '30

SWITZERLAND
Hill, Lewis Henry, '52

TALLAHASSEE
Anthony, Dr. William Philip, '67
Becker, LTC Marvin J., USAF(Ret.), '56
Bennett, Mrs. Emily Dutch, '87
Braunagel, David Dade, '71
Cronin, Dr. J. Joseph, Jr., '81
Dahl, Jeffrey Allen, '82
Dahl, Sonya, '83
Dellenbach, George B., Jr., '55
Earnest, Dr. Robert C., '56
Glass, Gregory John, '69
Gray, Jane Karen, '80
Holland, Dr. Rodger Gene, '81
Ibatuan, P., Jr., '68
Kirkbride, Robert G., '64
Kramer, LTC Terrence L., USAF(Ret.), '60
Lee, Kenneth John, '86
Mc Caslin, Dr. Roy J., '61
Miller, Dawn Lynn, '81
Mottice, Dr. H. Jay, '56
Patterson, Donald Ellsworth, '49
Sobel, Dr. Irvin, '39
Stevens, Gregory Lee, '83
Wechsler, Dr. Barton J., '85
Wilkens, Dr. Paul Lawrence, '68
Zimmer, Richard M., '50

TAMARAC
Benge, Mrs. Elizabeth Kilsheimer, '82
D'Agostino, Albert C., '87
Goldberg, Albert A., '41
Hartnig, Ralph, '42
Young, Martin, '49

TAMPA
Akerberg, Alice L., '62
Andes, Gregory Ellis, '82
Baker, Edwin Glenn, '84
Barnett, Jim J., '58
Baron, Elaine Carol, '82
Berecz, Stephen Louis, '80
Billiet, Gary Leon, '71
Bittick, COL Emmett Kelly, USA(Ret.), '60
Blauser, Randy Roy, '83
Bradley, Mrs. M. J., '63
Bratt, James E., '48
Bruce, Robert A., '38
Burcaw, Richard E., '49
Dallas, Gregory Paul, '87
Davis, LTC Robert Edward, USAF(Ret.), '68
De Good, Gerald L., '64
Denig, James Scott, '85
Di Pietro, Emilio John, '75
Di Pietro, Marjorie, '74
Di Pietro, Mel J., '75
Dittrick, Burton J., '51
Fall, Judith Hirsch, '53
Farmer, James D., '70
Ferrell, Richard C., '56
Fitzgerald, John H., '47
Fuller, Christine, '86
Futhey, Dr. Dale E., '52
Galle, Steven T., '64
Gill, Melissa Ulrey, '74
Glander, C. Benson, '59
Gleason, Kelley D., '83
Halley, Philip John, '78
Hapner, Anita Thomas, '54
Haueisen, Dr. William David, '77
Hauser, Ted Lawrence, '85
Haviland, Sally Ann, '79
Henderson, Dr. Robert Dean, '41
Heyman, John Gibson, '83
Hickman, Steven Douglas, '76
Hissong, Loren Burdell, '39
Hoh, George Jack, '69
Horn, Patrick Armor, '76
Hoyt, Ms. Pamela S., '80
Hunker, Robert J., '48
Immel, Charles Louis, '83
Jenness, Bartlett D., '50
Jermier, Dr. John Michael, '75
Keipper, Paul Eugene, '77
Kern, Jack David, '77
Kirst, Ms. Lorrie Elvira, '86
Lambert, Dr. Douglas M., '75
Lasko, Edward J., '59
Lehner, Robert D., '57
Lisle, William Stanley, '81
Littell, Lanny L., '66
Love, Robert R., '61
Martin, John Phillip, '82
Mc Cullour, Walter A., '42
Mc George, Robert T., CPA, '38
Mc Namara, James A., '85
Medley, Larry Jay, '84
Miljus, Robben Chris, '85
Miljus, Tara Marie, '87
Millisor, James R., Jr., '54
Morris, Cynthia Pinkston, '82
Munsey, William I., Jr., '65
Navin, Richard Patrick, '86
Parker, Robert V., '54
Petti, Diane Lynn, '81
Platau, Steven Mark, '80
Price, Catherine Ludwig, '84
Price, Edward Walter, '56
Price, John Michael, '77
Pruden, Cheryl Anne, '76
Ralph, William James, '74
Roney, Thomas P., '86
Roth, Walter John, '68
Sexton, James Marlan, '78
Shaeffer, Robert Lee, Jr., '83
Spurlino, Joanne Visocan, '85
Stickel, Mark Stephen, '73
Stone, Leon N., JD, '37
Suderow, Gene A., '50
Thomas, Robert Bryant, '85
Thompson, Frederick Raymond, III, '74
Thurkettle, Edward Francis, '73
Vretas, John Keith, '84

TARPON SPRINGS
Alspaugh, Dr. Harold Paul, '28
Cox, Raymond Harold, '49
Mulloney, Dalton H., Jr., '48
Rankin, Robert A., '52
Smith, Ralph B., '40
Villhauer, Melvin H., '37

TEMPLE TERRACE
Brightwell, Ruth Gordon, '47
Edwards, Lee Don, '82
Sleeper, Dr. David Chesley, '65

TEQUESTA
Capretta, Joseph N., '47
Kloss, Robert E., '49
Kuhnheim, Earl James, '46
Milburn, Carl L., '48
Moody, Gilbert, '34
Norris, Elmer Russell, '33
Oliver, Joanne Lickendorf, '54
Thompson, James William, '51
Tipton, Russell D., '36

TIERRA VERDE
Downey, James Laybourne, '53
Phelps, CAPT Larry L., '67
Purviance, CAPT Raymond E., Jr., '43

TITUSVILLE
Bell, Frederick James, '21
Bell, Robert Gavin, '37
Greer, Mrs. Susan C., '86
Patton, MAJ Jerry V., '64

TREASURE ISLAND
Dillion, Robert Lee, '75
Elmer, David L., '63
Imboden, Mrs. Joan Thompson, '48
Imboden, John C., '48
Robinson, Joseph C., '33
Sansotta, Allan J., '66
Turner, Katherine Haynes, '61

VALPARAISO
Rudolph, Ray Harding, '50

VALRICO
Clapsaddle, William Charles, '69
Crider, MAJ Don R., USA, '67
Gillespie, Troy Stephen, '76
Johnson, Lawrence A., '76
Ladd, Richard F., '60
La Rocco, Ms. Marianne Ellen, '80
La Rocco, Michael Edward, '78

VENICE
Battiste, Charles E., '39
Beebe, Dr. Richard James, '55
Cassidy, George H., '43
Cattey, Bernard Joseph, '33
Clark, Glenn Lester, Sr., '35
Conrad, David Lee, '38
Hahn, Waldo H., '49
Johnston, Charles Edward, '27
Lyman, Luke Hudson, '29
Mc Elree, Robert L., '48
Mc Entee, Lucy Caldwell, '31
Nickell, Donald Kyle, '81
Owens, Robert C., '48
Pachuta, John G., '48
Underwood, Hal E., '38
Walter, Donald C., Jr., '50
Wertz, Charles Willard, Sr., '29
Woods, John Wesley, Jr., '33
Woolary, Frederick B., '47

VERO BEACH
Brickner, Donald T., '48
Graper, Frank B., '49
Gwilym, James Barrington, '48
Hengy, Willis M., '56
Holmes, John W. A., Jr., '40
Kreid, David E., '49
Lovell, C. Edwin, '30
Lunka, Victor W., '48
Newcomer, Ervin H., '26
Parman, LTC Henry O., Jr., '56
Sandor, Kenneth Victor, '72
Smith, Gale Butler, '51
Snyder, Clarence William, '27
Tisdall, William E., '41
Van Sickle, Joseph W., '55
Watson, Edward E., '38
Wright, Craig Ashley, '86

VILLAGE OF GOLF
Jelenko, Jesse F., Jr., '35

WAUCHULA
Maenpaa, Richard L., '58

WELLINGTON
Kovalchek, Thomas J., '65
Notman, Jack, '48

WEST MELBOURNE
Pippin, Mark Douglas, '87

WEST PALM BEACH
Bachman, Robert Charles, '74
Bell, Rebecca Susan, '86
Bigham, Terry Dean, '82
Boyd, Robert K., '52
Cardi, Francis R., '56
Casuccio, Michael Alexander, '82
Clough, Randy Michael, '81
Doan, Gregory William, '78
Drakulich, Samuel Sebastian, '34
Fields, Helen Krohngold, '45
Glaser, Lisa Beth, '86
Goodwin, John Vincent, '75
Grow, Thomas Whitney, Jr., '83
Howlett, Rita Marie, '86
Isaacson, Howard B., '50
Justice, Judith Lyn, '80
Klein, Allan M., '43
Kurit, Bernerd Franklin, '68
Laks, Ernest A., '41
Margolis, Linda Susan, '74
Padgett, Shari Gray, '83
Pottinger, Kirk Alan, '79
Schultz, David Michael, '73
Sharp, Mrs. Virginia Parker, '49
Sherer, Eugene E., '51
Ulliman, Paul R., '61

WILDWOOD
Berndsen, Ebert W., '41

WILTON MANORS
Gomer, Frederick L., '48

WINDERMERE
Patel, Kiran Bhavan, '79

WINTER GARDEN
Myers, John Edward, '56
Wall, Bradley Alan, '83

WINTER HAVEN
Imes, Roland H., '55
Maddex, Edwin C., '48
Spear, Kenneth M., '51
Stephenson, George C., '55

WINTER PARK
Archer, William F., '49
Auer, Robert E., '51
Backus, Clark Raymond, '84
Crichton, Arthur C., '53
Enghauser, William Arthur, '74
Hoover, Kevin Joseph, '83
Kane, Donne F., '51
King, Mrs. Russell W., '31
Mc Cue, William Hall, Jr., '65
Morris, David Michael, '62
Poling, Richard C., '46
Roscoe, John Whitnall, '55
Saponaro, Mrs. Karen J., '82
Wood, Stephen P., '66

WINTER SPRINGS
Esch, William Zachary, '76
Melaszus, John A., '74
Mouery, Howard D., '49
Rizzo, Thomas J., '57
Shrigley, Phillip Harley, '71

ZEPHYRHILLS
Bullock, Clifford Ralph, Jr., '73
Przybyla, Thomas Walter, '79

GEORGIA

ACWORTH
Ayers, Craig Michael, '82
Hatfield, Merrill C., '53
Ryan, Michael Patrick, '82
Sadowsky, Marvin Ray, '72
Smithyman, Michael John, '82

AILEY
Durling, Roger G., '50

ALBANY
Mc Afee, Frank J., '61
Shellhaas, Donald D., '56
Simmonds, Russell Evret, '71
Sinclair, Marlyn Sandhaus, '62

ALPHARETTA
Beisner, John David, II, '84
Chase, William D., '58
Decaminada, Caroline Fata, '81
Di Pangrazio, Cynthia H., '82
Di Pangrazio, John, '81
Martin, Gregory Douglas, '81
Metz, Howard Alan, '74
Musick, Kelvin Lee, '77
Rucker, Mark P., '67
Share, James T., '65
Smith, Ned Richard, '50
Whiteman, Ms. Cynthia R., '81
Wood, David Charles, '76

ATHENS
Allen, Brenda Kay, '79
Cook, Evalyn Natross, '33
Eagon, Margretta Buchanan, '49
Fite, Margaret Ann Cullman, '67
Ha, Meesung, '85
Pottinger, LCDR Jeffrey Lee, USN, '77
Rainey, Dr. Hal Griffin, '77

ATLANTA
Adams, Mark Bartholomew, '74
Adler, Dr. Philip, Jr., '52
Allen'Blon, Margaret Celia, '86
Atkinson, John Barton, '85
Baker, Jolie Christine, '87
Bevacqua, Bill J., '57
Botsch, Patricia Miller, '55
Botsch, Richard C., '54
Brister, Richard E., '69
Browne, James S., '66
Bugenstein, Paul Richard, '83
Busch, Leslie Arnold, '69
Byer, Norman Ellis, '73
Christy, Samuel C., '51
Clark, Robert Elden, '52
Cron, Michael Allen, '80
Crumley, Charles C., '47
Cuppett, Sharon Dee, '80
Davis, James Robert, '56
De John, Mary Katherine, '82
Dietz, Eugene D., '54
Duffy, James Thomas, '69
Eighmy, Ford O., '58
Engel, Stuart E., '79
Fenton, S. Mark, '69
Flinn, Dr. William A., '59
Flint, G. Ross, '49
Foreman, James Patrick, '77
Franklin, COL Robert Beall, Jr., USA, '63
Friel, Carl S., '49
Gallagher, Jeanette S., '84
Gilsdorf, William J., '61
Glass, Gary A., '65
Gue, Carol Kuenning, '63
Gue, William P., '63
Gunning, Anne Corsiglia, '81
Halpern, David Leon, '81
Harryhill, Joseph Norman, '85
Haslup, Stephen Lee, '73
Haslup, W. Lee, '50
Hendricks, William Richard, '47
Hillman, Stuart Harvey, '60
Hilsmier, Larry Duane, Jr., '87
Hoffman, Geralyn Engler, '83
Hollander, Kenneth A., '59
Horn, Lester K., '45
Kable, John R., '35
Kanne, Yvonne Marie, '87
Kennedy, Jan L., '59
Koser, Victor Jere, '66
Krug, Joseph A., '88
LeVine, Irving, '49
Limbird, Richard S., CPA, '50
Linsley, Edward R., '57
Love, Jerry E., '67
Lynch, John Howard, '84
Mack, David Christopher, '86
Mayers, Michael Stephen, '87
Mc Guire, Jon Mark, '79
Meckes, John Joseph, '45
Menyhert, Coleman R., '49
Miles, James Rooker, '50
Minnear, Robert Earle, CPA, '50
Moldenhauer, Donna Sue, '85
Morris, Robert Lee, '71
Morton, Alan, '64
Nachman, David Charles, '67
Nassau, Saul E., '38
Nathans, Sari Roda, '83
Newman, David, '47
Overbeck, Donald E., '51
Palevsky, Keith Alan, '86
Pankuch, Richard Gary, '73
Pettyjohn, Mrs. Carolyn D., '56
Porter, Caryl James, '52
Powers, Richard T., '51
Racher, Timothy Francis, '83
Redella, Robert N., '73
Rees, Kenneth J., Jr., '48
Reichelderfer, James A., '58
Riblet, Jeffrey Alan, '85
Richards, John Elmer, '50
Ritchie, James Norton, '72
Robinson, Leslie Anna, '88
Robinson, Lisa Gerette, '83
Roos, David Paul, '77
Rose, Thomas Edward, Jr., '71
Sandusky, Charles E., '56
Schaefer, Alexander Frederick, '79
Schreiber, John Warren, '85
Shepherd, Jeanine Ann, '85
Simon, Joyce Smith, '44
Simon, Judi Esther, '84
Snyder, Gary Edward, '68
Sobel, Garry Todd, '86
Spetalnick, Jonathan Phillip, '83
Stainbrook, James Richard, '78
Stapleford, Stuart H., '48
Statler, Carl W., '48
Swank, Gregory Arthur, '73
Swanson, Richard Douglas, '87
Thomas, Don, '80
Thomas, Frank Earl, '53
Tschappat, Dr. Carl J., '61
Tyree, Janet Lynn, PhD, '77
Urmston, Ms. Jo Ellen, '86
Viscoglosi, John A., II, '84
Vrono, Eleanor Rothenberg, '46
Waller, Marcia Lynne, '82
Weber, James B., '47
Weed, Lisa Anne, '87
Weiser, Michael Alan, '68
White, Cheri Yvonne, '86
Wickham, William R., '60
Williams, Deborah La Vet, '77
Williams, Dr. Donald Ervin, '68
Wisler, Gwen Colleen, '81
Wolfarth, Dennis Lee, '75
Yee, Dick F., '85
Youngquist, William C., '49
Zajack, Ronald E., '67
Zielinski, James Dennis, '72

AUGUSTA
Gibson, LTC John S., USA(Ret.), '49
Harris, John Langdon, Jr., '71
Hawkins, Dennis Ray, '79
Maney, Mrs. Kimberley Smith, '84
Newman, Pamela Beth, '87
Rosenthal, Albert J., Jr., '67
Rosenthal, Stanley H., '57
Sargeant, Sherry L., '88

BACONTON
Sanders, Waymond, Jr., '83

BUFORD
Garrigan, Paul Louis, '86
Gerber, Dennis Stephen, '81

CARROLLTON
Howell, Lawton, '41
Pingry, Dr. Jack Richard, '69

CARTERSVILLE
Seibert, Todd Frederick, '88

CHAMBLEE
Knipfer, Clyde B., '37
Laack, Ronald Harry, '50

CLARKSTON
Lippiatt, Suzanne Kaye, '87

COHUTTA
Lawn, Gary A., '77

COLLEGE PARK
Hoes, Ms. Jane E., '84

COLUMBUS
Blair, Richard Eric, '77

CONYERS
Bost, Joseph Travis, '80
Doherty, Donald G., '56
Goble, Harry Virgil, '67
Kernan, Jeffrey Francis, '84

CUMMING
Haight, Edward Allen, Jr., '73
Hensley, James Maxwell, '80
Loedding, Donald R., '59

DACULA
Skinner, Jeffrey Shelton, '85

DARIEN
Kennedy, Martha Dibert, '53

DAWSONVILLE
Maple, Margaret Mercer, '81

DECATUR
Davis, Johnny Eugene, '78
Headrick, Joann Bahn, '63
Killings, Bolin Howard, '83
Motta, Carol J., '87
Narasimhan, Dr. Sridhar, '87
Potter, Holly Thomas, '71
Rakestraw, Nanci Neale, '71
Randles, Theodore J., '79
Schneider, Dr. Arnold, '80
Schneider, Mrs. Marcy Newman, '79
Scroggy, Wanda N., '52
Taylor, Frank Windsor, '59
Wright, Dr. John Sherman, '54

DORAVILLE
Brown, Thomas Palmer, '73
Carroll, James L., '65
Hendricks, Dawn, '86
Miller, Richard Scott, '79
Printz, Loudell, '70
Rhieu, Sang Yup, '79
Stevenson, Ray, '59
Ward, Carol Miller, '70

DOUGLASVILLE
Kenney, Judy Lynne, '80

DUBLIN
Kauffman, Daniel Gene, '70

DULUTH
Andrews, Scott David, '84
Blankemeier, Elaine Louise, '80
Canfield, H. Neil, '60
Dailey, Alan W., '49
Gale, Donald Arthur, Jr., '73
Horst, Darren Lowe, '84
Morgan, Amy Jean, '83
Officer, Edward W., '85
Prass, Mark Allen, '88
Raymond, David Allan, '74
Spohn, Douglas B., '63
Tracht, D. Rex, '66

DUNWOODY
Andrews, Dr. John Joseph, '66
Belot, Jamie E., '84
Berry, Leonard E., '64
Black, Robert David, '83
Boc, Myron C., '48
Boehm, George E., '59
Borland, Ronald Allan, '68
Brown, Mrs. Monika H., '83
Caruso, Ms. Mary A., '73
Crabill, Stephen Hugh, '77
Dalton, Richard M., '54
Foley, Stephen Ray, '66
Gradisek, Elaine Marie, '84
Held, Gregory, '70
Jamieson, Gregory Alexander, '78
Klausing, Richard Eugene, '77
Lang, Thomas, '69
Lee, Dana Floyd, '81
Long, Wayne Edwin, '63
Mc Kenna, Rita Lyons, '48
Muhlbach, Alberta Kostoff, '76
Muhlbach, James Brent, '76
Nascone, Nicholas James, '82
Neil, William D., '50
Robb, Craig Weston, '74
Sabatino, Victor Robert, '74
Schwartz, Arnold Martin, '67
Shutzberg, Leonard Saul, '82
Smith, Richard Keith, Jr., '67
Spung, Gwendolyn Ann, '84
Teach, Dr. Richard Dillon, '61
Weiss, John Jeffrey, '67
Wise, George Grove, '50
Zeiters, Dirk E., '63

EASTMAN
Alford, Cheryl Lynn, CPA, '76

EAST POINT
Gindraw, Donald Edward, '74

FAYETTEVILLE
Dick, Robert G., '53
Lees, Gary R., '81
Lowry, Bill Lee, '70

FOREST PARK
Otway, Robert David, '83

FORT BENNING
Davidson, Ross E., Jr., '87

GAINESVILLE
Combs, Donald O., '47
Fankhauser, Gail Victor, '73
Neibler, Jefferie Harmon, '70
Unverzagt, Mrs. Ellenor A., '46
Wilson, Kenneth E., '49

HARTWELL
Schreller, Lawrence J., '50

JONESBORO
Bergman, Marilyn Gail, '86
Johnson, Kenneth A., '56
Marsh, MAJ Ben Franklin, '63
Weitzel, Stephen Christopher, '73

KENNESAW
Geiger, David Alan, '82
Javens, Ralph Leroy, Jr., '76
Watts, Kevin Alan, '84
Watts, Mrs. Lori A., '84
Weinstock, James W., '48
Wolfe, Mrs. Karen K., '82

LA FAYETTE
Jones, Michael Alban, '65

LA GRANGE
Bodnyk, Anthony James, '79

LAWRENCEVILLE
Gerke, David Carl, '84
Goshen-Harper, Shoshana, '84
Grogan, Nancy Willman, '77
Jacob, Frederick Merlin, '79
Lehmann, Ronald David, '70
Lyon, Richard Howard, Jr., '85
Miller, Robert G., Jr., '73
Murphy, Michael Wright, '81
Orkis, John Stanley, '82
Pepin, Mrs. Margaret D., '72
Pepin, William R., '75
Stark, William Edward, '73
Tan, Kar Chin, '84
Trivette, William George, '74

LILBURN
Arthur, Gregory Lee, '83
Butdorf, Michael W., '77
Campbell, James Russell, '77
Collins, James Mickey, '69
Depoy, Lex Charles, '75
De Witt, Richard Lynn, '85
Goresh, David Theodore, '73
Hinterschied, Michael Joseph, '81
Lohmuller, Brian Keith, '79
Lowe, Gerald Master, Jr., '85
Pearce, J. Matthews, '73
Reeves, Paul Garrett, '80
Scheiman, Edmund Robert, '55
Sparrow, Robert D., '60

LITHIA SPRINGS
Ballard, Michael C., '81
Rush, Stephanie Gaiser, '79

LITHONIA
O'Sullivan, Patrick Felix, '72
Stepp, Gregory, '84

MABLETON
Doerfler, Philip A., '65

MACON
Bryan, Steven Douglas, '78
Howard, Paul Allan, '49
Krause, Frank Bernard, IV, '78

MARIETTA
Adkins, Wesley Leroy, '75
Allen, Lewis B., '42
Altman, Charles R., '65
Anderson, Jay Scott, '84
Ankrum, Gerald Scott, '84
Aschman, Daniel Robert, '80
Aukerman, Michael Dana, '80
Ault, Kenneth C., '52
Barthel, Cheryl A., '83
Barthel, Michael E., '83
Basista, Andrew J., '87
Batterson, William Gilday, '71
Beck, James Edward, '81
Belden, Park A., '55
Bowers, Melissa, '77
Bowman, Robert G., Jr., '66
Capers, Joseph Alexander, '69
Charles, James Gregory, '78
Charme, Jeffrey Steven, '86
Coultrip, Ann Catherine, '85
De Micco, Louis A., '67
Deye, Terrence Alan, '74
Diniz, Philip Anthony, '81
Ewing, William W., '65
Furukawa, Ronald F., '60
Geuss, John E., '66
Gogol, Neal Alan, '83
Grimes, Ronald Dale, '78
Hargreaves, William B., '38
Hauseman, Jon Richard, '76
Hazlinger, Paul Michael, '76
Hill, Jeffrey Robert, '77
Hoenie, Brian K., '85
Hoersten, Douglas Eugene, '76
Houck, Stephen Edward, '79
Irving, John E., '78
Jeffrey, Dwight Alan, '74
Johnson, Michael Fredric, '81
Kachinske, Stephanie Vey, '76
Kerr, Hester Reighley, '37
Krause, Roy Gustav, '68
Lisska, David N., '53
McIntire, Larry Cecil, '70
Mc Kee, Daniel Joseph, '74
McKenna, Robert E., '66
Mc Millin, Claudia Craft, '79
McMillin, James Robert, Jr., '79
Meade, Donna Starr, '82
Miller, Robert John, '73
Minton, W. Stewart, '64
Montgomery, Everett Leonard, '61
Moore, Pamela M., '79
Moore, Timothy John, '78
Morrison, Steven Alan, '75
Morvai, Donald Charles, '68
Moses, James G., '47
Nash, Thomas Michael, '71
Nesz, Richard Henry, '69
Oliver, Amy Lu, '84
Paglioni, Saverio N., '81
Panke, Carl Harold, '74
Peterson, Kristin Nan, '83
Radler, Robert William, '81
Randall, Edwin Emory, '83
Randall, Patricia Mc Corkle, '83
Rauba, Rimas John, '79
Resnick, Robert William, '80
Riviere, Roger Edward, '69
Rosenstein, Kevin Dale, '78
Ryan, Thomas Patrick, '81
Sandry, James Vincent, '85
Schwarb, Mark John, '69
Shafer, Susan Kim, '84
Small, Mary Alice, '85
Smalley, Jeffrey Lynn, '68
Smith, Richard William, '74
Spear, Alan Farrish, '82
Sullivan, Marilyn Diblasi, '48
Sullivan, Terry William, '76
Sutton, Micheal Keith, '74
Van Iderstyne, Richard Bennett, '79
Vanis, Georgia Welch, '63
Wagner, Marilyn (Marty), '86
Wayman, Dr. Wilbur St.Clair, Jr., '51
Werner, Michael Robert, '87
Wierts, William L., '74
Williams, Stephen Allen, '76
Winter, Dr. Bruce Alan, '80
Witschy, Gary Kenton, '65
Zarin, Kenneth T., '70
Zuckerman, Howard Alex, '72

MARTINEZ
Baker, Ralph Frank, '49
Ehrhart, Lon L., '72
Wagner, Harry D., '54

MC DONOUGH
Rolls, James David, '67

MILLEDGEVILLE
Barr, Wendell Glenn, Jr., '68
Fuller, Richard L., '30

NEWNAN
Bergholt, James C., '59
Ferguson, James Dudley, '50
Shefelton, William E., '26

NORCROSS
Anderson, Crystal Diann, '85
Collins, James T., '85
Cozza, Craig James, '86
Denney, Diann Elizabeth, '85
Foster, David Paul, '85
Foster, Mrs. Shannon Marie, '87
Harper, Robert William, '82
Hefner, William A., '49
Klayman, Don Allan, '80
Laughlin, James David, '80
Mc Daniel, William A., '66
Mc Intire, Robert Alan, '83
Morrison, Roger Kent, '73
Passman, Martin A., '69
Pryor, B. Sue, '77
Pryor, Hal K., '73
Rhodes, C. Jeffery, '82
Shearrow, George Frederick, '84

OAKWOOD
Beck, Wilber Ernest, '48

PEACHTREE CITY
Bertelsbeck, Robert W., '64
Grutt, Richard J., '61
Herron, Loraine Gibb, '74
Herron, Richard Albert, '72
Jennings, Sue Ann Schwab, '83
Lucak, John, '49
Morgan, Howard Arthur, '35
Pinkston, Charles Manning, '71

PERRY
Hamilton, Howard Wilson, '45

PINE LAKE
Miller, Robert Stevenson, '69

PINE MOUNTAIN
Shepherd, Shirley Ann, '77

POOLER
Marshall, Gordon T., '54

POWDER SPRINGS
Darr, Richard Paul, '81

ROME
Kramer, Thomas D., Sr., '67
Ramey, Terri Mellott, '82
Ramey, Terry Alan, '82

ROSWELL
Bennett, Kevin J., '79
Boyers, Stephen James, '75
Brown, John Franklin, Jr., '70
Davis, Brent William, '81
Dodge, Donaldson, '71
Emerson, Daniel L., '67
Ferraro, Eugene Nicholas, '77
Graf, Mrs. Betty W., '51
Graf, Edward J., '51
Grubenhoff, Steven Gerard, '86
Gud, Keith Allen, '83
Hackbarth, James Robert, '78
Handley, Donald Lawrence, '59
Hardy, Max B., Jr., '64
Haynes, Dr. Joel B., '67
Heckler, Eugene C., '50
Herchek, Robert A., '53
Heslep, Robert Dewey, '71
Hoskinson, Charles Richard, '68
Houghton, Brian Van, '83
Huffman, William West, '48
Hutcheson, Mary Frances, '78
Jones, Carl S., '77
Jones, Catherine Kosydar, '76
Jones, David Emlyn, '71
Kelly, Joyce Foutty, '65
Klein, Alan D., '55
Kohler, Paul D., '76
Leifeld, John G., '50
Loria, Christopher Joseph, '85
Mc Farland, Harold Ray, '72
Miller, Orville Christian, Jr., '75
Miller, Ronald David, '78
Motil, Joseph Michael, '71
Naughton, Richard Leroy, '71
Osborne, Harold L., '49
Poling, Terry L., '67
Rabenstein, James W., '55
Remensnyder, Gary Steven, '86
Rinehart, Jack J., '70
Robinson, Kyle Allan, '83
Ryan, Mark Edward, '78
Shepler, John H., '52
Shults, Thomas C., '81
Sullivan, Edwin Chester, '70
Underwood, Joseph Paul, '79
Vohlers, William Edward, '77

SAINT SIMONS ISLAND
Cornell, Richard R., '55
Griffith, Oliver Clark, '33
Hassel, Craig Adam, '88
Magruder, Sara Friedrichs, '49
Merrill, Joan Rader, '57
Miller, Gary Marshall, '69
Root, Katharine Cobb, '48

SAVANNAH
Barr, Charles R., Sr., '48
Chambless, LTC Rubyen M., '66
De Munbrun, Harreld, '42
Dietrich, Ray Scott, '82
Hamann, Marcy Jane, '82
Hand, M. Elizabeth, '82
Hill, Lu An, '80
McCurry, Douglas Ray, '81
Miller, Leroy Clarence, '50
Paoliello, J. Richard, Sr., '54
Parkinson, Charles D., '59
Ray, David Michael, Jr., '85
Rubadue, Ernest A., '63
Weller, Paul Louis, '38
Wexler, Lawrence Howard, '85
Young, Carl F., '49

SMYRNA
Ackerman, Richard Dana, '83
Baird, Michael Alan, '87
Brand, Elizabeth Marconi, '84
Goedde, Mary Joan, '80
Greenzalis, Michael William, '82
Havens, Sara Byrd, '82
Hayes, Jon Patrick, '85
Hicks, Rodney James, '87
Kormanik, Martin Basil, '82
Maier, Steven Gregg, '82
Miller, Ann M., '85
Rouda, Jayne Lee, '85
Rowlinson, David B., '84
Spiller, Lynne Louise, '82
Welker, Susan Jane, '82
Wycoff, Thomas Albert, '86

SNELLVILLE
Kannapel, Keith David, '79
Looney, Craig Allen, '73
Pachoud, Lawrence E., Jr., '49
Smith, Paul Frank, '80

STATESBORO
Sampson, John R., '51

STONE MOUNTAIN
Bennett, Mrs. Laura F., '86
Boyles, Diane V., '76
Brookhart, Jack D., '49
Fazio, David Lee, '70
Findley, Jeffrey Alexander, '84
Gage, Ralph G., '59
Gojdics, David J., '66
Gold, Jeffrey Scott, '86
Hegarty, John P., '70
Huff, COL William Stinnie, USA(Ret.), '50
Ingram, Ms. Virginia Moore, '68
Jennings, Herschel Todd, '61
Lucas, Jerry Ray, '62
McIlrath, Scott Robert, '68
Mc Kinney, Leroy Andrew, '78
Pridemore, Robert Luke, '81
Pridemore, Veronica Camp, '80
Sinclair, William Edward, II, '87
Stravelakis, Nicholas K., '69
Teugh, Richard Robert, '75
Vandervort, John Gerald, '81
Vogel, James Darrell, Jr., '85
Ward, Donald Eugene, '80

SUWANEE
Bianchi, Frank Leo, Jr., '79
Hayslip, Jerl Richard, '76
Lozier, Laura Murray, '83
Sebek, John Anthony, '79
Severt, Charles Arthur, '77

TALKING ROCK
Seiler, Charles R., '50

TUCKER
Jackson, Larry Allen, '64
Leckemby, Joseph H., Jr., '83
Rummins, Lori Lynne, '86

TYRONE
La Barre, Dennis Anthony, '73

VALDOSTA
Hamel, LTC Raymond F., USAF(Ret.), '67
Johnson, LTC Milton Lee, USAF(Ret.), '63
Scharf, Richard S., '56
Willer, David Charles, '81

WARNER ROBINS
Klaus, Margaret Blanche, '85
Rosenberg, Stephen M., '66
Walker, James Thomas, Jr., '53

WEST POINT
Novelli, Angelo E., '42

WOODSTOCK
Goran, Ms. Jill M., '85
Hourigan, Lizabeth O'Connell, '85
Mackall, George Randy, '78

HAWAII

AIEA
Huntzinger, LCDR Robert E., USN(Ret.), '48
Jacobs, LTJG John Frederick, USN, '84
Stevens, LT Robert T., USN, '84

CAPTAIN COOK
Goldsmith, John Douglas, '74

HALEIWA
Brewer, Ann Nardin, '66

HONOLULU
Bishop, COL John H., USA(Ret.), '49
Cooper, CAPT Daniel E., Jr., USAF, '80
Fidler, Wendall B., '32
Howes, MAJ Kenneth P., USAF, '77
Jacobs, Dr. Laurence W., '63
Li, Ms. Amy Y., '85
Linek, Emil J., '30
Ocasek, Thomas J., '61
Ramsay, Clyde M., Jr., '65
Siu, Carlton Yun Huang, '79
Siu, Joseph P. C. Q., '55
Spadinger, CAPT Jay J., USAF(Ret.), '64
Winnagle, Homer Lee, '39

KAHUKU
Hulls, Bradley Webster, '81

KAHULUI
Noda, Henry T., '50

KAILUA
Lenhart, LTC Paul E., USA(Ret.), '50
Stubblefield, Lawrence B., '71

KANEOHE
Beckel, Ronald L., '73
Doeringer, Robert Henry, '75
Short, CAPT Phillip R., USMC, '83

KIHEI
Gruetter, Steve Eric, '86
Smith, Gary Scott, '77

KOLOA KAUAI
Bowlus, H. Theodore, '32

LAHAINA
Schnell, Charles W., '42

MAKAKILO
Phillips, Mary Jo Smith, '45

MAKAWAO
Hegele, David A., '43

WAHIAWA
Wakai, Calvin, '51

WAILUKU
Miyahara, Colleen Michiko, '82

IDAHO

BOISE
Blair, Landen Ray, '70
Cisek, Edward L., '70
Cleary, Edward William, '47
Curtis, Donald L., '72
May, COL Britt Stanaland, '48
Moore, Earl F., Jr., '47
Scott, Dr. Stanley Van Aken, '85
Taylor, George Aaron, '77
Veenstra, Albertus Jacobus, '76
Wittwer, BGEN Wallace K., USA(Ret.), '57

BUHL
Kern, Rev. Benson Lowell, '67

IDAHO FALLS
Baker, Keith Donald, '63

KUNA
Hausknecht, Ernest E., '62

MOSCOW
Robison, Ronald Asa, '68

MOUNTAIN HOME
Deerhake, Michael D., '87

POCATELLO
Johnson, Dr. George Allan, '61

POST FALLS
Braun, Michael Otto, '77

TWIN FALLS
Ward, Kenneth L., '67

WEISER
Houghton, Gary Lee, '85

ILLINOIS

ALGONQUIN
Coltman, Valerie Tancredi, '81

ALTON
Blackledge, Ethel Hale, '49
Spies, James C., '61

ANTIOCH
Mattson, Linda Ruth, '88

ARLINGTON HEIGHTS
Ault, Richard Henry, '76
Bowes, Cheryl Ann, '84
Coleman, Robert Graham, '71
Frye, James Curtis, '78
Gardner, William D., '55
Gray, Thomas Dale, '67
Halleck, Jack M., '58
Hood, Donald John, '69
Jacob, Mrs. Janet M., '66
Kucera, Daniel A., '63
Lane, Dennis Andrew, '87
Leonhard, David William, '53
Love, Andrew Ira, '87
Mc Comb, Roger E., '63
Mc Kay, Donald W., '62
Meinken, Mrs. Louella, '48
Mulheim, Joseph I., '65
Nowak, David Allen, '75
Pappas, James R., '60
Santiago, Cathleen Belanger, '80
Sheffer, Douglas Hughes, '74
Sowders, Gretchen Stroud, '83
Stautzenbach, Edward G., '61

GEOGRAPHICAL LISTINGS Lincoln ILLINOIS 387

Arlington Heights (Cont'd)
Steele, Richard Sidney, '67
Stoltzner, Don R., '83
Stutzman, David Leslie, '78
Tourt, Robert H., '86
Towers, Edward William, '70
Yontz, Ms. Sharon L., '79

ARMINGTON
Boudeman, Dorothy Jones, '44

ASHKUM
Lemenoger, Beverly Marie, '83

ASHTON
Knipe, Darlene Carr, '75

AURORA
Allmann, Heike, '87
Converse, Irving M., '38
Cook, Mark Shelton, '79
Doss, Charles B., '58
Kobulnicky, Henry G., '64
Malina, George Kenneth, '86
Mance, Terrence Alan, '86
Orr, Gregory Michael, '84
Rosenblum, Steven Louis, '85

BARRINGTON
Baer, Stephen Carr, '75
Bennett, Donald Wayne, '51
Copeland, Dennis Harold, '67
Farra, Howard L., '42
Green, Lawrence H., '70
Haayen, Richard Jan, '48
Hollender, John Edward, '64
Jackson, Mark Alan, '80
Jacobs, James Wilbur, '53
Kehoe, Robert James, '79
Lick, Robert J., '47
Mc Whorter, David J., '57
Muench, Frederic William, Jr., '62
Phillips, Darrel K., '67
Rollins, Paul Michael, '59
Schorr, Frederick Stone, '58
Schwartz, Donald V., '69
Soeldner, Rodger Paul, '71
Triffon, Ernest A., '52
Yaney, Mary Ketcham, '53

BARRINGTON HILLS
Hanks, Douglas Richard, '71
Irwin, Lawrence Burton, '70

BARTLETT
Haakonsen, Ronald R., '75
Himebaugh, Marc Stephen, '76
Huston, Fred Ray, '54

BATAVIA
Bendure, Bradley J., '66
Bombard, Danny Joe, '73
Holmes, William Conard, '57

BELLEVILLE
Dotson, Lewis Kerry, '84
Dotson, Mrs. Thomasine, '84
Kehler, MAJ John Thomas, USAF, '75
Wolf, Stephen Lee, '69

BERWYN
Scelonge, Fern Nation, '25

BLOOMINGDALE
Byrne, William Thomas, '77
Schneider, David Carl, '61
Volkmar, William, '62

BLOOMINGTON
Andrews, Robert Frank, '86
Chiles, Steven Donn, '74
Cribbs, Robert Eugene, Jr., '68
Evans, Rodney Keith, '72
Kropf, Holly Nutter, '67
Landefeld, C. William, '63
Miller, Stephen Lane, '66
Showers, Linda Plimpton, '86

BOLINGBROOK
De Witt, Kenneth Michael, '68
Kahn, Irwin, '57
Williamson, John Lionel, '69

BOURBONNAIS
Comstock, Kerri Marie, '88
Kumpf, Sharon Joyce, '85
Langwasser, Michael David, '87
Shea, Gene A., '61

BRADLEY
Rilo, Joseph John, Jr., '84

BRIDGEVIEW
Wodicka, Ralph R., Jr., '49

BUFFALO GROVE
Dudchenko, Peter, '73
Garber, Michael Beeghley, '73
Kerns, Richard E., '61
Lindon, Warren Paul, '78
Mino, Edward Bryan, '84
Misrac, Simon Benjamin, '71
Monroe, Kenneth Ellsworth, '68
Murgatroyd, Keith Thomas, '68
Richman, Bruce L., '80
Saar, Carl E., '57
Schwenk, William H., '51
Steele, Robert Carl, '75
Tyser, Matthew Charles, '82
Vosburgh, Lawrence E., '27

BURBANK
Guillen, Joseph M., '85

CARBONDALE
Dougherty, Clarence G., '50
Lantz, Judith Coburn, '48
Mathur, Lynette Louise, '87
Shafer, Gary Robert, '79
Thomas, LTC Roderick Morton, USA(Ret.), '47

CARMI
O'Brien, Michael C., '63

CAROL STREAM
Blunt, Dennis Keith, '79

CARY
Kronewitter, Craig Lee, '69
Popadich, William Milan, '75

CHAMPAIGN
Bedford, Dr. Norton Moore, '50
Day, Dr. David R., '61
Dodds, Ellie Nightingale, '57
Park, Dr. Hun Young, '79
Webster, James Harold, '73

CHARLESTON
Arnold, Rucker D., '60
Guckert, Dr. John Cecil, '48
Hunt, Robert James, Jr., '77

CHICAGO
Adair, Monique Yvette, '87
Alban, Frederick James, '61
Alter, Ms. Anne M., '87
Anderson, John William, Sr., '71
Bach, Harold Henry, '54
Baker, Howard Gould, '49
Barber, Christopher James, '81
Beam, John Dann, '68
Bernstein, Steven Phillip, '87
Berry, Jane Elzoro, '75
Betz, Mrs. Carol Jo, '85
Bierbaum, Bonnie Kay, '80
Bizzarri, Linda, '76
Blackman, Ms. Susan G., '84
Blaine, Gregory William, '71
Bloom, Nancy P., '84
Brannigan, Bonne, '86
Brantley, Betty Holland, '74
Brogno, Suzanne, '87
Bronner, Max G., '44
Butler, Mary Ellen, '86
Callahan, Kevin Thomas, '87
Carrier, Danielle Kim, '86
Casino, Elaine Marie, '86
Circenis, Peter Eriks, '81
Clark, Ronald James, JD, '64
Cousino, David Brian, '77
Darr, James Patrick, '87
Derrow, Andrew Bruce, '80
Dobrin, Diane Feldinger, '64
Duble, Frederick Geyer, '79
Emoff, Todd R., '82
Fasone, Mary C., '80
Faust, Jonathan Douglas, '87
Ferguson, Roosevelt, '59
Filippini, Edwin Thomas, Jr., '87
Finch, Lisa Lynnette, '75
Flores, Mrs. Maureen R., '81
Fortini-Campbell, Alan Craig, '77
Fox, Brian John, '83
Friedman, Joseph Gary, '78
Gallo, Kathleen E., '86
Gauthier, Jerome Andrew, '84
Gold, Steven Yale, '86
Golomb, Samuel Jacob, '39
Goubeaux, Thomas J., '48
Hannah, Hubert H., Sr., '49
Harrington, Michael Edward, '84
Harris, Michael Elliott, '72
Heckel, Laurie Ann, '80
Holman, Steven Eheren, '83
Housel, Jacqueline Ann, '84
Hrabak, William Henry, Jr., '77
Hughes, Timothy Scott, '82
Ilhardt, Kent J., '80
Jester, Jack David, '68
Joseph, Steven Charles, '87
Keidan, Paul A., '81
Keitz, Ms. Judy L., '79
Kelley, Brian S., '88
Kessler, Hal Ross, '71
Kirsch, Martha Joan, '82
Kletter, Samuel Jay, '78
Klobuchar, Anthony F., '83
Kolbe, Nancy Leigh, '86
Konkler-Blake, Linda Kay, '83
Kosco, Michael Andrew, '82
Krasner, James David, '86
Kukura, Denise Marie, '87
Lascola, Christine Bednarski, '74
Lascola, Frank Michael, '75
Lauer, Donn Lee, '74
Levy, Todd Sidney, '84
Lilly, Stephen Dewitt, '82
Little, James Joseph, '73
Lundberg, Leiv Erik, '86
Lupe, Stephen F., '57
Mack, Gregory Paul, '72
Mannix, John Robert, Jr., '59
Mara, Matthew Joseph, '87
Massie, James Steven, '71
Maxwell, Thomas V., '68
Mazor, John Arthur, '88
Mecklenborg, Mark Joseph, '86
Miles, Ms. Cynthia Ann, '86
Miller, Amy Joanne, '84
Miller, Lewis Emerson, '26
Miller, Stuart John, '85
Monaghan, Terence E., '67
Morrison, Lisa Jane, '83
Motley, Jeanne Patrice, '72
Mumaw, Vivian I., '86
Nicely, Mrs. Sheila R., '85
Niedzwiedz, Edward Robert, '88
Okita, Frank Toshio, '49
Parkinson, Larry David, '75
Pasholk, Mary Louise, '80
Peaks, Hezekiah R., '50
Perkins, Susan Lynn, '80
Peters, Douglas Scott, '65
Porter, Lana Garner, '80
Pressie, Aaron L., '49
Pressie, Eunice Young, '48
Rempe, Kimberly Ann, '80
Reynolds, Diane Elizabeth, '85
Rich, Malcolm Corby, '76
Ritchie, William Paul, Esq., '68
Rose, Gregory E., '82
Rosenblum, Alvin Barry, '71
Rossin, Alida Ann, '82
Ruhrkraut, William Joseph, '82
Sanborn, Ms. Louise V., '84
Satarino, Vincent George, '73
Schlaifer, David Allen, '82
Schwartz, Steven Elliot, '86
Sellers, Mark Douglas, '86
Selner, Kathleen Marie, '79
Severt, David Clarence, '85
Shkolnik, Sanford, '61
Shookman, Mark Steven, '83
Silberman, Gerald K., '54
Slama, James Albert, '82
Smith, Todd J., '88
Somerman, Beverly Rosenmutter, '64
Steffl, Timothy Robert, '88
Stienecker, Shelley Ann, '86
Stocklen, Stephen Michael, '79
Sturms, David Allan, '82
Stux, Ted D., '86
Supman, Mark Ian, '71
Sutton, Ira F., '65
Tatum, Charles A., '60
Terveer, Timothy Joseph, '86
Tippie, Kenneth William, '78
Troxel, Richard B., '53
Vander Ven, Robin Beth, '87
Van Kirk, Fred William, Jr., '74
Voderberg, John Collier, '74
Von Lohr, Stephanie Anne, '87
Walden, Larry Duke, '85
Wallach, Bonalynn Cherie, '82
Watson, Ms. Christine Marie, '87
Weed, Teresa Marie, '87
Weikert, Nicholas Todd, '86
Weintraub, Ms. Elyse Michelle, '87
White, Frederick Smith, '69
Wicks, Joanna, '87
Willis, Jill Adams, '78
Wilson, Charles A., '75
Woo-Lun, Marlene Ann, '83
Woyar, Mark Nelson, '78
Yannias, Constantine Steve, '79
Zeisler, Robert David, '69
Zwald, John A., Jr., '60

CLARENDON HILLS
Corner, David N., '57
Henry, Lawrence Charles, '67
Lilly, Bryan Scott, '85
Morse, Steven Kenneth, '82

COLLINSVILLE
Grove, David A., '61
Kelley, Jerry Lee, '73

CRETE
Cubalchini, Roger John, '77

CRYSTAL LAKE
Coe, Theodore A., '76
Hallberg, Gregory Lynn, '76
Hallberg, Ruth Moeller, '76
Penn, Robert F., '65

DANVILLE
Blank, John Francis, '73
Copeland, Charles M., '51
Ellinger, Denis Wayne, '87
Martin, Randall Jay, '87
Pishkur, Walter J., '86
Woodward, Patricia Nancy, '83

DARIEN
Claffey, James E., '59
Newcomb, Charles Truman, Jr., '68

DECATUR
Blanchard, Larry Darnell, '85
Deemer, Virgil L., '61
Dickson, George A., Jr., '59
Pellegrino, Jo Ann, '84
Young, Mark William, '88

DEERFIELD
Axelrood, Cynthia Schroeder, '79
Axelrood, Scott Alan, '74
Bonar, Alan Randall, '66
Cohen, David Barry, '71
Cordell, Vernon Earl, '32
Dulaney, Janice Dill, '78
Ferester, Janice Hymon, '53
Hurlburt, Patricia Pulskamp, '54
Kiddie, John Curtis, '74
Nusbaum, Edward Elmer, '76
O'Meara, John J., '49
Polisner, Dennis M., '64
Stafman, David Alan, '79
Stein, Donald R., '63

DE KALB
Gowen, Dr. Charles Rollin, III, '73
Noe, Nicholas N., '63
O'Grady, James Kenneth, '85

DES PLAINES
Akbari, Dr. Hamid, '88
Brewer, Jack L., '57
Dusablon, Joseph Jude, '68
Ford, Robert A., '49
Wayman, Charles A., Jr., '38
Workman, John J., '63

DIXON
Danekas, Craig Alan, '80

DOWNERS GROVE
Freeman, John Lawrence, '68
Hamblin, William H., '57
Jones, Charles Robert, '64
Lawson, Lloyd A., '53
Olson, Brian D., '86
Robbins, Michael Glenn, '85
Smith, Earl Shepherd, '47
Trout, Mark Allen, '81
Weisenborn, Scot Eric, '81
Wright, Richard Russell, '63
Wunderlin, David Gerald, '81

DOWNS
Overholt, David L., '69

EAST MOLINE
Barnes, Ms. Jan L., '78
Bulen, Robert A., '47
Champion, James Newton, '76

EDWARDSVILLE
Grieves, Jack Wilson, '73
Myer, Rosemary Chanek, '52
So, Dr. Yuk-Chow(Jacky), '83
Spatz, Edward C., '47

ELBURN
Johnson, Dr. James Mark, '75

ELGIN
Bogdas, Jodine Jacobs, '79
Cox, William White, Jr., '65
Hermann, Robert B., '41
Mortimer, Mrs. Cynthia K., '83
Stafford, William E., '57

ELK GROVE VILLAGE
Katzenberger, James Edward, '84
Kinnune, Arthur J., '47
Parrin, Gary Edward, '74
Smith, Thomas Gibson, '61
Walker, John Clement, '50

ELMHURST
Leonard, John Franklin, '56
Linn, Gordon L., '51
Mizik, John E., '56
Pracht, Julia Brand, '46
Schroer, Fred, '49
Winton, John C., '64

EL PASO
Adams, Joni L., '86

EVANSTON
Ballantyne, Steven Anderson, '79
Davis, Marilyn Zangardi, '82
Draper, JoAnne, '81
Ferris, James H., '48
Friedman, Daniel Howard, '87
Funk, Terri F., '83
Fyffe, Margaret Josephine, '82
Gerzema, John Thomas, '83
Gladman, Terry Lynn, '72
Gordon, Marc D., '62
Grace, Jill Alison, '87
Gup, Mark K., '59
Hammerman, Edward L., '61
Horn, Cynthia Lee, '75
Koslen, Mark M., '67
Mc Guire, Thaddeus Michael, '83
Mellman, Karen Lynn, '85
Morton, Reed Laird, '66
Nakagawa, Samuel M., '53
Oates, James G., '66
Stiles, Robert W., '40
Totonis, Harry H., '80
Turner, Robert David, '73
Tybout, Alice, '70
Van Diest, Robert Willem, '86
Walsh, Robert Lee, '23

EVERGREEN PARK
Nordstrom, Helen Steele, '47
Nordstrom, Paul J., '46

FAIRVIEW HEIGHTS
Samsel, Mark Edward, '77

FLOSSMOOR
Ash, Fred M., '63
Davidson, Jeffrey Alan, '74
Mc Quown, Dean Allen, '76
O'Leary, Daniel G., '52
Rosenstein, Michael Jay, '77
Weiskopf, Ralph H., '65
Woelfle, Thomas E., '48

FOX RIVER GROVE
Smetzer, James Eugene, '75

FRANKFORT
Jones, Richard Lee, '68

FRANKLIN PARK
Overholt, Gary Lee, '70

FREEPORT
Donselman, Edward Herman, '71

GALESBURG
Ortega, Angelo Anthony, '80

GENEVA
Kahl, Jeffrey Norman, '73
Strasser, Herbert A., '53
Yeager, Pamela Sue, '83

GENOA
Kuhn, Dr. Gerald Wade, '59

GIFFORD
McKee, Richard Edwin, '60

GLENCOE
Mc Culloch, Charles Lewis, '69
Sugarman, Robert S., '53
Thompson, Charles W. N., '56

GLENDALE HEIGHTS
Brown, William J., '87
Corey, James Robert, '76
Martin, William Robert, '87

GLEN ELLYN
Murphy, John Andrew, '82
Payne, Douglas Melville, '72
Rubly, Richard R., '57
Simon, Lynne Marie, '83
Wright, Paul Richard, '65

GLENVIEW
Baschnagel, Brian D., '76
Blesi, Frederick J., '59
Deniz, Tamer, '86
Fela, Andrew A., '34
Hull, Addis Emmet, III, '41
Hutchins, Ralph G., '48
Kilpatrick, Mrs. Susan P., '83
Nettleton, James C., '49
Nettleton, Kathryn Wilson, '48
Shoemaker, James E., '73
Sladoje, George, '65
Smiley, Mark Andrew, '80
Trautman, Donn Neil, '54
Wohl, Martin T., '61
Zollar, Alice Kelm, '32

GLENWOOD
Case, John Preston, '82
Thompson, Raymond Earl, '50

GODFREY
Zitsman, Robert Dale, '77

GRAYSLAKE
Clawson, Jeffrey Allen, '84

GREAT LAKES
Green, LT Fredrick, USN, '81

GURNEE
Long, Wayne R., '71

HANOVER PARK
Price, Carl Franklin, '67

HENRY
Mitchell, Lawrence R., '48

HIGHLAND
Lawson, Donald Richard, '72

HIGHLAND PARK
Fiely, William Henry, '71
Greenwald, Andrew, '42
Lazar, Louise Kahn, '46

HIGHWOOD
Mc Cormic, George Edward, '74

HILLSIDE
Mc Crery, Michael Joseph, '78

HINES
Birckbichler, James Arthur, '74

HINSDALE
Gardier, Christopher Hampston, '83
Gardier, Mary Hoess, '83
Glatfelter, Francis Edward, Jr., '73
Glor, Scott Maynard, '84
Issleib, Steve Andrew, '84
Mc Clenahan, Donald C., '49
Mc Millen, Chester K., '42
O'Dwyer, William Michael, '82
Skidmore, Samuel Silas, '69
Swartzlander, Thomas G., '51

HOFFMAN ESTATES
Dohme, Steven Henry, '75
Hockenberry, George E., '53
Kosko, Dennis Michael, '76
Mamula, Charles, '64
Mamula, Melissa Lee, '87
O'Brien, Mrs. Katherine Kress, '81
O'Toole, John Francis, '82
Rooney, Garry Dale, '76
Russell, James Mead, '80
Stroble, Karen Kish, '75
Van Dine, Linda Schmunk, '82
Watson, Jeffrey J., '83

HOMEWOOD
Brugler, Carl R., Jr., '49
Zurcher, William C., '48

HUBBARD WOODS
Thomas, Willard S., '64

HUNTLEY
Marsh, Jay Dale, '68
Smigel, Victor B., '56

INVERNESS
Barry, Ms. Karen Elaine, '82
Bartels, Brent Alvin, '69

ISLAND LAKE
Bower, Clarence Walter, II, '80

ITASCA
Kinney, John Edward, '81
Sergio, Michael Angelo, Jr., '68

JOLIET
Belcher, David Paul, II, '73
Kulas, Theodore Joseph, '82

KENILWORTH
Powell, Donald L., '27

KEWANEE
Duffy, Charles, '63

LA GRANGE
Bergmann, Ms. Natalie A., '78
Kristie, Joseph Edward, '82
Leatherberry, James D., '73
Nelson, Robert Dehn, '78

LA GRANGE PARK
Donato, John Joseph, '79
McElhaney, David Anthony, '80
Praser, Kenneth Joseph, '70
Sexton, Roy E., '56

LAKE BLUFF
Ganis, David R., '56
Wohl, Richard Lawrence, '83

LAKE FOREST
Corse, Phillip Hamlin, '72
Deters, James Raymond, '63
Heschel, Michael Shane, '65
Johnson, Richard Darrell, '62
Mc Combs, Walter L., '73
Mc Vicker, Robert Gregg, IV, '87
Neaman, Mark Robert, '72
Reusche, Mary Westbrook, '50
Reusche, Robert F., '49
Rosin, Allen S., '56
Swisher, Thornton M., '57

LAKE IN THE HILLS
Wainio, Alan Jon, '64

LAKE ZURICH
Kemp, Roger Barry, '73
Long, Patricia Vrabel, '68
Mikusa, John, Jr., '64
Radigan, James Thomas, '76
Welker, Mrs. Kimberly S., '83

LIBERTYVILLE
Barton, Margaret Dorr, '50
Barton, Ralph W., '49
Brady, John Michael, '67
Cook, Charles Ray, '69
Cowee, Robert Edward, '76
Hudock, Thomas Peter, '43
Mc Ginn, Charles Robert, '74
Pranke, Robert Bolling, '48

LINCOLN
Goodman, Leslie Scott, '81
Smith, James Leonard, '79

388 ILLINOIS Lincolnshire OSU COLLEGE OF BUSINESS

LINCOLNSHIRE
Maddocks, Dr. Robert Frederick, '52
Millholland, Emmett W., Jr., '62

LINDENHURST
Olin, John H., '64
Parmley, Robert Frederick, '67

LISLE
Bak, Edmund Bernard, '87
Chalecki, Gregg Frederick, '67
Foust, Michael David, '83
Hilgert, Sarah Jane, '84
Jones, Douglas E., '86
Manoukian, Richard Vahan, '70
Petty, John D., '66
Russell, Bradley B., '81

LOCKPORT
Yerian, Edward Carl, '66

LOMBARD
Banks, Kimberly Schurr, '85
Chandler, Robert E., '26
Davis, Harold Alman, '28
Groves, David F., '59
Szubra, Diane Marie, '80
Verba, Joseph, '48
Voth, Donald J., '67

LONG GROVE
Fliehman, Steven Jerome, '75

LOVES PARK
Averill, Gregory Frank, '76

MACOMB
Hample, Dale Jay, '71

MARENGO
Yerty, Arthur Wayne, Jr., '70

MARION
Ramey, Allen Franklin, '88

MASCOUTAH
Schmalenberger, Larry A., '61

MATTESON
Rubeck, David C., '65

MATTOON
Penick, Alan W., '67

MC HENRY
Granger, Robert Christopher, '87
Reeves, John B., '63

MEDINAH
Soukup, Robert E., '58

MELROSE PARK
Mulle, Kenneth Ronald, '77

MILFORD
Fellows, Ray Erwin, '69

MONTICELLO
Miller, Nelson Keith, '62

MORTON
Vrabel, Stephen Charles, '66

MORTON GROVE
Berg, George R., '48
Melton, Martin P., '47

MOUNT PROSPECT
Donlon, James Patrick, '77
Kennedy, Karen Cathleen, '86
Margles, Daniel Scott, '79
Nemes, Arthur J., Jr., '61
Polasky, William M., '67

MOUNT VERNON
Simpson, William Evans, '63

MOUNT ZION
Moore, Brian Harold, CPA, '64

MUNDELEIN
Ackerman, David Richard, '79
Gwin, Jon O., '78
Gwin, Nancy Reynolds, '78
Konnerth, Jim Paul, '69
Newlon, Shaun Timothy, '86

NAPERVILLE
Allietta, Gary William, '76
Arganbright, John R., '66
Baldridge, Stephen Charles, '76
Bumb, Mrs. Kim D., '85
Coldwell, Richard Wayne, '73
Condron, Patricia Marie, '76
Crowe, Norbert Andrew, '50
Esselburn, John A., '67
Farrell, Kelly Ann, '83
Friedlander, Mrs. Susan Gross, '82
Fugita, Dr. Stephen S., '65
Gibson, Ralph Curtis, '67
Gilbert, Clyde Abraham, II, '81
Goare, Douglas Maynard, '74
Grenier, John William, '77
Grosskopf, James L., '68
Harrington, James Paul, '86
Hebert, Lisa Marie, '82
Henderson, Mautz L., Jr., '66
Holleran, Joanne Higdon, '48
Jackson, Donald Shane, '82
Jayne, Patrick Henry, '71
Kint, Robert William, '88
Lowe, Frederick W., Jr., '50
Maxwell, William James, '76
Mc Closkey, Dennis Lee, '72
Mc Fadden, Timothy Patrick, '82
Odenweller, Gary M., '67
Olson, Charles Alfred, '77
Palmer, David Youmans, '69
Papiernik, Mrs. Therese E., '81
Reed, Jennifer Kimball, '79
Reid, Jeffrey R., '64
Repke, John Lahr, '80
Saner, Thomas A., '64
Sauerman, David Luther, '81
Selig, Kenneth R., '67
Snyder, James Michael, '82
Stayman, George D., '54
Stephens, Walter Ray, III, '69
Strock, James H., '64
Studenic, James J., '53
Suttner, Ms. Joan Case, '80
Sweet, Gregory E., '86
Sweet, Michael Anthony, Jr., '83
Thomas, James William, '59
Tripiciano, Patrick Paul, '65
Troendly, Donald Richard, '66
Tryda, David Leonard, '70
Van Winkle, Charles Edward, '74
Weis, John August, '73
Willig, Mrs. Adriane A., '82
Winslow, Barry Nelson, '72
Zimmerman, Peter W., '78

NORMAL
Conant, Donald Richard, '75
Ridgway, Kyle Bradley, '85
Ridgway, Terasa Walker, '86

NORTH AURORA
Schmunk, Walter A., '29

NORTHBROOK
Blank, Gary Lee, '66
Cotter, Mrs. Betty Weber, '48
Cotter, Donald W., '49
Foltz, Charles A., '50
Friedman, Lawrence Steven, '80
Henden, Arnold Ira, '63
Kartsimas, William J., '50
Kimball, Thomas Alan, '86
Mack, Amy Deborah, '85
Maurer, Jane Adkins, '66
Rinehart, Joseph Hill, III, '73
Rosenmutter, Skip Paul, '70
Wilson, John David, '70
Wilson, Patricia Wright, '82
Wood, David Reames, '65

NORTHFIELD
Eiler, Barbara Connelly, '70
Linton, Harry Carl, '78

O'FALLON
Hansley, LTC John Robert, USAF, '71

OAK BROOK
Manofsky, Carl Matthew, '70
Stein, Clement, Jr., '40

OAKBROOK TERRACE
Zeithaml, Donald Paul, '52

OAK FOREST
Bewley, Gregory C., '59
Davidson, Craig Hillburn, '88

OAK PARK
Clary, Dennis Lee, '70
Danenhower, John H., Jr., '40
Davidian, Steven, '80
Kelley, Michele Anne, '78
Robb, Michael Stephen, '69
Winski, Joseph Marion, '65

OLYMPIA FIELDS
Anastos, George F., '49
Clifford, Robert N., '60
Stober, Thomas L., '74

ORLAND PARK
Di Maio, Sam Charles, '79
Di Maio, Wendy Ward, '79
Dominique, Martin Patrick, '76
Tweddle, Howard Edgar, Jr., '72
Ward, Christopher Camlin, '83

PALATINE
Bugg, Milton Thomas, Jr., '88
Digan, Thomas J., '49
Hammond, Francis Joseph, '47
Howard, Ms. Gianna Maria, '85
Laurenson, Charles Philip, '51
Mellin, Judith Arolyn, '79
Merrill, Bruce B., '63
Shanahan, Margaret Clare, '80
Teschner, Elizabeth De Cenzo, '81
Wetmore, William Jess, '64
Wierenga, Lance Bradford, '87
Wierenga, Susan Darton, '87

PALOS HEIGHTS
Pisciotta, Mary Ann, '83

PALOS HILLS
Cronenwett, Brian Dean, '85
Julien, Dennis M., '51

PARK FOREST
Boyer, Robert W., '59
Fulmer, William P., '49
Haladay, Timothy Jude, '78

PARK RIDGE
Floreani, Marino David, '71
Grenier, Daniel R., '66
Heintz, Ms. Diane Lynn, '78
Hooker, Dennis Charles, '75
Hybiak, Richard Eugene, '75
Johnson, Janet, '81
Kinnel, Russel George, '26
O'Neil, William Joseph, '54
Schrag, Charles A., '48

PECATONICA
Boggs, Susan Partlow, '80

PEORIA
Bailey, F. Keith, '75
Cain, Milford M., '65
Cott, Richard S., '22
Mosley, John Edwin, '48
Plessinger, Jeannette Haun, '35

PROSPECT HEIGHTS
Strobel, Robert N., '52

QUINCY
Bottorff, John William, '71

RICHTON PARK
Albright, Charles T., '63
Patterson, Cynthia Wolfinger, '79

RIVER FOREST
Moldovan, George John, '63
Nelson, Stephen Manion, '68

RIVERWOODS
Smagatz, Glenn Gerard, '86

ROCHELLE
Caron, Michael Joseph, '82
Mosser, George E., '59

ROCKFORD
Blackburn, Richard Stanhope, '50
Earley, Robert Eugene, '83
Grimm, Robert Don, '74
Hyde, John Mark, '80
Kulick, Paul E., '62
Siegfried, Carter Evan, '74
Skoda, Michael Jay, '86
Wells, Douglas Dwight, '71

ROCK ISLAND
Brown, Richard Dell, '56

ROLLING MEADOWS
Beatty, David Thomas, '88
Bigelow, Perry J., '65
Crowl, John David, '82
Todd, Stephan K., '67

SAINT ANNE
Skinner, Wayne Edward, '86

SAINT CHARLES
Boone, Jerry R., '64
Brown, Reuben W., '28
Mc Queen, Rodney James, '81
Poole, John Ryder, II, '64
Reuter, Teresa Lynn, '87
Schram, Bruce E., '58
Scott, James Curtis, '57
Veino, Gerald E., '54

SAVOY
Merrill, Mary L., '45
Merrill, Nicholas C., '53

SCHAUMBURG
Andrews, Mrs. Susan E., '86
Brandel, William Michael, '77
Doone, Edmond, '49
Gieser, Gary A., '65
Kline, Jerry H., '62
Mc Cleave, Jeffrey Michael, '72
Mc Court, Donald Cowan, '85
Paulmann, Michele Marie, '85
Rizzo, Rosario Angelo, '69

SCOTT AFB
Anderson, CAPT James Joseph, '75
Moyer, 1LT Joan H., USAF, '85

SKOKIE
Cohen, James A., '48
Cunix, Jeffrey Alan, '78
Goodfriend, David, '41
Irion, Frank M., '50
Kastory, Mrs. Carol Sue, '85
Mandel, Lloyd J., '83
Regidor, Daniel Alexander, '86
Suk, Yongsoon, '84
Weinrib, Linda Sue, '85

SOUTH BELOIT
Zahn, Richard Thomas, '86

SPARTA
Perkins, Patty Lynn, '87

SPRINGFIELD
Bowen, Kenneth E., '39
Davis, Barton W., '87
Gladyszewski, Thomas, '88
Hovanec, Albert George, '78
Maurath, Dr. Robert Eugene, '49
Triebe, Richard Walter, '83
Vorst, Norbert Anthony, '78
Wilson, Brian Mark, '87
Witkowski, Donald Paul, '84

STREAMWOOD
Augustine, John E., '85
Giroux, Dennis E., '78
Orlik, Henry John, '76
Shelton, James E., '61
Snyder, Gene Richard, Jr., '83

STREATOR
Welch, John F., '58

TROY
Jones, Danny Edmond, '85

URBANA
Young, Mary Lou Fife, '83

VERNON HILLS
Darst, Steven Dale, '82
Thomas, Jimmy Wayne, '79

VILLA PARK
Neptune, David Earl, '69

WASHINGTON
Johnson, Russell Harry, '47

WATSEKA
Walker, Vaughn R., '30

WAUKEGAN
Buckner, Jack David, '80
Heyer, Howard C., '58
Mc Pherson, Todd Yancey, '87
Noice, William V., '58

WESTCHESTER
Maloney, Thuc Tracy, '85

WEST CHICAGO
Dipple, David Lee, '72

WESTERN SPRINGS
Jewell, Stanley Robert, '72
Konold, Robert A., '80
Lupfer, William B., '51
Lyday, James Marvin, Jr., '73
Milner, Robert C., '48
Wellman, Charles A., '60

WESTMONT
Fleck, Mary Brown, '76
Keightley, Ruth Hathaway, '54
Keightley, Waldo Wallace, '52
Picone, Richard Michael, '78

WHEATON
Ade, Stephen Frederic, '71
Britt, Warren William, '80
Cline, Phillip Eugene, '68
Enburg, Rev. Raymond C., '48
Henert, Robert Howard, '73
Hensge, William Y., '55
Hess, William Wesley, '64
Holan, Gerald Roy, '53
Keenan, Richard Dean, '49
Klonowski, Gary Francis, '85
Kolbe, Robert Joseph, '74
Krull, George W., Jr., '65
Livingston, Brad E., '81
Mc Callum, Edward Donald, III, '83
Mc Millen, Albert H., '54
Mitchell, David Bryant, II, '80
Pesavento, Kenneth Anthony, '68
Ringenberg, Ronald Edward, '80
Robinson, Keith Lee, '76
Schwartz, Frank John, Jr., '49
Squeo, Douglas Guy, '68
Thomas, David Allen, '68
Troxil, William Edward, '75
Trucinski, Gary Lee, '79
Walls, Mrs. Wendy D., '86
Westerbeck, Daniel J., '67

WHEELING
Carter, Ms. Regina D., '81
Krieger, Michael Avery, '79
Rackow, William Norman, '63
Siegendorf, Adriane L., '87
Urban, Mary Catherine, '84
Whitman, John C., '62

WILLOWBROOK
Brown, R. Carl, '40
Geib, William Michael, '86
Rogers, Cindy Lawson, '81
Woehrle, Harold Milbourn, '30

WILMETTE
Beebe, Robert Richard, '74
Beech, Richard Allan, '73
Buya, Wallace J., '50
Cox, Jennie Heston, '46
Elvove, Carl X., '42
Ennis, David Wayne, '70
Garrigan, Dr. Richard Thomas, '61
Houston, Dr. John Leonard, '60
Kleckner, Robert Anthony, '59
Reifenberg, Paul E., '41
Sharfman, Robert S., '41
Stone, Lawrence H., '40
Weisgal, Solomon Aaron, '48

WINFIELD
Borchers, William C., '35

WINNETKA
Barr, Laurence James, '58
Beck, George J., Jr., '52
Carlson, Robert W., '48
La Monica, John Anthony, Jr., '73
Mitchell, Daniel Ray, '61
Rado, Donald S., '54
Reishus, Paul A., '77
Wittenberg, David M., '58

WOOD DALE
Diaz, Luis A., '82
Pierce, Ms. Cathy Jane, '73

WOODRIDGE
Baer, Robert William, '51
Eddy, William Patrick, '79
Peters, Richard A., '82
Pittinger, David Alex, '76
Vikander, Richard A., '48

INDIANA

ALBION
Fraze, Charles C., '33

ALEXANDRIA
Stemen, Ronald Craig, '77

ANDERSON
Brainerd, Douglas Kent, '79
Geneva, Louis L., '61
Hall, William Floyd, '65
Marmon, Earl F., '58
Mauger, Richard W., '42
Patterson, Richard Leroy, '60
Pierce, Thomas Joseph, '85
Rowley, Alan Boyd, '67
Schorr, Richard Lee, Sr., '53
Short, Raymond Edward, '56
Shults, Donald Eugene, '66
Taylor, Charles Robert, '48
Upperman, William H., '64
Wetmore, Perry M., '61

ANGOLA
Keegan, Bertrand J., '66
King, Norman C., Jr., '66
Sharrow, Earl J., '36
Sharrow, Robert G., '46

ARCADIA
Mc Cabe, Jon David, '86

AUBURN
Cahill, Thomas Robert, Jr., '83
Detrick, Gretchen Seitz, '65
Leininger, Dwayne Eugene, '71

BATESVILLE
Budd, Gary Preston, '75
Grimme, Joseph Charles, '84
Haakinson, William Allen, '76

BEDFORD
Taylor, LTC Robert Allen, USA(Ret.), '52

BEECH GROVE
Gill, Thomas C., '56

BENNINGTON
Bernius, Craig Odell, '69

BLOOMINGTON
Abood, Dr. Norman Anthony, '75
Bogner, Philip Allan, '85
Bowers, Lowell Thomas, '74
Collins, Mrs. Ann T., '86
Cvengros, Laura L., '83
De Hayes, Nancy Bonsell, '68
DeHays, Dr. Daniel Wesley, Jr., '64
Enz, Dr. Cathy Ann, '85
Fisher, Dr. Jeffrey Douglas, '80
Hageman, Linda S., '87
Heitger, Dr. Lester E., '66
Jacobs, Dr. F. Robert, '76
Mabert, Dr. Vincent Anthony, '67
Mc Quiston, Dr. Daniel Houston, '85
Otteson, Dr. Schuyler Franklin, '48
Powell, Charles Randall, PhD, '73
Regenbogen, Mark, '84
Salamon, Gerald Lang, '71
Stephenson, Dr. P. Ronald, '63
Stockton, Dr. R. Stansbury, '56
Wang, Chao-Wen Julia, '88

BREMEN
Foote, Mark D., '64

BRIGHT
Wickstrom, Robert Carl, '74

BROWNSBURG
Glass, Kristin Alayne, '87

CARMEL
Baker, Jeffrey Joe, '79
Bangs, Richard Alan, '68
Bauer-Tomich, Faith Elizabeth, '79
Carawan, Thomas B., '77
Clark, Bruce Gilbert, '70
Dorrington, Terrance Paul, '73
Duncan, Kenneth Eugene, '71
Eley, Gay Wessells, '80
Fox, James Bernard, '63
Frank, Myron L., '50
Frederick, David Clarence, '75
Goertemiller, Elizabeth Waddle, '50
Goertemiller, Richard H., '50
Goodman, Dwight Dale, '58
Harvey, Joseph H., '72
Hasen, Mrs. Norma Orlando, '56
Hirschfeld, Stanley E., '57
Hoffman, Susan Jean, '86
Incorvia, Anthony Edward, '68
Jenney, John H., '55
Kahn, Allan W., '29
Lathrop, Robert Elmer, III, '69
Lippman, John N., '48
Long, Larry Max, '60
Lowrie, Robert David, '67
Lutz, Robert Julius, '73
Maher, John Joseph, '74
Mc Cormick, John Robert, '64
Meek, Mrs. Jean, '48
Meek, Lowell E., '48
Miller, Robert Andrew, '63
Munjas, M. Leslie, '68
Myser, Robert Benton, '79
Ooten, Richard James, '83
Overly, Michael Clark, '81
Parrish, John B., '39
Pavey, Jonathan R., '61
Pruitt, Dr. Stephen W., '80
Resley, John David, CLU, '69
Richard, Bryce Elwood, '72
Ross, Richard Arthur, '71
Stucker, James Bernard, '78
Szaronos, Keith Gerard, '80
Thomas, Charles Edward, '69
Thomas, Karen Lang, '81
Tooman, Lee Donald, Jr., '75
Turrin, Cesare Peter, '80

CEDAR LAKE
Hardesty, Robert M., '39

CLAYTON
Mc Donald, Orville Eugene, '67

COLUMBUS
Allamanno, Stephen Andrew, '87
Altmiller, Jeanne Huffman, '82
Andrews, James Richard, '82
Barrow, Becky L., '76
Clark, David Lee, '68
Hackett, Dr. John Thomas, '61
Klim, Richard David, '87
Knoef, Brian Dustman, '76
Polny, Robert Douglas, '74
Stern, Roy Dalton, '71
Tuttle, Barbara Boyer, '57
Tuttle, Brooke E., '57
Uhrich, Mrs. Karen T., '72
Vickers, Thomas Henry, '58
Vogt, Ronald D., '56
Williams, Mrs. Susan S., '87

CONNERSVILLE
Roudebush, Elbert P., '30

CORUNNA
Eschenauer, Robert Allen, '73

CRAWFORDSVILLE
Baughman, Tom K., '56

CROWN POINT
Brehm, Joanne Marie, '81
Edwards, Dennis C., Jr., '87
Johnson, Dale Eugene, '68
Ryba, Kathryn Hoffman, '78
Sealscott, Robert Kent, '74

CYNTHIANA
Wallace, Sue Nolze, '36

DANVILLE
Tabor, Jonathan R., '79

ELKHART
Beattie, James Stephen, '67
Covert, Donald M., '53
Hoskins, Estil Lewis, Jr., '81
Johnson, Ms. Mary Ann Huber, '52
Lehman, David Thomas, '59
Rhoton, Kenneth D., '43
Sipe, Miriam, '49
Sipe, Ralph M., '49
Vahala, Edward A., '57
Waldman, Dr. Raymond D., '59
Wells, Bruce E., '67

GEOGRAPHICAL LISTINGS
Iowa City IOWA 389

EVANSVILLE
Batthauer, Steven Eugene, '78
Bernardin, Robert Gerard, '82
Danson, Forrest Melville, III, '86
Frohnaple, David George, '78
Hetzel, Horace D., '37
Jarvis-Philips, Lauretta, '84
Knauff, James Irvin, '75
Krupp, Daniel William, '68
Leedy, William B., '59
Murphy, Michael William, '72
Patchen, Deborah Annette, '87
Philips, Craig William, '82
Stetzelberger, Willard P., '47

FLOYDS KNOBS
Clevenger, William R., '48
Collett, William Bennett, Sr., '58

FORT WAYNE
Bailey, Don T., Jr., '62
Bennett, Keith Amedee, '84
Besecker, Randy L., '82
Blumenschein, Ned A., '58
Bradfield, Margaret Cortellesi, '79
Burt, Donald Dean, '49
Carter, James Charles, '81
Chiazza, John Charles, '73
Crawford, Harry Arthur, '47
De Hayes, David Page, '69
De Leon, Lawrence Walter, '77
Dennis, Duane William, '73
Diehl, Kelle Gross, '79
Dimberio, Donald J., '61
Emmelhainz, Richard Neil, '76
Flegge, Mark Thomas, '83
Freeborn, Robert Ross, '80
Gardner, John K., '34
Ghaster, Richard G., '46
Girod, Harriet Maddox, '49
Glass, Jon M., '88
Goldstein, Leonard M., '43
Grannan, Patricia Ann, '85
Griggs, Jeffrey W., '79
Hayes, Elizabeth Kosman, '50
Heisey, Huffman R., '60
Heminger, David Lewis, '83
Heminger, Sara Jane, '76
Hopper, David A., '63
Jones, Keith Lamar, '73
Jontz, Suzanne A., '51
Kennedy, Thomas D., '60
Kimmet, Edward Eugene, '69
Levitsky, Michael Anthony, '86
Lyon, Jeffrey Vernon, '78
Mahlie, John Timothy, '79
McArdle, Donald P., '61
Modzelewski, Gregory Stanley, '73
Moore, Charles A., '41
Musilli, Ronald, '83
Myers, Norman Ray, '69
Nowak, Ted J., '50
Pate, Denson C., Jr., '66
Pepple, Stephen Alan, '70
Pummill, Carol Pencheff, '57
Rahrig, Erin Kay, '83
Sackett, Leslie Charles, '67
Schweigert, Peter, Jr., '66
Seitz, John M., '57
Showen, William Lewis, '75
Smith, Allen J., '39
Stewart, Robert Hugh, '66
Suciu, John, III, '81
Treleaven, John Wilson, '74
Van Horn, Brent William, '80
Vavruska, Gerald John, '73
Vessels, Edward Charles, '80
Walker, Ralph Benson, '49
Wiegel, Milton E., Jr., '48
Younger, Robert N., '58

FREMONT
Winzeler, Mrs. Patricia A., '79

GARY
Bailey, Novella, '80

GOSHEN
Janzen, Jay Milton, '74
Nussbaum, John Mark, '87

GRABILL
Brimner, John Harold, '70

GRANGER
Ewing, Charles Walter, Jr., '77
Florence, Brian Nevin, '69
Galm, David Michael, '84
Graham, Randal Eugene, '78
Joyce, John Frederick, '76
Kelly, Edward Arthur, '74
Mundy, Patrick Richard, '70
Neff, Mark Jerome, '79
Schafer, Charles H., '61
Schnoerr, David Eric, '76
Shriver, James Edwin, '66
Titus, Paul Edmond, '82
Toth, John Albert, III, '79
Wills, Donald M., '55

GREENFIELD
De Voe, Mrs. G. Claribel S., '50
Moore, Steven Alan, '74
Osborne, Don Christopher, '71
Oxley, Allan R., '59
Pasco, David Charles, '69
Sheehan, John J., '50
Storch, David H., '66

GREENSBURG
Early, Chester H., Jr., '49
Lowien, Louis W., '72

GREENS FORK
Railsback, Paul Warner, '81

GREENWOOD
Chamberlain, Thomas Maxwell, '68
Duncan, Steven Yates, '80
Eckle, Hugh A., '57
Heinle, Cynthia Anne, '86
Pennington, Ronald Douglas, '70
Williams, Cameron Lee, '69

GUILFORD
Glasgo, Dr. Philip William, '75
Mc Pherson, Thomas Daniel, '81

HAMMOND
Dawes, David A., '84
Ige, Adewole Ajibola, '78

HARTFORD CITY
Jackson, Charles Rosco, '48

HIGHLAND
Molodet, George L., '53

HOBART
Sparks, Susan Ann, '85

INDIANAPOLIS
Abelson, Jerrold M., '50
Adams, Francis X., '40
Alvarado, Raymond A., '66
Anderson, Robert Craig, '85
Anthony, J. Robert, '56
Appelbaum, Dennis Evan, '83
Artz, Robert David, '86
Balaun, William Michael, '87
Balme, Kennard P., Jr., '64
Barthel, Frederick Ernest, '58
Baxter, Gary L., '65
Beeler, Elmer Lee, '28
Benawit, William F., Jr., '48
Berlinger, Ervin, '52
Bingle, Frederick John, '73
Bosway, Michael Edward, '81
Brackenhoff, Laura Thomas, '84
Brandstetter, Charles William, '68
Brenner, Lewis David, '82
Bresnahan, Timothy Michael, '87
Brown, Timothy Lee, '73
Buchman, Daniel Victor, '70
Butz, Stephen L., '86
Charbonneau, Linda Whitney, '54
Chase, Brian Edward, '68
Coady, Timothy Martin, '86
Conover, Donald P., '38
Cooper, Thomas G., '84
Creasap, Martin Ross, '76
Criss, Harry P., Jr., '64
Croswell, Michael Joseph, '69
Crouse, William Eugene, '69
Currie-Richards, Tanya C., '80
Davidoff, Amy Curtiss, '79
Duffey, Mark Allen, '88
Durbin, Robert Timothy, '80
Ellis, Robert Gerald, '56
Finn, Mrs. Deborah Ann, '84
Flasch, Ms. Cynthia P., '79
Florea, James W., '60
Frattini, Tony J., '48
Freeman, Marc A., '66
Fulner, Thomas C., '62
Gamble, Kirk Donald, '73
Gardner, Joseph T., '64
Garvey, William H., '37
Gerber, Lori Ann, '83
Gratz, Scott Bradley, '86
Greenfield, Philip Bernard, '69
Gurvis, Dr. David Elliott, '70
Hadsell, Robert O., '52
Hair, Alan Dale, '83
Hamilton, Henry Crist, III, '69
Hanes, Jane, '49
Harriman, William D., '50
Harris, James William, '66
Hartman, Thomas Michael, '86
Hayes, Sophia Simone, '86
Hinton, Robert T., '51
Holland, Mrs. Helen Harder, '49
Hopkins, Kenneth L., '47
Hugh, Karen Jean, '84
Huttenhower, William J., '85
Jarvis, David Eric, '82
Jeffries, Samuel Jacob, '74
Jordan, William James, '82
Karozos, Gus A., '48
Kilbury, Mrs. Patricia F., '50
Kilbury, William M., '47
Klenk, Lester J., '32
Kobe, Kenneth Vernon, '72
Lause, Patrick Joseph, '82
Legge, Lowell N., '49
Leventhal, Wilma Goldberg, '35
Lewis, Kim, '79
Litwack, Jerry, '53
Marshall, Mrs. Loretta Holt, '82
Martin, Patrick John, '88
Matuszkiewicz, John M., '75
Mc Cullough, John D., '58
Meier, Mrs. Ardath Mc Elhiney, '50
Mitchell, Marvin Harry, '59
Moore, Kevin M., '86
Morgan, Joseph Porter, Jr., '80
Mowery, William David, '84
Mueller, John Ernest, '58
Myton, Dean Leroy, '81
Myton, Mrs. Patricia T., '81
Neiger, D. Fred, '52
O'Hara, Mark Shafer, '80
Penelton, Teresa Eileen, '82
Pennell, Gerard B., '55
Perkins, Mark Burton, '84
Reich, Eddie W., '48
Resparc, Philip Michael, '77
Rock, John Cheney, '52
Rogers, Charles E., '33
Rolfes, Elizabeth M., '88
Rose, Irwin R., '49
Rose, William Russell, '40
Sabharwal, Sunil, '88
Santucci, Joseph Phillip, Jr., '87
Savage, Robert G., '49
Schmid, Richard A., '61
Shafer, James P., '55
Shaffer, Timothy Wayne, '85
Shannon, Robert W., '49
Shevlin, John J., '87
Shirk, Ann Bettina, '83
Sibert, Donald E., '51
Skinner, Robert N., '58
Snavley, Ronald P., '74
Snouffer, Philip L., '50
Soller, Robert Alan, '83
Sourwine, Jack G., '52
South, Stephen Wayne, '68
Stephens, Steffanie Diane, '83
Stough, Dr. Roger R., '64
Stover, Brent Lee, '78
Strauss, Ernest F., '63
Strominger, Mark Andrew, '84
Taft, Janet Burrow, '81
Thomas, Cecil Bryan, '52
Thomas, Edward Charles, '85
Thompson, Mrs. Madeline J., '81
Tischer, Larry Edwin, '73
Trierweiler, Sonja Louise, '75
Tripp, Gerald Lee, '80
Vanvoorhis, Richard L., '59
Weber, Jeffrey L., '74
Weiss, Gregory Carl, '70
Willett, Lori Ann, '83
Wise, John C., '78
Withey, David Andrew, '78
Withey, Pamela S. Rinearson, '78
Witwer, Stephen Herbert, '70
Wood, John K., '84
Young, Beman D., '49

JEFFERSONVILLE
Cross, Roger L., '63
Siebert, Henry J., '60
Van De Mark, John Richard, '74

KENDALLVILLE
Baldwin, James Richard, '67

KNIGHTSTOWN
Eckart, Joe, '78

KOKOMO
Altmiller, Jeffrey Allan, '85
Baker, Jeffrey William, '77
Chung, Dr. Douglas K., '80
Clifford, L. Aaron, '64
Foltz, Mrs. Barbara Jeanne, '86
Hampshire, Todd Christopher, '85
Sargent, CAPT Brad L., USAF, '82

LAFAYETTE
Dond, John William, '67
Eberts, Joseph W., '48
Knight, Aldis M., '64
Morton, Marshall Wayne, '54
Pratt, William E., '58
Spahr, LTC Herman Grant, USN(Ret.), '58
Strausbaugh, Rolland L., JD, '57
Walkey, John Leslie, '68
Zeller, Richard Lynn, '78

LA PORTE
Harmon, Frank H., '63
Underwood, Allen, '58

LAWRENCE
Zink, John L., '50

LAWRENCEBURG
Donnellon, James William, '74
Howison, Stephen William, '79
McGaha, Joanne Oxley, '78

LEESBURG
Doll, Jack A., '52
Thornburgh, Jeffrey Jay, '72

LEO
Austin, Stephen James, '83

LIGONIER
Pettit, Clifford C., '49

LOGANSPORT
Lotz, Gregory A., '87
Quay, Leslie Arthur, '82

LOOGOOTEE
Dooley, David Matthew, '68

MARION
Appell, Brenda S., '84
Cutrell, Gary Millard, '70
Schneider, Henry Allan, '49

MARTINSVILLE
King, Penelope Anne, '79

MC CORDSVILLE
Klose, Michael Karl, '81

MICHIGAN CITY
Blair, Ms. Brenda L., '85
Brauer, Dorothy Ramage, '44
Mc Fadden, Robert J., Jr., '75

MIDDLEBURY
Green, Lawrence Eugene, '83

MISHAWAKA
Aghimien, Dr. Peter Aitemine, '80
Hatton, Edwin E., '55
Zelvy, Jeffrey A., '70

MOUNT VERNON
Damm, Carl E., '58
Goss, Keith W., '46

MUNCIE
Barnhart, Leland, '56
Carey, Phillip B., '59
Hay, Jerry Edwin, '67
Lazar, Mac Edward, '71
Light, Kenneth J., '72
Lowry, Dr. James R., '52
Neilson, Robert, '48
Porter, Paul Robert, '50
Vicstein, Alan Bernard, '70

MUNSTER
Beck, Marye Zelma, '27
Hazlett, Thomas Jerry, CPA, '67
Rothschild, Dean Kahn, '74
Sutter, George Franklin, '48

NAPPANEE
Williams, Roy E., '63

NASHVILLE
Dolle, John J., '46
Mulgrew-Seitz, Jo Anne, '77
Murphy, Jack G., '49

NEW HAVEN
Bovie, Kyle Stephen, '87

NEW PALESTINE
Roberts, Allen MacDearman, '83

NOBLESVILLE
Bechtel, Albert E., '49
Beveridge, Kenneth Howard, '80
Cherry, Rhonda Jean, '82
Culp, Susan Lenore, '80
Dembowski, Gerald J., '62
Dickerson, Dwight L., Jr., '62
Ehlers, Jerry Raymond, '76
Harsnett, Monica Hoppe, '74
Harsnett, Richard, '74
Irwin, Todd Edward, '81
James, Kevin Paul, '82
Kirby, Edwin Schneider, '60
Korb, Donald L., '64
Long, Paul Walker, III, '78
Malinowski, Thomas Edward, '78
Murdock, Larry Lee, '84
Murdock, Mrs. Shelley M., '85
Nguyen, Nam Thanh, '87
Skinner, Stephen Douglas, '72

NORTH JUDSON
Kallin, Etha Ludwig, '55

NORTH MANCHESTER
Keller, Dr. Dorothy Birge, '77

NOTRE DAME
Bradford, Dr. William Donald, '68
Moroney, Sr. Marie V., '66

OSSIAN
Schach, Siegfried O. A., '59

PENDLETON
Mott, William Harold, Jr., '68
Stringer, George B., '65

PERU
Laubach, Frederick Horn, IV, '78

PITTSBORO
Jenkins, Gary Martin, '65
Toussant, Thomas Edward, '75

PLAINFIELD
Badger, Larry Ray, '68
Draffen, Billy Harper, '74
Pedigo, Howard K., '63

PORTAGE
Hinckley, Marilyn Manske, '83

PRINCETON
Mull, David Scott, '81

RENSSELAER
Elmore, Kenneth Wayne, '77
Fenton, Steven Curtis, '77
Perry, Donald Theodore, '73

RICHMOND
Bargmann, Carl F., '53
Bowen, Willard Gene, '47
France, Clarence A., '56
Keckler, James Allen, CPA, '70
Mayer, Lynn David, '66
Muff, David M., '50
Patterson, William Michael, '54
Sheets, David J., '66
Smith, Robert Leland, '47
Stratton, Richard Brian, '68
Wilson, John Robert, '71

ROANOKE
Arbogast, Donald Parker, '75

ROCHESTER
Pemberton, Val R., '49

ROCKPORT
Greer, James R., CPA, '76

SAINT JOHN
Wertz, Robert W., Jr., '63

SALEM
Allemeier, Paul G., '59

SANTA CLAUS
Taube, Reid Kinsey, '51

SCHERERVILLE
Bhe, Scott Alan, '86
Johnson, William B., Jr., '83
Mc Junkin, Michael Jay, '83
Palmer, Michael Keith, '87
Sangalis, MGEN Dean, USMC(Ret.), '52
Straka, David M., '84

SELLERSBURG
Stowe, Charles H., Jr., '47

SEYMOUR
Leahy, Ms. Kimberly Sue, '86

SOUTH BEND
Adams, Tim Alan, '88
Bowles, Paul R., '60
Brown, Andrew Wardell, '86
Cloud, Robert L., '50
Corroto, Robert E., '51
Gries, David P., '86
Hall, Dr. Leda Mc Intyre, '75
Hull, Marvin L., '52
Kennedy, Dr. John Joseph, '59
Loeffler, Edgar L., '51
Mac Gowan, Mrs. Suzanne K., '62
Roland, Harvey Paul, '42
Rousos, Gregory Temoleon, '85
Sexton, Dr. William P., '60
Tidrick, Dr. Donald Eugene, '76
Trutza, George Richard, '86
Ullery, Gerald O., '55
Wasserman, Michael Elliot, '80
Wileman, Douglas Brian, '81
Withey, Dr. John James, '73
Wood, Mrs. Selma F., '31

SPEEDWAY
Forsythe, Frank A., '48

SYRACUSE
Hartshorne, James D., '24
Mercer, David Cameron, '63
Schmahl, Douglas A., '64

TERRE HAUTE
De Santo, P. Frank, '48
Eberhart, Dr. George Jefferson, '48
Loo, Hugh Bortram, Jr., '38
Shaffer, Robert Warren, '84
Victor, Robert Anthony, '80

TOPEKA
Strayer, Terry Joe, '77

TRAFALGAR
Shipe, Marilee Stinemetz, '83

UPLAND
Owen, John P., '31

VALPARAISO
Erickson, Warren Lee, '72
Mapes, John S., '53

VINCENNES
Biddinger, David Mark, '81
Carmean, Michael Lynn, '68
Henderson, Robert Wilson, II, '71
Pender, Jack Edward, '68
Sebring, Edward Lorentz, '71

WABASH
Crawford, Thomas Earl, '65

WALTON
Mann, Ronald Clovis, '72

WARSAW
Clinger, Ronald E., '79
Finch, Andrew J., '82
Munsch, Michael J., '75

WEST LAFAYETTE
Conley, Robert R., '50
Davis, Dr. James Henry, '40
Doster, Mrs. Barbara G., '56
Gustafson, Dr. Donald P., '41
Ko, Dr. Wansuck Matthew, '85
Offutt, Dr. Nancy Elizabeth, '72
Schendel, Dr. Dan E., '59
Schondelmeyer, Dr. Stephen W., '79
Smith, Dr. Keith Van, '61

WHITING
Kutnik, Edward R., '49

WINONA LAKE
Terry, David Scott, '80

YODER
Hamrick, Jane Clarke, '85

ZIONSVILLE
Frankel, Russell E., '66
Hauser, Donald Gene, '64
Mordarski, Richard A., '66
Roscoe, Barney M., '57

IOWA

AMANA
Bickert, Robert Barnett, '69
Franey, Joseph E., Jr., '48

AMES
Hunger, Dr. J. David, '66
Lawrence, I. Pauline Hilborn, '44
Walter, Dr. Clyde Kenneth, Jr., '65

ANKENY
Neal, Terence Lee, '83

BETTENDORF
Kegarise, Ann Shuttleworth, '57
Olson, Dale D., '47
Zarley, Steven Allen, '75

BOONE
Olin, Thomas F., Jr., '83

CEDAR FALLS
Goulet, Dr. Peter Gregory, '67

CEDAR RAPIDS
Fredericks, Richard Arthur, '54
Weems, James M., '57
Weems, Marilyn Vlaskamp, '56
Wells, Rodney Coy, '72

DAVENPORT
Johnson, Robert Theodore, '68
Matthews, Benjamin F., '46
Mitchell, Glen Laverne, '66
Solt, Ronald H., '66

DES MOINES
Condo, Phillip J., '71
Foster, Thomas Gordon, '55
Gronbach, Jill Therese, '85
Hartig, Jeanne Lindauer, '79
John, Richard C., '28
John, Winona Sharkey, '31
Kestner, Carl R., '65
Krebs, Charles Edward, '69
Lawson, George T., Jr., '43
Mc Donald, Thomas Douglas, '83
Moore, Dr. Willie M., '87
Oswald, Mary Katherine, '82
Ridgley, Amy Joa, '81
Sherer, Robert E., Jr., '43

DUBUQUE
Fryburger, Don E., '57
Roush, Daniel N., '67

ESTHERVILLE
Stead, Michael Lee, '88

FAIRFIELD
Crockett, Rex J., '63

IOWA CITY
Corlette, Dustin H., '52
Corlette, Shirley Palmer, '52
Cyphert, Stacey Todd, '81
Davidson, Charles William, Jr., '47
Johnson, Dr. William Bruce, '73
Klasson, Dr. Charles R., '53
Klasson, Mildred Hergatt, '53
Price, James L., '50
Young, Dr. Richard Anthony, '84

390 IOWA Manchester OSU COLLEGE OF BUSINESS

MANCHESTER
Durey, Mrs. Nancy J., '79

MARSHALLTOWN
Hall, Robert Lester, '75

MAURICE
Buckley, Virginia Boehm, '46

SIOUX CITY
Greenberg, Elise, '78
Wiley, Ronald Leroy, '63

WAUKEE
Pfouts, Barry D., '59

WEST DES MOINES
Bettendorf, Robert J., '62
Neely, William Michael, '75

WILLIAMSBURG
Thurkettle, Frank Brian, Jr., '70

KANSAS

BONNER SPRINGS
White, Mary Anne Bowman, '57
White, Robert Edward, '57

DERBY
Smith, David Brian, '66

EMPORIA
Maxson, Nicholas Dean, '71

FORT RILEY
Mc Afee, LTC Lawrence S., USA, '74
Sharp, LTC Thomas Stephen, USA, '66

FORT SCOTT
Steele, Sheridan Sharp, '69

GREAT BEND
Connelley, Charles P., '57

LAKE QUIVIRA
Montanaro, LT Joseph A., '60
Stoneburner, Dwight T., '58

LAWRENCE
Barlow, John Patrick, '88
Bush, Howard Francis, '77
Case, Collier W., '80
Case, Mrs. Susan L., '82
Damiani, Paul Carlo, '85
Miller, Adam V., '87
Sapp, Phyllis Miller, '56
Schlarb, Kevin K., '87

LEAWOOD
Egon, George Dean, '78
Gimlin, M. Gregg, '70
Hawley, Timothy Eugene, '73
Lefkovitz, Tom, '66
Lewis, Roger Lee, '84
Maguire, John J., III, '65
Porterfield, Larry R., '73
Underwood, William Mc Auliffe, '65
Zoog, Arthur S., '56

LENEXA
Farrar, Randy George, '78
Frazier, Robert Lee, '49
Hertel, Dorothy Becher, '44
Lust, Dennis Aaron, '80
Millard, Kelly Kristine, '84
Snyder, Randolph Scott, '80

MERRIAM
Kilmer, Willis G., '61

NORTH NEWTON
Reichenbach, Dr. Randall David, '86

OLATHE
Cornelius, Steven William, '84
Coyne, Donald David, '70
Coyne, Donna Lancaster, '69
Gentile, Raymond V., Jr., '53
Gibbs, John David, '74
Gritton, B. Douglas, '78
Young, Chester E., Sr., '61

OSBORNE
Kaser, Bonnie Curran, '64

OTTAWA
Snyder, Dr. Sherwin Lee, '58

OVERLAND PARK
Adrian, Howard Emerson, '45
Bradford, John Auman, '81
Carothers, Dr. Charles Richard, '78
Chapman, William D., '65
Cowin, Joseph Patrick, '83
Davis, Sharon Joan, '87
Dixey, Jamie Sue, '79
Fish, Duane Leroy, '70
Fite, Alan C., '39
Halvorson, E. Mark, '49
Hamblin, Dennis Clarence, '71
Imbody, Denyse Maureen, '84
Jordan, Carl L., '57
Kenefake, Jerry E., '59
Kuhn, Paula A., '83
Kumin, Robert Alan, '69
Linville, Fred Edwin, '65
Mc Coy, Roger Joseph, '79
Spencer, Mark Curtis, '78
Strahler, Paul J., '50
Szeto, William Chaklam, '81
Tolin, Jerome L. Tolchinsky, '49
Weisent, William A., '52

PAOLA
Carlisle, Thomas L., '59

PRAIRIE VILLAGE
Beddingfield, W. Robert, CLU, '49
Elling, Virginia Fahey, '47
Elliott, David Ashley, '58
Fordyce, James T., '65
Garfinkle, Myron L., '50
Johnston, L. Philip, '60
St. Pierre, Jeanne Louise, '81
Straub, Nancy Pratt, '78

SHAWNEE
Fuller, Robert Louis, '64
Laird, Jeffrey E., '73
Morando, Rocco J., '83
Sampsel, Craig Allen, '80
Shanton, Raymond C., '56
Van Zante, Charles Nelson, '76

SHAWNEE MISSION
Coughlin, Michael Eugene, '70
Grossman, Jerome E., '25
Lane, Alfred Joseph, '55
Lawson, Anthony Randolph, '86
Mac Donald, John Andrew, '72
Macomber, William B., Jr., '56
Martin, Barbara Bishop, '48
Rismiller, David A., '58
Wolf, Carl Richards, '48

STILWELL
Rinehart, Ann West, '71

TOPEKA
Baker, Dr. William Gary, '65
Bonham, John P., '85
Dowell, Gregory Charles, '85
Gatti, Raymond J., '48
Hochscheid, Vernon E., '49
Hughes, Gregory Charles, '73
Langel, Everett Adam, '27
Mackey, Robert Lee, '72
Marmie, Craig William, '86
Yu, John S., OD, '84

WICHITA
Ashland, Peter Frederick, '84
Boger, William H., Jr., '49
Geer, Charles W., '66
Gramlich, Christopher, '76
Green, Phillip Ray, '77
Helmer, Marsha Lynn, '80
Jamis, David Franklin, '80
Lazarus, Leonard Allen, '72
Maxwell, Jay Sidney, '77
Packer, Don S., '39
Patton, Louis E., '52
Schreiber, Thomas Knox, '78

KENTUCKY

ANCHORAGE
Benson, Frank J., '55
Mast, Randall Glenn, '74

ASHLAND
Biehl, John Charles, Esq., '65
Day, Timothy Brian, '82
Foster, John, '62
Fout, James E., '50
Gerrick, Deborah Hykes, '71
Gerrick, William Martin, III, '71
Jessie, William Joe, '75
Kobel, Larry James, '79
Meehan, Paul F., Jr., '40
Newman, Victor Fredrick, '85
Spriggs, William Guy, '74
Voll, Robert T., '63

BARDSTOWN
Du Vernay, Jay Brian, '62
Tatman, Geoffrey S., '73

BELLEFONTE
Knox, Robert Stanley, '74

BELLEVUE
Gahr, LTC William Fred, Jr., '72

BENTON
Mellett, David George, '80
Schuster, Ronald P., '54

BOWLING GREEN
Brooks, Mrs. Janine M., '84
Crabbe, Susan R., '68

BRANDENBURG
Wilson, Ms. Stacy Allynne, '87

BUTLER
Bay, Robert Lee, '57

CALIFORNIA
Van Gorden, Ruth Bertsch, '50

COVINGTON
Breyfogle, Jon Lewis, '84
Conrad, Joseph E., '52
Graeter, Richard A., '53
Pfirrman, Bradford Edwin, '75
Sievert, Arthur R., Jr., '50
Stephens, Bryan Eugene, '84
Strohl, Michele Annette, '83

CRESTVIEW HILLS
Abrams, Norman A., '52

CRESTWOOD
Gerbino, Louis A., '64

DANVILLE
Mead, Mark Kevin, '80

EDGEWOOD
Bussom, Dr. Robert S., '66
Thress, Charlotte Anne, '82

ELIZABETHTOWN
Hickmott, Warren T., '62
Smithson, Wayne B., '59

FLORENCE
Greenwood, Gary Dale, '77
Justice, Randall Uel, '78
Lukac, Daniel Coleman, Jr., '83
Seneriz, Anitza A., '84
Simmons, Stanley William, '36
Strout, Robert C., '50

FORT CAMPBELL
Gile, COL Greg L., USA, '73

FORT THOMAS
Foureman, Roy Williams, '48
Frooman, James Charles, '85
Moravick, Mary Ann, '79
Smith, Deborah Lynn, '84

FORT WRIGHT
Baumann, Paul Craig, '72
Cordell, Mrs. Catherine M., '80
Finnell, David McDonald, '69
Weber, Justin Charles, Jr., '72

FRANKFORT
Everhart, Robert J., '56

GLASGOW
Garratt, John W., '67
Napier, Mrs. Maureen A., '79
Szabo, Robert Dennis, '73

HEBRON
Morlock, Cynthia Mc Elroy, '87
Watson, Randy Richard, '77

HENDERSON
Bernstein, Jerry Lee, '69
Morton, James Bernard, '53

HIGHLAND HEIGHTS
Hayes, Bernard W., '47

INDEPENDENCE
Bailey, John Paul, '74

LAWRENCEBURG
Hartley, Millard C., USAF(Ret.), '61

LEXINGTON
Avery, Calvin, '51
Bast, Gary Richard, '76
Bloomstein, Marc Jeffrey, '85
Booker, William J., '52
Brenner, John Thomas, '74
Chung, Dr. Chen Hua, '82
Cosgriff, Mrs. Jane Ervin, '48
Dodson, Adrian G., '58
Foster, Joseph Paul, '59
Frank, Marvin Henry, '46
Handloser, Sally Ann, '83
Hilliard, Mrs. Melinda Mc Entee, '63
Hunsucker, Terry Lee, '73
Iwig, David K., '67
Kagan-Moore, Lori, '82
Lewis, Robert Prince, '51
Lewis, Mrs. Shirley B., '50
Mc Cafferty, Vicki Marie, '84
Mc Kinnery, Jeffrey Alan, '85
Neilsen, Ralph H., '56
Powell, Carrie Jane, '85
Reimink, Mrs. Lauri Marie, '84
Schnabel, Bruce Jay, '69
Sergakis, Theodore Peter, '82
Shrider, Ersel Omar, Jr., '69
Sivinski, David Michael, '72
Smith, Vicki Sue, '85
Smore, Laura Eifert, '83
Swentzel, Paul J., '65
Underwood, Richard Harvey, '69
Wallace, Deborah Lynn, '78
Warren, Eugene F., '48
Warren, Kathleen Cooke, '48
Williams, Dorothy Jones, '47
Wolf, Roger J., '63

LOUISVILLE
Ades, Gerald Cyrus, '49
Allen, James Reid, '81
Arbuckle, Douglas Stuart, '84
Barnhart, Mrs. Candace L., '81
Barnhart, Mark Stanton, '81
Baron, Charles D., '46
Barton, Douglas R., '61
Bell, Betsey A., '84
Bellino, Joseph Paul, '72
Berwald, Samuel B., '33
Bigelow, Ann Vollrath, '71
Blayney, Richard I., '55
Borden, Bruce E., '86
Bowman, Garry Michael, '74
Broadstone, Daniel Lee, '75
Brune, Herbert H., Jr., '50
Burkey, Scott D., '85
Carter, Kenneth Gregory, '83
Clingaman, Jeffrey David, '69
Cloern, John Edward, '74
Cook, Ann Taylor, '84
Currell, Joseph Christopher, '81
Dermott, Neil K., '25
Desatnik, Sheri Lynn, '83
Devlin, James F., '55
Devlin, Lois Milsom, '55
Deyo, Franklin E., '50
Forrest, Richard E., Jr., '68
Gerhart, Douglas Dean, '76
Gibbons, Charles D., '57
Gilsdorf, Albert G., '33
Grant, James, II, '80
Greer, Howard Stewart, '85
Guerra, Michael Joseph, '73
Harris, Gregory Philip, '74
Hatfield, Ms. Judith Young, '81
Hile, Robert H., '50
Hippensteel, Kim Curtis, '77
Hughes, Steven Riter, '77
Johnson, Richard Wayne, '57
Kleinhans, Charles J., '43
Kurfees, Donald Bryson, Jr., '87
Lawler, John P., '50
Livingston, Brian W., '66
Ludwig, James C., '59
Maney, Jerry B., '55
Martin, William Tracy, '62
Mc Callister, Barbara Davis, '81
Mc Callister, John Willard, '80
McColgan, Daniel Brian, '82
Mc Kenney, John B., '59
Miner, Lawrence S., Jr., '64
Noll, Robert J., '54
Onachilla, Michael S., '59
Overfield, John Benjamin, '79
Perry, Maurice Lee, Jr., '77
Poisson, Joseph, '74
Pottinger, LT Scott Michael, USNR, '80
Rabatin, Thomas William, '73
Rapp, Charles G., '63
Rhodes, Bruce Kenneth, '81
Rose, Herbert Russell, '37
Rutledge, William J., '54
Sanchirico, John A., '80
Schaffer, Mrs. Valerie J., '83
Schultz, Michael James, '80
Seibert, Gregory Dean, '86
Simon, Alan Irvin, '70
Sommer, Edward G., '32
Stahlgren, Leonard S., Jr., '66
Stansel, David Michael, '86
Swartz, Larry A., '61
Swope, Samuel G., '49
Taylor, Dr. Robert Lewis, '66
Valentine, Robert L., '61
Van Atta, Howard W., '79
Van Benthuysen, Jami Sue, '85
Vaughan, Stuart M., '40
Vito, Dr. Gennaro Francis, '77
Warner, Allison Michele, '84
Watson, Eugene, '50
Welch, James R., Sr., '55
Wilson, Mrs. Susan R., '71
Wise, Robert A., '28
Wise, Robert Lawrence, '70

MONTICELLO
Halcomb, Bruce Alan, '78

MOREHEAD
Seelig, Dr. John Michael, '76

MURRAY
Doran, H. Glenn, '47
Honchul, Delbert, '59

NEWPORT
Sewell, Eldon J., '50

NICHOLASVILLE
Mason, Marsha Dianne, '74

OWENSBORO
Lashbrook, James Donald, '68
Lovett, Wells T., '43

PARK HILLS
Haller, Hazel Giffen, '81

PIKEVILLE
Cook, Clyde Jack, Jr., '51

PROSPECT
Davies, Richard Tudor, '61
Jamie, Kenneth David, '80
Weygant, Cynthia Andersen, '50

RACCOON
Williams, Michael Paul, '81

REED
Wolfarth, Ronald Lynn, '76

RICHMOND
Moore, Herff Leo, Jr., '64

RUSSELL
Creed, Leland K., '49
Tate, Gene Franklin, '87

SHELBYVILLE
Edwards, Elbert L., '51

SOUTHGATE
Atkins, Earnest Charles, '73
Darcell, Ronald C., '48
Kisker, Ellen Hudson, '54
Mocker, John Anthony, Jr., '81

VERSAILLES
Farha, Sidney A., '55

VILLA HILLS
Haggerty, Mrs. Anne M., '83
Miller, Carol Regina, '79
Morris, Todd Robert, '71
Osborn, John Everett, '65

WARSAW
Brown, Barry Landis, '63

LOUISIANA

ALEXANDRIA
Mc Kay, Ralph Hall, '56

BATON ROUGE
Black, Robert Mc Cleery, '49
Crary, Dr. David Truman, '62
Donahue, Michael Thomas, '82
Harrison, Dr. Lincoln Jay, '53
Howard, Dr. Richard Hayden, '64
Kinney, Louise Walker, '45
Knowles, Philip George, '73
Lee, Youngjin, '85
Licata, Jane W., '84
Pitts, David R., '65
Ridenour, Joel, '52
Samuel, Howard E., '46
Samuel, Joan, '48
Sause, Michael Hyland, '71
Smith, Phillip Charles, '84
Sternberg, Josef, '48
Willson, Charles Anthony, '64

BOSSIER CITY
Laymon, 1LT Thomas Richard, USAF, '80
Noble, CAPT Thomas L., '65
Paul, Donald G., '53

DENHAM SPRINGS
Graul, Joseph W., '50

DE RIDDER
Stump, LTC Robert C., USA(Ret.), '39

DESTREHAN
Pantano, Robert James, '85

HARAHAN
Schnorf, John S., '47

HARVEY
Larrimer, Brant A., '63

HAUGHTON
Capoccia, LTC Anthony P., Jr., USAF, '67

JENA
Risley, COL George L., '49

KENNER
Bachman, Ralph W., '33
Dontas, Louis J., '57
Johnson, Brent Ernest, '70
Kinnaird, Mrs. Karen L., '83
Plute, Thomas Mark, '83

LAFAYETTE
Beaver, George Harold, Jr., '55
Covington, William Burrel, '78
Jennings, David R., '66
Mc Chesney, Roger Alan, '79
Pettit, Robert C., '48

LAKE CHARLES
Bell, Susan Elizabeth, '81
Boley, Paul A., '38
Clark, Gerald D., '68
Cowperthwaite, Raymond A., '48
Goldstein, David Philip, '86
Wadsack, WAC Mary Bachman, USA(Ret.), '41

MANDEVILLE
Baker, Thomas Nelson, '83
St. Laurent, Randall Mark, '83
St. Laurent, Susan J., '83

METAIRIE
Baker, Robert Shannon, Jr., '68
Darner, Jack H., '50
Mandel, Jeffrey Irving, '85
Mc Clure, John J., Jr., '39
Min, Dr. Hokey, '86
Monaghan, William I., '39
Mueller, Karl Heinz, '82
Nagel, John Wesley, '62
Ragas, Dr. Wade Ronald, '76
Saini, Narinder K., '83
Smith, Marcia Lisa, '84
Synn, Dr. Kyung Hi, '84

MONROE
Foster, Todd Winton, '85

NEW ORLEANS
Corbett, Edward Charles, '72
Cummings, Katherine Postle, '78
Dehnbostel, Howard L., '49
Falter, Paul Richard, '50
Halter, Michael Paul, MPH, '73
Knutson, CAPT Albert Eugene, USN(Ret.), '62
Mc Allister, Joseph Frederick, '87
Spiro, Meyer J., '40

OAKDALE
Harris, John Dinwiddie, '49

RAGLEY
Allen, James Randy, '82

RIVER RIDGE
Cook, Anthony P., '78

RUSTON
Davidson, Dr. Wallace Norman, III, '82
Tracey, Minnie B., PhD, '48

SHREVEPORT
Ballard, Diane L., '71
Ballard, William Hedges, '75
Barbu, Barbara Joan, '66
Beaver, Roger E., '54
Brown, Kem Arthur, '61
Carter, Roger Dean, '71
Daniel, Michael Allen, II, '87
Fleming, Thomas C., '54
Lattimer, Curtis C., '43
Mattes, Robert Charles, '81
Zaenglein, Cletus M., '25

SLIDELL
Himes, Lizbeth Ingram, '81
Phillips, George William, '77

MAINE

AUBURN
Bryant, Scott Alan, '76
Cutter, David L., '63

BANGOR
Hudson, Edward E., '42

BATH
Schleter, Joseph Thomas, '74

BELFAST
Fogle, Larry G., '63

BELGRADE
Yeaton, COL Carl G., USAF(Ret.), '58

BLUE HILL
Davis, Lawrence Patrick, '61

BREWER
Mobarry, Joan Adams, '51

BRUNSWICK
Colton, Richard Stanley, '85
Danley, LCDR Mark Stewart, USN, '78

CAPE ELIZABETH
Mc Dowell, Donald L., '56
Wildman, Ronald J., '65

CUNDYS HARBOR
Greene, Charles Nelson, PhD, '59

DAMARISCOTTA
Welton, 2LT Jon R., '67

ELLSWORTH
Moore, Timothy Grant, '80

FALMOUTH
Howard, Mrs. Linda M., '79

GARDINER
De Vos, Dana W., '65

KENNEBUNK
Gress, Larry A., '65

OCEAN PARK
Peplaw, Russell Baugh, '75

GEOGRAPHICAL LISTINGS Boston MASSACHUSETTS 391

OLD ORCHARD BEACH
Kill, Jerry A., '77

ORONO
Rauch, Dr. Charles Frederick, Jr., '80
Sorg, Dr. James Donald, '78

ORRS ISLAND
Chalfant, Marydee W., '83

PORTLAND
Grover, Dr. Richard Anderson, '84
Jermann, James Jude, '72
Mc Laughlin, George J., '86

SACO
Smith, Kenneth Lee, '57

SURRY
Scott, Preston L., '53

TOPSHAM
Tornes, LTCDR Linda Marie, USN, '79

WISCASSET
Brobeck, MAJ Irvin, Jr., '53

YARMOUTH
Myers, Gerald N., '62
Treisch, Brian Lee, '82

YORK
Vano, Joseph Anthony, Jr., '76

MARYLAND

ABERDEEN
Pierce, John Bradley, '70

ABINGDON
Kasler, Timothy Ray, '84
MacKay, Andrew Neil, '78

ADELPHI
Stadler, Frank P., Jr., '59

ANDREWS AFB
Tedrow, James E., '59

ANNAPOLIS
Campbell, Warren Alexander, III, '68
Coughlin, Margaret Snyder, '51
Dragics, David Lee, '74
Hartings, Frederick Norbert, '68
Le Sueur, Rita L., '40
Richards, Charles L., '50
Stone, Michael N., '81
Waite, Johnson Ralph, '67
Zellers, Susan Kay, '81

ARNOLD
Galter, Rory John, '77
Himmelreich, Ms. Nancy A., '84
Kohler, Albert E., Jr., '66

BALDWIN
Blackwell, Robert J., '62
Chasar, Frank J., '72

BALTIMORE
Allen, Dennis Michael, '76
Anderson, James Joseph Orr, '38
Apple, Ellen Wolinsky, '54
Bloom, Thomas B., '23
Bloomer, Dorothy Todd, '38
Buskirk, James Melvin, '71
Chaney, Brenda Marie, '78
Cosgriff, Michael Lloyd, '77
De Courcey, Harold S., Jr., '54
Dorsey, Emma Marie, '75
Edmondson, John E., '57
Fluke, Norris William, '39
Frallicciardi, Frank Nicholas, '82
Kander, Mark Leslie, '71
Knudsen, Kenneth Martin, '63
Kunze, Gary Allen, '78
Lehmkuhl, Earl V., '53
Lewis, Brian Clarke, '76
Mc Ardle, Dale Robert, '82
Moulton, Linda Du Bois, CPA, '79
Parks, Henry G., Jr., '39
Smith, Thomas Lee, '66
Smith, William Richard, '53
Stees, Brian Lee, '83
Thomas, Robert Smithfield, '53
Thornsbury, Golda Wilson, '51
Whelan, Matthew Christopher, '87

BEL AIR
Blome, John Robert, '73
Edwards, Douglas C., '83
Fitzmartin, John Michael, '87
Pirko, Paul, '50
Weber, Lawrence J., '64

BELCAMP
Aiello, Michael Joseph, '81

BELTSVILLE
Lalwaney, Ms. Kiran Narain, '84

BERLIN
Flack, William H., '57

BETHESDA
Blitz, Robert G., '47
Blitz, Sheldon, '56
Bloch, Ronald A., '54
Burrows, Susan C., '73
Connors, John A., '49
Drennen, Hon. William Miller, '36
Feldman, Julian, '50
Fittipaldi, Joseph T., '41
Hamilton, Laura B., '48
Heagen, John R., '38
Henney, Margery Huff, '52
Jesano, Garva Gene, '69
Jolovitz, Herbert A., '52
Linden, Richard John, '68
Marcus, Yair Jack, '82
Mazuzan, George P., '57
Merritt, James Harmer, '47
Miller, Ms. Julie Anne, '87
Moy, Robert Sing, '75
Peckham, George Crane, '84
Polster, Howard, '64
Rhodes, William W., '48
Shell, Mark Daniel, '87
Sniffen, Max K., '32
Spirer, Dr. Janet Ellen, '79
Staples, Beirn, '70
Sweeney, Ms. Priscilla Shane, '48
Talisman, Harold L., '50
Violand, Charles Edward, '77
Young, Regina Marie, '29

BOWIE
Green, James A., Jr., '56
Knapp, Charles Edward, '78
Sturgill, Carmi Q., '49
Vaughan, Frederick C., '55
Wolffrum, Charles Ray, '72

BOYDS
Smith, Susan Snyder, '83

BROOKEVILLE
Roberts, LCDR Stephen John, '75
Strasburg, Kevin L., '77

BURTONSVILLE
Schuba, Douglas John, '86
Shapiro, Ilene May, '84

CAMP SPRINGS
Bonner, Marvin Eugene, '85

CATONSVILLE
Simons, Mrs. Erma K., '47
Simons, William J., '50

CHARLOTTE HALL
Mc Nair, COL Thomas E., '60
Williams, Ms. Susan Elizabeth, '85

CHESAPEAKE BEACH
Smith, Sherman Sheridan, '57

CHEVY CHASE
Barclay, Norman J., '47
Ganz, Alberto M., '49
Ganz, Suzanne Singer, '48
Gidding, James G., '48
Spencer, Colleen Alicia, '78
Tolbert, Mrs. Lisa Ann, '85
Tolbert, William Louis, '85
Wood, Robert Saxton, '71
Ziskie, David Leonerd, '72

CLARKSVILLE
Duggan, Dawn Nash, '77
Tabacca, Kenneth Joseph, '71

COCKEYSVILLE
Fischer, Herman Ralph, '47
Fischer, Mrs. Miriam Mc Grath, '47
Jones, Robert Stamm, '24
Klovanich, John P., '62
Schlosser, Joseph Paul, Jr., '84
White, Stanley Ray, '73

COLLEGE PARK
Doudna, Mark E., PhD, '49
Toalston, Louise Piper, '50

COLUMBIA
Arnold, Gordon Allen, '77
Arnold, Joanne Gilbert, '77
Bullock, Carol Stephenson, '83
Bullock, Craig Alan, '83
Carpenter, Susan A., '82
Gear, Alexander M., '63
Grossman, Robert Allen, '73
Hall, Dr. Anna Huntt, '61
Hawker, Stephen Emerson, '74
Hayes, Ms. Maureen R., '85
Hitzelberger, Dr. William Ronald, '85
Kolesar, Richard Lee, '71
McBrayer, Deborah Kay, '86
Neff, Pamela Joy, '73
Organ, James John, '84
Robb, George M., '42
Shields, Thomas E., '54
Thornton, Sheri Aretha, '82
Warner, Anthony Ray, '77

CROFTON
Chaudrue, COL Robert G., '57
Curro, Michael Joseph, '74
Slepicka, Frank W., '60
Unal, Dr. Haluk, '81

CROWNSVILLE
Colter, COL David, USA(Ret.), '57

CUMBERLAND
Mossbarger, Charles E., '56

DAMASCUS
Monsour, Darcey Lynn, '83

DENTON
Kelly, MAJ Robert John, USAF(Ret.), '53

DISTRICT HEIGHTS
Giannarelli, LTC Flourenz L., '60

EAST NEW MARKET
Freeman, Nanette Mitchell, '55

EASTON
Martasin, COL William N., '58
Rideout, Charles H., '28
Rideout, Ruth Graf, '30

EDGEWOOD
Shertzinger, Martin Paul, '83

ELKTON
Carnegie, Richard Norman, '70
Keene, William Aldy, '75

ELLICOTT CITY
Bradford, Wilson E., Jr., '54
Chedekel, Dr. Esther Davis, '80
Couch, Thomas E., '61
Hogue, William H., '72
Schrock, Richard D., '64

FALLSTON
Kappus, David N., '51
King, Dr. Algin Braddy, '66
Mahanna, David E., '66

FEDERALSBURG
Cochran, Mark Samuel, '79

FORESTVILLE
Grigsby, Cynthia Elaine, '79

FORT WASHINGTON
Oyler, William Dale, '58

FREDERICK
Clark, Ronald Mc Kee, '76
Dietrich, Joy Elaine, '85
Horch, Richard M., '50

GAITHERSBURG
Auluck, Vijay, '76
Bergmann, Carol Voelker, '84
Chapman, MAJ Wilbur E., USAF(Ret.), '64
Chitty, Claudia Sheftel, '80
Crawford, Thomas Foy, '69
Forcino, Toni Bibb, '83
Ginsburg, David Irl, '71
Grotenrath, Joseph Albert, II, '83
Hartney, Alan H., '61
Holderman, Dr. Ronald Dale, '75
Kuntzman, John C., '65
Lacey, Thomas Williams, '64
Miller, George Paul, Jr., '76
Morgan, Ms. Sherry Nowell, '83
Napoli, Lisa A., '87
O'Connell, Suzanne C., '86
Pepper, Frank C., '53
Saft, Michael C., '76
Skoll, Mrs. Janet Lea M., '82
Slager, Barbara L., '53
Wolfe, Edgar W., '30

GAMBRILLS
Peterson, Karen Elizabeth, '86

GARRETT PARK
Dickey, Robert A., '38

GERMANTOWN
Allen, Ms. Marilyn Penn, '76
Bykoski, Dr. Louis Marion, '54
France, Richard Cooper, Jr., '76
Leber, Douglas William, '78
Rubenstein, Lu Ann Wright, '81
Schneider, Gary Lee, '74
Warner, David Arthur, '82

GLEN BURNIE
Cordea, Steven James, '83
Norka, George John, '82
Oswalt, Mark Alan, '81
Woodford, Amie Preston, '86

GLENWOOD
Withington, Richard F., '56

GREENBELT
Forslind, David A., '57

HAGERSTOWN
Edwards, MAJ George L., '65
Kowalski, Mrs. Melissa K., '84
Moore, David Wilson, '40

HARWOOD
Ralston, Trent Haas, '63

HAVRE DE GRACE
Bosen, John R., '64
Rodgers, Christopher John, '83

HEBRON
Wilburn, Thomas Blane, '49

HYATTSVILLE
Ezzo, COL O. George, USA(Ret.), '35

JARRETTSVILLE
Brockman, Robert William, '76

JESSUP
Glodek, Diane Skebo, '80
Shafer, Richard Dennis, '82

KENSINGTON
Butler, Dr. Tod Jordan, '66
Cohen, William Blanchard, '55

LANHAM
Chase, Betty C., '54

LA PLATA
Badgley, Gary H., '72

LAUREL
Bird, Alison Carol, '88
Bryden, Katherine H., '74
Bryden, Robert George, '74
Spaulding, Scott Alan, '81
Williams, Richard, Jr., '81

LAVALE
Reineke, Douglas Gene, '70
Stone, Doren C., '39

LEONARDTOWN
Chinni, Andy, Jr., '60

LEXINGTON PARK
Cox, Stephen Michael, '84

LUTHERVILLE
Hasler, Steven James, '87
Ruppel, Robert E., '54
Vukelich, Theodore, '72

MIDDLETOWN
Bartels, Howard Jeffery, '67

MILLERSVILLE
Barry, Kevin Gerard, '81
Kasica, Walter Stephen, '70

MITCHELLVILLE
Edwards, Gwendolyn Elizabeth, '36

MONTGOMERY VILLAGE
Axelrod, Ms. Lorraine, '80
Wohl, Michael Stephen, '82

MYERSVILLE
Alibrando, Joyce Jones, '52

NEW CARROLLTON
Evans, William Arthur, '50

OCEAN CITY
Heddleston, Russell A., '32

OLNEY
Posner, Marc Harold, '75

OWINGS MILLS
Napoleone, Edward James, '86
Rosenbloom, Edgar H., '49

OXFORD
Kelly, Jeanne W., '43

OXON HILL
Mc Kitrick, Robert Lee, '50

PASADENA
Claypool, Leon A., '55

PERRY HALL
Warner, Martin John, '83

PORT TOBACCO
Moore, Timothy G., '65

POTOMAC
Baird, Joseph William, '39
Bayer, Michael Joseph, '73
Burns, Kevin James, '71
Cohen, Victor George, '65
Divita, Salvatore F., '56
Howard, Dr. Cecil Gerald, '60
Jackson, Jae Kevin, '86
Kuehl, Dr. Philip George, '67
Lazur, Edward G., '65
Moore, Robert Joe, '60
Mulford, Jack R., '56
Nickels, Dr. William George, '62
Rutt, Mrs. Frances Nathan, '51
Sumichrast, Dr. Michael M., '57
Van Duzer, Bert B., '49
Weil, Norman, '58
Weiss, Jay Sandford, '71

RANDALLSTOWN
Winfrey, Karen Davette, '84

REISTERSTOWN
Schuster, Daintria Winsor, '86

RIVA
Bembenek, Ted J., Jr., '64

RIVIERA BEACH
Stover, James Christopher, '82

ROCKVILLE
Baker, Robert Lee, '49
Brown, Catherine Virginia, '86
Butler, Charles David, '78
Cohn, Mrs. Sara S., '60
Dean, Donald Dwight, Jr., '74
Dougherty, Gene E., '61
Fedor, Edward William, '86
Ginsburg, Mrs. Cynthia L., '76
Golub, Jerome, '54
Kreitman, Janet Bernstein, '84
Melvin, Ronald L., '59
Pass, Myron B., '49
Pearlman, Bruce Michael, '78
Porter, Arthur Earl, '50
Rosenkrantz, Mrs. Rita Reitman, '54
Scarsella, Joseph A., '55
Schaerfl, Robert A., '59
Smith, 2LT David Douglas, '73
Stout, John H., '54
Talbot, Michael Robert, '77
Ubl, Marlowe E., '64
Wagner, Charles L., '56
Waite, Malden David, Jr., '77
Wong, Alan Tze Cheung, '77
Zisserson, Jerome, '88

SAINT MICHAELS
Kroeger, Raymond J., '48

SALISBURY
Critser, Stephen A., '78
Rybacki, Steven Ross, '85
Titus, Jeffrey Joe, '81

SEABROOK
Gula, David Loren, '77
Taylor, Anne Lynn, '83

SEAT PLEASANT
Gaines, Dwight O'Brien, '83

SEVERN
Montgomery, Yolonda D., '80

SEVERNA PARK
Broomall, CAPT Vernon Harlan, Jr., '69
Cheffy, Frederick H., '53
Cowing, Albert B., Jr., '57
Ehle, Jay Sutton, '83
Fearnow, Frederick R., Sr., '49
Harman, Mary Harbrecht, '79
Hurt, Le Roy, '50
Kin, Daniel Carl, '49
Miller, Daniel Kirwan, '71
Morris, Dr. Russell Dale, '63

SILVER SPRING
Barnaj, Nicholas, '54
Biernacki, Edward, '49
Borghese, Richard Victor, '48
Bradley, Kevin Gerard, '78
Crawford, Dwight Wayne, '82
Dailey, George H., '49
Fox, Mary Anne Mullen, '80
Greenwald, Martin D., '86
Greer, Thomas Vernon, '57
Hague, Dan M., '81
Halsey, William G., '83
Hartman, Craig Robert, '83
Herman, Milton L., '39
Holden, Scott Elliott, '73
Jacobstein, Robert Howard, '84
Jockisch, Holly Lynn, '86
Lapov, Daniel, '53
McGath, Christopher John, '74
Mindling, Arthur N., '38
Morrison, William T., '77
Noble, Robert T., '65
Prager, Adam Jed, '85
Rosen, Bertram Harvey, '61
Rosenberg, Susan Helene, '76
Russ, Willard L., '47
Schalk, Arthur F., Jr., '34
Schneble, James Richard, '77
Schneider, Alan I., '51
Sharfman, Bernard Steven, '79
Tonello, Maria Teresa, '83
Vetter, Lawrence E., '48
Weiser, Herbert E., '51
Yale, Donald Gene, '54
Yale, Miriam Clayman, '59

SYKESVILLE
Tisone, Mary Callos, '73

TAKOMA PARK
White, Gail, '71

TEMPLE HILLS
Bird, Robert P., Jr., '49
Hurn, George E., II, '63
Martin, Phillip A., '57

TIMONIUM
Martinelli, Dr. Patrick Andrew, '62
Pursifull, Gregory Jon, '81

TOWSON
Bernetich, William Rowan, '80
Boehk, M. Carmela Agapite, '43
Fogg, Dana T., '60
Fox, Will Raymond, '47
Nespor, Joseph Lawrence, '85

UNIVERSITY PARK
Brown, Carol Martin, '76
Brown, Douglas Alan, '77

UPPER MARLBORO
Aler, Earl Albert, Jr., '55
Lyons, Lawrence H., II, '66
Milliken, MAJ Donald J., USAF(Ret.), '56
Taylor, Cheryl Lynne, '86
Walcutt, Charles C., '41
Wilder, Deborah Cherrie, '77

WALDORF
Chase, Douglas C., '70
Gorczyca, LTC John Anthony, USAF, '71
Kennett, Roy L., '49
Mc Lane, Terese Ann, '80

WESTMINSTER
Wright, Trent Dee, '73

WHEATON
Hicks, Brian Keith, '87
Rosensweig, Charles M., '59

WHITE PLAINS
Ransome, Clifford E., '59

WOODBINE
Wald, Kimber A., '57

WOODSBORO
Armstrong, Kathleen T., '84

MASSACHUSETTS

ACTON
Bubnowicz, Mrs. Gladys S., '50
Gephart, Wilbur L., CPA, '31
Higdon, Richard D., '72
Ploetz, Michael William, '75
Wristen, Edward Lewis, '80

AMESBURY
Pownall, Kevin Ian, '78

AMHERST
Berkowitz, Dr. Eric Neal, '76
Owers, Dr. James Edwin, '82

ANDOVER
Bishop, John Russell, '74

ARLINGTON
Collins, Mark Lewis, '82
Homan, Carol Ann, '82
Reine, Arthur Frederick, '83

ATTLEBORO
Lacks, Samuel L., Jr., '67

BARNSTABLE
Elliott, A. Lovell, '46
Scholl, Neil D., '52

BEDFORD
Olson, 1LT Russell Frank, '84
Reitzel, 1LT James Richard, USAF, '86
Scott, Michael David, '87
Yang-Teng, Nancy Cho-Chi, '80
Zolnay, Elizabeth Versenyi, '63

BELCHERTOWN
Cooper, Richard James, '80

BELLINGHAM
Langell, James Floyd, '70

BELMONT
Powers, William Gilmore, '85

BERLIN
Kuehne, C. Karl, III, '75

BEVERLY
Coz, Paul S., '83

BOLTON
Henry, Waldo Garner, '32

BOSTON
Bonner, Ralph H., '87
Brown-Smith, Jocelyn Michelle, '83
Bruchs, James Michael, '76
Chapin, Harry G., III, '85
Gebolys, Gene J., '86
Huhta, Charles S., '60
Jenkins, Julie Anne, '80
Lewis, Dane D., Jr., '86
Mehall, Philip Scott, '78
Mitsakos, Peter L., '64
Montague, John, '85
Novak, Mildred M., '74
Ornstein, Dr. Suzyn Leslie, '84
Rudy, Ms. Shawn Elizabeth, '78

392 MASSACHUSETTS Boston OSU COLLEGE OF BUSINESS

Boston (Cont'd)
Samuels, Steven Brian, '81
Weiss, Edward H., '23
Williams, Sidney David, Jr., '59

BOYLSTON
Smith, Randall K., '81

BRIDGEWATER
Drake, Gary David, '72

BRIGHTON
Borman, Nikki Jo, '77

BROCKTON
Mac Donald, Steven Roderick, '84

BROOKLINE
Christo, Ms. Penelope B., '83
Holland, Mary Grace, '80
Lustgarten, Jodi Robin, '86
Meyer, Philip Ernest, '66

CAMBRIDGE
Emerine, Dr. Richard John, II, '69
Hall, Rosanne Vaughn, '79
Sammons, Joanne Lambert, '80
Waldron, Karen Monique, '79

CENTERVILLE
Cook, Lester Davis, '36

CHARLESTOWN
Orloff, Louis Stanley, '75
Sawyer, Douglas Jon, '85

CHELMSFORD
Goldshmid, Ingrid Gottlieb, '72
Huss, Dr. William R., '77

CHESTNUT HILL
Altschuler, David, '54
Calmas, Wilfred Earl, PhD, '48

CHICOPEE
Genteline, CAPT Carl David, USA, '79

CONCORD
Bero, W. Burke, '54
Counihan, Wanda Mc Cullough, '47

DALTON
Kelly, Paul, '82

DANVERS
Astolfi, Eva Berube, '48
Kincaid, John W., '49
Levasseur, James Alan, '88

DEDHAM
Bauman, Daniel Abner, Jr., '81

DOVER
Borel, Richard W., '64
Naleskienski, Kimberley Leslie, '79
Nalezienski, John Paul, '78

DUXBURY
Gaskins, Steven James, '75

EAST DENNIS
Labash, Alexander J., '43

EAST FALMOUTH
Bostwick, James M., '54

EAST HARWICH
Jones, Royal Arthur, III, '73

EAST LONGMEADOW
Spellacy, Edward J., Jr., '56

EVERETT
Schott, Timothy Albert, '70

FALMOUTH
Taylor, John Allan, '87

FITCHBURG
Haynes, Douglas E., '79
Wilson, Kenneth Edward, '81

FLORENCE
Baumer, Polly Strong, '77

FOXBORO
Scott, William John, Jr., '65

FRAMINGHAM
Goldman, Joseph William, '52
Hoyt, William Gordon, '70
Hurley, Mary Stupnik, '79
Mack, Delbert Joseph, '74
Potischman, Bernard, '49
Ralph, Kathy Klepser, '81

GARDNER
Neunherz, Herbert W., '24

GLOUCESTER
Powell, Albert John, '42

GREENFIELD
Austin, Curtis F., '57
Buckley, Robert F., '69

GROTON
Fink, Z. Alan, '75
Kreider, James Nicholas, '75

HALIFAX
Carman, Dennis Peter, '84

HANOVER
Claggett, Edward Ray, '71

HARWICH
Nielsen, Frederick A., '51
Sherman, Philip Theodore, '38

HINGHAM
Bailey, Frank Gilson, '51
Coville, Kelly Brown, '85
Johnson, Rikard Severin, '71
Rhodes, Robert R., '47

HOLLISTON
Avallone, Leopold Anthony, '71

HOLYOKE
Brawer, Felix E., '34

HOPEDALE
Marotta, Joseph W., '73

HOPKINTON
Dibble, Leonard Joseph, '74
Firth, Gaye Bosley, '82

HULL
Iqbal, Tahir, '86

HYDE PARK
Butler, Donald Eugene, '78

JAMAICA PLAIN
Brown, Pamela Jean, '86

LEE
Wilson, Charles Robert, '48

LEOMINSTER
Dowling, Thomas William, '84
Weinkauf, David Allan, '80

LEXINGTON
Buchfirer, Alan Howard, '56
Greenwood, William R., '56
Labovitz, Dr. George Harold, '68
Mac Kay, Gordon D., '60

LONGMEADOW
Grimes, David L., '56
Urbschat, Nancy Long, '83

LUDLOW
Cochenour, Thomas L., '76

LYNNFIELD
Reed, William B., '37
Stewart, Robert Davis, '66
Wolery, Thomas A., '74

MALDEN
Galvin, Robert M., '67
Hillery, Brian P., '86
Kisgeropoulos, Savvas A., '86
Murphy, Sharon Joy, '85
Shewalter, John Thomas, '84

MANSFIELD
Schwartz, Mrs. Janice E., '80

MARBLEHEAD
Hildebrand, Shepard A., '39
Martin, Cheryl Lynne, '82
Roberts, Jack C., '63
Walters, James Leland, Sr., '63

MARLBORO
Engelman, Eileen Beth, '82
Kozup, John Alexander, '76

MARSHFIELD
Sprenkle, Charles A., '60

MEDFORD
Shapiro, Harvey Conrad, '58

MEDWAY
Mann, Harry H., '68

METHUEN
Ploetz, Francis Patrick, '71

MILL RIVER
Sisson, LTC John D., USAF(Ret.), '60

MILTON
Singer, Marvin P., '49

NATICK
Murphy, Mia, '87

NEEDHAM
Rae, Andrea Post, '71
Swack, Harvey R., '48

NEWBURYPORT
Drouin, Ms. Maureen Theresa, '80

NEWTON
Ater, Kerry Annette, '82
Berk, Peter L., CPA, '83
Conry, Colleen Ann, '84
Donovan, Ian E.M., '55
Kovach, Steven Victor, '84
Markis, Carolyn Diehlmann, '70
Neilands, Ms. Rachelle A., '80

NEWTON CENTRE
Benn, Michael Andrew, '66
Nathanson, Arnold N., '49
Stiller, Robert A., '48

NORFOLK
Mlinarcik, Robert L., '59

NORTH ADAMS
Holmes, Fred Randall, '84

NORTHAMPTON
Klein, Kathleen Uland, '78

NORTH ANDOVER
Dreffer, Stephan D., '65
Haddad, Theodore Christopher, Jr., '75
Melbourne, Ronald S., '87
Ward, Lawrence A., '57

NORTH ATTLEBORO
Furman, Benjamin Arthur, '74
Mc Laughlin, Jeffrey Wade, '81
Mc Laughlin, Jerri Eisnaugle, '82

NORTH CHELMSFORD
Monter, Michael George, '81

NORTH DARTMOUTH
Kivowitz, Haskell, '43

NORTH EASTHAM
Fogt, Eugene R., '36
Mourton, Helen Henderson, '47
Mourton, Paul S., '48

NORTH GRAFTON
Finckel, Gary Lyn, '81

NORTH QUINCY
Gledhill, Robert S., Jr., '67
Pack, Tama Lynn, '87

NORTH READING
Lee, Patrick Brendan, '77

NORWELL
Dawley, Richard L., '71
Durica, Daniel, '72

NORWOOD
Harrigan, Joseph E., '32
King, John W., '49
Takacs, Theodore P., '50

PEABODY
Garber, Douglas Lee, '71
Marks, Norman Richard, '79

PEPPERELL
Kessler, Alan Steven, '68
Richards, Paul Smith, '71

PITTSFIELD
Gross, William A., '47

PLAINVILLE
Frissora, Gino Michael, '84

RANDOLPH
Kasubinski, James Gerard, '83

SALEM
Hnat, Joann Marie, '79
Lang, Nicholas R., '86

SANDWICH
Gallant, Joseph Howard, '69

SAUGUS
Byrne, Ms. Elizabeth A., '86
Feasel, Ernest R., '49
Snyder, Franklin Doud, '40

SCITUATE
Roll, Leonard John, '73
Zinn, James Michael, '75

SEEKONK
Acomb, Dan Thomas, '79
Proctor, Terry Leslie, '75

SHARON
Levine, Mark Fredrick, '72

SHREWSBURY
Osterheld, Mark, '77

SOMERVILLE
Keirstead, Betty Jo, '84
Litkovitz, Walter Steven, '84
Peltomaa, Roy Alan, '81

SOUTH ATTLEBORO
Adams, Timothy Michael, '70

SOUTH HADLEY
Baston, William Burton, '80

SOUTH HAMILTON
Ponzani, Timothy Joel, '85

SOUTH WALPOLE
Seck, Lawrence Edward, '70

SPRINGFIELD
Bovey, David Allan, '79
Crowe, Mrs. Loraine Hagerty, '36
Miller, William Kelso, '66

STERLING
Gallotto, Mrs. Debra M., '80

SUDBURY
Lathan, Barry Robert, '69

SUNDERLAND
Rosenberg, Dr. Larry J., '67

SWAMPSCOTT
Rosenbaum, William David, '79

TEWKSBURY
Reichter, Bradley Allen, '85

VINEYARD HAVEN
Melrose, Donald Graham, '73

WABAN
Denk, Dianne Coughlin, '68
Frank, Sherman I., '48
Shooman, Mark David, '71
Yaffe, Wallace, '49

WAKEFIELD
Pelletier, Robert Adelard, '80
Ross, Frederick Sheldon, '65

WALPOLE
Hale, LT Robert Edward, '78

WALTHAM
Hosaka, Pamela, '84
Hunter, John David, '80
Kim, Dr. Sangphill, '84
Murphy, Linda Marie, '84
Wheeler, James Kent, '86

WELLESLEY
Buzzell, Dr. Robert Dow, '57
Fetters, Michael L., '67
Patrick, Mary Ann, '84

WELLESLEY HILLS
Manburg, Edwin, '47

WELLFLEET
Reinhart, Thomas Harold, '69

WENHAM
Bauerband, Michelle S., '65

WEST ACTON
Roth, Dr. Aleda Vender, '86

WEST BOXFORD
Weber, David Lowell, '68

WEST DENNIS
Kenney, William J., '62

WESTFIELD
Austin, Thomas E., '84

WESTFORD
Czwakiel, Deborah Jean, '86
Malinak, James Edward, '77
Wilson, Henry Hamilton, Jr., '82

WESTMINSTER
Mc Cann, Joseph Stephen, '81

WESTON
Du Mont, Stephen Renee, '68
Fleischer, David H., '60
Komessar, Saul, '48
Sheridan, Ralph Stephen, '74

WESTPORT
Woldorf, Terrence C., '82

WEST ROXBURY
Voelz, Raymond Alan, '83

WESTWOOD
Breese, Lois Soukup, '49
Maney, Mrs. Linda B., '68

WEYMOUTH
Milam, Ms. Carol Sue, '75

WILBRAHAM
Bohlin, Peggy Schweinfurth, '77
Fath, Susan Dye, '55
Hecht, David Louis, '79

WILLIAMSTOWN
Glenner, Ms. Amanda J., '84

WILMINGTON
Deislinger, John Robert, '68
Janick, Ms. Colleen Irene, '81

WINCHESTER
Stocker, Ashton C., '65

WORCESTER
Gridley, Donna Lee, '79
Slachta, Geoffrey Stephen, '80
Tam, Peter F., '84
Webster, Edward M., Jr., '76

MICHIGAN

ADA
Cox, Allan Whitfield, Jr., '74
Oliver, L. Lee, III, '71
Zimmerman, Larry Frederick, '72

ADRIAN
Haddad, Richard A., '61
Maxwell, David Evan, '63
Smith, Larry William, '66

ALBION
Folsom, Dean L., '35

ALLEN PARK
Abick, George Gregory, '73

ALPENA
Fournier, MAJ Robert L., USAF(Ret.), '67

ANN ARBOR
Bernard, Victor Lewis, '75
Blackburn, Thomas Dexter, '66
Brierley, Gary Michael, '76
Brophy, Dr. David J., '65
Chevapravatdumrong, Suwannee Soongswang, '77
Delaney, Leland Keenan, '84
Diallo, Dr. Alahassane Issah, '85
Fanta, Ms. Elizabeth A., '69
Ferber, David Alan, '70
Fields, Donald F., '48
Jolliffe, Robert H., '54
Kennedy, Gordon J., '51
Kirking, Dr. Duane M., '79
Kurtz, Mary P., '80
Lamb, David Patrick, '86
Lewis, Harold Eugene, '50
Merwin, Miles P., '52
Miller, Dr. James Marion, '65
Moore, Franklin Given, PhD, '28
Noel, Dr. James Carl, '81
Orizondo, Alan Pedro, '78
Rosolowski, Karen Callaghan, CPA, '82
Rosolowski, Larry Michael, '80
Sampselle, John L., '57
Schieb, Ray K., '48
Skrzypek, Daniel David, '78
Stitt, Douglas Frederick, '75
Tuttle, Chauncey Wilson, Jr., '54

BATTLE CREEK
Emerick, John Michael, '70
Johnson, Glen Roy, Jr., '41
Litvak, Evan Marshall, '80
Montie, Jeffrey William, '85
Schroeder, Victor C., '23
Sheehan, Thomas Kevin, '80
Smedley, James A., '78
Smith, Steven Henry, '80
Snyder, Gaetana C., '77
Spafford, Carroll C., '55
Williams, COL Edward L., Jr., USAF, '66
Zeigler, COL Howard Norvin, Jr., '38
Zoller, Arthur E., '74

BAY CITY
Cruey, Ray Etherage, '42
Polischuck, Christopher, '74

BELLAIRE
Manley, Dean W., '47
Mueller, William W., '50

BELLEVILLE
Bates, Albert Dominic, '37

BENTON HARBOR
Bidwell, Mrs. Constance C., '50

BERKLEY
Beshara, Marc Edward, '80

BIG RAPIDS
Haag, Jeannette Gardner, '37
Haag, Leonard Hoffman, '37

BIRMINGHAM
August, John Michael, '68
Blanchard, Charles W., '67
Bloker, Raymond E., Jr., '47
Broughton, Steven C., '63
Buchanan, Ms. Ann Williams, '76
Campbell, John Wallace, '83
Ciagne, Arthur M., Jr., '63
Croft, James D., '64
Croswell, Deborah Bender, '78
Elmlinger, Robert Joseph, '50
Fate, Gary Alan, '65
Flaherty, Thomas Kehoe, '83
Garvin, LTC Richard F., USA(Ret.), '73
Halloran, Lawrence J., Jr., '48
Howe, Mrs. Marybeth S., '80
Huffman, Dan H., '57
Israel, Gerald Joseph, '61
Jones, Garry Edward, '76
Mastin, John Joseph, '69
Mc Anall, Richard W., '43
Meloeny, Roy John, '48
Miller, Albert Donovan, '49
Miller, John Rine, '50
Mitchell, Wilbur O., '49
Munder, Lee P., '67
Peters, Daniel Edmund, '58
Prescott, Robert Michael, '87
Roberts, Mrs. Jane Elizabeth, '78
Roberts, Matthew Goodwin, Jr., '62
Saunders, William P., '49
Schmitz, William Mark, '75
Shaffer, Nancy Snook, '53
Shively, James R., '64
Spung, Albert H., '59
Staggers, Theodore R., '49
Stefanowski, Robert A., '85
Suhay, James William, Jr., '71
Suszan, Michael J., '47
Swart, Ronald G., '62
Swormstedt, Allan L., '56
Tyner, Herbert, '51
Weiner, Jeffrey S., '78
Wetzel, William Robert, Jr., '80
Wieser, Thomas Richard, '48
Williams, Walter Joseph, '40
Wright, Mark E., '41
Yager, Mrs. Alta Imler, '43
Yager, Paul Descartes, '43
Yaussy, Stephen James, '72
Zoss, Howard Allen, '75

BLOOMFIELD HILLS
Baker, Lawrence Wayne, '65
Blouch, Gerald Brian, '69
Borglin, William K., '61
Chucales, George T., '52
Donaldson, John B., Jr., '66
Eby, John Taylor, '62
Fazio, Vincent S., '54
Forrester, Alan M., '62
Gorrell, Daniel Allan, '72
Hougham, Stephen Synnott, '67
Howard, Mrs. Terry Feldman, '48
Kienle, Elizabeth Rozum, '53
Kingsbury, Daniel J., '50
Krebs, Donald E., '48
Krebs, Mrs. Lois R., '48
Lowman, J. Philip, '63
Mc Clelland, LTC David H., USAF(Ret.), '62
Mc Clelland, Joyce M., '61
Mc Hugh, Jeffrey Michael, '77
Medley, Carol Hidy, '77
O'Brien, Charles Albert, '52
Panek, Donald A., '65
Popa, Daniel J., '50
Rewey, Robert L., '61
Roudebush, Cinda Sidle, '69
Warren, Roberta Molsberry, '42
Williams, Jeffrey Watt, '79

BOYNE CITY
Thurston, Edward A., '42

BRIGHTON
Davidson, Charles M., '78
Heyman-Zellner, Catherine Marie, '80
Huston, George Richard, '81
Irwin, Dana Lewis, '78
Jandasek, David Stephen, '85
Ross, Roland Deem, Sr., '25
Taylor, William E., III, '70

BROOKLYN
Baldwin, Thomas Michael, '69
Brazier, LTC Thomas Eugene, (Ret.), '69
Hess, Wilbur Otto, '35
Kender, Edward C., '49

BROWN CITY
Green, Donald J., '87

CADILLAC
Mintzer, Barry Randolph, '65

CALEDONIA
Gray, Edward A., '49

CANTON
Archibald, Mary J., '63
Austin, John Randall, Jr., '80
Carlson, Steven Richard, '77
Casey, Brian John, '83
Dornsife, Ronald E., '55
Jun, Lawrence J., '71
Larsen, Lawrence James, Jr., '81
Mc Ginnis, Michael Kern, '83
Metzler, Philip Vaughn, '71
Norval, Patrick Alan, '84
Orehek, Edward Rudolph, '72
Pohlabel, Charles Thomas, '71
Pope, Daniel Robert, '74
Porter, Francis Sidney, '72
Schramm, Gary Eugene, '72

CASSOPOLIS
Burns, Deborah Jean Turpin, '85

CHARLEVOIX
Mielke, James A., '56

CHARLOTTE
Bauer, Robert Michael, '85

CHASSELL
Agin, Frank James, '87

CLARKSTON
Cahill, James John, '78
Greetham, Jerry M., '62
Klepchak, Steven Douglas, '72

CLAYTON
Gallant, Richard Bertram, Jr., '77

CONKLIN
Moore, Maurice Jerry, '64

GEOGRAPHICAL LISTINGS Rochester Hills MICHIGAN 393

DAVISON
Frazier, James P., '54
Wickliff, Edward Lynn, '50

DEARBORN
Adams, Billy R., '61
Alspach, Haver Eugene, '36
Altomare, John, '49
Caulfield, Neville, '77
Favret, Joseph A., '53
Garritt, Herbert L., '53
Harms, Michael Charles, '87
Irick, Brett Douglas, '85
Kilpatrick, Stephen Keith, '80
Krantz, Alan J., '52
Lutz, Robert S., '50
Miller, Charles David, '56
Pelling, Wesley R., '42
Pepper, Joseph D., '42
Roberts, Steven Randolph, '62
Seabright, Ralph G., '48
Seggerson, Edward Daniel, '70
Whitehead, Jack A., '55
Wieser, Charles Edward, '51
Yovan, Alexander T., '50

DEARBORN HEIGHTS
Frazier, James Hamilton, '49

DETROIT
Callahan, Mrs. Alberta M., '49
Campbell, James Arthur, '49
Dent, Michael Paul, '77
De Spelder, Dr. Bruce Erwin, '59
Dillon, Roderick Hadley, Jr., '77
Edwards, Regina B., '84
Green, Lorinda Ann, '87
Irion, William K., '61
Johnson, Chacona Winters, '78
Jones, De Ettra Reeves (D.D.), '87
Martin, Harold Preston, '56
Reed, Charles Acril, '39
Ross, Aaron R., '47
Turpin, William Douglas, '73

DOWAGIAC
Haggin, Ronald Glenn, '88

DRAYTON PLAINS
Fong, Jerry Chell, '70

EAST GRAND RAPIDS
Haines, Richard J., '60

EAST LANSING
Anthony, Dr. Joseph Harry, '84
Artman, Bret Thomas, '86
Brown, Robert Lawrence, '75
Hoagland, Dr. John H., '54
Marshall, Ronald Mark, PhD, '63
Mossman, Ruth Sparks, '32
Page, Dr. Thomas Johnson, Jr., '76
Stoll, Donald F., '41

ELK RAPIDS
Cooley, Mrs. Leslie, '48

ESCANABA
Brown, Dr. Glendon William, '80
Kinsey, Marilyn Hobart, '80

FARMINGTON
Schwartz, Charles B., '51
Vermillion, C. Edward, '76
Wehrly, Gordon H., '35
Wiseman, John Adam, '85

FARMINGTON HILLS
Anderson, Raymond Ivan, '62
Bainter, Patricia A., '88
Bond, Bruce John, '73
Bushman, David Joel, CPA, '75
Carol, Dennis James, '72
Carter, Dennis Allan, '64
Caylor, Howard R., Jr., '56
Conard, Mark Timothy, '87
David, Marcia, '77
Dilland, John Orton, '71
Gargan, John Joseph, '86
Gravius, William R., '53
Johnson, Kelly Gene, '87
Kent, Kenneth Robert, '87
Lemieux, Carmen Marie, '85
Martin-Long, Laurie Lynn, '82
Mason, John Otis, '73
Miller, Mark Stephen, '88
Monday, Wayne Heiby, '72
Oglesby, Edwin R., '38
Olivieri, Nicholas Michael, '80
Orozco, Anthony Raymond, '84
Perian, Ronald Charles, II, '85
Porter, Carl, Jr., '56
Queen, Randall Alan, '82
Ransweiler, James Alan, '69
Regan, Kevin Thomas, '70
Scurci, Anita, '84
Segal, Barbara Levitt, '47
Shambaugh, James E., '57
Sleesman, Richard Alan, '84
Smith, Tamara Jill, '85
Steegman, Dean Edward, II, '82
Swindler, James Irwin, '78
Trotsky, Alan Jeffrey, '79
Tweardy, Mrs. Elizabeth J., '87
Tweardy, Robert George, '86
Vano, Robin L., '85
Vano, Ronald Robert, '85
Weitzel, Mark Andrew, '88
Yurasek, Joseph J., Jr., '72
Zagarinsky, Charlene Ann, '82

FERNDALE
Kinnen, Andrew Underwood, '85

FLINT
Batch, Terri Booker, '77
Dulaney, Michael Leon, '77
Dulaney, Randi Kirksey, '79
Gaertner, Christopher John, '81
Miller, Jerrold Dee, '78
Schloss, Robert William, '86
Vugrin, George Michael, '53

FLUSHING
Beyerly, Rev. W. Jackson, '61
Fesmire, Dr. Walker E., '57
Johnson, Leon George, '73
Price, Armin Mark, '74
Williams, Mrs. Joan Molloy, '69

FRANKLIN
Deutchman, James L., '71
Fisher, Max Martin, '30

FRASER
Baumgardner, Charles John, '79
Coleman, Frank Preston, '59
Shrake, Donald L., '57
Walker, Russell L., '57

FREMONT
Anderson, Thomas L., '65

GAYLORD
Ward, Charles Frederick, '72

GRAND BLANC
Duffy, John Duncan, Jr., '44
Hackworth, Donald E., '63
Henry, Julie Marie, '81
Kuntz, Thomas Beatty, Jr., '77
Redfern, William E., '48
Reese, Donald Robert, '70
Scarpelli, Anthony Francis, '80
Williams, Mark Frederic, '77

GRAND MARAIS
Shaw, Richard Howard, '48

GRAND RAPIDS
Albert, David R., '78
Bence, Randolph Parke, '76
Bonfield, Gordon B., III, '75
Brown, Joseph Tuck, Jr., '80
Clark, Edward Jay, '67
Coder, John Jay, '69
Davies, John H., '33
Edel, Jack, '70
Foley, Charles R., '68
Franklin, Gary A., '66
Fuhr, Douglas B., '55
Goudy, David W., '62
Headington, Cary Ross, '64
Holloway, Thomas A., '49
Irvine, Robert Fulton, '27
Johnson, Erwin Henry, '47
Kuhnee, Charles R., '40
Lorenz, Robert Joseph, '72
Madden, Hugh Frederick, '64
Mc Murray, Mrs. Bernice Holt, '28
Meier, James R., '67
Mock, Roger Charles, '69
Mooney, Dennis Paul, '72
Motwani, Bhagwan N., '86
Motwani, Sara Turben, '86
Musser, James G., '59
Nicodemus, Raymond E., '62
Porter, H. Joseph, '56
Sommer, Cheryl L., '87
Sommer, Robert James, '86
Sparrow, Albert G., '66
Thomas, Marina Hartings, '72
Waters, Gail Marie, '84
Wiggins, Lawrence W., '26
Wilson, Jeffrey Alan, '86

GRANDVILLE
O'Halla, Deborah Highlander, '81
Pugh, Vincent Thomas, '87

GRASS LAKE
Reel, Robert Lewis, '48

GROSSE ILE
Markovs, Vija Danilaus, '75
Mason, Jack Raymond, '41

GROSSE POINTE
Adams, Emogene J., '26
Adelstein, Terri Susan, '84
Hayes, Patricia Sue, '76
Jackson, George Charter, PhD, '80
King, John Lane, '48
Lutz, William Johnson, '76
Murray, Patricia Coughlin, '85
Sanders, Leslie Andrews, '62

GROSSE POINTE FARMS
Downs, Marshall C., '59
Dulapa, Martin M., '41
Hayes, Barbara Ann, '75
Hrabak, William H., '51
Johnson, Wesley Robert, '48
Lapish, Thomas Phillip, '72
Ruffner, Frederick G., Jr., '50
Ryan, Thomas Gerard, II, '73
Schudel, James, '51
Stentz, L. Keith, '60

GROSSE POINTE PARK
Asmus, Robert L., '68
Barnes, John Roger, '64
Boring, David Graham, '68
Gomersall, Mark Robert, '86
Mandish, Keith Ian, '77
Rentschler, Carl G., '31
Smallwood, Mark S., '58
Smith, William Kenneth, '54

GROSSE POINTE SHORES
Blake, Jerry A., '60

GROSSE POINTE WOODS
Johnston, Donna H., '53
Meinig, Joseph L., '67
Nisonger, William R., '57
Schroth, James L., '56
Tope, Dr. Boyce Mc Brier, '40

HARBOR SPRINGS
Craven, Donald E., '50
Friend, Donald N., '40
Spengler, William Frederick, '50

HARTLAND
Grant, John A., Jr., '59

HASLETT
Berry, Clark O., '65
Ghosh, Dr. Soumen, '82
Rasulis, Wendy Anne, '87

HILLSDALE
Lambert, David J., '66
Mahatzke, James E., '50

HOLLAND
Carr, Gene M., '65
Doss, Kenneth W., '67
Miglore, Joseph James, '71
Scharlow, Troy J., '87
Zietlow, Mark Howard, '80

HONOR
Stocklen, Thomas M., '67

HOWELL
Dreyer, Elmer E., '53
Strickling, Dale Bruce, '76

HUNTINGTON WOODS
Hauck, Brian Kelly, '83
Hoffman, Kenneth Clarence, '36
Krebs, Dale F., '32
Tabashneck, Bruce Alan, '75

INKSTER
Myers, William Paul, '50

JACKSON
Berlet, Walter H., '36
Biswas, Arun Kumar, '87
Carter, Terrence Lee, '77
Dawson, Ronald Dean, '68
Lyons, Dorothy Schill, '50
Maurer, Edward John, '71
Murphy, Sean Michael, '86
Paxton, T. Jay, '51
Sweitzer, Margo Klein, '78
Tylka, Thomas, '75

JENISON
Jankord, Mrs. Jean D., '81

K.I. SAWYER AFB
Pulse, CAPT Paul Flavius, III, USAF, '83

KALAMAZOO
Dill, Everett C., '51
Dobler, Gordon John, '64
Field, Marian E., '78
Grossnickle, Edwin E., PhD, '52
Hite, Judson C., '62
Horst, Dr. Oscar H., '49
Keenan, Dr. John Michael, '65
Mc Gann, Jennifer Ann, '83
Nelson, Lawrence Webb, Jr., '48
Nelson, Wilma Barnitz, '48
Oberlin, Derl David, '79
Patterson, Ms. Linda Lou, '86
Smith, Howard De Loss, '62
Smith, Robert Lee, '53
Stroschin, Robin J., '87
Trautman, Ralph W., Jr., '55
Van Blaricom, Robert P., '33
Williams, Leigh-Ann, '83
Wood, Michael F., '87
Wrigley, John Timothy, '77

KALEVA
Brooks, Charles Allen, '81
Rengo, Amy Lynn, '84

KENTWOOD
Burnside, Harlan Eugene, '70
Dunn, Delbert C., '66
Schneider, Robert J., '73

LAINGSBURG
Loeffert, John Daniel, '78
Weemhoff, Christine Howard, '81

LAKE ORION
Blesch, Christopher John, '85
Wentzel, Glenn Edward, '77

LAMBERTVILLE
Day, Charles L., '59
Smith, George Anthony, '86

LANSING
Adkins, Susan Raney, '81
Allen, Richard F., '46
Craig, Ralph L., '57
De Gennaro, Dr. Ramon Paul, '84
Elling, Robert William, '71
Mc Cartney, James E., '52
Mc Gillivray, Michael J., '85
Nicholoff, Mrs. Linda Astorino, '79

LAPEER
Simonski, Richard Anthony, '72

LA SALLE
Middlesworth, Duane E., '70

LATHRUP VILLAGE
Young, Donald Bradley, '51

LELAND
Livezey, Robert E., '51

LESLIE
Christ, Samuel, Jr., '51

LEXINGTON
O'Keefe, Bernard M., '49

LINCOLN PARK
Buckley, William, '80

LIVONIA
Atkinson, Don M., '51
Burke, John Michael, '69
Busic, Garnett Thomas, '73
Chilcote, John Nicholas, '81
Hansford, Richard N., '48
Hart, Elvin Vernon, Jr., '50
Karr, Max Armstrong, '35
Langley, Richard Allen, '72
Lerg, Kenneth William, '72
Marlowe, Jeffrey Norman, '78
Mc Cord, Denver P., '49
Moran, Mrs. Mary Pat, '80
Murray, Richard William, '80
Nylin, Michael Edward, '79
Rachwitz, Judith, '75
Randolph, George F. F., '49
Renard, Elizabeth Pickering, '45
Schneider, Roy Daniel, '50
Sibert, Carl L., '51
Wagner, David Russell, '57
Windecker, Louis R., '52
Zuercher, Delmar J., '50

LOWELL
Thompson, Richard Lynn, '72

MADISON HEIGHTS
Martin, Theresa Brulport, '82
Mc Neal, Herbert H., '49

MARQUETTE
Carnahan, Dr. George Richard, '67
Thompson, Dr. Joel Edward, '76

MARSHALL
Leavell, David Marion, '80
Reeves, John D., '32

MASON
Johnson, David, '67

MENDON
Mellott, John Max, '39

MENOMINEE
Bennett, Jack William, '54

MIDDLEVILLE
Daumler, Harold J., Jr., '51

MIDLAND
Ahrns, Ronald R., '82
Betsch, Mary Saladin, '85
Brooks, Bennie Homer, '70
Caparon, Michael G., '51
Dailey, Matthew J., '41
Dickey, Byron R., '52
Duncan, Gregory A., '87
Dunn, David Hayes, '74
Eisner, Craig George, '78
Ford, David Russell, '81
Grether, Lance Blake, '73
Greve, Gregory Joseph, '86
King, Todd Allan, '88
Kirchner, John Francis, III, '85
Kirsch, James Francis, '79
Kubiak, Phyllis J., '84
Nguyen-Ahrns, Mien Thanh, '86
Rinaldi, Joseph Thaddeus, '86
Schwartz, John Raymond, '62
Tracy, Steven Douglas, '80

MILAN
Rickel, John C., '82
Turner, Ronald Claire, '56

MILFORD
Griffin, Mark H., '80
Sheehy, D. Michael, '65
Williams, Robert C., '48

MONROE
Tellinghuisen, Douglas Lee, '71
Thayer, Ralph E., Jr., '61

MOUNT CLEMENS
Balas, Jerome I., '40
Carpenter, Dale O., '48
Dorset, Joseph S., '51
Freytag, James W., '75
Hillis, Lee Edward, Jr., '69
Jelenic, Frank Odon, Jr., '72
Kennedy, Michael Edward, '80
Loomis, Don, '56
Saint, Patrick W., '78
Stoeckel, Michael Riley, '83
Wilk, Michael Joseph, '74

MOUNT PLEASANT
Carmine, Dale E., '36
Deunk, Dr. Norman H., Jr., '50
Mc Clintic, Michael B., '67
Oyster, Dennis Paul, '81
Pieratt, Richard E., '49
Sussman, Dr. M. Richard, '52

MUSKEGON
Clare, Cynthia Susan, '79
Grandstaff, Richard L., '52
Wahl, Elmer B., Jr., '55

MUSKEGON HEIGHTS
Burns, Melvin Clevelend, II, '87

NEW BALTIMORE
Harrah, William O., '48

NEW BUFFALO
Wanda, Francis E., '49

NILES
Gabriel, Jane Mossbarger, '59
Gabriel, Lynford E., '60

NORTHVILLE
Atkinson, David Charles, '76
Baird, John A., '62
Beckwith, Constance Louise, '68
Beshara, John Michael, '85
Burghard, Jacques M., '47
Campbell, Thomas O., '53
Carroll, Richard Keaton, '67
Cone, Charles Leonard, '57
Dehnbostel, Ralph L., '50
Engelland, William Richard, '72
King, David H., '49
Moreland, Gregory Dean, '74
Ostrowski, Edward Joseph, Jr., '76
Seybold, Marshall R., '39
Van Antwerp, Bernard A., '86

NOVI
Behm, Roger E., '49
Brooks, Eric Bradley, '82
Butcher, Thomas Edward, '66
Capella, Frank Joseph, '82
Chambers, John Francis, '68
Chambers, Nancy Kirkland, '68
Cotta, Alex Basim, '84
Cupp, Larry Wayne, '70
Gillen, Richard D., '58
Heidenescher, Richard Lee, '76
Hilliker, Thomas Ray, '70
Hurwitch, Michael Steven, '80
Richman-Roland, Susan Lynn, '82
Roland, Glenn P., '82
Shultz, John J., '57
Wagner, Stephen, '72

OAK PARK
Greata, Russell Martin, '73
Rabb, Joyce Loeb, '48

OKEMOS
Alspach, David Donn, '81
Burden, James Alan, '73
Farmer, William Arthur, '76
Hayden, James William, '83
Oberg, Dr. R. Winston, '47
Omura, Dr. Glenn Seito, '76
Robbins, Stephen Allen, '72
Smith, Dr. Maureen Honora, '78
Stock, Dr. James Robert, '75
Weiland, Caroline Martin, '83

ORCHARD LAKE
Bliss, Keith H., '39
Bliss, Mrs. Ruth Koenig, '41
Dietrich, Paul William, '41
Emmons, Larry R., '57
Lloyd, Wendell Eugene, '48
Payne, Donald N., '40

ORTONVILLE
Farst, James E., '61

OSSEO
O'Neill, Patrick Martin, '72

OTTAWA LAKE
Hess, Bradley D., '83

OWOSSO
Graham, Robert Clark, '49

PETOSKEY
Brubaker, Joseph L., '49
Doody, Dr. Alton F., Jr., '57
King, William Gene, '59
Miller, Christine Brown, '78

PINCKNEY
Stillings, C. Graham, '49

PLYMOUTH
Burns, Michael Dennis, '65
Farnsworth, Carter R., '45
Henderson, William Herb, '58
Hill, Frederick William, '64
Hohenshil, Jay N., '55
Huff, Duane R., '73
Lee, Vance Ogan, '43
Louwers, Robert Joseph, '88
Meszaros, Alex J., Jr., '66
Midolo, Mary-Ellen, '85
Nesterenko, Dmytro James, '75
Thrasher, Marjorie Tait, '53
Thrasher, Theodore F., '53
Tippie, William Douglas, '70
Vincent, Mrs. Shona Jo, '86
Warfield, Katherine Marie, '83
Wells, Jerry W., '67

PONTIAC
Doran, Richard F., '52
Franko, David J., '79
Lax, Bruce B., '62
Mc Intosh, Christopher K., '83
Padilla, 2LT Robert Francis, Jr., USMC, '87
Wright, Frank Edward, '72

PORTAGE
Edwards, Dr. Adrian Charles, '67
Heckenhauer, John Frederick, '57
Neubig, Marjorie Miller, '48
Neubig, Dr. Robert D., '48
Scarff, Joseph Andrew, '88

PORT HURON
Machovina, Gregory James, '84

PRESQUE ISLE
Bengston, Richard J., '48

REDFORD
Johnson, Dr. Herbert Webster, '41
Lakocy, Michelle, '84
Lakocy, Thomas Andrew, '85

RICHLAND
Creamer, David S., '60
Harlow, Matthew T., '86

RIVERVIEW
Kaucher, Paul R., '67

ROCHESTER
Brown, John Donohue, '45
Fenner, Eric Scott, '88
Fette, David V., Jr., '62
Metzker, Martin Scott, '77
Peters, Robert D., '56
Seifert, George Herman, '57
Sullivan, Thomas Michael, '66
Von Behren, Mrs. Sharon P., '86
Walters, Ms. Johanna Shuler, '75
Warren, Millicent Marie, '75

ROCHESTER HILLS
Acebo, Jose E., '59
Acebo, Patricia Scofield, '59
Andalora, Michael J., '69
Berndt, Gary Lee, '80
Chambers, Amy Purgert, '74
Cotton, Thomas R., '65
Glassford, Fredrick L., '68
Herold, Alfred S., '55
Hughes, Meredith Jay, '74
Kiefer, William E., '50
Kubic, James Joseph, '51
Landholt, Thomas Fulton, '83
Little, Robin Kindy, '82
Melziva, Marvin L., '49
Morris, Robert Lee, '70
Newburn, Donna R., '76
Peters, Douglas L., '84
Rao, Barbara Pramik, '82
Scoco, James Darryl, '70
Sharp, Joan Brocklehurst, '77
Springer, Steven James, '72
Stautzenbach, Mark S., '63
Tefft, Brandt, '79
Trenary, Charles R., Jr., '52
Weisenbach, Thomas Joseph, '69
Werner, William E., '55
Wollam, Timothy Ray, '70

ROCKFORD
Majewski, Vincent Earl, '69
Zidjunas, Richard George, '68

RODNEY
Voege, Herbert Walter, PhD, '56

ROSCOMMON
Crist, Stephen F., '69
Vogt, Neal L., '48

ROSEVILLE
Ferraro, Maria, '84

ROYAL OAK
Allensworth, Charles L., '70
Mc Neil, Richard Michael, '73
Nerderman, Stanley Jay, '79
Polk, Joyce Morrison, '54
Shaffer, Richard Roy, '55

SAGINAW
Bellar, Fred James, III, '77
Dyckes, David Alan, '83
Kelley, Dr. Richard E., '52
May, Steven Clarke, '84
Nissley, Jerry E., '48
Smith, Joseph J., '41
Turner, Fred Warren, '24

SAINT CLAIR SHORES
De Nardo, John L., '49
Mc Brearty, Robert Lawrence, '70
Weaver, George Arthur, '48
Zurcher, David Mark, '83

SAINT JOSEPH
Bleich, Donald Lawrence, '65
Brookover, Thomas W., II, '87
Miskill, Robert D., '43
Nelson, Mrs. Martha A., '46
Tibbitts, Christine K., '79
Vanderboegh, Paul Douglas, '86
Zorko, Mark Anthony, '76

SALINE
Bateman, Vaughn Edward, '73
Humbert, Ernest Edward, '76
Kantner, Perry Michael, '63

SANFORD
Numbers, Michael Alan, '73

SAUGATUCK
Brockington, Ned E., '49

SAWYER
Schlender, Dr. William Elmer, '55

SENEY
Shaw, William Russell, '72

SOUTHFIELD
Bahl, Dr. Harish Chander, '80
Bouey, Mrs. Lorraine, '83
Cary, Carl Robert, '78
Ebersold, Theodore E., '62
Graessle, Frederick James, '79
Hannaford, Thomas Edward, '81
Kemp, Mrs. Sheryl Lynn, '86
Klein, Dr. Leon R., '55
Litteral, Jon David, '86
Moskos, Patrick Jeffery, '81
Palmer, Elizabeth Sutherland, '83
Phillips, Dr. Wilbur E., '52
Poore, Hughbert D., Jr., '64
Rifkin, Rita Altman, '46
Sanders, Ms. Kathy, '86
Spicer, Larry J., '61
Stevens, Scott Edward, '86
Thomas, Sonya Lynn, '86
Todd, Dennis Ray, '85
Wahl, David Lynn, '70
Washington, Philip H., Jr., '78

SOUTHGATE
Middleton, Jeffrey Scott, '84

SOUTH LYON
Hutchings, Jean Meredith, '55
Varner, Richard M., '51

SPRING LAKE
Frutig, Charles R., '63
Mizell, CDR Larry Linton, USCG, '71
Randolph, William F., '39
Thomas, George P., '49

STANWOOD
Shoaf, Randy Stuart, '83

STERLING HEIGHTS
Bender, Richard, '70
Falotico, Thomas George, '74
Holland, Wes, '56
Luman, Gregory Davis, '77
Melton, Edward Wayne, '72
O'Keefe, Paul Robert, '87
Tague, Daniel Joseph, '71
Tague, Joyce Presgrave, '71

STEVENSVILLE
Suty, Frank A., '55

STURGIS
Gustafson, Suzanne Flick, '39

SUTTONS BAY
Williams, James Robert, JD, '68

TAYLOR
Graham, Parker Lee, Sr., '70
Morman, John Victor, '83

TECUMSEH
Blackstone, Charles Frederick, '78
Groover, William R., Jr., '48
Starr, H. Brent, '82

TEMPERANCE
Dinquart, Gregory George, '80
Knerr, Richard Alan, Sr., '84

TRAVERSE CITY
Bagley, Edward R., '47
Du Bois, Michael Gene, '72
Mc Kinney, John Cooper, '66
Miller, Robert Merlin, '47

TRENTON
Barrett, Lawrence William, '57
Burks, William S., '52
Gummer, Charles Lee, '69

TROY
Beal, Duane Richard, '75
Bigham, James Troy, '82
Carper, Robert L., '48
Csizmadia, James S., '65
De Villing, Christopher H., '65
Dobbins, Jane Beckert, '70
Fairgrieve, Thomas Richard, '80
Flegm, Eugene H., '59
Freiberger, Tracy Alan, '82
Gibson, Glenford Lee, '51
James, Charles Dee, '68
Leedom, Marvin Lee, '64
Lu, Janny Mann-Jing, '84
Maag, Theodore Joseph, '69
Matey, John E., '49
Mc Cormick, Robert Alan, '70
Meyers, Richard Alan, '78
Miller, Luke E., '21
Prospal, Elizabeth Quarando, '76
Sampson, Ronald Alexander, '71
Schieferstein, Robert A., '66
Stange, Lynn Ann, '84
Vanderbrink, James E., '67
Zipes, Steven Randolph, '86

UNION LAKE
Armstrong, David Byron, '61
Bremer, Noel P., '61
Lebowitz, Edward Alan, '76
Phipps, John C., '85

UTICA
Bugajewski, Leonard S., '42
Gibson, Mark Joseph, '85
Litton, Charles Henry, '74
Masi, James Damien, Jr., '75
Moehle, John F., '50
Schaeper, Jeffery Alan, '82
Snoor, Robert P., Sr., '51
Titlow, Paul C., '40

WALLED LAKE
Korn, Robert C., '87

WARREN
Alexander, William Glenn, '52
Dolch, Walter M., '34
Howard, John William, '57
Malley-Snider, Elaine Ann, '84
Russell, James Newcomb, '48
Schuster, David Edward, '72
Titus, Evelyn Eileen, '79

WASHINGTON
Long, Thomas Charles, '63

WATERFORD
Lakkides, Theodore, '68

WEST BLOOMFIELD
Anderson, Walter Willis, '77
Barnett, Alvin L., '32
Begien, Donald C., '56
Cott, Ms. Cheryl Lynn, '87
Del Bel, Dominic Francis, '73
Dillon, David Douglas, '85
Dillon, Mrs. Jennifer A., '85
Evans, William David, '56
Fair, Robert F., Jr., '65
Fazio, Charles Joseph, '73
Ferguson, John Irving, '63
Gallagher, Martin J., '49
Geaman, Gregory Nicholas, '74
Hanje, James F., '66
Hazelton, Dr. Philip M., '63
Isenstein, William David, '75
Klein, Roger Julius, '73
Kraft, Lawrence Howard, '72
Kunzman, Thomas D., '58
Malone, Terry Wayne, '71
Masser, Jack I., '58
Mizer, Bret David, '84
Reichert, Ronald Michael, '74
Rueckel, Wallace L., '65
Schwartz, Roger Raymond, '73
Silk, Scott Geoffrey, '79
Smith, Hilda Breese, '48
Smith, Scott Miles, '48
Temelkoff, Thomas C., '83
Watkeys, Richard F., '61

WESTLAND
Chaney, James L., '47
Owen, Mark Robert, '85
Payne, Ms. Eugenia C., '83
Schaefer, Sandra Sue, '84
Schmall, Michael Lloyd, '87
Wilson, Jack Edward, '70

WEST OLIVE
Parke, Christopher Robert, '74

WHITMORE LAKE
Schumaker, Mrs. Patricia, '71

WILLIAMSBURG
West, John Marshall, Jr., '77

WURTSMITH AFB
Prascsak, Carol Diane, '85

WYOMING
Marsh, Ms. Kimberle Dianne, '86
Stempinski, Shelley Lynn, '84

YPSILANTI
Corral, Jayn Louise, '81
Duwe, Douglas David, '78
Gottron, Jeffery Arthur, '83
Lampinen, Richard James, '71
Mangum, Joseph Bryant, '68
Norris, Lynne Millberg, '76
Potocsnak, Jeffrey, '85
Rolph, John J., '82
Schmitt, Karl Fredrick, '68
Vance, Andrew Todd, '87

MINNESOTA

APPLE VALLEY
Boisvert, Joseph E., '58
Carter, Julie Haas, '82
Hanna, Barstow L., Jr., '62
O'Connell, Daniel Edward, '78
Tomlinson, R. Alan, '65

ARDEN HILLS
Gazich, Jeffrey Paul, '88
Nagel, Mark E., '78

BLOOMINGTON
Dunn, Thomas Edward, '85
Kohls, John Joseph, '81
Krivo, Randy Michael, '77
Rodemann, Philip Dorlon, '81
Van Cleave, Robert W., '74

BROOKLYN CENTER
Carroll, Bruce Allan, '80

BROOKLYN PARK
Cavalli, Thomas Michael, '75
Downing, 2LT John P., USAF, '69
Jenks, Brian Keith, '81

BURNSVILLE
Gibb, David James, '81
Giebel, James Allen, '76
Hattey, Donald Raymond, '86
Huston, Stephan Arthur, '71
Mc Daniel, Larry Lee, '69
Melton, Richard Dean, '78

CANBY
Nichter, CAPT James W., USAF(Ret.), '64

CHANHASSEN
Heiss, David William, '71
Wilson, Jon Christopher, Sr., '72

CHASKA
Carse, John R., '67

COTTAGE GROVE
George, James Edmund, '72

DULUTH
Bischoff, LTC Keith Melvin, USAF(Ret.), '69
Morgan, George Edward, '39
Swelbar, Gaylord Wayne, '58

EAGAN
Mc Donough, Thomas Patrick, '81

EDEN PRAIRIE
Heinmiller, John Charles, '76
Kotch, Walter E., '67
Lobas, Jeffrey George, '74
Marlowe, Phillip Arnold, '85
Millberg, Charles Thomas, '80
Moeller, Ronald Lee, '77
Tschantz, Robert E., '58

EDINA
Andrews, George William, '50
Blue, Phillip Edwin, '68
Booth, Richard Lee, '52
Dreissiger, Armin C., '58
Ensminger, Marshall L., '61
Garrison, Francis E., '50
Harris, Murray P., '55
Harrold, Dr. Roger Davis, '59
Kessel, Craig Kenneth, '50
Lawrence, Charles Thompson, '83
Murphy, Noreen Joan, '82
Parry, Dr. Richard Livingston, PhD, '68
Pegram, Theodore Arthur, '72
Prunier, Charles Richard, '83
Rose, Jerry Lee, '66
Sestak, John Joseph, '60

EXCELSIOR
Carter, J. Chett, '81
Harder, Arthur J., '49

GOLDEN VALLEY
Meyer, Stephen Foster, '64
Sullivan, A. Gilman, '77
Wickesberg, Dr. Albert Klumb, '55

HOPKINS
Heikkila, Neil D., '64

INVER GROVE HEIGHTS
Bruzda, Steve John, '77

LAKELAND
Howell, John Steven, '69

LE SUEUR
Chambers, Michael Scott, '73

MANKATO
Keene, Janice Anne, '88

MAPLE GROVE
Monahan, Michael Joseph, '77
Ward, Steven Nicholas, '72

MARINE ON SAINT CROIX
Barr, Dean David, '72

MINNEAPOLIS
Bagnoli, Assunta, '81
Beardsley, Ms. Bethany Suzanne, '87
Beier, Dr. Frederick John, '62
Brenan, Edward B., '47
Carnicom, Steven G., '85
Chilicki, Wayne Constant, '79
Cooper, Cheryl Ann, '82
Cullen, Linda Jo, '80
Dickhaut, Dr. John Wilson, Jr., '66
Faeges, Rose Ellen, '82
Fehlan, Brian Lee, '87
Felton, Mark Anthony, '84
Gibson, Camille Maria, '83
Gibson, Lawrence David, '48
Gray, Dr. John Charles, '63
Hammond, Janice Henson, '85
Hufford, Douglas Carl, '81
Hutchison, Joel A., '61
Johnson, Gary Ronald, '71
Kimball, David Michael, '72
Kleiman, Ansel, '50
Kleinman, George, '73
Kopyar, Matthew Eugene, '82
Kopyar, Victoria Clare, '84
Mc Nairy, Carrie Fleming, '33
Parke, Mark Bryant, '80
Rosen, Mrs. Layne Harper, '83
Severance, Michael Radford, '76
Slusher, Mark Stephen, '84
Tucker, Deborah Lee, '79
Walker, John Michael, '73
Walker, Orville Charles, Jr., '65
Wambold, Edward L., '48
Wright, Russell Wayne, '71

MINNETONKA
Bahner, Craig Steven, '86
Crabbe, James T., '48
Crouser, Richard Louis, '52
Egger, Theodore P., Jr., '52
Gottier, Richard Chalmers, '39
Hambor, Edward J., Sr., '58
Ramsey, Ella Lou, '76
Slowter, William John, '77
Weber, James Gregory, '74

MORRIS
Ballou, William A., '58

NORTH SAINT PAUL
Eaton, John W. (Bill), '75

OAK ISLAND
Ballinger, David William, '78

PLYMOUTH
Arnholt, Stephen Charles, '71
Dunbar, James T., '70
Macgregor, Dustin Jane, '81
Osten, Howard Jeffry, '74
Paul, John Rhodes, '60
Shannon, John Lewis, Sr., '49
Winston, Mervin Daniel, '66

ROCHESTER
Armstrong, Bradley Charles, '77
Kohls, Thomas J., '66

ROSEVILLE
Rose, Dr. Michael Lester, '73

RUSH CITY
Klenk, Raymond L., '61

SAINT CLOUD
Martinez, Raymond Don, '76
Pesch, Michael Joseph, '82

SAINT LOUIS PARK
Benjamin, Robert M., '35
Eppich, Kenneth Louis, '63

SAINT PAUL
Hill, Donald Arthur, '74
Holt, Constance Wall, '54
Horsfall, Richard H., '65
Jay, Arthur Hale, '85
Leland, Gerald W., '67
Miskimen, Marcia Jean, '81
Palmer, Gerald S., '24
Palmer, Paul Allen, '82
Stewart, Richard E., '40
Underhill, Bruce E., '65
Wyant, David Kent, '81

SAVAGE
Ramseur, Duane Haralson, '76

SHAKOPEE
Johnson, La Vern Lloyd, Jr., '81

SHOREVIEW
Chasman, Mrs. Janice H., '73

STILLWATER
Butler, Richard M., '60

WALKER
Marion, Elwood J., Jr., '47

WAYZATA
Coppo, Valentine T., '63
Dittman, Dr. David Arthur, '71
Marksberry, Terry Louis, '74
Riley, Carl Trent, '67
Rogers, David Lewis, '64
Starkey, Mrs. Edith Kapka, '60

WINONA
Rigano, Frank Anthony, '80

WOODBURY
Grier, Joi Lynn, '85

MISSISSIPPI

BELDEN
Reason, Charles Oakley, Jr., '74

BRANDON
Bonar, John Edward, '66
Farmer, C. Guy, '79
Moser, Joseph Alfred, '73

EDWARDS
Carter, Jacqueline Denise, '79

GRENADA
Hoop, Louie B., Jr., '69

GULFPORT
Kurtz, Arthur H., '51

HATTIESBURG
Scranage, Robert B., '38

JACKSON
Bobst, Jack E., '55
Kendrick, John Micheal, '87
Mc Guire, Terry Joseph, '78
Tracy, John C., '60
Wolfe, Lanny L., '66

LONG BEACH
Diamond, Wright W., '60

LUCEDALE
Goff, Edward Leone, '72

MADISON
Walsh, Lyons A., '57

MARKS
Martin, Stephen Roscoe, '77

MISSISSIPPI STATE
Koby, Z. William, '50

NATCHEZ
Lehmann, Robert J., '37
Merrill, James B., '57

OCEAN SPRINGS
Beavers, Henry Chester, '80
Lowery, Robert Charles, '48

OXFORD
Stengel, George W., '39

PORT GIBSON
Anderson, Jan, '54

STARKVILLE
Hoffman, Kenneth Douglas, DBA, '81

TUPELO
Hamilton, Forrest R., '49

WEST POINT
Stout, Jerry F., '64
Tkach, Robert P., '57

MISSOURI

ARNOLD
Black, Robert Lee, '75

BALLWIN
Jensen, Peggy Lou, '82
Kunst, Kyle Albert, '74
Meyers, Allan Robert, '79
Proeschel, LTC Donald L., USA(Ret.), '57
Shields, Jack William, '81
Smallwood, Charles W., '66
Wander, James C., '55

BLUE SPRINGS
Bryan, Robert Miles, '73
Gross, Paul Raymond, '71
Humphrey, Michael John, '82
Luckerman, Richard P., '65

BRIDGETON
Hearing, Harold P., '49
Mc Shane, Kimberly Mc Cluskey, '78

CAPE GIRARDEAU
Morrow, Robert I., '53
Rannebarger, Karyn Paprocki, '78

CASSVILLE
Russel, Ms. Alice Lucile, '27

CHESTERFIELD
Alvarez, Frank A., '67
Canarios, Elizabeth P., '76
Clemons, David E., '69
Dundon, Brian Robert, '70
Geckeler, Paul A., '66
Greenberger, Janice Bohnen, '66
Harris, John Howard, Jr., '59
Hively, Stephen Richard, '74
Huffer, Danny L., '61
Kravitz, Martin Paul, '72
Lanning, Robert L., III, '72
Lucas, Marc Randall, '84
Luth, Ronald Alan, '77
Miller, William Rudolph, '48
Neiner, John J., '58
Otis, James L., '73
Porthouse, J. David, '63
Relyea, Richard Ross, '83
Reynolds, James Morris, '78
Rizzi, James W., '67
Tate, Michael Lynch, '78
Wong, Dr. James John, '68
Wong, Mrs. Vicki, '67

CLAYTON
Brown, Jay Wright, '66
Emory, Dr. C. William, '46
Emory, Jean Langhoff, '45
Klein, Mark Ira, '69
Welty, Dr. John P., '38

COLUMBIA
Hoyle, Charles Edd, '72
Hurt, Mary Ellen, '82
Manhart, Dr. Robert C., '37
Summers, Dr. James Clair, '72
Wagner, Dr. William Burdette, '65

CREVE COEUR
Epstein, Laurence Bernard, PhD, '59
Moellenberg, John M., '57
Read, True E., '46
Rose, Mrs. Sharon Depinet, '81

DEFIANCE
Leach, Ross V., '62

ELLISVILLE
Genteline, Thomas E., '59
Heaton, Terry Lynn, '77
Rogers, Jerome Dwight, III, '73
Wolfe, Burton F., '56

FARMINGTON
Duncan, CDR Harold O., USN(Ret.), '31

FLORISSANT
Brauner, Christopher Eugene, '79
Cline, William George, '55
Glotzbecker, David E., '65
Miller, Mrs. Wendy A., '83
Rengo, Rebecca Ann, '82
Sklenar, Ricky Alan, '85
Wellington, Myeong O., '87

GRAIN VALLEY
Rasberry, Lenora Denise, '83

GRANDVIEW
Grogan, Lloyd C., '51

HAZELWOOD
Dildine, Dennis Alan, '85
Dreyer, Michael Paul, '81

IMPERIAL
Minnich, Brian K., '84
Minnich, Mrs. Melissa Medar, '83

INDEPENDENCE
Herman, Mark Alan, '76
Malkowski, Michael Frederick, '74

JEFFERSON CITY
Black, Steven Lynn, '84
Jeffries, Ronald Charles, '69
Stertzer, Donald R., '54

KANSAS CITY
Bartunek, Robert Richard, '74
Black, Frances Marie Nichols, '41
Blosser, John T., '56
Dillard, Rochelle Woodall, '86
Evans, George Godfrey, '49
Evans, John Robert, '34
Grabbs, Mrs. June Jo, '60
Krell, Wayne Scott, '84
Lewis, Thomas Haines, '55
Marsh, Hon. William James, '51
Merecicky, Paul Louis, '78
Mitchell, Randy Leon, '83
Revenaugh, Gerald K., '61
Smith, Vincent Allen, '82
Sterling, Ms. A. Mary, '77
Underman, Nina Mary, '84
Watson, Henri J., '67
Wenger, Dick H., '51
Williams, Robert Keck, '41
Wooddell, Allen C., '56

KEARNEY
Morgan, Charles Robert, '69

KIRKWOOD
Ahlgren, Anita Jean, '83
Bowman, Kay Nan, '81
Hyland, Arthur Wesley, '49

LIBERTY
Fessler, Paul A., '58

MANCHESTER
Burke, William Robert, '60
De Fosset, Richard A., '61
Kelley, Robert Arthur, Jr., '87
Long, John Winslow, '54
Marr, Phillip W., '53
Myers, Phillip Eugene, '73
Wilson, Daniel A., '65

MARYLAND HEIGHTS
Corner, Thomas James, '82
Davis, Therese Monett, '79
Drossman, Lois Bayliss, '75
Hale, John Charles, '72
Kallman, Matthew Hanley, '76
Seehafer, COL Don, '61

OAK GROVE
Lambert, Frederick A., '37

PACIFIC
Aldridge, Robert Bruce, '62
Minton, Don L., '58

POINT LOOKOUT
Markle, Roy, '64

SAINT CHARLES
Green, William Arthur, III, '71
Hocevar, David Frank, '71
Neumeyer, Robert Dennis, '77

SAINT JOSEPH
Badgley, Robert C., '87
Droher, Helene Goldstein, '28
Kant, Steven William, '73
Layfield, Ronald D., '76
Sweetgall, Paul H., '77

SAINT LOUIS
Amos, R. Clark, '72
Baker, Ms. Jill Suzanne, '87
Barnes, Virginia Harris, '45
Baum, Edwin J., '64
Berliner, Howard K., '72
Bowman, Frank A., '49
Brotkin, Linda M., '70
Bryant, Linda M., '68
Clark, Robert J., '49
Close, Gary Alan, '69
Conte, Anthony H., '59
Coon, Jeffery Dennis, '84
Coss, William T., '50
Deidrick, Gene D., '65
Dolinar, Ms. Susan Mong, '80
Eckard, Carl N., '41
Farmer, Dr. Timothy Alan, '82
Fillenwarth, Albert Floyd, '77
Frank, William Harry, '75
Gavatin, Ms. Linda J., '73
Gephart, Richard A., '67
Germano, Anthony J., '46
Glatz, Robert R., '80
Gundolf, Scott Arthur, '77
Henneck, Mrs. Barbara, '81
Huston, James A., '50
Kastner, Maurice H., '64
Kaufman, William Edward, '49
Kent, Robert W., '54
Kindle, Melvin Lamont, '68
Kirchhofer, William E., '61
Lay, Carolyn Stewart, '77
Lundstedt, Mrs. Lee B., '76
Martin, Sean Edward, '82
Merker, Russell Edward, '69
Minichbauer, Robert Kenneth, '71
Mitchusson, Thomas Joseph, CPA, '79
Mohre, Mark D., '87
Neary, Kevin Michael, '79
Neyer, Timothy Jerome, '83
Ollendorff, Franklin G., '64
Olsson, COL Carl Walter, '69
Ronen, Dr. David, '80
Sachs, Ralph, '34
Schafer, Marjorie A., '47
Smurr, Michael Thomas, '81
Stockstill, Philip Kent, '70
Stoyak, Stephan J., '76
Summers, Mark John, '79
Susman, Ben, '69
Tan, Chay Boon, '87
Trevey, William Everett, '71
Trulaske, Steven Lee, '82
Walker, Jean Horlacher, '52
Weeks, Harriet Campbell, '86
Wessel-Moore, Lisa Lynn, '85
Wickland, Robert Lee, '77
Winslow, Christopher Lee, '84
Woods, William Louis, '80
Zimmerman, Paul E., CPA, '59

SAINT PETERS
Jones, Kenneth Earl, '75

SHELL KNOB
Brunner, William A., '48

SPRINGFIELD
Lang, Eugene Saylor, Jr., '79
Laske, LTC Ernest L., USAF(Ret.), '58
Meyer, Wilbert Harold, '47
Pon, Anthony Mark, '84
Ralph, George Robert, '67

STOVER
Humes, Richard A., '56

UNIVERSITY CITY
Hillow, Regis, '83
Sokolik, Dr. Stanley Lewis, '55

WARRENTON
Blackburn, Paul Earl, '52

WASHINGTON
Metea, George P., '53

WELLSVILLE
Brinker, Bernard J., '85

MONTANA

BILLINGS
Bubis, Peggy Demers, '74
Gartman, Richard Robert, '84
Goodwill-Sulliva, Amy Lee, '80
Lance, William B., '67

BOZEMAN
Hughes, Stanley F., '72

GREAT FALLS
Bowman, LTC Robert Lee, '67
Dick, MAJ David Russell, '69
Kirkpatrick, Dr. Thomas Owen, '67
Westenbarger, David J., '57

KALISPELL
Kelley, Edward J., '68

MISSOULA
Collins, Thomas Joseph, '47
Connole, Dr. Robert J., '62
Le Page, COL Julien Harvey, USA(Ret.), '52
Olszewski, Joseph E., '73

PARADISE
Wrightsman, Tracy Erin, '72

RED LODGE
Orr, Alan B., '59

WHITEFISH
Gilmore, Roberta Long, '77

WHITE SULPHUR SPRINGS
Bullock, Mrs. Joni A., '82

NEBRASKA

BELLEVUE
Crymes, LT James, Jr., USAF, '75
Gottfried, Robert Richard, '67
Sena, MAJ Earl Jeffrey, USAF, '68

GERING
Stover, Thomas E., '64

KEARNEY
Buttress, Stephen M., '64
Hendrickson, William Wilson, '70

LA VISTA
Stolzenburg, LTC William T., '59

LINCOLN
Atkinson, Carolyn Ross, '54
Brown, John Palmer, '73
Eskridge, Dr. Chris W., '77
Fung, Tin Yue, '87
Griesen, Dr. James Victor, '63
Kendrick, Barbara Farrell, '54
Pope, Bradley Nolan, '84

OMAHA
Bivens, Mrs. Mary J., '67
Borton, MAJ Alden Daniel, USAF, '76
Burckel, 1LT Bonnie R., USAF, '86
Carriger, Henry N., '65
Cheshire, Sandra Kay, '82
Crawford, Cecil Edward, '58
Crea, Stephen Nicholas, '84
Danner, Richard E., Jr., '86
Fox, James Mc Lean, '59
Friedman, Mrs. Arthur I., '65
Gille, Robert Harry, '70
Hadden, LTC Perry W., '58
Lucas, John Wayne, '29
Lundquist, Richard D., '67
Murphy, MAJ Greg Steven, USAF, '75
Neely, Ted L., '61
Nicely, William Darrell, '71
Penner, Stephen M., '61
Pepple, David R., '66
Prestwich, Dr. Leonard W., '57
Ripp, Mason L., '50
Rokes, Dr. Willis P., '59
Sagar, Marvin Edward, '72
Schlender, Gregory Ray, '81
Shepherd, Stephen Vane, '69
Tarleton, COL Howard R., '67
Vitton, Dr. John Joseph, Jr., '56
Wagner, Albert C., '54
Walcutt, Charles Coe, '76
Zrebiec, Ms. Virginia, '86

PAPILLION
Clark, MAJ Lloyd Neil, USAF, '75
Gaglio, MAJ Joseph Phillip, USAF, '75
Geist, John William, MSCS, '75

SCOTTSBLUFF
Moore, Steven Patrick, '84

WATERLOO
Mc Kie, Richard Herbert, '76

NEVADA

BOULDER CITY
Haraway, Charles M., '60

CARSON CITY
Dane, A. Edward, '47
Irvin, Kenneth Lee, '69

GARDNERVILLE
Jarboe, Jeffrey Ross, '78

HENDERSON
Christenson, Glenn Clark, '73

INCLINE VILLAGE
Gill, Gerald W., '54

LAS VEGAS
Abramowitz, Paul, '77
Biehl, George Clark, '69
Bukowski, Joseph Paul, '74
Carroll, John Michael, '70
Cook, Cathy, '82
DeVorn, Robert L., '48
Epstein, Morton I., '38
Eyler, Sheila Weikel, '74
Gage, Cathy, '79
Heidkamp, Philip Charles, '87
Herrman, Mary Taylor, '50
Hollenbeck, David B., '81
Karnosh, Robert C., '50
Leard, Larry Richard, '69
Lindsay, William R., '57
Lloyd, B. Michl, CPA, '69
Loewer, MAJ David Charles, USAF, '74
Robinson, Clarence Cruse, '35
Scull, Elaine Sarr, '55
Trishman, Martin A., '61
Watson, William M., '58
Webb, C. Richard, '56

NORTH LAS VEGAS
Conner, Richard Lee, '65

RENO
Carlson, Reed E., '48
Ernsberger, John L., Jr., '59
Gibbens, William Robert, '49
Lawhun, Gerald L., '54
Polley, Mark Raymond, '77
Price, Lionel Gene, '56
Redinbaugh, Kurt Louis, '73

SPARKS
Doege, John Paul, '79
Fuller, Larry Douglas, '74
Humason, Robert Neal, '84

STATELINE
Milos, Charles John, '48

ZEPHYR COVE
Holliday, Gail Susan, '85
Olekson, Thomas M., '66

NEW HAMPSHIRE

AMHERST
Glover, Barbara Ott, '79
Glover, Frederick Steven, '78
Marker, Thomas M., '66
Matson, Joseph Richard, '69

BEDFORD
Cronin, Timothy Cornelius, III, '52
Guyer, Judith Kitzmiller, '79
Moninger, Thomas Ross, '72

BOW
Herrington, Joan Grabnar, '87

CONCORD
Miller, Deborah Jean, '79
Pierce, Erik Richard, '73
Reichers, Karen, '86
Vulgamore, James Martin, '84

CONTOOCOOK
Coombs, Corydon Cates, '69
Rodgers, Mrs. Ann Beaudoin, '81

DERRY
Miley, Terry Duane, '74
Reynolds, Merilee Valentine, '82

DURHAM
Healy, Dr. Denis Francis, '69
Lewis, Richard John Anthony, FACHE, '67

EAST DERRY
Reed, Dennis Kirk, '66

GOFFSTOWN
Godbout, Paul Emile, '70
Lauer, Christopher Hall, '78
Osterholt, Gregory Ellis, '79

HAMPTON
Sanderell, Michael Albert, '72

HANOVER
Fisher, Dr. Joseph Gerald, '85
Govindarajan, Kirthi, '83
Selling, Dr. Thomas Ira, '82

HOLLIS
Kendall, Howard Joachim, '70

HOOKSETT
Bahr, Eric John, '87
Harrington, George Whitting, '77

HUDSON
Hendrickson, Nancy Louise, '74

LACONIA
Avery, Charles St. John, '72
Dougherty, Deborah Kallos, '82

LEBANON
Fries, James Richard, Jr., '80

LITCHFIELD
Scofield, Cary Paul, '75

LONDONDERRY
Boucher, Bert, '48

MANCHESTER
Skruck, Dr. Gerard Francis, '64

MERRIMACK
Baumgardner, F. Leo, '24
Pilkington, Jennifer Jepson, '85

MILFORD
Galan, Michael Howard, '66
Horne, Stuart W., '57

NASHUA
Braidech, Joan Granstedt, '53
Cross, Raymond Ralph, '82
Feldman, Jody Benjamin, '77
Kastner, David Gerard, '87
Vaccaro, Matthew William, '82

NEWMARKET
Reid, Dr. Robert Daniel, '87

PORTSMOUTH
Alger, James Makoto, '87

ROCHESTER
Massey, Michael Hall, '80

RYE
Ring, Sharon Leete, '83

TILTON
Skubik, Stephen J., '41

WEST LEBANON
Shank, Dr. John Kincaid, '69

WINDHAM
Mason, Ms. Barbara Ann, '76
Mason, Thomas James, '87

NEW JERSEY

ABERDEEN TOWNSHIP
Scher, David Alan, '77

ALLENDALE
Konner, Jeffrey Ira, '72

ANDOVER
Kleinschmidt, Steven Alen, '79
Malesh, Thaddeus Howard, Jr., '69

ANNANDALE
Hull, Darel R., '61

ATCO
Barnhart, Nicholas J., '67

ATLANTIC CITY
Cassell, Rev. Daniel M., '62

AUDUBON
Halpern, Susan Rae, '82

BARNEGAT LIGHT
Becker, Marilyn Rogers, '54

BASKING RIDGE
Bock, William Richard, Jr., '61
Lustbader, Mark Adam, '84
Thomas, Diane Boxwell, '85
Woods, Thomas John, '88

BAYONNE
Piegza, Michael Edward, '81

BEACH HAVEN
Gee, William Lybrand, '46

BEDMINSTER
Paden, Ms. Nanette Lynn, '80

BELLE MEAD
Rea, Philip L., Jr., '50

BELLEVILLE
Appaya, Deepak Nervnanda, '82
Mc Laughlin, Robert Joseph, '86
Paul, Todd Christopher, '85

BELMAR
Hahn, Forrest W., '35

BERKELEY HEIGHTS
Finley, Robert B., '35
Light, David N., '62
Light, Richard Gerald, '54
Tu, Jen-Lin, '81

BERNARDSVILLE
Cummins, Ms. Phyllis A., '73
Watkins, John David, '50

BLOOMINGDALE
Halliday, James William, Jr., '80

BOGOTA
Warner, Julie Beth, '80

BORDENTOWN
Wood, Jean Karlson, '86

BRANCHBURY
Skolnick, Mrs. Debra Robin, '77

BRIDGEWATER
Mc Nabnay, CAPT James Richard, SC USN, '65
Young, Virgil E., '50

BRIELLE
Kordes, Henry E., III, '52

BRIGANTINE
Dellinger, LCDR Donald B., USN(Ret.), '60
Staunton, Mrs. Jane M., '84

BROOKSIDE
Mahaney, Philip R., '57

CALDWELL
Dobbin, Bennett R., '52

CAMDEN
Scales, John R., '61

CAPE MAY COURT HOUSE
Wenger, Fred Griggs, '48

CEDAR GROVE
McAllister, Gregory Laurence, '87

CHATHAM
Sever, Mark John, '72

CHERRY HILL
Ball, Raymond A., '49
Banerjee, Dr. Avijit, '77
Bleznak, Donald A., '54
Carter, George Rex, Jr., '63
Harding, Raymond A., Jr., '52
Justice, William F., Jr., '51
Klein, Jay R., '54
Kraemer, Morton Dennis, '71
Pearl, Sanford Kenneth, '76
Petitti, Joseph J., CLU, '58
Reece, Robert M., '53

CHESTER
Hawthorne, Bruce G., '66
Sahr, Gary Allen, '73

CINNAMINSON
Day, Robert Allen, '60

CLARK
Becker, Ivan, '71
Salowe, Bernard C., '56

CLIFFSIDE PARK
Covucci, Frank W., '84

CLIFTON
Chester, David A., '52
Giammarella, John, '80
Klein, Mrs. Florence S., '48
Misihowsky, Robert Walter, '78
Yamner, Morris, '59

CLINTON
Nye, Jeffrey D., '67

COLONIA
Retkwa, Christine E., '85

COLTS NECK
Frohlin, Gary R., '64

CONVENT STATION
Baum, Barry David, '76
Baum, Lori G., '76
Stevenson, Michael John, '76

CRANFORD
Kalkstein, Joseph Henry, '82
Kiel, Michael, '76

CREAMRIDGE
Parks, MAJ Charles E., (Ret.), '58

DELRAN
Becker, H. Russell, Jr., '53
Miller, John Roy, '68

DENVILLE
Haverly, Clarence A., Jr., '48
Maas, Preston E., '44

DEPTFORD
Rohwer, Susan Marie, '84

DOVER
Yoder, Thomas Neil, '84

EAST BRUNSWICK
Brown, Dr. Percy Bismarck, '70
Hsu, Helen Wu, '74
Kelly, Thomas Joseph, '81
Shuler, Steven Christopher, '85

EAST HANOVER
Dougherty, ENS Thomas Vincent, '86
Schofel, Peter E., '81
Zeman, Walter, '41

EAST ORANGE
Ellis, Yvette H., '85
Obeng, Richard Yaw, '86

EAST WINDSOR
Donovan, Melodie Spitler, '84
Hogue, Charles Terrence, '71

EDGEWATER PARK
Schmeck, Karyn Sue, '87

EDISON
Byrne, Nancy Olwine, '55
Derewecki, Donald Joseph, '72
Ekerovich, Christine Calamari, '71
Hildebrand, Timothy David, '79
Kenny, Arthur J., '47
Kim, Dr. Yong-Cheol, '86
Lovit, Andrew Mark, '83

EGG HARBOR CITY
Hole, Joanne Sitler, '55

ELIZABETH
Snowhite, Herbert O., '40

EMERSON
Huron, Earl Joseph, '81

ENGLEWOOD
Baum, Seymour, '46
Brown, Beritt Mylene, '87
Farnsworth, Charles E., '48
Ostberg, Dr. Henry D., '52

ENGLEWOOD CLIFFS
Feldan, Albert, '54
Gittleman, Melvin, '52
Mc Millen, Robert J., '53

ENGLISHTOWN
Blazer, Frances Elizabeth, '83
Jablonsky, Lisa Sheri, '84
Reade, Alan Ira, '68

FAIR HAVEN
Auerbach, Philip G., '54
Griffith, Robert John, '61
van der Wilden, Mary-Louise de Valliere, '60

FAIR LAWN
Sarnoff, Helen Cone, '47
Van Evra, Kyle Edward, '83

FLEMINGTON
Williams, Ronald Lee, '69

FLORHAM PARK
Simon, Janet Lynn, '79

FORDS
Gething, Lynne Ellen, '77

FORT LEE
Kern, Daniel Adam, '85
Levine, Robert Michael, '57
O'Grady, James J., '36
Swartz, Sam C., '86
Wills, Patrick Owen, '80

FRANKLIN LAKES
Ferro, Richard C., '83
Fisher, Dr. Albert Benjamin, Jr., '40
Fisher, Evelyn Mc Donald, '33
Pearson, Richard David, '58

FREEHOLD
Berger, James P., '67
Beyer, Douglas Edward, '73
Galloway, Priscilla Ann, '79
Martin, Dennis Patrick, '60
Shell, Steven, '70

GLEN ROCK
Brodt, B. Stanley, '41
Brofsky, Jarrett B., '63
Foster, Edwin Calmon, '48
Pak, Sookeun, '87
Southworth, Larry Wayne, '67
Turanchik, William J., '48

GREAT MEADOWS
Drake, LTJG David Allen, USN, '85

GREEN BROOK
Bigler, David B., '56

HACKENSACK
Villella, Roy Joseph, III, '85
Wexler, Mark Robert, '74
Zammataro, Philip A., Jr., '77

HACKETTSTOWN
Bernard, Robert C., '61
Johnson, W. Scott, '82
Marinelli, Anthony, '64

HADDONFIELD
Moore, Gordon Fairle, II, '74
Taylor, Brent Merrill, '78

HAMPTON
Court, Rev. Steven D., '80

HASBROUCK HEIGHTS
Stein, Howard, '42

HAWORTH
Kim, Dr. Deug Koo, '85

HAWTHORNE
Berger, Edward, III, '81

HAZLET
Filardi, Susan Joyce, '86

HEWITT
Porterfield, Scott Lanning, '87

HIGHTSTOWN
Disher, Mary Ellen, '48
Kaplan, Barbara Ann, '78

HO-HO-KUS
Godfred, Brent Paul, '83
Moore, Donald Newton, '55

HOBOKEN
Corletzi, Edward Carl, '84
Goldin, Marc Stuart, '84
Grove, Mrs. Kathleen R., '87
Grove, Steven Edward, '84
Johnson, Laurie J., CPA, '81
Volpe, Eric Randall, '81
Wetmore, Linda Lee, '84

HOLMDEL
Fullen, Larry B., '65
Goetchius, Arnold W., '57

HOPATCONG
Stecklow, Larry Charles, '70

HOWELL
Diller, Michael Edward, '74

ISELIN
Wyckoff, Scott Anthony, '87

JACKSON
Wine, David Gerard, '81

JERSEY CITY
Anderson, Douglas C., '87
Buxbaum, Richard W., '65
Vare, Allan Jaak, '84

KINNELON
Liu, Mrs. Celia Lam, '69
Moline, Dale Edward, '69

LAWRENCEVILLE
Moller, David Max, '86
Pethia, Dr. Robert F., '59
Rosenthal, Rabbi Morton M., '53

LINDEN
Curnow, William J., Jr., '66

LINDENWOLD
Duncan, Robert James, '87
Hiatt, Robert Linn, '70
Kempe, Robert Heller, '86

LINWOOD
Busch, Patricia Burr, '53
Vogt, Kenneth R., '67

LITTLE SILVER
Doan, Harold H., '41
Marrah, Dr. John A., '59

LIVINGSTON
Berkowitz, Robert Milton, CPA, '50
Bloom, Alan K., '58
Cohen, Sharon L., '68
Muroff, Stanley, '55
Tracy, John J. P., '87

LODI
Serrano, Francisco Jose, '87

LONG BRANCH
George, Daniel V., '88

LONG VALLEY
Curnow, George Alexander, '67
Keating, Lawrence Aloys, '81

MADISON
Barcic, Joseph, Jr., '70
Hoskinson, Robert Kevin, '77
Mc Roy, Kenneth Philip, '85
Wilcoxson, Arthur Fred, Jr., '70
Youtz, James R., CPA, '48
Zecher, Joseph Richard, '63

MAHWAH
Pagels, GEN Edward A., USAR(RET.), '34

MANALAPAN
King, Owen Henry, '73

MANTOLOKING
Ingram, William H., '61
May, James B., '35

MAPLE SHADE
Kadunc, Dr. Donald Albert, '74

MAPLEWOOD
Herbst, Abner H., '47
Jennings, Jeffrey Douglas, '80
Lewis, Cyrus, '33

MARLBORO
Cole, Raymond J., '74
Leid, James L., Jr., '48
Roels-Talarico, Margaret Ann, '78
Sharon, Dr. Ed Mordechai, '75
Shorr, Brian Stanley, '70

MARLTON
Gallagher, Mrs. Lynne A., '83
Irvine, Robert James, Jr., '73
Jones, Timothy Edward, '82
Kresse, Kathryn Henderson, '82
Mirgon, Thomas Lee, '80
Smith, LCDR Donald Wilson, '76

MATAWAN
Bernstein, Howard Charles, '76
Carter, Raymond Burchett, '49
Kowalski, Martin, '80

MC AFEE
Krul, Robert Louis, '78

MC GUIRE AFB
Jennings, MAJ Larry Gene, '70
Kinnison, CAPT Timothy Lee, USAF, '81

MEDFORD
Mains, Thomas L., '65
Wilber, Harold Dumont, Jr., '60

MEDFORD LAKES
Miller, Rodger Kinnear, '66

MENDHAM
Hammond, Robert Lloyd, Jr., '60
Mitchell, Kenneth Paul, '64
Roth, Marilyn Gardner, '46
Trowbridge, Ronald I., '56

METUCHEN
Candeub, Ruth Schoenbrun, '48
Ginsberg, Michael Israel, '74

MIDDLETOWN
Belhorn, Paul C., '64
Blumberger, David Jeffrey, '62
Butler, Edward Aloysius, '46
Collins, Laurence W., '62
Kelemen, Charles, '39

MIDLAND PARK
Ford, James W., '55

MILFORD
Yowell, Gail Smith, '39

MILLBURN
Loomis, Patricia Allen, '84
Marmon, Edwin A., '43

MILLINGTON
Sennett, George T., '51

MILLTOWN
De Bartolo, Richard Charles, '72

MILLVILLE
Schenk, Philip Lawrence, '86

MONMOUTH JUNCTION
Brovitz, Norwin D., '47
De Luca, Anthony Michael, '87

MONTCLAIR
Holloway, Mark Wilbert, '67
Okita, William S., '51
Simecek, Cheryl Ann, '86
Varnish, Electa D., '85

MONTVALE
Kraft, Richard N., '51
Splete, Richard William, '73

MONTVILLE
Buck, LT Michael Adam, '83
D'Oench, Nancy Worrell, '81
Dunagan, Jack Douglas, '71
Morrison, Marc B., '86
Petrusky, Donald Andrew, '81

MOORESTOWN
Garro, Mrs. Debra K., '77
Kennedy, Maryann Huver, '76
Kennedy, William Landers, '76
Kimmel, Harvey, '66
Stewart, Dwight Alfred, '41

MORRIS PLAINS
Jettinghoff, Rudolph H., '20
Simms, Ms. Catherine Cramer, '67

MORRISTOWN
Davis, Roger Fisher, '68
Hill, David Charles, '74
Keegan, Kevin Michael, '71

MOUNTAIN LAKES
Ford, 2LT Christopher Dean, USAF, '85

MOUNTAINSIDE
Fields, Lawrence Michael, '69

MOUNT ARLINGTON
Hirz, Stephen R., '48
Valentino, Joseph R., '56

MOUNT HOLLY
Halpern, Mrs. Elizabeth Brown, '54

MOUNT LAUREL
Croker, Robert James, '72
Geist, Norman J., '62
Griffin, Scott R., '87
Karabinos, Edward F., '83
Light, Debra Faye, '79
Lyons, Robert E., III, '72
Pocock, Deborah Lynne, '82

NESHANIC STATION
Kaenzig, Joseph G. (Gary), Jr., '67

NEWARK
Ho, Jaqueline Wei-Yen, '87

NEW BRUNSWICK
Eaton, Adrienne Eleanor, '83
Singleton, Mrs. Crystal A., '67

NEW MILFORD
Turner, Judith Hanby, '81

NEWTON
Tiwari, Surendra Nath, '81

NEW VERNON
Creager, Paul, Jr., '50

NORTH BERGEN
Sarnovsky, Craig Alan, '76
Zaslavsky, Harry L., '52

NORTH BRUNSWICK
Knedler, John G., '65
Phillips, Daniel Miller, '58

NORTHFIELD
Kelly, Kenneth Vincent, '81

NORTH PLAINFIELD
Dilley, David Donald, '69

NORTH WILDWOOD
Bianchi, Suzanne Renne, '85

NORWOOD
Rathe, Anthony G., '53

NUTLEY
Lisbona, Frank J., '50

OAKHURST
Dietz, Glenn Charles, '86
Marks, Ruth Neustadt, '46

OAK RIDGE
Jenkins, Harold Gene, '51
Schwarz, Kurt, '79

OLD BRIDGE
Arends, Alan E., '59
Rapp, Robert M., '50

OLD TAPPAN
Nestman, Kenneth John, '85

ORADELL
Capossela, S. James, '50
Hopkins, Stephen J., '56
Prince, Marvin, '52

ORANGE
Ullman, David F., '48
Ullman, Richard Kiernan, '87

PALMYRA
Matthew, Edward R., '59

PARAMUS
Avison, Walter I., '48
Silver, Harold, '46

PARK RIDGE
Van Horn, Douglas Claydon, '68

PARLIN
Binkley, Larry Edward, '79

PARSIPPANY
Ayers, James, '87
Bloom, Michael Scott, '86
Farina, Julio A., '59
Farkas, Joel Jesse, '66

PASSAIC
Shapiro, Mrs. Deborah E., '83

PATERSON
Anderson, William Xavier, '66
Goldberg, Alan R., '65
Williams, Patricia D., '80

PEAPACK
Salmon, Barry George, '78

PENNINGTON
Harris, Frederick George, '48
Rockey, Ernest A., '48
Rockey, Margaret Vogler, '49
Schneier, Craig Eric, PhD, '69

PERTH AMBOY
Greenfield, Mrs. Frances Gilbert, '45
Simon, Richard Pierson, '76

PISCATAWAY
Saving, Robert J., '49

PLAINFIELD
Golub, Seymour L., '37

PLAINSBORO
Johnson, Gary Lee, '71
Maleski, Mark Allen, '81
Mc Daid, Kristine, '78

PRINCETON
Bavishi, Dr. Vinod Bapalal, '75
Elsea, Carole Elder, '65
Schrader, Bettie Coble, '39
Steginsky, Andrew Dale, '81
Yant, Stephen Richard, '83

PRINCETON JUNCTION
Churchill, Dwight De Ward, '78
Mc Kee, Charles James, '70

RAHWAY
Cicatiello, Anthony Samuel, '73
Kline, Chris Osborn, '81

RAMSEY
Turner, Charles F., '55

RANDOLPH
Cooper, Ronald John, '67
Foight, Lloyd Stanley, '70
Friedland, Richard Stewart, '72
Humphrey, Perry Richard, '79
Kirshenbaum, Kenneth Jay, '85
Rubinstein, Alfred M., '43
Sharma, Satya Prakash, '84

RED BANK
Berger, Jean Katz, '42
Holbrook, Edward W., '31
Melser, Ronald Bruce, '82
Vannuki, Ronald J., '63
Warnock, Harold Henderson, Jr., '60

RIDGEFIELD PARK
Shein, Richard Allen, '78
Yellin, Lawrence Scott, '79

RIDGEWOOD
Bagley, Robert R., '65
Knies, Evadna Johnson, '38
Knies, Paul H., '40
Lieser, John T., '63
Machson, Jeffrey Lee, '70
Petsef, Rhonda D'Jalili, '86
Reed, James Arthur, '55
Schlecht, Leonard E., '59
Simmons, Robert Thomas, '75

Spengler, Jack E., '55
Tseng, Guey-Taur, '86

RIVER EDGE
Frylinck, George Robert, '70
Jones, James Philip, Jr., '81

RIVER VALE
Spatz, Martin W., '53

ROBBINSVILLE
Nelson, David Hugh, '83

ROCKAWAY
Seidler, Sybil Altenhaus, '48
Zukerberg, Ronald Steven, '74

ROSELAND
Fisch, Ronald Elliot, '73

SADDLE RIVER
King, Herdic W., Jr., '59
Walters, Douglas Richard, '87

SCOTCH PLAINS
Flath, James R., '79
Holland, Evelyn Jacula, '79
Remyn, Franklin Delano, '77

SEA GIRT
George, Mrs. Natalie A., '86

SEWELL
Vernal, Richard Gary, Jr., '87
Yuan, Terence Tsu-Yung, '82

SHORT HILLS
Eisnaugle, Jack J., '51
Maynard, Robert M., '47
Michel, Aaron Edmund, '78
Zweier, Dr. Paul, '68

SHREWSBURY
Rabinowitz, Herbert J., '47

SICKLERVILLE
Clark, William John, '88

SOMERSET
Driscoll, Lawrence Thomas, '73
Fisher, Alfred Edgar, '60
Killian, Kevin Mark, '81
Morgan, Raymond Joseph, '48
Tang, Ching-Ching, '82

SOMERVILLE
Bullock, Robert F., '66
Gregory, Dexter Irwin, '77
Koontz, Gary C., '58
Tilly, William George, '72

SOUTH PLAINFIELD
Solon, David John, '87

SPARTA
Chinnici, James Anthony, '76
Kinsky, Richard David, '72
Motz, William K., '49
Pechter, Morton, '47
Rupp, Thomas Alfred, '73
Ryder, Kent Lee, '68
Satterfield, CAPT Sarah Ann, '75

SPRINGFIELD
Wallick, Robert Charles, '77
Weinberg, Morton R., CPA, '50

STEWARTSVILLE
Hoser, Russell Robert, '87
Karlin, David Ronald, '77

STRATFORD
O'Hara, William H., Jr., '46

SUCCASUNNA
Giles, John Richard, Jr., '70
Kuenzli, William Leo, '73
Parimi, Narayan Uday, '75

SUMMIT
Bernstein, Mrs. Edith B., '44
Eichler, Burton L., '54
Gifford, Mrs. Gretchen Mundhenk, '46
Gifford, William R., '47
Lepard, Sunday Dawn, '86
Marshall, Carlile Babcock, '80
Moore, Richard William, '72
Ross, George Kenneth, '67

TABERNACLE
Barrett, Robert Earl, '56

TEANECK
Blumstein, Doris Slutsky, '44
Christakos, Theodore T., '47
Davis-Kelsey, Patricia Diana, '85
Mc Farlane, Darryl Kenyatta, '87
Muehsam, Audrey Kalish, '51

TENAFLY
Bressler, Sidney, '47
Elia, Bruce L., '76
Levinsohn, Mrs. Corinne Bree, '46
May, Lawrence Evan, '71
Miller, Alan Jeffrey, '77
Miller, Robin Schweibel, '79
Stobbs, Dwight F., '57

TINTON FALLS
Krzystek, Peter James, '80

Shine, Joyce Arlene, '79

TITUSVILLE
Trombetta, Dr. William L., '73

TOMS RIVER
Clark, Brian Patrick, '80
Hurley, Frank James, '81
Prieto, Ronald A., '66
Walsh, Richard D., '50

TRENTON
Crawford, Melvin, '77
Eidson, MAJ James Paul, USAF, '76
Fell, Robert James, Jr., '88
Schuler, Gregory Joseph, '71

TURNERSVILLE
Conlin, Raymond Mario, Jr., '85

UNION
Kopelson, Edward A., '67
Sipe, Stanley Weber, '49
Welt, William Arthur, '83

UPPER SADDLE RIVER
Barry, David A., '71
Willingham, Dr. John J., '63

VERONA
Yang, Lydia Tang, '75

VINELAND
Pierson, Ronald Eugene, '66
Schenk, William J., '60

VOORHEES
Newcomer, Thomas Richard, '88

WANAQUE
Stone, Riley Nathaniel, Jr., '56

WARREN
Fox, Ina Weiner, '57
Green, Gregory William, '83

WASHINGTON TOWNSHIP
Lisson, Gerald H., '48

WATCHUNG
De Socio, Robert James, Jr., '84
Oliva, Carmine T., '66

WAYNE
Coleman, Lawrence, '51
Hulse, Sidney Drewel, '79
Prasuhn, Cherie, '66

WEEHAWKEN
Ford, William Benjamin, '72

WENONAH
Kohler, Kurt Louis, '80

WEST CALDWELL
Weiss, Mark, '54

WEST DEPTFORD
Thomas, William A., '85

WESTFIELD
Davidson, William E., '56
Fink, Pamela Lynn, '88
Fry, Robin Lee, '72
Kopelman, David W., '61
Shapiro, Bernard Saul, '58

WEST LONG BRANCH
Maltzman, David J., '47

WEST NEW YORK
Koenig, Arnold, '57

WEST ORANGE
Karu, Michael Howard, '75
Weiss, Martin Alan, '79

WEST TRENTON
Immordino, Howard William, '73

WESTVILLE
Arndt, Richard Maynard, '86

WEST WINDSOR
Kraft, Joseph William, Jr., '71

WESTWOOD
Main, Roger L., '67

WHIPPANY
Thompson, James G., '51

WILDWOOD
Kajander, Francine, '86

WILLIAMSTOWN
Wallace, Donna Lynne, '77

WOODSTOWN
Barker, Floyd Lee, '69
Pashuck, Eugene Thomas, '71

WRIGHTSTOWN
Barr, SGT Daniel Robert, USA, '77

WYCKOFF
Accettura, Raymond Vito, '69
Dennis, Robert Edwin, '66
Main, Robert A., Sr., '48
Mowerson, Edward A., '33
Stewart, William Glen, '63

YARDVILLE
Diamond, Ms. Jill Bonnie, '87

NEW MEXICO

ALAMOGORDO
Usoff, Catherine Anne, '86

ALBUQUERQUE
Angle, Mark Robert, '83
Ault, John William, '82
Bolte, Gary Dennis, '75
Bova, Arthur V., Jr., Esq., '72
Clifford, Jack M., '35
Coughenour, Richard L., '60
Cowgill, John Alan, '81
Davis, Spencer H., '44
DeCocker, Jeffrey Michael, '87
Demorest, John William, '75
Ford, Robert Paul, '68
Garst, Mrs. Betty M., '49
Garst, Daniel M., '48
Guier, Thomas Joseph, '56
Hozier, George Chambers, Jr., '71
Huffman, Richard L., '77
Knapp, Donna Lynne, '80
Lackens, COL Edwin B., USAF(Ret.), '51
Lowther, LTC Dale Raymond, USAF(Ret.), '46
Lowther, Robert D., '67
Miller, James Richard, '38
Parks, Robert B., '51
Powell, Dennis Jay, '75
Reid, Richard Alan, PhD, '67
Rivlin, Leslie Myron, '46
Rupert, Donald R., '37
Sanchez, Julian Paul, '80
Stevenson, Dennis Dale, '63
Torraco, COL Pasquale, USAF(Ret.), '60
Ueltschy, Richard George, CPA, '78
Wider, Henry, '51
Wilkins, Vincent Robert, '87
Wolf, Robert Paul, '60

CEDAR CREST
Morrill, Edward F., III, '62

CLOVIS
Leedy, David W., '57

FLORA VISTA
Grieser, George M., '51

GLENWOOD
Tackman, Arthur L., '39

KIRTLAND AFB
Pargeon, MAJ John Isaac, Jr. USAF, '78
Pargeon, Mrs. Macel Kennedy, '77

LAS CRUCES
George, Myron Owen, '40
Hamilton, Robert Worthington, '39
McMullen, Carl G., '51
Pease, Dr. Laurel E., '72

LOS ALAMOS
Browne, James Richard, '48
Clayton, Dwight S., '49
Hagedorn, George L., '67
Hinnebusch, COL Michael L., USAF(Ret.), '67
Tiedman, COL Allen J., USAF(Ret.), '67

SANTA FE
Garnand, Bruce F., '51
Hawkins, Richard William, '69

SILVER CITY
Culp, George E., Jr., '51

TIJERAS
Wileman, Abigail, '72

NEW YORK

ALBANY
Shaw, Thomas William, '48
Stefan, Alan T., '59

ALBERTSON
Williams, Deborah Annette, '87

ALBION
Thompson, Allyson Joanne, '88

ALLEGANY
Patterson, Kenneth G., Jr., '63

ALTAMONT
Allman, Scott A., '82

AMHERST
Glynn, Dr. Joseph Graham, '79
Gunn, Dr. Sanford Charles, '77
Lentz, Deborah Hentzen, '75

AMSTERDAM
Wohl, Irving J., '48

APALACHIN
Baker, David B., '86
Peake, Carrie Lynn, '86

ARMONK
Brinkman, Mrs. Isabelle A., '48

ATLANTIC BEACH
Denker, Irv, '54

AUBURN
Fitzpatrick, Mary Elizabeth, '87
Goldman, Charles B., '43
Maloney, Albert Thomas, Jr., '67

AVA
Pierce, Danny Allen, '81

BALDWIN
Herling, Herbert S., '57
Katz, Robert Mark, '87
Levy, Joel, '56

BALDWINSVILLE
Acles, James D., '57

BALLSTON
Mosier, Laura Lynn, '81

BALLSTON LAKE
Diamond, Dr. William M., Jr., '56

BALLSTON SPA
Bradley, Thomas Irwin, '83
Lehmann, Dr. Timothy, III, '59

BATAVIA
Sohns, Charles A., '30

BAY SHORE
Baumann, Lester H., '36
Bouton, Charles Berka, '75

BAYSIDE
Schachner, Dr. Leopold, '51

BEAVER DAMS
Straub, Rev. Roy R., '49

BEDFORD
Oldani, Peter Michael, '73

BELLE HARBOR
Weiss, Alan Herbert, '66

BELLMORE
Fox, Ernest Lewis, '80
Meyers, Jerome Gilbert, '62

BINGHAMTON
Bauman, Edward A., '41
Bauman, Madeileen Beers, '42
Best, Robert Mulvane, '47
Best, Roselyn Welton, '46
Kibler, Ann Verna, '80
Kicinski, John M., '58
Koffman, Milton A., '45
O'Brien, David Hugh, '51

BLACK RIVER
Kanik, James R., '50

BRENTWOOD
Raimo, Nicholas Paul, '73

BRIARCLIFF MANOR
Ziegel, Arnold Jay, '67

BROCKPORT
Ghazanfari, Gholam Hossein, '79
Parker, Wayne Leroy, '49

BRONX
Eggspuehler, Jay B., '82
Noble, Leyland Archibald, '79
Riggins, John Kevin, '87
Sandler, Jay M., '43
Tinianow, Israel, '52

BRONXVILLE
Murrer, Martin C., '79

BROOKLYN
Ampofo, Kwame Nana, '80
Baruch, Steven Jay, '83
Brundrett, Lawrence Bartch, '71
Cheam, Yueh Leng, '87
Chisolm, Jerard Ricardo, '88
Clement, Gwendolyn Adams, '50
Clement, Wendell E., '51
Fulmer, Richard Thomas, Jr., '70
Golis, Karen Beth, '85
Kalman, Stephen, '71
Kegerreis, Melissa Ann, '78
King, Dr. Martin L., '60
Korte, Mrs. Elaine B., '86
Landes, Harvey I., '48
Lewin Epstein, Max S., '50
Moriarty, James Tighe, '86
Nichols, Richard Dean, '70
Oliver, William Eugene, '73
Oyster, Jeffery Allan, '87
Penn, Lewis, '49
Rennebaum, Raymond George, Jr., '74
Rosenfield, Jack Michael, '71
Siegel, Arthur Joel, '66
Smith, John Gilbert, '52
Spector, Harvey William, '75
Uretsky, Dr. Myron, '62
White, Terese Jean, '83

BUFFALO
Benjamin, Ronald A., '58
Buck, Winthrop Lawrence, '71
Burnside, Barry L., '67
Burnside, Mrs. Kathleen, '71
Chelikowsky, Wayne F., '63
Clark, Denise Arlene, '79
Davies, Mary Keppler, '48
Davis, Raymond R., '68
Davis, Robert Richard, '62
Duke, Amedeo J., '43
Goldman, Byron R., '37
Hepp, Carl W., '57
Katz, Donald W., '48
Korn, Charles R., '67
Melzer, Robert D., '47
Previty, MAJ Anthony P., '66
Slauter, Charles Henry, Jr., '48
Taylor, Dr. Henry Lee, '72
Williamson, Patrick Joseph, '71
Wolf, Richard Louis, '84
Zeckhauser, J. Milton, '32

CAMILLUS
Brennan, William J., '49
Frank, Oren Leslie, '47

CANANDAIGUA
Hilkert, Max L., '58
Mc Master, Leonard Royal, '63
Waggoner, Barry Lee, '72

CARMEL
Shulman, Lloyd J., '64

CENTER MORICHES
Lee, Brian Jay, '85

CENTRAL VALLEY
Dutton, Jeffrey Lynn, '80

CHAPPAQUA
Hsia, Angie, '80
Klug, Thomas L., '71
Tischer, Loren Edward, '72

CHARLTON
Rodriguez, Jonathan Talbot, '86

CHAUTAUQUA
Corlett, Charles Bert, '74

CHEEKTOWAGA
Morrison, Andrew Scott, '87

CHESTER
Adkins, James Marrion, Jr., '78
Adkins, Jane Stuart, '77
Bahr, Richard M., '64
Heath, Nancy Jane Sprecher, '82

CLAY
Marvar, Ronald J., '58

CLIFTON PARK
Boggs, LT Sharon R., USN, '84
Cooper, Terry Lee, '73
Elliott, Mrs. Kathleen M., '85
Groth, Edward Elmar, '72
Kalle, Lee Martin, '86
Moore, Charles La Verne, Jr., '77

COLD SPRING
Culp, Joseph M., '72

COLD SPRING HARBOR
Askerberg, Erick James, Jr., '71

COOPERSTOWN
Schaeffer, Jacob H., '32

CORAM
Grove, Kathy Kaercher, '74

CORNING
Boell, Jean Polley, '67
Rector, Fred E., '31

CORTLAND
Hartnett, James D., '83

CROTON-ON-HUDSON
Kilcullen, Elizabeth Bentley, '47

DANSVILLE
Walker, Mrs. Rhea-Jean, '68

DEERPARK
Hatcher, Jonathan Valno, '79

DELMAR
Metzger, Jeffrey Joseph, '80
Metzger, Margaret, '82

DEWITT
Brissenden, James L., '63
Grossman, Gary Alan, '75

DIX HILLS
Barasch, George, '57
Reitman, Jeffrey B., '66

DRYDEN
Hattery, Michael Robert, '77

DUNKIRK
Favata, David J., '85

EAST AMHERST
Cosgrove, Timothy A., '72
Edwards, Robert M., '55
Foster, William Omer, Jr., '50
Lentz, Robert Allen, '76

EAST AURORA
Klippert, Rolf V. R., '58
Mc Quigg, William G., '39

EASTCHESTER
Glenn, Arnold B., '45
Sherman, David Leo, '86

EAST GREENBUSH
Rohan, Howard Joseph, '82
Zeigler, Michael C., '67

EAST HILLS
Adell, Allan Irwin, '53

EAST ISLIP
Lyons, Michael Joseph, '86

EAST MEADOW
Aaron, Jeffrey Seth, '81
Hamill, S. Eric, '71
Hart, Donald Joel, '54
Kaye, Samuel Kornhendler, '71

EAST NORTHPORT
Adelstein, Ronald Dennis, '58
Hurley, Bruce C., '80

EAST NORWICH
Gerstein, Dave, '39

EAST ROCKAWAY
Shulman, David Roy, '74

EDINBURG
Miller, Phillip Alan, '59

EGGERTSVILLE
Miller, Ronald Lee, '72

ELLICOTTVILLE
Watts, Cheryl Anne, '80

ELMA
Nowicki, 1LT Anthony William, '84

ELMHURST
Steinberg, Michael Scott, '74

ELMIRA
Acuto, David William, '81
Ballou, Stanley R., Jr., '49
Bedell, John P., '49
Mathews, Charles A., Jr., '50

ELMONT
Rosenzweig, Lawrence M., '77

ELMSFORD
Arceri, Ms. Louisa Ann, '85
Brooks, Joseph Edward, '81

ENDICOTT
Costello, John Charles, '85
Matarese, Lorraine Heichemer, '80
Perry, Debora Anne, '84
Pfannenschmidt, Keith Robert, '87
Simons, Gary Allen, '83

ENDWELL
Gagnon, Francis Alfred, '74
Shuptrine, Kelly Weber, '79

FABIUS
Gallagher, Thomas Stephen, '80

FAIRPORT
Aschman, Richard P., '72
Bergkessel, Ernest John, '75
Cox, Barry Wayne, '76
Durco, Dennis Raymond, '82
Frydryk, Kevin Paul, '83
Guild, John William, '68
Harris, William Kress, '55
Hura, Richard B., '50
Kayser, Walter George, Jr., '76
Knapp, Harry Conrad, '72
Mollenkopf, David E., '58
Murphy, Thomas Joseph, '79
Robboy, Dr. Marc Wayne, '72
Spindler, Paul William, '79
Stamatis, Rhonda Mokhiber, '80
Tomaselli, Peter Charles, '79
Valletta, Frank L., III, '82
Wilcox, James H., '53

FANCHER
Lahmon, Kimberly Lynn, '88

FARMINGVILLE
Augi, Anthony, '86
Schmitt, Robert William, '85

FAR ROCKAWAY
Miller, Minnie Sole, '45

FAYETTEVILLE
Driscoll, Philip T., '48
Goodwin, Ruth Heimsch, '51
Gordon, 2LT Charles L., '65

FISHKILL
Lundstedt, Peter Sanford, '86

FLORAL PARK
Edelstein, Amy Jo, '83
Peskin, Harvey, '56
Shapiro, Ira Jay, '79

FLUSHING
Lee, Minha Kim, '84
Lim, Siew Choo, '87
Mc Clanahan, Herbert H., '29
Meiselman, Mark Philip, '67
Moss, Maxwell J., '47
Pollack, Seth Ellis, '80

FOREST HILLS
Babson, Stacey Beth, '82
Becker, Martin M., '60
Olds, Keith, '53
Postyn, Jon Lawrence, '77
Waitzman, Jay Leslie, '74

FREDONIA
Auker, Lester D., '52

FREEHOLD
Tucker, Carroll Max, '50

FREEVILLE
Millier, Ms. M. Kay, '77

FRESH MEADOWS
Cline, Kevin M., '85

GARDEN CITY
Gordon, Christine M., '86
Morelli, Peter Joseph, II, '83

GARNERVILLE
Maliszewski, Roy Michael, '82

GETZVILLE
Liffiton, Jack D., '63
Rosenthal, Marsha Vyner, '68

GLEN HEAD
Jerome, Marvin J., '46

GLENS FALLS
Cowan, Robert D., '49
Macy, Jack Edwin, '44

GLENVILLE
Clark, Timothy Orean, '77

GRAND ISLAND
Broadway, Arthur H., '40

GREAT NECK
Adler, Milton M., '43
Bergman, Cari Edelstein, '81
Bourne, Harry P., '71
Katz, Jerome L., '49
Lippe, Al A., '29
Sobolewski, John Jacob, '70
Weiss, David I., '65

HAMBURG
Howick, Charles Harvey, '70
Pohlman, Robert F., '48
Richardson, Ellen Wagner, '53

HARRISON
Friedman, Richard Paul, '71
Gordon, Alan Earl, '74
Sutterley, Mark Christopher, '72

HARTSDALE
Lawrence, Ned M., '40
Morrissey, William Raymond, '69

HASTINGS-ON-HUDSON
Hirsch, Howard I., '56

HAUPPAUGE
Schwartz, Stuart Michael, '86

HEMPSTEAD
James, Doris Jean, '80

HENRIETTA
Paden, Charles N., '57

HEWLETT
Abrams, Ione Gluck, '49
Rothenstein, Edward M., '49
Sigman, Herman B., '47

HEWLETT HARBOR
Cohen, Richard Jay, '75

HICKSVILLE
Matyas, Louis Anthony, '69

HILLBURN
Allen, Clinton Anthony, '82

HOLCOMB
Murray, Michael Bond, '73

HOMER
Braun, Edgar D., '69

HONEOYE FALLS
Guess, Curtis M., '60
Smith, Jeffrey Owen, '72

HOPEWELL JUNCTION
Goodhart, Goodwyn Kaley, '54

HORSEHEADS
Heichel, Douglas Eugene, '83
Weigel, Alwin W., '38

HOWES CAVE
Phillips, John Frederic, '74

HUDSON
Noecker, John S., '55

HUNTINGTON
Fischenich, Joseph Raymond, '70
Kundla, Gerald Stephen, '66
Lowd, Jonathan E., '85

HUNTINGTON STATION
Webster, Dr. Thomas Charles, '76

ILION
Connors, Leo D., '57
Tooney, Raymond Warner, '32

IRVINGTON
Rosenfield, Daniel Lawrence, '73

ISLIP
Morris, William R., Jr., '57

ITHACA
Kaven, William H., '46
Lehmann, Edward Nearing, '88
Ruda, Cheryl Gerette, '84

JACKSON HEIGHTS
Nguyen, Hien Thi, '86

JAMAICA
Booher, Leon C., '50

JAMESTOWN
Johnson, John Allison, '70
Mallare, Joseph F., '52
Radack, William J., Jr., '60
Schulte, Russell H., '38
Simons, James B., '57

JERICHO
Pollack, Richard Louis, '70
Wolk, Bruce L., '56

KATONAH
Ayres, Richard Stone, '63

KENMORE
Stucker, Ronald E., '61

KINGS POINT
Gelb, Stuart Allen, '71

KINGSTON
Cones, Jane Haas, '87
Morgan, Daniel Douglas, II, '86
Navy, Melvin, '47

LAGRANGEVILLE
Stultz, Ralph W., '58

LAKE GROVE
Nocito, Alfred A., '40

LAKE PLACID
Shook, John J., '82

LAKEWOOD
Imfeld, Daniel Thomas, '76

LARCHMONT
Greenberg, Russell A., '80

LAWRENCE
Cohen, Martin R., '65

LEWISTON
Wake, James I., '41

LIBERTY
Roselman, Judith Marsha, '71

LINDENHURST
Emmett, Robert Gerard, '70

LIVERPOOL
Dillon, David J., '72
Schroeder, Teresa Ann, '86

LLOYD HARBOR
Launer, Robert Barry, '70

LOCKPORT
Smith, Ralph Everett, '69
Trimbach, Charles F., '65

LOCUST VALLEY
Batten, Dr. William Milfred, '32
Greenfield, David A., '65

LONG BEACH
Blau, Robert Mark, '76
Negin, William S., '49
Pernal, Edward Anthony, Jr., '72
Strauss, Sheldon A., '66

LONG ISLAND CITY
Chin, Mrs. Nancy Y., '84
Harrington, Vincent R., '85

LOUDONVILLE
Hines, Thomas Michael, '68
Parets, Herbert L., '48

LYNBROOK
Tragesser, Donald R., '50

MAHOPAC
Botchlett, David James, '75
Sytnik, Frank William, '74

MAMARONECK
Giles, Rolla Philip, '72

MANHASSET
Gottlieb, Ann, '48
Landowne, Harold D., '49

MANHASSET HILLS
Stein, Harold M., '56

MANLIUS
Bergman, James Lee, '77
Byers, Rev. Donald C., '61
De Santis, Raymond J., '62
Zinszer, Dr. Paul Harvey, '71

MARIETTA
Murray, Joseph A., '53

MASPETH
Schain, Robert Lawrence, '80

MASSAPEQUA PARK
Bauman, Suzanne, '84
Craig, Robert G., '50
Krauss, David, '71
Nachman, Jeffrey Neil, '72
Shapiro, Arnold Samuel, '49

MASSENA
Lux, Frank Edward, '71

MAYVILLE
Pagels, Craig Alan, '83
Quere, David A., '47

MC GRAW
Paro, Wayne Franklin, '73

MEDFORD
Heuschneider, James Edward, '84

MERRICK
Goldberg, Mark Jay, '84

MIDDLETOWN
Faga, Catherine Vonclausburg, '83
Johnson, Robert Gaylord, '81

MILL NECK
Baechle, James Joseph, '54
Marksohn, Steven Bruce, '75

MONROE
Hayashi, Tomoyuki, '86
Knoef, Kevin Dean, '78

MONSEY
Parrott, Jeffrey Allen, '81
Wilson, Edward Albert, '70
Wolfe, Erin Fay, '84
Ziskin, Ms. Anita F., '65

MOUNT VERNON
Hunter, Kevin, '86

NANUET
Richards, Stephen M., '56
Wilson, Steven Alexander, '83

NESCONSET
Hoskinson, Mrs. Maryann Rhoad, '70

NEWBURGH
Mackey, Dwight E., '50
Weisman, Hubert B., '43

NEW CITY
Butler, David P., '58

NEW HARTFORD
Damsky, Michael D., CLU, '55
Kowalsky, Leonard M., '42
Rizika, Robert N., '56

NEW HYDE PARK
Pearlman, Louis R., '61

NEW ROCHELLE
Crosswhite, Wendell Lee, '69
Durbin, Gilbert H., '32
Keenan, Kenneth Bruce, '60
Klinger, Louis Barry, '73
Levine, Kenneth Harold, '42
Mann, Ronald Clinton, '52
Marks, Ruth Flamberg, '46
Marx, Alan S., '57
Mc Cann, John P., '38
Newman, Laura Ruth, '85
Turk, Leonard H., '58

NEW WINDSOR
Casey, Thomas James, '69

NEW YORK
Adams, Shirley, '52
Alexander, William Donald, '75
Amdur, Dorothy L., '44
Armstrong, Gary L., '71
Aronowitz, Jay David, '82
Asherman, Ira G., '60
Baldwin, CAPT Duane Clark, USA, '81
Ball, Robert Christopher, '81
Banbury, Douglas Jay, '88
Barber, LTC John E., USAF, '64
Barr, Michael R., '84
Barrett, Barbara Poague, '56
Bartholomew, Ms. Lynn Marie, '85
Baum, Scott Edward, '81
Beatty, 1LT Vernon Lee, Jr., '86
Becker, Elsie Alice, '42
Betz, Joseph Patrick, '80
Bevacqua, James Michael, '81
Blanks, Mark Steven, '71
Bohm, Arthur, CPA, '70
Borsa, Edward J., '53
Boyle, David L., '71
Brandt, William Kettler, '67
Braver, David A., '56
Brovitz, Stacy Alan, '81
Brown, Ms. Deidre A., '86
Brown, MAJ Ralph Richard, USAF, '70
Burnett, Carl Warnock, Jr., '82
Buxton, Joseph Gary, '86
Buxton, Laura A., '86
Callibarri, James R., '82
Carvalho, Ronald, '71
Casen, Mrs. Jo Anne, '77
Caswell, James H., '67
Chen, Dr. Eva T., '87
Clymer, William Lawrence, '36
Cobb, Brett Alexander, '85
Cohen, Peter Anthony, '68
Colby, Robert William, '69
Coleman, COL Steven Laurence, USAF, '66
Craig, Dr. Charles Samuel, '71
Curtis, Franklin James, II, '81
Dalbey, Stephen I., '65
D'Amico, Jennifer, '87
Dille, Lloyd A., '36
Diner, CAPT Mary J., USA, '80
Dmytrewycz, Bohdan, '74
Dodson, LTC Jonathon Boyd, USA, '77
Doss, John R., '60
Durham, LTC Orin Andrew, Jr., USA, '74
Eddleblute, Wayne Charles, '73
Elmlinger, Joseph E., '51
Fagin, Stuart Alan, '86
Falasca, Don Alfred, '75
Fine, Anita L., '65
Foster, Adam Henry, '82
Franga, Lowell Douglas, '74
Galida, Lynn Frances, '87
George, LTC William Michael, USAF, '68
Gerren, Richard L., '62
Gibson, Ruth Heindenreich, '69
Gilbert, Lisa Cori, '87
Glasgall, Franklin, '54
Good, James Richerd, '54
Goodman, LTC Jack Lee, Jr., '68
Green, David Charles, '74
Greenwood, Edith Rantoul, '75
Greiner, Dorothy Mamula, '52
Griffith, Gary Reese, '63
Gstalder, Theodore F., '77
Gutekunst, Bart Christopher, '75
Guy, Susan Davies, '77
Hedge, Michael James, '74
Hellyer, CAPT James Arthur, USA, '72
Hemstead, Arthur E., Jr., '47
Heylman, Bruce Dillon, '86
Hite, Gailen Lee, PhD, '70
Hostettler, Otto K., '39
Hsu, Grace Rosanna, CPA, '85
Huegel, Brian Carr, '78
Hughes, Dr. Abby Lizabeth, '80
Ito, Christopher Allen, '88
Jablons, Daniel Andrew, '82
Jackson, Daniel E., Esq., '82
Johnston, Fred B., '56
Jones, Lawrence William, '83
Kahn, Toby J., '69
Katz, Jerome L., '56
Kaufman, George S., '49
Keatts, John H., '56
Kern, Jacqueline Claire, '85
Kimmick, CAPT Timothy Edward, USA, '78
King, Ms. Irene Hagiantoniou, '68
Kitchton, George G., '41
Klatskin, Neil Martin, '82
Koontz, LTC Bert William, USAF, '68
Krass, Stephen J., '60
Kurdziel, Donald Michael, '76
Lacko, Alan Joseph, '79
Lambert, Bill George, '68
Leach, Michael J., '63
Leonoff, Richard Scott, '84
Leveskas, LCDR Michael Joe, USN, '76
Levine, Irvin, '43
Levine, Mitchell Douglas, '83
Limes, Jeffrey Stockwell, '75
Lloyd, Howard L., '48
Loose, Linda Louise, '72
Lutch, Sheldon, '79
Lutz, Russell E., '60
Maher, Frances A., '49
Mason, Jo Ann, '61
Mayer, Joan Krejci, '55
Mc Henry, MAJ Roger William, USA, '71
Meyer, Donald Eugene, '75
Miller, Fred B., II, '87
Miller, Mrs. Kimberly S., '85
Monnett, COL James F., '64
Montavon, Harry Fredrick, '82
Moore, Natalie Kiyoko, '87
Morris, Kyle A., '56
Morris, Mary Ellen, '86
Mullen, Joseph Brian, '76
Nelkin, Randi Sue, '85
Nelson, LTC George Russell, '71
Nelson, Dr. Ted, '53
Novotny, Janet Marie, '81
Oland, Peter Jay, '69
Orshan, Michael S., '79
Parero, Mrs. Lorie Ann, '87
Pasternak, Martin Jay, '82
Patricof, Alan J., '55
Pines, Allan A., '49
Preston-Kujawa, Nina Swensen, '52
Raka, Cherachit, '88
Reid, COL Richard George, '68
Revelos, Michael, '55
Rhein, Gary Philip, '72
Riklis, Meshulam, '66
Rohrer, William Donald, '78
Roman, Robert D., '56
Rosen, CAPT Paul Mitchell, USAF, '80
Rosenberg, Jean L., '46
Ross, James Barry, '71
Rossi, Robert Joseph, '78
Rothman, Susan Brauman, '71
Sablowsky, Jon Scott, '85
Sammons, Robert L., '49
Schaeffer, Sandor, '54
Scherl, Archer, '53
Schilling, Raymond William, '80
Schmittke, Marc Bernard, '68
Schwalbach, Leonard L., '50
Schwenkel, Kurt Carlson, '78
Sernau, Stephanie Anne, Esq., '83
Shaud, Dr. John Albert, '71
Sheets, Lawrence S., '50
Smith, Robert Lee, '35
Smith, Wayne Matthew, '77
Socolov, Albert H., '42
Steinberg, William C., '50
Stern, Scott Evan, '74
Stern, Stanley M., '50
Stimler, Frederick William, '71
Sting, David G., '62
Summit, Stuart A., '57
Swid, Stephen Claar, '62
Sybert, Christine Wren, '81
Sybert, LT Robert Marvin, '81
Taggart, John Yeatman, '54
Taylor, Linda Dianne, '74
Tolkin, Douglas Francis, '84
Turk, Stephen H., '66
Tyus, Kathryn Yvonne, '85
Wacha, Elizabeth Anne, '86
Weill, Stefan L., '58
Weiss, Ben G., '29
Wolfson, William M., '48
Woolman, Jane Wolf, '38
Wydler, Hans U., '44
Zangaro, Tony Guy, '85
Zavakos, Julia, '84
Zelman, David Scott, '84
Zelman, Lawrence Elliot, '71

NIAGARA FALLS
Scherer, Philip M., '64

NISKAYUNA
Miller, Alice Sun, '75

NORTH BABYLON
Mc Neeley, Dr. Brian J., '85

NORTH BELLMORE
Broderick, Mike, '85
Green, Stephen Edwin, '58

NORTH CHILI
Joy, David Michael, '84

NORTHPORT
Little, Mrs. Frances P., '83
Little, Dr. John Andrew, '83
Morin, Gary Edward, '71

NORTH SALEM
Eidelman, Sylvan Lee, '71

NORTH SYRACUSE
Wood, Michael William, '86

NORTH TONAWANDA
Robinson, Eugene Paul, '50
Ruslander, Robert Steven, '84

NORTH WOODMERE
Finkelstein, David J., '87
Rosen, Arnold, '57
Rosen, Mrs. Estherfay Shapiro, '55

NORWICH
Montesano, Joseph J., '63
Walker, John D., '36

NYACK
Brue, Michael Louis, '79

OCEANSIDE
Mendelsohn, Norman, '59

OLD WESTBURY
Feinman, Irving M., '47

ORANGEBURG
Cohen, Lester, '58
Finke, Philip Steven, '67

ORCHARD PARK
Bigelow, Richard A., '58
Crosley, F. Stewart, Jr., '50
Mabry, Ronald Dean, '79
Swain, John E., '47

OSSINING
Packard, Richard A., '41
Smith, Julie Marie, '84
Travis, Gene L., '57

OWEGO
Wakefield, Linda Diane, '81

OXFORD
Garruto, James Russell, '72

OYSTER BAY
Davis, 2LT Gregory Scott, '87

OYSTER BAY COVE
Grieco, Joseph H., '51

PAINTED POST
Finneran, Therese Stanton, '49

PALMYRA
Overmier, Thomas Eugene, '68

PEEKSKILL
Stoessner, Mark Anthony, '74

PELHAM MANOR
Monda, Keith David, '68

PENFIELD
Dennee, John M., '56
Diamond, James E., '60
Greenlee-Berkowitz, Ronda Lee, '84
Gurev, Jerome B., '63

PERU
Leroy, Michael Eugene, '82

PHOENIX
O'Connor, Donald H., '47

PINE BUSH
Heath, William John, '84

PINE CITY
Connelly, John Paul, '69

PITTSFORD
Bobry, Harold Leon, '77
Bobry, Michael, '82
Bolt, Stanley E., '51
Brunson, William Rudolph, '35
Burkey, James T., '64
Day, Liesl Michele, '88
Haussmann, Edgar B., '60
Hummel, Philip C., '54
Mukherjee, Mita, '83
Richardson, Arthur Marvin, '48
Schmidt, Werner Bertold, '62
Schott, Stephen Elliot, '77
Walker, Thomas Michael, '82
Wolz, Donald P., '44
Zipfel, Darrel H., '54

PLAINVIEW
Liebes, Richard Martin, '76
Spurling, Harry, '47
Waxler, Mrs. Sonia Russakoff, '60

PLANDOME
Stuart, Richard Judson, '81

PLEASANTVILLE
Bhandari, Anil, '72
Castillo, Richard Luis, '85
Levy, Kenneth James, '71

POESTENKILL
Clement, Joseph Michael, '82

POND EDDY
Lefferdink, Morgan D., '47

PORT JEFFERSON STATION
Steinhardt, Susan Ida, '80
Zittel, Donald Edward, '69

PORT WASHINGTON
Havasy, Dr. Edward Stephen, '52

POUGHKEEPSIE
Beckett, Carl T., '51
Budge, Mrs. Jessica D., '85
Hollinger, Mark Reinhold, '82
Jordan, Matthew S., '60
Miller, Colleen Ryan, '79
Miller, Orlan Ralph, '84
Simon, Leonard E., '48
Skinner, R. Cody, '83

POUND RIDGE
Moss, Robert Michael, '57

PURCHASE
Stern, Marc Theodor, '68

QUEENS VILLAGE
Lampert, Rosalie Rosenfeld, '43

RED HOOK
Hlavac, Martha Hopkins, '57

REDWOOD
Stahl, William N., '37

RHINEBECK
Smolen, Mrs. Lynn A., '84
Spicer, Dr. Carl Lloyd, '25

RIVERDALE
Sayers, Robert M., '40

ROCHESTER
Abramovitz, Leslie B., '64
Ahlman, Richard J., '60
Bierer, Ralph M., '51
Confino, Irving, '73
Cook, George R., '59
Dodson, Mrs. Hilary M., '87
Drake, David W., '50
Eichner, James L., '47
Emery, Nancy Lee, '87
Esterheld, John Thomas, '72
Fleming, Kelly Stanford, '83
Geib, Darrell E., '60
Gilbert, W., '72
Gordon, Burton, '47
Hellman, Neil Jerry, '74
Hovey, Vaughn W., Jr., '67
Huff, Stuart N., '51
Jones, Rosa Marie, '81
Kavanagh, Ned D., '65
Kegelmeyer, James Anthony, '83
Kessler, Irving L., '48
Kirkland, De Anne Terri, '87
Kurz, George Frank, '70
Lang, Honora Gwirtzman, '55
Lee, Brian Edward, '80
Loehr, Bernard Kenneth, '79
Lowman, Ms. Andrea Beth, '76
Majoy, Christopher Ora, '81
Mc Gowan, John B., '60
Medill, George F., '66
Mendenhall, Thomas A., '39
Milbrandt, Elizabeth Ann, '87
Mitchell, Carl, '56
Nugent, Geraldine Graver, '47
Owens, Ms. Deborah K., '82
Parrett, Gary Lee, '70
Pound, Beth Ann, '87
Presgrave, Carl L., '39
Rosenberg, Robert James, '50
Siebert, Paul D., '49
Snyder, George Arthur, '41
Spahl, Angelika Agnes, '85
Temple, Gary Don, '69
Wagner, George William, '59
Wechsler, Fred M., '49
Weicht, Ralph H., '52
Wellmerling, Sondra Lee, '82
Wheeler, Patti Jean, '85

ROCKVILLE CENTRE
Bersin, Leonard, '43
Freedman, Burton E., '53
Spitzler, Henry R., '52

ROME
Mazuzan, Jannine F., '54
Reese, Roger W., '66
Rohrs, LTC Alan Edward, '72

ROSLYN
Friedman, Murray, '40
Glickman, Morton V., '49
Gottlieb, Helen Schwartz, '45
Hirsch, Stanley, '48
Peters, Howard Oscar, '29

ROSLYN HARBOR
Prigozen, Elliot Van, '68

ROSLYN HEIGHTS
Chamow, Robert D., '47
Emerson, John Waldo, '75
Levin, Melvin B., '47
Nemiroff, Steven James, '74

RYE
Barnett, Lawrence R., '37
Beutler, William B., '58
Clissold, Mrs. Claudia Gardiner, '66
Dean, Kimberly Brown, '78
Jutkowitz, Bernice Epstein, '41
Oglevee, Daniel De Ford, '86

RYE BROOK
Dash, Joel M., '59

SAINT ALBANS
Campbell, Kenneth, Esq., '50

SAINT JAMES
Brandes, Mrs. Loreen G., '79

SANDS POINT
Carson, Donald, '64

SARANAC LAKE
Mc Donnell, Brian F., '82
McDonnell, Deborah Van Steyn, '82

SARATOGA SPRINGS
Borisoff, Helen, '81
Kuznia, John L., Jr., '49

SAUGERTIES
Fuller, Sheldon C., '48

SCARSDALE
Flynn, Thomas G., '65
Kidd, Walter L., '30
Lehrer, Stanley I., '49
Pack, Dorothy Culbertson, '50
Wohl, Ms. Rita Murstein, '52

SCHENECTADY
Gibson, Donald, Jr., '80
Shawky, Dr. Hany A., '78
Tarantelli, Orlando P., '53

SCOTIA
Ayers, Scott N., '67

SEAFORD
Shapiro, Mark David, '81

SELKIRK
Miltko, Mark Eugene, '83

SHERBURNE
Jones, Roland R., '35

SKANEATELES
Thoke, Sue Cornelius, '40

SNYDER
Conte, Anthony Carl, '68
Gebike, Harold L., '33

SOMERS
Brady, Barbara Kenney, '49
Cass, Martin J., '56

SOUTHFIELDS
Parwani, Kishore M., '85

SPENCERPORT
Emich, Richele Paula, '85

SPRING VALLEY
Sandhu, Kanwaljit Singh, '77

STATEN ISLAND
Goldin, Rachel Faythe, '85
Hahn, Frank J., '33
Hale, Leslie Wilson, '83
Henry, John Francis, '60
Lovell, Randy William, '82
Vignola, Dennis, '76

STEPHENTOWN
Bowman, Donald F., '50

SUFFERN
Eisenberg, Jack, '70
Hazelton, Roger L., '63
Russell, Alvin Martin, '47
Spector, Susan Beth, '83

SUNNYSIDE
Howe, Karen Thomas, '84

SYRACUSE
Bretschneider, Dr. Stuart I., '75
Ike, Larry Marten, '73
Lampe, Erica L., '82
Moss, Michael A., '46
Smith, David Paul, '60
Tucker, Frances Gaither, PhD, '80

TARRYTOWN
Gill, Carolyn J., '75

TONAWANDA
Mevs, Daniel, '86
Morgan, Benjamin, '48
Staley, Michael David, '81
Warren, Beverly M., '46

TROY
Krall, Leonard S., '57

TRUMANSBURG
Collins, Don Edward, '76
Hoover, Terry Lee, '67

TUCKAHOE
Cavazzi, Arthur Charles, '71

UTICA
Jewell, Jacqueline Sue, '86
Karam, Frederick Anthony, '72
Snyder, John B., '66

VALATIE
Haemmerlein, Donald V., '47

VALHALLA
Frary, John E., '59

VALLEY STREAM
Appleman, Mark D., '67
Juster, Stanley C., '47
Reckson, Gary, '73

VESTAL
Murchie, Gates S., '70
Ritter, Richard H., '56

WACCABUC
Snell, Peter Withington, '85

WALDEN
Gualtieri, Mrs. Karen P., '78

GEOGRAPHICAL LISTINGS Fargo NORTH DAKOTA 399

WALWORTH
Bean, Gary L., '77

WANTAGH
Glatter, Paul Richard, '78
Greene, Richard Martin, '49
Halpern, David Lewis, '75

WAPPINGERS FALLS
Honken, Sandra Jean, '88

WARNERS
Cleverley, William O., '67

WARWICK
Haagen, Joseph O., '50

WEBSTER
Brescia, Anthony J., '40
De Clerck, Robert Camiel, Jr., '81
Dellavilla, Joseph Paul, '79
De Santis, Thomas John, '80
Edwards, William Glen, '66
Frankhouser, Richard D., '54
Gambrel, David Rex, '81
Headley, Philip Alan, '63
Nersinger, Robert Alan, '78

WEST AMHERST
Glickman, Joseph Leonard, '79

WESTBURY
Chu, Adam, '88
Dembsky, Maurice Avrum, '71
Mulfeld, Frederick H., '52
Rich, Andrew Louis, '76

WESTFIELD
Thomas, Edgar Lewis, '33

WEST HEMPSTEAD
Seifer, Bruce Farrell, '73

WEST HENRIETTA
Krivos, Paul Richard, '84

WEST ISLIP
Smith, James Milton, '67

WEST POINT
Louis, CPT Geoffrey Rickards, '71

WHITE PLAINS
Bindelglass, Fern Kristeller, '54
Leiser, Joyce B.
Leiser, Randy Stuart, CPA, '81

WHITESBORO
Burke, Michael J., '50

WHITESTONE
Gilbert, Zelda Muldavin, '51

WILLIAMSVILLE
Dowdell, Darren McGowen, '83
Goldman, Harold S., '31
Koren, Cyril L., '48
Lord, Dr. Kenneth Richard, '88
Markel, David, '35
Mason, David Marvin, '49
Romig, Gerald V., Jr., '66
Rose, Lawrence R., '50
Sauer, Dr. Paul Lawrence, '68
Wenzke, Edward Thomas, '74

WOODMERE
Fingerhut, Eric B., '77
Kaufman, Michael Scott, '81
Platnick, Barry Howard, '70

YONKERS
Byer, Richard Irving, '48
Limekiller, Michael Louis, '86
Melella, Greg, '72
Ovadia, Robert Howard, '79
Palumbo, Salvatore Anthony, '74
Spalla, Anthony Joseph, '54

YORKTOWN HEIGHTS
Patane, Frank Carl, '73

NORTH CAROLINA

ADVANCE
Cerven, James Francis, '73
Joseph, William E., '49

AHOSKIE
Carlin, Richard B., '51
Vaughan, Cynthia Veronica, '74

ALBEMARLE
Cox, Paul Jefferson, '60

ARDEN
Stoia, Wayne Douglas, '79

ASHEVILLE
Boreman, Robert Boyd, '68
Fernald, Charles A., '44
Griffis, Richard W., '63
Kuhns, John Bradley, '77
Mc Lennan, COL Donald G., USA(Ret.), '50
Ponti, Robert, '61

BANNER ELK
McClung, Robert William, '52
Nixon, William David, '49

BELMONT
Keough, Douglas Allan, '73

BENSON
Haft, Lawrence G., '49

BEULAVILLE
Bowen, Paula M., '78

BLACK MOUNTAIN
Loveless, Lorna K., '54
Tooman, Lawrence A., '76

BLADENBORO
Clark, William Albert, Jr., '49

BOONE
Gunn, Lawrence Anthony, '62
Hindman, Hugh David, '84
Sue, Gene C., '54

BREVARD
Pearce, Kenneth E., '52
Sweeny, James A., '33

BURGAW
Moore, Walter Graham, Jr., '51

BURLINGTON
Maggio, Dr. Ralph A., '66
Manning, Thomas Kent, '74

CALABASH
Lehman, Robert Glenn, '51

CAMP LEJEUNE
Marapoti, LTC James Anthony, '68

CARY
Blaeser, Timothy Paul, '83
Brunswick, Paul Leo, '64
Crall, Robert Jack, '74
Dinan, Stephane Dawn, '85
Dodel, Bertha L., '87
Haynes, Brenda Self, '83
Kuhn, Dennis R., '71
Mc Kinney, Suzanne Marie, '83
Montague, Robert Cameron, '79
Moyer, Gordon James, '83
Ricketts, Douglas Meade, '79
Ricketts, Elizabeth Madachy, '78
Salladay, Jeffrey Hall, '82
Smith, David Philip, '59
Taggart, James Vernon, '85

CHAPEL HILL
Anderson, Suzanne Jean, '82
Bylinski, Dr. Joseph Henry, '80
Cready, Dr. William Montgomery, '80
Gilet, Lawrence Peter, '81
Gunther, Charles R., '62
Hawk, Michael John, '85
Hershey, Herbert C., Jr., '36
Kaufman, Richard Lee, '76
Murphy, Daniel Reilly, Jr., '66
Plasko, Mark Robert, '77
Rivers, Michael Lee, '80
Roller, John Reid, '38
Saebo, Jan Eystein, '87

CHARLOTTE
Andrews, Elizabeth Rulis, '77
Biarsky, Gary Joel, '82
Brehm, Mrs. Jill H., '82
Bretz, John M., '85
Bretz, Mrs. Lucia B., '85
Caronis, James J., '56
Carr, Robert John, '81
Combs, Mrs. Jeanne B., '75
Combs, Mark Meridith, '75
Coneybeer, Jack Arthur, '73
Davis, Thomas Warren, '49
Demarchi, Judith A., '86
Dillon, William Christopher, '80
Dirosario, Gregory T., '84
Elsass, Daniel Lee, '68
Estroff, Simon, '59
Gavin, Patrick Kevin, '78
Gayler, Charles Eckhart, II, '81
Geiser, Daniel W., '75
Goeller, Eugene C., '60
Gould, Michael G., '65
Gouyd, Charles E., '53
Green, John Ronald, '71
Grubenhoff, V. John, Jr., '66
Hardigree, Edward R., '58
Harrelson, Jordan Kenneth, '83
Heck, Laura Marie, '86
Hopper, William Thomas, '52
Hurley, Kelley M., '84
Hutchinson, David Ray, '86
Jones, Mark Owen, '82
Knechtly, Rex Earl, '81
Knox, Judson M., '59
Koons, George C., '51
Kruger, Thomas Allen, '69
Lewis, Jack David, '70
Lo Presti, William Michael, '76
Lowe, Lora Anne, '82
Malley, Ms. Dolores Jean, '74
Mc Dermott, Lee Alfred, '70
McMahon, Patrick James, '70
Meilinger, Joseph Richard, Jr., '81
Menkel, Charles F., '58
Mercer, Kyle Robert, '80
Meyer, Richard Ives, '70
Miles, Steven Arthur, '81
Novick, Leonard W., '51
Plasko, Phillip Emil, '83
Racher, Daniel F., '76
Radman, Donald, '55
Rinehart, Leslie Alan, '73
Robb, Richard G., '58
Rodono, Nicholas Joseph, '75
Rolf, Bradley B., '83
Romanoff, Richard Evan, '77
Rose, Dr. James Cooper, '86
Sadler, Douglas Lansing, '77
Sage, Dr. Earl Richard, '49
Samuel, Theodore Joseph, '70
Savery, Donald Hoyt, '78
Schulz, Walter K., '72
Seizinger, Betty Kleinhenz, '53
Shough, Terrance Allan, '72
Stottler, Jeffrey R., '84
Tirpack, Karen D., '88
Vogel, Robert Alvin, '72
Waggoner, Steven Ray, '82
Wathen, Michael Martin, '79
Zawacky, Ralph J., '50

CHERRYVILLE
Horst, Dirk Lawson, '79

CLEMMONS
Hamilton, William Howard, '42
Middaugh, Dr. Jack Kendall, II, '81
Pinckard, James Dennis, '70
Proctor, William Raymond, '76
Thabet, Harold James, '54

COLUMBUS
Brown, Dr. Harry Wilbur, '50

CONCORD
Allardice, William Keith, Jr., '50

CONOVER
Steeves, Wayne I., '61

CULLOWHEE
Leonard, Dr. Myron Jack, '61
Lorey, Daniel R., '64

DAVIDSON
Brigden, Richard Thompson, '68
Kline, Richard Jeffrey, '69

DURHAM
Cain, Gregory Eugene, '80
Cooper, Rev. Donald Leroy, '50
Dadzie, Evelyn Winston, '78
Dadzie, Dr. Kofi Q., '77
Duzs, John Paul, '87
Evans, Rodger Kessler, '36
Karch, Jack R., '53
Kerns, Kenneth Alan, '85
Lee, Jerald H., SPHR, '67
Martindale, Allen Russell, '79

ELIZABETH
Wilhelm, Henry J., '49

ELON COLLEGE
Byrnes, John Clarke, '78
Shotzberger, Dr. Martin Luther, '60

ENFIELD
Lyons, Lionel Dale, '86

ETOWAH
Douglass, Howard A., '42
Douglass, Mary Edler, '42

FAYETTEVILLE
Digby, Dr. Kenneth E., '58
Logue, Dr. Stephen Stuart, '69
Mains, John B., '63
Mann, Ivan Jack, '56
Pritchett, 2LT Ellen Margaret, USAF, '87
Sims, LTC Lewis Parry, USAF(Ret.), '51
Williams, Margaret Denise, '79

FUQUAY VARINA
Smart, Michael Walter, '87

GASTONIA
Hatton, Rick J., '81

GOLDSBORO
Smith, LTC Joseph Andrew, '56

GREENSBORO
Aldrich, Kenneth Robert, '81
Bair, Donald G., '47
Bichsel, James L., '57
Breece, Judith Niuman, '58
Bright, George Roads, Jr., '75
Crossman, Kim Robert, '75
Dowds, David G., '62
Durban, Phillip Gerard, '83
Forsyth, Lynn Rice, '84
Gallagher, Mary Baldauf, '84
Gomez, Phillip Joseph, '81
Groff, John Walter, '71
Harbour, Gerald Vance, '85
Howard, Dr. Robert Lee, '78
Lucas, Dr. Stephen Rodney, '54
Mahaffey, Dr. Theodore, '32
Martin, Larry Allen, '74
Merrick, William C., '51
Noggle, William Earl, '72
Piper, Gerald L., '59
Ratledge, COL Bobby J., '67
Shilan, COL Arthur B., '52
Smith, Joseph Peter, '68
Thabet, Arthur N., '57
Walker, Beth Ellen, '86

GREENVILLE
Balachandran, Mrs. Kalyani, '83
Daniels, Cassandra, '85
Keusch, Dr. R.B., '52
Zeisler, Jeffrey D., '86
Zeisler, Mira Newell, '86

HAMPSTEAD
Kiefer, William C., '48

HAVELOCK
Schwarz, Paul Martin, '87

HENDERSON
Hopkins, Steven Mark, '73

HENDERSONVILLE
Baumann, Hilbert W., '59
Brisley, Edward C., Jr., '48
Buddelmeyer, James Eugene, '74
Goodwin, John W., '47
Jones, Wilbur W., '46
Keevert, James L., '66
Lee, Frank Harley, '42
Mehrling, Robert F., '38
Miller, Raymond Francis, CPA, '40
Parkhill, Kevin Keith, '80
Parkhill, Molly Gates, '81
Perrin, Eileen Pfeiffer, '47
Vetula, Edward E., '48

HICKORY
Coppinger, Thomas Ray, '72
Knapp, Donald Joseph, '67
Reiser, John A., '56
Romeo, Ronald Carmen, '58
Stimmel, David Craig, '85
Thomas, Rodney E., '57

HIGH POINT
Resler, Michael Robert, '83
Winzeler, Daniel M., '55

HUNTERSVILLE
Biarsky, Paul Bradley, '85
Fields, Thomas William, '81
Merdick, Kurt Michael, '87

JACKSON SPRINGS
Schroeder, Carl M., '42

JACKSONVILLE
Fosnaugh, CAPT Carl John, USMC, '82
Jackson, CAPT Henry Clay, II, USMC, '79
Little, COL Robert W., USMC, '49
Roberts, CAPT Ronald Bruce, '75
Wilkes, 1LT Michael, USMC, '84

JAMESTOWN
Dalbey, Earle G., '52
Downs, Kenneth Edward, '79
Fierle, David Michael, '74
Volz, Keith Lionel, '67

KERNERSVILLE
Cooper, Michael Dale, '70
McGinnis, Cynthia Eve, '83

KINGS MOUNTAIN
Zaborszki, Antal A., '67

KINSTON
Akers, James G., '50
King, LTC Arthur Henry, '68
Koch, John Phillip, Jr., '77

KITTY HAWK
Wise, Karl Edward, Jr., '58

LAURINBURG
Nussbaumer, Mark Edward, '83

LENOIR
Howington, Julia Ingram, '75

LEXINGTON
Rake, Cecil Frederick, '81
Smith, Bruce Wayne, '75

LINCOLNTON
Payne, James William, '73
Swartz, James L., '59

LONG BEACH
Faught, COL William F., USA(Ret.), '61

LUMBERTON
Calvert, Donald Eugene, '74

MARSHVILLE
Boston, Lawrence R., '49

MATTHEWS
Barnhill, Paul A., '58
Bell, Francis William, '57
Cropper, Jean Schwerdtfege, '50
Karp, Michael David, '81
Layden, Kenneth Eugene, Jr., '84
Learmonth, David Alan, '84
Learmonth, Mrs. Sherri Ann, '84
Lowery, Mark Eric, '85
Martin, Paris Leveret, '67

MOREHEAD CITY
Duffus, William W., '41

MORRISVILLE
Ufferman, William Harold, '59

MURFREESBORO
Baesman, Robert G., '34

NAGS HEAD
George, Steven Scott, '73

NEW BERN
Arnold, Dorsey L., '51
Rinehart, Stanley R., '58
Strandburg, Robert H., '39

OAK CITY
Hyman, Wallace R., '64

OAK RIDGE
Tunila, Eugene F., '66

PINEHURST
Conn, Barbara Bernheisel, '51
Conn, Kenneth L., '52
Lorey, Paul R., '46
Miller, Ralph Charles, Jr., '36
Millikin, Howard A., '37

PINEVILLE
Battles, Greco Roinell, '77
Freeman, Gary, '70

PINNACLE
Beatty, Dr. Bernard L., '51

PITTSBORO
Seith, Brenda Jane, '86

PLEASANT GARDEN
Edwards, D. David, '65

POPE AFB
Swanson, LTC Jon Milton, USAF, '70

RALEIGH
Arnold, Michael Aloysius, '83
Ball, Wendell Allen, '88
Baritell, Fred Wesley, Jr., '79
Bedo, Paul Allen, '72
Bigley, Kenneth Alan, '81
Brown, Walter Henderson, Jr., '81
Bull, Joseph Orwin, '81
Close, Michael Louis, '82
Crew, Robert S., '51
Cunningham, Thomas Franklin, '74
Cushing, Stephen Craig, '86
D'Amico, Douglas Paul, '83
De Matteis, Denny, '71
Dove, William Leslie, '71
Downing, Joseph Ronald, '59
Fields, Dwayne Lewis, '87
Gage, Robert M., '60
Hale, Sara Jane, '71
Hanley, David Gerard, '75
Hayes, Catherine Mary, '88
Hunt, Ronald Raymond, '69
Kelleher, Mrs. Janet C., '80
Lazar, William V., '81
Lowe, John Andrew, '84
Maslyk, William Vincent, '68
McAdams, Mrs. Martha W., '37
McGraw, Richard W., '81
Mc Guire, Joseph A., '54
Merrell, Robert Eugene, '52
Mooney, Michael Franklin, '82
Needham, Lori Sarkis, '81
Pope, Norman Ward, '55
Quattrocchi, Salvatore Sam, '79
Schmitt, David William, '79
Schumacher, James Gregory, '83
Schumacher, Joann Baker, '83
Slack, Dean A., '84
Staten, James Gregory, '84
Sterrett, Matthew Nolan, '84
Sturms, Doyle Isaac, '76
Washing, Larry Edward, '80
Wasserman, David Kai, '83
White, Robert B., Jr., '57
Wilhelm, David Joseph, '75
Williams, David Huston, '78
Yee, Tommy W., '81
Yoder, Robert A., '61

REIDSVILLE
Reid, Dennis M., '60

ROCKY MOUNT
Alston, Gregory Earl, '83
Bethea, Sudie Mae, '77
Karshner, John Noble, '62
Knox, Howard A., '30
Mc Millan, Merle C., '60
Sager, Gerald William, '71

SALISBURY
Fink, Thomas J., '48
Snider, Stuart M., '48

SANFORD
Holcomb, James O., '52
Luedy, Robert B., '50
Montalbine, Christopher John, '87
Parkinson, Thomas T., '54
Thiel, Barry James, '78

SHELBY
Thomas, Terry Lee, '76

SOUTHERN PINES
Gillette, John B., '47
Stima, Kathryn Elizabeth, '86

SOUTHPORT
Thomas, Joseph Trexler, '52

STANLEY
Ford, Randy Alan, '69

STATESVILLE
Owens, Lisa Murphy, '83

TARBORO
Buggs, Orzil Stanley, '77
Heath, Carolyn Denise, '81

TAYLORSVILLE
Hatton, Eugene F., '50
Young, Gerald M., '57

TRYON
Jackson, Rev. Richard Lewis, '38
Poe, Lawrence Joe, '54

WAKE FOREST
Weaver, John Kenneth, Jr., '55

WAXHAW
Toth, Daniel Joseph, '59

WEST END
Weis, Paul Ranley, '49
Young, Patricia Vlaskamp, '47

WHISPERING PINES
Johnson, Charles M., '63
Michaels, Betty Le Sueur, '47
Potter, Thomas T., '49
Rabenstein, Howard P., '32
Shilts, Perry T., '47
Sullivan, William J., '39
Thoden, Richard John, '82

WILKESBORO
Roe, Kenneth R., II, '88

WILMINGTON
Evangelista, James R., '56
Keyes, Joe Grady, '75
Phipps, Robert Patrick, '78
Pritchett, Z. Franklin, '56
Stevens, Betty Jo Dean, '46
Stevens, Herman Daniel, '48
Thomas, John Frederick, '85

WILSON
Jones, Richard Bayly, '87
Karpathakis, George, '81
Minichbauer, 2LT Richard George, '71
Stoecklein, George E., '50

WINSTON-SALEM
Barabe, Dr. David Jess, '66
Capretta, Celeste Donald, '60
Clark, Glenn Lester, Jr., '67
Daniels, Deborah Thies, '79
Eyerman, Isabel Penn, '35
Filipkowski, Gregory Alan, '85
Girard, Edward Neil, '84
Hiltbrand, Ms. Eileen Brubeck, '82
Hummel, Paul Andrew, '78
Kelch, James Franklin, Jr., '78
Kemp, Scott David, '86
Paul, Eric Braden, '80
Pflum, Charles Wesley, '71
Richardson, William Martin, '67
Saladin, Dr. Brooke Allen, '69
Shamblen, Jody L., '84
Speciale, Gerard James, '77
Vasquez, Gerardo Antonio, '75
Wheeler, Dennis John, '74
Williams, R. Don, '57
Wilson, Michael Gregory, '81

NORTH DAKOTA

ARDOCH
Norwood, LTC William B., USAF, '67

BISMARCK
Newborg, Gerald G., '78
Wilhite, Irvin J., '46
Woprice, David Joseph, '84

FARGO
Kenley, Robert Lee, Jr., '87
Sgutt, Howard E., '51

400 NORTH DAKOTA Fargo OSU COLLEGE OF BUSINESS

Fargo (Cont'd)
Smith, James Emerson, '71

FULLERTON
Hamilton, Laura Schaack, '87

GRAND FORKS
Carney, 2LT Lisa Ann, USAF, '87

LARIMORE
Shide, Charles Frederick, '83

MINOT
Mihalek, Barbara Griffin, '74
Mihalek, CAPT Michael G., USAF, '74

OHIO

ADA
Cotsamire, Harold E., '54
Greer, George Arthur, '31
Hassell, George E., JD, '65
Rush, Fred Milton, '75
Snyder, John Mike, '31

AKRON
Alsip, Daniel Stuart, '80
Apple, Jerome E., '66
Ashe, David Nixon, '87
Auerbach, Sol L., '37
Babcox, M. R. Becky, '77
Bacon, M. Carle, '29
Baer, Mark Stuart, '79
Baker, Richard Lee, '78
Banig, Ronald Allen, '70
Barkley, Thomas William, '85
Barnes, William Keith, '49
Basye, William E., '54
Baumer, John F., '88
Bell, Jack Edward, '38
Bennett, Cynthia Ann, '86
Beres, Mrs. Tamara Sue, '86
Bergh, Douglas Roger, '84
Berlin, Robert M., '87
Bianco, Albert V., '53
Bobosky, Mrs. Pamela B., '81
Bodnar, Debora Lynn, '85
Boss, William Charles, II, '86
Brebant, Jill Marie, '87
Brennan, David Leo, '53
Brennan, James Michael, '83
Brooks, Danette Marie, '85
Brown, Joel Adams, '65
Brubaker, Alan Pierce, '87
Bucher, Mark Edward, '86
Burke, Richard William, '80
Burkey, Dr. Roy Eugene, '61
Burns, Mary Lou, '81
Burridge, Robert George, Jr., '86
Calhoun, Howard L., '49
Camp, Mitchell Alan, '80
Campbell, William Spencer, Jr., '47
Caplan, William L., '73
Carlson, Laurence Dale, '67
Carroll, Charles W., '50
Carson, James Alan, '85
Casey, James Daniel, '84
Chapman, Scott B., '87
Chirakos, Frank A., '58
Cochran, Barbara Rogers, '61
Contrera, Kenneth Joseph, '80
Converse, Jeffery Blair, '86
Cook, Joseph Frederick, Jr., '79
Courtad, David Alan, '84
Crabbe, Donald E., '40
Crawford, Robert John, '29
Cummins, Mark Charles, '80
Dansby, Eric Lamont, '83
Davis, Ms. Cynthia Ann, '85
Deitle, Carmen M., '88
Deitle, Dr. Charles M., '49
Deitzer, Dr. Bernard A., '67
De Pauw, Philip James, '83
DiCresce, Edward A., '66
Donaldson, Wayne E., '53
Donatelli, Julie A., '87
Duhon, Mark Steven, '88
Eastman, Fred Evans, '52
Eaton, James Patrick, '82
Eden, Barbara Anne, '77
Ederer, Todd William, '86
Effinger, Peter James, '70
Eichner, Richard C., '50
Eifert, Ralph D., '52
Ekus, Sally Miller, '51
Emerman, Morton Jay, '54
Emich, Richard P., II, '86
Ennis, William C., '50
Ewart, Burt H., '33
Fairweather, James Alfred, '81
Falter, James Louis, '72
Faunce, James F., '31
Finneran, Ketti Irene, '84
Fleming, Brooks, Jr., '49
Flickinger, Allan L., '55
Foos, Richard D., '61
Forman, Fredric Shaw, '79
Frank, John Robert, '88
Fraser, John Dee, '83
Friedman, David D., '55
Friess, James Christopher, '85
Friess, Molly Zahn, '85
Gardner, Cletus Edward, '34
Garner, David Richard, '87
Gertz, Marc Preston, JD, '74
Gilbride, James Patrick, '83
Glass, James Richard, '48
Gordon, Merle H., '52
Graham, Thomas Carl, '50
Greenzalis, William Thomas, '52
Hammond, MSGT David Glenn, USAF, '83
Harbold, Ms. Beth A., '85
Harroun, Harold D., '31
Hart, James Francis, '37
Hay, Karl Sherer, '49
Henshaw, James Mc Neill, '78
Herndon, James C., '35
Herrick, Thomas Russell, '68
Hill, James Duane, '76
Hissong, Thomas H., '87
Hoge, Ned W., '64
Holliday, James B., '60
Horning, Mrs. Suzanne, '87
Horrigan, Mark Charles, '81
Houston, Cathy Davies, '83
Houston, James Edward, Jr., '82
Hurd, Suzanne Johnson, '47
Hurlburt, Robert A., '45
Isham, Duane L., '51
Jacobus, Julie L., '88
Jenkins, Craig Alan, '79
Johnson, Leonard Jay, '88
Jones, Bradley Edward, '85
Jones, John Olson, '48
Kachurchak, Lisa Jo, '84
Kahn, Joseph H., '37
Kaufman, Donald Leroy, '53
Kellerman, Edward J., '41
Kelly, Ernest Willie, '79
Kepple, Dennis Allen, '77
Keslar, Mrs. Linda, '77
Kidd, David L., '48
King, Randall Howard, PhD, '73
Kingsbury, Marland J., '42
Kipp, Kaye Marie, '82
Kirk, Adam Michael, '87
Klein, Stephen G., '83
Klevay, Walter S., Sr., '52
Kloss, Matthew James, '84
Koch, Matthew J., '57
Kodish, Joseph S., '58
Kolich, Kathy J., '80
Konstan, Dr. Louis William, '83
Koontz, Carl E., '49
Kotapish, Susan Bly, '81
Kramer, James Markee, '86
Kuhn, Paul, '43
Kuntz, Harry L., '49
Label, Stanley R., '65
Lammers, William I., Jr., '83
Lash, Clifford Charles, '76
Lash, Rochelle Lavonne, '87
Laube, Norbert Joseph, '50
Lawless, David E., '48
Leffler, David Hering, Jr., '77
Leopold, Carl Thomas, '70
Levin, Martin Allen, '60
Lewis, Roger Lee, '62
Leyerle, Albert H., '54
Lilley, William F., Jr., '53
Liming, Brent B., '87
Lockshin, David W., '49
Lockshin, Eric Steven, '72
Loeb, William E., '40
Lowery, Donald E., '50
Luecken, Linda Jean, '86
Lykes, Robert L., Jr., '67
Lyons, Raymond Grady, '82
Lytle, Mrs. Mildred, '28
Mack, A. Clarke, Jr., '39
Mack, Simeon J., '49
Malone, Lynne J., '77
Manes, Marvin G., '58
Manna, Anthony Scot, '83
Marks, Bertram W., '35
Marksberry, Miles R., '50
Marson, Earl W., '49
Matzules, Edward Peter, '83
Mc Causland, Patrick Michael, '82
McClure, Mrs. Christine L., '73
Mc Corkle, Diane Elizabeth, '86
Melton, Angela Renea, '83
Mertie, Robert B., CPA, '65
Minkin, Jay Frederick, '81
Morehead, Jane L., '48
Muzechuk, Tracey Lynn, '88
Myers, Julie Price, '63
Myers, Thomas Alden, '68
Neal, Gilbert Wilson, '83
Neiman, Mrs. Lillian Sass, '51
Neiman, Maurice P., '51
Nelkin, Gary A., '61
Nelkin, Jodi Lynn, '83
Nemeth, William Alex, Jr., '87
Newman, Herbert, '61
Nist, Don, '56
Nolf, Craig Stephen, '72
Nutt, Charles W., '34
Oldfield, William Hamilton, '85
Ostrov, Saul A., '49
Ott, Ms. Kathleen Newell, '86
Owens, Ms. Tawana M., '87
Pasic, Benjamin, '49
Pence, Richard P., '50
Perelman, Lawrence D., '54
Pfeiffer, William A., '59
Phillips, Walter, '50
Pianalto, James Anthony, '86
Plum, David A., Jr., '84
Poe, William B., '36
Porter, Robert Jackson, '51
Poulson, Robert Byron, '83
Powrie, Cynthia Ritchie, '72
Purnell, Norman, '50
Quirk, Frank E., '57
Reed, Carl L., '59
Rees, James B., '65
Regal, Susan Lynn, '87
Renner, Charles E., '49
Riegler, Carol Anne, '75
Rigrish, James W., '47
Roberts, Jeffrey Michael, '87
Rogers, Donald Kevin, '86
Rogers, Todd Mitchell, '83
Rose, Phillip, '58
Rose, Sanford Milton, '51
Rosen, Mrs. Toby Schneiderman, '78
Ross, Cynthia Lynn, '79
Rossen, Richard D., '60
Rothermel, Dr. Mary Anne, '81
Royer, Gerald H., '51
Ruben, Gail Leslie, '87
Ruhaak, William Bernard, '87
Salopek, Steven Michael, '88
Sandridge, Sheryl Gautschi, '80
Sapp, Louis R., '30
Sarkis, George, '50
Sarkkinen, Eino K., '48
Saunders, Richard K., '84
Schmid, Christine Houfek, '74
Schneiderman, Karen R., '80
Schneier, Jamie Bennett, '85
Schneier, Lisa Michelle, '86
Scott, Kevin E., '87
Seenberg, Barry James, '85
Segbers, Mrs. Robin I., '84
Seifert, Kenneth E., '50
Seikel, Cynthia Ann, '87
Seikel, Edward L., '54
Seikel, Lewis Andrew, III, '81
Seikel, Lewis Andrew, Jr., '58
Sholiton, Thelma Federhar, '45
Shookman, David Scott, '78
Silbiger, Gary Richard, '81
Slater, Kenneth Mark, '83
Smith, Dudley W., '48
Smith, Ralph Joseph, '86
Smith, William Mc Nutt, '43
Smucker, John K., '30
Snow, Mary Clark, '49
Spetrino, Russell John, '50
Stafford, Ann Jeanne, '86
Stafford, Dr. Kathy Lynn, '75
Staiger, Eugene P., '87
Sternberg, Leonard, '41
Stevens, Harold Robert, '61
Stiles, Dallas Eugene, Jr., '84
Stiller, Michael Joseph, '81
Stiller, Robin L., '84
Stone, James L., '86
Stonebraker, Charles E., '41
Suhay, Gary Thomas, '72
Swartzlander, Roland H., '49
Sweet, Celia Pilar, '84
Tate, Suzanne, '40
Temple, Michael Scott, '85
Thomas, James Russell, '50
Thorkelson, Curtis Dean, '71
Thornton, Parke R., '43
Tomala, Walter, '51
Travis, Dennis L., '62
Troup, Steven James, '79
Tuccillo, Anthony, '56
Ungar, Herbert L., '43
Vance, Richard George, '78
Van Dresser, William Frank, '85
Vaughn, Virgil G., '50
Voellmecke, Carl H., '84
Walton, Gary Donald, '77
Warner, Mark Anthony, '85
Watson, Elizabeth, '87
Weaver, James R., '70
Webb, Harold V., '60
Weinberger, David, '40
Weinhart, Amber Renna, '81
Weintraub, Douglas Lee, '82
Welch, Jeffrey Brian, '81
Westfall, Gary M., '81
Whitt, Rodney K., '54
Wilke, Mark Edward, '88
Willdman, Amy Beth, '87
Williams, Edna H., '62
Williams, Vicky Faye, '78
Williams, William Mark, '85
Wills, Jacqueline L., '83
Wilson, Kenneth Bruce, '80
Winchester, Wilber A., '32
Winick, Bernard S., '55
Wise, Bernard J., '50
Wolfe, David Kenneth, '88
Wood, Philip M., '65
Wood, Thomas J., '87
Woodside, William C., '50
Worstall, Robert H., '47
Yarborough, Richard Allen, '84
Yelin, Fabian S., '48
Yoerger, William Fess, '83
Zeiger, John E., '37
Zeithaml, Richard Henry, '56
Zimmer, David W., '61
Zimmerman, Steven Mark, '82

ALBANY
Reeves, Dix O., '40
Stinson, Dr. John Edward, '70

ALEXANDRIA
Blanton, Daniel Lee, '82
Brown, Robert Mc Laughlin, '63
Flegle, Marvin A., '56
Law, Charles Herbert, Sr., '38
Moore, David Russell, '88
Nichols, Robert Lowell, '41
Scholik, Larry William, '71
Shaw, Mrs. Susan Elizabeth, '86

ALLIANCE
Amelung, 1LT Brett Steven, '83
Caruso, Steven Frank, '83
Clarke, Craig Allen, '74
Couchie, Wilbur E., '47
Craigo, Jeffrey Warren, '80
Flais, Robert Louis, '87
Grabiel, Joseph Gordon, '81
Gurgle, John, III, '76
Harold, Michael William, '81
Jurica, Cynthia Beany, '79
Kingsley, John K., '65
Klempay, John F., '85
Koksal, Cevdet Gerald (Jeff), '83
Mc Vay, Clarke T., '39
Miller, Dana Allyn, '79
Miller, Helen May, '38
North, David Tod, '77
Price, David Glen, '87
Rabe, Adolph, '39
Rogers, Carol Wendell, '81
Sarver, Timothy Laurence, '88
Tolerton, James Terry, '65
Tremoulis, Louis F., '40

AMANDA
La Rue, Wendy Davidson, '85
Musser, Alan Lee, '83
Thompson, Edwin Eugene, '82
Veffer, Joe, '81

AMELIA
Klingelhafer, David Paul, '68
Laliberte, Dennis Gerard, '84
Maloney, Mrs. Susan Y., '77

AMHERST
Boylan, Richard D., '49
Buchs, Jay Douglas, '81
Butrey, Paul Andrew, '88
Cole, Ms. Margaret M., '65
Conry, Martin Joseph, '71
Fravel, William Richard, '88
German, Dennis L., '64
Hall, Ms. Cynthia Brotzki, '78
Heberling, Hon. Martin M., '56
Janik, Frank Joseph, Jr., '48
Januzzi, Paul Ettore, '86
Jasinski, P. Thomas, '75
Kane, M. Earl, '33
Knoble, Paul Joseph, '79
Kovach, Sandra Maria, '86
Lenox, Brian Michael, '87
Leonard, Donald James, '84
Mager, Paul S., III, '86
Murphey, Mark H., '79
Poplar, William, '71
Provident, Lori Ann, '87
Ramsey, Donald Rohrer, '67
Savinsky, Linda Susan, '85
Socha, James Robert, '81
Stransky, Edward Stanley, Jr., '69
Vegh, Charles, Jr., '72
Vlahos, Chris, '85
Vlahos, Valerie, '86
Zunich, Mitchell, CPA, '50

AMLIN
Franz, Craig Lee, '80
Houser, David Wilson, '84
Krohn, Edmund Louis, '70
Maisenbacher, Gregory Charles, '81
Meyer, Russell J., '79
Moreau, John A., '85
Patch, Betty Salzgaber, '49
Terrible, Dan J., '78

AMSTERDAM
Ziklo, John B., '57

ANDOVER
Reeves, Frank I., '35
Wagamon, Wayne Kay, '68

ANNA
Riethman, Robert Bernard, '73

ARCANUM
Garbig, Phillip Raphael, '75
Lawson, Jeffrey Alan, '78
Lawson, Michael Ray, '78
Powell, Kent Raymond, '83
Sutton, Scott Allen, '75

ARCHBOLD
Bochnak, Steven Lloyd, '81
Christy, Lawrence Robert, '70
Dominique, Stephen Michael, '75
Hensal, James Earl, '67
Krill, Scott Douglas, '85
Rice, Andrew Franklin, '78
Rupp, David P., Jr., '62
Stevens, James Michael, '75

ARLINGTON
Busey, Willis Burgess, '73
Jolliff, Beth Ann, '87

ASHLAND
Biddinger, Paul M., '52
Buckingham, R. Michael, '83
Buckingham, William L., '59
Bush, Daniel John, '82
Carr, Elizabeth Watts, '79
Cline, Jerome A., '59
Comstock, Pamela S., '81
Conwell, Lee Jonathan, '82
Corbett, Mrs. Laura J., '85
Cutlip, David Patrick, '70
Deppen, James Howard, '78
Ewing, John Thomas, '86
Fox, Denis Carmen, '73
French, Russell Alvin, '68
Ginty, James Robert, '48
Glenn, David Lyle, '86
Hamilton, Freeman, Jr., '70
Hammer, Ronald J., '83
Hanna, James Joseph, '86
Harpster, John Russell, '83
Harwood, David Warren, '85
Harwood, Susan Lynn, '88
Helal, Edward M., '59
Heydinger, Mark Charles, '77
Hiner, Arthur D., '30
Jenkins, Mark Douglas, '86
Johnson, Stephen James, '71
Johnston, Kirkland Mark, '75
Krisko, John G., '43
Lewis, Mark Edwin, '86
Louder, Paul Dean, '77
Loyd, Dr. David P., '47
Midlam, Max William, '78
Patterson, John Thomas, '71
Pauly, Thomas Howard, '88
Samsel, David Arthur, '68
Scofea, Laura Ann, '81
Scofea, Mark Robert, '83
Sheaffer, Hal Dean, '70
Stahl, William M., '29
Stone, William M., '29
Studeny, Dorothy Koogle, '51
Swineford, Lisa Jean, '88
Vanosdall, Arthur A., '39
Weir, Dale Andrew, '85
Whitcomb, Edward Lewis, '48
Williams, Michael Ray, '87
Yoder, Peggy Hoelscher, '75
Zimmerman, Douglas Milton, '73

ASHLEY
Heine, Walter F., III, '85
Knauber, Cheryl Lynn, '88

ASHTABULA
Andrews, Mark Warren, '72
Belnap, Thomas Michael, '76
Blanchard, Douglas Lloyd, CPA, '75
Case, Ralph R., '48
Coburn, Richard W., '50
Delaney, Lance Xavier, '84
Giangola, Gerald R., '82
Havens, Mark Richard, '84
Herzog, Francis J. R., Jr., '85
Horst, James R., '48
Hulbert, James H., '60
Kane, Kenneth Victor, '73
Kane, Michael David, '66
Mc Carthy, Neil William, Jr., '75
Mc Laughlin, David Edward, '86
Mc Lean, John Leslie, '69
Mitchonie, Edward G., '50
Orlando, Anthony M., '78
Petry, C. Ward, '28
Stanchak, David William, '83
Taylor, Michael Allen, '87
Traikoff, Mark D., '86

ASHVILLE
Clark, Marsha Reynolds, '69
Cole, James Bernard, '79
Featheringham, Robert P., '63
Gallina, Joseph Mark, '77
Hovis, Karen Jo Woolever, '85
Irwin, James E., '51
Johnson, William Taulby, '86
Kahler, Michael Stephen, '70
Leatherwood, Mark Alan, '85
Perrill, Alberta A., '49
Robinson, Kelly Nathaniel, '86
Sheppard, Jeanne Lauren, '79
Tosca, Tim L., '82
Trego, Suzanne Trotter, '81
Valentine, Brian Lee, '77
Vonderahe, Catherine, '81
Wadlington, Terry Lee, '83
White, Russell Andrew, '73
Wise, Stephen Charles, '80

ATHENS
Atkeson, Dennis J., CPA, '59
Barone, Dr. Frank Joseph, '62
Brown, Kimberly Sue, '83
Fuller, James M., '80
Harris, Herbert Allan, '50
Huffman, Harold J., '32
Hunt, Dr. Ronald John, '62
Kennard, Alan Lee, '86
Larson, Dr. Mark Dennis, '80
Matthews, Robert B., '66
Monda, Jack Anthony, '81
Perotti, Dr. James L., '83
Richey, Ruth G., '44
Roach, Dr. Bonnie L., '80
Threm, Roxane Renee, '88
Walton, Thornton Kingsley, '75
Woomer, Matthew T., '84
Yost, Dr. Edward Bruce, '87
Zietlow, John Timothy, '78

ATWATER
Mc Alister, David Carl, '79
Meredith, Richard B., '66

AURORA
Christopher, Anthony Michael, '74
Cohen, Ronald S., '55
Dodds, Ronald R., '82
Gaumer, George M., '75
Goldberg, Gerald H., '51
Gusich, Anthony Frank, '78
Herbert, Robert L., '52
Hilyard, David C., '47
Jarasek, Paul Andrew, '85
Kaufman, Harvey D., '55
Kohler, Keith P., '87
Lewandowski, Michael David, '82
Markey, Donald E., '49
Markey, Wanda Christensen, '47
Mitchell, H. William, '57
Mitchell, Robert Joseph, '52
Ockington, William J., '63
O'Sickey, Diane Gerber, '81
Paryzek, John F., '42
Pordan, Jay Joseph, '85
Pordan, Joseph, Jr., '49
Rothschild, Gerald H., '52
Spector, Gary M., '58
Sproull, Russell William, '70
Sumner, Gregory Scott, '85
Uhlin, Philip Robert, '69

AURORA SHORES
Buckeye, Jill Biales, '80
Buckeye, Thomas Michael, '79

AUSTINBURG
Bowden, Dwight Harden, '69
Mc Elroy, Andrew Milton, '61

AVON
Biltz, SGT John Alan, '81
Holowecky, Carole Rickey, '84
Kemz, Kraig Eesley, '86
Pensinger, Kathleen Bahen, '78
Pitzer, James Russell, '73
Scherler, Alfred G., '56
Schmitz, James P., '59
Squires, Eugene Michael, '83
Stumphauzer, Theodore Joseph, '88

AVON LAKE
Barson, Dan T., '49
Bauer, Thomas Robert, '55
Big, John J., '63
Brausch, Jon D., '87
Brown, Gregory W., '85
D'Andrea, Robert Christopher, '69
Drew, Warren M., '43
Dunnigan, Keith Alan, '74
Firment, Paul Raymond, '86
Gotshall, Raymond E., '52
Gouldsberry, Elmer E., '49
Hall, Allan S., '87
Hall, Elwood B., '54
Haney, Gerald E., '64
Hollinger, Laura Leslie, '74
Hollinger, W. Dan, '72

GEOGRAPHICAL LISTINGS Brecksville OHIO 401

Avon Lake (Cont'd)
Jesensky, Alex, Jr., '60
Jones, Mark Alan, '84
Kelble, Dean R., '52
Kodger, Kenneth Edward, '68
Latham, Kevin Dean, '76
Mc Donough, John Francis, III, '68
Mc Neeley, Patrick Joseph, '66
Mihalek, James Adam, '87
Monjot, James Alan, '69
Morton, David Ray, '83
Pinter, Richard Moresi, '71
Richards, Guy Alan, '79
Roesch, Carl F., '42
Roesch, James Phillip, '67
Rothman, Kimberly Blair, '88
Serbin, Daniel S., '77
Shimmin, Robert Owen, '78
Sloane, Fred O., '38
Smith, Gerald Frederick, CPA, '78
Viviano, Mrs. Brenda H., '83
Walters, Dale James, '73
Whitmer, Charles D., '67
Zingale, James Anthony, '70

BAINBRIDGE
Mac Kay, Scott Timothy, '81

BALTIMORE
Adkins, Kelly Lee, '85
Barber, Mrs. Debra Bigelow, '83
Barney, Tara England, '76
Barr, Eugene S., '58
Beretich, Katherine Swords, '81
Cermak, Joseph Edward, '73
Crist, Rodney Lee, '69
Dunkle, Jerry L., '62
Gates, James E., '64
Johnson, Earle Randolph, '27
Melosh, Charles Lewis, '75
Miller, Denise Sue, '85
Ritchie, Gale Alan, '72
Smith, David Leroy, '54
Smith, Ms. Michele D., '86
Smith, Ralph Kevin, '88
Sohovich, Gregory Paul, '82
Sollie, Robert C., '64
Wilson, Gregg Alan, '84
Wilson, Hubert Frederick, '50

BARBERTON
Anderson, Carla Marie, '85
Byers, Susan Bernard, '79
Farrand, Douglas Alan, '78
Hahn, Stephen P., '39
Hanic, Emil P., '39
Jamison, Jack Dean, '77
Lee, Mark Daniel, '88
Lyle, Irene Lisko, '42
Peck, Rev. Russell Edward, '74
Presto, Joseph, '75
Stoll, Kathie Nethers, '77
Wheeler, George Alexander, '56

BARNESVILLE
Atkinson, Thomas Richard, '69
Bennett, Paul Dana, '75
Bradfield, Charles J., '56
Carpenter, Terence Lee, '69
Cheffy, Louis Worthington, '83
Koerber, Gerald T., '50
Pryor, J. William, Jr., '88
Terrett, Charles David, '85

BATAVIA
Fox, Richard Pedigo, '63
Francus, David William, '76
Howell, Dale Lynn, '77
Long, Stephen Joseph, '86
Love, Susan F., '87
Roadruck, Joel Evans, '80
Sargeant, James R., '59
Sceva, David Nelson, '79
Studer, Eldon W., '24

BATH
Bassak, Ronald Richard, '81
Hammer, Patricia A., '74
Peters, LT Mark Thomas, '83
Senne, Hubert Sherwood, Jr., '67
Snelson, Gregory Clifton, '83

BAY VILLAGE
Andrews, Deborah Faulks, '80
Andrews, John Patrick, '78
Arbaugh, Jeffrey Lloyd, '76
Bartholic, Harry A., '56
Beckwith, Gordon E., '51
Biszantz, Dennis Lloyd, '69
Boeckman, Michael Lawrence, '69
Bouhall, Martin Dennis, '86
Brewer, Ralph R., '30
Britton, Thomas Patrick, '87
Broadbent, Dorothy Blamer, '47
Brooks, Paul Richard, '49
Bucher, Brian Henry, '79
Buckholz, Bruce David, '68
Caito, Harry Joseph, '69
Carney, James W., '50
Cass, Edward J., '59
Chait, Dr. Arnon, '80
Coticchia, Joseph L., '65
Creps, Darrel E., III, '86
Day, Robert Lee, Sr., '35
Deckelman, Robert John, '82
Edlund, Eric Daniel, '79
Engel, Mrs. Ann Hunger, '48
Engel, Clarence E., '48
Farrell, Kerry Clementine, '79
Foster, Howard E., '48
Gilchrist, David Albert, '71
Harper, Jane Good, '41
Harper, Robert William, '40
Hawthorne, Robert Edward, '70
Herzberger, Cindy Brown, '88
Hibler, John Timothy, '86
Hiles, Marylouise A., '48
Hoffman, John Clyde, '76
Huckleberry, Clifford E., '49
Huffman, Robert Lee, '53
Jacobs, Jeffrey P., '78
Johnson, James E., '85
Johnson, Patrick William, '86
Kendle, Earl, Jr., '42
Kozar, Susan Flinn, '75
Kukis, Kathy Jo, '81
Laughlin, Gerald Lee, '59
Laughlin, Kathy Ann, '86
McKinstry, Thomas B., Jr., '62
Miller, Bret Douglas, '81
Miller, Gary Wayne, '77
Minium, Stacey Joy, '83
Minnich, Sharon Marie, '88
Moles, Richard D., '49
Molnar, Louis E., '32
Morrison, William C., '59
Motsinger, Stuart Thomas, '85
Myers, Arthur James, '51
Nyerges, Glenn L., '49
Opatrny, James, Jr., '66
Owczarzak, Stanley T., '59
Palisin, David L., '67
Pattyn, Tara Ann, '85
Paullin, Craig Lee, '76
Phillips, James Verdon, '66
Raymond, William Marshall, '86
Schaefer, Edward H., '60
Scully, Pamela Joan, '84
Seladi, Joseph George, Jr., '73
Spicer, Dr. Michael William, '71
Stevenson, James Bennett, II, '60
Thomas, Stephen Peter, '80
Uhle, Bette Friend, '49
Unger, Frederick Branson, '63
Webster, Donald R., '61
Woodward, Janet K., '53
Wynocker, Larry, '69
York, Robert William, Jr., '82

BEACH CITY
Ridenbaugh, 2LT Rudy Lynn, USAF, '88

BEACHWOOD
Adelson, Steven Mark, '71
Altman, Robert Loren, '88
Anderson, Leon Robert, III, '87
Arsham, Kevin Lee, '88
Baron, Mitchel B., '86
Barson, Richard A., '48
Bass, Stanley J., '50
Bayer, Irvin S., '47
Benjamin, Robert Jon, '87
Berkowitz, Stuart M., '65
Blaushild, Marc D., '85
Blumenthal, Eric R., '87
Camin, Paul R., '50
Charnas, Mannie Michael, '69
Cohen, Debra Renee, '86
Cohen, Heidi Hope, '86
Cohen, Marcy Plasco, '82
Dombcik, Gerald H., '59
Drechsler, David Leroy, '86
Dubin, Lawrence David, '88
Eisenberg, Steven E., '82
Eisenberg, Stuart A., '64
Fein, Stephen Lee, '82
Ferber, Gary A., '59
Friedman, Larry David, '82
George, Leo M., '40
Goldstine, Sheldon R., '72
Golub, Roger Leslie, '69
Gottlieb, Allyne M., '48
Gottlieb, Harold, '44
Gurney, Lee A., '55
Haimes, Marshall K., '54
Halpert, Sanford A., '53
Harris, Sandra Forman, '54
Hartstein, Steven Charles, '87
Hartstein, William, '59
Heksch, Heidi Elisabeth, '88
Heksch, Robert Andrew, '81
Helper, Fred W., '53
Herman, James Howard, '84
Heyman, Brian Lee, '87
Hoffman, Paul A., '87
Hoicowitz, Morton, '50
Horvitz, Harry R., '29
Jacober, Donald, '58
Jacober, Todd Jeffrey, '82
Jaffe, Alvin E., '50
Jonke, Eric Rudolf, '80
Kann, Karen Cyril, '83
Kate, Drew Keith, '77
Katz, Jordan Soloway, '87
Katz, Lawrence D., '62
Klassman, Richard Soloman, '82
Kohn, Michael Douglas, '88
Krantz, Howard Jeff, '83
Laks, Brian A., '67
Lefko, Jordan R., '56
Lefton, Earle S., '52
Leiken, Robert S., '67
Lowy, Martin Edward, '86
Lurie, Kevin D., '87
Maniker, Howard B., '64
Margolin, Ms. Fannie L., '28
Meckler, Deborah Goldsmith, '70
Melsher, Gary William, '61
Miller, Sheldon E., '53
Morrison, Paul Stanley, '69
Munsell, Mark Richard, '78
Palay, Andrea Rose, '86
Pollov, Harold J., '67
Saltzman, Burton I., '59
Saltzman, Steven Alan, '86
Shults, Christopher John, '85
Simon, Harlan M., '52
Simon, Ronald G., '70
Sobul, Irwin M., '53
Sonkin, Jeffrey Marc, '88
Sonkin, Ricky David, '84
Sternweiler, Debbie Alyse, '87
Stone, Ms. Karen Ladd, '83
Stone, Marc Hamilton, '81
Taich, Harry H., '68
Tiggs, La Marcie Beneth, '85
Titlebaum, Ellen R., '86
Waters, Edward Robert, '79
Weiss, Lauren Elizabeth, '88
Wells, Peter John, CPA, '72
Yosowitz, Sanford, '61
Zabell, Jennifer Ralph, '78
Zeefe, Roger S., '66

BEALLSVILLE
Mc Guire, John J., '48
Saffield, Brenda Lee, '83

BEAVER
Salisbury, Jeffrey A., '88
Salisbury, Mark Alan, '82

BEAVERCREEK
Arber, Maureen Elizabeth, '88
Bannister, Catherine Ann, '87
Basl, Catherine Lynne, '85
Brown, Donald Eugene, '86
Clark, Ronald Thomas, '66
Gaines, Carolyn Marie, '88
Goar, COL Larry Jay, '68
Hogan, Patrick Joseph, '70
Johnson, CAPT Margaret Betley, USAF, '73
Johnson, Roger Lee, '58
Knickerbocker, Thomas Lee, '86
Kuzila, Lawrence Andrew, '73
Lykins, Irene Chmielewski, '78
Madsen, LTC James Kendall, '69
Masters, Russell Milan, Jr., '68
Mazzone, Frank Patrick, '87
Moser, Charles Nicholas, Jr., '66
Rosner, Daniel Erwin, '72
Simpson, Ora L., '60
Stock, Karen Elaine, '85
Tessneer, Mark Robin, '75
Tuttle, Christopher C., '72
Wassell, Douglas Scott, '87
Zaytoun, Katherine Lynne, '87

BEDFORD
Bednarchik, Suzanne, '85
Fedor, Richard Allen, '78
Freda, Donald C., '58
George, William S., '41
Keller, J. Robert, '35
Mc Williams, Tracy Lyn, '87
Ruch, Roger David, '85
Somera, Amy Jo, '88
Stahl, Larry J., '83
Teklitz, Gregory Joseph, '83
Turchik, David G., '60
Zaletel, Wendy Alice, '87

BEDFORD HEIGHTS
Barth, Irving R., '86
Burks, Karen Louise, '81
Friedman, James Russell, '70
Green, Jeffrey Stewart, '85
Herbik, Charles Robert, '85
Kastelic, Michael Jay, '83
Langhorn, Billie J., '80
Rutana, David Michael, '84
Wright, Dr. Lucille Johnson, '47

BEECHWOOD
Chernett, Stanford A., '64
Feldman, Barry Steven, '80
Goldstein, Robert B., '51
Klein, Alan Reiter, '26

BELLAIRE
Allen, Douglas Brian, '75
Bonfini, Emilio M., '48
Davis, Fremont, '51
De Blasis, Alphonse Ray, '73
Johnson, Michael Wayne, '73
Kerr, Robert R., '26
Lancione, Richard Lee, '63
Pappano, Joseph A., '53
Sbrockey, Angela Gallucci, '45
Strizak, Steven Michael, '80
Suchy, Emil, '54
Unterzuber, Diana Lynn, '87
Workman, Willard Bradford, '75

BELLBROOK
Angel, James Earl, '80
Buschur, Gregory E., '60
Cardwell, Gerald Leonard, '75
Daker, Charles Conant, Jr., '72
Demmer, Frank X., Jr., '56
Donovan, James J., '47
Drake, Mrs. Janet A., '85
Eagle-Beard, Linda Lee, '81
Emerson, Robert Charles, '83
Fisher, Mrs. Debra A., '87
Hall, Laurie Converse, '77
Morrisey, Edward W., '78
Rush, James J., '53
Spitler, Gregory Bruce, '76
Stebel, Paul Edward, '88
Stinson, John Eldridge, '73
Vlaskamp, Fredrick J., '63
Wilkin, Paul Lance, '86

BELLE CENTER
McCormick, William Bernard, '61

BELLEFONTAINE
Boone, Rea E., '63
Brady, John Allen, '70
Brown, Gregory Alan, '87
Callender, Robert Lee, '47
Carmin, Ronald H., '76
Clement, Timothy Karl, '81
Earick, Charles Roland, '68
Goff, Larry Dale, '68
Hatcher, John Richard, '74
Hilliker, Don M., '35
Hilliker, Donald James, '65
Kelly-Core, Ms. Jana Sue, '85
Krieger, Keith Edwin, '77
Lambert, Howard L., '63
Lantz, Gene P., '56
Lewis, Thomas Jay, '71
McClain, Mark A., '81
Moore, Shawn Paul, '86
Nelson, Gene Erick, '64
Oda, Alan Christopher, '80
Price, Edward Matthew, '88
Risner, Mrs. Sheryl L., '86
Smith, Gregory Philip, '76
Thompson, Wayne Lee, '68

BELLEVUE
Aller, Gary Anthony, '82
Bumb, Ronald Anthony, '86
De Luca, Charles Alban, '73
Fox, Hon. Kenneth Paul, Jr., '58
Goetze, Martin Frederick, '80
Hopkins, Richard Allen, '76
Maginnis, Kelly Lynn, '85
Poeppelman, Melvin George, '74
Sawalha, Hanna Sami, '87
Yearick, Dale R., '49
Zimmerman, Milton E., '42

BELLVILLE
Allgire, William D., '67
Faulds, William Charles, '73
Jackson, 2LT Michael Jene, '80
Myers, Earl Lee, '79
Oswalt, James Wilson, '82
Ross, Sheryl Ann, '87
Sautter, Gerald C., '74
Wright, Rick L., '80
Wright, Rick Lynn, '80

BELOIT
Stratton, Don L., '54

BELPRE
Adams, Stephen Robert, '75
Barrett, Scott V., '87
Cole, Brian Paul, '87
Cowdery, Max B., '58
Garber, Kenneth Edward, II, '82
Griffin, Eric James, '85
Lee, James Bryan, '85
Schrader, Donald William, '79
Underwood, Karl Rodney, '72

BEREA
Bourquin, Brett George, '87
Butler, Richard Gordon, '49
Cannon, Judy Ann, '87
Cheyney, Thomas W., '79
Conroy, Joseph Patrick, Jr., '69
Cook, Patricia Jeanyne, '85
Donovan, Patricia Lynn, '86
Fegan, Michael Arthur, '83
Gailitis, Martin, '66
Gilroy, Merri C., '81
Ginter, L. Paul, '30
Groza, Louis Roy, '49
Hann, Charles Peter, '70
Haywood, Glenn Gene, '79
Jefferis, Melanie Joy, '87
Kemz, Carey Stanley, '83
Killmer, Robin Denise, '83
Koncar, Janet Marie, '82
Lange, Michele Lee, '87
Talarczyk, Chester F., '67
Thomas, James Michael, '86
Tilton, Richard L., '51
Wilder, Lori Ann, '87

BERGHOLZ
Elliott, Clarence W., '38

BERKEY
Baker, Ronald Francis, '75
Kelly, James Edward, '85
Roemer, Wellington F., II, '59

BERLIN HEIGHTS
Cottrell, Gregory Lee, '88
Krawetzki, Robert Dean, '70

BEVERLY
Brooks, Stacey Neal, '88
Lowe, Sabra Ann, '81
Witten, Carol F., '65

BEXLEY
Baker, Lorenzo P., Jr., '50
Barnett, Richard Alan, '78
Barnett, Terri Ann Asch, '78
Beaver, Bradley Jay, '79
Black, Joseph Edgar, '84
Caplin, Bernard Harris, '68
Carroll, Antonia Margaret, '87
Cisar, Stephen E., '67
Clark, Cevin Brent, '87
Cohen, Steven Alan, '80
Cook, Donald D., '38
Dague, Roland G., Jr., '71
Early, Lloyd Sanderson, III, '88
Essig, Robert R., '42
Evans, Richard Joel, '66
Golden, Marcie Ann, '81
Kyle, James E., '63
Levinson, Ms. Sarah A., '82
Magnuson, Theodore R., '51
Minkin, Herbert Evan, '62
Moskovitz, Rex Alex, '88
Ruccia, Nicola, '88
Rutherford, Elizabeth D., '78
Schneider, MAJ Howard Dale, USAF(Ret.), '53
Schnitz, Howard Phillip, '79
Schnitz, Susan B., '79
Simson, Theodore R., '39
Smith, John Albert, '84
Swisher, Lynn Ellis, '69
Taylor, Henry C., '50
Tornes, Stephen Bertram, '83
Tracy, Robert Douglas, '81
Velt, Bruce Stephen, '78
Weber, Robert Cuyler, '81

BIDWELL
Smith, Gregory V., '73

BLACKLICK
Ackley, Stanford G., '29
Alexander, William Allison, '49
Bickel, Blair Myron, '72
Bornstein, Michael David, '85
Breckenridge, David Allen, '80
Burchfield, Gary Warren, '71
Colwell, Michael Edward, '79
Eltzroth, John Mark, '78
Evans, Jerry Curtis, '65
Feinstein, Sandra Simmons, '77
Foose, Alphonse Maurice, II, PhD, '50
Goldberg, Nathan A., '61
Greenberg, Lawrence C., '56
Gueli, Christopher Gino, '88
Heimlich, Charles Matthew, '86
Keidan, Robert Stuart, '73
Kitsmiller, Gary Roger, '67
Legue, Gerald Wayne, '70
Levine, Shirley Douglas, '48
Matchneer, George H., '57
Moore, Thomas Edward, '62
Ricart, Rhett Calvin, '78
Riggs, Melody Elaine, '84
Scohy, Russell Bruce, '75
Shaw, James Robert, '49
Solove, Larry Michael, '69
Van Almsick, Terry Edward, '86
Vorys, Frederic Stoneman, '81
Wright, James Bryan, '66

BLANCHESTER
Johnston, Carolyn Blakeney, '54
Lemmon, Gordon L., '49

BLOOMDALE
Mc Clellan, Lori Elaine, '84
Rice, Bruce Daniel, '88
Wagner, Bradley Loren, '85
Wagner, Verlin L., '55

BLOOMINGBURG
Melvin, Mrs. Debra B., '85

BLUE ASH
Gruber, Dennis James, '73
Koett, Kurt William, '80

BLUE ROCK
Dutro, Victor Eugene, '76

BLUFFTON
Gesler, Paul Gene, '74
Lytle, Harry Edward, '65
Young, Nancy Humphreys, '54

BOARDMAN
Calpin, James Timothy, '83
Carrocce, Mark Allan, '83
Carrocce, Mrs. Sharon A., '83
Cheslik, Jeffrey Brian, '85
Corpier, Don Phillipe, '74
Desch, David J., '83
Di Cola, Thomas Vincent, '79
Hritz, John David, '87
Jesko, Howard E., Jr., '78
Larson, Stephen Dodd, '76
Marshall, Bruce Edwin, '66
Matiscik, John David, '87
Messuri, Joseph Archie, '83
Miller, John Raymond, '68
Miller, Kathy Mitchell, '68
Moll, Braden Kent, '88
Opre, Raymond E., '50
Popio, Loren Anthony, '76
Porea, James J., '83
Robinson, Tim J., '85
Scullen, Eileen, '84
Tzagournis, George, '57

BOLIVAR
Bennett, Joan Marine, '88
Hough, John Christopher, '75

BOSTON HEIGHTS
Brumfield, Deborah Walter, '80

BOTKINS
George, Frank Leroy, '85
Roettger, Dennis Marvin, '69

BOWERSTON
Milliken, Frank H., Jr., '51

BOWLING GREEN
Aikens, Howard G., '46
Behnfeldt, John Lee, '88
Bomeli, Dr. Edwin Clarence, '42
Bragg, Daniel Jay, PhD, '75
Crowley, David Michael, '87
Culbertson, William E., '48
Davidson, Dr. John Robert, '59
Dickson, Gary Lee, '77
Dietrick, Monica O'Breza, '76
Duly, Gregory Neil, '83
Felmet, Grant William, '81
Hahn, Dr. Chan Ki, '67
Hanna, Martin L., '32
Hohler, Dale Anthony, '70
Kannen, Madelynn Warren, '73
Ketner, Mary Jo Salay, '78
Lowther, Dorothy Hankey, '51
Meredith, Paul Murray, '86
Owen, Alicon Eileen, '87
Padmarajan, Dr. Nelliyank A., '76
Saccucci, Michael Joseph, '81
Seipel, Ferdinand, Jr., '60
Seipel, J. Scott, '81
Snead, Dr. Kenneth C., Jr., '74
Spinelli, Joseph G., '63
Spitler, Daniel T., '62
Stewart, Richard Wayne, '70
Tang, Yih Pin, '87
Van Voorhis, Eugene Philip, '72
Varney, Dr. Glenn H., '49
Warnke, Kenneth Carl, '75
Willhite, Lyle O., '37
Wotschak, William Gregory, '65

BRATENAHL
Watson, Kathleen Evans, '73

BRECKSVILLE
Agdinaoay, Marcelle Grace, '88
Bass, Robert L., '64
Berger, Ms. Donna Marie, '82
Bowers, Allan Dale, '79
Case, John Eugene, '69
Cinadr, Brian David, '86
Cinadr, David Robert, '77
Cinadr, Martin James, III, '76
Cinadr, Martin James, Jr., '49
Cooperider, Robert J., '55
DelRoso, Barbara Horbaly, '81
Devan, James M., '67
Dlouhy, Robert Paul, '73
Fakeris, Edward George, '73
Forman, Janet Ann, '81
Galik, Sharon Lynne, '87
Gluntz, Timothy John, '79
Guarnieri, William T., '60
Hoefs, Bruce William, '75
Hook, James L., '59

Brecksville (Cont'd)
Hoyt, Lawrence Paul, '72
Hribar, Richard J., '54
Hutchinson, Linda A., '83
Kindl, Dale Vincent, '72
Korecko, Henry Clifford, '83
Krippel, Mary Elizabeth, '84
Laurie, Charles R., '41
Maggiore, A. David, '78
Matuszak, Edward Robert, '85
Mc Collum, John Ralph, '68
Meo, Eugene Joseph, '70
Miller, Anthony Eugene, JD, '85
Miller, Cheri Petride, '86
Mull, Donald P., '52
Pryne, Gilbert A., Jr., '52
Rapkin, David Ellery, '73
Schultz, William Earl, '69
Sislak, Gary Gabor, '73
Spahr, Gary William, '64
Spohn, Joan Walsh, '51
Stachowicz, Patrice Mikolaj, '82
Storozuk, Roger Ray, '75
Sustersic, Michael Allen, '77
Winter, Kenneth H., '38
Woznak, George B., '71
Yurman, James Daniel, '62
Zeman, Gerald Charles, '63

BREMEN
Fuller, Jo Ann Tremain, '48
Mowry, David D., '58
Smith, James Scott, '88

BREWSTER
Belloni, LT Marion, '74
Piciacchio, Joel Anthony, '80

BRICE
Bair, Lynette Marie, '84

BRIDGEPORT
Coss, Ted Gerard, '86
Gonot, Fred P., II, '79
Hajdin, Paul Ernest, '78
Heil, Lew Townsend, '66
Jobe, Charles L., '48
Ruble, Sharon Ann, '88
Totterdale, Richard Alan, '70

BRIMFIELD
Kelly, Timothy Michael, '73
Wilson, Brian Gregory, '87

BRINKHAVEN
Ewart, Edward Lynn, '81

BROADVIEW HEIGHTS
Bienko, Philip J., '84
Boron, Anne Wellner, '86
Carlson, Bruce Gilbert, '83
Cherryholmes, Roger G., '61
Chojnicki, Edmund J., '42
Geringer, Lisa Monaco, '85
Hoffmann, David George, '78
Hunt, Ann Moyer, '76
Hunt, Gary Alan, '77
Lamparter, Jeffrey Alan, '81
Livingston, Cheryl Lynn, '84
Moore, Mrs. Patricia L., '78
Pesek, Donald Arthur, '72
Phipps, April Lee, '88
Shin, Sung Ho, '88
Sirn, Robert Alan, '87
Warzel, Ronald J., '55
Weekley, Jeffrey Ross, '80

BROOKFIELD
Spencer, Charles A., '40

BROOKLYN
Corrigan, Mrs. Alyce M., '46
Howe, David Arthur, '64
Lee, Judy, '88
Stincic, George J., Jr., '61

BROOKLYN HEIGHTS
Sholtis, Susan Marie, '88

BROOK PARK
Englehart, Michael F., '63
Frost, Brian D., '87
Menart, Rudolph John, '80
Pekarek, Laura Marie, '79
Rodriguez, Marco, '88
Shrenkel, Joseph John, '87
Smerillo, Jacqueline Sonntag, '49
Stocking, Robert M., '49
Wagner, Jill Marie, '87

BROOKVILLE
Hattersley, Robert Brent, '85
Hirsch, Robert A., '88
Keener, Geraldine Williams, '35
Millikin, William A., '56
Montgomery, Mrs. Barbara A., '46
Rohrer, Rhett Coning, '81
Watkins, Wayne E., '56

BRUNSWICK
Case, Dana Alan, '78
Christopher, James Theodore, '68
Clipper, Michael Vincent, '78
Crane, Gregory Louis, '68
Eyssen, Timothy Don, '83
Garapic, Gary John, '75
Hemsath, David John, '83
Holmberg, Martha Jean, '76
Metzger, Vickie Alison, '79
Molnar, John Lawrence, '72
Murray, Wendell, '78
Price, Carl Scott, '74
Redli, David Joseph, '68
Sielatcki, Phillip Patrick, '88
Swihart, Ricky Lee, '81
Walker, Christine Marie, '86
Walker, William A., '67
Wolfinger, Tony Ronald, '84
Yankovich, Michael Scott, '82
Ziegler, John Frank, '74

BRUNSWICK HILLS
Boles, Bettina Shepler, '86
Wells, Albert R., '50

BRYAN
Brown, David Bruce, '73
Callicotte, John Todd, '88
Carlin, Timothy L., '67
Ebaugh, Mrs. Emily S., '82
Gallagher, Ralph W., '66
Geary, Michelle Bard, '83
Gordon, James Leslie, '78
Hollington, Richard P., '50
Hurst, John Michael, '68
Johnson, Jack Cornelius, '74
Killgallon, William C., '60
Lindsey, Hugh M., '54
Ludwig, Bradley Eugene, '86
Miller, Thomas Carroll, '77
Rathbun, Dennis Jay, '73
Rupp, Robert E., '41
Short, Jackson Jay, '82
Spletzer, Arthur, Jr., '47
Springer, Ronald E., '52
Sprow, Thomas R., '67
Stelzer, John Thomas, '78
Voss, Ms. Cheryl Anne, '83

BUCKEYE LAKE
Findley, Mrs. Rosemary H., '48
Flynn, Thomas M., '55
Purman, James Jackson, IV, '86

BUCYRUS
Anspach, Daniel John, '87
Corns, Paul Randal, '87
Ekleberry, Richard E., '40
Eyster, Douglas Edward, '84
Flegm, Stanley Eugene, '70
Gebhardt, J. David, '73
Hahn, James Edward, II, '81
Hatcher, Mark D., '87
Hone, Curtis John, '86
Howard, Mrs. Judy B., '54
Howard, Paul Herbert, '51
Kemery, Nancy Ellen, '87
Kurkcu, Cengiz Seref, '77
Light, Keith Erwin, '86
Martin, William Gamble, '62
Palenshus, Robert W., '69
Philbin, Aileen M., '35
Pickens, James Leo, '87
Sabback, Julius N., '54
Shealy, Mark Douglas, '77
Sheerer, Marsha Mc Michael, '83
Spiegel, James E., '64
Stuckman, Maureen Ann, '83
Sweney, Robert B., '41
Thatcher, Thomas Poyner, '68
Ulrich, W. Edward, '65
Wenner, Phillip Melvin, '81
West, Derek Raymond, '86
Wheeler, John David, II, '78
Wilkinson, William W., '48
Wise, James E., '33
Yaussy, Randall Paul, '79

BURGHILL
Kerns, 2LT Bruce Roye, USA, '73
Kerns, Ms. Nancy Duecaster, '73

BURTON
Melocik, 2LT Gary Lawrence, '71
Szorady, Julius Paul, Jr., '76

BUTLER
Burch, Jill Joanne, '78
Gower, David E., '82

BYESVILLE
Butterworth, Mark Jeffery, '80
Gerko, David N., '68

CABLE
Evans, Janine Albert, '84
Parker, William Edward, '71

CADIZ
Beetham, Rupert Nelms, '69
Beetham, Thomas D., '48
Beetham, Thomas Mark, '72
Cessna, Philip M., '38
Clark, John Richard, '53
Myers, George R., '49
Stewart, Beth Nadine, '84
Wilgus, Herbert D., Jr., '49

CALDWELL
Forshey, Eddie D., CPA, '71
Mc Connell, Robert Ted, '75
Nau, Janet, '78
Neuhart, James R., '64
Saliba, Carl Richard, '72
Vavrek, Alvin F., '55
Watson, William Lloyd, '64

CALEDONIA
Miller, David Paul, CPA, '80
Perrin, Frank Louis, '68
Pletcher, Joan Aileen, '85
Savinsky, Gary Allen, '84
Wise, Jeffrey Allen, '82

CAMBRIDGE
Begun, Armand Gary, '88
Brown, Donald Dean, '73
Coffey, William Richard, '60
Doerfler, Matthew Henry, '87
Drew, Mrs. Julie D., '86
Evancho, Timothy Ray, '82
Fairchild, Wayne E., '63
Frisbee, Jerry Lee, '83
Furry, Michael Edward, '83
Hardinger, John W., '48
Harr, Jeffrey Allan, '78
Hartley, William H., Jr., '49
Hughes, Dana Sue, '85
Jirles, Jeffrey, '78
Lilienthal, Robert H., '57
Mc Bride, Frederick Allison, '79
Mc Clelland, William T., '48
Milligan, Charles Herbert, '48
Mitchell, John Edward, '49
Morris, Beverly N., '56
Morris, Roy Lewis, '51
Nickles, Marcus William, '74
Nicolozakes, William G., '57
Odebrecht, Louis Andre, '41
Palmer, Donald Brent, '85
Roberts, Robert Edwin, '57
Tostenson, Neal S., '56
Vargo, John E., '50
Warner, Robert C., '51
Wimer, Jon Jay, '82
Zeek, Scott Eric, '77

CAMPBELL
Cataland, James R., '67
Rogers, Michael Charles, '81

CANAL FULTON
Bailey, Mrs. Nancy Rubin, '82
Chapman, Michael Thomas, '77
Harvey, Kathryn Ellen, '87
Johnson, Vernon Dale, '49
Petrasek, Lawrence Edward, '71
Reda, Lisa Davis, '83

CANAL WINCHESTER
Anderson, Gerald Michael, '72
Angles, Christopher Layne, '87
Argobright, Victor William, '86
Bainter, Carolyn Sue, '78
Bates, Thomas Dwight, '80
Beaver, Jack H., '51
Bisker, Jeffrey Wayne, '82
Bitler, John Keith, '70
Buck, James Bernard, '79
Burns, Mrs. Sheila K., '86
Coffield, Herbert Lee, '70
Conley, Harold Dean, '81
Corban, William Van, '72
Davidson, Carolyn A., '79
Dean, Kenneth Michael, '72
Detty, Kathy Denise, '80
Diamond, Michael Joseph, '68
Dixon, William C., Jr., '50
Donley, Thomas James, '71
Driver, David E., '81
Duckworth, William F., '40
Dunlap, Scott Charles, '84
Fedrick, Kenneth Lewis, '85
Foster, Jack L., '88
George, Lewis Chris, '86
Gibboney, James Joseph, Jr., '77
Graves, Herbert E., '70
Harman, Kenneth C., '66
Hasbrook, Jerome Robert, '87
Hefner, Ronald G., '50
Howells, Richard Alan, '50
Hoy, Carl David, '71
Hummel, Joyce Gillen, '48
Inboden, Mrs. Alice G., '54
Jackson, Hon. Sewall Farrell, '54
Jordan, Gregory Scott, '84
Jordan, Mrs. Sandra K., '85
Kersell, Susan C., '82
Kitsmiller, Paula G., '81
Leupt, John Russell, '77
Long, Kevin Deuane, '85
Maxwell, James Donald, '61
Mitchell, Raymond L., '64
Moe, Richard William, '77
Palombo, Felix A., '51
Reynolds, Daryl Dean, CPA, '75
Rish, Michael W., '78
Robinson, Bryan Keith, '79
Saddler, Mrs. Colleen M., '86
Schirm, Alfred B., '38
Searls, Warner Delano, Jr., '77
Self, Frances Minnich, '83
Smith, Hamilton Marshall, '35
Stammler, Gary Robert, '77
Still, Harlan B., '57
Thomas, Lee P., '51
Tipple, Terry Wayne, '78
Vermeer, Jana Leigh, '78
Von Schriltz, Olga, '84
Wald, Frederick James, '77
Werner, Robert Allen, '68
Willis, Pamela Sue, '88
Winters, Michael Howard, '82

CANFIELD
Antonucci, John R., '43
Beeman, Christopher Weiler, '84
Beeman, Jonathan, '87
Bierdeman, Philip Earl, '72
Bricker, Dale E., '55
Brooks, Robert Earl, '48
Brotherton, Terrance Ray, '73
Burns, Jeffrey Scott, '88
Cobb, William M., '61
Corroto, Mark Thomas, '82
Corroto, Thomas L., Jr., '44
D'Agostino, Susan Lynn, '83
De France, William E., '40
Dodge, Dr. H. Robert, '51
Duko, Scott Stephen, '85
Gary, Andrew C., '50
Goodman, Kenneth L., '57
Hepplewhite, John L., '40
Holmquist, David K., '58
Jones, June Foster, '46
Kerpsack, Robert William, Jr., '83
Komp, Charles E., '49
Lowry, Brian, '87
Mc Cormick, Harold Eugene, '58
Miller, Terry P., '79
Owens, Thomas Cecil, '87
Reardon, Louis G., '50
Rhine, Julie Anne, '82
Richter, George William, Jr., OD, '81
Roberts, Thomas G., '86
Stiger, Michele Renee, '86
Terreri, Joseph D., '50
Todd, John F., '53
Troyer, David Alan, '69
Vendemia, William Guy, '80

CANTON
Adelman, Barry Mark, '74
Alecusan, Emil Robert, '73
Altman, Richard David, '86
Anthony, Barry Eugene, '77
Appelbaum, Mrs. Rita, '56
Arris, George E., '57
Auer, John F., '53
Bajzik, Joseph, '50
Bandi, Brian Paul, '87
Bankert, Mark William, '84
Bartels, Robert E., '50
Beggs, Ivan V., '80
Bender, Jack J., '65
Bender, Ted Thomas, '70
Bernabei, Vincent J., '50
Berry, Morton, '50
Berzon, Steven B., '83
Beuter, Robert V., '48
Biasella, Edmund, Jr., '76
Biasella, Edward Dominic, '71
Bikis, Gregory John, '76
Blackledge, Robert John, '78
Bobrof, Sadye M., '32
Bowers, Richard Jay, '57
Brokstein, William B., '69
Bucher, Theresa M., '88
Bushman, Jim, '50
Cisler, Harold Brent, '76
Clark, Stuart Michael, '62
Coberly, Matthew Allan, '82
Conley, Richard D., '65
Crawford, Dwight Evan, '75
Cristea, Carrie, '87
Cutler, Jay Lee, '75
Delacruz, Joe M., '71
De Long, Robert E., CPA, '50
Dempsey, William J., '86
Divic, Joann, '86
Dodge, Sharon Kay, '87
Drukenbrod, Todd Alan, '82
Ebel, John Philip, '82
Ebel, Mrs. Melissa C., '82
Elsaesser, Mary Sheil, '46
Eppy, Joseph F., '82
Erlitz, Mark Stephen, '79
Faherty, Timothy J., '57
Farey, Scott Michael, '86
Ferrall, Junius B., '33
Fettman, Betsey Michelle, '85
Figurella, Ronald Alexander, '87
Fike, Joseph Merlin, '87
Firestone, Eric Albert, '75
Fisher, Herbert L., '48
Fladen, Sharon Vogel, '77
Ford, Larry Kent, '76
Foster, Scot Allan, '78
Fox, Sharon Marie, '84
Freedman, Arthur H., '39
Gennett, Robert Guy, Jr., '86
Gingrich, M. Virginia Furniss, '38
Gingrich, Richard P., '37
Gluntz, Charles Alan, '56
Gordon, Geoffrey Scott, '84
Green, Ronald Ivan, '75
Greenberger, Solomon H., '20
Griffing, William David, '70
Gustin, Michael J., '70
Hadnett, John Richard, '50
Haley, Robert R., '62
Hamilton, John Garnand, '47
Hauritz, Tyrone Dean, '87
Heintzelman, Ross G., '48
Helling, Victor J., JD, '54
Hershberger, Glenn E., '49
Hornick, Steven Andrew, '82
Huffman, David Cochrane, '67
Johanning, Thomas L., '62
Johnson, Devoe Ellington, '79
Kaiser, Mark Andrew, '87
Karras, Alex Louis, '86
Kazes, Michael Dimitrios, '79
Kiehfuss, Thomas C., '65
Killian, Dorothy A., '88
Klinger, Roy J., '48
Knell, Dr. Leonard G., '59
Kortkamp, Phillip A., '50
Koutras, James Chris, '86
Krauter, Dean E., '48
Lasduk, Frank S., '78
Leach, Robert Paul, '69
Leach, Ronald G., '58
Lemmon, William J., '59
Levin, Donald Lee, '80
Lewis, Robert Allen, '76
Libster, Neal N., '50
Linn, Laura Jane, '88
Lockshin, James D., '48
Lockshin, Jerrold L., '50
Malcolm, Stephen Clark, '88
Malvutch, Joseph J., '47
Mann, Charles, '49
Manno, Vincent F., '50
Mantyla, Scott Henry, '78
Markling, James A., Jr., '50
Mascolino, Sharon Ussery, '81
Mc Cain, Timothy Edwin, '87
McConnell, Mrs. Dona Lowry, '52
Miller, Harley M., '56
Miller, Ralph Edward, '32
Mittas, William Gust, '84
Mittelman, Eric David, '82
Mokodean, Michael Dan, '74
Morgan, Frank C., '47
Moss, Gene B., '54
Muskoff, John Robert, '37
Nielsen, Mrs. Denise L., '85
Noel, Norman W., '57
Otani, Matthew M., '87
Pedrozo, Barbara Jo, '87
Pergins, Peter Theodore, '82
Phillips, Donald Ray, '48
Phillips, John Edward, '40
Pierce, Howard P., '49
Pollak, Charles Mitchel, '84
Pucky, Timothy John, '70
Quick, Patricia Carr, '78
Rand, Thomas E., '47
Ray, Jeffrey Johnson, '88
Reed, Michael Thomas, '84
Reid, Thomas Richard, '68
Richardson, Ralph Roy, '47
Rinier, Alton L., '45
Rinier, Lorraine Baxter, '45
Roberts, James Edward, Jr., '80
Roderick, Mark S., '83
Roman, Douglas Brian, '86
Rosengard, Philip Marc, '81
Rosenstock, Arthur, '56
Rosenstock, Barbara Leitz, '57
Rosenstock, Jerry Jay, '85
Ross, Ralph Oakley, '34
Roudebush, H. Rex, '38
Ruby, Kenneth Gilbert, '69
Rudner, Ms. Marcia Sue, '86
Rudner, William S., '63
Schaeublin, John R., '47
Schauer, Thomas A., '50
Schiefer, Douglas Lee, '80
Schmader, Kenneth Charles, '70
Schoenberg, Sammy S., '50
Schott, Joseph Howard, '86
Schott, Joseph Louis, '63
Schwartz, Marcia Eppy, '80
Sciortino, Philip Joseph, '70
Shaheen, Alex George, '79
Shane, Robert Milton, '72
Siebenhar, Neil George, '73
Simon, Steven Edward, '83
Simpson, Calvin L., '50
Singer, Elaine Willen, '53
Slesnick, Brian D., '88
Slesnick, Jeffrey David, '79
Slesnick, Robert, '59
Smith, Clare Leroy, '31
Smitley, Scott Alan, '81
Snyder, Francis Joseph, '88
Stephens, Christa Deanna, '81
Straight, Richard Stanley, '72
Sullivan, Maurice Joseph, Jr., '69
Sutherland, Jack N., '60
Thompson, Charles Edward, '59
Tipka, Alan William, '69
Tournoux, Mary Ann Keffler, '81
Tracy, James L., '60
Truman, Heman N., '42
Tschantz, Norman J., '28
Van Beusecum, Franklin Joseph, '83
Van Horn, John Harold, Jr., '55
Viertel, Walter Kurt, Jr., '63
Vogelsang, Carl Richard, '70
Vollmer, Joanne Fleming, '45
Von Kaenel, Harold H., '32
Walton, Gene A., '60
Warner, Eugene J., '65
Warner, Scott Nicholas, '86
Webb, Walter William, '59
Weisgarber, Laura Lee, '86
Wheeler, Robert M., '49
Wilkof, Darwin B., '45
Williams, Donald N., '71
Wilson, Daniel Thomas, '77
Winston, Michael George, '76
Worshil, David N., '57
Zak, Stanley J., '66
Ziegler, William Charles, '70
Zoldan, Joseph, '56
Zoldan, Michael Alan, '86

CARDINGTON
Dunlap, Dan Dean, '68
Johns, Stuart F., '86
Linstedt, John Edward, '76
Osbun, Kennon Lynn, '73
Ray, Thomas Edward, '52
Steck, Dr. David Barton, '76
Wilhelm, Jack Fisher, '57

CAREY
Raver, Mrs. Shirley W., '57
Risner, Kim Joseph, '79

CARROLL
Adkins, Christopher Alan, '86
Baughman, Charles Dale, '84
Brubaker, William L., '66
Clark, Joseph Oliver, '50
Cook, Linda Gamble, '59
Deibel, Richard William, '76
Denius, George R., '52
Ferguson, David Michael, '88
Johnston, Jodi Ann, '84
Mark, Judith E., '80
Mc Kay, Monica Elizabeth, '82
Mikusa, Robert, '80
Morse, William M., '52
Nangle, Patricia J., '66
Napier, Rodney Ellis, '88
Orsborn, Brigette Kirwin, '85
Pepper, Ronald Paul, '61
Ross, June Marie, '88
Struble, LT Gordon Ray, '76

CARROLLTON
Gallon, LTC Robert W., '66
Hutson, James L., '67
Mills, Jeffrey Donald, '81
Reed, Glenn Clayton, '51
Thomas, Forest Alan, '83
Weaver, James L., Jr., '47

CASTALIA
Feth, James Douglas, '74
Huber, Warren Edward, '80

CEDARVILLE
Baldwin, Dr. Richard Eugene, '87
Lane, Lonnie Lloyd, '74
Wyse, Dr. Rodney Ellis, '72

CELINA
Arnett, Robert Reese, '79
Arnot, Jane E., '51
Art, Kenneth Eugene, '74
Bennett, Ralph A., '65
Bickar, Thomas Frank, '80
Booher, Stephen Lee, '75
Brandts, Gretchen Kay, '86
Dreffer, Larry Alan, '78
Grieshop, David Lee, '85
Indermill, Albert E., '73
Jansen, Susan Marie, '85
Langdon, Fred S., '47
Linn, Jonnie Sue, '72
Mertz, Mary Beth, '86
Oman, Richard Allan, '61
Porter, Carl Gene, '61
Quilling, Christine Carol, '88
Riley, David Kennedy, '69
Swonger, B. J., '49
Toms, Bill C., '52
York, Dale W., '53
York, Oressa Bailey, '53

CENTERBURG
Blakemore, Edward Michael, '69
Brininger, Tracy Anthony, '85
Chuprinko, John Andrew, '76
Harner, Gary Graham, '88
Huff, Carroll W., '61
Huffman, Robert G., '49
James, Teri Compton, '82
Maurer, Michael L., '81
Mortley, Loyal Hess, '57
Norris, James Richard, '72

CENTERVILLE
Ahrns, James Richard, Jr., '80
Albert, Chuck R., '82
Applegate, D. Terrence, '58
Applegate, Mrs. Marilyn Mahlmeister, '60
Barthel, Edgar James, '70
Beerbower, Daniel Edwin, '86
Benton, Katherine B., '84
Bippus, William F., '64
Bishop, James Allen, '76
Boecker, Jeffery Bruce, '87
Brahm, Clifford Scott, '77
Brigden, Katherine I., '79
Brigden, William L., '80
Brown, William Landis, '61
Browne, Robyn Lee, '85
Bruggeman, Robert L., '58
Budge, LTC William C., USAF(Ret.), '47
Burkhart, Tal Douglas, '86
Cole, Rex Stacey, '81
Cole, Richard Douglas, CPA, '57
Connelly, Ronald Lee, '74
Culp, John Merritt, '85
Daley, Robert Emmett, '76
Davis, Ellen Cartwright, '80
De Long, Ralph Eugene, Jr., '83
DeMarco, Dominic J. (Nick), '86
Devine, Ms. Denise Renee, '86
Dietrich, John Michael, '85
Dix, Gary A., '62
D'Mello, Lawrence Stephen, '87
Drummond, Roger Dean, '73
Ferguson, Polly T., '83
Ferratt, Thomas William, PhD, '73
Garman, Richard Kent, Jr., '82
Gregg, Mrs. Deborah Swanson, '73
Grillot, Michelle A., '87
Guenther, Ernest H., '50
Hample, Joseph Macy, '69
Handlir, David Y., Jr., '70
Hayek, John Anthony, '71
Hazelton, Jon G., '60
Hill, Kevin Lynn, '77
Hill, Ted Alan, '85
Himes, Steven George, '75
Hoertt, Patrick E., '87
Horstman, Mark Thomas, '83
Huey, Kevin Michael, '78
Hydell, Martin H., '64
Johannes, Steven B., '86
Judy, Ms. Carol R., '83
Judy, Timothy Gary, '85
Kabealo, Michael T., '40
Kern, Pamela Renfroe, '85
Kilburn, Charles Michael, '76
King, Carl C., '49
Kolda, Brian Joseph, '86
Kolda, Jeffrey Thomas, '87
Kramer, Christine Renee, '87
Lachey, David Frank, '81
Liebrecht, Donald Bernard, '79
Logan, Donald E., '56
Lonsinger, Robert Allen, '87
Markey, David John, '82
Marsteller, Dr. William F., III, '77
Mc Guinn, Kevin Kelly, '81
Mc Neal, Donald L., '59
Mercer, Raymond L., Jr., '86
Miller, Tracy Kairis, '85
Mitchell, Christine Everett, '73
Moody, Richard James, '78
Morgan, Harold Stanley, '64
Murphy, Florence Mitten, '50
Neidhard, James Edward, '84
Nezbeth, Donald J., '62
Nichol, John Leland, '86
O'Dell, Mark W., '87
Pfeffer, Troy Anthony, '87
Pirie, Suzanne Volmer, '49
Pordan, Michael Joseph, '86
Purdin, Clifford R., '51
Raasch, Gerald F., Jr., '84
Roberts, Chris Allen, '81
Sarber, Terri Lynn, '83
Schmidt, Mark Alan, '88
Schultz, Christine Adamcik, '85
Sensabaugh, J. Allen, '85
Sherwat, Malcolm L., '58
Siler, Jeffrey Todd, '68
Soper, Richard Paul, '83
Sortman, Daniel Edward, '77
Spencer, Ralph, Jr., '48
Spohn, William H., '67
Staudenmaier, Beth Buchanan Ann, '86
Staudenmaier, Walter J., III, '86
Strayer, Dr. Daniel Evan, '66
Taft, Albert G., '59
Turner, Wells C., CPA, '48
Underwood, Chris Alan, '87
Von Derau, David Alan, '77
Wadsworth, Grant Lee, '66
Walker, Ralph O., '45
Wallace, Michael Dwight, '82
Willis, John Wightman, Jr., '62
Wiltshire, Richard Leroy, '70
Winterhalter, James Kurt, '73
Zangri, Robert Stephen, '73

CHAGRIN FALLS
Abbott, Betty Keller, '50
Applebaum, Robert J., '72
Atwood, Mark Plumb, '88
Baker, Wesley Edward, III, '68
Barr, Donald L., '70
Batchelor, Catherine M., '84
Best, Daniel Edward, '87
Blackburn, William Kenneth, Jr., '68
Brown, Cathleen Ann, '83
Cardaman, Donna Marie, '88
Chittock, D. Bruce, '56
Cinti, Renzo G., '86
Daugherty, Kevin Bradley, '80
Davis, Harold Herman, '50
Diamond, Normand M., '54
Downes, Roger S., '63
Dustin, Kerry C., '67
English, Jeffrey Stuart, '74
English, Mrs. Patricia Shaffer, '74
Fischer, Laurence Scott, '82
Fitzpatrick, Jon D., '60
France, Bessie Lynn, '82
Freese, Thomas L., '75
Garson, Brian K., '66
German, William, '61
Grano, James Nicholas, '70
Grey, John C., '31
Gumz, Gary Eric, '69
Guren, Homer E., '49
Hamilton, Stephen Gail, '62
Harbage, Robin A., '79
Hartman, Anthony Joseph, '65
Hummer, Jeffery Lynn, '73
Johnson, Robert Carol, '35
Jones, Kimberly Paige, '87
Kaplansky, Arthur H., '53
Kelly, Jeffrey David, '77
Kolesar, Ralph A., '51
Kucera, Lee M., '57
Kwasny, Joseph Louis, '87
Miller, Samuel Leroy, '67
Miralia, Mark David, '87
Moore, Richard Roth, '50
Mulholland, Thomas C., '83
Myers, Sandra Shoup, '66
O'Brien, Dennis M., '56
O'Keefe, David M., '64
Orazen, Michael Carl, '75
Pierson, Edward G., III, '87
Rayner, Delle E., '71
Rea, Michael J., '88
Reese, Randolph Jeffery, '81
Relyea, Lawrence W., '54
Richards, Rodney Ralph, '70
Roth, Nathan, '70
Ruzicka, Charles Bruce, '82
Ruzicka, Mrs. Diane Dillemuth, '77
Schechter, Irwin Robert, '78
Schnell, Carlton W., '29
Scott, Louis, '83
Shea, Michael William, '69
Steiger, David Alan, '70
Stentz, Gary Michael, '80
Stern, Howard S., '50
Subel, Jack Louis, '66
Sunkle, Roger L., '59
Swanek, Christopher Anthony, '85
Tarr, James Robert, '84
Tremain, Arthur Cole, '60
Uliss, Howard Irwin, CPA, '69
Venning, Jacqueline Ann, '84
Vishey, Joseph John, '88
Vogelgesang, William Wallace, '79
Webster, LTC Charles B., USMC(Ret.), '51
Weintraub, H. Larry, '39
Wennerstrom, Dale Elton, '59
Williams, Mark Clyde, '81

CHANDLERSVILLE
Deal, Lowell Kevin, '73

CHARDON
Byrnes, Peter Matthew, '77
Cebular, Phillip Edward, '69
Hanyok, Joseph Edward, '77
Herringshaw, Jacquilynn Attwood, '79
Ishee, Margaret R., '88
Jurjans, Peteris, '69
Kiebler, Paul Edgar, '68
King, Wallace E., '50
Linville, Malcolm E., '51
Lipaj, Cy Mark, '79
Lipaj, Cynthia Englefield, '79
Mc Neal, Charles A., '48
Meyer, Kristen Van Patten, '86
Miller, Marie Hurlebaus, '22
Payne, Francis Michael, III, '72
Sabransky, Ron, '85
Schoeppler, Kurt Jay, '79
Thayer, Lester M., '38
Tisdale, Warren H., '64
Walsh, John Aloysius, '73
Ward, Bruce A., '54
Weber, Patrick, '77
Zeleznik, Michael Joseph, CPA, '83

CHATFIELD
Servies, Janis Millar, '34

CHESAPEAKE
Hickman, Richard L., '53

CHESTERLAND
Armstrong, Robert Howard, '49
Brooks, William James, '88
Carlozzi, Louis Joseph, '88
Dalton, Marie Elaine, '83
Federman, Alfred P., '37
Geller, Eugene L., '60
Horton, William Thomas, '76
Hull, Rosemary Kline, '46
Ianni, Joseph P., '50
Johnson, Richard Irvin, '74
Jones, Donna Beth, '85
Jue, Richard, '78
Lohn, Susan Curley, '82
Mc Grath, James J., '56
Neubig, Nelson Rodger, '41
Pestich, Susan Lee, '88
Roman, Joseph Peter, '77
Scott, Donald John, '78
Small, Heidi Serene, '84
Stuve, William F., '63
Totino, Salvatore Anthony, '82
Wajahn, Daniel Jacques, '78
Weiss, Earl L., '65
Yert, Donald Ralph, '64
Zoldan, Mickey Del, '77

CHICKASAW
Minton, Theresa Mc Donald, '81

CHILLICOTHE
Allyn, William Henry, '44
Anthony, Steven John, '75
Bain, Joanne Ludwig, '52
Bashaw, Rickey Dean, '75
Beck, Lloyd E., '46
Bogner, Scott Thomas, '81
Botkin, Wenner A., Jr., '48
Brown, Linda Friedman, '71
Campbell, Gerald T., '77
Childress, Sherry Lois, '88
Coulter, Sharon Armbrust, '85
Crothers, John William, '69
Davis, Don R., '56
Doersam, James O., '64
Downing, Richard A., '35
Eddy, Toni B., '80
Elberfeld, Martin, '30
Ferry, Nicholas Michael, III, '78
Friedman, Herbert, '49
Ganter, Robert L., '36
Gill, Arden Leo, '86
Gorman, William Harold, '86
Green, Robert David, '88
Grimes, David Mark, '76
Groves, Charles D., '58
Hendershot, Brian Eric, '84
Henricks, John Herbert, '75
Herrnstein, James L., '67
Hice, Kristen Mitten, '86
Hoover, Earl Neil, '69
Jones, Robert Wells, '49
Kelley, Kathleen Marie, '85
Long, Dwight Earl, '85
Mahle, Mary Martha, '86
Martin, Tennyson Charles, '76
Mc Allister, Christopher Patrick, '65
Mc Kee, David Lee, '68
Mees, Bruce Lightle, '71
Melaragno, Felix J., '51
Meyer, William Leroy, '61
Moats, Hon. Ellsworth A., '30
Morrow, James W., CPA, '50
Morrow, Margaret Brown, '50
Motes, Marvin E., '61
Murton, William Norman, II, '77
Nelson, Ames M., '48
Peterson, Albert Wright, '51
Price, Gregory Jay, '86
Pritchard, Michele Ann, '84
Rairdon, Harold E., '53
Raison, Louis Brian, '86
Ratcliff, John Donald, '40
Rybolt, Clare G., '30
Schaefer, Robert Bruce, '85
Scott, Michael Douglas, '85
Shaver, Lisa Hendricks, '81
Stanhope, Glenn R., '49
Steele, John Howard, '66
Strausbaugh, Roger D., '56
Streitenberger, David Ray, '76
Tawney, Regina Lea, '82
Thissen, William John, III, '58
Thompson, Jack E., '59
Trainer, James H., Jr., '57
Triplett, Royal S., '54
Turvy, Charles Emerson, '71
Wagner, John T., '87
Wells, Stephen Gillilan, '77
White, Dana Neal, '81
Young, Robert Franklin, '77

CHIPPEWA LAKE
English, Leonard Michael, '66

CINCINNATI
Abel, Fred Harman, '63
Abel, Mark Carl, '83
Abs, George Elias, '52
Ackerman, Martin Neal, '74
Acomb, William Keith, '76
Acree, Rick H., '85
Adams, Dr. Paul David, '82
Adams, Robert M., '36
Adams, Steven Leslie, '77
Ahlers, Richard Herman, '82
Ahting, Linda K., '86
Allen, Dr. Chris Thomas, '71
Allison, Michael, '72
Allison, Tina Rose, '83
Alsfelder, Deborah T., '80
Altenau, Michael J., '85
Altman, Robert L., '47
Alvarez, Ronald, '67
Amann, Mrs. Julie A., '85
Anderson, William Charles, '86
Andrews, David Lynn, '65
Antenucci, Frank Lewis, '37
Ashburn, James J., '54
Ashcraft, Kathleen Ann, '87
Aylward, Renmarie Azar, '60
Babbs, Henry P., '33
Bailey, Dennis Delbert, '69
Bainter, William Edward, '85
Bakalus, Sandra Jo, '75
Baker, David L., '83
Baker, Raymond James, '80
Baldridge, David Lee, '83
Baldwin, Robert James, '64
Bamber, Linda Carol, '85
Bandy, David Curtis, '77
Barck, Alan N., '52
Baron, Robert A., '61
Barrett, J. Robert, '30
Bassett, Charles J., '50
Bassett, Eileen Mahoney, '45
Bates, Marjorie Lawrence, '36
Batsch, Kim M., '87
Baucom, Joni Lynn, '85
Beaver, David H., '66
Bechtel, Larry Frank, '81
Bechtel, Robert A., '64
Becker, Michael Christian, '84
Becker, Shelia Vey, '84
Beer, Donald R., '50
Begashaw, Seifu A., '86
Behan, Donald James, Jr., '84
Behlen, Robert A., '37
Belcher, Cynthia Renee, '85
Bellamy, Frank Thomas, '83
Benedict, Mrs. Kathleen G., '77
Bennington, Don B., '58
Benzing, David John, '85
Berger, Gary Evan, '70
Bernecker, Sandra Marie, '83
Bernstein, Larry R., '78
Bertke, Douglas Jerald, '83
Bethel, Richard W., '58
Biddle, Robert Woodall, '72
Bien, Pamela Marie, '84
Bienenfeld, Ms. Lisa Faye, '85
Bittner, Dean Stephen, '70
Black, Brian Steven, '80
Black, Tyrone Keith, '83
Blanken, Dennis Bruce, '69
Blessing, Richard A., '23
Blocker, Cecil Arlo, Jr., '64
Bloom, Martin L., '57
Boeckley, Karen Lynn, '87
Bond, George A., III, '55
Booth, Timothy James, '86
Borths, Robert Xavier, '83
Bowman, Kenneth Walter, '82
Bowsher, Julie Beckwith, '76
Boyadjis, George, CPA, '78
Boyer, Marvin D., '52
Boyer, Steven Wayne, '84
Boyle, Justin Joseph, '85
Brady, Edward Louis, '84
Brady, W. Michael, '69
Bragg, Robert Michael, '86
Brannigan, Richard Joseph, '68
Bricker, Melvin E., '53
Brigel, James Dale, Jr., '84
Broh, Adolph D., '27
Brokamp, Terry Edward, '84
Brown, Alan James, '83
Brown, Dennis Morgan, '70
Brown, Dwight Mc Keyes, '28
Brown, Louis Gerald, '80
Brown, Marilyn Patricia, '77
Brown, Yvonne W., '50
Brumbach, Ralph H., Jr., '61
Bruns, Anthony Joseph, '88
Bryars, Mitchell James, '80
Bubnis, William Amateis, '85
Buchanan, Harold Gene, II, '86
Buckley, Bruce Alan, '71
Buelsing, Mark Benton, '88
Bulger, Charles R., Jr., '67
Bunch, Nicholas Edward, '75
Burk, Joan Elizabeth, '81
Burns, William Bruce, '65
Busch, Donald T., '49
Butler, Edward Waldo, '49
Buttrom, Beverly Pillow, '78
Byrnes, Mrs. Jayne S., '83
Cain, Randall Phillip, '80
Caldwell, Becky, '81
Callahan, Brian Patrick, '83
Callif, David Mark, '72
Callif, Janet Charlene, '79
Callison, Darletta Jane, '86
Camma, Anthony Philip, '84
Campbell, Lisa Beth, '85
Campbell, MAJ Rodney Louis, '68
Capuano, G. Thomas Joseph, Jr., '87
Carlson, Stanley W., '67
Carroll, Michael Wesley, '72
Cassil, Robert William, '32
Castelli, Neal Anthony, '82
Catalano, Raymond Joseph, '86
Chabot, Craig Andrew, '83
Chalfie, Samuel L., '33
Chambers, William M., '35
Chappel, William Oresti, II, '87
Ciotti, David Charles, '83
Clement, Bruce Gregory, '86
Clifford, Mrs. Christine M., '87
Clouse, Grace Yoxsimer, '64
Clouse, James M., '64
Cochran, Thomas A., '61
Cohen, Sanford David, '64
Cole, Jill Anne McLaughlin, '85
Coleman, Craig F., '82
Coley, Glen L., '53
Collins, Wilbur L., '54
Connor, James Paul, II, '84
Conti, Henry Albert, '70
Cooley, Ms. Jodi M., '85
Cooney, William Daniel, '82
Corbett, Daryl W., '65
Corotis, Robert Maxwell, '71
Crandall, James L., '39
Crusie, Emily Giles, '51
Cryder, William R., '57
Cullers, Tracy A., '85
Cummings, Philip Richard, Esq., '85
Curfman, Pauline Paterson, '35
Currin, Teresa Lynn, '87
Cutright-Sarra, Ms. Martha L., '85
Cutter, Randal Jon, '84
Daley, Clayton Carl, Jr., '74
Darre, Beatrice Fry, '66
Davidson, Debbie Lathrop, '86
Davidson, James Christopher, '85
Davis, Eric Joseph, '86
Davis, Robert Jefferson, '83
Dawdy, Donald A., '54
Deal, Douglas Scott, '81
Debolt, Ms. Sallie Jo, '84
Dennis, Thomas E., '60
De Pompei, Benjamin A., '86
Deremo, Harry L., '50
De Salvo, Vincent Russell, '72
De Temple, Louis B., CPA, '80
Diamond, Lisa H., '88
Diebel, Robert Kent, '81
Diehm, Andrew E., '58
Dierkers, Ms. Marcia Joan, '81
Dierks, Mrs. Christine L., '85
Doak, Mary Allen, '81
Donahue, Michael Terrence, '81
Dougan, Penny Jo, '82
Dowdy, William Stuart, '82
Downes, James E., '57
Drefahl, Steven Paul, '74
Drenik, Douglas Jay, '65
Dressman, Mrs. Mary Kay, '86
Du Covna, Herbert S., '64
Duffus, Parmelee W., '36
Dugan, Karen Alane, '84
Dunbar, Gary T., '76
Dunn, James F., '55
Durbrow, Dr. Brian Richard, '71
Dygert, Sally Ann, '84
Eckel, Danny Lee, '83
Eckert, Margaret Rose, '83
Eichner, Michael L., '87
Eidenier, Duane A., '80
Elam, Mark Alexander, '81
Elson, David R., '84
Emery, David Allan, '81
Emmerling, Walter, '28
English, Edwin C., '32
Estepp, Randall Scott, '81
Evans, Jack Griffith, '30
Evans, Thomas Lang, Jr., '50
Everman, Bret Allen, '81
Exner, Gregory John, '79
Fagan, Brian Barnett, '84
Fahrmeier, Raymond L., '65
Fairbanks, Robert Jessie, '74
Farnham, Dorothy Russell, '31
Federspiel, John Francis, '75
Feigelson, Daniel Jay, '83
Feldmann, Kenneth William, '72
Ferguson, Marie Diane, '85
Fessel, Thomas Alton, '78
Fink, Jane Elizabeth, '83
Finlaw, Fred H., II, '80
Finlaw, Harry L., '51
Finn, Thomas Andrew, '86
Fischer, Alex Edward, '62
Fischvogt, James Edward, '75
Fitting, Daniel Arthur, '69
Fitzgerald, Monica Lyn, '88
Fitzmire, Angela Campo, '80
Fitzpatrick, Andrew Barton, '86
Fletcher, Jerry Curtis, '72
Flower, Edwin Graham, Jr., '42
Foley, Kenneth James, '73
Ford, Billie Ray, '60
Forrest, James Randolph, '81
Frank, Edward Louis, Jr., '86
Freedman, Holly Lynn, '86
Frey, Joseph Lawrence, '70
Frisa, Charlotte A. Redman, '52
Frye, Mrs. Lisa C., '79
Fuess, Wendy N., '80
Fugett, Kimberly Ann, '87
Gabor, Randy Allan, '74
Gallagher, Dennis Morton, '68
Gallina, John Edward, CPA, '82
Garber, Joseph Max, '49
Gardner, James Thomas, '79
Gardner, Robert Lynn, '65
Gardner, Thomas Edwin, '77
Garfield, M. Robert, '46
Garrison, Douglas Kevin, '87
Gartrell, Stuart Joel, '83
Garver, Paul A., '62
Gaunt, Katherine Perry, '85
Gaunt, Terry James, '79
Geiger, S. Kay, '85
Gesting, Daniel Charles, '87
Gibbons, Thomas Daniel, '86
Gilchrist, Charles W., Jr., '48
Gilchrist, Sylvia Wilson, '48
Giles, Bonnie Hubbard, '85
Gilkey, John Robert, '87
Gilman, Debra Pearson, '82
Gilman, Paul Gregory, '81
Giovanello, William Anthony, '78
Giovannazzo, Dominic J., '46
Gloeckler, Donald C., '78
Gloeckler, Monika Ann, '85
Goad, Norman Robert, Jr., '85
Goerlitz, Richard E., '75
Goldstein, David Bruce, '82
Goodell, Mark Peyton, '86
Goodhart, Mrs. Jean K., '77
Goodwin, Richard H., '52
Goosmann, Clifford Joseph, '65
Gore, Dr. Catherine Ann, '83
Greenwald, Sandra Louise, '88
Greninger, Richard Woodburn, '73
Grimme, James F., '66
Grinstead, Daniel Wesley, '88
Gripshover, John Paul, '87
Grisemer, Beth Nichols, '87
Grote, Dennis Paul, '78
Groves, Russell William, '81
Gruaz, Bruno Michel, '85
Gruenwald, Regina Mary, '86
Guard, J. Conner, '49
Guiler, Robert C., '71
Gulick, James Anthony, '82
Gulker, Bonetha Hertz, '77
Gunn, George B., '56
Gustin, Jolynn McNealy, '67
Guzzo, Joseph Vincent, '87
Haas, Joan Gorman, '81
Haas, Mrs. Melinda M., '81
Haas, Paul J., Jr., '82
Haerr, David E., '59
Hain, Charles O., '61
Hallam, Alfred P., '61
Halpern, Karen Foxall, '87
Hanna, Lee Eugene, '69
Hapke, David Bartel, '85
Harden, Julia Ann, JD, '87
Harloe, Alan Jay, '81
Harmon, Wilbur S., '85
Harris, Orlando Ethan, '87
Harrison, Michael S., '85

Cincinnati (Cont'd)
Harshbarger, Harold Allen, '71
Hart, Max L., '58
Hartley, Cheryl Renee, '84
Hartmann, Edward Paul, '86
Harvey, William George, '72
Hastie, Andrew Brooking, '67
Hatcher, Donald L., '43
Hauck, Ronald Clayton, '84
Hauck, Mrs. Sharon D., '85
Haverkamp, Gary J., '60
Heil, Russell Alexus, '84
Heim, Harry L., '47
Heim, Sybil Duffy, '48
Heines, Michael Alan, '87
Heise, Robert W., '87
Heldman, George L., '45
Hendershot, Ms. Marcia A., '85
Henkel, Otto Frederick, Jr., '76
Henry, Brett J., '84
Henry, Charles Russell, '48
Henshaw, George Edward, '74
Herbst, James L., '52
Hess, Thomas Michael, '88
Hilberg, Susan Katheryn, '84
Hinklin, Robert E., '67
Hobe, Thomas Matthew, '71
Hoff, Arthur M., '61
Hoffheimer, Craig R., '72
Hoffman, Lori Ann, '86
Holdsworth, Michael Paul, '74
Holley, Byron J., '48
Hom, Terry, '78
Hood, Stephen Louis, '75
Hornsby, Michael Carl, '79
Hosea, Richard Morris, '73
Howard, Mrs. Dorothy L., '46
Howard, Phillip Terence, '83
Huddle, Richard Fredrick, '69
Hudson, John Wesley, '25
Hummer, Daniel Martin, '70
Hundley, Virgil L., '55
Hunt, Jeffrey Lee, '83
Hyson, James Erie, '80
Iannarino, Mark Joseph, '81
Immelt, Joseph F., '51
Ingram, Todd Alan, '88
Jackson, Janice Iola, '85
Jacobs, Kimberly Suanne, '84
Jacobs, Thor Michael, '81
Jacoby, George R., '54
Jamieson, Peggy A., '86
Jander, Thomas Richard, '62
Jason, Nolan C., '77
Jeckell, Betty Smith, '36
Jeffers, Carolyn Angell, '62
Jipping, Douglas James, '74
Johns, Lawrence L., '67
Johnson, Byrdelle Ardis, '59
Johnson, Terry Ann, '79
Jones, E. Douglas, '82
Jones, Larry Michael, '75
Jones, Steven Richard, '86
Jones, Mrs. Tracy A., '81
Jordan, David Robert, '85
Jordan, Sara Jane, '85
Jordan, Scott E., '87
Judis, Donald C., '50
Kabel, Mrs. Carol A., '80
Kahn, Larry Allan, '68
Kaiser, Bernard W., '49
Kalman, Sanford R., '56
Kamenar, Joseph David, '82
Kampsen, David J., '87
Kaplan, Rodney Michael, '72
Karam, Ernest, '33
Karam, Gregory Lee, '69
Karas, Milan R., PhD, '51
Kattelman, Jeri Tyrrell, '79
Kays, William Alan, '83
Kehres, Carl Joseph, '85
Kerr, Mohamed A., '84
Keslar, Carol Lynn, '85
Kichler, Ross R., '54
Kidd, Gregory Adolphus, '76
Kief, Herbert W., '52
Kiefer, Albert Francis, '41
Killinger, Ronald B., '48
Kirk, Guinette Marie, '80
Kirsch-Taylor, Ms. Mary, '63
Kisor, Lee N., '64
Kitchen, Bruce Everitt, '86
Klaban, Thomas Max, '76
Klaus, William Richard, '82
Klekamp, Robert C., '55
Klohe, Paul J., '81
Klotz, Karla L., '87
Klug, Thomas Joseph, '87
Knable, D. Douglas, '84
Knoch, Eric Scott, '83
Knodel, Eric Jonathan, '87
Knollman, Kirk William, '84
Koch, Kenneth Allen, '71
Koch, Tyson Frederick, '85
Koenig, Joseph Ladislas, '72
Koesterman, Mrs. Denise Y., '83
Kolodny, Victor M., '59
Kowalski, James M., '59
Kraft, Mrs. Sondra F., '65
Kramer, David George, '72
Kramer, J., '84
Krohn, Mary Trunick, '80
Krone, Bruce Andrew, '77
Krstolic, Raymond C., '63
Kuechenmeister, Janice R., '55
Kuhr, Jeffrey Allen, '88
Kull, Louis Jacob, III, '86
Kull, Louis Jacob, Jr., '50
Kunert, David W., '59
Kurtz, Kyra Ann, '88
Laffey, John J., '32
Lafkas, Robert C., '65
Lambert, Kenneth E., '51
Lambrinides, Theodore Christie, '81
Lane, Albert Edwin, '48
Lane, William, Jr., '72
Lang, Stanford L., '58
Lash, Jeffrey Fred, '85
Latessa, Dr. Edward James, '77
Laube, F. Jerome, '57
Laughlin, Robert George, '78
Ledman, Dale Edward, '65
Lee, Lanton Lawrence, '87
Lee, Philip Gregory, '84
Lefevre, Frederick Jay, '77
Lefton, Richard Allen, '87
Lenz, Diane Wray, '67
Leonhardt, Joseph Earl, '87
Lesinski, Nadine Marie, '85
Leung, Ms. Susan Y., '85
Levatter, Sandra Caudill, '80
Levine, Bert Ivan, '49
Levy, Howard Samuel, '86
Lewis, Ellen Wilcox, '86
Liebenrood, David D., '48
Lilley, Christopher Allen, '84
Limbert, John Warren, '50
Lin, Julie Yi-Ching, '79
Lindeman, Amy Dee, '84
Line, Ronald N., '64
Linke, Jane Hack, '81
Lippman, Edgar T., '53
Lockspeiser, Sanford E., '48
Loeb, Alvin M., '28
Long, Gregory Lee, '79
Long, Thomas Patrick, '79
Longo, Kenneth J., '57
Loop, Floyd F., '49
Lopina, Edward Frederick, '49
Lubitz, Dr. Lester Marc, '69
Lucke, Ronald W., '62
Luczak, Arthur F., '65
Ludwig, Jeffrey Joseph, '81
Lunsford, James F., '55
Lutz, Dale Michael, '88
Mabry, Rick Lee, '82
Mac Arthur, Daniel Francis, '86
Mac Farland, Kenneth E., '53
Mack, Gary Edward, '75
Mackay, Frances Tromble, '27
Magee, Therese Jean, '81
Maghes, Suzette Ann, '83
Mailender, Kenneth M., '69
Mampieri, Anthony R., '86
Mandel, Howard, '85
Markowitz, Ms. Melissa Anne, '83
Markus, Alan L., '50
Marowitz, Howard, '52
Martin, Stephen D. L., '82
Maso De Moya, Lianne Gail, '87
Mason, Joseph Gordon, III, '81
Massaro, Joyce A., '81
Maupin, David Charles, '76
Mayer, Barbara Ann, '78
Mayer, William Francis, '73
Mayle, Crystal Lynn, '85
Mc Cain, John William, '76
Mc Call, Alan Howard, '77
Mc Carter, Herbert, '78
Mc Carthy, Ms. Ellen B., '82
McCauley, Sean A., '83
Mc Caw, Jeffrey Robert, '81
Mc Caw, Michael Earl, '76
Mc Clellan, Warren Louis, '74
Mc Cloy, Helen Emily, '84
McCloy, William A., '82
Mc Creary, Peter H., '87
Mc Daniel, Carl H., '50
Mc Daniel, Gregory Alan, '70
Mc Ewan, Paul William, '86
Mc Girr, Dale Lynn, '70
McKinley, Jeffrey Todd, '84
Mc Mackin, Thomas Kennedy, '82
Mc Mahill, James R., '23
Mc Mahon, Kelly Edward, '86
Meisenhelder, John F., '86
Merriman, Douglas G., '82
Merritt, Edgar Littleton, '83
Metcalf, Virginia Ruth, '84
Meyer, Peter Charles, '79
Michael, Timothy Arthur, '76
Michaels, Linda Ann, '85
Miille, Dale R., '56
Mikula, Michelle Marie, '82
Miller, Beth Ann, '86
Miller, Curtis E., '50
Miller, Daniel Lee, '76
Miller, Ms. Denise Lorraine, '76
Miller, Dr. Norman Gene, '73
Millman, Steven Markell, '87
Mills, Patricia Louise, '87
Milum, Ms. Barbara J., '84
Min, Elijah K., '87
Ming, Gary, '78
Miree, Daniel Anderson, '74
Mischkulnig, Scott Justin, '84
Mischler, Thomas O'Connor, '86
Miskimens, Marjorie Dunfee, '79
Mitchell, Ronald K., '58
Molloy, Daniel Anthony, '86
Molnar, Jennifer Young, '82
Monroe, Sally Longstreth, '57
Moor, Amanda Jane, '81
Moore, Emmett Richard, '51
Moore, Sharon Ann, '86
Morley, Bradford Charles, '69
Morris, Angela Louise, '79
Morris, Robert James, '86
Moser, Steven M., '87
Moss, Jeffrey T., '88
Mullenix, Charles D., '70
Mumma, Malia Warnock, '86
Munson, Carol Susan, '79
Murphy, James Eugene, '84
Murphy, Katherine Nett, '80
Murray, Michael Casey, '83
Muskal, Jerry, '80
Mustaine, W. Max, '48
Mustard, Larry Eugene, '78
Muth, Thomas Charles, '82
Myrvold, Michael Laren, '83
Napier, Guy Edward, '73
Napier, Mark Wayne, '75
Narang, Manoj Kumar, '83
Narang, Rachna, '85
Neago, Steve E., '52
Nechemias, Stephen Murray, '66
Nemo, Edward Stanley, '63
Nester, Thomas Joseph, '85
Newbold, Thomas Joseph, '85
Newman, Scott David, '62
Newman, Teri Ellen, '88
Niemeier, Letitia Gay, '83
Niemeyer, Stephen James, '84
Niese, Betty Jo, '86
Nime, Edward John, '79
Nonelle, Richard, Jr., '85
Oakes, Peter Hendrik, '83
Obenauf, Brad Alan, '73
O'Brien, David Thomas, '85
O'Brien, Dolores Mary, '78
O'Connell, Gerald Francis, Jr., '81
Oelgoetz, Joseph F., III, '79
Oeters, Robert Earl, '78
Oeters, William Donald, '80
Olson, James David, Jr., '87
Orewiler, Darl C., '49
Osborne, James F., II, '64
Ossege, Greg Edward, '77
Osterbrock, Jack B., '51
Overmyer, Wayne S., '40
Oxley, Edmund Harrison, III, '69
Oyakawa, Cynthia Lynn, '84
Page, Kenneth C., '76
Pailet, David M., '45
Palumbo, Albert J., '53
Papner, Paige Allison, '86
Patterson, Daniel William, '84
Pavloff, John Michael, '88
Payne, Daniel Pearl, '49
Payne, Mrs. Kathleen R., '85
Perrino, Christina Marie, '83
Peterson, Lynn Rolli, '57
Petruska, Audrey Ann, '82
Phelps, Joseph Dwight, '84
Phillips, Boyd L., '82
Phillips, Steven Scott, '80
Picciano, Timothy Edward, '75
Plaut, Bernard C., '48
Pohlabel, James Gerard, '82
Popolin, John Scott, '85
Popp, Albert L., '57
Porter, Joseph Edward, II, '60
Prather, Michael Lee, '81
Priaulx, Johanna Jaggard, '80
Price, Kenneth David, '83
Priest, Lois Dumenil, '33
Pringle, Larry Allen, '78
Proietti, Nello, Jr., '48
Proud, Timothy H., '79
Purtell, Richard Dale, '74
Quickle, Michele J., '81
Quilter, Thomas Matthew, '70
Rabenold, Keith Marlyn, '86
Radziwon, Kenneth John, '83
Rains, John William, '79
Ramsay, Lynn Denise, '88
Ramsay, Thomas John, '85
Randman, Abe J., '59
Ranz, George R., '48
Ratterman, Edward Robert, '83
Redding, Mrs. Robin B., '85
Reed, James C., '54
Reed, Nancy Elizabeth, '84
Regula, Ronald F., '67
Rehl, William Michael, III, '81
Rein, Gerald Richard, '76
Reinhold, Thomas J., '82
Rettos, Socrates John, '82
Reynolds, June Kaiser, '79
Rhein, Albert C., '53
Rice, Clark Hammond, Sr., '54
Rice, John Timothy, '87
Richardson, Laurence D., '75
Richter, Mark Allen, '82
Riddle, Joanne M., '54
Riehl, Keith Stuart, '77
Rigdon, Mark Allan, '78
Riley, Kelvin Andre, '80
Riley, Ronald Keith, '84
Riley, Thurman A., Jr., '53
Robertson, Paul Kenneth, '68
Robson, George W., '86
Rosen, Louis, '33
Rosenston, Jerald Mark, '88
Rosenthal, Edward S., '56
Rosenthal, Richard H., '57
Ross, Douglas Jay, '83
Rosser, Evan D., '49
Roth, Vicki Lynn, '87
Rothmund, Richard Thomas, '78
Ruben, Steven, '74
Ruess, Paul Andrew, '86
Ruff, Mary Catherine, '29
Ruffin, King Solomon, Jr., '72
Ruthman, Natalie, '87
Rutledge, Anne Theresa, '86
Ryan, John Leonard, '60
Sachs, Betty Long, '53
Sachs, William J., Jr., '53
Saewitz, Sidney Spencer, '79
Safer, Steven Rex, '62
Sandhu, Rajbir S., '82
Sanford, Robert H., '86
Sater, Melanie Jane, '84
Sayre, Christopher Malcolm, '87
Schedel, Robert John, '85
Schenck, Donald A., '57
Scherocman, James Allan, '71
Schiebel, David J., '52
Schiff, John Jefferson, '38
Schiff, John Jefferson, Jr., '65
Schiff, Robert C., '45
Schimpf, Eric Jerome, '87
Schipper, Robert Henk, '84
Schipper, William Jan, '84
Schmeling, Angela J., '87
Schmidt, Mark Andreas, '86
Schmitt, David Gerard, '87
Schmitt, James C., '81
Schneider, Harry Roy S., '77
Schneider, Jon William, '64
Schopfer, Aaron Jones, '70
Schuckman, Neal Edward, '74
Schuler, Gregory Charles, '76
Schultz, Joseph Howard, '48
Schultz, Wayne Carl, '78
Schwartz, Abraham, '46
Schwartz, Michael Samuel, '66
Schwartz, Sherri J., '82
Schwartz, Victoria Stewart, '68
Schweitzer, Joseph Vincent, '71
Scott, James Chapman, '69
Segal, Kenneth C., '58
Segale, Virgil A., '32
Seremetis, George G., '53
Shah, Nilesh Y., '87
Shapiro, Dr. Mitchell Bennett, '75
Shedd, Jan W., '57
Sheeran, Joseph W., Jr., '56
Sheldt, Charmaine Teresa, '81
Sheldt, Gary Michael, '82
Shepherd, John M., '59
Sholly, Brian Ward, '85
Shrader, Sandra Catherine, '88
Shrader, Steven Ray, '87
Shroyer, Jeffrey Dalton, '81
Shryock, Russell Webster, '43
Shye, Carl Wheeler, Jr., '77
Silliman, Samuel N., '48
Sinclair, Edwin M. (Ted), Jr., '60
Sinclair, James P., '51
Singer, Daniel O'Shea, '86
Sirkin, Diane Mendel, '64
Siska, Edward Andrei, '83
Skidmore, James E., '34
Skidmore, Mrs. James E., '34
Slauson, John Gordon, '63
Slavey, James H., '59
Smith, Bradley Donald, '79
Smith, Joseph Wilton, IV, '84
Smith, Robert Charles, '53
Smith, Ruth Baird, '46
Smoot, Roy Warren, '77
Snodgrass, Mathew Harry, '71
Snow, Eugene Raymond, '72
Snyder, Christopher John, JD, '87
Snyder, Mrs. Dorothy Hill, '41
Snyder, Richard, '61
Snyder, Thomas N., '41
Solomon, Alan Gordon, '79
Sperry, Robert George, '84
Spinanger, Dean, '68
Stagney, Edward M., '64
Starr, Philip Brooks, '69
Statzer, Stephen James, '85
Stein, Thomas Joseph, '57
Steinhoff, Wayne E., '78
Stephens, Michael Eugene, '85
Stern, Mark L., '47
Steuer, Jay Mitchel, '76
Stevenson, Jeff August, '84
Stigler, Joseph Edward, '74
Stimac, Jacob R., '50
Stires, Irwin C., Jr., '47
Stollings, Anthony Michael, '76
Strangfeld, William C., Jr., '80
Strine, Jeffrey Ogden, '80
Stuckey, Mrs. Lori Cowden, '80
Sturgeon, Stacy Lynn, '83
Sturtz, Karl L., '51
Suckarieh, Dr. George G., '76
Sugerman, Marcia Koshover, '58
Sullivan, Joan Elizabeth, '86
Susskind, George S., '60
Swallen, James L., '56
Swartz, Vallery Jean, '84
Sylvester, Paul Weston, '73
Taber, Elmer Mark, '71
Taeuber, Robert Donald, '74
Tallman, Mark Allan, '79
Tam, Mun Keung, '87
Taylor, Calvin Kenneth, '81
Taylor, James Kerr, III, '82
Taylor, James L., '81
Thalheimer, Timothy Gerald, '83
Theodore, Carl T., '52
Theodore, Kathleen Moore, '81
Thie, W. Thomas, '83
Thierauf, Dr. Robert J., '66
Thomas, Richard Lee, '78
Thompson, Dwight Frank, '72
Thornton, Jack F., '66
Thornton, Richard Clifford, '78
Tiberi, Richard Anthony, '85
Tierney, Martin Patrick, '82
Tierney, Michael James, '86
Timmel, Steven L., '87
Trenary, Warren L., '57
Trier, Wayne Joseph, '85
Van Riper, James Hartman, '85
Van Schoik, Milton L., '52
Varner, Stephen Richard, '71
Venkatesh, Dr. Balkrishna, '71
Venters, Ms. Barbara Lorraine, '86
Ver, Alex Paul, '72
Verhoff, Annette Louise, '84
Von Busch, Harry, Jr., '70
Vuotto, Thomas Joseph, '79
Wade, Jeffrey Clayton, '88
Wagner, Richard Lawrence, '78
Wagner, Richard Spellman, II, '81
Wagoner, Harry R., '49
Wahl, Michael A., '86
Walbrun, Thomas Michael, '86
Walls, Virginia Susan, '81
Walton, James P., '61
Ward, Tinnie Ann, '85
Warm, Miriam Faye, '87
Washington, Gerry Lee, '79
Wasielewski, Karen Glenn, '87
Waterfield, Willis K., '28
Waters, Forest Wayne, '81
Watson, R. Terry, '77
Watts, Kenneth S., '64
Weaver, Scott Douglas, '86
Weaver, Thomas Lee, '84
Weber, Michael Eric, '75
Weibel, Mark Leonard, '84
Weil, Jennifer Caroline, '84
Wendell, Steven Carl, '69
Wendling, Thomas Allen, '70
Wentzel, Philip Joseph, '64
Werbeach, Larry A., '80
Werden, John Charles, '83
Wessels, David John, '80
West, Donna Jean, '79
Westrich, Greg Lawrence, '83
Whalen, Timothy Thomas, '75
Whiston, Deborah Anne, '83
Whitaker, Thomas Ralph, '56
White, Brendan Matthew, '87
White, Douglas Robert, '80
White, J. Austin, '34
White, Mrs. Lisa M., '85
White, Todd Randall, '84
White, Wilfred W., Jr., '62
Whitfield, Alice Canada, '51
Wiater, Jeffrey Allan, '87
Wilhelm, Gary Lee, '69
Will, John A., '54
Williams, Robert Scott, '86
Williams, Roger H., '48
Williamson, Timothy K., '88
Wilson, Michael A., '70
Wilson, Thomas Edward, '82
Windgassen, Dean Lee, '62
Wirth, Robert William, '74
Wirthlin, Richard Edward, '84
Witt, Todd Lothar, '78
Witte, Andrew P., '86
Wolf, Randall Perry, '87
Wong, Yuk Dan, '74
Wood, James Curtis, '53
Wood, James Joseph, '86
Wood, Joseph Fickling, III, '84
Wood, Robert Anthony, '87
Wood, Steven T., '83
Woods, Christopher J., '82
Woods, Terry Steven, '73
Wordeman, Paul Joseph, '75
Worrilow, Kevin Edward, '77
Wright, Mrs. Barbara L., '50
Wurster, CDR Walter A., USN(Ret.), '36
Yates, Thomas J., '51
Yerina, Nancy Pendery, '55
Zando, Mark Wilkerson, '85
Zando, William Gary, '84
Zartman, Joseph Edward, '75
Zenk, Richard Joseph, '82
Zenni, Mark Francis, '79
Zimmer, William H., '52

CIRCLEVILLE
Ammer, Hon. William, '41
Beckley, Paula Tussing, '81
Bowen, John Jacob, '59
Bowen, Marcele G., '83
Bowers, G. Richard, '40
Bowers, John Evans, '75
Bowling, Elizabeth Anne, '86
Bradhurst, Daniel Vane, '83
Brown, Michael Lee, '82
Bullock, Blaine Alan, '83
Burke, Ada May, '43
Call, Robert N., '29
Carle, Edward Vincent, '88
Carpenter, Dr. William S., '51
Clifton, Harry J., '49
Cole, Robert Barnes, '50
Davis, Bruce Kevin, '83
Davis, James Alan, '86
Decker, Rick R., '88
Dettra, Samuel Ray, '82
Dorff, Christy Lynn, '80
Eberhart, John Earl, '88
Elliott, Terry Lee, '74
Fawcett, Raymond L., '60
Flaherty, Karen Jacobson, '86
Foster, Donald Edwin, '86
Fouch, Vanessa Kaye, '88
Fullen, Richard W., '52
Gearhart, LTC Fred Zurmehly, USAF(Ret.), '76
Graves, Floyd W., '36
Greene, Alita Brown, '86
Harmount, Hewitt, '53
Heiskell, William D., '49
Hill, Diane Kay Horst, '82
Hughes, Cynthia, '79
Hughes, William Herbert, '78
Johnson, John Wilford, Jr., '81
Johnston, 2LT Martin Lee, '86
Knecht, Kirk Edward, '78
Norpoth, Philip Leonard, '85
Palm, Douglas M., '79
Peters, George Thomas, '59
Petricola, Mario Joseph, '84
Pettit, Richard C., '50
Phillips, Mrs. Susane Granzow, '53
Reams, Connie Ferriman, '82
Reeser, Paul Anthony, '77
Reichelderfer, James K., '45
Scherer, Gary K., '76
Scherer, Thomas Alan, '81
Shaw, Daniel Kevin, '88
Spicer, Emerson C., '37
Stern, Jonathan S., '86
Stoneburner, Phyllis Ann, '86
Sutton, Mark Bradley, '88
Zadzi, Deborah Gavlik, '86

CLAYTON
Kern, Dave James, '85
Knowles, Brooke Ellen, '86
Smith, Bradley Clair, '75
Tritten, John S., '26
Wampler, Raymond R., '73
Wertz, Charles R., '52
Wertz, Charles Robert, Jr., '85

CLEVELAND
Adell, Mitchell Allen, '79
Adelman, Bryan, '69
Agin, Bernard Irwin, '69
Ahola, Jeffrey Brian, '77
Aitken, Margaret Wilder, '27
Alger, David H., '87
Allison, George L., Jr., '56
Alpern, Edward, '48
Alpern, Robert L., '49
Ambrose, Lance Charles, '86
Anderson, Leonard William, Jr., '78
Anderson, Paul William, '79
Andow, Robert Scott, '82
Androne, Robert P., '70

GEOGRAPHICAL LISTINGS Cleveland OHIO 405

Cleveland (Cont'd)
Arnoff, Bernard, '47
Arnold, George Francis, '35
Arnson, Gerald I., '50
Aurslanian, Richard N., '58
Aveni, Vincent T., '47
Axelrod, Joel David, '72
Aziz, Mohammad T., '63
Babin, Stuart Stephen, '68
Baff, Martin Alvin, '48
Bailey, Ralph, '59
Bailys, Brian Daniel, '81
Baker, Stephen Everett, '77
Ballou, Dr. Ronald Herman, '63
Barkin, Elliott Stanley, '70
Barracato, Charles Ignatius, '73
Barrat, Elliott Samuel, '79
Barry, George Raymond, '61
Basch, Jeffrey Wayne, '80
Basch, Kenneth Alan, '78
Baskin, Lloyd B., '46
Baughman, Robert Patrick, '60
Baumal, Sandra Schultz, '55
Baumeister, Susan Carol, '76
Baumgardner, Alan W., '56
Becker, Kennard William, '39
Becker, Leonard Sidney, '28
Becker, Thelma Jane, '35
Beckman, Lori Sue, '82
Beegan, Ben J., '42
Belkin, Michael Lawrence, '82
Bendau, James Michael, '68
Bender, James B., '61
Benson, George S., '67
Benson, Leonard H., '48
Berk, Fred W., '64
Berk, Gerald A., Esq., '66
Berk, Robert Jerome, '65
Berman, Alan E., '59
Berman, Robert D., '40
Bernon, Ronald, '55
Berns, Sheldon I., '58
Bigelson, Alec Paul, '69
Bigler, Floyd M., '48
Bing, Aleta Helen, '76
Blair, William A., '38
Blaizgis, Frank J., '57
Blake, Leonard Joseph, '69
Blake, William L., '51
Blond, Lawrence E., '59
Boggan, Lisa Ann, '88
Bonebrake, Robert A., '57
Botnick, Martin, '50
Bowman, Howard Eotho, Jr., '74
Braun, James A., '66
Bronstein, Joel Alan, '77
Brooks, Jacqueline Nusbaum, '75
Brown, Anthony Bernard, '80
Brown, Milton Wolford, '69
Bruder, Edward, '51
Brulport, Joy Klauminzer, '73
Brulport, Timothy Douglas, '73
Budoi, Gregg Raymond, '87
Burk, Melvyn I., '64
Burney, Donald B., '79
Burns, Michael Dennis, '80
Bush, Joseph E., '38
Butler, John Patrick, Jr., '62
Cahn, Harold A., '38
Cahn, Rodger Neil, '73
Calder, Davis R., '84
Calder, James A., '84
Cammock, Charles John, III, '73
Cantrall, Richard G., '53
Canty, John J., '57
Carmichael, CAPT Ray Lewis, USAFR, '80
Carmody, Martin Louis, '86
Cassmer, John, '38
Chapman, Edward E., '58
Chapman, James E., '53
Chernikoff, Lawrence Robert, '68
Cherry, Nancy Pollard, '50
Chinni, Benjamin T., '67
Christian, Mary Blankemeier, '84
Chrzanowski, Richard, '75
Clapp, Frederick S., '54
Cochran, James C., '55
Cochran, Robert Powell, '56
Cohen, Eugene, '55
Cohen, Gary Arthur, '71
Cohen, Ronald Bert, '56
Coleman, Ina Fay, '83
Collingwood, Richard John, '75
Collins, Daisy Gray, JD, '58
Colson, Frank John, '50
Constantine, Marie Ann, '81
Cooper, Richard Lee, '50
Cordero, James Wilson, '86
Corsatea, Ovid G., '32
Cortell, Ralph H., '35
Cotabish, Matthew I., '41
Cox, Charles Q., '42
Crowder, Dorrine, '84
Cruz, David, '80
Cullinan, Timothy G., '84
Cullinane, Thomas Anthony, '88
Cully, Thomas Arthur, '83
Cummins, Michael John, '81
Dahlhausen, Thomas James, '78
Dallas, Toula J., '53
Darrah, Jeffrey Keene, '83
Davidian, Mrs. Gretchen D., '85
Davidson, Jack H., '54
Davidson, John Thomas, Jr., '52
Davidson, Leonard Joseph, '43
Davis, Frederick, '71
Davis, Dr. Joseph Melvin, '70
Davis, Mark Lundon, '86
Davis, Stanley Allen, '63
Day, Hon. Jack Grant, '35
Day, Ruth Schaefer, '35
Dearth, Miles Brent, '85
De Cosky, Richard Leonard, Jr., '69
Demchuk, Daniel William, '71
Dempsey, Daniel, '79
Dennis, David Gene, '87
Denton, Mrs. Celeste B., '80
De Palma, Anthony J., '57
Di Lillo, Mrs. Juliette Koren, '39
Di Mare, Anthony J., '63
Doan, Nelson B., '35
Doheny, Michele Therese, '87
Doner, Norma Landry, '64
Dorward, Harold L., '51
Du Bov, Herman H., '46
Dubyk, Nicolas Stephan, '87
Dudley, Milton L., '40
Dugas, C. Clayton, '49
Dunn, Gael Hallahan, '65
Dworken, David M., '56
Dworken, Marvin P., '59
Earl, George J., '39
Eckstein, Myron S., '47
Egert, Stephen M., '78
Eisenberg, Arnold J., '61
Eisenberg, Hyman, '53
Eisenberg, Steven Mark, '72
Elliott, Mark P., '69
Ellis, Brian Richard, '67
Elston, David Wayne, '80
Ely, Joyce Hillick, '83
Erml, Victor F., '57
Escaja, Mark Paul, '81
Eschmeyer, Betty Hawk, '47
Eschmeyer, Paul H., '50
Evans, Donald Arthur, '49
Falkner, Mary L., '47
Farkas, Steve, '76
Fatica, Lawrence Martin, '86
Fein, Alvin A., '40
Fein, Robert A., '67
Feldman, Arthur L., '37
Fenton, John L., '48
Feuer, Sherry Ellen, '78
Fiala, Jerry, '76
Fink, Ellen Hostal, '83
Fisher, Ronald Allen, '79
Fishman, Lawrence Rice, '66
Fishman, Leslie S., '67
Fixler, James, '69
Flacks, Robert David, '74
Flament, James Robert, '68
Fleck, Kathleen Ann, '83
Fletcher, Gregory, '86
Flickinger, Michael H., '79
Forrest, Jean Halberg, '57
Franke, Edward L., '48
Frankel, Donald Jay, '85
Frankel, Morton Sedley, '46
Fredman, M. David, '50
Friedlander, Howard Leonard, '70
Friedman, Harold Edward, '56
Friedman, Herman Harold, '73
Friedman, Lee Bryan, '80
Frumkin, Steven Edward, '77
Fudale, William Joseph, '84
Fudge, Marcia Louise, '75
Fujita, Robert Henry, '83
Garwood, William M., '50
Gavala, Daniel Edward, '80
Gehring, William M., '62
Gentry, Virginia Louise, '84
Gilles, Jerry, '59
Gingerich, Earl Leland, '87
Glasser, Chester F., '30
Gluck, Jerry, '75
Gluntz, David B., '59
Goepfert, Thomas Joseph, '81
Goldberg, Donald Ray, '73
Goldberg, Gerald, '62
Goldberg, James R., '60
Goldberg, Larry, '63
Goldberg, Leonard, '47
Goldberg, Robert, '61
Goldstein, Jerrold L., '63
Goldston, Jay J., '52
Gonda, Douglas A., '66
Gondek, Walter, '49
Goodman, Fredric S., '68
Goodman, Tom Samuel, '54
Gottemoeller, Charles August, '32
Gottfried, Ronald M., '49
Green, Donald K., '63
Greenberg, David Brower, '53
Greenfield, Joe, '51
Greer, Michael Reed, '73
Greeson, Robert A., '53
Griesinger, Frank Kern, '38
Griffin, Kathleen Clark, '73
Griggs, Robin, '88
Grigsby, Maceo, Jr., '70
Grodin, James Allan, '68
Groedel, Alan Jay, '81
Grossberger, Alan Robert, '79
Grossman, Melvin Jay, '52
Grundstein, Dr. Nathan David, '36
Guthrie, Charles Raymond, '57
Gutridge, Delbert R., '56
Gyorkey, Frank L., '50
Gyure, Daniel J., '58
Haber, Harry L., '56
Haggerty, James A., '67
Hall, Glen Darrell, '80
Hallisy, Margaret Anne, '85
Hamel, Sherman J., '52
Hamilton, Kaye Don, '73
Hanak, Robert L., '51
Hancock, Edward P., Sr., '50
Harden, Kimberly Renee, '86
Harris, Seymour K., '32
Hart, Rita Anne, '73
Hartzmark, Bruce Alan, '82
Hasman, Robert James, '73
Hawk, Kenneth L., '67
Hawthorne, Herbert G., '50
Hawthorne, Ronald James, '75
Haynes, Douglas M., '45
Heiser, Leonard Sherman, '78
Helber, Douglas D., '74
Helfrich, Linda Ann, '88
Helms, William R., '50
Hennenberg, Michael Chaim, Esq., '70
Hepkema, C. Philip, '66
Herman, Daniel Marc, '81
Herzog, Alan Bruce, '73
Heskett, Gene H., '74
Hill, Debra, '78
Hill, Rick, '78
Himmel, Hortense Bachrach, '43
Himmel, Leonard R., '42
Hiscox, Raymond G., '29
Hoffman, Dr. Marvin, '49
Holder, Llewellyn Charles, '82
Horwitz, Joseph M., '38
Houle, Mark Michael, '83
Howell, Paul J., '32
Howells, John Andrew, '40
Hoyt, Paul I., '53
Hubler, Myron J., Jr., '52
Hunsinger, David Noel, '81
Iacobelli, John Adam, '88
Iacobelli, Dr. Mark A., '79
Iacobelli, Paul Joseph, '83
Iafelice, Christine Anne, '76
Innenberg, Louis Jay, '80
Ivec, Jonathan C., '78
Jablonski, John J., CPA, '64
Jackson, Mrs. Donna H., '74
Jackson, Evan Boyd, '85
Jacob, Seymour M., '52
Jacobs, James Keith, '77
Jacobs, Melvin Martin, '68
Jacobson, Henry, '43
Jacobson, Kenneth Allan, '78
Jacques, Joseph R., '40
Jaite, Mrs. Linda S., '86
Janovitz, Lee Bradford, '78
Johnson, Margaret J., '84
Joly, Jody Steven, '88
Jones, Karen Lynn, '85
Joseph, Diane Lynne, '79
Joseph, Kenneth A., '66
Just, William D., '88
Kahn, Leonard B., '47
Kahn, Michael B., '63
Kahn, Robert Joseph, '41
Kania, Joseph, '54
Kaplan, Carl J., '32
Kaplan, Irving L., '40
Karns, Arthur D., '49
Kates, Robert D., '53
Katz, Dale Scott, '73
Keller, Julie Anne, '83
Kelly, Donald J., '58
Kelly, William Gerald, '68
Kelner, Marvin I., JD, '53
Kenen, Reynold Lewis, '47
Kent, Guy E., '50
Kerski, Benjamin Michael, '77
Kienle, Joseph John, '73
King, James Alan Fitch, '85
Kirchner, Eileen Marie, '75
Klein, Audrey Helene, '82
Kless, Harry, '41
Klodnick, Kent D., '85
Knappe, Amy Van Sickle, '43
Knappe, Carl L., Jr., '43
Koachway, Charles John, '73
Koblentz, Steven Brian, '73
Koch, Leo John, Jr., '86
Koch, William Joseph, '72
Kohn, Burton S., '50
Kohn, Ms. Idelle, '74
Kohoot, Mark Allen, '84
Kolin, Barry R., '61
Kolt, Jeffrey Arnold, '66
Krause, Jack Morton, '53
Krebs, George Albert, III, '72
Kretch, Mrs. Mateel P., '45
Kristosik, Lisa Antoinette, '87
Krulich, Ronald F., '64
Krumwiede, James Arthur, '79
Kruse, Doris M., '64
Kruzer, Richard Anthony, '71
Kweder, Lynne Moore, '73
Kyman, Michael R., '53
Laderman, Samuel, '44
Lamb, Neil W., Jr., '66
Lane, John Robert, '74
Langermeier, Gregory Ellis, '86
La Place, William Burnell, '51
Laster, Anita, '86
Laurich, Dennis George, '68
Lebovitz, David H., '47
Legeza, Paul Arpad, '85
Leonard, William John, '72
Levenson, Donald Harvey, '60
Levert, Daniel T., '50
Levine, Robin Joy, '87
Levinstein, Richard Frank, '78
Levy, Elliot, '47
Lieberman, Samuel David, '37
Likover, Jeffrey Lee, '73
Linden, Dennis Alan, '79
Linden, Harold Sanford, '41
Lindmiller, Robert P., '22
Livingston, Willard P., '21
Lott, Warren James, '79
Luecken, John Joseph, Jr., '85
Lurie, Leonard N., '65
Luu, Yen Kim, '87
Lyons, James D., '64
Mac Donald, William Estes, Jr., '40
Mack, William L., '49
Magar, Arlene Cohen, '61
Magee, Mrs. Kathryn M., '85
Maiberger, David Anthony, '82
Malitz, Charles P., '59
Maloney, Robert M., '56
Mann, Benjamin H., '80
Marg, Kenneth Douglas, '79
Margolin, Marvin H., '55
Margolis, Burton A., '56
Margulies, James Warren, '86
Marquardt, Carol Jean, '84
Marquardt, Lisa Marie, '84
Mart, Dennis A., '65
Martel, Jeffrey Allan, '75
Martin, Edwin Smith, '31
Massie, Michael E., '86
Maurer, Gerald R., '59
May, Mrs. Mary Margaret, '80
Mayer, Robert Charles, '67
Mc Cauley, Christopher James, '82
Mc Clain, Kim R., '81
Mc Donald, Alexander Francis, '51
McFadden, Jeffrey Raymond, '82
Mc Gillivray, Carl Michael, '80
Mc Gillivray, Leslie C., '50
Mc Guinea, Deborah Ann, '85
Mc Namara, Maureen Therese, '75
Mechir, George X., '39
Medsker, Mary Bush, '47
Mehall, Martin Joseph, '70
Merlin, Joseph R., '23
Meyers, Thomas Allan, '80
Miller, Alan Gregory, '69
Miller, Ernest Leroy, '78
Miller, John Jacob, '58
Miller, Robert Carl, '79
Millet, Paul L., '66
Millman, Gerald, '57
Milo, Paul Richard, '72
Minahan, Norman James, '83
Minoff, Barry Jay, '71
Mintz, Leo K., '39
Mitchell, Gwendolyn, '78
Mitchell, Ronald, '78
Monter Durban, Kathleen Marie, '79
Moore, Dawn Anita, '85
Moore, William L., '51
Morris, Jeffrey, '65
Mozina, Michael Edward, '87
Murad, Mrs. Madaline A., '87
Mural, Robert William, '79
Mural, William, '43
Murman, Diane Caputo, '76
Murman, Maureen Renee, '79
Musarra, Anthony Todd, '88
Myers, Howard Steven, '84
Natkins, Charles Evan, '75
Neides, Robert J., '84
Newman, Neil Gottfried, '55
Nguyen, Chi Phuong, '85
Nichols, John Howard, '27
Nicholson, William John, '80
Nigro, William S., '49
Novak, Ira H., '62
Novasel, Barry H., '66
Olsen, Norman P., Jr., '54
Opremcak, Matthew Steven, '82
Orisek, Paula Renee, '78
Orr, Jonathan Fisher, '81
Orr, Karin Lopper, '82
Oscar, Leonard, '51
Otter, Thomas Gerard, '85
Ozan, Paul H., '56
Palay, Gerald, '51
Palmer, Arthur George, Jr., '55
Parsons, John Willard, '72
Pasanovic, Halid, '83
Paschyn, Oleh Roman, '73
Passell, Lee Alan, '72
Pasz, Myron J., '47
Pavlik, John M., '72
Pearlman, Gerald J., '55
Pearlman, Melvin, '54
Pearson, Ulysses, Jr., '75
Pence, James Allen, '77
Perk, Ralph Joseph, Jr., '68
Perry, Dominic Vincent, '77
Petric, John D., '50
Petukauskas, Michael G., '80
Pfaff, Eric John, '85
Phillip, David M., '84
Phillips, Richard Lawrence, '49
Pierce, Norman Robert, '68
Pimsner, David Allen, '79
Pittner, Brian Paul, '69
Pitts, Kevin M., '88
Pla, Jorge L., '81
Plautz, William Russell, '74
Plechaty, Bernard L., '48
Polster, Richard M., '67
Post, Donald Elmer, '52
Post, Irving Harvey, '68
Preusse, Robert E., '69
Priest, Walter J., '59
Pritchard, Donald William, '68
Pyles, Rodney V., Jr., '84
Quartullo, Orpheus F., Jr., '63
Racek, Richard Gary, '68
Radi, William G., '49
Radis, David William, '85
Ragan, William Andrew, Jr., '85
Rassie, Jeffrey George, '76
Reebel, Paul L., '65
Reed, Barry James, '84
Reeves, Keith W., '79
Rehula, Lad Anthony, '37
Reider, Marc Joel, '68
Reinberg, Richard D., '55
Reinmann, Joseph P., '86
Rich, Lawrence J., '63
Richman, Michael Elliot, '78
Riley, Michael Patrick, '87
Rinaldi, John Anthony, '68
Rini, Martin V., '51
Ritchie, Joseph Paul, '68
Rivera, Jacqueline, '85
Roberts, James Owen, '52
Roberts, Mrs. Lois P., '65
Robinson, Darrell Alan, '79
Robinson, David Eugene, '67
Robinson, Kimberly A., '86
Robinson, Sharolyn Jean, '85
Rock, Alvin G., '52
Rodgers, William Charles, Jr., '75
Rolf, Vera Schreck, '78
Roseman, Monroe Lincoln, '46
Rosen, Rick Lind, '82
Rosenfeld, Susan Ellen, '81
Rosenfield, Martha Axner, '65
Rosenfield, Ronald L., '65
Rosenstein, Stanley A., '49
Rosenwater, Gerald, '53
Roth, Dennis Alan, '63
Roth, Ernest Harry, '49
Rothman, Wayne R., '67
Rothschild, Edward M., '47
Rothstein, Shari Dombcik, '83
Rotman, S. Lee, '43
Roy, Robert Arthur, '77
Rubin, Richard T., '63
Rubinstein, Curtis Ross, '78
Rudolph, Gloria Gean, '79
Ruggeri, Jo Ann Bican, '66
Rukin, Michael Daniel, '83
Ryland, Ricky Allen, '76
Saltzman, Daniel Mark, '82
Samar, Mark J., '86
Sarlson, Stanford, '51
Sayre, Alice Rubin, '46
Schabel, Russell Edward, '85
Schaffer, James R., '52
Schilling, Donald James, '84
Schmitter, Robert Alan, '83
Schmitz, James Arthur, '80
Schneider, Norman Edward, '50
Schneider, Stanley, '54
Schneider, Theodore Ralph, '75
Schoonover, John D., '57
Schreck, Richard A., '51
Schuller, Mary Ann, '71
Schultz, Elliott J., '52
Schumacher, Walter L., '49
Schwartz, Brian, '83
Schwartz, Jeffrey Mark, '82
Schwimmer, Sanford, '35
Scott, Leisa J., '81
Seaton, Mark Douglas, '74
Sedor, Michael, '56
Seifert, Thomas Joseph, '80
Sellers, Linda Diane, '84
Setteur, Raymond G., '53
Shack, Louis, '36
Shapiro, Jamie Dale, '75
Shaw, Melvyn P., '63
Shaw, Russell Clyde, '62
Shear, Lloyd J., '48
Shear, Lori Elyse, '87
Sheehe, Mrs. Barbara W., '74
Sheldon, Richard M., '41
Sheppard, William Hardy, '75
Sheridan, Patrick E., '65
Sherrin, Robert J., '60
Shifflette, James F., '57
Sholtis, Daniel J., '56
Shuster, Jerome J., '59
Siegel, Roger P., '49
Siegler, Lawrence N., '53
Sigel, Norman H., '50
Sikon, Francis Joseph, '72
Silver, Stuart Kalman, '72
Simkow, Jack R., '57
Simms, Stuart Jeffrey, '74
Simon, Kenneth, '71
Simon, Mary Beth, '79
Simonetti, Michael Howard, '84
Simonetti, Susan Tipp, '85
Simpson, Thomas Jay, '55
Sitter, Glenn Allen, '78
Slabe, Ronald A., '67
Slessinger, Mrs. Sondra Trachtenberg, '48
Smith, Emery William, '68
Smith, Jeffrey Steven, '83
Smith, John Mark, '72
Smith, Morton Sanford, '47
Smith, Robert Bixler, '33
Smith, Terrence Robert, '75
Smithberger, Lynn Ann, '82
Sokol, Morton S., '43
Somogyi, Robert R., '83
Speert, Sanford G., '43
Spencer, Rechelle, '83
Spetsios, Maria Katherine, '85
Spiro, Stuart, '50
Spitz, Paul M., '32
Spohn, Patrick James, '81
Spott, Gerald L., '66
Spotts, Margaret Elizabeth, '80
Stahl, John A., '62
Stanford, Mrs. Florence, '31
Stanforth, James Gaddis, '55
Stearns, Nancy Littlefield, '44
Stein, Jeffrey Stephen, '73
Stephenson, Wilson A., '34
Stern, Melvin B., '41
Stiffler, Allen D., '53
Stipek, John G., '52
Stone, Walter B., '36
Strauss, Erwin, '38
Striebel, Robert L., '52
Strong, Valda Marie, '78
Suid, Sheldon Marvin, '55
Sukenik, Bill J., '53
Sweeney, James Patrick, '76
Sweress, Shelton J., '59
Switzer, Brian Carl, '64
Szorady, Mrs. Irene V., '47
Takacs, Rudolph Julius, '49
Talpas, Daniel R., '52
Tame, Gary Alan, '74
Tavens, Albert L., '48
Teitelbaum, Michael Jay, '84
Tepper, Harry Michael, '79
Thellian, William Andrew, '73
Thomas, Jennings Robert, '50
Thomas, Ronald Paul, '69
Thorne, Bruce W., '59
Timen, Leroy, '55
Tomczyk, Ronald Alan, '71
Toy, Lily, '87
Tracy, Paul Joe, '57
Trattner, Barry A., '63
Tripp, John M., '52
Trope, Irvin, '39
Trumbo, Hon. George W., '49
Trumbull, SGT Allan Richard, '81
Turoczi, Ms. Katherine J., '83
Ubbing, Thomas James, '80
Vallee, Michael Stephen, '81
Vanderbilt, William D., III, '62
Vaneck, Drew Ralph, '79
Van Keuls, Jack T., '40
Virgils, Charles E., '57
Vojticek, Barbara Wisler, '76
Wagner, Mark Anthony, '86
Wagner, Molly Jean, '86
Wagner, Philip Michael, '72

Cleveland (Cont'd)
Wain, John James, '74
Wallach, Charles D., '47
Waller, Sanford W., '41
Walters, Merton H., '59
Walther, Robert W., '55
Waltz, Robert G., '46
Ward, Joe K., '62
Wasley, J. P. Kenneth, '31
Waterbury, Irving B., III, '67
Watling, Justin Jay, '76
Wedel, Bruce Owen, '68
Weiner, Paul L., JD, '70
Weinstein, Donald Jeffrey, '83
Weirick, Keith E., '74
Weiss, Gary, '74
Weiss, Lawrence Richard, '50
Weiss, Stephen G., '70
Wells, Phillip Lawrence, '86
Welsh, William J., '40
Weltman, Robert B., '59
Wexler, Mrs. Eveline Donner, '83
Wexler, Ilan, '76
White, Michael Reed, '74
Wilkens, Theodore E., '55
Wilkoff, Hyman D., '38
Williams, David Woodard, '34
Williams, Edwin James, Sr., '38
Wilson, Joseph D., '86
Windle, Robert L., '61
Wittenmeier, Charles G., '62
Wojcik, Richard Stephen, '82
Wolaver, Donald E., '50
Wood, James R., '35
Woods, Thomas Gene, '73
Woznicki, Paul William, '86
Wright, Thomas Hardin, '60
Wysocki, Pamela J., '87
Yacso, David Joseph, '66
Yager, Mitchell Allen, '82
Youmans, Michael Lee, '82
Young, Margery Polster, '51
Young, Steven E., '77
Yount, William Fred, III, '72
Zahler, Gerald E., '49
Zatroch, John, Sr., '47
Zeisler, Kenneth A., '61
Zelenka, Gerald Thomas, '69
Zeppernick, Ronald R., '88
Ziemianski, Martin Joseph, '84
Zimmerman, Clark E., '39
Zimmerman, Thomas Eugene, '79
Zoldan, Sandor, '68
Zurowski, Jerome Theodore, '69
Zwick, Coleman D., JD, '48

CLEVELAND HEIGHTS
Abraham, Brian Terry, '88
Augustine, 2LT Paul Kevin, '83
Baikerman, Susan P., '85
Bailey, Michelle Renee, '83
Baker, Joanna Mattozzi, '77
Beller, Walter I., '78
Brown, Eric Saul, '74
Buller, Eric Michael, '81
Burlin, Gary Marshall, '73
Certner, Robert Bruce, '71
Cira, Christopher T., '86
De Vore, Crista Cooper, '81
Fishman, Mark Alan, '78
Forman, Howard Sherman, '82
Friedman, Cynthia H., '82
Gehres, Maxine, '26
Glaser, Richard Mayer, '71
Gradford, Valorie Michelle, '85
Griesmer, Rosemary Carol, '86
Hubman, Christopher John, '87
Jefferis, Heidi Ann, '84
Kanter, Nathan, '48
Keller, Gerald Stuart, '69
Knight, Douglas Allan, '84
Kuhns, Christopher H., '68
Lehr, Brian David, '83
Lias, Robert Preston, '69
Mc Cann, Gregory John, '88
Munger, Alice L., '48
O'Brien, Frank B., '72
Polk, Jennifer Morrison, '81
Priddy, Diane Mary, '82
Redd, Paul Andre, '80
Roller, Dwight E., '23
Rooney, Erin Elisabeth, '87
Sack, Carol Berman, '73
Schramek, Bradley Walter, '88
Schwartz, Steven Ben, '72
Stepanek, James Patrick, '87
Streifender, Judith Lynn, '81
Thomas, John Roy, '78
Tosi, Fran Maria, '87
Totani, Joanna Gina, '85
Urse, Michael Francis, JO, '81
Wechter, Carl Richard, '86
Williams, Beryl B., '56
Williams, Steven Jerome, '81

CLEVES
Flanigan, Michael Patrick, '87
Green, Richard Allen, '58
Jursek, Elizabeth Anne, '86
Vanderpohl, Arthur John, '82

CLINTON
Beltich, Anthony Paul, '76
Crumbley, Mathew John, '87
Fultz, Dale Arthur, '66
Gould, Merlin Lee, '61
Prieto, Manuel Artagnan, II, '87
Recht, Barry William, '70

CLYDE
Abbott, Ralph B., '41
Avery, James F., '58
Branham, James, Jr., '87
Koch, Ronald E., '57

COLDWATER
Bond, P. Scott, '78
Link, John Robert, '78
Niekamp, Ronald Roger, '83
Schritz, Kirt Robert, '85
Schwieterman, Terrance Arthur, '80
Steinbrunner, Cyril T., '51

COLUMBIANA
Andrews, John L., '40
Barrow, Donna Thompson, '48
Guterba-Beatty, M. Joan Vaughn, '52
Hepburn, Richie T., '37
Hoffman, Joe Arden, '39
Hutson, Miriam Esterly, '47
Mc Murray, Robert Paul, II, '87
Myer, Mark William, '88

COLUMBIA STATION
Allen, Christine Marie, '87
Bartter, Kimberly Ann, '80
Clemens, Mrs. Clarice, '49
Dupaski, Theodore John, '72
Greene, Arthur Frederick, Sr., '24
James, Donald W., '70
Kelly, John Wayne, '71

COLUMBUS
Abbati, Mark Conrad, '85
Abbruzzese, R. Tyler, '83
Aberegg, William Dale, '80
Abernethy, Jennifer Lynn, '86
Ables, William Hamilton, Jr., '70
Abramson, Thelma Press, '51
Abreo, Peter Alexander, '79
Achevich, John Peter, '86
Ackerman, Gregory Eugene, '86
Acton, Marian L., '40
Adair, Dolores Merritt, '49
Adair, Wayne Carl, '78
Adams, Brian Gregory, '87
Adams, John Curtis, '76
Adams, Marian, '45
Adams, Mrs. Marina M., '82
Adams, Olan Genene, '80
Adams, Paul Michael, '88
Adams, Robert Gregg, '56
Adams, Timothy Harold, '85
Adams, ENS William Royston, '78
Adamson, Robert Grant, II, '80
Addison, Gary Wayne, '82
Addison, Lawrence Irwin, Sr., '41
Adelman, Barry Jay, '73
Adelsperger, Mark Jay, '77
Adiutori, Michael John, '88
Adkins, Stuart Andrew, '86
Agabalogun, Rafiat O., '85
Agnew, Robert L., '66
Ahearn, Carey Ann, '85
Ahern, Shawn Thomas, '86
Ahern, William Joseph, '55
Ahmad, Azlina Binti, '86
Ahn, Dongguiu, '86
Aho, John Donald, '47
Ahroni, Gil, '86
Aiken, Clifford David, III, '80
Ailing, Richard L., '60
Akarri, Hassan Ahmad, '87
Alban, John Calvin, '50
Albanese, Michael Andrew, '60
Albanese, Peter Nicholas, '48
Albers, James Richard, '84
Albert, Robert Hamilton, '53
Albertson, Gregory, '78
Albertson, William B., '38
Albrecht, David R., '70
Albriton, James Warren, '87
Aldridge, Cassandra Marzetta, '88
Aleshire, Richard Alan, '73
Aleshire, Richard B., '49
Alevizopoulos, Demetrios, '81
Alexander, Jeffery Dean, '88
Alexander, Jeffrey A., '88
Alexander, John G., '67
Alexander, William D., '40
Allaire, Michael Francis, '85
Allen, Alice Russell, '31
Allen, Bruce Martin, Jr., '52
Allen, De Ann Rene, '86
Allen, Dianne Johnson, '81
Allen, Edward Francis, '87
Allen, Ira Stanford, '73
Allen, J. Roger, '85
Allen, Jeffrey Philip, '72
Allen, Jerry C., '62
Allen, John Hunter, '86
Allen, Mark Douglas, '78
Allen, Sarah Jane, '82
Allen, Susan Marie, '74
Allen, William H., Sr., '41
Allison, Mrs. Elizabeth C., '83
Allison, Kemper C., '83
Alltop, Michael Allen, '87
Al-Sultan, Tamalisa Leot, '88
Alten, Frances Holtzman, '30
Althouse, Christopher Adam, '86
Altman, Dr. Jerold Henry, '54
Aluise, Francis Augustus, '77
Amarosa, Mrs. Jodie D., '85
Amer, Beverly Elrod, '86
Amiri, Ali, '88
Amon, Michael Richard, '84
Amragy, Afkar Mohammed, '82
Amrine, Ralph Porter, '77
Anaba, Margaret N., '85
Anders, Thomas E., '52
Anderson, Adam Foster, '87
Anderson, Charles Michael, '85
Anderson, George Albert, '50
Anderson, Gregory Paul, '84
Anderson, Harry Thomas, '69
Anderson, Jeanne Varney, '46
Anderson, Karna Ingeborg, '87
Anderson, Mark Richard, '88
Anderson, Matthew Douglas, '88
Anderson, Ms. Regina M., '87
Anderson, Richard E., '35
Anderson, Rory M., '83
Anderson, William James, '70
Anderson, William Oliver, '66
Andracki, James Matthew, '85
Andrews, Ms. Doretta Lauren, '75
Andrews, Robert A., '66
Andrews, Thomas Brown, VI, '87
Angerer, Thomas Lee, '82
Angle, Don R., '56
Anglim, Jeremiah Joseph, III, '43
Ankney, George William, Jr., '54
Ankowski, James John, '77
Annable, Kenneth Lloyd, '84
Annis, Mark William, '86
Ansel, Roger Nelson, Jr., '75
Ansley, Toni Pfarr, '79
Anstaett, Robert E., '58
Antes, Thomas Edward, '83
Antolino, Mrs. Cynthia L., '80
Antolino, Ralph, Jr., '77
Antoun, Salim Nasr, '87
Apgear, Mary Lapworth, '82
Apostolos, George John, '82
App, Carol Marlene, '79
Appaya, Digvijay N., '83
Applegate, Joyce Elizabeth, '81
Arat, Nese, '86
Arbuckle, Charles Hoover, '82
Archer, David Madison, '85
Archer, Mrs. Deborah A., '86
Archer, Donald R., '87
Archer, Mark Edwin, '83
Argento, Donald Allen, '87
Argue, Howard W., '61
Argus, Pamela Sue, '76
Armeni, Joseph Robert, '81
Armstrong, Phillip M., '78
Armstrong, Scott Louis, '69
Armstrong, Steven Robert, '74
Arndt, Harold H., '86
Arnold, George John, '64
Arnold, Jacqueline Heacox, '83
Arnold, Jeffrey Lee, '76
Arnold, Terrence B., '77
Arockiaswamy, Hirudayaraj, '82
Arrasmith, David James, '85
Arrasmith, Douglas B., '86
Art, Robert L., '59
Arthur, William E., '50
Asare, Nicholas Kwaku, '85
Aschinger, Carl J., Sr., '37
Asefa, Mulualem B., '87
Ash, Carrie Elizabeth, '88
Ashbrook, Dean Edward, '86
Ashby, Donald Wayne, Jr., '49
Asher, Joe F., '45
Asmo, Randall John, '87
Ater, Mrs. Karen L., '82
Atkins, Lisa Ann, '83
Atkinson, Herschel C., Jr., '49
Atkinson, Marilyn Soliday, '46
Ator, Steven Douglas, '83
Attia, James Ebrahim, '88
Auch, Stephen E., JD, '52
Aucoin, Paul Martin, '76
Auer, John J., '52
Auer, William J., '51
Auerbach, Sean William, '86
Augenstein, John Ernest, '58
Augenstein, Matthew K., '49
Ault, Bruce Scott, '85
Aumiller, Richard B., '49
Austin, Andre La Rue, '76
Austin, John D., '62
Austin, Linda Kaye, '87
Avren, Frank E., '38
Ayers, Julie Ann, '83
Ayers, Randall Duane, '74
Ayers, Ms. Tammy L., '84
Aylesworth, Randall D., '66
Baas, Jacob Charles, Sr., '38
Babbitt, Dorothy Braun, '32
Babcock, Judith Ellen, '84
Bacak, Joann Elaine, '83
Bach, Daniel Jude, '88
Bach, Penelope Palmer, '82
Bachert, Amy Bell, '81
Bachert, Michael Mc Quiston, '81
Bachinski, Gary James, '87
Bachman, Deborah Anne, '87
Bachorski, Daniel James, '86
Bachtel, Raymond E., '48
Backner, Barry Edward, '70
Backus, David N., '48
Baddar, Mohammad F., '88
Bade, Scott A., '86
Badley, Theodore Edward, '74
Baemel, Anita A., '86
Bagby, Joel Robert, '87
Bahorek, Stanley John, '74
Bailey, Andrew, '87
Bailey, Dr. Andrew D., Jr., '71
Bailey, C. Todd, '87
Bailey, Joe Bernan, III, '86
Bair, Robert Thomas, '87
Baird, Gary Edward, '72
Baird, Ms. Pud D., '85
Baker, Benson H., '42
Baker, Bruce Edward, '81
Baker, Cheryl Lee, '83
Baker, Douglas Allen, '81
Baker, Jeffrey John Andrew, '74
Baker, Lloyd David, '69
Balaloski, Daniel K., '86
Baldauf, Paul Alan, '81
Balkun, Susan Elaine, '82
Ball, David Harold, '81
Ball, Frederick Stanton, '69
Ball, I. Douglas, '42
Ball, Jean Glaser, '82
Ball, Joy Michelle, '88
Ball, Nelson T., '49
Ball, Roger Q., '85
Ballard, Gary Lynn, '75
Ballard, Harlow George, '79
Ballard, Richard Gregory, '75
Ballard, Richard James, '68
Ballard, Sandra Dawn, '80
Ballenger, James P., '63
Ballenger, Lucinda Ann, '87
Ballew, Elizabeth Ann, '83
Ballinger, Paul Alan, '84
Ballinger, Susan Filer, '86
Ballinger, Thomas W., '57
Ballmer, Stephen Gregory, '76
Ballou, Charles H., '67
Balmer, Mark Richard, '78
Balmert, Mark Patrick, '79
Balzer, Janet Ann, '86
Bame, Douglas Eldon, '85
Banasik, Dr. Robert Casmer, '73
Banche, Emily Parsons, '54
Bankert, Paul Scott, '80
Bannerman, Robert Charles, '86
Barbee, Michael A., '69
Barber, Patrick Cahill, '83
Barclay, Craig Douglas, '70
Bare, Catherine Anne, '84
Barger, Anna (Trina) Wolff, '84
Barger, Curtis L., '84
Barger, Isaac H., '52
Barkeloo, John Douglas, '77
Barker, Brian Charles, '86
Barker, Charles Wesley, '61
Barker, Dale J., '66
Barnard, Mrs. Carolyn Marie, '87
Barnard, Stephen Clair, '69
Barnes, Belinda Sue, '84
Barnes, Ines C., '86
Barnes, Marshall Hayes, II, '85
Barnes, Quay Yvonne Howell, '81
Barnes, Stephen Paul, '75
Barnett, Charles Lanier, Jr., '79
Barnett, Julian B., '41
Barnett, Kim Charles, '74
Barnett, Richard C., '60
Barnett, Mrs. Selma D., '41
Barnhart, Mark Allen, '85
Barnhart, William R., '47
Barnwell, Carol Sue, '83
Baron, Kevin Patrick, '79
Barr, Laurin B., '56
Barr, Ruth Ellen, '80
Barrett, Donald Francis, '80
Barrett, Martha S., '42
Barrett, Phillip Heston, '65
Barrie, Paul K., '84
Barrington, George T., '67
Barrow, Robert, '66
Barry, Timothy Joseph, '76
Barta, John, Jr., '72
Bartels, Dr. Robert, '35
Barth, Ms. Dorothy Marie, '85
Bartha, Lora Yeamans, '85
Barthelmas, Elizabeth Ann, '80
Barthelmas, Jane Livezey, '51
Barthelmas, Ned Kelton, '50
Bartholomew, Carol Dier, '80
Bartholomew, Kelly L., '88
Bartlett, Deborah Ruth, '84
Bartlett, Lisa Diane, '78
Bartlett, Philip Bruce, '80
Bartolf, Kent Wesley, '87
Bartolovich, Ms. Anna Marie, '86
Barton, Donna Chapple, '79
Bartschy, Ross D., '40
Bascom, Reynolds R., '47
Basehart, Robert A., '50
Basford, Robert Mark, '47
Bash, Earl M., '39
Bash, Wade Delno, '34
Basham, Richard O., '51
Bashaw, Stephen Thomas, '80
Basinger, Aaron Matthew, '85
Basinger, Scott Lemond, '87
Bast, John R., '45
Basye, Mrs. Ida A., '83
Bates, David Clinton, '84
Bath, Charles S., '81
Batross, Martin Earl, '64
Batross, Michael Alan, '88
Battle, Darrell Louis, '86
Battocletti, Joseph E., '84
Bauchmire, Bruce Allen, '76
Bauder, Jane M. Balzer, '80
Bauder, Michael W., '79
Bauer, Daniel M., '79
Bauer, Gregory Joseph, '74
Bauer, Ms. Jane Michele, '81
Bauer, Jeffrey Patrick, '77
Bauer, Robert Edward, Jr., '74
Bauer, Robert F., '34
Bauer, Stephen John, '83
Bauer, Vallie Russell, '72
Bauer, Walter Burkhard, '70
Bauman, Joan Kay, '84
Baumann, David Michael, '84
Baumer, Richard Anthony, Jr., '73
Baun, C. Edward, '49
Baxa, Thomas Lee, '74
Baxter, George Montgomery, '75
Baxter, La Marr Kenneth, '71
Bay, MAJ Homer T., USAF(Ret.), '55
Bay, John Alan, '75
Bayer, Jonathan Lewis, '87
Bayer, Nicholas Edward, '82
Bazler, Jean Dixon, '43
Beach, Jon Richard, '75
Beadle, David D., '86
Beals, Betty Jane, '54
Beam, Daniel Charles, '73
Bear, Candace Mc Clure, '67
Bear, Lawrence Kauffman, Jr., '66
Beattie, Terry Lee, '77
Beaver, Aaron Albert, '85
Bebb, William Douglas, '77
Bebinger, Warren Alfred, '87
Beck, Herbert H., '27
Becker, Connie Louise, '80
Becker, Linda S., '80
Becker, Lois Kinnamon, '47
Becker, Robert Lee, '47
Becker, Steven Robert, '70
Becker, Willard A., '51
Beckett, Christian Edwin, '84
Beckett, Garry A., '59
Beckett, Kelli Lyn, '87
Beckett, Mark Allen, '81
Beckett, Thomas Brian, '85
Beebe, William L., '66
Beeler, Lois Hoelke, '48
Beem, Chester Donald, '42
Beerman, John L., '51
Beery, Kyndall Judith, '87
Beery, Paul Frederick, '54
Beery, Paul Ray, '50
Beery, Ronald Lee, '81
Beever, David Clarence, '69
Begien, Nolan A., '54
Begland, LTC Rob Roy, '31
Behlen, Robert Edward, III, '78
Beickelman, Frank E., '52
Bell, Alfred Henry, '49
Bell, Andrew G., '84
Bell, Brian Leslie, '79
Bell, Doyt E., '32
Bell, Ms. Rita Louise, '82
Bell, Robert Ashley, '49
Bellinger, Scott Paul, '86
Bellisari, Michael Joseph, '87
Bellisari, Victor J., Jr., '58
Beltram, Ms. Sharon Ann, '78
Belz, Edward E., '49
Benalcazar, Benton Arnulfo, '83
Bender, Charles B., '88
Bendig, Charles Herman, '72
Bendure, R. Scott, '78
Benedetto, Anthony Albert, '84
Benedetto, Douglas Bryson, '85
Benedick, Ronald William, '79
Benedum, David Franklin, '83
Benham, Frank L., Jr., '42
Benis, Michael K., '61
Benjamin, Susan Marie, '86
Benn, Ingrid Ileana, '77
Bennett, Bradley B., '72
Bennett, Charles Richard, '57
Bennett, Jeffrey E., '88
Bennett, John W., '48
Bennett, Jon W., '71
Bennett, Joseph Edmund, '66
Benney, James H., '75
Benson, Charles E., '35
Benson, Stuart Jay, Jr., '79
Benton, Nancy Anne, '88
Berger, Gene Mark, '83
Berger, Ralph Francis, '73
Berger, Robert Earl, '72
Berger, Robert Howard, '84
Bergman, Brian Thomas, '87
Bergman, Neil M., '79
Bergmann, Christopher John, '88
Berk, Bruce Charles, '82
Berkley, Mrs. Carolyn Denise, '87
Berlin, Curtis Hager, '83
Berlin, L. Craig, '82
Berlin, Larry Everett, '57
Berlin, T. John, '83
Bernard, E. Ellsworth, '25
Bernard, Melissa Mary, '81
Bernard, Paul Charles, '87
Bernard, Paul G., '50
Bernard, Victoria, '85
Bernardini, Ms. Felicia, '86
Bernstein, Jack W., '63
Berrie, Julie Marie, '88
Berry, David Allen, '49
Berry, Jeanine Ziegler, '78
Bertino, M. Catherine, '88
Bessey, Carol Sue, '74
Bessey, Edward Paul, '73
Bessey, John Price, '59
Best, Jeffrey Gale, '83
Bethel, Juanita Hutch, '52
Betz, Charles W., Jr., '55
Beverly, Katherine Backus, '28
Bevilacqua, Lou, '84
Beyer, Harmon W., '47
Beynon, Robert C., '48
Bhat, Radhika, '82
Bhatt, Arvind Kantilal, '77
Bhatt, Chirag H., '88
Bialy, Richard James, '72
Bibbo, Jeffrey R., '86
Bichimer, Nancy Doersam, '55
Bichimer, Raymond A., '56
Biddle, Douglas Charles, '77
Bidlack, Phil M., '30
Bieber, Donald Lee, '61
Biegel, Stephen Gates, '70
Biesecker, John Carleton, '68
Bigelow, William B., '65
Biggs, Kathleen Hittle, '78
Binder, Edward C., Jr., '49
Binder, Theodore A., '50
Binion, Roy Michael, '71
Binns, Robert William, '71
Bir, Satpal Singh, '84
Birch, James E., '60
Birnbrich, Alexander B., '80
Bishop, Dale Eugene, '75
Bishop, Gary Edward, '69
Bishop, Richard Neil, Jr., '78
Black, James Everett, '54
Black, Jennifer Lynn, '87
Black, Steven Glenn, '78
Black, Thomas Joseph, '78
Blackenberry, Richard Steward, '71
Blaha, COL Joseph, USA, '30
Blaine, William E., Jr., '75
Blair, David Scott, '84
Blaire, Edward Guy, II, '52
Blake, Sylvester Joseph, '56
Blanchard, Brian D., '67
Blankemeier, Daniel A., '85
Blankenbeckler, Dr. Jeffrey Alan, '79
Blankenbecler, Mrs. Kristine Sue, '80
Blankenship, Jeffrey Alan, '80
Blanton, Cole P., '49
Blatt, Sidney I., '46
Blatter, Terry G., '66
Blaushild, Scott David, '87
Blazar, Lawrence Allan, '71
Blazewicz, Frank Xavier, '81
Bleiweiss, Michael David, '71
Blewitt, Robert Lavelle, '77
Bloch, Michael D., '61
Block, Lisa Jo Beck, '79
Block, Macy Thomas, '47
Bloom, COL Walter C., '49
Blosser, Ms. Suzette Renea, '87
Blosser, Theodore J., Sr., '47
Blozis, Ms. Nancy Marie, CPA, '87
Blue, Jason A., JD, '61
Blum, John Eric, '64

GEOGRAPHICAL LISTINGS Columbus OHIO 407

Columbus (Cont'd)
Bobb, J. Morton, Jr., '26
Bobbitt, Dr. H. Randolph, Jr., '60
Bobo, Gary Eldon, '69
Bobson, Edward M., '42
Bocetti, Dean Allen, '88
Bock, Carl P., CPA, '85
Bodas, Masha, '83
Bode, Ripley Norman, '83
Bodell, Robert E., '59
Boden, Steven Craig, '85
Boehm, Jeffrey Lynn, '82
Boerger, Jerry Allan, '63
Boesel, Hon. Jacob James, '39
Boffo, Joseph Vincent, '81
Bogen, John Arthur, '53
Boggess, William Edward, '67
Boggs, Diane M., '87
Boggs, Robert E., '52
Boh, Marko, '80
Bohnlein, James Frank, '68
Boice, John N., '49
Boiston, Bernard G., '65
Boitse, Cynthia Anne, '80
Boller, James Stanley, '77
Bollinger, Robert Jeffrey, '84
Bolzenius, Daniel Joseph, '78
Bonasera, Thomas John, '70
Bonaventura, Mark Gabriel, '74
Bond, Jocelyn E., '88
Bond, Turner Dixon, '88
Bond, William A., '34
Bonfante, James Robert, '81
Bonfante, John Robert, '75
Bonnell, Gregory Allen, '88
Bonner, Dr. John T., Jr., '43
Bonsecour, Richard A., '48
Booher, Nonnie Beach, '45
Booker, Andrew W., '88
Bookheimer, Brian D., '85
Boone, Timothy J., Esq., '73
Boorman, William J., '58
Bootes, Joyce Mc Keown, '85
Booth, Robert A., '50
Booze, Gordon B., '71
Borcherding, Timothy John, '86
Borden, James Howard, Jr., '86
Borden, Paul Francis, '77
Borel, George M., '39
Bores, Jackie, '87
Borghese, Robert Christopher, '87
Boring, David B., '50
Boring, Philip L., '61
Born, Michael J., '87
Bosen, Herbert A., '60
Bosh, Gerald Lee, '73
Bostic, Bric David, '83
Bostic, Raymond F., '53
Bostick, Gary Brent, '75
Bostwick, Curtis Lee, '76
Boswell, Thomas P., '50
Botti, John Joseph, '77
Botti, John N., '42
Botti, Joseph Nicholas, '81
Bottiggi, Susan Mary, '80
Boulton, James G., '42
Boulware, David Arnold, '76
Bourdess, Timothy Allen, '80
Bowen, A. Grant, '52
Bowen, Linda Lee, '88
Bowen, Robert Barry, '74
Bowen, Stephen Grant, '79
Bowers, Barbara Wolf, '47
Bowers, John Furman, '57
Bowers, John Furman, III, '84
Bowersock, William Lee, '75
Bowlin, Donald Britton, '72
Bowling, Laura Ann, '86
Bowman, James Allen, '76
Bowman, Mrs. Jan M., '85
Bowman, Jeffrey Todd, '84
Bowman, Michael Erwin, '88
Bowman, Michael Lawrence, '86
Bowsher, Mrs. Eleanor Laughlin, '34
Bowsher, John M., '33
Bowyer, Thomas S., '54
Boyce, Ralph J., Jr., '39
Boyd, Diane Marie, '77
Boyd, Gordon Y., '35
Boyd, Jennifer Ann, '84
Boyd, Roy F., '50
Boyd, Steven Paul, '88
Boyer, J. Paul, '81
Boyer, John Michael, '86
Boyer, Nadine Luce, '88
Boylan, John Lester, '77
Boyle, Frederick James, '80
Boyle, Nancy S., '53
Bozick, Frank George, '69
Bracco, Robert Armando, Esq., '76
Bradford, Ruth G., '40
Bradford, Thomas W., '49
Bradley, Jean S., '47
Bradshaw, Jeffery, '83
Brahm, Angela Lee, '85
Brailer, Patrick Alan, '88
Brake, Jeffrey Lee, '86
Brake, Richard Lance, '83
Brand, William Richard, '84
Brandal, Kelly Anne, '87
Brandt, Stacey Lynn, '88
Brannock, Keith W., Jr., '52
Brantley, David Alan, '72
Brantley, W. Kenneth, '85
Brantner, Jean Ulle, '70
Brantner, Jeffrey William, '70
Brasher, Glen Yukon, '74
Brattain, CAPT James Arthur, USA, '76
Braun, Benjamin M., '75
Braun, Cynthia Tripp, '86
Braun, Robert Allen, '76
Braun, William H., '61
Bray, M. Craig, '85
Brems, Jerry J., '80
Brennan, James Michael, '81
Brennan, Kelly Lynne, '88
Brenneman, Kimberly Jo, '83
Brentlinger, Reed E., '85
Breth, Carl Joseph, '69
Brett, Mary Josephine, '88
Brett, Michael Francis, '80
Brevoort, William Dale, '77
Brewer, John D., '64
Brewer, Mark James, '76
Brewer, Robert A., '56
Bricker, Casey Jay, '88
Brickey, Robert H., '47
Bridges, George Henry, '83
Bridges, Ronald Guy, '84
Briggs, Margery Beeman, '54
Briggs, Robert Farrell, '86
Bringardner, David F., '57
Bringardner, Lisa D., '88
Bringardner, Thomas A., '49
Brinkman, Wesley H., '62
Brinkman, William J., '47
Brinsley, Thomas E., '88
Brisker, Norman Dean, '86
Bristol, David John, '82
Britt, James Chester, Jr., '70
Brittenham, Julia Lee, '80
Brodzinski, Joseph F., Jr., '87
Brogan, Dr. Marianne, '84
Broidy, Michael Albert, '75
Brokaw, Paul R., '48
Brooks, Craig William, '83
Brooks, J. Timothy, '80
Brooks, Dr. James Edward Eugene, '62
Brooks, Kathleen Marie, '85
Brooks, Wayne, Jr., '46
Brooks, William Alan, '85
Brophy, Mrs. Mary Jane Ruth, '35
Brough, Dennis Edward, '86
Brown, Audrienne T., '55
Brown, Bayard R., '49
Brown, Charles Arlington, '75
Brown, Charles Edwin, '49
Brown, Don Louis, Jr., CPA, '72
Brown, Frank Joseph, '55
Brown, George P., '38
Brown, Harriett Jones, '84
Brown, James Craig, '52
Brown, Jeffory Lyn, '84
Brown, Jeffrey Allen, '75
Brown, Ms. Joy M., '61
Brown, Keith L., '64
Brown, Kenneth Karl, '85
Brown, Larke Ummel, '80
Brown, Larry Warren, '62
Brown, Linda, '86
Brown, Lynda Diane, '88
Brown, Mrs. Marilyn, '51
Brown, Mark Edwin, '78
Brown, Parker W., '52
Brown, Patrick N., '64
Brown, Paul Bradley, '75
Brown, R. Dale, '58
Brown, R. Thomas, '64
Brown, Richard, '76
Brown, Mrs. Ruth E., '53
Brown, Sherrod Campbell, '81
Brown, Thomas Jay, Jr., '72
Brown, Thomas Joseph, '86
Brown, Timothy John, '88
Brown, Virginia Ann, '35
Brown, Walter David, '53
Brown, William Francis, '51
Brown, Wilmore, '42
Browne, Charles F., '49
Brownley, Dorothy Robohm, '85
Brownson, William Hedley, '86
Brubaker, Amy Shepherd, '81
Brubaker, Barbara Lucille, '86
Brubaker, Donald E., '56
Brubaker, Julie Stafford, '82
Bruce, Kevin Patrick, '84
Bruck, Patricia Lambert, '79
Bruggeman, Dale Gerard, '86
Brugger, Marilyn Leed, '86
Brumbaugh, Kent Arthur, '78
Brunetto, Craig Joseph, '84
Brungs, Lee In Sook, '60
Brunner, Charles F., '63
Brunner, Rick Louis, '77
Brunner, Stephen Cahall, '66
Bruns, Stephen Walter, '86
Brunton, Frederick V., '66
Bruntz, Ervin James, '70
Bryan, Cynthia Louise, '87
Bryan, Harold H., '24
Bryant, Eduardo Savoryral, '87
Bryant, Steven Hugh, '75
Bucci, Richard Vito, '80
Buchan, Donna J., '54
Buchanan, John F., '51
Buchanan, Robert Paul, '48
Buchanan, Stephen Edward, '86
Bucher, Ms. Mary Elizabeth, '82
Buchholz, Craig Mahnert, '82
Buchsieb, Mark, '68
Buck, Dorothy Snyder, '81
Buck, Joel Scott, '81
Buckeye, Alen Daniel, '83
Buckingham, Mark H., '79
Buckley, Donald L., Jr., '59
Buckley, Genann Esterline, '88
Buckley, Mary Feuker, '80
Budd, Harley A., '48
Budde, Louise Rathbun, '73
Buddelmeyer, Delbert H., '57
Buddelmeyer, Estella Kalinich, '58
Buddelmeyer, Mark Stephen, '85
Budiman, Karlono, '88
Buehler, Dixon Allan, '81
Buehler, Gary Robert, '81
Buehler, John Gerard, '86
Buel, Marguerite, '46
Buenger, Robert L., '81
Buerkle, Brian Michael, '85
Bugno, Raymond S., '49
Buhr, Kenneth Edward, III, '79
Buk, Mrs. Sherry Howard, '84
Buker, Morris H., '52
Bullen, Thomas E., '49
Bullett, Steven George, '69
Bullock, Howard N., '40
Bundu, Abu Bakarr, '83
Bundy, Tracie Ann, '86
Burden, Bill G., Jr., '87
Burges, Raleigh Cathryn, '87
Burges, Ralph C., Jr., '59
Burgess, David Charles, '72
Burget, Bradley Eugene, '88
Burk, Susan Marie, '80
Burke, Kevin James, '83
Burke, T. Bernard, '33
Burke, Thomas Michael, '74
Burkett, Matthew Alan, '82
Burkhart, Charles Michael, '76
Burkhart, John C., '88
Burkhart, Todd David, '83
Burkholder, Andrew Jay, '74
Burkholder, Barbara Jarosick, '84
Burkitt, Ray Vernon, '68
Burnell, Cynthia Sue, '82
Burnett, Howard William, '69
Burnette, James M., Jr., '51
Burns, Douglas E., '88
Burns, Scott Charles, '83
Burns, Thomas Royden, '72
Burris, Michael Eugene, '74
Burt, Thomas H., '58
Burtch, James Michael, Jr., '44
Burton, Charles Carroll, '58
Burton, Diane Ropke, '86
Burton, George Billy, '71
Burton, Herbert Henry, '72
Bush, David Joseph, '85
Bussard, Robert W., '50
Butche, Robert W., '57
Butcher, Donnalee Atkinson, '77
Butcher, Mark D., '84
Butler, Alberta Eschmeyer, '47
Butler, Angela Boyle, '86
Butler, Bryan Otis, '83
Butler, Dana Mark, '86
Butler, Ms. Martha Lou, '86
Butte, Giles R., '50
Butts, Bruce Edward, '83
Butts, Mrs. Janice Horne, '49
Buxton, Richard Franklin, '73
Byers, Mary Weaver, '46
Byg, Sunita Suzanne, '86
Byrd, Maria Lynn, '88
Byrd, Robert Virlyn, '72
Byrne, Christopher C., '84
Byrne, Matthew Thomas, '82
Byrne, Millard B., '66
Byrnes, Mrs. Barbara Young, '83
Byrnes, Michael Martin, '84
Byrum, William Scott, '81
Cabot, Jeffery Alan, '70
Cabrera, Deborah Ross, '82
Cacchio, Debra Miller, '86
Cadden, Bernard E., '48
Cadwallader, Patricia Skuse, '80
Cadwell, Frank J., '53
Cahill, Martin Paul, '73
Caldwell, James Robert, '79
Caldwell, Roderick William, '78
Callahan, Martin Allen, '86
Callahan, Patricia Louise, '80
Calland, Mrs. Vickie L., '85
Callif, Neal, '49
Callinan, Stephen Joseph, '68
Callison, Richard Glenn, '69
Calori, Kevin Kinsey, '81
Calvert, William Patrick, II, '85
Cameron, Jane Rodgers, '37
Cameron, Richard K., '56
Cameron, Robert V., '47
Camp, Anne Marie, '88
Camp, Robert W., '86
Campagni, Anthony Paul, '87
Campbell, Alfred Arthur, '52
Campbell, Barbara Ellen, '81
Campbell, Carol Elizabeth, '83
Campbell, Christopher Duncan, '86
Campbell, Craig Nolan, '76
Campbell, Fred McRoberts, '51
Campbell, Geoffrey C., '69
Campbell, J. R., '55
Campbell, Milton Angus, '83
Campbell, Robert John, '50
Campbell, Sharon Hinton, '84
Campbell, Theodore Daniel, '48
Campbell, William Michael, '70
Cannon, Ms. Paula Dorothea, '56
Cannon, Thomas Omer, '32
Cannon, W. Reginald, '77
Cantrell, Dirk Mason, '82
Cap, Michael Anthony, '84
Capalino, Marco Steven, '85
Capoziello, John Ralph, '86
Capoziello, Michael Anthony, '81
Cappel, Kendra Thwaits, '80
Caprio, Maria Colette, '86
Capwell, Charles F., Jr., '71
Carberry, Dr. Pauline Ross, '70
Cardi, Eugene A., '62
Cardinal, John Raymond, '86
Carey, Kevin Patrick, '79
Carey, Richard S., '76
Carey, Thomas Edward, Jr., '80
Carl, Hal Eugene, '80
Carleton, Claire F., '84
Carlin, Earl V., '42
Carlin, Mrs. Oscar E., '32
Carlson, Doris Phelps, '41
Carmack, Martha Hildebrand, '82
Carmell, Donald F., Jr., '73
Carn, Steven Russell, '87
Carnahan, John B., '42
Carnahan, Kerry Gene, '83
Carnes, Philip H., '61
Carney, Edmund J., '49
Caronis, Mrs. Shirley M., CPA, '57
Carothers, David Owen, '84
Carpenter, Allen L., '86
Carpenter, Deborah Jane, '85
Carpenter, George Lester, '86
Carpenter, Herbert O., '54
Carpenter, Jeffrey Lee, '83
Carpenter, Paul Roy, '88
Carpenter, Thomas E., '86
Carpenter, Timothy James, '88
Carper, John Ray, Jr., '77
Carr, Dana Edward, '77
Carr, Teresa Lynne, '87
Carr, Thomas Jeffrey, '76
Carrel, Deborah Ann, '82
Carrick, Richard Vernon, '79
Carrington, Robert P., '78
Carroll, Donald D., '61
Carroll, James P., Jr., '58
Carroll, Jeffry Allen, '72
Carroll, Maria Andrea, '88
Carroll, Paul Cole, '80
Carroll, Robert Stanley, '59
Carskadon, Thomas William, III, '79
Carson, Elaine Karras, '84
Carson, Janet Grine, '83
Carter, Christopher Eric, '85
Carter, David Lee, '85
Carter, Steven Max, '83
Caruso, Daniel Robert, '84
Carvey, James K., '57
Carwile, Mrs. Kathleen Laux, '86
Cary, David E., '51
Caryer, Emerson Lee, '41
Casagrande, Charles Vincent, '68
Casagrande, Joseph Frank, '78
Casdorph, Benton D., '62
Case, Alan Lee, '61
Case, Andrew Lee, '73
Case, Carl L., '53
Case, Denise Berger, '79
Case, Donald Joseph, '49
Case, Linda L., '87
Casey, Karen S., '78
Casey, Raymond Richard, '69
Casey, Terry Lee, '72
Cash, Patricia A., '87
Caskey, Mearl Eugene, Jr., '66
Cassady, Michael Howard, '69
Cassidy, Paul D., '56
Castignola, Gregory Alan, '80
Catt, Gail William, '72
Cattey, David J., '64
Caudill, Deborah Mullins, '87
Caudill, Steven D., '85
Caulley, Wendell Alan, '88
Cavallaro, R. J., '83
Cavanaugh, Brennan John, '88
Cavanaugh, Margaret, '48
Cavendish, Ms. Jill M., '85
Cavendish, John F., '50
Cavendish, Thomas E., '51
Cavener, Sherman S., '49
Caw, Terry Leigh, '72
Ceneskie, Joseph Michael, '86
Chabon, Ellen Beth, '86
Chafetz, Mrs. Adrienne B., '79
Chaidir, Fellicia, '88
Chakraborty, Nivedita, '86
Chambers, Joanna Williamson, '79
Chambers, Mark Randall, '82
Chambers, Robert L., '66
Champa, Tamara Hope, '85
Chan, Shu Jen Susan, '80
Chandler, Carl Stephen, '81
Chandler, Julie Lynn, '80
Chandler, Lori Lynne, '84
Chaney, Roger L., '34
Chang, Chihyuan, '88
Chang, Dr. Donald Heng, '78
Chang, Grace Unchu, '87
Chapman, Loretta Venerable, '45
Chapman, Ronald Matthew, '87
Chappano, Rene Ann, '85
Chappell, Thomas Alley, '51
Charville, Barbara Ann, '80
Chasin, Gary A., '61
Chaudhuri, Shabbir Ahmed, '88
Chekanoff, Michael Alexander, '87
Chen, Kuang-Ping, '80
Chen, Ray-Fen, '86
Cheney, Brooke Adams, '78
Cheng, Conlee, '87
Cheong, Connie Mei Ling, '86
Cheong, Weng Hong, '84
Cherry, Don Thomas, '53
Chesneau, Emmanuel Guy, '87
Cheung, Mrs. Shirley Sau-Kuen, '87
Cheuvront, Michele Ann, '87
Chiacchiari, Claudia Angela, '88
Chiang, Ms. Yuan-Chin, '88
Chievitz, James Poul, '78
Chihil, Gary Edward, '80
Chin, Ms. Cynthia Gay, '82
Chin, Sherman Grant, '85
Chiong, Francisco, '86
Chiou, Patchareepor, '85
Chipps, Dennis Eugene, '84
Chiu, Tin-Lap Jack, '88
Chlosta, Wanda R., '86
Chodosh, Louis Jay, '78
Chodosh, Sheila Resnick, '79
Chong, Edward J., '88
Chooi, Yuen Theng, '88
Choong, Yew Leong, '88
Chrisman, David J., '70
Chrisman, William Scott, '84
Chrissan, Peter A., '57
Chrissinger, Warren O., '38
Christian, Michael S., '88
Christian, Robert H., '48
Christiansen, Robert H., Jr., '81
Christianson, Nellie Hespenheide, '48
Christie, Cheryl A. B., '80
Christman, John Lewis, '70
Christman, Thomas Rees, '68
Christopher, Michael Albert, '76
Christy, Starling, '40
Chuchinprakarn, Nuchai, '88
Chupka, Melodee Jean, '78
Cicchetti, James John, Jr., '83
Ciccone, Dana Landis, '86
Cieply, Joseph Paul, '69
Cinadr, John William, '85
Cinadr, Mary Riley, '84
Cincione, Judi Core, '57
Ciotola, Francesco, '85
Cipriano, Frank Joseph, '59
Clager, Francis J., '40
Clancy, Michael James, '72
Clark, Bette Keyser, '69
Clark, David Alan, '79
Clark, Donald Eugene, '60
Clark, Donald M., '81
Clark, James Charles, '41
Clark, James Perry, '77
Clark, James Roger, '67
Clark, Jeffrey B., '85
Clark, Kenneth Michael, '82
Clark, Robert Roger, '54
Clark, Robert Wallace, '41
Clarke, Timothy Lewis, '77
Classon, Theodore A., '50
Claussen, Robert Bruce, '70
Clavijo, Carlos Abel, '82
Clawson, Harold F., Jr., '52
Clayton, Richard R., '82
Cleary, Michael Bernard, '80
Cleary, Phyllis Anne, '85
Cleary, Timothy Martin, '77
Clegg, Glenn D., '51
Clegg, Robert Franklin, '67
Clem, Elizabeth Anne, '88
Clemens, Reece Thomas, Jr., '88
Clemente, Larenzo De Leon, '88
Cleveland, Charles W., Jr., '49
Cleveland, Maurice R., '47
Clifford, Colleen Anne, '86
Clifford, John M., '37
Clifford, Mrs. Marjorie F., '49
Clifford, William J., Sr., '42
Cline, Brent David, '84
Cline, Diana L., '79
Cline, Michael Dean, '79
Cline, Ralph W., '52
Cloern, Alan Jeffery, '81
Cloern, Roger Dale, '84
Close, Dean Purdy, '29
Cloyes, James R., '74
Clucus, James Clinton, '58
Clutter, Charles David, '79
Clutter, Paul Joseph, '77
Coady, Brian Edward, '80
Coady, Michael Francis, '79
Coady, Richard J., '53
Coate, Perry Lee, '83
Cocanour, Robert G., '52
Coccia, Jerry Joseph, '85
Coccia, Michael Anthony, '76
Cochran, Allen Michael, '84
Cochran, Gary Roger, '69
Cochran, Jack Edward, '49
Cochran, John Paul, '79
Cochran, Lisa Joanne, '88
Code, Dr. Phillip, '73
Coe, Stephen Lester, '75
Coffman, Dean, '50
Coggins, Michael Ray, '77
Cohen, David Alan, '85
Cohen, David Michael, '69
Cohen, Ike, '46
Cohen, Irvin, '50
Cohen, Jodi W., '81
Cohen, Matthew David, '79
Cohen, Mitchel D., '41
Cohen, Natalie Ellen, '86
Cohen, Phyllis Oppenheimer, '49
Cohn, Jayne Hays, '87
Cohn, Joan M., '49
Cohn, Robert Gabriel, '79
Coit, Philip W., '80
Colasurd, Mrs. Deborah Howells, '82
Colasurd, Michael Douglas, '78
Cole, Carolyn J., '86
Cole, Randall Scott, '82
Cole, Robert William, '60
Coleman, Aaron Thomas, '80
Coleman, Lawrence, '88
Coleman, Paul R., '86
Coles, Carl E., '84
Coles, Ms. Laura A., '84
Coletta, Jerry A., '63
Colles, Cynthia Ann, '79
Collins, Douglas Leroy, '85
Collins, Edward Lynn, '73
Collins, Ginger L., '81
Collins, Mark Patrick, '88
Collura, Kimberlee Elzey, '78
Colombo, David Steven, '80
Colton, Ms. Kim Kathleen, '86
Colvin, Karen Aukeman, '81
Colyer, Joel Leonard, '86
Combs, Ms. Kathleen Clare, '77
Combs, Ms. Margo Jean, '83
Comfort, Gregory Bigham, '85
Comprix, Johann Joseph, '88
Comstock, Tyler James, '84
Conard, Dennis E., '66
Conard, Richard Keith, '59
Condo, Anthony Michael, Jr., '71
Cones, Douglas Frederick, '85
Conger, Thomas Y., '64
Conie, Jack J., Jr., '54
Conkle, Thomas Jessen, '83
Conklin, Lisa Gaye, '83
Conley, Christine Ann, '87
Conley, James Patrick, '84
Conlon, Deborah Lynne, '86
Conlon, Eleanor Studer, '55
Conlon, James J., Jr., '58
Connaughton, Ms. Elsbeth M., '86
Connell, Frank G., '24
Conner, David A., '85
Conner, Vincent M., '87
Connor, Daniel D., '61
Connor, Mary S., '77
Connor, Mrs. Michelle Ann, '83
Connor, Patrick Allen, '79
Connor, Robert J., '46
Connor, Thomas W., '47
Conry, Edward Bart, '78
Contini, Thomas Robert, '88

Columbus (Cont'd)
Conway, Leo John, '62
Conway, Michael D., '69
Cook, Brian C., '81
Cook, Cynthia Thomas, '83
Cook, David Alan, '81
Cook, David Rodger, Jr., '85
Cook, David S., '49
Cook, Leonard V., '42
Cook, Rosemary B., '50
Cook, William Campbell, II, '45
Cooke, Larry James, '72
Cookston, David R., '60
Cooley, Quentin, '65
Coon, Dale Roger, '63
Cooney, Edward J., '26
Cooney, George E., '55
Cooper, Jo Ann Lichtensteig, '63
Cooper, Tara Marie, '87
Cooper, William Joseph, Jr., '79
Coopersmith, Jeffrey Alan, '79
Copp, Rick, '67
Corapci, Semhan Ahmet, '87
Corbacioglu, Janet, '84
Corbett, Cletus J., '29
Corbett, John W., Jr., '38
Corbin, Andrew Carl, '85
Corbin, John L., Jr., '86
Corcoran, Ben Leslie, '76
Corcoran, Charles Kenneth, '50
Corcoran, Leah Carlstein, '39
Cordell, Thomas Alan, '75
Cordetti, Ralph Dominic, '81
Corea, Robert A., '70
Corey, Mrs. Nancy Y., '49
Corey, Philip A., '48
Coridan, John Henry, '81
Corotis, Robert E., '41
Corotis, Steven Edward, '75
Corotis, William Maxwell, '50
Corrova, Mrs. Lynda Termeer, '85
Corson, Bryan A., '83
Corson, Craig Steven, '88
Corwin, Melinda Kay, '88
Cosentino, Paul M., '53
Costakos, Charles Nicholas, '78
Cothern, Jeffrey Leland, '82
Cotsamire, Dennis Charles, '71
Cotterman, Clarence Devon, '78
Cotton, Annetta Augusta, '85
Cottone, Ms. Andrea M., '82
Coughlin, Kevin J., '82
Coughlin, Thomas Leo, '88
Coupland, G. Alan, '77
Courtright, Gary Blaine, '76
Courts, Gordon Bruce, '71
Cousins, John Bertram, '83
Covarrubias, Ricardo, '79
Covert, Jeffrey W., CPA, '81
Covert, Stephen Lowell, '81
Cowgill, Aimee Diane, '82
Cowman, Craig Phillip, '85
Cox, Fern Pfaltzgraf, '35
Cox, Kevin Dean, '87
Cox, Ralph Minor, Jr., '72
Cox, Ramon Dale, '58
Cox, Wayne Alan, '84
Coyner, Douglas C., '66
Cozad, Marjorie Wilson, '49
Cozzarelli, Jane M., '83
Crabtree, Steven Alan, '80
Crafter, Gregory Bernard, '87
Craig, Joanne Walton, '57
Craig, Lisa Anne, '88
Crane, Jameson, '47
Crane, Robert Sellers, Jr., '46
Crane, Tanny Bullard, '78
Crawfis, Cynthia Marie, '85
Crawford, Colin Gregory, '88
Crawford, Hon. Dale Anthony, '65
Crawford, Jan David, '77
Crawford, Juan Hamilton, '83
Crawford, Kathleen Rita, '87
Crawford, Marcia Elaine, '86
Crawford, Richard W., '53
Creagan, Thomas Edward, '63
Cree, Mrs. Mary P., '72
Crepeau, Daniel Paul, '77
Creps, Linda Jane, '81
Cress, Rodman Scott, '88
Cress, Sally Biddle, '75
Cretcher, David Alan, '88
Cribbet, Gregory Travis, '78
Criner, Candis Louise, '75
Crist, Rodney D., '50
Crist, Stanley D., '40
Crites, Jennifer Judith, '85
Crites, Kelley Christine, '88
Cronley, John Joseph, '88
Crook, David Mason, '84
Crook, George W., '39
Crook, Kimberly Klukovich, '81
Crook, Ray Alvin, Jr., '69
Crooks, Daniel Allen, '69
Crooks, Robert William, '81
Crooks, Russell W., Jr., '67
Crosby, Donn R., '49
Cross, Jeffrey Ward, '77
Crossen, David Thomas, '80
Crossin, Karen Lynne, '82
Crossley, James Richard, '76
Crowe, Jack R., '50
Crowe, Kay Johnson, '50
Crowell, Rebecca Barringer, '82
Crowley, Kevin Patrick, '83
Crowley, Sheryl Madlinger, '82
Cruea, Mark Douglas, '86
Crum, Brian D., '81
Crum, Marilyn Grannan, '79
Crum, Michael L., '86
Crum, Paul A., '51
Crum, Thomas H., '59
Crusey, William Campbell, '81
Cruz, Julio Cesar, Jr., '87
Csaszar, James John, '71
Culbertson, David Scott, '88
Cull, Robert T., '40
Culler, Robin Andrew, '88
Cullinan, James Edward, '80
Cullinan, Thomas S., '50
Cullion, Christopher F., '85
Cullman, Dr. W. Arthur, '51
Culp, Donald G., '60
Cumming, David Bruce, '72
Cummins, Helene Goodman, '48
Cunningham, Brian Keith, '87
Cunningham, Donald Jeffrey, '87
Cunningham, George J., '48
Cunningham, Kevin Paul, '84
Cunningham, Timothy Joseph, '85
Cunningham, Todd Alan, '88
Curphey, James Dodds, '80
Curran, Thomas L., '86
Curren, Matthew Richard, '81
Currie, Michael Wall, '80
Currier, Jack W., '48
Currier, Mary Llewellyn, '48
Curry, Eugene L., '48
Curry, Michael Lynn, '85
Curtin, Robert E., '48
Curtis, Clifford Ashbrook, '82
Curtis, Jeffrey Ray, '88
Curtis, Russell Warren, '87
Cusack, Kelly T., '84
Cusi, Ma-Pilar Pobre, '84
Custenborder, Steven Lee, '81
Custis, Catherine Mary, '85
Cuthbert, James Brian, '88
Cypher, James Thomas, '77
Cyrus, Ms. Carol S., '83
Czako, Alan James, '87
Czako, Jodene Kim, '86
Czwakiel, Mrs. Lisa N., '87
Dague, Kimberly Marie, '87
Dailey, Paul David, '84
Dakoske, John George, '88
Dale, Jennifer Jo, '88
Dalessandro, Rebecca Sue, '85
Daley, Charles Thomas, '82
Dalton, George Thomas, '85
Daly, Virginia Klein, '82
Damo, Elaine Elizabeth, '88
Damrath, Mrs. Tammy M., '84
Damron, Walter Drew, '82
Dana, Dr. Robert Clark, '79
D'Andrea, Daniel Joseph, '84
Daneman, Marcia Behle, '82
Dani, Mark Peter, '86
Daniell, Robert R., '37
Daniels, George W., '53
Dankworth, Charles Henry, '81
D'Anniballe, Michael Rocco, '80
Danter, Kenneth Jeffrey, '86
Dapper, Corinne Leigh, '88
Darby, Marian Pflaum, '41
D'Arcy, Michael J., '78
Dardinger, Rexford James, '79
Darnell, Candace Suzanne, '85
Darrow, David Edward, '85
Daughters, Charles M., '52
Daughters, David Hamilton, '83
Davenport, Stephanie R., '85
Davidek, William Joseph, '75
Davidson, Arthur L., '62
Davidson, Heather Lyn, '86
Davidson, Joseph F., '29
Davidson, William Allen, '81
Davidson, Dr. William R., '51
Davis, Betty Eul, '83
Davis, Bryan Joseph, '87
Davis, Calvin Eugene, '51
Davis, LTC Charles E., USA(Ret.), '32
Davis, Darci D., '87
Davis, Freddy Travis, '86
Davis, Gary Lee, '88
Davis, Gayle M., '81
Davis, Gregory Michael, '86
Davis, Harlan M., '48
Davis, Harold E., '47
Davis, James Howard, '51
Davis, James Howard, Jr., '82
Davis, James Lowell, '78
Davis, John Herbert, '72
Davis, John Jeffrey, '55
Davis, John Paul, '86
Davis, John Stevenson, '87
Davis, Karyn Denise, '85
Davis, Laura Marie, '81
Davis, Laura Pearson, '86
Davis, Michael Stuart, '87
Davis, Ms. Tamara Lee, '86
Davis, Thomas E., III, '49
Davis, Thomas M., Sr., '49
Davis, Thomas Scott, '87
Davis, Timothy J., '83
Davis, Vicki Ann, '85
Davis, W. Rex, '34
Davis, William Harry, '51
Davy, Ray I., '55
Dawson, John W., Jr., '42
Dawson, Nathan, '48
Dawson, Terry L., '86
Day, Daniel Lee, '85
Day, Heidi Borden, '85
Day, Lewis I., '35
Day, Robert Alan, '65
Daye, Thomas Richard, '71
Deal, John Charles, '69
Dean, Mrs. Karen B., '87
Dean, Lori Marie, '87
Dean, Martin Robert, '86
Dean, Michael Allan, '76
Deardourff, Sharon June, '86
Deardurff, Carl M., Jr., '46
Dearth, Kevin L., '82
Deaton, Robert N., '49
De Beneditto, Umberto Antonio, '75
de Brier, Eric Peter, '83
De Brosse, Jeffrey L., '85
Dechow, John Philip, '82
Deckard, George W., '42
Deckard, Mrs. Marilyn Judd, '76
Decker, James R., '55
Dedula, Mrs. Carla Ann, '86
Deeds, Gary William, '69
Deem, Mark Anthony, '81
Deerhake, James Ray, '75
Deerhake, Roger D., '61
Defenbaugh, Robert L., '49
Deferro, Geno C., '49
De Fiebre, Pamela M., '82
De Francisco, Tina Marie, '86
De Grand, Donna Clare, '76
De Graw, Greg Rayne Arnold, '87
Deibel, Karen Lynn, '84
Deibel, Susan Elizabeth, '84
Deidesheimer, Charles Anthony, '87
De John, Gary Lee, '74
DeJulio, Michael William, '83
Delaney, Rick A., '82
Delany, Christopher John, '80
De Lay, Rose Ann, '87
DeLeone, James F., '49
Della Flora, Thomas Joseph, '81
Del Monte, Anthony Camillo, '87
De Long, Lisa Anne, '85
De Long, Mark Alan, '76
Delphia, Brian Lewis, '85
De Maria, James E., '56
De Matteis, Ernest Butch, '61
Demidovich, William Frank, Jr., '83
Demis, Louis William, '77
DeMond, Brent Lee, '71
Dempsey, Benton A., '26
Dempsey, Mary Hubbell, '31
Denig, Paul H., '46
Denk, William J., '62
Denney, Richard L., '49
Dennison, Edward Bruce, '70
Denton, Lionel Arthur, '48
Denton, W. Russell, '87
Denune, Wilbur Lowell, '38
Denyes, Jack R., '49
De Paso, Richard C., '53
Depew, Dixie Anne, '81
De Roberts, James R., '79
De Roberts, Richard A., '54
De Roberts, Rochelle De Victor, '81
De Rosier, Julia Renee, '85
De Roy, William John, '79
Derrow, Philip Ross, '82
Dersom, Charles Ray, '56
Derubertis, David C., '79
De Santis, Albert Joseph, '66
Desch, Damian Anthony, '76
De Shon, Michael Joseph, '82
Deslandes, Howard David, '77
Desmond, Earl Kellar, '75
Detrick, Paul R., '80
Dettorre, Gregory Thomas, '81
Detwiler, Mary Ann K., '88
Deutschle, Andrew Vincent, '81
Deutschle, James John, '55
Devault, Gerald L., '61
De Vendra, Albert P., '50
Deverse, Robert L., '42
De Victor, Robert L., '47
De Vilbiss, Gregory John, '85
Devine, Patricia Anne, '88
Devine, Thomas J., '56
Devine, Timothy Joseph, '82
De Voe, Dean A., '53
Dew, Richard Aaron, '70
De Weese, James L., '54
De Weese, Mrs. Paula Pretz, '53
De Witt, Peter John, Sr., '81
De Wood, Robert Joseph, '82
De Woody, Bruce Allison, '79
D'Huyvetter, Lieven Louis, '70
Diamond, John Richard, '82
Diaz, Donald David, '81
Diaz-Sprague, Raquel A., '87
Di Blasi, Paul Dominic, '71
Di Blasi, William James, '73
Di Cesare, Mario, '88
Dick, Richard Edward, Sr., '40
Dicken, Charles E., '48
Dickerson, Ms. Ava E., '86
Dickes, Timothy C., '86
Dickey, Kelly Ann, '88
Dickson, Lawrence Charles, '79
Dickstein, Janet E., '82
Didlick, Jene Valetta, '76
Diehl, Bernard E., '49
Diehl, Clinton Edwin, '83
Diehl, Lowell E., '51
Diehl, William D., '55
Dieker, Jane A., '88
Dieker, John Kenneth, '87
Diel, Joseph William, '88
Dieli, Robert J., '48
Diener, Harold Daniel, '82
Dierker, David Frederick, '80
Dierna, Diane Marie, '88
Dietsch, David Lee, '75
Diewald, Gary Michael, '82
Digby, Robert Bruce, '84
Dike, Roger Donavon, '80
Dill, Don C., '42
Dill, Edward Trent, '72
Dill, Gerald Edward, '71
Dill, Lori Grace, '88
Dill, Virginia Hetrick, '50
Dilley, Donna Virginia, '77
Dillon, Corinne, '78
Dillon, Harry M., '50
Dillon, Richard Coeur, II, CPA, '76
Dillon, Warren B., '47
Dimarco, Alvin Alfred, '81
Dimitroff, Daniel N., '84
Dimond, Richard L., '55
Dinan, Donald J., '66
Dinan, Margaret Mary, '81
Dinan, Steven Douglas, '85
Di Napoli, Paul Joseph, '84
Di Paolo, Paul M., '65
DiPietro, Dario Edmond, '41
D'Ippolito, Guido L., '55
D'Ippolito, Michael A., '81
Di Rosario, Anthony R., '66
Di Sabato, Josephine Ann, '67
Distelhorst, Kevin Michael, '83
Distelhorst, Richard N., '65
Ditmars, James Allen, '77
Ditty, William Morgan, Jr., '76
Divine, Robert John, '77
Dixon, Dale Dee, '72
Dixon, Dean A., '42
Do, Lan Linh, '86
Do, Vinh D., '88
Doak, Robert Joseph, '63
Doane, Michael Ensign, '68
Doctor, Khozema Shabbir, '88
Dodd, James Joseph, '79
Dodd, Stephen H., '82
Dodds, Larry Earl, '63
Dodge, David Roy, '69
Dodrill, Winifred Barnhisel, '48
Dodson, Kenny Alan, '79
Dodson, Robert Michael, '71
Dodson, Shane M., '88
Dodson, William Alfred, Jr., '81
Dodsworth, Richard Mc Clain, '74
Doelker, Joseph R., '50
Doerfler, Stephen Gustave, '85
Dogangun, Burhan Cahit, CDP, '63
Doherty, Jenifer Lyn, '86
Dolan, Lawrence Arthur, '88
Dolan, William Joseph, '84
Dole, Thomas Edward, '71
Dolen, Timothy James, '80
Dolinger, Ronald Michael, '65
Dombrowski, Angela Marie, '79
Donaldson, Mary E., '88
Donnally, Hon. Fred L., '22
Donnelly, John Fitzgerald, '84
Donner, Nancy B., '80
Dooley, Gina Marie, '88
Doone, Francis Patrick, '79
Dorinsky, Thomas, '80
Dorn, William H., '50
Dorrian, Ms. Anne Mary, '82
Dorrian, Hugh J., '59
Dorsey, David M., '88
Dorsey, Molly Jane, '80
Dorsten, Peggy Ann, '86
Dortmund, William Jeffrey, '77
Dorton, Vanessa A., '85
Dosky, Lois Eileen, '82
Dotson, James Howard, '62
Doty, Jeanie L., '88
Doty, Rose Mary Ward, '49
Doucher, Thomas A., '45
Dougherty, Mary Kathryn, '83
Dougherty, Russell Lee, '75
Doughty, Mrs. Martha D., '56
Douglas, Donald Eugene, '66
Douglas, James R., '85
Douglas, Joseph, '45
Douthitt, Craig Richard, '80
Douthitt, Rosemary Cooke, '48
Dover, Kyle Richard, '86
Dowley, James E., '55
Dowling, Ms. Debra Lynn, '86
Downey, Ann Elizabeth, '87
Downey, James Edward, '85
Downey, James Wayne, '82
Downey, Mrs. Pamela G., '82
Downey, Walter E., '66
Downey, William P., '27
Downie, James Scott, '82
Downs, Michael P., '87
Doyle, Lawrence, '54
Doyle, Mary Doyle, '55
Doyle, Patrick W., '48
Doyle, Mrs. Velma Porter, '82
Doyle, William Patrick, '87
Doza, Douglas Kenneth, '88
Dozer, Charles A., '56
Dozer, Charles William, '31
Dozer, Shirley Kanavel, '57
Dozer, Mrs. Sylvia C., '31
Drabek, Anthony S., '51
Drabick, Rudolph, '66
Dragoo, John Buchanan, Jr., '85
Drake, Philip David, PhD, '86
Drake, Warren Edward, '49
Drakulich, Michael Lee, '82
Draper, Wendy Marie, '85
Drapp, Michael Randall, '80
Draudt, Bruce M., '72
Dreese, Elizabeth Mary, '86
Dreese, Dr. George Richard, '60
Drerup, Jeffrey Charles, '79
Dressel, W. Edward, '59
Driscoll, Dennis Kevin, '71
Driscoll, Thomas Edward, '74
Drum, Rosalind, '80
Drury, Ann Martha, '86
Du Bois, Jeffrey B., '66
Du Bois, Joseph E., '48
Dubros, Brad John, '87
Duchi, Mary Laird, '76
Duco, Lisa Weaver, '87
Duco, Michael Patrick, '84
Dudley, Cecil O., '28
Dudley, David Allen, '81
Duemey, James Elias, '72
Duffy, John David, '49
Duffy, John William, '75
Duffy, Thomas Joseph, '81
Dugan, Charles E., '49
Dugger, Bette De Beck, '55
Dugger, Dean A., '55
Duhl, Daniel L., '82
Dulaney, Brian Nelson, '88
Dulin, Lewis C., Jr., '60
Dulinski, David Alan, '82
Dumbauld, Elizabeth Ann, '83
Dun, William Earl, '87
Dunbar, Kathleen Merie, '83
Duncan, Lawrence Lee, '77
Dunkel, John A., '52
Dunlap, Robert Darryl, '76
Dunn, Lori Jo, '84
Dunn, Ned T., '49
Dunn, Mrs. Stephanie M., '84
Dupler, Dale Dan, Jr., '47
Durbin, Eugene C., '51
Durbin, Ms. Jean M., '80
Durell, Eric B., '82
Durell, George Britton, II, '61
Durfey, Eleanor Hodges, '59
Du Rivage, Donald Jay, '52
Durkin, Helen Fawcett, '52
Duros, John Deno, '87
Durr, Deborah Jean, '81
Durrant, William Eugene, Sr., '41
Dury, Michael Francis, '73
Dury, Ronald Emmett, '73
Dussault, Lawrence O., '57
Dusseau, Mark Richard, '79
Dutton, Stephan Evans, '74
Duvall, Theresa Ann, '81
Duy, Walter Frederick, '67
Dworkin, Ms. Jennifer, '87
Dwyer, Ronald Allen, '70
Dwyer, Thomas Patrick, '85
Dye, Jeffrey E., '87
Dye, Mark Alan, '81
Dyrdek, Ted Joseph, Jr., '87
Eagleson, Mrs. Sue J., '66
Eakins, Glen Alan, '88
Earl, Deborah E., '88
Easterling, William J., '61
Easton, C. John, '60
Eastwood, Steven Peter, '87
Ebelberger, Theodore George, '69
Eberle, Edward M., '50
Eberle, John C., '43
Eberle, William Brewster, '75
Eberly, John Joseph, '79
Ebert, Laurie Armstrong, '86
Eblin, Marlaina Fisher, '81
Ebner, Cynthia Lynn, '88
Eckelberry, George Wendell, Jr., '50
Eckenrode, Thomas J., '50
Eckert, Stefan, '88
Eckert, Wayne E., '85
Eckhart, Henry W., '54
Eckhart, Jay Vincent, Jr., '85
Ecklar, Frank Ross, '84
Eckstrand, Clifford George, '76
Edelman, Jerry Zail, '74
Edelman, Lynn Nathan, '75
Edelstein, Jeff Alan, '81
Edgell, Gary Wayne, '71
Edgell, Robert William, '84
Edgerton, Mark Allen, '83
Edison, David Mark, '74
Edsinger, Roger Charles, '81
Edwards, Edwin Earl, III, '67
Edwards, John David, '83
Edwards, Laura Ruth, '84
Edwards, Nancy Davis, '48
Edwards, Peter Holmes, '55
Edwards, Wendy T., '59
Effron, Michael Scott, '86
Eger, Rebecca Ann, '87
Egger, Charles G., Jr., '49
Ehlers, Allen Rae, '77
Ehlert, Douglas Jay, '76
Ehlert, Herma Dumenil, '50
Ehren, Mark David, '81
Eidenmiller, Karen Marie, '86
Eidson, Richard I., '56
Eier, Kay Ann, '83
Eigensee, Harold H., '28
Eikleberry, Scott Layton, '88
Eis, Arlene J., '59
Eisenman, Karen, '85
Eiser, Sharon B., '87
Elder, John Joseph, '71
Elder, Timothy John, '70
Eldridge, Ms. Frances A., '84
Elefritz, James Victor, Jr., '82
Elefteriou, 2LT George George, USAF, '88
Eley, Patrick Edward, '83
Elgin, Patrick Joseph, '75
El-Kazaz, Dr. Hussein Mohamed, '81
Elking, Laura Ann, '86
Elleman, James R., '52
Elleman, Paul H., Jr., '42
Ellenberger, Kenneth R., '49
Ellenwood, Wendell William, '47
Elliot, Clark Allen, '75
Elliott, Harold H., '53
Elliott, Mary L., '82
Elliott, Robert George, '80
Ellis, Ms. Jeanine Faye, '87
Ellis, Ronnie Ray, '79
Ellison, Debra Mahoney, '78
Ellman, Edwin M., '53
Ells, Susan Stoner, '82
Elmers, Kirwan M., '51
Elwing, Sharon Sue, '86
Ely, Donald Edwin, '64
Ely, Elizabeth Anne, '86
Emery, Dane L., '58
Emery, Mrs. Donna Decker, '84
Emery, Edwin W., Jr., '55
Emig, Trent Alan, '87
Emrich, Kimberly Stacy, '85
Emrock, Joseph Walter, '87
Emswiler, Ernest E., '33
Endres, William Francis, '79
Engel, Steven Robert, '79
Engholm, Marguerite Rowe, '44
England, Douglas Matthew, '87
England, Jerry J., '66
Engle, Julie K. Weider, '84
Engle, Scott Michael, '83
English, 2LT Brian John, USAF, '85
English, Dr. Walter, '24
Engram, Vicki Lynn, '81
Enis, Vic C., '87
Enouen, Robert John, '79
Enright, Thomas J., '52
Ensign, Dennis James, '77
Entler, Stephen Richard, '79
Entsminger, David Brian, '85
Epp, Janet, '82
Eppert, Mark F., '88
Eppley, Daniel Paul, '85
Epps, Mrs. Beverly Payne, '81
Epps, Leslie Jeanne, '88
Epstein, Peter, '72
Eramo, Anthony Joseph, '81
Erb, Harry E., '53

Columbus (Cont'd)
Erdman, Mrs. Antonia C., '78
Erdman, Wayne C., '78
Erf, Louis A., '48
Erickson, Mark Edwin, '76
Erkins, Velma Delphine, '86
Ertel, Dorinda Kay, '80
Erten, Rezzan Kurtis, '84
Ervin, Lynn Ann, '88
Erwin, Joseph E., '84
Esmont, Fred C., '85
Esposito, Kimberly Senseman, '84
Essenhigh, Anne K., '84
Essex, Charles K., '49
Essex, Daneta Leigh, '85
Essex, Helen Holcomb, '48
Essuman-Ocran, Siisi, '83
Eubanks, Robert Alfanso, '75
Evans, David Carlyle, '85
Evans, David William, '64
Evans, Dennis Paul, '75
Evans, Donald E., '69
Evans, Jack Charles, '48
Evans, Kenneth Charles, '43
Evans, Margaret Jane, '82
Evans, William Francis, '36
Everett, Ira Glenn, '36
Everett, Sherman Bradley, '86
Evers, Cloyd E., '54
Eversman, Mrs. Mary Snashall, '49
Eviston, Robert Anthony, '88
Eviston, Thomas P., '48
Ewing, Cynthia Mathes, '80
Ewing, Daniel Edward, '81
Ewing, Thomas Franklin, '86
Ewy, Diana Rauch, '88
Exline, Frederick A., '40
Ey, E. Andrew, '87
Eyerman, Royce F., CPA, '31
Eyestone, David Michael, '82
Ezzo, Gilbert Michael, '81
Fadorsen, 2LT Robert Jeffery, '86
Faehnle, Carl J., '43
Faehnle, Carl Joseph, Jr., '70
Faehnle, Catherine Ann, '80
Faehnle, Donald A., '54
Fagin, Marc K., '81
Fahrbach, Roger H., '49
Fahrenholz, David Bruce, '81
Fahrney, Kimberly Noel, '81
Failla, Joseph P., '50
Faist, Craig Donald, '85
Falk, John Corbett, Sr., '69
Fallidas, Thomas George, '87
Fanning, Carolyn Ann, '81
Farah, Barry Scott, '88
Farber, Donavin, '28
Farber, Kenneth James, '75
Fares, Nicole Antoinette, '85
Farina, Steven Charles, '85
Farkas, Arthur Joseph, Jr., '77
Farley, Stephen Douglas, '85
Farmer, Bradley Arthur, '86
Farmer, J. Edwin, '33
Farrell, Charles A., '78
Farrell, Richard Thomas, '79
Farris, Charles L., II, '86
Farwick, Scott Joseph, '83
Fasone, Dominic S., '88
Fasone, Ms. Julia Cecilia, '87
Fast, Douglas Charles, '83
Faulconer, Laura Jean, '88
Faulkner, Steven Lawrence, '88
Favret, William E., '49
Favret, William Edward, Jr., '76
Fawcett, Stanley P., '54
Fay, Paul Steven, '83
Fazio, Bradley Joseph, '87
Fazio, Christopher Gary, '82
Feamster, R. Rader, Jr., '72
Fechko, Judy Ann, '88
Fechko, Ruth M., '47
Federman, Stuart Alan, '83
Feduchak, John, '73
Feerer, Bette Weiss, '70
Feibel, Donald T., '57
Feike, Lisa Ann, '82
Feinberg, Russell Stuart, '83
Feldman, Ruth Ann, '88
Fenlon, Kevin Thomas, '83
Fennen, Matthew William, '82
Fenner, Paul E., '48
Fenton, Connie, '82
Fenton, Edwin G., '58
Ferdi, Linda Louise, '86
Ferencz, John Jeffrey, '87
Fergus, Jill Allison Semon, '80
Ferguson, Ellen Marie, '87
Ferguson, Gloria Ann, '80
Ferguson, Mary Gwen, '85
Fernald, Mary Roberts, '79
Fernald, Willard Tompkins, '79
Fernandez, Alfred Douglas, '88
Fernandez, Jorge Ivan, '88
Ferrall, Helen Beth, '87
Ferrand, Christophe Claude, '88
Ferree, Grant Russell, Jr., '81
Ferris, Jeffrey Joseph, '88
Ferris, Richard Thomas, '87
Fertig, Dr. Paul E., '52
Fetsko, Joseph Robert, Jr., '68
Fetter, Gary Martin, '88
Fetter, Richard John, '82
Fetty, Joseph Charles, '81
Fickle, Ms. Denise, '88
Fidler, Mrs. Carol, CPA, '79
Fidler, Chris D., '86
Fields, Deloras J., '88
Fields, Dr. Ernest Louis, '84
Fiir, Z. Alfred, '49
Filer, Linda Robbins, '81
Filer, Robert Ewing, '80
Filipski, Thomas Allen, '72
Finamore, John, '76
Finan, James E., Sr., '49
Findlay, Bruce Douglas, '68
Finissi, William Joseph, II, '84
Finn, Richard Donald, III, '80
Finnegan, Mark Allen, '87
Finnell, Elicia L., '86
Finney, Angela G., '81
Finney, Donald E., '51
Finney, Joseph D., '66
Fino, Julie Irwin, '78
Fiorini, Daniel E., '49
Fiorucci, Gary Gene, '88
First, Larry Joseph, '83
Fish, Michael H., '86
Fishel, Paul Richard, Jr., '79
Fisher, Ms. Angela G., '87
Fisher, Carl Russell, '48
Fisher, Carol Dapper, '77
Fisher, Cathy Lynn, '82
Fisher, Christopher J., '75
Fisher, David Charles, '76
Fisher, David Hillman, '74
Fisher, Donald Max, '56
Fisher, Jeffrey Allen, '79
Fisher, John Richard, '71
Fisher, Karen Sue, '85
Fisher, Kevin Gerard, '87
Fisher, Lloyd Edison, Jr., '48
Fisher, Michael Paul, '72
Fisher, Roger William, '75
Fisher, Sherry Lynn, '87
Fisher, Stephen Austin, '83
Fisher, William Eric, '81
Fissel, Raymond R., '50
Fitting, Jane Harris, '33
Fitzsimons, Robert Todd, '48
Flacche, Angela Maria, '86
Flaherty, Ms. Kelly Christine, '87
Flaherty, Kevin James, '82
Flaherty, Michael Francis, '75
Flanagan, Harry P., '56
Flash, Kevin Michael, '80
Flay, Douglas Alan, '86
Fleckner, Jan S., '69
Fleming, Kerry Phillip, '86
Flesch, Leslie Wolfe, '78
Fleshman, George Joseph, '62
Fleshman, LuAnn, '85
Fletcher, Brien Hugh, '82
Fletcher, Philip Edward, '71
Fletcher, Thomas Edward, '65
Flexer, James Richard, '83
Flick, Michael Warren, '73
Flicker, Abraham, '46
Flinn, Michele Marie, '88
Flint, Robert J., '48
Flinta, Robert Eric, '84
Florio, Joseph A., '41
Flower, James Sefton, '79
Flox, Harold, '52
Flynn, Margaret M., '85
Fochtman, Frederick E., '82
Folds, W. S. Skip, '86
Foley, Daniel Joseph, '86
Foley, Joseph Edwin, '81
Folpe, Norman E., '51
Fontaine, John David, '88
Fontaine, Richard Anthony, '74
Fontana, David Carley, '67
Fontana, Linda, '75
Ford, Alan R., '80
Ford, Andrew Douglas, '32
Ford, David Earl, '60
Ford, David Jeffrey, '86
Ford, Dr. Jeffrey Duane, '73
Ford, Steven M., '81
Forker, John Alter, II, '82
Fornof, Lillian K., '36
Forquer, Joseph W., '79
Forsblom, Robert W., '78
Forster, Frank Andrew, '82
Forsythe, Thomas Moody, Jr., '49
Fortenbacher, Scott Reese, '74
Fortier, James K., '86
Fortney, Ruth A., '82
Foster, Craig Ward, '88
Foster, Daniel P., '86
Foster, Don B., '87
Foster, Frederick L., '85
Foster, Jennifer Kling, '86
Foster, Randolph Baxter, III, '68
Foster, Richard Walters, '65
Foster, Robert Hayes, '67
Foster, Ronald Samuel, PhD, '52
Foust, Annette Marie, '83
Foust, Elaine Jo, '87
Fouty, Robert R., Jr., '51
Fowler, Charles Frederick, '87
Fowler, Patricia B., '47
Fowler, Ronald Rae, '86
Fowler, Stephen Dale, '85
Fox, Ann Michele, '83
Fox, Donald Lawrence, '63
Fox, Edward Joseph, '85
Fox, Gary Raymond, '73
Fox, Jeffery James, '85
Fox, Kathleen L., '87
Fox, Lisa Anne, '79
Fraher, James Nate, '36
Fralick, John E., '81
France, Christine Doersam, '86
France, Frank Eric, '85
Francescon, John Thomas, '77
Francik, James Stephen, '87
Francis, Diane Lee, '84
Francisco, John J., Jr., '57
Frank, Allan Lee, '86
Frank, David Kerwin, '74
Frank, John Morton, '62
Frank, William Edward, Jr., '84
Franklin, James Leo, '71
Franks, Gerald Henry, '77
Franz, George E., '48
Frasch, William Edward, Jr., '51
Fraser, Dana Hammond, '83
Fratianne, Kathleen Ptacek, '81
Fravel, Jack H., '65
Frazier, Dale Eric, '87
Frazier, Larry G., '53
Frech, Robert G., '37
Frederick, Molly Lee, '87
Frederick, Robert Harry, '68
Fredericks, Janet Lynn, '84
Fredman, Robert Samuel, '81
Freeman, Ms. Carolyn G., '54
Freeman, Dave W., '87
Freidenberg, Charles Corey, '68
French, Mark Leo, '82
French, Todd Adams, '87
French, Wendell S., '49
Frericks, John Michael, '88
Fresco, Leila Maloof, '83
Freundlich, Edward L., '47
Frey, Wallace Frederick, '59
Fried, Dean Wilson, '68
Friedberg, Timothy Dick, '70
Friedlinghaus, John O., '32
Friedly, Dale M., '57
Friedman, Alfred, '63
Friedman, Brett David, '82
Friedman, Harlan Scott, '80
Friedman, Rodd Alan, '82
Friel, Mary E., '53
Friend, Kristen Margaret, '86
Fries, Anna Kosorotoff, '76
Friley, Brooks James, '83
Frink, Richard D., Jr., '86
Frisbee, Wayne Thomas, '81
Frisby, Anthony Jay, '88
Frissora, Dominic, '75
Fritts, Elmer D., '49
Frix, Robert L., '51
Fronk, Daniel A., '58
Frontz, Jeanne Warne, '69
Frost, Mrs. Betty Lou, '50
Frost, George S., '49
Frost, Jack S., '50
Frost, Scott K., '86
Fry, Cherilyn Ann, '76
Fry, Robert Eugene, Jr., '68
Frybarger, Gerald C., '50
Frye, Mark Stephen, '84
Fudge, Pamela Ann, '78
Fugazzi, Andrew Edward, '80
Fujimura, Elaine Harue, '82
Fukuda, Kay L., '80
Fullen, Ramon L., '84
Fulmer, Gary C., '57
Fulscher, Thomas Eugene, '87
Fulton, Debra Lynn, '84
Fumi, David Darrin, '87
Funk, Karen Jo, '82
Funk, Michael Eugene, '87
Funk, Michael John, CPA, '83
Funk, Steven J., '84
Furber, John H., '48
Gaal, Gary Ray, '83
Gabay, Stephen J., Jr., '49
Gabbert, Randy C., '86
Gable, Michael Jerome, '71
Gabriel, James A., '49
Gabriel, James Edward, '76
Gabriel, Michael Sowards, '85
Gabriel, Patricia Egan, '69
Gabriel, Robert Mansfield, '78
Gagel, Michael E., CPA, '66
Gagliardi, John, '88
Gainer, Marion C., '67
Gaines, James Roland, '80
Gainey, James Lee, '69
Galan, Irwin E., '57
Gales, Debra Hoffer, '84
Gall, Eric Richard, '88
Gallaer, Valerie Ann, '80
Gallagher, James Patrick, '88
Gallagher, Mark William, '83
Gallagher, Nora Elizabeth, '87
Gallagher, William Kenneth, '83
Gallaher, Marianne Theresa, '88
Gallanis, David Wayne, '85
Gallen, Margaret L., '30
Gallick, Edward Joseph, '82
Gallick, Michael Joseph, '80
Gallina, Mary A., '87
Gallo, Jeffrey Edward, '80
Galloway, Brian Douglas, '82
Galloway, Gerald Robert, '41
Galloway, LaNell R., '82
Gallucci, John J., '60
Galpin, Kathryn Jane, '81
Gamary, Glenn Edward, '86
Gambs, Jane Krigbaum, '47
Gambs, Richard W., '54
Gandhi, Pradeep Kantilal, '88
Gannon, Timothy John, '84
Ganzfried, David Samuel, '83
Garber, John Eric, '87
Garber, Joseph Frank, '87
Garber, Kenneth E., '60
Garcia, Carlos Jesus, '85
Gard, Harry Kendrick, Jr., '75
Gardner, Gloria Hartung, '86
Gardner, Jeffrey Mark, '76
Gardner, Phillip James, '70
Gardner, Richard S., '52
Gargani, Mrs. Connie J., '84
Garlikov, Donald E., '65
Garlock, Martin Thomas, '86
Garner, Thom A., '76
Garrett, Paul Alan, '75
Garrett, Robert Alan, '75
Garrison, David Alan, '82
Garrity, Thomas Joseph, Jr., '69
Gartin, Pamela Parker, '73
Garverick, Thomas Lowell, '73
Garvin, Robert L., '67
Garwood, LTC David E., USAF(Ret.), '50
Gasbarro, Gina Sue, '82
Gasbarro, Mrs. Suzanne L., '56
Gaston, David A., '63
Gaston, Robert James, '78
Gates, Barbara Ann, '76
Gates, Terry Lee, '82
Gatewood, Maureen Leigh, '86
Gatoff, Howard Michael, '82
Gatsch, Barbara Norris, '48
Gatterdam, Dawn Denise, '84
Gatterdam, James E., '53
Gatterdam, Kurt Edward, '84
Gatterdam, Paul J., '49
Gauch, Richard Michael, '87
Gauche, Eugene Paul, '75
Gaughan, Lisa Lyn, '79
Gaughran, Joseph T., '23
Gaughran, Tim Richard, '81
Gawronski, Richard Paul, '77
Gayton, Charles W., '63
Gease, Robert I., '59
Gedeon, Ronald John, '88
Geer, Edwin Arthur, '72
Gehlbach, Donald R., '61
Gehres, Joseph Martin, '48
Gehring, Eileen Payne, '36
Geib, David Leonard, '72
Gelbaugh, David L., '66
Gellner, Rosemary Schlecht, '83
Gemienhardt, Rick Anthony, '79
Gentil, Richard William, '79
Gentile, Roger Louis, '68
George, Janice Bailey, '84
George, John Ralph, '41
George, Paul James, '84
Georgia, Gregory Alan, '73
Gerardi, Christopher James, '87
Gerber, D. Scott, '80
Gerber, Ms. Katherine Alice, '87
Gerber, Richard Scott, JD, '79
Gerberick, Jeffrey Owen, '82
Gerdeman, Pamela J., '87
Gerdeman, Patricia Pfeiffer, '82
Gerko, James Gregory, '69
Gerlach, David Pollitt, '79
Gerlach, John B., Sr., '54
Gerlach, John G., '23
Gerlacher, Tom, '67
Germond, Annette Marie, '83
Gershel, Deborah Sara, '86
Gesler, James Le Roy, '72
Gesouras, George K., '87
Gest, William B., '39
Gettman, Lucy Carroll, '81
Geyer, Margot Freeman, '76
Geyer, Michele Yvette, '88
Ghidotti, Marc Edward, '82
Ghumrawi, Amer Khalil, '83
Giammaria, Mary Maureen, '86
Giampapa, Joseph Amiel, '83
Giannini, Jack F., '47
Giany, Mrs. Jack, '69
Gibbs, Donald Alan, '80
Gibbs, R. Cliffton, '58
Gibeaut, James Douglas, '87
Gibsen, Robert M., '43
Gibson, John Edward, IV, '75
Gibson, Kenneth M., '80
Gibson, Mark, '83
Gibson, Mary J., '49
Gibson, Michael Allan, '84
Gibson, Dr. Robert Carlton, '48
Gieseke, Jo Ann, '78
Giesy, Mitchell Ryan, '82
Gifford, Jeffrey Allan, '75
Giggi, LTC Alphonse, USA(Ret.), '62
Gilbert, Julie Elizabeth, '86
Gilbert, Paul Stephen, '50
Gilbert, William Dale, '86
Gilbreath, John S., '71
Gilliland, Donivan C., '40
Gilliland, Mrs. Elizabeth, '79
Gilliland, Gerald Cly, '72
Gilmartin, Joan Therese, '85
Gilmore, Douglas Scott, '85
Gilmore, COL John R., USAF(Ret.), '42
Gingery, Jay Allen, '58
Gingery, Katherine Ellison, '54
Gingery, Michael Ellison, '86
Gioffre, John, '78
Gioffre, Joseph Vincent, Jr., '78
Gipe, Donald E., '61
Girves, Ms. Catherine Ann, '86
Gischel, Jennifer Elaine, '87
Givens, David Michael, '74
Glandon, John C., '48
Glas, Milton G., '42
Glaskin, George V., Jr., '55
Glass, Steven Eugene, '72
Glasser, Ms. Jody Ann, '83
Glassman, Amelia Edlis, '49
Glassman, Jeff Robert, '73
Glassman, Marvin L., '45
Glatter, Bruce Kahn, '85
Gleich, William H., '55
Glenn, David Wilford, '73
Glesser, Philip Robert, '83
Glick, Robert A., '37
Glover, Frank D., '52
Goble, Sandra Kaye, '88
Gockenbach, Philip Andrew, '70
Godard, Blake White, '87
Goedde, Joseph Alfred, '78
Goggin, Paul Edward, '72
Gojdics, Mrs. Melissa Barnett, '87
Golay, John Earl, '78
Gold, Kenneth Bruce, '77
Gold, Martin H., '52
Goldberg, Mrs. Linda Weinstein, '69
Goldberg-Rugalev, Anthony Edwin, '81
Golden, Cynthia Boeye, '84
Golden, Marilyn A., '49
Goldenbagen, Gregg Karl, '85
Goldfarb, Lewis H., '80
Goldman, Steven Mark, '70
Goldmeier, David A., '74
Goldsmith, Lois E., '33
Goldston, Sanford, '57
Goldthwaite, David L., '81
Golis, Matthew J., PhD, '82
Golko, Dennis Lynn, '72
Golub, Lisa Anne, '88
Gongaware, Robert Watson, '69
Gonser, Ruth Gant, '80
Gonya, Ronald Paul, '73
Good, Sandra F., '69
Goodburn, Stan Robert, '80
Goode, John J., '86
Goodman, Howard I., '46
Goodman, Martha Katherine, '83
Goodman, William Larry, '28
Goodrich, Paul Franklin, '72
Goodrich, Steven Ray, '82
Gordon, Dr. Agnes Marshall, '64
Gordon, Carol Suzanne, '85
Gordon, Charles Edward, '49
Gordon, Charles Edward, '80
Gordon, Frank Howard, '87
Gordon, Kenneth Neal, '53
Gordon, Phillip Ray, '74
Gordon, Robert David, Jr., '80
Gordon, Susan Cynthia, '70
Gordon, Suzanne Katz, '51
Gore, Mrs. Helen Deloris, '82
Gore, Vinaya, '83
Gosnell, Edward Francis, Jr., '69
Goss, Arthur Burnett, II, '85
Goss, Robert Joseph, '86
Gossman, Barbara Ann, '75
Gottshall, Donald E., '55
Goudy, Wesley Eugene, '81
Gould, Dwaine Earl, '79
Gould, Richard Eric, '86
Gould, Robert A., '80
Grady, James David, '83
Graessle, William T., '37
Graf, Jack Richard, '42
Graffagnino, Robert D., '76
Graham, Mrs. Delia Hazel, '84
Graham, Edward F., '49
Graham, Elizabeth Louise, '85
Graham, Gregory Lee, '83
Graham, John Henry, '76
Graham, Joseph Gregory, '48
Graham, Karen Marie, '81
Gramlich, Dennis Wendell, '82
Gramlich, Gerald Wayne, '78
Grandstaff, Richard Lance, '73
Grant, David Abram, '77
Grant, Mary Ellen, '86
Grant, Timothy, '77
Grapes, Diana L., '83
Graves, Elizabeth Hogue, '42
Graves, Robert L., '52
Graves, William Joseph, '86
Gray, Joseph W., IV, '87
Gray, Michael James, '67
Gray, Theodore Milton, '50
Gray, Thomas Lee, '59
Gray, Tracy Jerome, '82
Grbevska, Snezana, '87
Green, Arthur George, '33
Green, Mary Joan Conte, '86
Green, Stacee Herschelle, '86
Greenberg, Maxine Weisman, '51
Greenberg, Richard D., '87
Greene, Charles Clayton, Jr., '82
Greene, William E., Jr., '55
Greenfield, Edward T., '38
Greffin, Judith Pepple, '87
Greiner, William Todd, '77
Grena-Hewitt, Lucille, '83
Grener, August F., '20
Gretchen, Michael Paul, '85
Griebel, Gene Mark, '84
Grier, Jerry, '58
Griesemer, Cara S., '84
Griffin, Daniel Patrick, '85
Griffin, John Michael, '69
Griffin, Thane, '63
Griffith, Gregory Alan, '87
Griffith, Jack Dexter, '49
Grill-Sherman, Mrs. Michele M., '82
Grim, Mark Robert, '88
Grimm, Susan Elizabeth, '77
Grindle, William H., '86
Grinstead, Carter Hall, '38
Grinstead, Gerald L., '58
Grisvard, Mrs. Jacqueline Marie, '85
Grizzle, Dirk Colin, CPA, '84
Groeber, John Andrew, '86
Grogan, Rebecca Kathleen, '85
Grogan, Thomas William, '75
Groom, Jeffrey Michael, '78
Groomes, Daniel Timothy, '68
Gross, George W., '49
Gross, James Eldon, '61
Gross, Kelly H., '85
Grossman, Lillian Yvonne, '87
Groza, Louis Judson, '84
Grubb, John Brent, '88
Grubich, Lisa Christine, '84
Grundstein, Richard H., '36
Grundstein, Mrs. Yetta B., '39
Grunenwald, Richard William, '82
Grunewald, Gregory Scott, '77
Grutsch, Lisa Stemen, '86
Grywalsky, Andrew Bryan, '77
Guagenti, Jeffrey Philip, '85
Guarasci, Frank F., '54
Guarasci, Ralph Leo, '78
Gubbins, Lucile Campbell, '83
Gudenkauf, Jeffrey Bernard, '69
Guffey, Lawrence E., '64
Gugle, Helen M., '50
Guinther, Melvin I., '50
Guirlinger, Michael E., '85
Guisinger, Ronald J., '79
Gulertekin, Veysel Erdal, '88
Gulick, Amelia Ellen, '87
Gumbert, George Henninger, '80
Gump, Robert C., '49
Gundy, Mrs. Kristine Ann, '86
Gunnell, Charles Allen, '78
Gunsorek, Lawrence F., '70
Gunther, Douglas Kent, '56
Gupta, Atul, '88
Gurke, Doris Ann, '88
Gurwin, David Allen, '82
Gurwin, Preston D., '57
Gussler, Ms. Suzanna D., '85
Gustafson, Philip Edward, '38
Gusty, CAPT James, '64
Gutheil, Yvonne Mary, '82
Guthrie, Marsha S., '61
Guthrie, Patricia Stilwell, '60
Gutmann, Edward F., '27
Gutmann, John Kenneth, '86

Columbus (Cont'd)
Gutmann, Roy K., '58
Gutter, Marc Stuart, '80
Gutter, Dr. Marvin Gerald, '69
Guy, Gerald D., '78
Guyton, Harold David, '57
Guzik, Alan D., '88
Guzzetta, Robert Franklin, '84
Gwin, Frederick Nelson, '84
Gyamerah, Danso Kwame, '88
Gygi, Helen Regina, '43
Haas, Arnold Roger, '83
Haas, Darryl, '71
Haas, Frank W., '54
Haase, Waldemar, '48
Habash, Matthew David, '81
Haberkamp, Dean Eldon, '80
Haddad, Richard E., '54
Hadden, E. Bruce, '58
Haddow, Howard J., '58
Haddow, John Andrew, '87
Haddox, Jerome Bliss, '55
Haddox, Kate Petroschka, '50
Hadler, Dorothea Nance, '50
Hadley, Margaret Anne, '79
Haemmerle, Mark Thomas, '75
Hager, Robert William, '88
Hagerty, Patrick James, '84
Hagerty, Timothy Joseph, '68
Hagman, Robert E., '49
Haidle, Cynthia Lou, '82
Haigh, Deborah E., '87
Hain, Mrs. Barbara H., '49
Haines, Ms. B. Kyle, '84
Haines, Susan, '82
Haire, Arthur R., '50
Hajjar, George Phillip, '86
Hakumba Bey, Basheerah, '77
Halas, Henry Robert, '52
Halas, Marie Ann, '84
Haldeman, Harry L., '57
Haldeman, Mrs. Mary S., '56
Hales, Ruth Fowler, '47
Hall, Bill Lee, '51
Hall, Bruce David, '83
Hall, Charles Claybourne, '50
Hall, David Lewis, '84
Hall, David Thomas, '78
Hall, Esther S., '84
Hall, Gregory Lee, '81
Hall, Mrs. Helen B., '51
Hall, Mrs. Mari L., '83
Hall, Richard Alan, '50
Hall, Robert Woodward, '49
Hall, Theodore Gregory, '78
Hall, Thomas William, '64
Hallam, Steven Todd, '85
Hallam, Wilbur C., Jr., '56
Hallarn, Michael H., '71
Hallarn, Stephen Paul, '74
Haller, Mary A., '86
Haller, Stephen Alan, '78
Haller, Tim James, '87
Halley, Bruce Robert, '86
Halman, David Rockne, '83
Halsey, David Alan, '72
Halsey, Eugene V., '49
Halsey, James D., '67
Halsey-Saad, Linda Kay, '84
Hamann, Duane Anthony, '83
Hambleton, Thomas F., '27
Hamblin, Jeri Anne, '74
Hamdy, Tarek Y., '87
Hameroff, Eugene J., '47
Hamill, Joan M., '87
Hamilton, Betty Shultz, '47
Hamilton, Gerald Leo, '73
Hamilton, Mark Andrew, '77
Hamilton, Robert Clyde, '41
Hamilton, Robert Sherman, '52
Hamilton, Thomas Addison, '67
Hamilton, Thomas Jerome, '69
Hamm, William F., '50
Hammer, Ms. Dawn Marie, '86
Hammersmith, Robert K., Jr., '66
Hammerstein, John E., '49
Hammett, Terry A., '87
Hammock, William M., '48
Hammond, Carol Ann Smith, '67
Hammond, David A., '65
Hammond, Lorene Westerman, '84
Hammond, Michelle R., '88
Hampel, Jeffrey Martin, '84
Hampton, Lawrence G., '48
Hamrick, Craig Allen, '84
Haney, David G., '63
Haney, Harry J., Jr., '57
Hanf, Charles M., '56
Hanf, H. William, '66
Hanley, John M., '49
Hannon, Michael J., '80
Hansel, John E., '53
Hansel, Laura Briggs, '86
Hanson, Walter Z., '51
Happe, Elizabeth Anne, '85
Harbour, Douglas Merle, '71
Harbour, Janice Collene, '86
Harden, Thomas Frost, '79
Hardesty, Martha Hale, '52
Hardin, Jack Edward, '51
Hardin, William Leroy, '82
Harding, Thomas R., '52
Hargrove, James Joseph, '88
Haring, James Woerner, Jr., '79
Haritos, Mrs. Fanny, '85
Harkins, Marjorie Conger, CLU, CCIM, '54
Harkrader, George H., '52
Harman, Donald W., '36
Harman, Kenneth Eugene, '69
Harman, Steve Robert, '84
Harmanis, George M., '84
Harmon, Clarence Ellis, '77
Harmon, F. John, '50
Harmon, Michael A., '83
Harmon, Thomas Edwin, '70
Harp, Michael T., '86
Harper, Carol A., '82
Harper, Eric James, '83
Harper, Felicia West, '85
Harper, Karen V., PhD, '83
Harper, Lee Orva, '88
Harper, Nancy Bottman, '46
Harper, Ralph Sterling, '42
Harrington, Charles A., '66
Harris, Bruno N., Jr., '78
Harris, Christopher George, '87
Harris, Donald Parker, '54
Harris, Edwin K., '47
Harris, Frederick Louis, '66
Harris, Jennifer Ann, '82
Harris, Mrs. Jodie Coleen Miles, '87
Harris, Lawrence Morton, '63
Harris, Mary Beth, '85
Harris, Robin M., '82
Harris, Stephen Richard, '80
Harrison, John F., '35
Harrison, Joseph Patrick, '72
Harrison, Julia Forsythe, '53
Harriston, Ruth Martin, '50
Harrod, Leslie Dawn, '88
Harshbarger, William Ronald, '79
Hart, Brent Stuart, '87
Hart, Donald Michael, '86
Hart, Wesley Milo, '40
Harte, Richard Stephen, '68
Hartle, Karen Kabelka, '80
Hartley, James E., '57
Hartman, Barry Norman, '68
Hartman, Jeffrey Paul, '86
Hartman, Kristen Kay, '83
Hartsock, Joann Louise, '86
Hartsook, David Barrett, '72
Hartzell, Dean Howard, '85
Hasson, Dale J., '53
Hatch, Brent Evin, '79
Hatch, Colin K., '77
Hatch, Jill Lynn, '79
Hatch, Shirley Arthur, '49
Hatfield, Daniel Ray, '87
Hatfield, David Keith, '85
Hathaway, Bruce A., '59
Hathaway, Bruce Ray, '51
Hathaway, Gene L., '50
Hatten, Steven Alan, '75
Hatten, Ms. Susan Kostoff, '76
Hattenbach, Martin James, '86
Hattery, Gary Russell, '82
Haubrich, Verna Horch, '31
Hauck, Donn K., '56
Hauenstein, Dennis Blake, '72
Haughey, Sally, '83
Haught, Dorothy Hansberger, '38
Haught, Hobart Kent, '59
Haught, Lila S., '59
Hauser, Charles D., '85
Hauser, Lawrence Paul, '82
Hausser, Kris S., '86
Havens, Jeffrey Franklin, '88
Havens, John Franklin, '49
Hawk, Howard E., '22
Hawk, Sherrie Riley, '82
Hawk, Thomas L., '51
Hawkins, John E., '49
Hawkins, Kenneth Edward, '72
Hawkins, Roger K., '53
Hawkins, Walter George, Jr., '67
Hawks, Howard Earl, '83
Hawley, Mrs. Lorena Caldwell, '44
Hawthorne, Frank C., '49
Haycook, Richard Eugene, '80
Hayes, Laurie Lee, '87
Hayes, Mary S., '80
Hayes, Robert Thomas, '82
Hayes, Timothy Wray, '82
Hays, Robert Davies, '50
Hays, Robert James, '84
Hayward, William Michael, '71
Hazelbaker, Ralph E., '59
Hazelton, Keith Harding, '83
Hazucha, Ms. Claire Sawaya, '79
Head, Robert Depew, '65
Headley, Randall Parker, '69
Healey, Jane Armstrong, '34
Heaphey, Thomas Cullen, '86
Hearn, John C., '27
Heath, Charles Perry, '88
Heath, William T., '48
Heber, Robert A., '57
Hebert, Christopher Peter, '79
Heckman, Sandra Kay, '85
Heddleson, Caroline Dozer, '66
Hedges, Mark Vawter, '81
Hedges, Paul Richard, '78
Hedrick, Robert N., '58
Hegler, John Joseph, Jr., '72
Heiberger, Irene A., '81
Heilman, David Alan, '80
Heilman, Michael Lavern, '88
Hein, Michael Robert, II, '85
Heine, Bruce Viel, '68
Heinmuller, Jeanne Hall, '83
Heintz, Jane Lettich, '50
Heintz, John E., '48
Heinzerling, Dr. Robert A., '54
Heiser, Steven Lawrence, '74
Heiskell, Harry R., '46
Heitmeyer, Norman C., '84
Helias, Pierre, '88
Heller, Michael Grant, '79
Heller, Ralph H., '49
Helman, Charles W., '52
Helman, Lawrence Edward, '70
Helmick, Daniel Robert, '86
Hemmerly, James Lee, '68
Hendershot, Jeffrey Kevin, '84
Hendershot, Paul Andrew, '78
Hendershot, Robert I., '82
Henderson, Brian Steven, '85
Henderson, Christina Bauer, '84
Henderson, Craig A., '78
Henderson, G. William, '51
Henderson, Gregory Harold, '73
Henderson, Richard Harold, '83
Henderson, Dr. William L., '51
Hendrickson, Charles Dana, '74
Hendrix, George W., '29
Hendrix, James Norwood, '83
Henley, James Stanton, '50
Henley, Keith Francis, '65
Henley, Patricia Murphy, '70
Henn, Kathleen E., '87
Hennessey, John Edward, '49
Hennessey, Patrick Sheeran, '86
Henney, Scott K., '67
Henning, George Frederick, '31
Henning, Harry L., III, '87
Henricks, CAPT Ralph K., USAF(Ret.), '64
Henriques, Richard L., '58
Henry, Barbara Turnbo, '79
Henry, Brian Jay, '87
Henry, Elizabeth Postle, '85
Henry, Jay Francis, '58
Henry, Lawrence Joseph, '41
Henry, Michael Lee, '88
Henry, Richard Lee, '58
Henry, William Droxler, '51
Henschen, Paul A., '49
Hensley, Philip W., '61
Herb, Steven Mark, '82
Herbert, John F., '54
Herbert, John Frank, Jr., '82
Herbert, William B., Jr., '84
Heretta, Thomas Andrew, '70
Herforth, Maureen Anne, '85
Hergesell, Russell E., '49
Herman, Michael Paul, '79
Herman, Richard Alan, '85
Herold, Christopher Stanley, '82
Herold, John F., '87
Herrel, F. Michael, '50
Herrett, Mrs. Susan L., '81
Herring, Anita Louise, '78
Herring, Dennis James, '85
Herring, Geraldine Shkolnik, '59
Herring, Jack L., '59
Herrold, Robert B., '29
Herron, James Lawrence, '78
Hershey, Charles Peter, '81
Hersko, Debbie Jones, '84
Herstig, Barbara Gendler, '68
Hertzer, Martha Nedeff, '84
Herwald, Paul, '40
Herzog, Craig Alexander, '78
Hess, Jill Cummings, '85
Hess, Mark Alan, '74
Hess, N. Theodore, '70
Heston, Kenneth D., '50
Hibbard, Leonard J., '76
Hibinger, Gary Charles, '79
Hickey, Timothy Emmett, '76
Hickman, Daniel Allen, '83
Hickman, Mark Alan, '81
Hickman, Nancy Miller, '73
Hicks, Ernest Lee, '39
Hicks, Richard Charles, '86
Hicks, Ronald Lee, '69
Hicks, Thomas Edward Deam, '74
Hicks, William T., '85
Hidy, John David, '77
Higginbotham, Gerlinde, '85
Higgins, Hugh Richard, '42
Higgins, Randall Roger, '69
Higgins, Richard Cannon, '30
Hightower, James Clifford, '46
Hilderbrand, Vicki Lynn, '85
Hilditch, James Edward, '81
Hildreth, John Edward, '85
Hilkert, Albert Andrew, '84
Hill, Frederick Brackette, III, '50
Hill, Mrs. Mary Ditty, '84
Hill, Ray Edward, '69
Hill, Robert Earl, '47
Hill, Sandra Ann, '87
Hill, Willard Gerald, II, '70
Hiller, Gerald L., '50
Hiller, Michael L., '76
Hilligoss, Mark Allan, '79
Hilsheimer, Cynthia Eberts, '79
Hilsheimer, Lawrence Allen, '78
Hilton, Danny Benjamin, '72
Hilz, James Brian, '88
Hinga, William Thomas, Jr., '83
Hingst, Carl F., '50
Hinig, Floyd J., '50
Hinkle, Kevin Cedric, '88
Hinson, Mrs. Carolyn Jo Johnson, '70
Hinterschied, Eugene C., '59
Hipolite, Alan Duane, '75
Hirsch, Michael Steven, '80
Hite, Daniel Charles, '72
Hites, Michelle Louise, '86
Hoag, Robert S., '51
Hoban, William Edward, '84
Hobbs, Erick Allan, '88
Hobbs, Robert H., '42
Hobson, Gordon G. (Ted), Sr., '46
Hobson, COL Thomas Blair, Jr., USAF, '48
Hoch, William Henry, '46
Hochradel, Brent Alan, '75
Hochstetter, Randolph S., '69
Hockman, Dennis G., '63
Hodson, Harold Charles, Jr., '53
Hoess, Joseph Christopher, '88
Hoey, Roger Allan, '74
Hoffman, Craig Lee, '83
Hoffmann, Daniel George, '72
Hoffmann, David Neal, '83
Hoffmann, John Richard, '80
Hofmeister, Jesse Deuhrelle, Jr., '75
Hofsteter, Roy, '49
Hogan, Dennis Arthur, '72
Hoge, Robert A., '39
Hoge, Robert Michael, '66
Hohenshil, David Noel, '87
Hohman, Derek Matthew, '88
Holbrook, David John, '82
Holbrook, Patricia Ann, '86
Holcomb, Douglas Peter, '88
Holcomb, Fred Blanc, IV, '72
Holden, John R., '48
Holderman, Robert E., '47
Holdrieth, Philip D., '55
Holgate, Christopher Steven, '82
Holland, Gary Leon, '73
Holland, Michael Francis, '84
Hollenack, Donald Ray, '87
Hollenbeck, Sondra J., '76
Hollern, Jan Reed, '88
Holley, Michael Lee, '77
Holliman, Paul Herbert, '72
Hollingsead, Richard E., '54
Hollingsworth, Ross B., Jr., '50
Hollis, Steven Alan, '81
Hollister, Robert Thomas, '87
Holmer, Leanna L., '78
Holmes, Eric Robert, '87
Holmes, Jeffrey Martin, '86
Holmes, Monica Elaine, '84
Holmes, Paul Brian, '77
Holmes, Uri Tracy, Jr., '48
Holstein, Charles J., '60
Holt, Timothy Arthur, '84
Holub, Jeffrey Alan, '82
Holub, Robert C., '55
Holzapfel, George J., '40
Holzworth, Bradley Glen, '77
Hom, Richard Lee, '87
Homan, Debra M., '81
Homan, Mary J., '88
Homsi, Samir M., '87
Hoobler, James Robert, '75
Hood, John A., '48
Hook, Joseph Francis, '78
Hooker, Cheri Lynn, '82
Hoover, Emaleen Dunfee, '56
Hoover, Kathy Annette, '85
Hopkins, Craig R., '86
Hopkins, Leonard L., '38
Hopkins, Rebecca Jean, '88
Hopkins, Timothy Allen, '77
Hopkins, William A., Jr., '67
Horan, Thomas Joseph, Jr., '74
Horcher, Ronald R., '58
Horchler, Charles C., '51
Horchler, John Scott, '77
Hord, Ronald E., '56
Horgan, Michael John, '69
Horn, Charles G., '52
Horn, Michael Mount, '82
Horn, Thomas A., '73
Hornberger, John W., '66
Horton, Ms. Cinthia Casto, '81
Horton, Ms. Fiona J., '87
Horton, Veronica Clare, '85
Horvath, Pamela Rene, '85
Hosket, Bill, '68
Hosket, Wilmer Edward, '88
Hossman, Frank E., '50
Hostenske, CAPT Charles W., USAF(Ret.), '70
Hostettler, Christopher Earl, '78
Hottovy, Troy Gerard, '88
Hotz, Ann Muire, '80
Houdeshell, Renee Lee, '84
Houghton, John Paul, '86
Houk, Karen Meckstroth, '81
Houk, Moira Ann, '86
House, Darla Eileen, '88
Housel, Gregory Charles, '84
Houser, Douglas R., '65
Houser, Robert Edison, '73
Houston, Joseph James, '88
Houston, Robin Christine, '86
Houze, Ricky Ray, '76
Howard, Donald L., '88
Howard, William L., '52
Howden, Richard Andrew, '83
Howe, Harold W., '34
Howe, James M., '64
Howell, Ellis V., '49
Howland, Donald Stewart, Jr., '55
Howland, Martha Hickman, '54
Hoying, Teresa Ann, '81
Hoyle, Michele Montavon, '78
Hoyle, Thomas Ford, '76
Hoyt, Richard H., '61
Hrinko, Mrs. Jodie L., '87
Hrusovsky, John Joseph, II, '86
Hsiao, Chen-Wu, '86
Hsu, Doreen M., '87
Hu, Hungye Wilbur, '88
Huang, Imeng, '88
Huber, Dale O., '72
Huber, Lori Ann, '85
Huber, Richard Anthony, Jr., '76
Huber, William Richard, '81
Huckleberry, Paul Alan, '84
Huckleberry, Richard Ray, '87
Hudock, Mrs. Laura, '85
Hudson, David Cary, '87
Hudson, CDR Richard S., '50
Hudson, Robert J., '54
Hudson, Scott B., '88
Huelsman, David Louis, '78
Huggins, Ralph L., '55
Hughes, Donald O., '59
Hughes, James M., '87
Hughes, Kenneth Stark, '84
Hughes, Laurie Lyn, '85
Hughes, Lawrence Edward, '48
Hughes, Paul Clayton, '57
Hughes, Rita Naughton, '45
Hughes, Mrs. Ruth K., '46
Hugill, Stephen William, '83
Hugus, Mrs. Marcia Ann, '87
Hulls, Bradley Robert, '82
Hummel, G. Bradley, '55
Hummel, John F., '33
Humpert, Art J., '86
Humphrey, Mrs. Barbara Martin, '80
Humphrey, Patricia Ann, '81
Humphrey, Robert Alan, '80
Hunady, Terence William, '84
Hunady, Thomas William, '86
Huneck, James J., '58
Huneck, John Robert, '82
Hunkins, Blaine B., Jr., '83
Hunlock, Barry Eugene, '75
Hunt, Andrew Lewis, '88
Hunt, Daniel Edgar, '84
Hunt, J. Bradford, '86
Hunt, Richard Myron, '78
Hunt, William Paul, Sr., '27
Hunter, Julie Lynn, '85
Hunter, Varley Carin, '87
Huntington, Francis Ropes, '50
Huntley, Jill Ann, '84
Hupp, Ellis E., Jr., '48
Hurbean, Karen M., '82
Hurd, Alan Jay, '80
Hurd, Dwight I., '57
Hurd, Ms. Pamela Ann, '84
Hurlbut, Peter Raymond, '80
Hurni, Patricia Jean, '83
Hursey, Robert E., '50
Hurst, Mitchell Kent, '87
Hurtubise, Christine Richey, '84
Hurtubise, Lawrence Cooper, '84
Hutchings, John Hiram, '80
Hutchison, Watt L., '49
Huth, Donald P., '85
Huth, Thomas Martin, '86
Hutman, Tammy Sue, '88
Hutson, John Robert, '41
Hutson, Mary Echenrode, '43
Hutton, Gregory Morris, '80
Hwang, Seung Hyeon, '88
Hyatt, Charles S., '52
Hyer, David C., '51
Hykes, John Elmer, '71
Hymiak, Janet Joyce, '87
Hyre, Barbara Yeager, '83
Hyre, Dr. James G., '63
Hyser, Kevin M., '85
Iannarino, Michael Joseph, '83
Igel, Robert A., CPA, '57
Igoe, Cleve Ross, '81
Igoe, Thomas D., '58
Ijose, Olumide Adebola, '87
Ilan, Mrs. Edie Solomon, '84
Illert, Thomas Michael, '84
Imboden, Mark James, '85
Imlay, Robert J., III, '83
Ingalls, David Sharp, '70
Ingler, COL William J., Jr., '55
Inman, Patricia Lynn, '83
Inman, Robert Jesse, '81
Inskeep, Barbara Anne, '86
Inskeep, Michael E., '88
Inskeep, William M., Jr., '75
Ioannou, Demos Christ, '85
Ireson, D. Robert, '86
Ireton, John Francis, '87
Irvin, Dudley Ross, '85
Irwin, Christopher John, '80
Irwin, David Joseph, '84
Irwin, Dennis Michael, '82
Irwin, John William, '68
Irwin, Karl H., '49
Irwin, Mary Beth Hollon, '84
Irwin, Robert Arthur, '70
Irwin, Robert W., '30
Isaacs, Terrence Lynn, '77
Isabel, Karen Leigh, '83
Ishiyama, Howard Jiro, '86
Isner, Thomas Jefferson, '69
Ison, Mrs. Barbara Jean, '78
Ison, David Alan, '80
Ison, Donald E., '48
Itauma, Dr. Udoh Charles, '85
Ius, Lori Jo, '86
Iven, Ms. Kathy Rogel, '83
Ivory, Gwendolyn Pollard, '79
Ivory, Wilbert, '78
Izzie, John Stephen, '68
Jackson, Brent Michael, '85
Jackson, David Albert, '76
Jackson, Edward Lee, '85
Jackson, Gene Edwin, '40
Jackson, Jack Jay, '84
Jackson, James Allen, '50
Jackson, James P., CPA, '86
Jackson, Ules Preston, '75
Jackson, Wiley Hilliard, '81
Jacobs, Clarence Lester, '49
Jacobs, Terry R., '66
Jacobsen, Robert Gill, '78
Jacobson, Joyce Ann, '82
Jacoby, David Allen, '86
Jacoby, Thomas H., '57
Jacques, Randall Scott, '88
Jahn, Arthur C., '29
Jakeway, Ms. Mary Pollock, '87
Jakob, E. Martina, '86
Jakubisin, Nancy Joann, '88
James, David Richard, '85
James, George London, '78
James, Leno Benjamin, '69
James, Richard Lee, '82
James, William Ross, '71
Jameson, John W., '59
Jameson, Mrs. Mary Chakeres, '36
Jamison, Donna, '87
Jamison, William Hardin, '72
Janakievski, Vancho, '88
Jander, Donald Edgar, '87
Janes, Charles L., '48
Janes, Kimberly Lynn, '86
Janes, Stasia Anne, '84
Jannazo, Louis Anthony, '78
Janotka, Peter John, '76
Janowicz, Victor F., '52
Janson, Douglas Richard, '75
Janusz, David L., '67
Janz, Donald H., '57
Jaquith, Kent William, '84
Jared, Isaac Eugene, '59
Jaros, Scott James, '84
Jarvi, Aaron Lee, '88
Jarvis, Ms. Susan Mary, '87
Jaw, Dr. Yi-Long, '86
Jay, Ben C., '81
Jay, Jack G., '42
Jaynes, Donald K., '52
Jeannin, Isabelle Josette, '88
Jeffcoat, James William, '87
Jeffers, Gregory Alan, '87
Jeffire, Thomas William, '88
Jeffries, Jack Gary, '85
Jekich, John, '82

GEOGRAPHICAL LISTINGS Columbus OHIO 411

Columbus (Cont'd)
Jelett, James T., '50
Jenkins, Hon. Bruce, '50
Jenkins, Coreen Meunier, '81
Jenkins, Harold Eugene, '78
Jenkins, Henry Lee, Jr., '78
Jenkins, John Blaine, '62
Jenkins, John Jay, '67
Jenkins, Keith Bernard, '86
Jenkins, Kenneth Alan, '86
Jenkins, Richard Wayne, '74
Jenkins, Waldo Clinton, '39
Jenkins, William W., '77
Jenks, Jeffrey Allen, '83
Jenks, Peggy Stratman, '82
Jensen, Carolyn Rudy, '64
Jensen, Dr. Daniel Lyle, '70
Jensen, Susan W., '87
Jentgen, James J., '54
Jesse, Dennis Paul, '84
Jewell, Steven Gary, PE, '83
Jewett, James Michael, '70
Jizhar, Daniel, '88
Joffe, Ms. Andrea Ellen, '85
Johannes, William Charles, '67
Johanni, Walter V., '60
Johnson, Alan Douglas, '56
Johnson, Barbara R., '80
Johnson, Mrs. Celeste Jane, '85
Johnson, Charles R., '80
Johnson, Cheryl L., '86
Johnson, David Charles, '74
Johnson, Ernest Eugene, '66
Johnson, Francine Kay, '88
Johnson, Freddie Lee, '86
Johnson, Gerald Truett, '68
Johnson, Gregory Bradford, '72
Johnson, James M., '86
Johnson, Jeffrey Laylin, '71
Johnson, Karen Lynn, '87
Johnson, Kelli Kay, '86
Johnson, Linda Goodwin, '83
Johnson, Loren Gale, '48
Johnson, Marilyn Valentine, '49
Johnson, Marvin R., '82
Johnson, Phyllis Chard, '46
Johnson, Richard Darren, '84
Johnson, Rita Faye, '83
Johnson, Robert L., '80
Johnson, Rochelle Marie, '88
Johnson, Stanley Edwin, '81
Johnson, Theodore Wesley, CPA, '76
Johnson, Thomas Gordon, '78
Johnson, Thomas Rogers, '47
Johnson, William Henry, '31
Johnson, William P., '43
Johnston, David Wesley, '82
Johnston, Jeffrey Allen, '82
Johnston, Scott Robert, '84
Johnston, Shirley E., '55
Johntony, Regina Marie, '87
Jokerst, Michael Jay, '79
Jones, Alan S., '71
Jones, Brett Ellison, '80
Jones, Burris Delmar, '50
Jones, Charles Howard, Jr., '54
Jones, Clyde Jacob, '60
Jones, Colleen Marie, '87
Jones, Evan Haydn, '74
Jones, Mrs. Evelyn C., '47
Jones, Gary Timothy, '75
Jones, George Rowland, '48
Jones, Geraldine Owston, '28
Jones, Glenn, '53
Jones, Harry, CPA, '76
Jones, John Irvin, Jr., '42
Jones, Kenneth Hector, '62
Jones, Lisa Diane, '85
Jones, Michael, '87
Jones, Randy Eugene, '85
Jones, Renee Lynn, '88
Jones, Richard Mc Clelland, '50
Jones, Robert Eugene, '57
Jones, Robert Eugene, '50
Jones, Rosemary, '77
Jones, Scott A., '87
Jones, Stanton A., '55
Jones, Stephen Lewis, '80
Jones, Theresa Lynn, '82
Jones, William Paul, '87
Jordan, Ms. Anne F., '78
Jordan, George Terrell, '80
Jordan, Jeffrey Allan, '77
Jordan, Ralph Wilbur, '46
Jordan, Thomas Mims, III, '81
Jordan, Tom M., Jr., '58
Jorgensen, William Harold, '83
Joseph, Mrs. Deborah S., '79
Joseph, Dr. Robert Daniel, '69
Josephson, Gary Alan, '80
Josivoski, Patricia, '86
Joublanc, Kathryn Ann, '85
Judoprasetijo, Agoes Hermanto, '88
Judy, William K., '53
Julian, Brooks Patton, '40
Julien, David W., '52
Jupp, Kenneth Robert, '86
Jurcenko, Scott Jeffrey, CPA, '85
Justice, James C., '50
Justus, Robert Lynn, '75
Kabbara, Fawzi Monzer, '88
Kabealo, George, '35
Kabealo, Kenneth Raymond, '83
Kabelka, Kenneth J., '51
Kademenos, George Peter, '83
Kading, Daniel Jefferson, '81
Kagy, Dale Edward, '73
Kahle, Ms. Constance Louise, '82
Kahrl, Clyde C., '81
Kaiser, Paul A., '82
Kaithern, Reginald G., '39
Kaler, Ms. Nancy Ellen, '85
Kalle, Laurie M., '88
Kallinicou, Nicolas Loizou, '88
Kallmerten, Robert Barth, '75
Kallmerten, Robert L., '39
Kalman, Thomas John, '80
Kalnasy, Donna Lynne, '86
Kalnasy, Mark Allen, '86
Kambury, Stuart A., '82
Kaminski, Scott John, '88
Kane, Stephen Anthony, '84
Kann, Lori, '85
Kannel, Ms. Stephanie Lynne, '86
Kanning, Ms. Karen Anne, '81
Kanoski, John Eric, '87
Kanter, Bernard E., '54
Kantzer, John Robin, '82
Kao, Ming-Tse James, '88
Kaparos, George N., '48
Kaplan, Sandra James, '81
Kaplin, Thomas L., Jr., '50
Kaplow, Stuart Harvey, '74
Kapoor, Raj Kumar, '81
Karakouzian, Dr. Moses, '75
Karpac, Karen Marie, '84
Karrick, Ann Gail, '86
Karshner, Ms. Dina Tiberi, '81
Kasberg, Joseph R., '74
Kase, David Warren, '88
Kasper, Larry John, '69
Kass, Franklin E., '65
Kassian, W. Richard, '48
Kates, Frank Alex, '81
Katynski, William L., '50
Katz, Jody Teresa, '82
Kau, Ing Chuan, '88
Kauffman, David M., '65
Kauffman, Douglas Lee, '79
Kauffman, Michael Lynn, '81
Kauffman, Rita Marlene, '80
Kaufman, Benjamin H., '81
Kayne, Harold G., '40
Kayne, Sanford A., '47
Kayser, Ms. Diane E., '87
Kazdin, Brian Louis, '88
Kazmerzak, Lynda Marie, '78
Keadey, Douglas Bruce, '71
Kearns, Maribelle Wallick, '40
Kearns, William Frank, '72
Keeling, John William, '71
Keenan, Michael James, '73
Keenan, Nancy Jane, '85
Keethler, William W., '59
Kegler, Charles John, '65
Kehn, Jack P., '58
Keinath, John David, '86
Keip, William D., '72
Keith, David W., '71
Keleher, Michael Heyward, '82
Kelemen, Mona Lisa, '86
Kell, James Mason, '87
Keller, Harold D., '81
Keller, Holly Susann, '80
Keller, Michael Rex, '76
Keller, Sandra Leigh, '84
Kellerman, Robert Jay, '73
Kelley, Crystal Dawn, '88
Kelley, Daniel John, '87
Kelley, Donald W., '59
Kelley, James Todd, '84
Kelley, John Alan, '77
Kelley, Patrick Joseph, '82
Kelley, Terrence Patrick, '83
Kellough, Stephen, '51
Kelly, Edward F., '52
Kelly, Kathleen Anne, '86
Kelly, Martin J., '87
Kelly, Sarah Norwood, '87
Kelly, William J., '50
Kemp, Carol Lynn, '82
Kemp, Thomas A., '56
Kemper, Brenda Sue, '87
Kemper, Eric Aaron, '86
Kennedy, Brad Douglas, '82
Kennedy, Jack C., '41
Kennedy, Jack W., CPA, '46
Kennedy, James Joseph, '81
Kennedy, James Lehr, '73
Kennedy, Randal E., '83
Kennedy, Robert Harry, Jr., '53
Kennedy, Walter David, '80
Kennedy, William R., '87
Kennelly, James E., '49
Kent, Charles H., '41
Kent, David Steven, '85
Kent, Philip Edward, '87
Kent, Robert Nathan, Jr., '83
Keny, Julianne T., '41
Keny, Timothy Charles, '79
Keplar, James Andrew, '85
Keplinger, Keith Bradley, '85
Keppler, Christopher R., '81
Kerber, Dr. James Edward, '50
Kerns, Gregg Allan, '85
Kerns, Ms. Linda Sue, '82
Kerns, Martha Smith, CPA, '84
Kerns, Mrs. Mary Elizabeth, '84
Kerrison, Diana Lynn, '83
Kerscher, Daniel Joseph, '67
Kerwood, Janet Lynn, '85
Kerzman, John Miles, '88
Kesling, Mrs. Suzanne, '85
Kessen, Paul J., '75
Kessler, Christina M., '81
Kessler, David Michael, '86
Kessler, James Arthur, '79
Kessler, John Whitaker, '58
Kesterson, Lance W., '86
Ketcham, Jo Anne Green, '51
Ketcham, Timothy S., '87
Ketter, Mark Wayne, '81
Keuchler, Lamar James, '83
Kheire, Yusuf Abdi, '87
Khourie, William N., '50
Kidman, Tod R., '85
Kidwell, Harold W., '65
Kielkopf, Andrew John, '86
Kiener, John Patrick, '74
Kienle, William J., '61
Kientz, William Deshler, II, '76
Kienzle, Katherine Klingbeil, '37
Kight, Linda Marie, '79
Kilbane, Gerald Alan, '75
Kildow, Kelly L., '86
Kiley, Steven Martin, '87
Kilgore, James Clarkson, Jr., '84
Kim, Ho B., '80
Kim, Kwan-Bo, '88
Kim, Seow Ling, '87
Kimble, Donald R., Jr., '82
Kimerline, Ruth Janeen, '88
Kimmel, James Richard, '86
Kincaid, Marvin D., '51
Kindler, Cheryl L., '86
Kindler, Jack W., '55
Kindler, Kenneth Jon, '86
Kindred, Robert G., '51
King, Dale E., '51
King, Daniel Lyle, '82
King, David Randall, '79
King, Diane Lavonne, '80
King, Gene P., '55
King, Gerald Lee, '71
King, Hamlin Caldwell, Jr., '67
King, Jeffrey Charles, '84
King, Lionel T., '48
King, Paul Ellsworth, '49
King, Richard Joseph, '81
King, Rolland Dean, '74
King, Rosemary Wile, '47
King, Stephen Michael, '72
King, Sue Ellen, '81
King, Mrs. Susan Ellwood, '84
Kinney, Douglas Perry, '83
Kinney, Mrs. Elaine M., '82
Kiplinger, Kevin Phillip, '86
Kirby, Richard A., '87
Kirchner, Mary Guadalupe, '78
Kirk, James R., '49
Kirk, Ms. Luella, '87
Kirk, Marian Clodfelter, '47
Kirk, Michael Lin, '69
Kirkland, John David, '81
Kirkland, John Reppart, '70
Kirwan, Margaret Mary, '86
Kirwen, Lawrence Raymond, '84
Kirwin, Meg M., '80
Kirwin, Richard A., '49
Kirwin, William Joseph, '88
Kish, Nora M., '81
Kisling, James Albert, '63
Kissel, Michael Lee, '83
Kitchen, Douglas Edward, '85
Kitchen, John Harold, '88
Kitchen, Michael Lee, '77
Klamfoth, Douglas Hartley, '85
Klein, Curt James, '86
Kleman, Wayne J., '66
Kleosakul, Uran, '87
Kleven, Kathleen Siddall, '82
Klie, Douglas, '50
Kline, James H., Jr., '65
Kline, Richard E., '50
Klinebriel, Amy Lynne, '86
Kling, Robert Michael, '86
Klingler, Keith W., '86
Klingshirn, James Paul, '75
Klodnick, Kurt Daniel, '86
Klopp, Constance Lee, '86
Kloss, William D., '53
Klosterman, Roger Lee, '80
Klug, Matthew David, '84
Klunk, James D., '60
Klunk, Richard Edward, '76
Klute, Holly Lynn, '85
Klute, Scott Paul, '85
Klyce, Lauranne Elisabeth, '85
Knabe, Scott A., '88
Knecht, Brad A., '83
Kneessi, Michael Charles, '74
Knell, Richard H., '51
Knight, Jerome C., '49
Knilans, Michael Jerome, '49
Knipe, Wilson, III, '49
Knolls, Adam Matthew, '86
Knolls-Walker, Harriet Laven, '55
Knoop, Charles L., '64
Knoop, Nancy White, '62
Knoske, George Robert, '86
Knott, Kirstin J., '88
Knouff, Paul E., '45
Knouse, Todd Louis, '88
Knowlton, Charles H., Jr., '47
Knox, David Brian, '87
Knox, Peter Joseph, '82
Knyszek, Steven Edward, '82
Ko, Brian L., '88
Ko, Guo-Hwa, '88
Kobbeman, Kevin James, '86
Koch, Carl H., '50
Koch, Sharney James, '77
Kocher, Lynn Marie, '82
Koebel, Suzanne Marie, '79
Koeberer, Elizabeth Wilson, '66
Koegler, Catherine L., '79
Koegler, Ronald Paul, '75
Koehler, G. Paul, '77
Koehler, T. James, '60
Koe Krompecher, Pedro, '77
Koenig, Kim Frazier, '75
Koenigsberg, Tami Claire, '86
Koerner, James Lovell, '85
Koerner, Mrs. Margaret W., '83
Koestner, Rosemarie Kathrin, '83
Koetz, John T., '49
Koetz, Theodore, '51
Kohler, Kenneth Edward, '85
Kohn, Arthur, '39
Kohn, Barry Clarke, '79
Kohr, Paul T., '47
Kok, Pick Cheang, '88
Kokot, Sharon Ruswinkle, '80
Kolman, Helen Theresa, '85
Konopka, Edmund Martin, '73
Kontras, Gus N., '47
Kontras, James N., CPA, '52
Kontras, N. Gregory, '82
Konze, Hilja, '57
Kool, Ms. Andrea Klara, '86
Koon, Samuel Denton, '77
Koontz, LTC Charles W., USAF(Ret.), '52
Koontz, Ralph Harold, '67
Kordic, James Francis, '81
Kornegay, Benjamin F., Jr., '83
Kornmiller, Mrs. Brenda L., '88
Kornmiller, Robert Lee, Jr., '83
Kosanovic, David Alan, '83
Kosanovich, Donna Kovach, '82
Kosanovich, Nicholas Kenneth, '80
Kostanski, Shirley Ann, '79
Kostoglou, Mrs. Georgia Paidousis, '82
Kotnik, Ms. Connie L., '87
Kottenstette, Thomas R., '78
Kotula, Karl R., '79
Kourlas, Chris P., '65
Kraft, Howard W., '33
Krakoff, Steven Paul, '83
Kramer, William C., '41
Krasnoff, Michael Scott, '68
Kratzer, Joel Brent, '81
Kraus, Steven Conrad, '87
Krause, Deanna L., '88
Krause, Edward W., Jr., '56
Krautsak, Robert Francis, '86
Kravitz, Mrs. Janet Eileen, '81
Krawczeski, Richard Anthony, '88
Krebs, David Paul, '84
Kreider, Ellen R., '79
Kreinbrink, Ann Cecelia, '86
Kreinbrink, Joanne Marie, '85
Krick, Ruth Dodge, '42
Krieger, George A., '50
Krieger, Mary Logan, '35
Krieger, Philip S., '51
Kriger, Richard Carl, '72
Kriner, Robert Gayle, '75
Krisher, Kurt Otto, '81
Krishnan, Jagannathan, '87
Kristof, Mrs. June M., '47
Kristoff, James Walter, '73
Kristofic, Eric Francis, '88
Krivak, Donna Jean, '81
Krizo, Thomas Edward, '81
Kroos, Gerald Leonard, '65
Krouse, Thomas Reynolds, '82
Kruglinski, Thomas Philip, '88
Krumesc, Susan Lee, '88
Krumm, Daniel Edward, '74
Kruse, Frederick Richard, '77
Kruse, Juanita P., '84
Kruskamp, Jack Lee, '73
Kruszewski, Jeffrey Allen, '84
Krutko, John Edward, '85
Krygier, James Edward, '80
Krygier, Melissa Green, '80
Krysiak, Michael Pat, '77
Krystofik, Stephen Edward, '84
Kubayanda, Aurelia Debpuur, '87
Kubin, Stephen Jay, '72
Kuch, Douglas Paul, '85
Kuebler, Stephen Paul, '80
Kuehn, Jeffrey Martin, '78
Kuharik, Gregory George, '84
Kuhn, Amy Katherine, '71
Kuhn, Dana Thomas, '82
Kuhnheim, Richard F., '51
Kuhns, Thomas M., '57
Kulka, Anthony Lee, '80
Kullman, Deborah S., '77
Kung, Shuyi Wu, '86
Kunkler, Michael Andrew, '80
Kunkler, Ms. Patricia Evelyn, '85
Kuntzman, Thomas Alan, '78
Kurmally, Dr. Mohammed Y., '74
Kurson, Charles J., '31
Kurtz, James F., '41
Kuss, John Albert, '71
Kuzarevski, Dijana, '88
Kuzmyn, John Peter, '84
Kwak, Hyon Kun, '87
Kwasny, Mrs. Barbara Elizabeth, '87
Kyle, Barbara Jean, '88
Laakso, William K., '67
Labardee, Mark J., '87
La Barre, Roger Allan, '73
LaBorde, Douglas Paul, '82
Lachey, James Michael, '85
Lachman, David M., '75
La Corte, Sheri J., '80
Ladd, Lindsey Leslie, '86
Laface, Larry James, '85
Lai, Hsueh-Ying, '86
Laios, Takis, '83
Laipply, James Edwin, '76
Laird, James Francis, Jr., '79
Laird, Patrick Emmett, '83
Laitman-Ashley, Nancy Michele, '84
Lally, Patrick James, '76
Lalonde, Anna Marie, '85
Lambert, Helen J., '38
Lambert, Jill Ann, '88
Lambert, Robert Edgar, '77
Lambert, Terry Hess, '79
Lambeth, Stephen F., '88
Lambourne, Kenneth J. L., '73
Lambright, Mary Joanne, '74
Lambrou, Nicholas J., '81
Lamka, Donald, '72
Lamneck, MAJ Philip William, Jr., USA, '69
La Monte, Mark Joseph, '86
Lamosek, Russell Alan, '84
La Motte, John Edward, Jr., '88
Lander, Sharon Phyllis, '84
Landers, Doreen Tecora, '80
Landes, Norman Eugene, '71
Landis, Helen Brady, '52
Landis, Monica Rodgers, '84
Landon, Charles B., '50
Landthorn, Ernest F., '41
Landwehr, John Michael, '87
Lane, Alice Vance, '52
Lane, Mrs. Bernice Whitehead, '36
Lane, Gerald Patrick, '80
Lane, Michael Brian, '87
Lane, Norman Thomas, '79
Lanesey, Julie Murray, '83
Lang, Robert Kurtz, '83
Langford, Carole Blake, '57
Langford, James G., '57
Langguth, Brian James, '88
Langhals, Peter Carl, '88
Languis, Mrs. Joni L., '83
Lanigan, Richard Davis, '56
Lannan, Carol Jane, '84
Lannan, Terrence Edward, '73
Lant, Wolfgang A., '83
Lantz, Ronald Lee, '70
Lanum, Douglas G., '83
Lanum, Gordon V., '50
Lape, Robert Andrew, '87
La Pens, Thomas Robert, '71
Lapointe, Lillian Jane, '86
Larger, B. Ann Barthelmas, '80
Larger, Ernest Alfred, '85
Larger, Marvin Ivo, '82
Larimer, Joseph M., '52
Larkin, Robert Richard, '71
Larkins, Richard T., '60
Larrimer, Gavin R., '59
Larson, Steven Anders, '75
Lassel, Carl Dave, '77
Latta, William C., II, '88
Lattimer, David John, '88
Lauber, Rebecca Katherine, '84
Laver, Christian E., '81
Lawell, Thomas Paul, '85
Lawrence, James Michael, '84
Lawrence, Robert Lee, '74
Lawson, Edward N., '54
Layer, Derrick Steven, '83
Laylin, Mrs. Carla J., '79
Layne, Victor Anthony, '82
Layo, Anna Marie, '81
Layton, Robert James, '81
Leahy, George L., '51
Leahy, Stephen James, '74
Leak-Buell, Lisa Michelle, '84
Leary, Roy L., '55
Leasure, David Lee, '86
Leatherman, Mrs. Joanna, '87
Ledman, Kenneth Bridge, Sr., '23
Lee, Amy Yi-Chih, '87
Lee, Brian David, '87
Lee, Donna D., '83
Lee, Emery Robert, '76
Lee, Grace Ping, '78
Lee, Heon Woo, '82
Lee, Hooran, '81
Lee, Larry Emerson, '76
Lee, Priscilla Elaine, '74
Lee, Steven Michael, '87
Lee, Teng Kiat, '86
Leedy, Patricia Carter, '77
Leeman, Donald D., '56
Leeper, Rebecca Jane, '84
Legg, James B., '49
Leggett, Amy Irene, '86
Leggett, Ernest W., '48
Leggett, Robert Michael, '72
Leggett, Susan Shuttleworth, '76
Leggett, Thomas Steven, '81
Lehman, Frank Thomas, '66
Lehman, James David, '60
Lehr, Frederic E., '63
Lehring, Larry L., '68
Leigh, Carolyn Harper, '79
Leighton, Charles T., '64
Leimbach, Gary Lynn, '85
Leis, Blake William, '83
Leis, Roy D., '25
Leister, Robert W., '48
Leiter, Robert Steven, '85
Leith, John Mason, '72
Leitnaker, Ellen Z., '42
Lelli, Marjorie Lee, '79
Le Mar, Patricia L., '60
LeMaster, Debi A., '82
Le Master, Rudolph C., '48
Lemke, Robert P., '49
Lemley, Lewis J., '51
Lemmon, Roger A., '66
Lenerz, David Edward, '75
Lenhart, Michael E., '86
Lennon, John Thomas, '72
Leon, Emile Joseph, III, '82
Leonard, Gregory Michael, '79
Leonard, John Jeffrey, '88
Leonard, Joseph Roehm, '76
Leonard, Ray E., '88
Leone, Joseph William, '78
Leoshko, Alex Elliott, '75
Lepley, Allan Watt, '77
Leppert, Gary L., '59
Leppert, Karen Curren, '82
Le Rose, Frank Joseph, '85
Leshy, Albert, '49
Lesko, Steve, '49
Leslie, Nancy Bil Richards, '78
Lesueur, Richard Henri, '86
Letcher, Jean Marie, '81
Leupp, Elizabeth Anne, '76
Leventhal, Aaron Jay, '64
Levi, Sara Seff, '34
Levin, Harold Lee, '68
Levin, Richard Allen, '67
Levine, George Milton, '47
Levine, Leigh Irwin, '86
Levy, Annette Klein, '27
Levy, Herbert S., '27
Levy, Irving, '50
Levy, Robert Kaichen, Jr., '51
Lewin, Dolph P., '34
Lewis, Donald Anthony, '83
Lewis, Donald Bauer, '81
Lewis, Edward John, '67
Lewis, Gregg Richard, '86
Lewis, John William, '82
Lewis, June Bolzenius, '83
Lewis, Maceo R., III, '78
Lewis, Mark Douglas, '83
Lewis, Michael George, '86
Lewis, Pamela Sue, '81
Lewis, Rosemary Adams, '44
Lewis, Stanley Andrew, '77
Lewis, Theodore W., '84
Lewis, Wayne L., '43
Lewis, William Edward, '52
Lewis, William Evan, '86

Columbus (Cont'd)
Lewis, William Hamilton, '86
Liakos, Gregory J., '88
Licause, Michael Louis, '76
Lickovitch, David Carl, '85
Lie, Jan Khong, '85
Lieb, Dennis A., '61
Lieb, Don S., '59
Lieberman, Martin L., '42
Liepack, Marc Steven, '81
Lietz, Steven Alan, '80
Liftis, Alexander M., '88
Liggett, Marie Buchert, '55
Liggett, Robert A., '49
Liggett, Robert C., '55
Liggins, Timothy Eugene, '88
Lightle, Edward Eugene, '83
Lilly, Michael J., '60
Lim, Tian Hong, '87
Limbert, George Victor, '71
Lin, Hsien-Jen, '88
Lin, Jui J., '79
Lindblom, Tom H., '57
Lindemuth, Mabel Ruehle, '30
Lindenberg, Charles H., '28
Lindley, Patricia Suzanne, '79
Lindner, Mrs. Martha S., '56
Lindner, Philip Earl, '86
Lindsey, Barbara Dodd, '48
Lindsey, Cynthia, '81
Lindsey, Keefe E., '49
Lindsey, Keefe Edward, Jr., '83
Lindsey, Mary Hughey, '44
Line, Norman Charles, '49
Link, James Louis, '81
Link, Jeffrey Alan, '75
Link, Michael D., '74
Link, Raymond D., '48
Link, Roy E., '48
Link, Ms. Vicki Lynn, '85
Linn, David Paul, '86
Linse, Mrs. Toni R., '83
Linville, Anne E., '88
Linzinmeir, John Douglas, '86
Lipetz, Robert Eugene, '83
Lipkin, Timothy Leland, '84
Lipkin-Hart, Susan Marlene, '88
Lippert, David Carl, '86
Lippy, Jeffrey Steele, '87
Lipson, Stephen H., '65
Lis, Timothy Matthew, '88
Lisle, William S., '40
Little, Donna Lynn, '77
Little, Jackson R., '49
Little, John Keith, '86
Little, Kim Edward, '76
Litts, Timothy Joseph, '81
Litzinger, Paul William, '81
Liu, Alexander, '87
Liu, Waikit, '88
Lively, Joyce Skeen, '50
Livingston, Randy Thomas, '75
Loar, Robert, '60
Lockhart, Paula Jewett, '77
Lococo, Beth Andrea, '85
Lodge, MAJ William W., USAF(Ret.), '49
Loe, Brian Thomas, '87
Loeffler, Thomas D., '57
Lofland, Dale E., '50
Logan, Whitney Todd, '84
Logsdon, Christopher Alan, '83
Loh, Chai Sheong, '88
Loh, Esther Chung-Sian, '85
Loh, Sow Wan, '86
Loh, Yok Yeong, '86
Lojo, Frederick Manuel, '81
Lombardi, Tony C., '49
Lonas, Mary Kay, '80
London, Nancy Joyce, '86
Long, Dana Lee, '87
Long, Harry Harrison, Jr., '48
Long, Larry Leland, '88
Long, Marden, '34
Long, Ms. Nancy E., '82
Long, Rissa Lynn-Patrick, '87
Long, Robert Allen, '82
Long, Robert Stanton, '78
Long, Scott Alan, '87
Long, Sheryl Corns, '80
Longanbach, Lewis Henry, '31
Longbrake, Clarence W., '53
Looker, Randall Carl, '72
Loomis, COL Barton A., USAR(RET.), '41
Loper, Susan Laraine, '84
Lopresti, Thomas Gabriel, '75
Lord, Alan Tunis, '72
Lorenz, Daniel Joseph, '50
Lorenz, Joseph Frank, '85
Lorenz, Linda L., '76
Lortz, Carrie Johnson, '39
Losego, Michael Allyn, '71
Losekamp, Bernard Mark, '85
Losey, Virginia A., '75
Lotozo, William Anthony, '80
Loukoumis, George A., '87
Love, Robert D., '66
Love, Siew Hoon, '80
Lovely, Cheryl Lynn, '86
Lowder, James Robert, '83
Lowe, C. Max, '65
Lowe, Deborah Diane, '84
Lowe, John Bruce, '73
Lowe-Dupas, Helene M., '85
Lownie, Harold William, Jr., '72
Lowrie, Scott Robert, '81
Lowy, Louis P., '62
Lu, Terence D., '85
Lu, Tu V., '86
Lucas, Andrew Taso, '82
Lucas, Michael Madison, '70
Lucas, Roy Raymond, '80
Lucas, Scott Alan, '84
Lucas, William Carl, Jr., '71
Luciow-Fay, Beverly Ann, '85
Lucks, John Emil, Jr., '61
Ludwig, Mrs. Stephanie A., '85
Luffy, Thomas George, '80
Lugo Juan, Marisol Del Rosario, '88
Luikart, Robert Blair, '80
Luke, Troy Luther, '88
Lukens, Edwin Jefferson, '81
Lukens, Robert Edwin, '51
Lumannick, Allan G., '68
Lumannick, Mary Canning, '77
Lunde, James Arthur, '83
Luper, Carol Perlmuter, '64
Lupidi, Joseph Alphonso, '84
Lurty, Alan Scott, '83
Lusk, Ralph William, '65
Lussier, Steven Joseph, '84
Lust, Julie Ann, '87
Lux, Scott Alan, '86
Lybarger, Jerri Lynn, '84
Lyle, Dr. Thomas Charles, '65
Lyles, Reynaldo Jeffrey, '87
Lyman, Webster S., Jr., '44
Lynch, Elizabeth Louise, '81
Lynch, John C., '65
Lynch, John F., '87
Lynn, Robert John, '42
Lytle, Lindsey Carla, '80
Maass, William R., '53
Mac Adam, Barbara, '78
Maccora, Deborah Clark, '85
Maccora, Jeff Bernard, '84
Mac Donald, Dean A., '54
Mac Donald, G. Clark, '84
Mac Ewan, Robert J., '53
MacEwan, Roxann V., '81
Mac Gowan, Gregory Wade, '87
Machen, Martha Ann, '88
Machinsky, Francis C., '56
Machock, Kenneth Alan, '83
Mack, Robert Marvin, Jr., '86
Mac Kay, ENS Peter Donald, '79
Mackenbach, William Jacob, '57
Mackey, David John, '84
Mackey, Patricia Ann, '80
Mackey, Robert F., '49
Mackie, Teresa Gay, '81
Mackin, Ms. Ellen M., '84
Mackin, John Joseph, Jr., '76
Mackin, Patrick Joseph, '79
Mackin, Thomas Joseph, '83
Mackin, William Joseph, '86
Macklin, Robert Michael, '75
Macklin, Timothy F., '67
Mac Lean, Douglas Todd, '87
Macynski, David A., '86
Macynski, Susan Jane, '82
Madden, George Vincent, '51
Madden, Louis C., '48
Maddox, Theresa Ann, '85
Madigan, Rebecca Lynne, '79
Magee, Neal Hall, II, '63
Maggi, Floyd Paul, '79
Maginn, William E., '87
Magnacca, Anthony Joseph, '88
Magnacca, David Alan, CPA, '84
Magnacca, Michael Anthony, '83
Magnuson, Carl A., '34
Mahaffee, Rebecca Ellen, '85
Mahaffey, William Thomas, II, '81
Mahan, Kenneth M., '55
Mahmud, Shahid Uddin, '87
Mahoney, Michael John, '78
Mahoney, Michael Patrick, '67
Mahoney, Raymond A., '47
Maidlow, Virginia Denbrock, '32
Maier, Manfred, '57
Maillard, Sherril R., '78
Mains, Mrs. Jodette Lynn, '85
Maish, Tom O., '61
Maitland, Douglas Scott, '77
Majka, Martin Paul, '83
Majumdar, Chandra S., '88
Mak, Chiew Chooi, '86
Makruski, Edward Dennis, II, '88
Malatesta, Stanley Alan, '74
Malhotra, Manoj Kumar, '88
Mall, Russell Lee, '70
Mallett, Roger Evan, '74
Malling, Jack F., '50
Malloy, Michael W., '88
Malone, Ms. Jennifer Bain, '76
Malone, Mary Stanton, '45
Malone, Robert H., '47
Maloney, Donald J., '54
Maloney, Kevin M., '82
Maloney, Robert James, '87
Maloney, Robert W., '50
Maloney, Teresa Fitz, '83
Maloof, Michael F., '82
Malster, Lynda Sue, '84
Manderson, Mary Ellen, '87
Manev, Biljana, '88
Mangrum-Jeffries, Landria Kim, '87
Manley, Judith L., '70
Mann, Mrs. D. Jayne, '84
Mann, Emily Therese, '82
Mann, Timothy Shane, '87
Manning, Barbara Startzman, '54
Manning, Jim Craig, '88
Manning, Michael Lawrence, '85
Manning, Robert Alan, '82
Manning, Steven Bruce, '80
Manofsky, Charles J., '76
Manrodt, Susan M., '87
Mansaray-Dura, Agnes Adama, '88
Mansour, Elizabeth Ann, '84
Mantell, Thomas Edward, '83
Manuel, Thomas E., '64
Marchese, Thomas John, '82
Marcinick, Gary John, '86
Margard, Werner Le Roy, III, '88
Margeson, Dean Paul, '82
Margeson, Gary John, '84
Marik, James Rudolph, '88
Marino, David Anthony, '78
Markel, Gregory Alan, '83
Marketch, Betty June, '79
Marks, Andrew Steven, '86
Marks, Debra Saxon, '86
Marks, Ida Schlansky, '31
Marks, Ronald James, '79
Marling-George, Mrs. Lisa, '86
Marowitz, Daniel Saul, '83
Marsh, Brian N., '87
Marsh, Christi Lynne, '86
Marsh, Joseph I., '48
Marshack, James Harold, '80
Marshall, David Thomas, '87
Marshall, Deborah Brown, '81
Marshall, Diann, '80
Marshall, James Leon, '66
Marshall, Ms. Linda Lee, '76
Marshall, Paul Devereaux, '75
Marshall, Robert Elwood, '50
Marshall, Steven David, '84
Marshman, William A., '70
Marsico, David James, '84
Martell, Kenneth Ralph, '75
Marteney, Albert James, '76
Martija, Michael F., '87
Martin, David D., '84
Martin, Doreen, '86
Martin, Glenn Arthur, '67
Martin, Ms. Jacqualyn Lou, '85
Martin, CAPT John B., USAF, '84
Martin, John Francis, '70
Martin, Margaret Burkey, '42
Martin, 2LT Mary Jane, '86
Martin, Michael, '76
Martin, Monica Lynne, '82
Martin, Richard Joseph, '88
Martin, Robert Hazen, '85
Martin, Steven Arthur, JD, CPA, '87
Martin, Terry E., '65
Martina, Norma Nance, '69
Martt, Laurie E., '87
Marusa, Andrew Joseph, '68
Masdea, Bruno, '60
Masdea, John F., '57
Maser, Henry, '53
Masheter, Mrs. Christine J., '78
Mason, Chauncey Mortz, '84
Mason, Daniel Scott, '88
Mason, Krisree Kandler, '85
Mason, Raymond Edward, III, '74
Mason, Robert Gordon, '49
Massa, Ray John, '85
Massar, Margaret Brison, '47
Masser, Robert A., '45
Matalon, Eli, '87
Matheny, Mark Hummell, '80
Matheny, Philip R., '50
Mathews, Joseph Craig, '74
Mathews, Robert Green, '29
Mathewson, David Lee, '84
Mathias, Earl E., Jr., '58
Mathless, Gene H., '49
Mathless, Norman, '40
Matney, Douglas Clayton, '88
Matsanoff, Yordan Boris, '84
Mattern, Randall M., '75
Matto, Edward A., '63
Matto, Rev. Michele Smith, '66
Mattox, James A., Jr., '84
Matushoneck, Patricia Marie, '87
Matzenbach, David C., '87
Matzenbach, Mrs. Michelle R., '87
Mauck, Mrs. Anabel W., '52
Mauger, Charlotte Valentine, '43
Mauger, Donn M., '55
Mauk, Robert Allan, '85
Maul, David J., '69
Maul, Mrs. Sharon, '69
Mauntler, John Edward, '87
Maurer, Dorothy Montgomery, '54
Maurer, Earl H., '57
Maurer, Scott Alan, '84
Mawhorr, Carol Lee, '83
Maxey, Richard Melvin, '88
Maxim, Matthew Randall, '83
Maxwell, Richard Noel, '69
May, James Gerard, '73
May, Mrs. Ruth B., '50
Mayer, Earl Edwin, Jr., '54
Mayer, Susan Dodson, '52
Mayers, Mark C., '85
Maykowski, Kenneth P., '70
Mayle, David E., '69
Maynard, Thomas Jeffrey, '68
Mayo, Michael Anthony, '80
Mazey, Thomas Robert, '81
Mazik, Timothy Randall, '86
Mazzoil, Mary Gall, '49
Mc Adams, James E., '59
Mc Adams, Richard Brian, '81
McAdoo, Ms. Lois Ann, '76
Mc Allister, Tracey Lorene, '83
Mc Ardle, Lyn Patrick, '71
McAtee, Glenn Frederick, '83
McBean, Shelley Lynn, '88
Mc Beth, Steven James, '88
Mc Cabe, Don R., '50
Mc Cabe, Frank Ralston, III, '88
Mc Cabe, Jeannie A., '84
Mc Cabe, Michael Kelly, '84
Mc Cain, Mace Marlin, '86
Mc Call, James P., '59
Mc Call, Lynn E., '49
Mc Cance, Diane L., '85
Mc Cann, Mrs. Cheryl Stewart, '78
Mc Cann, Gregory L., '49
Mc Cann, T. Joseph, '49
Mc Carley, Ella A., '31
Mc Carthy, Ms. Linda A., '84
McCarty, John J., '84
Mc Clain, Brian Neil, '84
Mc Clain, Brigid Maureen, '77
McClain, Renee, '83
Mc Clain, William D., '50
Mc Clarren, Craig Coulter, '80
Mc Clelland, Frank B., Jr., '59
Mc Clelland, Leland S., '36
Mc Cloud, S. Newton, '25
McClure, Gregory J., '86
Mc Collum, Albert E., '49
Mc Connell, Eugene E., Jr., '53
Mc Cord, Cynthia Lynne, '88
Mc Cord, Timothy Stauffer, '83
Mc Cormick, Christine Murnane, '77
Mc Cormick, Mary Vaffis, '40
Mc Cormick, Robert Hipp, '41
Mc Coy, Bernard E., '69
Mc Coy, Brian Edgar, '76
Mc Coy, Denise Ehrler, '84
Mc Coy, James Ray, '34
McCoy, Michael Charles, '87
McCoy, Peter Christian, '74
Mc Cracken, H. Richard, '43
Mc Crate, Sean Patrick, '87
Mc Cray, Richard Charles, '68
Mc Cue, George Robert, '78
Mc Cullough, Mark Cooper, '88
Mc Curdy, Terrance Michael, '74
Mc Curry, William Lloyd, '83
Mc Daniel, John William, '67
Mc Daniel, Kevin Lee, '77
Mc Daniel, Laurence G., '54
Mc Daniel, Louis A., Jr., '65
Mc Daniel, Ronald L., '88
Mc Daniel, Ronald Louis, '87
McDannold, Ms. Kathleen A., '84
Mc Donald, Jeanette Shafer, '60
Mc Donald, Joseph O., '55
Mc Donald, Ms. Patricia Jill, '81
Mc Donald, Paul Jerome, III, '83
Mc Donald, Timothy Paul, '86
Mc Dougle, Gregory Lynn, '86
Mc Entie, Marvin Sanders, Jr., '85
McEwan, John Peter, '83
McFadyen, Mrs. Debra K., '84
Mc Fall, Donald Wayne, Jr., '78
McFee, Raymond A., '60
McFerren, William J., '56
McGarvey, John Douglas, '82
Mc Gaughey, Blair Lin, '79
Mc Gee, Martha Jane, '83
Mc George, James Donald, '66
Mc Ginnis, Terry Michael, '88
Mc Ginty, Thomas Patrick, '88
Mc Glothin, Yvette Sarah, '84
Mc Govern, Lisa Rose, '87
Mc Govern, Michael John, '84
Mc Gowen, Thomas Glendon, '69
Mc Grath, John W., '39
McGrath, Lester Howard, '71
Mc Grath, Timothy John, '65
McGuckin, David William, '74
Mc Guire, Jeffrey Dwain, '78
McGuire, Jeffrey Scott, '86
Mc Guire, Robert F., '41
Mc Ham, Ronald H., '61
Mc Intosh, John Patrick, '69
Mc Intyre, Hugh A., '52
Mc Intyre, Jeffrey Bernard, '77
Mc Intyre, Robert S., '74
Mc Kee, Kenneth Allen, '84
Mc Kinley, Dave, '70
McKinley, Kenneth Carey, '75
McKinley, Leroy T. (Mac), '49
Mc Kinley, Thomas Richard, '80
Mc Kinley, William Hubert, '79
Mc Kinney, James Edward, '79
McKinney, John Richard, '77
Mc Lain, Jeffrey Todd, '86
Mc Lane, Michael James, '84
McLane, Stephen Thomas, '76
Mc Loughlin, George L., '50
Mc Loughlin, Patrick K., '74
Mc Mahon, David Edward, '84
Mc Manigell, Kenneth D., '60
Mc Manis, Billy C., '58
Mc Masters, Christopher J., '86
Mc Menamy, William C., Jr., '62
Mc Millan, Douglas Earl, '87
Mc Millen, Don B., '52
Mc Munn, Gregg, '69
Mc Nabb, David Robert, '76
Mc Namee, Dennis Patrick, '83
Mc Namee, Sally Leggett, '79
Mc Nary, Michael William, '82
Mc Nary, Nicolette Lowe, '85
Mc Neal, Kathleen Keller, '78
Mc Neil, Leo Edward, Jr., '71
Mc Nichols, David Joseph, '77
McNichols, Timothy Joseph, '81
McNulty, Charles Joseph, '83
Mc Nulty, Frank Raymond, Jr., '48
Mc Nutt, James Eugene, '68
McPherson, Mary K., '87
Mc Quade, David L., '49
Mc Shane, John Patrick, '85
McVay, Ellen Vance, '84
Mc Vey, Larry Spangler, '59
Md Khalid, Noor Khalidah, '86
Mead, Nancy Lynn, '85
Mead, William Taylor, '86
Meade, H. Christopher, '84
Meade, Larry Allen, '72
Meade, William Y., '57
Meadows, Charles Winston, '79
Mealer, James Lee, '77
Mealer, William Michael, '72
Means, Thomas Frederick, '78
Mechlin, John Roy, Jr., '74
Mechling-Hay, Ms. Betty Louise, '81
Meckstroth, Kenneth W., '39
Meckstroth, Marguerite Starbuck, '39
Meder, John C., '44
Medich, Robert Nick, '84
Medley, Robert E., '82
Medwid, Michael Andrew, '75
Meechan, Robert L., '61
Meeks, Betty Lu Bartley, '48
Meeks, John Thomas, Sr., '72
Meeks, Richard D., '49
Mees, Monte N., '87
Meeth, James Michael, '77
Meige, Cristie C., '81
Meiresonne, Joseph August, '83
Meirson, Ms. Judy Lynn, '86
Meister, Thomas Alfred, '74
Meizlish, Arthur J., '49
Meizlish, Steven Rand, '84
Melaragno, Olin Patrick, '70
Melchiorre, Albert Domenic, '86
Mellman, David B., '38
Mellman, Edwin M., '51
Mellman, Jeffrey Joel, '68
Mellman, Judith Schwartz, '80
Mellman, Myer W., '39
Mellor, Steven Charles, '81
Mellum, Steven Dale, '88
Melton, Samuel M., '23
Melvin, William J., '52
Mencer, Ms. Jetta Lynn, '80
Mendel, Barbara K., '49
Mendicino, Kerrigan Smith, '86
Mendlowitz, Bruce, '75
Mentser, Mrs. Phyllis M., '82
Mercer, Carroll E., '53
Mercer, Mrs. Kevin J., '84
Mercer, Molly Alice, '86
Mercer, Richard A., '57
Mercer, Ron A., '79
Mercier, Mrs. Dorothy S., '80
Mercurio, Michael Anthony, '86
Mereness, Arthur L., '40
Mereness, Mrs. Virginia M., '43
Merkle, Jill Friend, '79
Merkle, Steven Ray, '86
Merkle, William J., III, '53
Merriam, Lori Ann, '87
Merrilees, Mark Hamer, '87
Merrill, Joseph A., '47
Merrill, Willard N., '72
Merritt, John Charles, '43
Merritt, John Charles, Jr., '75
Merritt, June Eschenbrenne, '46
Merritt, Roger Lee, '70
Merritt, Thomas Bret, '83
Merryman, Mrs. Frances R., '83
Merth, Joseph James, III, '85
Merullo, Pasquale Anthony, Jr., '83
Merz, David Erwin, Jr., '79
Merz, Harold Eugene, '79
Metersky, 2LT Michael Roy, USANG, '85
Methe, Robert David, '73
Metters, Henry A., '55
Metters, Henry H., '24
Metzger, Marcia Ann, '83
Meyer, Bruce E., '86
Meyer, Lauri Liptak, '81
Meyer, Philip Bernard, '88
Meyer, Robert Vincent, '36
Meyer, Thomas Otto, '86
Meyers, Chuck Evan, '78
Meyers, Clay P., '79
Meyers, David William, '80
Meyers, Frederick David, '52
Meyers, Jason J., '84
Meyers, Kevin Patrick, '86
Meyers, Mark Edward, '80
Meyers, Mrs. Mary M., '48
Meyers, Randal Joseph, '82
Meyers, Thomas B., '50
Miceli, Jack Anthony, '71
Miceli, Michael Joseph, '87
Michael, COL George Richard, USA(Ret.), '42
Michaels, Cindy Hershberger, '88
Michaels, William Alfred, '82
Midkiff, Robert Emerson, '85
Miehls, James Arthur, '85
Mielke, William L., '63
Mihm, Nancy Ann, '83
Miksch, Harold Joseph, '69
Milam, Nancy Gates, '77
Miley, Richard L., '76
Millem, Rickey Dale, '84
Miller, Annice Evon, '83
Miller, Bruce Dalton, '75
Miller, Bruce Lyndon, '82
Miller, Carl Edward, '57
Miller, Carl Keith, '54
Miller, Christopher James, '88
Miller, Daniel Wayne, '49
Miller, Daniel Wayne, '75
Miller, Donald Thomas, '79
Miller, Douglas A., '75
Miller, Douglas Carl, '77
Miller, Fred Bodimer, '62
Miller, Dr. George Alfred, '76
Miller, Gregory Dean, '81
Miller, Harold Wesley, Jr., '74
Miller, Harry Clay, '50
Miller, Howard L., '62
Miller, Jack W., '34
Miller, James Clinton, '66
Miller, James Joseph, '55
Miller, Jaye Claire, '80
Miller, John Arthur, '51
Miller, Joseph Howard, '68
Miller, Karen La Marr, '81
Miller, Mrs. Katherine M., '83
Miller, Kevin William, '84
Miller, Kim Nutter, '80
Miller, Laura Washburn, '49
Miller, Lawrence Clay, '79
Miller, Lawrence David, '86
Miller, Lee Hoagland, '79
Miller, Lisa Rose, '87
Miller, Mark Evans, '73
Miller, Mark William, '83
Miller, Michael Andrew, '86
Miller, Michael Joseph, '66
Miller, Myron Clyde, '50
Miller, Nancy Duffy, '78
Miller, Neal Le Moyne, '85
Miller, Norman Francis, '54
Miller, Paul R., '82
Miller, Philip Evans, '67
Miller, Priscilla E., '86
Miller, Raymond Eric, '86
Miller, Richard Barry, '78
Miller, Richard Henry, '59
Miller, Richard James, '81
Miller, Robert Byron, '72
Miller, Robert John, '35
Miller, Robert M., '68
Miller, Robert Sterling, '51
Miller, Samuel Huston, '46
Miller, Sharon Ann, '84
Miller, Sheryl Ann, '81

Columbus (Cont'd)
Miller, Stephen Ralph, '86
Miller, Sue Anne, '75
Miller, Susan Annette, '78
Miller, Mrs. Teresa M., '80
Miller, Terry M., '69
Miller, Theodore Philbrick, '43
Miller, Thomas, '71
Miller, Thomas F., '70
Miller, Thomas Franklyn, '85
Miller, Timothy M., '86
Miller, William Arthur, '64
Miller, William B., '86
Miller, William Charles, IV, '82
Millhon, Bette, '51
Milligan, Jana Kable, '79
Milligan, Joseph Andrew, '88
Millikan, James Richard, '73
Millikin, Robert Tavenner, '64
Millisor, Robert Edward, '39
Millon, Alain Michel, '83
Mills, Alvin R., '29
Mills, Frederick E., '69
Mills, Ivan Forrest, '53
Mills, John Michael, '73
Mills, Steven Richard, '86
Milsom, Paul, II, '88
Milstead, Joan Kruse, '85
Minarda, Amy M., '86
Mincy, John Charles, '86
Minning, Daniel Joseph, '84
Minor, Charles Daniel, '50
Minor, Paul Vincent, '87
Minton, Robert Lee, '54
Minton, Robert Scott, '87
Minutilli, Benjamin, '48
Minutilli, Daniel Philip, '82
Mirolo, Amelita, '40
Mitchell, Deborah Jean, '80
Mitchell, Frances High, '28
Mitchell, Stephen Arthur, '70
Mitchell, William Adolph, '50
Mitiska, Eric James, '87
Mittlesteadt, Daniel Joseph, '86
Mix, Carl Martin, '81
Mixter, Thomas Keith, '85
Miyamura, Hiroko, '78
Mizer, Douglas Kermit, '75
Mizer, Richard Charles, '69
Mlasofsky, Beatrice Hartley, '46
Mlicki, Karen, '83
Mlicki, Ronald Paul, '66
Moats, Edward A., '61
Moberly, Gary Allen, '76
Modes, Irving M., '55
Modlich, Linus William, '84
Moennich, John E., '76
Moffat, Daniel John, '87
Moffitt, Charles M., Jr., '61
Moffitt, Hulda Simonson, '62
Mohr, Joan Helen, '86
Mohr, Robert Thomas, '75
Mokas, John P., '84
Molar, George, '42
Moloney, Robert P., '41
Monaco, Anna Catherine, '74
Monaco, Frank Marion, '69
Monahan, Steven Francis, '71
Monett, Suzanne, '81
Mongold, Mary B., '86
Monks, Paul Thomas, '78
Monnett, Kenneth Eugene, '63
Montanari, William R., '49
Montei, Tom Ross, '50
Montelone, Randall Joseph, '73
Montgomery, John Ruffner, '63
Montrose, Barry P., '84
Moody, Tracey Katherine, '87
Moon, Matthew Allan, '84
Mooney, David D., '63
Moor, Lois Marconnet, '52
Moor, Mary Ivens, '53
Moore, Cheryl Lyn, '84
Moore, Dennis Robert, '69
Moore, Mrs. Ida P., '82
Moore, James L., '66
Moore, Jeffery Lynn, '79
Moore, John Raymond, '36
Moore, Mrs. Margery A., '37
Moore, Norman Craig, '83
Moore, Paul Thomas, '88
Moore, Richard Hall, '64
Moore, Terry Lee, '86
Moore, Vicki Fisher, '85
Moore, William Bascom, '81
Moorhead, Daniel Otis, '82
Morales, Egdilio J., '86
Moran, Ms. Christina Marie, '87
Moran, Margaret Petersen, '82
Morantz, Mardi J., '76
Morgan, Donaldine Carolyn, '39
Morgan, Frank William, '82
Morgan, Jack Lemoyne, '51
Morgan, James Samuel, '73
Morgan, Moyne Giffen, '41
Morgan, Richard Matthew, '86
Morgan, Stuart Donald, '85
Morganski, Paul William, '80
Moriarty, James Patrick, '72
Morley, Harold Clarkson, '79
Morley, Jill, '83
Morman, Brett, '84
Morone, John Joseph, '75
Morrill, John M., '82
Morris, Barry Ira, '86
Morris, Mrs. Bonnie E., '87
Morris, Ken T., '86
Morris, Kenneth G., '31
Morris, Olinda Edna, '68
Morris, Philip G., '56
Morris, R. Michael, '76
Morris, Robert Stuart, '85
Morris, Steven Bradley, '87
Morris, William Gerard, '85
Morrisey, Edward Lee, '68
Morrison, Cynthia K., '83
Morrison, John Lloyd, '84
Morrow, Kevin P., '87
Morrow, Robert Myron, '79
Morrow, Winifred Kay, '85
Morse, Kermit Nelson, III, '81
Moser, Mrs. Jeanne Mickler, '43
Moskerintz, Michael William, '85
Moskonas, Peter, '56
Moskow, Laura Susan, '81
Moslow, David Wayne, '82
Moss, Judith D., JD, '75
Moss, Mary Gehring, '32
Motes, Julia Ann, '83
Motil, Mrs. Charles, '87
Mouch, Robert L., '49
Mouk, Richard C., '56
Mount, Geoffrey William, '82
Mounts, Marilyn Eileen, '85
Mowat, John Bates, '86
Moyer, Robert Eugene, '58
Moziejko, Randy John, '84
Mroczkowski, Ms. Robin Marie, '87
Muenz, Donald Paul, '71
Mugrage, Eugene Girden, II, '87
Mukadam, Amina B., '79
Mularski, Raymond J., '81
Mulberry, Carl Aubrey, '76
Mulford, Molly Ann, '88
Mullan, Steve Michael, '88
Mullay, Eulalia Cox, '26
Mulligan, Thomas J., '57
Mullin, John Patrick, '58
Mullin, Thomas E., '50
Mullins, Tani Weiland, '86
Mumford, William Dean, '84
Mundew, Millard E., '49
Mundy, Donald L., '65
Munk, Jens, '84
Munsell, Hobart Monroe, '48
Munshi, Perseus Boman, '88
Murch, Richard Leslie, '87
Murdick, Laurie Ellen, '85
Murdock, Jeffrey Eugene, '79
Murdock, Dr. Richard James, '70
Murley, Charles Francis, '85
Murnane, Mrs. Helen R., '48
Murnane, Kandy S., '79
Murnane, Thomas Michael, '70
Murphy, Carolyn Collins, '77
Murphy, Gilbert Byron, '80
Murphy, Jacquelyn Joan, '75
Murphy, Margaret Mary, '88
Murphy, Mark Edward, '86
Murphy, Mark Peterson, '85
Murphy, Mary Elizabeth, '52
Murphy, Robert James, '52
Murphy, Robert Warren, Jr., '69
Murphy, Thomas Edward, '76
Murray, Allen W., '32
Murray, Mrs. Susan E., '87
Murtha, Matthew Michael, '75
Musche, Andrew Paul, '76
Musheno, William Scott, '70
Mushrush, Stephen Rees, '69
Musselman, David Scott, '85
Musselman, Rory Larston, '83
Musser, Harvey Harold, '72
Mussio, Raymond John, '78
Mustine, Charles David, '78
Myer, Karl Dunsmore, '85
Myers, Albert Warren, '50
Myers, Mrs. Dan, '83
Myers, Gregory N., '83
Myers, John W., Jr., '78
Myers, Kevin Leonard, '85
Myers, Melanie Faye, '86
Myers, Michael Stephen, '86
Myers, Paul Edward, '79
Myers, Robert Steven, '88
Myers, Mrs. Shay B., '79
Myers, Stanley L., '64
Mysliwiec, Gregg, '73
Nacht, Stephen I., '57
Nachtigall, John Alfred, '78
Nader, Dean Joseph, '82
Nader, Jay A., '81
Nagarajan, Vaidyanathan, '86
Nagel, Christopher Lewis, '84
Nagle, Steve Andrew, '81
Nairn, Frank Richard, '41
Nance, John Richard, '84
Narotsky, Albert H., '46
Nash, Patrick Joseph, '80
Nastoff, Thomas Anthony, '70
Nathan, Jerry E., '70
Nathans, Gary Alan, '70
Natoli, Charles A., '48
Natter, Gloria Jean, '84
Nau, Bennett E., '48
Naum, Dr. Byron Albert, '61
Navin, Lisa Michelle, '85
Navratil, David Joseph, '75
Neal, April Dawn, '83
Neal, Gregory James, '69
Neal, Robert A., '64
Neale, Denison, Jr., '72
Neary, Christopher Gregory, '84
Needles, Richard Carl, '78
Neff, Frank Raymond, '83
Neff, Michael K., '85
Neff, Valerie Gross, '84
Neff, Walter Loren, '62
Negelspach, Mary Coffman, '39
Nehr, Joan, '86
Neikirk, John Pennell, '87
Nein, James Russell, '67
Nelson, Carl Andrew, Jr., '67
Nelson, Carol Louise, '80
Nelson, Patrick Ward, '81
Nelson, Roger D., '52
Nelson, Susan Ramsey, '76
Nemer, Samuel Souhail, '73
Nemes, Marie Ann, '87
Nerny, Thomas J., '33
Nespeca, Anthony J., '51
Netting, Frances Ann, '85
Neustadt, Richard E., '51
Neutzie, William Andre, '56
Newland, Robert L., '63
Newman, Bruce Lee, '83
Newman, David Michael, '88
Newman, Greg Edwin, '84
Newman, James William, '77
Newman, Lisa Ann, '88
Newman, Patricia Anne, '83
Newton, Beth Ann, '87
Newton, John William, '81
Ng, Kim Hoe, '88
Ng, Teak Siang, '87
Nguyen, Nhan Huu, '87
Nguyen, Thai Thuan, '82
Nicholas, Claire Elaine, '83
Nichols, Mrs. Constance, '31
Nichols, D. Keith, '83
Nichols, James Lee, '73
Nichols, Nancy Billiter, '86
Nichols, Patrick Alan, '85
Nicol, Lloyd C., '66
Nicolls, David S., '49
Niehaus, John H., '75
Niermeyer, Diane Dombey, '64
Niermeyer, John Erik, '88
Niermeyer, John L., '61
Nightingale, William Gordon, '72
Nihof, Helen Zimmerman, '38
Niitsu, Nobuo, '88
Nikolai, Theodore Aloys, '88
Nims, Ronald Karl, '73
Nishimura, Julie Ann, '81
Nissimov, Talli, '88
Niswander, Bruce Alan, JD, '76
Nitschke, Paul Andrew, '63
Nixon, Ned D., '51
Nixon, Richard D., '50
Nixon, W. Ethelyn, '30
Nixon, COL William George, Jr., '50
Nobile, Frank Daniel, Jr., '85
Nobile, Louis A., Jr., '61
Noble, Danny Alan, '79
Noble, Richard William, '83
Noble, Robert H., '59
Noe, David Marian, '69
Noel, John Charles, '86
Nofzinger, Douglas Edward, '78
Noga, Ronald Benjamin, JD, '68
Nolan, Stephen Joseph, '69
Nolan, Theresa Ann, '80
Nolan, Thomas Patrick, '73
Noll, James Joseph, '54
Noordewier, Adrienne T. Meves, '87
Nordstrom, Orrin Bruce, '63
Noreen, Scott Allan, '82
Norris, Dale B., '82
Norris, Jeffrey A., '71
Norris, Jeffrey A., '88
Norris, John W., '49
Norris, Ronald James, Jr., '77
Norris, William Raymond, Jr., '68
Northrup, John W., '50
Northrup, John Wesley, '76
Northrup, Richard V., '47
Norval, Nancy Beth, '83
Nourse, John H., '49
Nourse, Thomas R., '50
Novack, Kellie Kilbarger, '83
Novak, Scott T., '87
Novish, Christopher Paul, '84
Nowak, Monica Mary, '80
Nugent, George William, '80
Nunamaker, Lawrence Edward, '80
Nutini, Fredrick Raymond, '71
Nutis, Frank R., '42
Nutt, Ms. Suzanne Marie, '86
Nutter, S. Diane, '85
Nuzum, Elizabeth Ann, '82
Nwachukwu, Madge Lenora, '83
Nye, Chris James, '79
Oakes, Merrill Lloyd, '87
Oakley, Terry Lee, '82
Obenchain, Lurie Grimm, '28
Ober, Susan Elaine, '85
Oberlander, Robert Jay, '82
Obert, Beverly Ann, '70
Obert, Carl Ricci, CPA, '82
Obert, Carolyn Ann, '83
Obert, James Hall, '60
Oberting, Joseph Brian, '85
O'Brien, Brian Cajetan, '87
O'Brien, Carol Helen, '82
O'Brien, Charles Frederick, '49
O'Brien, Donald K., '48
O'Brien, J. Edmund, '38
O'Brien, John Howard, '81
O'Brien, Lawrence Joseph, Jr., '49
O'Brien, Mary Elizabeth, '83
O'Brien, Patrick John, '84
O'Brien, Susan Marie, '87
O'Bryan, Deborah A., '85
Ocano, Don Armando, '76
O'Connell, James Patrick, '88
O'Connell, John D., '69
O'Connell, Patrick James, '76
O'Connor, Henry, '75
O'Connor, James Joseph, '85
O'Connor, John M., '85
O'Connor, Kathleen Marie, '80
O'Connor, Michael Joseph, '74
O'Connor, Michael Thomas, '83
Oddi, James E., '79
Odebrecht, A. Richard, '50
O'Grady, Kerry Lee, '88
O'Grady, Richard K., '84
Ohsner, Ronald Stanley, '81
O'Keefe, Anne Marie, '81
Olander, Thomas J., '66
Oldham, April Ann, '84
Olexio, Jan Rae, '85
Oliver, Florence Montgomery, '36
Olix, Susan Pisaris, '84
Olsen, James H., '47
Olson, Joseph William, '79
Olson, Robert Wesley, '48
Olson, William Matthew, '87
Oltean, Richard Dan, '81
Olverson, Ms. Gene Moneque, '87
Omohundro, Richard C., '61
O'Neil, Charles Richard, '51
O'Neil, Daniel A., Jr., '46
O'Neil, John W., '68
O'Neil, Pamela Joy, '81
Ono, Tracy Beard, '83
Onosko, Mrs. Lucinda, '85
Onyejekwe, Rosemary Egondu, '81
Opelt, Vivian Lee, '76
O'Reilly, Patrick J., '66
O'Reilly, Thomas W., '86
Orinski, Judy D. Holmes, '86
Orlando, George Ralph, '63
Orlov, Bruce Martin, '84
Orr, David Alan, '87
Orr, James Kevin, '84
Orth, Howard Samuel, Jr., '52
Ortlieb, Charles Eugene, '68
Ortman, Mrs. Jennifer Foster, '82
Ortt, Charles R., '82
Orvets, Daniel F., '82
Orwig, Dora Hill, '79
O'Ryan, Michael John, '86
Osborne, Barbara J., '63
O'Shaughnessy, Jack P., '35
Osis, Peteris Ludis, '82
Osman-Gani, A. Ahad M., '87
Osterman, Christine Louise, '73
Ostrander, Kenneth Alan, '88
Ostrander, Tonia Lynn, '82
Ostroske, Mark, '75
Otey, Mrs. Velda E., '75
Ott, Fred Lyle, '82
Ott, Jonathan Edward, '85
Overly, Joanne Grant, '77
Owen, Phyllis Allen, '54
Owens, David Scott, '74
Owens, Sheree Olive, '84
Paat, Antonio Belmonte, Jr., '85
Pace, Carolyn Berry, '77
Page, John Nicholas, '57
Pagura, Frederick Stephen, '79
Painter, Dr. Dorothy Sue, '87
Painter, George A., '43
Paisley, D. Duane, '53
Paisley, Janice E., '42
Palcich, John E., '48
Palenick, Robert R., '58
Palestrant, Mrs. Betty S., '48
Palestrant, Bruce Jeffrey, '72
Palko, Laura Ann, '87
Palm, Bobbie Lyne, '88
Palmer, Charles Lovett, Jr., '48
Palmer, Davis Currier, '77
Palmer, Dean W., '40
Palmer, Kenneth Cameron, Jr., '49
Palmer, Mary Kay, '53
Palmer, Richard Dennis, '69
Palmieri, Patricia L., '87
Paltani, Richard Peter, Jr., '88
Panek, Bruce Caldwell, '77
Panek, Thomas Richard, '79
Papas, Christine H., '85
Pape, Scott David, '84
Papier, William Bernard, '32
Pappadakes, Peter J., '83
Paprocki, Carole Crumley, '51
Parcher, Frederic C., '31
Pardi, Charles Joseph, '79
Parikh, Ashi Sarvabhaum, '88
Park, Ernest T., '49
Park, Jack L., CPA, '62
Parker, Christopher Evan, '86
Parker, James Lawrence, '78
Parker, Lou Ann, '83
Parker, Patricia Jean, '81
Parker, Philip Charles, '67
Parker, Roy Eugene, '74
Parker, Thomas Lee, '43
Parkinson, Ronald E., '60
Parks, Danny Ray, '79
Parks, James Timothy, '84
Parmelee, Luther H., '66
Parr, Kathleen Evans, '30
Parr, William R., '53
Parson, Mrs. Dolores Lee, '79
Parsons, Le Roy, '31
Partridge, Robert W., '64
Paschall, Anne Miller, '78
Pasden, J. Gregory, '87
Pashke, Nial Michael, '84
Pasholk, Andrew Valentine, '80
Patel, Lisa B., '88
Patrick, Jane Austin, '79
Patterson, James William, '57
Patterson, Janine Keye, '83
Patterson, Shaun D., '86
Patterson, W. James, '56
Patti, Stella Elizabeth, '83
Patton, Kevin Ray, '82
Patton, Tammy Lyn, '87
Patton, Timothy Dale, CPA, '82
Paugh, Alice Young, '48
Paul, Michael Louis, '86
Paul, Richard T., '51
Paulus, Lloyd D., '53
Pausch, Robert Eddy, '62
Pavia, Michael Andrew, '80
Pavlovicz, Karen Sue, '81
Paxton, Jennifer Anne, '86
Paxton, Joseph Mark, '76
Paxton, Judith Karen, '85
Paxton, Robert Anthony, Jr., '69
Payne, Carl R., '49
Payne, David A., '60
Payne, Debra Adele, '84
Payter, Ellen Cecile, '82
Pearson, Hon. James A., '51
Pearson, Mark William, '83
Pearson, Yvonne Mayberry, MSW, '87
Pecinovsky, Keith James, '79
Peelle, Douglas William, '83
Peirsol, Frank E., '67
Peitzke, James E., PA, '57
Pelleriti, Richard L., '58
Pendleton, Claude W., '39
Pennella, Mauro Luigi, '88
Penrod, John Mark, '76
Penzone, David Christopher, '73
Peoples, Bernice, '78
Peoples, William Anthony, '87
Pepe, Thomas F., '88
Peppe, James Joseph, '61
Pepper, Gordon Kenneth, '86
Pepper, Richard D., '57
Perdue, Steven Ralph, '74
Perkins, Robert Louis, Jr., '83
Perkins, Winston G., '48
Perks, Lisa Guest, '80
Perrini, John J., '56
Perry, Cheryl Lynn, '84
Perry, David Benjamin, '80
Perry, James Leonard, '83
Perry, Mary Conley, '65
Perry, Thad R., '68
Perry, Valorie Linette, '82
Peselnick, Charles Stuart, '72
Peter, Henry J., '57
Peterman, Milton, '48
Peters, Frederick William, '36
Peters, Thomas Carl, '42
Peterson, Dr. Anne Allyn Rosher, '86
Peterson, Mrs. Barbara J., '84
Peterson, Leslie Howard, '73
Peterson, Mark Albert, '85
Petrelli, Joseph Lawrence, '86
Petrohilos, David Harry, '85
Petropoulos, James, Jr., '53
Petrosky, Philip Allan, '79
Pettenski, Robert Joseph, '88
Pettibone, Dr. John Mahlon, '70
Pettit, Ronald M., '66
Pettit, Thomas E., '59
Petty, Scott Shea, '82
Peugh, W.M., '82
Peyton, Richard J., '46
Pezor, Laurence J., '47
Pfahl, John K., PhD, '49
Pfeiffer, Richard C., '39
Pfening, Fred D., Jr., '48
Pfister, James A., '49
Pflaum, Robert Andrew, '87
Pham, Kim-Thuy, '85
Phelan, Ms. Joy A., '83
Pheneger, Jack Corbin, '50
Phillips, Albert John, '77
Phillips, Brenda Mc Gonagle, '81
Phillips, Charles Wesley, III, '87
Phillips, David Havre, '84
Phillips, Henry Theodore, III, '71
Phillips, James David, '83
Phillips, Lisa Anne, '86
Phillips, Robert Dale, '84
Phillips, William, '49
Phipps, Jeffrey J., '87
Piacentini, John F., '48
Piacentino, George Anthony, '81
Picault, Herve Marie, '88
Pickens, Ferd M., II, '56
Pickett, Richard C., '48
Pidock, Gary Steven, '83
Pidock, Wayne L., '51
Pierce, Arthur Kenneth, Jr., '55
Pierce, Barbara Sean, '82
Pierce, Margaret Divney, '54
Pierce, Robert Thomas, '83
Pierson, Carol Truske, '82
Pierson, David Alan, '82
Pierson, David William, '72
Pierson, Kirk Berner, '86
Pietrusik, Joseph Mark, '84
Pifer, Marjorie M., '47
Pike, Roy Walter, '68
Piner, Augustine T., Jr., '66
Piner, Darilee Heston, '71
Pinney, Teresa Jane, '83
Pinnix, Tracy Sue, '88
Pisciotta, Thomas Sansone, '87
Pisel, Malcolm K., '37
Pittenger, Glen W., '54
Pittenger, Ms. Kristin W., '87
Pittman, John Curtis, '76
Pitts, Janet Dutkin, '83
Pitts, Terry L., '88
Pizzola, Paul Joseph, '85
Plank, Donald Thomas, '75
Plank, John William, '86
Plank, Thomas Walter, '72
Plank, William Martin, '80
Plankell, Thomas R., '56
Pliskin, Marvin Robert, '60
Plouck, Stephen P., '85
Plumley, Mary W., '87
Plummer, Mary Hord, '80
Podobnikar, Ivo Louis, '84
Poe, Roger F., '53
Poeppelman, Mark Wilbert, '82
Pogos, Ellen, '83
Polanski, Peter John, '83
Polentz, Richard Jay, '84
Poling, Randy Jay, '80
Polinori, Jeffrey Louis, '80
Polletta, Ralph Victor, '83
Pollick, Dr. Philip John, '74
Pollock, Steve Whitting, '88
Polster, Eugene A., '49
Polster, Ruth Silberstein, '40
Pontones, Elias T., '59
Poonia, Gajendra Singh, '77
Popadych, Ms. Heidi Renee, '86
Popper, Edwin D., '58
Porchetti, Mario Phillip, '51
Port, Gregory Darwin, '81
Porter, Mrs. Betty E., '43
Porter, Galt Mertin, '88
Porter, Gerald Edward, '84
Porter, Joe Harmel, '48
Porter, Mary Carolyn, '86
Porter, Ray L., '88
Porter, Richard Gregory, '79
Porterfield, William B., '57
Portman, Toby Mirkin, '78
Posani, Joseph Gene, '77
Pospichel, Bradley Lee, '78
Postle, Dr. H. Herb, III, DDS, '82
Potokar, Edward Joseph, '84
Potter, Linda Sue, '81
Potter, Stephen L., '67

Columbus (Cont'd)
Potter, Theresa Evangeline, '76
Potts, Gary Lee, '84
Potts, James Robert, '82
Potts, Nicki Mott, '71
Potts, Terrence Charles, '77
Poulos, John George, '57
Poulton, Donald Semler, '39
Poulton, Mary Lee Johnson, '40
Povenmire, Christina Maria, '80
Powell, Christopher William, '56
Powell, Gay Elizabeth, '80
Powell, Linda Faye, '83
Powell, Lori Ann, '85
Powell, Mary Murray, '36
Powell, Stephen H., '67
Powers, Carol DeMarco, '83
Powers, Dennis Hal, '80
Powers, Jeffrey Paul, '83
Powers, Philip Hanger, '70
Pozsonyi, Deborah Ann, '87
Prabhu, George Solomon, '79
Predmore, Joyce Linn, '85
Prellwitz, Thomas H., '86
Presley, Karen Jane, '84
Presson, Charles Wesley, Jr., '82
Preston, Brian Lawrence, '86
Preston, Daniel W., '50
Preston, Fred Gifford, '60
Preston, Marcia Byrd, '51
Presutti, Katharine A., '84
Presutti, Rocco Salvatore, '84
Presutti, Salvatore Alfred, '60
Pribanic, Deborah Ann, '88
Price, Ms. Barbara J., '88
Price, Benjamin Brooks, '83
Price, David Emerson, '70
Price, Edward John, '68
Price, Jo Ann Fishbaugh, '49
Price, Joseph Richard, '78
Price, Thomas Anthony, '84
Priest, Ms. Colleen J., '82
Priestas, Linda, '82
Prior, Robert L., '63
Pritchard, Charlotte Baker, '48
Probasco, John F., '63
Probasco, Susan Lynn, '85
Probst, Stella Bowen, '32
Proicou, Chris Nick, '62
Promen, Stephen Michael, '83
Proper, Leonard John, '88
Prorock, Gregory Jonathan, '74
Prosser, Erica M., '88
Protsman, George Earl, '46
Prout, Andrew Walter, III, '73
Prunte, Dominic W., '82
Prunty, Sandra Kim, '81
Prushing, Robert Dana, '47
Pruyn, Charles R., '49
Pryor, George Mc Clellan, Jr., '72
Pryor, James Lee, '82
Pryor, Timothy Michael, '83
Pryor, W. Frank, '50
Psyhogios, William George, '87
Ptaszek, Chester L., '51
Puckett, Charles William, '84
Pulley, Roger Allen, '74
Pullins, Melanie Howell, '87
Pulsinelli, Frank P., '49
Pultz, Michael Edward, '83
Punpipat, Siripong, '86
Puppel, Darin Daines, '88
Purnhagen, Karen Kilkenny, '77
Puskac, Stephen Joseph, '50
Putnam, David H., '46
Pyle, Robert E., Jr., '83
Quackenbush, Howard M., '28
Queen, Douglas Christopher, '87
Quelette, William A., Sr., '50
Quillin, George W., Jr., '49
Quillin, Ronald F., '61
Quinby, Ira, V, '76
Quincel, Steven Blake, '77
Quinlan, Charles Evans, '82
Quinlan, Dennis J., '48
Quinn, Mrs. Eileen M., '84
Quinn, Patrick Joseph, '83
Quo, Marcia Ann, '83
Rabe, Joseph, '53
Rabold, Randall G., '79
Racher, James Francis, '87
Racher, Paul Francis, '79
Rack, Francis Collins, '86
Rackoff, Susan Mona, '79
Radakovich, Janet Horton, '83
Radcliff, Michael David, '81
Radebaugh, Marian Watjen, '32
Radebaugh, William Edward, '29
Radler, Tracy Alan, '85
Rady, Stephen George, III, '88
Rae, Laura Leeann, '86
Rafeld, Dean Max, '82
Rahman, Nurur, '88
Raica, Lauree, '81
Raita, Deborah Ruth, '80
Raj, Mark Jonathan, '88
Ralls, Vernon, '72
Ramage, Robert M., '49
Ramirez, Frank Arthur, '86
Ramlet, Ellen Ann, '79
Ramsey, Bud Morgan, '69
Ramsey, Julie Marie, '87
Ramsey, Robert Bruce, '79
Ramsey, Van C., '50
Ranbarger, John W., '51
Randall, David James, '86
Randall, Steven R., '84
Randazzo, Rosanne, '85
Randolph, Douglas, '78
Ranft, Ida Sue, '83
Ranft, Mark Herschel, '80
Rankin, Daniel Wayne, '82
Rankin, Lewis A., '42
Ransom, William J., '79
Rapp, Bryan Ellis, '76
Rapp, John Christopher, '84
Rardon, Ronald Doyne, '56
Rarey, John Russell, '52
Rasberry, Lawrence E., '87
Ratner, Jack L., '33
Rau, Carl Clifton, '37
Raub, Brent Hastings, '72
Rauch, Russell Joseph, '67
Rausch, James David, '83
Rauschenberg, Roy Frederick, Jr., '86
Rauss, Patricia A., '65
Rawlins, Roger Lee, Jr., '88
Ray, Ben T., '49
Ray, James Alan, '87
Ray, Joseph William, III, '66
Ray, Joseph William, Jr., '45
Ray, Richard Alan, '76
Ray, Robert A., '49
Raypole, Kelly Sue, '87
Read, Robert O., '37
Reade, Patrick Reginald, '88
Reagan, Thomas John, '86
Reardon, James Bradley, '77
Reardon, Michael Joseph, '84
Rechsteiner, Jon Anderson, '83
Redd, Mrs. Leslie Anne, '86
Reddington, William Arthur, '73
Reddy, David Matthew, '84
Redfield, Jeffrey J., '82
Redinger, Garth Richard, '84
Redington, Laurel Moor, '82
Redman, Mark Steven, '79
Redmond, Charles D., '36
Redmond, Paul E., '48
Redmond, Robert Francis, Jr., '78
Redmond, Thomas Edward, '81
Reeb, Robert L., '47
Reece, Johnny Robert, '84
Reed, Cynthia Kay, '88
Reed, Earl Wolcott, '33
Reed, Elizabeth Austin, '87
Reed, John David, '58
Reed, John Thomas, '50
Reed, Kenneth Franklin, '87
Reed, Lyle K., '49
Reed, Max Joseph, '86
Reed, Melvin Jerome, '86
Reed, Richard Dean, '77
Reed, Robert Jeffrey, CPA, '69
Reed, Robert Raitze, '49
Reedy, 2LT Dana Camp, '71
Reep, Ms. Jennifer Brinkman, '82
Reese, Everett David, '19
Reese, Randall Herbert, '79
Reese, Thomas Delmont, '32
Reese, Timothy Dean, '83
Reeves, Mrs. Jane Cordery J., '49
Reeves, Sandra Hope, '85
Regaly, Elizabeth Marie, '84
Regner, John J., '29
Regulinski, Michael Charles, '83
Rehak, Ruth Anne, '83
Rehbeck, William L., '59
Rehlinger, Christine Mary, '86
Rehmar, Tamara Lynn, '85
Reid, Becky Harbage, '85
Reid, Thomas, '73
Reider, Brent Carleton, '82
Reik, Timothy G., '81
Reilly, Hon. Archer E., '41
Reilly, Corinne Dryer, '74
Reilly, Michael James, '70
Reiner, Frederick W., '51
Reiner, Walter G., '66
Reinhard, Dean G., '62
Reinhardt, Christopher, '74
Reiser, Genevieve Marie, '87
Reiss, Gary Richard, '80
Reissig, Merle Harris, '50
Reitelbach, Frank B., '51
Reitz, Anne Jeannette, '88
Remley, Dan Allen, '77
Remlinger, Roger A., '64
Remson, Mary Louise, '83
Renard, James F., '63
Rengel, Patrick R., '88
Renie, Elizabeth Ann, '88
Renneker, Robert C., '53
Renshaw, Timothy Scott, '86
Renwick, William L., '51
Resch, Frank J., '55
Reser, Jeffrey Lee, '76
Retterer, G. Kent, '78
Retterer, Mrs. Robyn Lee, '86
Rex, Robert M., Jr., '67
Reyes, Sarita Susanne, '88
Reynard, Geoffrey Eric, '79
Reynolds, Baiba Folkmanis, '64
Reynolds, Michael Brad, '80
Reynolds, Steven Robert, '87
Reynolds, William Aloysius, '40
Reynolds, William J., '47
Reznor, Jeffrey Lee, '69
Rhenish, John Matthew, '87
Rhine, Michael James, '87
Rhinehart, Gregory Lee, '85
Rhoades, C. Charles, '54
Rhoads, I. Charles, '47
Rhodes, E. Douglas, '87
Rhodes, Gerald Lee, '71
Rhodes, James A., '36
Rhynehardt, Deborah Faye, '86
Rice, Mrs. Jo Ellen Ford, '85
Rice, Thomas Wesley, '81
Rich, Gregory Guy, '86
Richard, Paul F., '88
Richards, David Wayne, '80
Richards, Mrs. Helen Eagle, '32
Richards, Robert J., '60
Richards, Virginia Krohn, '47
Richards, William Evan, '30
Richardson, Edrick Joseph, '82
Richardson, Nanette Kay, '82
Richardson, Vernon Alfred, '48
Richison, James Douglas, '79
Richmond, Scott Patrick, '87
Richter, Michael Paul, '87
Rickabaugh, Rodney Allan, '78
Rickards, Dorothy Patricia, '70
Ricker, John Andrew, '86
Ricketts, John Wyatt, '85
Rico, David Wayne, '75
Riddle, Eric G., '88
Riddlebaugh, Christine A., '80
Ridenour, C. Thomas, '51
Ridenour, Paul Joseph, '83
Ridgeway, Mary Tritschler, '35
Rieff, Amy Jo, '87
Riege, Patricia Eileen, '88
Riehl, Lawrence Allan, '76
Riehl, Mrs. M. Anita, '86
Riemenschneider, Thomas Albert, '81
Ries, Robert C., '48
Rieser, Bernard Joe, '88
Rieth, Richard Alan, '84
Riewe, Paul Richard, '85
Rife, Samuel D., '58
Riffe, Jerry Lee, '86
Rifflard, Arthur James, '71
Riffle, Jennifer Dawn, '88
Riggs, David Scott, '86
Riley, Karen Jo, '82
Riley, Lloyd, III, '74
Riley, Richard Alan, '82
Rinard, Alan V., '66
Rine, Gary Lee, Jr., '86
Rinehardt, Julie Place, '83
Rinehart, Patricia Lynn, '83
Rinehart, Richard Leigh, '77
Ringer, Robert Clinton, '42
Rinker, Kent Kagay, '72
Rinker, Sherri Lynn, '88
Riseling, Jerry L., '59
Ritchey, John Garner, '68
Rittenhouse, Charles Russell, '75
Rittmaier, Roderick Lewis, '84
Ritzenthaler, Eric Joseph, '85
Rives, Dominique Michel, '88
Roach, Robert E., Jr., '61
Robbins, Barbara Lynn, '80
Robbins, Mark Zeller, '81
Robbins, Patricia Mary, '87
Robert, Robert J., '58
Roberts, Albert Lloyd, '50
Roberts, Andrew James, '83
Roberts, Bonita Lovella, '84
Roberts, David John, '73
Roberts, Debra Lee, '87
Roberts, James Evans, '87
Roberts, John Franklin, '74
Roberts, Matthew Goodwin, Sr., '31
Roberts, Stephen R., '87
Roberts, William Andrew, '82
Robertson, Garner Mc Connico, '84
Robertson, Russell Shephard, '58
Robine, Robin Andrew, '73
Robins, Daniel Shore, '87
Robins, Stanton Joel, '61
Robinson, Andrew Wayne, '87
Robinson, David Whitfield, '84
Robinson, Jeffrey Marc, '80
Robinson, Scott Charles, '87
Robinson, Tracey Renee, '85
Robison, Gary T., '57
Robison, Jerald Lynn, '73
Robison, John William, II, '80
Robison, Karl Fredrick, '84
Robison, Kimberly Wilson, '84
Roblee, Philip Reed, '81
Robson, Curtis Lee, '77
Rocca, Michael Vincent, '85
Roche, Deborah Kay, '80
Rockwell, Paul Andrew, '87
Rodeman, Terrence E., '80
Rodemann, Will Burgess, Jr., '79
Rodenfels, Richard J., '64
Rodock, Carol Anne Roelle, '78
Roebuck, Ellen Jean, '85
Roehll, Warren Frederick, '48
Roelle, Robert Homer, '49
Roeper, Michael, '88
Roesch, James Raymond, '52
Roessler, John Edward, '78
Rogers, James Anthony, '75
Rogers, John Frank, '53
Rogovin, Leslie Anne, '87
Rohletter, Julie Anne, '85
Rohr, Carl Vincent, '87
Rohr, Daniel Francis, '73
Rohr, Melvin James, '87
Rohrer, Ann Marie, '86
Rohrs, Gregory Clark, '80
Rojas, Guillermo(Gil) J., '70
Roley, Richard B., '39
Rolfes, Dale Arnold, '81
Roller, Cheryl Ann, '78
Rollins, Chris John, '86
Roloson, C. Brian, '82
Romaniw, Steven Paul, '80
Romine, John Clarke, '86
Roncevich, Nancy Colleen, '88
Roncone, Edoardo Paolo Pasquale, '88
Rood, Ms. Marcy Ann, '87
Rook, James Edward, '81
Rooney, Philip Lee, '88
Root, Ralph Harvey, III, '87
Roper, David Kirk, '88
Rorapaugh, Michael Brooks, '79
Rosario, Antonio Manuel, '86
Rose, Holly Reeve, '80
Rose, Pete, '70
Rose, Richard Alan, '85
Rose, William Thomas, '73
Roseberry, Le Ann, '79
Rosen, Albert, '36
Rosen, Marvin, '52
Rosenbaum, Tarn Martin, '87
Rosenfeld, Mayer, '39
Rosier, Timothy Case, '77
Roslovic, Ms. Nina Frances, '79
Rosner, Lee Steven, '72
Ross, Gwen Ellen, '80
Ross, Lucia Lenaye, '88
Ross, Orland W., '43
Ross, Richard Vaughn, '70
Ross, Robert Nelson, '35
Ross, Rodney L., '68
Ross, Sara Richwine, '35
Rosser, Charles R., '44
Rossetter, Richard L., '49
Rossi, James, '88
Rossie-Shirer, Ms. Linda Michelle, '87
Rosso, George A., '55
Rotert, Jennifer Lynn, '87
Roth, Ronald Glenn, '86
Rothchild, Barry Allan, '87
Rothman, Robert Alan, '63
Rotolo, Charles A., '61
Rotolo, Christopher J., '87
Rouch, Dianne Lee, '80
Rouda, Greer Alyn, '77
Rouda, Harley E., '53
Rouda, Marlese N., '52
Roudabush, James William, '73
Roush, De Lloyd L., '48
Rout, Charles F., '50
Row, Deana L., '87
Rowe, Anthony Charles, '69
Royer, Mark Anthony, '86
Royer, Richard Louis, '62
Ruben, Donald H., '54
Rubinoski, Jeffrey John, '86
Ruby, Charles D., '83
Ruby, Dennis C., '51
Ruch, Donna Anne, '88
Ruck, Robert J., '65
Rucker, Wilson S., '39
Ruckman, David Elvin, II, '88
Rudder, Miles B., '79
Rudinger, Rodney Kent, '74
Rudolph, Ms. Jacqueline Josephine, '78
Rudolph, Victor J., '50
Rudy, Ms. Deborah Vogt, '84
Rudy, Robert Sale, '28
Rueb, Mary Vogt, '59
Rueckel, Owen M., Jr., '64
Rueckel, Richard W., '47
Ruess, Frederick Leo, '83
Ruffalo, Phillips Timothy, '73
Runk, Philip Robert, '76
Runk, Robert H., '49
Runyon, Christina Faye, '82
Rupert, David Earl, '81
Rupert, Sandra Endter, '81
Rupp, Benjamin Buehrer, '84
Rupp, Robert L., '41
Rush, Ronald G., '58
Rushay, Harriet Simerall, '60
Rushay, Samuel William, '61
Russell, Mrs. Jacqulyn Pace, '45
Russell, John Campbell, '55
Russell, John Charles, '79
Russell, John Edwards, '50
Rutherford, Robert William, '77
Rutz, Fred L., '63
Ruwe, Douglas Neal, '85
Ruzich, Stephen, '53
Ryan, Edward Robbins, '50
Ryan, Eileen Marie, '82
Ryan, J. David, III, '83
Ryan, John Connors, '59
Ryan, John William, '76
Ryan, Mrs. Katherine R., '31
Ryan, Michael James, III, '53
Ryan, Terence J., '59
Saad, Michael D., '63
Saba, Ronald Byron, '85
Sabatino, Philip Ronald, '74
Sachs, Bryan Daniel, '84
Sadauskas, Raymond Al, '68
Saddler, Willie George, '81
Saeger, John W., '61
Saenger, John Frederick, '35
Sakas, Daniel George, '76
Sakis, Athanasios Andrew, '84
Salay, Amy J., '85
Salemi, Steven L., '87
Salisbury, Kirk Gordon, '81
Salisbury, Monica Ellen, '83
Salmen, Robert, '78
Salmons, Bradley Ward, '87
Saloom, Joseph T., Jr., '88
Saltzman, James Francis, '73
Salvaterra, Arnold R., '48
Salvatore, Gregory N., '38
Salyers, Jeffrey Allen, '82
Salzgaber, Ralph E., '50
Samlowski, Norbert Werner, '82
Sampson, Rebecca Lynn, '87
Samuels, Gary Lee, '77
Sanburn, F. George, CPA, '56
Sandbo, Douglas R., '57
Sanders, Ruth Swickard, '44
Sands, James Alan, '85
Sands, Richard E., '52
Sanford, Richard J., '77
Sanford, Sanford B., '49
Sanok, Linda Marie, '86
Sansone, Philip E., '52
Sansone, Thomas Joseph, '85
Santa Emma, Joseph Philip, '59
Santeler, John Richard, '77
Santilli, Donna Ostrander, '79
Santilli, Sherri Lynn, '87
Santos, Ms. Michelle C.L., '83
Sapia, Guillermo S., Jr., '87
Sarafin, Lori Diane, '80
Sarbaugh, Jerry Gene, '84
Sargel, Mrs. Lisa A., '82
Sargel, Scot David, '82
Sarno, Anthony Joseph, '77
Sarrey, Michael Preston, '72
Sarver, Daniel John, '84
Sass, Martha Mary Fink, '82
Sasso, Nicholas Rex, '80
Satterwhite, Alan Barry, '69
Sauer, James Charles, '68
Saull, Susan E., '87
Saunders, Charles Turner, Jr., '87
Saunders, COL Floyd E., USAF(Ret.), '48
Saunders, Gregory Scott, '82
Saunders, Steven Crayton, '75
Sayre, Floyd C., '58
Sayre, Jerome Clarkson, Jr., '83
Sayre, Vickie Diane, '72
Sbrochi, John Michael, '86
Sbrochi, Mark, '75
Sbrochi, Michael J., '55
Scalia, Anthony Joseph, III, '88
Schaal, Dennis Doyne, '87
Schaefer, Charles D., '63
Schaefer, Richard Jay, '86
Schafer, Richard E., '67
Schafer, William F., '49
Schaffer, Lawrence D., '53
Schaffer, Rod Forrest, '87
Schaffner, David Jack, '88
Schalinske, Janet Ellen, '84
Schall, John J., '40
Schehr, Margaret Susan, '88
Schenck, Carol Koch, '79
Schenerlein, John G., '78
Schenk, Gregory Paul, '82
Schenkel-Jupp, Cynthia Lynn, '83
Scherman, Linda Marie, '87
Scherman, Robert James, '87
Schermer, Harry Angus, '64
Scheuermann, Martine Jane, '79
Schibler, Susan Joan, '82
Schiciano, Jeffrey L., '88
Schick, Eldon G., '52
Schiefer, Valerie S., '88
Schiff, Leonard M., '50
Schilling, Lincoln Ross, '81
Schilling, Theresa Lynn, '83
Schiming, Dale William, '71
Schimmoeller, Randall H., '88
Schira, John T., '66
Schira, Steven Thomas, '78
Schirack, Thomas Anthony, '66
Schirtzinger, Joseph Mark, '74
Schirtzinger, Robert L., '62
Schlachter, Timothy Scott, '87
Schlag, Janet Lynn, '81
Schlater, Jane Ellen, '87
Schlechty, Edward James, '75
Schlezinger, Edward, '32
Schlezinger, I. Howard, '64
Schlosser, Jacob A., '59
Schluer, David Alan, '68
Schmaltz, Mark Alan, '81
Schmelzer, Gerald Edward, '84
Schmidt, Harry Edward, III, '82
Schmidt, Janice R., '58
Schmidt, John Eric, '88
Schmidt, Todd Anthony, '81
Schmitt, Karen Edberg, '64
Schmitt, Norman W., '51
Schmitz, James Thomas, '86
Schmitz, Robert K., '68
Schmitz, William Raymond, '81
Schnaufer, Sharon Lynn, '85
Schneider, Mrs. Cheryl W., '80
Schneider, Christine Streng, '80
Schneider, Ms. Ellen Beth, '84
Schneider, Glenn Keith, '71
Schneider, Jacqueline L., '87
Schneider, Raymond Joseph, '50
Schneider, Roger William, '80
Schneider, Samuel, '47
Schneider, Stephan Allen, '74
Schneller, Franklin Gregory, '76
Schnoor, Mary Ann, '47
Schoch, Emily Rose, '84
Schodorf, Otto Louis, Jr., '54
Schodorf, William Howard, '76
Schoedinger, Ferdinand P., Jr., '51
Schoedinger, John A., '64
Schoemer, Ronald A., '58
Schoenbaum, Maxine Friedman, '49
Schoenberger, Timothy M., '83
Schofield, H. Carl, '38
Schonewetter, Robin L., '87
Schonhardt, Donald James, '74
Schooley, Thomas R., '61
Schorling, Susan Bales, '86
Schottenstein, Frances Polster, '52
Schottenstein, Gary Lee, '74
Schottenstein, Irving, '39
Schottenstein, Jean Rabe, '78
Schottenstein, Leonard, '46
Schottenstein, Melvin L., '54
Schottenstein, Rochelle Kaplan, '76
Schrack, James Manner, II, '80
Schram, Julie Gaye, '85
Schreick, Thomas E., '37
Schreller, Richard F., '50
Schrim, Margery Brown, '82
Schryver, Christina Louise, '88
Schueler, Joseph Alan, '85
Schuller, Karen Sue, '84
Schuller, Ronald Lee, '83
Schulte, Henry Ludwig, Jr., '83
Schultz, Joseph Vernon, '81
Schumacher, Andrea L., '83
Schureck, Dawn Teresa, '85
Schwab, Jeannine Theresa, '81
Schwab, Margaret H., '53
Schwamburger, William David, '74
Schwartz, David, '49
Schwartz, Fred, '51
Schwartz, Janet Marie, '78
Schwartz, Samuel S., '45
Schwartz, Theodore Parker, '59
Schwartz, William F., '85
Schwendenman, John Robert, '87
Schwenker, John D., '42
Schwieterman, Linda Sweeney, '82
Schwieterman, Robert F., '50
Schwieterman, Thomas William, '81
Sciarini, Denise Ann, '88
Scott, Edward Michael, '84
Scott, Elizabeth Ann, '87
Scott, Gayle, Jr., '58
Scott, Dr. Harry Russell, III, '56
Scott, James Allen, '87
Scott, Jeffery Jay, '85
Scott, Mark Jeffery, '88
Scott, Matthew Alan, '84

GEOGRAPHICAL LISTINGS Columbus OHIO 415

Columbus (Cont'd)
Scott, Peter Alan, '85
Scott, Willard Baldwin, '27
Scribner, Thomas Robert, '74
Scroggie, Jeffrey Alan, '88
Scurria, Michael John, '85
Searles, Robert C., '83
Sears, James Nelson, '72
Sebold, David John, '88
Seciliot, Rudy B., '55
Seckel, Anna Lee Wiseman, '46
Seckel, Gary J., '53
Seckel, Theodore D., Jr., '48
Sedam, John Alan, '86
See, Tom David, '69
Seeds, Ian Stearns, Jr., '51
Seelbinder, Gustav A., '65
Seelenbinder, Gregory Lee, '78
Seelenbinder, Mrs. Sandra P., '72
Seeler, Uwe Karl H., '76
Seeling, Kim A., '88
Seely, Collin Erik, '86
Seeright, Charles A., '83
Seewer, Natalie Ann, '84
Segel, Bonnie Kay, '81
Segna, Kathleen, '76
Segna, Mark Anthony, '76
Seibert, John Charles, '74
Seibert, Kimberly Sue, '80
Seidel, Marymae Lesher, '44
Seidelmann, Don Emil, '71
Seiferas, Benjamin, '42
Seifert, Jeffrey A., '86
Seiler, Beth Anne, '81
Seils, Timothy Edward, '80
Seiple, Herbert George, '49
Seiter, Dr. Richard Paul, '70
Selander, William T., '49
Selegue, Mark Scott, '80
Sellers, James Mark, '85
Sellers, Margot Suzanne, '86
Sellers, Mark Richard, '80
Sellke, Mary Henkle, '82
Selsor, Guy Banning, Jr., '75
Semerar, Scott Paul, '87
Sensenbrenner, Richard W., '86
Sergakis, Michael Stephen, '79
Sergio, John M., '59
Sethi, Inder Jeet, '70
Setterlin, Robert William, III, '70
Severns, Thomas Richard, '68
Severt, Kevin Charles, '86
Sexton, Robert E., '55
Shade, Mary Saddler, '78
Shafer, Edward Hanson, '42
Shafer, Karen, '80
Shaffner, Robert M., '87
Shafran, Robert Howard, '60
Shafron, David Brian, '87
Shalvoy, John Richard, '85
Shamblin, Terry Kay, '77
Shams, Daria, '82
Shams, Hamid, '84
Shanahan, Mary Woerner, '85
Shanks, David, '83
Shanks, David Alan, '79
Shannon, Brenda Jean, '87
Shannon, William J., '52
Shapiro, Barbara Gross, '65
Shapiro, Richard Jay, '69
Sharick, Edward George, Jr., '82
Sharick, Lora Ann, '86
Sharif-Razi, Ali, '84
Sharnsky, Christina Rich, '82
Sharp, Pat Stiles, '76
Shatz, Arden J., '55
Shaver, Timothy Mark, '84
Shaw, Jennifer Lynn, '88
Shaw, Melville James, Sr., '25
Shaw, Michael Douglas, '82
Shaw, Wayne Norman, '72
Shawd, Cynthia Sue, '84
Shawd, Michael James, '77
Shay, Ruth A., '88
Shea, Frank Patrick, Jr., '65
Shea, John M., '50
Shea, Michael Joseph, '79
Shea, Stephen Brian, '82
Shealy, James A., '48
Shearer, Dr. Ernest F., '40
Sheehan, James Michael, '76
Sheehan, John Francis, Jr., '85
Sheely, Jeffrey Alan, '86
Sheely, Richard L., '71
Sheets, Karl Eugene, '75
Sheetz, Robert Alan, '69
Sheffer, Brent Alan, '79
Sheffer, David Eugene, '77
Sheffield, Tracy Williams, '77
Shellberg, Kenneth Lee, '80
Shellhorn, Philip Patrick, '74
Shelton, Thomas A., '56
Shepard, Arthur E., '35
Shepard, Mrs. Kimberly A., '85
Shepard, Laura Jean, '88
Shepard, Paul M., Sr., '24
Shepard, Stephen Allen, '86
Shepelak, Madelyne Clements, '84
Shepherd, Sally Blair, '88
Sheppard, David Michel, '87
Sherburn, Terry Vincent, '74
Sherman, Jeff David, '82
Sherman, Dr. Ralph Walter, '29
Sherman, Roger William, '74
Sherrets, Elizabeth Watson, '53
Shevlin, Michael F., '49
Shiffler, Sharon L., '87
Shiflet, Michael Robert, '72
Shiflet, Thomas Nelson, '78
Shimp, William C., CLU, '78
Shinaman, Jeffrey Lee, '88
Shipe, Roger D., '55
Shipley, Ms. Aletha Mae, '86
Shirk, Stephen Parker, '87
Shitkovitz, Iris Schaeffer, '77
Shively, Brian L., '80
Shively, Bruce William, '84
Shively, Jeffrey Lee, '72
Shkolnik, Ronald Marc, '80
Shkolnik, Steven Jan, '65
Shkurti, William John, '74
Shoemaker, Robert D., '52
Shonebarger, Dennis James, '73
Shook, Patricia Lassiter, '81
Shook, Robert L., '59
Shoor, Jay Z., '66
Shott, Michael James, '69
Shough, James Andrew, '84
Show, Andrew Pershing, Jr., '75
Showe, H. Burkley, '50
Shriner, Charles P., '50
Shroyer, Gary Smith, '80
Shubaily, Tarek A., '81
Shuler, Gordon Pearce, '69
Shull, Gary John, '88
Shumaker, Richard F., '50
Shunk, Kimberley Anne, '88
Shust, Mary Lynn, '79
Shuster, Michael Thomas, '72
Shuter, Terry Lee, '79
Shuttleworth, David Lee, '84
Sicaras, Tasso George, '63
Sichel, Patricia Beth, '83
Sicker, Ronald Clarence, '83
Sickles, Jack A., '53
Sickmeier, Ada Bell, '81
Siclair, Nancy, '78
Siculan, Nick, '50
Siddall, Robert Carl, '74
Siefert, James Patrick, Jr., '82
Sieg, Gary Lee, '83
Siegrist, Joseph Francis, '51
Siegwarth, Henry J., '22
Siemer, Walter J., '49
Sifford, Beverly Ann, '84
Silbaugh, Stephen A., '65
Silliman, William Russell, '81
Silverman, Leon M., '34
Simcoe, James Joseph, Jr., '80
Simeon, George Robert, Sr., '49
Simkins, Robert Dennis, '86
Simmers, Richard M., '58
Simmons, Dr. Alphonso, '76
Simmons, Daniel Eugene, '82
Simmons, Larry Richard, '75
Simon, Robert Ralph, '75
Simonetti, Richard Francis, '88
Simpson, George Nelson, '63
Simpson, Mrs. Penelope A., '62
Simpson, William Frank, '72
Sims, David E., '72
Sims, Richard Lee, '51
Sims, Robert F., '59
Sinacola, Michael Sylvester, '85
Singer, Lawrence Allen, '66
Singhal, Vikram P., '83
Sinno, Muhieddine Musbah, '86
Sipes, David Michael, '83
Sipp, James F., '59
Sirb, Patricia Ann, '87
Sirhal, Ali Asaad, '77
Sisson, Douglas Lee, '84
Sisson, Earl B., '54
Sites, Tamaria Kenton, '86
Six, Richard Allen, '84
Skaggs, Ms. Deborah Ellen, '85
Skilken, Steven Andrew, '72
Skinner, Jeffrey James, '83
Skipton, Edward D., '49
Skipton, Thomas R., '59
Skirvin, James Burch, Jr., '70
Sklenar, Randy William, '81
Skomorowski, David Efrem, '85
Skuller, Edwin J., '49
Slabaugh, Annabelle Boyles, '54
Sladoje, Douglas Scott, JD, '85
Sladoje, Laura Jane, '84
Sladoje, Mark, Jr., '60
Slanicka, Susan Marie, '83
Slattery, Joseph William, II, '76
Slaughterbeck, Gary David, '86
Slinger, Jeffry L., '86
Sloter, Ronald C., '67
Slyh, Martha Bailey, '82
Smallwood, Carl De Mouy, '77
Smallwood, Mrs. Lynne D., '80
Smeltzer, William Oran, Jr., '82
Smetzer, Terry Caroll, '78
Smith, Anson Brock, '35
Smith, Barbara Howell, '80
Smith, Mrs. Billie Jo, '86
Smith, Christine Ann, '87
Smith, Mrs. Constance N., '48
Smith, Cynthia Steiner, '81
Smith, D. Chauncey, '85
Smith, Dale William, '82
Smith, David R., '67
Smith, Dennis Dale, '83
Smith, Dennis Harold, '81
Smith, Ms. Diane Pavoni, '83
Smith, Donald Brice, '51
Smith, Douglas Alan, '67
Smith, Elbert Leroy, '49
Smith, Florence Zechiel, '47
Smith, Frank James, '42
Smith, Fred Byron, '84
Smith, Gaylord Edwin, '80
Smith, Glenn Edward, '69
Smith, Gregg Andrew, '88
Smith, Harold L., '51
Smith, Huber Ralph, '49
Smith, J. W., '60
Smith, James Robert, '83
Smith, Joanie M., '86
Smith, Joseph Junior, '51
Smith, Keith James, '79
Smith, Lana Marie, '81
Smith, Dr. Lester Frank, '56
Smith, Marilyn Arthur, '47
Smith, Mary Joan, '83
Smith, Mary Katherine, '87
Smith, Matthew Gordon, '85
Smith, Patricia Edwards, '83
Smith, Patrick Allen, '86
Smith, Paul Ernest, '58
Smith, Peggy Lou, '88
Smith, Ralph Gibson, '31
Smith, Ms. Rebecca Sue, '87
Smith, Richard Howard, '42
Smith, Richard Howe, '66
Smith, Richard L., '61
Smith, Robert Burns, '49
Smith, Robert Douglas, '85
Smith, Ronald Louis, '74
Smith, Stephen Thomas, '69
Smith, Stewart Aaron, '84
Smith, T. Fred, '34
Smith, Theodore Evason, '55
Smith, Walter Martin, '52
Smith, Wasson J., '52
Smith, William Howard, '49
Smitherman, Richard P., '85
Smurr, James E., '44
Smurr, Mary Susan, '86
Smurr, Thomas M., '52
Snabl, Joseph J., Jr., '64
Snare, Kay A., '86
Snavley, Jack Kevin, '84
Snavley, Steven Wayne, '74
Sneed, Edgar M., Jr., '67
Snell, Brian F., '82
Snoble, John Allen, '64
Snoddy, Susan Elaine, '84
Snodgrass, Jane Freeman, '81
Snodgrass, Mark Shane, '80
Snodgrass, Pauline Davis, '29
Snyder, Benjamin Harrison, Jr., '47
Snyder, Charles R., Jr., '73
Snyder, David Raymond, '86
Snyder, Debra Lynn, '87
Snyder, Dwight Ray, '83
Snyder, Gay Melanie, '86
Snyder, James Floyd, '68
Snyder, Jeffrey Charles, '83
Snyder, Kelly Sue, '82
Snyder, Murray Gustave, '34
Snyder, Patricia L., '88
Snyder, Robert R., '40
Snyder, Robert Raymond, '65
Snyder, Stephen Jack, '68
Snyder, Thomas Alan, '77
Sobota, Robert Leonard, '68
Sohl, Curtis, Jr., '48
Sohl, Nannette Millisor, '49
Sokol, Michael Scott, '87
Sokol, Randy Jaye, '81
Sokol, Simon, '52
Solimine, Joanne, '88
Solis, Steven Lee, '67
Soller, George K., '70
Soller, Martin Francis, '77
Soller, Richard E., '80
Solomon, Eric John, '87
Solove, Ronald L., '67
Soltesz, Julie Lynette, '88
Sommers, Mrs. Sally E., '86
Sommerville, Gary Thomas, '85
Son, Sungae, '88
Sooy, Ryan Sam, '88
Sopp, Jeffrey Howard, '80
Soppel, Harold M., '49
Sorrell, Joan Covington, '81
Souder, George E., '56
Souders, Bruce Leroy, '86
Souders, Tracy Lynn, '85
Soulas, Constantine Alex, '87
Sours, Roger Allen, '84
Southard, Linda Marie, '86
Sova, Andrew Michael, '70
Sova, Stephen Andrew, '84
Sowder, Jack (Jay) C., '87
Sowder, John Tobin, '80
Sowder, Kari Lynn, '87
Spachner, Galen Mark, '81
Spain, Jack Dana, '51
Spain, James Richard, '84
Spain, Norman M., '36
Spangler, Janet K., CPA, '84
Spangler, John Gregory, '85
Sparks, Rodney Daryl, '85
Sparks, Tammy Mac Laren, '80
Sparrow, Pamela, '83
Spatz, Daniel G., '83
Speer, John Robert, '80
Spence, Janet Gertrude, '83
Spencer, Betty Knowles, '50
Spencley, Joseph Thomas, Jr., '82
Spicer, Charles Joseph, Jr., '84
Spielberger, Korby Lee, '80
Spies, Rebecca L., MSW, '87
Spillers, Timothy J., '86
Spillman, Brian Edward, '83
Spino, Michael Angelo, '86
Spires, Brian R., '88
Spires, Garrell C., '54
Spires, John E., '48
Spires, Mrs. Kristy L., '85
Spires, Mrs. Rosemary Grogan, '38
Spitz, David Charles, '87
Spivey, Michael Lewis, '86
Spivey, Michele Sedlock, '88
Spornhauer, Tod Powell, '88
Spragg, Robert W., '33
Spratley, Mrs. Mary L., '43
Sprecher, John Walker, '86
Spriggs, R. Scott, '77
Spring, Howard A., '59
Spring, Phillip Jeffrey, '87
Springer, Stephen Andrew, '86
Sproat, John Wilson, Sr., '41
Sproule, Robert William, '84
Sprouse, Robert M., '49
Sprowls, Thomas John, '82
Squire, Dr. Harold Walter, '68
St. Clair, Dr. Jeffrey J., '82
St. Clair, Tamala Lynn, '85
Stader, Ms. Angela Marie, '87
Stadler, David C., '51
Stahl, Harold L., '24
Staker, Lowell L., '59
Stamets, James Richard, '86
Stamey, Charles Howard, Jr., '85
Stamos, Michael James, '87
Stan, Edward M., '49
Stan, Ms. Lynn B., '81
Standley, Jane Maier, '83
Stanek, Daniel Gregory, '83
Stanish, Mark Andrew, '87
Stanley, Jay Carl, '83
Stanton, John Francis, '51
Stanton, Wyllys G., Jr., '51
Starkey, Mrs. Susan A., '87
Starrett, Francis William, '58
Starrett, William James, '69
Stas, Allen Louis, '72
Stasiewicz, Karen Lee, '88
Staub, Allan Douglas, '79
Staub, Jennifer Bassett, '83
Staub, Jonathan Frederick, '86
Stauffer, Earl R., '34
Stavish, Blair Francis, '83
Stearns, David Gordon, '79
Stebel, David Gene, '74
Stedman, Richard R., '58
Steedman, Thomas Louis, '76
Steegman, Anne Kathryn (Kassie), '83
Steele, James Alan, '50
Steele, Karen Halischak, '74
Steen, Wade Thomas, '84
Steenrod, Mitchell Dean, '88
Stefanelli, Samuele Pompeo, '74
Steger, Claudia Ann, '77
Steger, Patrick James, '76
Stegmann, Philip Andrew, '80
Stehura, Laura Shoup, '83
Steigerwalt, Alan Todd, '78
Steigerwalt, Norma Miller, '78
Stein, Diane Louise, '86
Stein, Jerrod, '59
Steiner, Timothy D., '78
Steinman, Andrew F., '66
Steinman, Charles Fielding, '39
Steinmetz, Michael Wayne, '85
Stelzer, David Wayne, '84
Stelzer-Oberschlake, Emma P. (Pat), '49
Stemen, Lloyd F., '59
Stemm, Melissa Wheeler, '83
Stephan, Audrey Rosson, '45
Stephan, John K., '53
Stephan, Kristina V., '88
Stephenson, Sandra Schrier, '80
Sterle, Michael J., '88
Stern, David Mark, '86
Stern, Ernest, '47
Stern, Rudolph M., Jr., '45
Stern, Sanford R., '49
Sterner, James Edward, '47
Sterner, James Michael, '72
Sterner, Marylou Henly, '48
Sterner, Richard John, '50
Stettner, Clayton Earl, '49
Stevens, Mark Oliver, '79
Stevens, Michael Thomas, '84
Stevens, Richard Tulloss, '26
Stevenson, David James, '85
Stevenson, David Lawrence, '82
Stevenson, Kimberly Ann, '88
Stevning, James Oliver, '81
Stewart, Craig M., '64
Stewart, Donn William, '87
Stewart, Helen Louise, '83
Stewart, Karen Jo Ann, '86
Stewart, Noreen L., '79
Stewart, Scott Andrew, '88
Stickel, Donald Glenn, '77
Stickrod, Howard Olson, '36
Stillings, Lisa Ann, '80
Stillwagon, Richard W., '41
Stine, Mrs. Grace G., '27
Stock, Laura Frances, '88
Stoff, Carol Zelizer, '75
Stokes, Ronnie Ray, '85
Stoll, Robert Clifford, '86
Stoltz, Virginia Windnagel, '43
Stone, Barbara Ann, '87
Stone, Conrad O., '52
Stone, Dana H., '61
Stone, Jack M., '39
Stone, Kenneth Robert, Jr., '72
Stone, Mrs. Lori E., '81
Stone, Renee Lee, '80
Stone, Robert, '56
Stone, William Richard, '57
Stone, William S., '45
Story, David R., '60
Stout, Lloyd, '46
Strader, Stephen David, '82
Straits, Richard Allen, '87
Stranne, Lawrence V., '67
Strapp, David Michael, '66
Strasser, Thomas Frederick, '77
Strathern, Lynnette Rhodes, '54
Straub, Janis Lee, '81
Streb, Dr. Joseph Scott, '74
Streibig, Paul Raymond, '78
Streitenberger, John Robert, '75
Strejcek, James Francis, '87
Stricker, Robert P., '58
Stringer, William G., '87
Strong, Stanley W., '44
Stross, Walter C., '51
Stroup, Dr. Kerry Michael, '78
Stroup, Melissa J., '81
Struble, Harry D., '49
Strutner, Raymond J., '56
Strutner, Scott Andrew, '87
Stubbs, James Russell, '85
Stubbs, Michele Anita, '88
Stuber, Douglas Alan, '79
Studebaker, Michael Joe, '75
Studer, Joan Osendott, '78
Stueve, Lynn Marie, '86
Stultz, Dale Alan, '75
Stultz, Douglas Frederick, '84
Stultz, George N., '65
Sturtevant, Phillips H., '38
Styer, Sue Ellen, CPA, '82
Such, William, '50
Suherman, Sugianto, '85
Suid, Richard Merle, '59
Suiter, Sheryl Linn, '87
Sukendro, Dino, '88
Sukola, Jay David, '73
Sullivan, Daniel Jerry, '86
Sullivan, Lawrence Joseph, '54
Sullivan, Martha G., '29
Sullivan, Ronald C., '55
Sun, Kwan, '85
Sunwoo, Agnes Yon, '81
Superczynski, Albert Jr., '69
Supowit, Esther Bernstein, '48
Surowicz, Deborah Lynn, '79
Susi, Anthony P., '65
Sutariya, Urvi Bakul, '88
Sutherland, Luther Blain, '78
Sutorius, David Michael, '79
Sutton, David A., '64
Svendsen, Sherene Gardner, '88
Swabby, Christopher E., '88
Swanson, Jeffry David, '78
Swanson, Kenneth R., '61
Swanson, Stephen Kenneth, '85
Swarts, Robert Brian, '88
Swartz, John Thomas, '82
Swartz, Michael Charles, '68
Swartz, Walter L., Jr., '43
Swasick, Albert E., '54
Swedersky, Lisa Ann, '85
Swedlow, Gerald H., '57
Sweeney, Paul John, '82
Swift, Kathleen M., '83
Swift, Wayne Eugene, Jr., '77
Swigert, Mrs. Connie, '87
Swilik, Janet Lee, '88
Swindler, Scott Alan, '82
Swinger, Aaron Lynn, '87
Swingle, Michael Emerson, '76
Swisher, James B., '59
Switzer, Kenneth John, '78
Swoope, Mrs. Lorrita M., '87
Swords, Michael Lewis, '72
Syms, Joseph John, '86
Szabo, John Anthony, '69
Szczepanski, Joseph Eugene, '87
Szente, Daniel Mark, '78
Tabata, David W., '84
Tacy, Ricky Neal, '88
Taggart, Mark Fredrick, '81
Taglione, Richard Michael, '83
Tague, David Paul, '83
Tague, Paul, Jr., JD, '43
Talbott, Richard A., '70
Talis, Betty L., '44
Talmage, George B., '36
Talmage, Ralph William, '71
Tan, Hooi-Min, '87
Tan, Paul W., '87
Tan, Siaw Hui, '87
Tang, Dahlia, '88
Tanner, Gregory Alan, '79
Tanner, William Evans, '78
Tannous, Robert J., '84
Tantari, Gregory Allen, '87
Tarpley, Stephen Nicholas, '82
Tasney, Robert Gordon, '88
Tasso, Gianpaolo, '85
Tauche, Karl Bruce, Jr., '78
Taylor, Bradley Robert, '86
Taylor, Dianne Hennessy, '86
Taylor, Donald Clifton, '80
Taylor, Dorothy Elizabeth, '88
Taylor, Floyd Emerson, Jr., '47
Taylor, Frederick G., '51
Taylor, Gardner Bruce, '40
Taylor, James Edwin, '86
Taylor, James Oscar, Jr., '66
Taylor, Jeffrey Scott, '88
Taylor, Jerry M., '49
Taylor, Joan R., '57
Taylor, Joanne French, '46
Taylor, Judith Cunningham, '81
Taylor, Leslie Paul, '79
Taylor, Margaret Bobb, '31
Taylor, Martha Elizabeth, '84
Taylor, Mrs. Mary E., '30
Taylor, Michael Paul, '83
Taylor, Nancy Johnston, '81
Taylor, Ralph Edward, '71
Taylor, Robert Baldwin Lee, '50
Taylor, Ronald Alan, CPA, '79
Taylor, Stephen Francis, '77
Taylor, Trisha Leigh, '87
Taylor, Wilbur F., '49
Taylor, William Scott, '87
Teach, Herschel M., '58
Teater, Andrew S., '86
Tedeschi, Thomas Michael, '79
Teetor, John Stephen, '74
Teets, Judith E., '86
Tefend, Kevin Alexander, '82
Tefft, J. Carvel, '46
Tegethoff, Laura Ann, '88
Telles, Gregory Lynn, '75
Tender, Mark A., '86
Terhune, Karen Banks, '79
Terrell, David Orlin, '74
Terry, Ramona Diane, '88
Terveer, Thomas Bernard, '80
Tesfai, Ahferom, '70
Teynor, Timothy Martin, '78
Thacker, Shawn, '87
Thall, Colman, '48
Theado, Clarence J., '58
Theado, Valerie M., '48
Theibert, Eugene Matthew, '85
Theibert, Fergus Andre, Jr., '70
Theibert, John Philip, '77
Thierman, Ernestine Y., '38
Thierman, John C., '39
Thimmes, Silas W., '61
Thinguldstad, Eric Charles, '79
Thobe, Todd Hugo, '86
Thogmartin, Curtis Keith, '88
Thogmartin, Val Porschet, '76
Thoman, Harry Louis, Jr., '52
Thomas, Alice Dodge, '49
Thomas, Alison Darling, '79
Thomas, Brenda L. Emanuel, '83
Thomas, Cynthia Lee, '77
Thomas, David Melvin, Jr., '85
Thomas, Debora Rhiannon, '85

Columbus (Cont'd)
Thomas, Doris Swartzwalder, '48
Thomas, Duke Winston, Esq., '59
Thomas, MAJ Edward James, ANG, '73
Thomas, Harold J., '49
Thomas, Mrs. Janet Olsen, '54
Thomas, John Sanford, '83
Thomas, Joseph Douglas, '68
Thomas, Judy Gallo, '77
Thomas, Michael Glenn, '87
Thomas, Norwood D., '81
Thomas, Paul Holden, '84
Thomas, Raymond R., Jr., '58
Thomas, William, '76
Thomas, Zina Hamilton, '87
Thompson, Dennis Craig, '85
Thompson, Eugene Charles, '70
Thompson, Frederic P., '59
Thompson, Gilbert James, '49
Thompson, Mrs. Heidi Alexander, '81
Thompson, James Richard, Jr., '75
Thompson, John Michael, '71
Thompson, Judy Anderson, '62
Thompson, Kasia Lanette, '86
Thompson, Mrs. Linda Saunby, '84
Thompson, Marc R., '53
Thompson, Martin, Jr., '55
Thompson, Melissa Cay, '87
Thompson, Pamela, '77
Thompson, Patricia Rowe, '82
Thompson, Warren, '76
Thornbloom, Dennis Glenn, '80
Thornborough, Stephen N., '63
Thrush, Clint W., '82
Thurman, Kathryn Ann Newland, '85
Tibbals, Thomas Lea, '68
Tidd, Jeri Le Wallick, '81
Tidwell, Albert L., '59
Tidwell, Mrs. Peggy A., '79
Tieman, Joseph Louis, '86
Tiemeier, Barry William, '86
Tieu, Van Lay, '82
Tillman, Mary Pat, '87
Tilton, Alice Mercer, '75
Tilton, Earle B., '23
Tilton, Gregory Eldridge, '79
Tilton, Jeffrey Scott, '75
Tilton, Jerry E., '57
Timmons, Jeffrey Clark, '83
Timmons, Ned Irwin, '68
Tippett, David Hal, '87
Tipton, John Kenneth, '81
Tish, Lester Dale, '62
Tishkoff, Fahn Zelizer, '66
Tobin, Susan Louise, '81
Tobler, Ted Joel, '88
Todd, Jeffrey E., '77
Toh, Su Tian, '88
Tomasek, Randolph Joseph, '88
Tomlinson, Brad W., '83
Tomsen, Michael, '72
Toney, James R., '57
Toney, Vallie Emerson, III, '75
Toole, Steven Cary, '86
Topson, Myron C., '38
Torchia, Daniel Mark, '81
Tornes, John Joseph, '88
Torski, Diane Lynn, '88
Tortora, Stephen J., '87
Tose, Angeline M., '50
Tose, James E., '55
Toskin, Thomas Donald, '87
Toth, Matthew Harold, '82
Toukan, Omar M., '87
Toukan, Stephen Aref, '79
Toussant, Kim Koch, '79
Trabue, Ted Keller, '83
Tracy, Deborah M., '81
Trafas, Susan Ann, '81
Tran, Huong Thuy, '82
Tran, Quan Phat, '82
Trapp, James Witteman, '78
Traunwieser, Joseph Frederick, '74
Trautman, Warner L., '56
Travis, Melissa Berwanger, '80
Trejo, Mrs. Nancy L., '84
Trembly, Lewis R., Jr., '51
Trembly, Mc Clelland, '50
Trenwith, Donald A., '52
Tretter, Steven Scott, '83
Trianfo, Dominic A., '42
Tricarico, Susan, '63
Trimble, William P., '60
Trinh, De Cao, '85
Triplett, Thor William, '86
Trisel, Brooke Alan, '88
Troll, Louis Parker, '76
Trotter, David Lloyd, '74
Trout, Frances Rogers, '48
Trout, Richard L., Sr., '50
Troyer, Joan Mauck, '51
Trubilowicz, Ronald Paul, '81
Trudeau, Andre Norbert, '49
Trudeau, Charles Campbell, '84
Trudeau, Laura Louise, '83
Trueman, Daniel Andrew, '86
Truitt, Steven Julian, '73
Trujillo, Michele Danielle, '87
Trupovnieks, Barbara Astrida, '79
Tucker, Helen Huls, '55
Tucker, Ms. Miriam Ann, '88
Tufts, L'Nard E., '82
Tulga, Jerry M., '64
Tupes, William Allan, '86
Turley, Charles E., '51
Turner, Douglas Alan, '83
Turner, Edgar W., '56
Turner, Jack Thomas, '66
Turner, Jeffrey Lee, '81
Turner, Dr. Joanne Horwood, '76
Turner, Judy Wetzel, '80
Turner, Kenneth Andrew, '87
Turner, Lisa Dunn, '81
Turner, Michael Andrew, '85
Turner, Paul E., '50
Turney, Michael Douglas, '82
Tuttle, Jack Eric, '79
Tyack, Charles Andrew, '82
Tyler, Franklyn Emerson, '78
Tymoszczuk, Michael William, '88
Tzemos, Eriphili, '84
Ueng, Haw-Po, '85
Ufferman, Susan Kay, '84
Uhl, Raymond H., '37
Uland, Margaret Lynn, '83
Ulery, Brad Lee, '86
Ulery, Linda Mc Henry, '81
Ulery, Michael Dean, '84
Ulle, Frank John, Jr., '83
Ulliman, Richard F., '57
Ulliman, William A., '85
Ulrey, Mark Wayne, '82
Ulrich, Frederick L., '61
Ulrich, Robert Sumner, '61
Ulrich, Thomas Richard, '87
Umbstaetter, Brenna Ann, '84
Umstattd, Gary Dean, '81
Underwood, Kenneth L., '64
Ungar, Mark Stephen, '85
Untch, Anna Sophia, '82
Unterbrink, Daniel Thomas, '78
Uotila-Ross, Trina Margarita, '87
Ury, Mary Balthaser, '39
Vacolas, Michele Fracasso, '82
Vagnier, Jeffrey Charles, '84
Vaher, Hillar, '82
Vail, Christopher Lee, '79
Vaio, Timothy Michael, '88
Valentine, Joseph A., '65
Valentino, Anthony Louis, '85
Vallone, Frank Vincent, '82
Van Breene, Jenean Louise, '87
Van Buren, Joan Meuser, '49
Vance, David Lloyd, '84
Vance, Mary Elizabeth, '85
Vance, William, '87
Van De Grift, David Lee, '85
Vander Zanden, Bradley T., '82
Vande Werken, Patti Gasperini, '84
Van Dine, Stephan Wayne, '75
Vandyck, Joseph Albert, '68
Van Echo, Thomas (TJ), '85
Van Eman, Charles R., '50
Van Eman, Rosemary Duffy, '46
Van Gundy, Charles Bernard, '87
Van Heyde, George James, '68
Van Heyde, Renee, '87
Van Horn, Arlene Elizabeth, '86
Van Horn, Richard Ray, '86
Van Houten, Andrew W., '49
Van Hove, Randall Brown, '88
Vanke, Brent, '87
Van Keuls, John Frederick, '83
Vanko, Deborah Louise, '85
Vanko, Ms. Sandra Lee, '87
Van Meter, Donald Joe, '80
Vannata, Joseph, Jr., '72
Van Patten, Alan Woodrow, Jr., '81
Van Putte, 2LT Michael Allen, USA, '88
Van Straten, Mrs. Karen S., '83
Van Wye, Jody Lee, '84
Vardag, Ali Khan, '87
Vargo, George G., '65
Vargo, Michael S., '49
Vargo, Nancy Arnett, '84
Vari, Tery Albert, '88
Varner, Donna Ruth, '88
Varner, Stacey Allen, '84
Vasquez Weber, Angelita O., '88
Vastyan, Albert A., '50
Vawters, Howard S., Sr., '48
Vazsonyi, Shana Lynne, '88
Veit, Paul E., CPA, '71
Vela, Ronald J., '83
Vellani, John, '63
Venetta, Larry Will, '87
Vereb, Sanford L., '83
Veri, Mrs. Donna L., '49
Verity, Cindy S., '88
Vermillion, Rex Ray, '79
Verne, Julianne Maria, '79
Vernon, Michael David, '75
Vetter, Frank, Jr., '28
Vidis, Martin S., '34
Vigil De La Parr, Luis Ricardo, '88
Vilardo, Mary Jo, '79
Vinciguerra, Joseph Charles, '88
Vinson, Ella Beatrice, '82
Visocan-Moore, Jane Marie, '84
Voelker, Dow Trevor, '84
Vogel, Sam James, '74
Vogt, Lori Alicia, '88
Vogt, Robert Stephens, '79
Voorhees, Richard S., '49
Voris, Glenn L., '49
Vos, Charles T., '85
Vosler, Ellen Kay, '78
Wacker, Charles P., '50
Waddell, James Bryant, '78
Wade, David Shannon, '85
Wade, Dewey S., '57
Wade, Margaret Christiansen, '59
Wagenbrenner, Joan Favret, '54
Wagenbrenner, Thomas G., '61
Wagener, Cliff Norman, '83
Wagenman, Ms. Elissa K., '82
Waggoner, John Clinton, Sr., '46
Wagner, James Lowell, '88
Wagoner, Larry Allan, '84
Wahl, Chester K., '47
Waibel, Helen Ann, '84
Waites, Mark Anthony, '81
Waldron, David R., '86
Walker, David James, '88
Walker, Frances Joseph, '38
Walker, James Ray, '77
Walker, Sherwood, '47
Walker, Stan Duane, '85
Walker, William B., '87
Wall, Andrew James, '85
Wall, William K., '43
Wallace, Bert W., '53
Wallace, Glen D., '47
Wallace, John Raymond, '86
Wallace, Lori A., '88
Wallace, Shawn Crawford, '86
Wallingford, Theron, '87
Walls, Alessia Esther, '83
Walls, Ralph G., '66
Walsh, Denis H., '78
Walter, Michael Hamner, '87
Walter, Robert D., '49
Walters, Charles Eric, '87
Walters, Karl R., '50
Walters, Lawrence Medbery, '32
Walters, Michael Glen, '85
Walters, Randall Mitchell, '75
Walters, William David, '87
Walters-Hansford, Barbara Gesell, '78
Walton, Charles De Wayne, '88
Wander, Daniel Lyman, '76
Wander, Roy W., '50
Wang, Chun Ming, '88
Wang, Hwaijiin, '88
Wanner, Robert A., '52
Ward, Anita Smith, '38
Ward, David Charles, '88
Ward, Deirdre, '85
Ward, Eldon W., '56
Ward, Gary Lee, '87
Ward, John H., '88
Ward, Marlene Wathen, '81
Ward, Richard T., '48
Ward, Roger Earl, '84
Ward, Stephen Michael, '76
Wardle, D. R., '77
Ware, Vanessa Elaine, '86
Warfield, Cheryl, '80
Warmolts, Carrie Dunham, '83
Warne, Ralph D., '47
Warner, David Ray, '81
Warner, David Scott, '87
Warner, Mrs. Melanie Mc Clain, '86
Warner, Thomas Peter, '71
Warren, Paul Frederick, '71
Warren, William R., Jr., '56
Waser, Edwin B., '70
Washburn, David C., '64
Washington, Janis Anita, '88
Wasserstrom, Harold D., '45
Wasserstrom, Mrs. Sally Abel, '44
Wassink, Joseph Anthony, '87
Waterbury, Robert L., '53
Waterman, Joseph, '57
Waters, Robert E., '62
Watkins, Daniel Vance, '86
Watkins, David Scott, '82
Watkins, John David, '60
Watkins, Sharon Rae, '86
Watman, Richard Donald, '83
Watson, Anne Bauer, '88
Watson, Christopher Michael, '87
Watson, Gary Stephen, '75
Watson, Timothy Joseph, '81
Watt, Craig Leland, '80
Watt, Mrs. Kathy Pitts, '81
Watters, Sheila Renae, '88
Watts, Brian Eugene, '86
Wauben, Ms. Peggy Ann, '87
Waugaman, H. Byron, '83
Waugh, Robert Joseph, LUTC, '74
Way, Jack P., '51
Weakley, Cynthia Sue, '83
Wears, Lee H., '35
Weaver, Don W., '40
Weaver, James David, '82
Weaver, James Michael, '85
Weaver, Joseph Roy, '62
Weaver, Teri Hipolite, '85
Weaver, William L., '60
Webbe, Charles F., Jr., '49
Webber, Cynthia Hickey, '77
Webber, Daniel Stewart, III, '50
Webel, Curtis George, '88
Weber, Herman Eugene, '54
Weber, James J., '64
Weber, Jeannine Sue, '82
Weber, Kevin Ray, '80
Weber, Mrs. Patricia Call, '49
Wedemeyer, Daniel Alan, '81
Wedlund, Gary La Vern, '88
Weed, Jean Russell, '33
Wehner, Dr. Raymond Henry, '49
Weideman, Anne Therese, '85
Weidinger, Timothy Matthew, '76
Weidner, Jonna Marie, '85
Weil, Mrs. Geraldine Robins, '45
Weiler, Dr. Robert Jerry, '64
Weimar, Gary Michael, '82
Weimar, Glenn David, '82
Weimerskirch, James Eric, '86
Weimert, Theresa Marie, '83
Weis, William Michael, '87
Weisenstein, Steven Joseph, '79
Weisgarber, Patrick Lee, '88
Weisheimer, Craig Alvin, '78
Weisman, Jeffrey Scott, '87
Weiss, David Bryan, '88
Weiss, John F., '49
Weiss, Marianne French, '47
Weisz, Bradley Eugene, '88
Weitz, Kellie Jo, '88
Weitzel, John (Pat), '40
Welch, Jennifer E. Sabo, '84
Welch, John Douglas, '66
Welch, John R., '47
Welch, Nancy Ellen, '88
Welch, Richard E., '60
Weldon, Stephen Mark, '78
Weldon, Victoria Thomas, '78
Weldon, William F., '49
Weldon, William Thomas, '82
Welker, Susanna, '55
Wells, George E., '35
Wells, John Robert, '87
Wells, Leland Kenneth, '85
Wells, Raymond I., '45
Wells, Sherry J., '81
Welsh, Mark A., '78
Welty, Robert J., '63
Weltzheimer, Paul, '32
Wemer, Michael W., '64
Wemlinger, Charles Richard, '76
Wendt, John Franklin, '86
Wendt, Richard Eric, '85
Wenrick, Marilyn P., '56
Wernick, Alan Stone, '74
West, Bradley Allan, '86
West, Michael Joseph, '81
West, Stanton Archie, '86
West, Terry Lee, '81
Westbrook, Christopher Donald, '85
Westbrook, Grant Allen, '88
Westervelt, Douglas J., '47
Westinghouse, Richard G., '57
Westlake, James Allen, '81
Wetmore, David Charles, '71
Wetta, William Andrew, '88
Wetterman, Craig Alan, '83
Wexler, Mrs. Orna H., '78
Wexner, Leslie Herbert, '59
Whalen, Karen Christine, '80
Whalen, Robert A., '48
Whaley, Mary Winstel, '84
Wharton, Richard E., '52
Whatley, Mrs. Cheryl Ruth Vaughn, '84
Wheat, Ralph D., '51
Wheeler, Charles Taylor, '43
Wheeler, Curtis Scott, '78
Wheeler, Mila Jayne, '78
Whipple, Charles A., Jr., '49
Whipple, Quentin P., '42
Whitbeck, Diane Sue, '79
Whitcomb, Linda Ann, '86
White, Byron Keith, '84
White, COL David Benjamin, USAF(Ret.), '60
White, David D., '24
White, Douglass Eugene, '80
White, Evelyn Mc Elhaney, '83
White, Israel R., '60
White, John Vincent, '88
White, Joseph Bennet, '82
White, Joseph Larue, '65
White, Kenneth Eugene, '77
White, Martin Earl, '77
White, Nicolette Miller, '76
White, Sharon Kimberly, '80
White, Thomas Alan, '80
White, Dr. Thomas Robert, '62
Whitehead, Kenneth, '81
Whitehead, Michael T., '67
Whitehurst, James L., '53
Whiteman, Carl C., '49
Whitenack, Scott Ronald, '82
Whitmer, Robert H., '49
Whitmore, Max E., '58
Whitney, Patrick Greene, '87
Whittaker, Diane Corcoran, '83
Whittaker, Stuart Allyn, '83
Whittier, Jody Eileen, '83
Whittman, Adair Schaffer, '78
Wichman, Kenneth George, '88
Wickerham, Douglas Edwin, '83
Wickerham, Kelly Corbett, '82
Wickerham, Monty Paul, '88
Wickiser, Cherie Benjamin, '79
Wickliff, Robert G., '47
Widdis, Clark Stanley, '30
Wider, David, '49
Widing, Christopher Gunnar, '70
Widmaier-Fox, Mrs. Lillian W., CPA, '41
Widney, Thomas Charles, '85
Wiegandt, Karen Ann, '86
Wiemels, Bernard, '49
Wiens, Linda Jo, '83
Wiens, Michael James, '79
Wiewall, Leo E., '59
Wiggins, Cheryl Diane, '88
Wiggins, James E., Jr., '50
Wilburn, Charles W., '57
Wilburn, George S., '50
Wilcox, Philip R., '63
Wilcox, Philip Winchester, '75
Wilcox, Todd Michael, '87
Wilgus, Michael Robert, '87
Wilke, Robert N., '88
Wilkins, Sandra J., '83
Wilkins, William W., '67
Wilkinson, Lynne Elizabeth, '87
Will, Jacob L., '50
Willard, Carol E., '86
Willard, George Thomas, '53
Willer, Kelly J., '87
Willett, Bradley M., '87
Willett, J. Dwight, Jr., '49
Willey, Robert W., '60
Willey, Stephen Lowell, '82
Williams, Alan O., '30
Williams, Barbara Joan, '81
Williams, Benjamin K., '34
Williams, Brad Lee, '85
Williams, Mrs. Cheryl A., '81
Williams, David Fulton, '49
Williams, Drucilla, '52
Williams, Eric Alan, '85
Williams, Georgia Wood, '81
Williams, James Curtis, '77
Williams, Jeffrey John, '84
Williams, Jeremy Allen, '87
Williams, John, Jr., '60
Williams, John Wesley, '53
Williams, A1C Kenneth Jay, '84
Williams, Kristofer Kyler, '87
Williams, Mark Dwyn, '82
Williams, Mary Wagner, '51
Williams, Mrs. Phyllis M., '53
Williams, Richard L., '66
Williams, Roger E., II, '52
Williams, Ronald Dalton, '33
Williams, Steven Kirk, '88
Williams, Wallace Peter, '52
Williams, William S., '81
Williamson, Dennis Paul, '79
Willis, Douglas Keith, '83
Willis, William Karnet, Jr., '80
Willits, Michael Ellis, '63
Willson, Michelle Marie, '83
Wilson, Bruce Edward, '79
Wilson, Christina Lynne, '85
Wilson, Curtis Lamar, '88
Wilson, Dr. Cyrus Clarke, '64
Wilson, Edwin C., '40
Wilson, F. Leon, '83
Wilson, Mrs. Helen Schoenborn, '34
Wilson, Julie Dawn, '82
Wilson, Nicholas Brown, '72
Wilson, Patti Lynn, '86
Wilson, Randolph, '76
Wilson, Stephen Lee, '85
Wilson, Steven D., '84
Wilson, Susan Ann, '84
Wilson, Sylvan Les, '79
Wilson, T. Page, '76
Wilson, William Hassell, '50
Wilt, Carroll Lee, '72
Wilt, Martin Wayne, '87
Wiltberger, James B., '49
Winbush, Truman, '53
Winch, John Jeffrey, '88
Windle, Paula Helene, '88
Windle, Robert William, '87
Windsor, Cynthia, '81
Wine, Kenneth H., '85
Wingeard, Douglas Keith, '88
Winkel, Robert A., '66
Winkle, Eric Lee, '84
Winningham, Robert C., '52
Winslow, Susan Michelle, '88
Wirick, David W., '77
Wisbith, Judith Lynn, '88
Wise, Dean W., '47
Wise, Eric Alan, '82
Wise, Howard Francis, '84
Wise, Richard Dean, '86
Wisecarver, Dana Lynn, '80
Wiseman, Jack P., '49
Wiseman, John Stephen, '72
Wiseman, Todd Nelson, '86
Wisman, Jack Alan, '87
Wissler, Ms. Joanne Rauschenbach, '78
Wissler, Richard Thomas, '79
Wiswell, Mrs. Mary A., '86
Wittebort, Nancy Lashley, '53
Wittebort, Roy L., '55
Wittman, Steven Harry, '81
Witwer, Douglas Lowell, '80
Witzel, John Charles, '68
Woessner, Donald Stephen, '70
Wohlstein, Timothy Lee, '85
Wojcik, Frank, '74
Wolfe, Steven Allen, '76
Wolfe, Steven Matthew, '88
Wolfe, Sue Ann, '86
Wolff, William Marvin, '87
Wolfinger, Gerald Edward, '59
Wolford, Kenneth Eugene, '83
Wollenberg, Roger Dale, '78
Wolske, Gregory Scott, '81
Wolske, Walter J., Jr., '54
Woltman, Jo Ann L., '50
Woltman, 2LT Michael Joseph, USAF, '84
Wong, Mrs. Sau Ling, '84
Wonnell, Harold E., JD, '50
Woo, Jeffrey Dwight, '82
Wood, David Lane, '85
Wood, Donald Eugene, '74
Wood, George P., '51
Wood, Howard Perry, '87
Wood, Jeanette L., '80
Wood, John Alexander, '75
Wood, Kelly Day, '85
Wood, Richard Dwight, Jr., '73
Wood, Robert K., '39
Wood, William David, '74
Woodall, Alvin John, Jr., '85
Woodford, Osbon, '74
Woodley, COL Gerald A. B., '29
Woodrum, Karen Denise, '84
Woods, A. Victor, '53
Woods, Donald P., '56
Woods, Larry R., '62
Woodward, Theresa Palmieri, '81
Woodyard, Jerry A., '56
Workman, Jerry Kent, '84
Workman, Thomas Eldon, JD, '66
Worley, C. Thomas, '78
Worley, Cheryl Louise, '87
Worman, Charles Scott, '80
Worrall, Anthony Stephen, '85
Worster, Linda Jacunski, '84
Worth, Brian Edward, '88
Worth, Daniel P., '60
Wortman, Russell Joseph, '83
Wray, Joseph Anthony, '70
Wright, Brent William, '80
Wright, Connor Hall, III, '84
Wright, David William, '67
Wright, Debora, '88
Wright, LCDR Edward, USN, '84
Wright, F. John, '49
Wright, John Lee, Jr., '76
Wright, Kenneth F., Jr., '57
Wright, Lloyd George, '43
Wright, Robert O., Sr., '47
Wright, Tom Cameron, '62
Wrigley, Ann D., '66
Wuichet, John Weller, '34
Wulf, James Vincent, '84
Wurst, John Charles, '69
Wurzelbacher, Richard David, '88
Wutchiett, Cynthia Rose, '74
Wyatt, Cheryl Lynn, '88
Wyckoff, Lee Francis, '79
Wymond, Philip C., Jr., '48
Wynbrandt, Dennis Keith, '74
Wynne, Peter M., '88
Yaeger, Hugh D., '48
Yaklevich, Donna Peters, '51
Yanai, Ronald G., '57
Yaple, Wendell E., '35
Yardley, Charles B., '34

GEOGRAPHICAL LISTINGS Dayton OHIO 417

Columbus (Cont'd)
Yarrington, Beth Olga, '86
Yashko, Michael Stephen, '84
Yassenoff, Solly Leo, '72
Yates, Gretchen Lynn, '88
Yates, Robert E., '59
Yates, Thomas L. B., '57
Yaufman, Michael John, '85
Yazel, Ms. Kathryn Kay, '82
Yeager, Robert R., '48
Yee, Danny, '82
Yee, Mrs. Karen E., '83
Yee, Kenneth, '80
Yee, Ping Chiu, '84
Yee, Wah, '81
Yee, Wai King, '86
Yen, Ben Yen, '87
Yen, Simon H., '87
Yeo, Lay Kuan, '88
Yeoh, Stacy, '87
Yerian, Wayne K., '78
Yetts, Nathan Jerome, '83
Yoakum, Molly Ann, '88
Yocom, Robert M., '53
Yoder, Colleen Kay, '77
Yoho, John Roger, '82
Yoho, Robin Lynn, '86
Yonk, Joseph L., '61
Yontz, Dorothy Keller, '49
Yontz, Lawrence Charles, '82
Yoo, Pau Fong, '87
Yost, Douglas Christian, '88
Yost, Ginger V., '87
Yost, H. Thomas, II, '69
Youmans, David H., '47
Young, Christine Luce, '88
Young, Craig Ernest, '85
Young, Donald George, '79
Young, Douglas John, '83
Young, Edward H., '51
Young, Howard L., '50
Young, Jay Louis, '81
Young, John David, '57
Young, John Douglas, '86
Young, Karen Sue, '87
Young, Kathryn Elaine, '77
Young, Leamon Dennis, '82
Young, Leslie Jeanne, '87
Young, Richard E., '74
Young, Robert Evans, '64
Young, Russell N., '49
Young, Thomas Andrew, '69
Young, Willard C., '30
Younger, Craig Alan, '85
Younger, Donn Richard, '67
Younger, Norval Clyde, '26
Younkin, Ronald P., '59
Yuenger, Thomas Patrick, '83
Yuhas, James Edward, '86
Yurasek, Joseph J., '50
Zabilski, John, '86
Zabor, Elaine M., '78
Zack, Robert Thomas, '74
Zacks, Arnold O., '56
Zahler, Michael Jerome, '87
Zahler, Michelle Shay, '83
Zahn, John M., '50
Zalac, Charles Ross, '83
Zanon, Raymond C., '57
Zawadiwskyi, Michael D., '88
Zawatsky, Joni Lynn, '85
Zeches, Carlene L., '85
Zehnder, Charles B., '66
Zeis, Paul Lockwood, '84
Zeldin, Solomon David, '49
Zelinski, Michael P., '84
Zelkowitz, Donna Rikin, '61
Zell, Michael David, '81
Zeller, Robert Lee, '83
Zeman, Robert Stephen, '85
Zettler, John J., '62
Zettler, Nicholas S., '61
Zickafoose, Larry J., '57
Zid, Michael Conrad, '83
Zieg, Harold F., '32
Ziegler, Susan Kay, '83
Ziegler, Teresa Jayne, '88
Ziemba, Richard Stanley, '77
Zimmer, Christine Marie, '86
Zimmer, Harold J., '61
Zimmer, John Paul, '87
Zimmerman, John Walter, '86
Zimmerman, Larry Allyn, '81
Zimmerman, Mark Andrew, '85
Zimmerman, Richard S., Sr., '46
Zimmerman, Robert Carl, '71
Zimmerman, Robert O., '40
Zink, Dale E., '87
Zsoldos, Stephen, '65
Zucker, Ira C., '49
Zulauf, Robert L., '43
Zumpone, Richard Joseph, '86
Zurcher, Donald Lee, '87
Zwayer, Joseph Theodore, '73

COLUMBUS GROVE
Collar, Marcia Myers, '43
Davis, Robert Mac, '72
Herr, Michael Craig, '71
Koch, Clifford James, '84
Morman, John Michael, '79
Morman, Mylinda Beard, '80
Palte, Bernadette Mary, '88

CONCORD
Fisher, Russell William, '79
Fritz, Melvin Charles, '71
Hersch, Stephen Howard, '71
Perrico, Michael Albert, '88
Tabbert, Bradley C., '62

CONCORD TOWNSHIP
Goldsmith, Harvey S., '62
Kershaw, David Alan, '71
Miller, James Michael, '68
Stalzer, Joseph Paul, '69

CONESVILLE
Donley, Troy Alan, '86

CONNEAUT
Dombroski, Karen Lynn, '85
Hall, Connie Lynn, '80
Longauer, George Peter, '74
Madden, Catherine Herl, '72
Madden, Daniel Lee, '70
Robertson, Stanley, '50
Schmaeman, Gary Warren, '63

CONOVER
Hoorman, James John, '87

CONVOY
Elston, Holly Ann, '87
Moser, Gary Alan, '74
Thomas, David Eugene, '85
Welch, Debra Rena, '88

COPLEY
Aufdenberg, CAPT Edward R., II, '67
Churchman, Larry K., '63
Clark, Kent William, '83
Dressler, Susan Marie, '88
Duck, Jeanine Lynn, '87
Fox, Mark Robert, '81
Harris, John Maxwell, '82
Mc Mains, Greg Kris, '82
Walters, Timothy Russell, '78
Wiseman, Donovan Walter, '58
Woofter, Sharon Gilmore, '80
Yelin, Maria Faith, '85

CORTLAND
Adamson, David Dwayne, '76
Donnelly, Richard David, '85
High, Lloyd William, '76
Homrighouse, Edward F., '41
Homrighouse, Mark Edward, '72
Homrighouse, Randy Lee, '74
Jenyk, Paul J., '41
Mc Cummins, Caroline Susan, '85
Pishotti, Thomas P., '87
Sauer, Diane R., '75
Savakis, Angelo Nick, '79
Thurston, Kenneth Paul, '68

COSHOCTON
Allen, Craig E., '87
Allen, Joseph E., '56
Bauman, Jeffrey Payne, '71
Becker, Arnold A., Jr., '65
Blanchard, Van, II, '81
Bowman, Michael Jasper, '75
Bryan, Thomas William, '68
Crawford, Nancy Ellen, '74
Dutton, Debra Stipes, '77
Emerson, Richard Lee, '71
Finney, James W., '51
Foster, Lewis Jack, '44
Fuller, Orville, Jr., '50
Gehrke, COL Edward F., USAF(Ret.), '51
Gross, Howard Edward, '46
Gross, Joan, '44
Guthrie, Jeloy Mavis, '81
Haller, William Clifford, '69
Hammond, John Edgar, Jr., '47
Hart, Ernest Eric, '86
Hudson, Richard Lorrell, '78
Kahoun, Leslie Catherine, '84
Kendall, Gordon Andrew, '77
Kidner, Marsha Arlene, '85
King, Clifford A., '26
Mason, Gregory S., '86
Meek, Robert Jay, '80
Neighbor, Marlin Henry, '79
Olinger, Alfred J., '50
Olinger, Max Brown, '57
Parkhill, Don R., '80
Penrod, Daniel Lee, '73
Peters, Richard Earl, '59
Reiman, Marilyn Guilliams, '61
Ricketts, David W., '62
Rohrer, Thomas Robert, Jr., '83
Sewalk, David Christopher, '84
Skelton, Margaret Becker, '84
Smith, Robert Edward, '82
Stafford, Burl Junior, '73
Strub, Thomas W., '46
Sutton, Jodi Jae, '86
Thomas, Robert M., '49
Thompson, Scott Sidney, '75
Timmons, William D., Jr., '51
Tripp, Marion Lewis, '84
Vasko, Ronald, '73
Walsh, Richard T., Jr., '67
Willis, Cheryl Mencer, '73
Woods, Matilda, '85

COVINGTON
Hand, Patrick O., '67
Swinehart, Howard E., '50

CRESTLINE
Garberich, Steven Jon, '86
Holm, Calvin Douglas, '76
Kindinger, Donald E., '55
Vogt, Alan Wayne, '83

CRESTON
Followay, Bradly James, '85

CRIDERSVILLE
Day, Robert Lee, Jr., '67
Mc Cullough, Mark Steven, '76
Pitts, Kevin Ray, '85

CROTON
Chaffin, Richard H., '69
Warner, David William, '68

CUYAHOGA FALLS
Albanese, Donald Thomas, '67
Batman, Michelle Rene, '82
Becher, Robert S., '41
Bement, Clinton E., '42
Bennett, Richard Charles, '49
Blackburn, Laura Ivins, '82
Call, Lawrence E., '54
Cline, Roger Garland, '69
Coy, Scott Alan, '74
Croy, John Marshall, '84
Crum, Timothy Taylor, '84
Dodson, Frederick D., '57
Eichert, David Brian, '83
Ersing, Stephen Todd, '80
Ewing, Ms. Teresa Jean, '87
Gable, James Michael, '72
Garrett, Mrs. Rene S., '71
Giles, Herman C., Jr., '51
Graham, David Thomas, '80
Grubb, Richard E., '40
Grutzmacher, Dennis James, '76
Hedgepeth, James Edward, '79
Hedrick, 2LT William Wayne, '87
Herrnstein, John Mark, '80
Hohl, Bruce Wendell, '86
Horrisberger, Theodore, '57
House, Aileen Charters, '33
Johnson, Karl Campbell, '54
Kellner, James W., '49
Klamert, Ronald Alan, '83
Kodish, Marcia D., '82
Krueger, Louis R., '33
Kunce, Paul Brian, '87
Lane, Charles Logan, '42
Latimer, John Stratford, Jr., '82
Losey, Ronald Arthur, '80
Lyons, Jill Diane, '85
Mahaffey, John Howard, '77
Marshall, Dennis Oliver, '88
Mattison, Lee H., '48
Mc Cready, Marvin R., '50
Meck, James A., '53
Meyers, Charles C., '48
Mortensen, James R., '51
Painter, William Ernest, '70
Parsons, Deborah Lynn, '86
Pike, Robert William, '77
Plazak, Michael John, '74
Rule, Donald William, '33
Stamets, Robert Bruce, '80
Switzer, Park G., Jr., '49
Thompson, Scott Richard, '85
Tomko, David John, '86
Varley, John Frank, '44
Woodford, David Dwight, '76
Wright, Lisa Ann, '87
Zuckett, Richard Monteque, Jr., '86

DALTON
Hofstetter, Kathryn H., '78
Workman, Cheryl Marie, '86

DAMASCUS
Moore, Dana Eugene, '84
Pinney, Hubert Russell, '62

DANVILLE
Lavelle, James Edward, Jr., '77
Miller, Floyd Joseph, '75
Ramser, Ms. Susan Elizabeth, '83
Sheldon, Randal Paul, '81

DAYTON
Abromowitz, Judith Stone, '77
Ackerman, Robert A., Jr., '61
Adams, Mark Randall, '76
Adler, Michael Frederic, JD, '58
Ahrendt, Carl Fredrick, '72
Albert, Jeffrey Paul, '68
Alexander, Richard Joseph, '56
Allen, Kimberly Jo, '81
Amos, Nancy C., '38
Andrew, Margaret J., '31
Andrews, John De Marr, '59
Angel, Robert Lee, '75
Arnovitz, Theodore M., '54
Baggott, Horace Worman, Jr., '58
Bailey, Krista Kay, '87
Baker, John Robert, '72
Ball, Ronald W., '62
Balling, Joseph S., Jr., '63
Bannister, Richard J., '59
Barga, Charles Francis, CPA, '80
Barnheiser, Philip G., '50
Barrar, Robert Ivan, Sr., '47
Barry, Warren L., '63
Bartee, Ira Allen, '87
Bartlett, Mrs. Jean Simpson, '46
Bauman, Ronald L., '57
Bazelak, Mark Andrew, '83
Beach, James David, '75
Beach, Paul Robert, '71
Becker, Thomas John, '83
Beckman, John F., '60
Beerbower, Robert Edwin, '49
Begley, John Patrick, '86
Bellett, Bridget Mary, '82
Benadum, Jean, '36
Bennett, John Donald, '48
Benz, Roger William, '79
Berk, Daniel J., '85
Bethel, Elizabeth Ann, '84
Bettcher, William L., '57
Beyoglides, Gertrude G., '47
Beyoglides, John C., '83
Bialek, Timothy John, '76
Bidwell, Karen Lois, '88
Bidwell, Patricia Mohr, '52
Billman, Roger John, '71
Birt, James E., '60
Bizzarro, David Joseph, '81
Blacker, Lawrence N., '50
Blacker, Lloyd H., Jr., '55
Blair, LTC John R., USAFR, '66
Blum, Richard Jay, '76
Bockhorn, Terry Lee, '68
Boden, Scott Randall, '86
Bohachek, Clay Cameron, '80
Bolds, Kevin Wayne, '76
Bolling, Vincent, Jr., '56
Bolus, Gary Lewis, '73
Bowers, Mrs. Dorothea Huber, '55
Bowman, B. Mc Guffey, '49
Bradley, Robert Edward, '76
Brady, John Peter, '72
Brannick, Jeffery Alan, '83
Brewster, Mrs. Kathy S., '85
Britt, Michael Lawrence, '83
Brooks, Robert Allen, '49
Broughton, Ronald, '84
Brown, Gary Lee, '74
Brown, Victor Carl, '78
Bruck, Donald Philip, '88
Bruggeman, Thomas J., '61
Brundrett, James Cronin, '69
Buckey, Frederick L., '48
Buckey, Karolyn Mathews, '48
Butcke, Ms. Doris M., '57
Butt, William Thomas, Jr., '68
Caine, John F., '54
Caldwell, Mrs. Eloise A., '40
Calvelage, Larry Joseph, '83
Campbell, Charles R., '52
Carbaugh, Daniel William, '67
Carroll, James Dwight, '70
Carroll, Thomas Charles, '80
Carter, Russell Luther, '40
Carter, Terri Lee, '86
Carter, William Kobin, '48
Cashdollar, John E., '53
Clark, Jonathan Drew, '82
Clark, L. Frederick, '35
Clarke, Pamela Sue, '79
Clayman, Raymond, '56
Clemens, Stephen Michael, '83
Cloud, Cynthia Ann, '88
Clymer, William Latham, '65
Coady, Nicholas P., '65
Coatney, Yolanda Kay, '86
Coen, William Robert, '50
Coffey, Donald F., '48
Cohen, William Elliot, '67
Collins, Jane Kroener, '68
Collins, Joseph F., Jr., '38
Columbro, COL Joseph J., USAF(Ret.), '58
Confer, Robert J., '48
Conover, Reeve S., '40
Corbin, Susan Maria, '83
Corey, Robert A., '51
Cox, Joseph Edward, '29
Cox, Thomas Foster, '44
Cox, Virginia D., '48
Cramer, Charles Lambert, Jr., '81
Cronin, Thomas Leonard, Jr., '68
Crusey, Jack L., '48
Dameron, Robert W., '62
Davidson, James Carl, '66
Davidson, William B., '61
Dawson, Paul A., '67
Deas, William Gourlay, '69
De Brosse, Thomas Eugene, '72
De Camp, Harold A., '56
Deibig, MAJ Peter Andrew, USAF, '72
Demyan, Randall Jon, '77
Detrick, David Ellsworth, '28
Deutsch, David M., '65
Dicken, K. Lee, '50
Dickerson, Ronald K., '57
Dickinson, John Mark, '80
Dierker, Edward F., '64
Diorio, Juanita Gudgel, '54
Dlott, Herman, '49
Donahue, Mrs. Kimberly S., '82
Donenfeld, Ralph Julian, '40
Donofrio, Eric Anthony, '76
Douglas, Glenn S., '73
Doyle, Karen Eileen, '84
Drake, Mrs. Edna L., '42
Drees, MAJ Kenneth Oscar, USAF, '69
Dunlope, Kenneth H., '57
Dyett, Sharyn Ann, '81
Edgemon, Stanley Dean, '49
Edwards, Ruth Ann, '86
Elam, Sam F., '83
Ellison, Herman I., '49
Eltzroth, Donald F., '49
Emley, Fred W., '64
Emrick, Nicholas R., '82
England, M. Daniel, '86
Erbaugh, Michael E., '67
Eubanks, Russell Stephen, '80
Eversman, Robert Benjamin, Jr., '70
Fain, Steven, '87
Falke, Lee Charles, '52
Farnbacher, Kurt Siegfried, '47
Febus, Kirk Lee, '79
Federle, Thomas W., '65
Feldman, DeNeal J., '53
Feldmeyer, Ben Howard, '86
Feldmeyer, Mrs. Gretchen Lynne, '87
Felman, H. Marvin, '47
Fenstermaker, Charles S., '54
Fergus, Morris F., '23
Ferneding, John Ryan, '80
Finister, Glynda Ann, '80
Finke, Suzanne Margaret, '84
Fiori, Frank A., '63
Fiorita, Larisa Lynn, '82
Fiorita, Dr. Vincent Louis, '81
Fisher, Diane Marie, '81
Fisher, Richard Wallace, '49
Fisher, Robert Edward, '88
Flohre, Carl J., Jr., '59
Fogwell, Merritt L., '67
Ford, William Henry, '39
Fowkes, Herbert S., Jr., '50
Fox, Charles Borris, '52
Fox, James Edwin, '83
Frame, James R., '51
Francis, Jerry E., '86
Frankenfeld, George Arthur, '54
Frayne, Anne Marie, '76
Frazee, Willis H., Jr., '49
Fronista, Lilly A., '86
Fry, Kenneth Calvin, '67
Fry, Sue Mc Innis, '68
Gaboury, Richard E., '67
Garber, Dennis Dwight, '69
Garlikov, Mark B., '65
Gearhart, Kenton Paul, '69
Gee, Steve Craig, '83
George, August Allen, '68
Geremski, Terrence E., '83
Gerstner, Mary E., '50
Gibson, James Walter, '56
Giering, John Louis, '68
Gillaugh, Michael Edward, '78
Gillaugh, Raymond Dale, '52
Gillespie, William Howard, Jr., '47
Goedeking, Melvin A., '36
Goins, Clayton O., '50
Goldberg, Regina Rosenfeld, '36
Goldenberg, David Lee, '68
Goldman, Louis S., '49
Goss, Donald L., '62
Graeser, Douglas Richard, '87
Gray, John Christopher, '63
Greenberg, Michael Allen, '66
Griffith, Lillian Carole, '85
Guggenheimer, Joel, '87
Gum, Kevin Eugene, '79
Gurin, James J., '66
Haeuptle, James Howard, '76
Hager, Michele K., '85
Hairston, James Garnett, Jr., '77
Hamilton, Curtis Scott, '88
Hardcastle, Paul E., '64
Harlan, Todd A., '87
Harwood, Frederic R., '35
Hastings, Joseph Lee, '85
Hauser, James A., '57
Hawk, Julian A., '22
Hawkins, James Marland, '55
Hayes, Glen P., '54
Hayslett, Maureen Mc Cabe, '86
Headley, Herschel K., '32
Heck, Charlotte Sebald, '47
Heck, Thomas F., '49
Hemmert, William F., '64
Henry, Nancy Mayne, '58
Herron, William E., '43
Heyman, Miles B., '56
Hicks, Brenda Denise, '79
Hildebrant, Donald V., '51
Hilt, James Scott, '71
Hinde, Edward J., IV, '79
Hoard, Anita Elaine, '79
Hochman, Hon. James B., '63
Hoffman, Charles Edward, '62
Hoffman, William Martin, '38
Holmes, Robert M., '53
Holt, Yale J., '50
Hoover, Thomas Ted E., Jr., '85
Hornbeck, Mrs. Elizabeth Flack, '38
Huffman, LTC James Wesley, '67
Humphreys, John Cheney, '43
Hunsicker, Julie Ann, '83
Hyde, Germaine Valentine, '84
Hyland, Sheila D., '83
Iams, Alvin Lewis, '32
Ingle, Beverly Creachbaum, '54
Irvin, William Timothy, '68
Isoma, Irene Elizabeth, '69
Jablinski, Coleen Marie, '82
Jackson, Daniel Allen, '83
Jackson, James Theodore, '82
Jackson, Robert Irwin, '80
Jacobs, Frank Steve, '82
Jacobs, Richard E., '76
Jacoby, Byron H., '50
Jaeger, Donald C., '59
James, Delber Lutz, '46
James, Wilbur Gene, '71
Jeffery, Morton L., '63
Jenefsky, Jack, '41
Jenkins, Matthew Richard, '79
Jenkins, Scott Andrew, '87
Johnson, Allen Le Roy, '69
Johnson, Douglas N., '73
Johnson, Elaine Pierce, '85
Johnstone, James M., '63
Jones, Charles Haddon, Jr., '64
Jones, George Albert, '42
Jones, Karl Maurice, '82
Jones, Valerie Nyalda, '80
Jordan, Mc Kenna Shelton, Jr., '68
Joseph, Emmett F., '55
Juterbock, Ms. A. Krista, '70
Kahn, Mrs. Tamara K., '84
Kane, Dennis Michael, '87
Kasch, William M., '65
Kegerreis, Dr. Robert James, '43
Keller, Carl Ralph, '66
Kem, Myron S., '28
Kemp, Geoffrey Merlin, '75
Kemper, Donald H., Jr., '61
Kenestrick, Frank K., '56
Kerr, Jack Darnall, '81
Kim, Heesoo, '87
Kimble, Edward Lincoln, '84
King, Dr. Alan Lee, '67
King, Barrie Heiliger, '82
Kirby, Dale James, '79
Kiser, Douglas R., '60
Kleinhenz, Andrew N., '58
Klug, Dr. Raymond H., '62
Knerr, Cecil E., Jr., '59
Knierim, Carol Anne, '85
Knoll, Joan Clark, '52
Kohls, Corwin J., '56
Korb, Charles E., '64
Kubilius, Jerry Vincent, '77
Kuhr, Donald Byrle, '73
Kuhr, Joel Martin, '80
Lai, Dr. Andrew Wen Yuh, '74
Laidly, William Clifton, Jr., '86
Laird, Kenneth Earl, '34
Lamm, Lanny E., '63
Landis, Herbert G., '48
Landreman, Lawrence Charles, '71
Lang, Patrick Anthony, '85
Lange, Richard Edmund, '74
Laravie, Robert H., '49
Larkin, Marian Luce, '75
Laufersweiler, John Hoglund, '79
Laufersweiler, Thomas J., '53
Lavine, Judith Jackson, '80
Lawhun, Bruce Edgar, II, '86
Leavitt, Alan J., '53
Lebensburger, Kenneth E., '39
Lee, Jack B., '82
Lees, Thomas P., '55
Lehman, Rick Martin, '85
Leonard, Margaret Tobin, '60
Letcher, Kimberly Wheeler, '83
Levitt, Herman W., '41

418 OHIO Dayton OSU COLLEGE OF BUSINESS

Dayton (Cont'd)
Levy, Joseph Henry, '37
Lewis, Robert DeWitt, '51
Linklater, Marcia A., '72
Linnenkohl, Mrs. Christina Y., '78
Linnenkohl, David H., '78
Lipps, Woodson David, '71
Liston, Wayne R., '43
Lively, John Robert, '33
Lively, Marc Richard, '86
Lloyd, Jay C., '58
Lonadier, James Dalton, '86
Long, Howard Arthur, '55
Looper, Mark Edwin, '82
Lubeach, Ronald Z., '64
Ludwig, Gary Leroy, '68
Lupinske, Thomas E., '47
Lusa, Julie Elaine, '87
Lutmerding, LTC Medard R., USAF(Ret.), '32
Luu, Annie Mak, '82
Lynn, Mrs. Barbara A., '43
Lyons, John L., '50
Macek, Robert Otto, '82
Mac Kenzie, George C., '50
Magoto, Ms. Clara Ellen, '87
Magoto, Robert Douglas, '82
Mahlie, Joseph Michael, '82
Makaritis, Chrysoula, '59
Malhotra, Pran Nath, '60
Mann, Julia Marie, '85
Marcellus, James H., '54
Marcus, Marvin J., '51
Marshall, Elizabeth Garner, '36
Martin, Charles Irvin, '50
Martin, MAJ David Franklin, USA, '72
Martin, Richard Foster, '49
Martin, Roger L., '66
Marvin, John J., '83
Marzluff, Sondra Clapp, '64
Mascazine, Paul J., '87
Mayne, Robert W., '49
Mc Carthy, James W., '69
Mc Cartney, Clyde E., '60
Mc Cluskey, Walter B., '43
Mc Conoughey, Charles E., '54
McDonald, Mrs. Elizabeth S., '84
Mc Farland, Keith Leonard, '84
McGlone, Omer M., '63
McKinney, Mark Alan, '81
Mehlberth, Jeffrey Alan, '86
Mellman, Bernard A., RPA, '48
Mereness, Daniel R., '64
Metcalf, Richard G., '58
Metzger, James Edward, '72
Miklis, Ellen Harriet, '84
Miller, Hal V., '70
Miller, Jeffrey Stuart, '82
Miller, Richard Lee, '47
Miller, Russell W., '49
Miner, Susan Allison, '84
Minnich, Thomas Charles, '70
Miracle, Ms. Jana Rose, '81
Mischler, David Wendell, '84
Mischler, James J., Jr., '57
Mitchell, Leisa Beatrice, '86
Moscowitz, Irvin H., '74
Moss, Douglas Tyrone, '87
Moyer, William S., '49
Mumma, Charles Arthur, '31
Munch, Arthur R., '56
Mundew, Leslie Susan, '79
Murakami, Jeffery Thomas, '84
Myers, Jacob Alfred, '59
Neal, George V., '35
Neumeister, Robert E., '54
Nussman, Lisa Vergamini, '85
O'Bryan, Michael William, '69
O'Connell, Thomas Joseph, '82
O'Donnell, John P., '59
Okuly, Amy F., '85
Olt, Donald M., '57
Oria, Maria Elisa, '75
Otto, Jay Douglas, '87
Pabst, Dr. Donald F., '58
Painter, Michael L., '72
Pancoast, James Robert, '75
Parke, Julie Ann, '88
Parrott, Nan Pirsig, '48
Paul, Ronald Howard, '80
Peterson, Russell Eric, '75
Phillips, Stanley S., '57
Pickard, James Edward, '83
Pickard, Mark Anthony, '86
Pittman, Michael E., '74
Plesich, David Michael, '86
Pool, Robert M., '44
Pope, Robert Harold, '73
Postle, Stuart Aylesworth, '78
Powell, Donald Walter, Jr., '85
Powell, John Churchill, '50
Preston, Virginia D., '47
Pretekin, Maurice M., '33
Pretorius, Marycarol Fabian, '54
Price, Christina Jane, '87
Prugh, Robert B., '49
Pugh, David Alan, '88
Purdum, Karen Kay, '83
Rawers, Myron C., '48
Remick, John E., '67
Rengers, Joseph H., '49
Renicker, Joann Fay, '83
Reno, Douglas Alan, '78
Rice, Harold S., Jr., '54
Ridgway, William Scott, '81
Riffe, Harold R., '67
Rigley, Herman E., '54
Rill, Bruce Hammer, '81
Robertson, Michael Wayne, '88
Roderer, Michael William, '86
Root, Peggy Moore, '48
Root, Rebecca R., '80
Rosati, Jack L., '66
Ross, John Thomas, '68
Rouhier, Lloyd J., '53
Routsong, Charles R., '26
Russell, Billy Charles, '72
Ruzinsky, Robert Edward, '86
Sadler, Vera, '38
Saeks, Harlan R., CLU, '48
Sauter, Paul E., '55
Schafer, Nancy Holtzmuller, '77
Schafer, Scott Martin, '77
Schantz, Edward George, '70
Schear, Blanche Office, '30
Schenking, Fred J., '59
Scheu, Richard P., '40
Schmitt, George Frederick, Jr., '66
Schrickel, Dr. Clyde Calvin, '66
Schuck, Albert L., '53
Schultz, John Harley, '83
Schuth, Robert C., '50
Scott, David John, '86
Seitz, Thomas A., '62
Sellers, Robert C., '53
Sells, Dick, '50
Semones, Suzanne Peterkin, '81
Sensel, Frank B., Jr., '62
Shaker, Mark Simon, '83
Shane, Melvin R., '65
Shanks, John T., '48
Shellabarger, George D., '30
Shields, Dr. Matthew Dale, '87
Shokler, Morris, '30
Sholiton, Robert David, '69
Sholiton, Scott L., '87
Shone, Arthur, '55
Shook, Manson G., '58
Showell, Dr. Charles H., Jr., '75
Sidorsky, MAJ Abraham M., '58
Siebenthaler, Robert Jeffrey, '77
Simms, Mrs. Ruth Cammerer, '32
Skinner, Robert A., '57
Smith, Clifford Russel, '60
Smith, Don Scot, '65
Smith, George Arlen, '54
Smith, Jeffrey Scott, '81
Smith, Randall Raymond, '80
Smith, Thomas Douglas, '71
Sneed, Thomas Keith, '81
Snell, Joyce Louise, '82
Snively, Mark R., '49
Snyder, Paul Chapman, '26
Snyder, Robert Charles, '30
Speelman, Ralph John, '71
Spees, Bradley Allen, '88
Sperry, John Phillips, '85
Spindler, Donald M., '35
Stanley, George F., Jr., '49
Stasiak, Dennis Richard, '76
Staton, Robert Eugene, '79
Stibich, Marvin Anthony, '72
Stick, Dr. COL Henry H., USAF(Ret.), '57
Stickel, Edwin R., '30
Stickney, Dr. Frank Alexander, '69
Stine, Marlene Beth, '86
Stokes, Kevin Doyle, '84
Stolle, David L., '59
Storch, Dorraine, '86
Strawser, Jerry David, '80
Studebaker, Dana Brent, '84
Swain, Kathleen Marie, '83
Swanson, Kenneth E., '48
Swartz, Margaret Pienta, '83
Swartz, Timothy D., '86
Sweeney, Marion Ridley, '57
Sydor, Mrs. Marjorie K., '45
Taintor, Donald B., '49
Tasso, John, '60
Taylor, Richard Wallace, '85
Teague, Bige B., Jr., '37
Teague, Sherry Lynn, '83
Tetmeyer, COL Donald Conrad, PhD USAF, '70
Thomas, Ms. Elvia B., '78
Thomas, Robert Dean, '77
Thompson, James Eric, '86
Tinka, Kalman G., III, '67
Tokarsky, Francis Joseph, Jr., '77
Tomashot, Nicholas James, '86
Tracy, Bridget Anne, '80
Treadway, William Matthew, '76
Trefz, Gregory Paul, '79
Tremblay, David Bruce, '69
Trentman, David Joseph, '83
Trouten, Richard Joseph, '81
Tudor, George B., '56
Turvy, Wade E., '46
Ulery, Franklin G., '58
Urick, Dean Milton, '69
Valentine, Karen Beth, '87
Wagner, Jack W., '52
Walk, Gunter F., '60
Walker, Robert Lawrence, '86
Wallace, Craig Geoffrey, '77
Walton, Jack T., '50
Watson, Avery D., '86
Watson, Gene Mirek, '78
Watson, Warren W., '33
Weaver, Max Correy, '36
Weber, Frederick E., '54
Weber, Loretta Jaffe, '56
Weeda, Thomas Dewey, '70
Weiner, Sidney F., '40
Weiss, Steven Henry, '83
Weprin, Barton Winston, '70
Weprin, James I., '64
Weprin, Michael W., '76
Weprin, William Stuart, '67
Werth, Harley L., '25
Wertz, Daniel Whistler, '76
Wertz, Mrs. Judith H., '81
West, Mary Kathryn, '80
Westfall, LTC Frederick W., USAF, '87
Whatley, Robert L., '42
Wheeler, Jane M., '38
Wildermuth, Leon C., '59
Williams, Charles E., '87
Williams, Joel Richard, '68
Williams, Timothy Martin, '83
Williamson, Samuel Douglas, '75
Wilson, Franklin E., '33
Wolfe, COL Richard Harry, '54
Wood, Arthur T., '42
Woodward, Mrs. Cindy S., '84
Yaross, Alan D., '43
Yeamans, John H., '64
Young, Colleen Elizabeth, '80
Zak, Annette Yvonne, '80
Ziskin, Linda, '87
Zobrist, David Matthew, '87

DEERFIELD
Montgomery, James J., '30

DEERFIELD TOWNSHIP
Snider, Stephen John, '83

DEFIANCE
Belden, Randall John, '77
Borland, James Sherwood, '66
Burke, Michael Roy, '74
Cliffe, Charles M., MHA, '56
Columber, Carl Frederick, '77
Cooper, Douglas James, '82
George, Douglas Matthew, '77
Gilliland, Larry Hall, '78
Hageman, Mark Alvin, '79
Heilman, Doris M., '46
Hubbard, Stephen Frederick, '81
Kent, Robert Joseph, '83
Konecny, Joseph A., '66
Korhn, Stephen Franklin, '69
Mekus, Scott Allan, '88
Mills, John L., '59
Palmer, Jack Harold, '74
Rohrs, Hazel Kiser, '76
Sorg, Joseph Peter, '78
Stone, Donald Ray, '81
Tuttle, Andrew L., '47
Warncke, Marc F., '86
Weaner, James K., '87
Weber, Thomas Francis, '79
Welker, Eric Robert, '83

DE GRAFF
Knight, David P., '65
Meade, Cheryl Janine, '83
Turner, Rebecca Dawn, '78
Williams, Mabel Balbach, '34

DELAWARE
Ackley, Rodney Eugene, '82
Ameen, Mahmudul, '85
Anderson, Robert Paul, '72
Arthurs, Richard Alan, '88
Askins, Debra Hollifield, '80
Ballinger, James Cassel, '83
Balser, Kurt Douglas, '81
Balson, William Markward, Jr., '79
Beard, Lisa Ann Chapan, '86
Bender, John T., '66
Blue, Allan M., '63
Bohmer, William Allen, '67
Brant, Nancy Kesselring, '80
Brooks, John W., '87
Cain, E. Robert, Sr., '60
Chickerella, Samuel Allan, Jr., '76
Clark, Thomas Charles, '60
Colbert, Geraldine A., '85
Coldren, Robert H., '56
Conn, Richard Eugene, Jr., '77
Conroy, Craig Alan, '83
Cordial, Larry Bruce, '86
Cronin, Lisa Stanga, '84
Cross, John Williams, '76
Cullinan, Robert J., '81
Davis, Everett Paul, Jr., '71
Deagle, James L., '61
Dickey, Glenn M., '79
Donahue, Brian P., '59
Dowley, James Charles, '81
Dunivant, William E., '49
Ekelberry, James E., '51
England, Michael Eugene, '74
Findley, Frank Alan, '73
Florance, John R., CLU, '51
Folk, Mark Alan, '70
Frazier, Kim Patricia, '76
Geissler, Eric Matthew, '86
Gerhart, James Robert, '87
Giesy, John Edward, CDP, '68
Gill, George Bruce, CPA, '58
Girard, John J., '78
Goelz, Robert L., '53
Gray, Archibald C., Jr., '59
Green, Gary Denton, '86
Gregory, James Andrew, '82
Grigsby, Glenn L., '49
Grossman, Robert Evans, '75
Gutches, Robert F., '50
Hammett, Jerry Woodland, '60
Harvey, G. Richard, CPA, '74
Harvey, Mrs. Joann Pickup, '82
Harvey, Richard G., '74
Hepner, John J., '50
Heximer, Wendell Lloyd, '72
Hing, Kenneth William, '71
Hollifield, Steve E., '88
Hopper, Ronald Douglas, '72
Hopson, Lilli Langley, '83
Hopson, Ronald Eugene, '81
Hornberger, Donald J., '23
Howes, Ralph Lewis, '75
Hunley, John Kirk, '84
Jacob, Brenda Lynn, '88
Johnson, Roger Emerson, '53
Jones, Herbert Arnold, '78
Jones, Willard A., '37
Jordan, Barbara Gibas, '81
Kaczmarek, David V., '61
Kaiser, Charles Dennis, '83
Killinger, Richard John, '74
Kramer, Kevin Lee, '79
Kuck, Ronald Martin, '69
Kunkel, Richard Kenneth, '59
Landsittel, Lee S., '31
Landsittel, Mrs. Marguerite Steele, '31
Lather, Thomas Dean, '87
Long, Ms. Sydney Crossland, '80
Manter, Joan Messina, '82
Markham, John Edward, '71
Marshall, Jeffrey Del, '70
Martin, Gerre Lee, '74
Mc Donald, James Earl, '50
Mc Laughlin, William M., '63
Mc Lead, Patrick Jay, '74
Mc Namara, Timothy Dale, '72
Meal, Sue Ann, '86
Meier, Matthew Joseph, '73
Messner, James Arthur, '73
Michael, Marlyn, '81
Miller, Robert Channing, '46
Milligan, Ms. Sheila E., '83
Milner, Gary L., '84
Moore, Patrice Ellen, '88
Moore, Roy Lee, '66
Morrison, Terry W., '70
Muladore, Eric Robert, '84
Mundell, Robert Eugene, '80
Nafziger, Mrs. Stella Jordan, '85
Noble, Elaine, '59
Noble, Larry G., '58
O'Brien, Kevin John, '70
Parker, Bill F., '88
Patridge, Robert T., '52
Patterson, Kim Verna, '84
Pizzola, Jeff, '80
Potter, Joseph C., '30
Powers, Edward Allen, '69
Pritchett, Dana Gast, '82
Pultz, John F., '79
Putman, H. Alan, '84
Queen, Earnest D., '48
Rae, Gary Afton, '69
Raynak, James Daniel, '68
Reichert, William Verl, '73
Ribet, Mrs. Beatrice F., '45
Robe, John W., '51
Rogers, William Daniel, '76
Ross, Dorothy Magdelen, '36
Rowoldt, Carl Frederick, '73
Russell, James J., '75
Sanders, Daryl T., '63
Schackne, Annette Lobb, '54
Schill, Kevin George, '84
Schindler, Donald Malcolm, '66
Schmidt, Robert Joseph, '74
Secrest, Roy Jay, Jr., '56
Shearer, CAPT Howard Emanuel, III, '74
Sheets, David Paul, '72
Sheppard, William R., '56
Short, George H., Jr., '49
Skatzes, Gail Frances Griffith, '59
Smith, Gerald Lawrence, '50
Stanfill, Brian E., '85
Stanfill, Nancy H., '83
Stentz, Victor Neal, '64
Sturm, Stephen Michael, '77
Sulser, Sallie A., '87
Tarney, Scott Dwain, '81
Thompson, Thomas R., '87
Thomson, Walter D., II, '61
Tizzano, Barbara Ann Kelly, '81
Trego, Lori Annette, '86
Tucker, Walter E., '56
Vatsures, Christine Charas, '55
Vatsures, Peter Thomas, '53
Vatsures, Thomas Peter, '80
Vernon, Brad Scott, '81
Vince, James Richard, '77
Weisheimer, Kurt Alan, '87
Welch, Craig J., '63
Whipple, Stephen Allen, '84
White, Donald A., '62
Whitney, Deborah Marie, '87
Wickemeier, Benjamin David, '74
Williamson, David Stanley, '83
Willson, Zack E., '57
Wise, Alfred B., '48
Wolfe, Norman E., '54
Wood, Allan J., '67
Wood, E. Ireta M., '52
Woodard, Gerald Walter, '59
Wright, Charles Willie, '73
Wright, Thomas Richard, '53
Yoakum, Paul E., '47
Zallanta, Denise Marie, '84
Ziats, Linda Kathleen, '83
Ziats, Paul John, CLU, '70

DELLROY
Sell, Benjamin L., '58

DELPHOS
Armstrong, Larry Jack, '73
Backus, Kevin Michael, '82
Bergfeld, Charles Anthony, '81
Bryan, Lisa Marie, '79
Eilerman, Michael W., '83
Geier, Lisa Ann, '87
Hesseling, Susan Elaine, '81
Kill, Timothy W., '76
King, Michael Anthony, '84
Klaus, Larry Leroy, '76
Kundert, Gregory David, '85
Lause, Darrin Philip, '83
Metzger, Edward Joseph, '87
Miller, Mark Scott, '84
Noonan, Jane Ann, '76
Schulte, Robert Joseph, '82
Verhoff, Robert Arthur, '87
Williams, Richard E., '81

DELTA
Arps, David William, '72
Griffin, Mrs. Mary Ann, '82
Hayes-Roth, Jodi Lee, '85

DENNISON
Liggett, Richard Keith, '82
Lint, Milan D., '87

DEXTER CITY
Reed, Randall Harold, '85

DILLONVALE
Dolezal, Alan Edward, '82
Totterdale, James Paul, '80
Zambon, Susan Louise, '79

DOVER
Alesiano, Pamela J., '88
Andreas, William S., '64
Antonelli, George A., '48
Conley, Kevin Patrick, '88
Eschbacher, Kenneth H., '69
Folger, Robert J., '50
Frank, Larry L., '67
Giannobile, Joel Paul, '80
Gotschall, John W., '54
Huff, Robert A., '39
Hufford, Arthur C., '47
La Porte, Ralph M., Jr., '64
McFarland, Carl R., '33
Migliore, Beth Keitch, '81
Reese, Wayne L., '51
Rentsch, Wayne D., '82
Ress, James M., '45
Schupbach, Fredrick R., '66
Shores, Mark Alan, '79
Smith, Julie Anne, '87
Smith, Robert Henry, '67
Von Allman, Carl G., '65
Woodard, John L., '38

DOYLESTOWN
Farmwald, Wayne Ellis, Jr., '83
Galehouse, John S., '32
Galehouse, Lisbeth L., '88
Kaczmarek, Jeffrey B., '73
Steiner, Richard Stephen, '86

DRESDEN
Adams, Warren Keith, '86
Faulhaber, Donald Paul, '85
Landers, Timothy Carlos, '77
O'Rourke, Patrick Edward, '86

DUBLIN
Abbott, Lawrence C., '70
Abbruzzese, Jeffery Scott, '86
Achtner, Esther Mary, '86
Alban, Jack W., '50
Albert, John Curtis, '77
Al-Fayez, Roxane Stoik, '81
Allen, Douglas Eugene, '85
Allen, Richard William, '80
Altenburg, Frederick C., '77
Altenburg, Ted Lynn, '75
Ambrosia, John Anthony, '82
Anderson, Michael Harry, '74
Andrien, Anne Birkimer, '82
Andrioff, James Joseph, '81
Androne, Raymond V., '71
Annibaldi, Richard Francis, '84
Anthony, H. Thomas, Jr., '83
Anthony, Michael Bryant, '76
Anthony, Mrs. Polly O'Neill, '84
Antonick, William Fredrick, '80
Apotsos, Joanna, '86
Applegate, David Raymond, '77
Arquilla, Ricky Lynn, '75
Audet, John Spencer, '86
Auld, Stephen Alan, '69
Azallion, Harold T., '49
Bachmann, Mark Edwin, '82
Bahnsen, Dennis D., '73
Bailey, Pamela Joy, '88
Baker, Dennis E., '86
Baker, Robert Dean, '81
Baldwin, Robert George, '83
Balthaser, Dianne A., '76
Bandstra, Ms. Anna Marie, '84
Bangs, Lawrence Tyrrell, '75
Barghausen, Wade L., '58
Barkley, James Edgar, '66
Barkley, Robert Todd, '83
Barnes, James Lewis, '72
Barnett, Paul A., '57
Barone, Craig H., '74
Bartlome, Brent Allan, '85
Basham, George Alexander, '88
Basore, Mrs. Chris E., '82
Bater, Mark James, '71
Batten, Jana Lynne, '86
Baun, Kevin Charles, '82
Bay, Ole Daniel, '72
Beall, Diane Preston, '73
Bean, Melissa Hayest, '77
Beatty, Jeffrey Gene, '82
Beatty, Marlys Michael, '82
Bednar, S. Ronald, '80
Beelman, Constance Elaine, '83
Begun, Jeffrey Scott, '82
Behrends, James Robert, '85
Beitel, Mary Ruwette, '83
Bell, David Arthur, '80
Bellman, Larry Joseph, '74
Benedict, Jay Douglas, '85
Benis, Cynthia Sue, '81
Benjamin, Richard Allen, '69
Bernard, John Anthony, II, '83
Bernard, Kathleen Ann, '77
Bersnak, Rick Paul, '82
Best, Ralph E., '81
Bishop, Erin Kavanaugh, '82
Bishop, James Des Portes, '85
Bishop, Steven Robert, '86
Black, Amy Elizabeth, '84
Blackburn, Kyle R., '86
Bob, Thomas H., '65
Bobb, Ronald Craig, '60
Bogdue, Cynthia Haugse, '83
Bohlman, Paul William, '70
Bond, Douglas Craig, '86
Bonfini, Peter Allan, '78
Boock, Kenneth Richard, '79
Bowen, John E., '65
Bownas, William T., '63
Boyles, Barry Gilchrist, '65
Bozeka, Paula Jane, '83
Brainard-Walter, Ms. Elizabeth A., '87
Brannon, John C., '85
Breitstadt, Charles Philip, '85
Bressler, Melissa Ann, '87
Bricker, Annette Marie, '87
Brickner, Gary Robert, '82
Brigner, Brian Andrew, '87
Briner, Melissa Sue, '88
Bronsdon, Paul R., '63
Brown, Jeffrey Paul, '77
Budde, Joseph Edward, Sr., '75
Burke, Ronald Eugene, '80
Burke, Ms. Suzanne Aleine, '84
Buss, Walter Thomas, '69
Byorth, Douglas John, '86
Call, James Bradley, '80

GEOGRAPHICAL LISTINGS Dublin OHIO 419

Dublin (Cont'd)
Callard, James Hall, '62
Calloway, Ms. Marsha B., '77
Campbell, Christopher John, '83
Campbell, Joel Roderick, '68
Campbell, Robert George, '86
Campbell, Susan Winland, '85
Capani, Pamela Cameron, '83
Capretta, Louis J., '51
Carlson, Barbara Helene, '81
Cartwright, Cheryl Ortman, '79
Casagrande, Chester Guy, '81
Casparro, Daniel, '72
Cassidy, Susan Fried, '81
Casteel, Ronald Ray, '64
Chambers, George Thomas, '74
Chapman, Ms. Nancy G., '69
Charleston, Ms. Kim Ruark, '87
Chickerella, Mark Steven, '84
Chisman, James Harley, II, '86
Chonko, Arnold Thomas, '80
Ciminello, Joseph V., '55
Clark, Anne Howell, '81
Clark, Barbara Sue, '85
Clark, Carol Dee, '86
Clark, Gary Joseph, '73
Clark, Michael James, '81
Clark, Susan Beery, '83
Clifford, Susan Elizabeth, '85
Cline, Marcia Mc Quaide, '73
Clouse, Paul G., '63
Clover, James L., '81
Clymer, Gay Lynn Mc Curdy, '80
Coate, Charles R., '64
Cohen, Robert Brian, '87
Coldren, Nancy Weisenbach, CPA, '81
Comer, Kevin Douglas, '87
Conn, Nicholas Clark, '87
Conrad, Richard Lee, '68
Conway, Harry James, '73
Cook, Bradford Kendel, '60
Cook, Margaret Bernheisel, '48
Copenhaver, Charles Lee, '49
Corbett, James J., '79
Corcoran, Mrs. Antoinette Malloy, '81
Coridan, James Hobart, '78
Cornett, Albee Mc Kee, '37
Corry, Joseph Christopher, '74
Costantino, Shirley J., '84
Cousino, Mrs. Jeanne M., '73
Crabtree, Valleri Jayne, '79
Craigo, John Alan, '80
Cross, Paul Kevin, '79
Cseplo, William Paul, '73
Culler, Glenn Wilford, '79
Curran, Celeste Cour, '87
Curran, James Frederick, '74
Curtis, Jack R., '75
Dalton, David William, '80
Danyi, Richard J., '72
Darbyshire, Susan Helms, '87
Davey, Sandra Jo, '84
Davis, Dennis M., '68
Davis, Gerald Beverly, '43
Davis, Glen R., '81
Davis, James Clarke, '85
Davis, John Paul, '77
Davis, Michael Dale, '75
Davis, Richard Culbertson, '37
Dawson, John William, III, '66
Day, Richard Thomas, '83
De Leo, Christopher Charles, '87
Dell, Mrs. Gretchen Rauch, '81
Delson, Lawrence Joseph, '76
De Prisco, Daniel S., '88
De Respiris, Lisa Jane, '87
Diehl, Leslie L., Jr., '48
Dietz, Diane Lynn, '85
Dillahunt, David Michael, '85
Dillard, Ronald Thomas, '70
Dilley, Robert Charles, '68
Dimond, Thomas Dale, '78
Di Paolo, Richard Paul, Jr., '68
Di Salvo, Michael Gerard, '82
Dobkins, Charles Leslie, '78
Dobkins, Susan Koon, '83
Dolin, Ms. Robin Beth, '87
Dooley, Larry Bruce, '59
Dorsey, John T., '65
Dotson, Debra Bellinger, '80
Dotson, Keith Ray, '83
Doucher, Sondra Anderkin, '84
Dowiatt, Jan M., '88
Doyle, Charles Clifton, '85
Drukker, Paul Philip, '80
Drumm, Sheryl Kaye, '86
Druseikis, Ray L., '73
Dunlavey, R. Michael, '85
Durbak, Michael W., '82
Dwyer, Donald William, '68
Dye, Harry Morgan, III, '86
Eberhart, R. Dean, '83
Ebert, Jeffrey Keith, '85
Ebert, Keith H., '54
Eblin, Sally Kovach, '83
Edwards, Karl Alan, '84
Eggspuehler, Pete R., '87
Eischen, Robin Marie, '87
Eller, John E., '67
Ellis, Robert Kim, '87
Erickson, Albert W., III, '74
Ervin, Wallace C., '54
Espenschied, Dane Harold, '82
Estep, Gary L., '61
Eyen, Robert Jeffrey, '73
Faist, Mrs. Diane C., '86
Fallon, James Patrick, '84
Fallon, Terry Patrick, '82
Fallon, Timothy Joseph, '81
Federer, John W., '48
Federico, Frank James, '73
Fedor, John Joseph, '68
Fedor, Larry Thomas, '71
Fergus, Barbara Koch, '57
Fetters, Robert Lloyd, Jr., '87
Field, Edward A., '53
Fillinger, Gwen Patrice, '87
Finn, James E., '77
Fishman, David Richard, '83
Flaherty, Kevin James, '73
Fleming, Cynthia Ryals, '86
Fletcher, Mark Edward, '81
Fogle, Lisa, '82
Forsthoffer, David Lee, '73
Fowler, Ann Groves, '79
Fox, Larry J., '78
Frabotta, John Anthony, '86
Franklin, Lou Campbell, '56
Frazier, James Arthur, '80
Friedman, Lynne Ivy, '85
Friedman, Todd Eric, '82
Fritz, William R., '80
Frush, Michael Allen, '70
Fugazzi, Lisa Halpert, '81
Gaal, Perry Joseph, '78
Gable, Thomas Edward, '69
Gainor, John Joseph, '82
Gaiser, Walter P., '60
Gall, Elmer R., '47
Gallaher, Scott William, '80
Gallina, Victor Paul, '79
Gallucci, James Robert, '83
Gansser, Shirley B., '80
Gardner, Robert William, '63
Garner, Tamela Jo, '84
Garrett, John Wayne, '85
Garringer, David Louis, '79
Garver, Russell Richard, II, '83
Geese, Ronald Lee, '68
Geise, Steven J., '83
Geren, Michael James, '78
Gerlach, John Bernard, Jr., '76
German, Michael R., '79
Gicale, Gregory Joseph, '80
Gilbert, Jeffrey Charles, '84
Glassburn, Mrs. Nancy T., '63
Goare, Jeffrey Randall, '78
Gojdics, Robert R., '86
Golamb, Michael John, '84
Goldman, William A., '63
Golly, Mrs. Maria A., '84
Good, Donald William, '63
Goodman, James Joseph, '81
Gordon, Linda Lee, '88
Gorka, Eric Earl, '87
Gorman, Curtis Scott, '83
Gosiorowski, Linda Bruner, '68
Goss, Daniel R., '67
Goss, Linda Stong, '66
Graham, Chuck W., '84
Graham, Samuel John, III, '73
Grani, Christine Mary, '88
Gratz, Ronald G., '69
Grauer, David W., '82
Green, Lynn, '83
Greene, Mark Alan, '72
Gregg, Charles Richard, '57
Gripshover, Gregory Joseph, '81
Groeniger, Thomas S., '66
Grubbs, Claudia Pearl, '84
Guenther, Richard Paul, '71
Gustafson, Richard, '78
Gustin, Thomas Robert, '77
Hafner, Allyson Di George, '82
Hafner, Edward Alan, '82
Hagan, Peter Bosch, '78
Hall, Richard Michael, '75
Handley, Roger Patrick, '72
Hanschmidt, John Robert, '60
Hapner, Barbara A., '86
Hardin, Julie Lynn, '84
Harding, David Lloyd, '79
Harrigan, Mrs. Susan L., '82
Harris, Phyllis Noll, '80
Harris, Ricardo Jose, '79
Harris-Heath, Janice Elaine, '83
Harsh, Robert Samuel, '52
Havener, George S., '52
Hawn, John Edward, '78
Hayes, Donald E., '83
Hazelton, Ms. Anne Burrough, '87
Hazlett, Scott Alan, '87
Heine, Michael F., '80
Hemmerich, Julie Brossman, '76
Hendershot, Richard H., '50
Henderson, Jeffrey Robert, '73
Henderson, Robert Kent, '83
Henretta, Catherine R. Van Dyne, CPA, '82
Henretta, Stephan Barclay, '80
Herold, Alfred Francis, '80
Hess, Lou Ann Hughes, '76
Hessenauer, Michael Ray, '84
Hilbert, John A., '47
Hill, Jeffrey Lee, '78
Hill, Kevin A., '85
Hill, Thomas Richard, '69
Hill, Tonya Rae, '80
Hiller, Shawn Michael, '85
Hite, Margaret Dempsey, '79
Hobbs, Kathy Brown, '83
Hoffmann, Alan Frederick, '86
Hohlbein, Ms. Bonnie Regina, '87
Holcomb, Kenneth James, '81
Horn, Michael Joseph, '81
Houchins, Daniel Thomas, '78
Houk, Gary Robert, '84
Howard, Kathleen Frank, '80
Howell, Brian Lee, '50
Howerton, Kurtis Wilhelm, '84
Hoying, John Sylvester, '71
Hrenko, Paul, '49
Hrivnak, Robert Gerald, '82
Huber, J. David, '68
Hudgins, Robert Mercel, Jr., '83
Hudgins, Sheri Thomas, '83
Hughes, M. Lynn Wolfe, '79
Hundsrucker, Jane Ann, '87
Hunter, Richard Eugene, Jr., '69
Hussey, Joy, '85
Hussey, Timothy Lee, '74
Hutchison, Jeffrey Watt, '81
Innes, Thomas Gordon, '87
Irwin, Albert L., '49
Isaac, Clarence Albert, Jr., '39
Jablonski, Gary John, '71
Jackson, Brian David, '85
Jacob, Natalie Ann, '88
Jaeger, Sally Kuster, '51
Jaeger, William C., '50
Jameson, Christine Renee, '87
Jennison, William Clayton, '80
Jinkens, Jeffrey Rutledge, '75
Jobko, Mrs. Janet Rieser, '83
Johnson, Mark Alan, '80
Jones, Judith Ann, '83
Jones, Terry Lee, '76
Kaitsa, George, Jr., '81
Kalamas, David Joseph, '78
Kalamas, Joyce Malinak, '76
Kammerer, Joanne, '88
Kane, James Patrick, '82
Kaptein, Edmond Forrest, '78
Karam, J. David, II, '82
Katko, Steven Mark, '78
Kauffman, Kenneth L., '50
Kay, Gary Wayne, '74
Kazmerzak, Ronald Lee, '83
Keaney, William R., Jr., '78
Keckan, William David, '70
Keenan, Michael Harry, '76
Kehl, David L., '80
Keighley, Krista Susan, '84
Keinath, Paul Charles, '72
Kelley, John Michael, '81
Kelley, Thomas John, '69
Kelly, Mrs. Katherine L., '84
Kelsey, Thomas Miller, '70
Kendall, Julie Lynn, '85
Kennedy, Ms. Anne Marie, '87
Kennedy, James Blakely, '79
Kennedy, Linda Zovack, '82
Kennedy, Scott Michael, '84
Khourie, Cristie Lu, '81
Khoury, William W., '62
Kienle, Peter Jerome, '72
King, Daniel P., '88
King, Kelley Adams, '82
Kington, Robert Alan, '76
Kinman, Gary Willard, '79
Kiser, Betsy Carpenter, '81
Klein, Mrs. Oreta M., '80
Klein, Peter Merrill, '71
Klinker, Boyd Edwin, Jr., '73
Klosek, Edmond E., '52
Knight, Stephen Richard, '81
Knouff, Mark Steven, '76
Kochheiser, John Stewart, '82
Koett, Kristin Kay, '86
Kontras, Nicholas James, '77
Krieg, Scott Michael, '76
Krieger, Harry Lange, Jr., '64
Krishnan, Prakash, '86
Krumlauf, Bruce Edward, '75
Kuehl, Karl Dean, '83
Kuhn, Randie Marie, '87
Kunkleman, Kenneth Joseph, '81
Kurtz, Mary Frances, '82
Lambiotte, Brent Ashley, '85
Langshaw, Carol Cox, '61
Larkin, Christopher William, '83
Larkin, Karen Renee, '84
Larsson, Kent Arne Willy, '71
Laubie, Fred William, '69
Lavric, Bonnie Jeanne, '83
Laws, Steven Robert, '77
Laymon, David Brent, '75
Leas, James Scott, '69
Leonhardt, Cathy S., '81
Le Roy, George R., '50
Levins, Harry Joseph, '83
Linebaugh, Allen Ray, '78
Linton, Catherine M., '70
Littlejohn, John Paul, '75
Livingston, Scott Gordon, '81
Livorno, John Foster, '68
Lodico, Mrs. Stacy Jamison, '78
Loewe, Douglas Mark, '85
Lombardi, Mark Antony, '88
Lombardi, Mondo F., CPA, '48
Lombardo, Louis, '77
Long, John Herman, '31
Lorubbio, Frank Victor, '87
Luber, Richard Alan, '71
Lucas, Stuart Dean, '83
Luedemann, Bert Charles, '75
Luther, Timothy Victor, '85
Lynch, Robin Shawn, '77
Lyon, Eric Lee, '85
Mace, Joyce Elaine, '84
Malchus, Budd Elliot, Jr., '87
Mandell, Ernest P., '86
Manuel, James Carlton, Jr., '80
Maravich, Sam, Jr., '81
Marazza, John Anthony, '82
Marhevka, Donna Marie, '81
Markey, Robert P., '64
Marling, Richard A., '62
Marshall, Ronald Elsworth, '86
Marshall, William Brandt, III, '72
Martin, Richard John, '85
Martinez, Robert Steven, '86
Maskas, John Thomas, '85
Mason, Robert Lee, '59
Matheke, Ronald Marlin, '79
Matthews, Esther Rivera, '84
Maurer, Harriet Demorest, '46
Mauric, Stephen F., '84
Maxwell, Lisa K., '87
Maxwell, Ms. Lynne E., '83
May, Robert Allan, '80
Mc Cabe, Michael Vincent, '84
Mc Caffrey, William F., '59
McCarthy, Mrs. Susan, '50
Mc Combs, RADM Charles E., '48
Mc Dowell, Allen E., '29
Mc Loughlin, Christopher A., '77
Mc Mahon, Kenneth Karl, '83
Mc Naughton, Frank, '57
Mc Vay, Susan Elliotte, '82
Meadors, Dennis Dean, '69
Mears, Mrs. Ruthmary Boring, '49
Medich, Richard G., '78
Merrick, Melody Heather, '85
Miller, Gregory D., '86
Miller, Jerry Wayne, '80
Miller, R. Greg, '73
Miller, R. Ted, '64
Miller, Randy Earl, '77
Miller, Victor Allan, '49
Mills, Tyler Gordon, '80
Mlasofsky, Richard Fredrick, '73
Moberly, Keith James, '84
Mobley, Judith Fletcher, '80
Modiano, R. Brian, '79
Momah, Dr. Reginald C., '78
Monda, Joseph Clement, '81
Mondlak, Michael Alan, '85
Moore, Robert Scott, '74
Moore, Mrs. Susan E., '80
Moore, Terry Lee, '71
Moore, Thomas Davis, '83
Moritz, Michael E., '58
Morrison, Jennifer Bogen, '83
Morrison, Robert David, '72
Morrison, Vernon Lee, '84
Moseley, Philip H., '51
Mosher, Mrs. Maureen, '79
Mramor, Michael John, '87
Muccino, Donald Joseph, '82
Mueller, Donald Joseph, '63
Mullet, James Robert, '80
Munch, John Charles, '83
Murgul, Tammy Ann, '85
Murney, James F., '61
Murray, Douglas Hayes, '86
Murray, Thomas James, '86
Mutter, Brian L., '86
Myers, Carol Marie, '88
Mytro, Irene Lakatos, '72
Mytro, Nicholas Alan, '74
Nance, Frank Thomas, '79
Navratil, Julie Ann, '85
Nelsen, David John, '84
Nelsen, Jeffrey Alan, '85
Nelson, Robert B., '59
Nelson, Stephen G., '67
Nespor, Andrea K., '88
Nicholson, James Terence, '71
Nickell, Gregory Roy, '85
Nickell, Jodi Lynn, '88
Noe, Joan Walter, '84
Noon, Thomas Joseph, '73
Norris, Richard Frederick, '68
Null, Ms. Brenda Lee, '87
O'Brien, Thomas Robert, II, '82
O'Farrell, Sean T., '86
Ofrenzo, Carol Patricia, '79
Olinger-Daulton, Debra Leigh, '80
O'Loughlin, Martha Mc Coy, '75
Olsen, Lawrence Byron, '70
Olson, Richard Sulo, Jr., '84
O'Malley, Robert Alan, '77
O'Neil, Penelope Felton, '71
O'Neil, William John, '67
O'Reilly, Mrs. Michelle F., '85
Orinski, James Robert, '85
Orr, Ronnie Eugene, '80
Osterheld, Kurt, '82
Ostrowski, Edward L., Jr., '82
Owings, Thomas Wendell, '77
Pachuta, Teresa Bernadette, '87
Packard, Paul C., '25
Paelicke, Ronny Michael, '87
Page, Michael Alan, '77
Palmer, Pamela Sue, '78
Palmer, Randall Brendt, '77
Parker, Janet Kay, '81
Paskell, Andrew Joseph, '85
Paskell, Thad Joseph, '86
Patterson, Ronald E., '64
Patton, Michael George, '75
Paul, Clifford W., '54
Paul, James T., '47
Paul, La Vina Souslin, '58
Peebles, Steven Craig, '82
Pelton, John D., '64
Persiani, Vincent Lee, CPA, '85
Peters, Candace Chadwick, '77
Peterson, Elizabeth, '65
Peterson, John Gilbert, '41
Pettiford, Karen Wall, '77
Pfeiffer, Mark Edward, '88
Phillips, Richard Lee, '50
Pierce, Samuel Laverne, '63
Plieninger, Rick William, '86
Plimpton, Judy Marguerite, '87
Poirier, Donald A., '73
Pooley, Paul Robert, '84
Pooley, Perry Scott, '84
Pooley, Sharon Lynch, '82
Potts, Douglas Robert, '87
Powell, Robert Allen, '82
Powers, Billy Wayne, '83
Price, Pamela Jean, '85
Pritchard, Jeffrey F., '82
Probasco, Kenneth Newton, '34
Probst, David Lee, '84
Proctor, Michael Stanley, '76
Protopapas, Mira Lynn, '88
Puchala, Damian, '87
Pusecker, Beth Ann, '84
Queen, Michael Andrew, '88
Queen, Nancy Ramsey, '58
Queen, Paulanne Kelly, '82
Queen, Russell William, '80
Quick, Gary L., '74
Quillin, Margaret E., '83
Quinlan, Mark Warren, '82
Quist, David Robert, '76
Quist, John Blomgren, '75
Rakich, Duke Michael, DDS, '81
Rankin, Robert C., '51
Rankin, Thomas, '72
Ranney, Scott Cornelius, '78
Rapp, Kurt A., '74
Reckless, Walter Washington, '59
Rector, Scott Thomas, '86
Rees, Carol Beardsley, '81
Reeves, Frank Edward, '70
Regrut, Peter David, '82
Reik, Edward Anthony, '78
Reil, Timothy Charles, '85
Reiniger, Janet Elaine, '87
Resnick, Michael Jay, '82
Reymann, M. Lynn, '86
Reynolds, Thomas Edward, '72
Riesenberger, Richard A., '41
Rine, Gary David, '85
Rinehardt, Susan Van Deventer, '54
Rininger, D'Arle Keith, '77
Ritter, Frederick R., '57
Roberts, Alvin Loren, '55
Roberts, Arthur J., '78
Robinson, David Keith, '85
Robison, Tara Weithman, '84
Roederer, Richard Bruce, '80
Rogers, Lawrence Clayton, '62
Root, William Keith, '72
Rose, Hon. Clayton W., '50
Rose, Clayton W., III, '74
Rose, David Edward, '66
Rothermund, Gregg Lee, '78
Roush, Bruce Eldon, '82
Rozsa, Susan Claire, '81
Ruckman, William James, '87
Rudisill, Jerry Lee, '71
Rudmose, Dana Wilson, '80
Ruggles, Darryl Gene, '81
Ruhl, Bruce, '77
Rumberger, Susan Pansing, '82
Rupp, Robert Richard, II, '83
Russell, Beth A., '79
Ruzicska, Steven Dean, '71
Sabo, Sandra L., '80
Sagar, Randy William, '84
Salvatore, Anthony Francis, '78
Sanders, Dr. Nada, '81
Sanders, Mrs. Nancy Hohman, '77
Sanese, Charles David, '83
Savic, Pandel, '49
Saylor, Dale Robert, '71
Sbrochi, Phillip Joseph, '70
Scartz, James Carl, '73
Scheckelhoff, Kevin A., '86
Scheckelhoff, Terrie Hale, '86
Schmidt, Edward Christopher, '81
Schmidt, James Joseph, '71
Schmitz, Joanne Frances, '79
Schneider, Kenneth Claude, '76
Schneier, Lance W., '71
Schnelle, Richard Arthur, '72
Schodorf, Thomas E., '82
Schoener, Jeffrey A., '78
Scholl, Robert J., CPA, '66
Schreiber, Jeffrey David, '81
Schuster, Mark Gaetan, '78
Schweitzer, James William, '77
Schwieterman, Rick J., '72
Scott, James Lee, '80
Scott, Jay Robert, '87
Scritchfield, Susan Wright, '80
Search, David E., '63
Seiple, Scott George, '78
Sellers, Alvin Martin, '79
Serif, Cary Michael, '83
Sexton, Deborah Lee, '78
Shaffer, Curtis Lee, '87
Shary, John M., '56
Shea, Daniel Joseph, '88
Sheehan, Kathryn Press, '80
Sheehan, Michael J., '67
Sheldon, Richard L., '58
Sheldon, Robert Franklin, '68
Sheridan, Stephen Timm, '75
Sherry, Blake William, '81
Shively, Scott Charles, '81
Showe, David Michael, '78
Shultz, William E., '47
Siekmann, Robert William, '73
Silbaugh, Kathleen Sarvis, '79
Skinner, Philip Wesley, '83
Slack, Scott Charles, '82
Smith, Jeffrey Jay, '87
Smith, Robert Lee, Jr., '79
Smith, Stephen Douglas, '69
Smith, Steven Allen, '75
Smith, Timothy Allan, '84
Smith, Tracy Deborah, '87
Smith, Tracy Kara, '88
Smudz, Richard Allen, '75
Snedecor, Eric Mark, '75
Snyder, Diane Jungbluth, '85
Snyder, Eric Alan, '85
Snyder, Julana Lee, '78
Solinger, Jerard H., '54
Sovik, Raymond William, '72
Spear, Christine Ann, '88
Spears, Lisa Renee A., '88
Spector, Eric Scott, '87
Spittle, John Roderick, '78
Sprague, Bradford Michael, '76
Sprague, Jeanne Louise, '80
Spruble, Susan Ann, '85
Stafford, Todd A., '85
Stahl, Gregory Robert, '84
Stahl, Stephanie Ann, '81
Stambaugh, Robert Neal, '81
Steiner, Eugene E., II, '85
Steinfurth, Harriet Conner, '39
Stemen, Michael Dale, '80
Stephens, Kent Lee, '81
Stevenson, Kevin Paul, '86
Stilwell, Arthur J., '47
Stockwell, Marc Edward, '79
Stoffer, Kenneth J., '71
Stone, Ronald David, '61
Strasser, Frederick Thomas, '49
Sturges, Michael Richard, '75
Sutherland, Mrs. Kathleen A., '87
Swepston, Mark Dwight, '76
Szabo, Beth Dopkiss, '80
Szabo, Thomas Martin, '79
Talmage, Roger Steven, '76
Tamulonis, James Joseph, '80
Tanner, Timothy Raymond, '82
Tata, James R., '80
Tate, Frank Joseph, Jr., '72
Tatterson, Katherine Ann, '80
Taylor, John Albert, '80
Templeton, Charles Wesley, '87
Thomas, Beth Biederman, '83
Thomas, Ivan D., '54
Thomas, Kathleen Mendel, '79

Dublin (Cont'd)
Thompson, Diane Sue, '87
Thompson, Edwin Frank, Jr., '73
Thompson, Julie Ann, '84
Thompson, Robert W., '50
Thorngate, Robert Ernest, Jr., '70
Tilley, David Kevin, '76
Tillman, Debra Janowiecki, '84
Tillman, Scott Allan, '84
Tindall, Scott, '81
Toothman, Patricia K., '80
Torch, Mary S., '82
Torch, Michael Scott, '86
Tran, Vanly, '85
Trees, John Clinton, '85
Trepple, John J., '37
Trimmer, Carol Ussery, '85
Trotter, Elmer Bynum, '33
Trudeau, Julie Ann, '82
Tucker, Barbara Melaragno, '81
Turbitt, William James, '82
Turner, John Herbert, '62
Turney, Barbara Akey, '65
Ubbing, William J., '88
Uncapher, Michelle E., '82
Upperman, Jeffrey Brian, '87
Valentine, Stephen Howard, '68
Vandia, Gary Michael, '79
Van Kuren, Mary A., '88
Van Sickle, Robert David, '71
Vaselakes, Kevin Michael, '85
Vellky, Tim Christopher, '88
Vieth, Rachael Matthews, '87
Vikre, Lyle Wayne, Jr., '79
Voelker, Philip Allan, '75
Vogt, Earl Alan, '70
Von Schriltz, Steven H., '84
Voorhies, John B., '88
Wade, Nancy Mc Guire, '80
Wagner, James Richard, '76
Wagner, Jonathan Robert, '82
Wagner, Ms. Marlene Elizabeth, '85
Wagner, Roger Francis, '86
Walker, Mrs. Martha Ellis, '41
Walker, Ross William, '64
Wallace, Lew E., '38
Walters, Jennifer Jane, '87
Ward, James Michael, '80
Wayne, Robert Louis, '83
Weber, John Brian, '86
Wedge, Steven Gordon, '85
Weed, John T., '41
Weirich, Richard Martin, '87
Weiss, Lynda Lee, '82
Weiss, Steven Philip, '80
Weithman, Timothy C., '87
Wells, Judson Roby, '79
Wentz, Tena L., '78
Wernz, John R., '53
Wesner, James Edward, '70
Westfall, Kevin Patrick, '82
Wettling, Robert Jonathan, '78
Whalen, Susan Little, '77
Wheaton, Edward Alan, '79
White, Amy Marie, '86
White, Homer M., '31
White, John Paul, '71
White, Rose M., '31
White, Traci Ann, '87
White, Warren Allen, '70
Whiteman, Mrs. Ann P., '81
Whiteman, Mrs. Nanci M., '71
Wiegandt, Eric John, '88
Wieland, Robert Michael, '75
Wilcox, Richard H., '53
Wiles, Daniel George, '63
Wilke, Michael Dennis, '76
Will, Donald L., '54
Williams, Lynne Eyre, '78
Williams, Mark Edward, '81
Williams, Robert D., '76
Willis, James H., '65
Wilson, Edson Hay, '77
Wilson, COL Fred E., USA(Ret.), '29
Wilson, James Earl, '77
Wilson, Thomas Edward, '82
Wine, Jeannine M., '78
Wingate, Steven Craig, '73
Winkler, Ann L., '83
Wise, James Dallas, '69
Witchey, Mark Allen, '82
Withers, James Howard, '75
Woeste, Kathleen Mary, '85
Wolfe, Brian L., '85
Wolfe, Cristina Arrieta, '84
Wolfe, David Lewis, '68
Wolfe, Lester E., '50
Wolfe, William Wilson, '66
Worcester, Penny Wyman, '80
Wright, Thomas Gillespie, '76
Wuertz, Pauline, '33
Wyland, James Howard, '73
Yahn, Wilbert H., '28
Yoakum, Joani Sue, '84
York, Robert James, '80
Young, Christine Ann, '86
Young, David Alan, '79
Young, Ivor Hughes, '55
Younkman, Richard L., '67
Zavatsky, George Andrew, '85
Zedeker, Robert L., II, '70
Ziska, Richard Francis, Jr., '79
Zola, George Edward, '76

DUNCAN FALLS
Smith, Mrs. Renee Melick, '86

EAST CANTON
Bechtel, Donald K., '47
Maier, Al J., '54

EAST CLARIDON
Porter, Allen Wayne, '73

EAST CLEVELAND
Cunningham, Kimberlyn Chris, '85
Fisher, Sylvia, '86
Price, Eric Charles, '83

EASTLAKE
Anderson, Leonard Irvin, '70
Kenneally, Robert John, Jr., '73
Le Suer, Jennifer Margaret, '85
Mahany, Thomas Kent, '74
Martello, Gilbert Anthony, Jr., '59
Penkal, Dave Scott, '88
Trennel, Ronald J., '80
Yovichin, Jeffrey Daniel, '86

EAST LIBERTY
Endsley, Mrs. Sara L., '82

EAST LIVERPOOL
Cloran, Shawn David, '82
Cox, Nelson H., III, '73
English, J. Brent, '69
Gauron, John David, '76
Hartt, Shirley May, '52
Kozel, William W., Jr., '60
Lucas, Jeffrey Robert, '79
Maistros, George A., '49
Markanton, Chris G., '49
Null, John Allen, '86
Petrick, Stephen, '81
Porter, Scott Jacob, '70
Ramsey, Leland S., Jr., '32
Serafy, Darrell C., '49
Stockdale, Jeffrey Allen, '88
Wise, Michael Anthony, '80

EAST PALESTINE
Simon, Eleanor Fell, '48

EAST ROCHESTER
Carle, Keith William, '87

EATON
Collins, George A., Jr., '64
Harrison, Stacy Anne, '88
Kramer, Horace John, '75
Mc Crabb, Jeffrey Allen, '64
Miller, Timothy Hart, '61
Mitchell, John Thomas, '79
Mitchell, Marian M., '42
Moysey, Glenn G., Jr., '50
O'Leary, William T., '67
Vincent, Darrell Alan, '76

EDGERTON
Dietsch, Gregory Franklin, '86
Dietsch, Michelle M., '88
Free, Mitchell Dean, '85
Miller, Duane D., II, '87

EDISON
Myers, Jonathan Kent, '88

ELDORADO
Stayton, James D., '50

ELIDA
Biedenharn, Gerald John, '86
Finn, Diane Leona, '85
Fisher, Glenn Duane, '70
Fuhrman, Bruce Edgar, '71
Guagenti, John Anthony, '87
Kroplin, Kelly Renee, '88
Miner, Jerry Paul, '73
Ranchel, Gary Dean, '87
Szuch, John David, '77
Wildermuth, Stephen M., '86
Williams, Melvin J., '60
Zimerle, John Kenneth, '87

ELMORE
Cluckey, Edward Dale, '82
Dibert, Charles W., '50

ELYRIA
Alferio, Joseph, '50
Altfeld, Leon S., '49
Arthrell, Kent James, '77
Austin, Thomas Patrick, '82
Ayish, Sami N., '86
Bennett, Robin Lynn, '83
Boggs, James Lee, '72
Carandang, Eileen, '85
Christo, Christopher B., '81
Copeland, Mark Don, '76
Culberson, Andrew W., '81
De Filippo, Leonard Charles, '73
De Lloyd, Robert H., '41
Elbert, Louis J., '85
Elek, Frank J., '49
Ely, Michael Lane, '82
Ely, Ralph G., '56
Everhart, James Robert, '79
Farquhar, Robert Candor, '84
Fogel, Dr. Richard Lawrence, '75
Fullerton, Noel J., '59
Godles, Michael Joseph, '86
Gray, Jack Rexford, Jr., '82
Hammer, John Leroy, '74
Hengartner, Mary McClerg, '53
Hill, Leonarda Brickman, '38
Holmen, Kimberly Schave, '81
Jaykel, Daniel Paul, '74
Jiovanazzo, Mary Beth, '85
Jump, Marilyn (Mitzi) Miller, '80
Kang, Jane Eunha, '88
Kingman, Jon Allyn, '78
Kolodey, John Robert, '86
Laubenthal, Renee M., '84
Laux, Matthew Thomas, '85
Locke, Stephanie Anne, '87
Marusin, James Anthony, '87
Meckler, Stephen G., '62
Nay, Alan Rex, '60
Nemeth, Rosemarie Kaldor, '82
Ohlemacher, Bradley Robert, '86
Ohlemacher, Mrs. Cynthia O'Brien, '80
Ohlemacher, Robert Lewis, '48
Payne, John Lockwood, '86
Piazza, Robert Anthony, '66
Porter, Cynthia Ann, '85
Ross, James Paul, '57
Rothgery, Donald Thomas, '87
Scarbrough, Don R., '58
Scharf, Cynthia Ann, '82
Showalter, Thomas Lawrence, '82
Slabodnick, David Dean, '75
Smith, William George, '47
Stutz, Karl A., '59
Valassis, P. Thomas, '52
Webb, Kimberly June, '81
Wiehe, Craig William, '85
Wilcox, Kathryn Jean, '88
Woltz, Harry J. P., '42
Young, Hunter D., '33

ENGLEWOOD
Alexander, Holly Renee, '87
Babalis, Constantine S., '44
Barthelemy, Richard E., '60
Blum, Kenneth Edward, '80
Brumbaugh, Robert R., '53
Clager, Frank J., '65
Coate, Barbara Marie, '80
Coate, Ronald Dean, '80
Cronin, Michael David, '78
Danklef, David L., '59
Dorfmeier, Dr. William D., '49
Elliott, Melvin Jay, '60
Gordon, Vernon Marc, '87
Hague, James Bertram, '83
Hickman, Mark Hill, '74
Houser, John Leroy, '75
Kimmel, Roy Everett, '29
Lesch, James Edward, '70
Lubow, Howard, '51
Margolis, Mrs. Joyce Abromowitz, '76
Mayerson, Jerald, '51
Medley, Mrs. Joan M., '85
Shively, Robert W., '74
Slentz, Robert D., '66
Titus, Clifford F., '50
Vennemeyer, Suzanne Sabin, '87
Weiner, Murray S., '54
Weprin, Charles W., '45
Wolf, Timothy Joseph, '75
Zusman, Lawrence L., '43
Zusman, Mrs. Leonore Rothschild, '49

ENON
Arnett, Thomas Lee, '68
Guthrie, Emmerentia Marie, '85
Hull, Charles O., Jr., '65
Hutchinson, David F., '64
Kankey, Dr. Roland D., '85
Maiorano, John Frank, '70
Mazor, LTC Walter S., USAF(Ret.), '57
Newkirk, COL Mahlon M., USAF(Ret.), '57
Robinson, David Andrew, '86
Taulton, Ronald D., '83
Weidler, Walter Clark, '49
Young, Jayne Metka, '78

EUCLID
Bates, Jennifer Lynn, '79
Burger, William Todd, '88
Centa, Thomas Michael, '84
Cosgriff, Thomas John, '78
Durst, Kevin Allen, '86
Fair, Kenneth R., '60
Fitzgerald, Robert Thomas, '83
Francetic, Donna Louise, '87
Herren, Rosie Marie, '87
Hutchinson, Charles, '80
Jones, Richard Lynn, '72
Liotta, William A., '80
Loveless, James Matthew, '87
Malone, Michael Earle, '85
Martin, Craig Stephen, '80
Mc Garry, Timothy Lawrence, '88
Mc Ginley, Deborah Louise, '84
Mc Vay, David Ronald, '78
Meder, Thomas Joseph, '81
Minch, John Anthony, '85
Mlachak, Gerald Anthony, '87
Myers, Dorothy Held, '85
Perz, Edward Joseph, '80
Race, Adam Thomas, '88
Radisek, Mary Ann, '87
Redmond, Roger Franklin, Jr., '74
Richardson, Robert Mayor, '87
Ruthenberg, Robert R., '52
Samuel, Donald E., '53
Sands, David Austin, '81
Seide, Michele S., '88
Sherman, Timothy James, '83
Stevenson, James Edward, '77
Sweeney, Joseph Michael, '88
Tancredi, Ms. Rebecca G., '83
Treon, Todd Joseph, '87
Waina, Gregory Daniel, '77
Walsh, Carol Lynn, '86
Walters, Jonathan Paul, '87
Washko, James Francis, '82
Weaver, Christopher Anthony, '78
Zagar, Richard Gerard, '80
Zalar, Cheryl Lynn, '87

FAIRBORN
Allyn, Carl Edward, '83
Boger, Stephen Edward, '70
Bowshier, Harry L., '50
Brainard, Susan Judith, '87
Brown, Dr. Herbert Eugene, '69
Champness, Michael Derek, '87
Christeson, LTC Gerald F., '69
Clarke, Victoria Cohen, '61
Dean, Dr. Robert A., '65
Demidovich, Dr. John William, '55
Doran, Michael Patrick, '84
Falleur, Jack D., '52
Feltz, John F., '79
Gordin, Ms. Jana Lynn, '84
Greider, MAJ Harry David, USAF(Ret.), '39
Grieshop, David B., '67
Hague, Robert W., '39
Harrell, Carrie Lee, '83
Harris, Harold Ball, Jr., '67
Harrison, James Thomas, '75
Hedland, Victor A., '61
Helber, MAJ Kent Lee, '61
Herd, MAJ Gary D., USAF, '75
Hogue, Forrest J., '49
Hyser, Warren W., '50
Lanford, Dr. Horace W., Jr., '64
Mc Millan, James G., '54
Mise, Jeffrey Kemp, '78
O'Neal, Michael James, '71
Pence, Gary L., '82
Puterbaugh, Alan, '83
Ray, Diane Bemis, '83
Reichert, Justin B., '44
Reynolds, Roger Eugene, '67
Schokatz, Hans A., '66
Sherwood, David John, '84
Smith, Stutson, '50
Somers, COL Christopher A., USAF, '65
Soucy, Roland J., '56
Stegner, Ralph W., '50
Sturwold, Robert Norman, '56
Thompson, Dean L., '52
Whittle, Alan N., '67
Wilhelm, Harold L., '41
Wolff, Frederic Paul, '88
Woolfe, Daniel Roger, '79
Wortham, Judy Marie, '88
Zuccarelli, Michelle Fix, '85

FAIRFIELD
Ashley, Mark Richard, '78
Boicheff, Nicholas Michael, '87
Burns, Robert Charles, '45
Chandler, David Pierce, '85
Decker, Timothy G., '66
Dodsworth, John C., '60
Dodsworth, Letty Neff, '60
Dunlap, Thomas Murphy, '82
Edgington, Paul Wendell, Jr., '75
Fiedler, Mrs. Susan Patterson, '86
Fiedler, Timothy J., '86
Gutierrez, Susan Allen, '81
Halsey, Pamela Sue, '80
Henderson, Ralph Alonzo, Jr., '51
Hollinger, Kent Vaughn, '85
Hunter, Tamala Ann, '88
Jansen, Lance Kim, '71
Johnson, Carletta Yvonne, '83
Kelly, Daniel Gregory, '79
Kelly, Michael Patrick, '86
Kiefer, Richard Lee, '83
Kozloski, Ms. Melissa L., '80
Labbe, Thomas John, '85
Marque, David Hartley, '84
Marto, Richard James, '61
Mc Namara, Keith Peter, '85
Mc Vey, Thomas Elgin, '79
Menden, Suzanne Ellen, '86
Miles, Margaret Kimberly, '85
Nartker, Joseph Daniel, '83
Nickle, Marlene Ann, '83
Oravec, Brian M., '86
Orr, R. Michael, '81
Piloseno, Cynthia Lee, '85
Probert, Edwin P., '60
Redden, James R., '52
Renner, Diane, '83
Rings, Richard C., '71
Ruhrmund, Ray D., '34
Saulters, James Ralph, '85
Scharringhausen, Mark Allen, '83
Schwienher, Louis Carl, '73
Shahan, Patrick Robert, '86
Shell, Jay Lee, '73
Shirk, Philip Anthony, '79
Singletary, Sharon Elaine, '87
Sroczynski, Randall Paul, '78
Striley, Paul D., '88
Taylor, Bradley Keith, '81
Tobergte, Gregory Joseph, '78
Warnock, Robert Elmer, Jr., '73
Wayt, Christopher Allen, '82
Weiss, Reinhard George, '83
Williams, Anita Gail, '86
Winner, Carl Isaac, '38
Wright, Francis Ware, '38
Yoss, Charles Ralph, '83

FAIRLAWN
Herman, Roger Eliot, '77
Kluender, Bruce Allen, '76
Swigert, Gordon D., '56
Williams, Paul L., '52

FAIRPORT HARBOR
Gurley, Richard Thomas, '83
Hill, Amanda Mary, '80
Kauppila, Todd Martin, '84

FAIRVIEW PARK
Antal, James Joseph, '73
Bennett, Robert Thomas, '60
Benton, Charles K., '58
Brooks, Donald Richard, '47
Coleman, Tyron Drew, '87
Dobos, Susan Mary, '86
Do Broka, Charles Andrew, '74
Dunlop, Richard Gordon, '88
Dunson, Richard White, '85
Flynn, John J., Jr., '48
Foley, Daniel Edward, Jr., '52
Furlong, Mark Anthony, '88
Haidet, Bradley Christopher, '79
Haidet, Ruth Ellerbrock, '79
Hom, Edward Lee, '85
Kelsik, Elmer K., '38
Kundtz, Joseph M., '40
Leonard, 2LT James Franklin, USAF, '71
Mc Namara, Robert, '84
Mesaros, Kenneth Edward, '78
Miller, Arthur H., '49
Mitterholzer, Michael Rudolph, '72
Mraz, Mark Joseph, '79
Parras, Elaine Diane, '83
Pavia, Anthony Prospie, Jr., '75
Pordan, George W., '51
Poskocil, James J., '67
Reeb, Ronald Jay, '88
Sabino, Theodore Joseph, '84
Schwede, Ms. Mary, '84
Shepard, Mark Allen, '83
Smith, Csilla Remenyik, '84
Spall, Jeffrey John, '86
Sterbenz, Kristin Ellen, '85
Waite, Theodore J., '61
Ware, Albert A., '69
Ware, Stephen Carlton, '83
Wargo, James S., '58
Warren, Robert, Jr., '71
Winold, Wilbert C., '54
Wintering, David Matthew, '85
Zavodny, Roger Michael, '84

FARMERSVILLE
Gillman, Charles Andrew, '78
Wheeler, Joan Elizabeth, '77

FINDLAY
Allshouse, Kenneth Richard, '73
Anstine, Mrs. Donna W., '82
Baker, Kenneth L., '54
Barr, Bradley Joseph, '82
Beach, Robert E., '74
Bell, Frank Stanton, '79
Bell, Hugh S., '55
Bellman, Carl Edward, '77
Bender, Mrs. David J., '85
Beutler, Robert A., Jr., '66
Blake, Janet Elizabeth, '83
Bosse, Mrs. Ann Marie, '87
Brachok, James Julius, '84
Brandman, Peter, '36
Brown, Julie Slaughterbec, '82
Brucchieri, Todd William, '87
Buck, Wayne William, '79
Buettin, Daniel Pace, '77
Burget, David Gail, '80
Calvelage, John Anthony, '80
Coleman, Don O., '66
Corbin, Mary McClelland, '53
Couch, Douglas Edward, '81
Couch, Sheryl Westinghouse, '81
Davis, Robert Nation, '47
Davis, Robert Newell, '47
Ede, Robert B., '42
Elsea, Scott, '35
Farwig, Karl Herman, '81
Fix, James H., '65
Flavell, Thomas Joseph, '79
Foltz, Allan John, '78
Frankart, James M., '59
Freeman, Michael Darin, '88
Gasior, Mrs. Barbara A., '59
Gasior, Joel Christopher, '87
Grosh, Jane Suzanne, '87
Hainen, Jerry L., '65
Hanf, William Clifford, '76
Hardesty, Lee A., '88
Harpst, Gary Michael, '72
Hartman, Gregory Paul, '87
Hatton, David Scott, '81
Heidlebaugh, Scott Allen, '86
Hill, Joseph B., '79
Hinshaw, Wade B., '87
Hoffman, Richard Harold, '68
Inkrott, Martin R., '80
Insley, Walter C., '30
Jensen, Daniel R., '67
Jetton, Mrs. Gabriela G., '84
Kasubinski, Robert Gerard, '85
Kennard, Danny Neal, '73
Kissh, John A., Jr., '64
Kotten, Kenneth Michael, '82
Kreinbihl, Charles David, '78
Kresser, Anthony J., '54
La Rocco, Dennis David, '76
Lehman, Clifford Ray, '79
Maiberger, Mark A., '80
Marker, Rick A., '78
Marshall, John N., '49
Martin, Joseph Gregory, '73
Michel, Ronald Joel, '81
Milligan, George C., '63
Modecki, Gerard Edward, '75
Moorhead, Lois Fenton, '31
Mosholder, Thomas Edmund, '79
Niemeyer, Douglas J., '74
Pepple, Michael Wayne, '77
Peterman, Russell J., '59
Pettys, Jeffrey Charles, '86
Pfeiffer, Grace Stropkey, '67
Pollock, Jerry C., '59
Pratt, Orval Donald, '48
Pry, C. Nicholas, '65
Radebaugh, Jerald Stephen, '70
Rauch, William Park, II, '85
Reinhardt, J. Alec, '79
Rimelspach, Mark Philip, '84
Ritter, Steven Frank, '87
Rooker, Ronald H., Jr., '83
Rooney, William Patrick, '86
Russell, Pamela A., '77
Rustic, Robert Joseph, '83
Schedel, William Joseph, Jr., '78
Schleucher, Carol Gearig, '79
Schleucher, Douglas Eugene, '80
Scott, David Michael, '76
Shroy, Robert E., '49
Skipton, John A., '46
Slough, Ralph Eugene, '49
Smith, Bradley Noel, '83
Smith, Millard R., Jr., '76
Sorenson, David Lowell, '70
Stanton, Charles Allen, '76
Swisher, Gerald J., '59
Thomas, John L., Jr., '49
Thomas, Thomas Edward, '77
Ware, Steven Brooks, '86
Warren, Timothy Douglas, '84
Wauford, Jerry Ronald, '69
Weasel, Charles W., '66
Welch, Robert L., '50
Wells, James Wesley, '78
Wheelock, Roger W., '87
White, Eugene M., '54
Wilcox, Peggy J., '78
Wilhelm, Daniel L., '67
Williams, Robert Thomas, '78
Workman, David E., '67
Wright, Timothy Allen, '84
Zimmerman, Kim Sidney, '74

FLEMING
Hendershot, Elizabeth Ann, '86

FLETCHER
Thompson-Bolton, Jacqueline Jean, '83

FLUSHING
Hyest, Robert A., '65

FOREST
Gault, Delbert Leroy, '86
Hebble, Charles M., '28
Rickenbacher, Mark Alan, '84

FOREST PARK
Beck, Jeffrey Scott, '82
Jones, Ms. Paula R., '88
Thornton, Judy Diane, '88

FORT JENNINGS
Ambroza, Barry Russell, '73
Andrews, Edward Eugene, '76
Schimmoeller, Jeffrey Thomas, '80

FORT LORAMIE
Jacobs, Thomas Edward, '86
Wehrman, Gerald Robert, '88

FORT RECOVERY
Fortkamp, Kathleen Rose, '88
Meiring, Robert William, '75

FOSTORIA
Cool, Gary Paul, '85
Cousin, Arthur Darnell, '82
Dennison, Douglas Allen, '83
Holderman, Robert Lee, II, '82
Horner, Gregory Eldon, '87
Horner, Jack Allan, '74
Kisabeth, Clair E., '48
Lee, Richard Wesly, '85
Matthews, Frederick Fritz R., '60
Murphy, Donald Byers, '60
Needles, Jack B., '65
Reinhart, Veronica Zender, '84
Ritzler, Todd J., '87
Schaffner, Richard Carl, '82
Schwieterman, Michael Joseph, '81
Stevens, Beth Ann, '82
Underwood, Winston D., '53
Walden, Dr. Esther Long, '59
Zimmerman, M. Reed, '39

FRANKFORT
Davis, Ronald Evan, '59

FRANKLIN
Barrett, Michael Lee, '72
Barton, Charles W., '52
Bell-Gombita, Marla, '83
Bell-Gomita, Ms. Marla I., '83
Bowen, William Lee, '74
Burney, Michael E., '62
Enochs, Mary Baremore, '53
Evans, John Robert, '35
Gombita, CAPT Gary Joseph, USAF, '83
House, William Walter, '70
Johnson, Kevin William, '86
Johnson, Vernon Dale, '78
Morningstar, Thomas H., '49

FRANKLIN FURNACE
Casto, Lovenia Maddox, '78
Destocki, Walter Andrew, Jr., '86
Spradlin, Mark Kevin, '83

FRAZEYSBURG
Darner, David Earl, '82
Nelson, Steven Keith, '77
Newcome, Harold W., '39
Spargrove, Jacqueline Elaine, '83
Winsley, Joy Ann, '83

FREDERICKTOWN
Brake, Linda Sue, '79
Cooper, Daniel David, '81
Divelbiss, Alan L., '82
Dumbaugh, Mark Allen, '82
Fearn, Jack Bradley, '76
Mitchell, Richard William, '64
Palmer, James Michael, '75
Stout, Sandra Grau, '81
Tugend, Robert Brian, '80
Turner, Robert G., '35
Vasbinder, Lou Ann, '87
Workman, Ralph W., '40

FREEPORT
Bond, Dale E., '57

FREMONT
Beck, William F., '55
Bogart, Lloyd W., '33
Brandt, Douglas Robert, '82
Brill, Brett Cameron, '79
Carnes, Marianna Margaret, '81
Chapin, George Arthur, '48
Cooper, Alfred J., '58
Hobart, Marian R., '36
Irick, Mrs. Anne S., '56
Irick, Carl Merwin, '56
Keller, John P., '56
Lease, Daniel Halter, '49
Lease, Daniel Wahl, '74
Luse, Barry Francis, '79
Miller, Robert Frank, '77
Montagno, Anthony Joseph, '71
Prosek, Susan Dee, '81
Rinehart, Nancy Ann, '87
Rumery, Le Roy Clarence, '87
Smith, Michael John, '81
Solze, Norman P., '67
Sorg-Kiser, Mary Ann, '83
Starkey, Robert Lee, '68
Wasserman, Mrs. Kathryn A., '82
Werling, Joanne Jean, '86
Whitcum, Robert E., '51
Windisch, Sue Ann, '83
Wingard, Robert William, '38
Woleslagel, Thomas James, '84
Younker, Harry L., Jr., '48

GAHANNA
Acquista, Robert Joseph, '87
Alexander, William Nicholas, '75
Amico, Karen Ann, '82
Anderson, Darryl Lee, '86
Anderson, Doris Clark, '76
Atkins, James Wade, '72
Aufderhaar, Conrad Wesley, '76
Augenstein, Gary Matthew, '76
Babeaux, Joseph Michael, '83
Baldridge, Paul Raymond, '79
Balthaser, Robert Steven, '71
Bartholomew, William James, '79
Bates, Thomas R., CLU, CHFC, '79
Becker, Lori Carpenter, '78
Becker, Robert Charles, '78
Bell, Jeffrey David, '76
Beveridge, Laurie Ellen, '84
Bibbee, William O., '56
Bichsel, Mrs. Christine D., '85
Birtler, Heinz W., '67
Bisutti, Michael Anthony, '76
Blackstone, Kathy Crawford, '81
Blakely, Agnes Tulk, '77
Boehm, Robert Anthony, '85
Bolton, Francis Alan, III, '69
Bonham, William T., '82
Bornstein, Bill, '65
Brooks, Gregory Richard, '81
Brown, Estella Elores, '84
Brown, Marsha Waters, '83
Brown, Mitch Warren, '82
Brown, Theodore A., '47
Brown, William Tom, '60
Brozovich, Thomas Nicholas, '81
Brugger, Philip Edward, '79
Burnes, John Allen, '77
Burrell, Jane Briggs, '79
Burwell, Louis William, '83
Bush, Keith Belvin, '68
Byrd, Ms. Kimberly Gail, '87
Campbell, Randall R., '76
Carpenter, William Henry, '53
Carroll, Thomas Frederick, Jr., '78
Carter, Dan Lee, '79
Carter, Mrs. Susan Mc Gonagle, '78
Catron, Thelma Bondurant, '78
Cermak, Richard J., '59
Chadbourne, Jeffrey D., '85
Chambers, Jerry Dean, '81
Chapman, Derry L., '58
Cheney, Thomas Kenneth, '74
Christ, Ms. Jacqueline Ann, '87
Clark, Benjamin Lewis, Jr., '49
Clark, Mark Wesley, '69
Clark, Scott Robert, '73
Cochran, Philip Robert, '78
Coman, Amy Diane, '87
Conard, Johnetta Linn Sheets, '83
Connor, Donald A., Sr., '53
Conroy, Nona Ann, '84
Cook, Kenneth William, '86
Cordiano, Joseph D., '67
Crabtree, Warden Cravens, Jr., '82
Crites, Daniel D., '60
Cruz, Maria Elena, '81
Cubbage, Jerry B., '61
Cummans, James Scott, '79
Curtin, Robert Edward, Jr., '70
Curtis, David James, '86
Cutlip, Lawrence Blair, '72
D'Andrea, Lisa Bowden, '82
D'Andrea, Vincent Frank, '82
Das, Andre Peter, '87
Davis, Charles, Jr., '58
Davis, Charles Michael, '75
Dawson, Thomas Scott, '79
Dehlendorf, Michael Benjamin, '86
Dennis, Wilson H., '48
Dillon, LaVerne E., '68
Dinco, Diane Louise, '82
Dolloff, Susan Marie, '84
Donelson, James Edward, '78
Dotter, Edward J., Jr., '66
Dreyer, Hans Daniel, '78
Driscoll, Stephen Eric, '74
Duffy, Daniel Joseph, '83
Duffy, Deborah Varrasso, '85
Dworkin, Kalman Yale, '75
Eckstine, William C., '54
Edelman, Samuel Richard, '71
Edwards, Muhammed Hanief, '79
Edwards, Ronald Keith, '71
Eichman, Barbara Clare, '85
Ermlich, Kennett F., Jr., '49
Esswein, Larry Andrew, '79
Etzkorn, Karen Hamrick, '85
Eyerman, Dolores Theado, '33
Faist, Kurt Douglas, '73
Fallert, Mark Allen, '85
Federer, Michael Gene, '73
Feeley, Robert Joseph, '83
Fiala, Kathryn Seaman, '82
Fischer, Paul G., '80
Flint, Beth Hahn, '86
Flowe, Brian Keith, '87
Flynn, Thomas R., '66
Forward, Jay Denman, '82
France, Melanie Jane, '80
Friedman, Jeffrey Scott, '81
Fulford, Allison S., Sr., '50
Gaitten, Donald J., '49
Gallagher, Morgan P., '50
Gallitz, Cinda Teeple, '67
Geddes, Darren Duane, '86
Gerber, Richard Alan, '87
Ghatak, Mitali, '85
Ghegan, James Thomas, Jr., '86
Gilcher, Thomas Lee, '73
Goedeking, Edward David, '79
Goodman, Miriam Carlstein, '48
Goodrich, Walter L., '38
Gorringe, Jo Long, '85
Granger, Kelly Andrew, '84
Green, Kelly Foote, '84
Greene, 2LT Jeffrey Alan, '80
Greenzalis, Melinda Kannel, '83
Gregory, Robert Louis, '66
Griffith, COL Donald Quay, USAF(Ret.), '49
Groseclose, Jack Gregory, '74
Haley, Lynne Gartman, '79
Hall, James A., '68
Hambor, Bonita Dickie, '85
Hanna, Keith Albert, '82
Hannon, Ms. Kimberly J., '83
Hanson, Richard Allen, '77
Harned, Douglas Alan, '73
Harris, Terry S., '83
Hasselbring, Timothy Strieter, '85
Hastings, James Robert, '85
Hay, Mark Christopher, '81
Hayman, Paul K., Jr., '59
Henley, Richard D., '63
Henry, Robert Louis, Jr., '75
Herro, Leslee Kaye, '85
Herro, Ms. Lynn Marie, '81
Hidalgo, Joseph Anthony, '84
Hiland, Michael Howard, '70
Hogue, Warren Ellet, '84
Holehouse, Mrs. Elaine Giet, '85
Holehouse, William Gerard, '85
Holloway, Mary Lyons, '78
Howard, Donald Earl, '68
Irvine, J. Martin, '78
Isaly, Lynn Delbert, '63
Jeffers, Aldo K., '50
Jeffrey, Joseph Andrew, Jr., '62
Jones, Gary Lee, '60
Jones, John Edward, '52
Katzmeyer, David Bruce, '83
Keith, Harlow John, '77
Keller, Timothy James, '77
Kendall, Edward P., Jr., '75
Keyes, Thomas Wesley, '78
Kleshinski, Barbara Lockett, '85
Kleshinski, David, '76
Kleshinski, Mark, '84
Kobacker, John Sheppard, '79
Koenig, Randy Neal, '75
Krebs, Bart Douglas, '81
Krumel, David Frederick, '88
Landeck, Albert William, '71
Landry, John Brett, '81
Lane, Mrs. Kathryn G., '87
La Polla, Thomas Anthony G., II, '87
La Rue, David Ellis, '85
Leedy, Ralph Andrew, '82
Leftwich, Jimmie D., '74
Levy, Steven, '77
Lewis, John Kevin, '79
Lilko, Ms. Cheryl Ann, '84
Locke, William Michael, '77
Longanbach, Neal L., '59
Love, Daniel James, '86
Lucas, Jay Douglas, '79
Malinowski, James Michael, '74
Malone, Clancy J., '85
Malone, Joseph Robert, '70
Mangia, Michael Joseph, '86
Manson, John Marvin, '76
Maricevich, Matthew James, '78
Marshall, John Rene, '80
Martin, Robert Dirkson, '81
Martini, Thomas Patrick, '77
Marusiak, Paul Michael, '74
Matthews, Cynthia Bruce, '84
Matthews, Keith Allen, '82
Mc Cabe, Timothy Patrick, '74
Mc Cann, Richard Paul, '80
Mc Cann, Terrence Joseph, '76
Mc Clelland, Richard Charles, '75
Mc Farland, Scott Allan, '78
McKeag, COL Charles Marshall, USAF(Ret.), '76
Mc Kenney, John P., '35
Medors, Michael Keith, '87
Meinert, Patricia Ann, '80
Meiser, Robert L., '83
Melaragno, Michael S., '77
Mercurio, John Joseph, Jr., '84
Meyers, Carl E., '49
Miller, Michael Theodore, '64
Miller, Richard Thomas, '49
Mizera, Mrs. Janet L., '81
Moore, Michael Dennis, '75
Morales, Michael Angelo, '85
Mower, Marilyn Eileen, '86
Murray, Charles C., '80
Murray, Donald Ferguson, Jr., '87
Musser, Arthur Blaine, Jr., '39
Ney, William Henry, '69
O'Daniel, Kathleen O., '82
O'Donnell, Kevin John, '84
O'Donnell, Susan Hughes, '83
Olimpio, Charles Joseph, Jr., '68
Olney, Christopher Allen, '88
O'Reilly, John Joseph, '84
Osif, Thomas Patrick, '87
Palavin, James Michael, '78
Pallante, Lori Ann, '87
Patton, Shawn Knapp, '80
Peck, William H., '63
Pestel, Mrs. Helen Chenot, '73
Petro, Brett Anthony, '77
Phelps, Edwin Coy, '81
Phillips, Jay Evan, '88
Pirro, Douglas Ladd, '68
Posner, Louis Edward, '71
Poston, Glen W., '83
Potts, Richard Lance, '81
Purpura, Anthony E., '54
Rader, Timothy Lee, '74
Radkoski, Donald James, '77
Ramer, Harry W., '69
Ratzenberger, Robin Bradshaw, '86
Rauchenstein, Peter Marc, '76
Reeg, Earl H., Jr., '49
Reincheld, Victor Joseph, '82
Riddles, John Michael, '68
Riedinger, Paul Anthony, '87
Riggenbach, Darryl Lynn, '82
Robertson, Gerald Lee, '76
Robinson, Estel Eugene, '79
Robinson, Milton Lewis, '77
Rodock, Richard Robert, '72
Roof, Donald Paul, '84
Rott, Kenneth A., '79
Rumora, James Joseph, '79
Rush, Robert William, '76
Russell, Robert Christopher, '85
Sams, William Edward, '75
Saum, Gary Eugene, '66
Saum, Gerald E., '33
Schaad, Michael Lewis, '83
Schlagheck, Joan Severs, '85
Schmidt, Roger Edson, '50
Scholl, Dale Linn, '73
Scruggs, Dr. Muriel Mitchell, '78
Seebon, Casey Lee, '86
Severino, Donald A., '66
Shaver, Joseph Balmer, '78
Shokery, Leann Arnold, '81
Shull, Timothy Alan, '85
Siefert, CAPT Stephen William, '83
Small, Marc Jerrold, '85
Smith, Dwight Eric, '78
Smith, Mrs. Joan A., '55
Smith, Rosanne Packa, '81
Sperry, Kenneth Richard, '75
Spicer, Gary Arden, '69
Stammen, Joan Marie, '87
Stammler, Bradley Wright, '77
Stavreff, Michael, '78
Stewart, James Thomas, '65
Stone, Elise Heisz, '76
Stone, Theodore Alan, '56
Stone, Thomas Alan, '82
Strapp, Gary Patrick, '80
Strapp, James Francis, '52
Streng, John Lee, '82
Theibert, Thomas Louis, '73
Thomas, Kenneth David, '74
Thompson, Patricia Holley, '75
Timmons, Joel Andrew, '84
Treneff, Rebecca Crane, '85
Trovato, Vincent Gene, '70
Van Kuiken, Thomas Ralph, III, '77
Vinsel, Lon Andrew, '82
Vorys, George Nichols, '76
Walters, Richard Lee, Jr., '75
Warren, Richard Vern, '57
Watkins, Charlotte M., '85
Weber, Robert Lee, '63
Weixel, John Joseph, '86
Wells, Ruth Yoakam, '56
Whaley, James Lee, '84
White, Robert Edward, '63
Whitt, Patrick H., '63
Williams, Brian Clifford, '80
Wilson, David Alan, '88
Wilson, Donald Gregory, '86
Wilson, Steven Scott, '81
Winigman, Michael August, '78
Wisecup, David Earl, '83
Woods, Silas Wendell, '83
Wootton, James Bryon, '76
Wright, Christine Bowman, '80
Young, Francisco Rolando, '46

GALENA
Adams, Kristy Lynn, '85
Allen, Edith Gaylord, '82
Baker, Bruce Allen, '69
Baker, Karen Lorraine, '81
Barkes, Erin Maria, '87
Bland, Rodney Gail, '77
Caudill, Glenn M., '61
Combs, Leslie H., '48
Copeland, Terri R., '80
Coughlin, Mrs. Deborah L., '79
Curtis, Betty Poole, '50
Curtis, Clifford L., '49
Devery, Sandra Heslop, '77
Edgerton, David George, '72
Gaines, Tony Allen, '75
Gardner, William Richard, '72
Grden, Gary Paul, '86
Greathouse, John William, '82
Grover, Edgar Truman, '50
Grumney, Richard George, '74
Hanson, Scott Edward, '82
Harpster, Mrs. Marilyn Y.C., '71
Hartzler, Steven K., '69
Heter, Leonard Dean, '79
Hopper, Mrs. Sally Jo H., '84
Hunnicutt, William Lord, '88
Iezzi, Frank Joseph, Jr., '81
Jacomet, Joseph Allen, '75
Jones, John Robert, '31
Karnap, Paul, '78
Kelley, Steven Carl, '74
Kerns, William D., '66
Konkel, Kenneth John, '70
Kurtz, Adore Flynn, '82
Lillie, Stephen R., '81
Litzinger, James F., CPA, '78
Logan, James F., '54
Mader, Richard Otis, '42
Mc Carrick, Jack William, '77
Mead, Joanie Renee, '79
Miller, Daniel Paul, '75
Morrill, Michael B., '66
Ogg, Norris Lealand, Jr., '79
O'Neill, Ms. Merlene K., '79
Paisley, Marian L., '41
Polivka, Georgiana Salco, '68
Polivka, John Ernest, '67
Ransom, John J., '57
Roberts, James Denton, '78
Roddy, Michael Allen, '84
Rowland, Charles L., '56
Snyder, Jane Dunham, '84
Spero, Gerald, '67
Stacy, Ronald Allan, '84
Swysgood, Matthew Stone, '80
Swysgood, Thomas N., '49
Vacca, Arthur Reid, '70
Vance, Janet Berry, '78
Welch, John W., '56
Wentz, Thomas Kaye, '65
Westover, Donald Jeffrey, '78
Westover, Heidi Amstutz, '85
Wetherbee, Richard, '50

GALION
Ault, Richard Stanley, '75
Bates, Willie Randolph, Jr., '77
Brinkman, Rebecca Dee, '83
Burkholder, Paula Jo, '88
De Pinet, Rodney Joseph, '88
Eckstein, Tina Louise, '87
Fink, James T., '61
Fox, David J., '85
Gatton, William C., '52
Gelbach, John W., '66
Gillespie, Robby Dean, '81
Halsey, Jennifer Elaine, '88
Howard, Oma Sue, '80
King, Janel Renee, '88
Kleinknecht, Steven D., '88
Lepley, Lorin, '52
Lucas, Barbara Ann, '86
Maloy, Robert James, '71
Miley, Steven Lee, '68
Myers, Ronald R., '52
Newman, Jane E., '83
Nungesser, MAJ William C., USA(Ret.), '30
O'Leary, Thomas Martin, '88
Parish, Dennis Frank, '70
Porter, William C., '67
Rosborough, Duane N., '84
Shifley, Jane Annette, '86
Stall, Mark Edwin, '82
Stoner, Ralph W., '57
Unckrich, Ferdinand W., '38
Wade, E. Roberta, '87
Werstiuk, Barry Dean, '82
Werstiuk, Steven Dale, '81
Wisler, Edward A., '54
Wisler, Mary Margaret, '79
Yunker, Eileen Marie, '80

GALLIPOLIS
Bastiani, Lawrence, '41
Cain, Joseph L., '67
Calhoun, Ronald R., '57
Miller, Richard J., '72
Musgrove, James Alan, '79
Saunders, Howard B., '48
Smeltzer, William O., '63
Thomas, David Wendell, '77
Whitehead, James P., Jr., '76

GALLOWAY
Applegett, Mark William, '80
Arena, Michael John, Jr., '72
Bennett, Matthew Lee, '83
Bradbury, Brent Burdell, '83
Brenneman, John R., '61
Buerkle, Fred Joseph, '79
Burke, William Scott, '88
Callif, George L., II, CLU, '64
Card, Harold P., '66
Chesnut, Diane M., '83
Christopher, Robert Earl, '76
Copeland, Lowell C., '55
Dillon, Renee Diane, '88
Distelhorst, Neil B., '63
Durban, Lee Edward, '75
Eisnaugle, Preston Leroy, III, '71
Feddern, James Robert, '82
Ferrelli, Jeffrey Patrick, '77
Fetting, Amy Kay, '88
Fogt, Virginia Lynn, '84
Fullerton, Charles William, '38
Galbreath, Daniel Mauck, '53
Gruber, David Joseph, '84
Gutheil, Thomas Dane, '81
Hamilton, Edward Christopher, '84
Hamilton, Mrs. Kelly A., '86
Hanson, Daniel Michael, '84
Haskins, John Gee, '76
Hiskey, Ralph E., '23
Holman, Alan M., '39
Hunter, Daniel James, '78
King, Gregory Lee, '74
Krauss, Bruce Alan, '71
Lang, Judith Ann, '83
Latz, Joan Louise, '85
Lawless, William R., '50
McKean, Donald D., '55
Mc Millin, Janet Wright, '84
Modlich, Heide Sue, '88
Molli, Kenneth C., '77
Moore, Edward Roe, '32
Murnane, Lawrence Thomas, '87
Nagorski, David Lee, '87
Nutini, Robert Alan, '75
Purnell, Alicia Marie, '87
Redman, Michael Robert, '73
Rempel, Gene Ferdinand, '50
Rogers, Terry Jack, '77
Root, Robert Glen, '88
Rose, James Victor, '57
Rossi, Jeffrey Alan, '85
Royer, Thomas N., '77
Schiller, Dean Carl, '87
Schiller, Mrs. Gabrielle A., '84
Sinsel, David William, '78
Smith, Donna Jean, '82
Spohn, William Duane, '85
Stethem, Gerald Dwayne, '87
Thornton, Robert Edwin, '86
Vance, Daniel Barry, '85
Vasos, George A., '52
Westlake, James B., II, '81
Whittle, John Arthur, '69
Winnestaffer, John Allan, '58
Wright, Lawrence, Jr., '83

GAMBIER
Batchelder, John David, '83
Carney, Ms. Vicki A., '80
Shook, Pauline Stinemetz, '52

GARFIELD HEIGHTS
Cash, Daniel John, '85
Fosselman, Susan M., '88
Hopkins, Daniel J., '84
Kaczmarek, George F., '75
Lestock, Richard Philip, '76
Lestock, William John, '73
Luteran, Diane, '83
Luteran, John, '83
Pozderac, Paul M., '83
Pugh, Della Victoria, '79
Rutter, Robert Paul, '75
Sabat, LT James, '73

Garfield Heights (Cont'd)
Torgerson, Richard C., '87
Zilich, George Joseph, '79

GATES MILLS
Bentoff, Fred J., '60
Broome, J. Scott, '86
Ciuni, Charles Michael, '69
Cowgill, Wilmer D., '32
Gardner, Howard Bertram, '49
Kohn, Arnold Michael, '71
Koren, Christopher, '82
Lehmann, Albert F., '53
Oker, Kaye Strunk, '57
Pockmire, James Gorden, '68
Rosenberger, James M., '79
Skalkos, Kimberly Sullivan, '81
Tucker, Morton B., '58

GENEVA
Doherty, Kathleen Joan, '87
Martin, Forde Stephens, '40
Russo, Samuel John, '83
Scott, Jack Robert, '85
Sites, Edward, '48

GEORGETOWN
Lyon, William Frank, '86
Saner, Robert H., '66

GERMANTOWN
Shafer, MGEN Dale E., USAF(Ret.), '39
Stueve, Timothy John, '68
Wetja, Harriet M., '45
Winning, Thomas Edward, '71

GIBSONBURG
Noss, Daryl Edwin, '86
Smith, Patricia Balsizer, '75
Williams, Warren W., '29
Younker, Jonathan Scott, '69

GIRARD
Apple, Leslie H., '64
Archer, Daniel John, '72
Balog, Kenneth Edward, '87
Bartels, Richard Campbell, '87
Fein, Robert Dale, '85
Fibus, Barry M., '67
Grimes, Leo Steven, '83
Hinebaugh, Lorraine Geralyn, '83
Johnson, Frederick G., '57
Lewis, James Edward, '59
Oljaca, Stewart Stoya, '74
Roth, Wendy Susan, '88
Routh, Sanford H., '49
Santisi, Donald James, Jr., '80
Schwebel, Barbara Rall, '82
Schwebel, Paul L., '67
Shea, Maurice J., '49
Sturges, Catherine Ann, '81

GLANDORF
Goecke, Kevin Douglas, '88

GLENDALE
Ansley, Robert Charles, '67
Carroll, Steven Douglas, '69
Dolfi, Sam, '56
George, Scott Donald, '87
Weiss, Robert N., '48

GLENFORD
Wright, Jessie Ann, '84

GLENMONT
Mackey, Rodney Eugene, '77
Stitzlein, James D., II, '85

GLOUSTER
Gill, John Franklin, '78
Smith, Robert Evans, '57

GNADENHUTTEN
Laughlin, Craig Brian, '76
Stocker, Bryan Allen, '78

GOSHEN
Mc Owen, William H., '50

GRAFTON
Bowman, Ernest Clyde, '68
Desich, Richard, '65
Dunstan, Daniel George, '71
Elbert, Michael Joseph, '73
Huber, James Augustine, '86
Ives, Thomas John, '70
Reichel, Haines V., '47
Schubert, Barbara Gulde, '53
Spitzer, John A., '39
Spitzer, Stewart N., '43
Wright, John A., '50

GRAND RAPIDS
Laskey, Mrs. Carl L., '46
Stevens, Harold Hobart, Jr., '49
Weaver, James Ralph, '88

GRANDVIEW HEIGHTS
Mandl, Joseph P., '83
Murphy, Michael John, '86
Whitis, Stephanie Jane, '81

GRANVILLE
Acklin, William C., '62
Anderson, Marilyn Louise, '87
Andrick, Theodore K., '66
Barnett, Paula Renee, '76
Bartal, James Michael, '79
Bininger, John R., '59
Black, Barton Bruce, '76
Blackstone, Michael David, '88
Boling, Brian O., '65
Bone, James W., '39
Brown, Thomas Andrew, '81
Caron, Daniel Leon, '87
Carter, Joan Ellen, '86
Carter, Paul Erwin, '84
Cooper, James William, '76
Daugherty, Dr. John William, '81
Duncan, Carl Michael, '86
Durham, John Randall, '86
Englehardt, John Theodore, '84
Fallona, Steven Anthony, '88
Fouts, Michael Allan, '83
Guanciale, Cara Marie, '88
Hall, Glenn David, '88
Hall, John Waller, '54
Handel, Beverly Munz, '56
Heckelman, William T., '49
Heim, William G., '49
Heller, John Franklin, III, '84
Hosler, Bette Jane, '82
Hosler, Robert James, '82
Irwin, Robert Clayton, '63
Jaspers, Thomas M., '77
Jones, Eric Lynn, '68
Kaplan, Joseph M., '88
Lamneck, David Arthur, '74
Lindsey, John R., '58
Marshall, Billy Davis, '80
Messner, Larry Stephen, '72
Milleman, Nancy Beattie, '85
Mock, Joan Dascenzo, '87
Moss, Ms. Jody Leggett, '82
Nickerson, Alfred Angus, '82
Noecker, Nancy Kelley, '64
Obenauf, Dennis Richard, '71
Parsley, Robert Martin, '85
Phelps, Sharon Jean, '82
Powell, John E., '78
Price, Gary Benjamin, Jr., '88
Radabaugh, Timothy Samuel, '69
Rapp, Brian Lee, '83
Ryan, Timothy Lee, '74
Saunders, Ronda H., '82
Seibert, William H., '47
Senn, John Eldon, '39
Shurtz, Earl D., '56
Smith, Bruce Eugene, '71
Spencer, Florence Norene, '85
Steinberg, Rochelle Fatt, '79
Tavakolian, Dr. Susan L., '82
Taylor, Charles Godfrey, Jr., '57
Todd, Robert F., '37
Tomcho, Suzanne Elizabeth, '81
Van Meter, Mary N., '81
Vohsing, William Francis, '79
Whittington, Jerry Scott, '67
Wiper, Donald Williams, Jr., '54
Wuorinen, Ms. Susan E., '86
Zettler, R. Jeffrey, '69
Zimmer, Patricia Malley, '48
Zimmer, Robert O., '49

GREENFIELD
Baxla, Norman Beryl, '57
Flynn, Donald P., Sr., '50
Hindes, Donald W., '39
Mc Neil, Lowell H., '59
Moon, David D., '63

GREENHILLS
Brookbank, John Brearton, '81

GREEN SPRINGS
Adams, Martha Matilda, '27
Koth, Leslie A., '83

GREENVILLE
Ault, Edward K., '69
Balser, David Wayne, '69
Burkholder, Mrs. Elizabeth Mills, '58
Flora, Joseph B., '27
Hittle, Jeffrey E., '78
Hoerner, Allen F., '57
Hole, William Jeffrey, '75
Lawson, Thomas James, '81
Mueller, Kevin Paul, '84
Neff, Dennis, '58
Nisonger, Mrs. Naomi A., '87
Oliver, William Alan, '88
O'Reilly, Deborah Ann, '85
Pequignot, Rhonda Lee, '85
Shepard, David Earl, '86
Westfall, Patricia Wetzel, '48
Williams, Emilia B., '86

GREENWICH
Bacon, Clyde S., '49
Keysor, Keith Brian, '88
Stampfli, Dean Rusk, '86

GROVE CITY
Adkins, Tyrus W., '87
Allen, Mary K., PhD, '86
Aron, David, '88
Badgeley, Robert Benjamin, '83
Ballou, Gary Wayne, '80
Barrick, Leon H., '87
Basler, Ronald F., '58
Bates, Michael Loring, CPA, '74
Beinecke, Charles Robert, Jr., '75
Bellar, Jeffrey Alan, '85
Bennett, Bruce Edward, '74
Boehm, Robert R., '60
Bowshier, Terrence Lee, '75
Bradford, Otis L., '41
Briner, Harry E., '58
Brofford, Jeffrey Craig, '82
Bryan, Harvey Lewis, '77
Buchanan, Floyd David, '80
Buhr, Ann Ruth, '79
Bussey-Eisnaugle, Amy Lea, '84
Butler, Kenneth William, Jr., '70
Cahill, James Michael, Jr., '73
Cameron, Harold E., '34
Campbell, John Edwin, '83
Carr, Michael David, '71
Chatfield, Robert L., '59
Christy, Madonna Stalter, '82
Cistone, Pete L., '59
Clark, Terry Granville, '58
Clawson, Randolph Price, '77
Coleman, Mrs. La Dessa, '81
Crago, MAJ Dennis L., USAFR, '69
Davis, Mrs. Julie A., '86
Dennis, John R., '57
Dew, Rodney Wayne, '80
Dunn, Donald Lee, '71
Edginton, Pamela Leach, '84
Edwards, Donald Norman, '72
Edwards, Steve J., '76
Eesley, Jonathon Scott, '78
Evans, Gary Lee, '74
Forrester, William R., '65
Frank, Lawrence James, '56
Fredericks, James E., '53
Friend, Teresa Huth, '51
Gantz, Carla Wolfinger, '86
Garner, Michael J., '66
Garrett, Paul J., '35
Gary, Scott Allen, '87
George, Melinda Jo, '88
Gibson, Steven G., '77
Graul, William Ray, '71
Graves, Lisa Hodil, '84
Grossman, Elmer C., '24
Gunderson, Fred G., '63
Gunderson, Robert P., '67
Hammond, James Eugene, '66
Harvey, Francis K., '30
Hellard, David Virgil, '76
Herron, Richard A., '88
Hickman, Charles W., '51
Hickman, Charles William, III, '75
Hill, Duane W., '86
Hinton, Joyce Drake, '76
Hitchcock, Richard Lyle, '88
Holcomb, Howard T., '59
Howard, Donald Edward, '78
Huey, John H., Jr., '60
Huffman, Marilyn Bursiek, '48
Hysell, Wallace S., '65
Jameson, Richard Crane, '65
Jansen, Gregory V., '83
Jones, Robert Lee, '63
Kern, Kerry Conway, '85
Kirsch, Charles Randall, '80
Knisely, Douglas Charles, '71
Kruczynski, Robert Louis, '50
Lambert, Mark Dwayne, '84
Layman, Frank Melvin, '81
Leach, Gregory Dale, '83
Lee, William Edward, '70
Lester, B. Keith, '88
Lilley, John Ralph, '28
Liston, Martin Lynn, '75
Lockman, Paul Martin, '81
Longfellow, Lisa Kensler, '84
Lowe, Carolyn Lilley, '69
Lyday, Jack Clovis, '49
Marshall, Robert Clark, '67
Martin, Calvin Dean, '78
Matheny, Patricia Paulus, '79
Mc Andrew, John Patrick, '72
Mc Cleese, Anita Ruth, '83
McFarland, Julia Ann, '85
Mc Millen, George A., '53
Meyer, William L., '68
Michalak, Michael Paul, '87
Mitchell, Jerome Martin, '75
Mixer, Robert Caley, '81
Mosher, Donna Fledderjohan, '57
Mundy, Joseph William, '73
Norris, James Eugene, '69
Odwarka, Gordon E., '51
O'Neal, Andrea L., '80
Osterholtz, Jan Louise, '80
Peoples, Robert A., '59
Peters, Lee A., '87
Petit, Norman Joseph, '78
Poston, Helen Melinda, '82
Potts, Edward Lee, '75
Rengert, Ann Christine, '88
Richardson, Thomas C., '83
Ricketts, Teresa K., '87
Rietenbach, Heidi, '88
Riffle, Ronald Alfred, '86
Rings, Donald J., '58
Roope, Charles Edward, '64
Rorick, James Patterson, '74
Schultz, Robert Alvin, '80
Sellers, Steven Lynn, '70
Shaner, Charles Lee, '83
Shrum, Thomas Granville, '79
Slade, Mark Anderson, '82
Smith, Tina Renee, '85
Smucker, F. David, '63
Snapp, Timothy Scott, '87
Snider, Thomas Hern, '88
Solsman, Scott Donald, '80
Sothard, Mark Bradford, '82
Souders, Mrs. M. Yvonne, '87
Spilker, Allan John, '60
Stalter, Marvin Dale, '85
Steinhoff, Roy Wendell, '69
Stewart, Earl James, '62
Stimson, William J., '66
Stout, Harold, '59
Stritt, Dorothy Baughman, '48
Stuckert, Steven Arthur, '69
Swanson, Cynthia Ann, '86
Thomas, Bradley Everett, '83
Ticknor, William C., '80
Torgerson, Herman T., '49
Troth, Raymond Joseph, '69
Turnbull, Gail Allen, '56
Turnbull, Gary William, '83
Turnbull, Greg Allen, '79
Valentine, Robert Franklin, '51
Van Horn, Dale Leon, '76
Vincent, Brent Eugene, '80
Wade, Christopher Allen, '84
Wallace, Thomas S., '74
Waller, Larry, '67
Weisenberger, Scott Eric, '85
Wheeler, Arthur Mitchel, '68
White, Carolyn Elizabeth, '82
Wilder, Mark Alan, '84

GROVEPORT
Beaman, Robert M., '33
Boetticher, Myron Paul, '71
Budde, Casper Edward, '79
Byers, Roger Clarence, '70
Crank, Jeffrey Brian, '82
Edwards, Eddie Gene, '78
Foster, Benjamin Bryan, '85
Groom, Joseph Patrick, Jr., '73
Hanf, William F., '67
Hoover, Ms. Delana F., '79
Huiss, 2LT Charles Benjamin, '80
Killinger, Jeffrey Todd, '85
Magnuson, Patricia Kaiser, '83
Manley, John Raymond, '73
Mayes, Donald Manuel, '86
Myer, Kenneth James, '86
New, Debra Kaye, '87
Seeger, James Howard, '72
Shidaker, Edwin Paul, '72
Stemple, John Richard, '72
Tedrow, Mary Elizabeth, '87
Wolf, Theodore Michael, '75

GUYSVILLE
Walker, Charles Wilson, '80

HAMERSVILLE
Kautz, Leslie A., '40
Ridenour, Joyce Joiner, '30

HAMILTON
Andrew, Roger F., '66
Bengert, Sandra M., '82
Blake, Marilyn Kay, '74
Blankenship, Victor Raymond, '72
Boggs, Richard Warren, '68
Bolser, Wesley J., '49
Brownfield, David C., '48
Burcham, David E., '65
Carcaterra, Tina Louise, '85
Clear, Joseph F., '49
Cloran, Stephen Allen, '79
Conrad, Charles Caveroc, '88
Creighton, John D., '60
Detmer, David Hugh, '81
Dutt, Michael Rae, '82
Entinger, James Michael, '80
Fein, Thomas Paul, '76
Frazee, Mrs. Gwenndolyn E., '47
Garver, Gregory Robert, '81
Geiser, Leo A., '57
Hardin, Clyde L., '21
Harding, Elizabeth Franzmann, '56
Harre, Patricia Caruso, '82
Houk, Jeffrey Raymond, '82
Jones, Charles Hayden, '40
Jones, David William, '85
Jones, Robert Dale, Sr., '49
Keim, Kenneth M., '87
King, Eldon J., '50
Lauterhahn, Catherine Bowsher, '75
Lauterhahn, Larry Bartlett, '74
Ledford, Becky Cathy Lynn, '88
Lehmkuhl, Steven Lester, '86
Leppert, Harold N., '54
Leventry, Robert Bruce, '79
Michael, Paul W., '57
Miley, James R., '66
Miller, Douglas Omer, '33
Moeller, Patrick Gerard, '80
Niehaus, Hon. David J., '66
Oliver, William G., '58
Pfeiffer, Donald Kevin, '81
Porter, Merle Dempsey, '55
Potts, Ricky Lee, '70
Raps, Paul E., '47
Redlin, Roy N., '32
Rosensweig, Scott, '80
Sansone, Scott Eric, '83
Sherman, Robin Julianne, '82
Steger, Alvin B., '48
Turner, Letitia Breese, '41
Wagner, Joan Edna, '77
Westerfield, Robert Douglas, '80
Wile, Robert Bruce, '77
Wilkins, Mark Darnell, '77
Wilks, William C., '53

HAMLER
Hohenbrink, Albert Cornelius, '72

HAMMONDSVILLE
Rose, ENS Todd Andrew, '85

HARPSTER
Reid, J. Frederick, '49

HARRISBURG
May, Barbara Furniss, '86
Mc Kinley, Marjorie J., '45
Mueller, Kurt Lawrence, '71

HARRISON
Dunevant, Robert S., '48
Edwards, Donald Eugene, '73
Hannon, Stephen Joseph, '75

HARTVILLE
Fry, Harold S., '38
Murphy, Paul Joseph, '58
Slaybaugh, Yvonne Bender, '75
Stilwell, Cynthia, '83
Sturm, Mrs. Beverly Ann, '77
Westling, Carl W., '33

HEATH
Bauman, Lawrence C., '67
Black, Eric David, '88
Blackledge, Kevin John, '88
Byrd, Judson Kirk, '75
Claggett, Eric Richard, '81
Creech, Tommy Allen, '82
Fisher, Joel Charles, '81
Frank, Richard Anthony, '85
Gallagher, Lawrence E., '80
Griebel, Glen Lyle, Jr., '79
Haines, James Lynn, '70
Hanes, Roger Allen, '84
Humphreys, Richard F., '60
Kinney, Timothy J., '69
Oneson, Marvin D., '81
Pittman, Earl William, '70
Porter, Andrew William, '84
Reid, Scott Brian, '85
Truckly, Kerry Robin, '87
Warrick, Glenn Scott, '86
Wolford, Jesse Thomas, '82

HEBRON
Bebout, John Jay, '82
Damron, Jeffrey D., '82
Davidson, John Herbert, '61
Davis, Dennis Michael, '81
Drushal, Marsha Jean, '87
Glaser, James Paul, III, '82
Haan, Perry Charles, '79
Holton, Jeffrey Robert, '80
Howison, Clifton Raymond, '86
Klein, Steven Joseph, '81
Knilans, Richard S., '49
Lundell, Michael Gunnar, '79
Mc Nichols, Thomas James, '81
Murphy, Kimberly Kay, '87
Robertson, William M., Jr., '52
Shaffer, Michele Lynn, '86
Siegel, Howard H., '48
Waldschmidt, Lee L., '46
Wing, Altheus O., Jr., '50

HICKSVILLE
Aumend, Clark L., '42
Green, Martha, '47
Haver, Gregg William, '88
Thiel, Richard Anthony, '79

HIGHLAND HEIGHTS
Clark, Eric C., '80
Hudock, Anthony Joseph, '86
Hunter, Dennis Edward, '74
Josephson, Herbert H., CPA, '42
Kilrain, Patrick S., '88
Kisel, Jeffrey M., '87
Klein, Richard Michael, '82
Majeska, Brian John, '88
Marxen, Lee A., '86
Riter, William Ronald, '77
Salvi, Ms. Joanne, '87
Schliecker, Alan P., '87

HILLIARD
Adams, Leland D., Jr., '64
Adams, Michael Brian, '82
Adams, Pamela Hancock, '85
Adkins, Judith Ann, '85
Adler, Richard Elliott, Jr., '87
Anderson, Robert Paul, '82
Antonopoulos, Mrs. Margaret A., '82
Babcock, Christopher G., '85
Bass, Dr. Stephen J., '69
Baxter, Thomas John, '80
Beattie, Rob Newport, '75
Beery, James Dean, '82
Beisel, Mrs. Cynthia K., '83
Beisel, Robert Claiborne, '84
Belt, Corwin Evert, '73
Bentz, Dr. William Frederick, '65
Biddle, Clark E., '51
Block, S. Robert, EA, '40
Bohlmann, Mark Philip, '74
Bostic, Amy Lynn, '85
Briggs, Richard E., '52
Britt, Michael Lynn, '80
Brooks, Lucinda Hegel, '83
Brown, Dean Thomas, '85
Bruns, Matthew Joseph, '85
Buhrlage, Kimberly Focht, '85
Bumbledare, Joseph Larry, '86
Burns, Anne Elizabeth, '86
Calland, Kevin David, '81
Carraher, Karen Stevenson, '82
Carraher, Steven John, '82
Carrera, Mrs. Cristina, '87
Cary, Gerald E., '62
Cash, Barbara Corn, '66
Cashmere, Drew Allen, '81
Cater, Brian Keith, '84
Clark, C. Timothy, '73
Clark, Steven Glen, '81
Clark, William Thomas, '67
Cline, COL Thomas G., USAF(Ret.), '49
Cline, Virgle W., '47
Colburn, George D., '67
Conklin, H. Kelly, '45
Cowles, Richard William, '72
Coy, Chris Alan, '79
Cremeans, Theodore Wayne, '74
Crunelle, Michael James, '76
Cummings, James Richard, Jr., '71
Cunningham, Russell Neil, '86
Damante, Joel Angelo, '83
Daulton, Jeffrey Michael, '80
Dean, Michael John, '78
Decker, Thomas Ladd, '72
Deitz, James R., CPA, '57
DeNiro, John Michael, '84
Denner, Emil, '49
Dennis, David Michael, '79
Dent, Susan Karalewitz, '86
Detzel, Michael George, '77
Devore, Thomas C., '53
Dickson, Michael H., '68
Dietz, Janet Carol, '86
Dillmore, William Thomas, '85
Distelhorst, Dan F., '82
Doonan, Mary Moor, '53
Dooper, Michael Edward, '80
Dreussi, Annette Beatrice, '80
Driggs, Nancy Reeb, '87
Duff, Richard Emery, '76
Earman, Larry Joseph, '69
Eisen, Mark David, '73
Ell, Dale D., '49
Ellis, Mary Moor, '77
Ellis, Steven Robert, '77
England, Lisa M., '86
Erdman, Brian Curtis, '84
Ervin, Desiree Lynn, '83
Fallidas, Tom B., '84
Ferritto, Janet R., '78
Fiehrer, Sandra Brewer, '84
Finke, Eugene E., '36
Fisher, George Vance, '50
Fitzer, Stephen Henry, '78
Flanagan, Richard Joseph, '67
Flavin, Patricia Kistner, '79
Foreman, Eric Hugh, '78
Freda, Michael Monroe, '68
Fritz, Mark Alan, '78
Gallogly, Myron William, '69
Gallucci, Joseph S., '81
Gandee, Steven Ray, '79
Gannon, Ellen Pfefferle, '81
Gawronski, James, '81
Gerbs, Sheryl Paula, '84
Gill, Toni Bogle, '81
Gillespie, Leona Stineman, '53
Gillfillan, Marvin Paul, '82
Gisondi, Lora Ann, '84
Goddard, Howard Randall, '50

Hilliard (Cont'd)
Goodman, Thomas Alan, '80
Gootee, Maureen J., '85
Grafmiller, Donald L., '50
Graham, David Leroy, '66
Grandon, Jon Dorsey, '78
Grandon, Leo Franklin, '49
Grants, Harijs Juris, '80
Gregory, Cary Gabriel, '86
Grimaldi, Michael Dominick, '70
Gwinn, R. Curtis, '86
Hanby, Donald W., '49
Handel, David Howard, '62
Hastreiter, Timothy Alan, '83
Hausman, Henry R., '49
Heft, Mary Ann, '81
Henninger, Ms. Mary Beth, '85
Hess, Wendell H., '51
Hickey, Lucy Catherine, '85
Higgins, Michael Kevin, '84
Higgins, Robert Lewis, '65
Hilyard, Jeffrey Earl, '78
Hock, Seth Allen, '75
Holcomb, Bruce Wiese, '84
Hood, Terrence Martin, '85
Hoyt, Robert B., '48
Hubbell, Mary Taggart, '51
Hughes, Wilbert A., Jr., '50
Huntley, John E., '57
Hupp, Forest Ray, Jr., '71
Hutchison, Richard I., '57
Iacovetta, Eugene Richard, '77
Jennings, Mark David, '77
Jones, Anne Meier, '70
Jones, William Henry, '67
Katz, Mrs. Bobbi Levy, '81
Keipper, James Mark, '82
Kellogg, James Nicholas, '66
Kempert, Kathleen, '78
King, Patricia Levy, '75
King, Timothy Allen, JD, '74
Kirkley, David Allen, '82
Kiser, Daniel Ray, '74
Klatt, Mrs. Cynthia L., '83
Kohl, Anthony W., '87
Kohrmann, Gerard Michael, '85
Kovacs, Gabor Joseph, '70
Kramer, Denise Du Pont, '81
Kreiser, John Edward, '74
Kruse, Janel Marie, '82
Landenberger, Charles B., '61
Lawless, Phillip Lynn, '76
Leahy, John T., '48
Lewie, Regina Martin, '83
Lingo, Darcy Ellen, '79
Long, Gerald Hiram, '52
Long, Lois Waters, '53
Ludwick, Thomas Andrew, '75
Luft, Ms. Laurie Doersam, '87
Lust, Norman E., '49
Lynch, James M., Jr., '47
Madsen, Neil Patrick, CPA, '83
Manicho, Joseph M., '55
Marks, Robert Gerard, '82
Marks, Ms. Sharon B., '83
Markworth, Thomas, '70
Mazer, Richard Michael, '87
Mc Bride, William Charles, '72
Mc Farland, Cheryl Lynn, '88
Mc Keown, John Clifton, Jr., '79
Mc Laughlin, Richard J., '82
Means, Russel Garrett, '49
Meginnis, Brian Keith, '68
Mercure, Anthony Lawrence, '82
Meredith, William Robinson, '83
Miller, David Alan, '68
Miller, Hon. Stephen Michael, '60
Miller, Terry L., '84
Milligan, C. Joanne Waddell, '57
Molt, Rick Lee, '73
Mone, Henry A., '50
Moore, Scott Lewis, '85
Moore, Teresa De Long, '84
Morris, Robert Alan, '80
Muehlheim-Falb, Jill Anne, '82
Muncie, Marvin Edgar, Jr., '81
Music, Robert Dwayne, '86
Nafzger, Alva D., '54
Navin, Paul J., '54
Nelson, Lynn Heatwole, '83
Nestor, Kevin Paul, '87
Nestor, Paula Kleshinski, '87
Nixon, Dana Lee, '86
Nutt, Edward A., '54
Oberlin, Mark Allen, '81
O'Brien, Michael James, '86
O'Neill, Mrs. Lisa A., '83
Pacella, Keith Joseph, '85
Pagan, Jacqueline Marie, '85
Parks, Mrs. Diane L., '83
Parks, Douglas Evan, '84
Parks, Hayden M., Jr., '83
Paul, Stephen Moro, '88
Penzone, Tony Michael, '70
Peters, Debra Louise, '82
Petry, Mark Alan, '80
Pfeiffer, Paul L., '49
Phillips, Donald Raymond, '50
Pietzsch, Kevin Alan, '83
Polen, Victor Alan, '87
Preston, Robert C., '56
Puppel, Dennis D., '67
Rangeler, Neil E., '49
Redman, Edmund C., '27
Reilly, Michael J., '72
Remster, Timothy Michael, '80
Rickert, Wayne Werner, '68
Rieve, Eric Alan, '80
Rigo, Thomas Geoffery, '78
Rittgers, Lawrence Russell, '77
Roberts, Bonnie Boeshart, '79
Robinson, Kevin Wayne, '80
Roder, Cathy Ann, '86
Roose, Lynn Edward, Jr., '86
Roush, David Leo, '88
Ruppert, Terry Eugene, '82
Sanderson, Mrs. Robin Priest, '81
Sandkuhl, Douglas Lee, '83
Sarafin, Daniel Edwin, '84
Saul, David Cameron, '77
Scheiderer, Carl Walter, '80
Schick, Thomas Edward, '84
Schluep, John Kerber, '49
Schmidt, Michael Matthew, '79
Schoenstein, Joseph Roy, '79
Schroeder, Ms. Susan R., '84
Schultheis, Michael K., '84
Sedoris, Craig Robert, '77
Sever, Oliver Joseph, Jr., '79
Seymour, Kim Kossmann, '81
Seymour, Ronald Herbert, '81
Shaffer, Fred Morris, '49
Siebert, Barbara J., '79
Skipper, Ned A., '78
Skove, Jude A., '86
Skove, Mrs. Renee Pilliod, '84
Smallwood, Robert Anderson, '72
Smith, Don Richard, '74
Smith, Howard Dwight, Jr., '42
Smith, Julia Ann, '85
Smith, Laura Young, '80
Smith, Suzanne Annette, '87
Snyder, Pierce Fred, '43
Solomonides, Drew Christopher, '80
Somers, Renee Cauley, '86
Speed, Michael Joseph, '74
Speed, Rebecca Brokaw, '84
Spetnagel, George R., '49
Spurlock, Michael, '71
Stiles, Joseph David, '79
Stojak, Anthony John, '78
Storts, William Eugene, '77
Styer, Gilbert L., '50
Suttle, David, '79
Swepston, Dwight C., '49
Swingle, Timothy James, '80
Tarr, Frank Randall, '81
Taylor, Walter Russell, Jr., '70
Theado, William Edward, '85
Thompson, Mrs. Linda C., '85
Tierney, J. Robert, '49
Toney, Robert M., '29
Toy, Harley L., '54
Tucker, Lee David, '70
Tucker, Mark Lawrence, '87
Turner, Richard H., MD, '59
Unger, James David, '81
Uttley, John William, III, '78
Vallo, Joseph Melvin, '79
Vanden Eynden, Dennis Anthony, '76
Verwohlt, H. William, Jr., '53
Von Ins, Donald Charles, '86
Von Ville, Maria, '81
Walker, Gregory William, '82
Wang, Andrew H., '84
Warne, Joyce Kay, '83
Wathen, Steven Patrick, '81
Watkins, Todd Edwin, '74
Wertz, George P., Jr., '50
Wertz, Kitty Cline, '51
Whipple, Robert Christopher, '86
Whitacre, David Victor, '80
White, Robert Francis, Jr., '41
Whybrew, Jonathan Charles, '87
Wilke, Michael David, '84
Wilson, Dexter Derr, '73
Winland, Betty Kerrigan, '81
Wiseley, David Alan, '88
Wolpert, Larry Lee, '78
Woodford, Larry Nelson, '71
Workman, Durland L., '50
Yeack, Cheryl A., '84
Yeager, Amy F., '84
Yoerger, Robert B., '50
Young, Ms. Michelle L., '87
Zaglanis, Dean James, '74
Zane, Christopher Steven, '84
Zellner, Arthur M., '64
Zirkle, Sheila Elizabeth, '84

HILLSBORO
Ames, Harvey M., '50
Brown, Allen Parnell, '69
Caplinger, Alison Kay, '88
Crouse, John O., '59
Davis, Hon. Richard Lee, '48
Edwards, Gregory Dean, '82
Ellison, John H., '58
Fender, Donald E., Jr., '60
Harsha, Charles M., '35
Heskett, Gregory Paul, '80
Karst, Julius Lee, '70
Newman, Douglas Allen, '88
Reed, Anthony Allen, '84
Weyrich, Orville R., '53

HINCKLEY
Bazan, Stanley A., Jr., '69
Boresh, Jack G., '50
Damon, Forrest L., '31
Lantz, Harry W., '50
Wingenbach, Edward Charles, III, '63

HOLLAND
Dickson, Bonnie Sue, '84
Ducey, Ernest David, Esq., '80
Johnson, James Le Land, '75
Lechlak, Scott Alan, '85
Mossing, Alan Arthur, '84
Savage, Jeffery John, '84

HOPEWELL
Reynolds, Dana Farnum, III, '76

HOWARD
Jones, Mary Whisner, '47
Mc Naughton, Jeffrey Scott, '87
Ramser, Mark Russell, '75
Rine, Thomas Allan, '88
Young, H. Scott, '48

HUBBARD
Clark, Jeffrey Alan, '86
Davis, John Myron, '84
Moskalik, William Frederick, '84
Nord, Charles Lynn, '74
Ott, Howard F., '50
Rose, Jennifer Tracy, '88
Strouss, Clarence J., Jr., '40
Strouss, Margaret Emmons, '40
Thomas, Daniel P., '63

HUBER HEIGHTS
Cook, Patricia Ann, '82
Ferryman, Leo John, '70
Gayley, James R., '69
Grillot, Michael Lee, '86
Hayes, Cheryl Faye Grigsby, '87
Johnson, Deirdre Rhea, '87
Pelfrey, Ronald Dale, '85
Volpone, Raimund H., '81
Whisler, Mark Scott, '86

HUDSON
Albee, James Campbell, '86
Applegate, Randall Glenn, '70
Bitler, George E., '62
Borzi, Andrew W., '49
Call, Janis Meyer, '80
Call, Richard Charles, '81
Campanelli, Michael A., '88
Chabucos, Jay Herbert, '82
Cirincione, John Sam, SRA, '75
Coyne, Mrs. Colleen M., '84
Coyne, Kevin Thomas, '84
Craine, John K., '62
Dickman, Milford Nathan, '31
Donofrio, Michael Peter, '72
Drescher, Carl Henry, '54
Duda, Michael E., '85
Ealy, Marguerite Bucher, '43
Ealy, William Rohm, '43
Fabian, Robert Louis, '69
Finkes, George M., '78
Flynn, Jerome R., '47
Forkin, Timothy P., '80
Fulton, William Joseph, '87
Gamertsfelder, Jon Douglas, '82
Gary, Richard Ray, CLU, '69
George, Michelle Louise, '88
Goldstone, Lynn Beth, '80
Haag, Jane Trench, '79
Hall, Donald M., '42
Harrington, Ronald G., '65
Hoelzel, Diane Hunt, '83
Ito, David Takashi, '88
Kahrl, Robert Conley, '75
Kelling, Gilbert V., '34
Kiel, Stephen John, '74
Kimball, Charles M., '31
Knobel, Harry Spencer, '51
Knox, Lois Chandler, '81
Kotheimer, Carl John, '75
Lane, William Ronald, '88
Madden, Kevin Eugene, '83
March, Ronald Anthony, '70
Mc Causlin, David Wayne, '83
Mc Cullough, Stacy J., '86
McDevitt, Patrick T., '77
Mc Mullen, Noel Sean, '73
Monk, John Thomas, '75
Montgomery, Reid John, '32
Motter, James Michael, '75
Nelson, Ann Marie, '86
Nelson, Sidney Gene, '68
Pacetta, Julie Sberna, '81
Pearson, David E., '63
Pierce, F. Howard, Jr., '59
Pope, Paul T., II, '78
Pope, Susan H., '78
Rauh, Deborah L., '82
Rauh, Douglas Charles, '83
Reed, Robert Laibe, '47
Reker, James William, '71
Ritchie, Barbara Williams, '88
Roof, David G., '54
Roof, Nancy Lydens, '53
Rosa, Susan Michele, '83
Ruby, Mark Allen, '85
Ryan, Edward James, Jr., '77
Sauber, David L., '63
Seich, John Stephen, '71
Smith, James Lawrence, '56
Spangler, Mrs. Janet C., '50
Williams, Robert Keith, '37

HUNTING VALLEY
Brookes, George Sheldon, '80
Coolidge, Alexander G., '47
Johnson, Tom Weaver, '60

HUNTSBURG
Vaccariello, Roger Gilbert, '75

HUNTSVILLE
Johns, Richard Eugene, '74
Leasure, Roy Edgar, Jr., '68
Lockwood, William Thomas, '84
Stallkamp, Leon F., '55

HURON
Bacon, John L., '49
Bacon, Suzanne Oliver, '50
Beebe, Harold F., '53
Braidech, Lisa Ann, '88
Burton, Marion E., '49
Chapin, Herbert A., '59
Cummings, William C., '57
Dalessandro, Eugene J., '62
Dawson, Terrence Marshall, '68
De Fazio, James, '77
Delahunt, James Fraser, Jr., '68
Doty, Bryan Michael, '83
Esposito, Marion, '50
Gallam, Donald Joseph, '73
Kirby, Thomas James, '73
Kotora, Frank E., '48
Landefeld, Otto J., Jr., '50
Lehman, Robert Richard, '81
Lindsley, Benjamin Kent, '68
Lopez, Mary Elizabeth, '85
Mc Carthy, Jeffrey Michael, '84
Mc Gory, Blake Stephen, '85
Mc Quillen, Peter Edward, '77
Miller, Hope E., '80
Murray, Brian Martin, '71
Newton, Steven A., '86
Pohl, Richard Mark, '67
Rhode, Lila Miller, '53
Smith, Robert Davidson, CPA, '61
Smith, Steven Freeland, '68
Sturbaum, Roger Louis, '72
Waldock, Frederick D., '51
Watt, Kristin Lynn, '86
Wentz, Wayne E., '49
Wertz, Ann Elizabeth, '88

HYDE PARK
Kaufmann, Susan Howard, '81

INDEPENDENCE
Ambro, Andrew Richard, '84
Deyling, Laurie Ann, '84
Eby, Michael Robert, '83
Klonowski, Bernard P., '48
Kurcsak, Ann Marie Michelle, '84
Mann, Mark Frank, '85
Oranski, Ronald A., '67
Powers, James Mark, '66
Schentur, Raymond E., '49
Zuber, Robert Dale, '80

IRONTON
Bentley, Richard F., '75
Blair, Randall Jay, '71
Cannon, David M., '75
Clyse, Robert A., '78
Destocki, Albert E., '51
Geswein, Gary Michael, '75
Graham, Edwin Lee, '73
Heald, James L., '48
Mountain, Richard C., '75
Near, Mark Harrison, '80
Ratliff, Roy S., '49
Roush, Donald Gregory, '73
Walton, Hon. William Richard, '63
Whaley, David Kevin, '77

IRWIN
Renner, Lee Owen, '82

JACKSON
Birdwell, Kenneth Dale, '83
Eisnaugle, Herbert D., '50
Evans, Edward Jesse, '58
Evans, Lisa Lynne, '88
Keller, Gary Wayne, '72
Michael, Charles Frederick, Jr., '82
Mitchell, Ellen Mae Wilgus, '44
Tackett, Michael Roger, '85

JACKSON CENTER
Barbee, David Eugene, '81
Boyer, Mary Black, '56
Hughes, Ward Neil, '52

JACKSONTOWN
Borroway, Frank M., '54

JAMESTOWN
Ehlerding, Daniel Earl, '72
Gossett, Charles Allan, '73
Green, Judith Lucile, '62
Smith, Steven Mark, '69
Steiner, Tal Lin, '86

JEFFERSON
Baker, Bruce M., '84
Housel, Ms. Susan Lynn, '87
Mc Nair, Robert Malcolm, '65

JEFFERSONVILLE
Fultz, Clair Ervin, '34
Klontz, Loren Russell, '58

JEROMESVILLE
Nagy, Iris Noble, '49

JEWETT
Thompson, Tod Darrin, '88

JOHNSTOWN
Ashbrook, William A., Jr., '43
Bates, Mark Alfred, '77
Bell, Mrs. Mary Ann, '83
Breslin, Judy Ann, '80
Clark, Richard Thomas, '68
Dantzer, Ms. Cheryl M., '79
Deubner, Paul E., '49
De Vore, Jeffrey Reed, '77
Fultz, Daniel G., '78
Harmon, Constance Caldwell, '87
Hetterscheidt, Francis Kenneth, '87
Mahoney, Brian Richard, '63
Mc Clanahan, Joy Lynn, '82
Nelson, Tina Wojchowski, '80
Owen, Margaret Joyce, '80
Paxton, Deborah Jean, '86
Paxton, Michelle J., '87
Pribonic, Melinda Roshon, '84
Priest, Barbara Cook, '83
Pulley, Jerry Lee, '68
Purdin, Dale Philip, '81
Quaintance, Carl L., '60
Reed, John Michael, '78
Riggs, John N., '72
Scoggin, Lynn, '72
Shop, Chris Lee, '82
Steitz, Thomas Loy, '73
Stilson, Dr. Alden E., Jr., '49
Stilson, Virginia Denning, '48
Swank, Gary Thomas, '76
Tarrier, Kirk A., '50
Thompson, Mary Fredericks, '76
Treciak, Mrs. Vicki D., '87
Varrasso, Susan K., '82
Williams, Charles E., '72

KALIDA
Bonifas, Paul Joseph, '74
Kahle, Kenneth Dean, '84
Schnipke, Nadine Kahle, '86
Siefker, Thomas Harry, '84

KENT
Begue, Eugene F., Jr., '82
Burrell, Stephen Douglas, '72
Coffman, Robert J., JD, '43
Damron, Ms. Michelle Marie, '84
Fehn, Jeffrey Martin, '85
Fenstermacher, Leon W., '35
Gannon, Alison Ann, '78
Garrison, Dr. Carole Gozansky, '79
Gatten, Mrs. Susan B., '81
Geldhof, Adam R., '85
Giulitto, Ms. Carol A., '84
Goldman, Morrey, '49
Gontero, Virginia Ann, '82
Hare, Douglas Clay, '83
House, Dorotha Starker, '41
House, Dr. Forest W., '47
Lang, Ms. Julie Ann, '84
Mc Collough, Michael Ashton, '80
Powell, Barbara Jean, '86
Roberts, Robin Lynn, '88
Sandvoss, Norman William, '65
Schlag, Judith Hodge, '53
Shea, David B., '79
Spielberg, Mrs. Alice, '49
Thomas, Nancy Everett, '80
Thorburn, Robert D., '50

KENTON
Anderson, Glenn Corey, '85
Bailey, Bradford William, '75
Berlien, Frank A., '32
Bernard, Elizabeth Fox, '36
Clark, John Paul, '78
Conner, James M., '33
Dulin, Joyce Ann, '76
Eckfeld, Frederick John, '50
Frankel, Larry Charles, '68
Kaufman, David Lee, '86
Kreinbihl, Robert O., '49
La Fontaine, Kenneth Ronald, '79
Lichty, John F., '45
Moore, James Franklin, '61
Oates, Robert Kurt, '70
Rogers, Arthur David, '76
Strahm, Chris Harold, '82
Thatcher, Rita Reinemeyer, '86

KETTERING
Argeroplos, Soterios Theodore, '87
Baxley, Frank Orion, '85
Baxter, Emma Morgan, '43
Berardi, Joseph Anthony, '86
Bertini, Charles D., '59
Bertini, Charles D., '80
Bolton, James Joseph, '55
Boroff, Coy L., '85
Bruns, John Carl, '83
Buck, John P., Jr., '50
Burns, Robert Kissinger, '67
Butler, Donald Bruce, '73
Campbell, Estelle E., '39
Cashdollar, Ronn Edward, '86
Chapple, Murray Kingsley, '73
Cogan, Maureen Helen, '86
Dabrowski, Douglas Alan, '70
Danis, Peter Anthony, '83
Datz, Jerome Thomas, '88
Davis, Jean Ardell, '56
Dearing, Steven Lee, '85
Docken, Charles Allan, '83
Donson, George J., '26
Dorsten, Michael J., '85
Farmer, Geoffrey Lynn, '72
Fogarty, Canice Joseph, Jr., '80
Gaede, David L., '49
Gargrave, Robert Norman, '88
George, Dr. Norman, '62
Gesell, Clarence, '28
Goff, Cheryl Renee, '88
Gray, Wendy Howard, '83
Haffner, Jay William, '85
Harmon, Karen Kay, '86
Harnett, Gregory W., '86
Havener, Charles Richard, '79
Henehan, William Todd, '87
Heron, John J., '62
Hoffmann, Paul Francis, '67
Holland, Orlando Martin, '69
Holz, Robert Karl, '86
Horwath, Thomas Clement, '87
Houck, Fred C., Jr., '55
Idell, Ms. Mary Beth, '87
James, Robert Charles, '71
Johnson, Ms. Mary S., '85
Johnson, Warren Paul, '68
Jones, Kevin Charles, '86
Karras, George Pete, '87
Keller, Clarence William, Jr., '80
Kohls, James David, '82
Korpi, Ms. Sue Ellen Moore, '63
Krause, Robert L., '40
Krill, MAJ James F., USAF(Ret.), '54
Lias, William George, '86
Luellen, Teresa Marie, '87
Maddux, Theodore W., '54
Markey, Matthew Robert, '88
Martin, Stephen Christopher, '81
Mason, Scott Eugene, '83
Mc Callister, Ernest Brian, '82
Mc Intosh, Emmett P., '54
Melanson, Edward Louis, Jr., '84
Milisits, Joseph John, '69
Mitter, Matthew Jay, '83
Monnig, Donald J., '57
Morris, Ronald Lee, Jr., '83
Mummey, Daryl John, '86
O'Brien, Maureen Barry, '85
O'Connell, Michael Keene, '78
O'Hara, Joanne Marie, '87
Orr, Thomas D., '59
Overholser, James Nelson, '69
Perrigo, Gregory Robert, '72
Petersen, Kenneth John, '88
Pitstick, Si Alan, '88
Powell, Amy Lynn, '86
Powers, Matthew Alan, '84
Puccetti, Mrs. Gail A., '85
Puccetti, Gary A., '85
Rankin, Sheila Renee, '80
Regan, Kathleen Grace, '80
Root, Lynell Mae, '83
Roth, Guy M., '82
Sachs, Dan H., '51
Sakada, Daryll Michael, '64
Sample, Stephen Michael, '74
Sauer, Jennifer Letsche, '82
Sauer, Michael Timothy, '82
Schmoll, Karen Lee, '88

Kettering (Cont'd)
Schneider, William Stuart, '39
Seitz, John C., '53
Shackelton, Teri Lynn, '82
Shafer, Karl F., '37
Simmons, Mark Keith, '67
Smith, Marianne Detrick, '70
Stark, Julia Elizabeth, '88
Steffens, Steven George, '38
Stein, James Leslie, '51
Stump, Ronald L., '56
Subler, Mrs. Salli A., '54
Swartz, Mrs. Barbara Lee, '86
Swartz, George J., Jr., '81
Syska, Kenneth John, '87
Talbott, Howard A., '49
Thorson, James M., '87
Van Curen, William Trent, '84
Van Harlingen, Robert M., '39
Wagner, James Michael, '87
Watrous, Vandy Mc Mahon, '82
Weiner, Dan David, '82
Wheaton, Terence E., '62
Williams, Marjorie K., '83
Windholtz, Timothy Frederick, '80
Wittoesch, Jon Mark, '82

KETTLERSVILLE
Watkins, Michael Thomas, '85

KILLBUCK
Baker, Robert Kent, '77

KINGSTON
Elliott, Deanna Steele, '82
Luebbe-Gearhart, Mary Lou, '73
Taylor, Robert Paul, '79
Weaver, Gerald Thomas, '69

KINGSVILLE
Gebe, Sheri Ann, '85
Mills, Janet Leah, '82
Williams, Joseph Warren, '48

KINSMAN
Alderdice, Gregory James, '83
Suleiman, Nageeb Abdallah, '76

KIRKERSVILLE
May, Mrs. Jennifer Y., '85

KIRTLAND
Grezmak, Ronald Joseph, '84
Mehling, Wilfred L., '58
Simpson, David Wayne, '87
Tawil, Ms. Linda Phelps, '78
Wright, Thomas Robert, '86
Yandala, Mrs. Ralph J., '47
Yandala, Ralph J., CPA, '47

LAFAYETTE
Bennett, Randy Lowe, '71

LAGRANGE
Blabey, Thomas Joseph, Jr., '71
Scarbrough, Clarence W., '41
Seabold, Rev. John Patrick, '82

LAKESIDE
Matthews, Faye Marie, '85
Schachter, Robert Alan, '53

LAKESIDE-MARBLEHEAD
Lyons, Daniel William, '75
Mac Donald, Robert L., '60

LAKEVIEW
Beck, Dale Lynn, '78
Steenrod, Martin Dean, '84

LAKEWOOD
Azok, Franklin Ethan, '84
Bandy, James Patrick, '70
Barson, Daniel Charles, '77
Bates, G. Del, '49
Beauregard, Renee Louise, '87
Bennett, Rose Marie, '84
Bernard, Fred E., '39
Betleski, Clinton Adrian, '76
Blazek, Beverly Diane, '82
Brown, Keith Francis, '77
Brown, Peter Michael, '81
Brunow, Melinda Lee, JD, '83
Butcher, Mrs. Marilyn C., '57
Calabrese, Theodore A., '67
Clark, Jennifer Stumpf, '84
Collins, Mark Stephen, '87
Cooke, Robert Blaine, '48
Cotleur, Kevin Martin, '86
Cronenwett, Robert A., '53
Danes, Paul David, '87
Dolance, Jack Christopher, '85
Duffy, Bernard J., '37
Dygert, David Donald, '88
Ferrazza, Carl Michael, '83
Floyd, Gregory Allan, '86
Flynn, Michael Allan, '70
Furry, David Wilson, '86
Gomez, Tony, '84
Gouldsberry, Pamela Louise, '83
Graham, James Robert, '87
Greenleaf, Alan Roy, '68
Hamm, Mrs. Winona M., '30
Heffron, Vernon James, '38
Heintel, Arthur Charles, '78
Hoopes, David Gordon, '78
Hornyak, Mrs. Kathryn L., '82
Hughes, Paul Francis, '84
Khoury, Joseph Thomas, Sr., '52
Kilbane, Terrence Thomas, '87
Konuch, Timothy G., '84
Kovesdy, Arthur Zoltan, '85
Kuhn, Richard I., '42
Leonard, Thomas John, '79
Los, Ms. Sally A., '85
Lyle, Sally Gribben, '54
Martin, Stephen Earl, '87
Mc Donald, Timothy S., '88
Mc Grath, John W., '78
Mc Intosh, Kyle I., Jr., '48
Mc Neil, Donald Michael, '86
Mc Vicker, Dwight W., '57
Mennell, Roger Elliot, '74
Meyer, Phillip J., '85
Minko, David James, '84
Neligan, Sheila Catherine, '86
Orr, Thomas Matthew, '86
Owens, Richard A., '87
Pachan, Michael Steven, '80
Parfitt, Todd Temple, '88
Petersilge, Albert Frank, '31
Petro, William H., '86
Pilgrim, Gregory Flinn, '70
Radvansky, Robert Andrew, '65
Rasey, Todd David, '85
Raymont, Linda L., '83
Raymont, Thomas F., '83
Rice, Richard H., '38
Sales, Mark Stephen, '82
Scott, Robert Patrick, '57
Seekely, Timothy Nicholas, '86
Simler, James Eric, '83
Simone, Joseph William, '80
Singletary, Gary Scott, '78
Smith, Gerald P., '61
Smith, Lisa Elaine, '81
Stienecker, Cathy Louise, '81
Stocking, Theodore L., '47
Tishkin, Mrs. Pamela A., '52
Toth, John M., '81
Tusick, Raymond Michael, '83
Vargo, James Bradley, '74
Vrabec, James T., '83
Westlake, David James, '86
Westlake, James M., '59
Wright, Charles F., '63
Young, George Allen, '78

LANCASTER
Akin, Todd S., '50
Alspach, Jeffrey Paul, '88
Arnsbarger, Charles Jerry, '56
Ash, Arthur Gene, '48
Asher, Clifford R., '58
Balthaser, David V., '48
Bibler, Robert Mark, '78
Bickham, Arthur W., '60
Blind, Willard Clarence, '62
Boone, Don W., '55
Boyer, Martin G., '56
Brannock, Thomas Carey, '71
Brewer, Elbridge Harmon, '77
Brown, 1LT Zane Eric, '81
Burdette, Neal W., '51
Burian, Judith N., '81
Chafin, Harry Lee, '57
Chappell, Mary Kelley, '49
Cherry, James B., '55
Cochran, Layne Edward, '81
Conklin, Robert Lee, '73
Coultrap, Helen Wolgamot, '32
Cramer, Marion A., '37
Cribbs, James Michael, '72
Crook, James P., '55
Daubenmire, Patty Sells, '49
Davis, Carl Howard, '74
Decker, John Brooks, '51
Donohue, Christopher Edward, '87
Doran, Michele Wessinger, '85
Doran, Walter Curtis, Jr., '85
Duchene, Francoise Helen, '68
Echard, Homer W., '50
Ellwood, Richard P., '51
Elmlinger, Victoria Ann, '84
Epstein, Morton E., '44
Eshler, David Lee, '76
Everly, Robert Eugene, '77
Fitzgerald, Aralee Ross, '52
Fitzgerald, Robert Joseph, '54
Flowers, Martin Joseph, '87
Fogarty, Dennis Wayne, '78
Frederick, Laura Sue, '86
Frick, Mrs. Nancy J., '49
Garner, Dewey E., '41
Geohagan, James M., Jr., '47
Greenlee, James W., '59
Haban, Matthew A., '64
Hammer, Thomas E., '63
Harbaugh, Charles Fitzgerald, '86
Hawk, W. Foster, '50
Heath, Mrs. Sheila M., '76
Hedges, George E., '49
Heister, Carl Crist, '59
Hobbs, Mrs. Glenna H., '41
Hoch, Steven James, '81
Hoff, James J., '62
Hoover, Joan Zimmerman, '40
Hummell, Robert K., '49
Immel, Albert Erwin, '39
Jenkinson, Thomas M., '55
Jewell, Arthur L., '49
Johnson, Carlton Don, Jr., '78
Johnston, Melody Merry, '75
Jones, David Orrin, '60
Kackley, Jerry Lee, '84
Karl, Robert E., '52
Kaumeyer, William H., '51
Kerns, Howard D., '50
Koerner, Edward Lee, '83
Lang, Kenneth E., '48
Larson, Jerry Thomas, '83
Lewis, Robert Harry, '58
Lieser, David A., '59
Magee, Lowell W., '60
Magill, Mrs. Elizabeth Lowe, '79
Marque, Suzanne Eileen, '82
Martin, Virgil Benjamin, Jr., '56
Metzger, Rev. John L., '50
Miller, James William, '50
Miller, W. Harold, '56
Millisor, Kenneth Clyde, '79
Mooney, Christopher Patrick, '82
Norman, Seth P., '50
Oatney, F. Earl, '57
Peterseim, Mrs. Jo Anne Shandy, '51
Peterseim, Walter F., '50
Polt, William A., '63
Prince, Harry M., '58
Rayot, Gary L., '60
Ring, Glen Allen, '86
Rowland, Charles Lossie, Jr., '73
Searls, Julie Ann, '86
Sells, Jon D., '62
Shai, George L., '31
Shane, Donald E., '59
Shannon, Richard F., '50
Shaw, Harriet Sites, '30
Sheppard, Mark Leland, '83
Sigafoos, Kamilla King, '74
Simons, Richard M., '52
Sitterley, Kermit C., '31
Slater, Jon A., '59
Smith, Ivan Campbell, '61
Smith, Theodore Anson, '61
Snyder, John Wiley, '66
Stallsmith, Lowell T., '59
Steele, Glenn Bryan, '82
Stevning, Stephen Doyle, '54
Stokes, George K., '49
Strohl, Melinda Kay, '84
Strohl, Raymond A., '54
Stuck, Catherine Mc Fadden, '81
Stukey, John F., '50
Sutterfield, Richard A., '59
Taylor, Barbara Jones, '46
Temple, James C., '55
Thayer, Betty Wise, '51
Trimmer, Kenneth D., '38
Ulm, Kimberly Ann, '88
Utley, George R., '40
Van Ooyen, Kenneth Karel, '79
Walker, Robert Philip, '70
Weidner, Suzanne E., '87
Weiland, Paul M., '50
Whaley, Terry E., Jr., '85
Will, Thomas Dunlap, '79
Williams, Randy Allen, '77
Williamson, Jerry Bruce, '70
Wolfe, Charles Floyd, '31
Wood, Donald Gale, '35
Yonker, Kenneth Eugene, CPA, '74

LA RUE
Emptage, Warren K., '64
Young, Howard Wilson, '68

LATHAM
Long, Eric Dane, '73

LAURELVILLE
Glover, Jonathan Charles, '88

LEBANON
Bachmann, William E., Jr., '47
Clark, Thomas Lee, '69
Foster, Steve Preston, '74
Fox, Timothy Lewis, '78
George, John Cary, '77
Glaser, Gail Ilene, '85
Hartenstein, Daniel Keith, '73
Johnson, Paul Francis, '58
Kline, Dennis P., '83
Kroener, Robin Lynn, '82
Marshall, Jack M., '51
Mc David, Scott Collins, '76
Milligan, Rick, '71
Montgomery, Timothy Scott, '80
Norris, Jeffery R., '86
Oliver, Timothy Allen, '71
Ostendorf, Jennifer R., '82
Poe, Robert Ernest, '83
Stevning, Daniel Racey, '86
Stevning, Mrs. Joan E., '86
Streck, James H., '65
Wilbers, Jeff John, '83

LEESBURG
Newman, Edwin Ellsworth, Jr., '82
Purtell, Shirley Jeanne, '83
Turner, Hugh H., '55

LEETONIA
Garwood, Lori Beth, '85
Kiliany, Jeffrey Thomas, '76
Weaver, Herbert Nelson, II, '79

LEIPSIC
Niese, Lyle Gregory, '73
Whaley, Tony Allen, '84

LEWISTOWN
Anderson, James Alan, '88

LEWISVILLE
Hogue, Nancy Irene, '88

LEXINGTON
Allen, James Wayne, '84
Ault, Linda J., '85
Bandman, Albert Martin, '69
Bennett, Barry P., '87
Brown, John Arden, '74
Carter, Edward Steven, '86
Dellatorre, Thomas Lee, '73
Ferry, Karen L., '87
Gruneisen, 2LT James Jay, '84
Hall, Sidney Winslow, '62
Kinley, Karen L., '88
Klebacha, George Paul, '79
Lee, LTC Larry Lawrence, USAF(Ret.), '71
Mion, Janis Ann, '84
Pierce, Harold Michael, '75
Plasko, Stephen Paul, '87
Ruhl, Richard R., '65
Thomas, Rodger F., '56
Thomas, Thomas Lee, '77
Thompson, John Edward, '68

LIBERTY CENTER
Mitchell, Michael James, '73
Rollins, Heidi Kay, '87

LIMA
Albano, Philip, '79
Averesch, Gregory Louis, '83
Balyeat, William B., '56
Basinger, Ken D., '57
Bates, Brian Paul, '83
Beggin, Brad Eugene, '82
Bell, William D., '57
Bertke, Lisa A., '86
Binkley, Donald John, '67
Birkemeier, Robert Donald, '75
Blakeman, Kimberlie Marie, '86
Bloom, Yale A., '31
Boes, Pamela Stegman, '80
Bolenbaugh, Lawrence E., '50
Bricker, Jill Marie, '87
Brogla, Timothy Joseph, '87
Brown, Bruce Alan, '86
Cheney, David Alan, '71
Collier, Nadine Geiger, '81
Cook, Richard Gerard, '73
Craig, Roger William, '73
Crawford, Daniel J., '87
Crawford, J. Kenneth, '29
Cunningham, Fred Paul, '73
Dawe, Daniel Alan, '83
Debacher, Marjorie C., '49
Dibert, Kathleen Gunsett, '72
Dickason, Margaret Steiner, '37
Docter, Eric Edward, '82
Dreitzler, Kenneth W., '65
Dudley, Joann Scheuerman, '57
Dunlap, Karla L., '85
Eisert, Thomas Ray, '74
Erb, Mrs. Marja K., '78
Fear, James Ray, '87
Ferguson, Robert Earl, '41
First, Gary Wayne, '70
Fishel, Leonard M., '40
Fuhrman, Stephen Mark, '74
Gastaldo, Julie Gossard, '85
Gearhart, Gary L., '62
Geiser, Jeffrey Lee, '78
Gideon, James Francis, '70
Gilleland, Max C., '48
Goedde, James Christopher, '84
Greenland-Kemper, Joyce Aileen, '86
Gulker, Virgil G., '46
Hagerdon, Kathy L., '78
Hall, Philip J., '49
Haller, Steven Wayne, '74
Harriman, James, '70
Harrod, Kenneth C., '47
Harrod, M. Merle, '28
Hauenstein, Robert C., '50
Hawisher, Henry A., Jr., '40
Hawk, Bryan Leo, '86
Hebden, Edward, Jr., '54
Henson, Randolph Lee, '86
Herold, Fred C., '82
Herr, Douglas Kim, '77
Hershey, Steven Devere, '80
Hesson, Bradley G., '86
Hilgert, Mary Hess, '57
Hill, Frank Rudolph, '57
Hill, Phyllis Tuttle, '47
Hill, Richard Kolter, '47
Hoersten, Carol Jane, '86
Huffman, James Freman, '48
Hughes, William K., '49
Jackson, Robert Gerald, '69
Johnson, Douglas A., '77
Kaufman, Irving Russell, '58
Keferl, David Russell, '84
Kilgore, John Garis, Jr., '75
Klay, George Henry, '76
Kuhlman, Timothy Gerard, '85
Larschied, Harry Lee, '80
Lewis, John Randall, '88
Lobdell, Harry E., '54
Lockwood, John Hadley, '70
Long, Sherwyn G., '60
Mack, Jacqueline Quenby, '51
Martin, Danny Nolan, '69
Mc Nett, Mark Allen, '78
Meredith, Richard Eugene, JD, '56
Meredith, Robert James, Esq., '83
Messer, Anthony David, '75
Miley, Mark Joseph, '84
Moffett, Chrisdon Matthew, '80
Monroe, Robert Franklin, '59
Morman, David John, '75
Mullen, John David, '86
Neuman, Jack L., '63
Neuman, Jason Eric, '86
Niemeyer, Dennis Allen, '84
Niese, Marie Elaine, '82
O'Donnell, Ms. Amy T., '81
Paige, Kenneth Charles, '68
Pepple, Gregory Lynn, '68
Pierce, Norman O., '42
Radulovich, Steven Alan, '73
Reiser, Albert W., Jr., '56
Rinehart, Fred Jerome, '76
Romey, John H., JD, '38
Ruben, Mark M., '39
Rupert, Alonzo Clifford, '77
Sampson, Albert Edward, '70
Schaublin, David A., '58
Schroeder, William Howard, '77
Shannon, Adrian F., '56
Shin, Steven J., '85
Shutt, Harrison E., '54
Shutt, Linda Suzanne, '85
Silone, Edward E., '50
Silone, Jeffrey Thomas, '84
Smith, David Jay, '81
Smith, Donald Ray, '72
Snider, Annette Lynn, '87
Snyder, Kerry Earl, '82
Sodders, Douglas Allen, '78
Sprague, Jeffrey Earl, '86
Stambor, Helen Miller, '49
Stiles, John Alan, '78
Studer, James Edward, '73
Taylor, Jerry L., '58
Timmermeister, William C., '67
Torbet, Thomas O., '54
Vernon, Frederick Richard, '73
Vieira, Michael Alan, '82
Vondran, Robert Alan, '77
Vorst, Ms. Christine D., '83
Warner, Matthew Kirk, '84
Weir, Joseph H., '43
Weisgerber, Richard L., '57
Weisgerber, William Brian, '86
Wieging, Theodore Franklin, '80
Wilkins, Randall Lee, '87
Williams, Thomas D., '53
Wilson, Debra Ann, '87
Wright, Donald Edward, '74
Yessenow, Irving Israel, '38
Ziganti, Dean, '78

LINDSEY
Wheatley, Vicki Lou, '87

LISBON
Altomare, Cynthia Barton, '77
Kennedy, Hon. Richard D., '48
Pike, Charles A., '42

LITCHFIELD
Beck, John Alan, '79
Holtschulte, Michael James, '75
Januska, Laurie Ann, '88
Mazor, Dana Matthew, '76
Wolff, Jeffrey Jay, '77

LITTLE HOCKING
Adelsperger, David Leon, '60

LOCKBOURNE
Coon, George R., '51
Lehmann, Frances K., '33
Mc Junkin, John Clark, '69

LODI
Alexander, Lois Springer, '49
Heffelfinger, William H., '39

LOGAN
Adcock, Ralph P., '41
Aman, Beth Herold, '84
Aman, John Albert, Jr., '85
Baker, Wilbur F., '60
Baron, Thomas Jeffrey, '70
Boudinot-Amin, Ms. Ann Marie, '85
Bozett, Elizabeth Smith, '44
Brandt, Richard Holl, '68
Carr, George Eldon, Jr., '48
Clayton, Deborah Lorraine, '88
Garrelts, Craig Alfred, '77
Hartman, Mark Allen, '86
Hawk, Fred Clifton, '78
Keynes, William W., '58
King, Billy Jo, '68
King, James R., '51
Later, Mark A., '84
McGhee, Maurice L., Jr., '75
Mc Millin, Allen Ray, Jr., '72
Mogavero, Julianne, '80
Pickrell, Jeffrey Paul, '72
Pugh, Robert J., '49
Russell, Thomas Roy, '81
Smith, Bradley Robert, '85
Stephens, Robert Lee, '50
Stilwell, Keith Kelley, '68
Stivison, Suzanne Case, '47
Tucker, Ms. Beth Ann, '87
Veverka, Edward C., '51
Walters, Mrs. Deborah R., '87

LONDON
Albert, Janet Good, '82
Alexander, David Reed, '88
Ardrey, Beatrice Dillon, '57
Ardrey, Jerry K., '60
Beathard, William H., '79
Bowlus, James Marcus, '37
Bowman, Julie M., '83
Bowman, Scott Lee, '83
Campbell, F. Patrick, III, '87
Campbell, Floyd Patrick, '66
Capuano-Sutphen, Rita Judith, '81
Clingman, Miriam Young, '80
Clutter, Vaughn D., '65
Conn, Terry Lynn, '73
Dietz, James K., '70
Emrich, Mary Tope, '54
Frankeberger, John S., '44
Garrison, Gregory Jay, '86
Gerard, Richard C., '51
Goodyear, Edward Dean, '69
Hankins, Philip Elmer, '70
Higgins, Daniel Edward, '72
Hughes, Philip Lee, '84
Kerr, Jerry W., '77
Kidnocker, Mrs. Mary Fraza, '57
Lehman, Gary James, '69
Mader, John Thomas, '87
Mathewson, George Otis, '71
Murphy, Charles Louis, '71
Myers, Robert A., '80
Nichols, Wallace Vance, '49
Parker, Linda Sue, '83
Popovich, Stephen Michael, '73
Powell, Claudia Denlinger, '78
Powell, Larry Steven, '82
Sebastian, Ronnie Lee, '75
Smith, Kent Callander, '88
Smith, Robert William, '60
Spring, Steven Howard, '87
Wing, Stephen Donnelly, '79
Yeater, Daniel L., '81
Young, Henry A., '33
Zanon, Raymond Edward, '87
Zinser, Lorraine Seguin, '70

LORAIN
Abel, Michael James, '86
Adams, Gerald Anthony, Sr., '85
Bihary, Terry Alan, '86
Bonaminio, Lori Maria, '85
Bransztet, Leo Walter, '78
Brumback, Timothy Lewis, '82
Burge, Bruce Maurice, '60
Ciarrone, Dominick J., '50
De Angelis, Charles Anthony, '85
Deluca, Anthony Louis, '88
Evans, Harry Evan, '42
Faris, Thomas W., '62
Gary, Eugene L., '51
Georgas, Connie, '87
Georgeff, Robert W., '50
Gruber, Elmer Alfred, '59
Harrington, Patrick J., '84
Harsar, Albert Stephan, '84
Henry, George Willis, Jr., '79
Jacobs, Ted Jack, '43
Kamnikar, David Louis, '86
Krause, George W., '29
Lawhead, James Norman, '84
Lester, Earl J., '52
Marcie, Julius F., '49
McCoy, Diane Jaworski, '84
Murphy, Mark Alan, '84
Novak, Ronald David, '75
Ochenkowski, Danuta, '88

GEOGRAPHICAL LISTINGS Marion OHIO 425

Lorain (Cont'd)
O'Connor, David Paul, '81
Pachniuk, Walter, '82
Palazzo, John Charles, '86
Parham, Christopher B., '82
Penton, Ingrid Birgitte, '87
Penton, Timothy James, '83
Romeo, Carlo, '83
Rosso, Raymond Thomas, '82
Scholz, Stanley R., '32
Slutzker, Susan Elaine, '84
Slutzker, Thelma Goldenberg, '47
Snow, Gerald E., '48
Socha, Jeffrey Alan, '84
Spinale, David A., '86
Stamatis, Sam Nicholas, '87
Svete, Leo J., '57
Tomusko, John E., '50
Trifiletti, Mrs. Suzanne M., '82
Uehlein, Richard Scott, '78
Waller, Janet Marie, '88
Wascovich, Milan Nicholas, '75
Weber, Richard N., '51
Weich, Garry Randall, '83
Winiasz, Jerome Roy, '68
Wysmierski, Edward Louis, '87
Zemanek, Dennis Mark, '86
Zvosecz, Joseph R., Jr., '76

LORDSTOWN
Mysona, Jennifer Anne, '84

LORE CITY
Ross, Jeffery Allen, '87

LOUDONVILLE
Byerly, Patricia A., '61
Coon, Christine Elaine, '85
Drouhard, Lawrence Anthony, II, '69
Dudte, Mrs. Judith A., '79
Huffman, Daniel A., '49
Mathias, Dwight D., '65
Miller, David E., '84
Schafrath, Richard P., '59
Van Horn, Mark Robert, '86

LOUISVILLE
Bishop, David Leslie, '69
Bishop, Paul Robert, '65
Brogan, Lawrence John, '80
Carozzi, Frank, '55
De Liz, Denis, '81
Escola, James T., '57
Hughes, Frederick Joseph, '70
Martin, Lowell David, '67
Nees, Susanne Marie, '86
Regas, Steve G., '56
Sypolt, D. Sy, '87
Tomak, John Theodore, Jr., '86
Wade, Karen Jayne, '84
Warner, Valerie Marie, '87

LOVELAND
Baker, Dan William, '77
Bartoszek, Michael Joseph, '76
Bentley, Michelle Marie, '86
Bills, James Owen, '75
Caslow, Janine Belt, '83
Chace, William Allan, '85
Chinchar, Kenneth James, '76
Coggins, John T., Jr., '71
Coughlin, Michael Joseph, '79
Eckes, Steve Robert, '82
Emish, John S., '56
Engle, Scott Norman, '86
Ferrell, Jay D., '86
First, Robert Earl, Jr., '67
Frasier, Dr. James E., '63
Griffith, Converse, '46
Griggs, Ralph Edward, '71
Gruber, Karen Marie, '77
Hoffer, David Brian, '80
Hogan, Thomas J., '74
Hopkins, Barbara Bowers, '79
Horwitz, Stuart Mark, '82
Ille, Richard Alan, '69
Johns, Thomas George, '66
Kothman, Mrs. Ellen Reeb, '79
Lokey, Larry Hugh, '77
Mitchell, Charles Allan, '67
Niemeyer, William Busse, Jr., '79
Niemi, Stephen Matthew, '87
Norman, James Daniel, '75
Race, Connie Sue, '83
Smilan, Judith Ann, '79
Stanchfield, Donald Alan, '73
Taylor, Steven Scott, '86
Umphress, Daniel Howard, '83
Williams, Kent R., '61
Wilson, Charles Wayland, '80
Windle, Daniel Leroy, '79

LOWELL
Long, James Herbert, '73
Schwendeman, Kim Jerome, '83
Story, Roberta Kathryn, '69

LOWELLVILLE
Guidos, Stephen, '80
Michael, Robert E., '52
Polito, Dominic R., '51

LOWER SALEM
Mills, James Myron, DDS, '49
Ullmann, Calvin Victor, '51

LUCAS
Frayer, Kenneth Raymond, '72
Fulton, Merle Douglas, '68
Harvey, David Wayne, '87
Riggs, Stephen Charles, '70
Sauder, Felicia Gene, '82

LUCASVILLE
Brumbach, Henry B., '28
Campbell, Richard W., '79
Hardy, Robert Allen, '81
Mc Kinley, J. William, II, '65
Mossbarger, James W., '65
Nordrum, James F., '79
Porter, Kenneth Wayne, '76

LYNCHBURG
Henderson, Howard N., '32
Lafferty, Dennis William, '75

LYNDHURST
Axelrod, Barry Craig, '81
Cohn, Mark Barry, '69
Cook, Gordon Harley, '39
Daher, Sami Aref, '87
Feder, Jay D., '43
Feder, Jeffrey Stephan, Esq., '68
Felman, Jeffrey Alan, '72
Foti, Anthony Luciano, '85
Franklin, Sidney, '40
Friedman, Gary Evan, '84
Ganim, Alan J., '64
Garber, Richard Jerome, '85
Greenwald, Steven Ira, '88
Haber, Irwin Gary, '78
Hauser, Sonia Silverberg, '55
Hirsh, Lawrence Mark, '80
Jazbec, Laurie Ann, '82
Kral, John David, '52
Lackritz, Michael J., '60
Lackritz, Stephanie Ann, '87
Lawrence, Phillip Allen, '55
Lefkowitz, James Edward, '70
Lipschitz, Howard Joseph, '84
Mader, Mrs. Laurel B., '84
Marks, Bruce William, '71
Moulthrop, John M., '43
Nathan, Marian Rose, '47
Newman, Charles Lester, '48
Ozan, Gerald M., '53
Palay, Stephen William, '80
Pfenning, Anthony Michael, '87
Phillips, Roland L., '55
Romisher, Robin Cannon, '83
Rosenthal, Robert Orrin, '84
Rosner, Irving, '75
Shlachter, Myron S., '65
Simon, Scott, '73
Sipari, Orazio, '41
Steiner, Linda A., '80
Steiner, William F., '48
Tavens, Lester, '53
Tolen, Randy Jay, '83
Weiser, Larry Alan, '68
Weisler, Susan Deborah, '87
Young, Darrell Alan, '71

LYONS
Damman, Joseph William, '73

MACEDONIA
Demarest, George M., '50
Fisher, Kenneth John, '79
Fisher, Susan Barborak, '79
Gray, Donald Wayne, '56
Klann, Kathy Jean, '83
Mangas, Constance Sistek, '82
Mangas, Stephen Lynn, '82
Mc Adoo, Robert A., '82
Pfahl, Douglas Stannard, '86
Ridgway, Scott Allan, '84
Tien, David Alan, '88

MADEIRA
Brown, William Richard, '78
Grant, Jeffrey Allen, '88
Ramey, Randall Everett, '74
Wellinghoff, Thomas Anthony, '71
Yeomans, Myers Leslie, '87

MADISON
Archinal, Bruce L., '63
Gilchrist, Mrs. Debbi L., '85
Gilchrist, Iain Wilson, '85
Horowski, Joe, Jr., '72
Jopko, Susan Elaine, '86
Kotas, Kevin W., '85
McDonald, Harry B., '50
Stauffer, Mrs. Darlene M., '66

MAGNOLIA
Ionno, John M., '66
Lottes, James C., '59
Smith, Carl Lewis, '21

MAINEVILLE
Anderson, Lauri Ann, '78
Baltes, Mark E., '50
Beck, Richard Alan, '70
Cancila, Timothy Martin, '78
Genninger, Leslie Ann, '81
Jones, Jeannette C., '82
Kinnison, Richard Lee, '75
Koch, Thomas Edward, '83
Lake, Linda Louise, '86
Reidenbach, James Kent, '80
Rexing, Deborah De Wald, '83
Shook, Mrs. Kelly A., '82
Ware, Kevin David, '81

MALTA
Bankes, Philip Gordon, '77
Jones, Simon W., '35
Lawrence, Steven Dale, '72

MALVERN
Helling, Alene Gale, '54

MANSFIELD
Allen, Rob Lee, '82
Altman, Jo Beighley, '82
Ament, Michael Alan, '80
Ankenman, Mrs. Barbara C., '85
Arbaugh, Gwendolyn Curtiss, '86
Argust, Ward Clayton, '64
Art, Robert Karl, '84
Ashley, Russell G., '56
Atkeson, Mark R., '79
Ault, Edward Eugene, '70
Baker, Richard E., '84
Ball, Herbert Spencer, '40
Barker, Joseph Fred, '73
Barrett, Robert Todd, '82
Baumberger, Stan, '74
Baxter, Robert Eugene, '66
Beer, Marvin Jay, '84
Bettac, Gary Lee, '87
Bevier, Richard James, '85
Bevier, Mrs. Robin Lynn, '85
Boehm, Horst Geunther, '85
Bogolis, Christ B., '88
Bohler, Ronald Keith, '84
Borrelli, Keith Chris, '78
Brake, Larry G., '59
Branson, Jackie Lynne, '83
Brickley, Steven Richard, '81
Brinkerhoff, Robert Brent, '77
Brooks, Charles L., '46
Brooks, Louise Bristow, '45
Brown, Gregg H., '79
Brown, Nelson Ray, '60
Brunn, Mark Frederick, '82
Buck, Thomas Edward, '69
Buckmaster, Carl Edward, '73
Burns, Harlan Allen, '56
Burns, Timothy Allen, '88
Busch, Carl E., '58
Campbell, Linda Sue, '84
Casto, Michael Avery, '85
Chatlain, Helen Hartman, '45
Cheney, Harry Allen, '49
Cheney, Nancy Taylor, '49
Christman, Warren L., '41
Cochran, Raymond Eugene, '76
Colangelo, Gary David, '87
Conley, Robert Michael, '88
Connolly, Chris P., '82
Coon, Jerrold J., '68
Cooper, Mark Ashley, '79
Cotton, David Lee, '71
Crouse, Hugh (Skip) W., II, '57
Cummins, Otis Marion, III, '61
Dahlberg, Eric George, '77
Dennison, Scott, '87
Desterhaft, John Keith, '70
De Vore, Paul John, '74
Dolce, Laura Lynne, '85
Doty, Irwin Thomas, Jr., '58
Dunham, Douglas Lynn, '68
Ebert, Larry Stephen, '78
Faulk, Ronald Eric, '84
Finch, Douglas Robert, '85
Fisher, Mark Edward, '69
Fisher, Mark Steven, '85
Fisher, Shelley Eckstein, '81
Foltz, Bruce Byron, '76
Fowler, Richard R., '53
Fox, Robert Bruce, '50
Franks, Lawrence E., '49
Freund, George Randall, '77
Frye, A. Leroy, '44
Fugitt, Pamela Sue, '79
Garrison, Donald E., '66
Gilbert, Cynthia Sallee, '80
Glessner, Robert F., Jr., '64
Goetz, Curt D., '88
Goldman, Benjamin A., '64
Goldman, Bruce D., '47
Gorman, James Carvill, '49
Goulding, Margaret Lee, '87
Graham, Kenneth David, '87
Graham, Thomas Joseph, '78
Griebling, Alan Lynn, '75
Grissom, Robert W., '64
Hajjar, Robert, '85
Hall, George Louis, '48
Hallabrin, John D., '47
Hammett, Jack, '48
Haring, Jeffrey S., '80
Haring, Michael John, '85
Harkins, Walter Doerrer, '82
Hoehn, Miles Frederick, '82
Holden, Lisa Sue, '86
Holiday, Dale, '88
Hollingsworth, Richard L., '83
Hollon, Michelle Anne, '88
Hosler, Polly Anna, '85
Howell, Victoria Lynn, '81
Huelsman, Kurt William, '82
Hunn, Michael Steven, '88
Hunn, Robert Sherman, Jr., '85
Inscore, Larry L., '54
Inscore, Michael Lee, '81
Irwin, Steven Wayne, '80
Isaacs, David Paul, '82
Jenkins, Julianne, '88
John, William S., '54
Johns, Catherine Marie, '85
Johnson, Aimee Patrice, '81
Jones, Gary Allen, '69
Juhasz, Elizabeth Marie, '88
Kalish, Myron R., '50
Kamen, William Patterson, '70
Kania, Walter, '54
Kathrein, Michael Henry, '69
Katsaounis, William Vasilios, '86
Keefer, Mrs. Beth A., '85
Keefer, William Carl, CPA, '82
Kershaw, Andrew J., '71
King, Gifford Elton, '26
Klein, Helga Christine, '82
Kline, Gerald Edwin, '79
Knell, George H., '56
Koehler, Charles Theodore, '81
Kramer, Charles David, '78
Kudika, Frank Louis, Jr., '66
Kuhn, Robert S., '37
Kulda, Oto, '86
Laird, Robert F., '54
Laser, Douglas William, '76
Lindquist, Joni Kay, '88
Logsdon, Jeff James, '81
Loughridge, Mary Uehling, '53
Lump, John R., '67
Margot, Gary Lynn, '73
Markley, Howard J., '49
Marlow, David William, '75
Martenet, Michael Lawrence, '86
Martin, William Russell, '32
Mason, Ms. Sharon G., '80
Massa, Monica Marie, '78
Massa, Robert C., '66
Mathys, Leonard Mark, '82
Matter, Robert A., '81
Mc Cready, Robert E., '34
Mc Ginnis, Thomas E., '57
Mennetti, Emmett T., '58
Meyer, James Eugene, '71
Meyers, Samuel, '58
Miller, George Arthur, '48
Miller, Ivan W., Sr., '61
Miller, Paula Fugitt, '79
Milli, Alex, '70
Mills, David S., '73
Mollica, Joseph Robert, '84
Moody, David C., '56
Mottayaw, Craig A., '82
Munch, Michael Thomas, '85
Murray, Kimberly Sue, '87
Musilli, Dale Michael, '80
Nan, Matthew Alan, '87
Nemeth, Louis, III, '86
O'Brien, Jean Elizabeth, '66
Ouellette, Aurel J., '82
Pahl, Douglas William, '85
Palmer, Randall Scott, '83
Peay, Elbert Orman, Jr., '76
Penny, Jeffrey Lee, '75
Petrofski, Donna, '88
Petrou, Peter, '84
Preston, Burton L., '81
Price, Charles R., '48
Price, Dennis Andrew, '74
Quick, Fred M., '44
Rader, Gary Ray, '82
Rausch, Lloyd M., '39
Ridenour, Carl Edward, '87
Ridenour, Randall Dale, '74
Ridenour, Mrs. Rhonda L., '87
Roach, Scott Carl, '87
Roby, John S., '64
Rose, Jacqueline L., '88
Roth, Henry Joseph, '79
Rozic, Theresa Maureen, '85
Ruhl, Alice Archer, '48
Ryan, Stephen A., '76
Sanford, Alice Brown, '49
Sarafin, Myra Hartman, '53
Sauder, Melvin Joseph, '79
Schenk, Deborah Meese, '82
Schlegel, Bruce James, '80
Schumann, Stephen Wayne, '83
Scodova, Bruce Richard, '81
Scoles, Franklin D., '64
Seastone, Elizabeth Ann, '85
Seggerson, Timothy Francis, '75
Seifley, Ronald Edward, '69
Selby, Jack Delroy, '52
Selby, Richard L., '52
Sennish, George W., Jr., '39
Shasky, Steven Lowell, '82
Shea, Robert, '77
Shellhaas, I. Jack, '48
Short, Darrell Wade, '81
Simmons, Constance Louise, '75
Sjostedt, Richard Otto, '85
Slane, Earnest A., '57
Sloan, Janie Elizabeth, '83
Spreng, Charles K., '37
Stander, Richard Ramsay, Jr., '79
Stanton, John David, '86
Stanton, Ralph C., Jr., '48
Stastny, Rodney Alan, '86
Stevens, Michael Carl, '85
Stevens, Pepper G., '87
Stewart, Kathy Sue, '86
Stickney, James Edward, '69
Stransky, Douglas Keith, '80
Strohm, Troy Eugene, '84
Stutz, Mrs. Peggy Ogden, '79
Swack, Bernard J., '53
Swain, John Mc Kever, '75
Tata, Anthony D., '52
Theohares, Nicholas James, '84
Thompson, Leland Dumont, '50
Tilton, Bradley Alan, '87
Timberlake, Herbert A., Jr., '62
Tovey, Jay R., '80
Tucker, Mark Alan, '85
Tuttle, Virginia Overfield, '49
Umbarger, David James, '86
Van Breene, Rori Ann, '83
Wagner, Leslie K., Sr., '33
Wagner, Leslie Kermit, Jr., '64
Wallace, Mark Leon, '83
Walter, Herbert Ferdinand, '81
Walter, Susan Eva, '83
Walters, Richard M., '58
Walters, Sharon E., '87
Ward, Wayne Wallace, '70
Weitzel, Paul J., '61
West, Cynthia Kalinoff, '81
Wichouski, Richard, '72
Williams, Don Alfred, '80
Windham, PFC Parris, '83
Wittmer, Kathleen Barr, '83
Zahniser, Terry Lee, '86
Zavelson, Lester Sanford, '37
Zeigler, Andrew Jay, '75

MANTUA
Cavanaugh, Barbara Boyd, '57
Cole, Edward Alan, '79
English, Charles Peterson, III, '72
Fornaro, Diane Lee, '82

MAPLE HEIGHTS
Alders, Gary Douglas, '86
Armstrong, Gerald S., '47
Bender, John R., '47
Charbonneau, David Gordon, CPA, '84
Cooper, Richard Allen, '73
Fazekas, Janice Marie, '87
Firlik, Lee Howard, '70
Fritzky, Joseph T., '73
Gelliarth, Karen Anne, RN, '82
Lemponen, John L., '55
Maloney, John Paul, Jr., '41
Presosky, Sandra Lyn, '83
Smith, Vincent Pierre, '78
Vascek, David P., '77

MAPLEWOOD
Baker, Michael Charles, '74

MARBLEHEAD
Clemons, Mrs. Lyn Mansperger, '86
Meterko, Raymond A., '66
Stamm, Fred H., Jr., '43
Sutton, Alva J., '58
Wahlers, Patrick Michael, '84
Wales, Stephanie Monique, '86

MARENGO
Burch, Thomas Alan, '75
Dickerson, Owen H., '44
Phelps, Devon Neil, '86
Smith, Leonard Russell, '73

MARIA STEIN
Pohl, Keith Alan, '86

MARIEMONT
Johnston, Richard Park, '57
Wells, Mrs. Viola D., '37

MARIETTA
Addison, James Robert, Jr., '51
Beck, Bradley B., '84
Beckwith, Kenneth L., '26
Broughton, Carl L., '32
Christy, F. Leonard, Jr., '41
Dalton, Adrian Burnett, '76
Dennis, James Patrick, '82
Erb, John Edward, '66
Fields, William A., '61
Fliehman, Thomas Lee, '79
Gulliver, John Michael, '80
Haas, David M., '86
Holschuh, William Dennison, '70
Hukill, Patrick Alan, '83
Johnson, Mark Russell, '81
Johnson, Matthew C., '81
Kalter, Mrs. Elizabeth H., '77
Katschka, Brenda Bom, '85
Lloyd, Jeffrey Jamieson, '72
Mc Manus, James W., '50
Menges, Mark Alan, '87
Olnhausen, Van, '63
Panepucci, Jon Dino, '77
Piersall, Craig Bruce, '70
Price, Robert Winfield, '86
Pustay, Nicholas J., '72
Reed, Ronald Alan, '74
Rhind, Constance Acheson, '79
Ritter, Glen John, '50
Ross, Kyp Lodge, '88
Ruhe, Steven Joseph, '81
Schafer, Donn Russell, '85
Snider, Martha Mullenix, '48
Vanlandingham, Stanly Phillip, '71
Wesel, David Thomas, '83
Zoltan, Frank Attila, '87

MARION
Alber, George H., '29
Alltop, Harley Keith, '83
Alspach, Deborah Baltes, '85
Arnold, Charles R., '53
Axline, P. Richard, '68
Azaroff, Gary Alan, '76
Baker, Kevin Lee, '80
Ballenger, Mark Jay, '81
Bernstecker, Harlan A., '51
Bishop, Denise Anne, '84
Bray, Jack J., '38
Bull, Jack O., '59
Burggraf, Donald R., '49
Burkhart, Daniel Thomas, '71
Burns, Robert Elsworth, '68
Bush, Floyd Eric, '87
Calaway, Robert Keith, '87
Campbell, David Robert, '61
Christie, Carmen Likes, '80
Clarke, David Alan, '78
Claypool, Craig E., '85
Clinger, William John, '80
Conley, Robert Edmund, '36
Cooper, Diane Lynn, '82
Cornell, Maurice V., '38
Crawford, Ralph Christopher, '82
Cressor, Paul Bartholomew, III, '80
Cull, Connie Lee, '87
Darling, Keith Allen, '88
Daum, Jack, '57
Dean, Jack Alan, '84
Detzel, John Michael, '87
Dillinger, Pamela Sue, '84
Donaldson, Alan Craig, '70
Donaugh, Jerel Lynn, '74
Dye, Thomas William, '82
Farst, Richard L., '63
Ferguson, James Paul, '57
Fick, Paul L., '48
Fields, Richard E., '57
Firstenberger, Elizabeth L., '86
Fitzgerald, K. Shane, '85
Futrell, Steven Craig, '73
Galloway, Joseph William, Jr., '48
Gates, Daryl Ray, '74
Gorsuch, Jeffery Alan, '86
Granger, Richard L., '57
Greenwood, Robert L., '59
Grumblatt, Michael Walter, '70
Hall, James Clark, '83
Hart, John Dennis, '74
Haubert, Paul V., '83
Hickman, Gregory Allen, '87
Hill, James Robert, '55
Hill, Kathryn Firstenberge, '46
Hinaman, Gary Allen, '72
Howard, Joanne Jones, '44
Hrehov, Greg J., '83
Hunter, K. Annette Lowe, '87
Jerew, Jim Bryon, '79
Johnson, Kent Edward, '83
Jones, Mrs. Marynell B., '48
Jordan, Jerry Merlyn, '75
Kantzer, Joseph Christopher, '84
Kennedy, Richard J., '42
King, Michael Paul, '83
Klingel, Kevin J., '85
Kruder, George Thomas, '77
Laird, Stephen Earle, '70
Lopez, Maria Cecilia C., '68
Lucas, Stasha Jean, '84
Ludwig, Donald Paul, '86
Ludwig, Paul L., '55
Ludwig, Robert C., '55
Mackanos, Gregory Scott, '86
Maldinger, James Dale, '70
Mann, Jerald Eugene, CPA, '67
Martin, Rena Eunice, '84

426 OHIO Marion OSU COLLEGE OF BUSINESS

Marion (Cont'd)
Mastro, Michael Albert, '78
Mauk, Timothy William, '86
Mault, Richard Lee, '76
May, Johnny Edward, '78
Mc Daniel, John W., Jr., '81
McQuerrey, James Ronald, '84
Medley, Robert Howard, '86
Metz, Scott Allen, '85
Minger, Debra Brown, '75
Moench, Lester K., Jr., '54
Moody, Robert E., '71
Myers, Richard D., '36
Mygrant, Jeffery Scott, '79
Mygrant, Linda Seckel, '83
Needles, Devin Scott, '82
Nerderman, Mark Anthony, '78
Nicolosi, Richard Joseph, '70
O'Guinn, Timothy Edward, '86
Panzer, John William, '65
Patterson, Charles Carroll, '39
Pfeiffer, Roger Lavern, '67
Phillips, Frank W., '41
Probst, William Allen, '68
Rapp, John Richard, '74
Ridge, Bradley Hugh, '76
Roach, Ronald Lee, '83
Rose, Penny Sue, '81
Rowland, Ronald Dale, '78
Rowley, Warren J., '41
Rush, Shelley D., '87
Ryan, John Joseph, '23
Scharf, Elizabeth Waldron, '79
Schroeck, Gerard Philip, '71
Simmons, Harry Milton, '87
Sims, Gary Kevin, '79
Skidmore, John Carroll, '80
Smith, James Everett, '51
Smith, Ronald Earl, '81
Smith, Walter Edwin, '49
Snyder, Jeffrey Dean, '83
Steen, Michael Ray, '76
Stose, D. Richard, Jr., '79
Stout, Robert O., JD, '40
Stuckey, Michael Stedcke, '84
Swerlein, Julie Ann, '83
Szuch, Leslie Joseph, '69
Taylor, Raymond W., '84
Thibaut, Bradley L., '82
Thompson, Mary Isabel, '35
Trent, John Wayne, '87
Tripp, Jay G., '47
Turner, Philip John, '72
Unland, Robert D., '58
Virden, Robert Eugene, '49
Vornholt, Frances Denninger, '45
Watts, Marden Thomas, '82
Weir, Gary A., '86
Weisbrodt, Robert Lee, '85
West, Donald Francis, Jr., '67
Wigton, Daniel Scott, '79
Wisler, William D., '54
Wolf, Philip David, '85

MARSHALLVILLE
Johnson, Andrew C., '31
Workman, Michael Todd, '87

MARTINS FERRY
Calder, William Joseph, '35
Colman, Thomas E., '59
Di Stefano, Mary G., '52
Dorsey, Diane Susan, '85
Edwards, Howell Evan, '63
Everson, James William, Sr., '61
Fox, John Charles, '80
Holbrook, William S., '56
Imbroscio, Richard J., '53
Litten, Edward F., '55
Morgan, Walter Thomas, Sr., '39
Sambuco, Errol Clark, '66
Sommer, Karl W., Jr., '57
Suriano, Kelly Ann, '85
Swearingen, Douglas James, '83
Tolbert, Angela Amici, '45
Tolbert, Susan Amici, '73

MARYSVILLE
Bishara, Magdi Farid, '73
Brake, Teresa Lynn, '85
Cencula, Richard Michael, '85
Cogswell, John R., '66
Conrad, Robert L., '53
Conrad, Wilfred E., '49
Cook, David E., '83
Cowan, David Edward, III, '86
Dailey, John William, Jr., '52
Farley, Glen David, '76
Forsythe, Sandra Cooperrider, '83
Forsythe, Scott Alan, '81
Froehlich, Daniel Ray, '76
Froehlich, Michael Allen, '79
Harte, William G., '48
Herd, Mark Duane, '81
Hinderer, John Frederick, '79
Hixson, Jeffrey Robert, '86
Hofer, Mary Agnes, '84
Isaacs, Paul Douglas, '71
Joseph, Paul Andrew, '83
Koper, James Francis, '88
Kraus, Kenneth M., '64
Loos, Jeffrey L., '86
Mackan, Alfred J., '35
Marsh, Jeffrey Stuart, '74
Marsh, William N., '52
Miller, Ronnald Lou, '75
Murdock, Gary Allen, '82
Neuhart, Monte L., '63
Ohlinger, Russell E., '52
Payton, Joel Kenneth, '81
Phillips, Joan Marie, '85
Poling, Michael Alan, '83
Post, Warren A., '31
Rinehart, Robert Clyde, Jr., '68
Scheiderer, Stephen Charles, '68
Shanklin, Cynthia L., '82
Smith, Timothy Wray, '72
Spurrier, Robert L., '32
Staats, Marty Bret, '85
Stritmatter, John Andrew, Jr., '59
Watkins, Ms. Elizabeth Mc Kinley, '84
Weidman, Conrad, '52
Whalen, James M., '84
Wickline, Bruce Edward, '87
Winters, David Allen, '66
Yoder, Jerry L., '67
Yurasek, Stephen Joseph, '74

MASON
Amrine, David Leigh, '77
Burdorf, Michael Christopher, '81
Cooper, Joel Charles, '81
Donatini, Jeffrey Allen, '83
Donatini, Lisa Creager, '83
Fennen, Shelly Thomas, '82
Fetter, William Leonard, '81
Fortman, James K., '72
Geckler, Eugene F., '59
Guagenti, George Gregory, '80
Hedges, Jack V., '51
Holden, Thomas Albert, '80
Holtzleiter, Michael Edward, '74
Hoon, MAJ Craig G., '74
Hritsko, David Douglas, '87
Jusko, Richard Victor, '82
Keene, Richard Daniel, '71
Loftus, Leonard Thomas, III, '80
Mac Arthur, David Michael, '83
Marzluff, Paul J., '60
Mc Naul, Jeffrey Allan, '82
Mc Nelly, Duaine Brent, '72
Miller, Douglas Lee, '75
Oakley, Patrick S., '87
Penn, Douglas Dean, '81
Plum, Larry Richard, '68
Plungis, Mark Paul, '83
Poffenberger, Douglas Allen, '86
Riestenberg, Jane Quinn, '81
Satterfield, James Emerson, '81
Suess, Timothy J., '87
Williams, Terry Robert, '74

MASSILLON
Bocinec, Frank C., '86
Borton, John R., '55
Brehme, Walter O., '35
Brenner, Jack Russell, '70
Butler, Brenda L., '87
Cardinal, Anne Marie, '80
Cardinal, Lawrence Michael, Jr., '73
Carter, Christine Lynn, '86
Carver, Paul Lloyd, '68
Christoff, Bruce E., '78
Cross, James Bamberger, '77
Davies, Jeffrey Scott, '81
Dobina, Joseph Kent, '77
Durishin, Mary Young, '50
Dzurko, Michael Andrew, '86
Elliott, Rita Nelson, '68
Fisher, Robert Wendell, '78
Gaitanos, Christopher, '80
Gardner, Ernest Edward, '75
Green, Dale Hamilton, '37
Hennen, Ronald Crawford, '70
Koleff, Ted, '50
Mandator, Charles Anthony, '67
Miller, Gary Richard, '67
Mitchell, Richard Dale, Jr., '87
Moore, Dianna R., '87
Nelms, Brett W., '74
Norris, Michael James, '74
Pavelzik, Robert E., Jr., '74
Power, Richard M., '50
Putman, Timothy Joseph, '77
Reichel, Richard Gene, '52
Reichenbach, James E., '55
Reuscher, William Earl, '68
Sarachene, Lawrence John, '73
Shaffer, Richard Lee, '79
Slagle, LeVernne Ballou, '39
Snyder, Cheryl Lynn, '85
Spidle, James Lee, '81
Staley, John T., '65
Stergios, Paul J., JD, '53
Stoner, Daniel B., '60
Sutherland, Elvin L., Jr., '60
Weirich, Mrs. Jacci L., '79
Young, Walter L., '57

MAUMEE
Ahrendt, Richard Karl, '53
Anderson, Jeffrey W., '81
Brown, Denny Lee, '68
Christensen, Philip Mark, '82
Corl, Stanley M., '39
Cottier, Geoffrey Allan, '70
David, Alfred G., '53
Dennis, William Gene, '84
Doherty, Rebecca Cai, '87
Ford, David Keith, '76
Fry, Susan Jean, '86
Hall, Richard Forest, '48
Heinl, John Michael, '82
Huber, Robert W., '39
Levy, Jeffrey David, '73
Litts, Ann Farinacci, '84
Maier, Frank Mark, '78
Martin, Mrs. Cathy L., '83
Martin, Jeffrey Scott, '88
Martin, Kevin Lee, '83
Marzano, Albert E., '42
McBride, John Charles, '83
Mc Clellan, Stephen John, '87
Mercer, Joel Richard, '74
Meszaros, Gary Vernon, '72
Metzger, Larry L., DDS, '56
Paat, James Christopher, '88
Pinkelman, Colleen Marie, '88
Riggs, Jonathan Daniel, '80
Schmidt, William Harry, '69
Searfoss, David L., '64
Stentz, Ms. Jean Marie, '86
Telljohann, Willis G., '61
Tokar, Ms. Barbara J., '74
Wendler, Peter W., '58
Winters, John Harrison, '78
Zientek, Brian Paul, '83
Zientek, Gretchen Brell, '83

MAYFIELD
Castrataro, Joseph D., '85
Slavin, Emanuel J., '36

MAYFIELD HEIGHTS
Auletta, Carl Anthony, '85
Callam, Walter Donald, '87
Connell, C. Jeffrey, '66
Covelli, Nicholas E., '80
Dettelbach, Thomas L., '58
Dise, Russell Wyckoff, '80
Ferritto, Ms. Debra M., '87
Hart, Randy Jay, '86
Hersch, Mark A., '86
Hocevar, James Charles, '84
Kelman, Jeffrey Scott, '85
Klein, Ms. Hallee Dianne, '83
Klein, Lawrence Ray, '84
Knazek, Lisa Yvonne, '87
Kowit, Bradley T., '87
Metz, Harvey V., '47
Miley, Larry H., '64
Miralia, Lisa Ann, '87
Naft, Leonard J., '65
Nemethy, Laszlo G., '65
Orloff, David Michael, '86
Polack, Ms. Lisa Carin, '82
Port, Mrs. Anne R., '85
Port, Michael Harry, '86
Salzinger, Daniel Stuart, '83
Scott, Harold, '47
Spero, Mindy Sue, '81
Stacks, Lisa Noma, '82
Stahler, David A., '87
Sweigert, Ernest Joseph, '86
Timen, Jeffrey Paul, '87
Timen, Mark Howard, '83
Titlebaum, Jamie Brenda, '83
Welsh, Mrs. Dorothy Alice, '84
White, Brian Richard, '87

MAYFIELD VILLAGE
Fiorenza, Andrew Frank, '88
King, Diana Green, '61
Lawler, Jamie L., '78
Riebau, Richard B., '47
Solitaria, Joseph Glenn Aro, '87

MC ARTHUR
Cecil, Earl Leo, Jr., '75
Grillo, Newton Robert, '79

MC COMB
Patterson, William Thomas, '68

MC CONNELSVILLE
Dye, Bruce W., '58
Dye, Ralph Dean, Jr., '53
Hall, Allen Carl, '71
Lowe, Matthew Dean, '85
Riddle, Carl David, '72

MC CUTCHENVILLE
Ramsower, Ty Allen, '87

MC DERMOTT
Graf, Norma Henson, '50

MC DONALD
Harryhill, Martin Albert, '88
Hawkins, Samuel James, '78
Reardon, Christopher James, '82

MECHANICSBURG
Bumgarner, Mrs. Leslie Guy, '79
Creamer, John Drew, '84
Dye, David C., '61
Guy, Rolland B., '55
Mahoy, James O., '50
Sanders, Jeffrey Charles, '86
Teets, Ricky Leroy, '83
Yeley, Russell C., '80

MEDINA
Andrews, Harold Joseph, '61
Barber, Glenn Allen, Jr., '50
Bauer, Ronald L., '55
Becker, Lisa Maureen, '88
Bilbrey, Robert Leonard, '83
Bogdan, Thomas John, Jr., '88
Borror, Thomas E., '75
Brewer, Ric Allen, '88
Cichowicz, John Neeley, '72
Cowen, James K., '66
Cripps, Ralph Thomas, '75
De Bow, Richard E., '67
Dempsey, Thomas, '53
Doyle, Richard Edward, '87
Erwin, Robert Bruce, '69
Ewing, Loralea Alexander, '78
Ferenc, Edward J., '62
Feron, Brian Thomas, '81
Galloway, John G., '50
Gangl, Kirk Peter, '81
Gerspacher, Mrs. Vennetta D., '48
Gilsdorf, Norman W., '26
Glaros, Ronald J., '67
Gowe, James Cameron, '72
Grotsky, Charles Kenneth, '67
Haas, Robert D., '46
Hallock, Alan Bruce, '83
Hartley, Joseph Alan, '83
Hedland, Robert W., '50
Holt, Burgess Lloyd, '87
Hood, Jeffrey David, '79
Hummel, Robert W., '59
Hunter, Val William, '85
Kagel, Daniel J., '66
Kaspar, Joseph Michael, '71
Keel, Robert L., '67
Kiene, Alan Scott, '75
Koppes, Jeffery Allen, '88
Korte, Peter Barrett, '86
Kuhn, James Herman, '69
Langley, Ted L., '82
Lehman, Dennis Paul, '52
Leuthold, Kenneth Reuben, '69
Marinik, Mark Steven, '78
Mathews, Roger K., '76
Meder, Emily Chin, '80
Milligan, Donna Louise, '85
Mott, Mrs. Kathryn Bigler, '29
Pagura, Robert Michael, '62
Pearson, James F., '64
Petersen, Margaret Schubert, '48
Pretzman, Allen B., '52
Ragsdale, James David, '79
Rapp, James F., '67
Rice, Richard J., '50
Root, Alan I., '28
Schaefer, Louis B., IV, '63
Schirripa, Laura Ann, '86
Scott, David Thomas, '87
Selders, David Edward, III, '87
Sklarski, Frank Edwin, '72
Starcher, Robert, '77
Swank, Richard E., '66
Tender, Kenneth N., '65
Varney, Scott K., '84
Vawter, Jana R., '86
Warnock, C. Wesley, '48
Wendell, John Joseph, '82
Wible, Calvin D., '49
Wilkinson, George Hart, Jr., '57
Wilkinson, Thomas Paul, '83
Wolff, George Herman, '75
Woodward, Thomas Cook, '68
Yoakem, Richard D., '69

MEDWAY
Cashner, James Mc Crea, '53
Plassman, Jeffrey Richard, '84

MENTOR
Abraham, Harold V., '64
Attwood, John Jay, '84
Barry, Donald Joseph, '84
Berman, Mitchell Eric, '82
Bilyk, Gregory Paul, '79
Borrelli, Michael James, Sr., '38
Bowens, James Patrick, '77
Brewster, John Paul, '68
Brys-Bowen, Dawn Marie, '85
Burhans, Willis E., '48
Collins, John James, '53
Conry, Terrence Charles, '76
Costello, Anne Elizabeth, '78
Costello, Timothy Charles, '87
Crofoot, Penny Kay, '84
Crook, David Scott, '75
Daniels, Deborah Miller, '77
Deacon, Thomas Edward, '83
De Mastry, Lee H., '62
Ellis, Mrs. Monica D., '83
Farone, Ross Phillip, '88
Gair, Stuart B., Jr., '59
Gockel, Robert Karl, '80
Gregory, Timothy Alan, '81
Hastings, Dr. Robert E., '63
Heidkamp, Janet Rose, '82
Heini, John, '80
Hlavac, David Allen, '78
Huffman, Thomas L., '48
Hufgard, William John, '86
Ireland, Kenneth D., '64
Joranko, Ronald J., '60
Kalivoda, LTC George F., USAF(Ret.), '61
Kane, Edward Dean, '83
Karchefsky, Chester Anthony, Jr., '85
Klausner, Gregory Joseph, '76
Klayman, John Lloyd, '76
Knox, Robert E., '42
Koch, Dennis Dale, '75
Kopan, Michael Eric, '83
Kravitz, Kevin Jeffrey, '85
Kravitz, Mark S., '58
Kutscher, Paul F., '53
Latch, John Anthony, '70
Lazar, Richard Alan, '79
Lonsway, David Michael, '86
Lonsway, William E., '84
Marsh, Todd Alan, '87
Mawhorr, Jack Roger, '69
Mendelsohn, Robert Allan, '70
Metzger, Carl Anthony, Jr., '83
Moeller, Mrs. Sandra Lee, '79
Palenschat, Roy William, '68
Pampush, Robert Charles, '69
Petrick, Charles Donald, '52
Rafert, James A., '47
Rainone, Robert Louis, '79
Sandburg, Jack F., '40
Sangrik, Thomas Richard, '79
Satava, Joseph F., Jr., '67
Sawyer, Donald Albert, '58
Schaedlich, Russell Davis, '81
Sefcik, Lynnette Everett, '78
Sicker, Roger C., '57
Simko, Kenneth Jerry, '82
Simko, Mrs. Lisa Graeff, '82
Strainic, Allen Lee, '69
Tankovich, John Robert, Jr., '83
Thaeler, David Andre, '87
Trombetti, Albert Ross, '71
Waina, Dennis Joseph, '80
Waina, Joseph John, '86
Waina, Mary Elizabeth, '86
Welshans, Richard M., '63
Whalen, William Howard, Sr., '70
Whiting, Ronald K., '64
Wilson, Bruce Douglas, '81

MENTOR-ON-THE-LAKE
Kukral, Kenneth Edward, '83

MIAMISBURG
Aleshire, Mrs. Nancy A., '82
Anderson, Ms. Lori Sue, '86
Baker, Donald Sherman, Jr., '81
Baker, Mrs. Judy Schneider, '81
Bauer, Ruth Obermeyer, '81
Berk, Lisa Reck, '85
Bleicher, Kevin James, '74
Chandler, Mrs. Kathryn J., '86
Copp, Brian Scott, '85
Crockett, Janice Long, '84
Cummings, Shelly Dunlevy, '82
Dolin, Kenneth Marc, '88
Farnsworth, Angela Githens, '84
Fischer, Mrs. Trudy Lynn Conley, '83
Fogle, Lawrence E., '35
Garn, Steven Paul, '88
Goodman, Howard Russell, '68
Kallman, Ms. Susan Marie, '85
King, Douglas Warren, '74
Kuemmel, Dana H., '79
Kuemmel, Judy L., '80
Luckenbach, Melanie Trout, '86
Luckenbach, Robert John, '86
Meek, Gregory Len, '78
Montgomery, Brian, '84
Mulhern, Steven Robert, '83
Nann, Michael James, '82
Niehoff, Gregory Phillip, '87
Painter, Barbara Ann, '79
Rammel, Edward Alan, '75
Riley, Michael Grover, '72
Schneider, Mrs. Cynthia L., '80
Simpson, Larry Leslie, '71
Slauter, David Charles, '83
Snyder, Robert Fredric, '68
Stickney, Michael Stephen, '82
Todd, Donald Bruce, '65
Trumble, Michael Kurtis, '86
Utzinger, Don William, '74
Watson, David E., '86
Weglage, Paul Allen, '75
West, Susan Folz, '86
White, John Calvin, '81
Wild, Gregory Winston, '86
Witters, William Everett, Jr., '77
Xidas, Anthony James, '83

MIDDLEBURG
Maust, Daniel Robert, '87
Reinhard, James Allen, '76

MIDDLEBURG HEIGHTS
Burrows, Anette Marie, '81
Conroy, Martin Howard, '83
Conroy, Mary Ellen, '86
Conway, Kathryn Mary, '88
Dean, Edward Joseph, '70
Ebner, Raymond Joseph, Jr., '58
Gacek, Charles Joseph, '87
Geiger, Vicki Lynn, '87
Hamilton, Neal Wesley, '62
Holliday, Ms. Terri Anne, '81
Mackay, Sharon, '87
Madden, Edward D., '86
Nagel, David Fred, '82
Parente, Giuseppe, '87
Pickett, Michael Edwin, '79
Pietila, Cheryl Bussiere, '79
Richmond, Ms. Dale Philippa, '88
Sekas, John Nick, '82
Smart, Margaret C., '55
Smith, Tracy Warren, '78
Tetlak, Edward J., '39
Trepanier, David J., '47
Zakrajsek, Gregory Thomas, '88

MIDDLEFIELD
Johnson, Steven Lugh, '84

MIDDLE POINT
Jones, Thomas Martin, '32

MIDDLETOWN
Andrews, John Miles, '75
Arnold, Keith W., '85
Arnold, Norman Scott, '72
Austin, Bryan Joe, '87
Barton, Charles H., '75
Bowling, Mrs. Barbara A., '77
Boyd, Janet Bosen, '79
Combs, Jeffrey Jay, '87
Domis, Gerald John, '68
Driscoll, Robert A., '54
Eckhardt, Thomas Eugene, '77
Faulkner, Michael Dean, '74
Fillmore, William Douglas, '76
Finley, Gregory Jess, '80
Gibbs, John A., '50
Grimes, Gregg Lee, '82
Grimes, Mrs. Kelli Custenborder, '82
Grimes, Robert Lee, '53
Hadley, William A., '50
Harkrader, Jerry T., '56
Harrison, Joseph K., '62
Hazelbaker, Thomas Dean, '72
Heard, Clarence David, Jr., '75
Hendrickson, Pamela Poffenbarger, '80
Howell, Paul Roger, '73
Ickes, Robert Dale, '80
Kash, Arthur G., '67
Leasure, June Schmidt, '43
LeRoy, Victor H., '48
Lynch, Thomas Francis, Jr., '68
Maines, Tracy Ann, '86
Martin, Mary Priest, '54
Melton, Jody Lynn, '88
Mitterholzer, Douglas Otto, '81
Muenchen, Michael Donald, '82
Mulligan, Charles H., '48
Murray, Charles D., '54
Nelson, Robert Miller, '31
Peebles, Nancy Laverne, '80
Perry, Bruce Cameron, '74
Pollard, Theodore S., '62
Poorman, Ray Don, '49
Reichelderfer, Donald Eugene, '29
Reichelderfer, Russell K., '35
Roney, James A., '47
Schaefer, Gene E., '61
Schuler, Thomas Lewis, '48
Sexton, James R., '41
Soule, Coral Oswalt, '86
Stethem, Merle Edward, '83
Thomas, Robert Lance, '74
Tyson, David Charles, '71
Walker, Darrell Leonomous, '73
Whitehurst, John Robert, '47
Wiegert, Mrs. Susan T., '83
Wize, Sheryl Odell, '77
Yost, Mrs. Geraldine M., '56

MILAN
Blackburn, Richard Shaw, '56
Charville, Richard Karl, '75
Henry, Joseph P., '49
Mc Gory, Hon. Arthur Michael, Jr., '50
Paffenbarger, Tom Link, '47
Reel, Norma Crisp, '60
Tussey, Michael Scott, '87

Milan (Cont'd)
Weilnau, Mary Sharpe, '67

MILFORD
Butler, James David, '74
Dugan, Earl C., '52
Early, David N., '49
Essex, Robert E., '50
Kohls, Donald J., '65
Lamping, S. Gregor, '82
Mayer, Charles D., Sr., '51
Miller, Harold Lloyd, '50
Miller, Jeffrey David, '84
Moser, Michael Lee, '86
Pellington, Thomas F., '75
Shaffer, Charles Steven, '79
Smith, Robert L., '82
Stutz, Darrell J., '67
Tharp, Stephen Porter, '76
Traxler, Ruth Perdue, '63
Wasserman, James Herman, '77
Whitson, David Scott, '87
Ziermaier, Klaus Michael, '67

MILFORD CENTER
Bauman, Lynn A., '69
Bowers, Walter Eugene, Jr., '87
Dailey, Ms. Jeanne L., '52
Hanselman, Carole L. Mc Intosh, '85
Sparrow, W. Dennie, '61
Wade, Kevin D., '88

MILLERSBURG
Badger, W. W., '23
Gindlesberger, Thomas D., '50
Hastings, Jack Edward, '73
Hobert, Rev. Theodore K., '47
Kingsland, Nancy Alta, '87
Lydic, Frederick J., '51
Maxwell, H. Richard, '52
Mc Dowell, Karla Renee, '88
Schuler, Hon. John W., '48
Spahr, Patricia Fisher, '55
Starner, Jody Ann, '84
Steimel, Richard E., '47

MILLERSPORT
Correll, Sharon Mc Allister, '82
Dixon, Stephanie Swinehart, '87
Hansberger, Thomas D., '64
Keller, Klaude Leo, '82
Lee, Rod Paul, '55
McKinster, Ray, '49
Nebbergall, Mark A., '88
Slater, Laura Ellen, '85
Spaid, Matthew David, '85

MINERAL CITY
Ferry, Patrick H., '82
Sattler, Robert S., '51

MINERAL RIDGE
Young, Lillian Aiken, '23

MINERVA
Elliott, Margaret Slough, '54
Haynam, Frank Leland, '73
King, Kenneth James, Jr., '83
Peck, Jacob R., '65
Pentz, Paul E., '88
Uhl, Richard D., '48

MINFORD
Blume, Thurl Kevin, '78
Dodson, William M., '48

MINGO JUNCTION
La Penna, Anthony, '80
O'Mery, Robert Glenn, '84
Ryan, Robert Allen, '48

MINSTER
Bergman, Raymond Anthony, '68
Brown, Cindy Meiring, '78
Grow, Polly Suzanne, '85
Kaylor, Richard Wayne, '71
Kuhn, John Timothy, '78
Miller, Diane Marie, '78
Miller, Kristine Ann, '79
Prenger, James Alfred, '79
Spillers, Randall Robert, '76
Thieman, Mark George, '73
Turner, Joyce Ann, '87

MOGADORE
Bennett, Kimberly Spicer, '79
Kan, Michael Eugene, '81
Madden, Jack L., '59
Talbott, CAPT James A., '59
Whitby, Raenada, '82
Whitby, Rano Raymond, '84

MONCLOVA
Heath, Michael James, '85
Long, Clayton Hugh, '70
Silverwood, James Del, '72

MONROE
Hammond, Jeffrey Dale, '80
Hammond, Larry Lee, '72
Howell, Thomas R., '65
John, Johnny Allen, '84
Nerenberg, Jonathon O., '73
Sells, Harold J., '56

MONROEVILLE
Alford, William Donald, '77
Buckingham, Thomas S., '50
Karnehm, Donavon Paul, '80
Winters, Richard Dale, '75

MONTGOMERY
Bloomstrom, John Carl, '74
Gamble, Richard T., '49
Howarth, Kristen Anne, '82
Kohls, Robert Bernard, '70
Schwartz, Perry Hannon, '60

MONTPELIER
Moore, Ms. Beth Elaine, '86
Turner, Anthony Ray, '86

MONTVILLE
Shubick, Herbert John, '68

MORELAND HILLS
Barkley, Jan Charles, '73
Boveington, Leslie Hanson, '80
Collinson, Nancy Anne, '78
Doppelt, Jeffrey Jonathon, '68
Fink, Frank Michael, '68
Greenberger, Robert Alan, '78
Hurwitz, Howard William, '69
Lauer, Robert Allan, '68
Newman, Gary G., '52
Noble, John L., '63
Nowak, Dennis Jay, '88
Smylie, Beth Lynn, '86
Smylie, Steven Howard, '80
Todd, Stephen Michael, '70
Weinberg, Saul Eric, '84
Weinberg, Stephen J., '65

MORRAL
Aksel, Mrs. Cynthia, '78
Anderson, Timothy Scott, '84
Ellis, Ned Preston, '75
Washburn, Christine Kay, '87
Weston, Daniel Joseph, '76

MORROW
Childers, Dena Kay, '82
Duermit, Jeffrey Allen, '85
Hillard, Fred Brian, '80
Johnson, Robert Earl, '48
Metz, David Edward, '87
Oligee, Howard Lee, '69

MOUNT BLANCHARD
Lishawa, William Charles, '50
Reinehr, Kay Linn, '82
Shultis, Richard M., '88

MOUNT GILEAD
Baldwin, Shelley Mai, '82
Elkin, Tom Curtiss, '80
Hall, Danny Lee, '86
Martin, John Edwin, '81
Mc Callister, Robert L., '60
Miller, Clyde Allen, '63
Murry, Harold Hudson, '77
Murry, Suzanne Hockley, '77
Sebring, Frank E., '29
Wilcox, Diana Gay, '88

MOUNT ORAB
Moon, Bryan Larry, '86

MOUNT PERRY
Dupler, David Craig, '77

MOUNT STERLING
Beck, Daniel James, '78
Brinksneader, Jodi Lynn, '87
Clark, Gregory Scott, '82
Engle, Holly Sue, '85
Leach, Terrence Gregory, '88
Mayo, Wanda Arbogast, '60
Mc Gath, Floretta Trimble, '58
Sanders, Randy L., '88
Walker, George H., '39
Wittich, Marjorie Young, '54

MOUNT VERNON
Badger, Hon. Thomas Duncan, '57
Beery, Dr. Ralph Hiram, Jr., '84
Beyers, Andrew Michael, '76
Bone, Russell M., '36
Brandes, William Harry, Jr., '85
Caplin, Joseph Edward, II, '81
Coyne, Kevin Todd, '81
Dudgeon, Michael Bruce, '75
Edgar, Stephen Leigh, '76
Eesley, Michael Ernest, '74
Ellis, John Day, '63
Giehl, Charles Joseph, '79
Gudz, Sarah Schleder, '76
Herron, J. Abbott, '33
Hess, John Frederick, '36
Hull, Shirley Kreakbaum, '47
Jackson, Charles G., '30
Jones, Judy Lynn, '80
Karpinski, Terry Lee, '82
Lee, Evelyn Barkman, '84
Lee, Robert David, '75
Leonard, Teri L. Kuhlman, '83
Lusk, William Joseph, '81
Marchal, Glenn Ray, '68
Martin, Masayo Tsubota, '82
Mason, Ronald William, '52
Mc Elroy, David J., '77
Merriman, Edwin D., '61
Nelson, Joseph G., '73
Nelson, Sally Leonhardt, '75
Pealer, Arlo P., '50
Rudin, Walter M., '35
Ryuse, Kirsten Gayle, '85
Smith, Jak Edward, '80
Sullivan, Elizabeth Balo, '46
Thompson, Joseph Wayne, '81
Tyson, William Henry, '58
Urton, David Leonard, '85
Wagner, Robert K., '60
Wandle, Allen Douglas, '87
Wilson, Marylou Eads, '85
Zell, Elden Edward, '62

MOUNT VICTORY
Carey, Harold L., '53
Radcliffe, Blake N., '87

MUNROE FALLS
Brown, Wesley Earl, '77
Kimble, Derrick L., '67
Lane, Leonard, '60
Mealka, Donna Pranger, '83
Nicholls, Harry Holt, '77
Schwartz, Scott P., '82
Wells, Douglas Everett, '77
Wentz, Dr. Arthur George, '69

MUNSON
Doyle, Joanne Fischer, '66
Doyle, Raymond E., Jr., '66

MUNSON TOWNSHIP
Koppelman, Scott Alan, '81

NAPOLEON
Busby, Bradley Alan, '86
Busby, Jerry B., '56
Coonrod, Nancy Pohlman, '52
Fruth, Charles Patrick, '83
Gerken, Brent Carl, '77
Gisler, Walter D., '27
Harper, William Patrick, '81
Le Barron, Phillip Bradford, '82
Miller, Gary A., '59
Mohler, Christopher Paul, '85
Pflum, Jeffrey Paul, '77
Vocke, Randy Henry, '84
Williams, Jeffrey Paul, '85

NASHPORT
Baldwin, Mrs. Teresa Marie, '87
Barrick, William J., '51
Dittmar, Denise Michelle, '88
Grimes, David Leo, '73
Miller, Tracy J., '86
Nixon, Galen W., '61
Powers, Beth Ann, '83
Smeltzer, Patrick V., '87

NAVARRE
Gribble, Paul E., '39
Haas, Daniel Stephen, '71
Hamner, Donald Carlos, Jr., '68
Johnson, Naomi Denise, '88
Kenny, Thomas H., '43
Shumaker, Larry Edwin, '78
Winkhart, Jerry Lynn, '69
Zinsmaster, John L., '31

NELSONVILLE
Kuhn, Delbert L., '40

NEW ALBANY
Belt, Donald Wendell, '88
Bucknor, Linda Remley, '82
Clyde, George, '50
Davis, Robert Franklin, '47
Dovell, William J., Jr., '66
Drake, Benjamin Lloyd, '84
Elson, James Riggs, '85
Gates, Michael A., '71
Hand, D. Russell, '30
Kaercher, Dennis Eugene, '75
Kaufman, Eric Jon, '83
Kaufman, Scott Alan, '87
Kiebel, Mrs. Kathleen M., '80
Knipp, Ronald B., '60
Kowalski, Helen June, '77
Krauss, Mrs. Cheryl A., '80
La Moreaux, Ira M., '30
Marsh, Dr. Glyde Arthur, '40
McCaskey, Dr. Donald W., Jr., '79
Mc Clure, David L., '61
Mc Farland, John T., '52
Morris, Robert Cashmore, '66
Muse, Frank R., '56
Nielsen, Dennis Eugene, '72
Pollock, Kathleen Elaine, '88
Porter, Charles Raymond, Jr., '74
Rettstatt, Douglas William, '88
Roach, Joseph Augustus, '65
Rowland, William E., '59
Thedos, Judith Gail, '86
Wohlgamuth, Richard Scott, '87

NEWARK
Abel, MAJ Robert Paul, II, USAR, '66
Adam, George Thomas, '48
Adams, Christine, '85
Alban, Harry Elroy, '32
Alban, Reese E., '63
Arruda, Robert Joseph S., '81
Atwell, Brian Thomas, '82
Baer, Erick Eugene, '82
Bagent, Kimberly Sue, '86
Bennett, Geoffrey B., '87
Blaeser, Vincent Alan, '85
Blessing, Karl Norbert, '87
Blount, Richard Hamilton, '85
Brooke, CDR Ralph L., USNR(RET.), '48
Brooks, Todd Aaron, '77
Brothers, Jaci Lane, '88
Brown, Michael Lee, '83
Brown, Shawn Tyler, '86
Burke, Betty Kerr, '43
Burnett, Mark Allen, '86
Busse, Melissa Ann, '86
Callis, Kathleen, '79
Calloway, David Curtis, '82
Campbell, Joan E., '87
Cantlin, Michael Dean, '78
Cappell, Richard Andrew, '87
Carlisle, Robert E., '49
Carpenter, Stephen Wayne, '83
Cartnal, J. Scott, '80
Chadwell, Tammy Jill, '82
Chan, Helen Winnie, '86
Cherubini, Roger Owen, '74
Claggett, Charles William, '73
Clark, Gary Lynn, '77
Cline, Julie Lynn, '81
Clokey, Mrs. Judy Kapp, '86
Cluggish, William Gordon, '73
Cohagan, Jeralyn, '84
Conard, Jack Lee, '77
Conley, Maureen Rita, '87
Cotterman, Jerry D., '65
Crawford, Arthur Bert, '41
Crumrine, Michael James, '85
Culp, Timothy James, '88
Dales, Herbert J., Jr., '87
Davis, William Probert, '87
Dean, Michael William, '81
Dershem, Byron E., Sr., '50
Di Giandomenico, Elizabeth Ann, '86
Digman, Sion William, '71
Dollings, Bruce Lynn, '82
Donel, Jason, '69
Eckstein, Judy Lynn, '86
Eisenbach, George William, '75
Elliott, Steven Earl, '83
English, Alfred Ray, '87
Evans, Robert Daniel, Jr., '60
Fair, Roland Nicholas, '81
Feldner, Charles E., '49
Finney, Mitchell Addison, '79
Firich, Lee Alexander, '80
Firich, Pamela Whitefield, '81
Fischer, Mark Andrew, '87
Fleming, Debra Parker, '83
Fleming, Kim Darcel, '82
Gaumer, Jeffrey Len, '76
Gillham, Randall Robert, '83
Ginnan, Robert Mark, '85
Goodrich, Robert Steven, '73
Gorius, Michael Earl, '82
Griley, Theodore Dillon, '57
Guelde, Edward A., '35
Gulick, Matthew Philip, '81
Hacker, Philip Meryl, '79
Halabis, James Edward, '85
Hammond, Dana Johnson, '49
Handel, Larry L., '55
Haren, Lawrence P., '85
Harris, James A., '85
Hartshorn, Diana Kay, '85
Hayden, Randy Alan, '88
Helfer, William F., '87
Henderson, Thomas Blake, '72
Hendricks, Robert Flory, '84
Hill, Kendall Lyle, '84
Hix, Ms. Kimberly C., '87
Hodges, H. Roy, '72
Hoffer, CAPT Jeffrey Allen, USAF, '82
Holton, James Earl, '80
Imhoff, Richard E., '48
Ingold, Randall Carl, '69
Jeffries, Patrick M., '66
Jobes, Edward Alan, '81
Johnston, Joseph Gifford, '66
Jones, Carol Lynn, '82
Jones, Harry Lloyd, Jr., '73
Kalis, John Steven, '85
Keck, Christopher Brucken, '82
Keefe, Alice Dudgeon, '81
Kennard, William A., CPCU, CLU, '69
Kent, Thomas R., '57
Kirchner, Clifford Steven, '83
Kirchner, Leann Mull, '83
Knabe, Brian Frederick, '81
Knappenberger, Jerry L., '64
Knoll, Milton, '49
Kreager, Jefferson Stuart, '86
Kreager, John David, '77
Kuhn, Keith Alan, '80
Le Fevre, John Edgar, '57
Lewis, Edward Dewey, '72
Lewis, Judson Taylor, '52
Lewis, Kevin Michael, '87
Lewis, Laura B., '84
Litwiller, Stephen H., '72
Loewendick, Michael Lynn, '84
Lovell, Glenn Allen, '84
Luby, Donald K., '62
Lyons, Marcus William, '87
Maddox, Mrs. Carol D., '78
Manogg, Philip Martin, '71
Marston, Larry G., '60
Matesich, James Mark, '77
Mauter, Mark Allan, '82
Mc Cutcheon, Clarence David, '83
Mc Gaughy, Robert Harry, '60
Meadows, Clara Ilene, '86
Mettille, Mrs. Kara C., '85
Miller, Douglas W., '72
Miller, Jack, '55
Miller, James Christopher, '80
Miller, Judith Smits, '83
Miller, Maureen Rose, '84
Moore, Bradley Dean, '81
Morgan, Richard H., '41
Mosholder, Michele Elaine, '83
Myers, Shelly L., '83
Nethers, Jerry S., '66
Nethers, Susan Marie, '82
Noland, Max Randall, '79
Nugent, Kristy Anne, '77
Oberfield, John E., '58
Oberholtzer, Richard G., '54
O'Brien, James Patrick, '82
O'Keefe, Timothy M., '87
Owens, John Albert, '80
Pallagi, Robert G., '67
Pape, Catherine Ann, '82
Parsons, Stuart Nelson, '64
Patterson, Darrell Gene, '77
Pickenpaugh, Merel E., Jr., '76
Posey, William E., '58
Priest, Douglas William, CPA, '76
Prince, Waneda P., '85
Prior, Adelaide Chilcote, '47
Quimjian, Mrs. Lina Pastor, '83
Reid, Jerry T., '56
Ries, Jack Leighton, II, '88
Rogers, Michael Douglas, '72
Rolletta, Alexander J., '66
Rolletta, Alexander J., III, '82
Rolletta, Bonita Lynn, '88
Rothweiler, Alan Charles, '76
Ryan, Gary Alfred, '67
Salvage, Richard Edwin, '70
Sanfrey, Richard James, '81
Schaller, James M., Jr., '48
Schiff, Richard Weil, '38
Schilling, Vernon R., '49
Schofield, Larry, '81
Scott, Susan Mobley, '76
Sims, David Scott, '83
Slavoksky, Kathleen Ann, '85
Sleight, Norman R., '60
Smith, Gerald E., '45
Smith, Michael Allan, '83
Snow, Cecil Alan, '80
Snow, Noble Burdell, III, '68
Spring, Joseph Michael, '84
Stassen, Marjorie Armstrong, '83
Steinbower, T. Gorton, '38
Stokes, David Bruce, '71
Stone, George Edward, Jr., '76
Strout, Donna Lee, '88
Swartz, Ann M., '83
Swonger, Richard Greg, '82
Tanner, Michael Henry, '87
Taylor, Robert Arthur, '67
Thissen, James Joseph, '83
Thompson, Cindy Ogle, '88
Thornton, Richard Thomas, '70
Tracy, James Patrick, '82
Treneff, A. Terrance, '67
Trifelos, Mrs. Helen P., '60
Trifelos, James Nick, '80
Tucker, Richard Eugene, '84
Tyndall, Charles Donald, '71
Uhlenhake, Douglas James, '87
Wagner, George P., '57
Wallace, Tammy Marie, '85
Waller, William R., '49
Watkins, Marvin D., '58
Weber, Robert Patrick, '85
Weidaw, James B., '85
Whiteman, Bruce David, '73
Williams, Ted Rodes, '76
Wilson, William Reese, '70
Wimer, Gary Lee, '85
Wiseman, Mark Alan, '87
Wolfe, Gail Jay, '50
Wollins, Fred B., '53
Wright, Timothy Alan, '86
Zabel, George C., '66
Zelein, G. Michael, '78

NEW BAVARIA
Dietrick, Philip Anthony, '76
Dirr, Dianna Grace, '87

NEW BLOOMINGTON
Boles, Kathy Ann, '86
Heisel, Dwight Richard, II, '81
Mc Beth, Mary Uhl, '82

NEW BREMEN
Browder, Thomas Worch, '34
Komminsk, Betty Greene, '40
Stammen, Richard Maurice, '85

NEWBURY
Bottger, William Edward, '72
Gifford, David William, '74

NEW CARLISLE
Arter, Richard Melvin, '77
Balzer, Charles A., '56
Benson, Leonard Le Roy, '70
Berry, Mrs. Marilynn St. John, '59
Bragg, Robert Joudon, Jr., '84
Flora, Talbert T., '52
Hobe, Tanya Elizabeth, '88
Hollifield, Alfred J., '62
Mantel, Brice C., '49
Mikolanis, Aloysius Leonard, '72
Roof, Thomas Darrell, '75
Russ, Edward Joseph, '67
Strain, Douglas R., '56
Warren, Robert A., '66
Willman, Gary Eugene, '68
Wunderlich, Susannah Brubaker, '51

NEWCOMERSTOWN
Atkinson, John T., '31
Buehler, James Fredrick, '75
Mayse, Ernest Dwight, '87

NEW CONCORD
Ross, Boyd Herman, '47
Ward, Michael Elliott, '74

NEW HOLLAND
Bryant, John Milton, '78
Mossbarger, Jane E., '46
Stinson, Richard B., '67
Tarbill, Timothy Michael, '76

NEW KNOXVILLE
Hoge, Jack Robert, '85

NEW LEXINGTON
Folk, Todd Charles, '85
Masterson, Charles Henry, '77
Mooney, Kathleen J., '88
Newlon, Edgar W., '38
Richards, Peter J., '85
Thompson, Jimmie D., '51
Willison, Richard Randolph, '87

NEW LONDON
Buzard, William F., '48
Downing, Carolyn Albridge, '86
Kirkpatrick, Harold D., '52
Marett, LT Michael Jay, '83
Wenner, Mrs. Virginia F., '40

NEW MATAMORAS
Carson, Robert Anderson, '80

NEW MIDDLETOWN
Norling, William A., '47

NEW PARIS
Pittman, Paige, '87

NEW PHILADELPHIA
Anderson, LTC Robert Frew, USAF(Ret.), '31
Burgett, Bruce Alan, '70
Burton, Suzanne Schoonover, '45
Case, Robert Raymond, '85
Davis, Sherwood Hartzler, '52
Demuth, James Richard, '82
Fogle, Barry Lynn, '76
Francis, Robert Arthur, '73
Goodie, Greg Robert, '85
Graeff, William G., '48
Gundy, Elizabeth J., '80
Hochstetter, Gregory, '62
Hundley, Melvin S., II, '87
Huth, Joseph L., '63
Kirk, Brenton S., Jr., '48
Laughlin, Duanne C., '59
Lawler, Thomas V., '50
Markworth, Lawrence, '69
Meese, William James, '70
Milarcik, Michael Allen, '69
Miller, John S., Jr., '48
Phillippi, Frederick R., '51
Renner, Leo Edwin, '82
Roba, Ralph Stephen, '80
Robinson, David Owen, '86
Troyer, Marion Ray, '77
Weininger, Susan Rauch, '84
Zimmerman, Mrs. Deborah K., '83

NEWPORT
Rouse, John Robert, '80

428 OHIO New Springfield OSU COLLEGE OF BUSINESS

NEW SPRINGFIELD
Sprankle, Mischael L., '86

NEW STRAITSVILLE
Mitchell, Leo J., '50

NEWTON FALLS
Johnson, Richard Edward, '88
Mick, Thomas Harold, '77
Starkey, John Raymond, '71

NEW VIENNA
Doty, Richard K., '61
West, Michael Alan, '74

NEW WASHINGTON
Kessler, Thomas L., '84

NEW WATERFORD
Huffman, Dr. Howard Burdett, '61

NILES
Donnet, Victor, '47
Feorene, Vincent Carman, '87
Hanshaw, Ernest, '78
Jones, Howard Robert, '47
Kocjan, Lesa-Rae, '87
La Polla, Thomas A., '59
Lazar, Walter J., '65
Macali, Palmer Joseph, Jr., '80
Macali, Robert Samuel, '88
Santuzzi, Paul Anthony, '73
Swift, James George, '84
Tackett, Dr. James Alan, '83
Tomerlin, John J., '50
Tricomi, John Joseph, '73
Woodford, Melvin J., '50

NORTH BALTIMORE
Strang, Dale Edward, '74
Wirt, Wilbur L., Jr., '47

NORTH BEND
Wunder, John F., '61

NORTH BLOOMFIELD
Sherman, Robert A., '49

NORTH CANTON
Abernethy, Charles E., '49
Adkins, Charles Phillips, Jr., '58
Allison, James F., '62
Barcus, Charles Richard, '69
Barley, Mrs. Laura D., '82
Bauer, Jack Lavon, '49
Bolen, William W., '48
Breinich, Larry Arthur, '71
Brown, Larry Raymond, '57
Busch, Laura Elaine, '86
Busken, Daniel Gerard, '87
Casner, James W., '43
Chessler, Diane Mc Donald, '80
Coughlin, Loretta Morris, '49
Craft, James Richard, '83
Craig, Fred C., '56
Cross, John Raymond, '79
Curle, Charles Alan, Sr., '71
Dailey, Rev. Charles M., '40
Davis, Robert Jay, Jr., '49
Dodez, Richard Dale, '64
Dokmanovich, Michael, '85
Eastman, John Thomas, '80
Ellis, H. Roger, '69
Elsass, Carolyn Mc Millan, '53
Fierro, Lucia Maria, '87
Finefrock, Roy S., '48
Fisher, Christopher Paul, '76
Fisher, Gary Alan, '78
Flood, Michael Edward, '68
Frankeberger, Kim Earl, '74
Froebel, Marc Michael, '88
Fruehan, Alan Douglas, '72
Gaitanos, Mario, Esq., '81
Gibbs, Richard A., '54
Gozdiff, Daniel, '87
Gray, Nellie Garcia, '40
Green, Sheldon Y., '55
Greenwald, Stanley Alan, CLU, CHFC, '57
Grubb, Donald E., '43
Guest, Cynthia Jean, '87
Heath, Frederick A., '56
Heinzeroth, Charles W., '50
Hensley, Richard Arthur, '84
Herald, Robert Merl, '82
Hilty, Hugh C., '57
Hoopingarner, Joseph Charles, '81
Huston, Paul F., '47
Hutmacher Iler, JoAnn K., '74
Jay, David Edward, Esq., '76
Jolliffe, John D., '50
Jones, Jeffrey Douglas, '78
Klinedinst, Thorald S., '33
Klingenberger, Mark Douglas, '70
Kneen, Robert Scott, '81
Kobelt, Donald J., '49
Koch, Gerald Howard, Jr., '51
Lauritzen, Christopher John, '87
Lemmon, James Walter, '78
Liermann, August, Jr., '49
Livingston, Cherie Lynn, '88
Magee, Mrs. Connie S., '84
Maggiore, David S., '62
Malcolm, Douglas Raymond, '80
Mantyla, David Wesley, '83
Marin, James Martin, '80
Marulli, John Fitzgerald, '83
Matheny, Mark R., '79
Mc Cahan, John Dale, '77
Meeks, John Neal, II, '85
Meinerding, Wesley Charles, Jr., '67
Millar, Mark K., '81
Morrow, Kenneth Edward, '83
Mutchler, Budd F., '49
Newbold, Pamela Henning, '85
Newman, John Alfred, '51
Ott, Michael Miller, '80
Parkinson, James H., '63
Phillips, Russell Edward, '59
Phillips, Thomas Edward, '78
Phipps, James Michael, '78
Piccioni, Joseph C., '64
Protz, John Robert, '77
Quill, Bruce Fred, '82
Rath, Robert E., '56
Reiner, Robert William, '79
Reines, Dan, '39
Roten, Richard Anthony, '79
Roth, Armin Lawrence, '36
Rownd, Charles Berry, '83
Rownd, David Berry, '88
Sauder, Roger E., '50
Savan, Dr. Carole Mc Kie, '60
Seivert, Richard Henry, Jr., '70
Smith, Scott Thomas, '86
Spring, Robert T., '47
Stauffenger, Eric John, '85
Stauffenger, Steven Scott, '82
Steele, Scott Douglas, CPA, '79
Stock, Timothy Michael, '80
Stone, Larry David, '63
Swingle, Raymond R., '49
Thomas, James J., '87
Torcasio, Ms. Carla K., '87
Tulodzieski, Edward, Jr., '82
Vanadia, Anthony, '84
Van Benthuysen, Herbert J., '57
Vandayburg, Raymond P., '57
Van Horn, Clyde L., '49
Vincent, William M., '59
Walters, Dale Edwin, '50
Weller, Wilma Hamilton, '43
West, James Robert, '71
Wetmore, Calvin B., '33
Wolf, Richard Adrian, '75
Wolfe, Paul E., '64
Zantopulos, Diana Kay, '85
Ziarko, Michael E., '64
Zimmerman, Mark Robert, '87

NORTHFIELD
Barrick, Donald P., '54
Bolon, Robert C., '49
Hirsch, John Edward, '76
Miko, William Alfred, '83
Nemetz, Randolph Richard, '84
Obojski, Debra Lynn, '88
Riehl, Wayne E., '61
Ryan, Patrick John, '74
Rybak, John Andrew, '79
Strange, Peter David, '85
Wyer, Douglas Michael, '73

NORTH JACKSON
De Jeu, Mark D., '82
De Paul, Raymond Joseph, '81

NORTH LAWRENCE
Poppovich, B. Louis, '82

NORTH MADISON
Wooten, Robert J., '50

NORTH OLMSTED
Ahlers, Walter Hartley, '82
Athey, Russell John, '71
Auzenbergs, Aivars, '61
Berkulis, Arnis Guntis, '74
Berkulis, Nora Rita, '87
Blonchek, William Stephen, '83
Bojansky, Trent Thomas, '87
Brooks, Lawrence J., '76
Bugala, Ronald J., '61
Chute, Adelbert F., '54
Condon, Maurice Joseph, '71
Connare, Joseph Patrick, '81
Cowgill, Paul R., '54
Crespy, Mary Elizabeth, '88
Deming, Alan Bruce, '68
Devine, Ronald Denis, '76
Dougher, Mrs. Sandra L., '83
Droescher, Charles A., '52
Ebin, Daniel Robert, '87
English, Philip John, '82
Fashempour, Laura Ann, '88
Ferguson, Julia Kebe, '59
Giannantonio, Michael A., '70
Giesser, Robert Raymond, '39
Given, Robert James, '87
Gluk, Maureen Ann, '85
Gouttiere, David Michael, '82
Grace, Charles R., '57
Hauck, Clayton Wayne, '82
Herrmann, Robert W., '39
Horvath, Alan August A., '83
Hughes, Donald Lee, '52
Hynes, Patrick E., '65
Kalinoski, Kenneth S., '63
Kerns, Robert J., Jr., '48
Kilbane, Edward F., '86
Knight, Glenn R., '49
Lerner, Clyde L., '40
Levicki, John Sullivan, '70
Louie, Norman, '76
Marinko, Ronald P., '71
Martin, Mary Robinson, '77
Mc Kendry, Brian Wallace, '76
Mc Queen, Marcus Lee, '59
Meredith, Thomas Brian, '80
Miller, Craig E., '73
Mygrant, Steve J., '78
Olmstead, David Charles, '82
Ondich, Jeffrey Joseph, '88
Pawuk, Wayne Steven, '70
Peterson, Charles Edward, '74
Pieper, Paul T., '52
Puthoff, Kent Ryan, '88
Radon, William R., '81
Richardson, Diana C., '85
Roberts, Marjorie Jane, '87
Robinette, Kathy Rena, '82
Scheel, John Chester, '67
Shafts, Andrew T., '50
Sims, Robert D., '83
Smerek, Mary Lynn, '83
Smith, Michael Duard, '63
Sonnhalter, Paul Michael, '78
Stern, Michael David, '86
Thomas, Robert Sadler, '46
Vespa, Richard, '53

NORTH RIDGEVILLE
Bolin, Patricia Jean, '84
De Capite, Joseph Edward, '81
Drake, Guthery W., '40
Harrison, Thomas Leslie, '84
Helbling, Lauren Yeary, '84
Hollander, Donna Crispen, '58
Irsak, John Merritt, '82
Mc Cuen, Jeffrey Scott, '88
Meadema, William Carey, '82
Murray, Michael Richard, '82
Schubert, James Allen, '78
Shells, Donald Michael, '70
Standen, William Harry, '75
Thomas, Earl H., '38
Tracey, Michael Patrick, '78
Vadasz, Nancy Gambaccini, '76
Vadasz, Theodore Martin, '76
Weaver, Robert Neil, '77

NORTH ROYALTON
Anderson, Robert Edward, '63
Barelka, Raymond, '83
Bonfiglio, Amy Terese, '87
Dedula, Thomas George, '86
Denk, Mrs. Sally H., '82
Doherty, Ms. Susan Merrill, '70
Geregach, Michael James, '87
Geregach-Arnold, Denise Marie, '83
Gillock, Dave Patrick, '81
Glavan, Donald Charles, '74
Griffith, Mrs. Carolyn S., '69
Griffith, David R., '69
Homolak, John E., '53
Jusak, James Allan, '68
Kaminsky, Paul M., '50
Kessler, John R., '51
Kowalski, Daniel S., '62
Le Viseur, Kurt G., Jr., '55
Maddox, Mark Allen, '79
Makulinski, Mrs. Jenai Ann, '85
Mc Pherson, Philip Andrew, '79
Mihnovets, Peter Alex, '88
Nelson, David Fritz, '73
Petryszyn, John Daniel, '85
Potoczak, Karen M., '86
Rocco, Robert Alan, '86
Rose, Susan Jo, '86
Russell, Michael Patrick, '88
Schordock, Robert Alan, '68
Volpe, James Mark, '77
Zak, Randall James, '85
Zoeller, Sandra Gail, '85

NORTHWOOD
Buehler, David Gregory, '87

NORTON
Bolender, Ms. Julie Ann, '87
Deuber, Frederick J., '53
Dutchman, Susan, '83
Hillier, Doris Murphy, '40
Mast, Dr. Kenneth E., '60

NORWALK
Adelman, Terry Joseph, '70
Andrews, Robert George, '57
Baxter, Earle George, Jr., '77
Beck, Clifford E., '40
Bergstrom, Peggy Jo, '84
Bolyard, Robert D., Sr., '61
Brown, Dennis Alden, '72
Carpenter, Vickie Seitz, '77
Dawley, Dr. Cloyd E., '49
Freriks, Timothy Franklin, '80
Fritz, Molly Irene, '88
Fuller, Jon Becker, '83
Hammersmith, Glenn A., '69
Hay, Kenneth Allan, '83
Newcomer, David Alan, '88
Pohl, Stanley H., '38
Price, Charles C., '27
Ruffing, William Phillip, '85
Scherz, David Lee, '80
Shope, Michael Allen, '69
Stubblebine, MAJ Scott David, JD, '71
Workman, Owen S., '51

NORWICH
Hall, Jerry Nestor, '83
Hixson, Todd Allen, '85
Hughes, James H., '66

NORWOOD
Short, Andrew Brooke, '87
Warner, Jeffrey Louis, '79

NOVELTY
Alford, Alan Dawson, '85
Bachman, Ronald Jerome, '86
Jensen, Scott Byron, '88
Kubiak, Robert Bruce, '86
Malm, Wade Ely, Jr., '72
Weisman, Scott Alan, '85
Wilson, Jeffery Leigh, '82
Wiseley, Paul J., '43

OAK HARBOR
Bassett, R. Michael, '74
Ihde, MAJ Gregory Jack, USAF, '76
Krieger, James William, '81
Verb, Frank Nickolas, '68
Williams, John Garfield, '46

OAK HILL
Conley, David Richard, '78
Jones, David Anthony, '81
Jones, Paul Staton, '79
Swonger, James E., '57

OAKWOOD
Dickerson, Stephanie Popoff, '83
Lafferty, Ms. Sheila Gay, '86
Sherry, William L., '75

OBERLIN
Cooper, Roger S., '50
Gorske, John Pittman, '81
Lockard, Sarah Louise, '80
Loflin, James Clifford, '77
Pardee, John Peter, '83
Schultz, Charles James, '60
Scott, Patricia Ayn, '76
Scott, Robert Malcolm, '36

OBETZ
Dunn, Rebecca Ann, '86
Henry, Margaret Enid, '82

OHIO CITY
Bowen, Mrs. Melanie A., '87
King, Mrs. Ann L., '85

OKEANA
Lehman, Ronald Louis, '57

OLMSTED FALLS
Hurst, Gary Lloyd, '77
Hyrmer, Frank Charles, '71
Kennedy, David John, '78
Monnin, Michael Joseph, '85
Pagel, Daniel James, '82
Sater, Leanne, '88
Schwalm, James Joseph, Jr., '74

OLMSTED TOWNSHIP
Esper, Thomas Laman, '68
Kelly, Kevin Thomas, '84
Masuga, James J., '56
Schiely, William James, '81

ORANGE
Arnstine, Richard Scott, '77
Delman, Roger Stephan, '62

ORANGE VILLAGE
Duber, Michael Joseph, '70
Halberg, William S., '59
Hochman, David B., '71
Keyes, Robert L., '52
Levine, Edward Gary, '62

OREGON
Bruggeman, John William, '71
Damschroder, Robert E., '48
Erickson, Richard John, '70
Hunter, David Clark, '74

OREGONIA
Tepe, Kimberly Kuntz, '85

ORIENT
Ary, Richard Earl, '71
Beaver, Benson Scott, '81
Black, Larry David, '81
Canter, Julie Ann, '88
Chapman, Paul D., Jr., '51
Eakin, Barbara Ann, '82
Essman, James K., '75
Geddes, James Lee, '71
Gorman, Max, '74
Hafler, David Ralph, '85
Hilditch, Lawrence O., '70
Hirth, Charles W., '56
Hlay, James Thomas, '73
Jones, Robert Harlan, '75
Lewis, Matthew Dale, '82
Lewis, William Felton, '50
Lutz, Leslie Hamrick, '79
Miller, Michael Charles, '84
Norris, Richard Allen, '64
Richards, Deborah Lee, '83
Roark, Vicky Lynn, '88
Smith, Stanley Schreiner, '61
Stethem, Lewis David, '56
Stethem, Rita J., '57
Thomas, William E., '69
Van Cleave, Walter Genie, Jr., '71
Wallace, Richard K., '67
Wise, Jeanne Elizabeth, '85

ORRVILLE
Besancon, Michael Joseph, '85
Gift, Joseph Arthur, '87
Mellor, John Michael, '83
Ralston, Walter R., '50
Reusser, Dean F., '67
Schantz, Paul S., '33
Wagner, Richard S., '56

ORWELL
Jones, Cynthia Lou, '80

OSTRANDER
Gregory, Helen Elaine, '86
Hamill, W. Stuart, III, '83
Lash, Catherine Ann, '81
Pittenger, Wayne Ray, '74
Stoycheff, Johnny A., '67
Van Benthuysen, Sharon M., '84
Williams, Victor John, '78

OTTAWA
Buescher, Robert Joseph, '84
Ellerbrock, Timothy Lee, '86
Erhart, Joseph L., '87
Heitmeyer, Thomas Gerald, '86
Kruse, Robert T., '54
Macke, Guy J., '75
Pierman, Corwin W., '34
Rieman, Virgil R., '67
Ruhe, Eugene Victor, '74
Ruhe, Gary Eugene, '68
Schmiedebusch, Mark Alan, '79
Schroeder, Brent Gerald, '85

OTTOVILLE
Kaufman, Jeffry Lee, '82

OXFORD
Auer, Charles A., Sr., '48
Bolon, Dr. Donald Sinclair, '53
Chandra, Dr. Gyan, '71
Davis, Dr. Charles Stanley, '58
Douglas, Dr. John, '55
Ellis, George E., '37
Iz, Dr. Peri H., '83
La Gesse, Dr. Enid J., '82
Lyle, Dr. Harry C., '48
Roth, Ruth Ludwig, '32
Serraino, Dr. William J., '51
Walton, Dr. John Reed, '69

PAINESVILLE
Abbott, Paul Bradford, '85
Bornhauser, William Ford, '79
Collins, Robert Lee, '86
Collins, Sharon Ann, '87
Evans, Robert Deeloss, '49
Haag, Robert G., '82
Hach, Theodore R., '55
Kovacs, William Richard, '69
Krueger, John Albert, '75
Lengyel, Michael, '59
Lohr, Kevin Ross, '88
Lorincz, MAJ Thomas Edward, '71
Lucrezi, Piero Domenico, '88
Lunka, Tony L., '49
Madanski, Joseph John, '88
Mahoney, Thomas M., '77
Martin, David Robert, '82
Mc Vey, Thomas M., Jr., '49
Pike, Albert Raymond, '38
Pillar, Philip M., '64
Pohto, Mrs. Donna Evans, '42
Ray, Mark Allan, '79
Sandstrom, William Leander, '68
Sarvis, William Edward, '85
Scheuer, Kenneth D., '62
Sicker, Roger Allen, '82
Strader, Timothy Alan, '78
Thomas, Matthew Richard, '69
Voelker, Lou Doris, '82
Williams, John Allan, '67
Zalar, Frank William, '68

PANDORA
Krendl, Kristina Sue, '87

PARMA
Basso, Arthur Benjamin, '68
Bellomo, Dana Marie, '87
Benya, Michael Dan, '86
Bockmiller, Neal Joseph, '75
Borgman, Duane Anthony, '83
Bosoty, David Wayne, '82
Clegg, William Douglas, '87
Dete, Joseph Louis, Jr., '86
Dorazio, Frank Louis, '85
Dowell, Willie James, '83
Efland, Nancy M., '82
Fedchenko, Walter, '84
Filo, Gregory John, '78
Flaherty, David B., '63
Flaherty, Patrick Shawn, '86
Fograscher, Walter George, '50
Frolin, Dennis Peter, '68
Gable, Jeffrey R., '81
Gagliardi, Claudio, Jr., '86
Gallagher, Robert G., '83
Gera, Paul Walter, '73
Grega, James Edward, '84
Hanek, John Nicholas, '75
Highman, Robert E., '55
Hinz, Neal Warren, '79
Holjevac, Peter John, '83
Horning, Charles W., '86
Hromy, M. Albert, '42
Hurley, Charles T., '65
Katnik, Mary E., '87
Kisil, Robert Steven, '77
Kmiotek, Steve, '82
Koler, Michael Allen, '87
Kravec, Taras Marion, '86
Krivanek, Timothy Gerard, '86
Kuebler, Erwin G., '47
Kulik, Raymond Alexander, '83
Kurz, Kim Mendenhall, '80
Kurz, Richard Allen, '80
Marks, Wallace William, '82
Maust, Terry Alan, '81
Mc Pherson, Scott Allen, '80
Michener, Eric Andrew, '84
Mileti, Raymond Timothy, '80
Miller, Mark A., '83
Minute, Eleanor Guba, '56
Moore, Michael Roger, '88
Moore, Robert I., '79
Moss, Kenneth Andrew, '75
Myhal, Mark, '81
Nagy, Sherri Ellen, '85
Naughton, John D., '50
O'Neill, Brian Michael, '83
Padvorac, Carol Marie, '82
Pawluk, Lew Jaroslaw, '88
Perruzzi, Patrick Michael, '82
Petitto, Joseph Michael, '76
Petroc, Barbara Joan, '81
Petrulis, Robert Charles, '85
Petruska, Richard James, '88
Ritter, Ralph Edward, '71
Schuster, Albert Frank, '88
Seghy, Anthony Victor, '85
Slaby, Anne, '78
Stanko, Michael P., '81
Thiry, Thomas Albert, '74
Thomas, Bradley McCollum, '50
Treudler, Mrs. Annette Mathilde, '85
Tucker, Dennis J., '66
Walker, Cynthia Jane, '85
Wazgar, Robert Edward, '78
Wesel, Mrs. Julie E., '86
Wesel, Michael, '87
Yund, Michael Edwin, '83
Zimmerman, John C., '49

PARMA HEIGHTS
Bosl, Rebecca Joy, '88
Brunst, Theodore C., Jr., '49
Dillon, Richard S., '53
Drainville, Richard Joseph, '72
Fadel, Lorraine M., '84
Fitzgerald, John Kennedy, '87
Hanak, Mark Alan, '83
Hanigosky, Donald R., '73
Hornyak, Edward John, '81
Prada, Joseph M., '55
Redick, Harold E., '42
Snyder, Richard M., '57
Vanadia, Salvatore, '82
Wlosowicz, Mark Alfred, '71

PATASKALA
Adams, Norman Ellis, '71
Adkins, Devin Lee, '84
Argo, J. Richard, '32
Ashcraft, Barbara Ann, '81
Ballenger, Robert George, '75
Barnett, James M., '87
Baughman, Holly Ann, '81
Beever, Marianne L., '85
Beshuk, David Robert, '88
Burkhardt, Paul Richard, '74
Cady, William Allen, '72

GEOGRAPHICAL LISTINGS Powell OHIO 429

Pataskala (Cont'd)
Clingman, Carol Amacher, '74
Clonch, Alan Barton, '78
Corwin, Emmett L., '25
Cross, Ronald R., '64
Dearth, Gary Curtis, '69
Dixon, Russell H., '44
Doyle, John Michael, '81
Earnheart, Barbara Lea, '87
Feasel, James W., '77
Gissinger, Caroline Jean, '85
Hill, Robert Fredrick, II, '62
Hinson, Alan Dean, '87
Honnold, Robin Sue, '87
Jenkins, Kelly Ann, '85
Kent, Thomas Edward, '76
Lauletta, Lynette R., '87
Lawrie, Kevin Michael, '86
Lucas, Robert Lee, '88
Madden, Marcella Danklef, '81
Manring, Therese L., '82
Mauger, Jud R., '80
Mauger, Robert S., '51
Moreno-Caamano, Carlos, '84
Motil, Michael Francis, '68
Musick, Douglas Edward, '85
Myers, Richard Watkins, '80
Neff, Charles R., '87
Norris, Robert Keith, Jr., '78
Phipps, L. Craig, '83
Reed, Patricia Brauer, '83
Rice, Larry Gordon, CPA, '67
Ritchie, Diana Lynn, '79
Roach, Earl W., '53
Rose, Patrick Lester, '61
Santos, Clarence B., III, '84
Schaff, Mark Joseph, '79
Secor, Thomas Edward, '79
Shaffer, James Cleveland, '65
Slaughter, Donald T., '83
Smith, Robert Michael, '70
Streng, Ralph L., '67
Todor, John George, '68
Ulrikson, Eric S., '65
Venetis, Nicholas Glen, '76
Watson, Michael Irven, '84
Weis, Larry Edward, '74
Williams, Thomas Hale, '86
Wright, William M., '51
Zavotka, Rev. Wayne Alan, '69

PAULDING
Parson, Lloyd P., Jr., '58
Parson, Timothy David, '83
Stahl, James A., '55
Utterback, Marilyn Jump, '48

PEEBLES
Bolte, Jeffrey William, '68
Bricker, James Kenneth, '83
Leshy, John, '38
Pearon, Paul James, Sr., '66

PEMBERVILLE
Enriquez, Kathleen Helm, '79

PENINSULA
Lojek, Michelle Lynn, '88
Moore, Bailey Kevin, '87
Peterson, Marvin H., '51

PEPPER PIKE
Adelman, Lawrence Gene, '62
Block, Cal Robert, '69
Cooper, David, '88
Dallas, Rebecca Adams, '76
Deutchman, William Dean, CPA, '72
Dubnicka, Daniel James, '87
Edheimer, Roger Louis, '86
Fishman, Martin A., '63
Galvin, Daniel S., '62
Garson, Barry P., '66
Gelb, Lorie Ellen, '79
Gerard, Darrel S., '72
Gherlein, David Gerald, '86
Gherlein, Gerald L., JD, '60
Gross, David Brian, '85
Handke, David Paul, Jr., '73
Kaplan, Richard O., '64
Klaus, Frank Makovec, '70
Klevay, Walter Stephen, Jr., '74
Kohout, John Joseph, '69
Kozich, Suzanne Catherine, '88
Krasney, Donna Beth, '81
Krasnosky, Robert E., '61
Laks, Robert Barry, '77
Lichtcsien, Keith Michael, '81
Lieberman, Gary Lance, '75
Meckler, Avery M., '52
Montello, Lisa Marie, '88
Morgan, Mrs. Lori S., '81
Morganstern, Stanley, '63
Patnik, Albert M., '84
Patnik, Albert S., '40
Rothchild, Morlee A., '60
Schloemer, Paul George, '55
Segel, Patricia Marie, '87
Seidemann, Robert S., '62
Shore, Sanford M., JD, '53
Simms, Michael Alan, '70
Singer, Edwin Z., '52
Tura, Kelly Jo, '87
Turoff, Jack Newton, Esq., '55

PERRY
Albert, Larry R., '74
Brown, Russell Scott, '86
Cameron, William J., '71
Kephart, Bruce Manning, '73
Simon, Robert Keith, '78

PERRYSBURG
Atkinson, James R., '76
Badenhop, Bruce Alan, '74
Bennion, Marcus Lindsay, Jr., '72
Black, Roland Lyman, Jr., '64
Blake, Robert Scott, '48
Bowlus, Thomas Bichan, '78
Brigode, T. Dale, '50
Brooks, William E., '51
Carr, William Sutherland, '55
Channell, Dale Olin, '66
Christman, Mark David, '74
Court, Gary Richard, '65
Craig, Barbara Kurucz, '83
Craig, James Scott, '83
Davis, Thomas Alan, '87
Dean, Douglas Harry, '68
De Cessna, Hon. Donald A., '51
Dewey, David Morgan, '76
Dicke, David Thomas, '75
Dixon, Thomas Allen, '79
Dodd, Edwin Dillon, '43
Eikost, Robert C., Jr., '53
Fastnacht, Robert Frank, '84
Freeman, Karen Mc Mullen, '80
Gilliland, Jerry Alan, '78
Givens, Craig Sherwin, '88
Hale, Barry Kent, '86
Hardtle, John C., '61
Jackel, Joan Alicia, '87
Jender, Patricia Turner, '81
Jender, Robert Walter, Jr., '82
King, Joseph A., '37
Kottenstette, Robert Frederick, '82
Kuhlman, Kenneth Lee, '79
Lau, Blane Lee, '74
Lawless, Joseph Edward, '71
Low, Pauline A., '86
Lyter, John B., '82
Mc Lean, William H., '50
Meadows, Donald Ray, Jr., '80
Nickerson, Richard C., '85
Odenweller, John Alex, '68
Parr, Eric Michael, '82
Parr, Melinda Salmans, '81
Reichle, Harlan Edward, '82
Reichle, Monica Margareth, '87
Rose, Therese Marie, '87
Scarbrough, Carl Fredrick, '34
Schult, John Stephen, '84
Scott, Robert Wayne, '49
Sentle, Jesse W., Jr., '62
Shipman, Alvin Dean, '79
Slonaker, Robert Owen, '75
Sparks, Richard Blaine, '68
Stallter, Robert E., '58
Stanford, Stephen James, '71
Stratso, David A., '62
Tucker, Joy Hailey, '78
Wight, Durward P., '48
Wilson, Lynn Ellen, '82
Yanney, Louis E., '63
Yavorsky, Michael Thomas, '73

PERRYSVILLE
Long, Lawrence Edward, '60
Sellers, Duane L., '87

PETERSBURG
Gibson, Martin Dale, '85
Rager, Aaron Scott, '88

PHILO
Fitz, Richard Alan, '72

PICKERINGTON
Allen, Douglas Edward, '79
Baldwin, Wanda Howard, '83
Barber, Raymond Loren, '79
Bartsch, Mrs. Patricia D., '79
Bauchmoyer, James Ray, '83
Bayer, Ronald Carl, '75
Beecroft, Charles Michael, '73
Berger, Paul F., '39
Black, John Pickett, '49
Black, Tami Jones, '83
Boisseau, Stephen Arthur, '86
Bourne, Jack D., '61
Brown, Jeffrey Lynn, '73
Buckley, John Peter, '75
Burget, Eugene F., '55
Byers, Mrs. Tamra L., '81
Cherry, Robert Eugene, '62
Chmura, Susan Gregory, '79
Clagg, Denise Alaine, '88
Clegg, Robert D., '73
Clem, Allen L., '82
Cohagan, Owen Brannon, '71
Conley, Michael Alan, '82
Contini, Richard Joseph, '81
Cores, Daniel Alan, '74
Daron, Ronald L., '66
Drake, Danny Leigh, '73
Drake, Thomas Martin, '85
Eddleman, Dorothy Esther, '87
Eft, Roy Douglas, CPA, '83
Erwin, LT John William, USN, '75
Evans, Mrs. Mary L., '83
Ewing, Charles William, '72
Ewing, Charlotte Bomar, '71
Fairchild, Kevin D., '83
Federer, Jerrold Lee, '80
Ferrell, Margaret Bushway, '85
Feyko, James, '82
Fickel, Howard Duane, '82
Fiorelli, Patrick Joseph, '81
Flitcraft, John Eric, '87
Fox, Thomas J., '57
Gallagher, Robert E., '47
Garber, Dean L., '41
Gates, Robert L., '55
Gerhard, Carl William, '68
Gibbons, Ronald Dale, '80
Godorhazy, Jeffrey Paul, '85
Good, Steven K., '78
Gordon, Ronald Wayne, '73
Graft, Donald E., '59
Gramlich, Thomas Joseph, '76
Greenberg, Alan Jeffrey, '75
Griggs, Jo Ann K., '77
Groves, Donald Kirk, '71
Harman, James H., '64
Harman, Michael Robert, '84
Hartley, Loman H., '80
Hartsell, Robbie Kent, '76
Hauenstein, Charles Judd, '73
Heasley, Robert Daniel, '83
Heitmeyer, Daniel Lee, '73
Hensel, David Dean, '84
Herrmann, Klaus A., '58
Hersch, Robert Mark, '79
Hess, James Anthony, '76
Hill, Anne Connelly, '84
Hopkins, Mrs. Melisa D., '85
Hosfeld, Earl A., '58
Householder, Mrs. Kimberley Ann, '86
Howard, David Wayne, '75
Igelman, Robert P., '65
Jahn, David Ralph, '71
Janowiecki, John, '83
Johann, Mrs. Mary C., '81
Johann, Stephen M., '81
Kasson, 2LT Gregory Michael, '84
Kasson, Michael C., '62
Kehl, Thurman L., '56
Kehres, Rebecca Dye, '81
Kendall, Gregory Alan, '83
Kerstetter, Henry Charles, '75
Kessler, Wendell R., '62
Kibler, Gordon F., '79
Kitsonas, Nicholas Theodore, '80
Kleman, Lisa M., '84
Kleman, Terry N., '84
Koehler, Herman Joseph, Jr., '83
Kose, Paul H., '47
Kramer, Robert Donald, '88
Kuhr, Michael Stuart, '71
Kusma, Stacy Craig, '82
Lewis, Jeffrey Alan, '82
Lighthiser, Richard D., '71
Losoncy, William A., '60
Lowe, Gregory Alan, '84
Lowry, John A., '64
Lucas, Joyce Barrett, '83
Lyle, Oscar L., '58
Maginnis, Robert Charles, '87
Maroscher, Udo W., '61
Martin, Paul Frederick, '64
Martino, Patricia Ann, '85
Mc Brayer, Michael Curtis, '84
Mc Coy, Frank Peter, '49
Mc Laughlin, Suzanne Trewhitt, '78
Mead, Gordon S., '45
Mercer, Susan Ann, '86
Meyer, Robert Paul, Jr., '71
Miller, Bob L., '55
Miller, David W., '74
Mitchell, Paul Joseph, '81
Montgomery, Dennis Eugene, '66
Morse, Terry Steven, '86
Muir, Jeffrey R., '83
Muir, Thomas P., '64
Murphy, David Arthur, '75
Murphy, James Thomas, '62
Nolan, Robert L., '56
Nuzum, James Bailey, '66
Ortiz, Donna Knopf, '82
Owen, William Ray, '75
Park, Dr. Chung P., '83
Parrot, Roger Gene, '71
Passero, Vincent John, '73
Peterman, Gary Albert, '71
Pezzutti, Dino G., '54
Plant, Lisa Jane, '88
Popich, William Joseph, '83
Puckett, Gary Lynn, '70
Rauch, Stephen Howard, '80
Rech, Ron R., '79
Riley, Cynthia Wynd, '83
Riley, Keith Edward, '82
Robinson, Terry Lee, '66
Roessler, John Duffey, '74
Ross, David Clark, '82
Ruhe, John J., '65
Runck, Marc Cary, '75
Russell, David A., '85
Scartz, Vince C., Sr., '59
Schiavone, Mrs. Jeri L., '82
Sellers, Elwin L., '66
Sharp, Herbert Edward, '52
Shaw, Mark Steven, '78
Shimmoeller, Ellen Louise, '79
Shisler, Roger W., '60
Shoaf, Lowell Eugene, '81
Steinmetz, Eric John, '86
Sternad, Terry Lee, '74
Stickel, Paul Michael, '73
Stock, David James, '73
Stoklosa, Pamela Anne, '86
Taneff, Nikolina, '88
Taneff, Steve Nicola, '86
Taneff, Thomas Nikola, Esq., '84
Taylor, Gary Emerson, '59
Taylor, N. Emerson, '31
Tea, Patricia L., '87
Theado, Paul Lewis, '67
Thomas, Brian Rhys, '79
Thomas, Thomas N., '58
Tilson, Julie Ann, '87
Tishkoff, Stuart Mark, '69
Tomlin, Leonard Justin, '84
Tomlinson, Jay Kent, '79
Tonjes, Ronald G., '80
Tooker, Lisa A., '86
Truskolaski, Ronald J., '68
Turner, William Joseph, CPA, '66
Vance, Benjamin Wayne, '74
Van Orman, Lawrence S., '53
Venetta, Eugene, '61
Via, Charles Daniel, '87
Virden, William Wayne, '52
Vogel, Denise Marie, '86
Von Clausburg, Theodore J., '58
Walker, Barron Michael, '86
Wallace, Richard D., '59
Walz, Charles Roy, '72
Ward, LTC Robert James, USAF(Ret.), '49
Weichmann, Michael Craig, '71
Whims, Dale Leroy, '80
Wilson, Mitchell Allen, '80
Woerner, Mrs. Eleanor A., '62
Wolfe, Jesse Richard, Jr., '79
Wymer, John Dow, '72
Zacks, Gordon B., '55
Zwelling, Stephen Neal, '69

PIEDMONT
Mc Connell, Dwight C., '40

PIERPONT
Lemire, Leonard Paul, '72
Swift, Dan William, '81

PIKETON
Seif, Dale D., '42
Williamson, Allen L., '43

PINEY FORK
Ignac, Donna Gaye, '84

PIONEER
Bard, Anne M., '83
Bard, Scott Richard, '82
Foster, Jeffrey William, '80
Thompson, Eugene B., '35
Thorp, Norman Dean, '68

PIQUA
Anderson, Timothy David, '74
Enz, Gary Lee, '72
Floan, Neil J., '50
Fogt, Jerry Lee, '73
Fortman, Daniel Joseph, '67
Galbreath, David Keith, Jr., '74
Gastineau, Plez M., Jr., '67
Gerzina, COL Anthony W., '54
Gump, Dorothy Dean, '46
Hartings, Robert Lee, '74
Heckman, Eric Thomas, '83
McColloch, Jerry L., '53
Miller, Mrs. Patricia D., '49
Miller, Richard Alban, '49
Ramer, John Mc Donald, '71
Ramer, Richard Brooks, '71
Roberts, Robert Lawrence, Sr., '54
Underwood, Jody Scott, '87
Whitney, Charles C., '56

PLAIN CITY
Adams, Bruce Allen, '85
Adkins, H. Parker, '37
Apel, Janice Elizabeth, '81
Blackburn, Douglas Richard, '76
Charles, Marlon R., '88
Cosgray, Bruce Ward, '88
Crawford, David Arthur, '77
Edwards, John Thomas, Jr., '51
Ervin, Thomas Wray, '82
Faulk, Karen Lucille, '85
Gillespie, Mrs. Linda M., '88
Gorden, Denise Richards, '75
Gray, Sheri Somers, '85
Griffith, Michael Barton, '57
Hay, Melissa Walker, '81
Hays, Roberta Bridgman, '49
Honaker, Randy Allen, '79
Houchard, John E., II, '59
Johnson, John V., '53
Jones, Maria R., '85
Kahle, Mrs. Theresa Marie, '84
Karow, Robert J., '58
Kessler, Joseph W., '86
Kramer, Deborah Zimmerman, '84
Leatherman, Michael Arthur, '72
Lenhardt, Cindy Kay, '87
Leshy, George Valeren, '68
Longworth, Charles M., '49
Mackensen, William Harold, '71
Marsh, Glyde Arthur, Jr., '72
Martin, Edward Philip, '78
Mc Kitrick, Mura L., '78
Means, Johnston H., '50
Meister, Raymond Albert, '68
Shaner, Linda Sue, '86
Sherman, Gregg Alan, '79
Smith, Teresa H., '88
Smucker, Ralph Edward, '74
Stewart, Greg Eugene, '69
Syfert, Michael Burt, '79
Taylor, Ernest Gene, '72
Theodore, Graydon M., '59
Thomas, Tamera Sutton, '85
Throckmorton, Phyllis Mc Grew, '77
Weakley, Douglas A., '63
Yutzy, Julana Irene, '82

PLEASANT PLAIN
Leisk, Arthur J., '33
Lyon, Douglas Jon, '84

PLEASANTVILLE
Scoles, Stephen Albert, '85

PLYMOUTH
Smith, Robert Edward, '87

POLAND
Brenner, Anita Kay, '82
Christopher, Byron G., '41
Christopher, Mrs. Georgann, '43
Cox, Dr. Howard Brownell, '70
Daly, James H., '88
Harroff, Homer Hugh, Sr., '35
Hartig, Craig Alan, '88
Mangano, William Basil, '65
Mangie, Edward D., '87
Mc Kay, James B., '49
Mc Vey, Scott Taylor, '74
Ogram, James E., '49
Popio, Anthony John, Jr., '48
Scotford, Mrs. Judith, '57
Smith, Bradley Gaylor, '75
Smith, Gary Allen, '79
Tidrick, Daniel Ray, '68

POLK
Heilman, Catherine J., '84

POMEROY
Elberfeld, Robert, '33
Karr, Samuel Ray, '73
Knight, Hon. Charles Howard, '72
Reed, Bruce Joseph, '80
Schoenleb, Lutrelle F., '29

PORT CLINTON
Corogin, Thomas L., '50
Dayton, Edward Arthur, '87
Diebert, Donald Lee, '78
Gurtz, Steven Carl, '83
Hanley, John D., '41
Kahler, David M., '65
Kramer, Paul Patrick, '85
Kyle, William Richards, '64
Maag, Charles J., '41
Mc Gory, James G., '54
Roeder, Mrs. Gayle Williams, '42
Slobodzian, Jane Ann, '88
Stinson, Richard Alvie, '87
Swigart, James Oliver, '72
Vogt, Gaylord K., '57
Volpe, Karen Patricia, '82
Waleri, David Lee, '76
Wargo, Anthony Robert, '82
Wehenkel, Walter Carl, Jr., '76
Young, Kenneth L., '39

PORTSMOUTH
Adams, Patrick Stephen, '84
Albrecht, Jeffrey Paul, '73
Apel, Betty Russell, '55
Asch, Mrs. Matilda Kline, '32
Borden, Nolan R., '56
Braun, Mrs. Betsy Anne, '69
Braun, Earl Alan, '69
Chucales, Gus H., '47
Daulton, James H., '40
Davis, Dennis G., '64
Decatur, William Royer, '82
Edwards, Cathy Cowee, '80
Fish, Jeffrey David, '88
Flohr, Paul E., '39
Fowler, Paul David, '83
Fowler, Hon. Paul E., '50
Freshour, David F., Sr., '49
Geary, Eugene Jennings, '48
Harcha, Howard Henry, III, '79
Herrmann, Theodore William, '69
Holzemer, Robert L., '37
Horr, Arthur N., '35
Knapp, Glenn H., '48
Knost, William E., '49
Moore, Robert Lee, '42
Morton, Claude Frederick, Jr., '57
Phillips, Eugene Edwin, '48
Puntenney, Frank, Jr., '48
Rice, Clyde Linwood, '52
Sharp, William Elleman, '41
Sheets, Tonya Earlene, '86
Stephenson, Hon. Earl E., '48
Stewart, James Lee, '58
Strayer, Frederick Eugene, '69
Taylor, Lafayette, '32
Ware, Samuel Wilson, '49
Warren, Howard W., '50
Warsaw, Paul G., '37
Warsaw, Paul Michael, '65
Wheeler, Virginia Johnson, '63
Wilkerson, Everette R., '37
Wilks, Michael Thomas, '86

POWELL
Albaugh, Joyce Ann Dempsey, '79
Albaugh, Ronald James, '81
Alecusan, Gary Mitchell, '83
Alecusan, George Scott, '82
Alecusan, Melanie Manring, '82
Amerine, David Brian, '83
Arce, Louisa, '79
Atha, Robert Hunter, '83
Au, Rita Moats, '80
Bailey, Mark Duane, CPA, '86
Baker, Mark A., '86
Ball, Dwight C., '64
Bame, Lawrence Alan, '76
Bates, Bonnie Christopher, '77
Bates, Jonathan Wayne, '86
Baynton, Robert L., '49
Bennett, Stephen R., '80
Berger, Robert Louis, '76
Berkowitz, Dr. Susan Gore, '75
Berry, Brian Lee, '83
Bigelow, Roger Lee, '71
Bookman, Mrs. Shari Lynn, '85
Borin, Gerald Wayne, '72
Boyer, John Edward, '75
Boytim, Teresa Bavetz, '74
Brehm, David Edward, '79
Brewer, Neil Craig, '83
Brooks, Keith Howard, '70
Broz, Roberta Shelley, '85
Brumback, David La Doyt, IV, '84
Bumgardner, Thomas Alan, '73
Burkey, Brett Alan, '83
Burrell, Richard Lee, II, '79
Byers, Frank M., Jr., '63
Cahill, Michael P., '75
Callahan, Stacey Clarke, '80
Carney, William Patrick, '84
Cellentani, Dianna Kay Kimble, '81
Chapman, Steven Elva, '74
Christopher, Kevin Scott, '77
Ciprian, Gary Michael, '72
Coady, Kevin Patrick, '81
Cobe, Carmon Edwin, Jr., '83
Colby, Robyn Baird, '83
Cooper, Douglas Drake, '79
Corbett, Michael James, '74
Cornely, William George, '73
Crabb, Robert, '68
Davis, William Stewart, III, '78
Deibel, Jeffrey Richard, '83
Dennison, Mark Allen, '82
Dew, Brian Joseph, '85
Diamond, Kathleen Terry, '75
Diamond, Patrick Morris, '74
Dickerson, Dale M., '48
Donahue, Kerry Michael, '85
Doran, Eric Richard, '75
Duffey-Steinau, Dr. Leslie Peralta, '79
Dull, Kenneth Lynn, '77
Ebert, Roger Allen, '76
Edgar, Sandra Jean, '87
Ehlers, Robert S., '85
Endsley, Mark Alan, '81
Erwin, Joseph Vern, '87
Evans, Charles Richard, '80
Farel, William Lee, '76
Farthing, James Hugh, '83
Fell, Robert Bruce, Jr., '77
Fellows, Kathrin Roberts, '82
Fenstermaker, Richard C., '64

Powell (Cont'd)
Fenstermaker, Richard P., '38
Ferguson, Thomas Edward, '50
Forsyth, Sheila H., CPA, '68
Fouss, G. William, '65
Franke, Christopher Scott, '83
Frazier, Michael Joe, '81
Frey, Elizabeth Glinn, '83
Fritz, Henry Theodore, III, '83
Funchess, Gwendolyn Denise, '81
Gammill, Robert Andrew, '71
Ganim, Douglas J., '87
Garrison, Kelly Denise, '88
Garver, Gary Donald, '83
Georgiton, John Pete, '68
Getzendiner, Charles A., '65
Glassford, Dan L., '82
Glasstetter, Eydie Gartrell, '81
Goodwin, Wayne Wilfred, '84
Goodwin, Wilfred, '48
Gopp, Donald Lynn, '70
Greenham, Deborah Jeanne, '83
Griffith, Walter J., '71
Grote, Ronda Lea, '81
Grunkemeyer, Robert Samuel, '86
Guarasci, Theodore A., '55
Gulu, Sundy Palioyras, '87
Gunter, Jeffrey Gavin, '84
Gutmore, Abraham Mark, '72
Haemmerle, John Martin, '66
Hagans, James R., '55
Harp, Joseph Moody, Jr., '73
Harrison, Ms. Sharron A., '75
Haueisen, Jack David, '79
Haupt, Barbara Willsey, '83
Haupt, Douglas James, '83
Hawley, Deborah Shaffer, '82
Hawley, James Kemper, '83
Hein, John Edward, '77
Heinlen, Stephen Henry, '69
Heltzel, Roger W., '58
Henry, Barbara Estella, '79
Hensel, Sheila Marie, '82
Hiler, Michael Alan, '80
Hill, Hon. John W., '48
Hoffman, Theodore Michael, '87
Hoffmann, Thomas Carl, '69
Holbrook, Keith Argus, '80
Hutchins, Ernest Eugene, '84
Ickes, Karen Fife, '79
Jack, Thomas Craig, '59
Jacobs, William Edward, '83
Janer, Mark A., '81
Jende, Maris, '72
Jenkins, Thomas Gary, '65
Johnson, Charles Russell, Sr., '44
Johnson, Jeffrey Reed, '79
Johnson, Stuart Van, '82
Jolliff, Donald Dean, '73
Jones, Lorraine Meeks, '86
Judson, Robert Allen, '71
Kaiser, Daniel Scott, '82
Kauffman, Ronald P., '58
Kendall, Darin Gene, Esq., '74
Kill, Karl Craig, '80
King, David Lee, '77
Knowlton, Dave, '76
Kravitz, Edward Daniel, '86
Lamprinakos, Sharon Vasko, '86
Lauer, Robert F., Jr., '66
Lazor, Andrew Edward, '78
Leachman, Dale Edwin, '77
Lechner, Steven Allen, '84
Leidy, Charles Dean, '83
Leonard, Roy William, '73
Lepley, Carol Hutchison, '84
Leuthold, Jonathan Edward, '75
Lewis, Anthony Nyles, '76
Lorenz, Daniel E., '85
Lowe, Howard P., '53
Lubaski, Clark Eugene, '83
Luce, William Whitsett, III, '78
Mann, Gerald Francis, '68
Manser, Richard Louis, '79
Mansfield, Mark Douglas, '73
Marshall, Charles John, '84
Martin, Thomas Francis, '86
Martino, John Andrew, '87
Mc Cartney, David, '80
Mc Culloch, Thomas G., '74
Meder, John David, '86
Meena, Jeffrey Paul, '82
Meier, Walter T., '49
Melaragno, Robert Vincent, '74
Merola, David J., '83
Merola, Leslie Ann, '87
Meyer, Mrs. Anita W., '80
Meyer, Mark D., '80
Moberger, Steven M., '80
Morgan, James Emery, '77
Morris, Kevin Jack, '79
Musille, Lucinda Ann, '83
Mustaine, John Charles, '70
Niles, Dan Kevin, '83
Oakes, Annette Riess, '80
Ochs, Mark Allen, '81
Olzak, Mrs. Karen L., '78
O'Neill, Jeffrey Lee, '78
O'Neill, Judith Oprandi, '79
Orosz, Janet E. Foley, '81
Orosz, William Julius, '80
Otey, Mrs. Mara O'Brien, '79
Perry, Janet E., '49
Perry, Roger C., '51
Pesek, Michael Raymond, '73
Petty, Mrs. Phyllis, '74
Pinkney, Bruce Reed, '72
Pogany, Andrew Nicholaus, '88
Potts, Mark Edward, '79
Prasher, Todd William, '77
Profusek, Richard Charles, '84
Prugh, Bradley Brian, '83
Pusti, Joy Elizabeth, '83
Putzke, Denise Saunders, '83
Puzzuoli, Renee Sue, '86
Quinn, James Edward, '83
Quinn, Terry Jay, '74
Radtke, Michael, '70
Raimer, Darryl John, '83
Ramsey, Raymond John, '73
Reichman, Joe V., '70
Robinette, Douglas Craig, '76
Roche, Peter Edward, '74
Rolle, Charles A., '81
Rouault, Robert Edward, Jr., '75
Rowbotham, Garth Wayne, '81
Roy, Rex Charles, '88
Russ, Michael W., '85
Russell, Delbert Anderson, Jr., '74
Sage, Patricia Jeanne, '85
Saslaw, Louis Newton, '78
Schilling, Timothy Richard, '81
Schlaegel, David Rolland, '80
Schodorf, Joseph Raymond, '79
Schroepfer, John, '86
Schwaderer, Donald Eugene, '79
Seaquist, Kim Lucas, '85
Seckel, Ronald Alan, '80
Seffens, Alan R., '79
Seiling, John Youmans, '57
Seiple, Charles Richard, '50
Selover, Sherry Regina, '86
Shaw, Jeffrey A., '84
Shaw, Mrs. Karen M., '83
Shelton, William B., '59
Shibko, Richard Michael, '84
Shock, Richard D., '67
Sivinski, Douglas James, '75
Sloan, Brian Richard, '84
Snell, Jeffrey Randall, '86
Solove, Jerome Glenn, '78
Southwick, Glenn David, '82
Spencer, Robert William, '72
Spracklen, Mrs. Juanita S., '82
Springer, Gary Joseph, '85
Stotlar, Douglas Wade, '83
Studer, Michael Eugene, '86
Swank, Larry Kevin, '76
Talbott, Dr. Charles Robert, '72
Taylor, Rosalie Drake, '48
Tinkovicz, Peter J., '50
Tipnis, Ajay Prabhakar, '85
Tomaszewski, Michael A., '74
Tracy, Charles O., '32
Traetow, Mrs. Mary C., '80
Trager, Ronald Arthur, Jr., '85
Trail, David Allan, '83
Trevarrow, Denise Elaine, '85
Tyree, Larry Wayne, '73
Uncles, Robert William, III, '75
Vey, William Charles, Jr., '73
Vogel, Kevin I., '88
Voris, D. Thomas, '64
Vradenburg, Mrs. Patricia L., '79
Wagner, Barry Keith, '82
Waite, Steven C., '84
Walen, Laura Elizabeth, '87
Weaver, Larry Wayne, '78
Weeks, David Alan, '77
Weishaar, Douglas Allen, '87
Welch, Lynn Michele, '86
Wellman, Ned Allen, '74
Wendorff, William Thomas, '80
Will, Frank A., '56
Williamson, Darby Myers, '79
Wittkopp, Albert Ernes Theodore, II, '86
Yerke, Robert M., '59
Young, Christopher Robert, '82
Zelle, D.A., '82
Zelle, Jill (J.T.) Trone, '84

POWHATAN POINT
Putsock, Robert Lee, '86
Rosnick, John, '74

PROCTORVILLE
Burcham, Stephen Dale, CPA, '81

PROSPECT
Bennett, Amy Troxell, '78
Bowley, Bela Rani, '87
Breech, John Paul, '72
Case, Steven Walton, '70
Johnson, Willard Ray, Jr., '74
Lathrop, William James, '77
Layton, John Wesley, '87
Messenger, Philip Brent, '77
Ross, Terry Lee, '87
Schweinfurth, Paul Joseph, '75
Shifflet, Daniel Edwin, '77
Shroats, Richard Merrel, '82

PUT-IN-BAY
Blatt, John Ward, '61
Market, William Charles, IV, '84

RACINE
Little, Douglas William, JD, '76

RADNOR
Fisher, Robert Lynn, '66

RAVENNA
Banks, Shirley Warren, '48
Cook, Greg Alan, '88
Johnson, Lisa M., '88
Kuryla, Joyce Slavkovsky, '84
Martin, LCDR William E., II, USNR, '75
Mc Cauley, Michael K., '66
O'Neill, John Patrick, '66
Tortorella, David Mario, '88
Zeberko, Francis James, '76

RAWSON
Beach, Albert Keith, '88

RAY
Ruedele, Ronald Walter, '71

RAYLAND
Faldowski, Bernard Fredrick, Jr., '87
Thompson, Michael Alan, '84

RAYMOND
Herriott, Jeffrey Lee, '83

RENO
Eddy, Gene M., '62

REPUBLIC
Burkholder, Vernon E., '74
Echelberry, James Leonard, '76

REYNOLDSBURG
Alspach, Phillip P., '60
Alter, John Ritner, Jr., '52
Amorosso, Theresa Marie, '83
Andrews, Robert, '81
Ayers, Gerald E., '49
Baer, Arthur B., '51
Baer, Christopher James, '79
Baker, William Richard, '49
Balbaugh, George M., '70
Ballard, James Mark, '80
Banaski, Joseph Scott, '79
Banaski, Tina Talarico, '82
Barnes, Robert Ray, '84
Barnett, Michael Glenn, '79
Benedict, David Alan, '85
Bennett, Mark Steven, '83
Berry, Kenneth Robert, '83
Betts, Donald William, '87
Biafore, Nikki L., '88
Bigley, Paul Russell, '82
Bigley, Terri Kim, '82
Bishel, Arnold Charles, '80
Boder, Thomas Edward, '72
Bott, Lawrence J., '50
Bozeman, Catherine D., '87
Braun, Terry Douglas, '84
Brenner, Arthur K., '58
Brownstein, Stewart I., '73
Bruns, Kathleen Monett, '85
Bryan, Christopher Allen, '83
Buchholz, Marvin T., '61
Bunstine, Carol Puskar, '80
Burnett, Janice Folden, '55
Burton, Donald W., '64
Byrum, John Edward, '70
Carr, John J., '86
Carson, Jack E., '70
Carter, Mike Leonard, '86
Chapman, Jack, '69
Childs, Robert, Jr., '74
Cieply, Paul Raymond, '86
Coesfeld, Lynne Marie, '87
Cohen, Allen Harris, '68
Conaway, Raymond Patrick, '88
Cook, David Michael, '71
Coulter, Richard Lewis, '83
Covel, Jeffrey Archer, '66
Cox, Ronald Jay, '87
Crawford, Anne Hildebrand, '74
Crawford, Michael, '81
Curran, Christina Marie, '87
Curran, Francis J., Jr., '66
Curran, John Dennis, '83
Cvetkovski, John Ilija, '88
Dodd, John A., Jr., '81
Donahue, Steven Henry, '78
Downes, Robert Eugene, Jr., '72
Drake, Thomas Buchanan, '71
Dugan, John Herman, '84
Dugan, Susan Johnson, '84
Ebin, Morgan Douglas, '88
Eckel, Patrick William, '80
Eft, David Paul, '75
Egan, Charles F., '52
Embaugh, John David, '86
Emptage, Dennis Lee, '75
England, Dale R., '48
Epler, Donald F., '67
Eramo, Nazzareno, '77
Eringman, Jacqueline Mitchell, '83
Eschman, Mrs. Teresa P., '88
Etchell, William James, '68
Etter, Jesse M., Jr., '83
Fasold, John Arthur, '83
Fletcher, Richard Scott, '84
Folz, Mary Janet, '78
Gale, Casey Colleen, '88
Gale, David George, Jr., '76
Gardner, Joseph Charles, '84
Gebbie, Michael B., '87
Geist, Mark Eldon, '77
Georg, Teresa Jean, '84
Gilliam, ENS Jeffrey Randall, '86
Girard, Gary Victor, '76
Girard, Virginia Hardison, '82
Goodwin, Dana Warner, '76
Gordon, Mrs. Terri G., '82
Gore, Jeffery Todd, '85
Gossard, Tina Marie, '82
Griffin, Archie Mason, '76
Griffith, William Ted, '56
Gueli, Susan Jean, '86
Hague, Clyde Paul, '85
Hamm, Joan Connolly, '78
Hannahs, Harold D., '52
Harrington, Brad Eugene, '84
Harrison, Wayne Paul, '77
Haynes, Stephan Thomas, '87
Hecht, Linda Elizabeth, '85
Heffken, Mark Raphael, '77
Hill, Christopher Scott, '85
Hinterschied, John Herbert, '72
Histed, Bradley John, '78
Histed, Janet Morrison, '79
Hocking, Richard, '77
Hogan, David Joseph, '82
Holcomb, Steven Clyde, '82
Hopkins, Jeffery Alan, '84
Horne, Kristi L., '88
Hudak, Matthew Joseph, '83
Hughes-Shroyer, Nancy Jo, '83
Hunley, James Aaron, '87
Jackson, Lois Elaine, '79
Jolley, David Andrew, '76
Jones, Douglas Michael, '79
Jones, Frank Thomas, '59
Jude, Ellen Isabel, '85
Kasper, David Peter, '80
Kavanagh, John Fitzgerald, '86
Kerner, Ms. Cynthia Marie, '86
Kiser, Philip James, '85
Kister, Kimberly Frances, '85
Kovach, Kathleen Anne, '87
Kraft, Steven Arthur, '81
Krajewsky, Robert W., '75
Kreuchauf, Ms. Sally B., '86
Kuhn, John David, '84
Leach, Roger Mc Clellan, Jr., '49
Leithe, Ronald E., '55
Levin, Kenneth Michael, '78
Limbers, Lori Ann, '87
Locsey, Mrs. Jeanne M., '85
Long, Richard Leland, '67
Ludwig, Daniel Anthony, '82
Maerker, Michele Elaine, '88
Manley, Gerald P., '82
Mantle, Jeanne Mahoney, '76
Mariana, Henry David, '82
Massarella, Mark T., '83
Maynard, Craig W., '85
McCoy, Kirk J., '83
Mc Dowell, Walker Burnette, '75
McFarland, CDR William C., III, USN, '83
Mc Intire, Matthew Dean, '85
Mc Kinley, Arthur Lynn, '86
Mc Kinley, Richard Paul, '77
Mc Laughlin, Mark William, '88
Medlock, Owen Leroy, '63
Merrick, Raymond E., Jr., '53
Miles, Jerry Mack, '76
Miller, James Bowman, '51
Miller, Paul William, '55
Mitchell, David Andrew, '86
Mollencopf, John E., '72
Moore, Daniel David, '74
Moore, Pamela S., '87
Morris, Jack Eugene, '55
Mustard, Stephen Mark, '76
Myers, Raymond Paul, '83
Nesbitt, David Jacob, '75
Niehaus, Katherine A., '82
O'Morrow, Betsy Kent, '83
O'Ryan, Thomas J., '86
Pachuta, Paul A., '53
Palmieri, Robert Dennis, '87
Park, Glen A., '53
Pautsch, Richard Allen, '77
Petti, Michael Sherman, '78
Pettit, David Alan, '86
Petty, Arlene Shea, '47
Platania, Lorenzo, '85
Prechtel, Stephen Charles, '73
Prior, Janet Jaquay, '84
Probst, Eugene A., '59
Ragias, Argirios Pete, '75
Rauch, William F., '63
Raymer, Ronald Adolph, '70
Rettemnier, Richard Terrence, '78
Richards, David M., '83
Rissler, William Everett, '69
Robins, Daniel H., '65
Robison, Darrolyn Jean, '88
Robson, Scott Lee, '86
Rodoski, Gregory Allen, '88
Rogers, Alan Dale, '88
Rookard, Frank Martin, '77
Roush, Okey C., '50
Scheetz, Michael Allen, '88
Schmandt, Gary Michael, '84
Schmidt, Robert Joseph, Jr., '72
Schneider, Jennifer Lynn, '85
Scott, Rodney Michael, '75
Seimer, Brady F., '77
Seitz, Cynthia Reeder, '81
Shaffer, Ms. Debora A., '81
Shaw, Kenneth D. J., '77
Shively, Ralph D., '32
Shoemaker, Phillip Wendell, '81
Silver, Marci A., '80
Simoff, Mark William, '83
Singer, Dan Michael, '77
Singer, Louise B., '80
Skilken, Beverly Stern, '56
Smith, George Thomas, '69
Smith, Mark Douglas, '84
Smith, Mark Warren, '82
Smith, Michael Richard, '76
Southworth, Press Clay, III, '75
Stelzer, Mrs. Dianne M., '83
Stokes, Leroy, '71
Stone, David Clifton, '76
Strup, Ms. Susan Feder, '68
Swinehart, Rev. John David, '69
Swinehart, Peggy Ewart, '69
Swope, James Robert, '66
Sydnor, Marvin Dale, '77
Tallman, Robert Bradley, '76
Tata, David Knapp, '85
Taylor, Thomas Clinton, III, '76
Thomas, Kevin M., '86
Thurkettle, Ronald George, '77
Tiano, Danos S., '80
Tippett, Charles Allen, '51
Townsend, Daniel Hugh, '85
Trimbur, Bruce G., '80
Turner, David Alan, '79
Turrin, Robert Gerald, '87
Violi, Robert Alan, '83
Wade, Kathryn P., '84
Waldorf, John Forest, Jr., '74
Waldorf, Kay Darby, '84
Ward, Daryl Thomas, '78
Weaver, Phillip Lynn, '85
Webb, Larry Thomas, '84
Weedy, Rebekah Ruth, '82
Wells, Jeffrey Alan, '83
White, Keith W., '77
White, Sherrie Lynn, '83
Whitten, Thomas Edmund, '83
Widdoes, Elizabeth Kiely, '82
Widdoes, Robert Dean, '80
Widdoes, William Richard, '83
Wilcoxon, James H., Jr., '73
Williams, Kathy L., '83
Windsor, Michael D., '85
Wiseman-Gantner, Amie E., '86
Wood, William Lee, '83
Woosley, Tim Dennison, '77
Workmaster, Paul Alan, '72
Yankovich, Wayne R., '76
Yavitch, Bernard Z., '66
York, Peter Bruce, '87
Zim, Michael W., '79
Zimmer, David Alan, '83
Zorich, Joseph Alton, '76
Zuber, Terry Endicott, '76

RICHFIELD
Almendinger, Kim Alan, '74
Amos, Robert S., '61
Deyling, Gary L., '66
Healey, Ms. Kimberly Beth, '86
Meves, Dianne M. Klisuric, '78

RICHMOND
Grimm, Beverly Eurlynne, '80
Reed, William Emerson, '50

RICHMOND HEIGHTS
Berson, Craig B., '78
Boros, Robert Joseph, '87
Comparato, Charles John, '83
Eaton, Joan Carolyn, '84
Heppert, Richard Harold, '74
Hug, Thomas Richard, '75
Joherl, Dennis Richard, '71
Kane, Michael Harry, '84
Korn, Bryan David, '82
Larsen, Eric Charles, '68
Modic, Robert, '51
Pavlisko, Mrs. Susan Marie, CPA, '82
Price, Gary, '83
Roach, Mary Ann, '86
Schake, Robert Douglas, '86
Shawber, Beth C., '76
Shawber, Lloyd Oberlin, Jr., '76
Smith, Ms. Mary S., '79
Walker, Dennis Jon, '84
Zadkovich, Robert J., '88

RICHWOOD
Chapman, Anthony Wayne, '82
Elliott, Douglass W., '57
Miller, Mrs. Kathryn Kirk, '47
Smith, Charles Arthur, '66

RIDGEWAY
Robinson, David Clifford, '76
Terrill, Susan Irene, '88
Wingfield, Thomas Alan, '78

RIO GRANDE
Blue, Suzanne Elaine, '88

RIPLEY
Pfeffer, Michael Stephen, '69
Wilson, Mrs. Lynn A., '82

RISINGSUN
Harman, Todd Allen, '86

RITTMAN
Bodager, Ben F., '53
Reiff, Bruce Douglas, '87
Rohrer, Dale I., '49
Samic, 1LT Dennis Ray, '70
Shoup, Howard E., '48

ROCKBRIDGE
Britton, James Chandler, '71
Larrick, Ms. Carla Jeanne, '76
Stilwell, Hon. James Earl, '50
Swain, James David, '77

ROCKY RIVER
Adamescu, John Stephen, '71
Adams, Ronald N., '55
Allen, Daniel Joseph, '86
Allen, Guy Zavodny, '71
Arnold, Daniel Emmitt, '86
Blowers, Tamara Mitchell, '83
Bodenhamer, William E., '57
Brahm, John M., '48
Burkett, Harry D., '35
Cada, Gregory Alan, '72
Carson, Don L., '51
Caruso, Marcia Misamore, '54
Chawner, Jack L., '50
Clifford, John Spiker, '61
Connelly, David Anthony, '85
Crofts, Genevieve Sloan, '34
Dillon, Peter Leigh, '82
Dolch, Charles H., '50
Ellerbrock, Edward J., '48
Furry, Richard L., '60
Gammel, Otto, '28
Gray, James Charles, '82
Gribben, Jane Hoenecke, '52
Gribben, John F., '52
Gundic, Matthew J., '88
Gustaferro, William R., '50
Hallahan, Robert Andrew, '72
Hann, William Douglas, '73
Hickerson, Joyce Wallingford, '48
Hunger, Mrs. Helene Kaiser, '56
Jennings, Jack W., '51
Jensen, Robert B., CLU, CHFC, '57
Johnson, Richard Edward, '29
Kilbane, James V., JD, '58
Kinkopf, Sigfrid G., '40
Klym, Norman J., '66
Knepper, Charles D., Jr., '58
Krisher, Allison, '86
Lambrinides, Dr. Alexander C., '78
Lampus, Robert William, '69
Lashutka, Kenneth, '69
Latham, John William, '57
Lavelle, Mary Elizabeth, '85
Ledel, Jeffrey Louis, '74
Lesheim, Hans J., '58
Mayer, Carl Frederick, Jr., '43
McConnell, Ms. Diane, '84
Meyers, Marcia Justine, '80
Michael, Terry A., '63
Misener, Kenneth Taylor, '71
Moore, William Patrick, '60
Nagel, William Lee, '79
Premec, Richard John, Jr., '83
Previts, Gary John, '64
Rapacz, Richard Joseph, '67
Reinmann, Karen Marie, '88
Ringler, Lewis J., '43
Saltz, John T., '33
Shepherd, Robert Brandt, '81
Squires, Karen Smilanich, '84
Stebbins, Charles Bert, '36
Tietje, William E., '51
Titmas, Robert J., '63
Tracy, Thomas A., '53
Turrittin, Timothy N., '85

GEOGRAPHICAL LISTINGS Springboro OHIO 431

Rocky River (Cont'd)
Vaughan, Robert K., '39
Wilhelmy, Albert R., III, '71
Williams, Andrew Robert, '81
Wilson, George Roger, '58
Wilson, Mary Louise, '86
Wilson, Robert Raymond, '58

ROME
Czuchra, Michael Robert, '86
Poyar, George Theodore, Jr., '78

ROOTSTOWN
Bingham, Margaret Brockett, '37
Heimel, John D., '58
Ross, Dr. Ray Lawrence, '61

ROSEVILLE
Hajjar, John Edward, '71
Melick, James Mc Coy, Jr., '80

ROSSFORD
Roller, Homer J., '49

RUSHSYLVANIA
Wingfield, Robert E., '75

RUSHVILLE
Hyde, Laurence M., '27

RUSSELL
Arthurs, Lee J., '67
Heartstedt, Edmund Everett, '80

RUSSELLS POINT
Goslee, James Robert, III, '64
Goslee, James Robert, Jr., '35
Miller, Michael Dee, '80
Pusey, Glenn Alan, '83
Wallace, James Brent, '84

SABINA
Breakfield, Gary Lee, '88
Walvoord, Wilbur Wayne, Jr., '71

SAGAMORE HILLS
Ramos, Dorkasnelia C., '81
Salemi, Joseph Nicholas, '77
Santon, Lawrence J., '56
Schutt, Joseph Gregory, '84
Stern, Robert William, '64
Teare, Gregory Lawrence, '76
Wilson, James Alan, '79

SAINT CLAIRSVILLE
Azallion, James D., '42
Chambon, Harry A., III, '63
Cunningham, Samuel E., '48
De Noble, Ray Lee, '74
Derosa, Dr. Michael David, '80
Eakins, Scott P., '87
Hatch, Ralph D., '66
Knapp, Hon. Charles Freeman, '48
Kuntz, Frederick James, '83
Lucki, Martin J., '73
Mc Clain, John E., '58
Mc Gaughy, Thomas B., '66
Mehallis, Emanuel G., '51
Rice, Melanie Annette, '81
Rice, William E., '52
Ujek, William Joseph, Jr., '74
Wnek, Brian Lee, '83

SAINT HENRY
Beyke, William John, '75
Gruebmeyer, Ned Edgar, '79
Post, John Walter, '73
Woeste, Frank Bernard, '71

SAINT LOUISVILLE
Farley, Harvey Arthur, '83
Holton, Douglas David, '71
Ree, Melvin Clarence, Jr., '70
Westfall, James Herman, '73
Wright, Nathan Earl, '88

SAINT MARYS
Albert, Lyle Eric, '84
Beard, Jamie Belle, '85
Bowling, Thomas William, '88
Byers, Clifford Eugene, '69
Cade, Corran John, '78
Engelhart, Carl A., Jr., '59
Fagin, Bruce, '84
Fisher, Anthony Scott, '82
Heinrich, James Rodney, '66
Ketchum, Ronald Lee, '71
Mackenbach, Steven Paul, '74
Noble, Edward S., '40
Speckman, Craig F., '74
Steiger, Michael William, '74
Tracewell, William R., '48
Urich, Bertram Lee, '50
Wilson, Gregory D., '64
Wilson, Larry B., '63

SAINT PARIS
Bailar, Jackie Lorraine, '87
Black, Daniel Carter, '68
Mc Cartney, Donald S., '40
Tilton, James F., '47

SALEM
Blasiman, Kenneth Lee, '72
Budde, Oscar Ariel, '82
Casey, Sean Patrick, '86
Elkins, Stephen Cornell, '80
Ferrell, Darrell Edward, '78
Fitch, Danton Le Van, '84
Flood, Stephen Leonard, '83
Gamble, Lynden M., '67
Groppe, Mary Alice Neal, '32
Herron, Rolin W., Jr., '70
Hofmeister, George Scott, '74
Lesher, Andrew Charles, '86
Marra, H. Joseph, '51
Mason, John Walter, '70
Mattix, Frederick F., '59
Monteleone, Anthony J., '58
Morlan, John Edwin, '72
Oana, John, Jr., '51
Rance, John E., '51
Rodgers, H. Edward, '32
Sekely, Richard Joseph, '56
Shaffer, Dale Eugene, '56
Smith, Donald Joseph, '31
Stitle, Lynne Kay, '86
Tomkinson, John J., '51
Whitacre, Perry L., '50
Whitacre, Shirley Noran, '50

SALESVILLE
Stoneburner, Donald W., '41

SALINEVILLE
Thompson, Hadley A., '86

SANDUSKY
Artino, William Anthony, '83
Augustus, Carla Marie, '85
Bixler, Kevin R., '84
Butcher, Jeffrey Keith, '88
Colvin, John P., '56
Croteau, Bruce R., '78
Didelius, William E., '30
Doster, Daniel H., '77
Finton, Thomas S., '74
Fisher, Robert Stuart, '55
Flesher, John S., '48
Gardner, Brent Allen, '82
Gast, Richard John, '81
Gorman, John Curtis, '78
Grathwol, Jill Marie, '88
Grathwol, Robin Jon, '83
Greene, Harry Daniel, Jr., '49
Gregory, Barbara Feick, '74
Gregory, Clifford Jay, '74
Hafner, Frank H., '51
Hafner, Robert Mott, '84
Hatner, Steven Hayden, '82
Hecht, Craig A., '85
Hitchcock, Nelson D., '66
Hohler, Richard Jon, '81
Johnson, Mrs. Donna J., '77
Krabill, Jeffrey Neath, '75
Kuhn, Keith Brian, '82
Kurilic, George A., Jr., '83
Kurilic, Jodie L., '83
Lepley, Robert Francis, '72
Lichtcsien, Isadore, '57
Lichtcsien, Steven Bryan, '84
Mc Gory, Mark James, '79
Miller, Leonard Leroy, '49
Miller, Paul Michael, '83
Miller, William Leonard, '79
Mills, Erik John, '86
Monroe, Tracie Elizabeth, '86
Montgomery, Leroy Noble, '64
Pimsner, Robert A., '63
Porterfield, Lanning P., '59
Py, John Douglas, '68
Reeser, Glenn Dale, '68
Riesterer, Michael James, '70
Roell, Edward Frank, '79
Russell, John James, '53
Shiff, B. Robert, '43
Strayer, Daniel Clyde, '83
Tann, Michael Edward, '79
Waldock, William Louis, '81
Watson, Dolores Painter, '48
Whetstone, Robert Eugene, '56
White, Mrs. Amy M., '87
Wieber, Leon John, '70
Williams, Robert Haskins, '53
Yurosko, Thomas Robert, '66

SARAHSVILLE
Henderson, James Eugene, '61

SARDINIA
Eastlake, Charles Nelson, '48
Liming, Ms. Mindi Dee, '87

SARDIS
Goddard, Stephen Anthony, '86
Straub, Samuel C., '49

SCIOTOVILLE
Barringer, Laura Ann, '87
Knapp, L. Joseph, '69
Sheets, Tammy Antionette, '81

SEAMAN
Shelby, William L., Sr., '54

SEBRING
Tanner, William R., '56

SEDALIA
Strayer, Steven R., '63

SENECAVILLE
Fair, Charles Robert, '68

SEVEN HILLS
Bertin, Thomas A., '66
Boylan, Scott James, '87
Crawford, Ms. De Etta Jean, '87
Fiorucci, Richard Bruno, '77
Gastel, George Louis, '78
Jencson, David Michael, '78
Keller, Robert Paul, '67
Lui, Danis Pui Chi, '84
Marnecheck, Philip Alan, '78
Pinter, Dr. Robert Anthony, '78
Swirsky, Steve William, '76
Zito, Lisa Angela, '87

SEVEN MILE
Butterfield, Otis L., '48

SEVILLE
Daugherty, Kevin Stuart, '84
Steidinger, Andrew, '65
Warrell, Geoffrey David, '87

SHADYSIDE
Allietta, William B., '49
Andes, Edward C., '82
Ault, Guy Gregory, '70
Brown, Mrs. Lorie A., '83
Busack, A. Daniel, '69
Cash, Jeffrey Lee, '75
Forbes, Thomas A., '58
Malpiedi, Remo R., '51
Matoszkia, James Vincent, '80
Penick, Lawrence, '60
Potts, David Brent, '86
Schlanz, Michael Joseph, '83

SHAKER HEIGHTS
Abdalian, Carl Michael, '79
Adelson, Karen Lynne, '83
Arnold, Julie McDonald, '47
Baker, Donald Adam, '49
Belda, David Tuite, '69
Bergen, William J., '23
Berggrun, Adam Jay, '85
Bernon, Richard H., '40
Bialosky, Richard G., '85
Bibb, Deborah Lynn, '86
Bieganski, Mrs. Sherry W., '84
Blaugrund, Steve M., '87
Block, Maxwell W., '48
Borstein, Mrs. Loretta, '46
Brady, Michael C., '79
Cabi, Mustafa Abidin, '83
Carter, Teresa Ursina, '86
Character, Carl J., '51
Colson, Dr. Robert H., '78
Cortese, Joseph R., '49
Crone, Charles E., '33
Demsey, Leo, '46
Deutchman, Charles Scott, '80
Faigin, Howard B., '40
Fairweather, Corinne Coble, '47
Fingerhut, Lloyd J., '53
Freer, Neil O'Neil, '84
Fried, Julius Edward, '31
Friedman, Bruce Howard, '87
Friedman, Lisa Beth, '85
Gale, Marvin J., '56
Garber, Earl S., '53
Gitson, LT David M., USAF, '85
Glaser, Michael D., '63
Glick, Lisa Beth, '87
Goodman, Alan I., '64
Gotherman, Colleen Woods, '73
Gotherman, John E., '55
Gottlieb, Jeremy David, '83
Greenslade, Victor F., Jr., '50
Gross, Louis Newton, '47
Grossman, Ronald L., '54
Haidet, Gregory Alan, '77
Horner, Mrs. John A., Jr., '51
Jackson, Nina Lucille, '83
Janovitz, Alvin B., '51
Kaplan, William, '61
Kaufman, Elliot M., '61
Keller, Robert Ransom, '87
Kerester, Charles John, '49
Lackritz, Mrs. Dorothy Krakoff, '41
Landever, Michelle Toby, '88
Lawrence, Charles Z., '37
Leslie, Beverley Tennenbaum, '53
Levine, Gregg Alan, '80
Lieblich, Milton B., '55
Lincoln, Paul Skoff, '83
Loretta, Kathy E., '75
Loretta, Ralph G., '74
Marik, David Nathan, '84
Marken, Howard A., '48
May, Holly Young, '74
May, William Glenn, '68
Mayne, Lucille Stringer, '49
McClure, Charles S., '76
Miller, Bruce Michael, '86
Miller, David S., '37
Montello, Thomas C., '82
Neuger, Charles J., '50
Oppenheimer, Jill S., '88
Orlove, Frank F., '42
Pappas, Cathy J., '82
Perry, Kristine Elizabeth, '83
Pollock, Lawrence Ira, '69
Rose, Eli Edward, '26
Russell, Mrs. Tolula Fenney, '52
Schechtman, Debbie June, '81
Schwartz, Leslie Gerber, '83
Schwartz, Walter Stanley, '70
Segall, Stanley B., '64
Shapero, Michael I., '66
Shapero, Milton I., '25
Shaw, William E., MBA, '67
Silberman, Max J., '47
Silver, Eric Michael, '84
Sims, Brian D., '87
Slessinger, Marvin H., '48
Steiger, Daniel Nathan, '86
Stephens, Angela, '87
Stern, Bruce M., '51
Sternberger, S. Michael, '53
Stevens, Gale Lynn, '78
Stocker, Mrs. Sara P., '79
Thomson, Arthur Lang, '75
Thornburgh, Jane A., '77
Turoff, Daniel C., '59
Turoff, David Allan, '87
Udisky, Warren Lezar, '61
Underwood, Charles C., '57
Weisman, Arthur Aaron, '80
Welch, Bradford James, '82
Widing, Dr. Robert Emerson, II, '79
Wiehn, Mark Raguso, '84
Woods, Dolly Elaine, '85
Young, Peter Letts, '80

SHARONVILLE
Kramer, Joseph Anthony, '85
Meng, R. Christopher, '88

SHEFFIELD LAKE
Brady, Ralph W., '55
Hoffman, Mark Edward, '77
Huntley, Debbie Lynn, '82
Schaechterle, Gordon Everett, Jr., '80
Williams, Mary C., '38

SHELBY
Adam, Dennis William, '74
Albert, Thomas M., '86
Baird, Dianne Louise, '86
Bashore, Mark Charles, '88
Beeson, Kevin Ridgeway, '79
Bell, James Christopher, '81
Boylan, James C., '40
Burkhart, Mrs. Lauretta A., '85
Butler, Michael Clark, '81
Cale, Thomas Robert, '88
Clark, Philip Victor, '78
Coleman, Rosemary Lucille, '88
Crum, Daniel Allen, '77
Dawson, Jeffrey Wayne, '71
Distl, Ronald A., '70
Friebel, John Thomas, '86
Heydinger, Gus G., '79
Jimison, Bret Edward, '87
Jones, Kenneth Perry, '83
Knapp, Howard Henry, '73
Knapp, Kenneth D., '61
Mc Kown, Raymond S., '49
Mehall, John David, '70
Mehall, Thomas Stephen, '75
Moore, David Elwood, '74
Nedolast, Roger Allan, '74
Pettit, Imogene Caskey, '49
Phillips, James Robert, '73
Poland, Frank Herbert, Jr., '51
Ratliff, John Russell, '80
Sampsel, Darwin L., '51
Stadler, Robert M., '51
Stine, Brent M., '87
Studer, Thomas James, '76
Van Horn, Camille Anne, '86
Wray, Danny E., Jr., '87

SHILOH
Bond, John B., '83
Stimpert, Robert Edwin, '70
Williams, David M., '82

SHREVE
Long, Frederick E., '69
Oliver, Daniel Brent, '80

SIDNEY
Blake, Rodney R., Jr., '63
Boblit-Dill, Ms. Darlena Marie, '75
Bonnoront, Catherine Binkley, '61
Boss, Tom, '81
Boyd, Bruce D., '64
Clement, Robert Burns, '68
Clement, Starlett Scheiderer, '68
Custenborder, Jean Sharp, '43
Davidson, Norris, '66
Deam, John Emerson, '86
Douglas, John Edward, '79
Helman, John Norris, '88
Jung, Sharon Elaine, '87
Knasel, Izetta Tabler, '34
Kuhlman, Keith Francis Mari, '88
La Vergne, Janet Thomas, '49
Masters, Dwight E., '57
Oldham, Virginia M., '37
Rees, Mrs. Kelly W., '86
Roush, Francis Woodrow, '38
Schiff, James M., '60
Snarr, Robert Paul, Jr., '82
Strayer, Robert Louis, '68
Thieman, James Luke, '77
Thompson, Michael Le Roy, '75
Thompson, Todd A., '82
Warnecke, Philip Leander, '71
Wilson, Mark Richard, '86

SILVER LAKE
Belden, Wade Alexander, Jr., '56
Cleminshaw, John David, '85
Domm, Dr. Donald Richard, '68
Jordan, Bissell H., '48
Koch, Wayne F., '57
Wyss, Michael Aloysius, '68

SMITHFIELD
Price, Karen Lynn, '84

SMITHVILLE
Bly, Jack A., '85
Burkholder, Kenneth W., '35
Moser, Maynard R.(Rudy, '66
Noah, Mrs. Carolyn Sue, '88
Singer, Krista G., '88

SOLON
Appel, Gerald M., '69
Bartels, David James, '87
Blair, Timothy Alan, '83
Bott, Dr. Kevin Neal, '80
Britton, Fred S., '28
Brodsky, Diane S., '88
Brunst, Theodore Carl, III, '76
Campanella, John Carmen, '88
Condon, Frederick Joseph, Jr., '83
Cox, Fred Joseph, '57
DeGrandis, Mrs. Chris A., '85
De Rosa, Joseph Charles, '76
Eppler, Marc Ivan, '74
Fredrix, Peter I., '59
Glander, Roger L., '54
Goldstein, Daniel F., '87
Gordon, Mrs. Robyn E., '79
Groves, Paul Wilson, '76
Harris, Seth Bennett, '62
Hobbs, Michael Barnard, '73
House, Raymond E., '64
Hubbard, Harry C., '55
Israel, Michael Alan, '84
Jones, John Merrill, '68
Kastor, Michelle Grube, '85
Kotecki, Edward E., Jr., '40
Kuhn, Edwin P., '67
Lehner, Lorenz Karl, Jr., '67
Levine, Deborah Deutchman, '74
Locke, Thomas Philip, '78
Maroush, John J., '49
McHugh, Douglas Charles, '79
Mc Laughlin, Michael Paul, '68
Mc Vey, Stephen Neal, '81
Mehallis, James E., '80
Miller, Clifford N., '69
Oden, Sallie Elizabeth, '86
Pabich, Deborah L., '86
Parker, Howard Ellis, '85
Parker, Susan Stranahan, '85
Pinzone, Vincent John, '88
Regano, Dennis James, '73
Renzi, Mrs. Diane C., '87
Rosen, Robert Evan, '82
Roth, Michael David, '87
Sanson, Philip M., '65
Savoca, James Theodore, '79
Schlund, Jayme Ann, '87
Scott, Terence James, '74
Serio, Richard Robert, '85
Shamis, Gary Steven, '78
Shamis, Maryann, '78
Smalley, Joseph Allen, '81
Sordi, Lisa M., '88
St. Peter, Carole Lutz, '56
Steiger, Daniel Richard, '79
Stevelberg, Richard Michael, '68
Terrano, Cynthia Ammar, '81
Tsivitse, Mrs. Barbara A., '83
Ulliman, Thomas Raymond, '80
Ward, Joseph Patrick, '77
Weltman, Eric Jay, '86

SOMERSET
Horn, Lawrence E., '52
Pargeon, Robert Lloyd, '82
Snyder, David William, '79
Taylor, Hon. John Kemper, '58
Underwood, LTC Maurice R., '49

SOMERTON
Howell, Jack H., '62

SOUTH AMHERST
Christo, Elena Basil, '86

SOUTH BLOOMINGVILLE
Geckler, Edward F., '30
Shields, James D., '42

SOUTH CHARLESTON
Doyle, James N., '69
Myers, Barry Logan, '84

SOUTH EUCLID
Baker, Lawrence Melvin, '52
Bechtold, Joseph Aloysius, '83
Bitzer, Clarkson B., Jr., '54
Blank, Phyllis Newburger, '84
Blumenthal, Mark Allen, '82
Bogart, Stephen Ira, '76
Bratush, Joanne Rose, '71
Brunst, John Eric, '83
Calabrese, Victoria Ann, '88
Colclough, Jack D., '38
De Lauro, John A., '83
Di Lillo, Theresa, '85
Fishman, Richard Alan, '74
Freireich, Stephen Robert, '81
Golden, David Franklin, '78
Green, Marcy Beth, '86
Gross, Deborah Hoffman, '71
Jeswald, Jon Christopher, '86
Jeswald, Kristina Petrovic, '84
Kanno, MAJ Stanley Satoshi, USAF, '72
Katz, Roger Alan, '71
Kazinec, Wendy Michele, '87
Kodish, Marvin S., '67
Kofman, Tatyana Margaret, '86
Kozan, Norman R., '50
Krosin, Bryan Howard, '85
Litvak, Marc Jay, '80
Mc Lean, Dwight E., '34
Melbourne, Mrs. Barbara Porter, '69
Messenger, Debra Lynn, '86
Moroney, James Vincent, '77
Moses, Scott Alan, '87
Paphis, Stacy Diane, '87
Paltani, Beth Ann, '86
Paolucci, Charles L., '75
Rockwell, David Allen, '80
Rockwell, Elaine, '80
Rose, Theodore Frederick, '66
Rosenfeld, Arthur Aba, '83
Rosenstein, Andrew Lewis, '88
Roth, Albert, '52
Roth, Steven Jay, '85
Schorr, Ms. Jennifer E., '84
Seifert, Mitchell Scott, '87
Simon, Leslie Beth, '84
Skolnik, David Erwin, CPA, '71
Snyder, Richard A., '76
Soble, Scott Evan, '85
Stechler, Louis Allan, '83
Stein, Barbara Ann, '83
Stone, William Edwin, '79
Ungar, Daniel Howard, '86
Vendeland, Debra Lynn, '84
Vladimiroff, Irene, '78
Weinstein, Richard Arthur, '78
Weiss, Richard G., '86
Weissberg, Susan Beth, '88
Willson, Earl C., '25
Wyler, Scott David, '83
Zeid, Todd Allan, '87

SOUTHINGTON
Moore, Jason Hurd, '41
Savidge, Marilyn Ruth, '83

SOUTH POINT
Dingus, Donna Gillen, '75
Kim, Dr. Chong Woong, '76

SOUTH RUSSELL
Fallert, David Bryan, '79
Margolis, Loren Jonathan, '80
Rogers, Monica Bracic, '75

SOUTH SOLON
Mattinson, William E., '54

SOUTH VIENNA
Blayney, Robert Earl, '68
Henry, Grace Marie, '85
Livengood, Rachel Hunter, '81
Morris, Denise Paugh, '78
Runyan, Douglas Jay, '80
Sheller, Kathy Kallman, '78
Silver, William H., '38

SOUTH ZANESVILLE
Campbell, Jeffrey Paul, '78
Carter, Robert Leroy, '49

SPENCERVILLE
Martz, James Michael, '83
Moorman, Steven Earl, '75

SPRINGBORO
Benge, Guy William, CPA, '76
Clingerman, Dean Hathaway, '69
Cummings, Robert Leo, '85
Duvall, Alan Craig, '75
Emmelhainz, MAJ Larry William, PhD, USAF, '73
Emmelhainz, Dr. Margaret A., '86

Springboro (Cont'd)
Ford, Paul Glenn, Jr., '88
Hirvela, Nora Aberegg, '84
Rigano, Susan Frey, '81
Shaffer, Gary Martin, '72
Staudenmaier, Walter Joseph, '72
Wolff, Christopher T., '83
Zedeker, Richard Louis, '74

SPRINGDALE
Ammons, Howard Lee, '87
Koerbel, Michael Edward, '86
Mitchell, Roy A., '77

SPRINGFIELD
Adams, James M., '35
Aitken, Paul Martin, '86
Archer, Earl P., '21
Ark, Joyce Ellen, '81
Arthur, Jack Lamarr, '71
Asebrook, Robert L., '65
Ash, William Richard, III, '80
Aston, John Edward, '76
Aukeman, Roger C., '48
Bahan, Thomas E., '57
Baker, Della Fay, '83
Barnes, Lewis Vaughan, '33
Beckdahl, Dr. Walter A., '52
Bednar, John Thomas, '70
Black, Richard Oliver, '56
Bork, Christopher Alan, '86
Bosart, E. Halsey, Jr., '37
Brougher, Charles William, '83
Brougher, Deanna Addis, '83
Brown, Thomas Allen, '67
Buster-Brassfiel, Angela Keli, '85
Carter, Lloyd Leroy, '68
Chadeayne, COL Robert F., USAF(Ret.), '49
Clark, James Christopher, '82
Cohagen, Paul E., '40
Cole, Hon. Richard Thomas, '47
Confer, Robert Eric, '87
Cox, William Randall, '81
Crossley, Craig Alan, '73
Curtin, Forrest J., '49
Darling, James Walter, '71
Dennis, Dominick Sabino, '84
Dillahunt, David L., '57
Doughty, James A., '54
Dressel, Madalyn Piar, '82
Fanning, Betty Stone, '47
Federer, John Steven, '75
Fick, Jonathan Eric, '82
Fischer, Leo Francis, '36
Folkerth, Mark C., '88
Fralick, William Clifford, '76
Fry, Charles E., '38
Geitgey, James Orrin, '77
Gianakopoulos, Aristides G., '65
Goebel, Albert J., '51
Gram, Paul Thomas, '83
Graves, Edmond A., '50
Greenwood, Debra Ann, '88
Griffin, Mrs. Carol Rewey, '47
Groeber, William T., CPA, '67
Hackett, Peter J., '65
Hall, Richard M., '49
Halpin, Michael Phillip, '79
Harley, Robert Elden, '55
Harris, Louise Reeder, '46
Hearlihy, Patrick Edward, '75
Heintschel, James Paul, II, '78
Henderson, Hon. John Workman, '50
Hennigan, Thomas Edward, '69
Hively, Michael Lee, '70
Hood, Brian Wesley, '86
Huffman, Donald P., '54
Ianni, John Dante, '85
Jewell, James Edward, '87
Johnson, Jeffrey Guy, '76
Jones, D. Donald, '56
Kalinos, Theodore V., '49
Keefer, Ms. Harriet Earhart, '38
Kennedy, CDR John Joseph, Jr., USN, '68
Kepple, Philip E., '50
King, Gus Neil, '77
Klopfstein, David Norris, '85
Kramer, Thomas Wesley, '75
Kresheck, Neal E., '61
Lebaroff, Ronald D., '70
Leinasars, Edward Adolf, '76
Leventhal, Harry E., '39
Liming, Linda Lou, '78
Link, Richard J., '46
Lubbers, Michael Jay, '67
Malina, Paul D., '57
Malone, Raymond M., '51
Martin, Roy Francis, '58
Mattinson, David William, '79
Mc Cauley, Richard G., '57
McGonigal, Ronald Edward, '87
Mc Nulty, Margaret Lohnes, '49
Mercer, John L., '32
Miller, Alan Bratton, '63
Miller, Brian Ray, '79
Miller, Ralph Paul, '54
Moorman, Charles Lester, '71
Murphy, Rhonda Jane, '87
Nentwick, Mrs. Lisa K., '85
Nevius, Frank L., '40
Ogier, Ben S., '26
Oliver, Charles E., '51
Overs, Robert Craig, '85
Pappas, Panayotis F., '64
Perks, Ben W., '36
Perry, Dr. James Paul, '79
Plant, Elbert W., '56
Pollens, Harold S., '47
Quinn, Hugh E., '53
Rader, Carol W., '87
Rader, William M., '58
Reese, Judd, '86
Remlinger, William Theodore, '76
Ridenour, William E., '62
Rinehart, Mrs. Davidine Thomas, '79
Roberts, James Russell, '88
Ronemus, Thor G., '52
Ross, Mary Eileen, '76
Rowand, Rex H., '50
Rueger, Dan L., '48
Salani, C. R., '78
Schmid, Paul E., '63
Sebright, Melvin Leroy, '58
See, Cherie, '87
Shelley, Harold E., '51
Sheridan, Richard W., '57
Shifman, Morris L., CPA, '57
Shultz, Gerald A., '51
Smith, Isaac Dorsey, Jr., '83
Smith, Nelson Theodore, '83
Smith, Mrs. Richard A., '85
Spencer, Richard Allan, '68
Stobbs, Hugh S., '47
Swan, Frederick B., '65
Tavenner, William J., Sr., '62
Tehan, Robert F., '57
Thomas, Dr. Gary Allen, '78
Thorpe, Thomas Eugene, '59
Tiemann, Willis F., Jr., '47
Titus, Anne G., '47
Walker, George M., III, '61
Walsh, Thomas Patrick, '69
Watson, Pamela Elizabeth, '72
Werst, Mrs. Anna C., '39
White, William Allen, '45
Wilkinson, Kathleen Tolbert, '67
Wilson, Warner R., '48
Wineberg, Robert E., '47
Yake, Timothy Joseph, '81
Zinser, Robert E., '64

SPRING VALLEY
Baltes, Terry Earl, '72
Elling, Stephen Richard, '68
Febus, Ann Vallo, '80
Fitzsimmonds, Thomas Edward, '57
Flock, Richard William, '63
Fronzaglia, Stanley Nicholas, '78
Gute, Leland Richard, '84
Jardine, Robert Scott, '88
Leggett, Daniel K., '71
Morris, Peter R., '75
Music, Mark Christopher, '85
Powell, James Robert, '72
Pray, Charles Craig, '77
Roer, Jennifer Leking, '79
Sabett, Janice Marie, '81
Spencer, Jack Dennis, '66
Terrill, Steven Lee, '78

STERLING
Steele, Nelson Franklin, '86

STEUBENVILLE
Adulewicz, Casimir T., '60
Alexander, William John, '86
Bethel, Garin Jon, '83
Biggio, Frank C., '50
Borcover, Mrs. Thelma E., '48
Chalfant, R. Peterson, '67
Collaros, Jack P., '49
Core, Frank E., '57
Criss, John E., Jr., '50
D'Anniballe, Arthur J., '49
D'Aurora, Anthony C., '37
Di Domenico, Michael Gene, '81
Dumbola, John Martin, '85
Fortunato, Stephen M., '51
Glikes, George, Jr., '51
Griffith, Eric Vonn, '86
Jack, Julie Criss, '85
Kalinowski, Thomas R., '50
Krnich, Milfert E., '51
Kromalic, Joseph W., '56
La Rue, Martha Anne, '84
Mattey, George J., '49
Miljus, Donald, '62
Mizanoski, Edward Alfred, Jr., '69
Mougianis, Nick A., '49
Munk, Richard G., '50
Noble, John Lindsay, '84
Noble, Kimberlee Kyle, '86
Nolf, Robert W., '54
Parris, Robert L., Jr., '85
Petrides, Constandino, '77
Quattrone, Edward R., '51
Resch, Arthur A., '48
Rhinehart, Mrs. Mary Mc Dowell, '47
Scarpone, David John, '84
Silberman, Martin Alan, '60
Smith, Robert Leslie, '87
Sweeney, William D., '58
Vuchenich, Nikola, '77
Wells, John Glenn, '86

STOUT
Thompson, MAJ Lowell Edward, USAF(Ret.), '56

STOW
Allen, Kenneth H., '39
Artz, Gary Robert, '69
Bland, Thomas W., '62
Brubaker, Eric William, '76
Clevenger, Richard C., '40
Davis, Robert George, '51
Duckworth, Mary Margaret, '88
Fish, Lawrence K., '34
Gray, David Alan, '83
Grissom, David Scott, '86
Hartz, Mary Beth, '79
Hinds, Mrs. Anita M., '86
Hunt, David S., '83
Kalman, Elmer G., '50
Kelso, Cristin Lee, '81
Kessler, Joseph Michael, '83
Kramer, Karl Richard, '84
Lundy, Charles James, Jr., '73
Mac Cracken, George L., Jr., '33
Marshall, Dr. Jon Elden, '76
Mc Nally, Harry Donald, '65
Mc Vicker, Robert A., '72
Meck, Milton H., '26
Nagle, Robert F., '55
Nunez, Ralph Anthony, '78
Palmer-Foltz, Merri Dawn, '85
Perrine, Amy Elizabeth, '87
Petersilge, David A., '78
Porteus, Charles Russell, '77
Presutti, Jack C., '63
Rankin, Tim Alan, '88
Roberts, Dr. Richard Stanley, '61
Schenkenberger, John Henry, '72
Schultz, Donald Jack, '72
Scott, Paul Brian, '84
Seibert, Darrel Lynn, '85
Silk, Adam Marshall, '83
Skinner, Deborah Kay, '82
Soon, Dr. Shih-Chung, '87
Staats, Brad Steven, '81
Sterling, Robert A., '57
Surgen, Sandra Irene, '85
Vivino, David Michael, '82
Willberg, Paul W., '50
Zimmerman, Donald G., '50

STRASBURG
Bonifant, Tod Jeffrey, '79
Hawk, Dr. David N., '54
Hensel, Douglas Gene, '78

STREETSBORO
Hutchison, William C., '46

STRONGSVILLE
Ashcroft, Robert Michael, '87
Bear, Robert C., '40
Benjamin, Susan Davis, '81
Binder, Jeffrey Douglas, '78
Braun, William Raymond, '87
Cain, James Matthew, '66
Camarata, Peter Joseph, '80
DiLauro, Stephen F., '69
Fadeley, Kermit E., '50
Fitzgerald, Jeremiah P., '52
Foderaro, George E., '51
Forrester, Laura K., '86
Freeh, David S., '76
Gainer, Susan Le Fever, '83
Giffi, Craig Alan, '79
Goldsberry, Mrs. Jennifer Bush, '82
Grant, Michael Davis, '83
Gregory, James A., '81
Habermann, Mrs. Michelle A., '77
Herold, Robert Lee, Jr., '84
Herold, Mrs. Susan K., '87
Hoch, Gerald F., II, '68
Kara, Alan Roger, '72
Kulchar, David Michael, '79
Lawson, Thomas Carl, '77
Leonard, George Carl, '75
Manfre, Victor, '53
Manning, Donald Lee, '83
Manning, John Bernard, '55
Mc Clenathan, Donald E., '60
Mc Combs, Donald E., '59
Mobley, Jeffrey Robert, '84
Moore, Scott Lawrence, '88
Norcross, Kevin Reid, '72
Owen, Thomas Walke, '54
Parish, Mrs. Sharon R., '80
Pellegrini, Michele Marie, '88
Pettigrew, Mrs. Laurie E., '79
Phillips, Deborah J., '86
Raabe, Everett J., '58
Radigan, Martin Paul, '78
Reid, Timothy E., '87
Saylor, David Lee, '72
Slater, James N., '49
Smith, Christopher F., '84
Sowa, Robert M., '87
Swanson, Robert E., '51
Textoris, John L., '39
Travaglianti, Alan Robert, '71
Vrana, Ralph John, Jr., '77
Weiner, Stephen Jay, '74
Zaccagnini, Bruce Alan, '83
Zaccagnini, Mario J., '57

STRYKER
Burford, Cheryl Lynn, '85

SUGARCREEK
Finzer, Garrison F., '38

SUGAR GROVE
Godfrey, Kimberly Ann, '86
Hendrickson, Jody D., '80
Lutz, Randall Lee, '76
Nauman, Michael David, '80
Sanford, Kathleen Jester, '78
Wallis, William Michael, '75

SUNBURY
Beaver, Kathy Lynn, '84
Bonecutter, Brent Robert, '82
Bregel, Cheril Loudermilk, '88
Buckingham, Gary Lee, '68
Burrer, John Dillen, '73
Clay, John A., '52
Cottrill, Ralph L., '47
D'Huyvetter, Pamela Beaver, '78
Durrett, Walter J., '71
Eierman, Mrs. Theresa J., '82
Evans, Raymond Francis, Jr., '83
Favor, Stephen Marshall, '81
Groseclose, Jeffrey Lawrence, '83
Hartman, David Anthony, '83
Imboden, John Kevin, '85
Johnson, Mark Jeffery, '84
Keller, Craig Weldon, '83
Kopf, Laurie Jean Arnold, '86
Lewis, James Joseph, '44
Lewis, Virginia Kneisly, '45
Mc Laughlin, Wayne Clayton, '71
Mizer, Daniel Lee, '76
Moloney, John M., '65
Poderys, Andrew Stephen, '88
Polivka, Gerald George, '73
Roberts, Annette Fivaz, '37
Searles, Robert Monroe, '74
Stratton, Brent Clifford, '83
Sutton, Paul D., '67
Vogel, Robert L., '63
Walton, Larry Leo, '67
Ward, Herbert H., '60
Wolford, David Mark, '73

SWANTON
Bopp, Brian Joseph, '85

SYCAMORE
Robinson, Theodore, Jr., '47
Weininger, Tim Lewis, '87

SYLVANIA
Altvater, Harry William, '78
Aten, John C., '65
Baehren, James William, '72
Balogh, Kenneth Scott, '81
Barger, Debra Kaiser, '76
Bleckner, Steven Scott, '76
Borchers, Blaise C., '84
Bruggeman, Carl Victor, '53
Buckley, Joseph Patrick F., '86
Campbell, Bruce Allen, '60
Conrad, Richard Lee, '78
Cooper, Gary Allen, '71
Coultrip, Robert William, '84
Crosby, Dr. Michael Alan, '78
Crowner, John David, '86
D'Amico, Daniel Joseph, '72
Darah, Brian Joseph, '76
Daschner, Richard Thomas, '85
Davis, Andrew H., '88
Dorcas, Cedric Foster, '85
Eichenauer, George Shanly, '70
Ellis, William Graham, Jr., '50
Essak, Jeffrey Eric, '71
Friend, Stanley Mark, '76
Hales, Jack E., '49
Hamill, Paul G., Jr., '63
Heiniger, John Jay, '86
Huston, George Russell, '55
Johnson, Edwin Charles, '53
Johnson, Scott William, '86
Jones, William Leo, Jr., '76
Kidney, Adrian W., '37
Kreager, Robert L., '48
Letson, Daniel John, '80
Levine, Marilyn Brenner, '81
Lohmeyer, Jeffery R., '88
Marker, David Allen, '71
Mc Carthy, Brian Michael, '88
Mens, Robert W., '71
Michota, Laura Lizbeth, '88
Miller, Ronald Keith, '61
Milne, Dr. David Robert, '80
Napierala, Mrs. Beth C., '86
Napierala, Robert Eugene, II, '86
Oswald, David F., '84
Ray, Richard P., '48
Riley, William Edward, '73
Roth, Leland Charles, '29
Savage, Scott John, '86
Scheinbach, Joel Philip, '76
Scholler, Trent Lee, '81
Sexauer, Robert Joseph, '78
Shall, Richard Bruce, '84
Shindler, James V., Jr., '61
Sites, Douglas Eric, '82
Skapik, Stephen Michael, '70
Small, Rusty Lee, '87
Spence, Patrick Edward, '87
Szczepaniak, Richard John, Jr., '73
Taylor, Barry Martin, '76
Taylor, Karen Fay, '76
Thomas, Eugene Paul, '48
Turner, Kevin John, '83
Vogel, James William, '68
Wadsworth, Britt Rodger, '82
Wadsworth, Kim Sloan, '78
Wallace, Diane Kay, '72
Watkins, Mrs. Jan A., '84
Watkins, John Kay, II, '85
Wood, Robert N., '52
Zbierajewski, Michael John, '76

TALLMADGE
Casteel, Laurie Beckett, '86
Di Franco, Paul Joseph, '81
Howard, Dr. Donald Gene, '69
Hurd, Lorna Crawford, '52
Jenkins, Dennis Mark, '69
Love, Paul Kenneth, '85
Mallory, Joseph Allen, '76
Miller, John Eugene, '72
Miller, Peter T., '83
Prulhiere, Dale Herbert, '84
Schroeder, Charles Lee, '85
Sommers, Claude Arthur, '71
Stauffenger, Elaine Ragazzo, '80
Stauffenger, Leonard William, '80
Williams, Glenn R., '53

TERRACE PARK
Callaghan, Michael William, '72
Davis, Hayden David, Jr., '49
Finch, Kurtis Brent, '78
Gerwin, Joseph Massey, '87
Karvelis, Katherine Ann, '79
Martin, Yvonne, '80
Mc Allister, Alan W., '49
Mills, Thomas C., '87

THE PLAINS
Bevan, Daniel L., '68
Blaschak, James L., '58
Faler, Randy Lee, '85
Le Bay, James Gilbert, '67

THOMPSON
Crandall, Steven Paul, '84

THORNVILLE
Birkhold, Larry C., '57
Boveine, Lisa Lynn, '84
Brown, Billy Lee, '85
Buchholz, Stephen Paul, '69
Cosgray, Carl R., '52
Felt, Mrs. Mary Y., '78
Keyes, Robert Coleman, '83
Langwasser, Richard H., '59
Lieb, Anthony Blair, '82
O'Donnell, William Ward, '50
Pollen, Janean Renee, '84
Walser, Thomas Elmer, '79
Winegardner, Diana Kay, '82
Zelein, James Chris, '70

THURSTON
Masheter, Richard L., '50

TIFFIN
Allman, John R., '33
Booher, Ruth Phillips, '77
Carrigan, John D., '75
Creager, Michael James, '75
Crist, William C., '63
Daughenbaugh, Timothy Robert, '88
Debarbrie, Barbara S., '84
Dunlap, Douglas Leon, '72
Eingle, Charles D., '75
Ewing, Brooks E., '41
Felter, Andrew James, '88
Fruth, Jane Mykrantz, '83
Fruth, Karen Ann, '81
Gabel, Theresa Lynn, '87
Hernandez, Arturo Gerardo, '88
Hertzer, Donald H., '52
Holz, Douglas A., '88
Kin, Thomas N., '79
Lust, Carl R., Jr., '49
Myers, Jan Arthur, '84
Nordholt, James S., Jr., '67
Osmon, Lance Dana, '69
Purnell, David Robert, '74
Reinhart, Bryan James, '86
Sattler, Charles L., '31
Schmidutz, Gene A., '57
Shepherd, Wayne Leigh, '70
Sigler, Jack W., '48
Smales, Sam Jeffrey, '87
Spurck, Fredric Charles, '76
Streacker, Karen Sue, '85
Strong, Thomas Newton, '84
Taylor, Gary Allen, '87
Tolford, George Kay, '62
Walliser, Richard Louis, '86

TILTONSVILLE
Knorr, Carol Dinapoli, '70

TIPP CITY
Bagi, Michael Allen, '73
Bailey, Kenneth Lee, '57
Batty, Bruce J., '76
Beard, Steven Randall, '69
Cobb, David S., '61
Drennen, Richard Urban, Jr., '71
English, Ronald J., '59
Evans, John Frederick, '71
Fischer, William Mark, '80
Fronczak, Wayne Bernard, '78
Goodrich, James Robert, Jr., '69
Hay, William T., '49
Hermes, Russell J., '59
Hooper, James J., '57
Hunter, Stephen Charles, '70
Mc Clurg, Mark A., '76
Mellert, Thomas Arthur, '81
Miller, John Adam, '60
Mohr, John Robert, '69
Neff, Nelson S., '47
Presbaugh, Suzanne Kay, '83
Ross, Jeffrey Bernard, '80
Shoup, David L., '64
Thuma, Ronald D., '59
Tritle, Steven Allan, '71

TIRO
Shealy, David Michael, '78
Shealy, Ramon L., '66
Studer, Thomas Howard, '82

TOLEDO
Abrams, Jules Arthur, '75
Achenbach, Brian Bernard, '74
Adler, Marvin D., '48
Allen, Regina Marie, '81
Altiere, James N., III, '85
Ash, James Matthew, '88
Baker, Carl J., '50
Barber, Terry A., '60
Barnett, Garrett Siegler, '71
Barry, Julius, '40
Bartholomew, Irene Kuhlman, '47
Bartholomew, Marion S., '47
Bearss, Bruce Burton, '76
Beck, Mrs. Mary Catherine, '79
Belinske, Joseph, IV, '85
Berry, Daniel J., '86
Berry, Jan Nixon, '57
Bettinger, Joseph William, '88
Bigelow, Peter Knox, '69
Bland, Charles Richard, '79
Blank, Edward Charles, '69
Boals, Robert W., '44
Brehmer, Donald J., '48
Bright, Dana E., '85
Britsch, James A., '49
Brown, Marian Boyle, '79
Brown, Norbert J., '59
Brubaker, Marcus James, '75
Brunner, Mrs. Eleanor Floyd, '46
Brunner, Dr. G. Allen, '64
Brunner, Dr. James A., '46
Buckenmyer, Albert J., '27
Buckley, William Francis, '71
Burke, Michael Jay, '69
Cadwallader, C. Huston, '29
Canestraro, Judith Wallace, '81
Cargile, Paul Laquenze, '79
Carlson, Steven R., '83
Chapman, Douglas K., '71
Chmielowicz, James, '73
Ciralsky, William, '61
Ciricillo, Nadine Lee, '86
Cleveland, Kelly William, '82
Cohen, Marvin A., '52
Cole, Rory Owen, '83
Coleman, John Willard, '82
Conkle, Allan J., '41
Connelly, William Michael, Jr., '88
Conway, Michael Joseph, '71
Cook, George (Barney), '70
Coon, David Fulton, '49
Cope, Robinson E., '47
County, Donald Everett, '71
Crayton, Marcella Jones, '83
Cunningham, William A., '53
Dannhauser, Alfred S., '74

GEOGRAPHICAL LISTINGS Wadsworth OHIO 433

Toledo (Cont'd)
Darah, Mark Alan, '76
Davie, Brian John, '76
Davis, James Louis, '83
Dempster, Andrew Morton, '75
Denman, Ronald Ira, '85
De Prisco, David Thomas, '85
DeVictor, John A., Jr., '49
Dewan, Madhusudan Amrit, '84
Deye, Margaret S., '84
Dickson, Alvin Kenneth, '42
Disher, John O., '27
Dobson, Vernon J., '27
Dolin, Marcia Erlen, '55
Dreps, Ms. Christine Metzger, '87
Drozdowicz, LT Ben Scott, '78
Duwve, John W., '86
Eberflus, Christel Marie, '84
Edelstein, Myron B., '50
Ellenwood, Milton G., '82
Everhart, Jacques R., '50
Ewing, John Brooks, '69
Falvey, William M., '63
Farris, Mrs. Carol Barcus, '72
Faulkner, Nicolo P., '50
Fein, Alfreda Jensen, '50
Feldman, Bruce S., '53
Feldman, Phyllis M., '53
Findley, James B., '54
Fiser, Rollin H., '28
Fisher, Donald Wiener, '47
Fogerty, Thomas F., '27
Ford, James Berry, '74
Foster, Robert Michael, '65
Foster, Robert R., '50
Fouts, Lynn Roth, '77
Frankel, Paul D., '64
Frena, Anita Hempfling, '83
Fritz, Joseph Michael, '78
Gagen, Dr. Mary G., '79
Galbraith, James C., '48
Gallagher, Colleen Marie, '85
Geiger, Gary Jon, '86
Gibbs, H. Lucille, '35
Golding, Neal Robert, '84
Graham, John W., '87
Gramza, Jeffrey Scott, '84
Grassan, Earl E., '61
Guzdanski, John Walter, '73
Guzdanski, Sheila Gladieux, '74
Haddad, Royce C., '62
Hadsell, Gary Eugene, '76
Hall, Robert Alfred, '60
Hardin, Stephen Rexford, '87
Harrison, Thomas Charles, '73
Hart, Stephen James, '67
Hart, Timothy Patrick, '87
Hartley, Bryan F., '36
Hartley, Richard B., '65
Havill, Nicholas Reser, '78
Hayes, Richard Allen, '56
Hayhurst, Cuthbert N., '38
Heaphy, Jeffrey John, LNHA, '83
Heid, Charles Frank, '86
Herbst, Dennis Joseph, '71
Heyman, Robert N., '50
Hile, John Burton, '86
Hileman, Carl M., '52
Hitzeman, Cheryl Lynn, '85
Hoffman, Randolph Charles, '77
Hohl, R. Bruce, '50
Homan, Ralph P., '48
Hood, Duane V., '52
Horlick, Douglas T., '55
Horvath, Lawrence John, '82
Hunt, Charles Norman, '54
Hunt, John Roger, '75
Hylant, Patrick Richard, '70
Irwin, Dale Alan, '78
Jacobs, Mark Ira, '84
Jacobson, Laurie Ann, '84
Johns, Gary Ray, '74
Jones, Tina Marie, '86
Jornd, Rita Moore, '81
Judge, Kathy N., '83
Judge, Michael Ward, '83
Jung, Quentin, '87
Junk, Keith N., '66
Kale, Jeffrey S., '87
Kane, Frank E., '50
Kasle, Richard L., '48
Kasper, Jeffrey Daniel, '88
Katz, David Allan, '55
Katz, Michael Scott, '81
Katz, Randolph Stewart, '76
Kaucher, Michael Joe, '86
Kavanagh, Lloyd R., '50
Keener, John Brady, '79
Keller, Christopher Thomas, '87
Kelley, Frank R., Jr., '51
King, James Alan, '87
Kinsella, Gary R., '63
Knost, James Richard, '73
Knowles, Robert Otis, '72
Koder, Timothy Jon, '80
Krebs, Donald A., '52
Kreinberg, Jerome J., '39
Kroeger, Ms. Jacqueline Ann, '87
Latshaw, George William, '66
Lein, Michael Owen, '78
Leonardelli, Paul William, '77
Levey, Robert Edward, '66
Liber, David Alan, '69
Liebenthal, Bruce A., '58
Lightfoot, Danny Jerome, '83
Links, Gretchen Kay, '88
Lishewski, Richard Edward, '87
Love, Duane Stuart, Jr., '79
Lucki, Bruce Lyn, '76
Ludwin, Fred A., '62
Lustgarten, Glenn Barry, '88
Lutz, Daniel Joseph, '83
Lyle, James Wesley, '55
Lyons, Anthony James, '77
Macke, Wade Francis, '81
MacLaren, Kenneth A., '58
Mader, David C., '66
Malone, William Thomas, III, '87
Maltbia, Terrence Earl, '83
Mancy, Gus John, '86
Mathews, David Ralph, '82
Maurice, COL Timothy P., USA, '66
McConaughy, Steven C., '70
Mc Henry, Winston E., '48
McHugh, James Kenneth, '82
McKimmy, Mrs. Claudia R., '87
Mc Quilkin, John R., '51
McVean, Scott Duncan, '86
Mc Vicker, Marian Young, '82
Meacham, David C., '67
Messinger, Ferdinand R., '23
Metzger, Richard H., '49
Meyers, Geoffrey Groman, '69
Mikolajczyk, Julia Marie, '88
Milkie, Marc David, '85
Miller, Robin L., '87
Mindel, Irvin J., '40
Minnich, Stephen Garrett, '81
Modd, Christopher James, '87
Morris, Steven Edward, '72
Munto, Mark P., '79
Murphy, Patti Wandel, '51
Murray, Ronald L., '70
Myers, Robert Demming, PhD, '54
Nalodka, Ms. Katherine Ann, '76
Neff, W. Randall, '73
Neipp, Morton J., '29
Nestor, Michael Edward, '83
Niner, Rodney Lawrence, '72
Northrup, Lowell G., '29
Nowak, Michael Joseph, '82
Nowicki, John Daniel, '77
Nusbaum, Melvin G., '55
Oberfield, David Michael, '85
Ocheske, Dale Lee, '80
Okun, Donald T., '50
Okun, Fred, '55
O'Loughlin, Thomas J., '58
O'Neal, Mark W., '77
Osborn, Glenn A., '64
Packo, John George, III, '78
Parker, Gary Lee, '69
Parker, Keith Warren, '86
Parks, Reuben, Jr., '82
Pawlecki, Michael Dennis, '86
Perkins, Delbert E., '47
Petre, Lynn Electa, '87
Pfeiffer, John Henry, '88
Pinkus, Fredric, '58
Poll, Charles Henry, '72
Price, David Brian, '86
Price, John Edwin, '60
Pringle, Clark Robert, '58
Ramp, William R., Jr., '50
Ramsey, Thomas Blair, '86
Redmann, Frederick Clark, '74
Reineck, Robert Joseph, '69
Reiser, George R., '51
Reiser, Ralph J., Jr., '59
Remynse, Michelle Marie, '88
Rennie, Dr. Henry George, '63
Richer, Joe Orville, '69
Ritchey, Brian Joseph, '78
Rodeman, Timothy Warren, '75
Roemer, John Robert, '70
Rohrs, Kevin B., '85
Romanoff, Rollind W., '58
Rubin, Kevin Alan, '79
Rudduck, Dr. Richard Thompson, '54
Rudolph, William David, '86
Sachs, Daniel Paul, '82
Scannell, Michael Phillip, '73
Schaal, Joseph W., '34
Scheid, Ralph L., '54
Schetter, Kristine Ann, '88
Schrage, Michele Susan, '88
Sczublewski, Lisa Lyn, '82
Seles, William Gerard, '76
Sexton, Susan Stancel, '77
Shaffer, Donald Gregory, '72
Shealy, Christopher Allen, '83
Sheehan, Ms. Julia Ann, '85
Shiff, Myer, '49
Shulak, Kenneth Edward, '70
Siegel, Frederic E., '41
Sigman, Arthur F., '49
Silverman, Inez Okun, '51
Silverman, Irwin J., '50
Simmons, Robert Mark, '83
Slaughter, David Lance, '80
Smith, Mrs. Sally, '51
Snijders, Emile, '79
Snow, Damon Roy, '81
Soley, R. Stephen, '69
Sprenger, Kathleen Mary, '85
Sprenger, Mark Andrew, '73
Spriggs, Earl Andrew, '86
Stahl, Frank Leonard, '84
Staniszewski, Terence Lee, '72
Stankey, Kurt R., '81
Stern, Marc Allan, '84
Stevenson, Dr. Ben S., '59
Stone, Spencer Decker, '60
Stram, Lee Howard, '87
Stump, Raymond Leslie, '77
Suetterlin, Richard E., '65
Sugheir, Jeffrey Samir, '80
Sullivan, Gregory Warren, '72
Syring, Paul Francis, '86
Tarini, Mary Jo, '85
Tarschis, Harry, '28
Tarver, Silas, '80
Taylor, Victor Allen, '79
Tenney, Harold Freeman, '32
Tester, Steven Douglas, '75
Theiler, Richard James, '87
Thomas, W. Everett, '61
Towles, Robert John, '80
Treuhaft, Bernard S., '33
Treuhaft, William R., '54
Triona, Julie O'Keefe, '81
Tubbs, Richard M., '27
Urbanski, Jeffrey Thomas, '73
Van Schaik, Patricia Ann, '82
Vetter, Ralph C., '49
Vocke, John Harmon, IV, '71
Vuchnich, Walter Emil, '39
Wagner, Ronald Earl, '82
Walczak, Jeffrey J., '88
Waldeck, Thomas James, '82
Walter, Jacqueline Suzanne, '85
Waniewski, Scott Stanley, '86
Ward, George F., '38
Ward, Lynn Martin, '65
Ward, William August, '61
Washing, C. Craig, '62
Waterman, John Mueller, '38
Watson, Richard David, '49
Weiher, Don Paul, '76
Weisman, Karen Marx, '80
Welsh, Arthur M., Jr., '57
Wheeler, James Randall, '76
Whitney, Richard Thornton, '56
Wight, Richard E., '50
Wiley, John Charles, '84
Wilkins, Lynn Ann, '85
Williams, Jerry K., '65
Wood, Charles Micheal, '87
Yark, Donald James, Jr., '73
Yark, John Webster, '79
Zander, Zoltan Frank, '70

TORONTO
Balkun, Stephen John, '75
Blischak, Thomas Michael, '80
Cooper, Harold Murphy, '49
Cooper, Virginia Dimmett, '52
Hardy, John Lance, '81
Le Blanc, Henry Robert, '34
Maragos, Paul Nicholas, '83
Shanahan, Timothy Joseph, '74

TRENTON
Harmon, Paul C., '49

TRINWAY
Jennings, William C., '59

TROTWOOD
Becker, Julie A., '88
Gayler, Robert Carlton, '81
Grigg, Larry M., '54
Karsch, O. Arthur, '68
Laird, Cammie LaVerne, '87
Schwaiger, Linda Kay, '86
Snowberger, Philip G., '51
Stewart, William F., '65

TROY
Arndts, James Philip, '75
Bazler, Frank E., '51
Belcher, Bryan, '51
Burk, Carl J., '32
Cooper, Ned, '50
Corbin, Gladys D., '31
Cron, Robert D., '34
Disbrow, Colleen Lynn, '85
Edington, Eric Curtis, '72
Edington, Guy Ellis, '49
Evans, Nancy Jane, '84
Farrell, Joseph Edward, '39
Hannah, Michael Scott, '79
Harp, Robert E., '56
Hartman, Gabriel C., '62
Hartzell, Thomas Herrman, '50
Houp, Michael Ray, '85
Howell, Robb Fitch, '77
Huelskamp, Ronald Larry, '79
Jurey, Gail Theresa, '77
Lavin, Charles, '54
Littlejohn, CAPT Kevin Lee, USAF, '83
Manwaring, Richard, '87
Meeker, George Nelson, '74
Moore, Kenneth Parlette, '24
Naegele, Darci A., '88
Paxson, James Russell, '80
Peeples, Chris Alan, '78
Rascher, Arthur C., '29
Rayve, Brian Richard, '87
Riley, M. James, '65
Routson, Thomas L., '67
Russell, Teresa Lee, '87
Schmitz, Mrs. Jane Raterman, '86
Sensenbrenner, Rev. Edward W., '54
Shanesy, Thomas R., '46
Stang, Fred K., '48
Swob, Richard L., '51
Tecklenburg, Thomas W., '86
Thompson, Thomas Wayne, '83
Trey, Julia Kling, '67
Weider, Mark David, '85
Willis, Harold F., '57
Zeigler, Diane Kay, '87

TWINSBURG
Beder, Barbara Hertz, '78
Castagnola, John Anthony, '78
Chadwick, Donald R., '66
Dattilio, Terry Lee, '79
De Franco, Elizabeth Anne, '84
De Franco, Ralph Charles, '77
Fischley, James Duncan, '84
Gerhardt, Roger Lee, '80
Haring, David A., '73
Jividen, Todd Alan, '83
Kalb, David Lawrence, '80
Kvitko, Michael Scott, '83
Mc Donnell, Thomas M., '57
Rice, Cathi Jane, '83
Stanislaw, Steven George, '82
Vizi, Arthur R., '49
Von Spiegel, James Robert, '82
Wright, David Lee, '69
Zelle, Michael Alan, '86

UHRICHSVILLE
Ballentine, Charles R., '51
Hillyer, Hudson, JD, '50
Hooker, Bryce Haven, '70
Mc Clave, Elmer W., Jr., '50
Shelley, David L., '56

UNION
Lisk, Harry Ralph, '67
Schaffranek, Helfried A., '63
Shoemaker, Charles William, '74
Spencer, Eugene Willis, DDS, '56

UNIONTOWN
Adams, William Michael, '65
Bauer, Melanie Sue, '88
Calich, Kristin Ann, '87
Ingraham, Edgar Grey, '69
Kesselring, Bruce E., '47
Kirkpatrick, Mrs. Cynthia J., '83
Metro, Cheryle Jean, '87
Olinger, Michael Brian, '79
Orvos, Kathy Lynne, '87
Pearch, Michael Robert, '70
Perry, Deborah Ann, '87
Pope, Rebecca Ann, '84
Trusler, Julie Lin, '87
Trusler, Thomas Jay, '80
Yeager, Brian, '73

UNIVERSITY HEIGHTS
Baker, David Jonathan, '84
Barnett, 2LT Steven Bolner, USAF, '85
Berger, Alan Wesley, '75
Borensztein, Sam Hershel, '77
Chelnick, Morton Edward, '48
Elman, Jeffrey Philip, '84
Fagan, James, '79
Fisher, Eric D., '82
Garson, Glenn Alan, '79
Gold, Gary Harvey, '74
Golonka, Christopher Jude, '85
Golonka, Inka M., '85
Iddings, Sherrie Lee, '82
Jacobs, Judy Ann, '79
Joseph, Dr. W. Benoy, '77
Kalski, Steven Frank, '81
Katz, Karen Marsh, '79
Kraus, Edward Harlan, '83
Lake, Ronald Neil, '75
Lessam, Sam, '31
Margolis, Gary Edward, '79
Mintz, Gary Lee, '76
Morrison, Harvey Stuart, '58
Nudelman, Sidney, '60
Rabb, Howard S., '82
Rager, Nancy Smith, '59
Seaman, Terry Neil, '82
Shapiro, Shari Beth, '86
Simkoff, Joel Stephen, '78
Singerman, Egon P., '85
Stovsky, Richard Paul, '80
Trzcinski, Michael James, '75
Tsironis, John Fotis, '82
Turner, Cynthia Green, '80
Volsky, Mark R., '78
Widman, Paul, '78
Wiseman, Mark Nathan, '88
Zucker, Henry J., '48

UPPER ARLINGTON
Arend, Robert Godfrey, '52
Best, Carl R., '83
Borker, Dr. David, '82
Brown, Peter George, '78
Chapman, Jeffrey Stewart, '78
Clark, James Robert, '69
Drennen, Michael Francis, '74
Dunson, Stephen David, '78
Egelhoff, Stephen Mark, '68
Eischen, Michael P., '83
Eisenman, Jeffrey Paul, '72
Gaal, Alex John, '48
Geis, Mrs. Amy Bettina, '84
Halsey, Roy Robert, '76
Harris, Robert H., '68
Heimlich, Richard A., '56
Hoobler, Dennis Scott, '72
Irwin, Robert D., '82
Jokiniemi, Gary Lee, '73
Koroscik, Daniel Thomas, '84
Korting, John Spencer, '76
Kuhn, James W., '81
Kuhnert, Laura Mueller, '51
Kusma, David Michael, '84
Lines, Rebecca Anne, '85
Ludwig, Daniel Carl, '79
McCarly, Mrs. Sally W., '81
Mc Clelland, W. Reed, '43
Meredith, Lawrence C., III, '77
Merullo, Victor D., '64
Newman, Ms. Phyllis M., '77
Pirtle, Timothy Alan, '81
Saunders, Roger Allan, '52
Schoenberger, Gary Paul, '69
Temple, Lawrence Dale, '76
Vaughan, Roger Allen, Jr., '81
Wilson, Kathleen, '41

UPPER SANDUSKY
Bauer, Mark D., '54
Dann, Louis Mark, '80
Eier, Jeffery A., '73
Hart, Marc Douglas, '76
Jones, Stanley Russell, '81
Laughlin, Linda M., '83
Lawrence, Jerald Alan, '74
Leslie, Joel David, '86
Mahaffey, William W., '33
Newman, Karen Pell, '85
Wagner, Mrs. Rita C., '81
Walker, Mrs. Beatrice A., '50
Zohouri, Irene, '79

URBANA
Armstrong, Thomas Lee, '82
Bedell, Robert N., '40
Chance, John Kennedy, '71
Doseck, Michael John, '81
Dragics, Nicholas George, '61
Dragics, Mrs. Susan R., '63
Easton, Kevin Lee, '86
Green, Robert Marshall, '85
Harlamert, Dean L., '69
Imel, Harry H., '49
Johnson, Cynthia Gest, '82
Kern, Robert F., '47
Lilley, Joseph H., '55
Long, Don C., '60
Martin, David Craig, '82
Moore, Stephanie Dibert, '82
Nolan, John L., '49
Secrist, James Richard, '83
Simson, Donna, '60
Spellman, William C., '63
Spiegel, Wayne William, '74
Stevens, Warren Sherwood, '78
Wagner, Clifford R., '36
Woodruff, Michael Ray, '83

UTICA
Gregory, Douglas James, '84
Loehrke, Craig Allen, '76
Londot, Kevin Todd, '88
Orr, Robert M., '62
Shomaker, Lori Ann, '88
Simmons, William Lewis, '55
Steele, John Bradley, '79
Van Winkle, Larry Dale, '74
Wooddell, Wayne Verr, '87

VALLEY CITY
Krzys, Deborah Ann, '88
Mack, Richard William, '53
Morton, Robert Charles, '69
Young, Joseph Albert, '75

VALLEY VIEW
Foote, Michele Hotz, '76
Lukianowicz, John Joseph, '68

VANDALIA
Armanini, Joseph Stephen, '77
Beyoglides, Harry George, Jr., '72
Blickle, Gordon Harold, '86
Clark, Robert Frederick, '62
Evans, Penny J., '82
Fuller, William J., '50
Griffith, Mrs. Judith L., '81
Griffith, R. Scott, '77
Griffith, Robert Martin, '80
Haap, Patricia Lynn, '87
Hafer, Cynthia Ann, '83
Heckman, Robert Alan, '82
Hertlein, Lori Ann, '81
Honeck, Timothy Brian, '85
Jones, William Lee, '86
Kaufman, Dr. Daniel J., Jr., '86
Kessler, Hon. Carl D., '47
King, Carole Higgins, '80
Maxton, David Keith, '69
Swartz, Gregory Alan, '81
Warner, Scott Alan, '72

VAN WERT
Bair, Joseph Kevin, '80
Brown, Thomas C., '56
Evans, Richard Eugene, '59
Finkhousen, Leslie Joan, '87
Fleming, Phillip James, '70
Frey, Steven Walter, '76
Gunsett, Harry M., '41
Kelly, Richard A., '42
Krendl, Lee Joseph, '77
Lucke, Denise Laura, '87
Mc Cleery, Mrs. Joy A., '58
Morris, Ruth E., '42
Rice, Earl John, '77
Rothfuss, Robert Allen, '50
Zeigler, Charles David, '83

VERMILION
Appleton, Allan Daly, '75
Bellis, Daniel Clark, '84
Brandt, David John, '86
Burge, Barry G., '63
Chamberlain, Henry William, '87
Day, Patrick W., '81
Dommin, James Francis, '83
Fritz, Robert H., '57
Gilbert, Gary Martin, '81
Hardin, David Wayne, '74
Herchler, John Curtis, '66
Hillmuth, Edward Alexander, '87
Karcher, Arthur E., '47
Laughlin, Christopher Lee, '83
Martz, Lindy Fitzgerald, '84
Martz, Michael Walter, '84
Muzilla, Thomas Anthony, '82
Spiers, Thomas Edward, '62
Sudsina, Michael George, '78
Tomlinson, Dennis Ray, '87
Wilkerson, John Powell, Jr., '76

VERSAILLES
Condon, James Brian, '81
Henry, Brian Keith, '88
Henry, Jeffery David, '77
Jenkinson, Thomas R., '55
Wuebker, Richard Joseph, '69

VICKERY
Davis, Dwight H., '86
Keegan, Jeff A., '87
Moxley, Edward James, '69

VIENNA
Bunkley, William, '75
Shockey, Tod L., '86

VINCENT
Epperly, John Burt, '78

WADSWORTH
Bach, William S., '58
Cliffel, Albert Paul, III, '87
Falkenberg, John M., Jr., '65
Freed, Todd Eugene, '88
Gahan, Michael L., '86
Gordon, Donald Edward, Jr., '85
Harpster, Richard B., '71
Hurley, Patrick Neal, '83
Inman, James E., '66
Johnston, Charles Frederick, Jr., '52
Lecky, Kristen Marie, '87
Lesher, Carl E., '43
Mc Kelvey, Stephen James, '88
Metzler, Bradford Carl, '75
Mulhollan, John Steven, '88
Obendorf, Dennis Alan, '69
Price, Geoffrey Baker, '73
Rahe, Bart W., '77
Rasor, William A., '52
Smith, Mark Eugene, '76
Smith, Richard Reynolds, '72
Stephens, Howard O., '37
Sydorenko, Paul, '69
Wilhite, James B., '51

434 OHIO Wadsworth OSU COLLEGE OF BUSINESS

Wadsworth (Cont'd)
Wilson, E. Lee, '65
Zuppas, John Nicholas, '88

WAKEMAN
Fantin, John Joseph, '75
Harker, Allan William, '71
Smith, Marc Edward, '86
Todd, Richard Eugene, '68
Williams, Paul Francis, Jr., '76

WALBRIDGE
Bentz, Joel David, '71
Kaufman, Gerald Arthur, '68
Parsons, Cynthia Lee, '88
Rudolph, Frederick John, '85

WALDO
Dutt, Michael Shawn, '88
Hewitt, Dennis Michael, '69
Klingel, Melanie Diane, '87
Roberts, Joyce Joan, '59
Russell, John David, '74
Trefz, Mrs. Marilyn K., '87
Young, Rev. Robert L., '71

WALHONDING
Mercer, Ms. Tracy Lynn, '87

WALTON HILLS
Adler, Drew James, '87
Pace, Mark David, '85
Sutton, Alan James, '78
Williamson, Phillip M., '55

WAPAKONETA
Campbell, Deborah Ann, '85
Edwards, Dale Alan, '86
Elliott, Ronald Eugene, '87
Fisher, Philip Dale, '87
Freisthler, Mrs. Michelle R., '87
Hayzlett, Robert Oen, '87
Hemleben, Thomas Nicholas, '85
Hines, Richard Allen, '87
Leffel, Kenneth Eugene, '69
Malueg, Rebecca Ann, '87
Moser, H. Michael, III, '58
Peterson, Jack Edward, '50
Richardson, Kelly Jo, '88
Roser, Kenneth B., '60
Runkle, Mark Andrew, '81
Schmerge, Robert Eugene, '73
Seibert, Kenneth Eugene, '83
Stemen, Douglas Alan, '77
Wiesenmayer, Robert C., '62
Zofkie, John Quin, '81
Zwiebel, Timothy Roland, '76

WARREN
Abruzzi, Richard A., '64
Anderson, Windsor Lynn, '63
Antonelli, Michele M., '87
Ball, Kelly Sue, '88
Baughman, Lewis Edwin, '47
Biliuris, James G., '55
Bland, Irvin G., '41
Bodner, Joan Elizabeth, '80
Bronson, Jack A., '47
Catley, Ronald Duane, '77
Cowin, Richard P., '48
Davis, Edward G., '49
Davis, Lorraine Vencel, '82
DeGood, James M., '57
Draime, Scott Norman, '85
Fee, Deanne Denise, '84
Finta, Thomas R., '60
Folman, Keith J., '87
Foundoulis, James, '57
Fox, John Frederick, '58
Giles, George T., III, '83
Glinn, John Boyd, III, '85
Griffith, Mary Lucretia, '68
Halvis, John, '49
Hamilton, Harry N., '62
Heinzman, Edward R., '41
Holmes, Lyle David, '69
Hughes, Samuel R., '47
Kaliney, Richard Edward, '79
Kennedy, Rev. John L., '50
Kittle, Donna Saul, '82
Koleszar, Ilona Elizabeth, '80
Kondoleon, Nicholas Louis, '88
Kontos, Nicholas George, '82
Kugelman, Neil Henry, '75
Landor, Walter E., '64
Lawnhurst, Richard, III, '66
Marcarello, John Thomas, '83
Marino, Christopher James, '88
Matchison, Mrs. Anita T., '77
Mc Mahon, Thomas D., '48
Mokros, Richard Allen, '74
Mounts, Joel Eckles, '76
Nader, Abby Jo, '85
Nader, Thomas Christian, '84
O'Day, Stan David, '86
Olszewski, Jeffery M., '82
Perez Pubillones, Antonio E., '39
Pokrandt, Dean Alan, '71
Robbins, Robert M., '48
Rossi, John Fredrick, '81
Ryan, Douglas Eugene, '87
Ryan, Susan C., '78
Semon, David Anthony, '73
Shaffer, Dennis Gail, '68
Shine, Kenneth Edward, '82
Toles, Dorinda Denise, '82
Tomassi, Fortune Angelo, '87
Tonty, Rebecca Weinstock, '80
Verbosky, John E., '48
Walter, Russell A., '40
Williams, Earl Frederick, '32
Zervas, James Chris, '83
Zimmer, Frederick C., '55
Zimmerman, Kenneth Ray, '66

WARRENSVILLE HEIGHTS
Harrell, Arletta Jean, '78
Seward, Tonya Stephanie, '79
Young, Setrena Nadine, '80

WARSAW
Armstrong, Douglas Joseph, '76
Baker, Michael Gregory, '83
Borden, Jodi Ellen, '88
Mc Nichols, Patricia Marie, '83
Sapp, Joseph Patrick, '87

WASHINGTON COURT HOUSE
Blair, Michael Leland, '81
Carter, David Maxon, '70
Cooper, Dr. Martha C., '82
Good, Gary Mitchell, '86
Grandstaff, James R., '49
Graumlich, Stephen Leonard, '70
Holt, Robert Louis, '72
Lee, Robert John, '50
Lightle, Robert Dorsey, '74
Markel, Roy A., II, '52
Preist, Michael Allen, '86
Rice, Sam B., II, '60
Robinson, James Edward, '78
Sanderson, Robert S., Jr., '43
Shaver, Bryan Jay, '82
Sicker, Robert L., '58
Sollars, Ms. Bridget M., CPA, '84
Swepston, Ms. Mary Ann Coffeen, '79
Timmons, Robert A., II, '69
Wagner, James J., '45
Weade, Ronald Jay, '74
White, Joseph E., '40
Wilson, William E., '58
Wisecup, Kelli Lynn, '85

WATERFORD
Love, Robert W., '26
Newman, Angela Dawn, '88
Stollar, Mrs. Lois K., '49

WATERVILLE
Bauman, Raymond James, '68
Holycross, Donald E., Jr., '77
Lotshaw, Dr. Elmer P., '48
Pearce, Samuel W., '25

WAUSEON
Borman, John W., '59
Darby, John F., '28
Pontius, Howard W., '34
Sauber, Harold F., '64
Short, Arthur Jay, '82

WAVERLY
Bevens, William Wray, '70
Cole, Hon. Jesse, Jr., '50
Copeland, Rhonda Leigh, '87
De Vito, Vincent J., '49
Hanners, Kathleen Moore, '76
Lee, Angela, '88
Osborne, Charles Ernest, Jr., '69
Shaevitz, Robert M., '55
Smith, Darrell Ostrander, '26
Swonger, Bradley Joe, '79

WAYNE
Haigh, Mrs. Linda A., '85
Reynolds, Norman Paul, '86

WAYNE LAKES
Altick, Sherman Leroy, '78

WAYNESBURG
Cilona, Frank, Jr., '87
Finney, Roger B., '65
Loy, Mrs. Karen R., '87

WAYNESFIELD
Donnelly, Anita Y., '67

WAYNESVILLE
Andres, Edward A., Jr., '63
Baughman, John Lee, '72
Peyton, Robert S., '57
Ryan, Joseph Michael, '80
Smith, James Gregory, '85
Wight, Allan C., '47

WELLINGTON
Aylard, William R., '69
Ewers, George Michael, '69
Pillivant, Dennis Charles, '72
Schlank, Nancy Wood, '77
Stannard, William N., '74

WELLSTON
Gilliland, Roy J., '50
Mc Cormick, Archibald B., Jr., '40
Perdue, Thomas H., '65
Smith, Jon Irvin, '70
Waugh, Mrs. Lori A., '77

WELLSVILLE
Nixon, Keith E., '67
Trainer, Alfonso Thomas, '83

WEST ALEXANDRIA
Oswalt, Sterling Mark, '84

WEST CARROLLTON
Freshwater, Roger D., '61
Gibbons, Scott Allan, '83
Harrison, Karen Susan, '86
Hayman, James R., '49
Hess, Dennis Joseph, '73
Hurley, 2LT Gregory David, '83
Kirkey, Jeffrey Scott, '87
Konves, Jeffrey Alan, '86
Mackie, Jon K., '86
Mays, Douglas F., '86
Mc Crate, Gregory Alan, '72
Napier, Robyn Sue, '84
Palm, Doris Thirsk, '79
Smith, Theodis, '78
Stone, Andrew Leslie, '88
Swisher, Robert Arwood, '75
Thomasson, Donda Foran, '87

WEST CHESTER
Allen, David Christian, '71
Barbour, David Charles, '76
Basil, Dr. Jay Reed, '70
Bawa, Sanjay, '88
Beringer, Walter Joseph, '86
Bisesi, Robert John, '85
Bisesi, Mrs. Robin, '85
Carnahan, Mrs. Karen L., '76
Castro, Robin Rena, '85
Clark, Robert F., Jr., '86
Colvin, Richard Paul, '69
Ford, John Meyer, '81
Forsythe, Kent Charles, '86
Garcia, Abelardo A., '78
Halter, Gregory Scott, '85
Harris, David Lee, '72
Hartig, John Johann, '77
Hatcher, Stephen R., '64
Hatfield, Glenn Wilson, Sr., '23
Henner, Janice Lee, '85
Henner, Linda Kay, '87
Hoehne, George Karl, '81
Hollmeyer, Louis R., '65
Holloway, Lonna Marie, '86
Hover, Kenneth William, '81
Howard, Robert F., Sr., '50
Jechura, Ralph C., '65
Johnson, Linda Schlesinger, '81
Kelly, Timothy Arthur, '88
Kiessling, Mark Joseph, '83
Koebbe, MAJ Terrence Allan, USAF, '75
Koegle, Mrs. Margaret Lynn, '50
Kozerski, James John, '87
Kramp, Kenneth David, '84
Little, Bradford R., '87
Losey, Gary Steven, '82
Lykins, Angela Maria, '86
Lyon, Randolph Scott, '87
Macklin, Carole, PhD, '81
Martin, Scott Vance, '87
Maull, Charles C., Jr., '32
Meyers, Carl A., '64
Pruss, David Joseph, '88
Quinn, David Alan, '80
Quinn, Karen Kier, '82
Raghuraman, Paula Davis, '81
Schaaf, Mrs. Betsy J., '82
Schaaf, Glen J., '82
Shea, William J., '66
Smith, Jean Annette, '85
Stelzer, Dennis L., '76
Tomaszewski, Edward Harold, '75
Topalian, Michael K., '86
Williams, William Alan, '80
Zelachowski, Kenneth Stanley, '78

WESTERVILLE
Ables, Thomas Atchison, '69
Adrian, Charles Leroy, '49
Albaugh, Thomas Andrew, '73
Alexander, Gregory D., '76
Alexich, Natalie Anne, '88
Allen, John Randal, '87
Anderson, Brent Eugene, '88
Anderson, Donald Clark, '73
Anderson, George William, II, '76
Anderson, John Thomas, '53
Andolino, Vincent John, '82
Andrews, Robert Joseph, Jr., '72
Andrews, Ronald Eugene, '82
Angelo, Cheryl Zellner, '80
Angelo, Kevin Lee, '82
Antol, Lewis Raymond, '77
Argo, William A., '47
Armentrout, Jack Dwight, '62
Armitage, Douglas Richard, '79
Arndt, Clifford J., '50
Arnold, Mark Peter, '72
Arthur, James Ronald, '80
Arthur, Janet G., '81
Atlagovich, Rita Marie, '84
Auer, Kimberly Louise, '87
Ault, Timothy Wayne, '88
Ayle, Donald Roy, '49
Babbitt, John L., '62
Bachelder, James Wallace, '76
Bacher, Patricia Hatfield, '78
Bahr, Bradley Donald, '78
Bailey, Lawrence Allen, '51
Bailey, Richard Douglas, '77
Baizel, Daniel Lester, '81
Baldauf, Jeffrey Alan, '85
Baldauf, Tina Stapleton, '85
Ball, Steven A., '85
Ball, Theodore C., '52
Ballard, Roger K., '70
Baney, J. Randall, '72
Barcza, Donald Charles, '69
Barden, Kenneth L., '81
Barth, Larry D., '86
Barton, James B., '86
Baumann, Donald J., '74
Bear, Daniel C., '68
Beck, Kenneth D., '54
Beck, Perry James, '80
Becker, Steven Robert, '70
Beifuss, Richard C., '50
Belczak, Richard John, '77
Bennett, Charles Edward, '81
Bennett, Mark David, '88
Benson, Lisa Marie, '88
Benson, Verne Howard, '62
Bentz, Charles Raymond, '74
Bianconi, David Chester, '76
Bickley, Donald Eldon, II, '72
Bieber, Gerald Jay, '83
Bigony, Edward Alan, '67
Blackmore, David Parmly, '74
Blank, Dennis Ray, '67
Blust, John Fredrick, '69
Boes, Lawrence Joeseph, '85
Bohus, Michelle Marie, '82
Bolton, Richard W., '62
Boone, Steven James, '80
Booth, Charles Linn, '82
Borchers, CAPT Alyn Louis, USN(Ret.), '49
Bovie, Steve C., '59
Bowen, Janine Louise, '87
Bowen, CAPT Kevin Bruce, USAF, '78
Bowen, Thomas Keith, '71
Bowling, Jeff A., '87
Bowser, Paul Lawrence, '76
Bradley, Michael B., '71
Brady, James Michael, '86
Brady, John Edward, '67
Brandon, Leslie L., '65
Brandt, John Michael, '73
Brieck, Donald Joseph, '82
Brieck, Mary Rita, '87
Bringardner, Michael Scott, '79
Brod, James Robert, '81
Brohard, Jodelle Soon, '79
Brown, Brian Keith, '87
Brown, Charles George, III, '88
Brown, Douglas Wayne, '58
Brown, Harry Edward, '63
Brulport, Thomas Gregory, '73
Bryant, Richard Allen, '80
Bryer, Robin Drew, '82
Buemi, Charles Samuel, '80
Bumgarner, David S., '59
Burga, Mrs. Christine M., '84
Burga, Terence William, '83
Burriss, Bruce David, '63
Busch, Eric Karl, '81
Bush, Kathleen Ann, '87
Buttermore, Larry P., '70
Butts, Steven Dana, '86
Byrom, Robert George, '74
Callahan, William Harold, '74
Cameron, John Edwin, '81
Campbell, Donald Elder, '49
Canterucci, James M., '87
Cantor, Lisa Lynn, '87
Carle, James D., '61
Carman, Tracey Lynne, '87
Carson, Marcia Judin, '72
Carson, Christopher Todd, '87
Carson, Edward W., '84
Cartmille, Cheryl Warren, '77
Celek, Barbara Busch, '84
Chalfant, Gregory Dale, '74
Chance, Brett D., '85
Cheney, James Briggs, '47
Cheney, Jennica Anne, '88
Churilla, Joseph Louis, Jr., '86
Cisco, Galen Bernard, Jr., '81
Clark, Jerry L., '78
Clark, Julie, '87
Clegg, Jeff L., '86
Clifford, William Joseph, Jr., '67
Cline, Alicia Kay, '86
Colflesh, Paul Raymond, '81
Comisford, Tracy Scott, '86
Cooper, James Allen, '72
Cooper, Wayne Roger, '80
Cotter, William J., '39
Cotterman, Daniel E., '69
Cottrill, Kathleen S., CPA, '83
Coury, Suzanne Collins, '82
Crabb, Barry Lee, '79
Cramer, Dennis William, '75
Creamer, Thomas Edward, '68
Crowner, David Brent, '87
Cryan, Karen M., '72
Cugini, Paolo A., '82
Culver, Ms. Roberta Stevenson, '87
Curtiss, Dean E., '59
Daines, Robert Arnold, '80
Damico, Leonard G., '85
Daniel, Jana Lynn, '86
Dardinger, R. Eric, '59
Davis, Brian Hunter, '79
Davis, Jack H., '49
Davis, Russell Paul, '85
Dawley, William L., '66
Dean, Ronald Emery, '71
DeBoer, Russell Edward, '77
Decker, Carol Ann, '77
Dembski, Mark Alan, '72
Demidovich, William F., Sr., '59
Demorest, James A., '53
De Moss, David L., '87
Devore, Rory Alan, '84
Di Blasi, Anthony Eugene, '72
Dible, John Joseph, '84
Dickas, Richard D., '62
Dickason, Amanda Ann, '85
Diebolt, Timothy David, '85
Dixon, Bryan Keith, '87
Dombroviak, Robert S., '66
Donaldson, Larry Henry, '82
Dorsch, David M., '82
Drayer, Robert E., '56
Driskell, Thomas D., '64
Drumm, Jeffrey Allen, '85
Dubenion, Carolyn Ann, '85
Dubois, Karen Patricia, '83
Duckwall, Carl Henry, '68
Duff, Brian Earl, '83
Dunn, John L., '49
Dye, Richard W., '81
Eager, Dale E., '62
Eakins, Mark Allen, '79
Earnest, Amy Lyn, '85
Eberwein, Russell R., Jr., '80
Ednie, Lawrence R., '81
Edwards, William Glen, '86
Eldridge, Steven Craig, '87
Elliott, Jerry Eugene, '86
Ellis, Elwood Addison, III, '72
Ellis, William Glenn, '58
Ellison, Jack Lee, II, '74
Ellzey, Debora Lee, '85
Emerson, Constance Peterson, '71
Emswiler, Leanne, '85
Erler, Gary W., '71
Esselstein, Richard Lee, '79
Ewing, David Alan, '73
Eyers, Robert George, '82
Eyster, Brad James, '78
Fagan, Patrick C., '72
Farmer, Robert Madison, Jr., '82
Farr, Louis V., '86
Fawcett, Thomas A., Jr., '57
Felkner, Joseph George, '79
Fidak, Sheila Marie, '85
Fino, Stephen Michael, '76
Fitch, David Alan, '75
Fitz, Karen Ann, '87
Flynn, John W., '49
Foor, Paul Dennis, '86
Fortin, Thomas Joseph, '76
Foust, Larry Craig, '77
Foust, Robert Lee, '75
Frederick, Loren Foster, '50
Freimark, Ryan K., '87
Freitag, Gregory Morley, '76
Frey, Mrs. Verna Jean, '85
Frost, Randall Lee, '79
Fulk, Kenneth Stephen, '80
Gaborick, Mark Raymond, '77
Gaiser, Erich J., '57
Galliers, Diane S., '83
Gallup, James Leslie, '83
Gardner, John Griffith, '81
Gardner, Kevin Adrian, '82
Gassin, Gary Edgar, '77
Gatewood, Keith De Witt, '82
Gatton, Dean Mathew, '80
Gaus, Michael E., '85
Geib, Douglas Grant, II, '77
Geiger, Jeffrey Michael, '78
George, Frederick Charles, '50
George, Kevin Lawrence, '85
Georges, Robert E., '56
Gerberry, Jeffrey John, '84
Giangardella, Daniel Joseph, '84
Gill, Beth Watts, '83
Gill, Sheila, '68
Gillett, Paul Clark, '88
Glynn, John Patrick, '85
Godshall, Carl Gilbert, Jr., '81
Goebel, Jerry, '67
Goldstein, Jack M., '54
Goodman, Robert Leroy, '67
Governal, Joseph J., '74
Gozoski, Edward Thomas, '72
Gray, Donald Riley, '59
Green, Stephen Anthony, '80
Greene, Brian Joseph, '83
Gregory, Dawn Dianne, '88
Grieser, Charles Richard, '42
Griffin, Daniel Paul, '81
Gritton, James Alan, '71
Groseclose, Michael D., '67
Guldig, John Fredrick, '74
Gummer, George A., '67
Habowski, Robert J., '59
Hafer, Jeffrey Allen, '84
Hagood, Jeffery Robert, '83
Haines, Robert Eugene, Sr., '43
Hall, Mickey Joe, '85
Hall, Robert Albro, '56
Harding, Cheryl Spriggs, '85
Harmon, Mrs. Sheri L., '82
Harper, Mrs. Jill L., '77
Harris, Stephen A., CPA, '62
Harrison, Joseph F., Jr., '67
Harrison, Timothy Dale, '72
Havanec, Mark William, '75
Hawkins, Gregory Ellis, '84
Haynam, Clifford W., '49
Haynes, Alison Gott, '77
Hedges, Diane Elizabeth, '87
Heeg, John Jude, '84
Heffner, Donald E., '56
Hegreness, Steven Eric, '75
Heimann, Dr. Stephen Raymond, '71
Heinlen, Calvin X., '30
Heinzman, Patrick Lee, '79
Heischman, Ms. Mary Lou, '80
Heitz, Gordon Douglas, '71
Helber, David Kent, '85
Henry, Leland William, '54
Hentz, John T., '51
Hertlein, Donald A., '57
Hessler, Norman Daniel, '85
Hiatt, Michael K., '81
Hill, Samuel Jay, '71
Hinshaw, Steven A., '73
Hoffman, Adonica Jeanne, '71
Hogan, Michael F., '73
Hogue, Elmer Joseph, '67
Hogue, George N., '54
Hohl, Doreen Whittaker, '82
Holcomb, John Charles, '70
Holland, David Earl, '79
Holt, COL E. Eric, USAF(Ret.), '68
Holt, Mrs. Susan G., '87
Holycross, Ms. Lora Anne, '85
Hoover, Richard Larry, '76
Horch, Jeffrey Warren, '85
Houmes, Dale Maurice, Jr., '73
Howard, Dorothy Denney, '55
Howard, L. Michael, '72
Howell, John David, '69
Howitz, Phillip F., '53
Hrabcak, Gregory John, '84
Huelsman, Dennis Xavier, '70
Huff, Nancy Lynne, '83
Huling, James Alan, '79
Hulka, Mark Allen, '86
Iaconis, Joseph D., '48
Iden, Todd Porter, '87
Ihrig, Weldon E., '63
Jacques, Robert John, '71
Jados, Andrew Stephen, Jr., '78
Jaynes, Beth Ann, '88
Jeffries, Beth H., '84
Johansen, Robert Edward, '88
Johnson, Daniel C., '77
Johnson, Ms. Margaret, '86
Johnson, Mark David, '86
Johnson, Mark Steven, '81
Johnson, Wayne Earl, '76
Jones, Kathleen Serek, '84
Jones, Richard James, '84
Jones, Samuel Henry, '87
Jordan, Keith Brent, CPA, '81
Jordan, Richard William, '68
Karamalakis, Mark Laird, '81
Kaser, Jeffrey William, '87
Katz, Marvin A., '52
Keir, Joan Price, '73
Kellar, Robert E., Jr., '87
Keller, Stephen Curtis, '69
Kent, Christine Ann, '86
Kershner, Steven Jerome, '87
Kerski, Michael D., '75
Kessinger, William C., '80
Kessler, Karl J., '87
Keyser, Jerome D., '71
Kibler, Kevin Keith, '81

Westerville (Cont'd)
King, Dan Joseph, '87
King, Martin Clarence, '81
Kirk, William Rex, '76
Kirlik, Kathleen, '86
Kleiner, Mark Louis, '84
Knox, Connie Ruth, '87
Knox, Ms. Susan Unkefer, '71
Kobyra, James Anthony, '88
Koetz, James R., '47
Koob, Steven Francis, '82
Koons, Ronald Ray, '73
Koontz, Warren N., Jr., '83
Korb, Steve P., '82
Kosmo, Richard, '66
Krause, Elizabeth Levy, '85
Kremer, Timothy Gordon, '79
Krieger, G. Douglas, '75
Kuch, David William, '76
Kurelic, Sheryl Maxwell, '86
Lang, Edward Henry, III, '76
Larrick, David Lynn, '83
Larson, Robert Linden, '69
La Rue, David Marshall, '81
Lebold, Stephen John, '83
Leppert, Matthew Raymond, '82
Lewis, Linda Marie, '82
Li, Sandra Jean, '85
Lim, Ellen N., '83
Lim, Gwen Ming-Kuan, '87
Lim, John C., '87
Linder, Mary Elizabeth, '81
Link, James A., '48
Liston, Scott Andrew, '84
Loar, Stephen Paras, '84
Long, Todd Alan, '82
Lower, H. Rex, '73
Ludwig, David Paul, '84
Ludwig, Keri Morgan, '83
Mac Means, Charles Richard, '83
Mac Means, Donna Lutz, '77
Manring, Bradley Andrew, '84
Mapes, Jerry Wayne, '82
Marquardt, Lisa Carroll, '85
Marshall, Wayne Eugene, '63
Martin, Eric Lance, '71
Mathews, David Martin, '79
Mathias, Brad M., '81
Mautz, Michael Alan, '78
Maxwell, James Lee, '61
Mc Auley, Irwin Lee, '80
Mc Cann, Craig Allen, '78
McCann, James L., Jr., '59
Mc Coy, Wayne Irvin, '77
Mc Donald, Jack Allen, '68
McDonald, Todd Jeffery, '87
Mc Hugh, Dr. Peter Michael, '81
McKenzie, Heather Carole, '87
Mc Laren, Walter Jack, '84
Mc Mahon, Patrick Thomas, '80
Mc Manus, Joseph M., '88
Mc Vay, Larry Jay, '71
Meade, Marcia Lynn, '82
Medlock, Mrs. Marnie A., '87
Meinhart, Gordon E., Jr., '57
Meister, Rebecca Pearce, '77
Melnik, Frank F., '72
Merrell, Edwin N., '65
Meszaros, Paul Eugene, '73
Metz, Mary Jeanne Forgue, '77
Metz, Richard L., '67
Meyer, Carol Lutz, '67
Meyer, Theresa Lillian, '87
Miggo, Steven H., '87
Milem, Norman R., '55
Miller, Charles Robert, '84
Miller, John Christopher, '87
Miller, Linda M., '87
Miller, Patrick Steven, '78
Miller, Sandra Lynn, '81
Miller, Steven R., '88
Milnes, Ellen Palmgren, '81
Minke, Scott Patrick, '86
Miser, Jane Hooffstetter, '45
Moberger, Robert Carl, '84
Mojzisik, Allan William, '78
Moll, Mrs. Daniel F., '87
Moloney, Robert Brian, '73
Monaco, Stanley C., '74
Moore, Maura Louise, '84
Morgan, Steven Dayton, '79
Morris, Robert Lee, '77
Morrow, John David, '85
Mounts, James Bruce, '72
Mucha, Ronald Arthur, '68
Mudd, Robert Joseph, '69
Mui, Miranda Miu-Fong, '81
Myers, Mrs. Keith L., Jr., '83
Myers, Rodney Lynn, '75
Myers, Roger Dale, '66
Myers, William Herbert, '52
Nagy, Mrs. Anne, '73
Nair, Venugopalan P., '80
Nedved, Susan Ann, '88
Neidengard, Gayla Rae, '88
Nelson, Richard John, '67
Nesmith, Timothy Eric, '85
Newton, Harry Davis, '69
Nicholson, Scott John, '70
Nickerson, Maria K., '85
Nikolovski, Steve Alexander, '84
Nolan, Martin Gilbert, '81
Noll, Dan Frederick, '85
Norton, Dennis O., '62
Oates, Randy Paul, '73
Ortiz, Daniel Joseph, '83
Ortlieb, James Patrick, '81
Ossing, Frank L., '48
Otto, Ms. Julia Kay, '85
Paddock, Harold De Wolf, JD, '70
Paesano, Julianne Maria, '87
Paisley, Donald Lee, '83
Palmer, Donald Owen, '73
Palmisano, James Joseph, '78
Panek, Gary William, '72
Pargeon, John Thomas, '81
Parr, 2LT William Johnstone, '70
Passen, Ronald John, Jr., '88
Patrella, Tanya Lynn, '85
Patton, David Allen, '88
Pearson, Kevin E., '87
Pearson, Philip D., '38
Perry, William Earl, '82
Peterfy, Robin Dale, '77
Peters, Lisa Williams, '84
Peters, Mark Edwin, '84
Pisor, Charles T., '37
Pitt, Susan Cathrine, '86
Plesia, John, Jr., '49
Pond, Kathy L., '87
Pope, Christ D., '41
Pore, Jack Alan, '54
Poston, Jacquelyn Siebold, '76
Potter, J. Willard, Jr., '38
Poulton, Donna Lee, '67
Powers, Robert Gerard, '85
Prater, Teresa Nadine, '87
Price, Gary Charles, '73
Pruchnicki, Joseph John, '75
Puccetti, Thomas A., '82
Puckett, Frederick D., '50
Putnam, Christine Davrian, '85
Quinn, Joseph W., Jr., '61
Radebaugh-Moore, Mrs. Mary L., '85
Radel, Dwight A., '85
Ramsey, Jerry Dean, '86
Ranck, Robert Wendell, '49
Rand, William Edward, '80
Randal, Kip York, '80
Reid, Brian Christopher, '85
Renner, Mary L., '87
Richards, Gregory Thomas, '86
Ries, Ralph Wayne, Jr., '85
Rinehart, Dean Bradley, '73
Rinehart, Mary Diana, '80
Ritenour, Ms. Cynthia Louise, '84
Ritts, Ronald Hobart, '74
Robb, Thomas Michael, '80
Robinson, Dr. Larry Merle, '77
Roeser, Mark David, '88
Rogers, Michael Lee, '78
Rogier, Daniel Joseph, '87
Root, Kathleen H., '73
Rose, Christopher Alan, '88
Ross, Carl Wayne, '79
Ross, Michael Stuart, '84
Rosser, Karen Mitchell, '83
Rovnak, Mark Andrew, '82
Ruangpanyapoj, Paiboon, '81
Rubadue, David William, '78
Ruetty, John C., '50
Ruprecht, Thomas George, '67
Rusinek, Mrs. Jennifer, '85
Russell, Donald Wesley, Jr., '70
Ryan, Thomas Jerome, Jr., '86
Saggio, Raymond, '76
Saling, James Alan, '77
Saltz, Michael Kevin, '82
Sanders, Daniel R., '80
Sandry, Thomas Michael, '88
Sauter, John L., '62
Savage, Thomas Charles, '71
Schaefer, Steven Douglas, '82
Schenkenberger, Miriam J., '86
Schiefer, Leonard Charles, '70
Schiele, David L., '63
Schmidt, Eric Scott, '88
Schneider, Andrew P., '88
Schneider, Kevin Louis, '85
Schoepf, Paul George, '88
Schreiber, Robert H., '71
Schreur, Paul Edwin, '82
Schumacher, Donald Craig, '68
Schwab, Joan Guzzi, '82
Schwaderer, Ronald Eugene, '69
Schwers, William Allan, '85
Scofea, Mary E., '86
Scono, Joseph Anthony, '75
Scott, Paul Allen, '54
Scowden, Catherine Ann, '86
Sefts, Richard D., '72
Sellke, Glenn Wesley, '82
Seni, Elio R., '85
Sexton, Dr. Donald Lee, '66
Seymour-Hicks, Robin Lynn, '81
Shaffer, David Bruce, '70
Shaffer, Mark William, '83
Sharaf, Sherien, '87
Shaver, Ms. Pamela Jeanne, '87
Shaw, Larry Clayton, '66
Shearer, Michael Adair, '87
Shepherd, Denise Brown, '84
Shepherd, Robert, '82
Sherman, Michael Patrick, CPA, '75
Shook, Robert Allen, '82
Shoup, James M., '62
Shumar, David Lee, '78
Siegel, Richard W., '59
Simms, Brian Edward, '86
Simpson, Steven Shawn, '83
Skladany, Thomas Edward, '77
Skorpen, Richard Duane, '75
Slane, Daniel M., '64
Smalley, Kim Alan, '78
Smith, Kathleen Kaye, '87
Smith, MAJ Kenneth Eugene, USMC, '87
Smith, Paul Albert, '84
Smith, Philip Eugene, '83
Smith, Richard Preston, '75
Smith, William Roger, '81
Snoddy, Joseph Michael, '84
Snyder, Charles Rex, '50
Snyder, Jerry Douglas, '84
Soler, Stephen A., '65
Soltesz, Wayne Richard, '85
Sommers, Allison Faye, '87
Sowle, Mark Mc Keeth, '78
Spence, Paul Norman, '52
Spyker, Paul H., '35
St. Jean, Alan Paul, '85
Stahura, Alan Michael, '79
Stanic, Sean A., '88
Stanley, David Edwin, '77
Stech, Michelle Gilleland, '80
Stemen, Larry C., '64
Steward, Robert Denver, '73
Stickney, William L., '57
Stickrath, Thomas Johnson, '76
Stock, Thomas Edward, '77
Stoneman, William Loomis, '85
Studer, Douglas Jacob, '85
Stumph, Shelli S., '86
Sweeney, Fred C., '62
Sweeney, Randall Walter, '77
Swehla, Mrs. Therese Marie, '82
Swope, Deborah Lynn, '85
Taflan, Glenn Lloyd, '81
Tallman, Raymond D., II, '78
Targett, Thomas O., '47
Terry, Steven Glen, '75
Tharp, Nanci Lynne, '86
Tharp, Stephen Whitehouse, '80
Tharp, Todd James, '88
Theiss, David Kevin, '85
Theiss, Richard Kevin, '82
Thomas, Dan Ralph Edward, '70
Thomas, Gerald Edwin, '73
Thompson, Glenn W., '88
Thompson, Mrs. Paul, '86
Tikson, Ms. Kristine J., '82
Tikson, Mark Eric, '82
Tischer, Jerry Allen, '67
Titus, John David, '78
Tomlinson, E. L. Tommy, II, '86
Tompkins, James Emmett, '74
Toms, John Edwin, '67
Town, Diane Marie, '82
Townsley, J. Mikal, '60
Tsen, Alfred Bernard, '79
Turoff, Deborah Krantz, '84
Turoff, Michael Scott, '84
Tuttle, Edgar E., '52
Twinem, Ray E., '57
Uhl, Gary Wayne, '75
Ullom-Morse, Norman Jay, '75
Vaccarella, Peter William, '86
Valentine, Kenneth Martin, '85
Valentine, Linda Dagnall, '87
Van Develde, Donald W., '69
Vanke, Ronald Albert, '68
Vasko, Janet Strempel, '77
Vasko, Stephen J., '77
Vavreck, Teresa Marie, '83
Vermaaten, Melvin Anthony, '74
Vetter, James Reece, '84
Vilardo, Steve, '79
Voorhis, John Lawrence, '80
Vrona, Douglas Charles, '83
Wagenhauser, Thomas Kenneth, II, '85
Wagner, Dean Edward, '80
Wagner, Susan Schwarzkopf, '83
Walder, Ernest D., '59
Wallace, Robert E., '66
Waller, William Howard, '78
Wallick, Ms. Ronda Kay, '88
Walsh, James Joseph, Jr., '58
Walter, Gary Keith, '69
Ward, Jeffrey Ray, '87
Watson, Gregory Alan, '84
Weaver, Jane Lynn, '85
Webb, Carol A., '74
Weber, Madelyn Michelle, '75
Webster, Julia Eileen, '86
Weinrich, Mark Edward, '77
Weinrich, Michel Glower, '77
Weith, Timothy William, '81
Wells, Dana Pershing, '82
Wengerd, Debra L., '86
Wenzell, James Robert, '77
West, Darlene Sue, '85
White, Janet R., '47
White, Mark Andrew, '77
White, Sherry Lynn, '87
White, William Lee, '52
Wickert, Charles Arthur, '76
Wickham, James F., '66
Wilhelm, Thomas Richard, '76
Wilhoite, Ned H., '49
Willard, Ms. Tina M., '86
Williams, Cornelius, Jr., '76
Williams, John Homer, '59
Williams, Lynne Marie, '78
Williams, Nancy Miller, '83
Williams, Ronald Stephen, II, '84
Williams, William Charles, '70
Wills, Stephen Douglas, '85
Wilson, Roger L., '55
Windle, Richard L., '53
Winn, Scott Phillip, '80
Wirick, Dale Patrick, '84
Wirtz, Hubert, '82
Woerner, Lawrence R., '54
Wolf, Ora Edwert, '74
Wonus, Kent Alan, '81
Wrona, Jeffrey Allen, '87
Wylie, Susan Oswald, '83
Yatsko, Marjorie Pearce, '82
Yatsko, Thomas Kelly, '81
Yerina, Mary Kay, '87
Yocum, Gerald Wayne, '85
Yost, David William, '64
Zidonis, Frank James, '82

WEST FARMINGTON
Lambert, John F., '65

WESTFIELD CENTER
Cavanaugh, William D., Jr., '49
Mc Ghee, Richard M., '47
Scott, Larry Joe, '60

WEST JEFFERSON
Bashor, Randall Scott, '79
Biler, Timothy Joel, '80
Brown, Ronald Richard, '78
Daily, Stephen Craig, '74
Eberhart, Douglas T., '65
Gregg, Robert R., '67
Hamilton, John Edward, '83
Haskins, Thomas Blaine, '71
Hay, Don J., '62
Hiss, Robert Anthony, '84
Hockenbery, Barbara Gutzman, '77
Looby, Thomas T., '60
Manger, Douglas, '84
Mc Pherson, Gregory Lynn, '83
Randles, Lawrence Paul, '73
Thomas, Ms. Nesley Elinda, '87

WEST LAFAYETTE
Brown, Daniel Paul, '73
Owens, Carol Hall, '82

WESTLAKE
Bachouros, Donald Steven, '80
Bainbridge, Glenna Link, '79
Baluk, George Michael, '72
Basista, Thomas Michael, '78
Basye, Kimberly Rae, '80
Beal, James H., '55
Berkes, Jeffrey A., '88
Borisenko, Henry, '71
Brewer, Ralph G., '50
Bura, Peter H., '74
Burney, Donald M., '52
Busta, Milan Gordon, '48
Campbell, James W., '76
Chinnici, Joseph A., Jr., '64
Cooley, Roger M., '56
Courtright, James Edward, '83
Courtright, Jeffrey Edward, '83
Czyzynski, Jacquelyn Gibbons, '84
Czyzynski, Richard F., '84
Dahlen, Ernest Leroy, III, '80
Davidson, John Eugene, '80
Dickey, Jill Mary, '88
Domino, Frank A., '48
Feldkircher, Carl Anthony, '76
Flannagan, Lisa Lee, '83
Foster, Thomas Charles, '87
Garland, Matthew Allan, '87
Gell, George Frank, '49
Gorby, Marianne, '82
Guinta, Terrence Brian, '80
Hall, Stephen Earl, '81
Hazners, Lisa Lidia, '84
Hillow, George A., Jr., '76
Hoffman, Clifford Allen, '51
Hoffman, Mrs. Eleanor Davis, '49
Hoppel, James Henry, Jr., '86
Horning, Evelyn Smiley, '45
Jones, Gary David, '77
Kevdzija, Peter David, '87
Kling, Michael Irvin, IV, '86
Krupka, Thomas Lee, '72
Luecke, Dawn Fronius, '84
May, Francis V., '47
Meyer, Robert Lynn, '71
Morris, Dorothy Smith, '49
Mozola, John Michael, '71
Mulock, Kenneth A., '69
Naughton, Patrick F., '68
Nichols, John Albert, '81
Nowak, William Jerome, '70
Ogrinc, Susan Rose, '88
O'Neill, John F., '87
Orr, Paul T., '73
Patrick, S. Lewis, '86
Pope, William Carlyle, '81
Premer, David Christopher, '87
Premer, Harold B., '55
Salco, Raymond A., '66
Schmuck, Margaret Duffy, '38
Sellers, The Rev. Jan, '58
Sellers, William Buckner, Jr., '55
Shackleton, Gregory Scott, '87
Shackleton, Mary Margaret, '87
Shankle, James Allen, '75
Sislak, Elizabeth Louise, '77
Smith, Rachel Michele, '88
Stallard, Donald Lee, '76
Sweeney, Joseph Anthony, '79
Swoboda, Evelyn Marie, '79
Tripp, Mark David, MD, '81
Troyan, Gregory Michael, '88
Turner, Patrick Allen, '76
Vadasz, John Louis, '77
Vejlupek, Judith Rey, '83
Verdova, Alex S., '49
Vito, Albert A., '42
Walter, Charles A., '72
Ware, Warren William, '69
Weaver, Thomas Ray, '71
Webb, David Richard, '61
Weisbarth, David Alan, '80
West, Roy Allan, '54
Willard, James Richard, '84
Wilson, Ms. Carol Hoffer, '75
Wilson, Gregory Preston, '79
Wyler, Elden, Jr., '50
Youngquist, Allan R., '37
Zander, Carl Alfred, '65
Zink, Edward L., '63
Zunich, Robert Gregory, CPA, '83

WEST LIBERTY
Brandt, Philip Arden, '68
Fredericks, William T., '50
Horstman, Paul Bernard, '76
Vourlas, Emanuel M., '53

WEST MANSFIELD
Kerns, Kathleen Ann, '81

WEST MILTON
Brumbaugh, Walter Carl, '82
Hamler, Thomas B., '49
Herpy, Albert R., '56
Netzley, Allen Leon, '70
Todd, Clarence G., '59
Vath, Bradley Clement, '86

WESTON
Dewese, Robert A., '48

WEST SALEM
Ferguson, Thomas Walter, '83

WEST UNITY
Brokaw, David T., '67
Rings, George Brian, '79
Stotz, Phillip Wayne, '78

WESTVILLE
Sharick, James Keen, '86
Smith, Mary Taylor, '46

WEST WORTHINGTON
Al-Shubaily, Samir Abdulrahman, '80
Daugherty, Jeffrey Allen, '87
De Palma, Robert Michael, '83
Fox, Chester Mathew Allen, '72
Hance, Robert M., '71
Mahaffey, Mikele Elaine, '88
Mc Clain, Paul Michael, '74
Mc Hugh, Michael James, '86
Mc Laughlin, John Thomas, '84
Miller, Gary Dean, '82
Mooers, Jonathan Kevin, '85
Shubaily, Mary Ann M., '79
Steinman, Barry Alan, '86
Stensby, Dag, '87
Tsai, Mrs. Peggy, '83
Wu, Monlin Martin, '78

WHEELERSBURG
Brown, James Rickey, Jr., '73
Lemons, R. Alan, '82
Lemons, William Robert, Jr., '78
Mearan, Michael Hugh, '68
Wines, Denise Dawn, '83

WHITE COTTAGE
Paynter, John W., '32

WHITEHALL
Chadwick, Richard P., '51
Dillon, Mrs. Rebecca Lynn, '88
Farnlacher, Sandra Quincel, '78
Looney, James Andrew, '88

WHITEHOUSE
Gardner, Weston Linwood, Jr., '68
Gorey, Mrs. Linda M., '80
Megyesi, Jeffry Allen, '88
Smetzer, Todd Norman, '88
Smith, Mark Edward, '83

WICKLIFFE
Albert, Joseph Patrick, '77
Bitzer, Robert A., '52
Blum, Harry, '42
Duellman, Anthony Bernard, III, '81
Gilcher, Robert Henry, '41
Gudowicz, Donna Marie, '80
Gudowicz, Raymond Benjamin, '78
Mann, Leigh Ellen, '87
Rodeno, Joe Anthony, '82
Yee, Jon F., '82

WILLARD
Barnett, 2LT Daniel R., USA, '88
Coldwell, Schellie Renee, '85
Harwood, James Neil, '81
Lawn, William Alan, '81
Painter, Mark Emery, '77
Provost, Michelle Strimple, '86
Quinn, Richard L., '62
Thornton, Robert F., '56
Troyer, Maryann, '88
Turner, J. Bruce, '69
Tuttle, Scherrie Coldwell, '86

WILLIAMSBURG
Schweiger, Ronald Roy, '88

WILLIAMSPORT
Cook, Richard Stephen, '71
Easterday, Amy Ginger, '87
Wood, Anita Wooten, '66

WILLOUGHBY
Bandi, Thomas Joseph, '80
Bergman, Raymond L., '58
Cassese, David A., '88
Clair, Robert A., '49
Cymbal, Kenneth Michael, '77
Daniels, Jeffrey Mead, '78
De Joy, Nicholas, '31
Fletcher, Robert Allen, '80
Florence-Akers, Barbara Ann, '82
Forsty, George Ernest, '68
Gould, Kyle Andrew, '85
Gray, Marvin Leander, '71
Gustafson, Ashley Mack, '47
Gutermuth, Enid Stamets, '35
Hannon, Alice Nelson, '54
Hollis, Jeffrey Paul, '74
Kovach, Richard Louis, '84
Martinson, Timothy Edward, '76
Mastrangelo, Mark Evan, '76
Miller, Eva Ann, '83
Moorehead, Robert W., '60
Mushinko, Peter R., '66
O'Toole, Shannon Theresa, '86
Rabal, Dr. Bradley Stephen, '79
Richards, Terrance Lee, '83
Rotter, Carl James, '72
Sacher, Frank J., Jr., '49
Scott, Robert Louis, '79
Simens, Susan Victoria, '72
Stall, Jo Ann, '80
Wermelskirchen, Robert J., '84
Wischmeyer, Thomas A., Jr., '85
Yung, John Kim, '80

WILLOUGHBY HILLS
Buchan, Bruce C., '54
Burrows, Richard Joseph, '82
Fee, Margaret Diane, '85
Flick, Wayne K., '32
Heussner, Ralph C., '47
Lester, Lawrence J., '65
Lopilo, Nancy Lee, '79
Mc Bride, Cynthia Ellen, '83
Mickshaw, Jeffrey Jay, '83
Parker, Penny Beth, '87
Phillips, Patrick Joseph, '85
Popper, Jonathan B., '83
Quandt, Lawrence Robert, '87
Roman, Nicholas George, '70
Schatz, Monica Ann, '85

WILLOWICK
Bertie, James L., Jr., '48
Crist, Jerry O., '56
Economou, Alexandra, '81
Fischlin, Joseph Martin, '73
Kozar, Mike, Jr., '51
Mitrovich, Paul H., '60
Yeckley, Daniel Jerome, '72

WILLSHIRE
Alspaugh, Ned Jonathan, '48

WILMINGTON
Babb, Charles Nichols, '69
Bush, Charles H., '50
Camp, David Wesley, '68
Cartwright, Hon. Herman G., '54
Clark, David Thomas, '84
Dennis, Susan Colleen, '86
Dixon, Bret Allen, '85
Dixon, Brian Lee, '86
Elliott, Douglas Reed, Jr., '79
French, John C., '64
Gray, Kenneth Conner, '52
Horton, George W., '32
Kennelly, Daniel C., '65
Kornman, James Edward, '76
Meyer, Michele Ann, '87
Mowery, Gary L., '66
Peelle, William Edward, '72
Phillips, Geoffrey Alan, '79
Ramsey, Daniel Joseph, '80
Shidaker, Ronald Allen, '69
Snider, Ruth Mannon, '33
Telfair, Matthew W., '52

WILMOT
Zurcher, Terry Lynn, '78

WINCHESTER
Jackson, Ms. Denise L., '75
Richey, Jimmie Dale, '74

WINTERSVILLE
Chappell, William Vincent, '84
Cieslak, Michael Robert, '81
Cook, Gerry Douglas, '76
Marietti, James Robert, '86
Shire, Dr. Herbert, '44
Stupelli, Mark Hess, '75
Sweeney, Robert William, '69

WOODMERE
Rosen, Jeffrey Scott, '85

WOODSFIELD
Cline, James Warren, '72
Du Bois, Laurence R., '48
Majors, David Wayne, '71
Male, Danny Donald, '84
Morris, Gregory Dean, '75
Smith, Lloyd Phillip, '32
Yoho, Douglas Kirk, '82
Yoss, Richard Albert, '65

WOODVILLE
Hagen, Arthur Curtis, '75
Hartman, Wayne G., '41
Kruse, Eric Dale, '84
Obermyer, William Neal, '58

WOOSTER
Ackerman, William Carl, '71
Amiet, Hon. Ralph David, '64
Barnett, Robert Paul, '68
Blanchard, William James, '58
Blough, Frank Winger, III, '79
Bowman, Daniel Burton, '80
Broker, Sharon J., '85
Brown, John Clair, '63
Buehler, Scott Charles, '81
Burton, Margaret Aldrich, '88
Byrd, Leanne Marie, '87
Cochrane, Nancy Cook, '81
Cox, John Edward, '36
Cross, Daniel Waid, '73
Dawe, Dennis John, '76
Drushal, Bonnie Casper, '77
Durbin, Douglas Eugene, '73
Fisher, Ralph E., '26
Frambes, G. Stark, '54
Gatz, Mrs. Barbara E., '85
Gerard, John Michael, '64
Glazer, William George, '69
Graw, Jerry D., '84
Herl, Richard E., '47
Hider, Richard W., '55
Holmes, Jo Ann Becker, '77
Holmes, Scott Michael, '80
Jameson, J. Ross, II, '62
Landes, Earl J., '55
Little, Michael David, '86
Mairs, Robert Martin, '82
Mallonn, Judith Penn, '60
Markovitz, Kirk Arnold, '81
Massaro, Michael Alan, '76
Mc Quigg, John Heston, '51
Meigs, Douglas Arthur, '83
Miller, B. Keith, '64
Miller, Joe M., '63
Nielsen, Howard N., '58
Reid, Susan Fought, '82
Robertson, Dean Edwin, '70
Rockwell, Joseph C., '71
Seelenbinder, Ms. Kaylene M., '87
Sheller, James R., '33
Shoolroy, Ross S., '39
Stahl, Ronald Alan, '85
Starr, Stanley Joseph, '77
Steinbrenner, Heidi Lind, '86
Stitzlein, Michael David, '73
Stone, Meredith Blake, '69
Swartz, Wendy Kay, '85
Taylor, David Ernest, '76
Taylor, Ronald Ray, '82
Wahl, Bradley Alan, '87
Willour, Paul, '31
Wolf, Michael A., '68

WORTHINGTON
Abele, Ms. Jane Mc Gorum, '85
Abolins, John A., '67
Abrams, Richard Charles, '68
Abshier, David Lee, '72
Adams, Carol Binau, '76
Adams, Leonard F., '50
Adams, Mary Fox, '50
Adams, Nancy Lee, '86
Ahijevych, Anatol, '67
Ahnmark, David George, '78
Alaudini, Nadia, '87
Alban, David R., '55
Alban, Glenn Fredrick, '88
Albright, Gerald Alan, '75
Alexander, Nicholas Z., '58
Alexander, Susan Feld, '80
Allen, Cynthia, '85
Allen, H. Keith, '63
Allen, Ralph E., Jr., '60
Allen, William A., '53
Amato, Erik Paul, '85
Amico, Anne Marie, '87
Ammons, Karen Lynn, '82
Anderson, Jeffrey Allen, '87
Anderson, Judy Lynn, '85
Anderson, Randall Adrian, '78
Andreas, Betty Jean, '69
Angeletti, Charles R., '57
Anzuini, Karen Elizabeth, '83
Appelbaum, Todd Jeffrey, '84
Applegate, James A., '49
Arent, Edward John, '68
Armagost, Ruth Overholt, '38
Arndt, Charles H., '81
Arnholt, Timothy Matthew, '86
Arnold, James Richard, '78
Arnold, Paul M., '46
Arnold, William Harry, '76
Asmus, Wayne Francis, '72
Au, Roger C., '84
August, Jeffrey Paul, '88
Azallion, Patricia Ann, '79
Babineaux, Leslie C., '82
Baby, Brett L., '78
Baby, Frances Latousakis, '75
Baccellieri, Paul Joseph, III, '85
Baehr, Kenneth Ray, '75
Bailey, Cynthia Jeanne, '85
Baird, John Roderick, '70
Baker, Glenn Richard, '66
Baker, Mary Burgess, '35
Baker, Richard Shoemaker, '67
Baldridge, Craig Allan, '78
Baldwin, Charles Leslie, '74
Ballantine, Diane Jackson, '80
Bandeen, James Lee, '77
Banwart, Geoffrey Douglas, '81
Barbe, Leonard Walter, '79
Barkhurst, Dwight David, '67
Barnett, Robert Brainard, Jr., '71
Barnhart, Christopher Tod, '85
Bartholomew, Milton S., '53
Batcheck, John R., '59
Bates, James Alan, '71
Bates, Samuel D., '66
Baudo, Joseph Pete, '83
Baughman, George Washington, III, '61
Baughman, Roger A., '60
Baughn, Jack Austin, '47
Bauman, Mrs. Lorene Surtman, '57
Baur, Donald A., '62
Beaver, Kelly Allen, '87
Beck, Mrs. Christopher D., '85
Beeghley, Mark Edward, '82
Belknap, David J., '47
Belt, Karen Sue, '88
Bendick, Patricia Stalzer, '78
Benson, Brian David, '88
Betz, Robert C., '63
Bevan, Dan, Jr., '51
Bevan, Daniel, III, '75
Beyer, J. Randall, '74
Biddle-Riccio, Cathy Ann, '88
Biely, 2LT Debra Marie, '79
Bierly, 1LT Sherman Lewis, '85
Bischof, Julie Marie, '85
Bittoni, Giorgio Carmelo, '83
Blair, James Gregory, '79
Blankenbeckler, John G., '83
Blanton, Leonard Franklin, '74
Blue, Warren Grant, '50
Boeder, David Wilson, '68
Boger, Jacalyn Kay, '81
Boh, Boris, '82
Bomas, Harriet Sonya, '83
Bonneau, Le Roy Russell, Jr., '74
Bookwalter, Maria Fontana, '76
Boone, Daniel Lee, '66
Bornheim, Patricia Jones, '88
Borokhovich, Kenneth Aubrey, '86
Bosch, Alison Lea, '82
Bowersock, Nancy Howell, '65
Boyd, Mrs. Cheryl Leach, '82
Boyd, 2LT Gregory Dale, '79
Boyer, Jack L., '66
Boyle, Mary Ellen, '85
Brennan, Karen A., '83
Brewer, John Harvey, II, '74
Brightman, Mrs. Nancy A., '52
Bringardner, William D., '53
Broehl, John Hans, '73
Brosmer, Thomas N., '43
Broughman, Daniel G., '52
Brown, Bradley Allyn, '76
Brown, David Michael, '86
Brown, MAJ Eric Brenton, '75
Brown, Dr. Gerald Crawford, '67
Brown, James David, '75
Brown, Luke William, '84
Brown, Mark Edward, '85
Brown, Robert Eugene, '84
Bruening, Daniel Edward, '84
Brumfield, Joseph E., '49
Brunty, David Estille, '74
Bubanich, John Edward, '68
Buckholz, Patricia C., '84
Buhrlage, Gary John, '72
Bukey, Daniel G., '67
Bukovec, Robert Lewis, '72
Bulford, Jerry Tyler, DDS, '57
Bull, Laura Adrienne, '85
Buller, Allan Ray, '52
Burnside, Peter W., '59
Burnside, Stephen William, '85
Buroker, Jeffrey S., '87
Butler, Monica Eileen, '87
Byers, Lanny Duane, '84
Byers, Ms. Patricia Bolander, '84
Byers, Thomas Joe, Jr., '79
Caldwell, Larry Robert, '69
Callahan, Thomas Joseph, '74
Cannon, David Gregory, '83
Capretta, Scott Edward, '87
Carey, Kenneth Edward, '81
Carle, John R., '62
Carlisle, Robert Paul, '81
Carter, William Harding, '74
Carwile, Jane Ellen, '84
Case, Sterling B., '42
Cash, James Franklin, II, '87
Cattabiani, Martha Jean, '84
Cecil, John W., '48
Chambers, David Orville, '85
Chambers, Jamie L., '84
Chase, Nina Ross, '65
Chauhan, Dr. Satya Pal Singh, '78
Chawner, Joseph E., '59
Cheney, Mrs. Judith A., '83
Cheslik, Kenneth James, '84
Chilcote, Jack W., '48
Chrissinger, Keith Allen, '68
Christensen, David Lewis, '82
Ciehanski, Christopher John, '87
Cipkala, John Richard, '69
Clagg, Therll W., '62
Clark, James Russell, '82
Clark, William J., '72
Clark, William Robert, '84
Clarke, Kyle David, '84
Clement, Allen L., '80
Clement, Robin Paula, '79
Clifford, Donald Paul, '87
Clinton, John Everett, '83
Coate, Benjamin D., '42
Cochran, Robert Wilson, '58
Coco, David Lenn, '82
Cole, Gregory Allen, '74
Collier, Dr. David Alan, '78
Collins, Charles H., '52
Collins, Richard J., '86
Colvin, Timothy Allen, '86
Comer, Lewis Thomas, '75
Comisford, William Davis, Jr., '76
Compton, Barry C., '86
Conrad, Thomas James, '82
Conway, Mark James, '81
Cook, Philip Remington, '88
Cooper, William Allen, '87
Corbett, Edward E., '72
Cotter, Robert M., '49
Cotter, Timothy John, '86
Courtney, Steven L., '82
Cowgill, Douglas Eugene, '77
Cowgill, Jeffrey William, '85
Cowgill, Mara Schmidt, '84
Cox, David James, '83
Crawford, Kevin Paul, '83
Crevonis, Helena B., '87
Criswell, Steven James, '83
Croft, James Francis, '86
Croley, Thomas E., '50
Croley-Bennett, Ms. Jody E., '77
Cross, Mrs. Margaret A., '46
Crum, Edward James, '82
Cuilwik, Barbara Krajchir, '87
Cullen, Donald Lee, '80
Cummins, Bert Paine, II, '72
Cupp, Kirk James, '80
Cupp, Robert C., '40
Curran, John Thomas, '75
Curtis, John Edwin, '82
Cyphers, Mark Arthur, '80
Daering, Scott Franklin T., '81
Darr, Ann Catherine, '82
Dascenzo, Thomas Frank, '72
Daubenmire, Tyler David, '87
Daugherty, Rosalee Smith, '74
Dauterman, Frederick E., Jr., '58
Davidovitch, Yael, '87
Davis, Cynthia Gee, '80
Davis, Don Wayne, '51
Davis, Donal Kirk, '75
Davis, G. Garrett, II, '80
Davis, Keith Allan, '76
Davis, Rodney Gene, '59
Davis, Spencer L., '48
Davis, Vern E., '50
Deibel, Stephen A., '54
Delagrange, Denise R., '86
Delaney, Richard Kevin, '86
Dendiu, Troian, '49
Denmead, Craig, '69
Dennis, Richard I., '57
DePew, Lloyd George, Jr., '75
De Victor, Samuel Joseph, '74
Dickerson, Benjamin W., '55
Dickey, John Procter, '71
Dickson, Michael Ray, '77
Dickson, Ralph D., CPA, '50
Dillon, Lisa Ann, '85
Dillon, Lisa Dawn, '85
Dilworth, George Rankin, '69
Di Rosario, MAJ John P., '55
Di Rosario, Lewis J., '54
Di Rosario, Robert Paul, '58
Di Sanza, Anthony Mauro, '85
Donaldson, Dorothy Stewart, '46
Donaldson, Richard J., '49
Donnellon, John E., '54
Douce, De Ann Irene, '86
Dowell, Richard David, '86
Dozer, Charles Herbert, '82
Drake, William Francis, Jr., '86
Drayer, Joseph Harry, Jr., '49
Dukes, John Robert, '71
Dundon, Lois Meeker, '38
Dundon, Mark Thomas, '75
Dundon, Robert T., '35
Dunlevy, Karen Elizabeth, '87
Durbin, Robert Francis, '59
Dusterberg, Robert B., '66
Dye, Douglas D., '65
Eachus, William Ned, '68
Eckardt, Robert C., '56
Edelman, Barry David, '77
Edgar, William Joseph, Jr., '73
Elder, David Byron, '80
Ellinger, Richard L., '63
Elliott, Mrs. Joanna Lynn, '83
Ellis, Robert Lee, '59
Ellwood, Thaddeus Jay, '86
Elsass, Tobias Harold, '76
Elsea, Patricia Pitts, '75
Elsea, Steve Dean, '73
Elshoff, Kenneth R., '58
Elwood, James F., '74
Emrich, Dr. Richard Earl, '53
Epstein, Barry W., '67
Erdos, Robert Louis, Jr., '82
Ernst, Ronald Leroy, '72
Eschleman, Stephen L., '66
Essig, Roger Carr, '68
Estadt, Anna M., '84
Esther, Timothy Gerard, '83
Evans, Charles Wayne, '84
Evans, Jeffrey William, '83
Evans, Sharon Bramel, '87
Evans, William Mark, '82
Everard, David Francis, '67
Ewing, Kenneth S., '47
Fairchild, Kuniko, '87
Farb, Samuel L., Sr., '67
Farquhar, Robert R., Jr., '56
Farwick, Thomas M., '87
Favret, James L., Sr., '47
Feldman, Paul J., '79
Fenstermaker, Allan, '58
Ferensen, Daniel E., '62
Ferris, Boyd B., Esq., '64
Finn, James Patrick, '69
Finneran, George D., '40
Fisher, Robert Edward, '41
Flowers, James Russell, '83
Flowers, Rebecca Sue, '86
Fobes, Gary Lewis, '86
Fogal, Kevin Scott, '84
Folk, Paul B., '49
Ford, Robert Allan, '82
Foreman, Todd Lester, '82
Forster, Patricia Anne, '82
Foster, Cheryl Bryant, '76
Foust, David Gary, '74
Foust, Douglas Charles, '77
Fracasso, Guy D., Jr., '59
France, David Y., '50
Francisco, Gordon Michael, '81
Frank, Mrs. Ellen S., '86
Frank, Melanie Ann, '84
Frank, Roger Thomas, '73
Frankenberg, Richard Brooke, '87
Frederick, Kellie Ann, '88
French, Larry John, '70
Fronk, Robert A., '56
Fry, Sadie Ann Mason, '79
Fuhlbrigge, Peter M., '81
Gaddis, Bruce B., '69
Gaffer, Kevin John, '85
Gaffigan, Patricia Ann, '88
Gaffney, Jayne Cummiskey, '84
Gallagher, Violet M., '81
Gardner, Thomas Patrick, '85
Garner, Dewey Arthur, '68
Garner, Ruth Georgian, '79
Garvin, James R., '60
Garvin, John R., '59
Garvin, Karen Ann, '81
Gaslin, Kathleen Lee, '82
Gates, Brian Reid, '87
Gates, Timothy M., '82
Gatton, James E., '53
Gatz, Nick, PhD, '72
Gausepohl, Julie Lynn, '86
Gehring, Charles William, '78
Geissbuhler, George Elmer, '71
George, Terry E., '66
Georgenson, Philip Michael, '71
Gephart, Sonja Kay, '85
Gerberick, Clayton Reed, '84
Getz, Ms. Heidi K., '88
Gibbons, Donald E., '63
Gifford, Frank, Jr., '78
Gillett, Pamela N., '84
Gilliland, J. Jay, '83
Ginsberg, Marc J., '79
Ginsberg, Terri Lynn, '80
Glick, Harvey Lewis, '74
Goodburn, George L., '51
Goodman, James Joseph, '87
Goodson, Dann Parrott, '77
Graves, Gaile Mc Cargo, '77
Gray, Thomas Prescott, '86
Green, David Keith, '77
Green, Mrs. Marian, '46
Green, Randall Jay, '82
Green, Timothy Johnson, '81
Greene, Vera Rudolph, '73
Gregory, Daniel L., '88
Griffith, Mrs. E. Jane N., '35
Griffith, Robert Wilson, '37
Griffith, Terry Allan, '82
Groom, Kenneth, '78
Gross, Richard Charles, '64
Grover, Kimberly K., '85
Guinn, David F., '66
Gulick, George William, Sr., '41
Gump, Don M., '38
Gustafson, James L., '60
Gutman, Richard, '85
Guy, Richard Stuart, '57
Guzzo, David Buckner, '80
Haas, P. David, Jr., '61
Haas, Renee Ann, '87
Haase, William Thomas, '87
Hadden, E. Kenneth, '63
Hall, Francis Earl, '59
Hall, John Stephen, '83
Hamilton, Mrs. Ardis N., '26
Hammond, James Jay, '88
Hampshire, Dale C., '60
Handshy, Victoria Strebler, '80
Hannah, Frank Burdette, '81
Hannum, Douglas Ford, '84
Hansley, Scott Michael, '84
Harbage, Harriet S., '34
Harbrecht, Robert F., '47
Harbrecht, Robert M., '72
Harbrecht, Sandra Werth, '82
Harkins, Ronald Joseph, '79
Harlow, Kenneth James, '84
Harrington, Dennis Cameron, '87
Harris, Kenneth C., '59
Hartshorne, James Robert, '78
Harty, Diane Sue, '85
Havens, Jana Deanna, '85
Hawking, James Anthony, '73
Hedge, Stephen Andrew, '77
Heffner, Susan M., '84
Heimann, Raymond A., '43
Helf, Valerie Lee, '86
Heller, Paul Gerard, '88
Heller, Thomas Joseph, '80
Hemmelgarn, James Leonard, '73
Henricks, Ronald Warren, '70
Herilla, Beth Ann, '88
Hernandez, Raul Alberto, '83
Hill, John Burton, '48
Hillis, Robert Lewis, '84
Hitchcock, Richard B., '57
Hitzemann, Gary Todd, '87
Hoermle, John Albert, Jr., '49
Hoffhines, John W., '39
Hoffmann, J. Terrence, CPA, '66
Hofmann, Randall Arnold, '83
Hogue, Day B., '34
Hollinger, Kurt John, '82
Holmes, Robert Denzler, '53
Holscher, John Noble, '48
Holt, Christopher James, '87
Holzapfel, George Steven, '78
Hoover, Douglas Eivind, '70
Horn, Robert Burkey, '71
Horvath, Michael Keith, '83
Hoskins, Robert W., '48
Houseberg, Charlotte Cassaday, '76
Housley, Mary Jo Van Heyde, '77
Howard, Nathan James, '75
Howe, Elton W., Jr., '48
Howlett, Robert Thomas, Jr., '68
Hoy, William Lawrence, '71
Hoyer, Patricia Lynne, '87
Huelsman, Janel Marie, '88
Hughes, James Andrew, '86
Hugus, Philip Lee, '86
Hunter, Mark Richard, '81
Hyslop, Gayle C., '87
Ickert, Heinz Erhard, '74
Idzkowski, Gary Michael, '72
Imboden, Mrs. Laura B., '48
Insley, Susan Kelly, '76
Irwin, Barry Thomas, '79
Irwin, Gary Wayne, '85
Ison, Patricia Vercellino, '51
Iyer, Vijaya, '87
Jacob, John Eric, '82
Jacoby, Charles A., '57
James, John William, '47
Janssen, Harold Henry, '42
Jeffers, James K., '52
Jenkins, Martin David, '77
Jester, Joseph P., '54
Johnson, Mrs. Kathleen M., '85
Jones, Mrs. Amy Tugend, '73
Jones, Edwin Wallace, '47
Jones, Gregory William, '79
Jones, Karen Denise, '83
Jones, Kenneth Allan, '72
Jones, Mark W., '88
Jones, Ronald Leo, '66
Jordan, David Scott, '84
Jordan, Mark Ray, '78
Karam, Suzanne Marie, '83
Karayannakos, Anna Benetatos, '75
Karshner, Patricia Garey, '57
Karshner, Phillip W., '56
Kaser, Wayne Milton, '68
Kastan, Stacey Kaye, '84
Kaszar, Ms. Suzanne C., '87
Kauffman, Dean Kyle, '80
Kayati, Stephen, CPA, '56
Keaney, William R., '61
Keller, Judy Ann, '84
Kelley, Dwight A., '66
Kellis, Tambera Marie, '85
Kelly, David Alan, '71
Kelly, Diane Compton, '81
Kelsik, Kim E., '60
Keltner, John Robert, '46
Kern, Jennifer Lynn, '87
Kern, Scott William, '86
Kerze, Allan R., '71
Kesselring, Gerald Wayne, '87
Keyes, John Michael, '84
Kiep, Philip Martin, '68
Kiesling, Andrea Rae, '87
Kiesling, Charles Mark, '77
Kim, Kum O., '87
Kimball, Merritt Alvin, '75
King, David Clark, '64
King, Terry L., '67
Kingseed, Wyatt Andrew, '80
Kirchner, James Francis, '86
Kirillow, Eduardo, '80
Kirkland, Jeffery Alan, '86
Kloss, Robert A., '38
Knapp, Kimberly Kay, '85
Knox, Timothy John, '77
Koenig, Charles Anthony, '75
Kohler, Charles Walter, '72
Kondik, Robert L., '48
Koppert, Bruce Jeffrey, '84
Koppes, Earl D., '52
Koprowski, Sheri Lynn, '85
Koschny, Mark Alan, '82
Kosich, Mrs. Athena Poulos, '85
Kosich, Charles Michael, III, '83
Kotala, Ms. Lorianne, '84
Kraker, Jeffrey Louis, '74
Kramer, Nancy Sheedy, '52
Kramer, Ronald Alvin, '68
Kraus, Douglas Alan, '88
Kreager, Eileen Davis, '45
Krieger, Robert J., '53
Kunkle, Lauren Jayne, '86
Lacey, Cloyd Eugene, '41
Lach, Alfred Alexander, '78
Lacy, Jeffrey Lee, '82

GEOGRAPHICAL LISTINGS Youngstown OHIO 437

Worthington (Cont'd)
Langdon, Warren Elmore, '74
Langenbahn, John Douglas, '87
Lanning, James W., '63
Last, Gary Arnold, '70
Latimer, Bryan Ray, '80
Latsa, Charles John, '81
Law, Shawn Eric, '85
Law, CAPT Stacy Forbes, USAF, '80
Lawrence, Holly Louise, '88
Leach, Cynthia Finke, '82
Leach, Jeffrey Dean, '82
Leachman, Kenneth Bain, '75
Leggett, James Randolph, '75
Lehmkuhl, John Craig, '76
Lencke, Steven Howard, '87
Lenhart, Michael William, '75
Lennon, CDR Gerard Thomas, USN(Ret.), '73
Leonetti, Mrs. Karin Madsen, '85
Leppert, Frank K., '48
Leppert, Steven Craig, '80
Lerch, Patrick Shane, '71
Levy, Richard Aloys, '82
Lewis, Edward William, Jr., '63
Likens, Anita Marie, '88
Lineberger, Mary Stanfield, '54
Linehan, Donald Gene, '71
Lively, Michael John, '78
Livingston, Toby Petticrew, '80
Lloyd, George Dylan, '85
Lloyd, John Evan, '76
Lloyd, Thomas E., '67
Loar, Timothy Edward, '86
Long, Roger Brian, '79
Lowe, Gerald Walker, '68
Lowe, Richard K., '60
Lowery, Frank R., Jr., '83
Luehrmann, Rachel Mary, '87
Lyles, Kevin Dean, '83
Lynd, Rodney M., '80
Lynne, Donald M., '59
Mac Aulay, James D., '54
Maciejowski, Ronald Joseph, '71
Mack, Dana Charles, '85
Mager, Harold Keddie, '83
Magley, Dorothy K., '51
Magley, Theodore R., '49
Mahoney, Charles A., Jr., '73
Main, Larry Lynn, '71
Mallett, Charles Edgar, '72
Maloney, Tracy Ann, '84
Mannarino, Sheri Swanson, '85
Mannarino, Thomas Albert, '83
Mansour, John Charles, '81
March, Daniel Nathan, '84
Mark, Philip Edward, '49
Marks, Irving B., '67
Martin, Mark Stephen, '83
Martin, Mrs. Michelle Revou, '81
Mason, Raymond Edward, Jr., '41
Mason, Todd Alan, '78
Massey, Charles Steven, '76
Mathews, Dr. H. Lee, '63
Mathews, Terry Lee, '73
Matusoff, Martin Louis, '56
Maurer, Rita Ann, '82
Mayo, Alvin H., Jr., '83
Mayton, Lilly Shahravan, '74
Mc Carthy, Suzanne Lishka, '79
Mc Claskie, Ms. Deborah Lynn, '80
Mc Cleary, Barbara Ann, '84
Mc Connell, Kenner, Jr., '48
McCorkle, William R., Jr., '47
Mc Cormick, Gregg J., Sr., '83
Mc Creight, Deborah Ann, '83
Mc Daniel, Roger Gilbert, Jr., '83
Mc Donald, Regina Renee, '80
Mc Farland, Allan B., '50
Mc Gee, Alden M., '61
Mc Gee, Alice Schwerdtfege, '53
McGinty, Peter Bruce, '81
Mc Gory, Patrick John, '79
Mc Kee, William Anders, '78
Mc Kibben, John Michael, '72
Mc Kinley, James Patrick, '72
Mc Kinley, Julie Ann, '86
Mc Lean, Frederick Hutchins, '53
Mc Leer, Thomas Joseph, Jr., '81
Mc Millen, James D., '65
Mc Nicol, Cristopher Edward, '80
Mc Nicol, Linda K., '81
Meager, Mrs. Susan C., '86
Meager, Timothy James, '82
Medich, Lewis Samuel, '82
Meeker, Michele M. Nemes, '83
Megla, Philip Joseph, '84
Mehill, Mark Paul, '78
Meistedt, Robert L., '46
Mercier, Mrs. Jacqueline Lea, '79
Mercier, Murry J., '80
Mercier, Murry James, III, '80
Merrick, Barry I., '62
Mershad, Edward Anthony, '82
Mershad, Richard Michael, '80
Meshanko, Celia M., '87
Meszaros, Douglas J., '79
Metzger, Gregory Alan, '80
Michael, David Richard, '73
Michaelides, Thomas G., '75
Miles, Nathan Russell, '84
Millar, Roland G., '76
Miller, David Charles, '84
Miller, David Eugene, '77
Miller, Donald Phillip, '60
Miller, Gordon Thomas, '53
Miller, John David, '72
Miller, John Edward, '83
Miller, Kurt Stephen, '85
Miller, Margaret Wilson, '51
Miller, Nancy Bruce, '75
Miller, Patricia Hunter, '47
Miller, Russell Allen, '73
Milliron, Samuel E., '66
Mills, Elizabeth A., '55
Mills, Jerrilyn Lee, '83
Mills, John Michael, '65
Minister, Michael E., '66
Minor, Janet Helen, '80
Minton, Harvey S., JD, '56
Miskinis, Patricia Cecilia, '88
Mitchell, Alice Hellstrom, '81
Mong, Julie Anne, '88
Montag, Nancy, '59
Montgomery, Michael Joseph, '87
Moody, Dwight L., '58
Moody, Hon. Tom, '54
Moore, Jane Neptune, '81
Moore, Robert Kenneth, '83
Morgan, Stanley Kyle, '86
Moser, George F., '49
Moser, Joan Patricia, '83
Moussi, Mrs. Susan A., '84
Mowery, Jeffrey Eric, '76
Moye, Andrew John, '81
Mueller, John Edward, '68
Muladore, Nils Christian, '79
Mulbarger, Virginia Cly, '42
Mullins, Stephen Goodson, '85
Murphy, Michael Stephen, '73
Murr, James Lowell, '65
Murray, Anita Muellner, '84
Myles, Debora Renee, '80
Nagy, Alex E., '58
Nally, Susan Jean, '87
Neal, Brenda Marie, '86
Neesham, Bonnie Lynn, '86
Nemeth, Edith Theresa, '82
Nesselroad, David Hilton, '83
Norstrom, David Mark, '74
Norton, Kellyann, '83
Nourse, Eva, '83
Nutter, Thomas A., '47
Oakley, Dr. Robert Alan, '69
Obergfell, Joseph Vincent, '86
O'Brien, Daniel M., '76
Odwarka, Kenneth L., '57
Ogg, John R., '41
Oglevee, Jeffrey Maxwell, '68
O'Hare, Gregory James, '87
Ojibe, Mbanefo Brian, '80
O'Neil, Timothy Allan, '84
Osborne, Richard E., '60
Ostermeyer, Donald Paul, '88
Owens, Tami Angela, '86
Oxender, Richard Alan, '70
Pabst, Thomas Gregory, '87
Pappas, George Zane, '81
Pardi, Frank J., '54
Parisi, Mrs. Caryn Elizabeth, '85
Parker, Susan Lynn, '86
Parks, Ms. Evalyn Conwell, '76
Passias, John James, II, '84
Patterson, Patrick W., '86
Paulus, Frank W., '37
Payne, John B., CPA, '55
Perfect, Gary Neal, '81
Perry, Jane Emerick, '75
Peterfy, Frank A., '67
Petrucci, Mark Charles, '86
Pfeifer, Jean L., '47
Pfeiffer, Timothy Warren, '87
Pflieger, Horace E., '50
Philbrick, Carol Gwen, '80
Phillip, Michael John, '81
Pickering, D. Lee, '77
Pittman, Kenneth L., '65
Platt, William Edward, '81
Plotnick, David Andrew, '87
Polis, Joseph John, '69
Polley, Lowell E., '50
Porter, Barbara Jo, '84
Posival, Thomas Edward, '79
Prendergast, Ann Marie, '86
Prendergast, Joseph Patrick, '88
Price, Douglas L., '64
Price, J. Todd, '87
Price, Mrs. Marlene S., '58
Price, William Brooks, '55
Pride, William Blair, '76
Proctor, James Coleman, '79
Protsman, Marc Alan, '87
Pruden, James W., '59
Pruden, Karen Ann, '84
Puderbaugh, Randall Scott, '83
Py, Phillip W., '62
Quillin, Dr. Alston M., '58
Raab, Robert Steven, '83
Rabold, Robert Arthur, '84
Ralston, Jeffrey Alan, '81
Ramey, Emmett W., '42
Randall, Mark John, '85
Ransom, Paul Benson, '85
Rapp, William Joseph, '84
Redd, Steven Craig, '79
Reed, Diane Dapsis, '80
Reed, Thomas Patrick, '80
Regoli, Steven Philip, '83
Reidenbach, William J., '53
Reiher, Peter L., '67
Reitter, Frederick Joseph, '74
Rensch, Walter C., '34
Repuzynsky, Charles Roger, '75
Resler, John B., '54
Reves, Randal M., '83
Rhinehart, Dagmar Odvarka, '86
Rhodes, Patrick, '71
Rice, Donald Elmer, '57
Rice, Mrs. Linda O., '79
Rice, Robert Hancel, '68
Richmond, Tullie T., CPA, '50
Ringle, Jarren Scott, '73
Risch, Stephen Mark, '84
Rissmeyer, Robert Craig, '87
Rittel, George C., '65
Ritter, Laverne Warren, '81
Ritter, Sean C., '82
Roberson, Ms. Lisa Anderson, '85
Robinson, Stanley Ulrich, Jr., '39
Rodocker, Stephen Edward, '81
Roesmann, Joseph Matthew, '77
Rogers, Peter George, '83
Roggenkamp, David C., '54
Rood, Howard Jay, '85
Rose, Cecil K., '35
Rosenberg, Mark A., '78
Roshon, Robert L., '83
Roth, Sandra Hohenbrink, '84
Rourke, Stephen Michael, '83
Rowland, Christopher John, '87
Rudy, Jon J., '85
Ruffing, Scott John, '87
Runyeon, Howard C., '43
Rush, Greg W., '66
Russell, John Alister, '66
Russell, Stephen W., '86
Saffell, Scott W., '78
Safford, John C., '65
Salvatore, James Daniel, '70
Sams, Fred E., '55
Santilli, Robert L., '60
Sarle, Alan R., '58
Saunders, Charles, Jr., '68
Saunders, Mrs. Julie Lynn, '82
Savage, James Edward, '73
Sawyers, Robert John, Jr., '76
Schaeffer, Michael Nelson, '72
Schaffer, Raymond W., '64
Scherer, John Douglas, '77
Schieferstein, Henry S., '49
Schiely, Patricia Marie, '82
Schiff, Jerome S., '52
Schilder, James E., '64
Schmidt, Susan Jean, '78
Schneider, Walter Edward, '71
Schostek, Lois Ann, '87
Schram, Robert Ross, '81
Schuette, Patricia Ann, '84
Schulte, Gary Lee, '72
Schultz, Frederick William, '50
Schuster, Marianne Rubadue, '79
Scott, Michael Patrick, '87
Seckel, Gale R., '49
Semans, Thomas B., '49
Seminew, Dale Edward, '74
Senften, William Ray, '75
Sentz, Gary Shawn, '75
Serra, Ralph J., '53
Sewards, Diane Jean, '84
Shade, Deborah Warren, '87
Shaffer, Edwin Mitchell, '74
Shaheen, Jeanne Murison, '84
Shearer, Lizette Lofty, '87
Shearer, William Conway, '69
Shepherd, Dr. Floyd, '81
Shin, Charles Moochul, '87
Short, Eileen Stroupe, '47
Shotwell, Philip Glenn, '81
Showe, Hugh Burkley, Jr., '75
Shroy, John William, '74
Sidor, Betsy Mc Clung, '77
Sikora, Stephen W., '79
Silbaugh, Beth Ann, '87
Simmons, Russell Alan, '88
Simmons, Tim Eugene, '79
Skinner, Robert C., '51
Skorupski, Donald Withold, '75
Slocum, Harold Edward, '79
Smalley, Holly S., '84
Smith, Arnold William, '44
Smith, Bonaline Whitley, '51
Smith, Brad Lee, '80
Smith, Camille Diane, '87
Smith, Christine Norris, '78
Smith, Daniel William, '86
Smith, Derrel Michael, '78
Smith, Gary Allen, '86
Smith, James Brian, '87
Smith, Jeffrey John, MIS, '86
Smith, Jerald Michael, '75
Smith, Lonnie Stagg, '72
Smith, Robert Everett, '64
Smith, Susan Louise, '82
Snedecor, Donald F., '50
Snyder, Bradley L., '78
Snyder, Robert Ray, '83
Snyder, Stephen Howard, '65
Sobolewski, Catherine, '87
Soler, Cynthia Alexander, '77
Soler, David Vincent, '77
Speelman, Steven Harold, '73
Speicher, Carl Eugene, '82
Sprankle, Frederick Louis, '69
Stahl, James Walter, '85
Stainbrook, Richard John, '85
Stanley, Stephen Mark, '78
Stanton, John Michael, '82
Stark, Maurice Gene, '57
Starn, Michael W., '66
Stenger, John Edward, '87
Stephens, Larry Patrick, '63
Stephens, Willard Laird, '60
Steward, Scott D., '88
Stewart, Jack L., '48
Stillwell, Dennis Steven, '78
Stofer, James W., '63
Stoffregen, John Christian, II, '77
Stone, Edwin Dawson, '34
Stone, Thomas Victor, '59
Storer, Constance Thompson, '82
Storer, Joseph Robert, '83
Strahine, Michael Edward, '80
Strasser, Daniel C., '77
Stratton, Dorothy Marie, '82
Strombotne, Christopher Brent, '76
Strombotne, Theresa Lee, '79
Stump, Christine Wilson, '86
Suarez, Jose, '80
Sullivan, Timothy Michael, '84
Sundquist, Thomas James, '74
Susi, Edwin Francis, '67
Susi, Mark Steven, '86
Susi, Robert N., '53
Suver, Jeffrey Louis, '76
Suver, William Linn, '72
Sweeney, Dr. Daniel Joseph, '65
Swinehart, Frank Victor, '72
Tansky, Ms. Judith A., '75
Tenwalde, Thomas Wayne, '73
Termeer, Donald James, '74
Thomas, George Adam, '79
Thompson, Cynthia L., '82
Thompson, Gerald Allen, '64
Thompson, James Clement, '82
Thompson, William Joseph, '49
Thrall, Robert Le Roy, '83
Timar-Cheslik, Jane Ellen, '83
Tingley, Mrs. Jean McQuilkin, '54
Tjia, Erman, '88
Tjia, Erwin, '88
Todd, Robert Miles, '68
Tolbert, Neil Francis, '74
Tomko, William Jacob, '80
Tootle, Barbara Oliver, '65
Townsend, Richard Eugene, Jr., '76
Trager, Larry Allen, '69
Trail, Douglas R., '51
Trail, Steven Rae, '80
Tribble, Jon Joseph, '87
Tripp, John L., '82
Trivisonno, Joseph John, Jr., '83
Tully, James King, '62
Tumblin, Stephen Eugene, '72
Turner, Jill Francis M., '87
Twyford, Thomas L., '57
Tyler, Robert R., '62
Ulbrich, Mary Russo, '57
Uldricks, Donald Blythe, '63
Urban, Charles H., '30
Utz, Stanley M., '50
Vaas, Mark Jeavons, '75
Vaccaro, Vincent Anthony, '86
Van Arsdall, Eleanor Jane, '83
Van Buren, Dr. Ronald C., '56
Van Culin, Marianne, '82
Vanderhorst, Albert Jan, '71
Varble, John Lawrence, '72
Vaughan, J. Eric, '86
Vawter, Gary L., '85
Vawter, Ms. Lisa D., '83
Venard, Paul Victor, '84
Vigneau, Gary Joseph, '68
Vilardo, Samuel F., '52
Villacis, Edgar, Jr., '86
Vititoe, Cynthia Girard, '86
Vogt, David Arthur, '79
Von Holten, Gwendolyn Comer, '77
Von Lohr, Morgan Wills, IV, '82
Vosler, Robert J., '53
Wade, David Craig, '79
Wade, Lesly P., '80
Wakefield, Richard C., '41
Walker, Joe W., '41
Walker, William Wade, '77
Wallace, Stephen Paul, '79
Wallace, Sylvia Effler, '78
Wallenfelsz, Francis W., '57
Walsh, Margaret Simpson, '79
Walters, Donald Edward, '70
Wander, Charles M., '36
Warner, R. Scott, '78
Warren, Lawrence Edward, Jr., '49
Washburn, Dwight C., '67
Wattanasarn, Isra, '87
Wattanasarn, Panpilas, '87
Webb, Elaine Taylor, '54
Webb, Francis Joseph, '84
Webb, Janet Weir, '53
Webb, Rebecca Lynn, '84
Webb, Robert A., '57
Webb, William J., '52
Weinstock, Daniel L., '74
Weisenberger, Paul E., '51
Welch, Christopher Stewart, '88
Welsh, Gerald Duane, '82
Wendling, Larry Robert, '85
Wentz, William Arthur, '63
Werner, John E., Jr., '49
West, Gregory L., '72
Westerman, Barbara Eloise, '85
Weyers, Rita Loretta, '82
Whaley, Rodger Lee, '70
White, Daniel B., '87
White, Donald B., '55
White, William Bayard, '48
Whittaker, Donna M., '76
Wilber, Philip I., '49
Will, Donald E., '48
Will, Elizabeth Moore, '47
Will, Nicholas Elmer, '75
Williams, Nancy Ann, '75
Wilson, Deborah Kay, '85
Wilson, George Anderson, '87
Wilson, Kelly Lynn, '88
Winkler, Dr. John Herbert, Jr., '54
Wintering, Lori J., '84
Winters, Steven Richard, '78
Wise, Robert George, '71
Witzman, Robert Anthony, '88
Wogaman, James Martin, '88
Wogaman, Jimmy R., '60
Wolf, Stephanie Dudley, '85
Wong, Guy Lim, '85
Wood, Christopher John, '81
Woodward, Evan J., '62
Woodward, Tracey Anne, '88
Worley, Jerry Williamson, '80
Wright, Craig J., '77
Wright, Regina L., '80
Wu, Sandra Jones, '88
Wylly, Jonathan Randolph, '87
Yeoman, Robert Irvin, '63
Yoder, Michael L., '83
Younker, Daniel Edward, '64
Yund, Jeffrey Dean, '82
Zatezalo, Michael Scott, '80
Zehnal, Scott Daniel, '88
Zeiger, John Wolcott, '69
Zelle, Lynn Marie, '85
Zigli, Joseph, '42
Zimomra, Judith Ann, '82
Zink, Alan E., '60
Zirger, Mrs. Lisa A., '82
Zoog, Stephen Richard, '71

WYOMING
Cole, D. Stephen, '80
Hart, Jeffrey Daniel, '88
Hess, Albert F., '30
Kraly, Edward James, '74
Mistak, Leo J., '46
Schuholz, Ms. Shauna Lee, '82
Semmel, John William, III, '81

XENIA
Arnott, Gregory James, '88
Ball, Dr. Karlheinz O. W., '79
Beam, Tammy Kay, '83
Booher, Stephen Dwight, '80
Canada, Nancy T., '86
Chick, Polly Henke, '57
Conley, Carl Andrew, '66
Conover, Shaun M., '87
Croucher, Samuel L., '67
Crowley, Alan D., '33
Curp, Sharon Ann, '85
Di Lorenzo, Richard Anthony, '71
Eichman, William Lehman, Jr., '70
Evans, Lee Eldon, '48
Filson, Mark Alan, '83
Foskuhl, Susan Ann, '83
Frantz, Donald E., Sr., '48
Hagler, Karen West, '65
Hindenlang, Jane Ann, '82
Kaiser, David Joseph, '71
Kelly, COL John Joseph, USAF(Ret.), '72
Kieninger, Charles Ronald, Jr., '87
La Musga, Dennis John, '67
Lough, Robert L., Sr., '68
May, Douglas Floyd, '80
Mc Clelland, Mary Haag, '49
Mc Daniel, Roger W., '63
Miller, Morris Edmond, '51
Miller, Steven Russell, '80
Moore, Gerald Allen, '66
Moore, Mary Gordon, '65
Murphy, Chester Warren, III, '84
Oakley, Mark Alan, '85
Pettit, Hon. Brown W., '46
Piefke, Robert Mc Duffie, '87
Pitstick, Anthony William, '77
Rauch, Donald E., '63
Redman, LTC John C., '53
Reid, Ms. Rita D., '86
Richardson, Lloyd D., '55
Simison, Anne Overacker, '70
Smith, Lamar Earl, '67
Stahl, Kent Michael, '85
Von Der Embse, Dr. Thomas J., '68
Williamson, John Ralph, '71

YELLOW SPRINGS
Bayless, Norris L., '50
Davis, Frederick E., Jr., '72
Mc Millan, Kathleen Ann, '79
Ruckman, Mrs. Karen S., '87

YORKVILLE
Loha, Sylvester, '52
Lorence, John, '49
Osso, David Nicholas, '85

YOUNGSTOWN
Almond, Dr. George L., '51
Axelson, Harry E., '34
Bakalik, Joseph E., '47
Baker, Charles Marion, Jr., '78
Balluck, Jerome A., '58
Baughman, William T., '39
Baumiller, George Nicholas, '56
Bellino, Frank C., Jr., '71
Blumenschein, Carl T., '40
Blumental, Joshua Bertram, '69
Buckley, Mark Allen, '82
Burks, Timothy R., '87
Burr, Ordwell P., Jr., '53
Caporaletti, Louis Eugene, '86
Carlin, Clair Myron, '69
Clifton, Ronald Carl, '79
Clymer, Patricia Bailie, '49
Cochran, James Allison, Jr., '47
Cohen, Robert Warren, '27
Collins, Charles Thomas, '53
Cook, Don P., Jr., '82
Copperman, Norman S., '53
Dahmen, David S., '64
Damore, Lisa Jayne, '80
De Fiore, Peter M., '50
Dietzel, Neville C., '55
Downie, Ted Howard, '75
Driscoll, David A., '85
Ellis, Ronald Browne, '73
Finnerty, George A., Jr., '47
Flask, Edward A., '63
Franko, Frank R., '41
Gallagher, John F., '87
Gallas, Mary Ann Therese, '84
Goldberg, Martin S., '52
Good, Howard Ritter, '29
Graneto, Frank P., '36
Hammitt, C. Clark, Jr., '39
Herman, Kurt Royal, '82
Heselov, Lawrence Joseph, '51
Hixson, Stephen Allan, '81
Hulme, Edward J., '47
Hume, Joseph H., '48
Hurley, Francis E., Jr., '48
Hutch, Thomas Edward, Jr., '78
Iandimarino, Salvatore J., '83
Jeren, John Anthony, Jr., '68
Johnson, Mrs. Mary F., '80
Jones, William Brownlee, '38
Kennedy, Daniel Edward, '83
Kirchner, Ronald M., '61
Kirkwood, Mrs. Eleanor Bricker, '38
Kirtz, Richard Allen, '69
Kissos, Dean G., '79
Kovey, John Louis, '39
Kubic, Gary Thomas, '74
Kubicina, James Ronald, '71
Lang, Cornelia Kale, '35
Libby, Harold L., '49
Lowrie, Don M., '33
Lydic, Roy M., Jr., '86
Malkoff, Stanley A., '51
Markovich, William J., '49
Marks, Gerald M., '50
Martin, Thomas Booker, '83
Mastriana, Fred P., '34
Monus, Nathan H., '45
Morgione, Nicholas Gerard, '88

438 OHIO Youngstown OSU COLLEGE OF BUSINESS

Youngstown (Cont'd)
Mullally, Robert J., '50
Mullen, William J., '49
Neal, Robert J., '47
Newsome, Timothy Lee, '82
Novicky, Lawrence M., '77
Ogram, Melvin F., '37
Ohle, Frederick William, '80
Olson, Jo Ann, '83
Ozer, Irving E., '41
Patrick, Stephen, '47
Payton, Gene R., '50
Pernotto, Michael Andrew, '80
Petrych, William, '57
Pirko, Richard Edward, '78
Polkovitch, William Joseph, '69
Posey, Kimberly Ann, '86
Post, Abram, '41
Post, Murray Lewis, '76
Puhalla, Leonard M., '49
Regenstreich, Myron J., '42
Rich, Patrick Daniel, '87
Risner, H. Kent, Jr., '76
Santisi, John Samuel, '72
Shorr, David Charles, '84
Shutt, Gayle Burkey, '43
Silleck, Don U., '56
Sinai, Victor T., '48
Skica, Daniel P., '50
Skinner, Robert T., '82
Smart, Dr. Charles E., '70
Smith, Walter Lyle, '42
Solomon, Martin G., '67
Stackhouse, David Alan, '81
Stroh, Robert Michael, '84
Sucher, Walter J., '54
Tablack, George John, '78
Taylor, Jeffrey Emmet, '72
Thornton, Thomas Patrick, '77
Torok, John Marshal, '88
Wagman, Stephen Mark, '82
Wellman, Sofia Ann, '82
Wick, Elbridge A., Jr., '36
Williams, Audrey Torok, '82
Williams, John David, '85
Williams, Paul Andrew, '75
Woodman, Charles W., '48
Yatsko, Dr. James Joseph, '78
Young, Lowell E., '33

ZANESFIELD
Stoll, Omar Weldon, '47

ZANESVILLE
Archer, Richard E., '49
Baughman, Thomas C., '80
Beck, William G., '82
Bennett, Richard P., '58
Black, Thomas Dean, '77
Blancett, Donald Ernest, '49
Boutros, Samia Farid, '81
Boyer, Scott William, USN, '88
Breese, Kenneth Harold, CPA, '71
Bryan, Thomas A., '63
Carskadden, Dan Le Marr, '73
Cash, Charles Paul, '84
Cherubini, Kathleen, '86
Christman, Lyndon Jay, '80
Cole, M. Dean, '69
Cusick, Jay H., '39
Dickman, James L., JD, '56
Durant, Jon Anthony, '84
Evans, Russell R., '26
Fawcett, Barry C., '67
Founds, Marvin L., '86
Fusner, Holly Russell, '82
Graham, James Francis, '50
Green, Dr. William English, '54
Hall, Jeffrey Bryan, '86
Hamilton, Gary Edward, '76
Hill, Robert Guthrie, '39
Hollingsworth, Robert W., '37
Jonard, Brian Richard, '82
Joseph, Robert O., '76
Joublanc, Jonathan M., '73
Kaido, Mrs. Tamala L., '84
Kane, Mary Beth, '84
Karling, Scott Arthur, '83
Keslar, Carl B., '31
Keslar, Ellen, '36
Kozak, John W., '77
Longstreth, Timothy Raymond, '68
Magaziner, Marvin, '40
Mast, John Bernard, III, '77
Matesich, George J., '38
Mc Carty, Patrick J., '61
Mc Glade, R. David, '83
Mc Guire, Mark William, '86
Miles, Robert T., '50
Milsted, Mary Minnich, '31
Moehrman, Robert Louis, Jr., '79
Moyer, Steven J., '84
Nader, Joseph A., '53
Nolder, Jerome Barton, Jr., '81
Overdorff, Gary Paul, '80
Phillips, Kenneth B., '85
Pitcock, Thomas C., '64
Popp, Robert L., '49
Porter, David Allen, '82
Ragias, Paul Pete, '80
Rankin, Alan L., '49
Rankin, Charles B., '39
Ritchey, Paul Andrew, '72
Roush, Ann Thompson, '80
Rumery, Paul N., '57
Rundag, George J., Jr., '58
Sayre, Kenneth L., '58
Schmidt, William E., '49
Shrewsberry, Charles Lynn, '75
Slack, Donald G., '49
Smith, Renee Donna, '82
Snedegar, William Clay, '69
Starkey, Steven Lee, '81
Stillwell, Beth Ann, '85
Strahl, Charles A., '55
Strain, Doyle W., '45
Stubbins, James B., '40
Sturtz, Thomas Lee, '80
Swack, Elmer, '42
Swartz, COL John Broomhall, '84
Upton, William R., '42
Vannice, Jon L., '82
Weiser, Rick Charles, '87
Wiles, Clifford C., '49
Williams, Bonnie Jean, '80
Wolfe, David Ray, '79

ZOAR
Brown, Roger Dean, '52
Smucker, John C., '56

OKLAHOMA

ARDMORE
Cavlovic, Frederick S., '82

BARTLESVILLE
Laugesen, Edgar N., '61
Thorsrud, Per Arne, '84
Weaver, Warren S., '42

BROKEN ARROW
Kingery, Eric Russell, '77
Whisler, Carl D., '65

CHOCTAW
Tomko, Andrew David, '49

COUNCIL HILL
Yarbrough, LTC John F., USAF(Ret.), '67

EDMOND
Burke, George Bernard, '66
Evans, John O., Jr., '56
Hill, Richard Emerson, '79
Kensler, Thomas Cranston, III, '73
Luckenbill, Gregory Alan, '78
Mc Entee, COL Jervis W., '55

ENID
Lewis, Gary Alan, '76
Wolfe, George Clifford, '77

HARRAH
Frydryk, Susanna Ford, '83

LAWTON
Riffle, Charles Daniel, '83

MC ALESTER
Paulsen, Louis L., '49

MIDWEST CITY
Clark, CAPT Gregory Chase, USAF, '82

MOUNDS
Sontag, Eric Lynn, '64

NORMAN
Bishop, Dr. Luther Doyle, '59
Herrick, Dr. Theodore P., Jr., '59
Luzi, Andrew Dennis, '71
Moriarity, Shane Robert, '70
Raley, COL Theodore M., USAF, '61
Shutrump, Victor E., Jr., '63

OKLAHOMA CITY
Albrink, John Bernard, III, '70
Andrews, James Wesley, '53
Graham, Robert Joe, '66
Hawkins, Edward Campbell, '62
Irving, Rhoda Gooden, '35
Marody, John, '50
Mc Gannon, Thomas Joseph, '70
Reed, Jon Norman, '79
Schafer, COL Robert William, '39
Vaughn, Joseph Charles, '59

OKMULGEE
Metzger, LTC William H., USAF(Ret.), '31

OWASSO
Tucker, William F., '64

PONCA CITY
Fett, Patrick Dean, '82
Friebel, LaMont James, '82
Hills, Mrs. Elizabeth Wells, '86
Hough, Nancy, '80
Lucas, David Michael, '81
Naymick, John Joseph, Jr., '75
Robb, Thomas C., '52

PRYOR
Prentice, William H., '61

ROSE
Horn, Donald R., '57

SAPULPA
Kinkley, Mark Wayne, '48

STILLWATER
Miller, Paul Martin, '70

TULSA
Aldag, James Charles, '80
Berard, William Burnet, '49
Boerger, Richard L., '58
Bush, Bailey W., '64
Butryn, Andrea Lyn, '88
Crawford, Richard C., '59
Crawford, Thomas Elwyn, '58
Dennis, Charles Downs, CPA, '55
Donham, William R., '66
Ede, Margaret Lindenberg, '76
Elbon, Durward D., '49
Feller, Robert Eugene, '58
Fisher, Herbert William, '71
Gilliland, Gordon B., '23
Norris, Ronald LaMarr, '80
Ranttila, Jack William, '72
Robinson, James Rees, '80
Schlezinger, Ira H., '64
Shurtleff, John J., '51
Steadman, Edward J., '50
Tyde, Stephen John, '69
Voss, Frederick James, '53
Wentling, David James, '81
Youngen, William F., '51

YUKON
Yost, Michael B., '74

OREGON

BEAVERTON
Allan, Mary Moore, '44
Appelbaum, Ronald Gary, '73
Chandler, William J., '54
Fisher, Dena Joan, '85
John, Laura Lee, '82
Poplstein, D. Anthony, '66
Salvaggio, Christopher A., '85
Studd, Susan Rita, '82
Wolpert, Donald J., '40

CORVALLIS
Gottko, Dr. John Joseph, Jr., '83
Shank, Ms. Marianne C., '86
Soule, B. Linn, '63

EUGENE
Chatwood, Craig Edward, '76
Gregory, Anthony W., '67
Kappeler, James Ernest, '68
Landen, James Paul, '56
Ogilvie, James W., '53
Sng, Chee Yong, '88
Watkins, Carl Joseph, '71
Whitman, Robert Gene, '67
Zweig, Steven William, '84

FOREST GROVE
Ebel, John D., '57

GOLD BEACH
Moore, Howard Benford, '49

HERMISTON
Bjerke, Mark, '72

HILLSBORO
Siler, David Lance, '87

KEIZER
Rakocy, Joseph William, '50

LAKE OSWEGO
Angelas, Gus M., '67
Dehner, Dr. Albert H., '36
Gardiner, Murray Star, Jr., '35
Reading, Herbert E., '57
Weider, James N., '66
Worman, Steven Lee, '70

LEABURG
Marks, David Alan, '72

MC MINNVILLE
Hitchcock, John H., '51

MILWAUKIE
Hepperle, John W., '87

PORTLAND
Byer, Howard K., '49
Cade, Joseph Frank, '78
Diehm, Emily Crawford, '60
Jones, Marna B., '79
Krauthamer, Dr. Sigmund, '49
Meyer, Theodore Roosevelt, '28
Montgomery, LTC Harold C., USMC(Ret.), '42
Mosser, Elizabeth Farber, '69
Mosser, Jan Charles, '70
Rosson, Charles C., Jr., '42
Saultz, Sherrie Ridenour, '76
Smith, Joel Murray, '66
Turner, Charles R. J., '50
Wanamaker, Daniel Kenneth, '85
Wish, John Reed, '62

REEDSPORT
Fister, Kent David, '68

ROSEBURG
Smith, CDR Roger Falter, USN(Ret.), '47

SALEM
Montgomery, Robert William, Jr., '63
Snider, Sarah Pratt, '44
Straight, Phyllis Pauline, '80
Tarr, LTC George P., Jr., PhD, '38
Unverzagt, William Snively, '66

SPRINGFIELD
Kroeker, Ronald Wayne, '66

STAYTON
Dickey, Donald G., '60

TIGARD
Burr, Kathleen D., '64

TUALATIN
Almy, Merwin F., '43
Dumas, LT Daniel Ray, USN, '73
Turner, Terry Lee, '80

WALDPORT
Perry, Charles Leo, '50

WALTON
Golden, LTC Maurice F., USAF(Ret.), '54

WILSONVILLE
Short, Ralph Beach, '38

PENNSYLVANIA

ALIQUIPPA
Harris, Don G., '74
Reft, John Anthony, '77
Woodrow, Samuel Gordon, '70

ALLENTOWN
Ashbrook, Robert W., '55
Morris, Floyd Oland, '28
Pinkus, David E., '58
Sant'Angelo, Lizabeth Ann, '86
Taggart, Glenn Matthew, '68
Warth, William John, '69
Wunder, George C., '39

ALLISON PARK
Blamble, James R., '87
Cervi, Gene Frederick, '71
Eppley, David Allen, '84
Evans, David Benjamin, '70
Herrington, John David, III, '56
Hoffmanner, Mark Richard, '87
Jamison, Mark Edward, '88
Kwaczala, Emil Carl, '81
Kwaczala, Maripat Squillace, '82
Lamagna, Kirk Richard, '80
Lear, James Cole, '33
Mc Collough, Mary Gavula, '79
Mc Collough, William Elzy, '75
Mc Levey, Patricia Emish, '86
Painter, William M., '87
Richards, John Thomas, Jr., '53
Rohr, James Edward, '72
Saveland, Malcolm H., '39
Walkins, Gerald R., '58
Wilson, Carol Kohn, '54

AMBLER
Schultz, Albert F., '54
Wambold, John Harrison, '72

ANNVILLE
Leonard, Robert William, '86

ARDMORE
Bauer, Lois Gittlen, '53
Bauer, Nathaniel S., '53
Burdin, Todd W., '88
Rote, Ms. Janet Rader, '82
Schlesinger, Helen Steinberg, '47

BADEN
Siget, Joseph Matthew, Jr., '83

BALA-CYNWYD
Dunn, Kenneth Bradford, '74

BANGOR
Roberts, Ray Everett, Jr., '66

BEAVER
Frye, Charles J., '30
Miesse, Gabriel R., Jr., '49

BEAVER FALLS
Mc Clellan, Kay Brubaker, '55

BEDFORD
Mutchler, Thomas E., '67

BELLEVUE
Logan, LTC Theodore John, '68

BENSALEM
Carr, Christopher C., '80
Costa, Stephen Michael, '88

BERWICK
Johnson, Mrs. Jean K., GRI, '46

BERWYN
Mc Guire, Margaret Raab, '77
Mutzig, Allen Jay, '78
O'Reilly, Timothy Patrick, '67
Poole, Jere E., '67

BESSEMER
Beeghly, Joel Hall, '67

BETHEL PARK
Barentine, CAPT Gregory Burl, USAF, '74
Bowen, Charles E., Jr., '60
Boyer, Richard F., '55
Brumm, Louis E., '57
Carr, Sheridan G., '51
Colbert, Lloyd I., '40
Hauser, John P., '58
Hoyt, Thomas Arthur, '80
Hudak, Thomas Francis, '68
Lukovics, Robert M., '58
Mc Cabe, Steven Thomas, '86
Mc Elhaney, Floyd E., Jr., '67
Solomon, Arnold Paul, '75
Wright, Laura Busby, '82

BETHLEHEM
Connar, Albert Wade, '37
Hasbrouck, COL Lawrence, III, USAF, '67
Luh, Dr. Feng Shyang, '65
Mogensen, Orville Loyd, '49
Wagner, Dorothy Mc Guire, '40
Wright, Robert T., '37

BLUE BELL
Dunphy, John Patrick, '76

BOSWELL
Simpson, Russell Edward, '73

BOYERTOWN
Kline, Woodrow W., '37

BRADFORD
Caldwell, Maurice A., '54

BRADFORDWOODS
Brown, Gilbert A., '64
Hutchinson, Mrs. James H., Jr., '45

BRIDGEVILLE
La Jevic, Donald William, '71

BROWNSTOWN
Nelson, David Paul, '81

BRYN MAWR
Satterfield, Constance Mettler, '55
Woldar, Mrs. Patricia M., '85

BUCKINGHAM
Nyland, David, '51

BUTLER
Belt, Donald C., '71
Nenni, Robert Henry, '73
Spetka, Hazel M., '47
Williams, Richard Scott, '81

CAMP HILL
Brown, COL John Wesley, Jr., '56
Dorsheimer, Dan Gregg, '73
Stoup, Charles Lorn, Sr., '36
Zoner, Eric S., '87

CANONSBURG
Costanzo, Orlando F., '64

CARBONDALE
Narbut, CAPT Joseph, Jr., '64

CARLISLE
Beitz, Dr. Charles A., Jr., '61
Fields, Brian Alden, '81
Musci, Peter J., '64
Robinson, Ronald Michael, '64
Rumberger, Jill, '79

CARNEGIE
Adzema, John Richard, '78

CENTER VALLEY
Kline, George I., '65
Ontrop, William Cyril, '73

CHADDS FORD
Smith, Jack Roger, '56

CHAMBERSBURG
Beardsley, COL Ford M., '36
La Grassa, Joseph E., '58

CHELTENHAM
Barkan, Frank Carl, '76

CHESTER SPRINGS
Schmitt, John D., '64
Solomon, Jack L., '76

CHURCHVILLE
Walters, Lewis John, Jr., '74

CLARION
Owen, Lewis W., '49

CLARKS GREEN
Little, Richard Patton, '78

COATESVILLE
Young, Loretta Lorraine, '77

COCHRANTON
Causa, LTC Raymond, '59

COLLEGEVILLE
Redeyoff, Leonard George, '74

CONSHOHOCKEN
Morgan, William Geoffrey, '85

COOPERSBURG
Zollinger, Lois Breyley, '46

CORAOPOLIS
De Bruin, Anne Morrell, '84
Gaston, Charles William, '73
Kirkham, Kent Norman, '71
Nogle, Stephen A., '76
Orlady, Linda Monroe, '81
Stone, Evelyn Nash, '49

CORRY
Stahl, Jack M., '41

DOWNINGTOWN
Gindin, Nancy Lee, '67
Hasson, Joseph H., '51
Hoover, Richard Lee, '55
Kraszewski, David Andrew, '78
Semones, Paul Douglas, '69
Smith, William Anthony, '78

DOYLESTOWN
Jones, James Wallace, Jr., '87
Wholf, Rebecca Marie, '86

DREXEL HILL
Geller, Ervan Reed, II, '76
Philips, Vol Keeney, Jr., '78
Simone, Louis Paul, '79

DRUMS
Tanner, Gina Lee, '86
Tanner, Richard Snow, '82

DU BOIS
Borland, James H., '38

EAGLEVILLE
Stone, Joseph F., '59

EAST NORRITON
Parsons, Dean Kent, '80

EASTON
Mulholland, Daniel B., '80
Niese, James Scott, '81

EDINBORO
Herbel, Vaughn E., '49

EDINBURG
Bensinger, Dennis Delbert, '68

EIGHTY FOUR
Holloway, Harry Harrison, Jr., '42

ELKINS PARK
Hess, Richard Rosenau, '50

ELLWOOD CITY
Durstine, Warren E., Jr., '31

EMMAUS
Zamboldi, Robert Joseph, '67

ERDENHEIM
Marshall, Franklin H., '75

ERIE
Bechtos, Therese Marie, '78
Carponter, Joyce J., '48
Fitting, Robert A., '34
Hagen, Thomas B., '57
Lurie, Kathryn Alane, '83
Minor, William J., Jr., '51
Pulakos, Joy Pappas, '52
Ricci, Michael Anthony, '85
Root, Kenneth M., '34
Smith, Mary Knobloch, '44
Vogel, Elbert J., '56
Williams, Donald Joe, '74
Wonderly, Thomas John, '76

EVANS CITY
Wolfe, David Michael, '74

EXTON
Davis, Laurene Springer, '83
Davis, Todd Neumann, '82
Jones, Robert W., '84
Ryan, Ms. Sean E., '87
Shelton, William Robert, III, '65

FAIRFIELD
Laser, LTC Thomas A., USAF, '60

FAIRVIEW
Jeanguenat, Jerry L., '59

FAYETTEVILLE
Cecil, Stephen R., '64

GEOGRAPHICAL LISTINGS State College PENNSYLVANIA 439

FEASTERVILLE
Thatcher, Michael James, '80

FLEETVILLE
Althauser, Timothy Patrick, '68

FOREST CITY
Proppe, Edward J., '58

FRAZER
Brown, Steven Garrett, '86

GARDNERS
Magoto, Timothy Louis, '79

GIBSONIA
Baker, George Anthony, '79
Huber, Michael William, '70
Morris, Eric Stephen, '70
Zang, David Ernest, '77

GLADWYNE
Bowman, Dr. Edward H., '54

GLEN MILLS
Beem, Christopher C., '87
Ritchie, Norman William, '83

GLENMOORE
Mahoney, Timothy John, '76

GLENSHAW
Holmberg, Carl Eric, '56

GREENSBURG
Germano, Richard, '74
Johnson, Dale E., '61
Owen, Charles Bishop, '80
Sullivan, Michael Francis D., '64

GREENVILLE
Neubauer, Curtis F., '28

GULPH MILLS
Sposito, Thomas Michael, '67
Wallace, Vonna S., '69

GWYNEDD
Graham, Robert Michael, '68

GWYNEDD VALLEY
Whittaker, Janis E., '63

HARMONY
Cassady, Richard J., '55
Cleland, Dr. David I., '62

HARRISBURG
Chang, Seipoong T., '70
Federer, John Leo, Jr., '78
Hartman, Donald Eugene, '51
Pannebaker, Jeffrey Boyd, '86
Petti, Carol Ann, '81
Rowland, James H., Jr., '60
Solamon, Gary Matthew, '81
Stewart, Regina Gail, '86
Waggoner, John Clinton, Jr., '70
Weber, Adam B., '41

HAVERTOWN
Fireoved, Robert L., '44

HELLERTOWN
Grunewald, Bradley Kent, '80

HERSHEY
Dorman, Mrs. Ruth G., '50
Lennox, Thomas Wayne, '73
Malkoff, Alan Richard, '71
Neville, Mrs. Mary Jo Williams, '44
Neville, Maynard E., '47
Wagner, Edwin B., '46

HOLLAND
Federspiel, John Charles, '75
Guth, Peter William, '79
Hager, William W., '56
May, Kenneth Albert, '86

HORSHAM
Larkin, Deborah Morley, '84

HUMMELSTOWN
Hutchison, Eric John, '74
Hutchison, Karen Schumaker, '77

HUNTINGDON
Coffman, Kathleen Kepner, '44

HUNTINGDON VALLEY
Battaglia, James R., '82
McKendry, Patrick A., '77
Schlesinger, Stanley M., '48
Silverman, Elliott Jay, '71

HUSTONTOWN
Mellott, COL Jerre Kent, USAF(Ret.), '69

IMPERIAL
Leatherow, Chris Eugene, '82
Lupinetti, Stephen Thomas, '85
Morris, Barry Jay, '84

INDIANA
Skinner, MAJ James M., '42

INGOMAR
Yu, Dr. Joseph Feng-Shing, '85

IRWIN
Brenner, Carol Lee, '75
Colner, Gregory Henry, '79
Holt, Charlene Kay, '74

IVYLAND
Lancioni, Dr. Richard Anthony, '71
Leroy, William Edward, '78

JEANNETTE
Cronenberger, Kenneth D., '57
Umphress, Lowell E., '57

JEFFERSONVILLE
Deem, Sharon Leigh, '83

JENKINTOWN
Flint, John C., '41
Lee, Byungnam, '82
Osborn, Robert H., '63

JERMYN
Lasichak, Nicholas, '35

JOHNSTOWN
Doshi, Pankaj Arun, '82
Paxson, Leslie J., '22

KENNETT SQUARE
Boyce, John H., '62

KING OF PRUSSIA
Cleland, Douglas Stewart, '76
Karvois, Roseann, '79
Midkiff, Keith A., '85
Mollica, Angela Marie, '87
Terrell, David Michael, '83
Weissfeld, Bradford Lee, '72

KINGSTON
Hord, Ronald Eugene, Jr., '85

LAFAYETTE HILL
Brown, Robert Weaver, Sr., '41
Morrison, Richard E., '83

LAHASKA
Roeser, Helen Overturf, '40

LAKE LYNN
Carlier, George Alexander, III, '73

LANCASTER
Draeger, Dennis M., '62
Evans, Rev. George Morey, '64
Evans, Glenn Robert, '74
Golin, Charles, '47
Hartzell, Gary L., '72
Helmer, John B., '54
Levine, Kathy Harriet, '72
Louden, J. Keith, '28
Milliken, Robert E., '66
Neville, John A., '67
Null, John Russell, '73
Price, Gary Lee, '71
Reed, William Marvin, '47
Ricketts, James Francis, '69
Rose-Zuckerman, Mrs. Stephanie P., '85
Singh, Ardaman Bhagwant, '80
Smith, Norman E., '50
Spiegel, Reed Stuart, Jr., '87
Stoycos, Alexander V., '59
Sweigart, Mary Fanale, '81
Verwohlt, Harold A., '37
Wilkinson, John W., '38

LANDISVILLE
Freshwater, Michael Loren, '78

LANGHORNE
Dierker, Richard C., '49
Warne, Dennis Mark, '80

LANSDALE
Baldwin, Marc Robert, '85
Bramlage, Chuck J., '82
Bramlage, Venetia Argeros, '83
McNulty, COL Edward J., '54
Meddock, Lisa Mamula, '87
Todd, Herbert E., '40

LANSDOWNE
Burley, Orin E., PhD, '30
Markhoff, Charles Edward, Jr., '75
Morris-Wagner, Robin, MSW, '80

LATROBE
Kreiling, Paul M., '61

LEDERACH
Rose, Jeffrey Hamilton, '77

LEHIGH VALLEY
Ballinger, Edward Phillip, '79

LEMOYNE
Constantine, Elizabeth Wolford, '79

LEVITTOWN
Graff, John Ralph, '83
Worley, Sarita Heenan, '25

LEWISBURG
Roberts, Michael Brian, '72
Woodward, Dr. Melvin L., '57

LEWISTOWN
Honeyman, Benjamin Foster, '71

LIBRARY
O'Loughlin, Joseph William, Jr., '84
Reline, Bruce L., '66

LIGONIER
Wiggins, Albert M., Jr., '57

LINCOLN UNIVERSITY
Perone, Dr. Julie A., '79

LITITZ
Duffin, Terrence Francis, '77
Kovacs, John Stephen, '75

LOCK HAVEN
Fuhr, Norman D., '54

LOWER BURRELL
Langdon, Robert Clark, '75

LUMBERVILLE
Peres, David B., '51

MALVERN
Loudin, Donald R., '54
May, CDR Porter E., USN(Ret.), '51
Roberts, Ralph Vincent, '73

MARIETTA
Muesegaes, Robert John, '73

MARS
Boening, Richard Ulrich, '79
Chiazza, Angelo Joseph, '76
Lombardi, Anthony P., '55

MC KEAN
Hiscox, Rolland E., '56

MC KEESPORT
Boughner, James Robert, '81
Boughner, Richard J., '39
Soliday, Ronald T., '55

MC KEES ROCKS
Helal, Philip Michael, '86
Hess, David J., '80

MC MURRAY
Andrioff, Jeff K., Jr., '77
Burgess, Robert S., '54
Gilsdorf, Norman G., '52
Robison, K. Wayne, '77
Smith, Richard Leslie, '59
Todd, Martin Stewart, '73

MEADVILLE
Fisher, Hubert B., '37
Hays, Stephen Clarke, '75
Verhoff, John H., '56

MECHANICSBURG
Austin, John Heston, '59
Bernard, John A., '59
Knerr, George R., Jr., '50
Lowry, Paula Jo, '80
Martin, Jennifer Lynn, '88
Stallsmith, Thomas Jay, '84
Stephens, Robert Scott, '64
Theibert, Paul Richard, '79
Warren, Ronald Dwight, '83
Yablonski, Donald Joseph, Jr., '81

MEDIA
Mills, Terry Dale, '55
Thomson, Hugh Cameron, '50

MEHOOPANY
Dadas, Alexander Paul, '74
Kays, Gary Steven, '78

MERCERSBURG
Bryan, Robert E., '51

MERION STATION
Mendel, Max, III, '56

MILFORD
Goodwin, Lewis P., '50

MOHNTON
Herr, LCDR Gordon M., '49

MONACA
Young, John Andrew, '48

MONESSEN
Shire, Bernard S., '48

MONROEVILLE
Coblitz, Lawrence S., '49
Holzemer, Michael W., '63
Johnson, Richard Lemoyne, '53
La Fave, Richard Arthur, '74

MONTROSE
Croteau, William Arthur, Jr., '73

MURRYSVILLE
Hamilton, James Sheridan, '65
Hicks, Kimberly Doupnik, '82
Russell, John Joseph, '51

NANTY GLO
Ihnat, William Lee, '78

NARBERTH
Cochrell-Ellis, Darice Jacqueta, '82

NARVON
Cummins, Roy E., '48

NATRONA HEIGHTS
Karol, Raymond Mark, '74

NAZARETH
Smith, Daniel Lee, '65

NEW CASTLE
Houk, Robert C., '31
Nicolls, Donald J., '49
Wehr, William W., Jr., '80

NEW CUMBERLAND
Woof, Reynold Ridgeway, Jr., '78

NEW FREEDOM
Bull, Lawrence Elliot, '68
Taylor, David Bevier, '67

NEW KENSINGTON
Altmeyer, Rod H., '51
Cohen, Eileen Auerbach, '46
Stewart, William E., '28

NEWTOWN
Ferguson, James Claude, Jr., '85
Levine, Harvey Gordon, '45
Moore, Marion Greegor, '41
Thatcher, James P., '51

NEWTOWN SQUARE
Crimmins, Brian Michael, '79

NEW TRIPOLI
Clemson, Holly, '76

NEW WILMINGTON
Willit, James C., '58

NORRISTOWN
Gervais, Robert Steven, '87

NORTHAMPTON
Alves, Keith, '86

OAKMONT
Strahler, Susan Walters, '80
Wickard, Walter L., '25

OIL CITY
Osborn, James A., '59

OLIPHANT FURNACE
Keister, Orville Russell, '58

OREFIELD
Schilling, Charles Roger, '80

ORELAND
Dowd, Barbara Jean, '79

PAOLI
Claypoole, Ralph O., Jr., '48
Lautsbaugh, Jack S., '50
Stoughton, Donald B., '51

PENN RUN
Derry, Mrs. Jane M., '44

PHILADELPHIA
Andrisani, Dr. Paul J., '73
Braunbeck, LCDR Michael Carl, USN, '74
Cochran, Fred E., '31
Dottermusch, Andrew D., '83
Fenstermacher, CAPT Bruce Theodore, '69
Gilmore, James Thomas, '86
Greenberg, Dr. Penelope Sue, '80
Greenberg, Dr. Ralph Howard, '81
Hamilton, Stephanie Annette, '86
Harlan, Leslie Anne, '79
Harper, Olie Raymond, '49
Harris, Steven Clark, '87
Hudson, James Douglas, '83
Johnson, Juanita Beatrice, '83
King, R. Brian, '85
Miller, Erwin J., '48
Nedrick, Edna Cecille, '86
Phillips, Edward Asher, '85
Samler, Marshall L., '61
Schneider, David Steven, '85
Shepard, Paul C., '51
Sugarman, John D., '56
Ullman, Reginald G., Jr., '55
Ungar, Michele R., '82
Wasserstrom, Daniel Scott, '86
Wells, Patricia Suzanne, '87
Wolfson, Lyn Marie, '76

PHOENIXVILLE
Fiebert, Elyse Evans, '48
Kohl, Edwin J., '75
Saxby, Harley Jay, '86

PINE GROVE
Stein, Lawrence, '48

PITTSBURGH
Allison, Fred Richard, '74
Azen, Howard M., '49
Baiman, Stanley, PhD, '68
Baker, Richard Vernon, Jr., '52
Balmert, Albert E., '47
Bangs, Ralph Louis, '76
Browand, Thomas David, '69
Brownlee, Herbert V., '34
Bryson, Dan Moore, '74
Burg, 2LT Claude Joseph, '85
Burke, Bobby Joe, '81
Busic, Stanley Warner, Jr., '54
Butler, James Patrick, '80
Carducci, Jeffrey Michael, '87
Christin, John J., '49
Cook, Mayford Lloyd, Sr., '51
Copeland, Curtis Bryan, Esq., '76
Corson, Christopher R., '71
Cosetti, Hon. Joseph L., '53
Dameron, Richard, '70
Davisson, James R., '55
De Lacio, Anne Louise, '88
De Leon, Alfred, '84
Dietz, Ernest Walter, '75
Easter, Teresa W., '86
Eberlin, Ms. Deborah Ann, '86
Eckerle, William P., '49
Esterline, Thomas L., '81
Farwig, Patricia Anne, '80
Fenves, Laura R., '88
Ferguson, Robert Hugh, '85
Gander, Larry H., '70
Geary, Shawn Michael, '76
Geis, A. John, '71
Gilboy, Brian Joseph, '82
Gilmore, Robert J., '50
Grace, John Wayne, '73
Grumley, Robert L., '51
Hanes, James H., '61
Harman, Frederick Roland, '50
Harrison, Stephen, '85
Hartsough, William H., III, '38
Hartzell, William H., '50
Hoelzer, Joel Lee, '81
Honert, Teresa Lynn, '83
Hoover, Nancy Dunham, '47
Hosansky, Stuart Neil, '79
Huss, Mrs. C. Eric, '85
Jacoby, George William, '74
Jaeger, John W., Jr., '59
Jorgensen, Charles B., '49
Juliussen, Jay Charles, '74
Katila, Ronald H., '60
Kelly, Ms. MaryEllen, '83
Kettering, Lucie Hardison, '83
Khol, Kathleen Lee, '88
Kiehl, Dennis E., '53
King, Stuart Allen, '81
Kirwin, Michael Joseph, '61
Kjellman, Kirk H., '66
Klein, Bruce Michael, '77
Kleven, William P., '76
Klink, Bodo B., '64
Knepper, John A., '41
Krum, Bernard L., '52
Larger, Richard L., '57
Larkin, Edward S., Jr., '54
Leech, Donald Eugene, '81
Leemhuis, William Phillips, '87
Levine, Richard Jay, '80
Lisowski, John Raymond, '79
Lloyd, John R., '40
Mackin, Marcia Ann, '79
Mader, David R., '48
Mahrer, Douglas Lloyd, '68
Martin, Gary Lee, '65
Matt, Ms. Rhonda Jaswa, '77
Mawhinney, John Richard, '73
Mc Call, Richard W., '67
Mc Carthy, Robert M., '39
McConnell, Thomas David, '71
McGeary, Hunter Alvin, Jr., '82
McKnight, Kevin Richard, '84
Mc Nulty, Joseph D., '50
Midkiff, Jack Barrett, '81
Milliken, Gary S., '61
Mindlin, Sidney I., '48
Monahan, Thomas M., '38
Nichols, John Francis, '65
Nicholson, Harriette Harris, '56
O'Donovan, Thomas Michael, '86
Oliveti, Frank Mario, '81
Packard, John William, Jr., '68
Persinski, Donald John, '84
Pettler, Steven M., '78
Pflaumer, Mary Zehrung, '57
Reinhart, Richard Leo, '51
Reynolds, Susan J., '85
Roberts, Karen N., '81
Roderick, Daniel Joseph, '79
Rom, Howard M., '56
Schiefer, Mark B., '83
Schneider, Donald R., '48
Schott, Elden E., Sr., '48
Schottenstein, John M., '78
Sell, William C., '48
Sennett, Sharon Lee, '85
Sheehy, David J., '64
Sherman, Thomas Hugo, '81
Sholder, Ms. Henda Munter, '66
Slane, Robert L., '66
Spindler, Jeffrey Alan, '83
Spindler, Mrs. Karen Cherico, '82
Squires, Willard D., '33
Stanislav, Charles Joseph, '83
Stein, Allan James, '60
Stofa, Frank T., '72
Swart, Harold Jay, '60
Traphagan, W. Michael, '61
Tschiegg, Ronald E., '54
Tunney, William Brian, '80
Ullmann, Homer E., '40
Valentour, Mary Mc Carnes, '46
Vander Horst, Russell A., '57
Van Horn, Paul E., '52
Vlasich, Richard N., '61
Walsh, John Joseph, '83
Ward, Thomas Allen, '62
Ward, Thomas Allen, II, '88
Weis, Deborah Trueman, '83
Werbel, James Phillip, '70
West, Carol Hertenstein, '81
Whittemore, Russell H., '64
Williams, John Crosby, Jr., '69
Williams, Robert Edward, '56
Wilson, James Markley, '36
Wilson, Kenneth K., '66
Wilson, Rose Moore, '66
Wiss, Margaret Cook, '46
Wolfe, Christopher Thomas, '81
Young, James Lawrence, '83
Young, Richard Scott, '72

PLEASANTVILLE
Allen, Lawrence James, '80

PLYMOUTH MEETING
Lovelace, Stacy Michelle, '87

POTTSTOWN
Shields, Richard D., '63

PROSPECT PARK
Green, Donald Curtis, '49

QUAKERTOWN
Brown, Timothy David, '79

QUARRYVILLE
Schug, LTC Willis E., Jr., '48

RADNOR
Schilling, Terry L., '70
Treon, Marshall E., '50

READING
Kaiser, Kenneth J., '59
Seidel, Eric William, '83

RED LION
Coyle, Thomas Michael, '74

RENFREW
Faster, William Allen, '85

ROCHESTER
Mignanelli, Florence Smith, '34

ROSEMONT
Begalke, Kenneth A., '66

ROSLYN
Kolarik, CAPT Francis Leo, Jr., USAF, '69

ROYALTON
Wheeler, Scott Paul, '73

SAEGERTOWN
Shilling, Robert L., '55

SAINT DAVIDS
Ackerman, Scott Darrell, '83
Pyle, Douglas Hildreth, '74

SARVER
Lape, Jerome Edward, II, '67

SAXONBURG
Hartshorn, Steven Donald, '80

SEVEN VALLEYS
Hadley, Stephen Frederick, '75

SEWICKLEY
Bartling, John B., '52
Eaton, Edward Hough, '39
Hudnall, Ken L., '52
Hundley, Ms. Angela Renee, '87
Montagnese, Carol A., '77
Nelson, Thomas Harvey, '79
Stentz, Richard Douglas, '78

SHARPSVILLE
Hathhorn, Thomas G., '62

SHAVERTOWN
Demidovich, Stephen F., '61

SHIREMANSTOWN
Oktavec, Joseph Arthur, '84

SLATINGTON
Ferbrache, Edgar L., '61

SOMERSET
Boose, Robert I., Sr., '39

SOUTHAMPTON
Luongo, Richard C., '56

SPRINGFIELD
Revak, Gregory Michael, '86

STATE COLLEGE
Babione, Dr. Francis A., '32
Ball, Gail Ann, '82
Craig, Robert Joseph, '74
Deak, Robert J., '78
Ezzell, Dr. John Russell, '64

440 PENNSYLVANIA State College OSU COLLEGE OF BUSINESS

State College (Cont'd)
Friedman, Edward Arthur, '70
Korhan, Robert E., '51
Malcom, Dr. Robert E., '58
Mc Carty, Betsy Kerr, '88
Nelson, John Graham, '55
Reichert, Carolyn Anne, '85
Sung, Ling-Yin, '85

SWARTHMORE
Custer, Donald A., '52
Le Gros, Robert Richard, '70

TITUSVILLE
Love, James L., '50
Newcombe, Robert Diehm, '81

TREVOSE
Haywood, Linda Ruthardt, '84

TREXLERTOWN
Haney, Harry Joseph, III, '85

UPPER BLACK EDDY
Mayers, Edward G., '48

UPPER DARBY
Rosowicz, Janet Therese, '80

UPPER SAINT CLAIR
Coleman, Robert Ralph, '69
Cosgrove, Robert C., '40
Hirz, Martin T., '49
Mersnik, Joseph Edward, '84
Newbrey, James A., '64
Rinsma, Joanne Dunivant, '49
Williams, Edward James, '57
Young, Douglas Earl, '71

VALLEY FORGE
Atkinson, COL Paul G., USAF(Ret.), '49

VANDERGRIFT
Mc Dermott, Joan Ceraso, '52

VERONA
Aivaliotis, Chris George, '78

VILLANOVA
Fischer, Louis Charles, '53

WALLINGFORD
Butler, Daniel Richard, '61

WARRINGTON
Holbert, Laurence Michael, '71
Phipps, Mary Wiggenhorn, '77

WARRIORS MARK
Hazle, Donald Allen, '68

WASHINGTON
Pleta, Jeffrey David, '85
Rogers, Lyndall Miller, '27

WASHINGTON CROSSING
Gall, COL William Overton, USA(Ret.), '39
Spreen, Roger Elmore, Jr., '71

WAVERLY
Aydelott, Marjorie Dum, '30

WAYNE
Casterline, Robert L., '66
Fallon, Wil E., '78
Matthias, Cynthia Ann, '86
Robertson, Janet Ligo, '79
Robertson, John Christian, '79

WERNERSVILLE
Ferree, Robert G., '63

WEST CHESTER
Broomall, Lisa Marie, '83
Coghlan, Ross Owen, '73
Dougherty, Gary G., '63
Gabel, Elizabeth Bower, '86
Gabel, Randall Mark, '86
Hendrix, Stephen C., '72
Joseph, Donald A., '48
Klice, Lisa Marie, '83
Mc Cummings, Betty Hall, '74
Mc Curry, Jeffrey Alan, '86
Newell, Robert E., '51
Reed, Alan Michael, '85
Rodefer, Pamela Sue, '84
Sorentino, Sheila Mc Mullen, '84
Spada, Nancy Ellen, '80
Stevick, Tony Joe, '71
Tiburzio, Rudolph J., '60
Wilver, Mrs. Kim C., '81
Wilver, Peter Marshall, '81

WEST GROVE
Coleburn, Joseph W., III, '63

WEST MIDDLESEX
Schofield, Barry Lee, '85

WEST MIFFLIN
Chucko, ENS Jeremy Mark, '88
Strojny, Richard J., '79

WEXFORD
Altzner, James Fred, Jr., '76
Bednarchik, William Paul, '73
Benz, Christine Finkes, '75
Benz, Steven Paul, '75
Bugel, Thomas E., '66
Cavanaugh, Nancy Wack, '81
Clark, James Kenneth, '82
Clinton, Nancy Ann, '87
Gingerich, William Keith, '72
Groom, Donald Joseph, '75
Hague, Thomas R., '54
Hayes, Gregory William, '82
Roberts, Thomas Allen, '74
Roussey, Robert C., '67
Sutphen, Dennis R., '66
Virag, John C., '67
Wiseman, Thomas R., '56

WILLIAMSPORT
Brown, William Thomas, '51
Ruwe, Guy M., '87

WINFIELD
Kostelac, Michael Thomas, '88

WYNCOTE
Ogg, Maris Falken, '74

WYNDMOOR
Malagon, R. Leonardo, '86

WYNNEWOOD
Amsel, Michael Howard, '72
Calhoun, Robert B., '32
Gross, Allen Jeffrey, '70
Hagaman, F. Homer, '35

WYOMISSING
Krieger, Burton Charles, '70

YARDLEY
Fish, Robert Beeman, II, '71
Hankins, David M., '59
Mc Veigh, James L., '48
Rose, Robert Jack, '62
Young, Barbara Gibson, '61

YORK
Becker, James Arthur, '63
Diltz, Charles Ross, Jr., '75
Kaufman, Frank G., '29
Kimball, Everett Skaryd, '69
Medland, William I., '69
Snodgrass, Roger E., '50

ZELIENOPLE
Harrop, Todd Andrew, '87
Levy, Barth Alan, '80

RHODE ISLAND

CHARLESTOWN
Shibley, Glenford M., '47

CRANSTON
Dittelman, Martin I., '48
Kaye, Harvey A., '43

CUMBERLAND
Andres, Joseph E., '58

EAST GREENWICH
Dickerman, Norman, '55
Mangiameli, Dr. Paul Michael, '79
Romano, John Michael, '84
Sipe, John R., '59
Stentz, Rex E., '58

MIDDLETOWN
Chapman, LCDR Ronald Lee, '73

NARRAGANSETT
Fuller, Kathryn Staples, '82

NEWPORT
Hunt, ENS Frederick E., III, '87
Vare, Ingrid Marie, '82

NORTH KINGSTOWN
Mercer, LCDR Dean S., USN(Ret.), '51
Ritchey, Charles Robert, '72

PORTSMOUTH
Hoff, Donald V., '37

PROVIDENCE
Iventash, Robert E., '50
Stronach, Robert M., '53

RIVERSIDE
Cohen, Stuart, '76
Huettel-Mendel, Ms. Kathy Anne, '82
Seiter, Matthew Gerard, '83

WAKEFIELD
Alton, Dr. Aaron J., '56

WARREN
Young, Clyde L., '71

WARWICK
Curran, Harry J., '67
Doolittle, Robert William, '50
Hyde, Hugh M., '47
Lynch, Gary William, '77
Rhee, Dr. Sangghon, '78

WESTERLY
Logan, Howard C., '50

WEST KINGSTON
Zannella, Robert Joseph, '79

WEST WARWICK
Sage, Stephen Michael, '84

SOUTH CAROLINA

AIKEN
Hergenrather, Mrs. Diane Marie, '84
Hergenrather, Glen M., '87
Kaemming, Jon Louis, '68
Little, Ashley J., '52
Mc Elroy, COL Arvine W., '30
Poulton, Kenneth V., '47
Tatman, Charles Elson, '54

ANDERSON
Crable, Lowell E., Jr., '78
Linehan, Charles T., '37
Sullivan, Kimberly Jordan, '82

BLUFFTON
Wilson, Juliana, '65

CENTRAL
Frasher, Rev. Granville J., '64
Freberg, Kent Donald, '86
Timmons, Ross Alan, '88

CHAPIN
Schools, William K., '49

CHARLESTON
Alzouman, Saleh F., '77
Antalis, LTC Stephen J., '51
Foote, Kenneth Harvey, '49
Gill, LCDR James Thomas, USNR, '73
Laughlin, William Raymond, '56
Sturgis, Mark Brian, '85

CHARLESTON HEIGHTS
Michalak, Thomas B., Sr., '31

CLOVER
Huffman, Winifred Kneisley, '46

COLUMBIA
Adair, Amanda B., '81
Adair, David B., '79
Adams, Carl R., '57
Babinec, LTC Albert S., '57
Bigley, Frank H., '35
Brennan, Robert V., Jr., '82
Britting, Francis Edward, Jr., '75
Cipkala, Clarence Stephen, '79
D'Aurora, Barbara Jo, '73
Faistl, Frank R., '60
Fischer, William E., '56
Griffith, Donald Collier, '62
Gueulette, Mrs. Nancy Ann Hurrel, '53
Holwadel, Earl D., '53
Kleine, Cody Richard, '85
Leonard, Robert James, '52
Longbrake, Stanley E., '55
Malich, Christopher M., '85
O'Connell, Patrick Armstrong, '71
Risteff, Stephanie, '88
Robinson, Louis William, '55
Rogers, Dr. Ronald Clifton, '82
Rose, Dr. Randall Lee, '86
Savage, Bruce L., '78
Searfoss, Robert J., '87
St. John, Mrs. Rebecca L., '80
Urbany, Dr. Joel Edwin, '80
Wells, Wayne L., '48
White, Terri D., '85
Willoughby, Gregory Patrick, '83
Willoughby, Lisa Anne, '80
Young, John Mc Mahon, '65

CONWAY
McKee, William H., '47

EASLEY
Boring, Herbert S., '33

FLORENCE
Baker, Louis Alvin, '59
Penter, Laura Lee, '86
Sarver, Patrick Raymond, '86

FORT MILL
Mager, Jack B., '75
Metcalf, COL Robert L., USA(Ret.), '40
Sullivan, James Richard, '74

GAFFNEY
Travers, John Bernard, '67

GREENVILLE
Ballard, Jeffery L., '88
Belote, Dr. Arthur F., '52
Carskadden, Thomas (Rick), '86
Gratz, Ronald E., '60
Holtshouse, James F., Jr., '64
La Velle, Philip R., '66
Lotthammer, Alfred Michael, '84
Menghini, Ms. Paula Jean, '83
Patterson, Charles Benjamin, '73
Paulson, Gary Alexander, '68
Purcell, Maurice Albert, Jr., '73
Rowland, Charles Nathan, '86

GREENWOOD
Keeler, David M., '65
Shull, Kenneth Owen, '70

GREER
Brown, Kenneth Stanley, '74
Carpenter, Leroy Neal, '73
Edwards, John James, '54
Kiemle, Frederick William, '62
Mukoyama, Jorge S., '64
Stephen, Bruce A., '66
Woodward, William N., '40

HARTSVILLE
Price, Jeffrey Scott, '88
Watson, Samuel Robert, '70

HILTON HEAD ISLAND
Caldwell, Jerry Thomas, '72
Davis, Roy G., '28
Faught, Harry E., '37
Handley, Frederick Vincent, '76
Jenkins, Thomas Alan, '50
Kitson, Francis L., '48
Lehmkuhl, Richard T., '60
Patterson, James Allan, '39
Rader, Thomas Allen, '71
Reighley, Fenton J., '34
Sarver, Jerry A., '63
Varner, Franklin B., '41
Wilson, COL Robert Benjamin, '70

IRMO
Emmerling, Jeffrey Paul, '77
Hileman, John N., '48
Wharton, James C., III, '83

ISLE OF PALMS
Deibel, Richard L., '59

LAKE WYLIE
Hendrix, William Arthur, Jr., '38
Karle, Ronald J., '60
Stroup, Cherry Lynn, '60
Stroup, Peter K., '60

LANCASTER
Bruton, Robert M., '66

LEXINGTON
Banks, James Gibson, '68

MONCKS CORNER
Thomas, Olin Eugene, '22

MOUNT PLEASANT
Burns, Michael James, Jr., '67
Kick, CDR David L., USN(Ret.), '51
Kick, Mrs. Mary B., '49
Merrill, Daniel Gene, '75
Parker, Andrew M., '78
Roark, Forest E., '49
Selby, Frederic L., '57

MULLINS
Fowler, James F., '59

MYRTLE BEACH
Bell, Vance, '34
des Lauriers, Bradley C., '59
Mitchell, James Claude, '52

PAGELAND
Tucker, Carl Millon, III, '69

PAWLEYS ISLAND
Race, Margaret Stephens, '45

PORT ROYAL
Boston, 1LT David B., USMC, '84

ROCK HILL
Jones, Richard Proctor, '73
Knape, Kevin Dennis, '83
Millsaps, Bartley Geter, Jr., '70
Udick, James E., '57

SALEM
Brill, Robert Earl, '49
Champion, William A., '48
Fondy, Timothy Lewis, '86
Hoffman, Don Charles, '83
Lamping, Mrs. Nancy K., '49
Lehman, Mrs. N. Teresa, '46
Lehman, Dr. Robert Hayes, '47
Thompson, David James, '80

SENECA
Russell, Ross Albert, '42

SIMPSONVILLE
Michael, Bradd Lee, '84
Williams, Shauna S., '84

SPARTANBURG
Blanchard, Ronald E., '49
Smith, Frank M., Jr., '80

SUMMERVILLE
Barbee, CAPT Philip J., USAF, '79
Dickey, Harold E., '50
Hickok, Sheri Mikanovich, '81

SUMTER
Blumberg, Bruce Karl, '75
Mc David, Dr. John Edwin, Jr., '62
Miller, David Randall, '76
Moon, COL Lloyd Binford, USAF(Ret.), '67
Wilcox, LTC C. Raymond, USAF(Ret.), '63

TIGERVILLE
Dresback, William H., '49

WEST COLUMBIA
Johnson, Albert Culver, '54

SOUTH DAKOTA

BOX ELDER
Glore, Aubrey G., '57

RAPID CITY
Beat, MAJ Anthony Michael, '73
Merfeld, Homer J., '67
Thompson, William O., '50

SELBY
Himrich, 2LT Rick Lynn, '72

SIOUX FALLS
Squillace, Alexander P., '67

VERMILLION
Vargas, Dr. Allen H., '86

TENNESSEE

ALCOA
Murchie, James B., '65
Ross, Mrs. Jo Ann K., '49

ANTIOCH
Edman, Richard E., '67
Jones, Robert Alexander, Jr., '76
Metzger, Robert Lynn, '87
Rigby, James Arthur, '76
Ripepi, Fred Gary, '78
Shaw, John Andrew, '84

ATHENS
Johnson, Donald Rodman, '62

BARTLETT
Garrison, John Robert, '83

BEAN STATION
Lytton, Robert E., '53

BRENTWOOD
Comito, Frank Nunzio, '85
De Roode, David P., '53
Donovan, Charles Patrick, '73
Hunter, Thomas Michael, '70
Stadler, James R., '57

BRISTOL
Freshour, David F., Jr., CPA, '72
Hall, Rev. Harry L., '56
Reid, Stuart Rolland, '46

BRUSH CREEK
Ellis, Deborah Fox, '77

CENTERVILLE
May, John Clark, '63

CHATTANOOGA
Archer, James Byron, '56
Bame, Beth Anne, '87
Coffman, Clifford B., Jr., '39
Cooper, Peter Trowbridge, '70
Gilligan, James T., '62
Graf, Allison L., '87
Hempy, Richard Lee, '62
Niese, Douglas James, '87
Phillips, Gary Lee, '75

CLARKSVILLE
Allen, Alvin, '57

CLEVELAND
Ritzhaupt, Donald Lee, '69

COLLEGEDALE
Coltrin, Charles Lawren, '66

COLLIERVILLE
Canfield, Bruce Arthur, '70

COOKEVILLE
Buckner, Michael Edward, '75
Faragher, Douglas Scott, '82

CORDOVA
Daniels, Donnie Ferrell, '86
Dougherty, Daniel Paul, '84
Hayes, Dan M., Jr., '59
Libby, James Andrew, '87
Schorr, James L., '64
Whitcomb, James Allen, '71

CROSSVILLE
Gross, Miriam Rader, '48
Percy, Grant Earl, '75

DOWELLTOWN
Heffner, Joseph Walter, '73

ELIZABETHTON
Pectol, William Donaldson, '73

FAIRFIELD GLADE
Feeback, Harold, '50
Zimpfer, Jerry L., '59

FAYETTEVILLE
Babcock, LTC William Joseph, '67

FRANKLIN
Bidek, Charles Timothy, '70
Edgar, John Kenneth, '79
Herman, Richard L., '59
Kelly, James E., '67
Kormos, Michael J., '64
Le Blanc, Peter Vernon, '83
Loftis, Homer J., Jr., '53
Moodespaugh, Charles A., '59
Stockwell, Lynne Murray, '80
Stockwell, Michael Alan, '80

GALLATIN
Curry, Douglas L., '64

GERMANTOWN
Ashworth, Charles E., '53
Burger, William Joseph, '68
Burriss, James D., '59
Burriss, Mrs. Mary Harding, '59
Corthell, LTC Jeffrey Lynn, USA(Ret.), '66
Fisher, Archie Carlisle, '76
Kessler, John William, Jr., '76
Parzinger, Thomas Michael, '72
Pentecost, James Miller, II, '73
Rodek, Jeffrey Robert, '76
Wellman, Randy Joe, '85

GREENEVILLE
Baum, Raymond J., '39
Everett, Tad Marshall, '82
Mc Closkey, Richard H., '39

HARRISON
Settlemire, Michael Dennis, '71

HENDERSONVILLE
Ebinger, Keith Alan, '74
Reaver, Donald V., '55
Warburton, Debra Sue, '80

HILLSBORO
Buckner, Finis Randy, '75

HIXSON
Bilger, Donald C., '52
Larabee, B. Keith, '52
Smart, James Wick, '73

JACKSON
Burgher, Russell L., '48
Gray, Hugh Elmer, '68

JOHNSON CITY
Jewell, Mrs. Nancy Schafer, '48
Jones, Carl Allen, '34
Mc Lean, Dr. James Hannis, '67

KINGSPORT
Brinkman, Harry H., '40
Mahoney, Constance Webster, '53
Stewart, Mark Howard, '79
Zimmerman, Dennis James, '68

KNOXVILLE
Blair, Daniel B., CPA, '48
Bonfini, Michael James, '83
Cadotte, Dr. Ernest Richard, '74
Dille, Dr. Ellwood O., '22
Dittrich, Dr. Norman E., '66
Ebinger, Mrs. Wilma G., '37
Fleming, Joseph L., '48
Greenberg, Marilyn W., '73
Hicks, Steven L., '72
Holmes, Albert Glock, '39
Jack, Alan Rocco, '70
Jenkins, Dr. Roger Lane, '76
Keasling, John F., '59
Massey, George W., '47
Mc Kinney, William Crawford, '73
Mc Millan, Dr. James Richard, '72
Myers, James Lee, '70
Noble, Hayden Scott, '71
Reid, Richard W., '59
Roberts, Paul King, CPA, '57
Robinson, Franklin Everett, '60
Roeske, Mrs. Eleanor T., '48
Scheiner, Dr. James Howard, '74
Starnes, LTC William H., USAF(Ret.), '64

LAKELAND
Boyd, Ray W., '57

LAWRENCEBURG
Bockoven, William Frank, '79

LEBANON
Stout, Henry R., '55

MADISON
Canter, John, '48

MADISONVILLE
Kiger, Eugene C., Jr., '56

MANCHESTER
Smith, Lisa Deanne, '85

MARYVILLE
Thompson, Jay Frederick, '75

GEOGRAPHICAL LISTINGS Grand Prairie TEXAS 441

MEMPHIS
Agrawal, Sangeeta, '83
Altfater, Joseph H., '26
Archer, Frank E., Jr., '37
Bennett, David Fredrick, '82
Blanke, Dianne Elizabeth, '84
Boersma, Cornelius, IV, '84
Bratten, Robert Powell, '42
Cohn, Howard Allen, '70
Cohn, Thelma Getsin, '46
De Bacco, Victor L., '49
Friedman, Benno S., '50
Gillette, COL Shelby L., USA(Ret.), '50
Hergenrader, Wilmer J., '57
Hetzler, Linda Ross, '65
Jeram, George Joseph, '67
Kelley, John F., '49
Kerr, William L., '54
Konstans, Dr. Constantine, '62
Lafferty, Jeffrey D., '84
Lafferty, Laurie Lex, '82
Lotz, Gilbert M., '51
Mc Bee, C. William, '66
Miller, Dr. Thomas Roger, '68
Nead, Glenn C., '53
Neeley, Lynn Adrienne, '79
Parks, Kathleen Marie, '87
Peters, George Elliott, '70
Phipps, Monzell J., '59
Prim, Mrs. Molly L., '84
Rodek, Diane Marie, '84
Rose, Christopher Richard, '78
Shaltunuk, Scott Gene, '84
Sink, David Wayne, Jr., '74
Smithing, William Paul, '68
Spence, William Blair, '57
Taylor, Thomas Allan, '67
Wetterstroem, Barbara Lee, '79

MORRISTOWN
Engelbret, Gordon L., '46
Handel, Willis J., Jr., '57
Hastings, William H., '48
Rubel, George L., '49

MOUNT JULIET
Mc Namara, John Merrell, '68

MURFREESBORO
Justice, John R., '64
Pierce, Robert Mark, '83
Stephens, Henry P., II, '81

NASHVILLE
Charles, Jerome Baker, '79
Coleman, David Harold, '88
Coon, Steven Frederic, '86
Drury, COL John W., USMC(Ret.), '51
Dudley, Albert Le Roy, '76
Edwards, L. Dale, '49
Evans, Brenda Kay, '88
Harrison, Eileen, '77
Hayes, Harvey Philip, '74
Hertel, Mark E., '87
Huddleston, David Milton, '75
Hutchins, Kenneth Lee, '82
Jacobs, David Clark, '84
Josephson, Scott Iver, '77
Laxson, Bradley Evan, '85
Lewis, Dr. Craig Meredith, '78
Lewis, Mrs. Theresa Heiner, CPA, '77
Long, Howard Franklin, '48
Maurer, John M., '53
Nathan, Jennifer Cormany, '87
Newman, Carl Eugene, '50
Notestine, Robert John, III, '79
Pennington, Dr. John Byron, '73
Peters, Philip David, '87
Peterseim, M. Lee, '53
Pompey, Francis A., Jr., '86
Schuster, Dr. Louis Howard, '33
Underwood, John R., '65
Wiggins, James Patrick, '87
Williams, Timothy Dan, '86
Winterland, Vincent Paul, '76
Zelizer, Gary Marvin, '69

OAK RIDGE
Marshall, Joanne Fox, CPA, '48
Mc Cauley, Meredith Anne, '81
Riser, Gary Alan, '67

OLD HICKORY
Bugos, Keith Richard, '70
Heckman, Richard William, '83
Spung, Mrs. Sharon E., '82
Witzky, Bruce Touby, '79

PARIS
Grizzell, James Orin, Jr., '59

PURYEAR
Morgan, John Pierpont, Jr., '59

ROCKWOOD
Garrett, Ronald E., '66

SEVIERVILLE
Merrill, Charter B., '52

SEWANEE
Cudd, Dr. Kermit George, '69

SIGNAL MOUNTAIN
Renninger, Vernon L., '47
Runser, George W., Jr., '58
Watkins, COL A. Hal, USAF(Ret.), '58

SMYRNA
Dziewisz, Michael S., '76
Tibbitts, David Allan, '80

SPRINGFIELD
Gildee, John Joseph, IV, '86

UNION CITY
Riley, O. Shea, Jr., '66

WAVERLY
Eklund, Leonard Oscar, '69

TEXAS

ABILENE
Henderson, Curtis G., '48
Lamb, COL Henry A., '67
Thompson, LTC Jack W., '67

ADDISON
Jones, Bruce Ervin, '73
Watrous, Dr. Howard Ralph, '53

ALLEN
Boykin, Lisa Lewis, '81
Daniels, Mark Joseph, '79
Rosselet, Richard Anthony, '79

AMARILLO
Cameron, Donald E., '40
Keefer, Edward W., Jr., '67
Lee, Robert Wolford, '49
Myers, Leonora Marie, CPA, '83

ARLINGTON
Baumgardner, Brent Richard, '87
Booker, Ronald G., Jr., '81
Bruns, Michael Lee, '78
Cramer, Michael Joe, '69
Cross, Brenda Hyland, '81
Cummins, Dorothy Rigney, '54
Doty, James E., '60
Duran, Luis Thomas, '78
Graetz, James William, '67
Groh, Howard S., '64
Heizer, Russell L., '66
Holbert, Bard Harrison, '74
Jones, LTC David Alfred, USAF(Ret.), '58
Kauhl, John Mervyn, '68
Lampert, Mark Alan, '78
Lauffer, Michael John, '69
Minch, Thomas H., '68
Minnehan, Patrick Mario, '69
Misitigh, Matthew Michael, '82
Morgan, MAJ Joseph Porter, USA, '55
Perez, Jose L., '81
Power, T. Michael, '67
Rickman, Ronald Carl, '69
Roberson, Gary W., '62
Scullion, Richard James, '52
Spencer, Gary Curwood, '75
Taylor, Charles Louis, '51
Towers, George W. H., '50
Valentine, CDR Robert F., '48
Van Winkle, Phil, '49
Veselenak, Cynthia Lou, '85
Von Kennel, Timothy Joseph, '80
Washburn, Mark Bruce, '82
Wilson, Kevin Robert, '85

AUSTIN
Armour, Betsy Kraemer, '57
Branham, CAPT Jacky D., '67
Brasseux, COL Emmett L., '39
Briscoe, J. Robert, '75
Bush, Mark Allen, '82
Campbell, Charles Hubert, '59
Carter, Beverly Hartman, '61
Chesney, Dr. Michael Thomas, '67
Cooper, R. Jack, '64
Cree, Douglas T., '38
Crouch, BGEN James L., USAF(Ret.), '67
Duvick, Timothy James, '80
Espinoza, Mrs. Annette E., '83
Evans, Ralph Gregory, '68
Falkner, Kerry Alan, '77
Harris, Mark Yale, '61
Jemison, David Blair, '69
Jones, Mrs. Carolyn C., '51
Jones, John Kenneth, '66
Kleifgen, Paul Robert, '73
Macklin, Mrs. Florence Pymer, '49
Mc Laren, Barbara Doss, '82
Middelberg, Ted Martin, '76
Middlebrook, Billy J., '64
Morgan, 1LT Christopher Evan, USAF, '85
Nance, Richard Edward, '68
Osborn, Richard Forrest, '83
Parsons, Ms. Purna Lynn, '76
Peretz, Andrea Lizbeth, '79
Perry, Frank Christopher, '79
Prasher, Gary Conrad, '69
Randall, Russell Scott, '81
Ransom, Jane Reavill, '82
Rowe, Mark Steven, '76
Schmid, Laura King, '42
Schrager, Marvin L., '60
Schumaker, Donn Mccoy, '71
Schuster, Dr. Allan Dale, '60
Shields, Dr. Patricia Mary, '77
Shifrin, Kenneth Steven, '71
Shird, David Kevin, '78
Shockley, Mark Dwayne, '79
Shuler, Walter William, '79
Simon, COL Norbert L., '58
Smith, Ronald Wark, '59
Speed, Dennis Charles, '74
Stern, Anna Foster, '71
Toth, Richard Steven, '85
Trasin, Paul Jeffrey, '74
Urban, Philip H., '76
Viss, Imants, '73
Waidelich, Stephen G., '67
Warford, William Barry, '70
Williams, John Roger, Jr., '41

BAYTOWN
Perry, Dulin B., '67
Smith, Randall Wayne, '72

BEAUMONT
Jackson, James H., '49
Kovac, Frank John, '42
Nicholson, Dr. Edward Allen, Jr., '63
Pack, E. Wayne, '81
Pack, Nancy Lou, '81
Pinkerton, William Albert, '67
Rake, Forrest E., '56
Zeineddin, Mona S., '84

BEDFORD
Bower, Paul Wesley, '79
Campagna, Frank Joseph, '76
Chapman, Carmen Brewster, '87
David, Gary Alan, '76
Deafenbaugh, John T., '75
Guthrie, Marie Berry, '78
Kelly, Thomas Patrick, '78
Novotny, Robert Michael, '70
Rippeth, Danny Chester, '75
Tebbutt, Amy Van Bergen, '86

BEEVILLE
Dean, Evan C., '53

BELLAIRE
Didelius, Frederick R., '33

BELTON
Roecker, Daniel E., '49

BOERNE
Adams, LTC David Walter, USA(Ret.), '71

BORGER
Borths, Earl Albert, '74

BRENHAM
Johnson, Dr. Herbert J., '65

BRIDGEPORT
Meredith, David Edward, '68

BROOKS AFB
Lawrence, LTC Robert M., USAF, '68

BROWNFIELD
Linn, Kimberly Bruegman, '80

BROWNSVILLE
Calhoun, Paul Frederick, '79
Dawson, Frederick, '83
Glasgow, George Edward, '69
Holland, Cindi Sue, '82
Renwick, Donald D., '50
Smith, Andrew Creighton, '76

BROWNWOOD
Finch, Vicky Hensley, '81

CARROLLTON
Bradley, Scott Barnes, '83
Eason, La Verne Jones, '76
Eaton, Sarah Ann, '82
Fox, Mark Anthony, '82
Hesche, Douglas Matthew, '85
Himes, Caroline Dee, '77
Hivnor, Gary L., '67
Hoffman, Jerry Wilhelm, '81
Kreutzfeld, Raymond Edward, '72
Landau, Joel M., '71
Leyrer, Charles Earl, '81
Leyrer, Mrs. Judith E., '80
Mc Donald, Joni Lynn, '81
Reichert, Kurt Douglas, '81
Smith, Roger L., '73
Szambelan, Robert John, '81
Whitmer, James Calvin, '71
Whitmer, Susan Pontious, '72
Wyman, Mrs. Heather K., '78

CEDAR HILL
Deardorff, Eric David, '85
Fick, William Everett, '80
Richardson, Michael Lee, '75

CEDAR PARK
Zuern, Michael David, '82

COLDSPRING
Mericle, Russell A., '27

COLLEGE STATION
Albanese, Dr. Robert, '52
Bregman, Robert Louis, '83
Campbell, Ronald Louis, '76
McWilliams, Dr. Abagail, '82
Plum, Charles Walden, '36
Shields, Paul David, '74
Wong, Amy Lap-Kwan, '81

COLLEYVILLE
Beatson, David Ian, '70
Fisher, Frederick Fritz, '54
Paskell, Timothy J., '77

COMMERCE
Roberts, Dr. James Keith, '81

CONROE
Davis, Alfred Ray, '72
Hauser, Herman F., '66
Hivnor, Harvey Lee, '69
Miser, Jack, '47

CONVERSE
Burke, 2LT Daniel Thomas, '82

COPPELL
Bishop, Glenn Alan, '84
Hall, Terri Lynn, '84
Mc Intosh, John William Van Vloten, '80
Modic, Brian Lee, '78

CORPUS CHRISTI
Bartelmay, Randall Roy, '81
Batterson, CAPT R. E., USN(Ret.), '55
DeGraw, Michael William, '86
Donahey, ENS Therese, USN, '88
Rogers, Ms. Jane Seeds, '42
Spicer, William Harold, '86
Turner, Gerald L., '59

CORSICANA
Waugh, James Elden, '63

CROSBY
Isaly, Thomas George, '68
Joublanc, Charles Scott, '72
Zahn, Lenore Stroman, '50

CYPRESS
Mazza, Theodore John, '66

DALLAS
Adams, Constance Arata, '48
Amspoker, Samuel R., '49
Anstine, Larry Alan, '82
Bailey, Andrew Harold, '86
Baker, Dr. Alton Wesley, '52
Baratta, Dennis Cline, '83
Barbier, Douglas Michael, '82
Becker, Laurie Diane, '77
Beiriger, Gerald Alan, '67
Bell, Jack Gerrard, '49
Boyer, Milton Edward, '51
Brovont, Glen P., '62
Bryan, George Edward, '78
Burk, James Edward, '81
Burt, John Garfield, PhD, '73
Candas, Mrs. Sevil, '83
Carpenter, Mrs. Elsie F., '56
Carpenter, Russell C., '56
Carter, Charles Milton, '50
Chamberlin, John W., '47
Choat, James Ernest, '69
Chynoweth, John Frederick, '72
Clifford, Robert R., '48
Cobb, Phillip E., '65
Cohen, H. Dennis, '81
Cohen, Rick L., '81
Cole, Mrs. Geraldine G., '63
Corll, Cynthia L., '81
Costello, Dr. Daniel E., '62
Covert, Thomas M., '66
Cox, Ronald Chapsky, '51
Dewey, Ronald Steven, '87
Dill, Craig H., '81
Diveley, Mrs. Ann Long, '75
Dunning, Clarence F., '38
Elwell, Robert R., '64
Engelberg, David, '85
Faulkner, Phillip Gordon, '58
Ferris, Dr. Kenneth Robert, '73
Fritts, Charles Jeff, '72
Garvey, Byron John, '80
Gaylord, Gordon Lee, Jr., '70
Geller, Carl S., '50
Gilmore, Ray S., '49
Gorman, Robert Thomas, '55
Goscin, Edmund J., '42
Gregory, Michael James, '79
Griffin, Mark Allen, '78
Grooms, Thomas Van, '50
Gudis, Malcolm J., '64
Hayes, Albert Halliday, '54
Heffner, Tom L., '48
Heiman, Leonard L., '54
Hemry, Richard Myron, Jr., '79
Holt, Barbara Rufo, '80
Holt, Jeffrey Warren, '79
Horch, Richard Elliott, '67
Horn, Herbert A., '57
Howard, Dr. Daniel James, '85
Jones, Herbert Julius, '54
Jones, Timothy Alan, '69
Kessler, Morton L., '48
Kettle, Keith Clayton, '74
Kier, Patrice Lynne, '81
King, Donald R., '38
King, Kenneth E., '49
Kisor, Stephen Joseph, '83
Klein, Russell Bernard, '79
Koenig, Bruce Edward, '80
Kopf, Christopher Donald, '84
Kostanden, Andy G., '49
Kramer, Guy Wilbur, '34
Kroh, Kimberly Joan, '86
Kuhn, David Alan, '80
Kuhr, Gordon Neil, '73
Laird, Kathy Saturday, '78
Lamm, David Boyd, '83
Lancione, John, '39
Landefeld, John R., '65
Lawler, Malcolm McGregor, '49
Lennon, Jeanne Marie, '84
Lillich, Glenn Davis, '69
Lochner, John Raymond, '80
Lorence, John Raymond, '81
Luft, Charles F., '31
Lyman, Thomas E., '48
Marks, Marvin M., '45
Mauck, Linda Kay, '85
Mc Cafferty, John E., '58
Mc Carron, Mary C., '66
Mc Clelland, Stephen Alan, '70
Mc Clintock, Eugene A., USN(Ret.), '51
Mc Cullough, Donald J., CPA, '48
McDonald, Mrs. Janice H., '49
Mc Guinness, James Robert, Jr., '83
Mitchell, James Kenneth, '65
Murphy, James Moreland, '51
Nesbitt, Willey E., '57
Novak, Howard Jay, '70
Paquelet, Clare Marie, '80
Paschal, James H., '34
Patterson, Mrs. Tina M., '81
Phelan, Robin Eric, '67
Pitcher, Carter L., '55
Plumly, Evan O., '57
Polley, Thomas E., '59
Postle, Richard C., '70
Read, George P., '51
Read, Phyllis Del Guzzo, '57
Reifein, Wilbur W., '57
Ribelin, Charles A., '53
Riegel, Robyn Lerchbacker, '78
Rigby, James Albert, '68
Rush, Andrew Raymond, '81
Sandberg, Eric John, '81
Sanz, Juan Carlos, '81
Scheel, George D., '48
Schneider, John Stanley, '60
Schultz, Karen Lynn, '84
Schultz, Dr. Randall Lee, '65
Schuster, Thomas James, '82
Shoffner, Barron Dean, '66
Shon, Daniel Bruce, '82
Simon, Denis Gerard, '69
Smith, Merton H., '51
Stephens, Keith Wesley, '85
Stephenson, James L., '47
Swank, David Brian, '80
Tavenner, Blair Alan, '77
Telban, Mary Kathleen, '76
Thomas, Tamela Kay, '81
Tipple, Ray A., '28
Tompkins, Kevin Benjamin, '82
Tucker, Malcolm B., '63
Unger, Steven E., '79
Wagner, Laura Lynn, '84
Wakefield, Richard J., '46
Walker, Robert Payton, Jr., '77
Webb, David Robert, '27
Wells, Max W., '55
Westerman, Steven Douglas, '85
Wolf, Steven Allan, '70
Zamora, Lynda Deana, '87

DEL RIO
Brehm, Dr. Gill Wayne, '48
Murphy, 2LT Richard Michael, USAF, '86

DENISON
Darwin, Karen Lynn, '88
Venters, Cynthia Brown, '83

DENTON
Detrick, Paul H., '50
Hedges, David Brian, '81
Lang, Charles Pierce, Jr., '68
Littlefield, Dr. Cleatice L., '50
Mc Alister, Dr. Edgar R., '63
Mc Whorter, Dr. Paul, JD, '47
Mc Whorter, Dr. Suzanne Schirrman, '57
Reinke, Ronald Franklin, '71
Smith, William Steven, '86

DE SOTO
Barber, Jesse Carl, '73
Barber, Roy Mac Bride, Jr., '72
Samp, James Philip, '76
Sheffey, MGEN Fred Clifton, USA(Ret.), '62

DICKINSON
Walker, Andrew W., '56

EL LAGO
Black, Donald Eugene, '53

EL PASO
Frank, Marc Julius, '28
Houlette, Phillip Clifford, '70
La Bier, Kimberly Kay, '86
Lehto, William Richard, '71
Mattinson, Richard A., '55
Moyer, John C., CPA, '61
Sabau, Mark Daniel, '74
Vause, James W., II, '67
Welliver, MAJ George H., Jr., '64

EULESS
Hoegler, Victoria Ann, '83

FARMERS BRANCH
Holliday, James P., '57

FERRIS
Schmolder, Carl J., '50

FLOWER MOUND
Davis, James A., '71
Reynolds, Richard Floyd, '56
Wilner, Dr. Neil A., '78

FORT BLISS
Kope, 2LT John Frederick, USA, '87

FORT WORTH
Adams, Walter De Wayne, '48
Ansley, Joseph C., '67
Crow, Gordon Allen, '49
Duffy, James Clement, '59
Duke, Janet M., '82
Ervin, COL Davis F., Jr., USAF, '48
Gifford, Donald Alan, '69
Heffner, James E., '47
Kimerer, COL Perry E., USAF(Ret.), '53
Kornye, George W., '53
Lapp, Dr. Charles Leon, '50
Lupo, CAPT Vincent C., USAF, '82
Meno, Frederick John, IV, '79
Rush, Roger Ray, '59
Williams, Murray J., '40
Zanes, Robert G., '58

FREDERICKSBURG
Alban, Paul Edward, '38
White, Edward Leroy, '61

FRIENDSWOOD
Kennedy, Kyle Richard, '82
Needler, Michael Alan, '81

FRISCO
Naherny, Dennis Theodore, '84

FULTON
Brophy, John Francis, '52

GARLAND
Anderson, Howard Vincent, '49
Cowee, Deborah, '80
Cowee, Thomas J., '79
Dixon, Davis Reed, '77
Fenn, Reginald R., '83
Keller, Gary N., '80
Keller, Mary L., '80
Kelley, William T., '60
Martin, Joseph P., '87
Nolan, Allen L., '52
Townsley, LTC Gilbert T., USA, '78
Welker, Michael Paul, '83

GEORGETOWN
Groeger, Patricia Howard, '83
Mealy, Chris A., '70
Shilander, Bruce Justin, '80

GOLIAD
Frederick, Austin, '68

GRANBURY
Troutwine, Wray R., '40

GRAND PRAIRIE
Dindal, John Joseph, '85
Dona, Lillian Yee, '82
Frank, Donald Joseph, '57

442 TEXAS Grand Prairie OSU COLLEGE OF BUSINESS

Grand Prairie (Cont'd)
Hogan, Horace C., Jr., '56
Wright, Roscoe U., '48

GRAPEVINE
Burns, David Evan, '82
Dice, Marcia Kinney, '83
Lipinski, David Roger, '86
Morbeck, Mrs. Janet N., '75

GREENVILLE
Gainar, Eugene John, '70

HALTOM CITY
Lyle, Shari Dearing, '84

HARLINGEN
Foster, Kenneth Robert, '56
Hetrick, Thomas Paul, '86

HELOTES
Seringer, Joseph Edward, '76

HEREFORD
Lincoln, Robert Eugene, '76

HIGHLAND VILLAGE
Schart, Richard Alan, '75

HOOKS
Davis, Kenneth Ranoal, '87

HOUSTON
Abbott, Douglas J., '82
Ahrendts, Polly Ann, '81
Ai, Li Lien Li-In, '81
Anon, Jeffery A., '83
Appel, Mrs. M. Joyce Shull, '63
Arnold, Richard Alan, '50
Barnes, Lyle Scott, '81
Barthel, Julie Lynn, '85
Bates, Donald G., '62
Baumgartner, David Alan, '79
Bechtol, David Ernest, '76
Bell, Mrs. Kimberly Rae, '82
Bieltz, John Howard, '80
Bloomfield, Kevin Lawrence, '81
Boettcher, Stephan Arthur, '87
Bragg, James R., '70
Brosch, Mark Laurent, '71
Brough, Douglas John, '83
Brown, Patricia Louise, '82
Brownfield, Thomas John, '74
Bules, Christopher Alan, '83
Burke, Anne Rogers, '66
Burke, Jerry Lee, '65
Byrd, Charles Daniell, '50
Cadden, John Francis, '78
Calderone, Steven A., '75
Calloway, Erie Estorge, '65
Capulong, Emerito Baisa, '83
Carl, David R., '75
Carrier, Max Scott, '80
Chronis, Amy L., '83
Chronis, John Gregory, '84
Cobb, William C., '70
Collins, Raymond Thomas, '77
Condon, William A., '47
Conner, Daniel Laurence, '69
Cook, Dean Edward, '55
Copeland, Jackie Lee, '67
Coronado, Maria Theresa, '80
Corres, Patricia Pennington, '78
Crater, Edward R., '78
Creech, Johnny, '69
Creeger, Jeffery Scott, '86
Crowther, James B., '50
Curtis, Michael Alan, '65
D'Amico, Ronald A., CPA, '83
Davey, Robert Michael, '74
David, J. Philip, '40
Delaney, Mark Richard, '81
Dern, David Wayne, '80
Desai, Nilesh Haribhai, '85
Dickerson, Caryn Sue, '85
Difloe, Larry Alan, '71
Dozier, Dr. Janelle Brinker, '88
Dudinsky, Lee D., '76
Dunham, Ernest H., '60
Dunlap, Robert Lee, '84
Duran, William David, '76
Ellis, Robert Hollman, '37
Evans, Norman Edward, '54
Ferencz, Geza Louis, '72
Fischer, Joseph Anthony, '84
Freudenberger, Mrs. Laura Sue, '79
Fuller, Ginger Ann, '85
Gibbins, Diane Kay, '83
Gibbs, Dana Richard, '81
Gilmore, Steven Mc Kenzie, '67
Gloeckl, Susan Mary, '80
Goldman, Alan B., '47
Guseman, John Frederick, '84
Guttman, Tim Gerard, '82
Haeckel, Shirley, '84
Harnicher, David John, '73
Harris, Bruce Eugene, '74
Heineman, Donald Russell, '59
Henry, Donald Lewis, '59
Hentz, Stephen Thomas, '81
Hollander, Harry Tobias, '78
Hom, Raymond M., '81
Hopkins, Rollo J., Jr., '48
Hsia, Melissa, '86
Inscho, Clyde S., Jr., '49
Jackson, Timothy Gordon, '79
Johnston, Bryan Lee, '87
Jordan, James Lan, '80
Kallstrom, David H., '49
Kelly, John Freeman, '79
Kerr, Ronald S., '86
Kindrick, Mrs. Sallie B., '83
King, David Thomas, '81
King, Rodney Alan, '81
Kinnell, Bradley Eugene, '78
Klein, Bradley N., '79
Koenig, Robert Gervase, Jr., '80
Kondik, Stephen, '56
Kreitler, Carolyn, '49
Kujanek, Andrea Pukita, '83
Kujanek, Kenneth Michael, '82
Kungl, David Bryan, '84
Leist, Gary Alan, '81
Levine, Marc Samuel, '67
Lewis, Gary Michael, '79
Li, Miao-Ling, '82
Li, Phoebe Tsai-Hong, '85
Liening, Roger Henry, '81
Lindsay, James Leo, '66
Lyons, Raymond T., '39
Maire, Michael Maurice, '81
Martin, Charles Wayne, '54
Marusin, Joseph J., '59
Marzen, William Joseph, '83
Mauer, Mrs. Daphne Smith, '85
Mc Clanahan, Ann Cowgill, '63
Mc Cullough, Howell D.(Mac), III, '78
Mc Neil, Brenda Diane, '83
Mendicino, Margery, '82
Minetos, Mrs. Valarie V., '84
Mulford, Wendell Curtis, '81
Myers, Bradley Eugene, '74
Nathan, Michael J., '67
Nelson, Dr. R. Ryan, '82
Newell, Grace, '84
Newman, Leonard Martin, '82
O'Brien, Cheryl Palmer, '77
Olnhausen, Fritz, '81
O'Neill, John Capistran, '64
O'Quinn, Ms. Spring Boyd, '79
Ours, Michelle C., '87
Palmer, Richard Glenn, '53
Panasik, Paul Andrew, '84
Patrick, Dwight David, '84
Paul, Roger L., '61
Peskin, Arnold I., '66
Poole, Ms. Christine Marie, '88
Popadych, William D., '79
Prokes, Tracey Anne, '83
Rader, Linda Kay, '80
Radjenovich, Nenad, '79
Ramge, John David, '74
Rekart, Richard Todd, '75
Richards, Mrs. M. Joan C., '51
Rickenbacher, Gary L., '82
Ries, John C., '71
Rittenhouse, Charles E., '64
Ritter, James Joseph, '80
Ruisinger, Paul L., '48
Runion, Andre Louis, '87
Rustagi, Ajoy Kumar, '76
Sanderson, Richard L., '48
Schlier, Ms. Laura K., '85
Schwenkel, Eric C., '86
Seekely, Robert Allen, II, '81
Sexton, John Thomas, '82
Shable, James Richard, '66
Sharkey, William Thomas, '66
Shawd, William Goddard, '80
Singh, Balaji Bondili, '84
Slobin, Lester H., '65
Slobin, Sanford J., '61
Sowle, Jack M., '57
Spires, Linda Anne, '84
Stein, John William, '48
Steinbauer, Joseph Michael, '86
Streitenberger, Ronald E., '61
Suttles, Gary Franklin, '74
Sweet, Jennifer Bowser, '83
Tabor, Albert S., Jr., '61
Tewart, Bradley Dickenson, '75
Thielman, Douglas Mark, '79
Tyson, Jesse James, '76
Umbel, Larry Allen, '71
Van Suilichem, Karen Lynn, '78
Vetter, Richard Miller, '69
Walker, Edward Allen, '82
Walther, Gary Donald, '76
Warden, Fred Bingham, Jr., CPA, '63
Wardlaw, John B., CPA, '57
Weaver, George E., '47
Westerman, Richard A., '68
Whiteford, Peter, '54
Williams, Gerald R., Jr., '60
Williams, Glenda Ann, '82
Williams, William Edward, '75
Williamson, Philip Ray, '66
Willis, Scott Marshall, '83
Wilson, Christopher Dean, '75
Wilson, Walter Stanley, '70
Woeste, David Paul, '80
Wolin, Robert Mark, '81
Yamasaki, Lance Brian, '69
Yamout, Fouad Khaled, '82
Yaussy, Laura Beatrice, '77
Zehentbauer, James Jeffrey, CPA, '84
Zehentbauer, Tamara B., CPA, '83
Zeleznik, Susan Angela, '85
Zustovich, Alfred B., '64

HUMBLE
Kagy, Roger Lee, '73
Powers, Thomas Allen, '71

HUNTSVILLE
Dunham, Don F., '48
Koby, Frank S., '49
Krock, Kenneth Wayne, '66

HURST
Royon, Arthur Flinn, III, '74

IRAAN
Kahle, David Bruce, '83

IRVING
Berry, Trudie Kristine, '81
Bowen, Michael Eugene, '85
Dales, Gary Dean, '74
Denninger, Joseph Ferdinand, '84
Gwynn, Garth Eric, '77
Lang, Keith Trevor, '87
Lynch, Robert G., '66
Neily, Eric James, '84
Nelson, Robert Martin, '54
Oravetz, Michael Scott, '88
Ray, Thomas, '83
Unger, Robert Howard, '79

JACKSONVILLE
Mares, Lawrence R., '68

KATY
Barr, George Ross, '80
Eddy, James Byron, '76
Hartman, John Lloyd, '75
Hohenbrink, Daniel Lee, '80
Johnson, Cynthia Gillette, '78
Johnson, Richard Joseph, '73
Joseph, Roger R., '71
Meienberg, Charles Curtis, '79
Mooney, Gary Michael, '71
Mooney, Maryanne Esping, '76
Rowley, Robert Clyde, '87
Sutton, Rick Alan, '77
Tam, Thomas A., '66

KELLER
Hensel, Dennis Michael, '79

KERRVILLE
Mc Ashan, Karen Klimaski, '71

KILGORE
Florio, Dr. Charles Bernard, '65

KILLEEN
Buck, Stanley John, '80
Greene, LTC William Edward, USA(Ret.), '60

KINGWOOD
Bilger, Boyd F., '64
Black, Robert Charles, '67
Cook, Philip Oke, '63
Essell, Randolph James, '74
Galbreath, Robert G., '59
Goodell, 2LT Robert Lane, USAF, '68
Hart, James Edward, '80
Heston, David Douglas, '73
Hill, Lawrence William, '66
Holden, Michael D., '65
Kleinguetl, Edward, '82
Offenbacher, Becky Kesselring, '73
Redd, Richard Lewis, '67
Woodward, James Allen, '69

LACKLAND AFB
Rizzutti, 2LT Mark T., USAF, '86

LA GRANGE
Russell, Jean James, '48

LAKE JACKSON
Anaya Diaz, Elkin Adolfo, '87

LANCASTER
Sadler, Hiram A., '67

LAREDO
Bennett, Harlan Reppart, II, '83

LAUGHLIN AFB
Drake, Jean Wiltberger, '84
Drake, 1LT Jeffrey Michael, USAF, '84

LEAGUE CITY
Edelman, Mrs. Luanne Denise, '82
Goerke, Sheryl Leigh, '79
Telich, Michael J. P., II, '75

LEWISVILLE
Alpart, Barry Lee, '75
Conkel, Stephen R., '87
Miller, Dean Alan, '86
North, Stephen C., '67
Sharp, Jack Lee, '68

LIVE OAK
Kiss, Joseph Robert, '81

LONGVIEW
Pickard, Robert Louis, '49

LUBBOCK
Macy, Dr. Barry A., '75
Miller, George Carpenter, '40
Olson, Leif Helton, III, '86
Strehli, Alfred B., '25
Whittaker, Mark Robert, '84

LUFKIN
Chalfant, Lynn B., '60
Heilman, Robert Guthrie, '80
Stevens, John Paul, '58

MABANK
Adrean, LTC Ray Edward, USA(Ret.), '39

MARBLE FALLS
Schumacher, Dick Leurtis, '38

MC GREGOR
Cunningham, Donald Frank, PhD, '83

MC KINNEY
Elfrink, Patrick Joseph, '83
Swing, Barbara Palmer, '64

MESQUITE
Tennant, Kirk Lee, '72
Wu, Steven Karl, '81

MIDLAND
Salsich, Neil E., Jr., '50
Wambaugh, Mrs. Annette O., '50
Yearsley, Raymond L., '65

MISSION
Mowery, Richard Leroy, '69

MISSOURI CITY
Eckerman, Robert Dale, '75
Fribley, Michael Lapp, '67
Herzeg, Ladd Keith, '68
Mc Carthy, Stephen Joseph, '74
Milner, Susan Fields, '81
Ogier, John B., '56
Winkler, Wesley P., '41

MONTGOMERY
Bavetz, Richard A., '64

NACOGDOCHES
Jacoby, Matthew Gerald, '79

NASSAU BAY
Samson, Frank S., '50

NAVASOTA
Deeslie, Robert W., '51

NEW BRAUNFELS
Farley, John W., III, '67
Heitkamp, Dennis M., '67
Long, Raymond N., '67

NORTH RICHLAND HILLS
Craycraft, Robert Dean, '80
Reynolds, Susan Pitcher, '62
Williams, Mark Andrus, '84

ODESSA
Peters, Robert Allen, Jr., '74

PARIS
Wilson, John Samuel, '83

PLANO
Donavon, Harry L., '66
Drake, Thomas Paul, '67
Eisnaugle, John B., '55
Eschleman, William Nicholas, Jr., '76
Fisher, Carl Frederick, '49
Fleischer, Izzy, '69
Funk, James Mitchell, Jr., '84
George, Edward William, '73
Gordon, Robert Perkins, '78
Greenberg, Tammy Sue, '82
Hall, David M., '68
Hawkins, William Taylor, '63
Ireland, John Howard, '70
Isaly, Richard A., Jr., '64
Kraft, Dennis Patrick, '77
La Voy, Mark Edward, '75
Mc Neil, Joseph Robert, '69
Mox, Michael Eugene, '75
Nelson, Jeanette Nicole, '85
Nichols, Ronald Vincent, Jr., '79
Nicholson, James P., '57
Petzler, Linda Ann, '69
Rader, David Charles, '72
Riegel, Stephen Edward, '78
Scheland, Barry Alan, '75
Schene, Kathryn Lee, '83
Schupp, Germaine A., '82
Shilt, Timothy Klein, '70
Thornburg, Paul Joseph, '75
Tull, Charles Thomas, '71
Wilson, Harold Allan, '70
Wilson, Stephen Lee, '76
Woodard, Laura Palmer, '78
Woodard, Robert Peter, '78
Zasuly, Richard L., '50

PORT ARTHUR
Smith, Laurie Parkinson, '78

PORTLAND
Owens, Terry Lynn, '70

POTTSBORO
Owen, John Martin, '73

RANCHO VIEJO
Holden, John Donaldson, '68

RANDOLPH AFB
Oaks, LGEN Robert C., USAF, '67

REESE AFB
Carpenter, LT Todd A., USAF, '87

RICHARDSON
Beck, Gordon Reeves, '50
Beck, Wilma Dibert, '48
Catchpool, James H., '61
Mace, Delmer Floyd, '71
Maglott, Donald Lee, '70
Mathews, Gary Miles, '77
Orians, Jeffrey Donald, '84
Park, John W., '58
Scott, LTC Gilbert Theodore, USA, '65
Smith, David John, '78
Solomon, Melvin S., '55
Voss, Paul J., '65

RICHMOND
Marzella, Richard Anthony, '79

ROANOKE
Goller, John Michael, '74

ROCKWALL
Wagner, Stephen Mark, '79

ROSCOE
Potter, Paul D., '64

ROUND ROCK
Kensinger, Dr. John William, '83

ROWLETT
Bacon, Robert Nelson, '75

SAN ANGELO
Bass, John Allen, '76
Bell, David John, '83
Bolzenius, James Charles, '84
Burrows, Lonnie Le Roy, '69
Moacdieh, Frederick Emile, '87
Swenson, Paul Robert, '78

SAN ANTONIO
Adkins, Dempsey Reno, Jr., '83
Ash, COL William O., USAF, '40
Barrett, COL Richard Allen, USA, '63
Becker, Robert C., '66
Benge, Jeffrey Andrew, '84
Beyland, Mark Owen, '72
Braxton, COL Joseph Council, USA(Ret.), '51
Buss, Jon Michael, '79
Carroll, COL George Herbert, USAF(Ret.), '32
Chapin, Steven Wayne, '74
Chow, Vicky Ching Lan Yi, '78
Cook, COL Walter V., USAF(Ret.), '47
Cooley, Dr. Philip Leonard, '73
Davis, Helen Antonoff, '58
Denton, Jeanetta Rene, '83
Dicks, LTC Gary R., USAF(Ret.), '66
Dundas, CAPT Wallace Darrel, USAF, '64
Farrington, COL Raymond Francis, USAF(Ret.), '55
Fish, COL Robert W., '48
Fjelsted, MAJ Lyle G., USAF(Ret.), '66
Ford, COL Harry Emerson, USA(Ret.), '41
Ford, Martha Mary, '85
Garvic, Michael Paul, '70
Grabill, Rex W., '48
Grubic, George, '69
Guiher, Hon. Virgil L., '54
Heaton, LTC Wilford H., '47
Hill, James Scott, '64
Homan, Robert W., '49
Huber, Dr. Charles Courtland, Jr., '71
Irwin, James J., '54
Jones, Roger Dwight, '73
Kacmar, Diana Barvainas, '76
Kelch, Mark William, '83
Kimball, COL Morton W., '50
Klinginsmith, COL Russell Ellis, USAF(Ret.), '56
Koniowsky, John William, '74
Lang, Robert Eugene, '65
Maiberger, Philip Andrew, '83
Mark, William Meade, '34
Marsh, COL Robert Allen, USAF(Ret.), '55
Mc Namara, Wendy Jennings, '85
Mc Sheffery, Mary Megan, '85
Miller, Lawrence, '68
Miller, MAJ Mark Andrew, USAF, '76
Mischke, COL Richard M., USAF(Ret.), '59
Pavlik, Judith Rosboril, '76
Pegel, William John, '67
Perry, Paul Edwin, '63
Raphael, COL Victor G., '58
Roberts, CAPT Janice Irene, '69
Rohleder, William J., '64
Schofield, COL Norman M., '58
Schumaker, David W., '64
Shriber, Ralph Ellis, Jr., '50
Smith, Benjamin Frederick, '56
Smith, Donald Steven, '73
Speert, Victor A., '41
Stephens, Stephen Joseph, '69
Thomas, Carl Wilson, '50
Todd, Dr. Jerry Dale, '63
Vincent, Gay Lynn, '79
Wabschall, Mark Lynn, '76
Waikem, LTC Frederick Urban, USA(Ret.), '56
Waterhouse, George E., '49
Weber, William Wesley, '73
Wessel, LTC John A., '63
Wright, Gregory Alan, '71
Young, Steven Shane, '84
Zimmer, LTC Bolko Guenther, USA, '70

SCHERTZ
Duigon, COL Theodore M., Jr., USAF, '61
Rousculp, Lloyd E., '32

SEABROOK
Lang, Dave W., '49
Pierre, Tracy R., '86
Selcer, Anne Leahy, '82

SHERMAN
Kainrad, Alan, '73
Sutton, Matthew William, '87

SPRING
Brown, Donald Ray, '77
Butler, David M., '73
Calzone, Frank A., '58
Crites, Paul Richard, '74
Di Domenico, Kevin Michael, '84
Dove, Robert Leo, Jr., '66
Grundstein, Ronald Craig, '70
Hoffman, David Remy, '68
Hogan, Sharon Rausch, '78
Mc Kenney, Richard W., '49
Nicholson, Joseph Riley, '74
Niederle, James R., '79
Osborn, Roderick T., '77
Rentz, Richard Kenworthy, '70
Richmond, Bates Carleton, '72
Ward, Cherryl Wurthmann, '84
Wilson, Thomas Alden, '73
Youngston, John William, '76

STAFFORD
Gilmore, Daniel M., '64

SUGAR LAND
Blanchette, Gary Paul, '84
Crangle, CAPT Eugene V., USN(Ret.), '55
Happe, Richard Thomas, '84
Long, James K., '50
Manring, Charles Alan, '77
Patronik, Frank Charles, '79
Price, Richard Alan, '64
Sandberg, Thomas H., Sr., '60
Yates, Ronnie Donnell, '74

TEMPLE
Alberson, Demitrice Gizelle, '87
Brown, Roger Willis, '59

TEXARKANA
Carlton, Dr. Ernest Lee, '59

THE COLONY
Harrison, William Holmes, '69
Sandy, Wayne Thomas, '78

THE WOODLANDS
Carlson, Fred M., '47
Frase, John Mark, '76
Glowacky, Kenneth Edward, '79
Grimes, Glenn Martin, '67
Lowry, William Ralph, '49
Miller, Michael James, '77
Paolucci, Michael Eugene, '82
Schieber, R. Terry, '69
Scott, Jeffrey Kingston, '65

TYLER
Bull, Mrs. Mary K., '83
Clegg, Stephen Robert, '84

Tyler (Cont'd)
Gleibs, Edward J., Jr., '58
Johnson, David Alan, '54

UNIVERSAL CITY
Bailey, Michael Dale, '69
Edwards, COL Harry Melvin, USAF, '66
Jones, CAPT Matthew Kendall, USAF, '81

WACO
Goddard, LTC Ernest D., USAF(Ret.), '49
Grove, Edward O., Jr., '58
Longenecker, Justin G., PhD, '50
Moberger, Linda Lee, '82
Odegaard, Sally Hardin, '76

WEATHERFORD
Brill, Frederick W., '53
Miller, Theodore A., '78
Wirtanen, Donald William, '77
Wirtanen, Gail Wenger, '76

WEBSTER
Koflowitch, Susan Kay, '87
Moravick, Doris Jean, '82
Ott, Richard Frederick, '73
Riley, David Theobald, '54
Ruth, Diane Magdalene, '83

WESTON
Parker, John Robert, '49

WICHITA FALLS
Adam, Charles John, '67
Mc Cann, Vicki Ashley, '86

WILLOW PARK
Elrod, MAJ Robert Taylor, '68

WIMBERLEY
Flocke, LTC Alfred E., USAF(Ret.), '66

WYLIE
Ditota, Christopher Frank, '80

UTAH

BOUNTIFUL
Briner, Jerome A., '66

KAYSVILLE
Taylor, LTC Vyrle Jack, '67

LAYTON
Mc Daniel, Richard Franklin, '80

LOGAN
Wahlstrom, Mary Sheehan, '45

MIDVALE
Bernkopf, Erich J., '73

OGDEN
Diguangco, David A., '85
Reske, Frederick Michael, '71

OREM
Pettit, LTC Edwin E., '67

PARK CITY
Fouse, Edwin Duane, '58

PROVO
Baldwin, Mariane, '84

RIVERDALE
Roesch, Dr. Thomas Anthony, '78

SALT LAKE CITY
Day, Dr. William Henry, '53
Dunnavant, Gregory R., '80
Dunnavant, Laurie Sheaf, '80
Emrich, Vivian E. Muench, '51
Jones, Alan Lee, Jr., '61
Mc Kinnell, Thomas Bruce, '77
Moyes, John Andrew, '69
Nangle, William Terrance, '67
Richardson, Earle Wesley, '80
Semenik, Dr. Richard John, '76
Shaw, Dr. Roy Thomas, Jr., '55
Szoke, Siegfried B., '62
Wingeleth, Donald E., '57
Zimmer, Ralph M., '73

SANDY
Sutherland, Scott Douglas, '84

VERNAL
Clous, Dr. Carl Edward, '59

VERMONT

BARRE
O'Donnell, Patrick Michael, '77

BRADFORD
Collier, LTC Charles W., USMC, '50

BURLINGTON
Gottfried, Larry R., '51

JERICHO
Simmons, David Dorsey, '74

JOHNSON
Bocock, Robert Dean, '71

MANCHESTER
Wechsler, Howard A., '54

MILTON
Dudas, MAJ Richard L., '67

MONTPELIER
Koliander, Raymond Edward, '71

NORWICH
Cotter, Paul Edwin, Jr., '70

PAWLET
Bixler, Harold R., '25

QUECHEE
Lightburn, James B., '34

RICHMOND
Aldrich, Dorothy Lindquist, '37
Conroy, Michael John, '77
Sunshine, David M., '68

SOUTH BURLINGTON
Follansbee, Rev. Mark A., Jr., '43
Schroeder, Thomas Dale, '69

SUDBURY
Aines, Ms. Linda D., '76

WARREN
Hubach, Ms. Lynn Louise, '80
Saltzman, Richard J., '47

WELLS
Bucher, Ricky Allen, '70

WINOOSKI
Koch, John F., '27

VIRGINIA

ABINGDON
Strutner, John Robert, '77

AFTON
Frate, Patricia L., '82

ALEXANDRIA
Allen, William Clair, '82
Austin, Clarence P., '33
Beatley, Charles Earle, Jr., '47
Bechtel, Denise Ann, '80
Benson, Richard B., '32
Berg, Dr. Robert M., '67
Berliner, Donald L., '53
Bill, Frank Leo, '81
Brennen, Steven Russell, '76
Burley, Edward B., '60
Butler, Bernardine Lewis, '79
Coffee, Charles R., '65
Coggins, J. Michael, Jr., '85
Cook, COL Robert S., USAF, '67
Cummings, COL William Joseph, USA(Ret.), '63
Czinkota, Dr. Michael R., '76
Denman, James Chapley, Jr., '74
Duffett, Benton S., III, '85
Ellison, Gary Lonnell, '86
Ervin, James L., Jr., '67
Fertig, Douglas Ross, '77
Furuichi, Clifford T., '77
Gableman, George M., '39
Gaines, Betty Burnett, '39
Gasper, Leesa Davis, '84
Giessler, Dr. Frederick William, '70
Ginsburg, BG Gordon A., '54
Gonzales, Dr. Conrad Charles, '66
Hartman, Richard Carl, '55
Heineman, CAPT Joseph William, USN, '68
Heisel, Stephen Richard, '79
Hendler, Harvey R., '63
Hoffer, MAJ Nicholas Joseph, USMC, '73
Hull, Cannis Williams, '54
Juhas, Dr. Andrew Mark, '79
Keenan, Timothy Patrick, '80
Kerester, Thomas Paul, '51
Krause, Louis John, '80
Lax, Michael Andrew, '73
Lockwood, COL Harold K., USA, '56
Massie, Thomas D., '64
Matsumoto, COL Glenn K., '63
Mc Lean, John Robert, '49
Mc Nutt, William F., '58
Michak, COL Alex, Jr., '56
Miller, Dr. Clair R., '50
Molnar, LTC Alexander A., USAF(Ret.), '61
Moore, Jean Staudt, '69
Murray, Richard Earl, Jr., '55
Palagyi, Susan Elizabeth, '82
Pollitt, William C., '48
Portner, Fredrick Elmer, '66
Pramik, Carolyn Bryan, '46
Roscher, Paul E., '57
Ryan, Jill Harshbarger, '82
Schermer, Carole Albanese, '80
Schnittger, LCDR Paul, '73
Schurman, Christian John, '86
Solt, Lowell K., CPA, '43
Stafman, Stuart Michael, '78
Sullivan, Thomas C., '86
Tom, Susan Kay, '85
Tychsen, Charles E., '56
Warns, Douglas E., '66
Williams, COL Frank Savage, USA(Ret.), '51
Youssef, Dr. Mohsen A. M., '84

ANNANDALE
Chapman, John B., '54
Corn, CAPT James R., USN(Ret.), '53
Epstein, Dr. Mark Howard, '66
Falcone, John P., '52
Fitzsimons, COL John F., USA(Ret.), '59
Hughes, David Richard, '79
Kees, George Christian, '74
Kilgore, Brian Harry, '81
O'Malley, Mrs. Suzanne H., '76
Orf, Daniel Joseph, '68
Oswalt, David H., '57
Powe, Michael Lee, '78
Rodgers, COL Felix Austin, USAF, '57
Seidel, Irwin L., Jr., '60
Simonetti, Ms. Christine, '84
Warren, Kathryn, '83
Yuen, Michael Kam-Wai, '80

ARLINGTON
Amstutz, Hon. Daniel G., '54
Blakely, Kathryn Lynn, '85
Blocker, BGEN Jack S., USA, '48
Brown, Michael J., '81
Carney, Mark Richard, '82
Cash, Richard E., '83
Clark, Ms. Kimberly, '87
Demas, James C., '57
Downie, David Scott, '80
Duvall, Charles Thomas, '78
Ellsesser, Sidney Ann, '57
Ensminger, Luther Glenn, '42
Esber, Brett Michael, '81
Farsht, Jack L., '64
Galbraith, Ms. Aarolyn Barbara, '53
Grabiak, Lavonne Marie, '77
Hamlin, COL Jack I., USA(Ret.), '49
Igram, Omar Kalid, '87
Jaffe, Burton H., '55
Johnson, Joseph Henry, III, '79
Keller, Steven, '68
Kelly, Robert Joseph, '56
Kirchner, Robert Lee, '77
Kovacs, Alex D., Jr., '66
Krause, Laura Jo Ann, '84
Lawler, John V., '52
Lee, Phyllis Robbins, '51
Malishenko, COL Timothy P., USAF, '68
Marder, Eugene, '60
Mc Gee, M. Gynell, '73
Mehok, Timothy Lee, '75
Muessig, Eckehard J., '49
Muessig, Jeanette Gingery, '47
Potts, Iry N., '32
Rogers, Valerie Ann, '87
Scarborough, Patricia Conway, '83
Shriver, Pamela Jean, '80
Slater, Dr. James Arthur, '65
Snoddy, Michael James, '76
Stafford, LTC James Barry, USA, '66
Steines, Michael David, '85
Stout, Carl Frederick, '78
Stroh, Paul F., '67
Walker, Marilyn Kay, '72
Wallace, Leo D., '59
Weik, Douglas Karl, '80
Williams, Cheryl Ann, '82

ASHBURN
Etzweller, Thomas E., '84

ASHLAND
Reid, CAPT Donald Paige, USA(Ret.), '51
Varner, Thomas A., '61

AXTON
Witcher, Kenneth Uron, '79

BARBOURSVILLE
Kleinke, Jon Dana, '86

BLACKSBURG
Cunningham, Dr. Gary Mac, '70
Hohenshil, Linda Louise, '85
Humphreyville, Theresa Ruth, '40

BLUEFIELD
Corte, Betty Tracy, '46
Swope, William C., '64

BREMO BLUFF
Carter, Maurice Duryea, '87

BRISTOL
James, David Russell, '77

BURKE
Anderson, Thomas Francis, '74
Biles, Dr. George Emery, '69
Carro, Daniel J., '65
Cohan, Ellen Harriet, '80
Duff, James E., '78
Hefty, Judy Polter, '75
Jesse, David D., '80
Klosky, CDR Lowell H., USN(Ret.), '59
Marlow, LTC Robert Terry, USAF, '68
Mc Gruder, Dr. John Lancer, '73
Mirick, LTC Steven Chester, USAF, '66
Stith, Gary Wayne, '73
Yannucci, Stephen Emil, '74

CENTREVILLE
Baehr, Paul T., '64
Bridges, William Michael, '77
Dambac, Jeffrey E., '80
Hebert, Lisa Marie, '87
Miller, Rodney Allen, '81

CHANTILLY
Blazquez, Debby Dunlap, '80
Kennedy, William Stephen, '75
Link, Paul Martin, '73
Patenaude, LTC Robert L., USMC(Ret.), '60
Sperry, Donna Gail, '79
Stemberger, LTC Victor John, '67

CHARLOTTESVILLE
Conone, Randolph R., '87
Foley, Margaret Lynn, '83
Karnitis, Dr. Sue Ann, '79
Kehler, COL William Arthur, '60
Moore, Linda A., '84
Rakestraw, Julie Anne, '80
Russell, Paul Bert, '26
Smith, Keith Layton, Jr., '76
Swary, Anthony James, '80
Taylor, Hon. William Wiseman, Jr., '51

CHERITON
Mason, Ms. Darlene C., '75

CHESAPEAKE
Greene, Vickie Joy, '82
Isakoff, Louis Alan, '80
Kupper, Bruce Philip, '78
Meyer, Vincent Edward, '64

CHESTER
Davis, Merton E., '57
Lugger, John Frederick, '70
Noblitt, LTC Richard C., Jr., '60

CHESTERFIELD
Fedyszyn, Karen Blair, '84
Yarnell, James David, '56

CHRISTIANSBURG
Jennings, Harry A., '50

CLIFTON
Karrenbauer, Dr. Jeffrey Joseph, '80
Opper, Jan Charles, '76
Regan, Joseph Martin, '82

CULPEPER
Ghiloni, Christopher D., '74
Kyff, John L., Jr., '64
Untener, Laura Marie, '87

DALE CITY
Fleming, Ronald Ray, '73

DALEVILLE
Dyer, Gregory Thomas, '86

DANVILLE
Fischer, Gerald Lee, '78
Pavord, Dr. William C., '62

DUMFRIES
Amesquita, Mrs. Edna Montgomery, '74
Cole, James Gregorie, '74
McCarley, Dennis Michael, '74
Tarczy, Robert Louis, '68

EARLYSVILLE
Petefish, Michael Dennis, '77
Sellers, John R., '50

FAIRFAX
Ambrogne, John Richard, '73
Blackwell, COL George C., USA(Ret.), '48
Borrell, Mary Mascio, '79
Broadbelt, Bruce Donald, '83
Brockett, Lisa Ann, '83
Chapman, LTC Brent Elwood, USAF, '70
Cochrun, Maureen J., '87
Cohen, Dr. Debra Jo, '82
Foster, Paul Marvel, '50
Hauenstein, RADM William H., USN, '58
Heft, Deborah Ellen, '83
Kilgore, Jack E., '66
Lesko, Michael John, '68
Levin, Robert Earl, '74
Loomis, Harold W., '32
Mc Donald, COL James Robert, '50
Miller, COL Nelson Leroy, '51
Miller, COL Richard Wagner, '54
Moore, James Lee, Jr., '59
Niedzielski-Eichner, Phillip A., '79
Pakes, Thomas Kennedy, '85
Penix, LTCDR Larry Ellis, '71
Sheehan, Julie, '80
Unkle, MAJ John W., USMC, '49
White, John Mitchell, '76

FAIRFAX STATION
Adams, Donald Edward, '59
Kevern, Mrs. Kendra J., '68
Ockerman, Donald L., PhD, '68
Osterhage, Keith Edward, '76
Stuecheli, David Ralph, '72
Sutton, Robert W., Jr., '67
Velt, Alfred J., '56

FALLS CHURCH
Archinal, Jo Anne Troolin, '84
Beach, Mary Thompson, '57
Burk, Richard Riley, '73
Cope, Dr. Glen Hahn, '81
Grogan, William Michael, '86
Harris, Richard Michael, Jr., '88
Hellwege, Linda Louise, '80
Hohman, Joseph Michael, '87
Kirwin, John F., '53
Kirwin, Mary Herschede, '53
Mercy, Mrs. Dorothy Hallarn, '36
Nahan, Joseph F., '62
Oliver, John C., Jr., '43
Ralston, Marcia Lynne, '84
Torres, Antonio, '65
Wauben, James Lee, '69

FOREST
Cooper, Mrs. Julie W., '86
Middleton, H. Warren, Jr., '56
Shore, Mrs. Kimberly Anne, '83
Williams, Lynn Edward, '76

FORT BELVOIR
Quigley, LT Thomas Timothy, '83
Strom, COL Roger Charles, USA, '71

FREDERICKSBURG
Greenup, Howard William, '57
Woodward, Edgar E., '32

FRONT ROYAL
Himelick, CAPT Ronald V., USN(Ret.), '58

GLEN ALLEN
Baker, Ms. Denise K., '79
Comstock, George Jeffrey, '78
Fogarty, David Roger, '87
Haslam, Scot Herman, '81
Johnson, Nathan Paul, '83
Lankamer, Victor Frank, '78
Marchant, Jayne Marie, '81
Rose, Gene Alan, '73

GREAT FALLS
Froelich, Ms. Tina M., '52
Gillespie, Steven C., '85
Holden, Jeffrey L., '64
Hopta, Lisa Vogt, '80
James, Langley Bruce, '64
Levine, Mrs. Joyce E., '67
Martin, Dr. Albert Joseph, Jr., '69

HAMILTON
Busse, Michael Alvin, '68

HAMPTON
Danner, COL James E., USAF(Ret.), '61
Massenberg, Dr. Samuel Edwin, '57
Mc Intosh, Barbara Maxine, '77
Myers, Albert Ray, '48
Plummer, MAJ Orel L., USAF(Ret.), '66

HARRISONBURG
Brown, Earl Francis, '25
Gibbins, Wilson K., '80
Windmiller, Roland C., '67
Zimmerman, Douglas Kent, '65

HERNDON
Backofen, Joseph Edward, Jr., '79
Boswell, Walter George, '79
Clinger, William Edward, '68
Goddard, Kevin Herald, '81
Golden, Roger Steven, '78
Grimm, Jeffrey Wayne, '78
Mc Elrath, Larry, '78
Mc Elrath, Rose Ann Lewis, '78
Melaragno, Mrs. Michele A., '77
Parker, Elizabeth Glidden, '83
Peterson, Frank Robert, '70
Simcox, Donald Leo, '68
Simon, Richard Charles, '69
Suddes, Melinda Au, '83
Suddes, Paul William, '83
Van Luling, Mary Theresa, '76

HOPEWELL
Bartha, Ernest, '47

LANGLEY AFB
Nieminen, LTC Norman Allen, '69

LEESBURG
Mount, Oren B., '59
Wall, Lee Wallace, '72

LEXINGTON
Cook, Dr. Jay Deardorff, Jr., '56
Goldsten, Dr. Joseph, '74

LOCUST GROVE
Marshall, Mary Abbott, '46
Morris, COL Jack, USAF(Ret.), '48

LYNCHBURG
Cooper, Philip Harvey, '69
Copley, William A., '47
Davis, Stephen Joseph, '72
Forrest, James W., '48
Orban, John William, '80
Sharick, Keith Joseph, '86
Slagle, James Arthur, Jr., '56

MANASSAS
Cencula, Mrs. Barbara Koren, '83
Cencula, Paul Christopher, '83
Denny, William Leonard, '84
Merritt, Laura Beth, '86
Wesson, Delois, '85
Whitacre, Bruce Eric, '84

MARSHALL
Neff, Robert L., '58

MASON NECK
Brittigan, Robert Lee, '64
Olson, John Edward, '73

MC LEAN
Allen, Bradley Jay, CPA, '85
Braverman, Stanley Mitchell, '67
Cook, Alexander B., '60
Cox, Don Ellis, '57
Fleck, J. Larry, '60
Gormley, Nicholas J., '58
Hall, Helen Santo, '49
James, Phyllis Arnold, '50
Janatowski, Thomas Joseph, '66
Lang, Ms. Carol Edwards, '75
Le Faivre, Mrs. Mary Shank, '50
McClure, Stephen C., '83
Parker, Keith Edward, '86
Reckmeyer, Dr. William John, '58
Sterbutzel, Sally Lehew, '59
Stich, Lawrence P., JD, '53
Thomas, Edward H., '64

MECHANICSVILLE
Bouchard, Robert Marcel, '81
Brockenbrough, Benjamin W., Jr., '49
Copp, James E., '59
Piech, CAPT Leonard G., '64

MEHERRIN
Williams, Manuel Lee, '87

MIDLOTHIAN
Asmus, Karen Stone, '77
Ault, Donald Wayne, '74
Beyer, Dorene Morrow, '81
Burkhardt, Robert K., '65
Dispennette, Larry E., '61
Fust, Raymond J., Jr., '46
Greenlee, Robert H., '76
Holden, John T., '58
Romig, David P., '68
Simon, Richard Lee, '70
Strine, Melvin Lynn, '77
Werley, William John, Jr., '74
Zuercher, Gregory C., '73
Zulauf, Harry Leighton, '72

MINERAL
Swank, COL Walbrook D., USAF(Ret.), '34

MONTCLAIR
Bowden, John Russell, Jr., '77

NARROWS
Heatwole, COL James W., USA(Ret.), '50

NEW MARKET
Rosberg, Carl August, '78

NEWPORT NEWS
Brinker, Cynthia Lee, '78
Ledford, Eddie L., Jr., '83
Lutz, CAPT Joseph Edgar, USAF, '82
Mc Danels, Gregory Michael, '83
Sedgwick, Margaret M., '48
Sedgwick, W. Stewart, Jr., '48

444 VIRGINIA Newport News OSU COLLEGE OF BUSINESS

Newport News (Cont'd)
Stinebaugh, Bert Alan, '79

NOKESVILLE
O'Bryan, Joanne Kinnear, '46

NORFOLK
Foley, Joseph F., '50
Gage, Fred F., '56
Goldwasser, Robert A., '77
Green, CDR Robert Earl, USN(Ret.), '51
Hawk-Holliman, Debra, '87
Holcombe, Dr. F. Douglas, '82
Lott, LCDR Daryl Ray, USN, '85
Mc Donald, CAPT Jerry R., USN, '77
McDonald, LTC William Allan, USAF(Ret.), '43
Mullholand, Sidney B., '38
Ruben, Mollie M., '47
Seif, Raymond M., '56
Wood, Daniel Scott, '80
Wood, Judith Kaczynski, '80

OAKTON
Wolfe, Ms. Marilyn Bosler, '66

PETERSBURG
Wardrop, COL Raymond James, USA(Ret.), '51

POQUOSON
Bynum, Diane Fulford, '69
Holton, Carol Brooks, '50

PORTSMOUTH
Aukeman, Neil Roger, '80
Mercer, Larry Tilmon, '77
Roby, Allan B., '47
Walls, James Edgar, '80

QUINTON
Dessent, William Thomas, '83

RESTON
Bayer, Thomas Allen, '79
Dunn, Ronald Gene, '82
Fisher, Richard Bradley, '87
Friess, Gregory John, '68
Horowitz, John, '77
Humes, Fred Wister, '74
Kohlhepp, Dr. Daniel Bruce, '74
Lipari, Mark Salvatore, '76
Mock, Dr. Edward J., '64
Myers, Paul Taylor, '77
Phillips, Lynne Stebens, '78
Safari, Mrs. Jennifer R., '83
Shahin, Dr. Gordon T., '65
Taylor, Dr. David Wilson, '75
Thomas, Sandra Diane, '84
Zawitz, Marianne Wise, '72
Zawitz, Stephen M., '72

RICHMOND
Albrecht, Harold L., '48
Black, Edwin Sheridan, '57
Bowman, Dr. John Hemphill, '64
Boyers, Scott William, '70
Boyle, William Frederick, '75
Brailey, Peter H., '69
Dahler, Michael Carl, '76
Dunham, COL William H., USA(Ret.), '58
Eib, Warren B., '50
Elliott, Dr. Clifford John, '70
Flach, Joseph P., '80
Fox, Gordon L., '59
Frasher, Clifton F., '56
Gaydos, Harry G., '56
Hamaker, Lyman S., '46
Hopkins, Leonard Lima, Jr., '70
Howard, Ms. Jeannette Wilson, '82
Huitt, Jimmie Lee, Jr., '72
Jordan, David E., '59
Kelliher, Daniel Joseph, '77
Kowalski, John Robert, '84
Lee, Robert Edward, '69
Little, Thomas Charles, '77
Lucas, Craig S., '82
Marks, Harold M., '48
Mc Dermott, Dr. Dennis R., '73
Mc Dermott, Nancy Merritt, '73
Mehta, Himanshu Indravadan, '70
Michaels, Richard Stretton, '65
Moore, Jay Paul, '84
Morton, Deborah D., '78
Mustafa, Dr. Husain M., '56
Newman, F. Robert, '65
Nicholas, Edward I., '49
Ometer, Gary David, '84
Perry, Rev. Eddie Lee, '71
Robbins, Dr. W. David, '53
Shuster, David Lloyd, '66
Sobczak, Mrs. Kathryn Anita, '87
Stebick, Joseph L., '57
Steppe, Brenda Lee, '85
Stevens, Arthur Galen, '48
Straub, Ralph Gene, '64
Sydnor, Linda Darnell, '80
Turnage, Wayne Matthew, '82
Weinstein, Mrs. Eleanor R., '46
Windom, Jeffrey Alan, '77
Yeh, Chih Joy, '82
Young, Ms. Judith A., '63

RIDGEWAY
Ogilbee, Steven Clark, '79

ROANOKE
Bailey, David Keener, '36
Chamberlain, Robert C., '62
Gerard, Jeffrey B., '77
Gordon, Ryan James, '82
Mc Farland, Randy Louis, '83
Minter, Charles E., '54
Vandegriff, Karl Alan, '75

ROCHELLE
Lightburn, Robert A., '37

SAINT PAUL
Failor, MAJ Dean Forest, USAF, '69

SALEM
Hawryliw, William, '67
Rackow, Lawrence A., '72

SALTVILLE
Troutman, CAPT Vance G., '64

SANDSTON
Beazley, William D., '59

SCHUYLER
Edwards, William Janus, '78

SHIPMAN
Mc Vey, Ms. Anne E., '76

SOUTH BOSTON
Schrock, Russell Owen, '84

SPENCER
Baron, Robert D., '52

SPRINGFIELD
Bonham, Sandra J., '56
Bonham, William Samuel, '58
Bruno, John, '80
Collier, Jean Ann Shepard, '54
Cornell, CAPT Kenneth Eugene, '54
DeRuiz, Pablo, '70
Flynn, Richard W., '65
Goodsite, Thomas M., '53
Grimsley, John W., '73
Hartman, CDR Douglas Martin, USN, '71
Hertsch, MAJ James Waldron, USA, '68
Hobbie, Dr. Richard Alan, '75
Hornig, Mary Parnell, '82
Johnson, Quinten Theodore, '79
Jones, Dennis C., '57
Juba, David A., '74
Kelly, Lynn Menoher, '76
Mathews, Robin Renee, '88
Mc Gavran, Francis Johnston, II, '62
Mc Laren, Lyle C., Jr., '50
Miller, MAJ Roger Don, Sr., '61
Nocera, Joseph A., CPA, '58
Parsons, Jack K., '56
Phipps, James G., '62
Russell, COL Eugene Neal, USA(Ret.), '61
Sellers, Harold E., '48
Stallings, Timothy Lohman, '80
Stimson, Dr. Richard Alan, '67
Sweeney, MAJ Sue L., '47
Tosi, Mrs. Greta E., '76
Vander Molen, Mrs. Nancy Clabaugh, '58
Watson, Thomas Howard, '80
Weaver, Glenn Allen, '88
Zukor, Winnie Trolin, '69

STAFFORD
Manley, Michael E., '65

STERLING
Czerniec, Melissa Ricketts, '86
Danylyk, John T., '64
Dexter, Evalyn Wenger, '47
Grillot, George A., '61
Myers, Larry Felix, '62
Wevurski, Stephanie Kay, '86
Whiting, Clifford Carpenter, III, '69

STRASBURG
Danner, John J., '49

TABB
Spell, Robert William, '63

TROUTVILLE
Duncan, Donald W., '60

UPPERVILLE
Charlesworth, BG Stuart Mac Rae, '51

VERONA
Craig, Douglass Brent, '77

VIENNA
Anderson, John Henry, '85
Berman, Robert A., '66
Blazek, Bruce Ray, '84
Fitzgerald, James J., '48
Grieves, Robin, '69
Hammock, Barney C., Jr., '47
Harrison, Anita Lynn, '88
Harvey, Douglas B., '58
Jones, Mrs. Marian E., '67
Kelly, Mrs. Helen I., '82
Knepper, G. Jeffrey, '67
Lushina, Louis N., '50
Munch, William R., '73
Oller, Jack Richard, '71
Podrasky, Sally Schwesinger, '78
Setash, Frank J., '57
Shields, Douglas Bruce, '83
Teach, Stuart Eugene, '68
Tran, Vinh Phat, '80
Walls, James Jefferson, '62
Weihmiller, Frederick Scott, '76
Zicht, Austin L., '58

VIRGINIA BEACH
Brado, James Frank, '71
Bramlett, James D., '66
Bruner, LT Michael Charles, '79
Cohen, Myron J., '57
Cole, Kenneth Edward, '85
Cole, Terri Toennisson, '82
Cooke, Donald Arthur, '69
Corbin, Mrs. Betty Buck, '50
Edwards, Shelby Blish, '86
Fetherston, John M., '49
Fix, Vernon H., '72
Frank, CDR Dennis M., USN, '70
Frey, Duane Alan, '66
Grablowsky, Dr. Bernie Jacob, '73
Harrop, CDR Robert D., USN(Ret.), '58
Kahler, LCDR Robert C., USN(Ret.), '60
King, Carrie, '83
La Londe, Bruce Gary, '85
Larsen, James L., '56
Lewis, Woodrow, Jr., '78
Luck, LCDR Charles William, USN, '74
Matson, Ms. Carol K., '81
Mc Daniel, Richard Keith, '70
Mc Gohan, William L., CHA, '52
Miller, LCDR Edward M., USN, '75
Mote, Robert M., '57
Neely, LT Thomas Elliott, USN, '83
Noffke, LCDR Mark L., USN, '75
Oberdick, Rev. Jan Gilbert, '67
Osigweh, Dr. Chimezie A. B., '81
Parsons, Dr. Jerry William, '62
Paulmann, LT Russell Dwight, '82
Phelps, LTJG Norman John, '71
Rantanen, Robert William, '74
Rush, Danny Gene, '69
Rushley, Harriet Stambolis, '85
Russell, Tim, '84
Saal, Ronald R., '59
Schaller, John David, '83
Smith, Randall Charles, '66
Snyder, Ms. Susan Carol, '87
Spencer, Terry Scott, '78
Thompson, Stephen Walter, '76
Zanko, Philip M., '81
Zavatsky, Ms. Catherine A., '84
Zenarolla, Mauro, '72

WAYNESBORO
Clark, William Edgar, '48
Mathews, CAPT Richard L., USN(Ret.), '55
Reasoner, Francis Eugene, '50

WEEMS
Lawton, CAPT Lawrence Wells, USN, '62

WILLIAMSBURG
Benfer, Sally Elizabeth, '86
Bolender, Carroll Herdus, '49
Campbell, Rhonda Sue, '84
Cardi, Dr. Miriam Whitsett, '38
Corey, Hibbert, '30
Hamblet, COL Julia Estelle, USMC(Ret.), '51
Janson, Ernest C., Jr., '44
Jones, Thomas Reid, '77
Kern, MAJ Jon Reeves, USAF, '73
Le Fevre, Frederick C., '35
Schoenbaum, Leon H., '44
Selby, William E., '47

WINCHESTER
Hood, MAJ John Wilbur, USA(Ret.), '72
Picklap, Nancy J., '82

WOODBRIDGE
Janezic, Louis A., '49
Lamp, Thomas Charles, '85
Osborn, John Edward, '84
Overmyer, LTC Richard Eli, Jr., USA, '77
Price, William Merriman, IV, '68
Roberson, LTC Clinton B., USMC(Ret.), '49
Stillwagon, CDR Richard J., USN(Ret.), '65
Zeno, LTC Gregory Jay, USAF, '73

YORKTOWN
Bovenizer, MAJ John Craig, USAF, '74

WASHINGTON

ANACORTES
Bohnert, COL Edward A., Jr., '58

AUBURN
Ignasiak, Stephen Anthony, '87

BAINBRIDGE ISLAND
Boyd, Dan E., '51

BELLEVUE
Auten, Neil Eugene, '67
Bower, George N., '57
Bugge, Dianne Streitel, '81
Creighton, John W., Jr., '54
Dunn, Joseph McElroy, '49
Fahrenbach, David J., '66
Grotjahn, Mrs. Eleanor Elder, '46
Hastings, Robbin L., '86
Hoenie, James R., '49
Jiambalvo, Dr. James Joseph, '77
Kauffman, George B., '66
Parkinson, Joann Roseberry, '50
Peterson, Richard Henry, '74
Sampson, Rani K., '86
Senff, Charles R., '49
Shafer, Dan L., '47
Shoup, Andrew B., '78
Sparks, John O., '75
Tanck, Rudolf L., '51
Tedeschi, Mark Anthony, '83
Weston, Steven Marc, '82

BOTHELL
Rogers, Roy Arthur, '52
Walton, Roger Llewellyn, '69

CAMANO ISLAND
Bretland, CAPT Robert B., USN(Ret.), '50

CAMAS
Barnett, Channing Redwine, '45

CHELAN
Molengraft, Richard Paul, '72

CHENEY
Bunting, Dr. David C., '62

CUSICK
Knouff, Robert E., '65

EDMONDS
Grimm, Charles Robert, '69
Hoffman, William A., '48
Mundt, Phillip Eugene, '77
Wilson, Steven L., '74

EVERETT
Balsiger, Linda Halter, '80
Curtner, Mary Katherine, '84
Hall, Raymond Lyle, '49
Klang, Ronald I., '72
Martin, Wayne Donald, '88
Schwardt, Dan L., '58

FEDERAL WAY
Davis, James Bryan, '86
Murphy, Nancy Branscome, '52
Smith, Drew Evan, '82
Stuts, George C., '48
Wolfe, Lori, '79

FORT LEWIS
Wald, 1LT Kirk James, USA, '85

FOX ISLAND
Polen, Howard R., '59

GIG HARBOR
Davis, Richard B., '66

ISSAQUAH
Kirkpatrick, Myron E., '66

KENNEWICK
Wentz, Francis W., '66

KENT
Crotts, Mrs. Marie T., '86
Kinkade, LTC Harold H., USAF(Ret.), '67
Lobeck, Annette Bavetz, '82
Mc Kim, M. Lee, '50
St. Clair, Carl Rodney, '81
Wuori, Kauno P., '57

KIRKLAND
Liggitt, Robert A., Jr., '59
Stearns, John Albert, '76
Tedeschi, Lawrence Michael, '78

LACEY
Spitzer, Mary L., '47
Wunderlin, Kenneth James, '81

LYNNWOOD
Amos, John Carter, Jr., '75

MARYSVILLE
Olesen, Robert B., '58

MEDINA
Hershberger, Margo Louise, '81

MERCER ISLAND
Buchanan, Thomas A., '48
Kirchdorfer, Nicolaus Alexander D., '87
Matasich, Ronald Robert, '68
Neal, William Lucas, '67
Robboy, Howard Paul, '75
Schembs, Frank H., '64

MILL CREEK
Lamont, LTC Frederick Carlton, USAFR, '70
Strode, Lester, Jr., '72

OAK HARBOR
Burge, LTJG John Kenneth, USN, '81
Chapman, Wayne A., '48

OLYMPIA
French, James M., '80
French, Sandra Rae, '81
Newman, Mrs. Marianne Etowski, '80
Newman, Shawn Timothy, '80
Paulette, Richard Gordon, '75
Pilkey, William B., III, '62

OMAK
Ham, COL Ronald L., USAF(Ret.), '67

ORTING
Barndt, Dr. Stephen E., '67

PASCO
Boston, O. Ernest, '50

PORT LUDLOW
Gasson, Cletus Albert, '80

PORT ORCHARD
Flickinger, LTC Gus A., Jr., USAF, '53

PORT TOWNSEND
O'Neill, Kevin J., '85

POULSBO
Bair, Noel C., '67

PULLMAN
Middlebrook, William Cecil, '79
Nelson, Dr. James Cecil, '31
Scott, Dr. Raymond Hyde, '62

PUYALLUP
Work, Robert C., '42

REDMOND
Bonburg, Thomas Jean, '71
Holser, Michael Stephen, '72
Kindy, Christopher James, '88
Ludwig, Mrs. Cristi Curren, '82
Matthews, Michael S., '82
Mayer, Jerry Lee, '59
Mueller, Lawrence Edward, '70
Neal, Perry Steven, '83
Shumaker, Patrick Allen, '74
Smallwood, Norton W., Jr., '77
Wilson, Ann Kirwan, '79

RENTON
Kennedy, Louis Paul, '82
Meder, John Jeffrey, '74
Tiffany, Mark Alan, '77
Zvirblis, Anne Marie, '82

RICHLAND
Hitt, LTC M. Bill, USAF(Ret.), '67
Johnson, Michael Francis, '74
Whitacre, Roger L., '62

RICHMOND BEACH
Prince, Eleanor Karch, '39

SEATTLE
Atwood, Dr. April Marie, '80
Biddle, Gary Clark, '74
Croll, CDR Larry Richard, USN(Ret.), '62
De Guiseppi, John Francis, '72
Dickman, Vernon K., '49
Dunning, Dr. David, '58
Fry, Dr. Louis Westmoreland, '78
Gloger, Mark Stephen, '78
Heller, Max Paul, '85
Hillinger, Sam, '52
Katzenberger, James D., '57
Lamont, Mrs. Myrna Ingram, '37
Miller, Robert Edward, Jr., '75
Moffett, JoAnn Ziemann, '78
Moinpour, Dr. Reza, '65
Mueller, Dr. Fred Jack, '56
Obermiller, Dr. Carl, '83
Philbin, Philip A., Jr., '49
Philbin, Philip Arthur, '71
Roush, Thomas David, '69
Saffle, LTC David Kenneth, USMC, '72
Sattler, Guy Richard, Jr., '71
Sayed, Douglas Alan, '84
Scheingold, Dr. Stuart A., '53
Schorr, Jon Michael, '62
Scott, Jean Ann, '50
Spratlen, Dr. Thaddeus Hayes, '56
Swain, Robert Topping, '81
Taylor, Charles B., '47
Williamson, Robert P., '73
Wozniak, Joseph John, '60

SEQUIM
Hardy, Edwin Jay, '38
Rice, Maurice Avron, '38

SPOKANE
Naddy, John F., III, '48
Pfeiffer, Robert G., '38
Stauffer, John Gary, '68

STEILACOOM
Coon, Robert A., '76
Petrie, COL Glen E., '49

SUMNER
Swigart, James A., '66

SUQUAMISH
Schmitt, Wilbur Allen, '74

TACOMA
Atchison, William Alfred, '46
Blanchfield, Gregg Alan, '84
Coe, Robert I., '36
Cook, COL William Leonard, USAF(Ret.), '58
Guss, Dr. Leonard M., '65
Henderson, Steven S., '67
Kavka, Gerald Louis, '68
Koehl, Dr. Dorothy Steward, '75
Spear, John Robert, '69

VANCOUVER
Kennedy, Ronald R., '61
Mc Morrow, Audbert L., '49
Walker, Floyd Dalton, III, '80

WENATCHEE
Kelly, MAJ David Samuel, '75

WOODLAND
Cardin, COL Philip G., USAF(Ret.), '49

YAKIMA
Luring, Gregory B., '67
Luring, Mrs. Janice D., '66

WEST VIRGINIA

ALBRIGHT
Bury, Randall Martin, '85

ANMOORE
Suarez, Harry Albert, '46

BARBOURSVILLE
Castro, Matthew Edward, '84

BLUEFIELD
Amick, Kenneth R., '59
Turley, Joseph C., Jr., '50

BRIDGEPORT
Hammond, Craig Allen, '88
Wright, Donald W., '53

CHARLESTON
Aaron, Paul, '41
Chambers, William Daniel, '77
Daugherty, Clifton D., Jr., '54
Doty, Everett A., '40
Edwards, Barbara Ellis, '49
Fredericka, Frank L., '76
Hunt, Douglas Edgar, '59
Koontz, Luther V., '53
Lepage, Charles F., '62
Leslie, Kenneth H., '66
Lewis, William Henry, '57
Loveless, David Roger, '69
Mc David, William R., '61
O'Flynn, Mark Patrick, '75
Park, Jonathan, '55
Pressman, Martin, '66
Rubin, Daniel, '48
Rubin, Samuel H., '48
Schwartz, Gerald, '53
Simpson, Robert Reid, Jr., '70
Steiger, Sherwin W., '48
Werkman, Steven Gary, '75
Yurasek, James Joseph, '79

CLARKSBURG
Berman, Donald, '49
Morlang, Theodore Dixon, '28

COLLIERS
Gillespie, Robert E., '59

CROSS LANES
Faehnle, James Christopher, '71
Frazier, John Martin, '80
Lehr, Thomas P., '87
Saliba, Peter Alexander, '75

GEOGRAPHICAL LISTINGS INDIA 445

Cross Lanes (Cont'd)
Warren, Daniel Robert, '86

DAVIS
Fitez, Paul Robert, Sr., '38

DUNBAR
Goldberg, Louis I., '47
Mallory, Charles M., '47

FAIRMONT
Hood, James G., Jr., '48
Spery, Howard R., '36
Stephenson, Harold L., '49
Stephenson, Lucy K., '48

FRIENDLY
Bowser, Richard V., '38

GLEN DALE
Ruttenberg, Cora Rubin, '46

HOLDEN
Benjamin, Timothy Ray, '80

HUNTINGTON
Ansinelli, Dr. Richard Allen, '73
Archer, William R., '38
Biederman, Rex Alan, '81
Dwight, Carolyn Fore, '38
Eisel, Dayton E., Jr., '47
Fenstermaker, Norman K., '44
Frankel, Lloyd R., '50
Havens, Robert Eugene, '60
Hurley, Daniel Raymond, '72
Kellerman, Margaret J., '30
Lemons, David Michael, '72
Mc Inerney, Dr. Marjorie Lynn, '83
Mendel, Thomas Richard, '77
Moses, Jackson Fitzgerald, II, '69
Moses, Robert Lee, '70
Pritt, Thomas Alexander, '83
Richardson, William Henry, Jr., '41
Schurman, John H., '66
Tope, David Alan, '75
Walker, Floyd E., '42

HURRICANE
Auble, Kenneth Alan, '82
Ward, Deborah Zelachowski, '76

KENOVA
Ford, James Robert, '64

LOGAN
Kohn, Harold M., '41

MAIDSVILLE
Brown, Wennona Ann, '86

MANNINGTON
Conaway, Robert S., '35

MARTINSBURG
McDowell, Alan David, '79
Mc Kenzie, Robert P., '38

MORGANTOWN
Kramer, Douglas Edward, '85
Neidermeyer, Adolph A., '66

NEW MANCHESTER
Phillips, Mark Edward, '76

PARKERSBURG
Anderson, Darrell Brooks, '83
Brogla, Mrs. Terri Rinker, '88
Church, Samuel Dean, '83
Farrar, Allan M., '54
Gersman, Donald L., '60
Hill, Timothy Braun, '86
Johnson, Raymond Taylor, '81
Miller, Wendell Corley, '68
Mitchell, Kathleen, '45
O'Donnell, Michael S., '86
Ross, Samuel Byrl, II, '66
Stock, James J., '84
Wilson, Steven E., '70

POINT PLEASANT
Myers, John Allen, '79

RIDGELEY
Myers, Dr. Herbert L., Jr., '40

SAINT ALBANS
Olszewski, Hollis A., '76

SCOTT DEPOT
Shibley, Alan James, '75

SOUTH CHARLESTON
Breese, William R., '62
Clarke, Norman A., '33
Louden, Charles H., Jr., '47
Robinson, E. Glenn, '48
Yoho, Franklin Hess, '88

SPENCER
Dodd, Chester C., Jr., '49
Evans, Thomas Clifford, Jr., '39

SUMMERSVILLE
Kamm, Robert E., '47

VIENNA
Gersman, Allan D., '56
Held, Daniel John, '69

WASHINGTON
Keen, Bernard Spencer, '32
Morris, Kevin Kaldenbach, '86
Stephens, Timothy Wayne, '84

WAYNE
Chmielewski, Donald Henry, '73

WEIRTON
Bogarad, Joan Silverman, '55
Johnston, William L., '76
Pipinos, Mario T., '75
Woodcock, Harold C., '37

WELCH
Swope, William B., '37

WELLSBURG
Ault, Nancy Westlake, '53
Potter, CDR David W., '52

WHEELING
Basham, Carl E., '50
Belot, Suzanne, Esq., '80
Forman, Mark Houston, '78
Herndon, Richard G., Esq., '36
Jones, Anne Pierce, '52
Margaretes, George, '55
McKeever, Robert James, '41
Mull, William Q., II, '64
Perring, A. Michael, '67
Polak, Dr. George, '54
Robbin, Harry J., '40
Stewart, Brent P., '86

WHITE SULPHUR SPRINGS
Davis, Mary Helen Harris, '35
Sweet, Stanley C., '50

WINFIELD
Miller, Earl L., '78

WISCONSIN

APPLETON
Andrzejewski, Rafal, '88
Gunderson, Ms. Barbara A., '82
Hammond, John Roger, '54
Miller, Michael Jon, '76
Popp, Kathleen L., '85

ARGYLE
Reck, William Lester, '53

BAYSIDE
Mason, Thomas James, '55

BELOIT
Bushman, Joyce Roberson, '86
Owens, James Andrew, '86

BROOKFIELD
Boso, Frank Coleman, Jr., '71
Collis, Harry Herbert, '79
Jennison, Carolyn Ludwig, '53
Jennison, Dr. Marshall R., '52
Niehaus, James Edward, '60
Schilling, Francis J., '56
Smith, Dale Stewart, '60
Turner, William D., '71

BROWN DEER
Tracy, Harry N., '34

CEDARBURG
VanHorn, Lynn Robert, '75

COTTAGE GROVE
Strope, Stewart Kent, '75

DE PERE
Cochran, Patricia Fox, '52

EAU CLAIRE
Hannaford, Dr. William John, '67
Latsa, Jeffrey James, '84
Metzgar, Robert J., '60
Rowan, Robert G., '48

EGG HARBOR
Neeley, Fred E., '41

ELKHORN
Gross, Arlie Eugene, '56
Shannon, James Patrick, '70

FOND DU LAC
Flood, Jon Patrick, '68
Foster, David Burt, '72
Frydryk, Michael John, '77
Leopold, John Clifford, '76
Whitney, Craig William, '77

FONTANA
Afton, Robert J., '67

FOX POINT
Hauser, Stephen John, '76

FRANKLIN
Troutwine, Jack Emerson, '76

GREEN BAY
Baer, Frederick E., '48
Webb, Mary Patricia, '80

GREENDALE
Cunningham, Danny Lynn, '78
Giesige, Charles Robert, '78

GREENFIELD
Finneran, James J., '62

HAYWARD
Lyle, James Winston, '51
Wise, Anthony, '42

HILLSBORO
Molner, Gregory Joseph, '76

JANESVILLE
Bowers, Dr. Ronald Kent, '72

MADISON
Berkley, Blair Jeffrey, '79
Brombacher, George Edward, III, '67
Brown, Paul Jonathan, '81
Burkes, Audrey Turner, '59
Collins, Arthur W., '46
Elsas, Robert E., '40
Epple, John H., '54
Finneran, Daniel James, '88
Hinkel, Jean Richardson, '77
Howard, Robert Joseph, '83
Mahaffey, Gerald T., Jr., '51
Malpiedi, Ronald Everett, '79
Martin, Jack Wesley, '59
Plavcan, Michael John, '71
Stevenson, Dr. Willis Clyde, '53
Streb, Thomas P., '56
Yarnell, Dr. Kenneth A., '61

MENASHA
Whitmore, Ms. Jeanne Marie, '85

MEQUON
Jeffries, Jack B., '63
Weitzel, John A., '67

MILWAUKEE
Ferriday, Robert, III, '67
Jirec, Michael Josef, '80
Kirk, Jackson A., Jr., '65
Knox, Norman E., '48
Kruser, Herbert William, '67
Marque, Kathryn Ann, '85
Passero, Thomas Joseph, '79
Payne, Douglas Lee, '80
Srivastava, Dr. Rajesh, '86
Watson, John R., '41
Wierman, Frank S., '66
Wonderly, William Frank, '62

MOUNT HOREB
Eith, Arthur William, '76

MUKWONAGO
Hammer Lombardi, Ms. Jan Marie, '83

MUSCODA
Weigel, John J., '35

MUSKEGO
Hukkanen, Robert Larry, '75

NEENAH
Komerofsky, Marvin Lester, '70
Mitchell, Jane Palmer, '45
Sheridan, J. Paul, III, '84
Short, Nancy J., '77
Short, Timothy Allen, '80
Solomon, Larry King, '76
Whitlinger, Warren W., '40

NEW BERLIN
Stauffer, Robert Lawrence, '77
Sullivan, Ms. Elizabeth Ann, '85
Zangmaster, Mrs. June Rohr, '47
Zangmaster, Ralph E., '47

NEW FRANKEN
Shifflette, Donald Faudree, Jr., '57

OAK CREEK
Williams, Bradford Kent, '85

OCONOMOWOC
Black, Thomas Jay, '71
Foster, Ray Oliver, Jr., '52

ONALASKA
Agarwal, Dr. Sanjeev, '86
Bell, Thomas D., '86
Finch, Dr. James Earl, '85

OSHKOSH
Braun, Conrad Joseph, '73
Feinauer, Dr. Dale Michael, '79
Grote, David Lawrence, '69
Havlovic, Dr. Stephen Joseph, '79
Sridhar, Balakuntalam Sundareswara, PhD, '83

PLYMOUTH
Paese, William Paul, '59

PORTAGE
Kramer, Edward Albert, '59

RACINE
Anderson, Dr. Beverlee Byler, '60
Cramer, Joseph Charles, '82
Howard, Michael John, '76
Miskel, Glenn Anthony, '86
Savage, Richard T., Jr., '61
Vallee, Richard E., '69

SAUKVILLE
Foreman, James Tucker, '72

SHEBOYGAN
Dales, Ronald P., '60
Marshall, Judson E., '47
Wernecke, Thomas Lee, '71

SHULLSBURG
Allen, Talmadge E., '56

SISTER BAY
Detmer, Donald A., '47

STONE LAKE
Quinn, John Paul, '60

SUN PRAIRIE
Seitz, Martin Wayne, '71

SUSSEX
Bing, William Thomas, '68

TOMAHAWK
Brown, George Theodore, '67

WAUKESHA
Buchanan, David Rea, '70
Carmichael, Donald F., '74
Cummings, Frederick L., '56
Ecos, Christopher G., '79
Lewis, Todd Michael, '85
Sussman, Gary Mark, '76

WAUSAU
Craven, Thomas Wayne, '79
Dye, Nicholas M., '59

WAUWATOSA
Jones, John Paul, '49
Slackford, Edward T., '24
Trott, Teresa Hazelwood, '82

WEST BEND
Strachota, Thomas Gregory, '76

WHITEFISH BAY
Hanley, Ms. Megan Bridget, '79

WHITEWATER
Rich, Stuart M., '52

WILLIAMS BAY
Lothian, Carol A., '54
Lothian, David R., Sr., '55

WYOMING

CASPER
Combs, Mrs. Ruth M., '43
Moore, Sue, '61

CODY
Monnette, Ms. Nancy Sue, '73
Moran, Kurtis Lee, '83
Price, William Hartwell, II, '52
Rawlings, Donald R., '57

EVANSTON
Gaines, Norman J., '56

JACKSON
Brown, Jeffrey Charles, '72
Clauss, Carl David, '70
Heilbrun, Jeffrey M., '80

LANDER
Maffe, Richard J., '46

LARAMIE
Hawes, Dr. Douglass Kenneth, '69

SHERIDAN
Kinskey, Charles R., '50
Sarr, Ernest Thomas, '68

OUTSIDE U.S.A.

ARAB REPUBLIC OF EGYPT

Abulela, Dr. Mohammad T., '63
Hefzallah, Mona Ghaleb, '59
Mc Gann, Richard T., '54
Taher, Ahmed Fouad, '86

ARGENTINA

Willey, Merlin H., '35

AUSTRALIA

Alban, Robert Stanley, '41
Campbell, Roderick Carlisle, '66
Collins, John M., V, '78
Cooper, Graham Percy, '63
Joseph, Peter Charles, '68
Kabealo, John Geoffrey, '71
Krastel, Norman W., '50
Miller, Dr. Kenneth Ernest, '72
Mustaine, James Edward, '80
Watson, Dr. David J.H., '71
Wilkenfeld, David Nissan, '79
Winsen, Dr. Joseph Kazimierz, '73

BAHAMAS

Newbold, Janet Denese, '86

BANGLADESH

Snyder, Harley Leroy, '64

BELGIUM

Haulot, Pierre Leon, '69

BERMUDA

Castroverde, Eloy A., '81
Misick, Gretchen Schaefer, '53

BRAZIL

Gevert, Theodoro A., '57

CANADA

Allworth, Mary Richmond, '74
Andrews, Peter John, '70
Blumberg, Thomas David, '82
Boe, George William, IV, '75
Branson, Charles W., '64
Burden, Frederick Dean, '74
Chesley, Dr. George Richard, '72
Davis, Paul Richard, '75
Dougan, John Edward, '85
Eger, Shelley Jean, '87
Fullen, Martha Sprague, '54
Gertz, John B., '50
Huffman, Randall Eugene, '73
Israel, John Kenneth, '76
Izumi, Dr. Marleen Meiko, '74
Jayasimha, Vikram B.(Vic), '81
Khosrowshahi, Khalil, '67
Leung, Eric L., '75
Maddox, Dr. Raymond Neil, '71
Martin, John David, '83
Master, Michele L., '87
McGiverin, Donald Scott, '46
Monieson, Dr. David D., '57
Mundie, Dr. John D., '55
Opper, Millard B., '46
Pagliaro, Fulvio Alex, '81
Pyykko, Linda Bowers, '81
Robinson, Dr. James A. McNulty, '65
Rolls, Steven George, '81
Schulz, Dr. Robert A., '71
Serban, John V., '51
Shortt, Mark William, '86
Sprackman, Jerome N., '59
Starke, Dr. Frederick Alan, '74
Tamilia, Dr. Robert Dominique, '77
Tattersall, Robert, '71
Vicic, Don J., '57
Walsh, David S., '65
Walworth, James Walter, '76
Wanie, Andrew, '66
Wilsdon, John F., '28
Woodrow, John H., '66
Yamashita, Alison Leslie, '83
Zapf, Frederick N., '66

CHILE

Palmer, Harold Leroy, '59

COLOMBIA

Cardenas Alvarez, Juan Diego, '87
Gallardo, Roberto Joaquin, '76
Martinez, Luis R., '82
Moreno, Maria Victoria, '75

CYPRUS

Hadjipavlou, Panayiotis, '77

ECUADOR

Perez, Agustin Aguirre, '70

ENGLAND

Bin-Mahfooz, Abdelelah Salim, '75
Brewer, Chester E., Jr., '66
Buckley, Ms. Carolyn J., '66
Buckley, William James, '65
Conaway, Stephan Wayne, '72
Dunning, Duncan, '51
Franchino, Neil Anthony, '66
Ghansah, James Andrew, '81
Harmon, Bruce D., '64
John, James W., '53
Levitz, Michael David, '77
Macklin, Jeffrey Randall, '72
Mc Lane, Mary Jane Benson, '43
Moloney, James Paul, '57
O'Connell, Richard Dennis, '70
Rector, Robert Maurice, '66
Reichenstein, Murray L., '59
Rhoades, Ronald R., '62
Rypma, Sjirk L., '63
Sarkis, Mary Bargides, '58
Schiffel, Dennis D., '65
Smith, Melvin Owen, '32
Totten, Evan Louis, '76
Windeler, John Robert, '68

ETHIOPIA

Beyene, COL Solomon, '70
Mengistu, Mebrate, '68

FINLAND

Falck, Kalevi Runo, '72

FRANCE

Arzel, Pierre-Yves T., '84
Autret, Annie, '86
Barennes, Gilles M., '84
Coumes, Pierre, '84
Dartoux, Laurent Pascal, '87
De Laage, Emmanuel, '87
Derouin, Stephane Valery, '84
Evans, Barbara Schroer, '56
Evans, Mark Barton, '56
Hemery, Philippe Christian, '85
Lumet, Pascale Dominique, '85
Mathieu, Denis Francois, '75
Menager, Hugues Marie, '87
Mesley, Henri Edouard, '69
Orhan, Christine Marie, '84
Paillaud, Bernadette Monique, '87
Pollet, Joseph Daniel, '75
Renon, Yves Olivier, '86
Ricaud, Anne Therese, '85
Roger, Francois-Xav M., '85
Sire, Marie Pascale, '87
Sprang, Clark E., '66
Turner, Frederic Jean Arthur, '81
Valnet, Frederique, '86

GREECE

Ezanidis, Haralambos, '84
Haggipavlou, Pavlos P., '57
Stathopoulos, Athanasios N., '58

GUATEMALA

Heath, Eugene R., '51

HONDURAS

Cruz, John Spencer, '73
Cruz, Jose Rene, '48

HONG KONG

Chan, Chui-Ping, '87
Chan, Wing Kin, '82
Enlow, Fred Clark, '65
Gressel, Daniel Larry, '76
Hou, Eddie Hsiao-Wen, '86
Howells, Henry Coggeshall, IV, '82
Leung, Cheuk Hang, '86
Szeto, Yim Yee, '87
Tam, Rowena Sui-Fan, '79
Tse, Michael King Man, '86
Walters, Paul Thomas, '66
Wong, Derek Tsz-Ming, '87
Wong, Raymond Siu Lun, '78
Yan, Felix Wai-Lap, '87
Yin, Paul T., '67

ICELAND

Svavarsson, Stefan, '70

INDIA

Agrawal, Yogesh Krishna, '72
Goel, Dinesh Kumar, '86
Hegde, Dr. Krishna Ganapa, '76
High, Robert D., '50
Misra, Prabhakar, '76
Sanghvi, Jayantilal D., '57
Singal, Brij K., '59
Tanna, Laxmikant J., '58
Vaidya, Ajit J., '60

446 INDIA

INDIA (Cont'd)
Venugopala, Sathyamohan, '84
Yalawar, Dr. Yalaguradapp B., '77

INDONESIA
Cordiano, Anthony, '65
Halim, Satiadi, '82
Ph, Dr. Slamet, '87
Setyadji, Gunawan, '86
Tjia, Erlina, '85
Tjuatja, Kasimin, '88
Van Mason, Jerry G., '65
Widjaja, Anna, '84

IRAQ
Dabbagh, Salim S., '53

IRELAND
O'Halloran, Dr. Desmond Hubert, '72

ISRAEL
Bar-Niv, Dr. Ran, '83
Kehrmann, Ron, '84
Marsh, Kenneth Robert, CPA, '76
Matzkin, Giora, '67

ITALY
Buchanan, John G., '59
Feehan, Robert Edward, '79
Mackey, Edward T., '52

JAPAN
Eyler, Rev. Marvin Lee, '56
Kamimura, Akira, '62
Katagi, Yoshihiro, '79
Katayama, Masatoshi, '61
Kitajima, Toshio, '82
Kurita, Iaso, '68
Milby, James Dean, '72
Nagaya, Hiroko Nagaya, '79
Nakahashi, Masashi, '84
Numata, Shigeru, '75
Ochi, Nobuo, '76
Schumaker, Kimberly Ann, '83
Such, Frank, '49
Sudo, Masami, '73
Suzuki, Naoto, '74
Watanabe, Takao, '78
Yamaguchi, Ken Ichi, '64
Yeack, William Robert, Jr., '80

JORDAN
Makhamreh, Dr. Muhsen Abdallah, '81

KENYA
Laman, Darrel Lee, '72
Miller, Charles Samuel, Jr., '76
Minton, James A., '63

KOREA
Gates, 1LT Alison Denise, '83
Hur, Dr. Chang-Soo, '82
Jeon, Un Ki, '86
Kim, Do-Soon, '87
Kim, Jun-Kyung, '86
Lee, Dr. Jae Chang, '67
Lee, Kweon Sang, '85
Lee, Taehoon, '86
Moon, Sung-Ho, '87
Park, Jun Bum, '87
Seong, Woo-Seok, '87
Yoon, Dr. Heon Deok, '86
Yu, Byung-Uk, '85
Yun, Dr. Young-Sup, '83

KUWAIT
Bastaki, Ahmed Mohammed A., '83
Hayat, Kazem Johar, '77

LIBERIA
Atkinson, Coralie Stouse, '85
Kell, Merle Wagner, '61

LIBYA
Giaber, Mahmoud T., '66

MALAYSIA
Ahmad, Azilah, '86
Aziz, Nor Hashimah Abdul, '85
Bong, Khiong Sin, '85
Boo, Pang Huai, '85
Chai, King Tiong, '85
Chee, Che Ngee, '85
Chin, Meng Lee, '84
Hooi, Ms. Choy Wan, '85
Ismail, Omar Bin, '78
Lai, Kok-Chieu, '85
Leong, Sing Loong, '87
Lew, Jian-Ming, '86
Lim, Ah Leng, '87
Lim, Chun Yow, '85
Lim, Mun Wuan, '86
Masudal, Julius Edmund, '85
Mat Hassan, Fauziah, '85
Ng, Swee Fatt, '85
Othman, Suraya, '85
Ramli, Norini, '81
Siang, Yam Beng, '85

Siang, Yeow Kian, '87
Tan, Soo Lim, '83
Tay, Chin Yee, '87
Voong, Yoon Chin, '87
Yaakup-Omar, Nazliah, '85

MARIANA ISLANDS
Sine, Leonard, '41

MEXICO
Burakoff, David, '83
Forbes, Stanley H., '47
Guzman, Frances Blastervold, '73
Islas, Odette Black, '42
Quimby, Harry A., '65
Reed, Don A., '39
Segal, Paul Edward, '68
Shaneyfelt, Claude B., '54
Vainer, Jack R., '81
White, Mrs. Audrey Roberts, '84

NEPAL
Pradhan, Biswambher M. S., '65

NETHERLANDS
De Haan, Johannis Dirk, '52
Kasun, Donald Lee, '62

NEW ZEALAND
Hudson, Alastair G., '62
Quester, Pascale Genevieve, '86
Vos, Edward Alfred, Jr., '85

NIGERIA
Adigun, Layiwola Anthony, '82
Agbede, Rowland Omodele, '79
Andu, Osenat Diuyemisi, '83
Banjoko, Dr. Simbo Adenuga, '82
Bawa, Ibrahim Yahaya, '84
Ijose, Dr. Abiodun, '70
Imam, Jelili Tele, '74
Kalu, Kalu Omoji, '76
Okeafor, Dr. Uche S., '79
Okosun, Gregory I., '77
Pitts, John C., '57

NORTHERN IRELAND
Stoner, Michael Doyle, '77

NORWAY
Braathen, Jan Gunnar, '87
Grude, Michael, '52
Hermansen, Tom A.B., '87

OMAN
Ismaily, Nasir I., '78

PANAMA
Barnes, Carlos Eduardo, '65
Herrera Espinosa, Guillermo, '62
Tejada, Dr. Gustavo Adolfo, '55

PAPUA NEW GUINEA
O'Hara, Patrick E., '65

PHILIPPINES
Opena, Dr. Camilo Lalap, '82
Pound, Jeffrey J., '67
Tan, Betty See, '78
Vergara, Dr. Severino B., '81
Williams, Jimmy B., '86

PUERTO RICO
Del Valle, Gilbert L., '31
Fernandez Mejias, Alberto G., '84
Fisher, Donald Wayne, '50
Garcia, Carlos L., '80
Gonzalez, Pedro Arnaldo, '79
Gonzalez, Susan Lewis, '78
Mc Farland, James Bruce, '56
Munoz Rosada, Florentina, '83
Pacheco, Elizabeth Martinez, '87
Ramos, Alfredo Sotomayor, '81
Smith, Edward James, '51
Sobrino, Jose F., '63
Stern, William James, '68

SAUDI ARABIA
Binmahfooz, Sami Ahmed, '81
Cleaves, Steven V., '67
Jawa, Abdul Rahman Amin, '74
Najjar, Dr. Adnan, '64

SINGAPORE
Ang, Khai Meng, '85
Chan, Yew-Onn, '83
Chong, Ann Fei, '86
Chua, Kee Hin, '87
Chung, Choy Fong, '86
Foo, Bee Chyn, '85
Ho, Chee Chiang, '85
Kramer, Kevin Bernard, '83
Lam, Song Wei, '87
Lim, Shirley L., '87
Liu, Paul Zhi Cheng, '88
Paden, David Lee, '60

Seet, Choon Seng, '86
Sim, Mong Cheng, '86
Sim, Peck Sin, '86
Soh, Boon Swee, '86
Soong, Kian-Fah, '84
Soong, Siew Yoke, '87
Sponzilli, William A., '53
Tan, Wah Khoon, '85
Tandun, Lisnawati Wiharoja, '77
Tandun, Susanto, '77
Woon, Kwan Kee, '85

SOUTH AFRICA
Gary, Ronald L., '60
Richards, Bernard George, '66
Ter-Morshuizen, John Derek, '84

SPAIN
Sergeant, William M., Jr., '46

SWEDEN
Cline, Ms. Kimberly S., '81

SWITZERLAND
Dorrance, James Louis, '72
Kroon, Peter J., '72
Reel, William C., '40
Salvaj, Philippe C., '58
Shipley, Ben R., '46
Theophanopoulos, George, '57
Vocke, Michael S., '66

TAIWAN
Chang, Shao-Chun, '84
Chow, Wen-Shian, '83
Huang, Jing-Dan, '87
Koo, Yee Chun, '23
Pan, Yung-Tang, '84
Tsai, Wei Tei, '88
Wang, Kou-Long, '86
Wu, Melien, '83
Yau, Tak-Wei, '78

THAILAND
Chadbunchachai, Yaowaluk, '87
Chairoongruang, Supen, '76
Hotrakitya, Ampol, '65
Kuneepun, Srikanchana, '87
Naruenartwanich, Pornsartid, '83
Phisitvanich, Suphachai, '68
Piyanksuwan, Sanguansri V., '68
Sakornpan, Ruj, '86
Tanprasert, Kesinee Cheecharern, '85

Teeratananon, Maneeporn, '85
Udomsakdi, Yuphada, '87

TUNISIA
Khemakhem, Dr. Abdellatif, '66
Triki, Dr. Mahoud, '73

TURKEY
Bilik, Dr. Erdogan, '82
Tanyeri, Ms. Aysen Itir, '78

UNITED ARAB EMIRATES
Alali, Seraj, '80
Mansour, Mohammed Ibrahim, '83

VENEZUELA
Acosta, Dr. Dulce Arenas De, '77
Baskin, Mary L., '64
Canizalez, Juana De America, '83
Martin, Eliana Grimaldi De, '85
Vladovich, Eros Pete, '74

VIRGIN ISLANDS
Farrell, COL Thomas Shoup, '51
Gaskin, Herbert H., '58
Joseph, Carol Beatrice, '73
Kelley, James Robert, '53
Kowalski, Richard John, '75
Masony, Brian Lee, '65
Mc Farren, Lorraine Faye, '81
Rawlins, Charles O'Neal, '82
Shulterbrandt, Frank, Jr., '77
Vaughn, Dr. Robert V., '50
Weersing, Carl Edward, '84

WALES
Galloway, John Edward, Jr., '55

WEST GERMANY
Brown, Dwight, '51
Dulin, Lyman Louis, Jr., '73
Farnsworth, William Karl, '87
Knight, LTC John Robert, USA, '67
Ludwig, Cora Riber, '61
Nann, Bernhard, '86
Nann, Victoria R., '86
Ostmeier, Hanns, '86
Rose, David Allen, '78
Schneider, Jeffrey Lee, '75
Thrush, Roland J., '48

NOTES

NOTES

NOTES

NOTES